娄底市志

娄底市地方志编纂委员会 编

（1990—2017）

第一册

方志出版社
Publishing House of Local Records

图书在版编目（CIP）数据

娄底市志．1990—2017／娄底市地方志编纂委员会编．—北京：方志出版社，2023.1
ISBN 978-7-5144-5200-6

Ⅰ．①娄…　Ⅱ．①娄…　Ⅲ．①娄底—地方志—1990-2017　Ⅳ．①K296.43

中国国家版本图书馆CIP数据核字（2023）第019955号

责任编辑：张　颢
责任校对：刘玉霞
责任印制：梅中英
出 版 者：方志出版社
地　　址：北京市朝阳区潘家园东里9号（国家方志馆4层）
邮　　编：100021
网　　址：http://www.zgfzcb.cn
发　　行：方志出版社图书营销中心（010-67110500）
印　　刷：娄底市娄星区学院印刷厂
开　　本：889毫米×1194毫米　1/16
印　　张：165
字　　数：4505千字
版　　次：2023年6月第1版
印　　次：2023年6月第1次印刷
定　　价：1680.00元（全四册）

娄底市地方志编纂委员会

（2017年11月）

顾　　问：姚　兵　谢志雄

常务副主任：张希慧

副 主 任：吴建平　向世聪　王学军　胡忠威　罗孝贵

委　　员：肖开斌　刘小辉　罗光才　彭展发　刘道阳　沈裕辉　曾鹏程　杨　维　李耀文
胡绍华　曹　刚　陈恩杰　邓志洪　周小平　曹育明　刘小龙　向乾勇　陈惠明
朱昌美　陈国光　谢万春　李铁雄　袁若宁　刘新文　邹　华　龚洵胜　魏志军
罗　琳　彭淑媛　廖志理　石　峰　侯迪凡　张喜群　邹定源　朱贵阳　禹云华
龚卫民　王　汪　彭晓宏　李志扬　张诗东　陆文勇　聂建平　曾伯怡　刘　杰
彭石清　左志锋　康艳华　肖雄杰

娄底市地方志编纂委员会

（2023年6月）

主　　任：谢君毅

副 主 任：李有才　杨　维　李德仁　段德学

成　　员：刘　亮　谌铁辉　肖　静　倪志铭　成　灿　徐伟庆　罗　灿　刘卫华　王卫光
刘小辉　周向红　陈劲松　黄东升　唐豪初　曾晚生　刘国良　王　汪　梁小兵
卢韶华　肖志成　何觉星　王小勇　刘文波　刘文伟　吕余庚　王文红　周海强
刘松涛　杨　萍　周新辉　彭一伶　易军波　谢业中　刘新文　彭希勇　石　峰
刘海云　付凯军　李应泉　张宝忠　陈庆云　徐静飞　陈颂飞　杨　斌　江　涛
曾小坤　罗建湘　李　力　刘朝阳　石洪波　瞿红兵　刘志雄　李志扬　章　宇
彭跃辉

《娄底市志（1990—2017）》总纂室

总　　纂：陈劲松

执行总纂：江六阳

总纂室主任：吴六权

第 一 组：彭再发（组长）　曾正文

第 二 组：莫云祥（组长）　付伯斌　陈远洪

第 三 组：李朝录（组长）　肖旭东　陈益林

总纂室成员：梁雪梅　谭春辉

《娄底市志（1990—2017）》编辑部

主　　编：陈劲松　聂建平

副 主 编：毛健德　江六阳　邹文程

执行主编：吴六权

编　　辑：付伯斌　朱友成　李小安　李朝录　杨建长　肖旭东　何国华　邹树芳　陈远洪　陈益林　周芬应　莫云祥　曹建英　梁雪梅　彭再发　曾正文　谢炳怀　蔡金龙　廖文艺　谭均云　谭春辉　颜国忠

编　　务：刘作杰　李　倩　苏　维　罗维维　赵　瑾　邓　姣　周　珍　颜永添　肖　睿　聂飞凡　李若诚　谭雅文

《娄底市志（1990—2017）》终审验收人员

江　涌　邓建平　杨　帆　李章进　阳雍悦　谭文美

《娄底市志（1990—2017）》分志撰稿人员

（按姓氏笔画排列）

王光荣　王旭光　王抗扬　王治平　王恬波　王新隆　邓　杰　邓弄怡　邓要东　石路长　龙雨文
付伦佐　朱　文　朱伟杰　朱吾健　朱金辉　伍向东　伍应松　刘　华　刘　钢　刘　洁　刘日升
刘乐明　刘作杰　刘宇飞　刘宇阳　刘佑萍　刘松求　刘明军　刘金陵　刘树新　刘贵铭　刘洪波
刘爱辉　刘捷妮　刘惠南　刘楚魁　刘新文　刘滨伟　向利民　孙淑芬　阳伟书　苏广利　苏倩男
苏　维　杜民霞　李　刚　李　军　李　芸　李　祥　李　路　李　魁　李不言　李长发　李华其
李向红　李纪南　李宇宙　李红建　李志贤　李志和　李利民　李学政　李建容　李晓茜　李崇云
李朝华　李朝录　李赐甫　李新吾　杨建高　杨绍宏　肖　凯　肖　晖　肖　敏　肖　晶　肖爱山
肖菊芳　吴　刚　吴　玥　吴志奇　吴实清　吴树叶　邱亮增　何国华　何信之　何勤俭　邹文程
邹新民　闵弘鑫　汪伯雄　张长青　张运来　张杰军　张艳秋　张瑜华　陈天骏　陈水扬　陈正杰
陈代永　陈立坤　陈永康　陈竹青　陈远洪　陈建国　陈威威　陈星明　陈益林　陈家傲　陈菊英
陈敏青　陈慕竹　陈亮项　范会昌　欧阳建华　易志军　易徐贵　罗　斌　罗　强　罗文才　罗云云
罗平原　罗华中　罗昕如　罗雪娟　周　红　周　辉　周怡书　赵延平　胡元倜　胡克耕　钟　森
姚丽智　贺　勇　贺石松　贺建国　袁再献　袁辉显　莫云祥　晏科成　卿星星　高士强　郭万喜
黄　珍　黄　洋　黄东升　黄华歆　黄修斌　曹阿乔　曹晓晓　曹量林　龚细军　康利名　康钦利
康瑞凡　梁木军　梁成文　梁希凡　彭护国　彭亮飞　葛焕明　蒋　华　蒋　黎　蒋开新　覃章荣
曾　渊　曾正文　曾民佐　曾忠林　曾建龙　曾建秋　曾昭德　曾宪韶　曾桂秋　曾润芝　曾琴悦
谢　益　谢开保　谢红云　谢雨琪　谢建胜　谢养民　谢炳怀　谢喜成　谢紫亭　蔡其荣　蔡金龙
廖　瑶　廖克林　谭　勇　谭建平　翟婧媛　熊松柏　潘文武　魏立伟　黎润英

《娄底市志（1990—2017）》图片摄制人员

（按姓氏笔画排列）

乃继辉　王旭哉　方建宏　石喜艳　刘　峰　刘九钢　刘再丽　刘时庄　刘珺元　刘彩霞　刘新山
刘新军　刘毅斌　孙　红　严伯霖　李　论　李全华　李庆升　李建新　李湘杰　李照华　杨升根
杨修华　杨暴默　肖俊文　吴永华　吴启雄　吴建新　何文轩　邹文俊　邹雄华　张　艳　张　扬
张国凤　陈　坤　陈代永　陈威钢　陈亮项　陈婷婷　罗秋生　罗维维　赵智能　胡志高　胡杰辉
柳　勇　段慧琳　姜　艺　袁　平　袁小锋　郭国权　康爱军　彭　鹏　彭　磊　彭兰沣　曾　迪
曾文贵　曾利仁　曾勇军　谢新提　廖振刚　谭顺胜　谭剑翔　熊晓冲

娄底经济技术开发区白鹭湾（2019年7月摄）

新化县紫鹊界梯田（2018年9月摄）

自然风光

ZI RAN FENG GUANG

新化县紫鹊界八卦冲（2010年5月摄）

自然风光
ZI RAN FENG GUANG

涟源市湄峰湖湿地公园（2009年8月摄）

涟源市湄江国家地质公园·三道崖门（2013年12月摄）

涟源市湄江国家地质公园·十里画廊（2012年10月摄）

自然风光

ZI RAN FENG GUANG

新化县大熊山国家森林公园 · 熊山寺（2016年11月摄）

新化县大熊山国家森林公园·十里杜鹃（2019年4月摄）

涟源市龙山国家森林公园·飞水崖漂流（2008年7月摄）

自然风光

ZI RAN FENG GUANG

涟源市龙山国家森林公园（2008年6月摄）

新化县梅山龙宫（2008年4月摄）

自然风光
ZI RAN FENG GUANG

冷水江市波月洞“千丘田”景点（2021年4月摄）

娄底市水府庙湿地公园（2018年5月摄）

新化县龙湾湿地公园（2018年8月摄）

新化县奉家镇渠江源（2016年6月摄）

新化县三联峒（2017年9月摄）

自然风光

ZI RAN FENG GUANG

双峰县紫云峰（2018年9月摄）

新化县奉家古桃花源（2014年3月摄）

娄星区洪家山森林公园（2021年3月摄）

娄底经开区中阳白鹭山庄（2020年7月摄）

自然风光

ZI RAN FENG GUANG

新化县雅天门（2020年6月摄）

新化县油溪桥村（2020年5月摄）

新化县车田江水库（2019年9月摄）

涟源市白马水库（2019年9月摄）

双峰县青树坪镇归古国际乡村旅游区（2018年4月摄）

涟源市大江口水库（2019年9月摄）

冷水江市湴泥水库（2017年4月摄）

自然风光
ZI RAN FENG GUANG

2012年，娄底市获“国家园林城市”称号

城市掠影

CHENG SHI LUE YING

2015年，娄底市获“国家卫生城市”称号

娄底市中心城区（2014年3月摄）

娄底市新行政中心（2018年10月摄）

孙水公园（2018年10月摄）

城市掠影

CHENG SHI LUE YING

湘中大道（2018年10月摄）

南苑上和居住小区（2021年5月摄）

湖南天客物流配送流水线（2013年4月摄）

娄底市第一污水处理厂（2015年7月摄）

城市掠影

CHENG SHI LUE YING

春园商业步行街（2007年7月摄）

万豪城市广场（2018年11月摄）

五江碧桂园城市广场（2018年11月摄）

冷水江市城区（2018年7月摄）

涟源市城区（2018年摄）

城市掠影
CHENG SHI LUE YING

双峰县城区（2017年7月摄）

新化县城区（2018年10月摄）

娄星区街心社区服务中心（2019年5月摄）

城市掠影

CHENG SHI LUE YING

涟源市新能源环保公交车（2017年11月摄）

娄底市体育中心（2018年10月摄）

涟源市康麓生物科技有限公司玳玳酸橙种植基地（2020年7月摄）

湖南省威铭农业综合开发有限公司牛山园（2019年9月摄）

涟源市桥头河镇蔬菜基地（2020年4月摄）

新化县雅天门寒茶园（2019年9月摄）

农业农村

NONG YE NONG CUN

双峰县锁石镇油菜基地（2017年3月摄）

双峰县井字镇千亩仙草种植基地（2015年4月摄）

农业农村

NONG YE NONG CUN

冷水江市三尖镇稻鱼、稻蛙互生田（2019年9月摄）

娄星区湘村黑猪基地（2018年7月摄）

新化县曹家镇易地扶贫安置区（2020年6月摄）

涟源市古塘乡异地扶贫集中安置区（2020年8月摄）

农业农村

NONG YE NONG CUN

双峰县沙塘乡忠实村栀子花种植园（2018年6月摄）

娄星区杉山葡萄园（2018年6月摄）

农业农村

NONG YE NONG CUN

涟源玳玳酸橙

冷水江杨梅

双峰葡萄

涟源柑橘

工业园区

GONG YE YUAN QU

娄底高新技术开发区（2017年8月摄）

娄底经开区（2017年8月摄）

冷水江钢铁有限责任公司（2015年8月摄）

湖南华菱涟源钢铁有限公司（2018年8月摄）

华菱安赛乐米塔尔汽车板有限公司（VAMA）生产车间（2015年5月摄）

工业园区

GONG YE YUAN QU

湖南文昌新材料科技股份有限公司生产车间（2013年12月摄）

娄底市中源新材料有限公司生产车间（2015年9月摄）

娄底经开区湖南三泰新材料股份有限公司生产车间（2013年7月摄）

娄底经开区湖南电将军新能源有限公司生产车间（2018年10月摄）

娄底经开区华安钢宝利高新汽车板加工（娄底）有限公司生产车间（2018年10月摄）

娄底高铁南站（2020年12月摄）

娄底火车站（2021年2月摄）

二广与娄怀高速互通线（2018年10月摄）

交通
JIAO TONG

沪昆高铁、洛湛铁路与娄怀高速交会处（2018年11月摄）

省道334线井字镇段（2017年7月摄）

交通
JIAO TONG

长韶娄高速至城区连接线（2018年6月摄）

娄新高速涟源出口（2016年6月摄）

娄邵铁路扩能改造工程涟源段（2016年1月摄）

娄底市富冲桥（2019年9月摄）

县道020线涟钢至双江乡（2020年8月摄）

涟源市安平镇乡村公路（2008年9月摄）

曾国藩故居——富厚堂（2000年1月摄）

蔡和森、蔡畅故居——光甲堂（2018年5月摄）

红二军团长征司令部旧址（2018年7月摄）

新化北塔（2020年9月摄）

新化山歌《舂糍粑》（2017年在中央电视台“群英汇”栏目演出时拍摄）

涟源市枫坪傩狮舞（2000年1月27日摄）

冷水江傩戏《搬锯匠》（2007年5月摄）

涟源市龙塘镇非遗项目——珠梅抬故事（2017年9月摄）

新化梅山武术（2020年5月摄）

涟源湘剧《李三娘》剧照（2018年10月摄）

《水府风情》（双峰溪砚）

《丹顶鹤》（吴方才棕编工艺作品）

《黛玉》（谢禹尧烙画作品）

有余图（ 王憨山作品）

文化
WEN HUA

《梅山传统武术之举牛图》（谢敏杰木版画作品）

双峰剪纸（李希特作品）

元代行旅图银发钗

元代菊瓣形回纹银杯

元代重瓣牡丹花纹银盏托

元代六瓣花口梅花云托月银盘

元代银匜

元代龙形单耳银杯

1994年3月出土于涟源市石狗乡（今桥头河镇）的国家一级文物

教育·体育·卫生

JIAO YU · TI YU · WEI SHENG

湖南人文科技学院（2018年10月摄）

娄底职业技术学院（2017年8月摄）

娄底技师学院（2018年11月摄）

娄底一中（2018年10月摄）

湖南省第十二届运动会开幕式现场（2014年9月3日摄）

教育·体育·卫生

JIAO YU · TI YU · WEI SHENG

娄底市万人长跑活动（2013年4月摄）

教育·体育·卫生

JIAO YU · TI YU · WEI SHENG

湖南省第九届残疾人运动会开幕式现场（2014年9月20日摄）

湖南省第四届全民健身节广场健身舞表演赛在娄底市体育中心举行（2013年1月13日摄）

湖南省“吉祥人寿杯”环湘自行车赛第三站在涟源市茅塘镇举行（2013年9月6日摄）

湖南省第十二届运动会青少年组男子甲组足球赛在涟源一中举行（2014年8月21日摄）

北京奥神队与美国ABA篮球联盟杰克逊维尔巨人队在涟源市体育馆举行对抗赛（2011年4月5日摄）

教育·体育·卫生

JIAO YU · TI YU · WEI SHENG

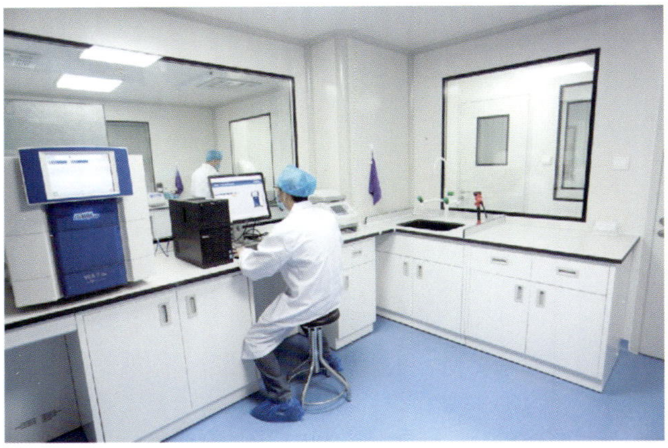

娄底市中心医院院士专家工作站实验室
（2016年11月10日摄）

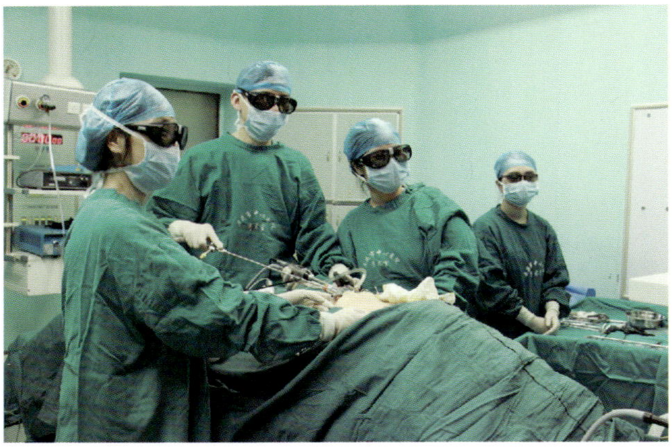

娄底市中心医院成功开展全省首例3D腔镜下
甲状腺癌根治术（2015年3月28日摄）

娄底市中心医院（2016年7月摄）

娄底市妇幼保健院在娄底市第一小学开展“守护青春 与爱同行”青春期生理健康知识讲座（2020年6月18日摄）

娄星区乐坪街道办事处社区卫生服务中心（2021年5月摄）

地方特产

DI FANG TE CHAN

娄底响莲实业发展有限公司响莲牌系列产品
（2021年5月摄）

娄星区双江剁辣椒（2018年8月摄）

娄星区双江红薯干（2018年8月摄）

娄底市湘村黑猪香肠（2021年5月摄）

新化县渠江薄片（2021年4月摄）

双峰县永丰辣酱（2018年7月摄）

地方特产

DI FANG TE CHAN

涟源市富田桥曾氏游浆豆腐（2021年5月摄）

涟源市花蕊牌红薯粉丝（2021年5月摄）

涟源合菜（2017年2月摄）

涟源市枫木林贡茶（2021年5月摄）

涟源市金银花茶（2021年5月摄）

冷水江市水云峰黄桃（2020年11月摄）

地方特产

DI FANG TE CHAN

新化县白溪豆腐（2020年5月摄）

新化县松山水酒（2020年6月摄）

新化黄精（2021年4月摄）

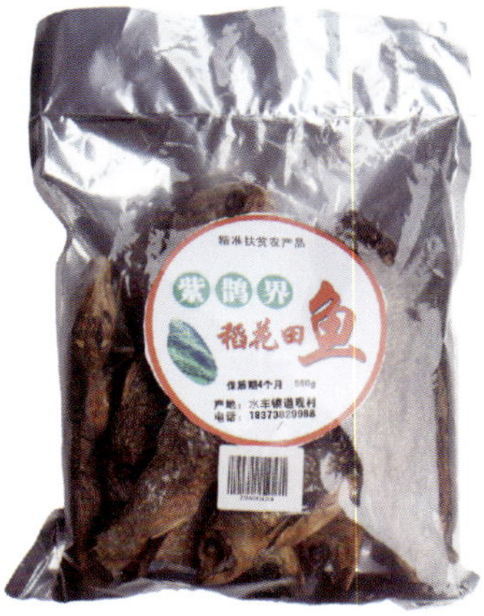

新化县紫鹊界稻花田鱼（2021年4月摄）

序

古人云："郡邑之有志，犹国之有史也。"治天下者，当以史为鉴；治郡国者，当以志为鉴。娄底地处湘中，相传为二十八星宿中"娄星"和"氐星"交会之地。"娄底"二字，意即"福星照耀的地方"。娄底于1977年9月成立地区建制，1999年1月撤地设市，是湖南省最年轻的地级市。

娄底素有修志的优良传统。第一轮方志事业始于20世纪80年代，历经10年采编磨砺，《娄底地区志（1977—1989）》于1995年纂成付梓。2018年，按照全国第二轮修志统一部署，娄底启动《娄底市志（1990—2017）》编修工作。编修以来，市委、市政府高度重视、精心组织，各界人士广泛参与、勠力同心，编纂人员广征博采、悉心编修，历时五载而成。此志卷帙浩繁，共67篇357章，洋洋四百余万言，记政事之要、经济之盛、文化之兴、社会之变、山川之美、物产之丰，不一而足。该志坚持唯物史观，资料丰富，体例完备，文字简明，有"资治、传世、育人、备考、交流"之价值。

此志所记载的28年，是娄底发展史上极不平凡的峥嵘岁月。28年来，在党的英明领导下，娄底人民乘着改革开放的春风，栉风沐雨、筚路蓝缕，踔厉奋发、笃行不怠，推动经济社会发展取得历史性成就，发生历史性变革，留下了难以忘怀的奋斗足迹，承载着弥足珍贵的历史记忆。28年来，娄底综合实力大幅跃升，基础设施显著改善，文化特质更加彰显，民生福祉不断增进，社会大局稳定祥和，先后被评为国家卫生城市、国家园林城市、中国优秀旅游城市、全国绿化模范城市，入选"全国文明城市"提名之列。湘中明珠愈加璀璨夺目，青春娄底更具迷人魅力，城市发展站到了新的起点上。

习近平总书记强调："历史是最好的教科书。"重视历史、研究历史、借鉴历史，可以更好了解昨天、把握今天、走向明天。修好市志、学好市志、用好市志，对于我们奋进新时代、迈上新征程，推动高质量发展不断开创新局面，全面建设现代化新娄底，必将大有裨益。

我们坚信，在习近平新时代中国特色社会主义思想的指引下，在党中央和省委的坚强领导下，通过全市人民的持续奋斗、顽强拼搏，娄底的今天一定会更加美好！娄底的明天一定会更加辉煌！

是为序。

中共娄底市委书记　邹文辉

2022年4月

凡　例

一、《娄底市志（1990—2017）》以马克思列宁主义、毛泽东思想、邓小平理论、“三个代表”重要思想、科学发展观、习近平新时代中国特色社会主义思想为指导，坚持辩证唯物主义和历史唯物主义的立场、观点和方法，全面系统、实事求是地记载娄底市1990—2017年自然、政治、经济、文化和社会的历史与现状。

二、本志为《娄底地区志》（1997年版）续志。上限始于1990年，与前志相接，下限止于2017年。为保持记述的完整性，对某些事件适当上溯和下延。书前彩页图片突破2017年时间下限。

三、本志记述的空间范围为2017年底娄底市所辖之行政区域，坚持越境不书。本志所称全市（境内、域内、市内）包括娄星区、冷水江市、涟源市、双峰县、新化县，所称市区（城区）包括娄星区、市经济技术开发区和万宝新区。娄星区撤地设市前称娄底市，产生歧义时则表述为“娄底市（县级）”或“县级娄底市”。

四、本志采用述、记、志、传、图、表、录等体裁，总述列首，其他依次为大事记、专志、人物、附录、索引和后记。重要图片置于志首，其他照片和图表随文。有存史价值又不宜设置相应章节的，则在相关章节后设附记。

五、本志记事按现代学科分类并结合社会实际分工，横分门类，纵述史实，类为篇，下分章、节、目，层层相辖。篇下设概述，章下可设无题小述。节和目为记述基本单位。全志以章节体为主，少量内容辅以条目体。重要事物适当升格记述。

六、行文中的地名、机构、职务、职称等名称，均按当时称谓记述。字数多的机构名称在每篇首次出现时使用全称，括注简称，其后用简称。行文中“中共”均为“中国共产党”的简称，“省”“市”“地委”“行署”“地区”分别为“湖南省”“娄底市”“娄底地委”“娄底行署”“娄底地区”的简称，“省委”“省政府”分别为“中国共产党湖南省委员会”“湖南省人民政府”的简称，“市委”“市政府”分别为“中国共产党娄底市委员会”“娄底市人民政府”的简称。

七、记述史实涉及1999年娄底撤地建市这个时段前后时，“娄底市（地区）”简记为“娄底市”，如“1990—2017年娄底市（地区）个体私营企业一览表”简记为“1990—2017年娄底市个体私营企业一览表”。

八、本志纪年绝大部分采用公元纪年，用阿拉伯数字。1912年前的朝代纪年使用历史纪年，用括号注明公元纪年；1912—1949年，记述国民党人物时用双纪年；1949年后用公元纪年。

九、本志大事记以编年体为主，按大事发生时间顺序记述；少数大事采用纪事本末体，简要记述大事始末。

十、本志所载地区生产总值，经济收入，第一、二、三产业增加值等均按当年价计算，计算增长速度时按可比价格计算。基本数据以市统计局公布的数据为准；统计局未有统计的则用部门或行业的数据。统计表一律用新法编制，表格栏内无内容用“—”表示。绝对数、相对数四舍五入后分别保留到小数点后2位、1位数（《人口》篇除外）；海拔、温度和降水量等天气数据保留1位小数，环境保护、人口、经济综述等少数地方保留3位小数。正文中（表格除外）不保留小数点后无实质意义的“0”。

十一、全志大部分采用国家法定计量单位，农业个别篇章和关于“梅山文化”记述中使用“亩”。

十二、人物篇由人物传记、前志补遗和人物名录三部分组成。传记收录在娄底工作和娄底籍在外地工作的有影响的知名人物，排列以卒年为序，生人不立传。

十三、本志资料来自省、市、县（市、区）档案馆和单位档案馆（室），旧志、年鉴、党委工作纪事、家谱、报刊、专著、互联网和有关人士的回忆，均经考证鉴别。除个别特别重要的外，一般不注明出处。

十四、1999年，娄底地区改为娄底市，其相关机构名称相应更名。本志不再记述此次机构更名情况。

十五、“县、市、区”并列时统一表述为“县（市、区）”。

十六、书中图片主要由各单位提供，图片说明中不署名，只在书前统一列名。

总目录

第一册

总　述 ………………………………………………………………………… 1
大事记 ………………………………………………………………………… 17

第一篇　政　区

第一章　建置区划 ……………………………………………………………61
第二章　区域勘界与地名管理 ………………………………………………64

第二篇　自然环境

第一章　地　质 ………………………………………………………………77
第二章　地　貌 ………………………………………………………………82
第三章　水　文 ………………………………………………………………85
第四章　气　候 ………………………………………………………………91
第五章　土　壤 ………………………………………………………………103
第六章　自然资源 ……………………………………………………………105
第七章　自然灾害 ……………………………………………………………114
第八章　环境质量 ……………………………………………………………127

第三篇　人　口

第一章　人口分布 ……………………………………………………………135
第二章　人口构成 ……………………………………………………………140
第三章　人口变动 ……………………………………………………………163
第四章　计划生育 ……………………………………………………………166

第四篇　中共娄底地方组织

第一章　组织机构 ……………………………………………………………177
第二章　重要会议与决策 ……………………………………………………184
第三章　组织工作 ……………………………………………………………192
第四章　纪检监察 ……………………………………………………………207
第五章　宣传工作 ……………………………………………………………227
第六章　统一战线工作 ………………………………………………………240
第七章　市直机关党建工作 …………………………………………………251

第八章 其他党务工作 ……255

第五篇 人民代表大会

概 述 ……275
第一章 组织机构 ……276
第二章 人大代表 ……280
第三章 重要会议 ……282
第四章 履行职责 ……291

第六篇 人民政府

概 述 ……317
第一章 政府机构 ……319
第二章 政务会议 ……325
第三章 施政方式 ……331
第四章 政事纪要 ……348
第五章 其他政务 ……369

第七篇 人民政协

概 述 ……381
第一章 组织机构 ……382
第二章 政协委员 ……390
第三章 重要会议 ……393
第四章 履行职责 ……402

第八篇 民主党派娄底地方组织

概 述 ……415
第一章 中国民主同盟娄底市委员会 ……415
第二章 中国民主建国会娄底市委员会 ……419
第三章 中国民主促进会新化县工作委员会 ……422
第四章 中国农工民主党娄底市委员会 ……423
第五章 九三学社娄底市委员会 ……425

第九篇 群众团体

概 述 ……431
第一章 总工会 ……431
第二章 共青团 ……438
第三章 妇女联合会 ……444

第四章　科学技术协会 ……451
第五章　归国华侨侨眷联合会 ……461
第六章　工商业联合会 ……465
第七章　文学艺术界联合会 ……470
第八章　贸促会 ……479
第九章　残疾人联合会 ……485
第十章　红十字会 ……493
第十一章　社会科学界联合会 ……498

第十篇　军　事

概　述 ……507
第一章　军事机构 ……508
第二章　兵　役 ……510
第三章　军队建设 ……512
第四章　民　兵 ……520
第五章　拥政爱民 ……523
第六章　国防动员和国防教育 ……529
第七章　人民防空 ……533

第二册

第十一篇　政　法

概　述 ……539
第一章　维护社会稳定 ……540
第二章　社会治安综合治理 ……542
第三章　执法监督 ……547
第四章　机构队伍 ……551

第十二篇　公　安

概　述 ……557
第一章　治安管理 ……558
第二章　户政管理与出入境管理 ……566
第三章　刑事案件侦查 ……568
第四章　经济案件侦查 ……574
第五章　道路交通管理 ……578
第六章　消防管理 ……584
第七章　安全保卫 ……589
第八章　规范执法、行政复议诉讼与劳教审批 ……591

第九章　机　构 ……592

第十三篇　检　察

概　述 ……599
第一章　刑事检察 ……600
第二章　职务犯罪侦查及预防 ……605
第三章　民事行政检察 ……611
第四章　信访举报与控告申诉检察 ……613
第五章　案件管理、人民监督和检察技术 ……615
第六章　机　构 ……617

第十四篇　法　院

概　述 ……623
第一章　刑事案件审判 ……624
第二章　民商事案件审判 ……629
第三章　行政案件审判 ……632
第四章　案件执行 ……635
第五章　立案信访与审判监督 ……638
第六章　机　构 ……641

第十五篇　司法行政

概　述 ……645
第一章　普法教育与依法治理 ……647
第二章　律师事务与公证事务 ……651
第三章　人民调解 ……659
第四章　法律服务与法律援助 ……663
第五章　安置帮教与社区矫正 ……667
第六章　司法鉴定与国家司法考试 ……671
第七章　机　构 ……674

第十六篇　民　政

概　述 ……679
第一章　基层自治组织建设 ……680
第二章　优抚安置 ……683
第三章　救灾救济 ……687
第四章　社会事务管理 ……690
第五章　社会福利 ……694
第六章　机　构 ……698

第十七篇　编制　人事

概　述……701
第一章　机构编制管理……703
第二章　干部（公务员）管理……712
第三章　事业单位人事管理……720
第四章　专业技术人员管理……722
第五章　人才培养管理……724
第六章　工资福利……727
第七章　管理机构……735

第十八篇　劳动和社会保障

概　述……739
第一章　劳动就业……740
第二章　劳动培训……743
第三章　劳动合同与劳动工资……747
第四章　劳动权益保障……748
第五章　养老保险……750
第六章　医疗和生育保险……755
第七章　失业保险……762
第八章　工伤保险……764
第九章　社保基金监督和信息化建设……766
第十章　管理机构……768

第十九篇　经济综述

第一章　经济发展……773
第二章　经济结构……780
第三章　居民生活……787

第二十篇　农业农村

概　述……799
第一章　农村经营管理改革……800
第二章　农村经济发展……804
第三章　农村建设……815
第四章　扶贫开发……819
第五章　机　构……823

第二十一篇　种植业

概　述……827
第一章　耕　地……828
第二章　粮食作物……830
第三章　经济作物……838
第四章　农业技术推广……844
第五章　监　管……850
第六章　机　构……856

第二十二篇　林　业

概　述……861
第一章　森林与湿地资源……862
第二章　森林培育……866
第三章　森林保护……871
第四章　林　场……880
第五章　林业经济……883
第六章　林业改革……886
第七章　机　构……889

第二十三篇　养殖业

概　述……895
第一章　畜牧业……896
第二章　水产业……907
第三章　养殖技术培训与推广……911
第四章　养殖监管……913

第二十四篇　水　利

概　述……919
第一章　水利建设……920
第二章　水利管理……929
第三章　防汛抗旱……937
第四章　水土保持……941
第五章　机　构……942

第二十五篇　农业机械

概　述……947
第一章　农机装备……948

第二章　农机生产与经营 ……950
第三章　农机服务 ……954
第四章　农机科研、培训与推广 ……956
第五章　农机监理 ……962
第六章　机　构 ……964

第二十六篇　工业综述

概　述 ……969
第一章　企业结构 ……970
第二章　国有工业企业改革 ……973
第三章　企业转型升级 ……977

第二十七篇　冶金工业

概　述 ……989
第一章　钢　铁 ……989
第二章　锑 ……997
第三章　黄　金 ……1000

第二十八篇　煤炭工业

概　述 ……1005
第一章　煤炭资源 ……1005
第二章　煤矿性质 ……1007
第三章　煤炭开采 ……1012
第四章　安全生产 ……1017
第五章　煤炭加工和经营企业 ……1027
第六章　机构与管理 ……1030

第二十九篇　电力工业

概　述 ……1035
第一章　发　电 ……1036
第二章　供　电 ……1044
第三章　用　电 ……1064
第四章　管　理 ……1071

第三十篇　建材工业　化学工业

第一章　建材工业 ……1079
第二章　化学工业 ……1086

第三十一篇　装备制造业

概　述……1097
第一章　矿山设备制造……1097
第二章　交通运输设备制造……1100
第三章　工程施工设备制造……1102
第四章　通用设备制造……1103
第五章　电子产品制造……1103

第三十二篇　轻工业

概　述……1107
第一章　医药工业……1108
第二章　食品工业……1110
第三章　其他轻工业……1113

第三十三篇　乡镇企业

概　述……1125
第一章　企业发展……1125
第二章　结　构……1130
第三章　管　理……1137
第四章　效　益……1140

第三册

第三十四篇　开发区建设

概　述……1147
第一章　娄底经开区……1149
第二章　娄底水府示范片万宝新区……1170
第三章　省级经济开发区……1178

第三十五篇　商　贸

概　述……1191
第一章　商业体制改革……1193
第二章　百货贸易……1195
第三章　糖酒、副食品贸易……1197
第四章　肉类、蔬菜水果贸易……1199

第五章 餐饮、宾馆、家政业 ……1201
第六章 金属、机电、化轻、建材贸易 ……1203
第七章 粮油购销 ……1204
第八章 石油经营 ……1217
第九章 烟草专卖 ……1220
第十章 盐业专营 ……1222
第十一章 市场网点建设、电子商务与商业执法管理 ……1225
第十二章 商贸会展 ……1232

第三十六篇 供销合作

概 述 ……1237
第一章 经营网络 ……1237
第二章 经营业务 ……1242
第三章 企业改革 ……1246
第四章 经营管理 ……1249

第三十七篇 对外经贸

概 述 ……1255
第一章 招商引资 ……1255
第二章 对外贸易 ……1260
第三章 资本与劳务输出 ……1263
第四章 机 构 ……1266

第三十八篇 旅游业

概 述 ……1269
第一章 旅游资源及开发 ……1269
第二章 旅游规划与品牌创建 ……1282
第三章 旅游服务体系 ……1285
第四章 旅游商品 ……1287
第五章 旅游市场开发 ……1290
第六章 旅游管理 ……1293

第三十九篇 金 融

概 述 ……1303
第一章 负债业务 ……1304
第二章 资产业务 ……1310
第三章 中间业务 ……1324
第四章 央行业务 ……1334

第五章　保险业务 ……1337
第六章　证券期货 ……1345
第七章　金融监管 ……1349
第八章　金融统计、调研、电子化 ……1362
第九章　机　构 ……1366

第四十篇　财　政

概　述 ……1379
第一章　收　入 ……1379
第二章　支　出 ……1384
第三章　财政管理 ……1389

第四十一篇　税　务

概　述 ……1405
第一章　国家税务 ……1405
第二章　地方税务 ……1415

第四十二篇　发展计划

概　述 ……1437
第一章　综合计划 ……1438
第二章　项目建设与管理 ……1459
第三章　发展战略研究与实施 ……1467
第四章　计划管理 ……1472

第四十三篇　统　计

概　述 ……1481
第一章　国民经济统计 ……1482
第二章　社会统计 ……1489
第三章　统计调查 ……1491
第四章　统计服务 ……1496
第五章　信息化建设 ……1497
第六章　法治建设 ……1498
第七章　机　构 ……1499

第四十四篇　物　价

概　述 ……1503
第一章　商品价格 ……1504

第二章　服务性收费 …………1514
第三章　物价管理 …………1519

第四十五篇　审　计

概　述 …………1529
第一章　国家审计 …………1529
第二章　内部审计和社会审计 …………1543
第三章　审计管理 …………1545

第四十六篇　工商行政管理

概　述 …………1551
第一章　市场主体登记 …………1552
第二章　市场主体监管 …………1557
第三章　市场秩序维护 …………1560
第四章　商标广告监管 …………1572
第五章　消费者权益保护 …………1580
第六章　机　构 …………1583

第四十七篇　质量技术监督

概　述 …………1589
第一章　质量管理 …………1590
第二章　质量监督 …………1599
第三章　标准化管理 …………1602
第四章　计量管理 …………1606
第五章　特种设备安全监察 …………1612
第六章　机　构 …………1614

第四十八篇　土地矿产资源管理

概　述 …………1619
第一章　土地资源管理 …………1620
第二章　地质矿产资源管理 …………1634
第三章　测绘业务与管理 …………1644
第四章　执法监察 …………1647
第五章　机　构 …………1652

第四十九篇　食品药品化妆品监管

概　述 …………1657

第一章　药品监管……1658
第二章　医疗器械监管……1673
第三章　食品监管……1677
第四章　保健品化妆品监管……1685
第五章　机　构……1688

第五十篇　安全生产监督管理

概　述……1693
第一章　安全培训与安全活动……1694
第二章　日常监管……1696
第三章　专项监管……1698
第四章　应急救援……1710
第五章　监管机构……1711

第五十一篇　国有资产

概　述……1715
第一章　国有资产监管……1715
第二章　国有企业改革……1723

第五十二篇　环境保护

概　述……1731
第一章　环境污染与治理……1732
第二章　生态环境保护……1750
第三章　环境规划与管理……1755
第四章　环境监测……1758
第五章　环境监察……1760
第六章　环保机构与宣传教育……1764

第五十三篇　城乡规划

概　述……1769
第一章　城乡总体规划……1770
第二章　娄底中心城区规划……1773
第三章　县（市、区）城区与建制镇规划……1782
第四章　机构与管理……1794

第四册

第五十四篇　城乡建设

概　述 …………1799
第一章　新型城镇化建设 …………1800
第二章　中心城区建设 …………1804
第三章　县（市、区）城区建设 …………1822
第四章　乡镇、村建设 …………1825
第五章　机　构 …………1835

第五十五篇　城市管理

概　述 …………1841
第一章　市容管理与行政执法 …………1842
第二章　环境卫生管理 …………1846
第三章　城市绿化与管理 …………1850
第四章　路灯、公厕建设与管理 …………1855
第五章　管理机构 …………1858

第五十六篇　建筑业

概　述 …………1863
第一章　勘察勘测 …………1863
第二章　建　筑 …………1866
第三章　建筑业管理 …………1879

第五十七篇　房地产业

概　述 …………1891
第一章　住房制度改革 …………1892
第二章　住房保障体系 …………1895
第三章　房地产开发 …………1902
第四章　房地产管理 …………1908
第五章　住房公积金 …………1917

第五十八篇　交通运输　邮政

概　述 …………1923
第一章　公　路 …………1924
第二章　铁　路 …………1956

第三章　水　路 ……1967
第四章　邮　政 ……1977

第五十九篇　信息产业

概　述 ……1983
第一章　信息网络建设 ……1984
第二章　电话通信及广播电视传输服务 ……1990
第三章　互联网服务 ……1994
第四章　软件开发及信息技术服务 ……1996
第五章　信息安全与管理 ……1998

第六十篇　教　育

概　述 ……2005
第一章　基础教育 ……2006
第二章　中等专业教育 ……2018
第三章　高等教育 ……2023
第四章　成人教育 ……2033
第五章　教育改革 ……2037
第六章　教师队伍 ……2047
第七章　教育经费与教育设施 ……2055
第八章　学校管理 ……2061

第六十一篇　科学技术

概　述 ……2067
第一章　科技管理 ……2067
第二章　科技研究和科技推广 ……2071
第三章　知识产权 ……2085
第四章　高新技术 ……2088
第五章　地　震 ……2089
第六章　气　象 ……2098

第六十二篇　医疗卫生

概　述 ……2105
第一章　医疗机构与设备 ……2105
第二章　医疗技术 ……2110
第三章　疾病预防与控制 ……2118
第四章　妇幼保健 ……2123
第五章　爱国卫生 ……2130

第六章 卫生体制改革 ……2136
第七章 卫生管理与医疗服务 ……2139

第六十三篇 体 育

概 述 ……2149
第一章 体育运动 ……2149
第二章 学校体育 ……2158
第三章 体育设施与体育管理 ……2164

第六十四篇 文化艺术

概 述 ……2171
第一章 群众文化 ……2172
第二章 文 学 ……2176
第三章 艺 术 ……2179
第四章 电影 图书 ……2187
第五章 文 物 ……2190
第六章 非物质文化遗产 ……2194
第七章 文化产业 ……2195
第八章 报 刊 ……2197
第九章 文化体制改革与文化市场管理 ……2200

第六十五篇 史志 档案 谱牒

第一章 党史工作 ……2207
第二章 地方志 ……2215
第三章 文 史 ……2218
第四章 档 案 ……2224
第五章 谱 牒 ……2234

第六十六篇 民间习俗

概 述 ……2259
第一章 经济民俗 ……2259
第二章 社会民俗 ……2270
第三章 信仰民俗 ……2286
第四章 游艺民俗 ……2287

第六十七篇 县（市、区）概况

第一章 娄星区 ……2295

第二章　冷水江市 ……2302
第三章　涟源市 ……2312
第四章　双峰县 ……2322
第五章　新化县 ……2331

人　物

概　述 ……2341
一、人物传 ……2341
二、前志补遗 ……2363
三、人物名录 ……2371

附　录

梅山文化 ……2389
重要文献 ……2408

索　引

主题索引 ……2419
人名索引 ……2441
表格索引 ……2443

后　记

目　录
(第一册)

总　述 …… 1
大事记 …… 17

第一篇　政　区

第一章　建置区划 …… 61
第一节　位置面积 …… 61
第二节　隶属沿革 …… 61
第三节　行政区划 …… 63
第二章　区域勘界与地名管理 …… 64
第一节　区域勘界 …… 64
第二节　地名管理 …… 65

第二篇　自然环境

第一章　地　质 …… 77
第一节　地　层 …… 77
第二节　岩浆岩 …… 80
第三节　地质构造 …… 81
第二章　地　貌 …… 82
第一节　地貌特色 …… 82
第二节　地貌类型 …… 83
第三节　山脉特征 …… 84
第三章　水　文 …… 85
第一节　河流水系 …… 85
第二节　水文站建设 …… 87
第三节　河流水文特征 …… 87
第四章　气　候 …… 91
第一节　气候特征 …… 91
第二节　气象要素 …… 92
第五章　土　壤 …… 103
第一节　成土母岩母质类型 …… 103
第二节　土壤类型与分布 …… 104
第六章　自然资源 …… 105

第一节　土地资源……105
第二节　水资源……106
第三节　矿产资源……107
第四节　野生动物……111
第五节　野生植物……112
第七章　自然灾害……114
第一节　气象灾害……114
第二节　虫　害……119
第三节　地质灾害……126
第八章　环境质量……127
第一节　大气环境质量……127
第二节　水环境质量……129
第三节　土壤环境……130
第四节　声环境……131

第三篇　人　口

第一章　人口分布……135
第一节　人口总量与密度……135
第二节　区域分布……137
第三节　城乡分布……139
第二章　人口构成……140
第一节　性别构成……140
第二节　年龄构成……141
第三节　婚姻家庭构成……146
第四节　行业、职业构成……149
第五节　文化构成……158
第六节　民族构成……161
第三章　人口变动……163
第一节　自然增减……163
第二节　人口迁移……165
第四章　计划生育……166
第一节　政策法规……166
第二节　计划生育宣传……169
第三节　优生优育……169
第四节　机　构……171

第四篇　中共娄底地方组织

第一章　组织机构……177
第一节　中共娄底市代表大会……177

第二节　中共娄底地区委员会 ……178
第三节　中共娄底市委员会 ……179
第四节　市委工作机构 ……184
第二章　重要会议与决策 ……184
第一节　中共娄底地委 ……184
第二节　第一届市委 ……186
第三节　第二届市委 ……187
第四节　第三届市委 ……188
第五节　第四届市委 ……190
第六节　第五届市委 ……191
第三章　组织工作 ……192
第一节　工作机构 ……192
第二节　基层党组织建设 ……192
第三节　党员队伍建设 ……197
第四节　干部队伍建设 ……200
第五节　领导班子建设 ……205
第六节　人才队伍建设 ……206
第四章　纪检监察 ……207
第一节　纪检监察机构 ……207
第二节　党风廉政建设 ……213
第三节　行政监察 ……218
第四节　巡视巡察 ……222
第五节　案件查处 ……223
第五章　宣传工作 ……227
第一节　宣传机构 ……227
第二节　理论教育 ……227
第三节　新闻宣传 ……228
第四节　社会宣传 ……230
第五节　文化发展与管理 ……231
第六节　精神文明建设 ……232
第六章　统一战线工作 ……240
第一节　工作机构与队伍 ……240
第二节　民主党派工作 ……241
第三节　对台工作 ……245
第四节　海外联谊工作 ……247
第五节　党外代表人士与新的社会阶层工作 ……248
第六节　非公有制经济工作 ……250
第七章　市直机关党建工作 ……251
第一节　市直机关工委自身建设 ……251
第二节　党员思想政治建设 ……252
第三节　基层组织和党员队伍建设 ……254

第八章　其他党务工作……255
第一节　党校工作……255
第二节　保密工作……258
第三节　督查工作……259
第四节　老干部工作……261
第五节　关心下一代工作……265
第六节　接待工作……267
第七节　政策研究工作……268

第五篇　人民代表大会

概　述……275
第一章　组织机构……276
第一节　地区人大联工委……276
第二节　市人大常委会……277
第三节　县（市、区）人民代表大会……280
第二章　人大代表……280
第一节　代表产生……280
第二节　代表数量及构成……281
第三章　重要会议……282
第一节　人民代表大会……282
第二节　常委会会议……284
第三节　主任会议……290
第四章　履行职责……291
第一节　立法工作……291
第二节　监督工作……292
第三节　讨论、决定重大事项……305
第四节　任免工作……306
第五节　代表工作……308
第六节　指导县乡人大工作……312

第六篇　人民政府

概　述……317
第一章　政府机构……319
第一节　地区行政公署……319
第二节　市人民政府……321
第三节　县（市、区）政府……325
第二章　政务会议……325
第一节　地区行署会议……325
第二节　市政府会议……327

第三章　施政方式 ……331
第一节　调查研究 ……331
第二节　规范决策施政制度 ……331
第三节　依法行政 ……332
第四节　行政审批制度改革 ……340
第五节　政务公开 ……342
第四章　政事纪要 ……348
第一节　农业农村 ……348
第二节　新型工业化 ……351
第三节　基础设施 ……356
第四节　商贸旅游 ……357
第五节　金融保险业 ……358
第六节　城乡建设 ……360
第七节　生态环境 ……361
第八节　社会事业 ……363
第九节　应急管理 ……368
第五章　其他政务 ……369
第一节　信访工作 ……369
第二节　外事侨务工作 ……372
第三节　民族宗教事务管理 ……376
第四节　机关事务管理 ……377

第七篇　人民政协

概　述 ……381
第一章　组织机构 ……382
第一节　地区政协联工委（政协工委） ……382
第二节　市政协常委会 ……383
第三节　县（市、区）政协常委会 ……387
第二章　政协委员 ……390
第一节　委员产生 ……390
第二节　委员构成 ……390
第三节　委员管理 ……392
第三章　重要会议 ……393
第一节　全体委员会议 ……393
第二节　常委会会议 ……397
第三节　主席会议 ……399
第四章　履行职责 ……402
第一节　政治协商 ……402
第二节　民主监督 ……404
第三节　参政议政 ……405

第四节　其他工作……410

第八篇　民主党派娄底地方组织

概　述……**415**
第一章　中国民主同盟娄底市委员会……**415**
第一节　组织机构与代表大会……415
第二节　主要工作……416
第二章　中国民主建国会娄底市委员会……**419**
第一节　组织机构与代表大会……419
第二节　主要工作……419
第三章　中国民主促进会新化县工作委员会……**422**
第一节　组织机构与代表大会……422
第二节　主要工作……422
第四章　中国农工民主党娄底市委员会……**423**
第一节　组织机构与代表大会……423
第二节　主要工作……424
第五章　九三学社娄底市委员会……**425**
第一节　组织机构与代表大会……425
第二节　主要工作……426

第九篇　群众团体

概　述……**431**
第一章　总工会……**431**
第一节　组织机构与代表大会……431
第二节　主要工作……432
第二章　共青团……**438**
第一节　组织机构与代表大会……438
第二节　主要工作……439
第三章　妇女联合会……**444**
第一节　组织机构与代表大会……444
第二节　主要工作……445
第四章　科学技术协会……**451**
第一节　组织机构与代表大会……451
第二节　主要工作……453
第五章　归国华侨侨眷联合会……**461**
第一节　组织机构与代表大会……461
第二节　主要工作……462
第六章　工商业联合会……**465**
第一节　组织机构与代表大会……465

第二节 主要工作 ……467
第七章 文学艺术界联合会 ……470
第一节 组织机构与代表大会 ……470
第二节 主要工作 ……471
第八章 贸促会 ……479
第一节 组织机构与代表大会 ……479
第二节 主要工作 ……480
第九章 残疾人联合会 ……485
第一节 组织机构与代表大会 ……485
第二节 主要工作 ……486
第十章 红十字会 ……493
第一节 组织机构与代表大会 ……493
第二节 主要工作 ……494
第十一章 社会科学界联合会 ……498
第一节 组织机构与代表大会 ……498
第二节 主要工作 ……500

第十篇 军 事

概 述 ……507
第一章 军事机构 ……508
第一节 机 构 ……508
第二节 娄底市人民武装委员会 ……509
第二章 兵 役 ……510
第一节 征 兵 ……510
第二节 预备役登记与管理 ……512
第三章 军队建设 ……512
第一节 军分区部队建设 ……512
第二节 武警部队建设与勤务 ……516
第三节 消防部队建设 ……518
第四章 民 兵 ……520
第一节 民兵组织建设 ……520
第二节 民兵政治教育 ……521
第三节 民兵与在校学生军事训练 ……521
第四节 民兵职责 ……522
第五章 拥政爱民 ……523
第一节 拥政参建 ……523
第二节 军民共建 ……526
第六章 国防动员和国防教育 ……529
第一节 国防动员 ……529
第二节 国防教育 ……530

第七章　人民防空 …… 533
第一节　人防机构 …… 533
第二节　组织指挥 …… 534
第三节　宣传教育 …… 534
第四节　人防工程 …… 535
第五节　警报通信 …… 536

总　述

一

娄底市位于湖南省中部，东临长沙、湘潭，南傍衡阳，北接益阳，西南与邵阳毗连，西北与怀化接壤，是全省地理几何中心，区位优势明显。地理坐标：北纬27°12′31"~28°14′27"，东经110°45′40"~112°31′07"。2017年，辖娄星区、涟源市、冷水江市、新化县、双峰县5个县（市、区）和娄底经济技术开发区（简称娄底经开区）、万宝新区，总面积8109.58平方千米。全市人口453.61万人，其中少数民族21个，8000余人。旅居海外50多个国家和地区华侨、华人和港澳同胞5万余人。

山水秀丽，气候温和。全境地势西高东低，呈阶梯状倾斜。西部高山连绵耸立，巍巍大熊山，主峰海拔1622米，为全市之最。中部丘岗星罗棋布，48面龙山蔚为壮观，峰巅岳坪顶海拔1514米。东南部九峰山，主峰海拔750米。东部平坦，沃野连片。最低海拔为东部侧水江口，仅64米。较大的平地有双峰盆地、娄底经开区西阳盆地、娄涟走廊、新化县横阳、洋溪盆地，是全市粮油主产区。

全市属中亚热带季风区，气候温和，四季分明，无霜期长，年均霜日18天左右，雪期在12月下旬至次年1月上中旬，年均积雪日8~10天，年均气温17℃，1月最低（0℃~5℃），7月最高（25℃~37℃）。全市年均降水1300~1400毫米，雨热同季，利于植物生长和农业发展。

物华天宝，资源丰富。境内有47个矿种、480多处矿产地（含旧迹开发点），已探明储量的矿种25种，规模开发163处（大、中型矿床36处），占全国第一的有锑矿，占全省第一的有煤、白云石、石灰石、大理石矿，占第二位的有石墨、金、铅、锌、铁、锰、钨等矿产，煤层气有较好潜在开发远景。

粮食作物主要有水稻、玉米、麦类、薯类、豆类，经济作物主要有茶叶、水果、蔬菜、油料。茶叶名品众多，新化黑茶、渠江薄片茶、双峰碧玉茶、古塘枫木贡茶等在省内外颇有名气。水果以红柚、葡萄、杨梅、柑橘为主。有林地3453.5平方千米，占全域总面积43%，森林立木蓄积1634万立方米，立竹1.6亿株，森林覆盖率50.3%。人工种植和野生药用植物有玉竹、百合、白芍、山药、厚朴、杜仲、黄柏及水生植物等100余种。动物资源有国家一级保护动物云豹、林麝、黄腹角雉、白颈长尾雉4种，二级保护动物果子狸、穿山甲、水獭等13种，其他重点保护动物有黑鹿、画眉、相思鸟等122种，有爬行动物龟和蛇类（银环蛇、眼镜蛇、竹叶青等）20余种。

境内西部为资江水系，东部为涟水水系。资江流经冷水江市、新化县，有支流9条，流程111千米，流域面积2894.5平方千米。涟水、孙水、侧水为湘江水系一、二级支流，自北向南流经涟源市、娄星区、娄底经开区、双峰县，经湘乡、湘潭汇入湘江，境内流程85千米，流域面积4913平方千米。全市江河水能动力资源理论蕴藏量33万千瓦，截至2017年，全市建有水电站139处，装机容量16.94万千瓦，年发电5.17亿千瓦时。

风光优美，胜景众多。拥有大熊山、龙山2个国家级森林公园和九峰山、洪家大山、包围山、大乘山4个省级森林公园。大熊山国家森林公园有“绿色王国、天然氧吧”之称，每立方厘米有负氧离子7万多个。紫鹊界秦人梯田，距今有2200多年历史，是世界农业文化遗产、水利遗产、灌溉遗产。梅山龙宫被誉为“亚洲最美的地质博物馆”。波月洞内怪石嶙峋、别具洞天，《西游记》部分珍贵镜头拍摄于此。世界奇迹单边峡谷——涟源湄峰湖国家湿地公园拥有“九曲湄江、十里画廊”之美景。水府庙国家湿地公园，岛屿星罗棋布，秀美灵动，水体面积相当9个西湖。琅塘、荣华柘溪水库龙湾国家湿地公园由21个森林岛屿组成，面积2504.9公顷，其中水体面积2171.4公顷。有曾国藩故居、蔡和森纪念馆、红二军团长征司令部旧址等人文景观多处。

地灵人杰，英才辈出。三国时期，蒋琬出任蜀国丞相13年。“晚清中兴名臣”曾国藩，创建湘军，倡导洋务运动，为中国近代化建设做出贡献。自其始，人文蔚起，湖湘政治军事精英群体性走上中国舞台，对中国历史发展进程和走向产生深远影响。曾纪泽勇斗沙俄，终签《中俄伊犁条约》，收回伊犁大片领土。“湘学复兴导师”邓显鹤著辑诗文史籍数十部，撰修清《宝庆府志》、清《新化县志》等。辛亥革命先驱陈天华写下《猛回头》《警世钟》《绝命书》，蹈海殉国，警醒世人。由浙江远嫁双峰的女杰秋瑾，矢志推翻封建帝制，失败就义，留有遗著《秋瑾集》。同盟会成员谭人凤，先后参加武昌起义、黄花岗起义，曾任各省都督府临时参议会议长。蔡和森与夫人向警予早年与毛泽东在长沙建立新民学会，创办《湘江评论》，传播共产主义思想，首提“中国共产党”之名，并与周恩来等共同发起成立中共旅欧支部。全国早期8个共产党组织，蔡和森、向警予、彭平之、李中4人是其中3个组织的发起人或参与者。蔡和森任中共第二至第六届中央政治局委员，是中国共产党的创始人之一。向警予为第一位女中共中央委员，毛泽东称赞她是“中国共产党唯一女创始人”。中国妇女解放运动领导者、组织者蔡畅，为中国妇女解放运动和中国革命贡献毕生精力。黄埔军校首任教育长方鼎英、抗日名将宋希濂拥护中共抗日民族统一战线，积极抗日。开国上将李聚奎、中将陈正湘为中国革命胜利立下赫赫战功。红色教育家成仿吾翻译并审定《共产党宣言》。美籍华人医学博士、爱国华侨李振翩，抗日战争爆发后，毅然回国参战，中华人民共和国成立后为中美关系正常化多方奔走，受到毛泽东、周恩来、邓小平等中央领导高度评价和多次接见。国际主义战士罗盛教冒着严寒，跳进冰窟救出落水朝鲜少年，谱写出一曲国际主义颂歌。全市各条战线涌现大批先进模范人物和科学家、文学家、艺术家，其中全国劳动模范54名、院士12名。书画艺术大师邹传安、王憨山、颜家龙作品享誉海内外。在各个历史时期为中国革命和建设英勇牺牲的革命烈士1385人。连续5次蝉联胡润中国慈善榜首的著名慈善家彭立珊，在内地巨额捐助公益事业，惠及大江南北。进入21世纪，以三一集团公司董事长梁稳根为代表的娄商精英群体，为中国特色社会主义经济建设做出积极贡献。

二

娄底历史悠久，建置源远流长。春秋战国属楚。秦置湘南县，辖今娄底全境，属长沙郡，新化紫鹊界梯田开始建设。西汉属长沙国。汉高祖五年（前202）置连道，治所龙城，辖今涟源杨家滩、蓝田、双峰侧水一带。西汉建平四年（前3），析湘南县置湘乡县，辖今双峰县、涟源市、娄星区，属长沙郡。三国时分属衡阳郡、昭陵郡。孙吴宝鼎元年（266），置高平县，辖今新化县西部地区，属昭陵郡。西晋、东晋、南朝（宋、齐、梁、陈）属邵陵郡。隋属长沙郡。唐、五代、宋分属潭州、邵州。宋熙宁五年（1072）梅山地区归服朝廷，分置新化县、安化县。元代，分属天临路、宝庆路。明代，分属长沙府、宝庆府。江西移民入境，上梅、白溪、永丰、蓝田、桥头河、娄底等集镇形成，娄底镇成为湘乡八大集镇之一。清袭明制。

民国元年（1912），属长宝道，民国3年（1914），改属湘江道。民国11年（1922）废道，由省直管。民国29年（1940），分属第五、第六行政督察区。

1949年10月，中华人民共和国成立，境内分属益阳专区、邵阳专区。1950年6月，设立锡矿山特区（县级），隶属邵阳专区。1951年8月，国务院批准，析湘乡县、安化县、邵阳县、新化县部分区域分置双峰县、蓝田县（1952年7月更名为涟源县），属益阳专区，1952年11月，改属邵阳专区。同年8

月，锡矿山特区撤销，回归新化县。1960年2月，国务院批准析涟源县、新化县部分区域设立娄底市和冷水江市，隶属邵阳专区。1962年10月，撤销冷水江市和娄底市，分别回归新化县和涟源县。1969年10月，恢复冷水江市。

1977年9月，国务院批准，邵阳地区析置邵阳市、涟源地区、邵阳地区。涟源地区辖新邵、邵东、新化、双峰、涟源5县和冷水江市，地区机关驻涟源县娄底镇。同年11月，成立涟源地区革命委员会，1979年3月，改称涟源地区行政公署。全地区贯彻中共十一届三中全会精神，拉开改革开放序幕。1980年7月，国务院批准恢复娄底市（县级），涟源县娄底区为该市行政区域。1982年12月，涟源地区更名为娄底地区，全地区推行农业生产联产承包责任制。1983年2月8日，国务院批复撤销娄底地区。娄底市、双峰县、涟源县归属湘潭市，娄底市更名为湘潭市娄底区；邵东县、新邵县归属邵阳市；冷水江市、新化县归属邵阳地区。同年7月13日，国务院批准恢复娄底地区，辖娄底市、冷水江市、涟源县、新化县、双峰县。1987年6月，国务院批准撤销涟源县，设立涟源市，所辖行政区域不变。1989年，省政府批准娄底地区为全省能源原材料开发试验区。20世纪90年代，地委、行署深入学习贯彻邓小平南方谈话和中共十四大、十五大精神，在全地区开展党的基本路线、四项基本原则和讲学习、讲政治、讲正气教育。全面贯彻《中共中央关于深化经济体制改革的决定》，深化国有企业改革，实现由计划经济向市场经济转变；出台《关于加快工业发展步伐的决定》《关于能源原材料开发试验区建设总体方案》。在全省率先推行工业“五自主”、商业“四放开”、外经外贸“四结合”改革，实施经济强区战略并编制《娄底地区经济强区规划（1993—2010）》，实施十大重点工程建设。实施引导农民进市场奔“小康”和国家“八五扶贫攻坚”计划，发布《关于加快发展乡镇企业的规定》，推动乡镇企业发展。娄底地区被国家确定为农村发展研究试验区。提出建设湖南第二条经济走廊计划及实施方案，娄底跻入湖南省“一带两廊”（指以长株潭为发展核心的京广经济带和长益常张、潭娄邵怀两条经济走廊）发展战略；实施科教兴娄战略，发布《关于加快教育改革发展若干问题的意见》，制定《科技兴娄纲要》和“科技三项计划”（重大科研、中间实验、新产品试制计划），落实国家、省“星火计划”“火炬计划”“巨龙计划”。完成乡镇机构改革，撤销19个区公所建制，170个乡镇合并为80个乡镇，其中乡24个、建制镇56个。完成县市人民武装部收归人民解放军现役序列和民兵组织整顿任务，国防和后备力量建设得到进一步加强。

1999年1月，国务院批准，撤销娄底地区，设立地级娄底市，县级娄底市更名为娄星区。8月，娄底市人民代表大会一届一次会议召开，选举产生第一届娄底市人民代表大会常务委员会和第一届娄底市人民政府，同时召开中国人民政治协商会议娄底市委员会一届一次全体会议，选举产生政协娄底市第一届委员会常务委员会。娄底历史由此翻开新的一页。

进入21世纪，全市各级党委、政府深入学习邓小平理论、“三个代表”重要思想、科学发展观和中共十六大、十七大精神，开展共产党员先进性教育，加强党的思想、组织、作风建设，坚持依法治国、民主施政。市委、市政府作出关于进一步加快民营经济、农业产业化和工业发展步伐的决定，提出加速转型、与时俱进、后发赶超战略思想，全面推进工业化、农业产业化、新型城镇化建设和工业园区建设，全市6个省级工业园区相继开工建设。实施中心城区北扩南移、不求最大但求最美的城市发展战略，调整城市规划，全面启动水、电、气、路改造建设和绿化、美化、亮化工程。2004年，市委、市政府出台《关于全市国有工商企业产权制度改革的若干意见》，启动国有企业“两个置换”改革，全市完成86家国有预算内企业产权货币化置换和3.6万多名国有企业职工身份置换。2007年，市委、市政府制定《关于鼓励外商投资若干规定》《关于实施开放崛起战略建设开放强市的意见》，先后引进海螺水泥、湖北宜化、三一重工和安赛乐米塔尔汽车板等100多个大型工业项目；启动“三基地一中心一枢纽”发展战略，将娄底建设成湖南省新型能源原材料基地、特色装备制造业基地、文化与生态旅游休闲基地、区域性商贸集散与物流配送中心和中西部交通枢纽；提出“两型社会”（资源节约型、环境友好型）发展战略，制定《娄底市两型产业发展规划（2011—2020）》《全面深化“两型社会”综合改革加快推进生态文明建设行动计划》，成立万宝新区，作为“两型社会”建设核心区和主要承载区。2008年，市委、市政府作出关于积极发展现代农业、扎实推进社会主义新农村建设的决策，全面实施“千村示范工程”，对农村山、水、田、路、林、电和村容村貌全面规划和建设，全市65个行政村成为全省美丽乡村示范村。

2012—2017年，市委、市政府贯彻落实中共十八大、十九大精神，深入学习习近平新时代中国特色社会主义思想，开展培育践行社会主义核心价值观、党的群众路线教育实践活动“两学一做”、“三严三实”教育。树立新发展理念，启动资源型城市转型发展战略；实施交通发展战略，交通网络更加完善；编制《智慧娄底规划（2016—2020）》和《智慧娄底建设五年行动计划》，启动新型智慧型城市建设战略，建设云计算和大数据创新中心，建设互联网+政务服务、智慧娄底、智慧城管、社会治理网格化等“政务云”项目；贯彻习近平关于“绿水青山就是金山银山”新发展理念，开启环境污染治理和生态建设战略，制定环境规划，开展环境监测，加大自然资源保护和执法，植树造林，封山育林。建立四级河长制，市长任全市总河长，全面治理资江、涟水、孙水、侧水等大小江河。2014年，市委、市政府制定《娄底市文化强市战略实施纲要》，实施文化强市战略，全市文化产业快速发展。制定《娄底市推进新型城镇化建设实施方案（2014—2020）》，实施融城战略，对外主动融入长株潭城市群，对内积极推进娄涟一体化、娄双一体化、冷新一体化和娄—涟—双、冷—新城镇带统筹开发建设。实施娄商返娄战略，至2017年，20多家大型民营企业总部返回娄底，“总部经济”年均增加税收10余亿元。“五位一体”总体布局、“四个全面”战略布局全面推进，党风廉政建设不断加强。娄底先后荣获国家卫生城市、国家园林城市、全国宜居城市、中国优秀旅游城市等称号和全国文明城市提名资格。28年砥砺奋进，28年硕果纷呈，湘中明珠更加璀璨。

三

1989年，全区地区生产总值33.79亿元，地方财政收入2.6亿元，分别比1978年增长97.8%和2.15倍。1990—2017年，娄底立足资源型和内陆欠发达地区的市情，坚持以经济建设为中心，以改革发展为主旋律，科学发展，后发赶超，经济发展成效显著。

经济总量不断壮大　1990年，全区地区生产总值39.06亿元，人均地区生产总值1031元，一、二、三产业比重为34.4∶43.9∶21.7。1991—1995年，国民经济增长速度加快，地区生产总值年均增长11.7%。1995年，全区地区生产总值110.36亿元，人均地区生产总值3317元，三次产业比重为29.3∶41.8∶28.9。1996—2000年，娄底经济结构进行战略性调整，地区生产总值年均增长9.3%。2000年，全市地区生产总值166.73亿元，按可比价格计算，是1990年的2.8倍，人均地区生产总值4293元，一、二、三产业增加值分别为40.23亿元、62.7亿元、63.8亿元，三次产业比重为24.1∶37.6∶38.3。2001—2005年，全市地区生产总值年均增长10.1%。2005年，全市地区生产总值302.29亿元，人均地区生产总值8193元，一、二、三产业增加值分别为50.21亿元、143.15亿元、108.93亿元。2006—2010年，全市经济高速发展，地区生产总值年均增长13%。2010年，全市地区生产总值678.71亿元，按可比价格计算，是1990年的8.57倍，人均地区生产总值17569元，一、二、三产业增加值分别为99.8亿元、364.86亿元、214.05亿元，三次产业比重为14.7∶53.8∶31.5。2011—2015年，地区生产总值年均增长10.3%。2015年，地区生产总值1300.02亿元，一、二、三产业增加值分别为189.2亿元、650.12亿元、460.7亿元，三次产业比重为14.6∶50∶35.4。2017年，地区生产总值1411.81亿元，按可比价格计算，是1990年的16.27倍，人均地区生产总值36145元，一、二、三产业增加值分别为152.8亿元、659.72亿元、599.29亿元，三次产业的比重为10.8∶46.7∶42.5。1990—2017年，地区生产总值年均增长

10.5%。

工业发展转型升级　娄底素有“世界锑都”“十里钢城”“百里煤田”之称。1990年，全地区工业经济以传统的资源型经济为主要特点。煤炭、冶金、建材、化工成为区内四大支柱产业，总产值41.72亿元。1992年，地、县（市）属国营中小型工业企业在全省率先推行生产经营、产品定价、内部分配、劳动用工、技术改造“五自主”改革。1993年，全面推进国有资产经营形式、企业分配机制、人事劳动用工制度、企业生产组织形式、企业领导机制转换。全地区工业总产值增加到111.36亿元。涟钢成为全国大型一档企业。1994年始，全地区关闭221户产能落后的小矿山、小水泥、小冶金企业。40户规模较大的企业实施兼并重组。涟邵矿务局的芦茅江煤矿、朝阳煤矿、斗笠山煤矿、桥头河煤矿、涟邵焦化厂、涟邵水泥厂依法破产。中日合资杰克赛尔汽车空调压缩机生产线投产。1999年，娄底市加快国有中小企业改革和发展，全市工业生产呈现高速增长态势，生产总值253.37亿元。2003年，娄底市把招商引资作为工业经济加速发展、提质增效转型发展的一项重大战略。是年，举行首届“青春娄底·湘中之光”文化经贸博览会，签约合同项目76个，引进资金49.93亿元。全国第一条AE型乳化炸药生产线在湖南神斧集团169化工有限责任公司投产。2004年，湖南省新型工业化标志性工程——涟钢年产200万吨热轧薄板项目投产。涟钢建工集团等近30家企业入驻娄底经开区。自此，全市工业呈现进入园区集中发展态势。金竹山电厂异地扩建，装机容量195万千瓦，居湖南火力发电量之首。全市工业增加值突破100亿元，全市规模工业增加值居全省市州之首。2005年，全球最大钢铁生产企业安赛乐米塔尔钢铁公司落户娄底。海螺集团、三一集团等一批世界500强企业入驻娄底。2006年，涟钢年产150万吨冷轧薄板项目竣工，成为湖南省工业发展史上的里程碑。涟钢一举跨入世界钢铁行业前列。娄底电网建成1座500千伏变电站、11座220千伏变电站组成的高压供电网，成为西电东送、北电南送重要枢纽。是年，86户国有预算内企业全部改制到位，成为独立市场主体，按新的企业组织形式生产和经营。6个省级以上经济开发区，入园企业430家。娄底经济技术开发区依托涟钢产业优势发展薄板及深加工产业，被列为湖南省重点扶持的高新技术特色产业基地。娄底市获全省加速推进新型工业化先进市。2007—2008年，双峰海螺、湖南海螺日产5000吨水泥熟料生产线分别点火投产。华菱安赛乐米塔尔汽车板、电工钢项目、大丰和电动车、湖南金华车辆有限公司特种汽车及底盘生产线、华润雪花啤酒20万吨生产基地等项目落户娄底经开区。娄底经开区被列入全省“钢材深加工千亿产业集群”和“千亿元园区”。2010年，全市工业成功转型，实现工业增加值323.79亿元。2011年，万宝新区挂牌成立，被列入长株潭城市群“两型社会”示范区。文昌科技、湘村高科、颐高集团、顺德造、陌陌集团、诚通物流等企业相继进入园区。2012年，娄底经开区升级为国家级开发区。2013年，国家发改委确定娄底市为国家循环经济示范城市创建地区。娄底经开区将园区产业整合为千亿级精品钢材及薄板深加工产业，100亿元级新材料、新能源产业，电力科技特色产业三大产业集群，承接产业转移项目61个。是年，总投资52亿元、年产200万吨的华菱安赛乐米塔尔有限公司汽车板项目在娄底经济技术开发区投产，改写中国长期依赖进口汽车板的历史。2015年，双峰县以农友集团为核心的10余家农机生产企业组建“农机航母”，被确认为湖南省农机产业基地、全国农机专业市场。至此，娄底汽车薄板加工产业、电子陶瓷产业、高储能动力电池产业、生物制药产业、新材料产业、“互联网+”产业等十大新兴工业集群初步形成，工业结构实现华丽转身，发展前景十分广阔。2016年，涟源经济开发区升级为省级高新技术产业开发区，其智慧湘军工业园在深圳发展500余家企业，组成湘军中小企业联盟，捆绑式发展，年产值280亿元。湖南电将军新能源有限公司年产650万套智能储能电源产业化基地建设项目、年产500万套纳米陶瓷智能储能电源产业化基地项目落户娄底。2017年，主动对接“中国制造2025”“互联网+”，推动大众创业万众创新，构建全方位创新发展体系。全市规模以上工业企业794户，总产值2076.29亿元，增加值449.46亿元，成为“湖南制造强省”的重点地级市之一，初步实现由能源原材料开发区向高新技术产业、高加工度产业和装备制造业发展的战略性转移。园区经济成为全市工业经济的主体，7个园区累计开发面积44.54平方千米，技工贸总收入2420亿元，规模以上工业企业370个，增加值348.83亿元，占全市规模以上工业增加值的68.5%；高新技术产品产值940.29亿元，占全市高新技术产业总产值的80%；出口创汇1.96亿美元，占全市的64.5%。省级及以上产业园区综合评价得分在全省市州排名从2016年的第7名上升为第2名。

农业产业化稳步推进　1990年，全地区农业人口317.6万人，农牧渔总产值18.47亿元。1992年，娄底地区被确定为全国地级农业和农村发展研究试验区。1993年始，实施引导农民进市场奔小康工程和国家“八七扶贫攻坚”计划，推进优质高产高效农业发展。新化县被国务院扶贫开发领导小组列为“八五”期间国家扶持的重点贫困县。是年始，全区以扶植和发展农村产业为主，相继开展建整扶贫、建设扶贫和精准扶贫。1995年，“公司+农户”“流通企业+农户”的新型农业经营形式开始建立，初步形成生猪和草食动物、粮油、中药材、南竹、果蔬五大产业基地。1996年，全地区大力推进农业产业化，打造农产品加工龙头企业，地、县（市）财政采取以奖代投、财政贴息等方式，支持带动能力强的农产品加工龙头企业和重点项目，建成一批有区域经济特色的农产品基地。1997年，娄底地区双季水稻亩产平均1056千克，成为全省第三个实现吨粮田目标的地市。2001年，全市发展农产品加工企业381家，实现销售收入10.5亿元。“三黑一菌”（黑牛、黑猪、黑茶，食用菌）成为娄底农村强势产业之一。2003年，完成第二轮农村土地延包，推进农村土地承包经营权流转，提升农业产业化经营规模。2005—2006年，全市开展新农村“千村示范工程”建设，农民专业合作组织发展到488个，成员5.23万户，带动农户18.86万户。2007年，有市级以上龙头企业75家，销售收入15.9亿元。2008年，休闲农业经营主体发展到212家，年经营收入3.19亿元，带动农户2880户。2010年，农牧渔业总产值160.3亿元，其中种植业占37.9%、畜牧业占55.5%、渔业占4.3%、林业占1.7%、服务业占0.6%，农民人均纯收入3365元。2012—2014年，新化县、涟源市、冷水江市被列入国家武陵山区扶贫攻坚示范区。新化县入选全国休闲农业与乡村旅游示范县。2016年，农村市级农业类重点项目发展到287个，累计完成投资200.76亿元。2017年，全市农牧渔业总产值246.56亿元，是1990年的13.35倍，全市农村居民人均可支配收入1.05亿元，是1990年的18.51倍。农产品加工企业1269家，销售收入381.8亿元，农产品注册商标272个，其中中国驰名商标3个，省著名商标34个、名牌产品8个。永丰辣酱获批国家地理标志保护产品，溪口溪砚、富田桥游浆豆腐获中国地理标志商标。休闲农业企业1238家，经营收入21.5亿元，畜牧业总产值96.61亿元，农机生产企业65家，生产总值102亿元，农机合作社191家。农民专业合作社5100家，入社17.86万户，带动非社员农户27.2万户，农民专业合作社固定资产总值31.91亿元，产值36.79亿元。1238家休闲农村企业接待游客730万人次，营业收入21.5亿元。

内外贸易日趋活跃　1990年，全地区商业贸易主要由全民所有制商业企业和供销社经营，全地区社会消费品零售总额14.04亿元。1991年，出口额1.37亿元，创汇67.29万美元。1994年，完成出口2.56亿元，创汇515.36万美元。是年，全地区全面推行商业“四放开”、外经外贸“四结合”改革。形成以国合商业为主导，多种经济成分共存局面。1997年，全地区进出口经营权企业发展到13家。1998年，商业物资系统所属公司退出国有序列重组。2000年，全市实现社会消费品零售总额59.11亿元，是1990年的4.21倍。2007年，双峰县湘源皇视电子有限公司年出口超过200万美元，其产品成为市内第一个省级出口名牌和国家级出口名牌。2008年，娄底铁路口岸成立，进出口总额突破10亿美元。2009年，以农机、煤机和电子陶瓷三大产业为拳头，打造出口基地。有进出口经营权的企业增加到168家。2011年，社会消费品零售总额265.17亿元，是2000年的4.49倍。进出口额20亿美元，总量排全省第3位。2013年，韶山海关驻娄底监管组挂牌成立，实现市内办理海关业务。是年，省政府决定，湖南省农业机械、矿山机械、电子陶瓷产品博览会（简称湘博会）永久落户娄底。2014年，电子商务发展迅速，在阿里巴巴平台注册企业3000多家，开设淘宝网店600多家，交易额20.7亿元。4000多家本土企业在全国综合性电商平台上注册并开展业务，外贸进出口总额15.72亿美元。是年，娄底检验检疫机构挂牌成立，结束进出口产品不能本地检验检疫历史。娄底铁路口岸建成。2016年，全市构建县级农村电子商务服务中心4个、乡镇服务站和村级服务站（点）600余家。2017年，新增外贸实体企业98家，获批国家及省电子商务示范支持项目10个，建成贫困村电商服务站（点）118个，实现农产品网上交易额7.7亿元。是年，全年社会消费品零售总额537.44亿元，是2011年的2.02倍。1990—2017年，社会消费品零售总额平均增长14%。

旅游经济迅速成长　境内旅游经济起步较晚，2000年，全市接待游客仅60.2万人次，旅游综合收入2.7亿元。2003年，对全市旅游资源进行普查，得出娄底属于旅游富集区的结论。2005年，把旅游经济作为新的支柱产业和富民产业培育。是年，接待游客177万人次，旅游收入8.5亿元，旅游产业成为新的经济增长点。2010年，成功创建"中国优秀旅游城市"。2013年，建成湄江地质公园等4家AAAA级景区，蔡和森纪念馆等4家AAA级景区，旅游经济发展进入快车道。罗盛教纪念馆，衡宝战役遗址，新化抗日英烈陵园，红二、六军团司令部驻新化旧址先后被列为红色旅游景点。2015年，接待游客2317万人次，创旅游收入164亿元，占第三产业增加值34.6%，对全市生产总值贡献率12.7%。2017年，有国家AAAA级景区4家，AAA级景区10家。2017年接待游客3466万人次，创旅游收入251亿元，成为全市支柱产业之一。

金融行业稳健发展　1990年，全地区金融机构3969个，从业人员6614人。各类金融机构年末存款余额14.66亿元，各项贷款余额20.92亿元，保险公司保费收入3280万元，理赔1808万元。地区人民银行、工商银行、农业银行、中国银行、建设银行和农村信用社共实现经营利润1355万元。1995年，湖南证券娄底营业部开办上海、深圳证券交易所上市股票业务。全区金融机构从业人员增加到9400多人。1996年，全区信托、证券业与银行业脱钩，证券监管由人民银行监管改为证监委监管。信用社业务由农业银行代理改为自营。1999年，清理"两会一部"（农村合作基金会、农村互助储金会、供销社股金服务部）等社会金融组织，将符合条件的77家农村合作基金会并入各县（市）农村信用社。至2000年，工商银行、农业银行、中国银行、建设银行4家国有商业银行娄底市分行分别向华融、长城、东方、信达4家资产管理公司剥离不良资产本息共19.44亿元。娄底市成为中南地区的重要票据集散中心。2001年，全市初步形成"一行三会"（人民银行、银监会、保监会、证监会的分业监管）监管体制。是年，省农村信用联合社成立娄底办事处，形成从上到下的管理系统，各县（市、区）农村联合社加强一级法人改革和扩股增资工作，五县（市）联社共扩股增资10.6亿元。人民银行娄底中心支行向各县（市）信用联合社发行中央银行专项票据9.57亿元，用于置换信用社的不良资产。泰康人寿、太平洋财险等13家保险公司先后登陆娄底。安信证券等6家公司先后入驻娄底开设营业部。开源担保等6家担保公司和娄底市城建投等3家平台公司先后成立。市政府成立财税金融工作办公室，协调管理全市财税、金融、保险、证券工作。2009年，全市金融机构各项存款余额584.17亿元，各项贷款余额338.05亿元，经营盈利9.2亿元；保险业各项保费收入14.02亿元，各项理赔支付4.04亿元。方正证券娄底营业部开户6.22万户、经纪股票基金交易453.79亿元，托管客户资产22.51亿元。6家担保机构为2200多家中小企业提供融资信用担保。2010年，娄底市成为全省第一批金融生态良好城市。2014年，民间融资问题爆发，市政府成立打击和处置非法集资专门机构，依法及时处理相关问题，确保社会大局稳定。2017年，县（市、区）农村信用社先后改制为农村商业银行。全市引进4家股份制银行并设立4家村镇银行、10家保险机构和5家证券机构，新增12家担保公司，成立9家小额贷款公司和7家平台公司、4家基金投资公司。金融业形成政府引导协调、行业监管自律，中央银行、政策性银行、大型国有商业银行、股份制银行、地方性银行和证券基金投资、保险与担保配套服务较为全面的金融体系。是年，娄底市金融机构756个，从业人员8580人，金融机构各项存款余额1716.19亿元，各项贷款余额890.23亿元，经营盈利13.88亿元；保险业发展各类险种260多个，实现保费收入51.14亿元，各项理赔支付18.53亿元；证券业经纪股票基金交易1783.18亿元，期货交易1316亿元。小贷公司投放贷款余额4.34

亿元。担保业为3400多家中小微企业提供担保服务。全市金融机构实现金融业税收收入7.17亿元。

财税收入连续增长　1990年，全地区税收收入3.46亿元，财政收入2.69亿元。1994年，国家税务体制改革，地区税务局分设为国家税务局和地方税务局。以后6年间，国税年收入5亿~6亿元、地税年收入3亿~4亿元、财政年收入5亿~7亿元。2000年，国税收入6.19亿元、地税收入4.15亿元、财政收入7.58亿元。2002年，全市地税收入首次突破5亿元，财政收入8.46亿元。2003年，国税收入9.1亿元，地税收入5亿元，地方财政收入9.13亿元。2004年，涟钢200万吨／年产热轧薄板项目投产，大额税源增加，国税收入15.46亿元。2005年，国税部门接管车辆购置税，国税收入首次突破20亿元，完成21.33亿元，财政收入12.27亿元。2006年，国税收入24.88亿元，地税收入9.9亿元，财政收入15.32亿元。2007年，国税收入突破30亿元，地税收入过10亿元大关，5个县（市、区）的收入规模均过亿元。2010年，地税收入规模扩大，达到22.21亿元，国税收入32.74亿元，财政收入30.01亿元。2013年，湖南华菱钢铁集团有限责任公司及其附属企业的增值税和企业所得税收入分配体制下放娄底市。是年，国税收入45.17亿元，地税收入创历史新高，完成46.65亿元，财政收入62.41亿元。2016年，国税收入44.24亿元，地税收入37.59亿元，全市财政收入恢复增长，地方财政收入完成68.25亿元。2017年，娄底市实施财源培植三年行动计划，国税入库税收首次突破60亿元，达63.2亿元，地税收入33.15亿元，国税、地税收入总额96.35亿元，为1990年的27.85倍，年均递增12.6%，地方财政收入完成70.29亿元，为1990年的26.13倍，年均递增12.4%。

四

1990—2017年，历届市（地）委、政府（行署）统筹谋划，秉持扩容提质、不求最大、但求最美的指导思想和南拓北延、东优西联发展战略，先后对城市总体规划进行三次修订。城市规模逐步拓展，功能日臻完善。娄底中心城区已发展成为省域次中心、大长沙拓展区和沪昆经济带的重要节点城市，城区面积、常住人口成倍增长。公用事业、基础设施、新型城镇化建设全面推进，城乡发展更趋协调，生态环境日益优美。

城市建设扩容提质　1990年，全地区两县三市城区总面积40平方千米，城市道路总长106.2千米，桥梁24座，非农业人口55.03万人。娄底中心城区建成区面积16.5平方千米，道路14条，其中主干道5条，次干道6条，支路3条，总长18.93千米，人口8万人。至1998年，娄底、涟源、冷水江三市城区建成面积50.7平方千米。新化、双峰两县城区建成面积12.75平方千米。1999年，娄星区、冷水江、涟源三市区建成面积86.14平方千米。新化县、双峰县两县城建成区面积13.7平方千米。2002年，全市城镇建成区面积97平方千米，其中，中心城区42平方千米。2003年，中心城区实施北扩南移战略，城市建设走上快车道。2012年，市委、市政府制订《中心城区提质扩容三年行动计划》，至2017年，全市城市建成区164.78平方千米。其中，中心城区建成区面积49.8平方千米，是1990年的3.02倍。道路188条，其中主干道84条，次干道54条，街巷支路50条，地下人行通道8条，公路隧道1条，地下商城1座，跨河桥梁13座，跨线桥梁11座。常住人口61.68万人，是1990年的7.71倍。冷水江市建成区面积46.78平方千米，是1990年的3.68倍。涟源市建成区面积20平方千米，是1990年3.25平方千米的6.15倍。双峰县建成区面积13平方千米，是1990年3.35平方千米的3.88倍。新化县建成区面积30平方千米，是1990年5.1平方千米的5.88倍。全市常住人口391.76万人，其中城镇185.34万人，占47.31%。

1990年，全地区城市绿地面积671万平方米，绿地率32%，人均公共绿地4.03平方米。娄底中心城区获湖南省县级市绿化第一名，1993年，被评为湖南省绿化十佳城市。2004年，市委、市政府实施城市绿化、美化、亮化（简称“三化”）工程建设，中心城区绿化面积726万平方米，道路绿地率36%，绿化普及率98%。2005年4月，被评为“湖南省园林城市”，2006年，被评为“全国城市园林绿化模范城市”。2007年，在中国城市高峰论坛上，娄底被评为“全国十大宜居城市”。2009年12月，市委、市政府提出创建国家园林城市目标，开展“爱我娄底，绿化家园”树木捐植活动。中心城区先后改建扩建娄星广场、青山公园、石马公园、涟水河风光带、仙女寨植物园，对已建道路全面绿化改造，建设茶花一条街、樱花一条街、紫薇一条街，形成“一街一景、一路一品”特色。2012年，市委、市政府制定《中心城区绿地系统专项规划》，住建部授予娄底市“国家园林城市”称号。2015年，通过国家园林城市复查。至2017年，中心城区建成公园、广场38个。其中公园15个、小游园19个，绿地面积1761.92万平方米，人均公共绿地9.61平方米。建成区绿地率35.4%、绿化覆盖率41%。建成园林式单位或小区307个，其中省级50个。

1992年，地区行署贯彻国务院《城市市容和环境卫生管理条例》，制定城市卫生管理办法，实行门前包清扫、包保洁、包管理（简称“门前三包”）。1993年，全省城市环境评比，中心城区居第二位。1999年，城市管理由粗放型向精细化、科学化转变，持续全面整治占道摆摊经营和广告乱象。2003年，市委、市政府提出创建省级卫生城市目标。中心城区69座公厕（不含单位公厕）全部改建成水厕，均达到二级旅游厕所标准，生活垃圾实现定时上门收集清运。2004年，蛇形山燕子岩大型生活垃圾填埋场第一期工程建成并投入使用，库容430万立方米，日处理生活垃圾300吨。2005年，市委、市政府把文明城市创建工作纳入总体工作部署和城市建设总体规划，全面开展社会治安、市容市貌与环境卫生、市场秩序、交通秩序4个专项整治行动，城区面貌焕然一新。是年，中心城区被评为湖南省卫生城市。2007年3月，被评为省级文明城市。2010年，市委、市政府提出创建国家卫生城市目标，对中心城区55个社区开展环境卫生百日整治行动。2012年10月，出台《娄底中心城区社区人居环境整治四年（2012—2015）行动方案》。中心城区进行网格化管理，单位、院落、小区生活垃圾上门收集，日产日清，处理率100%。2015年，被评为国家卫生城市，并获全国文明城市提名资格，全面启动创建全国文明城市活动。2016年，中心城区开展市容环境、农贸市场、交通秩序等专项整治，城市形象得到提升。燕子岩生活垃圾填埋场第二期工程建成并投入使用，年无害化处理生活垃圾17.3万吨，无害化处理达标率100%。启动资源型城市转型发展战略，编制《智慧娄底规划（2016—2020）》和《智慧娄底建设五年行动计划》，启动新型智慧型城市建设战略，建设云计算和大数据创新中心，建设“互联网+”政务服务、智慧娄底、智慧城管、社会治理网格化等“政务云”项目11个。

冷水江市、涟源市分别被评为省级园林城市、省级卫生城市、省级文明城市。新化县城区被评为省级卫生城市、省级文明城市。双峰县城区被评为省级文明城市。

公用事业稳步发展　1990年，娄底市城市公交运输有营运车辆28台，市内4条线路，郊区6条线路，每万人拥有公交车辆2.07标台，远低于国家标准。出租车12台，均为个体经营。县市城区无出租车，只有三轮车（俗称“叭叭车”）。1997年1月，中心城区公交车退出郊区公交运营，市内新开7条线路，出租车210辆，“叭叭车”800多辆。2000年，中心城区公交车辆增加到98台（其中无人售票车73台），每万人拥有公交车辆4.19标台。2011年，整顿市容和交通秩序，“叭叭车”全部退出中心城区客运市场。2014—2016年，先后购置油电混合动力新能源空调车120台。2017年，新增纯电动公交车50台，营运车辆达252台，营运线路21条，每万人拥有公交车辆5.23标台。2017年，县市城区有公交车383辆，线路49条。全市有出租汽车公司18家，出租汽车1900台，其中中心城区950台。

1991年5月，中心城区第一自来水厂扩建供水，日供水能力增加到6万立方米，1999年7月，第二水厂竣工，日供水能力10万立方米。2013年，第一自来水厂日供水能力提升到10万立方米。2017年11月，第三水厂开工建设。至2017年，全市城市自来水厂10座，日供水能力68.63万立方米，其中县（市、区）7座，日供水能力42.63万立方米，城市生产生活集中供水率100%，水质综合合格率超过99%。

1990年，娄底中心城区管道煤气用户1.3万户，煤气供应量1230万立方米／年，服务人口7.2万人，普及率47.4%，为全省第一个使用管道煤气的城市。1991年，娄底市开办全地区第一家液化气站。1999年，建设第二家液化气储配站城西气站。2007年、2010年，分别建成第一座、第二座天然气汽车加气站。2012年，湘潭—娄底天然气输气管道建成投产，并与城区原有煤气管网连接。中心城区11万余户居民用上天然气。至2017年，中心城区管网遍及各居民小区，用户15万户。冷水江市、涟源市、双峰县、新化县城区全部开通管道天然气，用气居民132.48万人。农村居民普遍使用石油液化气。

1990年，全地区城市下水道总长78.2千米，城区排水沟基本为明沟。1995年起，逐步改明沟为暗沟。2008年、2017年，中心城区第一污水处理厂第一期、第二期工程先后竣工，日处理能力10万吨。2010年、2014年，第二污水处理厂第一期、第二期工程先后竣工，日处理污水5万吨。2017年，全市建成城市污水处理厂8座，乡镇污水处理厂5座，中心城区排水管网总长571.22千米，其中雨污合流管255千米，污水管148千米，雨水管168千米，盖板涵24千米，管网配套，排水畅通，污水处理率100%。县城生活污水处理率80%以上，重点建制镇生活污水处理率达到70%以上。垃圾无害化处理设施6处，无害化处理率98.3%。

1990年，娄底中心城区安装路灯2860盏。2004年，市政府实施中心城区亮化工程，利用新光源、新技术，实行市场化管理，路灯建设速度加快。2017年，中心城区218条街道，有路灯专用变压器92台，容量14万千瓦，控制柜111台，道路照明总功率2477千瓦，路灯2.52万余盏，是1990年的11倍多。中心城区成为名副其实的不夜城。

基础设施逐步完善 1990年，境内公路运输相对落后，“货难运、路难行”，制约着经济发展。1991—2002年，境内公路建设速度加快。2002年12月，潭邵高速公路建成通车。2012年12月，娄新高速公路建成通车。2014年12月，长韶娄、新溆2条高速公路建成通车。2016年12月，二广高速公路安邵段和娄衡高速公路建成通车。2017年12月，益娄新高速公路建成通车。龙琅高速正在建设中。全市高速公路成“井”字形结构。是年，全市公路总里程1.51万千米，其中高速公路351千米，国道365千米，省道1148千米，县道2309千米，乡道3817千米，村道6962千米，专用公路156千米，全市公路密度为每百平方千米185千米。形成以高速公路为龙头、干线公路为骨架、农村公路为血脉的辐射全市的公路网络，全市实现村村通公路。中心城区与各县（市、区）之间的时空距离缩短到一小时以内，融入长株潭城市群“一小时经济圈”。

1990年，湘黔、娄邵2条铁路为境内交通运输大动脉，通车里程350千米。1996年，湘黔铁路株洲至六盘水复线和电气化改造工程竣工并通车。2014年12月，沪昆高铁长沙至新晃段建成营运，境内设立娄底南、新化南2个车站，娄底进入高铁时代。2016年1月，新娄邵铁路竣工，洛湛铁路全线开通，时速提到200千米。2017年，沪昆铁路（原名湘黔铁路）和沪昆高铁横穿东西，洛湛铁路纵贯南北，在娄底呈“十”字形交会，通车里程560.4千米。其中，高铁85.3千米，普铁202千米，专用铁路51条273.1千米。娄底火车站成为国家“八纵八横”铁路网的重要枢纽。

1990年，全地区初步形成以灌溉和发电为主的水利工程体系。1992年，涟源市大江口水库建成蓄水，新化县车田江水库灌区验收合格。1995—1999年，完成冷水江市周头水库等11座中型水库和一批小型水库大坝除险加固建设。1998—2010年，实施农村饮水安全工程建设，解决农村99.55万人饮水困难和饮水安全问题。2011—2015年，全市解决农村128万人饮水安全问题。2016—2017年，新增农村饮水安全人口34.18万人。2017年，双峰县何家水库、新化县高峰水库建成蓄水。至2017年，全市有部省级管理的大型水库柘溪水库、水府庙水库2座，属地管理的大型水库1座（车田江水库），中型水库11座，小（1）型水库111座，5万亩以上灌区6个。全市建成城区防洪堤41.72千米。其中，娄底中心城区建成防洪堤15.2千米，双峰、新化、涟源、冷水江等县市共建成城区防洪堤26.52千米，治理乡村河道208.46千米。城区防洪工程设计为50年一遇。全市由传统水利向现代水利、工程水利向资源水利转变，水利建设对经济社会发展的基础作用日益明显。

20世纪90年代，金竹山电厂60万千瓦火力发电机组为湖南乃至华中电网主力。随着经济社会发展，电力供需矛盾日益突出。各级政府和电力部门筹集资金加快电网建设。1995年，湘黔铁路电气化输电网络、五强溪水电站西电东送、500千伏民丰变电站工程全部竣工。1997年12月，娄底大电网区域内2570个村全部通电。1998年起，全面启动城乡电网改造，实行农电“两改一同价”，居民用电“一户一表”“两电分离”“转供改直供”，改变了工矿企业向农村转供电的局面。2004年，金竹山电厂异地扩建，装机容量195万千瓦。冷水江博大钢厂、华新水泥、锡矿山闪星矿业和新化县、双峰县、涟源市三个海螺水泥厂、安石集团焦化厂利用余热余气发电。涟钢数次改造增容，实现规模发电。2006年8月，娄底大电网供电区在全省率先实现农村“户户通电”目标。2007年，全市最大水力发电站浪石滩电站投产。2009年，装机容量66万千瓦、利用低碳燃烧技术发电的华润涟源电厂投产。是年，500千伏民丰变电站2#主变投运，35千伏、110千伏变电投产容量和线路长度创娄底电网建设历史之最。2013年后，瓦斯、沼气、风力、光伏、生物质等新能源发电从无到有，大熊山、古台山、龙山等风力发电场先后建成。至2016年，全面完成持续20年城乡电网建设与改造任务，供电可靠率、电压合格率均超99.9%。2017年，全市发电装机总容量376.19万千瓦，是1990年的6倍。其中火电装机容量325万千瓦、水电装机容量27.5万千瓦、风电装机容量15万千瓦、太阳能（光伏）装机容量9.02万千瓦。年发电量135.27亿千瓦时，年用电量130亿千瓦时。形成了以民丰500千伏变电站为中心，以金竹山电厂和华润涟源电厂为支撑，以220千伏线路为骨架的娄底高压供电网络，并通过4条500千伏、9条220千伏输电线路专线与域外电网相连，为娄底市经济社会持续健康发展打下坚实基础。

1990年，全地区邮政与电信相对落后。1991年，4000门程控电话建成开通。1992年，模拟移动电话通信系统（1G）、无线寻呼（126人工台）开通，1994年，127自动无线寻呼开通，实现全地区联网。1996年6月，第二代数字移动通信网（2G）开通启用，实现全国联网。1997年，国际互联网网络开通。1998年，邮政与电信分设。1999—2000年，移动业务从娄底地区电信局整体剥离，分别成立娄底电信公司、移动通信公司、联通公司（简称三大电信公司）。三大电信公司共同承担娄底信息网络基础建设。2003年，娄底电信开通小灵通业务，2005年，无线寻呼退出市场。2006年，电子政务起步，市政府门户网站、电子政务外网平台建成启用，开展网上政务服务。2009年，开始3G网络建设和升级改造。2014年，全面推进4G基站建设。2017年，全市城区光纤覆盖率为100%，农村地区光纤覆盖率85.7%，城乡4G网络覆盖率99%，宽带接入速率城市家庭为100Mbps，农村家庭为20Mbps以上。宽带普及率62%。全市互联网用户68.77万户。统一技术平台的政府网站群、电子政务外网平台建成，市本级直属部门横向外网接通率100%。

新型城镇化建设全面推进　1999年，全市城市化率19.5%。2008年，市委、市政府实施新型城镇化建设战略，确立以人的城镇化为核心，以农民就地城镇化为重点，全面推进城乡发展一体化、服务均等化的新型城镇化建设。2010年，市委、市政府制定《娄底市“十二五”城镇化建设规划》，出台《关于加速推进新型城镇化建设的意见》，从发展路径、空间布局、产业结构、资金筹措等方面提出发展政策和目标，努力构建娄—涟—双、冷—新2个新型城市群和融城板块。推进县市城区建设、扶持小城镇、以周边工星镇为支点的湘中城市群建设。是年，全市有建制镇60个、乡22个。2011—2015年，全市共完成城市基础设施投资433亿元，其中中心城区262.5亿元，县、市、乡镇170.5亿元。2012年8月，省政府将娄底纳入《湖南省推进新型城镇化实施纲要（2012—2020年）》，实施“两型社会”建设战略，设立水府示范片区万宝新区。2014—2017年，全市小城镇基础设施建设项目1209个，完成投资35.57亿元，建成高速公路沿线特色小镇8个，全国重点镇8个，省级中心镇6个，省级特色镇12个。至2017年，全市完成新型城镇化重点建设项目总计2500个，完成投资1500亿元。其中，连接5县（市、区）的娄底大道、市中心城区环线工程、孙水河大桥、生活垃圾填埋场三库区扩建、城区道路提质改造（PPP项目）、城中村改造工程等重点建设项目350个，一批关乎民生的村镇道路、农贸市场、

污水处理厂、自来水厂等重点项目顺利推进和竣工投产。2017年，市委、市政府制定《娄底市“十三五”新型城镇化建设规划（2016—2020年）》和相关配套规划，主动融入全省“一核三极四带多点”城镇发展新格局。是年，全市城镇化率47.3%，较2010年增长12个百分点，年均增长1.76个百分点。

生态环境根本好转　1990年，娄底地区完成5年环境质量调查，工业“三废”（废气、废渣、废水）排放量居全省前三位，环境问题十分突出。1991年起，地委、行署相继制定娄底地区“八五”“九五”时期环境保护规划和涟水、孙水、资江治理方案，提出主要污染物排放总量控制目标和措施，划定生态红线，坚持生态保护和污染治理并举，落实“党政同责、一岗双责”。至1995年，全地区投入环境整治资金3579.72万元，建成工业废水治理项目151个，新增废水处理能力504万吨／日。1997年，全地区（市）投资1.17亿元，升级改造工业“三废”治理项目20个，依法关停、查封、炸毁非法小煤窑700多座，铲除严重污染环境的土法炼焦炉117家。

2001年起，市政府先后制定娄底市“十五”至“十三五”4个环境建设规划，以达标排放为重点，狠抓工业“三废”治理，解决资江、涟水、孙水污染问题，监管工业企业200家（含省管8家），达标176家，关闭污染严重的小水泥厂43家，小煤窑682家，建设污水治理项目63个，增加废水处理能力100万吨／日。锡矿山地区被纳入国家湘江流域重金属污染治理重点项目。2008年，市政府推进生态文明保护体系建设，大力发展循环经济，严守资源消耗上限、环境质量底线和生态保护红线。2012年10月，市政府部署实施《绿化娄底四年（2012—2015年）行动计划》，统筹优化城镇绿地系统布局，绿化投资2.52亿元，推进垂直绿化、屋顶绿化和江河湖岸绿化，抓好植物园、湿地公园等各类公园建设，加强铁路、公路等绿色通道建设和城郊森林生态圈建设，投入造林绿化资金7.5亿元，造林8.05万公顷。2015年，市委、市政府贯彻习近平总书记“绿水青山就是金山银山”思想理念，启动“天蓝、水净、地绿”三年行动计划。全面开展“联村建绿”活动。全市县城以上城镇建成区绿地率、人均公园绿地面积和旧城区人均公园绿地面积分别达到35%、9.56平方米和6.5平方米，均超出国家和省里要求。全市森林覆盖率50.3%，中心城区空气质量优良率87.7%。2016年，市政府贯彻落实“中国制造2025”和《工业绿色发展规划（2016—2020年）》，推广绿色建筑设计和施工技术、装配式建筑技术、绿色建材，淘汰黄标车7525辆。市中心城区污水处理率100%，县市城区污水处理率91%。地表水质均达到Ⅲ类以上。全市建成垃圾中转站59个，城镇生活垃圾无害化处理率达到98.8%，达到并超过国家新型城镇化评估验收的主要指标要求。全市70个乡镇，1835个建制村全面启动垃圾治理工作，1638个村完成垃圾治理工作任务。2017年，以省湘江流域污染防治“一号工程”为总揽，全面推行河长制，推进孙水河保护立法，基本完成6个工业园区废水处理设施建设。地表水质、6个江河交界考核断面水质，以及3个“水十条”国家考核断面水质，达标率均为100%。至2017年，较好地解决涟钢、冷钢、锡矿山地区等重点污染区域历史遗留突出问题。农村畜禽养殖污染区域性、系统性问题得到彻底整治，全市环境质量实现历史性根本好转，人与自然、城市与乡村步入和谐发展的良性轨道。

五

1990—2017年，娄底教育、科技、文化、医疗卫生、体育等各项社会事业蒸蒸日上，成绩斐然。

教育事业全面发展　1990年，全区有各级各类学校3194所，在校学生72.87万人，教职工4.36万人。1999年，全市提前一年普及九年义务教育，小学、初中适龄儿童少年入学率分别达99.8%和96.3%。娄底广播电视大学开展人才培养模式改革和开放教育试点，开办本科教育。2000年，市委、市政府印发《关于深化教育改革全面推行素质教育的实施意见》，素质教育全面推行。是年，娄底师范学校并入娄底师范高等专科学校，娄底师范高等专科学校“专升本”工作进入实质性阶段。全市实施教育强市战略。2001年，娄底职业技术学院成立。新增涟钢中学、新化县第一中学、娄底市第一中学为省级重点普通高级中学。2003年，潇湘职业学院成立。娄底技工学校升格为高级技工学校。2004年，娄底师范高等专科学校升格为本科，更名为湖南人文科技学院，开启娄底本科层次高等教育的历史。2004—2005年，市委、市政府先后印发《关于促进民办教育发展的决定》《关于促进民办教育的八项规定》，至2011年，民办学校发展至633所，在校学生13.45万人。2011年，湖南人文科技学院获得硕士研究生培养资格，办学层次跃上新台阶。2012年起，娄底中心城区实施“化解大班额”行动。至2015年，化解义务教育大班额4年行动完成投资20.2亿元，新增学位6.01万个，中心城区平均班额由80人降至62人以下。各县（市、区）也同步实施这一行动。2016年，市卫生学校并入娄底职业技术学院，潇湘职业学院军事武术特色教学得到教育部、中央军委联合参谋部和政治部肯定。2017年，娄底高级技工学校升格为娄底技师学院，成为高等职业教育机构，全市职业教育资源进一步整合，办学质量和效益提升。至年底，全市有各级各类学校1852所，在校学生76.41万人，教职工5.14万人，其中民办学校879所，在校学生16万人，教职工1.5万余人。28年间，娄底基础教育稳步推进，财政投入不断增加，办学条件不断改善，办学结构更加合理，办学质量不断提升。

科学技术进步明显　1990年，全区有科研机构115个，科研人员602人。1991—1998年，全区重大科研、中间实验、新产品试制三项计划全面实施，国家和省级星火计划、火炬计划、巨龙计划全面推进。其中，三项计划项目236个，星火计划项目53个，火炬计划项目23个，巨龙计划项目6个。236个科技计划项目中，达国际先进水平3个，国内领先4个，国内先进9个。涟钢完成的“计算机集成制造系统（CIMS）应用示范工程”项目被列入国家863计划，是全国80余家大中型冶金企业中按CIMS模式组织信息体系的3家企业之一。冷水江制碱厂完成的可充电氢镍电池项目，属国家“九五”科技计划重大项目之一。农业项目中三系杂交水稻选育、两系杂交水稻选育及大小麦新品种系研究等均取得较好成果，在农业领域推广应用，增产增效显著。2000—2005年，全市持续推进科学技术产学研结合，科技工作加速发展。2010—2013年，市政府融资2亿元，完成1.38万项专利和科技成果转化，全市科技成果转化率95%。2014年，全市科技强市战略实施，2017年，市委、市政府出台《关于实施科技引领战略建设科技强市的实施意见》，财政科技经费倍增计划实施。是年，全市完成高新技术产业总产值1102亿元，高新技术产业增加值218.6亿元，科学技术研发经费投入15.91亿元。全市拥有高新技术企业85家，国家级技术创新平台8个，国家级示范院士专家工作站1个，国家级博士后科研工作站1个，省级院士工作站2个，企业技术中心14个，高新技术产业开发区2家，农业科技园区1家。获得国家科技奖7项，省级科技奖164项；申请专利1.65万件，授权专利9786件；评审通过各类专业技术人员高级职称1.27万人，中级职称4.78万人。

文化艺术日益繁荣　1990年，全地区有文化（艺术）馆6个，乡镇文化站182个；有电影放映单位885个，全区文化事业发展拥有较好基础。1990—1999年，娄底群众文化活动、各项演艺活动、文化设施建设、图书发行、图书馆建设、文物保护及文化市场建设等方面长足进步，文艺人才培养、文艺创作成果突出。音乐家刘合庄创作的歌曲《祖国啊，我永远热爱你》，被中宣部评为精神文明建设金奖。1992年，娄底电视台正式开播。全区所属专业剧团每年均创作1~2个新剧目，并送戏下乡；“青春娄底·欢乐湘中”广场演出活动每年举办1次，带动全地区社区文化、农村文化、企业文化、校园文化、军营文化等各种群众性文化活动蓬勃开展；《秘方》《墨雨》等长篇小说在全国文学界反响良好。电影产业由胶片电影向数字电影转型。2000—2017年，娄底各项文化事业成果丰硕。花鼓戏《村官是个堂客们》，在全省和全国展演中多次获奖，2009年获中宣部“五个一工程奖”；《娄底日报》发行量突破3万份，《娄底晚报》试刊发行；广播电视全覆盖网络初步建成；文艺创作空前繁荣，小说、散文、诗歌、报告文学、寓言与儿童文学或获全国大奖或结集出版；文化市场发展迅速，书报刊市场、演出市场、娱乐市场、音像市场、电影市场等日渐成型，协同发展。文化产业逐步增强。至2017年，全市有中国作家协会会员18人，中国美术家协会会员13人，中国书法家协会会员61人，中国摄影家协会会员

18人，中国音乐舞蹈家协会会员18人，中国戏剧家协会会员15人。1990—2017年，全市创作出版中长篇小说71部，散文集57部，诗歌集49部，报告文学集20部，儿童文学集21部，文学评论集9部，发表短篇小说500多篇，网络文学作品48篇；创作演出大型戏曲剧本36本（台）。年均开展群众会演、广场文化、文艺晚会、专场演出200场次。2017年，全市有达标文化企业194家，出版物印刷企业277家，从业人员3000多人，年产值2.38亿元。全市拥有文物保护单位85处，其中全国重点文物保护单位4处，省级文物保护单位23处；有文化（艺术）馆6个，使用面积118.5公顷，从业人员125人；有乡镇文化站83个；有公共图书馆6个（不含机关、学校、企业图书馆），藏书105.3万册，其中电子图书7.5万册；有市级文学艺术团体17个；有合格村级综合文化服务中心974个。

医疗卫生服务水平日益提升　1990年，全地区有各类医疗机构552家，卫技人员10035人，住院病床8996张，医药经营单位915家，大中型医疗仪器设备3.5万余台。环境卫生、食品卫生、学校卫生、劳动卫生、放射卫生等五大卫生监督工作在城乡普遍开展，卫生合格率不断提高，并逐步纳入法制轨道。传染病、寄生虫病、地方病、职业病等四大严重危害人民健康的疾病得到有效控制。计划免疫、重大疾病防控、公共卫生检测、健康教育诸项措施到位，全市人民健康水平不断提高。1995年，全地区共有医疗机构376家，卫技人员11462人，住院病床8832张。农村改水改厕工作取得初步成效。2001年，市中心医院成为中南大学湘雅医学院教学医院。是年起，全市采血实行“三统一”，保持临床用血100%来自无偿献血。2003年，市县乡村传染病疫情信息报告体系建立，四级健教网络队伍建设完成。2008—2010年，全市开展免费婚前医学检查，年均婚检率62.3%，孕产妇系统管理覆盖率88.6%。2014年，全市公共卫生服务和家庭医生签约服务普及，预防、医疗、保健、康复、健康教育及计划生育技术服务“六位一体”功能凸显；全市建立居民健康档案218.74万余份。至2017年，全市累计无偿献血31万人次，采血量90余吨，基本保障全市医疗机构临床用血需要，并连续7年获评全国无偿献血先进市；完成白内障复明免费手术5900余例，实现白内障复明手术率2762例/百万人。2017年，全市开展全科医生、助理全科医生驻村全覆盖行动，1842个建制村均有全科医生或助理全科医生驻村，为全国首创。全市医疗服务体系日益完善，全市注册登记医疗机构3943家，卫生技术人员20708人，其中高级职称1100人，住院病床2.5万余张，全市医院基本实现中西医技术全覆盖，现代先进医疗技术设备齐全，智慧医疗技术推广普及，医疗服务基本能满足人民群众需求。

体育事业蓬勃发展　1990—1992年，娄底有体育场馆103个。竞技体育成果显著：运动员获国际比赛金牌3枚，全国比赛奖牌35枚，省级比赛奖牌218枚；有1人3次破全国纪录，2人4次破省纪录；先后向省体工队、省体校和高等院校输送运动员137名。承办全国和省级比赛5次。群众体育活跃，举办职工篮球、长跑、棋类、体育舞蹈等比赛活动380余次。门球、太极拳、健身操和气功等老年体育项目常年开展。有武馆80余家，等级拳师850余人。1995—1998年，娄底运动员获国际体育比赛金牌8枚，全国体育比赛奖牌58枚。建成健身站（点）176个，参加健身者超100万人。武术成为娄底最具特色的体育项目，百人以上武术馆校20家。大中专学校体育达标率98%，中小学体育达标率96%。体育彩票发行工作启动。体育设施不断完善，先后新建、扩建各类体育场馆406个。1999年，娄底体育中心兴建。2000—2002年，全市30多个单位建立全民健身领导小组，开辟近100个晨、晚健身活动点。参加世界性体育比赛获个人金牌10枚，全国性体育比赛获金牌50枚。2003—2009年，全民健身与奥运同行，参加活动人数占总人口的42%，其间，2008年全市新增健身辅导站（点）318个，新建全民健身路径76条，新增社会体育辅导员630人。2010年，娄底获得省第十二届体育运动会主办权，2013年，市体育中心建成，2014年，娄底成功举办省十二届运动会。此后，职工体育、农民体育、青少年体育、老年人体育、全民健身蓬勃开展，彰显青春娄底活力；竞技体育与体育教学大步迈进，成绩喜人。至2017年，全市拥有各类公共体育场地5180个，面积534公顷，体育馆15座，游泳跳水馆31个，运动场384个，全民健身活动中心84个，体育基础设施日趋完善，全社会开展体育活动蔚然成风。

六

1990—2017年，娄底经济快速发展，人民收入持续增长，消费能力和生活质量显著提高，幸福感和获得感愈来愈强，小康生活的千年梦想基本实现。

城镇居民收入持续增长　1990年，娄底城镇居民除工资收入外，基本无其他经济来源，人均可支配收入1270.3元。是年起，各级党委、政府通过大力推进就业、创业和社会保障体系建设，先后解决71.05万名城镇待业人员就业，为41.51万名下岗人员实现再就业，帮助10.73万名就业困难人员就业。先后16次对离退休人员调升养老金。1992年，工资改革后职工普遍加薪。1995年，实行工资职级制，以后又多次调整，职工工资大幅增长。是年，实行社会统筹与个人账户相结合的基本养老保险制度。2000年起，机关事业单位及部分企业启动城镇职工基本医疗保险，实施城镇职工大病医疗互助制度，实现机关事业单位公费医疗制度，企业劳保医疗制度向基本医疗社会保险制度转变，对7.6万名生活困难的城镇居民实行城市最低生活保障制度。2000年，娄底城镇居民人均可支配收入5202元，是1990年的4.1倍。2001年，失业保险覆盖全市城镇企业、事业单位、社会团体、民办非企业单位职工。2004年，城镇灵活就业人员被纳入基本医疗保险，城镇实行职工生育保险。2005年，企业职工基本养老保险扩大到城镇各类企业职工、个体工商户、灵活就业人员、进城务工人员和农垦职工等。是年，全市启动工伤保险。是年后，职工工资持续上调，离退休人员养老金实现连续12年普涨。2010年，城镇居民人均可支配收入1.5万元。2012年，全市新农保和城居保两项制度实现全覆盖，2015年城乡居民统一实施基本医疗保险制度。2017年，机关事业单位职业年金参保人数6.97万人，累计征缴职业年金4.47亿元。失业保险参保单位1278家，参保33.01万人，全市为264家企业发放稳岗补贴3645.64万元。工伤保险覆盖全市，参保单位4353家，参保40.5万人。同时，国家经济体制改革和政策变化，居民家庭有了更多的理财途径和方式，家庭投资行为普遍出现且日益增多。除薪酬和社会保障收入增加外，城镇居民经营性收入、财产性收入和转移性收入从无到有，从少到多，呈快速增长态势。2017年，人均可支配收入2.56万元，是1990年的19.7倍。

城镇居民家庭消费结构发生质的改变　1990年，娄底城镇居民人均消费支出1127.84元，其中食品烟酒、衣着、生活用品及服务、医疗保健、交通通信、文教娱乐、居住支出分别为636.03元、156.83元、105.92元、17.83元、13.13元、119.42元、31.17元。其中食品烟酒占比56.40%，超过衣着、居住等其他消费的总和，交通通信占比1.16%，文教娱乐占比10.59%，居住占比2.76%。随着经济社会的快速发展和居民家庭收入的持续增长，居民家庭消费结构逐步改变，食品烟酒在家庭消费支出的占比不断下降，其他消费支出的占比不断上升。2000年，城镇居民人均消费支出4162.82元，食品烟酒、衣着、生活用品及服务、医疗保健、交通通信、文教娱乐、居住支出分别为1699.06元、343.35元、438.05元、291.35元、219.56元、531.74元、488.16元，其中食品烟酒占比40.81%，交通通信占比5.27%，文教娱乐占比12.77%，居住占比11.73%。2017年，城镇居民人均消费支出1.77万余元，食品烟酒、衣着、生活用品及服务、医疗保健、交通通信、文教娱乐、居住支出分别为5459.9元、1495.9元、1340.2元、1410.9元、1734.6元、2814元、3089.8元，其中食品烟酒占比30.8%，交通通信占比9.8%，文教娱乐占比15.9%，居住占比17.4%。2017年，人均居住面积从1990年的10.7平方米增长到45.11平方米，每百户家庭拥有小汽车28.07辆，人们的生活实现从温饱型到小康型跨越，生活品质逐年提高。

农村居民人均纯收入大幅提高　1990年，农村居民人均纯收入569元，部分农民为温饱犯愁。是年，劳动力开始转移就业，1990—1991年，向外输出劳动力4712人。1990—1994年，累计劳务输出51.5万人次，此后，每年新增劳动力转移就业2万余人次，劳务收入成为农村家庭增收重要渠道。1995年，农村居民人均纯收入1309元。2000年，农村居民人均纯收入1923元，是1995年的1.47倍。进入

21世纪，全市大力优化农业产业结构，因地制宜开发粮食、畜牧、水产、果茶、蔬菜五大主导产业，突出推进“生产、加工、销售”农业产业化经营，农产品商品化率日益提高，农民生产增值率上升。在加大扶贫开发力度的同时，市委、市政府出台一系列惠农富民政策，社会保障体系建设稳步推进，包括贫困农民在内的广大农民同步多途径增加收入。2003年，对农村无房户实施“安居工程”。2004年起，国家实行种粮补贴。是年，对9.88万余名困难群众发放特困救助卡，对1.12万名带病回乡老复退军人给予“双定”补助，对4344名20世纪60年代精减退职老职工落实原工资40%的救济补助，对3815人给予大病医疗救助。2006年，国家取消农业税。2007年起，12.91万名贫困农民享受最低生活保障。2008年，启动“新农合”参保、门诊医疗、住院医疗“三位一体”的医疗救助体制。2010年，对3.76万名因灾、因病、无力上学、重大交通事故等4种对象实行临时生活困难救助。2012年，农村居民人均纯收入跃至4762元，比2000年增长2.48倍。2012—2017年，全市启动被征地农民社会保障工作，至2017年底，全市15.28万名被征地农民成为社会保障对象，7.95万人享受社会保障资金10.4亿元。其间，2013年启动“贫困残疾人救助实事项目”，对239名0~6岁贫困残疾儿童开展抢救性康复，对1053名智障患者及重度肢体残疾人开展社区托养服务，对3.08万名困难残疾人发放生活补贴。2016年，实行“精准扶贫工程项目”，投放资金3736万元，点对点开展266个开发项目，12万名老区困难群众受益。2017年，启动“贫困留守儿童救助工程项目”，给140名单亲母亲发放救助金144.38万元，给1882名贫困初、高中和考上大学无力升学学生，每人每年救助4000~6000元。是年，将2.58万名“三无”（无劳动能力、无生活来源、无赡养人和扶养人）老人纳入社会保障范围，由财政出资统一为12万余名“五类”（独居、“慢病”、失能、农村留守、养老院）老人投保意外伤害保险，为720户因灾倒房户恢复重建。一项项惠及困难农户的社会保障项目落户农家，各级党委、政府郑重实践着在小康路上“一个也不落下”的庄严承诺，让广大农民直接或间接享受到改革开放的“红利”。农民人均可支配收入达到10530元，比2012年增长2.21倍，是1990年的18.51倍。

农村居民消费结构优化升级　1990年，娄底农民家庭消费支出487.01元，食品烟酒、衣着、居住、生活用品及服务、教育文化娱乐、医疗保健支出分别为283.03元、35.37元、35.87元、43.85元、22.03元、15.07元，其中食品烟酒消费支出占比58.1%，远高于其他消费支出的总和，交通通信支出没有统计数据，教育文化娱乐支出占比4.5%，居住支出占比7.4%。2000年，农民家庭消费支出增至1810.89元，食品烟酒、衣着、居住、生活用品及服务、交通通信、教育文化娱乐、医疗保健消费支出分别为1014.73元、82.53元、227.07元、70.13元、64.12元、221.62元、84.01元，其中食品烟酒支出占比56%，交通通信支出占比3.5%，教育文化娱乐支出占比12.2%，居住支出占比15.3%。这一时段食品烟酒支出仍占主导地位，但占比有所下降，交通通信、教育文化娱乐、居住支出增长较快。2017年，农民家庭消费支出10219.6元，食品烟酒、衣着、居住、生活用品及服务、交通通信、教育文化娱乐、医疗保健消费支出分别为3543.6元、459.3元、2125元、587.9元、820元、1426.7元、1069.4元，其中食品烟酒支出占比34.7%，交通通信支出占比8%，教育文化娱乐支出占比14%，居住支出占比20.8%。2017年，农村居民家庭彩电、空调、冰箱等家庭耐用品基本普及，人均居住面积72.1平方米，每百户家庭拥有汽车4.48辆。食品烟酒支出在整个支出中的占比显著下降，消费结构进一步优化，跨入联合国规定的相对富裕阶段。

大　事　记

1990年

1月1日　《娄底报》发表社论《迎接充满希望的九十年代》。

是月　根据《城市居民委员会组织法》，娄底地区设置居民委员会197个。1991年首次举行居民委员会选举。

2月28日　娄底地区商业银行存款首次突破10亿元。

3月1日　娄底地委、行署、军分区联合发出《关于在全区深入开展学习雷锋活动的通知》；全地区参加学雷锋活动80万人次。3月4日，地委书记王焕明带领地直机关千余名干部职工开展学雷锋活动。

3月5日　娄底地委作出《关于授予杨孟甫同志焦裕禄式的好干部荣誉称号的决定》。

3月26日　省人大常委会娄底地区人大联络工作委员会（简称地区人大联工委）、政协湖南省常委会娄底地区联络工作委员会（简称地区政协联工委）成立，1995年8月2日更名为省人大常委会娄底地区工作委员会（简称地区人大工委）和政协湖南省娄底地区联络工作委员会（1996年2月26日更名为政协湖南省娄底地区工作委员会，简称地区政协工委）。杨汉秋、魏先来分别任主任。

5月26日　新化县15岁的举重运动员伍湘梅在南斯拉夫举办的第四届世界女子举重锦标赛中，夺得44公斤级抓举、挺举和总成绩3枚金牌。

6月12—15日　境内普降大雨，平均降雨量205毫米，淹没稻田4.13万公顷，倒塌房屋8700多间，死亡39人，伤178人。其中15日清晨，涟钢中学因洪灾围墙倒塌，造成15人死伤，其中死亡5人。当天中午，国务委员兼国家教委主任李铁映电话慰问受伤人员。

6月19—20日　省长陈邦柱到新化县四都乡、涟源市渡头塘乡、涟源钢铁厂、涟邵矿务局等地察看灾情。

7月1日零时　据第四次人口普查统计，全地区总人口371.33万人。

7月10日至9月20日　境内夏秋连旱，437座水库、12.9万口山塘干涸，501条河流断流，33.2万人饮水困难。

是月　省委、省政府批准双峰县、新化县、涟源市、冷水江市为革命老区。

△　新化县青山乡大新村个体客运户欧子族成立娄底地区第一家私人敬老院。

△　涟源市获评全国夏粮生产先进县（市）。

9月11日　中国共产党早期领导人之一、无产阶级革命家、中国妇女运动的领袖蔡畅（双峰县人）在北京逝世，享年90岁。

9月21日　唐之享任中共娄底地委书记。

是月　全地区中共党员重新登记，民主评议党员和处置不合格党员。6448名党员受到党纪处分，其中县处级党员干部17名，科级党员干部198名，不予登记的党员6032名。

10月 行署成立清理“三角债”领导小组，部署企业“三角债”清理。截至1992年7月，中国人民银行娄底分行注入清欠启动资金1.64亿元，收回资金4.08亿元，偿付3.36亿元，完成连环“三角债”清欠工作。

11月1日 地区首届商品交易会开幕。省人大常委会主任刘夫生、省政协主席刘正等领导出席。27个省市代表、6万余名群众参加开幕式。商品成交额3.4亿元。

12月5日 涟源市石陶乡易家村沙子冲煤矿（个体）发生重大瓦斯燃烧事故，死亡17人。

是年 娄底地区从地、县直机关先后抽调1844名干部到2403个村开展农村社会主义思想教育。

△ 娄底市被全国绿化委员会、林业部、人事部评为全国造林绿化先进单位。

△ 全地区依法关闭和自行关闭非法矿点1300处。

△ 新化县城关镇完成企业产值1.35亿元，连续12年保持全省镇区街道工业领先地位。

1991年

2月23日 地委、行署印发《娄底地区村级组织建设达标纲要（试行）》，成立以地委书记唐之享为组长的地区村级组织建设达标领导小组，在农村开展村级组织建设达标活动。至1992年底，1390个村被确定为达标村，占村级组织总数的41.8%。

4月25日 地区国营商业企业实行运营、价格、分配、用工“四放开”改革试点。11月26—29日，湖南省“四放开”经验交流会在娄底召开，推广娄底经验。

是月 涟源市白马水库被水利部授予先进管理单位称号。9月，地委、行署作出《关于深入开展学习千金、白马水库经验的决定》。

6月中旬至10月 境内持续高温，43座水库、5.5万处山塘干涸，36条溪河断流，24.38万人饮水困难。

7月1日 地委在地区新华书店举行《毛泽东选集》1—4卷第二版首发式。

8月5—9日 省委书记熊清泉到双峰县、娄底市、冷水江市、新化县考察企业发展和农村水利建设工作。

是月 新化县航运公司造船厂制造的该厂载客量最大、高节能200客位“平头涡屋”型钢质客船建成下水。

9月11日 无产阶级革命家蔡和森生平事迹展览会在双峰县举行。中共中央顾问委员会委员曾志参观展览。

9月21日 娄底市开通与国内1046个城市和180多个国家及地区的直拨万门程控电话。

11月2日 能源部部长黄毅诚考察金竹山电厂和斗笠山煤矿。

12月10日 新化县发生1起因旅客携带易燃物品乘车引起的特大爆炸事故，造成15人死亡。

12月17日 新化县城关镇窑炉材料厂与北京冶金设备研究所联合研制的JNGW-2型镁质补炉材料成果填补国内空白，达到国际同类产品先进水平。

12月25日 长445米、宽20米的冷水江资江大桥竣工通车。

是年 双峰县跨入全国吨粮田建设行列。

1992年

1月3日 境内170个乡镇、130.6万人遭受严重冰冻雪灾，死亡1人，伤104人，倒塌房屋680间，农作物受灾面积11.2万公顷，直接经济损失1460万元。

1月17日 涟源市安平镇梨子湾煤矿发生瓦斯突出事故，死亡17人，重伤5人。

2月28日 地委、行署发出《关于在地、县市属国有中小型工业企业实行“五自主”改革试点的通知》，在地、县（市）属国营工业企业中实行以生产经营、产品定价、内部分配、人事用工、技术改造自主为内容的工业“五自主”改革。全区90家预算内企业，有79家实施“五自主”改革。

3月2日 地委传达邓小平南方谈话精神。

4月13日 地委在《娄底报》刊登《关于在全区县以上领导机关深入开展进一步解放思想大讨论的意见》，加快改革开放步伐。

4月15—16日 湘豫鄂赣四省部分地市工农关系理论研讨会在冷水江市召开。专员丛树英宣读论文，地委书记唐之享到会讲话。

4月20日 境内遭受风雹、龙卷风袭击，79个乡镇受灾，死亡6人，伤40多人，倒塌房屋3319间，直接经济损失5324万元。

4月30日 省体制改革委员会批准成立娄底市经济开发区、新化县梅苑开发区、冷水江市布溪特区、涟源市马家境开发区、双峰县永丰开发区。7月，批准增加地、市合办的娄底市江龙滩开发区。

5月5日 娄底电视台开播。

5月9日 省委书记熊清泉考察涟钢、三一集团有限公司、涟源市白水泥厂、地区五金公司等单位和娄底地区“五自主”“四放开”改革。

5月16—23日 省人大常委会主任刘夫生到新化县、涟源市、冷水江市、娄底市考察商业“四放开”、工业“五自主”和村级组织达标活动。

6月1日 美国共和党亚裔总党部副主席、旅美湖南同乡总会会长彭畴田回涟源考察。

6月9日 行署作出《关于行政、事业单位创办经济实体的暂行规定》。截至年底，全地区行政事业单位创办经济实体506个，1000多名机关干部“下海”经商。2000年9月，党政机关与所办经济实体脱钩。

7月18日 中国银行湖南省分行批准娄底支行与港澳及海外分支机构建立直接业务关系，办理国际结算业务。

7月30日 国务院贸易办、国家计委、国家统计局、财政部、劳动人事部联合行文授予涟钢“大型一档企业”证书。

8月20日 境内第一家股份制企业娄底信托投资股份有限公司成立。第一期发行法人、个人股3430万股，每股1元。

9月1—10日 行署专员丛树英率地区代表团参加香港·深圳'92湖南对外经贸洽谈会，合同利用外资1.68亿美元。

9月19日 联合国粮贸组织委派的印度农业博士拉索等一行7人到双峰县考察杂交水稻制种。

10月12—18日 地委书记唐之享、涟钢党委书记张友陵作为党代表出席中国共产党第十四次全国代表大会。

是月 娄底地区连续3年的农村社会主义思想教育工作结束。

12月4日 国家体委批准新化县为武术之乡。

12月28日 地委、行署发出《关于在地直工业企业中实行无行政主管局的意见》，对娄底纺织厂、湘中针织厂、地区印刷厂等9家企业实行无行政主管局试点。

是年 双峰县、涟源市被评为全国肉类总产量百强县（市）。

△ 娄底地区32名全国劳模、598名省部级劳模和先进工作者被录入《湖南省职工劳模工作手册》。

1993年

2月28日 娄底地区开通湖南省联合信息网娄底终端。

3月3日 曹志斌任中共娄底地委书记，丛树英任中共娄底地委第二书记。

3月6日 新化瓷厂、建新瓷厂、县印刷厂、杨家山瓷泥矿等6家企业组成新化瓷业集团公司。

3月15—31日 地委第二书记丛树英、新化瓷厂厂长何真临、资江氮肥厂总经济师姚绮云（女）、湖南三一集团公司董事长兼总经理梁稳根、省煤炭二处206队队长刘建文作为全国人大代表出席第八届全国人民代表大会一次会议。

3月24日 赵世荣任地区行政公署专员。

3月25日 新化县湖南生命链酒厂生产的“链酒”在全国新技术新产品交流会上，被评为全国星火计划成果金奖。

3月27日 晚21时许，新化县西河镇鹅塘小学放映室栋梁突然断裂倒塌，造成死亡18人、伤14人的特大事故。

是月 娄底地区开通无线寻呼网络，新建5个无线寻呼基站。

4月12日 地区纪委、监察局实行合署办公体制。

4月26日 境内5县（市）分别召开公捕公判大会，依法宣判一批流氓杀人犯、抢劫犯、盗窃犯、强奸犯死刑，判处47名犯罪分子有期徒刑，依法公开逮捕各类犯罪嫌疑人123名。

5月16日 新化县晏家乡1辆个体载人工具车翻倒在车田江水库大坝下，造成10人死亡、27人重伤的特大交通事故。

6月20日 涟源钢铁总厂改组为涟源钢铁股份有限公司。

6月21日 新化县坪溪乡沟树湾煤窑发生瓦斯爆炸，死亡19人、伤4人。

6月26—27日 在意大利世界中学生田径运动会上，娄底市第二中学学生邵光英（女）获女子300米跨栏银牌，异程接力铜牌。

6月29日 全省第一个地区级工商组织——娄底地区工商业联合会（总商会）成立。

是月 中南石油地质局在双峰县蛇形山镇地段打出区内第一口煤层气井——湘煤一井。

8月1—5日 境内降雨量201.4毫米，淹没稻田2.53万公顷，经济作物受灾1.37万公顷，251个厂矿企业被迫停产，1.49万人被洪水围困。

8月8—13日 在第四届湘交会上，娄底地区签订17项合同，引资1.87亿元，利用外资1047.5万美元。

9月26日 涟钢代表队代表湖南职工参加全国职工大众体育运动会，夺取8枚金牌、3枚铜牌，金牌总数位列第一。

10月1日 娄底地区第一所少年军校——双峰县青树坪中心中学少年军校成立。

10月10—15日 省长陈邦柱在娄底召开省长现场办公会，并到部分企业考察。

10月15日 新化县残疾人陈善明参加全运会举重48公斤级抓举比赛项目，夺得“残运会”首枚金牌，实现娄底地区该项金牌零的突破。

10月19—22日 在省大学生全能比赛中，娄底师专获专科组团体总分第一名和男、女个人全能第一名。

10月29日 丛树英兼任地区政协联工委主任。

是月 娄底市首次公开拍卖乐坪西街商住综合用地，敲响娄底城区土地公开买卖第一锤。

11月14日 市委、市政府召开打击严重犯罪分子公捕大会，依法逮捕赵某生等7名犯罪嫌疑人。

11月21日 新化车田江水库配套工程竣工，总库容1.28亿立方米，灌田0.7万公顷，2座水电站总装机容量4200千瓦。

11月25日 涟钢实现年产钢100万吨目标，成为全国第四家100万吨级地方钢铁企业。

12月5日 新化县晏家乡友谊江煤矿发生特大瓦斯爆炸事故，死亡17人，重伤1人。

是月 全地区推行“蓝印户口”制度。

是年 全地区自1978年以来连续15年实现财政收支平衡。地区财政局被财政部、人事部授予全国财政系统先进集体荣誉称号。

△ 全地区开展乡镇企业建设年活动，年内乡镇企业完成生产总值66.6亿元，比上年增长80.1%，实现利税5.8亿元，比上年增长56.8%，创历史最高水平。

△ 地区实施引导农民进市场奔小康工程。802名干部深入农村实施引导农民进市场奔小康活动。

△ 冷水江市公安局获评全国优秀县（市）公安局。

△ 娄底市、新化县分别建成儿童福利院，收养孤、残儿童120人。至2005年，累计收养1386人，其中国内收养1386人、国外送养580人。

1994年

1月1日 全地区全面推行住房公积金制度。

是月 韩国汉城大学亚洲史系主任、东亚文化研究中心所长闵斗其率学术考察团到双峰县考察湖南在中国近代史上的作用、双峰大革命时期农民运动及近代历史人物。

2月1—2日 省委书记王茂林至涟邵矿务局、涟钢、华达机械厂、娄底纺织厂等企业考察，强调转变观念，稳定社会，加快改革力度，建立社会主义市场经济。

是月 全地区开展清产核资工作，至7月结束。全地区264个预算内国有企业资产30.7亿元，负债总额24亿元。

△ 新化县被国务院扶贫开发领导小组列为“八五”期间国家扶持的重点贫困县。11月，财政部定点新化挂钩扶贫。

3月13—15日 全地区开展以打击地痞地霸为主要内容的“子夜行动”，捣毁犯罪团伙61个，打击处理591人，抓获地痞地霸883人。

4月10日 资江氮肥厂团委委员刘立华在率领青年突击队清理尿素造粒塔时不幸牺牲。5月3日，地委做出《关于授予刘立华同志优秀共产党员、新时代的雷锋荣誉称号的决定》。共青团中央授予刘立华优秀共青团干部称号。

4月18日 地委发出《关于农村党支部建设和整顿工作的决定》，从地、县（市）直机关抽调600名干部下村帮助村党支部的整顿和建设工作。

是月 地区启动机关事业单位养老保险和失业保险工作。

5月3日 中国石油天然气总公司湘中煤层气钻采试验区“冷试一片”在冷水江市开钻。9月15日，第一口煤层气勘探井（崇岭）自然出气点火成功。

5月13—14日 省人大常委会主任刘夫生到双峰县考察撤区并乡、人大工作和小城镇建设。

5月14日 国家“七五”重点项目资江氮肥厂年产7.2万吨合成氨、13万吨尿素扩建工程建成投产。

5月19—22日 省政协主席刘正到娄底市万宝乡、双峰县三塘铺镇考察农村“引导工程”和国有企业“活力工程”。7月20日，考察新化县标准器件厂、飞龙工艺制品厂、新化县瓷厂和冷水江市锑山拉铸管厂。

6月13—14日 娄底地区70多位黄埔军校同学在娄底接待处集会纪念黄埔军校建校70周年。

7月19日 涟源一中初三学生邱强坚为抢救落水同学牺牲。省政府追认其为见义勇为先进个人，并追记一等功。

7月22日 涟源市被全国双拥工作领导小组批准为全国双拥模范城。后又分别于1997年、2000年、2004年、2016年获此称号。

7月27—28日 煤炭部部长王森浩考察涟邵矿务局恩口煤矿、斗笠山煤矿、焦化厂和涟源市七一煤矿，强调煤矿的出路在于转换经营机制。

是月 全地区实施自改革开放后第三次地、县（市）机关机构改革，设地委工作部门9个，行署工作部门33个，按党章宪法规定设立的机构4个，群团机构9个。娄底市、冷水江市、涟源市、新化县、双峰县党政机构限额均为37个。

△ 地区计量局和地区标准局撤销，组建地区技术监督局。

8月4—6日 境内暴雨成灾，死10人、伤486人，直接经济损失1.88亿元。8月14日续遭暴雨，死2人、伤62人，285个厂矿停产或半停产，直接经济损失1.09亿元。

9月3日 中国人保公司承保的涟钢从巴西进口5.5万吨球矿石海洋运输船沉没。9月6日，中国人保公司娄底中心支公司核赔保险金1100万元。

9月5—9日 娄底地区代表团赴香港参加“′94湖南出口产品展销暨经济技术洽谈会”，签订合同项目1个，协议项目3个，意向项目4个，总投资为29.6亿元。

9月7—10日 省委书记王茂林在娄底考察工农业生产、教育和治安工作。

9月28日 地区税务局分设为地区国家税务局和地区地方税务局。

是月 地区党政机关实行职级工资制度，事业单位实行结构工资制度。6.9万人参加机关事业单位工资整改。

△ 自1983年9月开始的10年“严打”斗争结束，全地区破获各类刑事案件3.57万起，其中大案5831起，查获作案成员3.73万人，挽回经济损失1000多万元。

11月5日 冶金工业部部长刘淇考察涟钢。

11月7—10日 省委书记王茂林在娄底考察冬季农业、社会治安、小城镇建设、工业企业、开发区建设。

11月17—18日 全国第一次曾国藩学术研讨会在双峰县城召开，来自全国17个省市和台湾地区及韩国的专家学者100余人参加。

是月 地区第一所希望小学——新化县洋溪镇潮头希望学校落成并交付使用。

△ 新化县业余体校学生邹飞娥在土耳其举行的第八届世界女子举重锦标赛中获59公斤级抓举、挺举和总成绩3枚金牌，并打破2项世界纪录。

12月13日 湖南省新化水泥厂改组为湖南雪峰水泥集团有限公司，是年晋升为全国建材大型一档企业。

12月21—22日 地区第三次归侨、侨眷代表大会在娄底市召开。

12月下旬 全地区乡镇机构改革全面推开。截至1995年3月，198个乡（镇、街道）撤并为92个乡（镇、街道）。

是年 全地区实施国家公务员制度。

△ 双峰县、涟源市、娄底市、冷水江市实现吨粮田。

△ 全地区从县（市）直机关干部中挑选100名青年干部担任村党支部书记或村委会主任。

△　行署出台《娄底地区深化城镇住房制度改革方案》，职工自住单位房由购买部分产权改为全部产权。

△　娄底数字数据网DDN业务开通。移动电话实现与全省自动漫游。127自动无线寻呼开通并实现全市联网。168语音系统投入使用。

△　双峰县获全国民政工作先进县、全国村民自治模范县称号。

△　锡矿山矿务局生产锑产品2.12万吨。

1995年

3月30日　蔡和森诞辰100周年纪念大会在双峰县城举行。蔡和森长女蔡妮、次女蔡转和蔡畅女儿李特特及其他亲属到会，并参加蔡和森、向警予、蔡畅、葛健豪群体雕像奠基典礼。

4月1日　全地区第一个私营企业党支部——中共双峰县印塘乡双湄轧钢厂支部成立。

4月13日　余英生任中共娄底地委书记，曾庆炎任地委副书记、行署专员，彭少林兼任地区人大联工委主任，丛树英续任地区政协联工委主任。

4月18日　省内第一个中国农工党县委——双峰县委成立。

4月22日　省委书记王茂林等省委、省政府领导到娄底召开地、市党政及政法部门领导会议，对娄底市社会治安整治工作作指示。娄底市集中3个月时间，在全市范围内开展集中整治社会治安总体战。

5月8日　地区证券公司开业，开办上海、深圳上市股票交易业务。

5月20日至8月10日　地区审计局审计查出地直26个单位外流资金1.01亿元，其中炒地皮款8299万元，收回777万元。

6月4日　涟邵矿务局利民煤矿发生特大煤与瓦斯突出事故，19人遇难。

6月25日　涟源市籍无产阶级革命家和军事家、开国上将李聚奎于7时42分在北京逝世，享年91岁。

6月27日　双峰县洪山殿镇栗树煤矿发生特大恶性瓦斯爆炸，死亡17人。

6月29—30日　境内普降暴雨。平均降雨量110.8毫米，84个乡镇、2865个村、181万人受灾。

是月　双峰县三塘铺镇、冷水江市禾青镇被列入国家小城镇综合改革试点镇。1996年11月，三塘铺镇获国家村镇建设先进镇称号。

8月5日　地区首次发布最低工资标准。娄底市、冷水江市每人每月175元，双峰县、涟源市每人每月160元，新化县每人每月145元。此后每年调整发布一次。

9月5日　全国SARD（可持续农业与农村发展）试验区工作会议在娄底召开。

9月8—10日　娄底地区代表团在湘交会上与外商签订合同、意向协议21个，合同利用外资977万美元，意向协议利用外资5218万美元。

9月21日　境内开通现代化通信网络DDN数据通信网络，形成以娄底市为中心枢纽的全地区七大现代化通信网。

是月　冷水江市被评为全国环境综合整治先进城市。

10月5日　黄厚铨任地区政协联工委主任。

11月2—4日　地委、行署在娄底宾馆举行海外联谊暨经贸洽谈会，104名海外来宾参加，签订合作、合资、独资项目23个，总投资7777万美元，其中利用外资4584万美元。

11月6—17日　涟源市伏口镇—七星街镇周边区域发生3级地震。震中群众感觉明显，部分墙壁开裂，少数杂屋倒塌。

11月14日 涟源市杨家冲煤矿发生瓦斯突出事故，死亡22人。

11月25日 娄底师范专科学校在省大学生运动会上获金牌13枚、银牌15枚、铜牌10枚，总数获专科组第一名。

是月 境内湖南省三一集团公司、新化染化二厂入选中国500家最大民营企业。

12月26日 境内民丰500千伏变电站并网送电。娄底电业局进入湖南省500千伏菱形超高压供电网络。

是月 双峰县走马街镇发掘东汉古墓群，出土文物40余件。

是年 双峰县被评为全国粮食生产先进县。涟源市被列为全国第四批商品粮基地建设县（市）。

△ 人事部、国家档案局授予地区档案局全国档案工作先进单位称号。中共中央组织部、人事部、国家档案局授予冷水江市委组织部全国干部人事档案工作先进单位称号。

△ 冷水江市岩口镇被国家土地管理局授予全国“三无”（无违法批地、无违法管地、无违法用地）模范镇。

△ 全地区纪检立案542件，结案426件，540名党政干部受到党纪或政纪处理，其中县处级干部28人、科级干部130人。

1996年

1月18日 冷水江耐火材料总厂从瑞典引进年生产能力1万吨的不定型耐火材料生产线。

1月19日 地委发出《关于授予刘湘玉同志为优秀党支部书记的决定》。1995年4月，涟源市金石镇黄诚村党支部书记刘湘玉为保护耕地被害。国家土地管理局授予刘湘玉“土地卫士”称号。

1月23日 地委、行署颁布《关于加快发展乡镇企业的若干规定》，提出“多轮驱动，多轨运行”等7项措施。

是月 地、县（市）行政机关公务员制度入轨运行。截至1997年6月，48个地直单位、186个县（市）直单位和92个乡（镇、街道）6969名干部过渡为国家公务员。

△ 省委、省政府确定双峰县三塘铺镇、冷水江市禾青镇为全省“百强镇”。

4月1日 全地区人民武装部由地方建制收归军队建制，恢复原级别和名称。

4月9日 省委书记王茂林考察新化县益大实业有限公司、燎原水泥厂、新大实业有限公司及城区防洪大堤。

4月18日 资江氮肥厂改组更名为湖南大乘资氮集团有限公司。同日，省“八五”重点工程——资氮13万吨尿素、7.2万吨合成氨工程竣工投产。

5月24日 地委宣传部与省电视剧制作中心拍摄的电视连续剧《罗盛教》在中央电视台播出，获省1995年度“五个一工程奖”。

6月10日 全地区检察机关开展反贪“百日会战”。截至9月2日，受理贪污贿赂线索258件，初查55件59人；立案查处县处级以上干部要案2件2人，为国家和集体挽回经济损失445万元。

6月19—21日 省委书记王茂林到新化县、冷水江市、涟源市、娄底市、涟邵矿务局和地直16家企业考察工业企业改革、生产和经营情况。

6月22日 共青团中央、国家税务总局联合授予新化县国税局炉观征收分局青年文明号称号。

6月29—30日 财政部部长刘仲藜、省长杨正午到新化县考察扶贫开发工作。

7月1日 22时57分，境内青山硫铁矿发生ML2.6级地震，矿井遭受破坏。

7月10日至月底 境内遭受特大洪灾。84个乡镇、2755个村、246.5万人受灾，死亡55人，伤7689人，直接经济损失56.62亿元。

7月18—19日 娄底举办“'96深圳招商会”，签订合同21个，总投资7亿元，其中外资5390万美元。

7月29日 西安空军工程学院学员、双峰县荷叶乡籍朱天亮为抢救1名落水青年献出年仅19岁的生命。空军工程学院党委批准其为革命烈士，追记一等功，追认为中共党员，并开展向朱天亮烈士学习的活动。

8月6日至9月7日 在省第八届运动会上，娄底地区体育代表团夺得金牌19枚，其中田径项目获12枚金牌，列全省第一，银牌25枚、铜牌22枚。成年组获团体第一名。

8月24日 湖南成功企业集团与娄底市高溪集团合资在娄底兴办中南、西南地区最大的精密钢管生产基地。

是月 行署责令各县（市）政府取缔或关停污染严重的企业115家。

9月1日 涟源市宏宇搪铝工业有限公司在茅塘镇石门村开业，截至1998年底，先后投资4000多万元，年产值1.8亿元。

9月6日 娄底市公安局巡警110报警服务台开通，为省内首家110报警服务台。

9月10—14日 娄底地区代表团在省第四届港交会上与外商达成合同项目33个、协议项目23个，利用外资1.25亿美元，其中合同利用外资5879.5万美元。

10月8—15日 地委在全地区范围内公开选拔地区农业局等17个单位的副处级领导职位人选。

是月 地区国防动员委员会成立。

11月 冷水江市被授予全国“武术之乡”称号。

12月25日 涟源钢铁总公司兼并涟源钢铁股份有限公司，更名为涟源钢铁集团有限公司（简称涟钢）。

是年 在自3月份开始的“严打”斗争中，全地区破获各种刑事案1757件，其中重特大案651件；打掉各类犯罪团伙308个，瓦解成员1427人；抓获违法犯罪涉嫌人员8320名，追回“三逃”人员446名；缴获赃物价值754万元；收缴非法民用枪支455支。

△ 农业部批准娄底市万宝镇为全国东西部合作示范区。

△ 全地区启动村民委员会直接选举。

△ 娄底市开展送文化、送科技、送卫生、送法律、送政策“五送下乡”活动，被中央电视台报道，省委宣传部向全省推广。

△ 娄底市移动模拟网、数字网实现全国自动漫游。

1997年

1月10日 省政府批准涟钢200万吨钢总体发展规划调整方案。

1月20日 联合国儿童福利基金会向娄底地区捐赠的1万美元救灾款物运抵新化。

是日 省委、省政府授予娄底市高溪村“湖南省红旗村”称号。

是月 全地区青壮年非文盲率达到99.4%。

2月4日 冷水江钢铁总厂晋升为全国大型工业企业。

2月23日 新化湘运公司谭某期驾驶湘K70150客车在桃江县桃江大桥坠入江中，造成死亡42人、伤7人的特大交通事故。

3月3日 投资2.1亿元的中日合资华达杰克赛尔汽车空调有限公司在华达机械厂正式营运。

3月8—10日 联合国劳工总署官员爱斯可夫考察涟源市七一煤矿、祖保煤矿、四古煤矿和安平煤矿。

3月29—31日 挪威宗教代表团至新化县考察宗教工作。

4月7日 林业部批准娄底市为全国"森林城"建设试点县级市。

4月8—10日 省委书记王茂林先后考察娄底新火车站、涟钢、新化县燎原水泥厂等企业和娄底市高溪村、涟源市石门村。

4月22日 地委、行署作出《关于进一步加快发展个体私营经济的决定》。

5月7—8日 双峰县遭受60年来最大暴雨袭击，16个乡镇388个村27万人受灾。

6月上旬 娄底市被列为全国实施安居工程的80个城市之一。

6月18日 娄底市二水厂建成送水。

6月20日 公安部追授因公牺牲的冷水江市金竹山派出所副所长吴银尧为全国公安系统二级英雄模范。

8月8—9日 全省实施"先导工程"现场经验交流会在娄底召开，推广娄底地区经验。

9月2—5日 娄底地区在第六届湘交会上，签订合同、协议38个，利用外资3.27亿美元。

9月12—18日 余英生（地委书记）、张友陵（涟钢党委书记）出席中国共产党第十五次全国代表大会。

9月20日 总投资3250万元的国家重点扶植项目冷水江市制药厂肝复乐异地扩建工程竣工投产。1998年5月，该厂肝复乐片生产被列入省火炬计划和国家火炬计划。

9月30日 第八届全国运动会火炬在娄底举行传递仪式。

10月6日 锡矿山矿务局庆祝锑业开发100周年。1950—1997年生产锑品52万余吨，产量居世界第一。

12月12日 王其林兼任地区政协工委主任。

12月20日 全地区实现村村通电。

是月 娄底聋哑学校学生王自平创作的《锦绣山河》《狮王》《大鹏展翅》3幅国画在美国加利福尼亚州展出后，被东方艺术博物馆收藏。

△ 全国首例定型太空稻——宇航1号在娄底地区试验成功。

△ 全地区推行村务公开制度，至1998年底3121个村实行村务公开，占村总数的95.2%。

△ 全地区公路通车里程4996千米，100%的乡镇通客运班车，91.7%的自然村通公路。

是年 全地区抽调1100多名干部赴332个村扶贫帮困，向贫困村投入1615万元开发性资金。

△ 双峰县被列入全国对外开放县，取得经济、技术、商品、劳务等进出口经营权。

1998年

1月12日 娄底地区被国务院划为酸雨控制区。

2月11日 新化县个体客车湘K60514由新化开至湘潭县西林乡东亚渡口时，从渡船上坠入江中，死亡26人。

2月18日 娄底地区被省政府授予双季稻亩产过吨粮的奖牌。

2月28日 陈润儿任地区行政公署专员。

3月5—19日 曾庆炎（原行署专员）、刘学明（锡矿山矿务局局长）、张日平（娄底市高溪村党委书记、高溪集团公司董事长）、刘美球（女，湖南华建工程公司隧道分公司测量组组长）出席第九届全国人民代表大会一次会议。

3月24日 冷水江市金竹山乡九五煤矿发生特大瓦斯爆炸事故，死亡18人。

4月6日 在深圳打工的涟源市白马镇学足村24岁的杨卓辉见义勇为被刺身亡，4月23日被地区综合治理委员会授予“见义勇为杰出卫士”荣誉称号。

是月 行署成立禁止传销领导小组，取缔传销公司，遣返外地传销商1.5万人，责令退款110万元。娄底武警支队成功遣返6000余名外地到娄底传销人员。

△ 新化县女子举重运动员李雪昭在匈牙利世界大学生运动会上获女子举重48公斤级总成绩第一名。

5月13日 娄底地区停止福利分房。12月31日起，全地区城镇停止住房实物分配。

5月16日 历时5年的湘黔铁路复线电气化改造一期工程竣工。

5月21—22日 境内遭受特大暴雨袭击。白马水库最大泄洪流量850立方米／秒。6月13—24日，29个乡镇984个村89万人遭受水灾，倒房7878间，死亡9人，伤331人，158个工矿企业因水淹停产，直接经济损失7亿元。

是月 由湖南人民出版社出版的首部《娄底地区志》发行。全志300万字，记事时间上溯事物发端，下限1989年。

9月8日 娄涟高等级公路开工建设，2002年9月28日建成通车，长59.96千米。

9月8—11日 娄底地区代表团140余人参加在厦门召开的第二届中国投资贸易洽谈会，签约项目15个，总投资1713万美元，利用外资1318万美元。

9月29日 中国民主同盟娄底市委成立。

12月26日 张建功任中共娄底地委副书记、行署专员。

是月 地区有线电视台、娄底电视台、娄底广播电视报社合并组建娄底广播电视中心。

是年 双峰县被民政部评为全国1998年度村民自治模范县，被农业部列为全国水稻生产机械化示范县。

1999年

1月1日 娄底火车新客站竣工。

1月20日 国务院发出《关于同意湖南省撤销娄底地区设立地级娄底市的批复》。3月18日，省政府向地区行署发出《关于撤销娄底地区设立地级娄底市的通知》。4月21日，娄底撤地建市设区工作启动。7月13日，原冠“中共娄底地委”的工作机构改冠“中共娄底市委”名称。从8月21日起，行署工作机构和直属单位改冠“娄底市”名称。8月30日，娄底地区地直群团机构改冠“娄底市”名称。9月，原娄底市党政群机构改冠“娄底市娄星区”名称。9月6日，市委、市人大、市政府、市政协、市纪委挂牌仪式在机关大院门口举行。

是月 地委、行署和人民银行娄底分行清理整顿农村合作基金会，10月，77家基金会并入农村信用社，20家基金会被清盘关闭。

△ 全地区铺开农村土地承包期延长30年工作。

2月26日 何翰屏任地区人大工委主任，党组书记。谢凤龄任地区政协工委主任，党组书记。

5月4日 娄底地区纪念五四运动80周年暨第二届五四群英表彰大会在娄底召开。

5月5日 冷水江钢铁总厂投资1.5亿元的炼钢工程投产，结束建厂41年来有铁无钢的历史。

5月9日 娄底师专2000余名师生在娄底市游行，5月10日部分驻娄底部、省、地属大中型企业工会主席和职工代表在地区工会集会，地区各民主党派、人民团体及有关职能部门举行座谈会，强烈抗议以美国为首的北约5月8日袭击中国驻南斯拉夫联盟大使馆、炸死中国3名新闻工作者的野蛮罪行。

5月23—25日 在国家体委举办的传统武术暨绝技大赛中，湖南体育专修学院夺得女子团体冠军，唐琨夺得女子52公斤级冠军。

6月4日 境内110千伏大科变无人值班调度自动化设备通过验收，成为娄底电业局第一个无人值班站。

7月10—12日 中共娄底市第一次代表大会在娄底召开。余英生当选市委书记，张建功、卜功富、冯长根、赵协卿当选市委副书记。

7—9月 娄底市公安机关参加全国网上追逃统一行动，追回逃犯970名，其中公安机关在互联网上通辑的逃犯640名。

8月6—9日 政协娄底市第一届委员会第一次会议在娄底召开。谢凤龄当选市政协主席。

8月8—12日 娄底市第一届人民代表大会第一次会议在娄底召开。何翰屏当选市人大常委会主任，张建功当选市人民政府市长。

8月10日 农业部部长陈耀邦、省长储波一行到双峰县考察农业和农村工作。

9月23—25日 娄底市海外联谊会第一届理事会暨经贸洽谈会召开，签约项目31个，总投资6221万美元，利用外资436万美元。

9月29日 涟源市茅塘镇石门村党支部第一书记吴奇修被评为中国十大杰出青年。

10月17日 全国各地100多名专家学者聚集娄底，参加中国乡村教育的倡导者和实践者罗辀重（娄底市娄星区籍）诞辰110周年纪念座谈会及《罗辀重文集》首发式。

11月23日 全市完成人口信息百城联网建设，392万人口信息全部录入微机。

12月17日 娄底市各界欢聚娄底宾馆，举行“迎澳门回归·迎新千年”座谈会。

12月21—23日 娄底市第一次妇女代表大会在娄底召开。

2000年

3月28—29日 共青团娄底市第一次代表大会召开。

4月18日 全市启动城镇职工基本医疗保险制度。

4月22日 张建功任市委书记。刘云柱任市委副书记、市人民政府副市长、代市长。

4月27日 湖南雪峰水泥集团公司千余名职工，因对公司主要领导腐败不满，集结到新化西河火车站卧轨阻车，致使88次、78次列车分别受阻80分钟、78分钟。

5月20—21日 中国民主同盟娄底市第一次代表大会在娄底召开，选举产生民盟娄底市第一届委员会，邹明玉当选主委。

5月24—25日 九三学社娄底市第一次代表大会在娄底召开，选举产生九三学社娄底市第一届委员会，李云才当选主委。

6月13日 市总工会第一次代表大会在娄底召开。

6月19—22日 省委书记杨正午考察娄涟公路、涟钢和冷水江市、新化县部分企业。

7月29日 涟源市蓝田大市场发生特大火灾，过火面积2323平方米，烧毁73个摊位、20个门面、4户住宅，造成直接经济损失191万元。

是月 全市离退休人员基本养老金由银行实行社会化发放。

8月11日 娄底师范学校并入娄底师范专科学校。

8月23—25日 省政协主席刘夫生至娄底考察部分民营企业、涟源钢铁集团有限公司及城市基础设施建设。

9月1—2日 市工商业联合会第一次会员代表大会在娄底召开。

9月12日 市电信局改为中国电信集团湖南省电信公司娄底市分公司。

是月 双峰县王憨山艺术展在中国美术馆举办，10幅作品被中国美术馆收藏，4幅作品被故宫博物院收藏。

10月11—17日 在第二届中国国际高新技术成果交易会上，娄底市签约项目22个，合同利用外资7305万美元。

11月18—27日 娄底市25家企业、38个品类、132个品种参加在长沙举行的全省第二届农博会展销，直接销售额376万元，签订购销合同1.4亿元，有7个产品获金奖、6个产品获银奖。

11月29日 市委常委会议决定将原县级娄底市经济技术开发区收归市管并重新启动，外资工业区与娄底市经济技术开发区合并，组建娄底市经济技术开发区管委会。2002年1月8日，娄底市经济技术开发区（简称娄底市经开区）挂牌。

是月 市中级人民法院破产合议庭向涟邵矿务局所属芦茅江煤矿、朝阳煤矿、斗笠山煤矿、桥头河煤矿及桥头河煤厂、涟邵集化厂、涟邵水泥厂、棋梓桥水泥厂送达破产裁定书。这是娄底市最大的破产案，涉及一线职工5万多人，总人口16万人，固定资产16亿元，总资产20亿元。

12月21—24日 全国政协副主席毛致用到娄底考察小城镇建设。

是年 娄底市被评为全国环境保护先进集体。

△ 全市换发全国统一的房屋权属证书。

2001年

1月4日 新化县温塘镇晏家管区一小煤窑发生穿水特大事故，20名在井下作业的矿工遇难。

是月 市委书记张建功、代市长刘云柱赴京向国务院、中央办公厅汇报，争取到200万吨／年产薄板项目落户涟钢。

3月2日 刘云柱任市人民政府市长。

4月9日 国务院总理朱镕基在省、市领导陪同下，视察中央储备粮新化直属粮库和新化城区建设。

4月22—24日 省长储波考察双峰县、涟源市、娄星区部分企业和农村，察看娄底城区部分建设项目，看望和慰问公安干警。

4月27日 娄底电业局获全国五一劳动奖状。

5月9日 市委作出决定，号召全市各级党组织和全体共产党党员向舍己救人、以身殉职的共产党员戴石仁学习。2000年8月2日，新化县琅塘镇农村工作办公室主任戴石仁在抗洪抢险一线牺牲。

7月1日 吴奇修在北京参加庆祝中国共产党成立80周年大会，受到中央领导接见，并获颁全国优秀共产党员荣誉证书。

7月10—13日 娄底市代表团参加2001年湖南（香港）投资贸易洽谈会，签约项目15个，总投资2230万美元，合同利用外资1730万美元；协议项目5个，总投资1.1亿美元，协议利用外资8780万美元。

7月22日 涟源市摧毁以涟源市信用合作联社原副主任谭某平、刘某平、廖某飞为首带黑社会性质的犯罪组织，涉案202人。公安部、最高人民检察院、最高人民法院督办该案。2003年3月31日，主犯谭某平被判处无期徒刑，其他56名从犯分别被判处死刑和有期徒刑。30名充当保护伞的党政干部受到法律或党纪、政纪追究。

8月27日 娄底经济贸易学校和娄底工业学校合并，组建娄底职业技术学院，2002年6月16日挂牌成立。2006年娄底机电工程学校并入该校。

9月28日 国家计委、财政部、粮食局、中国农业发展银行、中国储备粮管理总公司联合行文，将新化新建粮库划转为中国储备粮管理总公司直属库。

是月 全市启动党政群机构改革。设置市委工作机构9个，市纪委工作机构1个，市政府工作部门33个，部办委管理机构2个，群团组织10个，承担行政管理职能的事业单位24个，按法律程序产生的机构4个，撤销市直物资等8个正处级行政性总公司，撤销市公用事业局等6个事业机构。撤销市体制改革委员会、市经济研究室、市财贸工作办公室、市政府农村工作办公室、市国有资产管理局。

10月11日 娄底市政协经济建设促进会广州分会成立。

10月25日 全市实施国家公务员补充医疗保险制度，建立企业补充医疗保险制度。

12月14日 涟钢1号高炉炉龄突破万炉大关，达到国际领先水平。

是月 市公安机关破获湖南省最大的境内金融票据诈骗案，涉案金额4700万元。

是年 全市实行部队转业干部自主择业政策。

△ 全市开展治爆缉枪专项行动，收缴枪支5067支，查处涉枪涉爆案件724起，打击处理1054人。

2002年

1月1日 全市教育系统人、财、物、事“四权”由乡镇收归县级教育行政部门管理。

1月10日 《娄底市农村税费改革实施方案》获省政府批准。全市铺开农村税费改革。

1月13—16日 省委书记、省人大常委会主任杨正午到娄底贫困山区、工矿企业开展“察民情、送温暖”活动。

1月14日 资江煤矿发生瓦斯突出事故，死亡18人。代省长张云川、市长刘云柱等领导现场指挥抢救和善后。

3月1日 新化县温塘镇易家村兴隆煤矿发生老隆穿水事故，25名矿工被困井下。经全力抢救，22名矿工获救。

3月10日 涟源市被省委、省政府确定为重点扶贫县（市）。

4月5日 市委公开选拔5名分管工业的副县（市）长。

4月9—20日 市委书记张建功率团到沿海考察学习推进工业化进程的经验。

4月14日 全国首例牛胚胎分割移植技术在涟源市移植成功。

4月18日 市食品药品监督管理局双峰县分局在双峰县杏子铺镇查获特大假药案，收缴假劣药品161种，协助公安机关抓获犯罪嫌疑人25人，其中8人被提起公诉。是年，全国医药打假现场会在娄底市召开。

4月22日 市第一次归侨侨眷代表大会在娄底召开。

4月23日 市城市管理局挂牌成立。

是月 双峰县印塘派出所获公安部一级公安派出所称号。

△ 全市取消屠宰税。

5月26—30日 娄底市代表团至上海参加2002年湖南—上海经贸合作活动周，发布招商项目60余个，签约32个，总投资1.24亿美元。

是月 由冷水江钢铁总厂职工集资入股组建的冷水江博长钢铁有限责任公司挂牌成立。

6月1日 市委免去对重大煤矿安全事故负有领导责任的涟源市副市长职务。

是月 娄底电业局被命名为全国一流供电企业。

7月12日 市中级人民法院在新化县天华广场举行宣判大会，公开宣判公安部、最高人民检察院、最高人民法院挂牌督办的娄底市涉黑特大案件。

7月18日 市科学技术协会第一次代表大会在娄底召开。

7月22—24日 省长张云川到涟钢、双峰县松木冲煤矿、竹板厂、皇视天线厂等企业调研，考察娄底城区建设。

8月1日 全市境内普降暴雨。斗笠山煤矿矿井被水淹没，损失上千万元。

8月2日 市政务服务中心挂牌成立。

8月7日 中国体育协会确定新化县为全国举重后备人才基地。

8月17日 冷水江博长钢铁有限责任公司年产50万吨轧材项目竣工投产，结束冷水江有钢无材的历史。

9月3日 双峰县朝阳矿业公司秋湖煤矿发生煤与瓦斯突出特大恶性事故，死亡39人。

是月 新化县资江两岸暴发历史罕见的斜纹夜蛾虫灾，农作物损失严重。

△ 冷水江师范学校更名为娄底外国语学校。

10月12—17日 娄底代表团在第四届中国国际新技术成果交易会上，签约项目33个，合同投资9.88亿元，引进资金8.66亿元。

11月8—14日 张建功（市委书记）、吴奇修（娄底市发展计划委员会副主任）出席中国共产党第十六次全国代表大会。吴奇修当选大会主席团成员。

11月27日 市委做出决定，实施娄底中心城区建设“北扩南移”战略。

11月28—30日 旅荷华侨总会会长胡永央到娄底商务考察。

12月2—4日 市体育局组团参加在浏阳举行的全省“亿万农民健身活动”先进镇武术比赛，获二金一银一铜牌和团体总分第二名。

12月26日 潭（湘潭）邵（邵阳）高速公路建成通车。娄底段长40.8千米，连接线19.01千米。境内高速公路实现零的突破。

12月28日 民主革命先驱陈天华塑像落成典礼在新化县天华广场举行。

是月 全市推行社区警务室建设。当年建社区警务室51个。

△ 市公安局破获农业银行涟源支行被诈骗4700万元特大案件，抓获主要犯罪嫌疑人沈某。

2003年

1月2日 在澳大利亚举行的世界摔跤锦标赛中，娄星区涟滨乡颜智慧获女子组55公斤级冠军。

2月24日 蔡力峰任中共娄底市委书记。

3月5—18日 蔡力峰（市委书记）、肖自江（湖南五江轻化集团董事长）、彭爱华（女，娄底市审计局局长）、梁稳根（三一重工集团董事长）出席第十届全国人民代表大会一次会议。

是月 全市启动按需申领护照工作，为全国首批试点城市。

4月1日 市委出台《关于加强娄底市经济技术开发区建设与管理的决定》，确定娄底市经开区行政区域面积72.8平方千米，经开区党委、管委会分别为市委、市政府的派出机构。

4月14日 省人民政府批准成立娄底潇湘职业学院，纳入普通高等教育序列，为娄底市第一所民办高等院校。2005年3月3日，娄底潇湘职业学院更名为湖南潇湘职业学院。

4月28日 娄底市经开区第一工业园开园。北京赛璐珈科技有限公司、涟钢、星剑药业、五江轻化集团、三泰轧辊等企业项目入园。

是月 安徽海螺集团斥资2.3亿元重组雪峰水泥有限公司。

5月1日 新化县大熊山国家森林公园开园。

5月19日 娄底市撤销娄星区大科乡、涟滨乡、西阳镇，设立大科、涟滨、大埠桥3个街道。

5月27日 娄底中心城区首家社区服务中心——蜜蜂社区服务中心成立。

6月5日 娄星区涟滨街道划归娄底经开区代管。

6月18日 双峰海螺日产5000吨水泥熟料生产线开工兴建，2004年9月27日点火投产，为湖南省第一条日产5000吨水泥熟料生产线。

6月18—19日 市第一届青年联合会在娄底召开。

6月底至8月 境内平均降雨仅57.4毫米，15.43万口山塘干涸，73万人饮水困难。新化县主要河流绝大部分断流。

8月1日 《娄底市矿产资源总体规划（2001—2010年）》获省政府批准。

8月21日 娄底市停办《冷水江报》《涟源报》《新化报》《娄星报》，保留《娄底日报》及其子报《娄底晚报》和《娄底广播电视报》。

8月27—29日 市一届人大常委会29次会议审议通过《娄底市孙水河流域水污染防治办法》。

9月8日 全国第一条AE型乳化炸药生产线在湖南神斧集团一六九化工有限责任公司投产。

9月9日 市公安局破获一起特大跨国贩毒团伙案，抓获贩毒人员18名，缴获海洛因40千克、毒资400余万元。

9月30日 国家发改委批复冷水江市采矿沉陷区治理方案，总投资4.5亿元。

10月14—16日 市委、市政府在深圳举行投资恳谈会。娄底代表团签署合同项目46个，引进市外境内资金35.62亿元，外资2.82亿美元。

10月18日 涟钢薄板配套项目铁路改造工程建成投运，年通过能力由1000万吨提高到1600万吨，存车量由600列提高到900列。

是日 全市启动乡镇机构改革。

11月18日 新疆维吾尔自治区吐鲁番地区党政考察慰问组抵娄底考察社会经济发展情况，慰问娄底市援疆人员家属。

11月30日至12月3日 中共娄底市第二次代表大会在娄底召开。蔡力峰当选市委书记，刘云柱、赵协卿、姚正先、胡旭曦等当选市委副书记。

12月6—8日 娄底市举行“青春娄底·湘中之光”文化经贸博览会，签约合同项目76个，引进资金49.93亿元。

12月11日 市花鼓剧团创作演出的大型现代花鼓戏《村官是个堂客们》获湖南艺术节金奖，2005年12月16日获中国第八届“映山红”艺术节金奖，实现娄底戏剧在全国获奖零的突破。

12月25日 教育部追授为抢救两名落水少年英勇牺牲的湖南师范大学涟源籍学生陈野平舍己救人优秀大学生称号。民政部、省政府追授陈野平为革命烈士。

12月30日至2004年1月3日 政协娄底市委员会二届一次会议召开。谢凤龄当选市政协主席。

是月 “立珊光明行动”为8000余名贫困白内障患者免费实施复明手术。2004年11月29日，“立珊光明行动”湖南启动仪式在娄底举行。

是年 清泉集团、大汉集团、九龙集团等民营企业分别建立党委。

△　全市开征水资源费。

△　市住房公积金中心结转冷水江管理部在二级证券市场投资股票金额4200万元，委托“德隆系”所属恒信证券公司套现后改购国债，后续增加4000万元，共8200万元。2005年“德隆系”崩溃。市住房公积金该项资金全部损失。相关负责人被追究法律责任。

2004年

1月1—5日　娄底市二届人大一次会议召开。冯长根当选市人大常委会主任，刘云柱当选市人民政府市长。

2月3—6日　省委书记、省人大常委会主任杨正午先后考察双峰县、华达机械厂、娄底经开区、新化县、冷水江市、涟源市、涟钢等地。

2月23日　华菱涟钢200万吨热轧薄板竣工投产，冷轧薄板开工。

3月28日　娄底中心城区首条商业步行街——明珠步行街开街试营业。

4月18日　洛湛铁路娄益段建成投入营运。2010年8月17日，洛湛铁路全线铺通，境内长50.21千米。至此，娄底成为湖南三纵（京广、洛湛、焦柳）三横（石长、湘黔、湘桂）的“田”字形铁路客货运输中心。

5月17日　娄底师范高等专科学校升格为本科院校，更名为湖南人文科技学院。12月18日举行挂牌仪式。涟邵技工学校、市农业科学研究所先后于2006年11月、2007年11月并入该校。

5月18日　市委表彰姜正国等16名优秀专家。

6月15日　市委、市政府举行名牌战略与地方经济高峰论坛。中国著名经济学家、中国发展研究院院长、中国名牌培育委员会主任艾丰应邀演讲。

6月25日　国家“火炬”计划项目——涟源市煤矿机械厂无级调速矿用提升绞车研制成功。

6月30日　新化县西河镇1起故意杀人案引出湖南省扫黑除恶第一案。涉案150余起128人，95人被判刑。

7月1日　涟钢中学、娄底铁路中学移交娄底市教育行政部门管理，分别改名为娄底市第五中学、第六中学。

7月3日　市公安局摧毁新化县境内制造假硬币窝点4个。12月21日，市中级人民法院在新化县天华广场对伪造货币案公开宣判。12人被判刑。

7月8日　市委、市政府在温州举行投资洽谈会，签订项目54个，引进资金32.55亿元。

7月21日　锡矿山闪星锑业公司入选全国大型企业。

7月24日　213名三峡移民分别迁入涟源市、冷水江市。

7月26日　涟源市安平镇银广石煤矿发生瓦斯突出事故，在井下作业的36名工人，20人被营救，16人遇难。

9月7日　省政协主席胡彪考察娄底民营经济和县域经济发展情况。

9月8日　涟源市被中华诗词学会授予“诗词之乡”称号。

9月11日　湖南首例胚胎植入遗传学诊断试管婴儿在娄底市诞生。

10月24日　在2004年中国湖南投资贸易洽谈会上，娄底市签约项目78个，引进资金62亿元。

10月25日　全国人大常委会原副委员长、中国科协主席周光召视察娄底，并作《中国国情与科学发展观》学术报告。

12月13日　市工商局获评全国工商行政管理系统先进集体。

12月18日　撤销市对外贸易经济合作局、市贸易工作办公室、市物资行业管理办、市商业行业管理办，组建市商务局（加挂市招商合作局牌子）。

是年 涟源市被列入全国现代农机装备推进项目县（市）、全国粮食主产区重点县（市）。

△ 湖南五江轻化集团公司、大汉物资贸易有限公司、星剑科技发展有限公司等22家私营企业进入全省500强企业行列。

△ 湖南十佳青年画家、娄星区童和平应邀赴日本参加庆祝中华人民共和国成立55周年中国画名作展和中日学术交流活动。

2005年

1月6—9日 省长周伯华考察双峰海螺水泥有限公司等6家企业和新化二大桥、娄底一大桥等建设项目，走访慰问双峰县运输公司等6家特困企业和新化县库区移民，并送上慰问金。

1月16日 湖南五江轻化集团有限公司董事长肖自江当选2004年中国农村改革十大新闻人物。

2月中旬 娄底电网遭遇50年未遇的罕见冰灾，连续发生倒杆断线事故，给电网造成重创。

4月1日 全市全面启动工伤保险工作。

4月2日 中央军委原副主席张震考察娄底军分区工作。

4月4日 娄底市被省政府命名为省级园林城市。

4月7日 市委发出《关于开展向吴干呈等优秀共产党员学习的决定》。吴干呈系全国特级优秀人民警察、全国第二届我最喜爱的十大人民警察、全国公安系统二级英雄模范。

4月13日 应中华台湾工商文化交流协会的邀请，市长刘云柱赴台湾经贸交流和考察。

4月26日 共青团中央书记处第一书记周强考察湖南创安防爆电器有限公司。

5月7日 香港庄胜集团总裁周建和为娄底市教育发展基金捐款100万元，6月4日向娄底灾区捐款100万元。

5月31日至6月1日 涟源市荷塘镇遭受特大暴雨袭击，山洪暴发，淹没大量民房农田，造成9人死亡，13人失踪。

6月1日 涟水河水位达100.13米，为中华人民共和国成立后最高水位。

6月3日 在2005年湖南（香港）投资洽谈活动周，娄底市签约项目28个，合同投资总额3.26亿美元，引进外资2.45亿美元。

6月4日 省长周伯华等陪同民政部副部长贾治邦所率国务院赴湘救灾小组赴娄底灾区指挥抗洪救灾。

6月8日 资江矿业公司负200水平四石门发生重大煤矿瓦斯突出事故，死亡22人。安监总局局长李毅中赶赴现场指挥抢救善后。

6月15日 林武任娄底市人民政府副市长、代市长。

6月25日 国家发改委批复安排涟邵矿区采煤沉陷区治理总投资7.1亿元。

6月29日 代市长林武聘请美籍华人潘利力为市政府高级经济顾问、驻美国明尼苏达州首席商务代表。

6月29—30日 娄底经开区与美国明尼苏达州外体医术公司达成合作备忘录。这是该经开区工业园第一个与美资合作项目。

6月30日 蔡和森诞辰110周年纪念大会在双峰县蔡和森广场举行。省委书记、省人大常委会主任杨正午出席并讲话，省政协主席胡彪、省委原书记熊清泉、市委书记蔡力峰、代市长林武等省市领导人及蔡和森家属参加。同日，蔡和森纪念馆开馆仪式举行。

6月30日至7月1日 省委书记、省人大常委会主任杨正午到娄底经开区、涟钢、华达机械厂等地考察调研。

是月 全市启用和换发第二代居民身份证。

△ 由谢惠林、曾国盛、黄胜泉、刘合庄合作创作的歌曲《啄木鸟》获全省反腐倡廉歌曲征集评选特等奖、全国银奖。

7月15日 投资12.67亿元的三一集团娄底市中兴液压件有限公司NGK在娄底经开区建成投产。

7月19日 涟源市湄江风景区举行首届国际悬崖跳伞挑战赛，来自美国、澳大利亚、日本、挪威、瑞典和中国的24名低空跳伞员参加比赛。

是月 涟源市采煤沉陷区综合治理项目获国家、省、市发改委批准投资2.5亿元。

8月9日 德国安贝格—苏尔茨巴赫地区最高行政长官Armin Nentnig率政府代表团访问娄底。

8月14日 娄底电业局新型高温超导限流器研制与并网试验成功。该项技术达到国际先进水平。12月1日，中国科学院院士甘子钊、严陆光，中国工程院院士顾国标等40余名专家学者到娄底验收新型高温超导限流器。

8月25日 双峰县公安局被评为全国优秀公安局。

8月26日 投资3.98亿元、境内最大的水力发电站冷水江浪石滩电站工程开工建设，设计年发电量1.46亿千瓦时。2007年1月14日围堰截流合龙，2008年9月1日，三台机组投入发电。

9月2日 市委慰问市直15名抗战老战士、老干部，送上中共中央、国务院、中央军委颁发的中国人民抗日战争胜利60周年纪念章和慰问金。

9月20日 湖南移动通信有限责任公司娄底分公司荣获“2005年全国通信行业用户满意企业”称号，是湖南通信行业唯一获该荣誉的单位。

9月21日 全国第十一届洞穴大会暨新化梅山龙宫五大奇观庆典在新化县举行。

9月22日 涉嫌新化县温塘镇“官煤勾结”的32名党政干部被立案查处。

9月29日 中国娄底网获2005年中国优秀政府门户网站称号。

10月11日 县（市、区）乡镇、街道办事处机关首次选派党员干部担任村党支部第一书记。

10月16日 国家高新技术产业化示范工程项目——KV频段卫星通信站（VSAT）天线出口生产线入驻娄底经开区工业园。

10月19—20日 台湾工业总会秘书长汪雅康考察娄底经开区台资工业园。

10月31日 市文化局获人事部、文化部授予的全国文化工作先进集体称号。

11月10日 娄底薄板及深加工产业基地授牌仪式在娄底举行。标志娄底成为省级高新技术产业特色基地之一。

11月16日 湖南五江轻化集团天华牧业科技园开园。

11月17日 娄底市与美国拉姆西市在娄底举行缔结友好城市签约仪式。12月16日，娄底市二届人大常委会第十六次会议批准娄底市与美国拉姆西市缔结友好城市。

11月29日 市委、市政府城南新办公楼启用。

12月5日 冷水江钢铁总厂进入2005年中国制造业500强，列437位。2007年9月1日，再次入选中国制造业500强。

12月9日 市政府与香港庄胜集团签订大建煤矿产权转让合同。

12月22日 中国首台无耗节能环保汽车空调在双峰致科汽车空调厂研制成功。

12月26日 市审计局获评全国审计系统先进单位。

12月29日 湖南第一家新型电源材料厂在娄星区万宝镇投入运行。

是年 省属大型国有企业湖南雪峰水泥集团、湖南锻造厂、冷水江钢铁总厂、金信化工公司、华达机械总厂、冷水江制碱厂由市政府履行出资人职责，启动企业的改革改制。至2006年，改革改制工作完成。

△ 市政府机构改革，调整机构职能256项。撤销市对外经济贸易合作局、市贸易工作办公室、市物资行业办、市化工行业办、市轻纺行业办、市商业行业办、市建材行业办、市工业开发管理办公室。市乡镇企业局由政府工作部门改为承担行政管理职能的副处级事业单位，归口市农业局管理。

△ 新化县紫鹊界梯田和梅山龙宫被国家旅游局批准为国家重点风景名胜区。

△ 全市国税收入首次突破20亿元大关，达到21.97亿元。

2006年

1月1日 全市停征农业税。

1月6—7日 省长周伯华率省有关部门负责人到娄底慰问灾民和贫困群众，指导救灾工作。

1月13日 林武当选市人民政府市长。

1月12日 在湘粤农业产业化经贸洽谈会上，娄底与广东客商签订农业合作协议7个，合同引资10.65亿元。

1月13日 娄底市燃气总公司产权以4178万元转让给北京新华联燃气投资有限公司。3月31日，娄底新华联燃气有限公司挂牌成立。

1月20日 湖南省首个公推直选试点乡镇——冷水江市三尖镇选举全省第一位公推直选镇党委书记、4名党委委员、3名纪委委员。

1月21日 省、市重点工程项目新化县资江二桥竣工。

是月 国家发改委审核认定娄底市经开区、冷水江经济开发区、涟源经济开发区（2017年更名为娄底高新技术产业开发区）、双峰经济开发区、新化经济开发区为省级经济开发区。

2月10日 在2006年首届香港国际武术大赛上，新化东方文武学院和梅山传统武术协会运动员夺得金牌26枚、银牌19枚、铜牌9枚，金牌总数和团体总分第一名，晏西征获世界武术名家表演金奖。

2月12日 新化县紫鹊界梯田——梅山龙宫风景名胜区被列入首批中国国家自然遗产、国家自然与文化双遗产预备名录。

2月15日 涟源市白马水库被纳入国家大型灌区续建配套与节水改造项目范围，填补娄底无大型灌区的空白。

2月16—18日 国务院安全生产监督组到娄底督查指导安全生产及整顿关闭煤矿工作。

2月20日 国家重点风景名胜区梅山龙宫以2亿元租赁给娄底市联城旅游开发公司经营50年。

2月22日 市公安局刑警支队荣立公安部集体一等功。

3月2日 市政府访美代表团返回娄底。此次美国之行签订6项合作协议。明尼苏达州议会将每年的2月24日定为“娄底日”，该州伊甸园中学通过网络视频与娄底第一中学结成友好学校。

3月8日 全市第一个农村经纪人协会——双峰县农村经纪人协会成立。

3月10日 市政府决定对涟源市龙腾煤矿、冷水江市高茅岭煤矿等100处不具备安全生产条件的煤矿依法关闭。

3月26日 湖南五江轻化集团有限公司控股子公司娄底四正光电材料有限公司自主研发生产的高分辨率感光干膜通过中国印刷电路行业协会的产品鉴定，填补高分辨率感光干膜国内空白。

3月31日 娄底市获“全国绿化模范城市”称号。

是月 娄底市率先在全省实行工伤保险基金市级统筹。

4月10日 市中级人民法院公开审理公安部挂牌督办的新化县以刘某勇为首的黑社会性质组织犯罪案。该案被告人达98人，其中涉黑52人，罪名23项，犯罪170起。

是日 “蔡和森同志光辉一家”群雕揭幕。

4月26日 市电信局获全国职工职业道德建设十佳单位、全国五一劳动奖状。

4月25—27日 省委书记、省人大常委会主任张春贤在娄底考察、部署安全生产工作。

4月29日 湘潭市委书记陈润儿、市人大常委会主任吴昌续率党政代表团到娄底考察。

是月 湘黔铁路复线建成通车，12月更名为沪昆铁路。娄底境内正线长145千米。

5月12—15日 美国明尼苏达州拉姆齐市和伊甸园市政府、议会官员及文化教育工商界代表一行13人对娄底进行友好访问和商务考察。

5月23—27日 市长林武率娄底代表团参加第九届中国北京国际科技产业博览会，签约项目7个，合同引资3.92亿元。

6月6日 娄底代表团在第三届“泛珠三角”区域经贸合作洽谈会上共发布招商项目33个，签约7个，合同金额8亿元。

6月10日 曾国藩故居富厚堂被列为第六批全国重点文物保护单位，2009年，富厚堂获评国家AAAA级旅游景区。

6月21日 市国企改革产权交易中心对冷水江市湖南金信化工全部经营性资产公开拍卖。湖北宜化集团以5.3亿元（现金3.5亿元、承债1.8亿元）的价格并购该公司。

6月30日至7月1日 全国政协常委、人资环委主任陈邦柱到娄底考察指导工作。

是月 北京师范大学文学院、法国远东学院主办，娄底市民间文艺家协会和湖南人文科技学院承办的湘中宗教与乡土社会学术研讨会在娄底召开。中外学者65人参加会议。

7月5日 投资45亿元的湖南大唐金竹山电厂扩建一期工程（2台60万千瓦亚临界燃煤发电机组）竣工投产。2009年7月，新厂3号机组并网投产。2014年总装机容量195万千瓦。

7月7日 境内大部分地区突降暴雨或特大暴雨，59个乡镇93万人受灾，经济损失3.46亿元。

7月13日 冷水江经济开发区30万吨紧固件项目开工建设，2008年1月20日竣工投产。

7月27日 娄底青年群英表彰大会暨首届娄底青年创业发展高峰论坛举行。著名经济学家、世界银行高级顾问、香港中文大学首席教授郎咸平应邀演讲，中国电信娄底分公司互联网全程直播，实现湖南省网络直播零的突破。

8月1日 娄底市大汉集团党委获“全国先进基层党组织”称号，成为全省唯一获此荣誉的民营企业。

8月29日 全市农村实现户户通电。

9月18—24日 大型电视专题片《走遍中国·娄底》之《寻踪曾国藩》《探秘紫鹊界》《梅山精武魂》《女杰之乡》《锑都故事》《说不尽的围城》《天国宝藏》在中央电视台中文国际频道播出。

9月21—25日 中共娄底市第三次代表大会在娄底召开。蔡力峰当选市委书记，林武、姚正先当选市委副书记。

9月27日 首届中国中部投资贸易博览会娄底市投资说明会暨项目签约仪式在长沙举行。娄底签约项目59个，投资总额75.74亿元，引进资金62.17亿元。

是月 娄底市党员干部警示教育基地在娄底监狱挂牌成立。

10月7日 中国首届鸟人飞行大赛在涟源市湄江风景区塞海湖举行。来自布隆迪、卢旺达、印度尼西亚等国和国内30多名鸟人参与比赛。

10月11—13日 中国第四届梅山文化学术研究会暨首届梅山旅游文化艺术节在新化举行。中国民间文艺家协会授予新化县“中国蚩尤故里文化之乡”和“中国梅山文化艺术之乡”牌匾，授予冷水江市“中国蚩尤文化保护基地”称号。

10月23日 涟钢“双菱”商标被工商总局认定为中国驰名商标，填补娄底市在全国驰名商标中的空白。

11月9—11日 第二届“青春娄底·湘中之光”经贸博览会在娄底九龙·环球商业广场举行。省内外3000多家客商到会，会上签订合同123个，合同金额59亿元。

11月14日 全国总工会书记处书记、纪检组长张鸣起率国务院安委会煤矿整顿关闭工作督查组，到娄底督查指导煤矿整顿关闭和安全生产工作。

11月16日 市公安110指挥中心实现110、119、122“三台合一”。

11月22日 涟源钢铁集团有限公司、华达杰克赛尔（湖南）汽车空调有限公司、湖南金信化工有限公司、锡矿山闪星锑业有限公司、湖南同人电子有限公司、市农科所农药试验厂等20家企业和产品分别获2005年度全国质量管理奖、国家免检产品。

11月24日 在第八届中国湖南（国际）农博会上，娄底参评11个产品全部获奖，其中金奖产品9个。

11月27—28日 代省长周强到娄底考察调研推进新型工业化、园区经济发展。

12月1日 2006年双峰曾国藩国际学术研讨会暨中国首届曾国藩文化旅游节在曾国藩故居——双峰县荷叶镇富厚堂举行。

12月19日 娄底市与中南大学签署战略合作协议，签订22项校企科技合作项目协议书。

是年 涟钢产能实现由200万吨到450万吨的跨越，年销售收入由42亿元增至100亿元。

△ 冷水江博长钢铁有限公司形成年产100万吨轧钢生产能力，当年产钢127万吨。公司进入中国大型企业500强之列。

△ 宣传、学习、推介娄底市优秀退伍军人、平民英雄黄国雄的先进事迹。2007年5月30日，市委、市政府作出《关于开展向黄国雄同志学习活动的决定》。

△ 1月19日、5月15日、8月16日，涟源市相继发生非法烟花爆竹小作坊爆炸事故，数栋民房损毁。

2007年

1月14日 在北京召开的2006年中国企业改革发展论坛暨第三届中国企业改革经验交流会上，娄底大汉控股集团有限公司董事长兼总裁傅胜龙获中国企业改革突出贡献奖，娄底电业局局长陈跃辉获中国企业改革十大杰出人物，冷水江市中医院院长陈锡平和娄底美丽传说娱乐休闲有限公司董事长陈皓获中国企业改革百佳人物称号。

2月7日 禹之谟烈士就义100周年纪念座谈会在双峰县召开。

是日 市政府对获得中国驰名商标荣誉的涟钢，获得省著名商标的湖南五江轻化集团、新化天马水泥有限公司等10家企业予以奖励。

2月8日 省长周强到娄底慰问困难企业和群众。

3月15日 全国学习型标兵班组、知识型职工标兵事迹报告团到娄底巡回报告。

是月 市美协主席康移风、副主席郭东生应台湾富野集团邀请，在台湾举办画展、作品义卖、现场笔会等文化交流活动。

△ 娄底市广场文化活动获文化部颁发的“第14届群星奖”。

4月16日 市委发出《中共娄底市委、娄底市人民政府关于加快小城镇建设统筹城乡协调发展的意见》。

6月3日 中共中央委员、全国人大常委会委员、全国人大环资委副主任宋照肃考察娄底节能减排工作。

6月9日 第四届“珠洽会”娄底投资说明会暨项目签约仪式在长沙市举行，娄底签约项目70个，总投资77.69亿元，合同金额66.4亿元。

6月18日 投资35亿元的华润涟源电厂开工建设。2009年4月，66万千瓦装机容量发电项目建成发电，成为湘中电网又一骨干支撑电源。

6月下旬至8月中旬 境内夏秋连旱，305座水库、10万多处山塘干涸，266条溪河断流，35.48万人饮水困难。

是月 省政府批准娄底市娄星区为革命老区。至此，全市5个县（市、区）全部被认定为革命老区。

7月19日 省长周强赴新化县调研防汛抗灾、移民后扶和旅游工作。

是月 市政府决定，将白马水库规划为娄底中心城区的战略储备水源。枯水期每年10月至次年3月留足2000万立方米有效库容调节娄底第一自来水厂取水。

8月1日 市政府对企业非政府投资建设项目实行核准制或备案制。

8月29日 国务院安全生产隐患排查治理专项行动组到娄底督查安全生产和隐患排查工作。

9月4日 双峰县“永丰辣酱”进入中国地理标志产品保护名录，填补娄底地理标识产品保护空白。

9月17日 投资10.5亿元的娄底市体育中心奠基开工，2015年竣工建成，有主体育场、体育馆、游泳馆、综合馆、门球馆、妇青活动中心、体育公园以及室外篮球场、网球场、轮滑区等运动场所，建筑面积9万平方米。

是日 市政府决定，关闭或整合122处不具备安全生产条件的煤矿。

9月21日 锡矿山闪星锑业公司“闪星牌”商标被评为中国驰名商标。“闪星牌”三氧化二锑被评为中国名牌产品。

9月25日 中国城市论坛2007年北京峰会发布《中国城市品牌价值报告》，娄底市被列入中国十大宜居城市第八位。

9月26—27日 省委书记、省人大常委会主任张春贤在新化县上梅镇毛家垅村与基层党员群众交谈，共话党的富民政策。

9月27日 新化县煤炭局获评全国煤炭工业先进集体。

10月10日 双峰县获“中华女杰之乡”称号。

10月15—21日 市委书记蔡力峰、市公安局刑侦支队政委吴干呈作为湖南省娄底市代表出席中国共产党第十七次全国代表大会。

10月 双峰县民间艺人李希特剪纸作品《十二生肖》获第二届国际（武汉）剪纸艺术博览会银奖。

是月 传记文学《王憨山画传》、歌曲《啄木鸟》、花鼓戏《村官是个堂客们》获省“五个一工程奖”，获奖作品数量位居全省地级市之首。

12月6日 全市完成新农村电气化建设。

12月25日 中国民主建国会娄底市支部委员会成立。

12月29日至2008年1月1日 政协娄底市委员会二届五次会议召开，杨云辉当选市政协主席。

12月30日至2008年1月2日 娄底市人大二届五次会议召开，王信卿当选市人大常委会主任。

是年 市纪委、监察局查处市政府搬迁办违法违纪案（涉案27人，其中厅级干部3人，处级干部5人，涉案金额3000万元），被省纪委监察厅评为2007年度全省十大精品案之一。

△ 涟源籍香港同胞彭立珊被美国《时代》周刊评为全球14大慈善家之一。2006—2010年连续五次蝉联胡润中国慈善榜榜首，累计捐款62亿元。

2008年

1月4日 全国锑行业第一座4.5平方米现代冶炼鼓风炉在锡矿山闪星锑业公司北炼厂点火开炉。

1月4—13日 市长林武率市直有关部门、娄星区及部分企业负责人到台湾进行经贸交流和考察。

1月5日 全国人大常委会副委员长、全国妇联主席顾秀莲出席在双峰县举行的全国妇联“送温暖·三下乡”活动启动仪式。

1月16日 全市首家县市级贸促机构——中国国际贸易促进委员会冷水江市委员会暨中国国际商会冷水江商会成立。

是月 市纪委、监察局向市直机关派驻37个实行统一管理的纪检监察机构。

3月2日 双峰县委、县政府向21名双峰籍博士颁发决策咨询顾问聘书，成立全国首个县级政府博士智囊团。

3月5—18日 市委书记林武、市委副书记张硕辅、冷水江钢铁有限责任公司董事长陈代富、湖南五江轻化集团董事长肖自江、涟源钢铁集团有限公司执行董事、总经理郑柏平作为人大代表出席第十一届全国人民代表大会一次会议。

3月19日 娄底中心城区治安巡逻大队五中队中队长谭静宇在执勤时被犯罪嫌疑人刺伤不幸殉职。3月20日，市委、市政府作出《关于开展向谭静宇学习的决定》。是年5月22日，省人民政府批准谭静宇为革命烈士。

是月 林武任中共娄底市委书记。

4月1日 全市启动城镇居民基本医疗保险制度。

4月3日 市委面向全市公开选拔8名县处级领导干部。

是日 张硕辅任娄底市人民政府副市长、代市长。

4月3—6日 娄底籍中国工程院院士刘耕陶、刘筠、曾苏民、张信威，中国科学院院士邓起东、曾益新在娄底参加“院士专家寻根、服务家乡建设”活动。市委、市政府聘请刘耕陶等7位院士担任决策咨询顾问。

4月15日 湖南三星投资集团与湖南锻造厂签订资产转让协议，开全省民营企业生产军工产品之先河。

是月 双峰海螺水泥二期工程日产5000吨水泥熟料生产线开工建设，2009年3月26日竣工投产。

5月14日 市消防支队10名官兵奔赴四川汶川参加“5·12”地震灾害救援。

5月30日 省长周强出席在涟源市三甲乡龙门水库举行的全省山洪防御暨水库保安现场演练。

6月6日 市政府与中石油天然气管道燃气投资有限公司在娄底举行娄底市天然气利用合作意向书签约仪式。该项目规划年输气量8亿立方米，总投资约10亿元。2015年始，娄底城区管道燃气用户陆续用上天然气。

6月18日 市委书记林武、代市长张硕辅率娄底市经贸代表团赴上海参加2008年湖南（上海）投资洽谈活动周，签订招商引资项目56个，合同金额90亿元，引进资金78亿元。

7月4日 市委、市政府下发《关于开展向刘新红学习活动的决定》。2008年6月10日，冷水江市金竹山坪塘居委会刘新红不顾个人安危，从火车下救出2名6岁女童，2009年1月9日当选为2008年度湖南十大新闻人物。

7月17日 美国明尼苏达州伊甸园市教育代表团抵娄底开展为期6天的教育文化交流活动。

8月31日 娄（娄底）新（新化）高速公路开工建设。2012年12月16日建成通车。主线长95.71千米，时速100千米。连接线长13.29千米。

9月3日 2008中国湖南国际旅游节——国家重点风景名胜区紫鹊界梯田首游庆典在新化举行。

9月17日 华菱集团与安赛乐米塔尔公司在长沙举行电工钢项目合作签约仪式。合资公司年产能40万吨非晶粒取向电工钢和20万吨晶粒取向电工钢，双方各持股50%。

10月6日 全市启动小型汽车号牌自编自选。

10月28日 娄底在2008年湖南经济合作洽谈会暨第二届湘商大会上签约项目37个，合同引进资金66亿元。

11月17日 娄底市设立铁路口岸。

11月30日 娄底市获首批中国最佳生态旅游城市。

12月9日 日本侨报社总编辑、日中交流研究所所长段跃中访问娄底。

12月17日 涟源市伏口镇桂子岩煤矿发生重大煤与瓦斯突出事故，18人遇难。

是年 全市全面启动“一村一名大学生计划”。1297名年轻农民进入娄底广播电视大学接受专科教育。

△ 建设银行娄底分行获“全国金融五一劳动奖状”。

△ 市花鼓戏剧团创作排演的大型现代花鼓戏《村官是个堂客们》与湖南省潇湘电影集团合作，拍成戏曲电影。

△“新化山歌”被列入国家级非物质文化遗产保护名录。

△ 全市推行“乡财县管乡用”和“村账乡代理”改革，建立县乡公共财政体制框架，规范村级财务管理。

2009年

1月3—6日 政协娄底市委员会三届一次会议在娄底召开。杨云辉当选为市政协主席。

1月4—8日 娄底市人大三届一次会议在娄底召开。王信卿当选市人大常委会主任，张硕辅当选市人民政府市长。

1月19日 娄底第一中学学生肖晓歌、戴子豪、李柯比合作研究的“萝卜蚜对无敌捕食的行为反应和繁殖”项目，获全国第二十四届青少年科技创新大赛项目一等奖。

2月3日 双峰县委、县政府聘请“杂交水稻之父”袁隆平院士为双峰县粮食生产首席顾问。6月26日，袁隆平到双峰县检查指导“种三产四”丰产工程。

2月20日 华菱涟钢获评全国钢铁工业先进集体。

2月28日 冷水江钢铁有限责任公司年产60万吨高速线材工程竣工投产。

是月 市公安局刑侦支队被公安部评为全国公安机关扫黑除恶先进集体。

△ 市政府决定，以东经112°为中央子午线的3度分带投影的相对独立平面坐标系统和1985年国家高程基准为娄底市唯一合法的测绘基准。

△ 市委党史资料征集办公室被中共中央党史研究室评为全国党史部门先进集体，2010年7月被人力资源和劳动保障部、中共中央党史研究院评为全国党史系统先进集体。

3月26—28日 美国伊甸园市政府代表团在娄底访问，与娄底市签署两市建立友好关系城市备忘录和《中国国际商会娄底分会与美国伊甸园商会合作意向书》。

3月30日 湖南海螺水泥日产5000吨水泥熟料生产线在新化县西河镇竣工投产。

是月 涟源市杨市镇荣膺湖南省历史文化名镇。

△ 冷水江市被列为全国第二批资源枯竭型城市。

4月29日 娄星区境内5座35千伏无人值班变电站全部实现无人值班。

5月13日 由省政府主办，市政府、省商务厅承办的2009年湖南娄底（深圳）承接产业转移招商推介会暨项目签约仪式在深圳举行。娄底签约投资项目46个，签约资金73亿元。

5月20日 在香港举行的2009中国湖南（香港）投资洽谈会暨重大项目签约仪式上，娄底签约合同项目5个，引进外资6.28亿美元。

5月28日 曾国藩故里管理处被共青团中央授予“全国青年文明号”称号，成为娄底市首个获此殊荣的旅游单位。

是月 境内取消收取二级公路过路费。县（市、区）收费站全部撤销。

6月2日 市委召开领导干部问责典型案例通报大会，对24名党员领导干部追责。

6月9日 华菱安赛乐米塔尔有限公司总投资逾100亿元的汽车板、电工钢项目落户娄底经开区。2014年6月15日汽车板项目竣工投产。

7月12日 中国国民党副主席、中国台商发展促进协会理事长蒋孝严到娄底参观考察，出席双峰台资鞋业园揭牌仪式，并为台资企业晟丰鞋业有限公司第一期工程竣工剪彩致辞，题写“湖南省双峰县台资鞋业园”。

7月17日 市侨联被评为全国侨联系统先进集体。

7月19日 市公安局经侦支队捣毁涉及怀化市、益阳市、娄底市域内特大伪造货币系列案。捣毁窝点7个，抓获犯罪嫌疑人22名，收缴“壹元版”人民币假硬币139万余枚，收缴查封制假设备6套，假币模具60余套。

8月11日 中华诗词学会授予新化县“诗词之乡”称号。

是月 娄底中心城区建立社会治安巡防处警一体化机制。

△ 新化县紫鹊界梯田获评国家级水利风景区。

△ 涟源市湄江风景区获批国家地质公园。

9月21日 娄底市在省首届农业机械、矿山机械、电子陶瓷产品博览会（以下简称“湘博会”）上签约招商引资项目20个，贸易合同134个，签约总额33亿元。

是日 2009年中国（湖南）—越南经贸合作洽谈会在娄底举行。

9月22日 市公安局经侦支队破获“5·26”特大（虚开1.1亿余元）增值税专用发票案，抓获犯罪嫌疑人7名，为国家挽回税款504.5万元。

9月24日 投资4.5亿元、娄底撤地设市后最大的城市基础设施建设项目吉星路（南段）竣工。

9月26—27日 市委书记林武、市长张硕辅率代表团参加2009湖南经济合作洽谈会暨第三届湘商大会，签约项目总金额7.8亿元。

9月28日 第三届“青春娄底·湘中之光”经贸博览会在娄底召开，签署金融战略合作项目授信总额120亿元；外资项目8个，合同金额5.8亿美元；内资项目63个，合同金额77.45亿元。

是日 潭邵高速公路配套的省级重点项目、娄底最大的汽车运输综合枢纽站娄底汽车南站开业。

10月8日 锡矿山闪星锑业公司南矿2号直井发生罐笼刹车失灵重大生产安全事故，26人死亡，5人重伤。

10月14日 省人大常委会党组书记、副主任戚和平到娄底考察人大工作。

10月21日 国务院安委办副主任、安监总局副局长王德学率国务院、省安全生产督导组深入娄星区检查安全生产工作。

10月21—28日 市长张硕辅赴台湾考察。

10月29日 娄底市获批国家高技术产业基地。娄底市经开区获批国家高技术产业基地娄底薄板材料深加工产业园。

11月5日 亲民党主席宋楚瑜抵娄底参观访问。

11月6日 省政府批准水府庙片区纳入长株潭城市群示范区。

11月9日 国务院安委办主任、国家安监总局局长骆琳到双峰县考察调研安全生产工作。

11月16日 锡矿山闪星锑业有限公司技术中心成为全国锑行业第一个国家认定的企业技术中心。

11月17日 市委第三届第六次会议通过《中共娄底市委关于对接融入长株潭发展壮大区域经济加快推进“两型社会”建设的决定》。

11月27日 省第十一届人大常委会第十一次会议通过《湖南省紫鹊界梯田梅山龙宫风景名胜区保护条例》。

11月29日 2009第二届曾国藩国际文化旅游节在双峰县举行。中共中央政治局常委、全国政协主席贾庆林发贺电。叶选宁先生委托捐赠书法作品。

是月 旅日娄底同乡会在日本东京成立。

12月3日 湖南（娄底）产业技术创新战略联盟成立大会暨科技成果对接会在娄底举行。

是年 娄底市建立行政复议、行政诉讼、信访工作联席会议制度。

△ 全市推行建设项目“一票制”收费制度。

△ 冷水江市关闭非法锑品冶炼企业75家，取缔选矿手工小作坊145处。

△ 娄底市、双峰县公安机关严厉打击双峰县境内制贩假证及短信诈骗犯罪。

2010年

1月1日 冷水江市被列入省财政直管县改革，调整省与市、县税收分享比例。

1月5日 娄底市创建中国优秀旅游城市通过国家检查组验收。

是日 市食品药品监督管理局获全国医药卫生系统先进集体称号。

1月6日 水府示范片区东部新区管委会在娄底市经开区挂牌成立。8月，东部新区开发建设全面启动。

1月11—12日 省委书记、省人大常委会主任张春贤考察娄底“三农”工作。

1月18日 国家旅游局公告，梅山龙宫、曾国藩故居为国家AAAA级旅游景区。

1月23日 湖南五江集团与瑞典政府投资促进署在娄底经开区签订技术合作协议，启动绿色能源设备研发项目。

1月25日 市水利局连续6年捧得湖南省“芙蓉杯”后，被人事部、水利部评为2009年度全国水利系统先进集体。

是月 市公安局、市国税局、市地税局破获1起特大非法制造发票案，捣毁假发票、票据印制窝点1个，储藏窝点1个，抓获主要犯罪嫌疑人5名，缴获假发票、假票据43种，13万余份，制假印刷机械6台及制假工具、原材料一批。

2月1日 市、区两级公安机关联合行动，将娄底城区以龙某为首的“砍刀帮”犯罪团伙一网打尽。

2月3日 省政协主席胡彪到娄星区茶园镇青溪村、松山村和涟钢振兴企业公司、湖南华达机械厂，走访慰问农村群众和企业职工。

2月19日 全国首所曾国藩学堂在双峰县白玉堂利见斋挂牌。

2月20日 市安全生产监督管理局获评2009年全国安全生产监管监察先进单位。

3月12日 市花鼓剧团现代花鼓戏《花开花落》在中央党校演出。

4月4—9日 美国基础教育校长代表团抵娄底访问和交流，签署教育合作备忘录。

5月5—6日 境内普降大到暴雨。新化全县平均降雨89毫米以上。29个乡镇1142个村不同程度受灾，受灾人口38.2万人。8—9日，民政部救灾专员柳文法代表国家减灾委先后到新化县、涟源市慰问灾民，指导救灾。

5月10日 市委、市政府下发《关于构建城乡一体化发展格局，加快现代农业建设步伐的意见》。年内市级农业产业化龙头企业达到115家，农产品加工企业发展到888家，完成产值59.41亿元，同比增长24.3%，上缴税金1.18亿元，同比增长14.1%。

5月15日 涟源市遭遇五十年一遇特大暴雨，造成经济损失2.54亿元。

5月20日 市政府启动机构改革，涉改单位调整职能92项，加强职能39项，增加职能21项，转移职能9项，取消职能23项，总量减少内设机构14个。乡镇机构精简26%。

6月19—22日 中科院院士于起峰，联合国生态安全科学院院士龚巧玉、肖剑求博士等在京20名院士、博士、专家返乡进行"科技与创业"考察，为娄底经济发展和"两型社会"建设把脉施方、建言献策。

6月22日 市委下发《关于追授蒋小波同志优秀共产党员称号并开展向其学习活动的决定》。湖南人文科技学院优秀学生干部蒋小波，2009年10月被确诊为中晚期胸腺癌后，决定捐献全部器官。2010年5月16日去世，成为湖南省首例大学生眼角膜无偿捐献者。

7月8日 以挖掘梅山宗教文化、打造旅游文化品牌为主题的2010年"海峡两岸宗教与区域文化暨梅山宗教文化研讨会"在新化县落幕。全国政协常委、中国佛教协会常务副会长圣辉大和尚、日本中国学会理事长池田知久教授、中国社会科学院副院长高全立研究员等100多人出席会议。

7月14日 市、区两级政法部门在涟钢足球场召开公捕公判大会，依法对52名破坏涟钢环境、阻碍涟钢发展的犯罪嫌疑人逮捕和宣判。

7月18日 涟源钢铁集团有限公司、中冶南方工程技术有限公司和中国第一重型机械股份公司投资建设的轧辊制造项目合作签约。

7月22日 湖南省"沪洽周"娄底投资说明会暨项目签约仪式在上海市锦雪苑酒店举行，签约项目68个，投资金额195.8亿元，引进资金187亿元。

7月27日 市党建工作远程信息平台开通。

8月3—9日 在"2010台湾湖南周"暨第六届湘台经贸交流合作会上，娄底市签约项目4个，对台招商引资30亿人民币。

8月26日 涟源市图书馆被文化部评为国家一级图书馆。

9月13—14日 市公安局侦破公安部部长孟建柱批示的短信诈骗案，将嫌疑人涟源籍邵某、田某抓获归案。

9月1日 娄底市申办2014年第十二届省运会举办城市。

9月8日 在第14届中国国际投资贸易洽谈会上，娄底代表团签约项目12个，总投资47.31亿元。

9月13—14日 省委副书记、代省长徐守盛率省直部门负责人到娄底工厂企业、建设工地、治污现场考察。

9月25日 市计划生育协会和市人口计划生育委员会共同组织拍摄的电影《爱上油菜花》上映。

是日 市人民检察院机关全体检察干警举行首次检察官集体宣誓仪式。

9月26日 湖南农村移动电子商务试点工作汇报暨"网上供销社"娄底模式推广会在娄底召开。全省供销合作社系统、移动通信系统、农业银行系统及市直相关单位共300余人参加会议。

是日 世界华商联合总会会长韩健、副会长翁振文等应邀到娄底访问。

9月28—30日 在2010湖南经济合作洽谈会暨第四届湘商大会上，娄底签约总投资29.1亿元人民币的4个省级重点项目。

是月 冷水江外国语学校更名为娄底幼儿师范学校。

10月1日 新版娄底市政府门户网站上线运行，2011年开通英文版。

10月8日 娄底大丰和绿色动力科技园在娄底市经开区开工建设，2011年7月20日与长丰集团有限责任公司合作研发生产电动汽车。2013年10月28日，大丰和电动汽车生产线正式投产。

10月9日 总投资50亿元的鸿帆铝工业园项目在娄星经济园奠基。

10月10日 湖南金华车辆有限公司与北京宏基万国汽车有限公司合作的特种汽车及底盘生产基地在娄底市经开区开工建设。

10月15—16日 应市委、市政府邀请，台湾知名人士萧天赞、台湾南良集团总裁萧登波一行到娄底进行经贸考察。

10月19日 锡矿山烈士陵园修缮竣工。

10月26日 长（长沙）韶（韶山）娄（娄底）高速公路开工建设，2014年12月31日建成通车。主线长139.15千米，境内长29.3千米。娄底北连接线长7.23千米，双江连接线长11.28千米。

11月5—7日 首届全国科学发展与资源枯竭城市转型高峰论坛在冷水江市举行。会议通过《首届全国科学发展与资源枯竭城市转型高峰论坛冷水江宣言》。中央党校、国务院发展研究中心等20余家中央机关和国家部委领导、专家学者、全国资源枯竭城市代表160余人出席论坛。

11月9日 双峰县救火英雄胡文金当选广州亚运会火炬手。

是日 中国五矿集团与市政府签署《中国五矿集团与娄底市人民政府战略合作框架协议》。

11月17日 市委、市政府举办首届娄商大会，签约19个项目，总投资81亿元。

12月2日 国务院副秘书长、中央联席办主任、国家信访局局长王学军到娄底调研指导工作，对娄底信访积案化解工作予以肯定。

12月7日 湖南省第二届“湘博会”开幕式在娄底举行。本次博览会娄底市签约贸易合同69个，成交金额9.94亿元，其中境外投资项目4个，投资金额7180万元。

12月12日 台湾中华促进党总裁张安乐、台湾大山房地产开发有限公司董事长杨承宜等在台湘籍人士及其后裔赴双峰县考察。

12月17日 娄星区地方志办公室被中国地方志指导小组授予全国方志系统先进集体称号。

12月21日 美国汉美学校董事长Robinhom先生一行在中山大学副校长颜光美教授陪同下到娄底市第二中学交流访问并作专题学术讲座。

是月 冷水江市运输公司东站运输站连续第13年被共青团中央、交通部授予“全国青年文明号”称号。

是年 市政府开展“项目建设年”活动，开工项目660个，比上年增加24.5%。

△ 娄底经开区被国家、省确定为国家新型工业化产业示范基地、国家高技术产业示范基地、省承接产业转移示范园区和省最具产业影响力产业园区。

△ 市委追责11名党政领导干部，查办不作为、乱作为、缓作为典型案件39起，问责103人。

△ 市防汛抗旱指挥部办公室获评全国防汛抗旱先进集体。

△ 市委、市政府启动全国文明城市创建工作。2015年，获全国文明城市提名城市资格；2020年，获“全国文明城市”称号。

2011年

1月6日 娄底市水府示范片区万宝新区挂牌成立。

1月12日 冷水江市连续第六年进入湖南省经济十强县（市）。

1月17日 在全国信访局长电视电话会上，市委书记林武介绍多措并举、强力推进、集中化解信访积案的经验。

1月24日 双峰县连续第七年获全国粮食生产标兵县。

3月26日 九三学社湖南省委与市政府经济科技合作协议在长沙签约。全国人大常委会副委员长、九三学社中央主席韩启德出席仪式并讲话。

3月28日 冷水江市锡矿山地区被国务院批准列入湘江流域重金属污染治理范畴。

是月 双峰海螺水泥三期工程年产220万吨粉磨站开工建设，2012年5月建成投产。

4月26—28日 新华社、《人民日报》、中央人民广播电台、《经济日报》、《中国纪检监察报》、《湖南日报》、《娄底日报》等中央、省、市新闻媒体记者集中对市国税系统廉政文化建设采访报道。

5月10日 市政府召开政银企洽谈会。银企双方签约贷款项目221个，签约金额160.62亿元。

5月13日 中共中央委员，工商总局党组书记、局长周伯华考察娄底工商行政管理工作。

是日 涟源市人民检察院获全国先进基层检察院奖牌。

5月18日 在第三届湖南（北京）重点园区推介暨项目对接洽谈会上，娄星区北部经济园区与瑞典北欧MHM绿色节能房股份有限公司签订投资2亿元高新科技外资项目。

5月23日 冷水江市“梅山傩戏”列入国家级非物质文化遗产保护名录。

5月27日 华声在线娄底分站挂牌成立，娄底频道（http://ld.voc.com.cn）同时开通上线。

是月 涟源市被中国科协命名为全国科普示范市。

6月10—11日 中国银行保险监督管理委员会党委书记、主席吴定富到娄底考察经济社会发展和保险工作。

6月23日 中国共产党第一位工人党员李中烈士墓在双峰县石牛乡采桑村三龟塘修缮竣工。

6月28日 总投资12.5亿元的涟源三一中源新材料产业园首条生产线竣工投产。

8月1日 省委书记、省人大常委会主任周强考察涟源三一中源新材料产业园，察看娄星区万宝镇大树村旱情，指导抗旱救灾。

8月18—22日 第五届中国大学生舞龙舞狮锦标赛在湖南人文科技学院举行。湖南人文科技学院代表队获得5块金牌。

8月25日 娄底首家黄金交易专业机构——金银岛黄金交易娄底分公司在城南新区皇城御苑开业。

8月26日 总投资4.2亿元的潭邵高速娄底连接线城区路段施工完工，长6.88千米，9月28日通车。

9月3—4日 2011年湖南双峰海峡两岸首届曾国藩学术研讨会暨中国第三届曾国藩文化旅游节在双峰县曾国藩故居举行。

9月5—6日 市委书记林武会见到娄底考察的台湾南良集团总裁萧登波一行，共商娄台合作事宜。

9月14—15日 全国人大常委会委员、全国人大农业与农村委主任委员王云龙到娄底开展农村土地承包法执法检查。

9月23—26日 中共娄底市第四次代表大会召开，林武当选市委书记。

10月6日 湖南创高铝业集团高档铝型材项目在娄底市经开区工业园竣工投产，年产新型铝材2万吨，年产值6亿元。

10月9日 湖南威嘉生物科技有限公司在双峰县经济开发区工业园竣工投产，可年产青蒿素40吨，年产值1亿元。

是日 市政协召开纪念辛亥革命100周年座谈会。

10月13日 市规划委员会审议通过《娄底市城市总体规划（2000—2020）》（2011年修订版）。规划至2020年，娄底中心城区人口达到80万人，用地85平方千米，形成“一核一区四组团”的空间布局。

10月21—26日 全市29家企业名优特色产品在广西南宁第八届中国—东盟博览会参展，成交

2.88亿元，洽谈产业合作对接项目18个，总投资2.35亿元。

10月27日 娄底市获评广州军区国防动员委员会人民防空先进城市。

11月2日 市委、市政府出台《关于加快培育发展战略性新兴产业的实施意见》，全市重点培育发展具有比较优势和基础条件的先进装备制造、新材料、新能源及电动汽车、电子信息、生物、文化创意、节能环保等七大战略性新兴产业。

11月9日 18个发展中国家的31名新闻官员到娄底参观第三届“湘博会”。

11月11日 涟源市被国家发改委、国土资源部、财政部纳入全国第三批资源枯竭型城市。

11月15日 冷水江市被纳入武陵山片区区域发展与扶贫攻坚规划（2011—2020年）。

11月23日 全省首个紧急救援人员培训基地落户娄底职业技术学院。

11月24日 水利部部长陈雷于北京专题听取市委书记林武汇报水利工作。

12月1—3日 在第66届全国药品交易会（郑州）上，涟源市回春堂药业有限公司获2011年中药工业企业主营业务收入百强、中药成长型企业十强两项荣誉。

12月16日 中国航天运载火箭技术研究院副院长黄春平向民营企业家陈响莲移交太空育种葛根种苗“响莲葛根一号”，并向冷水江市赠予航天生态农业种植示范基地牌匾。2015年11月12日，响莲集团获授全国巾帼现代农业科技示范基地。

12月27日 娄星区获2011—2015年全国科普示范县（市、区）牌匾。

是月 新化县红二军团司令部旧址图片在首都博物馆展出。2012年1月17日被列入第三次全国文物普查百大新发现图片。

是年 新化县获评为全国科技进步先进县。

△ 湘村高科农业股份有限公司落户万宝新区，2016年2月29日在“新三板”挂牌上市交易，为娄底市首家在“新三板”上市的农牧企业。

△ 双峰县农机机电大市场获中国农机流通行业协会授予“全国农机交易市场二十强”称号。

2012年

1月8日 娄底市获住房和城乡建设部授予“国家园林城市”称号。

2月3日 娄底市成为全国数字城市地理空间框架建设推广城市。

2月29日 市委、市政府决定，从2012年始，连续4年开展“项目建设年”活动。是年列入市级重点项目149个，其中建设项目105个，总投资946.57亿元。

3月12日 在建中的娄底三大桥约长70米、宽30米桥面垮塌。事后3个单位、16人被追究责任。

3月14日 市政府发出《娄底中心城区化解大班额四年（2012—2015）行动计划》。2013年2月27日，娄底城区吉星小学建成并投入使用。截至2015年底，全市累计投资20.2亿元，竣工51个项目，新增学位6万个。

3月22日 中德合办娄底职业技术学院中德诺浩汽车学院挂牌。

是月 人民银行娄底中心支行协助市政府制定《关于积极支持中小微企业发展的实施意见》，召开政银企洽谈会，签约147个项目，合同金额72.14亿元，到位贷款58.3亿元。

4月11日 由省文联、省美术家协会、湖南人文科技学院、市文联联合举办的“乡关何处”刘中光山水画展暨学术研讨会在北京中国国家画院美术馆举行。

4月21—23日 省第33届青少年科技创新大赛在娄底第一中学举行。娄底市获奖13项，其中一等奖6项。

是月 年产20万套（台）中医治疗设备及配套耗材、国家高新技术企业湖南健缘控股集团有限公司在娄底经开区投产。

5月7日 湖南创一电子科技股份有限公司在娄底经开区投产，年产高性能磁电材料1600吨，2016—2017年出口创汇432万美元。

5月10日 省长徐守盛实地察看沪昆高铁娄底南站建设。

5月13日 涟源市人民检察院获评全国先进基层检察院。

5月23日 市委、市政府为获得国务院政府特殊津贴的娄底职业技术学院院长杜祥培颁发荣誉证书和奖金。

6月11—17日 娄底市组团赴台湾参加“盛情湖南·相会台湾”暨第八届湘台经贸交流合作会。

6月13日 市公安局经侦支队依法捣毁1个特大假发票制造窝点和1个储存窝点，该案被公安部经侦局评为2012年破案会战第二战区精品集群战役二等奖。

6月25日 冷水江市人民医院被确定为全国首批公立医院改革试点单位。

7月9日 市供销社获评全国供销合作社先进集体。

7月18日 团省委书记陈雪楚到茶园镇祭奠见义勇为、舍己救人英雄邓锦杰，号召全省青年学习邓锦杰精神。

是日 娄底市获批国家可再生能源建筑应用示范城市。

7月28—24日 美国明尼苏达州伊甸园市教育代表团到娄底进行访问交流。

9月25日 省政府批准《娄底市“两型社会”建设综合配套改革实施方案》《水府庙示范区规划》。

是日 大梅山文化旅游联盟协商会议在新化县召开。娄底、益阳、邵阳、怀化4市12个县（市、区）实现区域旅游一体化。

9月29日 娄底市在第四届湖南艺术节上获12金、5银、3铜和12个优秀奖，获奖总数居全省前列。

10月2日 省首届“穿越紫鹊界，探秘桃花源”山地自行车邀请赛在紫鹊界举行。全国各地200多名选手及爱好者参加。

10月5日 袁隆平院士到双峰县沙塘乡超级杂交稻丰产工程13.33公顷核心示范基地，实地考察超级稻加再生稻示范项目。

10月15日 娄底市经开区晋升为国家级经济技术开发区，定名为娄底经济技术开发区（简称娄底经开区）。

是月 市公安局摧毁1个跨省特大贩毒团伙，切断1条云南—湖南—湖北贩毒通道。

11月8—14日 涟钢能源中心变检车间外线一班班长李毓龙作为党代表出席中国共产党第十八次全国代表大会。

11月19日 紫鹊界获国家旅游局批准为国家AAAA级旅游景区。

11月30日 国家统计局局长马建堂到新化县调研城乡住户一体化改革工作。

12月24日 华新水泥（冷水江）有限公司日产4500吨新型干法熟料水泥生产线竣工投产。

12月26日 华润雪花啤酒（娄底）有限公司年产20万千升项目在娄底经开区投料生产，2013年5月20日产品上市。

12月26—30日 政协娄底市委员会四届一次会议召开。姚兵当选市政协主席。

12月31日 涟源市海湖矿灯有限公司“海湖”商标被工商总局认定为中国驰名商标。

是月 武警娄底市支队连续22年被武警总部评为预防事故案件工作先进单位。

是年 双峰县获评全国粮食生产先进县。

△ 双峰县荷叶镇被住房和城乡建设部、国家旅游局批准为全国特色景观旅游名镇。

△ 娄底建成16座席的计算机辅助电话调查系统和网上民意调查平台及250万个电话号码的民意

调查样本库，注册开通民意调查专网（www.ldmd.gov.cn）。

△　娄星区获评全国新农村电气化县（市、区）。

2013年

1月15日　新化县上梅镇北渡中心小学校长杨建一为保护学生安全，与歹徒殊死搏斗，以身殉职。2月6日，省委作出《关于开展向杨建一同志学习的决定》。

1月20日　大唐华银冷水江发电厂1号油罐发生柴油泄漏事故，造成资江金竹山段23千米水面严重污染，经全力抢救，污染物被清除。

是月　新化县获评全国农田水利基本建设先进单位。

3月5—17日　冷水江钢铁有限责任公司董事长陈代富、湖南五江轻化集团董事局主席兼总裁肖安江、新化县曹家镇展望村主任杨娟娟（女）作为全国人大代表出席第十二届全国人民代表大会一次会议。

3月25日　总投资65亿元的娄底新合作湘中国际物流园奠基仪式在娄底经开区举行。2016年11月15日，物流园多式联运中心（C区）开业，工业原料及产品区（D区）开工。

3月26—27日　台湾海基会董事长林中森、台湾高雄市原市长苏南成到娄底考察。

4月2日　娄底市被纳入全国老工业基地调整改造规划。

4月7日　国立师范学院旧址纪念碑在涟源市第一中学落成。

4月10日　省长杜家毫到娄底考察涟钢、三一重工中兴液压件有限公司等企业。

4月28日　娄底市人民检察院获全国五一劳动奖状。

5月18日　娄底市被命名为国家园林城市。

5月19日　中共中央政治局原委员、国务院原副总理吴仪考察曾国藩故居富厚堂。

5月21日　全国政协副主席齐续春考察曾国藩故居富厚堂。

6月9日　长沙海关与市政府签署合作备忘录。

6月18—22日　由市人民检察院立案侦查并提起公诉，省高速公路广告投资有限公司原董事长彭某、原总经理胡东龙等四人特大贪污、受贿案在市中级人民法院开庭审理。该案涉案金额2.3亿余元。

6月21日　中国音协流行音乐协会主席、著名词曲作家王付林等中国音乐名家齐聚新化，开展“那山那水那人——美丽娄底”全国原创歌曲采风活动。

是日　娄底市征收华菱安赛乐米塔尔汽车板公司进口法国Fives Stein设备所得税104.25万元，是为市内首笔非国内居民企业所得税。

8月15日　国家武警森林指挥部北京机动支队副支队长贾宝龙在扑灭冷水江市禾青镇大乘山森林火灾中牺牲。

9月5—6日　全国人大常委会副委员长、民盟中央主席张宝文率全国人大常委会执法检查组抵娄底检查气象法执行情况。

9月22—25日　中国文物协会、世界遗产研究委员会、联合国粮农组织全球重要农业文化遗产中国项目办公室、市政府主办的2013年紫鹊界梯田遗产保护研讨会在新化召开。

9月23日　涟源市湄江风景区被国家旅游局批准为国家AAAA级旅游景区。

是日　娄底市邵阳商会向娄底市关心下一代基金会捐赠1000万元，成立娄邵商会助学基金。

9月24日　总投资2.2亿元、年产3万吨高级硅砖及不定型材料的湖南耀华冷水江耐火材料有限公司退城迁郊项目竣工。

10月16日　市中级人民法院获评全国法院刑事审判工作先进集体。

10月19日 中国娄底航天育种示范基地、全国青少年宇航科普教育基地和培训基地授牌仪式在冷水江市举行。中国工程院院士张履谦，中国航天火箭发射研究院原副院长、神舟五号发射总指挥黄春平授牌。

11月21日 娄底市被确定为省级循环经济试点示范城市，12月获国家循环经济示范城市称号，成为全国19个示范城市之一。

12月2日 市侨联被中国侨联授予全国侨联系统先进组织荣誉称号，实现全国先进“三连冠”。

12月3日 市人大常委会审议通过《市人民政府关于提请审议实施融城战略推进可持续发展的决定（草案）的议案》。

12月28日 总投资10亿元、年产白酒6000吨、年产值12亿元的富厚酒业白酒生产线在娄星工业集中区竣工投产。

2014年

1月1日 娄底市获科技部授予“全国科技进步先进市”称号。

1月18—25日 在新加坡举行的亚太青少年机器人大赛上，娄底第一中学代表队仿人机器人竞赛获金奖。

3月25日 市机关事务管理局获国家发改委、财政部、机关事务管理局授予“全国节约型公共机关示范单位”称号。

4月 投资6亿元、占地19.79公顷、建筑面积15万平方米的娄底市第一中学城南校区竣工。

5月23日 省政府决定将娄底市整体纳入湘西地区开发范围。

是月 娄底市被省政府确定为省级创业型城市。

6月6日 全国政协副主席卢展工考察曾国藩故居富厚堂。

6月11日 招商银行、娄底经开区举行战略合作首期“入园贷”项目资金发放仪式。招商银行斥资4310万元项目贷款发放到娄底经开区创业孵化园。

6月17日 在2014年湖南（上海）投资贸易洽谈周活动中，娄底市万宝新区与湖南建工集团签约建设高铁南站枢纽工程项目，投资12亿元；娄底锦誉房地产有限公司与上海红星美凯龙集团合作家居项目，签约投资10.6亿元。

7月15日 全国政协原副主席、全国工商联名誉主席黄孟复考察曾国藩故居富厚堂。

是月 娄底市合并新型农村社会养老保险和城镇居民社会养老保险，建立统一的城乡居民基本养老保险制度。

8月4—5日 省委书记、省人大常委会主任徐守盛到冷水江市、新化县、娄底经开区、万宝新区等地考察。

8月16日 娄底市获评为中国六星级慈善城市，跨入全国慈善城市百强行列。9月25日，市慈善总会启动幸存抗战老兵关怀计划。

9月3—15日 湖南省第十二届运动会在娄底市举行。娄底市体育代表团获84枚金牌、28枚银牌、11枚铜牌，取得金牌、奖牌、总分三项全省第一的成绩。

9月5日 娄底市检验检疫机构挂牌成立，结束进出口产品不能本地报检的历史。

9月17日 涟源市湄江国家地质公园开园。

是月 新化县紫鹊界梯田被列入世界灌溉工程遗产名录。

10月 市政府设立“市长质量奖”。

11月3日 市质量技术监督局电子陶瓷国检中心（湖南）通过国家认监委和质检总局考核验收。

11月19日 全国人大常委会原副委员长、民革中央原主席周铁农考察曾国藩故居富厚堂。

11月20日 投资4.8亿元、年产值30亿元的湖南最大规模的双峰县不锈钢产业园在双峰经济开发区开园投产。

11月24日 湖南力达能源开发有限公司被评为全国煤矿瓦斯防治先进集体。

12月6日 沪昆高速铁路湖南段开通营运。娄底境内正线长85.39千米，设娄底南站、新化南站。

12月10日 市政府、省政府金融办共同举办的金融支持娄底实体经济发展政银企合作对接会在娄底召开。现场签约融资项目182个，金额200.6亿元。

12月31日 新（化）溆（浦）高速公路建成通车。主线长92.7千米，境内长52.7千米。紫鹊界风景区连接线长34.65千米。

是年 娄底市和湘潭市共建湖南省水府庙国家湿地公园。公园跨娄星区、双峰县、湘乡市，总面积2.13万公顷，其中湿地1.07万公顷，水域5591公顷。12月31日通过国家级验收，列为国家湿地公园。

△ 涟源市获评全国资源枯竭城市转型优秀县市，被确定为第三批国家现代农业示范区。

△ 涟源市妇幼保健院获国家卫计委授予“全国优秀基层妇幼保健院”称号。

△ 九三学社娄底博士工作站成立。

△ 全市2866个村开通客班车，通班车率96.8%。

△ 新化县“梅山武术”、涟源市“抬阁（珠梅抬故事）”被列为国家级非物质文化遗产保护名录。

△ 国家发改委决定将涟源市、冷水江市、新化县整体纳入武陵山片区扶贫开发区。

2015年

1月14日 冷水江市审计局获评全国审计工作先进集体。

1月16日 新化县入选全国文化先进县。

1月27日 省政府出台《关于支持娄底市资源型城市转型发展的实施意见》，给予娄底市土地、城市规划、财政金融、产业发展、基础设施、生态环保、社会事业等9项支持政策。

2月9日 《人民日报》、新华社、中央电视台等多家主流媒体专程到娄底挖掘、采访“感动湖南第一人”的涟源市廖群洪的先进事迹。

2月10日 全国第一部青少年健康人格工程白皮书在娄底面世。

3月30日 蔡和森诞辰120周年纪念活动在双峰县举行。

是月 娄底市被命名为国家卫生城市。

4月10日 中国民主建国会娄底市委员会成立暨第一次代表大会在娄底召开。

4月16日 娄底市被纳入国家发改委《长江中游城市群发展规划》。

4月23日 中华全国供销合作总社党组书记、理事会主任王侠到娄底调研供销合作社工作，考察新合作娄底湘中国际物流园项目。

4月27日 中国农工民主党娄底市委员会成立暨第一次代表大会在娄底召开。

5月11日 市政府启动新一轮机构改革。市政府工作部门调整职责56项，撤并正处级机构8个、副处级机构11个。

是月 市环卫处城南所获全国五一巾帼标兵岗奖牌。

6月5日 总投资11亿元的娄底首家金融创新综合体——吉星金融广场竣工，金融机构入驻。广场由金融大厦、金融一条街、金融住宅组成，总建筑面积30万平方米。

6月10日 国家级高新企业娄底安地亚斯电子陶瓷公司一期工程在娄底经开区竣工投产，二期工程开工建设。

6月17日 集研发、生产、销售为一体的大型特种陶瓷生产企业新化美程陶瓷科技有限公司年产3000万只真空封接陶瓷件生产线项目投产。

是日 新化渠江薄片万亩有机茶种植与加工基地竣工。7月1日，渠江薄片入选百年世博中国名茶金骆驼奖。

是日 娄底第一家风力发电项目——新化大熊山风力发电项目竣工送电。项目一期投资4.6亿元，总装机规模4.99万千瓦。

6月19日 全市首家政府性融资担保公司——娄底市兴娄融资担保有限公司成立。

6月30日 市政府印发《娄底市人民政府关于公布市政府工作部门权力清单和责任清单的通知》，保留行政权力3141项、责任事项3958项，拟定外商投资负面事项74项。

是月 全市开始实施城乡居民大病保险制度。

7月7日 全市首发社会保障城镇卡。

7月20日 涟源市被确定为省级推进新型城镇化试点市。

7月27日 市中级人民法院对非法集资8亿多元、诈骗1.4亿元的被告人曾某鹏公开宣判。

7月31日 市政府、中国农业发展银行湖南省分行与安石集团全面推进建设项目PPP模式战略合作签约。此后6年内，该分行在国家规定业务范围内，为市政府推荐的项目主体提供50亿元人民币的政策性信贷资金支持。

8月17日 娄底市获评为2012—2013年度全国无偿献血先进市。

8月18日 娄底重点旅游景区“湘军寻古·神韵梅山”被列入湖南省《大湘西地区文化生态旅游融合发展精品线路建设总体设计方案》。

8月19日 冷水江市锡矿山地区入选国家支持的重金属污染防治重点区域。

8月21日 新化县三联洞娃娃鱼养殖有限公司被确定为国家珍稀濒危水生动物大鲵增殖放流苗种供应单位。

8月26日 省长杜家毫调研冷水江市锡矿山，要求着力推进转型发展、环境建设、法治建设和民生工程。

是月 娄底市被列为全国百家技能振兴城市。

9月3日 涟源市桥头河镇90岁抗战老兵李伯余应邀，赴京参加抗日战争胜利70周年“9·3”阅兵大典，并出席抗战胜利纪念宴会。

9月13—16日 台湾中华两岸交流协会会长、台湾行政主管部门政务顾问刘宗明率台湾知名农业专家、企业家一行10人实地考察双峰县、冷水江市农业项目。

9月23日 涟源市湄江地质公园发现国家一级保护植物距瓣尾囊草。该植物在湖南属首次发现。

9月30日 娄底市烈士陵园在娄星区大科街道建成。

是月 在全国第九届残运会上，娄底市运动员获银牌3枚，其中谢宜志获得男子400米自由泳S6级银牌和男子100米自由泳S6级银牌，罗叶获得男子F53级标枪银牌。市残联获2010—2014年全国残疾人体育先进单位。

10月13—14日 全国政协常委、民族宗教事务委员会主任、中央统战部原常务副部长朱维群率调研组到娄底调研。

10月29日 湖南省（娄底）汽车板及零部件产业合作对接会在娄底举行，娄底被授予湖南省汽车产业配套基地。

是月 省侨联、市政府主办，市侨联承办“亲情中华·魅力湖南·青春娄底”艺术团赴泰国、老挝等东南亚国家慰问演出。

11月3日 市侨商联合会成立并召开第一次会员代表大会。

11月10—15日 应美国北加州湖南联谊会和中美国际文化交流协会邀请，娄底代表团赴美国洛杉矶、旧金山等地开展谢冰莹诞辰109周年侨务文化交流活动。

11月20日 涟源市新编历史湘剧《烧车御史》在第五届湖南艺术节获田汉大奖，2016年入选国家艺术基金舞台艺术创作项目。2016年7月27日，作为全国基层院团优秀剧目之一在中国评剧大剧院演出。

11月26日 首届“大熊山杯”梅山武术节在新化县开幕。日本、法国、泰国的选手参赛。

11月27日 以“看娄底书画、进百姓人家”为主题的大型文化惠民活动——娄底市首届书画艺术交易博览会在娄底美术馆开幕。国内223位书画家的1.05万件作品陆续“嫁”入寻常百姓家。

12月1日 娄底市政府、湘潭市政府签署《共同保护水府庙湿地公园行动宣言》。

是日 娄底中心城区启动禁止燃放烟花爆竹整治行动。

12月24日 由深圳市三讯电子有限公司与娄底市创业投资集团公司共同投资组建的湖南三迅新能源科技有限公司落户娄底经开区第二工业园，2016年9月26日建成投产。

是年 娄底联通推行“宽带中国”和“互联网+”战略。手机上网接入下行速率由过去的7.2Mbps提升到150Mbps；将新老用户宽带全部提速至100M。

△ 娄底市被审计署列为全国第一批开展自然资源资产离任审计试点市。试点经验2016年在全国推广。

2016年

1月6日 洛湛铁路娄邵段扩能改造工程竣工，开通动车。列车时速由40千米提升到200千米。

是月 市委、市政府发文，将8个方面41项行政审批事项及管理职能下放给娄底经开区。

2月15日 娄底市12个采煤沉陷区综合治理被列入国家专项建设基金项目，总投资39.15亿元，获批专项建设基金3.47亿元。

2月16日 《人民日报》刊发《娄底领导干部离任审计增加新指标 绿水青山上“评价单”》推介娄底经验。

3月29日 省人大常委会批准娄底市行使地方立法权。

4月10日 市中心医院《GeminiMKⅡ微创技术在HTO（胫骨高位截骨）患者膝关节置换术中的应用及临床研究》科技成果通过省、市医学专家鉴定，达到国内领先水平。

是月 娄底电业局老虎创新工作室研制的雷击闪络位置识别装置获国家实用新型专利，是为该工作室获得的第十个国家专利。

5月9—10日 中国当代著名作家、文化部原部长王蒙应邀考察双峰富厚堂，并作《文化的期待》专题讲座。

5月11日 市中心医院投入使用世界顶尖超高端德国西门子256层光子双源CT。

5月18日 市计划生育协会获全国计划生育协会地级先进单位称号。

5月23日 市政府推进涟水河、孙水河治理工程。涟水、孙水中心城区段开发储备项目27个，总投资155亿元。

5月28日 娄底市与中央企业战略合作签约暨重大项目推介会在长沙举行，17家中央企业与娄底市开展战略合作，签约重点项目20个。

是月 全市并村工作结束，全市3269个建制村合并为1842个。

6月1日　《娄底市健康产业发展规划（2016—2020）》发布实施，发布健康产业“十三五”重大项目124个，总投资353亿元。

6月8日　湖南电将军新能源有限公司年产650万套智能储能电源产业化基地建设项目落户娄底。11月8日，公司年产500万套纳米陶瓷智能储能电源产业化基地项目开工。

6月12—20日　应美国科罗拉多州政府经贸办、加拿大亚太经贸委邀请，娄底考察团到美国、加拿大访问。

6月19日　娄底安迪亚斯电子陶瓷有限公司新型电子陶瓷密封材料动力电池陶瓷密封圈获第四届中国国际新材料产业博览会金奖。

6月28日　全市不动产产权登记颁证工作正式启动。9月30日，全市实现不动产统一登记发证全覆盖。

6月29日　全市首座采用钢结构、装配式外墙及围墙的新一代智能变电站白溪110千伏智能变电站投产送电。

是月　娄底卫生学校整合进入娄底职业技术学院。

7月11—12日　由中国傩戏学研究会、省文化厅举办，新化县政府承办的傩文化国际学术研讨会在新化召开。

7月19日　22时44分，涟源市南部（北纬27°68′、东经111°83′）发生3.8级地震，震源深度6千米，震中位于涟源市斗笠山镇。

8月18日　娄底市获评全国绿化先进集体。

8月22日　娄底、涟源两级公安机关成功侦破公安部督办的“7·11”特大电信诈骗案，抓获违法犯罪嫌疑人151人。

8月27日　湖南博长控股集团有限公司位列中国企业500强榜单，同时进入中国制造业企业500强。

9月4日　双峰县荷叶镇、三塘铺镇、青树坪镇，新化县洋溪镇、温塘镇，冷水江市禾青镇，涟源市伏口镇、杨市镇8个镇入选全国重点镇。

9月23日　建设银行湖南省分行与娄底市政府签订战略合作协议，为市城建投资公司等4个市级平台提供直接融资100亿元。

9月26日　娄底市在第七届“湘博会”上签订投资项目43个，签约投资223.9亿元；贸易合同136个，贸易金额27亿元。

9月28—30日　中共娄底市第五次代表大会在娄底召开。

9月30日　娄底文昌科技有限公司研发出碳化硅（SIC）颗粒增强铝基复合材料汽车制动盘，填补国内空白。

10月1日　市中心医院等9家医院取消药品加成，实施药品零差率。

10月18日　省长许达哲抵娄底调研经济发展情况。

10月20—21日　“红军长征在娄底”学术研讨会暨“心系国防情，重走长征路”活动在新化县奉家镇红二军团司令部旧址举行。

11月3日　龙（涟源市龙塘镇）琅（新化县琅塘镇）高速公路开工建设，全长74千米，连接长韶娄高速公路和新溆高速公路。同步建设湄江连接线8.7千米，车田江连接线2.6千米，新化连接线1.72千米。至2017年12月，尚在建设中。

是日　新化县检察院对“5·16”特大电信诈骗案刘某勇等21名犯罪嫌疑人批准逮捕。涉案金额218万元，受害人涉及全省14个市州和四川、江西、重庆等10余个省（直辖市）。

11月8日　原国务委员、中日友好协会会长唐家璇考察曾国藩故居富厚堂。

11月9日 新化县水车镇兼职消防队获公安部消防局颁发的全国“119”消防奖。

11月10日 娄底市中心医院成立全省首家三甲综合医院院士专家工作站。

12月8日 华安钢宝利高新汽车板加工（常熟）有限公司娄底分公司轻量化汽车板深加工项目投产。

12月24日 市中心医院培育首例本土试管婴儿顺利诞生。

12月29日 市政府出台《关于印发〈娄底市城乡居民基本医疗保险实施方案〉的通知》，建立全市统一的城乡居民基本医疗保险制度。

12月30日 娄（娄底）衡（衡阳）高速公路建成通车。主线长116千米，境内长37千米。

12月31日 安（安化）邵（邵阳）高速公路建成通车。境内设伏口、娄底、涟源东、涟源、白马5处互通式立交，连通长韶娄高速和娄怀高速。

是月 娄底市本级设立22个副处级派驻纪检组，其中综合派驻19个、单独派驻3个。

是年 全市扶贫工作取得阶段性成果。2014—2016年，累计投入扶贫资金21.97亿元，减少贫困人口38.5万人。

△ 全市住房公积金归集总额突破100亿元。

△ 全市高新技术企业达65家，高新技术产品产值首次突破700亿元。

△ 全市文化及相关产业增加值首次突破50亿元。

△ 市林业局获评全国造林绿化先进单位。

△ 市公安局巡逻特警支队被公安部评为2015—2016年度“全国青年文明号”创建活动成绩突出单位。

△ 娄底市被选定为全国编制自然资源资产负债表试点地级市，为全国编制自然资源资产负债表提供可复制、可推广的经验。

△ 湖南高盏板业股份有限公司在新三板挂牌上市。

△ 全市旅游年总收入突破250亿元。

△ 市公安局巡逻特警支队巡逻处警大队大队长李贝（女）被评为全国公安系统二级英雄模范和全国优秀共产党员，2017年被评为全国特级优秀人民警察。

2017年

1月1日 全市调整特困人员救助供养标准：城市每人每年6552元，农村每人每年4180元。

1月4—7日 政协娄底市委员会五届一次会议在娄底召开。姚兵当选市政协主席。

1月5—9日 娄底市五届人大一次会议在娄底召开。

1月18日 娄星区发现2017年第一例H7N9流感确诊病例。

1月21—25日 新化县政府、湖南会展协会主办的首届中国·新化文印产业博览会在新化县洋溪镇举行。

1月24日 涟源市水洞底镇、双峰县蛇形山镇调整至娄星区。2月15日举行挂牌仪式。

是日 市公安局治安防控中心、新闻舆情中心、侦查实战中心、指挥情报中心先后挂牌运行。

2月13日 双峰县荷叶镇被列入第一批中国特色小镇。新化县天门乡土坪村获批全国美丽宜居村庄。

3月26日 北京娄底企业商会在北京成立。全国人大常务委员会原副委员长、中国关心下一代工作委员会主任顾秀莲出席揭牌仪式。

3月30日 省委书记、省人大常委会主任杜家毫到娄底调研产业创新开发与转型升级。

4月5日 全市推行河长制。境内资江、涟水、孙水和侧水市级河道4条，县（市、区）级河道213条，乡（镇、街道）及村（社区）级河道306条。设置市级河长8人、县级河长123人、乡级河长670人、村级河长2116人。

4月13日 娄底市整体被纳入湖南中部（株洲—湘潭—娄底）产业转型升级示范区。

4月26日 香港娄底联谊会在香港成立。

5月19日 涟源市公安局获评全国优秀公安局。娄底市公安局人口与出入境管理支队出国境工作大队获评全国优秀公安基层单位。

6月1日 省委副书记、省长许达哲到冷水江市锡矿山、新化县游家镇白沙学校考察，并与34名小学生一起欢庆国际儿童节。

6月8—17日 应俄罗斯圣彼得堡市政府亚太地区合作中心、芬兰赫尔辛基市政厅邀请，娄底市组团赴“一带一路”北线国家俄罗斯、芬兰、瑞典访问。

6月25日 娄底市首座110千伏光伏汇集站于新化县尖山涧电站投入运营。

6月30日至7月3日 特大暴雨袭击娄底。940公顷农田被淹，14.73万人受灾，紧急转移2.1万人，直接经济损失4.5亿元。

6月 在“华诺菲杯”全国残疾人田径锦标赛上，娄底选手罗叶获得男子组F54级标枪金牌、铅球铜牌，李威获青少年组女子F40／41级铅球金牌、铁饼金牌。

是月 涟源市三甲乡入选湖南省首批经典文化村镇。

7月 娄底军分区、县（市、区）人民武装部随省军区整体由南部战区转隶中央军委国防动员部领导序列和南部战区作战指挥序列，实行军队系统双重领导与作战指挥新体制。

8月22日 中共娄底市非公经济组织综合委员会成立。

9月5日 在第十三届全运会上，娄底田径选手黄瑰芬获女子200米、4×100米、4×400米三枚金牌，实现娄底建区（市）后全运会金牌“零”的突破。

9月8日 市人大常委会审议通过《娄底市孙水河保护条例》，9月29日经省人大常委会批准，成为全市第一部地方性法规，自2018年1月1日起正式实施。

9月12日 市政府印发《关于授权娄底经济技术开发区行使部分经济社会管理权限的通知》，授予娄底经开区行使1473项（其中审批管理类321项，执法检查类1152项）经济社会管理权限。

9月27日 省贸促分会、印度驻广州总领事馆、市政府共同主办的中国（湖南）·印度经贸合作论坛在娄底华天大酒店举行。

是日 湖南第一座镂空铁索桥——新化县三联峒铁索桥建成投入使用。

9月28日 全市开始实施企业工商营业执照、税务登记证、组织机构代码证“多证合一、一照一码”登记制度。

10月8日 《涟源市志（1987—2007）》由方志出版社出版，为全国第二轮修志工作启动后娄底市第一部县（市、区）级志书。

10月18—24日 三一重工娄底中兴液压件有限公司总经理刘永东、市公安局治安支队政委李贝（女，瑶族）作为党代表出席中国共产党第十九次全国代表大会。

10月23日 市中级人民法院首次通过中国庭审公开网对假释案件庭审过程进行视频直播。

是月 全市停征营业税。

11月24日 全球农业文化遗产紫鹊界梯田通过联合国粮农组织专家评审，并成功申报省级田园综合体示范点。

12月6日 全市新一轮“农村土地承包经营权证”颁发仪式在涟源市三甲乡举行。全市农村土地确权登记颁证工作进入颁发权证阶段。

12月8日　华菱涟源钢铁有限公司院士专家工作站被中国科协命名为全国企业示范院士专家工作站。

是日　全市选派668名全科医生驻村服务。

12月17日　境内宁邦中心、孙水南路、湖南金刚玻璃节能科技有限公司玻璃生产线、同丰科技智能制鞋机器人生产线及华宁科技轻钢别墅建设、“顺德造”家居连锁直销平台、谷歌大数据展示中心、中南地区大数据中心、颐高梦想小镇等19个重点项目集中开工（开园），总投资92.9亿元。

12月22日　新化县公安局民警陈某湘持枪杀人，造成2人死亡后潜逃，24日被抓获归案。

12月26日　楚怡高级工业学校在新化县游家镇白沙村恢复抗战时期新化旧址。

12月31日　市人民检察院反贪污贿赂局、反渎职侵权局、职务犯罪预防处的机构、职能及工作人员整体转隶市纪委（市检察委员会）。

是日　娄（娄底）益（益阳）高速公路建成通车。主线长105.93千米，境内长35.84千米。连接线长11.2千米。

是月　总投资22.5亿元的娄底中心城区道路提质改造和路网完善PPP项目竣工。

是年　娄底经开区规模工业增加值323亿元，占全市规模工业比重66.2%，跻身全国百强。

△　《娄底日报》获评中国城市党报最具活力媒体。

△　市公安局在全市开展为期半年的打盗抢、打黑恶、打诈骗、整治黄赌毒、整治枪爆及寄递物流业、整治消防安全隐患专项行动，侦破刑事案件3173起、现行命案11起和公安部督办的一批大要案件。

第一篇

政　区

第一章 建置区划

第一节 位置面积

娄底市地处湖南省地理几何中心，位于北纬27°12′31"~28°14′27"、东经110°45′40"~112°31′7"之间，处于江南地形由西向东第二阶梯（云贵高原）向第三阶梯（江浙丘陵）递降的过渡地带，属中亚热带季风湿润气候区。东起双峰县荷叶镇新高村，西至新化县奉家镇上团村，东西直线距离160千米。南起双峰县花门镇仁山村，北至新化县大熊山毛坪界，南北直线距离102千米。东北与湘潭市的湘乡市（县级）、长沙市的宁乡市（县级）毗连，东南与衡阳市的衡山县、衡阳县接壤，西北与益阳市的安化县相接，西南与邵阳市的邵东县、新邵县、隆回县交界，西部紧靠怀化市的溆浦县。娄底市政府驻地位于娄星区孙水河畔，与省会长沙市中心直线距离112千米。娄底市地理位置优越、交通便捷。湘黔铁路、沪昆高铁横贯东西，洛湛铁路纵贯南北，形成“米”字形铁路网，40余条铁路专用线贯通全市厂矿。长韶娄高速公路与上瑞高速、二广高速相连，娄怀高速横贯东西，益娄衡高速纵穿南北。娄新、新溆、安邵、益娄衡、长韶娄等高速公路连通全省。320国道横过双峰县，境内里程50.5千米。207国道经过涟源市，境内里程71.5千米。宁涟、涟溆、邵新、双衡、双涟、娄双等省级公路与320、207国道相连。资江、涟水2条水运航道穿过娄底境内。

1977年，涟源地区（娄底地区前身）总面积11774平方千米，合117.74万公顷。1990年，娄底地区总面积8117.7平方千米，合81.18万公顷，占全省土地总面积的3.8%。耕地面积14.92万公顷，占全地区总面积的18.5%。全地区人口366.27万人，占全省人口的6%，其中非农业人口53.3万人，每平方千米人口451人，比全省每平方千米284人多167人。2017年，娄底市总面积8109.58平方千米，合81.1万公顷，耕地面积19.28万公顷，户籍总人口453.61万人，人口密度559人／平方千米。

第二节 隶属沿革

春秋战国时期娄底境域属楚国。秦置湘南县，辖今双峰县、涟源市部分地域，属长沙郡。西汉属长沙国。汉高祖五年（前202）置连道，辖今双峰县侧水以西至涟源市蓝田镇等地。西汉建平四年（前3），析湘南县置湘乡县，辖今双峰县、涟源市大部和娄星区等县（市、区）地域，属长沙郡。三国时分属衡阳郡、昭陵郡。吴宝鼎元年（266）析昭陵郡置高平县，辖新化县域。西晋、东晋、南朝（宋、齐、梁、陈）分属邵陵郡。隋属长沙郡。唐、五代、宋分属潭州、邵州。宋熙宁五年（1072），建置新化县，隶属邵阳郡。因章惇开梅山，取意“王化之新地”而名新化。元代，分属天临路、宝庆路。明分属长沙府、宝庆府。清同明属。

民国元年（1912），娄底境域属湖南省长宝道。民国3年（1914），改属湘江道。民国11年（1922），因道制取消，直属湖南省。民国29年（1940），分属湖南省第五、第六行政督察区。

1949年10月，中华人民共和国成立后，娄底先后隶属益阳专区和邵阳专区。1950年6月，锡矿山矿区（县级）设立，直属邵阳专区。1951年8月，设蓝田县，因与陕西蓝田县重名，故于次年7月更名为涟源县；新建双峰县，设14个区、335个乡、2个镇。1952年，涟源县设16个区、483个乡、4个镇。

新化县设21个区、545个乡、3个镇。8月，锡矿山矿区撤销，划归新化县管辖。1954年，新化县划出11个乡归溆浦县管辖。1956年，全国改革区制为乡制。邵阳专区调整行政区划为162个乡、13个镇。1958年10月，全国推行政社合一的人民公社制度。邵阳专区设58个人民公社。1960年2月，设立娄底市（县级）和冷水江市（县级），属邵阳专区。1962年10月，撤销娄底市和冷水江市，分别并入涟源县和新化县。1969年10月，恢复冷水江市建制。

1977年9月，邵阳地区析置涟源和邵阳2个地区。涟源地区辖新化、新邵、邵东、双峰、涟源5个县和冷水江市1个县级市，下辖45个区、274个人民公社、12个镇，地区机关驻涟源县娄底镇。1978年9月8日，省革命委员会发文，扩大娄底镇管辖范围，撤销大科公社建制，将其所辖19个大队划归娄底镇管辖。至此，娄底镇总人口64331人，直属涟源地区管辖。11月，中共涟源地区委员会、涟源地区革命委员会成立。11月25日，中共娄底镇委员会成立。1979年3月，省委撤销涟源地区革命委员会，成立涟源地区行政公署。1980年7月，娄底市建制恢复，撤销涟源县的娄底区，将其所辖的杉山公社、双江公社、小碧公社、西阳公社、百亩公社、涟滨公社、石井公社、万宝公社、茶园公社划归娄底市管辖。12月6日，中共娄底市委员会和市人民政府成立。至此，涟源地区辖新化、新邵、邵东、双峰、涟源5个县和冷水江市、娄底市2个县级市。1982年12月，经国务院批准，涟源地区更名为娄底地区。1983年2月8日，经国务院批准，娄底地区撤销，娄底市、双峰县、涟源县划归湘潭市管辖，冷水江市、邵东县、新邵县、新化县划归邵阳市管辖，冷水江市更名为邵阳市冷水江区。因多种原因，该建置方案未获实施，娄底地区名撤实存。7月13日，娄底地区建置恢复，辖娄底市、冷水江市、双峰县、涟源县、新化县。邵东、新邵2个县划归邵阳市管辖。1984年10月，因机构体制改革，撤销人民公社、生产大队，恢复镇（区）、乡、村建置，成立镇、乡政府。娄底地区辖29个县辖区、192个乡、22个镇、7个街道。1987年6月，国务院批准撤销涟源县，设立涟源市，行政区划和政府驻地不变。

1999年1月20日，经国务院批准，撤销娄底地区，设立娄底市（地级），县级娄底市更名为娄星区，行政区划不变，辖1区、2市、2县、24个乡、56个镇、12个街道办事处。2000年11月，将原县级娄底市管辖的娄底经济技术开发区收归地级娄底市管辖并重新启动，同时撤销原地委、行署批准建立的外资工业区管委会，将外资工业区与娄底市经济技术开发区合并，启用省级“娄底市经济技术开发区”名称，组建娄底市经济技术开发区管委会。12月，省政府批准该建区方案。2002年1月，中共娄底市经济技术开发区委员会、娄底市经济技术开发区管理委员会挂牌成立。2003年5月，由涟滨乡仙人桥村、茅塘村、民福村，杉山镇高车村、太保村、澄清村、九仑村7个村，花山街道青山冲居委会、黄泥塘街道仙人阁居委会2个居委会，组建成市经开区涟滨街道。同时，娄星区西阳镇及其26个村（居）成建制划归市经开区管辖，设置大埠桥街道。2010年8月6日，根据全省“两型社会”建设总体部署和娄底市经济社会发展需要，市委常委会议决定成立娄底水府示范片万宝新区。9月16日，市委常委会议研究决定按照“共投共建、共管共享”原则，在娄星区经济园区基础上组建万宝新区筹委会，参照市经开区机制设置正处级管理机构，该机构不负责社会事务管理。10月17日，万宝新区筹委会根据第33次市长办公会议精神，接管娄星区经济园区资产、债权、债务和在编人员。2011年1月，娄底水府示范片万宝新区（简称万宝新区）成立。

2012年10月15日，经国务院批准，娄底市经济技术开发区晋升为国家级经济技术开发区，代管涟滨、大埠桥2个街道，28个村（居），总面积72.8平方千米，人口5.66万人。2017年2月24日，经省政府批准，涟源市水洞底镇和双峰县蛇形山镇划归娄星区管辖。行政区划调整后，娄星区辖双江乡1个乡，杉山、石井、万宝、水洞底、蛇形山5个镇，长青、乐坪、花山、黄泥塘、大科、涟滨、大埠桥7个街道，总面积628.23平方千米，总人口61.15万人，区政府驻地不变。

第三节 行政区划

1990年，娄底地区辖区公所19个、乡140个、镇30个、街道9个，另辖乡级建制林场8个。1993年3月10日，根据省政府《关于全省农村撤区并乡建镇、简政放权工作的意见》，双峰县作为全省试点县，率先开启娄底地区撤区并乡建镇体制改革，撤销10个县辖区、将51个乡镇合并成3个乡、13个镇。1995年3月10日，地委、行署决定撤销所有县辖区，以人口3万~5万人、面积1万~1.5万公顷为标准设立乡镇。是年，涟源市撤销杨家滩、山塘、白马、桥头河、荷叶、四古、伏口7个县辖区，将44个乡镇合并成19个乡镇、1个街道。1996年，新化县撤销田坪、吉庆、南源、燎原、洋溪、水车、炉观、游家、横阳、琅塘、圳上、白溪12个县辖区，将88个乡镇合并成26个乡镇。撤销潮水、温塘、文田、槎溪、桑梓、吉庆、奉家、娘家8个乡，均设立同名镇。撤区并乡建镇后，全县辖7个乡、19个镇。1997年，涟源市撤销山塘乡设立荷塘镇，撤销金石乡设立金石镇。双峰县撤销荷叶乡设立荷叶镇。

1999年3月18日，按照省政府《关于撤销娄底地区设立地级娄底市的通知》要求，娄底地区更名娄底市，市政府驻地乐坪东街。娄底市（县级）更名为娄星区，区政府驻长青中街。娄底市辖娄星区、冷水江市、涟源市、双峰县、新化县5个县（市、区），下辖24个乡、56个镇、12个街道。是年，娄星区撤销西阳乡设立西阳镇，撤销茶园乡设立茶园镇。冷水江市撤销毛易乡设立毛易镇。2003年，冷水江市撤销三尖乡设立三尖镇。娄星区撤销大科乡设立大科街道，撤销涟滨乡设立涟滨街道，撤销西阳镇设立大埠桥街道。

2015年，按照市政府《关于调整娄星区乡镇行政区划的通知》，万宝镇与茶园镇合并设立万宝镇，镇政府驻原万宝镇驻地，辖43个建制村，总人口4.45万人，总面积81.05平方千米。百亩乡与石井镇合并设立石井镇，镇政府驻原石井镇驻地，辖34个建制村，总人口3.79万人，总面积65平方千米。小碧乡与杉山镇合并设立杉山镇，镇政府驻原杉山镇驻地，辖35个建制村和1个社区居委会，总人口4.32万人，总面积56.38平方千米。该轮行政区划调整后，娄星区辖双江乡1个乡，杉山、石井、万宝3个镇，长青、乐平、花山、黄泥塘、大科、涟滨、大埠桥7个街道，总人口49.63万人，总面积428.03平方千米。是年，娄底市政府发出《关于调整冷水江市乡镇行政区划的通知》，冷水江市岩口镇与铎山镇合并设立铎山镇，镇政府驻原岩口镇驻地，辖31个建制村和4个社区居委会，总人口4.73万人，总面积52.29平方千米。梓龙乡与渣渡镇合并设立渣渡镇，镇政府驻原渣渡镇驻地，辖21个建制村和2个社区居委会，总人口3.2万人，总面积74.97平方千米。矿山乡与锡矿山街道合并设立锡矿山街道，办事处驻原矿山乡政府驻地，辖15个建制村和9个社区居委会，总人口3.05万人，总面积67.05平方千米。撤销潘桥乡、同兴乡、毛易镇建制，调整禾青镇、中连乡的部分行政区域和布溪、冷水江、沙塘湾3个街道部分管辖范围。该轮行政区划调整后，冷水江市辖中连乡1个乡，禾青、三尖、金竹山、铎山、渣渡5个镇，冷水江、布溪、锡矿山、沙塘湾4个街道，总人口37.06万人，总面积437.89平方千米，冷水江市政府驻地不变。

2017年，经省民政厅批复同意，新化县政府撤销上梅镇和上渡街道，设立上梅、上渡、枫林3个街道。将原上梅镇的青石街、工农河、永兴、崇阳岭、十字街、东外、玉虚宫、圆珠岭、跑马岭、北塔、工农、梅树、立新桥、福景山、坪山垅15个社区居委会，以及红旗、毛家垅、花山、下田、鸿兴、集中、北渡、新渡、和兴、花园、江溪11个建制村析出，合并设立上梅街道。将原上梅镇的火车站、五里亭、华新、上田、燎原、新田、马鞍山7个社区居委会，以及星月、洪大、枫林新村、接龙、万家桥、大水坪、新塘、黄龙、向荣9个建制村析出，设立枫林街道。将原上渡街道管辖的望城、桥东、唐家岭、新城4个社区居委会，以及上渡、铁牛、资源、七里冲、塔山、白沙、资江7个建制村，与原上梅镇的新园社区居委会，以及勤俭、勤三、梽木山、天竺、娘家、青云、金子山、兴岭、堤上9个建制村合并设立上渡街道。该轮行政区划调整后，新化县上梅街道辖15个社区居委会、11个建制村，总面积42.99平方千米，总人口8.58万人，办事处驻原上梅镇驻地。枫林街道辖7个社区居委会、9个建制村，总面积49.5平方千米，总人口5.36万人，办事处驻枫林新村。上渡街道辖5个社区居委会、16个建制村，总面积53.14平方千米，总人口5.02万人，办事处驻上梅东路。截至是年底，娄底市辖娄星区、冷水江市、涟源市、双峰县、新化县，以及市经开区、万宝新区，下辖14个乡、56个镇、15个街道、1835个建制村、261个社区居委会。

2017年娄底市各县(市、区)行政区划表

表1–1

政区名称	驻地名称	面积(平方千米)	人口(万人)	乡镇(个)	街道(个)	社区(个)	村(个)
娄星区	长青街道	628.23	61.15	6	7	75	157
冷水江市	冷水江街道	437.89	37.06	6	4	58	92
涟源市	蓝田街道	1830.06	114.41	18	1	43	461
双峰县	永丰镇	1593.45	90.11	15	—	37	486
新化县	上渡街道	3619.95	150.88	25	3	48	639
合计		8109.58	453.61	70	15	261	1835

第二章　区域勘界与地名管理

第一节　区域勘界

一、界线界桩

1990—1996年，娄底地区法定界线占6%，习惯界线占80%，争议界线占14%。1996年，根据国务院“用5年时间完成省、县两级勘界任务”指示精神，地区行署成立以分管副专员为组长，民政、民委、公安、林业、水利、农业、地矿、国土和司法等单位主要领导为成员的勘界领导小组。各县（市）相应成立勘界工作机构，抽调人员充实勘界工作队伍，并安排勘界工作专项经费。勘界遵循“核定法定线、勘定习惯线、解决争议线”原则，实现“四定”，即定任务、定时间、定目标、定责任。1997年1月至2001年9月，5年间勘定市级界线6条。其中，娄底湘潭线，全长230.3千米，界桩13个。娄底邵阳线，全长320.9千米，界桩9个。娄底益阳线，全长272.27千米，界桩8个。娄底衡阳线，全长124.64千米，界桩4个。娄底怀化线，全长106.05千米，界桩3个。娄底长沙线，全长27.5千米，界桩4个。勘定市内县级行政区域界线6条。其中，娄星双峰线，全长28.31千米，界桩3个。娄星涟源线，全长106.46千米，界桩4个。涟源双峰线，全长62.55千米，界桩6个。涟源冷水江线，全长26千米，界桩4个。涟源新化线，全长83.86千米，界桩7个。冷水江新化线，全长105.05千米，界桩12个。勘界工作中，娄底怀化线中的新化、溆浦两县边界勘定难度较大。界线争议引发多次械斗，勘界工作难以持续进行。娄底、怀化两市政府将情况报告省委、省政府后，省委、省政府成立联合调查组，实地调查取证27天，组织娄底、怀化两市，新化、溆浦两县分管民政工作的市、县长现场听证，分析取证5天4晚，最终解决勘界纠纷。界线双边政府签订《行政区划界线协议书》，报中央和省政府批复。首次实地竖起省、县两级标准永久界桩，首次形成省、县两级行政区域勘界法定档案。

二、界线管理

2001—2016年，娄底市在勘界工作完成后，根据国务院《实行区域界线管理条例》，对已勘定的界线、界桩等标志物进行日常管理和维护。2017年，根据《省政府行政区域界线实地联合检查的通知》

精神，娄底市政府牵头，联合长沙市、益阳市，对宁乡县、安化县、涟源市和新化县4个县（市）进行界线实地检查。其中，对娄底益阳线，检查界线272.27千米、三面界桩2个、双面界桩6个。对娄底长沙线，由西向东，从长沙市、娄底市、益阳市三市边界交会点起，到长沙市、娄底市、湘潭市三市边界交会点止，检查界线27.52千米、三面界桩2个、双面界桩1个，重点检查验证界碑有无损坏、勘定界线有无改变。是年，娄底市政府开展行政区划调整后的辖区界线勘定工作。娄星区与涟源市界线变更涉及4个县（市）、11个乡镇和64个村。其界线为东北向西南，从娄星区、涟源市、宁乡县3个县（市、区）边界交会点到娄星区、涟源市、双峰县3个县（市、区）边界交会点，界线全长106.51千米，调整界线42.01千米，设界桩7个，其中新设界桩3个。娄星区与双峰县界线变更涉及4个县（市、区）、7个乡镇、48个村。其界线从北向南再转东，再向北至娄星区、双峰县、湘乡市3个县（市、区）边界交会点，界线全长73.73千米，设界桩5个，其中新设界桩3个、移动界桩1个。

第二节 地名管理

一、地名普查

2014年始，娄底市落实国务院下发的《关于开展第二次全国地名普查的通知》，开展为期3年的陆地国土地名普查。截至2017年，全市普查11大类94子类地名信息96035条，其中陆地水系信息147条，陆地地形信息2775条，行政区域信息164条，群众自治组织信息35471条，非行政区域信息16858条，居民点信息14978条，交通运输设施信息2514条，水利、电力、通信设施信息9481条，纪念地、旅游景点信息381条，建筑物信息1346条，具有地名意义的单位信息10920条。

二、地名设置

2004年8月11日，娄底市政府印发《娄底市地名管理实施细则》，明确县级以上民政部门为地名主管部门。地名管理范围包括自然地理实体名称，如山、河、湖、海、水道、地形区等；包括行政区划名称，如市、县（市、区）、乡、镇、街道等；包括居民住地名称，如城镇、区片、开发区、自然村、片村，以及街、巷、居民区、楼群、门号、建筑物等；包括各专业部门使用的具有地名意义的台、巷、站、场等，以及名胜古迹、纪念地、游览地、企业事业单位名称等。2005年3月，市政府公布第一批城区街道命名。其中，15条街道名称分别为：湘中大道，西起甘桂路，东止吉星路相交点。乐坪大道，西起丹阳路城西加油站，东止吉星路相交点。长青街，起于甘桂路相交点，止于吉星路相交点。湘阳街，起于娄星南路相交点，止于江龙滩大桥。涟滨街，起于丹阳路相交点，止于吉星路相交点。月塘街，起于火车站广场，止于吉星路相交点。大汉大道（香茅街），起于甘桂路相交点，止于娄星北路相交点。娄星南路，起于娄底大桥南端，止于湘中大道相交点。娄星北路，起于娄底大桥北端，止于钢城东街相交点。新星南路，北起于娄底二大桥南端，南止于湘中大道、吉星路相交点。新星北路，南起于娄底二大桥北端，北止于娄宁公路相交点。氐星路，南起于新星南路交叉点，北止于火车站广场。丹阳路，起于乐坪大道相交点，止于涟滨街相交点。扶青路，起于湘中大道相交点，止于长青街相交点。桑塘路，起于香茅街相交点，止于碧溪路相交点。2007年11月，市政府公布第二批城区街道命名。确定命名早元街等35条街，迎春路等41条路，白竹巷等16条巷，娄星广场等7处公园，娄底大桥等6座大桥。2012年10月，市政府公布《娄底中心城区第三批街道命名公告》，确定命名华星路等38条街道。2013年12月，市政府公布《娄底中心城区第四批街道命名公告》，确定命名勤政街等37条街道，命名吉星大桥（娄底三大桥），娄商大道，更名娄底大道为新星南路，更名和森路为高丰路。2017年3月28日，《娄底市行政区划图（2017版）》《娄底中心城区标准地名图（2017版）》出版发行。12月25日，市政府公布《娄底中心城区第五批街道命名通告》，命名新坪街道等25条街道，桃子湾桥等5座桥梁，以及高铁站广场。甘桂路、扶青路更名为金星路、福星路，福星路更名为金和巷。

附：娄底市人民政府关于娄底中心城区第一批至第五批街道命名的公告

娄底市人民政府
关于娄底中心城区第一批街道命名的公告

（2005年3月23日）

根据国务院《地名管理条例》《湖南省地名管理办法》和《娄底市地名管理实施细则》的规定，《娄底市城区主要街道命名方案》经广泛征求意见，反复论证，已形成共识，同意以下15条主要街道正式命名，现予以公告。今后，机关、部队、团体、企业、事业单位的公告、文件、证件、影视、商标、广告、牌匾、地图以及出版物等方面所使用的地名，均应以正式公布的标准地名为准，不得擅自更改。

湘中大道：从甘桂路交叉处起，经市政府（新址）到待建吉星路交叉点止。

乐坪大道：从丹阳路城西加油站交叉处起，经扶青路、娄星南路、氐星路、新星南路到待建吉星路交叉点止。

长青街：从待建甘桂路交叉点起，经娄星南路、氐星路、新星南路，到待建吉星路交叉点止。

湘阳街：从娄星南路交叉处起，到江龙滩大桥止。

涟滨街：从丹阳路交叉处起，经娄星南路、新星南路，到吉星路交叉点止。

月塘街：从火车站广场东南角起，经新星南路，到吉星路交叉点止。

大汉大道：从待建甘桂路交叉处起，到娄星北路交叉点止。

娄星南路：从娄底大桥南端起，经长青街、乐坪大道，到湘中大道止。

娄星北路：从娄底大桥北端起，到钢城东街延伸路段交叉处止。

新星南路：从娄底二大桥南端起，经长青街、乐坪大道，到湘中大道、吉星路交叉点止。

新星北路：从娄底二大桥北端起，经大汉大道，到娄宁公路交接处止。

氐星路：与原育才路合并称为氐星路，从新星南路交叉点起，经乐坪大道、长青街，到火车站广场止。

丹阳路：从乐坪大道交叉点（城西加油站）起，到涟滨街交叉点止。

扶青路：从湘中大道交叉点（孙水河、人民公园处）起，经乐坪大道，到与长青街交叉处止。

桑塘路：从大汉大道交叉处起，到与碧溪路交叉处止。

娄底市人民政府
关于娄底中心城区第二批街道命名的公告

（2007年11月5日）

根据国务院《地名管理条例》《湖南省地名管理办法》和《娄底市地名管理实施细则》的规定，《娄底市城区第二批街道命名和城区部分重要公共地域命名方案》经广泛征求意见，反复论证，已形成共识，同意以下105条街、路、巷和部分重要公共地域名称正式命名，现予以公告。今后，机关、部队、团体、企业、事业单位的公告、文件、证件、影视、商标、广告、牌匾、地图以及出版物等方面所使用的地名，均应以正式公布的标准地名为准。

一、街的名称（共35条）

早元街：从娄星南路相交点起，跨扶青路，到与待定的“高丰路”相交点止。

桃圃街：从新星南路相交点起，跨氐星、甘桂路，到与丹阳路相交点止。
新科街：从新星南路相交点起，跨氐星路，到与扶青路相交点止。
秀石街：从涟水河边起，跨新星南路，到与春园路相交点止。
贤童街：从株山公园西麓脚下起，跨新星南路、氐星路，到与娄星南路相交点止。
白坪街：从丹阳路相交点起，跨乐坪大道，到与桃圃街相交点止。
清泉街：从石马路相交点起，跨春园路，到与氐星路相交点止。
老街：从娄底大桥南端处起，到与涟滨街相交点止。
青山街：从新星北路相交点起，跨娄星北路，到与钢城街相交点止。
凤阳街：从大汉大道相交点起，跨娄星北路，到与桑塘路相交点止。
新坪街：从吉星北路相交点起，到与新星北路相交点止。
洪冠街：从吉星北路相交点起，跨新星北路，到与洪洲路相交点止。
万新街：从竹春路相交点起，到与待定的“高丰路”相交点止。
蒋大街：从竹春路相交点起，到与待定的“高丰路”相交点止。
石玉街：从大汉大道相交点起，到与娄星北路相交点止。
秋浦街：从娄涟高等级公路相交点起，到涟水河边止。
仙桥街：从新星北路相交点起，跨娄星北路，到与洪洲路相交点止。
钢城街：从新星北路相交点起，跨仙桥街、涟钢大桥，到高溪河边止。
涟水北街：从新星北路相交点起，跨娄星北路，到神童湾大桥处止。
涟水南街：从吉星南路相交点起，到娄底大桥处止。
东贸街：从吉星南路相交点起，跨新星南路，到与氐星路相交点止。
西贸街：从氐星路相交点起，跨娄星南路，到与万富路相交点止。
群乐街：从工业园区处起，到与新星北路相交点止。
小科街：从扶青路相交点起，跨甘桂路，到与丹阳路相交点止。
双科街：从扶青路相交点起，到与甘桂南路相交点止。
育新街：从新星南路相交点起，到与氐星路相交点止。
王家街：从桑塘路相交点起，到涟水北街相交点止。
茅滨街：从娄星北路相交点起，到与涟水北街相交点止。
星园街：从新星南路相交点起，到与春园路相交点止。
茅雷街：从娄星北路相交点起，到与大汉大道相交点止。
坛山街：从新星南路相交点起，到与氐星路相交点止。
花山西街：从花山东路相交点起，到与书院路相交点止。
振兴街：从娄涟高等级公路相交点起，到涟水北大桥处止。
青春街：从丽春路相交点起，到与扶青路相交点止。
站前街：从春园路相交点起，到与火车站广场止。

二、路的名称（共41条）

迎春路：从涟水河边起，跨湘阳街，到与娄涟高等级公路相交点止。
白塘路：从乐坪大道相交点起，跨长青街，到与月塘街相交点止。
金谷路：从长青街相交点起，跨湘阳街，到与月塘街相交点止。
春园路：从贤童街相交点起，跨乐坪大道，到与秀石街相交点止。
书院路：从长青街相交点起，到与涟滨街相交点止。
旁冲路：从甘桂北路相交点起，到与桑塘路相交点止。

太和路：从涟水河边起，跨娄涟高等级公路，到与群乐街相交点止。
西坪路：从涟水河边起，跨娄涟高等级公路，到与群乐街相交点止。
铁炉冲路：从涟水河边起，跨娄涟高等级公路，到与群乐街相交点止。
石冲路：从大汉大道相交点起，到与仙桥街相交点止。
福岭路：从仙桥街相交点起，到与洪冠街相交点止。
洪洲路：从甘桂北路相交点起，到娄扦铁路处止。
柳青路：从待定的“古溪街”大河坝处起，到与蒋大街相交点止。
高溪路：从涟滨街相交点起，到与蒋大街相交点止。
百花路：从待定的“古溪街”相交点起，到与蒋大街相交点止。
清潭路：从娄底火车站起，到涟水河边止。
春檀路：从新科街相交点起，到与贤童街相交点止。
碧溪路：从甘桂北路相交点起，到与洪冠街相交点止。
石马路：从长青街相交点起，到与湘阳街相交点止。
栗山路：从老火车站起，到与涟滨街相交点止。
檀香路：从长青街相交点起，跨月塘街，到与秀石街相交点止。
丽春路：从桃圃街相交点起，跨乐坪大道，到与长青街相交点止。
乐花路：从贤童街相交点起，到与乐坪大道相交点止。
桔园路：从钢城街相交点起，到与碧溪路相交点止。
双园路：从娄涟高等级公路相交点起，到双园社区止。
干塘路：从钢城街相交点起，到涟钢冰厂止。
关家脑路：从民营市场起，到与乐坪大道相交点止。
曹家坨路：从曹家扶山起，到涟滨街相交点止。
观音冲路：从娄星南路相交点起，到与涟滨街相交点止。
花山东路：从枫树组起，到与涟滨街相交点止。
铁西路：从娄星桥起，到与涟滨街相交点止。
甘桂南路：从神童湾大桥南端起，跨乐坪大道，到与湘中大道相交点止。
甘桂北路：从神童湾大桥北端起（包括原钢城北路），到与娄涟高等级公路相交点止。
吉星南路：从涟水河南边起，跨湘阳街，到与湘中大道相交点止。
吉星北路：从涟水河北边起，跨娄星高等级公路，到太和工业园区止。
神童路：从涟钢大桥西端起，北至涟钢北大桥，到南边的炼钢站止。
景屏路：从西贸街相交点起，到与长青街相交点止。
万富路：从乐坪大道相交点起，跨长青街，到与娄星南路相交点止。
花庙路：从甘桂北路相交点起，到娄底五中止。
东山路：从娄星北路相交点起，到与凤阳街相交点止。
白屋路：从新科街相交点起，到与乐坪大道相交点止。

三、巷的名称（共16条）

白竹巷：从娄星北路相交点起，到与桑塘路相交点止。
广泉巷：从湘阳街相交点起，到与氐星路相交点止。
聂家巷：从长青街相交点起，到湘黔铁路处止。
塘角巷：从长青街相交点起，到湘黔铁路处止。
塘华巷：从待定的“塘头街”相交点起，到与乐坪大道相交点止。

湘豪巷：从新星北路相交点起，到1810公路处的湘豪气体充装站止。
湘潇巷：从新星北路相交点起，到1810公路处的娄底液化气站止。
月秀巷：从待定的“星花街”相交点起，到与月塘街相交点止。
金石巷：从月塘街相交点起，到与湘阳街相交点止。
王家巷：从湘阳街相交点起，到与长青街相交点止。
明珠巷：从春园路相交点起，到与明珠步行街相交点止。
将军台巷：从湘煤机厂起，到清潭学校止。
山塘巷：从长青街相交点起，到与青春路相交点止。
福兴巷：从湘阳街相交点起，到与氐星路相交点止。
赞山巷：从桔园路相交点起，到碧溪村止。
何家巷：从新星南路相交点起，到职业技术学院止。

四、部分公共地域名称（共13处）

娄星广场：位于乐坪大道和氐星路交会的西北处。
青山公园：位于涟钢中部，钢城街南边，靠近涟钢体育馆。
月琴山公园：位于桑塘街涟钢一小大门旁边。
太和公园：位于市经济技术开发区内。
石马公园：位于湘阳街、新星南路、月塘街、春园路会合处。
株山公园：位于乐坪大道东端，新星南路东边。
春园公园：位于长青街中段南边。
娄底大桥：坐落在涟水河上，连接娄星南路和娄星北路。
神童湾大桥：坐落在涟水河上，连接甘桂南路和甘桂北路。
江龙滩大桥：坐落在涟水河上，连接湘阳街东西方向。
梅子湾大桥：坐落在涟水河上，连接新星北路和新星南路。
涟钢大桥：坐落在涟水河上，连接神童路和甘桂北路。
涟钢北大桥：坐落在涟水河上，连接神童路和甘桂北路。

娄底市人民政府
关于娄底中心城区第三批街道命名的公告

（2012年10月24日）

根据国务院《地名管理条例》《湖南省地名管理办法》和《娄底市地名管理实施细则》的规定，《娄底中心城区第三批街道命名方案》经广泛征求意见、反复论证，已形成共识，同意以下38条街道正式命名，现予以公告。今后，机关、部队、团体、企业、事业单位的公告、文件、证件、影视、商标、广告、牌匾、地图以及出版物等方面所使用的地名，均应以正式公告的标准地名为准。

华星路：北起秀石街东部中间位置，往南穿过月塘街、湘阳街、长青街、乐坪大道，至孙水河边止的街道（规划部门暂用名“众园路”）。

建设街：西起氐星路与新星南路相交点，东至吉星南路止的街道（规划部门暂用名“建设路”）。

福星路：株山公园南面中间位置起，往西南方向修建，至市建设局新址止的街道（市城建投暂用名“新圆路”）。

学院路：贤童街与娄星南路相交点起，往南穿过新科街，至桃圃街止的街道（规划部门暂用名

“竹山路”）。

月子街：西起丽春路中间位置，东至扶青路的街道（规划部门暂用名“月子街”）。

和森路：北起涟钢厂区西部附近的娄涟公路，往南穿过涟滨街、早元街、湘中大道，至娄新高速附近止的街道（规划部门暂用名“高丰路”）。

娄涟大道：位于涟水河以北，娄涟公路在市城区的路段（规划部门暂用名“工业大道”）。

红旗街：位于涟水河南，与涟滨街平行，从清潭路北端起至新星南路止的街道（市城建投暂用名“红旗路”）。

娄底大道：北起氐星路与新星南路交会处，南至潭邵高速娄底收费站的街道（即潭邵高速连接线）。

体育路：位于新体育馆西侧、吉星南路东侧，与吉星南路平行且相邻，北起秀石街，南至月塘街的街道。

香泉湾街：位于仙女寨、尖山寨南面，依山而建的弓形街道（规划部门暂用名“香泉湾路”）。

迎宾街：位于拟命名为“香泉湾街”的街南面，西起娄星南路，东至潭邵高速连接线的街道（规划部门暂用名“高铁街”）。

龙井街：位于市规划部门暂用名“高铁街”的街南面，与之平行且相邻，横穿娄星南路、潭邵高速连接线的街道（规划部门暂用名“龙井街”）。

万宝路：位于潭邵高速连接线东侧，与之基本平行，北起拟命名为“香泉湾街”的街道东部中间位置，南至娄新高速附近的街道（规划部门暂用名“万宝大道”）。

仙女街：位于拟命名为“龙井街”的街南面，与之相邻平行，横穿娄星南路、潭邵高速连接线和万宝路的街道（规划部门暂用名“仙女大道”的街道）。

国藩街：位于拟命名为“仙女街”的街南面，与之基本平行且相邻，跨娄星南路、潭邵高速连接线、万宝路的街道（规划部门暂用名“国藩大道”）。

龙山街：位于拟命名为“国藩街”的街南面，与之基本平行且相邻，横穿娄星南路、潭邵高速连接线、万宝路的街道（规划部门暂用名“五湖街”）。

同辉街：位于拟命名为“龙山街”的街南面，与之基本平行，横穿潭邵高速连接线，万宝路的街道（规划部门暂用名“四海街”）。

南环路：位于拟命名为“同辉街”的街南面，与之相邻，跨“高丰路”（规划部门暂用名）、甘桂南路、娄星南路、潭邵高速连接线、万宝路的环形街道（规划部门暂用名“南二环路”）。

幸福路：位于潭邵高速连接线东侧、万宝路西侧，与万宝路基本平行且相邻，北起拟命名为“国藩街”的街道中间位置，南至永昌河边止的街道（规划部门暂用名“石琳路”）。

松山街：位于拟命名为“南环路”的街道南面，横穿娄星南路、潭邵高速连接线、万宝路的街道（规划部门暂用名“松山街”）。

霞仙街：位于拟命名为“松山街”的街南面，与之基本平行，横穿娄星南路、潭邵高速连接线、万宝路的街道（规划部门暂用名“石鼓街”）。

春溪街：位于市规划部门暂用名“石鼓街”的街南面，与之基本平行且相邻，横穿娄星南路、潭邵高速连接线、万宝路的街道（规划部门暂用名“春溪街”）。

富厚街：位于湘中大道南面、甘桂南路西面，与湘中大道平行且相邻，东至甘桂南路，西至洛湛铁路附近的街道（规划部门暂用名“镇堂街”）。

百宝街：位于拟命名为“富厚街”的街南面，与之平行且相邻的街道（规划部门暂用名“百宝街”）。

波月街：位于拟命名为“百宝街”的街南面，与之平行且相邻的街道（规划部门暂用名“桃树街”）。

香樟街：位于拟命名为“波月街”的街南面，与之平行且相邻的街道（规划部门暂用名“圳勘街”）。

静安街：位于拟命名为“香樟街”的街南面，与之相邻且大致平行，东接市规划部门暂用名“众园路”，西至洛湛铁路以西的街道（规划部门暂用名“新林街”）。

民生路：位于湘中大道以南、甘桂南路以西，与甘桂南路相邻且大致平行的街道（规划部门暂用名“斗牛路”）。

湄江路：位于拟命名为“民生路”的街道西侧，与之相邻且基本平行的街道（规划部门暂用名“星驰路”）。

天华路：位于拟命名为“湄江路”的街道西侧，与之相邻且基本平行的街道（规划部门暂用名“竹林路”）。

新农路：位于拟命名为“天华路”的街道西侧，与之相邻且基本平行的街道（规划部门暂用名“醒农路”）。

大石山路：位于拟命名为“新农路”的街道西侧，与之相邻且基本平行的街道（规划部门暂用名“大石山路”）。

紫鹊界路：位于拟命名为“和森路”的街道西侧，与之相邻且基本平行的街道（规划部门暂用名“大井路”）。

永康街：位于湘中大道北面，与湘中大道平行且相邻，西起市规划部门暂用名“高丰路”，东至拟命名为“大石山路”的街道（规划部门暂用名“畔山街”）。

富园街：位于拟命名为“永康街”的街道北面，与之平行且相邻的街道（规划部门暂用名“富园街”）。

勤丰路：位于太和路东侧，与太和路基本平行，北起群乐街，西至涟水河北岸的街道（规划部门暂用名“勤丰路”）。

食府街：位于大汉大道东段北面，与大汉大道基本平行且相邻，西起新星北路旁仙人桥学校入口，东至勤丰路的街道（规划部门暂用名“食府街”）。

娄底中心城区第四批街道命名的公告

根据国务院《地名管理条例》《湖南省地名管理办法》和《娄底市地名管理实施细则》的规定，《娄底中心城区第四批街道命名方案》经广泛征求意见、反复论证，已形成共识，市政府同意以下37条街道、2座桥梁正式命名和2条街道更名，现予以公告。今后，机关、部队、团体、企业、事业单位的公告、文件、证件、影视、商标、广告、牌匾、地图以及出版物等方面所使用的地名，均应以正式公告的标准地名为准。

勤政街：位于湘中大道北侧，与湘中大道平行，东起娄底大道北端，西至市府大院，经过市政务服务中心门前的街道（长1100米、宽20米）。

人和街：西起市府大院东侧，跨娄星南路经大科派出所、娄星区卫生局，北至早元街东段91号门店的道路（长850米、宽32米）。

和平街：与湘中大道平行，西起甘桂南路，东至扶青路的道路（处于青峰集团与市人防办中间，长1000米，规划部门暂用名“富华街”的道路）。

三元街：东起扶青路（市地税局南边），往西与甘桂路相交的道路（长1000米，规划暂用名“三元街”的道路）。

长宁街：位于星星实验学校后面，与早元街平行相邻，东与扶青路相交，西与甘桂路相交的街道（长1000米，规划部门暂用名“长宁街”的街道）。

富元路：南起三元大市场南边变电站旁的垃圾处理站，北至早元街的道路（星星实验学校东侧，长约600米，规划部门暂用名“康富路”的道路）。

黄泥路：北起早元街东段109号门店西侧的路口，往南与湘中大道相交，经市城管局西头至孙水河边止的道路（规划部门暂用名“黄泥路”的道路，长1300米）。

思源路：位于市审计局东侧，北起市一水厂，南与湘中大道相交至孙水河的道路（长1000米）。

枫树路：西起涟滨街，往东经书院路与花山西街相交处（属山塘社区地界）至铁路边的道路（规划暂用名“思塘路”的道路）。

环府路：从市政府大门西侧起，环市政府至市府大院大门东侧止。（长1600米）。

平安路：北起早元街东段207号门店东侧的路口，往南经娄底市交通局新家属楼西侧至孙水河边止的道路。

文艺路：位于体育中心东侧，北起涟水河，南至长青街的路段（规划部门暂用名“文艺路”的路段，原为华星路的一段路，因城市道路整体规划调整需更名）。

华星路：“迎春路”与“华星路”规划将连成一条路，合并为“华星路”。

花山东路：从枫树组（花山东路与花山西街交界处）起往东南方向延至铁路边的道路（与花山东路相连、规划部门暂用名“理工路”的道路，长200米、宽12米），与“花山东路”合并为“花山东路”。

百果巷：处于涟滨街南侧的娄底湘中果品批发市场内，从市场门口往东至新星南路的道路（宽12米）。

沿铁巷：位于涟滨街南侧，与涟滨街平行，沿铁路东起新星南路，西与铁西路相交的道路（长2500米、宽12米）。

兴铁巷：从铁西居委会办公楼西侧起至铁路工务段围墙东面的道路（规划部门暂用名“花山街”的道路）。

工务巷：铁路俱乐部东侧往南300米再往西经工务段家属区与铁西路相交点止的道路（长500米、宽12米）。

福安巷：东与栗山路靠铁路边相交，往西至第二人民医院（长1000米、宽13米）。

吉安巷：从涟滨街北侧高压线柱10千伏檀沿线054号 / 仙沿线049号（两号一线柱）为起点，往北至红旗街的道路（长200米、宽18米）。

齐乐巷：北起红旗街，东面与将军台巷相邻且平行，南至涟滨街北侧高压线柱10千伏檀沿线063号线柱西侧10米的道路（长300米、宽18米）。

广源巷：南起涟滨街北侧高压线柱10千伏檀沿线070+P号线柱、仙沿线065+P号线柱（双柱+变压器），北至红旗街的道路。

汗头冲巷：位于观化市场南侧，北起书院路，往南至铁路边的道路（长300米、宽10米）。

云隐山巷：从二小西侧围墙边入口至观化社区（居民颜兵光家前）的道路。

波斗巷：从七中东侧观化六组“东明肉联茶亭子屠宰场”起至山塘居委会波斗组铁路边的道路（宽6米，可命名为巷）。

庆余堂巷：与扶青路平行，北起早元街（星星实验学校西头），南至变电站的路（长约600米，路不宽可命名为巷）。

祥和巷：与湘中大道平行，从市政府西边起，西端正对市人防办的街道（长400米，路不宽可命名为巷）。

泰和巷：与湘中大道平行，从市政府西边起，西端对着市人防办北边的街道（长400米，路不宽可命名为巷）。

惠民巷：位于娄涟大道北侧二八〇移民区内，南起娄涟大道，路东墙面标有“朝阳轮胎”字样，往北至二八〇移民区最北端的路（长400米）。

谭家山巷：从甘桂北路的南距甘桂北路与碧溪路交会处50米的位置起，往西北方向修建的道路

（长800米、宽12米，可命名为巷）。

山岩里巷：位于甘桂北路东侧，从“福利企业公司”标牌处和双菱饮食分公司北侧起往正北方向修建的道路。

三角坪巷：从甘桂北路三角坪起至娄底七小止的道路（长400米、宽14米）。

将军台巷：北起红旗街、往南经涟滨街与将军台巷相接的巷，（长200米、宽18米）与将军台巷合并为“将军台巷”。

助民巷：从娄底市交警支队、娄底市救助管理站门前经过的路。

福泉巷：西起市府大院东侧，东至市一水厂的道路（长350米、宽16米）。

爱卫巷：北起早元街东段81号门店东侧的路口，往西南至娄星区卫生局南端的道路（长300米）。

中兴桥：处于东贸街路段，跨娄底三中的桥。

吉星大桥：跨涟水河，连接吉星南路与吉星北路的大桥（规划部门暂用名“娄底三大桥”）。

娄商大道：娄长高速娄北连接线。

新星南路：原“娄底大道”更名。

高丰路：原“和森路”更名。

娄底市地名委员会

2013年12月20日

娄底中心城区第五批街道、桥梁和广场命（更）名的通告

根据国务院《地名管理条例》和民政部《地名管理条例实施细则》的规定，《娄底中心城区第五批街道命名方案》经广泛征求意见、反复论证，已形成共识，市政府同意以下25条街道、5座桥梁、1座广场正式命名和3条街道更名，现予以通告。今后，机关、部队、团体、企业、事业单位的公告、文件、证件、影视、商标、广告、牌匾、地图以及出版物等方面所使用的地名，均应以正式公告的标准地名为准。

一、街道

新坪街：将位于娄涟大道北面，且与之平行，西起桑塘路，东与新坪街贯通，规划部门暂用名“卧龙街”的街道，与已命名的新坪街合并，命名新坪街。

株东街：位于乐坪大道以南，与之相邻，西起吉星南路，往东跨华星路。

株山街：北邻株山公园，西起新星南路，往东跨华星路。

环保街：位于建设街北面，北临市环保局（新址），西起新星南路，东至吉星南路。

金融街：位于环保街北面，西起新星南路，东至吉星南路。

向阳街：位于环保街南面，与之相邻且基本平行，西起新星南路，东至吉星南路。

孙水北街：位于孙水河以北，沿孙水河，西起扶青路，东至第二污水处理厂。

孙水南街：位于孙水河以南，沿孙水河，西起扶青路，东至华星路。

南垅路：北接吉星南路，南接株山街，位于南垅社区内。

清水塘巷：东邻金和巷且与之基本平行，规划暂用名“清水路”的街道。

同仁巷：跨清水塘巷和金和巷，与吉星南路相交。

江溪路：位于静安街南面与静安街相邻且基本平行，西起甘桂南路，跨娄星南路、新星南路，东至孙水河边。

小冲巷：位于娄星南路西侧，与之相邻且基本平行，北起静安街，南至江溪路。

慕芳巷：位于娄星南路东侧，与之相邻且基本平行，北起静安街，南至江溪路。

石埠路：位于小冲巷的西侧，与之相邻且基本平行，北起静安街，南至江溪路。

太山路：位于新星南路西侧，与之相邻，北接娄星南路，南至仙女街。

学子巷：位于娄底一中城南校区东侧，南起静安街，北至太山路。

白泥塘巷：南起乐坪大道娄底市人社局东侧，北至中兴桥东桥头。

创业一路：南起娄涟大道至娄底中小企业创业（创新）孵化园北端，西与吉星路平行，长1570米、宽24米。

创业二路：南起娄涟大道至娄底中小企业创业（创新）孵化园北端，西与复兴路平行，长1570米、宽42米。

创业三路：南起娄涟大道至娄底中小企业创业（创新）孵化园北端，东与华星路平行，长1570米、宽24米。

创业四路：南起娄涟大道至娄底中小企业创业（创新）孵化园北端，西与华星路平行，长1570米、宽24米。

创新一街：待建东环线交叉处至娄底中小企业创业（创新）孵化园西端，南与娄涟大道平行，设计长3062米、宽24米（已建成2062米）。

创新二街：待建东环线交叉处至娄底中小企业创业（创新）孵化园西端，北与群乐街平行，设计长3060米、宽24米（已建成2060米）。

创新三街：待建“耀春路”（规划暂用名）交叉处至娄底中小企业创业（创新）孵化园西端，南与群乐街平行，设计长3080米、宽24米（已建成2080米）。

二、桥梁

桃子湾桥：跨孙水河，连接新星南路。

富冲大桥：跨孙水河，连接娄星南路。

龙井湾桥：跨孙水河，连接扶青路，待建。

石埠桥：跨孙水河，连接静安街，临近甘桂南路与静安街相交处。

思乐洲桥：位于思乐村境内，桥址为思乐洲，跨孙水河，连接华星路，待建。

三、广场

高铁站广场：位于新星南路以西，娄星南路以东，万宝大道以南，沪昆高铁娄底南站站房以北区域，广场面积6万平方米，总用地面积177.84亩。

四、街道更名

金和巷：位于吉星南路西侧，与之相邻且平行，北起株山街，与已命名的福星路贯通，现一并命名为金和巷，“福星”名称保留另用。

金星路：原甘桂路更名为金星路。甘桂路分南、北两段。甘桂南路更名为金星南路：从神童湾大桥南端起，跨乐坪大道、湘中大道，暂延伸至与静安街相交点止；甘桂北路更名为金星北路：从神童湾大桥北端起（包括原钢城北路），跨娄涟高等级公路向北延伸，途经涟钢。

福星路：原扶青路更名为福星路。北起长青街，向南跨乐坪大道、湘中大道，规划将跨孙水河继续南延。

娄底市地名委员会

2017年3月28日

第二篇

自然环境

第一章 地 质

第一节 地 层

境内地层发育齐全，出露完整，从元古界到新生界均有展布。其中以上古生界至中生界下三迭统地层分布最广，约占总面积的64%。元古界及下古生界浅变质岩系，主要分布于境内之四周边部的大熊山、古台山、天龙山、大乘山、龙山、猪婆山、紫云山以及九峰山一带，约占总面积的19%。中生界多零星分布各县（市、区），新生界第四系地层（主要呈漫滩、阶地形式）作带状分布，两者占总面积的12%。

2017年娄底市地层系统情况表

表2-1

年代地层单位				岩石地层单位		地层厚度（米）	主要岩性	沉积矿产
界	系	统	阶	群组段				
新生界	第四系	全新统		漫滩堆积		7~10	灰黄色粉砂土、黏土质砂土、松散沙砾层	沙金、沙锡等砂矿
		更新统		阶地堆积		15~45	每阶段地均具二元结构：下部为河床相砾石层，上部为河漫滩相网纹黏土	—
中生界	白垩系	上统		戴家坪组	上段	80~276.3	紫红色巨厚至块状含砾钙质砂岩、含砾泥质粉砂岩夹砂砾岩透镜状	—
					下段	10~100	杂色巨厚至块状石灰岩质砾岩，含砾细砂岩、沙砾岩、含蕨类、裸子、被子植物花粉、轮藻化石	—
	侏罗系	下统		门口山组		100	下部燧石砂岩，灰黑色泥岩、碳质页岩及劣质煤层；上部灰黄色长石质粉砂岩及沙质页岩。含植物化石和瓣鳃化石	劣质煤、黏土矿
	三叠系	上统		三丘田组		128.6~150	下部杂色硅质砂岩、沙砾岩；中部黑色页岩、砂质页岩夹透镜状烟煤1~3层；上部黄灰色页岩、粉砂岩	烟煤、黏土
		下统		嘉陵江组		>261.8	浅灰、灰白色厚层至块状白云岩、白云质灰岩夹钙质页岩、粉砂质页岩、泥灰岩。含瓣鳃化石	白云岩
				大冶组		415.6~833.9	上部为浅灰色泥—粉晶灰岩夹钙质页岩、下部为钙质页岩夹薄层灰岩。含瓣鳃化石及菊石化石	石灰岩
上古生界	二叠系	上统		大隆组		107~180.6	灰黑色厚—薄层灰岩、硅质灰岩夹硅质页岩，双峰县一带夹含锰灰岩、菱锰铁矿层。含菊石化石	菱锰铁矿、石灰岩
				龙潭组		82~458.8	灰黑色砂质页岩、粉砂岩、细砂岩夹黑色页岩、黏土岩及2~5层烟煤。含植物化石	烟煤、黏土
		下统		茅口组	上段	127~630	浅灰—深灰色灰岩，生物屑灰岩，呈厚—巨厚层。含少量燧石团块	石灰岩
					下段	49.2~154.2	灰—灰黑色硅质灰岩，泥晶灰岩。含大量燧石条带或团块，含头足类化石、蜓	—
				小江边组		14~121	深灰色钙质页岩夹薄层泥灰岩及灰岩透镜体、镁质黏土岩	海泡石、镁质黏土

续表2-1

年代地层单位				岩石地层单位		地层厚度（米）	主要岩性	沉积矿产
界	系	统	阶	群组段				
上古生界	二叠系	下统		栖霞组		100~200	黑灰色中厚至巨厚层状灰岩。含燧石团块。有蜓、珊瑚、苔藓虫化石	石灰岩
				黔阳组		14.5~88	深灰色钙质页岩、页岩、泥灰岩、硅质岩、砂岩，局部地段夹煤和劣质煤	黏土
	石炭系	上统		船山组		250~430	灰白~浅灰色厚至块状灰岩，夹白云质灰岩、白云岩	石灰岩
		中统		黄龙组		413~557	灰、灰白色巨厚至块状白云岩，夹少量泥晶灰岩	白云岩、大理石
				壶天群		500	灰色块状白云岩，白云质灰岩、灰岩。溶洞发育。含蜓	白云岩矿
		下统	大塘阶	梓门桥段		72~180	灰、深灰色中至厚层灰岩、夹泥质灰岩、白云岩，上部夹燧石团块，部分地段夹石膏1~7层。含珊瑚、腕足类、海百合茎藻类化石	石膏、石灰岩
				侧水段		63~347	下部灰、灰白色石英砂岩、粉砂岩夹黑色页岩、黏土岩及无烟煤1~9层，上部为粉砂岩、砂质页岩。含菱铁矿结核	无烟煤、菱铁矿、硅石、黏土
				石磴子段		130~247	中、下部为深灰黑色灰岩，顶部夹泥灰岩、页岩，底部一般见一层石英砂岩，含植物化石	石灰岩、大理石
			岩关阶	刘家塘段		141~295	深灰、灰黑色中厚~厚层状泥质灰岩，夹少量石英砂岩和页岩。含腕足类、珊瑚、有孔虫化石	—
				孟公坳段		50~338	深灰色灰岩、白云质灰岩、泥质灰岩夹钙质粉砂岩、砂岩、泥灰岩、局部夹无烟煤1~2层。含海百合茎、苔藓等化石	陶瓷黏土、大理石
				邵东段		76~314	灰黄色细砂岩、粉砂岩、泥灰岩、生物屑灰岩夹钙质页岩，局部夹含铁砂岩、黏土岩，局部夹菱铁矿或赤铁矿1~2层	陶瓷黏土
	泥盆系	上统		锡矿山组	上段	183~260	深灰色灰岩、泥质灰岩夹泥灰岩、砂质页岩、页岩夹1~3层状赤铁矿	赤铁矿、石灰岩
					下段		灰黄色页岩、砂质页岩夹泥灰岩、灰岩。含植物化石，腕足类、层孔虫化石	黏土
				佘田桥组	上段	109~301	泥灰岩、泥质灰岩夹粉砂岩、砂质页岩	—
					下段	136~311	石英砂岩、粉砂岩夹泥灰岩、灰岩、黑色页岩。含瓣鳃、介形虫、珊瑚化石	—
		中统		棋梓桥组	上段	216~511	深灰色厚层灰岩夹白云质灰岩	石灰岩
					下段	7~65	深灰色泥灰岩，页岩泥质灰岩，含珊瑚、腹足、异足类化石	—
				跳马涧组		80~560	灰白色厚层石英砂岩夹石英砂砾岩。上部为紫色砂岩、粉砂岩夹含铁砂岩、下部含腕足类、大量植物化石碎片及鱼类化石	铁、硅石、锰
	志留系	下统		两江河组		1955	黄灰、灰绿色石英细砂岩、粉砂岩夹板状页岩，下部夹少量炭质页岩	水泥砂岩

续表2-1

年代地层单位				岩石地层单位		地层厚度（米）	主要岩性	沉积矿产
界	系	统	阶	群组段				
下古生界	奥陶系	上统		五峰组		10~25	上部为黑色硅质、炭质板状页岩，下部为石英粉砂岩、炭质页岩互层。含笔石化石	—
		中统		烟溪组		13~42	灰黑色薄层硅质岩、炭质页岩夹含锰灰岩、局部夹碳酸锰矿1~3层	碳酸锰矿
		下统		桥亭子组		300~500	上部黄绿、灰绿色板状页岩、纹层状粉砂质板状页岩夹粉砂岩，下部灰黑色板状页岩夹泥灰岩，含笔石化石	—
	寒武系	上统		田家坪组		250~740	上部深灰色钙质板状页岩、泥灰岩夹薄层灰岩；下部深灰色薄层条带状灰岩、泥灰岩夹炭质板状页岩。含三叶虫化石	—
		中统		探溪组		140~250	上部泥灰岩夹薄层灰岩；下部泥灰岩与碳质板状页岩互层。含三叶虫化石	—
		下统		小烟溪组		150~250	灰黑色碳质板状页岩夹炭泥质硅质岩、结核状磷块岩、上部夹灰黑色含泥灰岩。含海绵骨针化石	钒、磷、铀、石煤
上元古生界	前震日系	上统		留茶坡组		20~123	灰、灰黑色中厚层状硅质岩、条带状硅质岩	硅石
				陡山沱组		10~103	灰黑色板岩、碳质硅质板状页岩夹暗灰色白云岩、局部夹锰矿、黄铁矿层	铁、锰
		下统		南沱组		6~400	灰绿色块状泥砾岩、砂砾岩，含砾 13%~40%；冰碛砾石直径为0.3~20 厘米	—
				民乐组		10~25	黑色炭质板状页岩、砂质板状页岩夹深灰色含锰灰岩，含锰白云岩及碳酸锰矿 1~2层	碳酸锰矿
				莲沱组		40~215	灰绿色长石石英砂岩夹多层含砾砂岩、板岩	—
				江口组		300~400	暗绿色含砾板岩、含砾砂岩夹凝灰质板岩，局部地段中、上部夹角砾状玻基玄武岩2~4层	玄武岩
				板溪群	五强溪组	820~1500	灰绿、浅灰色层凝灰岩、凝灰质砂岩、凝灰质板岩夹条带状板岩、砂质板岩。含砾长石石英砂岩	—
					马底驿组	590~2000	上部为灰黑色条带状含碳质板岩、炭质板岩、含炭钙质板岩夹薄层细砂岩；中部为紫红、灰绿色钙质板岩夹透镜状白云岩；下部为长石石英砂岩、凝灰质砂岩、砂质板岩	黏土
				冷家溪群	上组	623	暗灰绿色变质砂岩、砂质板岩互层，下面夹凝灰质砂质板岩	—
					中组	1330	上部为灰绿色砂质板岩、绢云母板岩夹含云母变质砂岩；下部为暗灰绿色含云母变质砂岩夹千枚状绢云母板岩	—
					下组	>700	上部为灰绿色绢云母板岩，下部为灰绿色千枚状绢云母板岩夹变质砂岩	—

第二节　岩浆岩

境内岩浆岩不太发育，其分布面积仅占本市总面积4.5%，有侵入岩和喷出岩。侵入岩受隆起带控制，主要分布于西南部白马山、天龙山及东部的紫云山一带，以深成—中深成相岩基、岩株为主，浅成相岩墙、岩脉次之。岩性多为中酸性—酸性岩。喷出岩仅见于新化县的云溪—高桥一带，产于震旦系下统江口组下部，含砾凝灰质板岩中，共4层，总厚270米左右。

2017年娄底市岩浆岩情况一览表

表2-2

岩浆期	岩体名称	出露面积（平方千米）	产状
燕山期	大坪石英斑岩（双峰荷叶）	<1	岩脉
	金坑冲花岗闪长斑岩—闪长斑岩（双峰铃山有含金、石英脉分布）	<1	岩脉
	集福桥辉绿（玢）岩（双峰城南、侵入上奥陶统地层中）	<1	岩脉
	锡矿山及青山冲煌斑岩（冷水江、涟源北部）	<1	岩脉
	枫城里及梳妆台花岗斑岩、石英斑岩（涟源南部）	>1	岩脉
	紫云山杂岩体内梅龙山石榴石云母花岗岩	>1	岩脉
	癞头山石英二长岩（双峰荷叶）	<1	岩脉
	紫云山杂岩体内的大坪等地白云母花岗岩	<1	小岩株
	九江庙细粒花岗岩（新化文家桥）	<1	岩脉
	雷界电气石黑云母花岗岩	0.50	小岩株
	紫云山岩体内的象形山黑云母—二云母花岗岩	2.50	岩株
	萧峰坳二云母花岗岩体（侵入白马山岩体的二长花岗岩中）	1.00	岩株
印支期	双峰杏子铺花岗斑岩、石英斑岩（附近有锑矿化）	1.00	小岩株
	双峰紫云山杂岩体内的斜长花岗岩—花岗闪长岩—黑云母花岗岩	200.00	岩基
	新化天龙山岩体（为二长花岗岩、花岗闪长岩。石英岩脉发育）	35.00	岩基
加里东期	新化白马山复式岩体（侵入古台山背斜轴部）	176.00	岩基
	新化云溪—高桥火山喷出岩（多属角砾状玻基玄武岩）	1.25	岩床

境内岩浆活动具有多期多次性，每一构造旋回都伴有岩浆活动，但活动方式不尽相同。武陵期、雪峰期主要为海相火山活动，加里东期、印支期、燕山期主要为岩浆侵入活动。

境内较大的花岗岩多为复式岩体。白马山岩体即由加里东期、印支期、燕山期花岗岩类所组成；紫云山岩体也由印支期、燕山期花岗岩类组成。

境内不同期次、不同成因、不同岩性的岩浆岩往往有特定的矿产，在时间、空间和成因上与之相联系。加里东期岩体以富含钨、锡、铅、锌、铜、砷、贫钼、铌、钽等元素为特征，如白马山岩体北东部杨家山一带的钨、锑、金、锡、铜、砷矿点；印支期岩体以富含钨、钼、砷、铅锌、铈族稀土、铌、钽等元素为特征，如天龙山岩体附近的钨、钼、铅锌矿及紫云山岩体中的铌钽矿化；燕山期花岗岩多为小岩株或岩脉，以富含铜、铅、锌等元素为特征，市内广泛分布的中低温热液型铅锌、锑矿床多与本期岩浆活动有关。

第三节 地质构造

一、褶皱构造

境域处于雪峰台拱构造由北北东向北东方向偏转的弧形弯曲处的东南侧，祁阳弧形构造北翼及其向北东伸延的部位，两者在市内西部交接复合，包括整个涟源褶皱束，其西北面为雪峰山边缘弧形褶皱带，南部为白马山—龙山叠隆，东面为歇马—紫云山断隆。市内最主要的构造形迹是向北西突出的弧状或略作弧状分布的褶皱及冲断层等压性结构面，以及与这些挤压面伴生的张性断裂和扭性断裂。东西向的隆起和坳陷在市内亦甚明显，弧形褶皱横跨其上，造成境内复杂多变的构造形迹。

雪峰山边缘加里东褶皱带　雪峰山东南缘震旦系及下古生界地层发育，加里东运动形成强烈褶皱和一系列线状褶皱及断裂。西北角大熊山一带处于该构造单元，包括大熊山复背斜及锯木岭复向斜构造。整体走向北东东，西段略向南弯曲，致使轴线略成一弧形。背斜核部出露板溪群五强溪组，向斜核部由奥陶系和志留系地层组成。两翼地层倾角30°~60°，西翼较陡。复背斜两翼均发育北东—北东东向斜冲断层。

涟源褶皱束　几乎占市内整个地域，是控制市内构造形态的基本构造单元。由中泥盆统至中三迭统地层组成，大致成东西向排列，一系列的短轴褶曲的组合，属祁阳弧的北翼。组成该褶皱束的主要褶皱构造有（由西向东）：芦茅江向斜、老王冲倒转背斜、马鞍山向斜、铁树湾—杉木塘背斜、张家湾向斜、锡矿山背斜、车田江向斜、桥头河向斜、潭溪向斜、恩口—斗笠山倒转复向斜、娄底向斜、洪山殿向斜、团山向斜、温家冲倒转背斜、虎石山向斜等。这些褶皱多为线型，一般向斜较开阔，背斜较紧密，同时向斜多不对称，一般东翼平缓，西翼较陡或倒转，背斜多为规模较大的压性或压扭性断裂所破坏而不完整。由于受东西向构造和弧形构造的影响，以后又受到北北东和北东向构造的叠加，形成区内复杂多变的构造形迹，东西部构造差异较大。冷水江市以西为弧形构造展布地区，褶皱及断裂其南段走向近南北或北北东，往北伸延，其走向渐向东偏转至北东向，呈现向北西突出的弧形，往西有挤压变强烈、弧形弯曲更显著之趋势。冷水江市至娄星区之间，褶皱轴多为北北东和北东向，部分呈“S”形弯曲，如桥头河向斜、恩口—斗笠山“S”形向斜。娄星区东南至双峰县一带，褶皱则多呈近东西向。

白马山—龙山叠隆　由白马山、大乘山、龙山、猪婆山等东西向的穹窿或短轴背斜组成。这些穹窿构造或短轴背斜以前泥盆系地层为核心，以同一步调，有节奏地一起一伏呈东西向排列为特征，其生成的相对时期应早于弧形构造，与弧形构造反接复合，从而形成横跨褶皱。这一东西向隆起带对地层岩相有明显的控制作用，下石炭统侧水组，隆起区的北侧煤系厚度大，含煤性好，是重要的产煤区。沿此隆起带有一系列的花岗岩体分布，特别是西部地区，历次构造运动均有相应的岩浆活动，造成多次侵入的复合岩体，东部有大量脉岩成群分布。

歇马—紫云山断隆　为雪峰运动上升的水下隆起构造域。下古生代地层分布零星，加里东运动及印支运动时造成相应褶皱，局部地段为燕山期断陷盆地，印支期及燕山期酸性岩浆侵入活动频繁。主要褶皱为金坑冲—永福寺复式背斜。该背斜北端在伪山花岗岩体南缘倾伏，南部为白垩系不整合覆盖，核部由冷家溪群和板溪群地层组成，轴面近于直立，走向近南北，两翼地层出现较多的牵引褶曲，并伴随有一组南北向的扭冲断裂带。紫云山岩体即沿其轴部侵入。

二、断裂构造

多期构造运动使市内断裂构造复杂化。但是，断层总体布局明显受江南台隆制约，随着江南台隆弧形弯曲，绝大多数断层为北北东、北东向。境内地面显示多为燕山期活动的断层，以具左旋性质的冲断层为主，其次为逆掩断层、正断层及横断层。

白溪—金凤冲断带　位于境内西部，断裂密集，主要有鹅溪冲断层、鼎新桥斜冲断层、金凤冲断层等，由十余条以上的冲断层组成，走向北东至北东东，断层规模大，单个断层长达50千米以上。本组断裂和与弧形构造成锐角相交的一对扭破裂是花岗斑岩、辉绿岩、闪斜煌斑岩充填的场所，沿断裂带硅化普遍，并伴随有钨、铅锌、锑等矿化现象。

鸡叫岩—新化冲断带　在车田江向斜以西、鸡叫岩至新化一带，主要有厚皮岭—金子山冲断层、游家湾—海东桥断层、鸡叫岩—大岩山冲断层等。一系列冲断层与弧形的线状褶皱相伴出现，这些冲断层也大体作弧状分布，断裂面走向在南段近南北向，往北渐转为北东向。沿断裂带可见挤压破碎及角砾岩，两侧地层有直立倒转现象。

观音洞—王家桥冲断带　位于车田江向斜与桥头河向斜之间，由木瓜田—安平、古塘坪—观音洞、路馆、田湖—洞庭山、杨家—王家桥等规模不等的十余条走向北东的冲断层组成，北起观音桥，往南西经金竹山插入龙山穹窿与大乘山短轴背斜之间，沿断裂带断续可见数米至百余米之挤压直立岩层带及破碎带，主断裂两侧同方向的次一级褶曲和小断裂发育。

涟源—渡头塘冲断带　位于恩口—斗笠山向斜与桥头河向斜之间，由涟源—小碧、拐子坝—野鹤坨、凤形湾—关王桥等数条走向互相平行的冲断层组成，延伸长50千米以上，断裂面略显“S”形弯曲，在蓝田以西渐向南偏转，插入龙山穹窿与大乘山短轴背斜之间，沿断裂带岩层挤压强烈，直立岩层挤压带、破碎带宽达数十米至数百米，且断续见硅化等蚀变现象。

聚福桥—礼湾冲断带　位于娄星向斜及龙山穹窿之东南侧，属区域性灰汤—新宁大断裂带的一部分。在本区域由十余条冲断层组成，密集成带分布，宽达数千米至十余千米，南北延伸切入上古生界和沩山岩体，两旁岩层挤压破碎厉害，在宁乡灰汤有热泉分布。该带重力异常反应明显，卫片影像清晰，为地震震中分布带。

石牛—金坑冲冲断裂带　位于紫云山岩体西侧，为数条近南北向断裂组成的仰冲断裂带。有水平错动擦痕。该断裂带内，断续有基性、中酸性及酸性脉岩充填。

第二章　地　貌

第一节　地貌特色

境内有山地、丘陵、冈地、平原四种地貌，具有山地成片、冈丘交错成串、冈地如波、平地绵展的特点。

一、地貌格局

境内地势西高东低，呈阶梯状倾斜。在大地貌格局中，新化县、冷水江市、涟源市的西南部属湘西山地区，涟源市的中、东部和娄星区、双峰县属湘中丘陵区。属于云贵高原向江浙丘陵递降的过渡带。南起双峰县猪婆山，到涟源市龙山（1513米），再到冷水江市狮子岭（591米）、癞子岭（994米）、锡矿山（825米），北至涟源市参机山、红军寨（893米），将市境分割成东西两大地域。西部山势雄厚，峰岭驰骋，大多为侵蚀、构造、溶蚀地貌，地势险峻，海拔较高；东部地势逐步降低，地形起伏平缓，丘冈延绵、平地宽敞，海拔较低，唯双峰县东部大多为溶蚀堆积的丘冈平地貌。因下古生代印支期和中生代燕山期地壳运动，花岗岩侵入体局部隆起，形成一线九峰山脉（属衡山山系）。

2017年娄底市东西海拔高程对照表

表2-3 单位：米

南部		中部		北部	
地名	高程	地名	高程	地名	高程
天龙山	1140	新化县	173	大熊山／九龙池	1607.7／1622
大乘山	1072	冷水江市	175	癞子岭	994
龙山	1513	涟源市	139	红军寨	893
五脑岭	989	娄底市	120	奇形山	278
猪婆山	680.7	双峰县	86.0	罗练寨	243.0
大胆峰	592	—	—	—	—
江大山	16	—	—	—	—

说明：表中各区域地形的走势为由西向东

二、地貌轮廓

境域西部有新化、禾青盆地。其东部盆缘是金竹山、锡矿山至鹰嘴岩一线中低山地貌；西部及北部盆缘是由雪峰山所围成的弧形屏障，平均海拔在1000米以上，高于1500米的山峰有九龙池等10座；西南部盆缘由雪峰山余脉天龙山、板子山等组成，平均海拔800~1000米，资江在盆地内由南向北蜿蜒流过。

中部北有伏匚、四古至红军寨的中低山灰岩地貌，南有龙山至猪婆山的中山地貌与之对峙，桥头河、娄星、杨家滩盆地，雷峰低山夹在其中，形成涟源、娄星向东敞开的“E”字形地貌。

东部双峰盆地，盆东以九峰山脉为缘，南有花门丘陵群体，北有洪山殿丘陵带，西有山斗灰岩低山，宽敞的龙田、吴湾、杏子平原冈地展布其中。

综观全市地貌形态，北部有九龙池—大熊山—癞子岭—红军寨横亘的雄厚山体，组成以山地为主的地貌。南部有天龙山—大乘山—龙山—五脑岭—猪婆山—江大山并列的山体，同样以山地地貌为主，与北部山体对峙。西部由雪峰山脉封闭。中部地势低凹，堆积平原广布，溶蚀残丘成串，剥蚀冈地如波，以平丘冈地貌为主。从新化县琅塘起，南下横阳、炉观、洋溪、燎原，至冷水江市潘桥、禾青，穿透金竹山鼻梁东折至涟源市荷叶、杨家滩、桥头河，再到娄星区涟滨、西阳、万宝，再转向双峰县洪山、龙田、吴湾、杏子，则呈“S”形带状盆地分布。

第二节 地貌类型

平原　境内平原面积874平方千米，占全市面积的10.8%。主要有涟源市杨家滩平原，面积84.2平方千米，由车田垄、官庄垄和大田垄三部分组成；新化县横阳平原，面积61.1平方千米。其次有新化县洋溪平原、圳上平原，冷水江市禾青平原，涟源市珠梅平原，娄星区杉山平原、西阳平原、涟滨平原，双峰县梓门平原。

冈地　境内冈地面积1449平方千米，占全市面积的17.8%。主要有五里牌冈地，面积50.1平方千米；桥头河冈地，面积67.8平方千米；横阳冈地，面积81平方千米。其次有新化县琅塘，冷水江市白杨，涟源市杨家滩，娄星区杉山、涟滨，双峰县甘棠、荼冲等小片冈地。

丘陵　境内丘陵面积1503平方千米，占全市面积的18.5%。主要分布在新化县中部，涟源市东南部，娄星区北部以及双峰县北部和南部。

山地　境内山地面积4013平方千米，占全市面积的49.4%。分西部雪峰山片，南部雪峰山余脉片，中、北部灰岩中低山片，东部紫云山中低山片。

第三节　山脉特征

雪峰山脉　从新化县西部风车巷入境，蜿蜒140余千米，走向北北东向，经古台山，到大熊山出境，面积1656.7平方千米。此脉属于新华夏系第三隆起带范围，以雪峰山复式背斜为主，构造地貌明显，并有燕山期岩浆侵入，地层以泥盆纪以前变质岩和花岗岩为主。山势雄厚壮观险峻，平均高度1000米以上，最具代表性的是大熊山和古台山。大熊山位于新化县北部，峰峦重叠，山体浑厚，走向北东东向。站在八斗米山峰俯瞰新化县境，群山起伏，尽收眼底。四级剥离面清晰可见，呈阶梯状分布，由北向南呈倾斜面展列于资江河谷。该山西侧的九龙池高1622米，为全境之冠。九龙池汇集九股泉水，传说泉通龙宫，故而得名。大熊山中尚存1200公顷原始次森林，珍稀植物科目种类繁多，虫鸟鱼兽，栖息出没，为湘中地区仅有的生物基因库。大熊山山顶起伏较缓，山腰坡陡谷深，腰坡在40°~70°之间，部分基岩裸露侵蚀强烈，切割深400~700米，且多为“V”形谷，河谷大多由北向南，成梳状排列。古台山（1504米）—风车巷（1585.2米）山脉属雪峰山主脉，在新化县西部拔地而起，雄伟壮观，山体呈北北东向，为新化县河西“屋脊”，盛产黄金等多种金属。天门长丰、横口等地山势尤为险恶，切割深500~1000米。河谷两岸多悬崖峭壁、山谷较平缓，是农业生产的主要用地。山顶峰尖坡陡。

雪峰山余脉　南部天龙山—板子山—龙山属雪峰山东侧余脉，面积181平方千米。山脉横插涟邵盆地，山脊线多为市境边界，平均海拔1000米以上，以龙山最高。它位于涟源市西南部，展布形态呈北东走向的椭圆形，主峰岳坪峰海拔1513.6米，相传山巅有池，池中有鲤，常云雾缭绕，为龙之居地，故而得名。龙山山高坡陡、切割强烈，晴日登龙山高峰，可望方圆数百里，群山环绕，犹波浪起伏，素有“四十八面龙山”之称，蔚为壮观。

中、北部灰岩中山区　此区域山脉由于受祁阳弧构造的影响，走向不一。猴子岭—锡矿山等山脉多为南北向，北部山体多呈北东东向。面积1902.54平方千米。包括新化东部中山区（吉庆、田坪全境以及圳上、白溪、游家、南源的部分乡、村）、冷水江市北部中低山区（矿山、渣渡、梓龙以及中连乡部分村）、涟源市北部中低山区（西起芙蓉乡、东至仙洞乡）。由泥盆系至二迭系石灰岩地层组成。地貌主要特征为山体宽广，有顶部平缓、山缘陡峻的台地，沟深谷窄，切割300~600米。有些低山区冲垅较宽，多为“U”形。在流水侵蚀、溶蚀作用下，地表形态复杂多变，岩溶发育，裸岩垒布，洼地、溶洞、漏斗到处可见。地下暗河发育，但受地势影响，潜水落差大，地表径流不稳定，雨天成洪，雨后溪干，蓄水保水能力差，渗漏严重，提水、取水困难，故夏秋干旱频繁，是有名的干旱区，又兼有洪涝灾害。

东部紫云山　是九峰山脉的延伸，南起九峰山，经象形山、梅龙山至溪口，为南北走向，面积481平方千米。山峦起伏，群峰连绵。有海拔500~600米山峰7座，700米以上山峰5座，花岗岩体把紫云山和黄巢山连接在一起，最高点为仙女殿，海拔818.3米。山体由印支和燕山期三次岩浆侵入隆起，地表切割甚密，冲沟交错，岭坡陡峭，沟谷下切强烈，一般深至50~300米。

第三章　水　文

第一节　河流水系

一、资江水系

境内有资江、湘江两大水系，分水岭在冷水江市和涟源市的交界处，分水界线为岩顶上—富子岭—锡矿山（雷峰岭）。分水岭海拔高度800米左右。东为湘江水系，西为资江水系。资江从新邵县筱溪入境，从南向北，经冷水江市和新化县，入柘溪水库出境。境内流程111.66千米，一级支流26条、二级支流43条、三级支流24条、四级支流7条。其中流域面积100平方千米以上主要支流14条，控制流域面积3992.2平方千米。资江干流水源丰富。冷水江站多年观测资料统计和历史上洪水调查，该段多年平均流量383.6立方米／秒。资江是沿河两岸工农业生产和人民生活的主要水源和市内四季通航的主要河流，水能资源自柘溪水库修建后，新化县河段全部淹没，仅冷水江市浪石滩可建水电站，装机容量3万千瓦。但各支流陡峻，水能资源丰富，可开发利用的资源有6.75万千瓦。

境内资江最大支流大洋江，从隆回县金石桥入境，自西向西北，流经新化县水车、大同、云溪乡，转而向东，过炉观、青山、石新、北渡乡和游家镇，在大洋江村注入资江。全长91千米，流域面积1285平方千米。境内流程83千米。沿途纳入中洲江、石溪、洋溪和汝溪等主要支流。水源丰富，常年长流，河谷陡峻，多年平均流量40.02立方米／秒，是新化县炉观、游家、西河、洋溪、燎原等乡镇工农业生产的主要水源，也是新化县水能资源开发的重点河流，已建大同、双江口、炉观3个水电站，装机容量1.36万千瓦。

资江一级支流油溪，发源于冷水江市盖头山，入车田江水库后，自西向西北，流经新化县车田江、田坪、温塘、茶溪、座石、晨光、吉庆、崇山、半山，转向西南，过东富，在油溪注入资水，全长67千米，流域面积719平方千米。多年平均流量16.84立方米／秒，水流湍急，是新化县资江以东农业生产的主要水源和水能资源开发的主要河流，经省、市、县水利部门的多次查勘规划，装机容量可达2.2万多千瓦，已先后建成铁山坝、建军2处电站，装机容量2250千瓦。

2017年资江娄底市段主要支流情况表

表2-4

支流名称	流域面积(平方千米)				河流长度(千米)		河源地点	河口地点
	流 域	娄底境内						
		小计	冷水江	新 化	全长	区内		
朱溪	0	200	17.55	182.45	40.0	40.0	冷水江市马坳	新化县青峰村
大洋江	1285	1165	0	1165.00	91.0	83.0	隆回县红山	新化县大洋江
中洲江	103	103	0	103.00	17.0	17.0	新化县营界	新化县双江口入大洋江
石溪	211	211	0	211.00	36.0	36.0	新化县古山	新化县黄家湾入大洋江
洋溪	357	224	0	224.00	50.0	33.0	隆回县望山	新化县三江入大洋江
汝溪	135	135	0	135.00	33.0	0	新化县木头界	新化县三江入大洋江
小洋溪	104	104	0	104.00	23.0	23.0	新化县胡家岭	新化县小洋

续表2-4

支流名称	流域面积（平方千米）				河流长度（千米）		河源地点	河口地点
	流 域	娄底境内						
		小计	冷水江	新 化	全长	区内		
油溪	719	719	0	719.00	67.0	67.0	冷水江市盖头山	新化县油溪
白溪	356	0	0	0	43.0	0	安化县姚家岭	新化县白溪
董溪	198	198	0	198.00	35.0	35.0	新化县杉山	新化县双江溪入白溪
沙田溪	113	113	0	113.00	27.8	27.8	新化县马屋坳	新化县柳山桓
渠江	851	521	0	521.00	98.8	38.0	新化县分水界荣亭	安化县渠江口
江东河	185	0	0	0	41.8	0	新化县燕子岩	溆浦县两江入渠江
善溪江	163	163	0	163.00	50.2	50.2	新化县鸡婆冲	溆浦县城坪入渠江

二、涟水水系

湘江一级支流涟水，由新邵县落马江入境，自西向东，流经涟源市、娄星区，在娄星区犁头嘴纳入孙水注入水府庙水库，经双峰县、湘乡市，于湘潭县河口汇入湘江。全长224千米，市内流程85.85千米。沿途纳入流域面积大于10平方千米、河长5千米以上支流89条，控制流域面积3906.14平方千米。其中一级支流21条，二级支流35条，三级支流27条，四级支流6条；其中流域面积大于100平方千米的支流14条。涟水干流四季长流，蓝田至渡头塘的流量，洪水期为200立方米／秒，中水期为7立方米／秒，枯水期为1立方米／秒。娄星区东河段，洪水期最高水位135.1米（黄海），最大洪水流量1480立方米／秒，枯水期最小流量为1.2立方米／秒。涟水是沿河两岸工农业生产和人民生活的主要水源，也是境内东部主要河道和水府庙水库的主要水源。可开发利用的水能资源4.7万千瓦。

涟水支流湄水，发源于安化县高明乡，自北向南，流经涟源市伏口镇、湄江镇，纳西来的湄塘河，经桥头河镇，至渡头塘镇汇入涟水。

涟水最大支流侧水，从双峰县青树坪镇钟旺村入境，经侧石桥、湄水桥、永丰镇、弯头、街埠头，于杏子铺的江口汇入涟水。市内流程65.2千米，沿途纳入深江、石牛、四安埠、金溪等主要支流。流域内溪谷平原广布，面积达1538.7平方千米。侧水不易断流，多年平均流量28.19立方米／秒，是双峰县工农业生产用水的主要水源和水运、养鱼、水能资源开发的主要河道。

涟水主要支流孙水，从涟源市白马镇郁溪村入境，注入白马水库后，自西南向东，流经涟源市白马、枫坪、杨家滩和娄星区水洞底、百亩、万宝、大科等乡镇，过湘乡市毛田乡，进娄星区大埠桥街道，在犁头嘴注入涟水。境内流程49.3千米，沿途纳入大小支流14条，流域面积672平方千米。常年水流不断，是沿河两岸工农业生产和人民生活用水主要水源。

湘江一级支流涓水，发源于双峰县井字镇黄巢山东麓，流经境内井字、荷叶等乡镇，沿途纳入支流7条（流域面积大于10平方千米的4条），从东流入衡山县，于湘潭县小对河入湘江。境内流程17.8千米，控制流域面积220.19平方千米，多年平均流量3.99立方米／秒。涓水支流坡陡水急，流域内大都为花岗岩区，水土流失严重，水入平原，流势平缓，淤沙堆积，河床高于两岸田垄，降雨后易成洪涝，干旱时水成潜流，不利灌溉。经水土流失综合治理后，水土流失有所减少，河道淤塞逐年好转。

流经娄底城区的涟水河（2019年8月摄）

第二节 水文站建设

1990年前，境内资江水系先后建有渣洋滩、邹家滩（新化油溪河）、金滩（新化大洋江）等水文站。涟水水系建有娄底、双峰（侧水）、涟源等水文站。2006年，运行49年的娄底水文站整体迁至娄星区一大桥下游200米处的左岸新设娄底（二）水文站。2010年1月，冷水江水文站整体迁至布溪办事处布溪社区新设冷水江（二）站。

2011年，根据省水利厅、省气象局、省防汛抗旱指挥部要求，水利、气象部门所辖的水位、雨量观测站（点）移交省水文局统一管理、维修保养，实时水情信息统一归集至省防汛抗旱办公室信息平台。2012年，娄底市水文局接收娄底境内各县（市、区）、市防办移交的山洪预警站（点）141个。按区域分：娄星区12个、涟源市41个、双峰县25个、冷水江市30个、新化县33个。按职能分：降水站49个、水位站45个、降水水位合用站38个、视频站3个、图片站6个。2012—2015年，分批建成投入运行的中小河流水文（位）站14处，雨量观测站（点）49站处。2015年起，娄底市水文局全权负责全市境内山洪预警站（点）的维护保养与设施更换等工作，确保数据采集、传输等及时报送各级防办，为防汛抢险提供技术保障。

第三节 河流水文特征

一、水位

境内主要河流最高水位发生在每年汛期的5—7月，最低水位出现于每年枯水期的1—2月或12月。1990年，涟水最高水位101.75米，最低水位95.56米。侧水最高水位76.08米，最低水位71.74米。资江最高水位173.38米，最低水位165.99米。1996年，资江最高水位184.29米，是水位（1990—2017年）出现最高的一年。2003年，涟水最低水位96.15米，2013年，侧水水位最低71.50米。2015年，资江最低水位165.72米，是水位（1990—2017年）出现最低的一年。2017年，涟水最高水位104.87米，是水位（1990—2017年）出现最高的一年，最低水位96.55米。侧水最高水位75.80米，最低71.57米。资江最高水位178.36米，最低165.85米。

1990—2017年娄底市主要河流水位情况表

表2-5　　　　单位：米

年份	资　江		涟　水		侧　水	
	年最高	年最低	年最高	年最低	年最高	年最低
1990	173.38	165.99	101.75	95.56	76.08	71.74
1991	174.57	166.21	98.93	95.57	75.10	71.72
1992	174.83	166.05	100.74	95.69	75.36	71.77
1993	174.64	166.23	100.55	96.46	75.82	71.77
1994	177.11	166.50	100.57	96.40	76.85	71.88
1995	175.29	166.18	100.20	96.10	77.03	71.63
1996	184.29	166.13	100.91	96.33	76.82	71.71
1997	172.83	166.28	99.59	96.32	77.50	71.81
1998	177.27	166.18	101.45	96.64	76.86	71.66
1999	175.15	166.08	99.24	95.83	76.19	71.72
2000	173.77	166.37	99.03	96.42	75.56	71.75
2001	175.75	166.36	100.21	96.32	76.96	71.69
2002	178.28	166.30	100.64	95.97	77.52	71.74
2003	176.87	166.05	99.33	96.15	76.52	71.58
2004	174.69	166.16	100.62	96.16	75.68	71.62
2005	174.40	166.20	102.26	96.23	76.21	71.64
2006	174.94	166.36	100.25	96.48	75.62	71.72
2007	174.85	166.47	95.28	91.79	74.18	71.65
2008	175.50	171.50	94.57	91.79	74.68	71.57
2009	175.49	173.99	94.47	91.76	77.56	71.46
2010	174.54	165.74	97.46	91.69	77.50	71.53
2011	172.41	165.85	97.26	91.75	77.57	71.51
2012	172.28	166.01	95.12	91.80	74.22	71.50
2013	170.88	165.73	94.57	91.68	74.54	71.50
2014	174.60	165.82	99.96	96.56	76.03	71.58
2015	172.68	165.72	101.12	96.60	74.94	71.66
2016	173.92	165.83	101.19	96.61	77.30	71.70
2017	178.36	165.85	104.87	96.55	75.80	71.57

说明：1.娄底2007—2013年为娄底（二）站水位数据；2.冷水江2010—2017年为冷水江（二）站水位数据；3.水位数据均为黄海基面以上米数

二、流量

1990年，涟水年均流量41.3立方米／秒，侧水年均流量33.7立方米／秒，资江年均流量408立方米／秒。1994年，涟水年均流量51.8立方米／秒。侧水年均流量49.9立方米／秒，资江年均流量705立方米／秒，是年均流量（1990—2017年）出现最大的一年。2011年，涟水年均流量24.3立方米／秒，侧水年均流量16.6立方米／秒，资江年均流量219立方米／秒，是年均流量（1990—2017年）出现最小的一年。2017年，涟水年均流量39.3立方米／秒，侧水年均流量27.7立方米／秒，资江年均流量400立方米／秒。

1990—2017年娄底市主要河流流量情况表

表2-6 单位：立方米／秒

年份	资江			涟水			侧水		
	年最大流量	年最小流量	年均流量	年最大流量	年最小流量	年均流量	年最大流量	年最小流量	年均流量
1990	3670	37.2	408	1750	1.36	41.3	803	0.70	33.7
1991	4560	56.8	409	497	1.36	32.7	547	0.60	28.1
1992	4770	42.3	418	1310	1.36	38.7	591	0.95	30.2
1993	4370	60.9	430	1200	1.72	35.9	693	1.68	29.8
1994	6280	97.4	705	1150	1.70	51.8	1100	1.36	49.9
1995	4940	46.6	353	1030	1.60	37.1	1010	0.69	27.6
1996	11000	42.0	427	1380	1.74	33.6	1010	0.86	29.8
1997	3020	59.2	500	756	1.69	33.5	1250	1.64	37.1
1998	6380	46.3	492	1620	2.48	50.2	987	0.78	36.3
1999	4690	35.7	395	631	1.60	32.6	769	0.95	26.1
2000	3810	71.0	402	552	1.76	28.2	611	1.59	29.2
2001	5160	69.5	376	1050	1.65	34.9	980	1.60	29.7
2002	6440	61.0	544	1140	1.57	44.8	1240	2.04	44.3
2003	6130	38.8	377	671	1.37	30.7	900	0.59	27.9
2004	4030	50.2	323	1240	1.37	27.2	682	0.86	19.9
2005	3930	53.0	381	2000	1.39	39.3	815	1.03	37.4
2006	4170	67.5	429	1070	1.53	39.7	664	2.50	35.6
2007	3160	31.0	243	797	5.26	32.0	260	2.15	20.5
2008	3940	31.0	310	559	3.50	30.0	408	1.50	23.8
2009	3380	57.0	369	550	2.70	30.0	1260	1.02	28.4
2010	4810	60.0	383	1500	2.10	43.9	1230	0.98	36.9

续表2-6

年份	资江			涟水			侧水		
	年最大流量	年最小流量	年均流量	年最大流量	年最小流量	年均流量	年最大流量	年最小流量	年均流量
2011	3130	46.0	219	1510	3.25	24.3	1260	1.56	16.6
2012	3170	54.0	398	776	2.90	25.3	315	1.50	29.5
2013	2300	47.8	332	426	2.44	25.9	391	0.44	21.5
2014	5360	46.0	405	953	1.92	36.9	772	1.20	33.9
2015	3630	44.0	433	1480	0.90	45.2	441	2.29	32.4
2016	4590	45.8	427	1490	1.00	47.2	1210	3.65	38.6
2017	8170	36.6	400	3240	0.85	39.3	730	0.80	27.7

三、泥沙

1990年，资江悬移质泥沙年输沙量159万吨，年均输沙率50.5千克／秒。1996年，资江悬移质泥沙年输沙量304万吨，年均输沙率96.5千克／秒，是1990—2017年输沙量最多、年均输沙率最高的一年。2013年，资江悬移质泥沙年输沙量46万吨，年均输沙率14.6千克／秒，是1990—2017年输沙量最少、年均输沙率最低的一年。2017年，资江悬移质泥沙年输沙量462万吨，年均输沙率147千克／秒。

1990—2017年资江年输沙率、年输沙量情况表

表2-7

年份	年均输沙率（千克／秒）	年输沙量（万吨）	年份	年均输沙率（千克／秒）	年输沙量（万吨）
1990	50.5	159	2004	30.0	95
1991	41.0	129	2005	48.8	154
1992	59.6	188	2006	45.1	142
1993	45.3	143	2007	16.3	51
1994	153.0	483	2008	17.2	54
1995	65.0	205	2009	20.6	65
1996	96.5	304	2010	43.4	137
1997	36.1	114	2011	14.9	47
1998	81.5	257	2012	21.8	69
1999	44.3	140	2013	14.6	46
2000	26.7	84	2014	74.7	236
2001	53.0	167	2015	49.1	155
2002	69.1	218	2016	56.1	177
2003	33.2	105	2017	147.0	462

第四章 气 候

第一节 气候特征

娄底属中亚热带季风湿润气候区，距海洋700多千米，既具季风性，又兼具大陆性。其基本特征为气候温暖，四季分明，夏季酷热，冬季寒冷，秋季凉爽，春末夏初多雨，盛夏秋初多旱，积温较多，生长期长，气候类型多样，立体变化明显。年平均气温16.5℃~17.5℃，年极端最高气温40.1℃，年极端最低气温-12.1℃。多年平均降水量1300~1400毫米，一日间最大降水量147.3毫米。年日照时数1410.4~1621.9小时，年日照率34%~37%。年蒸发量1365.6~1521.6毫米，年平均相对湿度78%~80%，年平均风速1.5~2.0米/秒，多年最大风速为20.3米/秒。

春季始于3月下旬前期（以气温为标准划分季），天气多变，突晴骤冷。俗话“春无三日晴”，为春季天气多变的特征。4月开始气温逐渐回升，5月气温上升到20℃以上。由于春季气温波动较大，多阴雨连绵，偶伴有大风冰雹及晚霜、雪等灾害性天气，常引起早春烂秧死苗。

夏季高温炎热，常前涝后旱。5月底至6月初，太阳辐射日益增强，气温升高，大陆低压增强，西太平洋副热带高压开始逼近大陆。6月底至7月初，在副热带高压控制下，炎热少雨，常出现夏旱与伏旱，是一年中气温最高的时期。7月份平均气温28℃以上，极端最高气温达40.1℃。

秋季始于9月中下旬之交，在副热带高压控制下，天气晴朗，夜间凉爽，昼夜温差大。9月下旬至10月初每次强冷空气南下后，气温明显下降。10月份气温稳定在20℃以下，11月份气温降低到14℃以下，个别年份在10℃以下。8月立秋后的“倒秋雨”与9月秋分边的“寒露风”天气，日平均气温低于20℃，持续时间3天以上，对山区和平地正在抽穗、扬花的中稻与晚稻威胁很大。

冬季始于11月中下旬之交，在极地高压控制下，日平均气温一般在10℃以下。1月是一年中最冷的时期，平均气温在5℃以下，有降雪、积雪和冰冻天气，低于0℃的日数平均3.5~5.5天，个别年份较寒冷。

1990—2017年，娄底市气候变化的主要特点呈气温升高、降水量减少、日照减少趋势。气温：一年四季气温均呈上升趋势，其中，春季上升趋势比较明显，为0.5℃/10年，夏、秋、冬上升趋势约为0.2℃/10年。降水：夏、秋季降水呈增多趋势，春、冬季呈减少态势。日照：各季日照均呈减少趋势，夏秋季下降趋势较为明显，为26.5~47.5小时/10年。

1990—2017年娄底市四季平均起讫日期表

表2-8

季节		新化县	涟源市	双峰县	冷水江市	娄星区
春季	始日	3月24日	3月22日	3月24日	3月23日	3月24日
	终日	5月31日	5月31日	5月29日	5月29日	5月28日
	天数	69	71	67	68	66
夏季	始日	6月1日	6月1日	5月30日	5月30日	5月29日
	终日	9月15日	9月17日	9月18日	9月14日	9月15日
	天数	107	109	112	108	110

续表2-8

季节		新化县	涟源市	双峰县	冷水江市	娄星区
秋季	始日	9月16日	9月18日	9月19日	9月15日	9月16日
	终日	11月21日	11月20日	11月20日	11月24日	11月23日
	天数	67	64	63	71	69
冬季	始日	11月22日	11月21日	11月21日	11月25日	11月24日
	终日	3月23日	3月21日	3月23日	3月22日	3月23日
	天数	122	121	123	118	120

说明：四季划分标准，以平均气温小于10℃为冬季，≥20℃为夏季，10℃~20℃为春、秋季

第二节　气象要素

一、温度

（一）气温

年际变化　1990—2017年，全市年平均气温17.5℃，最低年平均气温16.6℃（1993年），最高年平均气温18.3℃（2013年）。一年中最热时段出现在7—8月，极端最高气温41.2℃（2003年8月2日，娄星区）；一年中最冷时段出现在1—2月，极端最低气温-11.7℃（1991年12月29日，双峰县）。

1990—2017年娄底市年平均气温变化情况表

表2-9　　单位：℃

年份	娄星区	冷水江市	涟源市	双峰县	新化县	平均
1990	17.7	17.1	17.4	17.3	17.4	17.4
1991	17.4	16.6	17.0	17.0	16.9	17.0
1992	17.7	17.1	17.3	17.1	17.3	17.3
1993	16.9	16.3	16.7	16.5	16.5	16.6
1994	17.4	16.8	17.3	17.1	17.1	17.1
1995	17.7	17.1	17.4	17.4	17.3	17.4
1996	17.2	16.6	16.9	16.8	16.8	16.9
1997	17.5	16.8	17.1	17.2	16.9	17.1
1998	18.5	17.7	18.0	18.2	17.9	18.1
1999	17.8	17.2	17.5	17.4	17.3	17.4
2000	17.4	16.6	17.1	17.1	16.8	17.0
2001	18.1	17.1	17.4	17.5	17.3	17.5

续表2-9

年份	娄星区	冷水江市	涟源市	双峰县	新化县	平均
2002	18.0	17.0	17.4	17.6	17.3	17.5
2003	18.1	17.2	17.6	17.6	17.5	17.6
2004	18.4	17.3	17.6	17.8	17.6	17.7
2005	17.9	17.0	17.3	17.4	17.2	17.4
2006	18.5	17.5	18.0	17.8	17.8	17.9
2007	18.7	17.7	18.2	17.8	17.7	18.0
2008	18.3	17.2	17.8	17.5	17.3	17.6
2009	18.4	17.4	17.6	17.9	17.6	17.8
2010	18.0	17.2	17.4	17.5	17.2	17.5
2011	17.7	17.1	17.2	17.2	17.0	17.2
2012	16.7	16.5	16.8	16.9	16.6	16.7
2013	18.4	18.1	18.2	18.5	18.2	18.3
2014	17.6	17.3	17.7	18.0	17.5	17.6
2015	17.3	17.6	17.8	18.1	17.7	17.7
2016	17.8	17.6	17.9	18.3	17.8	17.9
2017	18.0	17.7	18.1	18.4	17.9	18.0
平均	17.8	17.2	17.5	17.5	17.3	17.5

季节变化 1990—2017年，全市平均各季气温按春（3—5月）、夏（6—8月）、秋（9—11月）、冬（12月至次年2月）分，春季气温17℃，夏季气温27.3℃，秋季气温18.5℃，冬季气温7.1℃。

1990—2017年娄底市季平均气温变化情况表

表2-10 单位：℃

区域	春季	夏季	秋季	冬季
娄星区	17.3	27.7	19.0	7.4
冷水江市	16.7	26.8	18.1	6.9
涟源市	17.1	27.3	18.4	7.1
双峰县	17.2	27.7	18.4	6.8
新化县	17.0	27.0	18.4	7.1
平 均	17.0	27.3	18.5	7.1

月份变化　1990—2017年，全市各月平均气温：1月5.4℃，2月7.7℃，3月11.6℃，4月17.6℃，5月22℃，6月25.5℃，7月28.6℃，8月27.7℃，9月23.9℃，10月18.6℃，11月13℃，12月7.6℃。除6月份外，月平均气温娄星区最高。

1990—2017年娄底市月平均气温变化情况表

表2-11　　单位:℃

月份	娄星区	冷水江市	涟源市	双峰县	新化县	平均
1	5.6	5.2	5.5	5.2	5.3	5.4
2	7.9	7.5	7.8	7.6	7.6	7.7
3	11.7	11.4	11.6	11.5	11.6	11.6
4	17.8	17.3	17.6	17.7	17.5	17.6
5	22.3	21.6	22.0	22.3	21.9	22.0
6	25.8	25.1	25.5	25.9	25.3	25.5
7	29.0	28.1	28.5	29.0	28.3	28.6
8	28.3	27.1	27.7	28.1	27.3	27.7
9	24.4	23.4	23.9	24.1	23.6	23.9
10	19.2	18.2	18.5	18.6	18.4	18.6
11	13.4	12.9	12.9	12.7	13.0	13.0
12	7.9	7.5	7.6	7.2	7.6	7.6

（二）地温

地面温度　1990—2017年，全市年平均地面温度19.4℃~20.3℃，整体呈西低东高的分布，在同时间内，地面温度比气温高，春季偏高1℃~2℃，夏季偏高4℃~5℃，秋季偏高2℃~3℃，冬季偏高0℃~1℃。地面1月气温平均6.3℃，7月平均33.9℃。极端最高地面温度75.2℃（2016年7月29日，涟源市站），极端最低地面温度-7.5℃（2008年2月3日，冷水江市站；2013年12月29日，双峰县站）。

浅层地温　1990—2017年，5厘米、10厘米、15厘米、20厘米各层温度全市年平均值差异在1℃以内，年均值18.9℃（新化县站）到19.7℃（双峰县站）之间，各层平均温度随季节变化比较明显，秋、冬季为逐层递增（即深度愈深、温度愈高，9月在日照偏多的情况下会相反）。春、夏季则逐渐递减（即深度愈浅，温度愈高）。11月至次年2月，地中平均温度较地面平均温度高（暖冬则相近），其余8个月都较地面平均温度低。

霜日　1990—2017年，全市年平均霜日15天（冷水江市）至25天（双峰县），其中霜日最少4天（新化县，2000年），霜日最多44天（双峰县，1993年）。

二、降水

降水量　1990—2017年，全市年平均降水量1452.8毫米。其中新化县1522.3毫米，冷水江市1482.9毫米，涟源市1444.9毫米，娄星区1421.6毫米，双峰县1392毫米。降水西多东少。

年际变化　1990—2017年，全市年平均降水量最低值1001.6毫米（2011年）、最大值1952.8毫米（1994年），年极端最大降水量2126.9毫米（1994年，冷水江站）、极端最小降水量938毫米（2003年，涟源市），各县（市、区）降水量年际变化趋势相对一致。

1990—2017年娄底市年平均降水量变化情况表

表2-12 单位：毫米

年份	娄星区	冷水江市	涟源市	双峰县	新化县	平均
1990	1659.9	1644.1	1605.9	1651.5	1773.9	1667.1
1991	1227.6	1378.7	1246.8	1250.6	1432.7	1307.3
1992	1418.3	1484.3	1375.8	1338.7	1611.1	1445.6
1993	1615.9	1658.1	1626.4	1509.5	1689.6	1619.9
1994	1945.1	2126.9	1852.8	1829.1	2009.9	1952.8
1995	1470.6	1304.5	1415.3	1233.6	1368.2	1358.4
1996	1416.3	1388.5	1328.4	1399.7	1522.4	1411.1
1997	1621.0	1648.0	1571.0	1622.5	1772.0	1646.9
1998	1814.5	1457.0	1533.6	1241.8	1593.1	1528.0
1999	1334.9	1573.5	1333.3	1382.8	1401.5	1405.2
2000	1192.9	1353.9	1344.9	1379.2	1527.2	1359.6
2001	1231.1	1305.5	1261.0	1302.7	1292.9	1278.6
2002	1694.2	1757.0	1704.9	1754.1	1710.2	1724.1
2003	1121.7	1075.7	938.0	1159.4	1073.2	1073.6
2004	1385.4	1471.4	1524.2	1348.4	1468.7	1439.6
2005	1253.6	1410.0	1347.3	1473.4	1280.9	1353.0
2006	1464.4	1797.8	1504.7	1500.8	1725.5	1598.6
2007	1168.4	1199.8	1181.1	1100.9	1272.9	1184.6
2008	1187.0	1180.9	1244.9	1155.4	1418.9	1237.4
2009	1231.2	1334.8	1253.6	1372.0	1385.0	1315.3
2010	1570.5	1682.7	1909.3	1769.0	1814.0	1749.1
2011	1071.1	1001.1	985.8	947.4	1002.7	1001.6
2012	1381.9	1703.2	1515.8	1427.2	1778.8	1561.4
2013	1145.6	1058.9	1109.8	1044.6	1112.5	1094.3
2014	1547.6	1558.7	1647.2	1502.5	1640.8	1579.4
2015	1763.5	1625.5	1927.8	1392.4	1537.3	1649.3
2016	1556.5	1861.9	1849.6	1690.6	1813.1	1754.3
2017	1314.9	1480.1	1318.4	1197.5	1594.5	1381.1
平均	1421.6	1482.9	1444.9	1392.0	1522.3	1452.8

季节变化　1990—2017年，在全市各季降水量分布上，春季（3—5月）占总降水量35%，平均降水量168.4毫米。夏季（6—8月）占总降水37%，平均降水量176.7毫米。秋季（9—11月）占总降水量15%，平均降水量73.2毫米、冬季（12月至次年2月）占总降水量13%，平均降水量61.6毫米。其中夏季最多，冬季最少，月最大降水量505.8毫米（涟源市站）。累年月降水量最小值0.3毫米（1999年12月双峰县与娄星区）。

1990—2017年娄底市季平均降水量变化情况表

表2-13　　　　单位：毫米

区域	春季	夏季	秋季	冬季
冷水江市	165.7	187.7	76.1	60.7
新化县	167.4	198.5	77.0	60.8
涟源市	167.0	176.8	70.9	62.5
娄星区	173.1	166.8	68.4	61.2
双峰县	168.7	153.8	73.8	62.7
平均	168.4	176.7	73.2	61.6

降雪　1990—2017年，全市降雪日数较少，最早11月28日，最迟3月13日，农谚有“清明断雪”的说法。绝大多数年份降雪日数在10天以内，最长降雪日数22天（2008年，涟源市），个别年份没有降雪。年平均积雪日数5~8天，最大积雪深度29厘米（2011年1月20日，新化县）。

三、日照

年际变化　1990—2017年，全市年平均日照时数1448.0小时。年平均日照时数最多1670.2小时（1992年），年平均最少1125.9小时（2015年）。年日照时数极大值1830.9小时（2013年，涟源市），极小值975.1小时（2015年，冷水江市）。

1990—2017年娄底市年平均日照时数变化情况表

表2-14　　　　单位：小时

年份	冷水江市	新化县	涟源市	娄星区	双峰县	平均
1990	1511.4	1706.7	1657.5	1611.8	1579.8	1613.4
1991	1289.2	1374.0	1552.6	1470.1	1473.1	1431.8
1992	1601.2	1594.6	1770.9	1698.8	1685.6	1670.2
1993	1363.9	1368.9	1530.5	1477.4	1479.6	1444.1
1994	1322.5	1292.3	1413.3	1429.8	1290.5	1349.7
1995	1589.7	1638.7	1726.5	1656.7	1632.9	1648.9
1996	1371.9	1463.2	1712.0	1472.3	1548.4	1513.6
1997	1223.8	1246.4	1418.1	1439.8	1408.5	1347.3
1998	1515.6	1551.0	1672.3	1694.5	1685.8	1623.8
1999	1280.1	1263.6	1372.8	1399.2	1389.8	1341.1

续表2-14

年份	冷水江市	新化县	涟源市	娄星区	双峰县	平均
2000	1258.7	1330.7	1412.6	1423.7	1485.7	1382.3
2001	1415.1	1450.6	1501.2	1585.2	1494.9	1489.4
2002	1364.2	1301.6	1465.8	1403.9	1408.2	1388.7
2003	1606.6	1448.2	1755.9	1662.5	1609.5	1616.5
2004	1545.2	1488.5	1705.3	1692.9	1704.4	1627.3
2005	1379.9	1273.0	1580.1	1496.1	1556.0	1457.0
2006	1409.7	1325.0	1556.3	1509.3	1518.3	1463.7
2007	1350.3	1305.9	1396.9	1505.6	1634.1	1438.6
2008	1506.0	1388.4	1784.6	1613.2	1589.9	1576.4
2009	1421.5	1388.0	1668.0	1598.1	1540.2	1523.2
2010	1384.6	1405.6	1552.4	1425.1	1444.7	1442.5
2011	1371.3	1490.8	1443.1	1355.1	1321.7	1396.4
2012	1070.9	1141.4	1268.8	1205.8	1015.2	1140.4
2013	1575.6	1672.8	1830.9	1718.9	1360.7	1631.8
2014	1060.2	1212.7	1317.0	1309.4	1043.8	1188.6
2015	975.1	1170.6	1253.6	1203.3	1026.7	1125.9
2016	1185.5	1358.8	1502.4	1320.2	1239.1	1321.2
2017	1257.8	1322.0	1487.2	1399.0	1291.4	1351.5
平均	1364.6	1391.9	1546.7	1492.1	1444.9	1448.0

季节变化 夏季（6—8月）平均日照时数542.2小时，最多781.1小时（2013年，新化县）。冬季（12月至次年2月）平均日照时数213.7小时，最少83.3小时（2012年，冷水江市）。

1990—2017年娄底市季平均日照时数一览表

表2-15 单位：小时

区域	春季	夏季	秋季	冬季
冷水江市	303.2	500.0	354.8	206.6
新化县	308.2	522.2	360.4	201.1
涟源市	331.3	576.5	402.1	236.8
娄星区	322.7	554.1	392.4	222.8
双峰县	300.1	557.9	385.9	201.1
平均	313.1	542.2	379.1	213.7

月份变化　1990—2017年，全市平均各月日照时数呈"双峰型"分布，低谷出现在2月，为57.9小时。3月开始日照逐渐增多，3—5月增幅较大，5—6月因阴雨日数增多，日照时数略有减少。7月雨季结束，日照时数显著增多，达到一年中的最大峰值，全市均在200小时以上。入冬之后日照时数逐月递减，12月为94.2小时。

1990—2017年娄底市月平均日照时数一览表

表2-16　　　　单位：小时

区域	1月	2月	3月	4月	5月	6月	7月	8月	9月	10月	11月	12月
冷水江市	60.4	55.5	75.9	99.7	127.6	121.5	202.2	176.4	133.2	115.5	106.0	90.7
新化县	57.4	56.2	76.1	101.1	131.0	127.5	208.6	186.1	138.7	117.4	104.3	87.5
涟源市	69.3	63.5	81.3	108.3	141.7	145.2	227.7	203.5	154.4	130.4	117.3	104.1
娄星区	64.8	60.5	79.5	106.2	137.0	135.4	222.7	196.0	150.7	128.2	113.5	97.5
双峰县	55.9	54.0	69.7	98.3	132.1	134.7	229.0	194.2	150.8	126.5	108.6	91.2
平均	61.6	57.9	76.5	102.7	133.9	132.9	218.1	191.2	145.6	123.6	109.9	94.2

四、湿度

年际变化　1990—2017年，全市年平均相对湿度77%，其中，最大年平均相对湿度84%（1994年，双峰县），最小年平均相对湿度66%（2008年，娄星区）。

1990—2017年娄底市年平均相对湿度一览表

表2-17　　　　单位：%

年份	冷水江市	新化县	涟源市	娄星区	双峰县	平均
1990	79	80	81	79	82	80
1991	79	80	81	78	82	80
1992	75	76	78	75	79	77
1993	80	80	82	78	83	81
1994	82	82	83	81	84	83
1995	77	78	79	75	80	78
1996	78	79	80	77	81	79
1997	81	81	83	80	83	82
1998	78	79	81	78	80	79
1999	78	79	81	78	81	79
2000	81	81	82	79	82	81
2001	78	79	81	75	80	78

续表2-17

年份	冷水江市	新化县	涟源市	娄星区	双峰县	平均
2002	82	82	83	78	83	82
2003	78	78	78	74	78	77
2004	77	78	80	74	76	77
2005	77	78	80	75	76	77
2006	79	80	80	77	76	78
2007	77	74	78	68	72	74
2008	77	72	77	66	71	73
2009	78	72	82	70	75	75
2010	76	73	81	73	76	76
2011	70	69	75	67	71	71
2012	76	74	78	75	75	76
2013	68	69	71	66	75	70
2014	71	73	80	71	78	75
2015	72	79	82	74	82	78
2016	80	79	79	79	81	79
2017	78	76	81	76	78	78
平均	77	77	80	75	79	77

月份变化　1990—2017年，全市月平均相对湿度最大值出现在6月，为81%，最小值出现在12月，为74%。

1990—2017年娄底市月平均相对湿度一览表

表2-18　　单位：%

区域	1月	2月	3月	4月	5月	6月	7月	8月	9月	10月	11月	12月
冷水江市	77	77	78	78	79	82	76	78	77	76	75	73
新化县	75	75	76	76	78	79	73	75	74	74	73	72
涟源市	80	81	82	81	81	83	77	78	78	78	79	78
娄星区	75	76	77	77	77	80	73	74	73	72	73	71
双峰县	80	80	81	80	79	81	74	76	77	77	79	77
平均	77	78	79	78	79	81	75	76	76	75	76	74

五、气压

年际变化　1990—2017年，全市年平均气压994.9百帕。年变化趋势较平稳，最大气压1004.8百帕（1993年，双峰县），最小气压985.5百帕（2012年，冷水江市）。2012年，娄底站搬迁，搬迁前海拔151.5米，搬迁后海拔205.8米。

1990—2017年娄底市年平均气压一览表

表2-19　　单位:百帕

年份	冷水江市	新化县	涟源市	娄星区	双峰县	平均
1990	986.5	990.5	995.5	997.6	1003.4	994.7
1991	986.9	990.9	995.9	997.9	1004.0	995.1
1992	987.0	991.0	996.1	997.9	1004.2	995.2
1993	987.5	991.4	995.9	998.5	1004.8	995.6
1994	986.8	990.6	996.5	997.8	1004.2	995.2
1995	987.4	991.1	997.5	998.2	1004.8	995.8
1996	986.6	990.8	998.2	998.0	1004.2	995.5
1997	987.0	991.1	998.3	998.1	1003.7	995.7
1998	986.6	990.5	998.8	997.4	1003.0	995.3
1999	986.3	990.3	998.2	997.3	1003.0	995.0
2000	986.3	990.3	998.7	997.4	1003.3	995.2
2001	986.7	990.5	998.3	997.8	1003.2	995.3
2002	986.7	990.7	998.3	997.6	1003.1	995.3
2003	987.0	991.3	997.5	997.8	1003.6	995.4
2004	986.8	991.5	997.5	998.2	1003.6	995.5
2005	986.5	991.2	997.6	998.2	1003.6	995.4
2006	986.1	990.4	997.7	997.8	1003.2	995.0
2007	986.2	990.3	997.5	997.5	1003.5	995.0
2008	986.6	990.7	997.7	998.0	1004.0	995.4
2009	985.9	989.9	997.7	997.3	1003.3	994.8
2010	985.9	990.2	997.7	997.6	1003.6	995.0
2011	986.7	991.1	997.4	998.5	1004.4	995.6
2012	985.5	989.9	997.4	990.5	1003.1	993.3
2013	985.7	990.1	997.5	990.7	1003.1	993.4

续表2-19

年份	冷水江市	新化县	涟源市	娄星区	双峰县	平均
2014	986.3	990.7	995.5	991.3	1003.5	993.5
2015	986.5	990.7	995.9	991.5	1003.8	993.7
2016	986.1	990.5	996.6	991.1	1003.6	993.5
2017	986.7	991.0	995.3	991.6	1004.1	993.7
平均	986.5	990.7	997.2	996.4	1003.7	994.9

月份变化 1990—2017年，全市月平均气压在983.8百帕（7月）至1005.1百帕（12月）之间，呈"V"形变化特征，1月后开始下降，3—4月下降最快，至7月达到最低值，之后开始上升，9—10月升高最快，至12月份达到最大。

1990—2017年娄底市月平均气压一览表

表2-20

单位：百帕

区域	1月	2月	3月	4月	5月	6月	7月	8月	9月	10月	11月	12月
冷水江市	995.8	993.0	989.5	984.8	981.2	976.9	975.8	977.9	983.8	990.1	993.1	996.3
新化县	1000.2	997.3	993.8	988.9	985.3	980.8	979.6	981.8	987.9	994.3	997.5	1000.7
涟源市	1007.1	1004.2	1000.6	995.5	991.7	987.2	986.0	988.1	994.1	1000.7	1004.1	1007.5
娄星区	1006.2	1003.3	999.7	994.7	990.9	986.4	985.3	987.2	993.3	999.9	1003.2	1006.6
双峰县	1013.8	1010.8	1007.1	1001.9	998.1	993.5	992.3	994.2	1000.3	1007.1	1010.6	1014.2
平均	1004.6	1001.7	998.2	993.2	989.4	985.0	983.8	985.9	991.9	998.4	1001.7	1005.1

逐时变化 气压一昼夜间，有着明显的周期变化。一般情况下，气压日变化呈"W"形变化特征，从05时开始逐渐升高，到10时达到峰值。随后下降至17时达到最低值。之后缓慢升高，在23时达到次高值。

六、风

风向 娄底市境域内属中亚热带季风湿润气候，风向具有明显的季节变化，冬季盛行偏北风，夏季盛行偏南风。春、秋两季为东西季风的转换时段，风向不如冬季稳定，但各地仍以偏北风居多。

风速 1990—2017年，全市年平均风速在1.4米/秒以上，一年中，以7月和8月风速较大，为1.5~1.9米/秒，7—8月为陆多热低压活动，使海陆气压差异增大，因而风速较大，而10—12月风速则较小。

七、蒸发量

1990—2017年，全市年均蒸发量1112毫米，其中7月蒸发量最大，为196毫米，占全年的17.6%；1月份最少仅32.4毫米，占全年的3%。

八、云雾

云　境内历年平均总云量为7.3~7.5成，低云量平均为3.4~4.1成。一年中，总云量以2—6月为多，均在8成或以上。7—11月为少，均在7成或以下。12—1月为7~7.5成。一年中总云量<2成的晴天日数平均为28.2~39.5天，以10—11月最多，分别为5.6天、5.5天。6—7月最少，分别为1.0、1.7天。冬、春季节以层状云和碎雨云最多。4—10月以积云为主。积雨云以3—9月为多，其中3—6月多为系统性积雨云，7—9月多地方性积雨云。层积云在一年内均有出现，但春季以锋面云系为主，夏季秋季以积云性层积云为多，冬季则以系统云层为主。高积云是常见的云，以5—9月出现最多。高层云主要出现在1—5月和10—12月。卷云主要出现在5—8月，以7月、8月最多。雨层云和层云多在春季出现。

1990—2017年娄底市平均总、低云量一览表

表2-21

区域	总云量(成数)	低云量(成数)	≤2.0(晴天)(天)	≥8.0(阴天)(天)
新化县	7.5	4.1	28.2	203.3
冷水江市	7.5	4.0	35.0	210.2
涟源市	7.4	4.0	37.2	207.7
双峰县	7.3	3.4	39.5	197.3
娄星区	7.4	4.0	37.2	207.7

雾　境内历年雾日平均13~34天，最多年22~59天，最少年4~8天。在地域分布上以新化县为最多，平均34天。在时间上以冬、春季为多，10—4月各月均在3天以上，其中12—1月4~5天；夏季最少，7—9月各月均在1天左右。

九、雷暴

全市1—12月均有雷暴发生，雷暴活动期主要集中在春、夏两季，平均雷暴季为2—9月。晚冬开始增强，中春达到高峰，暮春有所减弱，入夏再次增强至夏末达到顶峰，入秋后明显减弱，后秋和冬季前中期极少出现雷暴，呈双峰型分布特点。8月雷暴活动最强，4月较强。初雷日多出现在2月，9月雷暴期基本结束。1990—2017年娄底市年平均雷暴持续期为250天，80%年际变化距平值20%以内。年平均雷暴日46天，属多雷区。年平均雷暴时约140小时。6—8月落地闪高发，约占全年总落地闪的80%。日雷暴变化呈多峰型，一般出现在4—6时、16—19时、22—24时三个时段，17时落地闪最多，达到一日的顶峰。

1990—2017年娄底市雷暴活动参量一览表

表2-22

		双峰县	娄星区	涟源市	冷水江市	新化县
雷暴初日	最早	1月6日	1月2日	1月6日	1月6日	1月4日
	最晚	3月19日	3月19日	3月19日	3月19日	3月16日
	平均	2月5日	2月9日	2月10日	2月8日	2月3日

续表2-22

		双峰县	娄星区	涟源市	冷水江市	新化县
雷暴终日	最早	7月31日	8月22日	8月14日	8月19日	8月22日
	最晚	12月7日	12月27日	12月28日	12月29日	12月19日
	平均	10月14日	10月15日	10月12日	10月18日	10月9日
雷暴持续期(天)	最短	191.00	170.00	186.00	178.00	186.00
	最长	308.00	341.00	338.00	342.00	332.00
	平均	251.00	249.00	246.00	249.00	248.00
年雷暴月(米)	最短	7.00	6.00	7.00	7.00	7.00
	最长	11.00	10.00	12.00	12.00	11.00
	平均	8.70	8.30	8.50	8.60	8.90
年雷暴日数(天)	最短	27.00	23.00	27.00	25.00	32.00
	最长	69.00	56.00	62.00	69.00	72.00
	平均	45.90	39.80	46.00	48.00	50.77
平均年雷暴时(小时)		138.00	121.00	140.00	147.00	152.00
平均季雷暴时(小时)	春季	60.00	51.00	57.00	58.00	57.00
	夏季	62.00	57.00	67.00	74.00	78.00
	秋季	8.00	6.00	7.00	7.00	7.00
	冬季	9.00	6.00	8.00	7.00	9.00
平均年落雷次数(次)		3071.40	881.40	5182.40	1324.40	8591.00
平均地闪密度(次/km^2·a)		1.79	2.06	2.73	3.02	2.36

第五章 土 壤

第一节 成土母岩母质类型

一、碳酸盐岩母质

碳酸盐岩是境内主要的母岩类型，分布甚广。出露面积3332.69平方千米，占全市土地总面积的41.3%。在碳酸盐岩中以普通石灰岩为主，分布面积1726.3平方千米，占该岩类的51.8%。白云质灰岩次之，为1123.1平方千米，占该岩类的33.7%。泥质灰岩483.2平方千米，占14.5%。碳酸盐岩主要分布在中部的广大低山、丘陵区。其中普通石灰岩各地均有分布。白云质灰岩主要分布在新化县东部、涟源市中部直至娄星区。泥质岩分布在双峰县西南部，涟源市明镜、枫坪及娄星区杉山等地。

碳酸盐岩风化物母质是境内最主要的成土母质类型，面积为18.22万公顷，占土壤总面积的33.6%，其中涟源市、娄星区和冷水江市接近或超过二分之一。

二、砂质岩母质

境内砂质岩常与碳酸盐岩成为互层，在地表交错出露，砂质岩出露面积为2514.36平方千米，占全市土地总面积的31.2%。包括砂岩、砂质板岩和冰碛砾岩3种，其中以砂岩为主，面积2071.8平方千米，占该岩类的82.4%。另有砂质板岩，面积为352平方千米，占该岩类的14%。分布在新化县西部、涟源市南部山区，多属古老岩层。在涟源市龙山和新化县天龙山、大熊山，分布有震旦系冰碛砾岩，占3.6%。砂质岩风化场母质面积17.51万公顷，占土壤总面积的32.3%。

三、泥质岩母质

境内泥质岩主要是板岩（包括千枚状板岩）、页岩（包括碳质页岩）和千枚岩。全市出露面积为1321.14平方千米，占土地总面积的16.4%。以新化县和双峰县为多，分别为854.1平方千米和357.1平方千米，分别占两县土地总面积的23.9%和21.1%。主要分布在双峰县荷叶镇花岗岩体左侧和新化县水车镇花岗岩体周围。冷水江市和涟源市均为零星分布，娄星区只有极少数碳质页岩出露。境内共有泥质岩风化场母质11.95万公顷，占全市土地总面积的21.1%。

四、酸性岩浆岩母质

境内酸性岩浆岩主要有二云母花岗岩、花岗闪长岩和二长花岗岩。集中分布于双峰县荷叶镇和新化县水车镇，另在双峰县梓门桥和新化县天龙山至冷水江市三尖乡两处有较小面积分布，总面积为353.03平方千米，占全市土地总面积的4.4%。境内有酸性岩浆岩坡残积母质2.81万公顷，占土壤总面积的5.2%。

五、紫红色沙砾岩母质

境内只有白垩系的紫红色砂砾岩，总出露面积为85.12平方千米，占全市土地总面积的1%。其中紫红色沙页岩面积为24.59平方千米，占该岩类的28.9%，主要分布在新化县白塘、枫林及城关镇南部。紫红色沙砾岩面积为60.53平方千米，占本岩类的71.1%，分布在娄星区西阳、涟滨和新化县洋溪、娘家等地，双峰县梓门桥、沙田，涟源市桥头河也有少量分布。全市有紫色岩风化场母质面积0.47万公顷，占全市土壤总面积的0.8%。

六、第四纪红土母质

境内第四纪红土分布面积256.81平方千米，占全市土地总面积的3.2%，成土面积1.61万公顷，占全市土地总面积的3%。主要集中分布在双峰县县城以西五里牌、涟源市桥头河、新化县横阳等地。此外，双峰县的梓门桥，涟源市的杨家滩，新化县的琅塘、洋溪，冷水江市的白杨，娄星区涟滨等地有少量分布。

七、近代河流冲积物母质

境内近代河流冲积物总面积为202.85平方千米，占全市土地总面积的2.5%，发育成土壤的母质面积1.62万公顷，占土壤总面积的2.8%。零星分布于资江、涟水及其支流沿岸。

第二节　土壤类型与分布

一、水稻土

境内水稻土从低海拔（70米）的平原谷地到高寒（900米）的山区都有分布，总面积11.94万公顷，占全市土地总面积的14.8%，占土壤总面积的22%，占耕地面积的73.9%。是全市粮食生产主要土地。在水稻土土类中有淹育性水稻土、潴育性水稻土、渗育性水稻土、潜育性水稻土和矿毒性水稻土5个亚类，30个土属，99个土种。

二、菜园土

境内菜园土主要分布于城郊和厂矿附近。总面积596.2公顷，占全市土壤总面积的0.1%，占耕地面积的0.37%。在菜园土中有新菜园土和熟菜园土2个亚类，3个土属，11个土种。

三、潮土

境内潮土仅河潮土1个亚类，耕型河潮土1个土属，2个土种。是冲积物发育而成的旱土，分布于河边滩和江心洲上，面积为78.27公顷。

四、红壤

红壤土是境内海拔700米以下低山丘陵广泛分布的地带性土壤，总面积为33.33万公顷，占全市土地总面积的41%，占土壤总面积的60.5%。红壤土中有（典型）红壤、红壤性土和黄红壤3个亚类，22个土属，57个土种。

五、黄壤

黄壤土是在土壤垂直分布带上的第一带谱土类。主要分布于海拔600~1200米的山区，总面积为3.78万公顷，占土壤总面积的7%。有黄壤和黄壤性土2个亚类，9个土属，22个土种，是林业生产的主要基地。

六、黄棕壤土类

黄棕壤土是土壤垂直分布的第二带谱土类，其下是黄壤，其上是山地草甸土，主要分布在海拔1000~1350米之间，总面积为9200公顷，占山地总面积的2.6%。有黄棕壤和黄棕性土2个亚类，5个土属，8个土种。

七、草甸土

草甸土是境内土壤垂直分布的最高带谱土类，分布在海拔1200米以上，总面积为966.67公顷，占山地总面积的0.27%。只有山地灌丛草甸土1个亚类，1个土属，2个土种。该土类有机质含量高达15%以上，表层有10~20厘米厚的草根盘结层。

八、石灰土

石灰土属岩成土类型，是非地带性特殊土壤。总面积为3.73万公顷，占全市土壤总面积的8.83%。主要分布于新化县东部、涟源市西部、冷水江市北部石灰岩低山中下部。有黑色石灰土、淋溶石灰土和红色石灰土3个亚类，6个土属，10个土种。

九、紫色土

是境内另一类非地带性土壤，发育于紫色砂页岩的现代风化壳上，属岩成土类型。总面积为3220公顷，占全市土壤总面积的0.6%，集中成片分布于新化县城关、枫林、白塘至洋溪及娄星区西阳等地。该土类有酸性紫色土、中性紫色土和石灰性紫色土3个亚类，6个土属，11个土种。

第六章　自然资源

第一节　土地资源

1990年，境内土地总面积8117平方千米，占全省土地总面积3.8%。其中：耕地19.28万公顷，占土地总面积的18.5%。园地1.73万公顷，占2.2%。林地21.94万公顷，占27.1%。牧草地（含宜林地）12.9万公顷，占15.9%。城乡居民及工矿用地4.17万公顷，占5.2%。交通用地0.8万公顷，占0.9%。水域5.67万公顷，占7%，合计利用土地62.66万公顷，占77.2%。未利用土地18.5万公顷，占22.8%。

2000—2017年娄底市部分年份土地利用状况一览表

表2-23　　单位：公顷、%

用地类别	2000年		2005年		2010年		2015年		2017年	
	面积	占总面积	面积	占总面积	面积	占总面积	面积	占总面积	面积	占总面积
总面积	810761.07	100.00	810761.07	100.00	810959.38	100.00	810959.38	100.00	810959.38	100
耕地	181277.17	22.36	179889.67	22.19	192006.63	23.67	192703.19	23.76	192398.19	23.72
园地	27889.07	3.44	23388.80	2.89	34621.96	4.27	34164.88	4.21	33630.86	4.15
林地	337415.41	41.62	342636.35	42.26	382922.55	47.22	380353.05	46.90	380137.78	46.87
草地	28718.99	3.54	30092.41	3.71	32450.55	4.00	31214.85	3.85	31027.64	3.83
城镇村及工矿用地	60757.78	7.49	62119.03	7.66	78250.90	9.65	81225.65	10.02	82353.40	10.16
交通运输用地	7448.93	0.92	7813.69	0.96	13203.13	1.63	14396.77	1.78	14604.03	1.80
水域及水利设施用地	48822.27	6.02	48550.39	5.99	40215.99	4.96	39909.40	4.92	39813.60	4.91
其他土地	118431.45	14.61	116270.73	14.34	37287.67	4.60	36991.59	4.56	36993.88	4.56

第二节　水资源

一、地表水资源

境内多年平均降水量1406毫米，降水总量113.95亿立方米，相应多年平均径流量746.91毫米，径流总量6.01万亿立方米。

东部涟水流域面积4126平方千米，占全市总面积的50.72%，而多年平均径流量只有25.11立方米，占全市径流总量的41.5%。西部资江流域面积3992平方千米，占全市总面积的49.28%，多年平均径流量35.4亿立方米，占全市径流总量的58.5%。涟水一级支流侧水流域是全市粮食主要产区，耕地面积3.67万公顷，约占全市耕地面积的20%，而多年平均径流量只有7.72亿立方米，只占全市径流总量的12.76%，是水资源不足的区域。年平均地表水资源量68.98亿立方米，其中，娄星区、双峰县、新化县、涟源市、冷水江市分别为4.71亿立方米、11.35亿立方米、35.17亿立方米、13.98亿立方米、3.77亿立方米。2017年，全市入境总水量127.7亿立方米，其中资江干流入境水量123.3亿立方米。涟水经新邵县入境水量3.41亿立方米，安化县入境0.72亿立方米。全市出境总水量196.7亿立方米，其中资江干流161.3亿立方米流入安化县柘溪水库，涟水33.81亿立方米由湘乡市流入湘江，涓水、蒸水1.65亿立方米由衡山县入湘江。

二、地下水资源

全市多年平均地下水资源量14.78亿立方米，可开采量7.78亿立方米，地下水径流模数18.21万立方米／平方千米，主要有松散堆积层孔隙水、基岩裂隙水及碳酸盐岩岩溶水三大类型。

1990—2017年，全市地下水开采量7790.83万立方米，其中规模以上机电井（包括井口井管内径≥200毫米灌溉井和日取水量≥20立方米供水井）1242眼、年取地下水3709.6万立方米，规模以下机电井和人力井17.26万眼、年取地下水4081.23万立方米。日取水量0.5万立方米以上地下水水源地8个，年取水量843.3万立方米，其中城镇生活用水617.9万立方米、乡村生活用水225.4万立方米。

第三节 矿产资源

境内矿产资源种类较齐全，优势矿种突出，矿种构成缺陷明显。非金属矿产大矿多，有色金属矿产大矿少、小矿多。黑色金属矿产富矿少、贫矿多。矿产资源分布相对集中，分区分带，各具特色。截至2017年，全市发现矿种57种（66亚种），占全省已发现矿种（含亚种）的46.67%，已探明资源储量的矿种30种（36亚种），其中能源矿产1种（2亚种）、金属矿产11种、非金属矿产18种（23亚种），是湖南省矿种较齐全地区之一。娄底市内煤、锑、石墨、水泥用灰岩在全省占有优势地位，占全省第一位的有煤、锑，其中锡矿山的锑矿在全国乃至全球占有重要地位，素有“世界锑都”之称。占第二位的有石墨、水泥用灰岩、水泥配料用砂岩。硫铁矿、石膏、熔剂用灰岩、饰面用大理石资源储量居全省第三位。金、铅、锌、铁、锰、钨、黏土岩等矿种的探明储量也在全省占有重要位置。矿泉水、煤层气等矿种，虽然尚未探明储量，但潜在远景较好。

2017年娄底市主要矿产资源储量一览表

表2-24

矿产名称	资源储量	单位	居全省位次	矿产名称	资源储量	单位	居全省位次
煤	1112805	千吨	1	水泥配料用黏土	1439	千吨	6
锑	255164	吨	1	钒	97030	吨	7
石墨	673	千吨	2	锌	234896	吨	7
水泥用灰岩	1070413	千吨	2	铁	34041	千吨	8
水泥配料用砂岩	31299	千吨	2	铜	6996	吨	8
硫铁矿	13997	千吨	3	银	3	吨	8
石膏	140173	千吨	3	铅	48890	吨	9
熔剂用灰岩	102375	千吨	3	钨	1492	吨	9
饰面用大理石	3810	千立方米	3				

一、能源矿产

煤　娄底是湖南省主要煤炭产地。煤主要分布于娄底市中腹部涟邵盆地。其中涟源市、冷水江市分布最多，占全市资源储量的71.89%。全市含煤面积2100平方千米，占总面积的26%，60%的乡镇有煤炭资源分布。2017年，娄底市煤炭保有储量11.13亿吨。有矿区20个，井田69处，其中大型井田1处，中型井田6处。煤炭品种有无烟煤和烟煤两大类。其中无烟煤分布广泛，遍布全市，尤以涟源市、冷水江市最丰。主要矿区有金竹山、冷水江、渣渡、杨家山、芦茅江、杨家滩、太平寺、朝阳等地。一般含煤4~8层，可采1~4层，可采单层厚度1~2米，最大10米。煤的灰分10%~20%，硫0.5%~1%，磷0.04%~0.05%，发热量7000~8000大卡，煤质良好，多属中低灰分、低硫、低磷、高发热量无烟煤，保有资源储量83.57亿吨，占75.1%。烟煤主要分布于东部的桥头河、恩口、斗笠山、洪山殿等向斜中，西部之车田江、鹧鸪塘、马鞍山也有小块分布；含煤2~4层，可采1~2层，单层煤厚一般1~3米。煤层较稳定，煤的牌号一般为肥焦煤至瘦煤，亦有贫煤。贫煤主要产于洪山殿矿区。烟煤储量27.71亿吨，占总储量的24.9%。其中焦煤14.93亿吨，占总储量的13.42%，贫、瘦、肥煤12.78亿吨，占总储量的11.48%。煤质总体上多数属低灰分、低磷、低硫、高熔灰分、高发热量煤。

煤层气和天然气　1978—1997年，中南石油地质局施工普查井12口，主要分布于车田江向斜、毛易向斜、杨家山向斜以及恩口向斜中，单井深592.57~1738.62米，均有不同程度的油气显示。1997年，中国石化新星公司中南石油局在冷水江市中连乡大远村施工湘中1井，日产煤层气575.75立方米。

2001年5月，中南石油地质局勘探开采出“冷水江一井”，是湖南省第一口石油天然气井，结束湖南无油气历史。

石煤　境内石煤主要分布于新化县、冷水江市三尖镇、涟源市北部和南部、娄星区北部及双峰县东部一带。发热量一般在2000大卡以上，煤层厚度一般1~3米，个别10余米。受层位控制，至2017年，尚未探明储量。石煤中含有钒、磷、铀、银、铜、锌、铅等多种元素，可综合开发利用，有一定发展远景。

二、金属矿产

至2017年，境内黑色金属矿产有铁、锰、钒等，有色金属及稀有金属矿产有锑、铅、锌、钨、锡、钼、铋、金、铜、汞等矿产地121处，其中大型矿床2处（飞水岩锑矿、童家院锑矿）、中型6处（老矿山锑矿、物华锑矿、狮子山锑矿、禾青铅锌矿、杨家山多金属矿、稻草湾锑矿）。

（一）黑色金属

铁矿　至2017年，市内有铁矿点58处，其中中型矿床2处。探明储量4307.6万吨，保有储量2946.5万吨。

铁矿亚种主要为赤铁矿、菱铁矿和褐铁矿。赤铁矿主要分布于涟源市七星街，娄星区双江，新化县炉观、圳上等地；褐铁矿主要产于冷水江市洪水坪硫铁矿浅表氧化带。菱铁矿产于石炭纪侧水组地层，与煤共生，量多、面广、分散、不稳定。锡矿山组铁矿主要分布于新化县白溪、圳上，冷水江市锡矿山、潘桥，涟源市与娄星区北部七星、湘波、双江、小碧，双峰县钟岭、侧水等地。含矿岩系中产鲕状赤铁矿1~4层，主矿层一般1层，矿体多为层状、似层状，厚0.8~1.5米，个别达5米。矿石品位为16%~40%，一般为25%~35%。侧水段铁矿与无烟煤共存同一岩系中，主要矿区有新化县温塘、芦茅江、桑梓、颜家冲，冷水江市金竹山、渣渡、冷江，涟源市杨家滩、安平—人和、伏口—新庆、爆竹寨，双峰县坳头山、秋湖、朝阳等地。含矿岩系一般为4~5层，多达10层，但仅1~2层具工业价值。矿层厚度从0.2~10米不等，一般为1~3米。含矿率一般为400~700千克／立方米，高者可达1000千克／立方米以上。

钒　境内钒矿是潜在的优势矿产资源。至2017年，娄底市内保有钒矿五氧化二钒资源储量9.7万吨，其中基础储量3100吨，资源量9.39万吨。主要分布于新化县古台山地区和大熊山地区、冷水江市南部大乘山地区、涟源市龙山地区及涟源市和娄星区北部圣仙洞—双江地区、双峰县东部石牛—桥亭地区。矿石含五氧化二钒0.6%~1%，高者1.74%，矿体厚度在1米左右，并伴生铜、钼、银、锌、磷，个别地段接近工业要求，可综合利用。

（二）有色金属及稀有金属

境内有色金属矿有钨、锡、铜、铅、锌、锑、钼、铋、钴、汞。锑矿是娄底市的优势矿种。其他矿种资源量少，规模小。

锑　至2017年，境内保有锑矿资源储量25.52万吨。境内有锑矿点25处。

铅、锌、铜　至2017年，境内铅、锌、铜保有资源储量分别为4.89万吨、23.49万吨、6996吨。主要分布于新化县古台山、冷水江市禾青、双峰县鸦头山。矿床规模以小型为主，有中型铅锌矿1处，小型铜矿2处。娄底市境内铅、锌、铜矿多属共、伴生矿，单一独立矿床较少。矿床平均品位铅0.484%、锌1.99%、铜1.094%，以贫矿石为主，富铜、富铅锌矿较少。

钨 至2017年，境内钨矿有小型矿床3处，保有资源储量分别为钨（三氧化钨）1492吨。主要分布于新化县杨家山、古台山，双峰县癞头山，矿石属难选贫矿石。

三、非金属矿产

至2017年，境内已探明非金属矿产有31种，其中较重要的有石灰岩、白云岩、石膏、石墨、硫铁矿、砷、耐火黏土、陶瓷土、高岭土、其他黏土、砂岩、大理石、花岗岩等13种。

硫铁矿、砷 硫铁矿分布于冷水江市洪水坪、双峰县坳头山；砷分布于新化县杨家山铜砷区、新化县玉横堂矿区大尖岭矿段。至2017年，保有资源储量分别为1399.74万吨、5786吨矿。硫铁矿床规模有中型1处、小型1处，砷矿床规模小型2处。

石墨 境内石墨产于建新煤矿区寒婆坳向斜南端，与煤伴（共）生，分布于冷水江市三尖和新化县天龙山一带，走向近南北，长约4千米，为下石炭统侧水组煤层遭受天龙山岩体侵入热力变质而成，随着距岩体由近而远，煤的变质程度逐渐减低，靠近岩体附近为石墨，往北逐渐变为半石墨及无烟煤。矿区可见石墨矿二层，相距1.5~4.8米，石墨矿层厚度一般为1~3米。矿石含固定碳59.5%~89.4%，灰分9%~22%。是湖南省石墨重要矿产地。至2017年，境区内有小型矿床3处、矿点1处，保有资源储量673千吨。

石膏 石膏主要集中分布于涟源市伏口镇、湄江镇、安平镇、六亩塘镇、冷水江市岩口镇，潘桥乡、新化县温塘镇和双峰县梓门桥镇。至2017年，矿床有9处，其中矿床规模大型2处、中型2处、小型5处，保有资源储量1.4亿吨。矿石品位79.84%~95.13%，以Ⅰ、Ⅱ级品为主。

石灰岩矿 境内石灰岩矿产资源极丰富，分布广。除水泥灰岩外，尚有熔剂、制碱、电石灰岩等。石灰岩遍布于西起新化县孟公镇、东到娄星区蛇形山镇的广大中腹部地区。至2017年，娄底市石灰岩保有储量11.73亿吨。其中，熔剂用灰岩保有资源储量1.02亿吨，水泥用灰岩保有资源储量10.7亿吨。有大型矿床3处、中型矿床5处、小型矿床207处。可作制碱、电石、制糖、玻璃、陶瓷、白水泥等原料矿区有新化县天马山、稠木坳、礼溪，冷水江市金竹山，涟源市石界冲、娄星区三元、水洞底、早元、石塘，双峰县白石岩等10处。可作熔剂用的矿区有冷水江市罗家塘，娄星区大湾冲、恩口，涟源市蓝田镇大耙脑等4处。可作水泥原料的矿区有新化县炉观、西河镇柘木岭、温塘，冷水江市跃进、晓云、市郊，娄星区石埠、人字山等8处。

2017年娄底市石灰岩资源储量分布一览表

表2-25 单位：千吨

行政区	储　量	基础储量	资源量	保有资源储量
新化县	52506	54694	68451	123145
冷水江市	—	—	24661	24661
涟源市	—	—	161390	161390
双峰县	667872	726103	66102	792205
娄星区	16080	71387	—	71387

白云岩矿 境内白云岩以冶金白云岩为主，主要分布于冷水江市—娄星区涟滨街道一带和涟源市七星街等石炭纪黄龙组地层出露的地区。白云岩分布连续，厚度大而稳定，易于露天开采，质量较好，含氧化镁平均18.25%，可达Ⅰ、Ⅱ级品要求，除作冶金熔剂外，部分还可用于提炼金属镁。至2017

年，保有资源储量1.37亿吨，有大型矿床1处。

大理石矿　花岗岩矿　黑色角岩矿　境内有可作建筑装饰材料的大理石、花岗岩、角岩等。

大理石主要分布于双峰县黄田铺和单家井至青树坪一带以及娄星区万宝、双江等地，露天开采条件好。岩性为深灰-灰黑色隐晶质灰岩，厚5~55米，主要品种有纯黑、黑底白花和褐黑3种，光泽度强，加工性能好，各种物理性质一般均能满足商品大理石工业要求。沉积变质型大理石与花岗岩体的外接触带均有分布，以天龙山岩体外接触带的颜家冲矿石质量为最好，它以白色粗晶及细晶大理石为主，其次有红白花斑角砾状大理石，石质色白，花纹图案新颖，储量可观。至2017年，已探明大理石储量3810万立方米，有中型矿床1处。

花岗岩分布较广，主要有白马山、天龙山、紫云山等岩体，天龙山岩体及新化县四都一带地形切割厉害，岩性坚硬，无有毒有害元素，无放射性异常，为开发最优之地。

黑色角岩仅见于双峰县攸永村，紧靠紫云山岩体产出，岩性为黑色堇青石角岩，结构均一，石材色深黑、质地好，已有出露宽度大于50米，远景可观，是理想的建筑装饰材料。

硅石矿　境内硅石矿有沉积型石英砂岩和硅质岩型2种。石英砂岩型硅石矿主要分布于新化县南部金凤—炉观、冷水江市三尖—岩口、娄星区大科及双峰县侧水等地。矿层厚8~10米，二氧化硅含量95%以上，可作硅砖、硅铁、硅锰及冶金工业中的熔剂、型砂、研磨材料、硅酸盐水泥原料等。硅质岩型硅石矿产于上震旦统灯影组。主要分布于冷水江市三尖镇—禾青及娄星区北部双江—圣仙洞一带。矿层厚达50~100米，二氧化硅含量98%以上，具有质纯、规模大、性脆、易加工等特点。

耐火黏土　陶瓷土　高岭土　其他黏土　耐火黏土，主要分布于双峰县印田，次为冷水江市回龙庵、娄星区发家塘，矿石品位三氧化二铝25.43%~36.5%，二氧化硅36.46%~46.62%。至2017年，保有资源储量4316千吨。矿床规模中型1处、小型5处。

陶瓷土有新化县枫树坝、青龙山、化溪3处矿点，矿石含二氧化硅59.16%、三氧化二铝23.7%。

高岭土分布于新化县白马山花岗岩体风化带中，矿床规模中型1处、小型1处、矿点5处，保有资源储量5527千吨。

其他黏土主要为水泥配料用黏土，分布于新化县天马山、娄星区三元、早元和双峰县杏子镇大坪。矿石二氧化硅62.33%~65.67%，三氧化二铝16.93%~18.15%。水泥配料用黏土保有资源储量1439千吨，有小型矿床3处。

砂岩　境内石英砂岩分布广泛，含二氧化硅95%以上。具有质地优良、变化小、规模大、性脆、易加工等特点。至2017年，水泥配料用砂岩保有资源储量3.13万吨，有大型矿床1处、中型矿床1处，分布于新化县小山冲矿区和双峰县龚家冲。

水气矿产　境内矿泉水资源分布于新化县四都，涟源市古塘、石陶、湖泉等处，其中新化县四都矿泉水富含SiO_2、I、F、H_2S，属$HCO_3^-+SO_4^{2-}+K^++Na^+$型，矿化度小于0.2克／升；石陶矿泉水允许日开采量为56立方米，为重碳酸钙高锶矿泉水；其他两处富含Li、Sr、Zn，属$HCO_3^-+SO_4^{2-}+Ca2^+$型，矿化度0.322～0.872克／升。水质符合GB 8537-87天然饮用矿泉水标准。

四、贵金属矿产

金　境内金矿资源总体点多量少。

银　境内双峰县鸭头山矿区有共生银，2017年，保有资源储量2.9吨。冷水江市禾青铅锌矿中有伴生银矿，银含量一般几十克／吨，最高307克／吨，资源储量未探明。

五、稀散元素矿产

境内稀散元素矿产主要有钴、镉、铊矿3种，没有独立矿床，伴生于冷水江市禾青铅锌矿中。

第四节 野生动物

1998—2000年，中南林业科技大学野外考察整理鉴定成果，市境内动物资源丰富，数量繁多，共有野生动物240种，4纲23目64科，其中，两栖纲3目7科26种，爬行纲2目8科45种，鸟纲12目33科131种，哺乳纲7目16科38种。野生药用动物70科101种。昆虫11目159科798种。

一、哺乳类

主要有刺猬、蝙蝠、中菊头蝠、普通伏翼蝠、穿山甲、华南兔、红腹松鼠、中华竹鼠、银星竹鼠、隐纹花松鼠、猪尾鼠、豪猪、南狐、狼、貉、豺、黄腹鼬、鼬獾、狗獾、猪獾、水獭、大灵猫、花面狸、小灵猫、金钱豹、云豹、金猫、豹猫、林麝、黄麂、獐、毛冠鹿、水鹿、野猪、兔等。

二、鸟类

主要有小䴙䴘、鸬鹚、池鹭、中白鹭、苦恶鸟、董鸡、红脚苦恶鸟、扇尾沙雉、红嘴鸥、灰雁、绿翅鸭、绿头野鸭、鸳鸯、鸢、苍鹰、秃鹫、斑头鸺鹠、长耳鸮、短耳鸮、白颈长尾雉、竹鸡、勺鸡、红腹锦鸡、白冠长尾雉、鹌鹑、黄腹角雉、白腹锦鸡、黑颊噪鹛、珠颈斑鸠、大杜鹃、黑枕绿啄木鸟、翠鸟、戴胜、佛法僧、云雀、灰胸竹鸡、棕背伯劳、燕隼、大斑鸠、夜鹰、棕头鸦雀、松鸦、岩鹰、乌鸦、山鹡鸰、大苇莺、虎纹伯劳、黑枕黄鹂、八哥、白颈鸦、喜鹊、松鹊、灰喜鹊、灰树鹊、褐河乌、棕头鸦雀、大山雀、绿背山雀、黄颊山雀、黄腹山雀、沼泽山雀、红头长尾山雀、银喉长尾山雀、普通䴓、暗绿绣眼鸟、树麻雀、山麻雀、白腰文鸟、斑文鸟、金翅雀、黑尾蜡嘴雀、黄胸鹀、燕雀、黑头蜡嘴雀、锡嘴雀、栗鹀、黄喉鹀、灰头鹀、黄眉鹀、凤头鹀、乌鸫、画眉、黄眉柳莺等。

三、爬行类

主要有平胸龟、甲鱼、乌龟、鳖、蓝尾石龙子、北草蜥、虎斑颈槽蛇、红点锦蛇、穿山甲、黑链腹链蛇、脆蛇蜥、丽纹腹链蛇、黑脊蛇、白头蝰、铜蜓蜥、锈链游蛇、王锦蛇、短尾蝮、变色树蜥、多疣壁虎、石龙子、钝尾两头蛇、黄链蛇、颈棱蛇、灰鼠蛇、纹花林蛇、原矛头蛇、赤链蛇、黑眉锦蛇、虎斑游蛇、翠青蛇、山溪后棱蛇、滑鼠蛇、小头蛇、乌梢蛇、中国水蛇、银环蛇、眼镜蛇、尖吻蝮、蝮蛇、竹叶青、烙铁头等。

四、两栖类

主要有大鲵、肥螈、宽头大角蟾、中华蟾蜍、黑眉蟾蜍、黑斑褶蛙、无斑肥螈、中国雨蛙、虎纹蛙、大树蛙、峨眉树蛙、崇安髭蛙、斑腿树蛙、饰纹姬蛙、花姬蛙等。

五、药用类

主要有溪蟹、穿山甲、大刀螳螂、大黄蜂、虻虫、乌龟、麻雀、黄鹂、猫头鹰、喜鹊、壁虎、黑蚁、蛇、黑斑蛙、鹌鹑、乌鸦、蟾蜍、蚯蚓、梅花鹿等。

六、昆虫类

主要有姬黄蜻、黄蜻、中华螳螂、黄翅散白蚁、深黄散白蚁、黄翅大白蚁、黑翅土白蚁、中华稻蝗、竹蝗、黄脊竹蝗、青脊竹蝗、松粉蚧、茶硬胶蚧、松针红蜡蚧、白蜡蚧、白粉虱、油茶宽盾蝽、杉木扁长蝽、泡桐网蝽、竹长蠹、竹扁蠹、七星瓢虫、大红瓢虫、彩色金龟、柳杉金龟、油茶红翅天牛、松褐天牛、粗鞘双头杉天牛、星天牛、光肩星天牛、萧氏松茎象、山茶象、板栗雪片象、榛木长足象、马尾松梢小蠹、茶梢尖蛾、油茶织蛾、桃小食心虫、杨小舟蛾、银杏大蚕蛾、马尾松梢小卷蛾、松梢螟、马尾松毛虫、云南松毛虫、竹缕舟蛾、油茶枯叶蛾、松黑天蛾、泡桐灰天蛾、银杏大蚕、樟蚕、马尾松尺蛾、油茶尺蠖、油桐尺蠖、柑橘尺蠖、桑尺蠖、核桃美舟蛾、栎纷舟蛾、小地老虎、大土老虎、竹笋禾叶蛾、柿癣皮夜蛾、茶白毒蛾、松茸毒蛾、侧柏毒蛾、茶黄毒蛾、黄毒蛾、柑橘凤蝶、樟青凤蝶、柑橘蕾蛆、樟叶蜂、油茶史氏叶蜂、梨实蜂、马尾松毛虫、竹广肩小蜂、松毛虫点瘤姬蜂、松毛虫黑胸姬蜂、松毛虫脊茧蜂、乌桕毛虫脊茧蜂、油桐尺蠖脊茧蜂、松毛虫凸眼小蜂、松毛虫白角金小蜂、松毛虫宽缘金小蜂、松毛虫赤眼蜂、松毛虫黑卵蜂、油桐尺蠖黑卵蜂、中华蜜蜂、意大利蜂、柑橘全爪螨、樟小爪螨。

七、国家保护动物

一级保护野生动物　云豹、黄腹角雉、白颈长尾雉、林麝。

二级保护动物　虎纹蛙、草鸮、领角鸮、雕鸮、长耳鸮、短耳鸮、红腹锦鸡、穿山甲、果子狸、小灵猫、大灵猫、大鲵、水獭。

八、濒危珍稀动物

大鲵、云豹、大灵猫、小灵猫、金猫、水獭、麂、雕鸮、草鸮、长耳鸮、勺鸡、穿山甲、苍鹰、豺等。

九、其他重点保护野生动物

豹猫、刺猬、白冠长尾雉、麂、大斑啄木鸟、水雉、山斑鸠、戴胜、环颈雉、四声杜鹃、雉鸟、虎纹伯劳、松鸦、红嘴蓝鹊、大嘴乌鸦、白颈鸦、寒鸦、画眉、红嘴相思鸟、寿带、大山雀、中华蟾蜍、沼蛙、黑斑蛙、树蛙、花姬蛙、石龙子、赤链蛇、黑头剑蛇、黄金条蛇、乌梢蛇、银环蛇、眼镜蛇、山烙铁、竹叶青、钝尾两头蛇等122种。

第五节　野生植物

1998—2000年，据中南林业科技大学对域内野生植物考察和成果鉴定，娄底境内野生植物资源丰富，种类繁多，有维管植物216科860属1798种，其中，蕨类植物38科85属226种；苔藓类植物9科18属26种；被子植物169科757属1546种，被子植物中木本植物83科573种，木本植物中，常绿树种145种，落叶树种428种。药用植物171科612属1034种。

一、按植物分类学分

（一）木本植物

乔木主要有马尾松、杉木、柏木、金钱松、红勾栲、木荷、甜槠、红楠、润楠、巴东栎、苦槠、青冈栎、小叶青冈、钩栗、栲树、小叶槠、长叶润楠、毛芽椴、鹅耳枥、虎皮楠、光叶水青冈、湖南木姜子、香桦、稠李（苦桃树）、天师栗、银鹊树、山拐枣、光皮桦、响叶杨、锥栗多脉榆、红枝柴、银木荷、枫香、翅荚香槐、檫树、飞蛾槭、白栎、黄果朴、厚壳楠、臭辣树、无患子、黄檀、响叶杨、山柳、栓皮栎、毛竹。

（二）草本植物

主要有五节芒、狗尾巴、藿香、紫草、铁芒萁、荠菜、狗牙根、蛇床子、益母草、艾蒿、灯笼草、夏枯草、水竹叶、天门冬、萱草、野百合、麦冬、玉竹、黄精、七叶一枝花、天南星、射干、石蒜、虾脊兰、天麻、河八王、逍遥竹、野燕麦、白茅、千金子、淡竹叶、大狗尾巴等。

（三）苔藓类植物

主要有黑藓、葫芦藓、地钱、大灰藓和万年藓等。

（四）蕨类植物

主要有石韦、瓦韦、阴地蕨、紫萁、芒箕、马蕨、岩凤尾蕨、单叶盖蕨、渐尖毛蕨、狗脊蕨、耳羽岩蕨、节肢蕨、江南星蕨、盾蕨、贯众蕨、凤毛蕨、铁线蕨、金星凤丫蕨、金星蕨、针毛蕨、鱼鳞蕨、石蕨、绿叶线蕨、满江红、对生耳蕨、齿头鳞毛蕨等。

二、按经济用途分

（一）木材类

主要有马尾松、樟、檫、楠木、稠树、青冈栎、椿树、光叶榉、毛竹、水青冈、栲树、钩栗、苦槠、石栎、青稠、青冈栎、麻栎、木荷、泡桐、锥栗、香桦、鹅耳枥、槲栎、朴树、黑壳楠、枫香、花榈木、香椿、冬青、天师栗、山杜英、银木荷、柞木、喜树、拟赤杨、香果树等。

（二）油脂类

主要有油茶、油桐、木油桐、乌桕、蓖麻、漆树、湖南山核桃、核桃、白檀等。

（三）芳香油类

主要有山苍子、玫瑰、薄荷、凹叶厚朴、含笑花、柏木、乌药、光皮桦、玉兰、刺槐、竹叶椒、桔、小茴香、桂花、藿香、紫苏、茵陈蒿、野菊、桔草、香附子等。

（四）淀粉及糖料类

主要有野葡萄、猕猴桃、蕨、葛、银杏、板栗、茅栗、锥栗、苦槠、栲树、甜槠、钩栗、石栗、青冈栎、栓皮栎、白栎、麻栗、芡实、菱角、百合、石蒜、薏苡、淮山、土茯苓、桑葚、无花果、构棘、中华山楂、豆梨、金樱子、三月泡、樱桃、葡萄、四照花、枳椇、胡颓子等。

（五）果品类

主要有猕猴桃、山樱桃、银杏子、茅栗、锥栗、湖南山核桃、野核桃、构棘、薜荔、四照花、冷饭团、野山楂、金樱子、无花果、多种泡、柿、橘、柚、梨、桃、枣等。

（六）食用蔬菜类

主要有奶参、莴笋、茭白、毛竹笋、魔芋、藠头、水芹菜、蕹菜、水芹菜、紫苏、冬苋菜、天花粉、栀子花、辛夷花、月季花、木芙蓉花、木槿花、香椿、楤木、玉兰片、小竹笋、鱼腥草、阳荷、皇帝菜、天子葱、羊奶菜等。

（七）茶饮类

主要有茶叶、湖北海棠、大黄、金银花茶、杜仲叶、蒲公英（全株）茶、鱼腥草、绞股蓝、决明子、柑橘皮、苦荠等。

（八）药用类

主要有鸡血藤、灯芯草、木通、钩藤、大血藤、牡丹、凹叶厚朴、杜仲、合欢、黄柏、苦楝、金毛狗、贯众、菖蒲、黄连、白茅、香附子、石菖蒲、天南星、半夏、玉竹、黄精、土茯苓、仙茅、淮山、射干、天麻、青木香、细辛、苦参、续断、天花粉、天冬、侧柏叶、桑叶、大青叶、枇杷、紫苏叶、松花粉、辛夷、夏枯草、金银花、菊花、桑葚、无花果、五味子、野山楂、金樱子、女贞子、黄栀子、牛蒡子、青葙子、决明子、车前子、薰衣草、马鞭草、藿香、薄荷、半边莲、茵陈、蒲公英、茯苓、五倍子等。

（九）纤维类

主要有椴树、棕榈、梧桐、小构树、藤构、木芙蓉、构树、葛藤、芒、五节芒、野桐、南蛇藤、扁担秆子等。

（十）饲料类

主要有玉米、小麦、红薯、水浮莲、凤眼草、空心莲子草、鹅肠菜、羊蹄、盐肤木、桑葚、猕猴桃、葛藤、木芙蓉、构树、蓴菜、鹅冠草、马唐、牛筋草、杜仲叶、蒲公英、鱼腥草等。

（十一）染料类

主要有黄栀子、盐肤木、化香、茜草、红花檵木、紫草、槐花、黄檗、紫苏、五倍子、苏木、小果蔷薇、粉团蔷薇、火棘、盐肤木、漆树、化香、青钱柳、核桃、油茶、菝葜、夹竹桃等。

（十二）绿肥类

主要有三叶草、多种蔬菜、豆科瓜类，紫云英、田菁、刺槐、蚕豆、红萍、盐肤子、小白酒草等。

（十三）土农药类

主要有雷公藤、闹羊花、苦楝、辣蓼、毛茛、博落回等。

（十四）绿化类

主要有法国梧桐、香樟、桂花、七叶树、石楠、女贞、栾树、池杉、梧桐、国槐、玉兰、银杏、雪松、柳杉、水杉、罗汉松、垂柳、苏铁、含笑花、荷花玉兰、白玉兰、紫玉兰、玫瑰、月季、红叶李、日本樱花、合欢、木芙蓉、黄杨、红檵木、七里香、木槿、山茶花、紫薇、石榴、爬山虎、常春藤、蔷薇、铺地柏、鸡冠花、牡丹、芍药、虞美人、天竺葵、翠菊、金盏菊、万寿菊、鸢尾、珊瑚树、小叶女贞、黄栀子、紫羊茅、马尼拉等。

（十五）抗污染类

主要有香樟、臭椿、刺槐、柏木、构树、银杏、马尾松、楝树、女贞、夹竹桃、桤木、香椿、响叶杨、葛藤等。

（十六）观赏类

主要有银杏、悬铃木、玉兰、垂柳、梧桐、石楠、重阳木、桂花、雪松、香樟、槐树、合欢、水杉、栾树、日本樱花、蜡梅、石榴、紫薇、木兰、木槿、泡桐、鸽子树、女贞、葱兰、山茶花、含笑、黄栀子、铁树、南天竹、茶梅、山楂、五角枫、黄连、鹅掌楸、枫香、榉树、法国梧桐、豹皮樟等。

三、按珍稀程度分

据1999年国家林业局、农业部发布的《国家重点保护野生植物名录（第一批）》，境内有国家保护树种10种：一级保护树种有水杉、珙桐、银杏、伯乐树、南方红豆杉；二级保护树种有香果树、连香树、楠木、金钱松、毛红椿。根据1991年出版的《中国植物红皮书（第一册）》，境内有国家珍稀植物20种：即银杏、金钱松、南方红豆杉、凹叶厚朴、连香树、樟树、黄连、闽楠、八角莲、紫茎、杜仲、青檀、榉树、黄皮树、毛红椿、钟萼木、银鹊树、喜树、香果树、天麻。世界古老树种有银杏、珙桐、水杉、伯乐树、连香树、鹅掌楸、香果树。中国珍稀濒危植物有银杏、水杉、珙桐、金钱松、伯乐树、连香树、闽楠、鹅掌楸、核桃、杜仲、厚朴、银鹊树、紫茎、领春木、刺五加、八角莲、天麻。中国珍稀濒临灭绝树种有水杉、珙桐。

第七章　自然灾害

第一节　气象灾害

一、水灾

1990年6月11—28日，新化县总降水量283.6毫米，引发特大洪灾，死亡23人、受伤27人，农作物受灾面积1.92万公顷，损失粮食3.85万吨，损坏房屋2692间、倒塌1702间，损毁公路90千米，三分之一的乡镇断路，倒电杆1137根，断电线1.34万米，损失木材432立方米，冲垮小（1）型水库2座，河坝1221米、山塘933口、桥梁350座，直接经济损失11亿元。1990—1994年，境内发生暴雨洪涝灾害30余次，308万人次受灾，死亡77人、受伤913人，死亡大牲畜8518头，损坏房屋5.87万间、倒塌房屋1.53万间，农作物受灾面积38.03万公顷、成灾面积10.76万公顷、绝收面积1.94万公顷，造成直接经济损失82.1亿元。

1996年7月10—19日，冷水江市总降水量261.1毫米，达中度洪涝标准。双峰县持续9天普降大到暴雨，江边水库水339.7毫米。涟源市过程降水量280毫米。娄底市过程总降水251.8毫米。新化县过程降水量355.8毫米，死亡62人、受伤2327人，被洪水围困2.1万人，紧急转移3.7万人，因灾伤病人2.5万人，居民住房全倒570户，无家可归者2493人，饮水困难9.7万人，直接经济损失45.66亿元。1998年，娄底地区遭遇历史上罕见的特大洪灾，灾毁土地2216.26公顷，其中耕地2085.59公顷、园地15.43

公顷、林地43.21公顷、居民点及独立工矿用地58.46公顷、交通用地13.57公顷。1996—1999年，境内发生暴雨洪涝灾害33次，676.96万人次受灾，死亡143人、受伤2.98万人，死亡牲畜4.06万头，损坏房屋12.37万间、倒塌房屋4.16万间，农作物受灾面积22.9万公顷、成灾面积11.18万公顷、绝收面积3.27万公顷，造成直接经济损失64.53亿元。

2001年6月10日，双峰县降水100毫米，河流水位急剧上涨，造成县城低洼处积水0.2~0.5米，大部分乡镇出现洪涝、山体滑坡，公路冲毁、交通中断、农田受淹等灾害，15.5万人受灾，死亡4人，死亡大牲畜2850头，直接经济损失4.37亿元。2000—2004年，境内发生暴雨洪涝灾害46县次，546.68万人次受灾，死亡21人、受伤808人，死亡牲畜1.99万头，损坏房屋4.25万间、倒塌房屋2.86万间，农作物受灾面积16.72万公顷、成灾面积8.86万公顷、绝收面积2.7万公顷，造成直接经济损失19.69亿元。

2005年5月31日至6月1日，冷水江市累计降水243.8毫米，达轻度洪涝标准，娄星区降水113.7毫米，涟源市降水141.3毫米，荷塘镇降水量350毫米，128万人受灾、死亡48人，水利设施损失4000万元。冲走煤炭28.2万吨，水产品损失5000吨，山体滑坡泥石流3150处。直接经济损失1.35亿元。2005—2009年，境内发生暴雨洪涝灾害21县次，322万人次受灾，死亡5人、受伤3335人，转移安置6.25万人，死亡牲畜326头，损坏房屋3.02万间、倒塌房屋1.92万间，农作物受灾面积5.5万公顷、成灾面积3.74万公顷、绝收面积1.31万公顷，造成直接经济损失11.8亿元。

2012年5月8—9日，全市出现强降水天气过程，同时伴有雷电、大风、冰雹、龙卷风等灾害性天气。尤其8日下午涟源市龙塘、安平、斗笠山、石马山等乡镇出现7~8级大风和冰雹，局部有龙卷风（风速30米／秒以上），冰雹最大直径22毫米。5月9日除娄底本站没达到暴雨标准外，其他县市普降暴雨，其中新化县出现大暴雨，日降水量100.9毫米。造成受灾人口22.28万人，死亡4人、受伤78人、紧急转移安置8835人，倒塌房屋999间、损坏房屋336间，死亡大牲畜42头，农作物受灾面积2185公顷，成灾面积1102公顷，绝收面积225公顷，直接经济损失8.78亿元。2000—2014年，境内发生暴雨洪涝灾害77县次，757万人次受灾，死亡6人、转移安置24.73万人，死亡牲畜2.35万头，损坏房屋5.62万间、倒塌房屋2.51万间，农作物受灾面积28.47万公顷、绝收面积2.57万公顷，造成直接经济损失17.07亿元。

2017年6月22日至7月2日，全市出现持续性强降水过程，总降水量374.5毫米，较历年同期偏多477%，造成全市范围的重度洪涝，位居历史第一位。183个（次）乡镇降水在200毫米以上，22个乡镇超过500毫米。最大降水923.5毫米，涟水、涓水等35条中小河流水位急剧上涨，资江新化段两次洪水叠加形成特大洪峰，新化县、冷水江市超警戒水位5米左右。强降雨造成87个乡、镇、街道89.4万人次受灾，转移16.37万人次，农作物受灾面积7.8万公顷。涟源市白马、湄江，新化县半山、车田江和梅花洞等大中型灌区垮塌100多处，发生小规模山体滑坡100多处，直接经济损失35.97亿元。娄星区城区因进水造成大面积城市停水，引发地质灾害540起，直接经济损失1.05亿元。

1990—2017年，境内出现洪涝灾害15年次，占总年数的54%，平均约2年有1次洪涝灾害。共出现暴雨、大暴雨1363县次，暴雨、洪涝灾害造成经济损失237.27亿元。

二、旱灾

1990—1994年，境内出现干旱20县次，166万人次受灾，农作物受灾面积23万公顷，小（1）型水库干涸513座，小（2）型水库干涸73座，溪流断流2338条，山塘干涸16万余口，直接经济损失1.96亿元。其中1992年7月7日至11月6日，涟源市持续123天降水量仅33.3毫米，最大日降水量8.9毫米，属特大干旱年。46个乡镇，257个村，19万人次受灾，16万余头牲畜因干旱发生饮水困难。全市小（2）型水库干涸38座，山塘干涸3.8万余口，溪河断流，农作物受灾面积2万余公顷，粮食减产3.1万吨。至12月24日，冷水江市降水量仅107.7毫米，同期蒸发量937.3毫米，最大日降水量18.4毫米。旱灾造成18.2万人次受灾；农作物受灾面积5962.98公顷、成灾面积5135.9公顷、绝收面积733.7公顷；小（2）型水库干涸9座；溪流断流9条；抗旱投入人力4万余人次，机械设备1256台，经费56万元；直接经济损失4500万元。

1995—1999年，境内出现干旱3县次，16万人受灾，农作物受灾面积3万公顷，小（1）型水库干涸38座，小（2）型水库干涸37座，溪流断流14条，山塘干涸8798口，直接经济损失1200万元。

2000年7月8日至8月23日，娄星区降水量仅45.2毫米，较历年偏少59%，出现严重旱情。造成65万人次受灾，16万人饮水困难，农业受灾总面积3.54万公顷，死亡牲畜2500头，29条溪河、39座水库、3万余口山塘干涸，直接经济损失3.5亿元。2003年6月27日至12月5日，全市大旱，5个多月内降水量仅78.1毫米，其中6月27日至8月31日，全市平均降水量57.4毫米，双峰县仅25毫米。7月11日至8月6日，持续26天平均气温38°以上。7月28日至8月2日，娄底中心城区、涟源市区、双峰县城连日高温40°以上。全市水利工程蓄水量仅2.49亿立方米，15.43万口山塘干涸。全市92个乡镇，70.34万人次受灾，造成人畜饮水困难。粮食生产及经济作物严重减产，直接经济损失20亿元。2000—2004年，境内出现干旱18县次，131万人次受灾，农作物受灾面积18万公顷，小（1）型、小（2）型水库干涸899座，溪流断流242条，山塘干涸17万口，直接经济损失1.3亿元。

2005—2009年，境内出现干旱29县次，125万人次受灾，农作物受灾面积24万公顷，小（1）型和小（2）型水库干涸783座，溪流断流356条，山塘干涸22.38万口，直接经济损失33.98亿元。其中2007年9月12日始，娄星区百亩乡、杉山镇等24个村进入干旱期，连旱80天，降水量21.8毫米。24个村不同程度受旱灾影响，其中百亩乡6个村近2千亩晚稻绝收，3000人无水饮用。杉山镇71口山塘全部干涸，晚稻、冬季作物（小麦、油菜）基本未种，而木山村20多口井全部无水可取，1100人受到影响。灾情延续至11月30日。

娄底发生自1951年以来最严重的干旱。图为双峰县井字镇干涸的涓水河（2013年7月摄）

2011年1月1日至6月1日，娄星区发生严重旱情，降水量270.8毫米，比历年同期偏少58%，出现春旱。农作物受旱面积1930.97公顷，2.3万人饮水困难。2013年6—8月，全市出现特大干旱，干旱天数均在50天左右。全市累计降水仅745.5毫米，较历年同期偏少30%。其中，7月1日至8月14日，全市平均降水仅4毫米。35°以上高温长达35天。96条河道断流、169座水库干涸、1378眼电井出水不足。全市5县（市、区）全部受灾。9.56万公顷作物减产，其中轻旱2.4万公顷、重旱4.21万公顷，39万人、13.31万头大牲畜饮水困难。直接经济损失17.97亿元。2000—2014年，境内出现干旱37县次，245万人次受灾，农作物受灾面积16.4万公顷，水库干涸254座，溪流断流102条，山塘干涸2.89万口，直接经济损失3.7亿元。

2015—2017年，境内出现干旱13县次，干旱天数20~30天1县次，30~40天9县次，50~60天2县次，60天以上1县次，其中最长持续天数75天（娄星区，2017年8月18日至10月31日），干旱造成全市2.32万人次受灾，因旱救助9975人，农作物受灾面积5660公顷、成灾面积3632公顷、绝收面积481公顷，总计造成全市直接经济损失1.35亿元。

三、冷冻灾害

（一）低温雨雪冰冻

1991年12月，境内积雪深度、极端最低气温为历史同期有记录以来最低值。26日普降暴雪，最大积雪深度16厘米（双峰县）至27厘米（新化县），伴有冰冻，29日极端最低气温-11.7℃（双峰县）至-8.2℃（冷水江市），冰冻维持3~4天，积雪维持4~5天，主要公路中断2天（山区中断4~5天），死亡8人、伤77人，直接经济损失715万元。1990—1994年，境内发生低雨雪冰冻6县次，87.3万人次受灾，死亡8人，伤77人，倒塌房屋752间、损坏房屋2523间，农作物受灾面积8.88万公顷、成灾面积1.94万公顷、绝收面积2060公顷，死亡大牲畜1179头，直接经济损失770万元。

1995—1999年，境内发生低温雨雪冰冻7县次（1995年1县次、1996年2县次、1998年4县次）。造成54万人次受灾，倒塌房屋301间，死亡大牲畜541头，损失木材1.85万立方米、倒楠竹35.4万根，倒高低压电杆2178根、中断线路97.3千米、损坏变压器13台、215个村停电，直接经济损失3270万元。

2000—2004年，境内发生低温雨雪冰冻8县次。112.4万人次受灾，受伤101人，倒杆2.96万根，中断供电1350个村，冻坏供水管道2.18万米、水表2000个，倒塌房屋722间、损坏房屋7299间，农作物受灾面积3.24万公顷、成灾面积1.37万公顷、绝收面积1940公顷，死亡大牲畜2003头，86所学校停课，360家企业停产，直接经济损失4.13亿元。

2005—2009年，境内发生低温雨雪冰冻16县次（2005年5县次、2006年6县次、2008年5县次），造成464.55万人次受灾、受伤4.78万人，农作物受灾面积12.68万公顷，倒塌房屋2.21万间、损坏房屋6.43万间，直接经济损失61.2亿元。其中2008年1月13日至31日，境内连续雨雪冰冻，至2月4日，平均气温为-1.1℃，为有气象资料以来同期最低，日平均气温小于0℃日数为23天（属严寒期），连续冻雨天气过程等多项指标均创历史极值。全市95个乡镇（街道）受灾，所有公路都有中断，312.89万人次受灾，死亡10人、伤病4.73万人、紧急转移安置2.43万人，死亡大牲畜31.28万头，房屋倒塌1.93万间，农作物绝收面积4.04万公顷，直接经济损失54.93亿元。

双峰县井字镇干部职工在省道314线黄巢山段铲除积雪（2008年2月2日摄）

2011年1月1—4日，境内出现低温雨雪冰冻，1月18—19日出现连续暴雪天气，最大积雪深度14厘米（双峰县）至29厘米（新化县）。其中涟源市28厘米，创涟源市历史积雪深度最大值。全市101.8万人次受灾，农作物受灾面积1万公顷，房屋倒塌0.1万余间、损坏房屋2000余间，直接经济损失22.38亿元。2011—2017年，境内发生低温雨雪冰冻14县次，造成152万人次受灾，2755人次受伤，农作物受灾面积1.58万公顷，成灾面积0.55万公顷，倒塌房屋2000余间、损毁房屋2300余间，死亡牲畜5000余头，直接经济损失2412亿元。

（二）低温冷害

春寒（倒春寒）、五月低温　1991年3月16日至5月13日，境内连续旬平均气温比历年偏低，加之阴雨寡照，对旱中稻播种育秧及早稻移栽造成严重影响，早稻烂种烂秧、小麦“三病”（小麦锈病、小麦白粉病、小麦全蚀病）大流行，农作物受灾面积1.2万公顷，减产1.53万吨，直接经济损失1624.2万元。1991—1999年，境内发生春寒，五月低温灾害8县次，农作物受灾面积1.82万公顷，直接经济损失1714.5万元。

2003年5月7—13日（冷水江市7—12日、涟源市8—12日）达轻度或中度五月低温天气，平均气温18.2℃（新化县）、光照仅0.5小时（涟源市）、极端最低气温13℃（冷水江市），农作物受灾面积2.13万公顷，直接经济损失5800万元。2004—2009年，境内发生春寒，五月低温灾害12县次。农作物受灾面积2.61万公顷、绝收面积2500公顷，倒塌房屋152间、损坏房屋397间，直接经济损失1.43亿元。

2010年，境内4月中旬出现中度倒春寒天气，5月12—22日，除双峰县外均出现中度连阴雨，新化县、涟源市出现轻度五月低温，冷水江市重度五月低温。对春季作物带来较大影响，蔬菜、茶叶、果树、中药材等光照不足，部分区域病虫害较重程度爆发，早稻秧苗死苗2%~10%，4月上旬播种的花生大多不能出苗，直接经济损失385万元。2000—2017年，境内发生春寒、五月低温灾害9县次。

寒露风　2010年9月21日至10月7日，长时间低温阴雨，出现较严重的寒露风天气，大部分县（市、区）日平均气温≤20℃。除9月30日涟源市有0.8小时日照外，其余县（市、区）连续12天无日照、雨日12天、极端最低气温14.3℃，范围广、持续时间长、强度重，是有记录以来罕见天气。2011年9月18—24日，各县市过程平均气温为17℃（新化站）至18.1℃（娄底站），是历史上出现寒露风期间平均温度次低年份，极端最低气温为12.4℃（新化）。

2008年娄底市冰雪灾害损失情况一览表

表2-26

县(市、区)	地质灾害(起)	人员伤亡及基础设施损失情况						耕地及土地整理项目损失情况			系统内部损失(万元)	直接经济损失(万元)
		人员伤亡(人)	倒塌房屋(间)	损坏房屋(间)	损坏公路(处)	损坏水渠(处)	经济损失(万元)	破坏耕地(亩)	土地整理项目损失情况	经济损失(万元)		
新化县	1041	0	3700	12100	85	3796	7068.83	3000	损坏沟渠16000米，道路6500米	321.97	12.5	7403.30
冷水江市	145	伤2人	708	7180	—	—	2043.90	3806	损坏沟渠100米，道路1000米	384.60	90.0	2518.50
涟源市	134	0	1208	—	—	—	2050.00	3600	损坏沟渠11128米，道路5400米，机耕桥涵25处	389.76	370.0	2809.76
双峰县	150	0	593	—	70	620	24869.77	3075	损坏沟渠41000米	325.23	5.0	25200.00
娄星区	0	0	0	—	—	—	—	—	损坏沟渠3000米，道路2000米	26.00	0.5	26.50
开发区	0	0	0	—	—	—	—	—	—	0.00	1.0	1.00
市局	0	0	0	—	—	—	—	—	—	0.00	32.0	32.00

1990年8月11日，双峰县午后出现大风伴有雷雨，瞬间最大风力9级（22米/秒），死亡2人、受伤3人。1992年4月20日23时，冷水江市、涟源市、双峰县部分乡镇出现冰雹大风，冰雹最大直径40毫米，造成4人死亡，折断树木、楠竹上百万棵。1993年3月13日，新化县境域部分乡镇遭遇冰雹大风袭击，冰雹直径5~10厘米，最大瞬时风速22米/秒，持续10~20分钟。由于冰雹大风来势凶猛，一艘在资江航行载有70余人的机帆船翻船，当场死亡3人。至1994年，境内发生风雹灾害17县次。造成

28.93万人次受灾，死亡14人、受伤374人，农作物受灾面积2.47万公顷，倒塌房屋万余间，折断树（竹）146万棵，直接经济损失5317万元。

1995—1999年，境内发生风雹灾害3县次（1997年1县次、1998年2县次），倒塌房屋40间、损坏房屋40间，直接经济损失80万元。

2002年4月4日，新化县冰雹最大直径约20厘米，最大风速19米／秒。2003年5月6日17时，涟源市桥头河镇等乡村遭受大风冰雹袭击，最大冰雹直径20毫米，最大风力8级，造成2人死亡。2003—2004年，全市发生风雹灾害8县次，36.92万人次受灾，死亡4人、受伤144人，农作物受灾面积2.09万公顷，烤烟育苗受灾200万蔸，倒塌房屋2532间、损坏房屋3.32万间，直接经济损失6450万元。

2005—2009年，全市发生风雹灾害12县次，26.54万人次受灾，死亡2人、受伤15人，农作物受灾面积1.09万公顷，倒塌房屋769间、损坏房屋4050间，直接经济损失9985万元。其中2008年4月8日17时，市经开区大埠桥街道、娄星区双江乡内遭受大风冰雹严重袭击，最大风速18.6米／秒，造成倒塌房屋1000余间、直接经济损失2000余万元。

2012年5月8—9日，全市出现一次重度“风、雹灾”、大暴雨、暴雨等强降水天气过程，涟源市龙塘、安平、斗笠山、石马山等乡镇出现7~8级大风和冰雹，局部有龙卷风（风速30米／秒以上），冰雹最大直径22毫米，大风和冰雹持续时间10分钟左右，造成4人死亡，直接经济损失8778万元。2013—2017年，全市发生风雹灾害18县次，57万人次受灾，死亡5人、受伤359人，农作物受灾面积1.31万公顷，倒塌房屋0.6万余间、损坏房屋1万间，直接经济损失约2.15亿元。

四、雷电灾害

境域年平均雷暴日40~50天，属多雷区。雷暴活动期主要集中在春、夏两季，平均雷暴季为2—9月。

2005年4月22日，新化县科头乡黄丙村11组村民袁某在田间劳动时遭雷击身亡。2006年6月24日，双峰县永丰镇联阳村发生雷灾，造成村民龚某死亡。是年9月4日，新化县梅苑开发区工业园内金龙金属有限公司工地发生雷击事故，造成陈某死亡，1人受伤。2007年8月25日，娄底经开区大埠桥街道宋家村下湾组发生雷灾，造成宋家村小学三年级学生李某死亡。

2010年6月19日，娄星区小碧乡桐梓村大福砖厂发生雷灾，造成陈某死亡。是年7月25日，冷水江市中连乡余元村村民杨某遭受雷击死亡。2011年6月4日，新化县荣华乡果田村发生雷灾，造成村民伍某死亡。是年6月14日，娄星区万宝镇石林村凤山组村民曾某夫妇共骑摩托车，在潭邵高速公路连接线旺兴加油站附近公路上遭受雷击，两人当场死亡。

2017年3月19日，新化县文田镇方竹村发生雷灾，造成罗某死亡。是年4月19日，新化县上梅镇上田村发生雷灾，造成在野外割草的村民杨某死亡。是年5月3日，新化县槎溪镇政辉村发生雷灾，造成在外劳作的村民叶某死亡。

第二节　虫　害

一、主要农作物病虫害

1990年，水稻细菌性条斑病蔓延至双峰县和娄星区。1993年，某单位未经植物检疫擅自引种，病原随种子扩散，导致新化县46.67公顷杂交水稻制种田生产的杂交稻种子发生细菌性条斑病。至1994年，全地区5个县市20多个乡镇4000多公顷稻田发生水稻细菌性条斑病，造成粮食减产3000多吨。农业部门对种子产地检疫、调运检疫执法力度加强，对疫区种子封锁消毒、细菌性条斑病进行药剂防治处理，病害逐步得到遏制，截至2017年，水稻细菌性条斑病没有大面积流行，但沿河、沿江稻田仍有零星发生。

1995年，6月下旬至7月，水稻纹枯病在全地区大范围发生，危害面积66.73公顷，一般病蔸率70%~80%，高丘田块100%。其他年份中等至偏重发生。

1995年，早稻后期稻飞虱在全市暴发，高丘田块百蔸虫量3.8万只，发生面积20多万公顷，粮食减产4000多吨，火囱倒伏面积占10%以上，是20世纪80年代中期以后危害最大的一次。此后1999年、2004年、2005年仍有发生，随着吡虫啉、吡蚜酮、呋虫胺、噻虫嗪、烯啶虫胺等新品种药剂的化学防治及绿色防控措施推广，稻飞虱没有大面积暴发，但发生程度仍在中等偏重以上。

1996年，水稻稻瘟病在全市大发生，病穗率10%以上，减产20%，其他年份局部发生。

1999年、2008年、2011年，稻纵卷叶螟在全市大发生，其他年份偏重发生。迁飞性害虫，全年发生5~6代，第二、四代为主害代，对早、晚稻孕穗抽穗期取食稻株上部叶片引起水稻减产。

2004年，水稻二化螟发生面积13.33万公顷，粮食减产8000多吨。2005年起，采取“斩头、去尾、断桥梁田”等防治措施，减少混栽插花种植，切断二化螟辗转为害桥梁田，春季及时翻耕灭蛹，冬季翻耕泡田，减少二化螟越冬基数，并采取药剂“锐劲特”等进行化学防治，二化螟猖獗为害势头得到部分遏制。但随着抗药性增强，二化螟危害每年仍在偏重发生和大发生之间，是境域常年偏重发生的基本水稻虫害。

2005年6月，双峰县印塘乡、青树坪镇、锁石镇、三塘铺镇等4个乡镇274个行政村发生稻水象甲，发生面积1833公顷，粮食减产70%以上，个别丘块失收。是年起，当地政府和农业部门按照《植物检疫条例》严格检疫检验，稻象甲没有扩散蔓延到其他县（市、区），但双峰县部分乡镇仍未根除，且逐年有少幅增加。至2017年，发生面积2867公顷。

2008年，新化县圳上镇神仙村陈某喻自家橘园发现柑橘大实蝇，随后扩散蔓延至各县（市、区），成为境域橘园减产的主要虫害，普遍减产40%左右。至2017年，柑橘大实蝇仍是柑橘的主要害虫。

2009年，双峰县印塘乡发现南方水稻黑条矮缩病，全县发生面积7000余公顷，损失稻谷5000吨。

2010年，市经开区大埠桥农户蔬菜中发生瓜实蝇，危害黄瓜、丝瓜等菜蔬，受害面积0.73公顷，危害程度70%以上。截至2017年，瓜实蝇仍未完全控制。

2013年，在娄星区花山街道清潭社区油草、桑梓、红旗、月新4个居民小组蔬菜地发生扶桑绵粉蚧病害，发生面积12公顷，减产80%以上。通过药剂防治，没有扩散蔓延到其他县（市、区）。

二、主要农作物害虫和天敌

境内农作物的害虫品种繁多，因作物而异。

2017年娄底市主要农作物害虫表

表2-27

农作物	主 要 害 虫
水稻	二化螟、三化螟、大螟、稻纵卷叶螟、稻简巢螟、褐边螟、褐飞虱、白背飞虱、黑尾叶蝉、稻苞虫、黏虫、蚜虫、稻螟蛉、稻象甲、稻蓟马、稻蝗、尖头蝗、红瓢虫、负泥虫、稻眼蝶、稻瘿蚊、蝼蛄、红砂虫、稻食根金花虫等
麦类	二化螟、大螟、灰飞虱、叶蝉、黏虫、麦象、金龟子、瓢虫、蝼蛄等
旱粮	玉米螟、高粱穗螟、高粱芒蝇、黏虫、蟓虫、麦蛾等
薯类	小象鼻虫、红薯卷叶蛾、天蛾、蚂蚁、灯蛾、金龟子、瓢虫、块颈蛾、叶蚺等
棉花	棉蚜虫、红蜘蛛、棉铃虫、红铃虫、金刚钻、斜纹夜蛾、棉卷叶螟、地老虎、蜗牛、绿盲蝽象、叶跳虫、棉蓟马、小造桥虫等
豆类	豆蚜虫、大豆食心虫、豆青虫、蚕豆象、绿豆象、豆荚螟、豆秆黑潜蝇等

续表2-27

农作物	主 要 害 虫
瓜菜类	蚜虫、菜蛾、菜粉蝶、菜螟、油菜尺蠖、潜叶蝇、猿叶虫、卷叶虫、黏虫、黄曲条跳岬、斜纹夜蛾、蛞蝓、蜗牛、黄瓜红蜘蛛、地老虎等
茶叶	荼毛虫、茶尺蠖、茶夜蛾、茶蓑蛾、刺蛾、叶蝉、螃蜡、茶蛀梗虫、多种蚧虫、茶蚜、茶蓟马、茶卷叶蛾、红颈天牛等
柑橘	橘蚜、花蕾蛆、蚧壳虫、螨类、红蜘蛛、黄蜘蛛、天牛、金龟子、泥翅象岬、潜叶蛾、卷叶蛾、刺蛾、凤蝶、尺蠖、线虫、锈壁虱等
辣椒、茄子	蚜虫、卷叶虫、棉铃虫、烟青虫、斜纹夜蛾、红蜘蛛、地老虎等
黄花	红蜘蛛、蚜虫、蓟马等
绿肥	潜叶蝇、蚜虫、黏虫、蓟马、地老虎等
其他果类	嘴壶夜蛾、梨二叉蚜、园蚧、网蝽、金绿吉丁虫、梨茎蜂、星毛虫、小食心虫、蛀螟、蚜虫、枇杷黄毛虫、葡萄十星叶岬、杨梅毛虫(枯叶蛾)等

境内农作物害虫的天敌资源丰富，经记载和鉴定，属于昆虫纲的有8目，其中属寄生性天敌有膜翅目、双翅目等13科41种。属捕虫性天敌有脉翅目、半翅目、鞘翅目等7科19种及蜘蛛目（仅指稻田蜘蛛）等13科49种。还有螳螂目、蜻蜓目等。另有鸟纲、两栖纲、爬虫纲、鱼纲等食虫动物。

2017年娄底市农作物害虫主要天敌(寄生性天敌昆虫)资源表(一)

表2-28

目	科	名 称
膜翅目	姬蜂科	螟蛉瘤姬蜂、螟蛉悬茧姬蜂、日本黑瘤姬蜂、螟黑瘦姬蜂、三化螟抱缘姬蜂、螟黄袍姬蜂、菲岛抱缘姬蜂、松毛虫黑点瘤姬蜂、广黑点瘤姬蜂、稻苞虫凹眼姬蜂、纵卷叶螟黄腹姬蜂、纵卷叶螟带沟姬蜂、食蚜蝇姬蜂、负泥虫沟姬蜂等
	小蜂科	缨小蜂、无脊大腿小蜂等
	姬小峰科	稻苞虫姬小蜂等
	金小蜂科	负泥虫金小蜂、稻苞虫、金小蜂等
	赤眼蜂科	稻螟赤眼蜂、拟澳赤眼蜂、褐腰赤眼蜂、松毛等
	螯蜂科	黑腹螯蜂、稻虱红螯蜂等
	黑卵蜂科	螟黑卵蜂、腹黑卵蜂等
	茧蜂科	纵卷叶螟绒茧蜂、食蚜茧蜂、螟蛉虫绒茧蜂、弄蝶绒茧蜂、中华茧蜂等
双翅目	寄蝇科	稻苞虫赛寄蝇、日本追寄蝇等
	头蝇科	黑尾叶蝉头蝇等
	蚤蝇科	蚤蝇等
	食蚜蝇科	食蚜蝇等
	虻科	食蚜虻等

2017年娄底市农作物害虫主要天敌(捕食性天敌昆虫)资源表(二)

表2-29

目	科	名称
鞘翅目	瓢甲科	七星瓢虫、多翼瓢虫、龟纹瓢虫、异色瓢虫、眼斑瓢虫、龟纹瓢虫黄绿变型、稻红瓢虫、黑襟毛瓢虫、大红瓢虫、红点唇瓢虫等
	虎甲科	中国虎甲等
	芫菁科	红斑芫菁、红头芫菁、毛豆角芫菁等
半翅目	盲蝽科	黑肩绿盲蝽等
	花蝽科	小花蝽等
	宽蝇蝽科	尖沟宽蝇蝽等
脉翅目	草蛉科	大草蛉、中华草蛉等
蜘蛛目	萧蛸科	银斑白条蛛、华丽萧蛸、维腹萧蛸、直伸萧蛸、鳞纹萧蛸、圆尾萧蛸、四斑锯螯蛛、柔弱锯螯蛛等
	狼蛛科	拟水狼蛛、稻田水狼蛛、稻田狼蛛、沟渠狼蛛、奇异狼蛛、拟环纹狼蛛、丁纹豹蛛、梭斑豹蛛等
	微蛛科	草间小黑蛛、隆背微蛛、食虫瘤胸蛛等
	球腹蛛科	四棘球腹蛛、温室环球腹蛛、八斑球腹蛛等
	管巢蛛科	粽苞管巢蛛、千岛管巢蛛、赫定管巢蛛等
	跳蛛科	花背跳蛛、白斑猎蛛、黑色跳蛛等
	暗蛛科	黑隐石蛛等
	园蛛科	茶色新园蛛、黄斑园蛛、四点亮腹蛛、灌木新园蛛、横纹金蛛、黄金肥蛛、黄褐新园蛛、嗜水新园蛛等
	卷叶蛛科	黑斑卷叶蛛等
	漏斗网蛛科	迷宫漏斗蛛、机敏漏斗蛛等
	蟹蛛科	福禄蟹蛛、白头锯足蛛、三突花蛛等
	猫蛛科	宽头猫蛛、条纹猫蛛、斜纹猫蛛等
	盗蛛科	犁形狡蛛、菱头蛛等

2017年娄底市农作物害虫主要天敌(捕食性动物及其他)资源表(三)

表2-30

纲	主要种类
鸟纲	猫头鹰、大斑啄木鸟、红尾伯劳、大杜鹃、大山雀、画眉、燕、喜鹊、小鸭等
两栖纲	泽蛙、沼蛙、黑斑蛙、金线蛙、虎纹蛙、无斑雨蛙、饰纹姬蛙、蟾蜍等
爬虫纲	蛇、蜥蜴、壁虎等

续表2-30

纲	主要种类
鱼纲	草鱼、鲤鱼、鲫鱼、银鲴等
其他昆虫	蜻蜓目、螳螂目、蚂蚁类、食肉螨类及蠼螋、步行虫、隐翅虫、稻虱线虫等

2017年娄底市农作物害虫主要天敌（病原微生物）资源表（四）

表2-31

类别	种类	主要防治对象	
真菌	白僵菌	二化螟、三化螟、黑尾叶蝉、稻飞虱、小绿叶蝉、玉米螟、麦蝝、蝗虫、大豆食心虫、豆蚜、棉铃虫、黄刺蛾、舟蛾、油茶尺蠖、菜象岬、菜粉蝶、叶岬、茶毛虫、松毛虫、天牛、地老虎、金龟子等	
细菌	苏云金杆菌及其变种杀螟杆菌	稻苞虫、稻飞虱、稻叶蝉、稻纵卷叶螟、稻螟蛉、稻眼蝶、棉金刚钻、棉卷叶螟、玉米螟、高粱穗螟、红薯卷叶虫、茶尺蠖、茶毛虫、烟青虫、菜青虫、油茶尺蠖、苍蝇等以及苎麻蛱蝶、凤蝶、棉夜蛾、红薯天蛾、刺蛾、蓑蛾、柑橘小卷叶虫、菜蛾、油茶毒蛾等鳞翅目的幼虫	
	青虫菌	菜粉蝶、稻纵卷叶螟、稻苞虫等	
病毒	多角体病毒	核型	黏虫、棉铃虫、斜纹夜蛾、稻眉纹夜蛾、毒蛾、菜青虫等
		质型	鳞翅目的灯蛾、蛱蝶及地老虎等

三、主要森林虫灾与天敌

境内森林（树木）害虫多种多样，已发现的有5纲23目46科136种。境内有林地22.08万公顷，其中用材林13.97万公顷，其中松林6.86万公顷。主要害虫以松毛虫危害最烈。在海拔400米以下的丘陵区，一般4~5年大发生一次。

2017年娄底市森林（树木）主要害虫表

表2-32

树名	主要害虫名称
马尾松	马尾松松毛虫、松梢螟、松茸毒蛾、松针红腊蚧、中华松腊蚧、松大蚜、拟松材线虫、黑翅白蚁、天牛、松尺蠖、马尾松梢小卷叶蛾等
金钱松	木蠹蛾、金钱松小卷蛾等
杉	杉梢小卷蛾、杉梢螟、红蜘蛛、黑翅大白蚁、黄翅大白蚁、小象鼻虫、杉龟腊蚧、粗鞘双条杉天牛等
檫、樟	黄翅大白蚁、黑翅大白蚁、檫木白轮蚧、檫木长足蝝、檫木透翅蛾等
竹	竹螟、竹小蜂、竹青虫（竹篓舟蛾、竹篦舟蛾）、黄脊竹蝗、青脊竹蝗、竹广肩小蜂、华竹毒蛾、黄斑竹斑蛾、竹长蠹、竹粉蠹等
油茶	油茶尺蠖、油茶叶蜂、油茶毒蛾、油茶绵蚧、油茶象甲、油茶枯叶蛾、蛀茎虫、黑翅白蚁等
油桐	油桐尺蠖、油桐橙斑天牛、白蚁、油桐尺蛾等
泡桐、悬铃木	泡桐卷叶螟、大袋蛾、中华叶岬等
其他	桑螨、桑尺蠖、桑天牛、乌桕毒蛾、栗实象甲、板栗瘿蜂、侧柏毒蛾、白杨毛虫（柳）、栎褐天社蛾

2017年娄底市森林害虫主要天敌(天敌昆虫类)表(一)

表2-33

类别	目	科	名 称
寄生性天敌昆虫	膜翅目	茧蜂科	松毛虫绒茧蜂、松大蚜茧蜂、竹螟绒茧蜂、枯叶蛾绒茧蜂、松毛虫脊茧蜂、竹刺蛾绒茧蜂、菲岛长距茧蜂、两色刺足茧蜂、尺蛾绒茧蜂、茅茧蜂等
		姬蜂科	两色瘦姬蜂、斑蛾沟姬蜂、长尾姬蜂、松毛虫黑胸姬蜂、松毛虫黑点瘤姬蜂、蛀茎虫褶翅姬蜂、举腹姬蜂、旗腹姬蜂等
		赤眼蜂科	松毛虫赤眼蜂、拟澳赤眼蜂、斑蛾赤眼蜂等
		旋小蜂科	松毛虫平腹小蜂、舞毒蛾举腹小蜂、荔蝽卵平小蜂、白带腹小蜂、卷蛾旋小蜂、瘿蜂旋小蜂、光背旋小蜂、舟蛾旋小蜂、广大腿小蜂、食蚜小蜂、啮小蜂等
		黑卵蜂科	松毛虫黑卵蜂、松茸毒蛾黑卵蜂、油茶枯叶蛾黑卵蜂、油茶毒蛾黑卵蜂等
		肿腿蜂科	杉梢小卷蛾肿腿蜂、卷叶螟肿腿蜂、杉天牛肿腿蜂、管氏肿腿蜂等
	双翅目	寄蝇科	伞裙追寄蝇、日本追寄蝇、毛虫追寄蝇、蚕饰腹寄蝇、榆毒蛾嗜寄蝇、松毛虫狭颊寄蝇、灰色等腿寄蝇等
		食蚜蝇科	花斑食蚜蝇、短翅细腹食蚜蝇、黑带食蚜蝇、缟花食蚜绳等
捕食性天敌昆虫	鞘翅目	瓢甲科	七星瓢虫、黑缘红瓢虫、异色瓢虫、双带盘瓢虫、纤丽瓢虫、狭臀瓢虫、黄斑盘瓢虫、宽缘瓢虫、隐斑瓢虫、四斑月瓢虫、素鞘瓢虫等
		芫菁科	红头芫菁、眼斑芫菁、毛豆角芫菁等
		虎甲科	中国虎甲等
	脉翅目	草蛉科	大草蛉、中华草蛉、有星草蛉、赤背草蛉、牯岭草蛉、白线草蛉等
		蝶角蛉科	黄脊蝶角蛉等
	半翅目	盲蝽科	黑肩绿盲蝽
		花蝽科	小花蝽
		猎蝽科	白带猎蝽、细茎猎蝽、淡红猎蝽、茶褐猎蝽、乌猎蝽等
		蝽科	大红蝽等

说明:

1. 在捕食性灭敌昆虫中尚有:蜻蜓目、螳螂目、蜘蛛目、广翅目、革翅目、长翅目、啮虫目等7目。

2. 尚有步行虫类(如步行虫、艳大步甲、赤胸步甲、毛青步甲、青纹步甲、短鞘步甲等);蚁类(如松毛虫大黑蚁、双针蚁、举尾蚁、红胸刺蚁、多刺蚁、衡山猛蚁、长脚蚁等)

2017年娄底市森林害虫主要天敌(其他天敌动物及微生物)表(二)

表2-34

纲	目	科	名 称
哺乳纲	食虫目	鼩鼱科	臭鼩
		鼹科	长吻鼹
		刺猬科	刺猬
	翼手目	蝙蝠科	蝙蝠
	鳞甲目	鲮鲤科	穿山甲

续表2-34

纲	目	科	名　　称
鸟纲	鹃形目	杜鹃科	大杜鹃
	鸮形目	鸱鸮科	猫头鹰、猴面鹰(草鸮科)
	佛法僧目	戴胜科	戴胜
	䴕形鸟目	啄木鸟科	啄木鸟、大斑啄木鸟
	雨燕目	雨燕科	白腰雨燕
	雀形目	燕科	家燕、金腰燕(夏候鸟)
		伯劳科	红尾伯劳(夏候鸟)
		掠鸟科	八哥
		鸦科	乌鸦、喜鹊、灰树鹊
		画眉科	红嘴相思鸟、画眉
		山雀科	大山雀
		文鸟科	山麻雀
爬虫纲	有鳞目	壁虎科	多疣壁虎
		石龙子科	石龙子
		蜥蜴科	蜥蜴
		游蛇科	乌梢蛇
		眼镜蛇科	银环蛇、眼镜蛇
		蝮蛇科	五步蛇、竹叶青蛇
		蟾蜍科	大蟾蜍
两栖纲	无尾目	雨蛙科	无斑雨蛙、中国雨蛙
		蛙 科	虎纹蛙、金线蛙、沼蛙、泽蛙、黑斑蛙
		姬蛙科	饰纹姬蛙
病原微生物	真菌	白僵菌	
	细菌	苏云金杆菌	
		青虫菌	
	病毒	核形多角体	
		质形多角体	

第三节　地质灾害

一、地震

境内地震活动多以破坏性不大的中强或小震、微震活动方式释放能量，频度、强度低，主要发生在新化县境内，次为双峰县。2000—2017年，地震主要在涟源市斗笠山、桥头河煤矿与娄星区恩口煤矿区外围，次为双峰县、新化县，均震级小，震源浅，一般多为矿山开采、抽排水、岩溶塌陷所诱发。

二、其他地质灾害

1994年3月11日，新化县古台山林场槐花村，采金诱发山体滑坡，淹埋工棚3个，死10人。1998年5月22日，娄底市大科乡大新村新边港地段发生泥石流、滑坡等多种地质灾害，致3人死亡，损坏民房35栋，受灾人口151人，冲毁村庄、淤塞农田，直接经济损失120万元。1998年8月22日至9月4日，大雨诱发新化县文田乡老屋村罗某文屋后山体滑坡，房屋被掩埋。同时，新化县五溪乡油坪村发生山体滑坡，袁某姑家连人带屋被推入河中，一家3人全被淹死。邹某齐房屋被另一滑坡推倒，父子2人丧生。2001年6月9—10日，双峰县普降大暴雨，造成多发性山洪、泥石流及滑坡灾害，受灾面积涉及16个乡镇300个村，受灾人口15.5万人，损坏民房500余间，公路及水利设施严重受损，死亡4人、重伤3人，直接经济损失1369万元。2008年初，娄底市遭受中华人民共和国成立以后最严重的冰雪灾害。冰冻及冰雪消融期间，引发全市1470起地质灾害，大面积地面塌陷，导致大量房屋、耕地损毁，造成直接经济损失3.8亿元。是年1月22日晚间，冷水江市锡矿山宝大兴地面塌陷、新化县孟公镇地面塌陷，导致2人受轻伤，6209间房屋及2000根电杆倒塌，1.93万间房屋受损，损坏公路155处，损坏水渠4416处，损坏山塘151口，损坏河坝81座。其中冷水江市宝大兴地面塌陷为大型地质灾害，导致地面下沉2~8厘米，影响锡矿山长龙居委会、矿山居委会、光荣居委会252户730人，其中140栋房屋不同程度开裂，35栋房屋成为危房，造成直接经济损失600万元。2010年5月6日凌晨2时至8时，新化县普降特大暴雨，诱发各类地质灾害，特别是道路、山体随处崩塌，因应对及时，全县纳入群测群防体系的300多个地质灾害隐患点没有发生人员伤亡事故。2010年7月25日凌晨3时50分左右，受双峰县第二石膏矿开采影响，杏子铺镇虎塘村发生大面积塌陷，影响面积约1.5平方千米，导致虎塘村250户866人受灾，损坏房屋160栋，其中38栋损坏严重，损坏公路5千米，损坏耕地40公顷，损坏水塘10口，损坏水井近200口，另有大量电力、水渠、通信等基础设施受损，直接经济损失1000万余元。2012年，主汛期间，全市出现数次强降水过程，5月8—14日、6月10日、7月14—19日，雷暴雨灾害性天气严重影响境内各县（市、区）。全年发生滑坡、崩塌、岩溶塌陷等突发性地质灾害276处，其中滑坡235处、崩塌19处、岩溶塌陷13处、泥石流8处、地面沉降1处，2人因灾受伤，100间房屋受损，直接经济损失2473万元。2013年，全市出现数次强降水过程，局部地区日降水量100毫米，分别是4月19日、5月6—9日、5月14—15日、5月25—26日、6月8—10日，直接导致滑坡、崩塌、岩溶塌陷等突发性地质灾害306处（包含微小型未达统计标准的241处），其中滑坡287处（包含未达统计标准的239处）、崩塌8处、泥石流4处、岩溶塌陷5处，造成直接经济损失3156.2万元。2014年，全市滑坡99起、崩塌10起、泥石流2起、地面塌陷15起、地裂缝3起，造成直接经济损失2906万元。5月24—25日、5月31日至6月2日的强降水引发地质灾害30起，倒塌房屋10栋，死亡2人。2015年，全市汛期经历8次集中强降水，全年发生地质灾害261起，其中滑坡227起、崩塌19起、地面塌陷15起，死亡1人、受伤1人，直接经济损失9373万元。2016年，全市汛期历经12次集中降雨，发生滑坡592处、崩塌65处、泥石流14处、岩溶塌陷16处、地面沉降2处、地裂缝1处，死亡7人、伤3人，直接经济损失2.15亿元。2017年，全市发生滑坡534处、崩塌43处、泥石流13处、地面塌陷22处、地裂缝2处、地面沉降39处，直接经济损失1.1亿元、失踪1人。2017年3月22日，新化县水车镇老庄村二组三堂印发生泥石流，0.8公顷农田被冲毁，1栋房屋后墙被冲倒，直接经济损失22万元。2016—2017年，娄底市通过野外矿山地质调查，查明149个矿山因矿业活动引发地面塌陷、地面沉降、地裂缝、滑坡、崩塌、泥石流灾害，占调查矿山（含遗留点）总数的15.97%。查明全市矿山发生该六类地质灾害256处，影响面积1202.52公顷，占矿山总面积的3.3%，直接经济损失22.05亿元。

第八章 环境质量

第一节 大气环境质量

一、二氧化硫（SO_2）

1990年，娄底城区二氧化硫日平均浓度为0.061毫克／立方米，浓度最高值为0.429毫克／立方米，超标率6.5%，最大超标1.86倍。1991—1995年，娄底城区二氧化硫年均值为0.091毫克／立方米，超标率17.6%。1996—2000年，年均值为0.07毫克／立方米，比前5年均值下降24.1%，2000年降至0.05毫克／立方米，比前5年均值下降45.1%。2001—2005年，娄底城区二氧化硫含量年均值为0.054毫克／立方米，比前5年均值下降23.9%。2006—2010年，娄底城区二氧化硫含量平均值为0.041毫克／立方米，符合国家二级标准。其间，冷水江市2006年、2007年、2010年超标。涟源市、双峰县、新化县2007年超标。2011—2017年，全市4个评价点环境空气中二氧化硫年均浓度为0.013~0.023毫克／立方米，平均0.017毫克／立方米，日均浓度为0.002~0.076毫克／立方米，均达到国家二级标准。其中最高值在涟钢，为0.076毫克／立方米，超标。

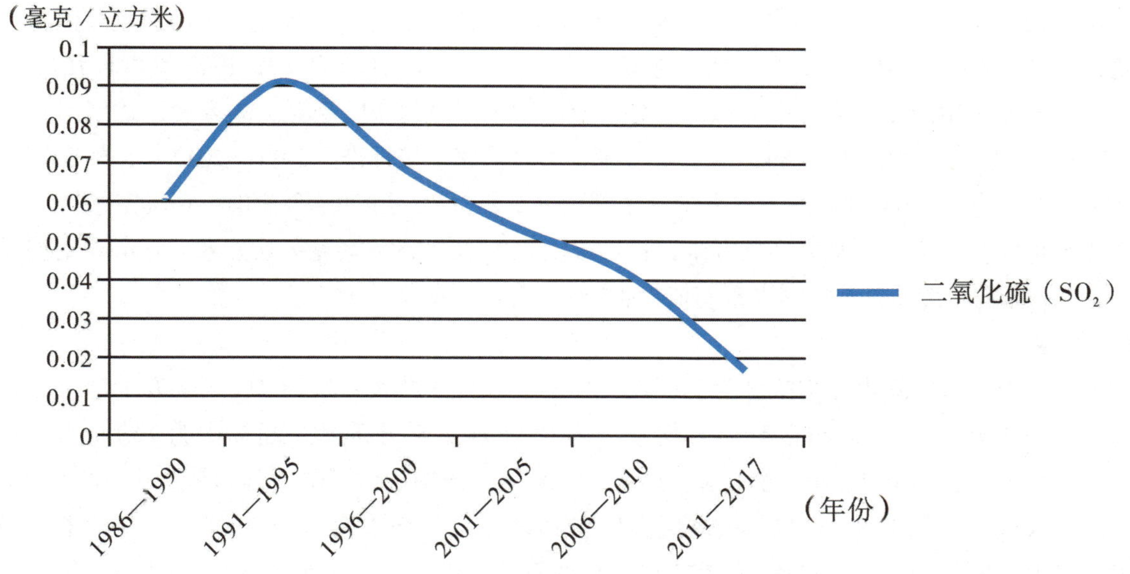

图2-1　1986—2017年娄底市二氧化硫（SO_2）变化曲线图

二、氮氧化物（NO_x）、二氧化氮（NO_2）

1986—1990年，娄底地区氮氧化物年均浓度为0.045毫克／立方米，最大值为0.126毫克／立方米，超标率0.25%。国家大气环境质量标准（GB 3095—1982）未对二氧化氮的年均浓度阈值定标。1991—1995年，氮氧化物城区年均值为0.031毫克／立方米，超标率0.3%，最高值在1992年，达0.413毫克／立方米。1996—2000年，实施国家环境空气质量新标准（GB 3095—1996），首次对二氧化氮年均浓度阈值定标，达到三级标准。全市氮氧化物年均值0.024毫克／立方米，比前5年均值降低0.007毫克／立方米。二氧化氮浓度为0.05~0.071毫克／立方米，均值为0.062毫克／立方米，2001—2005年，全市氮氧化物年均值为0.02毫克／立方米，比“九五”时期年均值降低0.004毫克／立方米。二氧化氮年均值为0.042毫克／立方米，比前5年均值下降0.02毫克／立方米。2006—2010年，全市氮氧化物年均值为0.015毫克／立方米。二氧化氮浓度为0.025~0.03毫克／立方米，年均值为0.026毫克／立方米，符合国家二级标准。娄底、涟源、冷水江、新化、双峰5个县市城区二氧化氮年均值范围为0.014~0.038毫克／立方米，全部符合国家二级标准。2011—2017年，全市氮氧化物年均值为0.012毫克／立方米。全市4个评价点环境空气中二氧化氮年均浓度为0.018~0.026毫克／立方米，平均0.022毫克／立方米，均达到国家二级标准。4个评价点环境空气中二氧化氮日均浓度为0.003~0.088毫克／立方米。其中，涟钢和市政府2个点位均达到国家二级标准，市委党校监测站出现不同程度的超标。

三、总悬浮颗粒物（TSP）、可吸入颗粒物（PM_{10}）

1990年，娄底地区监测总悬浮颗粒物日平均浓度为0.168毫克／立方米，最大浓度为0.627毫克／立方米，超标率为10.08%，最大超标1.09倍（位于涟钢厂区）。国家大气环境质量标准（GB 3095—1982）未对可吸入颗粒物的年均浓度阈值定标。1991—1995年，城区总悬浮颗粒物年均值为0.169毫克／立方米，超标率为10.09%。1996—2000年，总悬浮颗粒物年均值为0.213毫克／立方米，略高于国家二级标准，比1990年的0.168毫克／立方米增加26.7%。1996年实施新的国家环境空气质量标准（GB 3095—996）中首次对可吸入颗粒物年均浓度阈值定标，可吸入颗粒物年均值为0.22毫克／立方米，高于国家三级标准。2001年，总悬浮颗粒物平均值为0.216毫克／立方米，略高于国家二级标准，比前5年的0.213毫克／立方米增加1.4%。可吸入颗粒物年均值为0.18毫克／立方米，略高于国家三级标准。2002—2005年，娄底中心城区总悬浮颗粒物平均值为0.195毫克／立方米，达到国家二级标准。可吸入颗粒物年平均值为0.139毫克／立方米，符合国家二级标准。2006年、2007年、2008年超过国家二级标准。全市5县市城区可吸入颗粒物年均值范围为0.056~0.21毫克／立方米，共有10次超过国家二级标准，超标率为40%。其中双峰县2年次，涟源市3年次，冷水江市5年次，最高值出现在冷水江市（2006年）。2006—2010年，娄底中心城区总悬浮颗粒物平均值为0.15毫克／立方米，达到国家二级标准。可吸入颗粒物年平均值为0.084毫克／立方米，符合国家二级标准。2011—2017年，娄底中心城区总悬浮颗粒物平均值为0.084毫克／立方米，达到国家二级标准。全市4个评价点环境空气中可吸入颗粒物年均浓度为0.061~0.073毫克／立方米，日均浓度为0.012~0.506毫克／立方米，除市委党校外，均达到国家二级标准。市委党校监测点最高值为0.506毫克／立方米。

四、降尘

1990年，娄底城区降尘月均浓度为11.5吨／平方千米，月最大值为28.2吨／平方千米，超标率为70.3%。1991—1995年，娄底城区降尘月均浓度为12.04吨／平方千米，超标率为72.1%，最高值在1994年，月均浓度达21.05吨／平方千米。1996—2000年，市中心城区降尘月均浓度为20.24吨／平方千米，较“八五”时期上涨75.9%，最高值出现在1996年，月均浓度为25.42吨／平方千米。2001—2005年，市中心城区降尘月均浓度为17.73吨／平方千米，较前5年下降12.4%，均达标。2006—2010年，市中心城区各监测点降尘量为7.28~31.75吨／平方千米，月均浓度为10.02吨／平方千米。降尘量总体呈下降趋势。其中涟钢南监测点下降明显，降幅66.7%，钢索桥降幅41%，主要得益于涟钢厂内环境整治及减排工程的实施，使工业粉尘排放量大幅减少。2011—2017年，市中心城区6个监测点的降尘量月均范围浓度为5.7~12.1吨／平方千米，平均浓度为8.12吨／平方千米。涟钢南、涟钢钢桥、娄底一大桥、火车站、市中心医院等监测站（点）年均浓度为2013年相比分别下降19.7%、10.7%、7.7%、28.8%、46.6%、32%。2014年涟钢钢索桥监测点月均浓度为12.1吨／平方千米，超出评价标准0.47倍。涟钢南监测点月平均浓度为9.4吨／平方千米，超出评价标准0.15倍，娄底一大桥监测点月均浓度为8.7吨／平方千米，超出评价标准0.06倍，其余3个监测点均未超标。全城区降尘年均浓度为8.12吨／

平方千米，均达标。

五、酸雨

1990年，地区环保局对娄底中心城区酸雨进行监测，监测降水总样品107个，其中酸雨样品66个，占61.7%，酸雨pH最低值为3.28，酸雨pH最高值为4.9，酸雨pH平均值为4.42。1991—1995年，酸雨频率5年平均值70%，酸雨pH均值4.37。五年降水pH均值4.6，酸雨污染比前5年有所加重。其中，1995年，酸雨频率最高达到92.1%。1996—2000年，采集中心城区降水样品161个，降水pH均值范围为4.32~5.42。2001—2005年，降水pH年均值范围为4.74~5.25。2003年，采集娄底中心城区降水样品61个，酸雨频率63.5%，降水pH均值5.25，比2001年采集降水样品总数增加13.1%，酸雨频率下降14.5%，降水pH年均值下降0.51，比2002年采集降水样品总数下降37%，酸雨频率上升5.2%，降水pH年均值下降0.14。2005年，中心城区酸雨污染程度与2000年和“十五”初期相比有不同程度的加重。2006—2010年，市环境监测站布设降水监测点位1个，对中心城区降水不间断采样分析，5年采集降水样本287个，获有效监测数据2000多个。中心城区291次降水酸度平均值为pH=4.82。5年均值为Ⅱ级中酸雨区。2016年，中心城区酸雨频率为57.9%。其中2月酸雨频率达到100%。5月降水pH均高于5.6，没有出现酸雨。2017年，中心城区共采集降水样品95个，实测样品降水量1035.8毫米，其中酸雨量594.3毫米，占总降水量的57.4%。2017年，全年中心城区降水pH平均值为5.16，单次降水样品pH范围为4.26~6.79。pH最小值出现在12月，最大值出现在5月。

第二节 水环境质量

一、地表水

1990年，娄底地区地表水监测数据9645个，总超标项次602个，总超标率6.24%。1991—1995年，全地区地表水监测数据10725个，总超标项次715个，总超标率6.6%。1996—2000年，对涟水、资江、孙水、湄水、侧水水质监测，共布设省级和市级监控断面16个，采样点42个，分析项目16项，监测频次为每年1月、5月、9月3个水期，各采样3次，每年完成水质监测数据24067个。结果显示，年平均值有石油类、粪大肠菌群项目超过国家《地表水环境质量标准》（GB 3838—1983）三级水质标准，非离子氨、总磷等项目有不同程度超标，其他监测项目优于三级水质标准。2001—2005年，全市水质监控断面10个，采样点45个，分析项目16项，监测频次为每年1月、5月、9月3个水期，各采样3次，每年完成水质监测数据34300个。参与统计评价的10个河流断面中，属于Ⅱ类水质标准断面4个，属于Ⅲ类水质标准断面3个，Ⅳ类水质标准断面2个，Ⅴ类水质标准断面1个。各监测项目中，粪大肠菌群、硫化物和溶解氧超标率较高。娄底江龙滩、西阳河口断面超标项目多。2006年，境内资江、湘江两大水系9个地表水监测断面统计结果显示，主要以Ⅱ类、Ⅳ类水质为主。2007年，全市水域主要以Ⅱ类、Ⅲ类、Ⅳ类水质为主。2008—2010年，主要以Ⅱ类、Ⅲ类水质为主。2011—2017年，全市17个河流水质监测断面，21项监测因子中，主要超标污染物为化学需氧量、溶解氧。双峰县街埠头断面化学需氧量4个样品超标，断面样品超标率为36.4%，该断面属Ⅳ类水质。在所监测的22项（粪大肠菌群除外）监测因子中，分别有化学需氧量、溶解氧、石油类、镉4个污染因子有超标样品出现。其中，新化北塔断面溶解氧9个样品超标，断面样品超标率达27.3%，镉、石油类、六价铬各有1个样品超标。全区主要污染河流资江和涟水，资江冷水江段污径比为28.6%。涟水娄星区段污径比为33%，污染区域最严重的是冷水江市，其次是娄星区与涟源市。

二、饮用水

1990年，全地区5家自来水厂，按国家《生活饮用水卫生标准》（GB 5749—1985）评价，饮用水源有微量有机污染物，无重金属污染，但县级娄底市、冷水江市、新化县自来水厂断面的氨氮、亚硝酸盐、大肠菌群等均有不同程度超标。冷水江市自来水厂断面挥发酚超标，溶解氧含量也比较低。涟源市自来水厂断面水质良好。1991—1995年，娄底城区自来水取水源头河段总体水质良好，但粪大肠菌群和非离子氨等个别项目时有超标。1996—2000年，全市（地区）5个县市城区水厂断面瞬时监测值均有污染物超过Ⅱ类标准项目。冷水江市水厂断面石油类和非离子氨超标，年均值超标污染物多达5种。新化县水厂水源水质两项超标。双峰县水厂水源水质，年均值无超标污染物，达到Ⅱ类水质。2001—2005年，按国家《地面水环境质量标准》（GB 3838—2002）评价7个饮用水断面，结果表明，冷水江市自来水厂和双峰县自来水厂断面水质稳定。涟源市自来水厂、新化县自来水厂和娄底市一水厂断面水质均有所下降。2006—2010年，全市两级环境监测站对6个集中式生活饮用水源地水质监测断面进行监测，获得有效监测数据7000余个。数据表明：全市饮用水源地5年水质平均达标率98.9%，水质整体较好。但2006年水质较差，达标率仅95.9%。2010年水质最好，达标率100%。2011—2017年，全市各级环境监测站对7个饮用水源地断面水质分12期进行监测，获得有效监测数据28000多个。数据表明，全市7个饮用水源水质较好，达标率98.2%，冷水江市球溪、双峰县自来水厂、娄星区大科石埠坝、娄底二水厂和涟水红卫坝5个断面水质达标率均为100%，新化县自来水厂和涟源市自来水厂断面水质达标率91.7%。

三、地下水

1990年，全地区监测井监测结果显示，全地区地下水中除大肠菌群超标外，其他均未超标，污染物含量甚微。1991—1995年，全地区设立监测井15口，其中娄底市5口、冷水江市3口、新化县3口、双峰县1口、涟源市3口。5年对地下水持续监测表明，均有超标现象。超标因子分别为总砷、总硬度（德度）、非离子氨、亚硝酸盐氨、大肠菌群、pH、挥发酚。1996—2000年，全市设立监测井11口，其中娄星区（市）3口、冷水江市3口，新化县3口，双峰县1口，涟源市1口。监测结果显示均有超标现象，超标因子分别为总砷、氨氮、高锰酸盐、石油类、六价铬、非离子氨、亚硝酸盐氨、大肠菌群、pH、挥发酚。2001—2005年，全市设立监测井16口，其中娄星区3口、冷水江市7口、新化县3口、双峰县1口、涟源市2口。采用国家《地下水质量评价标准》（GB／T 1484—1993）第Ⅲ类评价标准。监测显示，地下水中的氨氮、亚硝酸盐氨、粪大肠菌群、硫化物均有超标现象。2006—2010年，全市常规定期监测的5口水井水质总体较好，其中2006—2008年3年水质均达到Ⅲ类及以上。2009—2010年水质略有下降，冷水江市广播电视大学水井为Ⅳ类，该水井亚硝酸盐年均值分别超标3.5倍、3.1倍。2011—2017年，市环保局对7口不同地域的水井进行调查监测，达到Ⅲ类以上水质的水井有4口，占总测井数的57.1%，其中1口属Ⅳ类、2口属Ⅴ类，均不同程度超标，主要污染因子是亚硝酸盐和氨氮。污染源主要来自含氨氮工业污水排放和农业化肥过量使用。

第三节　土壤环境

1990—1991年，全地区开展土壤中天然放射性核素含量检测，在冷水江市、涟源市、新化县、双峰县等区域，采集了红壤、黄壤、石灰土、红漆、水稻土等5种类型土样，检测铀、钍、钾40、镭226等天然放射性核素含量水平。检测结果显示各区域的天然放射性核素含量均未超标。此后，不再做相关检测。2006年，市环保局首次对土壤环境调查，全市区域土壤总体质量较好，但所测项目无机元素总量存在超标的有镉、汞、铜、铬、锌、镍、锰、硒、钒9项，超标率分别为16.8%、4.2%、1.2%、0.3%、0.7%、14.1%、1.2%、0.7%、1.2%。有机氯中超标的有“六六六”和滴滴涕，超标率均为5.5%；多环芳烃类中超标的有苯并〔a〕和二苯并〔a，h〕蒽，超标率分别为0.4%和2%。

2017年12月，市环境监测站第二次对全市土壤污染现状进行全面调查，采集土壤环境质量调查点位样品91个，土壤背景调查点位样品32个，113个点位土壤样品。样品中，无机超标项目镉和镍超标率分别为16.1%和14.2%。镉有0.5%的重度污染、0.4%的中度污染、1.8%的轻度污染和12.3%的轻微污染。镍有1.1%轻度污染和12.1%的轻微污染。有机超标项目“六六六”有3.8%的轻微污染、0.4%的轻度污染、0.4%的中度污染、0.7%的重度污染。滴滴涕有3.1%的轻微污染、0.3%的轻度污染、1.2%的中度污染、0.4%的重度污染。多环芳烃类二苯并〔a，h〕蒽有1.8%的轻微污染。锡矿山地区土壤严重污染，土壤中锑、砷等重金属超标，其中个别点位锑的含量为1000毫克/千克，砷含量为300毫克/千克，分别超标200倍、28.3倍。局部区域还存在有毒气体和重金属复合污染。土壤污染还引发植皮和农作物次生污染，草木不生，森林覆盖率仅存8%，且日趋减少，土地石漠化加剧。

第四节 声环境

一、交通噪声

1990年，娄底中心城区道路干线交通噪声年平均等效A声级为73.8分贝，远超国家《城市区域环境噪声标准》，83.1%的道路干线达70分贝。污染源主要来自不断增多的机动车辆，特别是手扶拖拉机和未装消声装置的车辆。1991—1995年，按常规监测规范，地区环境监测站在城区主要交通干线布设监测点30个，结果显示，中心城区道路交通噪声5年平均值为71.5分贝，超过国家标准1.5分贝。1996—2000年，年均车流量995辆/小时，比上个5年平均增加560辆/小时，年均等效声级69.8分贝，下降4分贝。2001—2005年，年均等效声级72.9分贝，比上个5年平均等效声级69.8分贝上升3.1分贝。全市道路交通干线噪声年均值处为69.4~71.5分贝，除2007年和2010年年均值略低外，其余3年年均值都超过国家标准。双峰县5年道路交通干线噪声年均等效声级一直属重度污染。冷水江市5年平均值属于轻度污染，新化县呈上升趋势，2009年达到重度污染程度，2010年有所下降，处在中度污染区。2011—2017年，中心城区道路交通干线噪声监测道路干线总长度为71.6千米，加权平均路宽为52.9米，共布设监测点位56个，平均车流量为1368辆/小时，道路交通噪声平均等效声级为67.6分贝，比2015年上升1.4分贝，超过70分贝的路长为16.3千米，占总路段长度的22.8%。全市交通噪声监测点位超过70分贝的点位所占的百分数为26.8%。中心城区道路交通声环境质量等级为一级，声环境质量属于“好”，56个监测点位中，最低值为五江工业园58.8分贝，最高值为新一佳超市74.1分贝。

二、区域噪声

1990—1995年，全地区平均等效声级为56.7分贝。其中娄底市61.6分贝、涟源市58.2分贝、冷水江市59.3分贝、新化县54.1分贝、双峰县50.3分贝。娄底市、新化县网络覆盖面积下21.3%的人口暴露在60分贝以上，超过国家《城市区域环境噪声标准》中二类混合区标准。娄底中心城区还有2.9%的网络覆盖下的人口2770人生活在70分贝以上。1994—1995年逐渐下降，分别为56.2分贝和55.7分贝。其声源构成：生活41.3%、交通32.9%、工业18.6%、建筑施工4.1%、其他3.1%。等效声级依次为：交通68.6分贝、工业59.4分贝、生活53分贝。1996—2000年，娄底中心城区环境噪声平均等效声级范围为50.6~61.2分贝，年均等效声级53.4分贝，较前期下降2.2分贝。其间，娄底城区区域环境噪声主要暴露在41~45分贝、46~50分贝、51~55分贝、56~60分贝、61~65分贝几个阶段，其中最多的是51~55分贝段，覆盖面积为12.85~18.00平方千米，占覆盖面积的30%~45%，覆盖人口8.5万~16.1万人，占覆盖总人口的25%~50%，超过60分贝所占比例为20.8%，较前期下降0.57个百分点。2001—2005年，娄底中心城区环境噪声平均等效声级范围为50.0~63.4分贝，平均等效声级56.5分贝，较前期年均等效声级上升3.1分贝。娄底中心城区环境噪声39.4%的点位处在55~60分贝之间，另有31.9%、16.6%的点位处在50~55分贝和60~65分贝之间，而且有7.6%的点位噪声值≤50分贝，4.5%的点位噪声值>70分贝。2006—2010年，娄底中心城区环境噪声平均等效声级范围为53.7~54.9分贝，平均等效声级54.1分贝，基本稳定在较好级别。各县市城区噪声年均值从小到大排列依次为娄星区52分贝、新化县城53.5分贝、双峰县城54.2分贝、涟源市54.7分贝、冷水江市56.3分贝。2011—2017年，娄底市中心城区区域噪声最小值点位为职业技术学院104个，平均等效声级为53.8分贝。

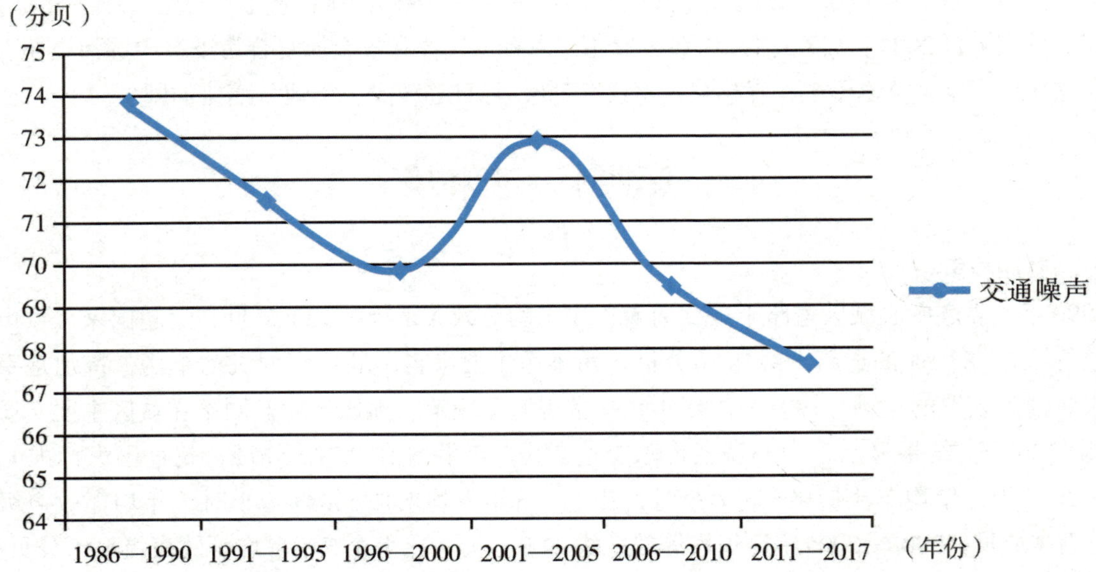

图2-2 1990—2017年娄底中心城区交通噪声变化曲线图

第三篇

人　口

第一章　人口分布

第一节　人口总量与密度

一、人口总量

1990—1999年，娄底地区总人口逐年递增，由1990年的372.67万人增至1999年的396.09万人，增长6.3%。2000—2009年，全市总人口平稳增长，由2000年的399.03万人增至2009年的420.5万人，增长5.4%。2010—2017年，全市总人口仍保持增长，但增速放缓，由2010年的432.99万人增至2017年的453.61万人，增长4.8%。

1990—2017年娄底市人口及其增长情况表

表3-1　　　　单位：人、%

年份	总人口	年增人口	年增长率	年份	总人口	年增人口	年增长率
1990	3726725	64064	1.75	2004	4051001	12147	0.30
1991	3766828	40103	1.08	2005	4075823	24822	0.61
1992	3790902	24074	0.64	2006	4120411	44588	1.09
1993	3816987	26085	0.69	2007	4161154	40743	0.99
1994	3854010	37023	0.97	2008	4184041	22887	0.55
1995	3879272	25262	0.66	2009	4205040	20999	0.50
1996	3902197	22925	0.59	2010	4329900	124860	2.97
1997	3921249	19052	0.49	2011	4358076	28176	0.65
1998	3942509	21260	0.54	2012	4377836	19760	0.45
1999	3960948	18439	0.47	2013	4400200	22364	0.51
2000	3990300	29352	0.74	2014	4448800	48600	1.10
2001	3998800	8500	0.21	2015	4477000	28200	0.63
2002	4021568	22768	0.57	2016	4531738	54738	1.22
2003	4038854	17286	0.43	2017	4536062	43240	0.95

二、人口流动

1990—1999年，娄底地区流动人口逐年递增，由1990年的16.48万人增至1999年的25.32万人，增长53.6%。2000—2014年，全市流动人口急剧上升，由2000年的27.8万人增至2014年的94.55万人，增长240.1%。2015—2017年，随着本土经济不断发展，外出务工人员减少，全市流动人口逐年下降，由2015年的92.45万人下降至2017年的90.32万人，下降2.3%。

三、人口密度

1990—1999年，全地区人口密度逐年递增，由1990年的每平方千米460人，增至1999年的每平方千米488人，增长6.1%。2000—2009年，全市人口密度平稳增长，由2000年的每平方千米492人，增至2009年的每平方千米519人，增长5.5%。2010—2017年，全市人口密度持续增长，但增速放缓，由2010年的每平方千米534人，增至2017年的每平方千米559人，增长4.7%。

1990—2017年娄底市人口密度及其变化情况表(一)

表3-2　　单位：人／平方千米、%

年份	人口密度	年增长率	年份	人口密度	年增长率
1990	460	1.75	2004	500	0.30
1991	464	1.08	2005	503	0.61
1992	467	0.64	2006	508	1.09
1993	471	0.69	2007	513	0.99
1994	475	0.97	2008	516	0.55
1995	478	0.66	2009	519	0.50
1996	481	0.59	2010	534	2.97
1997	484	0.49	2011	537	0.65
1998	486	0.54	2012	540	0.45
1999	488	0.47	2013	543	0.51
2000	492	0.74	2014	549	1.10
2001	493	0.21	2015	552	0.63
2002	496	0.57	2016	558	1.01
2003	498	0.43	2017	559	0.18

1990—2017年娄底市各县(市、区)人口密度表(二)

表3-3　　单位：人／平方千米

年份	娄星区	冷水江市	涟源市	双峰县	新化县	娄底经开区
1990	702	738	533	507	336	—
1991	721	746	540	511	338	—
1992	768	749	537	511	340	—
1993	803	764	539	512	341	—
1994	841	767	541	514	343	—
1995	858	778	544	516	344	—
1996	871	781	547	518	347	—
1997	880	785	549	519	349	—

续表3-3

年份	娄星区	冷水江市	涟源市	双峰县	新化县	娄底经开区
1998	918	793	551	521	350	—
1999	907	799	553	522	351	—
2000	924	800	561	518	355	—
2001	929	807	560	519	356	—
2002	945	802	565	522	357	—
2003	961	803	572	522	356	—
2004	965	805	573	524	357	—
2005	1088	809	577	526	359	447
2006	1113	828	581	531	362	456
2007	1135	845	586	535	364	465
2008	1148	855	588	538	366	477
2009	1159	861	590	541	367	511
2010	1321	834	609	551	384	515
2011	1216	839	613	555	386	526
2012	1222	844	615	558	388	543
2013	1225	874	614	560	389	564
2014	1248	846	610	562	405	576
2015	1257	850	615	566	406	601
2016	1248	948	645	578	408	619
2017	1436	844	608	525	414	623

第二节　区域分布

1990年，娄底地区总人口372.67万人，其中娄底市30.13万人、冷水江市32.32万人、涟源市101.95万人、双峰县86.67万人、新化县121.61万人，分别占全地区总人口8.08%、8.67%、27.36%、23.26%和32.63%。1999年，全地区总人口396.09万人，其中娄星区38.9万人、冷水江市35.1万人、涟源市105.68万人、双峰县89.31万人、新化县127.2万人，分别占全地区总人口9.82%、8.83%、26.68%、22.55%和32.12%。2002年，全市总人口402.16万人，其中娄星区40.57万人、冷水江市35.1万人、涟源市108.04万人、双峰县89.29万人、新化县129.16万人，分别占全市总人口10.09%、8.73%、26.87%、22.2%和32.12%。2010年，全市总人口432.99万人，其中娄星区46.77万人、冷水江市36.53万人、涟源市116.45万人、双峰县94.28万人、新化县138.96万人，分别占全市总人口10.8%、8.44%、26.89%、21.77%和32.09%。2017年，全市总人口453.61万人，其中娄星区61.15万人、冷水江市37.06万人、涟源市114.41万人、双峰县90.11万人、新化县150.88万人，分别占全市总人口13.48%、8.17%、25.22%、19.86%和33.26%。

1990—2017年娄底市人口区域分布情况表

表3-4　　单位：人、%

年份	合计	娄星区	占比	冷水江市	占比	涟源市	占比	双峰县	占比	新化县	占比
1990	3726725	301300	8.08	323150	8.67	1019536	27.36	866681	23.26	1216058	32.63
1991	3766828	309201	8.21	326824	8.68	1032668	27.41	873510	23.19	1224625	32.51
1992	3790902	329492	8.69	327814	8.65	1027444	27.10	874906	23.08	1231246	32.48
1993	3816987	344506	9.03	334421	8.76	1029791	26.98	875183	22.93	1233086	32.31
1994	3854010	360918	9.36	335977	8.72	1034857	26.85	878986	22.81	1243272	32.26
1995	3879272	367933	9.48	340560	8.78	1040829	26.83	882907	22.76	1247043	32.15
1996	3902197	373697	9.58	342065	8.77	1045022	26.78	886893	22.73	1254520	32.15
1997	3921249	377677	9.63	343882	8.77	1049340	26.76	888382	22.66	1261968	32.18
1998	3942509	393631	9.98	347131	8.80	1052823	26.70	890942	22.60	1267982	32.16
1999	3960948	389046	9.82	349778	8.83	1056761	26.68	893109	22.55	1272254	32.12
2000	3990300	396500	9.94	350200	8.78	1071800	26.86	886400	22.21	1285400	32.21
2001	3998800	398700	9.97	353300	8.84	1070900	26.78	887300	22.19	1288600	32.22
2002	4021568	405610	10.09	351012	8.73	1080442	26.87	892878	22.20	1291626	32.12
2003	4038854	412268	10.21	351500	8.70	1093009	27.06	893779	22.13	1288298	31.90
2004	4051001	414035	10.22	352425	8.70	1096228	27.06	896447	22.13	1291866	31.89
2005	4075823	418820	10.28	354381	8.69	1102772	27.06	900744	22.10	1299106	31.87
2006	4120411	428389	10.40	362382	8.79	1111672	26.98	908661	22.05	1309307	31.78
2007	4161154	436814	10.50	369807	8.89	1119597	26.91	916003	22.01	1318933	31.70
2008	4184041	442101	10.57	374207	8.94	1123997	26.86	920403	22.00	1323333	31.63
2009	4205040	448690	10.67	376907	8.96	1127497	26.81	924903	22.00	1327043	31.56
2010	4329900	467700	10.80	365300	8.44	1164500	26.89	942800	21.77	1389600	32.09
2011	4358076	469980	10.78	367236	8.43	1172448	26.90	949322	21.78	1399090	32.10
2012	4377836	473386	10.81	369485	8.44	1175264	26.85	954718	21.81	1404983	32.09
2013	4400200	475800	10.81	382800	8.70	1174300	26.69	958700	21.79	1408600	32.01
2014	4448800	484900	10.90	370300	8.32	1165800	26.20	961800	21.62	1466000	32.95
2015	4477000	490100	10.95	372100	8.31	1174800	26.24	968900	21.64	1471100	32.86
2016	4531738	460727	10.17	426889	9.42	1186468	26.18	973977	21.50	1483616	32.73
2017	4536062	611519	13.48	370598	8.17	1144129	25.22	901048	19.86	1508768	33.26

说明：1990—1999年，娄星区为县级娄底市

第三节 城乡分布

一、城镇人口

1990年，全地区城镇人口23.9万人，占全地区总人口6.41%。1999年，全地区城镇人口77.03万人，占全地区总人口19.45%。2002年，全市城镇人口106.5万人，占全市总人口26.48%。2010年，全市城镇人口132.34万人，占全市总人口30.56%。2017年，全市城镇人口180.77万人，占全市总人口39.85%。1990—2017年，全市城镇人口规模持续扩大，占全市总人口比重持续上升。

1990—2017年娄底市城镇人口分布情况表

表3-5

单位：人、%

年份	总人口	城镇人口	占比	年份	总人口	城镇人口	占比
1990	3726725	238948	6.41	2004	4051001	1193948	29.47
1991	3766828	241959	6.42	2005	4075823	1235123	30.30
1992	3790902	244515	6.45	2006	4120411	1339134	32.50
1993	3816987	535659	14.03	2007	4161154	1424804	34.24
1994	3854010	575615	14.94	2008	4184041	1468180	35.09
1995	3879272	608071	15.67	2009	4205040	1496801	35.60
1996	3902197	647380	16.59	2010	4329900	1323400	30.56
1997	3921249	641609	16.36	2011	4358076	1422164	32.63
1998	3942509	675167	17.13	2012	4377836	1495575	34.16
1999	3960948	770300	19.45	2013	4400200	1570300	35.69
2000	3990300	788300	19.76	2014	4448800	1628100	36.60
2001	3998800	1013200	25.34	2015	4477000	1694700	37.85
2002	4021568	1064912	26.48	2016	4531738	1763600	38.92
2003	4038854	1134900	28.10	2017	4536062	1807685	39.85

二、农村人口

1990年，全地区农村人口348.78万人，占全地区总人口93.59%。1999年，全地区农村人口319.06万人，占全地区总人口80.55%。2002年，全市农村人口295.67万人，占全市总人口73.52%。2010年，全市农村人口300.65万人，占全市总人口69.43%。2017年，全市农村人口272.84万人，占全市总人口60.15%。1900—2017年，全市城镇化建设不断加强，农村人口持续减少，占全市总人口比重明显下降。

1990—2017年娄底市农村人口分布情况表

表3-6

单位：人、%

年份	总人口	农村人口	占比	年份	总人口	农村人口	占比
1990	3726725	3487777	93.59	1992	3790902	1346387	93.55
1991	3766828	3524869	93.58	1993	3816987	3281328	85.97

续表3-6

年份	总人口	农村人口	占比	年份	总人口	农村人口	占比
1994	3854010	3278395	85.06	2006	4120411	2781277	67.50
1995	3879272	3271201	84.33	2007	4161154	2736350	65.76
1996	3902197	3254817	83.41	2008	4184041	2715861	64.91
1997	3921249	3279640	83.64	2009	4205040	2708239	64.40
1998	3942509	3267342	82.87	2010	4329900	3006500	69.43
1999	3960948	3190648	80.55	2011	4358076	2935912	67.37
2000	3990300	3202000	80.24	2012	4377836	2882261	65.84
2001	3998800	2985600	74.66	2013	4400200	2829900	64.31
2002	4021568	2956656	73.52	2014	4448800	2820700	63.40
2003	4038854	2903954	71.90	2015	4477000	2782300	62.15
2004	4051001	2857053	70.53	2016	4531738	2768138	61.08
2005	4075823	2840700	69.70	2017	4536062	2728377	60.15

第二章　人口构成

第一节　性别构成

1990年，娄底地区男性人口1926110人，女性人口1800615人，男女性别比107：100。1999年，娄底地区男性人口2052473人，女性人口1908475人，男女性别比108：100。2002年，娄底市男性人口2090353人，女性人口1931215人，男女性别比108：100。2010年，娄底市男性人口2227897人，女性人口2095599人，男女性别比106：100。2017年，娄底市男性人口2408911人，女性人口2127151人，男女性别比113：100。1990—2017年，全市（地区）男女性别比基本稳定，男性人口比重略高于女性。

1990—2017年娄底市人口性别构成情况表

表3-7　　单位：人、%

年份	总人口	男性		女性		性别比
		人数	占比	人数	占比	
1990	3726725	1926110	51.68	1800615	48.32	107:100
1991	3766828	1948455	51.73	1818373	48.27	107:100
1992	3790902	1963275	51.79	1827627	48.21	107:100
1993	3816987	1977516	51.81	1839471	48.19	108:100
1994	3854010	2002848	51.97	1851162	48.03	108:100
1995	3879272	2012251	51.87	1867021	48.13	108:100

续表3-7

年份	总人口	男性		女性		性别比
		人数	占比	人数	占比	
1996	3902197	2021262	51.80	1880935	48.20	107∶100
1997	3921249	2035795	51.92	1885454	48.08	108∶100
1998	3942509	2045592	51.89	1896917	48.11	108∶100
1999	3960948	2052473	51.82	1908475	48.18	108∶100
2000	3990300	2063800	51.72	1926500	48.28	107∶100
2001	3998800	2073300	51.85	1925500	48.15	108∶100
2002	4021568	2090353	51.98	1931215	48.02	108∶100
2003	4038854	2105573	52.13	1933281	47.87	109∶100
2004	4051001	2121986	52.38	1929015	47.62	110∶100
2005	4075823	2128425	52.22	1947398	47.78	109∶100
2006	4120411	2126302	51.60	1994109	48.40	107∶100
2007	4161154	2145525	51.56	2015629	48.44	106∶100
2008	4184041	2136263	51.06	2047778	48.94	104∶100
2009	4205040	2166211	51.51	2038829	48.49	106∶100
2010	4323496	2227897	51.53	2095599	48.47	106∶100
2011	4358076	2270857	52.11	2087219	47.89	109∶100
2012	4377836	2269519	51.84	2108317	48.16	108∶100
2013	4400200	2341200	53.21	2059000	46.79	114∶100
2014	4448800	2319600	52.14	2129200	47.86	109∶100
2015	4477000	2337500	52.21	2139500	47.79	109∶100
2016	4531738	2365000	52.19	2166738	47.81	109∶100
2017	4536062	2408911	53.11	2127151	46.89	113∶100

第二节　年龄构成

1990年，第四次全国人口普查数据显示，娄底地区常住人口3677945人。其中0~6岁学龄前儿童人口476531人，占比12.96%。7~17岁少年人口803956人，占比21.86%。18~40岁青年人口1405907人，占比38.23%。41~59岁中年人口589082人，占比16.02%。60~99岁老年人口307789人，占比8.37%。100岁及以上高龄人口5人。

2000年，第五次全国人口普查数据显示，娄底市常住人口3783233人，其中0~6岁学龄前儿童人口253869人，占比6.71%。7~17岁少年人口832952人，占比22.02%。18~40岁青年人口1448338人，占比38.28%。41~59岁中年人口779752人，占比20.61%。60~99岁老年人口423378人，占比11.19%。100岁及以上高龄人口35人。

2010年，第六次全国人口普查数据显示，娄底市常住人口3784634人，其中0~6岁学龄前儿童人口302199人，占比7.98%。7~17岁少年人口516491人，占比13.65%。18~40岁青年人口1380515人，占比36.48%。41~59岁中年人口966416人，占比25.54%。60~99岁老年人口557013人，占比14.72%。100岁及以上高龄人口97人。

前后三次全国人口普查数据比对显示，娄底市学龄前儿童人口比重明显下降，青壮年人口比重基本持平，老龄人口比重攀升，其中100岁及以上高龄人口明显增加。截至2017年，第七次全国人口普查尚未启动，娄底市人口年龄构成情况暂无统计数据。

1990—2017年娄底市人口年龄构成情况表

表3-8　　　　单位：岁、人、%

年龄	四普（1990年）		五普（2000年）		六普（2010年）	
	人数	占比	人数	占比	人数	占比
总计	3677945	100.00	3783233	100.00	3784634	100.00
学龄前儿童	476531	12.96	253869	6.71	302199	7.98
0	94680	2.57	44944	1.19	52000	1.37
1	88126	2.40	37315	0.99	52951	1.40
2	88980	2.42	44645	1.18	43162	1.14
3	82040	2.23	41370	1.09	51908	1.37
4	73286	1.99	41512	1.10	53198	1.41
5	74038	2.01	45908	1.21	49812	1.32
6	70061	1.90	43119	1.14	51168	1.35
少年	803956	21.86	832952	22.02	516491	13.65
7	75692	2.06	45897	1.21	45784	1.21
8	76201	2.07	53793	1.42	45903	1.21
9	58676	1.60	70742	1.87	50397	1.33
10	69585	1.89	100865	2.67	46116	1.22
11	62802	1.71	94441	2.50	43564	1.15
12	65653	1.79	86782	2.29	46259	1.22
13	69859	1.90	90864	2.40	41482	1.10
14	73416	2.00	76002	2.01	43001	1.14
15	78530	2.14	75069	1.98	52501	1.39
16	89507	2.43	73341	1.94	51452	1.36

续表3-8

年龄	四普（1990年）		五普（2000年）		六普（2010年）	
	人数	占比	人数	占比	人数	占比
17	84035	2.28	65156	1.72	50032	1.32
青年	1405907	38.23	1448338	38.28	1380515	36.48
18	70231	1.91	70303	1.86	50216	1.33
19	78003	2.12	48828	1.29	58934	1.56
20	87161	2.37	50211	1.33	80129	2.12
21	96901	2.63	51496	1.36	74351	1.96
22	79420	2.16	52096	1.38	66388	1.75
23	77032	2.09	51651	1.37	68665	1.81
24	79485	2.16	60235	1.59	58116	1.54
25	80077	2.18	64619	1.71	55230	1.46
26	81501	2.22	71787	1.90	54977	1.45
27	85509	2.32	69658	1.84	52687	1.39
28	36439	0.99	66816	1.77	62976	1.66
29	19919	0.54	64354	1.70	49173	1.30
30	32718	0.89	83105	2.20	49410	1.31
31	36781	1.00	77786	2.06	51686	1.37
32	57071	1.55	88262	2.33	49896	1.32
33	52100	1.42	64102	1.69	49678	1.31
34	46484	1.26	75154	1.99	55859	1.48
35	52952	1.44	74779	1.98	60860	1.61
36	54290	1.48	73773	1.95	66886	1.77
37	54285	1.48	84645	2.24	66743	1.76
38	54199	1.47	55153	1.46	62364	1.65
39	43420	1.18	18399	0.49	60424	1.60
40	49929	1.36	31126	0.82	74867	1.98
中年	589082	16.02	779752	20.61	966416	25.54
41	44702	1.22	29993	0.79	72497	1.92
42	42283	1.15	47226	1.25	80260	2.12
43	38972	1.06	54675	1.45	58934	1.56

续表3-8

年龄	四普（1990年）		五普（2000年）		六普（2010年）	
	人数	占比	人数	占比	人数	占比
44	32026	0.87	45403	1.20	67309	1.78
45	32765	0.89	49135	1.30	67335	1.78
46	34469	0.94	51946	1.37	66103	1.75
47	27704	0.75	50837	1.34	75806	2.00
48	28407	0.77	55201	1.46	49874	1.32
49	30936	0.84	43097	1.14	17297	0.46
50	31173	0.85	45709	1.21	26547	0.70
51	31835	0.87	47500	1.26	27137	0.72
52	31936	0.87	40844	1.08	41803	1.10
53	31552	0.86	39042	1.03	49319	1.30
54	24540	0.67	33480	0.88	41837	1.11
55	24563	0.67	30194	0.80	43512	1.15
56	26924	0.73	33338	0.88	46804	1.24
57	26437	0.72	27447	0.73	46237	1.22
58	24444	0.66	25385	0.67	48806	1.29
59	23414	0.64	29300	0.77	38999	1.03
老年	307789	8.37	423378	11.19	557013	14.72
60	23928	0.65	30296	0.80	39267	1.04
61	22584	0.61	26885	0.71	42405	1.12
62	23335	0.63	31085	0.82	36328	0.96
63	19602	0.53	28382	0.75	33841	0.89
64	17009	0.46	24959	0.66	28976	0.77
65	20963	0.57	20726	0.55	26017	0.69
66	20526	0.56	22838	0.60	28335	0.75
67	13634	0.37	23181	0.61	23546	0.62
68	13546	0.37	20058	0.53	21105	0.56
69	14843	0.40	18064	0.48	24649	0.65
70	13850	0.38	20941	0.55	23475	0.62
71	11056	0.30	16238	0.43	21987	0.58

续表3-8

年龄	四普(1990年)		五普(2000年)		六普(2010年)	
	人数	占比	人数	占比	人数	占比
72	11598	0.32	17751	0.47	24418	0.65
73	11902	0.32	15444	0.41	21598	0.57
74	9650	0.26	12709	0.34	18604	0.49
75	9155	0.25	13328	0.35	14600	0.39
76	8508	0.23	13759	0.36	16596	0.44
77	6737	0.18	9673	0.26	15836	0.42
78	5951	0.16	7958	0.21	13249	0.35
79	4788	0.13	8273	0.22	11781	0.31
80	4429	0.12	7447	0.20	11992	0.32
81	4023	0.11	5445	0.14	9598	0.25
82	3395	0.09	5260	0.14	9378	0.25
83	2810	0.08	4975	0.13	7571	0.20
84	2438	0.07	3906	0.10	5914	0.16
85	2100	0.06	3161	0.08	5543	0.15
86	1689	0.05	2770	0.07	5344	0.14
87	1229	0.03	1970	0.05	3653	0.10
88	828	0.02	1507	0.04	2505	0.07
89	558	0.02	1126	0.03	2453	0.06
90	398	0.01	921	0.02	1750	0.05
91	202	0.01	573	0.02	1219	0.03
92	177	—	519	0.01	1012	0.03
93	120	—	369	0.01	736	0.02
94	80	—	235	0.01	493	0.01
95	62	—	210	0.01	379	0.01
96	41	—	159	—	319	0.01
97	23	—	127	—	192	0.01
98	11	—	72	—	162	—
99	6	—	43	—	90	—
100及以上	5	—	35	—	97	—

第三节 婚姻家庭构成

一、婚姻构成

（一）未婚人口

1990年，第四次全国人口普查数据显示，娄底地区15岁及以上人口中，未婚人口占比24.75%，比上次人口普查占比下降2.19个百分点。其中男性未婚人口占比29.5%，比上次人口普查占比下降2.87个百分点。女性未婚人口占比19.67%，比上次人口普查占比下降1.38个百分点，男性未婚人口占比高于女性9.83个百分点。2000年，第五次全国人口普查数据显示，娄底市15岁及以上人口中，未婚人口占比19.27%，比1990年下降5.48个百分点。其中男性未婚人口占比24.42%，比1990年下降5.08个百分点，女性未婚人口占比13.87%，比1990年下降5.8个百分点，男性未婚人口占比高于女性10.55个百分点。2010年，第六次全国人口普查数据显示，娄底市15岁及以上人口中，未婚人口占比为20.06%，比2000年上升0.79个百分点。其中男性未婚人口占比24.09%，比2000年下降0.33个百分点，女性未婚人口占比为16.06%，比2000年提升2.19个百分点，未婚男性人口占比高于女性8.03个百分点，占比差距有所缩小。1990—2017年，娄底市15岁及以上人口中，未婚人口呈下降后渐行稳定趋势，男性未婚人口占比高于女性。男性未婚人口占比连续下降，女性未婚人口占比下降后略有提升。截至2017年，第七次全国人口普查尚未启动，暂无未婚人口占比统计数据。

（二）初婚人口

1990年，第四次全国人口普查数据显示，娄底地区15岁及以上人口中，初婚人口占比68.07%，比上次人口普查占比提高3.42个百分点。其中初婚男性人口占比65.75%，比上次人口普查占比提高3.55个百分点，初婚女性人口占比70.55%，比上次人口普查占比提高3.25个百分点，初婚女性人口占比比初婚男性高4.8个百分点。2000年，第五次全国人口普查数据显示，娄底市15岁及以上人口中，初婚人口占比73.51%，比1990年提高5.44个百分点。其中初婚男性人口占比70.75%，比1990年提高5个百分点，初婚女性人口占比76.4%，比1990年提高5.85个百分点，初婚女性人口占比比初婚男性高5.65个百分点。2010年，第六次全国人口普查数据显示，娄底市15岁及以上人口中，初婚人口占比71.56%，比2000年下降1.95个百分点。其中初婚男性人口占比70.36%，比2000年下降0.39个百分点，初婚女性人口占比72.76%，比2000年下降3.64个百分点，初婚女性人口占比比初婚男性高2.4个百分点。1990—2010年，娄底市15岁及以上人口中，初婚人口占比明显提升后略有下降，初婚男性人口占比低于初婚女性。2010年始，社会人口老龄化加剧，初婚人口占比有所下降。截至2017年，第七次全国人口普查尚未启动，暂无初婚人口占比统计数据。

（三）丧偶人口

1990年，第四次全国人口普查数据显示，娄底地区15岁及以上人口中，丧偶人口占比6.73%，比上次人口普查占比下降1.12个百分点。其中丧偶男性人口占比4%，比上次人口普查占比下降0.43个百分点，丧偶女性人口占比9.64%，比上次人口普查占比下降1.89个百分点，丧偶女性人口占比高于丧偶男性5.64个百分点。2000年，第五次全国人口普查数据显示，娄底市15岁及以上人口中，丧偶人口占比6.59%，比1990年下降0.14个百分点。其中丧偶男性人口占比3.94%，比1990年下降0.07个百分点，丧偶女性人口占比9.36%，比1990年下降0.28个百分点，丧偶女性人口占比高于丧偶男性5.42个百分点。2010年，第六次全国人口普查数据显示，娄底市15岁及以上人口中，丧偶人口占比7.19%，比2000年提高0.6个百分点。其中丧偶男性人口占比4.09%，比2000年提高0.15个百分点，丧偶女性人口占比10.27%，比2000年提高0.91个百分点，丧偶女性人口占比高于丧偶男性6.18个百分点。2010年始，社会人口老龄化加剧，丧偶人口占比有所上升。截至2017年，第七次全国人口普查尚未启动，暂无丧偶人口占比统计数据。

（四）离婚人口

1990年，第四次全国人口普查数据显示，娄底地区离婚人口占比0.46%，比上次人口普查占比下降0.11个百分点。其中离婚男性人口占比0.75%，比上次人口普查占比下降0.24个百分点，离婚女性人口占比0.14%，比上次人口普查占比提高0.04个百分点，离婚男性人口占比比离婚女性高0.61个百分点。2000年，第五次全国人口普查数据显示，娄底市离婚人口占比0.63%，比1990年提高0.17个百分点。其中离婚男性人口占比0.89%，比1990年提高0.14个百分点，离婚女性人口占比0.37%，比1990年提高0.23个百分点，离婚男性人口占比比离婚女性高0.52个百分点。2010年，第五次全国人口普查数据显示，娄底市离婚人口占比1.19%，比2000年提高0.56个百分点。其中离婚男性人口占比1.46%，比2000年提高0.57个百分点，离婚女性人口占比0.91%，比2000年提高0.54个百分点，离婚男性人口占比比离婚女性高0.55个百分点。2010年始，社会人口离婚率明显提升。截至2017年，第七次全国人口普查尚未启动，暂无离婚人口占比统计数据。

二、家庭构成

（一）家庭户数

1990—2017年，娄底市家庭户数总体呈上升趋势，唯有1996年、1997年出现家庭户数下降现象，分别下降7087户、16844户，分别下降0.63%、1.5%。1994年、2004年，全市家庭户数增加较快，分别上升36195户、65151户，上升3.35%、5.41%。2005年始，全市家庭户数呈现波浪式增长。截至2017年，全市家庭户数1568240户，比1990年的1006642户增加561598户，上升55.79%。

1990—2010年，第四次至第六次全国人口普查数据显示，全市3~5人家庭户占比最重，且相对稳定。1~2人家庭户占比次之，且呈上升趋势。6人及以上家庭户占比最轻。

1990—2017年娄底市家庭户数升降表

表3-9 单位：户、%

年份	家庭户数	与上年比较		年份	家庭户数	与上年比较	
		升降户数	升降率			升降户数	升降率
1990	1006642	22837	2.32	2002	1183697	31597	2.74
1991	1029334	22692	2.25	2003	1203617	19920	1.68
1992	1055525	26191	2.54	2004	1268768	65151	5.41
1993	1079870	24345	2.31	2005	1292653	23885	1.88
1994	1116065	36195	3.35	2006	1320531	27878	2.16
1995	1128430	12365	1.11	2007	1350894	30363	2.30
1996	1121343	-7087	-0.63	2008	1385174	34280	2.54
1997	1104499	-16844	-1.50	2009	1398913	13739	0.99
1998	1118323	13824	1.25	2010	1428900	29987	2.14
1999	1126659	8336	0.75	2011	1456738	27838	1.95
2000	1140700	14041	1.25	2012	1479408	22670	1.56
2001	1152100	11400	1.00	2013	1500700	21292	1.44

续表3-9

年份	家庭户数	与上年比较		年份	家庭户数	与上年比较	
		升降户数	升降率			升降户数	升降率
2014	1538200	37500	2.50	2016	1557200	3700	0.24
2015	1553500	15300	0.99	2017	1568240	11040	0.71

1990—2010年娄底市不同体量家庭户数表

表3-10　　单位：户、%

类别	四普(1990年)		五普(2000年)		六普(2010年)	
	家庭户数	占比	家庭户数	占比	家庭户数	占比
合计	950211	100.00	1056050	100.00	1091845	100.00
一人户	75125	7.91	88558	8.39	141114	12.92
二人户	123661	13.01	176060	16.67	230245	21.09
三人户	196897	20.72	277831	26.31	247707	22.69
四人户	268991	28.31	273199	25.87	245298	22.47
五人户	185186	19.49	164550	15.58	129666	11.88
六人户	66407	6.99	49211	4.66	60256	5.52
七人户	23673	2.49	16631	1.57	21542	1.97
八人户	7249	0.76	5717	0.54	8516	0.78
九人户	2098	0.22	2331	0.22	4006	0.37
十人及以上户	924	0.10	1962	0.19	3495	0.32

1990年，第四次全国人口普查数据显示，娄底地区家庭一代户占比16.61%，比上次人口普查占比上升1.06个百分点。二代户占比72.38%，比上次人口普查占比上升0.67个百分点。三代及以上户占比11.01%，比上次人口普查占比下降1.73个百分点。2000年，第五次全国人口普查数据显示，全市家庭一代户占比20.54%，比1990年上升3.93个百分点。二代户占比60.96%，比1990年下降11.42个百分点。三代及以上户占比18.5%，比1990年上升7.49个百分点。2010年，第六次全国人口普查数据显示，娄底市家庭一代户占比28.57%，比2000年上升8.03个百分点。二代户占比49.83%，比2000年下降11.13个百分点。三代及以上户占比21.6%，比2000年上升3.1个百分点。2010年始，随着全国医疗卫生水平提高，全国人均寿命增长，全市家庭“三代同堂”现象日渐增多。截至2017年，第七次全国人口普查尚未启动，暂无不同代别家庭户数统计数据。

（二）户均人数

1990—2017年，娄底市家庭户均人数较少，皆低于4人，且总体呈下降趋势。其中，1990年，娄底地区家庭户均人数最多，计3.7人。1990—1999年，娄底地区家庭均户人数为3.5~4人。2000—2010年，娄底市家庭户均人数为3~3.5人。2011—2017年，全市家庭户均人数为2~3人。2015年，全市家庭户均人数最少，计2.88人。2016—2017年，全国全面放开二孩政策，全市家庭户均人数由2015年的2.88人上升至2017年的3.01人，上升4.51%。

1990—2017年娄底市户均人数表

表3-11 单位：人、%

年份	户均人数	与上年比较		年份	户均人数	与上年比较	
		升降人数	升降率			升降人数	升降率
1990	3.70	-0.02	-0.56	2004	3.19	-0.16	-4.85
1991	3.66	-0.04	-1.15	2005	3.15	-0.04	-1.25
1992	3.59	-0.07	-1.86	2006	3.12	-0.03	-1.04
1993	3.53	-0.06	-1.58	2007	3.08	-0.04	-1.28
1994	3.45	-0.08	-2.30	2008	3.02	-0.06	-1.94
1995	3.44	-0.02	-0.45	2009	3.01	-0.01	-0.49
1996	3.48	0.04	1.23	2010	3.03	0.02	0.81
1997	3.55	0.07	2.02	2011	2.99	-0.04	-1.27
1998	3.53	-0.02	-0.70	2012	2.96	-0.03	-1.09
1999	3.52	-0.01	-0.28	2013	2.93	-0.03	-0.92
2000	3.50	-0.02	-0.50	2014	2.89	-0.04	-1.36
2001	3.47	-0.03	-0.78	2015	2.88	-0.01	-0.36
2002	3.40	-0.07	-2.12	2016	2.89	0.01	0.35
2003	3.36	-0.04	-1.23	2017	3.01	0.12	4.15

第四节 行业、职业构成

一、行业构成

1990年，第四次全国人口普查数据显示，娄底地区13个行业大类在业人口构成为：农业在业人口1642346人，占在业人口的81.57%。工业在业人口195403人，占在业人口的9.71%。商业餐饮物资供销及仓储业在业人口47178人，占在业人口的2.34%。教育文化艺术和广播电视事业在业人口39196人，占在业人口的1.95%。国家机关、党政群机关在业人口27342人，占在业人口的1.36%。交通运输邮电通信业在业人口23240人，占在业人口的1.15%。在业人口构成情况反映出农业是娄底地区国民经济支柱产业，工业和服务业在国民经济成分中占有重要地位，但欠发达，其他行业尚未形成规模。

2000年，第五次全国人口普查数据显示，娄底市16个行业大类在业人口构成为：农业在业人口131041人，占在业人口的74.62%，比1990年下降6.95个百分点。工业在业人口16046人，占在业人口的9.14%，比1990年下降0.57个百分点。其中制造业在业人口10646人，占在业人口的6.06%。采掘业在业人口4505人，占在业人口的2.57%。电力、煤气及水的生产和供应业在业人口895人，占在业人口的0.51%。批发零售贸易餐饮业在业人口7320人，占在业人口的4.17%。教育文化艺术和广播电视事业在业人口4327人，占在业人口的2.46%。交通运输、仓储及邮政通信业在业人口3991人，占在业人口的2.27%。国家机关、党政群机关在业人口3587人，占在业人口的2.04%。建筑业在业人口3272人，占在业人口的1.86%。社会服务业在业人口2088人，占在业人口的1.19%。卫生体育和社会福利业在业人口1913人，占在业人口的1.09%。农业和工业人口比1990年明显下降，第三产业人口明显增加，尤其是新增的批发零售贸易餐饮业、房地产业和社会服务业的人口急剧增加。教育和科研领域的在业人口也有所上升。

2010年，第六次全国人口普查数据显示，全市19个行业大类在业人口的构成为：农业在业人口96678人，占在业人口的53.97%，比2000年下降20.65个百分点。工业在业人口26253人，占在业人口的14.66%，比2000年提高5.52个百分点。其中，制造业在业人口20104人，占在业人口的11.22%，比2000年提高5.16个百分点。采掘业在业人口4993人，占在业人口的2.79%，比2000年提高0.22个百分点。电力、煤气及水的生产和供应业在业人口1156人，占在业人口的0.65%，比2000年提高0.14个百分点。批发和零售业在业人口15960人，占在业人口的8.91%。建筑业在业人口13622人，占在业人口的7.6%。交通运输、仓储及邮政通信业在业人口6343人，占在业人口的3.54%。公共管理和社会组织在业人口4303人，占在业人口的2.4%。教育业在业人口3615人，占在业人口的2.02%。住宿和餐饮业在业人口3603人，占在业人口的2.01%。居民服务和其他服务业在业人口3252人，占在业人口的1.82%。卫生、社会保障和社会福利业在业人口1945人，占在业人口的1.09%。截至2017年，第七次全国人口普查尚未启动，全市人口行业构成情况暂无统计数据。

1990年第四次全国人口普查娄底地区行业人口构成情况表(一)

表3-12 单位：人、%

行业	合计		男		女	
	人数	占比	人数	占比	人数	占比
农业	1642346	81.57	866368	77.66	775978	86.44
工业	195403	9.71	138533	12.42	56870	6.33
地质勘探和普查业	2928	0.15	2259	0.20	669	0.07
建筑业	12011	0.60	9521	0.85	2490	0.28
交通运输邮电通信业	23240	1.15	19210	1.72	4030	0.45
商业餐饮物资供销及仓储业	47178	2.34	22430	2.01	24748	2.76
房地产管理、公共事业、居民服务业和咨询服务业	6984	0.35	3178	0.28	3806	0.42
卫生体育和社会福利业	11683	0.58	5917	0.53	5766	0.64
教育文化艺术和广播电视事业	39196	1.95	22823	2.05	16373	1.82
科学研究和综合技术服务业	627	0.03	386	0.03	241	0.03
金融、保险业	4030	0.20	2409	0.22	1621	0.18
国家机关、党政群机关	27342	1.36	22320	2.00	5022	0.56
其他行业	369	0.02	253	0.02	116	0.01

2000年第五次全国人口普查娄底市行业人口构成情况表(二)

表3-13 单位：人、%

行业	合计		男		女	
	人数	占比	人数	占比	人数	占比
农业	131041	74.62	69586	70.60	61455	79.76
采掘业	4505	2.57	3752	3.81	753	0.98
制造业	10646	6.06	6918	7.02	3728	4.84
电力、煤气及水的生产和供应业	895	0.51	606	0.61	289	0.38
地质勘探和普查业	171	0.10	124	0.13	47	0.06
建筑业	3272	1.86	2896	2.94	376	0.49
交通运输、仓储及邮政通信业	3991	2.27	3297	3.35	694	0.90
批发零售贸易餐饮业	7320	4.17	3478	3.53	3842	4.99
房地产业	84	0.05	42	0.04	42	0.05
社会服务业	2088	1.19	1029	1.04	1059	1.37
卫生体育和社会福利业	1913	1.09	921	0.93	992	1.29
教育文化艺术和广播电视事业	4327	2.46	2237	2.27	2090	2.71
科学研究和综合技术服务业	146	0.08	79	0.08	67	0.09
金融、保险业	726	0.41	388	0.39	338	0.44
国家机关、党政群机关	3587	2.04	2632	2.67	955	1.24
其他行业	899	0.51	580	0.59	319	0.41

2010年第六次全国人口普查娄底市行业人口构成情况表(三)

表3-14 单位：人、%

行业	合计		男		女	
	人数	占比	人数	占比	人数	占比
农业	96678	53.97	49785	48.68	46893	60.99
采掘业	4993	2.79	4388	4.29	605	0.79
制造业	20104	11.22	11929	11.67	8175	10.63
电力、煤气及水的生产和供应业	1156	0.65	857	0.84	299	0.39
建筑业	13622	7.60	11397	11.15	2225	2.89
交通运输、仓储及邮政通信业	6343	3.54	5546	5.42	797	1.04
信息传输、计算机服务和软件业	738	0.41	400	0.39	338	0.44

续表3-14

行业	合计		男		女	
	人数	占比	人数	占比	人数	占比
批发和零售业	15960	8.91	7444	7.28	8516	11.08
住宿和餐饮业	3603	2.01	1538	1.50	2065	2.69
房地产业	408	0.23	268	0.26	140	0.18
租赁和商务服务业	554	0.31	384	0.38	170	0.22
卫生、社会保障和社会福利业	1945	1.09	842	0.82	1103	1.43
教育业	3615	2.02	1750	1.71	1865	2.43
文化、体育和娱乐业	488	0.27	272	0.27	216	0.28
科学研究、技术服务和地质勘探业	197	0.11	135	0.13	62	0.08
水利、环境和公共设施管理业	460	0.26	234	0.23	226	0.29
居民服务和其他服务业	3252	1.82	1753	1.71	1499	1.95
金融业	730	0.41	368	0.36	362	0.47
公共管理和社会组织	4303	2.40	2970	2.90	1333	1.73

二、职业构成

1990年，第四次全国人口普查数据显示，娄底地区8个职业大类63个职业小类在业人口构成为：农林牧渔劳动者1594742人，占在业人口的79.21%。生产工人、运输工人和有关人员215785人，占在业人口的10.72%。各类专业技术人员81395人，占在业人口的4.04%。商业工作人员41272人，占在业人口的2.05%。服务性工作人员28770人，占在业人口的1.43%。国家机关、党群组织、企事业单位负责人26196人，占在业人口的1.3%。办事人员和有关人员24513人，占在业人口的1.22%。不便分工的其他劳动者664人，占在业人口的0.03%。娄底地区在农业和基础工业就业的人口占绝对比重，在商业和服务业就业的人口不多，但呈上升趋势。

2000年，第五次全国人口普查数据显示，娄底市7个职业大类中在业人口构成为：农、林、牧、渔、水利业生产人员130794人，占在业人口的74.48%，比1990年下降4.73个百分点。生产、运输设备操作人员及有关人员17866人，占在业人口的10.17%，比1990年下降0.55个百分点。商业、服务业人员10713人，占在业人口的6.1%，比1990年上升2.62个百分点。专业技术人员9517人，占在业人口的5.42%，比1990年上升1.38个百分点。办事人员和有关人员3988人，占在业人口的2.27%。国家机关、党群组织、企业、事业单位负责人2060人，占1.17%。不便分工的其他劳动者673人，占在业人口的0.38%。娄底市在农业和交通运输业就业的人口比重有所下降，在商业、服务业及专业技术领域就业的人口比重上升。娄底市国民经济向服务型、知识型、技能型方向发展。

2010年，第六次全国人口普查数据显示，娄底市7个职业大类62个职业小类在业人口构成为：农、林、牧、渔、水利业生产人员96582人，占在业人口的53.91%，比2000年下降20.57个百分点。生产、运输设备操作人员及有关人员38116人，占在业人口的21.28%，比2000年上升11.11个百分点。商业、服务业人员26587人，占在业人口的14.84%，比2000年上升8.74个百分点。专业技术人员8999人，占在业人口的5.01%。办事人员和有关人员6665人，占在业人口的3.72%。国家机关、党群组织、企事业单位负责人2039人，占在业人口的1.14%。不便分工的其他从业人员161人，占在业人口的0.09%。

截至2017年，第七次全国人口普查尚未启动，娄底市人口职业构成情况暂无统计数据。

1990年第四次全国人口普查娄底地区人口职业构成情况表(一)

表3-15 单位：人、%

职业	合计		男	女
	人数	占比		
一、各类专业技术人员	81395	4.04	47707	33688
1.科学研究人员	94	0.01	65	29
2.工程技术人员和农林技术人员	9122	0.45	8087	1035
3.科学技术管理人员和辅助人员	61	0.01	49	12
4.飞机和船舶技术人员	7	0	7	0
5.卫生技术人员	12017	0.60	5799	6218
6.经济业务人员	22609	1.12	12511	10098
7.法律工作人员	1060	0.05	957	103
8.教学人员	34316	1.70	19227	15089
9.文艺、体育工作人员	720	0.04	487	233
10.文化工作人员	1366	0.07	511	855
11.宗教职业者	23	0.01	7	16
二、国家机关、党群组织、企事业单位负责人	26196	1.30	24454	1742
1.国家机关及其机构负责人	4139	0.21	3915	224
2.党群组织负责人	6711	0.33	5985	726
3.企事业、各级组织及其工作机构专职负责人	15346	0.76	14554	792
三、办事人员和有关人员	24513	1.22	19360	5153
1.行政办事人员	13055	0.65	10047	3008
2.政治保卫工作人员	7741	0.38	7077	664
3.邮电工作人员	1826	0.09	808	1018
4.其他办事人员和有关人员	1891	0.09	1428	463
四、商业工作人员	41272	2.05	19628	21644
1.售货人员	32611	1.62	12551	20060
2.采购员和供销人员	7593	0.38	6360	1233
3.收购人员	900	0.05	574	326
4.经纪人和有关人员	7	0	5	2

续表3-15

职　　业	合　计		男	女
	人数	占比		
5.其他商业工作人员	161	0.01	138	23
五、服务性工作人员	28770	1.43	13110	15660
1.服务员	18051	0.90	6502	11549
2.厨师和炊事员	8374	0.42	4550	3824
3.导游员	13	0.01	1	12
4.生活日用品修理人员	2267	0.11	2022	245
5.其他服务性工作人员	65	0.01	35	30
六、农林牧渔劳动者	1594742	79.21	823782	770960
1.农业劳动者	1494115	74.21	816922	677193
2.林业劳动者	3466	0.17	2411	1055
3.牧业劳动者	93310	4.64	1377	91933
4.渔业劳动者	2036	0.10	1291	745
5.农业机械操作人员	1480	0.07	1472	8
6.其他农林牧渔劳动者	335	0.02	309	26
七、生产工人、运输工人和有关人员	215785	10.72	167	48480
1.工段长	1197	0.06	1120	77
2.采矿、采石、勘探、钻井、采盐工人	39834	1.98	37778	2056
3.金属冶炼和处理工人	11220	0.56	8769	2451
4.化学工人	4316	0.21	2671	1645
5.橡胶和塑料制品生产工人	1459	0.07	438	1021
6.纺织、针织、印染工人	2855	0.14	556	2299
7.皮革、皮毛制造及制品制作工人	1007	0.05	300	707
8.裁缝、缝纫工人	5850	0.29	806	5044
9.食品饮料制造工人	4982	0.25	3071	1911
10.制烟工人	21	0.01	17	4
11.木材加工和竹、麻、藤、棕、草制品制作工人	17587	0.87	17225	362
12.造纸和纸制品制作工人	1967	0.10	585	1382
13.印刷工人和有关人员	1637	0.08	445	1192
14.石料切割和雕刻工	2140	0.11	2097	43

续表3-15

职业	合计		男	女
	人数	占比		
15.锻工、工具制造工、机床安装操作工	13923	0.69	10801	3122
16.机器装配工和精密仪器制造工	8138	0.40	7251	887
17.电气、电子设备安装、修理、装配工和有关人员	11571	0.58	8276	3295
18.广播电台(站)录音设备操作人员和电影放映员	424	0.02	319	105
19.管工、焊工、冷作工和金属构件安装工	4057	0.20	3004	1053
20.玻璃、陶瓷和搪瓷制品工人	2747	0.14	1457	1290
21.油漆工人	2325	0.12	1855	480
22.其他生产工人和有关人员	8002	0.40	5390	2612
23.建筑工人	13591	0.68	12375	1216
24.动力设备操作工	5339	0.27	3919	1420
25.装卸工和有关设备操作工	7435	0.37	5799	1636
26.运输设备操作工	21862	1.09	20601	1261
27.检验、计量、实验、分析人员和有关人员	7073	0.35	2738	4335
28.其他生产工人、运输工人和有关人员	13216	0.66	7642	5574
八、不便分工的其他劳动者	664	0.03	261	403
总　　计	1819130	100.00	948469	870661

2000年第五次全国人口普查娄底市人口职业构成情况表(二)

表3-16　　单位：人、%

职业	合计		男	女
	人数	占比		
一、国家机关、党群组织、企业、事业单位负责人	2060	1.17	1739	321
二、专业技术人员	9517	5.42	5040	4477
三、办事人员和有关人员	3988	2.27	2855	1133
四、商业、服务业人员	10713	6.10	5108	5605
五、农、林、牧、渔、水利业生产人员	130794	74.48	69420	61374
六、生产、运输设备操作人员及有关人员	17866	10.17	14001	3865
七、不便分工的其他劳动者	673	0.38	402	271
总　　计	175611	100.00	98565	77046

说明：第五次全国人口普查未细分职业类别

2010年第六次全国人口普查娄底市人口职业构成情况表(三)

表3-17　　　　单位：人、%

职　　业	合　计		男	女
	人数	占比		
一、国家机关、党群组织、企事业单位负责人	2039	1.14	1495	544
1.中国共产党中央委员会和地方各级组织负责人	18	0.01	16	2
2.国家机关及其工作机构负责人	199	0.11	164	35
3.民主党派和社会团体及其工作机构负责人	234	0.13	134	100
4.事业单位负责人	131	0.07	100	31
5.企业负责人	1457	0.81	1081	376
二、专业技术人员	8999	5.01	4574	4425
1.科学研究人员	27	0.02	17	10
2.工程技术人员	1660	0.93	1304	356
3.农业技术人员	123	0.07	75	48
4.飞机和船舶技术人员	32	0.02	16	16
5.卫生专业技术人员	1749	0.98	735	1014
6.经济技术人员	1372	0.77	461	911
7.金融业务人员	372	0.21	183	189
8.法律专业人员	96	0.05	70	26
9.教学人员	3328	1.86	1577	1751
10.文学艺术工作人员	94	0.05	58	36
11.新闻出版、文化工作人员	109	0.06	47	62
12.宗教职业者	16	0.01	13	3
13.其他专业技术人员	21	0.01	18	3
三、办事人员和有关人员	6665	3.72	4613	2052
1.行政办公人员	4234	2.36	2723	1511
2.安全保卫和消防人员	1609	0.90	1427	182
3.邮政和电信业务人员	330	0.18	170	160
4.其他办事人员和有关人员	492	0.28	293	199
四、商业、服务业人员	26587	14.84	12935	13652
1.购销人员	16347	9.13	7468	8879

续表3-17

职　　业	合　计		男	女
	人数	占比		
2.仓储人员	781	0.44	452	329
3.餐饮服务人员	2525	1.41	1036	1489
4.饭店、旅游及健身娱乐场所服务人员	1113	0.62	371	742
5.运输服务人员	2605	1.45	2238	367
6.医疗卫生辅助服务人员	61	0.03	32	29
7.社会服务和居民生活服务人员	2860	1.60	1164	1696
8.其他商业、服务业人员	295	0.17	174	121
五、农、林、牧、渔、水利业生产人员	96582	53.91	49744	46838
1.种植业生产人员	90092	50.29	47845	42247
2.林业生产及野生动植物保护人员	245	0.14	178	67
3.畜牧业生产人员	5849	3.27	1476	4373
4.渔业生产人员	355	0.20	221	134
5.水利设施管理养护人员	30	0.02	15	15
6.其他农、林、牧、渔、水利业生产人员	11	0.01	9	2
六、生产、运输设备操作人员及有关人员	38116	21.28	28797	9319
1.勘测及矿物开采人员	3480	1.94	3235	245
2.金属冶炼、轧制人员	1440	0.80	1105	335
3.化工生产人员	547	0.31	352	195
4.机械制造加工人员	1546	0.86	1273	273
5.机电产品加工装配人员	781	0.44	466	315
6.机械设备修理人员	1426	0.80	1251	175
7.电力设备安装、运行、检修及供电人员	1187	0.66	980	207
8.电子元器件与设备制造、中配、调试及维修人员	1459	0.81	810	649
9.橡胶和塑料制品生产人员	163	0.09	85	78
10.纺织、针织、印染人员	516	0.29	178	338
11.裁缝、缝纫和皮革制品加工制作人员	2987	1.67	1054	1933
12.粮油、食品、饮料生产加工及饲料生产加工人员	383	0.21	226	157
13.烟草及其制品加工人员	1	0.00	0	1

续表3-17

职业	合计		男	女
	人数	占比		
14.药品生产人员	32	0.02	15	17
15.木材加工、人造板生产、木制品制作及制浆、造纸和纸制品生产加工人员	1164	0.65	983	181
16.建筑材料生产加工人员	888	0.50	678	210
17.玻璃、陶瓷、搪瓷及其制品生产加工人员	696	0.39	322	374
18.广播影视制品制作、播放及文物保护作业人员	80	0.05	34	46
19.印刷人员	132	0.07	70	62
20.工艺、美术品制作人员	522	0.29	312	210
21.文化教育、体育用品制作人员	29	0.02	15	14
22.工程施工人员	11060	6.17	9544	1516
23.运输设备操作人员及其有关人员	4001	2.23	3692	309
24.环境监测与废物处理人员	41	0.02	22	19
25.检验、计量人员	687	0.38	333	354
26.其他生产、运输设备操作人员及有关人员	2868	1.60	1762	1106
七、不便分工的其他从业人员	161	0.09	102	59
总计	179149	100	102260	76889

第五节 文化构成

1990年，第四次全国人口普查数据显示，娄底地区人口文化程度及其构成情况：学龄以上总人口3176795人。其中未上过学434786人，占比13.69%。小学1537424人，占比48.4%。初中875821人，占比27.57%。高中299469人，占比9.43%。大学专科23266人，占比0.73%。大学本科6029人，占比0.19%。研究生人数为零。

2000年，第五次全国人口普查数据显示，娄底市人口文化程度及其构成情况：学龄以上总人口3527539人。其中未上过学190465人，占比5.4%，比1990年下降8.29个百分点。小学1482473人，占比42.03%，比1990年下降6.21个百分点。初中1328929人，占比37.67%，比1990年上升10.1个百分点。高中439474人，占比12.46%，比1990年上升3.03个百分点。大学专科67749人，占比1.92%，比1990年上升1.19个百分点。大学本科17779人，占比0.5%，比1990年上升0.31个百分点。研究生670人，占比0.02%，比1990年上升0.02个百分点。

2010年，第六次全国人口普查数据显示，娄底市人口文化程度及其构成情况：学龄以上总人口3471603人。其中未上过学106859人，占比3.08%，比2000年下降2.32个百分点。小学997376人，占比28.73%，比2000年下降13.3个百分点。初中1490416人，占比42.93%，比2000年上升5.26个百分点。高中646911人，占比18.63%，比2000年上升6.17个百分点。大学专科154529人，占比4.45%，比2000年上升2.53个百分点。大学本科72348人，占比2.08%，比2000年上升1.58个百分点。研究生3164人，占比0.09%，比2000年上升0.07个百分点。截至2017年，第七次全国人口普查尚未启动，娄底市人口文化构成情况暂无统计数据。

1990—2010年娄底市人口文化构成绝对数比较表(一)

表3-18　　单位：人

文化程度	四普(1990年)		五普(2000年)			六普(2010年)			
	人数	较1982年	人数	较1982年	较1990年	人数	较1982年	较1990年	较2000年
未上过学	434786	-165814	190465	-410135	-244321	106859	-493741	-327927	-83606
小学	1537424	+120788	1482473	+658137	-549551	997376	-419260	-540048	-485097
初中	875821	+308030	1328929	+761138	+453108	1490416	+922625	+604595	+161487
高中	299469	+83757	439474	+223762	+140005	646911	+431199	+347442	+207437
大学专科	23266	+21463	67749	+65946	+44483	154529	+152726	+131263	+86780
大学本科	6029	+880	17779	+10870	+11760	72348	+65439	+66139	+54569
研究生	0	0	670	+670	+670	3164	+3164	+3164	+2494

1990—2010年娄底市人口文化构成相对数比较表(二)

表3-19　　单位：%、百分点

文化程度	四普(1990年)		五普(2000年)			六普(2010年)			
	占比	较1982年	占比	较1982年	较1990年	占比	较1982年	较1990年	较2000年
未上过学	13.69	-7.69	5.40	-16.08	-8.29	3.08	-18.30	-10.61	-2.32
小学	48.40	-2.02	42.03	-8.39	-6.21	28.73	-21.69	-19.67	-13.3
初中	27.57	+7.36	37.67	+17.46	+10.10	42.93	+22.72	+15.36	+5.26
高中	9.43	+1.75	12.46	+4.78	+3.03	18.63	+10.95	+9.20	+6.17
大学专科	0.73	+0.67	1.92	+1.86	+1.19	4.45	+4.39	+3.72	+2.53
大学本科	0.19	+0.06	0.50	+0.25	+0.31	2.08	+1.83	+1.89	+1.58
研究生	0	0	0.02	+0.02	+0.02	0.09	+0.09	+0.09	+0.07

1990年第四次全国人口普查娄底地区人口文化构成情况表(三)

表3-20　　单位：岁、人

年龄	合　计	大学本科、专科	中专	高中	初中	小学	文盲、半文盲
6~9	280630	0	0	0	0	242734	37896
10~14	341315	0	107	676	59635	276440	4457

续表3-20

年龄	合　计	大学本科、专科	中专	高中	初中	小学	文盲、半文盲
15~19	400306	788	8888	43740	208972	132204	5714
20~24	419999	7144	7981	49399	213654	133965	7856
25~29	303445	7511	5151	67079	138711	77147	6746
30~34	225154	3187	4088	53179	70971	80216	13513
35~39	259146	3089	4622	23799	69257	135624	22755
40~44	207912	2312	3423	6621	42026	131490	22040
45~49	154281	1826	2891	4490	30120	87563	27388
50~54	151036	1779	2734	2482	16738	81486	45817
55~59	125782	747	1152	1870	10896	57047	54070
60~64	106458	494	377	1731	7332	42736	53788
65及以上	201331	418	200	1786	7509	58772	132646
总　计	3176795	29295	41614	256852	875821	1537424	434686

2000年第五次全国人口普查娄底市人口文化构成情况表(四)

表3-21　　单位：岁、人

年龄	合 计	研究生	大学本科	大学专科	中专	高中	初中	小学	文盲半文盲	扫盲班
6~9	213551	0	0	0	0	0	225	211280	2046	0
10~14	448954	0	0	0	668	2484	161510	283162	1130	0
15~19	332697	7	326	3702	36056	66557	185124	39820	1105	0
20~24	265689	44	1746	11899	21826	33762	150479	44196	1536	201
25~29	337234	97	3280	14203	15124	39192	193959	68763	2168	448
30~34	388409	140	3972	12729	10053	41433	214710	101600	3055	717
35~39	306749	149	3688	10074	7489	55106	151598	75244	2670	731
40~44	208423	52	1166	4676	5030	43313	74361	73119	5268	1438
45~49	250216	60	1000	4134	6077	23374	78218	124651	9840	2862
50~54	206575	44	635	2529	4317	7773	48671	127655	11441	3510
55~59	145664	26	676	1345	3097	4845	31374	86099	14395	3807
60~64	141607	20	755	1222	2550	3102	18568	82610	26550	6230
65及以上	281771	31	535	1236	1817	4429	20132	126936	109261	17394
总　计	3527539	670	17779	67749	114104	325370	1328929	1445135	190465	37338

2010年第六次全国人口普查娄底市人口文化构成情况表(五)

表3-22　　单位：岁、人

年龄	合 计	研究生	大学本科	大学专科	高中	初中	小学	未上过学
6~9	193252	0	0	0	1	2799	186426	4026
10~14	220422	0	0	1	9183	109837	99835	1566
15~19	263135	24	8046	16177	129871	96384	11852	781
20~24	347649	409	21400	40216	97697	168587	17954	1386
25~29	275043	691	10258	21974	70372	153671	16794	1283
30~34	256529	461	8132	18071	60632	145861	21979	1393
35~39	317277	438	7597	16566	65391	189082	36251	1952
40~44	353867	379	6832	13534	61500	209817	59270	2535
45~49	276415	303	5127	10893	58169	145006	54550	2367
50~54	186643	111	1628	5452	38766	75645	61329	3712
55~59	224358	94	1170	4855	26717	80587	104120	6815
60~64	180817	47	678	2744	11922	51052	105263	9111
65~69	123652	53	559	1714	7388	29386	73965	10587
70~74	110082	91	555	1410	4930	17813	68111	17172
75~79	72062	39	192	590	2460	8847	42897	17037
80~84	44453	12	121	257	1331	4249	24156	14327
85及以上	25947	12	53	75	581	1793	12624	10809
总 计	3471603	3164	72348	154529	646911	1490416	997376	106859

第六节　民族构成

1990年，娄底地区有少数民族33个，少数民族人口3896人，占全地区总人口的0.11%。2000年，全市有少数民族36个，少数民族人口5219人，占全市总人口的0.14%。2010年，全市有少数民族49个，分别为：蒙古族、回族、藏族、维吾尔族、苗族、彝族、壮族、布依族、朝鲜族、满族、侗族、瑶族、白族、土家族、哈尼族、哈萨克族、傣族、黎族、傈僳族、佤族、畲族、高山族、拉祜族、水族、景颇族、柯尔克孜族、纳西族、达斡尔族、土族、仫佬族、羌族、布朗族、撒拉族、毛南族、仡佬族、锡伯族、阿昌族、塔吉克族、怒族、鄂温克族、普米族、乌孜别克族、俄罗斯族、裕固族、京族、塔塔尔族、独龙族、赫哲族、门巴族。少数民族人口7837人，占全市总人口的0.21%。其中，苗族人口2853人，占少数民族人口的36.4%。土家族人口1812人，占少数民族人口的23.12%，侗族、回族、哈萨克族、布依族、瑶族、满族人口分别为552人、513人、268人、199人、194人、158人，分别占少数民族人口的7.04%、6.55%、3.42%、2.54%、2.48%、2.02%。截至2017年，第七次全国人口普查尚未启动，娄底市少数民族人口构成情况暂无统计数据。

1990—2010年娄底市少数民族人口构成情况表

表3-23　　单位：人、%

民族	四普(1990年)		五普(2000年)		六普(2010年)	
	总人口3896		总人口5219		总人口7837	
	人口	占比	人口	占比	人口	占比
蒙古族	32	0.82	101	1.94	64	0.82
回族	406	10.42	360	6.90	513	6.55
藏族	4	0.10	15	0.29	107	1.37
维吾尔族	12	0.31	25	0.48	107	1.37
苗族	1020	26.18	1670	32.00	2853	36.40
彝族	280	7.19	60	1.15	129	1.65
壮族	166	4.26	203	3.89	135	1.72
布依族	52	1.33	174	3.33	199	2.54
朝鲜族	4	0.10	21	0.40	30	0.38
满族	139	3.57	172	3.30	158	2.02
侗族	650	16.68	681	13.05	552	7.04
瑶族	154	3.95	208	3.99	194	2.48
白族	92	2.36	92	1.76	82	1.05
土家族	814	20.89	1332	25.62	1812	23.12
哈尼族	2	0.05	7	0.13	48	0.61
哈萨克族	0	0	0	0	268	3.42
傣族	2	0.05	8	0.15	4	0.05
黎族	13	0.33	7	0.13	79	1.01
傈僳族	1	0.03	4	0.08	14	0.18
佤族	2	0.05	5	0.10	43	0.55
畲族	1	0.03	5	0.10	11	0.14
高山族	5	0.13	5	0.10	2	0.03
拉祜族	2	0.05	2	0.04	15	0.19
水族	4	0.10	6	0.11	14	0.18
景颇族	0	0	0	0	3	0.04
柯尔克孜族	0	0	0	0	6	0.08
东乡族	1	0.03	0	0	0	0
纳西族	5	0.13	4	0.08	1	0.01
达斡尔族	0	0	0	0	4	0.05

续表3-23

民族	四普（1990年）		五普（2000年）		六普（2010年）	
	总人口3896		总人口5219		总人口7837	
	人口	占比	人口	占比	人口	占比
土族	1	0.03	9	0.17	104	1.33
仫佬族	5	0.13	4	0.08	6	0.08
羌族	0	0	1	0.02	4	0.05
布朗族	1	0.03	2	0.04	6	0.08
撒拉族	0	0	0	0	23	0.29
毛南族	10	0.26	6	0.11	14	0.18
仡佬族	6	0.15	20	0.38	81	1.03
锡伯族	6	0.15	5	0.10	9	0.11
阿昌族	0	0	0	0	2	0.03
塔吉克族	0	0	2	0.04	1	0.01
怒族	0	0	0	0	13	0.17
鄂温克族	0	0	1	0.02	1	0.01
普米族	1	0.03	0	0	12	0.15
乌孜别克族	0	0	0	0	13	0.17
俄罗斯族	0	0	0	0	1	0.01
裕固族	0	0	0	0	2	0.03
京族	0	0	0	0	4	0.05
塔塔尔族	0	0	0	0	1	0.01
独龙族	0	0	0	0	7	0.09
赫哲族	0	0	0	0	12	0.15
门巴族	0	0	0	0	2	0.03
其他少数民族	3	0.08	2	0.04	72	0.92

第三章　人口变动

第一节　自然增减

一、出生

1990—1999年，全地区出生人口由1990年的75076人，下降至1999年的42283人，净减32793人。出生率由1990年的20.32‰，下降至1999年的10.7‰，下降9.62个千分点。10年累计出生人口546500人，年均出生人口54650人。其中1998年人口出生步入低谷，出生人口41992人，远低于年均出生人口数，出生率降至10年间最低，为10.68‰。

2000—2017年，全市人口出生处于恢复增长期。2000年，出生人口46435人，出生率11.68‰，2014年，放宽独生子女二孩政策，2015年，全面放开二孩生育政策，人口出生连年上涨，出生率维持在11.51‰~14.3‰。2016年，出生人口64802人，出生率14.3‰。18年间累计出生人口914572人，年均出生人口50810人，人口出生渐趋平衡，新的计划生育政策发挥实效。

二、死亡

1990年起，全地区人口死亡进入平稳下降期。是年，全地区死亡人口21208人，死亡率5.74‰。1993年，死亡人口22824人，死亡率6‰。1994年，死亡人口16416人，死亡率4.28‰。5年间累计死亡人口104474人，年均死亡人口20895人。

1995年，全地区死亡人口21731人，死亡率5.62‰。1999年，死亡人口21300人，死亡率5.39‰。5年间累计死亡人口108623人，年均死亡人口21725人，年均死亡率5.54‰。死亡人口绝对数有所增加，人口总量相应增加，人口死亡率基本稳定在5.5‰左右。

2000年，全市死亡人口24490人，死亡率6.16‰。2014年，死亡人口31856人，死亡率最高7.2‰。2014—2017年，全市人口死亡率逐步下降。2017年，死亡人口12509人，死亡率2.75‰。2000—2017年，全市累计死亡人口439351人，年均死亡人口27459人，年均死亡率6.52‰。

1990—2017年，娄底市人口死亡率由1990年的5.74‰下降至2017年的2.75‰，下降2.99个千分点。全市人口死亡率呈下降趋势，但总体平稳。人口出生率、人口死亡率和人口自然增长率渐趋下降，但由于人口平均出生率大于人口平均死亡率，故人口总量呈增长趋势。

1990—2017年娄底市人口自然变动情况表

表3-24　　　　单位：人、‰

年份	总人口	出生		死亡		自然增长率
		人数	出生率	人数	死亡率	
1990	3726725	75076	20.32	21208	5.74	14.58
1991	3766828	55827	14.90	21731	5.80	9.10
1992	3790902	64619	17.10	22295	5.90	11.20
1993	3816987	54244	14.26	22824	6.00	8.26
1994	3854010	53620	13.98	16416	4.28	9.70
1995	3879272	53360	13.80	21731	5.62	8.18
1996	3902197	54470	14.00	22255	5.72	8.28
1997	3921249	51009	13.04	21358	5.46	7.58
1998	3942509	41992	10.68	21979	5.59	5.09
1999	3960948	42283	10.70	21300	5.39	5.31
2000	3990300	46435	11.68	24490	6.16	5.52
2001	3998800	52129	13.05	27522	6.89	6.16
2002	4021568	46237	11.53	24382	6.08	5.45
2003	4038854	48000	11.91	22569	5.60	6.31

续表3-24

年份	总人口	出生		死亡		自然增长率
		人数	出生率	人数	死亡率	
2004	4051001	48054	11.88	26980	6.67	5.21
2005	4075823	52499	12.92	27631	6.80	6.12
2006	4120411	53767	13.12	27785	6.78	6.34
2007	4161154	53747	12.98	28323	6.84	6.14
2008	4184041	48027	11.51	20028	4.80	6.71
2009	4205010	55494	13.23	29152	6.95	6.28
2010	4329900	56843	13.32	29744	6.97	6.35
2011	4358076	58296	13.42	30321	6.98	6.44
2012	4377836	59579	13.64	28610	6.55	7.09
2013	4400200	58242	13.27	28002	6.38	6.89
2014	4448800	60571	13.69	31856	7.20	6.49
2015	447000	62302	13.96	31954	7.16	6.80
2016	4531738	64802	14.30	24926	5.50	8.80
2017	4536062	54350	11.98	12509	2.75	9.22

第二节　人口迁移

1990—1999年，全地区累计迁入人口34581人，年均迁入3458人。累计迁出46759人，年均迁出4675人。其间，全地区外出务工人员大多采用“雁栖式”流动，而不选择迁移定居。2000—2009年，全市累计迁入人口159240人，年均迁入15924人。累计迁出312204人，年均迁出31220人。随着改革开放不断深化，全市外出务工人员部分选择向大中城市迁移定居。2010—2017年，全市累计迁入人口192243人，年均壬入11530人。累计迁出156574人，年均迁出19572人。人口迁入与迁出比例呈倒挂结构，迁出人口明显多于迁入人口。

1990—2017年娄底市人口迁移情况表

表3-25

单位：人

年份	迁入	迁出	年份	迁入	迁出
1990	2283	2558	1994	3088	3718
1991	2073	2890	1995	10646	10699
1992	3644	3864	1996	1766	4560
1993	2011	4096	1997	2097	5734

续表3-25

年份	迁入	迁出	年份	迁入	迁出
1998	2657	3444	2008	16679	12226
1999	4316	5196	2009	10416	12701
2000	18694	147013	2010	6680	11388
2001	12791	17591	2011	16410	17072
2002	17737	17333	2012	14167	21498
2003	22647	23680	2013	15161	15052
2004	23155	27467	2014	12597	14855
2005	9358	15419	2015	11392	16758
2006	11513	18718	2016	12469	24382
2007	16250	20056	2017	15964	35569
合 计				298657	515537

第四章　计划生育

第一节　政策法规

一、奖励优待政策

（一）晚婚晚育奖励优待

1990年始，娄底地委、行署贯彻执行《湖南省人口与计划生育条例》：国家工作人员、企事业单位职工晚婚的，除享受国家规定婚假外，另增婚假12天。晚育的，除享受国家规定产假外，另增产假30天。在产假期间领取独生子女证的，另增产假30天。另增假期视为出勤，工资、奖金照发。农民晚婚晚育的，可免去1年义务工。城镇居民晚婚晚育的，由镇政府或街道办事处给予优待。2004年8月30日，市委、市政府出台《娄底市计划生育优待奖励若干规定》，对晚婚晚育者给予优待奖励：单位职工晚婚的，除享受国家规定婚假外，另增婚假12天。晚育的，除享受国家规定产假外，再增加产假30天。农村居民晚育的，减免本人当年村内举办集体生产公益事业所需缴纳资金。城镇无业居民晚育的，由户籍所在地乡镇政府或街道办事处给予适当奖励。2016年，市委、市政府执行修订后的《湖南省人口与计划生育条例》：符合法定生育条件的夫妻，女方除享受国家规定产假外再增产假60天，男方享受护理假20天。增加的产假、护理假视为出勤。截至2017年，晚婚晚育奖励优待政策持续贯彻执行。

（二）独生子女家庭奖励优待

1990年始，地委、行署贯彻执行《湖南省人口与计划生育条例》：对独生子女及其家庭的奖励与优待在保持原政策不变的基础上，独生子女保健费由每年不低于40元改为每月不低于50元。符合条例规定可生育第二个孩子的夫妇，自愿只生育1个孩子并领取独生子女证的，除给予独生子女及其家庭优待外，另发给一次性奖金。奖金来源和标准由县（市）政府确定。县级娄底市委、市政府对农村独生子女户和两女结扎户实行优惠奖励，免除其子女小学1~6年级学费每人每期100元。2004年8月，市委、市政府出台《娄底市计划生育优待奖励若干规定》，对独生子女及其家庭给予奖励优待：在产假期间领取独生子女父母光荣证（以下简称光荣证）的，再增加产假30天，男方增加护理假15天，增加的产假和护理假视为出勤。农村领取光荣证家庭的子女，中考时加5分。领取光荣证的农村贫困家庭子女考取大学的，由县（市、区）财政给予一次性不低于1000元的助学金。对农村独女家庭、两女贫困家庭考取大学的子女，除享受以上助学金外，再多给予一次性不低于500元的助学金。领取光荣证的农村家庭在享受普惠政策补助标准的基础上，增加不低于10%的特惠补助，所需资金由县（市、区）财政承担。在社会福利、社会保障和社会服务工作中优先照顾和扶持领取光荣证且符合条件的农村家庭。优先提供就业培训和小额贴息担保贷款，优先享受最低生活保障和危房补助。下岗职工、无业居民落实公益性岗位。再就业时，对领取光荣证的农村家庭优先照顾。对符合享受城市居民最低生活保障条件的计划生育贫困家庭，同等条件下优先安排廉租房。对符合农村医疗救助条件的农村独生子女家庭、农村两女结扎家庭及计划生育贫困家庭，优先给予农村医疗救助。对因临时性、突发性原因造成基本生活出现暂时困难的农村独生子女家庭、农村两女结扎家庭及计划生育贫困家庭，优先给予临时救助。党员干部包户扶贫工作优先帮扶计划生育家庭，尤其是独生子女家庭和两女贫困家庭。2005年，全市督查落实独生子女保健费这一法定奖项，各县（市、区）、乡镇、村，机关、企事业单位依法兑现落实。全市农村独生子女保健费兑现98.8%，城镇独生子女保健费兑现100%，综合兑现率居全省第3位。2011年，市政府印发《关于做好城镇独生子女父母奖励工作的通知》。2014年，市政府转发《湖南省完善城镇独生子女父母奖励办法若干规定》，逐步完善和贯彻执行城镇独生子女父母奖励优待政策。2016年，市委、市政府贯彻执行修订后的《湖南省人口与计划生育条例》第二十二条规定，在国家提倡“一对夫妻生育一个子女”期间，夫妻自愿终身只生育一个子女的，发给独生子女父母光荣证，继续享受下列优待：从领证之月起到子女14周岁止，每月发给5~20元的独生子女保健费。农村集体经济组织分配集体经济收益、征地补偿时，对独生子女家庭增加一人份额。在划分宅基地、扶持生产、介绍就业等方面，对独生子女家庭给予照顾。对独生子女入托、入园、就学、就医、就业以及就业培训等方面给予优待。截至2017年，独生子女及其家庭奖励优待政策持续贯彻执行。

（三）其他奖励优待

2004年10月1日，市委、市政府出台《娄底市计划生育优待奖励若干规定》，对领取独生子女父母光荣证的家庭给予优待奖励：从领证之月起到子女满14周岁止，每月发给5~20元独生子女保健费。农村分配集体收益时，独生子女家庭增加1人份额。在划分宅基地、扶持生产、介绍就业等方面，对独生子女及其父母给予照顾。有条件的地方和单位可以对独生子女入托、入园、就学、就医给予补助。父母双方都是农村居民的独生子女，经所在县级计划生育、教育、财政等部门共同核实后，发放独生子女免费就学卡，在义务教育期间凭卡可在户籍所在地免费入学。外出务工农民的独生子女就读杂费减免，由户籍所在地政府按本地标准给予解决。对符合《湖南省人口与计划生育条例》可以再生育子女的夫妻，自愿不再生育的给予优待奖励：是农村居民的按照不低于所在乡镇上年度农村居民人均纯收入的标准发给奖金，最低不少于3000元。是城市居民的按照不低于所在县（市、区）上年度城镇居民人均可支配收入的标准发给奖金，最低不少于4000元。所需经费由县（市、区）财政承担。截至2017年，节育措施落实奖励优待政策持续贯彻执行。

（四）计划生育奖励扶助

2004年始，市委、市政府贯彻执行国家颁布的《农村部分计划生育家庭奖励扶助制度试点方案（试行）》，对符合条件的计划生育奖励扶助对象，按人均每年不低于600元的标准发放奖励扶助金。在国家中部地区，中央财政和地方财政对农村计划生育家庭奖励扶助经费各承担50%。省、市、县按7：1：2比例，将农村计划生育家庭奖励扶助经费纳入地方财政预算。2005年始，娄底市全面落实国家、省计划生育奖励扶助政策。各县（市、区）在落实国家、省、市计划生育奖励扶助政策的基础上，结合当地实际，提高奖励扶助标准，拓宽奖励扶助优惠面。计划生育奖励扶助金实行一年一度发放，各县（市、区）负责奖励扶助对象年审，确定发放名册，报市人口和计划生育委员会审核存档，各县（市、区）财政部门按标准和人数将奖励扶助资金拨付到相应代发机构，再由代发机构发放到人。截至2017年底，娄底市奖励扶助计划生育对象102285人，发放奖励扶助资金10509.05万元。扶助范围主要为农村。特别扶助计划生育对象1550人，发放特别扶助金931.7万元。补助节育手术并发症患者1371人，补助金额1777.82万元。奖励城镇独生子女父母49496人，奖励金额4751.62万元。保健费发放独生子女11771人，发放独生子女保健费282.55万元。其中，新化县奖励扶助农村计划生育家庭人数最多，累计43300人，发放金额3584.66万元。涟源市奖励扶助人数31476人，发放金额2752.25万元。双峰县奖励扶助人数27396人，发放金额2665.84万元。

2005—2017年娄底市各县（市、区）农村计划生育家庭奖励扶助金发放情况表

表3-26　　单位：人、万元

年份	娄星区		双峰县		新化县		冷水江市		涟源市		市经开区	
	人数	金额	人数	金额	人数	金额	人数	金额	人数	金额	人数	金额
2005	230	13.80	—	46.20	1085	65.10	113	6.78	804	4.08	31	1.86
2006	286	17.16	—	54.06	1526	91.56	152	9.12	1147	68.82	37	2.22
2007	313	18.78	911	59.04	1736	104.16	164	9.84	1303	78.18	54	3.24
2008	329	19.74	1028	61.44	1913	114.78	186	11.6	1509	90.54	66	3.96
2009	427	30.74	1492	107.06	2449	176.38	235	16.92	1854	133.488	77	5.54
2010	463	33.34	1722	123.55	2623	188.86	275	19.8	2002	144.144	96	6.91
2011	557	40.10	1897	144.50	2956	212.83	299	21.53	2145	154.44	129	9.29
2012	677	64.99	2394	229.82	3260	312.96	388	37.25	2469	237.02	167	12.02
2013	777	74.59	2830	267.45	3601	345.70	439	52.68	2627	252.192	193	18.53
2014	899	97.09	3174	303.16	3892	373.63	507	60.84	2914	297.228	234	22.46
2015	1024	110.59	3446	330.72	4085	392.16	546	65.52	3061	312.222	264	25.34
2016	1655	178.74	5287	503.61	5721	549.22	737	88.44	4778	487.356	346	33.22
2017	1752	146.88	3215	435.23	8453	657.32	843	68.54	4863	492.542	542	33.22
合计	9389	846.54	27396	2665.84	43300	3584.66	4884	468.86	31476	2752.252	2236	177.82

二、优生优育规定

1990年始，地委、行署贯彻执行《湖南省人口与计划生育条例》有关避孕节育规定，公民结婚应进行婚前健康检查，育龄夫妇应接受优生优育指导。2017年，实行一对夫妇生育二孩政策。

第二节 计划生育宣传

1990—1999年，娄底地区计划生育宣传教育重点是控制人口数量、降低人口高峰。全地区开展以“世界50亿、亚洲30亿、中国11亿”为主题的“人口日”宣传活动。地委、行署先后3次召开全地区计划生育工作专题会议，加大计划生育宣传力度。宣传教育对象主要是育龄群众，宣传教育内容包括人口理论、人口国情与形势、新型婚育观念、政策与法律法规、典型经验与先进人物等。宣传教育主要途径为基层人口学校、基层服务站（所）、大众传媒（报刊、广播等）、社会宣传。宣传教育方式为红纸标语、石灰标语、黑板报、宣传橱窗、宣传车、大型专题活动等。20世纪末，全国人口进入稳定低生育时期，计划生育宣传工作重心转向提高人口素质方面，宣传方式逐步转向多媒体综合宣传。1999年，地区行署下发《关于开展“婚育新风进万家活动”的通知》，以期转变新形势下的群众生育观念，推动计划生育工作朝更加健康方向发展。

2007年，市人口和计划生育委员会（简称市计生委）贯彻执行国家计生委“宣传教育为先导”战略决策，将宣传教育放在计划生育工作首要位置。2009年，贯彻执行新颁布的《湖南省人口与计划生育条例》，将计划生育宣传教育重点转向婚育新风、优质服务、关爱女孩、依法行政等方面。全市各级单位和部门运用新闻媒体、文艺演出、宣传资料、大型横幅、宣传车、人口计生文化大院等形式和载体，在“5·29”计生协会活动日、“7·11”世界人口日、“10·28”男性生殖健康日等重要节日，开展全民计生宣传活动。县（市、区）在所有乡镇实施“2345宣传工程”：即送2份宣传资料入户（一份《政策法规汇编》，一份《优生优育和生殖健康知识手册》），开展3次大的宣传活动（千支万人文艺宣传队唱响湘中颂国策大宣传活动、万名留守儿童一封家书劝家长守国策竞赛活动、十万娄底人民为国策进一言征文活动），抓好4个宣传阵地建设〔技术服务站（所）宣传厅、乡村人口学校、村级外移宣传阵地、村级人口文化书屋〕，用好5种宣传工具（计划生育村务公开栏、宣传车、广播、电视、民间文艺团体）。计划生育宣传教育对象扩展至全体公民，包括育龄群众、党政领导干部、计划生育工作者、青少年、流动人口。宣传教育内容除计划生育政策外，还包括奖励帮扶政策、独生子女伤残救助政策、关爱女孩、新型婚育文化、生殖保健等新内容。宣传教育途径由传统媒介扩展至现代大众传媒（电视、网站等）和手机自媒体等。宣传教育形式日益多样，做到报纸杂志里有文章，广播电视里有专栏，电视黄金时段有公益广告，城区繁华地段有电子屏幕，公路沿线有大型标语牌，人口稠密区有喷绘的墙体标语和宣传栏。标语内容语义温馨、人性化凸显。截至2017年，全市计划生育宣传重点长期放在婚育新风、优质服务、关爱女孩、依法行政等方面。

第三节 优生优育

一、优生服务

1990年3月，经联合国儿童基金会、世界卫生组织、卫生部、省计生委抽查评审，认定涟源市儿童计划免疫“四苗”（卡介苗、百白破疫苗、脊髓灰质炎活疫苗、麻疹疫苗）覆盖100%。1992年，涟源市实施出生性缺陷防治工程，向孕、产妇发放福施福、叶酸等药物，改善妇女孕前、孕中、产后营养供给，增补孕妇所需微量元素，减少病残儿童出生率。1995年，娄底市面向全市开展优生遗传检测服务（细胞遗传和血清免疫反应检测），发现异常3%。对发现异常者，动员孕妇治疗正常后再怀孕生育。是年，冷水江市计划生育服务站在全地区率先成立遗传优生检测中心。1999年，娄星区增加科技投入，购置10台红外线治疗仪和3台B超机，对新婚夫妇开展优生遗传检测。2000年始，全市采取爱心助孕行动，帮助不孕不育人群解决生育问题。2007年，贯彻落实省计生委列出的《出生缺陷干预实施项目》，为高危人群（符合生育政策，夫妻自身有先天性、致残性出生缺陷，或亲生子女有先天性、致残性出生缺陷，或女方已年满35周岁的夫妻）提供免费遗传优生检测服务，开展染色体G显带分析、孕中期B超检查、孕中期βHCG+AFP二联酶标检测，并对呈阳性结果进行登记，对此类夫妇进行技术指导及跟踪随访。2012年12月，《湖南省“计划生育爱心助孕——娄底特别行动”实施方案》出台，娄底市被确定为“爱心助孕特别行动”（指针对全市曾实行计划生育、目前无子女家庭开展的一项惠民工程，让失去孩子的计划生育家庭感受党和国家的关怀与温暖，减轻精神痛苦）试点单位，涟源市被确定为娄底市的试点单位。娄底市“爱心助孕”试点行动向16个曾经领取独生子女证、现无子女的计划生育家庭提供免费援助，为1700人进行义诊，为260个不孕不育家庭分别提供价值1200元的“爱心助孕援助卡”，为86对培育试管婴儿的夫妇减免诊疗费30%，完成胚胎移植59人，实现成功妊娠48人。《中国人口报》《湖南日报》《娄底日报》、财政部官网、幸福人家网、娄底电视台等30余家新闻媒体对此进行专题报道。2013年9月，全市卫生部门将儿童急性淋巴细胞白血病、急性早幼粒细胞白血病、0~6岁聋残儿童人工耳蜗植入抢救性治疗纳入新农合大病救治保障范围。对全市计划生育家庭1~14岁先天性心脏病患儿进行免费救治，对确诊的出生缺陷儿童进行科学性干预，给予适当治疗补助。截至2017年，全市为308711名计划怀孕夫妇免费提供孕前优生健康检查，目标人群服务覆盖99.7%。涟源市“爱心助孕、圆梦家庭”活动选送省计划生育科研所门诊455人，义诊286人，助孕741人。其中，完成试管婴儿培育周期172人，完成胚胎移植159人，完成妊娠110人，妊娠率69.1%。

二、药具避孕

1990年，娄底地区育龄夫妇主要采用传统药具（宫内节育器、避孕套、避孕药等）进行避孕。采取避孕方法的约占40%，其中采用宫内节育器避孕的约占30%，采取女性避孕方法的约占50%。2010年，全市育龄夫妇采取避孕方法的约占70%。其中采用宫内节育器避孕的约占40%，采取女性避孕方法的约占80%，采用甾体避孕药的约占6%。截至2017年，娄底市育龄夫妇普遍采用女性避孕方法避孕节育，药具品质达到或接近国际先进水平。

2010—2017年娄底市避孕药具使用情况表

表3-27 单位：人

年份	总人数	口服避孕药	皮埋	避孕套	外用药	其他药具
2010	74829	174	30	73299	63	1263
2011	55095	171	27	53595	51	1251
2012	44961	165	18	43509	51	1218
2013	45075	75	15	44595	36	354
2014	48069	69	15	47628	33	324
2015	46047	45	12	45675	33	282
2016	52440	42	12	51759	390	237
2017	60231	50	15	52341	321	254

第四节 机 构

一、市级机构

1990年，娄底地区计划生育委员会（以下简称地区计生委）内设人事秘书科、财务科、科技科、政策法规科、计划统计科、宣传教育科。另设宣传站、计划生育药具管理站2个二级机构。1993年，地区计生委增设三优医疗技术服务中心。1995年，内设办公室（加挂财务科牌子）、政策法规科、计划统计科、科学技术科、宣传教育科、人事科。另设三优医疗技术服务中心、宣传站、药具物资管理站3个二级机构。2002年，市计生委内设机构调整为7个：办公室、政策法规科（加挂流动人口管理办公室牌子）、计划统计科、财务科、科技科、宣传科、人事科。市计划生育协会办公室成立，其人员参照公务员制度管理。是年，市计划生育宣传站更名为市计划生育委员会人口与计划生育执法室，与市药具管理站一并设为内设机构。市三优医疗技术服务中心更名为市计划生育三优培训服务中心，属正科级事业单位。2005年7月，市计划生育委员会更名为市人口和计划生育委员会，内设机构9个：办公室、政策法规科、计划统计科、财务科、科技科、宣传科、人事科、药具管理站、流动人口办公室。二级机构1个：市计划生育三优培训服务中心。市计划生育协会办公室挂靠市计划生育委员会，明确市计划生育协会常务副会长为正处级。2007年5月18日，娄底市计划生育协会被列入群团组织序列。2009年2月21日，市计划生育协会办公室被确定为副处级单位。2011年1月13日，市人口和计划生育委员会内设机构调整为10个：办公室、政策法规科、统计信息科、宣传教育科、科学技术科、财务资产管理科、利益导向科、流动人口计划生育管理科、人事科、机关党委（纪检监察室）。归口管理市计划生育药具管理站（正科级）和市计划生育三优培训服务中心，代管市计划生育协会。2015年7月30日，市卫生局、市人口和计划生育委员会合并，成立娄底市卫生和计划生育委员会，内设办公室、政策法规科（加挂行政审批科、市深化医药卫生体制改革领导小组办公室牌子）、规划与信息科、宣传科、疾病预防控制科（卫生应急办公室）、医政医管科、基层卫生科（合作医疗管理办公室）、妇幼健康服务科、综合监督科（食品安全风险监测办公室）、药物政策与基本药物制度科、计划生育基层指导科、计划生育家庭发展科、流动人口计划生育服务管理科、科技教育与干部保健科、中医药管理科（市中医药管理局）、爱国卫生工作科（市爱国卫生运动委员会办公室）、财务科、人事科（离退休人员管理科）。市地方病防治领导小组办公室和市计划生育药具管理站均按内设机构实施管理。市卫生和计划生育委员会管理市卫生监督所、市疾病预防控制中心、市公共卫生应急救援指挥中心、市医学会医疗事故技术鉴定工作办公室、市医疗仪器服务站、市中心血站、市计划生育“三优”培训服务中心、市卫生学校、市中心医院、市第一人民医院、市第二人民医院、市妇幼保健院、市中医医院、市骨伤医院。2017年，机构无变化。

二、县乡机构

1990年，娄底市、涟源市、冷水江市、新化县、双峰县均建立计划生育委员会，全地区222个乡镇（街道、林场）均建立计划生育办公室（以下简称计生办），为同级政府组成部门，主管辖区内的人口和计划生育工作。

1995年，撤区并乡后，全地区乡镇（街道、林场）计生办减为97个。2005—2015年，乡镇区划多次调整，2015年，全市乡镇（街道、林场）计生办减至92个。其中娄星区13个、涟源市20个、冷水江市15个、新化县28个、双峰县16个。是年，县（市、区）卫生局、市人口和计划生育委员会合并，分别成立县（市、区）卫生和计划生育委员会。

计划生育工作人员主要包括行政管理人员、行政执法人员、技术服务人员（以下简称三类人员）。2015年，市政府机构改革，县乡三类人员编制1413名，其中行政编制438名、事业编制975名、合同制工人编制585名。娄星区64名，其中行政编制38名、事业编制26名。涟源市378名，其中行政编制

209名、事业编制169名。冷水江市113名，其中行政编制33名、事业编制80名。新化县670名，其中行政编制113名、事业编制557名。市经开区27名，其中行政编制9名、事业编制18名。双峰县108名，其中行政编制12名、事业编制96名。全市计划生育技术服务人员502名。其中，县（市、区）计划生育技术服务站141名，乡镇、街道计划生育技术服务所361名。2017年，全市人口和计划生育机构基本未变。

附：娄底市计划生育协会

一、组织机构

1989年，娄底地区和所属各县（市）计划生育协会（以下简称计生协）先后成立，为群众团体组织，分别由地区、县（市）计划生育委员会代管。2007年5月，市计生协核定事业编制5名，配备专职副会长，县（市、区）计生协核定事业编制1~3名，2015年，市计生协编制增至9名，县（市、区）计生协各增编制3名。市计生协会长由市级领导兼任，县（市、区）计生协会长由县（市、区）级领导兼任。2016年3月，市计生协设立中共党组，县（市、区）计生协设立中共党支部。

2017年，全市计生协组织2538个，其中市级1个，县级6个（含经开区），乡（镇、街道）、企业等基层组织2531个。1990—2017年，市计生协先后召开会员代表大会4次。

2004—2017年，市计生协连续13年获评全省计生协工作先进单位。2006年5月，市计生协获评全国计生协工作先进单位。

二、主要工作

（一）宣传教育

1990年始，娄底地区计生协采用书画、山歌、傩戏、腰鼓和快板等民间形式把国家计划生育政策、法律法规和优生优育意义、方法广泛向群众宣传。1990—1997年，全地区计生协会员先后在《中国人口报》《湖南人口报》《娄底日报》及全国全省计划生育理论研讨会上发表论文6篇。

1998年，地区计生协开辟“三家六园”宣传阵地。地区开辟青苹果之家、妇女健康之家、人口文化工作者之家。县（市、区）开辟“六园”，即娄底市人口文化活动园、涟源市人口宣传展览园、冷水江市人口文化漫画园、新化县人口文化产业园、双峰县人口文化书画园、经开区人口文化观光园。

2005年，市计生协曾桂秋编著的《中外人口与计划生育之最》一书由中国人口出版社出版，填补了国内空白。2007年，市计生协《走马上任五百天——娄底市计生协会长李金才工作纪实》报告文学分别在《中国人口报》《中国计划生育协会》杂志发表；8月，娄星区计生协在中心城区办起200米长的计划生育宣传长廊。2009年，市计生协和市计生委干部职工集资230万元，以留守儿童马东进城寻父为题材，与中国计划生育宣传教育中心联合摄制电影《马东的假期》在全国公开放映，后又与冷水江市铎山镇金廉村党支部书记苏泉共同出资200万元，拍摄以计划生育为题材的电影《爱上油菜花》，公开放映。2011年11月，市计生协在全国计生协工作会议上，作《创新形式、拓展内涵，彰显计生协宣传工作软实力》典型发言。

2012年，市计生协以喜迎党的十八大为主题，参与中国计生协组织的“关怀计生群众，创建幸福家庭”的大型宣传活动。2013年“5·29”会员宣传日，市计生协、市计生委及娄星区人民政府联合在娄星广场开展以“塑造健康人格，创建幸福家庭”为主题的大型文艺会演。

2015年5月，市计生协、市计生委及娄星区人民政府联合编排《爱，永不缺失》大型留守儿童情景剧。

2001—2017年，全市各级计生协开展宣传活动580余场次，展出展板9100余块，发放各类宣传手册40多万份，在国家级、省级以上媒体刊发宣传稿件5600余篇。

（二）帮扶计生家庭

1989年9月起，地区计生协和地区计生委联合在娄底市涟滨乡开展计生家庭帮扶活动试点，成立湖南省第一家独生子女“女儿户基金会”，每户筹资500元，由乡、村分别承担300元和100元，女儿户本人交纳100元。首批会员35人，筹措基金2.17万元，由计生协具体管理。1990年11月26—28日，省人口学会在娄底召开全省“解决农村独女户养老问题”专题研讨会，推介娄底做法。

1999年3月，市计生协从省计生协争取项目资金33万元，再由爱心人士捐献、社会抚养费中划拨、地方财政配套，筹措资金400多万元，先后在涟源市桥头河镇、冷水江市中连乡、双峰县蛇形山镇、梓门桥镇、新化县圳上镇等地为计生贫困户办起7个计生家庭帮扶示范点，其中娄星区大科乡南垅村种植蔬菜、草莓，一年产值4万余元。双峰县蛇形山镇石湾村办养猪场3个、渔场2个，当年出栏生猪9000多头，产鱼30多吨，解决36人就业问题。

2006年9月14日，市计生协转发中国计生协《关于建立生育关怀行动项目库的通知》，全面开展生育关怀行动。2007年初，市财政拨付30万元，各县（市、区）均拨出专款，分别设立市、县两级生育关怀基金。是年5月29日，冷水江市举办“生育关怀——关爱贫困母亲、贫困女孩”大型文艺晚会，地区四大家领导人均捐款1000元，部门领导捐款400~600元，另有30多个部门、10多个乡镇和10家企业捐资50多万元，用于帮扶计生困难家庭。

2008年3月，市计生协与多家保险公司设立独生子女健康、意外保险，独生子女双亲养老保险，计划生育手术人身平安保险，母婴安康保险，新婚夫妇优生优育保险等多个险种。全市投保200余万元，107名计生育龄妇女得到90余万元理赔资金。2007年3—5月，市计生协与市计生委联合开展“生育关怀——救助贫困母亲”的书画义卖活动，收集作品170幅，筹集义卖款22万元，资助近500名计生母亲。同时在农村推出计划生育与发展经济、帮助农民勤劳致富奔小康、建设文明幸福家庭相结合的“创业贷款贴息”等系列项目，帮助计生家庭走出贫困。6月，市计生协在双峰县甘棠镇采取“公司+基地+合作组织+农户”扶助模式，开展扶助计生家庭养牛项目，首批扶助资金5.6万元，重点扶助12家农户发展养牛。

2010年“三八”妇女节，娄星区杉山镇给3486名计生母亲每人赠送一份安康保险节日礼物。

2012—2017年，全市筹措生育关怀资金9100多万元，走访慰问计划生育家庭3.9万余户，发放慰问金4400多万元，为2400多名考上大学的独生子女发放助学金950余万元，实施计生家庭“创业贷款贴息”项目204个，帮助计生家庭办理创业贷款1800多万元，贴息178万余元，创办“三结合”项目48个。

（三）计生服务管理

1998年6月，锡矿山闪星锑业有限公司计生协发现外地4名多孩生育户进入公司居住小区，公司计生协即时建立流入人员台账和卡片，对流入已婚育龄妇女实行分类管理，及时与户口所在地核实情况。

1999年9月，双峰县计生协成立“外来务工人员服务之家”，在外来人口比较集中的经开新区成立流动人口计生协，上门为外来育龄群众免费提供妇女生殖健康检查服务。2000年，县计生协先后成立井字镇驻广州市流动人口计生协、花门镇驻昆明市流动人口计生协、荷叶镇驻长沙市流动人口计生协，管理流动人口计划生育工作，并为外出务工人员子女入托、上学、就业、维权提供服务。2003年，“非典”时期，娄星区计生协清查流动人口计划生育情况，保证1573名从疫区返乡人员数据按时汇总上报，无一漏报。

2005年9月，全市各级计生协开展“以房管人”“以业管人”活动，督促流动人口办理相关证件，帮助他们解决就业创业、社会保障、子女入学等问题。

2013—2017年，市计生协探索公共服务均等化新路子，协助计生行政部门在城区和人群聚集地建立服务窗口和街道、社区、机关单位、信息员四级联动流动人口服务管理体系，开展“送关怀、送温暖、送关心和送爱心”四送活动。

（四）优生优育与生殖健康服务

1995年6月开始，全市各级计生协会同计生服务站对育龄妇女开展义诊。1997年6月1—15日，冷水江市计生服务站为858名妇女免费普查，查出35名妇女患有各种妇科病，对这些患者免费或低费治疗。2006年，市计生协和市计生委结合湖南省“三湘农民健康行”活动，在新化、涟源和双峰3个县市开展生殖免费普查试点。53617名育龄妇女接受普查，35061名妇女被查出各种疾病，医务人员及时指导她们治疗，治愈18845人。2008年，全市推广双峰县免费检查、免费诊断、免费手术、低费治疗（简称“三免一低”）经验，开展“生育关怀——亲情牵手”义诊活动，免费普查28.74万人，为患者提供免费药品134万元，其中免费治疗计生贫困对象6520人、低费治疗对象6637人。

2012年，为解除失独家庭和不孕不育夫妇精神痛苦，市计生协会同市计生委，开展计划生育“爱心助孕特别行动”。首批为16个曾领取独生子女证的失独家庭提供全免援助，为1700名计生对象义诊，为260个不孕不育家庭分别提供价值1200元的“爱心助孕援助卡”，86对夫妇进入试管周期，完成胚胎移植59人，其中48人成功妊娠。涟源市动员741人参加爱心动孕咨询，从中选送490人到省计划生育科研所就诊，人工授孕172人，移植159人，妊娠110人。79对夫妇顺利生产，出生102人，健康状况良好。

2017年9月26日，市卫计委、市计生协及市中心医院在“9·26”世界避孕日，组织20多名医生在娄星广场开展“为爱坚持，科学避孕”生殖健康服务活动，对新婚夫妇、再生育夫妇开展个性化辅导，万余人接受咨询服务。

第四篇

中共娄底地方组织

第一章　组织机构

第一节　中共娄底市代表大会

一、第一次代表大会

1999年7月10—12日，中共娄底市第一次代表大会在娄底星星影剧院召开。大会应到代表319名，实到代表316名，特邀人员25名，列席人员123名。大会听取和审议通过市委书记余英生代表市委作的《励精图治，开拓进取，为建设富裕文明开放的新娄底而努力奋斗》工作报告，审议通过《关于加强市委自身建设的决议》。大会采取无记名投票方式选举产生中共娄底市第一届委员会委员35人、候补委员6人。选举产生市纪律检查委员会委员22人。

二、第二次代表大会

2003年11月30日至12月3日，中共娄底市第二次代表大会在娄底星星影剧院召开。大会应到代表329名，实到代表329名，特邀人员47名，列席人员9名。大会听取和审议通过市委书记蔡力峰代表市委作的《坚持与时俱进，实现后发赶超，为加速全面建设小康娄底的前进步伐而奋斗》工作报告，审议通过市纪委工作报告。大会采取无记名投票方式选举产生中共娄底市第二届委员会委员39人、候补委员7人。选举产生市纪律检查委员会委员23人。

三、第三次代表大会

2006年9月21—25日，中共娄底市第三次代表大会在娄底星星影剧院召开。大会应到代表340名，实到代表336名，特邀人员81名，列席人员142名。大会听取和审议通过市委书记蔡力峰代表市委作的《坚持科学发展，矢志后发赶超，为构建和谐娄底实现富民强市而努力奋斗》工作报告，审议通过市纪委书记赵协卿代表市纪委作的《履行党章职责，坚持惩防并举，扎实推进党风廉政建设和反腐败斗争》工作报告。大会采取无记名投票方式选举产生中共娄底市第三届委员会委员49人、候补委员9人。选举产生市纪律检查委员会委员31人。选举产生娄底市出席省第九次党代会代表35人。

四、第四次代表大会

2011年9月23—26日，中共娄底市第四次代表大会在娄底星星影剧院召开。大会应到代表376名，实到代表370名，特邀人员77名，列席人员148名。大会听取和审议通过市委书记林武代表市委作的《坚定不移谋发展，全心全意惠民生，为建设幸福娄底而努力奋斗》工作报告，审议通过市纪委书记王善明代表市纪委作的《完善惩防体系，强化廉政责任，全面提升反腐倡廉建设科学化水平》工作报告。大会采取无记名投票方式选举产生中共娄底市第四届委员会委员49人、候补委员9人。选举产生市纪律检查委员会委员31人。选举产生娄底市出席省第十次党代会代表36人。

五、第五次代表大会

2016年9月28—30日，中共娄底市第五次代表大会在娄底华天大酒店召开。大会应到代表409名，实到代表403名，特邀人员54名，列席人员151名。大会听取和审议通过市委《坚持转型创新，矢志攻坚克难，奋力建设富饶美丽健康祥和的新娄底》工作报告，听取和审议通过市纪委书记徐勇代表市纪委作的《全面从严治党，全力正风肃纪，为建设富饶美丽健康祥和的新娄底营造风清气正的政治生态》工作报告。大会采取无记名投票方式选举产生中共娄底市第五届委员会委员49人、候补委员9人。选举产生市纪律检查委员会委员31人。选举产生娄底市出席省第十一次党代会代表37名。

第二节　中共娄底地区委员会

1977年9月，国务院批准邵阳地区划分为涟源和邵阳两个地区。11月，中共涟源地区委员会成立，为中共湖南省委派出机构。1982年12月，涟源地区更名为娄底地区，中共涟源地区委员会更名为中共娄底地区委员会。1999年1月10日，经国务院批准，撤销娄底地区设立娄底市，将县级娄底市更名为娄星区。1990—1999年，历任地委书记：王焕明、唐之享、曹志斌、余英生、丛树英（第二书记）5人。历任副书记为陈春林、赵晴秋、丛树英、赵世荣、何梓林、魏华政、何翰屏、曾庆炎、王其林、谭谈、陈润儿、卜功富、张建功等13人。历任地委委员为吴凤龙、陈益枝（女）、杨汉秋、何翰屏、魏华政、何晓云、赵世荣、彭少林、张昌平、江文仲、龙德发、彭浒渤、杜远明、曾庆炎、谭显栋、肖志良、谭仲池、冯长根、魏义祥、赵协卿、袁勇前、孟祥映、张经发、易佑德共24人。历任秘书长：何晓云、彭浒渤、张经发3人。

1990—1999年中共娄底地区委员会书记、副书记、委员名录

表4-1

职　务	姓　名	籍　贯	任职年月
书记	王焕明	湖南省澧县	1986-05—1990-09
书记	唐之享	湖南省东安县	1990-09—1993-03
书记	曹志斌	湖南省益阳市	1993-03—1995-04
书记	余英生	湖南省岳阳市	1995-04—1999-07
第二书记	丛树英	辽宁省盖州县	1993-03—1995-10
副书记	陈春林	湖南省临湘县	1985-09—1991-08
副书记	赵晴秋	湖南省双峰县	1986-04—1991-08
副书记	丛树英	辽宁省盖州县	1988-10—1993-03
副书记	赵世荣	湖南省双峰县	1991-08—1995-04
副书记	何梓林	湖南省汨罗市	1991-08—1992-11
副书记	魏华政	湖南省隆回县	1993-03—1999-03
副书记	何翰屏	湖南省新化县	1994-04—1999-03
副书记	曾庆炎	湖南省澧县	1995-04—1998-02
副书记	王其林	山东省滕州市	1995-04—1998-08
副书记	谭　谈	湖南省涟源市	1996-05—1999-07
副书记	陈润儿	湖南省茶陵县	1997-08—1999-01
副书记	卜功富	湖南省安乡县	1998-08—1999-07
副书记	张建功	河南省温县	1998-12—1999-07
委员	吴凤龙	湖南省沅江市	1983-09—1991-02
委员	陈益枝（女）	湖南省新化县	1983-09—1991-06
委员	杨汉秋	湖南省湘乡市	1985-03—1990-03
委员	何翰屏	湖南省新化县	1985-09—1994-04

续表4-1

职 务	姓 名	籍 贯	任职年月
委员	魏华政	湖南省隆回县	1986-02—1993-03
委员	何晓云	湖南省邵东市	1987-09—1991-08
委员	赵世荣	湖南省双峰县	1989-06—1991-08
委员	彭少林	湖南省双峰县	1990-09—1995-05
委员	张昌平	湖北省孝感市	1991-02—1992-06
委员	江文仲	湖南省长沙市	1991-03—1995-08
委员	龙德发	湖南省湘阴县	1991-08—1993-05
委员	彭浒渤	湖南省双峰县	1991-08—1998-07
委员	杜远明	河南省杞县	1991-08—1992-03
委员	曾庆炎	湖南省澧县	1993-03—1995-04
委员	谭显栋	湖南省涟源市	1994-04—1999-07
委员	肖志良	湖南省娄星区	1994-04—1998-04
委员	谭仲池	湖南省浏阳市	1995-04—1997-05
委员	冯长根	湖南省湘潭市	1995-04—1999-07
委员	魏义祥	湖南省桃源县	1995-08—1997-11
委员	赵协卿	湖南省新化县	1995-09—1999-07
委员	袁勇前	湖南省新化县	1995-10—1999-07
委员	孟祥映	湖南省澧县	1997-11—1999-07
委员	张经发	湖南省安乡县	1998-07—1999-07
委员	易佑德	湖南省邵阳市	1998-07—1999-07

第三节　中共娄底市委员会

1999—2017年，中共娄底市第一至第五次代表大会，选举产生5届中共娄底市委员会和常务委员会。届中部分书记、副书记、常委发生任职调动或其他变动。

一、市委委员

第一届：丶功富、王信卿、冯长根、朱爱光（女）、刘佑华、刘明生、杨云辉、何翰屏、余英生、张正阳、张明松、张国兴、张怡中、张定良、张建功、陆家康、易佑德、罗德才、周南银、胡卫平、胡旭曦、胡粉元（女）、赵石山、赵协卿、袁勇前、高超群、黄祝阳、黄熙雍、黄懿斌、龚彧、曾贯一、谢凤龄、谭显栋等35人，市委候补委员：周农、童名让（女）、李大剑、吴奇修、葛光斗、黎志凡6人。

第二届：王建成、王信卿、王善明、邓迪华、邓建和、田福德（土家族）、冯长根、刘云柱、刘志伟、刘海金、李大剑、李向群、李江南、李海江、杨云辉、邱俊山、肖有胜、肖新桃（女）、吴奇修、张怡中、张定良、陈立楚、罗德才、赵协卿、胡旭曦、姚兵、姚正先、黄懿斌、龚彧、葛光斗、童名让（女）、谢元龙、谢凤龄、蔡力峰、谭和平等39人，市委候补委员：谢志雄、余明庭、王雄、伍美华

（女）、颜桂兰（女）、谭怀连、封旺洲7人。

第三届：王雄、王日平、王建成、王信卿、王善明、邓迪华、邓建和、左应生、田福德（土家族）、冯长根、朱锦屏、伍美华（女）、刘小龙、刘志伟、刘宏业、李大剑、李向群、李江南、李和平、李海江、杨云辉、杨建杰、邓俊山、肖有胜、肖新华、肖新桃（女）、吴建平、余明庭、张怡中、张定良、陈立楚、林武、赵协卿、姚兵、姚正先、黄懿斌、龚彧、彭爱华（女）、傅仲蕁、童名让（女）、谢元龙、谢凤龄、谢志雄、蔡力峰、谭怀连、颜桂兰（女）等49人，市委候补委员：刘力、杨金含、苏伏红、廖南云、姚仲华、安敏、封旺洲、梁立坚、刘海金9人。

第四届：王雄、王建成、王信卿、王善明、毛国和、方建荣、石超刚、朱忠义、伍美华（女）、刘力、刘小龙、刘孙承、刘事青、刘建中、刘益丈（女）、安敏、苏旻、李文莲（女）、李耀文、杨云辉、杨金含、杨建杰、肖新桃（女）、吴建平、吴德华、何志光、张作坤、陈明华、林武、罗孝贵、封旺洲、胡忠威、姚兵、姚仲华、袁跃进、聂斌全、曹育明、龚彧、康艳华（女）、梁立坚、彭健初、彭展发、曾益民、谢志雄、雷绍业等49人，市委候补委员：申建春、向乾勇、刘文龙、周海强、钟楠修、郭国林、席伏应（女）、曹刚、童辉光9人。

第五届：王雄、方建荣、尹华凯、左志锋、朱忠义、朱前明、华学健、向世聪、向健勇、刘小龙、江克美、苏立、苏旻、李芳芳（女）、李建华、李赛斌、李耀文、肖新平、吴建平、何文君、宋建明、张希慧（女）、陈奉文、陈国光、欧友生、欧文安、罗琳、罗光才、罗孝贵、胡绍华、禹敏、侯迪凡、姚兵、聂斌全、徐勇、曹刚、曹育明、康艳华（女）、梁立坚、彭石清、彭健初、彭增光、曾伯怡、谢志雄、谢学龙（女）等49人，市委候补委员：张征澜、邓焕章、刘道阳、童成功、魏志军、童辉光、王美成、谢阳建（女）、朱佳竹9人。

二、市委常委会委员

第一届任期：1999年7月至2003年12月。历任市委书记：余英生、张建功、蔡力峰，历任副书记7人，历任常委8人，历任秘书长：张经发、张正阳、李江南。

第二届任期：2003年12月至2006年9月。市委书记：蔡力峰，历任副书记7人，历任常委9人，历任秘书长：李江南、李向群、张定良。

第三届任期：2006年9月至2011年9月。历任市委书记：蔡力峰、林武，历任副书记6人，历任常委17人，历任秘书长：张定良、姚兵。

第四届任期：2011年9月至2016年9月。历任市委书记：林武等3人，历任副书记6人，历任常委14人，其中挂职1人，历任秘书长：谢志雄、王雄。

第五届任期：2016年9月至2021年9月。至2017年，历任副书记3人，历任常委11人，其中挂职1人，秘书长：向世聪。

1999—2017年第一届至第五届中共娄底市委员会书记、副书记、常委情况表

表4-2

职务	姓名	籍贯	任职年月
第一届（1999-07—2003-12）			
书记	余英生	湖南省岳阳市	1999-07—2000-04
书记	张建功	河南省温县	2000-04—2003-02
书记	蔡力峰	湖南省华容县	2003-03—2003-12
副书记	张建功	甘肃省兰州市	1999-07—2000-04

续表4-2

职 务	姓 名	籍 贯	任职年月
副书记	卜功富	湖南省安乡县	1999-07—2000-07
副书记	冯长根	湖南省湘潭市	1999-07—2003-12
副书记	赵协卿	湖南省新化县	1999-07—2003-12
副书记	刘云柱	湖南省衡南县	2000-04—2003-12
副书记	刘尧臣	湖南省华容县	2000-08—2003-12
常委	谭显栋	湖南省涟源市	1999-07—2002-01
常委	易佑德	湖南省邵阳市	1999-07—2003-11
常委	周南银	湖南省中方县	1999-07—2003-12
常委	胡旭曦	湖南省安化县	1999-07—2003-12
常委	王信卿	湖南省涟源市	1999-12—2003-12
常委	姚正先	湖南省常德市	2000-08—2003-12
常委	张正阳	湖南省新化县	2000-12—2003-12
常委	李向群	湖南省邵东县	2003-04—2003-12
第二届(2003-12—2006-09)			
书记	蔡力峰	湖南省华容县	2003-12—2006-09
副书记	刘云柱	湖南省衡南县	2003-12—2005-06
副书记	赵协卿	湖南省新化县	2003-12—2006-09
副书记	姚正先	湖南省常德市	2003-12—2006-09
副书记	胡旭曦	湖南省安化县	2003-12—2006-09
副书记	王信卿	湖南省涟源市	2005-02—2006-09
副书记	林 武	福建省闽侯县	2005-06—2006-09
常委	王信卿	湖南省涟源市	2003-12—2005-02
常委	田福德	湖南省张家界市	2003-12—2006-09
常委	邳俊山	天津市宝坻县	2003-12—2006-09
常委	李向群	湖南省邵县东	2003-12—2006-09
常委	童名让(女)	湖南省长沙市	2003-12—2006-09
常委	李江南	湖南省湘潭市	2003-12—2006-09
常委	张定良	湖南省邵阳县	2005-10—2006-09

续表4-2

职 务	姓 名	籍 贯	任职年月
第三届(2006-09—2011-09)			
书记	蔡力峰	湖南省华容县	2006-09—2008-03
书记	林　武	福建省闽侯县	2008-03—2011-09
副书记	林　武	福建省闽侯县	2006-09—2008-03
副书记	姚正先	湖南省常德市	2006-09—2009-07
副书记	张硕辅	湖南省长沙市	2008-03—2011-06
副书记	田福德	湖南省张家界市	2010-01—2011-09
副书记	刘事青	湖南省永州市	2010-01—2011-09
常委	田福德	湖南省张家界市	2006-09—2010-01
常委	邳俊山	天津市宝坻县	2006-09—2008-03
常委	李向群	湖南省邵东县	2006-09—2008-07
常委	童名让(女)	湖南省长沙市	2006-09—2008-11
常委	李江南	湖南省湘潭市	2006-09—2011-09
常委	张定良	湖南省邵阳县	2006-09—2008-12
常委	姚　兵	陕西省三原县	2006-09—2011-09
常委	易建华	湖南省长沙市	2008-03—2010-12
常委	王善明	湖北省潜江县	2008-12—2011-09
常委	雷绍业	湖南省桂阳县	2008-12—2011-09
常委	肖新桃(女)	湖南省新邵县	2008-12—2011-09
常委	谢志雄	湖南省涟源市	2008-12—2011-09
常委	伍美华(女)	湖南省新化县	2008-12—2011-09
常委	张作坤	湖南省汨罗市	2010-12—2011-09
第四届(2011-09—2016-09)			
书记	林　武	福建省闽侯县	2011-09—2011-11
副书记	刘事青	湖南省永州市	2011-09—2013-05
副书记	徐文龙	湖南省衡阳市	2013-05—2015-07

续表4-2

职 务	姓 名	籍 贯	任职年月
副书记	何文君	湖南省汉寿县	2015-07—2016-09
常委	王善明	湖北省潜江	2011-09—2013-02
常委	雷绍业	湖南省桂阳县	2011-09—2014-08
常委	谢志雄	湖南省涟源市	2011-09—2016-09
常委	伍美华(女)	湖南省新化县	2011-09—2016-09
常委	张作坤	湖南省汨罗市	2011-09—2013-09
常委	王　雄	湖南省双峰县	2011-09—2016-09
常委	吴建平	湖南省涟源市	2012-12—2016-09
常委	何文君	湖南省汉寿县	2013-05—2015-07
常委	欧友生	湖南省常宁市	2013-09—2016-09
常委	华学健	湖南省常德市	2014-08—2016-09
常委	徐　勇	湖南省益阳市	2015-10—2016-09
常委	陈蕾(挂职)	河南省唐河县	2016-06—2016-09
第五届(2016-09—2021-09)			
副书记	何文君	湖南省汉寿县	2016-09—2017-09
副书记	华学健	湖南省常德市	2017-09—
常委	王　雄	湖南省双峰县	2016-09—
常委	吴建平	湖南省涟源市	2016-09—
常委	欧友生	湖南省常宁市	2016-09—2017-06
常委	华学健	湖南省常德市	2016-09—2017-09
常委	徐　勇	湖南省益阳市	2016-09—
常委	陈蕾(挂职)	河南省唐河县	2016-09—
常委	张希慧(女)	湖南省宁乡县	2016-09—
常委	向世聪	湖南省隆回县	2016-09—
常委	尹华凯	湖南省洞口县	2016-09—
常委	陈　旌	湖南省常德市	2017-11—

第四节　市委工作机构

一、地委工作机构

1990年，中共娄底地委工作机构有办公室、纪律检查委员会（以下简称地纪委）、组织部、宣传部、统战部、政法委员会、政策研究室、地直工委、党校、讲师团、编制委员会、老干部工作局、知识分子工作领导小组办公室、档案局、保密委员会、党史资料征集办公室。地委对台办公室更名为地委台湾工作办公室（与行署台湾事务办公室“一个机构、两块牌子”，以下简称地区台办）。6月，地区保密局成立。1992年2月，地区编制委员会更名为地委机构编制委员会，下设办公室。1994年，地委、行署机构改革，地委工作机构调整为办公室、地纪委、组织部、宣传部、统战部、政策研究室、政法委员会、地委台办、地委直属机关工作委员会和娄底地区机构编制委员会办公室。地委政法委员会加挂娄底地区社会治安综合治理委员会办公室牌子。地委农村工作部与行署农村工作办公室合署办公，实行“一个机构、两块牌子”。地区纪律检查委员会与地区监察局合署办公，实行“一个机构、两块牌子”。地区保密委员会办公室对外加挂娄底地区保密局牌子。地委党校、党史资料征集办公室、地区社会主义学院、地区档案局均为地委正处级直属事业单位。地区老干部工作局归口地委组织部管理。1999年8月，地委工作机构全部更名为市委工作机构。

二、市委工作机构

2000年，市委工作机构设置与撤地设市前基本保持一致。2001年，市委机构改革，市委工作部门调整为纪律检查委员会（加挂监察局牌子）、办公室、组织部、宣传部、统战部、政法委员会（加挂社会综合治理委员会办公室牌子）、政策研究室、市直属机关工作委员会、市委农村工作领导小组办公室、机构编制委员会办公室、市保密委员会办公室（市国家保密局）并入市委办公室（保留牌子）、市委精神文明建设办公室、市委台办、市委讲师团、市委党校（行政学院）、市社会主义学院，市委对外宣传办公室（市政府新闻办公室）列为市委宣传部内设机构，级别保持不变。市委知识分子工作办公室保留牌子，列为市委组织部内设机构。机构编制委员会办公室为机构编制委员会常设办事机构，既属市委工作机构，又属市政府工作机构。2014年11月，市委全面深化改革领导小组办公室成立，与市委政策研究室实行“一个机构、两块牌子”。2016年9月，市委巡察办成立。2017年8月，市委网络安全与信息化领导小组办公室成立。是年底，市委工作机构：市纪委、办公室、组织部、宣传部、统战部、政法委（综治办）、市台办、政研室（改革办）、市直机关工委、编办、老干局、巡察办、网信办。市委管理的事业单位：党史资料征集办公室、地区档案局、市委党校（行政学院）、市社会主义学院。

第二章　重要会议与决策

第一节　中共娄底地委

一、地委扩大会议决策

1990年4月12—14日，地委扩大会议召开。地委书记王焕明作工作报告。会议强调党政“一把手”要亲自抓农业，特别要抓好冬季农业开发，力争春粮产量上新台阶。10月16日，地委扩大会议召开，传达省委第六次党代会精神。王焕明、丛树英作报告。会议要求各级党组织以党代会精神为动力，扎实抓好各项工作。

1991年7月13日，地委扩大会议召开。听取双峰县机构改革情况汇报。讨论地区乡镇企业局升格为地区乡镇企业经济委员会问题。审议地区体制改革方案。听取省重点地区社会治安整顿会议精神汇报。9月13—16日，地委扩大会议召开。传达贯彻全省地州市委书记会议精神，研究部署计划生育、城乡社教、村级组织建设达标，以及县（处）级领导班子思想作风建设等工作。地委书记唐之享，副书记丛树英、赵世荣、何梓林等讲话。

1992年2月28日，地委扩大会议召开。地委、行署党员领导干部，地纪委的党员主要负责人，地直机关副处级以上党员干部（含离退休老干部），各县（市）委、党的组织关系在地委的中央、省属单位党委书记共368人参加，代表全区13万党员推选党的十四大代表。地委书记唐之享、涟钢党委书记张友陵当选为党的十四大代表。5月18—19日，地委扩大会议召开。以差额选举方式选举产生省党代会代表12名。传达全省地州市委书记会议精神。听取地委赴浙、闽、粤考察组考察报告。讨论进一步深化改革等问题。唐之享、丛树英、赵世荣、何梓林等作讲话，强调改革开放要“敢干、敢试、敢闯、敢‘冒’”。7月4—6日，地委扩大会议召开。传达学习江泽民总书记讲话、中央五号文件，以及省委书记熊清泉，副书记、省长陈邦柱在省委工作会议上的讲话精神。唐之享代表地委作报告，强调拓宽改革开放领域，大胆转体、大胆放权、大胆发展股份经济和私营经济。12月7日，地委扩大会议召开。传达省委六届五次全会精神。会议强调要高举党的十四大旗帜，加快经济建设步伐。

1993年3月4—5日，地委扩大会议召开。传达全省专员、州长、市长、县长会议精神，部署全地区经济工作。会议要求加大改革开放力度，实现经济超常规发展。丛树英主持会议。3月10日，地委扩大会议召开。学习中共十四届二中全会公报，研究全地区经济工作。7月26日，地委扩大会议召开。传达全省地州市委书记会议精神。曹志斌、赵世荣作讲话，要求正确分析形势，统一认识，服从宏观调控，整顿金融秩序，保证全地区经济持续、快速、健康发展。

1994年9月8日，地委扩大会议召开。传达贯彻全国进一步加强物价管理工作电视电话会议精神，以及省政府对当前物价工作的重要指示。听取有关部门工作汇报。地委书记曹志斌讲话。10月18—19日，地委扩大会议召开。传达贯彻党的十四届四中全会精神和省委六届七次全会精神，在建立社会主义市场经济体制新形势下，加强和改进党的建设。

1995年7月10日，地委扩大会议召开。审议全地区国有企业、社会保险、粮食体制等三个改革方案，以及“娄底地区公路交通建设年”活动实施方案。9月14日，地委扩大会议召开。行署副专员张经发作关于赴广西玉林地区考察乡镇企业的情况汇报。会议作出促进全地区乡镇企业发展的决定。10月10日，地委扩大会议召开。副地级以上干部和有关部委办负责人参加，会议学习党的十四届五中全会精神。10月21日，地委扩大会议召开。学习贯彻党的十四届五中全会和省党代会精神，结合实际讨论全地区国民经济和社会发展“九五”规划及2010年计划。余英生主持会议并作讲话，曾庆炎传达全省第七次党代会精神。11月27日，地委扩大会议召开。地委、行署、人大、政协、纪委领导和地直各部、委、办主要负责人参加。专题研讨“学习外省经验，加速本地区发展”问题。

1996年4月14日，地委扩大会议召开。通报双峰县开展农村“百乡千村万户大调查”、一季度全地区经济运行、娄涟高等级公路筹资拆迁、乡镇企业发展等工作情况，部署全地区第二季度工作。9月2日，地委扩大会议召开。部署严厉打击刑事犯罪第三战役和维护社会稳定工作。

1997年11月14日，地委扩大会议召开。专题研究全地区国企改革和经济发展问题。地直主要经济部门负责人，各县（市）委书记参加。

1998年4月28—29日，地委扩大会议召开。专题研究启动房地产市场，加快住宅开发建设和个体私营经济发展等问题。9月29—30日，地委扩大会议召开。传达贯彻省委七届六次全会精神。就全地区第四季度经济工作提出总体要求，弘扬抗洪精神，挑重担、促发展，主攻重点解难题，确保次年经济增长12%。

1999年1月5日，地委扩大会议召开。专题研究全地区国民经济和社会发展要点。会议要求围绕国内生产总值增长9%目标，争效益、求质量，增强全地区经济和社会发展后劲。4月7—8日，地委扩大会议召开。专题研究农村“两会一部”（农村合作基金会、乡镇企业基金会、供销社社员股金服务部）

清理整顿工作。4月11日，地委扩大会议召开。专题研究撤地设市工作。余英生主持会议，在娄地级领导参加。会议传达4月9日省委常委办公会议关于对娄底地区撤地设市工作的指示精神：在撤地设市过程中，要发扬娄底好的传统作风，团结务实、勤俭节约、艰苦奋斗，把撤地设市这件大事、好事办实办好，理顺关系、配好班子、平稳过渡、确保稳定。会议听取撤地设市考察组赴外地学习考察情况汇报，结合娄底实际，贯彻落实省委常委会指示精神，研究部署各项筹备工作。4月21日，地委、行署撤地设市动员大会召开。会议要求全地区上下奋发进取、扎实工作、同心同德，确保撤地设市工作圆满成功。5月19日，娄底市（地级）第一次党代会代表选举工作会议召开。卜功富强调做好代表选举、委员推选工作，确保“三会”（党代会、人大会、政协会）成功召开。

二、地委委员会议决策

1990年1月至1999年7月，地委召开32次委员会议，先后讨论研究依法治区、警卫、党风廉政建设、反腐败、党校、民兵、国防教育、人民武装、思想宣传、人事、人大、政协、统战、信访、军转安置、个体私营经济、大中专毕业生就业分配、对外开放招商引资等方面工作。研究决定地直广播电视机构改革、娄底日报社发展、人事制度改革、地区人才信息中心挂牌、地区政策科学研究会成立、民兵工作调整改革、军分区八一机械厂移交地方、撤地设市等重大事项。审议通过《关于启动房地产市场，加快住宅建设的意见》《关于招商引资领导责任制的实施意见》等文件。

第二节　第一届市委

一、市委全体（扩大）会议决策

第一次会议　1999年7月12日召开。余英生、张建功、卜功富、冯长根、赵协卿、谭显栋、易佑德、周南银、胡旭曦等10人当选为中共娄底市第一届委员会常务委员。余英生当选为市委书记，张建功、卜功富、冯长根、赵协卿4人当选为市委副书记。会议审议通过《关于加强市委自身建设的决议》。

第二次会议　1999年12月27日召开。研究部署娄底市国有中小企业改革和发展工作，审议通过《关于加快国有中小企业改革和发展的决定》。

第三次会议　2000年11月27—28日召开。审议通过《娄底市国民经济和社会发展第十个五年计划纲要》。

第四次会议　2001年8月10日召开。学习江泽民总书记“七一”重要讲话精神。票决产生娄底市出席省第八次党代会代表候选人预备人选。

第五次会议　2001年12月19日召开。酝酿通过娄底市出席党的十六大代表候选人初步人选。审议通过《中共娄底市委关于切实解决当前娄底市党的作风建设中几个突出问题的意见》。

第六次会议　2002年4月24日召开。推选娄底市出席省党代会代表，当选代表为张建功、刘云柱、吴奇修、刘尧臣、刘志伟、李江南、谢元龙、李凤莲、李新军、焦国华等12人。

第七次会议　2002年9月21日召开。首次对5个县（市、区）党政主要负责人拟任人选进行票决。

第八次会议　2003年1月23日召开。深入学习贯彻党的十六大精神，研究部署全面建设小康社会的工作。市委书记张建功作《聚全党之心，举全民之力，为全面建设小康娄底而奋斗》讲话。会议同意递补吴奇修为市委委员。

第九次会议　2003年10月8日召开。审议通过《关于召开中共娄底市第二次代表大会的决议》，决定于是年11月下旬召开市第二次党代会。

第十次会议　2003年11月26日召开。确定市第二次党代会召开的具体日期。审议通过市委工作报告和市纪委工作报告。市委书记蔡力峰作关于第二届市委委员、候补委员、纪委委员建议名单的说明。会议酝酿并通过第二届市委委员、候补委员、市纪委委员候选人名单。听取市委书记蔡力峰述职述廉报告，并进行测评。

二、市委常委会议决策

1999年8月至2000年12月，市委召开33次常委会会议。先后讨论研究筹备工会、共青团、妇联“三会”、政法维稳、宗教、计划生育、督查、宣传、“三讲”教育、组织、老干、国防、依法治市、外宣、农村精神文明建设、纪检监察宣教、反腐败、城市建设、文明创建、财政税收、乡镇企业管理服务、思想政治建设、娄底经开区建设、公安机关“三项教育”、党校建设、人才引进和培养、人防、城区环境集中综合整治等工作。研究决定建立计划生育、干部培训中心、娄底文化艺术中心、娄底市法律援助中心、广电中心、报业中心，成立民盟娄底市委和九三学社娄底市委、建设娄底市老干部综合性活动中心、推进机关大院离退休老干部管理服务体制改革、城镇职工医疗保险制度改革、乡镇财政体制改革、干部人事制度改革、加强国防后备力量建设、外宣办事机构建设、建立市委常委和市政府党风廉政建设责任制、新建市政府办公楼和干部职工住房、成立娄底市城市建设投资开发有限责任公司等重大事项。审议通过《关于进一步加强督促检查工作的意见》《关于加强和改进思想政治工作的实施意见》《关于进一步加强小城镇建设发展的若干意见》。2000年2月12日，常委会议确定在县（处）级领导班子和领导干部中开展“三讲”教育。3月25日，常委会议确定筹建市城市规划管理局，设立市房地产管理局、市建筑工程管理处、市环境卫生管理处、市园林风景管理处、市城管监察支队。

2001—2003年，市委召开90次常委会会议。传达学习党的十六大等会议精神。先后讨论研究“三个代表”重要思想学习教育、反腐败、政协、宣传、教育、计划生育、统战、人大、党管武装、统计、组织、社会治安、安全生产、工会、共青团、妇联、再就业、财政、对台、普法、依法治理、军转安置、减轻农民负担、机构改革、党史、征兵、基础教育、工业化进程推进、信访、文化、科协、财政、人防、乡镇企业、防汛抗灾、退耕还林、宗教、增收节支、民政、对外开放、农村党员现代远程教育等重点工作。研究决定处理邪教问题、农村税费改革、乡镇机构改革、农村教育改革、“民情调查月”活动开展、民兵预备役建设、党政机构改革、市区8条配套道路建设、煤气混合气定价、机构改革人员定岗分流、市场经济秩序整顿和规范、年轻干部培养选拔、女干部和女党员发展、市学联成立、市青联和市娄台交流促进会成立、省第八次党代会代表选举、乡镇党委及人大政府换届、涉农收费（价格）公示制度推行、开发区建设、三峡移民接收安置、农业产业结构调整、“察民情、送温暖”活动开展、文明城镇建设、所得税收入分享改革、娄底市政务服务中心筹建、娄星区建委及相关单位上收遗留问题处理、事业单位人事制度改革、市区交通系统职能调整、非公有制经济发展环境和城市社区建设、娄底市殡葬管理处成立、中心城区规划集中整治和违法违章建筑拆除、“严打”整治斗争开展、机关作风整顿、国有企业改革、城市民兵工作改革、民营经济发展、招商引资、娄底师专升本、市人大和市政协换届选举等重大事项。审议通过《关于加强人口与计划生育工作的决定》《关于加强娄底市经济技术开发区建设和管理的决定》《关于进一步加快民营经济发展的若干意见》等文件。

第三节　第二届市委

一、市委全体（扩大）会议决策

第一次会议　2003年12月3日召开。选举蔡力峰、刘云柱、赵协卿、姚正先、胡旭曦、王信卿、田福德、邵俊山、李向群、童名让、李江南等13人为市委常委。蔡力峰当选为市委书记，刘云柱、赵协卿、姚正先、胡旭曦等5人当选为市委副书记。审议通过《关于坚持立党为公、执政为民，切实加强市委自身建设的决定》，通过市纪委二届一次全会选举结果的报告。

第二次会议　2004年2月1日召开。

第三次会议　2004年3月29日召开。

第四次会议　查无相关资料。

第五次会议　2004年10月24日召开。市委书记蔡力峰主持会议并作工作报告，市委副书记、市长刘云柱作总结讲话。

第六次会议　2005年11月1日召开。学习贯彻党的十六届五中全会和省委八届十次全会精神，审议并全票通过《娄底市国民经济和社会发展第十一个五年规划的基本思路》。

第七次会议　2006年5月26日召开。市委常委、组织部部长李江南就召开中共娄底市第三次代表大会决议草案作说明。市委副书记姚正先宣读《中国共产党娄底市第二届委员会第七次全体会议关于召开中国共产党娄底市第三次代表大会的决议（草案）》，并提交大会审议通过。会议决定中共娄底市第三次代表大会于2006年9月在娄底召开。

第八次会议　2006年9月15日召开。研究决定市第三次党代会召开的有关事项。

二、市委常委会议决策

2004年2月至2006年9月，市委召开93次常委会会议。先后讨论研究政法、思想宣传、组织人事、国企改革改制、城市建设、纪检监察、工商行政管理、煤炭安全生产、公安、统战、农业和粮食、财政、党管武装和民兵预备役、人才、党史、妇联、人大、信访、对台、计生协会、政协、宗教、工会、党员先进性教育、农村党员远程教育、禁毒、抗洪救灾、民办教育、法院执行、扫黑除恶、公共信息网络安全、农村信用联社等方面工作。研究决定上瑞高速公路娄底连接线绿化、市政府驻北京联络处选址购房、市粮食批发中心机构问题、市第二次妇代会筹备、非税收入管理和国库集中支付改革、市政府机构改革、未成年人思想道德建设、县域经济发展、信访突出问题及群体性事件处理、部分企业军转干部生活困难问题、南贸商业步行街建设、村委会及村党支部换届选举、工业化进程推进和经济发展环境优化、民盟市委和九三学社市委以及市工商联换届、反腐倡廉、省级文明城市创建、蔡和森同志诞辰110周年纪念、国防动员指挥中心建设、中心城区现有体育场馆产权转让及新馆建设选址、村党支部第一书记选派、城南新区新办公楼分配、市委市政府机关搬迁、《干部任用条例》学习贯彻、第三批保持共产党员先进性教育、市国民经济和社会发展第十一个五年规划、为人民群众“送温暖、解难题”活动开展、乡镇党委换届、娄底经开区建设与发展、市农科所并入湖南人文科技学院、第二届“青春娄底·湘中之光”经贸博览会筹备、非公有制经济发展、市直机关干部职工联建房建设、社会主义法治理念教育活动开展、第三次文代会筹备、文化体制改革、中央关于水库移民后期扶持政策等重大事项落实等方面的工作。会议审议并通过《关于加强自主创新建设创新型娄底的决定》《实施科教兴娄建设创新型娄底的若干配套政策》等文件。

第四节　第三届市委

一、市委全体（扩大）会议决策

第一次会议　2006年9月25日召开。第三届市委委员49人、市委候补委员9人出席会议。市纪委委员列席会议。省委组织部副厅级纪检员李喜珍到会指导。会议选举蔡力峰、林武、姚正先、田福德、邱俊山、李向群、童名让、李江南、张定良、姚兵等13人为中共娄底市第三届委员会常务委员。选举蔡力峰为中共娄底市第三届委员会书记。选举林武、姚正先2人为中共娄底市第三届委员会副书记。会议通过中共娄底市第三届纪律检查委员会第一次全体会议选举结果的报告。

第二次会议　2006年12月25日召开。传达省委书记张春贤在全省市（州）委书记、市（州）长会议上关于维护稳定、构建和谐社会的讲话精神，推选娄底市出席党的十七大代表候选人初步人选。会议听取市委组织部关于党的十七大代表候选人初步人选推荐提名的情况汇报。省委分配娄底市出席党的十七大代表候选人预备人选3名，其中党员领导干部2名、生产一线党员1名。会议采取投票表决方式，通过蔡力峰、吴谷初、吴干呈、辛设明4人为娄底市党的十七大代表候选人初步人选。

第三次会议 2007年12月7日召开。表决通过《关于认真学习贯彻党的十七大精神，加速后发赶超推进富民强市的决定》。

第四次会议 2008年12月3日召开。报告市委年度工作情况，研究制定娄底市未来五年经济社会发展战略。会议强调紧紧围绕"科学发展、加速赶超"主题，立足娄底实际，突出"工作主导、基础先行、项目带动、协调发展"战略，为建设活力娄底、魅力娄底、富裕娄底、和谐娄底，推进富民强市而努力奋斗。

第五次会议 2009年3月27日召开。听取市委书记林武2008年工作述职报告，审议通过《娄底市领导干部问责暂行办法》《中共娄底市委关于改善领导班子结构加强领导班子建设的若干意见》《娄底市党政领导班子和领导干部绩效考核办法（试行）》。

第六次会议 2009年11月17日召开。表决通过《中共娄底市委关于对接融入长株潭发展壮大区域经济加快推进"两型社会"建设的决定》，表决通过递补安敏、封旺洲为市委委员的决定。

第七次会议 2010年12月2—3日召开。学习贯彻党的十七届五中全会和省委九届十次全会精神，总结当年工作，回顾"十一五"时期娄底经济社会发展成就，对娄底市未来五年发展进行科学谋划。审议通过《中共娄底市委关于制定娄底市国民经济和社会发展第十二个五年规划的建议》。讨论审议《中共娄底市委关于加快转变经济发展方式的决定》和《中共娄底市委关于进一步规范市管干部选拔任用提名制度的意见》。

第八次会议 2011年5月4日召开。审议通过《关于召开中国共产党娄底市第四次代表大会的决议》。

第九次会议 2011年9月15日召开。确定中国共产党娄底市第四次代表大会于9月22—26日召开。审议市委工作报告、纪委工作报告。审议通过《关于进一步保障和改善民生的意见》。表决通过市第四次党代会选举办法。审议第四届市委、市纪律检查委员会组成人员候选人预备人选名单。

二、市委常委会议决策

2006年10月至2011年9月，市委召开138次常委会会议。先后讨论研究普法与依法治理、人口与计划生育、社会治安综合治理、政法、组织、党风廉政建设和反腐败、思想宣传、娄底经开区建设、新型工业化、金融、统战、信访维稳、老干、防范和处理邪教、对台、农村基层党建、旅游、县乡人大换届选举、经济发展环境优化、部队和民兵预备役建设、机构编制、农村现代远程教育、关心下一代、防冻抗灾、救灾补损和恢复重建、干部作风建设、外事侨务、禁毒、对外开放和招商引资、科技创新、新农村建设、军转干部安置、市直机关党建、纪检监察、农业农村建设、绩效评估、残联、民族宗教、共青团、人防、人才等方面工作。研究决定实施公务员法和工资制度改革、市体育中心易址新建工程规划、娄底经开区水府国际新城项目建设、"围绕国企搞调研、排忧解难促发展"活动开展、党政机关楼堂馆所建设项目清理、市体育中心建筑设计、投资项目开发与开发区建设、教育强市、"人民群众满意机关"作风建设、珠山公园建设、"村官"选聘、"坚持科学发展、加快富民强市"解放思想大讨论活动开展、市民兵武器装备中心仓库建设、市人大和市政协换届、省第十二届运动会申办、沪昆高速铁路建设维稳、市中心城区市政公用设施建设、交通改革和干线公路建设、新社会阶层党建、"百企联村、共同发展"活动开展、市慈善总会成立、市万宝新区管委会及市万宝新区开发投资公司成立、工程建设领域突出问题专项治理、文化强市、武警部队建设、市委市政府人民来访接待中心及市政务中心建设、万豪城市广场和湾田小区以及南苑上和小区建设、"三创"（创建国家园林城市、国家卫生城市、全国文明城市）、创先争优活动开展、政府机构改革、"两型社会"建设、水府示范片区建设、干部人事制度改革、专业捕捞渔民解困、"三个文明"建设绩效考核、市区财政体制改革、新型工业化和信息化推进、建党90周年纪念活动开展、基层党组织书记加强社会管理集中轮训、第十二届省运会备战、新疆高校毕业生赴娄培训、学习型党组织建设等重大事项。会议审议通过《关于深化农村党的建设“三级联创”活动的意见》《关于促进产学研结合增强自主创新能力的意见》《关于对接融入长株潭发展壮大区域经济加快推进“两型社会”建设的决定》《娄底市新农村示范村建设实施意见》《娄底市统筹城乡发展指导意见》《关于用群众工作统揽信访工作的意见》。

第五节　第四届市委

一、市委全体（扩大）会议决策

第一次会议　2011年9月26日召开。选举林武、刘事青、王善明、雷绍业、谢志雄、伍美华、张作坤、王雄等11人为中共娄底市第四届委员会常务委员。选举林武为市委书记。选举刘事青为市委副书记。

第二次会议　2011年12月23日召开。推荐提名党的十八大代表候选人。

第三次会议　2012年12月11日召开。审议通过《中共娄底市委关于学习宣传贯彻党的十八大精神，进一步开创幸福娄底建设新局面的意见》。听取各县（市、区）委书记作的述职报告。

第四次会议　2013年7月19日召开。贯彻落实党的十八大精神，研究部署娄底融城战略，推进娄底市经济社会可持续发展，为科学发展、加速赶超、建设“幸福娄底”，拓展更加宽广的空间，激发更加强劲的动力。审议通过《中共娄底市委关于实施融城战略推进可持续发展的建议》《中国共产党娄底市第四届委员会第四次全体会议决议》。

第五次会议　2013年12月26日召开。听取市委常委会工作报告。听取《中共娄底市委关于深入学习贯彻党的十八届三中全会精神的决议（讨论稿）》说明。审议通过《中共娄底市委关于深入学习贯彻党的十八届三中全会精神的决议》。

第六次会议　2014年7月29日召开。贯彻落实省委十届十次全体（扩大）会议精神，听取市委常委会上半年主要工作报告，研究部署下半年经济工作。听取市委常委会工作报告。

第七次会议　2015年1月6日召开。听取和讨论市委常委会工作报告，审议通过《中共娄底市委深入贯彻落实〈中共中央关于全面推进依法治国若干重大问题的决定〉的实施意见》《中国共产党娄底市第四届委员会第七次全体会议决议》。研究部署经济社会发展新常态下深入推进法治娄底建设的重大任务。

第八次会议　2015年7月30日召开。贯彻落实省委十届十三次全体（扩大）会议精神。听取市委常委会上半年主要工作报告，研究部署下半年工作。动员娄底市上下咬定全年预期目标不放松，加快推进精准扶贫，开创全面建成小康社会新局面。听取市委常委会工作报告。

第九次会议　2015年12月17日召开。听取市委常委会工作报告，审议通过《中共娄底市委关于制定娄底市国民经济和社会发展第十三个五年规划的建议》。

第十次会议　2016年7月12日召开。听取市委常委会工作报告。表决通过《关于召开中国共产党娄底市第五次代表大会的决议》，决定中共娄底市第五次代表大会于2016年9月召开。

第十一次会议　2016年9月20日召开。审议通过娄底市出席省第十一次党代会代表候选人初步人选名单。

第十二次会议　2016年9月22日召开。审议通过市第五次党代会上的市委工作报告、市纪委工作报告。酝酿第五届市委委员、候补委员，纪律检查委员会委员候选人建议名单。

二、市委常委会议决策

2011年10月至2016年9月，市委召开168次常委会会议。先后讨论研究部队和民兵预备役、思想宣传、纪检监察、组织、统战、政法、信访、农业和农村建设、考核考评、财政、机构编制、绩效评估、环保、对台、新型城镇化建设、植树造林、封山育林、绿化娄底四年行动计划、新型工业化和信息化建设、“创工”、慈善、防火抗旱、反邪教、教育、党史、企业帮扶、安全生产、反腐败、建设扶贫、全面建成小康社会、民族宗教、基层党建、中心城区“禁燃”、卫生和计划生育、综治、脱贫攻坚、巡察、换届风气监督、对外宣传、意识形态等方面工作。研究决定加强和创新社会管理、普法依法治理、工商联换届、文化体制改革、城区大班额问题化解、“四化两型”项目建设、水府庙湿地公园建设、湘中木材市场建设、娄底城区违法建筑控制和拆除、行政事业单位国有资产清查、机关事业单位人员交流、娄星产业园区建设、市殡仪馆搬迁、市人大、市政协会议中心建设、社会管理民意调查、侨联换届、市侨商联合会设立、全国卫生城市创建、法治娄底和法治政府建设、终身教育和学习型社会建设、“三网合一”（城区防控网、交通监控网、城市管理网）信息系统建设、第十二届省运会筹备、学习贯彻党的十八大精神、娄底经开区建设和发展、“两型社会”建设、娄底市第三次经济普查、小康建设及监测考核、娄底大道建设、市残联换届、市总工会换届、五江集团和清泉集团预约土地遗留问题处理、市体育中心工程建设债务化解、非法集资防范和处置、国防后备力量建设、市广电中心新址建设、市文化产业协会成立、“第九届湖南西部农博会”举办、城南中学开学筹备、新化县二水厂项目建设、中心城区征地拆迁、全面深化改革、老年大学项目建设、中心城区中小学教育布局调整、省运会省残运会筹备、娄底卫校老校区问题处置、民间融资风险化解处置、市反邪教协会成立、娄底宾馆资产处置和人员管理体制调整、市人民对外友好协会成立、兴娄融资担保有限公司组建、强制戒毒所新建、反腐败国际追逃追赃、“三个创建”（创建全国文明城市、创建全国社会管理综合治理优秀市、创建基层党组织先进市）、融城战略实施、中心城区殡葬活动规范、娄底经开区简政放权、出租车行业维稳、众一国际健康城项目建设、娄底职院和市卫生学校整合、老市委大院改造、报业中心建设、团市委和市妇联换届、市工商联换届、市国有资本投资运营有限公司和市交通建设投资开发有限责任公司组建、公车改革、交通项目建设、原娄邵铁路娄底中心城区废弃段开发、市文化旅游发展投资控股有限公司组建等重大事项。会议审议通过《关于加快推进农业科技创新、建设农业强市的意见》《关于扶助实体经济稳健发展的意见》《娄底市2016年重点民生实事项目实施意见》《娄底市引进高层次人才实施办法》等文件。

第六节　第五届市委

一、市委全体（扩大）会议决策

第一次会议　2016年9月30日召开，选举何文君、徐勇、华学健、王雄、张希慧、吴建平、欧友生、向世聪、尹华凯等11人为中共娄底市第五届委员会常务委员。选举市委书记、市委副书记，何文君被选举为市委副书记。

第二次会议　2017年1月20日召开。以举手表决方式确认免去因工作原因调离娄底的肖新平等市委委员职务，决定递补张征澜、邓焕章为市委委员，审议通过娄底市出席党的十九大代表候选人推荐名单。

第三次会议　2017年7月13日召开。审议并原则通过《中共娄底市委关于实施创新引领开放崛起战略，奋力建设富饶美丽健康祥和新娄底的决定》《中共娄底市委关于推动责任心教育向纵深发展的决定》《中共娄底市委五届三次全体会议决议（草案）》〔以下简称《决议草案》〕。补选刘道阳、童成功为市委委员。听取市委常委会工作报告。听取《决议（草案）》起草说明。

第四次会议　2017年12月26日召开，会议高举习近平新时代中国特色社会主义思想伟大旗帜，深入学习贯彻党的十九大精神，贯彻落实中央、省委决策部署，听取和讨论市委常委会工作报告。审议通过《中共娄底市委关于深化“大学习、大调研、大提升”推动党的十九大精神在娄底落地见效的意见》（以下简称《意见》），听取《意见》起草情况说明。

二、市委常委会议决策

2016年10月至2017年12月，市委召开70次常委会会议。先后讨论研究安全生产、信访、党建、普法、国防动员和后备力量建设、宣传、统战、政法、计划生育、煤矿安全生产、对台、防汛救灾、组织、反邪教、机构编制、法治政府建设等方面工作。传达学习中央、省委领导关于信访、反邪教、群团改革及赴娄调研等方面的重要指示。传达学习党的十九大、省委全会、省委经济工作会议精神。研究决定娄底中心城区行政区划面积拓展、市科教馆项目建设、市"两会"筹备、市国防教育协会筹建、娄底市出席党的十九大代表候选人推荐提名、村（社区）"两委"换届、农业投资体制深化改革、国家卫生城市管理、全国文明城市创建、政府投资项目计划、"项目建设大比拼"、"无上访乡镇（街道）"和"无上访村（社区）"创建、"放管服"深化改革、华天城二期装配式周转房项目建设、市纪委派驻机构改革、娄底经济技术开发投资建设有限公司体制改革、市老年大学及安置楼项目建设、国家级高新技术产业开发区创建申报、市新能源动力电池和储能产业园建设、娄底经开区体制机制改革、市直单位领导班子建设、"警务云"和"天网工程"项目建设、政务服务"只跑一次"改革、市残联换届、监察体制改革试点等重大事项。审议通过《关于贯彻落实党的十八届六中全会精神，推进全面从严治党落地生根的具体意见》《关于实施创新引领开放崛起战略，奋力建设富饶美丽健康祥和新娄底的决定》《关于深入推进农业供给侧结构性改革，切实加快农业农村创新发展的意见》《娄底市正向激励实施办法（试行）》《关于加快开放崛起建设开放强市的实施办法》。

第三章　组织工作

第一节　工作机构

1990年，地委组织部内设办公室、组织科、干部科、青年干部科、干部训练科、干审科、组织员办公室、人武干部科、研究室、企业党建科、地委知识分子工作小组办公室。1994年6月，增设纪检组。1995年6月，地委组织部内设科室调整为办公室、研究室（加挂法规政策室牌子）、组织一科、组织二科、干部一科、干部二科、干部三科、干部四科、干部调查审理科（3年后改为干部监督科）、干部教育科、党员电化教育中心、干部档案馆等职能科室。1996年5月，设立参照试行国家公务员暂行条例管理工作领导小组办公室。2000年1月，设立娄底市领导干部任期经济责任审查审计领导小组办公室。2003年10月，设立领导干部考试与测评中心。2005年5月，增设人才工作科。2007年7月，设立娄底市委基层党建工作领导小组办公室。2009年6月，设立娄底市党政领导班子和领导干部绩效考核工作办公室。8月，设立娄底市党代表大会代表联络工作办公室。2010年5月，设立组织工作举报中心。2012年12月，党员干部现代远程教育管理中心更名为党员教育中心，加挂"党员干部现代远程教育工作管理办公室"牌子。2016年11月，设立市委非公有制经济组织和社会组织工作委员会办公室。2017年5月，成立市委组织部机关党委。部机关在职干部职工54人。是年底，全市有县（市、区）党委6个、基层党委467个、党总支599个、党支部8251个、党员212577名。

第二节　基层党组织建设

一、村级党组织建设

1990年，地委组织部制定《选拔培养农村党支部书记工作程序》。全地区建立健全村级领导班子议事规则、组织生活制度，整顿软弱涣散村党支部221个，调整村党支部书记138名。1991年，地委开展以党支部为核心的村级组织建设达标活动，制定《娄底地区村级组织建设达标纲要》，地委书记担任地区村级组织建设达标领导小组组长，县市、乡镇均建立相应组织机构，确定建设达标村343个。1992年，以抓达标、打基础、奔小康、上台阶为工作目标，确定双峰县杏子铺镇合塘村为地区奔小康示范试点村。各县（市）、乡（镇）党委书记各抓好一个小康示范村。1993年，考核验收后确定达标村1390个。1994年，地委采取领导干部挂点、部门包村的方式，帮助农村党支部建设和整顿。1995年，地委组织部确定双峰县为农村党员科技知识培训工作试点，县乡党校、乡农科教中心为培训基地，发放农业科技知识资料，以村组为单位，举办农村党员科技知识培训班60期，培训党员6000余名。1997年6月，地委向中央、省新闻单位推荐涟源市茅塘镇石门村发展民营经济的典型事迹。湖南电视台《湖南新闻联播》作“石门之路”系列报道。1995—1997年，地、县（市）机关抽调2000余名干部驻乡入村，帮助整顿后进村党支部385个。2000年11月，省农村党员、基层干部实用技术培训工作经验交流会在娄底市召开，省委副书记郑培民，省委常委、组织部部长戚和平出席会议并讲话，对娄底农村党员基层干部实用技术培训工作给予肯定。娄星区万宝镇党委被评为“全省农村党员、基层干部实用技术培训优秀组织单位”。

2000—2002年，市、县（市、区）机关事业单位下派工作队员5000余人，选派100名国家干部担任村党支部第一书记，引进资金6000余万元，帮助解决贫困村水利、公路、学校维修、用电、产业结构调整等问题。2003年，市委组织部以基本政策法规、基本科技知识、基本工作方法为内容，编印《村干部“三基”知识读本》，免费发送给村干部4000余册，举办500名村干部参加的村干部“三基”知识培训班，建立农村党员、基层干部实用技术示范培训基地20个。农业、林业、畜牧等部门选派15名农业专业技术人员，与实用技术示范培训基地结对，定期提供技术服务，培训农村党员、基层干部8000余人次。2004年，娄底市开展县、乡、村三级联动创建党建示范点活动。双峰县梓门桥镇白山村、涟源市茅塘镇石门村、新化县上梅镇毛家垅村等9个村党支部被评为“五好”村党支部（即支部班子好、党员队伍好、制度建设好、工作业绩好、群众反映好）。对全市28765名村干部和村级后备干部进行“三基”知识考试，考试合格者发放合格证。2005年，娄底市2356个村级党组织换届，实行村党支部书记与村主任“一肩挑”。2006—2008年，全市开展农村党员和农村致富能手培训，示范基地建设与专业协会建设，增强基层组织的战斗力和凝聚力活动。全市农村党员、基层干部参加实用技术培训27.5万人次，建立各类特色示范基地1765个，专业协会966个、专业经济合作组织867个。2008年，市委以涟源市龙塘镇为试点，在40个村实行无候选人直接选举村党支部班子成员，村级党支部班子成员当选得票率96%。

2008—2015年，娄底市从历届应届大学毕业生中选聘大学生村官929名，其中担任村党支部书记的有6名，进党支部班子的有51名，担任村委会副主任的有30名，进乡镇班子的有11名。2009年，全市选派144名退居二线党员干部担任农村科学发展指导员。2010年，全市在6个县（市、区）党委、9096个基层党组织、19200名党员中开展“四落实”（即把创先争优落实在党委和政府的中心工作与中心任务上，落实在抓重点工程重大项目上，落实在本职工作岗位和日常工作上，落实在转变干部作风、提升服务水平上）创先争优活动。中央创先争优活动办公室推介新化县机关党员干部“八小时”外下村为群众办实事做好事的做法。2010年，市委表彰奖励在抗洪救灾中英勇牺牲的新化县上梅镇三湾村党支部书记王建平。2011年，全市集中轮训村党支部书记522名。2012—2014年，全市27500余名干部下基层走访群众75.8万人次，挂点联系村组3277个，落实帮扶资金1.1亿元，物资折算人民币465万元，帮扶困难群众3.65万人，为群众办实事1.41万件。2015年，市新建村级党员活动场所863个，建立村党支部便民服务点118个。2016年，全市3260个村党支部合并为1835个，村党支部班子成员调整至6335名。选派731个扶贫工作队21312名党员干部驻村帮扶。

2017年，《湖南组织工作》推介娄底市村（社区）级党组织换届工作经验。是年，娄底市面向全国选聘大学生村官。在农村党员、基层干部中开展争当“脱贫致富带头人”活动，是年底，行政事业单位选派1542名党员干部担任村党支部第一书记。

二、社区党组织建设

2000年始，市委组织部以冷水江市街道办事处为试点单位，摸索社区党建工作机制。2002年，市委出台《关于加强和改进社区党建工作的意见》，建立党建联系员和党建工作指导员制度，下派195名机关党员干部分别到新成立党组织的单位指导党建工作。截至2007年，全市街道社区新建基层党组织365个。2008年始，娄底市实施街道“大工委制”和“社区兼职委员制”，社区配备党工委书记，建设基层党组织活动场所，建立党建工作台账，建设社区基层党组织便民服务点。推行娄星区“3+2+1”（3家市、县直机关单位和2家社区单位，共同服务1个社区）社区党建模式。2014年，市委组织部用验收销号方式，整顿341个软弱涣散社区党组织。2015年始，建立行政事业单位在职党员进社区报到服务制度，健全基层党建网络化管理。截至2017年底，全市建立社区党组织活动场所289个、便民服务站（点）138个，社区党组织286个。其中党委14个、党总支部43个、党支部237个。党员7893名，其中流动党员323名。

三、乡镇党委建设

1990年始，全地区乡镇党委书记、乡镇长由县（市）党委管理。1995年，地委把乡镇党委书记、乡镇长干部任免权委托给地委组织部。1997年，地委针对少数乡镇党政班子“软、懒、散”等作风问题，用“思想教育、对照检查、双向评议、干部分流、完善制度”办法，解决乡镇班子问题150余个，配合纪检部门查处违纪乡镇领导干部13名。分流乡镇干部4000名。1999年，地委组织部为解决部分乡镇干部政治观念、群众观念、政策法制观念、勤政廉政观念不强的问题，开展学习、剖析、谈心、整顿活动，解决乡镇班子问题232个、乡镇干部问题1241个，促成乡镇干部为群众办实事2839件。

2000年，市委把乡镇（街道）党组织建设纳入县（市、区）党委目标管理，各县（市、区）委书记向市委签订责任状。开展创建领导班子好、党员队伍好、工作机制好、小康建设业绩好、群众反映好的乡镇党委活动。2002年，市委以干部经常受教育、农民长期得实惠为目标，以转变干部作风、密切党群干部关系为着力点，建立5个长效机制示范点，实行乡镇班子成员入村流动办公制、遍访农户制、挂牌办公制、首问责任制、干部下村交钱就餐制。2004年，市委以娄星区双江乡和冷水江市铎山镇为试点，实行“乡镇党委向全体党员报告工作、接受党员民主评议与质询”。娄星区万宝镇党委、双峰县永丰镇党委被评为全省农村“五好”基层党组织。2007年，各乡镇党政班子换届，全市精简乡镇领导职数62人，乡镇班子平均年龄35.5岁，35岁以下的乡镇党委书记9名、乡镇长24名。乡镇党政班子中女干部88名。2011年，全市乡镇党委班子510名成员中，具有大专以上学历496人，占92%。担任党政正职的女干部13人。

2013年，市委组织部听取16名乡镇党委书记述职。2015年，市委组织部结合各乡镇党建述职评议情况，将问题清单、整改清单、责任清单、整顿到位情况，在全市党建工作大会上通报。2016年，市委提任7名党建述职评议排名靠前的乡镇党委书记为处级干部，问责18名落实管党责任不力，连续排名靠后的乡镇党委书记。2017年，市委组织部集中2个月时间，轮训各乡镇党委书记、乡镇长。

四、国有企业党组织建设

1990年，地委组织部履行直接管理全地区国有企业党的建设职能。10月，地委、行署召开全地区全面推行厂长（经理）负责制工作会议，要求加强企业党的建设。1992年12月，地委以地区纺织厂、湘中针织厂、地区印刷厂、八一橡胶厂等9家企业为试点，实施党政分设改革。1993年6月，地委组织部围绕“企业党委的职能与厂长（经理）的关系问题”，召开企业党建工作会议，讨论企业党委的职能和作用问题。1994年，地委明确区内国有企业党委的政治核心作用。1997年，全地区各企业党组织开展“四有三服务”（即有一个好班子、有一支好队伍、有一个好机制、有一套好制度，为推进改革服务、为提高效益服务、为促进稳定服务）活动，促进企业领导班子管理效能整体提高。1998年，涟钢、锡矿山矿务局被省委组织部确定为“全省企业基层党组织建设示范点”。企业党建由双重管理改为属地党委主管。

2000年，市级领导分别联系企业党建工作单位15个，加强对企业党建工作领导。2002年，市委组织部对全市21家改制企业实行企业党员挂靠单位、建立党委工作登记本和工作台账的党建工作制度。2005年，市国资委党委履行市内21家改制企业单位党建工作职能，理顺5个县（市、区）、60余个村（社区）的1657名党员组织关系。2006年，制定执行《党建工作目标管理考核细则》。2009年，市委组织部要求企业把党建工作写入公司章程，建立党组织书记参与董事会重大事项决策的制度。2014年，制定《娄底市国资委监督企业党建工作考核办法》，建立党组织书记述职评议，党建工作年度考核评议结果与年度经营业绩考核挂钩的考评机制。截至2017年底，全市公有制经济单位有党委34个、党支部426个、党员8681名。

五、“两新”组织党组织建设

2001年始，市委组织部针对非公企业中流动党员情况不清的问题，建立娄底市非公有制经济组织党建工作情况台账。2002年，市委提出《加强和改进社区党建和非公有制经济企业党建工作的意见》，非公有制经济组织和社会组织（以下简称“两新”组织）党的建设工作全面展开。全市29个非公有制企业法人单位建立党支部125个。2004年，市委组织部以大汉集团公司为试点，针对非公有制企业发展的客观需要，坚持党组织是政治核心的原则，明确党组织在非公有制企业中的地位。针对非公有制企业的市场主体身份，坚持引导、协调、示范的原则，创新工作机制，发挥党组织职能作用。针对非公有制企业党员流动性大、比较分散的情况，坚持业余、灵活、实效的原则，探索开展党组织活动的新模式。是年，大汉集团公司党委被省委确定为“湖南省基层党组织建设示范点”。2005年，全市新成立非公有制经济单位党组织和社会组织党组织184个。选派182名退居二线的党务工作者到新成立的党组织单位，指导和联系非公有制企业党建工作。2006年8月，大汉集团党委获“全国先进基层党组织”称号，成为全省唯一获此称号的民营企业党组织。2006—2007年，市委组织部调整基层党组织67个，整顿软弱基层党组织40个，理顺改制企业单位8156名党员、586名军转干部党员的组织关系。2009年，娄底市“两新”组织党的工作委员会成立，市工商联党组书记兼任党工委书记。2016年10月，市委决定非公有制经济组织和社会组织党建工作由党委组织部管理。市委“两新”组织党工委为市委派出机构，市委组织部分管党建的副部长兼任“两新”组织党工委书记，配专职副书记1名，市工商局、工商联、民政局党组书记兼任副书记，市民政局等22个市直单位为市“两新”组织党工委成员单位。依托市民政局等市直单位，建立10个综合（行业）党委，对综合（行业）党委书记抓党建工作实行述职评议考核制度。2017年，市委组织部建立健全“两新”组织党建工作台账。截至是年底，全市“两新”组织共建立党组织671个。其中，非公有制经济组织中的党组织412个，社会组织中的党组织259个。共有党员8178名。建立党建示范点76个、党员示范岗891个、党员责任区196个。

六、基层党组织标准化建设

2012年始，娄底市以建设服务型基层党组织为目标，启动基层党组织标准化建设。建立涵盖党政机关、事业单位、乡镇、非公有制企业、街道、社区、行政村七大领域的基层党组织建设标准体系。明确党组织书记素质、党组织班子、党员队伍、工作机制、工作载体、工作保障6项建设内容及254个具体指标，采取自查、党组织书记述职、群众测评、考核验收4个环节，按照“优秀、良好、较好、达标、较差”等次进行动态评级管理。这项工作获“全省组织工作创新奖”，做法被《湖南日报》刊载。2014年，市委在县（市、区）委书记、市直单位党组（党委）书记、乡镇（街道）党（工）委书记中开展履行党建责任述职评议。2015年3月，全市组织工作暨基层党建工作现场会召开，通报各乡镇党建述职评议情况，明确把完成整顿软弱涣散基层党组织、村级组织活动场所建设、乡镇“五小”设施建设和便民服务中心建设，解决基层党建信访问题等工作任务，作为各级党组织书记履行党建责任年终述职评议的硬指标。是年，全市整顿软弱涣散的基层党组织334个，建成村级组织活动场所、乡镇（街道）、村（社区）标准化“一站式”服务台、便民服务中心（站、点）769个，处置党建信访问题20个。2016—2017年，市委组织部建立和完善“有事请找我”基层党组织责任担当机制，92个乡镇（街道）党委配备党建工作专职副书记、党务工作人员。建立20个高标准园区党群活动场地。建立高标准党员档案室748个，规范党员档案5818份。终止党代表资格94人。

七、党建研究

1988年5月，娄底地区党的建设研究会成立，地委分管党群工作的副书记任理事会顾问，地委组织部部长兼任理事会理事长，组织部分管党建的副部长任秘书长，团体会员单位69个、会员123人，负责研究党的建设理论和实践，制定《娄底地区党建研究会章程》。10月，创办《娄底组织工作》刊物，作为党建研究阵地，为全地区党的建设和组织工作搭建交流、宣传和指导平台。此后30年，《娄底组织工作》出刊348期，免费赠送3000余个基层党组织，与省内13个市（州）、省外120余个地（市）相互交流。1990年1月，省党建学会娄底分会成立，为省党的建设研究会团体会员。1993年，省党建学会娄底分会围绕县处级单位党政分设、干部人事制度改革开展调查研究，征集论文120余篇。其中，《县级领导班子思想作风五项制度研究》《乡镇党委作风建设亟待加强》《关于村级班子建设几个问题的调研》《对拥有个人资本的党员作用状况调查与思考》等调研报告被省委组织部以文件形式转发。1995年5月，中央组织部在娄底召开“正确认识和处理社会主义新时期社会矛盾问题”理论研讨会。面临新时期党建工作的新问题，地委组织部研究室撰写《怎样认识和处理社会主义新时期社会矛盾问题》调研报告，被中央组织部《党建研究》内参采用。1997年，地委组织部结合县处级领导班子建设，举办娄底地区党建论坛，征集论文140余篇。冯长根撰写的《干部工作必须坚持群众路线》一文获评省级优秀论文，为全国党建理论研讨会的发言论文。

2001年，市委组织部为探索乡镇党代表大会常任制问题，在冷水江市矿山乡展开课题调研，撰写《扩大党内民主，增强党代表的责任感和使命感》调研报告，得到省委组织部的肯定。矿山乡被省委组织部列为全省乡镇党的代表大会常任制工作试点单位。2005年10月，市委组织部召开“人才强市，后发赶超”专题研讨会，收集论文160余篇，其中涟源市委《抗击特大洪灾，实践党的先进性》论文入选中央组织部《领导参阅》刊物。2006年，娄底市入选中央组织部《党建研究》综合文章3篇。2007年5月，市委举办以“创新党建、共谋发展”为主题的首届非公企业党建论坛。国务院发展研究中心无锡市培训基地培训讲师、江南大学教授张镇南，三一集团副总裁、第一副书记何真临，大汉集团党委书记傅胜龙的演讲，引起社会各界对娄底市非公企业党建的关注。2008年6月，市委常委、组织部部长李江南撰写的《推进党内基层民主建设的实践与思考》一文，入选中央组织部党建理论文集，李江南本人出席北京党建研讨会。

2010年，省委组织部重点课题协调会在娄底市召开。2011年，全市组织部门下基层调研550余人次，撰写调研报告200余篇，完成省重点调研课题3个，开展“讲党性、重品行、作表率”活动，举办“组织工作论坛”。2013年，市委常委、组织部部长雷绍业撰写的《组织工作要始终贯彻群众路线》一文，获2013年省领导科学学会优秀论文一等奖。2017年，市委组织部开展“干部感恩谁”研讨活动，收集论文180余篇。市委常委、组织部部长华学健撰写的《准确定位成长的坐标》一文获《中国组织人事报》理论版头版刊发。截至是年底，娄底市党建设研究会团体会员80个，会员187人，累计完成中央组织部、省委组织部交办的党建研究课题38个，其中《严格党内政治生活问题研究》《严明政治纪律和政治规矩问题研究》《中国特色党建智库建设实践经验研究》等15个重点课题，获省委组织部重大调研成果奖。《换届后加强领导班子思想政治建设研究》《以优良的党内风气引领营造良好政治生态问题研究》《以科学考评促发展方式研究》等20个课题，获省委组织部优秀调研成果奖。

2000年、2003年、2010年娄底市基层党组织情况表

表4-3　　单位：个

年份	项目	合计	市直机关	娄星区	涟源市	冷水江市	新化县	双峰县	省市属企业	省市属事业单位	娄底经开区
2000	支部	8608	431	554	1678	920	1927	1695	1332	71	—
	总支	498	45	12	90	68	48	142	92	1	—
	党委	434	55	23	50	50	131	39	76	10	—
2003	支部	8546	523	560	1678	783	1960	1639	1332	71	—
	总支	487	40	14	92	62	49	137	92	1	—
	党委	426	62	26	50	41	131	30	76	10	—
2010	支部	8945	527	508	1549	895	1729	2023	1587		127
	总支	460	22	29	93	27	148	65	74		2
	党委	456	72	28	45	51	36	126	92		6

2012年、2017年娄底市部分年度基层党组织情况表

表4-4　　单位：个

年份	类别	合计	党政群团机关	公有制企业	非公企业	事业单位	乡镇（街道）	社区	建制村	其他
2012	支部	8584	1636	838	880	1430	—	—	—	3800
	总支	529	170	84	52	151	—	—	—	72
	党委	455	188	88	27	62	—	—	—	90
2017	支部	8251	1673	426	412	1541	1470	237	2233	259
	总支	599	104	—	25	168	183	43	52	24
	党委	467	186	34	15	81	105	14	—	32

第三节　党员队伍建设

一、党员发展

1990年，娄底地委依照省委意见，对基层党组织及党员进行一次清理清查，暂缓发展新党员。1991—1994年，地委组织部对党员进行一次重新登记，按“坚持标准、保证质量、改善结构、慎重发展”方针，有领导、有计划地发展新党员。共青团娄底地委推荐，在优秀共青团员和青年积极分子中发展新党员1000名。1995年，地委组织部针对私营企业主能否入党问题，展开专题调查。1997年，地委组织部编制印发《党员发展工作手册》和《党员发展工作流程》，在新的社会阶层中开始培养和发展入党积极分子和党员发展对象，发展新党员10名。1998年，地委组织部在公有制企业无党员的班组、车间中发展新党员300余名。

2001年，全市各级党组织对党员发展工作全面清查，组织部门会同纪检部门查处通报违纪违规案例3起。2002年，市委制定党员发展预审制、党员发展公示制、党员发展票决制、党员责任追究制。2006年起，全市各级党组织把农村致富带头人作为发展新党员的重点对象。截至2008年，5562名致富能手被确定为入党积极分子，从中发展新党员3534名。2009年始，将妇女、高级知识群体和各类技术人员作为发展新党员的重点对象。截至2014年，全市发展新党员1.87万名，其中女性党员占45.9%，具有研究生学历及以上的占49.3%，各类技术人员占40.9%。2014年，市委组织部查处拉“党票”做交易的问题和违反程序发展新党员的典型案例多起。2015年，市委组织部建立和健全党员基本信息网络登记和发展新党员工作台账制度，保障新党员质量。2017年，全市培养入党积极分子1.46万名，发展新党员2892名。截至2017年，全市有新的社会阶层党员5560名。全市党员数量从1991年的13.18万名增至21.26万名。

二、党员结构

1991年，全地区有13.18万名党员，其中男性党员11.98万名，占党员总数的90.9%，女性党员1.12万名，占党员总数的9.1%。具有大专以上学历的9259名，占7%。初中及以下文化程度的9.56万名，占72.5%。35岁以下的1.59万名，占14.3%。2003年，全市有党员17.2万名，其中女性党员2.22万名，占党员总数的12.9%。具有大专以上文化程度的占18.3%。具有研究生学历的党员257名，占党员总数的0.15%。35岁以下的占17.7%。2017年，全市有党员21.26万名，其中女性党员占21.2%。具有大专以上文化的占40.1%，具有研究生学历的3239名，占党员总数的1.5%。35岁以下的3.79万名，占党员总数的17.8%，60岁以上的7.45万名，占党员总数的35%。

三、党员分布

1991年，全地区有党员13.18万名，其中，农业战线党员6.5万名，占党员总数的49.4%。党政机关、企事业单位党员4.58万名，占党员总数的34.8%，离退休人员党员1.8万名，占党员总数的13.7%，其他党员2901名，占党员总数的2.1%。2003年，全市有党员17.2万名。其中，农牧渔民党员7.21万名，占党员总数的41.9%。党政机关、企事业单位党员5.95万名，占党员总数的34.6%，离退休人员党员3.42万名，占党员总数的19.9%，新的社会阶层党员4198名，占党员总数的2.4%，其他党员2006名，占党员总数的1.2%。2017年，全市有党员21.26万名。其中，农牧渔民党员8.92万名，占党员总数的41.9%，党政机关、企事业单位党员6.8万名，占党员总数的32%，离退休人员党员4.08万名，占党员总数的19.2%，新的社会阶层党员5560名，占党员总数的2.6%，学生党员1256名，占党员总数的0.6%，其他党员7845名，占党员总数的3.7%。是年，全市共产党员人数占全市总人口的4.7%。

四、党员教育与管理

日常教育与管理　1990—1991年，地委组织部在全地区党员中开展以“学党史、做贡献、为党增光辉”为主题的创先争优活动。组织5名优秀共产党员巡回报告9场。农村党员为振兴农业，为群众办实事做好事2.5万余件，企业单位党员为发展企业经济建言献策1800余条，党政机关群团单位党员下乡为基层群众排忧解难600余个。1992年，全地区开展党员冬季轮训。以县（市）为单位培训村党支部书记，以乡镇党校为单位培训农村党员。党政群团机关、事业单位、企业单位党员，结合年度总结集中学习培训，对党员按“优秀、合格、基本合格、不合格”等次进行民主评议。全地区“七一”表彰优秀共产党员16344名，优秀党务工作者174名，先进基层党组织608个。1993年，地委组织部制定《娄底地区党建工作和党员目标管理办法》，党员外出务工、经商或从事其他正常职业，有固定地点、时间在6个月以上的党员应办理组织关系转移手续。3~6个月的应出具党员证明信。外出3个月或时间较长的，无固定地点无法转移组织关系的，党员应与原所在单位党组织保持联系。1998年，地委组织部对国有企业改革过程中下岗外出务工、经商暂无法转移组织关系的党员，发放“流动党员活动证”，建立下岗党员登记、双向联系、党费收缴、党内活动、考核评议等制度。1999—2003年，全市开展以

“讲学习、讲政治、讲正气”为主要内容的党性党风教育活动，处置不合格党员7000余名，限期改正错误4000余名，劝退1000余名，开除党籍900余名。2005—2007年，全市有96911名党员参加保持共产党员先进性教育活动。吴干呈、王丽芳、梁向文、谢本辉等优秀共产党员组成先进事迹报告团，在5个县（市、区）、涟钢、市经济技术开发区、冷水江市金信化工厂等地作巡回报告8场。《娄底日报》、娄底电视台、湖南红星网娄底站开辟“党员先进性教育巡礼”“身边的共产党员”专栏，报道先进性教育相关信息200余篇（条）。市、县（市、区）机关单位18000余名党员到农村、企业和社区，走访慰问特困农户和下岗职工11万人次，与困难户结对子13774对，帮助解决实际问题9424个。帮助农村党员建立各类特色示范基地398个，组建各类农村专业协会242个、专业经济合作组织450个。2008年，市委组织部制定《无职党员设岗定责活动实施方案》《无职党员设岗定责制度》，建立无职党员设岗定责长效机制。是年，全市46182名党员为抗震救灾和抗冰救灾交纳“特殊党费”6100余万元。2009—2013年，全市在窗口单位和服务行业党员中开展学习实践科学发展观活动。以党员公开承诺、领导点评和群众评议方式，提高窗口单位和服务行业党员为民服务能力和水平。2014年，市委组织部牵头，各级党组织和广大党员干部围绕“为民务实清廉”主题，开展为期8个月的群众路线教育实践活动，专项整治群众反映强烈的“四风”问题。娄底市在全省专项整治工作推进会上作《扎实开展专项整治、打造群众满意工程》典型发言。新化县践行群众路线，推广“廉政食堂”做法被《人民日报》宣传报道。是年，市委表彰38名优秀党员领导干部。《湖南卫视》报道市信访局局长周继林勤政清廉先进事迹。省委督导组测评显示，娄底市解决“四风”问题“好”“较好”评价率96.8%。

2015年，市委组织部针对党员队伍中存在党员意识淡化、组织生活不严格、党员作用发挥不够等突出问题，以娄星区为试点，建立健全从严管理党员规章制度。娄星区实行党支部自查、乡镇（街道）核查、问题倒查、组织部门抽查等工作程序，清理党员档案、澄清党员底子，补齐党员缺档5000余份。明确14种不合格党员情况及处理措施，重申党员要求和党纪，处置不合格党员300余名。建立考核党组班子、党组书记，提高群众满意度考核标准，完善党员志愿者服务，有职党员挂牌公示、无职党员设岗定责制度。《人民日报》专题报道娄底市推进党组织建设和党员管理常态化的做法。是年，全市党员干部开展“三严三实”专项教育活动。启动“市委书记讲党课”教育计划，各级党员领导干部讲党课929堂。建立党组织专项学习“三三制”（即分个人自学、分组学、集中研讨三步骤，采取小专题、小清单、小辩论三种方式，建立评学、述学、考学三个机制）模式。全市1200名县处级干部和1.86万名科级干部与贫困户结对子5730余对，收集群众意见2130余条，帮助解决实际困难5600余个，建立民间融资风险处置工作巡查制度，在全市范围内分领域、有重点地对“四风”和侵害群众利益的行为开展整治活动，查处群众身边的腐败案件449起，问责党员干部486人。2016年，全市开展“两学一做”（即学党章、学习近平系列讲话、做合格共产党员）学习教育活动，与3795名失联党员重建联系，保障党员学习教育全覆盖。在县处级领导干部中开展“履职尽责、攻坚克难”责任心教育。树立李贝（被中央组织部考察组列入中央候补委员考察人选）、周海涛、王宇等先进典型，组织优秀共产党员先进事迹巡回宣讲活动，被中央国家机关党工委评为“最佳案例”。解决党支部换届不及时、党员不按时足额交纳党费问题。是年，市委出台《关于从严管理党员队伍的意见》，明确党员档案有专人管理、有档案管理室、有档案专柜、有档案袋、有管理制度、有管理台账“六有”标准。全面推行党组织书记讲党课。规定群众测评不满意票率高于50%或党员测评不合格票超过三分之一，且有不合格党员具体表现情形的，评为不合格党员。全面推行无职党员设岗定责服务，流动党员每年必须到流出地党组织报到登记。按“互联网+党建”管理模式，组建网上党支部，为流动党员参与党内事务搭建平台。实行党员积分管理，作党员日常表现纪实，按日常管理占80%、年度民主评议占20%的比例，量化党员日常表现实绩，把积分等次作为评先评优和评议处置的主要依据，将积分结果与有职党员的基本报酬、绩效奖励挂钩。

2017年，市委强化“关键少数”责任担当和导向作用，推动“两学一做”学习教育暨责任心教育常态化制度化，分6批组织县处级领导干部开展党的十八届六中全会精神集中培训，分5批集中学习党的十九大精神。举办换届后的县（市、区）党政领导班子、市直部门党组书记、乡镇党委书记、乡镇长集中学习培训，开展“扪心三问”（即我的职责是什么？我的差距在哪里？我怎样更好地履职尽责、攻坚克难、争先创优）活动。出台正向激励、容错免责实施办法。制定运用监督执纪意见、畅通举报渠道、严肃查处侮辱诽谤诬陷行为的办法，构建知责明责、担责负责、尽责免责、追责问责的责任链条。娄底市开展责任心教育的做法在省委办公厅《工作情况交流》和省委组织部《湘组信息》上刊载。

现代远程教育　1990年，地委组织部在娄底电视台开辟《党建纵横》栏目，编辑和播放党建知识、科技知识、身边共产党员先进事例等16个专题160余次。1991—1997年，全地区建成189个地直单位党员电化教育室。1998年，地直单位建整扶贫村建立党员电教室（站）200余个。2004年，全市建立农村党员干部现代远程教育站900余个，开通湖南党建“红星网”娄底分站。2005年，市委、市政府投资100万元，建设村级远程教育站（点）881个，集中培训780名远程教育站（点）操作员。是年，娄底市被评为全省现代远程教育站（点）建设先进市。市委组织部摄制《向天再借二十年》电教片，反映扶贫工作队与贫困村党员，为农民增收脱贫致富，用科技发展农业特色产业，争项目、引资金，发展农村公益事业奋力拼搏的精神，获全省第九届党员教育片观摩评比一等奖。2006年，娄底市远程教育站（点）接入互联网，开通远程视频对话。2007年，娄底市在省委组织部远程视频“十佳操作能手”“十佳学用操作员”竞赛活动中，3人获“袁隆平科技奖”，2人获“袁隆平科技致富能手奖”。2012年，娄底市实施“远教+网上供销社”娄底模式〔即发挥远程教育站（点）作用，畅通网购信息，直销农产品模式〕，《湖南日报》头版予以报道。2015年，市委组织部组织党员干部参加全国中华优秀传统文化知识竞赛，获“优秀组织奖”。2016年，娄底市专题电教片《李贝：敢于担当的“警界之花”》在中央电视台《新闻联播》栏目播出。2017年，娄底市开展党员教育电视片观摩交流活动和“最美扶贫人”微视频创作竞赛活动，选送11部党员电教片和9部“最美扶贫人”微视频作品参加全省竞赛，《坚定理想信念，做合格共产党员》电教专题片获全省“两学一做”微视频、微动漫创作竞赛二等奖。截至是年底，全市制作党员电教片214部，其中《一腔热血洒山乡》《金钥匙》《敬礼，亲爱的妈妈》《身边的共产党员》入选全国优秀电教片和党课教材。娄底市党员电教片播放站（点）覆盖全市机关单位、企事业单位、乡村和社区8000余个党支部。

第四节　干部队伍建设

一、干部选拔

1990年，全地区以组织考核和个人述职相结合、定性考察和定量测评相结合的考察结果作为提拔使用干部的依据。1992年，地委决定，干部选拔任用实行干部交流、轮换岗位、公开选拔等制度。县（市）53名党政领导干部，轮岗28名，异地交流25名，8名党政“一把手”、5名分管党群工作的副书记和5名组织部部长避籍任职。10月，按照“民主、公开、平等、择优”原则，采取民主推荐、考试与考察相结合的方式，在全地区公开选拔地区农委主任。1993年，地委组织部为解决少数领导干部占着位置不管事的问题，采用“单位领导班子成员、科级干部、部分职工代表评议”方式，分“优秀、称职、基本称职、不称职”4个等次，民主评议县处级领导班子成员。1994年，对17名在上年民主评议中不称职率40%以上的领导干部进行调整。1995年，地委出台《关于实施〈娄底地区跨世纪党外干部培养选拔工程〉的决定》，采取“配备一批、公开选拔一批、设置助理培养一批”办法，选拔30名35岁左右的非中共党员优秀年轻干部，充实县处级领导班子，其中女干部6名。检察、法院、工商、审计、监察等单位均配备1名非中共党员干部进领导班子，行政公署配备非中共党员专员助理2名。1999年，全地区全面实行县处级领导干部公开选拔制度、公示制度、试用期制度、企业厂长（经理）民主选举制度、干部交流回避制度、竞争上岗制度。新闻媒体向社会公示10名拟提任处级领导干部首批名单。地、县（市）两级党委提任300余名县处级、科级干部实行试用一年制度。8月，地区公安处采取笔试、竞岗演讲评比方式，选拔任用科长9名、副科长10名。2003年，市委出台《关于对县市区党政领导班子正职人选任免实行票决的暂行规定》《市委常委会讨论决定干部任免实行票决制的暂行办法》，使59名拟提任人选首次由常委会投票表决。建立民主推荐、考察预告、差额考察、考察结果反馈、干部推荐责任、考察责任、考察工作人员回避等制度和干部考察责任追究制度。2005年，市委贯彻执行《党政领导干部选拔任用工作条例》，按“凭德才用干部、以实绩论英雄”要求，任免干部8批265人次，其中票决116名，公示7批135名，一年试用111名，对4名未通过任职资格考试的拟任干部暂缓呈报，对1名在公示期间群众有反映、核实有问题的干部取消任职，对1名在试用期间群众不满意的领导干部暂缓办任职手续，获省委巡视组肯定。2007年，市委落实省委“三不让吃亏”（即不让老实人吃亏、不让综合素质高能干事的人吃亏、不让长期在一线埋头苦干的人吃亏）要求，提拔34名科局级干部进县（市、区）领导班子，9名县处级领导班子成员副职提拔为正职，选拔3名非中共党员优秀干部担任市直单位正职，市直单位70%领导班子配备女性干部，县（市、区）领导班子11名成员交流重用，为31名任职资历较长的县、乡干部解决职级待遇。2008年，市委实施《干部经常性考察和提拔性考察相结合的操作办法》《市管干部交流实施办法》《市直单位正职任期意见》，采取分类逐项量化计分、市级分管领导打分、扩大民主谈话范围等方式，对班子成员综合评估排队，专题讲评，全面考核市直正处级领导班子和班子成员，评选好班子24个、优秀领导干部107人，对表现“一般”的领导班子和基本称职的领导干部给予诫勉。是年，采用面试全程录像、观察员或旁听员参与、市委常委会集体面谈并差额票决的方式遴选。公开选拔8名县处级干部。

2010年，全市实行绩效考核定点定项督察、干部选任工作全过程记实和“一把手”离任交接制度。首次设置适岗评价和民主推荐两个环节，面向全省公开选拔13名县处级领导干部，市委召开大会集中讲评领导干部绩效考核情况，通报考核结果。2013年，实施《市委管理干部选拔任用工作流程（试用）》《干部考察工作责任制的暂行规定》，推介冷水江市干部考察“两延伸”办法，即把干部考察延伸到八小时工作之外，把考察范围延伸到服务对象。全市提拔200余名引领型、实干型、创新型、奉献型、清廉型干部，以推进娄底市重点项目建设，树立“以项目看能力、以项目评业绩、以项目谈英雄”用人导向。2014年，市委组织部按照党的群众路线教育实践活动开展专项整治要求，规定在社会组织或社会团体中兼任职务的221名县处级干部，除46名在政策允许范围内可以继续兼职者外，其他一律不再兼职。2015年，市委、市政府实施《娄底市人民政府职能转变和机构改革方案》，建立全市涉改单位领导职数、非涉改单位领导职数、非领导职数结构分析台账。实行干部选拔任用预审制和干部任用结果上报备案制。是年，经省委组织部备案的干部有6批487人次，其中重用146人次。交流调剂超职数配备县处级干部52名。2016年，中共娄底市第五届委员会49名委员、9名候补委员、31名纪委委员、37名省党代表等提名人选，换届选举时全部当选。2017年，市委择优比选（即选用一个领导职位的干部，按1∶2或1∶3的比例确定推荐与考察人选，比较个人自身素质与优势特长，决定选拔任用对象）2名正处级领导干部、6名副处级干部。截至是年底，全市军转干部全部妥善安置，招录公务员3681名。

二、干部审查与监督

制度监督　1990—1991年，地委组织部审查县处级以上干部档案1000余份，重新认定新中国成立后参加工作的116名县处级以上干部的工作时间。1992年，全地区干部审查工作重点，由审查干部历史遗留问题转至审查群众举报干部的现实表现问题。1993—1994年，受理群众信访举报180余起，调查核实处理120余起，转有关部门调查处理60余起。1997年，地区设立专线举报电话“12380”。2015年，市、县（市、区）干部监督机构建立电话、短信、网络、信访等群众举报平台，及时调查处理被群众举报的领导班子及领导干部问题。

1995年，地委组织部制定领导干部重大事项请示报告制度和个人收入申报制度。诸如县处级以上领导干部操办婚丧等事项，必须事前向地委提交请示报告，每半年填报一次个人收入申报表。1996年，各级党委和政府贯彻和学习考试《党政领导干部选拔任用工作条例》（以下简称《干部任用条例》）。5月，地委组织部出台《地管干部重大问题回复谈话制度》，规定群众反映干部个人问题，本人须在半月内作出书面答复，分管负责人找本人谈话，对存在问题的领导班子和领导干部及时发出警醒通知书，限期解决问题。2001年，市委组织部出台《党委（党组）讨论决定干部任免守则》，规范干部选任工作程序。2002年，市委组织部成立督查组，对5个县（市、区）、4个市直正处级单位党委（党组）执行《干部任用条例》情况进行督查，查处严重违反《干部任用条例》规定的典型案例10起。2007年，414名党政领导干部参加《干部任用条例》知识闭卷考试。2011年，市委印发《严肃换届纪律，保证换届风清气正》资料3000余份，选聘换届风气监督员38名，建立140余人网评监督员及信息监督员队伍，保证县（市、区）党委换届圆满成功。2012年，市委组织部对各县（市、区）人大、政府、政协换届风气进行测评，发放和收回测评表2500余份，结果显示换届风气“很好”占97.4%，“好”占2.6%。2013年，市委建立干部选拔任用全程记实制度，记录干部选拔任用的推荐提名、酝酿考察、讨论决定、任前公示等各个环节情况，作为干部选用工作责任追究的依据。市委组织部委派干部监督员列席各县（市、区）及市直单位党委（党组）讨论决定干部职务任免会议。2015年，市委组织部随机抽查核实领导干部有关事项报告情况，对事项报告与核查情况不符的52名市管干部给予谈话提醒，责成书面说明情况。截至2017年，娄底市对提拔任用的108名县处级领导干部进行全程记实。

责任审计 2000年始，市委先后出台《关于认真开展领导干部任期审查审计工作的意见》《娄底市党政领导干部、国有企业及国有控股企业领导人员任期审查审计工作管理办法（暂行）》《娄底市党政领导干部、国有企业及国有控股企业领导人员任期经济责任审计评价实施体系（试行）》《娄底市党政领导干部离任经济事项交接办法（试行）》。明确领导干部任期审查审计项目、审计动员、审计报告征求意见会、审计业务会、送达审计文书等工作流程。突出对“一把手”个人审查与对班子集体审查相结合，审查审计与“一把手”、班子年度考察考核相结合，重点监督“一把手”在经济决策、选人用人等方面的用权行为。对拟调整或已决定调整的单位党政主要领导，任期已达届中或将要届满的单位党政主要领导，都要进行审查审计。组织部门建立领导干部任期审查审计档案，作为干部年度考核、奖惩、任免依据。下级党组织呈报提拔对象为“一把手”的，必须提供提拔对象任期审查审计报告。2004年，全市审查审计600余名领导干部经济责任情况，查处违纪违规县处级干部4名。2012年，市领导干部任期审查领导小组向6个单位12名异动“一把手”发出离任交接通知书。离任“一把手”在规定时间内就任期内人财物等事项，向接任“一把手”作出说明解释，提出书面移交，划清离任和接任领导责任界限。2014年，市委组织部对37家单位74名“一把手”进行离任交接监督。娄底市强化领导干部任期审查审计的做法，被中央组织部《干部监督工作通讯》和省委组织部《湘组信息》刊发推介。2017年，娄底市把履行自然资源资产管理和生态环境保护责任纳入领导干部任期、离任审计监督内容的做法，得到中央组织部和省委组织部肯定。

监督审查 2002年始，娄底市对3800余名在职干部的学历、学位和年龄、工龄、党龄（以下简称“三龄”）进行查档验证清理。对2600余名在职干部的“三龄”进行重新认定，其中县处级干部150余人。2012年，市委组织部制定《关于进一步严格干部出生日期管理工作的意见》，规定干部本人涂改、伪造出生日期的人事档案，不能作认定干部出生日期的依据。审查发现干部档案出生日期问题240个，纠正33名市管干部出生日期，对涂改、伪造情节严重的2名县处级干部给予纪律处分。截至2017年，娄底市累计审核认定市管干部“三龄”738人。

2013年始，市委组织部为防止干部“带病上岗”“带病提拔”，制定《干部监督信息沟通办法》，将判决书、起诉书、处分决定书中涉及买官卖官人员信息纳入“特别监督名单”。制订《娄底市对近年来“带病提拔”党政领导干部的选拔任用过程实行倒查的工作方案》。市、县（市、区）两级同步开展对2010年以后提拔干部以及受到撤销党内职务或行政职务处分的干部全面排查。对查出因干部调动时突击提拔、变相提高下派挂职干部职级的336名科级干部，责令用人单位组织处理，处分因破格提拔任用且有问题的科级干部1人。2014年，市委组织部开展超职数配备干部问题整治工作，清理发现全市存在超审批权限设置机构、超职数配备干部、超机构规格提拔干部、擅自提高干部职级待遇、擅自设置职务名称等问题。全市超配备干部1548名，其中超配备正处级领导职数14名、副处级领导职数58名、正科级领导职数54名、副科级领导职数742名，超配备处级非领导职数37名、科级非领导职数742名。2015年，市委出台《关于全市干部人事和机构编制领域突出问题专项治理方案》《关于禁止超职数配备干部的通知》，市委组织部制定超职数配备干部整改消化方案。市委决定，凡超职数配备干部的班子，一律只出不进，直至调整至规定职数。领导班子成员职位出缺，一律从超配备的领导干部中择优选配。在整改消化任务未完成前，一律不再新配非领导职务。采取空岗补缺、到龄即退、免去兼职、虚实转任、交流回避、考核淘汰等措施，逐步消化超职数配备干部。实施预审制度，动议干部前，须经省委组织部审查同意后上会研究。2016年，全市预审干部调整51批次，否决78人次。采取干部自愿申请提前退出领导岗位改任非领导职务等措施，消化处级领导职务干部75人，其中改任调研员25人。截至2017年底，全市整改消化违规兼职问题单位97个164人，整改清理职务名称不规范单位112个234人，整改规范党政分设单位92个100人，消化政府机构改革、纪检监察体制改革、军转安置、换届等单项调剂干部325人，其中处级干部32人、科级以下干部293人。清理违规长期借调工作人员、违规配备秘书等问题100余个，清理市本级“吃空饷”人员272名，在企业兼职领导干部63名，在社会组织或社会团体兼职市管干部211名。是年，市委围绕市、县（市、区）、乡（镇、街道）、村（社区）领导班子换届选举，要求公开换届纪律承诺。各乡（镇、街道）党委书记向所在县（市、区）委递交责任状，参加换届选举的党员干部与所在县（市、区）、乡（镇、街道）党委签订《换届纪律承诺书》。市委派出换届风气监督员200余名，对换届选举现场进行巡回督查。市委规定干部选拔任用实行凡提“四必”，即讨论决定前，对拟提拔或进一步使用人选的干部档案必审、个人有关事项报告必核、纪检监察机关意见必听、问题线索具体的信访举报必查，坚决防止“带病提拔”。规范市管干部因私出国（境）审批程序，清理因私事出国（境）证件6750本。市委组织部建立干部监督信息库，对受过组织处理、党纪政纪处分、县级及以上政府通报批评等干部负面信息进行汇总并分类入库，为干部提醒、函询、诫勉工作提供依据。

三、干部培训

1990—1992年，地委组织部以地委党校为阵地，举办培训班10期，分期分批轮训县处级领导干部、县处级后备干部、妇女干部、非中共党员干部1100余人。1993—1995年，全地区开展干部函授学历培训，培训干部1.3万余人，其中获大专学历毕业证书7000余人，获中专毕业证书5000余人。1995年，地委出台《娄底地区干部教育工作暂行规定》，拟提任干部在任职前5年内须进党校进行为期3个月以上集中培训。1997年，地直机关干部实行周一政治理论学习制度，统一时间、统一内容、统一考试，分块实施，严格考勤，县处级干部每学完一项内容，须参加党校考试。地委组织部定期或不定期对各单位党员干部学习情况进行抽查并通报学习情况。2001年7月，市委在市委党校举办正处级以上单位党政“一把手”研讨班，市委书记讲课，封闭式管理，集中学习和讨论江泽民“七一”重要讲话精神。2004年，市委出台《关于规范干部教育培训管理的意见》，制定干部教育培训“统一领导、集中管理、分级负责、分类培训”原则，建立申报审批、培训收费、调训纪律、干部培训与使用制度和学考分离制度。6月，市委出台《党政干部基本理论知识任职资格考试办法（试行）》，规定凡提拔为处级领导职务、非领导职务和科级干部的都要通过政治理论、科学文化、法律法规等基本理论知识考试，取得任职资格，未取得任职资格的原则上不得提拔。11月，市委组织部首次组织全市2900余名干部参加干部任职资格考试，其中处级干部400余人。考试采用“高考”模式，查处3名违反考试纪律的干部。截至2011年，全市参加任职考试的干部达2.62万人次，覆盖率100%。2005年，市委组织部建立实施学时学分制度、市直机关干部双休日党校学习制度，以学习内容预告、听课证登记、学时学分记实等学习机制，推动党员干部学习经济管理、科学知识、法律知识。截至2007年，全市参加双休日党校学习活动的党员干部3.3万余人次。2008年，市委组织部建立干部在线学习制度。开通全省第一个干部在线学习网站，300余名市直机关干部首批网上学习。实施网上“教、学、考、评、管”一体化学习制度。是年，市委组织部选派首批32名管工业的领导干部赴上海、浙江等经济发达地区跟班学习。2008—2017年，先后选派2名处级干部赴美国进修，43名年轻干部到涟钢、海螺集团跟班学习，300名正处级以上干部参加“对接融入长株潭、加快转变经济发展方式”研修班。围绕“全市项目建设年”活动，选派20名项目重点单位党政正职赴广州佛山跟班学习。围绕“推进融城战略”，选派42名干部赴成都跟班学习，19名县处级单位党政“一把手”参加新加坡公共行政管理培训，31名干部参加台湾新型工业化、新型城镇化高级研修班学习，45名重点岗位及窗口岗位负责人，参加浙江大学“提高执行效能和服务水平”学习班。全市累计外派培训干部783人次。围绕新农村建设，建立华西娄底基层干部教育基地。这种外派干部培训“学习知识、吸纳经验、解决问题、促进交流”的学习培训模式，获中央组织部肯定，在《全国干部教育培训工作通讯》推介。

2011年始，市委为解决对干部重复培训、多头调训、多年不训的问题，出台《关于切实加强全市干部教育培训统筹工作的意见》，决定市级各类培训工作的计划审批、资金安排、资源调度、培训质量评估等工作均由市委干部教育领导小组办公室负责。实施“统筹管理职能，统筹调训机制，统筹培训对象，统筹培训计划，统筹培训经费，统筹培训资源，统筹运用结果”。市委组织部对市委党校主体班培训由原对单位下达调训指标改为现直接点名调训。对单位完成调训任务和学习培训情况适时通报，并纳入年度绩效考核。规定将干部培训学习情况作为干部公选和竞争上岗一项适岗评价指标。娄底市加强干部教育培训统筹，构建大干教工作格局的典型做法，被列入全省干部教育培训工作改革创新案例。2015年，市委组织部利用本地蔡和森纪念馆、罗盛教馆、冷水江锡矿山工矿党支部等红色资源对党员干部进行党性教育，培训基层干部13.2万人次。2017年，市委党校举办主体班11期，调训学员550名。选派210名干部参加北京大学、复旦大学等高校专业化能力培训。

2011—2017年，全市参加在线学习网学习的干部8000余人，参加任职资格考试学习的有1.1万余人次，其中处级干部1200余人次。

四、后备干部队伍建设

1990年，地区在全面考察县处级领导班子的同时，经“民主推荐、考察了解、单位党组（党委）研究、地委组织部审定、地委同意”等步骤，建立342名40岁以下县处级后备干部名单，其中女性干部40名，非中共党员干部55名。1992年，地委组织部选送335名后备干部到省、地委党校学习，选派56名优秀年轻干部赴广州等经济发达地区进行为期4个月的跟班学习。1995年，地委制定《关于实施〈娄底地区跨世纪领导干部培养选拔工程〉的决定》，按“单位党组（党委）推荐、笔试、面试、考察、地委确定”等程序，公开选拔35岁左右县处级后备干部100名，其中正科级实职干部62名，助理工程师以上技术职称干部38名，具有大学本科学历的干部占30%。1998年，地委组织部选派100名缺乏基层领导工作经验的后备干部下乡镇、企业任职挂职1年。1998—2017年，全市从普通高等院校公开选调优秀应届毕业生428名到乡镇工作。1999年，地委组织部按照“分级管理、适时调整、备用结合”原则，对原有县处级后备干部和拟补充对象进行全面考察和调整，确定县处级后备干部名单406名，推荐市级后备干部33名。

2002年，县（市、区）党政领导班子配备35岁以下优秀年轻干部20名，其中女性干部10名，非中共党员干部5名。2003—2004年，市委组织部选送18名优秀年轻干部到中央党校培训学习。2006年，选派24名年轻干部赴上海市静安区跟班学习。2007年，市委党校培训50名优秀年轻干部，突出能力训练，以“思想氧吧、竞争舞台、模拟平台、互动窗口”方式，在正常理论授课基础上，开展辩论赛、即席抽题演讲赛、即席作文赛、成长成才交流会、行政素质模拟训练、野外素质拓展训练等系列活动，实现育人与识人有机结合的培训目标。2010年，全市选用35名优秀年轻干部到市直局（处）、县（市、区）领导班子任职。2013—2015年，市委组织部选派15名县处级后备干部到中央、省直单位任职挂职锻炼。2017年，市委出台《关于进一步加强和改进优秀年轻干部培养选拔工作的几点意见》，参加择优比选的优秀年轻干部有8名，平均年龄36岁，其中女性干部4名。市委组织部选派70名优秀中青年后备干部赴广东佛山、四川成都等地挂职锻炼。

1999—2017，全市累计选任870余名优秀年轻干部进入各级领导班子，其中女性干部300余名，非中共党员干部190余名。

第五节　领导班子建设

1990年，地委根据县处级领导班子年度考察情况，以召开民主生活会的方式，重点解决35个县处级领导班子不团结、不协调、精神不振和思想不解放的问题。1993年，地委出台《关于在全区各级领导班子成员中开展民主集中制再教育的决定》，在地区150个县处级单位党委（党组）600余名县处级领导干部中开展“坚持宗旨、克服惰性、提高领导班子战斗力”大讨论，选配20名改革意识强、熟悉经济工作的优秀年轻干部担任地直单位“一把手”。办理668名县处级以上干部离退休手续。调整10个转体单位领导班子89个县处级领导职位。1995年，地委组织部结合县（市）委班子换届实际，对县处级领导班子进行全面考察。在地委党校举办县（市）党政领导干部、地直单位“一把手”党性教育学习班。是年，全地区交流配备县处级领导干部115名，充实各县（市）党委、人大、政府、政协班子成员40名。1996年3月，全地区县处级干部大会通报表扬15个优秀领导班子及19名优秀处级领导干部，公开批评问题较突出的5个领导班子和4名领导干部，免去2名局处级领导干部职务。调整县处级领导干部50人，提任县处级领导干部89人。

2001年，市委按照领导班子“革命化、年轻化、知识化、专业化”要求，决定“担任实职的县处级领导干部满56岁改为非领导职务，满57岁离岗休息”。是年，全市从领导实职岗位上离岗的有70人，其中“一把手”11人。从非领导职务离岗的有50人，由领导实职改为非领导职务的有18人，其中“一把手”7人。提任正职领导职务的40岁以下干部6人，交流任职21人。调整后的县处级领导班子成员，大学本科以上文化程度的占87.6%。2003年，市委建立县处级党政领导班子和领导干部绩效考核制度，公开讲评市直机关80个单位的领导班子400余名成员的考核情况，通报表扬2个优秀领导班子、81名县处级优秀领导干部。诫勉问题较多的4个领导班子和6名领导干部。2006年，县（市、区）党委换届，党委班子成员候选人全部高票当选，均配备2名35岁以下的党委成员，平均年龄下降2.5岁，专职副书记由4名均减少至1名。2007年，县（市、区）人大、政府、政协换届，配备领导班子成员105名。与上届相比，精减领导班子成员职数15个，平均年龄下降2.3岁。配备非中共党员干部25名，女性干部20名，其中女性县长1名。配备乡镇班子成员女性干部88名，其中女性党政“一把手”9名，配备乡镇政府班子成员非中共党员干部68名。2008年，市委组织部对全市正处级领导班子进行全面考察。5名未到任期和退休年龄的市级领导干部主动提出退线。是年，市委召开各界人士座谈会，广泛听取对市人大、政府、政协换届班子成员提名候选人的意见。市人大、政府、政协换届班子成员候选人全部高票当选，市长、市政协主席全票当选，换届工作得到省委书记张春贤肯定。

2010年，市委组织部研究干部人选8批387名，常委会票决通过率100%。2012年，市委组织部为推动市委、市政府中心工作和重点项目落实，开展领导干部绩效考核定点定项督察。围绕市级领导班子换届，进行4个100%交心谈话，即市委书记与人大、政府、政协班子成员100%交心谈话，市委常委与联系的领导班子、组织部门及市直各单位党政主要负责人100%交心谈话，与从原班子中退出、调整人员以及后备干部100%交心谈话，各单位党委（党组）100%召开换届工作专题民主生活会。市委常委带队，组织5个督查组到5个县（市、区）驻点督查指导。经省换届风气督查组测评，全市各单位获群众总体评价“很好”率占97.4%。2013年，全市调整处级干部7批416人次，其中，提拔任用40岁以下的处级干部7名，女性干部10名，少数民族干部1名。调整配备市政府31个组成部门的“一把手”16名，其中提拔13名、交流3名。全市处级领导班子成员45岁左右为主体的年龄梯次结构基本形成。市规划局、市审计局、市旅游外事侨务局、市统计局、市政协提案委员会5个单位的行政正职领导职务由非中共党员干部担任。中央统战部和省委统战部对这一做法给予通报表扬。是年，市委组织部制定《消化超职数配备干部整顿方案》。2015年，市委实施《娄底市政府机构改革有关干部人事工作实施细则》和《娄底市政府机构改革中市管干部人事安排有关政策贯彻落实办法》，安排处级领导干部提前退休131名，改任非领导职务66名，为提前退休的9名正处级领导干部解决副厅级非领导职务工资、住房、医疗待遇。2016年，市委为做好县（市、区）换届工作，决定各县（市、区）领导班子人选从乡镇党委书记人选中调整。是年，5个县（市、区）调整配备80名党政班子成员，其中有乡镇党委书记经历的45人，新进政府班子22人，提拔乡镇党委书记17人。在22个部门联审“两代表一委员”提名推荐名单中，取消12名党代表候选人、22名人大代表候选人、178名政协委员提名候选人资格，消化超配备职数干部1252名。2017年，市委组织部表彰最具责任心领导干部16名，通报履职不力典型案例6起。

第六节　人才队伍建设

1990年，娄底地委围绕“科技兴娄”战略，实施“推荐选配科技副乡镇长的意见”，从县市机关、事业单位、省、地属厂矿企业推荐选配157名35岁左右、助理农艺师以上相应职称的科级干部到乡镇担任科技副乡镇长，兴办乡镇企业，推广科学技术。1992年4月，地委组织部召开县（市）委组织部部长、科技副乡镇长派出单位负责人会议，协调解决科技副乡镇长工作生活方面的困难。会上表彰奖励工作成绩突出的科技副乡镇长50名。1993年，地委组织部编写《湘中英才》一书，宣传周先和、安家强等科技人才先进事迹和科研成果。1995年，经湘潭大学、中南工业大学、国防科技大学、湖南大学推荐和组织部门考察，地委为5个县（市）各配备1名科技副县（市）长。1997年，地委组织部撰写《娄底地区高级专业技术人员有关情况调查》，提出解决市级知识分子夫妻两地分居、住房、专业对口等方面问题的意见和建议，解决20多名高级知识分子夫妻分居问题，妥善安排30余名高级知识分子家属工作问题。1999年3月，地委组织部开展“娄底市优秀中青年专业技术人才”评选活动。9月，北京大学毕业生、涟源市茅塘镇石门村党支部书记吴奇修被评为“中国十大杰出青年”，并出席“中国十大杰出青年”表彰大会。

2000年，市委组织部在市委党校举办200名科技副乡镇长科技培训班，建立科技副乡镇长科技培训档案信息库。2001年，市委组织部通报表彰21名青年科技奖获得者，其中5人获“全省优秀中青年专家”称号。2003年，市委组织部、宣传部举办“娄底科技千里行”采访活动，宣传娄底科技人才先进事迹和科技成果。2004年，市委印发《关于表彰娄底市优秀专家的决定》，授予姜正国等16人“娄底市优秀专家”称号，表彰奖励优秀专家12名。组织33家企业董事长（经理）与湖南大学签订10项技术合作协议。是年，市委组织部以农村科技合作社为阵地，建立专家基地124个，实现技术攻关项目80余个。2005年，市政府推荐9名高级专家入选省高级专家信息库。2006年，市委组织部选拔推荐7名高技能人才入选省新世纪“121人才工程库”（即自2005年始5年内在全省选拔培养100名中青年首席科学家，200名中青年领导人才和1000名学术带头人），建立市级领导对口联系优秀专家人才制度，每名市级领导对口联系1~2名优秀人才。是年，全市开展科技特派员试点工作，选派16名市级科技特派员到乡镇进行科技服务。2007年，市委组织部建立《娄底市突出贡献专家信息库》《娄底市紧缺人才库》《娄底人才信息库》。2008年，市委出台《关于加强高技能人才工作实施办法》《关于加强社会工作人才队伍建设的实施办法》《关于对社会主义新农村建设提供人才支撑的实施办法》，完善人才工作政策体系，增强各级党政机关“一把手”主抓“第一资源”的责任感。以科技特派员为平台，举办各类农村实用技术培训班480余期，培训农民3.5万人，建立培训基地800个。

2009年，市委、市政府建立引进硕士研究生以上高层次人才制度，推行优秀人才引进专项编制制度，引进硕士研究生100名、博士研究生3名。是年，娄底籍在京院士、博士联谊会在京成立。20名在京院士、博士回娄作专题考察、调研，为娄底经济发展和“两型社会”建设提供咨询服务。是年，市政府与清华大学继续教育学院联合举办娄底市企业高级经营管理人才研修班。2010年，市委组织部以项目、技术、资金捆绑派驻方式，选派70名科技特派员赴农村基层开展科技创业行动，支援新农村建设。2011年，市委出台《娄底市中长期人才发展规划纲要（2011—2020年）》，建立娄底籍在外高层次人才联谊会制度，对3000余名娄底籍在外人才进行动态管理，吸引他们参与娄底市经济建设。2012年6月，市委、市政府召开全市第二次人才工作会议，对20名“突出贡献人才”予以人均2万元奖励。2013年，市委、市政府制定《关于实行县市区党政领导班子人才工作目标责任制的意见》，将人才工作列为各级党政领导“一把手”绩效考核的重要内容，设立200万元高层次人才引进资金，面向全国引进195名高层次人才。3月，娄底市住房和城乡建设局总工程师彭砥如获“全国优秀科技工作者”称号，应邀出席北京“全国优秀科技工作者”表彰大会。2014年，娄底籍在外人才为娄底引进项目10个，参与建设重大项目110个。全市80余名企业负责人、职业经理人、企业高技能人才参加浙江大学经营管理人才专题研修班。

2016年，市委出台《娄底市引进高层次人才实施办法》，设立1亿元高层次人才专项资金，资助高层次人才科学研究，建立涟钢、娄底中心医院院士专家工作站，以娄底高层次人才联谊会为平台，引进创业团队3个、项目5个、资金10亿元，组织21家市直机关单位、医院、学校和15家高新技术企业负责人到广东省东莞市举办人才招聘会，引进专项人才180余人。是年，全市选拔、评审享受市政府特殊津贴专家18人，表彰“扎根农村基层优秀人才”“中小微型企业创新创业优秀人才”40名。2017年，全市引进硕士研究生186名、博士研究生3名，评审正高职称11人、副高职称1026人、中级职称1059人。

第四章　纪检监察

第一节　纪检监察机构

一、领导班子

1990年1月至1999年6月，娄底地区纪检、监察机关经历2任纪委书记，4任监察局局长。1999年7月至2017年12月，市党代会选举产生1~5届纪委领导班子，市纪委监察局经历6任纪委书记、5任监察局局长。

1990—1999年娄底地区纪委(监察局)书记、副书记、局长情况表

表4-5

姓名	籍贯	职务	任职年月
彭少林	湖南省双峰县	纪委书记	1990-01—1993-02
金益凡	湖南省冷水江市	纪委副书记	1991-03—1993-02
唐少生	湖南省娄星区	监察局局长	1990-01—1992-10
杨东生	湖南省新邵县	监察局局长	1993-01—1993-02
彭少林	湖南省双峰县	纪委书记	1993-03—1995-10
赵协卿	湖南省新化县	纪委书记	1995-10—1999-07
金益凡	湖南省冷水江市	纪委副书记	1993-03—1998-10
袁勇前	湖南省新化县	纪委副书记	1993-03—1995-10
杨东生	湖南省新邵县	纪委副书记	1993-03—1998-01
毛春松	湖南省涟源市	纪委副书记	1995-10—1999-07
杨东生	湖南省新邵县	监察局局长	1993-03—1998-01
金益凡	湖南省冷水江市	监察局局长	1998-01—1998-10

1999—2017年娄底市纪委监察局书记、副书记、局长情况表

表4-6

届次	姓名	籍贯	职务	任职年月
第一届(1999-07—2003-12)	毛春松	湖南省涟源市	纪委副书记	1999-07—2003-12
	左应生	湖南省湘乡市	纪委副书记	1999-07—2003-12
	张银秀	湖南省望城县	纪委副书记	1999-07—2003-12
	毛春松	湖南省涟源市	监察局局长	1998-10—2003-12
第二届(2003-12—2006-09)	赵协卿	湖南省新化县	纪委书记	2005-01—2006-09
	左应生	湖南省湘乡市	纪委副书记	2003-12—2006-09
	张银秀(女)	湖南省望城县	纪委副书记	2003-12—2004-10
	康强国	湖南省新化县	纪委副书记	2003-12—2005-07
	刘益文	湖南省双峰县	纪委副书记	2004-11—2006-09
	方翔英	湖南省新化县	纪委副书记	2005-10—2006-09
	左应生	湖南省湘乡市	监察局局长	2003-12—2006-09

续表4-6

届 次	姓 名	籍 贯	职 务	任职年月
第三届 （2006-09—2011-09）	王善明	湖北省潜江	纪委书记	2010-05—2011-09
	左应生	湖南省湘乡市	纪委副书记	2006-09—2007-12
	刘益丈（女）	湖南省双峰县	纪委副书记	2006-09—2009-01
	刘建中	湖南省湘乡市	纪委副书记	2007-12—2011-09
	谢培春	湖南省衡南县	纪委副书记	2009-03—2011-09
	方翔英	湖南省新化县	纪委副书记	2006-09—2010-09
	左应生	湖南省湘乡市	监察局局长	2006-09—2007-12
	刘建中	湖南省湘乡市	监察局局长	2007-12—2011-09
第四届 （2011-09—2016-09）	王善明	湖北省潜江县	纪委书记	2011-09—2012-12
	徐 勇	湖南省益阳市	纪委书记	2015-10—2016-09
	刘建中	湖南省湘乡市	纪委副书记	2011-09—2013-05
	曾福泽	湖南省双峰县	纪委副书记	2013-05—2016-09
	谢培春	湖南省衡南县	纪委副书记	2011-09—2013-05
	李有才（女）	湖南省娄星区	纪委副书记	2011-09—2016-09
	侯迪凡	湖南省新化县	纪委副书记	2013-05—2016-09
	刘建中	湖南省湘乡市	监察局局长	2011-09—2013-05
	曾福泽	湖南省双峰县	监察局局长（预防腐败局局长）	2013-05—2016-09
	苏 立	湖南省汨罗市	监察局局长（预防腐败局局长）	2016-09—2017-07
第五届 （2016-09—2021-09）	徐 勇	湖南省益阳市	纪委书记	2016-09—2017-12
	苏 立	湖南省汨罗市	纪委副书记	2016-09—2017-07
	肖开斌	湖南省桑植县	纪委副书记	2017-07—2017-12
	何一波	湖南省溆浦县	纪委副书记	2016-09—2017-12
	李建设	湖南省新邵县	纪委副书记	2016-09—2017-12
	肖开斌	湖南省桑植县	监察局局长（预防腐败局局长）	2017-07—2017-12

二、工作机构

内设机构 1990年，娄底地区纪委内设办公室、审理室、研究室、纪检室、控申室、教育室，全部为副处级机构。地区监察局内设办公室、调研室、审理科、监察科、信访科、举报中心，全部为正科级机构。1993年3月，地区纪委、地区监察局实行合署办公，核定行政编制47名、机关后勤服务编制4名。内设办公室、调查研究室、干部人事管理室、案件审理室、案件检查一室、案件检查二室、执法监察室、宣传教育室、信访室（含举报中心）、党风廉政室、监察综合室，全部为副处级机构。1997年5月，地区监察局增设经济监察室、电化教育中心（与宣传教育室合署办公）。1998年5月，增设监督检查室。2002年，市纪委监察局核定行政编制48名、机关后勤服务编制5名。监督检查室更名为廉政监督室，加挂娄底市领导干部廉洁自律领导小组办公室（以下简称廉政办，正处级，主任由市纪委分管副书记兼任）牌子。党风廉政室更名为纠风室，加挂市政府纠正行业不正之风办公室（以下简称纠风办，正处级，主任由市监察局局长兼任，另设专职常务副主任1名）牌子。增设派驻纪检监察机构管理办公室（与干部人事管理室合署办公），电化教育中心并入宣传教育室。2004年7月，增设行政效能监察室。2005年6月，经济监察室更名为案件检查三室。2007年9月，廉政监督室更名为党风廉政建设室。10月，增设监督检查室。2009年12月，监督检查室加挂案件监督管理室牌子。2012年4月，增设纪检监察办案管理中心，为正科级事业单位。11月，市纪委监察局加挂市预防腐败局牌子。2013年8月，市纪委监察局增设案件监督管理室。

2014年10月，市纪委监察局（市预防腐败局）核定行政编制65名、机关后勤事业服务编制6名。撤销监察综合室、党风廉政建设室、执法监察室、行政效能监察室、纠风室、派驻纪检监察机构管理办公室。设立党风政风监督室、第四纪检监察室、第五纪检监察室、第六纪检监察室、预防腐败室、调研法规室。撤销干部人事管理室，设立组织部。撤销宣传教育室，设立宣传部。案件检查一室更名为第一纪检监察室，案件检查二室更名为第二纪检监察室，案件检查三室更名为第三纪检监察室，监督检查室更名为纪检监察干部监督室。信访室不加挂市纪委监察局举报中心牌子。调整后，市纪委监察局内设17个职能室。2015年3月，中共娄底市巡视联络协调工作领导小组成立，下设办公室。2016年9月，市委制定《中共娄底市委巡察工作办法（试行）》，成立中共娄底市委巡察工作领导小组，下设办公室，与娄底市巡视联络协调工作领导小组办公室“一个机构、两块牌子”，被列入娄底市委工作机构序列，正处级，设在娄底市纪委，核定主任、副主任职数各1名。办公室内设综合科、督导科、巡视联络科，核定行政编制8名。2017年6月，娄底市设立市委巡察组3个，每组核定组长、副组长各1名，分别为正、副处级，每组核定行政编制4名。2017年11月20日，娄底市成立深化监察体制改革试点工作小组。11月26日，市委常委会会议专题审议并通过《娄底市深化国家监察体制改革试点工作实施方案》。2018年1月8日，娄底市监察委员会（以下简称市监委）成立，撤销娄底市监察局、娄底市预防腐败局，撤销娄底市人民检察院反贪污贿赂局、反渎职侵权局、职务犯罪预防处，将相关机构、职能、人员转隶市监委。市纪委和市监委合署办公，实行一套工作机构、两个机关名称，履行纪检、监察两项职能。市纪委、市监委机关内设机构20个：办公室、组织部、宣传部、调研法规室、党风政风监督室、信访室、案件监督管理室、第一至第十纪检监察室、案件审理室（加挂申诉复查办公室牌子）、纪检监察干部监督室、信息技术保障室。设行政编制93名（含市检察院转隶编制30名）、机关事业编制12名、工勤编制5名。

派驻机构　1990年，地区纪委在40个地直属单位设纪检组或监察室33个，派驻相应人员。1993年6月，地区纪委派驻纪检组的部门有9个，派驻纪检组组长或副处级纪检员的单位有7个，编制8名。金融、保险部门纪检人员编制按总行统一规定执行。在地区直属机关派驻纪工委1个，编制4名。地区监察局派驻监察机构的部门有32个，编制67名（地区地方税务局、地区邮电局、娄底电业局监察人员编制按省局统一规定执行）。1997年2月，地区纪委监察局派驻纪检监察机构的部门有37个，编制40名。地区纪委派驻纪检组的部门有9个，编制15名。地区纪委派驻纪工委地直机关1个，编制3名。2001年12月，市纪委派驻纪工委市直机关1个，专职人员编制4名。市纪委派驻纪检机构的部门有9个，专职人员编制14名、兼职人员编制6名。市纪委监察局派驻纪检监察机构的单位有33个，专职人员编制58名、兼职人员编制16名。2008年1月，市纪委监察局派驻纪检监察机构，并实行统一管理的单位有37个，编制88名。2017年3月，市纪委监察局派驻（出）纪检监察机构的市直机关、事业单位有39个，编制101名。内设（非派驻）纪检监察机构29个，编制34名。6月，市纪委贯彻省纪委《关于加强市州纪委派驻机构建设的指导意见》，经市委同意，向全市派驻纪检组22个，编制110名，负责监督市级党和国家机关单位75个、授权监督单位25个。8月，市委召开娄底市纪委派驻监督全覆盖改革工作会议，对派驻纪检组集中授牌。派驻纪检机构由市纪委直接领导、统一管理。2018年2月，市纪委派驻市直各单位纪检组统一更名为市纪委市监委驻某某单位纪检监察组。

娄底市纪检派驻监督全覆盖工作暨市直派驻纪检组授牌会议现场
（2017年8月摄）

基层机构　1990年，娄底市纪委内设机构4个，核定行政编制11名；监察局内设机构4个，核定行政编制10名。涟源市纪委内设机构6个，核定行政编制21名；监察局内设机构5个，核定行政编制15名。冷水江市纪委内设机构4个，核定行政编制18名；监察局内设机构4个，核定行政编制10名。新化县纪委内设机构4个，核定行政编制20名；监察局内设机构5个，核定行政编制13名。双峰县纪委内设机构4个，核定行政编制19名；监察局内设机构4个，核定行政编制14名。1993年，全地区各县（市）纪委、县（市）监察局合署办公。娄底市（县级）纪委监察局内设机构4个，核定行政编制21名。涟源市纪委监察局内设机构7个，核定行政编制35名。冷水江市纪委监察局内设机构8个，核定行政编制28名。新化县纪委监察局内设机构7个，核定行政编制31名。双峰县纪委监察局内设机构7个，核定行政编制27名。2003年7月，娄底经济技术开发区（以下简称经开区）纪检监察室成立。2005年3月，娄底经开区纪检监察室更名为娄底经开区纪检监察局。2011年1月，水府示范片万宝新区纪委成立。2017年，娄星区纪委监察局内设机构17个，核定行政编制56名，派驻纪检机构编制40名，乡镇纪检机构编制60名。涟源市纪委监察局内设机构17个，核定行政编制54名，派驻纪检机构编制56名，乡镇纪检机构编制151名。冷水江市纪委监察局内设机构14个，核定行政编制35名，派驻纪检机构编制52名，乡镇纪检机构编制50名。新化县纪委监察局内设机构14个，核定行政编制45名，派驻纪检机构编制80名，乡镇纪检机构编制118名。双峰县纪委监察局内设机构14个，核定行政编制43名，派驻纪检机构编制56名，乡镇纪检机构编制118名。娄底经开区纪委监察局内设机构3个，核定行政编制11名。水府示范片万宝新区纪委核定行政编制2名，兼职委员编制3名。

三、队伍建设

1990年，娄底地区纪委在编22人，地区监察局在编25人。乡级纪委建立不足30%，地区、县直属机关纪检组织不健全，厂矿企业单位纪检干部配备不齐，基层纪检干部工作任务重，办案经费不足。是年，地区监察局组织全区监察干部学习《行政监察条例》，开展学雷锋创先进单位和争当优秀监察干部活动。12月，行署召开全地区监察系统先进集体和先进个人表彰会。1991年，全地区建立纪检机构343个，配备专职干部902人、兼职干部623人。1992年，地区纪委问卷调查处级以上干部1000人，了解其对纪检工作的看法和要求。组织各县（市）纪委书记和地直机关部分纪检组组长赴沿海地区考察。召开执纪执法监督部门负责人座谈会和全地区查办案件工作研讨会。在冷水江铁焦化总厂召开党委重视支持纪检工作、纪委认真履行职责、服务经济建设的经验交流现场会。是年，全地区纪检系统调入纪检干部74人。1990—1992年，地区纪委举办纪检干部培训班31期，培训干部1513人次，地区监察局培训监察干部353人次。

1993年，全地区建立乡镇以上纪检监察机构645个，配备专职纪检监察干部1247人。1994年8月24日，地委、行署召开地区纪检监察机关先进单位和先进个人表彰大会。1995年，地区纪委决定在一般乡镇配备纪委委员5~7名，10万人以上乡镇配备纪委委员7~9名。各乡镇配备专职纪检监察干部3~7名。纪委书记一般由同级党委副书记担任。乡镇纪检监察干部实行双重管理原则，乡镇纪检监察干部的任免、调动、奖惩，须经上级纪检监察机关同意。1996年，地直机关单位应设纪检组（纪委）88个，实设77个；应设监察室77个，实设67个；应配备纪检监察干部227人，实际配备169人。1997年，全地区17名原纪委监察局班子成员在换届交流中被提拔任用。地区监察局配备非中共党员副局长1名。1999年7月，中共娄底市委一届一次会议选举产生第一届市纪委班子。其中书记1名、副书记3名（含1名市监察局局长）、常委5名（含1名市监察局副局长）。1993—1999年，地区纪委举办纪检干部培训班38期，培训干部1713人次；地区监察局培训监察干部393人次。

2000年，全市设纪检监察机构587个，专职纪检监察干部1237人，兼职325人。2001年，市纪委按照中央纪委和省纪委要求，决定市、县、乡三级纪委书记由同级党委副书记担任。2002年，市纪委监察局机关16名正副主任竞争上岗。2003年，市纪委原常委、市监察局原副局长贺某林因违反廉政纪律，受到省纪委、省监察厅开除党籍、行政撤职处分。2004年，市委原副书记、市纪委原书记罗某光因犯受贿罪被中共省纪委、省监察厅开除党籍、开除公职，并移交司法机关追究刑事责任。市纪委原正科级纪检监察员周某辉因违法犯罪被开除党籍、开除公职，追究刑事责任。

2006年，全市纪检监察系统开展保持共产党员先进性教育和“做党的忠诚卫士、当群众的贴心人”主题实践活动，进行思想作风建设和纪律整顿。2007年，市纪委监察局印发《关于加强纪检监察机关作风建设的意见》，组织市、县两级45岁以下纪检监察干部进行政治和业务知识闭卷考试。2006—2008年，全市规范中小学校收费标准，清理村级财务账目，整顿新型农村合作医疗运行秩序，深入群众开门接访，为群众排忧解难，把信访问题解决在村里，使全市农村村民越级上访率同比下降81%，信访老户息访率90%。2008年，市纪委监察局举办全市副处级以上纪检监察干部和市、县两级纪委监察局班子成员《建立健全惩治和预防腐败体系2008—2012年工作规划》培训班。截至2009年，市纪委监察局连续三年组织市、县两级纪检监察干部集中下访，了解社情民意。2010年，市纪委监察局机关8个室主任进行岗位轮换，全市32名乡镇纪委书记交流重用。2011年，市纪委监察局再次开展以“做党的忠诚卫士、当群众的贴心人”为主题的教育实践活动，机关干部每月集中学习一次，建设学习型机关，培养学习型干部。是年，市纪委监察局组织市、县两级纪检监察机关45岁以下干部参加以党的十七大精神、工作规划、业务知识为主要内容的闭卷考试。2013年，组织全市纪检监察系统干部开展“强素质、树形象、创一流”主题活动。2000—2013年，娄底市举办纪检监察干部培训班28期，培训干部3301人次，送中央、省纪委培训783人次。

2014年，市纪委监察局全面实行纪检监察工作转职能、转作风、转方式（以下简称“三转”），把工作精力放到执纪、监督、问责等主业上，要求纪检监察干部“打铁必须自身硬”。是年，市纪委监察局通过公开竞职演讲，提拔重用9人。2015年，市纪委常委会实行“副书记主管、常委分管”分工负责制，深化“三转”改革，加强自我监督，提高履职能力，建设忠诚、干净、担当的纪检监察队伍。是年，全市一次性配齐市直机关空缺纪检组组长（纪委书记）31人。11月19日，市纪委监察局发出“禁酒令”，规定从2016年1月1日起，全市各级纪检监察机关公务接待一律不得用酒。2016年，各级纪检监察机关不再从事与主业无关的工作，纪委书记、纪检组组长不再分管纪检监察以外的业务。全市纪检监察系统全面提升纪检监察干部业务能力，以“零容忍”态度查处“灯下黑”渎职行为。10月，冷水江市发生多起党员干部打牌赌博案件，造成严重不良社会影响。娄底市纪委监察局追究冷水江市纪委监察局监督缺失之责，给予该市市委常委、市纪委书记阳某龙党内严重警告处分，责令冷水江市纪委向娄底市纪委写出深刻检讨。是年，冷水江市实行乡镇纪委换届，11名拟任乡镇纪委书记或副书记人选在换届选举审查中因曾经受过党政纪律处分被否决任职。2017年4月18日，中央巡视组、省纪委要求查办双峰县纪委内部署名举报案。市纪委书记徐勇召集相关人员研判检举信内容，经查实，检举人所反映的双峰县纪委4名干部腐败问题失实。4月27日，市纪委派专人赴长沙向省纪委汇报核查情况。9月28日，市纪委监察局举办“反腐同行·市纪委监察局开放日”活动，邀请党代表、人大代表、政协委员等社会各界人士50余人，参观反腐败工作成果图片展，观摩市纪委监察局标准化谈话室，与市纪委监察局班子成员面对面交流，近距离全面了解纪检监察工作实况。2017年，市安监局原纪检组组长江某堂因犯滥用职权罪被开除党籍、开除公职，追究刑事责任。市直机关纪工委原副书记谢某泽因犯受贿罪被开除党籍。市检察院原纪检组组长彭某因严重违纪被开除党籍。

2014—2017年，市纪委监察系统培训干部480人次，送中央、省纪委培训177人次。

第二节 党风廉政建设

一、党风廉政教育

1990年，地区纪委印发《党内法规文件选编》2万册，组织副处级以上党员干部开展党纪党规基本知识竞赛活动，以赛促学，有1933人参赛，平均成绩87.9分。组织党员和国家机关工作人员观看录像片《我心目中的共产党员》和反腐教育影片《阿罗汉神兽》。1991年，各县（市）纪委设立宣传教育室。是年，全地区举办专题学习班，学习中央纪委《党的纪律检查机关党纪党风教育工作纲要》，印发党规党纪教育学习资料5.6万册。涟钢、涟邵矿务局、锡矿山矿务局、洪源机械厂等大中型厂矿纪委配备宣传教育专干。在省党规党纪知识竞赛中，娄底地委书记唐之享、地区纪委书记彭少林获全省一等奖。全地区把党纪党风教育同农村社教、党员冬训、案件查处结合起来，参加学习的党员近12万人，占党员总数92%。涟邵矿务局纪委将金竹山煤矿贪污犯罪分子李某所写的《深深的忏悔》通报全局，李某面对管钱管物的600余名党员干部作现身说法。1992年，地区纪委部署举办“讲党性、讲团结、讲纪律、讲奉献、讲大局”演讲比赛，全地区演讲比赛1300场次，听讲党员干部7.23万人次。11支代表队32名选手参加全地区决赛，再从中选出2人赴省里参赛，获省个人一等奖1名和单位组织奖1个。1993年，地区纪委监察局紧扣反腐败斗争开展专题教育。地区纪委监察局主要领导多次在地委党校举办的各类培训班作《关于当前反腐败斗争的几个问题》专题辅导报告。是年，全地区自下而上举行宣讲会382场次，从中选送2名代表参加全省宣讲，均获得一等奖。地区纪委组织观看影片《新中国第一大案》，观众15万人次。冷水江市收集22个勤政廉政先进典型编印成《星光灿烂》一书，发给党员干部学习。1994年，地区纪委监察局围绕反腐败斗争，深入开展反腐倡廉教育。地委书记在地委党校开办的全地区政法干部班、乡镇党委书记班、中青年干部班作专题讲座。是年，市纪委监察局拍摄并组织放映反腐教育片《警钟长鸣》。组织全地区党员干部观看《贿赂忧思录》《权与钱》《甲申三百年祭》《沉沦警示录》等反腐教育片。1995年，地区纪委在省纪委举办的全省反腐倡廉小品会演上，《明天上级来人》《卖血》分别获优秀剧本奖和演出一等奖。地区纪委监察局、地委组织部、地区有线电视台联合摄制党风廉政教育专题片《号角与警钟》，由省纪委推荐在全省发行500套。全地区放映该片2860场次，68万人次党员干部职工收看。全地区发行省纪委拍摄的党风廉政教育专题片《公仆风情录》120套，放映2240场次，观看人数15.6万人次。是年，地区纪委监察局组织全地区党员干部参加中央纪委和中国纪检监察报社联合举办的“民主集中制百题知识竞赛”活动，收回试卷2085份。其中，地级领导40人参加，获一等奖1人，三等奖2人。1996年，地区纪委监察局、地委组织部、地委宣传部对党员干部进行党纪条规教育，编印一本32万字的教材，下发到县（市）处级以上党委中心组和地委党校各个培训班作为教材。组织全地区机关党员干部3.44万名、村级班子成员1.35万名、企事业单位中层以上党员干部1.79万名、入党积极分子6800名、民主党派和无党派人士326名参加中央纪委组织的全国党纪政纪条规测试和竞赛，地区纪委监察局获中央纪委组织奖、省纪委特别奖，获中纪委个人奖18个，省纪委个人奖64个。《中国纪检监察报》以《学以致用、知行合一》为题头版头条介绍娄底地区先进经验。1997年，全地区有15万名党员干部参加党纪政纪条规学习和考试，其中5.5万名党员干部参加省纪委组织的纪检监察法规考试。是年，地区纪委监察局、地委组织部在全地区科级以上单位开展“勤政廉政好班子”建设活动，14个单位被评为“勤政廉政好班子”。1998年，全地区开展“反腐治奢、艰苦奋斗”主题教育活动，地、县、乡三级党委开展思想作风整顿，举办“反腐治奢、艰苦奋斗”先进事迹报告会。全地区1800余人参加“单位‘一把手’配偶争当贤内助座谈会”。是年，地区纪委监察局两次召开县（市）监察局局长会议，学习贯彻落实《行政监察法》，市、县两级纪委监察局均发表电视讲话。7月，全地区1.3万人参加监察部组织的相关知识竞赛活动，观看《黄昏歧路》《烟草大王的人生悲剧》等反腐败教育片。1999年，全地区围绕讲学习、讲政治、讲正气（以下简称“三讲”）开展党风廉政教育。地、县两级电视台连续播放《中国共产党纪律处分条例》电视系列片。娄底地区企业廉洁自律工作会议召开，全面部署全地区厂务公开工作，听取大建煤矿等5家企业典型发言，印发厂务公开资料2600份，中共中央、国务院《关于实行党风廉政建设责任制的规定》1万册，分发给全地区科级以上领导干部学习。

2000年，市纪委监察局编写《党员干部廉洁自律必读》，组织党员干部观看《生死抉择》《胡长清案件警示录》等反腐教育电教片，召开全市警示教育经验交流会。2001年，市纪委监察局组织编印《党纪政纪常用条规手册》1万册，发给全市科级以上单位领导班子成员学习。组织市、县（市、区）两级纪检干部开展党纪政纪条规知识测试。中国共产党建党80周年前夕，评选勤政廉政优秀共产党员8人，并作全市巡回演讲。组织全市党员干部观看警示电教片。2002年，组织党员干部集中观看警示教育片。8月，举办180名新任县处级干部党风廉政教育培训班。在领导干部中开展勤政廉政座右铭征集活动。2003年，全市通过层层推选、群众评议、组织考察、媒体公示评选出“艰苦奋斗、勤廉为民”优秀领导干部22名，从中推选5名参加全省优秀领导干部评选。全市征集勤政廉政座右铭2000余条，从中选择部分优秀作品印制成贺卡赠送处级以上干部。市纪委协助省纪委拍摄市政府原副市长赵某效案警示教育片。是年，市委举办180余名处级以上单位党政“一把手”廉洁从政教育学习班。市纪委监察局、市委组织部、市委宣传部举办8000余名副科级以上干部廉洁从政知识测试。2004年，全市3.43万名党员干部参加党内法规知识竞赛。2005年，全市贯彻落实中央《建立健全教育、制度、监督并重的惩治和预防腐败体系实施纲要》，各级各部门举办专题辅导讲座296场次，创作反腐倡廉歌曲22首。其中《啄木鸟》获国家二等奖、湖南省金奖，《老百姓把你当亲人》获全省铜奖。是年，全市党员干部廉政教育基地——双峰县蔡和森纪念馆挂牌成立。2006年，全市党员干部开展学习贯彻《中国共产党章程》教育活动，举办学习党章辅导报告284场次，参加学习党员5万人次。其中厅级干部43人、处级干部1189人。是年9月，全市党员干部警示教育基地在娄底监狱挂牌成立。2007年，全市开展理想、信念、党章和法规教育，收到反腐专题论文206篇，评选表彰“勤政廉政、富民强市”优秀领导干部18名。8月24日，市直机关单位1200名副处级以上干部听取省检察院副检察长石时态作预防职务犯罪专题辅导报告。是年，市纪委创建廉政文化进农村、进家庭、进社区、进机关、进学校、进企业（以下简称“六进”）示范点。《娄底日报》、娄底电视台、娄底广播电台开办“廉政时空”“行风与经济”专栏，开通娄底廉政网。2008年，全市以“勤政廉政、科学发展”为主题，在党员干部中开展“权力就是责任、管理就是服务”大讨论，在《娄底日报》刊发专题报道38期。举办“勤政廉政、富民强市”优秀领导干部巡回演讲5场次。举办120名新任处级干部廉政培训班。2009年3月6日，娄底市作风建设工作会议召开。市纪委监察局、市委组织部举办90名新任处级干部廉政培训班，市委书记林武主讲廉政党课。2010年，全市各级各单位党政“一把手”宣讲“忠诚于党、忠诚于人民、忠诚于事业”主题廉政党课200余堂。向党政干部发放《廉政准则》6500本。市纪委举办102名新任县处级领导干部廉政教育培训班，市委书记林武主讲廉政党课。是年底，市纪委监察局邀请省华夏廉洁文化研究会会长、《清风》杂志社社长傅学俭作廉政辅导报告。2011年，市纪委监察局出台《娄底市廉政文化建设实施意见》。6月10日，市纪委监察局在湖南人文科技学院举办以“读《清风》，讲道德，砺两志”为主题的廉政文化进校园启动仪式，全市8所大、中专院校2000余名师生参加。11月，市纪委监察局举办107名新任处级干部培训班，市长、市纪委书记、市委组织部部长和国防科大教授分别授课，对学员进行反腐倡廉形势教育、警示教育、爱国主义教育和综合素质教育。2012年4月，市纪委监察局、市委宣传部组建有19名成员的反腐倡廉理论宣讲员队伍。9月，开展以“坚持从政道德、永葆党的纯洁性”为主题的反腐倡廉理论巡讲145场次，全市80余家单位15万余名党员干部接受反腐倡廉教育。12月，市纪委监察局、市委组织部举办新任县处级领导干部廉政培训班。2013年，市纪委对党员干部进行“两品”（政治品质和道德品质）教育。全市开展理论宣讲32场次，3万余名党员干部接受“两品”教育。是年，市纪委在车站、广场、公园、社区等公共场所，利用电子显示屏展播廉政公益广告1.8万余次，在全市近10万台公务电脑上安装廉政软件。4月始，市纪委监察局、市委宣传部联合开展“清风颂”廉政教育文艺巡演7场次，每场观众座无虚席。《你找错人了》《廉政建设立功劳》《在灿烂的阳光下》等优秀廉政教育节目在广大党员干部中引起强烈反响。

2014年，全市各级党政机关开设“一把手‘年关’讲‘廉关’”廉政党课114场次。全市170名正处级“一把手”集中收看省委书记以“学条规、守纪律、讲廉洁、做表率”为主题的廉政电教党课。360余名处级以上干部听取省委讲师团主任郑昌华作反腐演讲，市反腐倡廉宣讲团举办“严守党纪、廉洁从政”党纪条规宣讲42场次，4500余名党员干部受到教育。2015年，市委推进《中国共产党廉洁自律准则》《中国共产党纪律处分条例》宣传学习，市委、人大、政府、政协“四大家”班子成员和全市1000余名纪检监察干部观看《高速公路上的腐败》《衡阳破坏选举案》《决不能背离党的忠诚、干净、担当》电教片。2016年，全市各级党委将党章党纪党规纳入党委（党组）中心组学习内容，组织观看警示教育片7万人次。2017年，市纪委监察局和双峰县纪委监察局联合拍摄的《中国传统中的家规之曾国藩》廉政教育视频于1月8日，在中央纪委网站和省纪委网站同时播出。当天日点击量超10万人次。新华社湖南频道客户端头三天点击量达76万人次。市纪委监察局和娄底日报社联合组织编写《娄底家风故事》，先后收集优秀征文300余篇，精选47篇编印成书5000册。5月始，每周在《娄底日报》选登一篇优秀征文。是年，市纪委监察局指导出版长篇历史反腐小说《烧车御史谢振定传》，并指导改编排演大型历史反腐湘剧《烧车御史》，在省委党校、市委党校等单位演出。编印《典型案例汇编》2卷5500套，发至全市领导成员、党员干部学习。

二、廉政制度建设

1993年始，娄底地区纪委监察局在地区工商局、税务局、保险公司、人民银行、人事局、劳动局、财政局、公安局、国土局、交通局、教委、计生委、工商银行、建设银行、农业银行、中国银行16个单位推行“办事公开、收支两条线、重点岗位轮换、基建工程张榜招标、内部权力分解”5项党风廉政建设责任制。1995年，地区纪委监察局出台《关于不准接受可能影响公正执行公务的宴请和不准参加公款支付的营业性娱乐活动的规定》。2000年，冷水江市对14家“收费大户”实行出纳委派制度，出纳向冷水江市政府负责。是年，市纪委建立县（市、区）党委政府两套班子成员、人大政协正职、市直处级单位党政正职等343名领导干部廉政档案。涟钢、涟邵矿务局对其二级机构实行会计委派制度。

2001年，市纪委监察局出台《关于考核党风廉政建设责任制执行情况的具体办法》。2002年，市纪委为1300名处级领导干部、7500名科级领导干部建立廉政档案，2003年，出台《娄底市直机关事业单位通信话费管理货币化改革方案》《娄底市直机关公务用车编制方案》。2004年，出台《娄底市重特大交通事故责任追究办法》《关于煤矿安全生产管理责任追究若干规定》《娄底市行政效能监察工作暂行规定》。2006年，出台《娄底市党政机关事业单位公务用车的配备和使用管理的规定》《关于禁止党员干部和公职人员大操大办酒席的通知》《同城一家检查制度》《娄底市直单位购置处置公务车辆集体会审办法》。2007年，出台《关于拟提拔任用市委管理的领导干部人选征求市纪委意见的试行办法》。2008年，出台《关于实行刚性标准规范收费行为的通知》《娄底市规范建设项目收费暂行办法》《娄底市村级财务"村财民理乡监管"暂行办法》《征接兵工作人员十不准》。2009年，市纪委出台《娄底市领导干部问责暂行办法》，否决新建办公楼立项申请2个。2010年，出台《关于加强对市直单位重要科级岗位监督的工作方案》。对行政审批、年检年审进行大清理和大精减，实行刚性收费、刚性返还、刚性预算。2011年，出台《关于加大处置力度严肃换届纪律的实施意见》《娄底市切实增强执行力确保政令畅通的督查问责办法》。2012年，出台《娄底市党政机关廉政安全责任体系建设试行办法》《娄底市2012年度县处级党政正职述职述廉评议方案》。2013年，出台《娄底市关于推进行政审批制度改革的问责规定》。2014年，出台《娄底市影响机关效能建设行为问责办法》《娄底市党委领导班子贯彻落实"三重一大"事项集体决策制度的实施办法》。2015年，出台《关于落实党风廉政建设主体责任和监督责任的实施办法》《娄底市深化作风建设督查检查实施方案》《娄底市纪检监察系统公务活动禁酒的通知》。2015年，市委将各级党委的主体责任和纪委监督责任列出清单，厘清责任边界，要求逐级递交《党风廉政建设责任状》，要求县（市、区）党委书记和市直机关正处级以上单位党组（党委）书记向市纪委全会报告履职情况，公开述职述责，接受现场质询。是年，市纪委监察局对公务接待费、公务用车购置运行费、因公出国（境）费用进行专项检查，对查出的问题要求责任单位限期整改。预防领导干部婚丧嫁娶涉贪涉腐，要求领导干部履行"事前申报""事后报告"责任流程。娄底市落实党风廉政建设责任制的做法获省纪委肯定。2016年，市纪委出台《纪检监察信访举报件问责暂行办法》。2017年，地区纪委监察局、市纪委监察局出台《办案协作和案件线索移送的实施意见》《违反村级财务管理规定责任追究办法》等党风廉政制度31项。

三、党风廉政监督

1990年，地区机关公用车辆管理基本处于单位自用自管状态。1993年始，地区纪委监察局查出违规悬挂武警牌照2副、公安牌照12副。1994年始，地委行署规定各公款接待标准不得超过会议标准，会议室不备香烟水果。是年，地区纪委监察局查出超标准购买小车13台。1995年，查出违规悬挂部队牌照4副、武警牌照4副、公安牌照18副，没收非法营运小汽车2台。1995年，地区纪委贯彻中央纪委"不准接受可能影响公正执行公务的宴请和不准参加公款支付的营业性娱乐活动"。1996年，地委行署与相关单位"约法三章"，对娄底火车站开工典礼、娄底至怀化电气化铁路开通典礼，活动现场"不设主席台、不发纪念品、不开餐"，简化仪式、节约开支。1996年，地区纪委查出地区住房公积金中心有关人员到星马大酒店洗桑拿浴20人次，开支公款2.1万元，对该中心原主任刘某一给予开除党籍处分。是年，地区纪委监察局查出娄底城区1名派出所干警接受某单位宴请，1顿饭耗资5300余元。责成就餐者个人负担全部费用，并在全地区通报批评。2000—2013年，全市制止公费出国（境）旅游180批524人次。2002年，制止违规购买小汽车6台。2004年，查处超编超标购置小汽车31台。2005年，市纪委监察局出台《小汽车管理使用规定》。2006年，市廉政办牵头，市控购办、市政府采购办、市财政局、市交警支队对购置、处置公务用车的程序进行会审确定。市委书记和市长共同审定市级领导配车标准和程序。是年，全市清出超标公务用车11台。2007年，市委、市政府规定购买公务用车必须遵循"先处置、后购置"原则。2009年，市纪委否决公务用车新购申请35台。2010年，娄底市封存超标准公务用车3台。是年，市直机关单位实行公务用车“三定点”（定点保险、定点加油、定点维修）制度。

2012年12月，全市贯彻执行中央《关于改进工作作风、密切联系群众的八项规定》。2014年，市纪委对中央八项规定精神落实情况开展明察暗访集中行动，现场检查市直单位262家，抽查县（市、区）单位82家、乡镇25个，暗访高档宾馆54家、茶楼51家、KTV等娱乐场所32家，上路检查车辆108台，发现各类违反中央八项规定问题147个，责令整改单位48家，批评教育轻微违纪工作人员69名。2015年，市纪委监察局在元旦、春节、清明节、端午节、中秋节等节假日期间，对各行政事业单位，宾馆、酒店、大型超市等进行专项检查，累计查处违反中央八项规定问题84起。2015—2016年，全市为66名领导干部因私出国（境）办理备案登记手续。2015年始，全市开展公务接待、公费出国（境）、公务用车经费（以下简称“三公”经费）专项检查，查出违纪违规金额645.16万元。2016年，市本级（含经开区）“三公”经费财政预算1.03亿元，决算7169.1万元，同比均有所减少。开展党风廉政专项整治，查出违法违规涉农资金3994万元，查处违反环境保护相关法律法规的企业104家，追缴违纪金额1163.44万元，清退群众不合理负担资金171.53万元。是年，市纪委监察局明确县、乡两级政府换届纪律，专项整治“雁过拔毛”式腐败问题，全面纠正“四风”（形式主义、官僚主义、享乐主义和奢靡之风）陋习。2015—2017年，全市173名领导干部申报婚丧嫁娶事项，履行“事前申报”“事后报告”责任流程。2016年11月，娄底市党政机关所有公用车辆按“公务用车、行政执法、应急专用”三个类型统一喷涂标识，接受社会监督。2017年，全市公用车辆在社会监督下规范有序营运。

2016年，全市查处违反中央八项规定问题63起，处理113人。2017年，市本级（含经开区）“三公”经费财政预算9231万元，决算5766.31万元。全市节省“三公”经费开支6595.6万元。全市查处违反中央八项规定作风问题53起。

2017年，市纪检监察系统、审计系统对663个行政村开展村级财务清理审计，追缴违规资金1983.7万元，清退群众不合理负担资金362.37万元。市纪委监察局先后3次检查扶贫领域工作作风情况，重点查处优亲厚友、吃拿卡要、截留挪用、贪污私分、虚报冒领等问题，通报典型问题85起。督促市民政局清理2014—2016年各类专项资金30.3亿元，取消不符合条件的低保户666户，取消不符合财政供养条件的受益户23户。是年，全市实行“‘一把手’不直接分管人事、财务和工程”制度，层层落实“管党治党”政治责任制，整治“四风”变异问题，巩固“禁赌限牌”成果，查处公职人员打牌赌博问题73起。

全市建立“村级微权力+互联网+监督”党风廉政监督平台，全面开展村级小微权力监督工作。从重大决策、日常管理、便民服务等3方面梳理归纳出村级微权力27项，采集各类信息260余万条，公开资金管理700余项，涉及民生资金60余亿元。小微权力监督为“三农”问题妥善解决提供保障。

娄底市纪委邀请人大代表、政协委员视察纪检监察工作（2017年摄）

第三节　行政监察

一、执法监察

1990年，地区纪委监察局主要查处领导机关、领导干部以及执法监督部门的贪污受贿、以权谋私以及失职渎职等违法违纪问题。对违规生育二胎、克扣侵吞救灾款物、违规办理户口“农转非”、违规招生招干招工、违规行政执法行为进行全面执法监察。1991年，地区纪委监察局围绕党政干部在小煤矿入股分红、擅自统一着装、违规生育二胎、违规征兵招工招干、违规设立公路检查站等行为进行清理检查。3月，聘任一批人大代表、政协委员担任经济组织特邀监察员，拓宽执法监察渠道。1992年，对各县（市）政府经济管理、行政执法监督、人事劳动等部门在转换职能、简政放权、服务经济等方面的行政效能进行监察。清理全地区有关单位违规统一着装问题，清退服装费用94.29万元，将3650人擅自统一着装的标志符号全部收缴封存，统一着装人员承担全部费用。1993年，全地区清理规范行政事业性收费行为，清理、禁止私设“小金库”，查处违规吸储贷款、买卖税款行为，清理林业“两金一费”（即育林基金、林业品改资金和林业保护建设费）账目，跟踪检查救灾款物发放过程。1994年，双峰县纪委监察局查出双峰县青树坪、蛇形山等8个乡镇违规向未婚女青年和育龄夫妇收取计育押金500元／人，责成乡镇如数退还押金。1996年，全地区清理出57个乡镇教育和公路修建集资项目7个，涉及集资对象（主要为农民）230万人，金额4425万元。是年，地委、行署召开减负工作会议。地区领导带领5个减负工作督查组，分别检查每个县（市）10个乡镇、20个村、100个农户的减负情况。涟源市果断停止集资建校活动，废止强制对16岁以上未婚女青年妇检。清退农民不合理负担2018.8万元。1998年，地区纪委监察局审核统筹提留款预算方案，查出并纠正双峰县石牛乡违规按人头摊派特产税问题。是年，地区纪委清理房改资金、预算外资金、土地执法、建筑市场、防洪保安资金、教育附加费。查处地区劳动局违规动用企业职工养老保险基金和失业保险基金搞单位住房建设问题，报请地委、行署研究决定，将所建住房作为商品房出售，归还动用的保险基金。对地区教育局1997—1998年收费及财务开支进行专项检查，查出违规收费37万元，隐瞒收入26.6万元，对违纪款项全部追缴财政。督查全地区13个建设工程重点项目，会同地区建委发出停工通知书34份、质量整改书12份、安全整改书13份。是年，地区纪委监察局查出非法收购、贩运粮食案268起，没收粮食58.3万千克，罚款86.21万元，查封非法收购大米工厂2家，吊销营业执照1个。全面清理整顿农村合作基金会101个，地区纪检监察局发出催收通知，收回违规投放资金4.8亿元。

2001年，市纪委监察局对建设领域进行专项治理，督促相关单位出台建筑市场管理、建设工程招投标管理、项目法人制、建设工程交易管理等方面的规范性文件，促成市本级建设工程交易管理中心挂牌运行。检查国债、社会保障、医疗保险、农村社会养老保险、城市居民最低生活保障、农网电力改造资金的管理使用，查处违规违纪问题12个，查出违纪金额240万元，归还基本养老金、下岗职工生活费等资金1288万元。2002年，市纪委监察局遵照《国务院关于特大安全事故行政责任追究的规定》《湖南省重大安全事故行政责任追究规定》，督促全市关闭小煤矿791个，吊销煤炭生产许可证92个，吊销采矿许可证50个，依纪依法追究责任人12名。检查新化县林业局2000—2002年财务收支情况，发现挤占、截留、挪用专项资金746.92万元，违规返回提成款79.02万元，违规从国债资金中收取技术服务费10.8万元等问题。2003年，督促市建设工程交易中心纳入市政务中心统一管理。2004年，市纪委监察局对农民集体所有土地征用和城镇拆迁中出现侵害人民利益的问题进行监察纠正。维护国土资源市场秩序，坚持经营性用地一律入市交易、土地收益一律上缴财政、办事程序一律公开原则。是年，监督检查《招投标法》贯彻情况，对建设领域开展专项治理。2005年，组织市煤炭局、市安全生产监督管理局、市煤炭安全监察分局每月定期召开1次安全生产形势分析会，总结工作情况，分析存在问题及原因，提出解决办法，督查县（市、区）履行安全生产职责，依法依规行政，按程序组织事故调查处理，对群众反映的安全生产问题及时处理，对已发事故组织调查、认定性质、确认责任，对发生安全生产事故的冷水江市梓龙乡1名副乡长予以免职处分，对关闭非法煤矿工作不力的冷水江市金竹山乡1名副乡长予以免职。是年，新化县取缔无证非法采矿110处。清理纠正国家机关工作人员和国有企业负责人投资入股煤矿问题。市纪委监察局被省纪委监察厅评为全省安全生产执法监察工作先进单位、全省清理纠正国家机关工作人员和国有企业负责人投资入股煤矿工作先进单位。2006年，市纪委监察局督促配合市国土资源局、公安局、安监局、煤炭局对全市煤矿、砖瓦窑、预制场、新农村建设等项目非法占地圈地情况进行调查清理。对超深越界开采、无证开采、矿业权非法转让等问题进行专项整治，关闭不具备安全生产条件小煤矿56个。督促市环保局依法对涟源市甘溪焦化厂和五江轻化集团下达限期整改通知。对冷水江市建设局在该市劳动就业综合大楼招投标活动中的违法行为、冷水江市城建投违规挤占建设资金问题进行查处。2007年，新化县纪委监察局对新化县圳上镇长新锑矿探矿权挂牌出让设置不合理条件、排斥潜在投标人的行为给予监察纠正。2008年，新化县纪委监察局对新化县文田镇非法开采锑矿、冷水江市矿山乡白岩煤矿非法生产和非法转让行为进行监督检查并发出《监察建议书》。2009年，全市开展住房公积金专项整治，发出还贷督办函200份，促成收回住房公积金逾期贷款本息702万元。2010年，市纪委监察局牵头对全市影响较大的11类临时指挥部的财务状况进行专项检查，发现并督促整改12个违反财经纪律问题。整顿、关闭不符合安全要求的小矿和非法冶炼厂90家。检查新增中央投资385个投资项目实施情况7批次，发现并责令整改问题6个，呈送市委、市政府监察报告14份。

2011年，市纪委监察局牵头对涟源市、新化县2006—2011年退耕还林政策落实、专项资金管理使用及对农户补助资金发放情况进行全面清查。对落实农机购置补贴政策和资金管理使用情况进行专项清查，重点清查2008—2011年市农机部门对农机购置补贴实施和管理情况、农机补贴产品生产企业和经销商按规定履行合约、守法经营、提供产品和服务情况。2013年，组织市发改委、经信委，对涟水、孙水、资水三流域的落后产能企业清理淘汰工作开展联合执法，排查发现各类问题38个，整改问题15个，淘汰落后产能项目5个。2014—2017年，市纪委监察局年均开展专项执法监察3次。

二、效能监察

1998年6月始，娄底地区监察局按照省纪委省监察厅要求确定地区工商行政管理局、地区物价局为效能监察试点单位。单位自查自纠后，地区纪委监察局采取“听、看、访、议”方式听取群众评议和意见，然后针对问题进行整改。是年，地区物价局取消不合理收费项目23个。1999年，地区行署建立粮改工作协调会制度，实行行政首长负责制和部门责任制，组建5个粮食稽查大队，工商部门组建67个粮食市场巡查队，巡查人员432人，对粮食企业违规操作进行监管。是年，全市筛选挂牌监督保护重点项目12个，对市广电中心建设工程和娄涟高等级公路三个标段施工队伍的资质、等级、技术、设备、监理人等进行多次实地调查，协调争取资金680万元，协调处理纠纷406起，挽回经济损失800万元，确保重点工程建设正常进行。

2000年，市纪委监察局确定涟钢、金竹山电厂为企业效能监察单位，监督技改项目124个，纠正违规操作5个。市纪委监察局将物价系统定为效能监察重点对象，对收费项目进行清理，纠正乱开收费口子问题，取消教师、医师年检费。对市国土资源局、公安局、民政局、计生委的涉农收费项目进行监察公示。在教育系统发放调查问卷3000份，归纳问题273个，召开人大代表、政协委员、特邀监察员、行风评议员、相关职能部门负责人、学生家长代表座谈会，责令教育部门查处、整改乱办学、乱办班、乱招生、乱收费问题。2001年，组织市财政局、劳动局、民政局对全市医疗保险基金、农村社会养老保险基金、基本养老保险基金、城市居民最低生活保障资金进行专项检查。抽调8人，历时10天，查出冷水江市政府借基本养老金216万元用于发工资，查出双峰县政府同意从机关养老保险基金中借给双峰县国土资源局672万元，从下岗职工最低生活保障款中借给企改办100万元，当即责令相关单位限期归还相关款项。2004年，市政府成立效能建设领导小组，办公室设在市监察局。市监察局局长在《娄底日报》发表答记者问，就政府效能建设阐明立场、原则和目标。市监察局召开市直行政执法单位效能建设工作会议。45个市直行政执法单位在《娄底日报》向社会公开服务承诺。市纪委监察局统一效能监察程序和文书，实行效能监察告诫书、效能监察建议书、效能监察决定书制度。涟源市斗笠山镇在国有企业斗笠山煤矿改制为私有股份制企业斗笠山煤业有限公司过程中，以镇政府名义向该公司入股200万元。镇党委副书记张某等6名国家工作人员自2001年起在该公司兼任董事长、总经理等职，领取工资、津贴、奖金及包干费用60.14万元，这6名工作人员或其亲友在该公司入股50万元。经市纪委监察局、涟源市纪委监察局查实后，涟源市政府没收斗笠山镇镇政府非法所得和个人兼职所得酬金，并责令镇政府退股，6名国家工作人员辞去兼职。是年，市纪委监察局牵头组织督查组，到5个县（市、区）和娄底经开区，督促解决有关单位和企业拖欠民工工资的问题，责成相关职能部门同业主单位签订还款计划，发放民工工资300余万元。5月28日，市监察局局长对全市卫生系统的效能监察工作进行部署。市卫生系统各单位领导班子成员完成自查自纠并向监察机关递交自查自纠报告。10月18日，市纪委监察局对市卫生局机关、市卫生防疫站、市中心医院、涟源市人民医院进行重点监察，并提出整改建议。2005年7月，市委常委会决定此后每年底就经济环境、招商引资、全程代理服务三项内容，对市直行政执法单位进行工作测评，对前三名单位主要负责人记三等功一次，前五名单位评为先进单位，后三名单位负责通报批评和诫勉谈话。2006年，针对华菱涟钢薄板及配套项目建设中出现部门扯皮、居民阻工的现象，市纪委监察局对其中七大问题进行督查，责令相关部门及时处理解决问题，使工程如期推进。2007年6月5日，市委、市政府召开全市优化发展环境、推进重点工程建设电视电话会议。会后，市纪委监察系统对13个重大投资项目各走访2次，督促33个部门出台绿色通道服务、专人负责、责任追究3个制度，并抽调公安干警、聘请6名廉政特派员到6个投资重点工程，对长期阻工闹事、涉黑涉恶和充当保护伞的46人予以治安拘留。2008年4月，市纪委监察局调研市直机关行政效能建设工作，肯定娄底经开区、市药监局、市烟草专卖局、市国税局、市发改委效能建设的做法。2009年6月2日，市委、市政府召开领导干部问责典型案例通报大会，通报典型案例8起，严肃追责党员干部24名。是年，市国土资源局所有科室和二级机构在市政务中心设立窗口，实行“一个窗口进、同一窗口出”统一办理相关事宜，提升行政效能。市建设局将施工许可证申请审批事项由17项减至12项，将集体审核项目由22项减至17项。市城管局将所有审批事项办理用时减少75%。

2010年7月16日，市长张硕辅主持召开全市建设系统权力运行制度建设现场会，对市建设局41项行政审批权、执法权、监管权、办理条件、程序、时限逐项严格规范，并从中找出权力运行风险点129个，形成内控体系。规定市建设局相关窗口受理申办资料时，要向申办人发放单位“一把手”签名的限时办结承诺函。市人社局采取考试与考核相结合的办法解决军转干部安置问题，军转干部按得分高低顺序，依次在本年度公布的安置计划范围内挑选安置单位。9月9日，市纪委监察局将市行政效能投诉中心迁至市政务中心办公，对行政服务实行现场监控。34个市直服务窗口单位全面落实一票制、刚性收费制、限时办结制等。是年，全市查处行政缓作为、乱作为、不作为典型案件39起，问责103人。2011年，个别单位存在廉租用房租赁补贴发放把关不严、弄虚作假、挪用资金、乱收费等行为。市纪委监察局召开清理整顿会议，明察暗访，调阅审批资料，清理财务账目，及时处理纠正人情补贴、关系补贴、违规收取备案手续费等问题，是年，针对娄星区百亩乡党委、政府执行政令不力，致使该乡境内一重点工程项目进度迟缓问题，对该乡党委、政府主要负责人公开问责，给予全市通报批评。2012年，市纪委监察局对廉租房、经济适用房分配，城镇退役士兵安置等工作开展效能监察，督促市住建局、市房产局执行“三级审核三榜公示”工作流程，并全程监督娄底城区1258套廉租房、经济适用房的分配过程。所有房源由电脑公开摇号，分别在街道办事处、社区、《娄底日报》、娄底电视台和网络公示。6月，娄底市180名城镇退役士兵以公开考试考核方式获得统筹安置。市住房公积金缴存、助学金发放、药品零售业许可、医疗机构设置许可、行政事业性服务性收费许可、渣土管理等信息均由市政府门户网站公布。2013年，市纪委监察局与市政府法制办、市编制办联合举办法制培训班，92个市直单位法制科长参加培训。全市全面清理行政许可审批、非行政许可审批、年检年审和收费事项，实现简政放权。行政许可审批事项由411项减至155项，非行政许可审批事项由201项减至17项，年检年审由48项减至15项，并以“娄底市人民政府令”形式颁布，在《娄底日报》上公告。10月25日，市委、市政府召开行政审批制度改革动员大会，建设工程项目审批流程整合为立项、供地审批、规划报建、施工许可、竣工验收5项。行政审批办件100%上传互联网，并纳入电子监察系统。是年底，全市网上行政审批办件18万余件。2013—2017年，全市推行行政审批制度改革。按照公开原则，建立行政权力公开透明制度。建立全新政府门户网站，拓宽公开透明施政议政渠道，方便群众在网查询、申报、举报，提高审批服务效率。

三、行业纠风

1992—1994年，地区纪委监察局、农委、乡企经委、财政局对乡级财务进行清理，全地区171个乡镇、2546个站所查出违规违纪金额1613.99万元，追缴855万元，处分69人。1994年，地区纪委监察局聘请行风评议代表20人，对地区邮电局、电业局、人民医院进行行风评议。是年，全地区开展减轻农民负担监督检查，查出违反政策加重农民负担的不合理收费300.9万元。1995年，按照省里规定制定统一的中小学生收费标准，在电视和报纸上公告，全地区各学校推行“收费卡”，使用财政部门统一印制的专用收据，凭“收费卡”收费。全地区纪检监察机关和农办联合查处加重农民负担案件14起，清退和核减农民负担1200万元，调处平息农民集体上访事件4起。是年，冷水江市政府和地区人事局实行办事公开制度试点。冷水江市政府公开重点内容：基建工程招标、大中专毕业生分配、民办教师转正、录干、评职称、户口农转非、乡镇建房用地、征兵指标分配等。全地区除经省政府批准设立的3个公路收费站和11个竹木检查站外，拆除其余75个未经批准的公路站卡。是年，全地区全面整治医药购销不正之风，取缔无证诊所、无证药店，销毁假冒伪劣药品。1996年，地区纪委监察局、教育局、物价局、财政局组建10个检查组，对120所中小学校进行行风检查，查出不合理收费2901万元，其中政府收费2700万元、部门搭车收费110万元、学校自行收费91万元。退还学生家庭366万元，其余收缴地区财政。取消中小学生人寿保险和卫生体检2个收费项目。是年，对32个单位开展行风评议，聘请行风评议员566人，收集各方意见建议470条，发现案件线索18条，帮助解决问题175个，挽回经济损失406万元。地区纪委监察局、公安局、交通局对地区境内119.7千米国道、268.9千米省道明察暗访67次，撤除非法站卡21个。1997年，地区纪委监察局组织清理涉农收费文件642份，废止15份，取消收费项目284个，降低收费标准125个。5月，监督区内5条主要公路客运线路实行公开招投标，确认符合招投标条件的客运汽车304辆，中标268辆。是年，地区纪委监察局查处娄底市煤炭局在省道（1810线）违规拦车收费，没收非法收入“专费”13.4万元上缴地区财政。1998年7月，地委行署召开减轻农民负担电视电话会议，全地区85个乡镇的农民负担预算方案均由县（市）减负办审批后下达。1999年，全地区清出党政机关向下属单位和企事业单位摊派钱款购买小汽车2辆，清退1辆，以退款3万元的方式处理1辆。是年，全地区党政机关与所办经济实体脱钩。全地区该类经济实体736家，注销175家，脱钩划转561家。在经济实体中兼职的处级干部38人，辞去兼职35人，撤销兼职3人。5月，贯彻《湖南省公路水上基本无“三乱”考核标准补充规定》。6月，涟源市率先撤除所有非法设在县乡道上的收费站，对煤炭企业应当缴纳的“四税八费”实行市政府统收统征。7月，冷水江市撤销公路水路非法站卡73个，保留煤炭开发基金验票站51个。截至11月，全地区经省政府检查组验收证实基本消除县乡公路水路“三乱”现象。

2000年，全市全面清理整顿农村电价虚涨和教育集资等乱象。精减乡镇编外人员和村组定补干部

3436人。2001年，市委、市政府公示涉农收费项目名称和标准。2002年，涟源市纪委监察局清退学校违规收取寄宿费6.6万元。2006年，全市实行农业补贴款存折发放制度，直接由职能部门统一发放至获补农民存折中。实行中小学校"一费制"收费办法，减少中间环节，防止克扣盘剥、搭车收费等腐败现象发生。是年，市纪委监察局责成市体育局收回废止超范围降标准颁发二级运动员证410个，退还押金8.2万元，并追究相关责任。责令该局重新审定核发成绩达标二级运动员证25张，上报省教育厅实现高考公正加分。2007年，市政府规范出租车管理，取缔非法营运车辆，减轻车主税费负担，取消收费项目11个，取缔非法营运车辆1450辆。市纪委监察局与市卫生局聘请54名专家担任行风评议代表，对市中心医院和5个县（市、区）人民医院进行行风评议，对医院服务态度、医疗质量、收费标准明察暗访，确定26个考核评分项目，在全市纠风工作大会上公布考评结果。此后进行回访督查，责成相关医院整改27个问题，促使162名医务人员上交"红包"和"开单提成"26.8万元，纪律处分和处罚医务人员3名。是年始，全市公路水上"三乱"治理办公室坚持每月上路明察暗访不少于1次，对标志牌、钢护栏、标线、红绿灯路口处电子警察、测速设备全面清理检查。2008年，市纪委监察局、娄底军分区政治部配合整治征接兵不正之风，重点解决"当兵难、当兵要花钱"等问题。2012年，市纪委监察局督促市卫生系统检查学校食堂419家，下发监督意见书114份，责令整改172家。取缔无证诊所321家，销毁大批过期或假冒伪劣药品，集中采购药品3.84亿元。2014—2017年，遵照中央纪委、省纪委统一部署，在全市实行"三转"纠风，聚焦"监督、执纪、问责"部门主业，落实党委党组主体责任和纪委纪检组监督责任，纠正形式主义、官僚主义、享乐主义、奢靡之风，查出问题718个，处理513人，问责414人。

第四节　巡视巡察

2015年，市委巡察领导小组（以下简称市委巡察组）及其办公室开展常规巡察和专项巡察。市委巡视联络协调领导小组办（以下简称市委巡视联络办）负责对接协调中央巡视组、省委巡视组来娄巡视。市委巡察组的巡察范围和对象：市委工作部门、政府部门、人民团体党组织领导班子、市管国有企业、事业单位党组织领导班子及其成员。3—5月，省委巡视第四组对娄底市进行巡视。市委巡视联络办做好对接、协调、配合工作。6月，省委巡视组向娄底市委反馈党风廉政建设、干部作风建设、严明党纪和政治规矩、执行民主集中制与科学决策、依法决策、干部选拔任用等方面的问题及意见。7月，市委常委扩大会议决定，将反馈意见分成7大类列出责任清单，形成51份交办函发往责任单位。8月，市委巡视联络办向省委巡视第四组报送《中共娄底市委关于省委巡视第四组反馈意见整改落实情况》。8月31日，省纪委通过三湘风纪网将娄底市巡视整改落实情况向社会通报。2016年2月，市委制定《中共娄底市委巡察工作办法（试行）》，规范巡察工作。3月，市委巡视联络办收集整理综合全市最新巡视整改落实情况报告省委巡视第四组。12月13—20日，配合省委巡视办第八调研组和巡视第四组赴娄开展巡视巡察工作，巡察反馈党风廉政问题54个，向有关单位移交问题线索28条，全部启动办理程序，立案4起，诫勉谈话2人，移交有关部门处理6人，纠正违规任命13人，清退违规借用人员29人，纠正提前离岗人员31人，纠正违规行为37种，清退违规资金106.53万元，追回拖欠国家资金180万元。至12月，市巡视组开展常规巡察4轮、专项巡察2次，巡察反馈党风廉政问题337个，部分整改完成，纠正违规行为52种，建立完善各项制度205项，清退、追缴违规资金391.28万元，处理党员干部212人，立案15人，党纪政纪处分11人，诫勉谈话9人。

2017年7月3日，中央纪委召开全国扶贫领域监督执纪问责工作电视电话会。会后，市委巡察办对脱贫攻坚工作开展巡察。重点检查是否扎实开展扶贫、是否存在形式主义、官僚主义、贪污挪用、截留私分、优亲厚友、虚报冒领、强占掠夺"雁过拔毛"式等腐败问题。市委出台《娄底市脱贫攻坚监督巡察工作实施办法》，市委常委扩大会议研究贯彻落实省委巡察办指示。市委、市人大常委会、市政府、市政协主要领导按分工对专项巡察工作进行每月调度、每季研究、半年讲评，研究解决扶贫领域存在的问题，重点巡察脱贫攻坚领域中贯彻不力、执行走样、违反中央八项规定、以权谋私、滥用职权、履职不力、作风不实、违反群众工作纪律等问题。是年，市委巡察组先后开展常规巡察4轮，巡察反馈党风廉政问题421个，移交问题线索84条。建立“销号式”清单管理制度，整改1条，销号1条。市委巡察组进行“回头看”现场验收，确保条条整改、件件落实。开展扶贫领域专项专题巡察2次，发现问题线索107条，受理举报123起，交办督办123起，立案查处28起，处理69人，党纪政纪处分28人，追缴资金80.77万元，清退资金487.42万元。指导各县（市、区）开展脱贫攻坚领域专项巡察，发现问题631个，移交问题线索62条，立案查处16人，移送司法机关4人。

第五节 案件查处

1990—1992年，娄底地区纪委监察局坚持“事实清楚、证据确凿、定性准确、处理恰当、手续完备”20字办案方针，办案重点主要为党员干部违纪案、保障政令畅通案、清理整顿所办经济实体案、经济领域违纪违法案、违反计划生育案、生活作风案、户口“农转非”和招生招干招工违纪案等。对重特大案件审理提前介入，举办疑难案件研讨会，提高办案速度和质量。受理信访举报23931件，立案2174件，党纪政纪处分1336人，移送司法机关5人，挽回经济损失877万元。1990年，涟源市纪委副书记周新辉被中央纪委授予“全国优秀纪检干部”称号，享受省部级劳模待遇。

1993—1999年，地区纪委监察局受理信访举报39636件，立案4124件，党纪政纪处分2287人，移送司法机关107人，挽回经济损失7112.47万元。全地区1505人退还红包礼金及有价证券27.79万元，主动登记上交红包礼金156.91万元。执法监察立项461项，作出监察决定64个，提出监察建议343条，建章立制340条。地区纪委监察局建立“一把手”办案和领导包案制度，开展指导基层办案，成功消灭办案空白乡镇。办案重点主要为党政机关、行政执法机关、司法机关、经济管理部门案件（以下简称“三机关一部门案”），撤区并乡中的违纪违法案，违反政治纪律、影响社会稳定的官僚主义失职渎职案，党员干部腐化堕落案，经济领域违纪违法案，基层干部侵害群众利益、群众反映强烈的其他违纪违法案。

2000—2013年，地区纪委监察局受理信访举报33009件，立案6403件，党纪政纪处分5873人，移送司法机关147人，挽回经济损失1.35亿元。全市党员干部主动登记上交红包礼金1692.67万元。执法监察立项1455件，作出监察决定352个，提出监察建议795条，建章立制491条。2000年1月，市纪委监察局召开娄底市办案工作暨经验交流会，分析办案形势，总结办案经验。锡矿山矿务局纪委监察处等9个单位作经验介绍。2002年1月，娄底市纪检监察机构召开案件检查工作会议，总结2000—2002年办案经验。其间，办案重点主要为机关领导干部违纪违法案、经济领域违纪违法大案、顶风违纪违法案、非组织活动案、影响社会稳定的失职渎职案、腐化堕落案、违反计划生育案、党政干部入股煤矿分红案、企业改制中的违纪违法案等。全市建立市直机关纪检监察机构所办案件交同级市直机关纪工委协审制度，试点执行乡镇纪委审理权限上收县（市、区）纪委监察局。2007年，市纪委副书记、市监察局局长左应生被中央纪委、人社部、监察部授予“全国纪检监察系统先进工作者”称号，享受省部级劳动模范待遇。2008年，全市执行乡案县审制度。是年，市纪委监察局信访室主任魏丽被中央纪委、监察部评为“全国纪检监察信访举报工作先进个人”。市纪委监察局副科级监察员陈瑜被省人民政府记一等功1次。2009年3月，市纪委监察局发文，规定在办案期间，办案人员通信工具须由单位统一保管，办案人员接触“两规”（规定时间、规定地点）人员须有两人以上陪同。是年，市纪委建立办案回访卡制度，在案件调查结束或结案后，市纪委监察局派员持回访卡，征求被调查对象及单位对办案人员的意见，由被调查人签名，被调查单位盖章认可。2010—2011年，市纪委监察局办案重点主要是领导干部受贿案、违反组织人事纪律案、小官大腐案、商业贿赂案、督查问责案等。2011年，市纪委常委、市优化办主任李有才被中央纪委、人社部、监察部授予“全国纪检监察系统先进工作者”称号，享受省部级劳模待遇。2012年，市纪委监察局案件检查三室副主任晏周夫因公殉职，被中共省纪委追授“全省优秀纪检监察干部”称号。2006年、2007年、2008年、2013年，市纪委监察局办公室副主任黄首记先后4次被中央纪委办公厅评为“全国纪检监察系统信息工作先进个人”。2012—2017年，办案重点主要是违反政治纪律政治规矩案、“四风”新变种案、“两个责任”落实不力案、“雁过拔毛”式腐败案、失职渎职案、违反干部人事纪律案、“系列性、塌方式、窝发式”腐败案等。2013年，娄底市纪检监察办案管理中心启用。全市凡采取“两规”“两指”措施的案件，全部进入办案管理中心办理，办案管理中心实行24小时全程录音录像监督。办案管理中心配备医务室1个、医务人员3名，负责对所有办案对象在进入和离开办案管理中心时进行身体检查，避免人为或意外事故发生。是年，市纪委监察局机关对原所有案源线索进行起底排查，交案件监督管理室统一建立台账，确保线索统一收集、统一保存、统一交办，安全有序，处置及时。

2014—2017年，娄底市纪检监察机关遵照中央纪委要求，遵循“先处分、再移送”办案原则，受理信访举报18571件，立案5248件，党纪政纪处分4573人，移送司法机关138人，组织处理55人，问责303人，典型案例通报96起。2017年，市纪委监察局第四纪检监察室主任曾月娥受中央纪委、国家监察部嘉奖1次。

全市案件查处主要集中在三大类：

行政类案件　1996年，娄底地区纪委监察局查处冷水江市毛易乡13名党政班子成员在县乡选举换届时参与非组织活动案。1998年，地区纪委监察局查处娄底市（县级）原副市长曾某其、地区农机局原副局长谢某星等7人非组织活动案。1999年，地区纪委监察局查处娄底市部分单位顶风违纪，违反撤地设市期间人事冻结规定调入20人，责令全部清退的人事案，引起中央、省、地领导重视。2000年，市纪委监察局、双峰县纪委监察局查处双峰县人民法院院长梁某升在该院大搞封建迷信活动严重失职案。2001年，市纪委监察局查处娄星区公安分局、检察院、法院等单位部分干警失职渎职案，涉案人员31人，移送司法机关6人，党纪政纪处分25人。案中失职渎职干警替2名抢劫犯隐瞒犯罪事实，使其应征入伍，造成恶劣影响。是年，市纪委监察局、新化县纪委监察局查处新化县金凤乡金凤管区主任戴某国、副乡长刘某华贿选案。戴某国2人在该乡召开第二届人代会期间，到人大代表中行贿拉票，致使该乡选举失败，给予党纪政纪处分。娄底市纪委监察局、涟源市纪委监察局查处涟源市公安局副政委廖某日涉黑护黑案。廖某日为黑社会组织犯罪分子说情打招呼，使犯罪分子逍遥法外，受到党纪政纪处分。2002年，市纪委监察局查处涟源市“4·19”谭某平黑恶势力专案，查处涟源市党政干部39名。其中，涟源市委常委、市委政法委书记吴某九，公安局局长彭某凡，检察院检察长李某来，法院院长旷某台，对黑恶势力打击不力被免职立案查处。2009年，娄底市纪委监察局、冷水江市纪委监察局查处冷水江市移民局原局长潘某春、铎山镇原党委书记彭某晨、原镇长谢某石充当黑恶势力“保护伞”、收受贿赂案。2010年，市纪委监察局查处娄底市商务局原党组副书记、副局长吴某政违反组织人事纪律受贿案。2011年，市纪委监察局查处娄底森林公安分局原局长谭某贤违反组织人事纪律案。谭某贤因在个人录干、提拔主任科员过程中弄虚作假被开除公职。该案直接责任人、涟源市委组织部原常务副部长谭某义被开除党籍和公职，涟源市原副处级干部张某庆被开除党籍和撤销助理调研员职务。

2017年1月，中央对涟源市古塘乡易地扶贫搬迁集中安置工程存在招投标“黑幕”问题作出重要批示。省纪委干部监督室和娄底市纪委监察局、娄底市公安局、涟源市纪委迅速组成调查组，对古塘安置工程招投标期间存在的问题展开调查。该工程面积约6.7万平方米，安置517户1978人。工程招投标项目为14栋安置房建设工程，投资约8000万元。事发经过：2016年9月20日，招标人“扶开投”在涟源市政府门户网站发布工程招标代理机构比选公告。9月27日，湖南省招标有限责任公司比选中标。11月4日，招标人、代理招标机构联合在网上发布该工程招标公告，共有14家单位参与投标。12月20日，娄底市公共资源交易中心开标评标。12月21日，交易中心公示中标候选人。第一名是湖南省第六工程有限公司，第二名是湖南省第四工程有限公司。12月22日，涟源市住建局接到投诉举报。娄底市纪委监察局、涟源市纪委监察局立即调查核实。12月23日，招投标活动暂停。2017年1月21日，涟源市住建局宣布中标无效，并发函招标人重新组织招标。主要问题：涉嫌串通投标犯罪。国家工作人员违规干预和插手招投标。有关党员干部对抗组织审查。涟源市委履行全面从严治党主体责任不力。处理结果：公安机关依法追究涉嫌串通投标犯罪的招标代理方湖南省招标有限责任公司项目负责人熊某、湖南省第六工程有限公司经理部副经理文某、湖南省第四工程有限公司三分公司副经理向某，商人曾某华、王某益、卢某林、朱某、肖某飞刑事责任。撤销涟源市委副书记康某宁党内职务，按正科级确定职级。开除涟源市委委员、市发改局党组书记、局长曾某和党籍，移送司法机关审理。撤销涟源市发改局党组副书记、副局长李某国党内职务，给予行政撤职处分。撤销涟源市古塘乡党委书记彭某党内职务。给予涟源市副市长梁某党内严重警告、行政记大过处分。给予涟源市城市建设投资管理办公室党组副书记、副主任彭某彬党内严重警告和行政记大过处分。给予涟源市建设工程招投标管理办公室主任康某明党内严重警告、行政记大过处分。给予涟源市住建局党组成员、副局长吴某荣党内警告和行政记过处分。给予无党派人士、涟源市政协副主席邱某文行政记过处分。给予娄底市公共资源交易中心党组书记、主任秦某华行政警告处分。将应由省委管理的相关责任人员交由省委追究其相应责任。将参与古塘安置工程串通投标等违法行为的企业主体，交由公安机关和建设行政主管部门依法处理。

2017年5月2日，中央电视台曝光新化县石冲口镇胜利煤矿非法排污问题，市纪委监察局、新化县纪委监察局组成调查组，对胜利煤矿和稗冲煤矿系列违纪违法问题进行深入调查，市县两级公安、检察机关依纪依法严肃查处此案。对57名涉案人员处理结果：对新化县环保局党组书记、局长吴某明，石冲口镇工作人员、稗冲煤矿承包人谭某太，石冲口镇工作人员、胜利煤矿承包人郭某财，娄底市公安局退休干部杨某志等11名党员，给予开除党籍处分，涉嫌犯罪问题及线索移交司法机关依法处理。对新化县环保局监察大队大队长刘某英，胜利煤矿法人代表郭某辉，胜利煤矿董事蔡某兰等12名违法犯罪嫌疑人，将其涉嫌污染环境、职务侵占、隐匿销毁会计凭证等证据移交司法机关处理。对大熊山国家森林公园管理处主任曾某辉，新化县炉观镇党委书记李某春，新化县公安局党组副书记、副局长陈某，新化县公安局梅苑派出所教导员曾某辉等11名党员干部，分别给予党纪政纪处分。对新化县委常委、统战部部长曾某斌，新化县人民政府党组成员、副县长周某，以及新化县石冲口镇、县环保局、县农业局、县水利局等相关单位19名党员干部予以问责。对4名违反廉洁纪律、违规入股煤矿或利用影响力介绍他人入股煤矿，在规定期限内如实向组织说明情况并已退股的党员干部，给予从轻处理。

经济类案件　1990年，地区纪委监察局查处涉案金额万元以上案件5起，移送司法机关7人。1994年，查处娄底市原市长廖某阳受贿案。查处新化水泥厂基建处原处长曾某光受贿案。1995年，查处地质468队党委原书记戴某章挪用集体资金案。戴某章将干部职工集资建房款100万元挪为女儿经商用，造成60万元无法追回，涉嫌严重违纪违法。1996年，查处地区招商局原局长张某鸣贪污受贿及非法所得案。1997年，查处地区邮电局集邮公司经理彭某深挪用公款炒股案。1998年，地区纪委监察局、冷水江市纪委监察局查处冷水江市副市长兼冷禾公路工程指挥部副指挥长李某光受贿案。查处冷水江市布溪特区党委书记张某新受贿案。1999年，查处地区针织厂厂长李某涛受贿案。查处新化交通规费征稽所弄虚作假、套取现金、截留收入60.1万元经济案。查处冷水江市交通规费征稽所私设“小金库”

220万元经济案。查处新化县公安局刑警大队私设“小金库”100万元经济案，查处该队教导员易某青个人截留罚没款14万元经济案。2000年，查处市委宣传部副部长吴某江、市文化局副局长刘某在筹办“新中国辉煌50年成就展”中贪污私分案。查处娄星区副区长卢某盟受贿案。2001年，市纪委监察局、新化县纪委监察局查处新化县人民法院私设225万元“小金库”经济案。2002年，市纪委监察局查处娄底警校校长仇某生贪污、私分公款案。查处冷水江市检察院检察长吴某松利用职务便利为请托人谋利、收受贿赂25.1万元经济案。2004年，查处市住房公积金管理中心主任黄某军受贿失职案。查处市财政局党组副书记、副局长张某东受贿案。查处娄底汽车运输总公司总经理伍某华受贿案。2005年，市纪委监察局、新化县纪委监察局查处新化县温塘镇支华煤矿、雄兴煤矿“官煤勾结”案。2006年，查处市企改办副主任戴某陶受贿案。查处市国资委总会计师、市企改办资产处置组组长高某平贪污受贿挪用公款案。查处市粮食局党组成员郭某长受贿案。查处涟源市人大常委会副主任张某林贪污案。查处市公路局副局长刘某环受贿挪用公款案。2007年，市纪委监察局、新化县纪委监察局查处新化县财政局局长陈某南受贿案。市纪委监察局查处市劳动局局长刘某朝受贿案。查处双峰县人大常委会党组书记、县人大常委会主任拟任人选袁某国受贿案。查处市人事局调配安置科科长梁某辉63万元受贿案。是年，查处市政府搬迁腐败窝案，主要涉案人员27人，其中厅级干部3人、处级干部5人，涉案金额3000余万元。其中市政府秘书长、副巡视员申某华受贿60余万元，市政府原秘书长、副巡视员退休干部刘某元与他人合伙贪污公款90万元，市政府副秘书长兼搬迁办常务副主任李某球受贿350万元、市政府搬迁办负责人邹某民贪污受贿81万元，市政府办纪检组组长、搬迁办财务科科长罗某艺贪污受贿69万元，市规划局纪检组组长、搬迁办规划设计科科长邓某才受贿60万元，其他涉案人员14人、涉案金额300余万元。从内蒙古、湖北、贵州，以及岳阳、湘西等地追捕重要涉案人员7人，党纪政纪处分5人，移送司法机关18人。是年，另案查处市委常委、娄底经济技术开发区党委书记谢某生严重违法违纪案，并按相关规定移交省纪委监察厅立案查处。

2008年，市纪委监察局查处市安监局副局长童某辉等人接受湘涟烟花爆竹有限公司宴请送礼案。中央政治局常委、中央纪委书记贺国强评价此案“查处及时得力”。2009年6月2日，市委、市政府召开全市副科级以上干部大会，通报8个典型案例，严肃追责党员干部24名，其中处级干部6人，科级干部15人，问责53人。分别查处市发改委党组副书记、副主任吴某藩、市商务局党组成员胡某梁受贿案。与新化县纪委监察局联合查处新化县政府副调研员刘某清受贿案。2009年，市纪委监察局查处洪源机械厂厂长孙某新商业贿赂案。2012年，查处市政协副秘书长李某中受贿案。2014年，市纪委监察局、冷水江市纪委监察局查处冷水江市渣渡镇棚户区改造腐败窝案。

2015年4月，市纪委监察局与新化县纪委监察局联合查处新化县住房保障中心贪腐案，涉案人员20人，调查立案15人。其中新化县政府调研员、县保障性住房工程建设指挥部常务副指挥长游某友，县房管局党组副书记、副局长兼县住房保障管理中心主任康某剑，县房管局党组成员王某雄，县房管局副主任科员、县廉租办主任游某雄被移送司法机关审理。追缴违纪违法资金450万元，挽回国家经济损失2000万元。5月，市纪委监察局对省委巡视组交办的娄底市民政局救助管理站代理站长陈某良违纪问题线索进行调查。该案涉案人员11人，立案处分6人，交市民政局立案处分5人，移送司法机关5人。涉案金额850万元，其中陈某良个人受贿100余万元，市民政局分管副局长黄某雄违纪所得53万元，陈某良、黄某雄等人滥用职权，挪用挥霍公款687万元。

作风类案件　1991年，地区纪委监察局查处党员干部嫖娼案21起。1998年，地区纪委监察局、冷水江市纪委监察局联合查处冷水江市金竹山乡九五煤矿特大瓦斯爆炸责任事故案。该案造成18人死亡，涉案责任人20人，党纪政纪处分14人，移送司法机关6人。1999年，地区纪委监察局、冷水江市纪委监察局联合查处冷水江技工学校校长扈某军长期与本校办公室一女干部通奸案。扈某军与该女干部私生一男孩，造成极坏影响，被开除党籍、行政撤职处分。2000年，市纪委监察局查处省地矿厅468队队长彭某杰管理松懈、导致该队放射源“钴六零”两次被盗。查处双峰县政府副县长邹某钦等开公车钓鱼、造成县政府办一副主任触电身亡案。2003年，查处冷水江市铎山镇原党委副书记谢某旺嫖娼案，给予其开除党籍处分。查处市人防办主任毛某文违纪违法、作风不正案。毛某文非婚生子、私分公款、收受礼金、参与赌博，被开除党籍，撤销行政职务。2013年，市纪委监察局与新化县纪委监察局联合查处新化县经管局副局长刘某等5人上班时间打牌赌博案。2016年，市纪委监察局查处冷水江市部分党员干部打牌赌博案。党纪政纪处分26人，其中冷水江市委书记、市纪委书记、市公安局局长获问责处分。2017年，全市未发现重大作风类案件。

第五章 宣传工作

第一节 宣传机构

1990年，娄底地委宣传部内设办公室、干部科、宣传科、理论科、党员教育科，归口管理文化局、广播局、教育局、卫生局、体委、计生委、文联、讲师团。1999年9月，地委宣传部更名为市委宣传部，管理单位相应更名。2002年3月，市委宣传部内设办公室、理论科、新闻出版科、文化艺术科、宣传科、党员教育科、干部科、娄底市委对外宣传办公室（加挂市政府新闻办公室和网络管理科牌子）、市委精神文明建设指导委员会办公室（加挂市文明单位建设指导科牌子）、企业宣传科（加挂市政研会秘书处牌子），归口管理市委讲师团、市委政研会、市社会科学界联合会（以下简称市社科联）、娄底日报社、市广播电视局（中心）、市文化局（市新闻出版〈版权〉局）、市科协、市文联，代管市画院。2006年8月，市委宣传部增设市国防教育委员会办公室、宣传教育科、舆情研究科，撤销党员教育科、宣传科，其职能并入宣传教育科，文化艺术科加挂文化产业改革发展科牌子。2012年4月，舆情研究科更名为政策研究与舆情信息室，设立互联网宣传管理办公室，撤销对外宣传办公室加挂的网络管理科牌子。2014年1月，设立市委互联网宣传管理办公室（加挂娄底市互联网信息管理办公室牌子），撤销互联网宣传管理办公室。7月，撤销企业宣传科，其职能并入宣传教育科，撤销文化艺术科加挂的文化产业改革发展科牌子，改设文化产业发展办公室。2016年12月，市社科联析出单设，属正处级群团机构。2017年3月，市委政研会撤销，职能并入宣传部相关科室。8月31日，市国有文化资产监督管理委员会成立，具体业务由文化产业发展办公室承担。12月，市委互联网宣传管理办公室（娄底市互联网信息管理办公室）撤销，职能划入市委网信办。市网络安全和舆情监测中心成立，属正科级全额拨款事业单位。是年底，市委宣传部内设职能科室11个：办公室、理论科、新闻出版科、文化艺术科、干部科、市委对外宣传办公室（加挂市政府新闻办公室牌子）、市委精神文明建设指导委员会办公室（加挂文明单位建设指导科牌子）、市国防教育委员会办公室、宣传教育科、政策研究与舆情信息室、文化产业发展办公室。归口管理市委讲师团、市社会科学界联合会、娄底日报社、广播电视台、文体广新局、市文联、市画院。

第二节 理论教育

1990—1991年，娄底地委宣传部着重开展党的四项基本原则为主要内容的政治理论教育和改革开放政策教育，编印教育资料23种9万余册，撰写理论文章200余篇，举办形势报告会1850场次，受众85万余人次。组织各级党员干部学习《关于社会主义若干问题学习纲要》，举办理论培训班200余期，培训4万余人次。1992—1994年，组织全地区党员干部学习邓小平建设有中国特色社会主义理论，开展“解放思想、深化改革”大讨论，发行《邓小平文选》等学习资料30余万册，组织9万余名党员参加全省《邓小平文选》和社会主义市场经济知识竞赛，党员参赛率和获奖数量均居全省第一名。1995—1998年，地委宣传部继续组织党员干部系统学习《邓小平文选》（第一至第三卷）和中共十四届四中、五中全会精神，以及社会主义市场经济知识。全地区连续3年在全省宣传和理论教育工作会上介绍理论教育典型经验。1999年，全市开展“讲学习、讲政治、讲正气”理论教育。2000—2006年，全市开展“三个代表”重要思想教育，举办处级干部培训班，分期分批培训领导干部和理论骨干。组织宣讲团深入基层单位宣讲中共十六大精神，抓好市、县、乡三级党委中心组及市直单位中心组的理论教育，加强理论学习规范化、制度化建设。举办“立党为公、执政为民”和“科学发展观与娄底后发赶超”等理论研讨活动，探索理论宣传教育新方法。开展领导专家学者论坛活动，邀请中央党校、省委党校专家学者做理论辅导和学术报告。全市累计开展各种理论教育活动2000余场次，举办理论培训班100余期，培训理论教育骨干5000余人次，参加理论学习的党员干部达26万人次。各级领导干部撰写各类政治理论文章1600余篇。2007—2010年，市委宣传部组织学习中共十七大及十七届三中、四中、五中全会精神，开展改革开放与富民强市理论研讨活动。设立娄底市干部理论学习大讲堂，在各县市及市直单位分设讲堂150个，举办宣讲报告会及双休日理论学习培训班万余场次。先后邀请经济学家郎咸平、演讲家李燕杰等抵娄演讲。组建市委宣讲团分赴各县（市、区）和企业单位宣讲2.8万场次，听众80余万人次。

2010年，市委宣传部打造网上学习平台“干部学习网”，上传课件视频460个，党员干部上网学习110余万人次。冷水江市农科村被省委确定为全省建设学习型党组织示范基地。市委书记林武在全省党建会议上推介娄底建设学习型党组织经验。2012年，组织开展以“学习贯彻党的十八大精神，加快幸福娄底建设”为主题的专题宣讲活动。市、县、乡三级宣讲2000余场次，受众10万余人次。2013年始，全市重点学习习近平总书记谈治国理政系列讲话精神，开展社会主义核心价值观宣传教育。市委常委理论学习中心组开展集中学习6次15天，邀请中纪委、省委党校领导和专家学者作专题报告。2014年，市委宣传部组织6个专题宣讲团进机关、进乡村、进社区、进企业、进学校，把理论武装落实到基层。2015年，开展“学讲话、用讲话”心得交流活动，市直单位收集交流文章163篇、论文68篇。2016年，市委宣传部组织学习贯彻习近平总书记“2·19”“4·19”“5·17”重要讲话精神，开展“讲话精神进基层”“五中六中全会精神进基层”“全国‘两会’精神进基层”百姓微宣讲活动3000余场次，受众21万余人次。组织开展中共十八届五中、六中全会精神专题宣讲900余场次，受众13万余人次。2017年，市委出台《市委常委带头学习宣传贯彻党的十九大精神的六条要求》。组织市委常委宣讲团、市直领导宣讲团、专家学者宣讲团和百姓宣讲队集中宣讲1500余场次，受众30余万人次。娄底理论教育工作经验获省委书记杜家毫肯定。省委宣传部、省委讲师团专程赴娄调研，以《把学习当作一种政治生活方式》为题将娄底经验向全省推介。

第三节 新闻宣传

1990—1991年，娄底新闻宣传工作以促稳定、鼓干劲为舆论导向，引导新闻工作者突出正面宣传，弘扬时代精神。推介资江氮肥厂深化企业改革、全地区村级组织建设达标活动等先进经验，以及焦裕禄式好干部杨孟甫、赖宁式少年卢红英等先进典型，累计在省以上新闻媒体刊播稿件3000余条（篇）。1992年，全地区新闻舆论部门围绕“深化改革、扩大开放”主题，加强开发区建设、重点项目建设宣传报道。1993—1995年，地委宣传部贯彻“团结、稳定、鼓劲和正面宣传为主”方针，先后在《人民日报》《光明日报》刊发《娄底建立能源原材料经济强区》《娄底加快脱贫致富》等新闻报道，并在香港《大公报》推出“娄底经济专版”，促进对外开放和招商引资。组织娄底首届“十大新闻人物”评选活动及电视颁奖文艺晚会。1996年，围绕全地区实施结构效益战略和经济建设第二次创业主题，在中央电视台、《光明日报》、《农民日报》等中央媒体刊播头版头条新闻稿件17条（篇）、《新闻联播》要闻3条。1997年，着重宣传涟源市石门村带领村民创业致富的村党支部书记吴奇修（当年被评为“全国十大杰出青年”）等先进典型。1999年，为庆祝中华人民共和国成立50周年、娄底撤地设市等主题，重点推出创业之路、小康之路、重点工程巡礼等重大宣传题材。1996—1999年，累计在省以上新闻媒体刊播稿件8000余条，其中中央媒体1000余条（篇）。2000年，全市以学习贯彻“三个代表”重要思想、全面建设小康娄底为新闻宣传重点。2001年5月，湖南红网娄底站建立，为统一发布社会新闻提供网络平台。2003年，市委宣传部以“娄底发展战略思考”为主题，组织对“资源娄底”“结构娄底”“枢纽娄底”“舒适娄底”等发展战略作深度报道，对“青春娄底·湘中之光”大型文化经贸博览会作大力宣传。2004年，市委宣传部配合湖南卫视、湖南经视、湖南人民广播电台推出“后发赶超看娄底”系列报道。2005年，市委建立新闻发言人制度和舆情信息工作制度。市委宣传部邀请中央和海外媒体驻湘记者及省级媒体赴娄采访，推出“崛起湘中·腾飞娄底”大型系列报道。2000—2006年，全市在省以上新闻媒体刊播稿件13000余条（篇），其中中央媒体2000余条（篇）。规范网络宣传，凸显正面宣传，在红网娄底站累计发稿9万余条（篇）。组织市直新闻媒体开展“走进新农村”大型采访活动，播出相关报道3000余条（篇）。在省以上外宣媒体刊播稿件2000余条（篇），摄制外宣电视专题片20余部，制作发送外宣画册、光盘数十种20余万册（盘）。在香港《大公报》《商报》等媒体举办娄底招商引资专版50余个。2007年，市委成立突发公共事件新闻应急领导小组，出台《娄底市公共事件新闻发布应急预案》。市委宣传部先后推出“富民强市”“喜迎十七大·再创新辉煌”等大型系列报道，制作和播出展示娄底地级建制30年成就大型电视纪录片《热土青春》。2008年，市委宣传部组织“融入长株潭、对接‘3+5’”“解放思想在娄底”等大型系列报道。2009年，娄底市建立健全与中央、省级媒体联系沟通机制，邀请中央、省级媒体记者赴娄，就娄底发展壮大区域经济、加速推进“两型社会”建设进行全面专访报道。

2010年，全市宣传部门聚焦“科学发展、加速赶超”主题，宣传报道娄底转变经济发展方式、提升发展质量效益的做法及经验，在《人民日报》《光明日报》和中央电视台等数十家新闻媒体重点报道抗洪救灾英雄王建平的模范事迹。2011年，围绕“四化两型”（四化：新型工业化、农业现代化、新型城镇化、信息化；两型：资源节约型、环境友好型）建设战略，开设“回顾‘十一五’、展望‘十二五’”宣传专题，组织开展“记者走基层、感受新变化”集中采访报道活动。是年，市委网宣办成立，将红网娄底站与娄底新闻网资源整合，加强网络宣传力度。2012年，整合提升后的红网娄底站及5个县（市、区）红网分站揭牌运行，先后刊播以市委、市政府重大决策部署为主题的网络评论文章400余篇、正面宣传网帖万余条，其中1200余条被人民网、新浪网、腾讯网等主流网站转载。是年，全市以“学习贯彻十八大精神、加快幸福娄底建设”为主题，推出“科学发展、成就辉煌”“学习宁乡经验、实施加速赶超”系列新闻宣传报道。拍摄制作《神奇的娄底》《紫鹊界》等形象宣传电视片4部、专版10个，在凤凰卫视、香港《商报》等媒体滚动刊播。2013年，全市以“唱响主旋律、打好主动仗”为宣传重点，着力提升舆论引导能力，开展“从身边模范看娄底精神”系列讨论活动，重点报道“英雄校长”杨建一（为保护学生以身殉职）等80余名模范人物的先进事迹。2014年，市委宣传部组织“全面深化改革在娄底”“践行群众路线、帮扶实体企业”等专题报道。2015年，围绕“科学发展、加速转型”主题，推出“对接大长沙、推进大发展”“大众创业、万众创新”等专题宣传报道。2016年，全市重点推出“项目建设大比拼”“转型创新进行时”等专题宣传报道。2017年，市委宣传部出台《进一步加强和改进全市新闻舆论工作的“十二条措施”》，规范新闻宣传。2010—2017年，全市新闻单位在省以上新闻媒体刊播稿件1.4万余条（篇），其中中央媒体7000余条（篇）。

第四节 社会宣传

1990年，全地区以稳定和鼓劲为重点，开展以“坚持四项基本原则”为主要内容的政治宣传，以“治理整顿、深化改革”为主要内容的经济宣传。在农村深入开展社会主义思想道德宣传，抽调7301名干部深入村（组）驻点宣讲，帮助驻点村加强组织建设和发展村级经济。1991年，重点开展庆祝建党70周年系列宣传活动。1990—1991年，全地区累计举办报告会、宣讲会、座谈会2000余场次，听众150余万人次。举办各类培训班500余期，参训人数3万余人次。印发各类宣传资料6万余份。1992年，全地区以邓小平南方谈话和中共十四大精神为宣传教育重点，广泛开展形势政策宣传和进一步解放思想大讨论。编辑出版展示娄底改革开放成就的《湘中改革潮》一书，编印和发放《全民所有制企业转换经营机制条例》、中共十三届八中全会和十四大精神宣传资料6万余册。1993年，为纪念毛泽东诞辰100周年，举办各类纪念活动和美术、书画、摄影展览。1994年始，全地区每年以爱国主义、集体主义、社会主义为主题，编印和发放《爱我娄底》等乡土教材，组织“五送下乡”（送文化、送科技、送卫生、送法律、送政策下乡）“全民读书”等社会宣传活动。1996年，省“三个主义”（爱国主义、集体主义、社会主义）教育现场会在双峰县召开。至是年底，全地区累计举办报告会、宣讲会、读书活动1000余场次，参与群众40余万人次。印发各类宣传读本10余万册。1997年，地委下发《关于认真学习宣传和贯彻落实党的十五大精神的通知》。地委宣传部开展迎香港回归庆祝活动和举办形势报告会，开展纪念改革开放20周年系列宣传活动。1999年，围绕“中华人民共和国成立50周年”“澳门回归”“娄底撤地设市”主题开展隆重的庆典活动。组织展品参加湖南省“辉煌50年”成就展览，分别获“优秀组织奖”“最佳内容设计奖”“最佳制作奖”。

2002年，市委宣传部组织全市公民道德知识竞赛，开展以“争做社会好公民、单位好员工、家庭好成员”为主题的道德实践活动。2003年，探索社会宣传新途径，组织实施以“开通民情热线、组建思想政治工作热心人队伍”为主要内容的“双热工程”，开通“民情热线”百余条，组建万余名以离退休干部为主体的思想政治工作“热心人”队伍，使“双热工程”成为政府与群众的“连心桥”、经济社会发展的“助推器”和社会宣传的“有力抓手”。2005年，编印《形势政策教育读本》2万余册，组织“五送下乡”活动120场次。2006年，在强化形势政策宣传的同时，集中宣传获省道德模范和全国道德模范提名奖的优秀退伍军人黄国雄、“新时期的戴碧蓉”刘新红、“英雄校长”杨建一等先进典型。2007年，以地级建制30周年为契机，开展“青春娄底·光辉岁月”成就展、美术书法展等系列成果展示活动。2008年，市委宣传部获省“五送下乡”先进集体称号。2009年，组织中华人民共和国成立60周年暨娄底撤地设市10周年系列庆典活动。在“新中国成立60周年湖南经济社会发展成就展”活动中，娄底市的“青春娄底”展厅获“最受观众欢迎奖”。是年，市委宣传部举办“娄底撤地设市10周年全市发展成就展”、书法美术摄影展、“中国作家看娄底”采风创作活动。

2010年，市委出台《关于进一步加强网络舆情管理的通知》，将网络舆情宣传管理工作纳入县（市、区）和市直单位年度目标管理考核范畴。2011年，市委宣传部围绕“科学发展、加速赶超”战略，在全市大型立柱广告位、建设工地施工围墙、出租车顶灯集中开展娄底城市形象宣传。在网络上发起“展望‘十二五’、共谋新发展”建言献策活动，征集对策建议5000余条。2013年，市委宣传部以“培育和践行社会主义核心价值观”为主题，遴选8位先进模范人物组成践行核心价值观巡回报告团赴基层巡回演讲。2015年，组织“全民阅读、书香娄底”万人签名、道德大讲堂、道德模范巡回报告会等社会宣传教育活动。举办社会主义核心价值观演讲比赛1000余场次。2016年，全市开展十八届五中、六中全会精神专题宣讲900余场次、“全国‘两会’精神进基层”百姓微宣讲活动3000余场次，受众24万余人次。2017年，宣传贯彻中共十九大精神，全市举行专题宣讲和形势报告会1500余场次，受众30余万人次。市委宣传部开展“图说我们的价值观”公益广告、“最美三湘儿女”笑脸照片征集活动。

第五节 文化发展与管理

1990年，娄底地委宣传部加强文艺事业指导和管理，开展文化领域“扫黄打非”行动，举办娄底地区首届“农民艺术节”。1991年，地委宣传部开展庆祝中国共产党成立70周年系列文艺活动。集中清理整顿书刊和音像市场，立案查处非法出版案件18起，收缴非法出版物46万册（张）。1994年，地委出台《“五个一工程”评奖办法》，促进全地区文艺工作发展。是年，宣传部门投入拍摄弘扬爱国主义、国际主义精神的电视连续剧《罗盛教》，次年在中央电视台播出，获省“五个一工程奖”。新化县文化站和涟源市蓝田镇文化站被评为全国文化工作先进典型。1996年，地委宣传部、地区文化局举办庆祝中国共产党成立75周年、红军长征胜利60周年系列文艺活动和送戏送电影下乡活动2000余场次。中央电视台《新闻联播》对此予以特别报道。指导画家王憨山赴台湾、香港、深圳举办个人画展，引起较大社会反响。娄底画家邹传安的画作参加全国纪念红军长征胜利60周年画展，部分作品被中国军事博物馆收藏。1997年，全地区开展“香港回归爱国主义教育宣传月”活动，开展各类文艺活动200余场次、书法美术摄影展30余场次，观众20余万人次。1998年，全地区理顺文化市场管理体制，开展“扫黄打非”工作。1996—1998年，地委宣传部连续3年被评为“全省新闻出版工作先进单位”。

2000年，全市文化发展与管理围绕中心工作，展开各种文艺创作活动。2003年，市委宣传部举办首届“青春娄底·湘中之光”经贸博览会大型文艺晚会，承办省“三湘群星奖”决赛，形成群众文化热潮。是年，市委宣传部、文化局、工商局、公安局联合对2000余家文化经营场所进行清理整顿，集中整治140余次，收缴各类非法出版物24万余件，取缔非法经营户16家。2004年，市委、市政府下发《关于组织好“欢乐湘中”广场文化活动的通知》，全市举办各类广场文化活动90场次，观众60余万人次。2005年，市政府出台《娄底市基层文化扶持工程实施意见（试行）》，对新化山歌、涟源珠梅抬故事等地方传统文化项目进行抢救和挖掘。市花鼓剧团排演大型花鼓戏《村官是个堂客们》代表湖南省参加全国映山红艺术节，获剧目金奖和4个单项金奖。市文化局获人事部、文化部授予的“全国文化工作先进集体”称号。2006年，市委宣传部在第二届“青春娄底·湘中之光”经贸博览会期间，与中央电视台合作举办“踏着红军足迹、走进青春娄底”大型电视文艺晚会。承办中国第四届梅山文化艺术研讨会暨首届梅山艺术节，承办国际曾国藩学术研讨会暨中国首届曾国藩文化旅游节。2003—2007年，“青春娄底·欢乐湘中”广场文化活动成为全市群众文化活动知名品牌，娄底市在全国第八届艺术节颁奖晚会上，获全国第十四届“群星奖”中的子项奖“服务奖”。2008年，市委宣传部、市文化局与潇湘电影集团联合摄制娄底市第一部舞台电影作品《村官是个堂客们》。2009年，现代花鼓戏《花落花开》在湖南艺术节上获田汉大奖并获编剧、导演等10个单项奖。是年，市委书记、市长向全市发表《净化社会文化环境，促进社会和谐发展的公开信》，全市开展净化社会文化环境专项整治行动。全市取缔黑网吧106家、非法书店（档）56家，收缴非法书刊1.6万册、非法音像制品3.6万张，查处一批含有低俗、有害信息网站。

2010年，市委、市政府把文化产业列为全市七大战略性新兴产业之一。全市36个文化产业项目成功申报湖南省“十二五”战略性新兴产业重大项目。2011年，市政府编制《娄底市文化强市建设实施纲要》《娄底市“十二五”文化产业发展规划》《娄底市“十二五”公共文化服务体系建设规划》《娄底市文化体制改革工作实施意见》。2012年，市政府制定《关于推进娄底市文化体制改革工作实施意见》，市、县两级文化行政管理体制和文化市场综合执法体制、国有文艺院团及电影公司改制工作全面完成。是年，投资2.56亿元，动工建设建筑面积5万平方米的市文化中心（博物馆、美术馆、电子图书馆、艺术馆、群众文化中心），三年后交付使用。2013年，市委宣传部、市文化局以“欢乐湘中·幸福娄底”群众文艺会演为载体，举办各类群众文艺演出480余场次，参演群众3万余人次，观众90余万人次。娄底市举办“那山那水那人——美丽娄底”全国原创歌曲大赛、“蚩尤故里·新化梅山”全国摄影大赛，推介娄底自然风光和历史文化。2015年，围绕“为民惠民”目标，建成基本完善的公共文化服务体系。全市有社区文化活动室106个、乡村（小区）文体广场150个。2016年，市委出台《关于繁荣社会主义文艺的意见》。是年，娄底市地域文化传承中心排演的大型现代花鼓戏《乡里乡亲》和涟源市湘剧演艺公司排演的《烧车御史》获省艺术节田汉大奖，并参加由文化部组织的县级优秀剧目调演，入选国家艺术基金舞台艺术创作项目。2017年，市政府设立“娄底文学艺术创作奖扶持资金”。是年，全市全面实施文化设施免费开放政策，6个公共图书馆、6个文化馆、2个国有美术馆、86个乡镇文化站全部向市民免费开放。

第六节　精神文明建设

一、全民思想道德教育

1990年，新华社、《人民日报》报道“焦裕禄式好干部”新化县政府调研员杨孟甫“将农民群众视为亲人”的感人事迹。地委发出号召向他学习。1991年，地委出台《娄底地区“八五”期间社会主义精神文明建设规划（草案）》。地委宣传部组织公安、卫生等社会窗口单位开展以“学习雷锋、焦裕禄、王进喜”“创优质服务、优良秩序、优美环境”为主要内容的“三学三优”竞赛活动。1992年，编印以品德修养、行为规范、法律法规为主要内容的普及读物《市民必读》，组织城镇居民开展职业道德、社会公德、家庭伦理道德教育活动，组织农村居民开展“三评一帮”（评选双文明户、五好家庭户、遵纪守法户、帮教户）教育活动。1994年，全地区开展“爱我湖南、爱我娄底”教育活动，发行《可爱的湖南》一书20万册，约50万人参加活动。是年，娄底地区获省“爱我湖南”电视大奖赛第一名和组织奖。1996年，全地区开展“三个主义”系列教育活动，参与群众160余万人次。省“三个主义”教育现场会在娄底召开。是年，地区开展“五送下乡”活动，加强农村精神文明建设。地直机关及各县（市）建立健全党政主要领导挂帅、宣传部门牵头、其他部门及乡镇分工负责的“五送下乡”活动领导机制。县（市）机关组织“五送下乡”活动25次，乡镇及部门组织“五送下乡”活动156次。免费赠送理论、科技书籍15万余册，送电影、戏剧下乡2000余场次，举办理论、科技、法律培训班280余期，受众80余万人次。全地区“五送下乡”活跃农民文化生活、提高农民群众科学文化水平和思想道德素质的创新做法，被中央电视台《新闻联播》、《湖南日报》头版头条专题报道，省委宣传部向全省推介。此后这一活动在全省、全市常年坚持，成为加强农村精神文明建设和思想道德教育的重要载体。1997年，地委宣传部在20个窗口行业选择50个示范单位开展“改善服务态度、提高服务质量”活动。1998年，在深圳打工的娄底籍青年杨卓辉因勇斗抢劫营业款的歹徒而光荣牺牲。地委宣传部组织新闻单位赴深圳采访，在中央、省、地三级新闻媒体发稿宣传杨卓辉的英雄事迹。地委、行署决定在全地区广泛开展学习悼念杨卓辉烈士活动。1999年，全地区开展“世界观、人生观、价值观”系列宣传教育活动，组织评选“学雷锋标兵”“见义勇为标兵”“尊老爱幼标兵”。

2000年，市委宣传部开展公民道德修养和职业道德素质教育。2001年，全市贯彻执行中共中央《公民道德建设实施纲要》，开展“学习《纲要》、争当标兵”竞赛活动。2003年，开展“文明新风伴我行”“提高城市品位、建设美好家园”系列宣传活动，引导市民“学会走路、学会说话、学会讲卫生、学会交往”。全市开展评选“十佳道德建设标兵”活动。2004年，开展以“改陋习、树新风”为主题的公民素质教育和以“共铸诚信”为主题的公民道德教育，评选“十佳文明公民”“十佳文明经营户”“星级农户”。2006年，开展“知荣辱、树新风”活动。2007年，市委宣传部下发《关于学习黄国雄同志先进事迹的决定》，全市新闻媒体广泛宣传推介优秀退伍军人、平民英雄黄国雄的优秀事迹。2008年，大力宣扬涟源籍电力工人罗海文、罗长明抗冰救灾以身殉职的英雄事迹。开展“迎奥运、讲文明、树新风”活动，涌现一批好人好事先进典型。其中刘新红、肖光盛入选年度“中国好人榜”。2009年，市委宣传部制定《娄底市评选道德模范实施办法》《娄底市“诚信娄底”建设实施方案》。

2010年，市委宣传部组织社会主义核心价值观专题宣讲126场次。开展“百城万店无假货”活动和诚信机关、诚信学校、诚信企业、诚信市民创建活动。评选娄底市首届“道德模范”。刘新红等11人获“娄底市首届道德模范”称号，刘泳嫦等19人获“娄底市道德模范提名奖”。2012年，市委宣传部出台《娄底市志愿服务管理办法》，全市志愿者队伍突破10万人。志愿者开展交通劝导、义务献血、应急救援、保护母亲河等十大主题活动。是年，娄底市评选第二届娄底市“道德模范”。罗欣欣等15人获评“娄底市第二届道德模范”，李楚斌等19人获“娄底市道德模范提名奖”。2013年，市委宣传部出台《娄底市开展社会主义核心价值体系宣传教育实践活动工作方案》，围绕“诚信缺失、公德失范”两大突出问题，率先在食品行业、窗口行业、公共场所开展专项宣传教育和治理。全市掀起“从身边模范看娄底精神”大讨论和大学习热潮。志愿服务队伍持续壮大，网络志愿服务注册人数从年初的1.1万人跃升至年末的33万人。2014年，全市利用媒体和户外宣传牌、电子显示屏等阵地进行集中公益宣传，拓宽培育和践行社会主义核心价值观的宣传教育覆盖面。组织各类演讲比赛1000余场次。2015年，开展“全民阅读、书香娄底”万人签名、道德模范巡回报告、文明交通劝导志愿行动等教育实践活动。2016年，全市开展对“全国优秀共产党员”李贝、“全国岗位学雷锋标兵”郭远红、“最美乡村教师”段同山等学习宣传活动，将娄底文明网、“文明娄底”微信公众号开拓成为娄底市思想道德教育重要阵地。市委宣传部颁布《娄底市民文明公约》，编印《娄底市民文明手册》，创新思想道德教育形式和载体。是年，市慈善志愿者协会获“全国百佳志愿服务组织”称号。唐鹏胜等13人获“娄底市第三届道德模范”称号，王小义等10人获“娄底市道德模范提名奖”。黄黎明等17人入选年度“湖南好人榜”，黄黎明入选年度“中国好人榜”。2017年，全市举办“学习宣传十九大、同心共筑中国梦——2017娄底中心城区文明之星”评选活动。是年，郑太红等13人获评“娄底市第四届道德模范”，陈友红、李霞等14人获“娄底市道德模范提名奖”。郑太红等42人入选年度“娄底好人榜”，李树荣等27人入选年度“湖南好人榜”。李明华、彭育晚等2人入选年度“中国好人榜”。

2010—2017年娄底市历届道德模范及提名奖获得者

表4-7

奖别		获奖者			
		姓名	简介	姓名	简介
第一届(2010年)					
道德模范特别奖(2名)		刘新红	冷水江市金竹山乡坪塘居委会居民	(群体)	娄底市红十字残疾人爱心互助会
道德模范（10名）	助人为乐	肖光盛	涟源市国务院税务局退休干部	李洪华	冷水江市锡矿山闪星锑业公司锌厂保卫科护卫队员
	见义勇为	潘仇辉	冷水江市冷水江街道办事处退休干部	胡康德	涟源市国土资源局职工
	诚实守信	曾彩初	双峰县第一中学退休教师	彭和德	冷水江市人民检察院办公室主任
	敬业奉献	邓有武	中共娄星区石井乡党委书记	奉光辉	新化县奉家镇毛坪小学高级教师
	孝老爱亲	王　贤	双峰县第三中学学生	曹玉兰	冷水江市国家税务局办公室干部

续表4-7

奖别		获奖者			
		姓名	简介	姓名	简介
道德模范提名奖（19名）	助人为乐	刘泳嫦	娄星区万宝镇妇联退休干部	刘兆社	涟源市安平镇留石村党支部书记、村主任
		胡冬英	双峰县杏子铺镇先锋村党支部副书记、妇女主任、计育专干	肖培辉	新化县佳和盛世鞋服连锁城经理
	见义勇为	陈德秋	双峰县锁石镇十竹村祖山组村民	魏益辉	双峰县人民检察院干部
		陈建新	娄底市建筑工程公司下岗职工	刘　新	冷水江市城市管理综合执法大队职工
	诚实守信	简桂英	新化县日益隆超市董事长	谭四元	涟源市湘中五交化批发部总经理
		伍丰芬	新化县菊峰商贸有限总公司总经理	—	—
	敬业奉献	贺志江	双峰县公安局三塘铺派出所副所长	谢应生	涟源市群集煤业公司董事长 枫坪镇助学会理事长
		徐迪新	双峰县第四届政协原副主席、双峰县农业局享受国务院特殊津贴退休技术干部	潘小红	冷水江市人民医院儿科护士长
	孝老爱亲	刘红卫	新化县上梅镇第五小学教师	龚华桃	娄底监狱退休职工
		刘桂连	娄星区茶园镇建农村妇女主任	傅超晖	娄星区万宝镇农民
第二届（2012年）					
道德模范特别奖（2名）		罗欣欣	新化县水车镇中心学校164班学生	吴长江	双峰县委宣传部副部长、外宣办主任
道德模范（13名）	助人为乐	姚胜国	涟源市三甲乡长江村支部书记	刘泳嫦	娄星区万宝镇关工委副主任
	见义勇为	朱新其	娄底市彩色水泥厂原退休工人	段志红	广铁集团长沙供电段自轮运转设备车间冷水江工区职工
		邓锦杰	娄星区茶园镇塘群村麦元组村民	—	—
	诚实守信	彭入求	娄底市凯旋出租车公司司机	谭四元	涟源市湘中五交化批发部总经理
	敬业奉献	陈文鸿	双峰县特殊教育学校校长	姜浩文	涟源市民盟医院院长
		晏周夫	生前为市纪委案件检查三室副主任	朱琛辉	娄底市公安局巡特警支队机动大队民警
		黄海兵	娄底市公安局巡特警支队机动大队协警	—	—
	孝老爱亲	吴玉堂	新化县温塘镇兴隆村村民	—	—

续表4-7

奖别		获奖者			
		姓名	简介	姓名	简介
道德模范提名奖（19名）	助人为乐	李楚斌	娄星区关工委主任	杨星星	冷水江市禾青镇安监站站长
		袁跃进	双峰县锁石镇堤吉村村民	廖　芳	万宝新区建设分局会计师
	见义勇为	陈建新	娄底市建筑工程公司原职工	陈　鹏	冷水江市园林管理处职工
		魏益辉	双峰县人民检察院法警大队教导员	李纵升（群体）	冷钢汽运公司司机
		阳晓东（群体）	中石化涟源公司临时职工	信平安（群体）	冷钢储运部铁水运输工段调度员
	诚实守信	龚洪轩	双峰县湖南汇元板业有限公司董事长	—	—
	敬业奉献	李　贝	娄底市公安局巡特警支队巡逻处警大队大队长	彭海珍	双峰县精神康复医院院长、书记
		张志辉	新化县精神病医院院长	邹泽文	新化县炉观镇平江小学教师
	孝老爱亲	张恕华	娄底市石马公园管理处职工	谢汉光	涟源市国土资源局职工
		李志兰	双峰县国土资源局办公室主任	刘月芳	新化县国家税务局干部
第三届（2016年）					
道德模范（13名）	助人为乐	唐鹏胜	新化县梅山助学社社长	曹立冬	双峰县杏子铺镇模家村村民
		张四英	涟源蓝田街道办事处光明山居委会居民	—	—
	见义勇为	黄黎明	娄底市广播电视台记者	彭泽南	双峰县梓门桥镇新塘村村民
		阳晓梅	涟源市石油公司加油员	—	—
	诚实守信	吴业平	娄底市妇幼保健院护理部主任	李献存	双峰县双龙家具装饰有限责任公司总经理
	敬业奉献	贺军民	娄星区人民医院（妇幼保健院）院长、党总支书记	邓志斌	涟源市公安局桥头河派出所所长
		陈腊梅	新化县琅塘镇中心学校教师	—	—
	孝老爱亲	胡付英	娄星区万宝镇（原茶园镇）春溪村村民	胡小红	涟源市斗笠山矿区服务中心护士
道德模范提名奖（10名）	助人为乐	刘湘平	涟源市湘中庆典礼仪公司经理	袁效果	双峰县花门镇镇政府职工
	见义勇为	陈　岚	新化县西河镇对家村支书	—	—
	诚实守信	方吉赛	新化县圳上镇黄溪村支书、新化县个私协会圳上分会会长	—	—
	敬业奉献	王小义	双峰县锁石镇双牌小学教师	李　明	原冷水江市公安局副局长
		李润梅	娄底七中教师	—	—
	孝老爱亲	刘尧卿	新化县技术监督局退休干部	罗贞记	新化县油溪乡白芦村村民
		李谟高	冷水江市教育局退休干部	—	—

续表4-7

奖别		获奖者			
		姓名	简介	姓名	简介
第四届(2017年)					
道德模范特别奖(1名)		郑太红	新化县水车镇柳白村卫生室医生	—	—
道德模范(12名)	助人为乐	邓希安	涟源市荷塘镇富田村村主任	—	—
	见义勇为	袁国生(群体)	冷水江市公安局三尖派出所教导员	潘久福(群体)	冷水江市鑫达耐火材料制造有限公司职工
		陈锡伟(群体)	冷水江市锡矿山矿务局机械加工厂职工	曾爱兰	涟源市石马山镇董家村村民
	诚实守信	邹放民	新化县洋溪联星仿古豆腐厂厂长	刘华新	双峰县杏子铺镇坳头村村民
	敬业奉献	彭育晚	新化县吉庆镇油溪桥村支书	张　咸	涟源市民政局法制信访股副股长
	孝老爱亲	梁梅英	双峰县沙塘乡大西村村民	罗崇实	新化县奉家镇茶坪村村民
		熊盛辉	省地勘局418队职工	—	—
道德模范提名奖(14名)		李村荣	涟源市木材公司原经理	李　霞	新化县社区志愿者协会会长
		李卫华(群体)	双峰县永丰镇华仔夜宵店业主	李奇峰(群体)	双峰县永丰镇白燕市场曾姐食杂店业主
		谭育兵(群体)	双峰县永丰镇曾国藩学校教师	朱卫怀(群体)	双峰县中医院妇产科副主任
		张思杰	娄星区花山街道清潭社区居民	陈友红	市中级人民法院民一庭副庭长
		鄢汉周	冷水江市公安局毛易派出所民警	陈特余	新化县邮政分公司沙江支局投递员
		宋锋泉	双峰县商务粮食局扶贫专职队员	熊良辉	娄星区杉山镇十字村村民
		肖希望	涟源市枫坪镇明星村村民	张前佩	冷水江市金竹山镇杨桥村村民

2016—2017年娄底市“湖南好人”一览表

表4-8

2016年		2017年	
类别	姓名	类别	姓名
诚实守信	龚洪轩、聂成初	诚实守信	—
助人为乐	邓希安、张四英、杨展培	助人为乐	漆理奇、李华香、刘超松、王勇光、刘福春、李树荣
敬业奉献	郭远红、张　咸	敬业奉献	彭育晚、彭东风、谭康来、赵永意、刘雄波、黄学知、谭黎明
孝老爱亲	胡付英、罗崇实	孝老爱亲	赵嗣贵、王重阳、刘召亮、宋艳桃、梁梅英、熊盛辉、颜文武
见义勇为	黄黎明、李　勇、杨文明、张思杰、李秀玲、曾爱兰、陈灿玉(群体)、陈共荣(群体)	见义勇为	廖奇辉、曹有元、李明华、黄治红、刘建龙、陈望中、肖润群

二、未成年人思想道德建设

1990—1999年，娄底地委将未成年人思想道德建设纳入全民思想道德教育范围。2000年始，市委将未成年人思想道德建设列为娄底市精神文明建设的重要环节。2004年，全市加强和改进未成年人思想道德建设工作会议召开，建立各部门齐抓共管的联席会议制度。市文明办牵头对学校周边互联网服务场所进行专项整治行动，取缔、关停非法经营和距校园不足200米网吧125家、电游厅83家，限期搬迁歌舞厅14家。2005年，市文明办联合教育、团委、妇联、文化等有关单位，对全市未成年人思想道德建设工作进行全面安排部署。市委、市政府把蔡和森纪念馆、罗盛教纪念馆等爱国主义教育基地纳入全市红色旅游线路，创新未成年人思想道德教育载体。各新闻单位创新广播电视少儿专题栏目，为未成年人提供全新精神文化产品。中小学校聘任法制副校长（兼职），对未成年人思想道德和法制教育提供指导。市文明办开展“十佳道德标兵”评选活动，为未成年人树立思想道德楷模。召开“五好文明家庭”现场经验交流会，推广未成年人思想道德建设先进经验。2006年，全市中小学校把荣辱观学习作为未成年人思想道德建设重要内容，将课堂教学与主题征文、主题班会等兴趣活动结合起来，增强思想道德教育实效。文化部门组织“金色旋律”少儿歌曲创作比赛，以优秀音乐作品陶冶未成年人思想情操。2008年，全市中小学生参加全国青少年“我承诺：做一个有道德的人”网上签名和“迎奥运网上寄语”活动。市委宣传部发放《奥运礼仪知识简明读本》《抗震救灾英雄少年读本》等书籍，将青少年爱国主义教育与喜迎奥运、抗震救灾等具体实践结合起来。2009年，全市宣传、教育部门创新未成年人思想道德建设手段，建立健全学校、家庭、社会“三位一体”未成年人思想道德教育网络。

2010年，全市继续加强校园周边社会环境治理，取缔未经主管部门审批的“黑网吧”34家。健全中小学校德育社会评价体系。开展“优秀童谣传唱”“做一个有道德的人”“网上祭奠英烈”等主题活动，创新未成年人思想道德教育方式方法。2011年，宣传、文化、教育部门与企业联合排练演出红色经典歌剧《江姐》，并组织中小学生观看。2012年，全市中小学开展“文明美德伴我成长”主题教育、“美德之星”评选、“学习雷锋、做美德少年”网上签名寄语、“关爱贫困留守儿童——移动爱心电话卡赠送”等活动。是年，完成7所乡村小学少年宫建设。将冷水江市一中学生心理辅导教育经验向全市推广。2013年，完成第三批中央彩票专项公益金支持乡村学校少年宫建设。娄底一小建成省级少年心理健康教育辅导站，为未成年人健康成长营造良好环境。2015年，推动社会主义核心价值观进学校、进教材、进课堂。开展“我的中国梦”“经典诵读”“优秀童谣传唱”等主题活动。2017年，举办第一届全市“文明校园”和年度“美德少年”评选活动，评选市级“文明校园”23所、“十佳美德少年”10名、“美德少年”30名。同时挖掘传统节日的文化内涵和教育价值，组织开展“我们的节日”系列活动，涟源市承办省“清明祭英烈”主题教育活动。是年，深化家校联动，市中心城区25所中小学校全部建立“家长学校”，并定期举办公益讲座和家长座谈会。

三、文明单位创建

1990年，全地区推行“双文明”建设目标管理责任制，把文明创建目标任务分解落实到基层。1991年，地区精神文明建设工作会议召开，制定《娄底地区“八五”期间社会主义精神文明建设规划（草案）》，加强文明单位建设和管理。1992年，省文明办在娄底召开全省精神文明建设现场工作会议。1993年，地委宣传部组织全地区18个行业开展“岗位学雷锋、行业创十佳”活动，授予“学雷锋标兵”称号167人。1994年，地委宣传部制定《娄底地区文明单位管理办法》，组织160余个单位申报省级、地级文明单位，获地级文明单位称号30个。1996年，地委宣传部在10家大型集贸市场开展“文明建设进市场”活动，组织经营者、管理者、消费者共建文明市场。1997年，地区精神文明建设指导委员会成立。地委宣传部出台《娄底地区社会精神文明建设“九五”规划》，开展以“让机关优起来、让城市美起来、让窗口亮起来、让乡村富起来”为总体目标的创文明机关、创文明城市、创文明窗口、创文明村镇活动（以下简称“四大创建”）。1998年，全地区完成前4年省、地级文明单位复查和认定工作，报请省委、地委批准保留地级文明单位称号105个，撤销地级文明单位称号28个，保留省级文明单位称号15个，撤销省级文明单位称号7个。1999年，全地区持续推进“四大创建”活动。双峰县被评为全国文明村镇建设示范县、省文明建设先进县。涟源市茅塘镇石门村被评为全省文明村。娄底市获评省级文明单位7个，获评地级文明单位20个。

2000年，娄底市着力为民办好事实事，提高城乡文明程度和群众精神文化生活质量。2003年，市政府制定《娄底市城市环境卫生管理办法》，开展“创文明卫生机关、文明卫生街道、文明卫生车站”系列活动，完成城区主要街道临街建筑装饰亮化工作。2004年，市政府在城镇开展“共铸诚信”道德教育，评选“十佳文明经营户”“十佳文明市民”。在农村开展“星级农户”评选活动，着力改变农村封建迷信、打牌赌博等陈规陋习，倡导改水、改厕、改猪圈等科学文明生活方式。是年，市文明办对县（市、区）“三个文明”（即物质文明、政治文明、精神文明）创建工作进行目标管理，制定考核指标和管理办法，取代以往各行业各部门各自为政的管理考核办法，搭建娄底市文明创建综合目标管理体系。2006年，市文明办围绕省级文明城市创建目标，全面开展社会治安、市容市貌与环境卫生、市场秩序、交通秩序四个专项整治行动，引导市民参与文明创建。2007年，省精神文明创建工作表彰大会在娄底召开，推介娄底文明创建成功经验。9月，北京国际城市发展研究院发布《中国城市品牌价值报告》，娄底位居全国十大宜居城市第8名。2008年，娄底市开展“文明创建进农家”“迎奥运、讲文明、树新风”“百城万店无假货”等系列创建活动。3月，省“百城万店无假货”活动启动仪式在娄底举行，娄底春园商业步行街代表全省商业企业发出诚信经营倡议。是年，市委宣传部、市文明办组织文明单位评选活动，评选表彰34个市级文明单位。推荐双峰县梓门桥镇等8个单位申报全国精神文明建设先进单位和文明村镇，市气象局等20个单位申报全省文明单位和文明标兵单位。

2010年，全市开展“十不”文明行为规范宣传教育、志愿服务、娄底首届道德模范评选表彰等活动，提升市民文明素养。市文明办制定《娄底市文明村、文明社区、文明院落、文明栋楼、五星文明户评选活动实施方案》，在中心城区开展环境卫生百日整治行动，评选表彰环卫优秀社区10个。娄底市开展社区建设对口帮扶行动，市、县两级帮扶单位出动5600人次参与社区文明创建，拨付创建资金292.05万元。2011年，市电业局和中国移动娄底分公司被评为全国文明单位，市工商局“12315”（热线）等11个窗口单位被评为省级文明单位，涟源市龙塘镇宽家村被评为省级文明村。是年，市委宣传部、市文明办命名表彰39个市级文明单位。2012年，市文明办对1988—2012年已获市级文明称号的单位进行全面复查并报请市委批准，保留242个文明行业、文明单位称号，撤销18个单位的市级文明单位称号。2013年，全市加大“讲文明、树新风”公益广告宣传力度。市直各类宣传媒体发布公益广告4万余条。相关部门、企业制作立柱广告、路灯广告、公交站台广告等4800余平方米，建筑工地围挡发布公益广告500余条。2014年，冷水江市“锑都道德讲堂”志愿者讲师联盟被文化部评为“文化志愿服务推进年”系列活动示范项目。全市40余万名志愿服务人员、330个志愿服务组织以学雷锋活动、中国青少年心灵成长“十百千万”工程（即全国每年新增10个城市心灵家园、无偿帮助100名青少年实现心灵成长、招募和培训1000名志愿工作者投身公益活动、影响和帮助10000个家庭）为抓手，开展省运会残运会志愿服务、国家卫生城市创建、文明卫生交通劝导等多层面志愿服务活动。

2012—2014年，新化县、双峰县被评为省级文明县城，双峰县青树坪镇被评为省级文明村镇，娄星区地方税务局、市检察院等7个单位被评为省级文明标兵单位，市住房和城乡建设局等24个单位被评为省级文明单位。2016年，娄星区石井镇等5个乡镇被评为省级文明村镇，中国联通娄底分公司等7个单位被评为省级文明标兵单位，市纪委等21个单位被评为省级文明单位，娄底市5个家庭被评为省级文明家庭。2017年，全市深化培育践行社会主义核心价值观。全市评选出文明村镇7个、文明单位88个、文明标兵单位10个。市审计局、市国家税务局、涟源市国家税务局、中国移动娄底分公司、国网娄底供电分公司保留全国文明单位称号。双峰县荷叶镇、新化县上梅镇、双峰县梓门镇、冷水江市眉山村、冷水江市金连村保留全国文明村镇称号。娄星区石塘村、双峰县荷塘村、新化县油溪桥村被评为第五届全国文明村镇。双峰县国家税务局、涟源市检察院、娄星区地方税务局、冷水江市国家税务局被评为第五届全国文明单位。娄星区吉星小学被评为第五届全国文明校园。

四、文明城市创建

省级文明城市创建　1997年，地委、行署制定《关于在全区开展创建文明城市活动的意见》，在全地区开展以“优美环境、优良秩序、优质服务”“提升市民文明素质、提高城市文明程度”为主要内容的文明城市创建活动。1999—2002年，市委、市政府确定中心城区为创建省级文明城市的各种目标，并全面做出各种部署，提出“省外学大连、张家港，省内学衡阳”工作思路，把创建文明街道、文明小区作为创建省级文明城市的基础。2003年，各级新闻媒体开设专栏专题，各行各业利用橱窗、标语、宣传手册等形式，加大宣传力度，营造创建省级文明城市的工作氛围，发动市民参与“提高城市品位、建设美好家园”行动。市文明办开展文明创建大讨论和知识竞赛活动，中心城区有10名市民参与。2004年，全市开展以“改陋习、树新风”为主题的市民素质教育。市文明办组织开展文明创建万人签名活动，联合卫生部门对城区主要街道、公众聚集场所进行2次卫生大检查。2005年，市委、市政府成立创建省级文明城市领导小组及办公室，把文明城市创建工作纳入总体工作部署和城市建设总体规划，制定实施方案，印制发放《文明市民手册》10万册，制作高标准永久性宣传牌。各新闻媒体开设“文明城市大家谈”专栏专题。市委宣传部组织“创建文明城市、构建和谐娄底”专题征文和知识竞赛。2006年，市委、市政府采取“四个集中”（市委、市政府领导召开高规格创建动员大会，分解落实工作职责，做到力量集中、部门协作），将省级文明城市创建工作推入高潮。市委宣传部强化新闻宣传，制作公益广告，群发宣传短信，组织“娄底精神”大讨论，以“坚韧、勤奋、尚德、自强”娄底城市精神凝聚人心，形成全民参与的文明创建社会氛围。有关部门全面开展社会治安、市容市貌与环境卫生、市场秩序、交通秩序四个专项整治行动，使城区面貌焕然一新。是年，娄底市省级文明城市创建工作通过检查验收。2007年3月，省精神文明创建工作表彰大会在娄底市召开。娄底市被授予省级文明城市称号。市委、市政府决定以此为契机，巩固创建省级文明城市成果，完善文明城市管理和城区环境卫生管理长效机制，启动全国优秀旅游城市、全国森林生态城市、全国卫生城市创建，为创建全国文明城市奠定基础。

全国文明城市创建　2010年，市委、市政府做出创建全国文明城市决定，并召开动员大会，启动全国文明城市创建工作，印发市委书记、市长致全体市民公开信、倡议书、《文明市民守则》。相关单位签订《创建工作目标管理责任状》，制作城市形象宣传牌、公益广告、集团彩铃、群发短信。中心城区机关院落和居民社区建立文明创建宣传栏，建设工地绘制宣传标语，在全省率先建立“文明市民学校”，形成全界面、无死角宣传声势。中心城区55个社区开展环境卫生百日整治行动，新增社区保洁人员506人，开展市区净化社会文化环境行动，出动执法人员6909人次，清理积存垃圾10.9万余吨，建成各类环卫设施2300余个，查处违法经营单位359家。其中停业整顿52家，取缔“黑网吧”34家。2011年，娄底市科学分解创建工作任务，强化创建工作宣传教育，持续办好“文明市民学校”，再版印发《娄底文明市民手册》10余万册。组织“百日文明劝导”“文明交通行动计划”主题创建活动，参与市民40余万人次。2013年，创建国家卫生城市工作进入攻坚阶段。市委宣传部、创建办制定《2013年娄底市创建国家卫生城市宣传方案》《关于做好迎接国家卫生城市技术评估宣传工作方案》，开展户外广告（门店招牌）整治、“牛皮癣”清除、“创卫”民调及文明卫生劝导等活动。2015年，娄底市获“全国文明城市提名城市”资格。全市以创建全国文明城市为总目标，市、县、乡、村四级联动，开展新一轮全国文明城市、全国社会管理综合治理优秀市、全国基层组织建设先进市“三个创建”活动。坚持问题导向，落实创建责任，瞄准短板发力。对创建任务进行科学分解、集中交办，突出解决经济发展水平低、市民文明素质不高、市场管理不到位、城市配套基础设施和教育文化服务设施不健全等问题。2016年，市直各单位、各部门和娄星区落实《娄底市创建全国文明城市问责办法》，联动开展市容环境、农贸市场、交通秩序等专项整治，提升城市文明形象。2017年，市委、市政府对14家文明创建牵头单位、30家重点责任单位和136家责任单位开展常态化督查，实行月考评、季讲评、年考核制度。开设“创文管卫曝光台”，曝光存在的问题，及时交办整改。加大部门联动力度，提升创建成效。是年，娄底市创建全国文明城市测评成绩87.6分，较上年提高3.85分。再获“全国文明城市提名城市”资格，进入下一轮2018—2020年全国文明城市创建考评范围。

文明县城创建　1997年，地委、行署制定《关于在全区开展创建文明城市活动的意见》，娄底市、涟源市、冷水江市、新化县、双峰县认真抓好城区文明街道创建、文明小区创建。全地区编印《市民公约》《文明市民手册》10万余册，创建文明示范街道6条、文明小区7个。1998年，娄底市（县级）获评全国绿化先进市，乐坪街和长青街分别获评全省样板街和文明示范街。2003年，市文明委、爱卫会对娄星区、涟源市、冷水江市、新化县、双峰县城区主要街道、公众聚集场所进行2次全面卫生检查。双峰县开展“创文明城镇、文明单位、文明家庭、树社会新风、树双峰形象”活动。2004年，市委宣传部指导娄星区花山办事处铁东社区开展文明社区试点工作，建设长160米、拥有41个宣传橱窗和5个展示板块的精神文明建设文化长廊，开展“五星文明户”评选活动，评选表彰20个“五星文明户”。2005—2011年，各县、市、区围绕“争创文明城市、共建美好家园”工作目标，以创建活动为载体，加强宣传教育、评选文明家庭、创建文明社区、劝导文明言行，推进文明创建工作。2012年，新化县获评省级文明县城。2014年，双峰县获评省级文明县城，冷水江市、涟源市获评省级文明城市。截至是年底，娄底市所有县、市、区均获评省级文明城市（县城）。2015—2017年，各县、市、区文明县城创建工作成果继续得到巩固。

第六章　统一战线工作

第一节　工作机构与队伍

一、工作机构

1990年，地委统战部内设办公室、干部科、业务科。3月，地区政协联络工作委员会（以下简称政协联工委）成立并单列，原挂靠地委统战部的政协联络处工作职能及人员移至政协联工委。1991年，地委统战部增设经济科，业务科改为党派科。9月，地区社会主义学校成立，归口地委统战部管理。1992年2月，民族宗教事务办公室从地委统战部转隶地区行署办公室。1993年6月，地区工商业联合会（以下简称地区工商联）成立，归口地委统战部。1994年1月，地区社会主义学校确定为正处级机构。11月，地区归国华侨侨眷联合会与地区侨务办公室（以下简称地区侨联）分设，归口地委统战部。1995年，地委对台工作办公室（加挂行署台湾事务办公室牌子，以下简称地区台办）并入地委统战部作为内设机构。是年，地委统战部内设办公室、干部党派科、经济联络科、台办等4个职能科室。1998年8月，地区社会主义学校更名为地区社会主义学院。2002年，市民族宗教事务局（以下简称市民宗局）为副处级机构，转隶市委统战部。2004年，市台办升格为正处级机构并单列，市民宗局单列。2005—2008年，市委统战部内设机构和归口管理单位保持不变。2009年，内设机构新增民族宗教工作科、海外联谊会办公室，内设机构增至5个。2015年，机构改革，市民宗局转隶市政府办公室，市委统战部内设机构和归口管理单位保持不变，办公室加挂研究室牌子。2017年，市委统战部内设办公室、干部党派科、海外联谊办公室、经济联络科、党外知识分子工作科、非公有制经济组织工作委员会办公室等6个科室，归口管理市台办、市工商联、市侨联、市社会主义学院。

1990年，新化县、双峰县、娄底市（县级）、涟源市、冷水江市均设有县（市）委统战部。所有乡镇未设专门统战机构，仅配备1名专职或兼职统战工作人员，统战工作由乡镇党委宣传委员兼管。各大型企业、大专院校未设专门统战机构，统战工作由相关部门兼管。1999年，娄底市（县级）委统战部更名为娄星区委统战部。2001年始，涟源钢铁总厂、涟邵矿务局、金竹山电厂、锡矿山矿务局等大型国有企业，湖南人文科技学院、娄底职业技术学院等大专院校党委相继设立统战部。市、县（市、区）直属局以上单位和中专学校均安排1名副职领导分管统战工作，确定1个科室（部门）负责具体统战工作。截至2017年，全市基层统战机构基本完备。县（市、区）、大型企业、大专院校均建立统战部，市、县（市、区）直属局以上单位，乡镇及中专学校均配备专、兼职统战工作人员。

二、统战队伍

1990年，地委贯彻中共中央关于加强新时期统一战线建设的方针政策，全面加强统一战线班子建设、组织建设，思想建设，不断壮大统一战线队伍，建立完善工作机制和工作制度，全地区地、县两级统战系统专职工作人员有102人，其中统战部50人（含地委统战部12人）、台办14人、侨联17人、工商联21人。乡镇统战干部有209人，其中专职17人、兼职192人。是年，地委统战部部长未担任地委委员，县（市）委统战部部长兼任县（市）政协副主席，未担任县（市）委常委。2000年始，县、市、区委统战部部长均担任同级党委常委。2001年始，乡镇党委委员职数在9席以上（含9席）的均配备1名专职统战委员，9席以下的由1名副书记兼管统战工作。2006年始，按中央规定，市委统战部部长兼任市委常委，县（市、区）委统战部部长兼任县（市、区）委常委。截至2017年，市、县（市、区）两级统战系统专职工作人员有148人，其中统战部70人、台办23人、侨务系统17人、工商联38人。乡镇统战干部有139人，其中专职16人、兼职123人。因乡镇合并，乡镇统战干部比1990年有所减少。截至2017年，全市统一战线成员及其工作对象，由1990年的不足10万人扩展至2017年的40余万人。全市民主党派市级组织由1990年的零个，发展到2017年的4个，基层组织（支部）由1990年的6个增加到2017年的60个，民主党派成员由1990年的134人增至2017年的1432人，增长9.7倍。

第二节　民主党派工作

一、协助民主党派自身建设

1990，地区各级统战部门贯彻执行《中共中央关于坚持和完善中国共产党领导的多多合作和政治协商制度的意见》，加强与党外人士合作共事，协助中国民主同盟、中国民主建国会、中国民主促进会、中国农工民主党、九三学社（以下分别简称民盟、民建、民进、农工党、九三学社）等各民主党派加强思想建设、组织建设、班子建设、制度建设和机关建设，并按中央统战部、中央组织部《关于在民主党派负责人、无党派上层爱国人士中发展共产党员问题的规定》，鼓励一部分人士继续留在党外工作。是年3月，协助民盟娄底师专支部成立，涟源市4名民盟成员恢复盟籍。协助九三学社省委冷水江市直属支社相继建立冷水江市机关支社、冷水江钢铁厂支社、锡矿山矿务局支社、金竹山电厂支社。1991年5月，协助民盟省委成立直属涟源市支部。是年，地委统战部针对九三学社娄底市支社领导班子建设存在的问题，在充分调查的基础上，配合九三学社省委对九三学社娄底市支部班子成员进行集体交流和个别交谈，开展耐心细致的政治思想工作，用批评与自我批评方式妥善解决不团结的问题。1992年，地委统战部贯彻执行中央统战部、中央组织部《关于加强和改善各级人民政府及司法机关中党同党外人士合作共事的意见》，正确处理吸收优秀知识分子入党与有意识地让他们留在党外工作的关系。是年5月，协助成立九三学社娄底市委员会。1993年，地委统战部仔细听取支部成员和盟员意见，妥善处理民盟娄底师专支部内部矛盾不团结问题，工作恢复正常。4月，协助成立农工党双峰县总支部委员会。5月，协助成立民盟涟钢支部。是年始，地委统战部采取举办培训班、召开座谈会、选派骨干参加上级专题学习、组织党派成员赴外地“取经”等方式，对各民主党派成员进行政治培养和思想教育。1994年，地委统战部、涟源市委统战部针对民盟涟源支部配合民盟省委对其班子成员采取逐个谈心和集体交心方式，较好地解决班子成员不团结问题。4月，协助民建省委建立冷水江市支部，发展成员6名。1995年4月，协助成立农工党双峰县委员会并召开第一次代表大会，选举产生农工党双峰县第一届委员会。12月，协助成立九三学社冷水江市委员会。1996年，地委统战部贯彻执行中央统战部、中央组织部《关于做好向民主党派推荐部分党外优秀知识分子作为发展对象工作的意见》，坚持“四个注意”（注意重点分工范围和对象、注意政治质量和代表性、注意听取所在单位党组织的意见、注意发展前后的教育和严格审批手续）原则，向各民主党派推荐发展对象人选。1996年起，地委统战部协同各民主党派贯彻八个民主党派中央分别于1996年、1999年、2004年先后下发的《关于民主党派组织发展若干问题座谈会纪要》《各民主党派中央关于加强自身建设若干问题座谈会纪要》《关于进一步做好民主党派组织发展工作座谈会纪要》，重申各党派组织发展分工，再次强调必须坚持“以协商确定的范围和对象为主、以大中城市为主、以有代表性的人士为主和注重质量、保持特色”的方针，规范民主党派组织发展工作，逐步解决民主党派特色趋同、成员交叉、跨界别、跨区域发展问题。1998年3月，协助民盟成立涟源市委员会，9月，协助成立民盟娄底市（县级）委员会。1999年7—8月，先后协助成立九三学社娄底市委筹备委员会、民盟娄底市委筹备委员会。11月，协助成立民进新化县总支部委员会。

2000年3月，市委召开常委会议，为民盟市委和九三学社市委解决人员编制、办公经费等问题，分别核定行政编制3名。5月，市委统战部协助民盟娄底市委、九三学社娄底市委分别召开第一届代表大会，选举产生各自第一届娄底市委员会。8月，协助成立民盟娄底市直属支部。2001年6月，协助成立民盟春元中学支部。2005年起，协助民建、农工党在娄底市发展成员，建立组织。2007年12月，协助成立民建、农工党娄底市筹备委员会。2009年，市委统战部贯彻执行中央统战部《关于协助民主党派进一步做好组织发展工作若干问题的意见》，进一步帮助民主党派物色和培养一批新的代表人物和领导骨干。2010年4月，协助成立民进新化县工作委员会并召开第一次代表大会，选举产生民进新化县工委第一届委员会，下辖8个支部。2013年10月，协助成立民建冷水江市总支部，下设3个分支部。2014年10月，协助成立民建娄底市直支部。12月，协助成立民建娄星区支部。2015年4月，协助民建、农工党分别召开娄底市第一次会员代表大会，选举产生民建、农工党娄底市第一届委员会。2016年8月，协助成立民建市中心医院支部。市委统战部选送民盟、民建、九三学社娄底市委主委参加中央社会主义学院全国市级组织主委培训班、全国政协基层委员培训班学习。民盟娄底市委先后获得民盟中央授予的“思想建设先进集体”“坚持和发展中国特色社会主义教育实践活动先进集体”称号。截至2017年底，全市有民主党派5个，其中民盟、民建、农工党、九三学社建立市级组织，建立县级组织7个，其中民盟2个、民建2个、九三学社2个、民进1个。民主党派基层组织（支部）由1990年的6个增至2017年的60个，其中民盟26个、民建9个、民进5个、农工党10个、九三学社10个。民主党派成员由1990年的134人增至2017年的1432人，增长9.7倍。

二、贯彻多党合作方针政策

1990年，地委贯彻《中共中央关于坚持和完善中国共产党领导的多党合作和政治协商制度的意见》，把同民主党派合作共事作为一项全地区政治、经济、社会发展的长期战略，坚持和完善民主党派参政议政制度、民主党派后备干部培养选拔制度、党同民主党派合作共事、民主协商、民主监督制度。全地区各纪检监察部门将坚持多党合作方针和引导党外人士参政议政，作为党纪、政纪监督检查的重要内容。1993年12月，地委召开全地区民主党派负责人座谈会，协商多党合作事宜，帮助各民主党派建立“三个制度”（机关工作制度、定期学习制度、组织生活制度），解决民主党派工作经费问题，改善工作条件。1995年，贯彻《中共中央关于进一步加强中国共产党领导的多党合作和政治协商制度建设的意见》，地委印发《关于进一步完善同各民主党派政治协商的几项规定》，明确政治协商意义，规范政治协商的内容、方式和程序，地委、行署出台重大政策决策、部署重大工作、作出重要人事任免、解决人民群众关心的重大问题时，均须广泛征求民主党派的意见和建议。是年始，地委主要领导人每年邀请各民主党派、工商联主要负责人和无党派代表人士参加1~2次民主协商会。地委、行署、人大、政协领导和民主党派成员、工商联负责人、无党派代表人士交友交心。地委每半年召开1次民主党派、工商联、无党派代表人士座谈会，还委托地委办、地委统战部随时召集有关部门负责人和民主党派、工商联、无党派代表人士就某些专题进行座谈。各民主党派、工商联和无党派人士就国家和地方大政方针及现代化建设中的重要问题，向地委、行署提出书面建议。地委、行署还邀请民主党派负责人和党外代表人士参加对有关重要工作的检查验收。1996年12月，地委按照全国、全省党同党外人士合作共事经验交流会精神，加大党外干部选拔力度，密切党同党外人士合作共事关系。1997年2月23日，地委召开首次全地区民主党派与党外人士合作共事经验交流会。2005年10月26日，市委书记蔡力峰主持召开党外人士座谈会，就《娄底市国民经济和社会发展“十一五”规划基本思路（征求意见稿）》听取民主党派、工商联和无党派代表人士的意见和建议。2008年5月27日，市委统战部举办“坚持多党合作制度，促进政党关系和谐”主题培训班，组织党外县处级领导干部、民主党派和工商联负责人学习领会中共十七大精神。2009年9月25日，市委召开庆祝多党合作制度建立60周年座谈会，各民主党派负责人及成员代表参加，市委书记林武出席并讲话。2010—2017年，全市稳步推进多党合作战略方针，促进经济社会发展。市委主持召开合作共事专题会、经验交流会、座谈会等90场次，开展合作共事专题调研与理论探讨68场次。

三、支持参政议政和民主监督

政治安排　1990—2017年，全市统战部门协助同级党委认真做好民主党派人士政治安排，全市累计有478名民主党派和无党派人士被选为县（市、区）人大代表，占代表总数30.4%。84人被选为县（市、区）人大常委会委员，占常委总数27.9%。36人被推选为县（市、区）人大常委会副主任。12人被推选为副县（市、区）长。31人被推选担任县（市、区）政府部门负责人。民主党派和无党派人士担任县（市、区）政协委员563名，占委员总数60.8%，担任县（市、区）政协常委93名，占常委总数60.8%。全国人大代表2名，省人大代表8名，省政协委员14名。

1999年，娄底撤地设市，根据宪法和政协章程建立娄底市人民代表大会、政协娄底市委员会（以下简称“两会”）。至2017年，先后召开五届人大、政协全会。历届人民代表大会和人民政治协商会议均按照规定，推选民主党派成员和无党派人士候选人，确保民主党派人士在“两会”代表、委员中占适当比例。第一届市人大民主党派和无党派人士当选代表54名，占代表总数的14%；第二届84名，占21.4%；第三届85名，占21%；第四届109名，占26.9%；第五届142名，占35%。第一届市人政协民主党派和无党派人士委员174名，占62.7%；第二届180名，占60.4%；第三届203名，占57.3%；第四届198名，占60.9%；第五届202名，占60.5%。1990—2017年，全市累计安排306名民主党派成员、无党派人士到市、县、乡三级政府部门任职，其中，副科级干部119人，正科级干部97人。副处级干部62人，正处级干部20人。各县（市、区）人大、政府和政协领导16人，副厅级以上干部8人。

采纳议案提案　1990年，民主党派和无党派人大代表和政协委员紧扣娄底实际，围绕改革开放和建设，向各级人民代表大会和政协会议提交议案提案。民建会员姚绮云连续担任第七届、第八届全国人大代表，其间，提交建议、议案161件。其中，在八届全国人大二次会议提交《关于帮助部分煤炭企业走出困境的议案》《关于减免煤炭企业增值税的建议》得到国务院的重视。国务院拨款40亿元资金支持湖南冶金、电力行业偿还拖欠煤企货款，煤炭行业增值税从17%降至13%，中央财政每年增加17.1亿元煤企亏损补贴，缓解了湖南重点煤炭企业的困难。《关于恳请国务院尽快理顺化肥价格机制和支持资江氮肥厂扩建18万吨合成氨、30万吨尿素工程纳入国家“九五”计划尽快实施》的议案，得到中共中央、国务院肯定，资氮扩建工程顺利上马，化肥产量大幅增加。1999年8月，民建会员姜维敏在娄底市政协一届一次会议上提交《关于国有企业改革的几点建议》的提案，市政府采纳后，取得国家核批债转股金额2.23亿元，剥离不良资产6.97亿元的经济效益。

2000—2012年，市委统战部支持民主党派围绕中心，服务大局，通过提交议案、提案广泛开展参政议政。九三学社成员、第九届全国人大代表刘美球，在九届五次会议上提交《修改〈反不正当竞争法〉》建议，得到中央相关部门重视。民盟娄底市委在市政协一届五次会议上，作《加强城区生活燃气管理，造福广大市民》提案发言，市政府高度重视，启动中心城区燃气改造工程，修通湘潭至娄底的天然气管道。民建支部在冷水江市政协议政会上，提交《关于冷水江市城区居民生活饮用水水质亟待改善的提案》，反映第一水厂水质问题和安全隐患，促成中共冷水江市委、市政府投资7000万元，改变取水地段，水质得以改善。民盟成员肖建威、陈百益委员等在市政协二届二次全会上，提交《关于尽快修好甘桂路，解决娄底四中师生出入难问题》提案，得到市政府领导现场办理，问题很快得到解决。九三学社社员王懂文在省政协九届三次全会上，作《以科学发展观指导资源型城市的转型》的大会发言，省长周伯华当即批示有关部门落实。九三学社社员钱局新在市人大二届三次会议上，提交《把娄底创建成为中国优秀旅游城市》提案，被主席团列为1号议案，得到市委、市政府重视。通过3年努力，娄底市成功获批中国优秀旅游城市。民盟市委在市政协二届三次会议上作《大力加强农村卫生建设、不断提高农民医疗和健康水平》提案发言。市委书记蔡力峰当即在提案发言稿上做出批示，交由相关单位妥善办理。九三学社娄底市委以九三学社中央名义向全国政协十一届三次全会递交《关于将罗盛教纪念馆列为爱国主义教育基地》的党派集体提案，获中共中央政治局委员、国务院副总理刘延东批示，并得到落实。民盟市委在市政协三届四次会议上，作《加强住房保障工作　推进幸福娄底建设》大会发言，得到市委、市政府主要领导批示，并作为市政协重点提案办理。

2013—2017年，市委统战部支持民主党派围绕“两个一百年”奋斗目标积极开展参政议政。在省政协十届五次，十一届三次、四次会议上，民盟娄底市主委邵瑛分别作《打响“湘军文化”品牌，推进文化强省建设》《加强职业病防治，促进社会和谐发展》《加大农村改厕力度，促进美丽乡村建设》的大会发言，得到省领导重视和采纳。九三学社市委集体提案《保护利用好水府庙湿地公园，着力打造长株潭生态后花园》，在省政协全会上做大会发言。湘潭和娄底两市签署《共同保护水府庙行动宣言》，促成国家、省对水府庙湿地公园保护的关注与投入。民进新化县总支部《积极创建健康城市努力提升生活品质》《关于稳步推进我市县级公立医院改革的建议》《加强传染病防控保障学生身体健康》的提案，在市政协作大会发言，被市委、市政府采纳。民建娄底市委围绕企业发展、民生保障、社会热点，提交建议、提案12件。均获采纳。农工党娄底市主委郭细军提交的《脊髓灰质炎疫苗剂型设计不合理导致巨大浪费》建议，在中央统战部《零讯》刊登，获中共中央政治局委员、国务院副总理刘延东批示，并交有关部门落实。

1999—2017年，第一届至第五届市人大、政协会议上，各民主党派人大代表、政协委员累计提交议案1777件，其中民盟700余件、民建35件、民进69件、农工党128件、九三学社845件，共被市委、市政府和有关部门采纳1629件，采纳率91.7%。

重视调研成果　1990年，娄底地委、行署和统战部门支持民主党派就全局性和战略性问题进行考察、调研。是年，九三学社冷水江市支社成员对道路交通问题开展专题调研，写出《关于加强娄底地区公路建设》的建议。娄底行署采纳该建议，成立公路建设指挥部，整修公路72千米，全地区“公路烂、行路难”问题初步得到解决。2000年，九三学社先后有《新农村建设基层干部有“四盼”》《输变电安装工程应充分考虑环境保护》《扶贫中农村危房改造工作存在“三难”困境亟待解决》等200余条建议被市委、市政府采用。2002年，市委出台《关于支持民主党派工商联搞好参政议政专题调研的意见》。各民主党派认真履行参政议政和民主监督职能，开展调查考察工作。民盟娄底市委调研报告《对娄底市农村剩余劳动力转移的调查与思考》，被民盟省委纳入向中共湖南省委、省政府汇报内容。调研论文《娄底市农村义务教育现状及对策》，在民盟中央举办的“民盟基础教育研讨会”上交流，并被收入《民盟湖南省委基础教育论文集》。2003年，九三学社调研突出以娄底经济社会发展为重点、以党委政府中心工作为重点、以群众关心的热点难点为重点，针对境内人地矛盾突出、农民增收缓慢状况，先后撰写十多篇有关“三农”问题的调研报告。其中，《农民增收的主要途径》《建立农村最低生活保障制度的积极探索》，被《光明日报》等媒体采用，《加大公共投入促进农民增收》在省政协全会上交流，并被《湖南日报》等媒体刊登。

2004年3月，民进新化县总支组织委员考察梅山龙宫，向县委、县政府提出发展旅游事业建议。2006年8月，配合民进省委开展《偏远山区妇女儿童身体状况调查》。2006年，提交《我市农村技能经济发展状况及对策建议》，引起市委、市政府重视。针对2008年初冰冻灾害，九三学社娄底市委提交《娄底市农牧业冰冻灾害评估研究》的调研报告，就发展避灾农业提出系列建议。2008—2009年，农工党娄底市委参与农工党中央考察活动，写出《关于制定重大医疗纠纷引发群体性事件应急处置预案》《畅通诉求渠道，维护法律尊严，构建和谐医患关系》等调研成果被市政府采纳，出台《娄底医患纠纷处置暂行规定》。2008年6月，民进新化县总支撰写《打造县域文化品牌推进县域经济发展》，为发展旅游经济支招。2009年9月，民进新化县总支开展小流域污染综合治理专题调研。2010—2014年，农工党娄底市委《巩固农村小水利，促进新农村建设》《加强食品安全管理，保障人民群众健康》《关于促进国家级经开区产城融合》《总结试点经验稳步推进医改》等调研报告，得到市委、市政府重视，并被采纳。2012年，九三学社社员石潇纯撰写的《公益文化应该试水资金筹集社会化运作》，被中央统战部《零讯》采用。2014年，民盟成员郭广军撰写的《深化职业教育综合改革，加快构建现代职业教育体系的对策建议》，获民盟中央第二届教育论坛“优秀论文奖”。民盟娄底市委《村镇建设规划管理亟待重视》课题调研报告，引起国家、省、市建设部门高度重视。民建市委筹委会提交《关于发展电子商务，助推娄底经济转型升级》调研报告，民建冷水江市总支部完成《关于全力推进我市循环经济发展的建议》调研报告。2015年，民建娄底市委向民建省委报送社情民意信息（以下简称信息）42条，民建省委采用15条。民建省委在娄底召开反映社情民意工作座谈会，推介娄底民建市委做法。2016年，组织会员参与省、市献计“十三五”活动，上报12篇建议意见。报送信息25条，民建中央采用1条，民建省委采用12条。2016—2017年，农工党娄底市委开展重点调研活动6次，完成调研报告13件。民盟娄底市委《严格保护水资源，促进发展可持续》《加快创新开放步伐，促进娄底农机产业转型升级》《稳步推进特色小镇建设，助力娄底经济加速转型升级》等调研成果，被政府部门采纳。2016年，民进新化县总支配合民进省委调研紫鹊界梯田保护问题、水车镇直乐村、炉观镇横山溪村贫困情况，为新化县扶贫攻坚建言献策。2017年，组织以“山区教师队伍建设”状况调研活动，写出《关于我县山区教师队伍建设的思考与建议》的调研报告，被县教育局采纳。九三学社娄底市委副主委彭淑媛撰写的《应推动政协民主监督与政府审计监督的协调配合》，被全国政协采用。九三学社娄底市委向市政府提交《振兴山区乡村共享美丽娄底》等系列调研报告。

1999—2017年，市委统战部与市政协联合组织各民主党派、无党派人士开展调研活动214次，向市委、市政府报送调研报告124篇。

第三节　对台工作

一、对台宣传

1990年，娄底地委对台办公室（以下简称地委台办）创办《娄底对台工作简报》，开展“涉台教育进党校、进社区、进课堂”活动，向广大群众宣传中央对台方针政策和法律法规。在《人民日报》海外版刊登娄底专版，宣传娄底投资环境、政策和项目。1991—1993年，地委台办在地委党校、大专院校、中小学及厂矿企业举办台海形势和涉台知识讲座25场次。1992年，地委对台办公室更名为地委台湾工作办公室。是年起，地委党校每期主体班均开设台湾问题专题讲座。分别在《华声报》《羊城晚报》刊登冷水江市、双峰县专版，宣传两地的投资环境、政策和项目。1994年，地委台办贯彻执行《中华人民共和国台湾同胞投资保护法》，编印祖国和平统一、改革开放政策、娄底发展环境等内容的宣传资料，向岛内台胞发送，开展宣传。5月，地委宣传部召开全地区对外宣传工作经验交流会，地委台办介绍对台宣传工作成绩和经验。2005年，全市贯彻执行《反分裂国家法》，市委统战部、市台办编印资料，向各大媒体发送稿件，召开各种会议，进行大力宣传。1月13日，市委、市政府在娄底宾馆召开全市对台工作会议。会议强调各级党委、政府要增强责任感和使命感，认真贯彻“和平统一、一国两制”方针，扎实做好对台工作。2006年，市台办编印《涉台知识问答》2万册，发至各市直单位、乡镇、学校和厂矿企业。2007年，利用《娄底日报》和其他媒体平台，在全市开展涉台知识有奖答题比赛。组织“我心中的宝岛台湾”征文比赛，收集作品3000余篇，评选优秀作品60篇。2008年8月28日，双峰县委统战部邀请上海台湾问题研究专家严安林博士为县委学习中心组作台湾形势专题讲座。2014年11月1日，十二届全国人大常委会第十一次会议决定将每年12月4日定为国家宪法日。是年起，每年12月4日，市台办将涉台法律法规、对台方针政策等资料编印成册，开展街头涉台普法宣传教育。2015年，市委统战部在娄底市职业技术学院、娄底第一中学、第一小学、星星实验学校、娄星区大科街道办事处小科社区、乐坪街道办事处街心社区等地创建首批涉台教育基地。2016年，制作涉台教育宣传牌50套，设置于市区涉台交流窗口单位、重点学校。

截至2017年，全市累计向中央人民广播电台对台广播部、中国国际广播电台、海峡之声广播电台、金陵之声广播电台和《人民日报》海外版、中国新闻社、《华声报》、《两岸关系》、《台湾工作通讯》等传统媒体平台，以及《华夏经纬网》《中国台湾网》《湘台连线》《湘台炫》公众号等自媒体平台发送对台宣传稿件8000余篇，其中对台评论稿件200余篇。

二、娄台交流交往

1990年起，大量娄籍台胞、在娄台属往返于大陆和台湾。地委统战部门和对台办在做好台胞接待服务工作的同时，制订工作计划，做好台胞中代表人物工作，促进两岸交流沟通。新化籍台胞刘修如发挥其在台影响力，以红十字会名义，为受水灾的家乡群众捐赠大米52.5吨，利用其主编的台湾《湖南文献》刊物介绍家乡风土人文和投资环境。1994年8月，新化籍台胞原台湾农业部门官员、80岁的退役中将罗次卿满怀爱乡之情，冒着酷暑率团赴新化县、双峰县考察农业，制订投资计划，因连日劳累，导致心脏病发作，病逝于考察途中。新化县委、县政府妥善处理其后事，得到其娄台两地亲属的理解。1997年始，曾氏宗亲会、湘乡同乡会（1949年前，娄底部分区域属湘乡县）、新化同乡会、华夏创意文化交流协会等，每年组织台胞返乡探亲交流。地区台办抓住机会，开展文化、教育、旅游、艺术、体育等多方面交流活动。1999年，娄底市第一届“青春娄底·湘中之光”活动举办，大批娄籍台胞受邀参加。2000—2005年，娄籍台胞返乡参观考察和旅游人数日渐增多，台胞与家乡联系日趋紧密。2006年，双峰县举办首届“海峡两岸曾国藩学术研讨会”，邀请部分在台曾氏后裔及众多娄籍台胞参加，获国台办、省台办大力支持。2007年，台湾政界人士高金素梅及一批台湾水果商应邀参加娄底市首届“台湾水果节暨共拥一轮明月”中秋晚会。2009年3月15日，台湾东森电视台总部专题企划部副主任陆惠玲及随行记者赴双峰县曾国藩故居采访。2015年，市台办邀请台湾大学、东吴大学20名大学生赴娄参加“娄台大学生携手走进富厚堂”活动。2016年，对台交流项目“村里长访娄”活动，以及“娄籍陆配欢喜回娘家·月是故乡明”活动先后举办。10月20—22日，由省社会主义学院、市政府共同主办，市社会主义学院承办的“湖南·两岸中华文化研讨交流会”在娄底举行。湘、台两地50余名专家学者围绕“弘扬中华优秀传统文化、实现中华民族伟大复兴”主题开展研讨交流。2017年，娄底市首次邀请台湾花莲县海星高中篮球队赴娄与娄底二中篮球队、冷水江市六中篮球队开展体育文化交流。同时，根据市委、市政府安排，市台办协同市委统战部组团赴台开展各种交流活动。

1990—2017年，全市累计邀请台湾交流团82个2000余人次赴娄交流。先后接待萧万长、蒋孝严、萧天瓒、罗次卿、张安乐、陈锡藩、郑安国、汪明生等一大批台湾政治、经济、文化、教育界知名人士赴娄参观访问。接待赴娄探亲观光台胞12968人次。组织赴台交流团组157个1000余人次，赴台观光探亲1486人次。娄籍市民赴台定居6人，台胞回娄定居68人。

三、经济合作

1990年，台商到大陆投资日渐增长。地委、行署出台相关政策，召开专门会议，统战、对台部门牵线搭桥，开展对台招商引资工作。1991年，娄底市、新化县、冷水江市等均有部分台资项目落户。1992年，全地区引进台资项目8个，台资1300万美元。签订台商意向合同15个，合同资金1亿元。1993年3月，台湾独资企业湖南垭南联实业有限公司、湖南能开五金制品有限公司在娄底成立。1994年，贯彻执行《中华人民共和国台湾同胞投资保护法》，大力开展对台招商引资工作，引进台资8800万美元。1995年始，台胞在娄投资办企热情逐渐高涨。至2004年，全市设立台资企业23家。2005年4月13日，市长刘云柱应“中华台海工商文化交流协会”邀请，率领市直有关单位负责人赴台进行为期10天的经贸交流与考察。2007年，市委统战部、市台办邀请台湾国产实业董事长林孝信赴娄考察水泥厂项目，确定在娄投资15亿元，兴建年产300万吨旋窑干法水泥生产线带余热发电项目，项目于2008年动工，2010年投产。2010年，台湾地区原副领导人萧万长、国民党原中常委萧天瓒、台湾南良集团董事长萧登波及台湾萧氏宗亲会成员应湖南九龙集团董事会邀请，多次赴娄考察投资项目。6月11日至17日，娄底市组团赴台参加“盛情湖南·相会台湾”暨第八届湘台经贸交流合作会。2011年8月，省台办、省发改委确立双峰县经济开发区为省级台资工业园。兴昂鞋业、荣诚国际、晟丰鞋业、新名婚纱等10家台资企业入驻该园区。2012—2017年，邀请台湾经贸考察团组赴娄考察31批280人次，组织赴台经贸考察团组23批210人次。截至2017年底，全市有台资企业48家，年产值5亿元，实现利税3000余万元。

第四节　海外联谊工作

1990年8月24日，娄底地区侨务系统宣传联络工作会议在娄底市召开，交流对外宣传联络工作经验，举办侨务宣传联络图片展。是年，美国密歇根大学电脑心理语言学博士田文，受美国李振翩基金总会会长李家瑞委托，专程从美国赴娄底振翩学校访问，受到振翩学校全体师生和地区党政领导欢迎。1995年10月11日，美国弗吉尼亚州汉利凯县工业总局局长F.I.艾格斯蒂南和里士满集团股份公司董事长格雷里·温菲尔德访问娄底，推动娄底市与美国汉利凯县建立友好城市关系。11月1日，地区首届海外联谊暨经贸洽谈会在娄底召开。1996年，地区统战系统邀请海外朋友70余人参加深圳、香港两个大型招商会，引进投资项目9个，引进资金4920万元。是年，全地区统战部门开展“力量大投入、感情大投入、服务大投入”活动，促成娄底九三地毯厂与匈牙利富兰克林公司合资兴办湖南富湘装饰工艺地毯公司，引进外资100万美元。1998年，地区统战系统先后组织专家学者2批22人次，赴东南亚和西欧国家参观考察。是年，全地区引进投资项目21个，引进外资1.18亿美元。1999年，娄底市举办第二届海外联谊暨经贸洽谈会，68位海外朋友参会。是年，娄底市与海内外客商签订投资项目31个，总投资5.17亿元，其中外资3.62亿元。2006年2月，市侨联和有关单位领导应邀访问美国，与美国相关州市签署外商投资协议3项，达成合作办学意向2项，与美国伊甸园市确立长期经贸合作战略伙伴关系，与明尼苏达州达成有关经贸协定。2008年12月，市侨联建立娄底市首个侨情电子档案库，进一步拓宽对外联系渠道。2009年6月，美国华侨进出口商会会长品家骧、旅美湖南同乡会会长陈泰行一行应邀访娄，市领导杨云辉、姚正先等参加会见。双方就娄底中小型企业在美国上市、娄底商品参加美国会展、娄底在美设立综合办事机构、开展城市对等交往，以及投资娄底交通、能源、旅游、紧密件制造等项目深入交换意见。11月，市侨联应日本侨报社社长、日中交流研究所所长段跃中邀请，组织文化交流团出访日本，并成立旅日“娄底同乡会”。

2010年9月，市委出台《中共娄底市委关于进一步加强侨联工作的意见》。2011年10月，旅美娄底同乡会、旅加娄底同乡会相继于美国纽约、加拿大多伦多成立，共有会员200余名。2015年2月，娄底留学生及家属联合会成立。11月，市侨商联合会成立。2017年，市委统战部、市侨联共同举办“海外侨胞故乡行”活动，吸引俄罗斯、老挝等国20余名海外侨胞赴娄参观考察，并与新化县政府达成城市综合体建设投资合作意向。截至是年底，市委统战、市侨联系统参与招商、经贸、文化活动120余次，接待侨商外商200余人次，引进或参与引进规模以上侨资外资企业29家、较大项目76个，引进侨资外资30余亿元，实现年产值100余亿元、年税收6.29亿元，提供就业岗位1.2万个。

第五节　党外代表人士与新的社会阶层工作

一、党外代表人士工作

1990年，全地区各级统战部门围绕经济建设这个中心，团结各民主党派、工商联和党外代表人士，发挥他们的技术特长和优势，为经济建设和社会发展出力献策。是年，涟钢统战部门动员3000余名知识分子向厂里建言献策，收集合理化建议1140条、“小改小革”项目727项，创经济效益830万元，完成爱厂集资118万元。党外代表人士、娄底市政协副主席龙云彬，担任涟钢炼铁分厂厂长，利用专业知识和管理经验，一举扭转高炉生产严重滑坡被动局面，实现炼铁分厂年增生铁4万吨。全厂当年实现利润1400万元。1992年，地委召开全地区各界人士表彰会议。地委统战部和地区政协联工委召开4次党外人士座谈会，听取党外人士对地委、行署工作意见和建议。党外人士就如何推进娄底改革开放，搞好科技兴娄、科技兴农，进一步加快工商企业发展等问题向地委、行署提出意见建议80余条。锡矿山矿务局党委发挥党外知识分子优势特长为企业生产做贡献。党外青年知识分子刘伯龙，带领科研攻关小组，研制出联合法生产焦锑酸钠、胶体五氧化二锑的新工艺，提高锑矿生产效率，降低企业运营成本。

1993—1995年，地委召开党外人士座谈会31次，1230人次参加。地委在地直机构改革时，为监察、文化、卫生、检察、法院、工商、审计、教委和科委等9个单位增配党外人士领导干部职数。地委组织部、统战部联合下发《关于在乡镇（办事处）配备党外副乡镇长（副主任）的通知》，适当增配乡镇党外领导干部职数。是年，地委统战部向省委统战部上报娄底地区党外后备干部名额10名，向省社会主义学院输送党外学员8名，安排315名处、科级党外干部参加地区社会主义学院培训。1996年，地委统战部考察150名党外知识分子和党外副科级干部，向地委组织部推荐处级后备干部11名、专员助理1名，向5个县（市）政府推荐党外副县（市）长候选人5名，向县（市）政府各部门推荐党外科级干部12名。地区检察院、法院、审计局、工商局、监察局等单位公开招聘5名党外人士担任副处级干部。是年，湖南省党同党外人士合作座谈会在娄底召开。1997年，地、县两级统战部门对全地区1200名副科级以上党外干部（其中女性党外干部300名）德才情况进行全面考查，增配党外副乡（镇）长8名，推选19名党外干部到政府职能部门任职，其中处级干部7名。3月14日，娄底地区党同党外人士合作共事经验交流会在地委接待处召开。是年，全地区50年代至90年代担任县（市）人大、政府、政协领导职务的72名党外干部待遇不一问题得到妥善解决。1998年，全地区进一步落实与党外人士交友工作制度。地委和各县（市）主要领导与180余名党外人士交友。地委统战部向县（市）推荐党外副县（市）长候选人5名、人大常委会副主任候选人6名、政协副主席候选人19名。1999年，市委下发《关于进一步做好党外人士培养、选拔、使用工作的意见》，强调在机构改革中，必须注重党外干部安排。市委组织部、统战部联合下发《关于搞好党外县处级后备干部队伍建设的通知》，对党外后备干部队伍建设作出新部署。是年，向各县（市）推荐党外人大常委会副主任候选人1名，党外副县（市）长候选人1名，党外政协副主席候选人5名。推荐党外政协委员候选人153名。

2000年，市委统战部选送10名党外干部到中央社会主义学院和省社会主义学院学习。市委组织部、统战部、市社会主义学院联合举办党外中青年干部培训班1期，培训党外处级后备干部45名。是年，市、县、区委统战部推选安排各县（市、区）政府职能部门和司法机关党外领导干部42名、党外副乡（镇）长33名、工商联兼职副会长10名。2004年10月15日，市委主持召开娄底市党同党外人士合作共事经验交流会暨培养选拔党外干部工作会议。14个单位和个人在会上作典型发言，介绍党同党外人士合作共事经验。是年，市政府职能部门和司法机关安排党外处级领导干部6名。是年，全市共有党外处级领导干部16名。涟源市安排5名党外人士到政府职能部门担任科级领导职务，其中部分担任正职。2007年4月，市委统战部组织全市无党派人士参加“献策富民强市”活动，对各级党政机关、事业单位，大中型国有企业、私营企业、外资企业、人民团体、中介组织中具有中级以上技术职称的党外知识分子进行全面调查摸底。全市登记党外知识分子36601名，其中具有本科以上学历12886名、副高以上职称1351人。2009年，市、县两级统战部、工商联召开座谈会20次，参加座谈的非公有制经济代表人士200余名。2011年4月28日，娄底市党外知识分子联谊会成立，共有理事会会员93人。会议选举市政府副市长鄢福初为第一届理事会会长，黄祥刚等9名党外知识分子为理事会副会长。5月26日，市委召开党同党外人士合作共事经验交流会，市委书记林武强调要充分认识党同党外人士合作共事的重要性，着力提高党同党外人士合作共事的水平，始终把握正确方向，突出服务质量，抓好队伍建设，切实加强党对合作共事的领导，完善制度，形成合力。2013年7月，市委统战部制定印发《娄底市党外代表人士队伍建设“三三五”党外人才计划实施方案》，力争用3~5年时间，发现、培养30名高层次党外代表人士，300名统一战线各领域党外代表人士，500名党外后备人才。是年，配备市政府职能部门党外处级领导干部正职4名、市政协机关委室党外干部正职1名。各县（市、区）安排政府职能部门党外正职领导干部34名。2014年11月，市委统战部制定印发《娄底市各领域党外代表人士综合评价办法（试行）》。2016年，市委统战部组织16名市级党员领导干部与32名党外代表人士结对交友，并赴岳阳开展为期3天的异地谈心交流活动。是年，市、县两级人大、政协换届，建立党委、政府、人大、政协换届工作联席会议制度，做好党外人大代表和政协委员推荐、提名、考察工作，并对1826名非公有制经济人士进行综合评价。2017年，全市统战部门按照党的十九大精神，加强对党外人士的政治引领，做好民主党派和工商联领导班子政治交接工作。

1990—2017年，市（地）委统战部发挥市社会主义学院主阵地作用，按照年度调训计划，举办各类培训班120期，培训民主党派成员、无党派人士、党外领导干部、非公经济人士、民族宗教界代表人士5460人次。

二、新的社会阶层工作

2006年始，市委统战部贯彻第十二次全国统战工作会议精神，坚持“充分尊重、广泛联系、加强团结、热情帮助、积极引导”新的社会阶层人士工作方针，引导新的社会阶层人士爱国、敬业、诚信、守法、贡献，做合格的中国特色社会主义事业建设者。11月30日，市委统战部贯彻中共中央《关于巩固和壮大新世纪新阶段统一战线的意见》，制定新的社会阶层人士工作规划。2007年，按照中央要求，广泛开展新的社会阶层人士的团结、教育和政治引导工作。市委统战部确定娄星区长青街道办事处为新的社会阶层人士调查试点单位，抽调25名干部，组成4个调查组，对长青街道办事处9个居委会新的社会阶层人士基本情况开展调查。2008年，市、县两级统战部门建立完善新的社会阶层人士统战工作联席会议制度，探索新的工作思路与方法。市委统战部牵头，党政有关部门参加，社会有关团体参与。2016年，市委统战部下发《关于推荐新的社会阶层代表人士的通知》，要求各有关单位和团体，从私营企业、外资企业的管理人员、技术人员，社会组织和中介组织的从业人员，新媒体从业人员，自由职业人员中发现和推荐优秀代表人士，作为人才储备。获荐人才须具备条件：政治坚定、热爱祖国、坚持走中国特色社会主义发展道路，专业突出、为本领域和行业健康发展做出较大贡献；群众认同，在本地区、本行业、本单位有较高声誉；年龄一般在50岁以下，有大专以上学历；已做政治和社会安排的优先推荐。2017年，全市各级统战部门进一步落实新的社会阶层人士统战工作联席会议制度，召开新的社会阶层代表人士座谈会，分级分类建立新的社会阶层代表人士数据库，开展“创新开放大家谈”“弘扬正能量”等活动，建立新的社会阶层人士实践创新基地。

第六节　非公有制经济工作

1990年，全地区非公有制经济（以下简称非公经济）发展较快，成为娄底经济发展新的增长点。1991年，地委统战部贯彻执行中央相关文件精神，为非公经济发展提供全方位服务，把支持和协调个体工商户、民营企业发展，作为重要工作任务。1993年，地区和各县（市）工商联合会（总商会）挂牌成立，500余家私营企业和个体工商户成为会员单位。是年，地区工商联组织会员参加各种商品展销会和经贸洽谈会5次，成交额1000余万元。地区工商联为12家企业提供咨询服务，使其净增效益300余万元。1990—1994年，地区、县（市）工商联走访非公经济人士500余名，召开座谈会5次。1994年，全地区新增个体工商户6900户，新增从业人员16万人，新增私营企业980余家。个体工商户、私营企业产值8亿元，上缴税收5500余万元。1995年，全地区新增工商个体户2.18万户，新增私营企业220家，新增就业人员4.42万人。是年，个体工商户和私营企业创造产值41.2亿元，实现税收5082.2万元。1997年，新增个体工商户1.97万户，新增私营企业227家。全地区统战系统协调引进“三胞”（港、澳、台同胞）投资项目35个，投资总额3680万元。1998年，地委统战部、工商联为非公经济排忧解难，协助非公企业娄底汽修股份有限公司追回被骗货车4辆，挽回经济损失200万元。涟源市私营企业主殷美启创办的冶炼厂刚刚开炉却遭到供电人员故意拉闸停电，造成重大损失。涟源市委统战部、市工商联与有关部门联合成立工作组调查处理，为其挽回经济损失，并出面与银行协调，争取贷款100万元，使其顺利发展。冷水江市委统战部、市工商联筹资800余万元，兴建8000平方米综合大楼1栋，集中解决个体工商户住房、办公、经商场地问题。2000年，全市统战系统领导每人挂钩联系个体私营企业1家，市、县两级统战部部长另外分别扶持民营经济小区1个，累计扶持私营企业（点）39个。开展现场扶持活动80余次，解决私营企业实际问题110个。是年，市委统战部贯彻中共中央《关于加强统一战线工作的决定》和中共湖南省委《关于切实加强工商联工作、促进非公有制经济发展的通知》，印发《关于在娄底市开展非公经济调查和非公有制企业上网宣传活动的通知》，对全市非公经济状况进行专题调研。2001—2008年，全市各级统战部和工商联对非公经济提供更多扶持，非公经济呈现较快发展势头。2009年，市委、市政府出台《关于进一步促进非公有制经济发展的若干意见》，各级党委、政府各部门抓住国家实施“中部崛起战略”“湖南‘3+5’城市群建设”“沿海产业链转移”等重大机遇，加大政策扶持力度，改善非公有制经济发展环境，按照“非禁即准、公平待遇”原则，引导非公企业从专业化生产和特色经营向“专、精、特、新”（专：专业性强；精：产品高质量；特：特色产品；新：新产品）方向发展。

2010年，统战部门在全市开展“百名干部联百企、共谋发展促赶超”活动（以下简称“双百”活动）。市委统战系统103名干部对口联系108家非公企业，每个统战干部负责联系1家民营企业，与非公企业签订“联系服务承诺书”，送政策、提信心、献良策、明思路、解难题，帮助非公经济加速转型发展。汇编中央、省、市有关发展非公经济的文件500册下发各县（市、区），分别召开联企座谈会，制订并落实对口帮扶计划，为非公企业办实事、解难题400余个（件）。是年，市委、市政府提出“娄商返娄战略”，召开娄底市首届娄商大会，成立娄商联合会，发布娄商宣言。市委统战部与工商联在全市非公经济人士中开展“三观”（人生观、世界观、价值观）、“双思”（致富思源、富而思进）和“坚定走中国特色社会主义道路，做优秀中国特色社会主义事业建设者”等主题教育活动，加大对非公经济代表人士政治安排，全市非公经济代表人士中有629人担任各级人大代表、政协委员及其他社会职务。其中，全国人大代表1人、省人大代表7人、省人大常委2人、市人大代表42人、市人大常委4人、县（市、区）人大代表129人、县（市、区）人大常委12人、省政协委员6人、省政协常委4人、市政协委员115人、市政协常委10人、县（市、区）政协委员270人、县（市、区）政协常委24人、省工商总会副会长1人、省工商总会常委1人、省工商总会执委4人、市工商联副主席（副会长）36人、市工商联常委96人、市工商联执委197人、县（市、区）工商联副主席（副会长，兼）29人、县（市、区）工商联常委78人、县（市、区）工商联执委132人。全市工商联会员（非公经济人士）中有高级职称43名、中级职称439名。2013年，市委统战部向全市非公经济组织发出“加快转型发展、共建精致幸福娄底”倡议书，引导民营企业家进一步解放思想，大兴实体经济。是年，市委统战部举办娄底市首届优秀娄商评选表彰活动，召开第三届娄商大会。市娄商先后组团赴广东、福建、内蒙古、江西、重庆、浙江、四川等地作经济考察。2014年，市委统战部、工商联开展以小微企业为对象的“结对帮扶、共谋发展”活动。派专人参与九龙、骏和、红太阳等8家企业帮扶工作，推进湖南巨大重工、金联商贸物流2个重点项目建设，为企业解决用地、供电、供气、资金、手续报批等实际问题。组织160名非公企业负责人分别赴广东、浙江、上海等地开展经济考察。2015—2016年，市委统战部先后走访北方能源、香泉湾实业、湘中陶瓷城等非公企业，帮助企业解决实际问题和困难。组团走访深圳、广州、成都、六盘水等地娄商，宣传娄底招商引资政策和项目，吸引其返乡兴业，支援家乡建设。2016年，湖南华臻经贸有限公司董事长黄继军返娄兴业，投资600万元兴建“人文大厦”。11月5—8日，市委统战部承办第四届娄商大会召开，近200名外地娄商参加，现场签约项目16个，总投资94.18亿元。

截至2017年底，市委统战部先后指导组建18家异地娄底商会和12家由娄商担任会长的异地湖南商会，先后指导举办娄商大会4次，异地商会会长（秘书长）年会2次，累计邀请海内外娄商代表2800人次参会，签约项目109个，总投资389亿元。娄底非公经济年增加值697.13亿元，占全市国民生产总值45.1%。一批知名娄商响应“娄商返娄战略”，回乡投资兴业。三一重工、娄底中钰、众一国际健康城、深圳三讯电子、电将军等一批项目落户娄底。市委统战部累计向市政协推荐特约委员69名，举办娄商代表恳谈会6次，娄商座谈会20场次，组织娄商赴外地考察学习500余人次，走访慰问娄商1000余名，接待返乡娄商2000余人次。

第七章　市直机关党建工作

第一节　市直机关工委自身建设

1990年，中共娄底地区直属机关工作委员会（以下简称地直机关工委）管理地直机关党委8个、党总支7个、党支部353个，有正式党员4519名。围绕地委中心工作，加强地直机关思想政治建设、组织队伍建设、党风廉政建设、作风纪律建设，同时领导地直机关工会、关工委、老年体协和共青团等工作。落实地委“强基础、求创新、增活力、促中心”部署要求。1995年，地直机关工委确定行政编制13名，后勤服务事业编制1名。1999年12月，地直机关工委更名为市委直属机关工作委员会（以下简称市直机关工委），为市委派出机构，定编制20名，内设办公室、组织部、宣传部。2016年，市直机关工委开展“两学一做”学习教育活动，获中央国家机关工委表扬，被评为全省基层理论宣讲教育先进集体。2017年，市直机关工委摄制的微党课视频获省级二等奖，获全省市（州）党建工作年度考评第二名，获市党建工作年度考评第一名、市“创文管卫”先进单位、市级文明单位。是年，市直机关工委管理党委68个、党总支26个、党支部672个，有正式党员14663名。

1990—2017年，市直机关工委累计举办党务培训班24期2100余人次，举办入党积极分子培训班31期9526人次，发展新党员8470人。累计处分违纪党员198人，其中党内警告处分58人、严重警告处分72人、留党察看11人、撤销党内职务2人、开除党籍55人。

第二节　党员思想政治建设

1990年，地直机关工委开展党的四项基本原则教育，反对资产阶级自由化，抵制和平演变，使党员干部思想与党中央保持高度一致。1991年，地直机关工委组织402名处级干部、527名科级干部学习教育效果考试，参考率87%，平均成绩84分。是年始，地直机关干部实行义务劳动制度，每个在职干部1年内参加义务劳动不少于20天。1992年，地直机关工委组织党员干部集中学习邓小平视察南方重要讲话和《中国共产党七十周年辅导讲座》电视录像，举办“我为党旗争光”演讲比赛活动。10月，地直机关社会主义教育工作基本结束，103个局（处）级单位接受社教工作检查验收。其中合格单位92个、基本合格单位9个、不合格单位2个，基本达到教育目标。1993年，组织党员干部学习《邓小平文选》和社会主义市场经济理论，发放《邓小平建设有中国特色社会主义理论摘编》《建设有中国特色社会主义理论简明读本》2200套、《邓小平文选（第三卷）》9200套。积极配合地委组织部、宣传部抓领导干部和理论骨干教育培训，先后在地委党校举办学习班3期，培训领导干部538名、理论骨干124名。在机关党员干部中开展建设有中国特色社会主义理论知识有奖竞赛，参赛7800人，获奖120人。1994年，向地直机关各部门发放《中共中央关于社会主义市场经济体制改革若干问题的决定》680本，发放中国特色社会主义理论知识竞赛试卷9218份，收回试卷6848份，获市一等奖3人、二等奖9人、三等奖8人。获省一等奖1人、二等奖2人、三等奖2人，地直机关工委获省、地区竞赛活动组织奖。11月，在地委党校分三期培训地直机关处级干部640名，学习《中共十四届四中全会决定》。1995年，地直机关党员干部学习孔繁森事迹，发放《孔繁森同志先进事迹》学习资料5000份。5月，组织地直机关1300名副科级以上干部参加台湾形势报告会，开展“爱祖国、爱湖南、爱娄底”爱国主义知识竞赛，1万人参赛，获奖630人。8月，组织地直机关干部9000人参加国防知识竞赛，纪念抗日战争胜利50周年。评出优秀试卷175份，表彰优胜者175人。其中获省国防教育办表彰9人。1996年，地直机关开展思想作风整顿，着重解决纪律松、作风浮、工作懒等问题。组织地直机关698名副处级以上领导干部参加党性教育培训。地委书记余英生作动员，地委副书记王其林、何翰屏作辅导报告。是年，地直机关开展作风整顿，表彰一批优秀领导班子成员和优秀领导干部。对问题较多的领导班子及成员给予黄牌警告和公开处理。1997—1998年，把学习贯彻党的十五大精神作为思想作风建设重点，下发《地直机关在职干部政治理论学习的实施意见》，将邓小平理论、党的基本知识、党纪政纪条规、法律知识等内容编辑成《学习资料汇编》，印制7500册，供党员干部学习使用。配合地委宣传部举办学习十五大文件处级干部培训班2期和理论辅导员培训班1期，800余人参加培训。举办地直机关“先导工程”报告会4场，受众3500人次。举办“学理论、迎回归”和党的十五大知识笔答赛和抢答赛，120人获奖。参加抢答单位代表队73个，其中地委政研室和湘运公司代表队分别获第一名、第二名。5月，召开地直机关创建文明机关动员会。地区审计局、公路局、财政局、地方志办等20个单位被评为文明机关，谢礼光、王流长等20名干部被评为“五好公仆”。

1999年初，地直机关工委在地直机关和娄底市（县级）机关开展调查，收集机关干部和群众对撤地设市的意见和建议，写出《关于机关干部职工对撤地设市思想情况的调查报告》，供市委、市政府决策参考。是年，市直机关工委贯彻执行《中共中央关于加强和改进思想政治工作的若干意见》。组成调查组，对18个单位进行思想政治工作调查，下发调查问卷800份，写出《地直机关思想政治工作情况调查报告》。9—12月，向市直单位和各县（市）发放“三讲”（讲学习、讲政治、讲正气）教育《征求意见表》150份，调查单位150个，个别谈话420人，收集整理意见3810条，为“三讲”教育做好准备。2000年2—3月，市直机关处级党员领导干部开展“三讲”教育。2001年，在市直机关开展创“三好单位”（即好班子、好队伍、好部门）竞赛活动。巩固“三讲”教育成果。2002年，发放《学习实践“三个代表”、推进新一轮思想大解放》资料8600册、《WTO知识干部读本》2000册、《公民道德教育读本》《公民道德建设实施纲要》等资料上万份。11月，组织学习贯彻党的十六大精神，印发《党的十六大文件汇编》《党的十六大报告辅导百问》《党章学习问答》等学习辅导资料。2003年4月，市直机关工委组织上万名党员干部参加全省十六大精神知识竞赛，市直机关工委获组织奖。9月，印发实施《娄底市市直机关作风民主监督评议暂行办法》，发布“六个严禁”（严禁政令不通、严禁拉帮结伙、严禁参与赌博、严禁索拿卡要、严禁公款挥霍、严禁自由散漫），推进机关作风建设常态化、规范化和制度化。2004年，组织党的十六大精神知识考试，1200余名处、科级干部参加。邀请中央党校博士生导师王东京教授作经济形势学术报告，市直机关600余名副处级以上干部和部分理论骨干听课。2005年，开展保持共产党员先进性教育，学习郑培民先进事迹。组织5000余名党员干部职工观看电影《生死牛玉儒》，播放《新时期优秀共产党员风采录》等电教片500场次，到娄底监狱接受警示教育2267人次。2006年，开展科学发展观和社会主义荣辱观教育，提高“谋、筹、行、度、省”五种能力。2007年，开展解放思想、转变观念，建设学习型、效能型、廉洁型、服务型机关活动。2008年，围绕纪念改革开放30周年，组织市直机关党员干部撰写心得体会，在各种刊物发表理论文章267篇。2009年，市直机关工委组织学习党的十七大，十七届三中、四中全会精神，开展“三心”（暖民心、提信心、树雄心）、“双百”（省委提出200个富民工程）主题实践活动。2010年，市直机关党组织累计投入280余万元，建立党员阅览室和活动室，市直机关工委投入26万元用于购买学习资料1.2万册充实机关单位图书室，开展“三湘读书月”“创建学习型党组织示范点”“双学双评”等活动。召开座谈会320次，开展各类演讲比赛74次、知识竞赛65次。2011年，举办建党90周年庆祝大会，开展演讲比赛和党史知识竞赛、大型文艺晚会和广场歌咏比赛，组织部分机关党务干部赴延安和海南接受红色革命传统教育。是年，与市体育局联合组织56个市直单位800余名党员干部，举办拔河、乒乓球、山地自行车等体育赛事。2012年，市直机关搭建党建教育平台，坚持教育管理与服务关爱并重，健全党内激励关怀帮扶机制，拿出部分党费对市直机关大病特困党员给予救助慰问。继续抓好机关作风建设，建立党内监督、群众监督、舆论监督和社会监督网络。

2013年，在市直机关开展“为民、务实、清廉”党的群众路线教育实践活动。整治“四风”（形式主义、官僚主义、享乐主义、奢靡之风）痼疾，精简会议文件，压缩“三公”经费，减少领导小组、议事协调机构和评比表彰项目，整治公车超标超配、办公用房超标多占、楼堂馆所滥建等弊病。2014年，市直机关学习贯彻习近平总书记系列讲话和党的十八大精神，在娄底电视台、《娄底日报》、《娄底广播电视报》、《娄底手机报》等主流媒体开辟“党建先锋”专栏，推介先进典型。2015年，举办专题学习讲座400余场次，党员干部撰写学习体会1500余篇，形成理论研究成果852项。全面改版升级娄底机关党建网，发布各类宣传教育信息1129条。2016年，市直机关开展“两学一做”（学党章党规、学系列讲话、做合格党员）学习教育和“岗位做贡献、合格见行动、共建幸福娄底”主题教育系列活动，培养党建宣传骨干128名。娄底机关党建网发布各类宣传教育信息4000余条。市直机关工委“两学一做”学习教育暨责任心教育巡回微宣传被中央国家机关工委评为“全国‘两学一做’最佳案例”。市直机关工委获“全省基层理论宣讲先进集体”称号。2017年，市直机关工委贯彻市委《关于认真学习宣传贯彻十九大精神的方案》，组织“进农村社区、进实体企业、进项目工地、进学校”等“四进”宣讲活动，宣讲460场次，发放学习资料2万余册。

第三节　基层组织和党员队伍建设

1990年，地直机关工委管理地直机关党委8个、党总支7个、党支部353个，有正式党员4519名。1992年，地直机关工委首次试行机关党建目标管理，将工作任务分解为思想、组织、作风建设和基础工作4大项21小项，实行百分制量化考核。1993年，地直机关工委编写下发《机关党务工作手册》7500册。1996年12月10日，地直机关召开党建工作经验交流会，会议明确地直机关党建工作由地直机关工委归口管理，改变多头管理局面。明确地直机关工委与各部委办局党组之间为指导、协调、配合关系。1997年，地直机关工委举办入党积极分子培训班8期，培训2520人，发展新党员1169名。1998年，地直机关全面推行党支部工作目标管理，对基层党组织进行分类指导。地区纪委等20个先进基层党组织，卿同喜等30名优秀党务工作者，袁通智等99名优秀共产党员获地委表彰。1999年，地直机关工委贯彻落实《中国共产党党和国家机关基层组织工作条例》（以下简称《条例》），与地委组织部联合在地、县两级直属机关开展“机关党建工作规范化建设年”活动。地直机关工委举办党建培训班，培训140人。是年，地直机关新成立党委6个、党支部23个，改选基层党组织125个，调整充实党务干部450人。

2000年，市直机关党内活动硬件设施得到改善，90%以上单位配备党员活动室。2001年，市直机关党组织贯彻落实《条例》，在民营企业中建立党组织。2002年8月，市直机关工委对市直各部门所属的停产、关闭、破产企业的党组织工作情况进行专项调查，形成专题调查报告，供市委、市政府领导参考。10月，召开市直机关停产、关闭、破产企业党建工作座谈会，研究解决党建工作新问题。2003年，非公有制企业清泉集团、九龙集团、大汉集团等民营企业分别建立党委。市直机关3个单位和大汉集团党委被确定为省、市基层党建示范点创建单位。2004年，市直机关以创建“三好单位”和文明机关为目标，按照组织建设、思想建设、作风建设、领导重视、主题活动5个方面设立考核指标18个。是年，市直机关管理党委90个、党总支33个、党支部561个，有党员9853名。2005—2006年，市直机关以支部建设为重点，合理设置基层党组织，撤销合并冗余机构，配齐配强党组织班子成员。2006年，审批基层党组织51个（其中基层党委5个、党总支1个、党支部45个），任免基层党组织成员48名，机关党组织减至628个（其中党委63个、党总支25个、党支部540个），党员10082人。2007年，重点加强“两新组织”（新经济组织、新社会组织）党建工作。2008年，6名市直机关党组（党委）书记被市委授予优秀党务工作者称号。2009年，市直机关加大离退休党支部建设力度，做好改制企业党员属地管理衔接工作，开展“两新组织”党组织建设调研和落实，新组建退休老干党支部6个，“两新组织”党委2个、党支部8个。是年，市直机关工委管理市直机关党委52个、党总支35个、党支部394个，正式党员6680名。

2010年，市直机关工委继续开展“创先争优”活动，在主流媒体设立“创先争优”专栏，市直单位开辟宣传橱窗135个，制作宣传展板305块，悬挂宣传标语500余条，编发《简报》1200余期，开展讲党性、重品行、作表率、素质提升、组织建设、廉政建设，服务“三创”（创全国园林城市、创全国卫生城市、创全国文明城市）等主题活动，将创先争优活动融入市委、市政府重点工作中。《娄底日报》以长篇通讯《扬帆逐浪竞风流》报道市直机关创先争优先进经验。2011年，市直机关新建和改选23个机关党委、206个基层党支部，补充调整一批机关党委委员和党支部委员，为15个单位配备机关党委书记、35个市直机关党委配备专职副书记。分别确定基层党建示范点37个、学习型党组织建设示范点20个、作风效能建设示范点1批。先后在市纪委、市直机关工委、市公安局等机关单位党支部换届过程中实行直接选举试点。到期换届200余个党支部50%以上实现直接选举。市审计局、财政局、水利局、电业局、中心医院等8个单位进行党务公开试点，建立党务公开制度体系。是年底，市直机关工委拨出党费15万元，对市直机关115名患大病特困党员进行走访慰问。2012年，市直机关深入开展创先争优、机关党建、学习型党组织、机关作风建设和党务公开5类示范创建活动，成立督查组6个，对市直机关157个副级处以上机关和企事业单位党组织活动开展情况进行督查。2013年，市直机关推进党建标准化建设，通报表扬32个示范单位，对9个机关党委、200余个机关支部进行优选换届，优选优配机关党组织领导班子。是年，市直机关发展新党员140名。2014年，组织10643名机关党员到居住地社区党组织报到，认领服务项目和岗位，增强机关党员对社区党组织的认同感和归属感。

2015年，市直机关工委贯彻执行《条例》及省委《实施办法》，制定实施《直属机关党委、机关党委（党总支）、机关党支部等三个标准化建设考评细则（试行）》《关于对市直单位党组（党委）书记履行党建工作责任进行述职评议考核的通知》，规范市直机关党组（党委）书记履行党建工作责任。2016年，制定《基层组织建设先进市创建工作实施方案》，建立健全“严”“实”导向党建机制，全市90个正处级机关单位党组（党委）书记亲自抓党建述职考评及意见反馈，80个机关单位实现党建绩效考核和党建标准化考核。是年，市直机关工委开展党员组织关系排查，查出失联党员127名，自行脱党处理3人。理顺、明确市直机关各基层党组织的层级管理关系，将6家国有企业、8家民营企业的党组织隶属关系移交给市国资委和市“两新”组织党工委，将娄底幼儿师范学校和娄底市高级技工学校纳入市直机关管理范围。

截至2016年，市直机关工委管理基层党组织650个，有党员12899名。市直机关基层党组织积极开展党建创新活动，申报创新项目72个，立项62个，确立创新成果51个。市中心血站党支部创立的《党员积分管理》等一批创新成果获省、市党建专家高度评价。2017年，市直机关工委确立市委办、市公安局、市中心医院、市农委等20个单位为基层党建示范点，集中约谈后进机关党组书记8个。重点抓好“三会一课”主题党日、党员积分制管理、支部书记“双述”“双评”（党的书记、副书记向上级党组织和本级党委会或党员大会述职、接受评议）、基层党支部换届等基础工作。市直各基层党组织累计举办主题党日活动4200余场次。市直机关100余个基层党组织按期换届，采集市直机关党员基本信息1.3万余条，走访慰问困难党员386名、因公牺牲党员家属9名。举办各类培训班5期，培训党务干部1200余人次。

第八章　其他党务工作

第一节　党校工作

一、党校建设

1990年，地委党校干部培训与干部学历教育并重。1991年始，地委党校与各县（市）委党校之间建立业务联系，每年召开一次党校工作会议。1994年，地委在全地区开展“党员爱党校、全党办党校”活动，号召各单位及党员为改善党校办学条件捐款，募集资金116万元及部分建材，加上地区财政拨款，新建一栋学员住宿楼。1996年，地区行政学院成立，与地委党校实行“两块牌子、一套机构”。党校教育由主体党员培训拓展至各类行政培训。1999年，地委党校更名为市委党校。2006年10月，市委党校通过省级办学水平评估，落实大专体制，机构升格副厅级。2010年，娄星区委党校并入市委党校。

截至2017年，市委党校占地面积4.84公顷，建筑面积15796平方米，可同时满足500人培训需求，有教职员工107人，其中参照公务员管理42人，教学人员43人，其中教授4人、副教授或其他副高职称16人。全市有4所县（市）委党校，均为中专体制副处级机构。新化县委党校，占地面积0.67公顷，建筑面积4382平方米，可同时满足240人培训需求，有教职工31人。涟源市委党校，占地面积1.75公顷，建筑面积13155平方米，可同时满足300人培训需求，有教职工21人。冷水江市委党校，占地面积3.67公顷，建筑面积9845平方米，可同时满足360人培训需求，有教职工26人。双峰县委党校，占地面积1.83公顷，建筑面积10481平方米，可同时满足300人培训需求，有教职工30人。

二、干部培训

1990年，地委党校根据中共中央《关于加强党校工作的通知》要求，停招全日制大专学历班，集中精力举办在职党政干部进修班、培训班。举办各级各类主体班（地委组织部列入调训计划的培训班）10期，培训学员1053人，主体班次和培训人数创历年新高。1992年9月，地委党校被评为全省干部教育工作先进单位。截至1997年，全地区举办中青年干部培训班5期，处级干部、科级干部、乡镇干部进修班42期3147人次，各类专业培训班14期1098人次。

1998—2010年，市（地）委党校干部以处干班、科干班、中青班培训为主。每年办班6~10个，培训干部400~600人次。2005年5月始，市委党校开展市直机关干部双休日党校学习活动，现场播放教学光盘。2011年8月，市委制定《关于切实加强全市干部教育培训统筹工作的意见》，进一步明确统筹安排干部教育培训的意义、原则和内容。2014年5月，下发《2013—2017年娄底市干部教育培训规划》，对干部教育培训作出中长期规划和部署。10月，双休日党校学习活动停办。2015年始，市委党校在处干班、科干班和中青班之外，开办各种专业素养班。是年，举办主体班18个，培训学员877人。2016年，举办主体班19个，培训学员944人。2017年，举办主体班21个，培训学员1576人。2017年5—6月，举办扶贫培训班2期，培训扶贫工作骨干125人，举办全域旅游培训班1期，培训旅游管理干部50人。12月，举办党的十九大精神轮训班5期，培训县处级干部1182人。

2000—2017年，市委党校累计举办各类主体班278期，培训学员17349名。其中，科干班104期，学员6751人。处干班68期，学员3466人。中青班28期，学员1321人。其他各类主体班78期，学员5811人。县（市、区）委党校举办各类主体班1649期，培训学员197118人。

三、学历教育

1988年始，地委党校开办省委党校函授大专班。1990年，根据上级规定，停止招收全日制大专学历班，保留函授教育学历班。1992年始，开办中央党校函授本科班。1993年始，开办地委党校干部业余大专函授班。是年，地委党校形成中央、省、地三级党校函授教育一体化模式。1996年，与湘潭大学联合开办经济管理专业研究生课程证书班，招收学员40名。开办在校函授学员班51个，学员2700余人。是年，地委党校被中央党校评为先进函授站。2004年，分别被中央党校和省委党校评为优秀学区。1990—2007年，市（地）委党校累计举办各类函授班287期，招生17505人。县（市、区）委党校累计举办各类函授班188期，招生9307人。2008年，中共中央对党校教育做出调整，全市各级党校停止举办函授学历班。2012—2017年，市委党校开办省委党校娄底学区在职研究生班6期，培养在职研究生302人。2013年、2017年，市委党校两次被省委党校评为年度在职研究生教育教学管理先进单位。2017年，市委党校在职研究生班停办。

四、教学活动

1990年始，地委党校坚持“一个中心、四个结合”教学体系（以邓小平建设有中国特色社会主义理论为中心，结合学习马克思列宁主义、毛泽东思想的基本理论，结合学习党的路线、方针、政策，结合学习现代化建设必备的知识，结合学习党的基本知识），开设“三种理论、四种知识”（建设有中国特色社会主义理论、社会主义市场经济理论、党的建设理论，以及经济、管理、科技、法律知识）课程。1993年始，地委党校实行教学效果测评制度，组织学员对教学态度、方法、针对性、有效性进行测评。1994年始，邀请地方党政领导或专家学者为主体班学员授党课。1999年始，市委党校每两年组织一次全市党校系统教学比武，选拔教师参加全省党校系统教学比武活动。2000年2月，根据中央党校提出的“三基本”“五当代”（马克思列宁主义基本问题、毛泽东思想基本问题、邓小平理论基本问题，当代世界经济、当代世界科技、当代世界法制、当代世界军事和中国国防、当代世界思潮）教学要求，重新调整党校教育布局，提出“培养21世纪能担当重任、具有较高理论素养的领导干部”教学目标。2005年，市委党校（行政学院）在全省党校（行政学院）系统教学比武中获一等奖。2007年始，市委党校开展“我与农民同吃同住同劳动”体验式教学。2008年，获中组部干训中心课程开发第二名。2013年始，举办“周五大讲堂”，邀请省、市党政领导及省内外高校专家教授作辅导报告。开展“四个一”专题研究式教学，即一次理论讲授、一次课堂讨论、一次调研考察、一篇调研报告。是年，新化县委党校出台新课试讲制度，凡教案内容未获审查通过、课件制作不合要求、试讲不合格的，一律不准上台讲课。涟源市委党校建立“课堂进乡村、学员进农户、农民进课堂”的“乡村讲堂”培训模式，其做法和经验获《湖南党校报》专题报道。2014年，双峰县委党校开设“学员讲堂”，邀请主体班学员作先进事迹报告或开展专业知识讲座。2015年7月，选送双峰县委党校教师朱邑参加全省党校系统第十一次教学比赛暨精品课评选，获一等奖。2016年，市委党校出台《关于落实从严治校要求，全面加强学员管理暂行规定》，对学员进行量化考核，形成“入学教育+理论教育+党性体验+警示教育+日常养成+党性分析+民主生活会”党性教育模式。是年始，实施“名师名课”工程，开展教学满意率测评。是年，教学满意率92.6%。次年，教学满意率93.4%。2017年，全市党校系统实施教学质量提升工程，出台《主体班教学专题选题指南》，组织学员对教师教学效果进行测评与排名。涟源市委党校年轻教师王立娜代表娄底市党校系统参加全省党校系统第十二次教学比赛暨精品课评选，获一等奖。冷水江市委党校创新教学内容，教学专题更新率75.6%，学员评估教学优良率95%。

五、科研成果

1996年始，地委党校设立科研办公室，制定《中共娄底地委党校（行政学院）科研奖励暂行规定》《中共娄底地委党校（行政学院）科研工作五年规划和1996年年度计划》，筹集资金4万元，设立全地区党校系统科研奖励基金。2007年，制定《中共娄底市委党校（行政学院）科研管理制度》《中共娄底市委党校（行政学院）调查研究管理办法》。1996—2017年，市（地）委党校累计投入科研经费200万元。先后出版《人物形象创作论》《矿业法论》等国家级科研课题专著2部。出版《正确认识和处理新时期人民内部矛盾》《两型城镇化研究》《强国之路：十论中国经济的可持续发展》等省级科研课题专著17部。公开发表《矿业用地的临时性向常规性过渡》《保障权利平等+收入分配改革的方向》《加快构建新型城乡关系》等科研论文753篇。完成“湖南城乡一体化制度创新研究”“娄底市城镇居民消费趋势与对策研究”“以‘互联网+’创新企业商业模式”等科研课题194项。提交《关于万宝新区体制的调查报告》《中共娄底市委关于加强和改进党校工作的实施意见（草案）》等决策咨询报告25篇。市委党校获评省委党校系统科研工作先进单位。各县（市、区）委党校出版《中国农业农村农民问题及对策研究》《乡镇企业经营方略》《安邦稳舵论人民内部矛盾发展新态势与新型化解机制研究》等专著28部。公开发表《引导农民进城加快城镇化建设》《新时期湖南就业形势与政策取向》《农村实现全面小康要推进乡村学习型社会建设》等论文1348篇。完成“湖南壮大县域经济课题研究”“乡村文化建设调研”“冷水江耐火行业的调查”等科研课题504项。提交《双峰县文化兴县发展战略SWOT分析》《发展红色工矿旅游让百年老矿再现勃勃生机》《冷水江市职业教育发展情况调研报告》等决策咨询报告95篇。

第二节 保密工作

一、保密机构

1990年，中共娄底地委保密委员会下设办公室（以下简称地委保密办）。1992年，地区保密局成立，与地委保密办实行“两块牌子、一套人马”。各县（市）先后成立相应保密机构。1999年，地区保密局更名为市国家保密局，各县（市、区）保密机构相应更名。2002年，市委保密办（市国家保密局）机构编制并入市委办，仍保留名称和牌子。市委保密办（市国家保密局）内设保密法规宣传科、保密技术监管科2个科室。市国家保密局负责行使《中华人民共和国保守国家秘密法》（以下简称《保密法》）赋予的保密职能，强化领导干部和涉密人员保密意识，开展保密宣传教育。强化要害部门和涉密网络管理，开展保密检查监管。提升保密监管水平，开展保密防护能力建设，确保国家秘密绝对安全。2006年，市委保密办被评为全国保密工作先进单位。2013年，被人社部、国家保密局评为全国保密工作先进集体。2017年，被评为全省保密宣传教育、保密技术监管工作先进单位。

二、保密法规宣传教育

1990年，地委保密办结合国内外失泄密典型案例，广泛开展《保密法》学习宣传活动和保密警示教育。各机关单位利用报刊、广播、电视等媒介，采用知识竞赛、报告会、培训班等形式，宣传《保密法》及相关法律法规。1997年，地委保密办以涉密机关单位为重点，将《保密法》及相关法律法规作为全地区各级党委中心组集体学习内容。通过通报违反保密法律法规行为查处情况、组织观看失泄密案例警示教育片、组织赴省保密教育实训平台培训、举办保密专题培训班等形式，开展系列保密警示教育。2002年，市委保密办编印发放《领导干部保密知识读本》3500余册。2004年，编印发放《失泄密案例警示教育读本》4000余册。2008年4月，市保密系统开展“筑牢保密防线”警示教育专题月活动，受众5000余人次。2009年，举办“筑牢保密防线”大型演讲比赛。2010年，全市各级领导干部和涉密人员利用网络平台、专题报告会、培训班等形式学习宣传新《保密法》及相关法律法规。2014年，娄底市党政机关、涉密企业征订保密学习教材4800余份。2016年，市委保密办（市国家保密局）转发中央文件，推动全市保密宣传。各级保密部门以“六五”普法活动为载体，加大保密宣传力度。2017年，各级党委中心组开展保密法规集中学习35场次，保密部门开展保密知识培训800余场次，举办保密知识竞赛8场次、保密普法演讲比赛10场次，累计受众90万人次。累计发放保密工作专业书籍2万余册、保密教育影像资料300余套。全市3000余名保密涉密人员关注推广市委保密办主持运营的“保密观”微信公众号。市委保密办连续14年被国家保密局金城出版社评为学刊用刊先进单位。

三、保密监管

1990年，全地区各级机关单位对关系国家安全利益的各项秘密事项，依法确定密级。地委保密办以涉密人员、涉密网络（计算机）管理为工作重点，指导各机关单位开展定密工作。同时对全地区重要涉密单位报告文件、测绘图表、音像制品等进行检查。1992年，地委保密办指导各机关单位对照所在部门或行业涉密范围进行梳理，确定涉密岗位、涉密人员。1997年，全地区开展涉密文件管理检查。2000年，市委保密办出台文件，规范保密技术防护、检查管理及评比考核等标准。是年始，对全市重要涉密单位、各测绘成果使用单位、各机关单位周边文印室进行年度检查。2004—2008年，市委保密办在全省保密工作目标管理考评中连续5年获评省级保密工作先进单位。2005年，开展市级机关搬迁保密大检查。2006年，省国家保密局在冷水江市开展全省保密要害部门部位确定工作试点。2007年，全市开展日产“RISO”速印机泄密隐患清查。2009年，全市开展保密工作大检查。2012年，市委保密办对全市各机关单位涉密计算机进行保密管理检查。对军工生产企业及军民融合企业进行系统保密检查和业务指导。2013年，市委、市人大、市政府、市政协办公室联合制定保密工作制度，市委办公室、市政府办公室、市委保密委员会联合发出通知，加强保密监督管理，查处失泄密案件，消除失泄密隐患。2014年，全市各机关单位开展定密工作。2015—2016年，市保密委员会贯彻国家保密局、中组部、人社部等八部委有关规定。2016—2017年，全市开展互联网门户网站“清池子”行动，全面清除各机关单位网站不合规文件信息。

2017年，市涉密载体销毁中心建立，按需集中销毁涉密纸质载体、涉密办公设备等涉密载体。全市保密部门通过调查、受理等方式，依法履行失泄密案件查处职能，配合司法机关查处失泄密案件3起，判处有期徒刑1人。市保密监管平台对全市机关单位门户网站进行检查，累计查处文件失控13起、计算机违规外联32起、网站违规发布涉密信息20余起。市委保密办针对部分机关单位保密意识不强、保密常识缺乏、执行保密制度不严、保密防范措施不到位等失泄密隐患，发出整改通知书。

1990—2017年，全市各级领导干部、涉密人员累计签订《保密承诺书》1.8万余份。全市保密部门每年对重要会议、重大活动进行保密检查，对全市历次高考、司法考试、建造师考试、英语等级考试、公务员招收考试均进行试前失泄密隐患排查和考试现场保密检查，均无失泄密案件发生。为市、县两级领导办公室、重要会议室、行政要害部位提供保密技术检查，排除偷拍、窃听等失泄密隐患，均无重大失泄密案件发生。

第三节 督查工作

一、决策督查

1990年4月，娄底地委办督查室成立，负责中央、省委、地委重大工作部署和领导重要批示的督查落实。1997年，地委下发《关于切实加强督促检查确保各项决策和工作落实的意见》，成立督查工作领导小组，聘请督办专员4名。1999年，围绕维护社会稳定、企业改革、农民增收、农村“两会一部”（农村合作基金会、乡镇企业基金会、供销社社员股金服务部）清理整顿、减轻农民负担、优化经济发展环境、保证重点工程质量等中心工作开展决策督查19次。2001年，市委督查室升格为副处级，围绕十五届六中全会精神贯彻落实、乡镇“三个代表”重要思想学教活动、“严打”（依法严厉打击刑事犯罪分子）活动、农村产业结构调整、煤炭安全生产等工作开展决策督查12次。其中，大型督查5次，市级领导参与督查30余人。2003年，市委督查室下发《关于进一步做好在民营企业中建立优化经济环境督查联系制度工作的通知》，围绕公安机关执行“五条禁令”（严禁违反枪支管理使用规定、严禁携带枪支饮酒、严禁酒后驾驶机动车辆、严禁在工作时间饮酒、严禁参与赌博）、煤炭安全生产、退耕还林、就业与再就业工程等工作开展决策督查10次，明确督查联系企业100家。2005年，出台《娄底市党委系统决策督查工作规定（暂行）》，开展重大决策督查24次。2006年，围绕社会主义新农村建设、粮食直补资金发放、煤矿关闭整合、企业改制、推进“三化”（农业产业化、新型工业化、特色城镇化）进程、办好“八件实事”、农村中小学乱收费现象整顿、市委常委会议议决事项落实等工作开展决策督查30次。2009年7月，市委下发《关于进一步加强督促检查工作的意见》，进一步明确市委督查工作职能与职责。围绕为民办实事、动物防疫、信访综治维稳、防洪堤建设、珠山公园建设、安石集团新项目建设等工作开展决策督查23次。2010年，围绕政府绩效评估、安全生产、重点项目建设、二广高速征地拆迁、“三个创建”（创建国家园林城市、国家卫生城市和全国文明城市）、干线公路建设等工作开展决策督查40余次。2011年，围绕重点项目建设、优化经济发展环境、防洪防旱、“三个创建”、为民办实事、信访维稳、安全生产等工作开展决策督查28次。2012—2014年，围绕控违拆违、征地拆迁、乡镇机构改革、动物防疫、森林防火、安置房建设、防洪工程建设等工作开展决策督查85次。2月，市委办、市政府办制定下发《娄底市切实增强执行力确保政令畅通的督查问责办法（试行）》。2012年，市委、市政府下发《关于进一步规范和改进考核考评工作的实施意见》。2015年，市委下发《娄底市党委督促检查工作规则（试行）》，市委办下发《市委重要决策部署贯彻落实绩效考核办法

（试行）》。围绕重点项目建设、招商引资、安全生产、企业帮扶等工作开展决策督查60余次。2016年，市委办下发《市委专项查办事项落实工作规范及考评细则（试行）》。围绕优化经济发展环境、全面建成小康社会等工作开展决策督查13次。围绕36位市级领导挂点33家工业企业、82个重点项目、24个新农村建设扶助村、22家民间融资风险企业、5个新农村建设点、7个创建文明社区等中心工作，对照任务清单进行定期决策督查，并在全市通报。2017年，市委督查室出台《市委常委会议和书记办公会议精神督查落实管理制度》《市委专项督查活动组织管理制度》。围绕龙琅高速、娄底大道、湘中国际物流园、中心城区10所中小学建设改造等十项重大工作开展决策督查11次，下发专项督办函29封。出台《娄底市配合中央环保督察有关环保问题整改落实工作奖励与问责办法》，对15个环保问题整改滞后的单位，发出市委书记、市长《督办令》，进行强力督查督办。是年，对中央、省委反馈通报的脱贫攻坚及环境保护等方面31个问题，市委督查室均督促有关职能部门按期整改到位。

二、专项督查

1990年始，地委督查室对领导批示件办理情况实行专项督查，做到“专人负责、台账管理、限期办结、跟踪落实”，坚持“批必查、查必清、清必办、办必果”，确保“件件有回复、事事有结果”。2001年，市委督查室针对冷水江市第七水泥厂同益阳市赫山区善缘残疾人福利制衣厂债务纠纷、涟源市伏口镇松山村群众在煤炭安全生产整顿中绑架镇干部等问题开展专项督查29次。2002年，针对违规办学、教育乱收费等问题开展专项督查15次。2003年，围绕外资企业中雁医药材料有限公司生产生活用电、教育与国土部门乱收费等问题开展专项督查22次。2005年，出台《娄底市党委系统专项查办工作规定（暂行）》，开展专项督查26次。2006年，围绕社会主义新农村建设、粮食直补资金发放、煤矿关闭整合、企业改制、推进“三化”进程、办好“八件实事”、农村中小学乱收费等问题开展专项督查30次。2009年，针对影响全市经济社会发展的重大问题开展专项督查10次。2010年，市委督查室全程参与娄底市“心系群众、转变作风”专项行动、集中整治“三强”（强拉强运、强买强卖、强揽工程）行动，专项督查办理省、市委领导批示件4起。2011年，督查办理市委主要领导批示件6起，主要解决金民线50万伏输电线路工程房屋拆迁、湘江支流涟水休养生息环境保障等问题。2012年，督查办理市委主要领导批示件106起，督办专项批示件62起，主要解决春园步行街整治、安邵高速公路伏口段国有土地房屋拆迁、娄底中心城区征地拆迁安置等问题。2013年，督查办理市委主要领导批示件140起，督办专项批示件38起，主要解决双峰县石牛乡钒矿项目信访案件、新化县田坪镇坪里村村民康先锋工伤鉴定等问题。2014年，督查办理市委主要领导批示件113起，督办专项批示件8起，主要解决娄底大道建设、工业企业帮扶等问题。2015年，督查办理省委督查室交办事项35项，市委主要领导批示件183起，主要解决双峰县走马街镇秧冲村村民王某立和王某存信访事项、新化县琅塘镇蓬勃村原村支书刘某传涉嫌腐败等问题。2016年，承办省委交办事项24项，其中省委书记批示件1起、信访件2起、人民网“地方领导留言板”网民留言件21起，督查办理市委主要领导批示件100起，主要解决娄底大道冷水江段建设、新化县荣华乡鹊桥村水田提质等问题。2017年，对专项督查工作实行“一单四制”（任务清单、台账制、交办制、通报制、销号制）管理。是年，专项督查办理事项78项，其中上级交办事项25项，市委主要领导批示办理事项53项，主要解决龙琅高速建设项目征地拆迁、网曝新化县炉观镇金鑫排蜡经营部涉嫌违法排污等问题。

三、督查调研

1990年始，地委督查室深入县（市）、乡镇开展督查调研，撰写一批“有情况、有分析、有建议”的调查报告，为各级领导掌握社情民意、拓宽决策视野提供第一手资料。1999年，地委督查室结合娄底民营工业崛起这一特点，围绕维稳、农村合作基金清理、生猪生产困难克服、农产品市场整顿、再就业深层次矛盾解决等问题开展督查调研15次。2001年，市委督查室围绕农业产业结构调整、农民增收、城区下岗职工“两个确保”（确保企业离退休人员基本养老金按时足额发放、确保国有企业下岗职工基本生活费按时足额发放）、国有企业解困、工业化建设、干部作风建设等问题开展督查调研22次。2002年，围绕房地产市场开发、劳动就业与再就业、农村卫生体制改革、农业产业结构调整等问题开展督查调研18次。2003年，围绕政法机关执纪执法、社会团体管理、民间资本投资、优化非公有制经济发展环境、教育收费、农民建房收费等问题开展督查调研20次。2009年，围绕“两型社会”建设、推进“三化”进程、新农村建设、民营经济发展、重点项目建设、返乡农民工就业培训、农产品深加工产业集群、农民专业合作社等问题开展督查调研23次。2011年，围绕改善民生、水利建设、统筹城乡发展、失地农民社会保障、“两型社会”建设等问题开展督查调研25次，其中《关于强化督查权威的实践与思考》获全省党委系统督查工作论文一等奖。2015年，围绕优化经济发展环境问题，组织督查小组4个，深入各县（市、区）、基层单位和项目建设现场，召开现场调研会，对征迁安置、控违拆违等影响经济环境的问题进行深入了解、具体分析，探明深层次原因，开展督查调研13次，向市委、市政府提出建设性意见。2016年，围绕党风廉政建设、中央八项规定落实、安全生产、党委换届、县乡人大代表直选等问题开展督查调研13次。2017年，围绕脱贫攻坚、重点项目建设、科技强市等问题开展督查调研18次。

第四节　老干部工作

一、工作机构

1990年，地委老干部工作局（以下简称地委老干部局）内设办公室、服务接待科、活动室，主要负责离退休干部服务管理，管理服务离休干部767人。1991年3月，地区调整老干部工作领导小组。1995年，地委老干部局内设职能科室调整为办公室、保健安置科、活动指导科，定行政编制9名、后勤事业编制1名。地委行署大院地师级老干部办公室（以下简称老干办）和关心下一代工作委员会办公室（以下简称关工委办公室）为地委老干部局归口管理单位。1999年，地委老干部局更名为市委老干部局（以下简称市委老干部局）。2002年，市老干部休养所并入市老干部活动中心。市老干部活动中心由正科级事业单位，升格副处级事业单位。内设综合科、活动服务科。2004年6月，市老年教育工作领导小组成立。2005年，市委老干部局活动指导科更名为组织宣教科。2007年，市委老干部局增加行政编制3名，核减市老干办事业编制1名、市关工委办公室事业编制2名。2012年，市老干部活动中心被纳入参照公务员法管理范围。2014年，市老干办和市关工委办公室改为老干部局内设机构。市老年教育领导小组并入市委老干部工作领导小组。

2015年，根据市委办、市政府办《关于市政府职能转变和机构改革“三定”工作有关具体问题的通知》，市直机关直接管理离退休人员45名以上的，设立离退休人员管理科。30名至44名之间的，在办公室或人事科加挂离退休人员管理科牌子。30名以下的，由办公室或人事科履行相应管理服务职责。2016年，市编委批准成立中共娄底市委离退休干部工作委员会（以下简称市委离退休干部工委），下设市委离退休干部工委办公室，作为市委老干部局的内设机构。市委离退休干部工委书记由市委老干部局局长兼任，专职副书记由市委老干部局副局长担任，兼职副书记由市直机关工委、市民政局相关负责人兼任，委员由市发改委、教育局、人社局、文旅广体局、卫健委、国资委等成员单位相关负责人担任。次年，县（市、区）均成立离退休干部工作委员会，办公室设在老干部局。2017年，市委老干部局（含老干办、关工委办公室）定行政编制12名、事业编制4名、后勤事业编制3名。其中局长1名、副局长2名，管理服务离休干部275人、地市级老干部86人、其他退休老干部3.8万人。

二、落实老干部待遇

政治待遇　1990年，全地区贯彻执行中央、省《关于进一步加强新形势下离退休干部工作的意见》《关于进一步加强和改进离退休干部工作的实施办法》等文件，落实老干部各项待遇，主要包括：老干部传阅中央、省、市文件，为他们订阅党报党刊和有关老年报刊。定期召开形势通报会，邀请老干部代表参加市人大和市政协重要会议。每年春节前夕召开老干部迎春茶话会，不定期召开老干部代表座谈会，征求意见建议。春节前走访慰问离休干部，发放慰问金。对易地安置离休干部每年走访慰问1次以上。探望、慰问每年首次住院离休干部和地市级退休干部。1996年，地委老干部局先后3次组织离退休干部考察、调研娄底火车站、50万伏变电站、娄湘公路和娄底第二自来水厂等重点建设项目。2009年，市委老干部局召开《世界金融危机产生、危害及对策》大型形势报告会，邀请市直机关副处级以上离退休干部300余人参加。2010年6—8月，市委老干局分期分批组织市级老干部赴上海参观世博会，考察上海浦东、浦西城区建设情况。2016年，组织丛树英等老领导赴常德、岳阳考察老干部活动中心建设及老年教育工作。2017年，组织市级离退休干部赴各县（市、区）考察扶贫工作及重点项目建设情况。

生活待遇 1990年始，地委老干部局按规定标准，代理发放离休干部离休费及各类生活补贴。2003年，市委办、市政府办印发《关于建立离休干部离休费医药费财政支持机制的暂行办法》《关于建立离休干部基本养老金保障机制暂行办法》《关于娄底市市直离休干部医疗保障管理暂行办法》，全市按照“单位尽责、社会统筹、财政支持、加强管理”原则，保障离休干部离休费按时足额发放，医药费按规定实报实销。退休干部的生活待遇全部由人社部门统筹落实。截至2017年，全市离休干部离休费及各类生活补贴发放程序逐步规范，发放标准及时调整，离休干部幸福感和满意度逐步提升。

生活补贴 1987年，全地区落实离休干部健康费补贴制度。厅局级以上（含享受厅局级待遇的）、处级（含享受处级待遇的）、科级以下的离休干部健康费补贴分别为每人每年400元、350元、300元。1989年，全地区落实离休干部交通费补贴制度。厅局级以上（含享受厅局待遇的）、处级（含享受处级待遇的）、科级以下的离休干部交通费补贴分别为每人每月30元、16元、12元。2011年，落实离休干部基本离休费和特需经费补贴制度。凡在1937年7月6日前、1937年7月7日至1942年12月31日、1943年1月1日至1945年9月2日、1945年9月3日至1949年9月30日期间参加革命工作的离休干部，每人每年分别增发三个月、两个半月、两个月、一个月的基本离休费。是年始，给离休干部每人每年发放特需经费1000元。

护理费 1990年，全地区对老红军以及因公（工）致残、生活长期不能自理的离休干部，每人每月发给护理费51元。1992年，对1937年7月7日至1945年9月2日参加革命工作并年满70周岁的离休干部，每人每月发给护理费51元。1999年，对老红军以及因公（工）致残、生活长期不能自理的离休干部，护理费提高至每人每月100元。2005年，娄底市的离休干部护理费提高至每人每月200元。2007年，1937年7月6日前参加革命工作的离休干部，护理费提高至每人每月800元。1937年7月7日至1945年9月2日参加革命工作且年满75周岁以上的离休干部，护理费提高至每人每月300元。1945年9月3日至1949年9月30日参加革命工作且年满75周岁以上的离休干部，护理费提高至每人每月250元。2008年，对因瘫痪等原因生活长期不能自理的离休干部，护理费提高至每人每月600元。2017年，再提高至每人每月2500元。

改制企业离休干部离休费 1997年1月1日，全地区企业离休干部的基本离休费，参照国家机关离休干部标准发放。1998年始，企业离休干部的基本离休费，全部实行社保统筹、社会化发放。2008年，市委组织部、市委老干部局印发《关于做好市属企业改制后离休干部管理服务工作的通知》，在市属企业改制后，所在企业的离休干部管理服务工作，由原企业主管部门负责。主管部门已撤并的，由承担其职能的部门负责。离休干部不改变原有企业干部身份，各种政策性补贴参照行政事业单位标准执行。补贴经费列入市财政预算，由市委老干部局负责发放。2013年，娄底市企事业单位离休人员死亡抚恤金发放标准：凡因公牺牲的，一次性发放上年度全国城镇居民人均可支配收入的20倍，另加本人生前40个月的基本离休费。凡因病去世的，一次性发放上年度全国城镇居民人均可支配收入的2倍，另加本人生前40个月的基本离休费。

中华人民共和国成立前参加革命工作、中华人民共和国成立后经组织批准退职的干部生活补助费：2009年，娄底市对中华人民共和国成立前参加革命工作、中华人民共和国成立后经组织批准退职的干部，按本人参加革命工作的不同时期计发生活补助费。凡在第一、二次国内革命战争时期，抗日战争时期，解放战争时期参加革命工作的，分别发放生活补助费每人每月700元、600元、580元，并参加当地基本医疗保险和大病互助。2015年，该项补助经费分别提高至每人每月1100元、1000元、900元。

中华人民共和国成立初期参加革命工作的退休干部生活补贴　2008年，娄底市针对在1949年10月1日至娄底各县（市）解放期间参加革命工作，脱产享受供给制待遇，且从未间断革命工作的退休干部，每人每月发放生活补贴200元。2012年，该项生活补贴提高至400元，且每人每年发放医疗补贴1000元。2015年，该项生活补贴再提高至600元，且每人每年发放医疗补贴2000元。

无固定收入离休干部配偶、遗孀生活补贴　1994年，全地区对无固定收入且生活困难的离休干部配偶（含遗孀），由离休干部原工作单位发给生活补助费每人每年不低于600元。1997年，将无固定收入老红军、抗战时期、解放战争时期老干部的遗孀、配偶生活补助费分别提高至每人每月225元、150元，200元、120元，180元、100元。2009年，娄底市将该项补助费分别提高至每人每月700元、400元，600元、370元，580元、350元。2015年，将该项补助费再分别提高至每人每月1100元、730元，1000元、680元，900元、630元。2017年，补贴标准不变。

特困帮扶费　2014年始，第16次市委常委会议决定，市财政局每年安排20万~30万元用于帮扶困难离退休干部。6月，出台《娄底市特困离退休干部帮扶资金管理使用办法》，将困难离退休干部帮扶资金纳入同级财政预算，市本级不少于30万元／年，各县（市、区）不少于20万元／年。截至2017年，娄底市离退休干部的各项生活补贴全部落实到位。

三、发挥老干部作用

1990年始，地委老干部局引导老干部利用自身优势，在各个领域、各条战线发挥余热。1992年10月，地委召开会议，要求老干部工作紧紧围绕经济建设中心，组织老干部对改革开放和经济建设重大问题进行调研、咨询和考察，聘请其担任特约组织员、特约纪检员、特约党史研究员，组织他们参与关心下一代工作，支持和引导他们兴办经济实体。是年底，全地区老干部开办科技咨询服务中心8个、小型企业7家。1993年5月，行署专员办公会议研究解决老干部兴办经济实体的场地、资金等问题。1996年，老干部积极捐款支持娄底火车站等重点项目建设。1997年4月，地区成立老干部艺术团，深入农村、厂矿和机关单位开展文艺演出。2006年6月，市委办、市政府办转发市委组织部、市委老干部局等部门《关于进一步发挥离退休专业技术人员作用的意见》，要求发挥好离退休专业技术人员优势，为经济社会发展贡献余热。2012年，市老干系统深入开展“五老四教”活动，组织老干部、老战士、老专家、老教师、老模范8622人次深入农村、社区、企业开展科技咨询、义诊活动。市直单位31名老干部兼任中小学校外辅导员。120余个“五老”演讲团深入基层巡回演讲800余场次。2016年，市委办印发《关于深入开展为党和人民的事业增添正能量活动的通知》，开展“我看娄底发展新变化”“我看从严治党新气象”等调研、座谈活动，组织老干部“党史宣讲团”，深入机关、企业和学校，开展“讲党史、讲党性”宣讲活动。2017年，市老干部局开展“点赞新变化、助力新娄底、喜迎十九大”系列活动和“畅谈十八大、建言十九大”活动。

四、开展老干部文体活动

1990年，地委老干部局联合地区诗词楹联协会、地区老干部（老年）书画家协会、地区老干部民乐团，引导离退休干部开展丰富多彩的文体活动。1991年3—6月，举办庆祝中国共产党成立70周年“在党的阳光照耀下”征文活动。1992年5月，地委老干部局组织老干部代表参加全省老干部文艺会演，荣获最佳演出奖1个和二等奖2个。6月，联合市人事局在星星影剧院举办“红旗颂”文艺晚会，

600余名老干部登台演出。1993年，地委老干部局开展“纪念毛泽东同志诞辰100周年”系列主题活动，老干部参加省关工委举办的“红太阳”诗文赛，收到参赛稿件800余篇，60篇获奖。1990—1993年，每年编印一期《娄底诗刊》，引导离退休干部讴歌娄底发展变化。1994年9月，联合涟钢集团举办“全地区首届老年人书画联展”，展出作品100余幅。1995年8月，举办以“团结爱国、奋发图强”为主题的纪念抗战胜利50周年书画作品展，展出作品124幅。1995年始，每年举办一次全地区老干部门球赛和春节游艺会。1996年7月，举办老干部“墨海春潮”书画作品展，展出作品131幅。10月，纪念长征胜利60周年，举办以讴歌党的丰功伟绩和颂扬改革开放为主题的书画作品展，展出作品70余幅。1997年7月，举办庆香港回归、迎党的十五大召开和娄底建区20周年老干部书画作品展，展出作品120余幅。1999年9月，联合地区人事局举办庆祝新中国成立50周年、澳门回归书画作品展和文艺会演活动。

2001年6月，市委老干部局举办庆祝建党80周年老干部书画作品展，展出作品120余幅。10月，地区老年大学国画班学员、原地区人大联工委主任杨汉秋创作的作品《红梅》，在中央电视台影视“大红鹰杯”书画赛和在福州举办的全国“市长杯”书画赛中获奖。2004年9—10月，举办庆祝新中国成立55周年老干部书画作品展，展出作品200余幅。是年起，《娄底诗刊》更名为《娄底诗词》，每年出刊2期。2005年8月，市委老干部局在市博物馆举办纪念抗日战争胜利60周年书画展，展出作品140余幅。2007年11月，举办“喜庆党的十七大”文艺晚会。2009年9月，举办庆祝中华人民共和国成立60周年老年人书画巡展，展出作品100余幅。2010年10月，举办老干部书画临摹大赛和作品展，收到各类作品200余幅，装裱展出作品130余幅。2011年，开展“我身边的优秀离退休党员干部”群众推荐活动和“与党同呼吸、共命运、心连心”征文活动，征集先进事迹推荐材料50余份，征文170余篇，《娄底日报》择优刊登。是年，围绕庆祝建党90周年和老干部创先争优等主题，先后举办老干部“歌唱祖国歌唱党”红歌赛、“红梅丹心”广场演唱会。与市委宣传部、市广电中心联合举办“我向党来唱支歌”中老年人广场团队歌艺大赛，参赛人数4200余人。市级老干部100名参加市直机关庆祝建党90周年合唱比赛，获最佳表演奖。2012年，市委老干部局举办“喜迎十八大”老干部书画作品展，展出作品200余幅。参加全省老年大学文艺会演，获最具人气奖。2013年，市老年大学国画班学员谢正良在“梅花报春”第四届全国诗书画印四绝大赛活动中获中华梅花艺术奖，获美术类二等奖。2015年5月，市老年大学书法班学员朱云鹤参加“第五届全国老年人书画展”，荣获“荷花奖”，市老年大学荣获优秀组织奖。9月，举办纪念抗日战争胜利70周年诗书画大赛及展览活动，征集作品1000余件，评选优胜作品200件、优秀作品30件，并编辑出版成书，并联合《娄底广播电视报》在全市开展“我们的金婚、我们的银婚、我们的幸福生活”评选活动。36对金婚银婚老人入选，其感人事迹获《娄底广播电视报》宣传报道。2016年，组织市老干部合唱团参加全市庆祝建党95周年合唱比赛，荣获银奖。2017年5月，市老年大学太极班教师曾煌兰参加全国第十三届运动会群众比赛太极拳公开赛，获传统陈氏太极器械一等奖，吴式太极拳第一名。8月，市老年大学组织学员参加全省“喜迎十九大、颂歌献给党”歌唱比赛，荣获优胜奖。

2017年，举办“喜迎十九大、纪念娄底设立地级建制40周年”“为党讴歌、为娄底点赞”书画、诗词、摄影竞赛等活动。联合市第一人民医院举办“永远跟党走”文艺会演。举办庆七一“尚德家风”市级离退休干部书画作品展，展出书画作品200余幅。

五、创办老年大学

1987年，地区老年人大学创办，开设课程6门，招收学员150人。1990年，地区老年大学规模、课程门类和学员人数有所增加。2000年3月，市委常委会议决定兴建老干部综合楼，作为市老干部活动中心和市老年大学办公教学场地，2003年投入使用。2006年，市老年大学获“全省老年大学示范校”称号。至2017年，市老年大学开设课程9门，开办老干部学习班16个，招收学员1219人次。全市有老年大学9所，其中市级1所、县级5所、乡镇分校3所，单位或部门老干部学习活动室400余个，开设书法、国画、诗词、歌舞、太极、保健等专业35个，教学班70余个，在校学员6000余人。

第五节 关心下一代工作

一、工作机构

1990年，娄底地区关心下一代协会核定事业编制1名，内设办公室，挂靠地委老干部工作局。1991年9月，更名为娄底地区关心下一代工作委员会（以下简称地区关工委）。1995年10月，双峰县印塘乡离休教师李月辉被中国关工委评为全国关心下一代先进工作者。2002年2月，增编至2名。2005年3月，制定《娄底市关心下一代工作委员会章程》，进一步明确主要任务、工作原则、组织建设、关心下一代基金建设和活动经费管理等事项，完善工作机制。2007年7月起，事业编制改为行政编制。2014年，为市老干部局内设机构。

至2017年，全市市、县、乡三级建立关工委4300余个，其中娄星区420个、双峰县980个、新化县1100个、涟源市940个、冷水江市430个、市直机关180个、大中型企业280余个。全市关心下一代工作者6万余人，其中老干部、老战士、老专家、老教师、老模范（以下简称“五老”）5万余人。

二、主要工作

主题教育　1990—1999年，地、县两级关工委30多支理论宣讲团（组）50多个普法帮教团（组）对青少年进行以爱国主义为主题的思想道德教育和普法教育。其中新化县司法局退休干部刘惠聪，深入学校、乡村上普法课520堂。1996年5月起，地区关工委配合地区妇联、地区教育局开办家长学校，开展家庭教育。1997年始，地区关工委和地区教育局关工委连续参与组织19届全国青少年主题教育活动。是年7月，在全国首届主题教育中，围绕香港回归开展活动，娄底一中学生黄海莉获全国征文比赛二等奖。1998年11月，地区关工委首届家庭教育现场会在娄底市召开，5个单位和个人在大会上介绍经验。

2000年6月，市关工委与教育局在双峰召开全市家庭教育现场会，推广双峰县、涟源市等5个单位工作经验，全市开办家长学校1077所。2001年8月，在庆祝建党80周年《光辉的历程》主题教育全国征文比赛中，6名学生获全国二等奖。

2002年6月，市关工委撰写《关于我市青少年吸毒犯罪问题的调查与建议》，引起市委主要领导重视。各级关工委对吸毒青少年进行一对一、多对一帮教活动，遏制毒品犯罪。2005年3月，娄底市关爱艺术团成立，先后排练100多个文艺节目，由市关工委领导带队，每年组织到乡村、学校和社区演出，宣传党的政策，歌颂好人好事。2005年8月，在“做诚信人、办诚信事”主题教育征文比赛中，全市有242名学生获奖，其中特等奖2名，一等奖50名，二、三等奖190名。全市有6人应邀出席在昆明举行的全国主题教育表彰大会，冷水江市一中学生宋坤，作为全国唯一学生代表在大会上发言。2007年2月，市、县两级关工委组织800多名“五老”担任网吧义务监督员，不定期对网吧进行监管。8月，在浙江温州举行的全国“我是五好小公民”主题教育表彰大会上，娄底四中学生欧阳乐意作大会发言。2008年，教育部为纪念中国关工委成立20周年，编辑《书香伴我成长》一书，共收录全国中小学生优秀征文157篇，其中娄底市入编29篇，占全书总量18.5%。2009年始，市关工委配合市综治、司法和教育等7部门成立普法教育组委会，建立普法教育帮教团（组）300余个，参与的“五老”3600余人。2014年7月，在重庆召开的全国“我的中国梦”主题教育表彰大会上，娄底市教育局关工委在大会介绍经验。中国关工委主任顾秀莲对娄底市关工委报送的《深入开展主题教育　切实加强青少年思想道德建设》作出批示：“抓住三个环节，坚持五个结合，开展对青少年思想道德教育，成效显著、效果好。这个经验值得学习。”

2014—2016年，市关工委到学校、厂矿、农村进行“为了明天——预防青少年犯罪”大型警示图片展3次，近百万青少年受到法制教育。市关工委组织文艺团队3次走进娄底监狱、看守所，给失足青少年宣讲法律常识，送书，送文体器材，组织联欢演出，激励失足青少年早日改回正道。至2017年，连续3年开展“关爱明天·普法先行——青少年普法教育活动”。

2015年7月，北京市召开全国“少年向上·真善美伴我行”主题教育表彰大会，冷水江市获全国首次设立的“全国青少年五好小公民主题教育活动特别奖”。1997—2015年，娄底市教育局关工委连续19届获全国青少年主题教育先进集体。

截至2017年，市关工委组织全市5000多名老教师、老干部、老科技工作者组成1000余个校外文化学习辅导团（站）、关爱艺术团下基层，开展送精神、送法制、送书籍、送关爱、送文艺（以下简称“五送下乡”）活动。先后给贫困儿童、留守儿童送关爱资金60余万元，书籍万余册，文艺演出500余场次。

基金筹集管理　1995年10月11日，地委党务工作例会决定，地区财政解决5万元启动资金，设立地区关心下一代基金（以下简称关工基金）。1996年3月，新化县关工委建立关工基金，当年筹集基金25万元，并制定《新化县关心下一代基金章程》。1997年7月1日，双峰县启动关工基金筹集工作，筹集基金150余万元。至1998年，全市关工基金达600万元。2002年1月，市关工委修订完善《娄底市关心下一代基金章程》，规范关工基金的筹集和管理。2006年6月，市委在双峰县召开全市关心下一代工作会议，推广双峰县关工基金筹集和管理经验。至2008年，全市关工基金存量3000万元。截至2017年，全市关工基金达1.5亿元，其中双峰县5000余万元、涟源市4500万元、新化县2700万元、娄星区2000万元、冷水江市1200万元、市本级420万元。

扶贫助困　2003年8月，市关工委启动《关于在全市开展“十百千万”扶贫助学大行动》方案，按每个村扶助10名、每个乡镇扶助100名、每个县（市、区）扶助1000名、全市扶助10000名贫困学生的计划，逐级落实扶助对象。10月，全市扶助义务教育阶段中小学生1.5万余人，金额192万元。此后，每年资助贫困学生1万人以上，资助金额逐年增多。助学对象由资助义务教育阶段贫困中小学生拓展到资助大学生、高中生为主，中、小学贫困学生兼顾。“十百千万”扶贫助学行动开展15年，累计扶助贫困学生20.2万余人，金额9800余万元。2008年5月，四川汶川大地震时，冷水江市梓龙乡关工委副主任、响莲集团董事长陈响莲赶往汶川灾区接回50位父母双亡学生，到湘中文武学校就读，由陈响莲和湘中文武学校校长曾斌负担全部费用，时间3年。

2010年，各级关工委加大对留守儿童帮扶力度，配合有关部门，在乡镇、村（社区）、学校和家庭建立四级监护网络和走访慰问帮扶机制。2012年，对全市13万留守儿童进行摸底，加大对重大病、残疾儿童的帮扶，每年帮扶重大病、残疾儿童1000余人，金额50余万元。

2013年3月，四川省芦山县发生地震，市关工委为之捐献物资共计16.8万元。6月，派出专人送往芦山县关工委，被赠予“大爱无疆”锦旗。

2015年，联系邵阳市娄底商会出资100万元，帮助新化县槎溪中学建教学楼。筹资237万元，为新化县50所中、小学校提供春苗营养厨房设备。2016年，为20所学校争取到总价值100万元卫生室设备，每所学校5万元。是年，发动有关单位为双峰县洪山殿学校资助20多万元现金及部分课桌椅等物品。同时争取中国关工委、省关工委支持，为20余所希望学校建设资助200多万元。

双峰县关工委先后于2000年、2005年、2010年被评为全国关心下一代工作先进集体。2015年，娄底市关工委、冷水江市教育局关工委被评为全国关心下一代工作先进集体。蒋育民、曾畅元等10人先后被评为全国关心下一代先进工作者；李楚斌、殷另娇先后被评为全国未成年人思想道德建设先进个人。娄星区关工委、涟源市关工委等33个单位先后被评为全省关心下一代工作先进集体。138人次被评为全省关心下一代先进工作者。

第六节 接待工作

一、接待机构

1990年9月，娄底地委接待处内设办公室、业务科、劳动服务公司3个部门。1991年9月，地委接待处综合服务部成立，编制22名，与劳动服务公司合署办公，实行“两块牌子、一套人马”。10月，娄底宾馆开工建设，两年后完工投入使用，被地委、行署指定为接待单位。1992年6月，地委接待处业务科分设为接待科、膳食科。8月，增设保卫科。地委接待处内设办公室、接待科、膳食科、保卫科、综合服务部（劳动服务公司）5个部门。1996年6月，地委接待处牵头成立娄底地区接待服务协会。1999年1月，地委接待处与娄底宾馆合并，实行“两块牌子、一套人马”。是年，市委接待处实行部门经理、职工聘任制。

2001年6月，市委接待处分设为市委、市政府接待处，娄底宾馆2个正处级事业单位。前者承担接待方面管理职能，统筹安排全市接待工作。后者负责具体接待业务，面向市场实行自收自支、独立核算企业化管理。2002年，市委接待处内设办公室、接待科、业务培训科3个科室，编制8名。2015年2月，市委、市政府决定，娄底宾馆全面关停歇业，资产及人员划转至市城投集团。截至2017年，市委、市政府指定娄底华天酒店、418华天酒店、凯旋酒店等承担公务接待业务。

二、接待制度与标准

接待制度　1990—1997年，娄底地委、行署暂未出台统一的接待管理制度。1998年始，贯彻执行财政部《行政事务单位业务招待费列支管理规定》。2002年，市委办公室、市政府办公室出台《关于市委市政府接待处几个具体问题的处理办法》。2003年，市委接待处出台《接待处有关经费暂行管理规定》。2004年，市委接待处出台《重宾接待规程》，对重宾接待工作全程做出流程规范。2006年始，贯彻执行中共中央办公厅、国务院办公厅《党政机关国内公务接待管理规定》。2011年，市委办公室、市政府办公室出台《关于娄底市委市人民政府接待处公务接待工作的有关规定》。2013年始，贯彻执行新修订的中共中央办公厅、国务院办公厅《党政机关国内公务接待管理规定》。2014年始，贯彻执行省委办公厅、省政府办公厅《湖南省党政机关国内公务接待管理办法》，贯彻执行省财政厅《湖南省省直机关外宾接待经费管理办法》。2015—2017年，市委、市政府未出台新的接待制度。

接待标准　1990—2001年，市委（地委）接待处执行市委（地委）办公室制定的临时接待标准。2002年始，执行《关于市委市政府接待处几个具体问题的处理办法》规定的接待标准。其中，宴请标准：党和国家领导人及随行人员600元/桌，省部级领导及随行人员500元/桌，厅级领导及随行人员400元/桌。工作餐标准：省部级以上领导及随行人员每人每天70元，厅级领导及随行人员每人每天60元。住宿标准：省部级以上领导安排套房，厅级领导安排单间，其他人员安排标准间。2011年，市委接待处执行《关于娄底市委市人民政府接待处公务接待工作的有关规定》。其中，住宿标准：副省部级以上领导安排套间，厅（司、局）级领导安排单间，其他人员安排标准间。宴请标准：来宾每人每餐80~120元。工作餐标准：来宾每人每天100~150元，市内工作人员原则上不安排就餐，工作需要必须安排的，每人每天70元，禁用酒水和香烟。2012—2017年，市委、市政府未出台新的接待标准。

三、接待业务

宾客与会议接待　1990—1993年，娄底地委接待处主要接待地委、行署及各部委办局召开的会议。1994年始，娄底宾馆建成投入使用，接待条件改善，接待宾客数量逐渐增多，级别明显增高。1999年起，历年市人大、政协会议在娄底宾馆举行。2009年起，接待“湘博会”。2013—2014年，娄底宾馆接待第十二届省运会和第九届残运会，接待运动员、教练员5921人次，裁判员1289人次，工作人员328人次。接待宾客7806人次，其中省部级领导32人次、厅级领导236人次，2015年，娄底宾馆关停歇业，全市公务接待定点酒店增多，接待服务市场化增强，会议接待以重大活动及会议为主，宾客接待以重宾为主。

重要宾客接待 2003年，市委、市政府接待处完成重要宾客接待395批次4256人次，其中副部级以上领导47批次。8月，接待中纪委、中组部联合巡视组赴娄巡视。2004年，完成重要宾客接待457批次4895人次，其中副部级以上领导56人次，含国家二级警卫接待1人次。2005年，完成重要宾客接待511批次5446人次，其中副部级以上领导、商界要人、知名人士62人次，含国家二级警卫接待1人次、国家三级警卫接待1人次。先后接待海螺集团、庄胜集团、三一集团等知名企业负责人赴娄考察与投资。10月，接待全国绿化模范城市考评团专家组赴娄检查。2001—2006年，累计完成重要宾客接待3016批次31051人次。接待省接待服务协会第四次代表大会暨接待工作经验交流会，第一、二届“青春娄底·湘中之光”经贸博览会等重大活动256次。2007年，完成重要宾客接待629批次6396人次，其中副部级以上领导78人次。先后接待中组部考察组、省委主要领导赴娄视察。2008年，完成重要宾客接待698批次6885人次，其中副部级以上领导95人次。1月，接待抵娄视察的全国人大原副委员长顾秀莲一行。2009年，完成重要宾客接待712批次6986人次，其中副部级以上领导95人次。2010年，完成重要宾客接待746批次7352人次，其中副部级以上领导98人次。2011年，完成重要宾客接待706批次6258人次，其中副部级以上领导96人次。2012年，完成重要宾客接待894批次9534人次，其中副省（部）级以上领导115批次114人次。5月，接待省委副书记、省长徐守盛抵娄考察。6月，接待省人大、省政府“两型社会”检查组赴水府庙库区（娄底片）调研。2013年，完成重要宾客接待731批次6257人次，其中副部级以上领导121人次，含国家二级警卫接待2次、三级警卫接待1次。先后完成国家“创卫工作”检查组赴娄检查，2016年，完成重要宾客接待177批次1000余人次，其中副国级领导1人次、正部级领导3人次、副部级领导20人次、少将以上军队领导11人次、厅级领导62人次、商界要人及名人专家80人次。2017年，完成重要宾客接待187批次1430人次，其中正部级领导8人次、副部级领导24人次、厅级领导70人次。

第七节 政策研究工作

一、研究机构

1990年，地委政策研究室内设综合科、调研科、政治体制改革科，核定行政编制9名。1995年，内设机构调整为综合科和调查研究科。2002年，市委政策研究室与《娄底工作》杂志社合并，实行“两块牌子、一套人马”，内设人秘科、综合科、调研科、《娄底工作》编辑部（副处级）。2014年1月，建立市委改革办公室，与政策研究室实行“一个机构、两块牌子”。2016年，编印《决策之基》《领导参阅》，创办《娄底工作简报（学习版）》。2017年底，市委政策研究室（改革办）有干部职工21人，其中副处级以上干部7人。

二、研究活动与成果

综合研究 1990年起，地委政策研究室坚持当好参谋、服务地委中心工作宗旨，围绕农村改革、国有企业改革、优化经济环境等重大课题开展调查研究，先后主持完成一批综合研究成果，为地委、行署提供决策咨询。1992年，围绕经济开发区和小城镇建设、股份合作经济、工业“五自主”、商业“四放开”、外经外贸“四结合”、村级组织建设、引领农民进市场奔小康、工商企业转换经营机制、党政机关机构改革和市场经济条件下党纪党风建设等课题进行调查研究。完成《从千户农民思想动态看当前农村工作策略》《实体实办、官商分家、势在必行——党政机关兴办经济实体的调查》《张家港——人间的神话》等一批综合研究成果，为地委、行署提供决策咨询。1998年起，围绕地区经开区发展、下岗职工再就业、公安队伍建设、粮食流通体制改革、安全生产、扩大内需、优化经济发展环境、计划生育、中心城市建设、招商引资、农村税费改革等课题进行调查研究，提出《运管体制必须解决与地域经济结合松散的问题》等政策建议，被地委、行署采纳。2004—2007年，围绕资源整合与可持续发展、政法队伍建设、特色农业、民营经济发展、新型工业化、乡镇机构改革、机关作风整顿、全面小康建设、财政管理体制改革、国企改革、乡镇企业改革、新农村建设、高等职业教育等课题进行调查研究。撰写的《牢记“三个倍加”，共图发展大计》《我们在上海的90天》先后在《求是》《人民日报》《经济日报》等报刊上发表。《一切为了实现全面小康》于2004年在《解放日报》上发表。《推进“三化”，加速赶超》《关于娄底今后五年经济社会发展战略的初步构想》《紧紧围绕科学发展、加速赶超创先争优》等论文内容被吸收入市委、市政府相关决议中。

2008—2009年，围绕新型城镇化、经济社会持续发展战略、对接融入长株潭发展、“两型社会”建设、应对世界金融危机等课题进行调查研究，形成《推进“三化”，加速赶超》《关于娄底今后五年经济社会发展战略的初步构想》等一系列研究成果，被市委、市政府采纳。2010—2012年，围绕转变发展方式、文化建设、城郊农业发展、长株潭城市群、城乡环境整治、服务业发展、城乡统筹、资源型城市转型升级等课题进行调查研究，形成一批研究成果，大多被市委、市政府采纳。《紧紧围绕科学发展、加速赶超创先争优》在《湖南日报》上发表。《湖南娄底：资源型城市转型升级之路》《推进科学发展，建设幸福娄底》等论文，分别在《中国经济周刊》《湖南日报》《新湘评论》等报刊上发表。

2013—2015年，围绕城乡体制机制建设、基层工作、“十三五”规划、投资效益分析、基本公共服务均等化、审批制度改革、融城战略、娄商返娄战略、新型工业化、创建国家卫生城市、资源型城市转型发展、经济下行压力化解、民间融资风险防控、市经开区行政审批管理权限下放、政治生态建设等课题进行调查研究，形成一批研究成果和政策建议。其中，《一道必须逾越且应不断逾越的坎——关于市区体制机制的调研报告》《着力打造资源型城市转型升级版》《建设良好政治生态要五“同”》等论文在《人民日报》上发表。《娄底如何赢得“一带一路”的新红利》供市委、市政府参考。

2016—2017年，围绕市第五次党代会、房地产去库存、对口帮扶涟钢、特色小镇建设、中小企业发展、工业园区建设、房地产市场整顿等课题进行调查研究，提出一系列政策建议，如《以“旅游+”力推娄底供给侧结构性改革》《关于打赢脱贫攻坚战的调研与思考》供市委、市政府参考。市委政策研究室撰写“娄迪新”评论员文章15期，编印《决策之基》《领导参阅》等资料，供市委、市政府参考。《湖南娄底：资源型城市转型升级之路》《推进科学发展，建设幸福娄底》等论文于2012年分别在《中国经济周刊》《湖南日报》《新湘评论》等报刊上发表。《一道必须逾越且应不断逾越的坎——关于市区体制机制的调研报告》《着力打造资源型城市转型升级版》于2013年先后在《人民日报》上发表。《建设良好政治生态要五“同”》于2015年在《人民日报》上发表。

1990—2017年，市委政研室等单位累计完成综合研究论文160余篇，其中大部分被市委、市政府及相关单位采纳，或在相关报刊上发表。

经济发展研究 1990—1999年，地委政研室围绕经济体制改革、乡镇企业、民营经济发展等问题深入研究，提出《清流源自活水——双峰县三塘铺镇股份合作企业的调查》《当前我区发展个体私营经济亟待解决的几个问题》《当前乡镇企业存在的几个问题和建议》《关于发展个体、私营经济的调查与思考》《关于能源原材料生产企业资金短缺的调查与思考》《对我区发展股份合作制经济的调查》《关于我区乡镇财政状况的调查报告》《供销社参与农业产业化存在的问题和对策》《茶叶产业化与可持续发展》等一系列政策建议，供地委、行署参考。

2000—2012年，市委政策研究室组织有关部门，围绕中国“入世”、民营经济、开发区建设、企业改革等问题进行研究，提出《“入世”对娄底农业的影响及对策》《这里的乡镇企业为什么如此红火》《百雄堂高科技农业有限公司的崛起带来的启示》《培育一条支撑娄底农村经济快速发展的产业巨龙》《依靠市场运作、发展老板经济》《农民对税费、消费和结构调整的反映》《经济开发区要市场操作、封闭管理、全权授予、独立运行》《湘运公司是怎样摆脱困境的》《湖南省锻造厂改革改制工作的思考》

《学习借鉴外地经验，加快转变发展方式》《加快“四化两型”建设、推进资源型城市转型》《娄底市发展电动汽车产业研究》《娄底市两型产业发展研究》等一系列政策建议，供市委、市政府参考。其中《冷水江市创新财政管理体制的调查》在《湖南通讯》发表。《强力破解制约园区发展的瓶颈迫在眉睫》，被省委政研室评为该类论文一等奖。《在结构调整中加速推进新型工业化》在《城市经济论坛》杂志上发表。

2013—2017年，围绕产业结构调整、转型升级和招商引资等问题进行深入调查研究，提出《加速打造娄底工业经济升级版》《娄底产业结构调整的困局与破局》《娄底中小微企业发展状况调研报告》《当前全市工业经济发展存在的问题及对策建议》《以招商引资助推娄底经济转型升级》《关于大力发展农产品加工业、加快推进农业产业化进程的调研与思考》《危中寻机谋转型、稳中求进促发展——关于娄底工业经济行稳致远的思考》《娄底市企业技术创新现状、问题与对策研究》《关于娄底市旅游产业转型升级的调研报告》《重规划强要素促集聚、打造转型升级新引擎——娄底服务业发展调研报告》等政策建议，供市委、市政府参考。1990—2017年，向市委、市政府及相关单位提出经济发展政策建议470余篇，其中大部分被采纳。

城乡发展研究 1990—1999年，围绕农村经济改革发展、农村教育、城乡建设、环境保护等问题开展深入研究，形成《因地制宜发展村集体经济——冷水江市梓龙乡滴水村的启示》《加速发展高产优质高效农业》《关于农村义务教育改革的探讨》《龙田城乡一体化示范镇——十村百户调查报告》《努力加强城市基层建设》《对农民关注的十个问题的调查报告》等研究成果，供地委、行署决策参考。2000—2010年，围绕新型城镇化、农民增收等问题，开展调查研究，形成《关于当前农村工作土地流转情况的调查与思考》《娄底城区环境现状调查与对策思考》《我市农村第三产业发展状况、问题和对策》《趋势问题出路——2000年我市农民收入的调查与思考》《加快小城镇建设、促进农村工业化》《关于推进全市新型城镇化工作需要破解的几个重点问题》等研究成果，向市委、市政府提出政策建议。其中，《一切为了实现全面小康》在《解放日报》上发表。

2011—2017年，围绕征地拆迁、新型城镇化等重大课题，进行深入研究，提出一系列政策建议，如《娄底市征地拆迁及安置房建设与管理研究》《娄底市全面建成小康社会初步研究》《以新型城镇化建设引领科学发展加速转型》《欠发达地区新型城镇化发展研究——以娄底为例》《把城镇建到高速公路边上去》《娄底市高速公路沿线城镇带经济发展调研报告》《停车难问题及对策研究——以娄底为例》《稳步推进特色小镇建设、助力娄底经济加速转型升级》，供市委、市政府参考。其中，《对接融入大长沙、引领发展新常态》于2016年在中国城市党刊网上发表。截至2017年，全市提交城乡发展研究论文和政策建议360余篇，其中大部分被市委、市政府及相关单位采纳。

党群工作研究 1990—1991年，联合行署经研室等单位对双峰县麻洋村党的建设进行专题调研，促成《中共娄底地委、地区行署关于在全区农村广泛深入开展向麻洋村学习的决定》出台。1992—1999年，围绕科技兴娄、人才建设、党委工作、计划生育、民族宗教、农村改革等课题，进行调查研究，提出《我区农业科技人员的现状及对策》《新化县乡镇企业人才开发的调查和思考》《市场经济呼唤加强和改进党委办公室工作——关于社会主义市场经济条件下党委办公室工作的调查与思考》《区别情况、因势制宜，深化事业单位的体制改革》《撤区并乡中计划生育工作的几点启示》《关于我区文化娱乐市场公款消费的调查》《围绕发展市场经济、加强农村党组织建设》《当前农村矛盾的特点、原因及化解对策》《闪光莫道桑榆晚——对我区退休干部的情况调查》等政策建议，为地委、行署决策，起到较好的参考作用。2000—2010年，围绕宗教工作、农业发展、群众工作、政法工作、干部工作等课题开展调查研究，形成《宗教无小事关键在管理——我市宗教现状调查》《全市农业行政执法情况的调查》《架设密切联系群众的新桥梁》《与时俱进求发展》《关于政法干部引咎辞职制度的调研报告》《科学考评促发展方式转变问题研究》等一系列研究成果和政策建议，供市委、市政府参考。

2011—2017年，围绕群众工作、干部工作、党风廉政建设等问题展开调查研究，提出《走入农户家中、走进群众心里——双峰县“二对一”帮扶困难群众活动措施实效果好》《让党旗在农村阵地高高飘扬》《构建干部作风建设常态机制问题研究》《构建干部队伍作风建设常态化机制问题研究》《严明政治纪律和政治规矩问题研究》《如何推动党风廉政建设“两个责任”真正落到实处的调查与思考》《意识形态工作要全面服务好地方经济社会发展——娄底市当前意识形态工作的现状与对策》《机构编制管理法制化研究》《以优良的党内风气引领营造良好政治生态问题研究》《传承乡土文脉、保护乡愁源头——娄底市镇村文化资源保护传承调研报告》《娄底市中心城区食用油安全调研报告》《关于公务用车制度改革财政配套制度建设的思考》等一系列政策建议，供市委、市政府参考。其中，《做群众贴心人、贵在下“真”功》在《党建》期刊上发表。

1990—2017年，全市（地区）累计形成和提出党群工作研究论文与政策建议290余篇，其中大部分被市委、市政府及相关单位采纳。

改革开放研究 1990年起，围绕改革开放开展研究，至1999年，先后提出农村生产经营、土地承包、林业产权制度改革、矿产资源、环境保护、工业“五自主”、商业“四放开”改革政策建议。2000—2014年，围绕对外开放、招商引资、国企改革、教育改革、社保改革、医保改革、开发区建设等问题进行研究，向市委、市政府提出一系列政策性建议，促成市委出台《关于全面深化改革的实施意见》《2014年改革工作要点及责任分工》等文件，确定9大类46项（细化后为66项）重点改革任务。其中，农村土地承包经营权确权登记颁证“三步工作法”，被纳入全省深化改革文件资料汇编。“财政涉农资金改革”项目，获新华社、《湖南领导参考》第39期、省委《工作情况交流》等媒体专题推介。2015年，全市基本完成全面深化改革9大类221项任务和依法治市6大类84项改革任务。是年，市委、市政府出台改革事项提请审议、文件备案和重要情况报告程序规范，建立以“两规则一细则”“四项制度”等为主要内容的改革工作制度体系，建立改革督察员库和制度，明确涉改单位改革事项分管领导和部门联络人，使各项改革做到“有人负责、有人推进、有人落实”。2016年，全市推进53大项300小项具体改革任务，其中236项（包括省定20项市州重点评估事项）被列为省工作要点。除“制定市属国有企业国有资产损失责任追究办法”“制定贯彻政府投资条例实施细则”等47项因上级政策尚未出台而未完成外，其他改革项目全部完成。2月16日，《绿水青山上了“评价单”》——娄底市领导干部自然资源资产离任审计试点改革经验获《人民日报》头版专题推介。8月19日，双峰县检察院内设机构改革试点经验获中央政治局委员、中央政法委书记孟建柱批示肯定。12月29日，双峰县涉农资金整合改革经验获中央电视台《焦点访谈》栏目专题推介。《娄底市加工贸易发展情况》改革经验获国务院办公厅采纳推介。双峰县农田水利设施产权制度改革和创新运行管护机制试点改革经验被写入《中国水利年鉴（2016）》。2017年，提出政策建议，促成市委部署9大类161项重点改革任务。除12项因上级暂未部署而未启动、1项因政策调整而暂缓实施外，其他项目均按时推进。其中，“娄底市构建村级微权力清单体系”改革案例被列入“中国改革十大案例”。

第五篇

人民代表大会

概 述

1990年3月，湖南省人民代表大会常务委员会娄底地区联络工作委员会（以下简称地区人大联工委）成立，属省人大常委会驻娄正厅级派出机构。1995年8月，地区人大联工委更名为省人民代表大会常务委员会娄底地区工作委员会（以下简称地区人大工委）。主要职责是：联系全国及省人大代表、指导县乡人大工作、开展执法检查。1999年8月，娄底市第一届人民代表大会（以下简称市人大）第一次会议在娄底宾馆召开，选举产生娄底市第一届人民代表大会常务委员会和娄底市人民政府、娄底市中级人民法院、娄底市人民检察院（以下简称"一府两院"）领导成员。是年始，娄底市人民代表大会相继设立内务司法委员会、财政经济委员会、教育科学文化卫生华侨外事委员会、农业与农村委员会、城乡建设环境与资源保护委员会、法制委员会、选举任免联络工作委员会、代表资格审查委员会等专门委员会，常委会设立办公室、研究室、预算工作委员会、法制工作委员会等工作机构。人大常委会及其专门委员会负责监督"一府两院"工作。代表资格审查委员会负责代表资格审查等工作。

1999年8月至2017年12月，先后选举产生人大代表2011名，其中工人代表152名、农民代表261名、领导干部代表787名、知识分子代表263名、解放军代表30名和少数民族、妇女、华侨归侨、城镇居民、宗教等各界代表518名。上述代表中，任职期内因工作调离、逝世、辞职、罢免等原因中止代表资格的有118名，补选代表103名。累计召开人大会议21次、人大常委会会议140次，其中第一届32次、第二届41次、第三届30次、第四届30次、第五届（2017年1—12月）7次。至2017年12月，累计召开主任会议434次。其中第一届95次、第二届114次、第三届92次、第四届79次、第五届（2017年1—12月）24次。上述会议就立法工作、监督工作、选举工作、人事任免工作以及全市经济、社会建设和发展等重大问题做出相应决定或决议累计29项，其中地方立法（条例）1项，人事任免1009人次，其中罢免或撤销职务3人次，许可对市人大代表采取刑事强制措施10人次。市人大常委会加强对"一府两院"及其职能部门工作监督，对"一府两院"主要领导及其组成人员工作进行公开评议，对公安、司法、交通、计划、规划、国土、环保、文化、教育、科技、住建、经信、林业、农业农村、安监、水利、旅游、商务税务、体育、质监、工商、城管、物价、扶贫、审计等部门及其工作开展视察和评议，并就有关问题开展质询或专题询问。历届人大代表累计提出建议、议案和批评意见3879件，发挥人大和人大代表作用，促进娄底经济社会快速健康发展和民主法治建设。

1999年8月至2017年12月，累计受理群众来信2.21万件，其中第一届10873件、第二届3533件、第三届2260件、第四届2700件、第五届（2017年1—12月）2700件，其中承办全国或省人大交办或督办的信件896件。接待来访群众4.66万人次，其中第一届1.23万人次、第二届1.48万人次、第三届1.2万人次、第四届5898人次、第五届（2017年1—12月）1547人次。

第一章　组织机构

第一节　地区人大联工委

一、地区人大联工委

1990年3月26日，根据省第七届人民代表大会常务委员会第八次会议决定和省委组织部1989年31号文件精神，娄底地区人大工作联络处升格为省人民代表大会常务委员会娄底地区人大联络工作委员会，为正厅级，受省人大常委会和中共娄底地委双重领导。5月30日，地委决定：地区人大联工委定行政编制20名。内设办公室、业务工作处2个正处级机构。办公室下设人事秘书科、代表联络科、信访科。业务工作处下设财政经济科、内务司法科、教科文卫民族华侨科。1991年，地区人大联工委行政编制增至25名。

1992年4—12月，地委办公室先后转发《湖南省人大常委会娄底地区联络工作委员会关于加强同司法机关工作联系的制度》《湖南省人大常委会娄底地区联络工作委员会关于加强同地区行政公署工作联系的制度》，明确地区人大联工委与地区行署、中级人民法院、检察分院的工作关系。地区人大联工委主要职责：联系地区内全国人大代表和省人大代表，组织代表视察、调研，反映其意见和要求。联系县（市）人大常委会，交流工作情况和经验，研究行使职权方面的问题，了解地区行署、中级人民法院、检察分院的工作情况，向省人大常委会提交报告。办理省人大常委会和地委交办的其他事项。

二、地区人大工委

1995年8月2日，根据省人大常委会《关于地区派出机构更改名称的通知》，湖南省人民代表大会常务委员会娄底地区联络工作委员会更名为省人民代表大会常务委员会娄底地区工作委员会，内设机构和主要职责不变。截至1999年4月，地区人大工委保持机构名称和职能不变。

1999年1月20日，国务院下达《关于同意湖南省娄底地区设立地级娄底市的批复》。3月18日，省政府向娄底行政公署发出《关于撤销娄底地区设立地级娄底市的通知》。1999年4月20日，娄底市第一届人民代表大会筹备委员会成立，地委副书记、地区人大工委主任何翰屏任筹备委员会主任，地委副书记卜功富，地委委员、组织部部长冯长根，地区人大工委副主任李淑南、陈怀玉、金益凡、谢礼光任筹备委员会副主任。筹备委员会下设办公室，陈怀玉兼办公室主任。4月21日，何翰屏和陈怀玉代表地区人大工委向省人大常委会主任会议报告市第一届人大筹备工作情况。6月18日，市一届人大代表选举工作会议在娄底宾馆召开。7月15—19日，按照《中华人民共和国全国人民代表大会和地方各级人民代表大会选举法》规定，娄星区、冷水江市、涟源市、双峰县、新化县及驻娄部队6个选举单位，先后选举产生市一届人大代表。8月3日，因人事变动，市委根据省委要求增补刘明生、刘波、胡粉元、袁通智、梁又姿为市一届人大筹备委员会副主任。

1990—1999年娄底地区人大联工委（人大工委）领导成员名录

表5-1

机构名称	姓　名	籍　贯	职　务	任职时间
人大联工委	杨汉秋	湖南省湘乡市	主　任	1990-03—1991-08
	蒋育民	黑龙江省克山县	主　任	1991-08—1995-04
	彭少林	湖南省双峰县	主　任	1995-04—1995-08
	刘超汉	湖南省邵东市	副主任	1990-03—1993-11

续表5-1

机构名称	姓 名	籍 贯	职 务	任职时间
人大联工委	王 恺	湖南省衡阳市	副主任	1990-03—1992-05
	杨本连	湖南省城步县	副主任	1990-03—1992-05
	何晓云	湖南省邵阳市	副主任	1991-08—1995-08
	李燕山	湖南省新宁县	副主任	1992-10—1995-08
	杨振华	湖南省涟源市	副主任	1993-05—1995-08
	李淑南(女)	湖南省娄星区	副主任	1993-10—1995-08
	李凡夫	湖南省邵阳市	副主任	1994-04—1994-06
人大工委	彭少林	湖南省双峰县	主 任	1995-08—1999-03
	何翰屏	湖南省新化县	主 任	1999-03—1999-08
	何晓云	湖南省邵阳市	副主任	1995-08—1998-03
	杨振华	湖南省涟源市	副主任	1995-08—1995-10
	李燕山	湖南省新宁县	副主任	1995-08—1998-07
	李淑南(女)	湖南省娄星区	副主任	1995-08—1999-08
	陈怀玉	湖南省新化县	副主任	1995-10—1999-08
	金益凡	湖南省冷水江市	副主任	1998-07—1999-08
	谢礼光	湖南省新化县	副主任	1998-07—1999-08

第二节　市人大常委会

一、市一届人大常委会

1999年8月，一届一次会议选举产生市第一届人大常委会，由主任、副主任、秘书长、委员共31人组成，任期为1999年8月至2004年1月。大会决定设立内务司法委员会、财政经济委员会、教育科学文化卫生委员会、农业与农村委员会、环境与资源保护委员会（一届三次会议更名为城乡建设环境与资源保护委员会）5个专门委员会（以下分别简称市人大内司委、财经委、教科文卫委、农业委、城环委）。常委会设办公室、选举任免联络工作委员会（以下简称联工委）等2个工作机构。办公室下设秘书科、行政科、人事科、信访科。联工委下设代表联络科、选举任免科。常委会另设代表资格审查委员会，负责审查市人大代表的资格，刘波任主任委员。2003年，市人大常委会研究室成立，为副处级，加挂“新闻中心”牌子，归口办公室管理，内设综合科。

二、市二届人大常委会

2004年1月，二届一次会议选举产生市第二届人大常委会，由主任、副主任、秘书长、委员共33人组成，任期为2004年1月至2009年1月。专门委员会和工作机构同上届不变。办公室下设秘书科、研究室、信访科、行政科、人事老干科、接待科。联工委下设代表联络科、选举任免科。研究室作为副处级机构，归口办公室管理，内设综合科。常委会代表资格审查委员会贺启家任主任委员。

2007年5月18日，研究室升格为正处级，为常委会工作机构，核定主任1名、副主任1名、科级领导职数2名，内设综合科和新闻宣传科。5月31日，办公室内设备案审查科，正科级机构，设领导职数1名，编制由机关内部调剂。

三、市三届人大常委会

2009年1月，三届一次会议选举产生市第三届人大常委会，由主任、副主任、秘书长、委员共39人组成，任期为2009年1月至2013年1月。大会决定设立内务司法委员会、财政经济委员会、教育科学文化卫生华侨外事委员会、农业与农村委员会、城乡建设环境与资源保护委员会5个专门委员会。常委会设办公室、联工委、研究室3个工作机构。办公室下设秘书科、行政科、人事科、接待科、备案审查科。2009年3月26日，常委会增设预算工作委员会（以下简称预工委），为正处级，设主任1名、副主任1名，下设综合科，编制由机关内部调剂。常委会代表资格审查委员会刘宏业任主任委员。8月5日，办公室信访科更名为市人大常委会信访办公室，为正科级，主任高配为副处级。联工委下设代表联络科、选举任免科。研究室下设综合科、新闻宣传科。

四、市四届人大常委会

2013年1月，四届一次会议选举产生市第四届人大常委会，由主任、副主任、秘书长、委员共39人组成，任期为2013年1月至2017年1月。2016年2月25—28日召开的四届五次会议决定增设法制委员会（以下简称法制委），其余专门委员会的设立与上届同。常委会设办公室、联工委、研究室、预工委、法工委等5个工作机构。办公室下设秘书科、行政科、人事科、老干科、接待科、信访室。联工委下设代表联络科、选举任免科。研究室下设综合科、新闻宣传科。预工委下设综合科。常委会代表资格审查委员会杨金含任主任。

五、市五届人大常委会

2017年1月，市人大五届一次会议选举产生市第五届人大常委会，由主任、副主任、秘书长、常务委员共39人组成，任期为2017年1月至2021年1月，大会决定专门委员会与上届同。常委会设办公室、联工委、研究室、预工委、法工委5个工作机构不变。办公室下设秘书科、行政科、人事科、老干科、接待科、信访室。联工委下设代表联络科、选举任免科。研究室下设综合科、新闻宣传科。预工委下设综合科。常委会代表资格审查委员会钟楠修任主任。

1999—2017年娄底市人大常委会历届主任会议成员名录

表5-2

届别	姓名	籍贯	职务	任职时间
第一届	何翰屏	湖南省新化县	主任	1999-08—2004-01
	刘明生	湖南省冷水江市	副主任	1999-08—2004-01
	刘波	湖南省新化县	副主任	1999-08—2004-01
	胡粉元(女)	湖南省双峰县	副主任	1999-08—2004-01
	梁又姿(女)	湖南省涟源市	副主任	1999-08—2004-01
	廖基信	湖南省涟源市	副主任	1999-08—2001-09
	周若鹏	湖南省涟源市	副主任	1999-08—2004-01
	黄熙雍	湖南省娄星区	副主任	2001-03—2004-01
	高超群	湖南省涟源市	副主任	2001-03—2004-01
	曾贯一	湖南省隆回县	副主任	2002-03—2004-01
	王多全	湖南省涟源市	秘书长	1999-08—2004-01

续表5-2

届别	姓名	籍贯	职务	任职时间
第二届	冯长根	湖南省湘潭市	主　任	2004-01—2008-01
	王信卿	湖南省涟源市	主　任	2008-01—2009-01
	刘明生	湖南省新化县	副主任	2004-01—2007-01
	刘　波	湖南省新化县	副主任	2004-01—2009-01
	周若鹏	湖南省涟源市	副主任	2004-01—2009-01
	黄熙雍	湖南省娄星区	副主任	2004-01—2009-01
	高超群	湖南省涟源市	副主任	2004-01—2009-01
	曾贯一	湖南省隆回县	副主任	2004-01—2009-01
	邹明玉(女)	湖南省涟源市	副主任	2004-01—2006-01
	贺启家	湖南省双峰县	副主任	2004-01—2009-01
	谢元龙	湖南省新化县	副主任	2007-01—2009-01
	王多全	湖南省涟源市	秘书长	2004-01—2009-01
第三届	王信卿	湖南省涟源市	主　任	2009-01—2012-01
	黄熙雍	湖南省娄星区	副主任	2009-01—2013-01
	曾贯一	湖南省隆回县	副主任	2009-01—2013-01
	谢元龙	湖南省新县化	副主任	2009-01—2013-01
	赵应良	湖南省双峰化	副主任	2009-01—2013-01
	肖有胜	湖南省涟源市	副主任	2009-01—2013-01
	刘宏业	湖南省涟源市	副主任	2009-01—2013-01
	颜桂兰(女)	湖南省冷水江市	副主任	2009-01—2013-01
	王建成	湖南省双峰县	副主任	2012-01—2013-01
	龚　彧	湖南省新化县	副主任	2012-01—2013-01
	吴合群	湖南省涟源市	秘书长	2009-01—2013-01
第四届	肖有胜	湖南省涟源市	副主任	2013-01—2017-01
	赵应良	湖南省双峰县	副主任	2013-01—2017-01
	刘宏业	湖南省涟源市	副主任	2013-01—2016-02
	颜桂兰(女)	湖南省冷水江市	副主任	2013-01—2017-01
	龚　彧	湖南省新化县	副主任	2013-01—2017-01
	陈明华	湖南省新化县	副主任	2013-01—2017-01
	杨金含	湖南省娄星区	副主任	2013-01—2017-01
	钟楠修	湖南省涟源市	副主任	2016-02—2017-01
	袁跃进	湖南省邵东市	秘书长	2013-01—2017-01

续表5-2

届别	姓名	籍贯	职务	任职时间
第五届	谢志雄	湖南省涟源市	副主任	2017-01—
	肖有胜	湖南省涟源市	副主任	2017-01—
	赵应良	湖南省双峰县	副主任	2017-01—
	陈明华	湖南省新化县	副主任	2017-01—
	杨金含	湖南省娄星区	副主任	2017-01—
	钟楠修	湖南省涟源市	副主任	2017-01—
	彭增光	湖南省双峰县	副主任	2017-01—

第三节　县（市、区）人民代表大会

根据宪法规定，各县（市、区）设立人民代表大会，代表由选民直接选举产生，人民代表大会每届五年，大会选举产生人大常务委员会，常务委员会由主任、副主任、秘书长、委员组成，设立财政经济、内务司法、教科文卫、农业和农村、城乡建设环境与资源保护、选举任免联络工作委员会等专门委员会。常委会设立办公室、研究室等工作机构。各县（市、区）人大常委会负责讨论决定本行政区域内各方面重大工作事项。监督县（市、区）人民政府、人民法院、人民检察院的工作。决定地方国家机关工作人员的任免。罢免和补选上一级人民代表大会代表。截至2017年12月，娄底市（地区）各县（市、区）人民代表大会先后选举产生县（市、区）人大常委会成员1000名。各县（市、区）人大常委会作出决议、决定1098个，任免国家机关工作人员8730名，组织开展述职评议206次，开展代表评议131次。

第二章　人大代表

第一节　代表产生

一、市一届人大代表

1999年6月4日，省九届人大常委会第九次会议决定，娄底市第一届人大代表名额398名。6—7月，各选举单位依法选举产生市人大代表388名（保留机动名额10名）。7月30日，娄星区选举产生的市人大代表卢某盟，因涉嫌受贿被娄星区第六届人大常委会第十三次会议依法罢免。一届一次会议时实有代表387名。1999年8月至2004年1月，市一届人大任期内，先后有18名代表因调离、逝世、辞职等原因终止代表资格，先后补选代表26名。

二、市二届人大代表

2003年7月30日，省十届人大常委会第三次会议决定，市二届人大代表名额398名。8—12月，各选举单位依法选举产生人大代表393名（保留机动名额5名）。2004年1月至2009年1月，市二届人大任期内，先后有11名代表因调离、逝世、辞职、罢免等原因终止代表资格，先后补选代表6名。

三、市三届人大代表

2008年9月28日，省十一届人大常委会第四次会议决定，市三届人大代表名额408名。10—12月，各选举单位依法选举产生市三届人大代表404名（保留机动名额4名）。2009年1月至2013年1月，市三届人大任期内，先后有17名代表因调离、辞职等原因终止代表资格，先后补选代表19名。

四、市四届人大代表

2012年7月27日，省十一届人大常委会第三十次会议决定，市四届人大代表名额408名。9月12日，按照中央、省委关于统筹安排换届时间，逐步实现同步换届的要求，经市三届人大代表多数同意，市三届人大常委会第二十次会议决定，市四届人大代表于11月30日前完成选举。7—11月，各选举单位累计选举产生市四届人大代表405名（保留机动名额3名），落实省委、市委关于“两升一降一保证”要求，即基层代表特别是一线工人、农民和专业技术人员代表比例比上一届有所上升，妇女代表比例比上一届有所上升，党政干部代表比例比上一届有所降低，少数民族代表和归侨代表按法律法规予以保证。2013年1月至2016年12月，市四届人大任期内，先后有51名代表因调离、辞职、逝世等原因终止代表资格，先后补选代表43名。

五、市五届人大代表

2016年，按照省委和省人大常委会统一安排，市五届人大提前1年换届选举。5月27日，省十二届人大常委会第二十二次会议决定，市五届人大代表名额408名。9月23日，市四届人大常委会第二十八次会议决定，市五届人大代表在11月30日前完成选举。7—11月，各选举单位依法选举产生市五届人大代表408名。2017年1—12月，市五届人大任期未满，先后有21名代表因调离、辞职等原因终止代表资格，先后补选代表9名。

娄底市第七至第十二届全国人大代表名录

表5-3

届别	届期	全国人大代表
第七届	1988-02—1993-02	何真临、肖新求、赵杰兵、姚绮云(女)
第八届	1993-03—1998-03	丛树英、何真临、姚绮云(女)、梁稳根、刘建文
第九届	1998-03—2003-03	曾庆炎、刘学明、张日平、刘美球(女)
第十届	2003-03—2008-03	蔡力峰、肖自江、彭爱华(女)、梁稳根
第十一届	2008-03—2013-03	张硕辅、林　武、陈代富、肖自江、郑柏平
第十二届	2013-03—2018-03	陈代富、肖安江、杨娟娟(女)

第二节　代表数量及构成

一、市一届人大代表

1999年8月8—12日，一届一次会议实有代表387名。其构成：工人23名，占5.9%。农民120名，占31%。干部191名，占49.4%。知识分子40名，占10.3%。解放军7名，占1.8%。其他劳动者6名，占1.6%。妇女76名，占19.6%。民主党派和党外人士54名，占14%。少数民族3名，占0.8%。

二、市二届人大代表

2003年12月31日至2004年1月5日，二届一次会议实有代表393名。其构成：工人41名，占10.4%。农民54名，占13.7%。干部231名，占58.8%。知识分子57名，占14.5%。解放军5名，占

1.3%。其他劳动者1名，占0.3%。妇女68名，占17.3%。非中共党员84名，占21.4%。少数民族1名，占0.3%。

三、市三届人大代表

2009年1月3—8日，三届一次会议实有代表404名。其构成：工人69名，占17.1%。农民57名，占14.1%。干部122名，占30.2%。知识分子100名，占24.8%。解放军6名，占1.5%。归侨侨眷5名，占1.2%。民主党派和无党派人士85名，占21%。妇女61名，占15.1%。非公有制经济方面人士59名，占14.6%。因人大工作连续性需要，连选连任代表92名，占22.8%。

四、市四届人大代表

2012年12月28日至2013年1月1日，四届一次会议实有代表405名。其构成：基层代表225名，占55.6%。其中工人8名、农民22名、专业技术人员26名、居民5名，累计占15.1%。领导干部180名，占44.4%。国有企业及民营企业代表66名，占16.3%。妇女97名，占24%。非中共党员109名，占26.9%。连任代表136名，占33.6%。少数民族2名，占0.5%。归侨侨眷4名，占1%。

五、市五届人大代表

2017年1月5—9日，五届一次会议实有代表408名。其构成：干部165名，占40.4%。基层代表243名，占59.6%。其中工人11名、农民8名、专业技术人员40名、居民代表5名，累计占15.7%。基层干部102名，占25%。非公经济人士57名，占14%。妇女119名，占29.2%。非中共党员142名，占35%。连任代表150名，占36.8%。少数民族3名，占0.7%。归侨侨眷4名，占1%。新社会组织人士3名，占0.7%。宗教界2名，占0.5%。

第三章　重要会议

第一节　人民代表大会

一、市一届人大会议

1999年8月8—12日，一届一次会议召开。会议听取陈怀玉关于一届一次会议筹备工作情况的报告和市一届人大代表资格审查情况的说明。因代表联名提出的副主任、副市长候选人超过法律规定和本次会议选举办法规定的差额数，大会采取以代表团为单位进行预选。大会选举何翰屏为市一届人大常委会主任，刘明生、刘波、胡粉元、梁又姿、廖基信、周若鹏为副主任，王多全为秘书长，马心良、王义成、王流长、尤慕群、李劲松（女）、李厚元、邳俊山、肖自江、肖振源、何汉贵、张值恒、张银秀（女）、陈征南（女）、范会昌、周安根、梁经庆、谭顺谋、颜桂兰（女）18人为委员。大会选举张建功为市长，易佑德、罗德才、朱爱光、张正阳、李云才为副市长。大会选举张明松为市中级人民法院院长，选举胡旭曦为市人民检察院检察长，报经省人民检察院提请省人大常委会批准。会议决定设立内务司法委员会、财政经济委员会、教育科学文化卫生委员会、农业与农村委员会、环境与资源保护委员会5个专门委员会（以下分别简称市人大内司委、财经委、教科文委、农业委、环资委）。会议表决通过市人大各专门委员会的主任委员、副主任委员名单。会议决定各专门委员会下设综合科。

2000年3月21—24日，一届二次会议召开。会议听取和审查“一府两院”、人大常委会，以及计划、财政等工作报告，并作出相应决议。补选刘本祥、刘建中、吴合群、赵细贤为市人大常委会委员。

2001年2月26日至3月2日，一届三次会议召开。会议听取和审查“一府两院”、人大常委会，以及计划、财政等工作报告，并作出相应决议。补选刘云柱为市长，黄熙雍、高超群为市人大常委会副主任。补选张定良为市人民检察院检察长，报经省人民检察院提请省人大常委会批准。补选黄祝阳、梅铁汉为市人大常委会委员。表决通过市人大农业委主任委员名单。决定市人大环资委更名为市人大城乡建设环境与资源保护委员会（以下简称市人大城环委）。

2002年2月28日至3月4日，一届四次会议召开。会议听取和审查“一府两院”、人大常委会，以及计划、财政等工作报告，并作出相应决议。补选曾贯一为市人大常委会副主任。

2002年12月29日至2003年1月2日，一届五次会议召开。会议听取和审查“一府两院”、人大常委会，以及计划、财政等工作报告，并作出相应决议。选举省十届人大代表44名。

二、市二届人大会议

2003年12月31日至2004年1月5日，二届一次会议召开。会议听取和审查“一府两院”、人大常委会，以及计划、财政等工作报告，并作出相应决议。选举冯长根为市二届人大常委会主任，刘波、刘明生、邹明玉、周若鹏、贺启家、高超群、黄熙雍、曾贯一为副主任，王多全为秘书长，王书平、申冬求、朱彩凤（女）、朱锦屏、刘卫红（女）、刘建中、汤池、安敏、肖正滔、肖自江、肖振源、吴合群、沈裕辉、张灿辉、张银秀（女）、周安根、胡卫平、钱局新（女）、梅铁汉、谢建国、廖志理、颜剑等23人为委员。选举刘云柱为市长，王信卿、王善明、杨云辉、李云才、肖新桃、罗德才为副市长。选举王建成为市中级人民法院院长。选举张定良为市人民检察院检察长，报经省人民检察院提请省人大常委会批准。补选冯长根为省十届人大代表。会议表决通过市二届人大5个专门委员会的主任委员、副主任委员、委员名单。

2005年2月25—28日，二届二次会议召开。会议听取和审查“一府两院”、人大常委会，以及计划、财政等工作报告，并作出相应决议。表决通过市人大城环委主任委员名单。

2006年1月9—13日，二届三次会议召开。会议听取和审查“一府两院”、人大常委会，以及计划、财政等工作报告，并作出相应决议。补选林武为市长。补选肖新华为市人民检察院检察长，报经省人民检察院提请省人大常委会批准。接受邹明玉辞去市人大常委会副主任职务。补选彭建国为市人大常委会委员。

2007年1月22—26日，二届四次会议召开。会议听取和审查“一府两院”、人大常委会，以及计划、财政等工作报告，并作出相应决议。接受刘明生辞去市人大常委会副主任职务，补选谢元龙为市人大常委会副主任。

2007年12月29日至2008年1月2日，二届五次会议召开。会议听取和审查“一府两院”、人大常委会，以及计划、财政等工作报告，并作出相应决议。接受冯长根辞去市人大常委会主任职务，补选王信卿为市人大常委会主任。选举省十一届人大代表45名。

三、市三届人大会议

2009年1月3—8日，三届一次会议召开。会议听取和审查“一府两院”、人大常委会，以及计划、财政等工作报告，并作出相应决议。选举王信卿为市三届人大常委会主任，黄熙雍、曾贯一、谢元龙、赵应良、肖有胜、刘宏业、颜桂兰为副主任，吴合群为秘书长，王书平、方翔英、申冬求、刘卫红（女）、刘君怡、安敏、苏跃凡（女）、李友元、李光中、李建军、李新安、肖正滔、肖自江、吴志雄、沈裕辉、张树芳、陈皓、陈屏璋、周安根、胡拥军、姚仲华、钱局新（女）、梅铁汉、曹培福、康艳华（女）、彭建国、彭咸度、曾甲全、曾碧良、谢建国30人为委员。选举张硕辅为市长，田福德、雷绍业、邓建和、鄢福初、余明庭、刘益丈为副市长。选举王建成为市中级人民法院院长。选举肖新华为市人民检察院检察长，报经省人民检察院提请省人大常委会批准。会议表决通过5个专门委员会的主任委员、副主任委员、委员名单。

2010年1月17—21日，三届二次会议召开。会议听取和审查“一府两院”、人大常委会，以及计划、财政等工作报告，并作出相应决议。补选赵濛为省十一届人大代表。

2011年1月11—14日，三届三次会议召开。会议听取和审查“一府两院”、人大常委会，以及计划、财政等工作报告，并作出相应决议。补选刘孙承为市人民检察院检察长，报经省人民检察院提请省人大常委会批准。

2012年1月4—7日，三届四次会议召开。会议听取和审查“一府两院”、人大常委会，以及计划、财政等工作报告，并作出相应决议。接受王信卿辞去市人大常委会主任职务，接受黄熙雍辞去市人大常委会副主任职务。接受王建成辞去市中级人民法院院长职务。补选市人大常委会主任。补选王建成、龚彧为市人大常委会副主任，吴建平为副市长，肖新平为市中级人民法院院长。

四、市四届人大会议

2012年12月28日至2013年1月1日，四届一次会议召开。会议听取和审查“一府两院”、人大常委会，以及计划、财政等工作报告，并作出相应决议。选举市四届人大常委会主任。选举赵应良、肖有胜、刘宏业、颜桂兰、龚彧、陈明华、杨金含为副主任，袁跃进为秘书长，王书平、石峰、毛有俭、刘卫红（女）、石潇纯（女）、羊小庆、刘君怡、肖正滔、李有才（女）、李伟智、李光中、李建军、李学刚（女）、何红梅（女）、李新安、周海强、沈裕辉、梅铁汉、钱局新（女）、饶一兵、谢建国、姚仲华、姜东兵、戚向前、曹培福、彭咸度、康纪联、谢业中、焦国华、廖星（女）30人为委员。选举谢志雄、鄢福初、刘益丈、石超刚、向世聪、尹华凯等为副市长。选举肖新平为市中级人民法院院长。选举刘孙承为市人民检察院检察长，报经省人民检察院提请省人大常委会批准。会议表决通过市人大5个专门委员会的主任委员、副主任委员、委员名单。

2014年1月8—10日，四届二次会议召开。会议听取和审查“一府两院”、人大常委会，以及计划、财政等工作报告，并作出相应决议。

2015年1月21—23日，四届三次会议召开。会议听取和审查“一府两院”、人大常委会，以及计划、财政等工作报告，并作出相应决议。补选巢建国、彭展发为市四届人大常委会委员。补选李芳芳为市人民检察院检察长，报经省人民检察院提请省人大常委会批准。5月8日，四届四次会议召开。

2016年2月25—28日，四届五次会议召开。会议听取和审查“一府两院”、人大常委会，以及计划、财政等工作报告，并作出相应决议。接受刘宏业辞去市人大常委会副主任职务，补选钟楠修为市人大常委会副主任。补选朱桂良、刘熙明、余建中、陈建新、胡克耕、曾志君、曾志祥为市人大常委会委员。会议决定设立法制委员会、内司委、财经委、教科文卫委、农业委、城环委6个专门委员会。会议表决通过市人大6个专门委员会的主任委员、副主任委员、委员名单。5月12—13日，四届六次会议召开。

五、市五届人大会议

2017年1月5—9日，五届一次会议召开。会议听取和审查“一府两院”、人大常委会，以及计划、财政等工作报告，并作出相应决议。选举市五届人大常委会主任、副主任，谢志雄、肖有胜、赵应良、陈明华、杨金含、钟楠修、彭增光为副主任，毛友俭、邓焕章、石潇纯（女）、朱桂良、向健勇、刘时清（女）、刘熙明、李光中、李学刚（女）、李建军、李梯华（女）、肖春、何一波、余建中、陈建新、贺志元、袁华荣、袁湘南、钱局新（女）、曹林平、曹巍伟（女）、康纪联、谌铁辉、巢建国、焦国华、曾亚平、曾志君、曾志祥、谢业中、谢学龙（女）、翟梅华（女）31人为委员。选举市长、副市长，张希慧、甘跃华、陈旌、方建荣、梁立坚、李有才等为副市长。选举高鑫为市中级人民法院院长。选举李芳芳为市人民检察院检察长，报经省人民检察院提请省人大常委会批准。会议表决通过市人大6个专门委员会的主任委员、副主任委员、委员名单。

第二节　常委会会议

一、市一届人大常委会会议

1999年，主要审议决定事项：审议通过《常委会议事规则》《常委会人事任免办法》。听取和审议税收征收管理法执法检查情况的报告。听取关于在娄全国、省和部分市人大代表视察情况的报告。任命常委会工作委室和政府工作部门负责人、市中级人民法院和市人民检察院有关人员。补选何翰屏为省九届人大代表。2000年，主要审议决定事项：听取和审议关于开展“三五普法”（第三个全面普法五年规划）和依法治理、全市电子游戏市场清理整顿、中小学收费等工作情况的报告。听取和审议关于开展治理经济发展环境综合执法检查情况的报告。组织部分全国、省、市人大代表对市交通局的工作进行评议。审议通过《关于全面开展依法治市的决议》《关于加强中心城市规划、建设、管理的决定》《关于加强人民法院执行工作的决定》。决定任命郭大、杨云辉为副市长。同意颜桂兰辞去市一届人大常委会委员职务。同意张建功辞去市长职务。决定任命刘云柱为副市长，决定其代理市长。决定接受胡旭曦辞去市人民检察院检察长职务，决定张定良代理检察长、报经省人民检察院提请省人大常委会批准。补选孙载夫为省九届人大代表。2001年，主要审议决定事项：听取和审议市交通局评议整改、全市社会力量办学、加强城市规划管理等工作情况的报告。听取《关于加强娄底市殡葬改革工作的议案》《关于切实加大娄底森林城建设力度的议案》办理情况的报告。听取和审议开展义务教育法、预算法执法检查情况的报告。听取2000年度“一府两院”及其工作部门主要负责人书面述职情况的通报。审查通过《娄底市城市总体规划（2000—2020）》。审议通过《关于进一步开展法制宣传教育的决议》。对副市长罗德才进行述职评议。对市建委进行工作评议。决定免去张正阳、朱爱光副市长职务。审议批准授予日本人青木一也“娄底市荣誉市民”称号。补选刘云柱为省九届人大代表。2002年，主要审议决定事项：听取和审议副市长罗德才及市建设局关于评议整改情况的报告。听取《清理整顿城区房地产市场，切实加强国土资源管理》《关于加快实施娄涟公路封闭工程的议案》《请求将娄底师专升本列入市政府工作重点的议案》办理情况，全市农业产业结构调整情况，市规划管理局、城市管理局审议意见办理情况，全市文化市场清理整顿工作情况的报告。听取2001年副市长及政府工作部门主要负责人、市中级人民法院院长、市人民检察院检察长的述职报告。听取和审议开展优化经济发展环境执法检查情况的报告。审议批准《娄底市城市市容和环境卫生管理办法》。组织部分全国、省、市人大代表对市公安局工作进行评议。决定任命童名让、王善明为副市长。决定接受张值恒辞去市一届人大常委会委员职务。补选张建功为省九届人大代表。2003年，主要审议决定事项：听取和审议事业单位人事制度改革、计划生育、中心城区园林绿化、农产品质量安全管理、贯彻落实《关于加强中心城市规划、建设、管理的决定》等工作情况的报告。听取和审议市公安局评议整改情况的报告并进行测评。听取《关于彻底整治城区违法建设，切实加强规划管理的议案》《建议将娄底职业技术学院列入发展重点予以支持的议案》办理情况的报告。听取副市长、市中级人民法院院长、市人民检察院检察长的述职报告。听取和审议开展《义务教育法》《电力法》执法检查情况的报告。审议批准《娄底市孙水河流域水污染防治办法》。决定任命王信卿、梁学锋为副市长。补选蔡力峰为省十届人大代表。批准周世光、郭石修、施健鑫、张干军、阳晓波分别为娄星区、双峰县、涟源市、冷水江市、新化县检察长。至2004年1月，市一届人大常委会召开32次会议。

二、市二届人大常委会会议

2004年，主要审议决定事项：修订《常委会议事规则》《常委会人事任免办法》，审议通过《对市中级人民法院、市人民检察院、市公安局个案监督实施办法（试行）》《讨论决定重大事项的规定》《预算超收收入使用监督办法》。听取和审议医疗保险工作、高新技术产业发展、农产品质量安全管理等工作情况的报告。听取市中级人民法院关于全市法院适用缓刑和财产刑情况、市人民检察院关于人民监督员工作情况的报告。听取和审议开展《人民防空法》《土地管理法》《湖南省基本农田保护条例》《农业法》《人口和计划生育法》执法检查情况的报告。对市国税局、市地税局进行工作评议。对市劳动和社会保障局局长刘正朝、市计划生育委员会主任葛光斗进行述职评议。决定樟树为娄底市市树，杜鹃花为娄底市市花。决定接受钱局新、朱锦屏辞去市二届人大常委会委员职务。确认主任会议许可省人民检察院对市二届人大代表罗某光、市人民检察院对市二届人大代表赵某希采取刑事强制措施的决定。2005年，主要审议决定事项：听取和审议2005年市级城市维护建设资金预算、市本级预备费使用情况及追加预备费的报告。听取和审议孙水河流域污染防治、旅游总体规划编制和规划工作情况的报告。听取《关于加强农民教育工作、全面开展农民职业技能培训的议案》《关于尽快修建娄底—冷水江—新化区域高速公路的议案》《关于加强娄底市社区管理的议案》办理情况的报告。听取和审议开展《水法》《劳动法》《科技进步法》《水污染防治法》执法检查情况的报告。审议通过《娄底市国民经济和社会发展“十一五”规划纲要》《关于加强审计工作的决定》《关于娄底市与美国拉姆西市缔结友好城市的决定》。票决确定对市中级人民法院工作进行评议。决定免去王信卿副市长职务，决定任命田福德为副市长，决定接受刘云柱辞去市长职务。决定任命林武为副市长，决定其代理市长。决定接受刘建中辞去市二届人大城环委主任委员职务。2006年，主要审议决定事项：听取和审议2006年市级城市维护建设资金预算、市本级预备费使用情况及追加预备费的报告。听取《关于加速娄底市职业教育发展的议案》《关于加大力度扶持娄底市湘中黑牛、湖南黑猪产业发展的议案》办理情况的报告。听取娄底市社会主义新农村建设情况的报告。听取和审议开展《劳动法》《传染病防治法》《环境保护法》执法检查情况的报告。审议通过《关于加快娄底市城乡绿化建设的决定》《关于开展法制宣传教育的决议》《关于进一步加强市人大代表工作的意见》。审查《娄底市市域城镇体系规划（2005—2020）》。对市政府秘书长和各工作部门负责人等26人进行述职测评。听取和审议市中级人民法院评议整改工作情况的报告，并进行测评。决定免去罗德才、杨云辉副市长职务，决定任命邓建和、李向群为副市长。决定接受廖志理辞去市二届人大常委会委员职务。决定接受张定良辞去市人民检察院检察长职务，报省人民检察院提请省人大常委会批准。确认主任会议许可市人民检察院对市二届人大代表颜某明采取刑事强制措施的决定。

2007年，主要审议决定事项：听取《关于把娄底创建成“中国优秀旅游城市”的议案》《关于依法规范娄底城区医疗市场管理的议案》《关于加强房地产开发监管的议案》办理情况的报告。审议通过《娄底市市域城镇体系规划（2006—2020）》。听取和审议农民工职业病防治、娄底市国土资源管理、市本级行政事业单位国有资产管理、娄底市社会治安综合治理等工作情况的报告。听取市检察院查办和预防职务犯罪工作的报告。听取和审议《开展宗教事务条例》《农产品质量安全法》《湖南省非税收入管理条例》执法检查情况的报告。批准施健鑫、阳晓波、周世光分别辞去涟源市、新化县、娄星区检察长职务，批准任命邹图华、朱纪文、刘雄辉、梁巨热、刘新超分别为娄星区、冷水江市、涟源市、双峰县、新化县检察长。决定接受刘正朝、陈程南辞去省十届人大代表职务。2008年，主要审议决定事项：听取和审议农村药品监督和供应网络建设、教育强市、“为民办实事”、金融、农产品质量安全等工作情况的报告。听取市中级人民法院关于行政审判工作的报告。听取和审议《森林法》《体育法》《中小企业促进法》执法检查情况的报告。视察娄底城区绿化工作。听取《关于切实保护孙水河城南新区段沿河风光带和一水厂饮用水源的议案》《关于加强国土、规划管理，严格城乡依法用地的议案》《关于加强农村卫生队伍建设，切实提高农民健康水平的议案》办理情况的报告。审议《关于提请审议甘桂路（乐坪街—双科街）项目建设资金列入财政预算的议案》《关于授权娄底市城市建设投资开发有限责任公司作为向国家开发银行等政策性银行及各商业银行贷款项目融资平台主体的决定和〈关于娄底市城市基础设施建设项目贷款履约偿债的承诺函〉的议案》《关于提请审议娄底职业技术学院农业新技术推广培训中心项目建设资金列入财政预算的议案》，并作出相应决议决定。审议通过《关于加强环境保护的决定》《关于加强旅游资源保护的决定》《娄底市规范性文件备案审查办法》。决定接受林武辞去市长职务，决定任命张硕辅为副市长，决定其代理市长。决定免去李向群副市长职务，决定任命雷绍业为副市长。补选张硕辅为省十一届人大代表。至2009年1月，市二届人大常委会召开41次会议。

三、市三届人大常委会会议

2009年1月至2013年1月，市三届人大常委会召开30次会议。2009年，主要审议决定事项：修订《常委会议事规则》《常委会人事任免办法》。审议《关于提请审议娄底市体育中心易址新建工程项目资金列入财政预算的议案》《关于提请审议涟水河综合治理工程建设还本付息资金列入财政预算的议案》《关于提请审议长桂路（乐坪街—钢城街）项目建设资金列入财政预算的议案》《关于提请审议娄底市潭邵高速娄底连接线新扩建工程项目资金列入财政预算的议案》《关于提请审议市财政向中国建设银行股份有限公司娄底长青路支行申请流动资金周转贷款的议案》《关于提请审议娄底市环道西段新扩建工程项目资金列入财政预算的议案》《关于提请审议娄底市环道南段及支线新扩建工程项目资金列入财政预算的议案》，并作出相应决议决定。听取和审议关于2009年重大项目建设情况、粮食生产、矿产资源管理、科技创新、行政监察、地方政府债券资金使用项目调整和市检察院关于全市检察机关抗诉工作情况的报告。听取《关于下决心解决娄底城区读书难问题的议案》《关于强化城乡规划管理职能、遏制违法建筑膨胀的议案》办理情况的报告。审议通过《关于加快发展现代水利的决定》。听取和审议《开展宗教事务条例》《人口与计划生育法》执法检查情况的报告。补选梅国华为省十一届人大代表。2010年，主要审议决定事项：听取关于2010年娄底市地方政府国债资金安排方案的报告。听取和审议集体林权制度改革、招商引资、禁毒工作等专项工作报告。听取市检察院关于监所检察工作情况的报告。听取和审议《开展科技进步法》《仲裁法》执法检查情况的报告。听取《关于加快发展湖南黑猪、湘中黑牛产业的议案》办理情况的报告。票决确定对环境保护工作进行评议。决定接受田福德辞去副市长职务。决定接受肖新华辞去市人民检察院检察长职务，决定刘孙承为代理市人民检察院检察长，报省人民检察院提请省人大常委会批准。批准梁巨热、邹图华分别辞去双峰县、娄星区检察长职务，批准梁巨热、梁飞跃分别为娄星区、双峰县检察长。任命谢业中为市三届人大财经委委员、熊卫华为市三届人大农业委委员。免去李建军市三届人大农业委委员职务。

娄底市纪念地方人大常委会成立30周年暨市人大及其常委会成立10周年报告会（2009年9月23日摄）

2011年，主要审议决定事项：听取和审议“菜篮子”工程建设、法律援助、保障性住房建设和建设资金绩效、市直行政事业单位国有资产管理、“五五”普法等工作情况的报告。听取和审议市人民检察院关于诉讼监督和市中级人民法院关于刑事审判工作情况的报告。票决确定对国土工作进行评议。听取《进一步加强“菜篮子”工程建设的议案》《关于切实加强乡镇小城镇的规划、建设、管理工作的议案》办理情况的报告。听取解决“城区读书难”有关情况的报告。听取和审议开展《中华人民共和国水法》《湖南省实施〈中华人民共和国水法〉办法》和《关于加快发展现代水利的决定》《食品安全法》执法检查情况的报告。审议通过《娄底市城市总体规划（2000—2020）（2011年修订版）》。审议通过《关于进一步加强法制宣传教育的决议》。对市政府各工作部门负责人任前承诺落实情况进行讲评。决定免去邓建和、余明庭的副市长职务，决定任命石超刚等为副市长。决定接受张硕辅辞去市长职务、雷绍业辞去副市长职务。决定接受谢元龙辞去市三届人大常委会副主任职务。批准梁飞跃辞去双峰县人民检察院检察长职务。2012年，主要审议决定事项：审议《关于请求审议市城投集团公司公开发行公司债券和有偿承建娄底保障性住房项目并将该公司债券建设项目所需回购资金纳入财政预算的议案》《关于提请审议湖南省娄底市山丘区城市防洪工程建设项目贷款还本付息资金列入财政预算的议案》《关于提请审议市城南中学项目建设资金列入财政预算的议案》，并作出相应决议决定。听取和审议《关于加快推进行政事业单位国有资产管理体制改革的议案》《关于仙女寨—孙水河保护和开发的议案》办理情况的报告。审议通过《关于进一步提高常务委员会会议质量的意见》，做出设立全民义务植树日的决议。听取和审议扶贫开发、城乡规划等工作情况的报告。听取和审议市中级人民法院关于执行工作、市人民检察院关于查办和预防职务犯罪工作情况的报告。听取和审议《关于进一步加强食品安全工作审议意见办理落实情况的报告》，并开展专题询问。确认主任会议许可市公安局对市三届人大代表曾某顺采取刑事拘留强制措施的决定。审议通过关于调整市人大换届时间的决定。批准朱纪文辞去冷水江市人民检察院检察长职务。批准任命梁巨热、陈志、刘辉、刘雄辉、刘新朝分别担任娄星区、冷水江市、双峰县、涟源市、新化县检察长。

四、市四届人大常委会会议

2013年，主要审议决定事项：修订《常委会议事规则》。审议《关于请求审议市城投集团公司公开发行公司第三期债券并将该公司债券建设项目所需回购资金纳入财政预算的议案》《关于提请审议将万宝新区教育新城路网项目建设资金纳入财政预算的议案》，并作出相应决议决定。听取和审议《关于加快娄底市公共交通建设和交通秩序管理的议案》办理情况的报告。听取和审议娄底市“绿化娄底四年行动计划”落实、非税收入管理等工作情况的报告。听取和审议市检察院关于民事诉讼法律监督和市中级人民法院关于行政审判工作情况的报告。听取关于城乡规划工作情况的报告。听取和审议开展药品和医疗器械“一法一条例”（《食品安全法》《食品安全法实施条例》）执法检查情况的报告。审议通过《关于加强民事诉讼法律监督工作的决议》《关于实施融城战略推进可持续发展的决定》。审议《贵州省六盘水市公安局关于提请对市四届人大代表王某贤采取刑事拘留强制措施的报告》，经无记名投票表决，不许可对王某贤采取强制措施。决定免去鄢福初等副市长职务，决定任命何文君、甘跃华为副市长。决定接受钟楠修辞去省十二届人大代表职务，补选方建荣为省十二届人大代表。任命周海良为市四届人大财经委委员。批准梁巨热、刘雄辉、刘新朝分别辞去娄星区、涟源市、新化县检察长职务。2014年，主要审议决定事项：审议《关于提请审议将娄底市2014年第一至第三批土地储备整理项目贷款还本付息资金列入财政预算的议案》《关于提请审议将娄底市万宝新区棚改项目贷款还本付息资金列入财政预算的议案》《关于提请审议将娄底市万宝新区百亩农民集中住房建设项目贷款还本付息资金列入财政预算的议案》《关于提请审议将娄底市万宝新区安置房建设项目贷款还本付息资金列入财政预算的议案》《将市财政预算安排的农村信用改制专项资金用于娄底市娄星区信用合作联社置换不良贷款的议案》《关于提请审议〈娄底市中心城区中小学布点专项规划（2012—2020）〉的议案》，并做出相应决议决定。听取和审议化解娄底城区“大班额”问题“四年行动计划”实施、政府债务清理规范、落实进一步加强药品和医疗器械监督管理工作的审议意见、“四水三库”等主要饮用水源保护和治理等工作情况的报告。听取和审议市人民检察院关于反渎职侵权工作情况的报告。听取关于娄底市基本农田保护工作调研情况的报告。听取和审议《关于娄底中心城区禁放烟花爆竹的议案》办理情况的报告。通过《关于设立中心城区义务教育阶段最大班额控制目标的决议》《娄底市人大常委会会议旁听办法》。评议政府物价、商务、粮食、水利、公安、交通运输、科技、文化广电新闻出版、住房和城乡建设、城市管理行政执法工作，并进行满意度测评，对20个重点整改问题进行现场交办。听取2014年娄底市规划实施情况的汇报。免去罗崇富市四届人大农业委委员职务，任命李仙桃为市四届人大农业委委员。批准王理丽、胡志泽、李加新分别为娄星区、涟源市、新化县检察长。决定接受陈建初辞去省十二届人大代表职务。

2015年，主要审议决定事项：修改《讨论决定重大事项的规定》《常委会议事规则》《关于进一步提高常务委员会会议质量的意见》。审议《关于请求审议将娄底中心城区棚户区改造项目委托建设资金纳入市财政预算的议案》，并做出相应决议决定。听取和审议市本级行政事业单位国有资产管理体制改革、农业环境保护、2015年市本级政府投资计划情况的报告。听取和审议市中级人民法院立案信访和市人民检察院关于侦查监督工作情况的报告。听取和审议《娄底城镇带规划（2014—2030）》编制情况的报告。评议政府教育、经信、司法行政、规划、林业、审计、统计、安全生产监督管理、旅游外事侨务工作，并进行满意度测评，对18个重点整改问题进行交办。听取和审议《水污染防治法》执法检查情况的报告，并开展专题询问。审议通过《关于提请设立娄底市人大常委会法制工作委员会的议案》。审议通过《关于"禁燃"行动给代表的一封信》。决定接受何文君辞去副市长职务。补选李乐、徐茂君为省十二届人大代表。决定接受刘孙承辞去市人民检察院检察长职务，决定李芳芳为代理检察长，报省检察院提请省人大常委会批准。任命罗放来为市四届人大城环委委员。决定许可市公安局对市四届人大代表周某阳采取刑事拘留强制措施。决定许可双峰县公安局对市四届人大代表蒋某发采取行政拘留措施。2016年，主要审议决定事项：出台立法评估、论证、听证工作制度，立法规划和立法计划编制工作制度，立法咨询专家和基层立法联系点制度等6项立法配套制度。听取2016年市本级政府投资计划的报告。审议《将娄底市涟水河综合治理工程（神童湾）PPP项目政府付费纳入市级财政预算的议案》《娄底市财政与社会资本合作（PPP）项目财政导引基金优先级合伙份额的收益、本金退出、管理费全额纳入财政预算的议案》，并做出相应决议决定。决定将工作评议调整为听取和审议政府专项工作报告，听取和审议政府人力资源和社会保障、民政、发展和改革、财政、卫生和计划生育、食品药品监督管理、农业、国土资源、环境保护等专项工作情况的报告。听取和审议《关于进一步规范娄底中心城区殡葬活动的议案》《关于娄底中心城区限制燃放烟花爆竹的议案》办理情况的报告。听取和审议《中华人民共和国水污染防治法》执法检查整改、稳定和完善农村土地承包关系情况的报告。听取和审议行政审判、立案信访、反渎职侵权、侦查监督、公安机关侦办非法集资类刑事案件等专项工作报告。决定市四届人大提前一年换届。作出《关于批准娄底市部分行政区划调整方案的决定》。决定接受石超刚辞去副市长职务，决定任命陈蕾为副市长。接受肖新平辞去市中级人民法院院长职务，决定高鑫为代理市中级人民法院院长。批准伍国军为冷水江市检察长，批准陈志、刘辉分别辞去冷水江市、双峰县检察长职务。许可市公安局娄星分局对市四届人大代表曾某山采取刑事拘留措施。许可市公安局娄星分局对市四届人大代表曾某前采取行政拘留措施。至2017年1月，市四届人大常委会召开30次会议。

五、市五届人大常委会会议

2017年是第五届市人大常委会任期第一年，主要审议决定事项：表决通过《娄底市孙水河保护条例》。通过《市五届人大常委会评议工作计划》。听取和审议政府人力资源和社会保障、民政、发展和改革、财政、卫生和计划生育、食品药品监督管理、农业、国土资源、环境保护等专项工作评议交办问题整改落实情况的报告。听取和审议政府规划、农业及扶贫、文化体育广播新闻出版、审计、法制、质量技术监督等专项工作情况的报告，并进行满意度测评，对12个重点整改问题进行现场交办。听取和审议市政府和市财政局、经开区、发改委、教育局、文体广电新闻出版局、妇联、人防办、城建投、经信委、农机局及共青团娄底市委关于2015年度审计查出问题整改情况的报告。听取和审议娄底市村（居）委会换届、饮用水源保护区划定、贯通中心城区"断头路"缓解南北面交通压力、贯彻实施《娄底中心城区中小学布点专项规划（2012—2020）》等工作情况的报告。通过《关于娄底中心城区义务教育阶段学校最大班额控制目标（2017—2022）的决议》。听取市中级人民法院和市检察院关于深化体制改革进展情况的报告。听取和审议《关于构建长效机制加强娄底物业管理的议案》办理情况的报告。审议通过《关于进一步严肃人大常委会、主任会议纪律的规定》《关于娄底市中级人民法院、娄底市人民检察院首批入额法官检察员职务报备和任命问题的决定》。决定任命陈澎为副市长，决定免去陈旌的副市长职务。决定接受陈建新辞去市五届人大法制委主任委员职务。许可市公安局对市五届人大代表吴某明采取刑事强制措施。至2017年12月，人大常委会累计召开7次会议。

第三节 主任会议

一、市一届人大常委会主任会议

1999年，主任会议主要学习传达全省市州人大常委会主任座谈会会议精神，安排部署市人大常委会第四季度主要工作。2000年，主任会议主要听取市直单位基本医疗保险制度改革、财政、物价和视察大中型企业情况的汇报。2001年，主任会议主要听取机构改革等工作情况的汇报。2002年，主任会议主要听取评议公安工作准备、国（省）人大代表换届选举、国土集中整治、城建、规划执法等工作情况的汇报。2003年，主任会议主要听取市公安局税侦支队财务检查、市经开区人大工作、试点单位部门预算编制改革、安全生产、孙水河污染防治、“非典”防治等工作情况的汇报。至2004年1月，市一届人大常委会召开95次主任会议。

二、市二届人大常委会主任会议

2004年，主任会议主要听取市人大新闻网站建设、防治禽流感、医疗保险、高新技术产业发展、全市企业改革、财政、旅游、个案监督等工作情况的汇报。2005年，主任会议主要听取粮食、城建投、规划、城市维护建设资金安排使用、住房公积金管理、林业、中小学危房改造、城市管理、邮政、为民办实事、人口与计划生育等工作情况的汇报。2006年，主任会议主要听取工业经济、城乡绿化建设、规划区土地管理、文化、交通、商务、城建、广电、国税、监察、煤炭等工作情况，以及2006年春季农村中小学收费与2005年粮食“两补”资金发放存在主要问题等情况的汇报。专题视察城区垃圾填埋场和吉星路建设、物价等工作。听取市人大财经委关于《中华人民共和国政府采购法》执法检查情况的报告。2007年，主任会议主要听取市经开区成立联工委工作情况的汇报。听取209省道线娄底段改造工程、住房公积金、生猪定点屠宰、农业综合开发、城管、社会治安综合治理、2008年娄底中心城区市政公用设施建设计划等工作情况的汇报。听取市检察院关于查办和预防职务犯罪情况的汇报。听取全省人大换届选举工作会议的汇报。听取市中级人民法院、人民检察院关于最高人民法院、最高人民检察院慎用死刑有关会议精神的汇报。听取省十一届人大代表推荐情况的报告。2008年，主任会议主要听取珠山公园和清泉广场建设、非税收入缓减、行政审批程序规范、违章建筑、涟滨线道路规划、信访、规划、科技、人事、安全生产、交通公路、城南新区建设财务审计等工作情况的报告。专题调研城市建设、水利、城管等工作，视察安石集团、广电中心等单位。听取市三届人大一次会议筹备工作情况的汇报。至2009年1月，市二届人大常委会召开144次主任会议。

三、市三届人大常委会主任会议

2009年，主任会议主要听取文化、中心城区市政基础设施建设资金筹集、交警支队、清理规范新型农村合作医疗、娄底中心城区建筑市场集中整治、成品油税费改革、交通及交通体制改革财政保障、农村信用合作社、公交优先、新网工程建设等工作情况的报告。专题视察卫生、中心城区建设项目贷款和建设情况。2010年，主任会议主要听取工会、农机、住房公积金、市直医保、地方政府国债资金安排、中心城区房地产管理等工作报告。听取市中级人民法院关于集中清理农村信用社执行案件专项活动、市检察院关于检察工作情况的报告。专题视察九龙集团。2011年，主任会议主要听取市城投集团、规划、信访、知识产权、住房保障、国有企业改制资金使用和管理、公共卫生、中心医院、“质量兴市、名牌强市”战略实施情况、食品药品监管、国土资源工作审议意见整改等情况的汇报。专题视察中心城区沃尔玛岗亭、驾考中心等部分路段交通管理工作，视察九龙集团、湘中果蔬市场、新化鑫星电子陶瓷等企业和场所，视察城西和罗家廉租房、新体育馆建设、公共卫生体系建设情况。听取市政府各工作部门负责人任前承诺落实情况和《中华人民共和国食品安全法》《湖南省长株潭城市群区域规划条例》《湖南省人民代表大会常务委员会关于保障和促进长株潭城市群资源节约型和环境友好型社会建设综合配套改革试验区工作的决定》执法检查情况的报告。2012年，主任会议主要听取娄底汽车改装有限公司土地出让价款返还情况、城投发行第二期债券有关情况审查、调整换届选举时间、饮用水源保护和供水安全管理、农机、“道路交通安全保障行”活动督查情况、资源型城市综合治理、《娄底城区化解大班额四年行动计划》实施情况、规划、物业管理、检察、市中级人民法院执行和人大、政协办公楼建设等工作情况的报告。专题调研校车安全保障情况。听取环境保护工作审议意见落实和《食品安全法执法检查审议意见》办理落实情况的报告。至2013年1月，市三届人大常委会召开92次主任会议。

四、市四届人大常委会主任会议

2013年，主任会议主要听取“菜篮子”工程三年行动计划实施、青少年健康人格工程试点、民政、物价、医疗废物处置调研、生活垃圾处理方式考察、九大环保工程实施、农村义务教育学生营养改善计划试点工作调研、减轻学生负担情况调研、备案审查、市本级行政事业单位国有资产管理体制改革、打击“两抢一盗”（抢劫、抢夺、盗窃）等工作情况的报告。听取市检察院民事诉讼法律监督和市中级人民法院行政审判工作情况的报告。2014年，主任会议主要听取妇女儿童规划实施、中心城区卫生资源布局调研、代表所在企业生产经营等工作情况的报告。视察华菱安赛乐米塔尔汽车板有限公司。2015年，主任会议主要听取政府机构改革、娄底城区天然气利用项目压力管道安全监管、行使地方立法权准备工作、娄底城镇带规划编制、“十三五”规划编制思路、《中华人民共和国水污染防治法》执法检查情况、中心城区畜禽产品质量安全、民办教育和职业教育调研、娄底中心城区医疗资源布局专项规划、市中级人民法院立案信访、市检察院侦查监督等工作情况的报告。2016年，主任会议主要听取人大代表旁听评议法院庭审工作情况的报告。听取特种设备安全生产、重点督办建议落实、扶贫等工作情况的报告，并提出相关意见建议交市“一府两院”（市政府、市中级人民法院、市检察院）及有关职能部门办理。至2017年1月，市四届人大常委会召开79次主任会议。

五、市五届人大常委会主任会议

2017年，主任会议主要听取城乡生活垃圾处置现状、特殊教育工作调研情况的报告。听取中心城区市政维护管理、市直单位行业扶贫监督检查、重点建议办理、贯通中心城区“断头路”、缓解南北交通压力等工作情况的报告，审议《关于进一步提高人大常委会会议、主任会议质量的决定》。是年，累计召开24次主任会议。

第四章　履行职责

第一节　立法工作

1999年始，市人大常委会每年按照省人大常委会及其专门委员会要求，配合做好有关法律法规草案征求意见工作和调查研究工作，提出针对性建议和意见。2009年，省十一届人大娄底市代表团就紫鹊界梯田、梅山龙宫风景名胜区保护立法向大会提出议案，争取将该议案列入省人大常委会该年度立法议程，促进出台《湖南省紫鹊界梯田梅山龙宫风景名胜区保护条例》。2015年，修改后的《中华人民共和国立法法》赋予设区的市以地方立法权，可以对城乡建设和管理、环境保护、历史文化保护等方面制定地方性法规。是年，市人大常委会按照规定设置立法工作机构，面向社会征集立法建议项目，编制《立法项目库》，酝酿立法联系点和立法咨询专家库，对市人大及其常委会、市政府出台的规范性文件进行全面清理。2016年3月30日，省十二届人大常委会第二十一次会议批准娄底市人大常委会拥有地方立法权。是年，报经市委同意，市人大常委会决定将《娄底市孙水河保护条例》作为娄底市出台的第一部地方性法规。2017年，根据“党委领导、人大主导、政府依托、各方参与”工作格局，本着“积极稳妥、保证质量、务实管用”工作原则，市人大常委会3次审议《娄底市孙水河保护条例（草案）》，广泛开展调查研究，征求意见建议，重点围绕河长制、生态补偿、委托执法、罚则设定等社会关注度高、涉及群众切身利益的问题进行研讨，先后修改草案20余次。《娄底市孙水河保护条例》经省十二届人大常委会第三十二次会议审查批准，于次年1月1日起施行。

第二节　监督工作

一、执法检查

地区人大联工委（人大工委）　1990年始，地区人大联工委（人大工委）每年选择1~2部法律法规开展执法检查，维护全地区法制统一，督促法律法规贯彻实施。截至1999年8月7日，地区人大联工委（人大工委）先后组织开展关于《湖南省计划生育条例》《湖南省保护未成年人条例》《中华人民共和国企业法》《中华人民共和国国土法》《中华人民共和国义务教育法》《中华人民共和国矿产资源法》《中华人民共和国药品管理法》《转换经营机制条例》《中华人民共和国水法》《中华人民共和国妇女权益保护法》《中华人民共和国归侨侨眷保障法》《中华人民共和国城市规划法》《中华人民共和国环保法》《中华人民共和国科学技术进步法》《技术市场管理条例》《中华人民共和国教育法》《中华人民共和国母婴保健法》《中华人民共和国文物保护法》《中华人民共和国水土保持法》《中华人民共和国预算法》《预算外资金使用管理条例》《湖南省文化市场管理条例》《中华人民共和国残疾人保障法》《城市绿化条例》《关于社会治安综合治理的决定》25部法律法规的执法检查。配合省人大常委会制定或修改《湖南省乡镇企业资产管理办法》《湖南省农业承包合同管理条例》等法规。

市一届人大常委会　1999年10—11月，市一届人大常委会开展关于《中华人民共和国税收征收管理法》执法检查。市一届人大常委会副主任带队，组织国税、地税、财政、审计、法院、公安等机关工作人员30余人，分5个检查小组对5个县（市、区）进行执法检查，提出进一步改善税收执法环境、加大税收征管稽查力度、加快经济发展步伐、培植税源、强化执法队伍建设等建议。就双峰县走马街镇税收管辖、税务部门在乡镇办事处领取补助和报销发票、娄星区地税局第四征收分局和大科税务所乱开发票、税务代理所收费等问题向当地政府及有关部门进行交办整治。

2000年，市一届人大常委会着重开展经济发展环境治理方面执法问题的综合检查。4—12月，按照“对口联系、分工负责”原则，市人大常委会各专门委员会分别对各自联系的“一府两院”及执法部门涉及经济发展环境治理的典型案件、重大事件进行全面深入调查和检查。主任会议成员集体走访视察涟钢、涟邵矿务局等10余家驻娄省属以上企业，了解企业经济发展环境状况，掌握一批突出问题，从中确定13件重大事件和典型案件向“一府两院”交办，并提出办理质量和办结时间要求。6月19日，市一届人大常委会发出《致市人大代表的公开信》，呼吁代表们以高度的政治责任感和主人翁精神，参与执法检查，为改善娄底经济发展环境建言献策。60余名全国、省、市人大代表参加视察、调查、督查活动，提出建议、意见180余条，各县（市、区）人大常委会上下联动，同步开展经济发展环境治理综合执法检查，向市委、市政府反映须重点解决的问题，督促相关职能部门有效办理交办事项，查处娄星区国税局税政科违法收取咨询费问题，以及冷水江市金竹山电厂周边村民聚众滋事的“7·7”事件和“8·12”事件等一批影响经济发展环境的典型事件。

2001年9—11月，市一届人大常委会开展《中华人民共和国预算法》《湖南省乡镇财政管理条例》执法检查。12月26日，市一届人大常委会第十八次会议对该项检查工作报告进行专题审议，向市政府及市财政局提出预算执行和调整不够规范、财政收入结构不合理、乡镇财政运转艰难等问题的整改要求和建议，并向省人大常委会作专题汇报。2002年4—8月，市一届人大常委会副主任带领5个执法检查小组，面向全市开展优化经济环境综合执法检查。市一届人大常委会第二十三次会议听取该项检查工作报告，提出进一步完善有关经济政策、理顺管理体制、加大查处典型案件力度的建议和意见，促进行政审判制度改革，查处一批典型案件。2003年，市一届人大常委会开展《中华人民共和国义务教育法》执法检查，重点抽查19个单位，10个乡（镇）、办事处，22所农村中小学校，走访140余名教师、家长、学生及人大代表，实地察看24所学校周边环境，对全市义务教育法律法规实施中存在的问题进行专题研究和交办督办，进一步理顺教育管理体制，增加财政对教育的投入，优化教师队伍结构，加大中小学校危房改造和控制学生流失、保证入学率的力度，促进教育事业发展。至2004年1月，市一届人大常委会先后组织开展关于《中华人民共和国税收征收管理法》《中华人民共和国预算法》《中华人民共和国动物防疫法》《中华人民共和国义务教育法》《中华人民共和国人口与计划生育法》《中华人民共和国安全生产法》《中华人民共和国劳动法》《中华人民共和国水法》《中华人民共和国水污染防治法》《中华人民共和国农业法》《湖南省乡镇财政管理条例》《中华人民共和国行政复议法》《湖南省实施〈中华人民共和国行政复议法〉办法》《中华人民共和国电力法》等法律法规的综合执法检查。市一届人大常委会各专门委员会组织或配合省人大常委会各专门委员会开展关于《中华人民共和国土地管理法》《中华人民共和国矿产资源法》《中华人民共和国科学技术进步法》《计划生育条例》《中华人民共和国审计法》《中华人民共和国律师法》《中华人民共和国未成年人保护法》《中华人民共和国归侨侨眷权益保护法》《中华人民共和国乡镇企业法》《中华人民共和国人民警察法》《中华人民共和国城市规划法》《中华人民共和国食品卫生法》《中华人民共和国水土保持法》《中华人民共和国献血法》《中华人民共和国母婴保健法》《中华人民共和国消防法》《中华人民共和国气象法》《中华人民共和国体育法》《中华人民共和国人民防空法》《中华人民共和国妇女权益保障法》《中华人民共和国台湾同胞投资保护法》《中华人民共和国产品质量法》《中华人民共和国老年人权益保障法》《中华人民共和国残疾人保障法》《中华人民共和国档案法》《治安管理处罚条例》《医疗机构管理条例》《宗教事务管理条例》《湖南省禁毒条例》《湖南省人才市场管理条例》等法律条例的执法检查。

市二届人大常委会　2004年，市二届人大常委会开展《农业法》综合执法检查。6月10日，市二届人大常委会召开全市《农业法》综合执法检查电视电话会议。会后，5名市人大常委会副主任带领5个检查组，面向15个相关市直单位及其二级机构开展《农业法》综合执法检查。7月21日，市二届人大常委会主任会议听取该项检查工作报告。8月17日，市二届人大常委会主任扩大会议传达省人大常委会《农业法》综合执法检查汇报会精神，决定面向全市开展“回头看”执法检查，确定对前段执法检查中发现的几个突出问题进行检查，并向相关政府部门发出交办函，督促办理落实。2005年，市二届人大常委会以《水污染防治法》执法检查为契机，督促政府各部门落实《娄底市孙水河流域水污染防治办法》，主任会议成员集中视察孙水河流域水污染防治工作，听取相关工作报告，助推孙水河流域水污染防治重点问题的解决，确保孙水河沿岸80万人民群众饮水安全。2006年，市二届人大常委会以《环境保护法》执法检查为契机，采取市、县（市、区）两级人大常委会联动方式，检查各级政府履行环保职责、重点区域和重点行业执行环保措施、城市环保基础设施建设等执法情况，提出加强环保工作领导力度、加快环保基础设施建设、加大环保执法和监管力度、加强饮用水源保护等意见建议。7月，督促市政府采取坚决措施，责令每年向孙水河直排115吨废水的涟源惠福化肥有限公司停产整顿。至2009年1月，市二届人大常委会先后开展关于《中华人民共和国农业法》《湖南省实施〈中华人民共和国种子法〉办法》《湖南省农业环境保护条例》《中华人民共和国人口与计划生育法》《湖南省人口与计划生育条例》《中华人民共和国安全生产法》《中华人民共和国劳动法》《中华人民共和国水法》《湖南省实施〈中华人民共和国水法〉办法》《中华人民共和国水污染防治法》《中华人民共和国环境保护法》《中华人民共和国中小企业促进法》《中华人民共和国森林法》《湖南省林业条例》《体育法》《湖南省全民体育健身条例》《农产品质量安全法》《湖南省非税管理条例》等法律法规的执法检查。市二届人大常委会各专门委员会组织或配合省人大常委会各专门委员会开展关于《中华人民共和国税收征管法》《中华人民共和国产品质量法》《中华人民共和国人民防空法》《中华人民共和国土地管理法》《湖南省基本农田保护条例》《中华人民共和国老年人权益保障法》《中华人民共和国归侨侨眷权益保护法》《湖南省人才市场管理条例》《中华人民共和国律师法》《中华人民共和国残疾人保障法》《中华人民共和国科技进步法》《湖南省科学技术进步条例》《中华人民共和国档案法》《中华人民共和国食品卫生法》《城市民族工作条例》《湖南省散居少数民族工作条例》《湖南省禁毒条例》《中华人民共和国政府采购法》《中华人民共和国传染病防治法》《城市房地产管理法》《中华人民共和国水土保持法》《全国人大常委会关于司法鉴定管理问题的决定》《国务院宗教事务条例》《湖南省盐业管理条例》等法律条例的执法检查。

市三届人大常委会　2009年4—8月，市三届人大常委会开展《人口与计划生育法》《湖南省人口与计划生育条例》的执法检查。常委会主任会议成员带队，全体常委会委员参与，7个执法检查组采取明察暗访、随机抽样等方式，实地检查49个市、县（市、区）综治单位，13个乡镇（办事处）、26个村组（社区），召开14次座谈会，走访征求200余名干部群众意见和建议，为常委会会议审议执法检查工作报告、向相关政府部门提出整改建议提供翔实依据。2010年，市三届人大常委会开展《科技进步法》《湖南省科学技术进步条例》综合执法检查。对各级政府贯彻科技进步法律法规情况进行深入调研，对相关单位和企业进行重点检查，全面掌握娄底市科技创新发展现状，提出推广新技术、壮大科技队伍、加强知识产权保护等执法检查审议意见。是年，市三届人大常委会对上一年度关于《人口与计划生育法律法规执法检查审议意见》《民族宗教事务条例执法检查审议意见》落实情况进行跟踪督查。

2011年，市三届人大常委会开展《湖南省实施〈中华人民共和国水法〉办法》《关于加快发展现代水利的决定》执法检查。对相关单位和水利工程进行重点检查，提出增强水资源管理法制观念、加强水利基础设施建设、强化水资源综合治理、加大水行政执法力度、建立监管长效机制审议意见。是年，开展《食品安全法》执法检查，采取暗访和随机抽查方式，组织部分人大代表对食品生产、加工、流通、处置等相关企业进行重点抽查，对发现的问题现场督促整改，对个别严重问题回头督查和重点督办。2012年，市三届人大常委会开展《中华人民共和国残疾人保障法》执法检查，就检查中发现的残疾人就业保障金征缴力度不够、就业困难、经费投入不足等问题提出整改建议。是年，市三届人大常委会配合省人大常委会开展长株潭城市群“一条例一决定”执法检查，组织水府庙水库专题视察活动，争取省人大常委会领导对水府庙水库水资源保护利用工作的重视、关注和支持，为促进库区科学规划和长远发展，推进“两型社会”建设发挥积极作用。至2013年1月，市三届人大常委会开展关于《中华人民共和国人口与计划生育法》《湖南省人口与计划生育条例》《中华人民共和国科技进步法》《湖南省科学技术进步条例》《中华人民共和国食品安全法》《宗教事务条例》《中华人民共和国水法》《湖南省实施〈中华人民共和国水法〉办法》《残疾人保障法》等法律法规执法检查。市三届人大常委会各专门委员会组织或配合省人大常委会各专门委员会开展关于《中华人民共和国科技进步法》《中华人民共和国档案法》《中华人民共和国食品卫生法》《城市民族工作条例》《湖南省散居少数民族工作条例》《湖南省禁毒条例》《中华人民共和国政府采购法》《中华人民共和国传染病防治法》《中华人民共和国城市房地产管理法》《中华人民共和国水土保持法》《全国人大常委会关于司法鉴定管理问题的决定》《仲裁法》等法律法规的执法检查。

市四届人大常委会　2013年，市四届人大常委会组织7个执法检查组，开展《中华人民共和国药品管理法》《湖南省药品和医疗器械流通监督管理条例》综合执法检查，向市政府提出药械管理隐患较多、药价虚高难以控制等审议意见，并就药品集中采购和供应等问题向省人大常委会提出专项报告。2014年，市四届人大常委会开展《中华人民共和国大气污染防治法》执法检查，督促市政府推进防治体系建设，加强综合治理，营造良好生产生活环境，解除娄底市人民群众的“心肺之患”。2015年，市四届人大常委会开展《中华人民共和国水污染防治法》执法检查。常委会主任会议成员率领7个检查组，深入各县（市、区）、市经开区与万宝新区，重点抽查水污染防治的重点环节和薄弱环节，提出落实《中华人民共和国水污染防治法》的意见和建议。市四届人大常委会第二十二次会议听取该项执法检查工作报告，决定向社会公开30个重点水污染点源清单，向政府相关部门交办整治。市政府向各县（市、区）和市直有关单位分解整治任务，出台环境保护相关规定和重大环境问题追责办法，推动全市水污染综合治理。2016年6月15—16日，省人大常委会副主任李友志率队赴娄检查《中华人民共和国食品安全法》《湖南省食品生产加工小作坊和食品摊贩管理条例》（以下简称“一法一条例”）贯彻实施情况。执法检查组先后到娄底中心城区、双峰县城及洪山殿镇等地实地调研，对部分超市、母婴用品店、农贸市场、学校食堂等进行暗访抽查。李友志及省人大常委会执法检查组基本肯定娄底市贯彻实施“一法一条例”工作成绩，提出部分具体问题的整治意见和建议。市长根据问题意见和建议，率领市政府各职能部门立即开展整改，从根本上解决食品安全管理难题。至2017年1月，市四届人大常委会先后开展关于《中华人民共和国药品管理法》《湖南省药品和医疗器械流通监督管理条例》《中华人民共和国大气污染防治法》《中华人民共和国水污染防治法》《中华人民共和国食品安全法》《湖南省食品生产加工小作坊和食品摊贩管理条例》《湖南省农村扶贫开发条例》等法律法规的执法检查。市四届人大常委会各专门委员会组织或配合省人大常委会各专门委员会对《中华人民共和国气象法》《中华人民共和国村民委员会组织法》《湖南省村民委员会选举办法》《湖南省职工代表大会条例》《湖南省企业工资集体协商条例》《湖南省散居少数民族工作条例》《湖南省农村公路条例》《中华人民共和国专利法》《台湾同胞投资保护法》《中华人民共和国未成年人保护法》《中华人民共和国电力法》等法律法规开展执法检查。

市五届人大常委会　2017年1—12月，市五届人大常委会开展对《中华人民共和国水污染防治法》执法检查交办问题的追查监督。截至是年8月，娄底杨市镇污水处理问题未整治到位，娄底中心城区涟钢片区污水直排、水府庙水库双峰县境内水域网箱养鱼、冷水江市狮子山矿业公司生产废水直排、涟源市沙坪煤矿废水污染归水河、新化县城区资江段水上餐饮游船、龙虎山区域非法冶炼厂等问题均有效解决。是年，娄底市71家乡镇卫生院的医疗污水处理工程竣工投产，其余17家乡镇卫生院的医疗污水处理工程在建未竣工。

二、工作报告审议

财经报告审议　1999年始，市人大常委会每年听取和审议半年度国民经济和社会发展计划执行、财政预算执行和预算调整等情况报告，提出相关审议意见。听取和审议市本级财政预算执行及其他财政收支情况审计报告，以及审计查出问题整改情况的报告，健全完善审计整改监督制度，强化审计整改的刚性监督。2004年12月28日，市二届人大常委会第八次会议审议通过《预算超收收入使用审查监督办法（试行）》，就预算超收收入的概念、审查批准程序和内容等作出规定，明确单个项目或者单项支出需要当年新增支出在200万元以上的，须提请专题审议，为规范市本级财政预算超收收入的使用提供法律依据。在全省率先将超收收入纳入人大预算审查监督范围，拓宽预算审查监督领域，增强人大预算监督的完整性和严肃性。2005年8月25日，市二届人大常委会第十四次会议做出《关于加强审计工作的决定》，为加强对审计工作的领导，支持审计机关依法行使职权，加大审计能力建设和审计工作力度，更好运用审计手段和成果，促进审计工作规范化、制度化，遏制财经领域的违法违纪行为，起到保障和促进作用。2007年1月，市二届人大四次会议首次公开审议市级部门财政预算，属全省各市（州）首例，获省人大常委会肯定，经中央电视台、湖南经视、《湖南日报》等媒体报道，获良好社会反响。

2010年，市人大常委会根据“省直管县”财政管理体制改革的实际，配合市委、市政府向省委、省政府提出关注娄底财政困难、请求增加地方税收的意见，获省委、省政府、省人大常委会的重视与支持。是年，市人大常委会重视审计结果运用，对审计发现的问题进行严密监督整治，督促财税部门将历年跑、冒、滴、漏的税费4000万元追缴入库，责令有关部门对失职渎职人员严肃查处。支持财政部门实行刚性预算试点，支持税务部门实行税收减免网上审批，促进“阳光财政”实施。2011年，市人大常委会首次听取上年度结转支出管理和使用情况报告，督促财政部门推进预算编制改革，提高部门基本公用经费标准，促进预算公平科学。委托审计部门对政府债务、房地产税收、土地出让金收缴等突出问题进行重点审计，针对审计披露的问题，督促政府出台《综合治税管理办法》，强化财税收入征管，实行刚性收费和刚性返还制度，督促收回税费2000余万元、国有土地出让收入1.1亿元。2013年，市人大常委会加强对政府全口径预算决算的审查监督，提前介入预算编制工作，全面推行零基预算，将非税收入全部纳入财政预算管理。2014年，市人大常委会强化全口径预决算审查监督，督促市政府将公共财政预算、政府性基金预算、国有资本经营预算和社会保险基金预算全部提交市人大会议审议。推动深化财政体制改革，重点加强对政府性债务、专项资金、税费征收成本清理规范方面的监督。支持澄清政府家底，规范举债行为，强化债务管理，设立偿债基金，防范债务风险。

2015年，市人大常委会要求审计部门对市城建投、万宝新区、房产局3个融资平台的债务规模、资金使用、项目建设管理及偿债能力等情况进行全面审计，澄清政府家底，督促加强债务监管。督促市政府向市人大会议提交市本级政府债务预算和融资计划，真正实现财政全口径预决算管理和涉债资金“双控”管理。加强对市财政结余资金的监管，加大专项资金的整合力度。是年，娄底市从上年度结转资金3.2亿元，取消市本级财政预算专项资金22项1.06亿元，压减专项资金67项9675万元，整合专项资金128项。督促调整审计整改方式，提升审计整改效果，清理收回欠缴税费1.1亿元。2016年，娄底市全面实现公共财政、政府性基金、国有资本、社会保险基金的4本预算和政府债务、政府采购2本专项预算同步提交市人大会议审议。市人大常委会督促财政部门加强结转资金规范管理，加大财力统筹调剂力度，盘活沉淀资金5.1亿元。2017年，市人大常委会围绕“诚信娄底”建设，开展银行业金融生态环境调研，推动信用信息共享平台建设，加强联合惩戒机制建设，支持重拳出击整治“老赖”。督促出台《政府平台公司监督办法》，加强重大投资项目全过程监督，提高财政性资金监督实效。是年，市人大常委会出台《关于建立和完善审计问题整改情况向市人大常委会报告机制的意见》，对有关责任单位2015年审计查出的问题整改情况进行满意度测评，督促解决一批历史遗留问题。

专项工作报告审议 1999年8月至2004年1月，市一届人大常委会每年选择听取“一府两院”专项工作报告，提出审议意见并跟踪督办。先后听取和审议市政府关于“重点工程建设情况”“娄底市中心城市规划建设管理”“清理整顿电子游戏经营场所”“中小学教育收费”“‘三五’法制宣传教育”“社会力量办学”“规范和整顿市场经济秩序”“殡葬改革”“宗教工作调查”“农业产业结构调整”“文化市场清理整顿”“事业单位人事制度改革”“中心城区园林绿化”“农产品质量安全”等专项工作报告。听取市中级人民法院关于“全市法院执行工作”，市检察院关于“渎职犯罪侦查工作”“人民监督员工作”等专项工作报告。在听取关于“社会力量办学”的专项工作报告后，市人大常委会肯定全市社会力量办学成绩，指出办学硬件较差、发展后劲不足，校长素质不高、师资队伍不齐，办学行为不规范、法纪观念不强等问题，要求市政府及教育部门加强领导、依法规范、严格管理，确保社会力量办学健康发展。

2004年1月至2009年1月，市二届人大常委会先后听取和审议市政府关于“医疗保险”“高新技术产业发展”“农产品质量安全管理”“全市旅游总体规划编制和实施”“全市社会主义新农村建设”“农民工职业病防治”“社会治安综合治理”“国土资源管理”“行政事业单位国有资产管理”“教育强市”“农村药品‘两网’建设”“为民办实事”“金融工作”等专项工作报告。听取市中级人民法院关于“全市法院适用缓刑和财产刑情况”“行政审判”，市检察院关于“职务犯罪的预防和查办”等专项工作报告。

2009年1月至2013年1月，市三届人大常委会听取和审议市政府关于“重大项目建设”“粮食生产”“矿产资源管理”“科技创新”“监察”“为民办实事”“集体林权制度改革”“招商引资”“禁毒”

“扶贫开发”等专项工作报告。听取和审议市中级人民法院关于“执行工作”，市检察院关于“全市检察机关抗诉”“监所检察”等专项工作报告。2010年，市三届人大常委会对集体林权制度改革中的突出问题和现实困难，提出强化领导、理顺体制、加大纠纷调处力度等建议，为林改工作有序推进提供保障。是年，市三届人大常委会针对涉毒犯罪形势严峻的事实，提出加大打击力度、加强禁毒力量、强化责任追究的审议意见。就进一步加强监管秩序、维护在押人员合法权益、抓好监外执行工作等提出意见和建议。

2013年1月至2017年1月，市四届人大常委会听取和审议市政府关于“全市九大环保工程实施情况”“饮用水源保护和治理情况”“绿化娄底四年行动实施”“市本级非税收入管理”“城乡规划”“‘四水三库’保护和治理”“基本农田保护”“水资源管理保护”“娄底城区化解大班额”“市级政府性债务规范管理”“行政事业单位国有资产管理体制改革”“全市农业环境保护”“稳定和完善农村土地承包关系”等专项工作报告。听取和审议市中级人民法院关于“行政审判”“立案信访”，市检察院关于“民事诉讼法律监督”“2012年以来反渎职侵权”等专项工作报告。2013—2016年，市四届人大常委会重点监督饮用水源保护和污染治理工作，建议市政府加大工作力度，重点抓好湘江流域重金属污染治理和水府庙湿地公园保护与综合治理工作。

2017年1—12月，市五届人大常委会听取和审议市政府关于“娄底市中心城区中小学布点专项规划（2012—2020）落实”“全市村（居）民委员会换届选举”“饮用水水源保护区划定”“全市脱贫攻坚情况”“娄底中心城区‘断头路’建设”“城乡公交一体化”“城乡生活垃圾处理”等专项工作报告。听取市中级人民法院和市检察院关于“深化司法体制改革”的专项工作报告。

三、专题视察和调研

市一届人大常委会　1999年8月至2004年1月，市一届人大常委会每年围绕娄底市经济社会发展和人民群众关注的热点、难点问题，组织代表开展专题视察和调研。发现问题及时提出意见和建议，对影响大、群众反映强烈的问题向“一府两院”发出交办函。2000年上半年，市一届人大常委会对娄底城区电游场所进行专项调研。发现电游市场管理混乱，严重影响学校教学秩序，危害学生身心健康，社会反响强烈。7月13日，向市政府发出交办函。市政府开展为期2个月的集中整治，取缔无证和赌博电游场所126家。娄底市教育系统组织中小学生开展告别“两室三厅”（两室：电子游戏机室、桌台球室。三厅：卡拉OK厅、舞厅、录像厅）活动，受到学校和家长好评。2002年3月31日至4月5日，市一届人大常委会开展全市农业产业化专题视察，对各县（市、区）农业产业化示范基地、龙头企业进行实地视察。4月9日，市一届人大常委会主任会议成员视察娄底一中后，听取市政府关于全市教育工作的汇报。4月10日，市一届人大常委会开展娄底师专“专升本”专项视察，督促加大相关工作力度。2003年4月30日，市一届人大常委会主任会议成员集体视察城区“非典”防治工作，听取市政府关于“非典”防治情况的汇报，实地检查市中心医院、市卫生防疫站、娄底火车站、汽车站和公交总公司的“非典”防治情况。5月23日，主任会议成员及有关专门委员会负责人视察电力执法工作，听取娄底电业局关于电力执法情况的汇报，实地察看娄底电业局服务窗口、娄底城区主变电站，督促加快对有违《电力法》的建筑进行整改或拆除。6月2—3日，市一届人大常委会视察《关于加强娄底市中心城市规划、建设、管理的决定》的贯彻实施情况。

市二届人大常委会　2004—2005年，市二届人大常委会开展城市建设维护费征收和使用、加强蔬菜基地建设等方面的专题调研，督促市政府及有关部门开展打击假冒伪劣农药化肥专项工作。2007年，市二届人大常委会组织开展中心城区房地产市场建设与管理、农业综合开发、“看病难”“看病贵”问题整治、食盐专售制度实施等方面的专题调研。2008年9月25日，市二届人大常委会第三十七次会议决定，常委会组织部分成员视察城区绿化工作。实地视察大同山庄、铂金玫瑰园、宏谊名苑、龙庭贵筑、孙水河市政府路段、浒石村等地段，召开座谈会，听取相关情况汇报，视察组对《关于加快全市城乡绿化建设的决定》落实情况表示“不满意”，建议多管齐下增强全面爱绿、护绿、建绿意识，以建设森林城市为目标，进一步修改绿化规划，强化部门责任，确保规划、目标如期实现。市长张硕辅表示，将按照市人大常委会的要求，研究中心城区规划、建设和管理，认真修改绿化规划，并就控违拆违、城市绿化、城市饮水等问题制订具体可行方案。

市三届人大常委会　2009—2010年，市三届人大常委会围绕农机产业发展、房地产市场规范管理开展专题调研，提出相关意见和建议。2011年，市三届人大常委会视察九龙集团蔬菜基地、湘中果蔬批发大市场，督促市政府出台蔬菜产业发展五年规划和市场建设、管理的相关规定，落实市长责任制，建立基地建设奖扶资金，理顺责权明晰的监管体制，保障全市“菜篮子”工程建设发展。2012年，市三届人大常委会视察市体育中心、中心医院、城区公路等重点建设项目，针对项目建设中存在的问题，提出科学规划、强化管理、明确责任、防范债务风险的意见和建议。2013年，市三届人大常委会视察部分重点公共卫生项目，针对项目建设任务繁重、管理体制不顺、专业人员缺乏、财政投入不足等问题提出整改意见。

市四届人大常委会　2013年，市四届人大常委会开展对“四水三库”（四水：资水、涟水、孙水、侧水。三库：水府庙水库、白马水库、双江水库）水资源管理和保护方面的常规调研，针对存在问题提出科学编制涉水规划、推进水污染综合治理、建立健全水资源管理和保护的长效机制等建议。是年，市四届人大常委会深入市直学校、娄星区和经开区开展“大班额”化解工作的专题调研。了解整体推进情况，研究破解方案，提出“立足当前、着眼长远、盘活存量、做大增量”的建议。常委会领导参与城南中学、吉星小学等重点项目调研，协调化解矛盾，督促落实企业助教捐款，推进“化解城区大班额四年行动计划”实施。2014年，市四届人大常委会开展对“四水三库”水资源管理和保护的专题调研。督促和支持娄底中心城区、双峰县启动水泥窑协同处置生活垃圾项目，要求政府尽快制定“四水三库”综合治理规划，重点抓好锡矿山地区环境治理、乡镇污水处理场建设运营等工作，彻底解决白马水库和水府庙水库网箱养鱼问题。是年，市四届人大常委会针对耕地保护与建设用地缺乏、矛盾突出、新开耕地质量差、农田抛荒现象较为严重等问题，组织专题调研组到5个县（市、区）、14个乡镇、25个行政村，现场察看并听取意见，全面了解掌握情况，敦促市政府出台保护耕地、控制违法占用基本农田的管理办法，加大执法力度，守住耕地保护红线。市四届人大常委会还组织对汽车板等重点产业项目进行专题视察，建议加快发展配套产业，拉长产业链条，提升产品附加值，做优增量，调整结构。2015年，市四届人大常委会针对农村环境污染问题日益突出、农村生态环境破坏日趋严重的问题，组织专题调研，听取情况报告，敦促政府提高农业环境保护意识，严控规模猪场达标排放，加大对生活垃圾综合处理力度，确保农业环境不断改善。2016年，市四届人大常委会就物流业、中心城区医疗资源布局、发展现代特色休闲农业、城区规划、体育场馆建设、工程质量监管、农村环境污染治理、生态建设等开展专题调研，听取情况汇报，提出意见和建议，推动相关工作改进。

市五届人大常委会　2017年1—12月，市五届人大常委会主任会议成员带领调研组，分赴5个县（市、区）进行脱贫攻坚专题调研，提出创新工作思路、压实工作责任、健全长效机制、形成攻坚合力等建议，对反映强烈的问题进行交办解决。是年，市五届人大常委会组织6个视察小组，由常委会领导带队，对发改、财政、农业等17个市直相关单位主持的行业扶贫工作进行专项监督视察，确保各项扶贫政策惠及贫困人民群众。

四、工作评议

2000年始，市人大常委会每年选择1~2个政府工作部门或“两院”进行工作评议，对常委会选举任命的工作人员进行述职评议。9月18日，市一届人大常委会第八次会议作出《关于组织部分全国省市人大代表对市交通局进行工作评议的决定》。11月6日，市一届人大常委会组织参评人大代表事先进行集中评议培训，然后分成6个小组分赴各县（市、区）和有关市直单位，从5个方面对市交通局

1999—2000年工作进行调查了解。评议调查组走访机关、企业单位35个，走访选民240余人次，召开各种座谈会13次，查阅有关资料450份，向390名市人大代表发出《征求对市交通局工作意见的函》，收集代表批评、意见160余条。12月14日，市一届人大常委会第十次会议对市交通局工作进行评议。评议中肯定成绩，指出问题，分析原因，提出整改建议。2001年8—11月，市一届人大常委会对副市长罗德才进行述职评议，以及对市建委工作评议。评议工作要求调查“深”、找问题“准”、评议“实”、整改“严”、效果“好”。经测评，罗德才为“称职”，市建委为“基本满意单位”。是年，市一届人大常委会对群众反映强烈的理顺城建国土工作体制、加大城市经营改革力度、提高城市管理水平等13个突出问题向有关政府部门进行交办，限期办理并报告结果。

2002年5—10月，市一届人大常委会对市公安局工作进行评议。评议前，抽调人员组成执法、财务管理、队伍建设、综合4个工作小组，采取问卷调查、召开座谈会、查阅案卷和财务账目及有关资料等方式，深入调查研究，形成书面评议发言材料。10月29日，市一届人大常委会第二十四次会议进行评议，省九届人大常委会委员肖芝泉到会指导并讲话，“一府两院”负责人及政法部门中层干部参加会议，20位公民获特邀旁听。会议对市公安局在执法、财务管理、班子和队伍建设等方面存在的问题提出尖锐批评和整改建议。会后，常委会向市检察院、市监察局交办干警涉嫌违法违纪案件3起，向市公安局交办专案6起、一般性问题58个、专函补充督办问题6个。评议工作在市公安局引起强烈反响。市公安局虚心接受市人大常委会监督，认真梳理代表建议，制定整改措施，健全规章制度，加强内部管理，先后查处民警违纪案件5起6人，清退违规收费73.1万元。是年，市公安局在省公安厅组织的执法质量考评中，由上一年度的全省倒数第一跃居全省第一。涟源市、双峰县、娄星区均摘掉了2001年度执法质量不达标的帽子。娄星区、双峰县公安工作跻入全省优秀行列。

2003年2月28日，市一届人大常委会第二十六次会议审议通过《述职评议实施方案》，决定对所有副市长和市中级人民法院院长、市检察院检察长进行述职评议。4月28日，市一届人大常委会第二十七次会议听取市公安局评议整改情况的汇报并进行满意度测评，测评结果为“满意”。8月28日，根据《湖南省县级以上人民代表大会常务委员会述职评议工作条例》和《述职评议实施方案》，市一届人大常委会第二十九次会议听取和评议副市长易佑德、杨云辉、李云才、童名让、王善明，市中级人民法院院长张明松，市检察院检察长张定良的述职报告，由常委会组成人员按“称职、基本称职和不称职”三个档次进行无记名投票测评，测评结果均为“称职”。

2004年2月27日，市二届人大常委会第一次会议通过《届内述职评议工作规划》，明确对常委会选举任命的政府组成人员，市中级人民法院院长、副院长，市检察院检察长、副检察长，不由常委会任命的“一府两院”工作人员，垂直管理机构负责人，双重领导且以上级业务部门为主管理单位的部门负责人分年度进行工作评议。修订《常委会议事规则》，将原来“评议和听取述职”修改为“工作评议和述职评议”，增加“常务委员会组织的工作评议或者述职评议，对被评议单位和述职人员进行无记名投票测评表决”“表决结果由会议主持人当场宣布”“工作评议由常务委员会组成人员和参加评议的人大代表进行投票，投票按满意、基本满意、不满意进行表决”“不满意票超过参加投票人员半数的，由主任会议提出处理意见，提请常务委员会决定”“述职评议由常务委员会组成人员进行投票，投票按称职、基本称职、不称职进行表决，不称职票超过参加投票人员半数的，可以由述职人员提出辞职，也可以依法对其提出免职、撤职或者罢免”等内容。8月17日，市二届人大常委会印发《评议工作“五不准”》，对评议工作纪律提出5条禁止性规定。10月27日，市二届人大常委会第七次会议对市国税局、地税局进行工作评议，提出改正以“多缴退库”调节全年税收任务的做法、加大税收老欠和新欠的清缴力度、加大税收法律法规政策的宣传力度、加强工作部门和干部队伍建设、优化税源结构、改进税收征管和稽查工作等意见和建议。到会的28名常委会组成人员有效投票27张。投票结果：市国税局满意票19票、基本满意票7票、不满意票1票。市地税局满意票16票、基本满意票11票。对市劳动和社会保障局局长刘正朝、计划生育委员会主任葛光斗进行述职评议，提出进一步增强改革创新意识、加大资金监管力度、加强队伍建设、提升工作信心等意见和建议。到会的28名常委会组成人员有效投票27张。投票结果：刘正朝满意票19票、基本满意票7票、不满意票1票。葛光斗满意票18票、基本满意票8票、不满意票1票。会议还对市农业局、科技局、监察局局长进行书面述职评议，提出评议整改意见。

2005年4月29日，市二届人大常委会第十一次会议以票决方式确定对市中级人民法院进行工作评议。评议前，常委会主任会议成员带领6个评议调查组通过问卷调查、召开座谈会、个别走访、查阅资料等方式，深入有关市直单位和各县（市、区）调查。先后召开座谈会20场次、民主测评会1场次，个别谈话346人，走访人大代表61人，走访调查机关、企事业单位90个，发放调查问卷568份。10月26日，市二届人大常委会第十五次会议对市中级人民法院工作进行公开评议，邀请20名公民旁听。常委会组成人员和列席代表肯定市中级人民法院工作成绩，指出其在公正司法、执行财经纪律、班子和队伍建设、执行力等方面存在的问题。测评结果：满意和基本满意为93.1%。对评议中人大代表提出的问题和建议，市二届人大常委会向市中级人民法院进行交办，要求整改到位并报告结果。

2010年3月30日，市三届人大常委会第十一次会议，以无记名投票方式确定市环保工作为年度评议专项工作，这是《监督法》颁布实施后，首次启动专项工作评议。评议前，4个评议调查组由常委会领导带队深入市直单位、各县（市、区）、厂矿企业开展调研。11月23日，市三届人大常委会第十五次会议对市环保工作进行公开评议。会议对政府治污防污取得的成绩给予肯定，对经济发展过程中存在的结构性污染较为严重、环保执法能力和监测水平相对滞后、农村污染日益突出等问题进行交办。2011年3月22日，市三届人大常委会第十八次会议通过《票决2011年专项工作评议事项办法》，采取无记名投票方式确定评议国土资源工作。评议前，9个评议调查组由常委会领导带队，深入有关市直单位、各县（市、区）、重点企业开展调研。12月22日，市三届人大常委会第二十六次会议对国土资源工作进行公开评议。测评结果：到会31名常委会组成人员，20票满意，10票基本满意，1票不满意。市三届人大常委会将评议中反映较为集中的问题，向市政府及国土资源部门进行交办。

2014年，市四届人大常委会决定在届内利用3年时间，对市政府31项工作进行全面评议。是年，集中评议科技、公安、住建、城管、交通、水利、商务、文化、粮食、物价10项工作。市四届人大常委会成立10个评议调查组，由常委会领导带队，深入市直单位、县（市、区）、厂矿企业、农村街道开展调研。常委会主任会议集中2天时间，听取和审查评议调查情况汇报。10月22日，市四届人大常委会第十三次会议对以上10项工作进行公开评议，测评结果均为“基本满意”。针对评议反映出来的20个突出问题，市四届人大常委会向相关政府部门进行现场交办。2015年10月21日，市四届人大常委会第二十一次会议对教育、经信、司法、规划、林业、审计、统计、安监、旅游9项工作进行集中评议。测评结果：教育、经信、司法、林业、审计工作为“满意”。规划、统计、安监、旅游工作为“基本满意”。针对评议中发现的问题和不足，市四届人大常委会确定18个突出问题，提交受评单位限期整改。是日，市四届人大常委会还对上年度10项政府工作交办问题整改情况进行追踪问效，听取整改落实情况汇报，进行满意度再测评。测评结果：除城管工作为“基本满意”外，其他9项工作均为“满意”。上年度交办的治超、“打处非”、网吧管理、大米品质等20个重点问题，均取得实质性整改效果。2017年始，市五届人大常委会决定利用4年时间，对市政府31项工作和副市长分管工作进行全面评议。11月6日，市五届人大常委会第五次会议对规划、农业及扶贫、文化体育广播新闻出版、审计、法制、质量技术监督6项工作进行专项评议，测评结果均为“满意”。对评议中发现的问题和不足，市五届人大常委会确定12个重点问题，提交受评单位限期整改。是日，市五届人大常委会还对上年度9项政府工作交办问题整改情况进行追踪问效，推动解决农民工欠薪信访、低保工作整改、食品药品监管、耕地保护等重点难点问题。

五、规范性文件备案审查

2008年5月28日，市二届人大常委会第三十五次会议审议通过《娄底市规范性文件备案审查办法》（以下简称《办法》），就应当报备范围、审查的主要内容、审查职责分工、审查和撤销的程序等作出详细规定。6月1日始，《办法》在全市实施，涟源市、双峰县、娄星区、冷水江市先后出台规范性文件备案审查办法。6月11日，娄底市备案审查工作会议在娄星区召开，全面铺开备案审查工作。2009年11月25日，娄底市备案审查工作会议在涟源市召开，年度总结备案审查工作，交流探讨备案审查工作经验。2010年10月13日，市三届人大常委会机关委室召开联席会议，研讨《规范性文件备案审查工作程序规定》。12月31日，市三届人大常委会向市政府、各县（市、区）人大常委会发出通知，要求报送2010年出台的规范性文件目录。2013—2014年，市四届人大常委会对127件政府出台规范性文件和各县（市、区）人大常委会作出决议、决定进行审查。2015—2017年，市四届人大常委会、市五届人大常委会坚持“有件必备、有备必审、有审必严、有错必纠”原则，健全备案审查程序，累计接受报备规范性文件169件，审查38件。

六、专项询问和质询

2004年1月1—5日，市二届人大一次会议期间，大会主席团审议通过《娄底市第二届人民代表大会第一次会议质询案提出和办理程序》。1月1日，娄星区代表团李日平领衔，43名市人大代表联名，向大会提出《关于强烈要求返回娄星区物价调节基金质询案》。大会议案审查委员会、大会秘书处和市政府及其职能部门的主要领导就该质询案进行认真研究，形成答复意见。大会议案组将答复意见提请大会主席团会议审议，决定由市政府委托市物价局局长曾寿松在1月3日下午的娄星区代表团会议上作出答复。李日平及其他联名代表对答复表示基本满意。2006年3月22日，周安根、吴合群、申冬求、刘卫红、梅铁汉、刘建中、沈裕辉等7名市二届人大常委会组成人员联名提出《关于城区几处售楼部砍树毁绿，占用人行道问题的质询案》。3月31日，市二届人大常委会主任会议对质询案进行专题研究。4月4日，向市政府发出《关于答复市人大常委会组成人员质询案的函》，要求市政府认真调查研究，依法尽快整改，并答复质询。4月29日，市二届人大常委会第十九次会议听取副市长罗德才关于研究处理、整改落实质询案相关情况的汇报，邀请部分人大代表和公民到会旁听。据质询答复，市政府已出台《关于加强娄底中心城市道路、绿化等公共设施管理的通知》，加强对临时建设占用公共设施用地的审批管理。会议认为，市政府对质询案态度诚恳，整改积极。会议要求市政府及其职能部门依法行政，简化审批程序，提高办事效率，优化经济发展环境。

2012年，市三届人大常委会对《关于进一步加强食品安全工作的审议意见》办理落实情况开展专题询问。成立专题询问办公室，制定专题询问工作方案。4—8月，常委会领导带队，组织部分委员和市人大代表多次就饮用水源保护、餐饮废弃物处置、校园周边食品安全、食品生产企业现状等情况进行明察暗访，广泛征集社会各界意见。9月12日，市三届人大常委会第三十次会议进行专题询问和满意度测评，16名委员和2名市人大代表提出问题44个，市政府和相关部门负责人在会上坦诚作答。专题询问实现市人大常委会与市政府之间的良性互动，达到人大监督的预期目的，促进全市食品安全监管工作快速推进。2015年12月2日，市四届人大常委会第二十二次会议开展水污染防治工作专题询问。11名常委会委员就“餐厨垃圾处置”“涟钢生活污水直排”“水污染综合治理”“环保责任追究”等问题提出询问。市长率分管副市长及相关部门主要负责人到会接受询问。娄底电视台录播专题询问内容和过程。截至2017年，市人大常委会一直保持对“一府两院”及相关职能部门工作进行不定期询问和质询。

七、信访办理

1999年8月至2004年1月，市一届人大常委会受理人民群众来信10873件，接待来访12348人次，转办信访案件9459件，交办案件214件。2000年，山西省襄垣县五阳村煤矿业务员李树国因货款纠纷案审判结果执行不到位，在省、市有关部门上访半年未果。市人大内司委接到信访后，交办市中级人民法院依法再审，使外地客商李树国的合法利益得以保护。2002年，市一届人大常委会向行政、司法机关交办重大信访案件19起，并全程跟踪督办。2003年5月14日，娄底市人大信访工作现场经验交流会在涟源市召开。

2004年1月至2009年1月，市二届人大常委会受理人民群众来信3533件，接待来访14831人次，承办全国、省人大常委会交办或督办信访案件532件。2005年，市二届人大常委会选择10件人民群众反映强烈、久拖不决和久拖不执的信访案件进行重点督办。2007年，市二届人大常委会督促协调解决双峰县村民江树端等采矿污染信访案、涟源市职工黄秋云工伤赔偿执行案。

2009年1月至2013年1月，市三届人大常委会受理人民群众来信2260件，接待来访5700批12000余人次，转办信访案件150件，交办案件80件。2009年，市三届人大常委会先后督促协调解决孙水河保护与建设、城区便民设施建设、村委会换届选举、征地拆迁、企业改制等相关信访案件。

2013年1月至2017年1月，市四届人大常委会受理人民群众来信2700件，接待来访2870批5898人次。2013年，市四届人大常委会督促协调解决市中心医院新住院大楼启用、珠山公园养猪养鸡等相关信访案件。2014—2016年，市四届人大常委会完善主任会议成员接访制度、法律援助律师陪同接访制度、转办交办督办反馈制度。是期，市四届人大常委会督促协调解决农村义务教育、职业教育、民办教育、网吧管理、学生减负、学生营养改善、医疗保险、医疗废物处置、中心城区医疗资源布局等相关信访案件。

2017年1—12月，市五届人大常委会受理人民群众来信558件，接待来访1547人次，督促协调解决民间融资、征地拆迁、村级组织换届、司法公正等相关信访案件。

八、“五行”监督

环保世纪行 2000年始，历届市人大常委会每年开展“娄底环保世纪行”活动，提高各级领导干部、广大人民群众的环境保护意识，贯彻执行环境保护相关法律法规，促进解决环境资源重大问题。每次确定一个活动主题，组织媒体记者进行采访报道，发挥市人大和舆论监督作用。2000—2001年，市一届人大常委会先后以“推进达标排放、保护蓝天碧水”“高举绿色旗帜、保护生态环境”为主题，开展集中采访宣传和督查督办活动。2002年8月3—4日，市一届人大常委会邀请30余名中央、省、市级新闻媒体记者组成的“中华环保世纪行”采访团，对双峰县坳头山磺矿进行实地采访。记者写出一批关于坳头山磺矿地质环境的报道，引起国家、省有关部门关注和重视。坳头山磺矿地质环境治理恢复项目获国土资源部、财政部批准，获国家专项治理资金500万元。治磺工程实施地质表层整容、磺渣流害治理、草木绿化、磺水除毒四大举措，修建水泥排水沟500余米，修建中和沉淀池2个，推平磺渣堆4万余立方米，铺植草被8万余平方米，恢复改善水田667公顷。2004—2008年，市二届人大常委会以“保护生态环境、促进可持续发展”“保护碧水蓝天绿地、创建美好居住环境”“让人民群众喝上干净的水”“保护生命之水、珍惜每一寸土地”“建设生态娄底”“推动节能减排、建设生态家园”等为主题，开展“娄底环保世纪行”采访宣传与督查督办活动。2009年，市三届人大常委会围绕“推进节能减排、建设‘两型社会’”主题，监督解决娄底中心城区和各县（市）城区生活污水处理、农村生态环境保护、矿山企业违规排放等相关问题。2010年，市三届人大常委会督促娄底市第二污水处理厂按时建成投产，推动各县（市、区）开展农村养殖业点源污染治理。2011年，市三届人大常委会围绕“推进减排、保护水资源”主题，开展“娄底环保世纪行”活动，督促推进娄底市循环经济治理、城乡环境同治和水污染综合治理。2013年，市四届人大常委会督促冷水江市锡矿山地区生态环境恢复治理。2014—2017年，市四届人大常委会围绕“守护蓝天碧水”主题，组织开展“娄底环保世纪行”活动，督促推进大气污染防治、水环境综合治理和农村环境整治，查处环境污染违法案件10起。

农产品质量安全行 2003年始，历届市人大常委会开展“娄底农产品质量安全行”活动，提高娄底市人民群众农产品安全意识，增强消费者自我保护意识，加强农产品质量安全监督，确保市民“舌

尖上的安全”。2006年，市二届人大常委会开展农畜产品质量安全检查视察活动，督促市政府筹资1000余万元，建成较为完善的农畜产品质量安全监督检测体系，依法打击“瘦肉精”“注水肉”等违法行为。2009年，市三届人大常委会围绕“畜禽产品质量安全”“农产品市场准入”等问题开展调研，督促市政府各职能部门加强和改进相关工作。2010年，市三届人大常委会督促市政府出台农产品市场准入制度，加强农产品市场监管和农药残留物检测，提高农产品整体质量。2011年，市三届人大常委会组织开展生猪屠宰市场暗访检查，督促市政府相关职能部门加大监管力度，防止私屠乱宰违规猪肉流入餐饮市场。2013年，市四届人大常委会以专项检查和专题调研为重点，对娄底市中心城区、各县（市、区）中心城区的无公害蔬菜直销门店、畜禽水产品市场进行抽查检查。2014年，市四届人大常委会监督推进“菜篮子”工程、食品安全检验检测体系建设。是年，娄底市生猪“瘦肉精”检出率为零，蔬菜、水果农药残留物例行检测合格率超省级标准。2015年，市四届人大常委会以中心城区畜禽水产品质量安全为重点，组织开展“娄底农产品质量安全行”活动，督促定点屠宰场实现生猪屠宰机械化。是年，娄底市实现主要农产品抽查合格率96%。2016年，“娄底农产品质量安全行”活动暂停，“五行”监督活动重心转至其他方面。

农民健康行　2006年始，历届市人大常委会开展“娄底农民健康行”活动，每年安排一个活动主题，旨在提高全市农民健康水平。是年，市二届人大常委会以破解农民群众“看病难、看病贵”难题，提高农民健康水平为目标，结合娄底实际，开展“娄底农民健康行”活动。在2006年度全省“三湘农民健康行”活动总结评比中，娄底市被评为先进单位。2007年，市二届人大常委会组织开展农民工职业病防治执法调研、职业病宣传教育和农民工职业病普查活动，发放宣传资料2万余份，提供职业健康咨询1800余人次，组织学习班、讲座8场次，培训人员400余人次。督促各级职能部门对娄底市煤炭行业接触粉尘的33983名作业工人进行尘肺病普查。2009年，市三届人大常委会围绕“促进中医药事业发展、服务娄底农民健康”主题，组织开展百名中医“进社区、进家庭、进乡村”义诊活动，督促开展“名院、名医、名药、名牌”宣传和创建活动，督促市政府出台《关于进一步加强中医药工作的若干意见》。2010年，市三届人大常委会督促市政府及相关职能部门加强农村医疗卫生体系建设，推动新型农村合作医疗、基本药物制度实施，让群众享有便捷、高效、低成本公共卫生服务。2011年，市三届人大常委会围绕“开展乡村环境卫生整洁行动、提高农民健康素养”主题，开展“娄底农民健康行”活动，督促改善城乡环境卫生状况。2013年，市四届人大常委会围绕“美丽娄底”主题，开展“娄底农民健康行”活动，参与“国家卫生城市”创建，协助市政府开展创卫工作。2014年，市四届人大常委会督促市政府及相关职能部门关注乡村卫生室建设，组织义诊送医活动，让农民群众享有便捷、高效公共卫生服务。2015年，市四届人大常委会围绕“推进基层卫生工作，提高农民健康水平”主题，开展“娄底农民健康行”活动，督促市政府加大村卫生室建设力度。是年，娄底市建成村卫生室2314个，标准卫生室752个。2017年，市五届人大常委会围绕“加强重大疾病和地方病防控、建设‘健康村镇’”主题，开展“娄底农民健康行”活动，督促市政府及相关职能部门推动全科医生驻村全覆盖及村级卫生室标准化建设，突出“健康快车、分级诊疗、双向转诊”特色，推动“政府得民心、人民得实惠”进程。

民族团结进步行　2009年始，历届市人大常委会开展“娄底民族团结进步行”活动，促进民族团结、维护少数民族合法权益。是年，市三届人大常委会开展民族政策法规宣传，进行散居少数民族协调机制专题调研，帮助部分散居少数民族群众解决生产、生活实际困难。2010年，市三届人大常委会督促市政府推进散居少数民族权益保护、困难少数民族群众帮扶工作。2011年，市三届人大常委会开展“民族团结进步宣传教育月”和“对散居少数民族群众定点联系帮扶”活动，促进民族团结和社会和谐。2012年，市三届人大常委会围绕“各民族共同团结奋斗、共同繁荣发展”主题，开展“娄底民族团结进步行”活动，帮助少数民族联系点冷水江市渣渡镇木瓜村创建“全省民族团结进步示范点”。2013年，市四届人大常委会开展民族法律法规政策知识竞赛活动。2014年，市四届人大常委会以“民族团结进步宣传教育月”和“启聪扶贫计划”为载体，关爱少数民族失聪儿童健康成长，促进民族大团结大和谐。2015年，市四届人大常委会督促市政府各职能部门多方筹措建设资金，帮助涟源市金石镇青春村等少数民族聚居区经济发展。2016年，“娄底民族团结进步行”活动暂停，“五行”监督活动重心转至其他方面。

安全生产保障行　2012年始，历届市人大常委会开展“创新安全生产保障行”活动，推动解决安全生产各种实际问题。是年，市三届人大常委会围绕“道路交通安全”主题，组织开展“安全生产保障行”活动，促进完善娄底城区部分道路安全配套设施建设，清理规范机动车停车位，严管重罚乱停乱放等违章行为。2013—2014年，市四届人大常委会围绕“矿山安全”主题，组织开展“安全生产保障行”活动，督促市政府各职能部门整改排除重点安全生产隐患，促进娄底市安全生产形势好转。2015—2016年，市四届人大常委会围绕“特种安全”主题，组织开展“安全生产保障行”活动，发现重点安全隐患20处，关停未检或不符合安全生产条件的特种设备生产企业9家，实现娄底市特种设备安全“零死亡”“零上报”。2017年，市五届人大常委会围绕“职业安全”主题，组织开展“安全生产保障行”活动，推动建立职业病防治联席会议制度，突出从业者健康安全重要性，进行生产现场明察暗访，发现排除安全隐患686处。

九、其他监督

个案监督　1999年8月至2004年1月，市一届人大常委会通过个案监督向娄底市各司法机关交办重点案件48起，纠正部分错案。案例一：双峰县石膏矿矿权纠纷案。2000年底，双峰县石膏矿进行国有资产改制。该矿矿长杨某与少数职工以1008万元买得该矿产权，杨某占股权70%。该矿其他职工认为价款过低，向县委、县政府反映申诉。双峰县经济工作局要求解除合同，收回石膏矿产权。双方协商未果，诉至市中级人民法院。市中级人民法院审查发现，杨某案发时尚有200万元转让款未交，违反合同约定，故判决杨某败诉，解除合同。责成杨某补偿双峰县经济工作局经营利润97万元，支付违约金35万余元。杨某对判决不服，向省人大内司委、省高院提起申诉，并通过多家新闻媒体大造舆论，影响诉讼进程。省高院裁定：撤销原判，发回再审。该矿职工获悉后，酝酿集体上访。市委主要领导接到双峰县紧急报告后，批转市人大常委会依法督办。市人大内司委通过阅卷审查后认为：杨某违约在先，法院解除合同的判决正确合法。但因双峰县有关部门在矿权纠纷中负有部分责任，故市中级人民法院作出的杨某违约判决存在部分不妥之处。市一届人大常委会将审查意见书呈报市委和省人大常委会、省高院。省人大内司委、省高院相关负责人赴娄底调研，与市、县党政领导沟通后形成共识，督促市中级人民法院按审查意见作出合量改判。事后诉讼双方服从改判，从此息诉息访。该个案监督有效化解人民内部矛盾，避免国有资产流失，维护社会稳定。案例二：原双峰县公安局刑侦大队干警贺某林徇私枉法、包庇个体专卖店老板毛某贤强奸茶吧少女李某案。贺某林社会关系复杂，直接或间接影响检察机关侦查，一定程度影响司法公正。市二届人大常委会对该案跟踪督办。贺某林被判处有期徒刑1年，缓期1年执行。2004年2月27日，市二届人大常委会第一次会议审议通过《娄底市人大常委会对娄底市中级人民法院、娄底市人民检察院、娄底市公安局个案监督实施办法（试行）》。是年，市二届人大常委会个案监督突出社会弱势群体保护、执法机关有错必纠、维护社会稳定3个主题。2004—2006年，市二届人大常委会持续坚持实施对市中级人民法院、市检察院、市公安局个案监督。

类案监督　2007年始，历届市人大常委会贯彻执行《监督法》，不再将个案监督作为市人大对市“两院”及公安工作的专门监督方式，重点开展人民群众反映强烈、高度关注，具有代表性和普遍性的类案监督。2010年，市三届人大常委会针对农村信用社反映的部分借贷人拖欠贷款、逃避债务问题，支持督促市中级人民法院依法开展庭外专项执行活动，对拖欠贷款人采取强制措施，追回逾期贷款2000余万元。2013年，市四届人大常委会针对多起银行客户磁条卡因技术含量不高被盗刷案，组织召开类案监督研讨会，辨析法理，形成共识，督促市、县两级法院同案同判、规范司法。2014年，市四届人大常委会通过类案监督，为工伤认定如何适用法律、法院能否强制执行、提取个人缴存住房公积金等问题寻求解决办法，维护人民合法权益。截至2017年，历届市人大常委会长期将类案监督作为司法监督主要形式。

旁听庭审 2014年4—12月，市四届人大内司委、市四届人大常委会联工委组织部分市四届人大代表旁听市中级人民法院庭审，增强司法监督实效，提升司法公信力。累计组织52名市人大代表旁听案件6起，其中刑事案件2起、民事案件3起、行政案件1起。市人大代表旁听法庭调查、法庭辩论等庭审环节，围绕庭审行为、庭审技能、庭审效果等方面，对司法礼仪、庭审用语、庭审驾驭能力、法庭纪律、法律适用、庭审程序等项目进行打分，并提出书面意见和集中点评。2015年12月，市四届人大常委会集中组织旁听庭审活动，先后组织47名市人大代表旁听案件4起庭审5堂，其中二审案件2起、一审案件2起。2016年10月，市四届人大常委会集中组织旁听庭审活动，先后组织62名市人大代表和常委会机关工作人员旁听案件4起庭审4堂，其中二审案件2起、一审案件2起。2017年1—12月，市五届人大常委会先后组织市人大代表57人次旁听庭审3堂。

第三节 讨论、决定重大事项

一、市一届人大常委会

2000年5月9日，市一届人大常委会第六次会议做出《关于全面开展依法治市的决议》，对政府、法院、检察院依法行政和公正司法以及深入开展法制宣传教育提出明确要求，强调各级人大及其常委会要强化法律监督，保证决议执行。7月28日，市一届人大常委会第七次会议做出《关于加强娄底市中心城市规划、建设和管理的决定》，对政府及规划、建委、国土、城管等相关部门规划好、建设好、管理好城市的职责，提出明确要求。8月25日，市一届人大常委会就《关于加强娄底市中心城市规划、建设和管理的决定》贯彻实施召开新闻发布会，有效扩大社会影响，敦促市政府组织开展市区环境整治，拆除违章建筑，加强城市管理，美化市容市貌。9月19日，市一届人大常委会第八次会议做出《关于加强人民法院执行工作的决定》，对法院依法执行，国家机关、企事业单位和公民支持和协助法院执行工作提出明确要求，强调各级人大常委会要强化监督，支持法院执行工作。

2001年7月13日，市一届人大常委会第十四次会议批准《娄底市城市总体规划（2000—2020）》，为娄底市城市建设和持续发展提供蓝本。8月28—29日，市一届人大常委会第十五次会议做出《关于进一步开展法制宣传教育的决议》《关于批准授予青木一也“娄底市荣誉市民”的决定》。2002年7月19日，市一届人大常委会第二十二次会议批准《娄底市城市市容环境卫生管理办法》。2003年8月28日，市一届人大常委会第二十九次会议批准《关于娄底市孙水河流域水污染防治办法》。

二、市二届人大常委会

2004年，市二届人大常委会在总结经验、调查研究基础上，拟定《讨论决定重大事项的规定》。8月31日，市二届人大常委会第六次会议审议通过《关于讨论决定重大事项的规定》，明确市人大及其常委会决定重大事项的依据、原则、内容、程序。10月28日，市二届人大常委会第七次会议决定樟树为市树、杜鹃花为市花。2005年12月15日，市二届人大常委会第十六次会议做出《关于娄底市与美国拉姆西市缔结友好城市的决定》。2006年4月29日，市二届人大常委会第十九次会议做出《关于加快娄底市城乡绿化建设的决定》。10月31日，市二届人大常委会第二十二次会议做出《关于开展法制宣传教育的决议》，为做好普法宣传，提高公民法律素养，推动娄底法治进程，构建和谐娄底、平安娄底、小康娄底，创造良好法治环境。2007年11月28日，市二届人大常委会第三十一次会议对《关于加强环境保护工作的决定（草案）》进行审议票决，26人投票，11票赞成，2票反对，8票弃权，5票操作无效。因赞成票未过常委会全体组成人员半数，该决定草案未获通过。2008年5月28日，市二届人大常委会第三十五次会议审议并票决通过修改后的《关于加强环境保护工作的决定（草案）》。修改后的决定草案强调严控新增污染、加快工业污染治理步伐、突出饮用水源保护、实施城镇环境综合治理、重视农村生态环境保护、实行环境质量行政领导负责制、健全协调联动机制等，为娄底市环境保护工作提供制度基础，较好吸纳市二届人大常委会组成人员意见。9月26日，市二届人大常委会第三十七次会议做出《关于加强旅游资源保护的决定》，强调科学制定保护规划，依法规范开发建设，建立健全管理体制，严格行政执法，多方筹集和规范使用资金，妥善解决保护区域内民生问题。

三、市三届人大常委会

2009年11月13日，市三届人大常委会第八次会议做出《关于加快发展现代水利的决定》，针对娄底市水利基础设施抗御自然灾害能力不强、水资源调控能力不足等问题，敦促市政府推进水利建设、加大水利投入、加强水事管理、深化水利改革。2010年11月23日，市三届人大常委会第十五次会议听取关于贯彻实施《关于加强旅游资源保护的决定》情况的报告。会议认为自该项决定获得审议通过以来，市政府起草实施细则，出台相关法规制度，完善旅游发展规划，规范开发建设程序，取得良好保护成效。认为各职能部门强化自身职能建设，主动相互配合协调，形成总体保护合力。2011年11月30日，市三届人大常委会第二十五次会议做出《关于进一步加强法制宣传教育的决议》。2012年3月6日，市三届人大常委会第二十七次会议审议通过《关于进一步提高常务委员会会议质量的意见》，做出《关于设立娄底市全民义务植树日的决议》，确定每年农历正月初八为娄底市全民义务植树日。

四、市四届人大常委会

2013年12月3日，市四届人大常委会第六次会议做出《关于实施融城战略推进可持续发展的决定》，明确融城战略的指导思想、目标任务、工作重点和保障措施，为解决娄底市中心城区辐射带动力较弱、城市拓展空间受限、区域发展不均衡等问题提供依据。会议还作出《关于加强民事诉讼法律监督工作的决议》，对促进诉讼诚信、完善司法权制约机制、维护当事人和其他诉讼参与人合法权益、保障司法公正和树立司法权威具有指导意义。2014年7月4日，市四届人大常委会第十次会议作出《关于设立中心城区义务教育阶段最大班额控制目标的决议》，要求娄底市内所有学校（幼儿园）在保证每一个适龄儿童、青少年依法接受义务教育的基础上，从2014年下学期到2015年上学期将新生最大班额控制在65人以下（含65人），从2015年下学期到2016年上学期将新生最大班额控制在62人以下（含62人），在2016年下学期将新生最大班额控制在60人以下（含60人），此后逐步降低新生最大班额人数，直至达到国家规定班额标准。12月11日，市四届人大常委会第十五次会议做出《关于批准市人民政府中心城区中小学布点专项规划（2012—2020）的决议》，加强对娄底市城区中小学布局调整和管控。2015年12月2日，市四届人大常委会根据《立法法》规定，出台《关于设立娄底市人大常委会法制工作委员会的决定》。

五、市五届人大常委会

2017年，市五届人大常委会提请市委批准转发《关于完善人大讨论决定重大事项制度的实施意见》，为推进依法决策、科学决策和民主决策，厘清重大事项界定范围，规范重大事项决定程序提供依据。

第四节　任免工作

一、市一届人大常委会

1999年10月18日，市一届人大常委会第一次会议审议通过《常委会人事任免办法》。10月19日，市一届人大常委会第一次会议审议市中级人民法院、市检察院提请任命名单。席某光、刘某春、王某华因执法不廉等原因在提请任命市中级人民法院审判员和有关庭室负责人时未获通过。罗某山因年龄过大在提请任命市检察院检察员时未获通过，另有2名拟任检察员因法律知识考试不及格暂缓任命。2000年，市一届人大常委会建立“一府两院”主要任职人员向市人大常委会书面述职制度。副市长，市政府工作部门主要负责人，市中级人民法院院长、副院长，市人民检察院检察长、副检察长每年向市人大常委会书面述职。是年，娄底市有39名主要任职人员进行书面述职。市一届人大常委会主任会议对书面述职报告进行审议，提出相关审议意见，向市一届人大常委会第十三次会议通报。11月22日，市一届人大常委会第九次会议审议市中级人民法院院长提请撤销刘某雄市中级人民法院审判员、刑事审判第二庭副庭长职务的议案，决定撤销刘某雄相应职务。2001年，双峰县人民法院院长梁某升对上年度该院办理亡故干警曾某山丧事时搞封建迷信活动一案，负有主要领导责任，双峰县第十三届人大常委会第十九次会议决定撤销其双峰县人民法院院长职务。2月22日，市一届人大常委会第十二次会议审议表决，决定批准撤销梁某升双峰县人民法院院长职务。10月12日，市一届人大常委会第十六次会议审议表决，对胡某华提请任命市乡镇企业局局长未予通过。2002年，娄底市有40名“一府两院”及政府工作部门负责人向市一届人大常委会作2001年度工作书面述职。常委会组成人员对述职报告进行评审，提出评审意见，并向市一届人大常委会第二十二次会议通报。述职人员根据评审意见进行整改，并向常委会报告整改结果。2003年2月28日，市一届人大常委会第二十六次会议听取和审议市长刘云柱提请撤销赵某效副市长职务的议案，决定撤销赵某效副市长职务。理由是赵某效在担任市财政局党组书记、局长和副市长期间，利用职务便利，伙同他人挪用公款238万元（其中非法核销50万元）开展非法营利活动，为他人谋取私利，收受巨额贿赂。至2004年1月，市一届人大常委会任免国家机关工作人员290人次，其中副市长8人次。对提请任命人员依法未予通过5人次，依法免去职务45人次，接受辞职7人次，撤销职务2人次，许可对市人大代表采取刑事强制措施5人次。补选省人大代表2名，罢免省人大代表2名。

二、市二届人大常委会

2004年，市二届人大常委会出台《关于规范人事任免办理程序的意见》，健全和完善任前考察调查、任前法律知识考试、拟任职务发言、任前询问等制度。2005年，市二届人大常委会修订出台《关于规范市人大常委会人事任免事项办理程序的意见》，进一步规范和完善市人大常委会人事任免程序。6月15日，市二届人大常委会第十二次会议对拟任副市长、代理市长人选林武进行任前询问。此次任前询问经人民网、《湖南日报》、《潇湘晨报》等新闻媒体报道后，引起良好社会反响。2006年12月28日，市二届人大常委会第二十四次会议对由常委会任命的政府秘书长、各局（委）局长（主任）进行届内述职测评，测评结果均为“称职”。2008年，市二届人大常委会对“两院”和政府工作部门主要负责人的年度履职情况进行综合评议，肯定成绩，指出问题，提出建议。这种将工作评价与履职评价相结合的任后监督方式，实现对人监督与对事监督相结合，有效增强人大监督权威性和实效性。至2009年1月，市二届人大常委会任免国家机关工作人员242人次，其中副市长10人次。接受辞职3人次。许可对市人大代表采取刑事强制措施3人次。补选省人大代表1名，接受辞去省人大代表职务2人。

三、市三届人大常委会

2009年2月26日，市三届人大常委会第二次会议听取31名提请任命的政府工作部门主要负责人作拟任职务发言。拟任职务发言由娄底电视台现场直播，由新浪网、人民网等几十家媒体跟踪报道，广泛接受社会监督。是年，市三届人大常委会制定出台对所有提请任命的国家机关工作人员实行拟任职务发言制度，把法律知识考试和拟任职务发言的制度覆盖面扩展至人大常委会机关所有干部。至2013年1月，市三届人大常委会任免国家机关工作人员187人次，其中副市长5人次。接受辞职16人次。许可对市人大代表采取刑事强制措施1人次。补选省人大代表2名。

四、市四届人大常委会

2013年2月，市四届人大常委会第二次会议听取31名提请任命的新一届政府工作部门主要负责人作拟任职务发言。拟任职务发言由娄底电视台和网络媒体全程直播，由《娄底日报》、娄底新闻网、娄底人大网公开其承诺目标和工作计划，广泛接受社会监督。至2017年1月，市四届人大常委会任免国家机关工作人员245人次。接受辞职11人次。许可对市人大代表采取刑事强制措施4人次。补选省人大代表1名。

五、市五届人大常委会

2017年1—12月，市五届人大常委会累计任免国家机关工作人员45人次，其中副市长2人次。接受辞职6人次。许可对市人大代表采取刑事强制措施1人次。

第五节　代表工作

一、建立代表工作制度

2000年，市一届人大常委会建立市级领导分工联系全国、省人大代表的制度，密切人大代表同党和政府的联系。2005年，市二届人大常委会督促市政府出台人大代表议案和建议办理工作目标管理考核制度。11月，市二届人大常委会组织开展对市政府、市中级人民法院及有关承办单位办理代表议案和建议的工作进行督查考核。2007年，市二届人大常委会出台《关于进一步加强市人大代表工作的意见》，从深化对代表工作的认识、提高代表履职能力、保障代表依法履职、加强"一府两院"负责人和政府工作部门主要负责人与人大代表的联系、增强代表议案建议办理工作实效等方面作出明确规定。2009年，市三届人大常委会出台《关于进一步密切与市人大代表联系办法》《市人大代表联系原选举单位和履职登记报告办法》《市人大代表小组活动办法》《市人大常委会评选表彰"三优"办法》4个制度文件，进一步明确人大代表的履职权利和责任，拓展代表活动内容，健全完善代表激励机制，加强对代表履职监督，促进代表工作规范有序开展。2011年，市三届人大常委会完善代表履职档案登记制度，将代表履职绩效与评选优秀市人大代表和推荐新一届人大代表候选人挂钩。推行代表履职公开制度，将代表议案建议、承办单位、办理答复公布在娄底人大网上，接受社会监督。2012年，市三届人大常委会提请市委转发《关于市人大代表和市人大常委会委员因工作变动辞去职务的意见》，保持市人大代表广泛性和市人大常委会委员结构合理性，建立和完善代表退出机制。2013年，市四届人大常委会修订完善常委会组成人员联系代表和代表联系原选举单位及人民群众的工作办法，完善代表履职登记报告和辞职、代表小组活动、"三优"表彰等工作办法，建立代表基本信息年报制度，进一步规范代表履职行为，整合代表工作资源，健全对代表的监督激励机制。2015年，市四届人大常委会进一步完善人大代表履职备案登记、报告和评价制度，持续推进代表述职制度，完善人大代表辞职制度。是年，娄底市有30名市人大代表辞去代表职务。2017年，市五届人大常委会坚持和维护历届市人大代表相关工作制度。

二、联系人大代表

1990年始，地区人大联工委每年组织驻娄全国、省人大代表围绕农业生产、农业发展和农民减负、经济发展、环境优化、重点工程建设、乡镇企业发展等方面进行集中视察，召开代表座谈会，听取意见，形成议案、建议、批评和意见，向省人民政府、省高级人民法院、省人民检察院反映相关情况，促成有关问题获得解决。

1994年，地区人大联工委组织娄底境内部分全国、省人大代表评议地区司法部门工作。督促地委、行署领导责令司法部门限期整改相关问题。1995年，地区人大工委组织娄底境内部分全国、省人大代表评议地区工商部门工作。围绕收集到的有关市场建设和管理方面的1660条意见和建议，督促地区工商局分类办理并答复。通过此次评议，使工商部门行风政风有所改观。1997年1月14—15日，地区人大工委组织娄底境内全国、省人大代表开展视察活动，听取关于1996年经济工作情况和1997年经济工作安排的报告，察看娄底火车站、娄湘公路、市第二自来水厂、民丰变电站等重点项目建设运营情况。

1998年1月，省九届人大娄底地区代表团向省九届人大一次会议提交议案21件，建议、批评和意见38件。8月24—25日，地区人大工委召开全地区企业界部分人大代表座谈会，围绕如何深化国有企业改革，推进再就业和“两个确保”工作，促进全地区经济社会发展稳定进行探讨和交流。

1999年始，市一届人大常委会主任会议成员分工联系市人大代表，邀请市人大代表列席常委会会议，参加政情通报会，参与执法检查、评议、询问和质询等工作。推荐市人大代表担任政府工作部门和市中级人民法院、市检察院特邀监督员。2004年，市二届人大常委会推荐80名市人大代表担任“一府两院”及政府工作部门或机构的特邀监督员。2009年10—12月，市三届人大常委会主任会议成员，市长、副市长，市中级人民法院院长，市检察院检察长，通过座谈会、个别走访、电话联络等方式，分别与179名市人大代表进行联系，收集代表建议、意见125条，并对这些建议、意见分别进行交办，促进解决一些具体问题。2010年，市人大常委会敦促18名市级领导干部走访联系162名市人大代表，促进代表意见、建议与科学决策的良性互动。2013年，市四届人大常委会开展以“常委会组成人员联系代表、代表联系原选举单位和人民群众”为主要内容的“双联”活动。39名市四届人大常委会组成人员分别联系181名市人大代表，通过走访、座谈、电话、信函、邮件等方式，保持与代表经常性联系，倾听代表意见和呼声，督促“一府两院”及相关工作部门办理落实相关意见、建议。2014年，市四届人大常委会出台《加强市人大代表联系群众工作平台建设的指导意见》，按照“先试点后推开”原则，在娄星区乐坪街道社区试点，建立童家、大塘两个代表联系群众工作站。是年，娄底市有30名省、市、县（市、区）人大代表在工作站接待群众50余人次，收集群众意见60余条，督促解决或基本解决问题24个。各县（市、区）结合工作实际，相继开展代表联系群众工作站试点。娄底市初步建成“代表活动有固定场地、接待群众有工作制度、处理意见有工作流程”工作机制。2015年，市四届人大常委会按照“先行试点、以点带面、整体推进、全面推开”原则，组织开展“代表联系群众工作站建设年”活动，常委会主任会议成员负责包干联系指导。截至6月底，娄底市建成代表联系群众工作站98个、工作点3个，基本实现“乡镇街道全覆盖、各级代表全参与”工作目标。是年，娄底市有2400余名全国、省、市人大代表在工作站（点）联系选民，收集各类建议、意见1320件，督促解决问题681个。截至2017年，市五届人大常委会将代表联系群众列为常态工作机制。

三、办理代表议案和建议

市一届人大常委会　2000年，唐晓明等11名市一届人大代表在市一届人大二次会议上提出《关于加强娄底市殡葬改革工作的议案》。市一届人大常委会督促办理该项议案。娄底市专门成立由市委、市人大、市政府、市政协有关领导和有关工作部门主要负责人组成的市殡葬改革领导小组，通过《娄底市殡葬管理办法》《娄底市殡葬改革发展规划》，成立市殡葬执法大队，加强基础设施建设，为市殡仪馆购置安装火化炉2台、六门冷藏柜1台、冷藏箱4个、殡仪车1台。2002年，市一届人大常委会督促市政府办理《清理整顿城区地产市场、切实加强国土资源管理的议案》。市政府成立娄底市土地收购储备委员会和娄底市清理整顿城区地产市场领导小组，印发《娄底城区及城乡接合部国土集中整治方案》，发出《关于加强城市规划区国有划拨土地管理的通知》。通过清理整顿，累计清理出闲置土地117宗286.48公顷，非法转让土地12宗15.54公顷，行政划拨土地改变批准用途424宗37.55公顷，以行政划拨土地联营联建搞房地产开发18宗0.93公顷，安居小区用地5宗63.03公顷，企业改制处置国有土地28宗24.35公顷。至2004年1月，市一届人大代表在大会和闭会期间，累计提出议案、建议、批评和意见1168件，经大会主席团确定议案5件。经市一届人大常委会交办和督办后，关于推进殡葬改革、加大娄底师专“专升本”力度、加强和规范农产品质量安全管理、加快乡村公路建设、加强孙水河流域水污染综合治理等议案、建议和意见，均得到市政府及有关工作部门重视和办理。

市二届人大常委会　2008年，市二届人大常委会督促市政府办理《关于依法规范娄底城区医疗市场管理的议案》。在议案办理过程中，市政府下发《关于进一步加强全市民营医疗机构监督管理的意见》，理顺娄底城区医疗市场管理体制，对娄底城区439家医疗机构现场评估验收，集体评审合格后重新许可发证329家，取缔非法诊所48家，责令整改10家，并对城区12家民营医院进行全面检查评估，解决一批医疗市场规范管理工作难题。是年，市二届人大常委会督促市政府办理《关于争创全国优秀旅游城市的议案》，促进全市旅游基础设施建设、旅游资源保护、旅游景点建设、旅游人才培养、旅游服务业发展。截至2009年1月，市二届人大常委会通过督促办理市二届人大代表提出的“重视乡村公路建设”“加强孙水河流域污染综合治理”“加强城区绿地保护”等议案、建议，使相关问题得到较好解决。至2009年1月，市二届人大代表在大会和闭会期间，累计提出议案、建议882件，经大会主席团确定议案10件。所有市辖范围的议案、建议均在规定时间内办理并答复。市二届人大常委会坚持“年初交办、年中抽查、年底考核”办理原则，注重面商沟通，注重办理实效，注重发挥人大代表在建议办理中的作用，使办理工作日益规范，人大代表对建议办理工作满意率和代表提出问题解决率逐步提高。一批群众关注的热点、难点问题得到较好解决。

市三届人大常委会　2011年始，市三届人大常委会把每年5月作为“议案、建议集中办理月”，督促“一府两院”及其工作部门“集中力量、集中时间、集中精力”办理议案建议，形成办理合力，保障办理质量，提高问题解决率，建立完善“领导承办、重点交办、面商办理、延伸办理、视察督办”等办理机制。在《关于强化城乡规划管理、遏制违法建筑膨胀的议案》办理过程中，市委、市政府强力推动控违拆违专项整治行动，拆除违法建筑914处，控制在建违法建筑609处，清查国有土地上已有违法建筑9292处。截至2013年1月，市三届人大常委会通过督促办理市三届人大代表提出的“黑猪黑牛产业发展”“城市生活垃圾综合治理”“新农合普通门诊补偿”“网吧监管”等议案、建议，使相关问题得到较好解决。至2013年1月，市三届人大代表在大会和闭会期间累计提出议案、建议839件，经大会主席团确定议案7件。所有市辖范围的议案、建议均在规定时间内办理并答复。

市四届人大常委会　2013年，市四届人大常委会对市四届人大一次会议以来，人大代表提出的建议、议案办理情况进行“回头看”督查，发现建议、议案办理落实情况普遍较好，办理满意率不断提高。2014年，颜向军等31名市四届人大代表联名提出《关于娄底中心城区限制燃放烟花爆竹的议案》。2015年，钱局新等23名市四届人大代表联名提出《关于进一步规范娄底中心城区殡葬活动的议案》。2015年，市四届人大常委会将这2个议案一并督办、整体推进，向市四届人大代表发出公开信，倡议代表们携起手来，带头响应、积极参与、坚定支持议案办理。是年12月1日始，娄底中心城区全面禁止燃放烟花爆竹。至2016年12月，市四届人大代表在大会和闭会期间累计提出建议、议案783件，经大会主席团确定议案3件。市四届人大常委会主任会议确定38个重点建议、议案并进行督办，实行“政府分管领导负责领办、相关工作部门对口承办、常委会主任会议成员牵头督办”工作机制，使办理质量提高，办理满意率、问题解决率提升。

市五届人大常委会　2017年1—12月，市五届人大代表在大会和闭会期间累计提出议案、建议207件，经大会主席团确定议案1件。市五届人大常委会严格督促办理议案，推行“主任会议成员领衔督办、专门委员会对口督办、联工委跟踪督办、代表全程参与督办”工作机制，理顺代表建议提出、交办、办理和督办工作程序，建立代表建议及其办理情况公开制度，探索推行代表议案建议办理工作评议机制。是年，在《加强娄底物业管理的议案》办理过程中，市政府发出《关于进一步加强物业管理的通知》，选择9个小区进行“智慧物业”试点，使娄底中心城区物业管理水平获得整体提升。截至是年底，市五届人大常委会督促办理市五届人大代表提出的8类12件重点建议、议案，有效推动娄底中心城区交通安全管理、养老服务、农业农村及品牌培育、信用娄底建设等工作。

四、组织代表视察活动

1999年11月22—25日，市一届人大常委会组织驻娄全国人大代表、省人大代表和部分市人大代表50人（其中全国、省35人，市15人），围绕娄底市经济发展环境集中整治工作进行为期4天的集中视察活动。人大代表分成6个视察组，分别赴市直单位和5个县（市、区），采取“先集中、后分散、再集中”和“听、看、谈、访相结合”的方式进行视察。视察活动中，累计召开座谈会7场次，现场视察市、县（市、区）两级工商、公安、国税、地税、建委、国土等单位32个，发出调查问卷120余份，“微服私访”其他单位和个体私营业194家。代表写出建议、批评和意见37件。视察结束后，各视察组对视察情况进行综合分析，对比较集中的几个问题进行归纳整理，以专函形式向“一府两院”提出建议。市一届人大常委会采用直接交办的形式，召集市政府各职能部门主要负责人，市中级人民法院、市检察院主要负责人参加交办会，当面交办相关建议案。该项代表监督活动获《湖南日报》专题报道。

2000年10月，市一届人大常委会举办娄底市人大代表小组长培训班1期。2001年8月，市一届人大常委会在娄星区召开娄底市人大代表小组活动经验交流会，总结推广代表小组活动经验，进一步发挥代表小组作用。会后，各代表小组围绕经济社会发展中的重大问题和人民群众反映强烈的热点问题，开展视察、调查、座谈、走访等活动，提出建议、批评和意见120余条。常委会机关代表视察涟钢200万吨超薄板项目和殡葬改革情况后，及时与政府相关部门交换意见，督促解决相关实际问题。组织“代表风采”系列宣传报道活动，推介10名市人大代表的典型事迹。2002年，市一届人大常委会以《代表法》颁布10周年为契机，在《娄底日报》发表纪念文章，开辟“代表风采”专版，集中推介一批优秀代表典型事迹。是年，市一届人大常委会召开人大代表座谈会，表彰优秀市人大代表40名、先进代表小组8个、代表建议办理工作先进单位5个、建议办理工作先进个人5名。2004年，市二届人大常委会组织市二届人大代表听取政情通报、“十五”规划执行情况和“十一五”规划基本思路汇报，视察娄底经开区，双峰海螺、九龙集团，春园商业步行街开发建设情况。是年，市二届人大常委会结合人民代表大会制度50周年纪念活动，表彰优秀市人大代表11名、人大工作先进个人12名。

2005年，市二届人大常委会组织市二届人大代表视察涟钢、安石集团，以及一批重点工程项目，对市人大代表在视察中提出的问题和建议，及时向市政府及相关部门进行交办。组织召开人大代表工作理论研讨会，围绕提高代表素质、优化代表结构、改善代表履职环境等问题进行研究探讨，评选优秀论文57篇并结集出版。2006年9月，市二届人大常委会组织十届全国人大代表娄底小组围绕娄底老工业基地振兴和国家土地价格政策调整开展专题调研。12月，组织国家、省、市三级人大代表对教育工作进行视察。2007年，市二届人大常委会组织开展优秀市人大代表、优秀市人大代表小组组长、优秀代表的议案和建议评选。颜拥军等41名市人大代表、姚蓓蕾等7名市人大代表小组组长，以及何汉贵等代表的20件议案、建议受到表彰奖励。是年，市二届人大常委会组织开展《代表法》颁布实施15周年系列宣传活动，组织召开人大代表座谈会，遴选61位履职成绩突出的县级以上人大代表，将他们的优秀事迹编印成《光荣的使命·娄底人大代表风采》一书。2008年6—8月，市二届人大常委会围绕交通建设、水利建设、农村合作医疗、旅游发展、城市管理、经济环境优化等重大问题，组织300余名市人大代表开展专题调研活动，形成17份调研报告交市政府研究办理，并将调研成果汇编成《民情与民意》一书。

2009年9月16—18日，市三届人大常委会组织驻娄十一届全国人大代表就资源型城市如何实现可持续发展进行专题调研，提出加快新型工业化推进步伐、建立具有娄底地方特色的“两型”产业体系，大力发展现代农业、物流和旅游等建议，将需要国家和省委、省政府给予政策资金支持的问题，以专题调研报告形式提交全国、省人大常委会。2010年，市三届人大常委会组织167名新任市人大代表进行集中培训，拓宽代表履职视野。组织驻娄全国人大代表和部分省人大代表，分别围绕“交通枢纽城市建设”“水府示范片区‘两型社会’建设”开展专题调研。2011年，市三届人大常委会组织驻娄全国人大代表和部分省人大代表开展水府示范片“两型社会”规划建设和冷水江市统筹城乡发展的专题调研。组织部分市人大代表集中视察“三创”（创建“国家园林城市”、创建“国家卫生城市”、创建“全国文明城市”）工作。2012年8月，市三届人大常委会组织驻娄全国人大代表和部分省、市人大代表就娄底资源型城市综合治理开展专题调研，向全国、省人大常委会提交调研报告。

2013年，市四届人大常委会组织部分市人大代表集中视察公路交通建设和园区经济建设。举办代表履职培训班，培训新任市人大代表208名。组织全国、省和部分市人大代表开展“实施融城战略、推进可持续发展”专题调研，形成《关于娄底市资源型城市转型发展的调研报告》和《娄底市融城发展调研报告》，分送全国和省人大常委会，并向全国人大常委会提出《关于将娄底纳入全国首批资源富集地区可持续发展试点城市的建议》。2014年，市四届人大常委会组织驻娄全国人大代表和部分省、市人大代表对娄底中心城区保障性住房建设情况进行专题调研，形成调研报告，呈送全国和省人大常委会。是年，市四届人大常委会指导各代表小组开展小组活动，撰写调研报告23份。评选表彰优秀代表建议22件，推介报道市人大代表先进事迹10件。

娄底市人大常委会组织驻娄全国人大代表和部分省人大代表视察娄底保障性住房建设情况（2014年9月23日摄）

2015年，市四届人大常委会组织全国、省、市人大代表开展“在国家层面建立农村公路可持续发展的制度保障机制”专题调研，形成调研报告，呈送全国和省人大常委会。指导各代表小组开展小组活动，提出各类建议、意见30件，逐步实现代表从被动履职向主动履职转变。2016年12月21日，市四届人大常委会召开市人大代表工作“三优”表彰会，表彰市四届人大一次会议以来优秀市人大代表38名、优秀市人大代表小组10个，以及优秀代表建议12件。2017年，市五届人大常委会开展“脱贫攻坚·人大代表在行动”活动，娄底市各级人大代表结对帮扶贫困户9676户。是年，市五届人大常委会组织集中视察217次，撰写专题调研报告140份，提出建议1255条，督促解决实际问题1166个。

五、代表述职评议

2010年始，娄底市在全省各市（州）率先执行市人大代表向原选举单位述职制度。是年，王信卿等4名市级领导干部、7名市人大常委会委员和18名市人大代表向原选举单位报告履职情况并接受选民评议。市人大常委会每年安排部分市人大代表向原选举单位述职，强化责任意识，提高履职透明度，增强原选举单位对人大代表履职情况的关注与监督。2010—2017年，娄底市有680名市人大代表向原选举单位述职，并接受选民评议。

第六节　指导县乡人大工作

1990年，地区人大联工委召开人大工作总结报告会，回顾总结娄底地区人大工作情况和经验。1991年6—8月，地区人大联工委先后两次组织部分乡镇人大干部外出考察学习先进乡镇人大工作经验，提升乡镇人大履职能力。1991—1992年，地区人大联工委两次召开全地区乡镇人大年度工作会议。

1996年12月5—6日，地区人大工委召开全地区乡镇人大工作经验交流会。会上，14个乡镇或个人作经验介绍，省人大常委会副主任吴运昌等到会指导。1998年11月12—13日，地区人大工委召开全地区乡镇人大试点工作碰头会。1999年1月4—6日，地区人大工委组织驻娄全国人大代表、省人大代表开展集中视察活动，听取经济和社会发展情况汇报，视察市第二自来水厂、娄涟公路、娄湘公路、广电中心、涟钢、高溪等单位或项目，并召开相关座谈会。截至1999年8月7日，地区人大联工委（人大工委）累计召开全地区人大工作会议5次。每年召开县（市）人大常委会主任座谈会1~2次。不定期召开县（市）人大常委会办公室及各工作委员会座谈会，听取各县（市）、乡（镇）人大年度工作报告，部署次年工作。

1999年8月8日始，历届市人大常委会及各专门委员会通过邀请县（市、区）人大常委会负责人列席会议，召开县（市、区）人大常委会主任座谈会、工作联席会，以及联合开展执法检查、监督活动等方式，密切与县（市、区）人大工作联系和交流，对县（市、区）人大工作实施目标考核，促进全市人大工作平衡发展。2000年始，市一届人大常委会在全市乡镇人大推广双峰县井字镇人大制定的《监督制度》和涟源市六亩塘镇人大制定的《讨论决定重大事项制度》，为推进县乡人大工作探索成功经验。是年，市一届人大常委会下发《2000年度县（市、区）人大工作目标考核办法》，对县（市、区）人大工作开展目标考核。娄星区、涟源市、双峰县人大常委会被评为一等奖，冷水江市、新化县人大常委会被评为二等奖。自此，市人大常委会对各县（市、区）人大常委会进行目标考核成为一种例行制度。8月9—10日，娄底市乡镇人大工作现场会在双峰县召开，推介双峰县乡镇人大工作“固基础、抓典型、明责任、增活力”典型经验，就如何做好新形势下乡镇人大工作进行交流探讨。11月，市人大常委会主任何翰屏陪同市委书记张建功到各县（市、区）和乡镇进行人大工作专题调研，召开县（市、区）委书记、人大常委会主任座谈会，就党委如何加强和改善对人大工作的领导、关心人大建设，人大如何创造性地开展工作等方面进行探讨。2001年，娄底市人大评议工作现场经验交流会在涟源市召开，会议介绍涟源市人大常委会评议副市长的典型做法，探讨加强和改进评议工作经验。省人大常委会副主任吴运昌到会指导并给予高度评价。2002年5月9—12日，市一届人大常委会举办娄底市乡镇人大主席、街道人大联工委主任培训班，邀请常德市省人大代表陈建教就怎样当好乡镇人大主席作专题辅导报告。7月1日，中国人大新闻网刊发市一届人大常委会机关干部吴志雄撰写的《湖南双峰井字镇建立人民代表大会监督制度》一文，市委书记张建功对此作出专门批示。8月8日，市一届人大常委会根据市委书记张建功批示精神，专门组织召开娄底市乡镇人大建立“两项制度”（井字镇人民代表大会监督工作制度、六亩塘镇人民代表大会讨论决定重大事项制度）经验交流会，要求娄底市各级人大学习借鉴，创新推进乡镇人大工作制度化、规范化。

2003年12月，市一届人大常委会按市委要求纠正娄星区选举产生市二届人大代表结构不合理的错误。娄星区选举产生的市二届人大代表中，主席团提名的50名代表候选人当选33名，各市直单位推荐的17名候选人当选9名，娄星区人大代表联名推荐的34名候选人当选25名。选举结果出来后，市一届人大常委会主任会议高度重视，及时进行研究，并将情况报告市委。市委认为，如果武警、消防、涟钢、民主党派、宗教界、市直单位的代表名额被挤占，会造成人大代表结构不合理，不符合全市人民的根本利益，将影响娄底市民主法治建设进程，必须采取有效措施予以纠正。市一届人大常委会按市委要求，对娄星区此次市人大代表选举过程进行调查，并提出纠正办法。12月27日，娄星区人大常委会接受8名已当选的市人大代表辞职，并将市直机关提名的8名候选人补选为市二届人大代表。2009年，市三届人大常委会开展乡镇人大工作专题调研，形成调研报告，加强对娄底市乡镇人大工作的指导。2010—2017年，市人大常委会对乡镇人大工作进行指导例行制度，继续贯彻执行。

第六篇

人民政府

概　述

1990年，娄底地区辖娄底市、冷水江市、涟源市、双峰县、新化县。地区行政公署为省政府派出机构。1999年1月20日，国务院发文撤销娄底地区，设立地级娄底市，行政辖区不变，县级娄底市更名为娄星区。是年8月8—12日，娄底市第一届人民代表大会在娄底市娄星区召开，选举产生娄底市第一届人民政府及其组成人员。

1992年，娄底地区在全省率先实施工业"五自主"、商业"四放开"、外经外贸"四结合"改革，各级政府全面推进国有工商企业、乡镇企业改革改制，大力发展非国有经济。全地区完成固定资产投资191.81亿元，调整经济结构，改造提升传统产业，推进能源原材料基地建设。工业提速，质量提高，支柱产业壮大。城乡基础设施建设加快，城乡居民收入增加，医疗卫生、文化生活和社会事业发展，生态环境改善。1999年，实现地区生产总值157.13亿元，年均增长10.3%。

2000—2010年，全市落实科学发展观，经受住国际金融危机严峻考验，经济社会平稳发展，先后获全国绿化模范城市、全国十大宜居城市称号，累计完成固定资产投资1612.68亿元，其中工业投资870.48亿元，与全市投资的53.98%。累计完成进出口57.52亿美元，利用外资8.74亿美元。2010年，全市实现地区生产总值678.71亿元，按可比价格计算，年均增长11.2%，第一、二、三产业占地区生产总值的比例分别为14.7%、53.8%、31.5%，其中工业增加值为330.21亿元，占全市地区生产总值的48.7%；实现社会消费品零售总额217.67亿元，年均增长13.5%；地方财政收入30.01亿元，年均增长14.1%；城乡居民人均收入分别为14972元、3365元，人均住房面积分别为31.43平方米、40.78平方米。

2011年，面对错综复杂的国内经济环境和"四期叠加"（增长速度换挡期、结构调整阵痛期、前期经济政策消化期、民间融资风险爆发期）的严峻形势，市委、市政府坚定不移贯彻落实党中央、国务院"稳增长、调结构、促改革、惠民生、防风险"政策措施，积极推进"四化两型"（新型工业化、农业现代化、新型城镇化、信息化，资源节约型、环境友好型）建设，促进"三量齐升"（经济总量、人均增量、运行质量），为全面建成小康社会奠定坚实基础。2013年，娄底市被国务院列为全国资源型城市、可持续发展城市、国家循环经济示范城市、全国老工业基地调整改造城市、全国二级物流园区布局城市。2011—2013年，全市累计完成固定资产投资3842.06亿元，年均增长22%，建成和开工建设娄新、安邵、新溆、长韶娄、益娄、娄衡6条高速公路，形成了"井"字形高速公路骨架网络。湘黔铁路电气化改造工程竣工，洛湛铁路建成通车，娄邵铁路扩能改造完成。湘潭—娄底石油管道和天然气管道投入运行，娄底成为全省五大石油储备基地之一。"数字娄底"建设加快，天网工程完成投资3.5亿元，城市光纤到小区率和农村到村组率分别达到92%、65%。数字广播电视覆盖率达到99.3%，城镇化率由2010年的35%提高到2015年的43.8%，中心城区建成区面积扩大到48平方千米。成功创建国家园林城市、国家卫生城市，获得创建全国文明城市提名。万元地区生产总值综合能耗累计下降23.6%，森林覆盖率达到50.2%。城市生活垃圾无害化处理率100%，城市生活污水处理率89%。行政审批制度改革深入推进，取消行政审批事项480项，下放行政审批事项52项。城乡居民养老保险制度实现全覆盖，城乡居民基本医疗保险参保率96%。2014年，沪昆高铁建成通车。2015年，全市实现地区生产总值1300.02亿元，年均增长10.2%，人均地区生产总值3.33万元，年均增长10.3%，战略性新兴产业增加值年均增长15.9%，第三产业增加值439.06亿元，年均增长11.4%。园区规模工业增加值174.78亿元，占全市规模工业增加值的42.6%，娄底经开区被授予国家新型工业化产业示范基地，晋升国家级经济开发区。城乡居民人均收入分别为2.18万余元、8655元，人均住房面积分别为45.13平方米、68.81平方米。

2016—2017年，市委、市政府坚持“创新、协调、开放、绿色、共享”新发展理念，突出高质量发展、坚持稳中求进总基调，积极推进供给侧结构性改革，深入实施创新引领开放崛起战略，经济运行稳中向好。2017年，全市实现地区生产总值1411.81亿元，年均增长8.2%；地方财政收入70.29亿元，年均增长8.6%。产业转型初具成效，三次产业结构比例为10.8∶46.7∶42.5。实现旅游总收入251.38亿元。园区规模工业增加值占全市规模工业增加值的68.5%。成功跻身国家产业转型升级示范区，初步形成精品钢材及薄板深加工、新能源、新材料、装备制造、资源循环利用为主导的现代工业体系。农业现代化、产业化、机械化进程加快。去产能、去库存、去杠杆、降成本、补短板取得阶段性成果。水、电、气等资源价格改革依法加快推进，生态文明体制和生态安全管理制度逐步健全，排污权交易政策执行率100%，市、县、乡、村四级河长权责体系全面建立，乡镇领导干部自然资源离任审计工作全面推广。以“放管服”为重点的行政体制改革深入推进。政府机关公务用车制度、中心城区行政区划调整等重大改革全面完成，行政审批事项精简70%，办理时限缩短50%。出台地方性法规《娄底市孙水河保护条例》。在全省率先实现市、县、乡、村四级公共法律服务站（点）全覆盖。村级“微权力”风险防范机制建设被列入全国2017年度十大改革案例。

2017年，全市内联引资606.44亿元，同比增长17.6%，利用外资4.62亿美元，同比增长16.1%，进出口总额12.21亿美元，同比增长36.7%。在全省率先出台市本级政府与社会资本合作（PPP）项目商务条例（暂行办法），引进一批“国字号”战略投资者，累计推进PPP项目92个，总投资1388亿余元。绿色生态屏障不断筑牢，森林覆盖率50.3%，工业固体废物综合利用率90%。“两型社会”建设逐步形成。城镇化率47.3%，基本形成以品质中心城区为龙头、以秀美县城为主体、以特色小镇和美丽乡村为依托的城乡一体化发展新格局。实施中心城区“南扩北延、东优西联”战略，中心城区建成区面积49.8平方千米，人均公园绿地面积9.61平方米。安邵高速、益娄衡高速建成通车，形成两横两纵高速公路网络。乡镇班车通行率100%，行政村班车通行率99%。2017年底，城区光纤通达率100%，农村光纤通达率85.7%，4G网络覆盖城乡99%。科教兴娄、教育强市战略全面实施，文化、教育、医疗卫生、科技、体育等社会事业全面发展，科技创新能力大幅提升，产学研合作扎实推进。普及九年义务教育，获湖南“两基”工作成就奖，高等教育、基础教育、职业教育、特殊教育健康发展，全市各级各类学校共有1852所，在校学生76.41万人，教职工5.14万人，其中民办学校879所，在校学生16万余人。每万人拥有公共文化设施面积6875平方米，“欢乐潇湘·文化娄底”等群众文化活动全面开展，广场文化活动品牌获全国“群星奖”。全市实施科技兴娄、科技强市战略，有国家级技术创新平台8个，国家级院士专家工作站1个，国家级博士后科研工作站1个，省级院士工作站2个，省级重点实验室1个，省级工程技术研究中心和科技企业孵化器8家，省级众创空间和星创天地15个，省级企业技术中心14个。高新技术企业133家，省级高新技术产业开发区2家，省级农业科技园区1家。全市注册登记医疗机构有3943家，发放医疗机构执业许可证2400家，医疗卫生技术人员2.07万余人，其中高级职称1100人。城乡居民人均可支配收入分别为2.56万余元、1.05万余元，人均住房面积分别为45平方米、72平方米。全市全面小康实现程度91.6%，冷水江市成为全省首批全面小康达标县市。

第一章 政府机构

第一节 地区行政公署

一、工作机构

1990年1月至1994年10月，地区行政公署（以下简称行署）设工作机构35个：办公室、计划委员会、经济委员会、科学技术委员会、农业委员会、财贸委员会、城乡建设委员会、教育委员会、公安处、民政局、劳动局、人事局、司法局、监察局、财政局、商业局、粮食局、工商局、审计局、农业局、林业局、水利水电局、物价局、乡镇企业局、交通局、冶金机械电子工业局、化工局、轻纺工业局、建材局、国土局、文化局、卫生局、广播电视局、计划生育委员会、体育运动委员会。设事业机构9个：供销合作联社、二轻工业局、煤炭工业局、物资局、对外经济贸易委员会、标准处、计量局、农机处、环境保护局。另设直属机构14个：经济研究室、食品工业办、职工教育办、沼气办公室、地震办公室、外事办公室、侨务办公室、台湾事务办公室（与地委台湾工作办公室合署办公）、工农办公室、经济技术协作办公室、地方志办公室、行署驻上海联络处、行署驻深圳联络处、行署驻海口办事处。设直属公司5个：建筑工程公司、医药总公司、劳动服务公司、工业开发公司、运输公司。国务院或省政府垂直领导机构13个：邮电局、电业局、税务局、气象局、人民银行、工商银行、建设银行、农业银行、中国银行、保险公司、烟草专卖局、石油公司、盐业公司。

1994年10月至1999年，娄底地区行政公署设工作机构34个：行署办公室、计划物价委员会（1995年5月，分设为地区计划委员会、地区物价局）、经济委员会、经济体制改革委员会、教育委员会、科学技术委员会、建设委员会、对外经济贸易委员会、农村工作办公室、财贸工作办公室、公安处、司法局、民政局、财政局、人事局、劳动局、交通局、农业局、林业局、水利水电局、乡镇企业局、审计局、统计局、工商行政管理局、国土管理局、文化局、卫生局、计划生育局、监察局、地方税务局、粮食局、环境保护局、煤炭工业局、地质矿产局与国土管理局（“一个机构，两块牌子”）。另设正处级机构6个：技术监督局、外事侨务办公室（加挂地区旅游局的牌子）、台湾事务办公室（与地委台湾工作办公室“一个机构，两块牌子”）、民族宗教事务办公室（机构副处，主任高配正处级）、经济研究室、国有资产管理局。事业单位正处级机构5个：机关事务管理委员会、档案局、广播电视局、体育运动委员会、农业机械管理局。经济实体单位9个：商业局成建制转体为商业集团（总）公司、物资局成建制转体为物资总公司、建材局成建制转体为建材工业总公司、化工局成建制转体为化工工业总公司、冶金机械电子局成建制转体为冶金机械电子工业总公司、轻纺局成建制转体为轻纺工业总公司、二轻局成建制转体为二轻工业总公司、医药管理局成建制转体为医药总公司。地区供销合作联社为集体经济合作组织名称不变，粮食局的粮油贸易经济职能分离出来，组建地区粮油贸易总公司，为副处级单位；地区外经贸易总公司，为副处级单位。另在地区商业、物资、建材、化工、冶金机械电子、轻纺、二轻等转体单位中成立7个行业管理办公室，为副处级事业单位，行业管理办公室挂靠在转体后的总公司。撤销合并或保留和调整级别的单位：撤销知识分子工作办公室，其职能划归经委，撤销饲料办公室，其职能划归计划物价委，经济技术协作办公室并入计划物价委，能源办公室并入农业局，职教办、成教办并入教委。蔬菜办公室并入财贸办公室，仍保留牌子。重点项目办公室仍作为计划物价委的内部机构，保留牌子。撤销多种经营办公室，其日常工作由农业局承担。铁路专用线办公室、联合运输办公室、交通指挥部办公室仍保留原建制，为正科级单位，由经委管理。地方志办公室予以保留，划归行署办公室管理。机关事业单位社会保险处，维持副处级级别不变，由人事局管理。住房改革办公室维持副处级级别不变，由体改委管理。

二、行署领导成员

1990年至1999年7月，娄底行政公署领导实行委任制，由省委任免。

1990—1999年娄底地区行政公署专员、副专员名录

表6-1

职务	姓名	籍贯	任职时间
专员	丛树英	辽宁省盖县	1988-09—1993-03
常务副专员	魏先来	湖南省隆回县	1982-04—1990-04
副专员	蒋育民	黑龙江省克山县	1983-09—1991-08
副专员	庄郁华	湖南省长沙市	1983-09—1994-10
副专员	杨振华	湖南省涟源市	1986-05—1993-10
副专员	黄厚铨	江西省于都县	1989-03—1991-04
副专员	阳花萼	湖南省涟源市	1990-03—1995-04
副专员	龙德发	湖南省湘阴县	1990-10—1991-08
副专员	荆继绵	湖南省武冈市	1991-04—1993-12
专员	赵世荣	湖南省双峰县	1993-03—1995-04
常务副专员	龙德发	湖南省湘阴县	1991-08—1993-05
常务副专员	曾庆炎	湖南省澧县	1993-11—1995-04
副专员	庄郁华	湖南省长沙市	1983-09—1994-10
副专员	曾畅元	湖南省邵东市	1992-05—1999-08
副专员	阳花萼	湖南省涟源市	1990-03—1995-04
副专员	荆继绵	湖南省武冈市	1991-04—1993-12
副专员	谢凤龄	湖南省湘潭市	1994-04—1999-08
副专员	张经发	湖南省常德市	1994-04—1997-08
副专员	罗德才	湖南省邵东市	1994-04—1999-08
专员	曾庆炎	湖南省澧县	1995-04—1997-08
常务副专员	谭仲池	湖南省株洲市	1995-04—1997-04
副专员	谢凤龄	湖南省湘潭市	1994-04—1999-08
副专员	罗德才	湖南省邵东市	1994-04—1999-08
副专员	张经发	湖南省常德市	1994-04—1997-08
副专员	曾畅元	湖南省邵东市	1992-05—1999-08
副专员	朱爱光(女)	湖南省新化县	1995-08—1999-08
副专员	陈智敏	浙江省杭州市	1995-10—1997-06
副专员	陈润儿	湖南省茶陵县	1997-08—1998-02

续表6-1

职　务	姓　名	籍　贯	任职时间
专　员	陈润儿	湖南省茶陵县	1998-02—1998-12
常务副专员	张经发	湖南省常德市	1997-08—1999-08
副专员	曾畅元	湖南省邵东市	1992-05—1999-08
副专员	谢凤龄	湖南省湘潭市	1994-05—1999-08
副专员	罗德才	湖南省邵东市	1994-04—1999-08
副专员	朱爱光(女)	湖南省新化县	1995-08—1999-08
副专员	张正阳	湖南省新化县	1995-10—1999-08
专　员	张建功	甘肃省兰州市	1998-12—1999-08
常务副专员	张经发	湖南省常德市	1997-08—1999-08
副专员	谢凤龄	湖南省湘潭市	1994-05—1999-08
副专员	朱爱光(女)	湖南省新化县	1995-08—1999-08
副专员	张正阳	湖南省新化县	1995-10—1999-08
副专员	杨云辉	湖南省湘乡市	1997-04—1999-08

1990—1999年娄底地区行政公署秘书长名录

表6-2

职　务	姓　名	籍　贯	任职时间
秘书长	曾畅元	湖南省邵东市	1990-01—1992-08
秘书长	陈怀玉	湖南省冷水江市	1992-08—1995-09
秘书长	高超群	湖南省涟源市	1998-09—1999-08

第二节　市人民政府

一、工作机构

1999年8月，娄底市第一届人民代表大会召开，选举产生娄底市第一届人民政府及其组成人员，设置市政府机构36个，其中政府组成机构24个、工作机构12个。另设置部门管理机构5个，其中，信访办公室由市委办公室、市政府办公室管理；市政府法制办公室、民族宗教事务办公室由市政府办公室管理。设置议事协调机构的常设办事机构3个：市政府蔬菜办公室、人民防空委员会办公室、无线电管理委员会办公室。设置直属事业机构4个：档案局、广播电视局、体育运动委员会、农业机械局。设置其他直属机构11个：地方志编纂委员会办公室、公路管理局、畜牧水产局、城市规划局、地质矿产管理局、煤炭工业局、药品监督管理局、供销合作社、经济技术协作办公室、爱国卫生运动委员会办公室、老干部管理局。地税局、工商局、国安局等机构为省直管。

2004年1月，娄底市第二届人民代表大会一次会议选举产生新一届市人民政府及其组成人员。2005年政府机构改革，市政府机构精减至31个：市政府办公室、市发展和改革委员会、市经济委员会、市教育局、市科学技术局、市公安局、市监察局（不占限额）、市民政局、市司法局、市财政局、市人事局、市劳动和社会保障局、市国土资源局、市规划局、市建设局、市交通局、市水利局、市农业局、市林业局、市商务局、市文化局（加挂娄底市新闻出版局、市版权局牌子）、市卫生局、市人口和计划生育委员会、市审计局、市环境保护局、市统计局、市粮食局、市物价局、市旅游外事侨务局、市城市管理行政执法局、市安全生产监督管理局。部门管理机构2个：市政府法制办公室（由市政府办公室管理）、市煤炭局（由市经委管理）。特设机构：市国有资产监督管理委员会。议事协调办事机构：市人民防空办公室。

2009年1月，娄底市第三届人民代表大会一次会议选举产生新一届市人民政府及其组成人员。2010年政府机构改革，市政府工作部门32个：市政府办公室、市发展和改革委员会、市教育局、市科学技术局、市经济和信息化委员会、市公安局、市监察局、市民政局、市司法局、市财政局、市人力资源和社会保障局、市国土资源局、市环境保护局、市规划局、市住房和城乡建设局、市城市管理行政执法局、市交通运输局、市水利局、市农业局、市林业局、市商务局、市文化局、市卫生局、市人口和计划生育委员会、市审计局、市旅游外事侨务局、市统计局、市粮食局、市物价局、市安全生产监督管理局、市煤炭局、市食品药品监督管理局。直属特设机构：市国有资产监督管理委员会。市监察局与市纪律检查委员会机关合署办公，列入市政府工作部门序列，不计入市政府机构个数；市政府办公室加挂市政府研究室、市政府金融工作办公室牌子；市商务局加挂市招商合作局牌子；市文化局加挂市新闻出版局、市版权局牌子；市旅游外事侨务局加挂市政府港澳事务办公室牌子；市政府农村工作办公室与市委农村工作部一个机构、两块牌子，列入市委机构序列。此外，设置部门管理机构2个：市政府法制办公室、市人民防空办公室，均由市政府办公室管理。

2012年1月，娄底市第四届人民代表大会一次会议选举产生新一届市人民政府及其组成人员。2015年政府机构改革，市政府工作部门32个：市政府办公室、市发展和改革委员会、市教育局、市科学技术局、市经济和信息化委员会、市公安局、市监察局、市民政局、市司法局、市财政局、市人力资源和社会保障局、市国土资源局、市环境保护局、市规划局、市住房和城乡建设局、市城市管理行政执法局、市交通运输局、市农业委员会、市水利局、市林业局、市商务粮食局、市文体广电新闻出版局、市卫生和计划生育委员会、市审计局、市旅游外事侨务局、市统计局、市安全生产监督管理局、市食品药品监督管理局、市政府法制办公室、市工商行政管理局、市质量技术监督局、市人民防空办公室。直属特设机构：市国有资产监督管理委员会。市监察局与市纪律检查委员会机关合署办公，挂市预防腐败局牌子，列入市政府工作部门序列，不计入市政府机构个数；市政府办公室挂市政府研究室、市民族宗教事务局牌子；市农业委员会挂市委农村工作办公室牌子；市文体广电新闻出版局挂市版权局牌子；市旅游外事侨务局挂市政府港澳事务办公室牌子；市安全生产监督管理局挂市煤炭局牌子；市食品药品监督管理局挂市食品安全委员会办公室牌子。市人民防空办公室既是市国防动员委员会的常设办事机构，也是市政府人民防空工作主管部门，列入市政府工作部门序列，不计入市政府机构个数。

2017年1月，娄底市第五届人民代表大会一次会议选举产生新一届市人民政府及其组成人员。是年，政府机构改革，市政府机构33个：市政府办公室、市发展和改革委员会、市教育局、市科学技术局、市经济信息化局、市农业委员会、市政府金融工作办公室、市公安局、市民政局、市司法局、市财政局、市人力资源和社会保障局、市国土资源局、市环境保护局、市规划局、市住房与城乡建设局、市城市管理执法局、市交通运输局、市水利水电局、市林业局、市商务粮食局、市文化体育广播电视局、市卫生与计划生育局、市审计局、市旅游外事侨务局、市统计局、市安全监督局、市食品药品监督局、市政府法制办、市工商局、市质量技术监督局、市人民防空办公室、市国有资产管理委员会。市政府直属事业机构5个：供销合作联社、城乡建设投资管理办公室、公共资源交易中心、畜牧水产局、农机局。市政府部门归口管理机构5个：信访局、移民局、电子政务办公室、公路局、强制隔离戒毒所。市政府驻外机构3个：市政府驻北京联络处、市政府驻广州办事处、市政府驻长沙办事处。属国务院或省垂直领导的机构26个：国家税务局、地方税务局、国家安全局、烟草专卖局、气象局、国家电网娄底供电公司、国家统计局娄底调查队、娄底煤炭监督分局、盐业分公司、人民银行娄底中心支行、娄底银监分局、水文局、邮政管理局、农业发展银行、工商银行、建设银行、农业银行、中国银行、交通银行、邮政储蓄银行、省农村信用社娄底办事处、招商银行、华融湘江银行、长沙银行、中石化公司、中石油公司。

娄底市委、市政府机关大院（2008年4月摄）

至2017年底，娄底市下辖娄星区、双峰县、新化县，代管冷水江市、涟源市，设置娄底经济技术开发区和娄底市水府示范片万宝新区管委会2个派出机构。

二、市政府领导成员

1999年8月至2017年1月，先后召开一至五届娄底市人民代表大会，选举产生娄底市人民政府。每届任期五年，市政府领导成员由市长、副市长、秘书长组成。

1999—2017年娄底市市长、副市长名录

表6-3

届次	职务	姓 名	籍 贯	任职时间
一	市长	张建功	甘肃省兰州市	1999-08—2001-02
一	市长	刘云柱	湖南省衡南县	2001-02—2005-06
一	常务副市长	易佑德	湖南省邵阳市	1999-08—2003-11
一	副市长	罗德才	湖南省邵东市	1999-08—2006-10
一	副市长	朱爱光(女)	湖南省新化县	1999-08—2001-08
一	副市长	张正阳	湖南省新化县	1999-08—2001-08
一	副市长	李云才	湖南省双峰县	1999-08—2009-12
一	副市长	郭 大	辽宁省大连市	2000-08—2003-03
一	副市长	童名让(女)	湖南省娄星区	2002-08—2008-12
一	副市长	王善明	湖北省潜江市	2002-08—2009-01
一	副市长	王信卿	湖南省涟源市	2003-08—2005-06
一	副市长	梁学锋	江苏省南京市	2003-08—2005-06
二	市长	刘云柱	湖南省衡南县	2001-02—2005-06

续表6-3

届次	职务	姓名	籍贯	任职时间
二	市长	林　武	福建省闽侯县	2005-06—2008-03
二	常务副市长	王信卿	湖南省涟源市	2003-12—2005-06
二	常务副市长	田福德	湖南省湘西州	2005-06—2010-06
二	副市长	罗德才	湖南省邵东市	1999-08—2006-10
二	副市长	李云才	湖南省双峰县	1999-08—2009-12
二	副市长	王善明	湖北省潜江市	2003-12—2009-01
二	副市长	杨云辉	湖南省湘乡市	2003-12—2006-11
二	副市长	肖新桃(女)	湖南省新邵县	2003-12—2009-12
三	市长	张硕辅	湖南省长沙市	2008-03—2011-06
三	常务副市长	田福德	湖南省湘西州	2005-06—2010-06
三	副市长	雷绍业	湖南省桂阳县	2008-11—2011-09
三	副市长	邓建和	湖南省娄星区	2009-01—2011-05
三	副市长	鄢福初	湖南省新化县	2009-01—2013-07
三	副市长	余明庭	湖南省冷水江市	2009-01—2011-07
三	副市长	刘益丈(女)	湖南省双峰县	2009-01—2017-01
四	常务副市长	何文君	湖南省汉寿县	2013-05—2015-07
四	副市长	谢志雄	湖南省涟源市	2012-12—2017-01
四	副市长	鄢福初	湖南省新化县	2009-01—2013-07
四	副市长	刘益丈(女)	湖南省双峰县	2009-01—2017-01
四	副市长	石超刚	湖南省长沙市	2011-05—2016-04
四	副市长	向世聪	湖南省隆回县	2012-10—2017-01
四	副市长	尹华凯	湖南省洞口县	2012-10—2017-01
四	副市长	甘跃华	湖南省湘阴县	2013-07—2018-03
五	常务副市长	张希慧	湖南省宁乡县	2017-01—
五	副市长	甘跃华	湖南省湘阴县	2013-07—2018-01
五	副市长	陈　旌	湖南省常德市	2017-01—2017-11
五	副市长	方建荣	湖南省新化县	2017-01—2019-11
五	副市长	梁立坚	湖南省涟源市	2017-01—
五	副市长	李有才(女)	湖南省娄星区	2017-01—
五	副市长	陈　澎	湖南省湘乡市	2017-11—

1999—2017年娄底市市政府秘书长名录

表6-4

职　务	姓 名	籍 贯	任职时间
秘书长	高超群	湖南省涟源市	1999-08—2001-04
秘书长	谢元龙	湖南省新化县	2004-08—2007-01
秘书长	肖有胜	湖南省涟源市	2007-03—2009-01
秘书长	龚　彧	湖南省新化县	2009-02—2012-01
秘书长	陈明华	湖南省新化县	2012-01—2013-03
秘书长	钟楠修	湖南省涟源市	2013-03—2017-01
秘书长	胡忠威	湖南省隆回县	2017-01—

第三节　县（市、区）政府

1990年，地区行政公署辖娄底市、冷水江市、涟源市、双峰县、新化县5个县级行政区。1999年，撤地设市，县级娄底市改名为娄底市娄星区。2000年11月29日，市委常委会议决定，将原县级娄底市管辖的娄底市经济技术开发区收归娄底市管辖。2010年8月，成立娄底市水府示范片万宝新区。两区管委会均为市里派出机构。至2017年底，全市共有县级行政单位7个，其中，县级政府5个、派出机构2个。县级人民政府由同级人民代表大会选举产生，任期5年。县级人民政府工作机构根据各自不同情况，一般由县（市、区）人民政府办公室、发展和改革局、科技局、经济和信息化办公室、农业局、教育局、文化广播电视新闻体育出版局、国土资源管理局、公安局、审计局、统计局、财政局、劳动人事社会保障局、卫生局等20个左右机构组成。2017年，全市有乡镇人民政府70个、街道办事处15个。

乡镇政府由同级人民代表大会选举产生。街道办事处为县（市、区）派出机构。乡镇政府机构一般设置乡镇政府办公室、企业管理办公室、财政税务所、国土规划管理所、公安派出所等10个。

第二章　政务会议

第一节　地区行署会议

一、行署常务会议

1990年，行署召开4次常务会议，重点研究、报请省委、省政府解决能源原材料开发试验区建设、清理乱收费、乱罚款、乱摊派、抗洪抢险等工作。1991年，行署召开4次常务会议，重点研究、审议贯彻落实省政府《关于娄底能源原材料开发试验区有关政策问题的现场办公会议纪要》、《娄底地区行政公署工作规则》、狠刹非法扣车歪风等工作。1992年，行署召开4次常务会议，重点研究、审议建立高新技术经济开发区、转变政府机关职能、进一步深化改革、扩大对外开放等工作。1993年，行署召开3次常务会议，重点研究、审议行署驻深圳联络处、广州联络处、上海联络处、长沙办事处、行署办公室机构设置和地方财政开支等工作。1994年，行署召开4次常务会议，重点研究、审议加速公路建设、发展汽车生产、发展旅游业、发展"一优两高"服务型农业、招商引资、发展个体民营经济和乡镇企业等工作。1995年，行署召开15次常务会议，重点研究、审议企业改革、社会保险制度改革、粮食购销调拨体制改革、对外招商引资、农业、乡镇企业、计划生育等工作。

1996年，行署召开10次常务会议，重点研究、审议农业、乡镇企业和计划生育、工业企业改革、深化供销社体制改革、政府法制工作、抗灾救灾工作、农村金融体制改革、娄涟公路建设、农业普查、环境保护、宗教工作、减轻农民负担等工作。1997年，行署召开10次常务会议，重点研究审议安居工程、经济体制改革、乡镇企业、防汛抗旱、对口支援、上访老户稳定、社会稳定、殡葬改革、煤炭市场清理整顿等工作。1998年，行署召开15次常务会议，重点研究、审议整顿煤炭生产秩序、农村通信建设、国土管理、政府法制、房产市场、发展个体私营经济、统一企业职工基本养老保险制度、财源建设实施方案、个体私营企业降费减负方案、对外开放招商引资、旅游开发、涟新公路、娄星北路、征收节支制止浪费、抗灾救灾工作、娄底至涟源、涟源至新化、娄底至衡阳公路娄双段、娄底市新星北路、地区体育中心、地区科技中心、地区邮政中心、地区广播电视中心、地区文化艺术中心、中心城区电网改造、中心城区路灯改造、城市煤气供应、新化防护堤、娄底二大桥工程等重点项目建设问题。1999年1—8月，行署召开5次常务会议，重点研究、审议关于撤地设市工作、重点工程建设、国有企业离退休人员基本养老金和国有企业下岗职工基本生活费按时发放、上瑞高速公路建设、大中专毕业生分配、依法行政工作、林业工作、医疗保险、最低生活保障、国有固定资产投资、物资配送中心建设等工作。1990年至1999年8月，行署共召开70次行署常务会议。

二、行署专员办公会议

1990年，娄底地区建立专员办公会议制度。行署专员、副专员、秘书长为会议组成成员，听取汇报、讨论决定问题时，有关部门负责人列席会议。会议主要研究决定全区经济、社会工作和其他行政工作中的重大事项、审批地方财政收支、决定重要人事安排，贯彻执行中央和省政府批示或嘱托行署办理的重要事项、讨论贯彻上级召开的重要会议精神。是年，行署召开专员办公会议14次，重点研究中小学校危房改造、道路水路运输市场治理整顿、蔬菜生产、农村能源、农业生产、监察、技术监督、农业区划、娄底首届商品交易会等工作。1991年，行署召开专员办公会议10次，重点研究乡镇企业、地震工作、经济工作、能源原材料开发试验区建设、科技兴娄、以工代赈等工作。1992年，行署召开专员办公会议8次，重点研究粮食工作，娄底地区多领域、多层次、多结构生态农业综合研究及规划成果评审会议意见，地方国营中小型工业企业实行"五自主"、商业企业"四放开"改革试点，乡镇企业年活动开展等工作。1993年，行署召开专员办公会议12次，重点研究股份合作企业试点、水利建设、娄底火车站建设、招商引资、"菜篮子"工程、劳务市场管理、社会安定、反腐败斗争等工作。1994年，行署召开专员办公会议7次，重点研究困难企业职工和离退休人员基本生活保障、第二水厂建设、娄底火车站新站场建设、娄湘公路建设、娄涟公路建设、地县市预算内亏损企业扭亏、教育工作、乡镇煤矿清理整顿、吨粮田建设、湘中商贸城建设、旅游开发、发展外向型经济、交通整顿等工作。1995年，行署召开专员办公会议3次，重点研究交通建设年、审计工作、高新技术产业发展、工业若干问题、财源建设、土地使用制度改革、与上海市开展经济技术协作、法制建设等工作。1996年，行署召开专员办公会议3次，重点研究农业综合开发、农村城镇化、新型工业化等工作。1997年，行署召开专员办公会议4次，重点研究工业经济、财税、商贸流通等工作。1998年，行署召开专员办公会议9次，重点研究完善娄底大市场封闭式综合管理、新星北路建设等工作。1999年1—8月，行署召开专员办公会议7次，重点研究西阳湖旅游风景区开发、娄底市城建城管、重点工程建设、涟钢技改等工作。1990年至1999年8月，共召开行署专员办公会议77次。

第二节 市政府会议

一、市政府全体会议

1999年8月，市政府全体会议（以下简称政府全会）制度建立。政府全会由市长、副市长、秘书长、各委办主任、各局局长组成，邀请市人大常委会，市政协的主要负责人列席，由市长或常务副市长主持。一般每年召开2~4次，特殊情况，经政府常务会议决定，可临时召开。主要是传达贯彻市委、省政府的指示、决定，市委、市人民代表大会和市人大常委会的决议；讨论决定市政府年度工作部署，检查年度工作情况；讨论通过按法律规定需要由市人民政府全体会议决定的事项和有关重要文件；通报全市及省内各兄弟市、州的形势；协调各部门的工作。1999年8月至2017年12月，市政府共召开政府全会80余次。

二、市政府常务会议

1999年8月，建立市政府常务会议制度，为市政府决策性会议。由市长或副市长召集，市长、副市长、秘书长组成，必要时吸收有关部门负责人列席，随着巡视员、副巡视员、市长助理职位的设立，会议组成人员也增加到巡视员、副巡视员、市长助理。会议由市长或常务副市长主持，传达和研究贯彻市委和省政府的指示、决定；研究贯彻市人民代表大会和市人大常委会的决议；讨论、研究政府工作中的重大问题；讨论准备请示市委和省政府的事项；讨论通过提请市人民代表大会和市人大常委会审议的议案；讨论决定各区、县政府和各部门向市政府请示的重要事项；决定召开市政府全体会议及会议议题，听取分管副市长、巡视员、副巡视员、市长助理和政府各部门重大问题的汇报并进行审议。9—12月，市政府召开4次政府常务会议，讨论全市国民经济和社会发展计划及执行中的重大问题；制定工农业生产、改革、开放、搞活政策规定；通过由政府任免的干部和干部奖惩事项。

2000年，市政府召开13次政府常务会议，重点研究审议计划生育、深化教育改革和全面推进素质教育的实施意见、加快发展高新技术产业的决定、乡镇企业和小城镇建设工作、城市“门前三包”管理暂行办法、安全生产、政务公开、城建城管、森林城建设、水利建设和城区防洪堤工程建设、大中专毕业生分配、科教兴娄、政府企业上网工程、招商引资、《关于加快我市重点科技新产品产业化的意见》、小城镇建设等工作。2001年，市政府召开10次政府常务会议，重点研究审议《娄底市关于加快发展第三产业的决定》、行政审批制度改革、市场经济秩序规范整顿、国有工业企业改革等工作。2002年，市政府召开8次政府常务会议，重点研究审议退耕还林、市政府搬迁、《娄底市无公害蔬菜管理办法》、《娄底市牲畜定点屠宰管理办法》、《娄底市殡葬管理办法》、《娄底市政府部门（单位）行政审批制度改革方案》、科学技术普及、娄底城区国有闲置土地清理等文件和工作。2003年，市政府召开10次政府常务会议，重点研究、审议城建城管、政府搬迁、物价、防治传染性非典型肺炎、《娄底市孙水河流域水污染防治办法》、职工养老保险、计划生育等文件和工作。2004年，市政府召开10次政府常务会议，重点研究审议县乡公路改造、《娄底市城市供水用水管理办法》、政府公众信息网建设、市体育中心建设、国土管理、爱国卫生、全市第二轮修志、《娄底市人民政府工作规则》等问题。2005年，市政府召开9次政府常务会议，重点研究政府法制和经济仲裁、发展旅游、为民办八件实事等工作。

2006年，市政府召开10次政府常务会议，重点研究加强廉政建设、反腐败工作、国土资源管理、农村卫生、公安司法“四所”（派出所、拘留所、看守所、戒毒所）建设、创建省级文明城市等工作。2007年，市政府召开12次政府常务会议，重点研究、审议加快小城镇建设、统筹城乡协调发展、非公有制经济发展、重大项目开发和经济开发区建设、加强和规范市政府政务督查工作、防震保安、抗旱救灾、全民科学素质行动计划纲要“十一五”期间实施工作方案、城乡客运市场整顿等事项。2008年，市政府召开13次政府常务会议，主要研究、审议《娄底市人民政府关于在娄底中心城区鼓励建设高层建筑的暂行规定》、《娄底市人民政府关于进一步加强房地产市场管理的若干规定》、安全生产百日督查专项行动工作、国家知识产权试点城市工作、机关作风建设、为民办实事工作、《娄底市人民政府重大行政决策程序规则》等事项。2009年，市政府召开14次政府常务会议，主要研究、审议《娄底市被征地农民就业培训和社会保障办法（试行）（草案）》《关于鼓励和扶持企业改制上市的若干意见（草案）》《关于承接产业转移促进加工贸易及服务外包产业发展的实施意见（草案）》《娄底市项目建设年活动考核奖励办法（草案）》《关于全面推进集体林权制度改革的实施意见（草案）》《娄底市人民政府重大行政决策程序规则（试行）（草案）》《娄底市城镇职工基本医疗保险实施办法（草案）》《娄底市规范性文件管理办法》等文件。

2010年，市政府召开15次政府常务会议，主要研究并审议《娄底市道路交通事故社会救助基金管理办法》、《关于认真做好农村土地承包经营权流转工作的意见》、《娄底市加快发展现代水利设施办法》、《娄底市政府信息公开制度》、创建"国家园林城市""国家卫生城市""全国文明城市"、《关于进一步精简会议和文件的通知》、《关于进一步加强宗教事务工作的审议意见》、《关于进一步加强安全生产工作的决定》、《娄底市环境污染责任保险工作实施意见（草案）》、《娄底市"十二五"质量兴企名牌强市战略实施方案》、《娄底市公路路政管理办法》、《关于倡导文明行为和维护城区公共秩序的通告》、《娄底市住房公积金管理办法》、《娄底市乡村旅游发展纲要（2010—2015）》、《娄底市知识产权战略实施意见》、《娄底市电动车辆管理暂行办法》、《娄底市医疗废物集中处置办法（草案）》、《娄底市国民经济和社会发展第十二个五年规划纲要（草案）》、《关于鼓励和引导民间投资健康发展的实施意见》、《娄底市物业管理办法》、《娄底市临时性生活困难救助办法》、《娄底市旅游资源保护规定》、《娄底市乡镇环境卫生整洁行动方案》和娄底中心城区教育资源整合及解决大班额等文件和工作。

2011年，市政府召开11次政府常务会议，主要研究涟钢"十一五"发展和市政建设、加强小城镇规划建设、万宝新区建设等工作。2012年，市政府召开8次政府常务会议，重点、研究审议《娄底市公共资源交易管理办法》、《关于加强市级政府融资平台建设规范政府融资行为的意见》、《娄底市户外广告管理办法》、国有资产清查、市政务中心运行等文件和工作。2013年，市政府召开11次政府常务会议，重点研究审议娄底中心城区"天网工程"项目建设、法治娄底建设、《"十二五"规划纲要中期评估报告》、行政监察、《〈娄底市集体土地上房屋拆迁补偿安置办法〉补充规定》、《娄底市人民政府关于取消和保留行政许可、年检年审项目的决定》、《市级部门单位进驻市政务服务中心的方案》、《娄底市本级城市规划区安置区（房）建设管理办法》等文件和工作。2014年，市政府召开15次政府常务会议，重点研究、审议《娄底市水府庙湿地公园管理办法》、《娄底市优化发展城市公共交通的实施意见》、《娄底市物业管理办法》、《娄底市中心城区中小学布点专项规划》、《娄底市公租房管理办法》、《关于支持建设标准厂房促进工业地产发展的意见》、《关于促进房地产业可持续发展的意见》、《娄底市公园广场管理办法》、工业企业帮扶、安全生产、人口计划生育和计划生育协会工作、公路治超、"菜篮子"工程、节能减排、食品药品监管体制改革等文件和工作。

2015年，市政府召开17次政府常务会议，重点研究、审议农民工工资兑付工作，《娄底市政府核准投资项目暂行管理办法》《娄底市政府投资项目代建制管理办法》《娄底市工业转型发展引导资金管理办法》《娄底市国有土地上房屋征收与补偿实施办法》《娄底市城中村改造实施办法（试行）》，饮用水水源保护、预警和处置工作，绩效评估和为民办实事、人大评议政府工作相关问题整改落实情况，项目建设PPP模式，财政运行和财税改革，创建全国文明城市，计划生育，《关于进一步规范娄底中心城区殡葬活动的建议》《关于提高运转效能提高务实水平提高攻坚能力的规定》《关于进一步促进非公有制经济发展的实施意见》《娄底市公共资源交易监督管理办法》《娄底市集体土地征收与房屋拆迁补偿安置办法》《娄底市城乡居民大病保险实施方案》《关于控制政府投资项目融资成本的指导意见》《关于加快推进住宅产业化的实施意见》，公立医院改革，促消费稳增长，促进商品房销售，娄底中心城区禁止燃放烟花爆竹，农村土地承包经营权登记颁证等文件和工作。

2016年，市政府召开21次政府常务会议，重点研究并审议《关于娄底市公立医院改制试点指导意见》、《娄底市国有资本投资运营公司方案》、《娄底市乡村教师支持计划（2016—2020）实施细则》、《娄底市集体土地征收与房屋拆迁补偿安置办法》、《娄底市帮扶工业企业十五条》、《娄底市转型发展规划》、《娄底市产业发展规划》、《关于支持薄板深加工及汽车零部件产业发展的若干意见》、《娄底市市长质量奖管理办法》、《娄底市孙水河保护条例》、《娄底市法治政府建设（2016—2020）实施方案》亮化工程、"加速转型、奋力赶超"行动计划、娄底市城市发展基金设立、旅游、招商引资、市中小微企业"助保贷"融资平台建设、安全生产、新农村建设、娄底通用航空产业推进、娄底中心城区亮化提质工程、国家卫生城市管理、全市公共资源交易平台整合、"智慧娄底"PPP项目建设等文件和工作。

2017年，市政府召开20次政府常务会议，重点研究并审议《娄底市人民政府工作规则》、《关于加快金融业改革发展的实施办法》、《关于全面推行河长制的实施方案》、《娄底市公众举报环境违法行为奖励暂行办法》、《关于支持电子商务和"创客经济"发展的意见》、《娄底市招商引资若干政策规定》、《娄底市公共资源交易平台管理和交易监督暂行办法》、招商引资、安全生产、脱贫攻坚、抗洪救灾、应急救灾、申报创建国家级高新技术产业开发区、《关于加快建设产业转型升级示范区的若干意见》、《娄底市生态保护红线划定方案》、《关于加快质量发展建设质量强市的实施意见》、2016年度全市民间融资风险处置及打处非工作、《关于加快养殖业转型升级的实施意见》、法治政府建设、《关于推进政务服务"只跑一次"改革的实施意见》、地方志工作等文件和工作。1999年8月至2017年末，市政府共召开231次市政府常务会议。

三、市长办公会议

1999年8月，第一届市政府成立后，建立市长办公会议制度，由市长或主管副市长召开，或为主管副市长（巡视员、副巡视员、市长助理）单独召开或几个副市长（巡视员、副巡视员、市长助理）秘书长共同召开的工作会议，参加人员为市长、主管副市长（巡视员、副巡视员、市长助理）秘书长、有关副秘书长、三管部门以及与会议内容有关的部门主要负责人。主要形式有每月例会和专题会议两种，每月例会每月初开一次会，检查上月工作落实情况，布置当月工作；研究专项工作会议，可随时召开。市长办公会议有的安排到部门或有关的基层单位现场召开，现场解决问题。8—12月，市政府召开市长办公会议6次。

2000年，市政府召开市长办公会议14次，重点研究城区卫生环境问题、科技创新工作、整顿城区交通秩序、城区管道煤气建设、娄底市城区交通管理办法、城区市容和环境卫生管理规定、娄底市绿化建设实施办法、涟钢技改和发展问题、娄涟公路建设、优质稻米开发等工作。2001年，市政府召开市长办公会议14次，重点研究计划生育工作、娄涟公路建设、城区8条配套道路工程建设等有关问题。2002年，市政府召开市长办公会议7次，重点研究公安工作、退耕还林和森林生态效益补助、城区道路配套工程建设、娄底体育馆建设等工作。2003年，市政府召开市长办公会议16次，重点研究市政务中心、退耕还林、农产品质量安全管理等有关问题。2004年，市政府召开市长办公会议23次，重点研究九亿步行街开发、九龙商业广场建设、湘中商业大厦改制、征地拆迁过程中存在的有关问题、殡葬改革、春园商业步行街工程建设、小水电开发等工作。2005年，市政府召开市长办公会议22次，重点研究创建省级卫生城市、建设扶贫、煤矿安全、娄星区产业基地建设等工作。

2006年，市政府召开市长办公会议28次，主要研究城乡居民饮用水水质保证、娄底城区居民生活燃气供应、湖南人文科技学院发展、曾国藩故居旅游开发、农产品质量安全管理、国有企业办中小学校移交地方政府管理、涟钢集团与市经济技术开发区合作打造湖南薄板深加工产业集群等工作。2007年，市政府召开市长办公会议44次，主要研究娄星区采煤沉陷区综合治理项目工程建设、建整扶贫工作、曾国藩故里文物保护和旅游开发、娄星区经济园区建设和万宝小城镇开发建设、新农村建设、交通公路建设、新化县旅游发展、旅游产业发展、解决城镇中低收入家庭买房难、爱国卫生运动、市体育中心建设、娄底铁路口岸建设、干线公路建设管理等工作。2008年，市政府召开市长办公会议22次，主要研究娄底中心城区建设、中国优秀旅游城市中涉及城市建设项目相关工作、交通公路重点项目建设、孙水河综合整治、双江水库建设、移民安置后期扶持等有关工作。2009年，市政府召开市长办公会议30次，重点研究贯彻中央1号文件，新化县扶贫，改善民生福祉，市经济开发区投资服务工作，今后五年中心城区市政公用设施建设，利民煤矿转让复产，“湖南黑猪”发展，社区矫正试点，城市防洪工程及涟水河、孙水河风光带规划建设，交通安全，国土资源管理，食品安全，民政，减少污染物排放，城乡绿化等工作。

2010年，市政府召开市长办公会议44次，重点研究煤矿安全及示范乡镇创建工作，成品油，天然气管网引入，区域内加油站、加气站建设，环境保护，乡村旅游富民工程，创建“国家园林城市”“国家卫生城市”“全国文明城市”，娄底中心城区污水处理设施建设，湘江流域水污染综合治理，社区建设，公安工作，蔬菜产业发展，长韶娄高速公路娄底北连接线设计标准，娄底技师学院筹建，移动通信和电子政务发展，水利建设等工作。

2011年，市政府召开市长办公会议36次，主要研究涟钢“十一五”发展和市政建设、万宝新区建设、第三产业发展、高速公路、高速铁路、棚户区改造、湘江流域重金属综合治理、节能降耗等工作。2012年，市政府召开市长办公会议41次，主要研究城南中学建设、涟钢周边环境治理、绩效评估和为民办实事考核工作、水上交通安全、城区征地拆迁安置、公共资源交易中心建设、旅游产业发展、文化体制改革和文化产业发展、人防地下指挥所和人防培训中心建设、商贸物流工作、万宝新区项目建设、市非税收入征管、孙水河流域水污染综合治理、政务公开与政务服务、推进行政审批规范化电子化建设和公共资源交易中心建设及运行等工作。2013年，市政府召开市长办公会议33次，主要研究娄底中心城区市场秩序整治、取缔占道经营、城区中小学化解大班额“四年行动计划”项目建设、娄底中心城区楼门牌设置、娄底方志馆建设、市老干部活动中心（老年大学）建设、债券发行、农贸市场、城中村和城乡接合部整治、创建国家卫生城市中饮用水源保护与交通秩序整治、市本级土地供应、2014年省第十二届运动会和省第九届残疾人运动会筹备、全市“菜篮子”建设、学校营养餐配送安全问题整改、中心城区安置房建设、人口计生等工作。

2014年，市政府召开市长办公会议22次，主要研究市本级城市规划内征购部分商品房作为安置房源、境内沪昆客运专线和娄邵铁路扩能改造项目建设、高速公路建设、中心城区城建项目、经开区孵化园标准厂房建设、全市生活垃圾卫生填埋场环保拆迁、医药卫生体制改革、医患纠纷第三方机制工作会议、“菜篮子”工程、公路治超等工作。2015年，市政府召开市长办公会议22次，主要研究就业创业、涟钢周边环境治理、创新创业园区建设工程、涟水河综合治理工程PPP项目、娄底中心城区房地产业“解难题、促发展、保稳定”专项行动、教育工作、慈善工作等问题。2016年，市政府召开市长办公会议45次，主要研究全国文明城市创建、中心城区控违拆违和征地拆迁安置、智慧城市建设、娄底经开区改革发展、电子商务、娄底大道建设、PPP项目建设、易地扶贫搬迁、安全生产、高速公路沿线特色小城镇建设等工作。

2017年，市政府召开市长办公会议54次，主要研究湘江、资江流域娄底段截污和水体治理，实行河长制，教育工作，民间融资风险处置，中心城区公交一体化，住宅装配式建筑项目建设，招商引资，公路治超载，企业债券工作，创建国家级高新技术产业开发区申报，工业园区污水集中处理设施建设，光伏扶贫，娄底民用机场、娄底通用机场前期工作，“零碳城市”创建，深化医改，健康扶贫和中医药，打造娄底国家级区块链研究和应用试验区有关问题，国土资源管理，公安警务保障，运动城市建设，推进落实中央环保督察整改，人防建设等工作。1999年8月至2017年末，市政府共召开市长办公会议523次。

第三章 施政方式

第一节 调查研究

1990年4月，行署经济研究室成立，为地委、行署经济决策提供咨询服务。各县（市）政府成立相应机构。1990—1999年，行署经济研究室开展调研活动78次，发表调研报告368篇。为地委、行署制订“八五”、计划“九五”计划和作各项重大决定提供依据。《着力优化区域经济发展环境》一文，被《求是》杂志1998年第一期采用。农业产业化调查研究课题被省科委列入全省社会科研课题，政策研究室参与完成的地区持续农业科技示范区SARD模式研究，获娄底地区科技进步一等奖。2000—2009年，围绕建设社会主义新农村、资源型城市可持续发展、娄底未来发展战略、“两型社会”建设、“百亿”战略、市本级财源建设、娄底对接融入“3+5”城市群等专题开展调研活动103次，发表调研报告286篇，其中21篇优秀调研报告被中央、省有关刊物采用。为市委、市政府制定“十五”规划、“十一五”规划提供依据。2010—2015年，围绕农村税费改革、国有企业改革、行政体制和政府机构改革、经济发展环境、县域经济、产业结构调整、政法队伍建设、干部作风建设等重点工作，开展调研活动393次，发表调研报告154篇。《加快“四化两型”建设、促进资源型城市转型——以娄底市为例》《娄底市战略性新兴产业发展规划》《关于株洲市石峰区政府融资平台公司股份制改革的调研报告》《标本兼治、夯实基础、推动娄底安全发展》《加强和创新农村社会管理》《关于加强我市户外广告管理的调查与思考》《娄底市产业转型发展研究》《征地拆迁安置工作调研报告》《郴州清远佛山考察调研报告》《实施融城战略，推进可持续发展》《全市工业运行情况调研》《娄底市中心城区安置区建设管理调研报告》《城中村改造工作调研报告》《对推进我市新型城镇化建设的几点思考》《娄底市国有土地上房屋征收调研报告》等一系列调研报告，为市委、市政府决策提供参考，为制定“十二五”“十三五”规划提供依据。《以规范权力运行为突破口加快法制政府建设》得到省长徐守盛批示，并在《人民日报》《湖南日报》上刊发。2016年，开展调研活动64次，发表6篇调研报告：《金融助推实体经济与金融改革创新》《以招商引资助推娄底经济转型升级》《水洞底双季稻示范经验》《关于加快推进我市企业上市的几点思考》《娄底市煤炭产业转型发展》《抓住重点，补齐短板，努力提升服务水平》，为市政府决策提供参考和依据起到良好作用。2017年，开展调研活动64次，发表调研报告6篇。配合国务院发展研究中心开展资源型城市转型升级、供给侧结构性改革调研，完成2个调研课题。拟定《关于对接“北上广”优化大环境行动的实施意见》《关于推动省“451”行动在娄底落地见效的实施意见》《娄底市对接大长沙做强主板块三年行动计划》等创新性文件。

第二节 规范决策施政制度

1990年4月，地委、行署作出《加强党同人民群众联系的若干规定》。1991年，行署办下发《娄底地区行政公署工作规则》，建立健全民主集中制推进民主施政。1995年1月，地委、行署召开建设经济强区规划座谈会，听取省内外专家学者评估论证意见。1998年9月，行署贯彻党的十五大关于推进政治体制改革精神，印发《娄底地区行政公署听证会制度》，在全省率先探索性建立新型决策暨规范性文件审议听证会制度，加强民主法制建设，逐步形成深入了解民情、充分反映民意、广泛集中民智决策机制，推进决策科学化、民主化，提高决策水平和工作效率，增强政府行为透明度。是年，先后举行关于汽车尾气污染治理、事业单位人事制度改革、房改房建、城南市场搬迁等4次规范性文件和事项决策听证会。省报、省刊、省电视台及《信息日报》、《粤港信息日报》、《新闻人物报》、《娄底日报》、娄底电视台等先后报道。

1999年，市政府办印发《娄底市人民政府全体会议、政府常务会议、市长办公会议规则》，对会议的议事范围、与会人员、会议时间、地点、会议召集和主持、议题提出及确定、议事原则、会议纪要签发和新闻发布及其有关要求作出规定。明确市政府全体会议、政府常务会议、市长办公会议，在充分发扬民主、广泛听取意见基础上，由市长根据相对集中的意见作出决定。2000年10月，市政府委托中国国际工程咨询公司对娄底市“十五”时期国民经济和社会发展规划评估论证，听取专家意见。

2004年10月，市政府印发《娄底市人民政府工作规则》，明确政府组成人员必须履行宪法和法律赋予的职责，国民经济和社会发展计划、财政预算、宏观调控和改革开放政策措施、区域发展规划、产业政策、重大建设项目、社会保障和就业、设立行政审批项目等事关全局的重大决策，由市政府全体会议或常务会议讨论决定。市政府在作出重大决策前，按规定召开座谈会、听证会听取民主党派、工商联、人民团体、人大代表、政协委员、专家学者等各方面的意见和建议，实行科学民主化决策。2008年10月24日，市政府常务会议专题研究审议《娄底市人民政府重大行政决策程序规则（试行）（草案）》《娄底市人民政府行政机关内部行政行为规范（试行）（草案）》，建立公开、公平、公正现代行政法制和行政程序制度建设。2010年4月8日，市政府常务会议审议通过《关于进一步精简会议和文件的通知》，要求市政府领导以身作则、身体力行，带头执行有关规定，对会议和文件进行严格把关，从源头上控制和解决“文山会海”问题，各部门要进一步转变工作方式和作风，深入实际，调研和督查，集中精力解决实际问题。2010年6月29日，市政府召开市人大代表、政协委员座谈会，就娄底长青平战结合人防工程项目建设方案举行听证会，项目沿线单位及商家20名听证代表对方案提出意见和建议，根据代表意见和建议修改完善方案，人防工程项目顺利实施。

2015年6月，市政府印发《娄底市人民政府关于公布市政府工作部门权力清单和责任清单的通知》，保留行政权力3141项、责任事项3958项，拟定外商投资负面事项74项。2015年，市政府发出《娄底市人民政府关于公布市政府重大行政决策事项目录和重大行政决策事项听证目录的通知》，明确必须听证的19项重大行政决策事项。2017年1月10日，市政府召开政府常务会议再次审议修改《娄底市人民政府工作规则》，进一步规范民主施政。11月，市委常委会审议通过《娄底市深化国家监察体制改革试点工作实施方案》，全市铺开监察体制改革。市政府出台《行政许可标准化实施方案》，民主决策娄底经济社会发展重大事项。2010—2017年，举行30多场次听证会，促进民主科学务实施政。

第三节　依法行政

一、行政行为法制化

1990—1997年，地区行署办公室法制科升格为行署法制办公室，负责处理和承办行署工作法律法规问题，确保依法行政。1996—1998年，地直各执法单位均设立法制科，推行持证上岗、竞证执法制度。1998年4月，行署颁发《娄底地区行政公署行政执法责任制度》，行署专员陈润儿与地直46个局处以上主要行政执法单位签订行政执法责任状。7月，地委、行署做出《关于全面开展依法治区的决定》。2000年，市政府出台《关于依法治市的决定》。2001年，娄底仲裁委员会成立办公室，与市政府法制办合署办公。2002年，实施《娄底市行政执法人员违法行政“禁入”制度》，对行政执法人员实行以下禁令：严禁超越权限、滥用职权，严禁违反程序、随意执法，严禁收受贿赂、敲诈勒索，严禁弄虚作假、徇私枉法，严禁态度粗暴、行为恶劣，严禁面对违法情形不履行法定职责，严禁转借、骗取、涂改执法证和“六遵守”（符合法定权限；依照法律程序；证据确凿，事实清楚；正确适用法律、法规；处理公正、适当；文明执法）。违反者吊销行政执法证件，三年内不得参与行政执法，严重者给予政纪处分或追究法律责任。

2004年，市政府出台《娄底市市直行政机关行政许可项目集中办理暂行办法》。2008年，全市开展行政处罚裁量基准制度建设，限制行政裁量权，推动行政权力公开透明运行。2009年8月7日，市政府常务会议专题研究审定《娄底市人民政府重大行政决策程序规则（试行）（草案）》，要求各级各部门进一步强化程序和效能意识，严格制度，强化重大行政决策过程的必要程序，确保决策科学、民主、合法、合规、高效。9月，召开全市贯彻实施《湖南省行政程序规定》暨依法行政工作会议。10月24日，市政府常务会议审议通过《娄底市人民政府行政机关内部行政行为规范（试行）（草案）》，要求市政府督查部门将各级各部门的执行情况作为重点，严格督促检查，对没有执行到位的部门和个人，依法依规追究其责任。12月24日，市政府常务会议专题研究审议《娄底市规范性文件管理办法》，明确政府规范性文件制定的原则、程序、要求。将政府行政工作纳入法制轨道。市政府的重要文件，政府法制办负责审核把关，确保政府行政行为合法有效。

2010年3月，市政府做出《关于实施〈行政诉讼法〉的决定》，要求政府全体工作人员充分认识实施《行政诉讼法》的意义，加强政府法制机构和行政执法队伍建设，建立行政执法办案制度，规范行政执法行为。5月，市政府批转市法制办《关于加强政府法制工作的若干意见》，对建立健全行政执法和行政复议办案制度、行政诉讼应诉制度、行政执法监查制度、法律顾问咨询制度作出明确规定。全面启动行政执法指导案例的遴选、报送、发布和编印工作。2011年5月，市政府做出《关于依法治市的决议》《依法行政规划》，规范依法行政事项。10月，在全省率先出台《娄底市法治政府建设若干规定》。2012年3月，出版《娄底市市直行政执法主体行政执法依据及权限汇编》一书。6月，市长办公会议决定，市政府法制办负责人列席市政府常务会议和市长办公会议，为政府决策现场提供法律咨询服务。

2013年7月，第3次市政府常务会议专题研究法制娄底建设工作，着力抓好法制政府建设，规范权力运行，依法执法，落实依法行政各项措施，开展规范性文件审查清理。凡政府性谈判、会谈、协议、合同文本等的草拟，市政府法制办全程参与进行合法性审查，确保行政决策、行政行为做到合法性和合理性的有机统一。12月，印发《娄底市依法行政示范单位创建工作方案》。2014年1—4月，市政府在全省率先出台《娄底市行政执法监督办法》《娄底市人民政府行政执法特邀监督员管理办法》《娄底市依法行政示范单位创建活动实施方案》。2015年2月，市政府常务会议学习修改后的《行政诉讼法》，出台《娄底市行政机关负责人出庭应诉办法》，对无正当理由应出庭而未出庭，造成重大不利影响的，未依法履行诉讼义务导致败诉的，按照《娄底市领导干部问责暂行办法》追究相关人员的责任。2016年12月，市政府办印发《关于规范政府立法计划项目立项工作的规定》《关于规范政府立法草案审查工作的规定》《关于规范政府立法论证工作的规定》《关于规范政府立法协调工作的规定》等4份立法规范性文件。

2017年1月10日，市政府向市人大常委会提交《关于提请审议〈娄底市孙水河保护条例（草案）〉的议案》。3月1日，市政府办印发《关于做好市人民政府2017年立法工作的通知》，将《湄江风景名胜区保护条例》作为娄底第二部立法审议项目，将《大熊山森林公园保护条例》等作为立法调研项目。是年3月，印发《娄底市法治政府建设（2016—2020年）实施方案》。9月8日，市五届人大常委会第四次会议表决通过《娄底市孙水河保护条例（草案）》。9月29日，省十二届人大常委会第三十二次会议审查批准《娄底市孙水河保护条例》。是年12月，市政府常务会议召开，专题研究法治政府建设工作，着力解决行政执法质量不高的问题，确保“零”差错。

二、规范性文件管理

2006年3月8日，市政府印发《娄底市规范性文件备案审查办法》，加强对规范性文件的监督，保证社会主义法制统一和政令畅通。2008年9月，市政府发布《娄底市人民政府关于公布规范性文件清理结果的通告》，对市政府（含政府办）截至2008年9月30日的规范性文件进行全面清理，宣布废止失效规范性文件80件，继续保留有效规范性文件202件，重新公布规范性文件59件，并向社会公布继续有效、废止、失效和重新发布的规范性文件目录。2010年1月，根据《湖南省行政程序规定》《湖南省规范性文件管理办法》，市政府出台《娄底市规范性文件管理办法》，市政府授权政府法制办对市政府及其工作部门和法律法规授权组织制发的规范性文件实行统一审查、统一登记、统一编号、统一公布。全市规范性文件制定和管理全面走上法治化轨道。是年，清理文件332件，其中废止10件、失效47件、继续有效224件、重新公布51件。2012年，清理文件459件，其中废止29件、失效28件、继续有效228件、重新公布174件。2014年，清理文件448件，其中废止19件、失效96件、继续有效314件、重新公布19件。2017年，清理文件405件，其中废止5件、失效4件、继续有效380件、重新公布16件。

截至2017年底，共备案审查各县（市、区）政府报备的规范性文件2103件，向省政府报备市政府（含政府办）规范性文件693件，报备率100%，省政府备案率100%。

三、行政执法监督

1990—1997年，通过建章立制、加大检查、强化考核等形式，实施执法监督。1998年，行署按照《行政处罚法》《行政复议法》《行政许可法》等法律法规规定，印发《娄底地区行政公署行政执法责任制度》，共25条12项，并附有《量化考核评议细则》，推动全区法治政府建设进程。1999年，娄底撤地设市后，全市有行政执法机构418个。2004年，全市清理行政许可规定和行政许可实施主体。2006年3月8日，市政府印发《娄底市重大具体行政行为备案审查办法》。2007年4月18日，举行新行政执法证首发仪式。11月20日至26日，市政府完成城市管理相对集中行政处罚权执法改革。2010年，组织70余个市直单位对本单位管理的经济社会管理事项进行全面清理，确认下放项目77个，不可下放项目260个，取消项目2个。5月至8月，对全市行政执法人员进行首次清理，确认全市有行政执法资格人员8800多人，取消100多人执法资格，界定明确50个行政执法主体，清理撤销368个。2011年12月，对全市行政执法人员进行全面清理，确认全市具有执法资格的人员9300多人，取消100多人的执法资格。2012年12月，开展第四轮行政执法培训和“两证”换发工作，圆满完成市直59个执法部门6000多人行政执法证的换发。2014年9月，市政府首次聘任25名行政执法特邀监督员，监督行政执法工作。2015年5月，下发《娄底市规范行政处罚等行政行为工作方案》《关于开展对市食品安全委员会主要单位及部分重点领域行政执法监督的通知》，对16家重点执法单位进行行政执法监督检查。12月，对全市1000余名申领行政执法资格证人员进行法律知识培训和执法资格考试，发放800余个行政执法证。2016年7月，对25名特邀监督员进行法律知识专题培训。12月，对市食品药品监督局等17家食品安全委员会成员单位开展行政执法工作专项督查。2016年，全市进行第5轮行政执法证换发工作，对1万多名申领行政执法资格证人员进行法律知识培训和执法资格考试。1.03万余名考试合格的行政执法人员获得新的行政执法证。2017年，市本级保留行政执法主体49个，均与市政府签订行政执法责任状，全面建立行政执法责任制。

四、行政复议

1998年，贯彻《行政复议条例》，行署和各县（市）政府均设立行政复议机构，行署由法制办承担行政复议工作职责，办理行政复议案件6件。1999年，《中华人民共和国行政复议法》（以下简称《行政复议法》）颁布施行，行署召开大会，宣传贯彻《行政复议法》，各级行政复议机构均举办《行政复议法》培训班，行政复议工作逐步走向法治化轨道。是年，行署受理行政复议案件7件。

2000年，全市继续宣传《行政复议法》，受理行政复议案件34件。2001年，市本级成立行政复议案件内审委员会。实行由市长、常务副市长、政府秘书长、分管副秘书长及法制办主任重大疑难案件集体讨论制度。2002年，市政府制定《娄底市人民政府行政复议案件处理程序若干规定》《行政复议案件办案责任规定》，规范案件办理。是年，市本级受理行政复议案件160多件，行政复议决定维持率80%以上。2003年，市政府出台《关于娄底市人民政府行政复议案件处理程序若干问题的通知》，细化办案程序。2005年，市法制办成立行政复议案件内审委员会。全市行政复议机构逐渐健全、职责不断明确，一系列规章制度逐步建立，行政复议逐步规范化。

2006年，市政府制定《行政复议案件办案程序规定》《娄底市人民政府行政复议案件考评细则》《娄底市重大行政复议决定备案审查办法》，规范全市行政复议办案流程。2008—2010年，市政府相继出台《娄底市行政复议简易程序办理规定（试行）》《娄底市行政复议听证规则（试行）》《行政复议案件立案和办案的工作规则》《娄底市人民政府行政复议决定分类审批规定》《行政复议听证规则》等行政复议配套制度。2010年，市政府在全市范围内以听证方式审理行政复议案件80件。

2011年，市法制办与市中级人民法院、市信访局在全省率先建立行政复议、行政诉讼和信访工作联席会议制度。是年，市政府被国务院法制办评为全国行政复议工作先进单位。2012年，娄底“案前听证，窗口前移”办案方式在全省作为经验推广。2013年，市法制办出台《娄底市行政复议工作规范化建设实施方案》，对办案流程、议事规则、听证规则的监督管理做出规范。2014年，各县（市、区）法制办均设立行政复议接待室、听证案件审理室。市法制办推选6个行政复议典型案例全部被《湖南省行政复议典型案例》收录，其中“行政处罚案件证据的审查与适用”荣获全省一等奖。

2016年，市政府发布《娄底市人民政府行政复议、行政应诉白皮书》，对近3年“民告官”案件进行总结，客观分析案件数量、队伍建设、审案方式、案件特点、工作业绩、存在的问题，并明确下一步工作措施，着力解决权责交叉、多头执法、乱执法等问题。严把受理关、审核关、调查关、决定关，突出办案程序环节、事实证据环节、适用法律环节、裁量幅度环节，将公众参与引进复议程序。将调解方式贯穿于行政复议全过程。2017年，市政府修订《娄底市行政复议听证规则》《行政复议简易程序办理规定》，形成完善的行政复议制度体系。是年，市本级推行行政复议决定书网上公开，打造“阳光复议”“透明复议”。1998—2017年，全市行政复议调解、和解结案率38.15%。

1998—2017年娄底市行政复议案件受理、办理数量统计表

表6-5　　单位：件

年份	受理	办理结果						
		维持	驳回	确认违法	撤销	变更	终止	撤回
1998	6	4	0	0	1	0	0	1
1999	7	5	0	0	0	1	0	1
2000	34	22	0	0	3	2	0	7
2001	50	32	3	0	4	0	0	11
2002	62	41	5	0	2	0	0	14
2003	70	37	2	0	9	8	0	14
2004	34	18	0	0	4	0	0	12
2005	43	21	0	0	7	0	0	15
2006	47	24	7	0	2	0	0	14
2007	76	35	3	0	9	0	0	29
2008	53	22	3	2	1	0	0	25
2009	65	32	7	0	9	0	0	17

续表6-5

年份	受 理	办 理 结 果						
		维持	驳回	确认违法	撤销	变更	终止	撤回
2010	80	39	12	0	3	0	0	26
2011	33	20	1	0	1	0	1	10
2012	34	21	0	0	4	0	0	9
2013	94	61	17	0	6	0	0	10
2014	117	35	71	0	6	0	0	5
2015	66	48	7	0	6	0	0	5
2016	44	25	3	2	5	2	0	7
2017	43	15	2	0	3	1	0	22

五、仲裁工作

2001年8月，市政府组建娄底仲裁委员会，下设正处级秘书处，负责娄底仲裁委员会的日常工作；秘书处下设仲裁庭，具体负责仲裁案件的立案、组庭、庭审、文书送达和仲裁法律制度建设及仲裁分支机构业务指导管理。是年，娄底仲裁委员会制定娄底仲裁委员会章程、仲裁员守则、仲裁员管理办法、娄底仲裁委员会开庭程序等一系列规章制度。10月22日，制定娄底仲裁委员会开庭程序。2002年8月，成立娄底市房地产仲裁联络处。2003年9月，成立消费维权仲裁庭。2005年，成立新化县仲裁庭。2006年，组成娄底市第二届仲裁委员会，成立交通事故赔偿争议仲裁调解中心。2007年，成立娄底仲裁委员会娄星区办事处。2009年，娄底仲裁委员会在各县（市、区）组建分支机构，受理案件170件。2010年1月，组成第三届娄底仲裁委员会，2—5月，先后成立娄底仲裁委员会娄星分会、冷水江分会、双峰分会、涟源分会、新化分会。7月，成立房地产业仲裁中心。2012年，案件数量达到最高峰，全年平均每天处理仲裁案3.3件。是年，受案数排全国第十六位。2014年，成立建设工程合同纠纷仲裁调解中心；2月，全国仲裁案件受理多样化、纠纷处理多元化试点工作会议在武汉召开，娄底仲裁委员会被确定为全国首批19家仲裁工作“两化”试点单位之一（湖南省唯一一家）。2017年，组成第四届娄底仲裁委员会。是年，受案标的额达26亿元，创历史新高。2002—2017年，娄底仲裁委员会受理各类民商事案件共8496件。

2002—2017年娄底仲裁委员会办案情况表

表6-6　　单位：件

年份	受理	裁决	调解	撤回	被撤销案
2002	8	0	8	0	0
2003	31	3	28	0	0
2004	52	8	42	2	0
2005	192	18	154	20	0

续表6-6

年份	受理	裁决	调解	撤回	被撤销案
2006	471	4	452	15	0
2007	372	118	241	13	0
2008	215	13	125	77	0
2009	251	40	196	15	0
2010	340	73	248	19	0
2011	602	58	530	14	1
2012	1210	54	1138	18	0
2013	1195	162	1018	15	0
2014	796	37	745	14	0
2015	808	159	616	33	0
2016	1162	587	546	29	0
2017	872	204	637	31	0

六、接受人大和政协监督

（一）接受市人大监督

1990年至1999年7月，地区行署主要办理省人大代表涉及娄底的建议议案，年均办理15件左右，接受省人大常委会娄底联络工作委员会工作监督。1999年8月始，市政府在一年一次的市人民代表大会上，由市长向大会作政府工作报告，报告上一年政府执行人大决议工作情况和新一年政府工作目标任务及工作措施，提请大会审议。年中向市人大常委会报告政府工作进程，接受监督。每两月一次的人大常委会，市政府到会汇报政府有关工作情况。日常工作中，市政府及政府所属各部门负责人主动听取人大代表工作意见。是年10—11月，接受市人大关于执行《税收征收管理办法》改善税收执法环境，加大税收征管、稽查，扭转预缴空转税控等执法检查。市政府发文，对人大检查发现的问题，责令相关部门整改纠正，加强税收征管。2000年，接受市人大关于突出抓好治理经济环境综合执法检查意见，对检查中发现乱收费、乱摊派问题，市政府出台管理办法，取消各单位“小金库”，党政机构与所办经济实体全部脱钩，整顿经济发展环境。2002年，根据市人大对优化经济环境的建议，市政府公布行政审批改革方案，取消30%~40%现行行政审批事项，简化审批程序，限时办结。2004—2005年，市政府落实市人大交办函，制定实施《娄底市孙水河流域污染防治办法》，关闭孙水河上游直排废水的涟源惠福化肥有限公司等企业。2009年3月，市政府出台《关于办理人大代表建议批评意见和政协委员提案的若干规定》，使办理工作有章可循。2010年7月，市政府印发《娄底市人民政府工作规则》，明确接受人大及其常委会的检查和监督，纳入市政府工作规范。2011年11月，市政府邀请人大代表评议政府工作，代表们就人民群众反映的“热点”“难点”问题和政府工作存在的不足，提出建议和批评意见35条，市政府领导和各部门负责人当场答复31条，其中拍板立即解决9条。2011年，市人大开展《水法》执法检查，向市政府提出加强水利基础设施建设，强化水资源保护，加大水行政执法力度，建立监管长效机制的意见，市政府认真研究，下发《贯彻落实〈中共中央、国务院关于加快水利改革发展的决定〉的实施意见》。是年，市政府共承办市三届人大三次会议上提出的《关于重视“菜篮子”工作、关注群众生活、降低物价议案》和《关于切实加强乡镇小城镇规划建设管理工作的议案》，制定出台《娄底市2011年至2015年蔬菜产业发展规划》。全市蔬菜播种面积达4万公顷，新增0.33万公顷，上市蔬菜115万吨，同比增加5万吨，蔬菜自给率稳步上升，价格逐步回落。市政府坚持“科学规划、重点突出、特色明显、以点带面、分类指导、整体推进”的原则，不断增强小城镇功能，扶持发展特色小城镇，全市城镇建设和城乡一体化稳步推进，至2011年底，城镇化率达39.5%。

2012年，根据市人大关于加大财政对义务教育的投入、加快中小学危房改造、化解中心城区大班额的建议，市委成立化解娄底市中心城区大班额问题领导小组。市政府发出《娄底中心城区化解大班额四年（2012—2015）行动方案》，市财政安排1000万元，以后每年递增200万~500万元，用于化解大班额。截至2015年底，全市累计投资20.24亿元，竣工项目51个，新增学位6万个，大班额问题基本化解。是年，市政府承办市三届人大四次会议上提出的《关于加快推进行政事业单位国有资产管理体制改革的议案》和《关于加强仙女寨—孙水河保护和开发的议案》。市政府成立资产清查工作领导小组，制定《市本级行政事业单位资产清查工作实施方案》，召开全市行政事业单位资产清查工作动员大会，对市级234家单位进行资产清查。《娄底市城市总体规划（2011—2020）》明确仙女寨生态公园和大埠桥生态湿地公园共同构成娄底生态绿地系统结构的仙女寨生态绿心，市政府组织编制《水府庙水库流域水资源保护和开发利用报告》，执法部门进一步加强生态环境治理，加大对违法违章建设的查处力度。

2013年，市政府承办市四届人大一次会议上提出的《关于加强我市公共交通建设和交通秩序管理的议案》，下发《关于加强我市公共交通建设和交通秩序管理的实施意见》，并投入1810万元提高对公交企业的公益性财政补贴，在氐星路等21条中心城区主干道上新建162个公交站台候车亭；加强交通安全宣传，全年组织开展交通文明宣传活动11次；加强停车位建设，当年新增停车位1.48万个，在中心城区东南西北分别选址建设4个货运停车场；科学合理规范交通标识标志，其中整改标志266块，新设标志、标牌2100块，新设道路中央隔离护栏1.64万米，交通标线3.35万平方米，新增红绿灯10处，优化调整20处；加大交通违章整治力度，当年，共查处违停行为2.67万余起，查处无牌无证无保险摩托车8055起，非法营运39起。

2014年，市政府承办市四届人大二次会议上提出的《关于娄底中心城区限制燃放烟花爆竹的议案》。市政府组织有关部门到全省各市州了解禁限燃放烟花爆竹情况，借鉴7个市州做法，形成《娄底市中心城区烟花爆竹燃放管理办法》和《娄底市人民政府关于规范娄底中心城区烟花爆竹燃放的通告》。市政府3次组织召开相关协调会议，进一步明确12个部门职责分工。中心城区烟花爆竹禁放工作取得明显成效。

2015年6月9日，市政府常务会议听取市人大评议政府工作相关问题整改落实情况汇报，认真落实人大评议中提出的问题，有关部门对号入座，做到件件有着落、事事有回音。8月，市政府印发《关于认真接受人大监督的意见》，对市政府全体组成人员和各行政机关认真执行人大及其常委会决定、决议情况，如实向人大及其常委会报告，接受人大监督，办理议案，加强与人大代表和人大常委会的联系，维护人大及其常委会权威作出明确规定。是年，市人大开展《水污染防治法》执法检查，向社会公开发布30个重点水源污染源清单，市政府迅速召开常务会议，研究出台整改方案，将清单中的30个问题，分解到各县（市、区）和市直有关单位。是年，市政府承办市四届人大三次会议上提出的《关于进一步规范娄底中心城区殡葬活动的议案》。市政府把殡葬改革工作作为加强城市管理、提升城市品位与文明程度、弘扬文明新风的大事来抓，将其纳入政府绩效考核评估与文明城市创建内容。出台殡葬改革目标管理考核细则、中心城区开展违规丧葬集中整治宣传方案等一系列文件。召开全市殡葬改革集中整治动员大会，市、县、乡、村四级主要领导600余人参会，部署集中整治行动，构建长效机制。

2016年6月，市长听取省人大常委会检查组对娄底食品安全问题反馈意见，当场表示按照检查组提出的意见，立马行动、全面整改。是年，再次修订印发《关于办理人大代表建议和政协委员提案工作若干规定》，进一步明确办理范围、原则、程序，特别强调提高办理质量，把好政策法律关、程序格式关、语言文字关，提高建议提案所反映问题的解决率、与代表委员见面率、代表委员对办理答复满意率。2017年，市人大常委会对水污染防治情况进行执法检查，市政府对30个重点水污染清单问题全部整改到位。全市88家乡镇卫生院中，71家卫生院的医疗卫生院污水处理工程竣工并投入使用，17家卫生院污水处理工程在建。全市水环境质量稳定好转，市政府向市人大常委会交了满意答卷。

2017年，市政府承办市四届人大三次会议上提出的《关于构建长效机制加强娄底物业管理的议案》。市政府组织有关部门参照江苏昆山和省内长沙、株洲、湘潭等地的经验和做法，并多次向相关部门征求书面修改意见。是年10月11日，市政府常务会议审议并通过《关于进一步加强物业管理的通知》，对规范房地产开发项目物业管理、强化物业服务属地管理体系、完善物业服务市场监管机制等9个方面进行明确和规范。在和悦家园等9个物业小区进行智慧物业试点。是年，市政府对《市人大代表建议和市政协提案办理工作规定》进行更新和修改，年底，把建议、提案办理进展情况汇总向市人大常委会、市政协常委会报告，接受人大代表、政协委员监督。

（二）接受市政协民主监督

1990—1998年，地区行署年均受理省政协委员涉及娄底事项提案10余项，接受省政协常委会娄底联络工作委员会工作监督。1999年8月，市政协成立。市直各单位邀请市政协委员担任行风监督员。主要监督政法、交通、工商、人事、电力、烟草等单位或行业的行风建设。2001年，市政协开始对市直职能部门开展民主评议活动。8—12月，民主评议市检察院执法工作。2002年7—10月，民主评议市工商行政管理局执法工作。2005年，以创建省级卫生城市及国家绿化模范城市为契机，民主评议市城管局行政执法工作。2010年，市委出台《关于统一委派政协委员担任民主监督员的实施意见》，进一步规范政协委员担任民主监督员的相关制度，改特邀监督为委派监督，改单位自行聘请为市政协统一委派，在全市遴选100名政协委员担任民主监督员，分成21个监督小组派驻各有关单位，有效提升民主监督的组织化、规范化程度。是年，市政协常委会以投票表决的形式，确定市民政局、城管局、交通局为民主评议单位。2011年，上年度委派的民主监督员共提出意见、建议300余条。9月，全市20个市直单位45项重点工作内容在市政府门户网站公开。2011年，再次以票决形式确定市住建局、市人社局为民主评议对象，并与市纪委、市监察局联合开展民主评议。2013年，遴选确定65名市政协委员，组成民主监督小组，统一派驻14个市政府工作部门和市中级人民法院、市检察院。各小组累计开展民主监督活动56次，发出《民主监督意见函》31份，市政府责令相关单位逐条整改到位。2014年，对派驻市直12个具有行政审批职能单位的民主监督小组，以“两集中、两到位”（一个行政机关的审批事项向一个处室集中、行政审批处室向行政审批服务中心集中，保障进驻行政审批服务中心的审批事项到位、审批权限到位）为重点，统一监督工作内容。是年，民主监督员发出民主监督意见函16份、督查通报3期，对暂未进驻政务中心的7项审批事项提出进驻监督的意见，市政府批转相关单位，逐条落实。2015年，市政府印发《关于认真搞好政治协商，接受民主监督的意见》，对接受政协民主监督作出相应规定。市政协创新评议方式，改部门工作评议为专项工作评议。专项评议市发改委、经信委、国土局、规划局、旅游局等5家单位的提案办理工作。2015—2016年，市政协调整组建8个民主监督小组，分别进驻8个市直部门，就医保资金的管理使用、低保对象的确定及资金发放、保障性住房建设和管理等8项惠民政策（事项）实施专项监督，发出监督意见函9份，提出意见、建议50余条，市政府有关部门接受监督建议并整改到位。2017年，市政协以界别为单位组建7个民主监督小组，进驻脱贫攻坚任务较多的市直部门，就精准扶贫政策落实情况开展委派监督，提出监督意见30余条，市政府全部采纳。

2004—2017年市政府承办人大代表议案建议、政协委员提案情况表

表6-7 单位：件

年份	人大议案	代表建议	政协提案	年份	人大议案	代表建议	政协提案
2004	0	177	196	2012	2	205	147
2005	3	128	188	2013	1	228	203
2006	2	137	149	2014	1	202	170
2007	3	142	188	2015	1	167	178
2008	2	109	151	2016	0	137	100
2009	2	197	179	2017	1	187	166
2010	1	218	170	合计	21	2437	2332
2011	2	203	147				

说明：上表所列人大代表、政协委员议案、建议、提案不含市政府职能部门办理数

第四节　行政审批制度改革

一、简化审批手续

1990—2000年，地区行署（市政府）计划部门先后两次下放投资项目审批权限，简化项目审批环节，总投资5000万元及以下，资金不需省补助的项目一律由县（市）审批。2001年5月8日，根据国务院的部署，市政府常务会议研究行政审批制度改革，印发《娄底市行政审批制度改革工作实施方案》，全市112个有行政审批职能的行政事业单位，行政审批制度改革工作全面展开，清理和规范1370项行政审批事项，减少行政审批事项659项。2002年7月30日，市政府常务会议制定《娄底市政府部门（单位）行政审批制度改革方案》。11月，市政府办印发《娄底市整顿规范中介机构工作方案》，要求中介机构依法独立从业，规范收费，规范服务行为，按WTO规则运作。12月，市政府印发《娄底市优化投资环境扩大招商引资若干规定》，决定在政务大厅加挂招商服务中心牌子，凡涉及投资审批事项的部门均在政务大厅集中办公，实行“一个窗口对外、一站式审批”。是年底，完成第一轮行政审批改革。2003年3月，完成第二轮审批改革。4月8日，市政府常务会议决定，取消行政审批事项18个。12月，市政府办公室下发《关于清理行政许可规定和清理行政许可实施主体的通知》。2003年6月至2004年3月，开展第三轮审改，取消审批事项36项。2004年3月至2004年7月，开展第四轮行政审批改革，将编制目录下发各单位征求意见，召开两次行政审批改革领导小组会议，对前三轮保留项目和新增项目进行审查核定。2004年4月，市政府下发《娄底市人民政府关于贯彻实施〈中华人民共和国行政许可法〉的通知》，要求认真做好贯彻实施《中华人民共和国行政许可法》的各项准备工作。7月，市政府常务会议讨论通过《娄底市人民政府关于保留和取消行政许可项目的决定》，取消31个收费项目，降低部分项目收费标准，并以市政府1号公告，确定67个市直单位依法具有行政许可实施主体资格。12月，市政府印发《娄底市市直行政机关行政许可项目集中办理暂行办法》，在市政务服务中心设立娄底市行政许可集中办理受理中心（以下简称受理中心），规定依法须由两个以上（含两个）行政许可机关分别实施的行政许可事项，由受理中心统一受理，各行政许可机关不再直接受理，按受理、抄告、审批、送达4个环节进行并限时办理。2008年9月，出台《娄底市鼓励投资创业的若干规定》《娄底市投资全程代理一次性告知书》，涵盖与投资相关的17个部门事项办事指南。市政务服务中心、市全程代理

中心合署办公，设立联席会议制度，凡在娄底市中心城区规划区国有土地上投资新建、改建、扩建的工业、农业、城市基础设施等投资项目均按照“一站受理，内部流转，限时办结，刚性收费，优质服务”的原则，对投资项目实行全程代理服务。是年，市政府出台《娄底市建设项目行政许可联合办理操作办法》，规定“联合办理”工作由市政府授权市政务中心组织、指导、协调和监督。2009年，市纪委牵头，市政府法制办、市财政非税局、市政务服务中心等单位，联合对全市建设领域行政审批项目进行专项清理，行政审批项目由原来的111项减少到53项，审批时限按法定工作日计算提速50%。同年，市委办、市政府办出台《娄底市建设项目行政审批实施办法（试行）》，规定凡合并后需要统一审批的建设项目，由市政务服务中心组织相关单位进行集中审查，任何部门不得单独实施行政审批行为。截至2010年9月10日，受理中心统一发放建设项目证件169个，建设项目方案设计联合审批项目48个。

2011年，市政府出台《娄底市规范建设项目收费办法》，规定“建设工程规划许可证（正、副本）、建筑工程施工许可证等审批文书在发证部门驻政务中心窗口发放，由发证部门和市政务中心联合把关”。2012年，市长办公会议决定，市政务服务中心不再牵头联合审批、联合竣工验收。9月29日，市长办公会议研究决定政务公开与政务服务、推进行政审批规范化电子化建设和公共资源交易中心建设及运行工作等问题。2013年，市政府出台《娄底市建设工程项目优化审批流程试行方案》，将审批流程设为立项、供地审批等4个阶段，改由各阶段牵头部门牵头并联合审批。此后，市政务服务中心建设项目有关审批事项进驻平台和收费服务窗口持续运转。8月，市政府办公室印发《娄底市行政审批制度改革工作实施方案》，市直91个行政和事业单位行政审批制度全面改革，主要内容包括：审批、审核、审定、审验、同意、认证、认可、许可、批准、准许、核准、检验检测、检查验收、登记、注册、发放证照、年审、年检等行政许可和非行政许可审批，以及行政审批收费和年检年审收费。2014年6月，市政府下发《关于取消和调整一批行政审批项目的通知》，衔接省政府行政审批项目，取消行政审批项目1项，下放行政审批项目3项，新增行政审批项目25项。市本级：取消行政审批项目2项，下放行政审批项目3项，调整行政审批项目10项。9月，市政府办公室下发《关于进一步深化行政审批制度改革强化政务服务的通知》，进一步清理和减少审批事项、归并整合行政审批职能、全面落实行政审批首席代表制度，制定权力下放目录，优化联合审批，并联审批机制，推行网上审批。是年，市委办、市政府办联合印发《娄底市影响机关效能建设行为问责办法》，明确规定“违反行政审批‘两集中两到位’改革工作规定的，应当问责”等13种行政审批违规情形，为规范审批行为提供制度保障。2015年，市政府办印发《娄底市推行“三清单一清理”制度工作实施方案》《关于公布市政府工作部门权力清单和责任清单的通知》，市直63家行政事业单位对行政审批事项进一步清理，公开政府工作部门权力清单、责任清单、负面清单，强化权力运行和责任落实监督。2016年4月，市政府下发《关于取消和调整一批行政审批事项的通知》，取消行政审批事项37项，下放行政审批事项84项，新增行政审批事项20项，合并行政审批事项15项，改前置审批为后置审批的工商登记事项44项。2017年11月，市政府下发《关于取消和调整一批行政审批事项的通知》，取消行政审批事项13项，新增行政审批事项3项，合并行政审批事项11项，调整名称的行政审批事项3项。

二、规范收费标准

1990—1999年，全地区收费事项收费标准逐步规范。2000年始，全市实行刚性收费、刚性罚款制度，首先在市发改委、市国土资源局、市环保局、市规划局、市建设局、市工商局、市安监局、市质监局、市药监局、市国税局、市地税局、市经委、市商务局、市公安消防支队等单位实行。2002年7月30日，市政府常务会议对市直单位行政事业性收费项目进行复审清理。会后，以市委、市政府名义发文出台的收费项目总的清理，严格审查、分别对待。省、部级以上文件明确的收费项目，予以保留，已明令取消的项目，不再保留。2008年，为解决市直单位行政事业性收费弹性幅度较大、执行标准不一的问题，市委办、市政府办联合印发《关于执行刚性标准规范收费行为的通知》，市政府责成市监察局、市财政局、市物价局、市法制办等单位联合对市直单位各类收费项目进行清理。是年10月1日起，全市各执收单位所有行政事业性收费、政府性基金都必须严格按照刚性标准执行。市本级建设项目有关收费按《娄底市规范建设项目收费暂行办法》执行，市财政局在政务中心设立统一收费窗口，派驻专人办理。2009年3月1日起，全市建设项目按照“统一受理，内部流转，限时办结，刚性收费”的运行机制运行，实施“一票制”统一收费，有效避免行政审批过程中的暗箱操作、重复收费，从源头遏制腐败行为，改善投资环境。2010年，为加强机动车检验检测，规范相关收费工作，市政府决定设立政务服务中心收费分窗口，实施统一收取机动车污染路面保洁费、排污检测费、车速里程表检测费和安全技术检测费。2011年，市政府印发《娄底市规范建设项目收费办法》，对原《暂行办法》进行修订，对特殊情况需要调整执收标准的必须经市监察局、市财政局、市物价局、市政务服务中心审定，并对收费优惠类型做出调整，将原来的四类改为三类。

第五节　政务公开

一、公开办事制度

2000年8月7日，市政府第8次政府常务会议研究政务公开工作。会议通过《关于在全市进一步推行政务公开的实施意见》，成立娄底市政务公开工作领导小组，各级均成立相应机构，明确专人负责，制定公开方案，规范公开内容，明确公开项目，召开全市政务公开工作会议。县（市、区）设立政务公开中心，乡、村建立统一、规范、固定的政务公开专栏（墙）。并加强监督，一级检查一级，一级对一级负责。是年12月，全市县、乡两级实行政务公开单位达到100%、市直单位达到80%以上。各级各类企事业单位参照政务公开办法，实行厂务公开、校务公开、医务公开。2002年8月28日，市政务中心进驻47个单位，公开审批事项428项。2003年，市政府出台《娄底市政务中心窗口单位及项目调整方案》。2005年，市委办、市政府办印发《关于市政务中心窗口单位项目进入情况的通报》4期，规定“该进入中心的项目，要坚决地、无条件地一律进入，在7月底前保证项目全部进入中心”。2006年，应进中心186个事项，实进124个事项。

2008年6月，市委、市政府召开全市推行政务公开工作动员大会，印发《关于进一步推行政务公开工作的实施意见》，成立以市长为组长的政务公开领导小组。9月1日，市政府常务会议专题研究政务公开工作，明确“一站式办公”（即一站式审批）的目的、原则、对象及试点运作方法，推进行政裁量权改革和政务公开，建设阳光政府。在《娄底经济》期刊上划出专版，不定期刊出《娄底市人民政府政务公开公报》。在市政府门户网站设置专栏，作为市政府统一公开发布行政机关规范性文件的平台。

2010年2月2日，市政府常务会议专题研究《娄底市政府信息公开制度》，进一步强化市政务服务中心职能，切实做到一个窗口进，一个窗口出，坚持统一受理，内部流转，限时办结，刚性收费，规定公开的信息要主动公开，市里举办的各新闻媒体、刊物免费刊登，相关部门对主动公开的信息严格按程序进行审批、把关，确保信息公开的及时性、准确性、合法性和有效性。5月，全市政务公开网工作会议召开，部署全市政务公开网建设工作。6月，市政府常务会议决定组建市政府政务公开全程代理中心，并确定组建方案。8月，市政府印发《关于开展政务公开全程代理工作的通知》，对中心的职责、全程代理的工作方式、要求及主要运作模式等作出明确规定。9月，市政府政务公开全程代理中心挂牌成立。10月起，实施《娄底市政务公开全程代理工作考核暂行办法》，并编制基础建设性投资项目办理行政审批及中介服务手续的立体操作流程。

2011年3月，市政府办公室印发《关于进一步加强政务公开工作的意见》，就政务公开的指导思想、工作任务、工作重点、工作方式和组织领导等提出具体意见。4月，市委办公室、市政府办公室印发《关于调整政务公开工作领导小组等协调议事机构成员的通知》，明确市长为政务公开领导小组组长，办公地点设在市政务公开全程代理中心。同年，市委办公室、市政府办公室印发《娄底市政务公开工作考核办法》。11月，市政务公开全程代理中心组织政务公开领导小组成员单位对全市政务公开工作进行年度考核，考核结论纳入年度政绩考核。2012年6月，市政府办出台《关于确保市政务服务中心规范高效运行的通知》，明确中心“一窗口受理、一厅式审批、一站式服务、一票制收费、一体化运行”模式，明确窗口负责人“七权”（受理权、即办权、督办权、协调权、管理权、把关权、报告权），严格规定窗口人员的选派条件。26家单位、312项行政审批服务事项、112名工作人员全部进驻。是年12月20日，市政府常务会议专题研究市政务服务中心工作。进一步加强政务服务中心建设，强化职责、效能建设、规范运行，规定所有进驻中心的行政审批服务事项必须公开项目名称、办理单位、办理程序、办理流程、办理依据、办理人员、办理时限等。规范权力运行，提升服务水平，提高办事效率。2013年10月，市政府办下发《关于对行政审批“两集中”“两到位”改革审定的行政审批项目进行梳理的通知》，所有入驻政务服务中心的市直各部门都按照各自行政审批事项，印发办事指南和办事流程图。是年，进驻政务服务中心单位共51家，其中7家共同设立联合办事窗口，2家（市人社局、市公安局交警支队）单独设立分中心。是年12月底，46个具有行政审批和服务职能的市直部门单位、143项行政许可、8项非行政许可审批、11项年检年审、73项办事服务事项、75名新工作人员进驻中心。

2016年，经整合不动产登记职责后，新成立的不动产登记中心进驻市政务中心，并于6月28日在中心颁发全市不动产登记首证。2017年9月，市政府召开专题会议决定，设立市政务服务中心吉星路分中心，市不动产登记业务整体进驻该中心。10月9日，市政务服务中心吉星路分中心正式挂牌成立，设立联合办事窗口（综合受理），实行“一个窗口受理，部门并行办理，分别审核，统一出件”的运行模式，做到让办事群众在一个大厅内“一站式”办结不动产登记相关业务。至此，市政务服务中心共设立3个分中心：即人社分中心、交警支队分中心、吉星路分中心。至2017年，政务公开制度逐步健全和完善。

二、公开政府信息平台和网站

1990—2003年，娄底没有公众信息网和门户网站。2003年，市政府办印发《关于建设娄底政府公众信息网的实施意见》，提出由市经济信息中心负责娄底政府公众信息网建设和管理。具体由企业承包承办。2004年7月1日，市政府公众信息网正式开通。市委副书记、市长刘云柱点击鼠标，成为该网站的第一位访问者。在国务院信息化工作办公室委托第三方进行的全国政府网站绩效评估中，娄底政府公众信息网2005年、2006年、2007年分别位居全国地级市第129名、182名、212名。2006年5月14日，市委第15次常委会议决定，由市信息化工作办公室承担市本级电子政务外网平台建设任务。2008年2月26日，根据政策要求，承包合同终止，网站停止运行。是年3月，市信息化工作办公室开始建设市政府门户网站，5月上线运行。市政府门户网站主站围绕市委、市政府重点工作和重点领域公开政府信息。网站设置“走进娄底”“信息公开”“办事服务”“政民互动”“企业”“旅游”等频道或栏目。是年，完成《娄底市政府电子政务外网平台建设方案》和《娄底市政府电子政务外网平台建设实施方案》，实现分期建设，不断完善。是年，全市主动公开信息13.56万条，依申请公开信息261条。2009年7月，启动市政府网站群部门子站建设，至2010年底，全市完成25家部门网站建设工作。市政府门户网站新版上线运行。新版对应上级绩效评估要求，规范政府信息公开栏目设置。是年，开始试运行网上行政审批，市直37家单位公开行政审批流程，5家单位（市建设局、规划局、环保局、烟草局、电业局）进行网上行政审批试点。重点公开人、财、物以及与群众利益密切相关的政府信息政策措施和工程建设领域信息。

2011年9月15日，市直行政单位权力运行成果公开点击连接启动。全市20家市直行政单位45项重点内容在市政府门户网站正式公开。市本级遴选34家单位对358个审批事项进行审批流程梳理工作，并把这358个项目作为第一批上网审批事项，此后，网上审批项目逐年增多。11月16日，市政府门户网站英文版上线运行。因访问量较少和信息内容难以保障，英文版在运行1年后停止运行。2012年，公开国土资源、交通运输、住房和城乡建设、水利、电力等部门有关资质审批、项目决策、招标投标、土地出让、规划管理、项目建设实施、资金管理、物资购置等工作全过程的信息。公开财政预决算，出国（境）费、车辆购置运行费和公务接待费（以下简称“三公”经费）信息。公开面向社会服务的医院、学校、公交、通信、水电气等公共事业领域办事事项、依据、流程、结果的信息。同时利用公共媒体、手机短信、互联网、公告栏、电话咨询等方式，实现办事项目有关信息充分告知。2012年至2014年8月，按照《湖南省政府网站管理办法》要求，本着“一级政府建设一个门户网站，一个部门建设一个子站”的原则，基本建成以市政府门户网站为主站、30家市直单位网站为子站的网站群系统。2013年3月，市无线城市WAP门户上线运行。根据全省统一安排，由湖南移动对各市州统一开发实施。是年，设立政府信息公开专栏，公开国民经济和社会发展计划、财政预决算情况、重大项目建设情况、工程招投标情况，以及公开物价和收费、食品安全、环境保护、安全生产、征地拆迁、财政资金、住房保障、人事招考、公务员招录情况。市纪委在市政府门户网站开办“权力阳光运行”栏目，在网上公开全市62家单位所有行政审批和办事事项的办事流程、收费依据、办结时限、权力运行等，对全市48家单位重点事项运行结果进行公开公示，并对31家单位重点岗位进行监督，将权力关进“制度”和“科技”的笼子里。2014年9月，市政府门户网站群集约化建设启动。2014年11月，全市已进入站群的30家、未进入站群的21家和实施上下级垂直整合的5家共56家市直单位网站实行集约化建设，统一域名和网站名称，新开设“权力阳光运行”“重点领域信息公开”等专栏，公开全市62家单位所有行政审批和办事事项的办事流程、收费依据、办结时限、权力运行等，对全市48家单位重点事项运行结果进行公开公示。公开财政预决算、财政资金运行情况，公开各行政事业单位“三公”经费。资产拍卖、政府采购、医疗设备采购、国有产权交易、房屋建设、交通、水利、国土整理、农开项目、工业项目和项目法人招标等全部进驻公共资源交易中心。市政府门户网站重点公开征地拆迁、保障性住房、政府采购、工程建设、科研项目、就业创业、社会保障、环境保护、安全生产、食品药品安全、信用信息等情况，公开教育、医疗卫生、计划生育、供水、供电、供气、环保、公共交通等公共服务事项，通过“上墙、上报、上屏、上网、微政务”等方式，公开办事程序、办事依据、办事流程、办事人员、收费标准、办事结果等内容。公开《娄底市对国务院稳增长促改革调结构惠民生政策落实情况开展自查整改落实的工作方案》，设立“12345”政府热线电话，处理投诉、咨询、求助等相关信息，市政府门户网站书记、市长邮箱共受理群众有效来信1310件，分送71家单位承办，办理回复1122件，回复率为85.6%。群众可通过相关平台和栏目，对基础建设、社会民生、政策文件、发展规划等内容进行查询、咨询、投诉和建言献策。2015年，市政府门户网站强化国务院、省政府重要政务信息的转载，主动公开政府信息10.92万条，其中市、县、乡各级政府主动公开政府信息9.03万条，各级政府工作部门主动公开政府信息1.88万条，公共资源交易项目812个，交易金额68.19亿元。

2016年10月，市政府门户网站开通政府门户网站微博、微信和移动客户端3个新媒体网络平台，移动客户端与市政府门户网站实现无缝对接、内容同步更新。市政府门户网站全年公开行政权力运行、财政资金信息、公共资源配置、公共服务信息、重大建设项目和公共监管信息等30项政府重点信息9994条，政策解读113次，在线访谈28次，网上民意调查8次，答复各类咨询投诉485条，受理“书记市长信箱”群众有效来信947封，办理回复864件，受理湖南红网“问政湖南”频道市长留言244条，办理回复231条。2017年底，市政府门户网站设置“娄底概况”“政务公开”“交流互动”“网上办事”“专题专栏”等10个一级栏目、117个二级栏目和161个三级栏目，坚持每天常态化发布政务动态信息和向省政府网站报送重要信息。2017年，公开行政权力运行等30项政府重点信息4000余条。市政府门户网站群共发布各类政务信息3.01万余条，向省政府门户网站报送信息497条，转载国家、省政府各类重要政务信息5000条。开展政策解读39次，在线访谈8次，民意调查9次，受理“书记市长信箱”群众有效来信1269封，办理回复1269封，受理湖南红网“问政湖南”频道市长留言577条，办理回复577条。网上审批项目3.21万件，100%办结。

至2017年，市电子政务中心本级外网平台机房和5个县（市、区）节点机房建设完成。市本级外网平台采用电信、移动主备双线路接入，已联通包括市、县（市、区）部门和乡镇（街道）530多家单位。市直90家单位的外网线路联网、迁移和调试工作全部完成，县（市、区）部门和乡镇政府、街道办事处全民服务中心接通率均为100%。平台上承载着中央和省统一部署网上政务服务和电子监测系统、应急指挥视频系统、安监视频会议及数据报送系统、审计厅纵向业务系统、卫生应急指挥和医疗救治系统、商务视频会议系统、交通系统纵向应用、质监视频系统及“12315”数据报送系统、媒监视频会议及数据报送系统、物价部门“12358”全国价格举报管理信息系统、综治信息系统和网上信访等系统，以及市本级综合治税、卫生信息和市国土管理信息数据交换平台等应用。

三、公开公共资源交易

1990—2010年，娄底市各类公共资源交易市场存在分散设立、重复建设、市场资源不共享，交易行为不规范、乱收费、违法干预交易，交易监管职责不清、监管缺位、越位、错位及腐败现象。2011年4月，市政府发布《关于娄底市公共资源交易平台建设的实施意见》，整合全市各类公共资源交易平台，建立市公共资源交易管理委员会、市交易管理委员会办公室、市公共资源交易中心（以下简称“一委一办一中心”）。2011年12月，娄底市公共资源交易中心（以下简称市交易中心）成立。

2012年起，市政府陆续出台《娄底市公共资源交易平台管理和交易监督暂行办法》《娄底市公共资源交易监督管理实施细则》《娄底市重点公共资源交易项目监委库管理暂行办法》《娄底市公共资源交易评审专家现场管理办法》《娄底市公共资源交易平台整合方案》等文件，同时制定《社会服务承诺制》《首问负责制》《限时办结制》《责任追究制》等一系列制度，规定统一进场交易、统一信息发布、统一专家库管理、统一现场监管、统一服务收费。是年，市交易中心完成入场交易项目96个，成交金额13亿元。娄星区、冷水江市、涟源市、双峰县、新化县设立临时交易平台，所在区域政府采购、建设工程招投标、国有产权交易、农村产权交易、土地使用权出让等均入场交易。

2013年，市交易中心完成入场交易项目781个，交易金额48.84亿元。其中：工程建设项目187个，交易金额46.09亿元。包括：房屋市政项目133个，交易金额37.13亿元；交通项目17个，交易金额4.67亿元；水利项目13个，交易金额933.1万元；电力项目1个，交易金额4185万元；土地整理项目10个，交易金额1.26亿元；农业综合开发项目5个，交易金额4640.03万元；工业项目6个，交易金额1.6亿元；项目法人招标2个。政府采购项目579个，交易金额为2.71亿元，节约资金0.5亿元。产权交易项目15个，交易金额417万元；车辆拍卖7次，门面拍租3次，广告经营权拍租1次，车牌号码拍卖2次，罚没财物及报废电器拍卖2次。

2014年，市交易中心完成入场交易项目744个，交易金额71.31亿元。其中：工程建设项目189个，交易金额65.9亿元。包括：房屋建设项目127个，交易金额42.83亿元；交通项目21个，交易金额8.83亿元；水利项目23个，交易金额1.05亿元；土地整理项目13个，交易金额2.46亿元；招商项目1个，交易金额10.6亿元；其他4个，交易金额1322万元。共计比财评预算金额节省资金3.55亿元。政府采购项目523个，交易金额2.95亿元。包括：货物类采购1853万元、工程类采购1867万元、服务类采购9575万元；其中：公开招标24次、邀请招标1次、询价355次，竞争性谈判72次、单一来源30次。共计比预算金额节省资金3489万元。产权交易项目32个，交易金额2.46亿元。包括：门面拍租、广告位拍租22次，拍卖金额1074.66万元；车辆拍卖7次，拍卖金额584.25万元；出租车特许经营权招标1次，交易金额294.4万元；金盾车辆检测站拍卖70万元；洪山殿矿业公司拍卖2.15亿元。共计比起拍价溢价

410万元。

2015年，市交易中心完成入场交易项目587个，交易金额39.13亿元。其中：工程建设项目187个，交易金额35.95亿元。包括：房屋建设项目94个，交易金额12.58亿元；交通项目24个，交易金额16.03亿万元；水利项目38个，交易金额3.55亿元；土地整理项目20个，交易金额2.37亿元；农业开发项目9个，交易金额1.31亿元；其他2个，交易金额0.11亿元。政府采购项目372个，交易金额2.85亿元。包括：货物类采购315个，交易金额2亿元；工程类采购39个，交易金额0.5亿元；服务类采购18个，交易金额0.35亿元。其中：公开招标46次、邀请招标2次、询价188次、竞争性谈判97次、单一来源39次。共计比预算金额节省资金868.18万元。产权交易项目26个，交易金额1169.72万元；包括：门面拍卖1次，成交金额51.7万元；门面租赁经营权拍卖14次，成交金额438.28万元；车辆拍卖3次，成交金额130.54万元；广告位拍卖4次，成交金额302.2万元；小型轿车号牌拍卖3次，成交金额22万元；涟源出租车经营权拍卖1次，成交金额225万元。土地矿产交易项目2个，交易金额2185.85万元；包括：网挂成功出让商住用地使用权1宗，成交金额2126万元；网挂成功出让矿业权（采矿权）1宗，成交金额59.85万元。

2016年5月，市交易中心升格为市政府直属正处级事业单位，主要负责政府采购、建设工程招投标、国有产权交易、农村产权交易、土地矿产使用权出让等交易工作。是年，市交易中心完成入场交易项目648个，交易金额103.07亿元。其中：工程建设项目187个，交易金额28.25亿元。包括：房屋市政项目101个，交易金额16.09亿元；交通项目31个，交易金额4.75亿元；水利项目27个，交易金额2.98亿元；能源项目6个，交易金额2.94亿元；其他20个，交易金额1.49亿元。政府采购项目428个，交易金额72.16亿元。包括：货物类采购328个，交易金额2.32亿元；工程类采购52个，交易金额0.52亿元；服务类采购48个，交易金额69.32亿元。其中：公开招标38次、邀请招标1次、询价112次、竞争性磋商5次、竞争性谈判218次、单一来源54次。PPP项目2个。共计比预算金额节省资金0.39亿元。产权交易项目28个，交易金额1672.44万元。包括：门面租赁经营权拍卖16次，成交金额398.31万元；车辆拍卖10次，成交金额1194.33万元；小型轿车号牌拍卖1次，成交金额3万元。7月28日，举行娄底市“上交礼品”拍卖会，起拍价46.45万元，成交额76.89万元，溢价30.44万元。土地矿产交易项目5个（土地矿产交易2016年9月真正纳入中心职责范围），交易金额2.51亿元。包括：网挂成功出让商住用地使用权4宗，成交金额2.5亿元。是年，共发布招标公告、中标公示和工作动态等各类信息1461条，其中工程建设类信息329条、政府采购类信息1050条、产权类信息29条、土地矿产类信息12条、中介机构比选信息15条、通知通告等26条。咨询投诉建议（资讯）97条。所有资讯投诉回复率100%。

2017年，市政府对公共资源交易进行整合，自7月1日起，县（市、区）交易平台停止运转，县（市、区）所有的公共资源交易项目都进入市交易中心交易。是年，市交易中心完成入场交易项目1554个，比上年增加交易项目906个，增长140%；交易金额184.49亿元，比上年增加81.42亿元，增长79%；节约资金2.08亿元。其中工程建设交易项目383个，交易额50.26亿元；政府采购交易项目1113个，交易额122.99亿元（其中PPP项目10个，交易额82.68亿元）；国有产权交易项目27个，交易额0.11亿元；土地矿产资源交易项目31个，交易额11.13亿元。

四、网络问政

2008年5月，市委办、市政府办印发《关于〈娄底市政府门户网站书记市长信箱来信办理工作制度〉的通知》，全市建立完善的网上信件受理、办理和考核机制。市政府门户网站开设“书记市长信箱”，市政府主要领导重视网络问政，认真倾听网民心声、回应百姓关切。2010年6月18日，政府领导与网友座谈会在市政府新闻发布厅召开。市委副书记、市长张硕辅，副市长余明庭，市政府秘书长龚彧以及市直相关单位主要负责人和20名网友参加座谈。市长张硕辅现场回复网友们提出的意见和问题。

2011年5月，市政府门户网站嘉宾访谈室建成，启动在线访谈工作。2016年4月，市长对群众在网上反映的问题，要求全部回应、及时回应、满意回应，做到件件有交办、件件有回应。市电子政务办将红网“问政湖南”频道“市长留言”纳入门户网站信箱网上办理流程，逐步探索形成较为完善的工作机制。是年《问政湖南》年度简报显示，娄底市在办理数量和回复率均进入全省前四，其中电子政务办办理的市长留言回复率位列全省第一。至2017年底，市长不定期调度全市网络问政工作5次。

“书记市长信箱”自开通后，截至2017年底，共收到有效来信1.37万封，由市电子政务管理办公室送各县（市、区）及市直120多家单位办理，收到回复1.24万封，回复率90.3%。

2008—2017年娄底市政府信箱来信办理情况表

表6-8　　单位：件、%

年 份	有效来信	回复	回复率	年 份	有效来信	回复	回复率
2008	847	609	71.9	2014	1507	1457	96.7
2009	1467	1149	78.3	2015	786	768	97.8
2010	1982	1645	83.0	2016	947	864	91.2
2011	1733	1561	90.1	2017	1269	1238	97.6
2012	1560	1503	96.3	合计	13693	12366	90.3
2013	1595	1572	98.6				

2010年始，市政府门户网站开展网上调查和民意征集活动。到2017年底，共开展调查征集86期。

五、市长热线

1990—1999年，行署未设立专员热线电话。1999—2012年，市政府通过市政府值班室值班电话，听取群众意见和诉求，由当班值班人员接听处理。

2013年3月，市政府开通“12345”社会求助服务热线平台。是年6月，市政府办下发《娄底市“12345”市长热线工作规则（试行）》，次年6月，市政府办下发《关于加强社会服务热线办理工作的通知》，明确将市直有关部门全部纳入管理，全市形成以市政府“12345”社会服务热线为核心，与各县（市、区）、市直各部门单位的热线组成电话网络。市政府应急办（政府值班室）优化热线运行流程，设立《市长热线处置情况登记表》《市长热线处理单》，形成受理、报告、交办、督办、反馈、归档等完整的工作运行程序，每月将“12345”市长热线转办件的办理情况，以《市长热线工作情况通报》形式，向全市通报，是年，受理市民电话2700件，办结率99%。2013—2017年，共编辑《市长热线工作情况通报》56期。

2017年，全市认真贯彻落实《湖南省政府服务规定》《关于进一步加强110报警服务平台与社会求助服务平台对接工作的意见》《关于依托“12345”服务平台整合相关职能部门投诉举报平台的意见》，市政府常务会议专题研究“12345”市长热线工作，结合市委、市政府“有事请找我”责任机制，积极拓展“12345”市长热线政务服务咨询、投诉、评价、建议功能，把“12345”市长热线建设成“广大群众的连心线、经济发展的联络线、政府形象的监督线”。同时加大投入，对“12345”热线平台进行升级改造，下发《娄底市“12345”市长热线工作规则》《关于做好“12345”市长热线工作的通知》《关于开展市长热线平台知识库信息收集工作的通知》，各县（市、区）政府、市直正处级以上政府职能部门和水电气交通通信企事业单位（共84个）为网络责任单位。

2014年至2017年底，市长热线按年分别受理市民来电38.68万件、26.52万件、29.67万件、35.36万件，其中，市本级“12345”热线受理市民来电7180件、4922件、4579件、5350件，均在承诺时限内办结，做到答复及时、准确，办结率98%。

2014—2017年娄底市市长热线来电、处理情况分类表

表6-9　　单位：件、%

事项＼年份		2014	2015	2016	2017
咨询类		165051	171083	187758	206852
投诉类		78372	26149	34893	11177
救助类		75388	27656	31633	111582
其他		67939	42331	42418	23942
合计		386750	265219	296702	353561
市本级“12345”接听来电	数量	7180	4922	4579	5350
	办结率	98	98	98.78	99.82

第四章　政事纪要

第一节　农业农村

一、基础设施建设

1990，全地区以水利建设为重点推进农业基础设施建设。1992年，涟源市大江口水库建成蓄水、新化县车田江水库及灌区通过验收。1993年，全地区开始实施农村饮水解困计划，计划三年解决饮水困难12.26万人。1995年，全面完成冷水江市周头等11座中型水库和一些小型水库大坝除险加固施工。1998年，地区行署设立防洪保安资金、水利建设基金。1999年，全市投入水利建设资金1.28亿元，处理病险水库119处，清淤河道102千米，治理水土流失面积119平方千米，兴建人畜饮水工程1560处，解决1.97万人、1.15万头牲畜的饮水困难问题。

2000年，推进农村水利电力建设。新化县、涟源市被列入全国农村电气化建设县。2001年，白马水库灌区实施农业综合开发骨干工程建设。2002年，推进水库除险加固工程，车田江等10座大中型水库、105座小（1）型、605座小（2）型水库全面完成除险加固，治理水土流失面积210.0平方千米。2003—2005年，新化县、涟源市实施地方电网改造。2005年，启动白马灌区配套改造。2007年，涟源市白马水库被纳入娄底中心城区饮用水水源地，娄星区双江水库蓄水，新化县、涟源市基本完成农村电网改造工程。2009年，全市启动小型农田水利重点（项目）县建设。2010年，市政府出台《娄底市加快发展现代水利设施办法》，2011年5月，市委、市政府出台《贯彻〈中共中央国务院关于加快水利改革发展的决定〉的实施意见》，在水利建设专项资金的基础上设置农田水利建设基金，并规定按土地出让总价款的3%预提农田水利建设基金，至2017年底，共提农田水利建设资金1.86亿余元，纳入基金预算管理，专项用于水利建设。2000—2017年，全市防洪保安资金、水利建设基金共征收5.64亿余

元，主要用于国家专项投资配套，建设全市城区防洪堤40.72千米，治理乡村河道208.46千米。

2017年，全市实行河长制，市长为总河长，共有河长2786名，分级管理，推行八项制度，依法治水。是年，全市开工水利建设工程6万处，投入资金9.88亿元，完成土石方7500万立方米，新增农田有效灌溉面积0.36万公顷，新增节水灌溉面积0.45万公顷，治理水土流失面积31.74平方千米。双峰县何家水库、新化县高峰水库建成蓄水。

二、"吨粮田"创建

1990年，全地区粮食播种面积398.51万亩，总产134.2万吨，平均亩产337公斤。是年始，全地区进入大面积吨粮田建设阶段。1991年，双峰县成为全省第二个双季稻成建制亩产过吨的县。随后涟源市、娄底市（县级）、冷水江市、新化县分别于1992年、1993年、1994年、1996年创双季稻成建制亩产过吨粮县（市）。1997年，经省吨粮田办公室组织专家测产验收，全地区126.1万亩双季稻田平均亩产1056.8公斤，娄底地区继株洲、湘潭之后，成为全省第三个成建制双季稻亩产过吨粮（地）市。

三、"三黑一菌"开发

湘村黑猪　2004年，以桃源黑猪为母体、杜洛克猪为父本杂交经继代选育而成的瘦肉型猪种，取名湖南黑猪。2005年经省畜牧水产局批准，天源高科农业发展有限公司实施湖南黑猪产业化开发工作，获"湖南黑猪"全部知识产权。是年，湘村股份公司联合省畜牧水产局、省畜牧研究所和市畜牧研究所和市畜牧水产局制定新的育种方案，对"湖南黑猪"持续选育。

2011年10月，经省畜牧水产局同意，"湖南黑猪"更名为"湘村黑猪"。2012年7月，通过国家畜禽遗传资源委员会审定，为湖南省唯一通过国家品种审定的具有自主知识产权的畜牧新品种，获全省科技成果进步二等奖。2014年，"湘村黑猪"首次成为全国人大、政协"两会"特供猪肉。2015年7月15日，首批"湘村黑猪"进入香港市场。2016年2月24日，湘村高科农业股份有限公司在新三板上市，成为娄底市第一家本土农业板块上市企业，其第一核心育种场被评为国家级示范场。产品进入北京、上海等地。2017年，"湘村黑猪"种猪群达12个家系1.25万头，年出栏商品黑猪24.5万头。

湘中黑牛　2001年开始，天华科技牧业以引进的英国安格斯种牛为父本，以本地黄牛为母本，生产的杂交后代被命名为"湘中黑牛"。2004年，国家级安格斯牛纯种繁殖场建设获得农业部批准立项，落户天华牧业。是年，涟源市获世界银行扶贫贷款200万美元，用于支持"湘中黑牛"产业发展。2005年，全市因地制宜，确定"小规模、大群体"肉牛养殖模式，在全市推广"一栋栏、一片草、一个青贮池、一群牛、一个灶"模式，小规模养牛户4800余户。2006年，全市建立肉牛品种改良站38个，投放优质安格斯公牛110头，全年完成黄牛冷配和安格斯公牛本交2.4万胎次，新产杂交牛犊9000多头。2007年，全市在涟源市、新化县、冷水江市建立3个肉牛品种改良中心，42个乡镇品改站，培养出一批专业能力比较强的冷配技术员，形成肉牛品改体系。2008年，市政府制定《娄底市肉牛发展规划纲要》，扩建安格斯种牛场，以"湘中黑牛"为重点，发展小规模、大群体湘中黑牛养殖基地和示范村，推广"桂牧1号"等优质牧草种植与青贮池建设，建立"湘中黑牛"生产体系。2010年，全市存栏湘中黑牛30头以上的规模养殖户300余户，存栏在100头以上的规模养殖户50户，"湘中黑牛"存栏超8万头，其中能繁母牛达1万头。2011年，"湘中黑牛"大群体成为南方养牛成功典范，得到国家肉牛产业技术体系首席科学家曹兵海肯定。是年，市政府印发《关于进一步推进湖南黑猪和湘中黑牛产业化发展的意见》，整合扶贫、农业综合开发、国土整理、农业产业化发展等涉农资金，建立480万元产业发展基金，支持"两黑"生产体系建设。2014—2017年，农业部在天华牧业、阳春农业科技、懿藩农业、天池农业等规模肉牛养殖场实施"中国南方现代草地畜牧业推进行动"计划，建设一批畜草配套、发展优势明显、示范带动能力强的肉牛生产基地，有效推动"湘中黑牛"生产向规模化、标准化方向发展。2017年，全市存栏"湘中黑牛"18.5万头，出栏"湘中黑牛"8.1万头。

新化黑茶　有史记载的新化黑茶至今有1162年历史。产品以海拔600米至1600米的新化县雪峰山脉春茶为原料，由一芽一叶、一芽二叶的嫩叶制成的特级黑茶，年产量150千克，产品供不应求。2017年，全县茶叶种植面积5800公顷，年产黑茶1900千克。

食用菌　1990—2000年，全地区以栽培平菇、金针菇为主。2017年，全市种植食用菌1518亩，其中工厂化种植675亩，食用菌总产量1.12万吨，产值7.58亿元。湖南味菇坊科技股份有限公司是国内首家实现“灰树花（舞茸）”、鲜银耳工厂化生产企业，连续两年保持该产品工厂化生产市场占有率、生产增产率国内首位，公司实现鲜品年生产6500吨，营收1.92亿元。2017年9月，与芬兰企业合作投资3000万欧元，在北欧湖南农业产业园建立蘑菇生产基地。湖南忠实农业生物科技有限公司生产灵芝、牛樟芝和羊肚菌，年产值5000万元。

四、农业机械推广

1990年，全地区农机总动力66.47万千瓦，农业机械11.73万台（套）。1995年，全地区农机总动力90.85万千瓦，农业机械17.09万台（套）。2000年，全市农机总动力112.19万千瓦，农机拥有量19.89万台（套），农机化水平达到45%。2005年农机产业成为双峰县支柱产业。全市农机总动力178.9万千瓦，农机拥有量19.75万台（套），农机化水平达52%。2006年，娄底市在全省率先提出“百千万工程”（即在全市建好百个农机示范村、千个农机服务组织、万个农机专业户）。2010年，全市争取国家农机购置补贴资金3180万元，市、县两级配套65万元，是年，全市农机总动力258.37万千瓦，农机拥有量35.47万台（套），农机化水平达57%。2017年，拥有农机总动力360.9万千瓦，各种农业机械56万台（套），农机化水平达68%；经工商注册登记的农机合作社191家，102家现代农机合作社进入省“千社”工程。

五、农村电子商务

1990—2006年，境内农产品销售方式主要靠农村集镇、农贸市场，农业生产资料购买主要靠供销合作社门店。2006年10月，全市第一家“新网工程”示范店——娄星区新合作连锁超市小碧店挂牌。年底，全市开办示范店83家。2007年全面开启“新网工程”建设。全市农村建立农业生产资料、农副产品、日用消费品、再生资源市、县、乡、村四级连锁经营体系。建立“新网工程”示范店500多家。2009年，全市建立“新网工程”示范店307个，其中乡镇店119个、村级店188个。市供销社与全国总社新合作商贸连锁有限公司对接，合作建设区域性配送中心6个，发展连锁直销店103个，联系全市1800多个经销网点，形成农资现代营销网络。2017年5月，市政府发布《娄底市促进电子商务等互联网经济加快发展若干措施》。双峰县、新化县、涟源市3个县（市）相继获授“商务部电子商务进农村示范试点县”称号。

六、扶贫开发

1990年，国务院确认新化县为全国贫困县，地委、行署安排地直机关83个单位到新化县18个贫困乡实施挂钩扶贫。1991—1993年，地委、行署加派涟钢、金竹山电厂等12个中央、省属企业加盟挂钩扶贫。涟钢3年无偿支援新化县大石乡280万元。

1994—2002年，全市实施建整扶贫战略和国家“八七”扶贫攻坚计划，地委、行署下发《关于切实搞好对口扶贫工作的通知》，安排1051支工作队进村入乡建整扶贫，投入扶贫资金16亿余元。2001年，新化县被列入国家扶贫重点县，2002年，涟源市列入省级贫困县。以柘溪水淹库区、西部高寒山区和东部石灰岩干旱区“三大贫困带”特困村为重点，解决水电路基本条件和群众温饱。1990—1999年，减少贫困人口44.9万人。

2003—2014年，市委、市政府实施建设扶贫战略，2010年，双峰县被列入省级贫困县，2011年，新化县、涟源市、冷水江市被国务院列为武陵山片区区域发展与扶贫攻坚示范县，是年，市政府制定《“十二五”扶贫发展规划》，2012年，市政府制定《娄底市武陵山区十年发展规划》《娄底市财政扶贫资金项目实施管理暂行办法》，2014年，根据国务院省政府关于扶贫开发建档立卡的文件精神，全市建档立卡贫困人口54.31万名，贫困村574个。2003—2014年，市委、市政府组织派遣工作队2105支，投入扶贫资金27.36亿元，减少贫困人口63.03万人。

2015—2017年，市委、市政府实施精准扶贫战略，派出工作队544支，其中：中央省直单位14支，市直86支，县（市、区）443支，市、县（市、区）乡镇党委书记，市长、县（市、区）长、乡镇长为第一责任人。2015年，减少贫困人口7.54万人。2016年，全市574个贫困村合并为498个，市委办、市政府办印发《关于进一步夯实工作基础，加快脱贫攻坚步伐的若干意见》《娄底市脱贫攻坚“十三五”规划》《关于印发娄底市直单位和干部驻村帮扶考核办法的通知》，减少贫困人口9.25万人，18个贫困村退出。

2017年，市委办公室、市政府办公室印发《关于娄底市2017年度市级领导挂点帮扶贫困村和市直单位驻村帮扶贫困村任务分工的通知》《关于全市党政领导干部带头开展脱贫攻坚“三走访三签字三联系”工作的通知》《关于市级领导联系指导扶贫重点乡镇开展脱贫攻坚工作的通知》。共安排544支工作队（组）参与精准扶贫。是年底，财政投入扶贫开发资金50亿元，民间投入扶贫开发资金30亿元。全面完成“十三五”易地扶贫搬迁项目建设任务，建成住房1.92万套171.5万平方米，安置搬迁人口6.86万人，建成光伏扶贫电站191个，装机容量1.15万千瓦，减少贫困人口9.98万人。

1990—2017年，全市投入贫困村基础设施建设资金58亿余元，贫困地区基础设施和公共服务基本完善，农村公路全面提质，电网全面升级，行政村光纤通达和4G网络全覆盖，建成村级文化服务中心1407个。累计减少贫困人口134.7万人，156个贫困村退出。

第二节　新型工业化

一、工业企业改革

1992年2月，地委下发《关于在县、市属国有中小型企业实行“五自主”改革试点的通知》，生产经营、产品定价、内部分配、劳动用工、技术改造由企业自主决定。1993年，围绕落实企业自主权，提出经营机制“五转换”改革，即转换国有资产经营形式、企业分配机制、人事劳动用工制度、企业生产组织形式、企业领导机制。1994年，地委、行署提出：工业企业改革，要向产权重组和企业制度创新深层次转变，实行“九个一批的改革”：即股份制改造搞活一批、引进外资“嫁接”带活一批、组建企业集团壮大一批、开辟第三产业转移一批、租赁拍卖转让一批、联合兼并“过户”一批、“输血”解救搞活一批、依法破产重新组合一批、母体裂变衍生一批。1995年，又强调“三改一加强”，即企业“改制、改组、改造和加强管理”，以煤炭、冶金、建材行业为重点，关闭和退出221户小矿山、小水泥、小冶金（轧钢）企业的落后产能，保护资源和环境，缩小亏损面。年末，全地区有34户国有企业进行“创新企业制度”的改革，另有40户企业开始走出困境。是年，全市工业产值142.71亿元。

1996年2月，娄底行署召开全地区工业企业改革动员大会，进一步推进国有企业改革，30家实行股份制改革。13户企业依法破产，3户实施兼并，组建企业集团4个。1996年始，地委、行署把招商引资作为全地区经济加速发展、提质转型的一项重大战略。1997年，娄底行署组织三次招商活动，批准外资项目12个6000万美元（实际到位2842万美元）。是年，22户破产企业资产重组，40户规模较大的企业（中央、省属15户）实施兼并重组。1999年12月，市委、市政府作出《关于加快国有中小企业改革和发展的决定》，国企改革更深化一步，除极少数确需采取国有独资或国有控股形式的企业外，其他均采取依法破产、公开出售、租赁经营、兼并联合、股份制或股份合作制等形式，实现产权多元化。2000年，全市13户国企实行产权租赁，19户国企实行股份制重组，5户资产整体拍卖。2001年，招商引资20项4.7亿元。2002年，18个工业项目与境内外客商签订协议，引进外资355.3万美元，引进境内资金1.1亿元。2003年4月，市委、市政府出台《关于鼓励外商投资若干规定（试行）的通知》。2004年，市委、市政府作出《关于全市国有工商企业产权制度改革的若干规定》，要求在2005年上半年前基本完成全市国有企业产权制度改革任务。2004—2005年，全市引进印度安赛乐米塔尔汽车板材项目、安徽海螺、“三一重工”等一批世界500强企业落户娄底。是年，全市引进1亿元以上的项目31个，其中5亿元以上12个。至2006年底，全市86户国有预算内企业（中央、省级42户）全部改制到位，按新的企业组织形式生产和经营。2007年，引进湖北宜化集团，以5.3亿元收购资江氮肥厂成立湖南宜化公司后，一年内产销额6.92亿元，上缴利税7752万元。2010年末，全市工业增加值332.68亿元。2016年，全市工业经济稳中向好，全市规模工业增加值同比增长9.9%。2017年，全市规模以上企业总产值2076.29亿元，发展速度121.3%，煤炭、发电量、钢材、水泥、锑品与耐火材料产量分别为680.38万吨、122.43亿千瓦时、1245.5万吨、1419.72万吨、6.52万吨、32.46万吨。

1996—2017年，全市共引进规模工业企业370家，其中高新技术企业61家。通过改革开放，建立名牌企业、名优产品集聚发展新模式，娄底市成为“湖南制造强省”重点地市之一，初步实现了由“能源原材料开发区”，向高新技术产业、深加工产业和装备制造业发展基地战略性转移。

二、全国循环经济示范城市创建

2012年，市政府组织编制《娄底市创建国家循环经济示范城市实施方案》（以下简称《实施方案》），提出建设6个循环经济示范园，构建6条工业循环经济产业链、1条农业循环经济产业链，建成10个循环化典型示范工程。同时组织编制《娄底市国家循环经济综合标准化试点工作实施方案》，2013年8月，国家标准局、国家发改委批准《娄底市循环经济综合标准试点方案》，12月，国家发改委确定娄底市为全国40个地区国家循环经济示范城市创建地区。市委、市政府将创建国家循环经济示范城市列入重要的议事日程。成立市委副书记、市长为组长的娄底市创建循环经济示范市领导小组。各县（市、区）相继成立循环经济示范城市创建领导小组，加强对创建国家循环经济示范城市的领导。市委、市政府出台《关于做好创建国家循环经济示范城市重点工作及责任分工的通知》《娄底市国家循环经济综合标准化试点工作实施方案》《娄底市“十三五”循环经济发展规划》等一系列创建循环经济示范市的政策、制度、措施。市财政每年安排预算250万元，支持创建循环经济发展。市人大、市政协积极支持和监督。是年始，市委、市政府紧紧围绕创建循环经济示范城市总体目标，推进节能减排、清洁生产、综合利用三大工程。健全组织体系、政策体系、技术体系和标准化体系四大体系建设，实施“绿色娄底四年行动计划”“城乡整治四年行动计划”“服务业四年行动计划”“湘江流域污染防治三年行动计划”，加快推进“九大环保工程”，全市基础设施建设、产业发展、环境整治、民生保障等得到全面提升；推行绿色消费，全面实施娄底市循环经济发展。2014年，全市万元地区生产总值综合能耗同比下降3.2%，新产生的粉煤炭、钢渣、脱硫石膏等产业固体废物综合利用率100%，涟钢余热、余气、余压（以下简称“三余发电”）发电量占全厂年用电总量的73%。市政府发行12亿元湘江流域重金属污染治理专项债券，推进砷碱渣无害化处理等项目建设。全市地表水质改善、饮用水源水质达标率100%、中心城区环境空气质量达标率90%，工业用水重复利用率97%。2015年1月，市政府印发《娄底市节能减排低碳发展行动方案》，加强工业节能降碳，规模以上工业单位增加值能耗，比2010年降低20%，节约112万吨标准煤。至2015年底，全市95项国家、省重点减排工程项目，完成91项。重点减排行业火电脱硫脱硝、钢铁脱硫、水泥脱硝的重点项目按期完成。省政府与娄底市政府签订“十二五”期间的减排重点项目15个，完成14个。

2016年，娄底市分两批对市内9家高能耗企业进行节能专项监察。8月，制定《娄底市经济和信息化委员会环境保护工作实施方案》，市经信委、发改、环保、水利等部门，开展工业节能及大气污染防治、水污染防治、水资源管理制度、节能减排考核等工作。2017年，全市480家砖厂，关闭取缔328

家。全市19家工业企业加大燃煤锅炉、电机系统变频节能，工业余热余压利用、能量系统优化节能技术改造，总投资3.1亿元，节约标准煤527万吨，节电4.29亿千瓦时，减少废水200万吨。全市工业污水再生利用率20%以上。全市工业固体废弃物利用量439.85万吨，粉、煤、灰综合利用率100%，有余热余压机组58.1万千瓦，年发电量42.4亿千瓦时，其中：涟钢“三余发电”由2011年的20亿千瓦时上升至2017年的30亿千瓦时，自发电量占全厂用电量85%左右，居国内先进水平。8家企业被列入全省清洁生产自愿审核试点单位。是年，全市规模工业增加值能耗同比下降9.4%；工业能耗总量1048.11万吨，下降1.5%；万元工业增加值用水量86.5立方米，下降15.2%；规模以上工业固体废弃物综合利用率86%。2013—2017年，全市获得中央、省资金支持9.51亿元，获中央、省支持的32个循环经济产业链项目全部竣工运行，《实施方案》规划任务全部实现或超额完成。

三、新型工业化标志性工程建设

涟钢200万吨／年薄板项目　1997年1月，省政府办公厅行文，同意涟钢200万吨钢／年薄板项目发展规划。娄底行署和娄底市政府，积极帮助涟钢解决实施规划涉及的征地、拆迁、水资源的问题。2000年10月，国家经贸委、国家计委将涟钢200万吨钢／年工程列入2000年国家重点改造项目计划（视为立项），2001年4月，国务院批准同意，薄板工程及其配套项目主要包括热轧薄板一期、二期和冷轧薄板及其产品深加工项目，型材厂搬迁工程，3#转炉工程，300立方米高炉大修改造工程，焦炉异地改造及配套工程，烧结机及原料场改造工程，公辅设施（含1#、2#变电站改扩建，16000立方米制氧机外部配套设施，新建2×1200千瓦热电站等10项内容），总图运输系统改造，拆迁购地（新建道路、铁路、厂区内拆迁通道，娄涟公路涟钢段增加的出口道路），移民安置等，总投资57.78亿元。华菱涟钢薄板项目被列为省“十五”计划重点项目、新型工业化10大标志性工程之首的工程。2001年12月27日，市委书记张建功、市长刘云柱主持召开华菱涟钢薄板工程建设中有关问题协调会，会议决定全力以赴支持华菱涟钢薄板项目，并就薄板工程中亟待解决的10个问题做出现场交办，会议决定，建立项目协调例会制度，确保该工程顺利进行。是年12月29日，华菱涟钢超薄板带工程铁路专用线改造工程正式启动，2002年4月，省委常委常务副省长周伯华、省委副书记、省长张云川先后到涟钢现场办公，研究解决超薄板带项目建设有关问题。2002年6月18日，华菱涟钢热轧薄板主体工程开工建设。2003年，市政府发文减免华菱涟钢薄板工程及其配套项目行政收费，10月，涟钢薄板配套项目铁路专用线改造工程建成投入使用。2004年2月4日，200万吨／年热轧薄板竣工。同时，150万吨／年冷轧薄板开工建设，2006年2月竣工。至此，总投资106亿元的薄板及其配套工程全面完成。涟钢炼钢产能由200万吨提升到450万吨。

涟钢冷轧薄板生产线（2006年11月摄）

华菱涟钢汽车板冷轧硅钢工程项目　2010年6月，国家发改委核准批复湖南华菱涟钢集团有限责任公司与安赛乐米塔尔合资建设汽车板和电工钢项目，建设年产汽车板160万吨、电工钢50万吨，总投资123亿元，包括外汇3.78亿美元。2012年6月开工建设，在项目建设期间，市委、市政府举行15次专题工作会议，市政府先后召开10次协调会，协调解决各种矛盾、问题，创造优越的投资环境。省委、省政府领导3次到现场考察、指导。2014年6月，第一卷优质汽车板用钢如期下线。

金竹山火电厂异地扩建工程　1999年，省政府第43次常务会议专题研究金竹山电厂扩建问题。2000年3月，省计委向国家计委上报《项目建议书》。2003年5月13日，国务院第八次常务会议批准湖南省金竹山电厂扩建2×600万千瓦工程项目立项。2004年7月3日，市政府向省委、省政府专题汇报，请求省委、省政府解决征地减免税费优惠政策、取得国土资源部用地审批、铁路公路连接扩建工程审批等有关问题，获省委、省政府支持。2004年9月，国家发改委核准开工，11月5日，正式开工建设。2006年7月，一期工程2×60万千瓦亚临界燃煤发电机组投产，完成投资45.01亿元。2007年7月，二期工程1×60万千瓦超临界燃煤发电机组工程破土动工，同步建设脱硫脱硝装置。1997年至2008年4月，金竹山老电厂6台机组共60万千瓦容量全部关停。2009年6月，二期工程并网发电。完成投资22.8亿元。2014年2月，金竹山新电厂3台机组铭牌增容获省经济和信息化委员会批复，总装机容量为195万千瓦。

大唐华银金竹山电厂（2000年3月摄）

双峰海螺水泥新建工程　2002年11月，省经贸委批准立项。双峰县政府发布安徽海螺集团双峰新型干法水泥建设项目优惠政策。12月16日，市政府向省政府出示关闭淘汰落后生产工艺水泥企业65家产能208.2万吨承诺函。12月17日，市委、市政府、双峰县委与安徽海螺集团签订合作协议。2003年2月27日，市委副书记、市长刘云柱主持召开市长办公会议，研究解决双峰海螺水泥工程10个问题，市财政投入600万元支持双峰海螺水泥工程前期工作经费。2002—2004年，市委、市政府主要领导先后3次带队向省政府汇报，请求帮助解决有关问题。2003年6月18日，双峰海螺日产5000吨熟料生产线开工兴建。2004年9月27日点火投产，120万吨／年粉磨站同时投产，成为湖南省第一条日产5000吨新型干法熟料生产线。2008年4月，双峰海螺股份有限公司160万吨粉磨站建成投产。2009年第二条日产5000吨水泥熟料生产线建成投产。2012年5月年产220万吨粉磨站建成投产。至此，双峰海螺股份有限公司年产值9亿元左右，利税8000万余元。

四、精品钢材及装备制造基地建设

2015年10月29日，湖南制造强省建设领导小组办公室、省经信委和市政府共同举办湖南省（娄底）汽车板及零部件产业合作对接会。2016年11月，市政府常务会议审议通过《关于支持薄板深加工及汽车零部件产业发展的若干意见》，12月，市政府发布《关于支持发展精品钢材深加工及汽车零部件产业的若干意见》，提出设立产业发展基金、财政专项资金，总规模20亿元，组建合资公司等17条政策措施，形成汽车薄板制造、交通运输设备制造、工程施工设备制造、通用设备制造、汽车整车制造、农业机械装备制造等6大产业生产基地，形成10大产业链：精品钢材及薄板深加工产业链、先进储能材料产业链、先进陶瓷材料产业链、工程机械及汽车零部件产业链、现代农机装备产业链、装配式建筑产业链、食品加工及生物医药产业链、现代文印产业链、互联网大数据产业链、节能环保产业链。

五、国家级经济园区建设

1992年3月，省体改委批准成立娄底市经济技术开发区（隶属县级娄底市）。2000年11月，市委常委会议研究决定，将原地区外资工业园与娄底市经济技术开发区合并，成立新的娄底市经济技术开发区（以下简称经开区），12月，获省政府批准。

2002年1月，市委、市政府批准成立中共娄底市经济技术开发区委员会、娄底市经济技术开发区管理委员会，市委常委兼任党委书记。

2002—2006年，经开区累计开发面积800公顷，被列为省重点扶持的高新技术特色产业基地，拥有33家薄板及深加工配套企业。同时，引进11个国家级和5个省级高新技术项目，即填补国内空白的行业尖端产品脱氧核糖、感光干膜、液压油缸、氢氧燃料产气机、涟钢冷轧板、三一重工液压油缸、众一手机、香港庄胜建材超细粉末、勘源高科防水找水等工业项目。累计完成固定资产投资26亿元，建设工业项目63个，建成投产47个。形成薄板加工、先进制造、新材料、新能源、生物制药和食品加工等优势产业和特色产业集群。

2012年10月，经国务院批准，娄底经开区升级为国家级经济技术开发区。2013年9月，市政府批准国家级娄底经开区2013年第一批次用地开发方案。2015年8月，市委常委会议决定，将部分市级行政审批事项和管理职能下放给经开区。2016年1月，市委、市政府下发《关于将部分市级行政审批事项及管理职能下放给娄底经济技术开发区的实施意见》，授予经开区8类41项实际行政审批事项及管理职能。

2017年7月，市政府发布《关于支持娄底经开区设立电池与储能电池产业园的若干意见》，提出十项政策措施。是年9月，市委、市政府印发《娄底经开区体制机制改革方案》《深化经开区投资有限公司体制改革实施方案》，授予娄底经开区行使1473项经济社会管理职能，其中审批管理类312项、执法检查类1152项。是年，经开区被确定为“国家高科技产业基地”“国家新型工业化产业示范基地”“大众创业万众创新示范基地”，进入全省园区前列。

2002—2017年，经开区累计开发面积1758公顷，落户工商企业1121家。其中，规模以上企业118家、世界500强企业12家、上市公司10家、大型央企8家。总投资1338.67亿元。经开区向“双千亿”（钢铁新材料、工程机械及汽车零配件产值各1000亿元）国家级经济技术开发区发展。

六、“两型社会”示范片万宝新区建设

2009年11月6日，省委、省政府批准同意水府片区纳入长株潭城市群示范区，2009年11月17日，市委三届六次全会通过《中共娄底市委关于对接融入长株潭，发展壮大区域经济，加快推进“两型社会”建设的决定》。2010年4月，省政府办公厅《关于长株潭城市群“两型社会”建设示范区规划编制有关事项的通知》，明确水府示范区规划面积120平方千米，规划建设用地控制在50平方千米以内，起步区8平方千米。市委、市政府组建工作班子，编制《娄底市“两型社会”建设综合配套改革实施方案》《水府示范区规划》，组建万宝新区、东部新区为“两型社会”建设示范区，报经省政府批准。11月，省政府批准设立娄底水府示范片区万宝新区。12月，市委、市政府出台《关于支持娄底水府示范片万宝新区建设发展的若干意见》，确定万宝新区机构设置、人事制度、建设管理、土地管理、财税金融、行政审批等管理体制，财税单独核算。2011年1月，万宝新区挂牌。

2011年，《长株潭城市群“两型社会”示范区娄底水府片区规划（2010—2030年）》经省政府批复实施。

2012年8月，市委、市政府印发《娄底市全面推进“两型社会”建设实施方案》，明确指导思想、主要目标、重点工作及责任分工，突出示范引领，强化保障措施。2013年9月，万宝新区控制性详规通过娄底市规划委员会审查。2015年4月，市政府批准实施。2016年，万宝新区被省政府确认为全省电子商务示范集中区。2017年5月，市委、市政府印发《娄底市深化“两型社会”建设综合改革，加快推进生态文明建设行动计划》。计划到2020年全面完成全市“两型社会”试验区第二阶段综合配套改革任务。

2010—2017年，万宝新区累计开发土地451.86公顷，投入工业项目建设资金494.92亿元，到位外资和港澳台资2.82亿美元，建成投产项目220个，其中重大工业项目88个。规模以上企业26家。重大农业项目39个，第三产业企业93家。以互联网为龙头的产业93个，完成投资166.45亿元。8个房地产（安居工程）项目，累计完成投资37.48亿元。财政收入14.07亿元。

第三节 基础设施

一、交通建设

（一）铁路

1993年3月，行署召开湘黔铁路电气化工程娄底段建设会议，成立铁路建设指挥部，地委、行署主要领导担任指挥长，相关部门和县市领导为成员，抽调得力干部组成办公室处理日常工作。6—7月，行署办发布《关于铁路建设问题现场办公会议纪要》《关于切实抓好湘黔铁路娄底地区段电气化改造和复线建设征地拆迁等工作的紧急通知》，湘黔铁路改造工程开工建设。1995年，娄底火车站由北面移至南面新建开工建设。1996年5月，行署办发布《娄底火车新客站建设现场办公会议纪要》。1996年，湘黔铁路娄底段全线完成双线改造和电气化改造，电动控制代替人工控制，电力机车取代蒸汽机车，信号实现全自动化，车辆运行提速到120千米／小时。2010年8月，洛湛铁路益娄段全线开通，娄邵铁路提质改造工程完工。是年，沪昆高速铁路娄底段85.3千米动工建设。2013年9月，国家发改委、交通运输部、铁路局、工业和信息化部等12个部委局联合印发全国物流园区发展规划，将湖南省岳阳、娄底市列为全国二级物流园区布局城市。2014年，市长办公会专题研究境内沪昆客运专线和娄邵铁路扩能改造、高速公路建设等项目。是年10月6日，沪昆高铁长沙至新晃通车运营，娄底南站、新化南站同时启用。至此，东西走向的沪昆高铁、湘黔铁路和南北走向的洛湛铁路在娄底交会，娄底市成为湖南省“田”字形铁路中心，成为湘中铁路交通枢纽城市。

（二）公路

1990年，全地区公路通车里程2895.26千米，其中乡道通车里程1293千米，砂石路面，等级低、路况差、大部分村没有通车公路。1995年11月，地委、行署决定全区实施公路建设三年行动活动，是年，全地区通乡公路3303千米。1997年4月，地委、行署发布《关于修建娄涟高等汽车专用公路的决定》，1998—1999年，行署常务会先后六次专题研究交通等基础设施重大项目建设问题。2000年，全市县乡通车公路3482千米。是年7月，开工建设潭邵高速，境内主线长40.8千米，连接线11.88千米。2001年，全市公路管理体制改革，县（市、区）公路人、财、物均隶属娄底市公路局管理。2002年12月26日，潭邵高速公路建成通车。2004年，全市实行公路体制改革，实行“建、养、管”统一运行机制。2006年，全省统一部署，启动村道通畅工程升级改造。是年，全市县乡通畅公路里程8167千米。2007年3月，市政府办公室印发《娄底市农村公路建设管理试行办法》，2008年，市政府发布《娄底市公路路政管理办法》。全市干线公路全部改造成沥青混凝土路面。是年8月，娄新高速开工建设，境内主线长95.71千米，连接线13.29千米。2009年7月，新化—溆浦高速公路建设，境内主线长52.7千米，连接线34.65千米。2010年6月，开工建设安邵高速，境内主线长60千米，连接线21.88千米。10月，开工建设长韶娄高速公路，境内主线长29.3千米，连接线18.51千米。是年，全市农村公路畅通里程9441千米。2012年娄新高速公路竣工通车。2013年7月，开工建设娄衡高速公路，境内主线长37千米，连接线10.3千米。2014年12月31日，长韶娄高速、新溆高速公路竣工。2015年7月，开工建设益娄高速公路，境内主线长35.84千米，连接线6.71千米。2016年，开工建设涟源龙塘—新化琅塘镇高速公路，主线长52千米。2016年4月，市政府常务会议通过《娄底市交通运输“十三五”发展规划》。2016年12月30日、31日，娄衡高速、安邵高速分别竣工。2017年12月31日，益娄高速公路竣工，东西走向的沪昆高速、320国道和南北走向的二广高速、207国道、益娄衡高速等国、省干线公路在娄底市交会，娄底成为湘中公路交通枢纽。截至2017年，全市公路通车里程1.51万千米，是1990年的5.31倍。其中专用公路156.4千米，高速公路351.35千米，国道364.79千米，省道1147.6千米，县道2308.93千米，乡道3817.27千米，村道6961.5千米。

二、输变电中心建设

1991年，娄底行署报请省政府建设五强溪至娄底，民丰至株洲云田的500千伏输电线路、民丰500千伏变电站。1996年7月，民丰变电站主变压器并网运行，成为继常德、株洲之后全省第三座500千伏输变电站，娄底成为湘中电网输变电中心。2017年底，全市拥有500千伏线路5条，长564.9千米，220千伏变电站21座，主变压器49台，容量523万伏安。娄底电网成为湖南“西电东送”“北电南送”的重要枢纽，形成以民丰500千伏变电站为中心、以220千伏线路为骨架的高压供电网络，并通过6条500千伏、9条220千伏输电线路专线与域外电网相连的中、东、西部电网。

500千伏民丰变电站（2009年8月摄）

三、通信网络建设

1991年9月22日，娄底开通4000门程控电话。1993年9月，娄底市（县级）市内交换机容量1万门。1997年，娄底开始建设163网和169网，开辟互联网业务。2000年，全市进入2G网络，移动完成163网和169网两网合一工程，联通完成130网、133网工程建设。2001年，开始宽带网络建设。2009年，全市进入3G网络。2013年，娄底宽带出口由80G扩容到120G。2013年12月，开启4G网络建设。2014年，建成娄底城镇“天网工程”。2014年，数据扩容到160G。2015年，数据扩容到200G。2016年，数据扩容到320G。2016年12月，市政府常务会议审议《智慧娄底规划（2016—2020年）》《智慧娄底建设“五年行动计划”》《智慧娄底建设PPP项目实施方案》。是年，城市“天网工程”延续到农村。2017年，数据网络扩容到520G。CN2开始承载集团MPLS—VPN电路及移动网络语音流量，4G网络全覆盖。娄底电话网络全部由IMS网络组成。

第四节 商贸旅游

一、国内贸易

1990年，全地区社会消费品零售总额14.04亿元。1995年，全地区社会消费品零售总额36.90亿元。1991—1995年，年均增长21.78%，其间，家电等普通耐用消费品快速进入家庭。1996—2000年，社会消费品零售总额年均增长9.88%。2005年，全市社会商品零售总额96.43亿元。2008年，家用汽车等耐用消费品逐步进入居民家庭。2010年，社会消费品零售额217.67亿元。2015年433.82亿元，2017年537.44亿元，2017年是1990年的38.28倍。

2009—2012年，娄底市连续举办湖南第一至三届农业机械、矿山机械、电子陶瓷产品博览会（以下简称“湘博会”）。从2013年的第四届“湘博会”开始，省政府决定“湘博会”永久性落户娄底。

二、外经外贸

1990—1993年，全地区外贸主要完成省下达的收购（供货）任务。1994年始，全地区推行外经外贸“四结合”改革，外贸经营额达到2.25亿元。1995年，进出口总额为0.19亿美元，利用外资1456万美元。2003年，全市进出口额突破1亿美元，利用外资0.51亿美元。2005年，外贸进出口总额突破4亿美元。2007年，双峰县成立第一家加工贸易企业双峰县湘源皇视电子有限公司，年出口超过200万美元，成为第一个省级地方出口名牌和国家级出口名牌。2008年，省政府批复同意开放娄底铁路口岸。是年进出口总额突破10亿美元，利用外资1.2亿美元。2011年，全市进出口总额突破20亿美元，利用外资1.68亿美元。2013年5月，韶山海关驻娄底监管组挂牌成立，实现市内办理海关业务。2014年，娄底市检验检疫机构挂牌，结束了进出口产品不能在本地报检历史。涟源市获批“省级农产品出口基地市”，为全市第一个出口基地，“湘中黑牛”获评全省出口名牌产品。是年，外贸进出口总额15.72亿美元，利用外资3.25亿美元。2015年10月，全市服务外包基地被省商务厅命名为“湖南省服务外包示范基地”，是年，娄底铁路口岸建成。2016年8月，湖南新合作湘中物流保税仓库获长沙海关批准设立，成为娄底首家公用型保税仓库。2017年，外贸进出口总额12.21亿美元，利用外资4.62亿美元。

三、旅游业开发

1990—1994年，全地区旅游业发展处于民间自发阶段。1995年，娄底行署发布《娄底地区第三产业规划（1995—2000年）》，全面推进交通、通信、旅游、商贸物流业发展。全地区旅游业开始起步。

2000年，全市接待游客60.2万人次，旅游综合收入2.7亿元，在全省排名第13位。2004年，市政府编制出《娄底市旅游发展总体规划》。2005年8月，市政府批复实施《娄底市旅游总体规划》，全年接待游客177万人次，实现旅游收入8.5亿元。2009年，接待游客突破540万人次，旅游收入27亿余元，比2005年分别增长300%和320%。

2010年，娄底被认定为“中国优秀旅游城市”。2011年，市委、市政府作出“旅游兴市”战略，出台系列产业引导政策，市财政旅游发展专项资金从2009年的200万元提高到400万元，2015年增至500万元。2013年，新化县被确定为首批“全省文化旅游特色产业重点县”，并连续三年获得省财政每年1亿元的旅游扶持资金。

2016年2月和11月，新化县和涟源市分别进入第一批和第二批创建“国家全域旅游示范区”名单。是年9月，市政府常务会议审议通过《娄底市旅游业“十三五”发展规划》，娄底进行新一轮旅游综合改革。截至2017年底，全市创建国家AAAA级旅游景区4个、AAA级旅游景区10个、AA级旅游景区1个。是年接待旅游总人数3466万人次，实现旅游总收入251亿元，从业人员近8万人。娄底全域旅游格局初步形成。

第五节　金融保险业

1990年，全地区有人民、中国、工商、农业、建设银行、农村信用社、邮政储蓄、保险公司等金融机构8家，各项存款余额14.66亿元，各项贷款余额20.51亿元，保险公司保费收入3280万元，理赔1933万元。全地区金融机构实现经营利润1354.6万元。

1992年至1993年上半年，农村互助储金会、农村合作基金会等未经人民银行批准的社会金融组织逐渐蔓延，对全地区金融秩序产生较为严重的影响。银行同业间无序竞争激烈，违章拆借资金、压票压汇、变相提高存贷款利率、超限额发放贷款等问题不同程度发生。1994年，人民银行娄底分行进一步转换职能，加强金融监管，全地区金融秩序逐步规范。是年12月，中国平安保险娄底中心支公司成立，打破保险业由人保公司独家经营格局。1995年，行署发布《娄底地区第三产业发展规划（1995—2000年）》，深化金融体制改革，加强金融生态建设。各金融机构贯彻《中华人民共和国中国人民银行法》《中华人民共和国商业银行法》《中华人民共和国票据法》《中华人民共和国保险法》，加强依法合规经营。湖南证券娄底营业部开办经纪上海、深圳证券交易所上市股票业务。至年底，除农村信用社减少605个村信用站外，全地区银行、保险、证券、信托等金融机构共增设储蓄所、代办处等169个营业网点，从业人员增加到9400多人。1996年，金融体制改革深入发展，信托、证券业与银行业脱钩，证券监管由人行监管改为证监委监管。工、农、建3家银行的信托办事处被撤销，财政信托办事处停办新的业务（2001年被撤销）。全地区农村信用社与农行脱钩。中国农业发展银行娄底地区中心支行成立，其业务由农行代理改为自营。保险业实行财险、寿险分营，分设中保人寿娄底分公司、平安人寿娄底支公司，财产险、人身险险种增加，业务加快发展。

1997年，各国有商业银行逐步推进商业化经营，突出内控和效益管理，加大力度处置和剥离不良资产，强化金融生态环境建设。1998年，中国保监会成立，娄底境内保险业监管由人民银行娄底分行改为省保监局负责。湖南证券营业部拓展冷水江服务部，开通"天亿"网上股票交易。1999年，行署组织清理"两会一部"（农村合作基金会、农村互助储金会、供销社股金服务部）等社会金融组织。将符合条件的77家农村合作基金会并入各县（市）农村信用社，20家基金会被清盘关闭。农发行娄底分行加强政策性贷款资金封闭管理，加大农业综合开发，支持娄底高溪集团等"十大农业产业基地"开发建设。工、农、中、建4家国有商业银行加快向商业银行转轨步伐，加大对不良资产清收与处置。至2000年，工、农、中、建4家国有商业银行的娄底市分行分别以1999年6月30日或9月30日为时点，向华融、长城、东方、信达4家资产管理公司剥离不良资产本息共19.44亿元。人民银行娄底中心支行引导各银行机构运用货币工具，发展票据业务，娄底市成为中南地区的重要票据集散中心。2001—2008年，各银行、信用社执行稳健的货币政策，支持涟钢薄板工程等大型项目建设和中小型企业发展，支持城镇基础设施建设，加大对民营企业的信贷投入，发展个人消费贷款业务。2003年，中国银行业监督管理委员会娄底监管分局成立。全市初步形成"一行三会"监管体制（即人民银行、银监会、保监会、证监会的分业监管）。2005年，省农村信用联合社成立娄底办事处，全市信用社形成从上到下的管理系统。各县（市、区）农村联合社加强一级法人改革和扩股增资工作，五县（市、区）联社共扩股增资10.6亿元，人行娄底中心支行向各县（市、区）信用联合社发行中央银行专项票据9.57亿元，用于置换信用社的不良资产。农发行娄底分行在保证粮棉油等政策性信贷业务的基础上，逐步发展商业性经营业务。保险系统全面引入市场竞争机制，泰康人寿、太平洋财险等13家保险公司先后登陆娄底。安信证券等6家公司先后入驻娄底开设营业部。证券业打破方正证券独家经营格局。先后成立开源担保等6家担保公司和娄底市城建投等3家创投平台公司。各国有商业银行和人保、人寿、平安保险等机构推进股份制改革。建行、中行、工行、农行和人保、人寿、平安保险等金融机构先后改制为股份制公司，先后在上海、深圳和香港证交所上市。娄底邮储分局改建成立中国邮政储蓄银行湖南省娄底分行。市政府成立财税金融工作办公室，协调管理全市财税、金融、保险、证券工作。2006年5月，市委、市政府发布《关于进一步加强全市金融工作的若干规定》。

2009年，方正证券娄底营业部开户6.22万户，经纪股票基金交易453.79亿元，托管客户资产22.5亿元。6家担保机构为2200多家中小企业提供融资信用担保，破解企业"贷款难"和银行机构"难贷款"困局。

2010年，市委、市政府加强金融安全区建设，强化社会征信与金融稳定工作，打击和处置非法集资（简称"打处非"），防范和化解金融风险。5个县（市、区）全部达标市级金融安全区，其中冷水江、双峰、涟源三县市通过省级金融安全区验收，全市成为全省第一批金融生态良好城市。2011年5月，市政府主持召开银企洽谈会。双方签约贷款项目221个，贷款160.62亿元，以后每年市政府都主持召开银企对接洽谈会。2013年，市政府成立打击和处置非法集资工作领导小组，开启打击和处置非法集资工作。2015年，全市银行业共清收、处置不良贷款38.19亿元。2010—2017年，县（市、区）农村信用社联合社先后改制为农村商业银行。全市先后引进4家股份制银行和设立4家村镇银行，引进10家保险机构和5家证券机构，新增12家担保公司，成立9家小额贷款公司和7家创投平台公司、4家基金投资公司。全市金融业形成政府引导协调，行业监管自律，中央银行、政策性银行、大型国有商业银行、股份制银行、地方性银行和证券基金投资、保险与担保配套服务的较为全面的金融体系。2015—2017年，全市查处非法集资刑事立案82起，依法判决72起，清退兑付31.44亿元（含以物抵债）。

2017年末，全市银行业金融机构本外币各项存款余额1716.19亿元，本外币各项贷款余额890.23亿元；保险业发展各类险种260多个，实现保费收入51.14亿元，赔给付支出18.53亿元；证券业经纪股票基金交易1783.88亿元，期货交易1316.38亿元。小贷公司投放贷款余额4.34亿元。担保业为3400多家中小微企业提供担保服务。全市实现金融业税收收入7.17亿元，经营盈利13.88亿元。

第六节　城乡建设

1990年，全地区加大市政公用设施建设力度，村镇建设总投入7亿元，中心城区道路、公园、城市生活垃圾填埋场、污水处理厂建设，完成投资17.28亿元，城乡住宅竣工392万平方米，城镇人均居住面积13.43平方米，农村人均居住面积33.18平方米。1990—1992年，娄底行署对原城市规划进行修订，形成《娄底市城市总体规划（1990—2010）》。规划将娄底市建设成一个多功能、开放型、社会化、现代化、花园式中等城市。形成湘中经济节点上的主要城市和交通枢纽，建成以钢铁工业为基础，机电、建材、轻纺工业为重点的现代化工业城市。至1999年，中心城区完成第二轮《娄底市城市总体规划（2000—2020年）》修订工作。2000年，市政府出台《关于进一步加快小城镇建设发展的若干意见》，市人大常委会审议通过《关于加强娄底市中心城区城市规划、建设、管理的决定》，城市建设走上快车道。2001—2002年，市政府加大市政设施建设力度，投资12.41亿元，用于供、排水设施改扩建和城区道路提质改造。2002年11月27日，市委扩大会议贯彻落实全国、全省建设工作会议精神，决定实施中心城区“扩容提质、北扩南移、不求最大，但求最美”的城建发展战略，同时推进县（市、区）城区建设，扶持小城镇，提升城市品位，构建以中心城区为中心，以县（市、区）城区为节点，以中心城镇为依托的城镇化发展格局。全市城镇建成区面积97平方千米，其中，中心城区面积42平方千米。2003年，市委、市政府推出城乡建设坚持以“人的城镇化”为核心，对接大长沙，使之成为长株潭城市群副中心；对内树立中心城区区域“龙头”地位，着力打造娄底、涟源、双峰主板块，冷水江、新化副板块，以周边建制镇为支点的湘中城市群，全面改造“城中村”，将村民有序转为市民。2007年4月，市委、市政府发出《关于加快小城镇建设统筹城乡协调发展的意见》。2010年5月，市委、市政府发布《关于构建城乡一体化发展格局、加快现代农业建设步伐的意见》，2011年3月，市委、市政府下发《关于统筹城乡发展的指导意见》。2012年，娄底市获批国家可再生能源建筑应用示范城市。2013年7月，市委四届四次全会（扩大）通过《中共娄底市委关于融城战略推进可持续发展的建议》。是年12月，市人大常委会第六次会议审议通过《市人民政府关于提请审议实施融城战略可持续发展的决定（草案）的议案》。2014年12月，市政府印发《娄底市推进新型城镇化实施方案（2014—2020年）》，建立新型城镇化目标管理考核指标体系。2015年8月，市政府发布《关于在中心城区禁止燃放烟花爆竹的通告》。2016年7月，市政府出台《娄底市加速转型奋力赶超中心城区提质扩容三年行动计划实施方案》。2017年3月，市政府出台《娄底中心城区市容环境集中整治行动实施方案》。是年，中心城区建成主次干道和街巷188条，道路面积21.2万平方千米，桥梁27座，地下人行通道8条，全市城市道路总里程1048千米，供水管网1453千米，自来水普及率100%，天然气储能48万立方米，娄星区、涟源市、冷水江市、新化县、双峰县城区居民全部用上管道天然气，用气居民132.48万人。城市绿化面积4839.96公顷，建成各类公园绿地、广场34个，人均绿地面积10.58平方米，绿化覆盖率38.13%。全市建成城市污水处理厂8座，乡镇污水处理厂5座，垃圾无害化处理设施6处，无害化处理率98.3%。地下综合管廊、海绵城市建设加快推进。实施治河工程，娄底、新化、冷水江、双峰等县（市、区）防洪工程基本完成，城市基础设施建设显著改善，城市综合承载力明显增强。是年，全市城镇人均住房面积45.1平方米，物业覆盖率40%以上。农村人均居住面积72.1平方米。城乡一体化、美丽乡村建设步伐加快。全市城镇化率47.31%。城乡规划、基础设施、公共服务、产业布局、市场建设、城乡统筹、道路交通、电力通信、供水、排水、污水垃圾治理等基础设施建设同步推进。生活垃圾集中统一治理的村1745个，占全部建置村95%。杨市、青树坪、三塘铺、温塘、琅塘等建制镇被列入国家、省级重点镇、历史文化名镇和省级中心镇名单。荷叶镇、禾青镇被列入中国特色小镇建设名单。正龙村等6个村入选中国传统村落。会星、万乐、南阳等11个村获评“湖南省美丽乡村示范村”。娄星区万宝镇石塘村获评“全国文明村镇”“全国首批生态文化村”，杉山镇万乐村获评“湖南省改革开放40年十佳美丽乡村”，冷水江市铎山镇金星村获中国美丽乡村百佳范例称号，新化县天门乡土坪村获评全国美丽宜居村庄。

第七节　生态环境

一、环境保护

1991年，全地区工业废水、废气、固体废弃物（以下简称“三废”）排放量在全省均居前三位。1991年，行署编制《娄底地区环境保护“八五”规划》，坚持生态保护和污染防治并举，划定生态“红线”，着力解决重点企业、重点行业、重点区域环境污染难题，严格落实“党政同责”“一岗双责”，初步形成政府统领全局、部门各司其职、企业履行主体责任、全社会齐抓共管的大环境工作格局。1990—1995年，全地区投入资金3579.12万元，建成工业废水治理项目151个，增加废水处理能力504万吨／日。

1996年起，实施《娄底地区“九五”期间主要污染物排放总量控制计划》。1996—2000年，全地区投资1.17亿元，升级改造工业废水污染治理项目20个，增加废水处理能力72万吨／日。地区行署狠抓污染源关停并转工作，全市依法炸毁、查封、关停非法小煤窑700多座，铲除严重影响铁路、公路交通安全和严重污染环境的土焦炉90座，取缔、关停严重污染小型企业117家。

2001年，根据省政府湘、资、沅、澧四水治理方案，市政府实施《涟水河综合整治规划方案》《娄底市环境保护“十五”计划和到2015年远景目标纲要》。以达标排放为重点，狠抓工业企业“三废”污染物排放达标工作，解决涟水、孙水和资江辖区内河段污水排放问题，列入省直接监督的8家重点企业全部通过省环保局验收、列入市局监督的192家工业企业168家达标，关停23家。在产业结构调整中，全市关闭设备落后污染严重的小水泥厂43家、小煤窑682家。2003年，市政府获湖南省1998—2002年政府环保目标责任考核一等奖。2001—2005年，全市建成工业废水治理项目63个，增加废水处理能力100万吨／年。

2006年始，全市实施《娄底市“十一五”环境保护规划》。2010年，市政府出台《娄底市环境污染责任保险工作实施意见（草案）》。

2011年始，实施《娄底市“十二五”环境保护规划》。市长办公会议多次研究湘江流域重金属综合治理、节能减排等工作。2012年8月，市委、市政府下发《娄底市孙水河综合整治实施方案》，2015年4月，市委常委会议研究落实省政府办公厅《关于支持娄底市资源型城市转型发展的实施意见》。2011—2015年，全市采用化学和物理相结合的办法，强化水、大气、重金属污染和农村养殖污染等重点领域治理，化学需氧量、氨氮分别减少3871吨、462吨。全市新建工业废水处理设备201套，废水处理能力增加到564.7万吨／年，主要污染物总量控制任务圆满完成。

2016年12月，市政府常务会议审议通过《娄底市“十三五”环境保护规划》。锡矿山地区污染被纳入国家湘江流域重金属污染治理重点项目，到位环保资金20亿元，走上规范、绿色、生态恢复之路。全市完成93个产业结构调整项目。新化县通过锑品企业整合升级，淘汰非法锑品生产企业26家，所有纳入规划的产业结构调整项目全部完成整合或淘汰退出。是年，市政府颁布《娄底市孙水河保护条例》，2017年5月，发布《关于全面推行河长制的实施方案》《娄底市公众举报环境违法行为奖励暂行办法》《娄底市水污染防治计划实施方案（2016—2018年）》，市长办公会重点研究湘江、资江流域娄底段截污和水体治理，实行河长制工作。全市重点开展饮用水安全整治工作，同时，开展工业废气、工业固体废弃物、医疗废弃物、城市噪声和核、电子电离辐射等环境的整治，划定环境“红线”，开展矿山环境、农村居住环境整治和自然资源、矿物资源、动植物资源保护工作。

1990—2017年，全市环保部门持续开展“中华环保世纪行”“三湘环保世纪行”“六五”世界环境日活动，加强环保宣传，提高全民环保意识，增强环保国策观念，创建“绿色学校”“绿色幼儿园”“绿色小区”活动，组织青少年开展生物和环境科学实践和环保志愿者活动，对环保管理行政机关干部、企业领导和相关人员，进行政策法规和业务培训。强化排污费征收执行力度。市委、市政府贯彻习近平总书记关于“绿水青山就是金山银山”和绿色发展的重要指示与新《中华人民共和国环保法》，按照中央环保督察组的要求，加大环保督察和执法力度，全市相继立案查处196起环境违法案件，移送公安机关行政拘留45起，追究刑事责任7起。全市开展自查自纠，边检查、边督办、边整改，较好地解决涟钢、冷钢、锡矿山地区等重点污染区域历史遗留突出问题。农村畜禽养殖和水域养殖污染区域性、系统性问题得到彻底整治，全市环境质量实现历史性好转。

二、生态建设

1990年，全地区以消灭宜林荒山为重点，大规模开展全民义务植树活动，推进全面绿化达标，全地区人工造林1.42万公顷。1991年始，全地区继续致力消灭宜林荒山。1990—1994年，完成人工造林7.71万公顷，飞机播种造林1.93万公顷，中幼林抚育4400公顷，封山育林11.28万公顷。全地区全面绿化达标。娄底市（县级）在省绿化委员会首届“争创造林绿化‘四佳’活动”评比中，获先进县（市）称号。1995始，全地区加速发展高效林业。1996—1997年，省委、省政府先后授予冷水江市、双峰县、涟源市、新化县全面绿化达标先进市（县）称号。1997年，国家林业局批复同意娄底市（县级）建设森林城项目建议书。2000年，市长办公会议专题讨论通过《娄底市绿化建设实施办法》。1995—2000年，全地区共完成人工造林1.73万公顷，封山育林3.04万公顷。

2001年始，全市以退耕还林为重点，突出生态建设和发展高效林业，致富林农。新化县被列入全省退耕还林试点县。2002年，市长办公会议通过《退耕还林和生态补助办法》。2001—2005年，全市人工造林4.83万公顷，封山育林3.4万公顷。

2006年始，全市加大集体林权制度和林业配套改革力度，推进林业高质量发展。3月31日，娄底市荣膺“全国绿化模范城市”称号。市长林武参加在北京召开的全国造林绿化表彰大会。2009年，全市推进林业基金改革，确保基层林业部门正常运转和林农负担不反弹。2009年11月，贯彻执行《湖南省紫鹊界梯田梅山龙宫风景名胜区保护条例》，推进城乡绿化工作。2010年，40.27万公顷集体林权落实到千家万户。是年，市长办公会议多次研究创建国家园林城市、卫生城市、文明城市工作，出台《娄底市生态红线划定方案》。2006—2011年，全市完成造林5.16万公顷，封山育林8.45万公顷。2012—2015年，全市开展绿化娄底四年行动和秀美村庄三年行动计划、“天蓝水净地绿”三年行动。人工造林7.4万公顷，封山育林1.2万公顷。2015年12月，娄底市政府、湘潭市政府签署《共同保护水府庙水库行动宣言》。2016年，林业部和省林业厅批准娄底国家级生态公益林保护面积23.20万公顷，娄底市获评全国绿化先进集体。

2017年1月，市委常委会议审议通过《娄底市领导干部生态环境损害责任追究实施细则（试行）》；是年4月，市委、市政府下发《娄底市全面深化“两型社会”建设综合配套改革，加快推进生态文明建设行动计划》，是年，林下经济发展面积10.58万公顷，产值47.24亿元。建成国家、省级林业龙头企业39家，年产值4.99亿元。省级现代林业特色产业园11家，年产值26.61亿元。全市森林面积达到39.82万公顷，活木蓄积量1341.4万立方米，森林覆盖率50.3%。

1990—2017年，全市总计人工造林32.26万公顷，年均1.08万公顷，完成林业科研生产和科技推广项目27项，获省科技进步二等奖、三等奖10项，获科学技术推广成果奖10项。全市查处涉林违法犯罪案件6765起，依法打击违法犯罪人员9568人，挽回直接经济损失2402.7万元。全市林业实现改革转型跨越式发展，基本建成娄底生态安全屏障。

三、绿色与可再生能源建筑推广应用

2006—2008年，全市执行建设部《绿色建筑评价标准》《绿色建筑评价技术细则（试行）》《绿色建筑评价标识管理办法》。2009—2010年，市建设局启动《绿色工业建筑评价标准》《绿色办公建筑评价标准》编制工作。2011年，市住建局、财政局向国家、省申报可再生能源建筑示范城市，印发《关于可再生能源建筑应用推广管理办法的通知》《关于在公共建筑规模以上建筑中采用可再生能源的通知》《娄底市可再生能源建筑应用项目建设运行管理暂行办法》。2012年8月，娄底市获批国家可再生能源建筑应用示范城市，获中央财政补助资金5000万元，示范推广应用面积达到200万平方米。9月，市政府成立娄底市建筑节能工作领导小组，下设可再生能源建筑应用项目管理办公室，同时设立娄底市建筑节能工程监理项目部，承担应用示范项目的实施、验收管理工作。是年，市政府出台《娄底市可再生能源建筑应用“十二五”专项规划》，住宅、学校、医院、办公楼，普及地源热泵或太阳能热水系统，或采用地源热泵采暖空调系统。农村普遍推广太阳能热水器。2012年，全市强制执行国家《绿色建筑评价标准》。2013—2017年，市政府相继出台《关于进一步做好可再生能源建筑应用推广工作的通知》《关于加快推进可再生能源建筑应用示范项目的通知》，截至2017年，全市完成可再生能源建筑应用项目40个，建筑面积263万平方米。再生能源建筑在建工程21项，面积181万平方米。

2014年，市政府制定《娄底市绿色建筑行动实施方案》，启动绿色建筑评价标识工作。2016年，全市强力推行《娄底市绿色建筑行动实施方案》，从立项、设计、招投标、方案审查、初步设计审批、施工图审查备案等环节层层把关。国家投资的公共建筑、保障性住房以及2万平方米以上的大型公共建筑，一律按《绿色建筑评价标准》建设。全市新建民用建筑面积381.78万平方米，建筑节能面积319万平方米，娄底高铁南站枢纽工程获绿色建筑设计标识一星级。全市绿色建筑星级项目设计、建筑面积与新建建筑面积比例年均达到20%，符合省里绩效考核指标。2017年，市创业创新服务大楼27层，建筑总面积5.3万平方米，获得省住建厅绿色建筑二星级设计标识证书。市中心医院住院部E区，高22层，建筑面积近5万平方米，获湖南省绿色建筑施工证书。

第八节　社会事业

一、科学技术

20世纪90年代，地委、行署颁发《科技兴娄纲要》，实施科技兴娄战略，加强科研机构和科研队伍建设和经费投入，制订重大科研、中间实验、新产品试制计划（以下简称三项计划），落实国家、省“星火计划”“火炬计划”“巨龙计划”，提升工农业科技含量。全地区科研机构由1990的32个增加到1999年的45个，科研人员由1990年的120人增加到1999年的340多人。1999年6月，地委、行署做出《关于科技兴农的决定》，提出科技兴农6项措施。2000年5月，市委做出《关于加强技术创新，加快发展高新技术产业的决定》，要求营造良好政策环境，大力推进高新技术产业化和传统产业高新技术化。2008年，全市贯彻国家知识产权法，加大知识产权保护、推广和应用力度。2001—2005年，娄底市被列为省国家农村农业信息化试点市。市政府助推300多家企业与国内外56所高校和科研院所进行合作，攻克核心关键技术130余项。2006年8月，市委、市政府做出《关于建设创新型娄底的决定》并制定若干配套政策。2014年10月，市政府印发《娄底市质量兴企、名牌强市战略“十二五”实施方案》，设立市长质量奖。2016年4月，《2016湖南创新发展研究报告》发布，娄底创新发展综合能力在全省各市州位列第六，创新绩效位列第三。12月，市政府常务会议审议通过《娄底市“十三五”科技发展规划》。2017年，全市科学技术投入1.19亿元，完成高新技术产业总产值1102亿元，高新技术产业增加值218.6亿元，全市申请专利1871件，发明专利申请309件，专利授权1143件，发明专利授权106件，全社会研发经费支出15.91亿元，国家科技惠民计划和省科技重大专项落户娄底。截至2017年底，全市有国家级技术创新平台8个，国家级院士专家工作站1个，国家级博士后科研工作站1个，省级院士工作站2个，省级重点实验室1个，省级工程技术研究中心和科技企业孵化器8家，省级众创空间和星创天地15个，省级企业技术中心14个。高新技术企业133家，省级高新技术产业开发区2家，省级农业科技园区1家。专利申请总量1.65万件，发明专利申请年均增长12%。拥有科普示范基地400个，农村科普e站120个，社区科普e站60个，青少年科技活动示范学校15个，省级农村农业信息化基层站（点）68家，一村一网服务点176个。共获国家级科研成果奖6项、省级164项、市级165项。

二、教育事业

1990年，全地区有各级各类学校3194所，在校学生72.87万人，教职工4.36万人。1992年，地委、行署召开全地区教育改革会议，印发《关于加快教育改革和发展若干问题的意见》，全地区普及初等教育。1993年，全地区3所特殊教育学校相继建立。娄底市、冷水江市分别于1993年、1996年被评为全国特殊教育先进市。1993—1997年，普职分流（普通高中与职业学校招生比例）连续五年位居全省前列。1997年达60.2%，居全省第一。是年，全地区基本扫除青壮年文盲，非文盲率99.4%。娄底市被评为全国扫除文盲先进市，双峰县成人教育办公室获全国第四届“中华扫盲奖”。全地区职业教育学校从1990年的27所，增至1999年的149所。1999年，提前一年普及九年义务教育，全地区小学、初中适龄儿童少年入学率分别达到99.82%、96.27%。冷水江市工业职业中等专业学校、涟源市工贸职业中等专业学校被评为国家级重点职业学校。民办教育由缓慢发展转向较快发展，素质教育在全地区推行。是年，地区确定娄底一小等23所学校为第一批素质教育示范学校。娄底广播电视大学开展“人才培养模式改革和开放教育”试点，开始举办本科教育。2000年，全市大中专招生和毕业生分配制度全面实行“并轨”改革，招生计划仅有国家指令性计划，取消委培自费生招生计划，取消统包统分制度，实行“双向选择、自主择业”就业制度。是年，市委、市政府印发《关于深化教育改革全面推进素质教育的实施意见》，开启教育强市战略，各类教育加快发展。娄星区、冷水江市分别被评为湖南省区域性素质教育优秀区、市。全市民办教育学校（含幼儿园）105所，在校学生（含幼儿）2.35万人。娄底师范学校并入娄底师范高等专科学校，娄底师范高等专科学校“专升本”工作进入实质性阶段。2001年，全市贯彻教育部《面向21世纪教育振兴行动计划》和省政府有关文件精神。2002年，市委、市政府印发《关于基础教育改革与发展的决定》，进一步理顺基础教育“分级管理，以县为主”的管理体制，部分县市将人、财、物、事四权下放到乡镇的，全部收归县市，九年义务教育普及成果进一步巩固。是年，娄底职业技术学院成立。娄星区被评为全国基本普及九年义务教育、基本扫除青壮年文盲（以下简称“两基”）工作先进区，娄底市获省“两基”工作成就奖。涟源市第一中学、双峰县第一中学、涟钢中学、新化县第一中学、娄底市第一中学相继被评定为省级重点普通高级中学（后改称示范性高级中学）。涟源市政府、冷水江工业职业中专学校被评为全省中等职业学校建设先进单位。全市开启基础教育新一轮课程改革，娄星区被定为省义务教育新课程改革实验区。2003年，市政府提出逐步普及高中阶段教育发展目标。是年，潇湘职业学院成立，与娄底职业技术学院均被纳入普通高等学校序列。娄底技工学校升格为高级技工学校。2004年，冷水江工业职业中专、涟源市工贸职业中专经教育部评估验收，再次被认定为国家级重点职业学校。娄底师范高等专科学校升格为本科，更名为湖南人文科技学院，开启了娄底高等教育本科层次的历史。2004年、2005年，市委、市政府召开全市民办教育工作会议，印发《关于促进民办教育发展的决定》《关于促进民办教育发展的八项规定》，将2005年定为民办教育发展年。2005年，娄底市工贸职业中专被评为国家级重点职业学校。2006年，潇湘职业学院通过教育部人才培养水平评估。厂矿企业子弟学校历时4年，全市37所企业办中小学校全部移交地方教育部门。2007年，市委、市政府印发《关于建设教育强市的意见》。2005—2011年，全市民办学校从239所发展到633所，在校学生从8.11万人增加到13.45万人。

2004年，娄底技工学校经省政府批准筹建娄底技师学院。全市8所普通中等专业学校进行调整和改制。冷水江市技工学校升格为高级技工学校。2007年秋季，全市普通高中起始年级进入新课程改革实验。2008年，娄底广播电视大学开放教育被纳入全市高等教育总体规划，实施“一村一名大学生培养工程”。2010年，娄底职业技术学院被评为国家级重点职业院校。2011年7月，娄底职业教育集团成立。10月，湖南人文科技学院获得硕士研究生培养资格。

2012年，市委、市政府贯彻党的十八大关于深入推进义务教育均衡发展精神，印发《关于进一步推进义务教育均衡发展的意见》，加速城乡义务教育一体化建设，不断推进全市教育均衡、优质发展。是年，实施《娄底中心城区化解大班额四年行动计划（2012—2015）》，完成投资20.2亿元，新增学位6.01万个。2012—2013年，双峰县、涟源市、冷水江市通过三类城市语言文字工作评估验收。2012—2014年，娄底市两次获得全国全民终身教育学习活动周优秀组织奖。2012年，湖南人文科技学院通过教育部本科教学工作合格评估，应用型转型发展走在全国同类高等学校前列。2016年，启动“双一流”（一流大学、一流学科）建设。2017年，被确定为第二批硕士学位授予单位。

湖南省职业教育重点建设项目双峰、涟源、冷水江、新化4县（市）职教中心和冷水江市工业中专、市职教中心等6所职业学校分别于2012—2016年相继通过省教育厅验收，被认定为国家中职教育改革发展示范学校。涟源市工贸职业中专、双峰县职业中专分别于2015年10月、2016年7月通过验收。2016年，娄底市卫生学校并入娄底职业技术学院。潇湘职业学院军事武术特色教学得到教育部、中央军委联合参谋部和政治部的肯定。娄底市社区大学在娄底广播电视大学挂牌成立，娄底电大搬迁新址，办学条件整体提升。12月，省第四届民办教育创新发展大会在娄底召开，宣传和推介娄底民办教育创新发展经验。2016年娄星区，2017年双峰县、涟源市先后被评为全国义务教育基本均衡县（市、区），同时被认定为省教育强县（市、区）。2017年，全市有各级各类学校1852所，在校学生76.41万人，教职工5.14万人，其中民办学校879所，在校学生16万余人。是年12月，新化县通过三类城市语言文字工作评估验收，达到规定标准。农村基础教育学校和教学点实现无线Wi-Fi全覆盖，基本实现宽带网络“校校通”。娄底高级技工学校升格为娄底技师学院，成为高等职业技术教育培训机构。

1990—2017年，全市改建、新建农村义务教育合格学校878所，招聘2371名特岗教师、公费师范生充实到农村教师队伍。

三、医疗卫生

1990年，全地区贯彻执行《中华人民共和国传染病防治法》，加强传染病疫情报告和管理。各县（市）卫生局出台传染病疫情报告和管理规范文件，建立地、县、乡、村4级传染病疫情信息报告体系。1995年，地区行署出台《关于确定二级综合医院重点专科的通知》，确定地区人民医院骨科等11个医学重点专科。1997年7月，地委、行署做出《关于加快农村卫生改革与发展的决定》，完善农村卫生管理体制，切实做好预防保健工作，开展“卫生下乡”活动，加快发展农村中医事业，加强卫生基础设施建设。1998年，全地区有合法医疗机构3829家，其中三级医院1家，二级医院15家，一级医院81家，个体诊所324家，村卫生室、门诊部、医疗点3409家。全地区有中医医院7家、厂矿医院35家，有卫生技术人员1.34万余人，病床8157张。

2000年4月，全市城镇职工基本医疗保险制度正式启动，市政府印发《娄底市城镇职工基本医疗保险办法》《娄底市城镇职工大病医疗互助暂行办法》。2003年“非典”，市委、市政府按照中央统一部署，全力以赴，取得疫情防治工作全面胜利。2005年始，全市实行传染病疫情和突发公共卫生事件网络直报制度，市疾控中心和各县（市、区）疾控中心坚持24小时值班。2009年，全市启动基本公共卫生服务工作项目。2010年，该项目全面推进。2015年11月，市政府常务会议审议并通过《关于促进社会办医加快发展的实施意见》《娄底中心城区医疗机构设置规划（2016—2020）》，12月，市中心医院骨科等8个医学专科获省级临床重点专科，神经内科等6个医学专科获全省市州级医院临床重点专科。是年，娄底市获“国家卫生城市”称号，全市获省卫生创建先进单位156个、全市新创省级文明卫生单位10个、省级卫生村37个。是年，市政府安排专项经费4800万元，巩固提升日常保洁提质、农贸市场管理提质、流动摊贩与占道经营整治、渣土运输整治、“牛皮癣”治理、社区环卫设施配套建设等创卫工作成果。2016年，市政府发布《娄底市“十三五”健康产业发展规划》《娄底市公立医院改制试点指导意见》，市财政安排4659万元预算，用于“国卫”管理工作，环卫部门对中心城区10个环卫保洁单位、25个创卫重点责任单位督查考评，持续整治农贸市场、交通秩序、市容市貌和“五小”行业等。237家单位通过省文明卫生复查，新创市级文明卫生单位6个、市级卫生村11个，市中心城区“创国卫”成果继续巩固提升。2017年，娄底市接受省爱卫办“国家卫生城市”复审，通过国家、省级专家考核评估。全市新创省级文明卫生单位5个、省级卫生村15个、市级文明卫生单位21个、市级卫生村32个。

截至2017年，全市注册登记医疗机构有3943家，病床2.51万张，在岗工作人员2.86万人，卫生技术人员2.07万人，占在岗总人数72.4%。其中博士研究生13人、硕士研究生597人，高级职称1100人。新建居民健康档案18.7万余份，实现家庭医生签约服务人群覆盖率30%，实现重点人群家庭医生签约服务覆盖率60%。开展健康巡回演讲200余场，发放宣传资料274万余份。1990—2017年连续举办爱国卫生运动活动月28次。

四、体育

1990—1992年，运动员参加国际比赛获金牌3枚，参加全国比赛获奖牌35枚，参加省级比赛获奖牌218枚。1993—1994年，群众体育发展迅速。举办职工篮球、长跑、棋类、体操、舞蹈等群众体育活动380次，参加体育活动的职工人数占职工总人数的60%。全面推行《国家体育锻炼标准》，达标准的学校2383所。农村体育不断发展。1995—1998年，全地区运动员在国际体育比赛中获金牌8枚，1人打破2项世界纪录。参加全国比赛获奖牌58枚，其中金牌19枚。社会体育蓬勃发展。全地区建立各种健身辅导网站（点）176个，参加健身运动超200万人。大中专学校体育达标率98%，中小学达标率96%。体育基础设施不断完善，先后新建和扩建各类体育场馆406个。1998年5月，地委、行署研究决定投资建设地区体育中心。1999年9月28日，娄底市新体育中心奠基兴建。2000—2002年，参加世界性体育比赛获个人金牌10枚，参加全国性体育比赛获金牌50多枚。2003—2009年，全民健身与奥运同行，参加活动人数达到总人口的42%。2005年，市委、市政府决定建设市体育中心。2010年，娄底市获得省第十二届体育运动会承办权。2011年，市委、市政府下发《关于进一步加快体育事业发展的意见》《关于成立湖南省第十二届运动会娄底筹备委员会的通知》《关于加快县（市、区）体育场馆建设承接湖南省第十二届运动竞赛的通知》3个文件，召开全市动员大会。2013年，市新体育中心建成，被选为省第十二届运动会主会场。2014年9月3—15日，市政府承办省第十二届体育运动会。2015年5月29—31日，娄底市举办全省武术运动会。2016年10月16日，由市政府主办的“跑起来·为娄底添彩”首届彩跑活动在市体育中心举行，5000名市民参与。是年，市政府制定《娄底市足球发展改革规划纲要（2016—2020年）》《娄底中心城区体育设施规划》《娄底市关于加快景观体育产业发展的实施方案》。市文化体育广电新闻出版局被国家体育总局评为“2013—2016全国群众体育”先进单位。全市贯彻落实省体育局《关于进一步做好大型体育场馆免费开放工作的通知》，免费开放各种体育场馆场所和体育健身项目，受益群众达800万人次。2017年，全市新建农民健身工程1500套，新建环珠山公园健身步道8千米，新增标准风雨门球场4个、健身路径111条。截至2017年12月，全市有健身辅导站（点）450个、指导员3865人，健身路径4800条，各社区、乡镇、行政村覆盖率100%。

五、劳动就业保险

（一）企业用工制度改革

1990年，全地区继续贯彻执行1986年国务院改革劳动制度“四个规定”，企业新招收工人一律实行劳动合同制。1995年，行署出台《娄底地区劳动合同管理办法》《娄底地区实行全员劳动合同制暂行办法》，全地区实行企业用工制度改革。全区有1104家企业，22.86万名职工与用人单位签订劳动合同，占全区职工总人数的85%。至1996年底，国营、集体企业固定工全部与企业签订劳动合同。2007年，市劳动和社会保障局出台《娄底市建立劳动用工备案制度的实施方案》，规定所有用人单位用工实行登记备案制度，不再办理招收劳动合同制工人的手续。2013年，娄底市率先在全省推进劳动保障监察“两网化”建设和劳动人事争议调解仲裁机制建设。市、县、乡三级实行劳动监察网格化管理、网络化服务。2014年，全市启用湖南省劳动用工备案系统，所有用工人员全部实行网上备案。

（二）劳动就业制度改革

1995年，行署印发《关于娄底地区全面实施再就业工程的报告》《关于进一步完善乡镇劳动保障服务平台建设的通知》，帮助下岗职工再就业。79个乡镇、13个城镇街道办事处建立劳动保障服务站，1156个行政村承办人社工作业务。全地区为1.09万人提供担保贷款1.6亿余元，为下岗失业人员自谋职业和创业提供免费职业技能培训，为灵活就业和下岗失业人员、公益性岗位就业人员提供社会保险补贴。2008年，全市逐步形成农村劳动力“培训、就业、维权”三位一体的工作模式，建立21个市级就业扶贫基地，各县（市、区）分别与省内外经济发达地区建立劳务协作关系，促进贫困地区劳动力转移就业。2010年9月，省基层就业和基层平台建设工作会议在娄底市双峰县召开，推介双峰县推进基层劳动保障平台建设的经验。2011年，省政府确定娄底市为首批省级创业型城市，市政府办公室下发《娄底市创建省级创业型城市工作实施方案》，启动公益性创新创业孵化基地建设。2015年，市政府出台《娄底市“大众创业、万众创新”五年行动计划实施方案》和《创新创业孵化基地建设方案》《基地创业扶持资金使用管理暂行办法》等配套政策措施。涟钢大市场等4个创业孵化基地被认定为省级创业孵化基地。至2017年，全市安排城镇待业人员62.61万人，下岗失业人员就业38.27万人，就业困难人员就业10.49万人，城镇登记失业率保持在4.4%左右，稳定农村劳动力转移就业128.66万人，其中省外85.81万人，省内42.8万人。

（三）企业职工工资分配制度改革

1990年，地区行署依照国务院《关于国有企业工资改革问题的通知》，对此前执行的工人八级工资制度和干部行政级别工资制度实施改革，推行工资总额同经济效益挂钩制度。全地区238家企业开始实行工效挂钩，涵盖职工48835人。至1993年底，全地区30户企业实行岗位技能工资。1994年1月起，国有企业全部实行岗位技能工资制度。1995年起，地区劳动局每年发布一次最低工资标准，为用人单位和劳动者双方协商工资时提供参考。2002年起，市劳动和社会保障局连续14年每年向社会公布劳动力市场132个职业（工种）的工资指导价位。2007年1月，市劳动和社会保障局、市总工会、市企业家协会在全市开展职工工资集体协商工作。2009年11月，市劳动和社会保障局、市国税局、市地税局、市总工会、市企业联合会、市工商联联合建立推进工资集体协商和工资薪金税前扣除工作联席会议制度，企业依法建立工资集体协商制度。2009—2017年，市劳动和社会保障局和市总工会每年对各县（市、区）的工资集体协商工作进行专项考核，并将考核结果作为企业评选“五一劳动奖状”、模范职工之家、劳动关系和谐企业以及经营者推荐人大代表和政协委员、评选劳动模范等必备条件。2017年，全市在职职工工资月平均4044元。

（四）社会保险制度改革

1994年，地区机关事业单位社会保险处成立，改革机关、事业单位工作人员社会保险费的征缴、管理及离退休费的发放。1995年8月，地区劳动局制定全地区社会统筹与个人账户相结合的企业职工基本养老保险制度实施方案，全地区企业职工统筹退休基金提取比例保持相对稳定。2000年，启动城市居民最低生活保障制度，年保障人数7.6万人，年发放保障金219万元，实现应保尽保。是年，全市所有企业退休职工与原企业脱离，实行社会化管理，养老金通过银行发放。市、县两级机关事业单位及部分企业启动城镇职工基本医疗保险，同步实施城镇职工大病医疗互助制度，实现机关事业单位公费医疗制度、企业劳保医疗制度向基本医疗社会保险制度转变。2001年，失业保险覆盖全市城镇企业、事业单位、社会团体、民办非企业单位及其职工。2004年，将城镇灵活就业人员纳入基本医疗保险，城镇实行职工生育保险。市劳动和社会保障局建立全市社保数据中心，统一存放管理全市各类参保单位、各险种参保人员社会保险数据，劳动保障业务实行微机管理和网上网下办理、查询。2005年，企业职工基本养老保险扩大到城镇各类企业职工、个体工商户、灵活就业人员、进城务工人员和农垦企业职工等。是年，全市启动工伤保险。2008年，全市建立城镇居民基本医疗保险制度，5个县（市、区）和娄底经开区新农合制度实现全覆盖。2012年，全市新农保和城镇居民保险（以下简称城居保）两项制度实现全覆盖。2014年，机关事业单位建立职业年金制度，终结养老保险制度中的“双轨制”。新农保和城居保两项制度整合，形成统一的城乡居民基本养老保险制度。至2015年，全市新农合制度和城镇居民医保两项制度统一为城乡居民基本医疗保险制度。机关事业参保单位按本单位在职在编工作人员个人缴费工资基数之和的20%，个人按本人缴费工资基数8%的比例缴纳基本养老保险费。退休费的计算与缴费挂钩。2016年6月，市政府下发《关于切实推进养老服务业发展的通知》，是年12月，市政府出台《娄底市城乡居民基本医疗保险实施方案》，建立全市统一的城乡居民基本医疗保险制度。是年，市、县（市、区）卫生部门新农合职能整体移交同级人力资源和社会保障局管理。2017年，全市机关事业单位职业年金参保人数69674人，累计征缴职业年金4.47亿元。失业保险参保单位1278家，参保人数33.01万人，全市为264家企业发放稳岗补贴3645.64万元。工伤保险覆盖全市，参保单位4353家，参保人数40.5万人。

第九节　应急管理

1990年，开通24小时值班电话，随时传递、报告重大信息，及时处理应急事件。2003年“非典”疫情严重，市委、市政府高度重视，实行预防与应急并重、常态与非常态结合的方针，推进应急体系建设。2007年7月，市政府办公室设立应急管理办公室，统一领导、指挥、协调应对全市突发事件管理工作，做到有机构、有牌子、有人员、有职能、有经费，确保应急管理工作正常开展。

2008年2月14日，市政府印发《娄底市自然灾害救助应急预案》，明确规定：自然灾害救助坚持以人为本、以防为主、综合减灾、分级负责、属地管理原则。是年，市、县两级成立减灾委员会，办公室设在民政局。2008年，建立森林火险分级响应机制，发布火险等级，落实分级响应措施。2009年5月12日，市政府首次在娄底火车站广场启动“防灾减灾日”宣传活动，接待群众咨询1470人次。2011年，市、县两级安装使用森林防火地理信息系统，确定6个森林火险监测站和森林火险因子采集站建设地点，新化县、涟源市、双峰县各2个。2012年，冷水江市组建以公安、武警、民兵预备役人员为骨干，乡镇、村组为联动的救灾应急快速反应机动队伍，配备汽车5台、摩托艇2艘、装载机7台，志愿者人员480人。是年5月，涟源市民政、公安等13个单位组建“蓝天救援队”，举办“提高灾害防治能力，构筑生命安全防线”主题宣传周，发放各类宣传资料2万份，摆放展板70多块，接受群众咨询1200余人次。涟源市连续3年没有发生次生灾害。

2013年，国土资源、环境保护、人民群众来信来访等部门牵头，加强信息监测报告预警系统建设，网技、通信等部门负责加强网络与信息安全事件监测预警系统建设，建立24小时网上巡查预警机制，110、122、119“三台合一”接报警。2013年6月，市政府研究部署“天网工程”项目建设，明确“天网工程”领导小组、建设模式、方案设计、经费等事项。2014年，市政府下发《关于进一步加强和改进消防工作的实施意见》，2015年5月，市政府下发《关于进一步强化企业安全生产主体责任的实施意见》。8月，市政府聘请各领域专家38名，成立市级应急管理专家组。2016年，市政府办下发《关于加强安全生产监管执法的实施意见》《娄底市校园及校车安全隐患常态化排查和整治实施方案》。市减灾委与双峰县联合举办“宁可百年无灾，不可一日无防”主题宣传周，发放宣传资料3.65万份，接受群众咨询2.7万人次，并通过网络、微信、电子屏等媒体普及自救逃生技能，提高公众应急避险意识。

2012—2016年，市委办、市政府办先后印发《关于进一步加强和改进紧急信息报送工作的通知》《娄底市紧急信息报送责任追究规定的通知》《关于进一步加强和规范突发事件信息报送工作的通知》《关于进一步加强和改进党政信息工作的通知》等文件，加强和规范突发公共事件信息报告工作，明确信息报送范围、责任单位，并规范信息报送要求。

2013—2017年，逐步完善以公安、武警、民兵为骨干，建立起抗洪抢险、抗震救灾、森林消防、矿山救护、危险化学品救援、医疗救护等专业队伍22支。

2017年，市政府投入资金，配备各种避险设施和应急标识1400余件，利用中心城区公园、广场、学校操场打造成居民应急避险场地；启动救灾物资储备库。涟源市桥头河镇洪桥社区、娄星区杉山镇万乐村社区、冷水江市禾青镇球溪社区、双峰县印塘乡铁马山村社区、新化县曹家镇新园社区、上梅镇枫林社区获“湖南省综合减灾示范社区”称号；娄星区乐坪街道大塘社区、冷水江市禾青镇黄塘社区、涟源市杨市镇孙水河社区、新化县上渡街道唐家岭社区获“全国综合减灾示范社区”称号。2017年底，“天网工程”正式竣工并投入使用。全市建成数字化地震观测点、地倾斜和地下流体综合地震前兆观测站4个，纳入全省地震前兆台网，地震监测系统进行全面优化和升级换代，确保观测资料获取及时、可靠、连续、准确。全市在405个部门单位（包括县级），97个乡（镇），3516个社区、村（包括学校），14个企业中选定4034名信息报送联络员，确保突发事件信息及时准确报送。全市制定1个总体应急预案，33个专项预案，50个部门预案；各县（市、区）全部编制总体应急预案，并因地制宜编制155个专项预案，174个部门预案，164个基层组织、机关、企事业单位预案，初步形成覆盖各层级、各领域的应急预案体系。

第五章　其他政务

第一节　信访工作

一、建立健全信访体制机制

1990年，娄底地区信访办公室更名为地区信访局。1992年开始，地区连续三年开展解决信访老户问题攻坚战，解决206宗信访老户问题。1994年，地委办印发文件，化解集体上访和越级上访。1995年，国务院首部《信访条例》实施，全地区乡镇街道办事处配备1~2名信访工作干部。全地区信访工作开始步入“阳光信访”“责任信访”“法治信访”轨道。1994—1995年，行署相继出台规定，要求最大限度地把群众信访问题解决在当地。1996年，地委、行署出台加强和改进信访工作的意见，要求各级党政“一把手”对信访工作负总责，一名副职分管，建立健全领导接待群众、领导包案、定期研究信访工作、领导下访、信访工作考评、信访工作年会等制度。

1997年，行署出台制度，着力解决国有企业改制、破产企业职工养老保险、工伤保险、企业军转干部待遇、农村村级财务、选举等热点信访问题。2002年，市委、市政府修订信访工作目标管理责任制，县（市、区）委、政府与市委、市政府签订信访工作责任状。市委、市政府出台并实施信访工作目标管理考评办法，分别对各县（市、区）委、政府，娄底经开区党委、管委会，市直部门和国家、省驻娄单位进行信访工作年度考核。考核结果由市委、市政府发文公布，奖优罚劣。全市推行首问责任制和信访双向承诺制，向信访人公开承诺在规定期限内依法依规处理，要求信访人在处理期间承诺不越级信访。2006年，全市宣传贯彻新的《信访条例》，市政府修订《娄底市人民群众来信办理规则》《娄底市人民群众来访接待规则》、信访听证等系列制度，相继出台《重信重访终结暂行办法》《信访积案办理流程及工作要求》《无理信访认定办法》等规范性文件。2007年，市信访局与市委组织部联合印发《关于建立信访工作责任登记制度的通知》。2008年，市委、市政府下发《关于进一步加强信访工作的意见》，实行信访工作“一票否决”制。是年，市委办、市政府办印发《关于进一步加强信访责任追究的通知》，对追责范围、种类、方式等做出详细规定。是年，市信访局与市司法局联合出台《关于联系律师参与信访工作的规定》，引入律师参与信访工作机制，邀请律师参与接待上访群众。2009年，市委制定《娄底市领导干部问责暂行办法》，将领导干部在信访工作中失职、渎职行为列入问责范围。2010年，市、县（市、区）、乡镇（街道）将信访工作作为“三个文明”建设和绩效考核重要内容。2011年4月，市委下发《关于用群众工作统揽信访工作的意见》，强调领导责任。2012年，市委、市政府出台《娄底市信访事项源头追究办法（试行）》，对决策不当、不作为、群众信访诉求不处理或处理不当等10个方面的情形，导致群体性上访事件或恶性上访事件，追究相关负责人的责任。是年，娄底市涉法涉诉联合接访中心入驻接访大厅，全面推动诉、访分离工作。2013年始，全市推行“信访一册通”制度，实行逐级上访受理制。是年，全市实行诉、访分离和依法分类处理信访诉求制度。将涉法涉诉信访事项交由涉法涉诉联合接访中心和政法部门受理，导入司法程序依法办理，信访部门不再受理。2014年，市委、市政府制发《关于创新群众工作方法建立健全信访工作长效机制的意见》，从推进诉访分离、信访稳定风险评估、“网上信访”、部门联合接访、完善联席会议制度、规范信访事项复查复核等22个方面推动信访工作制度改革。是年，市信访工作领导小组并入市处理信访突出问题及群体性事件联席会议。2015年，市委常委会议决定，每个常委包干负责一个县（市、区）的信访工作，实行一岗双责；落实市级领导定期约访和带案下访制度。

2016年，市处理信访突出问题及群体性事件联席会议更名为市信访工作联席会议，下设办公室，与市信访局合署办公。办公室主任由市信访局局长兼任，构建大信访格局。2017年，市委、市政府印发《娄底市信访工作责任制实施细则》，依法规范各级党政机关信访工作职责，对违反法律法规和政策、错误决策或工作不力引发信访突出事项或恶性事件16个方面的问题，予以终身责任追究。2017年底，市信访局领导班子正职兼任市政府副秘书长。市、县（市、区）信访工作人员编制135名，在岗155人。市信访局对各县（市、区）信访局、市直单位、省属企业信访办（科）进行业务指导。

1990—2017年，因信访工作不力，3名县（市）委书记、2名县（市）委副书记被约谈，43名乡镇（街道）党（工）委书记、市直单位主要负责人受到诫勉谈话，1个单位被“预否决”，8个单位受到“黄牌警告”，18个基层单位被挂牌整顿，319名责任人被问责追责，35名干部受到党纪或政纪处分。

二、处信接访

（一）治理信访源头

1994年，地委办印发《关于进一步加强县以下基层信访工作大力减少集体上访和越级上访的通知》。1995年5月，地区编委发文，要求各乡镇（街道）配备1~2名干部做信访工作。1996年底，全地区92个乡镇（街道）配备信访干部121名。2008年，全市开展无集体访、无越级访、无重复访的“三无”创建活动。2009年，市委办、市政府办印发《娄底市矛盾纠纷排查调处工作办法》，实施“一月一排查、一月一交办、一月一落实、一月一督办、一月一通报”工作机制。全市对可能引发信访的重点时段、重点群体、重点地区和重点问题排查出1600多起矛盾纠纷，逐件登记建档，分析症结，提出化解方案，落实处理责任。2010年，市委办、市政府办印发《关于进一步加强信访基层基础工作的意见》，推进民主公开决策和信访工作“关口前移，重心下移”。2011年，市委、市政府在信访工作会上要求各级党委政府领导用群众工作统揽信访工作，2012年，市委、市政府印发《关于向村、社区派驻群众工作组的通知》。全市乡镇（街道）设立群众工作办公室，片区设立群众工作站，向3500多个村（社区）派驻以乡镇（街道）干部为主体的群众工作组，进村入户做群众工作，变“群众上访”为“干部下访”，变“上级办理”为“现场办理”。各县（市、区）将党委、政府主要领导、主要职能部门的工作职责、联系方式印成小册子，发到每家每户。乡镇（街道）每周两次、县（市、区）每周一次、市里半月一次、特护期各级每天一次对矛盾纠纷逐件排查和化解。2013年，全市开展信访基层基础建设年活动，表彰3个县（市、区）、14个乡镇（街道）。2014年3月18日，市委召开群众工作先进事迹报告会。2016年，全市排查矛盾纠纷3.44万起，成功化解3.41万起。2017年底，市内各乡镇（街道）都设有信访室，信访专干301名。基层信访做到有机构、有人员、有场所、有牌子、有台账、有制度。全市试点村（居）民议事会制度，从村支两委、两代表（党代表、人大代表）一委员（政协委员）、群众代表中推选若干名成员，成立村（居）民议事会，把预防矛盾纠纷、维护农村社会和谐稳定纳入议事会议内容。是年，全市实施《娄底市无上访乡镇（街道）和无上访村（社区）创建活动实施方案》。娄底经开区被评为全省“三无”县（市、区）。全市23个乡镇（街道）被评为“三无”创建先进单位，8个乡镇（街道）获“三无”创建进步奖。676个村（社区）成为无上访村（社区）。

（二）领导接访

1996年6月，地委、行署恢复地级领导接待群众日制度，确定每月15日、30日，地级领导轮流到信访接待室接待上访群众。地委办、行署办每年年初发文对地级领导接访作出安排。至1998年，地级领导接访48次，处理信访难案、积案126件。各县（市）领导在信访接待日接待群众193天，处理信访问题2012件。2000—2002年，每月1名市级领导接待来访群众1次，三年共21名市级领导接访36次，接待群众156批975人次，受理信访案件156件，全部处理到位。2008年，全市实行领导干部接访制度，市、县两级领导184人，接待上访群众2924批9849人次。2010年，市委、市政府决定，每周一为全市“接访日”。是年，市委常委、市人大常委会主任、市政协主席、市政府副市长全年接待上访群众705批，处理或批示处理信访案516件。2011年，市级领导公开接访49次，接待群众392批2927人次，批示信访案件389件次，到期办结90%。2013年，市级领导公开接访34次，接待群众266批2184人次。1996—2017年，市级领导接待来访群众561次，接待上访群众1.5万余人次，处理或批示处理3780件信访事项。

（三）信访积案集中化解

20世纪90年代初，娄底地区信访老户一直不同程度存在。1992年有112户，1993年有38户，1994年有206户。地区信访局根据不同性质和类型，地、县联动，采取对应办法，使这些老户的诉求基本得以解决，这一做法在全省推广。2008—2009年，市、县、乡三级成功化解信访积案1746件。2009—2010年，全市连续开展百件信访积案化解活动。市信访联席会议建立完善整套积案化解工作制度，出台集中治理信访积案工作方案，对信访积案办理工作流程及工作要求、无理信访认定，积案交办、办理、结案、审定、终结、备案等各个环节提出具体要求。按照“一件积案，一名领导，一套班子，一个方案，一抓到底”的“五个一”要求，实行“砍土分方”（即按区域、单位负责），由书记、市长把积案向县（市、区）和市直机关党政领导班子成员交办，限时办结。逾期未办结的，对办案领导实施诫勉谈话，停职专办信访一个月，延期一个月仍未办结的，就地免职。两年中，逾期未办结的9名县处级干部受到诫勉谈话、停职专办信访1个月。2011年1月17日，市委书记林武在全国信访局长电视电话会上作典型发言，娄底市信访积案化解工作做法在全国推介。6月，省委、省政府在娄底召开化解信访积案工作现场推进会和全省信访系统“创先争优、能力建设”活动推进会，推介娄底经验。2011年9月至2012年6月，全市开展“清理信访积案攻坚战”。2014年，全市开展“集中治理疑难信访积案”专项行动，市、县两级对近两年的信访老户逐个约访，逐个化解，公开听证，依法终结积案105件。2016年，参加全省“千案攻坚”专项活动，全市办结省交积案100件，带动办结388件。2017年，全市开展信访积案攻坚行动，对省交74件积案全办结，对市委书记、市长交办的157件重点信访案件办结133件。各县（市、区）化解信访积案420余件。

三、案件办理

（一）信访交办

1995年，地区信访局对国家信访局、省信访局交办件，省、地领导交办件，重大信访问题，对群众来信来访中反映的重大、疑难、复杂的信访事项呈报领导批示后立案，直接或报请地区领导向有关责任主体交办。2012年，市信访联席办公会对信访案件采取“三函制”，即交办函、督办函、问责函，确保办案进度和质量。2013年，市委、市政府出台《娄底市信访工作督导制度》，对信访工作督导的原则、组织领导、督导内容、督导方法、督导程序、督导职责、督导权力、督导纪律等作出明确规定。2014年4月15日，省委书记徐守盛向娄底市委主要领导交办信访积案23件。市信访局配合市领导逐案督查督办。9月底，省督导组审定为“全办结”。至2017年，全市督办处理信访事项1450件，市本级交办办结信访案件4700余件。

（二）领导包案

2007年，全市建立健全领导包案处理信访事项制度，市级领导29人次包案处理103件信访难案。2012年，对重点信访问题，16名市级领导包案办理19件。2007—2017年，市、县两级领导包案处理信访事项1467件。

（三）网上信访

2015年5月开始，市信访局通过省信访局数据中心，实现国家、省、市、县四级信访部门联网，全面推行网上信访。市、县两级均设立书记信箱、市（县、区）长信箱。市本级开通网上投诉平台。2016年，市、县、乡三级482个部门办理数字证书401个，连通政务外网，实现网上信访横向到边、纵向到底的整体目标。全年录入并办理信访事项3万余件，其中网上来信4700余件，及时受理率96.7%，按时办结率87.2%，群众满意率97.2%。2017年，受理群众来信8306件，其中网信6575件。

（四）纠纷调处

1990年，地区调处纠纷办公室成立，与地区工农关系办公室合署办公，负责全地区包括工农纠纷在内的行政管理纠纷调处。1992年12月31日，行署出台《娄底地区调处行政管理纠纷的规定（试行）》，授权地区调处纠纷办处理或牵头处理全地区行政管理纠纷，对行政边界、土地、山林、水利、道路、交通、矿产资源、环境污染、采矿、供用电、货物装运、城镇建设等行政管理纠纷和国有工矿企业、驻军、事业单位与农村集体、农民之间纠纷调处的责任、原则、法律依据和处理程序作出规定。1995年，行署出台《关于调处边界矛盾和纠纷的若干意见》。1996年，出台《矿山企业开采影响地表补偿的暂行规定》。1997年，出台《娄底地区转供用电改直供用电的意见》。

1990—1999年，全地区成功调处较大的矛盾纠纷3609起。2001—2017年，全市每年调处行政管理纠纷数十起。

第二节　外事侨务工作

一、外事工作

（一）因公出国（境）管理

1990—1993年，行署外事办公室每年办理因公出国（境）50人次。1994年，全地区因公出国（境）人员126人次，比上年增长2.4倍。1995年，地区外事侨务办公室（以下简称外侨办）在派出方面开始严格把关。是年，因公出国（境）的人数减少至97人次。1996年，因公出国（境）人数回升至119人次。1998年，进一步严格因公出国（境）审批程序，防止公款出国旅游。是年，因公出国114人次，其中企事业单位90人次、党政机关24人次。

2001年，市政府围绕“开放带动”战略，加大对外交往的力度。全市因公出国（境）164人次，比上年同期增加48%，其中党政部门出访58人次，是上一年的4倍，企事业单位出访106人次。2002年，全市因公出国（境）187人次，其中党政机关61人次、企事业单位126人次。2003年，市政府对全市党政机关、人民团体、企事业单位的因公出国（境）考察实行计划管理。市外侨办加强与纪检、组织、公安、国安、人事、外经贸、招商等单位的联络和协调，理顺与相关涉外部门的关系，加强归口管理力度。特别是在“非典”期间，根据省外侨办的指示，对因公出国（境）团组采取从严管理措施。全年因公出国（境）171人次，团组32批。其中企事业单位121人次，团组29批；党政机关50人次，团组3批，市级领导6人。

2005年开始，市政府对因公出国（境）实行申报制度。对确有工作需要出访团组和个人，特别是企业团组予以积极支持和配合，促其成行；对少数任务不明，名为考察实为旅游的团组，予以劝阻。是年，办理因公出国（境）173人次，劝阻5批42人次。2006年，市政府建立外事工作联席会议制度，各涉外管理监督部门，每年召开1~2次联席会议，通报情况，制定相关管理制度和措施，加强因公因私出国（境）管理，实行组织、纪检、外侨、公安等部门联席审批制度，使出国（境）手续办理有计划、有秩序、有效率。是年，全市因公出国（境）30批156人次。2007年，对因公出国（境）管理实行计划审批制度，全市涉外管理工作进一步规范化。是年，全市计划因公出国（境）人数245人，经严格审查，取消、压缩计划113人，实际出访人数控制在132人。2008年，全市共审查报批因公出国（境）209人次，团组30批次，撰写出访成果报告100%。

2011年，市政府下发文件，从源头、程序和出访任务上层层把关，严格审理，避免出国（境）公费旅游。因公出访人数明显下降，是年办理因公出国（境）手续39批82人次。2015年，进一步规范国家工作人员因公临时出国（境），全市按计划受理出国（境）团组32批71人次。实际批准30批59人次，其中党政领导干部41人次，企事业单位17人次，暂缓2批12人次。党政领导因公出国（境）未超过本年度省外侨办下达的控制指标。2016年，全市各级党政机关申报出国（境）访问计划40批114人次，受理出访团组30批53人次，实际批准25批49人次，其中党政领导干部45人次、企事业单位4人次。2017年，继续加强因公出国（境）管理，控制出访人数，强调出访效果，共办理因公出国（境）手续29批74人次。

（二）外事接待管理

20世纪90年代初期，行署外事接待工作主要是完成外交部、省外事办安排到境内参观访问、考察的外宾接待任务，同时为在娄企业接待外国专家做好协调管理和咨询服务。其间，经省外国专家局引荐，法国、意大利等技术专家到娄底对涟源皱纹纸厂、涟源皮革厂进行技术支援，指导安装生产线，外事办都参与接待工作。1994年，锡矿山矿务局迎来美国、比利时、俄罗斯、意大利、德国等国家的7位专家。1995年，按国际惯例，接待好抵娄底地区访问、考察、经贸洽谈的外国友人。1996年，接待日本杰克赛尔株式会社社长太田穰为团长的21人日本考察团，并促成其与华达机械厂签订合资2.5亿元人民币的汽车空调压缩机生产合同。2000年后，全市外宾来访明显增加。2001年，娄底市本级共接待外国代表团10批，包括南非艾古赖尼市政府代表团、南非谢氏集团代表团、旅荷华侨总会代表团和日本商务代表团。冷水江市接待哈萨克斯坦国家艺术访华团，新化县接待中法友协代表团。2007年，市政府外事部门接待以美国明尼苏达州议会丹特斯科杰议员为团长的商务、教育代表团为期2天的友好访问。2009—2017年，历届“湘博会”均邀请几十个国家驻中国大使馆人员以及经贸代表团参加，娄底作为承办单位，对外宾、外商的接待工作，每一届均制定详细方案，周密部署，全程服务。

（三）涉外事件管理

1997年2月6日，美籍华人徐某某在新化县桑梓镇遭遇车祸，被送往冷水江市人民医院抢救，一星期后，徐某某去世。地区外侨办立即派出工作组赴新化县全面调查处理，与死者亲友充分交换意见。2月21日，死者家属在事故调解书上签字，事件圆满解决。

1998年，湖南皇冠大酒店有限公司涉外经济纠纷案，是娄底地区成立后的第一桩涉外经济案件，引起中国和新加坡两国外交机构的关注。该案于1998年2月26日和3月26日两次开庭。为妥善解决这一涉外经济纠纷，地区法院、外侨、外经、公安、招商、审计等有关部门在地委行署统一部署下分工合作，外侨办与被告人陈某某（新加坡籍）反复沟通，1998年3月27日双方在调解书上正式签字，法院下达民事调解书，调解成功。2000—2017年，全市均未发生涉外事件。

（四）对外交往

2001年，通过旅南非华侨，南非谢氏集团总裁谢俊发先生牵线搭桥，娄底市与南非艾古鲁赖尼市（以下简称艾市）开展缔结友好城市洽谈。2002年4月，刘云柱市长向艾市市长维拉卡齐发出访问邀请。随后，艾市政府应邀组成政府代表团于4月25日至27日对娄底市进行友好访问并签署备忘录。是年12月5日至17日，应艾市市长邀请，娄底市政府组成由市长刘云柱任团长的政府代表团、由时任副市长罗德才为团长的商业代表团，共计10人，对艾市进行友好回访，双方就两市共同关心的问题进行磋商，就可能合作的领域进行洽谈，并签署两市缔结友好关系意向书。

2004年6月，经美籍华人潘利力先生联系，娄底市与美国明尼苏达州拉姆西市开始交往。11月，拉姆西市市长托马斯·G.盖梅克先生授权潘利力、费恩·海根先生访问娄底。2005年4月，李向群副市长率团赴美国明尼苏达州访问。5月，拉姆西市市长托马斯·G.盖梅克先生回访娄底，双方签订“建立友好城市关系意向书”，双方还就经济、文化、科技交流等事宜进行友好商谈，达成费恩·海根先生发起的“向湖南人文科技学院捐赠5万册图书”项目，美国恒生鹏达公司在娄底经开区投资兴建面积670公顷的“美国明尼苏达州工业园项目”，美国体外医疗器械公司在娄底经开区投资2200万美元建立“体外肝功能机项目”等合作意向（后因种种原因，项目没有落实到位）。是年11月15日，拉姆西市议长玛丽·琼·奥尔森一行访问娄底，17日上午，娄底市与拉姆西市正式签订友好城市协议，实现娄底友好城市“零”的突破。

2006年2月，娄底市政府代表团访问美国明尼苏达州，并与明尼苏达州伊甸园市签订长期战略合作伙伴关系协议书，5月中旬，伊甸园市市长南希·路肯斯及拉姆西市市政长官、议员率友好访问团一行13人应邀对娄底进行友好访问，并参加娄底经开区成立3周年庆典，双方在经贸、文化教育、市政建设方面进行广泛的交流，并促成娄底一中与明尼苏达州伊甸园市草原中学结成姊妹学校。2007年，娄底市第一中学与美国伊甸园草原中学师生交流项目正式启动，7月16日至8月2日，娄底市第一中学派出20名师生赴美交流，娄底学生受到美国学校与学生家庭的热烈欢迎，美国伊甸园市教育局与伊甸园中学还制作专题片，真实地记录学生们交流期间的学习与生活。2009年，伊甸园草原中学校长和2名教师带领17名学生来娄底一中进行学习交流。此后每年进行一次互访交流活动，分别组织学生参观对方当地的文化馆、博物馆、名胜古迹、工矿企业，对口安排到学生家庭体验民俗生活等。

二、侨务工作

（一）侨情调研

1990年，地区侨务部门开展侨情调研普查，全地区有海外华侨、华人共计3708户1.84万余人，分布在26个国家和地区，其中美国1.12万人。有归国华侨33人，华侨侨眷1196户9995人。1993—1995年，进行第二次侨情普查，登记在册的海外华侨华人为4210户2.14万人，分布在美国、加拿大、日本、澳大利亚、泰国、马来西亚等36个国家和地区。有归国华侨27人，华侨侨眷3.24万余人，在政治、经济、科研等领域有杰出成就的华人华侨261人，其中1979年奥林匹克世界桥牌大赛女子冠军得主、世界“桥牌女皇”、美籍华人杨小燕等12人被收录入世界名人录。

2002年，全市开展第三次侨情普查，全市旅居海外华侨华人近4万人，其中新移民5000多人。以留学、涉外婚姻、劳务输出等途径出国定居者，趋于年轻化，大都在20~40岁，主要分布在美国、加拿大、法国、日本、韩国、新加坡、马来西亚等50多个国家和地区。

2017年，全市旅居海外的华侨华人5.03万人，留学人员2600人。主要集中于美国、加拿大、日本、澳大利亚、新加坡、泰国、新西兰、英国、德国、韩国等60多个国家和地区。

（二）维护归侨侨眷合法权益

1991年，全地区贯彻《中华人民共和国归侨侨眷权益保护法》（以下简称《保护法》），娄底各界广泛开展宣传。地委副书记赵晴秋在地区电视台发表贯彻实施《保护法》讲话，地区侨办、侨联印刷发放3000多份《保护法》宣传资料发到至各有关单位和归侨、侨眷手中。各县（市）通过电视、报纸、宣传栏、标语等各种形式，宣传贯彻《保护法》。是年，全地区共查处侵犯归侨侨眷合法权益的案件19起，其中冷水江陶瓷刀具厂厂长被伤害一案，经地、市侨务部门积极协调，公安部门成立专案小组，仅7天就将凶手捉拿归案。1992—1999年，全地区发生8起侵犯归侨侨眷权益案件，均得到妥善处理。1996—2001年，全市贯彻《保护法》和省《保护法实施办法》，发放宣传资料2万份，召开宣讲侨法会议40多场次、座谈会36场次，开办宣传专栏28期，悬挂巨幅宣传标语50条，上街开展宣传活动6次。全地区解决归侨、侨眷子弟升学、就业32人，为归侨办实事68件。2000—2006年，全市开展侨务执法检查，走访归侨家庭15户，重点侨眷家庭110户，侨资企业11家，督办侵权案件7起。2008年4月，《市人大常委会侨务执法检查实施方案》出台，市外侨办深入基层实施调查，先后走访归侨家庭15户、重点侨眷家庭52户、侨资企业16家，并将检查情况向市人大常委会华侨外事委和人大主任会议如实作出汇报。对在执法检查中发现的8起涉侨案件进行重点督办，全部落实处理到位。2009—2014年，全市从政治、经济、教育、就业等方面维护归侨侨眷合法权益，查处侵侨案件40起，3名归侨侨眷当选县（市、区）人大代表，50人当选县（市、区）政协委员，解决180名华侨、归侨侨眷子女升学和就业问题。2012年开始开展一年一度的“侨法宣传月”活动，向归侨侨眷发放《涉侨法规政策选编》。2015年6月，市侨务部门走访重点侨资企业，帮助企业排忧解难，走访慰问彭志安等39名困难归侨侨眷，发放慰问金1.7万元。2016年，“娄底市侨之家”成立，为归侨侨眷开展交流提供场所。2017年1月，娄底首家“为侨法律服务工作站”成立，为侨界群众提供全面、专业的法律咨询服务，接受侨界群众委托，代理诉讼业务。是年，协助解决涉侨法律问题3批14人次。

（三）发展侨资经济

20世纪90年代，全地区各级政府发动归侨侨眷利用海外资助，自办经济实体，勤劳致富。侨务系统广泛招商引资，动员海外侨胞回娄兴业，支援地方建设。1990年，全地区侨务部门自办企业9家，年产值570万元，上缴税收21万元，纯利润15万元。侨属企业有99家，侨资企业4家，实际利用外资158.67万美元，侨资企业新化县湘隆电子有限公司从国外引进先进设备和技术，生产电视机显像管电子枪玻杆，年生产能力4500万支，产品畅销全国以及东南亚地区，年均创汇500万美元。1991年，地区侨办企业新增侨星冶炼厂、涟源侨谊商场，年总产值838万元，上缴税收25万元。1992年，全地区侨办企业发展至16家，总产值1210万元，上缴税收37万元。1993年，银根紧缩，侨办企业生产总值仍达到1346.1万元，上缴税收38.96万元。1994年，新增侨资企业52家，实际利用外资926万美元。全地区侨属企业156家，总产值1464万元，上缴税收63万元。1995—1998年，全地区登记在册的侨属企业210余家，总产值2200多万元，年均上缴税收180余万元。1999年，全地区侨务部门与侨胞签约项目31个，协议利用外资3617万美元。

2000年，侨办企业改制基本完成，正式与政府机关脱钩。2003年，侨资企业发展到182家，从业人员7300余人。2010年，市政府颁发《娄底市鼓励外商投资若干规定（试行）》，为海外侨胞来娄投资提供诸多优惠。2015年，娄底市侨商联合会成立，当日签约项目6个，合同金额15亿元。2017年，全市侨联系统全力跟踪落实前期已签约的投资项目。

第三节 民族宗教事务管理

一、少数民族事务管理

1995年始，国家落实少数民族高考考生优惠政策，报考大中专院校的少数民族考生降低5~10分录取。2007年，市政府按照不低于少数民族人口人均1元的标准设立少数民族文化专项资金，加大对少数民族文化事业的投入。加强对流动少数民族的管理与服务。妥善处理突发事件，城管部门为来娄经商的少数民族人员协商解决定点摊位，与公安、城管、民政部门一道妥善处理涉及少数民族因素的纠纷，化解矛盾，促进团结。2008年，市民宗局在冷水江市渣渡镇木瓜村试点，帮助少数民族制定发展规划、建设回民饮水工程、资助贫困学生、扶持种植养殖业。2010年，木瓜村被确定为省级“民族团结进步示范点”。各级组织部门建立少数民族后备干部人才库，培养推荐和使用少数民族干部。

1990—2017年，全市少数民族先后被国务院授予全国民族团结进步模范集体5个、模范个人1名，被省人民政府授予全省民族团结进步先进集体5个、模范个人8名；全市有全省民族团结进步创建活动示范单位5个，少数民族市人大代表、政协委员5名。新化县天门乡土坪村入选第二批“中国少数民族特色村寨”，在省历届少数民族文艺调演获得大赛的金奖1个、银奖3个。在省第五届、六届、七届、八届、九届少数民族传统体育运动会上，分别获金牌3枚，两个单项第二，两个单项第四，分别被授予民族体育先进集体和体育道德风尚奖。

二、宗教事务管理

境内宗教有佛教、道教、伊斯兰教、基督教和天主教。其中信仰佛教、道教、基督教的人数较多。1989年，设立地区宗教事务办公室。1990年，全地区贯彻落实国家宗教信仰自由政策，有计划地维修并开放部分宗教活动场所，选送一批年轻教徒入宗教院校接受专业培训。1991年起，宗教管理部门对境内宗教活动场所依法实行登记、年检、挂牌，依法管理宗教活动场所，对年检不合格的场所限期整改，对乱建寺庙违法违规行为依法整治，并针对教职人员开展“争创爱国爱教好、解经讲经好、民族团结好、文明教风好、发挥作用好”活动。1992年，地区民族宗教事务办公室归口行署办公室管理，负责全地区民族宗教事务管理。1999年7月，撤销民族宗教事务办公室，人员并入行署办，成立秘书三科，加挂民族宗教事务办公室牌子，继续行使民族、宗教工作职能。

2002年，娄底市被省宗教局列为全省宗教工作重点市，涟源市、双峰县、新化县被列为全省宗教工作重点县市。2003年3月，成立娄底市民族宗教事务局（副处级），局长高配正处级干部。2005年3月，市委、市政府贯彻落实国务院《宗教事务管理条例》，将宗教政策法规宣传进宗教团体、进宗教活动场所、进党校（社会主义学院）、进乡村，使宗教工作三支队伍对宗教政策法规入脑入心，让宗教界人士和信教群众遵守法律法规，依法维护自己的合法权益。2006年，全市开展“乱建寺庙、私设聚会点”整治工作。全市共查处非法传教活动31起，查处非法兴建寺庙24起，收缴非法印刷书籍1.32万余本，对19人予以警告处理。引导宗教团体对教义教规作出符合当代中国发展进步要求、符合中华优秀传统文化的阐释；引导宗教界人士守法、守规，维护国家统一、民族团结、宗教和睦和社会稳定，自觉抵御境外利用宗教进行渗透和宗教极端主义影响，坚持走与社会主义社会相适应的正确道路。是年，市基督教三自爱国会圆满完成美国基督教跨宗派教会访问团访问交流。

2004—2008年，娄底市佛教协会、娄底市道教协会、娄底市基督教三自（自治、自养、自传）爱国运动委员会相继成立。建立场所七项管理制度，全面实行教务、财务两公开，重大事项公示报告和办公例会制度，宗教内部重大事务实行民主议事、民主决策、民主管理和民主监督，规范宗教活动场所的内部管理。对重大宗教活动和外来参加宗教活动的人员按《宗教事务管理条例》规定申报审批，使之有序开展宗教活动。引导宗教界每年定期开展“公益慈善周”“金秋助学”活动，主动参加救灾、扶贫、助残、修路等公益事业，2004年印度洋海啸，2008年冰灾和汶川地震，全市宗教界踊跃捐款捐物。2008年，开展基督教专项调研澄清底子。市道教协会聘请香港道教联合会主席和蓬瀛仙馆总裁为该协会名誉会长，长期开展友好交往。每年宗教界人士有计划出国出境参加活动，接待境外宗教界友好人士抵娄交流，并通过交流引进和接受捐赠。南京爱德基金会到新化县扶贫支教，10多年共筹资500多万元，实施项目40余个。澳门基督教爱心工程基金会各捐资15万元，建设涟源市三甲乡尖山学校和新化县麻风村医院，兰牧师个人还为涟源市、娄星区、双峰县助学捐款100多万元。2009年，依法对宗教场所开展专项整治，引导基督教信众到合法登记的场所开展宗教活动，引导全市宗教界积极开展国家、省、市、县级"创建和谐寺观教堂先进集体"和"创建和谐寺观教堂先进个人"活动。2012年，全市依法管理宗教事务坚持属地管理为主，落实分级分层分类管理，逐步建立健全市、县、乡、村四级宗教工作网络，落实乡、村两级责任。2015年，政府机构改革，市民宗局并入市政府办，保留牌子，设立宗教科。是年，开展乱塑宗教造像专项整治，全市处理7起宗教造像事件。娄底城区教堂、天籁寺、玄真观等场所获全国"创建和谐寺观教堂先进集体"称号，冷水江市道教协会、斗笠山教堂获湖南省首届"创建和谐寺观教堂先进集体"称号。

截至2017年底，市、县两级相继成立17个宗教团体。全市有宗教教职人员696人，登记在册的宗教活动场所290处，完成210处场所社会信用代码赋码。各教在国家宗教信仰自由政策引导下，坚持走爱国爱教的道路，坚持"三自"办教方针，依法依规开展活动。

1990—2017年，全市宗教界共计筹资2000多万元用于救灾、扶贫、助残、助学及修建公路等慈善活动。每年春节和圣诞节开展对宗教界代表人士和困难教职人员慰问活动，从2017年始，每年安排教职人员困难补助6.66万元。1999—2017年，市、县、乡三级每届都安排宗教界人士担任人大代表、政协委员，2017年，全市宗教界人士中有市人大代表1人，市政协委员4人（常委1人），县（市、区）人大代表1人，县（市、区）政协委员16人。

第四节　机关事务管理

一、组织机构

1991年12月，娄底地委办公室行政科、保卫科、劳动服务公司合并，成立正处级娄底地委行署机关事务管理委员会，负责地委、行署、人大、政协联工委及市直机关部分部、办、委、局后勤事务管理工作，归口娄底地委办公室管理。2002年1月，市机关事务管理委员会办公室更名为市机关事务管理局，明确为具有行政管理职能的事业单位，参照公务员法管理。2006年8月，原行政二科管理的行署十单位办公楼整体移交市机关事务管理局。2007年12月，撤销原地委、行署机关劳动服务公司。2009年5月，市政府采购职能划归市机关事务局，设立市政府采购中心。2012年4月，撤销市政府采购中心，政府采购职能划入娄底市公共资源交易中心管理。2014年2月，娄底市机关事务管理局明确为市政府直属正处级事业单位，至2017年未变。

二、办公用房管理

1990—2012年，地委、行署大院办公用房先后由地委办行政科、机关事务管理委员会管理。大院之外的办公用房由各单位自管。2013年11月，娄底市成立市党政机关楼堂馆所及办公用房清理整改工作领导小组，贯彻落实中央办公厅、国务院办公厅《关于党政机关停止新建楼堂馆所和清理办公用房的通知》，对全市楼堂馆所和党政机关办公用房使用情况进行清理整改。至2014年11月，全市共清理超标办公用房面积7.83万平方米。2015年，市机关事务管理局建立娄底市市直党政机关办公用房管理电子档案和台账，坚持日常巡查与专项督查相结合，对各单位办公用房使用情况进行督查。2017年，对市直各单位办公楼栋、人员编制数、使用面积等情况及平面分布图等基本信息进行登记，完善、更新办公用房管理电子档案和台账。12月，贯彻中央办公厅、国务院办公厅《党政机关办公用房管理办法》，市机关事务管理局利用报刊、网站、微信工作群、宣传橱窗等渠道，对《党政机关办公用房管理办法》主要内容进行广泛宣传。12月底，完成全市市直机关办公用房调配工作。

三、公共机构节能

2009年4月，娄底市成立公共机构节能工作领导小组，办公室设在市机关事务管理局，负责指导、推进、监督全市公共机构节能工作。2011年始，全市公共机构实行节能技术改造和目标管理考核，推广节能新产品、新技术，LED灯具成为主要照明用具，广泛推广太阳能路灯。举办“9·22”城市无车日活动，每年6月组织全市公共机构开展节能宣传周活动和“低碳日”能源紧缺体验活动。2012年始，全市公共机构开展节约型公共机构创建活动。娄底市机关事务管理局、娄底市规划局、娄底市中心医院、涟源市机关事务管理局被评为全国节约型公共机构示范单位，中国人民银行娄底市支行等8家单位被评为湖南省公共机构节能示范单位，评出市节能示范单位30家。2014年始，娄底电视台公共频道推出“公益娄底——节能专题”。2016年11月，市机关事务局代表湖南省在国家机关事务管理局主办的全国夏热冬冷地区节约型公共机构示范单位节能管理培训班上作典型发言。

四、公务用车管理

1990—1999年，地委、行署机关大院各单位公务车辆统一由机关车队管理。大院外单位公务用车各单位自管。2000—2010年，党政机关公务车辆全部由各单位自管。2011年6月，市政府成立公务用车专项治理领导小组，办公室设在机关事务管理局，负责全市公务用车专项治理和公务用车编制管理。出台《娄底市党政机关公务用车配置使用管理办法》。至2014年12月，清理超编超标准及违规借用换用公务用车578辆，分批处置超编制与进口公务用车221辆，一般公务用车减少13%。是年，市政府成立娄底市公务用车制度改革领导小组，办公室设在机关事务管理局，负责全市党政机关、事业单位、国有企业公务用车制度改革工作。至2016年底，完成全市党政机关公务用车制度改革。党政机关车辆由3087辆减少到1626辆，市本级为144个参改单位5324人发放公务出行交通补贴，安置司勤人员458名。2017年5月，娄底市公务用车服务中心成立，以保障市级重大活动和市直机关正常公务出行用车。

第七篇

人民政协

概 述

1990年3月26日，地区政协联络工作委员会（以下简称地区政协联工委）成立。地区政协联工委贯彻执行全国政协、省政协有关会议精神和有关决议，宣传党的统一战线和人民政协理论、方针和政策，督促、检查、指导各县（市）的政协工作，及时沟通情况，总结交流经验，联系驻娄省政协委员和县（市）政协委员，组织委员开展政治协商、民主监督和参政议政，及时向地委和省政协汇报工作。与社会各界开展联谊活动，联系引进中外合资项目。截至1995年，累计召开重要会议10余次，接待上级政协领导来娄视察、指导工作11次，组织委员调研考察3次。

1996年2月，地区政协联工委更名为中国人民政治协商会议娄底地区工作委员会（以下简称地区政协工委）。地区政协工委联系驻娄省政协委员，组织学习、调研和视察。联系县（市）政协，交流总结工作经验，研究政协履职问题。截至1999年7月，地区政协工委累计召开重要会议7次，接待上级政协领导赴娄指导工作1次，组织委员调研考察4次。

1999年8月初，应娄底撤地设市需要，成立政协娄底市委员会（以下简称市政协），同时撤销地区政协工委。8月7—9日，市政协一届一次会议召开，翻开娄底民主政治建设新篇章。

1999年8月7日至2003年12月30日，一届市政协建立会议制度、工作制度和机关管理制度，重视发挥政协委员主体作用，提高委员素质和履职水平，调动参政议政积极性，探索和创新市政协全会的内容和形式，探索民主监督方法途径，健全提案办理工作机制，形成征集、审查、交办、督办、反馈的办理程序，采取重点督办、及时督办、跟踪督办、上门督办和回头督办等多种措施，提高提案办理质量和效果。召开民主监督理论研讨会，提请市委下发《关于进一步加强政协民主监督的意见》，先后对市检察院、市工商局工作进行民主评议。建立和完善驻会主席与县（市、区）政协对口联系制度。届期内，一届市政协组织委员考察调研50次，向市委、市政府呈送建议案5件、调研报告20个，开展“我与政协”征文活动，召开纪念辛亥革命90周年座谈会。

2003年12月31日至2009年1月2日，二届市政协采取全体会议集中协商、常委会议和主席会议专题协商、专委会议对口协商等形式，对关系娄底经济社会发展全局的问题开展协商讨论，向市委、市政府提出意见和建议。对市委书记在政协全体会议现场批示的委员大会发言，作为重点提案督办。对市城管局行政执法工作进行民主评议。支持和组织特约监督员参与行风评议、执法检查、价格听证。建立和完善重点提案领导督办制度、优秀提案表彰制度。2004年11月，市委召开市委政协工作会议，颁发《关于进一步加强和改进政协工作的意见》。届期内，二届市政协组织委员考察调研70余次，向市委、市政府呈送建议案9件、调研报告30余个。

2009年1月2日至2012年12月25日，三届市政协探索民主监督有效形式，委派政协委员担任各单位民主监督员。改进和完善民主评议方式，采取常委会议票决形式确定民主评议对象。抓好“会前指导、会后交办、重点督办、审查落实、考核通报”提案办理环节。根据省委统一部署，三届市政协提前一年换届，任期4年。届期内，三届市政协组织委员考察调研60次，向市委、市政府呈送建议案7件、调研报告31个。

2012年12月26日至2017年1月2日，四届市政协探索开展专题协商、对口协商、界别协商、提案办理协商工作。围绕娄底对接融入大长沙“融城发展战略”建言献策，开展“我为‘十三五’献一策”活动。组织对提案办理情况进行民主评议，主动献策市政热点难点，关注市域经济转型升级。编辑《经济研究参考》。主动服务“娄商返娄”战略，开展在外创业娄商走访活动。参与举办第三、第四届娄商大会，为“引老乡、回故乡、建家乡”尽责出力。开展“政协主席会议成员走访联系政协常委、政协常委走访联系政协委员”活动。开展党的群众路线、“三严三实”、“两学一做”学习教育活动。加强政协组织自身建设，制定完善市政协全体会议等30多项规章制度。根据中央和省委统一部署，四届市政协提前一年换届，任期4年。届期内，四届市政协开展政治协商活动64次，收集上报社情民意350余条，其中被全国政协、省政协采纳40条。编发《社情民意专报》90余期，其中获市委、市政府主要领导批示16期。开展主席会议专题视察10次、委员考察调研40次，向市委、市政府呈送建议案10件、调研报告40个。

2017年1月4日至12月30日，为五届市政协任期第一年，市政协注重加强界别建设，将全体市政协委员组建为21个界别学习活动小组，搭好日常履职平台，修订委员履职考核办法，出台委员年度述职制度。学习宣传贯彻习近平新时代中国特色社会主义思想和党的十九大精神。以脱贫攻坚作为民主监督工作重点，围绕扶贫政策落实情况开展委派监督。召开政情通报会，邀请市长作娄底市经济社会发展情况通报，并与政协委员面对面互动交流。截至是年底，五届市政协制定自身建设规定8条，健全规章制度20余项，成功开展“1+5+5+10”政治协商活动，（即组织专题协商1次、对口协商5次、界别协商5次、重点提案办理协商10次）。组织开展主席会议专题视察3次、委员考察调研15次，向市委、市政府呈送建议案3件、调研报告15个。

第一章　组织机构

第一节　地区政协联工委（政协工委）

1990年3月，根据中共娄底地委《关于成立地区人大、政协联络工作委员会的通知》精神，地区政协联络工作委员会（以下简称地区政协联工委）成立，内设办公室和业务处。其中，办公室下设秘书科、政研科、人事科，业务处下设社会工作科、经济工作科、文教卫体工作科、联谊工作科。1996年3月，根据中共娄底地委办公室《关于〈中国人民政治协商会议湖南省娄底地区工作委员会机关机构改革方案〉的通知》精神，地区政协联络工作委员会更名为政协娄底地区工作委员会（以下简称地区政协工委），为省政协常委会向娄底地区派出的工作机构，内设办公室和业务处。其中，办公室下设秘书科和人事老干科，业务处下设经济工作科、社会工作科和文教卫体工作科。1999年8月，应娄底撤地设市需要，政协娄底地区工作委员会更名为政协娄底市委员会（以下简称市政协）。

1990年8月23—24日，娄底地区政协工作会议召开
（1990年8月摄）

1990—1999年地区政协联工委(政协工委)领导成员名录

表7-1

姓名	籍贯	职务	任职时间
地区政协联工委			
魏先来	湖南省隆回县	主任	1990-03—1991-10
陈春林	湖南省临湘县	主任	1991-10—1993-10
丛树英	辽宁省盖州市	主任	1993-10—1995-10
黄厚铨	江西省于都县	主任	1995-10—1996-02
李健刚	湖南省安化县	副主任	1990-03—1992-11
肖士凤	湖南省涟源市	副主任	1990-03—1992-08
刘友田	湖南省新化县	副主任	1990-03—1992-08
戴子彦	湖南省双峰县	副主任	1991-02—1996-06
陈声南	湖南省娄星区	副主任	1992-03—1996-06
李柏荣	湖南省新宁县	副主任	1992-12—1996-04
庄郁华	湖南省长沙市	副主任	1993-10—1996-06
地区政协工委			
黄厚铨	江西省于都县	主任	1996-02—1997-12
王其林	山东省滕州市	主任(兼)	1998-01—1998-08
谢凤龄	湖南省湘潭市	主任	1999-02—1999-07
李柏荣	湖南省新宁县	副主任	1996-04—1999-07
肖国民	湖南省长沙市	副主任	1996-06—1998-04
谭铁勋	湖南省新化县	副主任	1997-05—1999-07
周重生	湖南省冷水江市	副主任	1997-05—1999-07
李子林	湖南省新宁县	副主任	1998-08—1999-07

第二节 市政协常委会

一、一届市政协常委会

一届市政协常委会任期为1999年8月7日至2003年12月30日，届初48人，届末47人。主席：谢凤龄。副主席：周重生（一届五次会议辞）、陆家康、李子林（一届四次会议辞）、邹明玉（女）、张铁成、朱宪、毛建华、鄢福初、肖新桃（女，一届四次会议当选）、李海江（一届六次会议当选）。秘书长：周重生（一届三次会议辞）、彭逢华（一届三次会议当选）。常委：王沅资、王南平、王洪元、邓仲光、左应生、龙智、申立新、刘合庄、刘绍文、刘海金、朱彩凤（女）、朱锦屏、伍胜天、许发武（一届十九次常委会辞）、李友元、李仲乔、李建容、李健宁（女）、肖正滔、肖晓龙、肖继强、吴新江、佘国纲、佘英俊、金晨钟、赵应良、袁金华（一届十五次常委会辞）、袁武烈、郭万喜、唐文胜、陶龙、黄祥刚（苗族）、彭欧、傅胜龙、傅德贤、曾雄、廖志理、戴建民、肖海波（一届十五次常委会当选）。

1999年8月，一届市政协第二次常委会决定内设工作机构“五委一室”：办公室、学习文史委员会、提案工作委员会、经济科技委员会、文教卫体委员会、社会工作委员会。2000年，一届市政协第三次常委会会议决定增设人口资源环境委员会。

二、二届市政协常委会

二届市政协常委会任期为2003年12月31日至2009年1月2日，届初52人，届末52人。主席：谢凤龄（二届五次会议辞）、杨云辉（二届五次会议当选）。副主席：陆家康、毛建华（二届二次会议辞）、鄢福初、李海江、李亭玉（二届五次会议辞）、李金才（女）、刘继清、黄祥刚（苗族）、赵应良、左应生（二届五次会议当选）、邵瑛（女，二届五次会议当选）。秘书长：彭逢华。常委：曾益民（二届二次会议辞）、康强国、姚仲华、李东升、李友元、陈光明、袁辉显、彭谊贵、章晚云（女）、刘绍文、李文洪（二届二次会议辞）、李劲松（女）、何建国、傅胜龙、申立新、李德仁、肖继强、陈铁军、李曙光、王洪元、戴建民、彭湘南（女）、余建中、何晓成、李才希、熊卫华、梁石安、杨清（女）、周和贵、刘斌、傅德贤、梁康瑜、谢坚升、彭盛、伍胜天、晏西征、王沅资、李仲乔、熊迎潮、戴治平、释普慧（二届二次会议辞）、裴健（二届二次会议当选）、吴新江（二届二次会议当选）、李应泉（二届二次会议当选）。

2003—2006年，二届市政协内设工作机构“六委一室”，与一届市政协常委会相同。2007年，市政协研究室升格为正处级机构，作为市政协内设机构。二届市政协内设工作机构变更为“六委二室”：办公室、研究室、学习文史委员会、提案工作委员会、经济科技委员会、文教卫体委员会、社会工作委员会、人口资源环境委员会。

三、三届市政协常委会

三届市政协常委会任期为2009年1月3日至2012年12月25日，届初69人，届末75人。主席：杨云辉。副主席：姚兵（三届四次会议当选）、李金才（女）、刘继清、黄祥刚（苗族）、左应生（三届二次会议辞）、邵瑛（女）、谭怀连、刘志伟、李德仁、朱锦屏（三届二次会议当选，三届四次会议辞）、李梦贤（三届四次会议当选）。秘书长：封建初（三届三次会议免，同时免去常委、委员职务）、李和平（三届三次会议当选）。常委：潘太安、唐强、李大鹏、钟炜、刘乔晚、何一波、潘安民（三届四次会议辞）、陈光明、谢培春、罗光才、彭谊贵（三届三次会议辞）、羊小庆、彭湘南（女）、朱宏志、申立新、梁卫平、彭淑媛（女）、陈锡平、佘英俊、肖继强、余建中、赵焕、李定胜、谢坚升（三届四次会议辞）、肖春、彭宏志（女）、邬捷鹏、杨萍（女，侗族）、颜春（女）、朱鸿宾（女）、刘永胜、肖安江、吴建新、刘凯林、罗革文（女）、龚志坚、李曙光、曾定华、朱昌美、刘大成、姜东兵、龙长瑜、何晓成、樊锦文、戴治平、熊平丽（女）、晏西征、肖海波、石潇纯（女）、廖华、苏四光、郭细军、释圆通（三届三次会议撤）、邓国雄、童桂娥（女）、罗志祥、侯迪凡、刘学明、周胜初（三届二次会议当选）、李梯华（女，三届二次会议当选）、毛抚敏（女，三届二次会议当选）、释达源（三届三次会议当选）、李田中（三届三次会议当选）、肖志江（三届三次会议当选）、童辉光（三届四次会议当选）、向国蓉（女，三届四次会议当选）、朱石牛（三届四次会议当选）。

2009—2012年，三届市政协内设工作机构“六委二室”，与上届一致。

四、四届市政协常委会

四届市政协常委会任期为2012年12月26日至2017年1月2日，届初70人，届末66人。主席：姚兵。副主席：李梦贤（四届四次会议辞）、易南斌、刘继清、黄祥刚（苗族）、邵瑛（女）、李德仁、吴合群、席伏应（女）、曾福泽（四届四次会议当选）。秘书长：李和平。常委：谭怀连、刘志伟、王立祥、王美成、邓向东、龙长瑜、申宗益（四届四次会议辞）、申立新、朱石牛、朱希芳、朱宏志、朱昌美、朱鸿宾（女）、刘乔晚（四届四次会议辞）、刘力、刘大成、刘付华、刘永胜、刘巩成、刘凯林、杨萍（女，侗族）、吴笃明（四届四次会议辞）、苏四光、李大鹏（四届四次会议辞）、李文革、李剑伟、李梯华、李湘辉（女）、李曙光、肖正红（女）、肖海波、何一波、陈代宋、陈理华、陈惠明、陈锡平、易俊、易加玉、罗光才、罗革文（女）、周仁友、周世光、周胜初、赵焕、钟炜、贺顺清、郭细军、龚志坚、梁卫平、彭宏志（女）、释达源、童辉光、曾定华、谢郁奇、谢培春（四届四次会议辞）、廖华、廖卫中、颜春（女）、戴治平。

2012—2017年，四届市政协内设工作机构“六委二室”，与上届相同。

五、五届市政协常委会

2017年1月4日至12月31日，五届市政协常委会任期未满，届初68人，届末人数未知。主席：姚兵。副主席：易南斌、刘继清、邵瑛（女）、李德仁、席伏应（女）、李赛斌、苏旻、李利文（女）。秘书长：罗孝贵。常委：于晶（女）、王学东（五届四次会议辞）、王骥远、文瑾（女，苗族）、邓向东、朱宏志、朱昌美、朱鸿宾（女）、伍鹤群、刘仁、刘大成、刘中生、刘付华、刘永胜、刘国荣、刘涛波、羊小庆、阳雄绪、李芸（女）、李旭娇（女）、李建设、李剑伟、李湘辉（女）、李新家、杨建军、杨韶红、吴润民（五届四次会议辞）、吴德华、邹建湘、陈健庄（女）、陈艳春（女）、陈惠明、易加玉、罗中秋（女）、金之剑、周仁友、赵焕、贺顺清、高静（女）、郭细军、郭振峰、唐煊卫、梁卫平、彭祖尧、彭淑媛（女）、童大志、曾卓、曾志彦、曾佳灿、廖华、廖吉林、廖志理、廖群洪、颜春（女）、颜义方、潘琳（女）。

2017年1—12月，五届市政协内设工作机构“六委二室”，与上届相同。

1999—2017年市政协主席会议成员情况表

表7-2

姓名	籍贯	职务	任职时间
第一届			
谢凤龄	湖南省湘潭市	主席	1999-08—2003-12
周重生	湖南省冷水江市	副主席	1999-08—2002-12
陆家康	湖南省新化县	副主席	1999-08—2003-12
李子林	湖南省新宁县	副主席	1999-08—2002-12
邹明玉(女)	湖南省涟源市	副主席	1999-08—2003-12
张铁成(兼)	福建省龙岩市	副主席	1999-08—2003-12
朱　宪(兼)	湖北省宣思县	副主席	1999-08—2003-12
毛建华(兼)	湖南省涟源市	副主席	1999-08—2003-12
鄢福初(兼)	湖南省新化县	副主席	1999-08—2003-12
肖新桃(女)	湖南省新邵县	副主席	2002-03—2003-12
李海江	湖南省娄星区	副主席	2003-06—2003-12
周重生(兼)	湖南省双峰县	秘书长	1999-08—2001-03
彭逢华	湖南省娄星区	秘书长	2001-03—2003-12

续表7-2

姓 名	籍 贯	职 务	任职时间
第二届			
谢凤龄	湖南省湘潭市	主席	2003-12—2007-12
杨云辉	湖南省湘乡市	主席	2008-01—2009-01
陆家康	湖南省新化县	副主席	2003-12—2009-01
李海江	湖南省娄星区	副主席	2003-12—2009-01
毛建华(兼)	湖南省涟源市	副主席	2003-12—2005-02
鄢福初	湖南省新化县	副主席	2003-12—2009-01
李亭玉	湖南省冷水江市	副主席	2003-12—2007-12
李金才(女)	湖南省娄星区	副主席	2003-12—2009-01
刘继清(兼)	湖南省新化县	副主席	2003-12—2009-01
黄祥刚(兼)	湖南省麻阳县	副主席	2003-12—2009-01
赵应良(兼)	湖南省双峰县	副主席	2003-12—2009-01
左应生	湖南省涟源市	副主席	2008-01—2009-01
邵 瑛(女,兼)	湖南省涟源市	副主席	2008-01—2009-01
彭逢华	湖南省娄星区	秘书长	2003-12—2009-01
第三届			
杨云辉	湖南省湘乡市	主席	2009-01—2012-12
姚 兵	陕西省三原县	副主席	2011-10—2012-12
李金才(女)	湖南省娄星区	副主席	2009-01—2012-12
刘继清	湖南省新化县	副主席	2009-01—2012-12
黄祥刚(兼)	湖南省麻阳县	副主席	2009-01—2012-12
左应生	湖南省涟源市	副主席	2009-01—2010-01
邵瑛(女,兼)	湖南省涟源市	副主席	2009-01-2012-12
谭怀连	湖南省邵东县	副主席	2009-01-2012-12
刘志伟	湖南省新化县	副主席	2009-01-2012-12
李德仁(兼)	湖南省涟源市	副主席	2009-01-2012-12
朱锦屏	湖南省新邵县	副主席	2010-01-2012-01
李梦贤	湖南省涟源市	副主席	2011-10-2012-12
封建初	湖南省双峰县	秘书长	2009-01-2011-01
李和平	湖南省新化县	秘书长	2011-01-2012-12

续表7-2

姓 名	籍 贯	职 务	任职时间
第四届			
姚 兵	陕西省三原县	主席	2012-12-2017-01
李梦贤	湖南省涟源市	副主席	2012-12-2016-02
易南斌	湖南省新化县	副主席	2012-12—2017-01
刘继清	湖南省新化县	副主席	2012-12—2017-01
黄祥刚(兼)	湖南省麻阳县	副主席	2012-12—2016-04
邵瑛(女,兼)	湖南省涟源市	副主席	2012-12—2017-01
李德仁(兼)	湖南省涟源市	副主席	2012-12—2017-01
吴合群	湖南省涟源市	副主席	2012-12—2017-01
席伏应(女)	湖南省双峰县	副主席	2012-12—2017-01
曾福泽	湖南省双峰县	副主席	2015-12—2017-01
李和平	湖南省新化县	秘书长	2012-12—2017-01
第五届			
姚 兵	陕西省三原县	主席	2017-01—
易南斌	湖南省新化县	副主席	2017-01—
刘继清	湖南省新化县	副主席	2017-01—
邵瑛(女,兼)	湖南省涟源市	副主席	2017-01—
李德仁(兼)	湖南省涟源市	副主席	2017-01—
席伏应(女)	湖南省双峰县	副主席	2017-01—
李赛斌	湖南省涟源市	副主席	2017-01—
苏 旻	湖南省新化县	副主席	2017-01—
李利文(女,兼)	湖南省涟源市	副主席	2017-01—
罗孝贵	湖南省隆回县	秘书长	2017-01—

第三节 县(市、区)政协常委会

一、娄星区(县级娄底市)政协常委会

娄底市(县级)三届政协常委会任期为1987—1991年，届初常委30人，届末增补至31人，累计召开常委会会议12次。娄底市(县级)四届政协常委会任期为1992—1996年，届初常委33人，届末增补至35人，累计召开常委会会议25次。娄星区五届政协常委会任期为1997—2002年，届初常委32人，

届末32人，累计召开常委会会议30次。娄星区六届政协常委会任期为2003—2006年，届初常委34人，届末增补至36人，累计召开常委会会议24次。娄星区七届政协常委会任期为2007—2011年，届初常委35人，届末增补至38人，累计召开常委会会议23次。娄星区八届政协常委会任期为2012—2015年，届初常委42人，届末增补至43人，累计召开常委会会议18次。娄星区九届政协常委会任期为2016—2021年，届初常委39人，至2017年，累计召开常委会会议7次。

1990年，娄底市（县级）政协内设工作机构“一室七委”：办公室、提案工作委员会、文史资料研究委员会、学习宣传委员会、经济科技委员会、文教卫体委员会、法制群团委员会、祖国统一联谊委员会。1997年12月，娄底市（县级）政协内设工作机构调整为“一室四委”：办公室（内设综合信息组、秘书组）、提案工作委员会、学习文史委员会、经济科技委员会、社会工作委员会。2003年1月，娄星区政协内设工作机构调整为“一室五委”：办公室、提案工作委员会、学习文史委员会、经济科技委员会、社会工作委员会、环境资源委员会。2007年12月，娄星区政协内设工作机构调整为“二室五委”：办公室、研究室、提案工作委员会、学习文史委员会、经济科技委员会、社会工作委员会、环境资源委员会。2015年，因撤乡并镇改革，茶园镇并入万宝镇，百亩乡并入石井镇，小碧乡并入杉山镇，娄星区政协下辖乡镇、街道办事处政协联工委减至11个。至2017年，娄星区政协内设工作机构“二室五委”不变。

二、冷水江市政协常委会

冷水江市四届政协常委会任期为1988—1992年，届初常委33人，届末33人，累计召开常委会会议13次、主席会议20次。冷水江市五届政协常委会任期为1993—1996年，届初常委32人，届末增补至40人，累计召开常委会会议26次、主席会议37次。冷水江市六届政协常委会任期为1997—2002年，届初常委30人，届末增补至32人，累计召开常委会会议29次、主席会议41次。冷水江市七届政协常委会任期为2003—2006年，届初常委30人，届末辞免至26人，累计召开常委会会议30次、主席会议32次。冷水江市八届政协常委会任期为2007—2011年，届初常委28人，届末辞免至27人，累计召开常委会会议22次、主席会议30次。冷水江市九届政协常委会任期为2012—2015年，届初常委26人，届末增补至30人，累计召开常委会会议19次、主席会议30次。冷水江市十届政协常委会任期为2016—2021年，届初常委26人。至2017年，累计召开常委会会议6次。

1990年，冷水江市政协内设工作机构“一室六委”：办公室、提案工作委员会、学习宣传委员会、文史资料研究委员会、经济科技委员会、法制群团委员会、祖国统一联谊委员会。1991年，冷水江市政协内设工作机构调整为“一室七委”：办公室、提案工作委员会、学习宣传委员会、文史资料研究委员会、经济科技委员会、法制群团委员会、祖国统一联谊委员会、文教卫体委员会。1997年11月，冷水江市政协内设工作机构调整为“一室五委”：办公室、提案工作委员会、文史学习委员会、经济科技委员会、社会工作委员会、文教卫体委员会。2010年，冷水江市政协内设工作机构调整为“一室六委”：办公室、提案工作委员会、文史学习委员会、经济科技委员会、社会工作委员会、文教卫体委员会、人口环境资源委员会。至2017年，冷水江市政协内设工作机构“一室六委”不变。

三、涟源市政协常委会

涟源市八届政协常委会任期为1988—1992年，届初常委23人，届末增补至24人，累计召开常委会会议13次。涟源市九届政协常委会任期为1993—1997年，届初常委23人，届末增补至33人，累计召开常委会会议23次。涟源市十届政协常委会任期为1998—2002年，届初常委27人，届末增补至35人，累计召常委会会议20次。涟源市十一届政协常委会任期为2003—2006年，届初常委30人，届末增补至33人，累计召开常委会会议24次。涟源市十二届政协常委会任期为2007—2011年，届初常委35人，届末增补至41人，累计召开常委会会议22次。涟源市十三届政协常委会任期为2012—2015年，届初常委47人，届末辞免至38人，累计召开常委会会议21次。涟源市十四届政协常委会任期为2016—2021

年，届初常委43人。至2017年，累计召开常委会会议7次。

1990年，涟源市政协内设工作机构“一室七委”：办公室、学习委员会、文史资料研究委员会、联谊委员会、提案工作委员会、经济科技委员会、社团民族宗教委员会、文教卫体委员会。1997年，涟源市政协内设工作机构调整为“一室四委”：办公室、学习文史委员会、社会工作委员会、提案工作委员会、经济科技委员会。2005年，涟源市政协内设工作机构调整为“一室五委”：办公室、学习文史委员会、社会工作委员会、提案工作委员会、经济科技委员会、人口资源环境委员会。至2017年未变。

四、双峰县政协常委会

双峰县三届政协常委会任期为1987—1991年，届初常委24人，届末24人，累计召开常委会会议15次。双峰县四届政协常委会任期为1992—1996年，届初常委26人，届末增补至32人，累计召开常委会会议20次。双峰县五届政协常委会任期为1997—2002年，届初常委37人，届末增补至47人，累计召开常委会会议20次。双峰县六届政协常委会任期为2003—2006年，届初常委32人，届末增补至38人，累计召开常委会会议21次。双峰县七届政协常委会任期为2007—2011年，届初常委39人，届末39人，累计召开常委会会议20次。双峰县八届政协常委会任期为2012—2015年，届初常委43人，届末43人，累计召开常委会会议16次。双峰县九届政协常委会任期为2016—2021年，届初常委44名。至2017年，累计召开常委会会议6次。

1990年，双峰县政协内设工作机构“一室五委”：办公室、科教文卫委员会、联络工作委员会、工商经济工作委员会、学习委员会、文史资料研究委员会。1996年，双峰县政协内设工作机构调整为“一室四委”：办公室、提案工作委员会、学习文史委员会、经济科技委员会、社会工作委员会。2009年，双峰县政协内设工作机构调整为“一室五委”：办公室、提案工作委员会、学习文史委员会、经济科技委员会、社会工作委员会、人口资源环境委员会。2014年，双峰县政协在广东省佛山市设立政协委员活动小组1个。至2017年，双峰县政协内设工作机构“一室五委”未变。

五、新化县政协常委会

新化县七届政协常委会任期为1988—1992年，届初常委36人，届末36人，累计召开常委会会议12次。新化县八届政协常委会任期为1993—1997年，届初常委23人，届末增补至29人，累计召开常委会会议20次。新化县九届政协常委会任期为1998—2002年，届初常委25人，届末增补至28人，累计召开常委会会议20次。新化县十届政协常委会任期为2003—2006年，届初常委27人，届末27人，累计召开常委会会议20次。新化县十一届政协常委会任期为2007—2011年，届初常委32人，届末32人，累计召开常委会会议20次。新化县十二届政协常委会任期为2012—2015年，届初常委43人，届末43人，累计召开常委会会议16次。新化县十三届政协常委会任期为2016—2021年，届初常委48人。至2017年，累计召开常委会会议7次。

1990年，新化县政协内设工作机构“一室五委”：办公室（内设秘书组、政工组、综合组）、学习宣传委员会、文史资料研究委员会、经济科技委员会、文教卫体委员会、祖国统一联谊委员会。1993年，新化县政协内设工作机构“一室五委”名称变更为：办公室（内设秘书组、政工组、综合组）、学习委员会、文史资料研究委员会、经济科技委员会、联谊委员会、提案委员会。2001年，新化县政协内设工作机构“一室五委”名称变更为：办公室、提案工作委员会、财政经济委员会、科教卫文体委员会、学习文史委员会、社会工作委员会。2009年，新化县政协内设工作机构调整为“一室六委”：办公室、提案工作委员会、财政经济委员会、科教卫文体委员会、学习文史委员会、社会工作委员会、人口资源与环境保护委员会。至2017年，新化县政协内设工作机构“一室六委”未变。

第二章 政协委员

第一节 委员产生

1999年2—8月，第一届市政协委员会委员，由政协娄底市第一届委员会筹备委员会研究协商，报省政协和省委统战部，获准设界别19个，委员260名。地委统战部下发《关于认真做好第一届娄底市政协委员推荐工作的通知》，委员人选由各界别、各战线及各县（市）推荐提名，报地委统战部汇总。地委统战部提出建议名单，地委组织部、市政协筹委会党组协商，拟出初选名单，再进行分析研究、综合比较和审查，形成委员初步人事安排意见，报经中共娄底地委研究同意后，再经市政协筹委会协商确定，并登报公布。一届一次会议委员244名，预留16名，待届中增补。

2003年8—12月，第二届市政协委员会委员，设界别19个，委员283名。市委统战部下发《关于认真做好第二届娄底市政协委员推荐工作的通知》，各界别、各战线及各县（市）推荐名单，报市委统战部汇总。市委统战部提出建议名单，市委组织部、市政协党组协商，拟出初选名单，再进行分析研究、综合比较和审查，形成委员初步人事安排意见，报市委常委会会议研究同意后，再由市政协常委会会议协商通过，并登报公布。

2008年8—12月，第三届市政协委员会委员，推举、协商、确定程序同第二届，设界别19个，委员349名。委员人选适当提高非公有制经济人士比例，适当增加金融界委员数量。

2012年8—12月，第四届市政协委员会委员，推举、协商、确定程序同第三届，增设民建娄底市委（筹）、农工民主党娄底市委（筹）2个界别，共设界别21个，委员345名。委员人选适当提高非公有制经济人士比例。因民建娄底市委、农工民主党娄底市委筹备工作需要，适当提高民主党派委员比例。

2016年8—12月，第五届市政协委员会委员，设界别21个，委员334名，适当提高妇女及高学历委员比例。推举、协商、确定程序同第四届。

第二节 委员构成

1999年8月7日至2003年12月30日，一届市政协届初有委员244名，届末有委员278名。届初委员构成：中共党员占37.3%。民主党派成员、无党派人士及其他非中共人士153人，占62.7%。妇女占13.1%。少数民族占1.2%。具有大专以上文化程度的占87.7%，具有中专和高中文化程度的占11.1%，具有初中文化程度的占1.2%。

2003年12月31日至2009年1月2日，二届市政协届初有委员283名，届末有委员299名。届初委员构成：中共党员占39.6%。非中共人士171人，占60.4%。妇女占16.6%。少数民族占1.8%。具有大专以上文化程度的占91.9%。

2009年1月2日至2012年12月25日，三届市政协届初有委员338名，其中二届市政协委员留任的139名，占三届政协委员的39.83%，新任政协委员199名，占57.02%。届末有委员355名。新增特聘委员44名（主要为娄底籍在外地知名人士）。委员构成：中共党员占39.5%。民主党派、无党派人士204人，占60.5%。妇女占16.6%。少数民族占1.1%。宗教界占0.8%。新的社会阶层人士占23.5%，其中非公有制经济人士69名，律师、会计师等其他新的社会阶层人士13名，为娄底经济社会发展做出积极贡献的沿海经济发达地区娄籍代表人士6名。

2012年12月26日至2017年1月2日，四届市政协届初有委员345名，其中，上届政协委员留任169名，占48.99%。新任政协委员176名，占51.01%。特聘委员49名。届末有委员325名，特聘委员48名。委员构成：50岁以下的280名，占81.2%。具有大专以上学历的324名，占93.9%，其中获硕士研究生或以上学历的48名。中共党员占39%。民主党派、无党派人士210人，占61%。妇女占19.4%。非公有制经济人士占19.7%。少数民族人士占1.4%。宗教界人士占1.1%。律师、会计师、审计师、房地产评估师、行业商（协）会等新的社会阶层人士17人，侨眷侨属代表人士6名。

2017年1月3日至12月31日，五届市政协届初有委员334名，其中，上届政协委员留任127名，占38%。新任委员207名，占62%。委员构成：中共党员占39.5%。民主党派、无党派人士202人，占60.5%，其中民主党派成员占24.6%。妇女占24.6%。非公有制经济人士37名，新的社会阶层人士12名，两者合计占14.7%。少数民族人士6名，宗教界人士4名，侨眷侨属代表人士5名；具有大专以上学历的298名，占89.2%。其中硕士研究生及以上学历的64名。

1999—2017年第一届至第五届市政协委员界别及人数一览表

表7-3

界别＼届次	第一届	第二届	第三届	第四届	第五届
中国共产党	30	24	29	28	30
中国民主建国会	—	—	—	7	11
中国农工民主党	—	—	—	8	11
九三学社	12	13	14	11	13
无党派人士	26	26	30	14	23
娄底市总工会	12	10	10	9	13
娄底市妇女联合会	10	14	16	18	18
共青团	4	4	4	2	14
娄底市工商业联合会	9	27	33	47	23
娄底市归侨侨眷联合会	6	4	5	6	5
文化艺术体育界	5	8	6	3	10
科学技术界	17	21	23	17	16
经济界	25	31	39	44	34
农业界	11	12	16	13	21
教育界	12	13	15	16	11
新闻出版界	6	5	5	5	8
医药卫生界	9	13	19	18	15
少数民族界	3	5	3	4	6
宗教界	3	4	3	4	4
特别邀请人士	33	37	54	59	34
特聘	—	—	44	49	—

1990—2017年历届驻娄省政协委员名录

表7-4

届次(时间)	姓 名
第六届 (1988-01—1993-01)	万金达、马心良、方岳建、王之国、石爽溪、刘石如、许群尧、何华昆、宋焕威、李淑南(女)、李翕承、陈睦宗、林纽、林家生、罗松喜、罗润华(女)、胡湘基、郭东生、梁稳根、黄挺芬、彭浒渤
第七届 (1993-01—1998-01)	万金达、马心良、王天国、黄挺芬、龙云斌、朱宪、许群尧、何华昆、李淑南(女)、肖华锋、陈三安、陈声南、陈春林、周先和、罗松喜、胡湘基、梁阜球、曾太平、温茂顺
第八届 (1998-01—2003-01)	马心良、王天国、方建伟、朱宪、朱宋田、朱熙、许群尧、李源湘、肖新桃(女)、邹明玉(女)、陆家康、张值恒、张铁成、段小云(女)、晏西征、曾太平、谢凤龄、鄢福初
第九届 (2003-01—2008-01)	毛建华、王憧文、刘继清、李云才、李金才(女)、李海江、李源湘、肖小龙、肖海波、邹明玉(女)、陈庆元、段小云(女)、胡池庚、梁石安、傅胜龙、曾湖汉、谢凤龄、鄢福初、戴桂东
第十届 (2008-01—2013-01)	毛国和(女)、王运芳、王洪元、刘继清、吴谷初、张怡中、李云才、李旭娇(女)、李德仁、杨云辉、肖新桃(女)、邵瑛(女)、陈新华、陈貌聪(女)、易泽群、姚兵、姜浩文、胡拥军、鄢福初、廖哲强、颜春(女)、颜桂兰(女)
第十一届 (2013-01—2018-01)	毛国和(女)、龙佩涛、华学健、刘继清、苏旻、李德仁、陈永松、邵瑛(女)、胡拥军、姜东兵、姜浩文、姚兵、高长春、康艳华(女)、梁科武、雷绍业、鄢福初、廖哲强、颜春(女)、戴治平、甘跃华、庄平

第三节 委员管理

一、制度建设

1999年12月14日，市委转发《政协娄底市委员会关于政治协商、民主监督、参政议政的规定》。2000年5月31日，市政协一届五次常委会会议通过《关于开展创“双优”活动的决定》，此后每年评选市级“优秀政协委员”和“优秀学习活动小组”，分别按10%的比例和3~5个总量控制名额在全会进行表彰。8月3日，市委办公室印发《关于进一步加强政协民主监督工作的通知》。2003年12月22日，市政协出台《关于进一步加强政协委员自身建设的决定》。2004年，市政协制定委员向学习活动小组书面述职、常委和机关委室向常委会议述职等制度，完善有关加强委员自身建设的规定和“三优”（优秀委员、优秀学习活动小组、优秀提案）评比考核制度。2006年，市政协进一步完善“三优”评比考核制度，在委员中开展读一本好书、提一个好提案、提一条好建议、办一件好实事的“四个一”活动。2010年6月28日，市政协出台《关于统一委派政协委员担任民主监督员的实施细则》。2013年3月29日，市政协四届一次常委会会议审议通过《政协娄底市委员会全体会议工作规则》《政协娄底市委员会常务委员会工作规则》。7月4日，市政协四届二次常委会会议审议通过《政协娄底市委员会提案工作规则》《政协娄底市委员会专门委员会通则》《政协娄底市委员会主席会议（党组）成员联系驻娄省政协委员、市政协常委联系委员办法（试行）》。10月16日，市政协四届三次常委会会议审议通过《政协娄底市委员会委员履职管理若干规定（试行）》。2014年8月5日，市政协四届八次常委会会议审议通过《政协娄底市委员会关于政治协商、民主监督、参政议政的规定（试行）》。2016年12月26日，市政协四届二十三次常委会会议审议通过《政协娄底市委员会委员述职报告制度（试行）》。2017年7月11日，市政协出台《政协娄底市委员会关于开展“助推新发展、建设新娄底”的实施意见》，要求政协委员在工作中至少提出一条可行性建议，抓实一次民主监督，帮扶一个贫困农户，联系一个企业或项目，开展一次走访活动，创造一份崭新业绩。

二、奖励惩处

2000年始，市政协通过年终考核评比，各委员学习活动小组推荐，对口专委会审核，报市政协主席会议和常委会会议审定，对年度优秀政协委员、优秀委员学习活动小组、优秀提案、优秀社情民意稿件、优秀民主监督小组予以表彰奖励。同时，依据《政协娄底市委员会委员管理若干规定（试行）》，对长期不履行职责、严重违纪违法的政协委员，撤销其市政协委员资格。2000—2017年，累计表彰奖励优秀市政协委员441名，优秀活动小组43个，优秀提案274件，社情民意信息工作先进单位19个，优秀民主监督小组14个。撤销市政协委员资格9人，其中因违纪违规的2人，因违法犯罪的7人。

第三章 重要会议

第一节 全体委员会议

一、一届市政协全体委员会议

1999年8月7日上午，市政协一届一次会议预备会议分别召开大会主席团第一次会议和委员中的中共党员会议。大会预备会议第一阶段，主要听取第一次会议筹备工作情况报告，以及委员安排情况报告。协商通过第一次会议主席团成员、秘书长名单。大会主席团第一次会议，主要听取大会主席团常务主席建议名单及简要说明。推选大会主席团常务主席。通过各次大会执行主席名单。通过提案审查委员会成员建议名单。大会预备会议第二阶段，主要报告大会主席团常务主席、副秘书长、大会秘书处工作机构及各组负责人名单。通过提案审查委员会成员名单。党员会议宣布大会临时党委组成人员名单，对政协委员中的中共党员提出要求。

1999年8月7—9日，市政协一届一次会议在娄星区迎宾馆召开。大会应到委员244人，实到244人，分12个小组进行讨论。会议主要内容：听取并协商市委副书记冯长根所作《关于政协娄底市一届一次会议主席、常务副主席安排的说明》。听取并审议主席团执行主席周重生所作的提案审查情况报告。全员列席市人大一届一次会议，听取并协商市人大正、副主任，市政府正、副市长，市中级人民法院院长，市检察院检察长候选人建议名单的说明。审议并通过市政协一届一次会议政治决议。选举谢凤龄为市政协主席，周重生、陆家康、李子林、邹明玉（女）、张铁成、朱宪、毛建华、鄢福初为副主席，周重生兼任秘书长，选举王沅资等38人为常委。

2000年3月19—23日，市政协一届二次会议在娄星区迎宾馆召开。大会应到委员264人，实到256人，分12个小组进行讨论。会议主要内容：听取并审议市政协主席谢凤龄所作的常务委员会工作报告。听取并审议市政协副主席邹明玉所作的提案工作报告。全员列席市人大一届二次会议，听取并讨论市政府工作报告及其他重要报告。听取市政协提案委主任袁武烈所作的提案审查情况报告。审议并通过市政协一届二次会议政治决议。表彰1999年度县（市、区）政协工作目标管理先进单位及个人，表彰优秀提案人。

2001年2月25日至3月1日，市政协一届三次会议在娄星区迎宾馆召开。大会应到委员268人，实到268人，分12个小组进行讨论。会议主要内容：听取并审议市政协主席谢凤龄所作的常务委员会工作报告。听取并审议市政协副主席邹明玉所作的提案工作报告。审议并通过市政协一届三次会议政治决议。听取部分市政协委员所作的大会发言。决定自此次会议始，安排不同界别政协委员作大会发言。列席市人大一届三次会议，听取并讨论市政府工作报告、计划工作报告、财政预决算报告。同意周重生辞去所兼市政协秘书长职务，选举彭逢华为市政协秘书长。表彰2000年度县（市、区）政协工作目标管理先进单位及个人，表彰优秀学习活动小组和优秀政协委员及2000年度市政协优秀提案人。

2002年2月27日至3月3日，市政协一届四次会议召开。大会应到委员268人，实到268人，分8个小组进行讨论。会议主要内容：听取并审议市政协主席谢凤龄所作的常务委员会工作报告。听取并审议市政协副主席邹明玉所作的提案工作报告。全员列席市人大一届四次会议，听取并讨论市长刘云柱所作的政府工作报告，以及其他重要报告。听取部分市政协委员所作的大会发言。审议并通过市政协一届四次会议政治决议及其他各项决议。通过提案审查情况的报告。同意李子林辞去市政协副主席职务，选举肖新桃（女）为市政协副主席。表彰2001年度县（市、区）政协工作目标管理先进单位和个人，表彰2001年度市政协优秀学习活动小组和优秀政协委员及优秀提案人。

2002年12月28日至2003年1月1日，市政协一届五次会议召开。大会应到委员268人，实到268人，分8个小组进行讨论。会议主要内容：听取并审议市政协主席谢凤龄所作的常务委员会工作报告。听取并审议市政协副主席邹明玉所作的提案工作报告。全员列席市人大一届五次会议，听取并讨论市长刘云柱所作的政府工作报告以及其他重要报告。听取部分市政协委员所作的大会发言。通过市政协一届五次会议政治决议及其他各项决议。通过提案审查情况的报告。同意周重生辞去市政协副主席职务。表彰2002年度县（市、区）政协工作目标管理先进单位和个人，表彰2002年度市政协优秀学习活动小组和优秀政协委员及优秀提案人。

2003年6月27日，市政协一届六次会议召开。大会应到委员278人，实到278人，分8个小组进行讨论。会议主要内容：选举李海江为市政协副主席。

二、二届市政协全体委员会议

2003年12月31日至2004年1月3日，市政协二届一次会议召开。大会应到委员283人，实到283人，分8个小组进行讨论。会议主要内容：听取并审议市政协主席谢凤龄所作的常务委员会工作报告。听取并审议市政协副主席鄢福初所作的提案工作报告。全员列席市人大二届一次会议，听取并讨论市长刘云柱所作的政府工作报告，以及其他重要报告。听取并协商关于市人大正、副主任，市政府正、副市长，市中级人民法院院长，市检察院检察长候选人建议名单的说明。听取6名市政协委员所作的大会发言。通过市政协二届一次会议政治决议。选举谢凤龄为市政协主席，陆家康、毛建华、鄢福初、李海江、李亭玉、李金才（女）、刘继清、黄祥刚、赵应良为副主席，彭逢华为秘书长，选举曾益民等41人为常委。

2005年2月24—28日，市政协二届二次会议召开。大会应到委员288人，实到288人，分8个小组进行讨论。会议主要内容：听取并审议市政协主席谢凤龄所作的常务委员会工作报告。听取并审议市政协副主席李金才所作的提案工作报告。全员列席市人大二届二次会议，听取并讨论市长刘云柱所作的政府工作报告，以及其他重要报告。听取7名市政协委员所作的大会发言。审议并通过市政协二届二次会议政治决议及其他各项决议。同意毛建华辞去市政协副主席职务。免去李文洪、曾益民、释普慧市政协常委职务，补选裴健、吴新江、李应泉为市政协常委。表彰2004年度县（市、区）政协工作目标管理先进单位和个人，表彰2004年度市政协优秀学习活动小组和优秀政协委员及优秀提案人。

2006年1月8—12日，市政协二届三次会议召开。大会应到委员293人，实到293人，分8个小组进行讨论。会议主要内容：听取并审议市政协主席谢凤龄所作的常务委员会工作报告。听取并审议市政协副主席李金才所作的提案工作报告。听取7名市政协委员所作的大会发言。全员列席市人大二届三次会议，听取并讨论娄底市“十一五”规划纲要、计划工作报告、财政预算报告。听取市政协二届三次会议提案审查情况的报告。通过市政协二届三次会议政治决议。表彰2005年度市政协优秀学习活动小组、优秀政协委员、优秀提案人。

2007年1月21—25日，市政协二届四次会议召开，大会应到委员293人，实到293人，分8个小组进行讨论。会议主要内容：听取并审议市政协主席谢凤龄所作的常务委员会工作报告。听取并审议市政协副主席李金才所作的提案工作报告。听取7名市政协委员所作的大会发言。全员列席市人大二届四次会议，听取并讨论市长林武所作的政府工作报告，以及计划工作报告、财政预算报告。听取市政协二届四次会议提案审查情况的报告。通过市政协二届四次会议政治决议。表彰2006年度市政协优秀学习活动小组、优秀政协委员、优秀提案人。

2007年12月28日至2008年1月1日，市政协二届五次会议召开。大会应到委员299人，实到299人，分8个小组进行讨论。会议主要内容：听取并审议市政协主席谢凤龄所作的常务委员会工作报告。听取并审议市政协副主席李金才所作的提案工作报告。听取6名市政协委员所作的大会发言。全员列席市人大二届五次会议，听取并讨论市长林武所作的政府工作报告，以及其他重要报告。审议并通过市政协二届五次会议政治决议及其他各项决议。同意谢凤龄辞去市政协主席职务，同意李亭玉辞去市政协副主席职务。补选杨云辉为市政协主席，左应生、邵瑛（女）为副主席。表彰2007年度市政协优秀学习活动小组、优秀政协委员、优秀提案人。

三、三届市政协全体委员会议

2009年1月2—6日，市政协三届一次会议召开。大会应到委员338人，实到338人，分8个小组进行讨论。会议主要内容：听取并审议市政协主席杨云辉所作的常务委员会工作报告。听取并审议市政协副主席李金才所作的提案工作报告。听取5名市政协委员所作的大会发言。全员列席市人大三届一次会议，听取并讨论市政府工作报告，以及计划、财政、法院和检察院工作报告，听取并讨论协商关于市人大正、副主任，市政府正、副市长，市中级人民法院院长，市检察院检察长候选人建议名单的说明。听取市政协三届一次会议提案征集审查情况的报告。审议并通过市政协三届一次会议政治决议。选举杨云辉为市政协主席，李金才（女）、刘继清、黄祥刚、左应生、邵瑛（女）、谭怀连、刘志伟、李德仁等为副主席，封建初为秘书长，选举潘安民等59人为常委。

2010年1月16—20日，市政协三届二次会议召开。大会应到委员348人，实到348人，分8个小组进行讨论。会议主要内容：听取并审议市政协主席杨云辉所作的常务委员会工作报告。听取并审议市政协副主席刘继清所作的提案工作报告。听取9名不同界别市政协委员所作的大会发言。听取市政协三届二次会议提案审查情况的报告。全员列席市人大三届二次会议，听取并讨论市政府工作报告，以及其他重要报告。通过市政协三届二次会议政治决议。同意左应生辞去市政协副主席职务。补选朱锦屏为市政协副主席。增选周胜初、李梯华（女）、毛抚敏（女）为市政协常委。表彰2009年度市政协优秀学习活动小组、优秀政协委员、优秀提案人，以及"纪念人民政协成立60周年政协理论征文"优秀论文作者。

2011年1月9—13日，市政协三届三次会议召开。大会应到委员354人，特聘委员27人，实到381人，分9个小组进行讨论。会议主要内容：听取并审议市政协主席杨云辉所作的常务委员会工作报告。听取并审议市政协副主席刘继清所作的提案工作报告。听取8名不同界别市政协委员所作的大会发言。听取市政协三届三次会议提案审查情况的报告。全员列席市人大三届三次会议，听取并讨论市政府工作报告，以及其他重要报告。通过市政协三届三次会议政治决议。免去封建初市政协秘书长职务，同时免去其市政协常委、委员职务。补选李和平为市政协秘书长。增选释达源、李田中、肖志江为市政协常委。表彰2010年度市政协优秀学习活动小组、优秀政协委员、优秀提案人、优秀调研报告作者。

2012年1月2—6日，市政协三届四次会议召开。大会应到委员357人，特邀委员44人，实到401人，分9个小组进行讨论。会议主要内容：听取并审议市政协主席杨云辉所作的常务委员会工作报告。听取并审议市政协副主席刘继清所作的提案工作报告。听取9名不同界别市政协委员所作的大会发言。听取市政协三届四次会议提案审查情况的报告。全员列席市人大三届四次会议，听取并讨论市政府工作报告，以及其他重要报告。通过市政协三届四次会议政治决议。同意朱锦屏辞去市政协副主席职务，免去潘安民市政协常委职务，免去谢坚升市政协常委、委员职务。补选姚兵、李梦贤为市政协副主席。补选童辉光、向国蓉（女）、朱石牛为市政协常委。表彰2011年度市政协优秀学习活动小组、优秀政协委员、优秀提案人。

四、四届市政协全体委员会议

2012年12月26—30日，市政协四届一次会议召开。大会应到委员345人，特邀委员49人，因事因病请假15人，实到379人，分9个小组进行讨论。会议主要内容：听取并审议市政协主席杨云辉所作的常务委员会工作报告。听取并审议市政协副主席刘继清所作的提案工作报告。听取10名不同界别市政协委员所作的大会发言。听取市政协四届一次会议提案征集审查情况的报告。全员列席市人大四届一次会议，听取并讨论市政府工作报告，以及其他重要报告。听取并协商关于市人大正、副主任，市政府正、副市长，市中级人民法院院长，市检察院检察长候选人建议名单的说明。审议并通过市政协四届一次会议政治决议。选举姚兵为市政协主席，李梦贤、易南斌、刘继清、黄祥刚（苗族）、邵瑛（女）、李德仁、吴合群、席伏应（女）为副主席，李和平为秘书长，选举王立祥等57人为常委。

2014年1月6—9日，市政协四届二次会议召开。大会应到委员344人，特邀委员49人，因事因病请假14人，实到379人，分9个小组进行讨论。会议主要内容：听取并审议市政协主席姚兵所作的常务委员会工作报告。听取并审议市政协副主席刘继清所作的提案工作报告。听取11名不同界别市政协委员所作的大会发言。听取市政协四届二次会议提案征集审查情况的报告。全员列席市人大四届二次会议，听取并讨论市政府工作报告，以及其他重要报告。审议并通过市政协四届二次会议政治决议。增选王美成、申宗益为市政协常委。表彰2013年度市政协优秀学习活动小组、优秀民主监督小组、优秀委员、优秀提案人。

2015年1月19—22日，市政协四届三次会议召开。大会应到委员336人，特邀委员49人，因事因病请假15人，实到370人，分9个小组进行讨论。会议主要内容：听取并审议市政协主席姚兵所作的常务委员会工作报告。听取并审议市政协副主席刘继清所作的提案工作报告。听取8名不同界别市政协委员所作的大会发言。听取在上次全会上委员所作大会发言的办理情况报告。协商李芳芳作为市检察院检察长候选人的人事安排事项。通过市政协四届三次会议政治决议。表彰2014年度市政协社情民意信息工作先进单位、优秀民主监督小组、优秀学习活动小组、优秀政协委员、优秀提案人。

2016年2月23—27日，市政协四届四次会议召开。大会应到委员326人，特邀委员48人，因事因病请假67人，实到307人，分9个小组进行讨论。会议主要内容：听取并审议市政协主席姚兵所作的常务委员工作报告。听取并审议市政协副主席刘继清所作的提案工作报告。听取9名不同界别市政协委员所作的大会发言。听取在上次全会上委员所作大会发言的办理情况报告。全员列席市人大四届四次会议，听取并讨论政府工作报告，以及其他重要报告。协商《娄底市国民经济和社会发展第十三个五年规划纲要（草案）》。同意李梦贤辞去市政协副主席职务，免去申宗益、刘乔晚、李大鹏、谢培春、吴笃明市政协常委和委员职务，补选曾福泽为市政协副主席。表彰2015年度社情民意信息工作先进单位、优秀市政协委员、优秀提案人、“我为‘十三五’规划献一策”活动优秀建议人。

五、五届市政协全体委员会议

2017年1月4—7日，市政协五届一次会议召开。大会应到委员334人，因事因病请假9人，实到325人，分9个小组进行讨论。会议主要内容：听取并审议市政协主席姚兵所作的常务委员会工作报告。听取并审议刘继清所作的提案工作报告。听取8名不同界别市政协委员所作的大会发言。听取在上次全会上委员所作大会发言的办理情况报告。全员列席市人大五届一次会议，听取并讨论市政府工作报告，以及其他重要报告，听取并协商关于市人大正、副主任，市政府正、副市长，市中级人民法院院长，市检察院检察长候选人建议名单的说明。通过市政协五届一次会议政治决议，以及其他各项决议。选举姚兵为市政协主席，易南斌、刘继清、邵瑛（女）、李德仁、席伏应（女）、李赛斌、苏旻、李利文（女）等为副主席，罗孝贵为秘书长，选举于晶（女）等57人为常委。

1999年8月7日至2017年12月31日，市政协第一至第五届委员会累计召开全体委员会议20次。

第二节 常委会会议

一、一届市政协常委会会议

1999年8月9日，市政协一届一次常委会会议审议通过《政协娄底市第一届委员会常务委员会表决办法》。11月24日，一届二次常委会会议审议有关工作规划、组织通则、委员视察条例。2000年5月31日，市政协一届五次常委会会议协商通过《关于市政协委员参加政协活动的规定》《娄底市政协关于开展创优秀政协学习活动小组和优秀政协委员活动的决定》。9月19日，一届六次常委会会议审议通过《关于娄底中心城市建设、教育改革问题向中共娄底市委、市人民政府的建议案》。12月26日，一届七次常委会会议协商通过《关于加强乡镇基层政协工作的几点意见》《娄底市经济和社会发展“十五”规划》。2001年2月27日，市政协一届九次常委会会议协商市长、市人大常委会主任、市检察院检察长的人事安排。6月27日，一届十一次常委会会议审议并通过《市政协评议市检察院工作的方案》。11月20日，一届十二次常委会会议审议通过《关于大力发展娄底市非公有制经济向中共娄底市委、市人民政府的建议案》。2002年12月19日，市政协一届十七次常委会会议审议通过《关于加速娄底工业化进程向中共娄底市委、市人民政府的建议案》。2003年12月23日，市政协一届二十二次常委会会议审议通过《关于娄底市煤炭资源合理开发利用向中共娄底市委、市人民政府的建议案》。1999年8月9日至2003年12月30日，一届市政协常委会累计召开会议22次。

二、二届市政协常委会会议

2004年1月3日，市政协二届一次常委会会议审议任命市政协副秘书长、机关各委室正副主任，审议通过《市政协关于进一步加强政协委员自身建设的决定》。5月17日，二届二次常委会会议传达学习全国政协会议精神，听取副市长王善明代表市政府向市政协提交的《关于加速娄底工业化进程向中共娄底市委、市人民政府的建议案》落实情况的通报。9月10日，二届三次常委会会议听取副市长王善明代表市政府向市政协提交的《关于娄底市煤炭资源合理开发利用向中共娄底市委、市人民政府的建议案》落实情况的通报，以及娄底市国有企业改制情况的通报。12月28日，二届四次常委会会议审议通过《关于娄底中心城市水资源可持续利用向中共娄底市委、市人民政府的建议案》。2005年2月27日，市政协二届六次常委会会议协商市财政计划及政府工作报告。2005年8月26日，市政协二届七次常委会会议审议通过《关于农业产业化向中共娄底市委、市人民政府的建议案》。12月27—28日，二届八次常委会会议听取并讨论市政府关于对市政协民主评议城市管理工作所提问题整改情况的通报，听取并讨论《市城管局关于市政协民主评议城市管理工作所提问题整改情况的报告》。2006年5月11日，市政协二届十次常委会会议审议通过《关于加快娄底市城镇化发展进程向中共娄底市委、市人民政府的建议案》。9月27日，二届十一次常委会会议审议通过《关于加快娄底市现代服务业发展向中共娄底市委、市人民政府的建议案》。2007年6月6日，市政协二届十四次常委会会议听取市政府向市政协提交的《关于加快娄底市城镇化发展进程向中共娄底市委、市人民政府的建议案》办理情况的通报，审议通过市政协《关于加快娄底市职业教育发展向中共娄底市委、市人民政府的建议案》。8月29日，二届十五次常委会会议审议通过《关于积极融入长株潭“3+5”城市群建设，实现娄底经济社会又好又快发展向中共娄底市委、市人民政府的建议案》。2008年5月8日，市政协二届十八次常委会会议听取市政府向市政协提交的《关于加快娄底市现代服务业发展向中共娄底市委、市人民政府的建议案》办理情况的通报，审议通过《大力推进娄底市新型墙材工作向中共娄底市委、市人民政府的建议案》。9月25日，二届十九次常委会会议审议通过《关于加快发展娄底装备制造业向中共娄底市委、市人民政府的建议案》，部署“坚持科学发展、建设富民强市”解放思想大讨论活动的有关事项，号召娄底市政协委员积极参与。2004年1月4日至2009年1月2日，二届市政协常委会累计召开会议20次。

三、三届市政协常委会会议

2009年3月19日，市政协三届一次常委会会议听取市政协主席杨云辉传达全国政协十一届二次会议精神，协商通过市政协副秘书长，各委室主任、副主任，各专委会兼职副主任名单。6月30日，三届二次常委会会议听取副市长鄢福初代表市政府向市政协提交的《关于加快发展娄底装备制造业向中共娄底市委、市人民政府的建议案》《关于以“两型社会”建设为契机、大力推进娄底市新型材料工作向中共娄底市委、市人民政府的建议案》办理情况的通报。9月17日，三届三次常委会全体参会成员集体参加中共娄底市委政协工作会议暨庆祝人民政协成立60周年大会。12月29日，三届四次常委会会议审议通过《关于大力发展新能源产业，精心打造新能源基地向中共娄底市委、市人民政府的建议案》《关于加强娄底市农村医疗卫生事业建设向中共娄底市委、市人民政府的建议案》。2010年1月19日，市政协三届五次常委会会议协商市政协1名副主席、2名常委候选人建议名单。6月28日，三届八次常委会会议听取副市长鄢福初代表市政府和市政协提交的《关于大力发展新能源产业，精心打造新能源基地向中共娄底市委、市人民政府的建议案》《关于加强娄底市农村医疗卫生事业建设向中共娄底市委、市人民政府的建议案》办理情况的通报，审议通过《关于抢抓机遇，大力发展汽车及零部件产业向中共娄底市委、市人民政府的建议案》《政协娄底市委员会2010年民主评议提案办理工作方案》《关于统一委派政协委员担任民主监督员的实施细则》。9月30日，三届九次常委会会议民主评议市交通局、市民政局、市城管局三个政府职能部门的提案办理工作。12月22日，三届十次常委会会议协商《中共娄底市委关于制定娄底市国民经济和社会发展第十二个五年规划的建议（草案）》。2011年1月12日，市政协三届十一次常委会会议协商市检察院检察长，市政协秘书长、常委候选人建议名单。3月30日，三届十三次常委会会议学习全国政协十一届四次会议精神。6月21日，三届十四次常委会会议讨论协商娄底市城市总体规划。9月28日，三届十五次常委会会议民主评议市住建局、市人社局工作，审议通过《关于优先发展水利事业，着力构建人水协调的现代水利体系向中共娄底市委、市人民政府的建议案》。2012年3月17日，市政协三届十九次常委会会议审议通过建议案调研课题：“关于构建区域商贸物流中心的调研”“关于娄底中心城区直饮水可行性研究”。12月17日，三届二十一次常委会会议审议市政协第三届委员会工作报告草案、提案工作报告草案。2009年1月7日至2012年12月25日，三届市政协常委会累计召开会议21次。

四、四届市政协常委会会议

2013年3月29日，市政协四届一次常委会会议审议通过市政协工作机构、各专门委员会设置和人事安排事项，审议通过《政协娄底市委员会全体会议工作规则》《政协娄底市委员会常务委员会工作规则》。7月4日，四届二次常委会会议审议通过《政协娄底市委员会提案工作规则》《政协娄底市委员会专门委员会通则》《政协娄底市委员会主席会议（党组）成员联系驻娄省政协委员、市政协常委联系委员办法（试行）》。10月16日，四届三次常委会会议审议通过《关于加快建立全面建成小康娄底监测指标体系，强力推进小康娄底建设向中共娄底市委、市人民政府的建议案》《政协娄底市委员会委员履职管理若干规定（试行）》。2014年3月28日，市政协四届七次常委会会议协商《政协娄底市委员会关于制定协商计划的办法（草案）》。8月5日，四届八次常委会会议审议通过《政协娄底市委员会关于政治协商、民主监督、参政议政的规定（试行）》。9月28日，四届九次常委会会议专题协商水府庙水库库区保护和开发工作，审议通过《关于加快推进水府庙库区保护和开发进程向中共娄底市委、市人民政府的建议案》。2015年1月9日，市政协四届十次常委会会议听取市政府向市政协提交的《关于加快建立全面建成小康娄底监测指标体系，强力推进小康娄底建设向中共娄底市委、市人民政府的建议案》办理情况的通报。10月16日，四届十五次常委会会议就“全面深化改革”专题开展协商讨论，民主评议市发改委、市经信委、市国土资源局、市规划局、市旅游外事侨务局5个单位的提案办理工作。2016年6月2日，市政协四届二十次常委会会议审议通过《关于充分发挥高铁优势，助推娄底经济转型向中共娄底市委、市人民政府的建议案》。12月16日，四届二十三次常委会会议协商通过市政协第五届委员会委员提名人选，审议通过《政协娄底市委员会委员履职管理办法（试行）》《政协娄底市委员会委员述职报告制度（试行）》。2013年1月1日至2017年1月3日，四届市政协常委会累计召开会议23次。

五、五届市政协常委会会议

2017年4月14日，市政协五届一次常委会会议协商任命第五届市政协各工作机构主任、副主任。7月20日，五届二次常委会会议听取市长对上半年娄底市经济社会发展情况的通报。9月28日，五届三次常委会会议专题协商“落实精准扶贫政策、坚决打赢脱贫攻坚战”事项，审议通过《关于落实精准扶贫政策，坚决打赢脱贫攻坚战向中共娄底市委、市人民政府的建议案》。2017年1月4日至12月31日，五届市政协常委会任期未满，累计召开会议3次。

1999年8月9日至2017年12月31日，市政协第一至第五届常委会累计召开会议89次。

第三节　主席会议

一、一届市政协主席会议

1999年10月26日，主席会议协商各专委会兼职副主任和委员名单，审议“一室五委”工作规则。2000年2月15日，主席会议研究制定娄底市政协系统宣传工作考核办法。8月9日，讨论市政协各专门委员会机构设置与人事安排，研究讨论《政协娄底市第一届委员会常务委员会表决办法（草案）》。8月25日，研究决定设立人口资源环境委员会的有关事项。8月31日，确定市政协着力督办的重点提案。12月16日，审议关于加强乡镇基层政协工作的几点意见，以及下年度市政协工作基本思路。2001年8月8日，主席会议讨论研究机关车辆管理办法。11月5日，听取并审议市政协对市检察院2000年12月至2001年6月执法工作情况民主评议的报告（审议稿），审议《关于大力发展娄底市非公有制经济向中共娄底市委、市人民政府的建议案》。2002年4月10日，主席会议研究解决开展文史工作的有关问题。4月27日，审议通过《关于加强力度，确保娄底人文科技学院申办成功向中共娄底市委、市人民政府的建议案》。12月3日，研究《历代娄底名人（军事人物卷）》编纂工作。12月10日，审议通过《关于加强推进娄底市农村卫生改革与发展向中共娄底市委、市人民政府的建议案》。2003年2月28日，讨论解决文史委关于编辑出版娄底籍人物书籍的问题。5月19日，讨论解决增补1名市政协副主席的人事问题。7月25日，审议关于创建学习型机关的工作方案。10月13日，审议市政协代替市委起草的《关于加强人民政协工作的决定（草案）》，审议通过“市政协机关财务管理制度”等八项机关工作制度。12月22日，审议《关于娄底市煤炭资源合理开发利用向中共娄底市委、市人民政府的建议案》。1999年8月9日至2003年12月30日，一届市政协累计召开主席会议40次。

二、二届市政协主席会议

2004年1月30日，主席会议通报市政协机关有关工作制度，研究决定主席会议成员分工，审议通过《关于加强市政协委员自身建设的决定》。2月4日，对各县（市、区）政协工作目标管理考核情况作出综合评定，讨论修改县（市、区）政协工作目标管理考核办法，以及“三优”评比考核办法，划定市政协委员学习活动小组。2月13日，研究确定市政协各专门委员会对口协商联系单位。4月5日，研究决定建立政协网站管理中心，成立财政预算民主监督小组、发展环境民主监督小组，扶持委员企业的发展。5月9日，审议通过《政协娄底市委员会财政预算民主监督小组工作简则》，研究决定开展关于娄底市县域经济发展战略的专题调研，并向市委、市政府提交相关建议案。9月9日，审议市政协关于娄底市县域经济发展战略的调查报告，以及关于涟源市斗笠山矿区煤炭资源开发前景的调查报告。2005年3月21日，审议市政协关于进一步加强宣传信息工作的意见，讨论修改市政协工作目标管理考核办法。7月26日，研究确定对市城管局工作进行民主评议的工作方案。11月24日，研究办好"扶持委员企业""扶贫联点""机关建设"3件实事。2008年9月22日，审议《关于加快发展娄底装备制造业向中共娄底市委、市人民政府的建议案（草案）》，研究解决"贯彻实施解放思想大讨论活动"有关问题，研究利用"经促会"平台开展招商引资的有关事项，研究落实市委交办的关于加快娄底公路网建设调研的有关事项。2004年1月4日至2009年1月2日，二届市政协累计召开主席会议50次。

三、三届市政协主席会议

2009年2月26日，主席会议审议确定各委员学习活动小组召集人及成员名单，协商市政协各专委会主任、副主任、兼职副主任、委员名单，研究讨论关于委派民主监督员的相关事项。11月16日，审议关于统一委派民主监督员的实施意见，以及关于优秀政协委员、优秀学习活动小组的评选办法。2010年6月25日，审议《关于抢抓机遇，大力发展汽车及零部件产业向中共娄底市委、市人民政府的建议案（草案）》。9月6日，审议通过《关于推进娄底市幼儿教育和义务教育均衡发展向中共娄底市委、市人民政府的建议案》。12月17日，协商政协娄底市第三届委员会特邀委员建议名单。2011年3月9日，专题听取关于娄底城市规划工作情况的汇报。3月15日，审议通过市政协主席会议规则、秘书长会议规则，市政协机关学习制度、干部职工请假制度。12月30日，专题听取并协商次年市财政预算草案编制情况的汇报。2012年12月12日，审议通过市政协四届一次会议方案，协商提出市政协第四届委员会委员建议名单、常务委员建议名单，主席团成员及秘书长名单，临时党委名单。2009年1月7日至2012年12月25日，三届市政协累计召开主席会议40次。

四、四届市政协主席会议

2013年3月27日，主席会议审议通过关于市政协各专门委员会设置的决定草案，关于市政协副秘书长，办公室和研究室主任、副主任，以及各专委会主任、副主任人事安排的决定草案，关于市政协全体委员会议、常务委员会议、主席会议、秘书长会议工作规则的决定草案。4月27日，审议《市政协各专门委员会通则（试行）》，审议通过《市政协委员、常委履职管理办法》《关于市政协各委室对口联系市直有关部门的通知》《关于建立市政协第四届委员会学习活动小组的通知》《市政协统一委派政协委员担任民主监督员的实施方案》，以及市政协领导成员、各委室联系委员企业和相关界别的方案。6月25日，审议《政协娄底市委员会提案工作规则》，审议通过《市政协委员管理办法》《市政协主席会议成员联系驻娄省政协委员、市政协常委联系委员办法（试行）》。8月1日，研究全面建成小康娄底指标体系及统计监测分析工作。10月9日，审议《关于加快建立全面建成小康娄底统计监测指标体系，强力推进小康娄底建设向中共娄底市委、市人民政府的建议案（草案）》，审议通过《政协娄底市第四届委员会委员履职管理若干规定（草案）》。12月2日，审议《娄底市政协社情民意信息工作奖励办法》《水府庙国家湿地公园保护和建设课题调研工作方案》。2014年3月25日，主席会议审议《政协娄底市委员会关于制定协商计划的办法（草案）》，审议当年度主席会议、常委会成员视察调研课题，审议各专门委员会对口协商"六个四年行动"计划，审议市政协"知情明政"大讲堂的内容安排，审议市政协机关党的群众路线教育实践活动——"委员大走访""深入建扶村·帮扶心连心"活动方案。5月14日，审议《政协娄底市委员会贯彻落实〈政协湖南省委员会关于政治协商、民主监督、参政议政的规定（试行）〉的实施细则》《娄底市政协委员辞免和增补办法》，通报市政协机关大院改造方案。6月4日，再次审议《政协娄底市委员会贯彻落实〈政协湖南省委员会关于政治协商、民主监督、参政议政的规定（试行）〉的实施细则》，审议《娄底市政协委员异动办法（草案）》。6月25日，研究市政协党组班子对照检查材料，通报市政协党组班子征求“四风”方面意见、建议及整改认领情况，审议《娄底市政协委员届中增补若干规定（草案）》。8月1日，听取市政协活动办关于专项整治工作情况的汇报，研究市政协党组班子“四风”问题整改责任分工。8月19日，听取文史委关于《娄底市志·政协篇》《神奇娄底》编纂工作情况的汇报。9月12日，讨论《中共政协娄底市委员会党组党的群众路线教育实践活动整改方案》，协商《关于进一步加强人民政协提案办理工作的实施意见（草案）》，审议《娄底市政协“知情明政”大讲堂活动方案》。11月5日，听取各组对口协商“六个四年行动计划”的情况汇报，审议《娄底读本》出版事项。2015年2月11日，主席会议审议《娄底人与辛亥革命》编纂方案。9月10日，听取和审议《娄底市政协志》编纂情况的报告。10月12日，研究制定《关于开展委员学习小组活动的“六不准”》，审议《关于娄底市全面深化改革的调研报告》《关于加快推进娄底市全面深化改革的专题协商意见》。2016年1月18日，主席会议专题协商《娄底市2016年度市级财政预算（草案）》。3月2日，部署“万名干部下基层、解难惠民促发展”活动。4月8日，审议《关于发挥高铁优势，助推转型发展的调研报告》。5月3日，协商市长候选人相关人事事项。5月23日，研究《政协娄底市委员会“助力脱贫攻坚、服务全面小康”五年行动计划（2016—2020）》，讨论《娄底市政协志》《此复神州第一功：辛亥革命中的娄底人》出版有关事项。7月8日，专题学习政协换届有关政策，研究县（市、区）政协换届工作指导意见。11月18日，审议《政协娄底市委员会关于进一步加强和改进界别工作的意见（草案）》。11月23日，审议《政协娄底市委员会委员履职管理办法（试行）》《政协娄底市委员会委员履职考核办法（试行）》《政协娄底市委员会委员述职报告制度（试行）》。12月8日，协商关于娄底市部分行政区划调整的方案。12月15日，审议关于召开市政协第五届委员会第一次会议的决定，审议市政协第五届委员会委员提名人选名单，协商市政协第五届委员会第一次会议主席团成员、主席团会议主持人、秘书长建议名单，协商市政协第五届委员会第一次会议提案审查委员会组成人员建议名单，协商市政协第五届委员会第一次会议主席团常务主席、常务主席会议主持人建议名单，协商市政协第五届委员会第一次会议副秘书长建议名单，协商市政协第五届委员会界别设置方案。2013年1月1日至2017年1月3日，四届市政协累计召开主席会议46次。

五、五届市政协主席会议

2017年2月15日，主席会议研究专门委员会组成原则和方案，以及联系走访委员活动方案。4月10日，审议市政协第五届委员会工作机构、各专门委员会设置和人事安排事项。审议通过市政协第五届委员会界别委员学习活动小组划分方案，以及委室联系界别、常委联系委员名单。6月26日，研究“坚决打赢脱贫攻坚战”专题调研方案，“助推新发展、建设新娄底”实施意见，“聚焦脱贫攻坚·知情明政大讲堂”活动方案，审议通过《娄底市政协提案办理协商办法》。8月16日，传达“助力脱贫攻坚战动员大会和十一届省政协第六十八次主席（扩大）会议”精神，总结交流各县（市、区）贯彻落实市委、市人大、市政协工作会议精神，推进“助力脱贫攻坚、全面建成小康社会”“助推新发展、建设新娄底”活动的工作经验。9月1日，听取关于脱贫攻坚专题调研的7个课题组工作汇报。9月26日，审议通过《关于娄底市落实精准扶贫政策，坚决打赢脱贫攻坚战的民主监督报告》《政协娄底市委员会常务委员会关于落实精准扶贫政策，坚决打赢脱贫攻坚战向中共娄底市委、市人民政府的建议案》。2017年1月4日至12月31日，五届市政协任期未满，累计召开主席会议6次。

1999年8月9日至2017年12月31日，第一届至第五届市政协累计召开主席会议182次。

第四章　履行职责

第一节　政治协商

一、专题协商

1999年始，市政协成立，发挥协商职能，通过政协常委会会议、主席会议对有关重大事项进行专题协商。2000年9月，市政协一届六次常委会会议专题协商“娄底中心城市建设”问题，提出以经营化手段建设城市、以现代化模式管理城市等建议，被市委、市政府采纳。2001年11月，市政协一届十二次常委会会议专题协商“大力发展非公有制经济”问题，向市委、市政府提交相关建议案，有效推进娄底市非公有制经济健康快速发展。2002年12月，市政协一届十七次主席会议专题协商“加快推进农村卫生改革与发展”问题，提出加大支持农村医疗卫生发展力度，逐步建立农村社会健康保障机制等建议，被市委、市政府相关部门采纳。2003年12月，市政协一届二十二次常委会议专题协商“煤炭资源开发”问题，向市委、市政府提出促进煤炭资源综合开发利用和安全生产的建议。2004年，应市委、市政府邀请，市政协针对“娄底城南农贸市场改建”问题组织调研，提出改建项目应上快上的意见，被市委、市政府采纳。

2005年8月，市政协二届七次常委会会议专题协商“加快推进农业产业化进程”问题，提出大力扶持龙头企业、建设主导产业基地等建议，被市政府有关部门采纳。2006年，应市委、市政府邀请，市政协针对市体育中心选址问题组织调研，提出选址市职业技术学院东侧的建议，被市委、市政府采纳。2007年6月，市政协二届十四次常委会会议专题协商“娄底职业教育发展”问题，提出整合优化职业教育资源等建议，被市政府有关部门采纳。2008年9月，市政协二届十九次常委会会议专题协商“装备制造业发展”问题，提出大力促进娄底市装备制造业发展的建议，被市委、市政府有关部门采纳。2009年12月，市政协三届四次常委会会议专题协商“新能源产业发展”问题，提出大力发展娄底市新能源产业的建议，被市委、市政府有关部门采纳。2010年，应市委、市政府邀请，市政协针对长青街地下人防工程项目建设问题组织调研，提出项目可上、快速施工、减少对临街商店影响的建议，被市委、市政府有关部门采纳，有效解决市中心城区无地下人防工事的问题，缓解城区拥挤地段行人横过马路的问题，解决部分市民就业的问题。2011年9月，市政协三届十五次常委会会议专题协商“优先发展水利事业”问题，相关建议被市政府有关部门研究吸收。2012年11月，市政协主席（扩大）会议专题协商“构建区域商贸物流中心”问题，相关建议被市委、市政府采纳，促成数家大型物流企业进驻娄底。

2013年10月，市政协四届三次常委会会议就“强力推进全面小康娄底建设”开展专题议政。会后成立全面小康娄底建设领导小组，掀起全面建成小康娄底高潮。2014年9月，市政协四届九次常委会会议就“加快水府庙库区保护与开发进程”开展专题议政。市委、市政府主要领导及相关部门负责人与市政协委员面对面协商。会后，市政府、市政协领导专程赴湘潭市衔接沟通，形成两次协商会议纪要，建立定期磋商机制，使水府庙库区联合保护与开发迈出实质性步伐。2015年10月，市政协四届十五次常委会会议就“全面深化改革”开展专题议政。市政协围绕8项专题工作作协商发言。市委、市政府主要领导到会听取意见、建议，要求相关部门研究吸纳。2016年6月，市政协四届二十次常委会会议就“充分发挥高铁优势，助推娄底经济转型”开展专题议政。市委、市政府主要领导高度评价并采纳相关意见、建议，要求市直相关部门做好具体规划，迎接高铁经济到来。2017年9月，市政协五届三次常委会会议就“落实精准扶贫政策，坚决打赢脱贫攻坚战”开展专题议政。

二、对口协商

1999年始，市政协建立各专委会与市直各部门对口联系制度，明确对口联系的内容和方式，以各种形式的协商活动促进职能部门的工作。2014年始，市政协全面规范对口协商的具体内容和形式。市政协6个专委会针对市委、市政府实施的“六个四年行动计划”，与市委、市政府各相关部门开展对口协商。市政协专委会成员先后走访察看乡镇36个、行政村79个、公司企业68家，组织座谈会28场次，召开有市委、市政府分管领导和市政协副主席出席，市政协专委会与市直各相关部门面对面交流的对口协商会议6次，形成协商报告6个、协商意见58条，获市委、市政府领导重视，得到相关职能部门落实。2015年，市政协8个委室围绕“全面深化改革”的8项专题工作，分别开展调查研究。其中，围绕“深化经济体制改革”的5项专题工作，分别开展对口协商。相关协商意见被娄底市各改革专项小组研究采纳，有效推动娄底市深化改革工作进程。2016年，市政协5个专委会围绕“发展健康养老产业”“发展电子商务”“娄底中心城区东扩和发展”“娄底足球运动现状及发展”“缓解娄底中心城区交通拥堵”等5个专题开展调研，并进行对口协商，相关意见、建议被相关职能部门研究采纳。2017年，市政协5个专委会围绕“娄底高速公路的现状与发展”“发展多种金融产品、补齐金融短板”“改善中心城区空气环境质量”“中心城区教育资源合理分配”“社区禁毒工作”等5个专题开展调研，并进行对口协商，提出“让渣土车封闭运行”“化解大班额教育难题”等建议，被相关职能部门研究采纳。

三、界别协商

2015年始，市政协组织开展界别协商。是年，民盟娄底市委、九三学社娄底市委围绕“培育壮大钢板深加工产业，力推娄底工业转型升级”主题，与市经信委开展界别协商。市委、市政府主要领导参加协商活动，并要求相关职能部门从产业规划、招商引资、科技研发、政策扶持等方面采取有效措施，加大工作力度，转化协商成果。市工商联围绕“提升产业集中度，引领娄底市融城发展”主题，与市发改委开展界别协商。意见、建议被相关职能部门研究采纳，有效推动娄底市实施企业帮扶制度、扩大帮扶范围、提升产业集中度、解决产业发展结构性问题。2016年，民盟娄底市委、九三学社娄底市委围绕“建立薄板产业园区”主题，与市经信委开展界别协商。意见、建议被相关职能部门研究采纳，有效促成“娄底钢铁新城规划”出台，板材深加工产业园开工建设。民建娄底市委、农工民主党娄底市委围绕“学校传染病防治”主题，与市教育局、卫计委开展界别协商，提出明确责任、加大投入、强化宣传、联动做好传染病防控工作的建议，被相关职能部门研究采纳。市工商联围绕“全面推进创新创业，支持小微企业发展”主题，与市经信委开展界别协商，提出的意见、建议被相关职能部门研究采纳，有效促成全市中小企业信息平台搭建，使政府政策红利惠及中小企业，推动中小企业创新发展。2017年，民盟娄底市委围绕“锡矿山生态修复”主题，与市国土局开展界别协商。协商报告获市委书记肯定和批示，意见、建议被相关职能部门研究采纳。“锡矿山生态修复工程”被列为“市长1号工程”，并纳入娄底市“三年环境治理规划”。民建娄底市委围绕“发挥融资担保平台作用，促进地方经济发展”主题，与市金融办开展界别协商，提出完善“政银担”（政府支持的融资担保机构，包括政府、银行、担保机构）合作机制、建立资金补充和风险共担机制、加强担保机构能力建设、建设区域性担保体系的建议。该建议大部分被相关职能部门研究采纳，有效促进娄底地方经济发展。农工民主党娄底市委围绕“发展娄底市景观体育产业”主题，与市文体广新局开展界别协商。意见、建议被相关职能部门研究采纳，促成市文体广新局、市旅游外事侨务局联合出台《娄底市加快发展景观体育产业实施方案》。九三学社娄底市委围绕“整合上级专项支持资金，打造精瓷产业公共制造平台”主题，与市经信委开展界别协商。意见、建议被相关职能部门研究采纳，促成世界陶瓷科学院林华泰院士工作站落户娄底，使娄底精细陶瓷产业进入湖南省20个工业新兴优势产业链名录。市工商联围绕“加强科技创新，推动新产业新业态蓬勃发展”主题，与市科技局等职能部门开展界别协商。意见、建议被相关职能部门研究采纳，推动娄底市以“亿元人才引进工程”为契机，加大创新人才引进力度和本土创新人才培育力度。

四、提案办理协商

1999年始，市政协建立健全提案办理协商机制和制度。提案办理协商制度包括：提案人去承办单位面商办理制度，市委、市政府、市政协分管领导分头督办制度，职能部门与政协委室跟踪督办制度，市、县两级政协联合督办制度，办理不力提案回头督办制度等。2000年始，市政协实施政协委员现场提案督办制度。是年，市政协委员对育才路建设工程进行现场提案督办，使该项工程建设进度明显加快。2001年始，市政协实施重点提案督办制度，选取重点提案10件，分别呈送相关市级领导阅批，再由市政协副主席分别督办。是年，市政协建立多家联合督办制度，请市委督查室、市政府法制办、相关承办单位及提案人面对面座谈协商，现场察看，共同“会诊”，推动提案办理。市政协建立专委会参与督办重点提案制度。2004年始，市政协实行“办前沟通、办中协商、办后回访”互动办理制度。提案承办单位与提案人见面沟通协商，实现提案办理见面率100%。2005年，在市政协二届二次会议召开之际，市政协提前预约并选择7件反映社情民意的提案进行现场办理，各分管副市长分别对提案内容进行答复说明。2007年始，娄底市政协系统全面实行面对面提案办理协商制度。所有提案承办单位负责人直接与提案人面对面沟通，共同协商提案解决办法。2010年始，市政协全面规范“先协商、后办理、再答复”提案办理程序，采取电话联系、登门走访、现场座谈等方式，加强协商沟通，推进提案办理工作。2013年始，市政协实行“重点提案办理，重点当面协商”制度，对重点提案采用现场公开办理方式。此外，市政协实行“联合督查、联合协商”制度，由市委、市人大、市政府、市政协相关部门联合督查建议案和提案办理工作，协商办理意见。实行“B类提案跟进协商”制度。对往年没有办结的提案实行“回头看”，请提案人继续跟进提案办理协商过程。2015年，市政协四届十五次常委会会议民主评议提案办理工作，对市发改委、市经信委、市国土局、市规划局、市旅游局5个部门的提案办理情况进行调研、评议，请相关提案人参加评议会，针对提案办理中存在的问题提出意见、建议。2016年，市政协选择10件重点提案开展由市政协主席会议成员领衔、各专门工作机构参与的提案办理协商，提升提案办理的质量和实效。2017年，市政协创新提案办理协商形式，采取高层协商、界别协商、对口协商相结合的共同协商机制，采取多个相似提案“请进来”并案协商，单个特别提案“走出去”登门协商等形式，实行多样化、多频次协商互动，协商达成提案办理的共识。

第二节　民主监督

一、特邀监督

1999年始，市政协委员受市直各单位特别邀请担任行风监督员。主要监督政法、工商、人事、电力、烟草等单位或行业的行风建设。截至2009年，累计有120名市政协委员受邀担任行风监督员，主要参与行风评议、执法检查、价格听证等活动，履行监督职能，针对相关问题提出意见、建议，促进相关单位和部门党风、政风、行风建设。2010年，特邀监督改为委派监督。

二、委派监督

2010年，市政协贯彻执行市委印发的《关于统一委派政协委员担任民主监督员的实施意见》，进一步规范政协委员担任民主监督员的相关制度，改特邀监督为委派监督，改单位自行聘请民主监督员为市政协统一委派民主监督员。是年，市政协在全市遴选100名政协委员担任民主监督员，分成21个监督小组派驻各有关单位，使民主监督更加组织化、规范化。2011年，市政协委派的民主监督员提出意见、建议300余条，协调化解矛盾近100例，有效促进相关单位政风行风建设。2013年，市政协遴选确定65名市政协委员，组成民主监督小组，统一派驻14个市政府工作部门和市中级人民法院、市检察院。民主监督小组累计开展民主监督活动56次，发出《民主监督意见函》31份，有效促进各部门政风行风建设。2014年，市政协对派驻市直12个行政审批职能单位的民主监督小组，以“两集中、两到位”(一个行政机关的审批事项向一个处室集中、行政审批处室向行政审批服务中心集中，保障进驻行政审批服务中心的审批事项到位、审批权限到位）为重点，统一监督工作内容。是年，民主监督员发出民主监督意见函16份、督查通报3期，对暂未进驻政务中心的7项审批事项提出进驻监督的意见，有效促进行政审批制度深化改革。2015—2016年，市政协调整组建8个民主监督小组，分别进驻8个市直部门，就医保资金的管理使用、低保对象的确定及资金发放、保障性住房建设和管理等8项惠民政策（事项）实施专项监督，累计发出监督意见函9份，提出意见、建议50余条，有效促使进驻单位的作风转变和服务优化。2017年，市政协以界别为主体组建7个民主监督小组，进驻脱贫攻坚任务较多的市直部门，就精准扶贫政策落实情况开展委派监督，提出监督意见30余条，助推全面打赢脱贫攻坚战。

三、民主评议

2001年始，市政协开展对市直职能部门的民主评议活动。8—12月，民主评议市检察院执法工作。2002年7—10月，市政协民主评议市工商局行政执法工作。2005年，市政协以创建省级文明卫生城市及国家绿化模范城市为契机，民主评议市城管局行政执法工作。2010年，市政协以常委会会议投票表决的形式，确定市民政局、城管局、交通局为民主评议单位。2011年，市政协再次以投票表决的形式确定市住建局、市人社局为民主评议对象，并与市纪委、市监察局联合开展民主评议。2015年，市政协创新民主评议方式，改部门工作评议为专项工作评议。是年，市政协专项评议市发改委、经信委、国土局、规划局、旅游局5家单位的提案办理工作。2016—2017年，市政协未开展专项评议活动，专注开展其他民主监督工作。

第三节 参政议政

一、提交建议案

2000年，市政协首次向市委、市政府提交《关于解决娄底市当前基础教育发展几个问题的建议案》，提出解决教育经费、理顺管理体制、调整教育布局等建议，被市委、市政府研究采纳。2002年，市政协提交《关于加快推进娄底新型工业化进程的建议案》，提出加快经济结构优化升级步伐、转变政府职能、营造优秀经济环境等建议，被市直有关部门研究采纳。截至2003年12月30日，市政协第一届委员会先后向市委、市政府提交建议案7个。

2004年，市政协提交《关于娄底中心城区水资源可持续利用的建议案》，提出“量水而行”、保护水资源、合理开发利用水资源等建议，被有关职能部门研究采纳。2007年，市政协提交《关于积极融入长株潭“3+5”城市群建设，实现娄底经济社会又好又快发展的建议案》，建议将娄底功能定位为“三基地一中心”，即新型能源材料基地、特色装备与先进制造业基地、文化与生态旅游休闲基地、综合交通枢纽和区域性商贸物流中心。市委、市政府及相关职能部门多次论证并采纳此建议，把它作为娄底市经济发展的指导思想。截至2008年12月，市政协第二届委员会先后向市委、市政府提交建议案8个。

2009年，市政协提交《关于加强娄底市农村医疗卫生事业建设的建议案》，提出多渠道筹资增加投入、加强农村卫生人才队伍建设、优化农村医疗卫生发展环境、稳定农村医疗卫生工作等建议，获相关职能部门研究采纳。2010年，市政协提交《关于抢抓机遇，大力发展汽车及零部件产业向中共娄底市委、市人民政府的建议案》。市委、市政府对此建议高度重视，指示相关职能部门精心规划，积极实施，促进娄底汽车及零部件产业健康发展。省委、省政府也给予大力支持，把娄底确定为湖南省汽车及零部件生产基地之一。截至2012年12月，市政协第三届委员会先后向市委、市政府提交建议案6个。

2013年，市政协提交《关于加快建立全面建成小康娄底统计监测指标体系，强力推进小康娄底建设的建议案》，提出明确责任分工、由市直部门分头负责对应的小康指标等建议。市委、市政府对此建议案高度重视，向市政协常委会会议专题通报办理情况。2016年，市政协提交《关于充分发挥高铁优势，助推娄底经济转型的建议案》，提出完善调整城市空间发展规划、加快建设交通基础设施、高起点建设高铁新城等建议，获相关职能部门研究采纳，有效促成娄底特色高铁经济起步和发展。截至2016年12月，市政协第四届委员会先后向市委、市政府提交建议案3个。

2017年9月，市政协提交《关于落实精准扶贫政策、坚决打赢脱贫攻坚战的建议案》，提出产业、教育、住房、医疗等7个方面的建议，被市委、市政府研究采纳。是年，市政协第五届委员会任期未满，仅向市委、市政府提交建议案1个。

截至2017年底，第一届至第五届市政协累计向市委、市政府提交建议案25个。

二、提案办理

1999年8月始，市政协开展提案、承办、督办、评议等环节的提案工作制度化建设，先后出台《政协娄底市委员会关于优秀提案的评选办法》《重点提案督办制度》《关于娄底市政协委员会提案办理工作的若干规定》。注重调研视察与提案撰写相结合，管控审查立案环节，严格立案标准，坚持“严肃性、科学性和可行性”原则，打好提案工作基础。同时抓好提案办理，讲求办理实效。是年8月，提出《立法保护娄底市生活饮用水源》提案。2000年3月，市政协提出《尽快改革机关公车制度》提案。2002年12月，市政协提出《关于精简文件、会议的建议案》。2003年12月，提出《娄底火车站应增设上下地道的滑道》提案。截至是年底，市政协第一届委员会累计提出提案926件，其中党派团体、专委会集体提案25件。审查立案916件，立案率98.9%。其余10件提案转作来信处理。

2004年1月始，市政协先后制定和完善《重点提案领导督办制度》《优秀提案表彰制度》《先进承办单位和先进办理个人总结表彰制度》《提案办理工作考核评比制度》《关于人大代表建议、政协委员提案办理工作规定》，从提案办理时间、办理措施、激励机制等方面作出具体规范，使提案办理更加制度化、规范化、程序化。7月，召开娄底市提案工作现场经验交流暨理论研讨会，对10名委员所撰写的7篇提案性质的理论研讨论文进行表彰奖励。2007年1月，市政协提出《关于打造娄底现代物流的建议》提案，促进对现代物流企业的招商工作。2008年12月，市政协编辑出版《提案在线：政协娄底市二届委员会提案工作资料选编》。截至是年底，市政协第二届委员会累计提出提案882件，审查立案879件，立案率99.7%。其余3件提案转为来信处理。

2009年1月始，市政协以“抓质量、创精品”为目标，着重从征集、审查、立案等环节入手，努力提高提案工作质量。公开征集提案线索，扩大群众参与力度。寄送《提案征集通知》，为委员提供选题参考。开展“集中办理月”活动，要求承办单位相对集中时间办理，确保提案办理时效性。是年，民盟娄底市委提出《建议科学规划，做大做强油菜特色产业》提案，意见、建议被有关职能部门研究采纳。2010年，市政协开通提案网络办公系统，提高提案工作信息化水平。2011年1月，市政协提出《关于加强非经营性资产管理和监督的建议》提案，得到市直相关部门高效办理。2012年12月，市工商联提出《加强娄商文化研究，全力打造娄商品牌》提案，推动娄商文化研究，促成《天下娄商》出版，汇聚娄商智慧力量，助力娄底经济社会转型发展。市政协专委会提出《创卫要立足治本、注重细节》提案，助力娄底成功创建国家卫生城市。是年，市政协编辑出版《建言献策谱华章·政协娄底市第三届委员会优秀提案选编》。截至是年底，市政协第三届委员会累计提出提案712件，审查立案707件，立案率99.3%。其余5件提案转为来信处理。

2013年1月始，市政协突出提案交办、办理协商、重点办理、建议采纳、答复要求、督查制度等提案机制完善，使面对面协商沟通作为提案办理必要环节。先后出台《政协娄底市委员会提案工作规则》《娄底市关于进一步加强人民政协提案办理工作的实施意见》。执行提案办理协商、重点办理重点协商、联合督查联合协商、B类提案跟进协商等提案办理创新理念。其中，重点提案办理采取现场公开办理方式，发挥重点提案办理的示范作用和宣传效应。2013年9月6日，市政协召开娄底市政协提案工作联席会议，并开展交流和研讨活动。2015年10月16日，市政协四届十五次常委会会议对市发改委、经信委、国土局、规划局、旅游局5家单位的提案办理工作进行民主评议，“以评促办”，推动提案工作开展。截至2016年底，市政协第四届委员会累计征集提案754件，审查立案668件，立案率88.6%，其中合并提案48件。其余40件提案转作委员来信、社情民意或退回处理。

2017年，市政协突出问题导向，强化选题引导，举办“知情明政”大讲堂，收集整理提案线索，供委员选题参考。开展“提案调研撰写月”和“集中办理月”活动。政协委员走访座谈、蹲点取样、实地考察、问卷调查、网络问计，尽量做到“早撰写、早提交”。市委、市政府分管领导现场办理重点提案。市政协筛选重点提案10件，采取“主席会议成员领衔督办、专门委室联办”工作机制，召开现场办理会，进行高层面对面协商，增强提案办理实效。是年，市政协提出的关于发展精细陶瓷产业的提案，促成市政府出台《支持精细陶瓷产业发展的实施意见》。11月1日，全省提案工作经验交流会在娄底召开，娄底市在会上作经验发言。是年，市政协第五届委员会任期未满，累计提出提案197件，审查立案180件，立案率91.4%。其余17件提案转为委员来信或社情民意处理。

截至2017年底，市政协第一至第五届委员会累计提出提案3471件，审查立案3350件，立案率96.5%，其余121件提案转为委员来信或社情民意处理。

三、大会发言

2000年3月，市政协一届二次会议首次实施政协委员大会发言制度，安排10名政协委员就经济改革、教育发展、社会管理等方面作大会发言，所提建议引起市委、市政府主要领导重视。领导对委员大会发言作出批示，相关职能部门作出积极响应。其中，关于“机关公车制度改革势在必行”的发言，痛批公车私用腐败现象，提出取消公车、对享受公车待遇的领导干部实行交通适当补助的建议。会后，市政协机关率先实施公车改革，取消公车配备，实行年度车公里补助办法，累计节约公车购置费约100万元。此后，部分市直部门实行年度车公里补助改革，大量节约公车购置和运行费用，使娄底市公车改革走在全国同类改革前列。

2001年2月，市政协一届三次会议安排10名委员作大会发言。2002年2月，市政协一届四次会议安排7名委员作大会发言。12月，市政协一届五次会议安排7名委员作大会发言。2004年1月，市政协二届一次会议安排6名委员作大会发言。2005年2月，市政协二届二次会议安排7名委员作大会发言。2006年1月，市政协二届三次会议安排7名委员作大会发言。其中，关于“大力发展循环经济，建设节约型社会”的大会发言，有效推动全市循环经济发展。2007年1月，市政协二届四次会议安排7名委员作大会发言。2008年1月，市政协二届五次会议安排6名委员作大会发言。2009年1月，市政协三届一次会议安排5名委员作大会发言。2010年1月，市政协三届二次会议安排9名委员作大会发言。其中，关于“打响‘湘军文化’品牌，促进娄底经济社会发展”的大会发言，在社会上产生较大影响，有效推动娄底地域文化研究。2011年1月，市政协三届三次会议安排8名委员作大会发言。2012年1月，市政协三届四次会议安排9名委员作大会发言。12月，市政协四届一次会议安排10名委员作大会发言。2014年1月，市政协四届二次会议安排11名委员作大会发言。2015年1月，市政协四届三次会议安排8名委员作大会发言。针对关于“充分发挥高铁优势，着力打造高铁经济圈”的大会发言，市政协组织专题调研，并以市政协常委会名义与市委、市政府开展专题协商，提交建议案。市委、市政府及相关单位高度重视，积极推动高铁经济发展，使以高铁南站为中心的信息产业和商圈逐步形成。自此次会议始，市委、市政府分管领导通报上次委员大会发言的办理情况。2016年2月，市政协四届四次会议安排10名委员作大会发言。2017年1月，市政协五届一次会议安排8名委员作大会发言。其中关于“应对‘全面二孩’政策，科学规划城区教育布局”的大会发言，促成市政府制定出台《娄底中心城区中小学校近期规划建设方案》，规划5年内在中心城区新建学校10所，改扩建学校5所。

截至2017年底，市政协第一至第五届委员会累计安排145名委员作大会发言。

四、视察调研

1990年3月始，地区政协联工委每年组织各种政协活动，贯彻落实省政协工作会议精神。1991年3月27—28日，接待省政协副主席周政率领的省政协委员视察组赴娄视察。主要视察搞活大中型企业，以及治理整顿、深化改革、纠正行业不正之风等工作内容，贯彻全国统战和省政协会议精神。先后视察涟源钢铁厂、涟邵矿务局、金竹山电厂、冷水江市平板玻璃厂、资江氮肥厂、锡矿山矿务局等大中型企业。视察期间，地区政协联工委在陪同视察调研基础上，作《关于娄底能源、原材料开发实验区情况和面临的困扰及建议的汇报》，提出五个方面的建议：调整开发区发展模式、允许地区搞“四项基金”、允许在全区试行发展能源和加工的优惠政策、完善省对娄底的补偿政策、强化对开发实验区的组织领导。地委书记唐之享、副书记陈春林、人大联工委主任杨汉秋、政协联工委主任魏先来陪同视察。5月22—27日，接待省政协主席刘正赴娄后视察涟源钢铁厂30万吨电炉建设工地、冷水江市同兴乡同兴村、冷水江市平板玻璃厂、新化县高频瓷厂、电子器件厂、新化县政协创办的第一补习学校等企业或单位。地区政协联工委主任魏先来陪同视察。6月9—29日，地区政协联工委组织部分驻娄省政协委员，各县（市）政协主席一行13人，赴陕西省渭南地区、铜川市、宝鸡市，四川省广汉市进行考察，重点学习借鉴这些地、市的经济发展先进经验。

1992年5月14—28日，地区政协联工委主要负责人赴湖北省黄石市，江西省九江市，上海市静安区、宝山区学习考察，了解改革开放、搞活企业、发展经济的情况，学习借鉴先进经验。1993年4月中下旬，地区政协联工委到新化县、涟源市、双峰县对农业和农村工作进行调查，撰写专题调查报告。1994年5月28日至6月16日，政协联工委组织部分驻娄省政协委员和县（市）政协主席一行9人赴昆明、成都、重庆等地考察，学习借鉴政协工作经验。1996年5月21日至6月4日，地区政协联工委组织驻娄省政协委员和各县（市）政协主席一行9人赴青岛、烟台、泰安、济南、大连考察，学习沿海地区政协组织为改革开放和经济建设服务的成功经验，以及精神文明建设的先进经验。

1998年10月中旬，按照省政协开展“科技兴湘”协同调研的要求，地区政协工委副主任李子林率领“科技兴湘·科技兴娄”调研组就全区科技兴娄的现状、存在的问题进行为期5天的调研。撰写调研报告《树立第一生产力思想、加快科技兴娄工作步伐》。地委、行署高度重视调研成果，地委书记余英生作出批示，认为该调研报告对“科技兴湘·科技兴娄”工作起到重要参政献策作用。12月9—10日，地区政协工委组织驻娄省政协委员17人到娄底市（县级）、新化县、冷水江市，视察重点工程建设情况。视察活动围绕五条路、五个中心、五个工程展开。委员们为推动娄底发展积极建言：全区基础设施建设投资比例在全省所占份额太低，应积极争取上级支持，加大投资力度。“金电”3台60万千瓦扩建工程意义重大，建成后年产值将达20亿元，实现利税1亿元，与10余万煤矿职工的生产生活息息相关，呼吁尽快立项。基于国家邮政总局已于年初明确娄底为三级邮区中心之一，建议市委、市政府视之为关系全局的大事，尽早落实相关事宜。建议娄底争取省政府及有关部门重点扶持，建立一个综合体育中心，摘掉全省唯一没有体育馆的市州帽子。1999年3月，地区政协工委组织学习考察组赴益阳市、怀化市、永州市、郴州市政协进行考察学习。向中共娄底市委提交《关于撤地设市筹备政协娄底市委员会的学习考察报告》，主要内容包括：关于筹备市政协委员会的主要做法。关于市政协机构的设置及人员编制。关于召开一届一次会议应做的筹备工作。关于市政协的机关硬件建设。关于筹备工作应注意的几个问题。截至是年7月底，地区政协联工委（政协工委）累计开展视察调研活动30余次。

1999年12月，市政协组织对娄底市国有工业企业改革和发展问题进行专题调研视察，向市委、市政府提交《关于国有工业企业改革和发展情况的视察报告》，部分建议被有关部门研究采纳。2002年，市政协组织省、市政协委员就娄底师专“专升本”进行三次视察调研活动，向市委、市政府提交相关建议，促成娄底师专升格为湖南人文科技学院。截至2003年12月，一届市政协累计组织调研视察活动30余次，形成调研报告20余份。2006年初，市政协组织省、市政协委员就娄底市体育中心规划与建设问题开展调研视察，形成视察报告，提出市体育中心应体现资源共享理念的建议，被市委、市政府研究采纳，促成市体育中心实现科学选址。是年上半年，市政协组织开展娄底市第三产业发展的专题调研，形成《发展现代服务业是娄底未来崛起之本》的调研报告，部分建议被市委、市政府研究采纳。截至2008年12月，二届市政协累计组织调研视察活动70余次，形成调研报告30余份。2009年，市政协组织开展关于娄底本地企业上市的专题调研视察，促成市政府出台由市政协代拟的《关于鼓励和扶持企业改制上市的若干意见》，帮助相关企业与中介公司及证券公司对接洽谈，推动11家优质企业进入省后备上市企业库。2011年，市政协重点选取“优先发展水利事业，着力构建人水协调的现代水利体系”课题，组织对全市水利建设与管理现状、存在问题进行调研视察，向市委、市政府提交专题调研报告，促成市政府出台关于加强农村水利建设的相关政策。截至2012年12月，三届市政协累计组织调研视察活动60余次，向市委、市政府呈送视察调研报告31份。2013年，市政协主席会议组织“推进娄底标准厂房建设”的视察活动，向市委、市政府提交调研报告，获市委主要领导批示“市政协的建议很好，各级开发区要认真吸纳实施”。是年，市政协组织开展中心城区物业管理情况调研视察，向市委、市政府提交《关于娄底中心城区物业管理情况的调研》，有效推进娄底市物业管理规范化。截至2016年12月，四届市政协累计组织重点调研视察活动37次，向市委、市政府报送调研报告25份。2017年5—9月，市政协组织7个脱贫攻坚工作调研组，深入11个市直部门、5个县（市、区）、40个乡镇、68个贫困村及非贫困村、170余个贫困户家庭，开展调查研究，形成1份总的调研报告和7份专题调研报告，大部分建议被市直相关部门研究采纳，有效帮助各级、各部门打赢脱贫攻坚战。截至是年底，五届市政协任期未满，累计组织调研视察活动17次，向市委、市政府呈送调研报告18份。

截至2017年底，市政协第一至第五届委员会累计组织调研视察活动210余次，向市委、市政府呈送调研报告124份。

五、反映社情民意

1999年8月始，一届市政协为社情民意工作建章立制。2001年，市政协贯彻执行省政协《关于加强反映社情民意工作若干规定》，将社情民意工作纳入政协履职体系，使之规范有序。2002年，市政协创办《社情民意》信息内刊，采编社情民意信息，向市委、市政府反映基层和社会各界的呼声、诉求、意见。2003年，市政协举办社情民意报告会。市政协委员针对娄底“马路市场”现状进行调研，写出1份社情民意报告，引起市政府有关职能部门高度重视，使“马路市场”问题得以逐步解决。截至2003年12月，市政协第一届委员会社情民意工作稳健起步。

2004年1月始，二届市政协进一步建立健全社情民意工作机制，完善信息网络，畅通民主渠道。2006年，市政协举办社情民意专题报告会。截至2008年12月，二届市政协累计收集社情民意200条，编辑《社情民意》专报60期，其中18期被省政协采用或上报全国政协。部分建议受到市委、市政府有关领导和相关部门的重视，促使一批突出问题获得妥善解决。

2009年1月始，三届市政协注重发挥社情民意工作服务民生的作用，关注社会热点，疏导公众情绪。是年，召开娄底市政协社情民意信息工作会议，请省政协专家作讲座。社情民意专报《应高度重视民间宗教文化》，被全国政协采用并报国务院。社情民意专报《返乡农民工迷恋地下六合彩应引起重视》《当前农村建设中应该引起重视和解决的问题》被省政府有关部门研究采纳。2010年，市政协报送的《全国第六次人口普查经费应向县（市、区）一级政府倾斜》等10余条社情民意被省政协采纳并报全国政协办公厅。2011年，市政协报送的“推进金融创新”“解决民营企业融资难”等6条社情民意信息被省政协采用，并转省政府相关职能部门参考。截至2012年12月，三届市政协累计收集社情民意500余条（篇），编辑《社情民意》专报100期，被全国政协和省政协采用30余期（条）。

2013年1月始，四届市政协制定《社情民意信息工作考核办法》《社情民意信息工作奖励办法》，注重提升社情民意采集和编撰质量。是年，市政协报送的《关于将蔡母葛健豪诞辰日设立为中华母亲节》《解决商业保险四大问题刻不容缓》社情民意专报，被全国政协采用，分别转交国务院批示，全国妇联研究，省政府承办。2014年，市政协报送的《尽快完善吉星小学后续建设，确保民生工程落到实处》专报，推动吉星小学建设相关问题尽快解决。截至2016年12月，四届市政协累计收集上报社情民意信息350余条（篇），其中获全国政协、省政协采用40条（篇）。编辑《社情民意信息》专报90余期（条），获市委、市政府主要领导批示16期（条）。

2017年始，市政协坚持问题导向，更加注重社情民意工作的主动性和方向性。截至是年底，五届市政协任期未满，累计向省政协报送重要社情民意信息13条，全部被采用。编辑《社情民意》专报48期，获市委、市政府主要领导批示8期（条）。

第四节　其他工作

一、团结联谊

1990年始，地区政协联工委（政协工委）持续开展联谊交流、招商引资、救灾募捐等工作。1992年9月10日，地区政协联工委（政协工委）引进并促成涟源市教委劳动服务公司与香港东成实业公司举行合资项目“涟成竹器实业有限公司”签约。该项目总投资495万元，涟源投资70%，港商投资30%。1990—1996年，地区政协联工委（政协工委）采取多种办法开展“三胞”（香港同胞、澳门同胞、台湾同胞）联谊活动。召开各类座谈会66次，向“三胞”发出宣传资料和信函1.16万余份，走访“三胞”亲属1200余人次，为“三胞”亲属解决实际困难、调处家庭纠纷100余起，接待来访“三胞”亲属200余人次，接待“三胞”人员5000余人次。1998年，地区各级政协委员、机关干部和离退休老同志，以各种形式和途径参加抗洪抢险战斗和救灾活动。截至是年9月24日，全地区政协系统捐款24万元，衣服、被子等1.4万件（床），水泥10吨。

1999年8月始，一届市政协按照“广交朋友、宣传政策、反映情况、提出建议、增进共识、促进统一”原则开展联谊工作，发挥政协统一战线组织大舞台优势，开展各种形式的团结联谊活动。12月17日，市政协和市委统战部在娄底宾馆联合召开庆祝澳门回归座谈会，邀请部分港、澳、台胞家属参加。2000年9月，市政协对娄底市宗教活动情况进行调研视察。走访5个县（市、区）13个寺庙和基督教堂，与神职人员、教徒和当地群众进行座谈10余次，向市委、市政府提交调查报告，提出的相关建议被有关职能部门研究采纳。2001年9月，市政协牵头成立市经济建设促进会（以下简称市经促会），首次成立市经促会广州分会（以下简称广州经促分会），联络汇聚娄底籍广东知名人士80余人。2002年，市政协组织广州经促分会会员代表回娄投资考察，举办广州经促分会建设娄底希望小学第一期捐款仪式，累计捐款10万元。邀请2位经济学博士回娄作学术报告2场。

2004年1月始，二届市政协发挥统一战线优势，开展各种形式的团结联谊活动。尊重和保障各民主党派、工商联的各项民主权利，为其知情明政、履行职能创造条件。坚持各民主党派、工商联走访制度，注重倾听意见，增进理解，形成共识，提高合作共事水平。完善民主党派、工商联重大活动参与制度。通过安排大会发言、联合调研、参与评议，改善民主党派、工商联工作条件，激励其参政议政。是年，市政协召开纪念人民政协成立55周年座谈会暨全市政协工作会议，进一步营造团结民主氛围。2006年，市政协促成市经济建设促进会北京分会成立，加强娄底在京人士联谊交流。2007年，市政协促成市经济建设促进会长沙分会成立，加强娄底在长人士联谊活动。2009年1月始，三届市政协把握团结和民主两大主题，坚持“大团结、大联合”方针，凝聚各方智慧和力量，促进娄底市爱国统一战线巩固发展。是年初，市政协组织市经促会长沙、广州、北京3家分会分别召开招商联谊会。市委、市人大、市政府、市政协四大家主要领导出席联谊活动。3次联谊会累计达成签约项目5个，签约资金6.4亿元。2010年，市政协提出成立娄商联合会并召开第一届娄商大会的建议，获市委、市政府研究采纳。11月17日，娄商联合会成立，并召开第一届娄商大会。2011年，为促进“九娄合作”（九三学社中央与娄底市政府合作），探索九三学社为地方经济服务的新模式，市政协主要领导多次带队赴九三学社中央、省委汇报衔接，促成“九娄合作”落地生根。3月，九三学社省委与市政府签订经济科技合作协议。是年，市政协主要领导带队，分赴天津、内蒙古、上海等9个省（市、自治区）调研特聘委员和异地商会会员情况，并提出加强特聘委员管理、搞好重点项目跟踪服务的建议，获市委、市政府研究采纳，使异地娄商关注家乡、投资家乡的积极性高涨。12月18日，市经促会广州分会2012年联谊会在广州市天河大厦举行。会议同意市经济建设促进会广州分会更名为市经济建设促进会广东分会（以下简称市经促会广东分会），成立新一届市经促会广东分会理事会。2012年3月3日，市经促会北京分会召开新年联谊会，在京娄底籍知名人士出席会议，为家乡娄底发展出谋划策。是年，市政协协助召开第二届娄商大会，为娄底成功引进大型项目10余个，签约资金150余亿元。2013年始，四届市政协加强联系、联络、联谊工作，协助召开第三届娄商大会，签约项目10余个，签约资金200余亿元。2015年，市政协首次组织界别协商活动，让各民主党派、市工商联在协商履职中“唱主角”。是年，市政协提请市委、市政府办理上年呈报的《关于推进水府庙库区保护与开发进程的建议案》，促成娄底市政府与湘潭市政府签署《共同保护水府庙行动宣言》。市政协主席会议成员带队，分赴全国20个省（市、自治区），集中走访娄商300余位，邀请其中150位参加第四届娄商大会，引导其为娄底发展献策出力。2016年，市政协出台《政协娄底市委员会关于开展“助力脱贫攻坚，全面建成小康社会”活动的实施意见》，在市、县（市、区）、乡镇实施“三级政协联动，三项职能并举”方略，全面开展“三个一”活动，即资助1名贫困家庭在校学生完成学业，结对1个贫困家庭增加收入，帮助贫困家庭1名成员解决就业问题。是年底，省、市、县三级政协1563名政协委员与贫困户结成对子，资助产业发展资金、日常生活物资250余万元，结对资助贫困学子357名，帮助安排就业316人。其中，市政协委员与贫困户结对310余户。“三个一”活动有效推动娄底市扶贫攻坚计划实施。2017年1月，针对市、县两级政协换届后新任委员较多的实际情况，市政协五届一次全会发出助力脱贫攻坚倡议书，进一步动员政协委员参与脱贫攻坚工作。市政协出台《政协娄底市委员会关于开展“助推新发展，建设新娄底”的实施意见》。7月，市政协动员全市政协组织、各民主党派、市工商联、广大政协委员向全市特大洪灾受灾群众捐款捐物，工商联界别委员捐款捐物价值40余万元，各地娄底商会及娄商为娄底募捐救灾资金1400余万元。是年，市政协机关38名党员干部结对帮扶贫困户72户。市、县两级1574名政协委员结对帮扶贫困户1894户。

二、理论宣传

1999年8月始，市政协把树立政协及政协委员良好形象作为重要工作，注重加强同新闻部门联系，及时报道政协重大活动。邀请《娄底日报》、娄底电视台记者进行政协专题报道。在《娄底日报》开辟“协商与监督”专栏，在娄底电视台开辟政协工作专题节目，在政协办公楼临街设立政协宣传橱窗。举办各界人士庆祝人民政协50周年座谈会。召开宣传信息工作座谈会。2000年8月，市政协创办《政协之窗》内部刊物。组建宣传通讯队伍，建立政协网站，在市级以上新闻媒体刊发宣传稿件372篇。2001年，市政协在广大政协委员中开展“我与政协”征文活动。2004年，市政协召开纪念人民政协成立55周年座谈会，推动政协工作深入开展。2005年，市政协收集整理驻娄省政协委员，市、县（市、区）政协委员780人履历，编印《政协委员风采录》。2006年，市政协成立书画室，增加政协宣传平台。2009年，市政协以庆祝人民政协成立60周年为契机，开展系列宣传活动，开展政协理论征文，编撰出版娄底政协诞生10周年庆祝特刊。2010年，市政协在省级以上新闻媒体刊登、转载宣传稿件100余篇，其中6篇被中国文史出版社《政协理论与实践》一书收录。2011年，市政协加大宣传力度，先后在

《湘声报》《人民政协报》上以《娄底市政协搭平台聚人心》为题报道市政协设置特聘委员、异地娄商支持参与娄底经济建设等特色工作，获良好社会反响。市政协研究室撰写的《让未来离幸福更近一步》获省政协好新闻一等奖。2014年，市政协以庆祝人民政协成立65周年为契机，以市、县两级政协特色工作为内容，在《娄底日报》、娄底电视台、娄底新闻网、娄底广播电视台等媒体连续刊播宣传稿。编辑出版《政协之窗·庆祝65周年特刊》。市政协主席姚兵署名文章《服务社会阶层治理，实现政协界别价值》《政协成果转化的思考》分别在《人民政协报》、中央党校校刊、《全国政协理论实践工作汇编》上发表。其中，《服务社会阶层治理，实现政协界别价值》被中央党校唯物主义历史学会评为社科类论文一等奖，入选省政协第一届理论研究会论文精选集。2015年，市政协组织撰写的《始终坚持协商的人民性》《切实规范和创新政协委员履职管理》等10余篇政协工作理论文章在省级以上主流刊物发表，部分获省政协宣传工作奖项。2016年，《光明日报》刊发《湖南娄底：加强协商民主建设，助力民生改善》，专题推介娄底市政治协商民主建设工作。《人民政协报》先后30余次宣传娄底市政协工作典型经验。《湘声报》就政治协商、民主监督、政协提案等工作，先后5次头版头条推介娄底政协工作经验。市政协推送的《试论新社会分层与人民政协界别设置的关系》获全省政协系统优秀理论文章一等奖。2017年始，市政协推广使用省政协开发的网络履职系统“政协云”，以“互联网+宣传”模式进一步促进政协理论宣传工作。抓好《娄底日报》、娄底电视台、娄底新闻网等市直媒体政协工作专栏（专版）宣传，在《中国政协》《人民政协报》《湖南日报》《湘声报》等中央、省级媒体上，推介娄底政协委员履职动态和协商成果。

第八篇

民主党派娄底地方组织

概 述

1990年，全地区民主党派组织有：中国民主同盟（以下简称民盟）娄底师范专科学校支部委员会和涟钢小组、中国民主促进会（以下简称民进）新化县支部委员会、中国农工民主党（以下简称农工党）双峰县支部委员会、九三学社冷水江市支社和娄底市筹备委员会。冷水江市有中国民主建国会（以下简称民建）省委直接管理的会员6名。各民主党派共设置基层组织15个，党派成员131名。同时还有地区工商业联合会办事处（以下简称工商联）。是年，各民主党派和工商联分别组织学习《中共中央关于坚持和完善中国共产党领导的多党合作和政治协商制度的意见》，教育本党派成员和工商界人士坚持四项基本原则，坚持改革开放，坚持长期共存、互相监督、肝胆相照、荣辱与共的基本方针，反对资产阶级自由化。

1992年起，各民主党派和工商联分别组织学习中共十四大精神、邓小平视察南方重要讲话。1993年6月，工商联办事处从地委统战部析出，并召开地区工商业联合会第一次代表大会，成立地区工商业联合会。1994年9月，民建冷水江市支部委员会成立。1995年4月，农工党双峰县委员会成立。12月，九三学社冷水江市委员会成立。1996年起，各民主党派贯彻八个民主党派中央先后下发的《关于民主党派组织发展若干问题座谈会纪要》《各民主党派中央关于加强自身建设若干问题座谈会纪要》《关于进一步做好民主党派组织发展工作座谈会纪要》，坚持“以协商确定的范围和对象为主、以大中城市为主、以有代表性人士为主和注重质量，保持特色”的方针，加强自身建设。1998年3月，民盟涟源市委员会成立。9月，民盟娄底市（县级）委员会成立。1999年11月，民进新化县总支部委员会成立。2000年5月，民盟娄底市委员会、九三学社娄底市委员会成立。是年起，各民主党派和工商联分别组织学习“三个代表”重要思想。2002年起，贯彻中共十六大精神和学习科学发展观。

2005年，学习贯彻中共中央《关于进一步加强中国共产党领导的多党合作和政治协商制度建设的意见》，举办不同层次的学习班，印发学习辅导资料，帮助民主党派成员和工商界人士加深对中国共产党领导的多党合作和政治协商制度的认识，增强接受中国共产党领导、走中国特色社会主义道路的坚定性和自觉性。2007年，民建娄底市支部、农工党娄底市支部先后成立。2012年起，中国特色社会主义建设进入新时代，各民主党派和工商界人士认真学习中共十八大精神，引领民主党派和工商联成员不忘初心，树立“四个意识”，坚定‘四个自信”，做到“两个维护”。2015年4月，民建娄底市委员会、农工党娄底市委员会成立。至2017年底，全市有市级民主党派地方组织4个、基层组织61个，民主党派成员1432人。

1990—2017年，全市各民主党派和工商界成员中，先后有7人当选全国人大代表，22人次当选省人大代表，137人次当选市人大代表，19人次当选省政协委员，320人次当选市政协委员，1000余人次当选县级人大代表、政协委员。他们充分发挥各自优势，围绕改革发展稳定和经济社会建设，深入调查研究，积极参与政治协商和民主监督，参政议政、建言献策，累计向市人民代表大会提交议案132件，向市政协会议提交提案814件，提交大量有真知灼见的意见、建议和社情民意信息，为各级党委政府提供决策参考。

第一章　中国民主同盟娄底市委员会

第一节　组织机构与代表大会

一、市级组织

1988年11月，中国民主同盟娄底地方组织恢复活动。1999年8月16日，民盟省委批准成立民盟娄底市委筹备委员会。2000年5月20日，民盟娄底市委成立，核定行政编制3名，内设办公室（加挂组宣科牌子）。2017年，增加编制1名。是年12月底，盟员在任省人大代表3人，省政协委员1人。市人大代表8人，市政协委员29人。

二、县级组织

民盟涟源市委　1990年，涟源市4名盟员恢复盟籍。1991年5月，民盟省委直属涟源市支部成立。1998年3月，民盟涟源市委成立。2017年底，下辖支部6个，盟员97人。

民盟娄星区委　1998年9月，民盟县级娄底市委成立。1999年8月，更名为民盟娄星区委。2017年底，下属支部4个，盟员68人。

三、娄底市直支部

1990年3月，民盟娄底师专支部成立。1993年5月，民盟涟钢支部成立。2000年8月，民盟娄底市直机关支部成立。2001年6月，民盟春元中学支部成立。2004年5月，民盟娄底一中支部成立。7月，民盟娄底市中心医院支部成立。2007年6月，民盟娄底五中支部成立。2008年8—11月，民盟娄底技工学校支部、娄底市建设支部、娄底医卫支部相继成立。2009年3月，民盟娄底职业技术学院支部成立。2014年4月，民盟娄底市直支部分设为综合一支部　、综合二支部、综合三支部。2016年4月，民盟娄底市医卫支部分设为娄底眼科医院支部、娄底市中医医院支部。2017年4月，民盟娄底一中附属实验学校支部成立。

四、代表大会

2000年5月20—21日，民盟娄底市第一次代表大会在娄底召开，出席代表126名，朱熙作筹备工作报告，选举产生民盟娄底市第一届委员会。民盟娄底市委一届一次全体会议选举邹明玉为主委。

2005年5月25日，民盟娄底市第二次代表大会在娄底召开，出席代表81名，邹明玉作《贯彻科学发展观　构建和谐社会　为全面建设小康娄底而努力奋斗》的工作报告，选举产生民盟娄底市第二届委员会。民盟娄底市委二届一次全体会议选举邵瑛为主委。

2010年11月12日，民盟娄底市第三次代表大会在市政协常委会议室召开，出席代表101名，邵瑛作《高举旗帜　团结奋进　为富民强市做出新贡献》的工作报告，选举产生民盟娄底市第三届委员会。民盟娄底市委三届一次全体会议选举邵瑛为主委。

2016年7月10—11日，民盟娄底市第四次代表大会在娄底召开，出席代表87名，邵瑛作《同心同行，凝心聚力，为建成小康幸福娄底努力奋斗》的工作报告，选举产生民盟娄底市第四届委员会。民盟娄底市委四届一次全体会议选举邵瑛为主委。

第二节　主要工作

一、参政议政

2002年，撰写《对娄底市农村剩余劳动力转移的调查与思考》，多项内容被民盟省委吸收到向中共湖南省委、省政府的汇报内容。调研论文《娄底市农村义务教育现状及对策》，在2003年民盟中央举办的“民盟基础教育研讨会”上交流，并被收入《民盟湖南省委基础教育论文集》。2003年1月，在市政协一届五次全会上，民盟娄底市委作《加强城区生活燃气管理，造福广大市民》的大会发言，得到市政府重视，5月，娄底中心城区启动生活燃气改造工程。2005年2月，在市政协二届二次全会上，肖建威、陈百益等提交的《关于尽快修好甘桂路，解决娄底四中师生出入难问题》的提案，得到市政府领导现场办理，问题很快得到解决。2008年，邵瑛、朱宏志撰写的《建议修改我国〈矿产资源法〉，对战略性矿产资源实行国家统一勘查、开采》，被全国政协采用，相关建议被吸收进2009年修改的《中华人民共和国矿产资源法》。2012年，民盟娄底市委在市政协三届四次会议上，作《加强住房保障工作　推进幸福娄底建设》大会发言，得到市委、市政府主要领导批示，并作为市政协重点提案办理。2012年1月至2016年2月，在省政协十届五次，十一届三次、四次会议上，邵瑛分别作《打响“湘军文化”品牌，推进文化强省建设》《加强职业病防治，促进社会和谐发展》《加大农村改厕力度，促进美丽乡村建设》的大会发言，得到与会领导和委员们一致好评和热议，湖南经视等省市媒体对邵瑛委员进行专题采访报道，引起社会各界关注。2014—2015年，盟员郭广军撰写的《深化职业教育综合改革，加快构建现代职业教育体系的对策建议》，盟员聂日红撰写的《关于民办教育管办评分离改革的建议》，分别获“中国民主同盟第二、三届教育论坛”优秀论文奖，并代表民盟省委在论坛发言。同期，邵瑛、陈涤修撰写的《‘过桥贷款”催生的高利贷市场值得警惕》，被民盟中央采用，并获国务院领导批示。羊小庆、王旭容撰写的《尽快推进自体输血技术普及》，被中共中央统战部《零讯》（普60）采用。2016—2017年的《严格保护水资源　促进发展可持续》《加快创新开放步伐，促进娄底农机产业转型升级》《稳步推进特色小镇建设，助力娄底经济加速转型升级》等调研成果，得到市委、市政府主要领导的肯定和批示，相关建议被政府部门采纳。

2000—2017年，娄底盟员中有17人次担任全国、省人大代表、政协委员，300多人次担任市、县人大代表、政协委员。在省、市、县政协大会发言72篇次，21篇大会发言得到市委、市政府主要领导批示。提交全国、省、市、县人大建议、政协提案700多件（其中党派集体提案72件），70多件被省、市、县人大、政协评为优秀建议、提案。100多人次获评省、市、县优秀人大代表和政协委员。民盟娄底市委共完成省市重点专题调研、理论研究课题65个，上报社情民意信息800多篇，其中16篇社情民意信息，被全国政协、中央办公厅、中央统战部、民盟中央采用，400多篇被省政协、省委办公厅、省委统战部、民盟省委等单位采用，3篇获评省政协社情民意信息优秀稿件。曾金兰撰写的《尽快解决涟钢倒送电问题，为企业减负》等16篇社情民意信息，得到市委、市政府主要领导批示，促进相关问题的解决。

二、民主监督

2000年起，全市盟员中300余人次参加市委、市政府、“两院”及政府部门工作座谈会、征求意见会、情况通报会，省、市人民检察院侦查监督开放日、信访接待日、民主评议等民主监督活动。186人次相继担任各级检察院、法院及政府有关职能部门民主监督员。

2013—2017年，民盟娄底市委参加全省各民主党派关于湘江流域重金属污染防治民主监督活动，对娄底市境内的资江、涟水、孙水、侧水河、高灯河及各类相关水库的保护情况开展调研，连续5年向民盟省委上报民主监督报告，提出意见、建议，得到民盟省委和地方政府肯定。其间，民盟娄底市委就“降低企业融资成本落实情况”开展民主监督，提交《关于落实“降低企业融资成本”政策的民主监督报告》，对娄底市河长制落实情况开展民主监督，提交《关于娄底市河长制落实情况的民主监督报告》，助力娄底市获评2017年全国落实河长制工作先进单位，并对涟源市脱贫攻坚领域开展民主监督工作。

三、政治协商

2003年起，民盟娄底市委每年参加全市各民主党派、工商联和无党派人士参政议政调研成果汇报会，积极为娄底经济社会发展建言献策。2009年12月9日，市政协全体会议上，民盟娄底市委作《打响“湘军文化”品牌，促进娄底经济社会发展》的发言，得到市委、市政府主要领导肯定和批示，促进以曾国藩为代表的“湘军文化”研究传播和曾国藩故居升级打造为AAAA级历史文化景区。2011年1月6日，民盟娄底市委作《安得广厦千万间，让困难职工有所居》的政协大会发言，得到市委、市政府主要领导批示，促进城镇职工保障性住房建设。2013年10月16日，参加娄底市政协首次专题协商会，朱宏志代表民盟市委作《发挥责任主体作用，切实组织指导县（市、区）全面小康社会建设》的发言。2014年12月25日，在全市各民主党派、工商联和无党派人士参政议政调研成果汇报会上，民盟娄底市委作《加强职业病防治，促进社会和谐发展》的发言，促进工伤保险政策的完善。2015年3月20日，在省政协第一次双周协商会上，邵瑛代表民盟省委作《加强监管，防范风险，促进民间融资健康发展》的发言，得到与会省政府、省政协领导肯定，相关建议被采纳到全省防范化解民间融资风险工作实践中。是年4—10月，民盟市委参与娄底市政协组织的“我为‘十三五’献一策”活动，上报建议26篇，其中12篇获评优秀建议，并获唯一的一等奖。12月，民盟、九三学社联合开展娄底市政协首次党派界别协商，朱宏志、易俊分别代表民盟市委作《突出七大重点行业，做好产业集群规划》《把握行业特点，培育钢板深加工产业》的专题发言，得到市委、市政府主要领导肯定和批示。2016年12月26日，民盟娄底市委作《积极推动破产重整，助推企业有效脱困》的发言，助推市政府启动危困企业破产重整工作，并取得阶段性成果。2017年9月20日，市政协民盟界别开展“我市矿山生态修复”界别协商，民盟娄底市委作《切实加强矿山生态修复，建设富饶美丽新娄底》的主题报告和《他山之石，可以攻玉》《落实责任，精准规划，还矿山绿水青山》2个专题发言，协商报告得到中共娄底市委主要领导肯定和批示，市政府采纳民盟建议，实施锡矿山环境治理3年行动，并将其列为市长1号工程。

截至2017年，民盟娄底市委参加民主推荐会、协商会、情况通报会、座谈会、调研成果汇报会等政治协商活动100多次，政治协商活动对娄底市重要人事安排、党代会工作报告、政府工作报告、“十二五”“十三五”规划、娄底市融城战略等重要文件、重大规划及重大建设项目、重要专题等，提出协商意见和建议，得到党委、政府重视和有关部门采纳落实。

四、社会服务

2000年起，民盟娄底市委、涟源市委及涟钢支部、中心医院支部、眼科医院支部、中医医院支部等基层组织，先后开展送医下乡、医疗义诊、健康咨询等活动100余次，为2万余名贫困地区村民进行义诊和健康咨询，免费发放药品及减免诊疗费用价值约50万元。全市民盟各级组织和广大盟员通过捐款、捐物、送课下乡等各种方式，参与“烛光行动”。至2007年，民盟涟源市委先后为溢冲小学、石马山中心小学捐赠书籍、文体用品等价值1.2万元。2005年4月起，盟员廖华创办的娄底眼科医院承担“立珊光明行动”，为贫困患者实施白内障复明手术。2008年5月，民盟市委组织全市盟员，为汶川地震灾区捐款8.36万元。2009年9月，民盟娄底市委组织盟员参与“克丽缇娜国际美容机构明星慈善晚会”捐款活动，募得善款2.1万元，用以改善双江中学办学条件。2008—2011年，民盟涟源一中支部对4名贫困中学生累计捐款1.2万元。2010年，民盟娄底市委为玉树地震灾区捐款27350元。2010年5月至2017年，民盟娄底市委将涟源市斗笠山镇惠民学校确定为“烛光行动”定点帮扶学校，8年共筹资100多万元，为学校维修校舍、捐建“娄底民盟图书室”、篮球场、升旗台、食堂及青少年活动中心，捐赠图书万余册，桌椅、宣传橱窗等文体用品1000多件（套）、校服400多套。指导娄底一中、娄底二小、娄底吉星小学等城区学校，与惠民学校结成帮扶对子，开展送课下乡、教师进城学习观摩等活动20多次，培训教师200多人次。盟员刘德斌向惠民学校等农村学校，捐赠自编《娄底语文》5000册。2011年起，连续7年为惠民学校师生开展免费体检。2013年起，联合长沙矿冶研究院党、盟组织，连续5年资助惠民学校10名贫困学生学费5万余元。2013年4月，盟员企业为雅安地震灾区捐款5.47万元，及价值15万元的食用油和饼干；8月，民盟娄底市委向长沙监狱捐赠图书600册。

2014年3月，娄底市慈善志愿者协会民盟分会成立。5月，民盟中央“明眸工程”项目落户娄底眼科医院。至2017年，“明眸工程”项目完成白内障复明手术9600例，累计减免贫困患者医疗费用1400多万元。是年始，民盟娄底市中心医院支部开展急救知识进社区、进学校、进工厂等公益讲座15场次，受众2万多人次。

2015年9月，盟员廖华为涟源市蓝田中学等8所中小学贫困学生验光配镜，捐赠近视眼镜200副。民盟慈善志愿者分会赴新化县石冲口镇合拢村，慰问抗战老兵。2016年1月，盟员朱伟为新化县槎溪镇横江小学捐助30万元建设教学楼。2017年，民盟娄星区委向双江乡坪底小学捐赠桌椅、文体用品等价值3万元，资助贫困学生2万元。

截至2017年，民盟娄底市委及全市盟员以各种方式开展扶贫帮困救灾等公益活动，累计捐款捐物价值100多万元。

2000—2017年，民盟娄底市委获得民盟中央“基层组织建设先进集体”“盟务工作先进集体”“纪念建盟70周年先进集体”“组织工作先进集体”“思想宣传工作先进集体”“社会服务工作先进集体”“坚持和发展中国特色社会主义学习实践活动先进集体”和民盟省委“全省盟务工作先进集体”等荣誉称号48项。

民盟中央“明眸工程”启动仪式在娄底眼科医院举行
（2014年5月16日摄）

第二章　中国民主建国会娄底市委员会

第一节　组织机构与代表大会

一、市级组织

2005年6月7日，民建省委批准朱鸿宾加入中国民主建国会，是娄底市市直单位第一个民建会员。至2007年，陆续在市直单位、娄星区、娄底经开区发展会员14人。12月25日，民建省委批准成立民建娄底市支部委员会，朱鸿宾为支部主任。2010年，全市民建会员120人。2011年12月，民建娄底市委筹备委员会成立。2013年12月31日，省委统战部批复同意成立民建娄底市委。2014年1月20日，民建中央批准成立民建娄底市委，7月4日，市编办核定民建娄底市委机关行政编制3名，内设办公室（加挂组宣科牌子）。2015年4月10日，民建娄底市委成立暨第一次会员代表大会在娄底举行，57名会员代表参加会议。大会听取并审议朱鸿宾作的《凝心聚力，同心同德，努力建设新时期参政党》工作报告，选举产生民建娄底市第一届委员会，朱鸿宾当选主任委员。2017年，民建市委机关实有工作人员2名。

二、基层组织

1988年，民建省委发展资江氮肥厂总经济师姚绮云为民建会员，为娄底地区第一个民建会员。后陆续在冷水江市发展会员6名。1994年9月4日，民建冷水江市支部成立。2013年10月20日，民建冷水江市支部分设为3个支部。10月22日，民建冷水江市总支部成立。2014年2月28日，民建省委批复民建娄底市支部分设3个支部。10月15日，民建娄底市直支部成立。12月28日，民建娄星区支部成立。2016年8月12日，民建娄底市中心医院支部成立。至2017年底，有会员191人，设总支部1个，支部6个。

第二节　主要工作

一、参政议政

代表、委员建言献策　1988年始，民建会员姚绮云连续10年担任第七届、第八届全国人大代表，其间，提交建议、议案161件。1994年3月，在八届全国人大二次会议递交《关于帮助部分煤炭企业走出困境的议案》《关于减免煤炭企业增值税的建议》得到国家煤炭部和国务院的重视。国务院拨款40亿元资金偿还冶金、电力行业拖欠煤企货款，煤炭行业增值税从17%降至13%，中央财政增加17.1亿元煤企亏损补贴，缓解了湖南重点煤矿的困难。1995年3月，姚绮云在八届全国人大三次会议湖南代表团会议《关于恳请国务院尽快理顺化肥价格机制和支持资江氮肥厂扩建18万吨合成氨、30万吨尿素工程纳入国家“九五”计划尽快实施》的发言，被国务院采纳，资氮扩建工程顺利上马，化肥产量大幅增加。1999年8月，民建会员姜维敏在娄底市政协一届一次会议上提交《关于国有企业改革的几点建议》的提案，取得国家核批债转股金额2.23亿元，剥离不良资产6.97亿元的经济效益，被评为优秀提案。2003年3月，在冷水江市政协召开的“议政会”上，民建支部提交《关于冷水江市城区居民生活饮用水水质亟待改善的调研报告》，中共冷水江市委、市政府，投资7000万元，改变取水地段，2007年9月建成通水，水质得以改善，受到广大市民赞扬。2015年，民建娄底市委围绕企业发展、民生保障、社会热点，组织会员人大代表、政协委员参政议政，提交建议、提案12件，2016年11件，2017年12件。《加强农村人居环境整治，建设生态宜居美丽乡村》等9件提案在市政协大会发言。《帮扶支持非公企业走出困境》等8件提案被评为优秀提案。《关于全力打造渣渡镇木瓜村少数民族示范村同心品牌的建议》被市人大评为优秀代表建议。2017年，省、市、县、乡四级人大、政府、政协换届，会员中担任省政协委员2人（其中省政协常委1名），市人大代表2人（其中市人大常委1名），市政协委员13人（其中市政协常委3名），县级人大代表3人，县级政协委员21人。

课题调研　2014年，民建娄底市委筹委会选定“电子商务”和“循环经济”两个课题，组成课题调研小组，遍访全市5个县（市、区），向市政协提交《关于发展电子商务，助推娄底经济转型升级》调研报告，民建冷水江市总支部完成《关于全力推进我市循环经济发展的建议》调研报告。2015年，确定“农产品质量安全”和“保障性住房”两个课题，开展调研，形成专题调研报告，参加全市民主党派调研成果交流。2016年，针对中小企业发展困难现状，开展调研，完成《加强政府性融资担保课题调研报告》，为中小企业建言献策。结合文明城市创建，围绕城市公交建设组织调研，完成《落实公交优先发展，助力文明城市创建》调研报告。2017年，完成5个集体调研课题。其中《加强职业教育人才培养，助推娄底产业转型升级》在市政协五届二次大会作集体发言，《关于加快娄底市全域旅游发展的调查与建议》被列入全市民主党派调研成果。

反映社情民意　2009年、2010年，民建冷水江市支部获评民建省委反映社情民意工作先进单位，并获一等奖，会员翟梅华被评为民建省委反映“社情民意工作先进个人”。2015年，民建娄底市委向民建省委报送社情民意信息（以下简称信息）42条，民建省委采用15条，名列全省第三名。5月，民建省委在娄底召开反映社情民意工作“半年一讲”座谈会，推介娄底民建会员人人关注、个个写稿的做法。2016年，参与省、市献计“十三五”活动，上报建议、意见12篇，信息25条，民建中央采用1条，民建省委采用12条，获民建省委反映社情民意工作二等奖。2017年，报送信息20条，民建省委采用8条，获民建省委反映社情民意工作二等奖。其中《关于尽快出台女性科级干部延长至60周岁弹性退休新政的建议》被民建中央采用。

二、政治协商

2016年，开展《校园传染病防治》课题界别协商，协商成果得到分管副市长批示，要求市卫计委等五部门认真吸纳建议、意见，推动校园传染病防治工作迈上新台阶。2017年，开展《发挥融资担保平台作用　促进地方经济发展》课题界别协商，8月1日，承办“加快金融产业发展”界别协商会议，市政府有关部门、市级金融机构、金融监管机构、担保公司负责人参加，主委朱鸿宾就做强政府性融资担保，精准扶持中、小、微企业，促进金融产业和地方经济发展作主题发言。坚持“先期介入，未雨绸缪”的政党协商前移工作机制，积极参与市委统战部政党协商座谈会和人大、政协“两会”前的政府工作报告意见征求会议，提出修改意见和建议，民建市委撰写的《民主党派市级组织政党协商能力建设》获市政协优秀论文奖。

三、民主监督

2002年1月，民建冷水江市支部针对市直机关少数干部服务意识不强，“索、拿、卡、要”现象偶有发生，个别干部热衷打牌赌博的不良现象，向中共冷水江市委、市政府提出《切实改进干部作风五点建议》，市纪委、市委组织部很快出台整顿干部作风，禁止打牌赌博的具体规定，公开处理影响恶劣的个别领导干部。中共冷水江市委还出台接受民主监督的10条措施。2008年，民建政协委员向娄底市政协三届五次会议提交《农机补贴政策中存在的问题》提案，助推政府有关部门规范购机补助。2015年，民建娄底市委对涟水、孙水沿岸饮用水源，重点工矿企业，农村养殖业等开展调研，展开民主监督。2016年，聚焦脱贫攻坚中的重点难点问题，到冷水江市开展脱贫攻坚民主监督，提出建议和意见。2017年，市政协民建界别民主监督小组入驻市发改委、新化县，以脱贫攻坚“五个一批”中易地搬迁扶贫为重点展开监督，到双峰、涟源、新化调研座谈、实地察看、听取意见，形成民主监督报告。9月1日，9名民建会员受聘担任市中级人民法院等9个单位特约监督员，聘期3年。

四、社会服务

2007年3月，参加民建中央发起的富而思源，回报社会“思源工程”活动。7月，民建省委在冷水江市召开全省民建组织社会服务工作会议，推荐冷水江市民建支部以扶贫帮困为重点的社会服务工作经验。2008年，民建冷水江市总支部组织会员和会员企业为湖南冰灾和四川汶川地震灾区捐献款物共计90多万元。2009年，为市慈善总会募款12万元。9月，会员姜利华为冷水江市渣渡镇中心小学、矿山乡樟木小学捐赠桌椅200套。2011年4月，会员企业为市慈善总会捐资100万元。民建冷水江总支助推谢冰莹故居申报“省文保”“国文保”工作，列入省第九批文物保护单位。2013年，企业家会员姜东兵出资34万元，资助新化县50名贫困山区优秀小学生到县城上渡办事处中心学校接受三年初中教育。2014年11月和2015年9月，组成志愿者服务小分队，分别看望抗战老兵李如成、梁松云、刘自根，为其悬挂“抗战老兵”光荣匾并送上慰问金。2015年，姜东兵再次捐资20万元，在冷水江工业学校开办“一家一”助学就业、“民建·东灏班”，资助50名贫困家庭孩子就学就业。民建市委组织50名会员连续3年开展“一对一”结对教育帮扶。会员何晓成发动娄底“邵阳商会”企业家为市关心下一代教育基金捐款120万元。2015年、2016年，会员企业“萧博士眼镜医学视学中心”为五县（市、区）贫困近视学生赠送价值17.5万元的眼镜。至2017年，民建多次组织开展爱心助学公益活动，累计捐赠爱心书包、图书价值近5万元。2016年，民建市委获评民建省委社会服务工作先进单位，会员姜东兵被民建中央评为社会服务工作先进个人。是年，为响应中共湖南省委统战部和民建省委关于创建“同心工程”的号召，参与娄星区街心社区、冷水江市渣渡镇侯家村、红日社区“同心社区”创建活动，均通过省委统战部和娄底市委统战部验收并挂牌。2017年11月，第二轮创建活动启动。

民建娄底市委在冷水江工业学校召开助学调研座谈会（2016年10月摄）

第三章　中国民主促进会新化县工作委员会

第一节　组织机构与代表大会

1989年4月15日，中国民主促进会省委员会直属新化县支部成立。1999年11月26日，升格为中国民主促进会省新化县总支部委员会，下辖综合支部、三中支部、上梅支部。2004年2月，增设十五中支部。2010年4月，整合为教育一支部、教育二支部、综合支部、法律支部、经济支部。2010年4月9日，中国民主促进会新化县工作委员会（以下简称民进新化县工委）成立，由民进省委直管。同日，召开民进新化县工委第一次代表大会，出席代表48名。曾均安作《积极履职献民进力量，团结奋斗促新化发展》工作报告。大会选举张卫平为主任委员。

2017年3月9日，民进新化县工委第二次代表大会在新化县政府大楼召开，出席代表68名。张卫平作《工作报告》，民进省委组织处处长赵品山宣读第二届新化县工委选举结果，张卫平当选主任委员。

截至2017年12月，有会员72人，其中省人大代表1人、市人大代表3人、市政协委员2人、县政协委员16人（副主席1人、常委5人）。

第二节　主要工作

一、参政议政

2004年1月，在县人大、政协会上，民进人大代表、政协委员就县域经济建设和社会稳定提出提案和建议7件，被采纳6件。3月，组织全体委员到梅山龙宫进行旅游兴县考察，向县委、县政府提出发展旅游事业的建议。2005年1月，向县政协提交提案9件，被采纳8件。2006年3月，会员杨郁斐的《建议维修资江大桥的提案》，被县政协评为优秀提案。8月，配合民进省委对偏远山区妇女儿童身体状况开展调查。2007年3月，会员袁又琦在县政协十届五次会议上作《弘扬梅山精神建设和谐新化》的发言。邹寄生在娄底市第二届政协会上提交《加强教师职业道德教育，促进教育健康发展》提案，被评为优秀提案。是年12月，刘雄在县政协第十一届一次会上作《妥善处理信访问题努力构建和谐新化》的发言。2008年2月，在县“两会”期间提交议案、提案28件，被采纳22件。6月，刘雄、曾均安撰写《打造县域文化品牌推进县域经济发展》建议，为旅游经济支招。

民主促进会新化县工委举行换届大会（2017年3月8日摄）

2009年3月，向新化县“两会”提交提案、议案21件，6件被评为优秀议案、提案。9月，围绕环保问题，开展加强新化县小流域污染综合治理专题调研。12月，刘雄在县政协十一届三中全会上作《正视现状努力推进我县教育工作跨越式发展》的发言，受到好评。2013年10月，民进教育一支部到车田江中学调研农村薄弱学校发展现状，向县政府提交加强农村薄弱学校建设的建议。2014年8—10月，民进教育二支部到新化县一中、二中、三中、四中、上梅中学进行高中负债情况调研，形成《高中化债问题的思考及对策》的调研报告，并成为工委在县“两会”上作集体提案，提交县人大、县政协，被评为重点督办提案。2015年初，曾均安作《紧跟法治中国步伐，加快依法治县进程》的大会发言。2016年初，阳吉梁作《关于紫鹊界梯田退化问题的分析与建议》的政协大会发言。9月，配合民进省委主委一行调研紫鹊界梯田保护问题。10月25日，配合民进省委实地考察水车镇直乐村、炉观镇横山溪村贫困情况，调研新化县扶贫脱贫进度，为新化县2019年全面实现脱贫建言献策。2017年1月，刘雄作《健全行业协会机制促进我县行业协会健康发展》的县政协大会发言。下半年，组织以“山区教师队伍建设”为课题的调研活动，向县政府提交《关于我县山区教师队伍建设的思考与建议》的调研报告，引起县政府高度重视。

二、社会服务

2003年11月，会员李善平捐款2万元，资助15名贫困学生。2004年重阳节，走访慰问困难会员。2008年冰灾期间，组织会员除冰扫雪，并捐款捐物价值2万余元，救济受灾群众。是年，为“5·12”汶川大地震捐款物价值9万元，其中邹寿福个人捐款5万元。2014年4月中旬，全体县工委委员到石冲口镇高寒山区西溪村访贫问苦，捐款2000元。4月下旬，法律支部到洋溪镇集星村慰问因交通事故致贫的一特困户，捐献善款2000多元，并提供法律援助。同期，综合支部向石冲口镇贫困山村献爱心，捐款3000多元，捐献衣物6麻袋。5月15日，教育一支部赴荣华乡田果小学开展爱心捐助活动，捐款2000元，捐赠课桌30套。12月份，教育二支部组织会员帮助见义勇为好少年潘家豪同学走出困境，发动师生捐款8000多元。2015年5月3日，部分工委委员、支部主委到西河镇对家小学捐献爱心款4000元。10月28日，法律支部到维山乡敬老院慰问孤寡老人和贫困群众，送去大米和食用油，发放慰问金6000余元。11月3日，教育一支部到荣华乡中心小学，给学生送书包和慰问金价值5000多元。11月29日，综合支部携同金太阳艺术学校学员到县光荣院，看望、慰问革命老军人，送上生活用品，表演文艺节目。2017年10月26日，教育二支部到圳上镇开展“民进名师送教下乡，助力深化教育扶贫”活动，为圳上镇全体语文教师上优质示范课3堂、专题讲座2次，并携手上海泉蒙图书社给镇中心小学捐赠图书1470本，书架6个，价值3.5万元。12月20日，经济支部主委、教育书店总经理邹飞廷为6个乡镇中小学捐赠价值200万元的图书资料。

第四章　中国农工民主党娄底市委员会

第一节　组织机构与代表大会

一、市级组织

2005年6月起，中国农工民主党（以下简称农工党）在娄底城区发展新党员5名。2007年12月6日，农工党娄底支部成立，有党员14人。2011年12月1日，农工党省委批准成立农工党娄底市委筹委会，全市党员137人。2014年12月10日，核定行政编制3名，内设办公室（加挂组宣科牌子）。2015年4月27日，农工党娄底市委成立暨第一次代表大会在娄底召开，61名党员代表出席，郭细军作《凝心聚力忠诚履职为建设幸福娄底贡献力量》的工作报告。大会选举产生农工党娄底市第一届委员会，郭细军当选主任委员。2017年12月，辖县级组织1个、市直支部5个，有党员178人。

二、基层组织

1993年4月，农工党双峰县总支部委员会成立。1995年4月，农工党双峰县委成立，是农工党省委管理的五个县级组织之一。2016年3月6日，农工党娄底市直综合支部成立。4月12日，农工党娄星区支部成立。7月7日，农工党娄底市中心医院支部成立。2017年1月12日，农工党湖南人文科技学院支部成立。3月2日，农工党娄底职业技术学院支部成立。截至2017年底，农工党双峰县委设工交、农科、医卫、文教、二中5个支部，有党员99人。

第二节　主要工作

一、参政议政

1993—2017年，全市党员中，有11人（次）担任省、市人大代表，有26人（次）担任省、市政协委员。其中王象贤担任省第八、九届人大代表，向省人大提交建议案121件，其中3件被省人大常委会列为议案。

农工党娄底市委成立暨第一次代表大会召开
（2015年4月27日摄）

2008—2009年，参与农工党中央“夯实农村三级卫生服务网络体系建设，全面实现人人享有基本医疗卫生服务的目标”大考察活动，深入调研，形成数据翔实的调研成果，得到农工党省委的赞扬。《关于制定重大医疗纠纷引发群体性事件应急处置预案》《畅通诉求渠道，维护法律尊严，构建和谐医患关系》等调研成果被收入市政府2009年出台的《娄底医患纠纷处置暂行规定》。2010年，《巩固农村小水利，促进新农村建设》的调研报告，与2011年中央大力推进水利建设的政策吻合，具有很强的预见性和实践性。2011年，《加强食品安全管理，保障人民群众健康》的调研报告，促进了全市食品安全监管制度的完善。2014年，《关于促进国家级经开区产城融合》《总结试点经验稳步推进医改》的调研报告，得到市委、市政府重视，相关建议被采纳。2014—2016年，《积极创建健康城市努力提升生活品质》《关于稳步推进我市县级公立医院改革的建议》《加强传染病防控保障学生身体健康》的市政协大会发言，被市委、市政府采纳，在助推全市医疗卫生事业改革中起到积极作用。农工党娄底市委按照“党委出题，党派调研，政府采纳，部门落实”的调研工作模式，共组织重点调研活动6次，完成重点调研报告13件。

2016年，主委郭细军提交的《脊髓灰质炎疫苗剂型设计不合理导致巨大浪费》建议，被中央统战部《零讯》采用。2017年，提出《在公共场所设立母婴哺乳室的建议》，推动相关单位和公共场所母婴哺乳室的设立，《关于做好人群密集场所应急抢救的建议》得到副市长李有才批示，市红十字会启动应急救护培训项目，为建设健康娄底做出贡献。2015—2017年，报送社情民意58篇，其中，中央统战部《零讯》采用1篇、农工党中央采用2篇、省政协采用3篇、娄底市政协采用13篇。

二、政治协商

2008—2014年，承担市委统战部《关于我市农村卫生人才队伍建设的现状分析及对策》《娄底城区公立医院改革思路初探》等课题，为稳步推进全市医药卫生体制改革提供依据，促进医疗卫生事业健康发展。《关于推进和规范我省电子商务的对策建议》《娄底市现代物流的现状与对策》的协商意见，被政府有关部门采纳。2016年，与民建娄底市委共同承担“校园传染病防治”界别协商课题，市卫计委、市教育局、市食药监局和市疾控中心等相关部门，认真吸纳协商成果，推动全市校园传染病防治工作迈上新台阶。2017年，承担“大力发展我市景观体育产业”界别协商课题，得到市委、市政府主要领导肯定，市文体广新局、市旅游外事侨务局吸纳成果，联合出台《娄底市加快发展景观体育产业实施方案》。2015—2017年，农工党娄底市委参与各级各类座谈会、协商会、通报会等40余人次，参加全市各民主党派和工商联调研成果汇报会3次，提交调研报告6篇，就娄底全面深化改革、“十三五”

规划、7个“三年行动”计划、脱贫攻坚等重要决策发表意见和建议。

三、民主监督

2012—2014年，农工党娄底市委筹委会贯彻全省统一战线深入实施“同心工程”部署，开展“同心系湘江共护母亲河”联合专项监督活动。2017年，7名党员被全市各职能部门、行政执法部门聘为监督员，参与相关单位重大活动，履行民主监督职能。4名担任市政协委员的党员入驻市人社局，开展医疗保险和精准扶贫农村转移就业培训工作的民主监督，获评市政协优秀民主监督小组。是年，开展对双峰县脱贫攻坚民主监督。

四、社会服务

2008年5月，14名党员为汶川地震灾区募集“特殊党费”2500元。2009年12月，农工党员郭细军带队赴四川理县参加医疗卫生援建任务，被省政府评为“湖南省对口支援四川理县灾后重建工作先进个人”，并记二等功。2010年4月，玉树地震发生后，组织农工党党员捐款捐物。2011年2月，农工党娄底市支部组织市中心医院党员赴新化县桑梓镇开展义诊活动。2015年11月27日，农工党娄底市委在涟源市人民医院举办“同心·医卫人员培训班”暨农村与社区卫生适宜技术培训班，160多名基层医务人员参加培训。12月5日，赴涟源市伏口镇灿明村开展“送温暖、送农技、送农资、送医疗、送药品”同心工程“五下乡”慰问活动，为村民义诊送药，讲授种植技术，发放资料及农资产品。2016—2017年，农工党娄底市委组织医疗专家赴娄星区石井镇松江村开展义诊活动，给村民送药，接受群众问诊600余人，发放药品价值2万余元，发放宣传资料1000余份。配合农工党省委赴娄星区杉山镇开展“因病致贫、因病返贫”调研，并为受访家庭送去慰问金和生活物资。同期，农工党娄底市委开展“一家一”助学就业·同心温暖工程，帮扶娄底职业技术学院、双峰县职业中专70多名贫困学生完成学业，走上工作岗位。农工党党员累计资助学生30余人次，资助金额13.7万元。

2016年7月，农工党娄底慈善志愿者分会成立，开展慈善志愿活动。12月，赴涟源市安平镇慰问抗战老兵，并送去慰问金和慰问品。2017年7月，30余名党员参与抗洪救灾、灾后重建，累计捐款1.1万元，捐赠物资3.8万元。

第五章　九三学社娄底市委员会

第一节　组织机构与代表大会

一、市级组织

1999年7月30日，九三学社娄底市筹备委员会成立，李云才任主任。2000年5月，九三学社娄底市委员会成立。2002年5月，社市委机关核定行政编制3名、事业编制1名，内设办公室（加挂组宣科牌子）。2017年底，实有工作人员4名。

二、基层组织

1989年6月，九三学社省委冷水江市支社成立后，相继建立冷水江直属机关支社、冷钢支社、锡矿山支社、金电支社4个基层组织。1992年5月，九三学社娄底市（县级）委员会成立。1995年12月，冷水江市委成立。至2017年12月，九三学社娄底市委辖娄星区和冷水江市2个县级组织，涟钢、友谊、新星、湖南人文科技学院、娄底职业技术学院、同心、市中心医院等7个基层支社，社员474人。

三、代表大会

2000年5月24—25日，九三学社娄底市第一次社员代表大会在娄底市委接待处召开，111名社员代表出席。选举产生九三学社娄底市第一届委员会，李云才当选主委。

2005年6月2—3日，九三学社娄底市第二次社员代表大会在娄底召开，119名社员代表出席。大会审议并通过李云才作的《履行职责　开拓创新　努力建设适应新世纪要求的参政党地方组织》工作报告。选举产生九三学社娄底市第二届委员会，李云才当选主委。2009年11月，进行届中调整，选举刘继清为主委。

2010年12月19—20日，九三学社娄底市第三次社员代表大会在市政协常委会议室召开，108名社员代表出席。大会审议并通过刘继清作的《凝心聚力　履职尽责　为全面建设小康娄底而努力奋斗》工作报告。选举产生九三学社娄底市第三届委员会，刘继清当选主委。

2016年7月21—22日，九三学社娄底市第四次社员代表大会在娄底召开，130名社员代表出席。大会审议并通过刘继清作的《坚定政治信念　凝聚同心力量　谱写全面建成小康娄底新篇章》工作报告。选举产生九三学社娄底市第四届委员会，刘继清当选主委。

第二节　主要工作

一、参政议政

1990年起，全地区各级社组织以人大、政协为主渠道，以课题调研、撰写建议提案为抓手，对区域经济和社会发展提出意见和建议。突出“三个重点、一个特色”，即以娄底经济社会发展为重点，以党委、政府中心工作为重点，以群众关心的热点难点为重点，体现九三科技特色。针对境内人地矛盾突出、农民增收缓慢状况，先后组织撰写十多篇有关“三农”问题的调研报告，为地委、行署决策提供依据。2000年始，先后有300多条（篇）社情民意信息被各级各部门采用。先后有《新农村建设基层干部有“四盼”》《输变电安装工程应充分考虑环境保护》《精准扶贫中农村危房改造工作存在“三难”困境亟待解决》等200余条（篇）被中央统战部、省政协、省委统战部、社省委采用。2002年3月，第九届全国人大代表、湖南华建工程公司测绘总工程师九三学社社员刘美球，在全国九届五次人大会议上提交《修改〈反不正当竞争法〉》建议，提出“请全国人大常委会做出决定，采取特别方略惩治腐败”，得到中央相关部门重视。是年，马心良提交的《对中共加强和改进作风建设的建议》《对开好中共十六大的几点建议》《从源头上预防和治理腐败的几点建议》，由社中央报送全国政协、中央统战部，并由全国政协摘要报送中共中央领导参阅。

2003年，提交《农民增收的主要途径》《建立农村最低生活保障制度的积极探索》，被《光明日报》等媒体采用，《加大公共投入促进农民增收》作为省政协全会交流材料，并被《湖南日报》等媒体刊登。2005年1月，在省政协九届三次全会上，王懂文作《以科学发展观指导资源型城市的转型》的大会发言，省长周伯华当即批示要求有关部门落实。2006年1月，在市人大二届三次会议上，钱局新领衔提出《把娄底创建成为中国优秀旅游城市》，被主席团列为1号议案，得到市委、市政府重视。通过3年努力，成功创建中国优秀旅游城市。是年，提交《我市农村技能经济发展状况及对策建议》，引起市委、市政府重视，“大力发展技能经济”被纳入2007年全市农村工作的重要内容。针对2008年初冰冻灾害，提交《娄底市农牧业冰冻灾害评估研究》的调研报告，就发展避灾农业产

“献策娄底　共谋发展”九三学社娄底市委专家代表座谈会在娄底召开（2007年7月18日摄）

业提出系列建议。2010年，九三学社娄底市委员会借助社中央参政议政平台，向全国政协十一届三次全会提交《将罗盛教纪念馆列为爱国主义教育基地》的党派集体提案，中共中央政治局委员刘延东作出批示予以落实。2012年，石潇纯撰写的《公益文化应该试水资金筹集社会化运作》，被中央统战部《零讯》采用。2013年1月，社市委集体提案《保护利用好水府庙湿地公园，着力打造长株潭生态后花园》，得到市政协高度重视，被列为市政协与市委、市政府年度协商专题，并于2015年1月在省政协全会上作大会发言。12月，湘潭和娄底两市签署《共同保护水府庙行动宣言》，促成国家、省对水府庙湿地公园保护的关注与投入。2017年，九三学社娄底市委员会提交《振兴山区乡村共享美丽娄底》等系列调研报告。是年，彭淑媛撰写的《应推动政协民主监督与政府审计监督的协调配合》，被全国政协采用。至2017年底，共向市政协提交集体提案53件、个人提案392件。

二、民主监督

2000年起，九三学社先后有152名社员被聘为市特邀监察员、特邀检察员、特邀审判员。2010年起，78人次受市政协统一委派担任民主监督员。他们针对相关部门工作作风、班子队伍建设以及一些亟待解决的问题，利用各职能部门组织的执法检查、调研、情况通报会、座谈会以及直接反映情况等途径，认真履行职责，提出意见、建议，或开展专项民主监督。2012年，参加九三学社湖南省委员会“同心系湘江·共护母亲河”大型民主监督活动，提交《娄底市湘江流域重金属污染防治调研报告》等3个专项监督报告。2014年起，市政协九三界别民主监督小组针对化解“大班额”“中心城区提质扩容三年行动计划”实施情况等群众关心的问题，对市教育局、市住建局开展专项民主监督。2017年，配合社省委对娄底脱贫攻坚的民主监督工作，召开脱贫攻坚民主监督座谈会暨开展脱贫攻坚民主监督专项调研启动仪式和县市相关部门、乡镇、村组调研座谈会，先后调研涟源、新化、双峰3县市的贫困村、户，提出意见、建议100余条，向社中央、省政协、省委统战部等单位提交社情民意信息10多条。是年7月，作为全省两个市州代表之一，获邀参加社中央召开的脱贫攻坚民主监督调研座谈会作专题汇报。

三、政治协商

1999年7月起，九三学社娄底市委员会领导和社员代表每年多次参加中共娄底市委、市人大、市政协召开的民主协商会、情况通报会、意见征询会、专题座谈会，以及民主党派、工商联和无党派人士参政议政调研成果汇报会等各种形式的政治协商，就娄底“十五”“十一五”“十二五”“十三五”规划，“后发赶超”“加速赶超”“奋力赶超”“三大攻坚战”等经济社会发展战略、民主政治建设和反腐倡廉工作等重大决策部署提出意见和建议。2005年1月，在市政协二届二次会议上，作《为娄底实施“名牌强市”战略鼓与呼》的发言，助推“质量兴企、名牌强市”战略的落地实施。2009年，以“对促进我市返乡农民工就业创业的调查与思考”为专题，提出缓解金融危机所造成就业困难的建议。2010年1月，在三届二次会议上作《提升区域物流水平加快娄底“三基地”建设步伐》的发言，同时提交《娄底城乡统筹发展与小城镇建设研究》，建议突破区划，建立以人口和经济规模为基础的城乡体系。2012年1月，在三届四次会议上作《关爱留守儿童构建幸福娄底》的发言，得到有关部门肯定并被采纳。2013年1月，在四届一次会议上作《加强城市建设规划刚性化管理有效提高我市城市建设水平》的发言，推动《娄底市城市规划管理技术规定》等制度的出台。2014年，以“创新聚合差别化发展培育壮大金属板材深加工产业”为主题，提出面向市场、因地制宜、细分产品的建议。

2015年起，市政协开展党派界别协商。社市委联合民盟市委以薄板深加工为首次界别协商主题，围绕《培育壮大薄板深加工产业力推娄底工业转型升级》《突出七大重点行业做好产业集群规划》《把握行业特点培育薄板深加工产业》《打造四大关键工序能力突破产业发展瓶颈》等多个专题建言，促成中共娄底市委作出建设钢铁新城的决定。2016年1月，在市政协四届四次会议上作《发展健康养老产业打造宜居幸福娄底》和《建设娄底绿道改善人居环境》的发言。是年，继续就进一步推动落实薄板深加工，围绕“加快建立我市薄板深加工产业园区”开展探讨研究，进行专题协商。2017年，开展精瓷产业平台建设的界别协商。是年，以“建设生态综合体，突破农业产业困局”为专题，建议发展高效、循环的规模有机农业。

四、社会服务

2007年起，指导新化县水车镇石禾村制定农业发展规划，送去种养实用技术，组织蝴蝶养殖专家进村实地考察，开发当地农业旅游资源。2008年“5·12”四川汶川大地震发生后，组织“抗震救灾，你我在一起——交纳‘特殊社费’”主题活动，交纳“特殊社费”1.51万元，全市社员通过各种渠道捐款11.78万元。2009年4月，社员何衡平提交《关于争取在娄底构建国家特种陶瓷质量检测中心的建议》，引起市委、市政府高度重视。通过积极争取，2010年3月，全国人大常委会副委员长、社中央主席韩启德为娄底题写“中国蚩尤故里文化之乡”牌匾，拉开“九娄合作”（九三学社中央与娄底市经济科技合作）序幕。通过上引下联，将九三学社的人才、智力、科技优势与娄底的区位、产业、资源优势有效对接。5月，质检总局批准在娄底设立国家电子陶瓷产品质量监督检验中心。2011年3月，韩启德出席在长沙举行的“九三学社湖南省委·娄底市人民政府经济科技合作”签约仪式，“九娄合作”正式启动。是年5月，市长张硕辅、九三学社娄底市委主委刘继清赴京向国家林业局汇报“九娄合作”项目，自此，水府庙国家湿地公园保护与建设项目连续4年获得国家专项补偿资金，交通、环保等部门投入水府庙库区保护与建设资金12.3亿元，成功通过国家林业局验收。2012年，合作项目“湘村黑猪”获得国家畜禽遗传资源委员会认证，成为湖南省唯一通过国家审定的具有自主知识产权的畜禽新品种，其良种繁育基地改扩建工程入选国家“一县一特”产业发展试点项目。合作项目珍稀食用菌所在企业湖南味菇坊成为东南五省最大食用菌生产加工基地，是中国首家舞茸（灰树花）工厂化生产企业，拥有36项专利和多项核心生产技术。2012年，为社员周建中争取到社中央“王选关怀基金”3万元，用于疾病治疗。2013年5月，联合市民族宗教事务局，与冷水江市渣渡镇木瓜村15户回族困难家庭结对，开展“回汉牵手一家亲”帮扶活动，送慰问金2万余元，书包文具15套，课外书籍5000余本。11月，市慈善志愿者协会九三学社分会成立“每月陪伴一天——关心孤寡残疾人群”专项活动，为市福利院30余名孤残儿童提供专业化援助和服务。2014年6月，成立国家电子陶瓷产品质量监督检验中心“九三学社博士工作站”，拉开党派、高校、科研院所通力协作打造公共创新平台的序幕。

2015—2017年，社市委积极参加“同心工程·一家一”助学就业温暖工程，对口援助新化县职业中专学校贫困学生，争取资金和资源。2016年3月，“九娄合作”一期工作计划圆满完成。6月，编辑《科学为桨同向同行——“九娄合作”五周年图片集》。11月，社市委组织专家，企业、行业主管部门负责人赴山东淄博、江苏宜兴的陶瓷产业园和中科院苏州纳米技术与纳米仿生研究所等产业发达地区考察学习，形成《试行金融分类扶持政策支持精细陶瓷产业发展》调研报告。同年，《抓住机会抓住关键打造国家级精细陶瓷产业基地》被评为全市优秀政协提案，所提建议部分被《湖南省工业新兴优势产业链行动计划》采纳。2017年，以发展精瓷产业为主题，围绕“整合上级专项支持资金打造精瓷产业公共制造平台”等专题开展建言。

2017年3月起，对口帮扶新化县天门乡金石村脱贫攻坚。5月，牵头联合长沙市民革医卫支社和市第二人民医院40余名医学专家，到新化县圳上镇和大熊山林场开展健康扶贫义诊活动。6月，发动社员投身抗洪救灾，捐款5万多元。10月，组织社员到新化大熊山林场进行产业建设调研指导，开展送政策、送规划、送知识行动。是月，社员钱局新被评为湖南省“百名最美扶贫人物”。

1990—2017年，社员中当选全国人大代表1人次、省人大常委1人次、市人大代表17人次，担任省政协委员9人次、市政协委员131人次（其中常委26人次）。担任副厅职领导干部2名、正处级干部9名、副处级干部16名。其间，九三学社娄底市直教育支社、冷水江市委被社中央评为全国先进基层组织，社市委被评为全国社会服务工作先进集体和全国组织建设先进集体。

第九篇

群众团体

概 述

1990年，娄底地区列入本级财政预算具有行政职能的群众团体有：省总工会娄底地区工作委员会、中国共产主义青年团娄底地区委员会、省妇女联合会娄底地区办事处、娄底地区科学技术协会、娄底地区文学艺术界联合会、娄底地区归国华侨侨眷联合会（与地区侨务办公室合署办公）、娄底地区工商联办事处、娄底地区红十字会、娄底地区计划生育协会。是年10月，娄底地区残疾人工作联络处成立。1992年3月，中国国际贸易促进委员会娄底支会成立。5月，娄底地区社会科学界联合会成立。1993年6月，地区工商联办事处从地委统战部析出，并召开地区工商联第一次代表大会，成立娄底地区工商业联合会，选出首届领导班子。1994年11月，地区侨联与地区侨务办公室分设。1997年12月，地区残联升格为正处级群团机构，1999年10月，不再由市民政局代管。2004年2月，红十字会单列。是年12月，贸促会从外经委析出。2015年6月，市委出台《关于加强和改进党的群团工作的实施意见》，启动群团组织改革，着力强“三性”（政治性、先进性、群众性）、去“四化”（机关化、行政化、贵族化、娱乐化）、补“四缺”（缺编制、缺人员、缺经费、缺场所），进一步扩大党的群众基础，增强党联系群众的桥梁和纽带作用。是年10月，娄底市计划生育协会从人口与计划生育委员会单列出来。2016年12月，娄底市社会科学联合会从市委宣传部析出单独设置。至2017年12月，全市11个群团组织全部实现单独设置并设立党组，市、县两级组织机构、编制、人员全部到位，基层基础扎实活跃，各项业务工作有序展开。

第一章 总工会

第一节 组织机构与代表大会

一、市级组织

1990年1月，省总工会娄底地区工作委员会内设基层工作部、职工权益维护部、调研室、办公室、职工技术协作办公室（简称技协办），核定行政编制22名，事业编制4名，实有25人。后相继增设女职工委员会（简称女职委）、职工培训中心、经审组、实业培训工作部、女职工工作部。2002年2月，娄底市总工会核定行政编制24名，后增加军转干部编制2名，机关后勤服务事业编制2名，实有26人，内设纪检组（监察室）、市直机关工会、办公室、组织宣教部、研究室（政策法规部）、女工部、财务部、经济工作部、技协办、民主管理社会保障部。后陆续增减撤并，至2017年底，市总工会机关行政编制25名，工勤事业编制2名，内设市直机关工会、办公室、组织部、宣教部、财务部、生产保护部、维权帮扶部、女工部、技协办、经审办。下设困难职工帮扶中心和职工培训中心。辖娄星区、冷水江市、涟源市、双峰县、新化县总工会和娄底经开区工会工作委员会、万宝新区工会工作委员会。

2004—2007年，市总工会先后3次被评为全省工会系统先进集体。2011—2013年，先后被评为全省“学习型党组织示范点建设先进单位”、省“文明单位”。2014—2016年，连续3年被评为全省市（州）工会工作目标管理综合考核评比一等奖（二类地区）。

二、基层组织

1990年1月，全地区职工29.26万人，其中产业工人22.56万人，基层工会组织1134个，会员23.45万人。会员由国有企业、集体企业及机关事业单位职工构成。

1992年起，职工队伍结构逐步多元化，民营企业、股份制合作企业、乡镇企业、合资企业等新经济组织工会逐渐增多。至2000年12月，全市职工31.40万人，基层工会组织4790个，会员30.51万人。

2001年起，国有企业改革改制全面铺开，下岗再就业职工、进城务工人员等大量涌现。按照“哪里有职工，哪里就必须有工会组织”的原则，同步推进国企改制重组企业、股份制合作企业、乡镇企业 民营企业工会规范化建设，建立健全与多种所有制经济共同发展相适应的工会组织体系。2005年6月，娄底市劳务工联合工会联通分会成立，成为全市第一家外来务工人员联合工会。2006年8月，市建筑行业组建房地产开发和物业管理农民工联合工会，涵盖72家企业，会员4549人。12月，全市职工45.19万人，基层工会6298个，会员44.99万人。

2007年起，组织农民工、劳务派遣工入会集中行动和推进乡镇（街道）工会、园区工会、行业工会及县级工会和规模以上企业工会“规范创优”建设，深化创建模范职工之家活动，推动建会、建家、建队伍一体化发展。至2017年12月，全市职工74.51万人，其中女职工25.27万人，农民工17.83万人，基层工会组织8618个，会员73.86万人。创建全国模范职工之家28个、模范职工小家22个，省级模范职工之家98个、模范职工小家69个，市级模范职工之家108个、模范职工小家77个。

三、代表大会

2000年6月13日，市总工会第一次代表大会召开，出席代表218人，特邀代表31人，列席代表32人。选举产生市总工会第一届委员会，王信卿当选为主席。2004年6月，选举田福德为主席。

2007年8月16日，市总工会第二次代表大会召开，出席代表225人，特邀代表16人，列席代表42人。选举产生第二届委员会，李江南当选为主席。

2013年10月17日，市总工会第三次代表大会召开，出席代表266人，特邀代表18人，列席代表48人。选举产生第三届委员会，肖有胜当选为主席。

第二节　主要工作

一、民主管理与维权

建立职工代表大会（简称职代会）制度　1990—2000年，为提高职工代表参政议政能力，培训职工代表2.15万人。2001年，424家国有、集体及其控股企业建立职代会制度，民主评议干部638次7235人。2002年2月，市政府批转市总工会与市企业改制办公室联合下发《关于切实做好工会工作积极支持推进国有工商企业产权制度改革的意见》，坚持国有企业改制方案、职工分流安置方案、企业裁员方案必须经过职代会审议“三必须”原则，确保职代会民主参与和监督权利在企业改制和涉及职工切身利益、关系企业发展等重大问题中得到充分发挥。至2017年，全市100%的国有及其控股企业和事业单位建立健全职代会制度，80%规模以上非公有制企业建立职代会制度，1620家企事业单位开展职代会民主评议领导干部工作，668家公司制企业建立职工董事、职工监事制度。

推行厂务公开　1999年10月，市纪检监察、组织部、市总工会联合成立推行厂务公开工作领导小组，在涟源钢铁集团有限公司（简称涟钢）等10家国有大中型企业试点后铺开。至2001年底，402家国有及其控股企业、集体企业，208家事业单位实行厂务公开。2002年7月，市委、市政府下发《关于进一步推行全市国有及其控股企业、集体企业厂务公开工作的通知》。2003年6月，下发《关于加强非公有制企业民主管理工作的意见》，两个文件对厂务公开的内容、形式、程序、考核机制等环节作出严格规范，厂务公开工作向学校、医院等事业单位和非公有制企业延伸拓展。2004年，娄底市被评为全省厂务公开先进市。至2017年，全市所有国有及其控股企业和事业单位全部推行厂务公开制度，全市85%的规模以上非公有制企业实行厂务公开。

构建和谐劳动关系 1996年6月，地区工会开展平等协商集体合同工作试点。8月，行署批转地区工会《关于推行平等协商和签订集体合同的意见》。2001年5月，在部分企业进行工资集体协商工作试点。市总工会与劳动部门密切配合，依托劳动关系三方机制平台，合力推进以工资集体协商为主要内容的平等协商集体合同工作。2005年6月，全市三方协商机制全面形成，每年定期召开1~2次三方协商会议，审议集体合同、劳动合同、最低工资标准、企业工资增幅等重大问题。至2006年底，全市1259家非公有制企业签订集体合同，签订率75.9%，611家改制企业重组320家，重签或续签率85%。2007年1月起，集体合同、工资集体协商工作纳入"创建和谐劳动关系模范企业"评比考核内容，市总工会与市人力资源和社会保障局等单位先后3次联合评比表彰全市和谐劳动关系模范企业60家。2013年，推行"工资集体协商质量提升三年行动"，培育建筑、民办教育等行业典型和湖南新化海螺水泥集团、涟钢等工资集体协商示范企业。2014年，与市经信委等部门联合开展"发展和谐劳动关系推进工业四年倍增"专项行动。2016年，市总工会被全国总工会列为工会联系引导劳动关系领域社会组织工作试点和调研督查单位。至2017年底，全市建立工资集体协商制度的企业3569家，覆盖职工27.89万人，建制率91%。

促进劳动保护 1990年起，在全区全面推行重大安全事故隐患建档、跟踪、监督、整改工作制度，建立劳动保护台账，实行有效跟踪、监督。至1999年的10年间，全市整改安全事故隐患1.8万余起。2000年起，市总工会与市安监局联合开展"安康杯"安全生产竞赛，在冶金、煤炭、建筑、化工、运输等高危行业，开展"查隐患、拒三违、堵漏洞"活动，堵塞事故漏洞3532起，整改安全隐患1.89万起。2002年6月起，全市工会系统参加"安全生产宣传月"活动，编印发放《工会劳动保护手册》2万余册，督导企业对12.8万名职工（包括农民工）进行安全素质培训和安全警示教育。全市工会系统建立劳动保护监督检查委员会1126个，配备基层工会劳动保护群众监督检查员1822名，工会小组劳动保护检查员14650名，形成自上而下的市、县（市、区）、行业、企业4级工会劳动保护监督网络。市总工会先后全程参与20余起重大、特大生产安全责任事故调查处理。各级工会参加各类生产安全工伤（亡）事故调查处理2667次，参加各类安全生产检查1.90万次。2011年起，市总工会连续7年被评为全市安全生产目标管理先进单位。2017年，市总工会被评为全省"安全生产宣传月"活动先进单位。

法律监督援助 《中华人民共和国工会法》《中华人民共和国劳动法》颁布实施后，全市各级工会利用广播电视、报纸杂志、宣传车、黑板报、橱窗、标语等形式进行宣传。通过举办培训班、座谈会、知识竞赛等方式，开展学习、宣传贯彻《中华人民共和国工会法》《中华人民共和国劳动法》专题活动，举办"两法"学习班486期，参加人数2.8万余人，发放学习资料30万余份，26万人次参加"两法"知识竞赛。

1996年6月，地区工会劳动法律监督委员会成立。2004年1月，市总工会派工作人员驻金信化工、雪峰集团、洪源机械厂等10家国有企业指导企业改制、提供法律维权服务。2006年4月，省、市总工会与市劳动监察等部门组成联合执法督查组，查处冷水江市毛易镇东塘煤矿非法使用女职工井下作业案件。该煤矿因发生瓦斯突出重大生产安全事故，导致4名女职工遇难案件，全国总工会派员前往调查督导。5月，市总工会开通"12351"职工维权热线电话，建立健全职工信访日常接待值班制度和工会领导信访接待日制度，是年，接待来信来访职工3842人次，帮助解决职工来信来访问题985个。2007年2月，与市司法局联合出台《娄底市困难职工法律援助中心（站）管理办法》，9月，联合成立困难职工法律援助中心。2015年6月，与市人社局联合制定《娄底市工会劳动法律监督办法》，在全省率先推行工会劳动法律监督整改和处理建议书制度。是年，发出《工会劳动法律监督整改意见书》《工会劳动法律监督处罚建议意见书》68份。2016年7月，市总工会聘请10名专职律师组建娄底市工会法律援助律师团，为困难职工和农民工提供法律援助服务。2017年6月，特邀一批律师组成小分队至各县（市、区）开展权益保障公益法律服务。2017年底，全市各级工会建立劳动法律监督组织456个、劳动争议调解组织824个。参与劳动争议调解处理8762起、劳动争议仲裁459起。派员赴广东、广西等省区依法协调处理农民工工资拖欠、工伤（亡）事故赔偿等案件12起。市总工会与市人大内司委、劳动监察等部门坚持定期或不定期联合开展《中华人民共和国劳动法》《中华人民共和国工会法》执法检查，维护职工合法权益。

二、服务职工

“双联”与送温暖　1990—1999年，各级工会坚持每年元旦、春节期间，组织慰问劳模和节假日加班、伤病、受灾等困难职工，称之为“送温暖”活动，筹资5000余万元，慰问职工13万余人次。1994年起，“送温暖”活动命名为“送温暖工程”，使“送温暖”活动经常化、制度化和向社会化方向发展。1999年1月起，全市开展党政机关联系困难企业、机关干部联系困难职工（简称“双联”）活动，坚持与扶贫帮困送温暖和构建和谐娄底相结合。至2017年底，全市424家党政机关单位，结对帮扶412家困难企业，1.67万名机关干部，联系困难职工1.6万名，帮扶258家困难企业和8500个困难职工家庭摆脱困境。

娄底市总工会开展春运返乡公益活动（2016年摄）

2005年9月起，各级工会每年开展“金秋助学”活动。2009年3月起，市总工会每年与市人社局等部门联合举办“春风行动”大型现场招聘会，为困难职工解决就业岗位。2010年起，各级工会坚持在盛夏酷暑季节，深入高温高空、露天炎热作业现场，每年开展“夏送清凉”活动。2015年9月，市总工会举办“大兵义演·金秋助学”大型捐助活动，156家党政机关、企事业单位和1000余名各界爱心人士捐款1000多万元，活动期间，3000余名贫困子弟得到入学资助。2016年、2017年春节前夕，市总工会在娄底火车站、高铁南站和汽车南站开展“温暖回家路”活动，免费发放便民手册和生活用品1万余份，帮助农民工返乡过年。逐步形成春送岗位、夏送清凉、秋送助学、冬送温暖（简称“四季送”）机制，并实现常态化、制度化。至2017年底，通过“四季送”，惠及职工12万余人次。帮助99752名下岗失业职工和农民工实现就业和再就业。筹措资金6800余万元，资助困难职工和农民工子女8572人入大学深造。累计为6万余名一线作业人员送去清凉解暑食品和药物。

职工互助互济　1990年起，各级工会坚持以互助互济、募集捐款、参与“希望工程”等形式开展关爱困难职工活动。1996年8月，地区工会成立职工扶贫互助基金会，至2002年底，全市建立职工互助互济组织140余家，筹集资金1000余万元，1.2万名因受灾、伤病、子女上学致贫职工得到困难救助。2000—2017年，市女职委力推以“女性特殊疾病保险”为重点的爱心互助帮扶活动，18年间，全市参保64647人，为800余名女职工发放特殊保障补助金400余万元。设立“特困女职工爱心基金”，为1000余名困难女职工发放救助资金380余万元。

2003年4月，市总工会建立困难职工帮扶中心。7月，涟钢工会在全国企业中率先建立困难职工帮扶中心。至2005年底，市总工会对全市11465名困难职工和4281户贫困家庭建立电子信息档案并实行动态跟踪管理。各县（市、区）总工会均先后建立困难职工帮扶中心，乡镇（街道）、社区建立帮扶站129个，规模以上企业建立维权帮扶点408个，市、县（市、区）、乡镇、社区、企业维权帮扶体系基本构成。2006年8月，市总工会在铁路医院（现市第二人民医院）建立全市第一家工会会员就医优惠服务基地，发放工会会员就医优惠卡600余张。11月，在娄底城区东方豪苑施工工地举办关爱农民工现场服务活动，为200名农民工会员发放慰问品、慰问金、女性防癌保险卡、会员就医优惠卡，现场提供健康医疗义诊和劳动法律咨询服务。至2013年底，全市相继建立18个会员服务基地、22个服务点，惠及20万余人。2014—2017年，各级工会开展职工医疗互助活动，全市12.28万人参加职工医疗互助。市总工会为1.92万人发放住院补助2546.87余万元，为4000余名身患重病的困难职工提供大病救助资金1000余万元。免费接送400多名困难职工和农民工矽肺病患者到省职业病专科医院住院治疗。

开展技能培训　促进再就业　1999—2011年，全市6.76万名职工在企业改制重组中下岗，市总工会实施下岗职工再就业工程。2000年4月，成立娄底市职工培训学校，确定涟钢、市高级技工学校、湖南利恒实业集团等10家职业教育机构为再就业培训基地，免费为下岗职工和农民工自主创业、自谋职业提供技能培训服务。同时安排50万元专项资金，为下岗职工自主创业项目提供资金扶持。至2005年底，培训下岗职工和农民工1.65万人，帮助1.56万人实现再就业。2006年10月，市总工会表彰一批励志创业的下岗职工，组织再就业先进事迹报告团巡回演讲。2007—2015年，各级工会通过举办技能竞赛、技术比武、名师带高徒、转岗培训和“双联”活动，进一步提升下岗职工和农民工再就业技能素质。2016年5月，市总工会联合市人社局等六部门出台《关于实施“一户一产业工人”培养工程的意见》，至2017年底，各级工会创建10个示范培训基地，举办农业技术推广、电子商务、茶艺师、育婴师、家政服务等20多个专业培训班200多期，培训1.2万余人次，帮助9900人实现就业创业、8058人解困脱贫。

三、劳动竞赛、工匠培养与劳模管理服务

劳动竞赛　1990年起，劳动竞赛活动的形式、内容、机制，逐步实现从重规模到重效益，从重体力到重智力转变。1990—2000年，先后开展以“班组升级达标、双文明建设”“抓管理、挖潜力、练内功、增效益”等为主要内容的竞赛活动。2001年5月起，在全市开展以“节能减排、提质增效，创新兴娄”为主题的“十万职工创新兴娄”和组织55家规模以上非公有制企业开展劳动安全卫生和技术创新等竞赛活动。2013年起，全面推行以“践行新理念、建设新娄底”为主题的重点工程、工业企业、服务行业、女职工“芙蓉杯”四位一体的劳动竞赛。至2017年，全市1100多个企事业单位，8800多个基层工会组织，150多万次职工参加劳动竞赛、技术比武、岗位练兵和合理化建议活动，共完成技术革新、技术攻关22.7万余项，提出合理化建议120多万条，采纳116.2万条，实施115.9万条，创造经济效益2.90亿元。女职委常年开展女职工“芙蓉杯”竞赛，10家单位获全国“五一巾帼标兵岗”，12人获全国“五一巾帼标兵”称号；获省表彰“芙蓉标兵岗”135个、“芙蓉百岗明星”162个；获市表彰“芙蓉标兵岗”346个、“芙蓉百岗明星”568个。

工匠培养和职工科技创新　1990—2005年，各级工会组织科技人员、能工巧匠为企业提供技术攻关、技术培训等技术服务。2006年起，各级工会联合有关部门相继举办机械电气、计算机技术、旅游酒店、环境监测、医疗卫生、交通运输、电力检修、矿山安全等20余个行业的职业技能竞赛5000余场次，80余万人次参赛。8月，市总工会与市劳动局联合举办首届娄底市职工职业技能大赛，14名选手获得“娄底市技术能手”称号。10月，承办省第二届职工职业技能大赛，娄底代表团取得团体总分第二名并获优秀组织奖。2016年10月，市总工会联合市人社局等10个单位举办娄底市“千名工匠培养工程”职工职业技能大赛，95名优秀选手被授予“娄底工匠”称号和“娄底市五一劳动奖章”。12月，组团参加全省“十佳状元、百优工匠”职工职业技能大赛，湖南兵器长城机械公司刘建伟夺得钳工组冠军，被授予全省“十佳状元”称号和“湖南省五一劳动奖章”，娄底代表团13名选手分别在钳工、电

工、焊工、烹饪师、砌筑工、数控铣工、汽车修理工、计算机程序设计员等10个行业竞赛中获奖，被授予“湖南工匠”和“湖南省技术能手”称号，娄底市代表团团体总分跻身全省前三名并获得“湖南省技能湘军建设贡献奖”。市总工会创建实施的“千名工匠培养工程”成为工会服务经济建设的重点品牌。至2017年，全市培育“湖南工匠”“娄底工匠”等高技能人才1098名。

2005—2017年，全市创建省、市级职工（劳模）创新工作室26个，涌现各类职工科技创新成果1000余项，16个项目先后获全国、省职工科技创新成果优秀奖。其中，2005年，涟钢炼铁厂1#高炉被评为全国职工创新示范岗，锡矿山闪星锑业公司杨焕林被评为全国职工创新能手。2006年，锡矿山闪星锑业公司金贵忠等人研发的“快速除晒工艺”获全省十大职工技术创新成果奖。2013年，国网娄底供电公司“老虎创新工作室”邹德华团队研发的“线路自动融冰装置”获全省职工科技创新成果二等奖和八大最具影响力职工发明创新奖。2015年，湖南农友机械集团刘若桥获全省职工科技创新成果“以创新促创业”特别奖。

劳模管理服务　1990—1992年，对中华人民共和国成立以后全地区32名全国劳模、598名省部级劳模和先进工作者逐个调查摸底、审核登记，编辑入录《湖南省职工劳模工作手册》。1995—2017年，全区（市）召开5次劳模和先进工作者表彰大会，表彰市级劳模和先进工作者286名。完成5届全国、省级劳模和先进工作者及每年度五一劳动奖章和五一劳动奖的评选、推荐工作，共评选出全国劳模和先进工作者21名，省部级劳模和先进工作者280名，41人获得“全国五一劳动奖章”、28个单位（班组）获“全国五一劳动奖状”和“全国工人先锋号”。2002年5月，市政府出台《娄底市劳动模范和先进工作者管理办法》，各级工会建立劳模和先进工作者资料信息库，特别对省部级以上劳模和先进工作者经济收入、生活困难详情档案实行动态管理，多方筹措资金，每年为省部级以上困难劳模家庭发放困难补助和帮扶资金，确保135名低收入困难劳模的基本生活，定期组织劳模和先进工作者免费健康体检和疗养活动，较好解决劳模荣誉津贴、健康医疗、入学深造、住房分配、子女就业等实际问题。每年“五一”期间，市总工会均在主流新闻媒体宣传劳模先进事迹，组织劳模事迹报告团深入企业、校园、社区巡回演讲，在全社会营造学习劳模、争当劳模的良好风尚。

四、宣传教育

1990年1月，省总工会娄底地区工作委员会创办《娄底工运信息》，编辑出刊260余期。各级工会利用职工学校、职工之家、文化宫、俱乐部等阵地资源，引领职工开展读书自学、岗位成才活动，参加读书自学和技能培训的职工达100万人次。双峰县农科所宋仁德获全国“自学成才”奖、6名职工获省“自学成才”奖。2000年起，开展职工职业道德建设活动，推崇高尚道德情操和职业操守，市电信局等2个单位被评为全国、娄底移动公司等9个单位和市中心医院刘丽芳等9名职工先后被评为省职工职业道德建设“十佳单位”和“十佳标兵”。2003年起，开展“创建学习型组织、争做知识型职工”“三湘读书月”“书香娄底”和“普法教育、禁毒教育进学校、进企业、进社区”等活动，创建全国、省、市“职工书屋示范点”195个、“书香企业”32个。金竹山实业公司土朱煤矿电工班等6个班组被评为全国“学习型先进班组”，锡矿山闪星锑业公司李志强等6名职工被评为湖南省“知识型职工”。2004年6月，首创市女职工业余学校，之后，全市陆续创办女职工业余学校106所，举办婚恋、心理、育婴、防癌等流动课堂和培训班1000余期，10万余名女职工受益。2005年，市总工会选送2000余名基层工会干部参加全国、省、市工会举办的各类培训班学习。2006年5月，启动“工人阶级宣传月”活动，市总工会在娄底城区和各县（市、区）举办“五月放歌”工人阶级风采和工会工作成果巡回展。以后，每年5月，市总工会都会联合市内主流新闻媒体，组成宣传工人阶级新闻采访团，以专版、专题、专栏等形式推介先模典型，讴歌、弘扬劳模精神和新时期工人阶级主人翁精神。

9月，市总工会与上海市杨浦区总工会结成友好工会，先后选送2名工会干部赴沪挂职学习锻炼。12月，市总工会创办《脊梁》杂志，编辑出刊66期。随后，创建娄底工会网、娄底工会微信公众号、职工文化长廊等宣传载体，展示新时期工人阶级改革创新的主人翁风采。先后4次召开娄底工运理论研讨会，征集理论文章400余篇。其中120篇论文获市级优秀论文奖，18篇获省级优秀论文奖，8篇调研报告和论文分别被《中国工运》《湖南工运》刊载。编辑出版以理论研究、调查报告为主要内容的《娄底工运理论研究成果汇编》等资料集6卷。编纂出版2部《娄底工会年鉴》（2000年版和2001—2006年版）。2014—2017年，实施“走出去、请进来”战略，分期分批组织300多名基层工会干部赴浙江大学、四川大学、厦门大学等高校学习培训。

2017年5月，省、市5家新闻媒体齐聚刘建伟工作室，同时现场采访，《湖南工人报》《三湘都市报》《娄底日报》均在显要位置刊发专题报道，《娄底广播电视报》整版刊登“2016年娄底工匠光荣榜”。至2017年，全市累计举办各类宣传活动2000余场次，在各级新闻媒体刊稿4000余篇，播报电视新闻200余条，发放各类宣传资料60万余份。

五、职工文体活动

1990年起，地区工会先后举办以热爱祖国、热爱社会主义、热爱中国共产党为主题的“三热爱”文艺调演和“工人之声”歌咏比赛等文艺活动。1994年7月，全省首届大众体育运动会在涟钢举行，娄底代表团获得7金1银，团体总分名列第二。2001年，市总工会举办“庆祝建党八十周年”职工书法、美术、摄影展和“党在我心中”“讲职业道德、做世纪新人”职工演讲比赛等活动。在全省职工演讲比赛中，娄底选手胡娟、杨春健获特等奖，赵聚丹等3人获一等奖。2003年9月，市总工会举办市直机关职工篮球运动会。2005年8月，与涟钢工会联合承办省第四届工人运动会开幕式及部分大众体育赛事，娄底代表团获团体总分第三名并被评为优秀代表团。2005—2013年，市总工会组织举办两届职工文化艺术作品大联展和“脊梁之歌”文学作品征文、原创歌曲、舞蹈评选等系列职工文化赛事，征集职工摄影、书法、美术、音乐、文学作品400余件，其中18件作品获全国、省“五一文化”奖，150余件作品获得市“五一文化”奖。2006年9月，举办首届全市工会系统乒乓球比赛，10月，与市体育局联合举办全市首届健美操大赛。2008年5月，举办全市首届职工文学艺术作品大联展暨职工文化艺术节，首次举办全市工会系统干部自编自演的五一文艺会演暨劳模表彰颁奖晚会，全国总工会党组副书记、副主席周玉清，省文联主席谭谈等领导出席开幕式。8月，市总工会被评为全国亿万职工“迎奥运”健身活动月优秀组织奖。2009年10月，市总工会获全省庆祝中华人民共和国成立六十周年职工文化事业发展贡献奖。2012年9月，举办全市首届“三湘杯”职工象棋比赛。2013—2017年，开展“中国梦·劳动美”主题宣传教育，先后举办全市职工电视歌舞大赛、健美舞大赛、女职工风采暨优秀女校成果展、职工书画摄影大联展及湖南—新疆两地（娄底区域）职工文化交流系列大型群众性文艺活动。在历届省、市“欢乐潇湘”群众文艺会演中，涟钢工会、锡矿山闪星锑业公司工会、大唐华银金竹山火力发电分公司工会等单位获优秀文艺团队奖。同期，先后举办全市职工篮球赛、羽毛球赛、足球赛、气排球赛、拔河赛、广场舞赛、趣味爬山等群众性体育健身活动。

至2017年底，全市工会系统建立工人文化宫2个，俱乐部8个，图书馆（阅览室）4869个，篮球场4287个，乒乓球室3984个，健身房3553个，职工文化团体12个，各级工会文体专兼职工作人员4529人，组织举办各类文体活动10万余场次，参加职工50余万人次。

六、财务管理

财务资产管理　1990—2005年，全市各级工会普遍推行工会财务工作目标管理，责权利有机结合，不断建立和健全并严格执行本级和县（市、区）工会及基层工会经费预算、收支等管理制度，逐步实现工会财务规范化、制度化管理，确保服务基层、服务职工的各项资金专款专用、合理支配，按时足额完成省总工会下达的工会经费收解任务。2005年8月起，企业工会经费改由税务代收，行政事业单位工会经费改由财政统一代扣，工会经费持续稳步增长。2006年，完成经费收入1326.5万元，比上年增长187.6%。2017年，完成工会经费收入3817万元。1996—2001年，连续7年，2013—2017年，连续

5年，市总工会被评为全国工会财务工作先进单位；1990—2017年，其中20年被评为全省工会财务会计工作竞赛特等奖。

审计监督检查 2000年起，市总工会先后制定完善本级工会经费审计，县（市、区）工会和直属基层工会经费审计，领导干部离任审计，计拨经费审计，基建项目审计等一系列审计监督制度，逐步实现工会审计工作有章可循和制度化、规范化监督。2001—2006年，全市工会经费审计金额1.02亿元，纠正违规金额598.53万元，查补漏缴经费371.71万元，审计工程决算金额687.5万元。2003—2007年和2014年，市总工会经审委被评为全国工会经审工作先进单位。2014—2017年，引入社会中介力量，强化“三公”经费、专项资金、基建工程审计监督，查出漏欠缴经费1962万元，补解471万元，审计基建经费2276万元，核减545万元。全市工会经审组织6028个，专兼职经审人员6980余人。2001—2017年，连续16年被评为全省工会经审工作竞赛特等奖。

第二章 共青团

第一节 组织机构与代表大会

一、市级组织

1990年，共青团娄底地区委员会（简称团地委）行政编制10名，内设办公室、团务部、实务部、社会活动部、事业部。2017年，团市委机关实有行政编制10名，希望工程领导小组办公室（简称希工办）事业编制3名，内设办公室、组织部、宣传部、学校部、市直团工委、市希工办。

二、基层组织

1991年2月，娄底地委下发《娄底地区农村团支部达标规范》，地委办转发团地委《关于在村级组织建设达标工作中加强农村基层团组织建设的意见》。1993年7月，地委转发团地委《关于在改革开放中进一步加强共青团工作的意见》。1997年3月，地委下发《关于进一步加强和改进对共青团工作领导的意见》，明确人口3万人以内的乡镇，至少配备1名团干，3万~5万人的乡镇至少配备2名团干，5万人以上的乡镇酌情增加。在厂矿企业，35岁以下青年500名左右的，配备1名专职团干；500~1000名的，配备2名；1000名以上的酌情增加。在学校，专职团干按1000名学生配备1名的比例配备。团员青年分布广的党政机关，逐步建立团工委，配专职团干。

2003年5月，团娄底经开区委员会成立。是年6月，市委下发《关于进一步加强和改进对共青团工作领导的意见》。

2004年5月，市委组织部召开“党建带团建经验交流会”。以党建带团建，在各县市撤区并乡时，92个乡镇（街道）配备1~3名专职团干，配备率100%。在加强事业单位和国有企业团组织建设的同时，因地制宜，分类指导，不断拓展团的工作领域，采取协会建团、联合建团、驻外团工委等方式，加强社区、非公有制经济组织、新型社会组织等团建工作。2005年底，非公有制企业建立团组织20个。2010年10月，首个驻外团工委在广东省佛山市成立。2011年底，非公有制企业建立团组织248个。2014年8月，团娄底市万宝新区委员会成立。2017年底，下辖娄星区、冷水江市、涟源市、新化县、双峰县、娄底经开区、万宝新区7个县级团委，市直机关团工委1个和驻外团工委8个，直管企业团委10个，乡镇团委80个和街道团委12个，乡镇直属团组织2008个，行政村团支部2608个，有专兼职团干部3550人，县（市、区）团委机关编制38名，实有工作人员30名，全市共青团员42.7万人，少先队大队1289个，少先队中队1万个，少先队员43万人，少年儿童52.6万人，7~35岁以下青少年152万人。

三、代表大会

2000年3月27—29日，共青团娄底市第一次代表大会在星星影剧院召开。大会应到代表228名，实到221名。选举产生第一届委员会委员31名。一届一次全委会选举产生常委8名，张值恒当选为书记。2003年1月，吴奇修接任书记。2004年6月，梁立坚接任书记。

2005年5月22—24日，共青团娄底市第二次代表大会在星星影剧院召开。大会应到代表228名，实到218名，特邀代表45名，列席代表36名。梁立坚作题为《立足新起点肩负新使命团结带领全市青年在努力构建和谐娄底的伟大实践中谱写壮丽的青春篇章》的工作报告。梁立坚当选为书记。2007年4月，康艳华接任书记。2010年12月，周海强接任书记。

2011年5月3—5日，共青团娄底市第三次代表大会在娄底召开。大会应到代表218名，实到206名。周海强作题为《围绕中心服务大局团结带领广大团员青年为娄底的“科学发展、加速赶超”而努力奋斗》的工作报告。周海强当选为书记。2016年11月，肖春接任书记。

第二节　主要工作

一、主题教育

1990年起，中央、省、市各次党代会和团代会召开后，都立即组织广大青年团员学习和贯彻大会精神。组织青年团员特别是团的各级干部系统学习党和团的基本理论、基本知识成为常态化工作。坚定不移地走中国特色社会主义群团发展道路，坚决听党话跟党走，坚守作为党的助手和后备军的根本定位。1996年11月，首次举办成人宣誓仪式，1500名青年代表参加。

1999年4月，调整地区青少年教育领导小组，主题教育成为常抓不懈的工作。2001年，选拔43名青年团员赴广西百色革命旧址，重温革命斗争史，缅怀革命先烈。抓住庆祝建党80周年、建团80周年、国庆纪念日、五四运动纪念日、党的十六大和团的十五大召开及申奥成功等契机，开展“党在我心中”“永远跟党走”等主题教育，唱响爱党、爱国、爱社会主义主旋律。

2003年5月，开展校园拒绝毒品、青少年反邪教签名、青少年书画展等活动，提高广大青少年政治觉悟和鉴别是非的能力，增强青少年的历史使命感和社会责任感。是年7—8月，以改变思想政治观念，增加市场经济能力，提高工作效能效绩，完善自身觉悟修养为目标，开展“思想整训、作风整肃、环境整治、力量整合”的思想作风大整顿。

2004年4—6月，团市委成立“三讲”（讲学习、讲政治、讲正气）教育领导小组，在团员中开展“三讲”教育。7—10月，开展“树三观”（树立正确的群众观、权利观、政绩观）教育。2005年5月，成立共产党员先进性教育活动和增强团员意识主题教育活动领导小组。利用各种纪念日、节庆日，开展“民族精神代代传”“高举团旗跟党走”“祖国在心中”“红领巾心向党”等系列主题活动。9月，举办“新娄底、新青年、新思维”高峰论坛。2007年7月，举办“同在一片蓝天下　手拉手共同成长”关爱留守儿童夏令营活动，活动新闻上了《中国教育报》头版头条。

2009年1月，用宣讲会形式，学习党、团文件和辅导读物，开展中国特色社会主义理论体系宣传教育，引导团员青年树立坚定不移跟党走的理想信念。2009年4月，组织全市团干部树立正确成长观演讲比赛。是年，举办团干部培训班4期，培训县、乡、村团干部462名。是年11月至2010年12月，以团干部、大学生和各条战线青年骨干为重点，实施青年马克思主义培养工程。在中学开展“学团章、知团史，永远跟党走”的团史、团情知识竞赛，引导青少年做共产主义远大理想的坚定信仰者。先后在全市2945个共青团组织，100万名团员青年中深入开展学习实践科学发展观教育活动、创先争优活动、争创学习型团组织和争当学习型团员活动。2011年举办“娄底学习大讲堂”系列活动。利用网络媒体，组织青年干部参加读书分享会，累计吸收500万人次关注参与，发布微信1130条，阅读量突破196万人次，凝聚青年“粉丝”近30万人，拍摄《青春因你而美丽》《青春筑梦》《追梦者》微电影。围绕经济社会发展和社会主义核心价值观，开展“学党史、知党性、跟党走”“我为团旗添光彩”“我与祖国共奋进、我与娄底同发展”“不忘初心跟党走”等主题活动。2012年1月，开展创先争优活动，下发《共青团娄底市委2012年深入开展创先争优活动工作要点》。团机关干部深入基层团组织，进行领导点评，群众评议。是年，组织残疾人艺术团在大中院校进行励志巡回演出。2014年，贯彻落实中央“八项规定”和省“转作风、解难题、抓关键、见实效”专题活动精神，扎实开展团干队伍作风建设。团委机关干部到乡村、班组一线与青年交流，同吃同住同劳动，倾听呼声与要求。团市委机关干部同24名农村困难青年结成帮扶对子，为驻点乡镇、村解决实际困难。团干理论学习常抓不懈，开展“我的讲台”活动，每周一课，轮流授讲。是年，邀请市委讲师团教授讲授“我的中国梦，娄底青年梦”；在初、高中学校开展“与人生对话——我的中国梦”巡讲12场；在中职学校开展“彩虹人生——我的中国梦”巡讲10场。为了准确把握不同青年群体思想状况，是年9—10月举办培训班，对50名团新干部进行培训。11月，深入基层进行调研，撰写《青年思想状况调研报告》《少先队辅导员队伍现状及对策思考》。贯彻落实市委2015年6月《关于加强和改进党的群团工作的实施意见》精神，着力强“三性”（政治性、先进性、群众性）、去“四化”（机关化、行政化、贵族化、娱乐化）、补“四缺”（缺编制、缺人员、缺经费、缺场所），下发《共青团娄底市委改革实施方案》。深入开展“三严三实”（严以修身、严以用权、严以律己；谋事要实、创业要实、做人要实）教育和“两学一做”暨责任心教育，认真落实“1+100”（即1名团干部联系100名团员青年）团干部直接联系青年制度。加强团干部教育培训，团干班纳入党校主体班教学。2016年，团市委机关干部组织学习《优秀领导干部先进事迹选编》《领导干部违纪违法典型案例警示录》《习近平谈治国理政》《习近平关于党风廉政建设和反腐败斗争论述摘编》，人人写心得体会，开展“团干部如何健康成长”大讨论。2016—2017年“六一”节前夕，在娄底一小、娄底市星星实验学校开展“争做新时代好队员”主题队日活动，市委书记参加活动并寄语少年儿童和少先队工作者。是年，在中小学、大中专院校开展“我的中国梦”教育活动160余场，团市委微博微信转载微文2963篇，相关图文微信262期共1048条。

二、岗位建功成才

1990年，围绕农业和农村经济，以农村青年增收成才为主线，开展农村青年实用技术培训，创建农村青年产业示范基地，开展“播星火育能人”和“创办青年林场”竞赛活动。全区举办农村青年实用技术培训班250期，培训1.5万人次，培训扶持星火带头人400余人。

1994年8月，团地委下发《关于在全区开展争创青年文明号竞赛的通知》，围绕企业改革发展，以青年岗位建功成才为主线，开展“青年文明号”、创新创效、导师带徒、青工技术比武、青年岗位能手等活动。是年11月，“娄底地区青年文明号协调领导小组”成立。1995年3月，地委为首批50家地区、县级“青年文明号”授牌。同时，根据团中央“青年服务万村致富”、团省委“青年服务千村致富”的统一行动，团地委开展“青年服务百村致富”活动。是年6月，团地委下发《共青团实施建设娄底经济强区服务百村致富行动方案》，抓项目、建基地、强基础，市场牵龙头，龙头带基地，基地连农户，并推出双峰县锁石乡典型，以点带面，全面实施青年服务百村致富行动。9月，团省委在双峰县召开“服务千村致富行动”现场交流会，总结锁石乡团委引领、责任分明、科学立项、机制健全、“所站点员户”网络畅达的经验。是年9—10月，中央电视台、团中央先后采访、检查双峰县锁石乡“青年服务百村致富行动”的情况。11月，团中央在山东省召开的“深化星火带头人活动，推进服务万村致富行动经验交流会”上，推广了双峰县锁石乡经验。

1996年，“青年文明号”活动扩展到学校、工交、财贸、商业、卫生、税务、工交、个体私营等12个行业。在企业造就青年企业家，培养青年岗位能手，开展“青年突击队”“青年班组”竞赛活动；在农村培养青年致富能手；在科技战线培养和扶持青年科技标兵；在政法战线推出“青年警察标兵”；在教育战线推出“青年教师标兵”。是年，出台《娄底地区青年文明号行业规范管理试行办法》。是年5月3日，团地委召开首届“五四青年群英表彰会”，表彰“十大杰出青年”及其他11个项目的十佳青年代

表120名，表彰对象的事迹编印成《湘中杰出青年》一书，作为基层团课教材。建立青年人才库，完成首批150名青年人才建档立卡工作。是年5月，开办跨世纪农村青年后备干部人才“乡村行政管理”中专班，学制2年，培养对象是初中以上文化，37岁以下农村团支部书记和其他有志青年。

1998年10—12月，对全地区“青年文明号”复查，15家不符合条件的“青年文明号”摘牌。12月，创建“全区下岗青工创业再就业示范基地”。1999年5月4日，纪念五四运动80周年暨第二届地区青年群英表彰会在娄底迎宾馆召开，地委领导分别为“十大杰出青年”“优秀青年”“十佳青年企业家”“十佳青年科技标兵”“十佳青年卫士”“十佳青年兴业领头人”“十佳青年星火带头人”“十佳青年岗位能手”“十佳青年学雷锋标兵”“十佳希望工程支持者”颁奖。是年，全市13个行业创建国家级“青年文明号”30个，省级80个，市级263个。结合“青年文明号”创建，开展“青年文明号助万家”（简称“号家”）活动，“青年文明号”集体向下岗青工困难家庭提供“号家”结对帮扶600家。至2000年底，举办各类青年农民科技培训班，累计培训2万余人。

2001年，娄底“号家”结对服务活动的经验在全省“青年文明号助万家”巡回报告中推广，《中国青年报》进行报道。是年，市地税局娄星区第一征收分局被评为全省“青年文明号助万家”先进集体。至2002年底，全市建立乡镇青年科技图书馆（室）210个，农村高科技示范园20个，青年星火带头人培训基地27个。

2002年5月4日，社会各界团员青年2000多人参加庆祝中国共产主义青年团成立80周年暨第三届娄底市“五四”青年群英表彰会。表彰“十大杰出青年”和各行各业的100名先进团员青年。是年6月，团市委出台《娄底市青年文明号管理细则》，9月，对全市55个省级“青年文明号”和260个市级“青年文明号”进行全面复查审核，重新认定市级“青年文明号”165个。2005年，在对“青年文明号”的复查中，淘汰不合格30个，对符合条件的20个非公有制“青年文明号”进行授牌。至是年底，全市各级团组织领办各类科技示范推广项目150个，培养青年星火带头人900余人，其中受到全国表彰的有8人，省里表彰的有24人。

2006年7月27日，娄底市第四届“五四”青年群英表彰会暨首届青年创业发展高峰论坛召开。市委领导为首届娄底市青年企业家“鲲鹏”奖、首届娄底市“十大杰出创业青年”、首届娄底市少先队辅导员“育苗”奖、首届娄底市支持少先队工作“功勋”奖的获得者颁奖。2007年11月，举办第二届“娄底十大杰出（优秀）青年卫士”颁奖典礼。2011年，创建国家级“青年文明号”6个、省级“青年文明号”34个、市级“青年文明号”162个，培养各级岗位能手140余名。2013年，对全市242家“青年文明号”集体进行复查审核，取消129个不合格的“号家”，是年12月，新命名33个青年文明集体、38个青年岗位能手。2012年3月，成立娄底青年创业者协会和娄底创客空间，积极引导青年自主创业。是年5月4日，娄底市第五届“五四”青年群英表彰大会召开，表彰娄底市“十大杰出青年”、“十大杰出青年岗位能手”、10个“杰出青年文明号”、18个“市级青年文明号”、36名“市级青年岗位能手”、3名“省级青年岗位能手”、4个“省级青年文明号”。2014年起，连续举办4届“创青春”创新创业大赛，建青年就业创业基地32个，提供对接岗位近1万个，帮助创业青年争取小额贷

娄底市举办第一届娄底青年创新创业大赛（2014年9月摄）

款超过500万元。2015年起，市委组织部牵头，连续3年开展“湘中青年英才”评选。2016年2月至4月，开展“娄底市第四届青年卫士”评选、“娄底市第二批青少年维权岗”命名活动，评选出10名“娄底市杰出青年卫士”、25名“娄底市优秀青年卫士”，20家单位被命名为“娄底市青少年维权岗”。2017年5月4日，在娄底一中举行“五四”表彰会暨“不忘初心跟党走”，600名新团员举行集体入团宣誓仪式，对2016年度“优秀共青团员”、“优秀共青团干部”、“五四”红旗团支部、“五四”红旗团委和娄底市“湘中青年英才”进行表彰。《湖南新闻联播》予以报道。

三、学雷锋与青年志愿者行动

1990年，团地委组织“学雷锋、学赖宁”，全市20万名青少年投入“双学”活动，评出11名“学雷锋标兵”“雷锋式青年”和11个“学雷锋先进集体”，并在“五四”表彰会上予以表彰。1993年始，以受教育、长才干、做贡献为目标，组织大中专学生开展社会实践活动，12支队伍坚持暑期分赴贫困山区乡村“三下乡”（文化、科技、卫生）活动。是年起，娄底师专团委连续6年获省“三下乡”活动先进单位。1994年，启动青年志愿者行动，3月6日和13日，组织全地区青年志愿者学雷锋送温暖统一行动日，4万多名青少年走上街头开展便民利民义务服务。5月3日，团地委召开青年志愿者活动动员大会，各县市及企事业单位成立青年志愿者大队、中队50个。1995年，娄底师专团委获团中央“三下乡”活动先进单位。1996年7月，娄底遭百年不遇特大洪灾，团地委第一时间下发《关于迅速组织全区团员青年积极投入抗洪救灾工作的紧急通知》，开展“娄底青年救灾奉献大行动”。青年志愿者在抗洪抢险中，转移抢救受灾群众600多名，抢救物资折合人民币200多万元，为灾区人民缴纳“特殊团费”12万元。

1997年7月，成立“雷锋家乡学雷锋”主题活动指导委员会。命名娄底市光荣院等26个青年志愿者学雷锋服务基地，并在社区建设、农村扶贫开发、环境保护、抢险救灾、社会公益等活动中，学雷锋与青年志愿者行动持续开展。在2008年汶川地震和抗击冰灾中，青年志愿者行动迅速，清扫道路冰雪和维修公共设施，积极捐资，为全市青少年送去10万元学习物品和助学金，通过省青基会为汶川灾区捐赠130万元。2009年，启动关爱农民工子女志愿者行动，筹资3万元，慰问农村留守儿童。围绕法律咨询、敬老助残、环境整治、绿色环保、救灾抢险等服务内容，开展“真情相助”“青年文明一条街”等活动。2010年4月，开展“捐赠一瓶水，奉献一份情”活动，为玉树地震灾区捐款5万元，7月，为西南干旱灾区捐款50.6万元。2011年，全市青年志愿者服务协会45个，会员超过20万人。从2012年起，每年组织多批次志愿者参与创文及创卫活动，并开展“棒棒糖换烟”“童趣美井，共筑文明”“创文有奖知识竞答”等多个特色创卫创文活动。2013起，每年组织近百名青年志愿者参与湖南省历届农业机械、矿山机械、电子陶瓷产品博览会（简称“湘博会”）志愿服务。9月，团市委下发《娄底市青年志愿者注册管理办法》。2014年，团市委负责组织近千名青年志愿者服务在娄底市举办的省第十二届运动会、第九届残运会。是年起，每年组织青年志愿者服务春运“暖冬行动”活动。截至2017年底，全市注册志愿者2万多人，基层志愿者服务分队135个，雷锋与志愿者工作站60家，参加志愿者活动的青年超过5万人次。

四、希望工程

1992年10月始，娄底地区实施“希望工程”，15万名共青团员缴纳一次“特殊团费”，募集资金13.5万元，资助失学儿童1万名。1994年11月，娄底地区第一所希望小学——洋溪镇潮头希望学校落成并交付使用。1995年4月，地区希望工程领导小组成立，完成地区、县（市）两级希望工程基金审计工作。是年，开展“情系山乡失学儿童”“光彩基金会”等活动，为希望工程筹资500万元。1996年11月，召开娄底地区首届希望工程工作会议，对全区贫困失学儿童开展“万名救助大行动”活动，全年筹资79.5万元，新增资助失学儿童4312名，新建援建希望小学（含立项）5所。是年，新化县“罗盛教希望学校”建成投入使用。1998年，娄底理工专修学院和娄底楚英学校全封闭式“希望之星”培训基地先后建立。2000年，筹集希望工程基金超过1000万元，新扶助贫困失学儿童1000名（孤儿800名），援建希望小学7所（含立项），1万名失学儿童档案进入“全国希望工程管理系统”。2001年，娄底理工专修学院职业技能培训50人，由校方推荐就业20人。在娄底楚英学校接受普通高中教育的“希望之星”5人考入国家重点大学，50人在校就读。2002年，按照“宣传有新特点，筹资有新手段，项目有新发展”的工作思路，着力实现“宣传阵地化，筹资社会化，项目运作规范化”。在《娄底晚报》开办“希望工程爱心”专栏，重点介绍希望工程特色性工作，转载待救助学生的资料和待建的危旧校舍情况。联合娄底电视台创办“幸运大旋转”希望工程专版，定期挑选“希望之星”参与节目现场。募集作品进行义卖，义卖款项全部捐助希望工程。是年，募集资金42万元，资助“希望之星”100名，援建希望小学2所，开办希望之星培训基地2个，成功举办希望工程在娄底实施10周年庆祝活动，被团省委、省青基会授予“湖南省希望工程建设奖”称号。截至2011年底，全市累计筹集希望工程资金2000多万元，援建希望小学32所（含立项）。是年12月起，开展团干部、团员青年、少先队员每人1元的“希望工程一元捐”活动。2014年，开展“我们一直在努力——希望工程公益服务套餐推广计划”，内容涵盖生活资助，文体捐赠，基础改善，助学帮扶4大类20个项目。针对不同的时间段和年龄层推出具体化、透明化公益服务“套餐”，得到广大爱心企业、爱心人士支持。希望工程累计筹集助学基金5200余万元，资助失学儿童3.1万人，援建希望小学32所。截至2017年，“希望工程一元捐”活动累计募集资金170万元。

五、文艺活动

1991年7月，团地委组织全地区首届卡拉OK青年歌手赛和农村青年社教文艺会演，其中《农伯与女郎》获全省会演二等奖。1992年5月，为庆祝建团70周年，举办“伟大的党，光荣的共青团”大型文艺晚会。1994年，举办“127杯”艺术童心赛、“农资杯”、“哈慈杯”第二届青年歌手卡拉OK赛。1997年5月4日，举办“迎香港回归”大型文艺晚会和“科龙杯”全区少儿“迎回归”故事演讲大赛。1999年，以香港、澳门回归为契机，组织大型文艺晚会，邀请国内著名歌星及省内知名艺术家到娄献艺，观众超过6000人。2002年，以“党在我心中，永远跟党走”为主题，以充分体现“新世纪、新青年、新形象”为目的，举办丰富多彩的建团80周年暨五四运动83周年庆祝活动。是年4月，团市委联合娄星区团委举办“青春之光”文艺调演晚会。5月，团市委庆祝召开社会各界2000多名团员青年参加的中国共青团成立80周年庆祝大会，举办“欢乐湘中”文艺活动。2004年6月17日，联合湖南电视台公共频道举办“群英荟萃，爱心永恒”演唱会，特邀“两岸三地”演艺名家和艺坛新秀倾情演出，以宣传娄底、推介娄底，打造娄底知名品牌，树立娄底知名企业形象，并为希望工程宣传募捐，筹资240万元。2012年5月3日，举办“高举团旗跟党走——激情点燃未来”大型文艺晚会。2013年5月，紧扣娄底创建国家卫生城市主题，在娄底电视台演播厅举办“汇聚青春力量，共创卫生城市”演讲比赛。2015年4月25日，举办首届全市青少年乒羽大赛，361人参赛。9月25日，举办全市第二届少儿才艺大赛，231人参赛。10月10日，举办首届青少年现场书画比赛，671人参赛。

六、青少年维权

1990年4月，成立全省第一家地级未成年人保护委员会。开展《湖南省未成年人保护条例》宣传周活动，印发宣传资料8000多份。1993年3月，调整地区未成年人保护委员会。2000年5月，市委办、市政府办联合下发《关于进一步加强和预防未成年人犯罪工作的意见》。6月，举办“预防未成年人违法犯罪”大型图片展。7月，团市委与市综治办、市司法局、市教育局联合下发《关于进一步加强青少年法制教育的意见》，成立娄底市青少年法律维权中心。县、市、区成立“未成年人保护委员会”，各级团组织与综治部门签订综治目标责任书。设立“青年维权岗”“青少年维权法律服务中心”。团市委编印《校园拒绝邪恶》一书，创建省、市级“优秀青少年维权岗”30个，初步建立起市、县（市、区）联动的青少年维权和预防犯罪体系。2005年，进一步完善县（市、区）、乡（镇）、学校团组织的法制教育网络，营造社会各界共同关注、关心青少年健全成长的良好环境。开展“优秀青少年维权岗”创建活动，被评为“全国优秀青少年维权岗”的1家，被评为“全省优秀青少年维权岗”的5家。2010年，全市团组织深入开展“禁毒宣传进校园”“中国未成年人网脉工程校园行”活动，组建13个青少年禁毒志愿者服务分队，举办青少年“禁毒知识抢答赛”；特邀中国少年儿童新闻出版社李小平教授到娄举办科普讲座。2011年起，每年开展“共青团与人大代表、政协委员面对面”活动。2012年，开展“学法、知法、用法——青少年法制宣传进校园行动”“青年法官送法进校园”活动，先后有100多名法官进学校举办法制、法律讲座。深化“青少年维权岗”创建，开展“手拉手筑拒毒长城、心连心创禁毒新局”活动。2013年，配合市综治委抓好青少年违法犯罪预防工作，开通“12355”青少年维权网站，便利青少年在线交流，通过网络留言、电话热线等为青少年及其家长答疑释惑。“6·26”国际禁毒日，全市各级团组织开展禁毒宣传活动42场。2014年4月，娄底市青少年妇女儿童活动中心正式投入使用，占地面积8000多平方米，中心配备辅导员2名，讲解员2名。2016年12月，开通娄底市“12355”青少年心理咨询与维权服务热线，由50余名律师和心理咨询师为广大青少年及家长提供咨询服务。

截至2017年，共青团员中的市人大代表、市政协委员累计提出有关青少年工作提案、建议案37件，推动青少年工作健康发展。

第三章 妇女联合会

第一节 组织机构与代表大会

一、市级组织

1990年，省妇女联合会娄底地区办事处（简称地区妇联）为省妇联派出机构，内设办公室、组织宣传部（简称组宣部）、儿童少年部（简称儿少部）、维权部、事业发展部。是年8月，地区妇女儿童工作协调委员会（简称妇儿委办）成立，办公室设地区妇联。妇联主要负责人称主任。1999年8月，地区妇联更名为娄底市妇女联合会（简称市妇联），主任改称主席，内设机构无变化。2002年2月，市妇联机关核定行政编制10名，机关后勤服务事业编制1名。维权部更名维权儿少部。2007年7月，增加行政编制1名。至2017年，机构编制无变动。

二、基层组织

1990年，全地区5个县、市，180个区、乡（镇）建立妇女联合会，配备妇女工作专干210名。全地区机关事业单位有妇女委员会109个，企业、农村（含街道）建立妇女代表大会（简称妇代会）3505个。村级妇代会主任3492人，其中中共党员1418人，688人担任村支部委员，2804人担任村委会委员，1155人有固定工资，1044人享受误工补贴。

1991年，地区妇联在全地区3498个村级妇代会开展组织建设达标活动。经过抽样调查，逐村摸底，其中一类妇代会1544个，占44%；二类妇代会1544个，占44%；三类妇代会410个，占12%。3414名妇代会主任报酬得到落实，其中定补干部1169名，误工补贴2245名。1147个村建立“妇女之家”或“妇女活动中心”，占全区村级妇代会的33%。是年6月，在省妇联七届二次执委扩大会议上作建设达标活动经验介绍。9月13日，《中国妇女报》刊登《娄底妇联配合社教，抓妇代会达标》事迹。

1999年8月，村级妇代会启动“会改联”工作，每村设专职妇联主席1名，副主席2~3名，执委15人。2001年，注重在非公有制经济组织中建立妇女组织。至2014年，全市在非公有制经济组织中建立妇委会43个。

2015年底，启动新一轮基层妇联组织改革。至2017年底，全市有娄星区、涟源市、冷水江市、双峰县、新化县、市经开区和万宝新区7个县级妇女组织。74个乡镇（含林场、高新区、经开区）、15个街道完成妇联组织换届，选举产生专职乡镇（街道）妇联主席89名，兼职乡镇（街道）妇联副主席

273名，乡镇（街道）妇联执委2227名。1837个村、258个社区，全部完成“会改联”。选举产生村级专职妇联主席2095名，村级兼职妇联副主席4360名，村级妇联执委31428名。

三、代表大会

1999年12月21—23日，市第一次妇女代表大会召开。出席会议正式代表229人。会议主题是：高举邓小平理论伟大旗帜，团结动员全市广大妇女为建设富裕文明开放的新娄底而努力奋斗。选举肖新桃为第一届市妇联主席。2002年9月，李金才续任主席。

2004年8月27—29日，市第二次妇女代表大会召开。出席会议正式代表237人，列席代表18人，特邀代表44人。会议主题是：与时俱进、开拓创新，团结带领全市妇女为建设小康娄底而努力奋斗。选举颜桂兰为第二届市妇联主席。

2009年10月12—14日，市第三次妇女代表大会召开。出席会议正式代表239人，列席代表18人，特邀代表24人。会议主题是：坚持科学发展，服务富民强市，团结动员全市妇女为建设小康和谐娄底而努力奋斗。选举毛国和为第三届市妇联主席。

第二节 主要工作

一、制定妇女儿童发展规划

1992年9月，地区妇联出台《娄底地区〈九十年代中国儿童发展规划纲要〉实施方案》。至1993年底，各县市的实施计划相继出台。

1996年6月，根据《中国妇女发展纲要（1995—2000年）》，市妇女儿童工作委员会编制《娄底地区妇女发展规划》。随后，全地区5个县（市）政府也相应制定本地妇女发展规划。

2002年2月，市妇女儿童工作委员会制定《娄底市妇女发展规划（2001—2010年）》和《娄底市儿童发展规划（2001—2010年）》。2012年5月，制定《娄底市妇女发展规划（2011—2015年）》和《娄底市儿童发展规划（2011—2015年）》。2017年5月，市政府印发《娄底市妇女发展规划（2016—2020年）》和《娄底市儿童发展规划（2016—2020年）》，要求各县（市、区）人民政府，在促进经济社会发展进程中，落实男女平等基本国策，保障妇女合法权益，提高妇女社会地位，贯彻落实儿童优先原则，提升儿童福利水平，提高儿童整体素质，促进儿童健康、全面发展。规划到2020年，保障妇女平等享有基本公共卫生服务、平等享受教育的权利、平等获得经济资源、平等参与社会事务管理、平等享有社会保障、平等参与环境决策，各项合法权益得到切实保障；完善覆盖城乡儿童的基本医疗卫生保障制度、促进基本公共教育服务均等化、扩大儿童福利范围、提高儿童工作社会化服务水平、完善保护儿童的法规体系和保护机制。市妇女儿童发展规划颁布后，全市利用报刊、广播、电视等舆论工具，采取讲座、法律咨询、新闻发布会、专题文艺演出等形式和业务骨干培训班，组织学习考试、知识抢答赛等活动，宣传两个规划。

二、维护妇女儿童合法权益

1990年，全地区乡以上妇联接待妇女信访588件，处理结案573件，结案率97%；为儿童办实事5449件，捐款16.54万元，捐物10.12万件。1992年6—7月，开展《中华人民共和国妇女权益保障法》宣传活动。全地区县以上单位举办广播讲座20多期，电视讲话6次，出宣传橱窗65期，出动宣传车78辆，印发学习宣传资料54.5万多份，购买讲解挂图800多份；举办培训班11期，培训骨干740人；开展知识竞赛9场，发放试卷1.77万份。同时，结合宣传学习，针对社会上存在的侵害妇女合法权益的现象和问题，用典型案例开展专题讨论，参与讨论3万多人次，加深对《中华人民共和国妇女权益保障法》的认识和理解。是年，全地区解决带倾向性问题78件，其中妇女无责任田42件，住房分配男女不平等16件，寡妇再嫁受阻13件，妇女入党参政难7件；处理重大案件39起，其中残害妇女案4起，强奸妇女案8起，拐卖、虐待妇女案27起。

2001年8月28日，市委成立娄底市维护妇女儿童合法权益工作协调小组，下设办公室，成为全省第一个成立该组织的市州。

2007年，依托人民陪审员制度，以陪审员身份参与维权。市、县两级妇联受理信访投诉572人次，95%以上的案件得到妥善处理。2008年1月5日，全国妇联“送温暖·三下乡”活动启动仪式在双峰县举行。全国人大常委会副委员长、全国妇联主席顾秀莲，全国妇联副主席、书记处书记陈秀榕，中共湖南省委副书记梅克保，省人大常委会副主任颜永盛、蔡力峰，省妇联及市四大家主要领导参加启动仪式。

2009年，新化县作为全国“两癌”（宫颈癌、乳腺癌）免费检查项目中的单项检查试点县，率先实施免费检查救助工作。2010年，市妇联在全省率先开通“12338”维权热线。娄星区、涟源市相继纳入“两癌”免费检查项目县。市委、市政府成立由分管领导为召集人，各相关部门负责人为成员的联席会议制度，具体负责“两癌”免费检查组织领导、协调指导和检查督导工作。2013年3月，新化县妇联余辉被全国妇联评为“全国农村妇女两癌免费检查先进工作者”。

娄底市妇联赴县（市、区）开展庆“六一”关爱留守儿童系列活动（2015年摄）

2014年，为全面摸清留守儿童底数，市妇联在2012年调查摸底的基础上，重新核实留守儿童数据，为11.02万名留守儿童建立详细的信息库。2015年，全市开展“温暖微行动·彩虹行”活动，筹集善款55万元，在“六一”期间采取集中发放和邮政分散投递等方式发放“爱心邮包”5500个。同时，争取中国社会福利基金会援助，向全市贫困留守儿童一次性援助140万元。2016年，农村适龄妇女“两癌”免费检查工作正式列入省、市重点民生实事项目。是年11月，市中心医院李细平被国务院妇女儿童工作委员会授予“全国实施妇女儿童发展纲要先进个人”称号。至2017年2月，先后有彭湘钢、高静、李红菱、张文祥4人被全国妇联评为“全国维护妇女儿童权益先进个人”。至年底，市本级向中央争取536万元、向省财政争取103.2万元的公益救助金，为全市16万多名农村适龄妇女进行免费检查，救助工作惠及622名贫困“两癌”妇女。至是年底，全市95%的村建立留守儿童工作站，100%的农村中小学校建立留守儿童活动室。社会爱心人士和企业结对帮扶留守儿童，给留守儿童发放爱心邮包1.5万个，招募“爱心妈妈（爸爸）”5000多名，为留守儿童学习、生活提供及时帮助。双峰县关爱留守儿童工作得到各级综治委充分肯定，其经验文章《湖南省双峰县创新农村留守儿童服务管理机制》在《中央综治动态》刊发。

三、培养选拔妇女干部

1990年，全地区249名妇联干部中，具有大专及以上学历23名，中专和高中学历214名。是年，全地区提拔副科级以上女干部75名，其中副处以上5名。1991年初，地区妇联向地委组织部推荐一批有培养前途的女干部名单。4—5月，地区妇联联合地委组织部举办第一期妇女干部培训班，培训妇女干部44名。是年，全地区提拔副科级以上女干部74名。全地区拟定处级以上后备干部386名，其中妇女干部47名，占12.1%。是年，全地区调整村妇代会主任397名，村妇代会主任素质普遍提高。村妇代会主任的平均年龄由原来的41岁下降到37岁，初中以上文化程度由原来1977名增加到2478名，党支部委员由原来的688名增加到781名。1997年3月，地区妇联主任胡粉元被评为全国优秀妇联干部。

2003年，市妇联在市直机关推荐选拔7名优秀中青年女干部下派到乡镇，进行为期2年的挂职锻炼。2009年7月下旬，市妇联在上海市妇女干部学校举办娄底市妇女干部能力建设培训班。是年，市本级向组织部门推荐优秀女干部56名，提拔重用处级女干部32名；县（市、区）提拔科级女干部266名。至此，全市在职厅级女干部8名，正处级女干部35名，女县委书记1名，副处级女干部162名，科级女干部1359名，其中正科级483名，包括县（市、区）科局级女干部一把手61名，全市93个乡镇（街道）有女党委书记6名，女乡镇长8名。全市3484个村村支两委女性7316名，占村支两委干部总数的42%，女村支书、女村主任178名，占总数的5.1%。

2011年，市妇联与市委组织部联合表彰优秀女共产党员10名、优秀妇女干部10名。双峰县精神病院院长、省第十次党代会代表彭海珍被评为全省女优秀共产党员和省“三八红旗手”标兵。女干警李贝被推选为党的十八大代表。2012年，市委制定出台《2011—2015年娄底市培养选拔女干部、发展女党员工作规划》，并纳入全市经济社会发展“十二五”规划。至2017年，市妇联连续6年举办妇女干部培训班，全市在职厅级女干部7人，正处级女干部32名，副处级女干部169名。

四、“四自”教育

1990年，全地区妇联继续响应全国妇联发出的做自尊、自信、自立、自强（简称“四自”）新女性倡议，深入开展“四自”教育活动。全地区评选表彰“双文明户”1.26万余户，遵纪守法户2.81万户。1991年，评出遵纪守法户28.83万户。树立各方面妇女典型150名，评出妇女先进个人7万余名，其中县、市妇联表彰先进1635名，区乡妇联表彰先进7.69万名。

2002年2月，市委明确规定“教育、引导广大妇女自尊、自信、自立、自强”为市妇联主要工作任务之一。此后3年间，市妇联为800多名失业妇女再就业搭建平台，全市转移农村妇女富余劳动力近20万人。2005年，利用党员电化教育设备和场地，开展实用技术培训，帮助近10万名妇女掌握1~2门实用技术。

2006年，市妇联与市劳动局制定《娄底市十万妇女就业计划实施方案》，开办娄底市妇女职业培训学校。2008年，开展“十万妇女大培训，十万妇女创新业，十万妇女大转移”活动，全市培训城乡妇女11万余人次。

2009年初，市妇联就解决妇女创业小额担保贷款问题向市政府建言，4月，市政府下发《关于完善妇女小额担保贷款财政贴息政策的通知》。随即，市妇联举办小额担保贷款培训班6期，1560余名妇女先后参加专题培训。全市发放小额贷款946万元，其中妇女获贷352万元，占37.2%，帮助1400余人实现创业致富、自立自强。截至2014年底，全市累计筹集小额担保贷款基金6500万元，新增小额贷款担保基金1130万元。市本级发放小额担保贷款1740万元，其中妇女获贷860万元，占比49.4%。

2016年，全市举办各类培训班36期，参与培训妇女5.3万余人次，助推妇女就业、创业、创新1.50万余人。2017年，市妇联积极探索“互联网+妇女”“互联网+妇联”等新工作手段，推动妇女创业、创新。全年有686名妇女获取小额担保贷款5664万元，从市“双创带动就业扶持资金”中争取186万元，对被评选出来的22名娄底市“巾帼创业之星”表彰奖励。全市妇女“自尊、自信、自立、自强”“就业、创业、创新”热情高涨。

五、创先争优

创建“三八红旗手”　1990年，全地区评选表彰“三八红旗手”1640名、“三八红旗集体”548个。1991年，各级妇联为贫困山区妇女建起9个“三八场队”（林场、果场、渔场、猪场、鸡场、药材种植队），与县、市其他场队开展劳动竞赛。全地区64万多名妇女参赛，营造“三八林”13万多公顷，饲养生猪367万多头，并建立7个“三八绿色基地”。地区妇联和新化县妇联在新化县娘家乡天竺村建立的“三八绿色基地”，得到省、地、县各级领导的肯定，并获得林业部门供应的良种林果苗400多万株。

2001—2004年，全市转移农村妇女富余劳动力近20万人。2005年，指导建立263个以妇女为主的农村专业合作组织，扶助1.2万余名妇女走上致富之路。全市在加工业、现代种养业、农产品流通业等领域建立妇女返乡创业基地500多个。娄底中心城区23个社区成立服务中心，领办或创办各类服务实体120个，开发社区就业岗位6011个。

2006年，全市培训就业、创业妇女5万余人次，培养选拔妇女致富带头人2089名，妇女科技骨干1200余名，新增致富项目户2505个，新成立妇女专业经济合作组织28个，培养选拔资产在50万元以上的妇女龙头企业10个、女经纪人36名，创建妇女再就业示范基地119个，多种渠道安置妇女2.01万人次，促进农村妇女劳动力转移就业2.62万人次，培养选拔妇女创业带头人426名。全市涌现市级以上“三八红旗手”145名，“三八红旗集体”60个。2008年，大张旗鼓宣传新时期戴碧蓉式的女英雄刘新红舍己救人的英勇事迹，并推选她先后获得市、省、全国“三八红旗手”称号。2009年，市妇联又成功推选刘新红为全国“三八红旗手”标兵。是年，全市推选获评为全国、省、市“三八红旗集体”30个，“三八红旗手”50名。是年，市妇联获全国“三八红旗集体”称号。至2017年底，全市有陈跃远等15人被全国妇联授予“全国三八红旗手”称号，李新辉被授予“全国三八绿色奖章”。

巾帼建功　1990年，地区妇联在城镇妇女中开展做“四自”女性，为“八五”规划建功立业（简称巾帼建功）活动，61万多名妇女参加。全地区各级评选表彰2753名女能手等先进个人。1991年3月，地区妇联组织巾帼建功报告团到各县、市巡回报告5场，听众4000多人次。是年，各级妇联组织妇女学习实用技术，办各种培训班4507期，约10万人参加培训。一批城乡妇女掌握了致富建功本领，年纯收入万元以上的妇女9833人。至2004年，市妇联先后在城建城管系统女职工中开展巾帼建功活动，在城镇女职工中开展争创“巾帼文明示范岗”和争做“巾帼建功标兵”活动。2005年，召开全市巾帼建功活动领导小组会议，研究并通过《娄底市市级“巾帼文明岗”管理细则》，规范对“巾帼文明岗”的管理。在全市10个重要窗口行业开展“树行业新风，做文明使者”的“十行双百”（100名“巾帼建功标兵”和100个“巾帼文明岗”）争创评选活动，为3万多名女职工搭建岗位建功平台。

2006年，开展“巾帼示范村”创建活动，确定6个市级“巾帼示范村”试点村，将活动对象由城镇妇女扩大到乡村妇女。2009年，全市有7个村被评为湖南省新农村建设“巾帼示范村”。是年，全市评选表彰全国、省、市“巾帼建功标兵”74名。2011年，市妇联获“全国城乡妇女岗位建功先进集体”称号。2014年，创建省级“巾帼现代化农业科技示范基地”3个、县级基地5个。2015年，评选市级“巾帼文明岗”和标兵100个、巾帼功勋奖10个。2016年，全市帮扶发展50亩规模以上妇女种养基地5个，巾帼专业大户（巾帼家庭农场）10个。2017年，全市开展“巾帼心向党，建功新时代”“城乡妇女岗位建功”等系列活动，探索构建“巾帼创业孵化基地”，实施“巾帼创业创新示范典型基地”创建工程，推动妇女大众创业，万众创新。开展首届“巾帼创业之星”评选活动，为获奖的22家“巾帼创业之星”发放奖补资金186万元。新注册巾帼志愿者1.38万余人。是年，市妇联被评为湖南省“巾帼创新创业工作优秀单位”。至2017年4月，兰娥嵋等10人被全国妇联评为“全国巾帼建功标兵”，杨文莲等3人被评为“全国巾帼建功先进工作者”。

“双学双比”　1990年，全地区农村妇女工作重点开展“学文化、学技术，比成绩、比贡献”（简称“双学双比”）竞赛活动。64万多名妇女参赛。是年，3.28万人参加扫盲学习脱盲；49万多人掌握一门以上实用技术，其中62747人成为各类专业户，4636人成为万元大嫂。1991年，农村妇女“双学双比”活动被纳入全地区农业发展和“科技兴农”总体规划。地区、县（市）拿出农业发展基金的5%作为“双学双比”活动经费。是年，全地区2.57万名妇女参加扫盲学习，脱盲1.85万人；举办各种培训班4507期，组织9.14万名妇女学习实用技术，一批农村妇女掌握了致富本领。是年，全地区建立庭院经济31.78万余个，其中以妇女为主体的21.73万个，占67%；全地区庭院经济收入2.1亿元，其中60%是妇女创造的。涟源市妇联发动妇女利用庭院空间、空坪隙地，广开致富门路，人均增收152元，户均增收529.5元。8月份，行署在涟源市召开双学双比表彰会暨庭院经济现场会。

1999年，加快农村妇女"绿色证书"培训考核颁证和农民技术员职称评定工作。全市400多名妇女获得"绿色证书"，其中冷水江市岩口镇塘湾村罗晓芬、娄星区西阳镇中阳村萧学平、涟源市金石镇和合村周翠娥获省级"绿证之星"。双峰县石牛乡湾竹村马嫦娥获"全国双学双比女能手"和"湖南省十大农家女状元"称号。

2004年9月，市委、市政府在全市开展首届"娄底市十大杰出女性"评选表彰活动，授予殷另姣等10人入选首届娄底市十大杰出女性荣誉称号，给予记三等功奖励，并作为2005年度市级劳动模范候选人。对其他5位候选人颁发首届娄底市十大杰出女性提名奖。市妇联同时授予30名参评人选为娄底市"三八红旗手"称号。是年，全市评选表彰各类"双学双比"女能手370余名。至2006年2月，全市有7人被全国妇联授予"双学双比"竞赛活动女能手称号。是年，在全市扶持建立120多个"双学双比"示范基地。2009年，全市涌现出"双学双比"女能手156名，其中68名获双学双比"女状元"称号。2013年3月，双峰县戴伟香被全国妇联授予"全国农村科技致富女能手"称号。2017年，全市举办创业就业技能培训、新型职业女农民培训、电商培训等培训班21期，助推5000余名女性就业创业。至2017年，市妇联连续二年获"湖南省首届家政服务职业技能大赛团体三等奖""湖南省妇女技能培训工作优秀单位"。

六、保育和托幼

1990年，全地区各类幼儿园（所）、班2786个，城镇3~6岁儿童入园率98%，农村5~6岁儿童入班率85%，适龄儿童入学率98%，普及率94%。全地区举办科学育儿讲座208期，建立科学育儿咨询站242个，播放家庭育儿录像50多场，观众1.50万余人次。同时，各级妇联联合计划生育、妇幼保健等部门开展"三优"（优生、优育、优教）咨询服务252场次，接待咨询群众1.30万余人，对9.19万名幼儿进行健康检查。婴儿死亡率由1949年的200‰下降到1990年的46.07‰，孕产妇死亡率由1949年的150／万下降到1990年7.4／万。1991年11月10日，地区妇联举办全地区首届"三优"知识抢答赛。地直机关和5个县市分别组队参赛，从中选出3人参加省里的竞赛，获得三等奖。

1994年5月30日，地区妇联举行少儿艺术体操比赛，城区16个幼儿园640多名幼儿参加比赛，评出一等奖2个、二等奖4个，三等奖10个。"六一"期间，各级卫生部门对全地区12万多名小朋友进行健康检查和疾病防治，评出健美儿童629名。在"脊髓灰质炎预防日"，90%以上的4岁以下儿童服用糖丸，有效地保护了少年儿童身体健康。1996年8月，刘湘仪、李吉媛、罗年秀获国务院妇儿工委"全国家庭教育工作园丁奖"。

2001年，贯彻实施《中华人民共和国母婴保健法》，编印发放宣传小册子80多万份，挂图50余幅，发表电视讲话30余次，举办知识竞赛180多次，使《中华人民共和国母婴保健法》和健康知识深入千家万户，健全乡、村两级保健员网络建设，"出生医学证明"的发放规范化、制度化；妇幼卫生经费占事业经费比重的22%，新建市妇幼保健院，完善和扩建12所医院、5个县（市、区）妇幼保健站，整顿和健全93个乡镇卫生院，其中12所爱婴医院、32所爱婴卫生院，开办孕妇学校124所，3339个村全面推行新法接生。全市婴儿死亡率和5岁以下儿童死亡率分别控制到11.7‰和15.11‰，儿童健康检查走上经常化、制度化轨道。到2004年，建立全市"春蕾女童"数据库，组织捐助和争取社会扶贫帮困资金200余万元，帮助4000多名失学儿童重返校园。为了使0~6岁儿童受到良好的家庭教育和社会教育，全市开展"早期教养进万家"活动。市妇联创办"蓝天幼儿园早期教养示范基地"，为活动起到示范和推动作用。

2014年，全市开展0~14岁农村儿童先天性心脏病调查摸底，开展预防和治疗先天性心脏病的知识宣传，并免费进行检查，确诊先天性心脏病69例，争取到政府及医院免费救助金200余万元，其中47名儿童全额接受免费治疗。

2017年，市妇联争取联合国“特色儿童早教资源中心”项目落户双峰县；规划调研“公共场所设立母婴哺乳室”项目，并报市政府审定；争取到全国儿童基金会90万元物资和图书，强化儿童快乐家园基础设施建设。至年底，全市有幼儿园782所，其中公办幼儿园92所（含企业办园和乡镇中心幼儿园）。

七、参与社会治安综合治理

1991年，全地区成立娘子军禁赌队1273个，帮助5400多名有赌博行为者改邪归正。各级妇联配合政法部门，严厉打击危害妇女儿童的大案要案，查获拐卖人口案7件，抓获犯罪分子22名，端掉卖淫嫖娼窝点2个。

1993年，协助有关部门处理残害妇女案8起，虐待妇女案14起，强奸妇女案21起，拐卖妇女案30起，其他案件6起。

1995年，在宣传第四次世界妇女大会精神期间，地区妇联协助公安部门，开展打击嫖娼卖淫，取缔异性按摩，查处色情服务统一行动。取缔卖淫窝点10多个，关闭异性按摩厅（室）50多家，打击处理犯罪分子98人。是年，各级妇联深入基层，统一调查了解，掌握18名被拐卖妇女的去向，及时上报省妇联和省公安厅，成功解救6名妇女回家。

1996年，地区妇联与地委政法委、综治办、公安处等单位召开联席会议，研究全地区禁赌方案，发出禁赌通知；发放禁赌宣传资料2万余份，建立妇女禁赌会3000多个，举办帮教人员学习班671期，1.13万人参加学习。是年，涌现602个禁赌先进集体和2784名禁赌积极分子。其中双峰县妇联被评为全国妇女禁赌先进集体，新化县水车镇奉素兰、冷水江市三尖乡邓满芳被评为全省妇女禁赌积极分子。

2000年“6·26”国际禁毒日前夕，市妇联联合市禁毒委员会办公室和市人大内务司法委员会发出文件，决定6月20—30日在娄底中心城区开展禁毒宣传活动，努力遏制毒品蔓延，实现“无毒害市”奋斗目标，并成立活动领导小组。活动期间，在城区各主要街道悬挂宣传横幅100条，出动宣传车队广播宣传，举办禁毒图片展；组织中小学生观看电影《鸦片战争》和《中华之剑》；在《娄底日报》《娄底广播电视报》、娄底电视台开设专题栏目，剖析典型案例，突出正面教育，引导人们珍惜生命，远离毒品。

2005年，市妇联下发《关于深入开展“不让毒品进我家”活动的通知》，发放禁毒宣传资料2万多份。2008年，组织开展“抵制毒品、参与禁毒”万人签名活动，协助政府部门开展“扫黄、禁毒、禁赌、防艾”等活动。

2014年，市妇联编印发放禁毒防艾倡议书1万余份。2015年，在市戒毒所举办女性戒毒人员培训班，与禁毒重点乡镇联点等示范带动，发动妇联组织“开展一次志愿活动，建立一个禁毒基地，举办一次禁毒讲座，帮教一名吸毒人员”的“四个一”活动。是年，全市建立禁毒基地6个，举办禁毒讲座、培训班150多场次。至是年，市妇联连续6年被评为“全市禁毒工作先进集体”。2016年，市妇联被评为“全省禁毒工作先进集体”。至2017年，全市招募300多名志愿律师组建“家庭律师社区行”普法队伍，招募4000多名女性志愿者加入“禁毒妈妈”联盟，通过个人申请，单位推荐组建100多名家庭家风（家庭教育）专家团，深入社区、学校、机关、企业、场所，开展普法宣传、禁毒帮扶、家教讲座、法律援助，以《中华人民共和国宪法》《中华人民共和国妇女权益保障法》《中华人民共和国未成年人保护法》《中华人民共和国反家庭暴力法》《中华人民共和国禁毒法》为主要内容，以提高家庭“五防”（防拐卖、防盗贼、防抢劫、防隐患、防欺诈）能力，实现“六无”（无毒品、无赌博、无纠纷、无邪教、无暴力、无犯罪）为标准，深入开展“平安家庭”创建活动，以家庭平安促进社会和谐稳定。至2017年，市妇联连续7年被评为“全市综治工作先进集体”。

第四章 科学技术协会

第一节 组织机构与代表大会

一、市级组织

1990年，娄底地区科学技术协会领导班子由1名主席、3名副主席、5名兼职副主席组成，内设办公室、学会部、科普部，干部职工6人；下设科技咨询服务中心。1995年，核定机关编制7名。1998年9月，成立省农村致富技术函授大学娄底分校。2002年2月，增编至9名。2012年，增编至12名。2016年6月，成立市科协社会组织行业党委。2017年，市科协机关实有工作人员13人。

二、基层组织

1990年，娄底市、冷水江市、涟源县、双峰县、新化县科协配干部职工3~4名，与科技局"两块牌子、一套人马"，合署办公。县、市级学会（协会、研究会）219个，会员9600多人。地直自然科学学会（协会、研究会，下同）74个，会员3256人。厂矿科协研究团体会员578人。全地区18家国有企业单位科协，会员3848人。1992年，地直学会调整，重新登记47个，会员2395人。10月，双峰县杏子铺镇科协成立，会员68人，是为全地区第一家乡镇科协。1996年11月，县、市科协与科委分署。1999年，县市级学会调整为169个，会员7000多人。32家厂矿企业单位科协，会员6200多人。2000年4月，娄底市第一家家禽养殖技术联合会——涟源市家禽养殖技术联合会成立，会员188人。2002年，调整后的21家厂矿企业科协，会员5800多人。2002—2006年，发展农村专业技术协会103个，会员4032人。2006年3月，双峰县走马街镇五星村持续农业发展研究会成立，会员152人，是全省第一家村级持续农业发展研究会。2008年，双峰县湘源皇视电子有限公司科协成立，会员24人，是全市第一家民营企业科协。2009年11月，娄底市企事业科协研究会成立，成员单位有涟钢、锡矿山闪星锑业公司、金竹山火力发电分公司、省地质勘探局418队等6家厂矿企业科协。2010年，市直37个自然科学学会，注册会员1.54万余人。是年，乡镇（街道）科协42个，会员1200多人。2013年，市直37个学会，会员2.69万余人。2017年，市直学会调整为28个，会员2.98万余人。县级学会调整为182个，会员1万余人。是年，湖南人文科技学院等3所高等院校科协、涟钢等7家企业科协，共有会员5800多人。

1990—2017年娄底市自然科学学会(协会、研究会)一览表

表9-1

机构名称	成立时间	业务范围	法人代表
市林学会	1978-06-11	林木育种、栽培技术研究推广、病虫防治	朱志群
市医学会	1978-11-01	医疗事故鉴定、学术交流、培训、咨询服务	罗 琳
市中医药学会	1979-12-01	中医、药学研究、学术交流、推广、培训	刘兆宏
市农学会	1980-01-01	农业技术研究、推广	康文靖
市预防医学会	1988-08-01	预防医学研究、学术交流	郭细军
市自然科学学会工作研究会	1988-05-08	学术研究、交流、科技决策论证、科技教育培训	陈亿春
市水利水电学会	1988-06-01	普及水电科技知识、推广先进技术、推荐优秀人才、开展技术交流	许根深

续表9-1

机构名称	成立时间	业务范围	法人代表
市农机学会	1996-08-01	学术交流、咨询服务	李文洪
市生态学会	1991-11-01	学术研究、交流、培训、咨询服务	金晨钟
市电机工程学会	1996-06-20	学术交流、技术推广、业务培训、咨询服务	雷红才
市老科技工作者协会	1999-03-29	科技决策咨询、科技开发、技术攻关、科技服务	张经发
市个体医师协会	2002-12-22	学术交流、咨询服务、业务培训、行业管理	吴忠初
市消防协会	2004-04-22	加强行业自律，开展交流咨询服务	赵龙云
市土木建筑学会	2004-05-06	学术研究、交流、技术推广、科技攻关、咨询服务	彭砥如
市金枫电力研究会	2005-09-25	学术交流、科技协作、教育培训、咨询服务	汤　池
市科技咨询协会	2007-08-24	咨询服务、调查研究、交流合作	吴新江
市环保科学学会	2007-12-25	理论研究、科技协作、教育培训、咨询服务	陈畅亚
市煤炭学会	2009-12-08	学术交流、咨询服务	陈跃进
市企事业科协研究会	2009-12-29	横向联系、学术交流	王鹏文
市草业技术协会	2010-08-11	推广畜牧草业科技产品、技能培训、咨询服务	徐晓容
市湘中黑牛产业协会	2010-12-20	业务培训、咨询服务、交流合作	肖自江
涟钢老科技工作者协会	2011-11-02	医疗保健、咨询服务、科技开发	晏日新
市烟草学会	2013-07-22	咨询服务、业务培训	梁旭光
市抗癌协会	2014-01-18	学术研究、交流协作、教育培训、科技推广	杜友红
市气象学会	2014-10-24	学术交流、咨询服务、业务培训	翟大成
市健康管理协会	2014-10-24	健康管理、健康教育、健康培训、科普推广、康复保健、学术交流	胡卫民
市安全生产协会	2015-06-11	安全检测、评价审查、教育培训、咨询服务	刘满良
市青少年机器人协会	2015-12-18	科技教育、理论研究、人才培养	陈晓泉

三、代表大会

1991年12月4—6日，地区科协第四次代表大会在娄底宾馆召开。出席大会的正式代表245名，特邀代表35名。大会通过《肩负使命，改革奋进，谱写科技兴娄新篇章》工作报告，通过修改后的《娄底地区科协章程》。选举杨君强为主席。

1997年7月18—20日，地区科协第五次代表大会在娄底迎宾馆召开。出席大会的正式代表230名，特邀代表38名。大会总结“科协四大”以来的工作，部署今后五年的工作，通过《娄底地区科普工作“九五”规划纲要》。表彰科协系统先进集体和先进个人。选举刘海金为主席。

2002年7月28—30日，市科协第一次代表大会在娄底星星影剧院召开，出席大会的正式代表156名，特邀代表98名。大会通过《努力实践“三个代表”重要思想，充分发挥“四主一家”群团优势，不断开创我市科协工作的新局面》工作报告，修改并通过《娄底市科学技术协会章程》。大会授予朱宪等6人为市科协荣誉委员。表彰全市科协系统“十佳科协工作者”和2000年、2001年度娄底市企业“讲、比”竞赛先进集体和先进个人。选举朱鹏涛为主席。

2008年7月3—5日，市科协第二次代表大会在娄底宾馆召开。出席大会的正式代表159名，特邀代表41名。大会通过《解放思想，走科技兴娄之路》工作报告。表彰科协系统先进集体和先进个人。选举吴新江为主席。2014年1月22日，市科协二届七次全委会增补毛抚敏（女）为主席。

2017年4月5—7日，市科协第三次代表大会在娄底华天大酒店召开，出席大会的正式代表160名，特邀代表57名。通过《团结奋进，开拓创新，为建设科技强市而努力奋斗》工作报告、《市科协组织动员科技工作者“创新争先行动”实施方案》《市科协事业发展“十三五”规划纲要》。表彰市科协系统优秀集体和优秀个人。选举主席、副主席。

第二节　主要工作

一、普及科技知识

1990年4月，地区科协、地区卫生局组织300多名医学会会员和科协工作者，在娄底城区街道设置保健知识咨询台和义诊服务台，宣传保健知识，接受义诊群众3500多人次。

1991年5月，地委宣传部、地区科协、地区科委在娄底星星影剧院联合承办“科学技术是第一生产力”读书班，300多名科级以上干部参加学习和讨论。1992年，以农村专业技术协会为主体，开展“一村一品”竞赛活动，发展农业特色产业和农产品加工业。16名农业专家到10个乡村农村专业技术协会传授优质水果树栽培、特种水产养殖、农产品加工等科技知识，以农村专业技术协会、《科普园地》刊物为中介，推广种养与加工新技术。1993年，双峰县杏子铺镇等5个农村科普试点乡镇，发展农村经济技术合作社120个，会员1500人；建立科普基地10个，发展科技示范户2000多户。1994年6月，全地区400多名医疗工作者和科协工作者在21个乡镇开展为期一周的消除碘缺乏病调查与宣传活动。展出实物图片165件，发放宣传资料12万多份，宣传碘缺乏病的危害及防治措施，为中、小学生讲课380多场（次），给7000多名学生送服碘油丸，义务问诊1.5万多人，30多例碘缺乏病患者得到及时诊治。地区科协获得省科协优秀组织工作奖，被中国科协、联合国教科文组织授予优秀组织单位称号。1996年9月，举办青少年科技辅导培训班，对200多名青少年科技辅导员进行科技知识和创新技能培训。

1998年5月，实施地委《1998—2005年娄底地区农村党员基层干部实用技术培训计划》。地委组织部、地区科协联合编印《农村实用技术丛书》10万册，以地区农机学校、省农函大为培训主阵地，乡镇农科教中心配合，对全区农村党员基层干部进行农村实用技术培训。至2000年11月，办培训班1059期，集中培训5.29万多人次，获得农函大结业证书4.07万人；掌握1~2门种养专业技术2.9万多人；农村基层党员干部建立80多个科普示范村，1800多户科普示范户；8900多名党员基层干部成为农村脱贫致富带头人。是年11月，全省农村党员基层干部实用技术培训工作经验交流会在娄底召开，市科协被省委组织部、省科协评为“全省农村党员基层干部培训工作先进单位”。

1999—2001年，围绕抵制和反对邪教，组织巡回展览科普图片200多块1200多场次，开展远离邪教万人签名活动，发放科普宣传资料15万多份，20多万名城乡居民签名。2001年，开展“科普示范”创建活动。制定《娄底市农村专业技术示范协会、科普示范基地、科技示范户评选办法》，颜有初等47个种养业大户被评为娄底市第一批科普示范户。

2002年5月，组织娄底市首届家庭科普知识电视大赛，推选1个家庭代表队参加省决赛，获省家庭科普知识大赛三等奖。市、县（市、区）科协把省科协编印的《农村防治非典型性肺类》科普挂图1.5万张，《非典型肺炎的治疗和防治》科普资料8000份，送到市直各单位、各县（市、区）乡镇、村张贴，把中国科协组织拍摄的“防治非典”光盘，送到县（市、区）电视台播放。6月，参加全国第一个科普日宣传活动。2003年，在《娄底广播电视报》开辟“科普知识进万家”专栏，市科协编辑、刊发家庭科普知识资料1000多份，免费发放《家庭科普知识》近10万份。3000多名市、县（市、区）直机关干部参加中国科协举办的《中华人民共和国科学技术普及法》知识竞赛，40多名市级干部、300多名科处级干部获奖。

2004年6月，以“普及科学，你我同行”为主题，在全市开展为期一周的《中华人民共和国科学技术普及法》宣传教育系列活动。成立活动领导小组，设10个分会场，为参与大会的群众发放科普资料。其间，市、县（市、区）科协主办科普专题讲座13场，广场展出科普图板1033块，发放科普宣传资料30余万份（册），广场科普文艺会演5场，开展3场科普知识竞赛；800多名医疗工作者为群众义诊4.8万多人次；400多名科技工作者和1400多名科普志愿者走村入户宣讲农业科普知识，培训1.2万多人；参与活动的群众30多万人次。市科协获2004年“全国科普日活动优秀基层组织奖”，娄星区被中国科协命名“全国科普示范城区”。

2005年，发展新型科技经济合作社15个。科技示范户王运芳等10人被评为“娄底市首届十佳农村科普典型”。举办农村剩余劳动力转移技能培训班683期9.59万多人。

2006年，贯彻中国科协、财政部《科普惠农兴村计划（2006—2020）》，以科普专项补贴资金奖励农村专业技术示范协会、科普示范基地、科技示范户和科普带头人，推进农村科普示范的创建。是年，发展农村科普示范户997户，农村专业技术协会103个，科普示范基地197个。冷水江市岩口镇养猪科技示范户闵盛利入选“全国农村科普带头人”。9月，市科协与双峰县科协联合举办蔡畅图书馆科普书画展览，300多幅科普书画作品参展，内容涉及环保、安全、健康知识，参观群众近万名。

2007年5月，在市政府公众信息网建立市科协科普网站（网址：ldkxhnloudigov.cn）。2008年4月，市农学会与双峰县农村科技合作技术协会200多名会员深入20个村1000多户农户，办培训班80多期，现场指导农业技术200多场次，传播农村科普信息70多条，推广农业新技术20多项，解决农村种养技术难题100多个。双峰县农科协被评为“全国优秀农村专业技术协会”。2010年，市内各乡镇科普惠农服务站建立，承担乡、村科普示范协会、示范基地、科普带头人的创建、推选、申报等科普惠农服务工作，提高科普典型的示范效应。至2011年，娄底消防协会连续两年组织消防演练，市水利学会主办“保护水资源，我们共同的责任”社区科普万人签名活动，1万多名参与活动的学生、市民增加防灾减灾和节约用水与保护水资源科学知识。

2012年，市老科协组织481名会员到75个科技示范园和350多个科技示范点进行专题调研，对金银花、楠竹、特色红薯等生产技术问题展开研讨，培训乡、村农村专业技术协会70个2000多名会员，指导开发金银花6000多亩，改良葡萄品种1500多亩，低改楠竹9000多亩，种植特色红薯6000多亩，农民增收1.3亿多元。2013年9月，300多名科技工作者、科协工作者和500多名科普志愿者，在新化县乡村、学校、社区开展历时一周的大篷车科普巡展、科普调研、科普典型评选、科普讲座等系列科普宣传活动。市食品药品监督协会在市、县（市、区）城区巡回设置咨询台、伪劣药品鉴别展示台，宣传伪劣药品鉴别知识，咨询与受益的群众近20万人次。10月，市中心医院健康管理中心主任、医学会会员胡卫民开办疾病防治科普微信，为心脑血管病患者开展免费咨询义诊。11月，涟源市科协、冷水江市科协分别建成“三农”科普网络书屋和科普活动中心。

2014年10月，市科协、市财政局制定《娄底市基层科普行动计划实施方案》，市政府拿出资金奖补市级科普典型，促进市农村科普典型发展。2015年，实施娄底市《全民科学素质行动计划实施方案》。市农委组织700多名农学会会员和农技干部到81个乡镇211个村开展农业技术培训1000多场次，现场技术指导400多场次，技术培训农民15万多人次。市卫计局组织专业技术培训200多人。市教育局组织培训80多名特校教师。市科协主编《科普超市》系列丛书，免费发送给公务员共1万套。县（市、区）委组织部与科协对机关干部以及乡镇（街道）、村（社区）、企事业单位负责人等5000多人进行科学知识和技能培训。是年10月，助推20个项目入省“科普惠农兴村计划”项目库，5个项目入省“社区科普益民计划”项目库。双峰县永丰镇城中社区、涟源市石马山镇梅园社区被评为全国科普示范社区，娄星区长青街道办事处扶青社区被评为全省社区科普先进单位。2016年3月，涟源市被中国科协命名为全国科普示范县市，娄星区被列入“2016—2020年全国科普示范县市区创建先进单位”。6月，开通“娄底科普”与涟源、双峰科普微信平台，搭建娄底移动短信，市、县（市、区）科协向市内各级公务员、城镇劳动人口等人群发送科普短信4万多条。8月，市科协与中国邮政储蓄银行娄底分行签订《关于推进全市科协与邮政储蓄银行合作的意见》，为符合条件的农村专业技术协会、科普示范基地、科普带头人提供贷款服务，扶持科普典型创新发展。8—9月，中国流动科技馆科学表演、科学实验、科普影视等50件展品，在双峰县、新化县、冷水江市巡回展览，观众10万多人次。市科协科普大篷车，行程7000多千米，展出科普挂图120多幅、特色科普图板60多块，放映科普电影20多场次，观众8万多人次。

娄底市举办科普创客进校园活动（2016年9月18日摄）

2017年，运用“互联网+科普”的宣教模式，微信发送科普信息720多条；编印灾后救灾科技指南，免费发送3万多份，指导受灾群众生产自救。县（市、区）科协组织3000多名农村专业技术协会会员、科技示范户和科普带头人参加全国农民科学素质网络知识竞赛，组织村（社区）农村专业技术协会会员和科技示范户参观湖南流动科技馆县（市）站巡展，推进中国科普和湖南科普在娄底的应用。湖南人文科技学院、娄底职业技术学院及市农学会涉农专家到乡、村农业技术协会办实用技术培训班5场次，培训乡、村农业技术员1000多人。是年，市科协组织农业专家组帮扶娄星区水洞底镇文建村发展油茶林、特色蔬菜26.67公顷，人均收入增加2000多元，实现整体脱贫。

2002—2017年，全市科协系统开展科普日活动280多场次，参加活动的科技人员1.5万多人次，发放科普资料200多万份，参与活动的群众200多万人次。市科协6次获全国科普日活动优秀基层组织奖。市科协组织评选市级科普示范基地81个，农村专业技术协会40个，科技示范户297户，十佳科普典型40人。推选入省“科普惠农兴村计划”项目库项目56个，入省“社区科普益民计划”项目库14个，获国家科普奖补金700余万元，获省科普奖补金500多万元。

二、开展学术交流

1990年6月，围绕双峰县双季稻过吨粮田，市农学会对“新杂交稻二季育秧与科学施肥”的技术问题展开学术研讨，邀请北京农业大学教授刘巽浩、湖南农业大学教授余铁桥专家组对新的育秧和施肥技术问题进行学术交流，展开技术专项论证，确定双峰县1991年跨入全国吨粮田建设先进行列。

1992年，以帮助农民进市场、奔小康、脱贫致富为主题，地、县（市）农学会组织20多名农业专家、学者对瘦肉型猪等生产技术问题开展学术研讨，提供技术咨询120多项、技术指导300多场次，推广新技术100多项、新产品200多项。是年起至1996年的5年间，地区科协、地区教委、地区环保局联合开展中、小学生“智慧杯小创作”、“生物百项”、“环保科普征文”等竞赛活动，征集参赛作品2900多件，给予奖励的作品680多件（项）。在全省青少年科技作品展评和小发明创造竞赛中，娄底青少年参赛作品获奖150多项。

1997年5月，地区科协邀请省地质专家与地区地质学会对涟源市湄江风景区旅游业发展前景及如何开发问题展开学术讨论，进行专题论证和评估，提出建设性意见，为开发湄江风景区，发展旅游业提供科学依据。1998年9月，省青少年科技中心在娄底举办全省青少年“爱护我们的家园”绘画、征文、摄影作品展览，娄底选送的25幅绘画、征文、摄影作品，获省优秀作品一等奖6项、二等奖15项，总成绩首次进入全省先进行列。

2000年10月，针对科技对农业的贡献率和农业产业结构调整等问题，市科协、市科技局联合举办娄底农业科技发展论坛，征集专题调研报告和论文680多篇，为政府宏观决策提供政策性建议300多条，收入省《科技界农村经济可持续发展论坛》论文11篇。2001年11月，市科协、市人事局、市科技局联合开展市首届自然科学优秀学术论文评选，评出特等优秀论文3篇、一等优秀论文13篇、二等优秀论文38篇、三等优秀论文103篇。此后，每两年进行一次评选。2003—2005年，市各级学会会员在国家级刊物上发表论文114篇，6篇论文上中国科协2005年学术年会。2004年9月，市委宣传部、市科协、市科技局联合组织市首届优秀科普作品评选，参评作品36篇，评出一等奖3篇、二等奖6篇、三等奖7篇。送省参评科普作品13篇，获省首届优秀科普作品奖12篇。2006年4月，娄底一中学生谢立言参加澳门全国第21届青少年科技创新大赛，获全国青少年科技创新大赛创新项目一等奖和国际英特力英才奖。是年12月，省农业机械与工程学会年会暨双峰农机产业发展学术研讨会在双峰县召开，市农机学会会员提交学术论文39篇。

2007年8月，市科协主编《科普餐馆》一书，内容涵盖农村种养与加工、安全、环保、医疗、卫生、保健、餐饮等方面的科学知识，免费赠送城乡居民1万册。2008年6月，参加全省青少年科技创新大赛的娄底选手获科技创新、实践活动和科幻绘画等26个比赛项目的奖牌。9月，市质量技术监督协会与品牌中国产品联盟联合举办2008年中国·娄底品牌高峰论坛，助推涟钢薄板钢、双峰小型农机等10个产品入选湖南名牌产品，产生经济效益上亿元。2010年2月，市农学会、土建学会等学会会员向2010湖南科技论坛提交论文10篇，其中2篇论文呈报中国资源型城市转型发展论坛。2011年，市医学会承办省级学术论坛3次，学术研讨会12次，获省级医学科技奖27项，引进和推广新技术16项。2013年1月，围绕新化县车田江库区8万公顷山地栽何种苗木适宜问题，市林业、气象、农业等学会对栽种“榉木”类珍贵苗木的技术问题开展学术研讨，湖南人文科技学院生命科学系教授陈跃进专家组实地考察和学术论证，确定栽种“榉木”类珍贵苗木，预期年产值上亿元，且保持水土效果好。6月，娄底三小教师谢爱华策划和组织“我体验、我快乐、科学节粮我能行”调查体验活动，获全国青少年科学调研实践活动大赛一等奖。2014年6月，双峰县艺芳小学获得2014APAR亚太青少年科技创新大赛中国赛区选拔赛机器人搬运项目金牌，代表中国队参加世界杯总决赛。是年11月，开展娄底市首届“健康大讲堂暨全民健康生活方式”学术交流活动，中国科学院院士、北京协和医院院长、娄底籍肿瘤专家曾益新作《认识肿瘤防控肿瘤》健康知识专题学术报告。

2015年5月，市科协、市教育局、市科技局联合举办首届娄底市青少年机器人竞赛，全市8所中、小学校143名参赛选手，竞争机器人创意综合技能、教育机器人即兴、擂台、循迹弹力小车4个项目的奖牌，评出一等奖8个、二等奖17个、三等奖16个、优秀教师指导奖10个。5月，德国骨科专家德克·弗莱克斯梅尔博士和美国骨科专家迈克尔·莱斯博士在娄底中心医院作膝关节置换、膝关节翻修及感染治疗等学术报告，与市内各大医院200多名骨科专业技术人员进行学术交流。此后，德国骨科专家德克·弗莱克斯梅尔博士和美国骨科专家迈克尔·莱斯博士在娄底进行民间学术交流6次。6月，娄底青少年参赛选手获省第八届青少年机器人竞赛30个比赛项目的奖牌，获奖牌总数居全省前列。2016

年6月，娄底青少年参赛选手获得贵阳国际奥林匹克智能机器人竞赛中国选区赛12个项目的奖牌。7月，湖南人文科技学院科协举办第一届湖南精细化陶瓷与粉体材料专题论坛，娄底科技人员提交论文80多篇。2017年4月，市科协组织各级各类学会开展“娄底创新开放大讨论”，收集论文220多篇。市直各学会举办各类学术交流活动170多场次。

三、实施科技攻关

1990年，针对区内厂矿企业发展中的技术难题，地区科协组织和发动各厂矿企业科协、科技人员开展“讲理想、比贡献”竞赛（以下简称“讲、比”），大乘资江氮肥厂科协、涟钢科协被评为全国“讲理想、比贡献”竞赛先进集体。1992年，开展“降成本、降能耗、增效益、增收入”竞赛活动，全区20多家企业、6000余名科技人员参加节能降耗攻关。涟钢科协组织科技工作者改造点火器，节约钢铁原材料消耗上万吨，新增经济效益上千万元，被中国科协评为“全国讲、比竞赛活动先进集体”。冷水江铁焦总厂工程师赖兆旋攻克抽风烧结流程中的10多个技术难点，获“湖南省讲、比竞赛先进个人”称号。至1994年，全区1.2万多名科技人员，提出合理化建议3.39万多条，被实施1890多条，科技攻关项目1104项，创新乡镇企业技术项目385个，增收节支5亿多元。

1995年，涟源市三甲乡玉丰村农村专业技术协会与湖南农学院技术合作，致力于石山荒岭葡萄种植技术攻关和品种改良，玉丰村被列入全国持续发展农业百强村，被联合国列入裸岩开发试点项目。

1997年，地区科协实施省“千厂千会协作科技兴企计划”，制定娄底地区《1997—2001厂会协作科技兴企实施意见》，提出“个、十、百”厂会协作方案，5年内，每个学会结对一个企业，每个会员提出10条合理化建议，每个科技人员攻克10个技术难题，评选表彰100名有创新科技成果的科技人员。地区轻纺学会与新化建新瓷厂结对，攻克无铅毒釉上彩瓷科技难关获得成功，被国家经贸委列入国家新产品试产计划、财政补偿计划、高新技术产业化计划，作为国家经贸出口创汇专项。2000年10月，涟钢詹先礼和金竹山电厂王在树获“湖南省科技兴企名人奖”。2001年10月，市委、市政府召开“科技兴娄”活动周启动式暨市首届青年科技奖颁奖大会，谢建华等16名青年科技工作者获“娄底市青年科技奖”。2003年7月，市煤炭学会与大建煤矿科技人员创新“防治煤炭瓦斯突出”技术，解决了年均瓦斯15.5次的技术难题，安全防突新技术在全省安全工作现场会上推介。2007年5月，市水电学会承担的“涅土混合剂材料”高新技术项目试验成功，经国家质检专家鉴定，“涅土混合剂材料”超出水泥混合土材料的凝固力和使用年限，技术创新价值上亿元。2009年，市农机学会承担的小型农机技术新课题研究成功，研发的小型盘式插秧机和小型收割机在全省推广使用。2013年，娄底市住建局工程师彭砥如获“全国优秀科技工作者”称号。2014年，涟钢科协组织科技人员进行大型技术攻关项目82个，创造连续轧出1.0毫米、0.9毫米、0.78毫米3个薄规格的热轧板卷，增加税利近10亿元。2015年，市环保学会承担“锡矿山污染治理”技术项目，攻克水域重金属污染，“水质纯度指数”达标技术课题研究成功，获得中央财政环保专项资金7000多万元。3月，市科协与娄底市安地亚斯电子陶瓷有限公司结对帮扶，组织技术力量为电子陶瓷新项目建设建言献策，引进项目，攻克技术难题，引进资金6000万元，生产线提前投入生产。9月，市安地亚斯电子陶瓷有限公司作为娄底市企业创新创业的唯一代表，代表湖南省参加第四届中国创新创业大赛，以小组第一名的成绩入围14强晋级决赛，获得优秀企业奖。

2017年5月，市科协举办企业创新方法培训班，来自20个单位40多人参加培训。推选华菱涟钢等3个企业代表队参加全国企业创新方法大赛湖南赛区决赛，获创新项目一等奖1个、三等奖1个；华菱涟钢代表湖南队参加全国企业创新方法大赛，获创新项目二等奖。至2017年，娄底科协系统组织近2万名科技人员参加“讲、比”竞赛，为20多家厂矿企业科技创新，攻克技术难题5000多个，提出合理化建议3万多条。市内5家厂矿企业科协被评为全国“讲、比”竞赛先进集体，涟钢科协连续4年获得全国“讲、比”竞赛先进集体称号；5人被评为全国“讲、比”竞赛先进个人，3人被评为全国“讲、比”竞赛创新标兵；被评为省“科技兴企名人”2人，“讲、比”竞赛先进集体5个、先进个人27人；市科协组织评选先进集体35个、先进个人300多人。2010—2017年，市委组织部、市人事局、市科协、市科委连续组织8届青年科技奖评选，98人获青年科技奖，其中获省先进个人10人、国家先进个人3人。

四、服务科技人员

1990年4月，地区科协编印500本《娄底地区厂矿科协“讲、比”竞赛活动先进事迹》，发给全区各厂矿企业单位。1991年4月，举办乡、村农业技术人员培训班，培训农技员200多人。1992年10月，推选冷水江铁焦总厂工程师林家生和三一集团公司总经理梁稳根为“湖南省优秀科技工作者”。1994年7月，地区农村电工职称评审委员会成立，地科协承担全区300多名农电员工作考核、职称评定、证件核发工作，帮助解决乡村农技人员的生活待遇问题。1996年，地区科协主席刘海金在省八届人大四次会议上提出“科普立法”“科协立法”“维护科技工作者权益”议案，被全国八届人大常委会第十二次会议采纳。

1997年2月，地区科协与2个县（市）科协、4个市级学会、2个企业科协建立工作联系点，开展科普工作调研，帮助解决基层科协和科技人员的实际问题。1998年11月，地区科协在参与地委、行署制定《关于加强知识分子工作的意见》《关于做好人才智力引进和人才储备工作的意见》等政策性文件时，提出“地委、行署领导与科技人才保持联系，及时解决科技人员工作与生活中的困难”建议被采纳，地委、行署23名领导干部与市内46名具有高级职称的科技工作者结对联系。1999年7月，地区科协召开首次新闻发布会，省科协主席何继善代中国科协给娄底地区轻纺学会、新化建新瓷厂颁发“全国千厂千会协作行动优秀组织”奖牌。地委、行署领导冯长根、张正阳代表地委、行署给为娄底农业生产做出贡献的省科协常委、省杂交小麦研究中心主任何觉民授予“忠诚的友谊，无私的奉献”荣誉匾。2000年5月，帮助涟邵矿务局成立人才交流中心，为改制企业160多名科技工作者找到新的工作门路。

2003—2004年，市委宣传部、市科协开展“娄底科技千里行”新闻采访活动，《娄底日报》、娄底电视台等新闻单位记者采写400多条新闻，报道市内科技项目、科技人物、重大科技成果。2005年，组织拍摄制作反映全市科技工作者典型事迹的影视电教片3部，在娄底电视台、《娄底日报》“科技之星”栏目专题报道103期（次）。2006年，开展科技咨询服务，协助企业签订科技贸易项目合同10个。2007年3月，娄底市科技咨询协会成立，组织科技工作者，开展技术开发、技术转让、技术咨询，为政府和企业提供科技咨询服务。2008年7月，培训科技咨询业务骨干60多人。2013年，帮助市内企业建立咨询服务部20个，发展科技咨询网络成员50人，开展项目论证、科技咨询项目232个，推广新技术267项。2014—2015年，围绕市委、市政府“娄底改革攻坚转型发展”决策，组织科技人员开展咨询建言献策活动，收集建议2380条。

2015年，市委组织部与市科协帮助建立涟钢院士专家工作站和娄底中心医院院士专家工作站。2016年10月，引进印遇龙院士及专家团队，在双峰县新建湖南伍星生物科技有限公司院士专家工作站，帮助涟钢、市中心医院、湖南伍星生物有限公司与中国科学院、中国工程院院士及其团队建立产学研结合的长效机制，制定《院士专家工作站管理办法》和《院士专家工作站指南》，与4名院士签订合作协议，引进专家团队40人，开展项目合作12个。12月，涟钢院士工作站被省科协命名为省企业示范院士专家工作站，被中国科协命名为全国企业示范院士专家工作站。2017年4月，组织各级学会开展娄底创新开放大讨论，收集论文200多篇。市科协主席撰写《引智创新，助力娄底开放崛起》一文，宣扬科技创新团队及高层次科技人才的创新精神和娄底引智创新的迫切性，被中央党校编入《中国优秀领导干部论坛》。10月，省专刊信息企业推广应用站（娄底站）建立，进站注册企业126家，培训企业专利应用工程师典型12个。1990—2017年，全市各级科协组织召开科技人员代表迎新春座谈会140多次，市委书记参加的副高职称以上科技人员代表座谈会10多次，各级科协走访慰问科技人员5000多人次，看望、慰问因病住院科技人员600多人次，帮助解决700多个科技人员的家庭实际困难。

附：市老科学技术工作者协会

一、组织机构

（一）市级组织

1990年9月，地区离退休科技工作者协会成立，归口地委组织部管理。1993年12月，更名为地区老科学技术工作者协会（简称地区老科协）。

（二）基层组织

1990年1月，新化县老科协成立。1993年6月，冷水江市老科协成立。1994年10月，涟源市老科协成立。是年12月，涟钢老科协成立。1995年4月，双峰县老科协成立。截至2017年底，全市老科协有会员19035人，其中市直分会18个，有会员1643人；县（市、区）直属分会55个，有会员4158人；乡镇（办）老科协80个，有会员3702人；行政村（社区）老科协1465个，有会员9230人，80%的村（社区）有老科协组织。涟钢老科协有会员302人。

二、主要工作

（一）服务“三农”

2001年2月6日，市老科协召开农业科技老专家座谈会，13位老专家就搞好农业科技工作，建言献策。2005年5月9—10日，召开各县（市、区）老科协会长和秘书长会议，部署特色红薯、中药材种植和楠竹生产开发工作。2006年5月15—16日，召开全市老科协“科技创新，服务‘三农’”现场会议，总结老科协服务“三农”工作。2008年，涟源市老科协在杨市、三甲、安平、石马山、六亩塘等乡镇举办生猪养殖、疾病防治培训班11期，参加培训人员800多人，指导发展养猪户24户，年出栏生猪5000多头，年收入1000多万元，获纯利275万元，户均11万元。

2010年，双峰县永丰镇老科协领办和参办11个科技示范基地，每个基地年产值300多万元，纯利超过100万元，基地内农户最高年产值10多万元，纯利7万元，最低3万元。

2011年，涟源市老科协指导农民用现代科技种植葡萄，全村56.7公顷葡萄年总收入867万元，该村当年人均葡萄收入4254元。2014年，涟源市龙塘镇珠梅村老科协分会成立金鹏种植专业合作社，428户农户参加，当年葡萄、稻谷大丰收，被省委、省政府授予“为民办实事省级农民合作示范社”称号。

2017年2月，市老科协下发《娄底市老科协助力扶贫三年行动规划》，将2017年定为“助力扶贫活动年”。全市各级老科协办科技示范园295个，增收5208万元，带动面上增收8935万元；联系科技示范点（基地）533个，增收8548万元，带动面上增收8545万元；联系科技示范户4021户，农民增收1.20亿元，带动面上增收3203万元。2013—2017年，全市各级老科协挂钩科技扶贫户1.31万户，脱贫8391户，带动面上脱贫17636户。

（二）科普宣传

2001年7月11日，召开全市农村科普工作经验交流会，向农民普及科学技术知识。2007年5月23日，市老科协参加科普活动周活动，向社会普及保健知识并开展医疗咨询义诊。2008年9月19日，市老科协参加“全国科普活动日”活动。此后每年均参加“全国科普活动日”活动。是年，新化县老科协44名专家，组成农业高新科技报告团、卫生防疫知识报告团、煤矿安全生产知识报告团、禁毒科普知识报告团，深入基层传播科技知识，听众1.63万人次。

2010年，市老科协成立服务“三农”、自我保健、关心下一代3个科普讲师团，全市创办各类科普讲师团58个，有成员314人，组织科普下乡334次，下乡会员2076人次，接受科技咨询人数8.2万人次，赠送科技资料1.53万份。2014年，双峰县老科协在3个村进行3次大型送科技下乡活动，有80多名会员参与。2015年，娄星区老科协深入农村，举办科普报告活动12次，有900余人听课。

2017年9月21日，会长张经发率市老科协机关人员和专家，到涟源市湖泉中学，向初中入学新生讲授科技对社会进步和国家强弱的影响，启迪学生从小爱科学、学科学，立志用科学为复兴中华，实现中国梦做贡献。是年，双峰县老科协科普讲师团进机关、进校园、进社区，举办青少年思想道德教育活动110多场次，听众3万多人次。

2013—2017年，全市各级老科协组织科技下乡3899次，参与会员1.49万人次，赠送各种科技资料85.17万份，接受科技咨询人数32.97万人次。

（三）科技研发

1999年8月，地区老科协《关于全区农业科技进步贡献率测算研究》，获娄底市科技进步二等奖。2002年，市农业分会会员陈耆验主持“全国第三次农业气候区划新化试点研究”，获省科技进步三等奖。2004年5月24—25日，市老科协召开科技研发现场会，介绍涟源市老科协经验。2006年1月，市老科协会员曾迪主研的新化紫鹊界风景名胜区课题获批国家自然与文化双遗产项目。冷水江市老科协会员辜文成功研制新型轻型墙体材料，为省内首创，当年投入批量生产，产值千万元。2007年，市老科协会同涟源市、双峰县老科协进行特色红薯种植试点成功，获市科技进步三等奖。2012年，市老科协会员黄国钦，经过数年研究，自制全价饲料和生猪疫病防治，解决母猪不怀孕难题。2014年，涟钢老科协与娄底佳华机械有限公司联合研发生产的开铁口机，性能、质量均优于国内同类产品，成本降低20%。2017年3月，双峰县老科协会员李源湘所在的湘源集团公司与江苏大学联合研制的无人打浆机（犁、耙田）、无人丘陵水田收割机项目被列入国家重点项目开工启动。至2017年，全市老科协组织科研立项309个，其中市级以上46个、县级120个、乡级129个，共完成251个，产生经济效益3.02亿元。

（四）人才开发

2002年2月，市老科协成立专业技术职称评审领导小组及中、初级职称评审委员会，负责全市老科技工作者初、中级专业技术职称的评审工作，评定初、中级老科技工作者128名；至2017年，全市申报省老科协并获批工程、经济、文教、医务等系列高级专业技术职称老科技工作者258名。

（五）保健服务

2000年5月，市老科协自我保健科普网络中心和自我保健服务部成立，开展自我保健服务。县（市、区）老科协均成立相应机构，自我保健工作落实到基层。9月28日，邀请省老科协医学老专家讲师团，在星星影剧院作自我保健讲座，1000余人到会听课。省老专家在市中心医院、市老科协卫生分会联合门诊部开展医疗义诊，为60多名患者义务会诊。2002年6月17—18日，在双峰县召开农村自我保健科普现场经验交流会，双峰县、涟源市老科协分别介绍经验。

2004年3月31日，市老科协与市医保处制订并发出《关于联合开展自我保健科普活动的实施方案》。2005年1月6日，市老科协与市医保处联合召开2004年度自我保健工作总结表彰大会。1月26日，市政府办公室转发市老科协和市医保处《关于联合开展自我保健科普工作的意见》，推动全市自我保健工作。4月16日，市老科协与市医保处在娄底宾馆联合举办中老年自我保健知识讲座，省附二医院2位教授分别讲授心脑血管和糖尿病防治知识，有300多人参加听课。2006年3月28—29日，省自我保健工作经验交流会在娄底召开，推广娄底工作经验。2012年12月30日，市老科协《健康之星》一书出版。2013年5月15日，市老科协“保健知识系统教育年”启动仪式在娄底宾馆举行。2014年6月13日，市老科协在涟源市召开全市自我保健经验交流会，听取和介绍涟源市老科协经验，现场参观三甲乡三甲村、市经开区乌鸡坝村的“百岁健康”建设，授予涟源市杨市镇东元村等10个村为娄底市“百岁健康长寿示范村”称号并发牌。2015年9月23日，市老科协召开全市创“百岁健康”（以下简称“创百”）现场会议，听取娄星区老科协“创百”经验介绍，现场参观茶园镇石塘村、长青办事处扶青社区“创百”建设。2017年8月18日，市老科协授予新化县奉家镇坪溪村等16个村（社区）为娄底市

"百岁健康长寿示范村"称号。

（六）建言献策

2004年8月27日，市老科协在涟钢召开现场会议，推广涟钢老科协建言献策经验。2008年8月，涟源市老科协会长就该市楠竹生产向市委、市政府提出的建议被采纳，涟源市政府出台《关于加强楠竹产业发展的意见》。同年8月，涟源市老科协《关于进一步发展油菜生产的建议》被采纳，涟源市政府召开全市油菜生产专题会议，全市推广油菜种植0.67万公顷。2009年7月，双峰县老科协写出《关于县城卫生盲点的调查及对策建议》，提出创建卫生县城6条对策。2011年7月，涟钢老科协提出《提高涟钢科研开发能力是"扭亏脱困"的主攻方向》建议，被涟钢领导采纳，为促进公司脱困和发展做出贡献。2013年6月，涟源市老科协写出《关于滨江国际城下存有烈性农药原液可能导致重大安全隐患的调查报告》，涟源市委、市政府立即召开紧急会议，研究处理办法，防止安全事故的发生。是年，新化县西河镇老科协深入调查研究，提出有关农业发展建议15条、维稳促和建议10条、环保卫生建议5条、改进干部作风建议7条，全部被采纳。2015年8月，市老科协《诤言挚语》一书，印发至全市乡镇以上老科协。

2016年2月，市老科协向市委、市政府呈报《关于深化全市第二次人才开发的建议》，市委办、市政府办下发《关于进一步发挥老科技工作者作用的意见》。

2013—2017年，全市乡镇以上老科协共建言献策4908条，被采纳3198条，撰写调查报告1268篇，被重视或采纳879篇。连续5次发出《关于优秀论文和建言献策文章评选结果的通报》。《建言献策专报》编报184期，登刊275条建言献策文稿。

（七）服务经济建设

1990年，地区老科协兴办光华灯具厂。1991年4月，设立地区科技咨询服务中心。1993年5月，开办娄底地区老年科协物资开发总公司、娄底地区日用工艺制品厂、旭日汽车修配厂等7家企业。1994年初，全部脱钩或关闭。2007年4月23—24日，在新化县召开全市老科协系统兴办经济实体现场会，总结老科协兴办实体经验。

至2017年底，全市老科协系统办经济实体25家，其中市、县（市、区）21家，乡镇4家，年营业收入1.19亿元，年利税1147万元，从业人员1046人。

第五章 归国华侨侨眷联合会

第一节 组织机构与代表大会

一、组织机构

1990年，娄底地区归国华侨侨眷联合会（简称地区侨联）与娄底地区侨务办公室（简称地区侨办）合署办公，指导娄底市、冷水江市、涟源市、新化县、双峰县侨联工作。1994年11月，地区侨联从地区侨办析出单独设置，同时成立中共党组。核定行政编制4名、事业编制1名，设主席1名、副主席1名，内设办公室。2009年，市侨联参政议政委员会、法律顾问委员会成立。2010年3月，市委印发《关于进一步加强侨联工作的意见》，推进市、县（市、区）侨联"七有"建设（有组织、有编制、有队伍、有经费、有阵地、有活动、有影响），得到省侨联的肯定。是年始，各县（市、区）侨联在乡镇建立侨联组织示范点。2012年5月，湖南人文科技学院侨联成立。2015年，设立娄底市留学生及家属联合会、娄底市侨商联合会。2017年，市侨联机关核定编制5名，内设办公室、海外联络部。县级侨联5个，在编工作人员15名，其中娄星区4名、冷水江市2名、涟源市3名、新化县3名、双峰县3名，企事业单位侨联1个。

1990—2017年，市侨联分别于2004年、2009年、2014年3次被评为全国侨联系统先进集体，先后有1人被评为省劳动模范，6人被国务院侨办和中国侨联评为先进个人，16人次被省侨办、省侨联评为先进个人。

二、代表大会

1994年12月20—22日，地区第三次归侨侨眷代表大会在地委接待处召开。到会代表100名，特邀代表1名。温可湘代表地区侨联作工作报告。会议选举产生地区侨联第三届委员会，温可湘当选为主席。

2002年4月22—23日，娄底市第一次归侨侨眷代表大会在娄底召开。到会代表100名。何建国作《与时俱进　务实创新　努力开创新时期我市侨联工作新局面》工作报告。会议选举产生娄底市侨联第一届委员会，何建国当选为主席。会议表彰16名先进归侨侨眷和侨务工作者，通过《关于开展“维护侨眷年”活动的决定》。会议收到国内42个省市侨联和百余家侨资企业、数十名海内外侨胞发来的贺电贺信。

2007年9月14—16日，娄底市第二次归侨侨眷代表大会在娄底召开。海内外300余名侨界代表和特邀嘉宾出席会议。何建国作《围绕中心　服务大局　为又快又好建设小康和谐娄底再做新贡献》工作报告。大会选举产生市侨联第二届委员会，何建国当选为主席。大会通过《关于聘请海内外侨联顾问的决定》，林金龙等8名来自美国、加拿大的专家、学者受聘为市侨联顾问。2009年9月，美国侨眷向国蓉（女）接任市侨联主席。

2012年9月12—14日，娄底市第三次归侨侨眷代表大会在娄底召开。230名代表和40名特邀嘉宾出席会议。向国蓉作《凝聚侨心　汇集侨智　发挥侨力　为建设幸福娄底再立新功》工作报告。大会选举产生市侨联第三届委员会，向国蓉当选为主席，林明海被推选为名誉主席。大会表彰侨联工作先进集体5个、归侨侨眷先进个人16名、先进侨务工作者7名，向22名市侨联顾问颁发聘书。

第二节　主要工作

一、侨情调查

1993年开始，地、县（市）侨联会同侨办，在第一、二次侨情调查基础上，开展以新移民调查为重点的第三次侨情调查。历时7年，将全市分布在50多个国家和地区的3万多名华侨、华人逐一造册建档，并给部分眷属核发侨属身份证。2000年5月，市侨联向市委、市政府呈报《娄底市侨情分析报告》。

2002年7月至2003年4月，市侨联会同市侨办、市统战部等部门开展第四次侨情调查。确定全市有归侨侨眷约3.9万人，分居于世界50多个国家和地区。调查人员还登录、走访境内有一定规模的侨资、侨属企业100家。市侨联将调查成果撰写成《娄底市侨情调研报告》报送市委、市政府。

2008年4月始，市侨联组织开展第五次侨情调查。核实全市海外侨胞有2.8万人，归侨侨眷4.1万人。同年12月，市侨联根据调查成果，建成全市首个侨情电子档案库。

2013年，市侨联先后联合市侨办、市政协相关委室开展重点侨情调查。调查内容包括侨联组织机构建设、侨资企业发展状况。逐户登录境内归侨侨眷约7.85万人，进一步摸清了与其有联系的3.2万华侨的相关情况，走访境内有一定规模的侨资、侨属企业100余家，充实完善侨情电子档案库的内容，为侨务工作服务经济建设提供了重要依据。

1990—2017年，全市新移居海外侨民1500多人。

二、宣传联谊

1990年，地区侨联继续坚持每年召开一次归侨侨眷座谈会，春节、中秋节等传统节日及重要纪念日，走访慰问重点侨务对象。继续开展“一人一信、一户多信”活动。是年4月，美国密歇根大学田文应邀到振翩学校探访。1991年5月，娄底地区首届侨务理论研讨会召开。是年，市侨联报送17篇侨务论文参加国家、省侨务理论研讨会，有5篇论文获奖。邱亮增《试论侨办经济实体稳定发展的内外动因》《侨务部门开展对台工作的探讨》和刘宾来《侨胞捐赠心态及相关问题之管见》，先后被国务院侨办《侨务工作研究》选载。9月，陶龛学校校友罗補华和蒋增澧应邀专程回乡参加该校成立90周年庆典活动。1994年10月14日，娄底市举行旅美病毒学家李振翩博士逝世10周年纪念活动，李振翩女儿李家瑞回乡参加活动回到美国后，上书总统布什，希望珍惜中美两国人民的友谊，布什给她回信表示赞赏。至1994年，先后促成美国、加拿大、英国、荷兰、日本等地120多位侨胞至娄探亲访友。1995年11月，新西兰侨胞蒋轶伦3个月内3次应邀回乡，促成新西兰娄底籍侨胞组团参加娄底海外联谊会。

1998年3月，地区侨联第三届五次全会决定开展“向方定韬同志学习，为‘九五’计划做贡献”活动。记者采写的反映涟钢高级工程师、全国归侨侨眷先进个人称号获得者方定韬优秀事迹的长篇通讯《火红的岁月火红的心》于4月21日在《娄底日报》头版发表，湖南《侨声报》随后转载，在归侨侨眷中引起强烈反响。2000年1月，市侨联开展“新千年献爱心，迎新春送温暖”活动，全市侨联干部深入5个县（市、区）50多个乡村、企事业单位，走访慰问归侨侨眷，发送侨务法规、招商引资、反“独”促“统”等宣传资料2万多份。2005年1月，市侨联开通市内第一个侨联网站（www.ldql.com），每年发送侨务侨情信息200余条，拓宽娄底侨务宣传渠道。2006年，市侨联组团访美，在促成娄底与美国明尼苏达州伊甸园市建立长期经贸合作关系的同时，建立文化交流关系。2007—2008年，娄底一中与伊甸园中学互派师生50余人进行“一对一”教学交流。2008年，明尼苏达州议会将每年1月24日定为“娄底日”。此后，娄底每年均派师生赴美国开展交流活动。2009年11月，旅日娄底同乡会在日本东京成立。2011年10月，旅美娄底同乡会、旅加娄底同乡会相继在美国纽约、加拿大多伦多成立。3个同乡会拥有会员200余人，对推动海外侨胞关心娄底建设、支持娄底公益事业和招商引资发挥了作用。2015年，向国蓉《华侨权益保护立法研究》论文，被确定为中国侨联侨务理论研究课题。10月，市侨联受省侨联和娄底市政府委托，承办“亲情中华、魅力湖南、青春娄底”艺术团赴泰国、老挝等国家慰问演出，在华侨华人中引起良好反响。2017年，市侨联开展“进侨企、知侨情、促发展”调研活动。是年10月，市侨联组织“海外侨胞故乡行”活动，邀请来自俄罗斯、老挝侨胞20多人回娄底参观访问。

娄底市侨联召开海内外嘉宾建言献策暨项目对接会
（2012年9月12日摄）

1990—2017年，市侨联召开归侨侨眷座谈会40余次，组织归侨侨眷开展联谊活动60多场次，邀请并接待到娄底探亲访友、参观考察、参加海外联谊会及各类涉侨活动的华侨超过1000人次。

三、招商引资

20世纪90年代初开始，地、县（市）侨联着力服务经济建设，积极开展招商引资活动。1995年，娄底举办首届海外联谊会，地区侨联参与接待客商84人，促成签订投资意向3项。2004年，市、县两级侨联接待客商29批150多人次，组织招商引资活动。2005年，市、县（市、区）侨联参与引进外资企业6家，合同资金5.26亿元。2006年起，市侨联先后3次组团赴美国，5次组团赴广东、福建等沿海城市，开展招商引资。2008年，市、县（市、区）侨联参与经贸文化活动20次，接待客商30批160人次，引进项目6个，合同资金2.5亿元。2010年，市、县（市、区）侨联参与、组织招商引资活动20次，接待香港、福州十邑同乡会商务考察客商120余人次，策划引进项目7个，合同资金14.2亿元。2014年5月9日，促成省侨商会会长庄启宁一行考察罗家佃城市综合体项目和桥头河农业产业园。至2017年，全市侨联组织引进或参与引进的侨资企业、外资企业项目15个。其中规模较大的项目有投资1000万元的双峰县铃山金矿扩建采选设备项目、投资2亿元的涟源矿山机械设备生产基地项目、合同资金6000万美元的肝功能机生产和明州工业园项目、合同资金1.8亿元的大熊山蚩尤文化园项目、合同资金7000万元的涟源进出口公司选矿项目、总投资3.2亿元的蚩尤世祖主体公园项目、投资4亿元的长青中街地下商业街项目及投资8000万元的娄底经开区五菱汽贸城项目等。

2007年，侨属胡柳祥引资1500万元收购双峰洪建煤矿。2009年，侨属刘兆社投资3000万元成立湖南省宏达建筑材料有限公司。2010年，侨属曾亚平投资3000万元收购娄底鸿兴大酒店，侨属龚光辉投资4000万元成立湖南天柱山禽业综合开发有限公司。截至2017年底，全市共有侨资企业76家，其中规模以上企业29家，年产值超100亿元。

四、引导侨民捐资公益事业

20世纪90年代，侨胞、侨属参与公益事业的热情日趋高涨，侨胞周建和先后捐资540万元用于家乡建校，资助贫困学生。吴星可慈善基金会捐资50万元，建设新化石冲口大桥小学、游家镇金家小学，两次捐赠轮椅450辆。彭志兵捐资400万元，帮助1000名白内障患者实施复明手术。捐资较多的侨胞有：侨胞张先阶，连续14年捐资修建新化白溪三近小学；侨胞彭畴田发起组织湖南水灾募捐餐会，获捐款23600美元，其中本人向涟源市海外联谊会捐款3000美元。

2001年起，根据中国侨联和省侨联的部署，市侨联开展“侨心工程”建设，在贫困地区建设“侨心小学”。涟源市侨联兼职副主席刘兆社率先响应，是年起，陆续捐出扶贫助学资金200万元。2002年3月，娄底市“侨心工程”楚英助学基地在楚英实验学校挂牌。2003—2006年，华侨十三妹基金会，争取印尼某大学全额奖学金助学指标12个，实现12名贫困学生留学梦。截至2017年，争取中国华侨公益基金会在娄星区、涟源市、新化县、双峰县建成爱心小学8所。2001—2017年，海外侨胞对娄底公益捐款累计超过1.5亿元。捐资资助项目涉及教育、医疗、交通等。其中捐资建立爱心小学4所，改建学校20所，设立奖（助）学基金会20余个。

五、帮扶归侨侨眷

2008年，为娄星区归侨李锡良解决最低生活保障，并筹款10余万元为其新建住房和兴办养殖场。2011年，在娄底创建园林城市活动中，市侨联全体委员捐款1.5万元，在珠山公园栽种一批“侨爱心树”，建成娄底首个“侨爱心林”。2012年起，市侨联每年为娄星区高溪村伤残困难户、侨眷颜仁莲争取救济款。2014年，市侨联组织开展“千侨帮千户”活动，为困难群众排忧解难。是年，为涟源枫坪镇巨乳症患者张敏筹款8万元治病。自2014年起，归国留学人员、湖南天柱山禽业综合开发公司总经理龚光辉向贫困户免费提供鸡苗100万羽，为贫困户带来直接经济效益300万元。2017年，市侨联开展侨属企业帮扶活动，推动侨属企业发展。2001—2017年，市侨联先后为150余户困难家庭解决生活难题，为400多名残障人士免费提供轮椅。

六、维权护侨

1990年，全地区侨联组织贯彻实施《中华人民共和国归侨侨眷权益保护法》，维侨护侨工作步入法制化轨道。1991年，地、县两级侨联通过印发宣传资料、新闻媒体宣传、上门宣讲法律法规和政策，增强归侨侨眷依法维权意识。1993年，地区人大联工委组织侨办、侨联等部门开展《中华人民共和国归侨侨眷权益保护法》执法情况大检查，全面清查全区各级贯彻、执行《中华人民共和国归侨侨眷权益保护法》情况。2002年，全市贯彻落实中国侨联《关于开展“维护侨益”活动的决定》，各级侨联组织依法维侨护侨，协调处理涉侨权益问题30余起。2009年，市侨联成立法律顾问委员会，专门协调处理涉及归侨侨眷权益问题。2012年，市委政法委下发《关于我市各级政法机关与同级侨联组织建立健全涉侨案件有关工作机制的意见》，市、县（市、区）建立涉侨案件联动工作机制和联席会议，归侨侨眷权益保护工作得到进一步加强。2012年，湖南人文科技学院教授、侨眷刘恒被公交车剐倒拖行致死，合理赔偿要求得不到解决，其侨居美国的两个女儿向市侨联求助。市侨联以《中华人民共和国归侨侨眷权益保护法》为依据，通过联动工作机制，使问题得到圆满解决。侨胞姐妹十分感动，返美前，特意给市侨联送来“关爱侨胞·情义无价”锦旗。2014年，全市开通为归侨侨眷服务绿色通道，各乡、镇、办事处先后建立涉侨法律援助工作站。2016年，市侨联在红菱汽车销售公司调研时，公司反映在建项目遭到当地村民阻工、强揽工程，合法权益得不到保证。市侨联通过联动工作机制，多次召开联席会议，依法调处，使项目工程建设得以顺利进行。至2017年底，全市侨联组织接到涉侨权益投诉400余起，平均每年10余起。通过市、县（市、区）侨联与各部门联动工作机制，都得到妥善处理。法律援助工作站接待归侨侨眷侨企来信来访830多件次，协调处理重大涉侨案件29起。

附：湖南人文科技学院归国华侨侨眷联合会简介

2012年5月，湖南人文科技学院归侨侨眷联合会（以下简称校侨联）成立，设主席、副主席、秘书长各1名，委员2名。5月11日，校侨联第一次代表大会召开，应到代表50人，实到代表39人，选举蒋建初为主席。至2017年底，实有会员36人，专职工作人员1人。

2012—2017年，校侨联会员主持国家自然科学基金项目4项，省自然科学基金项目3项，部级项目2项，省厅级项目14项。获国家级二等奖2项，省科技进步奖一等奖1项、三等奖2项，省教学成果奖一等奖1项、二等奖1项、三等奖4项，其他省级奖5项，农作物通过国审品种1个、省审品种3个，在教学科研、学术交流、行政管理、海外联谊、服务经济社会发展等方面均做出积极贡献。

第六章　工商业联合会

第一节　组织机构与代表大会

一、市级组织

1990年，地区工商业联合会办事处由地委统战部代管，配备联络员2名。1993年6月，地区工商业联合会成立，同年设立中共党组。1997年8月，负责人改称会长。2006年10月，核定行政编制7名，内设办公室、会员部（加挂经济联络部牌子）。2007年5月，加挂民间总商会牌子，负责人改称主席。2009年12月，设企业服务中心，为自收自支事业单位。2011年12月，设娄商联络服务中心，为正科级事业单位，定编3名。2017年12月，成立中共娄底市工商联商会、协会（以下简称商协会）委员会，负责非公经济领域内商协会的党建工作。截至2017年底，市工商联机关工作人员13名，设直属行业商（协）会10个，异地商会17个，园区商会1个，其他商会1个，有会员9984人，其中企业会员4003人，团体会员134人，个人会员5847人。

2014—2017年娄底市工商联直属商(协)会组织情况表

表9-2

名称	成立时间	性质	名称	成立时间	性质
娄底市建材家居商会	2004-06-28	行业商会	珠海市娄底商会	2013-01-13	异地娄底商会
娄底市家具行业商会	2004-12-28	行业商会	武汉市娄底商会	2013-03-17	异地娄底商会
娄底市糖酒副食小商品商会	2005-05-18	行业商会	娄底市邵东商会	2013-04-28	娄底异地商会
娄底市五金机电商会	2006-01-23	行业商会	娄底市邵阳商会	2013-05-08	娄底异地商会
娄底市家用电器行业商会	2006-03-21	行业商会	娄底市中小企业信用互助协会	2013-09-02	行业商会
娄底市汽车行业商会	2008-05-28	行业商会	长沙市娄底商会	2014-08-30	异地娄底商会
娄底市电脑(电子)商会	2008-09-28	行业商会	成都市娄底商会	2015-06-29	异地娄底商会
怀化市娄底商会	2009-11-09	异地娄底商会	深圳市娄底商会	2015-12-26	异地娄底商会
娄底市福建商会	2009-11-29	娄底异地商会	天津市娄底商会	2016-06-16	异地娄底商会
娄底市娄商联合会	2010-11-16	其他	北京市娄底企业商会	2017-03-26	异地娄底商会
娄底市江西商会	2011-12-26	娄底异地商会	娄底市衡阳商会	2017-03-27	娄底异地商会
柳州市娄底商会	2012-04-27	异地娄底商会	娄底经开区企业联合会	2017-09-26	园区商会
娄底市汽车服务业商会	2012-05-28	行业商会	陕西省娄底商会	2017-10-29	异地娄底商会
东莞市娄底商会	2012-06-30	异地娄底商会	娄底市广告协会	2017-11-07	行业协会
河源市娄底商会	2012-11-22	异地娄底商会			

二、基层组织

1990年，各县（市）建有工商联机构，陆续设置基层商会。截至2017年底，各县（市、区）工商联实有机关工作人员29名，有下属行业商会30个，乡镇、街道商会54个，异地商会8个，会员7100人。

2017年娄底市各县(市、区)工商联组织基本情况表

表9-3

单位名称	在职人数(人)	会员数量(人)	行业商会(个)	乡镇(街道)商会(个)
娄星区	10	1214	6	10
冷水江市	4	1555	6	10
涟源市	5	1012	4	11
双峰县	5	1294	4	10
新化县	5	2025	10	13

三、代表大会

1993年6月28—29日，地区工商联第一次会员代表大会召开。应到代表120名，实到104名，选举产生执委33名，梁稳根当选为主委。

1997年8月29—30日，地区工商联第二次会员代表大会召开。应到代表120名，实到108名，大会选举产生执委47名，唐修国当选为会长。

2000年9月1—2日，娄底市工商联第一次会员代表大会召开。应到代表134名，实到129名，选举产生执委53名，毛建华当选为会长。2004年7月，赵应良当选为会长。

2007年4月5—7日，娄底市工商联（民间总商会）第二次会员代表大会召开。应到代表171名，实到141名，选举产生执委86名，刘继清当选为主席（总商会会长）。2009年1月，李德仁当选为主席（总商会会长）。

2012年3月31日至4月1日，娄底市第二届娄商大会暨娄底市工商联（民间总商会）第三次会员代表大会召开。应到代表325名，实到307名，选举产生执委293名，李德仁当选为主席（总商会会长）。

2016年7月12—13日，娄底市工商联（民间总商会）第四次会员代表大会召开。应到代表266名，实到254名，选举产生执委231名，李德仁当选为主席（总商会会长）。

第二节　主要工作

一、参政议政

1991年4—6月，贯彻中共中央批转的中央统战部《关于工商联若干问题的请示》的通知精神，地区工商联办事处组织对非公有制经济人士结构、经营、思想状况进行全面调查。1998年6—9月，协助地委、行署出台发展个体私营经济的鼓励性政策，走访有代表性的个体工商户232家、私营企业45家，形成调查报告26篇，其中《工商联与个体私营经济》一文被中国新华丛书总编室选为优稿。2005年8—10月，围绕娄底新型工业化展开调研，撰写《关于加快推进娄底新型工业化进程向中共娄底市委、市人民政府的建议案》，被市委、市政府采纳。2006年9—12月，结合中小企业“融资难”问题，撰写《中小企业融资难，呼唤建立有效的信用担保体系》，得到市委主要领导批示，有效推动娄底融资担保体系建设进程。2007年5—8月，针对娄底春园商业步行街营运过程中存在的矛盾和问题，组织人员进驻春园商业步行街进行为期2个月的调研，形成《关于春园商业步行街运营情况的调查报告》，所提建议与意见被市委、市政府采纳。与此同时，市委全权委托市工商联牵头组织有关单位成功化解娄底春园商业步行街经营户上访事件。2011年5—10月，贯彻《中共中央、国务院关于加强新形势下工商联工作的意见》，市工商联紧扣“促进非公有制经济健康发展和促进非公有制经济人士健康成长”（以下简称“两个健康”）的工作主题，就如何做好新时期工商联工作开展为期半年的调研，为《中共娄底市委、市人民政府关于加强新形势下工商联工作的实施意见》的出台提供第一手资料。2012年9—10月，围绕娄商文化研究、增强娄底发展软实力展开调研，形成《加强娄商文化研究，助推娄底科学发展》的调研报告，以此为基础，市委、市政府于2013年10月正式提出实施娄商返娄战略。2015年7月，以《提升产业集中度，促进我市融城发展》为主题，召开市政协工商联界别协商会议，并形成每年组织一次市政协工商联界别协商会议的机制。截至2017年底，市（地）工商联共撰写调研报告81篇，其中32篇得到市委、市政府主要领导批示，18篇作为市政协提案办理，组织工商界政协委员向市政协提交提案218件，组织召开市政协工商联界别协商会议3次。协助市委、市政府出台《中共娄底市委、市人民政府关于促进非公有制经济健康发展的实施意见》《关于加强娄底异地商会建设支持娄商发展的意见》等5个政策性文件。推荐510位非公有制经济人士走上各级人大、政协和社会团体的政治舞台，其中全国人大代表3名、省人大代表7名、省政协委员8名、市人大代表74名、市政协委员91名。

二、服务会员

1990年，地区工商联办事处组织协调428家民营企业参与娄底首届商品交易会和广州交易会。1991年，地区工商联坚持“团结、服务、引导、教育”方针，积极做好非公有制经济人士思想政治工作。围绕中央15号文件精神的学习贯彻，组织座谈会6次、研讨会2次、报告会1次。1992年，出台《工商联自办企业暂行管理规定》，组织各县（市）工商联成立会办企业6家。1993年，地、县两级工商联为会员开展专场咨询活动32场，组织职业经理人培训21次。1995年，指导县（市）工商联在抓好会办企业发展的同时，重点为会员和非公有制经济人士提供劳动用工、技术培训、信息咨询等方面的服务，走访个体工商户2000多家、私营企业870家，排忧解难432起，提供法律等服务318件，发展直属会办企业8家，扶持三一、大汉等一批非公有制龙头企业快速崛起。1996年，参与非公有制经济领域内的技术人员职称评审和转评工作，截至2002年底，会同人事部门为1248名非公有制经济领域内的技术人员进行职称评审和转评，其中高级职称48人、中级职称1200人。1998年，与娄底电视台、娄底广播电台、《娄底日报》联合开展《私营企业之光》宣传月活动，深度报道35家私营企业典型。2000年，在全市工商联系统开展“致富思源、富而思进”教育活动。2003年，牵头组建娄底市开源投资担保公司。以此为基础，先后支持3家担保公司开展担保业务，为非公有制企业累计提供担保授信近480亿元。2004年，经市工商联推荐，大汉集团董事长傅胜龙被授予全国优秀中国特色社会主义事业建设者称号。2005年，召开第一届娄底市优秀中国特色社会主义事业建设者表彰大会，举办“东方豪苑之夜”明星演唱会，表彰11名优秀中国特色社会主义事业建设者、14名优秀“光彩人物”。2006年，创办《商会天地》杂志，开辟宣传非公有制经济与非公有制经济人士的主渠道。2007年，邀请市长与中小企业代表面对面座谈，建立政企联络机制，每年组织1次中小企业代表座谈会。2008年，召开第二届娄底市优秀中国特色社会主义事业建设者表彰大会暨非公有制企业文艺会演，表彰10名优秀中国特色社会主义事业建设者。与娄底电视台、《娄底日报》合作开辟《非公有制经济三十年》《优秀建设者》《娄底人在他乡》等栏目，集中报道非公有制经济领域先进典型87名。2009年，与市工商银行建立战略合作伙伴关系，加强与中国银行、建设银行、邮政储蓄银行等金融机构的协调合作。

2011年，结合贯彻落实《中共中央、国务院关于加强新形势下工商联工作的意见》，召开座谈会4次、研讨会2次，邀请专家授课3次。从2012年开始，在全市工商联系统持续开展坚定中国特色社会主义理想信念教育活动，出台《关于加强非公有制企业理想信念教育引导的实施意见》，先后组织市本级会员专题培训8次，邀请王鲁湘等15名知名专家、学者到娄底授课，与浙江大学等3家高校合作举办3期专题研修班，组织近600名会员先后赴长沙等地考察学习，安排近300名会员参加省工商联组织的教育培训活动，培育五江、安石、大汉、博长、湘运、湘村等一批先进典型。2012年，围绕促进“两个健康”主题，建立政企沟通的长效机制，坚持以企业家沙龙活动为载体，帮助企业化解发展中的矛盾与问题。10月，举办第1期企业家沙龙活动。截至2017年底，组织中小企业代表座谈会24次，举办银企对接洽谈会9次，开展企业家沙龙活动16次，安排2300名企业代表与42位市级领导面对面座谈，为230家企业解决项目立项、土地规划审批、法律维权等方面的具体问题423个，组织47个非公有制企业代表团赴省内外考察交流，负责9个市级重点项目的推进工作，指导3家直属会办企业成功改制。是年，“两新”（新的经济组织与新的社会组织）组织党的工作委员会（以下简称“两新”组织党工委）成立，协助“两新”组织党工委做好非公有制企业党建工作，推动非公有制企业党的工作全覆盖。

三、光彩事业

1999年，推荐新化县奉天科工贸一体化农业开发项目获批国家级重点光彩项目，得到500万元项目扶助资金支持。2001年，组织开展“一对一”扶贫帮困活动和万人招工扶贫活动，参与“希望工程·扶贫助学活动”，组织全市386家民营企业相继投身光彩扶贫行动，结对扶贫390户，帮助1650名贫困学生重返校园完成学业，兴建光彩学校9所，捐资社会各项公益事业过亿元。2005年，娄底遭遇历史罕见洪涝灾害，市工商联组织娄底市非公有制经济人士赈灾献爱心募捐活动，近千名非公有制经济人士捐资500余万元，支持灾区重建。2006年4月11日，在胡润中国慈善排行榜上，娄底籍商人余彭年以捐资20亿元位居榜首，自此，余彭年连续5年荣登胡润中国慈善排行榜榜首。2007年起，与市委统战部共同启动“民企联村、共同发展”活动，活动持续8年，共组织227家非公有制企业与232个建制村对接合作，投入项目资金23.3亿元。与市人社局等部门合作，开展民营企业招聘周活动，形成每年定期举办1次招聘周活动的工作机制。2008年，先后开展关爱贫困母亲、抗冰救灾和与汶川灾区人民心连心活动，组织近400家非公有制企业累计捐款捐物价值320余万元。2010年，组织开展情系玉树、大爱无疆大型捐助活动和支援西南干旱地区大行动，为地震灾区现场捐资74万元，给受旱灾区捐款80万元。2011年，与市慈善总会共同组织系列扶贫助学活动，引导217家企业，为灾区与贫困学生捐款8600余万元。2012年，组织564名会员代表与娄商参与全市捐资助学活动，捐资2.03亿元，为化解娄底城区大班额奉献爱心。2015年，组织82家非公有制企业结对帮扶农村老军人、老党员、老英雄贫困户212户，投入资金236万元。2016年，在全市深入开展万企帮万村、精准扶贫行动，组织150家民营企业与151个村（其中贫困村91个）实行结对帮扶，帮扶项目281个，项目总投资超过30亿元。2017年，号召全市工商联会员与海内外娄商积极参与抗洪救灾，组织81家企业和商会开展慰问捐赠活动53起，慰问人数4000余人，累计捐赠钱物价值2344.59万元。

娄底市工商联召开非公有制经济人士抗洪救灾动员大会
（2017年7月4日摄）

四、娄商返娄战略

2009年11月9日，首家异地娄底商会——怀化娄底商会成立。2010年11月16日，首届娄商大会召开，海内外400多名娄商与会，其间，举办娄商发展论坛，发布娄商宣言，成立娄商联合会，现场签约项目54个，总投资额81.42亿元。2012年3月31日至4月1日，第二届娄商大会暨娄底市工商联（民间总商会）第三次会员代表大会召开。其间，组织娄商代表开展座谈会、捐资助学等活动。2013年12月19—20日，第三届娄商大会召开，省人大常委会原副主任唐之享、蔡力峰等领导出席会议，举办娄商文化高峰论坛，现场签约项目38个，总投资201.7亿元，表彰44名“奉献娄商”和18名“创新娄商”。2015年11月6日，第四届娄商大会召开，完成娄商联合会换届选举。会议以“情系家乡　创业娄底”为主题，组织400余名娄商与市委、市政府主要领导面对面恳谈。截至2017年底，先后指导组建12家异地娄底商会和5家娄底异地商会，承办2届异地商会会长、秘书长年会。积极推进“娄商返娄”战略，梁稳根、禹勃、周文对、邱文奎、胡精沛、刘艳开、李齐家、付冬文、唐岩等一批娄商回乡投资兴业，三一重工、娄底中钰、深圳三讯电子、电将军等一批项目落户娄底。向市政协推荐69名娄商担任特聘委员，举办娄商代表恳谈会6次，组织500余名本地娄商赴浙江、广东、上海、成都、重庆、内蒙古等省、市、自治区考察交流，走访慰问娄商1000余名，接待回乡娄商2000余人次。将《商会天地》杂志改名为《娄商》，编辑出版《娄商》杂志14期。以市委、市政府名义编辑出版《天下娄商》一书，启动《娄商史话》编辑工作。娄商大会获省政府创新工作奖和全省统战系统创新奖。

第七章 文学艺术界联合会

第一节 组织机构与代表大会

一、市级组织

1990年，地区文学艺术界联合会（以下简称地区文联）核定行政编制3名，设主席1名，副主席若干名。1999年8月，市文联内设办公室、组联部、《大地》文学杂志编辑部。2005年4月，增设创作研究部和人事教育部，编制增至14名。2017年11月，设立中共娄底市文联社会组织行业委员会。至2017年，机构编制未变，市文联连续4年被评为省文联系统先进单位。

市文联管理市作家协会、市书法家协会、娄底书法研究会、市美术家协会、市摄影家协会、市音乐舞蹈家协会、市戏剧曲艺家协会及市民间文艺家协会8家文艺创作协会，指导市演讲艺术家协会、市艺术收藏家协会、市奇石文化交流协会、积善书画研究院及古月书法院等6家文化展示交流协会和市民族管弦乐学会、市旗袍文化交流协会、市红颜雅韵旗袍协会及市金音合唱团4家文艺展演单位。

二、基层组织

娄底市文联　1990年成立，核定编制6名，内设办公室、组联部，管理作家协会、美术家协会、书法家协会、摄影家协会、音乐舞蹈家协会、戏剧曲艺家协会、民间文艺家协会、诗词协会、农民书法家协会、社区书画家协会及老年书画家协会11个文艺家协会，指导娄底书画院、东街书社、六和书院、连璧书画院、凤阳书画院、湘中艺术团和中艺联盟合唱团7家社团。1999年10月，更名为娄星区文联，创办《涟水河》杂志、《星城诗词》（书刊）、《乡音》杂志、《湘中摄影》（月报）、《娄底书法》（月报）、《娄底文艺》（公众号），2017年，创办娄星文艺讲堂。至2017年，18次被评为省文联系统先进单位。

冷水江市文联　1990年成立，核定编制3名，内设办公室、组联部。2012年始，创办内部刊物《冷水江文艺》，管理作家协会、书法家协会、美术家协会、音乐家协会、舞蹈家协会、演讲艺术协会、梅山蚩尤文化研究中心、摄影家协会、影视戏剧曲艺家协会、旗袍文化协会、波月诗社、锑都诗社、楹联协会以及书画院和千禧艺术团15个文艺团体。

涟源市文联　1990年成立，核定编制3名，内设办公室、组联部和《涟河》文学杂志编辑部。下辖作家协会、美术家协会、书法家协会、音舞戏协会、摄影家协会、诗联书画家协会、诗词楹联协会、民间书画家协会、书画收藏协会及收藏协会10个文艺家协会。

新化县文联　1990年成立，核定编制5名，内设办公室和《文化旅游》杂志编辑部。管理作家协会、美术家协会、书法家协会、摄影家协会、音乐舞蹈家协会、戏剧曲艺家协会、民间文艺家协会、莫江诗社及楹联协会9个文艺家协会。创办《文化旅游》《作家园地》《莫江诗联》《资水楹联》《梅山民俗文化》等报刊。分别于2010年、2015年、2017年获全省文联系统先进单位称号。

双峰县文联　2007年7月成立，核定编制7名，内设办公室、组联部和书画室。管理作家协会、美术家协会、书法家协会、摄影家协会、音乐舞蹈家协会、戏剧曲艺家协会、民间文艺家协会、诗词协会、楹联协会及演讲艺术家协会10个文艺家协会。

娄底市公安文联　2016年4月成立，与娄底市公安局政治部合署办公。下设文学委员会、书法委员会、美术委员会、摄影委员会、音舞曲艺委员会及收藏委员会6个专业委员会。

娄底市检察官文联　2017年12月成立。下设文学、理论专业委员会，书法、美术、摄影专业委员会，音乐、舞蹈专业委员会，体育专业委员会4个专业委员会。

涟钢文联　1992年5月成立，与工会合署办公。内设办公室和《索桥》杂志编辑部。下辖作家协会、美术家协会、书法家协会、摄影家协会、音乐舞蹈戏曲家协会及集邮家协会6个文艺家协会。

三、代表大会

1990年前，地区文联召开过两次代表大会。2006年8月22日，市文联第三次代表大会在娄底宾馆召开，与会代表123名，特邀代表27名。李德仁代表第二届主席团作题为《高举改革开放旗帜，促进娄底文艺事业的大发展大繁荣》的工作报告。审议通过修改后的《娄底市文学艺术界联合会章程》，学习贯彻《中共娄底市委、娄底市人民政府关于繁荣和发展全市文学艺术事业的意见》，贯彻市委、市政府关于设立"娄底市优秀文艺成果奖"和"娄底市德艺双馨文艺人才奖"，表彰一批先进文艺工作者。大会选举产生第三届市文联委员会，李德仁当选为主席。2007—2017年，市文联未召开代表大会。

第二节　主要工作

一、宣传与展览

1991年7月，举办"庆祝中国共产党成立70周年美术、书法、摄影作品展览"，展出作品200幅。1994年10月4日，在星星影剧院举办地区首届厂矿、企事业行业之歌创作歌曲演唱大赛，地委、行署领导出席，并向获奖人员颁奖。1995年4月，与省文联、省音协联合举办95湖南省创作歌曲暨卡拉OK演唱比赛。1997年6月，举办庆祝香港回归美术、摄影、书法作品展，展出400多名艺术家创作的700多幅作品，地委、行署领导及数千群众观看展览。1999年9月，举办"庆祝新中国成立50周年美术、摄影、书法作品展"，展出优秀作品218幅。

2001年6月，举办"庆祝建党80周年美术、摄影、书法作品展览"，展出300余幅作品。2002年10月，市文联与省作协在冷水江市联合举办省青年作家迎十六大创作笔会。数十名青年作家参加笔会，创作出一批优秀文学作品。2007年，市文联在全国范围开展娄底市城市形象歌曲征集评选活动，收到歌曲68首，市委书记和市长参加词曲创作审稿会。评出《湘中明珠》《多彩的青春娄底》等5首歌曲为娄底市城市形象歌曲入选作品。是年，举办纪念娄底地级建制30周年美术、书法作品展览，展出作品200幅，出版《风华正茂三十春——青春娄底》特刊。2008年4月16日，为迎接"2008——艺术湖南"进京美术精品展，市文联主办、市美协承办娄底市美术家精品展，展出65位老中青艺术家作品146幅。2009年，市委宣传部和市文联联合举办"祖国颂"文学征文活动，收到稿件400余篇，评选出特等奖1篇、一等奖3篇、二等奖5篇、三等奖7篇、优秀奖15篇。是年9月30日至10月6日，在娄星广场举办 庆祝新中国成立60周年、娄底撤地设市10年摄影作品展，展出60名摄影艺术家作品158幅。10月24日，在娄底博物馆举办喜庆中华人民共和国成立60周年书法艺术新人新作展，展出200余位书法家作品200多幅。2010年1月28日至2月2日，市文联、市美协在市博物馆主办娄底市首届油画艺术作品展，展出30位本土画家优秀油画作品50幅，获得《美术》杂志执行主编、国家一级美术师李人毅，省美协副主席陈和西，省油画艺术委员会主任曲湘建等名家的赞扬。11月9日，苏州市文联、苏州市书法家协会，娄底市文联、市书法家协会、娄底书法研究会在市博物馆联合主办"苏州·娄底书法联展"，来自苏州、娄底两地书法名家的100余幅墨宝参展。

2011年7月，为庆祝建党90周年，市文联组织娄底市首届文学、美术、书法、摄影大奖赛。10月18日，市政府联合中国摄影家协会在长沙启动"蚩尤故里·新化梅山"湖南娄底·新化全国摄影大展。活动由市委宣传部、市文联和市美协承办，活动为期一年。展出近万张反映娄底旅游风光照片，评出217幅获奖作品，其中袁小锋的《紫鹊界》获特级收藏奖，刘九钢的《五月的风》等5幅作品获得金奖。2012年2月17日，市委宣传部、市文联、市人社局联合开展娄底市首届中青年德艺双馨文艺家评选活动。龙红年、阳剑、邹少灵、陈明华、苏惠娟、杨暴默、贺子文、罗晖、袁送荣、曾国盛10人被评为娄底市首届德艺双馨文艺家。4月21日，《我们涟邵——矿工文艺创作成果展》在省美术馆开展，湖南文艺出版社出版的大型纪实图集《我们涟邵》首发式同时举行。8月26日，市委宣传部、市文联主办，娄底书法研究会、市书协承办，万豪城市广场协办“万豪杯”娄底市首届群众书法大展。11月，市委宣传部、市文联、市人社局联合开展湖南省“三百工程”文艺家评选活动，邹传安（美术）、张小牛（文学）、龙红年（文学）、谭建光（音乐）、梦天岚（文学）、刘红梅（民间文艺）、刘小标（舞蹈）7名文艺家入选。

2014年1月12—13日，市委、市政府主办，市委宣传部、市文联、市书协、娄底书法研究会承办的探索与回顾——娄底书法汇报展，展出娄底书法精品150余幅，并召开娄底书法现象研讨会。2015年4月23—25日，市摄影家协会常务副主席严伯霖《矿山·家园》摄影展在娄底书画院进行。展出作品101幅。8月24日，市委宣传部、市文联主办，市诗词协会、娄底书法研究会、市书协共同承办娄底市纪念抗日战争胜利70周年诗词书法联展，展出书法作品200余幅。2016年1月8日，新化县农民画家伍玉喜工笔画展在市博物馆开展。10月28日，市委宣传部、市文联、娄底军分区政治部、市教育局联合主办，市书协、娄底书法研究会承办的“万水千山——纪念红军长征胜利80周年诗词书法展”在市美术馆开展。

2017年6月15—20日，在娄底一中举行“写好中国字·做好中国人娄底市首届书法进校园作品展”，展出以中小学课本诗词佳句为创作内容的优秀作品154幅，书法爱好者及中小学生1万余人参观展览。8月12日，市文联承办“美丽湖南·三湘巨变湖南省现实题材美术创作工程美术精品展”，展出美术作品70余幅，近1000人参观展览。

二、创作与出版

1990年3月，地区文联创办文学杂志《大地》，为湖南省内部发行文学季刊，2007年，更名为《青春娄底》。2006年，市文联组织力量对1990年至2005年各文艺家协会创作的优秀作品进行编辑整理，由湖南文艺出版社出版《娄底市优秀文艺作品选》丛书，分《优秀文学作品选》《优秀美术作品选》《优秀摄影作品选》《优秀戏剧作品选》《优秀音乐舞蹈作品选》《优秀民间文艺作品选》6卷。市书法家协会编辑的《优秀书法作品选》同时出版。

2008年，组织全市文艺工作者编写5卷《青春娄底》大型丛书，即《青春娄底·古韵新化》《青春娄底·活力冷水江》《青春娄底·开放涟源》《青春娄底·富厚双峰》《青春娄底·璀璨娄星》。

2016年6月，文学杂志《大地》更名为《时代文艺》。至2017年底，编辑出版108期，举办10余次大型文学创作征文活动。

三、服务基层

2005年5月，市文联号召全市20名书画家热心为残疾儿童捐书画、献爱心，义卖书画作品40多幅，义卖金额25.6万元，全部捐给残疾人事业。是年，全市发生50年一遇特大洪灾。市文联组织15名作家、摄影家深入灾区一线采访，推出《大地》抗洪救灾特刊，报道抗洪救灾中涌现的先进事迹，鼓舞人民群众抗洪救灾的信心。2008年5月，市委、市政府主办，市文联、市美协、市书协、市计生委、市计生协会等部门共同承办“关爱救助贫困母亲爱心书画义卖”活动。全市书画界知名人士、企业家及社会各界人士近500人现场参与，100多名艺术家参加创作和捐献，征集书画作品163幅，义卖筹集善款522.6万元。

2010年10月，市文联与娄底电视台共同举办“艺术娄底·色彩生活”广场文化节。历经半年筹备，“南苑上和杯”“艺术娄底·色彩生活”广场文化节暨首届电视书画大赛优秀作品展在孙水公园举行。2011年4月18日始，市委宣传部、市创先争优办、市文联联合举办“娄底市文联文艺进机关、进社区、进乡村、进军营惠民服务先锋行”活动。市文联机关干部、市属文艺家协会、县（市、区）文联和广大文艺家参与，活动每2个月举行1次，历时1年。2013年3月，市文联组织书画艺术家先后赴涟源杨市、双峰走马街等乡镇，开展送文艺下乡活动。除书画家现场创作书画作品赠送给群众外，市文联还给当地10多名“五保户”、退伍老兵、残障人士等捐赠5000余元。2014年1月18日，市文联组织书法家廖吉林、王芳泽、贺向阳和美术家王思宁、文开宁到双峰县蛇形山镇秋湖村，参加市委、市政府2014年政策、法律、文化、科技、卫生“五下乡”活动，当场创作书法美术作品100余幅免费赠送村民，并送慰问金3000元慰问当地复退老军人、烈军属、老干部、老劳模、“五保”老人、长寿老人。2015年2月11日，市文联组织书法家廖吉林、李哲，美术家傅端良、文开宁在新化县石冲口镇中心小学举办市委、市政府2015年“三下乡”送文化艺术下乡活动。13日，到双峰县梓门桥镇举办“娄底市文联文艺惠民服务下乡活动——双峰梓门行”，现场写字作画赠送当地村民。14日，市委宣传部、市文联主办，市书协、娄底书法研究会、娄底书画院承办的“我们的中国梦·春联书写大赠送活动”在娄星广场举行，30余位书法家免费为市民赠送春联、对联作品1000多幅。5月21日，市文联组织文艺家到新化县琅塘镇分水坳村开展“到人民中去”文艺志愿服务主题创作慰问活动。当场创作美术、书法、摄影作品200余幅赠送当地村民。8月15日，市文联举办文艺惠民“进企业——冷水江供电公司行”活动，20多名书法、美术家创作以企业文化为主题的作品100多幅，营造企业“讲文化、树新风”的氛围。11月25日，市文联组织10多名在娄的全国书协会员和省级美协会员到双峰县洪山殿镇开展文艺惠民“走基层”主题服务活动，向当地群众赠送书画作品100多幅。2016年2月3日，市委宣传部、市文联、娄底书法研究会、市书协、娄底书画院在娄底万豪广场举办送春联活动。40余名知名书法家，现场为广大市民创作春联及“福”字4000余幅。是年2月18日，市委宣传部、市文化局、市文联赴涟源市桥头河镇参加2016年“五送下乡”活动启动仪式。廖吉林、贺向阳、彭虎初、李飞兵等艺术家现场创作书画作品100余幅，赠送给当地村民。3月2日，参加在新化县西河镇举办的2016年“五送下乡”暨禁毒宣传进基层活动。书画艺术家现场创作书画作品近200幅赠送给当地村民。3月3日，参加双峰县印塘乡“五送下乡”活动，书画家现场创作书画作品近200幅赠送给当地村民。5月20日，市文联在星星影剧院承办省文联组织的“笑满三湘，送欢笑下基层，走进青春娄底”文艺惠民演出活动，邀请大兵、周卫星等著名文艺家参与演出，有关领导、30余名劳模以及800名市民观看演出。5月26日，市文联、市民政局、娄底日报社在418华天宾馆联合主办“关爱孤残儿童·‘六一’文艺会演”。6月18日，市文联领导带领6名书画家，到双峰县印塘乡开展文艺惠民下基层活动，现场创作近30幅国画作品和20余幅书法作品。7月31日，市文联、市文明办联合主办，市书协、娄底书法研究会、娄底书画院承办的“创全国文明城市·书写美丽娄底”书法惠民活动在娄星广场举行，20位书法家以“文明创建”为内容，现场免费为市民创作书法作品200余幅。

娄底市书法家在娄星广场为市民赠送春联（2015年2月14日摄）

2017年1月，市文联组织30余名文艺志愿者先后在万豪城市广场和火车站社区开展送春联活动，书画家现场书写春联和“福”字3000余幅，免费送给市民。6月，市文联组织娄底民族管弦乐学会古筝艺术委员会在娄星广场举办“筝心筝意·品端午古筝音乐会”，100余名古筝表演艺术家及学生参演音乐会，3000余名市民观看演出。10月28日，市文联在娄星广场举行“喜庆十九大，共筑中国梦”2017年娄底市红颜雅韵魅力旗袍秀活动，并结合“创文管卫”工作进行知识抢答，约1.5万名市民现场观看演出，湖南卫视国际频道全程录播，全球1700多个网络平台全程同步直播，创造了“五个全市第一”：即参演人数最多，观众人数最多，第一次由省级媒体录播，第一次全球同步网络直播，第一次将娄底政治、经济、文化、社会、生态等内容穿插于节目中全方位介绍。

四、文艺理论研讨

1990年11月，地区文联邀请中央美术学院教授、画家罗尔纯、刘范国到娄底举办美术讲座，并召开重点画家作品讨论会。1993年8月4日，邀请中国文联执行副主席李瑛，小说家、剧作家汪曾祺，文艺理论家、《人民日报》文艺部主任、中国通俗文艺研究会副会长缪俊杰，编辑、作家、《十月》杂志主编张守仁，评论家、作家、人民文学出版社副总编胡德培，散文诗人、《人民日报》主任编辑刘虔6人到娄底举行文学报告会，为期5天，全地区 30多名重点作家参加会议。2002年5月19日，市文联在北京中国画研究院举办“童和平山水画艺术探索观摩交流展暨学术研讨会”。中国文联党组副书记覃志刚、中国画研究院院长刘勃舒等领导和多名书画名流参观画展，并在研讨会上作出评价。

2009年7月30日，著名作家、史学家唐浩明应邀到娄底开讲“曾国藩识人用人之道”，娄底政界、文化、企业等领域的领导、学者、企业家参加听讲。是年8月10日至12日，全省美术家协会油画艺术研讨会在娄底举行。省美协副主席陈和西率省内知名教授、专家和各市州知名油画家参加会议。会议通过作品研讨、经验交流、现场采风等形式探讨全省特别是娄底油画艺术的现状与发展前景。2012年5月23日，市文艺界纪念毛泽东《在延安文艺座谈会上的讲话》（以下简称《讲话》）发表70周年座谈会在娄底宾馆召开。来自市文联、市作协、市书协、市摄协等文艺团体的20余名文艺家代表一起重温《讲话》精神，畅谈文艺精品创作的实践体会，共商娄底文艺事业发展繁荣大计。2013年，市委宣传部、市文联、市属各文艺家协会先后举办音乐名家娄底采风、中青年书画家黄鹤庚花鸟画艺术展暨研讨会。2016年5月10日，娄底文化大讲堂迎来2016年第一次嘉宾讲座，文化部原部长王蒙应邀作题为《文化的期待》专题讲座。

五、艺术交流

2006年10月，娄底书画艺术展在美国加州硅谷亚洲艺术中心举办，为娄底文化艺术对外交流搭建平台。市文联与美华艺术发展基金会签订《文艺交流合作意向书》。2007年3月，经文化部、省文化厅批准，市美协主席康移风、副主席郭东生赴台湾举办画展，并开展作品义卖、现场笔会、创作讲学等交流活动，宣传湖湘文化，增进两岸同胞情谊。2009年6月2—7日，市委、市政府主办，市文联邀请中国作协副主席、书记处书记陈建功与中国作协副主席谭谈和11位全国著名作家及《人民日报》《光明日报》3名记者，参加“中国著名作家看娄底”采风创作活动，2010年10月2—7日，省美术家协会、市委宣传部、市文联组织湖南油画名家50人，并特邀全国著名油画家2人“走进娄底”写生创作。油画家到锡矿山、金竹山煤矿、秦人梯田紫鹊界体验生活，精心创作出500多幅画作，并将其中的49幅精品赠送给娄底。

2016年3月16—17日，株洲市文联副主席、市美协主席周伟钊，省作协荣誉主席、著名作家聂鑫森，原株洲市书协主席刘国泉，株洲市书协主席、株洲市美术馆馆长楚石等一行8人赴娄考察交流，副市长甘跃华，市文联有关领导及市美协、书协、作协相关艺术家全程参与交流互动。3月26至27日，市文联主席率市美协、市书协、市作协、冷水江市文联相关艺术家赴衡阳市衡南县，考察、调研该县文学艺术工作，并开展艺术创作交流。4月16—17日，40多位来自全省各地作家赴娄底参加“问道富厚堂，得稻紫鹊界”文学采风活动。中国作家协会副主席、省文联名誉主席谭谈，省作协主席王跃文，省作协副主席、省散文学会会长梁瑞郴，省作协党组成员、毛泽东文学院管理处主任游和平等一行到新化紫鹊界参观采风。5月28—29日，“宁乡·冷水江市书法联展”在宁乡书画院开展，展出两地书法精品80余幅，其中以冷水江为主的书法家展出作品36件，宁乡县、冷水江市近1000名书法艺术家和书法爱好者参观展览。6月3—6日，中国书法家协会副主席、贵州省文联副主席、贵州省书法家协会主席包俊宜率贵州省贵阳市书画文化艺术采风团到娄底开展文化考察交流活动。8月22日，与广东省佛山市文联交流学习“中国书法名城”创建工作经验，沟通“娄底书画艺术佛山大展”筹备工作，佛山市文联推荐南海区康有为书法艺术馆为展览场地。2017年3月，在广东佛山举办“国藩文化·富厚日新”娄底书画艺术佛山展，参展艺术家200多人，参展作品203幅，观展人数2万多人。4月，省作家协会主席王跃文到娄底幼儿师范学校开展以“快与慢——文学的困境与前景”为主题的讲座，与师生面对面交流创作经验，解答师生在文学创作中遇到的问题，鼓舞师生士气。是年8月12日，承办“美丽湖南，三湘巨变”湖南省现实题材美术创作工程美术精品展娄底巡展，展出全省美术家创作的70余幅现实题材美术作品。

1990—2017年娄底市文联会员获国家级创作奖作品一览表

表9-4

年份	作　者	获奖作品名	协会	等级	授奖单位
市作家协会					
1994	孙小孙	两颗太阳的引力	作协	二等奖	全国总工会
1995	徐星明	飘逝的白鹅	作协	一等奖	人民日报社
1995	安　敏	呼啸的血海	作协	二等奖	新闻出版总署
1996	安　敏	禾苗青青	作协	一等奖	团中央
1997	姚作军	手中那一片云	作协	二等奖	中国作协
1998	安　敏	鸽子	作协	二等奖	中国散文学会
1999	刘　风	小乌鸦喝水	作协	一等奖	中国作协
2000	安　敏	大兴安岭	作协	二等奖	中国作协
2000	安　敏	唯有爱永恒	作协	一等奖	广电总局
2001	姚作军	今夜星光灿烂	作协	二等奖	中国作协
2003	王　亮	母亲的最后两行清泪	作协	二等奖	冶金部
2003	张小牛	女子乘务组	作协	飞天奖	广电部
2004	安　敏	梦中的妈妈	作协	二等奖	全国总工会
2004	彭剑平	中华虎啸震乾坤	作协	金奖	中国文联
2004	扶向阳	拜读梅山	作协	银奖	中国文联
2005		走读新化	作协	金奖	中国文联
2011	蔡金龙	柳树的风格	作协	一等奖	中国散文学会
2012	何立新	隐匿的鸽子	作协	二等奖	中国作协
2013	唐象阳	小巷幽幽	作协	二等奖	中国散文学会
2014	唐象阳	杀猪	作协	二等奖	中国散文学会
市美术家协会					
1991	龙建国	湘西河边小村庄	美协	银奖	中国美协

续表9-4

年份	作　者	获奖作品名	协会	等级	授奖单位
1993	龙建国	娶亲	美协	银奖	文化部
1993	梁学先	甜蜜的季节	美协	银奖	中国美协
1995	邹传安	牡丹	美协	一等奖	文化部
2003	李日标	山野芳韵	美协	金奖	中国美协
2004	李再喜	梅·雪	美协	金奖	中国美协
2005	罗湘科	物语006	美协	金奖	文化部
2007	罗湘科	物语07	美协	金奖	中国美协
2009	罗湘科	版画	美协	金奖	中国美协
2009	肖国崇	国画	美协	金奖	中国美协
2009	刘剑峰	国画	美协	银奖	中国美协
2011	罗湘科	红色记忆——亲人	美协	金奖	中国美协
2011	邹少林	语·哲·魂	美协	金奖	中国美协
2015	陈又生	勇闯关山	美协	银奖	中国美协
2017	邹垠华	追梦	美协	金奖	中国美协
2017	邹垠华	罡	美协	金奖	中国美协
市书法家协会					
1999	刘玛林	书法条幅	书协	金奖	中国书协
2004	贺子文	隶书作品	书协	优秀奖	中国书协
2004	肖斐斐	楷书作品	书协	提名奖	中国书协
2005	肖斐斐	书法条幅	书协	银奖	中国书协
2006	李　哲	草书作品	书协	提名奖	中国书协
2008	曾宪良	隶书作品	书协	提名奖	中国书协
2010	姜新初	篆书作品	书协	提名奖	中国书协
2010	汤乃欣	书法条幅	书协	金奖	中国书协
2011	曾宪良	隶书作品	书协	优秀奖	中国书协
2012	刘命清	篆刻作品	书协	提名奖	中国书协
2012	吴智勇	篆刻作品	书协	优秀奖	中国书协
2013	陈卫东	行书作品	书协	优秀奖	中国书协
2013	姜新初	篆书作品	书协	优秀奖	中国书协

续表9-4

年份	作　者	获奖作品名	协会	等级	授奖单位
2013	刘楚文	书法条幅	书协	金奖	中国书协
2014	刘命清	篆刻作品(两次)	书协	优秀奖	中国书协
2014	曾宪良	行书作品	书协	优秀奖	中国书协
2014	刘武彪	行书作品	书协	优秀奖	中国书协
2014	戴吹龙	楷书作品	书协	优秀奖	中国书协
2014	黄　聪	草书作品	书协	优秀奖	中国书协
2014	刘正勇	楷书作品	书协	优秀奖	中国书协
2015	贺　耿	行书作品	书协	优秀奖	中国书协
		市音乐舞蹈家协会			
1990	刘合庄	祖国,我永远热爱你	音协	金奖	中宣部
1990	袁克勤	炉台上放飞思念鸽	音协	金奖	冶金部
1992	刘合庄	祖国,我永远热爱你	音协	金奖	中国音协
1992	熊伟谊	青春风采	音协	金奖	中国音协
1992	张卫红	钢铁战士	音协	金奖	武警部队
1995	谢征南	赶圩归来	音协	银奖	教育部
1995	彭建生	钢城摇篮曲	音协	银奖	中国音协
1997	刘合庄	拉着中华妈妈的手	音协	金奖	广电部
1999	李大庆	祖国最美丽	音协	金奖	冶金部
1999	梁曦亮	又是五月	音协	金奖	冶金部
1999	张卫红 肖丽云	迎来春色换人间	音协	金奖	全国总工会
1999	胡建归	梦之恋	音协	银奖	冶金部
1999	梁丽华	梦之恋	音协	银奖	冶金部
1999	谢坚强	月儿	音协	金奖	冶金部
2000	鄢含笑	草原少年	音协	金奖	共青团中央
2000	鄢含笑	赶鸭丫丫	音协	银奖	共青团中央
2000	鄢含笑	喜悦	音协	银奖	共青团中央
2001	陈征南	太阳花	音协	银奖	教育部
2004	谢坚强	乒乓拼	音协	银奖	团中央
2005	曾国盛	啄木鸟	音协	银奖	中国音协

续表9-4

年份	作　者	获奖作品名	协会	等级	授奖单位
2005	谢坚强	花开的声音	音协	金奖	冶金部
2005	谢惠林	啄木鸟	音协	银奖	中国音协
2005	邹荣先	唱支山歌试妹心	音协	银奖	中国残联
2005	梁曦亮	今日苗山歌最多	音协	金奖	冶金部
2005	谢　妤	听花开的声音	音协	银奖	冶金部
2005	周固坚	梅山山歌联唱	音协	银奖	中国残联
2008	彭建生	缘	音协	金奖	中国音协
2008	谢坚强	跨越梦想	音协	银奖	教育部
2008	谢坚强	莫傜·猎	音协	金奖	教育部
2009	彭建生 郝艺英	我们是祖国的希望	音协	金奖	中国音协
2009	彭建生	从春天出发	音协	金奖	中国音协
2009	黄胜泉	情随大江流	音协	金奖	中国音协
2010	郝艺英	随着老师讲课的声音	音协	银奖	中宣部
2014	曾国盛	月亮玫瑰	音协	金奖	中国音协
2015	谢坚强 刘小标	寝室里的那些事	音协	十佳 作品奖	中国舞协
2016	曾爱兵	一起飞翔	音协	银奖	中国音协
2017	曾爱兵	中华书画魂	音协	银奖	文化部
2017	曾爱兵	聚集在爱的旗帜下	音协	金奖	文化部
2017	曾爱兵	沉香	音协	金奖	文化部
市摄影家协会					
1990	刘时庄	最美不过夕阳红	摄协	金奖	文化部
1999	简　倜	秋泊	摄协	银奖	文化部
2002	简　倜	生命之源	摄协	金奖	文化部
2007	简　倜	大地神韵	摄协	金奖	中国摄协
2007	李定中	腾飞	摄协	银奖	中国摄协
2008	简　倜	寒渡	摄协	银奖	文化部
2011	刘九钢	五月的风	摄协	金奖	中国摄协
2013	胡杰辉	矿山晨韵	摄协	银奖	中国摄协

续表9-4

年份	作　者	获奖作品名	协会	等级	授奖单位
2014	龚向阳	火龙神话	摄协	银奖	中国摄协
2004	袁　平	国歌	摄协	银奖	中国摄协
2014	柳　勇	出海	摄协	金奖	中国文联
2014	柳　勇	牧归	摄协	银奖	中国摄协
市戏剧曲艺家协会					
2000	戴祖尧	关键一票	剧协	金奖	文化部
2001	俞景珞	论戏剧作品的三角情结	剧协	金奖	中国剧协
2002	戴祖尧	曾国藩纳妾	剧协	银奖	中国剧协
2005	杨小仆	村官是个堂客们(创作)	剧协	金奖	中国剧协
2005	童晓阳	村官是个堂客们(导演)	剧协	金奖	中国剧协
2005	苏惠娟	村官是个堂客们(表演)	剧协	金奖	中国剧协
2005	欧阳觉文	村官是个堂客们(作曲)	剧协	金奖	中国剧协
2005	剧团乐队	村官是个堂客们(音乐)	剧协	银奖	中国剧协
2007	杨小仆	报答	剧协	银奖	教育部
2014	蔡金龙	中奖彩票	剧协	银奖	中国曲协
市演讲艺术家协会					
2015	杨　瑰	“诚信与法治”演讲	演讲协会	金奖	中国演讲协
2017	谢争艳	演讲	演讲协会	银奖	中国演讲协
市民间文艺家协会					
1998	李希特	欢喜(剪纸)	民协	银奖	中国民协
2001	李希特	福禄寿喜(剪纸)	民协	金奖	中国民协
2007	李希特	十二生肖(剪纸)	民协	银奖	中国民协

第八章　贸促会

第一节　组织机构与代表大会

一、市级组织

1992年3月26日，中国国际贸易促进委员会娄底支会（简称娄底贸促会）成立，加挂中国国际商会娄底商会牌子，归口地区对外经济贸易委员会（简称外经委）管理。1993年2月3日，地委明确娄底贸促会为正处级群团机构，会长由地级领导兼任，配备副处级专职副会长。1996年3月19日，核定事业编制3名，会长改由外经委主要领导兼任。2004年12月起，从外经委析出单独设置。2005年4月，增编至6名，内设综合部、法律事务部。设会长1名，副会长1名，科级职数2名。同年12月，设立中共党组。至2017年12月，娄底贸促会在职人员8名。

二、基层组织

2016年12月，全市5个县（市、区）贸促会成立，均为正科级群团机构。其中，娄星区定编6名，2017年底到岗2人。冷水江市定编5名，2017年底到岗4人。涟源市定编6名，2017年底到岗1人。双峰县定编6名，2017年底到岗5人。新化县定编6名，2017年底到岗3人。是年底，由市直职能部门和县（市、区）政府负责人组成的贸促委员会有成员100多名，企业会员60个。

三、代表大会

2005年12月9日，娄底市贸促会第一届一次委员会暨中国国际商会娄底商会第一次会员代表大会在娄底宾馆召开。参加会议代表180人。李伟智作工作报告。会议通过《娄底国际商会章程》。李伟智当选为会长。会议确立会长联席会议制度和副会长轮值制度。

2007年8月15日，娄底市贸促会第一届二次委员会、中国国际商会娄底商会第二次会员代表大会暨品牌娄底俱乐部VIP特约加盟商授牌仪式在娄底宾馆举行。表彰2006年度全市贸促工作、商会工作先进单位，举行品牌娄底俱乐部VIP特约加盟商授牌仪式。

第二节　主要工作

一、经贸交流

2003年10月23—31日，市长刘云柱率团分别参加在日本东京、韩国首尔举办的中国湖南（日韩）投资说明暨项目洽谈会，为第一次以娄底市贸促会名义组织的境外招商活动。

2004年11月15—16日，组织大汉控股集团、金鼎建业、易宝化工、双峰海人科技、新化华阳刀片等7家企业参加在长沙湖南国际会展中心举办的2004湖南—欧盟中小企业合作伙伴洽谈会，通过商业代理、技术合作、合资等方面“一对一”洽谈，初步达成5个合作意向。

2005年4月10—15日，欧盟企业参观涟钢薄板生产线，与大汉控股集团、新化县华阳刀片、易宝化工再次进行实质性商务洽谈。5月28日至6月6日，组团参加2005中国湖南（日韩）专业招商引资洽谈会并观摩日本爱知世博会。代表团就城市污水处理、锑品冶炼加工等项目对接洽谈20多次。7月3—5日，日本智索株式会社客商到娄底考察天源高科、庆阳牧业等企业，并与市环保、城建部门洽谈污水处理合作事宜。8月9—12日，德国安贝格—苏尔茨巴赫地区经贸代表团11人赴娄底考察。双方就贸易交往、城建环保、土地使用、税率等问题进行探讨与交流。11月2日，与英中贸易协会教育代表团在长沙通程国际大酒店就经贸往来与教育培训进行洽谈。11月8日，与德国黑森州科学艺术部部长考茨率领的39人科教经贸代表团在长沙华天宾馆进行贸易交流，易宝化工等企业参加对口洽谈。

2006年2月2—25日，接待苏宁电器、国美电器拓展部负责人考察娄底城区市场。3月9日，双峰皇视电子有限公司、新化县长江电子有限公司等10多家会员企业参加在长沙高新技术开发区举办的2006中国—欧盟投资贸易合作洽谈会推广说明会。7月10—27日，组织经贸考察团赴法、卢、比、荷、德、奥、意西欧7国考察林业、农产品加工、环保等10多个项目，举行多场洽谈会。9月，欧盟信息中心负责人率瑞典客商考察鸿冠食品、娄底乐开口实业有限公司（以下简称乐开口实业），洽谈饼干、米粉生产加工与销售合作事宜。

2007年3月21日，在长沙通程国际大酒店举办的湖南省—黑森州经贸洽谈会上，娄底经开区裕德科技有限公司与IBACON有限公司达成在娄底共建实验室、与EKO-PLANT有限公司达成污水处理技术合作协议。3—4月，浙江奥康集团、香港铜锣湾集团分别考察娄底中心城区、娄底经开区、城南新区及星剑药业、九龙商厦、春园商业步行街、金城时代广场、新一佳超市、君临天厦等。

2008年6月，娄底代表团在参加省人民政府组织的日韩招商活动期间，考察韩国三洋化工株式会社，湖南宜化董事长董兵与朴相俊社长就生产季戊四醇开展技术合作进行洽谈。是年10月29—30日，华南机械制造有限公司（以下简称华南机械）、冷水江市振强锑业有限公司等企业负责人参加在长沙举行的2008亚欧中小企业合作伙伴洽谈会，与英国富豪顾问有限公司、瑞典lundbergs produkterAB公司、英国汇丰银行、芬兰ENERCOMP OY公司等分别进行对口洽谈。

2011年10月，瑞典MHM Healthy House AB公司总裁Leif Simby、卡尔马省商务官员Magnus Gustafsson等访问娄底，MHM Healthy House AB公司与湖南佳源工贸有限公司签署全木质结构别墅材料制造项目合作协议。是年11月3—11日，娄底代表团赴日韩参加首届中韩贸易大会和2011年中国湖南（东京）投资说明暨湘菜推介会，与日本三洋公司就有色金属回收、再生资源等产业技术合作进行磋商。

2012年6月25日至7月4日，组织双峰县经济开发区及相关企业参加2012中国湖南（东京）投资说明暨项目洽谈会，会上散发招商项目书和宣传资料300册，双峰县卓越粮油公司就鲜肉深加工项目与客商进行洽谈。7月28日起，市政府组团访问波兰、瑞典，8月4日，为湖南国际商会驻北欧代表处揭牌。8月8—17日，赴欧洲进行经贸文化合作交流，邀请瑞典皇家工学院到娄底建设餐饮废物再利用项目。9月8—19日，市委组团访问丹麦和俄罗斯，与俄中合作中心就多层停车场建设和锑矿产品深加工技术合作进行探讨。

2013年10月20—28日，娄底经开区和万宝新区负责人率企业家参加中国湖南（日韩）专业招商引资洽谈会，邀请中国在韩侨民协会总会秘书长至娄底访问，促成大丰和与日本Maway公司技术合作。2014年3月，西非布基纳法索Kab&co.Ltd. Boureima. Kabre董事长考察农友集团、湖南创安防爆电器有限公司、乐开口实业、华南机械等企业，与农友集团签署2个集装箱肩背式手动农用喷雾器供销协议。5月，缅甸、泰国等东盟5国工商会研修班20多名工商管理人员考察涟钢、华南机械、三一重工、中兴液压有限公司、大丰和电动车辆有限公司（以下简称大丰和）、农友集团等企业和娄底经开区，市委、市政府召开东盟国家工商管理人员和娄底企业家对接座谈会。9月12—13日，涟钢、三泰新材、湖南伍星生物科技有限公司（以下简称伍星生物）、乐开口粉师傅机械、农友集团、大丰和等公司参加在长沙市举办的第八届中国—拉美企业家高峰论谈会。10月31日，澳大利亚回音游艇有限公司高级项目经理Nicholas和技术总监Jurien考察湖南英越船舶配套工程有限责任公司，探讨游艇代加工合作事宜。12月8日，中国创业投资有限公司董事长、上海美国商会董事会主席白德能率团访问娄底，参观大丰和生产线，与邓斌董事长进行深层次合作洽谈。

2015年6月，娄底市代表团参加意大利米兰第42届世博会中国馆湖南周活动，顺访芬兰和丹麦。参博活动期间，紫鹊界梯田“全球同耕、世界共种”认租模式反响强烈，新化县大型纪录片《一平方英尺的奇迹》，每天在中国馆影视厅滚动播放。湖南渠江薄片茶业有限公司申报的渠江薄片入选百年世博中国名茶金骆驼奖。紫鹊界梯田风景名胜区演职人员应意大利米兰世博会组委会邀请参加闭幕式演出。11月2日，澳门台湾总商会理事长叶敬涛等一行5人到娄底考察企业并参加第六届“湘博会”。

2016年5月7—16日，市政协主席姚兵率团参加“2016年走进欧洲——湘欧城市交流暨企业对接会”系列活动，包括第116届巴黎世界博览会、世界肉食品专业展览会、紫鹊界梯田蛙人路演、湖南企业与巴黎大区企业对接会、德国法兰克福工商会企业对接会、奥地利布根兰州对接会等，与法雷奥高层就华达汽车空调（湖南）有限公司合作事宜沟通，拜会中国驻法兰克福总领事馆、德国湖南同乡会，考察Infraserv.Wiesbaden工业园、John Deere公司等。新化县紫鹊界风景名胜旅游开发有限公司与法国巴黎大区、德国法兰克福、奥地利布根兰州3个城市的旅游部门分别签署合作备忘录，与德国阔博工业服务公司直通湖南达成合作协议。娄底国际商会与德国湖南同乡会签署合作协议。是年，邀请法国法雷奥中国区总裁毕诺、印度驻广州领事馆总领事唐施恩、美国联合总商会副主席林军等7批130余人次到娄底考察，采购娄底产品，共商合作事宜。

2017年，分9批次组织45家以农机和电子陶瓷为主企业130余人参加印度、墨西哥、芬兰、德国等“一带一路”国家和中国香港、台湾地区经贸交流、展览、推介活动，签订外贸合同6000万美元。是年9月，湖南味菇坊生物科技有限公司（以下简称味菇坊）与芬兰企业合作投资3000万欧元在北欧湖南农业产业园建立蘑菇生产基地。12月，伍星生物在印度北方邦密拉特征地4公顷，投资500万美元建设300吨硫酸软骨素生产及关键技术研究与产业化应用投资项目。

至2017年，娄底市贸促会组织相关企业和政府职能部门负责人参加各类境内外招商推介活动60次，邀请境外客商和政府官员访问娄底200人次，接待来访境外客商和政府代表团600人次。

二、经贸展览

国内展览　2005年6月6—10日，市贸促会组织农机机电、医药化工、建材、服饰产品等18家企业参展2005年中国昆明进出口商品交易会。双峰县的微型水稻联合收割机到西双版纳现场演示，成为机电馆的亮点，参展企业达成意向协议200多个，成交金额上亿元。全程获得云南省商务厅的大力支持，娄底农机在云南文山三鑫建材机电市场设立办事处。2005—2008年，中国南方第二至第五届农机机电产品展览会暨湖南省秋季农机机电产品展示订货交易会在双峰县湘中农机机电大市场举行，市贸促会全程参与筹备工作，出面邀请相关领导及外地客商参展参会。

第二届“青春娄底·湘中之光”经贸博览会在娄底宾馆举办项目签约仪式（2006年11月11日摄）

2006年11月9—11日，第二届“青春娄底·湘中之光”经贸博览会举行，邀请深圳彭年大酒店董事长彭立珊、香港庄胜集团总裁周建和、美国凯姆晟（集团）总裁刘雯等800余名中外嘉宾参会。本次博览会签约项目146个，引资59亿元，其中由娄底贸促会牵头引进项目3个，引资5000万元。博览会自3月启动至11月结束，娄底贸促会负责策划方案、筹措资金、承接会务、保障后勤、编印画册、设计礼品、对接央视、服务晚会、接待客商、洽谈项目等，获组织服务先进单位。2006年5月起，连续11年每年组织企业和相关职能部门参加中国北京国际科技产业博览会（以下简称北京科博会），多个高科技项目由此引入娄底，众多娄底产品经此走向国内国际市场。

2007年9月20—22日，中国建筑材料联合会、中国贸促会建筑材料行业分会、省贸促分会和市政府联合主办，娄底经开区、娄底贸促会、湖南五江集团承办的首届中国（中南）国际建材家居博览会在五江建材家居城召开。会场开设4个展区、15个展馆，总展出面积6万平方米。1000多家国内建材家居生产厂家携2000余个知名品牌、1万余个产品参展，18家品牌代理商签约，产品采购合同金额5.3亿元。

2008年10月20—22日，第二届中国（中南）国际建材家居博览会在五江建材家居城召开。中国建筑材料联合会、中国建材市场协会、中国建材流通协会、省贸促分会主要领导及安徽、广东、江西、湖北、贵州等省消费者委员会领导出席开幕式。860家知名建材家居企业高管和区域经销商代表等国内外1000多名客商集聚。其间，组委会联合中南六省消费者委员会举办建材家居品牌营销论坛。知名建材行业专家、《中国建材》杂志社总编虞建华主讲。

2009年起，娄底贸促会连续8年协助组织8届“湘博会”，负责邀请国外境外客商参会参展、组织论坛活动、对接签约项目等。多次邀请美国、印度、泰国、柬埔寨等国家的知名企业家参会参展。2009年5月20—24日，湖南（北京）产业承接暨重点园区推介大会上，发布重点招商引资项目68个，油茶产业、中石化湖南娄底分公司成品油输油管线等4个项目成功签约，引进资金10亿元。10月3—11日，组织31家企业参加第四届中国（长沙）国际食品博览会暨快乐美食嘉年华，接待1.5万人，现场签约成交额2200万元。娄底贸促会获最佳组织奖。9月11—13日，与娄底日报社、娄底市汽车行业商会联合举办2009年娄底第四届汽车博览会暨汽车文化节，26家汽贸汽配与汽车美容企业、56种品牌汽车参展。

2010年7月22日，在上海世博园湖南馆举办2010上海世博会娄底专场日活动。市委书记林武致欢迎辞，市长张硕辅作市情推介。新化县梅山竹编工艺厂在现场向世人展示独特的竹篾体文字设计与编织技术，并当场向湖南馆馆长李沛赠送“城市・让生活更美好”手工艺编织的牌匾。娄底4家企业成为2010上海世博会湖南馆赞助商。会场里娄底贸促会与市外宣办负责采编制作的触摸屏，全面介绍紫鹊界秦人梯田、曾国藩故居、百年锑都、梅山竹编、傩文化、龙山药文化等娄底元素。新化县双语实验学校老师曾阳峥的文琴演奏，作为中国音乐元素，一直安排在中华元素区和园内各大型演出场所展示表演。娄底贸促会获湖南省“参与2010年上海世博会先进集体”称号。2011年5月18—22日，第三届湖南（北京）重点园区推介暨项目对接洽谈会上，娄底代表团与神华集团、五矿集团等8家央企负责人，韩国乐天百货、希杰等世界500强企业代表，中国知名大中型民企代表，外国驻华大使馆领事，国际著名商协会组织代表对接洽谈。发布招商项目25个，对接成功签约4个，引进资金11.58亿元。2014年8月8—11日，组织5家企业参加2014年中国（绥芬河）国际口岸贸易博览会。9日，乐开口实业董事长程江凌向绥芬河某边防哨所捐赠2套米粉机。

2016年4月28日至5月2日，市贸促会与新化县政府在大熊山国家级森林公园共同主办蚩尤九福庙会暨湖南（新化县）旅游商品展览会。展场分奇石区、农博区、旅博区、工艺品区、美食区等5个功能展区，展品涵盖工艺品、农产品、精美食品、健康饮品等上千种。省、市、县相关部门领导和客商2000余人现场观展。5月18—22日，娄底市代表团参加2016年湖南省政府和社会资本合作（PPP）项目投资（北京）推介会。18日下午，市政府在北京湖南大厦10楼湖南厅A厅举办2016年娄底市重点项目（京津冀）招商引资座谈会。市贸促会、市商粮局、市财政局等联合承办，邀请京津冀地区有关投资商、金融部门和咨询机构负责人99人参会。座谈会上，娄底市涟水河综合治理工程（神童湾段）PPP项目签约，发布娄底市重点招商引资项目126个。其中娄星区文化产业创意园暨三馆一中心图书馆建设等12个项目进行现场推介并展开战略招商。

截至2017年，娄底市贸促会组织或参与组织自办展览、博览会17个（次）。组织企业参加国内展览、博览会35个（次）。

国际展览　2004年3月，双峰县湘源皇视电子有限公司参加2004年迪拜国际贸易博览会，其电视接收天线系列产品全年出口额100多万美元。12月，双峰湘圆农机制造厂参加2004年越南（胡志明市）国际贸易博览会，展出的多功能碾米粉碎一体机，因其高效、方便、实用，受到越南用户欢迎。次年越南、老挝、柬埔寨、印度等东南亚客商和政府官员多批次来娄底市考察农机企业，双峰县农机产品拉开进入东南亚市场序幕。是年起，连续5年组织30多家农机、化工、采矿等生产企业参加越南（胡志明市）国际贸易博览会。

2005年11月21—23日，市贸促会组织5家企业赴港参加香港中小企业市场推广日活动，发放项目推介资料2000余份，推广项目112个，接待客商3500人次，与客商合作洽谈35场次。双峰海人科技的多功能保健床与美国、加拿大及中国香港经销商等签订意向协议2个，签订投资协议2个，总金额超过1亿港元。12月14—18日，组织10家企业再次赴港参展，其中6家企业的农机机电、煤矿机械等产品现场展出，与越南客商洽谈近100场次，新结识客户37家，所有展品当场售完。白碧机筛、农友、远达机械分别和客商达成产品代理协议，第一期代理金额5000万美元。2006年12月5—9日，农友、白碧机筛、金峰、永旺、神手等5家企业农机产品赴越南参展，接待海外客商300多家，发放资料5000多份。与越南进兴有限公司、胡志明市中东有限公司等6家越方企业达成意向供货协议，总金额350多万美元。2007年12月4—8日，组织8家双峰农机企业、冷水江锑业企业赴越南参展。2008年12月3—7日，组织农友等6家企业参加2008越南国际投资贸易博览会，促成农友在越南建立经销网点。

2012年4月23—27日，市贸促会组织多家企业和相关职能部门参加德国汉诺威工业博览会，会上发放企业宣传资料500份，与国际机械行业顶尖企业和国际机械行业专家进行交流。2013年4月8—12日，再次组织3家企业参加德国汉诺威工业博览会，现场发放娄底招商项目资料200份。11月23日至12月3日，农友集团参展印度中国制造展览会，和当地经销商洽谈具体合作细节，所带样机进馆即被当地经销商预订。12月5—7日，娄底市庆阳牧业食品有限公司等3家企业参加香港亚洲农产品展。2015年10月21—25日，湖南渠江薄片茶业有限公司、新化县绿源农林科技有限公司等9家名优特农产品企业参展第二十届澳门国际贸易投资博览会。11月19—28日，组织10家企业参加2015中国商品（印度孟买及斯里兰卡科伦坡）展览会，并以双峰农机企业为主组织省农业机械专场推介会。12月3—5日，湖南紫鹊庄园生态农产品公司等5家企业参加香港亚洲农产品展。

截至2017年，娄底市贸促会组织企业参加境外及国际展览、博览会25个（次）。

三、服务企业

2005年起，组织企业和有关职能部门负责人参加中国贸促会和省贸促分会举办的各类外经贸知识培训活动，每年在60人次以上。贸促会通过研讨会、高峰论坛、推介会、讲座等方式，每年至少为会员企业提供培训服务一次，帮助中小企业掌握进出口业务知识，了解相关行业发展前景，熟悉关联国家法律法规。是年7月13日，联合香港贸发局在娄底宾馆举办香港优势服务推介研讨会，会员单位、会员企业200人参加。是年10月至2006年12月，市贸促会编辑出版《娄底贸促》期刊10期，发布各类信息200余条，赠送贸促委员、商会会员2000余册。2006年6月，联合智博企管策划传播中心举办管理变革与突破大型专题讲座，会员单位、会员企业300人参加。9月18日，开通娄底贸促会网站（www.ldccpit.gov.cn），确立“贸促天下，商会全球”发展理念。10月12日，联合市商务局举办“走出去——东南亚商机报告会”，68家企业参加。2008年5月，举办企业形象塑造及商务礼仪培训班，请香港资深礼仪顾问、香港致信国际企业咨询机构高级培训师梁北京授课，有200多家企业参加。2007年，编辑《品牌娄底》商务会刊，出刊4期300余册后停刊。2008年底，市贸促会网站关闭。2009年，组织最新税收优惠政策与纳税筹划技巧、金融危机下的政策分析和企业经营十大风险防范讲座，参加培训人数800余人次。

2010年9月25日，中国贸促会批准省贸促分会出口产品原产地证签证处设立娄底签证代办点。2011年4月27日，省贸促分会批准在瑞典斯德哥尔摩设立湖南国际商会驻北欧代表处，明确代表处与瑞典艾文斯（Avans Encrgy AB）能源科技有限公司合署办公，公司总经理唐勇任首席代表，所需费用与人员由Avans Encrgy AB公司负责，省贸促分会进行业务指导和监督，由娄底国际商会负责管理，为娄底第一家境外招商引资平台。是年7月，娄底签证代办点挂牌办公。截至2017年，分别在德国、芬兰、丹麦、瑞典、泰国、越南、印度尼西亚、印度等国家建立娄底商会代表处13个，为娄底优势企业和特色产品走进国际市场打造便捷通道。

2011年、2014年先后派2人到省贸促分会跟班学习原产地证审签，多次参加中国贸促会组织的出证认证知识培训，组织进出口企业参加申领原产地证手签员培训。2013年6月21日，中国贸促会批准省贸促分会出口产品原产地证签证处增设娄底支会签证点。2014年8月29日，组织娄底市原产地证签证点授牌仪式暨出证认证业务知识培训，有80多人参加。

2015年8月，全省贸促系统统一运行管理的娄底贸促会网站（http：//www.hnccpit.org/ldzh）开通。2016年2月19日，中国贸促会湖南调解中心娄底办事处批准设立，聘用2名专业资深律师，为娄底企业和产品走出国门提供专业法律咨询和援助服务。截至2017年底，签发出口产品原产地证2600多份。

2017年8月3日，举办娄底市外贸知识培训班，海关、商检及联邦外贸服务公司专家应邀授课，参训企业100余家。9月27日，省贸促分会、印度驻广州总领事馆、市政府共同主办，娄底贸促会承办的中国（湖南）—印度经贸合作论坛在娄底华天大酒店举行。湖南省市州相关部门领导、印度官方代表、双方商协会和企业代表160人参加论坛。论坛的主题为“中印农机合作的潜力和途径”。中央对外联络部副部长艾平、印中经济文化促进会秘书长穆罕默德·萨奇夫分别发表演讲，中印知名农机专家和企业代表围绕“中印农机合作的潜力和途径”进行对话。

四、建言献策

2014年6月，市贸促会与农业部优质农产品开发中心、绿色食品认证中心负责人一道，对白溪豆腐加工制作进行实地调研，就做大做强白溪豆腐产业、统一注册商标、统一产品标准、统一生产工艺流程提出建议。是年，联合市工商局就娄底优势资源进行调查，形成《把娄底市优质资源转化为优势产业的调查与建议》调研报告，以《领导参阅》形式呈报市委、市政府主要领导并批示给相关部门。组织撰写《整治经济发展环境刻不容缓》《从黑茶鼻祖渠江薄片与安化黑茶的对比看娄底市农业转型发展的出路》《谈谈娄底市经济转型发展艰难的原因及对策》《打造品牌　娄底农业转型发展的根本出路》《以品牌建设为抓手　强力推进娄品出境》等系列文章，为企业生存鼓与呼，为娄底经济发展建言献策。

第九章　残疾人联合会

第一节　组织机构与代表大会

一、市级组织

1990年10月，地区残疾人工作联络处（简称地区残联）在地区盲聋哑人协会和三项康复工作办公室（白内障复明手术、聋儿听力言语训练、小儿麻痹后遗症矫治手术）基础上组建，为正科级事业团体，由地区民政局代管，核定事业编制6名。1996年初，高配副处级主任。下半年，升格为副处级机构，内设办公室。9月，残疾人劳动就业服务部成立（简称服务部），核定自收自支事业编制2名。1997年12月，地区残联升格为正处级群团机构。1999年10月，不再由市民政局代管。是年，残联工作获7项国家级荣誉和21项省级荣誉，被评为全省目标管理考核先进单位。2002年8月，核定行政编制7名，后勤服务事业编制1名，内设办公室、康复部、宣传教育就业部（加挂市残疾人就业服务部牌子）。2003年1月，成立中共党组。12月，残疾人就业服务部单设，为实体性独立法人正科级事业机构。7月，增加行政编制1名。2011年，市盲协获“十一五”全国残联盲人协会工作优秀奖。2016年9月，服务部被列为公益一类事业单位。2017年12月，服务部增加编制3名。市残联机关实有工作人员12名。

二、基层组织

冷水江市残联　1990年10月成立，为正科级群团机构，核定全额拨款事业编制1名，由民政局代管。2001年3月，市残联从民政局析出单独设置，内设办公室（加挂人事财务部牌子）、康复部、宣传教育就业部、维权部。2004年，16个乡、街道残联成立。2005年5月，市残联设立中共党组。是年，矿山乡毕喜华被评为全国优秀乡镇残联理事长。2006年，冷水江市残联获全国残疾人工作先进单位称号。2017年，冷水江市残联实有工作人员28名。

涟源市残联　1990年10月成立，为正科级群团机构，归口民政局管理，核定行政编制1名。1997年7月，内设办公室、康复部、教育就业部、维权部。2004年3月，从民政局析出单独设置，设立中共党组。2006年4月，20个乡镇（街道）残联成立。2009年7月，陈军生获全国残联系统先进工作者称号。2017年，涟源市残联有工作人员21名。

娄星区残联　1991年1月成立，原名为娄底市残联，为副科级群团机构，归口民政局管理，核定事业编制3名。1999年10月，更名为娄星区残联。2003年7月，升格为正科级机构，设立中共党组。2004年5月，从民政局析出单独设置，内设办公室、宣教就业部、康复部。2017年，娄星区残联实有工作人员17名。

双峰县残联　1991年1月成立，为副科级群团机构，由县民政局代管，核定事业编制2名。1995年4月，升格为正科级机构。1999年7月，16个乡镇残联成立（2002年撤销，2004年12月恢复）。2002年8月，从民政局析出单独设置。内设办公室、康复部、宣传教育就业部。2010年11月，增设维权部。至2017年底，双峰县残联实有工作人员12名。

新化县残联　1991年1月成立，为副科级群团机构。内设办公室、康复部、宣教部。是年12月，县内部分省属厂矿企业成立残疾人协会。1992年1月，34个乡镇成立残疾人协会。2001年7月，升格为正科级机构，从民政局析出单独设置。2009年9月，设立中共党组。是年，全县29个乡镇（街道）、林场成立残联。至2017年底，新化县残疾实有工作人员30名。

三、代表大会

2003年4月10—12日，市残联第一次代表大会召开。出席大会正式代表95名，特邀代表70名。欧友佳作题为《全面贯彻“三个代表”重要思想，努力开创残疾人事业新局面》的工作报告。推举欧友佳为理事长。

2008年11月5—6日，市残联第二次代表大会召开。出席大会正式代表121名，特邀代表40名。王美成作题为《认真贯彻执行〈残疾人保障法〉，全面推进残疾人事业科学发展》的工作报告。推举王美成为理事长。

2013年10月20—21日，市残联第三次代表大会召开。出席大会正式代表136人，特邀代表58人，列席代表4人。曾晴川作题为《立足新起点，谋划新思路，在实现我市奋进崛起构建幸福娄底征程中谱写残疾人事业科学发展新篇章》的工作报告。推举曾晴川为理事长。

第二节　主要工作

一、康复工作

1990—1992年，贯彻行署《娄底地区残疾人三项康复实施方案》，全地区完成小儿麻痹后遗症患者施行矫治手术675人次，1150名白内障致盲者重见光明，聋儿听力语言训练210人。1995年，地区残联被评为“八五”全省残疾人康复工作先进单位。1996年，完成白内障复明手术523例，小儿麻痹矫治354例，聋儿听力语言训练39人。1998年，完成白内障复明手术763例，小儿麻痹矫治102例，三种特需人群补碘8.66万人，建立社区康复站21个，残疾人用品用具供应站3个，为2万多名残疾人提供有效康复服务。1999年，完成白内障复明手术835例，聋儿机构训练58名，聋儿家庭训练20名，智力残疾人机构训练30名。2002年，涟源市被评为全国低视力康复工作先进单位。2003年6月，市残疾人用品用具供应服务站成立，供应用品用具1274件，其中免费发放327件。9月，市卫生局与市残联联合开展提高出生人口素质、减少出生缺陷和残疾行动计划。10月和2004年10月，“视觉第一、中国行动”分别在冷水江市和新化县完成白内障复明手术418例，为贫困患者免除手术费用120余万元。是年11月，省政府在娄底举行“彭年光明行动”入湘启动仪式，副省长甘霖讲话并向彭立珊赠送“光明特使”牌匾，在娄底眼科医院开展为期17天的白内障复明手术，为全市8000余名贫困白内障患者实施复明手术，是娄底覆盖面最广、持续时间最长、影响较大的惠残项目。5个县（市、区）均先后被评为全国无白内障示范县（市）。

2009年，为367名低视力者配助视器448件，残疾人康复训练388名，家长培训5期62人次，贫困精神病患者医疗住院救助16名，发放药品救助440名，用品用具供应服务3400件，为残疾人减免、补助资金200余万元。2010年，完成省、市政府为民办实事项目“0~6岁贫困残疾儿童抢救性康复”119名，适配辅助器具（包括轮椅、假肢装配、拐杖、助听器等100多种）3000余例，为335名精神病患者免费提供治疗药物。2011年，开展0~6岁贫困残疾儿童抢救性康复51名，涟源市完成中国残联康复项目150名。双峰县特教学校完成中国残联聋儿康复24名，康复培训416人次，辅助器具适配3500件，为425名精神病患者免费提供治疗药物和住院救助，免费为109名残疾儿童提供康复服务，冷水江市被评为“全国残疾人社区康复工作示范市”。2012年，为197名“0~6岁贫困残疾儿童”实施康复，实施白内障复明手术2240例，其中免费手术1185例；实施精神病人药物治疗和住院救助465人；适配辅助器具1200人，其中安装假肢168例，适配残疾儿童辅助器具20例、成人辅助器具供应1012例。2013年，投入资金330余万元，开展“0~6岁贫困残疾儿童抢救性康复”239名，完成残疾人托养救助1053名。投资22万元新建泓和残疾人托养服务中心，对20名重度智力残疾人进行日间照料服务。投入资金46万元，完成适配残疾人辅助器具819件，辅助器具工作经验被省残联推广。是年，第六次邀请彭立珊到娄底实施“立珊光明行动”，全市实施白内障复明手术3000余例，其中2000余名贫困白内障患者得到费用全免或部分减免，指导新化、冷水江成功创建“全国白内障无障碍县（市）”。2014年，完成0~7岁贫困残疾儿童抢救性康复232人，残疾人假肢安装165例，助听器配发38例，安装人工耳蜗15例，适配辅助器具715件，白内障复明3000余例，救助精神病患者697人。2015年，为2398人提供康复服务，其中0~7岁贫困残疾儿童抢救性康复562人，残疾人辅助器具适配646人，为190名智力残疾儿童购买康复服务。2—12月，省政府将残疾儿童实施抢救性康复列为省重点民生实事项目，娄底市任务数为329名，为0~7岁贫困听力残疾儿童、肢体（脑瘫）、孤独症、智障儿童实施免费康复训练。3—11月，市残联与娄底眼科医院联合开展“残联光明行动”，为1000例贫困白内障患者实施免费复明手术，市残联按每例500元标准给予经费补贴，县（市、区）残联根据患者家庭实际困难给予相应经费补贴。

2016年，为9000余人次残疾人提供康复服务，其中，为白内障患者实施复明手术3500余例，培训残疾人家长395人次，实施假肢安装手术240余例，适配助听器52例，为“0~14岁”贫困残疾儿童免费安装人工耳蜗20例，实施聋儿康复培训60人次，为残疾人适配辅助器具1000余人（件次），为精神残疾人免费提供药物治疗和住院救助360人次，残疾人辅助器具流动服务车行驶5324千米，为3456名残疾人提供上门康复服务。3—12月，省政府再次将残疾儿童实施抢救性康复列为省重点民生实事项目，娄底市任务数为375名，为0~7岁贫困听力残疾儿童、肢体（脑瘫）、孤独症、智障儿童实施免费康复训练，实施“0~7岁”贫困残疾人抢救性康复425名。5—11月，市残联与娄底眼科医院联合开展“残联光明行动”，为1000例贫困白内障患者实施免费复明手术，除“新农合”、居民医保按政策报销的部分医疗费用外，市残联按每例500元标准给予经费补贴。县（市、区）残联也给予相应经费补贴。

2017年1月，市残联、市卫计委、市扶贫办、市人社局联合下发《关于印发〈娄底市残疾人精准康复服务行动实施细则〉的通知》。3—12月，市残联与娄底眼科医院联合开展“残联光明行动”“站立行动”活动，为1000例贫困白内障患者实施免费复明手术，为娄底市区域内股骨头坏死、骨性膝关节炎、风湿和类风湿性膝关节炎等贫困残疾患者免费实施手术，安装国产假肢150例。是年，全市有基本康复需求残疾人5.07万人，完成康复2.36万人，康复服务率46.53%。有辅助器具适配需求的残疾人2.08万人，完成辅助器具适配服务1.52万人，适配率73.04%。完成残疾儿童训练康复373名，投入198万余元完成残疾人辅助器具适配1111名，18次输送业务人员、康复教师、残疾儿童家长503名，参加省残联举办的各类康复业务培训班。

二、扶助就业

（一）就业与技能培训

1990年，全地区69家福利企业集中安置残疾人就业1669名，社会分散安置残疾人就业8000余人。1997年始，全地区实施按比例安排残疾人就业政策。地区财政局下发《娄底地区残疾人就业保障金管理办法》。1998年7月，行署出台《关于认真贯彻省人民政府第106号令　依法做好按比例安排残疾人就业工作的通知》，规定全地区机关团体和企事业单位按上年度在职职工总数1.5%的比例安排城镇残疾人就业，乡村企业按上年度在职职工总数2%的比例安排农村残疾人就业，对未按比例安置残疾人就业的，依法征缴残疾人就业保障金（以下简称残保金）。10月，组织盲人参加省残联盲人按摩培训，支持李海龙创办娄底城区第一家盲人按摩店，填补娄底盲人按摩行业空白，年底发展到14家。

1999年，全市开展残疾人就业情况调查，残疾人稳定就业1.23万人。2000年，双峰县被评为全国残疾人就业工作先进单位。是年，投入资金575万元，举办残疾人职业培训班39期，培训残疾人2750名。2004年4月，市政府残工委成立娄底市依法按比例安置残疾人劳动就业工作领导小组。2006年，市残联对全市盲人保健按摩行业实行规范化管理。是年起，残保金征收由上门征收改为财政部门代扣和税务部门代征。

2007年，冷水江市肢体残疾人李红卫成立宏达农业综合开发有限公司，采取“公司+基地+合作社+农户”模式，承包1000多亩荒山，建起1万多平方米的养殖场，山上种杂果，山下养鸡、牛、羊、猪，田里种大棚蔬菜和草莓，带领残疾人和特困农户致富，该公司被省残联批准为娄底第一家省级残疾人就业培训（种养业）基地，李红卫被评为全国科普惠农兴村带头人。2008年，市政府将残疾人职业技能和实用技术培训纳入政府为民办实事项目。2009年，投入资金81万元，免费培训915名残疾人。是年，双峰县肢残人蒋年发创办“湖南省年发样样红果业有限公司”，旗下的湖南省突尼斯软籽石榴基地被市残联批准为市残疾人就业培训示范基地，先后被省残联评为“全省残疾人就业扶贫示范基地”，被中残联、国务院扶贫办评为农村残疾人扶贫开发工作先进集体，中残联副理事长程凯到基地考察。

2010年，市残联开展残疾人职业技能和实用技术培训750人，举行全市残疾人职业技能竞赛，并选送7名选手参加省第四届残疾人职业技能竞赛，服装制作选手王艳萍、盲人按摩选手彭卫国获一等奖，王艳萍获省人社厅颁发的“湖南省技术能手”称号和省总工会授予的“湖南省五一先锋”称号，刺绣选手刘晓菊、广告设计选手冯如获三等奖，市残联获组织奖。是年，全市扶持5710名残疾人个体从业，福利企业集中安置残疾人就业2025人，财政代扣和税务代征残保金310万元，返税4835万元。2011年，全市征扣残保金970余万元，其中市本级290万元。是年，完成残疾人职业技能和实用技术培训800人次。2012年，建立市级就业培训基地5个，各县（市、区）分别建立就业培训基地3~5个，完成残疾人职业技能和实用技术培训830名，为865名残疾人提供就业援助。娄星区乐坪街道童家社区开辟公益岗位15个，成为全省残疾人就业进社区的首批试点社区之一。

2013年，全市举办残疾人职业技能和实用技术培训班22期，培训残疾人1009人，组织参加全省残疾人就业服务指导竞赛，获优秀组织奖。举办“就业援助月暨新春大型招聘会”。是年，全市地税代征残保金796.4万元，财政代扣555万元。2014年5月，新化县盲人阳梦觉被评为第五届“全国自强模范”，受到省委书记徐守盛、省长杜家毫接见。是年11月，在娄底举办省第五届“湘博会”，首次开辟残疾人企业创业成果展区，邀请全省11家残疾人企业组团参展。副省长何报翔参观残疾人企业创业成果展区时予以肯定和赞扬。此后，“湘博会”设置残疾人企业创业成果展区成为惯例。是年，开展残疾人职业技能和实用技术培训1041人。全市各类行政、事业、企业单位按比例安排残疾人就业865人。80家福利企业集中安排2700多名残疾人就业。为残疾人创业贷款提供贴息77.9万元。2015年1—2月，组织开展以“就业帮扶、真情相助”为主题的“就业援助月”专项活动，2月28日，在五洲商业名媛世界广场举办专场招聘会，设置残疾人招聘专区，60多名残疾人参加现场招聘，20名残疾人求职者与企业达成就业意向。4月16日，省残疾人劳动就业服务中心在新化县召开就业援助月盲人按摩送技术送管理进门店活动交流总结评估会。5月，市政府就如何贯彻落实《湖南省按比例安排残疾人就业规定》召开专题会议进行研究，提出明确要求。市残联、市地税局、市财政局、市人社局、市统计局提出具体办法。7月，娄底市第一批盲人保健按摩高级按摩师晋级培训班在株洲开班，参加培训的盲人全部取得盲人保健按摩高级证书。7月，娄底市肢体残疾人谢彰峻代表湖南省参加第五届全国残疾人职业技能竞赛，获手机维修优秀技能奖。11月，在第六届“湘博会”上，全省56家企业130多名残疾人创业者参展，参展残疾人企业达成订单意向180多万元，销售产品总金额30多万元。“湘博会”期间，全省残疾人就业创业交流座谈会在娄底召开。是年，市本级征收残保金650万元，扶持32名盲人从事保健按摩，投资174.5万元扶持121户残疾人家庭创业，申报残疾人创业小额贴息贷款580万元，残联贴息资金40.6万元。12月，市残疾人劳动就业服务部规范化建设通过省残疾人劳动就业服务中心验收。市财政局、市残联、市地税局、人民银行娄底中心支行出台《关于残疾人就业保障金征收工作有关问题的通知》。2015年，投资154.9万元，开展残疾人职业技能和实用技术培训853人。

2016年2月，市残联与市人社局联合举办“就业援助月”专场招聘会3场，近200名残疾人参加，其中60名残疾人与用人单位达成就业意向。走访残疾登记失业人员家庭54家、登记失业残疾人员121人、实名制纳入年度培训计划640人、帮助26名失业残疾人实现就业，帮助279名残疾人享受专项扶持政策。是年，征收残保金800多万元，投入177万元扶持残疾人创业，小额贷款贴息78.4万元。省、市、县投入基地建设费200余万元，同时，协调银信部门落实贷款1120万元。5月20日，市残联承办“湖南残疾人居家就业创业项目——云客服分享会”，特邀深圳残友集团淘宝云客服讲师佘海金授课，32名残疾人参加会议。9月，参加省首届残疾人岗位精英职业技能竞赛，获组织奖和团体总分第五名。10月，举办娄底市第一期残疾人云客服培训班，30名肢体残疾人参加培训，9名残疾人通过淘宝公司考核，实现居家就业上岗。是年，投入资金250余万元，开展残疾人职业技能和实用技术培训100多期，培训残疾人1500余名。12月，娄底在全省残疾人教育、就业、扶贫、社会保障和托养工作绩效考核排名第一，获“市州残联教就工作A等（优秀）单位”。是年，全市征收残保金2500万元。

2017年2月，全市残联系统与人社部门举办“就业援助月”专项就业招聘会4场，200多名残疾人参加，其中50多名残疾人与用人单位达成就业意向，走访登记失业人员家庭50家、登记失业残疾人员115人，帮助实现就业人数22人，帮助残疾人享受专项扶持政策234人。6月，市政府出台《娄底市残疾人就业保障金征收使用管理实施办法》。7月，组队参加省第二届残疾人岗位精英职业技能竞赛，获三等奖2个，娄底代表队获最佳组织奖，茶艺项目选手龙丹桂代表湖南参加在昆明举行的全国岗位精英赛。是年，市本级开办残疾人就业培训班3期，培训残疾美发师18人、残疾人创业提升培训20人、残疾人云客服培训26人。全市有盲人保健按摩机构54家，从业盲人保健按摩师217人，争取省残疾人劳动就业服务中心委派专家对涟源市运怡阁盲人按摩中心等6家省级盲人按摩合格机构开展送技术、送服务活动。是年，全市完成残疾人职业技能和实用技术培训任务386名。市本级110家用人单位安排426名残疾人就业，征收残保金600万元。

（二）扶贫与社会保障

1996年起，先后争取农业发展银行康复扶贫贷款895万元，扶持17个残疾人就业项目。1997年起，残疾人扶贫进入攻坚阶段，扶贫投入增加，脱贫进展加快，至2001年，全市贫困残疾人由8.4万人下降到3.1万人。2000年，冷水江市被评为全国残疾人扶贫工作先进单位。2002年，涟源市残联理事长李干雄被评为全国残疾人扶贫工作先进个人。2003—2008年，投资348万元，走访慰问残疾人1.2万余户，为1.1万名贫困残疾人落实最低生活保障，4518名残疾人享受“五保”供养，为无房、危房户贫困残疾人新建、改造住房390户。重点扶持4878名贫困残疾人兴办小型加工厂、种养业、手工业、经商等。2009年，走访慰问残疾人2100户，为残疾人捐赠物品折合人民币38万元，助残捐款48万元，为7693名城镇残疾人落实最低生活保障，为200户无房和危房户新建和改造住房，重点扶持580名贫困残疾人兴办小型加工企业、种养业、手工业、经商等。2010年，走访慰问残疾人3800户，助残捐款捐物价值146万元，为200户无房和危房户新建和改造住房提供补助，为7693名城镇残疾人落实最低生活保障。2012年，完成彩票公益金农村贫困残疾人危房改造“阳光安居”项目150个，帮扶贫困残疾人600人，为40户残疾人家庭实施无障碍改造，为989名残疾人发放机动轮椅车燃油补贴25.7万元。12月，市残联副理事长袁若冰被中残联、国务院扶贫办评为2001—2010年全国农村残疾人扶贫开发工作先进个人。

2014年，市政府办公室印发《娄底市重度残疾人护理补贴制度实施细则》，重度残疾人护理补贴全额纳入财政预算，为2万余名重度残疾人发放护理补贴800余万元，投资70万元为100户贫困残疾人家庭进行无障碍改造，配合住建部门为330户贫困残疾人进行危房改造，为1320名残疾人发放残疾人机动轮椅车燃油补贴34.32万元。2015年2月，市残联借助“心得乐”平台，为29名残疾学童现场捐助。是年，为2.37万名重度残疾人发放护理补贴631.68万元，为1320名残疾人发放残疾人机动轮椅车燃油补贴39.34万元，投资52.8万元为882人开展阳光家园居家托养，投资70.7万元为101户贫困残疾人家庭进行无障碍改造，其中残疾人贫困户和低保户建档立卡71户，占70%，慰问贫困残疾人800余人次40多万元。2016年，为3.12万名重度残疾人发放护理补贴1869.42万元，为3.25万名困难残疾人发放生活补贴1951.5万元，发放残疾人机动轮椅车燃油补贴1692人次43万余元，投入资金122万元为175户贫困残疾人家庭进行无障碍改造。是年5月，市领导出席娄底市第26次全国助残日活动，对脑瘫康复明星残疾儿童进行现场慰问，60个单位和数十名爱心人士为佛泉残疾人水厂筹集爱心款31.6万元，10多名书画家义卖爱心书画助力残疾人创业。2017年，投资182万元，扶持910名农村贫困残疾家庭发展生产，给4.01万人次发放重度残疾人护理补贴2008.57万元，给3.096万人次发放困难残疾人生活补贴1547.91万元，投资72万元为203户贫困残疾人家庭进行无障碍改造，完成残疾人托养600名。是年12月，涟源市祥兴农村科技有限公司与冷水江市瑞生源杨梅种植专业合作社被评为省级扶贫示范基地。

三、扶助特殊教育

1990年9月，娄底市聋哑学校成立，在没有校舍的情况下，租用场地招生2个班20名学生。1991年9月，双峰县聋儿语言训练班和新化县聋儿语言训练班面向社会招生，首次通过教育手段，利用聋儿残余听力、视觉、触觉，借助助听设备使聋儿开口说话，帮助聋哑儿童回归社会。1993年，冷水江市特殊教育学校建成。其间，各县（市）在中心小学试办特教班。娄底市特殊教育步入全国先进行列，冷水江市获“全国特教工作先进单位”。1998年，全地区2所特教学校有学生162名；10所普通学校附设12个特教班，有学生103人；招收残疾儿童随班就读的小学有266所，招收残疾学生1662人；初中10所，招收残疾学生97人。1999年，地区残联和地区教委在娄底聋哑学校和冷水江市特教学校开设盲童义务教育班和成人扫盲班，填补全市盲人教育空白。年底，全市7~14岁就读残疾人5713人，入学率74.2%。

2004年起，在普及残疾儿童入学的同时，关注残疾人高等教育和职业教育。至2007年，全市资助残疾儿童少年624名、残疾人子女930名、残疾大学生61名。

2014年，资助残疾学生331人次。2015年，为全市30名贫困高中残疾学生发放助学金3万元。2016年，资助360名省特教中专娄底籍残疾学生和娄底、双峰、冷水江、涟源4所特殊学校残疾学生36

万元，资助53名残疾大学生及贫困残疾人家庭子女大学生15万余元；投资12万元，资助学前特殊教育儿童40名，申报残疾大学生及贫困残疾人家庭子女大学生176人，申报残疾高中生及贫困残疾人家庭子女高中生100人。投资20.35万元，对娄底4所特校及省特教中专娄底籍407名残疾学生进行补助，为30名不方便入学的重度肢体、智力、多重残疾儿童提供送教上门服务。2017年，继续巩固提高特殊教育成果。

四、宣传与文艺

1994年6月，地区第一届残疾人文艺会演在星星影剧院举行，开启每两年一次的全区残疾人文艺盛会。1996年5月，地区残联干部走出机关，面向社会筹资5万多元，探索出一条依靠社会力量办文艺的路子。1996年，地区残联制定新闻报道奖励制度，对在新闻媒体发表作品者均给予奖励。是年底至1997年初，境内接连发生3起涉残事件：双峰县甘棠乡7岁女童朱纯因摔伤致残并发骨髓炎和病理性骨折，奄奄一息，走投无路；地区供销学校残疾学生刘韶兵病情恶化，以拾废品为生的母亲再也无力支撑；新化县上梅小学女生周菲被歹徒泼硫酸烧伤致残。地区残联与团委、妇联、教委、卫生、民政等部门，以新闻媒体为阵地，开展持续半年的“春季大救援”行动。地委、行署和有关部门领导竞相发表文章或讲话，动员社会开展“爱心大讨论”。这场“春季大救援”，参加人数近万名，发表稿件80多篇，捐款捐物价值12万多元。

1997年初，新闻单位和热心残疾人事业的新闻工作者，成立地区残疾人新闻宣传促进会，抓住残疾人事业中的大事，组织系列跟踪报道，推动残疾人事业发展。1998年，地区残联在《娄底日报》发表《残疾青年就业状况面面观》等文章，宣传残疾人就业政策，澄清模糊认识。制作3个专题节目，在湖南经济电视台《爱心30分》播放，宣传世界举重冠军陈善民、残疾学生王自平、残疾人“故事大王”王光的典型事迹。1998年7月，娄底聋哑学校学生王自平在香港回归一周年前夕，创作《回归周年颂爱在无声中》的大型油画，寄给香港特首董建华。地区残联抓住这个典型扩大宣传效果，请地区领导观摩，又将油画送到长沙，请省人大、省政协领导审查。9月，趁省残联三代会召开之际，再次把王自平作品摆到留芳宾馆大厅，请与会代表和省领导观看。同时，制作成专题片在湖南经济电视台《爱心30分》节目中播出。油画寄出后，董建华写信向王自平致谢，多家新闻单位报道，《人民日报》海外版发专稿，其创作的《锦绣山河》《狮王》《大鹏展翅》3幅国画，在美国加利福尼亚州展出，东方艺术博物馆作永久性收藏。是月，市残联在娄底电视台举办涟钢杯第三届残疾人文艺会演。至1998年，先后参加全省三届残疾人文艺会演，2次获全省组织奖，1次获全省特殊贡献奖，23个节目在全国全省会演中获奖。是年，娄底市第一个由残疾人民间互助社团“娄底市残疾人爱心互助会”成立。汶川大地震后，他们组建心理援助队赶赴灾区，在四川省人民医院、华西医院和四川省假肢康复中心、什邡、彭州等地开展近两个月的心理援助工作，援助伤残人员392批1500多人次，举行义演6次，被“‘5·12’震后心理援助首届国际论坛”授予“国际莫尼卡人道主义杰出奖”（团体奖），被省委宣传部授予“三湘骄子·爱在中国”湖南省首届爱心名片。至1999年3月，全地区在中央和地方新闻媒体刊发稿件700多篇，连续4届参加“湖南省残疾人事业好新闻评选”，获奖作品均居全省前列，省委宣传部、省残联联合在娄底召开省残疾人宣传文体工作会议，推介娄底残疾人宣传文体工作经验。

2000—2002年，连续3年在全市开展“人人献一份爱心，捐一天工资”助残募捐活动，市本级累计捐款80万元。2003—2008年，连续三届参加“幼儿时代小艺术家”调演，获金奖8个，3次获组织奖，连续四届参加全国和全省残疾人文艺会演，获组织奖3个和11金、18银、16铜。2012年，参加2010—2011年度“湖南省残疾人事业好新闻奖”评选。市残联选送电视专题片《最美的生命》《娄底残疾人开展向社会献爱心活动》获一等奖，其余参赛作品获二等奖2件、三等奖2件。2013年，2幅美术作品获“‘筑梦湖南’省首届百强残疾青少年艺术精英选拔大赛”优胜奖。2014年8月，组队参加第八届全省残疾人文艺会演，选送6个节目中，获二等奖1个、三等奖2个、优秀奖3个。2015年6月，选拔5名残疾青少年参加湖南省“梦飞扬”残疾青少年才艺展演活动，获金奖1人、银奖1人、铜奖3人。是年8月，参加全省交通银行特教学校聋生书画比赛，获二等奖1个、三等奖2个。2016年6月，选送6个节目参加省第七届全省特教学校学生艺术会演，获二等奖2个、三等奖1个，市残联获优秀组织奖。是年9月，组织参加全省残疾人文化周活动，获一等奖1个、二等奖1个、三等奖5个，市残联获优秀组织奖。是年10月，参加全省第二届残疾少年儿童及特校艺术老师基本功比赛，获园丁奖1个、二等奖1个、三等奖3个。8月，市残联与娄底市新闻工作者协会联合举办娄底市残疾人事业好新闻评选活动，活动收到县（市、区）残联及有关媒体各类新闻作品106件，选送21件参加全省残疾人事业好新闻评选，获一等奖3个、二等奖1个、三等奖3个，名列全省第一，市残联获组织奖。是年9月，参加第四届全省残疾人文化周活动，获一等奖1个、二等奖1个、三等奖5个，市残联获优秀组织奖。2017年，参加2016—2017年“自强逐梦”湖南省残疾人就业创业公益摄影比赛，获品质收藏奖11个。

2017年11月，参加第五届全省残疾人文化周活动，获一等奖2个、二等奖3个、三等奖5个、优秀奖6个。市残联获组织奖。

五、维权

1990—1997年，全地区成立残疾人法律援助中心18个。1997年6月，行署下发文件，明确将扶助残疾人纳入依法治区范畴。是年，双峰县政府出台《关于对残疾人实行优惠照顾的规定》，将扶残助残纳入村务公开，残疾人优惠政策大面积落实，《中国残疾人》杂志刊发对双峰惠残政策的调查报告向全国推介，并配发编者按。1998年1月起，核发全国统一残疾人证。6月，省人大常委会组织执法检查组对娄底地区执行残疾人保障法情况进行调研。1999年，肢残人曾汉章当选市第一届政协委员，残疾人作为政协一个界别参与政治生活。2000年，在火车站、汽车站设立残疾人专用购票窗口和候车室。2001年7月，娄底中心城区和各县（市、区）相继淘汰残疾人机动三轮车，残疾人多次赴省进京上访和制造恶性事件，市残联耐心做好疏导工作，积极向市委、市政府汇报，市委、市政府3次调整补偿政策，采取有效措施做好残疾人稳定工作，近1000名残疾人三轮车营运者得到妥善安置。

2003年3月，市政府残工委下发《关于认真做好残疾人调查摸底工作的通知》，对全市17.4万名残疾人现状进行调查摸底，开启对残疾人正当权益的分类保障。6月，市政府出台《娄底市扶助残疾人暂行规定》。2004年，残联聘请法律顾问，5个县（市、区）成立残疾人法律援助站，提供法律咨询1554人，办理案件521件。冷水江市残联理事长吴玉长被评为2004年度全国信访工作先进个人。2008年始，市人大、市政协进一步加大执法监督、巡视力度，组织残疾人权益保障执法检查19次，政协视察21次，20名残疾人及其亲友和残疾人工作者当选市（县）人大代表、政协委员，提出建议、议案、提案30余件。2009年，再次换发残疾人证2.2万件。2010年，组织符合条件的200余名残疾人考取机动车驾驶证。2011年，市委、市政府印发《关于促进残疾人事业发展的实施意

湖南省第九届残疾人运动会在娄底体育中心开幕。图为娄底市运动员入场（2014年9月20日摄）

见》，为娄底加快“残疾人社会保障体系和服务体系”建设提供行动指南。

2013年，新化洋溪4岁男孩刘宇清，因为家庭贫困，奶奶瘫痪，母亲智力缺陷伴有聋哑，父亲没空照料，他吃饭、睡觉都在一个不大的木桶里，不会走路和说话。“木桶男孩”的遭遇在多家媒体报道后引起广泛关注。在省、市、县三级残联的重视和多方呼吁协调下，得到免费康复救助。2014—2017年，3次对全市3567个村（社区）、61797名持证残疾人（占全市残疾人总数的24.6%）开展残疾人基本服务状况和需求专项调查，摸清全市残疾人的现状和需求。2016年5月，市残联开通娄底“12385”残疾人维权热线。至2017年12月，接到残疾人热线来电69人，处理来电咨询68件，其中为残疾人提供法律援助咨询11件、救助咨询24件、就业咨询19件、康复咨询14件，做到来电信访事件事事有回音，件件有着落。

第十章　红十字会

第一节　组织机构与代表大会

一、市级组织

1990年，地区红十字会由地区卫生局代管，核定事业编制3名，此后几经增编。2004年2月，从市卫生局析出单独设置，由市政府办综合协调。2006年3月，设立中共党组。至2017年底，核定事业编制6名，内设办公室、赈济联络部。

1990—2017年，娄底市红十字会先后3次被中国红十字会评为先进集体，先后10次被省红十字会评为先进单位。邹新茂、岳玉平、曾启明作为先进集体代表分别参加中国红十字会第八次、第九次、第十次全国会员代表大会，受到党和国家领导人接见。

二、基层组织

1990年，全地区5个县（市）红十字会均由同级卫生局代管，工作人员由卫生局调剂安排，一般1~2人，会长由卫生局领导兼任。地区人民医院（今市中心医院）、娄底卫生学校（今娄底职业技术学院医学院）、涟钢医院（今市第一人民医院）、铁路医院（今市第二人民医院）和卫生防疫站（今市疾病控制中心和卫生监督所）成立红十字会，以后相继增加妇幼保健医院、中心血站、大科医院（今市骨伤医院）、博雅医院以及五官科医院、眼科医院等18个市直红十字会。1999年，全地区有红十字会基层组织57个，会员1.92万人，其中团体会员1.36万人，青少年会员5519人。

1999年，双峰县红十字会被撤销，冷水江市红十字会人员被分散。2000年4月13日，市红十字会和市卫生局发出《关于加强红十字会工作的通知》，强调保持机构和人员相对稳定，保障日常工作开展。冷水江市被分散人员归队。2002年上半年，双峰县红十字会恢复。2004年，全市有红十字会基层组织128个，会员2.85万人。2007年，全市红十字会基层组织增至153个，有会员2.52万人，其中青少年会员1.06万人。2008年，通过清理整顿，重新登记，会员有所减少。

2016年11月，涟源市红十字会独立设置。2017年，各县（市、区）红十字会均独立设置，配备专职工作人员30名。至是年底，全市有红十字会基层组织125个，会员2.24万人，其中学生会员1.08万人。

三、代表大会

1995年1月10日，地区红十字会第二次会员代表大会召开，选举53人组成第二届理事会，选举曾畅元为会长，聘请赵世荣为名誉会长。1996年4月22日，召开二届二次理事会。聘请曾庆炎为名誉会长。

1998年4月17日，地区红十字会第三次会员代表大会召开，会议选举57人组成第三届理事会，选举曾畅元为会长，聘请陈润儿为名誉会长。

2007年5月15日，娄底市红十字会第四次会员代表大会召开，应到代表180人，实到170人，选举116人组成第四届理事会，选举肖新桃为会长，岳玉平为常务副会长，聘请林武为名誉会长。2008年4月25日，召开四届二次理事会，聘请张硕辅为名誉会长。确定常务理事实行书面述职制度。2009年12月4日，召开四届三次理事会，出席会议理事116人，市直各基层红十字会代表列席会议。选举鄢福初为会长。

2013年4月，市委提名曾启明为常务副会长候选人。

第二节　主要工作

一、救灾救助和捐资助学

（一）救灾救助

1990年6—7月，全地区多地暴发洪涝灾害，接受国际红十字组织捐赠8000余元救灾药品，接受台湾地区红十字会捐赠大米52.5吨。地区红十字会组织300多人的医疗队深入灾情严重地区，诊治病人8000多人次，免费发放8500多元药品。1991年，台湾地区红十字会再次捐助大米300吨，分发新化县120吨，双峰县、涟源市各70吨，冷水江市、娄底市各20吨。1992年，为恢复因水灾毁坏的医疗卫生设施，香港红十字会捐助2万元，省红十字会支持经费3万元，在双峰县华国乡、冷水江市铎山乡、涟源市株梅乡、涟源市南风乡等公路沿线恢复和新建红十字救护站20个。1995年，全地区红十字会发放消杀灭药品价值1.12万元、治疗药品价值9.12万元、粮食50吨、棉衣1000件、棉被600床。1996年6月，新化县、冷水江市发生特大洪灾，数十万人被洪水围困，地区红十字会组织医疗、防病救护队23个，200多名医护人员深入灾区救灾防病，诊治和抢救病人39万多人次，发放药品价值59万多元。1998年，地区红十字会募集各类救灾物资191万元发放灾区，其中药品价值126万元、粮食30吨、生活日用品价值12.8万元、衣物价值44.2万元。1999年，争取省红十字会救灾物资价值69.2万元，自筹价值20万元物资用于灾害救助。2000年，发放价值45.5万元的救灾物资。2003年“非典”疫情期间，市红十字会筹措78万余元，支援市“非典”医院建设和相关医疗卫生机构控制疫情。2004年，全市红十字会发放价值130余万元的救灾大米160吨、棉被2000床和衣物等。是年12月26日，印度洋发生海啸，市红十字会募得45.5万元善款，通过上级红十字会统一捐献给海啸灾区。2005年，新化县、涟源市发生百年不遇山洪灾难，市红十字会组织100余万元物资救助，还联合市电子工程通信学校、红十字博雅医院对受灾严重家庭进行职业就业培训，并推荐就业。2006年4月，全市大范围普降暴雨，全市29个乡镇668个村受灾严重；7月，双峰、涟源、新化、娄星4县（市、区）普降暴雨，造成较大山洪和泥石流灾害，市红十字会紧急安排70多万元物资用于救助，帮助灾民渡过难关。

2008年1月初，全市大部分地区雨雪冰冻，交通、通信、电力中断，房屋倒塌，供水管道冻裂。市红十字会接受上级红十字会重建项目资金425万元，援建学校2所、卫生院1所、卫生站1所、自来水项目1个、改建茶园乡居民危房88户、发放复合肥100吨、拨付救灾资金100万元，共计发放救灾物资10批次价值193.29万元。5月12日，四川汶川发生8.0级地震，市红十字会紧急向社会发出筹款募捐倡议，14日上午，市委书记林武在市委常委扩大会议上，通报地震灾情和红十字会募捐倡议，号召全市机关团体、企事业单位、社会各界积极行动起来，奉献爱心、支援灾区，并带头捐款，与会人员当即募集资金4.16万元。市红十字会及全市志愿者、爱心团体、新闻媒体连续1个月，加班加点工作，募得抗震救灾善款1805.2万元，支援灾区重建。是年，争取到冰灾援助项目资金132万元，援助涟源市迪康小学重建资金50万元。2009年5月，汶川地震一周年，市红十字会联合娄底职业技术学院，为在该校就读的23名灾区学子每人发放1000元救助金；7月，双峰县多地遭受特大暴雨袭击，市红十字会将价值17万余元物资送往灾区。2010年4月14日，青海玉树发生7.1级地震，市红十字会于次日向社会发出救灾呼吁，为灾区筹集善款98万余元；8月7日，甘肃省舟曲县发生特大泥石流灾害，致1557人遇难，市红十字会募集善款5万元支援灾区。2012年，争取挪威红十字会援助资金147万元，用于涟源市荷塘镇西冲村、石马山镇朱泉村和娄星区小碧乡农联村、茶园乡石塘村修公路、改自来水、防灾减灾和健康防病知识培训等社区减灾项目；9月，国际社区防灾减灾项目经验交流会在娄底召开，挪威、中国、越南等国家30多位红十字会与会官员观摩和交流救灾项目建设经验。

2013年4月20日，四川省芦山县发生7.0级地震，市红十字会为灾区募得善款22.2万元，并派出紧急救援队赶赴灾区开展人道救援。市红十字会、市红十字新化救援分队被省红十字会评为先进集体。是年，继续争取社区减灾项目资金167万元，分别在娄星区小碧、茶园和涟源市桥头河、金石等乡镇实施灾后重建。

2015年，市红十字会筹集价值20余万元物资慰问受灾和困难群众。2016年，争取省红十字会10万元物资支持灾区，为281个困难家庭争取人道救助金169万元，为20名器官捐献者困难家庭解决25万元，2名干细胞捐献者困难家庭解决1万元，为37户0~14岁白血病患儿家庭申报红十字小天使基金119万元。

2017年7月，涟源、娄星、双峰等县（市、区）暴发重大洪涝灾害，中国红十字会总会党组书记、常务副会长徐科一行赴涟源桥头河镇指导救灾工作。市红十字会争取上级红十字会资金138万元，物资价值73.84万元，本市募集款物价值369.21万元（其中现金41.4万元、物资价值327.21万元），为187户特别困难家庭提供救助。

（二）捐资助学

2007年秋，省红十字会组织志愿者博爱快乐行“爱旅游、爱孩子自驾游”活动，自发组成“快乐行”助学社，在新化县开展系列助学活动。2008年，筹资15万元，重建新化县奉家镇横拉坪小学，取名快乐行第一小学。此后，陆续筹资捐建奉家镇川坳小学、天门乡麦坳小学、天门乡大山小学，即快乐行二、三、四小。2012年秋，又联系湖南瑞盛房地产公司捐资18万元，建成奉家镇岩板村快乐行五小。是年，冰冻灾害彻底摧毁了一些本已陈旧的校舍，社会各界爱心人士踊跃捐资助学。正大集团捐助10万元给新化县水车镇共和小学新建卫生厕所并修复镇卫生院，省红十字会捐资50万元，援建涟源迪康小学校舍。中国平安保险湖南人寿分公司捐资37万元，资助新化县贫困山区学校购置课桌椅计划。中国社会福利教育基金会捐资11万元，用于新化县奉家镇山区小学免费午餐。市红十字会携手娄底宇森汽贸，连续数年在双峰县树德中学开展“情暖山区、爱心助学”活动，携手市民盟，捐资6万多元现金和一批学习生活用品，在斗笠山惠民小学开展爱心助学活动。

2009年，市红十字会筹措1万元现金，为新化县下团村小学建设自来水供应点，解决学生饮水问题。2017年，市红十字会通过博爱资源库为冷水江禾青镇筹集助学款30万元，为冷水江师范学校30名贫困学生资助4.5万元。

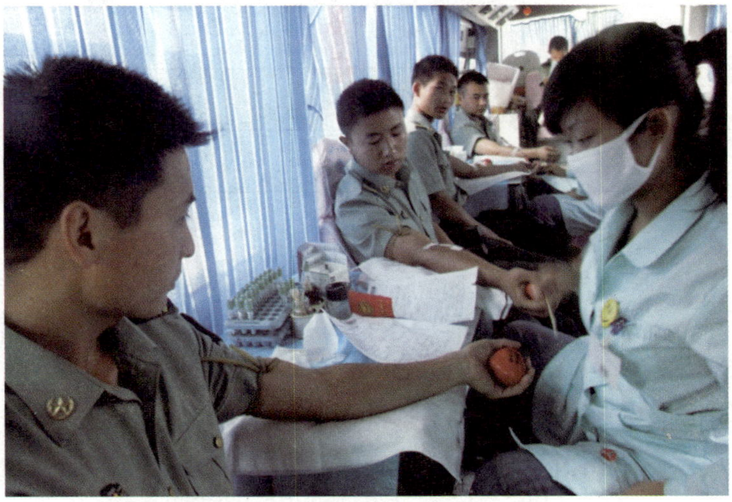
驻娄部队官兵无偿献血（2017年摄）

二、无偿献血和干细胞、器官、遗体捐献

（一）无偿献血

1993年5月，地区红十字会、地区卫生局联合创办红十字中心血站。1998年5月，中国银行娄底中心支行女职员

王桂湄献血300毫升，为中心血站接受无偿献血第一人。同月，时年54岁的地委副书记何翰屏献血300毫升，为境内年龄最大、职务最高无偿献血者。是年，全区954人无偿献血，无偿献血占临床用血量的比例，由1996年的0.004%上升到13.7%，名列全省第三位。此后，无偿献血人数逐年增加。1999年，全市无偿献血3300人次，临床用无偿献血率59%。2000年，全市无偿献血9324人次，临床用血无偿献血率100%。2004年，全市无偿献血1.26万人次，采血量431.41万毫升。2011年1月2日，正在参加市"两会"的市长张硕辅得知血库告急，迅速赶到中心血站带头献血。2017年，全市无偿献血2.46万人次，献血量912.12万毫升。

1998—2017年，娄底市连续8次（每2年评一次）被评为全国无偿献血工作先进城市。涟源钢铁集团有限公司连续4次获全国无偿献血促进奖。全市获全国无偿献血奉献奖金奖162人、银奖193人、铜奖591人，获省级无偿献血奉献奖金奖370人、银奖566人、铜奖3476人。

1991—2015年娄底市获全国无偿献血奉献奖(个人)情况表

表9-5

单位：人

年份	金奖	银奖	铜奖
1991—1993	—	—	3
1994—1995	—	2	19
1996—1997	5	14	48
1998—1999	42	32	99
2010—2011	29	36	108
2012—2013	37	53	154
2014—2015	49	56	160
合计	162	193	591

2012—2015年娄底市获全国无偿献血志愿服务奖(个人)情况表

表9-6

单位：人

年份	五星级	四星级	三星级	二星级	一星级
2012—2013	2	1	—	3	2
2014—2015	3	1	2	1	6
合计	5	2	2	4	8

（二）捐献造血干细胞

2004年，境内启动造血干细胞捐献者资料库建设，市红十字会从省红十字会争取1000人份样品指标，与市中心血站一道，4个月完成1062人份。其中1人初配成功，并进行高分辨率确认。2006年，市红十字会造血干细胞捐献入库2182人，初步配型5例，经高分辨率配型成功3例。5月，双峰县井字镇政府干部曾繁贵，赴北京空军总医院完成干细胞捐献，挽救了1名23岁英籍女留学生的生命，成为娄底干细胞成功捐献第一人。娄底第六例干细胞捐献者党春丽，是全国第2000例捐献志愿者，2011年4月，受到全国人大常委会副委员长、中国红十字会会长华建敏接见。至2012年，全市报名入库人数

3835人，初步配型成功18例，完成捐献6人。同年，在娄底务工的熊魁获全国无偿捐献干细胞奉献奖。2015年，双峰县花门镇干部袁效果再获此殊荣。2016年，增加干细胞入库800人。至2017年底，全市干细胞成功捐献10人。10人获湖南省无偿捐献干细胞奉献奖。

（三）捐献人体器官和遗体

2013年1月1日，16岁女学生成媛妮，在晚自习后回家途中遭遇车祸，导致重度颅脑外伤，医院全力抢救无效，家属表示愿意在其身后捐献器官。12日，省红十字会人体器官捐献办公室派专职协调员赶往医院，对成媛妮的病情进行初步判断，经医学专家综合评估确认，其生命状况不可逆转，但相关器官功能尚好，适合捐献。在确认其家属的捐献意愿后，省红十字会正式启动人体器官捐献流程。当晚，成媛妮心跳停止。她捐献1个肝脏、2个肾脏，挽救了3个人的生命。成媛妮遗体火化后安葬在省红十字会遗爱人间陵园。至2017年底，境内有56位爱心人士，在生命的最后时刻，将器官捐献他人，有5位爱心人士，故后将遗体捐献给医学院校，进行科学研究与实验。

三、初级救护培训

1990年6月，在全地区煤炭系统分2期培训48名初级救护安全员，开创省红十字会煤炭系统救护培训之先河，初级救护工作由点到面推广普及。1994—1996年，对全地区1.5万余名汽车驾驶员进行初级救护培训，在主要公路沿线增设医疗救护站20个，开展人道医疗救护工作。1999年，在冷水江市、涟源市培训3300余人。2006年，继续在冷水江市和娄底市直机关对420名驾驶员进行初级救护知识培训。2007年，对478名导游人员和娄底职业技术学校学生进行初级救护知识培训。2008年，在市警官培训中心举办警官初级卫生救护培训班。2009年，举办5期培训班，培训警校师生480名。此后，在湖南人文科技学院和娄底职业技术学院新生入学军训期间，对新生进行初级救护知识普及。

2015年，中国红十字会确定娄底为红十字生命健康安全教育项目实施区，在全市开展群众性救护培训、应急演练、学校安全教育与体验、亲子讲座等主题宣传活动。在湖南人文科技学院、娄底监狱、娄底一小、娄底户外俱乐部等单位举办12期救护员培训班，对合格的650名救护员颁发救护员证书。11月，投入工作人员及志愿者100余人，在娄底一小对4000多名学生进行红十字生命健康安全教育讲座，并进行消防紧急疏散演练。

2016年，继续实施生命健康安全教育项目，市红十字会在湖南人文科技学院、娄底职业技术学院先后举办救护员培训班4期，220人获得救护员资格。在湖南人文科技学院体育学院和商学院分别开设红十字应急救护知识选修课，每学期8堂课16个课时，举办应急知识讲座3期，参与培训5600人。此项目得到省、市领导的重视和肯定，省红十字会把应急救护知识引进高校课堂作为典型在全省推广。至2017年，全市拥有经国家、省级救护师资培训的师资队伍100余人，应急救护培训工作实现社会化、常态化，逐步向社区、学校、机关、企业、农村推进。

四、红十字志愿服务

1996年12月，地区红十字会志愿工作者协会成立。2012年，市红十字会志愿服务委员会成立。动员志愿者以“保护人的生命和健康，促进和平进步事业为宗旨”，对最易受损害群体，开展医疗救助、应急救援、重大灾情、初级救护培训、防艾禁毒宣传等活动。相继成立娄底红十字梅山人爱心联盟、新化县紧急救援队、残疾人爱心互助会、无偿献血志愿服务队、初级救护师资队、湘中社区服务队、蓝天救援队、青少年健康人格志愿服务队等多个爱心志愿者团队。其中，梅山人爱心联盟先后筹资援建3所山区小学，帮助扶持特困学生100余人。残疾人爱心互助会的志愿者身残志不残，不仅积极参与灾区筹资募捐，还参加省政府在理县地震灾后重建志愿服务2年，深入灾区对伤残灾民进行心灵抚慰和心理咨询。紧急救援队新化分队的志愿者多次参加全国重大灾害救援活动。新闻工作者刘凯，长期志愿关注贫困学子，倾力信息资料收集与传播，为贫困学子奔波呐喊，牵线搭桥，多方位提供应急帮助。残疾人志愿者毛智文、苏建飞等在汶川地震灾害救援中，深入灾区连续志愿服务2年，对伤残灾民进行心灵抚慰和精神治疗，创造了中国乃至世界残疾人救灾的奇迹。无偿献血志愿者李洪华，长期坚持无偿献血，累计捐献4.7万多毫升，超出一个成年人总血量的9倍之多，是娄底市唯一全国无偿献血促进奖个人得主。

第十一章　社会科学界联合会

第一节　组织机构与代表大会

一、市级组织

1992年5月，地区社会科学界联合会成立（简称地区社科联），归口地委宣传部管理，地委宣传部部长兼任主席。1996年3月，核定事业编制2名。1997年5月，明确为正处级群团机构，地委宣传部副部长兼任主席。2011年7月，成立中共党组。2016年12月，从市委宣传部析出单独设置，内设办公室和科普部（加挂学会工作部牌子），核定事业编制7名。设主席1名，副主席1名，正科级领导职数2名，副科级领导职数2名。

二、学会、协会、研究会

1980年9月，地区财政会计学会成立，为境内第一个社科类学会。随后，地区审计学会、税务学会、档案学会、法学会等30个社科类社会组织相继成立。至2017年底，存留25个社科类学会、协会、研究会。

1990—2017年娄底市社科类学会、协会、研究会基本情况表

表9-7

名　称	挂靠单位	法人代表	秘书长	成立时间	注销时间
市财政会计学会	市财政局	旷凌云	左继建	1980-09	—
市思想政治工作研究会	市委宣传部	袁华荣	肖旭东	1984-03	—
市审计学会	市审计局	彭淑媛	刘　峰	1985-05	—
市税务学会	市国税局	李意华	谢庆均	1985-07	—
市档案学会	市档案局	左惠民	谭　海	1985-12	—
市法学会	市委政法委	尹华凯	张丽华	1986-10	—
市党建研究会	市委组织部	李江南	李耀文	1988-05	—
市统计学会	市统计局	陈惠明	杨朝晖	1989-12	—
市预算会计学会	市财政局	羊怀芝	张永东	1991年	—
市劳动和社会保障学会	市人社局	彭建祥	彭微洋	1991年	—
市工商行政管理学会	市工商局	张志雄	周　翀	1991年	2017-10
市统战理论研究会	市委统战部	肖新桃	肖小红	1991-05	—
市检察学会	市检察院	刘孙承	李俊俊	1991-08	—

续表9-7

名　称	挂靠单位	法人代表	秘书长	成立时间	注销时间
市宏观经济管理学会	市发改委	方建荣	刘建军	1991-11	—
市青年企业家协会	市裕德科技公司	王　韬	彭　雅	1992年	—
市农村财政研究会	市财政局	刘德禹	周月胜	1992-11	—
市新闻工作者协会	市委宣传部	袁华荣	吴　晔	1993-03	—
市广播电视学会	市广播电视台	谢福兴	曹　红	1994年	—
市建设职工政研会	市建设局	谢展德	易荣成	1994年	2014-12
市监察学会	市监察局	肖开斌	杨志平	1995年	—
市金融学会	中国人民银行娄底市中心支行	龙　雄	黄小雄	1999-05	—
市劳动教养学会	市劳教所	李志铀	肖晓明	2001-10	2015
市价格协会	市物价局	曾寿松	范根清	2002-07	—
市钱币学会	中国人民银行娄底市中心支行	彭冠军	陈定知	2003-05	—
市旅游协会	市旅游局	廖志理	罗雨发	2005年	2017-05
市企业文化建设协会	市委宣传部	袁华荣	肖旭东	2005-05	—
市曾国藩研究会	曾国藩故居管理处	邓志洪	邓志洪	2008-03	—
市国际税收研究会	市地税局	周乐平	刘志洪	2009-08	—
市政策科学研究会	市委政研室	禹　敏	邓彩艺	2009-09	2016-06
至德文化研究会	市社科联	吴成俭	吴成家	2012-12	—

三、代表大会

1992年5月，地区社科联第一次代表大会暨首届社科优秀成果颁奖大会召开。出席大会正式代表81名，特邀代表14名。何翰屏作大会开幕讲话，赵世荣作《振奋精神　团结协作　大力推进我区社会科学事业的发展和繁荣》的报告。大会审议通过地区社科联章程，何翰屏当选主席。

1997年7月，地区社科联第二次代表大会召开。大会审议通过修改后的地区社科联章程，吴新江当选主席。1999年8月，市社科联第二届二次全会暨第二届社科优秀成果表彰会召开。吴新江作工作报告，冯长根讲话，袁勇前宣读社科优秀成果表彰决定。

2017年7月，市社科联第三次代表大会召开，参加会议代表113名。大会通过张智倩所作《开拓创新　奋发有为　为繁荣发展我市哲学社会科学再立新功》的工作报告，通过修改后的市社科联章程。表彰第十届优秀社科成果，选举市社科联第三届委员会委员61名，常委35名，吴建平当选主席，张智倩当选专职副主席。

第二节 主要工作

一、课题研究与学术交流

（一）课题研究

2001年，市委党校李锦文的国家级科研课题专著《人物形象创作论》由人民日报出版社出版。2005年6月9日，市委办、市政府办印发《中共娄底市委 娄底市人民政府关于贯彻落实〈中共中央关于进一步繁荣发展哲学社会科学的意见〉的实施意见》。2006年3月22日，市委办下发《中共娄底市委 娄底市人民政府关于印发〈娄底市哲学社会科学优秀成果奖励办法〉的通知》。是年，娄底社科联网站开通上线。2008年，湖南人文科技学院萧华茂申报的国家社会科学基金青年项目《基于循环经济的中部产业集群生态化路径和模式研究》获准立项。是年3月，市社科联会同市委宣传部、市人事局下发《关于开展娄底市首届优秀社科专家评选活动的通知》。10月，由市委宣传部主管、市社科联主办的双月刊《湘中论坛》创刊。2009年2月，政党学专家李朝录40万字的学术专著《中国政党与政党制度》由湖南人民出版社出版，全国公开发行，填补了这一领域研究的某些空白，全国社会主义学院系统用于培训教材，省委党校用作研究生教材，被国家图书馆和10多所大学图书馆收藏。3月，市哲学社会科学成果评审委员会发布《关于娄底市首届优秀社科专家的表彰通报》，对姜正国、龙伟、谭均云、雷立成、李夫泽5人予以通报表彰。

2010年5月，市委常委、宣传部部长伍美华主持的《挖掘地域文化 提升娄底软实力研究》课题被确定为省级立项课题。2011年，市委党校康纪田的国家级科研课题专著《矿业法论》由中国法制出版社出版。2013年，市社科联组织全市各单位申报并立项省厅级课题25项；市党建学会开展的基层党组织标准化建设研究，受到省委常委、组织部部长郭开朗的批示。2014年，全市申报并立项省厅级课题56项。2015年，全市申报并立项省厅级课题38项。2016年3月25日，市委、市政府下发《关于进一步繁荣发展哲学社会科学的实施意见》。4—8月，市社科联对娄底电取暖家具行业进行调研，形成调研报告，在《湖南日报》等媒体上刊发，并推荐给省委宣传部。10月，谭均云领衔的课题组提交的《关于“万宝新区体制”的调研报告》和关于涟水河复航的调研成果，被纳入市社会发展规划。是年，市社科联组织全市各单位申报并立项省厅级课题56项、省部级课题29项、国家级课题2项，其中国家级课题分别为“湘中梅山民间信仰图像谱系整理研究”和“武陵山片区区域发展中村落体育的社会功效与实现路径研究”。2017年，市社科联撰写《以建设国家级家教家风教育基地为载体，着力打造曾国藩故居AAAAA级景区》调研报告，市长予以专门批示。

（二）学术交流

2007年，为纪念娄底设立地级建制30周年，市社科联会同市委宣传部、娄底日报社、娄底广播电视台举办“爱我娄底、兴我娄底”有奖征文活动。2008年5月，市社科联会同市委宣传部、市教育局、市委讲师团参加由省委宣传部、省社科联、省教委、省委讲师团、省延安精神研究会组织的“毛泽东思想与中国特色社会主义”理论研讨会，张智倩撰写的《正确处理人民内部矛盾积极推进和谐社会建设》获一等奖。6月，市社科联会同市委宣传部、娄底日报社开展以“权力就是责任 管理就是服务”为主题的机关思想作风建设征文活动。2010年10月27日，“三湘论坛”组委会主办，市社科联和娄底职业技术学院承办的第42期“三湘论坛”在娄底职业技术学院举行。论坛主题为地方高职院校服务地方经济发展路径探索。2011年6月26日，市社科联会同市委宣传部发布《关于开展“社会管理及其创新”征文活动的通知》，收到征文56篇，评选出一等奖3篇、二等奖6篇、三等奖10篇。9月2—4日，市社科联参与协办海峡两岸首届曾国藩学术研讨会。来自海峡两岸的专家学者、曾氏后裔及宗亲代表800余人围绕主题进行探讨和交流。在庆祝建党90周年之际，在《湘中论坛》开辟专栏，刊发相关学术文章，并与省内、市内其他媒体合作，组织社科理论工作者和实际工作部门领导撰写理论文章，参加全省庆祝中国共产党成立90周年征文活动，获一等奖1个、二等奖4个、三等奖6个。

2013年9月，市社科联参与承办第三届娄商大会娄商文化高峰论坛总体工作方案及新闻宣传方案、文艺演出方案的制定，具体落实高峰论坛征文、主旨演讲嘉宾、特邀嘉宾邀请等工作，向政界、商界、文化界名人约稿，出版《天下娄商》文集。举办以“弘扬娄商精神，加速娄底崛起——娄底发展与娄底未来”为主题的娄商文化高峰论坛。9月至2015年12月，市社科联开展“娄底文化大家谈”活动，向相关单位及社会各界知名专家、学者30多人发出约稿函。张智倩、李向红等撰写《“天下梅山”与“富厚娄底”》等引领性文章，在《中国文化报》、中国文化传媒网、中国工人网、凤凰读书网上刊发推介。社会各界人士10万余人次参与探讨，收到理论文章40余篇，编辑出版15万字的《天下梅山·富厚娄底——娄底文化大家谈文集》。2014年10月13日，市社科联召开全市社科工作座谈会，回顾总结2011—2014年全市社科工作成就，部署2015年工作。围绕“大力开展学雷锋志愿服务活动　自觉践行社会主义核心价值观”“践行法治路，托举中国梦——关于全面推进依法治国的历史方位、顶层设计与实践要求”的主题，完成省社科联交办的两堂《湖湘大学堂》讲座任务。

娄底市社科联组织“天下梅山、富厚娄底”主题文化研讨会

（2014年6月23日摄）

2015年3月至2016年1月，市社科联会同市委宣传部开展“对接大长沙、推动新发展——我为转型发展献计策”系列征文活动，收到理论文稿83篇，评出一等奖3篇、二等奖9篇、三等奖18篇，结集出版同名文集。2016年1月26日，召开同名专题研讨会。会后，湖南社科网、《湘中论坛》、娄底社科联网站分别对获奖文章连续刊发，《娄底日报》在“学与思”栏目中开设“加速转型，奋力赶超大家谈——打造大长沙的拓展区”专题，对获奖者的成果刊登推介。其中10余篇文章在《湖南社科动态》、湖南社科网等媒体上刊发。活动还收到“金点子”40余条。市委四届九次全会把“加速转型，奋力赶超”作为娄底市“十三五”规划总基调。“对接大长沙·推进新发展——我为转型发展献计策”系列主题活动，被省社科联评选为2016年度省十大社会科学创新活动优秀典型案例。6月17日，市委宣传部、市社科联组织召开全市社科理论专家学习研讨中共中央总书记习近平“5·17”讲话精神座谈会，在《娄底日报》安排两个理论专版刊发专家观点。8月22日，邀请省社科联党组书记宋智富为市委学习中心组宣讲习近平总书记“5·17”讲话精神。8月23—24日，省社科联系统深入学习贯彻习近平总书记“5·17”重要讲话精神推进会及半年工作经验交流会在娄底召开，市社科联在会上作《以小见大　以实论虚　努力推进社科工作上新台阶》的主旨发言。10月20—21日，市社科联会同市委宣传部、军分区政治部、市委党史办、新化县委县政府在红二军团司令部旧址新化县奉家镇举办“红军长征在娄底”学术研讨会暨“心系国防情，重走长征路”系列活动，并编辑出版《纪念红军长征胜利80周年特刊》。

二、社科知识普及与宣传

2006年起，确定每年5月为娄底市社科普及宣传月。市社科联根据省里每年的主题，结合娄底实际开展主题征文，邀请专家、学者讲课，组织高峰论坛，在主流媒体开设专栏专题等。是年，组织“弘扬科学精神、落实科学发展观”主题征文活动，收到征文45篇，推荐市审计局刘风《以科学发展观统领审计工作》等8篇文章参加全省主题征文。在《娄底日报》和娄底电视台开辟“弘扬科学精神、落实科学发展观”专栏和专题节目，刊登优秀论文，邀请专家和职能部门领导畅谈学习和落实科学发展观体会和经验。申报冷水江市、娄底经开区参加全省“弘扬科学精神、落实科学发展观”座谈会；组织撰写《坚持科学发展，促进基层文化建设》论文，申报参加全省“科学发展观重在落实”理论研讨会。2007年5月29日，围绕“知荣知耻，和谐发展”主题，由市社科联主办，《娄底日报》《娄底晚报》《娄底广播电视报》以及娄底房地产资讯网承办“娄底房地产与娄底经济高峰论坛”，浙江科技学院教授黄其根应邀到娄讲座。来自党政机关、房地产开发企业的200多人参加论坛。同时，配合市教育局、市教育学会在全市中小学学生中开展“知荣辱、树新风”主题演讲和征文比赛。2008年5月，以“拼搏创业　促进崛起”为主题，举办市社科普及宣传月主题报告会，邀请专家作“科学管理，创新崛起”专题讲座。征集企业管理创新、经营创新、技术创新的经验与研究论文或企业创新典型事迹，向省《社科普及文科·企业创新》杂志社推荐，择优报送省社科联编辑的《创业之路》一书。开办“社科普及面对面”大讲坛，以学会及高校专家为主体面向农村基层、街道社区、企业、大中专院校和党政机关开展多样化的社科专题知识讲座。2009年，以“资源节约　环境友好　加速赶超”为主题，邀请知名专家作主题报告。组织本地专家、学者和实际工作者就娄底对接“3+5”城市群、建设“两型社会”进行专题调研，组织开展主题征文活动。联合新闻媒体开辟“两型社会”建设专家访谈录专栏，就“两型社会”建设进行深度访谈。2010年6月，以“加快转变发展方式　大力促进创业就业”为主题，采取报告会、讲座等多种形式，与市区各高校联合，举办创业就业报告会。利用娄底社科联网站、“湘中论坛”等载体，开展理论政策宣传和社科知识普及。是年，市社科联被评为省社科联系统社科普及工作先进单位。

2011年，市社科普及宣传月活动随省社科联改为社科普及宣传周活动。是年，市社科联围绕“发展创新与两型湖南”主题，宣传娄底、推介娄底、展示娄底整体形象。2012年5月25日，市社科联会同市旅游外事侨务局，邀请国家旅游局规划发展与财务司原司长、著名旅游经济和管理专家魏小安作题为《娄底邀人间，旅游谋幸福》讲座。2013年，科普周以“保护生态环境，建设美丽娄底”为主题，组织200多名社科工作者走上街头，为市民提供咨询服务。举办社会科学知识普及电视抢答赛，市直新闻媒体开辟“社科普及之窗”专栏，邀请市内专家、学者进行访谈。指导配合市审计学会开展《审计法》暨《内务审计条例》宣传普及活动。指导市检察学会开展检察官形象大讨论，协助、指导市金融学会、市钱币学会举办反假币宣传，组织市法学会等开展法律咨询服务等。先后组织邀请中央、省以及有关高等院校专家教授至娄作学术报告15场，湖南人文科技学院、娄底职业技术学院、市委党校也外请专家教授给师生作学术报告。2014年，开展以“农业科技”“健康卫生”“生活教育”等为内容的社科普及宣传周活动。围绕社会主义核心价值观，习近平总书记系列重要讲话，廉政建设，十八届三中、四中全会精神等专题，组织社科理论专家参与全市理论宣讲活动，深入基层宣讲200余场次，听众5万余人次。2015年，市社科联组织广大社科工作者围绕党的十八届四中、五中全会精神，围绕“三创”工作（创全国文明城市、全国卫生城市、全国森林城市）、“三严三实”等专题进行深入学习、宣讲、解读，撰写理论文章，深入基层宣讲200余场次，听众5万余人次。同时，邀请省委全面深化改革领导小组办公室专职副主任秦国文到涟源市、冷水江市就如何做好新一轮深化改革工作作专题辅导报告。是年，市博物馆、蔡和森纪念馆成功申报为全省社科普及基地。2016年5月12日，市政府新闻办公室举行“贯彻《社科普及条例》，促进社科事业发展”新闻发布会，全面介绍娄底市社科工作情况。5月23日，市社科联主席刘海云就《社科普及条例》在娄底的贯彻落实等问题答记者问，并在《娄底日报》整版刊发。25日，在娄星广场举行科普宣传周启动仪式并开展科普咨询服务活动。2017年5月15日，市社科联在双峰县举行“2017年娄底市社科普及主题活动周暨和富梦·中国梦——蔡和森、蔡畅光辉一家人文行”活动启动仪式。全国政协委员、蔡畅外孙李勇，市社科联主席吴建平等出席启动仪式。

2011年8月30日，市社科联邀请中国传媒大学李未柠教授作互联网文化建设的专题辅导报告，全市五大家主要领导及市直正处级单位负责干部200多人参加。市社科联还组织动员全市社科理论专家、学者参与到全市理论宣讲活动中，围绕“经济发展方式转变”“学习型党组织建设”“社会主义核心价值体系”“胡锦涛总书记‘七一’重要讲话”等主题，深入市直各单位及县（市、区）进行主题宣讲，全年开展理论学术宣讲300多场次。2013年6—12月，分别邀请军事理论家、军事评论家张召忠，中央教育电视台特邀嘉宾、国学讲师赵家路，省委党校常务副校长徐晨光，省人口计生委党组书记、主任詹鸣，省国资委副书记、纪委书记王宏，省安监局副局长李大剑，长沙经济技术开发区管委会主任李科明，光大证券股份有限公司投资银行北京总部经理郭护湘，国家开发银行湖南省分行副行长梁庆凯，工商银行湖南省授信审批部副总经理陆舟，建设银行湖南省分行风险管理部总经理张洪，招商银行娄底分行行长彭梦雄等20余名专家、学者到娄底作关于学习党的十八届三中全会精神、中国军事和国家安全形势等方面的专题辅导和知识讲座。组织动员全市社科理论专家、学者，围绕加快经济发展方式转变，学习习近平总书记“8·19”讲话精神、学习党的十八届三中全会精神等主题，深入全市市直单位及县（市、区）主题宣讲近1000场次，受众10万余人次。2016年，曾国藩研究会成功申报为省级社科普及基地。

三、社科成果评奖

1991年11月，娄底地区哲学社会科学成果委员会成立。1992年5月，组织开展全地区第一届哲学社会科学成果评审，此后每2年评审一次。优秀社科成果奖以市委、市政府名义表彰奖励，奖励办法和激励措施参照自然科学执行。截至2016年，共举办优秀社科成果评奖10届，从357项优秀社科成果中评选出特等奖4项、特别奖7项、一等奖38项、二等奖90项、三等奖155项、优秀奖63项（不含第一、第三届）。

1992—2017年娄底市部分社会科学优秀成果一览表

表9-8

届次（颁奖时间）	评奖时间范围	成果名称	成果形式	作者（编著者）	获奖等次
第一届（1992-05）	1978-12—1990-12	（缺资料）			
第二届（1997-07）	1992-01—1997-12	着力优化区域经济发展环境	论文	余英生	特等奖
		宣传工作要在“贴紧、参与、渗透”上下功夫	论文	何翰屏	
		解放思想贵在见诸行动	论文	袁勇前	
		社会主义建设的法宝	著作	张正阳、宁丹阳、陈永实、曾庆学、杨建军	
		经济增长稳定极	著作	肖志良、李明生、王自立、刘坚固、龙春舒	一等奖
		新化县志	著作	《新化县志》编委会	
		中国集市贸易发展简史	著作	钟兴永	
		对自然资源经济发展关系的辩证思考	论文	彭分文	
		塑造未来——中国21世纪可持续发展之路	著作	李云才	
		可持续农业和农村发展的内涵及其认识	论文	羊文超	
		娄底地区志	著作	《娄底地区志》编委会	
		我国农业产业化发展缓慢的原因及对策	论文	谭均云	

续表9-8

届次（颁奖时间）	评奖时间范围	成果名称	成果形式	作者（编著者）	获奖等次
第四届（2003-06）	2001-01—2002-12	试论思想政治教育环境的特征	论文	姜正国	一等奖
		有中国特色社会主义的科学化进程	论文	廖楚雄	
		安徒生童话与中国儿童文学	系列论文	李红叶	
		从STS看哲学社会科学的当代价值	论文	胡理毅	
		农民增收的软环境研究	专著	李德阳	
		毛泽东早期伦理思想研究	专著	李文斌	
		强国之路——十论中国经济的可持续发展	专著	谭均云	
第五届（2005-07）	2003-01—2004-12	江泽民思想政治工作理论研究	专著	姜正国	一等奖
		湘中现代作家研究	专著	李夫泽	
		邓小平法制思想研究	专著	游训龙	
		职业院校管理理论与实践	专著	李铁林	
		招商引资运作方略	编著	胡向荣等	
第六届（2007-07）	2005-01—2006-12	缘定今生辙：丁玲与她的编辑生涯	专著	石潇纯	一等奖
		党风建设的历史经验研究	专著	彭朝阳	
		曾国藩伦理思想研究	系列论文	周玉珍	
第七届（2009-08）	2007-01—2008-12	妇女权益保护法制度研究	专著	袁锦秀	一等奖
		高等职业院校教学管理导论	专著	龙　伟	
		当代大学生国防教育	专著	贺幸平	
		历代名人与娄底	编著	李大鹏等	特别奖
第八届（2011-07）	2009-01—2010-12	一流高职院校发展的策略探讨	系列论文	杜祥培	一等奖
		崛起之路	专著	廖楚雄等	
		精神文明导论	专著	张　斌	
		娄底湘军史略	专著	李澡华	特别奖
第九届（2013-10）	2011-01—2012-12	曾经	编著	江晓堂	特别奖
		不为繁华易素心：民国文人风骨	专著	游宇明	
		梅山蚩尤——南楚根脉，湖湘精魂	专著	李新吾等	一等奖
		成仿吾研究	系列论文	徐续红	
		红楼湘娄文化考	专著	谢志明	
第十届（2016-10）	2013-01—2015-12	娄底读本	编著	市政协文史委	特别奖
		生态园林城市建设	专著	彭一伶	
		近现代湘中历史人物思想论坛	编著	游训龙	
		社会主义核心价值体系建设与文化自觉的关系研究	系列论文	马　黎	一等奖
		梅山乡土木雕	专著	陆序彦	
		校企合作 共筑未来——高职院校校企合作育人理论与实践研究	专著	申晓伟	

说明：此表未含第一、第三届评奖资料，亦未含二、三等奖项名录

第十篇

军事

概 述

20世纪90年代，娄底军分区、武警部队、驻娄部队全体官兵和民兵预备役人员，深入贯彻中央军委新时期军事战略方针，扎实推进军队改革、体制调整、部队建设和民兵预备役工作战略性转变。1996年4月，全地区5个县（市）人民武装部（以下简称人武部）复归军队现役建制，恢复原名称和正团级别。各部队全面落实中央军委“政治合格、军事过硬、作风优良、纪律严明、保障有力”总要求，着眼未来高科技条件下战争特点和需要，以“打得赢，不变质”为目标，狠抓新知识、新技能、新装备、新战法学习、研究和运用，努力提高首长机关组织指挥能力和部队打赢高技术条件下局部战争能力。

进入21世纪，军分区、武警和驻娄部队深入贯彻科学发展观和中央军委关于军队建设“革命化、现代化和正规化相统一”的总原则，以建设信息化军队、打赢信息化条件下局部战争为指引，全面推进新军事变革和部队建设与训练，部队政治建设质量和作战能力获得新进展。

2012年，中共十八大后，军分区、武警和驻娄部队坚持用习近平新时代中国特色社会主义思想为指导，深入贯彻“建设一支听党指挥，能打胜仗，作风优良，世界一流军队”总目标和“政治建军、改革强军、科技兴军、依法治军”总方略，注重创新驱动、体系建设、集约高效。2015年9月至2016年7月，积极稳妥推进军分区机关和部队改革与建设，解决存在的一些体制性障碍、结构性矛盾和政策性问题，推动部队由数量规模型向质量高效集约型转变。

1990—2017年，娄底市（地）委、市政府（行署）、军分区党委始终坚持党管武装和党指挥枪原则，不断加强市人民武装委员会、国防动员委员会、国防教育委员会组织与制度建设和民兵预备役后备力量建设及人民防空工作，认真抓好民兵整编和军政训练与教育，出色完成历年征兵任务。军地双方持续开展拥军、拥政、爱民活动。驻娄部队积极参加地方“四个文明”（物质文明、精神文明、政治文明、生态文明）建设和抢险救灾、执勤维稳、扶贫帮困，深入开展“争先创优”活动，涌现一大批先进模范单位和优秀人物。军分区、人武部、武警、消防和驻娄部队军事训练、政治教育、征兵工作、武器装备、后勤保障、国防动员、国防教育、新闻宣传、军事年鉴、民兵工作、计划生育、营区管理、执勤维稳、双拥共建14个方面工作分别受到中央军委四总部、武警总部和广州军区、湖南省军区共350余次表彰或被评为先进单位，荣立一等功2人、二等功13人20次、三等功34人次，集体二等功2个、集体三等功3个，有突出贡献专家、享受国务院特殊津贴1人，全军学雷锋标兵1人，总后“十大杰出青年”、总后“三优标兵”、“模范战士”各1人，全省“爱民模范”1人，“雷锋式爱民干部”2人，全省军事训练标兵5人，全省优秀人武干部2人，全省“十佳消防卫士”2人，被省军区以上单位评为各项先进工作者305人次。涟源市1994年、1997年、2000年、2004年先后4次被解放军总政治部、民政部授予“全国双拥模范城”称号。双峰县1998—2001年连续4年被省委、省政府、省军区授予“全省双拥模范县”称号。

第一章　军事机构

第一节　机　构

一、娄底军分区

娄底军分区隶属湖南省军区，既是娄底市军事领导和指挥机关，又是市委、市政府军事部门和兵役机关，受省军区和市委、市政府双重领导。按照中国人民解放军建军原则、传统和制度规范，实行党委制、政治委员制和党委集体领导下的首长分工负责制，负责全市军事工作，担负辖区内战时兵员动员补充、平时兵员征集、国防动员、国防教育和后备力量与民兵预备役建设，以及抢险救灾和社会维稳等工作任务。

1990年，娄底军分区设党委第一书记（由地委书记兼任）、司令员、政治委员、副司令员各1名，仍按原体制下辖1986年改为地方建制的娄底市、涟源市、冷水江市、新化县、双峰县5个人武部。是年8月，军分区复建教导队。1996年4月，5个县（市、区）人武部复归军队建制，恢复原名称和正团级别。

2015年9月，全军贯彻党中央、中央军委关于国防军队体制改革和裁军30万员额战略决策，省军区、娄底军分区和所辖5个县（市、区）人武部三级军事机关成建制整体从南部战区序列，转隶中央军委国防动员部领导序列和南部战区作战指挥序列，实行军队系统双重领导和指挥新体制。首次设立文职人员编制，并对全体官兵、职工和文职人员实行落编定位。2017年7月按新体制运行，下辖娄星区、涟源市、冷水江市、新化县、双峰县5个人武部。

二、县（市、区）人民武装部

1986年5月，各县（市）人武部统一改归地方建制，为副县级机构。1996年4月，统一复归军队现役建制，恢复原名称和正团级别。1999年8月，娄底市人武部更名为娄星区人武部，涟源市、冷水江市、新化县、双峰县人武部名称不变。2016年7月，娄星区、涟源市、冷水江市、新化县、双峰县5个人武部随娄底军分区和省军区成建制由南部战区序列，改隶中央军委国防动员部领导序列和南部战区作战指挥序列，实行军队系统双重领导与指挥新体制。首次设置文职人员编制。2017年7月，按新体制运行。

县（市、区）人武部既是同级党委、政府军事领导指挥机关，也是同级党委、政府军事部门和兵役机关，接受同级党委、政府和娄底军分区双重领导，担负辖区内战时兵员动员补充、平时兵员征集、国防动员、国防教育、后备力量和民兵预备役建设，以及抢险救灾和社会维稳等任务。

三、基层人民武装部

1990年，全地区区、乡两级均设人武部，是区、乡镇（街道）党委和政府兵役、民兵组织及国防后备力量建设主管机关，受同级党委、政府和县、市人武部双重领导，承担辖区内战时兵员动员，平时兵役登记、兵员征集、民兵预备役建设、抢险救灾、处置突发事件和维稳等工作任务。1994年，基层专职人武部干部被列入国家公务员序列。1995—1998年，全地区撤区并乡，区公所全部撤销，乡镇合并，全地区乡镇（街道）、林场均设人武部。部分政府机关与企事业单位设立人武部，受本单位党委领导，业务上接受所在县（市、区）人武部指导，遂行军事应急任务、处置突发事件时，受上级军事机关领导指挥，主要承担本单位民兵组织建设、国防教育、国防动员和维稳工作、处置本单位突发事件等工作任务。其人员编制与经费由本单位解决。

四、武警娄底市支队

1983年1月，中国人民武装警察部队娄底地区支队组建，为正团级机构。1992年6月，支队改编后执行新编制。1999年3月3日，贯彻国务院、中央军委《关于调整中国人民武装警察部队领导管理体制的决定》，武警娄底地区支队受武警湖南省总队和中共娄底地委、地区行署双重领导，在相关业务建设和执行公安任务时接受地区公安局指导。地区公安局局长兼任武警娄底地区支队第一政委、党委第一书记。支队设支队长、政治委员、副支队长、副政治委员各1名，下辖娄星区中队、涟源市中队、冷水江市中队、新化县中队、双峰县中队和5个直属单位。2005年7月，邵阳市龙溪监狱迁至娄底监狱，担负该监狱看押勤务的邵阳市支队某中队随调娄底市，同时转隶武警娄底市支队。1993—2001年连续8年和2005年、2009年、2010年、2012年、2016年，支队被武警湖南总队评为先进支队。1990—2017年，先后13次被武警湖南总队评为“基层建设先进支队”，2人荣立一等功，11人荣立二等功，3个单位荣立集体二等功。

五、武警部队娄底市消防支队

1990年，中国人民武装警察部队娄底地区消防大队组建，为副团级机构，又称娄底地区公安消防大队，隶属湖南省武警总队消防部，归口地区公安处，实行武警湖南省总队与娄底行署双重领导，1993年1月，升格为消防支队（正团级）。1995—1996年，全地区各县（市）相继建立消防大队。2008年8月，娄底消防支队特勤中队成立。至2017年12月，支队辖娄星区、涟源市、冷水江市、新化县、双峰县5个消防大队及娄底特勤中队。2018年10月9日，消防支队退出武警现役序列，撤销部队番号，官兵集体转业，改归地方建制，保留娄底市消防支队名称，归口市应急管理局领导，县（市、区）武警消防大队同步改制。同年12月29日，娄底市消防支队举行授旗、授衔和换装仪式，地方建制的娄底市消防支队正式成立。

第二节 娄底市人民武装委员会

1979年2月，娄底地委、行署成立娄底地区人民武装委员会（以下简称人武委），由中共娄底地委、行署、军分区主要负责人和相关部门负责人组成，地委书记任主任；1990年5月，改由地委副书记担任。是年，娄底地委、行署和娄底军分区就人民武装委员会和党管武装工作提出一系列要求和规定，并建立健全各项工作制度，即军地双重领导和双向兼职制度，地委行署议军会议制度，党管武装例会制度，地委行署领导到部队现场办公制度，党政领导军事日活动制度，党政军主要领导联系点制度，军分区、县（市、区）人武部党委第一书记述职制度，党管武装考评制度。是年，地区人武委会议决定成立地区“双拥”工作领导小组，在全地区开展“双拥”工作。1993年1月起，地区人武委主任改由地委副书记、行署专员担任。1994年2月，地区人武委会议决定建立第一支民兵摩托化快速反应应急分队。2000年3月，市人武委会议就加强乡镇人武部专职武装干部队伍建设问题做出决议，解决编制职数问题。2001年，市人武委会议决定将“双拥”工作列入各级党委、政府岗位目标考核内容，制定《二等以上革命伤残军人医疗费用管理办法》，下发《关于建立优抚对象抚恤补助标准自然增长机制的通知》。2004年9月，市委发文，批准市委组织部、娄底军分区政治部联合制定的关于娄底市党管武装工作考评实施细则，就制度建设，武装工作经费，民兵预备役教育训练，征兵工作，县、乡两级人武部建设，专职武装干部管理，转业干部和随军家属安置，现场办公，议军会议，军事日活动，民兵预备役部队建设等11个方面制定考评细则，进一步推进党管武装工作全面落实和有效开展。2005年11月，娄底市委再次下发《关于加强党管武装工作的意见》，对党管武装工作提出新的要求，做出新的规范。2009年，市人武委议军会议改成现场办公会议，解决军分区新射击场用地和建设问题。2010年，市人武委会议研究解决娄底民兵武器装备中心库用地和建设经费问题。2011年，军分区新射击场按标准建好并投入使用。是年6月，市人武委会议研究解决市国防动员指挥中心作战室、军分区士兵楼和车库建设及娄星区人武部整体搬迁等重点问题。2012年，市人武委进一步完善党管武装工作考评考核实施细则，各项工作有章可循。2015年，贯彻上级党管武装工作制度，市委、市政府、军分区先后联合修订《关于进一步加强党管武装工作的意见》和《党管武装考评实施细则》等文件，使全市党管武装工作实现正规化、制度化和考评工作精细化、精准化。2017年，市人武委议军会议就如何进一步加强党管武装工作、支持军队改革、解决县（市、区）武装干部培训中心管理人员事业编制、支持驻娄部队做好全面停止有偿服务工作、开展军政军民双拥共建、启动海军“娄底舰”命名申报工作及其所需经费和落实国防教育等问题进行研究和作出决议。

第二章　兵　役

第一节　征　兵

一、义务兵征集

根据《中华人民共和国国防法》《中华人民共和国兵役法》等法律规定，娄底军分区是市政府兵役机关，县级人武部是县级人民政府兵役机关，负责本级本区域兵役登记、兵员征集、民兵预备役建设等工作。每年6月30日前，对辖区所有当年12月31日以前、年满18~20周岁的男性公民进行兵役登记，全面审定每个适龄青年政治、身体、文化、家庭劳力和现实表现，确定为应服兵役、缓服兵役、免服兵役或不得服兵役等情况。每年征兵工作开始时，市、县、乡三级均成立由党政主要领导为组长，军分区、人武部、公安、民政、卫生、交通、宣传等部门主要领导参加的征兵工作领导小组，下设办公室、宣传、政审、体检、后勤、纪检监督6个小组。行政村也成立征兵工作领导小组，村党支部书记为组长，村主任、民兵营长为成员，负责本村征兵工作。

1990年以前，娄底地区每年征兵工作多在冬季进行，1990年改为春季，1991年又改为冬季。2000年，征兵时间改为夏季。2011年6月开始实行高中应届毕业生网上预征报名，2013年起改为夏秋季，至2017年未变。每年征兵员额、征兵时期及具体规定均执行当年国务院、中央军委和省政府、省军区征兵命令。征兵工作开始时，征兵工作领导小组首先组织全体工作人员学习国务院、中央军委征兵命令、征兵法律法规和纪律要求，进行业务培训、制订工作计划、分配征兵任务、全面部署各项工作。

宣传发动　全市各级征兵办公室利用广播、电视、报纸、墙报、会议以及流动宣传车、咨询站等平台和载体，发放征兵资料，张贴、悬挂标语横幅，宣传公民依法服兵役报效祖国、贡献青春的重大意义以及兵役法律法规、政策、征兵纪律和规定。市征兵办主任、军分区司令员每年征兵时都要发表电视讲话，宣讲征兵意义、法律法规和政策；派出工作组走村串户，面对面地做思想教育工作。全市年均悬挂征兵宣传横幅600余幅，张贴标语2万多条，出动宣传车350多台（次），各类新闻媒体播发宣传稿件数十篇，营造“一人参军，全家光荣”的良好氛围。广大适龄青年踊跃报名参军，每年报名率都在98%以上。

确定预征对象　在开展征兵工作宣传发动的同时，市、县、乡三级兵役机关、征兵领导小组同步展开兵役登记，按照近两年征兵任务员额3~5倍数量，经初审合格者，确定为预征对象，填写《预征对象通知书》，告知体检时间和体检单位、地点及注意事项。

体格检查　县（市、区）征兵办公室会同卫生行政主管部门抽调医德医术高的医务人员组成体检组，严格执行国防部应征公民体格检查标准，统一在县级医院设立体检站，实行封闭式管理，组织预征对象有序体检。市、县两级征兵领导小组和纪律监督小组派员全程跟踪指导、监督体检工作，确保应征兵员身体质量。

政治审查　1990年以前主要审查预征对象家庭出身、成分、社会关系及年龄、学历和现实表现，注重有无违法犯罪前科。1990—2017年，针对改革开放新形势和应征青年外出务工多、活动范围广、流动性大等特点，采取多方联审、交叉复审等办法，重点审查现实表现。

定兵交兵　1990年后，县（市、区）征兵领导小组安排体检、政审合格的非农户口预征对象，参加全省文化测试，文化测试成绩作为择优定兵依据之一。然后召开纪检监督组，体检组，政审组，接兵干部，乡镇（街道）办事处负责人参加的六方联合定兵会，对每个体检、政审合检的预征对象进行全面比较、综合衡量评价，认真听取各方意见，按照中央军委和省军区“三不定、五优先”原则定兵，即本人思想不通者不定，现实表现未查清者不定，身体条件可定可不定者不定。在政审合格条件下，体格强壮者优先、文化程度高者优先、大学生优先、有技术专业特长者优先、革命烈士和革命伤残军人子女或兄弟姐妹在同等条件下优先。因此，全市新兵质量逐年提高，退兵现象逐年减少。2010—2017年无退兵问题。

被批准服现役的应征对象，由县（市、区）征兵办公室办理入伍手续，发放《应征公民入伍通知书》，县（市、区）人武部对集中的新兵发放被服，按部队要求进行日常管理，然后将新兵档案、名册、人员一一当面清点交给接兵部队。新兵起运时，市、县（市、区）党政军领导和征兵办公室等有关部门召开欢送会，并组织欢送队伍到车站送行。

廉洁阳光征兵　1990—1991年，全区征兵工作风气较正，兵员质量稳定可靠，但也出现一些不公正苗头。为严肃纪律，确保征兵工作正常开展和新兵质量，1992年，地委、行署和军分区成立由地纪委、监察局、军分区纪委组成的征兵监督小组，制定下发《娄底地区征兵工作公开实施细则》，2004年对细则作出修订和完善，形成长效机制，全面推行廉洁征兵、阳光征兵、规范征兵和质量征兵，公开征兵名额、标准、条件、程序、纪律、举报途径、方法，全程公示预征对象名单、初检初审名单、体检和政审合格名单、定兵名单，接受人民群众监督。2008年，贯彻执行国务院、中央军委廉洁征兵“八不准”“六条禁令”，广州军区“十条禁令”，省军区“十条硬性措施”。每年征兵工作一开始，首先组织全体工作人员学习廉洁征兵工作纪律，签订廉洁征兵责任状。市纪委、监察局和军分区纪委组成专项行动小组，全程跟踪，明察暗访，发现问题及时查处纠正。市、县两级每年都设立160多个廉洁征兵举报箱，发放“廉洁征兵监督卡”6000多份、“廉洁征兵问卷调查表”1900多份，并专门设立征兵工作来信来访接待站，全天候受理群众来信来访，还在电视台、《娄底日报》、《娄底广播电视报》、娄底政务网、娄底廉政网等新闻媒体上公布征兵举报电话，公开招聘多名市人大代表、政协委员担任廉洁征兵监督员。2015年，制定《廉洁征兵强军兴武专项清理整治实施方案》，进行全面整顿，还收集2000年以来违规违纪征兵反面典型案例进行教育，警示全体征兵工作人员。自此，全市征兵工作风气日益好转，征兵工作顺利开展，新兵质量不断提高。2016—2017年，贯彻全国征兵体检信息化管理系统、征兵工作量化考核暂行办法和征兵工作责任目标考评实施办法，构建以报名率、上站率、合格率、择优率和退兵率为核心的量化评估体系，征兵工作进一步规范化、廉洁化、法制化。

1990—2017年，娄底军分区先后3次、5个县（市、区）人武部先后18次，分别被省军区评为“征兵工作先进单位”。

二、士官招收

2010年，根据有关规定，娄底市开始士官招收工作，每年5月到6月开始，8月结束。2010—2014年，市、县两级征兵办负责宣传发动、报名、面试、体检、政审，省征兵办负责定兵、交兵、送兵。2015年后，定兵、交兵、送兵权力下放到市征兵办。2017年，招收政策、时间不变。

招收的普通高等学校毕业生，应当取得国家颁发的所学专业中级以上职业资格证书。招收高级技工学校和技师学院毕业生，应当取得国家颁发的高级职业资格证书，未婚，男性，年龄不超过24周岁。其他具有专业技能的公民不超过28周岁。士官体检标准、政审标准与义务兵征集标准和工作程序相同。

三、定点定向培养士官招收

2015年，娄底市开始定点定向培养士官招收工作。招收对象为应届高中毕业生，男性，年龄、身体、政治标准按军校招收标准执行。招收时间和工作方法、步骤、程序、要求与军校招生同步进行。

高考分数达到标准，体检、政审合格者，录取进入地方相关高校定点定向培养；毕业后，直接分配到有关部队对口专业岗位担任士官。2017年，招收政策、时间不变。

第二节　预备役登记与管理

一、退役义务兵预备役登记

1990年，全地区继续执行贯彻国务院、中央军委有关规定，对在部队服现役期满或服现役一年以上退伍义务兵开展预备役登记，以了解掌握每年退伍军人数量、质量、专业和分布情况。义务兵退伍回到地方后，持“退伍军人证明书”到当地县级人武部办理退伍军人预备役登记手续，填写“退役军人预备役登记卡”，成为预备役军人，开始服预备役。至2017年，全地区每年退役义务兵全部及时登记为预备役军人，服预备役。

二、预备役军官登记

1992年，娄底地区开始预备役军官登记工作，由县级人武部负责办理。1995年，贯彻《中华人民共和国预备役军官法》，制定《娄底地区预备役军官登记办法》，全地区退役军官预备役登记工作实现制度化、正规化，2010年8月，贯彻新修订的《中华人民共和国预备役军官法》，对全市预备役军官的条件、来源和选拔、职务、职级、军衔及预备役军官的登记、培训、征召、待遇、退役和法律责任等又做出全面详细的规定。至2017年，全市每年退役军官全部被登记为预备役军官。

三、预备役人员管理

（一）退伍义务兵预备役人员管理

1990年，县级人武部继续按规定每年以6月30日为准，对已登记确定服预备役的退伍义务兵变动情况全面核对一次，对已调出本区域或因犯罪被捕、判刑、被剥夺政治权利的人员，从名册中注销，对已超过服预备役年龄的、身体不宜服预备役的或已死亡的，消除登记。对已登记服预备役退伍义务兵在本县调动的，调出单位应在其“退伍军人预备役登记卡”上注明已调往何单位，并将登记卡报县级人武部，转给调往单位。从外县调入的适合服预备役的退伍义务兵，由新单位变更登记并报县级人武部。18岁至35岁的退伍义务兵、经过军事训练的18岁至28岁的基干民兵和35岁以下地方与军事专业对口的专业技术人员编入一类预备役，18岁至35岁加入民兵组织的普通民兵，编入二类预备役。至2017年，此项工作从未间断。

（二）预备役军官管理

1992年起，娄底军分区对已登记的预备役军官分别确定为预备役排级以上职务等级或者初级以上专业技术职务等级，并授予相应的预备役军官军衔，享受相应待遇，依法参加军事训练，完成各项任务，建立预备役军官个人档案。预备役军官因工作调动或迁居，须变更预备役登记的，三十日内到所在地县级人武部办理转入手续。对因年龄、身体不宜继续服预备役的、出国定居的或死亡的、被取消预备役军官身份的，注销其预备役军官登记。

第三章　军队建设

第一节　军分区部队建设

一、政治建设

（一）党的组织建设

1990年，娄底军分区（以下简称军分区）全面贯彻中央军委关于军队党组织建设有关规定，坚持党对军队绝对领导、党指挥枪和打得赢、不变质的根本原则，坚持军事系统上级党委领导与地方同级党委政府双重领导的基本制度。是年，军分区不再设第一政治委员，改设党委第一书记，由中共娄底地委书记兼任。按党章规定，1996年，制定《娄底军分区党委工作实施办法》。1994年8月、2000年10月、2005年1月、2010年11月分别召开娄底军分区党的第四次、第五次、第六次、第七次代表大会。每次代表大会由党委书记报告党委工作，纪委书记报告纪委工作，并民主选举产生新一届党委第一书记、书记、副书记、常委和委员、纪委书记和纪委委员。第八次代表大会应于2015年底召开，因特殊原因，经上级党委批准，延期至2018年1月召开。2017年6月，军分区机关和各县（市、区）人武部完善《娄底军分区党委常委议事规则》《党委班子建设制度》《党管武装实施细则》《廉洁自律制度》《民主生活会制度》《娄底军分区党委常委班子廉洁自律建设的措施》《党委班子成员思想工作评议制度》，以及党员发展等制度。军分区各级党组织贯彻执行党章和中央军委关于军队党组织发展党员工作规定，坚持标准，保证质量，改善结构，按照计划，坚持程序，适当控制，积极稳妥地发展新党员，确保新党员质量。

1990—2017年，军分区党委分别于1994年、1997年、1999年、2000年、2007年、2014年被省军区党委评为先进师级单位党委，娄星区人武部党委先后7年（次）、涟源市人武部党委3年（次）、冷水江市人武部党委3年（次）、新化县人武部党委5年（次）、双峰县人武部党委4年（次）被省军区党委评为先进团级单位党委。冷水江市人武部机关党支部、新化县人武部机关党支部、娄底市民兵应急二连党支部分别被省军区党委评为先进基层党支部，32人次被省军区党委评为优秀共产党员。

（二）干部队伍建设

20世纪90年代，军分区全面贯彻党的干部队伍建设“四化”方针，坚持德才兼备，以德为先原则，努力建设一支听党指挥，能打胜仗的干部队伍。严格执行《中华人民共和国现役军官法》关于现役军官服役年龄的规定，及时安排到龄军官退役转业，培养提拔年轻干部，改善干部年龄结构。1990年，军分区复建文化队，连续举办多期高中文化补习班，并与有关高校和中央党校、省委党校联合举办各种专业本、专科学历函授教育。1995年，军分区干部大专以上学历达到84%，2000年达到100%，之后硕士学位的干部逐年增多，实现了干部队伍的知识化。军分区每年争取军队院校毕业生来分区工作，同时选送优秀年轻干部到军队院校进修，不断从野战部队引进作战训练、组织指挥、政治工作经验丰富的干部来分区工作，改善部队兵种与专业结构，提高了军分区整体组织指挥和作战能力；对素质较好、发展全面的年轻干部在实践中注重培养锻炼，大批优秀干部得到提拔重用，并按规定同步晋升军衔和生活待遇。2000—2017年，军分区就现役军官职务任免、基层军官管理、基层干部换岗锻炼、干部考核和任职回避有关工作，及政治学习、廉政建设、作风纪律、军事训练、后勤工作各个方面，制定各项制度和考评细则，对干部严格要求，严格考评，促进干部队伍建设。

（三）政治思想建设

1990年，军分区党委贯彻中央军委关于进一步做好军队思想政治工作指示精神，组织官兵学习邓小平建设有中国特色社会主义理论，在政治上、思想上与党中央保持高度一致，坚决听从中央军委指挥，做改革开放的坚定支持者、保卫者。1992年，学习邓小平视察南方重要讲话精神，领会邓小平关于坚持党的基本路线和坚持改革开放“两个一百年”不动摇的论述，教育官兵坚定中国特色社会主义方向和党对军队绝对领导不动摇。1995年，全面开展“讲学习、讲政治、讲正气”及人民军队宗旨、性质、使命和传统教育，配合地方党委政府相继修缮和扩建蔡和森纪念馆、衡宝战役纪念碑、红二军团长征司令部旧址、罗盛教纪念馆和故居、陈正湘将军故居，将其辟为爱国主义和革命传统教育基地，组织官兵瞻仰学习。1997年，分专题学习邓小平理论，开展改革开放形势教育。1998年，贯彻总政治部关于大力弘扬艰苦奋斗精神和省军区关于在新形势下进一步发扬革命英雄主义精神的意见，对部队进行革命传统教育。1999年，分专题学习“三个代表”重要思想，部队组织开展拥护改革、支持改革、防腐蚀、防蜕变教育。

2005年，军分区组织学习《胡锦涛国防和军队建设重要论述选编》，结合贯彻中央军委军队体制调整改革命令，对官兵进行“讲政治、顾大局、守纪律”教育。2006年，贯彻军委主席胡锦涛关于在全军开展军队历史使命、理想信念、战斗精神和社会主义荣辱观教育。2007—2012年，重点开展保持共产党员先进性和科学发展观教育。

2012年10月，党的十八大召开后，军分区党委组织官兵学习习近平关于治国理政、强军一系列论述，深入开展党的群众路线、“三严三实”（严以修身、严以用权、严以律己，谋事要实、创业要实、做人要实）、“两学一做”（学党章党规、学系列讲话、做合格党员）、社会主义核心价值观教育实践活动。2013年，认真学习习近平关于军队建设等一系列论述，系统学习总政治部编印的《军队高中级干部理论学习读本》。2014年，军分区党委传达贯彻全军政治工作古田会议精神，学习军委主席习近平在会议上的重要讲话，紧紧围绕以中华民族伟大复兴中国梦和强军目标、牢固树立理想信念、党性原则、战斗力标准、政治工作创新、作风建设和倡廉、人民军队忠于党、热爱人民、报效国家、献身使命、崇尚荣誉为主要内容的当代革命军人核心价值观系列教育，使人民军队性质、宗旨、传统、使命意识融入官兵心灵，筑牢军魂。2015年，贯彻党中央、中央军委关于深化军队改革，进行精简整编有关精神，学习《习近平关于国防和军队建设重要论述选编》《中央军委关于深化国防和军队改革的意见》，引导官兵把思想认识统一到中央决策上来，坚决服从中央军委精简整编命令，完成改革整编任务。2017年，中共十九大召开后，组织官兵分专题学习习近平新时代中国特色社会主义思想，明确建设一支听党指挥、能打胜仗、作风优良、世界一流军队的总目标，增强政治意识、大局意识、核心意识、看齐意识和宗旨使命意识，推动部队全面建设和发展。

（四）依法治军和作风建设

1990年6月，军分区贯彻中央军委修订的《共同条令》。9月，参加省军区在常德军分区召开的贯彻《共同条令》现场会，会后立即向所属部队传达会议精神，举办学条令、用条令、守条令骨干培训班，开启一年一度的“条令月”活动，突出整治机关作风，严肃纠正非军人化倾向。1997—2005年，中央军委先后三次修订《共同条令》，每修订一次，军分区都组织官兵认真学习，对照新条令的新内容、新要求、新标准、新规定，从着装、军容、军姿、纪律、内务、队列、礼节等基础抓起，认真抓落实；师团领导以身作则，做学习贯彻执行条令的表率，推动部队正规化建设。2006年，贯彻中央军委建立健全军队惩治腐败和预防腐败体系指示精神，制定廉政建设各项制度。2009年，贯彻中央军委关于进一步加强军队干部作风建设和关于军队停止有偿服务规定，查找在征兵、提干、调动、转业、物资采购、财务管理和工程建设方面的问题，撤销生产办公室，停止一切生产经营活动。2013年，军分区贯彻军委主席习近平关于依法从严治军、反腐倡廉要求和中央军委关于加强自身建设、军队实行党风廉政建设责任制、军队开展巡视工作的规定，制定和完善军分区领导干部纪律廉洁工作制度、专项治理制度、述职述廉制度、履职尽责督查制度、诫勉谈话制度、党内监督和学习制度、财务管理制度、接待制度和营区管理制度，形成涵盖各个方面的军分区制度体系。2015年2月，贯彻中央军委关于新形势下深入推进依法治军从严治军的决定，开展依法治军教育和作风整顿，加大对违法违纪追究力度，对突出问题进行专项治理，重点抓住“三圈”，即娱乐圈、生活圈、交往圈，全面落实“三不准”，即不准干部开公车、不准打牌赌博、不准涉足不健康场所，严厉查处“三假”，即假冒军人、假冒军车、假冒军办企业，依法依规治军，严肃军纪铁律。至2017年，军分区集中开展两次大的作风纪律整顿活动，从政治纪律、组织纪律、廉洁纪律、工作纪律、生活纪律，到军事训风、演风和考风，从严规范、从严要求、从严考核，推进部队管理体制法制化、运行机制法制化、执法监督问责机制法制化。认真贯彻落实中央八项规定实施细则和习近平主席提出的“三严三实”“整顿思想、整顿用人、整顿组织、整顿纪律”的要求，制定军分区贯彻措施和办法，促进工作作风根本性好转。认真贯彻军委主席习近平关于“政治可靠”一系列指示，要求全体官兵听党指挥毫不含糊，确保绝对忠诚、绝对纯洁、绝对可靠、政令军令绝对畅通，做有灵魂、有本事、有血性、有品德的新一代革命军人。

二、军事训练和战备工作

1990年，军分区贯彻中央军委新时期军事战略方针，针对未来高技术条件下信息化战争形态、特点，高标准，严要求，不断锤打部队，促进部队战斗力提高。1991年，从军分区部队未来担负的作战任务出发，组织首长机关学习相关军事理论。1992年9月，军分区参加省军区组织的军事理论涵测作业，优秀率98%。1993年，贯彻中央军委关于加速军队质量建设重大战略决策和战略方针，举办师团首长机关学习研讨会，分析分区部队建设存在的问题和差距，探讨高技术条件下局部战争的特点、战法，以及司令部职责和任务，研究分区部队质量建设路径和措施。1994年，军分区机关人员由司令员带队两次参加省军区组织的反空袭战役、作战图上作业和实兵演习，完成省军区下达的作业任务，并举行全区部队防空袭战争研讨会。1995年，军分区首长机关开展高技术条件下基本战法研究和外军战法研究。1996年，县（市、区）人武部收归军队建制后，着重组织人武部新班子成员和师团首长机关学习中央新时期军事变革方针和重大战略决策。1997年，落实省军区分步细训、分段实训、综合演练要求，增加训练的科技含量和难度。1999年底，全面完成师团首长机关三年学习规划内容，经考核全部合格，优秀率87%。

2000年，军分区学习贯彻中央军委提出的机械化和信息化建设双重发展的历史性任务重大决策，突出抓新知识、新技能、新装备、新战法的学习运用和训练，研究辖区内反空袭联合作战战法和预案。2001年，军分区参加省军区参谋业务“六会”（会拟制战斗文书和电报，会标图和调制要图，会判读和使用地图，会熟记敌我双方基本情况，会迅速准确地计算战役战斗所需要的各种数据）新技能比武获总分第二名。2002年，贯彻军委科技强军战略，举办师团首长机关信息化建设与指挥、快速动员、要地防空、信息战学术研讨分析会，重点解决军事训练向信息化条件转变方法和途径问题，提出多项有效的对策。2004年，军分区贯彻中央军委战略思想和要求，成立信息化领导小组，举办信息战学术研讨会和信息战战术演练。是年，军分区参加省军区参谋业务培训和竞赛，获全省总分第一名，军分区司令部被广州军区、省军区评为优秀司令部和参谋业务训练先进单位。2006年，军分区指导和督促5个县（市、区）人武部全部完成“部库合一”建设。2009年3—4月，军分区突出军事理论、军用文书、信息战基础、指挥要素等业务训练。9月，军分区完成过境演习部队后勤服务保障任务。2010年，军分区举办四期、每期十天的机关首长参谋人员集训，特邀南京军事学院教授前来授课，提高谋略水平。是年，军分区指导各县（市、区）人武部完成作战、动员及应急方案的制定、修订、对接和论证，同时对“十一五”时期军分区部队建设成效自评自查，形成评估报告，对“十二五”规划进一步完善和细化，并在训练中得到检验，顺利通过省军区考核验收。

2013年，军分区加强现代战争理论和现代军事科技知识学习，研究论证信息化条件下军分区指挥体制机制建设问题，建立起集中高效、党政军一体的应急防卫作战联合指挥体制。是年，为各团级单位分别购置先进的战备器材，使之全部达标，还对军分区作战指挥中心、作战值班室加以信息化改造，充实完善国防动员资源信息数据库，构建起作战、动员、应急一体化信息化指挥平台，在省三级国防动员演习中圆满完成任务。2013—2014年，按照省军区“上层次、清思路、严管理、强保障、实作风”的要求，举办师团首长机关训练，成立以司令员、政治委员为组长，副政治委员、参谋长、政治部主任为副组长的军训领导小组，实行军事训练责任制，确保训练扎实、有效、安全；严格训练，严格考核，分层次、分系统、分类别、定标准、定时限、明责任，合力抓整改，集中解难题。2015年，在师、团两级进一步加强通信保障能力建设，深化军事斗争准备，开展师团首长机关整组预案研究作业，并对接县（市、区）人武部的战备方案，形成统一规范、衔接配套的实战方案体系。同时强化与地方电子政务网、防汛抗旱信息网、道路交通监控信息网和治安监控管理系统、公安指挥信息系统、人防指挥系统的沟通与协作。2016年、2017年，对各县（市、区）人武部战备方案修订业务进行培训，通过省军区组织的检查、抽考和验收。

1990—2017年，军分区军事训练、战备、司令部工作先后12次被广州军区、省军区评为先进单位，5个县（市、区）人武部先后17次被省军区评为军事训练先进单位，35人次被评为先进个人、6人次被评为优秀参谋、5人次被树为训练标兵。

第二节　武警部队建设与勤务

一、军事训练

1990年，娄底地区武警支队贯彻军事训练条例，重点开展值勤分队、新兵基础训练和干部组织指挥及机动中队处置突发事件应急训练。1991年，参加地委、行署举办的组织建党70周年七一阅兵，支队新兵方队荣获一等奖。1992年，把警官作为训练重点，克服以往“练兵不练官、考兵不考官”的现象，支队全体警官合格率95%，优秀率87%。1993年3月，举行骨干军事比武；7月，举行新兵训练比武，选拔骨干苗子，年度训练考核成绩优良，新兵军事训练工作被武警湖南省总队评为先进单位。1995年8月，军事训练按照“先理论，后动作，先基础，后综合”的方法训练，各基层单位军事训练综合成绩及格率100%，优良率60%以上。1996年，开展优秀带兵干部、优秀带兵骨干，训练先进中队、先进班、训练标兵评比活动，按季度对干部和正副班长综合考核和讲评。1997—2003年，常年组织警官军事科目考核，考核内容为军事理论、值勤业务、射击、战术、教学法、队列、擒敌技术、防爆器材使用等科目。2004年起，支队每年举行“卫士”系列演习和新兵野营拉练。2005年，在武警湖南总队组织的军事考核中取得首长机关第一名和基层警官第二名的成绩。同年11月11日，支队为庆祝新营院搬迁，举行大型军事汇报表演。2009年，支队在新兵集训工作考核中获全省第三名。2011年起，支队机关实行每天集中训练制度，并结合新兵野营拉练、综合演练、勤训轮换等方式，加强官兵实战背景下战术战法训练。是年12月，支队司令部被武警湖南总队评为先进司令部。2012—2017年，为落实上级规定，进一步规范训练选拔机制，官兵晋升均需到武警湖南总队参加统一选拔考核。先后举办预提班长和骨干集训、射击集训、“四会”教练员集训、士官集训、军事业务教学法和军体教员集训、极限训练等，官兵军事素质、组织指挥能力和部队整体训练水平大幅度提高。2017年，支队贯彻落实武警总部广西会议、武警湖南总队怀化会议精神，规范执勤战备建设，并按照上级关于科技强警指示要求，积极推进相关库室改造升级，加强军地协调，统筹谋划“智慧磐石”工程，推动涟源中队试点建设，强化应急指挥训练，刚性落实战备模式，在重大节日组织战备拉动演练。

二、政治建设

20世纪90年代，娄底地区武警支队始终把党组织建设、思想政治建设、纪律作风建设摆在突出位置，对官兵开展邓小平理论、“三讲”等学习教育。1991年12月，支队被武警总部评为廉政建设先进集体。2000年起，组织官兵深入学习贯彻“三个代表”重要思想。2004年起，主要学习科学发展观，开展“八荣八耻”教育，贯彻中央军委关于加强军队党的建设要求，始终把党的建设作为“龙头”工程常抓不懈。2006年，支队党委落实中心组带机关每月1天“理论学习日”制度，开展“提高民主集中制质量”学习教育活动以及条例知识季度考评。2008年12月，支队政治处被武警湖南总队评为先进政治处。2011年8月，支队召开第三次党代会。2012年，支队开展“学军史、讲传统、铸军魂”网上知识竞赛活动，在省总队“卫士之光”书法比赛和“我为部队讲一课”法纪课评比中分别获二等奖、三等奖。是年11月，组织官兵学习党的十八大精神和习近平总书记重要讲话。2013—2014年，组织官兵学习习近平治国理政和强军系列重要讲话，开展群众路线、“三严三实”教育实践活动，着重纠治形式主义和官僚主义，持续纠查“四风”（形式主义、官僚主义、享乐主义、奢靡之风）问题。2014年10月起，组织官兵学习全军政治工作会议精神，学习领会军委主席习近平关于政治建军、改革强军、科技兴军、依法治军以及能打仗、打胜仗、听党指挥等一系列重要讲话精神。12月，支队被武警湖南总队评为廉政建设先进集体。2015—2017年，开展社会主义核心价值观、“两学一做”学习教育，严肃纠治和平积弊与“微腐败”问题；贯彻民主集中制，进一步抓好党建工作，规范支队党委议事、决策程序，党委（支部）建设实现“政治强、思路清、作风实、形象好、讲团结、有作为”的目标。支队政治处创作的微广播《寻梦记》、微电影《不忘初心》分别获全军“微课”评比二等奖、三等奖。2017年10月，组织官兵学习贯彻党的十九大精神和习近平新时代中国特色社会主义思想、习近平强军思想。支队党委在各个时期开展党的基本理论和政策教育的同时，持续在官兵中进行人民军队宗旨和光荣传统、条令条例、形势战备、纪律作风、各年度主题教育等，以及形式多样的群众性文化体育活动。2017年，政治处干事罗希在武警湖南总队优秀“四会”政治教育评比竞赛中获第一名，在武警总部优秀“四会”政治教育评比竞赛中获第七名，获武警部队“十佳”政治教员。

三、后勤保障

20世纪90年代，支队注重后勤工作制度建设，持续开展“杜绝长明灯长流水、节约一度电一滴水”活动，严格经费审批，年均节约各类经费开支10余万元。2000年开始，每年选派官兵参加总队汽训、卫训、厨训，按计划开展支队专业兵集训，军械员、驾驶员复训，组织各县（市、区）中队司务长集训，研究探讨改进后勤工作方法，交流工作经验。2003年，抓好“非典”疫情防治工作。2004年起，持续推进现代化融合型后勤发展，再次修订《财务管理规定》《物资采购实施细则》《工程建设项目施工招标管理实施细则》等制度和应急保障预案等。探索服务定点采购、给养集中配送等保障模式，逐步完善军粮、军油、车辆维修等标准经费使用监督制度，抓好食品采购、实物验收、加工制作等工作，高标准办好伙食，确保官兵饮食健康。是年起，后勤部门在每年举行“卫士”系列演习和新兵野营拉练中，全力做好后勤保障工作，确保演练任务完成。是年3月26日，支队机关新营区破土动工建设。2005年7月，工程竣工；7月16日，支队机关及直属部队迁入新营区。2006年，全支队后勤部门开展生活月评比活动。2007年12月，支队被武警总部评为文明卫生警营达标单位。同年，实施网上账务公开和伙食管理，对机关院内食堂进行合并，实行自助餐。2009年，支队制定基层后勤基础设施建设方案，推进基层配套设施建设，抓好H1N1甲型流感疫情防控工作。2011年，所属中队配套设施建设全部完成，支队被武警总部评为营区房地产正规化管理优秀单位。2012年起，支队加强后勤应急训练，做好每年极限训练后勤保障工作。2017年，完成公寓楼建造、营院维修、战备物资库改造等建设任务。针对季节性疾病预防，每月开展卫生健康教育和基层巡诊，持续抓好医疗卫生服务，每年定期组织干部和公勤人员体检，保障官兵身心健康。

四、内卫勤务

1990年，支队担负娄底监狱看押以及娄底市、涟源市、冷水江市、新化县、双峰县5个看守所的外围武装看守和驻地重大集会、重要活动警卫勤务，担负娄底火车站、县（市）政府驻地火车站、重要场所、街道武装巡逻勤务。1993年5月4日晚，2个流氓团伙数十人在娄底市街心公园附近斗殴，武警官兵与公安民警奉命一举平息该起较大规模的流氓械斗事件。至1995年，支队累计抓获犯罪分子2130人，制止聚众斗殴191起。1995年3月起，武警部队不再担负市区经常性武装巡逻任务，但在重要节假日和重大活动中，支队根据市委、市政府和上级命令，仍担负娄底火车站和主要街道的武装巡逻任务。1998年4月28日，支队奉命与公安干警、民兵合作，成功处置6000余名传销人员在娄底火车站卧轨恶性事件。至1999年，先后协助公安机关参加“严打”统一行动8次，协助逮捕犯罪嫌疑人51人，押解人犯130人，摧毁违法窝点42个，抓获逃犯15人。1999年12月，被武警总部评为连续9年预防事故案件工作“三无”单位。2000年9月17—30日，担负娄底谭某某特大涉黑犯罪团伙52人的公开审判现场警卫任务。2003年10月，完成湖南第五届城市运动会娄底赛区现场警卫勤务。同年12月，完成市文化经贸博览会现场警卫勤务。2004年7月，协同市公安局打击新化县假币制造窝点（公安部重点督办案件，并派专员督查），连续奋战76小时，抓获犯罪嫌疑人14名，缴获假币成品、半成品100余万枚，受到公安部、省委和武警湖南总队通报表彰。2005年7月起，支队担负娄底监狱外围武装看押勤务。2006年8月30日至9月2日，支队奉命出动官兵担负市蔬菜局原局长颜某某等3名被告受贿、挪用公款案庭审现场安保任务。同年10月15—19日，支队官兵奉命完成“4·20”涉黑团伙案庭审和审判押解勤务。12月，支队完成以刘某某为首的特大黑社会性质组织案（新化县“6·30”案）在娄底市体育馆公开宣判武装押解犯人和现场警戒任务，在该案历次庭审中，累计押解被告人1000余人次，疏导旁听群众万余人次。2012—2017年，完善各哨位和勤务值班室、监控报警系统建设，哨兵自身安全系数明显增强，排查治理执勤安全隐患数百处，完成执勤目标单位AB门监门哨设置和建设任务，常态化配合娄底监狱、各县（区）看守所武装押解勤务，年均实现安全武装押解400余起。2014年9月，支队担负在娄底市举行的省第十二届运动会、残运会现场安保勤务。2015年1月起，奉上级命令，支队恢复市中心城区常态化武装巡逻勤务，配合市巡特警支队在市委、市政府、娄星广场、腾飞广场、娄底市高铁南站、火车站联勤武装巡逻勤务。2016年7月，支队成功疏散娄底火车站千余名滞留旅客。2017年2月，支队完成“2·14”涟源祖保煤矿爆炸现场救援维稳任务。是年10月，出动兵力参与处置双峰“10·3”恶性杀人案。12月，派出兵力参与处置新化“12·22”持枪杀人案，协助公安机关成功将犯罪嫌疑人抓捕归案。1990—2017年，支队严密组织历年的春运执勤、联勤武装巡逻、武装押解、内卫勤务，完成各项任务，连续28年实现“零”差错。教导队队长孙青柏、汽车勤务中队司务长赫小军荣立一等功。2017年1月，支队被武警湖南总队评为连续26年安全预防工作先进单位。

第三节　消防部队建设

一、消防训练

20世纪90年代，娄底消防支队遵照消防部队业务技术标准，对部队实行一、二、三级战斗员标准考核。2001年，部队训练实行梯形训练法，按兵龄、专业、岗位分训。是年8月，消防支队在全省消防部队执勤训练工作会上作经验介绍。2002年，依据消防部队执勤训练大纲和执勤业务训练考评办法，开展理论、体能、业务训练考核，检验部队业务训练成果。是年，消防支队组织编写《各类灾害事故的处置》手册，为基层单位配发灭火救援预案制作软件，举办灭火救援预案电子版制作培训班，提高部队灭火救援预见性和作战指挥能力。2006年，战斗员等级达标训练，95%的义务兵达到三级战斗员、100%的士官达到二级战斗员标准。是年8月，在省消防总队“三能”（体能、技能、指挥能力）竞赛决赛中，娄底消防支队获全省“灾害事故现场无线通信操”竞赛第一名。2007年，消防支队“中队级灭火战斗展开操”操法获2007年全国公安消防部队灭火救援操法创新二等奖；消防支队被公安部消防局评为2007年专职消防队伍执勤岗位练兵先进单位。2008年，消防支队获省消防总队通信操比武第一名。2010年，消防支队重点抓好部队实战能力、指挥机制和攻坚力量建设，全面提高部队灭火应急救援能力。2011年，制定《娄底市消防部队训练奖励基金管理办法》，把练兵成效与评先评优、晋职晋衔挂钩，设立50万元训练奖励基金，实行执勤业务工作月检查、季考核，专项工作专项验收和日常督察相结合的方法，激发官兵训练潜能。2013年3月，消防支队在全省冬训考核中获第一名。2014年，以基础化、专业化、实战化建设促进战斗力提升，建立士兵专业岗位人才库，引入“红蓝对抗”考核机制，以强强对抗检验训练成效。是年10月，省消防总队在娄底召开全省消防部队实战化训练改革推进会，消防支队作为全省消防部队第一批实战化训练改革试点单位作经验介绍。2015年，娄星大队娄星中队被公安部消防局评为2015年度执勤训练工作先进单位。2016年，全市消防部队依据“一站多点、以站管点、一队多能”原则，开展大练兵、大挑战、大比武活动。截至2017年底，按照“四有”标准（有人、有房、有装备、有保障）建成68支乡镇兼职消防队伍。

二、政治教育

20世纪90年代，娄底消防部队以江泽民“政治合格、军事过硬、作风优良、纪律严明、保障有力”总要求为指导，深入开展形势、国情、爱国主义、坚定社会主义信念教育，引导官兵认清社会主义制度优越性，坚持四项基本原则，增强抵御资产阶级自由化的能力。1991年，开展党对军队绝对领导、时事政治、遵纪守法、光荣传统、反特权和反腐蚀教育，提高官兵思想政治觉悟。1993年，突出抓好坚持党的基本路线教育，明确新形势下部队肩负的神圣职责，自觉服从和服务于国家经济建设大局，坚定坚持党的基本路线的决心。1995年，支队开展“革命人生观、爱国奉献、尊干爱兵、艰苦奋斗”四个专题教育；1996年，开展“讲学习、讲政治、讲正气”教育，两项教育持续到1999年结束。2000—2004年，市、县两级消防部队党委班子建立健全党委中心组学习制度。全市消防官兵认真学习邓小平理论、“三个代表”重要思想等内容。2005年1月开始，支队利用一年半时间突出抓好以实践“三个代表”重要思想为主要内容的保持共产党员先进性教育，当年完成先进性教育活动学习动员、分析评议、整改提高三个阶段学习任务。2006—2008年，支队突出抓好社会主义荣辱观教育，开展抓班子、树正气，抓执法、树形象，抓落实、树新风实践活动和党的十七大精神等学习教育活动，加强各级党委班子能力建设，提高部队履职能力。2009年8月至2013年，全市消防部队按照胡锦涛“忠诚可靠、服务人民、竭诚奉献”总要求，加强部队思想政治建设，打造娄底消防铁军，培育战斗精神，努力构建和谐警民关系；开展学习实践“学文博（宋文博，邵阳市洞口县消防大队原政治教导员）、走前列、创一流”、庆祝建党90周年和“喜迎十八大、全力保安全”主题教育，开展“创建学习型机关、素质型警队”活动；学习党的十八大精神，开展“坚定信念、铸牢警魂”主题教育。支队开办政治教育大讲堂，组织政工干部轮流授课，开展“一队一精品、优秀课件”评选活动。2014年，支队开展“讲党性、守党规、严党纪”反腐倡廉教育和典型案例警示教育活动。是年，娄底消防部队按照习近平“听党指挥、能打胜仗、作风优良”强军目标要求，开展“牢记强军目标、献身强军实践”主题教育，教育广大消防官兵坚定政治信仰，铸牢军魂意识，献身职能使命，不断推进和加强部队正规化建设。2015年，各级班子扎实开展“三严三实”（严以修身、严以用权、严以律己，谋事要实、创业要实、做人要实）专题学习研讨。2016—2017年，全市消防部队开展改革强警主题教育和“两学一做”（学党章党规、学系列讲话，做合格党员）学习教育，为公安消防现役部队改革顺利推进提供坚强思想保证。

三、后勤保障

20世纪90年代，娄底地区消防大队多渠道筹措资金，加强营房设施建设，发展农副业生产，提高后勤保障能力。先后建成办公楼、公寓楼、办公培训楼。1994年12月，支队出台《娄底地区公安消防支队机关财务管理规定》，加强后勤财务管理，严格财经制度。1996年起，支队所有经费由后勤处统一归口管理。2000年后，各县（市、区）政府相继为辖区消防部队兴建新营房改善办公条件。2004年，全市消防部队基本完成饮食、勤杂技术、营房保障、医疗保障4个方面的后勤保障社会化改革。同年7月，支队财务核算中心成立，实行财务宏观调控，突出抓好经费预算和使用。2006年，制定《娄底市消防部队财务管理规定》，坚持党委领导下的“一支笔”审批制度。2007年，全市消防部队完成危旧营房改造和营房新建工程。2009年，扎实开展资产管理规范化工作，制定下发《娄底市公安消防支队固定资产管理办法》《娄底市公安消防支队资产管理与预算管理相结合实施办法》等规范性文件，层层落实资产管理责任制。2010年起，将市综合应急救援支队的业务经费纳入市财政预算给予保障。2011年，支队财务使用经费预结算系统，实现经费开支网上审批结算管理，建立资金支付安全预警系统。2013年8月，完成营房“两证”（房产证、土地使用证）办理工作。是年12月，支队机关综合办公楼建成并投入使用。2014年，筹建支队级被装库，官兵被装发放适体率达到100%。至2017年12月，全市消防部队共有7个营区。

第四章　民　兵

第一节　民兵组织建设

一、压缩人员规模

20世纪90年代，娄底军分区围绕压缩规模数量对民兵作出两次大规模的调整。第一次是1993年精简全市基干民兵，第二次是1997年再次精减，普通民兵增加民兵应急分队人数。至2017年，全市民兵队伍结构更合理，队伍更精干，进入正常调整轨道。

二、整顿民兵组织

1990年初，军分区对上年各县（市）民兵整顿编组工作进行全面考核验收，5个县（市）全部合格。7月，通过省军区全面考核验收评估，娄底军分区取得总分第一名，并获一等奖。1992年，军分区再次对全地区民兵组织进行调整改革，在农村打破以行政村为基本单位编组模式，转为按地域编组模式；城市按机关、事业单位和企业重新编组，民兵组织更便于领导、训练、教育和执行任务，并把工作重点放在基干民兵、民兵应急分队、技术分队和专职武装干部队伍建设上。全地区形成不同组织结构、专业技术结构的民兵队伍和民兵应急分队格局，娄星区设营，其他县（市）各设连，每个乡镇（街道）设立基干民兵营，下设若干个基干民兵连。

1997年，军分区贯彻上级“规模适当，布局合理，重点突出，可靠管用”的要求，对全市民兵组织进行整编，重点对各应急分队进行调整编组，规模相应精简，增加科技投入，增强机动性和战斗力。1999年，贯彻上级关于组织编制、组织范围、组织方法、教育训练、武器装备、使用管理“六统一”的要求，军分区全面梳理全市民兵组织整编工作，把适龄健康的复员退伍军人全部充实到应急分队中的专业技术保障分队中。1999年6月15日，军分区召开民兵工作调整改革现场观摩会，市党、政、军主要领导检阅了民兵应急分队汇报表演。2000年后，军分区对全市民兵组织按照“建需一致、建训一致、建管一致、建用一致”的原则，防止任务重叠、组织交叉、一兵多岗、一官多职的情况发生，每年结合预备人员登记进行调整。2009年4月，军分区在娄星区召开全市乡镇（街道）、企业、行业、村民兵营四种不同类型的民兵基层建设现场会，突出解决存在多年的主要问题，进一步理顺关系。2009年，每个乡镇都建立民兵应急排，5个县（市、区）在应急民兵连的基础上，组建常驻民兵应急分队，并在民兵组织中加强党的组织建设，确保队伍不散，性质不变，建制不乱，纪律不松，战斗力不减，指挥畅通。2011年，军分区在全市7家大型民营企业建立民兵组织，在3所高校建立民兵科技分队。2012年10月，军分区按照民兵布局就是作战部署的思路，把民兵整组与作战问题研究、作战方案完善结合起来，把省军区“一防五反”作战行动、12种支援保障行动和5种社会救援行动等使命任务结合起来，把遂行任务的地域、单位和行动力量组成进一步细化，并按“任务常态、队伍专业、建设规范”的要求，再次对市应急分队组织调整和部署，按属地编组、行业编组、优化编组相结合的原则，进一步把人员编实，解决民兵外出人员流动大，造成在编不在位的问题。2013年，制定民兵组织整顿工作实施方案，在巩固普通民兵组织制度基础上，突出抓好基干民兵队伍、国防动员专业队伍和现役部队预编预备人员编组，凡符合条件的都要纳入编组范围，但在数量上进一步压缩规模。全市民兵组织整编实现了“编实、编准、编顺、编规范”的目标。截至2017年，全市普通民兵大幅减少，基干民兵大幅增加，民兵组织结构更加优化，兵员素质显著提升。

第二节 民兵政治教育

一、教育内容

（一）党的基本理论、基本路线和各个时期方针政策教育

1990年，娄底军分区、各级人武部，针对改革开放条件下民兵思想状况，组织民兵重点学习邓小平理论、四项基本原则、党在社会主义初级阶段的基本路线和改革开放方针政策。1992—1998年，学习邓小平视察南方讲话精神，引导民兵正确看待中国特色社会主义本质和实行改革开放的必要性及深远意义。1999年，学习“三个代表”重要思想，党中央新时期国防和军队、民兵建设方针政策。2004年后，重点学习科学发展观，开展“八荣八耻”教育。2013年起，进行党的群众路线、社会主义核心价值观教育。2017年后，学习习近平新时代中国特色社会主义思想，习近平强军思想，关于国防与军队、民兵改革和建设等系列重要论述与重大战略决策。

（二）民兵性质、宗旨、地位、作用、任务教育

1990—2017年，娄底军分区和各级人武部长期坚持对民兵进行民兵性质、宗旨、地位、作用和任务的教育，使之认清民兵是党领导的人民武装，来自人民，属于人民，服务人民，增强民兵的光荣感、责任感和使命感，提高遵守民兵规则、制度和纪律的自觉性。

（三）革命传统教育

娄底军分区坚持对民兵进行革命传统教育，讲军史、讲战例、讲战争年代民兵支前参战，配合部队作战所起的作用和做出的贡献，讲革命前辈英勇作战、不怕牺牲的革命英雄主义精神，组织民兵瞻仰参观蔡和森纪念馆、衡宝战役纪念碑、红二军团司令部旧址等革命传统教育基地，继承和发扬革命前辈优良传统。

二、教育形式和方法

1990年起，娄底军分区针对民兵既是民又是兵的特点，不断探索和改进教育形式和方法，以省军区《民兵官兵教育课本》为基本教材，基干民兵每月上课一次，普通民兵半年上课一次。1993—1999年，军分区贯彻省军区推广的益阳民兵政治教育现场会经验，在全市实施抓“三级教育阵地”，即县国防教育基地、乡国防教育室、村青年民兵之家；“三支教育队伍”，即专武干部、企事业单位人武干部、民兵干部；“三支基层队伍”，即民兵应急分队、文明服务队、乡土文化队和“四个结合”，即政治教育与民兵整组、民兵训练、兵员征集、重大活动相结合为内容的“三三三四”工程。2002年，民兵政治教育重点对象转向专武干部、民兵干部和参训民兵，严格规范教育内容、时间，订阅有关报刊进行刊授教育。2002年，省军区在娄底召开现场会，在全省推广娄底民兵刊授教育经验。2012—2017年，全市民兵政治教育按民兵政治教育工作规定和预备役部队政治工作规定，以网络教育和视频教育方式进行，提高教育时效性和效果。

第三节 民兵与在校学生军事训练

一、民兵军事训练

1990年后，农村生产责任制改革和城市经济体制改革不断深化，民兵流动性加大，军事训练与生产之间出现许多新问题，军分区贯彻总参谋部缩小规模、减少人数、缩短周期、精简内容、突出重点、改进方法、提高质量等改革要求，恢复教导队，探索训练改革。1992年3月18日，省军区在双峰县召开全省民兵军事训练改革经验交流会，决定从三个方面进行改革：即以战时兵员动员任务为依据，有计划按比例安排训练任务，克服随意性、盲目性；以军分区为单位对民兵训练布局统一调整，使训练按兵种实现专业化；抓民兵训练基地建设，以县（市）为单位实现民兵训练基地化。1995年起，军分区对民兵军

事训练突出三个重点对象：民兵干部、民兵步兵训练、专业技术分队训练，每年集训或轮训一次，学习网络信息、现代武器装备、军事科技知识，开展打赢高技术条件下局部战争战术战法演练。1996年，娄底地委议军会议专题研究民兵训练基地改扩建问题，并拨付专项经费，新建、扩建、改造军事训练基地各种设施，并制定《民兵训练基地管理规定》，各县（市）相继建立训练基地，全市实现民兵训练基地化。1998年，根据上级关于民兵规范化训练有关规定，全地区民兵军事训练从计划、任务、形式、组织领导、教学队伍、施训方法到行政管理、考核验收、训练保障等全部实现规范化、制度化，实现训练场地、训练器材、训练教员、后勤生活4个有保障。军分区和各县（市）人武部全部实现了训练教学电教化、模拟化，形成直观训练、远程教学、室内模拟推演与野外实训相结合的全方位训练模式。1999年起，军分区先后组建多个专业技术分队和各种应急分队，严格按民兵军事训练大纲和专业特点分别施行，对技术含量高，训练难度大的专业科目由军分区负责，公共科目和一般科目由县（市、区）人武部负责，三年成建制复训一次。2000年起，民兵军事训练再次改革，从单兵训练为主改为成建制合成训练为主；从民兵士兵训练为主转为民兵干部和业务骨干训练为主；从基础训练为主改为专业技术训练为主，进一步提高训练的科技含量和合成训练比例。2008年起，重点突出民兵应急分队、专业技术分队和专业对口分队三大骨干力量训练。2009年，新化县民兵舟桥分队获全省检验性考核“孤岛救援”第一名。2010年后，根据总参“面向基层、突出重点”的要求，进一步加大民兵训练力度和规模，民兵各技术专业分队在广州军区、省军区的演习中圆满完成任务。2014—2017年，军分区采取集中轮训方式，组织5个县（市、区）民兵后勤保障分队，开展炊事车实战化训练，参训人员均能熟练地掌握炊事车的使用方法。

二、在校学生军事训练

1990—1997年，全地区贯彻湖南省在校学生军事训练（以下简称军训）试点经验。1998年，娄底地委召开全区党政军联席会议，对在校学生军训工作作出全面部署，成立由分管教育工作的副专员任组长、军分区司令员任副组长的地区学生军训工作领导小组。县（市）高等院校、高级中学（含中专学校）也成立相应机构，要求把学生军训纳入地、县两级政府工作议程，纳入军事机关年度军事工作任务，纳入高等学校、高级中学的教学计划，统一组织领导、统一训练、统一课时安排。学习兵役法、国防法、国防动员法、预备役法，开展中国人民解放军的性质、宗旨、任务使命等政治教育和纪律、内务、队列动作、军事思想、军兵种知识、现代军事科学知识、军事地形学、外国军情等内容学习，组织单兵战斗动作、连以下分队战术运用、轻武器使用和实弹射击等军事训练。2000—2017年，全市学生军训形成制度化。

第四节　民兵职责

一、投身经济建设

20世纪90年代，各县（市）人武部指导乡镇民兵组织创办各种经济实体，包括种植、养殖、工业、商业、采矿、运输、餐饮等行业，或工程承包，实行“以劳养武”，较好地解决民兵训练经费十分紧缺的问题，也促进了当地经济的发展。2000—2017年，随着军队有偿服务禁令执行，全市所有民兵企业逐步转体改制。广大民兵根据各地情况，发挥各自优势，大搞山地开发。涟源市人武部组织六亩塘镇民兵种植葡萄千余亩，并带动周围乡镇一起发展，成为全市最大的葡萄种植基地和支柱产业。七星镇、桥头河镇、渡头塘镇大力发展红薯、蔬菜生产，所产“花萼”牌粉丝获全省“农博会”金牌，远销省内外。新化县人武部组织民兵引进优良枇杷品种大面积种植，成为一大特色产业，在白溪镇、油家镇、奉家镇结合旅游业发展，大搞农产品加工，开发茶叶、黑米、糯米等系列独具地方风味的特优农产品加工，带动农民脱贫致富。冷水江市人武部组织民兵种植杨梅、蓝梅和中药材，实现规模化生产。娄星区人武部组织民兵发展湘村黑猪、黑山羊养殖，年出栏黑猪20多万头，产品畅销省内外。双峰县人武部组织民兵深化农村土地制度改革，推动土地流转和粮食、水果、药材规模化种植，双峰县成为全市最大的商品粮生产基地和西瓜、药材种植基地。

涟钢、冷钢、华达等大型骨干企业生产一线的员工，民兵占50%左右，科技人员占30%左右。电信、移动、联通、邮政等通信行业，民兵占40%。企业民兵人数多，科技人员多，他们在企业生产中发挥了主力军作用。

二、守护重要目标

1990—2017年，娄底境内由民兵驻守的民兵武器装备仓库，从未发生任何安全责任事故。境内几座重点铁路桥梁、高铁、普铁主干线全由民兵执勤守护。一些重点大型骨干企业、军工企业、军用仓库所在地，建有基干民兵组织，还先后组建民兵应急分队长期保护目标的安全。

三、维护社会治安和稳定

1990年前后，全地区先后组建各类民兵治安分队。自1990年起，娄底市人武部每年春节期间都要派出民兵到小碧乡同福村防范、阻止舞狮队伍群斗事件发生，直至2010年逐渐消除。1991年，涟源市人武部组建民兵治安巡逻队，配合公安抓捕犯罪嫌疑人150人，处理流氓团伙斗殴事件350起，打击车匪路霸，维护社会治安。1995—1997年，为整顿铁路治安，全地区出动民兵开展“反盗窃、打抢劫、挖团伙、掏窝子”专项斗争，摧毁犯罪团伙17个，抓获犯罪嫌疑人340人。1998年，冷水江市金竹山煤矿工人不满企业改制，到金竹山火车站卧轨。市人武部出动民兵维持现场秩序，防止事态进一步激化。同年4月，娄底市人武部出动民兵应急分队，配合武警、公安成功取缔盘踞娄底火车站周围6000多人的传销组织。1998年，涟源市青年民兵杨卓辉在深圳务工时，勇斗劫匪光荣牺牲，共青团深圳市委、娄底团地委分别授予他“青年楷模”光荣称号；2000年，民政部批准杨卓辉为革命烈士。

2001年7月，娄星区出动民兵应急分队，配合公安、武警驱散聚众闹事的叭叭车主。2005年1月15日，冷水江资江煤矿工人对企业改制不满，在湘黔铁路卧轨，并冲击市委、市政府。市人武部出动民兵，坚守7天7夜，维持秩序。2009年，军分区组织民兵专业分队，出动运输、消防、救护车辆，分别在娄星区、双峰县集中销毁过期报废弹药，消除了安全隐患。2010年3月，涟源市民兵应急分队，维护安邵高速公路龙塘段沿线拆迁工程现场秩序。2017年10月3日、12月22日，双峰县、新化县分别发生重大刑事案件，军分区和两县人武部迅即派出民兵应急分队配合武警公安行动，完成了任务。在历年“两会”（即全国人民代表大会和政治协商会议）召开期间守卫重要目标，维护社会稳定。至2017年，全市民兵协助公安部门破获各类案件1432起，抓获各类案犯1754人，摧毁流氓团伙143个，打击盗窃团伙175个，扫荡赌场1700多个，缴获各类赃款赃物价值1600万余元。每年春运期间，协助公安、铁路、公路部门查堵易燃易爆和剧毒物品，保证旅客安全。

1990—2017年，娄底军分区先后7次、各县（市、区）人武部先后15次分别被湖南省军区、广州军区评为民兵工作先进单位，21人次被评为先进个人。2002年，冷水江碱厂人武部被总参谋部表彰为全国基层民兵组织建设先进单位，部长韩桂林先后被总参谋部、总政治部表彰为优秀基层人武干部，授予全军学雷锋标兵称号。

第五章　拥政爱民

第一节　拥政参建

一、参加重点工程建设

1990年3月，冷水江市资江公路大桥一号桥墩封底难度极大，急需壮劳动力突击施工，须赶在汛期到来之前完工。冷水江市人武部、武警中队接到命令后，立即组织官兵顶着风雨赶赴现场支援，抢运水泥40多吨、沙石130多吨和其他建筑材料，奋战9个多小时完成任务。1993年，新化县鹅溪乡武装部组织民兵奋战2个月，修建公路路基32千米。1998年，湘黔铁路复线株六段全线动工，娄底境内扩建复线118.93千米，军分区组织官兵和民兵参与涵洞、桥梁突击会战，保证2002年全线竣工通车。同年，位于娄底市城郊该铁路之上的思塘公路大桥需要拆除扩建，在施工中突现地下深处巨大溶洞，深不可测，暗河汹涌，给施工造成极大困难，军分区派出工程支援分队与施工单位突击施工，奋战6个月终将桥墩建成。1998年6月，娄涟高等级公路开工建设，全长61.7千米；1999年11月，潭邵高速公路开工建设，境内长41.4千米，连接线22.92千米。军分区和双峰县、娄星区、涟源市人武部组织民兵队伍参与施工，日夜奋战。2000年12月，洛湛铁路娄底段开工建设，军分区组织人武、专武和民兵积极配合机械施工，顺利完成土建工程施工任务。

二、扶贫帮困

1990—2012年，娄底军分区开展农村扶贫工作，每年1个村。2013—2014年，两年1个村，2015—2017年三年1个村。2013年，党中央提出精准扶贫战略，把扶贫工作与全面建设小康目标联系起来。军分区司令员、政治委员亲自抓，多次深入扶贫点新化县文田镇石羊村调研指导，制订脱贫计划，召集市农发行、市体育局等单位召开现场办公会，落实扶贫措施。到2014年底，累计投入资金426万元，硬化公路5千米，新修村组公路3千米，修建村民活动中心1个，建筑面积370平方米，集会议、办公、学习、培训、文体、医务、民兵之家为一体；修建防洪堤坝500米，更换50千伏变压器1台，完成全村电网改造。2015—2017年，军分区扶贫点更换到新化县槎溪镇胜农村，武警支队扶贫点更换到新化县厚溪村、双峰县巨湾村，对两个村分别派出扶贫工作队，帮助制订2015—2017年三年脱贫计划。军分区确定扶贫点9大类37项具体脱贫措施，到2017年底，修建硬化村级公路20多千米，建起50千瓦太阳能光伏发电站1座，每年纯收入6万多元；全村架设自来水管道，为5个贫困户进行危房改造，每户补助资金2.5万元；发动贫困户稻田养鱼70多亩，为贫困户免费购买鱼苗；建起村民活动中心，解决全村开会、办公、培训、学习、文体、医疗卫生和民兵集训用房问题；办起村药材种植基地。武警支队与扶贫点结对帮扶44户贫困户，协调建造自来水工程和50千瓦光伏发电站，出资10万元“以奖代投”发展种植药材、养殖猪牛等致富产业，拿出5000元直接救济特困户，对4名贫困学生捐资助学。至2017年，军分区和武警支队扶贫点均完成脱贫攻坚任务。

1990—2017年，娄底军分区、市武警支队先后派出扶贫工作队46个，工作队员80多人次，投入扶贫资金300多万元，协调有关部门解决扶贫项目资金3600多万元，官兵个人向扶贫村累计捐款210多万元，捐献衣物2万多件，修建公路300多千米，架设输电线路80多千米，新装、更换变压器40多台，修复水渠180千米，引导村民发展药材、水果种植基地2000多亩，建起猪、牛、羊、鸡、鸭养殖基地130多个，46个贫困村全部脱贫。县（市、区）人武部也在当地长期扶贫，投入人力和物力，受到人民群众赞扬。军分区广大官兵，为市内3所大学贫困学生捐款，仅2012年就捐款25万元，至2017年捐款近80万元。武警娄底支队为希望工程捐款3.17万元，受到省总队通报表彰，并向新化县灾区捐款16180元。武警娄底支队被省卫生厅和省红十字会评为湖南省无偿献血先进部队，每年定期出动官兵参与驻地公益事业建设，与街道和居委会、学校、敬老院开展社会主义精神文明军民共建活动130余次，在街头、社区和共建单位为群众义务医疗、理发、修车、打扫环境卫生，开展“志愿者服务”利民便民活动。

三、抢险救灾

（一）抗洪抢险

1990年6月15日，涟源钢铁厂子弟学校围墙受暴雨侵袭倒塌，死伤数人，武警娄底支队紧急驰援一线抢险，控制险情。1995年6月30日至7月4日，涟源市发生历史罕见的洪灾，军分区、武警、消防部队、人武部和驻涟部队共出动官兵2000多名投入抗洪抢险救灾，转移群众300多人。1996年7月，全地区连降特大暴雨，40%乡镇告急，受灾群众50多万人，新化县城被淹，军分区、武警、消防、驻娄部队和各县（市、区）人武部紧急出动官兵与民兵1.3万多人分赴各地抗洪救灾，连续奋战5昼夜，装卸沙袋8000多立方米，打桩300余个，构筑防洪堤300米，转移群众2.3万多人、解救被困群众3400多人、抢运粮食2000多吨、抢运家具1.6万多件、转移被困牲畜4000多头，挽回直接经济损失6010万元。此次洪灾，湘黔铁路交通中断，3列旅客列车被困冷水江市境内，4000多名旅客断粮断水，冷水江市人武部出动民兵200多人为旅客送饭送水，保证旅客安全。2002年8月21日，武警出动兵力奔赴新化县抗洪抢险，经过58小时连续奋战，堵塞新化县城资江防洪大堤地段管涌4处，圆满完成任务，3名官兵和2个班分别荣立个人和集体三等功。2005年6月1—5日，武警支队派出官兵赴涟源市荷塘镇抗洪抢险救灾，先后为5个水库安全泄洪，解救被困群众158人、转移灾民2000多人、打捞遇难群众遗体6具、抢运物资40多吨、清理倒塌房屋400余间、捐款1万余元，涟源市中队荣获集体二等功。2010年5月，全市普降特大暴雨，受灾人口38.2万人，损毁农田3.76万亩，冲毁房屋3760间、公路176千米、桥梁32座、涵洞61个，中断公路310千米，损坏高压电线230千米，全市大面积断电，冲走大牲畜1212万头。面对灾情，军分区紧急发出命令，军分区首长分头到各县（市、区）指挥民兵与武警、消防、驻军官兵投入抗洪救灾。5月6日，新化县遭遇特大暴雨袭击，新化消防大队官兵鏖战7小时，救出被困群众168名。5月13日，涟水河暴涨，水府庙水库1000多个养鱼网箱直接向水库大坝冲去。军分区和娄星区人武部紧急出动民兵应急分队，奋战两昼夜清理网箱，保住了大坝，使大坝下游数万名群众免受灭顶之灾。2017年6月30日至7月2日，娄底发生特大洪涝灾害，娄底消防部队共处置抗洪抢险警情78次，出动消防官兵382人次、消防车辆90余台（次）、舟艇6艘，营救群众688余人，疏散人员3500余人。是年7月，出动官兵、冲锋舟，连续奋战30余小时，转战娄底城区和新化县城两地10个洪涝点，并赶赴益阳支援抗洪抢险，先后加固防洪大堤1800余米，封堵大堤缺口30余米，解救疏散被困群众10万余人。

1990—2017年，军分区、人武部、驻军、武警、消防、民兵参与抗洪救灾，共转移群众13.6万多人次，解救群众4.51万多人次，抢修水坝127座（次）、道路1958千米、渠道754处、山塘448口、桥梁117座（次），转移物资4.53万千克，捐献救灾款880万元、救灾衣物11.02万件（套）。

（二）灭火救灾

2000年7月29日晚，涟源市蓝田大市场发生火灾，武警、消防支队出动兵力赶赴现场参与救火并维护现场秩序。2013年8月10日至17日，冷水江市大乘山发生特大森林火灾，引起中央、省里高度重视。国家林业局派出救火力量，军分区、市人武部出动民兵应急分队与武警、消防部队和北京森林武警部队，奋战8天8夜，扑灭火点5000多处，开设防火隔离带55千米，安全转移群众600多人，使4万多亩原始次森林免遭火灾。2015年6月，武警支队派出官兵奔赴冷水江市大乘山，与民兵联合扑灭特大山林火灾，使万亩原始次森林免受灾害。

娄底军分区部队和武警部队官兵在冷水江市大乘山灭火现场
（2013年8月摄）

（三）抗旱救灾

1992年6—7月，全地区久旱无雨，农作物大面积受灾。军分区和各县（市）人武部出动官兵和民兵与群众一起拦河筑坝、打井修渠，日夜奋战。2003年夏秋季节，全市大旱，军分区、各县（市、区）人武部和武警部队出动官兵与民兵投入抗旱战斗。2008年7—8月连续干旱，娄星区人武部组织民兵参加抗旱，出动车辆5台为受灾群众送水1.4万吨；出动高炮5架，发射人工降雨弹30多发。2013年7月，全市发生严重旱灾，军分区与各县（市、区）人武部组织民兵为受灾群众送水1040吨，出动民兵分赴受灾最严重的乡镇抗旱救灾。

（四）其他救灾

1993年4月16日上午，涟源市光明大桥一辆农用三轮车翻车，13名群众掉入涟水河中。武警涟源中队出动官兵迅速赶到事发地点，救出5名落水群众，捞出5具遗体。1996年12月30日，冷水江市金竹山乡杨桥村一名9岁小学生不慎掉入60多米深的岩洞里，金竹山煤矿救护队抢救无果，牺牲一名队员。市人武部闻讯后即率碱厂民兵应急分队前往抢救，12名民兵下洞，穿越3个洞层，奋战9小时将小孩救出。2005年6月17日，冷水江市和新化县消防官兵相互配合，成功处置26.5吨浓硫酸槽车泄漏事故。2007年7月，双峰县蛇形山镇、石牛乡分别发生特大山体滑坡和泥石流灾害，多名群众被埋，双峰县人武部立即出动民兵应急分队与双峰消防大队、娄底特勤消防中队联合行动，成功营救被困洪水中的群众。

2008年1—2月，军分区、全市武警、消防部队、民兵参加抗冰救灾，出警500多人次，出动车辆800余台（次），分别在娄涟公路、潭邵高速公路娄底引线、城市街区扫雪破冰，疏通道路360多千米，协助电力部门抢修电网87千米。是时，军分区接省军区命令，调动车辆30台，连夜将8000床棉被、1000件大衣及时运到郴州市重灾区。是年5月14日，消防支队10名官兵奔赴四川省参加“5·12”地震灾害救援。2009年2月，新化县发生严重交通事故，县人武部出动民兵应急分队救出15名受伤群众。2009年7月2日，双峰县杏子铺镇虎塘村突发大面积地质塌陷，全村2平方千米范围内，房屋、公路、水塘和稻田全部沉陷、开裂，800多名村民生命财产受到威胁，县人武部立即率民兵应急分队急赴灾区，帮助救灾。2012年4月，涟源市15个乡镇遭受5.8级“龙卷风”袭击，造成全市三分之二面积受灾，4人死亡，30多人受伤，倒塌房屋3000多间，经济损失上亿元，市人武部出动民兵1200多人，解救群众800多人。是年5月，沪昆铁路新化县段红山岭隧道塌方，县人武部出动民兵应急分队参加现场救援工作，及时开通了铁路运输。2013年1月20日，大唐华银金竹山火力发电厂1号油罐发生柴油泄漏事故，致使资江金竹山段23千米水面污染，军分区和市人武部、武警第一时间出动官兵和民兵应急分队200余人次、车辆200多台（次）、清油设备1000多套（次），历时8天，清除油污5吨多，确保了沿江群众用水安全。2017年5月11日晚，二广高速公路蓝田隧道发生液化天然气槽罐车侧翻事故，武警支队调集涟源中队、特勤中队官兵和涟源市消防大队参加救援，疏散滞留隧道人员100余人、周边群众352人。

第二节　军民共建

一、军民共建文明点

1990—2017年，娄底军分区和各县（市、区）人武部在市县两级党委、政府统一部署下，共在130个村开展以村支两委班子、党团员队伍、民兵组织建设整顿和村基础设施、村容村貌、经济建设、环境卫生、脱贫攻坚和移风易俗等为主要内容的“两个文明”建设活动。驻涟源部队与涟源市第四中学、七星镇中学结对共建文明单位，全市4000多个村级民兵之家成为农村“两个文明”建设示范点。其间，军分区参与大中学校、大型厂矿企业的“两个文明”建设，以湖南人文科技学院、潇湘职业学院、娄底职业技术学院为重点，利用学生军训、大学生兵员征集之机，对学生进行国防教育，人生观、价值观教育，增强他们的国防观念，养成军人作风和报效国家的奉献精神。同时，每年在上述大学开展对贫困大学生的捐款资助活动，激发大学生感恩社会、回报社会的责任意识和道德水平。

2000年，市委、市政府提出创建省级文明城市的号召，2013年又做出创建国家级文明城市决策。军分区和县（市、区）人武部积极投入各类创建活动，从营区管理、环境整治和官兵言行方面做出表率，并积极参加城市环境卫生清扫和街道、车站、广场、公园广告标语的整治活动以及重大节假日、重要会议期间的治安工作，为文明城市创建做出贡献。军分区和驻娄部队及广大民兵预备役人员几十年如一日，深入持久地开展向雷锋同志学习活动，全市共建立3000多个学雷锋活动小组，在厂矿企业、机关学校、街道社区、敬老院开展“送温暖，做好事”活动，为群众免费理发、补洗衣服，修理自行车、钟表、电视机、收录机、农机具，帮助五保户、烈军属和困难户播种、收割、维修房屋。28年间，累计捐款300多万元，捐衣物7万多件（套），义务献血10万毫升。

二、军民共建双拥模范城

（一）建立双拥工作机构

娄底军分区、驻娄部队和市委、市政府坚持和发扬民拥军、军爱民（以下简称双拥）的光荣传统，始终把双拥工作纳入全市政治、经济、军事和社会发展总体规划与年度工作计划，统一部署，统一检查，统一管理。1988年，中共娄底地委成立娄底地区双拥工作领导小组，办公室设民政局，指导全区开展双拥工作，各县（市、区）也成立双拥工作领导小组。确定以涟源为重点，开展军民共建双拥模范城活动。为贯彻地委行署决策，涟源市双拥工作领导小组办公室设民政局，由一名副局长兼任办公室主任，主持日常工作。1992年，双峰县制定《双峰县双拥工作实施办法》，开展创建双拥模范县活动。1996年机构改革时，涟源市将双拥办公室确定为正科级常设机构，负责全市双拥工作计划制订和实施，协调、指导军地双方开展工作，解决实际问题。1996年6月，出台《涟源市双拥工作领导小组各成员单位职责》。1998年7月，制定《涟源市争创全国双拥模范城三连冠规划》。至2017年，全市双拥工作机构和工作机制不断得到加强和完善。

（二）拥军优属

1990年，娄底地委、行署派出工作组，对全区双拥工作情况进行深入调研，查找问题，研究对策。1991年7月，地委、行署、军分区在涟源召开全区双拥工作会议，部署全区双拥工作，会后下发《关于认真做好新时期拥军优属工作的若干规定》，对双拥工作提出具体要求，各县（市、区）制定落实细则。1993年，涟源市出台《涟源市拥军优属模范乡镇标准》《涟源市拥军优属模范单位标准》《驻涟源部队拥政爱民先进单位评比条件》。1994年，娄底行署制定《关于退伍军人优待金实行社会统筹的实施意见》，提高了优待金标准。当年涟源市投资2400多万元，建成综合集贸市场，优先安排优抚对象120多户购买门面和摊位，并减免5%的费用，解决他们就业问题。1995年4月，涟源市制定《关于扶持优抚对象发展个体私营经济的若干决定》，实施“万户优抚致富工程”，筹资8900万元，帮助优抚对象创办个体企业53个，建立14个种、养、加工示范基地。涟源市建立拥军优属活动小组1280个，参加服务活动群众11.1万人。1990—1997年，涟源市为驻军修建“拥军路”4条共35千米、“拥军桥”3座，支援建筑材料价值1000万元，解决部队子女入学入托210人。

1996年，地区行署为优抚对象举办各类技术培训班12期，培训1800多人次，引导8570户创业致富。涟源市设立全市双拥工作资料陈列室，编印《涟源双拥诗词》专辑，创作《双拥之歌》《涟源河畔双拥暖》等歌曲歌舞，创办《涟源双拥》工作简报。1997年，涟源市民政局、人武部共同投资200万元，硬化太和至杉树庙公路，并组建军民共养站，一起负担养路护路经费，从根本上解决该路管理养护机制问题。1998年，市电力局、七星街镇和驻地部队共同出资建立“军民双拥变电站”，一举解决了困扰军地多年的用电难问题。全地区重新更换30块大型永久性双拥宣传标语牌，在车站、公园、市场设立“军人优先、军属优惠”标牌。市、县两级党校开设双拥和国防教育系列专题课，兴设5个国防教育基地，在涟源市第一中学、行知中学等5所中学开设示范军训点和少年军校。1999年，全市开展

"爱心献功臣行动"，市、县、乡、村四级共筹资2100多万元，为360名老优抚对象整修房屋1400间，编创排演以湖南省关心国防建设十大新闻人物之一的涟邵总医院医生徐金辉为原型的大型湘剧《兵妈妈》，在全市城乡和驻军营区巡回演出。同时，涟源市摄制反映徐金辉与120多名"兵儿子"的母子情深的拥军事迹纪录片《敬礼！妈妈》，在省、娄底、涟源三级电视台连续播放，产生了强烈反响。是年因特大洪水，导致几条通往部队营区的公路全部被毁，部队车辆无法通行，严重影响战备工作。涟源市双拥办公室与市公路局调拨资金100多万元紧急抢修被毁路段，保证部队战备急需；市武警中队、消防大队营房也因暴雨而受灾，市财政局、住建局拨出经费为2个单位修缮营房。2000年，涟源市委、市政府下发《涟源市"爱心献功臣行动"实施方案》《关于进一步改进退伍军人优待金统筹办法的意见》，同年7月，成立涟源市军人军属法律服务所、维军权益领导小组、维军巡回法庭。2003年4月7—17日，涟源市委、市政府特邀延安安塞艺术团到驻涟源部队进行专场拥军慰问演出。

2000—2005年，全市投入资金1800多万元，在涟源境内整修3条"军民河"、6条"军民路"、5座"军民桥"、3口"军民井"、9座"军民坝"，实行军民共管共用。涟源市粮食军供站几十年如一日，为部队义务运送粮油上门。2005年，娄底市政府出台《关于六级（原二等乙级）以上伤残军人医疗保障实施办法》，规定每人每年补助医疗费4000元，1300多名六级伤残军人被纳入补助范围，在乡退伍军人、烈军属、病故军人遗属4800多人按照各自标准发给医疗补助金。2005年，涟源市委、市政府排练大型文艺节目《涟水欢歌·军民共乐》到部队驻地巡回演出；当年八一建军节，又出资特邀省歌剧院到部队慰问演出。是年9月，娄底市政府制定双拥工作领导小组例会制度、市议军制度、现场办公制度、走访慰问制度，确保拥军优属工作顺利推进。为使全社会都能认清双拥工作重大意义并积极参与，市委、市政府大力开展思想动员和宣传教育，先后召开各种动员大会20多次，县、乡两级和各部门也召开各种动员会议。涟源市每当双拥工作有新的重大决策和措施出台，进行阶段性工作总结，或获得重大荣誉归来，都要召开全市性较大规模的动员、表彰庆祝大会，进一步宣传发动，编印发放双拥宣传资料40多万份、《双拥手册》5万多册，开辟宣传橱窗1000多个，在《涟源报》、涟源电视台分别开设《拥军专栏》和《双拥之声》专题节目。在机关、学校、厂矿企业和军营组织国防和双拥知识竞赛、双拥征文、双拥先进典型报告会、军民文艺联欢会等丰富多彩的活动。

1990—2017年，全市所有军转干部、退役士官、城镇义务兵均得到妥善安置，还优先安置烈军属子女385人就业，为现役军人家属解决住房1015套。历届地（市）委、行署（政府）、人大、政协主要领导和县（市、区）委、政府领导，每年元旦、春节、八一等重大节日，分别到军分区、人武部、武警、消防和驻娄部队驻地进行慰问，全力支持驻娄部队完成战备值勤、训练、军运、施工等战备任务。

（三）拥政爱民

1990—1996年，驻涟源各部队利用自身装备和技术优势，支援快溪乡、七星镇两地乡镇企业发展，无偿援助80多万元，借款100多万元，帮助当地创办集体经济实体15个，年产值1600多万元，并先后为当地培养技术人员500多名。1994年8月，驻涟源部队无偿提供技术支持，为涟钢顺利销毁废弃炮弹、炸弹30多吨。是年10月，涟源仙洞煤矿发生瓦斯爆炸，19名矿工被埋在井下，驻涟源部队20名官兵冒着生命危险下井抢救。2004—2017年，驻娄部队依托军营开放日，与党政机关干部、企事业单位员工、学校师生和驻地群众开展观摩体验、知识竞赛、文艺联欢10余次，融洽军民关系。至2017年，驻涟源各部队成立学雷锋活动小组66个，免费为当地群众修理电器、农机、自行车；出动官兵为群众抢种抢收做义务劳动，出动官兵参加抗洪救灾97次、山火救灾28次、居民房屋火灾救助9次，新修整修公路180多千米，整修水渠178处达40多千米、桥梁23座，整修山塘136口、水坝27处，修复水毁耕地900多亩，开通电视线路7个村庄，植树造林3000多亩，出资60多万元架设自来水管16千米，为当地希望小学捐款13万元，连续参加24个"全国助残日"活动，累计为残疾人事业捐款3万多元，为当地经济建设和社会发展做出突出贡献，受到驻地政府和人民群众高度赞扬。

1990—2017年，涟源市分别于1992年、1993年被省委、省政府、省军区授予“全省双拥模范市”称号。涟源市民政局和驻涟某部队于1996年被总政治部、民政部评为“全国军民共建社会主义精神文明先进单位”。涟源市分别于1994年、1997年、2000年、2004年被解放军总政治部、民政部授予“全国双拥模范城”称号。双峰县于1998—2001年连续4年被省委、省人民政府、省军区授予“全省双拥模范县”称号。全市14人次先后被省委、省军区评为双拥工作先进工作者，1人被评为全省“十大拥军模范”、1人被评为爱民模范。

第六章 国防动员和国防教育

第一节 国防动员

一、国防动员机构

1990—1995年，娄底地区国防动员委员会与中共娄底地委人民武装委员会是“一个机构、两块牌子”。1996年9月，根据省政府、省军区《关于成立国防动员委员会的通知》，单独设立地区国防动员委员会（以下简称国动委）。1999年，市国动委设第一主任1名，由市委书记担任；主任1名，由市长担任；常务副主任由军分区司令员担任；副主任由市委常委、常务副市长和军分区政治委员担任。至2017年，机构和领导体制不变。

二、国防动员建设

娄底市国动委1996年建立后，以中央军委新时期军事战略方针为指导，按照“合理布局、统筹规划、协调发展”的要求，先后于2001年、2006年、2011年、2016年分别编制了“十一五”“十二五”和“十三五”国防动员规划，按人民武装战备动员、国民经济战备动员、交通战备动员、科技信息战备动员、政治动员等制定各种动员计划和实施方案，做到定点、定量、定人、定位，确保战时需要，并建立党政军领导联席会议制度、国动委领导人员述职制度、工作请示报告制度、重要情况通报制度和机构组成人员适时调整制度，实现了工作制度化、规范化和连续性，保证工作落到实处。

人民武装战备动员　根据战时需要，全市建有各类专业技术分队，每个县（市、区）和大型企业、高等院校也建有相应的专业技术分队，一旦战争或突发事件发生，即按战时动员预编方案，迅速补充作战部队或组建新的部队投入战斗。

国民经济战备动员　协调全市各经济部门开展经济动员，掌握全市人力、物力、财力分布和存量情况，包括全市和市本级一般公共预算、财政收支情况、负债情况、财政机构设置和金融机构分布情况、银行性质、数量、存贷款、现金储备、黄金储备情况，确保战时调度使用和安全转移；了解掌握钢材、木材、水泥、粮食、石油五大物资生产、储备、运输及动员潜力；了解掌握电力电能供应情况，以及这些物资保障设备、人员队伍等支前保障和动员能力，建立健全突发公共卫生事件、战时应急救援预案，建设完善市紧急救援中心、疾病预防控制中心，完善全市医疗急救网络网点建设，调查掌握全市医疗机构、医务人员存量情况和动员潜力，建立医疗专业保障队伍，做好设备、器材、药品、人员的储备，确保能迅速转入战时伤员救助工作；掌握并确定市内军民融合大型生产加工企业，确保战时转产军品单位能及时转产，保证战时需要。至2017年，多次修订完善《娄底市物资（粮油）动员保障计划》《娄底市物资（建材）动员保障计划》《娄底市储备库房（公房、民房）征用保障计划》《娄底市医疗卫生动员保障计划》《人民防空动员计划》。全市实行军民融合的中央、省、市属大型企业有26家。

交通战备动员　对全市交通干线平时建设、维修和战时抢建抢修，民用运输能力调查统计并掌握其变化情况，健全交通保障专业队伍建设，通信线路维护和抢修抢架，配合交警部门在战时实行交通管制，确保参战、抢修、抢运、抢救车辆和人员优先通过并维持整个交通秩序。1989年11月14日，娄底行署、娄底军分区制定《娄底地区1989—2000年交通战备工作规划》。1996年建立交通战备专业保障队伍，之后加大调整补充力度。2000年制订《娄底市交通运输动员保障计划》。2012年后，调整完善重点保障目标应急预案，修订交通战备方案，着重抓好境内驻军进出道路建设，尤其对重型军事设备装卸地域、地点，采取国防投资和地方投资相结合的办法。至2017年，全面完成计划中的国防交通基础建设重点项目，提升了交通战备动员能力和保障能力，全市交通工程专业保障队伍、通信专业保障队伍、运输专业保障队伍组织健全，为应付未来战争和突发事件做了充分准备。

科技信息战备动员　1996年始，全市开展科技信息动员潜力调查，掌握全市科技产业发展和科技人才分布情况，收集、补充、更新全市科技信息技术数据；按照平战结合原则，建立战时邮电、通信装备器材设备征用对象和征用机制，确保战时通信指挥畅通；加强电磁频谱管理、航空管理、测绘和气象保障、民用网络安全保障；动员和掌握信息网络技术人员，并将他们编成信息技术专家组，配合部队行动；动员科研机构投入国防科研和技术攻关，为战时应急作战和平时抢险救灾提供技术保障。逐步制订完善《娄底市科技信息动员保障计划》，选择一批科技含量高的民营企业进行军民一体化改造，使其适应战时转产军品的需要。

政治动员　负责全市战时政治动员，制订动员计划和方案，调查了解掌握全市宣传设备器材分布情况和从业人员数量、基本情况，组建心理战分队、宣传新闻骨干队伍、文艺演出团体和演艺队伍，利用宣传设备广泛开展战前动员，进行爱国主义、革命英雄主义和形势战备教育，宣传战斗英雄事迹，激发战斗热情，动员广大民兵预备役人员积极支前参战，形成强大的宣传攻势和舆论氛围；同时对敌开展心理战。2000年后，全市新闻媒体队伍快速扩大。2014年，市国动委制定《娄底市国防动员能力考核评估实施办法》，规定考核原则、内容、程序与方法、成绩计算、结果运用、组织领导，全市国防动员能力建设步入制度化轨道。

第二节　国防教育

一、国防教育机构

1988年10月，地区国防教育委员会（以下简称国教委）成立，由中共娄底地委、行署、军分区统一领导，地委分管宣传教育工作的副书记任主任，军分区政治委员、地委宣传部部长任副主任，下设办公室。各县（市）也相继成立国教委，乡镇（街道）、大型企业、高等院校也分别设立由党委书记任组长的国防教育领导小组。1991年，娄底地委、行署、军分区贯彻省国教委关于加强国教委建设的要求，成员单位扩大到20个，配备3名专职工作人员，办公用房、办公用品、档案资料和工作经费全部落实到位。1997年，地区机构编制委员会下文，明确地区国教委办公室为常设机构。

1999年，地区国教委更名为市国教委。是年，成立娄底市军事新闻中心，县（市、区）设立军事新闻记者站，成员由《娄底日报》、娄底电视台、娄底广播电台负责军事新闻的记者组成，在市委宣传部、军分区政治部、市国教委领导下开展工作。2015年，市国教委制定《娄底市加强新形势下国防教育工作的实施办法》，对国防教育工作的指导思想、教育原则、教育内容、教育方法、教育形式、考核办法等做出具体规定。2016年12月26日，市委议军会议同意成立娄底市国防教育协会；2017年2月，经市民政局批准，娄底市国防教育协会成立。协会旨在协助市国教委整合社会资源，动员社会力量，参与国防教育，普及国防知识。

二、国防教育阵地建设

1991年，地区国教委在《娄底日报》《娄底工作》开辟国防教育专栏，娄底电视台、娄底广播电台设置国防教育专题节目。为确保宣传质量，巩固阵地，市国教委办公室与之签订长期合作协议书，自办工作刊物《娄底国防教育》，发动各级国教委、驻娄部队、人武部和民兵组织订阅《国防教育报》《国防报》《中国民兵》等报刊，开展国防刊授教育，取得良好效果。1995年起，娄底地委、行署和军分区先后对双峰县蔡和森纪念馆和故居、衡宝战役烈士纪念碑、新化县红二军团长征司令部旧址、红军新化烈士墓、罗盛教纪念馆和故居、李聚奎故居、陈正湘故居、锡矿山革命烈士纪念碑、红军长征锡矿山驻地旧址、新化抗敌阵亡将士公墓、新化洋溪“万人坑”等进行整修和建设。2000年，双峰县国教委与有关部门共同建成“中共双峰梓门桥镇东湾里地下党支部”陈列室，收集和整理充实有关资料。上述场馆全部被辟为市国防教育和革命传统教育基地。2002—2005年，娄底军分区和市国教委办公室连续4次被国防部、总政治部评为全民国防刊授教育先进单位。5个县（市、区）也被评为全民国防刊授教育先进单位，省军区和省国教委在全省推广娄底经验。2015年，创设“娄底国防”微信公众号，宣传国防教育方针政策和上级指示精神，推广先进经验，介绍优秀事迹。

至2017年，市国教委向中央和省国教委申报4批国防教育基地，其中2处被批准为全国国防教育基地、1处为省国防教育基地，每年接待干部、部队官兵、民兵、学生和群众20万人次以上。军分区、县（市、区）人武部和驻娄部队利用各自荣誉室、军史陈列室，对部队官兵、民兵进行国防教育，利用军营开放日对群众进行国防教育。各高等院校开辟国防教育园地，市里在公园建设国防教育长廊，各乡镇建有国防教育活动室，各村民兵营建有民兵之家，为国防教育提供良好条件。

三、国防教育内容和形式

1990年起，地区国教委按照《中华人民共和国国防教育法》明确的“突出重点、明确主体、抓好基础、全面普及、区分层次”的原则、教育部《关于在各类学校中广泛开展国防教育的若干规定》的要求，在教育对象上有所侧重，以各级党政机关干部、大中型企业负责人和国家公职人员为重点，以民兵预备役人员为主体，以在校学生暨青少年为基础，以全体公民为普及对象。地区国教委每年分别在地委党政机关至少举办1场专题报告会，邀请专家、学者或军事机关首长宣讲国防政策、理论、形势；在校学生一年一度的军训期间举办国防教育报告会；在民兵预备人员集中训练时，结合政治教育，开展国防理论、政策、形势教育。各级党校主体班开设国防教育专题课，系统学习国防理论、政策、法规和现代国防与军事科技知识。1995年8月，纪念抗战胜利50周年，地区国教委、地委宣传部举行大型文艺晚会。是年，市国教委分别与《娄底日报》《娄底工作》、娄底电视台、娄底广播电台签订国防教育长期合作协议书。1997年，为迎接香港回归，市国教委、市委宣传部联合举办“迎回归，爱祖国”系列活动。1998年6月至7月，军分区、市国教委和涟源市委联合录制《兵妈妈——徐金辉》专题片，在省、市、县三级电视台播出，又指导涟源市国教委排练演出湘剧《兵妈妈》。1999年，冷水江市国教委在冷水江电视台开设“锑都国防”系列讲座。2000年，全市各级党委学习中心组、各级党校、行政学院把国防教育纳入学习和培训计划，全市3所大学、140多所中学、1000多所小学全部被纳入国防教育规划之中，并按照“全民参与、长期坚持、讲究实效”的方针，利用会议、课堂、广播、电视、报刊、橱窗、标语、广告、文艺、影视等形式和方法，广泛开展国防教育，普及国防知识，营造全社会关心国防、热爱国防、支持国防的氛围。2001年6月，市国教委与市委宣传部组织全市党员干部和学生参加由中宣部、国防部举办的“强我国防”知识竞赛，1.2万多人参加，获《中国民兵》组织奖。9月，贯彻国务院、中央军委规定，确定每年9月第三个星期的星期六为全市“全民国防日”。2002年，双峰县军事新闻中心记者站摄制电视专题片《退伍军人挑大梁》，在省、市、县三级电视台播放，宣传退伍军人退伍不褪色优秀事迹。2002年起，市、县两级党政领导干部每年都要过一次“军事日”活动，学习中央国防和军队建设重大决策和指示，听取专家、教授和军队领导讲课，观看军事斗争录像，参观军事设施、现代兵器，进行轻武器射击、观摩军事表演、开展野外训练和识图作业等活动。2004年，市国教委组织全市干部群众参加由中宣部、国防部举办的“爱我中华、奔小康、强国防”知识竞赛，收回答卷14.3万份。2005年的军事日活动，有市委、市政府、市人大、市政协和市直各单位主要负责人310多名厅、处级领导干部参加。2006年，市国教委与娄底政务网签订合作协议，定期或不定期开辟国防教育专栏。各新闻单位认真履行协议，做到五有：宣传报道有计划、报刊国防教育有专栏、广播电台国防教育有声音、电视台国防教育有图像、网站国防教育有内容，形式多样宣传国防政策、国防法规、国防和军队建设与军事科技新成就，宣传娄底军分区和驻娄部队军政训练动态和成果。娄底电视台开办“湘中国防”，各县（市）电视台分别开设“涟源国防”“新化国防”“锑都国防”“双峰国防”专题节目。2007—2011年，市国教委先后组织4次全市国防教育征文活动，全市党政军机关干部每次都有1000余人参加，评选出优秀论文20多篇。2014年10月，在全市巡回举办“勿忘国耻，强我国防”国防教育图片展览，有20多万名群众观看。2015年8月至9月，纪念抗日战争胜利70周年，市国教委制作48块反映全国军民抗日斗争的图片展，在市内公园、广场、机关、学校、厂矿、社区轮回展出，并协调国防科大“将军书画苑”30多位老将军艺术家到娄底举办国防教育书画展，在100多个市直单位安装400多块国防教育标语显示屏。2016年10月，联合市委党史办举办“红军长征在娄底”图片展和剪纸艺术展，在全市15所大、中小学校园里和公园轮流展出；组织“心系国防情，重走长征路”活动，军地领导、大中学生和群众400多人加入“长征”队伍，徒步前往新化县奉家镇红二军团长征司令部旧址瞻仰学习。2017年八一建军节，市国教委和国教协会组织60多名国教协会会员到部队军营参观学习，开展军民联欢活动，并在娄底职业技术学院举办大型军事、兵器模型展览。截至2017年，市国教委连续举办了17场大型国防教育活动，每年一个主题，形式多样。

1990—2017年，市国教委8年（次）、冷水江市国教委2年（次）、涟源市国教委4年（次）、双峰县国教委1年（次）、新化县国教委2年（次）分别被评为湖南省全民国防教育先进单位。

附：国防教育协会

2010年11月5日，娄底市国防教育协会筹备工作启动。民间人士袁再献负责筹备工作。2011年8月1日，在娄底火车站广场西侧制作“铭记历史，忘战必危”“让国防教育走进千家万户”宣传标语，受到省军区首长表扬。12月5日，印制《国防教育基本知识宣传手册》5000册，制作展板28块，在娄星广场和部分中小学校发放和展览。2012年，在娄底珠山公园东门租赁180平方米房屋开设图书室、图片室、武器装备陈列室，每天对外开放，供市民免费阅览和观展，至2015年4年间，接待观展群众5.2万多人次。是年4月5日，组织市民和学生200多人，到娄底珠山公园祭奠获得毛泽东、朱德、林伯渠“国之贤母”寿幛的姜母刘太夫人。9月15日至10月15日，制作以“纪念中国人民抗战胜利暨世界反法西斯战争胜利70周年”为主题的展板48块，在娄底城区各公园、广场、学校、车站展出，20多万名市民和学校师生接受国防教育。10月19日，邀请国防科技大学“将军书画苑”30多位老将军到娄底，参加国防教育书画联谊会，展示优秀国防教育书画作品。12月18日，联合市演讲家协会在娄底军分区礼堂举办国防教育主题演讲会。

2014年3月20日，娄底市国防教育协会筹备委员会（简称协会筹委会）成立，袁再献为负责人。2016年4月4日，协会筹委会组织300余名大、中学校学生和协会会员到娄底烈士陵园扫墓，祭奠为国捐躯的英烈。9月1—30日，协会筹委会与市委党史办联合举办“红军长征在娄底暨红军长征胜利80周年”图片展和红色剪纸艺术展，在娄底城区15所大、中小学和公园展出。9月9日，协会筹委会组织会员捐资3000余元，到新化县奉家镇上团村慰问毛泽东警卫员老兵奉孝同。10月20日，协会筹委会在新化县奉家镇上团村红二军团长征司令部旧址举办“红军长征在娄底”研讨会，军地200多人参加。同时，组织高校学生及当地群众500多人“重走红军长征路”，举办“心系国防情，重走长征路”大型文艺演出。是年12月26日，市委议军会议同意成立娄底市国防教育协会。

2017年4月5日，协会筹委会组织200余名大学生、中学生和协会会员到娄底烈士陵园扫墓，祭奠为国捐躯的英烈。4月6日，省军区副政治委员许凤元少将调研市国防教育协会筹备工作，对筹委会工作给予肯定。5月10日，原娄底地委第二书记丛树英考察协会筹委会，研究协会发展中的问题及解决办法。9月6日，完成协会社会团体登记手续。9月15日，协会筹委会组织150多名会员到驻涟源部队参加第17个全民国防教育日活动，与部队官兵开展联谊活动，观摩军事表演，感受军营生活，增强国防意识。12月18日，娄底市国防教育协会召开成立大会，109名代表、116名国防教育协会会员和435名志愿者出席会议，娄底军分区政治工作处主任王学军代表娄底军分区和娄底市国防教育委员会致辞。会议选举袁再献为市国防教育协会会长，聘请丛树英、伍美华为协会名誉会长。会议通过《娄底市国防教育协会第一次常务理事会决议》。

第七章　人民防空

第一节　人防机构

一、市级机构

1978年4月，涟源地区人民防空委员会办公室成立。1980年8月，更名为娄底地区人民防空委员会办公室，为正科级行政机构，归口地区建设委员会管理。1994年5月，升格为副处级行政机构。2000年10月，市人民防空委员会并入市国防动员委员会，更名为市人民防空办公室（简称市人防办）。2001年8月，从建设委员会析出单列。是年10月，升格为正处级行政机构，为市国防动员委员会常设办事机构，市政府议事协调机构。2004年3月，在娄底经济技术开发区设立派出机构，管理娄底经济技术开发区辖区人民防空工作。2015年5月，调整为市国防动员委员会常设办事机构、市政府组成部门。

二、县（市、区）机构

1969年2月，涟源县人民防空机构成立，1973年被省政府确定为省级重点人防县，1994年被省政府、省军区确定为省级重点人防市。2016年调整为涟源市国防动员委员会常设机构、市政府组成部门。

1971年9月，冷水江市被国务院、中央军委批准为国家三类人防重点城市，是全省15个国家重点人防城市之一。12月，成立冷水江市人民防空委员会办公室，1997年12月更名为冷水江市人民防空办公室，为正科级行政机构，是市国防动员委员会的常设办事机构，2015年调整为市政府组成部门。1996年4月，娄底市组建人民防空办公室，为副科级行政机构。1999年3月，区人防办整体上划至市人民防空办公室，娄星区不单独设置人民防空机构。

2002年8月，双峰县人民防空办公室成立，为正科级全额拨款事业单位（参照公务员法管理），为县国防动员委员会常设机构、县政府组成部门。2002年8月，新化县人民防空办公室筹建，2009年4月27日挂牌成立，为新化县国防动员委员会常设办事机构，正科级财政全额拨款事业单位，主管全县人民防空工作。2015年调整为县政府组成部门。

湖南省人防通信（娄底）片区训练在娄底市中心城区举办
（2017年5月摄）

第二节 组织指挥

一、防空指挥部

2002年9月，市防空指挥部成立。同时，娄星区成立防空指挥部和疏散领导小组，各街道办事处和社区居委会成立指挥领导小组，各县（市、区）均成立人民防空组织指挥机构，负责本区域人民防空工作。2009年5月，形成市、县、街道、社区四级人民防空指挥序列。2015年6月，机构改革，指挥序列调整。至2017年底，未发生变化。

二、预案编制

2002年3—9月，编制完成城市防空袭预案。2003年始，市人民防空办公室指导重要经济防护目标所在单位编制防护预案，制定完善宣传保障、通信警报保障、“三防”保障、交通运输保障、消防保障、工程保障、物资保障、医疗救护保障、供水供气保障、道路桥梁抢修保障、政治工作保障及供电与灯火管制、治安与交通管制等保障计划，进一步充实和完善防空袭预案。2009年、2015年对城市防空袭预案进行修订。

三、队伍建设

2002年，按城区人口比例，中心城区组建防空专业队伍，明确职责分工，并按战时扩大若干倍的规模配建预备队。2015年机构改革，对专业队伍责任单位作出适当调整。至2017年底，未发生变化。

四、演习演练

2002年12月25日，举行第一次防空警报试鸣演练。自2003年始，每年11月1日参与全省统一的防空警报试鸣演练。2008年11月1日，结合全省防空警报试鸣演练，组织娄底八中近2000名师生开展应急疏散演练。此后，每年5月12日、11月1日均组织各中、小学校开展应急疏散演练。2011—2017年，每年组织一次以上、3支以上人防专业队参加的防空防灾一体化综合演练，并组织人防机动指挥通信系统跨区域拉练。

第三节 宣传教育

2000年10月，娄底市被国务院、中央军委确定为国家三类人防重点城市。2003年始，全市初中、高中新生接受《人防知识与技能》教育，纳入学生素质教育内容。是年3月，市依法治市办公室将《中华人民共和国人民防空法》纳入全民普法教育范畴，编入《“四五”普法读本》。是年7月，市委党校将人民防空政策法规和知识技能纳入主体班教学内容，并成为常态。是年9月，市人防办组织中学生代表队参加全省中学生《永远的蓝天》征文、演讲比赛，夺得团体第二名。2004年3月5日至4月29日，市人大组织全市第一次《中华人民共和国人民防空法》执法检查，主任会议成员视察娄底城区人防工作、召开人大常委会审议全市人防工作并就有关事项向市政府进行交办，人防执法环境得到明显改善。是年4月7日，全市人防工作会议在娄底宾馆召开。2005年，将人防法规知识教育纳入各级党委中心组理论学习计划。是年6月21日，全市人防工作座谈会在娄底宾馆召开，市政府出台《关于进一步加强人防工作的决定》，明确各有关职能部门的职责和要求。是年9月，举办全市人防知识竞赛，《娄底日报》、娄底电视台等媒体同时开设“人防在线”专栏专题，宣传人防法律法规和人防知识技能。是年12月6—7日，冷水江市副市长王修林被评为“全国人民防空先进个人”。2006年1月，市人防办及冷水江市人防办分别被评为“全省人民防空先进单位”。2010年始，娄底城市社区逐步普及防空、防灾知识技能宣传教育。是年10月，在第六次全国人防会议上，市人防办被评为“全国人民防空先进单位”，罗景田被评为“全国人民防空先进个人”。2011年10月，广州军区国防动员委员会授予娄底市“广州军区人民防空先进城市”荣誉称号。是年11月1日晚，在娄星广场举办“人防之夜”文艺晚会。

2015年，小学高年级增设《人防小博士》教育课程，中学教学内容改为《现代防空防灾》。2016年，全市城市社区人防宣传教育普及率达100%。是年12月，市人防办、冷水江市人防办被省人社厅、省人防办评为“人民防空先进集体”，涟源市人防办、新化县人防办被省国动委评为“人民防空先进单位”。2017年，市人民防空宣传教育中心建成，珠山公园“开放式、嵌入式、融合式”人防宣教基地建设项目启动。

第四节 人防工程

一、规划设计

2002年，组织编制《娄底市人防工程建设与城市建设相结合专业规划》，对指挥工程、专业队工程、疏散干道工程、疏散地域及警报点建设进行规划设计。2015年，组织省、市专家修编相关专业规划。2016年12月，市政府批准修订后的《娄底中心城区人民防空工程建设规划》。规划期限为2016—2025年，目标是把娄底市建设成平时具有发展经济、抗震防灾，战时具有防空抗毁、保护人民生命和财产安全、保障社会主义建设顺利进行的平战双重功能的城市。

二、工程建设

20世纪70年代，贯彻毛泽东“备战、备荒、为人民”和“深挖洞、广积粮、不称霸”战略方针，娄底建有一批简易坑道式人防工事。1980—1999年，境内没有新的人防工程建成。

2003年，娄底中心城区第一处“结建式”人防工程开工建设。2005年10月，第一期工程暨娄底市人民防空地面应急指挥中心开工建设，2008年5月投入使用。2010年10月，吸纳社会资金4.63亿元，在娄底中心城区建设单建式平战结合人防工程，2011年12月建成投入使用。2012年11月，第二期工程暨娄底市人民防空指挥所开工。2012年12月，在娄星区建设市人防疏散基地。2013年6月，新化县人防指挥工程开工建设。10月，涟源市人防指挥工程开工建设，2015年4月主体工程竣工。10月，新化县人防指挥工程投入使用。2017年11月，冷水江市人防指挥工程开工建设。12月，双峰县人防指挥工程开工建设。

三、维护管理

2003年，人防部门对全市早期人防工程进行普查、建档，明确人防工事维护管理责任主体。采取“公共人防工程由人防部门负责，单位人防工程由所在单位负责，单建式和结建式人防工程由投资主体负责”的模式。对破产倒闭企业所属的单位人防工程，明确由所在地街道社区或乡镇负责维护管理。人防部门和相关责任主体指派专人，经常深入工事内部，做到“勤查勘、勤维护，严管理”，及时发现并处置隐患、疏浚排水、修缮照明通风设施设备，确保全市人防工程“结构安全、灯明、路洁、水畅”。2005年12月，冷水江市红日岭工程被评为全省“公共人防工程达标验收先进单位”。冷水江钢铁厂、金竹山电厂、宜信化工有限公司、锡矿山矿务局、涟邵矿业集团等单位的人防工程也分别通过省人防办达标验收，获全省“单位人防工程维护管理三等奖”。同时，加强在建人防工程质量监督，加大对损毁人防工程行为查处力度，全市没有发生任何人防工程质量安全事故。2007年10月，九龙集团房地产开发公司在开发建设中，擅自拆毁早期坑道式人防工事，人防主管部门按照法律法规，对其给予行政警告并处5万元罚金，按照省财政厅、省物价局核定的标准，责令其缴纳12万元的毁损赔偿。

四、开发利用

1990—1996年，全地区人防部门按照“平战结合”方针，开发利用人防工程服务经济建设和社会民生。1997年，冷水江市利用人防工程，开辟“地下乐园”，设置溜冰场、乒羽馆、歌厅等健身娱乐项目。2009年，利用人防工程，拓展为“冷水江市人民防空开发基地”，提供餐饮、洗浴、食用菌培育、娃娃鱼养殖、水果储存等服务，安置再就业人员300多人，年均创利税25万元。2011年，市人防办开发地下商业街，安置就业人员900余人，年均创利税100万元。至2017年底，全市结合民用建筑修建的防空地下室，开发建设为地下停车场，为社会提供26800个停车泊位，缓解“停车难”问题。

第五节　警报通信

一、警报

20世纪70年代初，娄底地区各县城、市区和大中型厂矿均安装防空警报器。2002年，娄底中心城区安装新型电声防空警报器，各县（市）陆续将电动（手动）警报器更换为新型电声警报器，并按每台警报器音响覆盖面积1平方千米的标准，依城市建成区面积逐年增加警报器数量。是年9月，新化县、涟源市、双峰县分别设置远方对空观察哨和防化观察哨。12月27日，市政府、军分区组织娄底城区第一次防空警报试鸣演练。此后，每年11月1日参加全省联动防空警报试鸣演练。2004年11月1日，娄底城区防空警报试鸣，防空警报实现鸣响率、覆盖率、统控率3个100%，实现了固定与移动相结合，音响与图文并茂的目标，被评为全省防空警报建设先进城市。至2017年底，全市建成集有线无线统控、音响图文并茂的防空防灾警报报知系统，市本级及所辖县（市、区）全部实现防空警报建设“双百”动态达标。

二、通信

2002年始，全市按照“强统、保通、共享”方针，加强人防指挥通信建设。2010年6月，市人民防空机动指挥通信系统建成并通过专家验收。10月，市人防办建成集卫星通信、短波、超短波通信于一体的人民防空通信网，具备全天候、全方位通信指挥能力。全市建成省、市、县三级人防指挥网络系统，实现人防网、军网、互联网互联互通。

娄底市志

娄底市地方志编纂委员会 编

（1990—2017）

第二册

方志出版社
Publishing House of Local Records

目　录

（第二册）

第十一篇　政　法

概　述 ······ **539**

第一章　维护社会稳定 ······ **540**

第一节　落实主体责任 ······ 540

第二节　矛盾纠纷调处 ······ 540

第二章　社会治安综合治理 ······ **542**

第一节　建立健全机制 ······ 542

第二节　“严打”和专项斗争 ······ 543

第三节　基层治安管理 ······ 544

第四节　社会治安重点整治 ······ 545

第五节　安全文明与平安创建活动 ······ 546

第六节　见义勇为基金 ······ 546

第三章　执法监督 ······ **547**

第一节　个案监督 ······ 547

第二节　执法检查 ······ 547

第三节　协调办案 ······ 549

第四节　涉法涉诉信访处理 ······ 549

第四章　机构队伍 ······ **551**

第一节　市级机构 ······ 551

第二节　基层机构 ······ 551

第三节　政法队伍 ······ 552

第十二篇　公　安

概　述 ······ **557**

第一章　治安管理 ······ **558**

第一节　特种行业管理 ······ 558

第二节　危险物品管理 ······ 559

第三节　毒品查禁 ······ 561

第四节　扫黄禁赌打假 ······ 564

第五节　接警处警 ······ 566

第二章　户政管理与出入境管理 ······ **566**

第一节　户政管理 ······ 566

第二节　出入境管理 ……568
第三章　刑事案件侦查 ……568
第一节　大案侦破 ……568
第二节　严打整治 ……570
第三节　打击“两抢一盗” ……571
第四节　扫黑除恶 ……572
第四章　经济案件侦查 ……574
第一节　常规经济案件侦查 ……574
第二节　非法集资犯罪侦查 ……576
第五章　道路交通管理 ……578
第一节　交通秩序整顿 ……578
第二节　车辆和驾驶员管理 ……579
第三节　道路交通事故处理 ……582
第六章　消防管理 ……584
第一节　消防宣传 ……584
第二节　灭火救援 ……585
第三节　消防装备设施 ……587
第四节　消防监督执法 ……588
第七章　安全保卫 ……589
第一节　大型活动安全保卫 ……589
第二节　经济文化安全保卫 ……589
第三节　保安服务 ……590
第八章　规范执法、行政复议诉讼与劳教审批 ……591
第一节　规范执法 ……591
第二节　行政复议、应诉和国家赔偿 ……592
第三节　劳动教养审批 ……592
第九章　机　构 ……592
第一节　市级机构 ……592
第二节　基层机构 ……594

第十三篇　检　察

概　述 ……599
第一章　刑事检察 ……600
第一节　审查批捕 ……600
第二节　审查起诉 ……601
第三节　出庭公诉 ……602
第四节　侦查监督 ……603
第五节　审判监督 ……604
第二章　职务犯罪侦查及预防 ……605
第一节　贪污贿赂犯罪侦查 ……605

第二节　渎职侵权犯罪侦查……607
第三节　职务犯罪预防……610
第三章　民事行政检察……611
第一节　民事行政监督……611
第二节　公益诉讼……612
第四章　信访举报与控告申诉检察……613
第一节　信访处理……613
第二节　举报受理……614
第三节　申诉复查……614
第四节　刑事赔偿……615
第五章　案件管理、人民监督和检察技术……615
第一节　案件管理……615
第二节　人民监督……616
第三节　检察技术……616
第六章　机　构……617
第一节　市人民检察院……617
第二节　县级人民检察院……618
第三节　派驻检察室……619

第十四篇　法　院

概　述……623
第一章　刑事案件审判……624
第一节　危害社会治安刑事犯罪案件审判……624
第二节　贪污贿赂经济犯罪刑事案件审判……627
第二章　民商事案件审判……629
第一节　民事案件审判……629
第二节　商事案件审判……631
第三章　行政案件审判……632
第一节　行政诉讼案件审判……632
第二节　国家赔偿案件审判……634
第四章　案件执行……635
第一节　审判案件执行……635
第二节　非诉行政案件执行……638
第五章　立案信访与审判监督……638
第一节　申诉立案和信访工作……638
第二节　再审案件审判……640
第三节　减刑、假释案件审判……640
第六章　机　构……641
第一节　中级人民法院……641
第二节　县（市、区）人民法院……641

第十五篇　司法行政

概　述……645
第一章　普法教育与依法治理……647
第一节　普法教育……647
第二节　依法治理……649
第二章　律师事务与公证事务……651
第一节　律师事务所与律师队伍……651
第二节　律师业务……653
第三节　国内公证……656
第四节　涉外公证……658
第三章　人民调解……659
第一节　调解机制……659
第二节　纠纷调解与预防……660
第四章　法律服务与法律援助……663
第一节　基层法律服务……663
第二节　法律援助……666
第五章　安置帮教与社区矫正……667
第一节　安置帮教……667
第二节　社区矫正……669
第六章　司法鉴定与国家司法考试……671
第一节　司法鉴定……671
第二节　国家司法考试……673
第七章　机　构……674
第一节　市级机构……674
第二节　县（市、区）司法局……675

第十六篇　民　政

概　述……679
第一章　基层自治组织建设……680
第一节　村民自治组织建设……680
第二节　居民自治组织与社区建设……681
第二章　优抚安置……683
第一节　拥军优属……683
第二节　优待抚恤……683
第三节　退役军人安置……685
第四节　烈士褒扬……686
第三章　救灾救济……687
第一节　灾害救助……687
第二节　农村救济……688

第三节　城市救济……689
第四节　“五保”供养……689
第五节　医疗救助……690
第四章　社会事务管理……690
第一节　社团管理……690
第二节　婚姻登记管理……691
第三节　殡葬改革……692
第四节　收容遣送与社会救助……693
第五节　儿童收养管理……693
第五章　社会福利……694
第一节　老年人社会福利……694
第二节　残疾人社会福利……695
第三节　革命老区扶贫开发……696
第四节　社会福利彩票……696
第五节　慈善事业……697
第六章　机　构……698
第一节　市级机构……698
第二节　县（市、区）机构……698

第十七篇　编制　人事

概　述……701
第一章　机构编制管理……703
第一节　机构设置与改革……703
第二节　机关事业单位人员编制……709
第三节　监督检查……711
第二章　干部（公务员）管理……712
第一节　人事计划……712
第二节　公务员制度推行……712
第三节　干部（公务员）录用……714
第四节　干部（公务员）调配……715
第五节　人事考试……715
第六节　干部（公务员）教育培训……716
第七节　干部（公务员）考核与奖惩……717
第八节　军队转业干部安置、管理与解困……719
第三章　事业单位人事管理……720
第一节　登记管理……720
第二节　岗位聘用……720
第三节　公开招聘……721
第四章　专业技术人员管理……722
第一节　职务评聘……722

第二节　专业技术培训……722
第三节　外国专家引进与管理……723
第五章　人才培养管理……724
第一节　人才市场……724
第二节　人才引进……724
第三节　人才激励……725
第六章　工资福利……727
第一节　工　资……727
第二节　福　利……732
第三节　离退休人员待遇……734
第七章　管理机构……735
第一节　市机构编制委员会……735
第二节　市人事局……735
第三节　县（市、区）编制人事机构……736

第十八篇　劳动和社会保障

概　述……739
第一章　劳动就业……740
第一节　安置就业……740
第二节　创业带动就业……741
第三节　农村劳动力转移就业……742
第二章　劳动培训……743
第一节　培训机构……743
第二节　分类培训……743
第三节　职业技能鉴定……745
第三章　劳动合同与劳动工资……747
第一节　劳动合同……747
第二节　劳动工资……747
第四章　劳动权益保障……748
第一节　劳动保障监察……748
第二节　专项检查……749
第三节　劳动人事争议仲裁……750
第五章　养老保险……750
第一节　企业职工基本养老保险……750
第二节　机关事业单位养老保险……754
第三节　城乡居民基本养老保险……754
第四节　被征地农民社会保障……755
第六章　医疗和生育保险……755
第一节　医疗和生育保险制度……755
第二节　医保基金运行……758

第三节　医保监管 ……761
第七章　失业保险 ……762
第一节　失业保险统筹范围 ……762
第二节　失业保险基金征缴 ……762
第三节　失业保险支出 ……762
第四节　失业动态监测 ……764
第八章　工伤保险 ……764
第一节　工伤保险制度 ……764
第二节　工伤保险参保和基金征缴支付 ……765
第九章　社保基金监督和信息化建设 ……766
第一节　社保基金监督 ……766
第二节　信息化建设 ……766
第十章　管理机构 ……768
第一节　市级机构 ……768
第二节　县级机构 ……770

第十九篇　经济综述

第一章　经济发展 ……773
第一节　发展规模和速度 ……773
第二节　经济效益 ……779
第二章　经济结构 ……780
第一节　地区生产总值构成 ……780
第二节　第一产业内部构成 ……781
第三节　第二产业内部构成 ……781
第四节　第三产业内部构成 ……786
第五节　固定资产投资构成 ……787
第三章　居民生活 ……787
第一节　收　入 ……787
第二节　消　费 ……792

第二十篇　农业农村

概　述 ……799
第一章　农村经营管理改革 ……800
第一节　土地经营管理改革 ……800
第二节　村级财务管理改革 ……801
第三节　国有农场改革 ……802
第四节　农民专业合作组织 ……802
第五节　减轻农民负担 ……803
第二章　农村经济发展 ……804

第一节　农业生产条件……804
第二节　农业产业化发展……807
第三节　休闲农业……809
第四节　项目与品牌建设……810
第五节　农业会展……811
第六节　农业技术与农业信息服务……813
第三章　农村建设……815
第一节　新农村建设……815
第二节　能源建设……817
第三节　环境整治……818
第四章　扶贫开发……819
第一节　挂钩扶贫……820
第二节　建整扶贫……820
第三节　建设扶贫……821
第四节　精准扶贫……822
第五章　机　构……823
第一节　市级机构……823
第二节　县级机构……824

第二十一篇　种植业

概　述……827
第一章　耕　地……828
第一节　耕地面积……828
第二节　耕地质量……828
第三节　耕地利用……830
第二章　粮食作物……830
第一节　水　稻……832
第二节　旱　粮……834
第三章　经济作物……838
第一节　油　料……838
第二节　蔬　菜……839
第三节　茶　叶……841
第四节　水　果……843
第五节　其他经济作物……844
第四章　农业技术推广……844
第一节　推广项目……844
第二节　新品种展示与审定……847
第三节　科技成果……848
第四节　推广机构……849
第五章　监　管……850

第一节 “三品一标”认证与监管 ……850
第二节 农业行政执法 ……852
第三节 监管体系 ……855
第六章 机 构 ……856
第一节 市级机构 ……856
第二节 县级机构 ……857

第二十二篇 林 业

概 述 ……861
第一章 森林与湿地资源 ……862
第一节 森林资源 ……862
第二节 湿地资源 ……865
第二章 森林培育 ……866
第一节 苗木培育 ……866
第二节 植树造林 ……867
第三节 森林抚育 ……870
第四节 林业科技推广 ……871
第三章 森林保护 ……871
第一节 林业执法 ……871
第二节 森林防火 ……872
第三节 有害生物防治 ……874
第四节 限额采伐与林地管理 ……875
第五节 生态公益林和天然林保护 ……878
第六节 野生动物保护 ……878
第七节 野生植物保护 ……879
第四章 林 场 ……880
第一节 大熊山林场 ……880
第二节 龙山林场 ……881
第三节 九峰山林场 ……882
第四节 其他林场 ……882
第五章 林业经济 ……883
第一节 林产品加工 ……883
第二节 林下经济 ……884
第六章 林业改革 ……886
第一节 集体林权制度改革 ……886
第二节 国有林场及涉林国企改革 ……887
第三节 林业基金改革 ……888
第七章 机 构 ……889
第一节 市级机构 ……889
第二节 县级机构 ……890

第二十三篇　养殖业

概　述 ……………………………………………………………………………………**895**
第一章　畜牧业 ……………………………………………………………………………**896**
第一节　畜禽品种 ……………………………………………………………………896
第二节　畜禽养殖 ……………………………………………………………………898
第三节　动物防疫 ……………………………………………………………………904
第二章　水产业 ……………………………………………………………………………**907**
第一节　水产资源 ……………………………………………………………………907
第二节　养殖模式 ……………………………………………………………………907
第三节　鱼苗繁育与鱼病防治 ………………………………………………………908
第四节　鱼类捕捞与资源保护 ………………………………………………………908
第五节　水产健康养殖示范场创建 …………………………………………………910
第三章　养殖技术培训与推广 ……………………………………………………………**911**
第一节　技术培训 ……………………………………………………………………911
第二节　技术推广 ……………………………………………………………………912
第四章　养殖监管 …………………………………………………………………………**913**
第一节　监管执法 ……………………………………………………………………913
第二节　机　构 ………………………………………………………………………915

第二十四篇　水　利

概　述 ……………………………………………………………………………………**919**
第一章　水利建设 …………………………………………………………………………**920**
第一节　水库工程建设 ………………………………………………………………920
第二节　灌区和节水灌溉工程建设 …………………………………………………921
第三节　泵站工程建设 ………………………………………………………………923
第四节　城市防洪和河道工程建设 …………………………………………………923
第五节　村镇供水工程建设 …………………………………………………………925
第六节　小型农田水利工程建设 ……………………………………………………928
第二章　水利管理 …………………………………………………………………………**929**
第一节　水利建设管理 ………………………………………………………………929
第二节　水利工程管理 ………………………………………………………………930
第三节　河道管理 ……………………………………………………………………932
第四节　水资源管理 …………………………………………………………………933
第五节　水行政执法 …………………………………………………………………935
第三章　防汛抗旱 …………………………………………………………………………**937**
第一节　防　汛 ………………………………………………………………………937
第二节　抗　旱 ………………………………………………………………………940
第四章　水土保持 …………………………………………………………………………**941**
第一节　水土流失概况 ………………………………………………………………941

第二节 水土保持工程建设……942
第三节 水土流失预防监督……942
第五章 机 构……942
第一节 市级机构……942
第二节 基层机构……943

第二十五篇 农业机械

概 述……947
第一章 农机装备……948
第一节 农机动力和拥有量……948
第二节 农机种类……949
第二章 农机生产与经营……950
第一节 农机生产……950
第二节 农机经营……952
第三章 农机服务……954
第一节 农田作业服务……954
第二节 农机维修服务……955
第四章 农机科研、培训与推广……956
第一节 农机科研……956
第二节 农机教育培训……956
第三节 农机推广……957
第五章 农机监理……962
第一节 安全监理……962
第二节 驾驶员管理……963
第三节 职能变换……964
第六章 机 构……964
第一节 市级机构……964
第二节 县级机构……965

第二十六篇 工业综述

概 述……969
第一章 企业结构……970
第一节 所有制结构……970
第二节 行业结构……970
第三节 规模结构……971
第二章 国有工业企业改革……973
第一节 经营机制转换……973
第二节 产权制度改革……974
第三节 社会职能剥离……975

第四节　管理机构改革……976
第三章　企业转型升级……977
第一节　技术进步……977
第二节　质量兴企……981
第三节　招商引资……982
第四节　淘汰落后产能……983
第五节　工业节能及资源综合利用……983

第二十七篇　冶金工业

概　述……989
第一章　钢　铁……989
第一节　采　矿……990
第二节　炼　铁……990
第三节　铁合金……991
第四节　炼　钢……992
第五节　压延加工……993
第六节　深加工产业……996
第二章　锑……997
第一节　采　选……998
第二节　冶　炼……999
第三节　环境污染整治……999
第三章　黄　金……1000
第一节　采掘与探矿……1000
第二节　整顿采金秩序……1001

第二十八篇　煤炭工业

概　述……1005
第一章　煤炭资源……1005
第一节　煤炭储量……1005
第二节　煤种煤质……1006
第二章　煤矿性质……1007
第一节　国有煤矿……1007
第二节　民营煤矿……1008
第三章　煤炭开采……1012
第一节　开拓方式……1012
第二节　掘进工艺……1012
第三节　巷道支护……1013
第四节　采煤工艺……1013
第五节　通风排水……1015

第六节 提升运输 ……1015
第七节 供电通信 ……1016
第四章 安全生产 ……1017
第一节 煤炭生产许可 ……1017
第二节 安全培训 ……1018
第三节 煤矿清理整顿关闭 ……1019
第四节 煤矿灾害防治 ……1020
第五节 煤矿事故抢救 ……1025
第五章 煤炭加工和经营企业 ……1027
第一节 煤炭加工 ……1027
第二节 煤炭经营企业 ……1028
第六章 机构与管理 ……1030
第一节 机 构 ……1030
第二节 管 理 ……1031

第二十九篇 电力工业

概 述 ……1035
第一章 发 电 ……1036
第一节 火力发电 ……1036
第二节 水力发电 ……1036
第三节 企业自备余热发电 ……1040
第四节 新能源发电 ……1041
第二章 供 电 ……1044
第一节 输 电 ……1045
第二节 变 电 ……1055
第三节 配 电 ……1061
第三章 用 电 ……1064
第一节 工业用电 ……1066
第二节 农业用电 ……1068
第三节 城乡居民生活与第三产业用电 ……1068
第四章 管 理 ……1071
第一节 机构体制 ……1071
第二节 营销管理 ……1072
第三节 农电改革 ……1073
第四节 电力安全与调度 ……1074

第三十篇 建材工业 化学工业

第一章 建材工业 ……1079
第一节 水 泥 ……1079

第二节　砖、石灰、石材、建筑板材 ……1082
第三节　耐火材料　混凝土添加剂 ……1083
第四节　新墙体材料 ……1084
第二章　化学工业 ……1086
第一节　农用化工 ……1087
第二节　民爆化工 ……1089
第三节　通用化工 ……1090

第三十一篇　装备制造业

概　述 ……1097
第一章　矿山设备制造 ……1097
第一节　采掘机械 ……1097
第二节　提升设备 ……1097
第三节　输送设备 ……1098
第四节　矿山电器 ……1099
第二章　交通运输设备制造 ……1100
第一节　汽车制造业 ……1100
第二节　船舶、航空器件制造 ……1102
第三章　工程施工设备制造 ……1102
第一节　工程施工机械 ……1102
第二节　液压油缸 ……1102
第四章　通用设备制造 ……1103
第一节　通用铸造产品 ……1103
第二节　紧固件 ……1103
第五章　电子产品制造 ……1103
第一节　电子元器件 ……1103
第二节　电子专用材料 ……1104

第三十二篇　轻工业

概　述 ……1107
第一章　医药工业 ……1108
第一节　药品制造 ……1108
第二节　医疗器械 ……1110
第二章　食品工业 ……1110
第一节　农副产品加工 ……1110
第二节　生物食品生产 ……1111
第三节　饲料加工 ……1112
第三章　其他轻工业 ……1113
第一节　纺织服装制鞋 ……1113

第二节　塑料皮革制品 ……1115
第三节　造纸印刷 ……1116
第四节　日用陶瓷、家具 ……1117
第五节　保温器皿搪瓷制品雨具 ……1118
第六节　五金制品 ……1119
第七节　家用电器 ……1120

第三十三篇　乡镇企业

概　述 ……1125
第一章　企业发展 ……1125
第一节　企业规模 ……1125
第二节　企业投资 ……1127
第三节　工业小区 ……1129
第二章　结　构 ……1130
第一节　所有制结构 ……1130
第二节　产业结构 ……1132
第三节　产品结构 ……1135
第三章　管　理 ……1137
第一节　机　构 ……1137
第二节　政策扶持 ……1137
第三节　质量管理 ……1138
第四节　财务管理 ……1139
第五节　教育培训与职称评定 ……1139
第四章　效　益 ……1140
第一节　社会效益 ……1140
第二节　经济效益 ……1142

第十一篇

政　法

概 述

1982年2月，涟源地委政法委员会（简称政法委）成立。1990年4月，娄底地委下发《关于进一步维护社会稳定的通知》，明确把维护稳定作为压倒一切的政治任务，按照“谁主管谁负责”原则，层层落实领导责任制，督促社会各部门切实负起维护稳定的责任。是年，开展30家亏损企业维稳情况调查。1991年，开展政法工作为经济建设服务调查。1993年，开展制止乱收费、乱罚款、乱集资，加强队伍建设调查。

1995年7月18日，地委、行署举行会议，地委书记、行署专员与各县（市）委书记、县长签订社会治安综合治理（以下简称综治）目标管理责任书，将社会治安综合治理纳入社会发展总体规划，纳入“两个文明”目标管理范畴，纳入对各级领导干部的政绩考核内容，标志着全区社会治安综合治理工作进入制度化、规范化轨道。1996年，落实综治工作“一票否决制”。创新城区治安管理，全市城区建立看门守栋、街头治安岗亭、城乡接合部治安哨卡治安防控“三道防线”，开通110报警服务热线，治安形势好转。是年，摧毁非法聚会点33个。1997年底至1998年3月，对59个重点单位、33个重点乡镇、35个重点路段进行集中整治。2000年6月，市委、市政府印发维护稳定工作责任制度和相关规范的通知。9月，市委办、市政府办转发市综治委、市维稳领导小组关于进一步加强矛盾纠纷排查调处工作的意见，督促各地各单位对重点问题实行“一个问题、一名领导、一套班子、一个方案、一包到底”工作制度，矛盾纠纷和热点难点问题排查处置工作进一步制度化、规范化。2001年1月，市综治委、市纪委等部门印发关于对发生严重危害社会稳定重大问题的地方、单位实施领导责任追究的通知。1—7月，因工作责任追究，全市通报批评27人，给予党纪政纪处分18人，追究刑事责任3人。

2004年3月，市委政法委会同市委组织部，对各县（市、区）政法单位领导班子和市直政法部门324人进行测评，综合评价优秀、称职的85%，有4人被评为不称职，全市27个政法单位领导班子被评为“人民满意的政法领导班子”。是年，市委全面启动“平安娄底”创建工作。娄底市处理信访突出问题及群体性事件联席会议办公室（简称联席办）成立。2005年，建立处置群体性事件社会稳定预警机制、领导靠前疏导机制、现场控制处置机制、防止事件反复机制和责任追究机制5个机制。是年5月起，在全市开展创建“平安社区”“平安院落”“平安家庭”系列工作。2007年，全市各新闻媒体开辟《平安娄底》专题专栏，“平安娄底”创建活动进一步深入人心。

2009年起，全市政法系统推行精细化管理模式，政法队伍管理更加规范化。3月，市综治委会同市委组织部发文，建立党政领导干部履行社会治安综合治理和维护社会稳定工作职责实绩档案，将综治工作实绩纳入各级领导干部提拔使用、晋职晋级考察的重要内容，并决定对6个县（市、区和经开区）、168个市直单位、93个乡镇街道的综治工作实行考核排名，重奖重罚。是年，开展社会治安综合治理基层基础建设年活动，市综治委、市维稳办等部门联合出台8个配套文件或方案。2010年，全市初步形成大综治网络、大防控体系、大调解机制的工作格局，综治基层基础工作明显改观。

2011年，市委、市政府下发关于加强和创新社会管理的若干意见，启动和实施重点创新项目32个，其中解决征地拆迁、治理信访积案等经验，被省综治委推介。新华网、中国平安网以《湘中明珠的笑声：湖南省娄底市社会管理创新》为题进行报道。2013年9月，推进平安建设的经验在全省深化平安湖南建设工作会议上作典型发言。省委书记徐守盛批示，在全省推广“法治娄底”建设经验。

2014年，市委、市政府建立民间融资风险处置工作联席会议制度和处置工作巡查机制，明确“党政统领、属地管理、一线担责、企业主体、分类处置、平稳过渡”总体工作思路。全市派驻工作组31个，各县（市、区）派驻风险处置工作组102个，帮助重点企业和单位，全力做好稳控和处置工作。2015年7月，市委、市政府启动“综治国优”创建，规划用5年半时间，在全市开展创建全国文明城市、全国社会管理综合治理优秀市、基层组织建设先进市等“三个创建”活动，全面提升综治工作水平。是年，建立市、县、乡三级社会治安形势分析研判月联席会议和重点地区滚动排查、动态挂牌、常态整治工作机制，进一步健全完善矛盾纠纷排查调处例会制度和交办、督办、通报制度，坚持集中排查、专项排查、日常排查相结合，化解矛盾纠纷3.28万起，省委政法委专门向中央综治办推介这一做法。2017年6月，开展“大排查、大化解、大稳控”信访专项行动，全市成立13个专项工作组，由市级领导牵头，面对面做工作，将矛盾化解在初始、问题处置在基层，确保社会政治大局稳定。

第一章　维护社会稳定

第一节　落实主体责任

1989年10月，娄底地委政法委总结推广双峰县维护社会稳定、妥善处置群体性事件的经验。1990年4月，地委下发《关于进一步维护社会稳定的通知》。5月，下发《关于加强政法工作的通知》，明确“各级党委、政府要加强领导、切实把稳定作为当前压倒一切的政治任务抓紧抓好”；“按照‘谁主管、谁负责’原则，层层落实领导责任制，督促社会各部门切实负起维护稳定的责任”；失职失责要“追究单位领导和上级主管部门的责任”。1993年12月，地委办、行署办转发地区综治委《社会治安综合治理目标管理考核办法》，将维稳工作作为综治工作的重要内容进行考核。1995年，地区综治委决定，维稳工作同综治工作一道，实行年初布置、年中初检、年终总评。

2000年6月，市委、市政府印发《娄底市维护稳定工作责任制度和相关规范的通知》。2001年1月，市综治委、市纪委、市委组织部、市监察局、市人事局印发《关于对发生严重危害社会稳定重大问题的地方、单位实施领导责任查究的通知》。1—7月，因维稳工作责任追究，全市通报批评27人，给予党纪政纪处分18人，追究刑事责任3人。2007年4月，市委办、市政府办转发市维稳领导小组《娄底市维护社会稳定工作责任追究暂行办法》，进一步明确各级各部门责任和追究范围，规范追究程序，强化追究力度。是年，金信化工公司因在改制中工作不到位，引发群体性越级上访事件，公司董事长、总经理被免职处理。是年，新化县、涟源市、娄星区三地进京到省非正常上访率居高不下，市委、市政府主要领导对三地主要负责人进行诫勉谈话。2013年9月，市委政法委部署对涉法涉诉信访案件进行倒查与责任追究。2014年2月，市委办、市政府办行文，部署对在处置非法集资工作中失职失责者予以责任追究。2017年3月，市委办、市政府办印发《娄底市重大事项社会稳定风险评估实施办法》，规定11项重大事项必须事前进行社会稳定风险评估。对未予评估、评估不实，不按评估决定执行、防范化解措施不力以致引发规模性集体上访或群体性事件者，要严肃追究责任，并纳入年度考核和绩效考核。从1993年综治工作实行目标管理考核至2017年期间，有1个县因群体性事件处置不当被省通报批评，并被取消当年度评先评优资格，有6个单位因维稳工作失职失责，在年终综治考评中，被市综治委一票否决。

第二节　矛盾纠纷调处

1990年，全地区有40多家企业处于停产半停产状况，涉及职工2000余人。职工与企业矛盾迅速扩大，成为社会不稳定的新因素。1994年，地委政法委向地委、行署建议，对亏损企业分门别类，对症下药。扭亏有望的，大力扶持；扭亏无望的，下决心关、停、并、转、租。地区劳动部门调剂资金230万元，帮助企业恢复、启动生产，并全额支付企业参保离退休人员离退休金，发放待业职工救济金，确保职工情绪稳定。与此同时，全市组织673名干部深入137个乡开展“引导农民进市场奔小康工程”，组织200余名干部，到重点学校维护正常教学秩序。是年4月，地区维稳领导小组成立，并建立办公会议制度。坚持一月一会议，分析维稳形势，调度矛盾纠纷，排查处置热点难点问题。重点问题，当场交办，地区维稳办督办。地区维稳领导小组还对30家企业进行系列调查，写出专题报告3份，为地委、行署维稳决策提供依据。是年，全区发生非法游行、上访等苗头144起，由于调处及时，未酿成严重事件。1997年，地、县、乡三级建立维稳工作一月一例会制度和情况月报制度，每月排查一次不安定因素，并建立热点难点问题分级处置负责制。是年，开展“减轻农民负担月”活动，减轻农民负担8500万元，清退205万元，筹措扶贫资金650多万元。全地区组织50多个督查组，对落实各项惠民政策、解决农民实际困难，开展专项督查。是年，全地区排查出15个方面热点难点问题，全部得到及时处置和缓解。9月6日，《湖南日报》头版头条以《穿过冬雨沐春风》为题，报道娄底维稳、综治工作的经验。1998年初，地委政法委组织排查出恩口煤矿闭矿矿地矛盾，部分企业经营难以为继，湘黔复线用地补偿，双峰县、娄底市两乡镇矿产纠纷等8个突出热点难点问题。地委、行署安排10余名地级领导分别牵头处置，并深入地区工程公司、八一橡胶厂等困难企业，帮扶解困。同时，全地区发放特困职工救济金565万元、农村贫困户生活救济金350万元，动用储备生猪5000头、储备粮100吨调节市场，维护社会稳定。

2000年，全市排查调处各类矛盾纠纷910起，化解838起。教师追讨拖欠工资问题、特困企业“三条保障线”难以到位问题、市区出租车运营矛盾、农村“两会一部”（农村合作基金会、乡镇企业基金会、供销社社员股金服务部）金融风波等大批矛盾纠纷、热点难点问题得到解决或缓解。是年11月，涟邵矿务局“四矿四厂”（斗笠山、恩口、桥头河、朝阳煤矿，涟邵焦化、水泥、煤机、金属镁厂）进入关闭破产程序。此项工作关系到1.27万名职工及5万余名家属切身利益，涉及全市4个县（市、区）20多个乡镇矿、地遗留问题处理。市及有关县（市、区）均成立专门维稳领导小组及办公室，负责“四矿四厂”破产维稳工作。至2001年6月，处置各类小矛盾纠纷及纠纷苗头500余起，处置重大不稳定事件苗头及重大事件40余起、非法集体上访91次，确保关闭破产工作有序进行。涟邵矿务局“四矿四厂”关闭破产维稳工作经验在全国经贸工作会议和全国工会工作会议上推介。

2004年，中央、省委、省政府部署解决涉诉上访和信访突出问题。是年9月，全市排查摸底，有各类信访突出问题和群体性事件657起，是全省信访上访比较突出的地区。市委、市政府及市维稳领导小组采取7项主要措施，化解此类问题。43名在职市级领导和县（市、区）181名在职县级领导，人人包案。市委书记包3个难度最大的案子。2005年开始，对重大信访问题实行严肃交办、严格督办，由各级党政主要领导以书面形式交办。2007年，以市委书记、市长名义交办给县（市、区）领导及分管责任领导重要信访案429件。所有交办件均按“一个案件、一名领导、一套班子、一个方案、一定期限、一抓到底”的工作要求，包干到底，处置到位。理顺市联席办、维稳办合署办公机制。联席办下设6个专项工作组，包干负责专项信访突出问题的处置。是年，市里出台关于落实企业部分军队退役人员再就业劳动保障政策文件，安置103名下岗退役人员到政府开发的公益性岗位就业。与此同时，大力开展各种送温暖活动。2008年，开展“市、县委书记大接访活动”。在媒体上公示领导接访日程安排和接访地点，畅通信访渠道。加强人文关怀，帮助上访人员解决实际困难，建立化解矛盾纠纷专项资金制度。市、县两级设立化解矛盾纠纷专项资金500万元，并实施滚动追加，专款专用。解决没有连锁反应历史疑难个案上访户的实际困难，使之息诉息访。是年，建立涉诉上访特殊救助机制，全力解民难做法，在全省推介；畅通信访出口，完善信访退出机制。2009年，认真甄别无理信访，依法打击缠访闹访。通过上述工作，破解非正常上访难题取得阶段性成绩。是年，全省信访维稳工作考核，娄底市位居第三，并在三年一度综合考评中被评为全省先进单位。2010年全国、全省“两会”期间，首次实现赴省进京非正常上访“零登记”目标。3月，市委办、市政府办印发《关于重大事项信访稳定风险评估的实施意见》。要求凡重大项目建设、重大政策措施等涉民事项出台，均须进行信访稳定风险评估，并根据评估决定是否实施，实现矛盾纠纷由事后处置向事前预防转变。4月，市维稳领导小组下发《关于排查化解矛盾纠纷“五个一”工作方法的规定》，要求对矛盾纠纷排查调处实行“一月一排查、一月一交办、一月一落实、一月一督办、一月一通报”。受到省维稳办赞扬，并在全省推广。2011年，信访积案化解工作考核综合排名全省第一。2012年，全市45项重大事项，经评估，有2项暂缓实施，3项不予实施。是年，组织专门工作班子，进驻华达机械总厂，完成该厂关闭、破产、改制任务，使这一困扰多年的难题得以解决，受到省委、省政府通报表彰。

2014年4月始，民间融资引发的矛盾不断凸显。市委、市政府建立民间融资风险处置工作联席会议制度和处置工作巡查机制，明确提出“党政统领、属地管理、一线担责、企业主体、分类处置、平稳过渡”总体工作思路。全市派驻工作组31个，各县（市、区）派出风险处置工作组102个，帮助重点企业单位，全力做好稳控和处置工作。全市发生非法集资案178起，涉案金额215.38亿元，涉及人员9.34万人，由于处置及时得当，未发生严重事件。2015年，进一步健全完善矛盾纠纷排查调处例会制度和交办、督办、通报工作机制，坚持集中排查、专项排查、日常排查相结合，加大排查工作力度，排查化解矛盾纠纷3.28万起。受到省委政法委肯定，并向中央综治办推介。

2016年9月，市综治委出台《关于在全市建立行业性、专业性调解组织，推进矛盾纠纷多元化解建设的实施意见》，市直重点行业均建立矛盾纠纷调处中心。市维稳领导小组召集有关部门建立联席会议制度，定期调度，强化督查，综合采取行政、司法、教育等手段，着力解决农民工讨薪难问题，得到省主要领导充分肯定。2017年6月，市委办、市政府办印发《深入开展“大排查、大化解、大稳控”信访维稳专项行动实施方案》，并成立13个专项工作组，由市级领导牵头，采取走下去、面对面做工作的方法，将矛盾化解在初始，问题处置在基层，预防化解重大风险事项。

第二章　社会治安综合治理

第一节　建立健全机制

1982年4月、5月，地委分别在娄底市、双峰县召开会议，要求各地认真学习、推广双峰县加强领导、整顿农村社会治安和冷水江铁厂落实治安责任制的经验，推进社会治安综合治理。1986年4月，地委政法委将建立和健全领导治安责任制，作为落实综合治理的保证，列入领导干部岗位责任制的一项重要内容。1988年8月26日，地直机关举行治安承包责任制签字大会，督促全地区各地各单位全面推行治安承包责任制，做到纵向到底、横向到边。

1991年10月，地区综治委下发《娄底地区社会治安综合治理委员会工作制度》。1992年4月，下发《娄底地区综治委部分成员单位的职责任务》《综治办主要职责和工作制度》等文件。是年底，全地区全面推行综合治理目标管理责任制，各责任单位主要领导作为第一责任人向党委、政府签订治安承包责任书，并实施“一票否决权”制。全区113个乡镇（街道）推行综合治理目标管理，占总数的61.4%。562个列管内部单位有553个推行各种形式的治安责任制，占94.8%。1993年12月，地委办、行署办转发地综治委《社会治安综合治理目标管理考核办法》，规定以百分制综合评估县（市）目标管理整体效果，考核结果作为考评县（市）党政领导工作的重要依据。1995年7月18日，地委书记、行署专员同县（市）党政“一把手”签订综治目标管理责任书，明确社会治安综合治理要坚持“属地管理”“谁主管、谁负责”的原则，纳入社会发展总体规划，纳入全市“两个文明”目标管理范畴，纳入对各级领导干部的政绩考核内容。是年始，市综治委每年制定目标管理考核细则，年初下发、年中初检、年底总评。年底总评由市级领导带队，采取听汇报、查资料、看现场、测评、民调暗访等方式，进行考评计分，将考评结果发文通报，并按规定严格奖惩。

2000年2月，在全省率先推行社会治安综合治理领导责任政绩卡制度，对综治工作一、二、三责任人建立政绩卡。在是年4月《湖南政法综治动态》和2001年7月全省综治工作会上被推介。2003年，全面推行综治工作法人责任制。2009年3月，市综治委会同市委组织部发文，建立党政领导干部履行社会治安综合治理和维护社会稳定工作职责实绩档案，将综治工作实绩纳入各级领导干部提拔使用、晋级晋职考察的重要内容，并决定对全市6个县（市、区、经开区）、168个市直单位、93个乡镇（街道）的综治工作实行考评排名，重奖重罚。2017年6月，市委出台《娄底市正向激励实施办法》，调整综治考核奖惩政策。年度综治考评为先进、合格单位的干部职工分别按1.5个月、1个月工资的标准，发放社会治安综合治理奖。

第二节　“严打”和专项斗争

1983年8月始，开展为期3年的“严打”斗争。9月，地委政法委向各县（市）派出严打指导督查组。至12月31日，公安依法逮捕1931人，其中中央文件规定的七类重大案犯1198人。摧毁犯罪团伙206个，涉案828人，逮捕团伙成员750人。检察自办案件逮捕67人。检察起诉1464人。法院判决1437人，其中5年以上有期徒刑672人。是年9—12月，发案208起，比1982年同期发案504起下降58.1%。1989年8月，全地区在限期内有512人坦白自首，交出金额323.59万元，退还赃款189.7万元。1994年，全市破获各类刑事案件3.57万起，其中大案5831起，查获作案成员3.73万名，挽回经济损失1000多万元。批捕犯罪嫌疑人1.55万人，判处有期徒刑1.07万人，无期徒刑、死缓、死刑630人，批准劳教少管1242人。1997年，开展“春夏严打”。地委政法委挂牌督办大、要案件10起，督捕20名重要逃犯。协助深圳破获港深黑帮团伙抢劫杀人的“深圳第一案”，协助邵阳市破获市工商银行宿舍一家三代四人被杀特大恶性案件，受到省公安厅嘉奖和社会各界好评。

2003年，全市开展清积案、追逃犯、破疑案、打黑恶专项行动，打掉各类犯罪团伙62个，侦破刑事案件5551起。发命案66起，破获57起，命案破案率居全省之首。2004年，开展打击地下“六合彩”赌博专项斗争，查处案件525件，涉案1130人，其中判处有期徒刑17人。2005年，新闻媒体披露双峰县少数外出务工人员从事制贩假证犯罪活动，市委政法委指导督促双峰县成立专门机构，开展专项斗争，摸排外出务工人员9.61万人，抓获犯罪嫌疑人38人。是年起，市委政法委坚持“主动出击、打早打小、综合施策、除恶务尽”方针，组织开展扫黑除恶专项斗争，连续两年全省排名第一。2006年，侦破并摧毁黑势力犯罪组织7个，打掉恶势力团伙60个，抓获黑恶犯罪团伙成员752名。成功侦破并办理新化县“6・30”、涟源市“4・20”、娄星区“1・6”等重大黑恶犯罪案件，境内局部地区黑恶势力滋生蔓延势头得到遏制。2007年，开展侦破命案专项行动，破现行命案59起，破案率96.7%，命案侦破工作全省排名第二。是年，再次开展打击“两抢一盗”专项行动，破案2316起，打掉团伙9个，公安部、省公安厅挂牌督办的6起“两抢一盗”案件全部侦破。“两抢”发案较上年同期下降38.7%，机动车被盗案件下降52%，自行车被盗案件下降38%。2009年，会同新化县开展打击制贩假硬币犯罪专项斗争，抓获犯罪嫌疑人27人、逃犯6人，摧毁窝点4个，缴获假硬币成品23万余枚，半成品110万余枚。是年，双峰县对制贩假证及手机短信诈骗犯罪再次进行重点打击，破案330起，抓获犯罪嫌疑人132人。2010年，双峰县打击制贩假证和短信诈骗，通过省里验收摘牌。是年，成功侦破“1・19”伪造增值税专用发票案，“7・19”“10・22”特大非法制造发票案。打击发票犯罪经验在全省推广。2012年，再次开展“扫黄禁赌，净化社会风气”专项行动，打掉重大赌博团伙35个，查处涉黄案件97起。

2013年，指导督促双峰县对利用PS技术合成淫秽图片敲诈勒索犯罪开展专项打击，破获此类案件520余起，打掉团伙10个，抓获犯罪嫌疑人40余名，成功侦破公安部挂牌督办的敲诈勒索香港议员案。2014年，打掉恶势力犯罪团伙49个，破获各类涉黑涉恶案件238起，打击恶势力战果排名全省第2位，连续3年进入全省前三。2015年，破获非法集资类案件30起，涉及金额58.3亿元，抓获犯罪嫌疑人123人，追回逃犯42名，打击处置非法集资工作经验被省委推广。2017年3月，开展为期1年集中整治"村霸"、宗族恶势力专项行动。新化县打击农村黑恶势力团伙犯罪经验在全省推广。

第三节　基层治安管理

1991年，全地区乡镇、村（居）4182个治保调解组织，调整充实3446个，调整充实治保调解主任2117人。1995年，建成使用治安哨卡6个，治安岗亭24个，报警点34个。1996年，娄底城区及各县（市）城区逐步形成治安防控"三道防线"，开通110报警服务热线，治安形势好转。是年5月，《光明日报》头版刊登《娄底市的安全感是怎样来的》一文，推介娄底构筑社会治安"三道防线"的做法。2003年，全面推进社区警务建设改革。市、县（市、区）公安部门挤出三分之一的警力投入社区一线。全面取消对社区民警下达的破案、罚没款等指令性指标，对在社区连续工作3年以上的社区民警实行提拔任用、调动岗位、评功评奖三优先，调动基层民警工作积极性。新增社区警务室5个，调整社区民警110人。与此同时，全市城郊接合部建立"一中心五网络"（综治维稳管理中心，信访调解、人口管理、治安联防、帮扶转化、自治创安网络）工作机制，基层基础工作得到加强，治安管理水平得到提高。2005年5月，将建立社区综治办、警务站、调解室、组建群防群治巡逻队、落实看门守栋人员等项工作，作为主要任务列入社区建设范畴。到年底，全市组建社区治安巡逻队21支160多人，落实看门守栋、信息员300多名，建立社区治保、物业管理机构110多个，增加辅警600多人。是年，社区发案总数与上年同比下降22%，可防性案件得到遏制。2007年8月，启动"天网工程"第一期工程建设。2009年开展社会治安综合治理基层基础建设年活动。经过2009年、2010年两年建设，初步形成大综治网络、大防控体系、大调解机制的基层基础工作新格局，相对滞后的综治基层基础工作明显改观。

2011年7月，市委、市政府印发文件，就加强和完善维护群众利益机制、流动人口和特殊人群管理服务、公共安全体系建设等8个方面，提出实施意见。8月，市政府下发文件，推动单位院落及居民小区全面实行物业管理。2012年6月，确定年内启动和实施社会管理重点创新项目32个。7月，市委、市政府下发《娄底市社会管理综合治理民调奖惩暂行规定》，全市上下加大对省、市民调结果应用力度，完善民调反馈、交办、督办、追责工作机制，坚持以民调促工作、强管理、惠民生。是年，召开4次工作会议，督促推动项目建设。其中解决征地拆迁难题、化解城区教育"大班额"问题、治理信访积案等经验，被省综治委推广。狠抓薄弱环节、提升社会管理服务水平经验，在是年8月全省综治工作会议上被推介。新华网、中国平安网以《湘中明珠的笑声：湖南省娄底市社会管理创新侧记》为题，对娄底创新社会管理进行报道。2013年，投资8000万元，建设市级综合服务平台，整合信访大厅、矛盾纠纷调处中心、维稳指挥中心、涉法涉诉接访中心（以下简称"一大厅三中心"）有关职能，提高社会服务和社会管控能力。至2015年，县级"一大厅三中心"，乡镇综治维稳工作中心，村（社区）综治工作站实现实体化运作。2014—2015年，市、县两级政府通过购买服务，向社会公开招聘协辅警3620名，充实到全市157支专职巡防队伍和142个社区警务室。

2017年6月，市综治委将综治信息化建设和"雪亮工程"一并纳入"智慧娄底"PPP项目。年底，综治视联网建设基本完成，市、县两级全部开通，市、县、乡三级均接入湖南综治信息系统，电子政务外网拉通到各乡镇和部分村（社区），全市网格划分和街、巷、路等地名标识及门牌号码制作基本完成，人口、房屋、单位“三实信息”及其他社会管理底数基本摸清。全市配备专（兼）职网格管理员4100名。冷水江市开展警务室网格化试点，推行户籍、出入境等业务办理身边化，警务巡逻网格化，有效提升群众满意度和安全感。是年，乡镇综治民调满意度85.88分（100分为满分），比2012年提升11.59分。

第四节 社会治安重点整治

1991年初，全地区摸排出治安问题突出的重点地区和单位51个，其中区、乡镇（街道）49个。4月，抽调政法干警参与工作队，对36个重点地区和单位进行集中整治。地委书记唐之享批示推广乐坪办事处重点整治经验。经过整治，这些地区和单位所发刑案比上年同期下降22%，大案下降10%。1992年2月，以新化县为重点，按照“抓新化，带全区，重点整治一县、十乡镇（街道）200个村”，开展为期10个月重点整治。省、地联合工作组进驻新化县，全地区组织2512名干部下基层参与重点整治。通过整治，重点地区、重点单位是年所发刑案下降41%，其中重特大案下降35.4%。新化县重点整治经验在省综治工作会议上被推介。1994年7月，地委书记主持召开专题现场会议，推广双峰县洪山殿镇联户联防，巩固整治成果的经验。8月，开展以市（县）党委、政府所在地为重点的集中整治行动，组织力量1877人，其中党政干部1422人。抓获各类违法犯罪嫌疑人2398名，其中逮捕422名，摧毁团伙75个，收缴淫秽书刊1.17万册，取缔异性按摩点94家，打掉卖淫团伙20个。1997年底至1998年3月，开展“一稳定两打击三整治”行动，集中整治59个重点单位、33个重点乡镇、35个重点路段。2003年7月，把项目多、投资多的经济热点地区列入治安整治重点，排查出重点地区12个、部门（单位）10个。通过全面治理，大部分重点地区和部门（单位）治安形势明显好转。2005年8—9月，开展为期2个月的清理整治铁路沿线废旧金属收购站（点）专项行动，清理整治废旧金属收购站（点）226家，立案查处28家。整治期间，出动宣传车12台（次），与沿线群众签订爱路护路公约6951份，辞退4名违规违纪护路队员。2007年，市综治委每季度开展一次治安混乱地区和突出治安问题排查，适时开展重点整治，每半年上报排查整治情况。是年，排查整治治安重点乡镇11个，重点村30个、重点地区（单位）5个，突出治安问题44个。2009年4月，市综治委抽调工作人员100余名，进驻涟钢及其周边地区开展为期4个月的治安集中整治。破获刑事案件70起，其中重特大案件43起，打掉犯罪团伙12个。取缔、注销废旧收购站（点）124家，摧毁传销窝点11个，协调处理周边重大遗留矛盾13起，涉及失地农民8000余人，解决低保救助对象80余户，洽谈企地发展项目9个，建立企、地联席会议制度。2011年，建立社会治安重点地区和突出问题经常性排查整治机制，县（市、区）坚持一季一排查，乡镇（街道）坚持一月一排查。市、县、乡三级综治委每年挂牌整治一批治安重点地区和突出问题。2013年6月，市综治委挂牌整治娄底火车站及周边治安环境。市综治委将7个整治项目逐项交办给18个职能单位，并提出明确要求，规定整改时限。整治取得预期成效。8月，开展落实发展环境优化年活动，排查涉企违法犯罪线索83起，立案查处“三强”（强装、强卸、强揽工程）违法犯罪案件64起，刑事拘留15人，行政拘留51人。

2015年，建立市、县、乡三级社会治安形势分析研判月联席会议和重点地区滚动排查、动态挂牌、常态整治工作机制。是年4月，市综治委根据暗访和县（市、区）摸排情况，对21个乡镇（街道）和2个市直单位存在的突出问题予以挂牌整治。9月中旬验收，有3个乡镇不合格，被黄牌警示。2017年，开展“食品安全护苗行动”，集中整治中、小学校园及周边食品安全。是年，开展优化经济环境专项整治。出动警力5089人，整治重点场所208处，教育、训诫992人；办理行政案件29起，行政拘留183人；办理刑事案件81起，刑事拘留140人。

第五节 安全文明与平安创建活动

1991年，新化县桑梓乡开展评遵纪守法户、“五好”家庭户、双文明户、公开帮教违法人员“三评一帮”活动，并逐年开展复评换牌。1992年7月，全地区总结推广其工作经验。1995年6月，启动实施“长治久安工程”。1996年4月，开展创建治安模范县、乡、村活动，乡、镇（办）综治工作进入规范化轨道。是年，乡镇建派出所、司法所工作全部完成，乡镇法律服务所全部实现改革转制。1997年，全地区创建10个高标准安全文明小区、10个高标准安全文明乡镇、20个高标准安全文明村、10个高标准治安模范单位，经省综治委检查验收，全部达到创建标准。安全文明村镇及安全文明小区达标率达到省规定创建目标。2001年，积极推动部门创建，基层创建面基本消除死角死面。是年，市委、市政府决定把创建工作与建整扶贫工作相结合，发挥300个建整扶贫工作队的优势，帮助后进贫困村实现创建达标。2004年，全面启动“平安娄底”创建工作，市委、市政府先后开展3次专题研究，出台“平安娄底”创建方案，并下发《关于创建“平安娄底”的意见》。2005年5月，开展创建“平安社区”“平安院落”“平安家庭”系列工作。2007年，市直各新闻媒体开办《平安娄底》专题专栏，“平安娄底”创建进一步深入人心。双峰县“一个社会矛盾纠纷调处中心、一条民情服务热线、一个快速反应分队、一个基层平安协会网络”（以下简称“四个一”）的矛盾纠纷大调解工作模式入选中央《综治年鉴》，涟源市以村为主推进农村平安建设的经验在全省推介。2011年，在全面推进社会管理创新的同时，市综治委着力抓“平安建设联创”。是年，全面推行综治工作“村（社区）为主”模式，社区综治专干配备到位。2013年，“法治娄底”建设典型经验被省委主要领导批示推广。9月，转变作风、夯实基础、贴近群众推进平安建设经验，在全省深化平安湖南建设工作会议上作典型发言。2014年11月，运用“技防+人防+保险”的市场化运作模式破解基层治安防控难题的经验，在全省深化平安湖南建设工作大会上作典型发言。“天网工程”建设模式、学校餐饮食品安全监管机制、新化县预防处置医患纠纷工作机制等经验受到好评和推广。12月，市委、市政府出台《关于深化平安娄底建设的实施意见》，进一步明确“平安娄底”建设总体目标、工作措施、责任分工及中长期推进规划，坚持以32个创新项目为支撑，创新机制，培育推广出一批具有地方特色的经验。2015年7月起，市委、市政府启动“综治国优”创建，用五年半时间，在全市开展创建全国文明城市、全国社会管理综合治理优秀市、基层组织建设先进市等“三个创建”活动，建成全市城乡国家安全战略、社会矛盾预防化解、社会治安防控、特殊人群服务管理、基层综治服务管理、法治能力建设和保障等六大体系，基层社会治理水平和服务管理能力均有所提升。

第六节 见义勇为基金

1988年9月，娄底地委下发《关于表彰见义勇为与犯罪分子作斗争先进个人的决定》，对吴堂和等36名先进个人予以表彰奖励。1995年5月，设立娄底地区见义勇为基金会筹委会，号召干部群众“奉献一片热心，撑起见义勇为的绿荫”。1996年6月，娄底地区见义勇为奖励基金会设立，并通过基金会章程和《娄底地区见义勇为奖励办法》。2008年5月，市综治办下文，指示各地积极为见义勇为英雄困难家庭申请救助，扶危帮困。2009年12月，市及各县（市、区）建立由公安、民政、人事、劳动和社会保障、财政、卫生等部门组成的见义勇为评审委员会，建立见义勇为行为申报、受理、调查核实、确认、评审、表彰奖励、跟踪服务工作程序和制度。1988—2017年，市本级召开见义勇为表彰会19次，表彰奖励见义勇为先进个人164名。

第三章 执法监督

第一节 个案监督

1999年9月，市委政法委首次明确将协助党委对政法系统各部门的执法活动进行监督，作为政法委的一项职责，执法监督职能由调研督查室兼理。对政法干警在办案过程中刑讯逼供违法取证的案件，执法监督部门一经发现即行查办。

2000年1月，新化县琅塘镇村民戴某文，纠集一伙人横行霸道，违规持刀持枪，开设赌场，聚众赌博。公安机关查处无果，群众意见很大。市委政法委接到省委政法委督办函以后，执法监督室迅即派员坐镇督办，责成公安机关限期查清案件事实。2月16日，犯罪嫌疑人戴某文被依法逮捕，刘某等10人受到治安处罚。2月29日，省地质246队几百名职工到市政府请愿，市委政法委立即组成调查组实地调查，查明系冷水江市法院在办理246队诉王某债权案时，承办人未依法办案，将依法扣押王某的2台钻机违法解除，导致矛盾激化。当即责成法院纠正错误，公正处理，化解矛盾。2001年2月，市委政法委增设执法监督室，执法监督工作全面开展。在执法监督中，把个案监督作为一种常规监督方式，重点督办或直接查办群众反映强烈、执法不公、违法办案和利益驱动的案件。

2003年4月17日，冷水江市矿山乡村民谢某到市委政法委上访，诉称他与其子驾车途经七里江地段时，遭遇伍某等人结伙抢劫，他用千斤顶加力杠防卫，伍某从车上摔下死亡。矿山公安分局陶塘派出所未对抢劫犯罪嫌疑人采取强制措施，反将谢某等人刑事拘留。市委政法委主要领导听取汇报后，率执法监督室工作人员赴现场办公，及时纠正当地公安部门的错误做法，受到群众好评。2004年9月，市委政法委纪检监察、执法监督部门相互配合，督查纠正执法不公或利益驱动案件19起，责成办案单位赔偿当事人12.5万元，退还不合理罚款、扣押款43万元。

2008年，双峰县公安局办理的廖某被强奸案，由于刑讯逼供造成错案，引发受害人亲属廖某某等赴省进京上访。中央政法委交办后，市委政法委牵头，组织公安、纪检等单位成立专案组，对违法办案人员予以查处，追究党纪、政纪责任4人。在此次中央政法委交办案件中，另有4起案件实行责任倒查和追究，处分办案人员23人，其中追究刑事责任2人。

2014年，挂牌督办新化“5·12”涉黑案件，市委政法委督促新化县迅速成立专案组，查清该涉黑案件50余人的全部罪行，彻底摧毁黑恶势力团伙，扭转该地区社会治安不稳定形势。案件进入审理阶段后，市委政法委组织市、县两级政法部门和宣传、卫生行政等部门多次召开协调会议，确保该案庭审、宣判工作顺利进行，有效防止新闻媒体舆情炒作，得到当地群众称赞和最高人民法院、省委政法委、省打黑办的充分肯定。是年6月，市委政法委在全市政法系统开展侵害群众利益行为专项整治活动，至当年11月，全市政法系统查处侵害群众利益行为案件115起71人。2015—2017年，全市党委政法委组织市直政法各部门检查3000余起案件，其中督办或协调查办群众反映强烈的案件407起，查处违纪违规干警179人，给予党纪处分53人，政纪处分101人，党政纪处分25人。被查处的干警中，政法委机关10人，法院系统36人，检察系统11人，公安系统11人，司法系统11人。

2000—2017年，市委政法委与所辖5县（市、区）委政法委，督办、查办中央、省、地委交办和群众投诉的个案共计1439起。

第二节 执法检查

一、日常检查

1993年5月，全地区政法部门首次自查自纠1992年以来在利益驱动下乱收费、乱罚款的情况和政法干警违法乱纪情况。各单位自清自查出收费、罚款项目182个，其中无正式依据35个、超标准15个，当即予以废止或纠正。发现执法不严案件95起，其中以罚代刑22起，即行纠正。发现干警违法违纪问题71起，亦作出相应处理。7月，地委政法委牵头，地区人大联工委业务处配合，地直公、检、法、司参加，抽调16名干部，由2名副书记带队，分赴辖内5个县（市）检查，发现有的政法单位和干警在执法活动中乱收费、乱罚款、乱摊派的“三乱”现象突出，当即采取果断措施，快速行动，治理制止“三乱”。清理出收费项目217个，其中有正式收费依据但越权超标准、超范围的46项，自立项目的46项，“三乱”金额104.63万元（公安系统81.5万元、检察系统4.75万元、法院系统11万元、司法行政系统5.42万元）。按照省委关于纠正“三乱”指示精神，采取先停后清，边清边改的办法，自立收费项目全部废止。超标准、超范围收费项目，严格按法律法令规定标准、幅度执行，有效遏制“三乱”蔓延，防止权力滥用。此次检查，发现73名干警有违法乱纪问题，其中滥用职权、随意扣押、打骂群众5人，对违法犯罪人员刑讯逼供14人，办人情案、关系案22人，有其他违法违纪问题32人。当即责成有关县（市）相关部门查证落实，依纪依法处理。1999年7—10月，按照省委政法委的部署，全市开展大规模的执法检查。全市派出检查组31个，检查案件2.13万件，发现有问题的案件602件，其中错案3件。查处干警违法违纪案件25件28人，其中给予党纪处分8人、政纪处理11人、依法追究刑事责任4人，离岗培训6人，清理出政法队伍2人、辞退1人。此次检查，发现全市公安系统超期羁押92起，监视居住1809人中有490人关押在派出所留置室或其他场所，有问题的案件198起，其中违规降格处理45件72人，程序违法85件，适用法律错误3件，证据不足34件，其他问题31件。按照边查边改的原则，对问题案件及时纠正或者采取相应补救措施，妥善处理到位。2013年9月24日至10月10日，市委政法委组织市直公、检、法机关11名业务骨干组成的执法检查组，分赴境内各县（市、区）政法单位，开展执法抽查。通过听取汇报、查阅资料、随机抽查、走访调查等方式，对政法各单位自查自纠情况与执法现状进行检查。重点检查各类案件235起，纠正错误52件，通报批评执法不作为现象、执法随意性大、证据收集不合法、利益驱动办案、审查把关不严、超法定期限办案、执行乏力、法律文书制作不规范、工作不细致引发涉法上访等9种突出问题，通报相关政法单位逐个问题整改、纠错、追责到位。2015年11月25日至12月30日，市委政法委牵头，市直公、检、法机关与县（市、区）委政法委派员参加的执法检查组，针对各县（市、区）政法单位执法情况，开展执法检查。娄星区有414起应该立案未立案案件，依法立案。有8起案件不应该立案，依法撤销。涟源市查处10起干警违纪案件，对12名政法干警给予党纪政纪处分。对新化县群众投诉的58起政法干警违法违纪办案的信访案，依法纠正51起，追究18名执法人员责任，对双峰县执法不作为的20起案件通报批评，因办案不力造成严重后果的6名政法干警追究执法过错责任。2016年12月9日至2017年1月20日，市委政法委从市直公、检、法机关抽调力量组成执法检查组，重点检查公安机关办理的伤害案件，检察机关办理的不批捕、不起诉案件，审判机关办理的缓刑、执行案件，以及非法集资案件、群众反映强烈的电信短信诈骗案件、开设赌场案件。共检查各类案件1100余起，其中公安200余起、检察400余起、法院500余起。对上级批办的群众反映突出的38起案件进行评查，其中10起实行责任倒查，12名干警受到纪律处分，6名干警被通报批评，1名干警因渎职移送检察机关依法立案侦查。

二、专项检查

2005年6月，根据省委政法委6月17日电视电话会议精神，开展“减刑、假释、保外就医”专项执法检查，清查2002年以后确定减刑、假释、保外就医案件750件，发现有问题案件12件。市委政法委逐件督办，责成有关部门对12名不应监外执行的罪犯全部收监，由市中级人民法院制定《减刑、假释工作具体规定》，确保减刑、假释工作的统一性和可操作性。2014年，在全市政法机关开展“坚决纠正涉法涉诉中损害群众利益行为”和“坚决反对司法不公司法腐败”两个专项检查和专项治理。通过听取汇报、查阅资料、随机抽查、走访调查等方式，摸排出被判处实体刑未收监的罪犯102名和可能被判处实体刑而难以收监的犯罪嫌疑人28名，按照所有未收监罪犯应收尽收的原则，分解任务，责任到人。至是年9月底，除部分人员因特殊原因请示上级机关协调处理外，其余86名罪犯收押入监。同时清理出久押未决案件7件13人，依照法定程序全部结案。2017年，督促全市政法机关建立干预司法记录、通报制度，明令办案人员对领导干部和政法机关内部人员干预司法活动、插手具体案件的情况，全面、如实、详细记录，实现办理案件的各个环节发生的违法干预、插手、过问司法活动的监管监控，做到全程留痕，有据可查。是年底，联合市纪委对干预司法的4名领导干部给予通报和党纪政纪处分，并按要求上报省委政法委。

第三节 协调办案

娄底市委政法委组织召开娄底市涉烟刑事案件查处协调工作会议（2017年8月15日摄）

1996年6月，地委政法委制定联合办公会议讨论案件办理制度，首次对联合办公会议组成人员、讨论案件范围、提交讨论案件程序和原则，作出明确具体规定，使案件协调在制度化、规范化的轨道上运行。1998年，地委政法委针对民间非法扣车突出情况，组织精干力量，协同有关部门和地区，协调处理跨地区民间非法扣留车辆、扣押人质事件，放回被扣车辆。2001年，市委政法委和县（市、区）政法委召开联合办公会议数次，协调研究重大疑难案件。是年6月，新化县孟公镇双龙村有人发现一女尸体漂浮在安化县资江段。新化县委政法委及时召开联合办公会议，听取情况汇报，分析案情，责成县公安局迅即侦查破案，同时做好亲属工作。由于协调及时，查处有力，很快查明犯罪嫌疑人，杀人真凶被法办。2003年，市、县两级党委政法委召开联合办公会议若干次，对涉及社会稳定，影响执法活动的重大疑难案件，理顺关系，协调处理到位。2009年，市委政法委主动梳理线索，化解矛盾，对可能引发群体性上访、社会反响强烈的案件，上下结合，及时协调，妥善处理。2012年，通过调卷审查，实地指导，统一执法思想，理顺政法部门关系，协调处理各类案件。2015年，市委政法委协调处理省委巡视组和省委、市委交办的重大、疑难案件全部处理到位。2017年，市、县两级党委政法委通过调卷审查、实地指导、开会协调等方式协调处理各类重大疑难案件。

第四节 涉法涉诉信访处理

1990—2003年，市（地）委政法委执法监督室只有兼职人员办理群众信访，按常规转办、批办，不适应新的形势。2004年2月，根据中央和省委要求，市委决定打一场集中调处涉法上访问题和排查调处不稳定因素的攻坚战，成立娄底市处理涉法涉诉信访问题领导小组及其办公室。市委常委、政法委书记兼任办公室主任，从市直机关抽调20名干部，组成信访接待、信息综合、督查协调3个小组。县（市、区）相应成立领导小组和办事机构。是年，市、县两级开展涉法涉诉信访问题大排查，实行领导包案责任制，受理群众来信1258件，接待群众来访2318人次，其中排出重要信访325件，做到因案施策，对案件当事人反映的问题确实存在错误和瑕疵的，依法纠正。对当事人反映的问题确实无理的依法做好解释工作，息访罢诉。2007年4月9日，市委召开有市人大、市政府、市政协和各县（市、区）党政“一把手”参加的常委紧急扩大会议，传达中央和省委有关会议精神，研究加强全市涉法涉诉信访工作措施，调整市处理信访突出问题联席会议领导机构和工作机构，从市直公、检、法、司各抽调2名政治素质好、业务能力强的干部充实到涉法涉诉工作组，从市本级和县（市、区）各增派1名工作人员，充实加强市政府驻北京、长沙联络处接访力量，市政府拨款10万元作为涉法涉诉专项工作经费。市政法系统建立由市委政法委正副书记、各部室主任、公检法司“一把手”组成的涉法涉诉信访问题联席会议制度。至11月，全市筹集救助基金500余万元。对“法度之外，情理之中”的家庭经济特别困难的人员实行司法救助。2008年，境内县（市、区）财政拨出455万元专门经费，其中冷水江市220万元、双峰县100万元、新化县80万元、娄星区35万元、涟源市20万元，为依法处理信访问题提供条件，化解疑难复杂问题。是年，市本级和县（市、区）先后为113名上访困难群众解决救助资金471.05万元。2009年，根据省委政法委《关于建立健全涉法涉诉信访工作长效机制的若干意见》，开始筹建市、县两级涉法涉诉联合接访中心，从市直政法各部门抽调6名信访工作人员，政法各单位领导轮流带班接访，并构建“定期接访、公开接访、联合接访、重点约访和带案下访”的多层次接访体系，切实拓宽信访渠道，便利群众上访投诉。从2010年10月正式运行的3年半时间，接待来访群众6671人次3353案次，交办364件，办结312件，息访254件。

2010年，市委政法委成立由一名副书记牵头的案件评查领导小组，从市直公检法司选定80人组成评查案件专家人才库。是年，市本级评查案件265件，县（市、区）评查983件，纠错13件。通过案件评查，政法干警执法责任意识增强，办案质量和效率提高，案件评查的做法和程序日趋成熟。2013年9月，制定《中共娄底市委政法委员会涉法涉诉信访案件评查工作办法（试行）》，对涉法涉诉信访案件从程序到实体、从事实认定到法律适用、从办案环节到法律文书制作，进行全方位、多角度评查，对评查的原则、机构、人员、程序、方法和评查结果的确定，以及责任追究，均作出明确具体规定，使之易于操作，运行有序。同时，制定《中共娄底市委政法委员会涉法涉诉信访案件倒查与责任追究实施办法（试行）》，对政法各部门和政法干警在执法办案活动中，因执法过错、办案瑕疵引发涉法涉诉信访的，实行责任倒查，严肃追究责任单位、责任人、责任领导的责任，切实维护信访群众合法权益，最大限度预防和减少涉法涉诉信访事项的发生。

2015年，根据中央、省委政法委文件精神，结合市内实际情况，制定出台《娄底市国家司法救助制度管理办法（试行）》，对司法救助的对象、救助方法和标准、救助程序、救助资金的筹集、使用，以及资金监管等，作出详尽规定。是年，根据省委政法委、省高级法院、省检察院、省公安厅、省司法厅《关于依法处理信访活动中违法犯罪行为的指导意见》，对已经终结息访的缠访缠诉、扰乱信访秩序的人员依法处置。全市依法打击处理违法闹访的8人，其中刑事拘留2人、治安拘留4人、训诫2人。2015年7月，市委政法委增设涉法涉诉信访科，使联合接访中心的人员组织、更换，工作协调、督办，更加规范有序。是年，市委政法委在执法质量考评中，查阅392起案件，发现瑕疵案件87件、问题案件23件，对其中13起案件实行责任倒查，对34名政法干警给予追责处理。2017年，市直政法机关从群众反映强烈的信访案件中甄选40件进行集中评查、分析，发现有执法瑕疵56处，纠正有问题案件15件。至是年底，辖内县（市、区）委政法委组织评查案件1.39万件，发现执法瑕疵960处，纠正问题案件39件，追究处理24名责任人员。

2016—2017年，全市涉法涉诉信访秩序好转，未发现无理闹访、缠诉扰乱信访秩序的现象。信访工作在规范化、法制化的轨道上有序运行。

第四章 机构队伍

第一节 市级机构

1977年11月，地委政法领导小组成立，由地委副书记任组长，地区公安处处长、检察分院检察长、中级人民法院院长、司法局局长、民政局局长为成员。1982年2月，中共涟源地委政法委成立，内设办公室。政法委主任由地委副书记兼任，配备2名专职副主任、4名办事人员。是年12月，更名为娄底地委政法委。1987年7月，政法委主任改称书记。内设办公室、人事教育科、调研科。

1989年3月，民政局从政法系统析出。1989年5月，地区社会治安综合治理领导小组成立，下设办公室（简称综治办），办公地点设地委政法委。1991年4月，核定综治办行政编制3名，另从地区公安处、检察分院、中级人民法院、司法局各抽调1名干部协助工作。10月，地区社会治安综合治理领导小组更名为地区社会治安综合治理委员会（简称综治委），与地委政法委合署办公，实行“两块牌子、一套人马”。

1994年4月，以地委书记为组长的地区维护稳定工作领导小组成立，日常工作由地委政法委书记主持。1997年2月，地区确保社会政治持续稳定工作小组成立，下设办公室（简称维稳办），由地委政法委书记兼任办公室主任，地委、行署副秘书长和公安处副处长、政法委副书记兼任副主任，办公地点设地区公安处。2004年12月，娄底市确保社会政治稳定工作小组更名为娄底市维护稳定工作领导小组，领导小组办公室办公地点设市委政法委。2007年7月，市维稳办主任高配为正处级。

2012年5月，市社会治安综合治理委员会更名为市社会管理综合治理委员会，下设办公室（简称市综治办），为正处级常设办事机构，与市委政法委“一个机构、两块牌子”。办公室主任由市委政法委副书记兼任，设专职副主任2名。2013年12月，增设综治一室、综治二室（加挂娄底市见义勇为基金会办公室牌子），增加正科级领导职数2名。2015年7月，增设涉法涉诉信访科。2016年4月，增配市维稳办副主任1名（正科级），内设维稳一科、维稳二科。至2017年底，市委政法委内设办公室、政治部、执法监督室、涉法涉诉信访科、宣传调研科、市综治办（含综治一室、综治二室）、市维稳办（含维稳一科、维稳二科）、市社会稳定风险评估指导中心。

第二节 基层机构

1982年2月起，娄底、涟源、冷水江、新化、双峰5县（市）委政法委员会相继成立，设立与地委政法委相对应的内设机构。1990年5月，县（市）委政法委书记均由党委常委担任，副书记按同级党委部、办、委正职配备。1991年4月起，境内各县（市）先后成立社会治安综合治理委员会办公室，与政法委合署办公，综治办主任由1名副书记兼任。

至1996年，境内各县（市）所辖乡镇（街道）均设立政法办公室，整合派出所、法庭、司法所的力量，确定1名副书记或委员专抓政法工作。是年10月，辖区内85个乡镇（街道），2个林场，2个经济开发区，均成立综治委，党委书记任主任，党委、政府分管领导任副主任，武装部、公安派出所、法庭、检察室、司法所、团委、妇联、民政所、文化站、工商所、税务所、企业办负责人为成员，下设综治办公室，与政法办公室合署办公，简称政法综治办，由党委1名副书记兼任办公室副主任，配备3~5名专干，组织、指导村、社区治保会、调解会、联防队等群众自治组织，负责治安、民事纠纷调处、群防群治。

1999年11月，境内各县（市、区）设立维护稳定工作领导小组办公室，在政法委办公。县（市、区）委政法委、综治办、维稳办内设机构、工作职能，与娄底市委政法委、综治办、维稳办相对应。至2017年底，县（市、区）政法委系统干部职工按编制全部配齐。

第三节 政法队伍

一、领导班子建设

1983年1月23日，地委召开整顿政法队伍会议，狠抓领导班子整顿。通过整纪刹风，政法部门个别领导班子软弱涣散状况基本得到解决。1988年4月9日，地委在《关于加强我区政法工作的几点意见》中提出，“切实搞好基层领导班子建设”。把“治安先治警，治警先治长”作为重中之重。是年起，地委政法委针对政法工作复杂任务重、干警队伍管理难度大、办事办案业务法律要求高的特点，及时配备、调整各个政法领导班子成员，按照干部管理权限，商请组织部门，分期分批对政法领导班子进行巡视考察和民主测评。1993年，结合县、市换届选举，对5个县（市）25个政法班子成员，调整19人，提拔23人。调整中层骨干108人，提拔101人。使各个班子增加新生力量，提高战斗力。1995年，根据省委政法委、组织部、人事厅、公安厅、检察院、法院6单位《关于公安、检察、法院领导实行交流的意见》，配合市委组织部，对辖内5个县（市）政法领导班子进行认真考察，对公安局、检察院、法院在原籍或出生地担任正职的，在同一单位连续工作15年以上现任正职的，在同一单位担任正副职满10年的公安局局长、检察院检察长、法院院长实行异地交流。这次交流在任“三长”10名、拟任“三长”4名，宣布决定后，14名交流对象5天内全部到新单位履新上任。各县（市）公、检、法、司4家部分副职在本区域内交流换岗。县（市）公、检、法“三长”交流后，市直公、检、法、司与6个副处级单位，交流领导成员35名，其中跨单位交流4名。此后，地、县（市）政法领导班子的调整、交流与同级人民代表大会换届工作同步进行，形成制度。1997年5月，对政法领导班子进行常规性考察、测评的同时，在政法班子中开展“抓班子创三好、带队伍争一流”竞赛活动，当年底，经组织部门考核评审，地、县两级政法各部门及其二级机构领导班子中，优秀班子31个、好班子13个、较好班子17个、一般班子1个，没有不合格班子。289名领导成员，经群众测评，称职票率未达90%以上的仅1人。地委政法委、组织部表彰6名好班长、15名好搭档、6个好班子。2001年，把争创“人民满意的政法领导班子”作为一项重要内容，坚持“从严治长”不放松。至2004年，全市27个政法单位被评为“人民满意的政法领导班子”。是年3月，市委政法委配合市委组织部，对各县（市、区）政法班子和市直政法部门正科实职干部324人进行测评，综合评价属优秀、称职的达85%，4人不称职。2005—2008年，以“一把手”工程为重点，进一步调整、充实、配好配强各级政法领导班子。2009年起，全市政法系统推行精细化管理模式，政法领导班子和政法队伍建设进入常态化、规范化管理。至2017年，仍沿用这一管理方式。

二、从严治警

根据政法队伍迅速扩编壮大，同时受社会治安秩序、社会风气急剧变化等不良因素影响，政法队伍中问题随之增多的新情况，地委政法委会同有关部门，于1983年、1988年两次整训政法队伍。此后，采取不定期地对政法队伍进行集中教育整顿和专项治理活动。1990年，地委政法委调查发现，少数干警违法违纪问题未得到有效遏制，突出表现在：以权谋私、徇私枉法；敌我不分、丧失立场；生活腐化、道德败坏；耍特权、欺压群众等。地委政法委制订《政法队伍集中教育整顿实施方案》，成立以地委、行署领导为正副组长的全地区整顿政法队伍工作领导小组。10—12月，经过学习动员、对照检查、组织处理、整章建制4个阶段，按照地委提出的“讲进度不赶进度，求实效不走过场”的要求，稳步推进。在这次整顿中，干警主动揭露违纪问题和违纪案件线索436起，退赔违纪金额18.6万元，集中办理群众反映久拖未决的积案2500起，组织70名专案力量，查处违纪违法干警61人，其中依法追究刑事责任4人，给予党纪政纪处分57人，45名不适合做政法工作的干警调离政法队伍。1994—1998年，开展4次集中教育整顿，使政法队伍常整常新，战斗力不断增强。1997年6月，地委政法委按照中央、省委、地委关于政法机关要严格把好进人关的要求，依据《中华人民共和国人民警察法》《中华人民共和国检察官法》《中华人民共和国法官法》和《国家公务员暂行条例》，会同地区纪委、地委组织部和人事、监察、编办等单位，在调查研究基础上，制定《关于全区政法系统调入、录用人员的意见》，对进人条件、进人程序、进人纪律，作出明确规定。既把住进口，也畅通出口。1997年12月，全地区开展为期5个月的政法队伍集中教育整顿活动。1999年12月，市委政法委制定《关于进一步加强政法队伍建设的十项措施》，2002年12月，会商市委组织部制定《政法领导干部择优用人制度》和《政法领导干部引咎辞职规定》。至此，市内各政法部门进人、用人、辞退、奖惩、交流等，均有法可依，有章可循，干警管理工作制度化、规范化。2009年，按照省委政法委《关于深入开展“六个严禁”专项治理活动的通知》，成立由市委常委、政法委书记为组长，市人大常委会副主任、市政府副市长、市政协副主席、市委政法委副书记为副组长的领导小组，在全市政法机关和政法干警中开展专项治理活动。政法干警对照“严禁接受当事人、代理人和请托人的钱物、吃请、娱乐、旅游；严禁违规使用枪支、警车及其他警用器械；严禁打骂、体罚、刑讯逼供；严禁对待群众作风粗暴；严禁参与任何形式的赌博；严禁参与经营娱乐场所或为非法经营活动提供保护”的规定，自清自查自纠，同时接受群众举报和明察暗访等，加大查办力度。至是年12月，全市查处违反“六个严禁”的违法违纪干警56名，分别予以党纪政纪处分。2014年6月，在全市政法机关开展纠正损害群众利益行为的专项治理。在检查339起案件中，有90起涉法涉诉案件，按照情节轻重，逐起追查处理到位。2016年，组织4次明察暗访，发现“雁过拔毛”式腐败问题仍有发生，当即开展专项整治，通报批评40个基层政法单位，查处违纪违规干警20人次。是年，在开展损害群众利益行为的专项整治活动中，全市政法系统立案查处违法违纪干警57人，受到党纪政纪双重处分7人、党纪处分13人、政纪处分37人。

三、“创先争优”

1982年6月，地委政法委作出《关于动员政法干警学习先进，加强政法工作的决定》，开展学习先进人物事迹活动，自觉抵制各种资产阶级思想腐蚀侵袭，纠正不正之风。1984年3月28日，地委、行署作出《关于表彰社会治安工作先进集体、先进工作者的决定》，对在“严打”斗争中成绩突出的双峰县委政法委等40个集体和许宣堂等203个个人分别授予社会治安工作先进集体、先进工作者称号。1985年起，地委政法委和地直政法各部门，对本部门、本单位涌现出来的先进集体和先进个人，坚持结合年终总结评比进行表彰。1999—2017年，连续11年在全市政法各部门和政法干警中深入持久地开展创人民满意的政法单位、当人民满意的政法干警评选活动。会同组织、人事、宣传部门一起考察、审核、表彰人民满意的政法单位298个、人民满意的政法干警330名。2008年3月19日凌晨，市城区治安巡逻大队五中队中队长谭静宇，在执行治安巡逻守候任务时，被犯罪嫌疑人用刀刺破右大腿股动脉。在生死攸关的紧急时刻，他不顾个人安危，顽强追击犯罪嫌疑人，终因流血过多，抢救无效，壮烈牺牲。市委、市政府和市委政法委迅即作出《关于向谭静宇同志学习的决定》，市委追授其为优秀共产党员，市总工会追授其为“五一标兵”，共青团省委追授其为“湖南青年五四奖章标兵”。是年5月22日，省人民政府批准谭静宇为革命烈士。2011年起，持续开展形式多样的“争先创优”活动，及时表彰奖励成绩突出者和有功人员。

1990—2017年，全市104个政法单位被评为全国先进集体（含单项，下同），111名干警被评为全国先进个人；396个单位被评为全省先进集体，731名干警被评为全省先进个人。

第十二篇

公　安

概 述

1990年5月，全地区开展以打击杀人、抢劫等严重刑事犯罪分子为主的第四次严打斗争，抓获严重刑事犯罪分子637名。公安交警部门加强驾驶员、车辆及道路交通管理。是年，根据行署部署，交警部门对煤炭、林业、公路、税务、卫生防疫等部门在公路上设立的169个检查站进行清理整顿，除报经省公安厅批准同意设立的24个外，其余全部拆除。1993年5月，实施“畅安工程”行动。1995年起，用5年时间，开展以“破大案、打团伙、追逃犯”为重点的严打整治斗争，破获重特大案件1460起，抓捕逃犯446人。针对“黄、赌、毒”等案件高发态势，全地区公安机关查获涉黄人员2665人，涉赌人员1.88万人，分别予以刑事处分或治安处罚。交警部门加强“三级管理、四级网络”建设，提高交警部门工作效率。1990—1999年，全地区交警部门依法处理交通事故5644起。

2000年，公安机关开展打击毒品犯罪专项斗争，查处涉毒案件120多起，摧毁贩毒团伙18个，查获涉毒人员411人，缴获毒品2193克，同时开展“扫黑除恶”和“打拐”专项行动，摸排黑恶团伙140个，处理黑恶涉案人员570多人。侦破拐卖妇女、儿童案件354起，抓获涉案人员558人，解救被拐妇女1876人、儿童106人，侦破一批危害严重影响恶劣的大要案件。2001年，破获涟源市以谭某平为首的黑恶团伙案。该团伙涉案220起，涉案成员102人，为该团伙充当“保护伞”的30名党政干部、政法干警受到查处。同期，治安管理方面仍以查处“黄、赌、毒”和“打假”为重点，特别是对地下“六合彩”赌博行为和制售假食品药品行为以及侵犯商标行为的“黑作坊”“黑工厂”“黑市场”和涉黄涉赌涉毒的“黑窝点”（以下简称“四黑”）进行打击，取得明显成效。2001年1月，冷水江市公安局与娄底市烟草专卖局合作，捣毁毛易镇大型卷烟制假工厂，当场抓获犯罪嫌疑人37人，收缴半成品烟520件，制假烟丝80吨，制假钢印40套，烟机3台。2004年，发生在新化县西河镇沙江村的陈某华被杀案、2006年娄底城区娄星广场定时爆炸装置爆炸案、2008年新化县民爆公司2.77万发雷管被盗案等危害极大影响恶劣的刑事大案均得以破获，犯罪分子受到惩处。

公安交警部门开展以假行驶证、假驾驶证、无牌照、无驾驶证车辆和客运车辆严重超载为重点的交通安全秩序整顿活动，同时完善城区交通标线、标志、信号灯、岗亭建设。2000—2009年，全市交警部门依法处理1.11万起交通事故。

2010年，公安机关在娄底城区开展为期2个月的“打两抢、打盗扒、打黑恶、强防范”专项行动，打掉犯罪团伙19个，抓获违法犯罪嫌疑人303人，抓获扒手40人。治安部门捣毁非法制贩烟花爆竹窝点15个，收缴烟花爆竹3000多万响，收缴非法枪支39支、子弹276发。是年，娄底市道路交通事故快速处理及保险快速理赔服务中心成立。经过公安交警的努力，交通事故起数及死、伤人数均逐年下降。2010—2015年，全市侦破电信网络诈骗等案件621起，建立高危人群数据库6700余人。2016—2017年，强力推进电信诈骗专项治理，打掉作案窝点219个，摧毁犯罪团伙83个，成功侦破公安部督办的“2016.1.31”“2016.3.6”“2016.4.11”“2016.5.16”“2016.7.11”5起特大电信诈骗案。2010—2017年，全市依法处理交通事故2666起。因交通事故致死583人、致伤3114人，与2000—2009年相比，年均事故减少772起，年均死亡减少86人，年均受伤减少885人。交通秩序根本好转，人民群众安全感显著增强。

1990—2017年，全市公安机关获国家级集体荣誉称号31个（次），冷水江市公安局、双峰县公安局、涟源市公安局先后被评为“全国优秀公安局”，钢城公安分局被评为“湖南省优秀公安局”。获其他集体荣誉312个（次）。个人获国家级荣誉35人次，获省级荣誉305人次。市局机关民警吴干呈、李贝先后获“全国特级优秀人民警察”称号，李贝获“全国优秀共产党员”“全国公安系统二级英雄模范”荣誉。吴干呈、李贝分别当选中国共产党第十七次全国代表大会、第十九次全国代表大会代表。

1990—2017年，全市公安机关始终把维护稳定和服务经济社会发展作为首要任务，与境内外敌对分子、邪教组织等进行长期斗争，深入开展矛盾纠纷排查化解工作，依法妥善处置各类突发事件，圆满完成重大安保防护任务，全力维护安全稳定、和谐的政治局面。

第一章　治安管理

第一节　特种行业管理

一、旅馆业管理

1990年，随着娄底经济社会发展，全地区各类旅馆数量快速增长。1995年，全地区在册旅馆有97家（不含规模微小的私人旅店）。2002年，全市开展旅馆排查，有各类旅馆315家，并对全市旅馆业推进治安管理信息系统建设，对26家50个床位以上的旅馆实行互联网登记住宿旅客信息。2008年，全市联网旅馆130家，2009年增至252家。全市通过旅业系统网上追回逃犯84人。2010—2015年，全市取缔无证小旅馆251家，注册旅馆增至676家，全部纳入互联网系统管理。2017年，全市旅馆增至730家，登记上传旅客信息306.08万人。2010—2017年，全市通过上传信息抓获逃犯244人。

二、印章业管理

2002年前，全市登记在册的印章刻制店有33家。2003年，建成印章治安管理信息系统，开展对印章业清理整顿。取缔38家无证个体刻字摊点，收缴印模400多个。2004年，先后开展印章业清查行动8次，收缴印模坯2000多个，刻章工具50余件。2009年起，公安机关逐年开展印章市场清理整顿及专项行动。是年，检查刻制业65家，取缔无证固定印章刻制点21处、流动印章经营摊点39处，收缴印章原材料523枚。2010—2013年，捣毁制贩假证件窝点104个，收缴假印章5540多枚，空白证件、证书12万多本，立刑事案件270起，抓获犯罪嫌疑人248人，配合外地公安机关破获有关刑事案件37起，抓获犯罪嫌疑人34人。2014—2017年，公安机关对印章业监管力度继续逐年加大，有关违法案件极少发生。

三、娱乐服务业管理

1990—1993年，全地区娱乐服务业尚未纳入公安管理范围。1994年，地区公安处对文化娱乐场所清理整顿，查处违法经营场所12家，取缔6家，收缴淫秽录像带、书刊3000余盘（册）。1995年，清理有关公共场所，取缔带赌博性质的有奖游戏厅22家。2000年，对文化娱乐场所继续开展整治，清查各类场所2350家、取缔450家、停业整顿333家，限期整改381家，罚款99家。查处组织淫秽表演案件25起，收缴赌博机85台，淫秽光盘1211盘，查处组织提供营利性陪侍案件20起，拆除房中房165间，隔断243处，拆除反锁装置727个，可调灯光574盏。2005年，在全市特种行业、文化娱乐、休闲服务场所实行“动态升降，等级管理”工作模式，将上述场所列为最高五星最低一星的等级，公安定期进行检查评分，根据评分结果对该场所等级进行升降。该工作模式得到公安部肯定，省厅召开现场会予以推广。2008年，开展“迎奥运保平安严打整治百日会战”，清查339家歌舞娱乐场所、66家电游场所，检查娱乐休闲场所142家，整改61家。2010年，开展特种行业娱乐场所排查录入工作，摸排2018家，填写三类“电子台账”2018份。开展特种行业、公共场所集中清理排查布控行动，清查旅宾馆254家、夜总会、KTV等娱乐场所281家、公共场所756处，查封赌博电游厅16家，现场销毁赌博电游机

286台。2012年，全市歌舞娱乐场所数量急剧减少，电子游戏场所从年初的128家锐降至15家，美容美发场所从189家降至103家。2013—2015年，全市桑拿洗浴按摩场所降至127家；至2017年底，降至81家。

四、印刷业管理

1990—2002年，全市印刷企业尚处于起步阶段。除11家国有印刷厂外，少数个体印刷点没引起社会关注。2003年，公安部门对全市印刷厂（点）、书报出售点、电子出版物经营单位开展全面清理检查，健全各项登记手续，取缔地下印刷厂3家，收缴各类非法教辅资料10万余份。2007—2010年，全市印刷企业增至129家，包括出版印刷企业3家、包装装潢印刷企业8家、彩色复印企业3家、其他印刷品印刷企业115家。在此期间，对各印刷厂（点）和印刷出版物进行多次检查清理，治安拘留8人，收缴非法出版物4900多册、盗版光盘4840盘、色情淫秽录像光盘373张，取缔流动制售摊点19处。2011年，全市再次对印刷企业和打字复印店进行精准排查工作。2017年，全市有各类印刷企业112家，其中，出版物印刷企业18家、包装装潢印刷企业15家、其他印刷品印刷企业79家，从业人员1056人。收缴非法出版物2910册，盗版音像制品2477盘，淫秽音像制品1050盘。

五、废旧物资回收业管理

1990年，全地区废旧物资回收业规模小，管理不规范。至1996年，全地区经工商、税务登记的回收店有27家，纳入公安特业管理的有11家。2005年，经过清理整顿，认可全市废旧物品收购企业162家，全部纳入公安特业管理。2007年，配合全国“三电”专项斗争，在全市范围内集中开展清查废旧金属收购站（点）统一行动，检查废旧收购站304家、寄卖行117家、典当行2家、旧货流通企业92家，清理废品收购站（点）4366处，取缔588处，治安处罚789人。2009年，开展全国性的废旧金属收购站（点）清理整治专项行动。为改善涟钢及周边地区经济发展环境，公安部门会同商务、工商等部门加大对废旧金属收购业的清理整治力度，捣毁盗窃团伙7个，抓获犯罪嫌疑人63名，其中逮捕起诉48人，收缴三轮摩托车1台、砍刀3把、废钢1.8吨，涟钢周边124家废旧金属收购站（点）全部被取缔。11—12月，全市开展清理整顿二手机动车市场、典当业、寄卖业、废旧物品收购业专项行动。2013年，针对废品收购站（点）占道经营问题，公安部门开展取缔占道经营专项行动。全市清查废旧物资回收企业及摊点261处、典当业10处、寄卖行199处、大型手机回收市场4处，发现安全隐患103处，下发整改通知书89处，停业整顿14处，警告4人，抓获涉嫌销赃、盗窃违法人员6名，行政拘留4人，罚款2人，查处收购生产性废旧金属收购店2家，收缴废钢2100千克、手机1台。2014年，全市开展为期6个月的旧货流通市场清理整治专项行动，摸排二手手机市场52处，从业人员1021人。2015—2017年，配合创建全国卫生城市，公安部门会同工商、城管等部门，对娄底中心城区18个废旧金属回收店联合开展重点检查和规范管理。

第二节 危险物品管理

1990—1997年，公安危爆物品管理处于赋权起步阶段。1998年，先后组织3次危爆物品集中整治行动，收回企业保卫部门和超范围配发枪支439支，收缴炸药14.31吨、雷管1.13万发，导火索4260米、火药引线120捆、鞭炮5477万响。是年11月13日，将娄底建制后长期保存的440支报废枪支在涟钢集中销毁。1999年，全市查处违反枪支管理规定类案件32起，违法人员36名，查处违反爆炸物品管理规定的案件381起，违法人员520人。2000年，开展收缴非法枪、弹、爆炸物品、管制刀具专项行动，收缴各类枪支421支、土手雷68枚、雷管6800发、炸药12.3吨、管制刀具920把、鞭炮7400万响，依法处理32人。2001年，开展治爆缉枪专项行动，发现事故隐患726处，发出限期整改通知书699份，发出责令停业整顿书242份，督促整改落实628家，吊销许可证42家。收缴各类枪支5091支、子弹

4831发、炮弹12枚、手榴弹661枚、炸药16.71吨、雷管2.64万发、导火索1.08万米、黑火药3781.5千克、管制刀具3044把。捣毁非法制枪窝点12处，取缔非法制造炸药、侦破涉枪涉爆刑事案件59起，查处涉枪涉爆治安案件775起。打击处理各类涉枪涉爆违法犯罪嫌疑人1111人。2002年上半年，开展安全生产整治行动，全市出动警力685人次、保卫干部408人次、治安积极分子354人次，发现安全隐患301起，取缔非法销售点87家，治安拘留27人，罚款16人，下发限期整改通知书38份，收缴炸药、黑火药705千克，雷管1100枚，导火索3000米，鞭炮6500万响，烟花半成品169件，管制刀具970把，各类枪支46支。下半年查处各类涉爆案件9起，爆炸事故4起，缴获炸药604千克、雷管3178枚、导火索40余米，发现烟花爆竹生产经营单位隐患256处，下发限期整改通知书640份、责令停业整顿书15份，督促整改落实38家，收缴黑火药130千克、烟花爆竹1.04亿响，取缔非法作坊和销售点54家。同时，开展公务用枪及配用情况专项整治行动，查清实有枪支3354支。2003年，组织对危爆物品安全检查35次，查处各类涉爆案件14起，取缔非法小作坊32处，缴获黑火药、炸药1000余千克，雷管4000多枚，枪支30支，下发限期整改通知书876份，清除隐患329处，统一销毁旧炮弹25吨、炸弹1.62万枚、枪支733支。2004年，查处各类涉爆案件15起，缴获炸药266千克、雷管1120枚、导火索30余米、子弹236发，清查危爆物品生产储存、经营单位687家，发现事故隐患356处，下发限期整改通知书640份，清查烟花爆竹生产经营单位366家，发现隐患123处，下发限期整改通知书211份，收缴黑火药96千克、烟花爆竹5223万响。2007年10月30日，集中销毁全市报废公务用枪479支、收缴非法枪支503支、管制刀具825把。2009年9月8日，销毁19支56式半自动步枪、10支56式冲锋枪、2挺56式轻机枪、3支54式手枪。11月22日，销毁库存炮弹2吨。12月8日，集中销毁全市报废的公务用枪157支，收缴非法枪支289支和管制刀具476把。2010年，开展缉枪治爆、打非治违专项行动，出动警力1800余人次，取缔非法矿点3处，发现、整改安全隐患240余处，责令停产整顿25处，经济处罚160余万元，收缴炸药2596.95千克，雷管9785发，黑火药52.6千克，各种仿真枪、猎枪、火药枪128支，子弹1117发，子弹配件1.46万粒，管制刀具523把，查处非法运输、买卖烟花爆竹案件57起，缴获烟花2201件，爆竹1.53万件，查处非法运输氯酸钾案件1起，缴获氯酸钾17吨，抓获涉爆涉枪违法犯罪人员67人。2011年，开展安全生产"打非治违"专项整治行动，出动警力1600余人次，发现、整改隐患176处，责令停产整顿20处，限期整改53处，收缴炸药1541千克，雷管2034发，猎枪、火药枪73支，管制刀具585把，子弹225发，查处非法运输、买卖烟花爆竹案件44起，缴获烟花1620件、爆竹1201件，抓获涉爆涉枪违法犯罪嫌疑人42人。2012年11月，清理整顿全市非营业性爆破作业单位，至2013年底，核发全市281家非营业性爆破作业单位"爆破作业单位许可证"。2013年9—12月，开展全市危爆物品安全大检查大整治专项行动。发现、整改安全隐患420多处，经济处罚200余万元，收缴、接收炸药1412千克、雷管1511发，查处非法运输、买卖烟花爆竹案31起，缴获烟花1340件、爆竹8620件。2014年7月4日，统一销毁全市报废公务用枪23支，收缴各类非法枪支900支、管制器具4254把。10月28日，将全市历年来收缴、报废的3.51万发子弹，送省军区集中销毁。2015年，开展缉枪治爆专项行动，收缴非法枪支68支、子弹2272发，收缴非法制造、运输、储存烟花爆竹3.1万箱、礼花弹359枚，涉案价值220多万元，立涉枪刑事案件14起，刑事拘留15人，立涉爆案件17起，打击处理28人。2016年，继续开展缉枪治爆专项行动，清查收缴各类枪支1611支、子弹8131发、炸药18.76吨、黑火药112千克、雷管10.61万枚、索类爆炸物品3750米、废旧炮弹933枚、手榴弹16枚、管制刀具559把、弩17把、剧毒化学品5.7千克，立案查处涉爆涉枪刑事案件61起，采取刑事强制措施58人，查处涉爆涉枪治安案件105起，治安处罚107人，排查涉枪涉爆单位303家，整改安全隐患256处。是年，对全市2400余名爆破员、安全员、保管员进行继续教育培训，对530名首次申领爆破作业人员核发"爆破作业人员许可证"。8月24日集中统一销毁2590枚废旧炸（炮）弹、手榴弹。10月8日起至年底，开展收缴整治枪爆物品专项行动，收缴各类枪支10.35万支、各类子弹6477发、炸药3960

千克、黑火药80千克、雷管4589枚、索类爆炸物品110米，查处涉爆涉枪刑事案件46起、治安案件47起，采取刑事强制措施53人，治安处罚51人，捣毁制枪窝点3处。12月28日，集中销毁此次行动中收缴的1035支枪、99支仿真枪、529把管制刀具、14把弩。2017年7—12月，开展民爆物品、易爆化学品和寄递物流专项整治行动，处罚易爆危险化学品使用单位114家，查处涉爆涉危违法犯罪案件5起，处理涉爆涉危违法犯罪嫌疑人6人，收缴易爆危险化学品119千克、炸药17.51吨、雷管11.25万枚、烟花爆竹5828箱、礼花弹4470枚，排查寄递物流企业342家，排查易制爆危险化学品从业单位158家，从业人员987人，整改安全隐患58处，查处非法寄运案件13起，处理非法寄运人员40人，从寄递物流渠道，收缴枪支55支、子弹1.81万发，处罚非法运输烟花爆竹企业22家。是年12月22日，全市公安系统开展公务用枪管理大排查大整顿行动，全面核清枪支弹药数及登记台账，对配枪民警重新进行资格审查，收缴在职、离退休民警各类子弹3461发。

第三节　毒品查禁

一、禁毒管理体制

1996年9月，娄底地区组建临时戒毒所，开启娄底禁毒业务。1999年，成立地区禁毒工作领导小组，下设办公室。2000年5月，领导小组更名为娄底市禁毒工作委员会（简称禁毒委）。2002年4月，市公安局禁毒支队成立，与市禁毒委办公室“两块牌子、一套人马”合署办公。是年10月，调整充实市禁毒委领导和成员单位，设置成员单位联络员。2005年6月，禁毒委成员单位增至34个。市委、市政府出台《关于加强禁毒工作的决定》，明确各级党委、政府和相关部门禁毒工作责任。2008年8月，市委办、市政府办下发《娄底市禁毒工作领导责任追究暂行办法》，2009年4月修订为《娄底市禁毒工作领导责任追究实施细则》。2010年3月，娄底市禁毒协会挂牌。是年8月，市政府办公室下发《娄底市社区戒毒社区康复工作规定》，规范全市社区戒毒（康复）工作组织领导、机构体制、场地设置、人员配备、工作经费。2011年9月，市公安局禁毒支队内设机构调整为情报研究大队、预防教育大队、缉毒侦查大队、禁毒督察大队。2012年3月，增设毒品公开查缉大队。2013年8月，再次修订印发《娄底市禁毒工作领导责任追究办法》，将禁毒工作与各级党委、政府“一把手”和分管负责人绩效考核、职级异动挂钩。2014年8月，市委、市政府下发《关于深入推进禁毒工作社会化的工作意见》，明确今后一段时间全市在健全禁毒工作机制、提高全民禁毒意识、增强禁毒执法效能和禁毒管理能力等方面的工作目标和要求。全市、县（市、区）、乡镇（街道）均成立禁毒协会、分会或代表处，建立基层禁毒社团组织1228个，发展团体会员812个，个人会员1.69万人，禁毒志愿者2.78万人，“禁毒妈妈”1.36万人。2015年，市、县两级调整由市长、县（市、区）长担任同级禁毒委主任。12月，市委、市政府印发《关于进一步加强禁毒工作的实施意见》。市委办、市政府办下发《娄底市禁毒工作责任制规定》。市财政局、市公安局联合制定《娄底市举报毒品违法犯罪奖励办法》及实施细则。2017年4月，市委办、市政府办下发《娄底市乡镇（街道）禁毒工作规定》。6月，市禁毒委出台《娄底市村（居委会）禁毒工作规范》。

二、禁毒宣传

1990年6月，出动禁毒宣传车85台，深入居民区和毒品问题严重地区宣传毒品危害及禁毒法规，张贴图片、悬挂标语1.5万余条（幅），发放禁毒宣传资料1.8万余份。1996年，在娄底电视台播放《中华之剑》，宣传禁毒法律法规和成果。1998年5月，在全地区城区、重点乡镇和学校组织禁毒知识图片展览，参观展览的社会各界人士达40余万人次。1999年6月，开展“全国禁毒展览”挂图巡回展览，设展点60个，参观人数达50余万人次。2000年“6·26”国际禁毒日期间，开展禁毒宣传周活动，播放禁毒宣传音像制品26场次，举办禁毒图片展览。市禁毒办、市妇联联合组织开展禁毒车队游行活动，编印发送禁毒宣传资料1万余份，禁毒宣传向家庭延伸。2001年5月，发放《禁毒常识130问》7000余册和《中国禁毒法规》电视片30套。6月，市公安局在城区6所大中小学校开展以“珍爱生命，拒绝毒品”为主题的万人签名活动。市中级人民法院举行“娄底市严打整治斗争第二战役全市法院集中宣判、执行暨严厉打击毒品犯罪新闻发布会”，现场焚烧海洛因5797.96克、罂粟壳3495克、罂粟籽875克。2002年6月，冷水江市、娄星区举办禁毒签名宣誓活动，参加群众4万余人。2003年，“禁毒宣传三湘行”到5县（市、区）20个乡镇街道、厂矿企业开展活动。2004年，组织开展全市中小学生禁毒知识竞赛，参赛人员300余名，在27所学校、37个乡镇举行《湖南省禁毒条例》宣传和禁毒斗争图片展览。2005年，在《娄底交通频道》开辟禁毒热线。2006年，开展禁毒湘剧《珍爱生命》巡回演出和“百场电影进乡村”活动，对教育系统禁毒师资和娱乐场所的经营业主、从业人员进行禁毒培训。2007年，举办“千台出租车，万名乘客参与禁毒”主题活动，1000多名出租车、公交车司机参加启动仪式。6月，开通全省第一家市州级禁毒专业网站——“娄底禁毒宣传网”。2008年4月，举办“迎接奥运会，宣传禁毒法”万人健步跑活动，向社会各界发放《娄底禁毒教育读本》2万余册。启动以“抵制新型毒品，享受健康人生”为主题的禁毒宣传进农村、进社区、进单位、进厂矿、进学校宣传活动，发放《娄底禁毒宣传手册》2万多本。2009年，组织由涉毒人员、涉毒家庭和乡镇街道、社区、单位禁毒工作人员参加的禁毒宣传演讲团，深入县（市、区）学校、厂矿、企事业单位和毒情严重地区开展禁毒宣传巡回演讲，市、县、乡电视广播媒体全程实况录播。2010年，举办全市以宣传禁毒法为重点的禁毒知识抢答赛，在全市进行总决赛直播。2011年，开展“蓝结行动”“光彩禁毒·使命必达”禁毒演讲比赛、“毒品知识进万家”三大主题宣传活动。2012年，建立娄底市禁毒科普教育馆。2013年6月，开通“娄底市禁毒”三维实景教育馆。2015年，开展“蓝结行动”第五季——“影动三湘·禁毒宣传进万村”活动，在全市3692个村（社区）播放禁毒警示片1.14万场次。在全省率先将禁毒知识纳入学生中考范畴。2017年5月，组织3000名干部、群众、学生、禁毒志愿者代表穿行娄星城区5千米，开展禁毒毅行宣传，发布“潇湘禁毒宣言”。在全市1604所学校组织师生学唱禁毒歌曲《我想》。

三、禁毒缉毒

1991年起，开展毒情排查行动，全地区登记在册吸毒人员有4652人。1999年，摧毁以新化籍人黄某海为首，涉及广东普宁、广州、深圳、东莞、潮州和山东济南、浙江宁波、云南大理以及新化、冷水江市等地的贩毒集团，查处涉案人员56人，查实涉案毒品10.99千克。2002年，对登记在册吸毒人员实行帮扶管控，逐人建立工作档案。2003年，侦破李某华特大跨国贩毒团伙案，缴获毒品海洛因40余千克，毒资470万元，运毒车辆5台，抓获贩毒犯罪嫌疑人19人，创内陆省份单个案件缴获海洛因最高纪录。至2004年底，全市查破毒品违法犯罪案件4167起，其中毒品刑事案件1942起，缴获毒品海洛因43.56千克，逮捕犯罪嫌疑人658人，判处死刑7人，死缓16人，无期徒刑14人，5年以上有期徒刑181人，强制戒毒2697人次，劳教戒毒866人次。是年，市禁毒委在全市部署“整顿歌舞娱乐场所吸贩毒问题”等系列专项行动。2005年，开展第一轮禁毒统一行动。对歌舞娱乐场所涉毒和精神药品、麻醉药品、易制毒化学品“三品”进行清理整治，全市检查相关场所和单位564家，其中歌舞娱乐场所223家，医疗机构125家、药品经营单位216家，停业整顿17家，限期整改21家，依法追究违法违规责任人74人。查破毒品案件1728起，其中千克以上新型毒品案件2起，百克以上毒品案件32起。逮捕毒品犯罪嫌疑人350人，强制戒毒1611人，劳教戒毒519人，缴获毒品海洛因2383克。2006年，查破毒品案件971件，其中千克毒品案1起、百克案9起，逮捕毒品犯罪嫌疑人223人，强制戒毒2797人，劳教戒毒313人，缴获毒品海洛因3433.3克、K粉133.1克、麻古2338粒、摇头丸152粒，收缴罂粟壳27千克。2007年，破获毒品刑事案件315起，逮捕毒品犯罪嫌疑人317人，强制戒毒1692人，劳教戒毒602名，缴获毒品海洛因3351克、K粉85.6克、麻古3242粒、摇头丸2811粒。2008年，破获毒品刑事案件373起，缴获毒品海洛因3735.63克、麻古4303粒，逮捕毒品犯罪嫌疑人268人，强制隔离戒毒571人，劳教戒毒312人。是年，破获以张某刚、胡某、范某科为首的特大跨省贩毒团伙案，现场缴获毒品海洛因1580克。2009年，启动第二轮禁毒统一行动。破获毒品刑事案件535起，其中百克以上案件19起、省督目标案件3起，抓获毒品犯罪嫌疑人629人，强制隔离戒毒982人，劳教戒毒11人，缴获毒品海洛因3978.87克、麻古1.09万粒、冰毒369.74克、摇头丸198粒。2010年，破获毒品刑事案件712起，其中千克以上案件3起，百克案件21起。逮捕涉毒人员562人，强制隔离戒毒1716人，社区戒毒366人，缴获毒品海洛因4790.84克、冰毒2250克、麻古8100粒。2011年，在全市开展娱乐场所涉毒问题专项整治行动，破获毒品刑事案件663起，其中千克案件1起、百克案件13起、目标案件2起，逮捕涉毒人员411人，强制隔离戒毒1370人，社区戒毒492人，缴获毒品海洛因3703.78克、冰毒1834.9克、麻古4233粒。2012年，开展第三轮禁毒统一行动，破获毒品刑事案件656起，其中百克案件20起，部、省督目标案件各2起。逮捕涉毒人员650人，强制隔离戒毒1151人，社区戒毒600人，缴获毒品海洛因1510.1克、冰毒1849.1克、麻古11.81万粒。2013年7月，开展为期百日的"打击制毒犯罪和易制毒化学品整治专项行动"，收缴非法倒卖硫酸795千克、盐酸18.3吨。破获毒品刑事案件744起，其中千克案件5起、百克案件23起，部、省督目标案件4起，逮捕涉毒人员544人，强制隔离戒毒1256人，社区戒毒752人，缴获各类毒品25.8千克。其中双峰县公开销毁查处没收废硫酸11吨、废盐酸5吨。2014年，破获毒品刑事案件619起，其中千克案件7起，百克案件25起，部、省督目标案件7起，缴获各类毒品22.25千克，强制隔离戒毒1498人，社区戒毒1061人。是年，破获部督2014—337号专案，现场缴获冰毒等毒品12余千克、枪支3支、子弹9发，收缴毒资60余万元，抓获犯罪嫌疑人16人，斩断3条通往娄底的跨省跨市贩毒通道。2015年，公安机关对娄底中心城区开展8次集中清理行动，清查旅馆、娱乐场所422处，查处涉毒违法犯罪嫌疑人853人。破获毒品刑事案件577起，缴获各类毒品115.88千克，其中部督目标案件5起、省督目标案件7起。是年，与长沙、邵阳联合办理2014—980号部督红哥贩毒案件，刑事拘留犯罪嫌疑人20人，行政拘留2人，缴获仿"六四"式手枪1支、子弹4发、冰毒52.33千克、麻古1.5万余粒、麻古粉25.98千克，依法扣押毒资9.5万余元，扣押涉案车辆4台。是年11月，部署第四轮禁毒统一行动，开展堵源截流、严打整治、排查管控、戒治帮扶、全民预防和禁毒严管六大行动，实现破获毒品案件数、捣毁制毒窝点数、打掉贩毒团伙数、缴获毒品数、戒治管控吸毒人数"五个上升"，外流贩毒人数、脱失吸毒人员数、涉毒肇事肇祸案事件数"三个下降"的初步目标。海洛因等传统毒品发展蔓延势头得到遏制。缉毒执法、情报研判、吸毒人员管控、禁毒宣传等工作迈入全省先进行列，娄底市公安局被省禁毒委评为全省毒情大排查先进单位。

2016年，全市破获毒品刑事案件724起，起诉毒品犯罪嫌疑人650人，查处吸毒人员3947人次，缴获各类毒品50.447千克。是年底，在全省率先全面开展公职人员吸毒检测。2017年，破获毒品刑事案件607起，起诉毒品犯罪嫌疑人738人，缴获各类毒品38.57千克，抓获潜逃14年的"6·5"特大跨国贩毒案逃犯。是年，破获彭某林特大贩毒制枪案件，抓获犯罪嫌疑人21人，缴获冰毒2.1千克、枪支6支、雷管78枚。检测公职人员21.92万人次，查处62人。娄底公职人员吸毒检测工作经验被国家禁毒委向全国推广，中央组织部到娄底进行专题调研。截至2017年，娄底市连续三年被评为全省禁毒工作先进市州，全省"六个无"（无戒毒人员逃脱、无非正常死亡、无所内案件、无毒品流入和所内吸毒、无生产安全事故、无重大疫情），全国、全省禁毒重点整治先进市州，在全省三年禁毒大行动总结表彰会上，市公安局作为全省先进集体代表，获得省长许达哲授牌。

四、查禁毒品种植

1990年12月，贯彻全国人大常委会《关于禁毒工作的决定》，地、县两级公安机关禁毒部门每年组织力量到荒山野岭、山区林场、田间地头、县市交界地等潜在非法种植区域，开展地毯式踏查铲毒行动。新化、涟源、双峰、冷水江等地还租用无人机踏查。1995年，全地区破获种植毒品原植物罂粟案件5起，铲除罂粟1682株，缴获罂粟壳40.5千克。2006年，收缴罂粟壳27千克。2011年、2014年，涟源市、新化县分别被国家禁毒委评为“十一五”期间全国禁种铲毒工作优秀组织单位和全国禁种铲毒先进单位。

五、涉毒病患人员救助

2006年11月，市公、检、法、司四家单位在全省率先联合出台《娄底市羁押患有严重疾病的犯罪嫌疑人、被告人管理办法》，对除患有精神病、艾滋病、急性传染病及生活不能自理的涉毒犯罪嫌疑人、被告人进行集中收押收治，规定病残人员送押、收押、看管等操作细则。2011年1月，娄底市特殊群体涉毒人员收治中心挂牌。2011年、2014年，市公安、检察、法院、司法、卫生、财政、民政、编委等部门，先后两次修订出台《娄底市特殊群体涉毒人员收治管理实施办法》，将身患艾滋病、急慢性传染病和癌症、尿毒症等严重疾病及生活不能自理的病残涉毒犯罪嫌疑人、被告人、罪犯全部纳入收治范围。2014年1月，新化县设立危重病症违法犯罪人员收治中心。同时，为严厉打击涉毒人员吞食异物逃避打击问题，市禁毒办陆续出台文件，对吞食异物涉毒人员实施外科取出异物手术，并明确收押、手术、善后处理等具体事宜。2015年6月24日，成功实施首例吞食异物吸毒人员外科摘除异物手术，术后继续执行强制隔离戒毒。2011—2017年，全市羁押收治危重病残涉毒特殊人员260人，成功解决特殊涉毒违法犯罪人员无处关、无法关难题。

第四节　扫黄禁赌打假

一、扫黄禁赌

1990年，行署成立由副专员任组长的地区扫黄领导小组，全地区查处违法犯罪嫌疑人439人。1992年，开展打击卖淫嫖娼专项行动，查获卖淫嫖娼人员314人，摧毁涉黄团伙15个。1996—1997年，集中查处娄底中心城区万富街卖淫招嫖问题。1998年，查处卖淫嫖娼案件988起，抓获卖淫嫖娼犯罪嫌疑人1912人，查获卖淫团伙17个，取缔卖淫窝点14个。查处赌博案件2726起，抓获赌博犯罪嫌疑人8753人。1999年，开展秋季禁赌禁娼统一行动，查处“黄、赌、毒”案件3569起，查处违法犯罪嫌疑人9997人。2000年，开展文化娱乐场所整治工作，查处各类案件528起，处理违法人员1058人。其中赌博案件207起、组织容留介绍卖淫案件92起、卖淫嫖娼案件204起、组织淫秽表演案件25起、查处组织提供营利性陪侍案件20起，清退陪侍小姐1037人。2003年，开展打击地下“六合彩”赌博专项行动，捣毁地下六合彩团伙52个，查处2933人，警告、训诫1000余人，收缴码报600余万份，非法买码刊物《六合精选》3000余本。全市查处容留介绍妇女卖淫案件19起，抓获涉案人员46人，收缴淫秽光碟403盘、非法出版物1.78万册，查封各类非法出版物1.67万册、淫秽书籍2700册。2004年，开展电子游戏厅集中清理整顿，抓获涉赌违法犯罪嫌疑人73人，收集电游赌博机132台。2007年，开展打击电子游戏赌博专项行动，清理涉电游场所114家，查处涉电游案件35起，抓获违法犯罪涉案人员151人，收缴电游机475台、电游板317块。2008年，开展集中整治赌博专项行动，查处赌博案件528起，其中刑事案件35起、治安案件493起，铲除赌博窝点216个，端掉重大赌博团伙31个，刑事拘留72人，逮捕63人，移送起诉58人，行政处罚2091人。开展电子游戏专项整治，查处地下“六合彩”赌博案56起、电游赌博案108起，收缴电游赌博机1379台、赌博电游板1166块。2009年，侦破、查处组织、强迫、介绍、容留妇女卖淫案件29起，抓获犯罪嫌疑人40人，打掉犯罪团伙4个，抓获犯罪嫌疑人15人，刑事拘留41人，逮捕25人，监视居住1人，取保候审8人，治安拘留72人，解救受侵害妇女7人。查处赌博案件563起，查处治安案件490起，铲除赌博窝点207个，端掉重大赌博团伙43个，刑事拘留145人，逮捕、移诉126人，行政处罚2085人。2010年，查处赌博案件837起，铲除赌博窝点221个，捣毁重大赌博团伙74个，刑事拘留129人，逮捕、移诉114人，行政处罚4299人。2011年，开展严厉打击电游赌博和淫秽色情违法犯罪活动专项行动，查破赌博刑事案件45起，刑事拘留58人，逮捕犯罪嫌疑人71人，取保候审10人，查处治安案件585起，行政拘留1336人，捣毁涉赌窝点112个，收缴麻将桌878台、电游赌博机1606台。查、破各类涉黄案件74起，刑事拘留19人，逮捕犯罪嫌疑人13人，取保候审6人，行政处罚168人，追回逃犯2人。2012年，开展禁赌扫黄专项整治行动，侦破赌博刑事案件125起，查获涉案犯罪嫌疑人274人。查处治安案件762起，查获涉案违法人员3455人，捣毁涉赌窝点339个，收缴麻将桌1878台、电游赌博机3908台。侦破组织、强迫、引诱、容留、介绍妇女卖淫刑事案件32起，查获涉案犯罪嫌疑人48人。查处治安案件127起，查获涉案违法人员346人。捣毁卖淫嫖娼窝点61个，追回逃犯5人。2013年，深入推进扫黄扫赌“无声风暴”行动，检查场所1728处，查处涉案场所187处。查、破涉赌刑事案件61起，刑事拘留132人，查处涉赌治安案件1023起，查获涉案违法人员3545人。查、破涉黄刑事案件19起，刑事拘留32人，监视居住2人。查处涉黄治安案件117起，查获涉案违法人员239人。2014年，开展“打黄赌·铲源头”专项行动，查、破涉黄涉赌案件905起，查处涉黄涉赌违法犯罪嫌疑人3859人。2015年，查处涉赌人员3746人，采取刑事强制措施274人，行政处罚3472人。查处涉黄人员294人，采取刑事强制措施84人，行政处罚205人。2016年，相继开展打击黄赌犯罪“断链”、卡片招嫖违法犯罪、电游赌博、地下“六合彩”等专项行动，查、破涉赌案件441起，查处涉赌人员1982人。查、破涉黄案件171起，查处涉黄人员318人。2017年，查、破涉赌案件524起，查处涉赌人员2436人。查、破涉黄案件289起，刑事拘留77人、行政拘留422人，侦破涉黄涉赌刑事案件163起，逮捕151人。

二、治劣打假

1990—1999年，假冒伪劣产品由工商部门负责查处打击。2000年，全市公安机关配合工商部门对制假、销售伪劣产品严重扰乱社会经济秩序，危害人们身心健康，触犯国家法律行为，纳入日常工作进行专项治理。2001年1月11日，冷水江市公安局与娄底市烟草专卖局捣毁该市毛易镇长铺村内一大型卷烟制假工厂，当场抓获犯罪嫌疑人37人，收缴半成品卷烟520件、制假烟丝80吨、制假钢印40套、烟机3台、运输卡车1辆，总计收缴原辅材料100余车。2011—2014年，开展打击害百姓、害家庭、害社会、害国家的制售假劣食品药品“黑作坊”、制售假劣生产生活资料的“黑工厂”、收赃销赃“黑市场”和涉黄涉赌涉毒“黑窝点”（以下简称“打四黑、除四害”）专项行动。破获涉及“四黑四害”案件432起，抓获涉及“四黑四害”违法犯罪嫌疑人393人，捣毁黑窝点254个，收缴假证、章798个，缴获管制刀具302把，查获毒品249.6克。2014年8月，市公安局治安支队内设食品药品安全侦查大队。2015年初，市食药局内设警务室，对食药局移交的各类案件及时进行处理。4月，市公安局指挥新化县公安局破获全市首例网络售卖假烟案，抓获犯罪嫌疑人8人，现场查获假冒卷烟668条，查获涉案运输车辆3台。后查明，该团伙累计销售假冒卷烟2万余条，案值近300万元。2016年11月3日，查处捣毁涟源市茅塘镇大方村非法加工制售烟草窝点。抓获犯罪嫌疑人7人，现场查获非法加工烟叶16.27吨、烟丝18.92吨、烟梗16.55吨、烟末1.3吨、现金28万元、记账本9个、大型运输车辆2台、制假工具一批。是年，全市办理假冒伪劣食药刑事案件48起，移送起诉141人。是年，在全省打击侵犯知识产权和制售假冒伪劣商品的“双打”工作会议上，市公安局侦办的“洪某春等人非法经营案”得到省里推介表扬。2017年，侦破部督案件4起，发起集群战役3起，省督案件5起，移送起诉174人。市局侦办的“4·11”特大生产销售有毒食品案，市政府召开新闻发布会，中央、省市等22家主流媒体作报道，省厅发来贺电，阿里巴巴公司送来感谢信。娄星分局接连侦办“4·6”注水牛肉案、“李某华等人生产、销售有毒有害食品案”，被中央电视台专题报道。

1990—2017年，全市查处治安案件22.43万余起，处理28.47万余人次。

第五节　接警处警

1995年，组建娄底第一支巡警队伍，建立以110报警中心为龙头、以巡警和派出所为骨干、各警种密切配合的快速反应机制。是年10月，县级娄底市公安局巡警大队设立110中队，开通湖南省第一家县级110报警服务台，将110接处警与24小时全天候治安巡逻有机结合，实行巡逻、处警、防控责任合一。2002年3月，成立娄底市公安局反恐防暴支队，下设防暴、巡逻、110出警3个大队。2005年9月，110更名为巡特警支队。2006年3月，作为重点抓好的五件实事之一，市公安局投资500余万元，筹建110指挥中心。5月动工，10月中旬竣工，正式形成110、119、122三台合一的接警调度中心。2008年，按照市县两级财政出资、乡镇办事处综治办管理、派出所使用和考核的原则，全市建立一支6000人的巡防队伍，全面整合治保会、保安队、停车场看守员、单位保卫人员、物业管理员、村组联防力量等。2009年8月，启动娄底城区巡防处警一体化建设，巡特警支队承担全市维稳处突、重大活动警保卫、打击严重暴力犯罪和恐怖犯罪，以及娄底城区、市经开区和涟钢辖区的巡逻处警、打击防范、救危解困等任务。2010年10月15日，在娄底宾馆召开娄底城区巡防处警一体化周年总结暨再动员大会，对工作成绩突出的单位和个人进行表彰。2014年9月3—15日，省第十二届运动会在娄底举行。巡特警支队圆满完成省运会安保任务。10月28日，市公安局指挥大楼指挥中心接处警系统改造升级，将119划归消防支队管理，保留110和122报警服务，全市公安扁平化指挥、信息化调度水平迈上新台阶。2015年10月，湖南省公安特警战术射击比武在娄底举行，娄底公安特警代表队获团体总分第一名。2016年，建立公安武警武装巡逻机制。特警武装巡逻以城区四横四纵主干道为中心，设立4个执勤点展开街面武装巡防工作，并与娄底武警、娄底铁路公安建立联勤机制，重点防范区联合驻守，互相配合，协同作战，维护社会治安大局稳定。2017年，巡特警圆满完成各类涉群、涉突、大型活动安全警保卫任务105起，处理各类违法人员143名。

第二章　户政管理与出入境管理

第一节　户政管理

一、常住人口管理

1990年，全地区开展第四次人口普查户口整顿工作，注销弄虚作假迁入市镇和空挂户口1615人，对超计划生育的2.08万人登记落户。1991年11月，统一各类“农转非”呈报材料和手续，统一归口审查、审核、审批程序，实行“公开办事内容、公开办事程序、公开办事结果，张贴光荣榜、义举榜和红黑榜，依靠群众监督”，简称“三公开、三张榜、一监督”制度，全地区审批各类农业户口转非农业户口（以下简称“农转非”）1334户6901人。1993年，全地区审批各类“农转非”1.05万人，办理“蓝印户口”即从农村迁入城镇，其户口本盖有专用蓝色印章的户口1.97万人。1994年，全地区实行地方城镇户口制度，办理地方城镇居民户口1万余人，审批计划内“农转非”户口1.23万人。1995年5月，将农业户口纳入公安机关管理，全地区完成撤区并乡（镇）的农村户籍管理工作，全年办理小城镇户口7046人。1996年6月，实行农村户口城市化管理，促进全地区户政管理工作制度化、规范化、科技化进程。2002年，降低农村人口落户城镇门槛，全市“农转非”户口20多万人。2004年7月，全市实行一元化户籍制度改革，户口迁移审核登记实行一级终审和“一站式”服务。2005年3月，明确规定姓名、出生日期、民族三个主项信息变更和漏登人口补录，由派出所、县（市、区）局、市局三级审批。2008年，全市开展“人口管理质量年”活动，出生登记4.76万人，死亡注销1.71万人，迁入2.11万人，迁出3.03万人，补录1.09万人，变更3523人。2009年，出生登记5.12万人，死亡注销3.94

万人，迁入1.5万人，迁出2.19万人，补录1836人，变更872人，纠错信息3.2万余条，清理核查75岁以上老人19.74万人户口信息，核查新生儿10.78万人，为未上户的1538名新生儿办理户口入籍手续。2015年11月，进一步推进户籍制度改革，户籍制度改革工作进入全面实施阶段。2017年6月，取消农业户口与非农业户口性质区分，全面放开城镇落户政策。2017年，开展疑似死亡未销户口人员信息核实处理工作，注销以往死亡人口2.99万人。

二、流动人口管理

1990—2003年，全市实行流动人口暂住登记制度，由公安派出所负责流动人口清查登记，发放暂住证。2005—2009年，在基层社区建立出租房屋和流动人口管理办公室，暂住证仍由派出所发放。2009年9月13日，市政府印发《娄底市流动人口暂住登记与居住证发放使用办法（试行）》，在全省率先实施居住证制度。2012年8月9日，《娄底市流动人口居住证使用管理办法》正式发布。至2015年12月31日，全市累计发放居住证9.04万张。2016年，全市发放居住证2.03万张。2017年，发放居住证4143张。

2015年起，全市实施实有人口、实有房屋（以下简称“两实”）信息采集工作，对全部实际居住人口（包括常住人口、寄住人口和流动人口）实行登记和录入计算机系统。2016年，在“两实”基础上，增加对“实有单位”信息采集，简称“三实”信息采集。全市城乡录入“三实”信息793.89万条，其中实体楼栋102.83万个、实有房屋179.19万套、实有单位4.53万个、实有人口376.49万人，另标记长期外出、户在人不在等户籍人口130.84万人。2017年，对采集的地名地址要求标准、规范（以下简称“一标三实”），全市深入开展“一标三实”基础信息采集维护工作。当年全市新增录入“三实”信息15.67万条，其中实有人口11.28万人、实有房屋3.95万套、实有单位4328个，另标记长期外出、户在人不在等户籍人口10.69万人，核实和维护往年录入的“三实”信息82.85万条。

三、居民身份信息管理

1990年，全地区首次居民身份证颁证工作基本结束，发放居民身份证236.36万张。1994年，全地区制作发放居民身份证13.74万张。1995年，全地区制作发放居民身份证15.54万张。1996年，全地区制作发放居民身份证10.35万张。1998年，全面开展居民身份证编号清理纠错工作，制作发放居民身份证15.45万张，发现并收缴重号证2.03万对，错号证1.91万个，多号证7258个。2000年，全市制作发放居民身份证16.53万张。2005年，全市启动第二代居民身份证换发工作，开通受理服务处57个。2008年，全市换发二代居民身份证114.5万张。2009年，换发二代居民身份证28.54万张。2015年7月1日，全面开通县市受理异地居民身份证办理工作，全市增设居民身份证异地受理服务处7个。2016年，全市开展居民身份证“跨省异地受理”“挂失申报”“丢失招领”3项制度工作，开设挂失申报窗口77个，挂失申报证件293人，开设丢失招领窗口75个，发还证件2人。2017年4月，市公安局便民服务中心建成，群众可通过身份证自助服务设备申办、领取居民身份证。

四、人口管理信息化建设

1990年，全地区应用电脑管理人口信息，利用微机为人事、劳动等部门查询1200余人。1992年，录入人口基本信息300多万条，打印清样和证卡380多万人次。2000年，全市5县（市、区）86个派出所实现人口信息微机管理，录入人口信息394万条，人像照片140多万幅。2004年3月1日，建成娄底市公安派出所综合信息系统，全市403万常住人口数据全部转入市局中心数据库，人口信息纠错25万人次。2009年5月22日，娄底市公安派出所综合信息系统数据成功转换到省级人口业务管理系统，省级人口业务管理系统在全市启用，户籍业务受理、审批、迁移全部从网上办理。2011年，人像比对系统上线，开启人脸识别技术新局面。2013年，居民身份证指纹采集系统上线，为拓展居民身份证应用场景提供必要条件。2017年，建设居民身份证短信平台、人口与出入境管理应用信息门户系统，开通自助设备受理和发放身份证，提高了工作效率和群众满意度。

第二节 出入境管理

1994年，地区公安处出入境管理科成立，受理各类出国（境）申请240余人次。此后，出国（境）人数逐年递增。2007—2017年，办理出国（境）证件依次为1.42万人次、1.8万人次、2.07万人次、3.42万人次、5.17万人次、7.22万人次、10.47万人次、12.62万人次、13.51万人次、16.36万人次、18.94万人次，年均增长30%。

第三章 刑事案件侦查

第一节 大案侦破

1993年4月28日晚上8时52分，娄底宾馆三栋停车场发生爆炸案，1台桑塔纳轿车被炸毁，4台车受损，20米以内房屋玻璃被震碎，造成直接经济损失25万元。通过缜密侦查，8月3日，在双峰朝阳煤矿抓获犯罪嫌疑人龙某华。8月21日凌晨2时，在娄底城区某住宅内抓获犯罪嫌疑人黄某，8月21日上午，在湘潭抓获犯罪嫌疑人王某阳。经查明，犯罪嫌疑人王某阳等3人得知地委组织部“人才开发服务中心”停止活动后，蓄意报复地区人事局干部，商量从朝阳煤矿搞炸药炸掉某干部家，由于不知某干部家住址，3人商议炸掉人事局的小车。当晚8时许，3人一起窜入地委接待处，由王某阳、黄某将炸药安好，龙某华引爆后离开现场。

1996年3月30日早晨8时30分，5名歹徒将新化县公安局原副局长伍某全劫持，抢走“七七”式手枪1支、子弹7发，大哥大1台、金戒指2个。案发后，由省公安厅牵头，组成“3·30”专案组。经侦查，发现有犯罪前科的郴州市资兴市唐洞煤矿待业人员李某义有重大作案嫌疑。7月11日凌晨，资兴市吴某清因赌博输了钱，用手枪打伤一人。7月11日上午，资兴市公安局迅速抓获犯罪嫌疑人吴某清，缴获“七七”式手枪，经查证系新化“3·30”案被抢枪支。吴交代，枪来源于资兴矿务局待业青年李某义。专案组乘胜追击，在资兴矿务局成功抓获李某义。经审讯，犯罪嫌疑人李某义交代伙同其他4人犯罪事实。

1998年10月27日凌晨，冷水江市布溪开发区大成街30号三楼发生一起恶性杀人案，4人被杀害。案件发生后，省公安厅、地区公安处刑侦部门赶赴冷水江市指导侦破工作，迅速成立专案组全面展开侦查工作。经侦查，家住湖北省神农架林区江某华、段某旭等人有重大作案嫌疑。同年12月24日，专案组在湖北省神农架林区先后抓获犯罪嫌疑人江某华和段某旭。1999年9月1日，市公安局在娄底火车站抓获新邵县“1999.8.31”特大杀人案主犯李某海、钟某财。是年，获全国追逃工作先进单位。

2001年4月，娄底市公安机关历经8个多月，摧毁涟源市以谭某平为首的黑社会性质组织，破获故意杀人、故意伤害、寻衅滋事等26个罪名220起案件，抓获涉案成员102名，追究刑事责任60人，其中判处死刑1人、死缓2人、无期徒刑6人，其他51名被告均被判处有期徒刑。追缴、查封、冻结和没收该犯罪组织价值2000万余元现金、存款、金银首饰、汽车及房地产等，缴获各类枪支40余支、子弹100余发。涉嫌为该犯罪组织充当后台、“保护伞”的原涟源市政协主席、政法委书记、公安局局长、法院院长、检察院检察长等30名党政干部、政法干警受到查处。

2004年6月30日晚12时许，新化县西河镇沙江村5组村民陈新华家突然遭一伙身份不明的人砍杀，致陈新华死亡，其父陈历平、叔陈历德受伤。通过市、县两级公安机关近半年侦查，抓获14名涉案人员。2005年3月，该案被公安部作为涉黑案件挂牌督办，市、县两级公安机关抽调警力开展专案工作。至8月，该案抓获128名涉案人员，破获涉及22个罪名的450余起案件，追缴没收赃款143万元，逮捕涉案关系网、“保护伞”7名。2006年8月18日10时20分，娄底市客运管理处稽查二队办公室沙发上发现一个爆炸装置，因故未爆炸。同日20时14分，娄底市娄星广场东侧，一自制定时爆炸装置发生爆炸，一名妇女被炸成重伤。案件发生后，专案组将“8·18”系列爆炸案与2005年11月8日发生在娄底市物资局的“11·8”爆炸案并案侦查。经过专案组侦查，发现娄底市恩口煤矿下岗职工陈某有重大作案嫌疑。2006年12月13日，专案组将犯罪嫌疑人陈某抓获归案。2008年2月25日，新化县民爆公司向红仓库被盗雷管8600发，同年4月14日下午3时许，该仓库再次被盗雷管1.91万发。4月22日成功破获“2·25”“4·14”系列雷管被盗案，抓获犯罪嫌疑人吴某彬，追回被盗雷管2.53万发，其余被犯罪嫌疑人销毁。2008年3月19日凌晨零时许，娄底市公安局治安巡逻大队五中队队长谭静宇率员在娄星区煤机厂附近例行巡逻盘查时，被两名涉嫌抢劫的青年男子用刀捅伤，经送医院抢救无效死亡。市、区公安机关联合作战，于上午9时左右，在娄底安石集团附近一座山上将犯罪嫌疑人钟某慧、钟某庆抓获。参战民警乘胜追击，于当日将同伙钟某贤、范某龙抓获，查破该团伙作案18起，其中故意伤害致人死亡案1起、强奸案3起、抢劫案13起、抢夺案1起。

2012年11月16日19时许，一蒙面男子持枪在娄星区长青中街“香港卓尔”珠宝店开枪打死一名保安后，抢走重约1700克价值60余万元的黄金首饰。2013年12月15日20时许，两名蒙面男子持枪在娄星区氐星路“嘉华婚爱”珠宝店内抢走价值120余万元的黄金、钻戒等首饰。市、区两级公安机关抽调200多名警力分10个小组开展工作。经调查走访人员1万余人次，排查核实线索200多条，摸排重点嫌疑对象80多人，锁定涟源市七星街镇萧某东为重大作案嫌疑人。2014年1月30日下午，专案组在涟源市七星街将犯罪嫌疑人萧某东、阳某春抓获。案件侦破后，中央电视台、新华网、人民网、中央人民广播电台、新浪网、腾讯、网易、凤凰网、中国警察网、《法制日报》、《人民公安报》、《湖南日报》、《潇湘晨报》、《三湘都市报》、湖南卫视、湖南经视、红网、湖南人民广播电台等主流媒体予以报道。2015年2月19日凌晨2时许，双峰县永丰镇爱心养老院发生一起故意伤害致死案。因劳资纠纷，该院护工罗某初持砖头和棍子打伤养老院老人和工作人员18人，其中3人在救治期间死亡。接到报案后，公安机关组织警力侦查，于2月21日下午5时许，在湘乡市中沙镇虎形山上将犯罪嫌疑人罗某初抓获。2017年3月29日，娄底市与广东省江门市警方联合开展“1·6”特大网络私彩诈骗案统一收网行动，抓获犯罪嫌疑人214名，摧毁利用私彩网站实施诈骗犯罪窝点36个，取缔网络私彩诈骗平台50个，查扣银行卡145张、电脑129台等作案工具一批。2017年12月22日，新化县陈某湘持枪杀人，造成2人死亡。案发后，在公安部指导下，省、市、县三级公安机关迅速启动重大案件侦办机制，成立案件处置总指挥部，全省动员，全警参与，全力追击。经过47小时连续作战，12月24日17时许，在新化县科头乡三板桥深塘湾附近将犯罪嫌疑人陈某湘抓获。

2000—2017年娄底市网上追逃情况表

表12-1　　单位：人

年份	追回网上逃犯	杀人逃犯	外省逃犯	本地逃犯
2000	25	2	8	15
2001	1643	27	121	1495
2002	703	18	96	589
2003	980	47	203	730
2004	637	26	182	429
2005	1000	58	141	801

续表12-1

年份	追回网上逃犯	杀人逃犯	外省逃犯	本地逃犯
2006	768	27	30	711
2007	1034	40	53	941
2008	1195	64	120	1011
2009	1390	45	110	1235
2010	1325	58	175	1092
2011	2110	85	265	1760
2012	768	26	79	663
2013	904	22	126	756
2014	982	13	189	780
2015	980	17	147	816
2016	1008	10	253	745
2017	1461	10	421	1030

2007—2017年娄底市命案侦破情况统计表

表12-2

年份	立命案(起)	破命案(起)	破案率(%)	年份	立命案(起)	破命案(起)	破案率(%)
2007	61	59	96.7	2013	42	41	97.6
2008	59	54	91.53	2014	40	39	97.5
2009	61	59	96.7	2015	28	28	100
2010	56	54	96.42	2016	24	23	95.83
2011	56	53	94.64	2017	23	23	100
2012	53	52	98.11				

第二节 严打整治

1990年5月，开展以打击杀人、抢劫等严重刑事犯罪分子为主的第四次严打斗争，查处违法犯罪嫌疑人4317人，其中属于七种重点对象（杀人、故意重伤、强奸、抢劫、纵火、爆炸、投毒）的严重刑事犯罪分子637名。查处卖淫团伙37个186人，拐卖人口团伙25个158人，公开逮捕犯罪嫌疑人351人。1995年，开展以“破大案、打团伙、追逃犯”为重点的严打整治斗争，全地区破获重大案件1328起、特大案件132起，摧毁犯罪团伙159个，瓦解团伙成员712人，抓获各类犯罪嫌疑人4757人，为国家、集体和人民群众挽回直接经济损失1000余万元。1996年3月至12月，组织开展以“破大案、打团伙、追逃犯、禁毒品”为主要内容的严打斗争，破获特大案件651起，抓获违法犯罪嫌疑人8320人，追回逃犯446人，摧毁各类犯罪团伙308个，瓦解团伙成员1427人，集中整治问题较多的重点地区、重点路段、重点部位234处，收缴非法枪支465支、子弹1420发，收缴炸药16.5吨、海洛因1124克、鸦片8900克，赃款赃物价值754万元。2000年，开展打击毒品犯罪专项斗争，查处毒品案件120起，摧毁贩毒团伙18个，查获涉毒人员411人，其中刑事拘留83人、逮捕79人、劳教60人、强制戒毒291人，缴获毒品1069克。开展“打黑除恶”专项斗争，摸出涉黑涉恶团伙140个，涉案人员570人。开展网上打拐专项斗争，侦破拐卖妇女儿童案件354起，摧毁拐卖妇女儿童团伙58个228人，抓获人贩子558名，解救妇女1876人、儿童106名。成功侦破双峰县“1·15”炸死4人伤7人爆炸案、涟源市“6·1”绑架杀害7岁儿童案、冷水江市“4·3”绑架人质案、新化县1999年“12·21”特大抢劫案、戴某文流氓团伙案等一批影响大、危害严重的恶性案件。是年12月1日起，开展为期3个月的“今冬明春严打整治专项行动”，破获各类刑事案件1564起，其中故意杀人、故意伤害致人重伤或者死亡、强奸、抢劫、贩卖毒品、放火、爆炸、投毒八类主要案件319起。查处治安案件1078起，打掉各类犯罪团伙7个，抓获各类违法犯罪嫌疑人2212人，其中刑事拘留892人，逮捕825人，劳教53人，行政拘留1223人。2008年4月26日至8月5日，开展以“反恐怖、破大案、追逃犯、治乱源、强防范”为重点“迎奥运保平安严打整治百日会战”，破获各类刑事案件1205起，抓获犯罪嫌疑人1384人，追捕网上逃犯173人。查处治安案件1189起，查扣盗抢嫌疑车辆2835辆，清查出租房屋3.07万间，清查重点部位9561处，整改安全隐患2537处，收戒吸毒人员328人，查处严重交通违法1571起，收缴枪支19支、雷管907枚、炸药172.98千克。成功破获“2008.5.16”冷水江市爆炸劫持人质案等一批影响恶劣的大案。2008年底，严打斗争结束。

第三节　打击“两抢一盗”

2006年始，全市公安机关开展以打击“抢劫、抢夺、盗窃”为主要内容的多发性侵财犯罪专项行动。是年4月，开展以反抢劫、反抢夺、反盗窃、反扒窃、反涉枪犯罪为主的“五反”专项行动和以打击抢劫、抢夺、盗窃、涉毒违法犯罪斗争，清理出租房屋、无牌无证机动车、特种行业，整治学校、企业周边治安秩序，整治以爆炸物品、枪支弹药、管制刀具为主要内容的“四打三清两整”专项行动，破获抢劫案996起、抢夺案175起、盗窃案2055起、涉枪案67起、扒窃案426起，抓获扒窃人员536人，打掉犯罪团伙297个。侦破部督办案件2起，省厅督办案件10起。破获盗抢汽车案件103起，打掉盗抢汽车团伙13个，追缴被盗抢汽车81台，收缴各类枪支1957支，刑事拘留犯罪嫌疑人1690人，其中逮捕1645人。盗、抢、扒等多发性案件较上年同期下降85%。2009年3月开始，再次开展以打击抢劫、抢夺、盗窃、扒窃等违法犯罪为主要内容的“两抢一盗”等多发性犯罪专项行动，摧毁盗抢团伙44个，抓获团伙作案成员932人，其中刑事拘留犯罪嫌疑人641人，其中逮捕586人，追回逃犯142人。2010年11月，在娄底城区开展为期2个月的“打两抢、打盗扒、打黑恶、强防范”专项行动，侦破刑事案件380起，其中命案3起，打掉犯罪团伙19个，其中恶势力团伙3个，抓获违法犯罪嫌疑人303人。破获扒窃案件60起，抓获扒手40人。查处涉黄案件26起，端掉非法制贩烟花爆竹窝点15个，收缴非法烟花爆竹3005万响及非法枪支39支、子弹276发。是年，开展治理和打击短信诈骗犯罪专项行动，破获制贩假证及短信诈骗案件135起，抓获各类犯罪嫌疑人74人。2010年冬，全市开展追逃专项行动，抓获网上逃犯77人，其中外省逃犯7人，本省外地市逃犯1人，抓获历年逃犯18人，本地上网在逃人员51人。2011年9月起，实施打击整治利用PS图像敲诈勒索违法犯罪三年行动。3年中，全市侦破电信网络诈骗案件621起，打击处理违法犯罪嫌疑人798人，协助外地公安机关抓获违法犯罪嫌疑人637

人，摸排嫌疑对象4万余人，重点嫌疑对象1.9万人，其中录入重点人员动态管控平台6713人，打掉作案窝点336个，摧毁犯罪团伙63个，缴获假身份证1400张、银行卡1557张、手机卡514张、伪基站等作案设备245台、赃款赃物价值300余万元。

2012年3月，全市开展多发性侵财案件侦破战役，立侵财案件1.14万起，破2354起，破案率20.62%，摧毁盗抢犯罪团伙105个，瓦解团伙成员321人，抓获违法犯罪嫌疑人1100人，其中刑事拘留780人，逮捕、劳教722人，追缴赃款赃物价值1000多万元。2013年4月，再次开展为期3个月的打击多发性侵财犯罪专项行动，破获侵财案件2502起，破案率同比上升32.3%，发案数同比下降22.4%，逮捕、直诉侵财犯罪嫌疑人671人，刑事拘留扒窃人员49人，破案数、逮捕和直诉数、刑事拘留扒窃人员数分别完成任务的178%、168%和104%。破获PS职业侵财案件518起，逮捕犯罪嫌疑人50人，协外抓获非网PS逃犯16人，追回PS逃犯16人，打掉团伙9个，建立高危人群数据库4000余人。2014年3月，连续开展打击多发性侵财犯罪专项行动，立侵财案件1.32万起，破案2663起，破案率为20.16%。抓获侵财犯罪嫌疑人1780人，其中检察机关起诉938人。打掉侵财犯罪团伙54个，其中作案30起以上的团伙5个，移送起诉团伙人员282人，破获系列案件516起，追回赃款财物价值3000余万元，百名民警人均破案数和打击处理数均排名全省第4位。2015年6月，部署开展为期半年的全市打击农村盗窃违法犯罪专项行动、继续开展打击PS及电信诈骗违法专项行动和打击盗、骗、毒专项行动，立侵财案件1.37万起，破案2574起，破案率18.78%，刑事拘留侵财犯罪嫌疑人1072人，逮捕888人，移送起诉922名，盗窃、抢劫、抢夺、诈骗、敲诈勒索五类犯罪决定起诉人数852人，盗窃、诈骗、敲诈勒索三类犯罪嫌疑人被判处3年以上有期徒刑人员83人，打击多发性侵财犯罪整体效能综合排名全省第5位。

2016年3月，强力推进电信诈骗专项治理，破获电信网络诈骗案件376起，同比上升67.7%，协外办理PS案件下降93.6%，打击处理违法犯罪人员354人，打掉作案窝点155个，摧毁犯罪团伙28个，成功侦破部督“2016.1.31”“2016.3.6”“2016.4.11”“2016.5.16”“2016.7.11”等特大电信诈骗案5起。2017年3月，持续推进电信网络新型违法犯罪专项治理，破获电信网络新型违法犯罪案693起，抓获电信网络新型违法犯罪人员702人，摧毁犯罪团伙55个，端掉作案窝点64个，缴获作案银行卡3159张、手机卡1556张，紧急支付、冻结200万元，清理非实名制银行账户200个，关停涉案电话230个，追回网上逃犯202人，打击处理绝对数、人均打击处理数均排名全省第一位。成功侦破部督“2017.1.6”“2017.4.1”“2017.6.19”“2017.8.10”等特大电信网络诈骗案。深入推进打击盗、抢、骗专项行动，立盗抢骗案件3443起，同比下降6.24%；破659起，同比上升17.2%；抓获犯罪嫌疑人356人，同比提高15个百分点；追回盗、抢、骗网上逃犯127人，逃犯到案率34.67%。

第四节 扫黑除恶

2001年4月起，开展扫黑除恶专项行动，至2008年，全市摧毁黑社会性质犯罪组织8个，打掉恶势力团伙200多个，抓获涉案成员3000多人，破案2500多起，挽回经济损失4000余万元。其中，2002年，摧毁涉黑涉恶团伙60个，抓获团伙人员640人，包括部级督捕逃犯1人。2010年，受理、办结群众举报涉黑涉恶线索案件21件，其中2006年以后未办结的8起部转办、督办案件办结6件，摧毁涟源市“1·10”以梁某为首的黑社会性质组织团伙，打掉娄星区恶势力团伙37个，其中经法院判决并经上级打黑办认定的恶势力团伙27个，判处涉案成员137人，破获刑事案件290起。是年12月29日，摸排出娄底城区金谷大市场以龙某为首的砍刀帮团伙线索后，从市区抽调50多名民警，全力开展专案侦查工作，2月1日晚上，实施“2010.2.1夜鹰行动”，把龙某等人聚餐的娄底城区金凤凰酒店团团围住，将砍刀帮团伙一网打尽。2011年，打掉涉黑涉恶团伙30个，其中黑社会组织3个，恶势力团伙27个（其中省打黑办认定18个），在侦9个。2012年，成功摧毁新化县以黄泥坳村主任刘某柏为首的黑社会性质组织，查获犯罪嫌疑人35人，打掉恶势力团伙51个，抓获犯罪嫌疑人300多人，侦破各类案件300多起，挽回经济损失400多万元。7月30日，召开市委常委紧急会议，部署“打黑恶、追逃犯、清乱源”专项行动。8月1日至22日，全市各级公安机关秘密抓捕13个恶势力团伙成员57个。8月23日晚，全市出动公安民警1400余人，车辆420辆，设立卡点29个，检查车辆7500余辆，清查宾馆、休闲场所、娱乐场所、棋牌室、电游场所、街面及小区麻将馆742处，抓获违法嫌疑人183个，其中涉黑涉恶违法嫌疑人员45人，黄赌毒违法嫌疑人118人，网上逃犯20人，查获管制刀具63把、仿真手枪1支、毒品30余克。2013年，打掉恶势力团伙65个（经省厅认定42个274人）。2014年，摧毁恶势力犯罪团伙49个，查获涉恶犯罪嫌疑人317人，破获各类涉恶案件238起。2015年，全市打掉涉黑涉恶团伙37个211人。2016年，打掉恶势力团伙51个356人（其中省厅认定34个288人），在侦55人，起诉13人，人均打击处理数排名全省第一位。打掉农村涉恶团伙21个252人，涉及村支两委班子成员16人，破获各类刑事案件348起。2017年，全市打掉涉黑涉恶团伙人数256人，经法院判决、上报省厅认定涉黑涉恶人员221人，百名民警人均打击处理数排名全省第一位。摸排“村霸”、宗族恶势力和破坏基层选举秩序违法犯罪线索52条，摸排重点人员54人，排查问题村（社区）等重点地区21个，排查问题干部32人，打掉“村霸”和宗族恶势力团伙30个，查处破坏基层选举案件36起，行政处罚41人。

1990—2017年娄底市刑事案件破案情况表

表12-3

年份	立案(起)	破案(起)	破案率(%)	年份	立案(起)	破案(起)	破案率(%)
1990	8017	5728	71.44	2004	9957	4182	42.51
1991	9037	7085	78.39	2005	12300	5497	44.69
1992	4319	3500	81.03	2006	13041	7601	58.25
1993	4260	3714	87.18	2007	12066	3963	33.32
1994	3317	2940	88.63	2008	11100	4993	44.98
1995	4199	3767	89.71	2009	11496	5012	43.59
1996	1727	1562	90.44	2010	11482	5314	46.28
1997	2739	2399	87.85	2011	12017	4664	38.52
1998	2450	2117	96.4	2012	14497	5499	37.93
1999	4278	2950	68.95	2013	14970	3737	24.96
2000	5014	2736	54.56	2014	16697	4583	27.44
2001	4489	2644	58.89	2015	16109	4742	29.43
2002	8282	4885	58.98	2016	12392	3546	28.61
2003	9396	3876	41.25	2017	10853	5109	47.07

第四章 经济案件侦查

第一节 常规经济案件侦查

1990—1992年，地区公安处刑侦科负责经济案件侦查工作。1993年，设立刑侦支队、经文保支队，两支队共同负责经济案件侦查工作。1997年，金融诈骗犯罪突出，全地区受理各类金融诈骗犯罪案件46起，查破44起，抓获犯罪嫌疑人50人，其中刑事拘留7人，逮捕14人，移送起诉3人，其他处理29人，挽回直接经济损失265余万元。是年6月，增设税侦支队。1998年，全地区经文保系统受理经济案件133起，破案127起，其中破获重特大案件47起，打击处理犯罪人员117人，挽回直接经济损失200余万元。税侦支队直接办理涉税案件17起，依法追缴税款入库860万元，协助指导各县（市）办案29起，协助追回税款278万元。是年，开展打击涉税犯罪专项行动，侦办特大涉税案件8起，追回税款300余万元。1999年，全市经文保系统受理经济案件114起，破案100件，抓获犯罪嫌疑人160人，挽回直接经济损失799万元。税侦支队破获涉税案件138起，追回税款总额2368万元，抓获涉税犯罪嫌疑人158人，其中刑事拘留12人，逮捕12人。

2000年，全市侦破经济犯罪案件125起，抓获犯罪嫌疑人191人，挽回直接经济损失451万元，其中税侦支队查处涉税案件63起，为国家追回税款2450万元。是年，开展打击制贩假币和涉盐犯罪专项斗争，查破制贩假币案26起，收缴假人民币85.8万元，抓获犯罪嫌疑人54人，摧毁犯罪团伙3个17人。查获盐业违法犯罪案件87起，收缴假盐74吨、假商标1.28万个，端掉地下私盐加工窝点1个。2001年，全市侦破各类经济犯罪案件125起，其中破获特大案件98起，抓获犯罪嫌疑人231人，刑事拘留50人，逮捕30人，挽回直接经济损失4595万元。税侦部门查处涉税案件46起，为国家追回税款2702万元。2002年，全市立经济犯罪案件162起，破案158起，抓获犯罪嫌疑人231人，涉案金额1.1亿余元，挽回经济损失7000多万元。其中，立大要案件84起，破案80起，涉案金额8200余万元；没收非法所得1400余万元，挽回直接经济损失6500万元；查处涉税案件13起，抓获犯罪嫌疑人11人，挽回经济损失700余万元；侦办部督“8·31”沈某等人票据诈骗案，涉案金额4700万元，抓获主要犯罪嫌疑人沈某、李某富等8人，挽回经济损失3100万余元。2003年，全市立经济犯罪案件113起，破案96起，抓获犯罪嫌疑人134人，涉案金额8000余万元，挽回经济损失4000余万元。2004年，全市立经济犯罪案件95起，破案88起，涉案金额1.3亿元，抓获犯罪嫌疑人168人，逮捕47人，移送起诉42人，挽回经济损失4749余万元。侦破公安部挂牌督办“5·24”特大伪造壹元硬币系列案，调集公安民警400余名、武警32名、车辆56台，一举摧毁新化县境内制造假硬币窝点4个，抓获廖某安等13名涉案骨干成员，现场收缴“1999版”“2003版”等多种版本假硬币成品17万余枚、半成品近2吨、各种制造假设备11台（件）、假币模具25副。娄底市公安局“5·24”专案组被记集体一等功。是年，侦破公安部挂牌督办的“2·22”朱某国跨省特大票据诈骗案。

2005年，受理各类经济犯罪案件193起，立案180起，破案192起（含年前积案12起），刑事拘留76人，逮捕63人，移送起诉57人，挽回经济损失3200余万元。侦破新化县康某国重大经济犯罪团伙案，查明以康某国为首的支华、雄兴两个煤矿23名管理人员涉嫌职务侵占600余万元、隐匿销毁会计资料涉及金额2000余万元、偷税100余万元、非法经营2000余万元的犯罪事实，将全案23名犯罪嫌疑人移送起诉，并将违法在煤矿入股的32名党政干部移送市纪委处理，挽回经济损失880余万元。2006年，破获各类经济犯罪案件176起，抓获犯罪嫌疑人123人，挽回经济损失5300多万元。2007年，破获经济犯罪案件149起，抓获犯罪嫌疑人72人，刑事拘留59人，挽回经济损失3442万余元。是年，开展“整顿客运市场、打击非法营运”专项整治行动，摧毁以邵某平为首的非法营运组织“东风标致车队”，抓获犯罪嫌疑人10人，缴获非法营运车辆7台、假车票2万余张、假军牌2副。该案成员以涉嫌非法经营罪被追究刑事责任，系全国首例。2008年，受理各类经济犯罪案件85起，立案63起，破案56起，逮捕、直诉63人，挽回经济损失7000万余元。破获萧某荣等人涉嫌虚报注册资本、合同诈骗、职务侵占、向非国家工作人员行贿、销毁会计凭证罪等系列案，抓获萧某荣等犯罪嫌疑人5人，挽回经济损失1000余万元。同时深挖犯罪，破获原涟钢房产交易所所长黄某贷款诈骗案、原国土局干部彭某诈骗案、刘某平职务侵占案、刘某桂销毁会计凭证案等一系列案件。2009年，立各类经济犯罪案件112起，破案100起，抓获各类犯罪嫌疑人179人，刑事拘留154人，逮捕85人，移送起诉76人，挽回经济损失4600余万元，追缴非法所得800余万元。开展打击传销专项行动，召开联席会议18次，与工商部门联合开展清查行动46次，出动警力735人次，破获组织领导传销案件13起，捣毁窝点65个，抓获犯罪嫌疑人30人，逮捕21人，教育遣返1129人，涉案金额3500余万元。是年，开展打击假发票专项行动，破获发票犯罪案件5起，抓获涉案人员13人，捣毁制售假发票窝点1个，缴获假发票11万份，发票可开金额500亿余元。开展打击假币犯罪"09行动"，立各类假币犯罪案件18起，破案25起，抓获犯罪嫌疑人51人，缴获假币150万余元，协助办理假币犯罪案件26起，协助抓假币逃犯12人。是年7月19日，捣毁新化县天门乡林场村、安化县鼓楼镇和谐村等7个伪造壹元硬币窝点，抓获犯罪嫌疑人22人，收缴假壹元硬币139万枚，其中成品23万余枚，半成品116万余枚，收缴查封制假设备6套，假币模具60余套，彻底摧毁集生产、运输、销售、制模、制造原产品于一体的伪造货币犯罪网络。

2010年，受理各类经济犯罪案件88起，立案77起，破案55起，刑事拘留81人，逮捕68人，移送起诉147名，挽回经济损失3000余万元，开展打击假发票专项行动，破获假发票犯罪案件8起，捣毁大小非法印制窝点5个，犯罪储藏窝点6个，打掉犯罪团伙4个，抓获犯罪嫌疑人33人，缴获假发票2831余万份。联合开展打击传销行动，出动警力260余人次，警车80余台次，捣毁传销窝点33个，逮捕移送起诉涉嫌组织、领导传销活动罪的犯罪嫌疑人42人、取保候审1人，行政拘留13人，遣散传销人员3000余人次。1月19日，破获公安部督办的"1·19"特大非法制造发票案，捣毁假发票、假票据印制窝点1个，现场缴获假发票、假票据43种13万余份，制假印刷机械6台及制假工具、原材料24箱，全国各地发票样品、订单便条等719份（张），抓获主要犯罪嫌疑人3人，追回逃犯1人。该案系2010年全国深入打击整治发票犯罪专项行动部署后湖南省破获的第一起特大案。是年10月22日，与辽宁本溪警方联手破获"10·22"特大非法制造发票案，捣毁大型发票制造窝点1个，储藏窝点2个，抓获朱某智等犯罪嫌疑人10人，缴获各类假发票2878余万份，缴获大型印刷机3台、切纸机2台、晒版机1台、划线机1台、开封两用大洞机1台、电脑2台、扫描仪2台、打印机8台，三相电转换机1台，该案创全国单案发票缴获量纪录。是年11月，国务委员、公安部部长孟建柱签发嘉奖令，通令嘉奖湖南省、辽宁省公安机关侦破"10·22"朱某智等特大非法制造发票案的全体参战单位和民警。2011年，全市受理各类经济犯罪105起，立案73起，破案64起，抓获犯罪嫌疑人158人，其中刑事拘留118人，逮捕56人，取保候审112人，移送起诉101人，挽回经济损失5000余万元。2012年3月至8月，全市立各类经济犯罪案件889起，破案252起，抓获犯罪嫌疑人900人，移送起诉752人。是年9月，侦破公安部督办的李某芹等生产、销售有毒有害食品案，破案31起，抓获犯罪嫌疑人31人，捣毁生产、销售、仓储窝点63处，缴获假伟哥320万粒，涉案价值2.33亿元。中央电视台、《法制日报》、新华网、中国警察网、法制网、湖南卫视、湖南经视、红网、湖南人民广播电台、《娄底日报》等中央、省、市主流媒体作了报道。

2013年，全市受理经济犯罪案件200起，破案95起，涉案金额10亿余元。在开展打假专项行动中，立侵犯知识产权和制假售假案件164起，破案147起，抓获违法犯罪嫌疑人156人。是年6月25日，对王某春等人涉嫌生产销售假冒注册商标标识的商品案开展集群战役收网行动，抓获犯罪嫌疑人19人，打掉团伙4个，端掉窝点15个，缴获假"红牛"饮料易拉罐成品以及拉环盖200余万个、假"加多宝"饮料和假"王老吉"饮料拉盖400余万个，涉案总金额765万余元。2014年，受理经济犯罪案件233起，立案199起，破案129起，抓获犯罪嫌疑人254人，刑事拘留167人，取保候审128人，监视居住8

人，逮捕79人，移送审查起诉112人，涉案金额50余亿元，挽回经济损失3000余万元。是年，开展打击整治传销和打击侵犯知识产权、制售伪劣商品专项行动，立组织领导传销案3起，破案2起，刑事拘留5人，逮捕2人，取保候审4人，移送起诉5人，涉案金额500余万元。立因传销引发的非法拘禁案件21起，破案14起，抓获犯罪嫌疑人64人，刑事拘留63人，逮捕51人，移送起诉38人，捣毁传销窝点20处，说服教育遣散传销人员1000余人。破获涉嫌假冒注册商标的商品案件2起，刑事拘留2人，查获假冒注册商标的商品近2000件，涉案金额10万余元。2015年，全市受理经济犯罪案件432起，立案373起，破案180起，抓获犯罪嫌疑人302人，涉案总价值40余亿元，挽回经济损失5000余万元。开展打击车辆保险诈骗"安宁"行动，立车辆保险诈骗案12起，破案12起，涉案金额130余万元，抓获犯罪嫌疑人24人，移送审查起诉2起7人。开展银行卡网上非法买卖专项行动，立银行卡盗刷案件40起。在严打制假售假行动中，受理各类涉假案件11起，协外参战集群战役3起，立案9起，破案8起，涉案金额1000多万元，抓获犯罪嫌疑人27人、逮捕13人、移送审查起诉2起8人。严打传销活动，出动警力1400余人次，捣毁传销窝点120余个，解救遣散传销人员1500余人。开展"猎狐2015"追逃行动，抓获各类逃犯84名。侦破公安部督办的汪某海等系列销售假冒注册商标的商品案，捣毁假酒制售窝点4个和销售窝点9个，抓获犯罪嫌疑人18人，移送审查起诉17人，缴获大量假冒茅台、五粮液、湘窖、国窖1573等注册商标的高档品牌白酒，扣押制假设备一批，假酒市值2000余万元。市公安局经侦支队获评全国知识产权系统和公安机关知识产权执法工作成绩突出集体。

2016年，全市受理各类经济犯罪案件553起，立案449起，破案259起，涉案金额11亿元，抓获犯罪嫌疑人310人，挽回经济损失1亿余元。破获湖南日朗电子商务公司涉嫌组织领导网络传销活动案，抓获犯罪嫌疑人12人，刑事拘留8人、逮捕7人，取保候审5人，移送审查起诉4人，暂扣款1000余万元，扣押物品价值约300万元。2017年，受理各类经济犯罪案件483起，立案445起，破案355起，涉案金额20余亿元，抓获犯罪嫌疑人647人，挽回经济损失2亿余元。开展"云端2017"行动，完成研判任务70起，打击任务9起，市公安局经侦支队获全省公安机关"云端2017"专项行动成绩突出单位。开展网上追逃专项行动，抓获网上逃犯122人。侦破娄底夕阳红老年服务中心杨某等人集资诈骗总额1.6亿余元、非法占用农用地案，抓获犯罪嫌疑人48人，其中刑事拘留17人，取保候审36人，逮捕8人，移送审查起诉犯罪嫌疑人43人。该案中对非法集资案件的中介人员（营销人员）侦查办案模式得到省厅肯定，并在全市非法集资案件的侦办中予以推广，被省公安厅评为全省经侦系统"精品示范案例"。侦办"9·20"妨害信用卡管理案，查明嫌疑人从2016年9月至案发，先后向全国多个省份买卖银行卡4件套（身份证、银行卡、手机卡、U盾）2700余套的犯罪事实，通过信息研判，深挖出一个涉及26个省份妨害信用卡管理网络案件。市公安局经侦支队被评为全国打击银行卡犯罪成绩突出单位，系全省公安机关唯一获该项荣誉的单位。

第二节　非法集资犯罪侦查

2010年前后，一些民营企业大肆非法集资，涉及金额逾400亿元，涉及人数约10万人。2013年，全市潜在的民间非法集资风险集中暴露，由非法集资诈骗延伸出的高利转贷、贷款诈骗、洗钱等犯罪，由非法集资诈骗诱发的非法拘禁、故意伤害、绑架等暴力黑恶势力犯罪。12月，同星米业有限公司法人萧某望因非法集资，债权人集中挤兑而跳楼自杀。由此引起创高铝业、新化潘某英等一系列非法集资案集中爆发，全市非法集资案件呈井喷式爆发态势，严重危害全市经济发展、社会稳定、民生就业。对此，市委、市政府高度重视，2014年3月，成立公安机关打击和处置非法集资（简称"打处非"）工作领导小组，下设8个专项工作组。全市将重大非法吸收公众存款和集资诈骗犯罪及有黑恶势力插手的非法集资案件三类犯罪作为打击重点。对全市130余家企业负责人进行约谈，对已发生民间融资风险企业及个人依法采取边（国）境控制措施，防止债务人出逃，隐匿资产，对融资风险企业及个人停止办理车辆、房产、地产过户、变更等相关手续，迅速采取资产冻结措施。2015年，筛选红太阳新能源材料有限公司周某阳案、鑫美格案、京典桦庭仓储有限公司梁某兵案、金益紫檀冒某涛案、六兴房地产有限公司彭某明案、武汉智永投资公司朱某勇案、恒星汽车贸易有限公司邹某赞案、三优华邦房地产开发有限公司颜某初案、鸿辉实业颜某初案、邹某案、同星米业有限公司萧某望案等10多起涉案金额大、影响坏、危害重的典型案件，作为第一阶段重点侦办案件。市、区两级公安机关抽调民警，成立10个专案组、10个追逃组，每个组分别由一名市局、分局领导包干负责，每周调度一次专案进展情况。处置红太阳、牧羊人、百雄堂、金鹰服饰等公司非法集资案件涉及人员的集访、闹访及堵门、堵路等涉稳事件100余起。对九龙集团集资参与人在维权活动中拉横幅、喇叭喊话、堵路、跳楼等违法行为，坚持教育训诫与打击处理双管齐下，刑事拘留12人，行政拘留32人，教育训诫、谈话警示1000余人次。鑫美格、鸿冠、红太阳案等10起特大非法集资诈骗案全部判决，涉案金额40亿余元。其中，湖南鸿冠集团及其关联公司非法集资案，该案涉及集资参与人2600多人，公司30余家，涉案金额12亿余元，移送起诉嫌疑人25人，涉及集资诈骗、贷款诈骗、普通诈骗、信用卡诈骗、骗取贷款、骗取银行承兑、非法吸收公众存款7个罪名。红太阳公司集资诈骗案中周某阳被判无期徒刑，剥夺政治权利终身，并处没收个人全部财产。新化县伍某前、游某姣犯特大集资诈骗案和曾某鹏集资诈骗罪，均被判处无期徒刑。

2017年1月，市公安局成立娄底中心城区集中打击非法集资犯罪攻坚战领导小组和中心城区打击处置非法集资集中办案中心，按照“政府牵头、司法主导、依法处置”的总体思路，坚持“化解与处置并举，办案与维稳并重”工作原则。4月，抽调民警，成立10个专案组，集中侦办娄底中心城区百雄堂控股集团熊某华案、娄底天籁房地产有限公司吴某钢案、石泉老年公寓杨某案、娄底湘中老年服务中心萧某德案、树鑫房地产公司杨某良案、鑫隆资产管理有限公司姚某春案、何某新案、泰丰投资担保有限公司姚某雄案、娄底市玖玖光电科技有限责任公司戴某波案、娄底市贝尔科技有限公司罗某平案10起非法集资专案。

2014—2017年，全市公安机关受理非法集资类刑事案件141起，立案133起，破案117起，抓获犯罪嫌疑人413人，其中刑事拘留274人，逮捕183人，取保候审260人，移送审查起诉99案384人，涉及金额约262亿元，涉及集资参与人员约6万人。2015年7月，公安部副部长孟庆丰对娄底“打处非”工作给予肯定。娄底“健全完善‘打处非’工作机制”被评为全省公安机关2015年度突出改革项目。2017年，全省维稳工作会推广娄底“打处非”工作经验。市公安局“鸿冠”专案组被记集体三等功一次。

2014—2017年娄底市公安机关办理非法集资案件表

表12-4

年份	受案（起）	立案（起）	破案（起）	移送起诉（起）	抓获犯罪嫌疑人					涉案金额（亿元）
					总数（人）	其中				
						刑事拘留（人）	取保候审（人）	逮捕（人）	移送起诉（人）	
2014	45	42	40	15	97	76	56	56	63	110
2015	44	44	35	38	106	81	62	55	126	80
2016	24	22	17	21	71	34	51	18	77	32
2017	28	25	25	25	139	83	91	54	118	40
总计	141	133	117	99	413	274	260	183	384	262

说明：表中数据部分交叉

第五章　道路交通管理

第一节　交通秩序整顿

1990年，地区公安处交警支队根据行署部署，对全地区煤炭、林业、公路、税务、卫生防疫等部门在公路上设置的169个检查站进行全面清理整顿，除报经省公安厅批准同意保留24个外，其余站卡一律拆除，遏制乱设卡、乱收费、乱罚款、乱扣车现象，确保道路畅通。1991年，涟源市、新化县等地因经济纠纷和道路交通事故引发民间非法扣车200余台。地委、行署指派行署工农办领导带队，地区公安处组织警力深入各县（市）扣车现场，经过一个多月工作，所扣车辆全部归还车主。1992年8月19日，交警支队设立交通秩序管理科。1993年5月，政法委综治办印发《娄底地区“畅安工程”行动的通知》，部署开展“畅安工程”行动。是年，交警支队购买二轮摩托车13台，2个民警共用1台、承包10千米路段，分别在320国道双峰路段和娄底至新化2条主干线上巡逻执勤，强化路面控制，及时纠正违章，查处交通事故和车匪路霸。1995年，全地区开展整顿城市（区）道路交通秩序百日竞赛活动，投入警力3816人次，出动警车2290台（次），举办违章驾驶人员学习班24期，查获盗抢摩托车102台，抓获犯罪嫌疑人29名。是年，中心城区新增公路标志牌106块，新建岗亭3个，增划道路标线2.6万余米，隔离栏1200米，设立临时停车场（点）28处，专用货车场5个，城区交通设施和秩序得到改善。1997年，全地区新建5个交警中队，逐步完善“三级管理，四级网络”，理顺建设职能和管理职能关系，合理调整市区分块，理顺条块关系，强化城区属地管理等功能，坚持“统一规划、分级管理、以块为主、块条结合、条条保证、权责一致”原则，从部门行业管理转向综合管理，形成齐抓共管局面。同时加强城区、街道办事处、居委会管理功能，调动和发挥各级组织的积极性，共同建好城市交通管理体制。2001年，全市开展以“假行驶证、假驾驶证、无牌照、无驾驶证”车辆和客运车辆严重超载为重点的交通安全秩序整顿活动。全市出动警力2.38万人次，警车4300台（次），检查车辆36万台（次），查扣无牌无证车辆8140台、假行驶证53本、假驾驶证89本，打掉制贩假证窝点1个，刑事拘留2人，纠正违章超载车辆1200台（次），卸货3200余吨，下客5100人次。是年5月10日，娄底市道路交通违法处罚中心成立，负责交通违法行为行政处罚。2002年，全市开展客运车辆重点整治，对非法参与营运的客运车辆坚决取缔，对已达报废年限的客车强制报废。交警部门垫付100余万元，建成乐坪街“交通管理示范街”，施划交通标线2.4万米，设置交通标志47块，设立临时停车点18个，改建岗亭1座，新增信号灯2套。2003年，市交警支队筹集资金1000余万元，在军分区、娄星广场、公路总段等7处设置四相位配有行人过街设施的交通信号灯，施划市区92.5千米主要街道交通标线，安装482块警告、指示、指路等交通标牌。2004年，全市开展夏季百日交通秩序整治行动，查扣无牌无证车辆2363台，假牌假证车16台，盗抢嫌疑车54台。是年10月18日，市交警支队在市公安局交叉路口组建第一个“女子岗亭”。2005—2006年，市交警支队以“事故下降、秩序好转、队伍进步、群众满意”为目标，开展“平安畅通县（市、区）”创建活动。2007年，全市开展客运车辆户籍管理和危险路段大排查。排查危险路段317处，查处无证驾驶71人次，超速行驶4276起，客车超员76起，货车超载67起，查处无证行驶摩托车1182起。是年，投入资金200万元，在贤童街实施单向交通行驶，在娄底三中、市中心医院地段设置隔离护栏，配合城区道路新建、改建工程，重新施划18条道路中心线，车道分界线46条，斑马线159条。2008年，抗冰抗冻期间，交警支队实行24小时三班轮岗执勤制度，对重点路段严防死守，日夜巡逻。同年，开展“迎奥运，保平安”整顿道路交通秩序百日会战。2009年，市交警支队开展酒驾专项整治行动，举行“集中整治酒后驾驶违法行为”启动仪式，开展“珍爱生命、拒绝酒后驾驶”主题宣传咨询活动。在娄底城区各大酒店客房内摆放拒酒驾驶警示牌400余块，在各大型停车场出入口和酒店包厢、电梯内粘贴拒酒驾驶警示牌80余块，各个酒店大门门楣的电子显示屏上滚动播放拒酒驾驶警示语，开展严查酒驾“夜鹰行动”。2010年，市交警支队开展“温暖2010·白手套行动”，在娄底城区21所学校路段设立护学岗，保障学生交通安全。是年，交警支队开展历时4个月的机动车涉牌涉证违法行为专项整治。2011年，交警支队在全市开展“交通安全校园行”护卫天使活动，建立第一个女警护卫岗。是年5月16日，交警支队和娄底人民广播电台共同组建交警直播室，交通频道正式开通。2013年，全市开展“大排查、大教育、大整治”货车违法行为专项行动。发放货车隐患排查表2885份，限期整改车辆累计115辆，停运车辆8辆，强制报废车辆7辆，查处改装维修企业10家，当场查处切割非法加装栏板的自卸货运车辆88辆。2014年，全市启动县际执法服务站26个，设置临时执勤点92个，组织执法小分队66个，对危化品运输车辆开展打击非法改装伪装危化品运输车的行为，打击危化品生产、销售企业为不具备运输许可的车辆非法灌装危化品的行为，打击不具备运输许可的车辆非法运输危化品的行为，打击不具备资格的人员非法驾驶、押运危化品运输车的行为；查处客运车辆违法夜间停运规定、违反接驳运输规定、严重交通违法、违反动态监控制度的行为（简称“打四非、查四违”）行动。是年，省运会在娄底举办期间，交警支队全警上路，苦战40余天，圆满完成省运交通安保任务。2015年，全市开展为期一年的打击非法营运、非法改装，治理超载超限违法行为的“打非治违”专项行动。是年4月起，在全市组织开展为期两年的加快建设在线动态监控、隐患排查治理和应急救援指挥等三大系统，加强非煤矿山和危险化学品与烟花爆竹、建筑施工领域、道路交通三大高危行业安全基层工作，全面落实事故发生地永久警示、企业安全生产双向承诺和风险实时公告、领导干部安全生产实时提醒警示三项制度（简称安全生产“三三”重点工作）。2017年，交警支队先后开展集中打击交通违法行为“百日会战”、预防重特大道路交通事故专项整治、摩托车电动车专项整治、中南片区联合整治行动等20余个专项整治行动。查处交通违法行为77.06万起。其中，查处酒驾、超员、闯红灯、涉牌涉证等严重交通违法43.22万起，民警重点纠违数1399起（人），月均127起（人）。

第二节 车辆和驾驶员管理

一、车辆管理

1990年，地区交警部门继续贯彻有关法律法规，对所有机动车辆实行年检年审，对合格车辆发放检验合格标志，对新车、二手车注册登记或过户登记，发放牌照，建立车辆档案，同时强制实行车辆交通安全保险。1992年，地区机动车辆管理科（所）升格为正科级事业单位，地区交警支队机动车辆安全技术检测站建立。2000年，贯彻公安部车辆管理新规，新车6年之内免检，6年之后一年一检，11年起一年二检，检验合格，发给合格标志。2004年，车辆检测工作及其工作人员全部并入交警支队后勤服务中心，车辆检测推行社会化服务。2007年底，全市机动车保有量19.02万辆，其中汽车6.75万辆，摩托车12.22万辆，全部注册登记，建立车辆档案，发放牌照。2007年10月至2008年10月，省公安厅交警总队先后批准双峰县、新化县和涟源市、冷水江市交警大队设立车辆管理所，为副科级机构。2009年起，用8年时间，在娄底中心城区相继设立城中车管分所、城北车管分所和大众、湘阳、三星、汇达、汇宝、涟钢、高新、和兴8个车管服务站，方便群众就近办理车驾管理业务。

2013年，交警支队成立车管所远程监控中心，远程核发全市机动车检验合格标志。2014年，交警支队车管所处罚中心启用。同时，成立车管所业务监管指导办，对县级车辆管理所、分所、机动车登记服务站等单位办理的各类机动车和驾驶人业务进行监督、检查和管理。2017年，交警支队设立车辆号牌制作点，生产制作小车号牌、教练汽车和摩托车号牌。

至2017年12月31日，全市机动车保有量64.85万辆，其中汽车31.08万辆，摩托车33.35万辆，其他（如农用运输车辆等）0.42万辆。

1990—2017年娄底市机动车检验、注销、注册、转移数据一览表

表12-5　　　　单位：台（次）

年份	检验	注销	注册	转移
1990	511	207	807	0
1991	753	319	1334	15
1992	1057	435	1847	21
1993	1379	534	2153	37
1994	1871	658	2675	56
1995	2134	807	3178	80
1996	2501	1008	3807	103
1997	3005	1201	4389	156
1998	3801	1534	5247	205
1999	4765	1875	6052	328
2000	5130	2105	6533	434
2001	6311	2533	8533	655
2002	7538	2765	10975	876
2003	8765	3057	12157	1279
2004	10678	3522	15046	1567
2005	14257	4325	25342	2134
2006	19376	5501	27653	2765
2007	25430	5603	31065	3208
2008	32740	6329	36531	4076
2009	40167	11191	97279	6072
2010	49242	5301	105125	7558
2011	60656	6031	96745	7928
2012	75839	11240	103690	10702
2013	93316	16555	90252	12875
2014	109907	13307	85125	14225
2015	124767	28826	87306	15418
2016	148887	174759	97255	16717
2017	164769	150721	86417	20045

二、驾驶员管理

1990年，全地区有机动车驾驶证的驾驶员2.34万人。机动车驾驶员须经培训考试合格获得机动车驾驶证（简称驾驶证），驾驶证分A照、B照、C照等14种类型，依照交通法规驾驶员按照准驾车型驾驶相应机动车辆。1990—2004年，全市驾驶员考试在邵阳市隆回县考场进行。1993年1月，地区驾驶员培训中心更名为驾驶员培训学校，为正科级事业单位隶属交警支队领导。1995年3月，新化、涟源、双峰、冷水江等4县市设立驾驶员培训分校，直属地区培训学校领导，负责辖区内摩托车、农用运输车、小型汽车驾驶员培训任务。1996年9月1日起，执行公安部28号令《中华人民共和国机动车驾驶证管理办法》，规定驾驶证分驾驶证（有效期6年，第一年为实习期）、学习驾驶证（有效期2年）、临时驾驶证（有效期1年），申请驾驶证向长期居住地车辆管理所申请，在暂住地居住1年以上向暂住地车辆管理所申请。对初次申请驾驶证年龄做出明确规定，申请大型客车、无轨电车者年龄在21~25周岁，申请大型货车者18~50周岁，申请其他车型者在18~60周岁。年龄超过60周岁注销A.B.N.P型驾驶证，年龄超过70周岁注销机动车驾驶证。考试按科目一、科目二、科目三依次进行，考试合格者，发给机动车驾驶证。

2002年，驾驶员管理从车管科（所）分离出来，设立驾驶员管理科（所），承担全市驾驶员考试和发证工作。是年4月，“培训学校”更名为“娄底市畅安机动驾驶员培训学校”。2003年8月，贯彻公安部《中华人民共和国机动车驾驶员考试办法》。2004年5月1日，执行公安部《机动车驾驶证申领和使用规定》。规定机动车驾驶证有效期分6年、10年和长期3种。对驾驶员的年龄、身体健康状况和准驾车型作出相应调整，对机动车驾驶证记分周期和审验作出新的规定，规定记分周期为12个月，满分为12分，依据道路交通违法严重程度一次记分分别为1分、2分、3分、6分、12分，同时作出相应处罚（经济、行政、刑法），记满12分的，10日内进行科目一考试，一个记分周期内2次以上记满12分的，在科目一考试合格后，10日内进行科目三考试，合格后重新发给驾驶证。同时对驾驶员的准驾年龄做出相应调整。2004年6月，撤销培训学校及分校机构和事业编制。驾驶员培训工作全部社会化。2005年，娄底市第一家社会投资建设的机动车驾驶员考试考场——娄底市机动车驾驶员考试中心建成投入使用。是年，建成畅安分考场。2007年4月1日，执行公安部《关于修改〈机动车驾驶证申领和使用规定〉的决定》。该规定除重申之前的有关规定外，还对酒驾违法问题做出明确规定。

2007年10月至2008年10月，各县（市）交警大队分别设立5个“五小”车辆（低速货车、三轮汽车、拖拉机、摩托车、四轮农用车）考场，其中娄底安保考场内设娄底市五小车辆考场，承担全市“五小”车辆的考试发证任务。2013年，建成飞鹰分考场、锑都分考场和航程考场。娄星区畅安考场承担C1、C2全科考试和B2科目三考试任务，新化县航程考场承担C1、C2全科考试任务，涟源市飞鹰考场承担C1、C2全科考试以及A1、A2、B1、B2全科和残疾人C5考试任务。冷水江市锑都考场承担C1、C2和B1的科目一、二、三考试任务。2017年全市机动车驾驶员、机动车驾驶证增至85万人／张。

1990—2017年娄底发放驾驶证数据一览表

表12-6　　单位：本

年份	发放驾驶证	年份	发放驾驶证	年份	发放驾驶证
1990	1714	1994	6180	1998	8406
1991	1708	1995	17979	1999	10548
1992	1865	1996	20379	2000	9928
1993	2160	1997	12438	2001	10280

续表12-6

年份	发放驾驶证	年份	发放驾驶证	年份	发放驾驶证
2002	20182	2008	45455	2014	72666
2003	20463	2009	70569	2015	70386
2004	22054	2010	56169	2016	80266
2005	19879	2011	47993	2017	79258
2006	27174	2012	47656		
2007	28995	2013	36807		

第三节　道路交通事故处理

1990年，全地区受理道路交通事故1853起，发生交通肇事逃逸案件31起，侦破26起，破案率83.8%，依法追究违章、肇事驾驶员刑事责任6人，治安拘留118人，吊扣吊销驾驶证106本。1991年，全区发生一般程序以上道路交通事故505起，死亡134人，伤314人，直接经济损失619280元。事故起数，死亡人数和直接经济损失分别比上年上升28%、25%和48%。1992年，交警支队成立道路交通事故责任重新认定领导小组，安全宣传科负责具体业务。1993年，全区交警部门受理道路交通事故2125起，结案1912起，结案率90%。全区发生道路交通肇事逃逸案件36起，侦破31起，破案率85%，复议事故责任重新认定案件33起，维持22起，变更11起。1994年，全区交警部门受理道路交通事故2685起，结案2143起，结案率91%。全区发生道路交通肇事逃逸案件34起，侦破25起，破案率77%。1995年，全区交警部门受理道路交通事故2933起，结案2543起，结案率85%，发生道路交通肇事逃逸案件76起，侦破67起，破案率88%，对120名肇事驾驶员作出吊扣和注销驾驶证的处理。1996年，全区交警部门受理道路交通事故2737起，结案2508起，结案率91.6%。全区发生道路交通肇事逃逸案件122起，侦破112起，破案率91%。1997年，全区交警部门受理道路交通事故2722起，结案2180起，结案率90%。全区发生道路交通肇事逃逸案件119起，侦破95起，破案率80%。吊扣吊销驾驶证106本，治安拘留66人，追究刑事责任15人。1998年，全区交警部门受理道路交通事故1943起，结案1733起，结案率89.6%。全区发生道路交通肇事逃逸案件156起，侦破128起，破案率82%。依法处理交通违章肇事驾驶员332人，吊扣吊销驾驶证128本，治安拘留23人，追究刑事责任21人。1999年，全市交警部门受理道路交通事故2225起，结案2047起，结案率92%。全市发生交通逃逸案件87起，侦破78起，破案率90%，依法处理交通违章肇事驾驶员67人，吊扣吊销驾驶证310本，治安拘留52人，追究刑事责任12人。2000年，全市交警部门受理各类道路交通事故3165起，结案2975起，结案率94%。全市发生道路交通逃逸案件124起，侦破112起，侦破率91%。受理道路交通事故责任重新认定112起，维持85起，变更27起，受理伤残重新鉴定41起。治安拘留130人，追究刑事责任37人。2001年，全市处罚交通违章肇事驾驶员603人，治安拘留27人，留置31人，对其他545人进行经济和行政处罚。2002年，交警、保险和医疗单位联合组建122接处警室。2003年，娄底市交通法庭成立。2004年，全市道路交通事故死亡人数239人，是娄底建区以来，年内交通事故死亡人数第一次突破200人，占全市各类事故死亡人数的50%以上。2005年，全市交警部门排查249处事故多发点段、危险路段，整改到位238处，整改率96%。2006年，全市交警部门受理交通事故4084起，结案3675起，结案率89.7%。2007年，全市交通事故起数、死亡人数、伤残人数和直接经济损失同比分别下降16.5%、18.3%、

24.7%和36.5%。2008年，全市发生一般程序以上道路交通事故284起，死亡104人，伤401人，直接经济损失550865元，四项指数与上年同期相比均大幅下降。2009年，全市发生一般程序以上道路交通事故317起，同比上升11.6%，致94人死亡，同比下降9.6%，致419人受伤，同比上升4.5%，财产损失780000元，同比上升41.6%，其中一次性死亡3人以上事故4起，致19人死亡。全年刑事立案事故25起，拘留17人。全市发生逃逸事故22起，侦破21起，侦破率95.45%。2010年，娄底市道路交通事故快速处理及保险快速理赔服务中心成立。是年，全市发生一般程序以上道路交通事故500起，同比上升57.7%，致95人死亡，同比上升1%，致627人受伤，同比上升49.6%，财产损失1515160元，同比上升94.3%。全市发生逃逸事故20起，侦破17起，侦破率85%。2011年，全市发生一般程序以上道路交通事故323起，同比下降54.8%，致93人死亡，同比下降2.1%，致409人受伤，同比下降34.8%，财产损失1296687元，同比下降14.5%，其中一次性死亡3人以上事故1起。是年，交警部门受理复核案件326起，刑事立案事故5起，拘留2人，逮捕1人。全市发生逃逸事故15起，侦破13起，侦破率86.67%。2012年，全市发生致人死亡交通事故75起，同比下降7.41%，致84人死亡，同比下降9.7%；其中一次性死亡3人以上事故1起。交警部门受理复核案件368起。全年刑事立案事故6起，拘留4人，逮捕1人。全市发生逃逸事故28起，侦破28起，侦破率100%。2013年，全市发生致人死亡交通事故79起，同比上升5.33%，致87人死亡，同比上升2.35%，其中一次性死亡3人以上事故1起。交警部门受理复核案件322起。全年刑事立案事故7起，拘留4人，逮捕3人。全市发生逃逸事故25起，侦破25起，侦破率100%。2014年，全市发生致人死亡交通事故71起，同比下降10.13%，致82人死亡，同比上升5.75%，其中一次性死亡3人以上事故2起，致9人死亡。交警部门受理复核案件378起。全年刑事立案事故7起，拘留5人，逮捕3人。全市发生逃逸事故13起，侦破13起，侦破率100%。2015年，全市发生致人死亡交通事故62起，同比下降12.68%，致67人死亡，同比上升18.3%，其中一次性死亡3人以上事故1起。交警部门受理复核案件365起。全年刑事立案事故3起。全市发生逃逸事故20起，侦破17起，侦破率85%。2016年3月，娄底市新星北路道路交通事故快处快赔城北服务点启用。是年，全市发生致人死亡交通事故43起，同比下降30.65%，致46人死亡，同比上升31.3%，其中一次性死亡3人以上事故1起，致3人死亡。交警部门受理复核案件506起。全年刑事立案事故5起，拘留3人，逮捕2人。全市发生逃逸事故19起，侦破19起，侦破率100%。2017年9月，娄底市道路交通事故快处快赔中心江龙滩服务点揭牌运行。是年，全市发生一般程序以上道路交通事故139起，同比下降58.5%，致29人死亡，同比下降37%，致175人受伤，同比下降49.9%，财产损失235401元，同比下降82.9%，没有发生一次性死亡3人以上事故。全年刑事立案事故2起。全市发生逃逸事故24起，侦破24起，侦破率100%。交警支队成立事故防控中心，负责日常研判处置、专业支撑和流程监督等日常管理工作。

1990—2017年娄底市道路交通事故四项指标情况

表12-7

年份	事故起数(起)	死亡人数(人)	受伤人数(人)	直接经济损失(元)
1990	428	107	361	418360
1991	505	134	314	619280
1992	526	125	394	843720
1993	517	138	608	1295310
1994	585	157	364	1895120

续表12-7

年份	事故起数(起)	死亡人数(人)	受伤人数(人)	直接经济损失(元)
1995	609	161	420	2810968
1996	558	164	396	2565514
1997	562	155	489	2680980
1998	483	149	446	2180969
1999	871	164	755	2738019
2000	1770	151	2358	3043000
2001	1848	176	1650	2307985
2002	1930	148	1814	3223509
2003	1442	146	1476	2942978
2004	1118	239	1363	2648601
2005	1097	206	1454	2369560
2006	678	180	1030	1491229
2007	566	147	775	946430
2008	284	104	401	550865
2009	317	94	419	780000
2010	500	95	627	1516160
2011	323	93	409	1296687
2012	368	84	456	1356570
2013	318	87	314	790510
2014	351	82	393	1461250
2015	332	67	391	1226510
2016	335	46	349	1377763
2017	139	29	175	235401

第六章 消防管理

第一节 消防宣传

20世纪90年代，电视宣传媒介兴起，消防宣传由以往面对面传授转向点对面式传播。1992年11月起，全地区每年开展形式多样的“119”消防宣传月活动。2004年始，市消防支队先后在娄底电视台、

《娄底日报》、《娄底晚报》等媒体开辟“火线纵横”“消防知识进万家”“平安119”“消防在线”“消防安全伴我行”等专栏专版。与市消防协会合作，在全市中小学校开展“消防知识进学堂”活动，在学生军训中穿插消防安全常识教育，选聘校园消防宣传志愿者。2007年，市消防支队在娄底信息港开办消防专栏。至此，全市消防宣传工作“电视有形、电台有声、报刊有文、墙上有板、路边有标牌、网络有阵地”格局基本形成。消防宣传逐步渗透全市各社区、学校、企业、农村和家庭。2008年4月，市消防支队宣传教育中心成立，管理消防宣传教育工作。2010年11月7日，湖南省首条“消防宣传主题文化街”——中心城区春园商业步行街建成对市民开放，被公安部消防局、中国科协科普部、中国消防协会评为第四批全国消防科普教育基地。12月，娄底市第三中学被公安部、教育部评为首批全国消防安全教育示范学校。2011年后，秉承“全民消防”理念，全市部署开展《全民消防安全宣传教育纲要（2011—2015年）》宣传贯彻工作。2013年10月，消防支队配备消防宣传车。是年11月，厚天消防义工团娄底分队成立（后更名为娄底市厚天消防义工服务中心）。2014年起，消防支队联合教育部门、娄底军分区开展暑期消防安全宣传教育活动、“消防教育进军训”活动，推进中小学校消防宣传“三有”（有教材、师资、课时）工作，中小学消防安全教育实现系统化、规范化。相继举行“消防安全伴我行”“千村万户”培训、宣传“七进”（进机关、进学校、进社区、进家庭、进企业、进农村、进网站）活动。2015年12月，冷水江市金信社区代表队参加湖南省“社区消防大擂台”总决赛获得亚军。2016年10月，新化县水车镇水车村志愿消防队获第三届全国119消防奖先进集体。2017年，市本级及各县（市、区）全面启动政府购买消防宣传“外包”服务，通过情景体验、送戏下乡、露天观影、集中培训等形式加强消防宣传，“娄底消防”官方微博获2017年度全省“十大公安系统微博”“十大政务机构微博”两个奖项。

第二节 灭火救援

1994年7月12日，娄底市中心城区发生废炮弹爆炸重大事故并引发火灾，娄底市消防中队参加救援并立集体三等功。2000年7月29日，涟源市蓝田镇市场发生特大火灾，市消防支队调集消防车辆10台（次），60余名消防指战员，连续奋战10多个小时，救出被困人员3人，保护建筑面积4.45万平方米，使近亿元财物免受损失。2005年12月18日，新化县国商大厦发生重大火灾，新化县消防大队调集8台消防车辆，50余名消防指战员，连续奋战8个小时，救出被困群众2人。2010年9月4日凌晨，娄底市城西液化气站发生泄漏导致爆炸并引发大火，市消防支队、区消防大队官兵50余人连续奋战2个多小时，疏散方圆2千米内群众，深入火场内部实施关阀作业，及时扑灭爆炸现场大火。2013年8月10日7时，冷水江市禾青镇社学里村大乘山发生特大山林火灾，娄底市政府先后调派消防部队、民兵2000余人（其中森林武警120人）进行扑救。8月15日15时，西南山林死灰复燃，大火将现场指挥部及扑火人员近300余人围困，武警森林指挥部北京机动支队副支队长贾宝龙牺牲，另有4名战士负伤。娄底公安消防支队支队长黄荣浪奉命率25名官兵强行突破火线进行紧急救援，开辟安全通道使扑火人员撤离，搜寻并救出在火场一线指挥救火的2名领导和16名

娄底消防官兵扑救娄底经济开发区木材堆场火灾现场
（2012年10月29日摄）

被困干部群众。至8月16日14时，大火全部被扑灭。此次火灾森林过火面积126.67余公顷，损毁森林面积73.33公顷。

2016年1月9日，冷水江市恒兴化工发生火灾，娄底市消防支队先后调集4个现役中队，1个企业专职消防队，10台消防车、69名指战员，历时3小时将大火扑灭。

1990—2017年，娄底消防官兵14人次因救火表现突出获记个人二等功。

1990—2017年娄底市发生火灾情况表

表12-8

年份	火灾(起)	死亡(人)	受伤(人)	直接财产损失(万元)
1990	59	7	4	50.01
1991	67	6	16	121.02
1992	79	3	9	183.93
1993	44	1	12	64.60
1994	45	1	7	53.43
1995	148	4	51	801.26
1996	85	2	6	229.41
1997	57	7	26	127.03
1998	32	4	2	165.00
1999	56	2	9	125.16
2000	159	7	12	630.36
2001	166	6	6	356.00
2002	135	3	18	320.22
2003	219	6	7	383.29
2004	202	3	3	277.64
2005	256	11	2	618.71
2006	158	4	0	310.75
2007	188	4	0	230.06
2008	208	3	2	247.50
2009	211	4	0	602.82
2010	232	1	1	1112.40
2011	285	2	0	1208.75
2012	308	5	0	1388.90

续表12-8

年份	火灾(起)	死亡(人)	受伤(人)	直接财产损失(万元)
2013	357	5	6	1604.79
2014	498	4	1	1656.26
2015	525	2	0	1217.83
2016	556	4	0	1058.14
2017	472	5	5	986.63
合计	5807	116	205	16131.90

第三节　消防装备设施

1990年，娄底地区消防部队配有各种消防车31台，消防机动泵7台，119接警电话5部，使用无线通信。1990—1999年，娄底城区主干道建有消火栓339个，基本满足灭火用水需要。2001年2月，省总队、市支队、县大队三级金盾联网开始建设，2004年建成开通。5个执勤中队安装火警受理装置。其间，市支队列装举高消防车、火场指挥照明车各1台，救生气垫、脉冲水枪、无齿锯、切割机、强光灯等特种器材装备部队，对讲机和车载台配备到班。娄底市区新安装消火栓153个，涟源市城区安装86个，新化县城区安装76个。2005年，市消防支队购置1辆价值70余万元的大功率水罐消防车。2006—2008年，支队落实公安部“抓基层、打基础、苦练基本功”战略部署，全市大力加强消防车辆和装备建设。购置消防车19台，购置个人防护装备、特勤器材3000余件（套），消防执勤车新安装18套GPS定位系统和21台车载台，配备18台PDA手机、42台防爆对讲机、1台车载卫星电话和2台手持卫星电话。全市消防部队有执勤消防车辆27台，平均每个消防站4.5台，所有执勤中队均配备2台以上大吨位消防车。支队机关和基层大、中队均安装视频监控系统，支队指挥中心对全市消防部队营区实时监控。2009—2010年，购置消防车11台，装备器材1830件（套），淘汰报废一批废旧车辆和器材，各中队十项基本防护装备、特种防护装备、抢险救援器材全部达标。2011—2013年，利用世行贷款325万美元，购置5台特种消防车辆及一批常规器材和个人防护装备。2013年12月，娄底市119指挥中心建成并通过省总队专家组验收，119通信指挥系统采用先进的数据交换技术和“三网合一”网络传输技术，消防通信网络由计算机、有线、无线通信、图像传输等装备组成。2014年1月，市政府出台《娄底市消火栓管理办法》。至2016年底，中心城区新建市政消火栓239个，同时将市政消火栓建设纳入娄底中心城区提质扩容三年行动计划。2014—2017年，购置消防车8台，建成“两室一站”（正压式空气呼吸器气充气室、维修室和检验站）并配齐相关设备，完成消防车辆器材箱的改造统型，个人防护装备及常规器材实现100%的配备率。市政府出台《娄底市中心城区城市消防规划（2015—2020）》，全市8个重点镇、42个其他建制镇完成消防专项规划编制或明确消防专篇，中心城区市政消火栓建设被列入全市24条主干道“白改黑”PPP项目，投资5980万元购置消防装备，全市消防部队各类装备基本达到《城市消防站建设标准》要求。截至2017年底，全市消防部队实有各类消防车51台、基本防护装备6590件（套）、特种防护装备2855件（套）、抢险救援器材1372件（套）、灭火器材1809件（盘）、消防舟艇7艘，消防飞行器7架，娄底中心城区和各县（市、区）119条城镇道路设置消火栓891个，天然、人工水源43处。

第四节 消防监督执法

一、防火监督检查

20世纪90年代，全地区贯彻“预防为主，防消结合”方针开展防火监督。各县、市和企事业单位每年组织3~5次大规模防火检查，元旦、春节、“五一”、国庆等节假日，均开展消防安全自查和互相抽查。发现重大隐患，发出火灾隐患整改通知书限期整改。对辖区消防重点单位执行季检查、年验收制度，每年按照“十项标准”进行检查验收，合格单位发放“消防安全十项标准合格证”，否则责令限期整改。2000年始，推动全市乡镇、街道和村（居）委会建立基层消防组织。2003年，贯彻《湖南省消防监督管理27项便民利民措施》，全市开展消防监督规范化建设和消防安全专项治理，建立健全法制审核制度、集体议案制度、消防行政执法第一责任人制度，安排专职法制审核人员，成立集体议案委员会，逐步规范警务接待窗口制度和消防执法行为。各大队聘请党风廉政建设监督员，定期召开座谈会征求意见，向社会公开承诺，设立举报箱和廉政监督电话。2005年，根据公安部、监察部、安全生产监督管理总局《关于进一步落实消防工作责任制的若干意见》，全市各级政府建立消防重点、难点、专项问题协调解决工作制度，细化量化各部门消防工作职责，并纳入各级各部门年终政绩考评范围。2006年起，逐步强化公安派出所消防监管职能，确立支队、大队和公安派出所三级消防监督管理模式。2009年，各级政府建立消防重点、难点、专项问题由政府协调解决工作制度，明确规划、建设、房产、工商等部门审批前消防提前介入制度，将各部门消防工作职责纳入社会治安综合治理和绩效考评范围。市政府与各县（市、区）政府与所属乡镇、街道办事处层层签订责任状，建立逐级消防工作责任机制。是年，全市5个县（市、区）城区、14个重点中心镇、20个建制镇消防规划完成编审，把消防规划纳入城镇总体规划。2010年起，全市建立消防执法责任制和执法内部稽查机制，全市乡镇兼职消防队伍建设均被纳入娄底经济社会发展总体规划，写入政府消防工作责任状，作为政府目标考核和领导考评内容。2012—2014年，贯彻公安部消防局《关于消防安全重点单位实行消防安全“户籍化”管理工作的意见》，将辖区消防安全重点单位纳入“户籍化”管理系统，实行消防安全“网格化”“户籍化”管理、消防安全区域联防，开展消防控制室分类达标、重点单位及社区微型消防站、消防安全社区等创建活动。全市各级公安机关均将派出所开展消防监督工作情况纳入综合考评、年度工作考评、民警精细化管理考评内容。积极深化行政审批改革，推行建设工程消防技术审查与行政审批分离制度，提高建审、验收质量与办事效率。2015年，将消防安全纳入28个市直单位和各县（市、区）综治考评、安全生产考评以及公安机关“四项建设”绩效评估内容，强化各级各部门消防工作考评，推动政府及职能部门消防安全责任制落实。2017年10月，市政府贯彻国务院办公厅《消防安全责任制实施办法》，落实“党政同责、一岗双责、齐抓共管、失职追责”要求，抓好本地、本行业、本领域的消防工作。截至2017年底，全市界定消防安全重点单位609个，其中机关24个、团体4个、企业175个、事业单位73个，其他333个，确定一级消防安全重点单位99个。全市建成区域联防组织85个，重点单位微型消防站609个，社区微型消防站176个，有1200余名消防控制室值班人员参加第三方机构消防培训。

二、消防专项治理

21世纪初，全市有针对性地开展消防专项整治行动，并逐步将重点时段、重大活动开展消防安全专项治理制度化、常态化。2000年后，市消防支队每年在冬春季节开展冬春火灾防控工作，按照季节特点分行业和部门开展火灾隐患排查整治。2002年，开展加油站消防安全专项治理。此后，人员密集场所火灾隐患排查、重大火灾隐患排查纳入每年消防安全专项治理的重要内容。2005年起，支队每年开展“3·15”消防产品专项治理行动。2006年8月，市、县两级政府挂牌督办、多部门联合整改、司法部门强制执行、消防技术人员蹲点指导攻坚，娄底九龙市场整改到位成功销案。12月，涟源市蓝田镇市场重大火灾隐患通过娄底市政府4次督办，涟源市政府召开8次会议研究整改措施完成整改并成功摘牌。2007—2009年，党和国家重大活动期间开展消防专项整治，先后开展党的十七大消防安保“铁拳整治”集中行动、奥运安保“百日会战”专项行动、“迎国庆、保安全、促和谐”消防安保等专项整治行动。2010年后，每年元旦、春节、元宵节和人大、政协会议以及端午节、中秋节、国庆等时段，开展相应专项消防安保工作，建立起重要节庆日夜查安保机制。是年，全市投入整改资金总计200余万元，历经半年时间，全市10处由各级政府挂牌督办的重大火灾隐患单位于9月底全部整改完毕并顺利通过验收。同年10月，《娄底市消防安全标准化管理标识》出台。12月，在全市开展为期2个月的燃气安全专项整治行动。2011年，开展“清剿火患”战役、消防安全“大排查、大整治”活动等专项行动和“三小场所”（小档口、小作坊、小娱乐场所）消防安全整治行动专项督察活动。共排查社会单位9394家，发现和整改火灾隐患7198处，责令“三停”单位285家，临时查封435家，双峰县消防大队被公安部表彰为全国“清剿火患”战役成绩突出公安消防大队。2012—2014年，全市先后开展党的十八大消防安全保卫战、“打非治违”、易燃易爆场所、石油库消防安全、第二次“清剿火患”、第十二届省运会安保、消防产品专项整治及消控室达标创建等专项整治行动。2015年后，政府对消防工作的领导和监管进一步加强，逐步形成分管副市长“定期听取汇报、定期带队检查、定期督办落实”以及行业部门定期会商、联合督导、考核评价、问责追责的工作态势。创新高层建筑专项治理，由住建、房产、公安三部门分别牵头开展高层建筑排查整治。先后开展夏季消防检查、冬春火灾防控、劳动密集型企业、G20杭州峰会、东盟博览会、党的十九大消防安保、高层建筑、养老院、文物古建筑等专项整治行动。2016年7月，市政府在新化县召开全市夏季消防检查工作现场推进会，总结推广新化县“行业标准化管理、微型消防站联动、派出所监督执法”经验做法。至2017年，市消防支队连续2年对全市各级逐一开展消防安全评估，有针对性地开展消防安全专项治理。

第七章　安全保卫

第一节　大型活动安全保卫

2010年起，连续完成8届湖南省农业机械、矿山机械、电子陶瓷产品博览会（简称“湘博会”）安全保卫工作。2012年12月9日，娄底市全民健身服务中心举办“幸福娄底、美丽佳苑”农行之夜2013跨年演唱会，观众达2.3万人，治安支队圆满完成安保任务。2014年8月19日至9月23日，省第十二届运动会、第九届残疾人运动会在娄底举办。为保证两项运动会的绝对安全，公安部门会同有关部门，制定总体安保方案、专项工作方案、专项行动方案、应急工作预案195个，投资1200余万元购置搜排爆设备、单警装备、安检装备、物体隔离设施、通信设备、特种车等安保设备，确保运动会圆满成功。

第二节　经济文化安全保卫

一、厂矿企业安保

1990年，全地区105个地级内保重点单位，设立保卫科（处）40个，449个县级治安保卫重点单位，设立保卫股37个。1993年，内保科更名为经文保支队，为副处级单位。在涟钢、锡矿山矿务局、洪源机械厂、涟邵矿务局建立4个企业公安分处，建立企业公安科17个、企业派出所27个，涟邵矿务局下辖10矿、2厂、2基建工程处以及金竹山电厂、向红机械厂、西河水泥厂、资江氨肥厂等保卫处（科）均改建企业公安科或派出所。至2017年底，全市有关单位设保卫处、科、股399个。

二、金融机构安保

1990—1999年，企业贵重金属、物资集中的大型库房，由经济民警值班巡守。2000年12月，市保安公司成立。2007年始，每两年开展一次全市银行业金融机构安全检查评估，根据检查结果对各单位提出整改意见或建议。2015年，公安机关会同银监部门对全市13家银行457个营业网点、150个金库、407家自助银行按国家标准进行检查评分，达到安全防范优秀标准12家，达到合格标准1家，安全防范不达标网点1处。发现安全隐患102处，当场整改17处，限期整改85处。2017年，对全市15家银行471个营业网点、527处自助银行、113个金库、1家武装守押公司进行检查评分，达到安全防范优秀标准银行14家，达到安全防范合格标准1家。下发限期整改通知书26份，整改隐患147处。

三、校园安全防范

1990—2009年，全市校园安全主要集中在人防、物防两方面。2010年起，公安部门开展“护校安园”专项行动，全市开展涉校侵害学生、儿童人身安全恶性案件整治斗争，严防涉校重大治安灾害事故发生，进一步提升涉校案事件预防能力和校园内部安全防范水平，推进校园及周边治安防控体系建设和校园安全常态化警务运行机制建设。截至2017年，全市1123所中小学校，设立警务室212个，校园周边治安岗亭118个，护校岗211个，全市学校没有发生恶性安全案件和事故。

四、公交客运安保

2016年前，全市长途客运未纳入公安机关实名制管理。2017年9月20日始，正式实施长途客运实名制。是年10月14日，全市11个长途客运站（场）全部实行实名制，并全部通过省公安厅督查组验收合格。

五、“三电”和油气管道设施安保

1990—2006年，公安部门对电力、电信、广播电视（以下简称“三电”）和油气管道实行常规安全保护。2007年6月，公安部门开展全市性的打击盗窃、破坏“三电”设施违法犯罪专项斗争，抓获违法犯罪嫌疑人1695人，其中刑事拘留988人，追赃620万元，破案3829起，其中省公安厅挂牌督办案件4起。2009年上半年，破坏“三电”案件发案率较专项行动开展前的2007年上半年，同比下降45.8%，破案绝对数提高19.5%。中央电视台、《人民公安报》等8家中央媒体专题予以报道。2016年起，按照“全覆盖、零容忍、严执法、重实效”的总要求，开展输油气管道安全大检查大整治，建立严控严查散装汽油购销制度，加强各加油站（点）安全管理工作。同时，利用多种侦查手段，成功破获系列盗窃通信基站案件25起，缴获基站电板120多块，涉案价值200余万元。破获水洞底移动光缆破坏案，挽回经济损失30余万元。查处破坏“三电”设施治安案件59起，维护了全市“三电”和油气管道运行安全。至2017年底，全市列管“三电”重点单位399家，“三电”保卫处、科、股399个，有保卫人员3472人，内部单位建治保组织2260个，有保卫人员1.92万人。

第三节　保安服务

1998年7月，地区保安服务公司成立，为地区公安局下属事业单位，负责培训和管理保安人员。2000年1月起，娄底市辖区保安服务公司主要负责人由市公安局民警担任，并在各县（市、区）设立分公司，各分公司负责人亦由各县（市）公安局民警担任。2006年5月起，金融机构保安武装守护押运逐步规范，全市相继成立18个守押中队，111个分队，配置押运车83台、备用车4台、守押保安员568人、网点门卫306人，长年押运线路83条，为700余个银行网点及公路收费站（点）提供上门送钞、票据、收款押运服务。2010年1月起，市公安局受理申请审核并报省公安厅批准许可，在全市设立保安服务公司24个，保安培训中心5个，接受长沙、怀化、邵阳、衡阳四地保安服务公司在娄星、新化设立保安服务分公司6个，接受机关、企事业单位自行招用保安员备案单位164个，受理保安资格考试报名7197人。2017年9月，娄底市保安服务公司移交市国资委管理。

第八章　规范执法、行政复议诉讼与劳教审批

第一节　规范执法

1990年6月28日，地区公安处成立法制办公室，具体承担全局法制工作。1995年，全地区劳教、收审、收教、治安拘留、200元以上罚款、行政复议与应诉等工作统一归口法制办公室审核主管。1996年，地区公安处印发文件通知，明确执法、办案程序和要求。1998年1月，加强公安法制和专业知识培训，加强队伍建设，抓好整章建制工作，规范公安执法主体和执法行为，强化执法监督，提高公安机关整体执法水平。2000年，市公安局将公安办案等250多种法律文书全部归口法制部门统一印制、管理与承办审批。2001年始，全市公安机关推行执法质量考核评议工作，以评促规范。2004年度，双峰县公安局被公安部评为全国“优秀执法示范单位”。2007年，进一步规范行政、刑事案件办理程序。2008年，全市公安机关实行一案一考，取消年终考评。2009年，重点推进网络执法办案系统运用，加快落实法制部门按执法勤务类机构设置。2010年，全市公安机关实现刑事案件、治安案件100%网上流转。8月，市局在冷水江市公安局召开规范执法办案区域建设现场会议，全面推进全市执法办案区建设工作。

2012年，所有行政、刑事案件和行政复议案件均在公安内网上办理和审批。7月，市局机关执法办案区建成并投入使用，所有案件一律在办案区开展工作，进入办案区后一律采集信息，在办案区内一律有人看管，办案一律有全程录音录像（以下简称“四个一律”）。2013年，印发《娄底市公安机关深化执法规范化建设（2014—2018）实施意见》，出台《娄底市公安机关网上执法办案管理规定（试行）》《娄底市公安局行政审批制度》《娄底市公安局重大事项集体研究制度》《娄底市公安局法制员管理制度》《娄底市公安局涉案财物管理制度》等多项制度，执法规范化建设进一步健全。2014年，全市开展不捕不诉中存疑不诉、绝对不诉案件评查及责任追究、执法突出问题专项整治工作和“四个一律”落实情况大检查，重点考察一案一考工作情况和执法档案管理积分试点工作。是年，通过执法办案系统实行网上执法质量考评，建立专责考评室，提高考评效率，减轻基层负担。涟源市公安局在全省执法质量考评工作中，连续7年被省厅评为优秀执法单位。

2015年，印发《娄底市公安机关执法规范化建设实施方案》，重点推进执法办案积分制管理推广应用，积极落实负责人出庭应诉制度。3月，涟源市公安局作为全省县级公安机关执法办案积分制试点单位，率先启用档案积分制，自主成功研发网上管理系统。3月17日，市局机关执法办案区搬迁新址并正式投入使用。是年，湖南省推行阳光警务执法办案查询系统，实现对接处警、受立案、案件办理、审核审批等重要执法环节的实时监控、动态提醒、自动预警和全程监督。全市当事人登录查询3万余次，公安机关发送短信10万余条。阳光警务平台办理各类投诉案件2800余起，纠正各类不规范执法和执法瑕疵问题300余个。2016年，娄底启用阳光警务执法办案查询系统。下发《娄底市公安局刑事案件“三统一”工作方案》，建立刑事案件统一入口、统一审核、统一出口工作机制，所有刑事案件从立案到采取刑事强制措施、提请批准逮捕、移送审查起诉等均由法制民警审核报分管法制局领导审批，实现由法制部门对口衔接检察院、法院，重大疑难案件，由法制部门提请检察机关研究或者提前介入的工作机制。8月，全市公安机关全面推行执法档案积分制，实现全程自动案件积分流程、精准快速积分结果分配、智能高效积分统计排名、灵活多样积分规则配置，并与执法办案系统无缝对接，灵活配置各项计分权重、评分标准、计分分值。整个积分流程与案件办理同步进行，积分生成与案件审批同步实现，为利用信息化手段实现执法档案积分管理提供有力保障。是年底，全市公安机关均成立网上受立案管理室，进一步规范受立案工作，从源头上解决有警不接、有警不处、有案不受、有案不立、有案不查等受立案突出问题。2017年，市公安局深入开展执法活动大排查、大研判、大管控、大演练，下发《关于深入推进执法档案积分管理机制的通知》，继续深入推进执法档案积分管理制，并建立相关

的激励机制，将考评结果与评先评优、提拔挂钩，落实奖励经费，有效鼓舞民警办案积极性。是年，为推进执法办案区标准化、精细化、智能化、集中化升级改造，对全市65个执法办案区逐一检查，关闭不符合标准的派出所执法办案区15个。

2017年12月，建成市本级执法监管中心，内设执法管理、执法监督、执法保障、执法研判4个功能区。执法监管中心以省厅警综平台为依托，全面导入执法研判系统和相关大数据平台及数据，通过执法监管平台运行，实时对案件进行预警、巡查，并向各部门进行工作任务的推送、提出整改要求，全面加强执法环节“人、案、物、场所、网络信息”5个方面工作，严防因执法行为引发执法安全、执法质量、执法队伍及执法重大涉警负面舆情案事件发生，实现对执法办案全流程的常态化、实时化的监督管理和质量管控，形成省、市、县执法监管中心上下贯通、三级联动、一体运行，真正打通执法监管体系。

1990—2017年，全市公安机关接受检察部门执法检查，纠正违法案件560件（次）。

第二节　行政复议、应诉和国家赔偿

1990—1999年，全地区公安部门办理行政复议案件560余起，年均办理93起；出庭应诉行政案件280余起，年均办理28起，胜诉率96%。1995—1999年，全地区公安部门办理行政、刑事赔偿案件96余起，年均办理19起。

2000—2014年，市公安局贯彻公安部《公安机关办理刑事复议复核案件程序规定》，办理刑事复议复核案件55起，年均办理3.6起。2015—2017年，全市公安部门办理行政诉讼案件305起，年均办理101.6起，胜诉率96%；办理行政复议案件865起，年均办理228.3起；办理国家赔偿案件102起，年均办理34起，退还错误扣押的财产200余万元。

第三节　劳动教养审批

1991年3月4日，地区劳动教养管理委员会成立，劳教委员会办公室设地区公安处，主要负责劳动教养案件审批等工作。1998年，劳教委员会办公室并入法制办公室。2007年，法制办内设劳教审批科，专门负责劳教审批工作。1991—2008年，全市审批劳动教养案件9272件，劳动教养1.28万人。是年，《中华人民共和国禁毒法》颁布实施，对吸毒成瘾严重人员由县级以上公安机关强制隔离戒毒，不再劳动教养，劳动教养案件大幅减少。2009—2013年，全市审批劳动教养案件258件，劳动教养272人。是年11月15日，《中共中央关于全面深化改革若干重大问题的决定》废止劳动教养制度，建立健全社区矫正制度。12月28日，全国人大常委会做出决定，废止劳动教养制度。2014年11月30日，市政府撤销市劳动教养管理委员会。2015年，市政府劳动教养管理委员会办公室撤销。

第九章　机　构

第一节　市级机构

1990年1月，地区公安处内设办公室、政治处、政保科、内保科、治安科、预审科、刑侦科、纪检组、交通警察支队、特警队、户政科、后勤装备科、收审所和林业公安科等处、室、队、科。6月，地区公安处增设法制办，为正科级机构。1993年9月，消防处更名为消防支队。11月，刑侦、治安、经文保科实行支队建制，升格为副处级支队。1995年4月，公安处信息指挥中心成立。1997年2月，设立娄底地区人民警察学校。6月，组建娄底行署公安处戒毒所，增设税侦支队和技侦支队。8月，设立看守所、撤销收容所。1998年2月，设立督察队。7月，刑侦体制改革，实行侦审合一，撤销预审科，设立监管支队。增设机要通信科。此时，地区行政公署公安处内设办公室、政保科、户政科、出入境管理科、机要通信科、计算机管理科、法制办、后勤装备科、财务科、信访科、宣传科、政治处、纪委监察室（审计科）、技侦支队、税侦支队、监管支队、刑侦支队、治安支队、经文保支队、交警支队。下设警察学校、看守所、戒毒所等单位。业务指导涟钢、涟邵、锡矿山、洪源4个企业公安分处及林业公安科。2000年3月，增设禁毒支队。原县级娄底市公安局看守所上划市公安局，更名为市公安局第一看守所，为正科级机构。原地区公安处看守所更名为市公安局第二看守所。原县级娄底市公安局拘留所，管理体制上划市公安局，名称不变，为正科级机构。4月，娄星区公安局上收市公安局，更名为娄底市公安局娄星分局，为正科级机构，其干部由市公安局为主管理，区委协助管理，党组织关系在娄星区，为娄底市公安局派出机构，由市公安局实行垂直管理。是年9月，设立娄底市公安局煤城分局、钢城分局、锡矿山分局，均为副处级机构，属市公安局派出机构，由市公安局直接领导。2001年7月，市公安局政治处更名为政治部。2002年4月，税侦支队更名为经侦支队。技术侦察支队更名为行动技术支队。6月，撤销娄底市公安局煤城分局，其职能并入娄底市公安局娄星分局。7月，增设警卫科，同时撤销原挂靠在治安支队的警卫机构。8月，增设警务督察室（加挂警务督察队牌子），为正科级机构，督察长由纪委书记兼任。政保科更名为国内安全保卫支队。计算机管理监察科更名为公共信息网络安全监察科。设立科技科。后勤装备科、财务科合并为装备财务科。9月，林业公安科更名为森林公安分局，加挂森林警察支队牌子。11月，成立娄底市城区治安巡逻大队，为差额拨款，独立核算（2004年4月经费列入财政预算）的正科级事业单位，挂靠市公安局娄星公安分局。2003年6月，锡矿山分局移交冷水江市公安局。2004年1月，公共信息网络安全监察科更名为公共信息网络安全监察支队。12月，巡警防暴支队更名为反恐防暴支队，升格为副处级机构。警卫科更名为警卫处，升格为副处级机构。市人民警察学校更名为市警官培训中心。2005年6月，信访办公室与局办公室分设，信访办更名为信访科。2006年8月，设立娄底市公安局刑事科学技术研究所，加挂娄底市公安局物证鉴定所的牌子，为正科级机构。10月，反恐防暴支队更名为巡特警支队。2007年7月，办公室更名为警令部，装备财务科更名为后勤装备部，公共信息网络安全监察支队与行动技术支队合并为网监与行动技术支队。经文保支队撤销，其职能划入治安支队和国保支队。2008年9月，森林公安分局更名为森林公安局。2009年3月，强制戒毒所更名为强制隔离戒毒所。5月，市第一看守所与第二看守所合并为市看守所。低速载货汽车、三轮汽车管理，拖拉机及低速载货汽车的道路交通安全秩序管理和事故处理职能由市农业机械管理局划至市公安局交通管理支队。2011年1月，设立娄底市特殊群体涉毒人员收治中心，委托娄底市看守所管理。9月，设立市公安局娄星分局市委市政府机关警务室。2012年9月，设立市公安局驻京维稳科。10月，警务督察队更名为警务督察支队，调整为市公安局内设机构。2012年10月始，由政府副职兼任市县两级公安局局长。2013年5月，市公安局强制隔离戒毒所更名为市第一强制隔离戒毒所。后勤装备部更名为警务保障处。2014年12月，法制办更名为法制支队。设立市交通巡逻大队（正科级全额拨款事业编制），挂靠市公安局交通警察支队管理，2015年10月，调整至娄星公安分局管理。2016年3月，警令部110接警大队更名为警令部指挥中心。撤销收容教育所和治安支队城管执法大队。8月，撤销法制支队加挂的市劳动教养管理委员会办公室牌子。12月，设立市禁毒委员会办公室，为市公安局正科级内设机构。2017年1月，根据省公安厅关于资源整合，建立“4+X”工作机制的要求，治安防控中心、指挥情报中心、侦查实战中心、新闻舆情中心挂牌。3月，涟源市公安局水洞底派出所、双峰县公安局蛇形山派出所调整至市公安局娄星分局管理，分别更名为市公安局娄星分局水洞底派出所和市公安局娄星分局蛇形山派出所。4月，市公安局便民服务中心揭牌。2017年5月，设立科技信息化支队（正科级），撤销警令部信息通讯科。设立反恐怖工作支队（正科级），撤销警令部反恐怖工作科。8月，撤销市公安局纪委，成立市纪委市监察委派驻市公安局纪检监察组。

截至2017年12月，娄底市公安局辖涟源市、冷水江市、新化县、双峰县公安局和娄星、钢城公安分局。内设警令部、政治部、警务保障处、法制支队、国内安全保卫支队、治安管理支队、监所管理支队、网监与行动技术支队、刑事侦查支队、巡特警支队、人口与出入境管理支队、交通警察支队、经济犯罪侦查支队、禁毒支队、警务督察支队、禁毒委员会办公室、科技信息化支队、反恐怖工作支队。下设警官培训中心和消防支队。内设机构除警务保障处、人口与出入境管理支队、网监与行动技术支队、法制支队、警务督察支队、禁毒委员会办公室、科技信息化支队、反恐怖工作支队为正科级机构外，其他均为副处级机构。

第二节　基层机构

一、娄底市公安局娄星分局

1990年，设立娄底市公安局，为正科级机构，内设指挥中心、政工监督室、警务保障室、法制大队、刑侦大队、治安大队、禁毒大队、经侦大队、国保大队、人口与出入境大队、督察大队、网安大队、情报信息大队、市委政府机关中心警务室。下设乐坪、长青、花山、大科、涟滨、西阳、杉山、双江、石井、万宝10个派出所。1999年9月，更名为娄星区公安局。2000年4月，上划市公安局，更名为市公安局娄星分局，为市公安局的派出机构，由市公安局垂直管理，辖区包括娄星区（除黄泥塘街道）10个乡镇、街道和娄底经开区、娄底水府示范片万宝新区等。代管娄底市交通巡逻大队。

2017年3月，涟源市公安局水洞底派出所、双峰县公安局蛇形山派出所调整至娄底市公安局娄星分局管理，分别更名为娄星分局水洞底派出所和娄星分局蛇形山派出所。

二、娄底市公安局钢城分局

2000年9月，设立娄底市公安局钢城分局，行使城市公安分局职权，副处级机构，为娄底市公安局派出机构。工作范围为涟钢厂区、生活区和周边曹家、涟滨、南阳、东来、恩口5个行政村，以及市场、凤阳、福岭、双园、新立、高溪、碧溪7个社区。内设指挥中心（含警务保障）、政工监督室（含纪检、督察、工会）、法制室、刑侦大队（含禁毒）、治安大队（含国保、经文保）、经侦大队。设黄泥塘、洪家洲、青山、田湖4个派出所。

三、冷水江市公安局

1990年，设立冷水江市公安局为正科级机构，5月，增设户政管理股、后勤装备股和法制工作办公室。1991年7月，政工股更名为政工室，刑侦队更名为刑侦大队，增设纪律检查委员会。1993年9月，建立布溪公安分局。交警队更名为交警大队。1995年10月，增设城南派出所、林业派出所，冷水江派出所升格正科级，治安股更名为治安大队。1997年10月，经文保（内保）股更名为经文保大队（副科级），增设计算机管理监察股和巡逻（防暴）警察大队，至此，冷水江市公安局设机构35个。2002年7月，内设办公室（加挂市公安局指挥中心牌子）、政工室、警务督察大队、法制工作办公室、户政管理股、装备财务股、公共信息网络安全监察股、国内安全保卫警察大队、经济犯罪侦察大队、经济文化保卫大队、治安警察大队、巡逻（防暴）警察大队、经济环境治理大队、刑事警察大队、禁毒大队、交通警察大队（正科级）16个职能股、室、队，派出机构24个，包括消防大队、看守所、治安拘留所、强制戒毒所、布溪公安分局（正科级）和冷水江、潘桥、禾青、三尖、金竹山、岩口、铎山、渣渡、梓龙、毛易、同兴、中连、飞水岩、陶塘、矿山、筻溪、球溪、颜家冲、森林19个乡镇、街道派出所。2003年6月，娄底市公安局锡矿山分局移交给冷水江市公安局。2008年10月，合并纪委监察室、警务督察大队、信访办等机构，设立纪委（监察室），加挂警务督察队和信访工作办公室牌子。户政管理股、出入境管理股合并，设立人口与出入境管理大队。撤销经济文化保卫大队，经济环境治理大队职能并入治安管理大队，治安管理大队设经济环境治理中队。撤销公共信息网络安全监察股，其职能划入刑事侦查大队。撤销巡逻警察大队，其职能一部分划入治安管理大队，一部分划入交通警察大队，一部分下放派出所。撤销筻溪、球溪、颜家冲派出所，其职能分别并入毛易派出所、禾青派出所。其中治安管理大队、刑事侦查大队、禁毒大队、毛易派出所正职高配正科级，副职高配副科级。2011年7月，内设17个股、室、队和冷水江、毛易、潘桥、禾青、三尖、金竹山、渣渡、岩口、铎山、梓龙、同兴、中连、飞水岩、矿山、沙塘湾15个派出所及布溪分局、城东警务室。2017年5月，合并部分派出所，设冷水江、毛易、铎山、矿山、中连、三尖、禾青、渣渡、金竹山9个派出所和布溪公安分局。

四、涟源市公安局

1990年，设立涟源市公安局，为正科级机构。内设12个股、室、队。设立城镇派出所10个、农村派出所36个。1993年2月，内设16个股、室、队。设立城镇派出所10个、农村派出所36个。1996年10月，内设9个股、室和6个直属机构。设立蓝田、石马山、六亩塘、三甲、安平、古塘、龙塘、伏口、湄江、七星街、桥头河、渡头塘、杨市、枫坪、斗笠山、水洞底、荷塘、金石、茅塘、白马20个乡镇派出所。2002年9月，内设16个股、室、队和3个直属机构，增设虎溪桥派出所（2012年8月，更名为金凯派出所）。2007年8月，内设11个队、室和2个直属机构，21个派出所无变化。2011年7月，内设14个队、室和4个直属机构和21个派出所。2017年3月，水洞底派出所划归娄底市公安局娄星分局。

五、双峰县公安局

1990年，设立双峰县公安局，为正科级机构。内设秘书、刑侦、治安、政保、预审、内保、消防、政工室、纪检组9个股、所、队、室和看守所、治安拘留所、交警队。辖永丰、印塘、青树坪、三塘铺、甘棠、洪山殿、蛇形山、龙田、杏子、梓门、沙塘、井字、荷叶、石牛、花门、锁石16个乡镇派出所。7月，在刑侦队内设禁毒中队。1991年4月7日，增设户政管理股。1992年5月，内保股更名为经济文化保卫股。1993年4月9日，交通警察队更名为交通警察大队，为正科级机构，分别在永丰、青树坪、梓门桥香铺坳、太平寺建立4个交警中队。6月，成立税务执勤室。9月，刑侦队更名为刑事侦查大队，治安股更名为治安管理大队，均为副科级机构。1996年，消防中队更名为消防大队。5月，成立监察室、审计室。12月，成立装备财务股、巡警大队。经济文化保卫股更名为经济文化保卫大队，为副科级机构。2001年10月26日，撤销巡警大队，其处警中队、刑侦大队城区中队和五里牌经济开发区治安执勤室并入永丰派出所。2002年8月，成立警务督察队。2002年8月，内设20个股、室、所、队和16个乡镇、街道派出所。2005年11月，成立金开派出所。2017年3月，蛇形山派出所划入娄星公安分局。

六、新化县公安局

1990年，设立新化县公安局，为正科级机构。1996年9月，内设12个股、室、队，设立上梅、桑梓、曹家、吉庆、坐石、温塘、田坪、油溪、白溪、荣华、圳上、西河、孟公、金凤、天门、琅塘、游家、炉观、水车、文田、奉家、石冲口、维山、科头、洋溪、槎溪26个派出所和梅苑警务区。2002年8月，内设20个股、室、队和26个乡镇、街道派出所及梅苑警务区。2008年7月，梅苑警务室更名为梅苑派出所。2011年6月，内设16个股、室、队和27个派出所。

七、派出所和人民调解室

1990年，全市有派出所108个。2017年12月，全市派出所精减至92个。其中，一级派出所8个，占派出所总数9%。二级派出所32个，占派出所总数35%。三级派出所46个，占派出所总数50%。四级派出所6个，占派出所总数7%。

2016年，全市推进驻派出所人民调解室建设和公安检查站建设，建人民调解室98个，化解矛盾纠纷4492起。建成市际公安检查站7个、电子卡口13个。2017年10月，推行“一村一治安队”建设，在全市1842个建制村建成治安队938个。

第十三篇

检　察

概 述

1990年，地、县两级检察机关贯彻中央“严打”方针，配合公安、法院严厉打击各类刑事犯罪，加强反贪污贿赂工作，开展民事、行政检察工作试点。1991年，强化为经济建设服务，积极处理久拖未决案件，保证企业正常经营活动。1992年，开展反盗窃、查禁卖淫嫖娼和打击车匪路霸等专项斗争。开展文明接待“窗口建设”。1993年，省检察院娄底地区检察分院（以下简称地区检察分院）严查农村基层干部侵权犯罪、煤矿重大责任事故案件。1990—1993年，审查批准逮捕犯罪嫌疑人4733人，起诉6044人。立案查处贪污贿赂等经济犯罪案件797件，立案查处渎职侵权犯罪案件240件。

1994年，地、县两级检察机关开展农村重点整治、城区夏季攻势及集中打击等专项斗争，对严重刑事犯罪案件提前介入、专人专案、限时办结。1995年，加大对伪造、倒卖、盗窃发票违法犯罪活动打击力度。4月，地区检察分院刑事检察二科在全国检察机关第三次“双先”表彰会上获得表彰，并立集体一等功。1996年，狠抓农村重点整治和全国第二次“严打”，把打击杀人、强奸、纵火、爆炸和重大盗抢、流氓等七类犯罪及“车匪路霸”、带黑社会性质的犯罪团伙作为重点，快捕快诉。1997年，执行新修订的刑事诉讼法，开展立案监督和跟踪监督。首次立案查办巨额财产来源不明案。5月，检察分院法纪检察科更名渎职犯罪侦查局，加大查处徇私舞弊犯罪案件力度。1998年，执行高检院“九条禁令”，对1996年以后的自侦案件和其他案件进行系统清理和重点抽查。撤销全地区6个税务检察室。1994—1998年，审查批准逮捕犯罪嫌疑人5985人，起诉6623人；立案查处贪污贿赂等经济犯罪案件609件，立案查处渎职侵权犯罪案件226件。

1999年，全市检察机关对监管场所实行网络动态监督，实行羁押期满提示、群众举报和投诉制度。市检察院党组成员、反贪局局长扶一平获全国人民满意的检察干警称号。2000年，参与经济发展环境治理，开展“打拐”“扫毒”“反假币”等专项整治行动。推行主诉检察官办案责任制。2001年，把查办职务犯罪大要案与“严打”整治和规范市场经济秩序紧密结合起来，打击各类破坏企业改革改制、黑恶势力“保护伞”、行政执法人员滥用职权、徇私舞弊案件。2002年，开展扫黑除恶和整顿规范市场经济秩序的立案监督、清理纠正超期羁押、控告申诉积案专项行动。市检察院渎职犯罪侦查局局长萧正奇被评为全国检察系统模范检察干部。2003年，完善办案安全防范措施，建立执法安全督查制度，实施办案安全责任追究，推进刑事检察工作改革和规范化建设，刑事生效案件数据库录入，在全省列第一。市检察院被评为全国检察机关办案用房和专业技术用房建设先进单位。1999—2003年，审查批准逮捕犯罪嫌疑人1.03万人，起诉1.01万人，立案查处贪污贿赂等经济犯罪案件388件，立案查处渎职侵权犯罪案件104件。

2004年，全市检察机关开展打击制假售假、侵犯知识产权犯罪专项立案监督行动、查办国家机关工作人员利用职权侵犯人权犯罪专项行动、打击煤矿安全事故背后的职务犯罪专项行动，健全案件回访、安全督查和错案追究等制度。2005年，全市检察机关严查道路建设、药品购销、土地征用、国企改制等领域中的职务犯罪，对严重失职渎职造成矿难、交通事故，以及“三机关一部门”（党政机关、司法机关、行政机关，经济管理部门）中滥用职权、玩忽职守、索贿受贿、徇私枉法的犯罪行为及时依法查处。2006年，开展查办破坏经济秩序渎职犯罪“百日会战”。市检察院连续3年获“好班子、好队伍、好业绩”称号。2007年，推行执法办案终身负责制。开展“纪律作风建设年”、人民监督员制度试点工作，全面推行办公办案网络化。2008年，贯彻宽严相济刑事司法政策，开展息诉息访、推动刑事和解、人民调解检察工作试点，改进审查逮捕、审查起诉方式，加强对民事审判和行政诉讼活动的法律监督。2004—2008年，审查批准逮捕犯罪嫌疑人1.40万人，起诉1.51万人，立案查处贪污贿赂等经济犯罪案件317件，立案查处渎职侵权犯罪案件130件。

2009年，全市检察机关开展涉检重信重访和信访积案化解专项治理，启用全国检察机关统一举报电话，完善举报线索管理等机制，全面规范和推进举报工作。2010年，开展“打黑除恶”“禁毒禁赌”和“两抢一盗”等专项行动，推行“职务犯罪审查逮捕权上提一级、附条件不起诉、量刑建议、检务公开、刑罚执行同级同步监督”等机制改革。2011年，履行法律监督职责，服务全市经济社会发展，参与社会治安综合治理，探索社区矫正、刑事被害人救助新途径。市检察院在全市检察机关推行精细化管理。市、县两级检察院6个举报接待室有3个获全省、3个获全国检察机关文明接待室称号。2012年，治理利益驱动办案、执法作风粗暴、违法违规扣押冻结涉案款物等执法“顽症”。制定《娄底市人民检察院关于解决“三顽症”问题的若干规定》，自查和“开门查”相结合，对执法“顽症”进行排查。着力抓干警的思想教育，推崇“忠诚、勤奋、公廉、包容”的娄底检察精神。2009—2012年，审查批准逮捕犯罪嫌疑人1.05万人，起诉1.3万人，立案查处贪污贿赂等经济犯罪案件159件，立案查处渎职侵权犯罪案件61件。

2013年，市检察院出台《娄底市检察机关服务和保障经济建设十项措施》，开展检察机关服务经济建设大局专题调研活动。4月，市检察院获全国“五一劳动奖状”。2014年，开展“清理纠正久押不决案件”和“违法减刑、假释、暂予监外执行监督”专项工作。市检察院连续两届被评为全省先进市州检察院，反渎职侵权局被评为全省先进集体并记集体二等功。2015年，对危害食品药品安全犯罪、破坏环境资源犯罪专项立案监督。市检察院被评为省级文明标兵单位、记集体二等功。2016年，突出打击电信网络诈骗等新型犯罪，推进检察改革，首次遴选出224名员额检察官。市检察院获全国检委会规范化建设示范单位、省文明卫生单位、省人民满意的公务员集体等荣誉。2013—2016年，全市审查批准逮捕犯罪嫌疑人9268人，起诉1.25万人，立案查处贪污贿赂等经济犯罪案件220件，立案查处渎职侵权犯罪案件80件。

2017年，全市检察机关参与打击涉众型经济犯罪专项工作，批准逮捕集资诈骗、非法吸收公众存款犯罪嫌疑人47人。6月，全国人大常委会以立法形式确立检察机关提起公益诉讼职能。以生态环境保护、国有资产保护等领域为重点，摸排公益诉讼线索18件，立案6件。市检察院获湖南省人民满意的公务员集体。配合监察体制改革试点，做好职务犯罪侦查预防部门转隶、过渡期的执法办案、监察司法衔接、线索移交、机构组织设立、人员调配等工作，全市检察机关121人转隶至监察委。是年，审查批准逮捕犯罪嫌疑人1998人，起诉2598人，立案查处贪污贿赂等经济犯罪案件41件，立案查处渎职侵权犯罪案件9件。

第一章　刑事检察

第一节　审查批捕

1990—1995年，地、县两级检察机关贯彻中央“严打”方针，从办案力量、经费、交通工具上保障“严打”斗争深入开展，与公安、法院紧密配合，严厉打击各类刑事犯罪活动。受理审查逮捕案件5071件1.08万人，审结4888件1.01万人，批捕4292件8367人，不捕1444人。

1996年，地、县两级检察机关狠抓农村治安重点整治和贯彻落实全国第二次“严打”方针，重点打击杀人、强奸、纵火、爆炸和重大盗窃、抢劫、流氓七类犯罪以及危害社会的“车匪路霸”、带黑社会性质的犯罪团伙案，批捕重大犯罪嫌疑人729人，占批捕总人数的58%。1997年，地、县两级检察机关成立“严打”领导小组，坚持重特大案件提前介入，及时掌握案情，缩短审查批捕时间。1998年，为提高办案质量，地区检察分院制定下发《防止审查批捕错案发生的规定》，明确案件承办人、部门负责人和主管领导的责任。1996—1998年，全地区受理审查逮捕案件2742件5235人，审结2700件5109人，批捕2283件4213人，不捕271件722人。1999年，全市检察机关积极参与社会治安综合治理，批捕涉毒犯罪嫌疑人574人、涉赌犯罪嫌疑人32人、电信诈骗犯罪嫌疑人75人。1999—2003年，受理审查逮捕案件6968件1.28万人，批捕1.04万人。

2004年起，全市检察机关参与打击“两抢”、毒品犯罪、地下“六合彩”、煤矿安全专项整治以及清明期间坟山纠纷、制售假冒伪劣商品犯罪，开展立案监督专项行动。批捕伪造货币、制售假烟犯罪嫌疑人23人，批捕涉毒犯罪嫌疑人158人。2008年，注重科学运用宽严相济的刑事政策，推行快速办案机制，开展“人民调解进检察”办案试点。2004—2008年，受理审查逮捕案件9609件1.71万人，审结9543件1.7万人，批捕8236件1.44万人，不捕1307件2620人。2009年，全市检察机关打击新型电信诈骗和邪教组织犯罪，批捕诈骗案82件162人、邪教组织犯罪3件6人。2010年，推进职务犯罪案件审查逮捕权上提一级，市检察院受理职务犯罪审查逮捕案件15件23人，决定逮捕10件15人，不捕4件7人。积极推进刑事和解。2011年，按《中华人民共和国刑法修正案（八）》的规定，对初犯、偶犯、未成年犯、老年犯中一些罪行轻微的人员，坚持依法从轻处理；对因民间纠纷引发的刑事犯罪，立足于化解矛盾，教育挽救，增进社会和谐。2010—2011年，办理刑事和解不捕案91件100人。2012年，探索未成年人犯罪预防和帮教长效机制。2009—2012年，全市受理审查逮捕案件8590件1.36万人，审结8513件1.35万人，批捕7018件1.09万人，不捕1495件2588人。

2013年，参与扫黑除恶、扫黄禁赌、打击电信诈骗、打击利用PS技术合成淫秽照片敲诈勒索等专项行动。2014年5月，《法制周刊》以《娄底首用“公开听审”复核逮捕案件》为题报道娄底检察机关办案经验。2015年，冷水江市检察院在审查逮捕环节成功防范4起由强制戒毒人员仅凭传闻编造的假案。高检院检察长曹建明批示，此案办得好，经验和做法值得全国检察机关学习。是年10月，贯彻国务院打击治理电信网络诈骗新型违法犯罪工作联席会议精神，部署专项行动。双峰县被列为挂牌整治7个区域性犯罪重点之一。2015—2016年，全市受理各类违法犯罪审查逮捕案件215件528人，批捕166件378人，不捕153人。2016年7月，涟源市公安局、检察院根据群众举报，侦破华峰电子商务有限公司冒充4G网络推广中心，向顾客收费669元寄送手机模具诈骗案。此案涉及10家公司，作案窝点横跨湘、黔、粤三省，受害人遍布全国，公安部挂牌督办。涟源市检察院先后受理审查批捕该系列案24件148人。2013—2016年，全市受理审查逮捕案件9716件1.33万人，审结9589件1.31万人，批捕7173件9561人，不捕2416件3556人。2017年，全市检察机关贯彻少捕、慎捕方针，捕后判拘、管、免等轻刑案件比例持续三年保持全省相对最低。受理审查逮捕案件2671件3554人，审结2668件3563人，批捕2050件2655人，不捕618件908人。

第二节 审查起诉

1990年，地、县两级检察机关审查起诉严重刑事犯罪案件733件1848人，分别占全年起诉总数的81.4%和80.6%。1991年，突出打击杀人、爆炸、抢劫等严重刑事犯罪，注重从重从快，起诉部门提前介入57案。1992年，重点打击严重刑事犯罪，注重严惩贪污、受贿等严重经济犯罪。1993年，按照省委统一部署，参与反盗窃、查禁卖淫嫖娼和打击车匪路霸等专项斗争。为配合“七一”前夕的打击行动，检察分院起诉18起严重刑事犯罪案件。1990—1993年，全地区受理移送起诉案4348件7903人，审结4215件7018人，起诉3537件6137人，免予起诉606件1004人，不起诉16件45人。1994年，地、县两级检察机关与公安、法院紧密配合，组织农村重点整治、城区夏季攻势及集中打击等专项斗争，从快起诉新化县特大制售假硬币系列案、假烟案和双峰特大假证案。10月31日，地区检察分院派员提前介入“10·20”娄底宾馆恶性流氓案并及时公诉和开庭。1995年，检察分院受理可能判无期徒刑以上的犯罪案89件217人，起诉80件177人。1996年，把七类刑事犯罪案及危害社会的车匪路霸、带黑社会性质的犯罪团伙案作为打击重点，起诉重大案犯802人，占起诉总人数的54%。1997年，对群众反映强烈的犯罪行为加大打击力度。涟源市检察院对盗窃耕牛犯罪，双峰县检察院对婚姻家庭暴力犯罪，新化县检察院、冷水江市检察院对涉毒犯罪，娄底市检察院对带黑社会性质的团伙犯罪进行强有力打击，重特大刑事案件做到随到随审。1998年7月31日，某厂职工段某持刀闯入厂长办公室，将厂长砍成重伤。冷水江市检察院和省检察院娄底分院分别受理后，以最快的速度提起公诉，法院及时庭审宣判。1994—1998年，全地区检察机关受理移送起诉案5249件8963人，起诉4145件6782人。

1999年，全市检察机关起诉杀人、爆炸、强奸、抢劫、绑架和黑社会性质等严重刑事犯罪案犯592名。2001年4月，中央作出再次“严打”决策后，检察机关集中力量办案。市检察院对涟源市以谭某平、新化县以刘某文为首的一批为非作歹、为害一方的黑恶势力犯罪分子，及时审查起诉、出庭公诉。开展打击邪教组织、“两抢一盗”、地下“六合彩”和治爆缉枪等专项斗争，化解社会不安定因素。1999—2003年，全市检察机关受理移送起诉案8411件1.43万人，起诉6058件1.04万人。

2004年，市检察院研究制订渎职犯罪案件起诉证据参考标准。2005年，办理由高检院、公安部挂牌督办的新化刘某勇为首的97人、24个罪名的“6·30”涉黑团伙案，涟源市刘某杰、黄某华等31人、20余个罪名的“4·20”涉黑系列案等5起涉黑团伙案，惩处一批涉黑涉恶分子。2008年，起诉市政府搬迁办系列案，涉及78人，涉案金额1500余万元，依法起诉28人，其中厅级2人、处级4人。依法起诉市政府原秘书长申某华受贿200余万元和市中心医院原院长杨某毅受贿450万元的案件，分别被判处有期徒刑14年和无期徒刑并处没收个人财产。2004—2008年，全市受理各类移送起诉案1.16万件1.91万人，审结1.04万件1.66万人，起诉9671件1.56万人，不诉658件977人。

2009—2012年，全市检察机关突出开展打击严重暴力犯罪、盗窃等多发性侵财犯罪、扫黄打非、打击电信诈骗、禁毒禁赌等专项行动，起诉黑恶势力60人，起诉涉毒犯罪2840人。办理省检察院交办的湘西自治州金鑫公司3.6亿元非法集资案。办理公安部、中国证监会挂牌督办的王某、沈某婷等7人虚报注册资本、非法经营案。办理曾被媒体称为“三湘第一诈骗股民案”，涉案3300余万元，受骗股民3400余人，涉及28个省份，7名被告人均被判处有期徒刑。办理以梁某为首的34人黑恶势力犯罪团伙案、谭某冬为首的18人恶势力团伙案。受理各类移送起诉案1.17万件1.79万人，审结1.01万件1.52万人，起诉9267件1.38万人，不诉836件1365人。2013—2016年，市检察院依法办理公安部督办的“7·11”特大电信网络诈骗案。落实宽严相济政策，对未成年人、老年人犯罪和初犯、偶犯、过失犯罪等情节轻微案件，不予起诉1369人。受理各类移送起诉案1.18万件1.67万人，审结1.11万件1.44万人，起诉9538件1.32万人，不诉1499件2151人。

2017年，市检察院办理刘某娜贩毒案，追诉漏犯唐某军贩卖冰毒2000克、麻古500粒的罪行，唐某军一审被判死缓。是年，全市受理移送起诉案件3650件5275人，审结3325件4625人，起诉2823件3903人，不诉469件683人。

第三节　出庭公诉

1990—1992年，为提高出庭公诉水平，地、县检察院开展领导跟庭、出庭观摩、评议公诉词等活动。出庭公诉3420余场。1993—1994年，全地区出庭公诉2419场，开展公诉人巡回观摩活动，检察长或主管副检察长出庭观摩。1995年，全地区开展评选优秀公诉人活动，对起诉书、公诉词、答辩提纲检查评议。1996年，各县市检察院开展新刑事诉讼法庭审试点和观摩活动，参与人数63人。1997年，修改后的刑事诉讼法对庭审方式作重大修改，公诉人由原来协助主审法官的地位转变成控辩式的主角。是年，依照新的庭审方式出庭公诉713场。1995—1998年，全地区出庭公诉3825场次。1999—2000年，全市推行主诉检察官办案责任制改革。2001年9月，市检察院对涟源市谭某平黑社会性质组织犯罪案，提前介入，认真审查案卷，核实事实证据，经过多次出庭公诉，将151名被告人涉嫌26个罪名的犯罪事实予以充分指控、揭露和证实。1999—2003年，全市检察机关出庭公诉6068场次。

2004年，为提高公诉队伍整体业务水平，市检察院组织出庭观摩活动，就庭审中举证、质证、答辩等问题集体评庭，总结规律。组织县（市、区）检察院开展公诉文书评比活动，实现公诉文书规范化。2005年，组织全市范围公诉人电脑业务、庭审答辩及论辩、团体论辩大练兵。9月，省检察院组织"天园杯"全省十佳公诉人论辩赛与团体论辩赛，娄底市代表队获1个优秀公诉人个人奖和团体论辩第二名。2006年4月，市检察院5人出庭公诉高检院、公安部挂牌督办的新化刘某勇、廖某伟等98名被告人的涉黑案（"6·30"案），高检院《方圆法治》杂志记者专程采访"6·30"案办理情况。北京市检察院一、二分院派人观摩取经。是年，市检察院审查起诉娄星区以龙某铭为首的黑社会性质组织案（"1·6"案）出庭公诉，涉案人员73名，罪名19项，犯罪事实200余起。2008年，市检察院检察长出庭公诉娄底市劳动和社会保障局家属院"6·25"恶性爆炸杀人案，副检察长出庭支持公诉娄星广场"8·18"爆炸案，涉案被告人均被一审判处死刑。2004—2008年，出庭公诉9672场次。

2009年6月，市检察院办理涟源市以吴某为首的42人特大涉黑案。2010—2011年，全市公诉干警集体讨论典型案例，听取专家教授讲课，提高公诉人员理论水平和实战能力。2012年，市检察院出庭公诉涟钢受贿系列案，完成出庭公诉任务。2009—2012年，全市检察机关出庭公诉9247场次。

2013年6月，原省高速公路广告投资公司董事长彭某、总经理胡某龙等人特大贪污受贿案，涉案金额2.3亿余元，在市中级人民法院开庭审理，市检察院公诉组出庭公诉。2014年，市检察院出庭公诉新化上梅镇五里亭社区党支部书记刘某柏等20多人的涉黑案。2015年，贯彻高检院《关于加强出庭公诉工作意见》，注重执法程序规范，注重庭前证据审查，强化当庭指控证实犯罪，全面提高出庭公诉的质量和效果。2016年，全市两级检察院检察长带头办理公诉案29件，出庭支持公诉5件。2013—2016年，全市出庭支持公诉9538场次。

2017年，全市全面推进以审判为中心的诉讼制度改革，出庭公诉2823场次，市中级人民法院举行省管干部职务犯罪案听庭评议4次，评议人员从正反两方面对出庭公诉人点评，有效提升公诉队伍履职能力。

第四节 侦查监督

1990—1991年，地、县两级检察机关对公安侦查活动中的违法行为提出纠正意见157次，通过办案，深挖犯罪嫌疑人49名，建议公安追捕91人，防止错捕133人。1992年，审查案件追捕12人，防止错捕58人。1993年，加强立案监督，禁止以罚代刑，改变公安定性16件18人，深挖余罪41条。5月，涟源市检察院针对涟源市公安局收受劳教费1.2万元，将犯罪嫌疑人黄某南、黄某文、黄某治等人贩运伪造国家货币一案作劳教监外执行降格处理问题，提出纠正意见，将3人立案侦查，决定逮捕。1994年3月，地区检察分院在涟源市召开会议，重点研究立案监督措施。全地区检察院机关纠正公安部门有罪不究，降格处理，以罚代刑的案件3件6人，并决定立案逮捕，对公安部门执行逮捕决定情况、退回补充侦查执行情况、不捕犯罪嫌疑人执行情况、提请批捕案中"另案处理""在逃"情况进行监督案件4起。

1995—1996年，全地区立案侦查15件19人，追捕13人，向公安机关发出检察建议39份，提出纠正违法90件。1997年，按新刑事诉讼法要求，开展立案监督和侦查活动监督，向公安部门发出纠正违法通知书15份，建议公安立案12件16人，全被采纳。1998年，对公安机关该立案不立的，要求说明不立案理由22件，依法通知立案8件，追捕、追诉9人。

1999—2003年，全市检察机关通知公安立案141件，追捕240人。涟钢福利公司谢某等人特大诈骗案，公安机关原只报捕谢某1人，市检察院通过严审细查，追捕犯罪嫌疑人14名。2004—2008年，加强对刑事立案和侦查活动法律监督，监督立案91件，追捕犯罪嫌疑人143人。其中追捕追诉的毒贩唐某秀被法庭判处死刑。涟源市检察院追捕的抢劫犯曾某军被终审判处死缓。2009—2012年，市检察院通知公安机关立案123件，撤案20件，追捕338人。对公安侦查违法情况提出纠正意见206次。娄星区检察院在全省率先实行对派出所驻点监督，被省检察院评为优秀创新项目。

2013—2016年，全市检察机关监督立案139件，撤案116件，追捕225人。2017年，监督公安部门立案50件99人，监督撤案43件44人，纠正侦查活动违法64件次，不批捕889人，追捕45人。

第五节　审判监督

1990年，全地区检察机关对法院审判活动中的违法行为提出纠正意见48次，对量刑畸轻畸重的案件依法抗诉17件。1991—1993年，对法院审判活动中的违法行为提出纠正意见168次，对判决不当提出抗诉案件17件17人。1994年，全地区两级检察院向法院提出抗诉9件。其中由地区检察分院抗诉4件，由死缓改判为死刑的1人，有期徒刑改判为无期徒刑的2人，缓刑3年改判为实体刑4年的1人。1995年，李某奇是邓某朴等人抢劫案中一案犯，并非主犯，一审被判死刑。检察分院认为量刑畸重提出抗诉，省高级人民法院改判死缓。是年，全地区两级检察院抗诉7件9人。1996年，全年发出纠正违法通知和检察建议20条，提出抗诉10件13人。1997—1998年，全地区两级检察院提出抗诉12件。

1999—2003年，全市两级检察院提出抗诉74件。2004年，严格界定启动抗诉程序的法律标准，每案集体研究，多层把关，务必准确。全年抗诉刑事案件15件18人。是年，市检察院公诉处立集体一等功，3名干警立二等功，7名干警立三等功。2005年，全年提出二审抗诉16件，审判监督抗诉1件，提请省检察院抗诉3件。2006年，抗诉刑案8件14人，法院审结6件9人，改判7人。2007年，加强抗诉工作措施，调动基层院抗诉工作积极性。2008年，全年提出抗诉14件，改判8件，发回重审1件。

2009年，全市开展刑事审判法律监督专项检察，提出抗诉17件23人。2010年1月，落实刑事抗诉案件网络平台试点工作，建立专网邮箱，全年通过该平台审查案件26件，决定抗诉6件。2011—2012年，全市检察机关强化刑事审判监督工作机制，规范书面纠正审判活动违法的标准和程序。依托网络平台，探索建立抗前会商、抗中督办、抗后评查工作机制。

2013年，全市检察机关依法向法院提出量刑检察建议1495件，提出抗诉11件，发出纠正违法通知书5份。2014年，加强刑事审判监督，提出抗诉13件，提出纠正违法意见14件次。2015年，加强对刑事判决裁定实体法执行监督和程序法执行监督，提出刑事抗诉9件12人，法院改判9件10人。2016年，提出纠正审判活动违法意见10次，均被法院接受。提出抗诉11件22人，法院采纳6件，其中发回重审5件，直接改判1件。

2017年，提出纠正审判活动违法意见29件次，法院采纳纠正26件次，提出抗诉15件。全市率先在全省消除刑事抗诉空白院，抗诉经验在全省公诉工作会议上交流。

第二章 职务犯罪侦查及预防

第一节 贪污贿赂犯罪侦查

1990年，地、县两级检察机关重点查处供销、煤炭、金融等系统贪污贿赂等经济犯罪案件，立案90件101人，追回赃款63.7万元。1991年，开展打击偷税抗税专项行动，立案侦查偷税抗税案件56件，其中大案22件，追缴税款212.6万元。1992年，地区检察分院集中精力查办贪污贿赂大要案件。1993年，全地区检察机关公布举报电话，邀请新闻单位通报工作情况。查处新化县农业银行行长兼党委书记唐某益特大贿赂连环案，该案涉及行贿受贿人员15人，其中正副行长4人，纪检组组长、主任、经理等6人。1990—1993年，全地区立案查处贪污贿赂等经济犯罪案件797件，其中大要案258件，移送起诉345件。

1994年，全地区组织“夏季战役”，立案44件，其中大要案29件。立案查处偷税漏税案件35件。1995年，查处利用增值税发票和偷税抗税犯罪，立案查处偷税漏税案件78件，其中法人犯罪案8件，利用增值税发票犯罪案件3件，侦查终结25件，为国家挽回税款240.51万元。1996年6月，组织“百日会战”，立案86件59人，其中大案50件，要案5件。1997年，贯彻实施新修订的《中华人民共和国刑法》《中华人民共和国刑事诉讼法》。是年，查处涟源钢铁厂董事长兼总经理宋某威贪污贿赂案。10月，省检察院在涟钢召开打击贪污贿赂犯罪，促进企业经济发展大会，从查办宋某威案追缴的违法所得中返回涟钢600万元，支持企业发展生产。1998年，严格执行高检院“九条禁令”，建立个案跟踪督查制度，开展办案质量年活动。1994—1998年，全地区检察机关立案查处贪污贿赂等经济犯罪案件609件，其中大要案203件，移送起诉304件。

1999年，市检察院在国有企业立案查处贪污贿赂犯罪案件77件102人，其中大要案23件29人，查办厂长、经理犯罪案件13件14人、企业中层管理人员犯罪案件15件21人，深入23家亏损企业立案查处贪污贿赂犯罪案件26件38人，其中大要案件14件20人。立案查处全省首例单位受贿案，冷水江市规划局局长程某谊因单位受贿11万元而被定罪处刑。2000年，查办雪峰水泥集团公司董事长王某元系列案，立案9件11人，涉嫌特大案犯10人，逮捕7人，其中处级干部4人，总案值2000余万元。2001年，市检察院制定办案安全责任状，对全市自侦部门办案点进行全面检查，撤销所有在外的临时办案点，消除办案安全隐患。开展追逃工作，抓获在逃人犯5名。2002年，反贪污贿赂工作实现无违法违纪、无责任事故、无冤假错案，办案社会效果好的“三无一好”目标。是年，配合省检察院查办市政府副市长赵某效案，立案30人，其中厅级干部1人，处级干部2人，科级干部3人，涉案金额2000余万元。2003年，市检察院侦查指挥中心成立，实施办案安全责任追究制度。查办市委助理巡视员朱某球涉嫌受贿110余万元、挪用公款70余万元、巨额财产来源不明200余万元案。1999—2003年，全市立案查处贪污贿赂等经济犯罪案件388件，其中大要案150件，移送起诉315件。

2004年，配合全市煤炭安全生产专项整治行动，抓获在逃职务犯罪嫌疑人7人，敦促3人投案自首。是年，查办市住房公积金中心主任黄某军特大受贿并违法委托国债投资8200万元案。市检察院反贪局被省检察院评为“三无一好”先进单位、全省“十佳反贪局”。2005年，查办省检察院交办的省高级法院政治部副主任李某华涉嫌受贿50余万元特大案，涟钢薄板工程电器工程师曾某民受贿200余万元特大案。集中开展追捕在逃职务犯罪嫌疑人专项行动，追回在逃犯罪嫌疑人14人。2006年，开展打击商业贿赂犯罪专项行动，查处商业贿赂犯罪案件34件48人。查处娄底市国有企业改制办副主任戴某陶受贿案、市交通局车购办单位受贿47万余元案。重大贪污犯罪嫌疑人朱某平贪污公款185.4万元后潜逃六年、被追捕归案。2007年，市检察院进一步加强反贪部门办案安全防范工作，试行讯问犯罪嫌疑人全程同步录音录像。开展查办城镇建设领域的贪污贿赂犯罪专项行动，立案侦查城镇建设领域贪污贿赂犯罪案件26件36人。查办娄底市政府原副巡视员、市政府搬迁办主任申某华（副厅级），市政府副秘书长、规划局党组书记、市搬迁办副主任李某球等20人涉嫌行贿、受贿500余万元系列案。7月，采取有力措施将脱逃8个多月，涉嫌受贿的市中心医院院长杨某毅抓获归案。市检察院法警配合反贪局先后到长沙、贵州、怀化、广州、深圳、武汉等地调查取证，追回杨某毅以他人名义存入银行、证券公司的赃款1060万元，并抓捕该案行贿犯罪嫌疑人王某、祁某军。全年抓捕在逃犯罪嫌疑人16人。2008年，全面落实讯问犯罪嫌疑人全程同步录音录像，安装同步录音录像设备，规范办案工作区建设，设置职务犯罪专用讯问室。2004—2008年，全市立案查处贪污贿赂等经济犯罪案件317件，其中大要案180件，移送起诉238件388人。

2009年，启动大要案件侦查指挥系统，实行网上办案指挥。查处常德欣运集团原董事长、总经理陈某涉嫌受贿222万元的特大案。查处原娄底畅安驾校校长刘某鸿涉嫌贿赂500余万元特大案、省交警总队干警张某川在担任娄底市驾考考场主任期间涉嫌受贿249万元特大案。查处省交警系统驾考考官受贿窝案，立案侦查31人。2010年，加强职务犯罪侦查一体化机制建设，提高发现和突破要案、串窝案的能力。查办常德市人大常委会原副主任燕某炎贪污受贿案。立案查处工程建设领域贪污案12件15人，行贿案3件5人，单位贿赂案3件4人。2011年，查处省高速公路管理局原广告投资公司董事长彭某等人特大受贿系列案，立案查处处级干部9人，涉案金额2亿余元。特大行贿犯罪嫌疑人陈某主动从香港地区返回投案，该案被称为“三湘第一国企腐败案”。查办湖南华菱涟源钢铁有限公司系列贿赂案，立案查处16件16人。2012年，集中查办和预防涉农惠民领域贪污贿赂等职务犯罪，立案查处该领域犯罪案件2件13人，涉案金额200余万元。2009—2012年，全市立案查处贪污贿赂等经济犯罪案件159件221人，其中大要案128件，移送起诉118件。

2013年，市检察院出台《娄底市检察机关服务和保障经济建设十条措施》，开展查办家电下乡领域职务犯罪专项行动，立案查处家电下乡系列案22件24人。2014年，立案查办社会保障、征地拆迁、食品药品安全、教育医疗、环境保护等领域里的职务犯罪17件。2015年，加强与纪委、审计等部门协调合作，办理上级交办或与纪检部门协作查办案件14人。2016年，查处湘电集团系列案，立案26件26人。2013—2016年，立案查处贪污贿赂等经济犯罪案件220件310人，大要案186件，移送起诉149件223人。

2017年，立案查办湖南现代投资股份有限公司原董事长宋某杰等13人贪贿系列案、怀化市原政法委书记易某长等10人贪贿系列案。全市立案查处贪污贿赂等经济犯罪案件41件71人。

1990—2017年娄底市检察机关查办贪污贿赂经济案件情况表

表13-1

年份	受理	立案		大要案	起诉（含积案）		不诉、免诉		撤案		挽回经济损失（万元）
	件	件	人	件	件	人	件	人	件	人	
1990	617	241	279	64	119	131	137	162	33	38	389.93
1991	373	217	244	79	106	117	91	119	35	58	462.74
1992	442	181	200	61	49	55	79	86	66	72	278.81
1993	720	158	168	54	71	75	35	38	33	38	357.85
1994	653	120	138	—	52	68	30	38	24	26	1655.31
1995	626	123	145	52	48	—	44	—	—	—	751.64
1996	827	135	165	—	74	94	35	44	49	56	624.79

续表13-1

年份	受理	立案		大要案	起诉(含积案)		不诉、免诉		撤案		挽回经济损失（万元）
	件	件	人	件	件	人	件	人	件	人	
1997	—	148	—	127	66	—	9	—	9	—	1917.00
1998	—	83	108	24	64	70	—	—	—	—	1335.19
1999	—	101	133	59	90	113	—	—	—	—	—
2000	—	62	105	24	43	82	—	—	—	—	1500.00
2001	—	64	80	30	58	77	—	—	—	—	2000.00
2002	—	77	133	—	54	101	—	—	—	—	2600.00
2003	121	84	106	37	70	84	2	2	1	1	431.20
2004	85	75	108	37	62	94	6	10	—	—	519.20
2005	71	67	96	43	48	89	3	4	1	4	700.99
2006	66	62	99	34	55	97	3	5	—	—	1567.89
2007	66	60	89	38	23	38	8	8	2	2	454.68
2008	55	53	71	28	50	70	23	30	—	—	2656.88
2009	57	56	71	47	33	48	8	14	5	5	906.79
2010	37	35	45	19	30	42	21	22	4	4	684.67
2011	58	42	48	41	18	26	2	2	—	—	373.52
2012	35	26	57	21	37	66	3	5	1	1	21487.30
2013	51	49	70	26	38	53	4	4	1	1	2178.49
2014	40	41	63	36	32	54	3	3	1	2	374.90
2015	98	62	96	57	48	74	—	—	—	—	642.54
2016	107	68	81	67	31	42	2	2	1	1	395.33
2017	41	41	71	—	49	87	4	4	19	22	328.11

第二节　渎职侵权犯罪侦查

1990年，地、县两级检察机关抓渎职侵权犯罪侦查业务建设，健全办案“三书”（立案决定书、不立案决定书、立案终结报告）制度。1991年，突出查办渎职侵权犯罪大要案，查处涟源市岛石乡梅花煤矿负责人吴某伟违章指挥作业，造成10人死亡的特大责任事故案。1992年，地、县两级检察院主管副检察长参与办理重特大案件15件。其中，查处涟源市安平镇梨子湾煤矿死亡17人的特大责任事故案。1993年，查处农村基层干部侵权犯罪案。立案查处基层干部违法案件6件12人。办理涟源市七星乡联防队非法关押、体罚案。地区检察分院撰写《关于我区侵权案件查处情况的调查报告》，引起地委、地区人大联工委高度重视并部署专项行动。1990—1993年，立案查处渎职侵权犯罪案件240件291人，重特大案件78件，移送起诉111件136人。

1994年，查处司法人员渎职侵权违法案件9件12人。其中查办娄底市公安局副局长曾某胜徇私舞弊案。1995年，受理地区纪委交办的渎职侵权违法案件15件。1996年，受理煤矿重大责任事故案件线索159件，立案33件，批准逮捕人犯20人。受理非法拘禁案50件，立案12件，解救人质50人。1997年，地区检察分院加大查处徇私舞弊犯罪案件力度，查处冷水江市公安局副局长黄某元、飞水岩派出所副所长易某清、看守所副所长谢某武、法制办专干李某平徇私舞弊案。1998年，贯彻新的《中华人民共和国刑法》《中华人民共和国刑事诉讼法》，将渎职罪主体范围缩小为国家机关工作人员，地县两级检察院相继成立渎职犯罪侦查局。查处新化县看守所所长段某本、双峰县看守所所长彭某初、涟源市法院审判员宁某俭等一批渎职犯罪案件。1994—1998年，全地区立案查处渎职侵权犯罪案件226件，其中重特大案138件，起诉148件。

1999年，全市检察机关立案查处司法人员渎职犯罪5人。查处省委政法委督办的双峰县公安局贺某林徇私枉法案。办结全省首例经省检察院批准，检察机关直接立案侦查的娄底市交警大队蒋某春保险诈骗案。2000年，市检察院查处双峰县杏子铺镇派出所干警朱某华、左某梁、常某宇、胡某根非法拘禁村民曹咸连案。是年，全市立案侦查渎职犯罪嫌疑人32名，其中司法工作人员16人。2001年6月26日，市检察院查办抢劫犯喻某飞、周某杰混进部队当兵、喻某飞开庭审判请人冒名顶替案，立案侦查徇私枉法、玩忽职守、包庇罪犯罪嫌疑人8名。查处涟源市谭某平黑社会犯罪“保护伞”案，立案侦查徇私枉法、滥用职权罪案4件6人。2002年，建立健全内部办案责任制和监督制约机制，严格把好初查、立案、强制措施和侦查终结四个环节。办理上级交办案件20件，查处新化县国税局西河税务所所长欧某平、副所长李某峰徇私舞弊不征、少征税款案。2003年，查处新化县维山派出所所长吴某辉徇私枉法、私放网上在逃犯案。1999—2003年，全市立案查处渎职侵权犯罪案件104件135人，其中重特大案件45件，起诉79件104人。

2004年，根据高检院、省检察院部署，查处双峰县永丰镇檀山工委书记李某其非法拘禁案。市检察院渎职犯罪侦查局被高检院评为查办黑恶势力保护伞犯罪案件先进集体。2005年，规范办案行为，完善案件质量考评机制，查办渎职犯罪窝案串案10件14人。查处新化县“6·30”涉黑“保护伞”案。2006年，实行执法办案监督制度，开展集中查办破坏经济秩序渎职犯罪“百日会战”，查处渎职犯罪案件11件12人。新化县检察院反渎职侵权局被评为全省检察机关集中查办破坏经济秩序渎职犯罪专项工作先进集体。2007年，开展城镇建设领域商业贿赂、重特大安全责任事故渎职犯罪等专项行动。立案侦查矿难渎职犯罪案件7件8人，追回逃犯19名。查处冷水江市矿山乡安监站站长闵某华、驻矿安监员许某生玩忽职守致使该乡狮子山锑矿炸药燃烧产生大量有毒气体造成6人死亡的“12·5”重大责任事故案。2008年，开展危害能源资源和生态环境渎职犯罪专项行动，立案7件9人。查处涟源市国土资源局原局长严某堂和党组成员杨某滥用职权，批准娄底市神宇旅游开发公司在龙山国家森林公园非法采矿案。2004—2008年，全市立案查处渎职侵权犯罪案件130件169人，其中重特大案件49件，移送起诉98件130人。

2009年，检察机关开展查办涉农职务犯罪专项工作，查处新化县农机局党组书记、局长刘某民等7人滥用职权，套取并私分农机购置补贴贪污窝案。2010年，全市查处司法机关、国家行政机关渎职犯罪案件7件16人。其中包括涟源市公安局石马山派出所原副所长萧某、干警邬某飞刑讯逼供案。2011年，娄底市检察院与涟源市检察院查处娄星公安分局戴某、李某锋，湖南楚为律师事务所律师王某平及中介人王某荣、朱某龙5人为被告人提供虚假立功材料的徇私枉法案，此案被省检察院评为优秀案件。此后，全市检察机关公诉、反渎职侦查、监所检察部门全面开展打击虚假立功专项活动。2012年，全市推行办案目标管理责任制、办案问责制。查处娄星公安分局双江乡派出所民警萧某、吴某、双江乡司法所副所长聂某彪3人徇私枉法案。2009—2012年，全市立案查处渎职侵权犯罪案件61件116人，其中重特大案件31件，移送起诉56件103人。

2013年，市检察院查处涟源市商务局部分工作人员滥用职权，共同虚报套取病害猪无害化处理补贴资金案。查处“家电下乡领域系列案”，立案4件7人。2014年，抽调50名干警，参与衡阳破坏选举案的侦查，立案15件15人，其中厅级干部2人，处级干部4人。查处衡阳市原市委常委、纪委书记萧某，原市委常委、组织部部长曾某忠涉嫌玩忽职守案。2015年，查处沅江市原市长萧某利涉嫌滥用职权、受贿行贿案。查处淘汰落后产能领域犯罪案件4件12人，涉案金额1300余万元。2016年，开展查处安全责任事故渎职犯罪专项行动，立案查处7件13人。2013—2016年，全市立案查处渎职侵权犯罪案件80件137人，重特大案件70件，移送起诉91件135人。

2017年，查处涟源市丰华煤业有限公司祖保煤矿造成10人死亡、2人受伤、直接经济损失2015万元的“2·14”重大责任事故玩忽职守案。另立案查处渎职侵权犯罪案件9件34人，重特大案件6件，移送起诉10件20人。

1990—2017年娄底市检察机关查办渎职侵权案件情况表

表13-2

年份	受理	立案		重特大案件	起诉		不诉、免诉		撤案		挽回经济损失（万元）
	件	件	人	件	件	人	件	人	件	人	
1990	341	64	50	24	21	22	23	27	1	1	0.20
1991	295	63	83	18	42	46	13	26	9	12	12.60
1992	270	59	78	19	25	33	27	31	2	2	122.60
1993	271	54	80	17	23	35	31	44	3	6	131.00
1994	342	48	70	24	38	55	20	30	2	4	121.25
1995	360	57	—	26	23	—	—	—	—	—	200.00
1996	305	51	83	35	44	74	8	13	4	4	261.50
1997	338	47	57	24	23	29	—	—	—	—	—
1998	107	23	31	29	20	28	1	1	—	—	26.00
1999	—	14	17	4	10	11	—	—	—	—	—
2000	—	23	32	16	15	25	—	—	—	—	—
2001	37	29	36	16	28	34	—	—	—	—	—
2002	—	18	24	—	9	13	—	—	2	2	290.00
2003	49	20	26	9	17	21	—	1	1	1	442.00
2004	48	31	37	7	19	25	2	2	—	—	100.27
2005	41	28	33	7	21	24	2	2	3	3	9.44
2006	28	26	33	13	25	29	—	—	1	1	672.88
2007	24	22	33	10	17	24	3	4	—	—	241.37
2008	25	23	33	12	16	28	4	4	1	1	89.40
2009	34	22	36	8	21	33	7	9	1	1	476.50

续表13-2

年份	受理	立案		重特大案件	起诉		不诉、免诉		撤案		挽回经济损失（万元）
	件	件	人	件	件	人	件	人	件	人	
2010	29	12	27	9	11	23	1	2	—	—	72.00
2011	23	16	32	9	13	27	1	4	—	1	5.72
2012	23	11	21	5	11	20	2	3	—	—	—
2013	21	16	37	21	11	21	—	—	—	—	—
2014	38	35	45	24	39	44	1	1	1	1	1234.90
2015	38	15	27	16	26	46	—	—	1	1	296.60
2016	42	14	28	9	15	24	1	2	1	1	735.00
2017	23	9	34	6	10	20	1	1	1	1	—

第三节　职务犯罪预防

1990年，全地区开展法制教育、整章建制预防职务犯罪工作。1991年，结合典型案例上法制宣传课112堂。1992年，在厂矿企业建立法律服务咨询点9个，上法制课23次，向厂矿企业发出检察建议121次。1993年，地区检察分院将预防犯罪工作纳入重要议事日程，配备预防犯罪专干9人，深入28个企业调查，发出检察建议书13份，接待法律咨询、提供法律服务187次。1994年，全年上法制宣传课18次，受教育人数900余人。冷水江市检察院与金竹山电厂物资公司建立联系点，协助该厂健全采购制度，提供法律服务。1995年，地区检察分院深入13个亏损企业建立信息情报网络，收集整理贪污贿赂犯罪情报资料，提出检察建议41条。1996年，全地区建立预防职务犯罪联系点23个，聘请检察联络员48人。1997年，健全预防职务犯罪机构和网络，建立预防犯罪联系点30个。1998年，建立预防犯罪示范点13个。与娄底地区农业银行、涟邵矿务局签订预防贪污贿赂犯罪协议书。

1999年，全市检察机关在企业建立预防职务犯罪联系点21个，上法制课100多场，11月，市委办公室印发《关于转发市人民检察院党组〈关于加强对贪污贿赂职务犯罪预防工作的报告〉的通知》。2000年，在涟钢机电设备公司和房地产公司开展个案预防。2001年，查处城区电力局张某平、王某富等4人共同贪污案，并以其为反面教材与发案单位召开案件分析会，开展警示教育2次，职工听众400余人。2002年，确定相关行业的个案预防、系统预防、专项预防三项预防重点。4月，市预防职务犯罪工作领导小组成立，与涟源钢铁集团公司签订《预防职务犯罪协议书》。对娄底市吉星路建设工程建设招标、投标等过程进行全程监督。2003年，确定涟钢薄板、冷水江钢铁总厂二炼钢扩建、娄星区双江水库、新化县梅花洞水库、双峰县蛇形山变电站、涟源市电力局变电站等建设工程为职务犯罪重点预防项目。2004年，市检察院对预防单位50万元以上的招投标及物资材料采购活动实施零距离监督。全年开展个案预防71件，专项预防8项，共建警示教育基地4个。2005年，将涟钢企业改制作为专项预防，对娄底移动分公司作为系统预防，开展个案预防59件，发出检察建议47份。2006年4月，启动行贿犯罪档案查询系统，对娄底市吉星路支路建设投标的5家施工单位和5位项目经理有无行贿犯罪记录进行查询。7月，市委举行全市预防职务犯罪报告会，省检察院党组副书记、副检察长龚佳禾作预防职务犯罪报告。全年开展个案预防58件，查询行贿犯罪档案18次，对参与全市44个工程招投标的303家单位和418名法人开展有无行贿记录查询。2007年，对预防单位50万元以上的工程招投标和30万元以上的物资采购活动实施全程监督，对参与投标的560家单位和706位法人代表开展有无行贿记录查询。2008年，实行“个案预防、专项预防和重点预防”三结合。全年提出检察建议413件，对789个重大公共投资项目开展专项预防，对48项工程招投标开展查询工作，对参与招标的220家单位和270位法人代表有无行贿记录开展查询。

2009年，全市检察机关加强预防工作职能化、专业化、规范化建设。双峰县人大常委会审议通过《关于加强预防职务犯罪工作的决定》。对市体育中心工程、市中心医院办公楼工程开展职务犯罪预防工作。全年开展法律咨询54次，对参与141项工程招标的1205家单位和2033位法人代表进行有无行贿记录查询。2010年，对在全市范围内投资的工程建设和原材料设备采购项目及政府采购20万元以上的购置项目开展行贿犯罪档案查询，查询行贿犯罪档案530次，涉及单位和个人5934次。2011年，在食品安全监管环节开展系统预防工作。在党校开设职务犯罪专题教育课。通过预防调查发现职务犯罪线索4件，查询行贿犯罪档案916次，涉及单位和个人5709次。2012年，开展警示教育56次，受教育人数14166人次，查询行贿犯罪档案1260次，涉及2053家单位和3921名个人。

娄底市检察院开展举报宣传（2012年6月26日摄）

2013年，完善行贿犯罪档案查询工作，对政府主导投资的18个重点项目开展专项预防，开展个案预防19个，查询单位和个人行贿犯罪档案1078次。娄星区检察院教育网络信息平台被评为全国“百优”警示教育基地。2014年，涟源市检察院开展“预防职务犯罪乡村行”活动。全市开展预防调查12次，查询行贿犯罪档案1718次。2015年，市检察院成立预防职务犯罪宣讲团，举办“预防职务犯罪乡镇行·大巡讲”活动。查询项目招投标、政府采购行贿犯罪档案2273次。2016年，全年开展警示教育68次，提供预防咨询34次，查询行贿犯罪档案2797次，涉及2764家单位和9494名个人。

2017年，与邮政部门联合开展“预防职务犯罪邮路”专项活动。组织开展警示教育54次，受理行贿犯罪档案查询2851次。

第三章　民事行政检察

第一节　民事行政监督

1990年，地区检察分院设立民事、行政检察机构，配备民事行政检察人员，开展民事、行政检察监督工作。1991年，贯彻《中华人民共和国行政诉讼法》（以下简称《行政诉讼法》）、《中华人民共和国民事诉讼法》（以下简称《民事诉讼法》），建立健全办案制度。1993年，把严格执法，积极办案，加强法律监督作为民事行政检察重点。1990—1993年，全地区受理民事行政申诉案件108件，立案59件，向法院提出建议15条，办理不服法院判处的申诉案件3件，向地区中级人民法院提出抗诉1件，提请省检察院抗诉3件。

1994年，地区检察分院坚持敢抗、会抗、抗准的方针，提请省检察院抗诉刘某平与地区盐务管理局盐务纠纷案作出改判，撤销原一审、二审判决，此案系湖南首例行政抗诉成功案。按照《民事诉讼法》第四十四条第三款规定，查办审判人员在民事审判活动中因贪污贿赂、徇私舞弊、枉法裁判行为而导致裁判不公的案件（简称“443”案件），初查5件，立案1件。1995年，受理申诉、抗诉案件428件，向法院提出检察建议113件。1996年，查办“443”案件，初查6件，办结6件。1994—1998年，受理申诉案件1077件，立案483件，向地区中级人民法院提出抗诉40件，提请省检察院抗诉53件。

1999年，全市检察机关重点抓显失公平的民事、行政判决裁定的抗诉案件。双峰县食杂果品公司因租金与承租方引起诉讼，一审二审都判决公司败诉。双峰县检察院受理申诉后，依法提请上级检察机关抗诉，经省检察院向省高级法院提出抗诉，法院再审改判食杂果品公司胜诉。2000年，严把受理、审核材料、调查取证、分析研究、结案关。做好息诉保稳定工作，息诉行政申诉案件50件。2003年，发挥和解效能，办理执行和解9件。1999—2003年，受理案件950件，立案333件，向娄底中级人民法院提出抗诉76件，提请省检察院抗诉49件。

2004年，全市检察机关贯彻《人民检察院办理民事行政抗诉案件规则》，两级法院开庭审理再审的抗诉案件和检察建议案件37件，改判30件。办理“443”案件2件。2005年，市检察院下发《关于进一步规范民事行政检察办案、内勤工作制度的意见》，从案件受理、分流、承办等作出统一规范。办理“443”案件2件10人。2008年，市检察院下发《关于加强民事行政检察工作的意见》，推动民事行政检察工作开展。2004—2008年，受理民事申诉案件356件，立案审查182件，向娄底中级人民法院提出抗诉62件，提请省检察院抗诉31件。

2009年，市检察院成立专门的执行和解与息诉服判工作领导小组，对不立案案件，充分阐述不立案理由，以法析案，全年息诉来访群众140人次。2010年，重点监督违法调解和显失公平、严重损害国家利益、公共利益和公民合法权益的裁判，全年受理民事行政申诉案件41件。2011年，市检察院制定《办理民事督促、支持起诉案件的规定》《违法行为调查办法》等指导性文件，开展渎职行为调查、督促（支持）起诉和执行监督三项工作。2012年，加强对诉讼违法行为、司法人员渎职行为和民事执行活动的监督。2009—2012年，办理违法行为调查、督促起诉、执行监督案件138件，受理民事行政申诉案件313件，立案106件，向娄底中级人民法院提出抗诉17件，提请省检察院抗诉33件。

2013年12月，贯彻市人大常委会《关于加强民事诉讼法律监督工作的决议》，加强案件全程动态管理，制定承办人首办责任、集体讨论、部门负责人审核、主管副检察长审批和检察委员会讨论决定制度。全年受理申诉案件62件，办结55件，提请抗诉案件6件，办理督促起诉、执行监督案件44件。2014年，强化与控告申诉、案件管理、自侦、公诉等部门沟通协作，受理各类民事行政监督案件173件，提出抗诉4件，提请省检察院抗诉6件，办理民事行政执行活动违法监督21件。2015年，运用统一业务应用系统，受理民事行政监督案件71件，办结15件，提请省检察院抗诉1件，向市中级人民法院提出抗诉1件，法院改判2件。2016年4月，高检院对娄底检察机关办结的21件民事审判监督案件和17件民事执行监督案件开展评查，评出一类案件16件，二类案件22件。是年，全市受理民事行政监督案件171件，提请省检察院抗诉2件，提出抗诉1件，作出不支持监督申请决定30件，受理民事行政违法行为调查、督促起诉、执行监督案件115件，办结110件。

2017年，受理各类申诉案件188件，受理生效裁判监督案件77件，抗诉4件，法院改判2件。受理违法调查、执行监督、督促履行职责案件108件，办结85件。

第二节　公益诉讼

2002—2005年，全市检察机关办理国有资产流失案件28件，挽回经济损失362余万元。2008年，查处国有资产流失案件6起，为国家挽回经济损失27万元。2009年，新化县检察院与县纪委配合，查处1起改制企业国有资产流失案。2010年，探索公益诉讼监督，对国有资产或社会公共利益遭受损害而监管部门或国有单位不行使或怠于行使监管职责，检察机关以监督的身份，督促和指导监管部门或国有单位履行职责或提起诉讼。2011年，新化县检察院摸底排查全县国有资产流失情况，督促主管部门依法履行职责确保国有资产安全。2012年，检察机关办理公害污染等案件3起，对国有资产管理部门应当履行管理职责而未履行的，发放检察建议、督促起诉意见书，督促其依法履职。全年办理起诉案件73件，为国家挽回经济损失6000余万元。2014年，加大药品食品安全、环境资源、城市管理建设、土地管理等领域违法行为监督，办理行政机关不当履行职责案件80件。2015年，对环境污染、土地资源管理等部门开展行政检察，提出履行职责检察建议21件，被采纳16件。2016年，就省人大常委会《中华人民共和国水污染防治法》执法检查中发现的6个环境污染问题整改落实情况进行调查核实。

2017年6月27日，贯彻第十二届全国人大常委会审议通过的新的《中华人民共和国民事诉讼法》《中华人民共和国行政诉讼法》，进一步明确检察机关公益诉讼职能。是年，市检察院以生态环境保护、食品药品安全领域为重点，掌握公益诉讼案件线索12件，立案3件。督促行政机关依法履职检察建议79件。通过检察建议督促环保和国土部门关停5家环保不达标的厂矿，督促市卫计委查处5家不符合饮用水标准的小水厂，督促收回国有资产4268万元。

第四章 信访举报与控告申诉检察

第一节 信访处理

1990年，地、县两级检察机关受理公民来信来访5070件次，其中来信3851件，来访1219次。检察长接待来访517人次，处理告急信访22件，息诉信访老户34户，上报各类信息78条。1991年，受理群众来信来访3190件次，均及时妥善处理。1992年，搞好“窗口建设”，开展文明接待。接待来访945人次，均予妥善处理。1993年，开展文明接待活动，不断改进工作作风。冷水江市检察院信访室被评为“全省检察机关文明接待室”。1994年，全市检察机关受理信访2696件，均及时登记、处理分流，无积压，无差错。1995年，贯彻省检察院华容会议精神，争创文明接待室。1996年，受理群众来信1765件，接待来访589人次。1997年，经省检察院验收，涟源市、冷水江市、双峰县检察院均达到省级文明接待室标准。1998年，全地区接待和处理来信来访2228件次。

1999—2003年，全市检察机关接待群众来信来访8000余件次。2004年，受理群众来信636件，来访207次，处理告急来访1次。2005年，接待群众来信来访1085件次，妥善处理一批久诉不息的案件。2006年，结合市委开展的集中整治非正常上访和联合接访活动，处理涉检信访647件次。2007年，全市采取“四定一包”（定领导、定办案人、定时间、定责任，包息访息诉）责任制，妥善处理涉检信访210件次。2009年，开展涉检重信重访和信访积案化解专项治理。2010年，全年接待群众来访252人次，息诉涉检信访案件28件。2011年，市县两级检察院6个举报接待室有3个获全省、3个获“全国检察机关文明接待室”称号。2012年，全市推进涉法涉诉信访工作改革，建立和完善举报电话、网上信访、来信来访“四位一体”工作机制，实行联合接访、下访、巡访等制度，受理涉检信访258件。2013年，全市息诉涉检信访积案71件。

2016年，加强“文明接待室”建设，全市受理群众来信来访370件次。2017年，全市检察机关加大信访矛盾纠纷化解和疏导工作，息诉罢访。妥善处理举报、控告等来信来访556件次。是年，新化县检察院、娄星区检察院被高检院评为第九届“全国检察机关文明接待室”，涟源市检察院、冷江市检察院继续保持“全国检察机关文明接待室”称号。

第二节 举报受理

1990年，根据群众举报线索，地、县两级检察机关侦查或复查立案68件，结案61件。1991年，受理群众各种犯罪举报线索674件，经初查立案8件。1992年，受理群众举报440件，初查19件，查出大案2件。1993年，地区检察分院进一步健全举报机制，受理举报线索873件，初查62件。1994年7月，地区检察分院举报中心成立，全年受理各类犯罪举报线索1333件，立案8件。1995年，全地区举报案件处于上升趋势，受理各类犯罪举报线索2083件，初查120件，结案113件，移送自侦部门立案1件，自行立案8件。1996年，受理各类犯罪举报线索2343件，初查273件，立案9件。1997年，健全完善举报线索归口管理和举报奖励机制，当年奖励举报有功人员62人次。受理举报线索1310件，初查334件。1998年4月和7月，全地区检察机关开展"举报宣传周"活动，出动干警200余人次，印发宣传资料3万份，两级检察院检察长发表电视讲话24次，受理举报线索1428件，初查283件。其中大要案9件13人。

1999—2003年，坚持抓好举报"收集、管理、消化"工作，使举报工作不断规范和完善。2004年，全市检察机关受理各类举报线索505件，初查109件，移送立案23件。2005年，受理各类举报线索293件，初查36件。2007年，全市开展举报宣传活动，受理各类举报线索150余件，初查16件，移送自侦部门立案9件。2008年，受理举报线索168件，初查7件，移送有关部门74件。

2009年，以全国检察机关启用"12309"统一举报电话和新修订的《人民检察院举报工作规定》为契机，全面规范、推进、完善举报线索管理机制。2010年，全市受理各类案件举报线索172件，初查20件，移送立案10件。2011年，受理自侦案件举报线索172件，初查12件，奖励举报人员3人次。2012年6月，开展以"惩防并举、保障民生"为主题的"举报宣传周"活动，两级检察院18名正副检察长、122名干警参加，利用电视、广播、报刊等宣传16次，发放宣传资料2.15万余份。2013—2015年，受理举报线索117件，初查3件。2016年，受理举报线索107件，初核7件，移送自侦部门2件。

2017年，开展举报线索不立案复查工作，对不服不立案决定的举报人，进行申请复议与复核。是年，全市受理举报线索177件，初核15件，移送自侦部门50件。

第三节 申诉复查

1990年，地、县两级检察机关受理并立案复查控申案件68件，结案61件，其中不服检察机关处理决定的35件，建议法院改判的1件。1991年，复查控申案件52件，其中刑事申诉38件，结案37件。1992年，突出重点抓办案，全年立案57件，其中申诉案件40件，结案46件。1993年，立案57件，结案53件。1994年，受理申诉案43件，办结43件，撤销和改变原决定的9件。1995—1996年，复查申诉案167件，其中纠正和部分纠正19件。1997年，受理各类刑事申诉案207件，立案复查18件，其中9件改变原决定。1998年，全市复查申诉案13件，改变原决定4件。涟源市检察院复查梁某煜申诉案，依据国家企业所得税优惠政策，偷税漏税不成立，撤销原决定，将收缴的1万元依法退还申诉人。

1999—2003年，全市检察机关集中清理控告申诉积案，立案复查刑事申诉案693件。2004—2008年，复查刑事申诉案49件，改变原决定8件。2009年，复查刑事申诉案，立案7件，改变原决定3件。2010年，新化县检察院受理李某华不服免诉而多年上访申诉案，经复查，免予起诉并无不妥，应予维持，但发现原案中有2500元挪用公款证据不足，决定将此款退还，同时针对李家庭生活困难，向其原工作单位县信用联社提出恢复公职建议，李就此息访。2011—2012年，全面复查此前的全部刑事申诉案件并妥善处理，达到息访目的。2013—2015年，全市办理刑事申诉案13件。2016年，邀请律师参与申诉案件化解工作，受理不服检察机关处理决定刑事申诉案7件，不服法院裁判4件。2017年，严格执行《人民检察院复查刑事申诉案件规定》，加大对不服检察机关处理决定和不服法院生效刑事裁判申诉案件办案力度，努力化解社会矛盾。受理刑事申诉案58件，立案办结17件。

第四节　刑事赔偿

1999年始，全市贯彻执行国家赔偿法，全市受理刑事赔偿案3件，因不符合赔偿条件，未予赔偿。2000—2003年，全市办理赔偿案件25件，全部依法赔偿。2004—2008年，办理刑事赔偿案28件，依法赔偿15件。2009—2012年，受理刑事赔偿案10件，赔偿8件。2015年，刘某红因被捕及取保候审，涟源市检察院对其作出不起诉决定。刘以侵犯其人身权利为由，向涟源市检察院申请国家赔偿。该院依法赔偿5万元。2013—2016年，全市办理刑事赔偿案9件。2017年，办理刑事赔偿案件2件。

第五章　案件管理、人民监督和检察技术

第一节　案件管理

2010年前，全市未设立统一的案件管理机构，按惯例进行案件管理。2011年5月，市检察院按照高检院“统一受案、全程管理、动态监督、综合考评”要求，设立案件管理处，加挂检务督察处牌子。2012年，将原办公室负责的业务数据统计、研究室的案件评查、政治部的办案业绩考核、行装处的涉案财务管理、其他各执法办案业务部门的案件受理以及律师接待等职能划归案件管理处，对检察机关办理的案件实行统一受理、分案流转、流程监控、案后评查、统计分析、信息查询、综合考评，对办案期限、办案程序、办案质量等进行管理监督预警，规范执法行为，提高办案质量和效率。2013年，所辖5个县级检察院案件管理机构领导职务全部高配、场地设施足配、人员精配、职能全面履行。以“两法一规则”（刑事诉讼法、民事诉讼法和人民检察刑事诉讼规则）为依据，全面高效履行“管理、监督、参谋、服务”职能，促进检察机关案件管理规范化建设。是年，市检察院案件管理工作在全省14个市（州）考评中排名第四，获评全省政法系统执法状况综合考评先进单位。2014年，市检察院出台《执法办案风险评估预警实施办法》《错案责任追究制度》，为规范执法提供制度保障。全市两级检察机关采取网上巡查和实地督察，对执法问题的案件开展个案督察。对不批捕、不起诉、撤案、无罪案件和上级交办、当事人投诉、上访等特殊案件，进行重点评查。是年，市检察院对8案12人启动个案督察程序。2015年，全市落实省检察院关于整治不规范司法行为要坚持“七见”（见事、见人、见原因、见整改措施、见整改结果、见责任追究、见经验教训）的指示，统一收送、受理、审查各类案件5184件，接收卷宗1.37万册，统一受案补送更正56件，依规定不予接收12件。2016年，全市受案、审查、分流各类案件4821件，要求补齐材料或不予受案32件，预警纠错387次，发出流程监控通知书11份，均已回复纠正。涉案财物管理出入库登记、管理358次，接待律师及诉讼代理人741人次，检查纠错各类问题264个，电子卷宗制作2970件。进行个案督察21件和专项督察9次，发现和整改问题69个。开展检察业务办理情况分析7次，通报6次，开展调研3次。2017年，受理、审查、分流各类案件5259件，送结案及审核案件3246件，预警纠错612次，接待律师1225人次，评查案件2510件。对娄星区检察院办理的黄某开设赌场案进行个案督察，经检委会研究，改变区院不起诉决定，指令更换承办人重新审查起诉。

第二节　人民监督

2004年8月，市检察院按照民主推荐、协商考察、本人同意、党组研究，报市人大常委会确认，聘请14名人民监督员。2005年，全面实行人民监督员制度，对“三类案件”（犯罪嫌疑人不服逮捕决定的，拟撤案的，拟作不起诉的）一律由人民监督员评议，提出监督意见。是年，全市监督案件26起。2006年，贯彻执行省人大常委会《关于加强检察机关人民监督制度试点工作的决议》，加强对检察机关“三类案件”监督，共监督、评议案件14件15人。2007年，监督“三类案件”结案16件。2008年，依照监督员制度，对人民监督员换届选任，全市监督“三类案件”23件23人，“三类案件”全部进入监督程序。娄星区检察院对娄底市院反贪污贿赂局办理的拟撤销胡某春、胡某华挪用公款案，组织7名人民监督员进行监督评议。人民监督员同意拟办意见，该院决定撤销该案。是年，贯彻省检察院《关于认真做好全省检察机关聘请民主党派成员、无党派人士担任特约检察员工作的通知》，全市检察机关聘任特约检察员15名。2010年，市、县两级检察院分别多次召开人民监督员和特约检察员座谈会，总结工作，征求意见，提出进一步做好监督工作思路。是年，全市人民监督员对“三类案件”监督14件14人。2011年3月8日，市检察院召开人民监督员工作座谈会，围绕人民监督工作机构设置、职能整合、监督员产生方式、监督员监督的“中立性”和“独立性”进行探讨，并对下一步工作作出安排部署。2012年初，市检察院下发文件，将人民监督工作调整到研究室。2013年，进行人民监督员换届。按照高检院关于深化人民监督员制度改革部署，成立由10个市直机关领导担任委员的选任工作委员会，并在《娄底日报》、娄底电视台、红网等公布选任办法，吸引更多热心监督的公民参与选任活动。通过合理程序和科学方法，选出35名人民监督员。是年，人民监督员评议李某跃行贿等7起案件。检察机关秉持以人民监督员为中心，服务而不参与的原则，充分保证人民监督员的权力和独立性。

2014年11月，市检察院制定《娄底市人民检察院人民监督员制度试点实施细则》，实现人民监督员工作制度化。2015年，省检察院确定娄底市检察院承担全省人民监督员监督范围和监督程序改革试点工作。2016年12月，贯彻落实高检院、司法部《人民监督员选任管理办法》《关于人民监督员监督工作的规定》，配合和协助司法行政机关完成新一届人民监督员的选任。2017年9月，市检察院协同市委统战部完成特约检察员的换届工作，选任颜莉芬等5人为新一届特约检察员。2014—2017年，全市邀请人民监督员监督案件80件97人，其中拟撤销案件51件，拟不起诉案件27件。邀请人民监督员、特约检察员参与法庭审理、检察委员会、举报宣传周、检察开放日、电视问政座谈会等活动310余次。

第三节　检察技术

1990年，地、县两级检察院沿用既有检察技术的同时，配备1~2名技术人员，引进和学习新技术。全地区受理技术检验案件25件，其中文件检验22件，现场勘查检察2件，物证照相1件，出具鉴定书12份，提供侦查方向14件。1991年，增配技术人员6名，输送到高检院、省检察院和大专院校专业技术培训9人。受理技术检验案27件，其中文检23件，现场勘查照相4件。1992年，地区检察分院召开全地区检察技术工作会议，添置技术设备，培训人员，全地区7名技术人员获得鉴定权，受理技术检验案件70件，全部办结。1993年，全地区受理技术检验案件107件，比上年增加52.9%。

1994年，湘中某地质公司认定收款员邓某伪造收款收据贪污公款，经地区检察分院鉴定，确定为他人套摹邓的笔迹，并通过调查，找到真正的作案人，追回赃款，维护受害人的名誉和合法权益。是年，全地区受理技术检验案件361件。1995年，地区检察分院在新化县召开检察技术工作现场会，总结和推广新化县加强检察技术工作经验。1995—1996年，受理技术检验案件1130件，办结715件，提供科学依据409份。1997年，地区检察分院加强检察技术工作，重视技术证据在刑事诉讼中的地位和作用，提高办案人员运用技术手段收集、运用技术证据的能力。1998年，全地区检察机关利用视听技术手段收集、固定证据，照相、录像100余场次。1999年，利用检察技术办理反贪污贿赂、渎职犯罪侦查、控告申诉、民事行政检察等案件25件，受理技术检验案件1354件，全部办结。2000年，全市办理技术检验案件323件，为侦查贪污贿赂、徇私枉法及重大刑事、民事、经济案件作出检验鉴定或司法会计技术协助130件。其中，娄星区检察院法医受火车站派出所委托，对由成都开往广州的375次列车上一死因不明的无名尸进行解剖检验，发现死者胃内有43枚胶带包裹物——海洛因，净重405.7克，证明死者是毒贩，因毒品泄漏中毒而死。铁路公安顺藤摸瓜，抓获毒枭。2001年，受理各类技术鉴定案件192件，其中法医检验132件、文件检验32件，司法会计鉴定13件，痕迹检验2件、视听技术13件，出具鉴定检验材料192份。2002年，开展信息化网络建设。2003年，落实省检察院《2003年全省检察技术工作要点》，建成二级视频会议系统和专线电话，筹建局域网，启动三级网建设。配合院内其他部门摄照相55次，所摄内容被县市电视台、省刊采用25条（幅）。

2002—2004年，受理各类技术鉴定案件985件，其中法医检验753件、文件检验170件，司法会计鉴定31件，视听技术104件、其他27件。2004—2005年，市检察机关稳步推进三级专线网建设。2006年，娄星区检察院投资200多万元加强信息化建设。其他县市检察院都筹集资金，添置技术设备，以提高技术保障能力。2005—2006年，全市办理技术检验案件385件。

2007年，全市实行讯问职务犯罪嫌疑人全程同步录音录像制度。2008年，全市各县市院分别投入资金、添置技术设备，完善信息化基础设施。2009年，市、县两级检察院完善信息化基础建设，参与5起突发事件处理，利用科学证据说服当事人，对防止群体性闹事或进京上访起到关键作用。2010年，以专线网、局域网等网络平台为基础，全市检察机关网上办公办案应用启动。2007—2010年，办理技术检验案件728件。

2011年，开通市检察院驻监狱、看守所检察室专用线路，实现互联互通，提升检察机关对监所部门动态监管、同步监督的能力和水平。是年，全市办理技术检验案件285件，其中法医文证审查273件，通过文证审查，纠正各种问题和建议补充案件25件。

2012年10月，市检察院向省检察院报送2名司法会计人员鉴定资格申报材料。2013年，制定《2013年全市检察技术和信息化工作要点》，引导全市技术工作平衡、可持续发展。2014年，随着信息电子技术的发展，特别是新刑诉法将电子数据确定为法定证据种类之后，市检察院购置电子证据取证系统，自侦部门委托进行电子物证技术协助10余次。2012—2014年，全市办理技术检验案件1087件，办理技术协助案件214件，同步录音录像985人次。2015年，市检察院作出未来3~5年科技强检建设规划。2016年，开展电子证据技术协助。2015—2016年，办理技术检验案件862件。

2017年，市检察院将侦查指挥室拓展为包括电子物证室、信息查询平台、侦查设备间的侦查指挥中心。全年办理技术检验案件303件，其中检验鉴定71件，文证审查232件，发现各种问题73件，答复法医鉴定各类咨询10余次。

第六章　机　构

第一节　市人民检察院

1990年1月，娄底地区检察分院内设人事教育科、办公室、刑事检察一科、刑事检察二科、经济检察科、法纪检察科、控告申诉检察科、刑事技术科、监所检察科9个科室，辖娄底市、冷水江市、涟源市、新化县、双峰县5个县（市）检察院。

1999年8月，地区检察分院更名为市检察院，内设办公室、政治部、审查批捕科、审查起诉科、反贪污贿赂局、渎职犯罪侦查局（副处级机构）、监所检察科、民事行政检察科、控告申诉检察科（与举报中心、刑事赔偿办公室“三块牌子、一个机构”）、检察技术科（对外使用检察技术鉴定中心名称）、法律政策研究室、行政装备科、纪检组与监察室合署办公、司法警察支队14个机构。2002年2月，部分内设机构更名处、室、部、局。3月，反贪污贿赂局内设4个侦查科、1个综合科，渎职犯罪侦查局设置2个侦查科，机构级别为副科级。2014年12月，内设机构增至22个，名称仍为处、室、部、局。2016年7月，反渎职侵权局增设综合科，核减反贪污贿赂局内设的侦查科1个。

娄底市检察院举行检察官宣誓仪式（2016年12月28日摄）

2017年，市检察院内设办公室、政治部（设干部科、宣传科、教育培训科、离退休人员管理科）、侦查监督处、公诉一处、公诉二处、反贪污贿赂局、反渎职侵权局、监所检察处、驻娄底监狱检察室、驻娄底市看守所检察室、驻娄底市强制隔离戒毒所检察室、民事行政检察处、控告检察处（加挂举报中心牌子）、刑事申诉检察处（加挂刑事赔偿办公室牌子）、检察技术处（对外使用检察技术鉴定中心名称）、职务犯罪预防处、法律政策研究室、案件管理处（加挂检务督查处牌子）、人民监督员办公室、行政装备处、法警支队、监察处。纪检组与监察处合署办公。是年12月，市检察院反贪污贿赂局、反渎职侵权局、职务犯罪预防处整体并入市监察委员会，29名工作人员同时转隶市监察委员会。

第二节　县级人民检察院

一、娄星区人民检察院

1990年，为县级娄底市检察院，内设刑事检察一科、刑事检察二科、经济检察科、法纪检察科、监所检察科、控告申诉检察科、民事行政检察科、办公室、政工室。1991年6月，增设技术室。1993年4月，撤销经济检察科，成立反贪污贿赂局。1995年11月，设立监察室（与纪检组“两块牌子、一套人马”，合署办公）。1999年8月，娄底市检察院更名为娄星区检察院，内设办公室、政工科、侦查监督科、公诉科、反贪污贿赂局（副科级机构）、渎职犯罪侦查局（副科级机构）、监所检察科、民事行政检察科、控告申诉检察科（与举报中心、刑事赔偿办公室“三块牌子、一个机构”）、检察技术科（对外使用检察技术鉴定中心名称）、法警大队。2003年8月，增设职务犯罪预防科。2004年12月，增设法律政策研究室和人民监督员办公室。2005年10月，增设财务装备科。2012年7月，增设案件管理科。2017年11月，内设办公室、政工科、财务装备科、法律政策研究室、案件管理科、侦查监督科、公诉科、民事行政检察科、控告申诉检察科、监所检察科、检察技术科、法警大队、反贪污贿赂局、反渎职侵权局、职务犯罪预防科。12月，反贪污贿赂局、反渎职侵权局、职务犯罪预防科及20名工作人员整体并入娄星区监察委员会。

二、冷水江市人民检察院

1990年，内设政工科、办公室、刑事检察一科、刑事检察二科、法纪检察科、经济检察科、监所检察科。2002年8月，内设机构名称为科、局、室、队共12个。2017年11月，内设办公室、政工科、行政装备科、检务督查科、案件管理科、侦查监督科、公诉科、民事行政检察科、控告申诉检察科、监所检察科、检察技术科、法警队、反贪污贿赂局、反渎职侵权局、职务犯罪预防科。12月，反贪污贿赂局、反渎职侵权局、职务犯罪预防科及15名工作人员整体并入冷水江市监察委员会。

三、涟源市人民检察院

1990年，内设办公室、政工室、刑事检察一股、刑事检察二股、经济检察股、法纪检察股、控告申诉股、民事检察股、监所检察股。2003年5月，内设机构增至11个。2017年11月，内设办公室、政工科、侦查监督科、公诉科、反贪污贿赂局、反渎职侵权局、法警大队、监所检察科、民事行政检察科、职务犯罪预防科、控告申诉检察科、检察技术科、研究室、案件管理科、驻看守所检察科。二级事业机构：电大函授站。12月，反贪污贿赂局、反渎职侵权局、职务犯罪预防科及20名工作人员整体并入涟源市监察委员会。

四、双峰县人民检察院

1990年，内设办公室、政工室、批捕起诉股、经济检察股、法纪检察股、监所检察股、民事行政检察股、控告申诉检察股（管理经济犯罪举报中心）。2002年8月，内设机构增至11个。2017年11月，内设办公室、政工科、侦查监督科、公诉科、反贪污贿赂局、反渎职侵权局、监所检察科、民事行政检察科、控告申诉检察科、职务犯罪预防科、检察技术科、法律政策研究室、司法警察大队、计划财务装备科、案件管理中心。12月，反贪污贿赂局、反渎职侵权局、职务犯罪预防科及15名工作人员整体并入县监察委员会。

五、新化县人民检察院

1990年，内设办公室、政工股、批捕股、起诉股、经济检察股、法纪检察股、监所检察股、民事行政检察股、控告申诉检察股。2001年3月，内设13个局、科室，核定行政编制86名。2017年9月，内设办公室、政工科、行政技术装备科、法律政策研究室、案件管理科、侦查监督科、公诉科、民事行政检察科、控告申诉检察科、监所检察科、林业检察科、法警大队、反贪污贿赂局、反渎职侵权局、职务犯罪预防科。12月，反贪污贿赂局、反渎职侵权局、职务犯罪预防科及22名工作人员整体并入县监察委员会。

第三节　派驻检察室

1989年12月起，全地区检察机关在税务、乡镇、厂矿企业单位设立检察室。1993年，全地区派驻各类检察室87个，其中乡镇检察室20个，税务检察室6个，大型骨干企业检察室16个，农林场检察室2个，企业行政事业单位检察室43个，配备检察人员332人，派出检察人员10人。1994年，根据高检院政治部《关于整顿各类检察室的通知》精神，撤销各类检察室。

第十四篇

法　院

概　述

1990年，全地区法院把“稳定压倒一切”作为工作指导方针，受理一审行政案件65件。1993年，开展围歼车匪路霸专项斗争和以打击车匪路霸、卖淫嫖娼、整顿交通秩序等为内容的“三打两整一查禁”（简称“321行动”）专项斗争，贯彻“从重从快”原则，参加以抓捕罪犯等为主要内容的“金剑行动”，审结车匪路霸等刑事案件663件1138人，全地区法院审结各类案件首次突破1万件。是年，全地区法院开展整治乱收费、乱罚款、乱集资（简称“三乱”）活动，对部分县市法院收取缓刑保证金、超标准收取诉讼费的行为清理整顿，清退缓刑保证金9.96万元。1990—1993年，全地区法院沿袭20世纪80年代开展的“严打”斗争，震慑犯罪。健全基层法庭建设，民商案件审理基本实现区域全覆盖。

1995年，《中华人民共和国法官法》颁布实施，全地区实施“54321系统工程”（狠抓刑事、民事、经济、行政、告申五大审判上新台阶，强化岗位目标、干部教育、案件质量和司法行政四大管理出新成果，创“先进法院”“先进法庭”和“优秀法官”三项竞赛树新风貌，提高干警政治业务两个素质上新水平，争创一流工作成绩做新贡献）。法院设立巡回法庭，把法庭审理延伸到田间地头，把法庭调解延伸到家庭。1996年，按照中央统一部署，娄底“严打”围绕第二次集中整治农村社会治安，分3个阶段进行。审判活动中抓住单位、集团诉讼有可能导致发生影响社会稳定和安定团结的大要疑难案件，集中领导和力量办案。1998年，63名干警参加地委组织部举办的干部学电脑培训，初步实现电脑化办案。是年，法院体制改革，初任审判员及助理审判员，均须通过全国法院统一资格考试并合格后，再分别由同级人大常委会及本院院长任命。机关管理实行办公、审判、信访、接待、生活等区域分开，建立封闭式办公制度。1999年，全市两级法院受理各类案件2.69万件，审结2.45万件，为国家、集体和个人挽回经济损失1.60亿元。开展毒品犯罪、维护农村金融秩序和社会稳定等专项审判，全市各级政府借助专项审判，运用行政手段收回农村基金会大部分欠款。是年，全市开展“执行年”活动，两级法院投入30多万元，用于改善交通、通信等执行设备。1999年，破坏社会主义市场经济秩序的犯罪增多，审理经济犯罪案件遇到一些新情况、新问题，被告人适用缓刑的比例相对较高。

2000年，全市法院继续坚持“严打”方针，铲除农村恶势力团伙20个，处理地痞地霸、车匪路霸90人，判处重大盗窃团伙4个40人，打掉犯罪团伙4个30人。开展为国有企业改革和发展服务的专项审判活动，确定涟钢、雪峰水泥集团公司、涟邵矿务局为重点服务对象，为3家单位解决诉讼争议标的3500多万元。2001年，市、县两级法院精心组织3次战役，再次兴起“严打”高潮。根据省高院要求，全市将59个基层人民法庭调整、撤并为35个中心法庭。2002年，两级法院试点推行普通程序简便审和适用简易程序审理轻微刑事案件，实行申诉听证制度，全面实行立审、审执、审监3个分离，建立健全审判流程管理制度。2004年，《中华人民共和国道路交通安全法》施行，两级法院调整审判力量，组织涉交通事故赔偿专项审判。2000—2004年，带黑社会性质的犯罪团伙猖獗，审理民商事案件着重调解，破产改制以合理分流人员、妥善安置为前提，法院经济审判与维稳、促进社会经济发展有机结合，对涉改制案件实行优先立案、优先审理、优先执行。

2005年，市委政法委牵头成立全市解决“执行难”联席会议制度，整合力量形成大执行格局。两级法院全面推行人民陪审员制度，市中院指导基层法院选任144名人民陪审员。是年2月，市中院计算机局域网集成工程竣工，实现数据传输、专线电话、视频会议三大功能。2006年，市中院开展打击商业贿赂犯罪和假冒伪劣商品犯罪专项审判行动。对审理知识产权保护、矿业纠纷等新类型案件进行有益探索，一审民事案件调解率52.3％。依法审理行政诉讼案，确保春园步行街等项目建设。市中院与市纪检、国土、工商、银行等十多个部门联合行文，在全省率先构建执行威慑机制。2007年，市中院审结“4·20”专案，协助省高院做好“6·30”涉黑特大案件二审开庭工作，开庭审理被告人73人、涉嫌罪名19项、指控犯罪事实202起的娄星区“1·6”涉黑大案。市中院审理大要案的经验得到省高院和最高院的推广。全市法院系统积极推进轻微刑事案件和解和刑事附带民事赔偿调解工作，新华社记者赴娄底采访并以内参形式作专题推介。建立巩固“大调解”格局，市中院与司法行政机关、公安机关联合出台规范性文件，实现司法调解制度与人民调解制度对接。加快由“粗放型”管理模式向“精细型”司法管理模式转化。2008年，开通娄底法院网。市中院刑一庭被评为全国法院刑事审判工作先进集体。对医疗纠纷、劳动争议、工伤认定等类型案件的处理问题进行全面调研，起草指导性意见，统一全市裁判尺度。2005—2009年，推行“严”（从严治院，严格管理）、“实”（实事求是，求真务实）、“公”（办案公正，办事公道）、“新”（与时俱进，开拓创新）工作思路，市中院着眼于“维护稳定、促进发展、构建和谐”大局，在内部着力构建“立案调、庭前调、庭中调、庭后调”全程调解模式，在外部着重与司法行政机关、人民调解组织联合打造“工作对接、程序对接、人员对接”的“三调联动”机制，办案质量、司法绩效均步入全省先进行列。

2010年始，围绕娄底“科学发展，加速赶超”大局，市中院推行以“日清、周结、月通报、季点评、年总结”为基础的案件精细化管理。2012年，在第二十四届全国法院学术讨论会上入围全国十强，是湖南省24年来唯一进入全国十强的中院，标志着娄底中院法学理论研究迈入全国先进行列。法院队伍公众满意度在娄底市政法系统中连续名列第一。是年，市中院在全省首次发布全市法院民事审判蓝皮书，回顾和展示民事审判工作进展和成效。开展“执行规范年”活动和“无执行积案先进法院”创建活动。2013年，市中院法学理论研究被评为全国中级人民法院第一名。刑事审判再获全国先进，行政审判获全国先进，民商事审判获全省先进，获最高法院指定的涉外、涉港澳台民商事案件管辖权。人民群众对法院及法官形象的满意度大幅提升，涌现“全国优秀法官”孙地长等一批优秀基层法官。2014年，最高人民法院授予市中院全国法院文化建设示范单位称号。与15家商业银行建立“点对点”网络执行查控系统，对赖债行为实行“秒杀”查控、“闪电”打击。在全省率先开通远程视频接访，实现上访群众向最高法院法官“面对面”表达诉求。2015年，全面实行立案登记制，全市法院法官人均结案80.5件（全省法官人均结案58.48件）。2016年，两级法院受理案件首次突破4万件。积极应对全市民间借贷纠纷集中爆发、案件数量高位运行的严峻形势，审结民间借贷案件12866件，标的额96.23亿元。公平公开、规范有序开展首批员额法官遴选工作，两级法院遴选出306名员额法官。2017年，围绕“在全市党政机关争创一流，在全省法院系统争创一流”目标，打造“为民法院”“阳光法院”“智慧法院”“书香法院”，市中院相继出台9个司法改革文件，初步完成司法人员分类管理改革、司法责任制改革和司法人员职业保障改革，娄星区法院改革的“娄星模式”得到最高人民法院院长批示肯定。2017年，全市法院加大司法改革，在审判方式、法官队伍建设、审判管理、内设机构、人事管理、监督机制和现代化办公等方面进一步得到加强，建立起健全符合司法活动内在规律的工作新机制。

第一章　刑事案件审判

第一节　危害社会治安刑事犯罪案件审判

20世纪90年代，娄底社会治安形势较为严峻，刑事犯罪数量居高不下，团伙犯罪增多。1990年，为确保亚运会和国庆期间安全，全地区法院从其他部门调集48名干警，刑事审判人员增至104名。

1991年，全地区判处死刑、死缓和无期徒刑77人。1992年，地区中院指导新化县、冷水江市重点整治工作，及时审结在当地和全区有影响的一批流氓团伙案件和恶性杀人案件。同时，改革审判方式，深入案发地锡矿山矿务局，审理2起恶性杀人案件，由主管副院长和庭长担任审判长，矿务局领导和冷水江市委领导及各界群众4000多人参加旁听。1993年，全地区法院分别于4月26日、6月29日、9月25日进行3次集中打击公开宣判活动。地区中院审理双峰县朱某华等组织他人卖淫团伙案件，5名被告人组织17名妇女和未婚女青年卖淫40次，依法从重判处4名被告人死刑，1名死缓。是年，涟源市杀人、抢劫、强迫组织他人卖淫犯罪活动突出，团伙犯罪猖獗，地区中院对涟源市实施重点整治，依法从重惩处，判处死刑、死缓和无期徒刑42名。1994年，两级法院将重心对准杀人、爆炸、放火、强奸、抢劫、组织强迫他人卖淫、重大流氓团伙及带黑社会性质的犯罪、地痞地霸、车匪路霸等严重危害社会治安的犯罪案件。涟源市籍被告人邓某喜等7人纠合在一起，携带凶器先后实行流氓、抢劫、胁迫他人卖淫、强奸等犯罪15次，地区中院对邓某喜等4名主犯依法从重判处死刑。

1996年，刑事案件特别是大案要案仍处于上升趋势。全地区法院判处无期徒刑、死缓和死刑70人，执行死刑5批。量刑上，继续坚持依法从重判处，娄底的杨某番、颜某、易某红抢劫、杀人案，备受人民群众关注，3被告人共同杀死出租车司机后将车劫走，一审依法判处2名死刑、1名死缓。1997年，为提高办案效率，地区中院对重大案件采取定案定人定时间，集中开庭、集中宣判措施，实行张榜挂牌督促。新化县王某仁故意伤害12岁女孩周某一案，社会影响极其恶劣，民愤较大。地区中院刑一庭依法判处王某仁死刑。1998年，地区中院领导带工作组参加地委组织的对涟源市农村社会治安重点整治，全年判处无期徒刑、死缓和死刑62名。1999年，开展“春季严打”专项斗争和禁毒专项审判，妥善审判黄某卿、萧某云等一批危害涟源市社会治安的严重刑事犯罪分子。2000年9月14日，市中院在涟源市公开审理被告人程某义报复行刺办案法官一案，以故意杀人罪判处程某义死刑。11月，审理被告人李某华危害国家安全一案，以间谍罪依法从重判处被告人李某华有期徒刑12年，剥夺政治权利2年，并处罚金2万元。是年，市中院刑一庭和涟源法院刑事庭被评为全省法院“维农稳定”专项刑事审判先进集体。

2001年，市、县两级法院利用“4·26”集中宣判之机，全面清理积案，重点审结大要案。召开“6·26”公判、执行大会，突出打击毒品犯罪，对两个特大贩毒集团6名主犯执行死刑。2002年，对中央、省、市督办的黑恶势力犯罪案件实行专案专办、特案特办。依法对郭某琼、锦某等9名被告人特大涉毒案件进行宣判，其中6名被告人被判处死刑或死缓。7月，对新化县以刘某文为首的涉黑大案进行审理，判处主犯刘某文死刑，其他19名同案犯无期或有期徒刑。9月中旬，对最高人民法院、最高人民检察院和公安部挂牌督办的涟源市以谭某平为首的特大涉黑案件进行10天公开审理，此案被告57人，涉及罪名26项，涉及犯罪事实250多起。2003年，全市判处无期徒刑、死刑（含死缓）84人，其中审结毒品犯罪案件140件217人，严惩一批贩毒首恶分子。市中院在涟源市召开3万余人参加的对谭某平、谭某康系列涉黑大案的公开宣判大会。双峰县法院公开审判石牛乡刘某湖等5人“4·29”暴力阻挠“非典”防治工作一案，及时安抚民意。

2004年2月，市中院在审理萧某、罗某抢劫一案中，查明两被告人实施抢劫2次，杀死2人，依法判处两被告人死刑。7—10月，两级法院组织声势浩大的打击抢劫、抢夺等多发性犯罪专项斗争，对170人判处刑罚。9月8日，中院对香港毒枭陈某利等6人特大贩卖毒品案进行一审宣判，查明陈某利18次贩卖海洛因10.47千克，王某德5次贩卖运输海洛因1520克，依法判处陈某利、王某德死刑，判处刘某文死刑缓期两年执行，其余案犯被判处无期徒刑和有期徒刑。在查清案件事实，排除各种干扰后，依法审理涟源市邱某飞故意杀害计生干部一案，以故意杀人罪判处邱某飞死刑。2005年，市中院依法处理涟源市“4·19”大案的涉案财产，彻底铲除罪犯谭某平、刘某平等涉黑犯罪势力的经济基础。5月，审理李某旺等4人特大贩卖、运输毒品案，查明被告人贩卖运输海洛因50千克，判处全案4名被告人死刑或死缓。2006年，市中院审理“6·30”涉黑特大案件，该案被告人98人，案卷材料211册，经审理认定涉黑犯罪42人，涉及罪名19项，犯罪事实166起，一审判处死刑（含死缓）和无期徒刑18人，10年以上有期徒刑30人，全案审判做到庭审秩序井然，适用法律准确，定性量刑无误，打击处罚到位。市中院审结流窜六省市、残杀6人的陈某、邬某、贺某军等人杀人、抢劫系列案，依法判处陈某等3人死刑。2007年，市中院审结“4·20”专案，协助省高院做好“6·30”涉黑特大案件二审开庭工作，开庭审理被告人73人、涉嫌罪名19项、指控犯罪事实202起的娄星区“1·6”涉黑大案。市中院审理大要案经验得到省高院推广。2008年，中院依法稳妥审结李某文“6·25”爆炸杀人案、“1·6”涉黑大案等有重大影响的案件。探索和完善对新型犯罪案件的审理，高质量审结一批新类型网络犯罪案件。是年，在全国法院刑事审判工作总结表彰大会上，中院刑一庭被评为全国法院刑事审判工作先进集体。2004—2008年，中院审结各类刑事案件1714件，判处5年以上有期徒刑、无期徒刑、死刑500人。

2009年，针对盗窃甚至抢劫企业生产资料的严峻形势，市中院展开重点打击，审结肖某清等11人盗窃涟钢矿粉案。审理冷水江市梁某军等28名被告人涉恶案、涟源市吴某等42名被告人涉黑案等一批大要案件。2010年，开展打击毒品犯罪专项行动，审结涟源市韦某文等人特大毒品案，并采取国际禁毒日街头法律咨询等方式进行禁毒宣传。2011年，公安部、中国证监会挂牌督办的王某等7人非法网络诈骗案，被害人5000余人，涉案金额3000多万元，案卷材料近500宗，多名国内知名法学专家担任辩护人，案件定性争议很大，经反复研究讨论，市中院认定王某犯非法经营罪、虚报注册资本罪，数罪并罚，合并执行有期徒刑12年6个月。指导涟源市法院依法审理犯罪事实117起的梁某等43名被告人黑社会性质组织罪。2012年，开庭审理双峰县朱某健等16名被告人故意杀人等多项罪名的特大涉恶案以及杨涛等4名被告人恶势力团伙案。2009—2012年，市中院审结各类刑事案件1190件，全市两级法院审结各类刑事案件9455件，判处罪犯1.2万人。

2013年，市中院刑一庭第二次被评为全国法院刑事审判工作先进集体。2014年，市中院依法从严打击黑恶势力犯罪，成功审结全国瞩目的刘某柏等20多人组织、领导、参加黑社会性质组织犯罪案，判处首要分子刘某柏有期徒刑23年，其他骨干成员或一般人员均被依法判处刑罚，受到最高人民法院、省高院肯定。是年，依法审理社会和媒体高度关注的“宠物美容师劫杀顾客”案，一审判处被告人高某刚死刑。2015年，依法严惩集资诈骗等涉众型经济犯罪，加大对电信诈骗犯罪的打击力度；审理社会和媒体高度关注的娄底持枪抢劫金店案，一审判处被告人萧某东死刑、阳某春无期徒刑。2016年，依法及时、严厉打击集资诈骗、非法吸收公众存款犯罪，审结伍某前、游某姣集资诈骗案（非法集资近3亿元）等多起大案要案，全市两级法院审结非法集资刑事案件50件73人，判处十年以上有期徒刑14人。2013—2016年，全市两级法院审结刑事案件1.61万件，判处罪犯1.23万人。

2017年，严惩危害食品药品安全、电信网络诈骗等严重危害群众利益的犯罪，全市法院审结相关案件78件。市中院对10余起重大毒品犯罪案件进行公开宣判，对特大毒品案首要分子方某林、何某新等被告人判处死刑。

1990—2017年娄底市法院刑事案件审结情况表

表14-1

单位：件

案件 年份	全市法院受理案件	全市法院审结案件	娄底中院受理案件	娄底中院审结案件
1990	1227	1123	244	225
1991	1308	1179	270	233
1992	1358	1249	254	233

续表14-1

年份＼案件	全市法院受理案件	全市法院审结案件	娄底中院受理案件	娄底中院审结案件
1993	1114	1059	144	136
1994	1184	1087	—	138
1995	1345	1276	148	134
1996	1636	1529	163	140
1997	1538	1453	—	—
1999	1822	1613	—	—
2000	2023	1776	294	292
2001	1772	1542	280	276
2002	1943	1776	—	—
2003	1851	1668	275	261
2004	2267	2123	385	366
2005	2391	2338	379	370
2006	—	—	395	384
2007	—	—	331	311
2008	2349	2263	297	283
2009	2296	2187	389	371
2010	2393	2278	336	291
2011	2443	2310	250	223
2012	—	2680	375	305
2013	4344	3765	1447	1331
2014	4815	4089	2127	1838
2015	4822	3960	2028	1723
2016	4978	4315	2070	1946
2017	4837	4108	1468	1386

说明：1998年数据缺失

第二节　贪污贿赂经济犯罪刑事案件审判

1990年，经济刑事犯罪案件日渐增多，两级法院加强刑事法官业务能力培训。1991年，两级法院审结经济犯罪案件189件，为国家、集体挽回经济损失397.89万元。1992年，审理原湘峰机械厂厂长罗某功贪污、流氓一案，地区中院和涟源法院加强协作，顶住压力，查清罗某的犯罪事实，依法判处有期徒刑四年。1993年8月，中央部署反贪污斗争，全地区法院注重对大案要案的及时审理和集中宣判。11月8日，新化法院集中统一宣判经济犯罪案件16件18人。新化县工业硅厂采购员刘某安贪污作案10次，贪污公款18.47万元，中院依法判处其死刑，剥夺政治权利终身。1994年，全地区法院审结各类经济犯罪案件54件67人，给予刑事处分64人，特别是在中央“6·6”电视电话会议后，对缓刑面过宽现象及时予以纠正。对全地区经济犯罪案排出以新化县水泥厂基建处处长曾某光、冷水江市建设银行行长邹某异等10案15人为重点，由地区中院统一平衡依法审理，11月23日，在地委发布厅召开加大打击经济犯罪力度新闻发布会，实现“集中处理一批”的预期目标。

1997年，全地区法院受理各类经济犯罪案件118件165人，地区中院被评为全省法院系统打击经济犯罪工作先进单位。1998年，经济犯罪呈现出职务更高、窝案串案、钱权交易、财色交易等新特点和新趋势，两级法院把打击重点放在涟钢经济犯罪窝案和一些大要案上，依法追究涟钢21名经济犯罪分子的刑事责任，其中处级干部10人。对原八一集团总公司负责人钟某才受贿、逃避商品检疫等重大案件进行公开审理和宣判。1999年，两级法院审结贪污、贿赂、挪用公款等经济犯罪案件87件109人。2000年，7名县处级以上干部因经济犯罪被判刑。2001年，全市两级法院贯彻落实省高院《关于严厉打击经济犯罪，有效保障市场经济秩序的意见》，依法开展整顿市场经济秩序专项行动，审结该类案件7件13人。

2003年，全市两级法院审结贪污、受贿、挪用公款等职务犯罪和渎职犯罪案件80件110人。娄星区法院审理双峰县石膏矿原矿长杨某冬、市财政局原党组副书记、副局长张某东、市财政局原党组成员、总会计师朱某求等有一定社会影响的职务犯罪案件，推进反腐斗争。

2004年，两级法院对95名经济犯罪被告人依法处以刑罚。2005年4月，审理市纪委原正科级干部周某辉犯罪一案，认定被告人犯诈骗、受贿、招摇撞骗、贪污、行贿、诽谤等罪，一审判处其无期徒刑。涟源市法院审理的省高院民一庭原庭长刘某文等系列受贿案，做到程序合法，定性准确。2006年，两级法院开展打击商业贿赂犯罪和打击假冒伪劣商品犯罪等专项审判，审结一、二审商业贿赂案件10件。2008年，先后审理市中心医院原院长杨某毅、市政府原秘书长申某华等人受贿案。市中院刑二庭被评为全省治理商业贿赂犯罪专项活动先进集体。同时，两级法院进一步推行轻微刑事案件和解与刑事附带民事案件民事调解力度，最大限度地增加社会和谐因素。

2009年，开展打击商业贿赂、涉烟犯罪等专项审判行动，审结具有较大社会影响的原市政府搬迁办申某华贪污受贿窝案和由省委政法委督办的原常德湘运公司总经理陈某受贿案。2010年，针对新化县伪造货币犯罪猖獗的严峻形势，开展打击假币犯罪专项行动，一审判处无期徒刑2人、10年以上有期徒刑5人。震惊全省的湘西非法集资系列案发生后，市中院根据省高院指定，审理系列案中的被告人金某平等人集资诈骗案，该案涉及金额3.6亿元，受害人数千名，案卷200多宗。根据市委、市政府集中整治涟钢周边环境的要求，审理涉及金额290余万元的吴某华等21人盗窃涟钢物资案。

2013年，审理省高速公路建设管理系统彭某等特大贪污受贿案，涉案金额2亿余元，一审认定彭某、胡某龙犯受贿罪、贪污罪、泄露内幕信息罪等，数罪并罚，判处彭某、胡某龙死刑。2014年12月21日，对廖某安、王某华、袁某等12名被告人伪造货币、出售及购买假币案进行一审宣判，这3起案件涉及假硬币逾百万枚，为全国全省大案，是最高法院、公安部督办的案件，一审判处廖某安、王某生、游某华、王某华、伍某月、王某6名被告人死刑，缓期两年执行，判处被告人袁某无期徒刑，对其余5名被告人判处有期徒刑。2015年，审理湖南科技学院原院长佘某华、原副院长吴某华受贿案。严惩集资诈骗犯罪、非法吸收公众存款犯罪，审理被告人吴某华等10人集资诈骗、非法吸收公众存款案（非法集资14亿余元，实际诈骗金额2.4亿余元），被告人曾某鹏集资诈骗案（非法集资8亿余元，实际诈骗1.4亿余元）等多起大案要案。市中院全年审理非法集资刑事诉讼案件11件56人，涉案金额57.66亿元。

2016年，全市两级法院审结贪污、贿赂等犯罪案件166件241人，其中被告人原为厅局级以上的5人，原为县处级的15人。2017年，市中院集中力量审理一批贪腐大案要案，成功审理原衡阳市委书记李某龙受贿、贪污、滥用职权、巨额财产来源不明案，原株洲市政协副主席王某平受贿案，原沅江市市长萧某利受贿、滥用职权、行贿案等省管干部职务犯罪案5件，为市中院历年审理省管干部职务犯罪案件数量最多的一年。重拳打击一批社会危害大、群众深恶痛绝的非法集资犯罪分子，市中院审结吴某初集资诈骗、合同诈骗案（涉案金额2亿余元），金海公司吴某华等10人集资诈骗、非法吸收公众存款案（涉案金额2亿余元）等21件大案要案。

第二章　民商事案件审判

第一节　民事案件审判

1990年，全地区法院民事、经济审判坚持做到“三个优先”，即影响党和政府中心工作、妨碍治理整顿和深化改革的案件优先受理；直接影响工农业生产的案件优先受理；矛盾易于激化，影响社会治安秩序的案件优先受理。在春耕生产、抗旱救灾和冬季农田水利建设中，各县市民事、经济纠纷增多，地区中院及时部署，调整审判力量，广泛开展巡回办案和专项服务，使大量纠纷及时就地解决。是年秋冬，全地区范围内久晴不雨、旱情严重，地区中院要求把审判工作与抗旱救灾工作紧密结合起来，及时解决抗旱救灾中的各种纠纷案件。其中双峰县旱情特别严重，县法院从机关抽调17名干警，到甘棠乡和三塘铺镇组织抗旱救灾，及时调处在抗旱中发生的纠纷案件186件。1991年4月，《民事诉讼法》实施，民事、经济审判工作步入新时期。民事、经济审判人员熟悉和准确把握立法精神及基本原则，实行民事、经济审判方式改革，坚持“谁主张，谁举证”诉讼原则。同时，法院实行审执分离，但审判与执行并未完全分开。全地区法院用一年时间依法进行大规模清理积案工作，处理前10年积案1383件。1993年，《中华人民共和国企业破产法（试行）》出台，随着企业改制全面开展，全地区法院依法提供各类审判专项服务活动。1994年12月，为治理经济环境，整顿经济秩序，发展市场经济，地区中院经济庭更名经济审判第一庭，增设经济审判第二庭。是年，针对新型民事案件增多，地区中院举办民事案件研讨会，对公房买卖引起的民事案例和建筑赔偿，新形势下的特殊婚姻家庭等几类案件进行讨论分析。两级法院坚持把好“五关”，即归口管理关、案件研究关、定期检查关、分类指导关和法官素质关，民事案件上诉率比上年下降43.6%。1995年，地、县两级法院把审判方式改革作为法院内部改革重点，受理一审民事纠纷案6023件，直接开庭率72%以上。2002年后，经济纠纷类案件更名商事纠纷案件，市中院撤销经济审判一庭、二庭，成立民事审判一庭、二庭，增设民事审判三庭，形成大民事审判格局。法院在审理各类民事纠纷案件中注重调解，经调解而结案的案件占较大比例。

2004年，娄星区法院总结出信任法、庭前法、引导法、攻心法、网络法、敦促法、科技法、减负法等“速调八法”，在省委加强基层法院建设会议上作典型发言。2005—2007年，各基层法院加大对“三农”（农村、农业、农民）案件审理，采取减免诉讼费、深入农户调解等系列“护农”“便农”“助农”措施，促进社会主义新农村建设。2008年，妥善处理关系民生的婚姻家庭等类型案件，注重保护弱势群体合法权益。

2010年，市中院将案结事了作为一项系统工程，在提高调解率、审限内结案率及降低发回重审和改判率、申诉信访率上下功夫，邀请全市有关职能部门和企业界、律师界代表召开座谈会，力促当事人服判息诉。2011年，两级法院进一步更新理念，努力完善“大调解”工作体系。在审理邱某等人与涟源鹏盛公司25项劳动争议纠纷系列案中，市中院多次与邱某等人座谈，并主动与当地党委政府协调，最后邱某等人全部撤诉。审理胡某等人与广东省捷科公司劳动争议纠纷系列12案，市中院从二审立案到兑现调解款仅用8天。2012年，在审理周某珍等与三湘路桥公司等单位生命权纠纷一案中，周某珍因不满赔偿问题，在事发后两年内均不同意将丈夫遗体火化，仅尸体停放费就高达18万元。通过多次调解，最终促成双方当事人达成协议，有效化解这起棘手的“冰尸案”。

2013年，市中院获得最高法院指定的涉外、涉港澳台民商事案件管辖权，对优化娄底招商引资法治环境具有重要意义。2014年，增设民四庭，全市法院积极应对民间借贷、企业融资纠纷高发态势，依法审理涉企业、煤矿、银行等融资借贷案件5079件。2015年，境内产业转型升级、城镇化建设、新型工业化建设中出现的矛盾纠纷日益增多，全市法院妥善应对，审理民间借贷案件3951件，同比增长26.83%，娄星区、涟源市、新化县等法院专门成立金融案件合议庭，审结金融借款案件2857件。市中院组织评选“践行社会主义核心价值观，弘扬家庭家风建设”十大典型家事案例活动。2016年，围绕“努力让人民群众在每一个司法案件中感受到公平正义”目标，全市法院审结房地产、建设工程、重大项目合同等案件2303件。

2017年，全市法院坚持多办案、快办案，力求办铁案、办精品案，把防范金融风险摆在突出位置，两级法院审结金融借款、民间借贷案件7706件，司法绩效取得较大提升。市中院成立家事审判合议庭，冷水江市法院作为家事审判方式和工作机制改革试点法院，推行人身安全保护令制度。是年，全市两级法院审结家事案件3827件。

1990—2017年娄底市法院部分年度民商事案件审结情况表

表14-2　　单位：件

案件 年份	全市法院受理案件	全市法院审结案件	娄底中院受理案件	娄底中院审结案件
1990	10251	8399	630	514
1991	9666	8255	697	538
1992	7793	6511	622	519
1993	9974	8662	564	472
1994	11491	10132	—	—
1995	12145	11181	602	519
1996	14386	13286	—	—
1997	13284	12476	—	—
2003	11126	10281	739	729
2004	11844	11004	875	840
2005	7800	7459	663	642
2009	—	—	750	723
2010	18801	18673	800	754
2011	20348	20269	782	701
2012	—	—	756	637
2013	23317	16659	1275	1016
2014	19745	15204	1949	1581
2015	26474	20703	2461	1878
2016	26176	20075	2436	1831
2017	26610	21565	3187	2762

第二节 商事案件审判

1991年，全地区法院注重为国营大中型企业服务。冷水江市法院根据该市企业比较集中的特点，主动上门为企业的生产经营提供法律服务，审结大中型企业之间经济纠纷案件56起，挽回经济损失210余万元。1993年，全地区法院成立经济服务部或经济纠纷调解中心。地区中院经济服务部审结各类经济纠纷案件192起，为企业挽回经济损失4032万元。是年4月，贯彻中央整顿金融秩序的决定，召开全地区改革经济审判方式研讨会，新建一批经济审判联络站，审理一批大案要案，地区中院受理的涟源钢铁公司诉常德钢管厂拖欠货款纠纷一案，常德钢管厂拖欠涟钢货款300万元达3年之久，多次催讨未果，8月16日，向中院起诉，中院通过及时查封被告存款账户，并组织双方充分协商，使该案一个星期内调解结案并执行完毕。为缓解金融紧张、促进财政好转，全地区法院开展提供法律专项服务活动，为银行、国土、税务、厂矿等经济、行政部门收回各类欠款、规费、贷款累计1.25亿元，协助经济部门自主收回各种款项1.76亿元。1994年，全地区企业普遍不景气，不同程度被经济纠纷困扰。7月后，全地区法院组成546个合议庭，审结经济纠纷案件5024件，总标的2.46亿元。

1996年，经济审判工作以盘活企业资金、启动企业生产、搞活企业为侧重点，全地区受理各类一审经济纠纷案件7080件，审结6609件。受理企业破产案件49件，破产企业资产总额为2.4亿元，债务总额为5.28亿元，涉及职工10617人，终结破产程序26件。在办理原地区八一集团公司破产一案中，做到立案优先、力量优先、处理问题优先和领导到位、承办人到位、机构到位、责任到位，财产清算、资产评估、追讨债权、与有关具体问题的处理以及生产自救同步进行，保证这一全省颇有影响案件的审理。全地区法院打破先收费后立案的常规做法，采取减、缓、免的倾斜政策，地区中院受理的7件案件，按规定应收诉讼费104万元，实际只收取5.04万元。1997年，法院进一步为企业提供司法服务。市日杂公司是特困企业，300多万元债权在一些个体经营主手中收不回，公司连诉讼费都缴不起，法院采取减、免诉讼费的做法，一次性为该公司办理10件债权纠纷案，并敦促其他40余户债权人主动清账，为日杂公司注入新的动力。1998年，法院审判工作重心转移至重点企业（行业），召开全地区重点企业负责人座谈会，地区中院分别与涟钢、冷钢、资氮、地区邮电局等单位建立定点联系，经一庭了解到涟钢有数亿元货款收不回后，转战千里，从云南、广东、广西等省区追回1000多万元货款，法警支队为地区邮电局追回拖欠话费53万余元。是年，涟钢名牌商标“双菱”牌螺纹钢被省内外多家企业假冒侵权，地区中院开展打击假冒“双菱”牌螺纹钢侵权行为的专项审判，深入新邵、邵东等县的制假厂家开展证据保全和诉讼保全，捣毁两个制假窝点，公开审判涟钢诉新邵县华兴钢厂、邵东县建材加工厂两个假冒商标侵权案。1999年，全市积极开展清理农村合作基金会、救灾扶贫互助储金会、供销社股金服务部欠款案件的专项审判，受理一审经济纠纷案9269件，审结8699件，解决诉讼标的2.1亿元。新化县法院组织17个巡回法庭，进驻全县17个开办农村基金会的乡镇，3个月内审结农村基金会案件1123件，收回欠款5600多万元，并促进政府收回欠款3000万元。全市法院受理农金会案件4117件，审结3840件，标的1.5亿元，实际执行标的1.1亿元，保证全市农村基金会如期开门营业。

2000年，市中院为抓好涟邵矿务局“四矿四厂”（斗笠山、恩口、桥头河、朝阳煤矿，涟邵焦化厂、水泥厂、煤机厂、金属镁厂）破产案件审理，派员到贵州、广东等省学习审理矿山企业破产的经验做法，11月，向“四矿四厂”送达破产裁定书，并于次年有序处置变现破产资产7900余万元，促进资产重组和产业结构调整。涟源市法院成功审结涟源市钉子厂、服装厂、制鞋厂、植物化工厂等4件破产案件，清理破产债权980万元，安置职工400多人。2001年，市中院设立专门机构，联合省煤炭厅、经贸委、财政厅、劳动厅等23个部门，组成破产清算组，有序处置变现破产资产7900余万元。抽调16人组成4个办案组，为破产企业清收债权，收回款物800余万元。2002年，市中院召开企业改革改制和市农业银行依法收贷座谈会，并作出切实提供司法服务的承诺。2003年，全市法院依法审理企业租赁、转让、兼并、重组、破产等涉企业改革改制案件214件，双峰县法院和市中院排除各种干扰，历经一、二审，成功审理双峰县石膏矿厂权转让纠纷一案，为双峰县政府挽回经济损失2000万元。2004年，对涉改制案件实行优先立案、优先审理、优先执行。是年10月20日，市中院裁定并宣告恩口、利民煤矿进入破产还债程序，涉及近万名职工的安置，总资产约1.8亿元，国家财政注入资金4.8亿元。2005年，市中院依法处理湖南洪源机械厂破产一案，顺利通过财产分配方案，受到省有关部门高度评价。冷水江市法院成功审理冷水江市制碱厂破产案和冷水江市五交化公司、冷水江市制服厂改制过程中一系列合同纠纷案。涟源市法院审理破产案件29件，处理企业资产2亿多元，收回债权600多万元，协助政府安置职工1万多人。

2006年，全市法院审结企业破产案件37件，处置企业资产1.08亿元。2009年，着眼国际金融危机背景下的特殊形势，全市法院建立和完善案件跟踪调研分析、信息预警与危机应对、裁判标准商讨与统筹、沟通协调四大机制，市中院年内审理终结湖南锻造厂、地区冶炼厂、娄底市实用房地产开发有限公司等3件破产案，并就审理中发现的违纪违法、企业管理等问题发出司法建议书8份。2010年，湖南华达机械总厂破产清算工作进展顺利，市中院协助市政府安置职工该厂7000余人。

2011年，历时4年的冷水江市钢铁总厂申请破产一案审结，向39家单位和个人清收欠款351万余元，变现资产2亿多元，处理债务5亿多元。2013年，为促进全市新型工业化建设，市中院密切关注经济运行态势，组织开展“法官进企业”活动，妥善审结涉企案件480件，结案标的额4.63亿元。2016年，开展金融借贷案件审判专项行动，全市法院审结金融借贷案件1.15万件，全力防范发生系统性金融风险。2017年，市中院推进“打处非”（打击处理非法集资案），有效化解娄底供给侧结构性改革、新型城镇化建设以及重大项目建设中出现的矛盾纠纷。稳妥有序推动破产案件的审理工作，坚持和解重整与破产清算并重，全市法院受理破产案件50件，审结27件。加大资产处置案件受理力度，全市法院受理资产处置兑现案件39件。

第三章　行政案件审判

第一节　行政诉讼案件审判

1990年10月，《行政诉讼法》颁布实施，娄底步入依法行政新时期，是年，全地区法院审结行政诉讼案件53件。1991年，行政诉讼受案范围扩大、种类增多，全地区法院受理行政案件105件，结案92件，其中维持39件，撤销24件，变更7件，改判4件。1992年，举办全地区行政审判干部培训班，印发受理行政案件公告5000份。法院为切实减轻农民负担提供有效的法律服务，依法受理乱收费、乱罚款、乱摊派案件。1993年，为改变行政审理受案难、审理难、当事人不敢告、行政机关不愿当被告、行政诉讼关系尚未理顺的现实，全地区法院继续一手抓案件审理，一手抓宣传发动，新化县法院石冲口法庭在全地区法庭中率先审理两件行政案件：新化县枫林乡政府对村民曾某松、刘某英违法罚款，上级党委责令其退回，乡政府拒不执行，石冲口法庭依法判决撤销该处罚决定，退还罚款。1990—1994年，全区法院受理、办结各类行政案件250件，其中不服治安处罚类案件占50%以上。

1995年5月，全地区撤销61个行政法规执行室，对行政审判、经济审判联络室全面清理整顿，执法秩序明显改善。1996年，全地区受理一审行政案件347件，比上年增长83.3%。1997年，全地区法院排除干扰，依法受理行政案件765件，结案733件。对涉及当事人多、影响大的案件争取到现场公开审理，涟源市茅塘乡1800多户村民诉乡政府假种子赔偿案，不仅群众反应强烈，且市委、市政府非常关注，涟源市法院到茅塘乡政府开庭审理，有效地维护群众合法权益，理顺村民与政府的关系。1995—1999年，中院受理行政诉讼案件1548件，审结1427件。

2000年，行政审判工作更加规范，质量不断提升。2002年8月，市中院审结涟源市七星街镇伏栗村村委会和东岩村村委会分别诉七星街镇政府两案，判决镇政府指定村委会秘书的具体行政行为违法，维护村民自治法权威和群众利益，促进村民自治民主化进程。2003年，全市法院慎重受理交通事故责任认定、火灾事故责任认定、招投标行政处罚、房地产规划建设审批、侵犯公民相邻权等新类型案件，将更多的具体行政行为纳入司法审查范畴。在涟源市工商局对涟源市人民医院使用工业氧用于临床进行行政处罚一案中，一审法院认定工商局超越职权，判处撤销其处罚决定，二审时，审委会讨论认为应予维持，但对医院的行为由工商部门进行处罚是否合法，在全国尚属首例，中院通过相关程序向上级法院请示，最高法院答复该案应由医药监督行政管理部门予以处罚，而非工商行政管理部门。同时，全市法院加强对涉城市拆迁改造、农民“减负”（减轻农民负担）、计划生育、资源纠纷等关系人们切身利益的案件审理。2000—2003年，全市两级法院受理各类行政诉讼案件1000件，审结948件。

2004年，《中华人民共和国行政许可法》颁布实施，全市法院开办行政职能部门负责人行政法规学习班，深入厂矿企业和乡镇开展行政法律法规宣传。全市法院慎重处理重大疑难案件，中院在处理桥头河镇桥头河村景新组诉桥头河镇政府、涟源市政府土地权属一案时，发现从1994年始，政府4次处理，原告4次起诉，造成村民长期上访，地区中院领导带领办案法官经过两天三晚协调，在涟源市法院配合下，使这件拖延10年之久的诉讼案得到最终解决。2005年，市中院在审理华达机械厂92名退休女工诉娄底市劳动和社会保障局补发养老保险金一案中，通过反复做工作成功息访，防止群体矛盾。2006年，国家大量重点工程启动和工业园区开工建设，征地拆迁引发的行政诉讼案件猛增。市中院高效、高质审结娄底城区钢城北路28件不服拆迁行政裁决案，确保钢城北路和涟钢薄板工程顺利建设。依法审理娄底城区春园路5件行政诉讼系列案，确保春园路拆迁和春园步行街建设。2007年，对各类新型行政案件，采取提级管辖、交叉管辖和指定管辖等措施，排除各种干扰，强化对行政相对人诉权的保护。2008年，全市法院积极推行“诉前沟通、诉中协调、诉外交流”的全新工作模式，有效化解一批行政争议，发挥行政审判改善和优化投资环境的作用。2005—2008年，审结行政诉讼案件357件，原告上诉率31%。

2009年，全市法院积极顺应依法治市进程，为重点工程建设排忧解难，致力于全方位、广途径化解行政争议。2010年，全市法院针对影响经济发展和社会稳定的群体性案件，加大疏导工作力度，将矛盾尽可能化解在基层，如涉及300多户的西阳李氏祠堂权属登记纠纷、涟源市150户高速公路拆迁纠纷等案件的处理，均通过行政协调结案。2011年，中院一审行政诉讼案件协调结案率52%，为历年来最高。2012年，在全省法院行政审判考核综合排名中，全市法院名列第一。是年10月，市中院首次发布行政审判白皮书，对近年全市法院开展行政审判的基本情况、行政机关执法活动中存在的问题进行分析、总结。2009—2012年，中院审理、执行行政诉讼案件及非诉行政执行案件495件。

2013年，市中院协调处理袁某某等房产登记案后，促成其他系列案的妥善处理，及时化解涉及700多户债权人的行政争议。是年，全市法院行政案件协调结案率83.05%，居全省之首，市中院行政审判庭被评为全省法院先进集体、全国法院先进集体，最高人民法院调研组专程赴中院调研先进经验。2015年，立案登记制、行政机关负责人出庭应诉等新举措出台，全市法院受理一、二审诉讼案件2016件，市、县两级政府将行政机关负责人出庭应诉纳入考核范围。全市法院积极受理和审理信息公开、出租汽车经营许可等新类型案件，为确保每个案件审理公平公正，市中院将一些涉及可能被行政干预的案件指定管辖，将案件交叉到异地审理。2013—2016年，全市106件案件进行交叉审理。2017年，积极推动行政机关负责人出庭应诉，全市法院行政机关负责人参加诉讼35人次，全市法院一审行政诉讼案件通过协调、和解方式结案120件，一审判决行政机关败诉案件76件。如苏某某等35人诉市政府信息公开案以和解撤诉结案，促进行政争议的有效解决。2013—2017年，全市两级法院审结行政诉讼案件1.62万件，其中市中院审结行政诉讼案件1703件。

1990—2017年娄底市法院部分年度行政审结案件情况表

表14-3 单位：件

年份＼案件	全市法院受理案件	全市法院审结案件	娄底中院受理案件	娄底中院审结案件
1990	65	53	16	16
1991	105	92	23	21
1992	190	180	41	39
1993	170	151	42	39
1994	227	208	42	42
2004	300	299	106	106
2005	194	192	56	52
2006	235	232	106	71
2007	304	301	117	104
2009	423	419	74	72
2010	509	506	109	95
2011	529	538	70	73（含旧存）
2013	3269	3162	112	102
2014	2933	2771	194	179
2015	3494	3202	397	299
2016	4385	3879	605	319
2017	3475	3162	912	804

第二节　国家赔偿案件审判

1995年1月1日，《中华人民共和国国家赔偿法》实施，地区中院设立赔偿委员会，对司法机关、行政机关在司法活动和行使行政职权中确实存在过错的，实行国家赔偿制度。1996年，全地区受理行政赔偿案108件，累计判决赔偿金额16万余元。1998年，审结国家赔偿案件2件，有效保护公民、法人和其他组织的合法权益。1999年，全市法院受理司法赔偿案件19件，审结16件。2000年，全市法院受理司法赔偿案件22件，审结20件。2001年，全市法院受理司法赔偿案件2件，审结2件。2002年，全市法院受理司法赔偿案件12件，审结30件。2003年，依法开展国家赔偿工作，受理赔偿案件13件，审结13件。

2004—2008年，推行听证制度，全市法院审结国家赔偿案件35件。2010年，加强与行政执法部门的沟通协调，采取召开座谈会和重点走访等方式，充分听取意见和建议，受理国家赔偿与违法确认案件15件，审结14件。2009—2012年，审结国家赔偿案件18件。

2014年，全市依法审理国家赔偿案件17件，促进国家机关依法行使职权。2015年，全市审查国家赔偿案件39件，审结刑事错判案件燕某伟、陈某民2案，决定给予国家赔偿57.24万元。谢某文错误执行赔偿案，决定给予国家赔偿2万元。2016年，市国家赔偿委员会针对一些辖区内有重大影响而当地党委和政府又有意进行案外协调的案件，组织双方进行协调，在双峰县刘某祥再审无罪案中，中院组织双峰县委、县政府与刘某祥协调，以案外补偿40万元的方式调处结案，刘某祥撤诉结案。2013—2016年，全市两级法院审结国家赔偿案件81件。

2017年，全市法院审结国家赔偿案件29件，依法保障当事人取得国家赔偿的权利。

第四章 案件执行

第一节 审判案件执行

1990年，全地区法院有2306件发生法律效力的民事、经济案件尚待执行。是年，审判模式发生重大变革，改审执结合为审执分离，改变以往对民事、经济纠纷案件由同一庭或同一个人审判和执行的状况。1991年4月，地区中院设立执行庭。集中领导、集中时间、集中力量开展执行，全地区执结各类案件2591件，其中民事案件1105件，经济纠纷案件1434件，行政案件15件，刑事附带民事案件37件，执行标的502万元。新化县山溪乡龚某金房屋侵权案成功执结，在当地引起很大反响。龚父系官僚地主，土改时没收其房屋分给农会主席罗某克。20世纪70年代，罗将房屋以700元卖给山溪乡卫生院托山分所。1989年，龚以土改错误为由，要求返还并强行侵占房屋，导致卫生所停止营业一年多。乡政府先后处理5次未果。圳上镇法庭受理此案后，县法院大力配合，在当地公开审判，判决由龚返还房屋并赔偿卫生所经济损失800元。判决发生法律效力后，县法院强制执行，龚的儿子持刀阻拦，被当场拘留15天，罚款200元。不仅把强占的房子退回，还交出赔偿款800元。1992年，全地区法院受理执行案件6293件，执结5112件，标的1504.07万元。地区中院执行庭下大力气抓执行装备建设，在地区国土局、公路段、交通局、建委等行政机关成立行政法规执行室，为解决法院系统执行力量不足，帮助行政机关解决行政案件执行难的问题，开辟新途径。1993年，地区中院采取审判庭与执行庭齐管的办法，基本消除执行中的差错，全地区法院指导42个行政法规执行室执行行政案件1500件，缓解行政案件执行难的问题。1994年，全地区法院开展执行工作正规化建设达标活动，杜绝乱扣押财物、乱收费等现象。全地区6个执行庭中的4个达到省院规定标准。1995年，全地区法院受理各种进入执行程序的案件5966件，执行5707件，执行率95.7%，执行标的6901.03万元。

1996年，为解决“空调白判”问题，全地区法院积极创新执行思路，对6432件发生法律效力，有给付内容且当事人申请执行的案件执结6038件，执行率93.9%。1997年，由于各地经济状况差，执行难度大，全地区当事人申请执行案4288件，全部执结3520件。11月，最高法院和省高院部署开展统一清理执行积案行动，全地区各级法院均对执行积案进行清理。1998年，地区中院探索集中召开债权、债务人会议，在新闻媒体上曝光等督促执行的新方法，取得一定效果。1999年，开展“执行年”活动，两级法院增加10多名执行干警，投入30多万元用于改善交通、通信等执行装备，开展“执行工作宣传周”、“迎国庆集中清理执行积案大会战”、执行兑现大会等活动，探索推行债权转股权、举报有奖、新闻曝光等有效措施，中院先后4次组织召开执行工作会议，在一定程度上缓解了“执行难”问题。

2000年9月29日，市人大常委会颁布《关于加强人民法院执行工作的决定》，在全市法院系统对执行人员、执行装备、执行案件实行统一管理、统一协调、统一指挥，探索新形势下执行工作的新方法、新路子，采取发放院长敦促执行书、举报被执行人财产有奖、限制被执行人高消费、召开执行兑现大会、公告执行、代位执行等措施，两次组织执行兑现大会，兑现标的5296万元。2002年，改革执行机构内部关系，保证执行裁决权、实施权、管理权的分权制衡，积极推行审计执行、无形资产转让、债转股、交叉执行、委托执行等执行方式方法。新化县法院在执行游某云诉袁某奇欠款纠纷案时，发现被执行人袁某奇在县粮食局中央直属粮库承包建筑工程，第三人直属粮库欠袁某奇10万元工程款，该院向第三人发出到期债务履行通知书，并在县银行冻结第三人银行存款10.34万元，最终圆满执行此案。2003年，两级法院设立执行局，进一步完善执行命令权、裁决权、实施权“三权”分离的内部制约机制。市中院在执行冷水江市农行诉冷水江市金大乘集团公司借款案时，多次执行受阻。对此，市中院执行局和法警支队联手，从各基层法院抽调法警和执行人员，组织一支70人的执行队伍，对被告人实施强制搜查，强制评估，终于使这件久拖未执的标的达千万余元的大难案件得以执结。2004年，对一些“关系案”“钉子案”“骨头案”，为排除干扰阻力，在执法环境上狠下功夫。8月25日，市中院召开全市法院执行兑现大会，兑现各类执行案件50件，兑现标的总金额6648万元，当场兑现现金2646万元，并对抗拒执行的10名被执行人采取司法拘留措施。9月，市中院妥善执结中国工商银行娄底市兴城支行与娄底市联合运输公司、娄底市纺织厂借款、担保合同纠纷一案，案件标的达1100余万元。此案成功执行，既为银行收回部分债权，使联运公司职工安置费基本落实到位，又妥善解决建筑单位的欠款纠纷，实现执结一案、解决数起纠纷的良好社会效果。

娄底中院在涟源市召开“4·19”涉黑案涉案没收财产专场拍卖会（2005年6月15日摄）

2005年，市中院执行局出台八项执行工作举措，即执行案件当事人告知制、被执行人财产举报制、执行积案台账制、执行标的款管理与支付分离制、执行标的款支付审批制、执行财产处置全部由法院司法技术室对外委托制、案件久施不执换人制、对拒不履行义务的被执行人曝光公示制。5月，成功执行冷水江同兴市场工程款纠纷系列案，为70多人实现债权，为100多名农民工讨回工资。2006年，市委政法委牵头，市中院与市纪检、国土、工商等十多个部门联合行文，在全省率先构建执行威慑机制，建立实施执行工作联席会议制度，及时研究解决法院执行工作中的重要事项和重大疑难案件，通过努力将执行工作纳入基层社会治安综合治理体系，形成党委领导、法院负责、社会协同的执行工作机制，提高执行工作整体功效。2007年，完善执行案件信息管理机制，将所有执行案件录入全国法院执行案件信息管理系统，对案件执行过程在网上进行全程跟踪督办，设立执行裁判庭，将执行裁决权从执行局分离出来，增加执行工作透明度。中院在执行梁某才等人与金海置业有限公司租赁合同系列案过程中，通过多方协调，对所涉及的206个案件均成功实现执行和解，避免群体性事件的发生。2008年，执结一批标的大、影响大的案件，重点执行涉案标的均达1000万元以上的中国农业银行娄底支行诉曙光实业、致科空调、致科电器、星剑药业等借贷案件。中院推行执行和解的经验受到省高院的肯定，并由最高法院重点推介。2010年，为化解农村金融风险，全市法院开展清理农村信用社案件专项行动，市中院执结此类案件230件，执结标的2000余万元。是年，中院发出执行督办函32份，撤销基层法院的错误执行行为、错误拘留、罚款决定6件，发出执行建议函4份。

2011年，全市法院妥善处理涉及民生、群体利益的纠纷案件，注意统筹兼顾各方利益。市中院在执行湖南星剑药业系列案中，将被执行人的财产公开拍卖得款4178万元后，组织债权人召开10多场座谈会，并请市人大、市委政法委领导参加债权分配会议，最终187件执行案全部和解执结。2012年，市中院开展“执行规范年”“无执行积案先进法院”创建等活动，依法办理诉讼保全和先予执行，办理诉讼保全案件38件，先予执行娄底职业技术学院与某地产公司土地转让合同纠纷案、娄底中心医院与某建筑公司建设施工合同纠纷案。2009—2012年，中院执结各类案件825件，全市两级法院执结各类案件10913件，执行到位金额38.73亿元。

2013年，全市法院开展“积案清理”“反规避执行”等专项活动，完成涉银行、涉党政机关积案清理，与银信部门建立“点对点”执行查控系统。2014年，全市法院开展“涉民生案件集中执行”专项行动，全力清理涉民生执行积案229件，执行标的到位额1643万元，依法曝光失信被执行人321人，限制高消费和出境190人，对182名拒执人员依法采取司法强制措施。2015年，全市法院开展“转变执行作风，规范执行行为”“百日执行大会战”“集中打击拒不执行判决、裁定等犯罪行为”等专项执行活动，建设执行查控室和执行指挥中心，与娄底电视台公共频道联合推出《铁腕治赖——娄底法院执行在行动》专题栏目。市中院执结各类案件447件，同比增长24.51%，执行标的到位额3.88亿元。冷水江市法院被最高人民法院授予“有效实施失信被执行人名单制度示范法院”。2013—2016年，全市两级法院执结各类案件3.12万件，执行标的到位额49.97亿元。

2017年，全市法院向“执行难”全面宣战，建立“审执联动、上下联动、执警联动”机制，执结各类案件14660件，执行标的到位额3.2亿余元，判处拒不执行生效判决、裁定罪5人，司法拘留783人，纳入失信人名单4614例，限制高消费2367人，限制出境852人，予以罚款69人。扣押被执行人车辆67台，一批社会关注度高、久未执结的案件得到执结。

1992—2017年娄底市法院部分年度执行案件审结案件情况表

表14-4　　单位：件

年份 \ 案件情况	全市法院受理案件	全市法院执结案件	娄底中院受理案件	娄底中院执结案件
1992	6293	5112	—	23
1993	5843	4774	—	—
1994	6269	5943	—	—
1995	5966	5707	—	—
1996	6432	6038	—	—
1997	4288	3520	—	56
1998	6839	5677	—	131
1999	6797	5842	—	—
2001	8273	5301	—	—
2003	6490	5622	101	69
2004	4758	4088	143	137
2005	5988	3890	303	143
2009	—	—	126	96
2010	—	—	175	149
2011	4550	4298	255	217
2012	—	—	104	66
2013	6085	4884	305	241
2014	6886	4574	577	429
2015	11927	8862	801	566
2016	16381	12914	634	414
2017	19834	14660	959	612

说明：2000年、2002年、2006—2008年资料缺失

第二节　非诉行政案件执行

1996年，对非诉执行案件着重抓住土地、规划、交通、卫生、林业、水利等案件，全地区受理非诉行政执行案件592件，执行549件，总标的316.5万元，其中涟源市法院办理行政诉讼和非诉执行案均过百件，在全地区第一次实现“双百”。2002年，为保障涟钢薄板钢工程、潭邵高速公路、洛湛铁路等重点工程建设，全市法院积极受理相关非诉行政执行案件。2003年，依法扩大行政审判受案范围，加强对涉城市拆迁改造，农民“减负”，计划生育、资源纠纷等关系人民切身利益案件的审理。加大非诉行政案件的执行力度，全市法院收案911件，执结892件。

2005年，全市法院贯彻执行《中华人民共和国人口与计划生育法》和《湖南省人口与计划生育条例》，依法对违反计划生育的公民征收社会抚养费，成立计划生育案件合议庭，受理社会抚养费征收案件，其中双峰执行到位社会抚养费30多万元。2005—2008年，审查和执行非诉行政执行案件196件。

2010年，市中院受理非诉行政执行案件12件，结案10件。2013年，全市法院支持地方经济、社会建设，审结非诉行政执行案件1434件。市中院推行“裁执分离”新机制，稳妥审查房屋拆迁非诉行政执行案件54件，依法保障沪昆高铁建设等多项重点工程的顺利推进。2014年，全市法院审查征地拆迁非诉行政执行案件408件，依法保障重点工程、重大项目建设。2015年，加强行政案件协调和非诉行政案件执行等工作，全市法院依法审查非诉行政执行案件2502件。2013—2016年，全市两级法院依法审查房屋拆迁等非诉行政执行案件7285件。2017年，全市两级法院依法执结非诉行政执行案件1853件。

第五章　立案信访与审判监督

第一节　申诉立案和信访工作

20世纪90年代初，法院设告诉申诉庭，接受当事人的信访、申诉，审判监督职能由案件审判庭和告诉申诉庭一起执行。1992年，地区中院告诉申诉庭探索调解方法，改书面审理结案为直接召集当事人调解结案，提高当事人服判息诉效率。1993年，全地区受理告诉申诉来信来访2.41万件人次，调解处理简易纠纷1714件次，对重点申诉案件，坚持做好三查（案件查阅、案发地调查、疑难问题专门机关审查），地区中院在对申诉人奉某崇（原新化县交通局局长）强奸、流氓一案进行复查再审时发现，申诉人确有行为不检点地方，但认定强奸、流氓罪证据不足，应撤销原判，宣告无罪，院领导及申告庭法警前往新化县，会同县委有关部门协商，妥善处理好改判后的安置工作，使这起申诉8年之久的案件得到解决。1994年，全地区法院恢复健全院长接待日制度，依法解决上访老户的实际问题。涟源市公民熊某占20世纪60年代受到刑事处理，熊一直不服，多年来要求复查，院长到熊的住籍地调查后，提请审判委员会研究和向省高院请示，依法为熊纠正原判错误，使这位从30多岁开始申诉的公民到花甲之年得以了却心愿。1996年，全地区法院改立审一体为立审分开，恢复审判监督庭，增设立案室。1997年，全地区法院均设置立案庭，立案工作实现规范化。

2000年，全市法院改革传统再审立案方式，实行申诉复查案件公开听证，中院制定《关于民事、经济、行政案件申请复查、再审立案，实行听证制度的方法》。2001年，实行立审分开，由立案庭统一立案和排期开庭，建立健全流程管理制度和全程监督机制，由专门机构和人员统一对办案各个环节审理时间进行跟踪监控，不定期发出《即将到期案件预警表》《超期案件黄牌警示表》《提前结案一览表》，在全省法院立案信访工作会上介绍经验，中院被评为全省立案信访工作先进集体。全市法院系统实行信访工作负责制，中院与各基层法院签订信访工作责任状，中院在立案庭设立专门申诉听证组。

2002年，涟源市法院在各庭室建立收结案件公示栏，及时公布干警收结案情况，包括未审结案件的超期、未超期案件和已审结案件的执行情况。这一举措被称为“阳光工程”得到省院肯定。2003年，针对以往存在的问题，全市法院规范立案庭职责，市中院审查立案1479件，审核诉讼费、执行费718万元；审查申诉和申请再审案件348件，组织合议庭听证73件，办理管辖争议、不予受理、驳回起诉等程序性案件78件，处理各类来信2115件，接待来访2396人次。同时，开展“上访老户”清查摸底及专项治理活动，对周某珍等17名长期赴省进京上访老户所涉案件，组织力量专项审查，实行定人包干负责。市中院机关搬迁至新审判办公大楼后，进一步理顺信访工作机制，初步构建统一、规范、有序的信访工作格局。2005年，市中院加强立案管理，审理不予受理、驳回起诉、管辖异议等程序性案件143件，审理申诉复查案件123件，进一步完善“周五送卷制度”，减少上诉案卷在两级法院之间的流转时间。规范院长批转当事人来信制度，全面实行立案时排期开庭制度，在当事人与法官之间建立隔离带。涟源市法院推行全院统一立案，所有案件全部实行计算机管理，杜绝跳号、重号及立案不规范的情况。

2006年，全市法院进一步规范申诉信访工作，实行联合接访“首问责任制”“法官办案质量终身负责制”等制度。2007年，全市法院重点完善组织领导、个案救济、纠错追责、源头抑访和教育稳控等五大机制，加大对进京上访案件的复查处理力度；3月，全市300余名企业军转干部到市中院集体上访，市中院通过耐心细致解释政策与法律，赢得企业军转干部的好感与理解，稳妥处置这起大规模群体性来诉来访事件。最高法院和省高院将市中院的信访工作经验转发至各级法院。2006—2008年，市中级人民法院自筹90万元，并多方争取资金，设立执行救助金和信访救助基金，在全省法院率先建立案件质量点评制度，先后对涉煤矿合同纠纷、土地补偿款分配、交通事故赔偿等社会关注的热点案件进行调研，出台规范性文件。全市法院对所有来信来访实行建档制。2010年，市中院推行融咨询、受理、审查、答复为一体的立案模式，完善“一站式”诉讼服务，印制诉讼须知、申诉指南、诉状样式等10余种手册，实行诉讼流程、收费标准公示，逐步实施刑事被害人救助和执行救助制度，为符合条件的当事人缓、减、免诉讼费54万余元，支付救济款35万余元。组织全市法院对涉诉信访积案进行彻底排查，清理出127件尚未息访的信访积案，全部建立台账并录入中央政法委的信息采集软件。2011年，全市法院均通过省高院立案信访文明窗口验收。2012年，完善领导包案责任制，全市法院领导包办各类案件150多件，办结息访率90%以上，全年没有发生一起到省高院群体上访事件，“两会”期间在中央国家机关零登记。

2013年，市中级人民法院制定《来诉来访接待工作若干规定》，设立专职导诉员，出台《院领导带案下访实施办法》，开展“大接待、大下访、大化解”，涉诉信访工作保持全省先进地位，全省法院涉诉信访工作会议在娄召开。2014年，市中院立案庭审查、受理、登记各类审判与执行案件3990件，为120多件案件办理缓、减、免缴诉讼费300余万元。是年6月始，全面开展视频接访活动，全市两级法院开展视频接访112件次。2015年，市中院立案庭审查、受理、登记各类审判与执行案件4859件。2016年，全市法院积极落实立案登记制度改革，推行当场立案、预约立案等便民措施，实行“统一审查、统一送达、统一调卷、统一排期”大立案工作模式，法院收案数均出现大幅增长，涟源市法院、双峰县法院、娄星区法院、新化县法院总办案数居全省前30名，全市法院27名法官办案数居全省法官前列，受到省高院通报表扬。2017年，市中院新建诉讼服务中心大楼，集中5个部门17项业务，设置专业窗口12个，分立案服务区、信访服务区、安检服务区、自助服务区、便民服务区、等候服务区6块功能区域，为来访当事人提供立案、信访、查询咨询、阅卷、调解等“一站式”服务。

第二节 再审案件审判

20世纪80年代，法院从重从快打击各类犯罪，对不属于犯罪问题作出有罪判决的案例较多，导致后来越级上访、申诉的当事人增多。1992年，全地区法院受理刑事审判监督案件130件，审结100件，受理民事审判监督94件，审结53件，受理经济审判监督20件。1993年，全地区受理各类审判监督案件201件，审结134件。1994年，全地区受理申诉案194件，审结138件。为了促进再审工作，地区中院在冷水江市公开审理全省首例由地区检察分院抗诉的张某某诉冷水江市某信用社存款纠纷一案，认定原审事实失误，适用有关条款不当，予以撤销，此次开庭审理，全地区法院的告申工作者、检察机关及湘潭、邵阳、郴州、零陵等地检察机关派员到庭观摩。1996年，法律给公民以更多维护权益的机会，同一级审理的案件，当有新的证据提供，就可申请再审。全地区从6月起，纠正一批历史错案，重点解决一些上访老户的服判息诉问题。立各类再审案件216件，比上年增长13.1%，审结158件，增长8.2%。1997年，全地区民事、经济审判监督案件有所增加，立民事审判监督案118件，经济审判监督案75件。

2000年，全市法院纠正原判有错误的案件148件。33件重点案件进行复查和处理。改善和完善外部监督机制。2000—2002年，受理各类再审案件959件，审结824件。

2003年，全市法院审理再审案件353件。双峰县蛇形山镇111名村民诉新洋煤矿赔偿一案，原告人数众多，中院经过认真审理，依法改判，产生良好社会影响。周德驹诉娄星区糖果糕点厂财务纠纷一案，一审判决该厂给付周1300余元，二审改判要给付13万余元。申诉期间，正值该厂筹备改制，职工对二审判决反响强烈，扬言要到区、市政府静坐请愿，反复做工作后，在该厂改制前调解处理结案。2005年，市中院受理再审案件135件，审结130件，结案率96.3%，改判36件，改判率28%。

2006年，市中院审理再审案件58件，依法改判29件，开辟"绿色诉讼通道"，为当事人缓、减、免诉讼费、执行费113万余元。2007年，中院受理再审案件53件，审结50件。2008年，市中院受理申诉、申请再审案件58件，审结57件，结案率98.3%。2010年，中院受理再审案件43件，审结38件。

2012年，妥善审理并化解刘增光与市交通运输管理处行政诉讼案、吴某村工伤赔偿案、孙某远工程承包案等一批历史上访（申诉）老大难案件。2014年，市中院审结再审案件40件，结案率85.11%。2017年，市中院审结再审案件104件，依法改判27件，发回重审42件，再审申请人周某雄、邬某军、颜某初与被申请人市国土资源局信息公开行政管理一案，周某雄等人申请市国土资源局公开娄底市涟水河综合治理工程有关被征地拆迁户补偿明细信息，娄底市国土资源局予以拒绝。原一、二审判决均以周某雄等人要求公开的信息属于他人隐私范畴、周某雄等与其申请公开该项目中其余拆迁户的补偿明细不具相关性为由，驳回周某雄等人的诉讼请求。再审经审查认为上述信息不属于公民个人隐私的范畴，应予公开，判决撤销娄底市国土资源局对周某雄作出的政府信息公开答复，责令其限期重新作出具体行政行为。

第三节 减刑、假释案件审判

1999年，全市法院规范假释，减刑案件的审判程序，促进罪犯改造，办理假释、减刑案件382件。2000年，法院把减刑、假释作为维护社会稳定，促进社会治安综合治理的一项重要工作，对执行机关提请假释、减刑罪犯，及时审查，及时裁定。2001年，市中院改书面审查为公开听证审理，实行排期开庭。1999—2003年，市中院裁定假释、减刑案件1280人。2004年起，假释、减刑工作日渐细化，市中院与市公安、司法部门密切配合，共同为罪犯营造内外改造环境，办理减刑假释案件763件。

2010年，市中院和市检察院、市公安局联合出台《关于办理看守所拘留所执行刑罚罪犯减刑、假释若干问题的意见》。对减刑、假释案件实行裁前公示和公开听证，并邀请人民陪审员参审，人大代表和政协委员全程监督，全力打造办理减刑、假释案件阳光工程。

2011年，针对刑事案件中民事赔偿难以执行到位问题，在办理减刑、假释案件时，将罪犯积极履行赔偿责任作为认定其有悔改表现的重要依据，促使82名罪犯主动支付赔偿款60多万元，54名罪犯与被害人一方达成分期赔偿协议，19名罪犯因有履行能力而不履行，被裁定不予减刑、假释。打造减刑、假释信息支持系统，实现法院与刑罚执行机关对刑罚变更信息的资源共享。2012年，加强对减刑、假释人员的回访，实施审前走访促进社区矫正工作，市中院审结减刑案件1542件，假释案件143件。2014年，市中院邀请8名市人大代表、政协委员旁听职务、涉黑、金融“三类罪犯”减刑案件的庭审72次，审理娄底监狱提请减刑、假释案件1739件。市司法局提请撤销假释案件2件。“三类罪犯”减刑比例为44.5%。2015年，依法规范减刑假释案件，职务犯罪、金融犯罪、涉黑犯罪案件开庭率100%。

2016年，市中院审结减刑、假释案件1429件。全市所有减刑、假释案件信息一律在最高法院减刑、假释、暂予监外执行信息专网上进行公示，裁判文书一律在中国裁判文书网公开。2017年，推进减刑、假释审理庭审实质化，落实证据裁判规则，探索罪犯减刑、假释适用条件的证明责任、证据规格、证明标准，不仅审查罪犯的改造表现，还综合考虑犯罪情节、原判刑罚、财产刑执行和附带民事赔偿义务履行情况、罪犯年龄、身体状况等情况，对初犯与累犯、一罪与数罪、老病残犯与健康罪犯、未成年犯与成年犯实行区别对待，审结减刑、假释案件736件。

第六章 机 构

第一节 中级人民法院

1990年，地区中级人民法院辖娄底市、涟源市、冷水江市、新化县、双峰县5个基层人民法院。1996年12月，地区中院机构改革，内设17个工作机构，对45人换岗交流，16名庭室一把手交换13名，提拔正副庭室领导22名，其中正职8名，副职14名，优化干部队伍结构。2005年，内设办公室、研究室、政治部、纪检组、监察室、工会、行政科、立案庭、刑一庭、刑二庭、民一庭、民二庭、民三庭、行政庭、审监庭、执行局、司技室、考评科、赔偿办、书记员管理科，政治部下设组织人事科、宣传教育科、老干部工作科，法警支队为副处级单位。2007年，增设刑三庭和执行裁判庭。2013年，增设安保科。2014年，增设民四庭、未成年人案件综合审判庭。2015年，设立国家赔偿委员会。2016年，增设新闻信息网络科、法官培训中心。2017年，在内设机构不撤并的情况下，将26个庭室按审判执行类和综合保障类整合为11个团队，各团队负责人由分管院领导兼任，明确各院领导作为团队负责人的相关工作职责，院务会从原来由院领导、专委、副处以上干部、各部门负责人参会的方式，改为由院领导、专委及团队确定的党支部书记参会的方式，将原来的部门负责人，特别是审判团队的部门负责人从事务性工作中解脱出来，精简幅度57.7%

第二节 县（市、区）人民法院

一、娄星区人民法院

1990年，县级娄底市人民法院设8个内设机构，下辖涟钢、花山、涟滨、大科、万宝、杉山、小碧、三圭8个人民法庭。1999年11月，调整撤并基层法庭，设置杉山、涟滨、万宝、大科4个人民法庭，核定专项编制74名。2004年4月，设立大埠桥人民法庭。2006年3月，增设民事审判第三庭。2011年1月，增设民事审判第四庭。2012年7月，设立司法行政装备科、安全保卫科。2016年6月，大埠桥人民法庭更名娄星区人民法院开发区人民法庭。2017年6月，撤销开发区人民法庭，设立娄星区人民法院家事审判庭。是年12月，内设机构由19个整合为10个。

二、冷水江市人民法院

1990年，冷水江市人民法院增设纪检组监察室。1991年，增设少年法庭，12月增设房地产法庭。1992年，铎山人民法庭更名岩口人民法庭，同时撤销同兴、三尖、金竹山人民法庭。1993年，设立工商法规执行室、经济纠纷调处中心、交通法规执行室、司法警察中队、统计行政审判联络室、金竹山煤矿经济审判联络室、技术监督行政审判联络室、土地管理行政审判联络室。1995年，撤销5个行政法规执行联络室，经济调处中心并入经济审判庭，是年，成立文化行政审判联络室。1996年，成立水法规行政审判执行联络室。1997年，撤销申诉告诉庭和刑事审判第二庭，设立立案庭和审判监督庭。1998年，建立少年审判合议庭。2000年，司法警察中队改为司法警察大队，设冷水江、岩口、禾青、毛易4个人民法庭，撤销渣渡、矿山、土地、建设4个法庭。2002年，将民事庭变更为民事审判第一庭，经济庭变更为民事审判第二庭，法医室更名为司法技术室。2004年，设立案件质量考评办公室。2006年，案件质量考评办公室更名审管办。2008年，设立研究室。2010年，设立诉前调解中心。2013年，设立民事审判第三庭，内设机构增至16个。2014年，在职人员中，大学本科以上学历69人，其中硕士研究生9人。至2017年12月，内设机构未变。

三、涟源市人民法院

1990年，涟源市人民法院增设监察室。1992年6月，撤销大桥、渡头塘、水洞底3个法庭。1993年7月，增设龙山法庭。1995年，毛坪、荷叶、四古、七星、杨家滩、山塘法庭分别更名为六亩塘、石马山、安平、七星街、杨市、荷塘法庭。1999年12月，撤并14个法庭，设蓝田、安平、伏口、七星街、桥头河、斗笠山、荷塘、杨市、白马9个法庭。2000年，执行庭更名执行局；10月，撤销蓝田、七星街、白马法庭，增设石马山法庭。2007年，市法院内设15个内设机构，下设石马山、安平、伏口、桥头河、斗笠山、杨市、荷塘7个法庭。2010年，设立速裁庭、少年法庭，审判大楼安检门投入使用，杨市法庭更名为枫坪法庭。2011年，增设民事审判第四庭，成立行政非诉讼案件执行局。至2017年12月，内设机构未变。

四、双峰县人民法院

1990年12月6日，双峰县人民法院成立纪检组、监察室。2005年3月9日，将原13个人民法庭合并为永丰、梓门、洪山、青树坪、花门、荷叶6个中心人民法庭。2013年，内设17个庭、室、局、队。至2017年，配院长1名、副院长4名、政工室主任1名、工会主席1名、专职审委2名，内设17个庭、室、局、队和6个中心人民法庭。至2017年12月，内设机构未变。

五、新化县人民法院

1990年，新化县人民法院内设14个机构，其中法警组和执行庭“两块牌子、一套人马”。1993年，法警组升格为法警中队，1995年，升格法警大队。是年，撤销行政法规执行室，涉行政机关案件一律由行政审判庭负责。1996年，告诉申诉庭更名立案庭。1998年，法警大队、执行庭分设。1999年，内设刑事审判庭等13个内设机构，下设上梅、洋溪、水车、炉观、游家、西河、孟公、琅塘、白溪、圳上、吉庆、温塘、城东、燎原14个人民法庭。2001年，民事审判庭更名民事审判第一庭，经济审判庭更名民事审判第二庭，成立研究室、书记员管理办公室，撤销上梅法庭。2006年，设立审判管理办公室。2013年，立案庭更名立案信访局，增设刑事审判二庭、民事审判三庭、非诉执行局、执行裁判庭。2015年，刑事审判庭更名刑事审判第一庭，刑事审判二庭更名刑事审判第二庭，民事审判三庭更名民事审判第三庭。2016年，林业审判庭更名民事审判第四庭。至2017年12月，内设机构未变。

第十五篇

司法行政

概　述

1990年，是娄底地区实施第一个全民五年普及法律常识规划（简称“一五”普法）的收官之年。通过五年普法，初步完成以宪法为核心，以刑法、刑事诉讼法、民法通则、婚姻法、继承法、治安管理处罚条例等为重点的普法宣传任务。全地区237万普法对象中，230万人参加普法学习。经省、地区普法验收组对5个县（市）、地区直属183个副处以上单位抽查、考核，均达到验收标准。全地区20万名各级干部和各类执法人员，通过学法考试领取“普法合格证”。全地区律师和基层法律服务工作者担任政府机关、企事业单位法律顾问529家，办理各类案件5633件，为案件当事单位和当事人挽回或避免经济损失918万元。公证机关办理公证4387份，其中涉外、涉港澳台公证488份。人民调解工作继续贯彻“调防结合、以防为主”工作方针，各级人民调解组织成功调处民间纠纷1.42万件。劳改劳教工作坚持严格依法文明管理，监管场所安全稳定。

1991年起，全地区开展“二五”普法。1994年，地委、行署部署实施依法治区战略，在冷水江市铎山乡7个村开展依法治村、民主管理试点，取得经验后，1995年在全地区全面推行。5年间，全地区司法行政机关围绕经济建设中心，逐步推进律师、公证和基层法律服务体制机制改革，完善法律服务体系，拓宽法律服务范围。律师和基层法律服务工作者担任政府和企业法律顾问793家，办案2.98万件，为国家、集体及案件当事人挽回和避免经济损失6194.56万元。公证机构办理公证事项33项，共办证2.79万件，其中涉外、涉港澳台办证2479件。人民调解工作由单一调解农村民间纠纷发展为调解各类社会矛盾纠纷，把调解工作重点放在防止矛盾纠纷激化上。各级人民调解组织成功处理各类社会矛盾纠纷7.81万件，其中防止因矛盾激化可能造成非正常死亡和民转刑案件1169件。

1996年起，全地区开展“三五”普法。实行普法与依法治理相结合，全面启动地方、行业和基层依法治理工程。特别是组织青少年开展学法用法、创建“优秀青少年维权岗”活动。至2000年，全市创建省级“优秀青少年维权岗”3个，国家级“优秀青少年维权岗”1个。5年间，人民调解工作持续开展“千乡万村创‘四无’（无非正常死亡、无民转刑案件、无群众性械斗、无群体性上访），百万大军抓排治”专项维稳活动。市、县（市、区）、乡镇（街道）、村（社区）四级联创“四无”机制全面形成。全市有69个乡镇、1795个村实现“四无”。刑释解教人员安置帮教工作开始有组织、有领导、有计划、有步骤地推进。市、县（市、区）法律援助机构相继建立，法律援助工作进入正常开展时期。

2001年起，全市开展“四五”普法，紧紧围绕推进地方、行业、基层三大依法治理工程，重点抓好依法行政，强化公正司（执）法和法律监督，扎实有效开展全民普法宣传教育。至2005年，全市232万名普法对象参加普法学习，3600名县处级以上领导干部参加法制培训，3.5万名干部职工参加全省统一组织的年度学法考试，2.4万名司法、行政执法人员参加省、市组织的岗位学法背法考试。推广依法行政、依法治企、依法治校、依法治村（社区）典型78个，17家基层行政执法单位获“全省依法办事示范窗口单位”，18个村（社区）被评为“全省民主法治示范村（社区）”，新化县桑梓镇洪潮村、娄星区黄泥塘办事处高溪村被评为首批“全国民主法治示范村”。华菱涟钢集团有限公司被评为“全国‘四五’普法先进集体”。全市大、中、小学校均对加强青少年学生法制教育，做到教材、师资、课时、法制副校长“四落实”。5年间，司法行政机关在深化司法体制改革中，先后获得法官、检察官、律师“三考合一”的国家司法考试和面向社会服务的司法鉴定管理权，全市每年组织一次国家司法考试。国资律师事务所全部“整体脱钩转制”为合伙或合作律师事务所。乡镇（街道）司法所的人、财、物、事“四权”全部归属县（市、区）司法局管理，司法所成为县（市、区）司法局派出机构。人民调解工作持续坚持以“抓排查、创‘四无’”为着力点，成功调处各类矛盾纠纷10.65万件，全市70个乡镇（街道）、3158个村（社区）实现“四无”。安置帮教部门衔接刑释解教人员1.41万人，安置率92%，帮教率93.5%，重新犯罪率控制在0.6%。监狱劳教工作规范运行。2005年1月，市劳教所被司法部授予“全国监狱、劳教系统文明执法先进单位”。

2006年起，全市开展“五五”普法。在进一步完善公职人员、特别是领导干部学法用法刚性机制的同时，坚持把加强农民和社区居民法制教育、推进基层依法治理摆在突出位置。其间，全市免费发放《农村普法简明读本》等法制宣传资料135万册（份），组织乡镇和村支“两委”干部培训2.5万人次。全市3500个村（社区）中，有3468个开展“民主法治示范村（社区）”创建活动。至2010年，全市356个村达到市级“民主法治示范村（社区）”创建标准，23个村（社区）被授予“全省民主法治示范村（社区）”，3个村被评为“全国民主法治示范村”。5年间，人民调解工作坚持把“大力调解矛盾纠纷，创建平安和谐娄底”作为持久性战略常抓不懈，对矛盾纠纷排查调处，实行“一起纠纷、一名领导、一套班子、一个方案、一包到底”责任制。充分运用人民调解、行政调解、司法调解“三调联动”机制，成功调处各类矛盾纠纷1.36万件。双峰县司法局被评为“全国人民调解工作先进单位”。2010年，社区矫正工作全面起步，各县（市、区）均建立社区矫正工作机构，91个乡镇（街道）和村（居）委会建立社区矫正组织1505个，落实社区矫正工作人员1919人，并对所接收的404名社区矫正人员严格实施管理。市劳教所不断加大各项建设投入力度，是年，被司法部评为“部级现代化劳教所和部级劳动教养学校”。

2011年起，开展“六五”普法。全市组建3万人的普法工作骨干队伍，开展法律进机关、进乡村、进社区、进学校、进企业、进单位等“六进”活动，推进“法治娄底”“平安娄底”建设。至2015年，全市成功创建“全省依法办事示范窗口（社区）”99个，“全省民主法治示范村（社区）”47个，“全国民主法治示范村（社区）”8个。冷水江市被评为“全国法治宣传教育先进市”，双峰县被评为“全国法治县（市、区）创建活动先进单位”。5年间，律师管理部门先后向全市40个乡镇（街道）派驻410名律师，为人民群众提供热情便捷的法律服务。组织优秀律师服务团队，担任457家企业法律顾问，为企业开展经营法律风险评估和法律风险防范，提供重点疑难问题法律咨询5030例。人民调解工作持续开展“三调联动化纠纷、息诉息访保平安”专项活动，全力维护社会稳定。市劳教、强戒所在积极探索“教育性管理、综合性矫治、服务性执法”三项创新性工作中，不断总结经验，提升劳教、戒毒人员教育矫治质量。市强戒所被评为“2015年度全省司法行政戒毒系统安全管理先进所”。

2016年起，全市开展“七五”普法。全市形成“党政统一领导、人大加强监督、司法行政组织落实、各部门分工负责”的“大普法”工作格局。至2017年，全民法治宣传教育普及率80%，国家工作人员和青少年法治宣传教育普及率100%。两年间，全市律师担任重点工程常年法律顾问120家，先后为华菱汽车板等重大工业项目和第三产业项目招商引资开展谈判，为重点项目可行性论证出具法律意见书510份，起草修改合同802份，直接帮助解决法律难题28个。选派资深律师担任市直15所学校法制副校长，为大、中、小学校师生举办法制讲座103场。法律援助机构按照“应援尽援”原则，对社会弱势群体进一步放宽援助标准，办理各类法律援助案件3650件，被评为“全国法律援助工作先进集体”。市强戒所扩容重建工程项目在原地全面动工兴建。市、县（市、区）两级司法行政公共法律服务指挥中心、91个乡镇（街道）公共法律服务站、2037个村（社区）公共法律服务点全部建成，在全省率先实现公共法律服务站、点全覆盖，为人民群众提供“窗口式、综合性、一站式”法律服务。人民调解工作扎实开展“三调联动化纠纷，防范风险促发展”专题活动，快速有效化解各类矛盾纠纷，充分发挥维护社会稳定“第一道防线”的作用。安置帮教工作有效开展，重新犯罪率控制在0.6%。社区矫正部门累计接收社区矫正人员9014人，累计解除6765人，2017年底在册2249人，无脱管漏管和重新犯罪。

1990—2017年，全市司法行政系统有市劳教（强戒）所等14个单位先后获得32项全国先进集体，刘富华等30人被评为省部级先进个人。

第一章　普法教育与依法治理

第一节　普法教育

一、“一五”普法

1990年12月，全地区完成为期5年的“一五”普法教育任务。此轮普法基本内容是：宪法、刑法、刑事诉讼法、民法通则、民事诉讼法（试行）、婚姻法、继承法、经济合同法、兵役法、民族区域自治法、治安管理处罚条例（简称十法一条例）。普法一般对象是工人、农民、知识分子、干部、学生、军人、其他劳动者、城镇居民中一切有接受教育能力的公民。重点对象是乡、村干部、党团员、乡镇企业职工、个体工商户、专业户及各类学校的青少年学生。1990年始，全地区中小学法制教育，由教育行政部门制订教育计划，安排课时，司法行政部门将其纳入整个普法工作年度计划和长远规划。是年7月，省普法办组织全省“三湘普法杯竞赛”活动，全地区14.54万人参赛，地区普法办获竞赛活动组织奖，122人分别获一、二、三等奖和优秀奖。

二、“二五”普法

1991年起，全地区实施“二五”普法。基本内容是：以宪法为核心、专业法为重点，继续宣传有关基本法律知识。各县（市）还组织各级干部学习《社会主义法制建设若干问题讲话》《宪法讲话》（简称“普法两本书”）。是年9月，把未成年人保护法列入普法内容，同时，组织宣传全国人大常委会通过的关于维护安定团结的决定和关于严惩拐卖、绑架妇女、儿童犯罪分子的决定。1992年，为纪念“八二”宪法颁布10周年，全地区把宪法再教育放在首位，继续抓“普法两本书”的学习。党政机关和工业企业集中学习全民所有制工业企业转换经营机制条例，并将妇女权益保障法列入“二五”普法内容。普法对象是县团级以上领导干部、执法人员、青少年，重点对象是大、中、小学校学生。1993年，全地区集中开展对国有企业、外商投资企业、股份制企业、房地产经营、劳动合同等10多个法律法规的宣传。1994年，在重点加强对青少年学生进行家庭、学校、社会三位一体法制教育的同时，普遍开展对待业青年的法制教育。全地区建立待业青年法制教育培训中心15个，培训3.1万人，对考试合格的2.51万人发给法制培训结业证。1995年7月，全地区102名地（厅）级领导干部（含中央、省属驻娄单位）参加全省“二五”普法验收考试，参考率95%，合格率100%，得满分的90名。是年8—9月，按照“当家要学法，学好当家法”的要求，对全地区各级各类行政执法部门1.2万名执法人员轮流进行集中学习培训，严格实行持证上岗、亮证执法制度，规范行政执法程序，提高行政执法水平。

三、“三五”普法

1996年起，全地区实施“三五”普法。基本内容是：邓小平关于社会主义民主与法制建设的理论、宪法、预防未成年人犯罪法、计划生育条例、行政处罚法、行政复议法，以及全国人大关于禁毒、禁止淫秽物品的有关决定、省人大禁止赌博条例、公司法、产品质量法、消费者权益保护法、仲裁法、农业法、科技法、审计法、劳动法、中外合资经营企业法、对外贸易法和世贸组织规则等，将修改后的刑法和防洪法列入“三五”普法内容。普法对象是工人、农民、知识分子、国家公务员、党务工作者、企业经营管理人员、学生、军人和个体劳动者以及其他一切有接受教育能力的公民。重点对象是：县（处）级和乡镇科以上干部、司法人员、行政执法人员、企业经营管理人员和青少年。1997年9—12

月，全地区和中央、省驻娄单位所有国家公务员、参照公务员管理的干部、企事业单位管理人员、专业技术人员3万人参加省普法办统一组织的年度学法用法考试、考核。1998年3月起，地区司法局与共青团娄底地委、地区综治办等部门，联合组织开展创建优秀“青少年维权岗”活动，鼓励青少年学法用法，运用法律维护自身合法权益。至2000年10月，全市创建国家级优秀“青少年维权岗”1个，省级优秀“青少年维权岗”3个。

四、“四五”普法

2001年起，全市实施“四五”普法。基本内容是：宪法修正案、刑法有关惩治黑恶势力犯罪规定、选举法、环境保护法、个人独资企业法、专利法、商标法、税收征收管理法、预防未成年人犯罪法、未成年人保护法、人口与计划生育法、城市居民委员会组织法、人民防空法、煤矿安全监察条例、城市房屋拆迁管理条例、失业保险条例和湖南省发布的关于老年人权益保障法、招标投标法、土地管理法实施办法以及计划生育条例、林业条例等。普法对象是各行业的各级领导干部，尤其是县处级以上领导干部、司法和行政执法人员、青少年、企事业经营管理人员。2002年开始，市、县（市、区）重点把青少年法制宣传教育工作纳入各地、各有关部门年度“双文明”建设、社会治安综合治理目标管理和法制宣传教育工作考核的重要内容。全市大、中、小学校均聘请法制副校长。全市充分发挥学校主渠道作用，做到“课时、师资、教材、制度”四落实，促进多种形式的青少年法制宣传教育活动有效开展。5月，全市启动首届农村法制宣传月活动，市依法治市办组织编印2.5万册法律学习资料，免费发给市直49个建整扶贫村农户和全市村组干部。6月2日，市委常委、政法委书记带队，组织市依法治市办、市公安局、市司法局、市民政局等单位人员到涟源市龙塘乡迪华村开展“送法进村入户”活动，免费向农户发放法律学习手册4200册。各县（市、区）也编印各类法律学习资料18万册，免费发放给当地农户。2004年，全市举办各级各类领导干部法制培训班20期，参训5000人次。2005年10月，市司法局、市普法办对市直42个司法、行政执法单位开展“四五”普法工作检查验收，并邀请部分市人大代表、政协委员对市财政局、市规划局、市邮政局的普法、依法治理工作进行视察评议。

五、“五五”普法

2006年起，全市实施“五五”普法。基本内容是：宪法、党和国家关于民主法制建设的理论、方针、政策和国家基本法律制度、社会主义市场经济法律法规、与群众生产生活密切相关的法律法规，安全生产、劳动和社会保障、社会救助等方面的法律法规，与拆迁、农村土地征用、承包地流转、国企改制等相关的法律法规，整顿和规范市场经济秩序的法律法规，维护社会和谐稳定、促进社会公平正义相关的法律法规。普法对象是一切有接受教育能力的公民，重点对象是领导干部、公务员、专业技术人员、青少年、企业经营管理人员、农民和社区居民。3月23日，市委常委学习中心组举行“五五”普法第一次法制讲座，市委书记主持，省委讲师团副主任陈志强教授作《建设社会主义新农村，加强基层民主法制建设》专题辅导报告。5月，市司法局和市依法治市办与冷水江市金竹山电厂联合举办“金电杯”村干部法律知识竞赛活动。全市1.5万名村（社区）干部参赛，7月，在冷水江市举行颁奖仪式，60人获奖。2007年2月，双峰县锁石镇坪上村村民彭起章利用自家房屋，投资10万元，创办全市首家“农家法律书屋”，以电子版和平面书两种方式，宣传普及法律常识，惠及相邻的丰稼村、冷山村，为百姓喜闻乐见，受益人口4100人。此举被全市多个地方仿效。9月，全国第6届青少年法制宣传周期间，市、县（市、区）司法局、法治办组织全市在册的451名法制副校长为中、小学生上法制课600场次，开展法制宣传演讲和法律知识竞赛30多场次，举办法制教育报告会156场，发放宣传资料6.3万份。2008年6月，市司法局会同市文化局，将全市首批120家“农家法律书屋”与全市“农村文化书屋”建设结合起来，加快全市“农家法律书屋”建设步伐。2009年，“五送下乡”活动中，全市出动法制宣传车628台次，参加服务活动的人员1125人次，经费开支22万元，发放各类普法资料42万册，解答法律咨询18.6万人次。市司法局连续两年被市委、市政府评为“五送下乡”优秀组织单位。

六、“六五”普法

2011年起，全市实施“六五”普法。基本内容是：宪法、中国特色社会主义法律体系和基本法律法规、保障和改善民生的法律法规，与加强社会管理、反腐倡廉相关的法律法规。普法对象是一切有接受教育能力的公民。重点对象是领导干部和青少年、公务员、企事业经营管理人员。是年4月，冷水江市司法局、依法治市办与该市教育局联合，组织全市法制副校长和法制辅导员为全市中、小学生开展法制讲座，讲课32场，2.1万名青少年学生受到教育。2014年2月，全市推进领导干部述法考评制度，把学法用法和推进法治建设情况纳入领导干部考核内容，实行“德、能、勤、绩、廉、法”六位一体综合考核。11月23日，全省厅级领导干部暨国有大型企业领导干部学法用法考试统一开考，娄底考点设市司法局。市委、人大、政府、政协及相关部门、单位58名在职厅级领导干部集中参考，考试合格率100%。12月4日，国家首个宪法日宣传活动中，市依法治市领导小组成员单位和娄星区主管部门联合在娄星广场举办法治宣传一条街活动，社会各界5000人参加活动，活动现场展出宣传展板115块，发放宣传资料2.1万册。

七、“七五”普法

2016年起，全市实施“七五”普法。主要学习习近平总书记关于全面依法治国的重要论述、宪法、中国特色社会主义法律体系、党内法规条例等。普法对象是一切有接受教育能力的公民。重点对象是领导干部和青少年。3月，市委办、政府办出台《关于加强社会主义法治文化建设的实施意见》。4月，市依法治市领导小组印发《娄底市法治文化阵地建设三年规划》。9月23日，省依法治省领导小组办公室（简称省法制办）组织对市政府组成部门班子成员年度学法考试抽考，201名班子成员参加闭卷考试，参考率为95.71%，合格率100%，平均成绩85.87分，得到省法制办通报肯定。至2017年12月，娄底中心城区建成早元社区法治公园、街心社区法治园地，娄星区双江乡洪山村建成全市第一个占地面积3000平方米，集普法教育、廉政教育和休闲健身于一体的农村法治文化广场，冷水江、涟源、双峰、新化4个县市，都在中心城区建立1~2个法治文化阵地，人民群众在潜移默化中接受法治文化熏陶。

全市连续组织实施7个五年普法规划，突出以宪法宣传教育为核心，以领导干部、青少年、司法和行政执法人员、企业经营管理人员等5类重点学法群体为主体，推进法律进机关、乡村、社区、学校、企业、单位（简称“法律六进”）活动。普及宪法、刑法、民法、经济合同法、婚姻法、继承法、社会治安处罚条例等国家重要法律法规条例及各个专业法116部。发放省编普法教材58万册，市编法治宣传手册、法制挂历270万份。市委常委学习中心组举办法制讲座54场，参学人数2100人次。全市5个县（市、区）和乡镇（街道）学习中心组举办法制讲座2424场，参学1.2万人次。市委党校举办法制培训班72期，参训领导干部1.66万人次。县（市、区）党校举办法制培训班360期，参训领导干部7.56万人次。至2017年，全市连续16年开展农村法制宣传教育月活动，发放《农民普法简明读本》及法制宣传资料260万份。向全市80%以上的农民、工人及其他劳动者，95%以上的青少年学生、知识分子，100%的党员干部和执法人员进行普及法律常识教育，学法知法守法用法意识普遍增强。

第二节　依法治理

一、地方依法治理

1998年7月21日，地委、行署作出《关于全面开展依法治区的决定》。2000年3月，市、县两级相继成立依法治市、依法治县（市、区）领导小组，地方依法治理工作全面推开。2004年，出台《关于依法治市四项工作的实施方案》，将推行司（执）法质量考核评议、推进相对集中行政处罚权、司（执）法人员岗位学法和基层民主政治建设，确定为依法治市的四项重点工作。各县（市、区）也相继出台具体实施意见，积极开展依法治理工作。2005年8—9月，市依法治市办与市委政法委、市政府法制办联合行动，对冷水江市城管局、双峰县公安局的执法质量进行评议和群众满意度调查，评议调查情况及时向市委、市政府专题书面汇报，向各县（市、区）法治领导小组和市直相关部门通报。10月，市依法治市办又组织部分人大代表和政协委员对市财政、规划、邮政、人民银行等单位的行政执法工作进行检查，并召开行政执法质量考核评议汇报会。2006年底，成立由市人大常委会分管法制工作的副主任牵头，市政协领导和部分从事过政法工作的离退休老干部参加的普法依法治理督查团，从2007年开始，不定期对全市司法、行政执法机关开展普法依法治理工作的情况进行督促检查，推进公正司法、文明执法。2008年，进一步完善领导干部学法用法“三项制度”（领导干部法律知识水平和依法办事能力考试考核、法律素质考察、法律知识任职资格）和公职人员学法用法刚性机制，特别是完善任前法律知识考试制度，凡拟提拔任用的干部，必须通过任前法律知识考试，成绩不合格的暂缓任命或不予任职。“五五”普法期间，全市2000名拟提拔处、科级干部中，有131人因参加任前法律知识考试成绩不合格而被暂缓任命或不予提拔。从2009年5月起，在全市司法机关和行政执法部门、单位开展为期一年的“依法决策示范领导班子”创建活动，组织制定法治县（市、区）创建工作方案和考核评估标准，并在双峰县、娄星区启动“法治县（市、区）”创建活动试点工作。2012年，全市继续开展“依法决策示范领导班子”和基层组织“四民主两公开”（民主选举、民主决策、民主管理、民主监督；村务公开、财务公开）“基层法治示范县（市、区）”和“诚信守法企业”创建活动。2014年5月，市依法治市领导小组印发《2014年法治娄底建设工作要点》，深化法治城市、法治县（市、区）、法治乡镇（街道）创建，启动第二批“基层法治建设示范县（市、区）”创建活动，提高全市区域法治化水平。2015年，制定出台《关于创建“全国社会管理综合治理优秀市”的实施方案》，助推法治娄底建设。双峰县获“全国法治县（市、区）创建活动先进单位”。2016年3月，市委办、市政府办出台《关于在全市各级国家机关中实行“谁执法谁普法”责任制的实施意见》，推动“党政统一领导、人大加强监督、司法行政部门组织、部门分工负责”的法治宣传教育体系建设。12月29日，市委常委会议审议通过《娄底市法治政府建设（2016—2020年）实施方案》。2017年，为提升全民法治素养，领导干部进一步加强带头学法用法，积极推动“谁执法谁普法”责任制落实。

娄底市司法局、市妇联等单位联合开展“建设法治娄底·巾帼在行动”首场法治宣传暨新化现场活动在上梅镇举行（2017年3月9日摄）

二、行业依法治理

2003年起，全市分期分批在26个司法和行政执法部门开展“依法办事示范窗口单位”创建活动，深化行业依法治理。至2005年底，全市推广依法治企、依法治校、依法治厂等依法治理典型78个。2012年，全市36家基层执法单位获“全省依法办事示范窗口单位”称号。2015年，全市30个单位获“2013—2015年全省依法办事示范窗口单位”称号。华菱涟钢集团有限公司在《涟钢报》、涟钢电视台开辟法制专栏，建立“涟钢法制在线”网页，办好法制宣传墙报和简报，设立法律事务部电话咨询热线。每年举办2~3期公司党委中心组法制讲座，每月开展1次送法下车间、班组活动。2016年6月，举办2期法制培训班，对中层管理人员和车间、班组法制骨干进行专门培训。7月，组织职工参加全省统一的学法用法考试，全部合格。2003—2017年，该公司先后8次被评为娄底市“守合同、重信用单位”，7次被评为湖南省“守合同、重信用单位”，4次分别获“全国质量管理奖”“全国精神文明建设先进单位”“全国钢铁工业先进集体”“守合同、重信用单位”等荣誉。

三、基层依法治理

1994年6月14日，地委、行署下发《关于加强依法治村民主管理工作的通知》。决定在冷水江市铎山乡先行试点，组建地区驻冷水江市铎山乡依法治村民主管理工作指导组，从8月25日到10月13日，在该乡7个村进行为期50天的依法治村、民主管理试点工作。指导组以强化村级集体经济为中心、强化村党支部的核心领导作用、健全村民委员会组织和建设基层民主政治制度为根本，以制定上符国法、下合民情的村民自治章程为重点。在全乡培训骨干588名，发放法制资料500余册，播放法制录像2场，召开大小会议31场（次），举办各种座谈会讨论修改村民自治章程55次，采纳群众修改建议58条。各村工作步入照章办事轨道。是年11月29日，地委办下发《关于转发〈铎山乡依法治村民主管理试点工作情况报告〉的通知》，推动全地区依法治村、民主管理工作全面开展。至1998年底，全地区3500个建制村（居）委会，全部制定《依法治村、民主管理章程》，把村民的权利和义务、村级各类组织之间的关系和工作程序，以及经济管理、社会治安、村风民俗、婚姻家庭、计划生育等应遵循的规章，作出明确规定。2002年开始，在全市范围内普遍开展“民主法治示范村（社区）”创建活动，以组织建设为保障，以法制宣传教育为先导。2004年，新化县桑梓镇洪潮村被评为首批“全国民主法治示范村”。2006年12月15日，市委、市政府在新化县召开全市“民主法治村（社区）”创建工作现场会，推介新化县桑梓镇洪潮村依法治村、民主管理的经验，进一步部署全市“民主法治村（社区）”创建工作。2007年，各县（市、区）落实新化“民主法治村（社区）”创建工作现场会议精神，推进全市民主法治村建设。

截至2017年12月，娄星区乐坪街道街心社区、双峰县甘棠镇长冲坪村、冷水江市潘桥乡老屋村、涟源市石马山镇群先村、新化县温塘镇祥星村、冷水江市岩口镇农科村、新化县桑梓镇洪潮村、娄星区黄泥塘街道高溪村8个村（社区）先后被评为“全国民主法治示范村（社区）”，新化县司法局、新化县城关镇、冷水江市3个集体和胡松甫等10人获得中央宣传部、司法部、全国普法办表彰。

第二章　律师事务与公证事务

第一节　律师事务所与律师队伍

一、律师事务所

国资律师事务所　1989年7月1日，全地区6家国资法律顾问处统一改称律师事务所。1993年2—3月，娄底、双峰、新化、冷水江4县（市）相继成立第二律师事务所；12月，地区成立经济贸易律师事务所。1994年4月，娄底、冷水江、新化、双峰4县（市）律师事务所分别更名为所在县市第一律师事务所。12月，地区成立晨晖律师事务所。1995—2000年，全市分别有12家、13家、12家、12家、12家、11家国资律师事务所。2000年，全市贯彻司法部《律师事务所、社会法律服务机构脱钩改制实施方案》，国资律师事务所全部“脱钩改制”，即在人员、财务、业务、名称等方面与行政事业单位脱钩，转制为合伙或合作律师事务所；鼓励国资所专职律师和工作人员辞去公职，参加组建合伙或合作律师事务所。至2004年，全市国资律师事务所全部脱钩转制。

合作律师事务所　1993年3月9日，全地区第一家合作律师事务所成立，即娄底湘中律师事务所，1995年更名为湖南广维律师事务所，1999年6月，转为合伙律师事务所。2001年4月28日，湘都律师事务所由国资所转为合作律师事务所，2005年4月28日，变更为合伙律师事务所。至2017年底，全市合作律师事务所不复存在。

合伙律师事务所　1994年12月14日，经省司法厅批准，娄底地区宇能律师事务所、联星律师事务所成立，系娄底地区最早的合伙制律师事务所。1996—2000年4月，相继成立泰涟、华星、民声合伙律师事务所。随着国资律师事务所脱钩改制和市场经济的发展，合伙律师事务所不断增设，2000—2016年，全市分别有6家、17家、16家、15家、17家、18家、17家、17家、18家、19家、20家、21家、22家、22家、22家、24家、26家合伙律师事务所。2017年，全市合伙律师事务所27家。

公司律师事务部　2005年1月11日，涟源钢铁集团有限公司律师事务部成立，是娄底市第1家、全省第5家公司律师事务部。该事务部为涟钢子公司改制、主业资产重组、征地拆迁、对外投资合作项目的谈判和签约等提供专项法律服务、出具法律意见书、调查报告等，确保企业经营管理活动的合法性。参与诉讼，维护涟钢的合法权益。至2017年底，省烟草公司娄底市公司、涟源分公司和中国移动通信集团湖南有限公司娄底分公司拥有公司律师。

个人律师事务所　2008年12月31日，湖南梁文律师事务所成立。至2017年，无新的个人律师事务所成立。

1990—2017年娄底市律师执业机构情况表

表15-1　　　　单位：家

类别／年份	国资律师事务所（法律顾问处）	合作律师事务所	合伙律师事务所	公司律师事务部	个人律师事务所	合　计
1990	6	—	—	—	—	6
1991	6	—	—	—	—	6
1992	6	—	—	—	—	6
1993	11	1	—	—	—	12
1994	12	1	2	—	—	15
1995	12	1	2	—	—	15
1996	13	1	3	—	—	17
1997	12	1	3	—	—	16
1998	12	1	4	—	—	17
1999	12	—	4	—	—	16
2000	11	—	6	—	—	17
2001	3	1	17	—	—	21
2002	2	1	16	—	—	19
2003	2	1	15	—	—	18
2004	—	1	17	—	—	18
2005	—	—	18	1	—	19
2006	—	—	17	1	—	18
2007	—	—	17	1	—	18
2008	—	—	18	1	1	20

续表15-1

类别 年份	国资律师事务所（法律顾问处）	合作律师事务所	合伙律师事务所	公司律师事务部	个人律师事务所	合 计
2009	—	—	19	1	1	21
2010	—	—	20	1	1	22
2011	—	—	21	1	1	23
2012	—	—	22	1	1	24
2013	—	—	22	1	1	24
2014	—	—	22	1	1	24
2015	—	—	24	1	1	26
2016	—	—	26	1	1	28
2017	—	—	27	1	1	29

二、律师队伍

专职律师　1990—1998年，娄底地区专职律师分别为79名、87名、92名、103名、109名、121名、129名、135名、151名。1999—2017年，全市专职律师分别有202名、207名、220名、225名、247名、255名、265名、270名、287名、297名、304名、310名、318名、328名、342名、483名、503名、520名、566名，人数逐年递增。

公职律师　2016年12月底以前，全市无公职律师。2017年，全市28家政府部门拥有为本级政府（部门）依法行政提供法律服务的公职律师47名。其中市本级14家单位拥有23名，5个县（市、区）14家单位拥有24名。

公司律师　2005—2009年，全市公司律师每年保持3名。2010年增至4名。2012年增至5名，2017年增至10名。

法律援助律师　1997年2月起，法律援助律师队伍逐步组建，至2000年，全市法律援助律师4名，2001年9名，2002年12名，2006年15名，2009年19名，2012年21名，至2017年无增加。

兼职律师　1990—1996年，兼职律师分别为31名、39名、38名、36名、39名、40名、42名。1997年1月17日，司法部下发《兼职从事律师职业人员管理办法》，规范兼职律师任职条件。是年，全市兼职律师44名。1998年，减至39名。1999年，减至4名。2000—2016年，保持在2~7名。2017年为8名。

特邀律师　1990—1996年，分别为2名、2名、2名、5名、5名、3名、3名，1997年起，取消特邀律师。

第二节　律师业务

一、刑事诉讼辩护及代理

1990—1995年，娄底地区律师办理刑事辩护及代理案件分别为894件、901件、911件、934件、947件、958件。1996年3月17日《中华人民共和国刑事诉讼法》修改后，律师在刑事诉讼活动中的业务范围有所扩大，参与诉讼时间提前，律师办理刑事辩护及代理案件逐年增多。1996—2000年，分别为972件、981件、998件、1014件、1084件。2001—2009年，分别为1072件、1074件、1182件、

1164件、1232件、1241件、1268件、1296件、1304件。2010—2017年，分别为1316件、1319件、1420件、1561件、1669件、1933件、2160件、2263件。

二、民事诉讼代理

1990—1998年，全地区律师办理民事诉讼代理案件分别为1171件、1188件、1305件、1339件、1394件、1415件、1521件、1579件、1736件；1999—2017年，全市律师办理民事诉讼代理案件分别为1814件、2197件、2322件、2401件、2479件、2657件、2736件、2863件、2982件、3169件、3287件、3384件、3777件、4173件、4531件、5276件、5572件、5806件、5340件。1990—2017年，全市律师累计办理经济诉讼纠纷案约1.48万件。

三、行政诉讼代理

1990—1998年，全地区律师代理行政诉讼案件分别为45件、40件、41件、43件、46件、49件、60件、69件、73件。1999—2013年，全市律师代理行政诉讼案件分别为86件、89件、93件、96件、101件、106件、110件、113件、120件、129件、138件、141件、159件、167件、175件。2014年，全市律师代理行政诉讼案件179件，其中律师担任原告代理人的案件134件，占同期行政诉讼案件的75%，担任被告代理人的案件45件，占同期行政诉讼案件的25%。2015—2017年，全市律师代理行政诉讼案件分别为169件、184件、317件。

四、法律顾问

企业单位法律顾问　1990—1998年，全地区律师担任企业单位法律顾问分别为94家、96家、98家、102家、113家、121家、132家、145家、167家。2005年，全市律师担任民营企业法律顾问172家；2007年，律师担任民营企业法律顾问增至178家，成为民营企业健康发展的“保健医生”。2013年，晨晖律师事务所组织骨干律师全程参与娄底市体育中心项目建设，与项目指挥部、市国土局的工作人员一道，走访征拆户100余次，从法律角度向征拆户面对面解释政策和补偿标准，最大限度维护征拆户的合法利益，保障项目建设顺利进行。2014年，律师担任重点项目常年法律顾问13个，参与接待处理信访事项83件，协助党委政府领导接待处理涉法信访120人次，出具法律意见书74份，化解矛盾纠纷67起，劝导放弃上访104人次，挽回经济损失8306万元。2015年，全市300家企业聘请法律顾问，全市多个律师服务团队实现对华剑集团、玫瑰园地产、电力劳动服务公司等企业的深层次对接，开展生产经营法律风险评估、企业法律风险防范讲座、提供重点疑难问题法律咨询等法律服务。2017年，全市律师担任企业单位法律顾问427家，占同期法律顾问的60%。其中，担任重点工程常年法律顾问120家，先后为重大工业、基础设施和第三产业项目的招商引资谈判、项目可行性论证出具法律意见书510份，起草、修改合同815份，直接帮助解决重大法律难题28起。

政府机关（部门）法律顾问　1990—1998年，全地区律师担任政府机关（部门）法律顾问分别为68家、71家、75家、78家、81家、79家、76家、78家、82家。2005年，全市律师担任66家政府机关（部门）的法律顾问。是年，广维律师事务所指派律师驻点娄底经开区管委会担任常年法律顾问，全程参与经开区的依法行政和招商引资等活动，当好政府的参谋，提供法律文书审核服务600次、解决行政过程中具体问题法律咨询服务300起，代理市政府、经开区因征地拆迁引发的被告行政诉讼案件47起。2012年2月，组建娄底市法律顾问团，首批选聘5名优秀执业律师代表，全面参与全市法治建设、经济活动和社会管理。至2017年，法律顾问参与行政决策事项研究165人次，参与立法调研、立法草案讨论20人次，参与政府及部门规范性文件起草40人次，参与涉法涉诉信访问题处置60人次，提供法律咨询服务170人次，为具体问题出具法律意见书120份，参与政府合同谈判、起草、审查80人次，在推进依法行政中发挥积极作用。是年，市司法局安排律师团队入驻全市91个乡镇（街道）公共法律服务工作站、2037个村（社区）公共法律服务点，打通律师服务人民群众“最后一公里”，提供家门口的法律服务，率先在全省实现市、县（市、区）、乡（镇）、村四级公共法律服务全覆盖。是年，全市律师担任政府机关（部门）法律顾问187家，占同期法律顾问的30%。

五、非诉讼法律事务

1990—1998年，全地区律师代办非诉讼法律事务分别为80件、97件、107件、116件、132件、141件、164件、201件、243件；1999—2006年，全市律师代办非诉讼法律事务分别为265件、278件、281件、314件、368件、409件、451件、506件。2007年开始，全市65名律师参与59家国有企业改制工作。2007—2013年，全市律师代办非诉讼法律事务分别为543件、608件、651件、701件、765件、810件、865件。2014—2017年，泰涟律师事务所律师担任市住建局法律顾问，负责住建系统施工企业改制职工安置遗留问题的处理，全程参与接访、息访、释法、听证、诉讼等事项，有效化解改制企业职工、农民轮换工、计划外用工上访的“老大难”问题135件（次），使800名职工得到妥善安置。2014—2017年，全市律师代办非诉讼法律事务分别为795件、979件、1098件、1168件。1990—2017年，全市律师累计代办非诉讼法律事务约1.31万件，平均每年469件。

六、解答法律咨询、代写法律文书

从1993年起，根据司法部和省司法厅《关于开展律师义务咨询日活动》的通知精神，全地区律师坚持每年8月26日集中开展义务法律咨询活动，接受公民、法人或其他组织提出的有关法律事务的询问，依法作出解释或说明，提出建议和提供解决问题的方案。2010年开始，市司法局与市信访局联合开展律师参与市级领导接访活动，由市律师协会指派10名骨干律师，为市级领导接待来访群众和处理信访案件提供专业法律服务。至2012年9月，律师参与市级领导接访36次，提供法律咨询713次，参与调处重大信访案件34次。1990—2017年，全市律师为委托人代写各类法律事务文书6.22万件次，为人民群众的法律诉求排忧解难。全市律师解答法律咨询、接待人民群众来信来访9.89万件人次。

湖南迪坤律师事务所律师为村民解答法律咨询（2016年摄）

1990—2017年娄底市律师业务情况表

表15-2

年份	担任法律顾问 政府机关（家）	担任法律顾问 企业单位（家）	刑事诉讼辩护及代理（件）	民事诉讼代理（件）	行政诉讼代理（件）	非诉讼法律事务（件）	涉外及港澳台法律事务（件）	解答法律咨询接待信访（人次）	代写法律事务文书（件）	挽回经济损失（万元）
1990	68	94	894	1171	45	80	—	1620	438	389
1991	71	96	901	1188	40	97	—	1501	531	401
1992	75	98	911	1305	41	107	—	1762	643	431
1993	78	102	934	1339	43	116	—	1843	871	496
1994	81	113	947	1394	46	132	—	1986	981	501
1995	79	121	958	1415	49	141	—	2116	1101	543

续表15-2

类别 年份	担任法律顾问		刑事诉讼辩护及代理（件）	民事诉讼代理（件）	行政诉讼代理（件）	非诉讼法律事务（件）	涉外及港澳台法律事务（件）	解答法律咨询接待信访（人次）	代写法律事务文书（件）	挽回经济损失（万元）
	政府机关（家）	企业单位（家）								
1996	76	132	972	1521	60	164	—	2315	1298	589
1997	78	145	981	1579	69	201	—	2511	1408	601
1998	82	167	998	1736	73	243	—	2761	1511	684
1999	79	180	1014	1814	86	265	—	2866	1601	743
2000	74	174	1084	2197	89	278	—	3016	1801	801
2001	79	191	1072	2322	93	281	4	3316	1912	891
2002	82	204	1074	2401	96	314	6	3218	2008	963
2003	76	213	1182	2479	101	368	8	3615	2100	975
2004	71	223	1164	2657	106	409	3	3984	2398	1084
2005	66	235	1232	2736	110	451	4	4006	2500	1104
2006	68	247	1241	2863	113	506	7	4101	2600	1308
2007	71	256	1268	2982	120	543	12	4211	2711	1600
2008	79	268	1296	3169	129	608	8	4321	2801	1784
2009	82	275	1304	3287	138	651	6	4401	2910	1810
2010	80	280	1316	3384	141	701	7	4511	3008	1894
2011	79	282	1319	3777	159	765	4	4630	3111	1943
2012	81	310	1420	4173	167	810	13	4762	3401	1961
2013	76	347	1561	4531	175	865	7	4886	3500	1970
2014	79	311	1669	5276	179	795	8	4981	3599	1980
2015	81	300	1933	5572	169	979	11	5030	3611	2080
2016	80	365	2160	5806	184	1098	9	5230	3891	2200
2017	187	427	2263	5340	317	1168	12	5430	3911	2400
合计	2258	6156	35068	79414	3138	13136	129	98930	62156	34126

第三节　国内公证

1990年，全地区公证机构办理国内民事公证2652件，国内经济公证1247件，涉港澳公证55件，涉台公证185件。香港、澳门回归祖国前，各地公证处把涉港澳公证作为一项特殊国内公证业务，比照涉外公证程序办理。涉港澳公证文书，分别经外交部领事司和英国、葡萄牙驻中国使领馆认证，再发往港澳使用。香港、澳门回归祖国后，公证处出具的公证文书，直接发往港澳使用。涉台公证，起初是台胞委托大陆亲属申请办理涉台公证文书。

1991年，全地区公证机构办理国内民事公证5294件，国内经济公证3397件，涉港澳公证48件，涉台公证120件。

1998年，全地区公证机构办理国内民事公证1826件，国内经济公证425件，涉港澳公证66件，涉台公证110件。

2005年，全市公证机关开拓银行贷款公证、拆迁安置公证、异地查封保全公证等业务。全年办理国内民事公证1940件，国内经济公证859件，涉港澳公证119件、涉台公证128件，依规收费51万元。

2007年，全市办理6家国有企业的招标转让、拍卖、挂牌转让合同公证，涉及标的金额5000万元，确保国有企业资产处置的合法、有效，为全市国企改革顺利进行起到保驾护航的作用。年内全市办理国内公证1938件，国内经济公证1362件，涉港澳公证140件、涉台公证166件，依规收费65万元。

2008年，市湘中公证处对市城区范围内几十家楼盘开发按揭贷款提供公证服务，办理收费公证1011件。涟源市公证处、冷水江市公证处对建设银行房地产按揭贷款合同进行公证，办理公证206件。市湘中公证处对中国银行第三方提供抵押担保贷款进行公证，全市办理收费公证涉及金额上亿元。

2009年，全市办理各类银行贷款合同公证1222件，其中房地产按揭贷款合同1016件，其他借款合同和抵押声明206件，办理房地产和银行存款继承公证2105件。公证法律服务城市建设，在征地拆迁矛盾增加的情况下，公证处适时介入，对送达通知、财产清点等办理保全证据公证，对抽签定位办理现场监督公证，对补偿安置办理协议公证，利用公证机构和公证员的居中地位进行公证调解。

2010年，全市各公证处参与企业改制、工程招投标、专项维稳、征地拆迁等热点难点社会问题。继续扩大、拓展民事家庭婚姻事务和房地产公证业务范围，延伸服务触角。对医患纠纷调解协议、手机短信、网络信息保全证据、捐献身体器官声明书等公证进行尝试和探索。

2011年，市房产局经济适用房建设项目、安邵高速公路建设等重大项目均办理有关保全证据公证，起到预防纠纷化解矛盾的作用。全年办理国内民事公证2950件，国内经济公证477件，无一错证。接待群众来访、咨询1.57万人次，拒办不合法不真实公证事项250件，制止不法经济活动涉及金额8000万元。

2012年，在娄底市体育馆新址征地，娄底卫校扩容升级征地，湖南人文科技学院征地，涟源火车站、双峰经济开发区、新化、冷水江商业步行街、涟钢含铁废弃物综合原料利用加工厂工程等大型项目，大型经济园区（开发区）征地拆迁专项活动中，全市办理保全证据和现场监督类公证106件。是年，全市公证机构办理银行取款公证案件816件，有养老金、抚恤金、公积金、丧葬费等，也有存款、股票等，多的几十万元，少的几千几百元甚至几十元钱。开展公证法律援助，对老弱病残等特殊人群，减免公证费。

2013年，全市办理房地产继承、委托、赠与等公证案件3061件。双峰县公证处为政府重点工程建设现场公证154次，其中为娄邵铁路扩建改造洪山路段、永丰镇绍塘村、艺芳新城项目和杏子铺镇虎塘村沉陷改造项目办理证据保全及现场公证56件。

2014年，长韶娄高速、娄邵公路、娄邵铁路扩能改造项目、涟源市体育中心建设项目、娄星区万通汽贸城建设项目以及经济适用房、保障房、棚户区改造项目，主要是房屋丈量保全证据、分房抽签现场监督公证事项等。在面临征地拆迁保全证据公证矛盾多，申请主体执法行为不规范等各种困难，公证人员尽力协调，适时提出法律建议，化解矛盾纠纷、规范执法行为，发挥公证的职能作用。

2015年，全市办理房屋买卖委托、继承权公证等与群众生活密切相关的公证案件3061件。2017年，公证服务人员适时介入万宝新区征地拆迁、大科城中村改造等现场，对送达通知、财产清点等办理保全证据公证，对抽签定位办理现场监督公证，对补偿安置办理协议公证，维护被拆迁人的合法权益，保障拆迁安置的公开公平公正，提高拆迁安置工作的公信力。

第四节　涉外公证

1990年，全地区公证机构涉外除主要办理收养、遗嘱、出生、学历、经历、亲属关系、婚姻状况、继承权、委托书、签名印鉴等民事公证外，增办的涉外民事公证有：定居、生存、死亡、职称、国籍、证明书、声明书、赠与书、文本相符、是否受过刑事处分和其他法律文书等33项。新开办的公证事项有：经济合同、担保、贷款、商标注册、法人资格、营业执照、公司章程等。使用目的扩展到谋职、结婚、申请入籍、奔丧、对外贸易、索赔、诉讼、提供劳务、申请专利、招标、投标、签订合同、设立办事机构、减免税收等。是年，全市办理涉外公证248件。

2000年，全市办理涉外公证520件。2009年，全市办理涉外公证事项656件，为当事人出国出境学习、探亲、定居，加强出国出境人员交往和经贸交流，提供迅捷、便利、优质的公证法律服务。

2017年，全市办理涉外公证1459件。

1990—2017年娄底市办理各类公证情况表

表15-3　　单位：件

类别/年份	国内公证				涉外公证	合　计
	国内民事	国内经济	涉港澳	涉台		
1990	2652	1247	55	185	248	4387
1991	5294	3397	48	120	280	9139
1992	4736	782	70	243	212	6043
1993	4331	521	50	96	309	5307
1994	2382	1005	92	168	274	3921
1995	2176	792	71	218	228	3485
1996	1777	369	59	123	215	2543
1997	1827	874	58	183	319	3261
1998	1826	425	66	110	288	2715
1999	2301	251	51	102	640	3345
2000	1998	476	94	119	520	3207
2001	2575	553	138	125	629	4020
2002	1820	249	109	88	392	2658
2003	1930	261	88	89	358	2726
2004	1839	864	110	138	401	3352
2005	1940	859	119	128	507	3553
2006	1877	643	105	148	592	3365
2007	1938	1362	140	166	665	4271
2008	2560	701	102	130	880	4373

续表15-3

类别 年份	国内公证				涉外公证	合 计
	国内民事	国内经济	涉港澳	涉台		
2009	2366	978	61	137	656	4198
2010	2913	536	87	103	840	4479
2011	2950	477	91	117	696	4331
2012	2973	514	152	136	1100	4875
2013	3840	466	138	220	1186	5850
2014	4101	658	163	192	1361	6475
2015	4365	548	104	228	1307	6552
2016	4426	551	87	175	1412	6651
2017	4895	652	91	188	1459	7285
合计	80608	21011	2599	4175	17974	126367

第三章　人民调解

第一节　调解机制

一、分级调解

1990年后，全地区各县（市）、乡镇（街道）、村（社区）三级调解组织网络和调解机制逐步完善。至1994年，全地区各级人民调解委员会（简称调委会）2351个，其中村（社区）调委会2242个，乡镇（街道）调委会102个，县（市）矛盾纠纷调处中心6个，市（地区）矛盾纠纷调处中心1个。各级人民调解员1.13万人。1995年始，为强化各级调委会的职责，全地区对矛盾纠纷的调处实行分级负责制。村（社区）调委会负责调解一般民间矛盾纠纷。乡镇（街道）调委会以司法所为主，公安派出所、基层法庭配合参与，直接受理调处各村、各企事业单位难以调处的民间纠纷。县（市）矛盾纠纷调处中心，由县（市）司法局牵头，负责处理跨地区、跨部门、跨行业的矛盾纠纷，特别是重大疑难案件。市（地区）矛盾纠纷调处中心，负责协调、交办、督查全市（地区）重大、疑难、复杂矛盾纠纷。实行分级调解责任制，达到一般纠纷调处不出村，较大纠纷调处不出乡镇，确保群防群治的综合治理措施落到实处。至2017年，由乡镇（街道）和村（社区）调解组织调处的矛盾纠纷，占全市调处纠纷案件总数的96.6%。

二、行业调解

1990年始，境内各县（市）分别在劳动、交通、医疗、工商、建筑等重点行业和矛盾纠纷多发领域建立行业性、专业性人民调解组织32个，由各行业主管部门负责调解组织人员和经费保障，司法行政部门负责业务指导和工作协调。至2010年，全市建立行业调解委员会和调解室47个。2011年3月，市司法局下发《关于加强行业性专业性人民调解委员会建设的通知》，进一步拓展全市专业性调解组织的覆盖面。至2015年12月，市本级和5个县（市、区）分别在劳动和社会保障、消费者协会、环保、药品、食品、交警、城建、征地拆迁、土地流转、物业管理及二级以上医院等领域新建行业性、专业性调解委员会95个。2016年4月，市司法局制定下发《关于建立行业性专业性调解组织推进矛盾纠纷多元化调解机制建设的实施意见》，进一步推进全市行业调解工作的规范运行。至2017年，全市174个行业调解组织，依法依规及时调处各个行业矛盾纠纷，有效维护全市社会稳定。

三、联防联调

1994年初，境内各县（市）均成立以县委政法委书记任组长，公、检、法、司及相关部门负责人为成员的“联防联调”领导小组，在司法局设立专门办公室，预防和调处跨边界、跨区域的矛盾纠纷。是年3月，冷水江市和涟源市建立“两市三镇”防范跨界坟山纠纷协调会议制度，签订联防联调协议6份。自此，年度协调会议每年至少1次，连续24年不间断，联合调处边界重大坟山纠纷。1996年，双峰县与周边邵东县、衡阳县、湘乡市、涟源市相继建立联防联调组织4个，签订联防联调协议8份。是年起，每年春节、清明节前，双峰县分别与周边县（市）召开一次情况通报会，就相邻地带的矛盾纠纷开展联合排查、联合调处，重点预防和化解跨界重大坟山纠纷及疑难积案的调处。1999年，娄星区与湘乡市建立交界地区联合调委会，联合调处重大矛盾纠纷。2006年，娄底市与益阳市在新化县温塘镇召开新化、冷水江、涟源、安化“两市四县（市）”联席会议，针对周边5个乡镇的康姓、阙姓、李姓连年不断发生祖坟纠纷和山林纠纷等问题，建立联防联调组织6个，签订联防联调协议14份。并妥善调处了当年清明节期间发生的一起上万人的祖坟纠纷。至2017年，全市充分发挥联防联调组织的作用，及时联合调处跨界祖坟纠纷和其他疑难纠纷案件，维护社会稳定。

四、三调联动

2006年9月起，全市全面推行人民调解、行政调解、司法调解“三调联动”工作机制，突出基层司法所对人民调解工作的指导管理作用，在全市91个乡镇（街道）的公安派出所和5个县（市、区）人民法院、42个基层人民法庭设立人民调解室，派驻人民调解员，形成“三位一体”的大调解工作格局。综合运用法律、行政等手段和教育、协商、疏导等方式，把矛盾化解在基层。2017年2月，娄底市成立由市委常委、市政法委书记任组长、市综治委主任、市司法局局长任副组长的“三调联动”工作组，每月由市综治办牵头，召集市公、检、法、司等23个市直成员单位，对复杂疑难矛盾纠纷进行分析研判，采取“一综四专”（由市“三调联动”办综合汇总，市信访局、市维稳办、市打处非办、市政法委涉法涉诉科4个专门部门分类进行交办）的方式，对重大复杂疑难矛盾纠纷进行通报、交办、督查，强化相关部门做好化解矛盾纠纷的责任。是年5月，市、县（市、区）、乡镇（街道）、村（社区）四级均成立“三调联动”专项工作组，一张“纵向到底、横向到边”的联动调解网络覆盖全市。9月，全市5个县（市、区）社会矛盾纠纷调处中心全面建成。充分运用“三调联动”机制，及时调处各类重大矛盾纠纷，最大限度减少全市不和谐因素，确保“平安娄底”建设。

第二节　纠纷调解与预防

1990年始，娄底地区人民调解工作由单一调解矛盾纠纷发展到“调防结合、以防为主”，工作重点逐步转移到防止矛盾纠纷激化上。对有可能酿成群体性纠纷、群众性械斗的苗头，或多发性、易激化纠纷，在基层组织专门力量，采取大排查或专项治理等措施，把矛盾纠纷和隐患化解在基层，解决在萌芽状态，充分发挥人民调解在维护社会稳定中“第一道防线”的作用。至1994年，全地区司法行政机关针对辖区内农村清明节前后坟山纠纷多，春耕、“双抢”期间因耕牛、农具、晒场等引起的纠纷多，抗旱、防涝期间水利纠纷多，秋冬季节修建房屋宅基地纠纷多，春节农闲期间婚姻家庭债务纠纷多等特点，集中力量针对各个时期的矛盾纠纷隐患开展排查调处。1990—1994年，全地区各级调委会累计调解各类矛盾纠纷7.53万件，调解成功7.42万件，调解成功率98.5%。防止因矛盾激化引发非正常死亡603人，防止民转刑案件503件。

1995年，中央、省、地区社会治安综合治理委员会提出人民调解创“四无”（无非正常死亡、无民转刑案件、无群体性械斗、无群体性上访）乡镇（街道）、村（社区）的工作目标。全地区各级人民调解委员会采取有力措施，加大力度对矛盾纠纷排查调处。1996年，全地区集中开展“双百双联一促进”活动，即对重大矛盾纠纷做到100%调处，对重大上访案件100%做好息访工作；实行县（市）党政领导分别联系各乡镇，责任区领导分别联系各村；通过落实层层包干措施，及时调处矛盾纠纷和做好息访工作，促进社会稳定。1997—1999年，连续三年开展“千乡万村创‘四无’，百万大军抓排治”专项活动，集中力量突出抓好春节、清明节、春耕和全国“两会”（人大、政协会议）四个敏感期矛盾纠纷的排查、调处和预防工作。3年间，全地区调处各类矛盾纠纷5.11万件，调处成功率96%，防止因矛盾激化引发非正常死亡321人，防止民转刑案件313件，防止群体性械斗581起，防止群体性上访578起。1998年，全地区69个乡镇、1795个村实现“四无”。1999年3月，新化县桑梓镇农丰村调委会被中央综治委授予“全国模范人民调委会”称号。

2000—2004年，全市继续以“抓排查、创‘四无’”为着力点，重点抓好各个敏感时期热点难点矛盾纠纷的排查调处。5年间，全市调处各类矛盾纠纷10.35万件，调处成功率97.5%。防止因矛盾激化引发非正常死亡355人，防止民转刑案件734件，防止群体性械斗525起，防止群体性上访530起。至2004年12月，全市70个乡镇（街道）、3158个村（社区）实现“四无”。

2005年开始，全市把“大力调解矛盾纠纷、创建平安和谐娄底”作为一项持久性战略任务常抓不懈。市委常委先后两次召开专题会议，研究部署人民调解工作。2006年，全市依托各级人民调解组织，整合调解资源，充分发挥人民调解、行政调解、司法调解“三调联动”的优势，加大调处重大矛盾纠纷的力度。并通过在全市推广双峰县甘棠镇、梓门桥镇开展“平安协会”“民情110”的试点经验，增强人民群众对维护社会稳定的参与意识，提高快速敏捷处理矛盾纠纷的能力。2007年，全市建立矛盾纠纷预测预防排查机制，坚持“一月一排查、一月一交办、一月一通报、一案一台账”的工作制度。对重大矛盾纠纷，特别是清明节期间发生的重大、有影响的坟山纠纷，按照“属地管理”“谁主管、谁负责”的原则，实行“一起纠纷、一名领导、一套班子、一个方案、一包到底”的“五个一”责任制，层层包干，归口处置。至2009年，全市排查调处各类矛盾纠纷12.62万件，通过及时得当调处，防止因矛盾激化引发非正常死亡435人，防止“民转刑”案件697件，防止群体性械斗810起，防止群体性上访949起。市司法局被评为“全省专项维稳活动先进集体”，市司法局局长刘富华参加全省司法行政系统化解重大矛盾纠纷巡回报告团，向全省介绍娄底经验。

2010—2014年，全市持续开展“人民调解化解矛盾纠纷专项攻坚活动”和“调解化积案、息访保平安”专项活动。把各地排查出来的矛盾纠纷进行分类处理。突出对容易引发群体性事件和群体性上访的矛盾纠纷、重要时期和政治敏感期的矛盾纠纷、人民群众关注的“热点”“难点”矛盾纠纷、多年来未得到有效解决或反复性大的矛盾纠纷、经济领域改革发展过程中产生的新型矛盾纠纷等进行重点攻坚。5年间，排查出上述五类重大疑难复杂矛盾纠纷5.06万件，攻坚调处5.04万件，调处成功率99.5%，其中各类积案505件得到化解。

2015年起，全市深入推进“三调联动解纠纷，防控风险促发展”“‘四查四防’化纠纷，千乡万村创‘四无’”专项调解活动。在扎实开展矛盾纠纷大排查、大调解、大治理活动中，按照“稳增长、调结构、促发展、防风险”总要求，针对全市在全面深化改革中出现的热点、难点和可能引发风险的矛盾纠纷，充分发挥“三调联动”的职能优势，着力化解影响社会稳定、经济发展和民生方面的重大复杂疑难矛盾纠纷。2016年1—9月，通过市协调会议，对全市72起重大复杂疑难矛盾纠纷进行交办、督办，成功调处25起，稳控47起。截至2017年，全市成功调处各类矛盾纠纷12.72万件，防止因矛盾激化造成非正常死亡和民转刑案件分别为375人、619件。

1990—2017年，双峰县司法局先后3次、娄星区司法局先后2次被司法部评为“全国人民调解工作先进单位”。双峰县走马街镇、梓门桥镇人民调委会、娄星区司法局基层工作股，先后被司法部评为“全国模范人民调解委员会”。苏祥康等10名基层司法所所长被司法部评为“全国模范人民调解员”。

1990—2017年娄底市人民调解组织调解各类纠纷情况表

表15-4

类别 年份	调解纠纷总数（件）	婚姻家庭纠纷（件）					邻里（件）	房屋宅基地（件）	债务（件）	生产经营（件）	赔偿（件）	其他（件）	联防联调（件）	防止非正常死亡（人）	防止因纠纷转化刑事案件（起）
		婚姻	家庭	继承	赡养扶养	其他									
1990	14195	915	886	400	193	507	5451	706	342	414	1676	2687	18	61	66
1991	14669	925	834	272	355	437	5549	780	439	450	1648	2965	15	116	89
1992	15241	978	875	313	225	465	5658	821	448	455	1058	3922	23	179	121
1993	15370	1003	859	286	182	661	5717	830	436	431	1715	3160	90	101	128
1994	15845	981	758	277	203	726	5778	800	432	437	1881	3484	88	141	99
1995	16692	1027	845	348	208	788	5940	895	449	523	2072	3512	85	100	95
1996	17100	991	859	340	228	797	5956	907	417	657	2150	3684	114	30	70
1997	15883	1100	800	321	211	699	6033	817	331	521	2293	2663	94	125	75
1998	17890	1157	814	355	250	708	6321	887	312	498	2323	4180	85	95	81
1999	17314	1216	783	339	249	768	6253	856	322	496	2310	3635	87	101	157
2000	19056	1350	961	317	215	810	6199	910	454	475	2745	4519	101	125	186
2001	19571	1248	1117	377	199	936	6371	774	409	498	2619	4924	99	79	161
2002	21591	1487	1005	342	310	1084	7051	831	475	674	2927	5332	73	40	189
2003	20324	1521	1060	407	303	1001	7120	873	564	516	2486	4393	80	69	90
2004	22971	1895	1029	477	236	1076	7602	1117	702	485	3067	5219	66	42	108
2005	22027	1961	965	453	234	1160	7885	1105	691	519	3205	3781	68	81	149
2006	24304	2284	1283	510	267	1056	8392	1275	672	498	3276	4725	66	89	129
2007	25616	2367	1236	836	360	1304	9592	1409	665	423	3233	4137	54	40	114
2008	26860	2650	1291	764	501	1360	9635	1508	686	400	3829	4159	77	103	134
2009	27438	2743	1444	762	536	1258	9855	1518	799	465	3942	4048	68	122	171
2010	31912	3058	1696	895	543	1217	11265	1663	826	642	3988	6043	76	244	305
2011	36329	3318	2873	957	775	1291	12091	2152	828	634	4620	6717	73	347	389
2012	46499	4163	3842	1249	912	1117	13645	2972	867	820	6016	10833	63	174	353

续表15-4

类别 年份	调解纠纷总数（件）	婚姻家庭纠纷（件）					邻里（件）	房屋宅基地（件）	债务（件）	生产经营（件）	赔偿（件）	其他（件）	联防联调（件）	防止非正常死亡（人）	防止因纠纷转化刑事案件（起）
		婚姻	家庭	继承	赡养扶养	其他									
2013	49630	5538	3632	1347	1012	1119	14682	3375	1273	928	5625	11028	71	154	323
2014	50594	6221	4769	1687	867	1309	14953	3420	1454	967	5153	9719	75	133	287
2015	46991	5152	4854	1016	651	981	12883	3299	1086	861	4970	11163	75	147	245
2016	41695	4601	3951	690	583	904	11120	3287	1363	924	4650	9549	73	103	181
2017	38536	4200	3137	625	551	1014	10638	3028	1411	985	4099	8779	69	125	193
合计	732143	66050	48458	16962	11359	26553	239635	42815	19153	16596	89576	152960	2026	3266	4688

说明：调解纠纷总数不含防止非正常死亡人数和防止因纠纷转化刑事案件起数

第四章　法律服务与法律援助

第一节　基层法律服务

1990—1994年，全地区86个乡镇、7个街道设立93个基层法律服务所，有法律服务工作者342人，乡镇（街道）司法所所长兼任法律服务所主任。1994年，全地区基层法律服务所及其工作人员应聘担任法律顾问406家，其中为乡镇（街道）和村（居）委会担任法律顾问170家，为基层企事业单位和其他组织担任法律顾问236家。1990—1994年，全地区调解经济纠纷案件8436件，代理民事诉讼案件1.05万件，代理非诉讼案件6596件，解答法律咨询2.16万人（次），代写法律文书9903份，协办公证3205件，办理民事、经济合同见证2868件，为办案单位和当事人挽回经济损失4305万元，避免经济损失5397万元。

1995年起，司法行政机关深化体制改革，乡镇（街道）司法所与法律服务所实行“两所分离”。改革后重新组建的基层法律服务所，成为独立核算、自负盈亏、独立承担民事责任，面向城乡基层提供法律服务的组织。人员组合，推行所长聘任制和法律工作者聘用合同制。利益分配实行浮动工资制，与责、权、利挂钩，通过拓宽服务领域，改变服务方式，增强服务功能。至1999年，全地区按照自收自支管理体制重新组建乡镇（街道）法律服务所69个，聘任法律服务工作者239人，基层法律服务所应聘担任乡镇（街道）村（社区）和基层企事业单位及其他组织法律顾问665家。1995—1999年，全地区调解经济纠纷8378件，代理民事（经济）诉讼1.17万件，代理非诉讼经济法律事务6969件，解答法律咨询4.16万人次，代写法律文书9452份，协办公证事项1796件，办理合同见证2458件，为办案单位和当事人挽回经济损失5681万元，避免经济损失5859万元。

2000年起，全市按照《湖南省基层法律服务所条例》规定，对不符合建所原则和条件的基层法律服务所进行整顿。经压缩、撤并，至2004年底，全市保留乡镇（街道）法律服务所57个，经考试、考核合格获得全省基层法律服务工作者资格的194人。均按规定分别办理执业年检注册。通过整顿改制，促进全市基层法律服务各项业务的发展。2004年度，全市基层法律服务所担任各类法律顾问598家，调解经济纠纷1660件，代理民事（经济）诉讼3124件，代理非诉讼1133件，解答法律咨询7654人次，代写法律文书1689份，办理合同见证和协办公证535件，为办案单位和当事人挽回经济损失1504万元。

2005—2006年，针对少数基层法律服务工作者违反职业道德和职业纪律、超越代理权限、私自受案收费、侵犯被代理人合法权益、扰乱法律服务市场秩序等问题，市司法局专题下发《关于进一步整顿基层法律服务市场规范执业行为的通知》，对全市基层法律服务行业开展全面教育整顿，对违纪违规人员进行严肃查处。2006年底，全市暂缓注册基层法律服务工作者8名，停止执业1名，对问题较多的所进行了撤并。至2009年底，全市基层法律服务所由原来的57个压缩为43个，235人通过教育培训和统一考试，获得全省基层法律服务工作者执业资格证书。

2010年起，市司法局按照省司法厅《关于加强基层法律服务所规范化建设的实施意见》，结合实际制定全市基层法律服务所规范化建设规划。以合理布局机构、增强队伍素质、提高服务质量、严格内部管理、改善基础设施为目标，在全市持续开展"创建规范化基层法律服务所"活动。确定涟源市六亩塘镇等11个基层法律服务所为全市规范化建设示范点，加强指导督促检查，搞好以点带面，全面推进全市基层法律服务工作健康有序发展。2011年，全市基层法律服务所规范化建设取得明显成效，涟源市六亩塘法律服务所和新化县法律服务中心被评为全省优秀单位，李志国等3人被评为全省优秀基层法律服务工作者。2012年8月，第十一届全国人民代表大会常务委员会第二十八次会议通过民事诉讼法修改决定，在第五十条第二款明确基层法律服务工作者的法律地位，增强了全市基层法律服务工作者严格自律、依法履职的自觉性。2014年4月，娄底市基层法律服务工作者协会成立，在司法行政机关的指导监督下开展行业自律管理。全市基层法律服务所把"统一受案、统一收费、统一归档、统一法律文书"的"四统一"工作机制和"一所一档""一人一档"的规范化管理要求全部落实到位。2015—2017年，全市司法行政机关坚持基层法律服务"以规范树形象，以管理促发展"的工作方针，不断建立和完善各项管理制度。市司法局相继制定、下发《娄底市基层法律服务业务卷宗评查实施方案》《关于开展基层法律服务所诚信和规范化建设实施方案》。进一步加强行政管理与行业管理相结合，扎实抓好年度检查考核，指导督促各项管理措施落实，组织引导基层法律服务工作在服务民生、服务"三农"、服务基层民主法治建设、维护社会和谐稳定中发挥积极作用。并按照规范化建设要求，不断加大全市基层法律服务所和基层法律服务工作者整顿精减提质力度。至2017年底，全市保留基层法律服务所36个，基层法律服务工作者233名。全市基层法律服务所担任乡镇（街道）、村（社区）、基层企事业单位和其他组织法律顾问1102家（其中按照"一村一法律顾问"的要求，为360个村、社区担任法律顾问）。

2010—2017年，全市调解经济纠纷8078件，年均1010件。代理民事（经济）诉讼2.79万件，年均3493件。代理非诉讼7529件，年均941件。解答法律咨询6.63万人（次），年均8293人（次）。代写法律文书1.11万份，年均1387份。协办公证823件，办理合同见证2308件。为办案单位和当事人挽回经济损失4.65亿元，避免经济损失2.21亿元。

1990—2017年娄底市基层法律服务业务情况表

表15-5

年份	担任法律顾问单位（家）	其中			调解经济纠纷（件）	代理诉讼（件）	代理非诉讼（件）	解答法律咨询（人次）	代写法律文书（份）	协办公证事项（件）	办理见证（件）	挽回经济损失（万元）	避免经济损失（万元）
		乡镇街道村居委会（家）	基层企事业单位（家）	其他组织（家）									
1990	367	119	168	80	1868	2179	1264	3825	1831	886	597	801	918
1991	375	129	173	73	1792	2121	1441	4017	1945	920	572	788	1039

续表15-5

年份	担任法律顾问单位（家）	其中			调解经济纠纷（件）	代理诉讼（件）	代理非诉讼（件）	解答法律咨询（人次）	代写法律文书（份）	协办公证事项（件）	办理见证（件）	挽回经济损失（万元）	避免经济损失（万元）
		乡镇街道村居委会（家）	基层企事业单位（家）	其他组织（家）									
1992	388	130	172	86	1740	1664	1239	3803	1903	668	643	945	1112
1993	394	158	154	82	1585	2153	1219	4814	1836	433	503	602	943
1994	406	170	154	82	1451	2359	1433	5106	2388	298	553	1169	1385
1995	593	259	207	127	1598	2519	1520	8077	1878	352	700	866	1041
1996	561	240	179	142	1749	1974	1008	7554	1777	153	423	808	1036
1997	538	210	196	132	1913	2349	1342	8358	1899	453	470	1409	1470
1998	635	224	261	150	1707	2610	1696	9004	1943	480	499	1535	1090
1999	665	312	208	145	1411	2214	1403	8572	1955	358	366	1063	1222
2000	636	320	177	139	1469	2558	1697	8379	1849	371	485	1586	1780
2001	600	374	112	114	1637	2536	1717	5765	1804	364	462	1528	1648
2002	620	415	98	107	1286	2593	1412	6270	1789	132	414	1844	1841
2003	549	376	74	99	1343	2391	1155	6697	1646	109	312	2169	2295
2004	598	404	90	104	1660	3124	1133	7654	1689	99	436	1504	1849
2005	581	406	93	82	1573	2416	1192	7227	1596	112	307	1659	1838
2006	720	498	129	93	1423	2502	1180	7554	1540	98	360	1667	2134
2007	726	499	133	94	1393	2656	950	8669	1569	94	379	1792	2205
2008	572	393	85	94	1069	2441	859	7503	1621	118	319	2032	2125
2009	570	394	88	88	968	2481	945	6808	1556	138	298	2118	2190
2010	590	396	102	92	926	2682	779	7130	1558	118	306	2410	2445
2011	705	499	112	94	945	3464	894	7235	1502	113	362	2732	2692
2012	705	505	97	103	1006	3353	893	7499	1401	122	270	2525	2269
2013	713	507	82	124	1287	3466	1176	7774	1351	112	257	3135	2529
2014	804	518	163	123	1019	3795	931	8424	1349	71	289	3454	2687
2015	845	521	217	107	940	3709	961	10227	1250	75	247	4434	3020
2016	818	535	217	66	838	3792	1007	8738	1336	93	257	4553	2950
2017	1102	787	236	79	1117	3681	889	9133	1350	119	320	23370	3532
合计	—	—	—	—	38713	75782	33335	201816	47111	7459	11406	74498	53285

第二节　法律援助

1997—1998年，冷水江市和双峰县率先在全地区成立法律援助中心。至2000年12月，两家援助机构累计办理法律援助案件250件，其中刑事案件123件，民事案件124件，行政及其他案件3件。受援对象：残疾人13名，未成年人70名，依法可能被判处死刑的被告人10名，因经济困难受援的31名。

2001年3月至2002年9月，娄底市和新化县、娄星区、涟源市法律援助中心相继成立。全市累计办理法律援助案件198件，其中刑事案件84件，民事案件114件。受援对象：残疾人8名，未成年人58名，依法可能被判处死刑的被告人5名，因经济困难受援的10名，其他117名。

2003—2005年，全市累计办理法律援助案件1864件，其中刑事案件623件，民事案件1198件，行政及其他案件43件，受援对象：残疾人50名，未成年人334名，依法可能被判处死刑的被告人69名，因经济困难受援的109名，其他1302名。

2006年，全市96个乡镇（街道）和妇联、工会、共青团、残联、老龄工委、教育局、军分区等单位（部门）建立法律援助工作站（点）151个。由970名专职律师、社会律师、基层法律服务工作者和社会志愿者组成专门法律援助队伍，为特殊案件当事人（被告人）、弱势群体、困难群众提供法律援助。至2010年，全市累计办理法律援助案件4425件。其中刑事案件1151件，民事案件3169件，行政及其他案件105件。各类承办人员办理案件：法律援助律师1122件，社会律师1478件，基层法律服务工作者1812件，社会志愿者13件。受援对象：残疾人129名，未成年人730名，依法可能被判处死刑的被告人113名，因经济困难受援的202名，其他1174名。受援人姚某，自2006年4月起在娄底市某物业公司工作，2009年12月31日因工受伤，经市人社局认定为工伤，该伤鉴定为五级伤残。因公司未依法给姚某购买工伤保险，姚某某未获得相应的工伤赔偿。姚某多次向公司要求赔偿，并多次到有关部门上访，均未得到解决。2010年7月16日，姚某向娄底市法律援助中心申请法律援助，中心及时受理该案并指派律师对其进行法律援助。该案历经工伤认定、行政复议、行政诉讼，申请工伤重新鉴定，最终经劳动仲裁调解，姚某获得13.8万元赔偿。

2011—2015年，全市累计办理法律援助案件7697件，其中刑事案件2491件，民事案件5004件，行政及其他案件192件。各类承办人员办理案件：法律援助律师1434件，社会律师4123件，基层法律服务工作者2140件。受援对象：残疾人220名，未成年人1736名，依法可能被判处死刑的被告人419名，因经济困难受援的198名，其他5224名。2015年2月12日，涟源市七星街镇盐井村的未成年人王某在路边玩耍，因被一辆违规停放的小型客车自行发生滑行撞倒致伤。王某在医院救治中，花去医药费2.8万元，肇事司机在承担1.5万元后拒绝支付其他费用。根据王某及其父亲的申请，涟源市法律援助中心及时援手，使王某得到赔偿款13万元。为确保法律援助服务质量，是年8月，市司法局组织专门人员对援助案件进行集中回访。所回访的316起案件中，受援群众满意率98%。

2016—2017年，全市法律援助部门按照“应援尽援”原则，对社会弱势群体进一步放宽援助标准，办理各类法律援助案件3650件。娄底市法律援助中心和双峰县法律援助中心先后被评为“全国法律援助工作先进集体”。

1998—2017年娄底市承办法律援助案件情况表

表15-6　　　　　　　　　　　　　　　　　　　　　　　　　　　　　　　　单位：件

年份	承办案件类别			合计	承办人员类别			
	刑事案件	民事案件	行政及其他案件		法律援助律师	社会律师	基层法律服务工作者	社会志愿者
1998	21	16	0	37	25	0	12	0
1999	66	55	3	124	80	24	20	0
2000	36	53	0	89	56	20	13	0
2001	41	51	0	92	48	24	20	0
2002	43	63	0	106	63	28	15	0
2003	95	230	0	325	116	65	144	0
2004	188	467	14	669	317	202	150	0
2005	340	501	29	870	239	324	236	71
2006	253	403	78	734	201	279	244	10
2007	258	508	2	768	217	267	282	2
2008	219	574	23	816	193	267	356	0
2009	246	869	0	1115	299	308	508	0
2010	175	815	2	992	212	357	422	1
2011	175	882	5	1062	220	387	455	0
2012	329	1128	9	1466	415	592	459	0
2013	714	974	17	1705	277	1016	412	0
2014	637	1057	49	1743	309	1043	391	0
2015	636	963	112	1711	203	1085	423	0
2016	569	1186	23	1778	168	1231	379	0
2017	633	1217	22	1872	107	1396	369	0
合计	5674	12012	388	18074	3765	8915	5310	84

第五章　安置帮教与社区矫正

第一节　安置帮教

1997年5月，娄底地区和5个县（市）相继成立刑释解教人员安置帮教领导小组（简称安帮领导小组），分别在地区、县（市）司法局设立安置帮教办公室（简称安帮办），具体负责组织管理地区和县（市）安置帮教工作。8月底，全地区建立乡镇（街道）安置帮教工作站95个，建立村（社区）和企事业单位群众性帮教组织4627个，落实帮教责任人员2.4万人。9月，地区安帮领导小组会同相关部门，研究制定全地区安帮工作接茬、档案管理、安置帮教职责、回访谈心、信息反馈等各项制度。11月，地区召开第一次全区安置帮教工作会议，制定下发《娄底地区“安置帮教工程”实施方案》，全地区开始有组织、有领导、有计划、有步骤地推进刑释解教人员安置帮教工作。

2002年7月，召开第二次全市安置帮教工作会议，制定下发《娄底市刑释解教人员安置帮教工作领导小组成员单位工作职责》，进一步强化在党委政府统一领导下，由司法行政机关负责管理指导，依靠各有关部门和社会力量配合参与安置帮教工作的责任和措施，确保全市安置帮教工作有效开展。

2003年10月始，市、县（市、区）两级安帮办与人力资源和社会保障局加强联手，积极开展对刑释解教人员的就业培训和指导，采取多种形式、多条途径，引导、鼓励和扶持刑释解教人员自谋职业、自食其力。

2004年，市安帮办与公、检、法等部门密切配合，深入基层，对全市1998—2003年登记造册的刑释解教人员进行逐一核对，不留空当死角，开展全面清理排查，排查出混杂在外来人口中的外地刑释解教人员和本市未回户籍所在地或长期居住地报到而外出打工的刑释解教人员2958人，均分别按规定要求处置，有效加强对脱管、漏管刑释解教人员的监控管理。

2006年5月31日起，娄底市启用“刑释解教人员安置帮教工作管理软件”。6月，市安帮办在组织对所属各县（市、区）1998—2004年创办的10个刑释解教人员过渡性安置基地进行全面考核中，发现安置基地建设普遍存在质量标准不高的问题。是年7月，市安帮领导小组制定出台《关于进一步加强全市刑释解教人员过渡性安置基地建设的实施意见》（以下简称《实施意见》），明确规范安帮基地建设的质量标准，由每个县（市、区）集中抓好一个安置基地的建设。按照《实施意见》的要求，各县（市、区）分别对过去所建的安置基地进行整顿、撤并、提质。按标准要求整合成6个，其中涟源市2个，其他县（市、区）各1个过渡性安置基地。重点安置刑释解教后没有生活出路的“三无”（无家可归、无亲可投、无业可就）人员534人。新化县安帮办以该县梅山果业有限公司为依托，创办集食宿、培训、救助于一体的过渡性安置基地，累计安置刑释解教人员162人。

2007年4月，全市各级安帮组织广泛动员社会力量，持续组织全市刑释解教人员开展“奔新生、奔富裕、促和谐”的“两奔一促”活动和“帮助思想教育转化、帮助培训教育就业、帮助解决实际困难、促使刑释解教人员成为守法公民”的“三帮一促”活动。涟源市光文社区刑满释放人员谭某，通过“两奔一促”活动，积极创业致富，不忘回报社会，主动捐款5000元资助蓝田中学。双峰县杏子铺镇胡某出狱后，因找不到生活出路，思想包袱沉重，生活态度消极，有重新犯罪倾向。司法所知情后，对其采取“三帮一促”，进行重点帮教，促其思想转化，并帮助获得信用社小额贷款，开办摩托车修理店。有了稳定的收入，胡某重拾信心，开始新的生活。

2011年3月28日，全市建立刑释解教人员信息管理网络，着手完善信息库建设，严格刑释解教人员档案管理制度，对1998—2010年全市2.17万名刑释解教人员落实“一人一档”。1998—2011年，全市累计组织刑释解教人员技能培训1.03万人次，推荐就业2083人，自谋职业5058人。2012年起，市安帮办坚持每周一次、县（市、区）乡镇每周2次登录刑释解教人员信息管理平台，查询监狱、劳教所反馈信息，提前掌握服刑、服教人员何时刑释解教情况，落实衔接措施，做到及时衔接、及时登记、及时通知。核实率与网上回执率均在99.5%以上，实现与监所无缝对接。

2016年3月，新化县西河镇刑满释放人员何某，在县安帮办及相关部门帮助指导下，在当地流转田地8公顷，办起“新化县稻田养鱼专业合作社”，带领20户村民（其中有3名刑满释放人员）实现脱贫致富。涟源市斗笠山镇邵某，先后创办碎石场、养猪场和饮用水厂等实业，成为远近闻名的改过自新、自主创业致富带头人。是年，全市先后为刑释解教人员解决公益性岗位安置34人，为9772人落实责任田土，为166名生活困难人员解决低保和临时救助。

至2017年，全市累计衔接刑释解教人员3.84万人；重新犯罪282人，重新犯罪率控制在0.73%，低于全省控制率（3%）2.27个百分点。

1998—2017年娄底市安置帮教工作情况表

表15-7

年份	衔接人数(人)	安置人数(人)	安置率(%)	帮教人数(人)	帮教率(%)	重新犯罪人数(人)	重新犯罪率(%)
1998—2002	5069	4308	94.4	4663	91.9	56	1.10
2003	3121	2984	95.6	2823	90.5	22	0.70
2004	2502	2446	97.8	2378	95.1	10	0.40
2005	2410	2214	91.9	2345	97.3	19	0.80
2006	2444	2375	97.2	2367	96.9	15	0.60
2007	1796	1644	91.5	1684	93.8	13	0.70
2008	1500	1426	95.1	1375	91.7	8	0.50
2009	1117	1032	92.4	1005	89.9	15	1.30
2010	1711	1544	90.2	1629	95.2	19	1.10
2011	2121	2121	100.0	2048	96.6	19	0.90
2012	1553	1553	100.0	1553	100.0	11	0.70
2013	2280	2102	92.2	2206	96.8	11	0.50
2014	3032	2788	91.9	3020	99.6	21	0.70
2015	3033	2888	95.2	3001	98.9	18	0.60
2016	2491	2447	98.2	2407	96.6	12	0.50
2017	2240	2143	95.7	1968	87.9	13	0.60
合计	38420	36015	94.4	36472	94.9	282	0.73

第二节 社区矫正

2009年8月，成立娄底市社区矫正试点工作领导小组，制定下发《娄底市社区矫正试点工作实施方案》，明确全市社区矫正工作的任务目标和制度措施；建立由党委政府统一领导，司法行政机关具体组织实施，人民法院、人民检察院、公安机关密切配合，财政、民政、编制、人社等部门相互支持，社会力量广泛参与的社区矫正工作联动机制；确定在市司法局设立专门办事机构，具体负责组织指导全市社区矫正工作。是年起，娄星区率先开展社区矫正试点，对辖区内40个社区2004年以后被判处管制、缓刑、假释、暂予监外执行、剥夺政治权利的1109名罪犯进行全面清查，确定其中符合社区矫正条件（刑期或考验期未满）的229人；至2010年12月，娄星区接收新增符合社区矫正对象169人，全部由公安机关和人民法院按照“一人一档、人档齐全”要求移交区司法行政机关接收管理。通过试点，娄星区在调查清理、机构设置、队伍建设、建章立制、规范流程、教育矫治、监督管理等方面探索出可行的经验，建立社区矫正人员风险评估机制，将矫正人员根据风险测评结果分为宽管、普管、严管三个等级，分别为每个社区矫正对象制定个性化矫正方案，加强社区矫正人员的管理。娄星区在册245名社区矫正人员，无一脱管、漏管和重新犯罪，被省司法厅作为典型经验在全省推介。是年11月，双峰县、新化县、涟源市、冷水江市和娄底经开区社区矫正工作领导小组相继成立，并在各县（市、区）司法局设立专门工作机构，建立乡镇（街道）社区矫正工作站91个，村（居）委会社区矫正组织1414个，落实社区矫正工作人员1919人，全市初步建立以党委政府统一领导，专业力量和社会力量相结合的社区矫正机制和责任机制。

2011年3月，全市4个县（市）按照娄星区的经验，对社区矫正人员情况全面调查摸底。全市新接收社区矫正人员531人，解除213人，均按照规定要求实施管理。

2012年2月，市社区矫正工作领导小组召开联席会议，进一步明确全市社区矫正工作主要任务和各成员单位的工作职责。4月下旬和9月上旬分别对各县（市、区）社区矫正工作开展情况进行联合督查，促进各成员单位工作配合协调。9月，全市社区矫正工作全部由司法行政机关接管。市、县（市、区）司法局培训社区矫正工作人员566人次。以司法所为主，组织社区矫正人员学习3800人次，参加公益劳动2692人次，个别谈话2553人次，进行心理辅导620人次。对生活上确有困难的社区矫正人员，开展帮扶活动。至是年底，全市累计为社区矫正人员解决低保549人，落实责任田7801人，组织技能培训2507人次，指导就业就学5943人，提供其他帮扶6386人次。

2013年1月起，全市社区矫正工作贯彻“严格接收、分类管理、有效施教、解矫跟踪、全程监督”方针。坚持严格接收程序，把好入口关。全市累计提出拟入矫人员社会调查评估意见6150例，决定机关采信率为98%。是年12月，全市在册社区矫正人员2754人，录入信息管理系统2230人。以后新增人员逐年录入。

2014年，全市累计向社区矫正人员发放定位手机2956台，设置“电子围墙”，实现对社区矫正人员实时定位监控。娄星区、涟源市司法局还为各司法所安装人像、指纹签到机，强化对社区矫正人员管控措施。坚持分类管理、分级处遇，严格考核奖惩，严把矫治质量关。

2015年，市司法局按照省司法厅《关于开展社区矫正规范化建设的实施意见》，制定全市社区矫正工作规范化建设实施方案，确定娄星区、双峰县和全市10个乡镇（街道）为社区矫正规范化示范创建单位，之后，在全市全面实施。

2016年，全市建设公益劳动和就业基地11个。涟源市与诚鑫汽修厂共建的新型安帮基地“新航中途之家”，累计安置刑满释放人员和社区服刑人员212人，安排工日4967个，发放工资18.7万元。是年8月，全市5个县（市、区）社区矫正教育管理服务中心全部建成，总使用面积1890平方米，政府总投资955万元。9月，市、县（市、区）社区矫正领导小组办公室分别更名为社区矫正管理局或工作局，与市、县（市、区）司法局社区矫正管理部门实行“两块牌子、一套人马”合署办公。为缓解基层社区矫正工作人员不足的状况，全市为基层司法所增加专项人员编制23名；各个县（市、区）采取政府购买社区矫正服务项目的办法，安排专项资金购买社区矫正工作辅助人员65名，其中新化县安排财政专项资金64万元，购买辅助人员32名，使全市社区矫正管理机构和工作队伍更加规范充实。

2017年，根据社区矫正人员表现优劣情况，全市累计依法撤销缓刑34人，撤销暂予监外执行28人，撤销假释9人，对上列人员全部收监执行；累计治安处罚11人次，警告895人次；依法裁定减刑2人，给予立功奖励4人次，通报表扬186人次。通过奖优罚劣举措，增强社区矫正执法的严肃性和震慑力。市司法局按照省司法厅要求，制定《娄底市社区服刑人员行为规范训练方案》，推广冷水江市先行试点经验，在全市全面开展对全市社区矫正服刑人员行为规范教育训练。5个县（市、区）和娄底经开区分别组织2195名在册社区服刑人员参加训练，参训率95%。是年12月，冷水江市社区矫正工作在全省司法行政工作会议上做典型发言，其首创的社区矫正中心“六集中”（集中报到接收、集中接受矫正、集中训诫谈话、集中学习教育、集中心理辅导、集中视频点训）运行模式在全省推广，并作为创新成果在司法部官网上向全国推介。是年，娄底市司法局在全省司法行政系统技能比武活动中，获“全省社区矫正和安置帮教业务技能比武大赛集体一等奖”，娄星区司法局黄立志获“全国社区矫正工作先进个人”，其事迹在《法制日报》报道。

2009—2017年，全市累计接收社区矫正人员1.05万人，累计解除8176人。2017年在册2312人，无脱管、漏管、重新犯罪情况。

2009—2017年娄底市社区矫正人员监督管理情况表

表15-8　　单位：人

年份	累计接收	累计解除	当年在册
2009	229	66	163
2010	404	159	245
2011	531	213	318
2012	3366	816	2550
2013	4983	1996	2987
2014	6215	3337	2878
2015	7695	5333	2362
2016	9014	6765	2249
2017	10488	8176	2312

第六章　司法鉴定与国家司法考试

第一节　司法鉴定

一、司法鉴定所（中心）

2001年8月，根据司法部关于《司法鉴定机构登记管理办法》《司法鉴定人管理办法》规定，市司法局主管全市司法鉴定机构和鉴定人员登记管理工作。2002年9月，报请省司法厅批准，湘中司法鉴定中心成立，为娄底市首家司法鉴定机构。2003年5月至2006年11月，市直星罡司法鉴定所、娄星区星光司法鉴定所、冷水江市锑都司法鉴定所、旭日司法鉴定所、涟源市蓝天司法鉴定所相继成立。2014年9月，涟源市湘涟司法鉴定所成立。至2017年12月，全市司法行政机关管理的司法鉴定机构10家，司法鉴定人员119人。

2002—2017年娄底市司法鉴定机构、人员情况表

表15-9

年份	鉴定机构(个)	鉴定人员(人)	年份	鉴定机构(个)	鉴定人员(人)
2002	1	10	2010	9	113
2003	3	35	2011	9	113
2004	3	38	2012	9	109
2005	5	43	2013	9	109
2006	9	96	2014	11	118
2007	9	105	2015	11	121
2008	9	108	2016	11	121
2009	9	110	2017	10	119

二、司法鉴定业务

2002年10月1日，市司法局受理第一例司法鉴定。受长沙铁路公安处娄底车站派出所委托，对黄某喜（男，21岁，邵阳市人，湖南干部管理学院学生）伤情损伤程度进行鉴定。根据娄底铁路医院提供的颅脑CT报告、脑片报告显示的情况，黄某喜系锐器损伤致左额部软组织损伤伴左额骨碎片骨折，左颈部软组织损伤伴左胸膜破裂致皮下气肿。依照《人体损伤鉴定标准（试行）》第七条、第三十条之规定，鉴定黄某喜构成轻伤。

2014年7月19日，星罡司法鉴定所受湖南省交警总队高速公路支队邵怀大队委托，对沪昆高速公路湖南邵怀段1309千米处发生的大客车追尾造成5辆车严重烧毁、40多人死亡的“7・19”特大交通事故涉案车辆，进行安全技术性能检验、车速计算、事故形态分析鉴定。鉴定人员经过仔细勘查、测量、计算，并与公安部门技术人员多次沟通，还原事故真相和责任认定，提供了意见，受到公安部、省有关领导好评。至2017年底，全市10家司法鉴定机构办理司法鉴定业务6.37万例，其中法医临床45989例，法医病理3803例，法医毒物3399例，法医物证3727例，机动车技术及交通事故6784例。人民法院采信率98%。

2005—2017年娄底市司法鉴定业务分类情况表

表15-10 单位：件

年份	法医临床	法医病理	法医毒物（仅限酒精检测）	法医物证	机动车技术及交通事故
2005	2789	267	115	213	405
2006	2835	271	56	117	346
2007	2425	252	193	225	417
2008	2531	268	223	231	447
2009	3621	287	262	242	453
2010	3845	354	295	256	478
2011	4232	322	336	267	535
2012	4536	331	354	260	567
2013	4625	362	361	332	623
2014	4421	346	341	362	684
2015	3421	278	293	345	617
2016	3309	300	289	317	623
2017	3399	165	281	560	589
合计	45989	3803	3399	3727	6784

说明：2002—2004年，司法局主管体制尚未健全，相关鉴定业务数据未统计

第二节　国家司法考试

2002年2月，市司法局成立国家司法考试领导小组，司法考试办公室设在教育培训科，具体负责国家司法考试宣传、组织报名、考区考务、司法考试成绩合格人员资格初审、证书发放、证书备案等工作。3月30—31日，组织全市首次国家司法考试。以后每年组织一次。2011年10月，贯彻司法部、最高人民法院、最高人民检察院《国家司法考试实施办法（试行）》，法官资格考试、检察系统检察官资格考试、司法行政系统律师、公证员资格考试“三考”合并，统一为国家司法资格考试。2015年，建立由市政府分管领导牵头，司法、教育、财政、公安、卫生、保密、无线电管理等部门参与的国家司法考试工作联席会议制度。至2017年，全市举办16次国家司法考试。

2002—2017年娄底市参加国家司法考试人员情况表

表15-11　　单位：人

年份	报名人数	参考人数	通过人数	A证	B证	C证
2002	754	650	43	20	18	5
2003	373	325	55	34	6	15
2004	325	286	51	36	5	10
2005	433	388	64	37	2	25
2006	536	491	77	44	2	31
2007	573	523	149	114	6	29
2008	621	545	182	124	3	55
2009	648	565	167	106	2	59
2010	516	455	136	92	3	41
2011	604	543	147	85	2	60
2012	523	447	137	82	0	55
2013	604	496	117	62	2	53
2014	535	407	107	62	0	45
2015	586	461	54	27	0	27
2016	682	513	111	50	0	61
2017	746	556	129	63	1	65
合计	9059	7651	1726	1038	52	636

第七章 机 构

第一节 市级机构

一、市（地区）司法局

1990年，地区司法局编制33名，内设办公室、人事教育科、法制宣传教育科、法律专业电大函大工作站、人民调解工作科、公证律师科、劳改劳教科、行政科、监察室，下设娄底地区律师事务所、地区劳改大队，地区劳动教养所，代管地区法学会。2002年12月，局机关增编至42名。2010年11月，市局机关维持9个内设机构，但对机构的设置和名称、职能作了部分调整：设立市依法治市办公室（加挂法制宣传科牌子）、律师工作管理科（加挂公证工作管理科牌子）、政治部（加挂人事警务部牌子）、政治部所辖的人事警务科（加挂离退休人员管理科牌子）、教育培训科（加挂娄底市国家司法考试办公室牌子），增设社区矫正科，核定市局机关政法专项编制53名。2016年8月，设立法律援助工作科（加挂娄底市国家司法考试办公室牌子）、离退休人员管理科、戒毒管理科、社区矫正科（加挂娄底市社区矫正管理局牌子）、政治部（加挂警务部牌子）、人事警务科（加挂警务督察科牌子）。至2017年12月，市司法局机关政法专项编制52名，其中局长1名，副局长3名，政治部主任1名，正科级领导职数15名，副科级领导职数12名；内设政治部（警务部）、办公室、市依法治市办公室（加挂法治宣传科牌子）、律师工作管理科（加挂公证工作管理科牌子）、法律援助工作科（加挂娄底市国家司法考试办公室牌子）、基层工作科、社区矫正科（加挂娄底市社区矫正管理局牌子）、政策法规科、司法鉴定管理科、戒毒管理科、计财装备科、离退休人员管理科及政治部（警务部）所辖的组织干部科、人事警务科（加挂警务督察科牌子）、教育培训科；下设市强制隔离戒毒所（副处级）、市法律援助中心、市湘中公证处。

二、直属机构

市劳动教养所 1990年，地区劳动教养所使用政法专项编制。1994年9月，升格为副处级单位，内设办公室、管理（警戒）科、教育科、生活卫生科、生产科、后勤财务科、监察室及负责教育管理和生产的3个大队。2002年4月，增设政工科和戒毒大队，后勤财务科更名财务科。2013年12月，劳教所劳教职能停止，全面转型为强制隔离戒毒管理。2015年9月29日，更名市强制隔离戒毒所。

市法律援助中心 2001年3月30日，市法律援助中心设立，为正科级单位，核定全额拨款事业编制4名，设主任1名，副主任1名。2012年2月，增加全额拨款事业编制1名。2016年12月，市法律援助中心分类为公益一类事业单位。

公证处 1993年1月，地区公证处设立。2009年4月，娄星区公证处与市公证处合并，更名为娄底市湘中公证处，为正科级全额拨款事业单位，核定事业编制6名，设主任1名，副主任1名。2010年，增加事业编制1名。2016年12月，分类为公益二类事业单位。

三、湖南省娄底监狱

1990年，地区劳改大队正科级建制，隶属地区司法局领导，省劳改局对口管理和业务指导。1993年2月，劳改大队更名湖南省娄底劳改支队，升格为副处级。1995年5月，支队更名为湖南省娄底监狱。2001年11月，娄底监狱升格为正处级单位，人员和资产上划省监狱管理局。2004年1月，邵阳龙溪监狱并入娄底监狱，龙溪监狱改为娄底监狱龙溪留守处，实行一监两地管理。2005年5月，湖南省第五收押中心在娄底成立，属娄底监狱二级机构，负责收押湘中片区已判罪犯，对其进行入监教育（新收罪犯的调配归省监狱局）。7月28日，龙溪留守处罪犯分两批押解至娄底，完成两监合并。12月，全国监狱体制改革，实行监企分开。

至2017年底，娄底监狱内设正科级机构35个。

第二节 县（市、区）司法局

1990年，娄底地区辖新化、涟源、冷水江、双峰、娄底5个县（市）司法局，编制157名。2017年编制210名。

1990年、2017年娄底市各县(市、区)司法局人员编制情况表

表15-12　　　　单位：人、名

县(市、区)＼年份	1990年			2017年		
	在编人数	其中		在编人数	其中	
		专项编	其他编		专项编	其他编
新化县	35	29	6	45	30	15
双峰县	30	23	7	38	24	14
涟源市	32	26	6	44	30	14
冷水江市	30	24	6	42	30	12
娄底市(娄星区)	30	23	7	41	29	12
合计	157	125	32	210	143	67

1990年，县（市、区）司法局内设机构和直属机构的设置不尽统一，一般设5~7个不等。2017年，普遍设政工室、法治宣传教育股（加挂依法治县、市、区办公室牌子）、基层基础工作股（加挂行政审批股牌子），公证律师工作管理股、政策法规股（加挂司法鉴定股牌子），社区矫正股（加挂社区矫正工作局牌子）、财务装备股；设置法律援助中心、公证处等直属二级机构。

第十六篇

民　政

概述

基层民主政治逐步完善 1990年，贯彻《中华人民共和国村民委员会组织法（试行）》《中华人民共和国城市居民委员会组织法》，启动村民委员会换届选举工作，首次实现村委会主任、副主任、委员候选人由上级指定到群众直接选举的改革，开启村级组织实行民主选举、民主管理、民主决策、民主监督的基层民主制度建设。全地区设立城市居委会197个。1991年，首次在居委会举行三年一届的居委会领导人选举，依法选举产生居委会主任、副主任、委员。1993年起，居委会干部实行工资制，居委会办公经费由财政列支，并逐步完善社区居委会软硬件建设。2004年，全市开展村（居）务公开、村（居）民自治示范活动，评出先进单位1407个，双峰县被省政府命名为省村民自治模范县，被民政部命名为全国村民自治模范县。2005年，涟源市915个村100%实行村务公开，中央电视台实时报道。2007年，市委开展三轮社区党建联系点扶建工作，社区党的建设得到加强。2017年底，全市完成第十届村委会换届选举，法定选民352.29万人，参加投票选民321.45万人，参选率97.6%。全市1835个村民委员会，9825名村干部竞争上岗，普遍建立村民代表会议，制定村规民约、村民自治章程、村务公开、村民委员会议事制度。是年，全市完成第九届社区居委会换届选举，直接选举产生正、副主任516人、委员1548人。

社会救助机制基本建立 1990年，全地区2.58万名五保老人供养以村、组提留和乡镇统筹供养为主，过渡到乡镇统筹供养，地方财政每人每年转移支付422元供养费，年转移支付1090万元。兴建农村敬老院37所，对43所敬老院改造升级，实现每个乡镇有一所示范敬老院，集中供养2575人，五保老人吃穿住医葬基本得到保障。2000年，实行城市居民最低生活保障制度，年保障人数7.6万人，年发放保障金219万元，实现应保尽保。2003年，对农村无房户实施“安居工程”项目，平均每户投入建房资金1万～1.5万元，共投入资金1780万元，1000户无房户搬进安居房。2004年，新化县、涟源市启动大病医疗救助，年发放救助金270余万元，3815人得到救助。2007年，建立农村居民最低生活保障制度，12.91万人享受农村低保，年发放低保金2322万元。2010年，启动临时生活困难救助办法，对因灾、因病、无力上学、重大交通事故4种对象特困户救助500～3000元，发放救助金906.4万元，3.76万人得到救助。2013年，实施“贫困残疾人救助实事工程”，对151名0～6岁贫困残疾儿童开展抢救性康复，1490名智障患者及重度肢体残疾人开展社区托养服务，对3.08万名困难残疾人提供救助。2016年，全市266个精准扶贫工程项目开工建设，扶持资金3736万元，12万贫困群众受益。2017年1月起，全市调整特困人员救助供养标准，城市每人每年6552元，农村每人每年4180元。同时启动贫困留守儿童救助工程项目，对140名单亲母亲发放救助金144.38万元，对1822名贫困初中、高中生、考上大学无力升学的，每人每年救助4000～6000元，年发放救助金91万余元。同时对43.55万名65岁以上老人发放老年优待证，并将2.58万名城市“三无”老人（无生活来源，无劳动能力，无法定赡养和扶养人）纳入社会保障范围，为12万名“五保”老人、城市“三无”老人、城市低保老人、重点优抚对象、失独老人“五类”老人由财政统一投保意外伤害保险。是年，紧急转移灾民5.68万人，发放救灾资金4000余万元，恢复重建倒房户720户。

优抚安置在继承中发展 1991年7月，地区拥军优属拥政爱民（简称双拥）领导小组成立并设立办公室。逐步建立完善议军会议制度和优抚对象优待标准自然增长机制和激励机制，相继出台退役士兵、军队离退休干部、随军家属安置政策，“双拥”工作走上制度化、规范化轨道。1991—1992年，双峰县两次被民政部、总政治部评为“全国开发使用军地两用人才先进单位”，退役士兵郭希龙被评为“全国开发使用军地两用人才先进个人”。1992年，农村义务兵家属优待金由每人每年600~800元提高到1000~1500元，伤残军人抚恤金连续调高。涟源市于1994年、1997年、2000年、2003年连续四次获“全国双拥模范城”称号，“兵妈妈”徐金辉获“全国双拥模范先进个人”。2010—2017年，娄底军供站接转过境军列，过境军人，实现“零差错”，获民政部、解放军总后勤部“全国重点军用饮食供应站”称号。2011年8月起，农村60岁以上退伍老兵获得生活补助金，年发放补助金4200余万元。是年，城镇退役士兵实行“安置卡”制度。2012年，全市退役士兵实行“阳光”安置（安置政策、考试成绩、安置计划、安置结果）“四公开”制度，再到鼓励退役士兵自主择业、保底安置、货币安置，实现城镇退役士兵安置率100%。2017年，再次提高城乡义务兵优待金标准。

社会管理在完善中加强　1990年，婚姻登记由乡镇办理。1997年，过渡到县、市民政局集中登记。2015年，实现全国联网实时登记。截至2017年，全市累计办理结婚登记67.01万对，离婚登记10.54万对。办理香港、澳门同胞结婚登记1391对，离婚登记125对。

1990—2002年，对城市流浪乞讨人员，实行强制性收容遣送。2003年，改为关爱性救助管理。截至2017年，救助各类人员8.18万人。

1990年，全地区建有火葬场2处，年火化遗体294具。1997年，冷水江市殡仪馆建成。2002年，可供10万先人安息的民营性公墓金宝灵塔园对外营业。2005年，双峰县殡仪馆建成。涟源市启动火葬场建设。2017年，全市殡仪馆5所，火化遗体3402具，火化率63%，高于全省13个百分点。

1991年，全地区登记社会团体364个，注册社团组织1771家。1997年，依法对37家气功社团机构办理注销手续，依法取缔9家协会。2000年，对民办非企业单位清理整顿，保留419家，注销21家，限期整改7家，自愿申请注销17家。2016年，推行行业协会商会与行政机关脱钩。全市社会组织按照“政府支持、团队运作、民政监管、公众受益”原则运营。

1993年，新化县、娄底市儿童福利院建成，收养孤残儿童120人。至2005年，累计收养3050人，其中国内收养1386人，国外送养580人。2010年，全市新增3所福利院，新增床位300张。2016年，福利院实行转型发展，集医（疗）、（托）养、康（复）、教（育）于一体。2017年，全市福利院集中供养孤残儿童150名，散居孤残儿童1752名。

1997年起，全地区开展福利彩票有奖募捐公益活动，全地区成立彩票发行站6家，年销售彩票1427.3万元。至2017年，彩票发行站增至419家，年均为政府提取彩票公益金9800万元。

2005年，全市社会福利企业81家，享受减免税收优惠后，年上缴税款1.2亿元。安置残疾人就业2280人，残疾职工年人均工资1.35万元。

2010年，市慈善总会成立，筹集创始基金1600万元。至2017年，募集各种善款5070余万元，支出救助资金4800余万元，开展救灾、扶贫、安老、扶残、助孤、助学、助医等活动，救助困难群众310万人次，建立较为完善的慈善援助体系。娄底市被评为中国六星级慈善城市，跻身全国公益慈善百强城市行列。

第一章　基层自治组织建设

第一节　村民自治组织建设

1990年，娄底地区有县辖基层区19个，乡192个，镇30个，城市街道9个，行政村3271个。是年，贯彻《中华人民共和国村民委员会组织法》，全省第一批村民自治示范试点工作在双峰县进行，开展第一届村委会民主选举，实现选举候选人由上级指定到群众直选的转变，普遍建立村规民约、村民自治章程、村务公开制度。全县176个试点村、7个试点乡镇达到示范村、示范乡镇标准。1996年，结合第三届村委会换届选举，全地区所有村委会均实行直接选举，设立选举中心会场，并设立保密画票间，实行当场唱票，公开计票，当场公布结果，全地区民主选举村委会主任3269名，副主任3269名。1998年，双峰县被民政部命名为全国村民自治模范县。美国卡特基金中心专家专程至双峰县考察，称赞“中国基层民主制度建设史无前例”。是年11月，第九届全国人民代表大会通过修订后的《中华人民共和国村民委员会组织法》，全地区全面启动村民自治工作，将双峰县村民自治示范试点经验，在全地区推行。初步实现民主选举、民主管理、民主决策、民主监督，确保基层群众选举权、知情权、管理权和监督权。

2005年，重点加强村规民约和村民自治章程建设，加大对农村法治宣传，增强农村干部群众知法、懂法、守法观念。同时，结合第六届村委会换届选举，注重村干部年轻化、知识化，实现村党支部和村委会“两委”干部交叉任职，村支书和村主任“一肩挑”。换届后，80%的村支书、村主任“一肩挑”，村干部数量减少50%，50岁左右占70%，高中（中专）以上占75%，大专以上占5%。

2008年，各县（市、区）印发《村务公开民主管理手册》1.5万册，在制定“村民自治章程”和“村规民约”工作中，严把“法律关、程序关、实用关”。

2013年，根据中央文件精神，全市开展以健全村党组织领导下的村民自治机制、基层服务体系，扩大村民小组为基本单元的村民自治试点工作，完善村规民约，把村党支部书记队伍建设纳入县（市、区）党建工作总体规划，建立优秀年轻干部交叉挂职培养机制，完善村干部收入分配机制，规范村干部社会保险缴费和分类分级工作报酬制度。

2016年，贯彻省政府《关于切实做好建制村合并工作的通知》，市政府下发《关于开展建制村合并工作的指导意见》，按照分级负责、合大并强、民主协商、依法依规的方针和重点保护历史文化村和古村落的原则，重点合并1000人以下的村。合并后，全市建制村减至1842个，撤并1427个，获全省乡镇区划调整改革工作先进单位。

2017年，全市完成村委会第十届换届选举工作，法定选民352.28万人，参加投票选民321.45万人，参选率97.6%，选出村民委员会主任1835人，村委会自治制度日趋完善。

第二节　居民自治组织与社区建设

1990—1991年，贯彻《中华人民共和国城市居民委员会组织法》。1991年12月，地区行署部署实施居组法工作，居委会一般在100～700户范围内设立，领导班子由主任、副主任和委员5～9人组成，每届任期3年。全地区设立204个居委会，选举产生正、副主任、居委会委员。随后居委会每三年换届选举一次，通过公开招聘，竞争上岗，择优入围，依法选举产生，改变居委会干部由老干部、老党员、老职工轮流担任的状况。

1992年，全地区各级政府从政策、资金、场地等重点扶持居委会建设，帮助居委会先后创办工商企业230个、商业服务网点377个、居办工商企业职工6185人，年产值7594.54万元，年上缴税金336.51万元，年利润350.85万元，70%的居委会经费困难问题得到缓解。1993年1月起，每个居委会工作经费由900元／年增加到3000元／年，拨款比例由省、地、县三级各负担三分之一，并对居委会干部实行工资制。同时，财政还对中心城区居委会每年补助工作经费3万元。所有居委会配备办公室、警务室、档案室、活动室、党员远程教育室。

1995年，地区行署和县市政府财政拨出专款，按照“六机两柜”的要求，为全部居委会配备打印机、传真机、电视机、电话机、电脑和VCD机和文件柜、档案柜，同时，设置科普宣传栏、法制宣传栏、政策宣传栏和民主监督宣传栏，一个健身场、一个宣传中心、一个服务热线平台。

2000年，贯彻中共中央办公厅、国务院办公厅《关于批转〈民政部关于在全国推进城市社区建设工作的意见〉的通知》，明确城市社区居民委员会的组成及其职能，把城市社区建设纳入国民经济和社会发展规划。是年，市、县两级政府通过清理整顿，将原属企业管理的职工住宅小区纳入居委会管理范围，将符合条件的15个“企业善后办公室”划入居民委员会，并由所在乡镇（街道）负责实施，政、企关系得到理顺。

2003年，根据民政部《关于在全国推进城市社区建设意见》的要求及地域特点、资源分布、居民认同等因素，在原居委会基础上，组建231个社区居民委员会。按照居民自治要求，社区居委会换届选举，采取间接选举与直接选举相结合制度。

2005年，市委、市政府印发《关于进一步推进城市社区建设的意见》，明确社区居委会职责是：依法组织居民开展自治活动，协助基层人民政府开展工作，维护居民合法权益，组织志愿者队伍向困难人员送温暖活动，切实维护好社会治安等。重新确定城市社区划分标准，即小于街道办事处，大于原居委会的定位。城市社区居委会划分在1000户3000人以上，办公用房不少于150平方米，示范社区不少于200平方米。新建社区用房在150平方米以上的，市政府对每个社区以奖代投3万元，社区内各单位按1000~5000元不等予以支持。同时，市政府明确各县（市、区）对社区工作人员纳入基本养老、失业、医疗、生育、工伤保险等管理。

2008年，市委、市政府成立社区建设工作领导小组，各县（市、区）为社区建设责任主体，充分发挥工会、共青团、妇联、统战、残联和老龄委等部门在推进社区建设中的作用。同时以街道工委为核心，辖区单位党组织为成员，建立社区党建联席会，形成条块结合的党建工作格局，完善社区“一社区、一支部”建制。

2010—2011年，根据中央办公厅、国务院办公厅《关于加强和改进城市社区居委会建设的意见》精神，市委、市政府采取措施，各县（市、区）认真指导健全城市社区居委会组织体系，完善民主选举、民主决策、民主管理、民主监督机制，正确处理政府与街道办事处及社区的关系，壮大城市社区居委会工作队伍，改善城市社区居委会服务设施，做到“有人管事、有钱办事、有处议事、有章理事”。进一步明确政府职能部门、街道办事处与城市社区居委会是“指导与协助、服务与监督”的关系，做到还社区居委会自治组织的法律地位，还社区自治的权力，还社区责、权、利，“权随责走，费随事转”，做到“人员配置到社区、工作重心到社区、服务承诺到社区、工作经费到社区”。

2015年，市委、市政府下发《关于进一步加强社区党建和社区建设的实施意见》，在社区独立设置统一命名的“××社区服务中心”工作平台，设立社区党建、社保就业、社会救助、计生卫生、综治维稳、公共事务等服务窗口。按每200户常住人口配1名工作人员，标配5~7名，配正、副主任各1名，社区党组织书记由主任兼任。服务设施，公共服务用房不低于400平方米，新建用房不低于600平方米，服务中心大厅面积不少于50平方米。此外，规定中心城区社区运转经费不低于25万元／年，社区惠民项目资金不低于10万~20万元，社区党组织和专职成员基本报酬不低于1500元／月，副职1400元／月，委员1200元／月。

2017年10月，市民政局印发《关于村规民约的通知》，并为各地制定《村（居）规民约》提供模板。

2017年，全市完成第九届社区居委会换届选举。全市社区居委会261个，其中娄星区75个、双峰县37个、新化县48个、冷水江市58个、涟源市43个。通过直接选举产生正、副主任516人，社区居委会成员1548人，基本实现“提出好思想、选出好干部、配出好班子、换出好风气”的四好目标。同时严肃查处违反换届选举的人和事。全年查处违法案件151起，给予党纪政纪处分22人，取消候选人资格75人。

第二章　优抚安置

第一节　拥军优属

1991年7月28日，成立由军地双方负责人参加的地区双拥工作领导小组，全面履行党政机关、社会团体、企事业单位及其他组织和公民履行拥军优属的职责与义务。领导小组下设办公室（简称双拥办），办公地点设在地区民政局。1994年7月，涟源市首次被民政部、解放军总政治部评为“全国双拥模范城”。1998年，地区双拥办明确提出将军供站建成“双拥文明窗口”目标，新建军供站。

1999年，湖南涟邵总医院护士徐金辉，热情帮助驻涟部队山东籍战士陈东森、田茂林、二等乙级伤残军人谭春华、特困退役军人谭春松等照顾老人、解决家庭困难、捐献钱财帮助创业、树立信心报考军校等，被驻涟源市部队官兵亲切称为“兵妈妈”。她的事迹被拍成国防教育专题片《敬礼！兵妈妈》，在中央、省、市电视台多次播出。以徐金辉为原型的大型湘剧《兵妈妈》在军营内演出100多场次，观众10多万人。该剧获得省“五个一”工程奖。

涟源市至2003年连续四次获“全国双拥模范城”称号。2003年12月，涟源市委、市政府出台涟源市双拥工作制度。投入资金110万元，修复水毁军运公路11千米，并承担军运公路养护、护路任务；解决59758部队驻地农用电由转供改直供难题，并将67名部队干部随调家属安排到机关事业单位就业。2004—2007年，徐金辉先后获得“湖南省国防教育十大新闻人物”“全国双拥模范先进个人”“全国百名公益先进人物”称号。

1990—2017年，春节、“八一”前后，市民政局走访慰问部队、烈军属、在乡老复员军人，慰问走访部队39次，累计送去慰问金580万元。安排随军家属就业167人，伤残军人待遇提级96人，落实军属干部两项待遇238名，发放优待金2亿元。为过境军人提供优质服务，举办国防教育活动62期，受教育人员81.27万人。

第二节　优待抚恤

一、优待

1990年，娄底地区对城乡义务兵家属优待金实行“以乡镇统筹，平衡负担”办法筹集。双峰县采取签订合同、银行划账、统收统支、县储存办法筹集城镇义务兵家属优待金。全地区农村义务兵优待金标准由600～800元／年提高到1000～1500元／年。1991年，在贯彻落实《军人抚恤优待条例》的基础上，地、县（市）制定相应实施细则，地区民政局、财政局、粮食局联合颁布《关于改进城区义务兵困难补助优待金筹集办法的通知》，统一筹集国防优待金，并明文规定：在部队立一等功的，增发100%优待金，立二等功的增发60%，立三等功的增发30%，评为优秀士兵的增发20%。至1998年，农村义务兵家属优待100%落实到位，优待金总额达到当地农民人均收入70%以上。城镇义务兵家属的优待，入伍前有工作单位的，优待金由原单位按工资70%标准发给，入伍前无工作单位的，根据家庭困难程度酌情解决。1991—2000年，215名立功人员增发国防优待金16.64万元，人均增发800多元。

2000年，市民政局下发《关于解决重点优抚对象生活困难的通知》，解决在乡老复员军人生活难、住房难、医疗难的“三难”问题。对住房难的将其住房纳入灾民重建任务，由村支书为第一责任人，限期完成；对生活有困难的烈属和老复员军人中的孤老对象实行“一包四定”（包服务，定人、定时、定服务项目、定服务效果）；对重点优抚对象在医院看病实行“三优”（优先挂号、优先看病、优先住院），药费报销从优等。2001年8月起，对在乡60岁以上退伍老兵发放生活补助金，年发放补助金共计4200余万元。2002年，全市对军属优待金支付办法改为地方财政转移支付，全年优待烈军属1.82万户，发放优待金815.6万元。2004年10月1日起，先后10次提高部分优抚对象定期抚恤标准。2007年，农村和城镇无工作的参战退役人员定期定量补助标准，从每人每月50元提高至300元。2008年，对精神病人员、带病回乡退役军人、参核军队退役人员，每人每月增加生活补助费50元，对1953年12月31日前参军，后在企业退休的退役士兵，每人每月增加生活补助费120元。2017年，再次提高城乡义务兵优待金，每户每年提高至1.3万元。在农村和城镇无工作的参战退役人员每人每月从300元再次提高到550元。同时，对在乡老复员军人、参战涉核、带病回乡人员予以定期定量生活补助，每人每年补助生活费600～1200元不等。

二、抚恤

1990—2010年，烈士抚恤金按全市居民人均可支配收入计算，按40个月发放，因公牺牲的按20个月发放，因病死亡的按10个月发放。2011年7月始，烈士抚恤金按全市居民人均可支配收入计算，由40个月工资提高到80个月，因公牺牲的由20个月提高到40个月，因病死亡的由10个月提高到20个月。

2017年，市民政局下发《关于进一步加强重点优抚对象短期疗养、医疗巡诊工作的通知》，对1280名重点优抚对象安排疗养，并免费为2000名优抚对象巡诊治疗。对家庭困难的350名退役人员协调安排在公益性岗位上班，每人每月工资不低于1600元。对伤残军人、老复员军人、带病回乡退役军人及"两参"人员按108元／户优惠收取有线电视费。"八一"建军节前夕，全市上门走访283名烈士遗属，送去慰问金和专属定制纪念品，为驻娄驻军发放慰问款物合计40余万元，对在乡老红军战士、西路军红军战士、红军失散人员（简称三红）的补助标准大幅提高，革命伤残抚恤费也逐年提高。

附：优抚事业单位简介

娄底市康复医院 为以接收复员退役伤残军人、精神病患者和优抚对象患者为主的医疗机构，占地3.3公顷，核定事业编制260名，设置床位100张，拥有固定资产457万元，是全市第一家优抚对象综合二级医院。2015年，市康复医院投入资金1亿元，扩建精神病住院大楼，完成建筑面积1.14万平方米，新增床位150张，获民政部全国文明优抚事业先进单位。2016年，完成建筑面积5600平方米，新增床位200张。2017年，有医务人员396人，其中高级职称21人，中级职称76人，设15个科室，9个病室，拥有床位1000张，固定资产8500万元。

娄星区光荣院 位于万宝镇万宝村，占地1.57公顷，由原镇办茶场改建而成。内设会议室、活动室、办公室、餐厅、厨房等。有菜地和果园，实现蔬菜、猪肉、鱼自给有余。1996年，被省民政厅授予"文明光荣院"。2013年，新建凉亭、门球场、健身区、跑道和绿化带等。2015年，被评为省级优抚先进单位。至2017年底，设床位30张，配备工作人员7名，住院荣军老人18名，接收社会自费老人18名。

涟源市光荣院 位于石马山镇梅圆小区，设置床位50张，住房面积2300平方米，内设住宅楼、办公室、活动室、厨房、卫生间及休闲场所，老人住所配有彩电、空调和卫浴设施，配备工作人员4名，入住荣军老人17名。2006年被民政部授予"全国文明光荣院"称号，2017年被省政府授予"湖南省优抚事业先进单位"。

双峰县光荣院 位于永丰镇定源村，占地1.67公顷，有活动室、阅览室、凉亭、菜地和果园。配备工作人员5名，入住老人33名。1992年，被民政部授予"全国文明光荣院"。2000年，添置彩电、冰箱、电暖桌、空调、热水器、文化用品和活动器械等。双峰县将光荣院确定为国防教育基地，先后3次被省民政厅评为"文明光荣院"。

冷水江市光荣间 铎山镇敬老院内设光荣间，接收荣军老人7名，配备工作人员1名。至1995年，入住老人相继过世，光荣间随之撤销。

第三节 退役军人安置

一、退役士兵安置

1990年，城镇退役士兵继续执行按系统分配任务包干安置政策，农村退役士兵安置继续执行“从哪里来回哪里去”的政策。同时，大力开发使用军地两用人才。从事个体经营的，给予税收减免优惠；从事种养业的，给予微利项目财政贴息；入伍前承包土地的，承包期内政府不收回、不强制流转承包土地；劳务输出时，优先照顾农村回乡退役士兵，乡镇企业招工优先安排回乡退役士兵，选拔村、组干部，优先录用农村退役士兵。1991年，双峰县、冷水江市获民政部、总政治部“全国开发使用军地两用人才先进单位”，双峰县退伍军人郭希龙被评为“全国开发使用军地两用人才先进个人”。1995年，地委、行署为贯彻“妥善安置，各得其所”安置方针，对拒不接收政府指令性安置任务的单位，采取“四冻结”措施，即冻结单位招工和人员调入，冻结行政事业收费资格，冻结单位工资审批和职称评定，冻结并扣减单位行政事业费开支。其做法加快了安置进度，获得省政府认可和表彰。

1990—1995年，分期分批解决在部队服役时间8年以上、立三等功二次以上、年龄在35岁以下的100多名农村退伍士兵工作安排问题。

1999年，对城镇入伍士兵发放“安置卡”，对无安置卡的退役士兵，政府不负责安排工作。2010年，市政府继续维持按系统分配任务和包干安置政策，探索按单位职工比例分配安置指标，并要求接收单位全面落实退役士兵的养老、医疗、失业和工伤等保险手续。2011年8月1日起，全市对1954年11月1日后入伍、年龄在60岁以上、未享受国家定期抚恤补助的农村籍退伍义务兵发放老年生活补助，每服役一年，每人每年发放10元，每超过一年，增发5元。是年，市委、市政府贯彻国务院、中央军委《退役士兵安置条例》(简称《条例》)，确定机关、事业单位接收安置士兵不受编制限制，各部门各单位对分配的安置任务要不折不扣执行，对政府指令性安置任务无条件接收；拓宽安置渠道，筹措自谋职业一次性经济补助金，采取自谋职业和安排就业相结合政策，拓宽市场经济条件下多渠道安置模式。

2012年，市委、市政府制定《娄底市接收安置城镇退役士兵和转业士官规定》《娄底市安置城镇退役士兵和转业士官考试考核暂行办法》。对符合政策安置人员做到“三公示”，即考试考核成绩公示、安置计划公示、自选安置单位结果公示，经验在全国推广。

二、军队离退休干部安置

1990年，全地区有军队离休干部休养所（简称军干所）5所，配备工作人员29名，累计投入建设资金1059万元，先后完成建房面积1.89万平方米，拥有固定资产670万元。军干所普遍建有荣誉室、学习室、娱乐室、医务室和门球场。军休工作以落实老干部政治待遇、生活待遇为重点。1996年，地区安置办主任谢养民获民政部、总政治部“全国军队离退休干部安置工作先进工作者”。

2004年始，军队退休干部移交地方安置后以分散安置为主，不再集中由军干所管理，住房以购买经济适用房为主，也可以租赁或自理住房。2009年，市民政局成立市军队离退休干部服务管理总站，配备工作人员4名。

2014年，市民政局颁布《军队离退休干部服务管理办法》，市离退休军干服务总站制定16项工作制度和安置服务流程。2015年，军干服务总站获湖南省“和谐军休家园”称号，被省政府授予五星级军休服务管理机构，所长彭再普获民政部、总政治部“全国服务管理先进个人”。

1990—2017年，全市均按计划完成军队离退休干部安置任务。

第四节　烈士褒扬

1990年，双峰县征地2.69公顷，投资600万元，在位于县城南面的塔子山建成双峰县烈士陵园。园内设有“衡宝战役青树坪纪念馆”，墓墙上刻有108名烈士英名。

1991年，地区民政局联合地委党史办编纂《娄底英烈》一书，书中录入225名英烈事迹。是年，将烈士家属定期补助金改为定期抚恤金，每人每月分别享受300～500元定期抚恤金。随后，13次提高烈士遗属定期抚恤金标准。

2009年，中宣部、民政部等11部门联合公布100位中华人民共和国成立以来感动中国人物，罗盛教名列其中。图为罗盛教烈士雕像（2021年4月摄）

2009年，湖南省19个市、县及外省22个单位1500余人捐款40万元修建的新化县水车镇锡溪村龙藻烈士陵园建成。陵园占地0.5公顷，内设锡溪农民运动纪念碑，安葬革命烈士8名，是全市仅有的一座乡村革命烈士纪念陵园。2010年，冷水江市投入资金200多万元，建成锡矿山革命烈士纪念碑，由烈士墓和纪念碑构成，安葬革命烈士10人，省政府确定为省级文物保护单位。2011年，涟源市投入资金1400万元，建成占地2.2公顷、建筑面积5490平方米的烈士纪念园，至2017年共接待祭奠群众3万余人次。

2012年，市政府投入资金1700万元建成娄星区早元革命烈士陵园，安葬革命烈士18名。陵园位于孙水河畔丰子山森林公园，占地7.9万平方米，设有革命烈士事迹陈列馆、烈士档案馆、烈士纪念碑、烈士英名墓墙、烈士纪念广场、烈士墓区、生态停车场、绿化景观。2013年4月起，市政府启动“慰烈工程”。全市各个历史时期革命烈士1264名，其中对越自卫还击战牺牲的烈士225人，为保卫国家财产和人民生命献身追认烈士15人，生平事迹全部整理入档，移送陵园。农民起义壮士刘正堂、抗日英雄钟绍光、解放战争英雄钟柏参、抗美援朝英雄曾文窗、对越自卫还击战英雄肖瑞长、护林卫士戴庆华、舍己救人英雄邓锦杰等烈士均入园安葬。同时，根据民政部《关于对辛亥革命、北伐战争、抗日战争中牺牲的国民革命军和其他爱国人士追认革命烈士问题的通知》精神，全市评定6位在抗日战争中牺牲的国民革命军军人为革命烈士。2014年8月31日，新化县罗盛教烈士纪念馆通过改扩建后，定为爱国主义教育基地，免费对外开放。

娄底市烈士陵园纪念碑（2021年4月摄）

2015年9月30日，全市第一个

烈士纪念日公祭仪式在市革命烈士陵园举行。市委、市人大、市政府、市政协、娄底军分区主要领导及社会各界人士500多人参加，各县（市、区）公祭仪式同时举行。此后，各地每年都举行缅怀先烈活动。

2017年，市政府发文，对烈士遗属及子女在医疗、住房、入伍、升学和就业等方面实行优待作出规定。同时，再次调整烈士家属定期抚恤标准。其中，因公牺牲的1.9万元／年、病故的1.8万元／年。在此基础上，对病故烈属增发6个月抚恤金及其他补助金作为丧葬补助金；对生活在农村、无固定收入的烈属增发特别抚恤金或补助金；对有军籍的不同级别立功受奖人员增发本人月工资5%～35%不等的抚恤金；烈士生前配偶再婚后继续赡养烈士父母，抚养烈士未满18周岁或已满18周岁但无劳动能力、无生活来源的，由县（市、区）民政部门参照烈士遗属定期抚恤金标准给予补助。

截至2017年，全市烈士纪念建筑物增至18处，其中烈士纪念地11处，烈士陵园5处，烈士纪念广场2处。

第三章 救灾救济

第一节 灾害救助

1990年6月，新化县发生特大洪灾，地、县二级迅速启动三级救灾应急预案，派出21个工作组进驻重灾乡镇，紧急下拨救灾款270余万元、救灾帐篷130顶、棉被1200床、大米60吨，帮助灾区恢复生产和生活。1998年，全地区发生特大洪灾，行署启动四级救灾预案，紧急下拨救灾款800万元、棉被2.5万床、棉衣1.56万余件、帐篷100顶、大米150吨，外省捐赠25个车皮救灾物资，新建10个灾民安置点，安置重灾户157户。2003年，冷水江市被列为国家采矿沉陷区之一。市内划分金竹山、利民、资江、大建、塘冲和锡矿山6个沉陷区，沉陷面积57.44平方千米，采空区面积42平方千米，沉陷区内受损居民1.27万户，受灾人口5.12万人，受损房屋面积147.13万平方米。治理期为3年。治理原则：以居民住宅、学校、医院为重点，采取搬迁、新建、加固等办法，对受损的4491户，1.38万人异地安置，对学校、医院随搬迁户配套新建。2005年，涟邵矿务局矿区全部列为采矿沉陷区，均获得国家7.1亿元专项治理资金。5月31日，涟源市荷塘镇等4个乡镇发生两百年一遇特大洪灾，省长周伯华陪同民政部常务副部长贾治邦率国务院救灾组赴重灾区荷塘镇礼湾、塘湾和大湾村查看灾情，指挥抗洪救灾工作。市政府启动三级救灾响应预案，全市上下发扬一方有难八方支援的优良传统，支援灾区群众共渡难关。先后下拨救灾款3684.55万元，社会捐款250万元，衣被1800万件，新建塘湾、礼湾、左湾、联名村4个集中安置点，安置灾民8700多人，新建灾民新村10个248户，恢复灾民住房3.9万间，确保灾民住新房过新年。2008年1月10日至2月6日，全市境内遭受50年一遇的冰雪灾害。新化县、涟源市灾情最重，受灾人口27.85万人，倒塌房屋288间，冻死大牲畜7745头，直接经济损失2.79亿元。大熊山、古台山、龙山林场树木、南竹大部被折断。市民政局组织200多慰问人员到高速公路、娄涟公路、车站等地，对滞留车辆上人员送去衣被、干粮、矿泉水等物资，并将70多名老弱病残及小孩接到市救助站安置。2009年，新化县水车镇正龙村发生特大山体滑坡。该村曾于1931年、1964年、2002年、2007年发生过4次山体滑坡，前两次死亡48人。此次滑坡涉及7个村民小组，转移安置1000多人，没有造成人员伤亡。国家财政下拨500万元专项治理资金，防止山体再次滑坡。是年7月2日，双峰县遭受25年来最大洪灾，全县15个乡镇受灾，受灾人口54万人，农作物受灾面积3.33万公顷，倒塌房屋809间，死亡7人，直接经济损失4.18亿元。市委书记、市长、军分区政委第一时间赶赴灾区指挥救灾。民政部门下拨棉帐篷200顶，应急款150万元，衣物5000余件，棉被200床等。

2014年7月15日，市政府印发《娄底市自然灾害救助应急预案》，进一步明确民政局救灾工作职责，规定救灾响应机制设一、二、三、四级，建立县、乡（镇）、村（居）三级灾情信息员制度。2015年，市民政局下发《关于对灾民救助补贴的通知》。规定对灾民倒房特别困难的，每户不低于2万元补助，一般户不低于2000元补助。因紧急转移需要政府救助的群众，人均补助300元。对因灾倒房户无生活来源的，在3个月内，每人每天补助20元，对因灾死亡的每人发放慰问金1万元。

2017年6月，全市持续暴雨引发洪涝灾害，市政府启动二级应急预案响应，紧急下拨救灾资金7560万元，发放救灾专用帐篷170顶，大米11.76万千克，折叠床1000张，食用油4850桶，棉被5400床，建立22个集中安置点，重建因灾倒房914户。

第二节　农村救济

农村救济是民政部门对困难群众长期施行的一项救助措施，以临时、小额、分散为主。1990年，地区民政局下发《关于做好农村临时救济、定期救济和五保户供养工作的通知》，对12.9万名贫困人口实行救济，每人每月发放定期救济金5元。是年，全地区发放救济金774万元。1992年，新化县洋溪镇在全地区率先成立第一家农村救灾扶贫互助储金会，为5108户贫困户购买农药、化肥、种子、耕牛，扶持资金150万元，获评全省先进互助储金会。1998年，地区民政局下发《关于做好救灾扶贫互助储金会的清理整顿工作通知》，对157家互助储金会限期整改。2000年，将7850户互助储金会会员业务整体移交劳动部门管理，对群众入股资金纳入农村养老保险范围。1996年，冷水江市对100户因灾倒房重建手续一切从简，一切费用全免。市直83个单位资助灾后建房资金830万元，帮助灾民在春节前搬进新房。

2004年，全市农村全面推行定期定量救助和农村最低保障制度。是年，发放农村特困救助卡9.88万张，按每人每月救助8元，全市年发放救助金948.32万元。是年，对20世纪60年代精减退职老职工按原工资40%救济补助4344人，月人均低于50元的，提高到50元，年发放救助金217万余元。带病回乡的1.12万名老复员军人给予“双定”补助，年人均280元，年发放补助金322万余元。

2007年，市政府制定农村最低生活保障制度，对持有本地常住户口、因病残、年老体弱、丧失劳动能力以及生存条件恶劣，造成常年困难的农村人口纳入农村低保（已享受农村“五保”待遇的不重复列入）。农村低保实行分级负责、动态管理、分类施保、补差救助。坚持低标准起步、窄范围施救、逐步拓展原则，随着经济社会发展，适时提高保障标准。农村低保标准由各县（市、区）根据不低于国家公布的绝对贫困线制定，市财政对财政困难的地区给予适当补助。是年，全市12.91万人享受农村低保，年发放低保资金2322万元，人均180元／年，每人每月75元。

2008年1月，中央、省财政为农村低保每人每月增加10元，各县（市、区）按保障人数，每年不低于120元标准列入地方财政预算。

2017年，市民政局、市财政局、市扶贫办联合印发《关于做好全市农村低保标准与国家扶贫标准“两线合一”有关工作的通知》，实行低保标准与扶贫标准统一设定。对经过扶贫开发收入增长，实现稳定脱贫并高于农村低保标准的，按规定退出低保范围。对没有劳动能力或暂时无法通过扶贫开发脱贫的困难家庭，全部纳入农村低保范围，实行“兜底保障”。实行“两线合一”后，农村低保由12.91万人减少至8.04万人，保障标准提高到人均284元／月，较上年提高5.9%，人均保障金3400.8元／年，年发放保障金2.11亿元，基本达到不愁吃，不愁穿，保障其义务教育，保障其基本医疗，保障其住房（简称“两不愁三保障”）的标准。

第三节 城市救济

1990年，收容城市流浪乞讨人员2万人，经过临时救济、安置、教育后，其中派专车送回原籍9104人，通知原单位接回7564人，由车站推荐做临时工1246人次，转送外地404人次，其他形式处理1704人次。

1995年，对2266名城市“三无”对象（无劳动能力、无生活来源、无法定赡养人或抚养人员）施以定期定量救济，确保他们有住所、有生活来源、病有所医。对行走不方便的516名残障人员配置轮椅。对1367名城市“五保”老人每人每月发放生活费不低于200元，对383名弃婴集中安置在福利院或指定收养人照料。

2000年1月，市政府出台《娄底市城市居民最低生活保障制度实施办法》，建立城市居民最低生活保障制度（简称低保）。低保对象每年申报审批一次，不搞“终身制”。坚持低标准起步，逐年提高。是年，娄底中心城区保障标准140元／月，县（市、区）100～130元／月。全市保障7.6万人，人均月补差30～35元，全市年发放保障金219万元。

2002年，市政府设立低保工作管理处（副处级），县（市、区）设立相应机构，70个乡镇、15个街道办事处各配备2～3名专职工作人员，全市配备低保工作人员267人，确保办公场地、人员、经费三到位。2005年，低保对象新增农垦工、森林工、失地农民、艾滋病患者及家属、刑释人员等特殊群体。2006年7月1日起，对1957年前参加工作未享受救济人员，或1958年后在职因公负伤，丧失劳动能力的，在原基础上每人每月增加30元，调整后每人每月生活费不低于50元。截至2010年，全市享受低保人数达到10万余人，保障标准提高到150～200元／月，年发放保障金1.55亿元，基本实现应保尽保。

2017年，原有企业下岗职工逐步达到退休年龄，低保对象范围缩小，核定年保障人数24.78万人，保障标准由原每人每月350元／月提高到420元／月，年发放低保金1.99亿元。

第四节 “五保”供养

1990年，农村税费改革后，农村“五保”人数急剧增加，全地区审批发证人数2.86万人，其中娄底市1245人，涟源市1.03万人、冷水江市2115人、双峰县6717人、新化县8196人。“五保”供养由村组提留逐步转移到由乡镇统筹供养。1994年，贯彻国务院《农村五保供养工作条例》。村组对每位老人负担300千克稻谷，省、市、县（市）财政转移支付每人每年422元，加稻谷折算金额，每人每年不少于820元。1997年，市民政局下发《关于加快敬老院建设的通知》，确定各县、市用3～5年时间将原45所敬老院改扩建，并新建30所，实现每个乡镇有一所能住30名“五保”老人的敬老院。对改扩建敬老院，地区民政局每所补助10万元，对新建的每所补助30万～50万元。1998年，娄底市万宝镇敬老院被省民政厅授予“全省十佳窗口敬老院”，14个地州市民政局局长前往参观学习。

2000年底，全市完成敬老院改扩建面积5.35万平方米，投入资金495万余元，加上县（市、区）及乡镇配套，共投入建设资金1135万元。敬老院普遍配有电视机、冰箱、洗衣机、娱乐室、会议室等，敬老院拥有果园、鱼塘、猪圈、菜地。2006年，市政府重新界定“五保”对象为无劳动能力、无生活来源、无法定赡养人或扶养人的老年人、残疾人和未成年人（含城市“三无”对象），全市重新审批发证2.49万人，其中分散供养2.41万人，集中供养741人。农村“五保”供养工作实行政府领导、民政主管、部门协作、乡村实施和社会参与的原则，使农村“五保”供养工作走上法制化、制度化、规范化轨道。“五保”供养经费列入县（市、区）财政预算，实行自然增长机制。按10∶1的比例为敬老院配备工作人员187名，“五保”老人参加“新农合”医保，免费到定点医院看病就医。2010年，娄底经开区大埠桥敬老院获全国模范敬老院称号。2014年，娄星区双江乡获评全国“五保”供养先进单位。

2017年，全市“五保”供养2.02万户2.43万人。拥有敬老院80所，集中供养3864人，分散供养2.14万人，集中供养占总人数的18%，年发放“五保”供养经费9600余万元，人均329元/月。“五保”老人全部参加新农合医保，并为他们统一提供意外伤害保险。娄底市跨入全省农村“五保”供养工作先进行列。

第五节　医疗救助

2004年，市政府在涟源市启动农村医疗救助试点工作。试点工作的任务是搞好调查摸底，做好农村新型合作医疗保障制度落实（简称“新农合”），做好医疗救助规划和资金筹措等管理工作。2008年，全市全面启动“新农合”参保、门诊医疗、住院医疗“三位一体”的农村医疗救助体制。全市“新农合”参保人员194.24万人，占农村人口的60.7%，门诊补助63.5万人次，补助经费293.75万元，住院补助4.67万人次，补助经费3064.51万元，年平均支出1115.5万元。2011年，全市实行“一站式”结算服务，即救助对象在定点医院住院即时结算，解决救助对象报销住院费难的问题。

2013年5月，冷水江市被列为全国重大疾病救助试点市，筹措医疗救助基金1000万元，对患有恶性肿瘤、白血病、心脏病、再生障碍性贫血、器官移植等大病城乡居民予以施救。其住院费在得到各种补偿后，个人承担费在3万元以上的按比例进行救助，每人每年补助最高限额15万元左右。

2017年，市政府进一步规范医疗救助制度，将救助对象分为两类。第一类为城市低保户（农村“五保户”）、重点优抚对象（含革命“五老”人员、社会福利机构“三无”人员及重度残疾人）；第二类为低收入家庭中的重病患者、60周岁以上老年人。分类救助标准：资助城乡居民参加“新农合”或城镇居民基本医疗保险，参保人员26万余人，参保费支出1300余万元，参保率100%。住院费用实行多层次救助：对特困人员在县、乡医院定点住院的报销住院费75%，余额由医疗救助报销，实行全额减免。门诊救助，对城市“三无”人员、农村“五保户”、70周岁以上低保对象每人每年发放200元门诊卡，对慢性病患者发放500元门诊卡，年均门诊救助1.1万人，发放救助金800余万元。大病救助7000人次，救助资金1300余万元。二次救助，当年第一次救助后，家庭仍然负担重的实行再次施救。慈善专项救助，对1000名精神病患者施救，年救助金额135万元。对300名患唇腭裂残疾人免费手术，救助金额200余万元。“两癌”（宫颈癌、乳腺癌）救助，对农村35～64周岁妇女免费检查，参检人数36万人，查出病例1317人，救助455人，每人救助资金1万元。上述6项医疗救助，年救助城乡困难群众28.06万人次，发放医疗救助金8237.32万元。

第四章　社会事务管理

第一节　社团管理

1991年，地、县（市）民政局成立社团管理科、股，配备专职人员，开启社团管理工作。1992年，登记社团组织432个，其中地区受理登记165个，县、市受理登记267个，初步形成组织机构、分级负责、各司其职的社团管理体系。1997年，地、县（市）将各类基金会纳入社团管理范围。全地区在社团政治方向、业务活动、财务管理、组织人事、遵纪守法等6个方面对382个社团组织进行清理整顿，对合格的296个社团予以认可，对不合格的49个限期整改，对37家各类气功类及分支机构全部注销。

2000年，民政部门对全市民办非企业社团组织进行登记、清理和整顿，重点清理无经费、无办公场地、无工作人员的机构。全市475个民办非企业单位，保留431个，限期整改7个，自愿注销17个，对11个不接受年检的下发“行政处罚事先告知通知书”，对新化县“正义者协会”“光复会”、涟源市“刘氏知耻园管理委员会”、双峰县“粮食系统维权委员会”等9家非法组织下达取缔通知书。2004年，对全市15个基金会进行换证，同时对基金会名称、宗旨、业务范围、原始基金、章程、组织机构、财产管理、公益活动按《基金会管理条例》规定进行整改。全市形成社团登记、民办非企业登记、基金会独立登记格局，实行单位、民政双重管理体制。

2014年，市民政局会同市纪委、市委组织部对市管干部在社会组织兼职进行清理规范，领导干部原则上不准在社会团体中兼任会长、副会长、秘书长、分会会长、顾问、常务理事等。对确因工作需要，经批准后每人只能兼任一个职务，年龄不得超过65周岁，任期不得超过两届。不得以任何方式领取社会组织报酬、补贴等，不得在兼职单位报销开支和各种费用。2015年，成立“娄底市社会组织孵化培育基地”，为初创期和发展中的社会组织统一提供办公场地2170平方米，支持项目经费504万元。是年，进入孵化培育基地的社会组织29家，其中市本级10家，县（市、区）19家。全市社会组织按照政府支持、团队运营、民政监管、公众受益原则运营。2016年5月30日，市委办、市政府办印发《关于推行行业协会商会与行政机关脱钩的实施方案的通知》，明确脱钩的主体是各级行政机关与其主办主管联系、挂靠的行业协会商会，脱钩核心是“五分离、五规范”（即机构分离，规范综合监管关系；职能分离，规范行政委托和职责分工关系；资产财务分离，规范财产关系；人员管理分离，规范用人关系；党建、人事等事项分离，规范管理关系）。纳入第一批脱钩行业协会商会54家，其中市本级23家、娄星区5家、新化县7家、双峰县10家、涟源市9家、冷水江市7家。脱钩58家，注销3家，完成率100%。

截至2017年，全市登记注册社会组织1759个，其中社会团体678个，民办非企业单位1078个，基金会3个。入驻孵化基地的社会组织46个，出壳46个。取缔非法社会组织5家。同时确定第二批与行政机关脱钩任务数，市本级68家、双峰县17家、涟源市8家、冷水江市3家、娄星区4家、新化县16家。

第二节 婚姻登记管理

1990年，婚姻登记由乡镇办理。1991年，地区民政局转发省民政厅《关于婚前检查问题的通知》，强制婚前健康检查仅限于麻风病和性病患者，未经批准不得擅自扩大婚前检查项目和乱收费，不得作为婚姻登记条件之一。

1994年1月起，全地区婚姻登记统一归口由乡镇（街道）办事处民政办公室负责，严禁各地借婚姻登记搭车收费，重点纠正利用婚姻登记销售福利彩票、纪念品和乱开口子收费。1997年，地区民政、公安、工商等部门联合对辖区内135家婚姻中介机构进行清理整顿，完善审批和年检机制，同时，停止乡镇登记制度，改由县（市）民政局集中登记，在地区和县市民政局设立婚姻登记处，配备专职婚姻登记员48人。婚姻登记只收工本费9元，搭车收费得到遏制。

2003年，全市启用新版婚姻登记证书。2004年，全市投入婚姻登记场所硬件建设资金2450余万元，内设候登室、结婚登记室、离婚登记室、颁证大厅和档案室。并配备复印机、传真机、扫描仪、计算机和身份证阅读器等，进一步规范婚姻登记程序及行为准则和礼仪等。冷水江市、娄星区婚姻登记处被评为全省婚姻登记先进单位。2006年，娄星区婚姻登记处被民政部命名为全国婚姻登记规范化建设窗口单位，市民政局婚姻登记员刘爱芳授予“全国优秀婚姻登记员”称号。2015年，市民政局转发省民政厅《关于规范婚姻登记工作的通知》，重申未到法定结婚年龄的、非双方自愿的、双方或一方有配偶的、属于直系血亲或者三代以内旁系血亲的、患有医学上认为不应当结婚疾病的，婚姻登记处不予登记。不承认未经登记的其他形式或宗教仪式的婚姻关系。同时，对香港、澳门、台湾同胞及华侨与内地公民结婚的，须凭相关证明资讯，经娄底市婚姻登记处审核，方可办理婚姻登记手续。

2016年，全市婚姻登记导入全省婚姻信息网络，为群众婚姻登记提供快捷服务。是年，全市联网全国婚姻登记平台，实时将市、县（市、区）婚姻登记数据导入全国婚姻登记网数据库，杜绝骗婚、重婚、假结婚等违法行为。2017年4月1日，停收婚姻登记费，实行20多年的婚姻登记收费制度终结。

1990—2017年，全市累计办理结婚登记67.01万对，补办结婚证4.35万对，离婚登记10.54万对，补发离婚证4694对，补录历史数据1.28万对，调解无效移交法院处理的2011对。香港、澳门同胞在市民政局办理结婚登记1391对，离婚登记125对。登记程序零差错。

第三节　殡葬改革

1990年起，娄底市、新化县推行火葬。1993年，地区将公墓划分为经营性和公益性两种，成立地区殡葬改革办公室（正科级），配备管理人员3人，统一指导县、市殡葬事业发展。是年，娄底市、新化县火葬场改为殡仪馆。1997年6月，冷水江市投入资金2500万元，建成1040平方米的殡仪馆。1999年，市政府投入殡葬基础设施建设费400万元，对市殡仪馆改造升级。修建公益性公墓山6处，占地2.7万平方米，基本实现火化、吊唁、公墓公益殡葬服务一体化。2002年，市政府引进资金2400万元，在娄星区万宝镇新坪村修建民营性公墓“金宝灵塔园”，占地50公顷，成型墓穴5.6万平方米。

2003年3月1日，市政府颁布《娄底市殡葬管理办法》，规定中心城区公民死亡后，应在殡仪馆或由民政部门指定场所举行吊唁活动，禁止占道搭棚办理丧事，禁止在出殡沿途燃放鞭炮和抛撒冥纸、冥钞。2004年8月，市殡葬改革办公室升格为市殡葬管理处，为副处级事业单位，核定编制6名。2005年，双峰县投入资金1000余万元，建成集火化、悼念厅、公墓山于一体的殡仪馆。县政府出台《殡葬管理暂行办法》，成立由公安、纪检、国土、卫生等8部门参加的执法大队，发放宣传资料2.1万余份，并作为“三个文明”建设考核内容，全县火葬率逐年上升，结束遗体外运火葬的历史。是年，涟源市启动殡仪馆建成，设悼念厅、火化炉2座，成型墓穴2500个。2008年，双峰县出台《殡葬管理实施细则》，规定城乡公民死亡后一律实行火葬，所有干部职工必须签订去世后自愿实行遗体火葬声明书。2013年11月，涟源市出台《城乡居民基本殡葬服务保障暂行办法》，规定全市非农业人口死亡后实行火葬，逐步推进所有公民死亡后实行火葬，并投入殡改资金1800余万元，征地10公顷，新建殡仪馆和公墓山，对违犯殡葬管理的人和事实行“一票否决”。

2010年8月1日，市政府修订《娄底市殡葬管理办法》，规定娄底中心城区为强制火葬区，在强制火葬区内，人员死亡后一律实行火葬，非强制火葬区的公民在强制火葬区内死亡的必须就地火葬。2010—2012年，殡葬执法处理违规事件134起，制止违规土葬12起，劝阻骨灰装棺土葬14起，制止遗体从火化区外运34起，通报问责2起。2013年，冷水江市投入殡改资金5000余万元，新建火化炉2台，悼念厅3个，冷冻冷藏设备6台，建设1万个安葬格位骨灰堂，修建2800平方米公墓山，实现骨灰永久性壁葬，被民政部授予全国殡葬改革示范单位。

2015年8月31日，市政府出台《娄底市中心城区居民基本殡葬服务保障办法》，规定中心城区常住居民死亡后，免除遗体接运费、火化费、抬尸费、遗体冷藏费四项费用，在合法经营的公墓、陵园内购买墓穴8000元以下的减免20%，在市殡仪馆或民政部门规定场所使用吊唁厅的减免费用500元，对实行树葬、草坪葬、花葬、撒散等绿色生态葬的除享受上述减免费外，另给每例奖励2000元。

2017年，全市火化遗体3402具，比上年增加162具。在殡仪馆内办理丧事1305场，比上年增加140场。全市生态葬率63%，同时举办“首届节地生态葬”活动，免费提供节地墓穴140个，为群众节省费用634万元，娄底市殡葬管理处处长毛东红被评为“全国殡葬工作先进个人”。

第四节 收容遣送与社会救助

1990年，全地区收容遣送站收容遣送各类人员1016人，其中流浪乞讨人员227人，被遗弃拐卖人员114人，逃学和离家出走人员175人，到城市务工无身份证、暂住证、务工证的人员（简称“无三证”人员）384人，其他人员116人。1995年5月起，地、县（市）收容遣送站对不属于社会救助遣送对象及家属收取食宿费、遣送费、城市增容费。是年，收容遣送各类人员608人，其中“无三证”人员256人次，流浪乞讨人员228人，其他各类人员124人次。1996年，全国人大废止收容审查制度。在经费短缺情况下，有的地方向被收容人员收取500～800元遣送费，其中涟源市收容遣送站以创收为名，对进入城市的1万多名务工人员收取各种费用320万元，受到省市民政部门通报批评，有关责任人受到法律制裁。

2003年8月，国务院颁布《城市生活无着落流浪乞讨人员救助管理办法》，同时废止收容遣送制度。全年救助各类人员1548人，其中流浪人员337人，自愿救助566人，其他各类人员645人。2005年11月9日，市政府颁布《关于加强城市生活无助的流浪乞讨人员救助管理工作的意见》，市收容遣送站更名市救助管理站，升格为副处级事业单位，核定事业编制32名，内设6个科室，为市民政局下属二级机构。5个县（市、区）收容遣送站同时更名为救助站，配备工作人员78人，并对原有设施进行改扩建，拆除铁窗、铁门、铁栅栏杆、水泥大通铺和监管式监房，新建食堂、宿舍、卫生间、娱乐室、教育室和办公楼，完成建筑面积1794平方米，对站内道路进行硬化、绿化、亮化，实行人性化管理。2009年6月18日，市救助管理站加挂娄底市流浪未成年人救助保护中心牌子，增设儿保科。全年救助各类人员4321人，其中流浪人员207人，自愿救助866人，贫困留守未成年人1565人，其他各类人员1639人。2012年，市救助管理站评定为国家二级救助管理机构。

2015年，市政府出台《娄底市未成年人社会保护工作实施方案》，全市有困境儿童2626人，其中孤儿244人、患重大疾病儿童27人、残疾儿童166人、服刑人员子女89人、失学儿童17人、生活无助儿童2083人，上述人员全部纳入救助范围。2016年，娄底市未成年人社会保护中心扩建工程完成，占地1公顷，建筑面积3590平方米，总投资1180万元。是年，《娄底市加强农村留守儿童关爱保护工作实施方案》施行，全市建成农村留守儿童之家230家，配备工作人员460人，并为87名长期滞留人员办理集体户口，享受娄底市居民基本医疗保险和特困人员救助供养政策，成为全省第一家为滞留人员办理集体户口的管理单位。

2017年，市救助管理站救助4748人次，其中留守儿童1633人，护送到家873人，在娄底中转564人，由亲属带回家839人，流浪乞讨人员484人，走失老人118人，自愿到站救助237人。

第五节 儿童收养管理

一、国内公民收养

1990年，娄底地区儿童收养处于无登记状态。1992年4月1日起，县（市）民政部门负责国内儿童收养登记，涉港、澳、台和华侨的儿童收养业务由地区民政局办理登记，涉外儿童收养由省民政厅办理登记。1993年，新化县、娄底市建成儿童福利院，各占地1.5公顷，投入建设资金22.4万余元，建筑面积2600平方米，设置床位120张，配备管理人员17人。共接收孤残儿童120名，其中孤儿47名，残疾弃婴73名。

1999年，全市民政部门利用报刊、广播、电视等新闻媒体，采取多种形式宣传《中华人民共和国收养法》，增强公民依法收养的自觉性和法律意识。2003年7月，贯彻省民政厅《关于进一步加强社会福利院接收、养育和安置弃婴工作的通知》，规范儿童收养工作的程序和政策。2007年，全市启用新式《收养登记证书》，对公民收养儿童发放“收养登记证书”。2008年，贯彻民政部、公安部等5部门《关于解决公民私自收养子女有关问题通知》，妥善解决未经登记私自收养子女的问题。2011年，市民政局、财政局下发《关于做好孤儿基本生活费发放工作的通知》，对福利机构收养的孤儿养育标准为每人每月1000元，对散居孤儿每人每月600元，年发放养育金70余万元。2016年，根据省民政厅《关于推进儿童福利机构转型发展意见》，原由县（市、区）集中供养的18周岁以上的78名孤残对象，全部由市福利院接收集中供养。

截至2017年、全市福利院配备工作人员28人，集中供养孤残儿童150名，散居孤残儿童1752人，年下发抚养资金4800余万元。累计接待社会爱心团体266批次，接待献爱心人士7600多人次，接收捐赠物资和现金20余万元。市福利院院长李力量获“全国三八红旗手”称号。

二、涉外儿童收养

1992年起，外国人可以依法在中国收养儿童，娄底地区成为涉外儿童送出地之一。新化县儿童福利院、娄底市儿童福利院为涉外儿童定点送养机构。2005年，市民政局规定：凡送养涉外儿童，必须在30天内在市、县（市、区）以上报刊发布“寻亲公告”，60天内无人认领，经市民政局签署意见方能涉外送养，防止被拐卖、走失儿童误送国外，从源头上保证涉外收养工作的合法性。

1992—2017年，全市累计送养涉外儿童2580人，涉外送养国涉及美国、加拿大、爱尔兰、澳大利亚、新西兰、西班牙等15个国家。送养儿童一律姓“娄”，存档备案永久保存。送养出境儿童，符合收养家庭对孩子的性别及年龄要求，98%以上为女童。涉外儿童在送养国健康成长，其中有25批次在抚养父母陪同下，到娄底回访。

第五章　社会福利

第一节　老年人社会福利

1990年，全地区60岁以上老年人43.57万人，占总人口的10.5%，是年，地区民政局成立社会福利科，县、市民政局成立社会福利股，配备工作人员13人，负责老年人事业、福利院、光荣院、敬老院、社区福利项目建设管理、残疾人福利事业及城市“三无”老年人救助等业务。1992年，地区第一家老年人公寓新化县老年公寓开业，投入资金220万元，建筑面积3100平方米，设置床位120张，入住老人77名。至1998年，地、县（市）各类公办老年人服务中心84个，其中敬老院51所，老年人公寓14所，光荣院4所，军干所5所，残疾人康复中心10所，社会力量兴办各类社区服务点1037个，老年人卫生保健站105个，从业人员1.57万人。

2001年10月，市老龄委员会（简称老龄委，副处级）由市劳动局整体移交市民政局管理。2010年10月，市委办下发《关于进一步加强老年人优待工作的意见》，60岁以上老年人看病优先，65周岁以上老年人免费乘坐市内公交车，享受各类文化设施服务费减半，70周岁以上全免。建立高龄生活补贴制度，对80～89岁老年人每人每月发放生活补助费50元，90～99岁老年人每人每月发放100元，100岁以上老年人每人每月发放200元。

2014年7月起，市老龄委联合市人寿保险公司，开辟老年人意外伤害保险业务，明确55～80周岁女性老年人和60～80周岁的男性老年人为参保对象，参保费30元/份/年；对五保老人、城市“三无”老人，重点优抚对象和失独老年人（失去独生子女的老年人）投保，所需保险费由当地财政支付。2015年，贯彻市政府《关于政府购买社会工作服务的指导意见》，组织志愿者开展寻找抗战老兵活动，全市寻找到幸存抗战老兵91名。市民政局给这些抗战老兵每人每月发放生活补助金600元，年发放经费65.52万元。

2017年，全市60岁以上老年人70.72万人，占总人口的15.4%。其中65岁以上的45.45万人，占老年人口的65%。80岁以上的8.5万人，占12%。90岁以上的1.32万人，占1.87%。百岁以上老人189人，占0.05%。新建社区日照中心30个，改扩建敬老院81所，新增床位1250张，各类养老机构128家，新增床位2.45万张，每1000名老年人拥有床位36.2张。完成养老产业固定投资158亿元，产业总收入10亿元，逐步形成以居家养老为基础、社会服务为依托，养老机构为补充的社会福利服务体系。全市基本养老服务覆盖率70%，每1000名老年人养老床位拥有率居全省中等水平。

第二节 残疾人社会福利

1990年，全地区建卡办理残疾人证6.7万人，持证残疾人经营个体企业享受减免税金和教育附加费等470余万元，农村残疾人减免义务工9.87万个，4200多名残疾人得到民政部门临时救济，年发放救济款47万余元。1992年，娄底聋哑学校建成招生。1993年，设立居委会残疾人服务站31个、康复站13个、聋哑儿童言语培训班16个、弱智儿童培训班9个，完成白内障复明手术3711例，小儿麻痹症后遗症矫治手术966例。1995年，启动“微笑列车”项目，为全地区300名唇腭裂残疾人患者免费手术，同时，对40名1～14岁先天性心脏病患者免费手术。1997年，地区民政局、地区财政局联合行文，扶持500户贫困残疾人维修或新建住房，每户补助资金1万元，下拨专项建房补助资金500万元。

2002年，根据省政府《关于加快实现社会福利社会化的通知》，市政府明确将社会福利企业与落实残疾人养老保险、失业保险、医疗保险和最低工资等与福利待遇挂钩，确保残疾职工的基本权益落到实处。全市有社会福利企业81家，其中市直1家，娄星区24家，涟源市17家，冷水江市15家，新化县16家，双峰县8家。福利企业固定资产2.62亿元，年产值25亿元，年上交税款1.28亿元，企业职工总人数3850人，其中残疾职工2280人，残疾职工年人均工资1.35万元。2003年6月26日，市政府印发《娄底市扶助残疾人暂行规定》，出台6项扶助残疾人政策：接受义务教育的残疾学生和残疾人子女免收学杂费，适当放宽助学金、奖学金条件；残疾人从事摊点经营的，减半收取道路占用费、卫生费；鼓励兴办残疾人福利企业，安排残疾人达到职工总数35%以上的个体私营企业，享受福利企业有关优惠待遇；盲人按摩人员达到60%以上的，享受国家优惠税收政策；机关企事业单位按职工总人数的1.5%比例安排残疾职工就业，乡村企业按职工总人数的2%比例安排就业；社会福利彩票公益金提取20%用于发展残疾人康复、教育和福利等事业。同时还规定，残疾人优先享有经济适用房和廉租房政策。全市3.76万名残疾人家庭及子女受益。

2011年，市委、市政府下发《关于进一步保障和改善民生的意见》，加大对残疾人扶持力度，建设残疾人康复中心，对250名0～6岁贫困残疾儿童免费实行抢救性康复，为老年人免费完成白内障复明手术3150例，免费发放残疾辅助器具5000件，开发公益性岗位，帮助残疾人就业，城市道路实施无障碍建设等。2014年12月，市政府下发《关于进一步加强失能特困人员供养工作的意见》，对农村失能五保户每人每月发放300元生活照料补助费，城市“三无”对象每人每月发放500元生活照料费。敬老院工作经费按集中供养人数每人每月不低于1000元，失能人员按每人每年不低于3000元标准安排。乡镇、村、社区是农村失能对象服务主体，对所有失能人员100%建立电子档案，100%明确照料方式，100%落实照料人，并签订责任状。

2015年，全市200余名律师利用“助残日”，受理1918件涉残案件，无偿为残疾人提供法律援助。2016年，市民政局、市财政局联合下发《关于建立困难残疾人生活补贴和重度残疾人护理补贴制度意见》，为全市3.12万名重度残疾人发放护理补贴金1869.42万元，为1.42万名困难残疾人发放生活补贴，每人每月50元，年发放补贴金853.38万元。

2017年，全市残疾人人数无增加，生活补助标准与金额与上年同。

第三节 革命老区扶贫开发

1990年6月，省委常委会议研究，省长办公会议决定，批准新化县、双峰县、冷水江市和涟源市为革命老区。8月，省革命老根据地经济开发促进会同意娄底地区设立革命老根据地经济开发促进会。1991年7月6日，行署下发《关于设立娄底地区革命老区建设工作办公室》通知。1997年7月，成立娄底地区革命老根据地经济开发促进会（简称老促会）。湖南三一集团和广西启东实业集团分别向老促会捐赠5万元和10万元，随后，5县（市）相继成立老促会。

1998—2000年，省财政厅、农业银行向娄底市下拨有偿资金175万元，无偿资金328万元，贴息贷款240万元，扶持娄底革命老区开发种植业、养殖业、加工业、采矿业，以及263个革命老区道路、饮水、用电和维修学校等基础设施项目。35万老区群众受益，3.64万人脱贫。

2007年6月，经省政府批准，娄星区被认定为革命老区。2010年，涟源市老促会编印《涟源革命英烈》1～2集5000册，修缮中共蓝田特别支部陈列室、卢天放烈士史料陈列室、开国上将李聚奎故居、大革命时期珠梅村农民协会会址，以及蓝田中学“党史墙”等一批革命史迹和旧址。2011年，双峰县录制《逐梦红土地》宣传片，宣传革命老区，并每年筹措资金100万元，为老区贫困群众送温暖。2012年，新化县修缮红二、六军团驻地旧址，并对全县282个老区基点村进行开发性保护，出版《寻路记》，再现新化革命老区史实。娄星区拍摄《革命老区的红色记忆》纪录片。冷水江市创办《冷水江革命老区》刊物，提升革命老区人民爱党爱国情怀。2016年，省、市财政先后下拨老区扶贫资金3736万元，扶持项目266个，实施种养业、社会保障、文化教育和危房改造等，对3400户老区群众的土坯房，一级危房户重建，60名孤儿获“授渔计划”，单列180万元资金，奖励152名考上大学的老区贫困学生。

2017年，市老促会15个成员单位，重点扶持双峰县杏子铺镇高光塅村、娄星区水洞底镇天堂村、新化县圳上镇山溪村3个老区贫困村开展精准扶贫。投入资金340余万元，举办培训班12期，组织3000多农民学习科技知识，进行道路硬化、饮水安全、农网改造、光伏发电等基础设施建设，使5600多人脱贫致富。市老促会获中国老促会颁发的革命老区“减贫贡献奖”。

第四节 社会福利彩票

1990年，娄底行署为筹集社会福利资金，兴办残疾人、老年人、孤儿和社会困难人群福利事业，开展福利彩票有奖募捐公益活动。地区民政局成立有奖募捐办公室（简称募办），加挂娄底地区社会福利有奖募捐办公室牌子，实行“一个机构、两块牌子”。募办为地区民政局直属事业单位，配备工作人员5人，实行企业化管理，自负盈亏。

至2008年，全市相继完善有奖募捐销售网络，市、县、乡三级均建立募捐机构，建立销售网点27个，从业人员490人，年平均销售福利彩票1427.3万元，累计销售彩票5.37亿元，筹集公益金6422.7万元。

2009年7月1日，贯彻国务院《中华人民共和国彩票管理条例》，明确彩票公益金使用范围为：资助老年人、残疾人、孤儿、流浪儿童等；维修和更新陈旧老化的社会福利设施；支助公众关注的，体现扶弱济困的公益事业、对低保对象重大疾病住院医疗保险列支等。按照公益金分成比例，上交省募办20%，市募办自留10%。所得彩票公益款，先后用于农村敬老院改扩建935.27万元，光荣院建设571.04万元，福利院建设485.4万元，社区老年人事业499.77万元，残疾人助学249.91万元，共投入公益金3140.94万元。

2000年，拨出彩票公益金，在全市范围启动“贫困母亲两癌救助”（宫颈癌、乳腺癌救助）项目。

对农村35～64周岁妇女进行免费检查，参检人数36万人，查出“两癌”患者1317人，救助455人，每人发放救助金1万元，计发468万元。

2011—2015年，全市福利彩票中奖在1000万元以上的大奖三起：2012年10月20日，娄星区涟滨东街59号4308923投注站，吕某某中双色球2注彩奖，中奖额1394万元。2013年2月21日，冷水江市同兴汽车站43085051投注站，一彩民中双色球2注，中奖1821万元。2015年10月15日，新化县迎宾路43083045投注站，李姓男子一张10元单式彩票中彩奖1000万元。

2017年，全市福利彩票投注站419家，其中市本级83家，娄星区58家，冷水江市72家，新化县87家，涟源市55家，双峰县64家。同时，新增快开游戏网点200家，对120家投注站完成“一体机”安装，对53家进行旗舰示范建设。

1990—2017年，全市累计销售福利彩票25.73亿元，其中市本级4.5亿元、娄星区5.94亿元、冷水江市5.55亿元、新化县3.62亿元、涟源市3.99亿元、双峰县2.13亿元，彩票发行工作跨入全省先进行列。

第五节　慈善事业

1995年，地区行署首次接收香港慈善家彭立珊100万元捐款，启动“复明10号”救助项目，为9800多名白内障患者免费施行复明手术，重见光明。

1998年5月15日，地区成立慈善办公室，系民政局正科级机构，配备工作人员3人。

1999年，冷水江市成立“扶贫助学基金会”，爱心人士陈响莲注入资金300万元，扶持1230名下岗职工再就业，并征地233公顷，创建“光彩事业农场”，安置残疾人100名，同时资助270名贫困学生升高中、上大学，其中李仲春考上清华大学，陈栋考上中国石油大学。冷水江市以陈响莲为原型，拍摄公益电影《仲春》，在中央电视台播放后，引起热烈反响。

2005年，娄星区花山街道铁西社区居委会将经常性捐助点延伸为“慈善超市”，居民随时可以把闲置的衣被、旧家电、油和米等捐赠到超市。至2007年，有320人来“慈善超市”做义工，服务时间960多个小时，捐款7100余元。社区居委会将“慈善超市”接收的款物及时发放给困难群众。市民政局力推铁西“慈善超市”举措后，各县（市、区）创办新型善举公益平台57家。

2010年6月24日，娄底市慈善总会成立，创始会员128名。会议通过《娄底市慈善总会章程》。成立大会当日，募集慈善创始基金1600万元，实际到位1345万元。2013年12月5日，娄底市“慈善志愿者协会”成立，组建33个分会，52个大队，72个服务分队，注册志愿者1.04万人。

2015—2017年，市慈善总会与国内外12家慈善基金会建立联系机制，引进善款1600余万元，打造主题慈善公益项目：启动“天天慈善一元捐”活动，募集善款338.24万元，并设立“大病医疗救助基金”，1.45万名城乡特困居民得到救助；实施“防灾减灾进万家”项目，投入援建资金363.42万元，发放救灾应急包1.5万个；启动“心爱阳光”救助项目，投放资金135万元，1000名精神病患者得到及时治疗；援建人畜饮水工程，投入资金608.09万元，帮助双峰县梓门桥镇株模潭村、涟源市金石镇岩岭村安装水管1.77万米，1686名村民和2800头牲畜饮上自来水；助行“爱心轮椅”项目，香港慈善家吴星可投入善款48万元，为300名重度残疾人每人购置一辆轮椅代步车；“新衣捐赠”项目，广东“凡客成品公司”捐赠4万件新衣，价值500万元，通过志愿者协会发放到困难群众手中；修建“老牛桥”项目，援建资金668.96万元，为10个村修建10座便民桥，使450名山区孩子安全过河上学；助力“阳光·希望”项目，援助资金1115.83万元，对每年初中升高中、考上大学二本以上贫困新生，每人援助3000～5000元。2017年，娄底市被评为中国六星级慈善城市，跻身全国公益慈善百强城市行列。

第六章 机 构

第一节 市级机构

1990年，地区民政局内设办公室、人事教育科、退伍军人接待安置办公室、优抚科、军队离退休干部安置办公室、社会行政事务科、基层政权建设科、救灾救济社会福利科，核定行政编制23名，事业编制11名。1991年6月，新增计划财务科、社团登记管理科、革命老区建设工作办公室、纪检监察室。1994年10月，地名委员会由建设委员会划归民政局，设立区划地名办公室，新增社会福利生产办公室。1999年8月，地区民政局更为娄底市民政局。

1995年，地区民政局内设办公室（加挂社团管理科牌子）、人事教育科、优抚科、安置办（保留地区退伍办、军队离退休办牌子）、救灾救济社会福利科、社会事务科、基层政权建设科、计划财务科、区划地名办公室。

2000年6月，市民政局整体接收娄星区管辖的军队离退休干部休养所、军供站、殡仪馆和社会福利院。2002年8月，市城乡社会救助保障管理局成立，为副处级参照公务员管理单位。2003年，市殡葬管理办公室更名市殡葬管理处，为副处级参照公务员管理单位。市军干所、市救助管理站升格为副处级单位。市婚姻介绍所更名为市婚姻管理服务中心。

2017年12月，市民政局内设办公室、计划财务部、人事科、优抚科、安置科、救灾救济科、社会事务科、民间组织管理科、殡葬管理处、城乡居民最低生活保障管理处、婚姻服务中心，行政编制28名，事业编制15名。下辖市救助管理站、市军干所、市社会福利院、市军供站、市军队离退休服务管理总站、市慈善管理办公室、市福利彩票发行中心、市殡仪馆、市低保工作管理处、市福利厂、市烈士纪念陵园、市居民家庭经济状况核对中心等二级机构。

第二节 县（市、区）机构

2017年底，娄星区民政局内设机构11个，下属单位10个，干部职工73人。辖6个街道、4个镇、1个乡共11个民政所，配备工作人员43人。

冷水江市民政局内设机构12个，下属单位12个，干部职工148人。辖10个乡镇（街道）民政所，配备工作人员26人。

涟源市民政局内设机构12个，下属机构11个，干部职工141人。辖20个乡镇（街道）民政所，配备工作人员123人。

双峰县民政局内设机构12个，下辖直属单位11个，配备工作人员108人。辖16个乡镇（街道）民政所，配备工作人员80人。

新化县民政局内设机构12个，下属单位13个，配备工作人员188人，辖30个乡镇（街道）民政所，配备工作人员70人。

市经开区社保局配备民政工作人员4人，辖大埠桥街道、涟滨街道2个民政所，配备工作人员4人。

第十七篇

编制　人事

概 述

1990年始，娄底地区有计划地从乡镇聘用干部和城镇待业“五大”毕业生中录用国家干部。1991年，地区人事局开始有计划地从优秀工人、农民、乡镇企业家中吸收录用国家干部，从民办教师中录用国家教师。

1992年，地区启动人事计划管理工作，按核定人员编制，规范党政机关和事业单位增人途径和程序，遏制机关事业单位人员过快增长。行署下发《关于行政机关、事业单位创办经济实体的暂行规定》，行政事业单位均可创办经济实体。1993年，地区机构改革领导小组下发《关于认真做好临时机构清理和乡镇编外集体人员清退工作的通知》，清理临时机构，清退在区、乡、镇机关和各站、所、办的编外集体人员。全区废除机关以职务工资为主的结构工资制，实行职级工资制度。事业单位收入分配与国家机关的工资制度脱钩，建立不同类型、不同行业的分类工资制度。其中，管理人员实行职务职级等级工资制，技术工人实行技术等级工资制，普通工人实行等级工资制。全额拨款、差额拨款和自收自支三种不同类型的事业单位，实行不同的工资管理办法。

1994年，全地区各级机关开始实施国家公务员制度。地直工业经济管理局成建制转为经济实体。1995年，全地区启动区、乡（镇）机构改革，198个乡镇（街道）撤并为92个乡镇（街道），撤销全部区公所。1996年，停止从工人、农民和乡镇聘用干部中录用国家干部，县以上行政机关国家公务员制度入轨运行。1997年，331个单位纳入首批公务员制度实施范围，6314名干部过渡为国家公务员。地直党政机关分流安置491人，清退临时借调人员84人。县（市）党政群一级机构清退284人。

1999年，娄底撤地设市由省直辖。是年，终止直接从高校选调优秀毕业生到机关工作。全市分流党政机关人员2360人，清退临时雇用人员7189人。2000年，市委下发《关于做好人才智力引进和人才储备工作的意见》，完善人才评价机制，培养学术技术带头人和后备人选以及“121跨世纪人才”，专业技术人员职务评、聘分开。2001年，市委、市政府印发《娄底市政府机构改革人员定岗实施意见》《娄底市市县（市、区）机构改革人员定岗实施意见》。各级机关、群众团体以及具有行政管理职能的事业单位进人“凡进必考”。全市启动新一轮党政群机构改革。85个单位2462人参加竞争上岗，162个单位轮换中层骨干1780人。乡镇（街道）分流2705人，清退临时雇用人员5274人。军队转业干部安置实行自主择业政策。2002年，市外国专家局成立，启动引进外资项目和外国专家工作。2003年，全市完成中小学教师核编工作。2004年，市委、市政府落实省委、省政府决定，成立为人民群众办8件实事领导小组和考核办公室，出台考核奖惩办法，对公务员实施年度绩效考核。市、县（市、区）两级成立企业军队转业干部工作小组，负责企业军队转业干部解困和稳定工作。政府每年将企业军队转业干部纳入解困范围的人员给予生活困难补助。在乡村干部中开展“一人学一技”“一人扶一户”“一户培训一人”活动。事业单位实行聘用制合同管理。

2005年，全市启动以深化行政管理体制改革为主要内容的县（市、区）政府机构改革。按照“精简、统一、效能”的原则，重新界定各单位职能，撤销8个行业办公室。2006年，贯彻执行《国家公务员法》，原参照管理机关纳入公务员法实施范围，具有行政管理职能的事业单位纳入参照《国家公务员法》管理范围。全市推进公务员工资制度改革，实行职务与级别相结合的工资制度。事业单位建立岗位绩效工资制度，实行机构编制集中统一领导和“一支笔”审批制度。

2007年，市、县（市、区）党委、政府、人大、政协、检察、审判、民主党派及乡镇和群团组织七类机关427家单位完成公务员登记审批，登记公务员10451人，参照公务员法管理的机关工作人员3624人，提前离岗登记1079人，暂缓登记120人，不予登记644人。全市实施公务员规范性津贴补贴制度改革，公务员规范性津贴、补贴分为工作性津贴和生活性补贴两大类，工作性津贴占40%，生活性补贴占60%。离退休人员的津补贴归并为离退休人员生活补贴一项。2008年，在全市专业技术人员中开展科技创新和创新能力培养及“知识产权战略”公需科目继续教育。2009年，全市义务教育学校实施事业单位绩效工资。市委、市政府将落实省委、省政府绩效评估指标考核结果与市目标管理量化考核体系挂钩。

2010年，全市启动新一轮政府机构改革。核定乡镇（街道）行政事业单位编制，其中行政编制3012名，选拔生专项编制80名，财政所编制550名，后勤服务编制190名，事业编制4676名。1市人力资源和社会保障局（以下简称市人社局）在全国率先实行以考试考核相结合的方式安置营以下军队转业干部。2011年，市委组织部、市人社局等9家单位启动高校毕业生到农村基层从事支教、支农、支医和扶贫工作。事业单位依照按需设岗、竞聘上岗、按岗聘用、合同管理的原则，实行岗位管理，按岗位类别和层级实行全员聘用合同制。公务员转入日常登记管理。2012年，市委、市政府下发《关于印发娄底市结合绩效评估和为民办实事考核做好公务员考核工作实施方案的通知》，将纪委、党委工作机构、人大常委会工作机构及专门委员会、政协工作机构及专业委员会纳入绩效评估范围，与政府机构一并考核，实现党委、政府、人大、政协绩效评估全覆盖。全市开展清理“吃空饷”工作，核查单位3708个，清出“吃空饷”单位254个，人员600名，涉及金额980.43万元。启动机构编制实名制管理，建立完善机构编制综合管理信息系统数据库，对全市机构编制实行总量控制和年度计划管理，实现财政供养人员只减不增，人员进出平衡，发挥编制使用效益最大化。

2014年，市委组织部、市人社局、市编办等6家单位联合下发《关于查处超编进人、超职数配备领导干部、超范围分设党政职务、随意按年龄划线调整干部、违反规定程序进人、违规长期借调人员、领导干部调动违规带人带车带资金进入新单位、违规配备秘书、调动工作不转工资关系等问题专项整治工作方案》，对766名超编人员提出整改消化方案，限时整改。市、县两级人力资源市场整合，910家单位实行人事代理，代理总数27368人。市委组织部、市人社局下发《娄底市事业单位公开招聘人员实施细则》，规范全市事业单位公开招聘制度，实现事业单位公开招聘全覆盖。调整机关工作人员基本工资标准，将部分规范性补贴纳入基本工资，将调整工资标准和养老保险改革及优化工资结构相结合，人均每月增加基本工资1200元。调整事业单位工作人员基本工资标准，并将部分绩效工资纳入基本工资。启动养老保险制度改革，退休人员养老金实行新办法，根据缴费年限与缴费基数确定，并设10年过渡期。市委办、市政府办下发《娄底市市级议事协调机构管理办法》，市委议事协调机构保留58个，合并或更名31个，撤销92个，改由市政府设置32个。市政府议事协调机构保留106个，暂时保留25个，合并21个，撤销253个。

2015年，市委、市政府印发《娄底市人民政府职能转变和机构改革方案的实施意见》，以职能转变、简政放权为核心的新一轮政府机构改革启动。市编委对行政事业单位开展机构编制审计工作。市人才流动服务中心、市湘中人才市场、市职业介绍服务中心整合组建市人力资源流动服务中心。2016年，县以下机关开始实行公务员职务职级制度。市直386个事业单位基本明确类别，其中划入行政类事业单位20个，公益一类事业单位257个，公益二类事业单位33个，经营类事业单位24个，暂缓分类的18个，暂不纳入分类范围的34个。

2017年，市人社局给21位在娄外国专家发放医疗保障“绿卡”。市委办、市政府办下发《娄底市正向激励实施办法（试行）》，以绩效评估、全市重点工作考核结果为主要依据，提高绩效评估奖金标准，其他未纳入绩效评估范围的独立核算的全额拨款事业单位按规定标准发放。全市完成纪委派驻体制改革工作，市本级设立22个副处级派驻纪检组。全市公务员面试全部实行异地考官制度，笔试面试命题选择异地第三方机构承担。是年末，全市行政编制总数14438名，在职15630人。工勤编制1033名，在职1629人。各类事业单位2045家，完成岗位设置的1420家。市直事业单位岗位设置覆盖面95%以上，县（市、区）直事业单位岗位设置覆盖面90%以上。2012—2017年，全市事业单位核准公开招聘计划5006个，公开招聘入编4859人。举办人才招聘会960场次，登记求职43268人次，促成17708人就业。引进各类人才403人。

第一章　机构编制管理

第一节　机构设置与改革

1990年，娄底地区辖2县3市198个乡镇（街道）。地、县（市）两级设置党政群机构483个。其中地区本级81个，含地委工作机构18个，行署工作部门36个，地区事业管理机构9个，其他机构13个，地区直属公司5个。属国务院或省垂直领导的机构13个。县（市）级党政群机构402个。1991年5月，地区交通警察支队升格为副处级，7月，行署驻长沙办事处为正处级机构。

1992年6月，行署出台《关于行政、事业单位创办经济实体的暂行规定》，规定凡具备条件的行政事业单位均可创办经济实体。全地区行政、事业单位创办各类经济实体506家。地区设立经济建设投资公司，为副处级全民事业单位。

1993年2月，地区国有资产管理办公室更名为地区国有资产管理局，为副处级机构，归口地区财政局管理。娄底信托投资股份有限公司升格为副处级单位。中国国际贸易促进委员会娄底支会（中国国际商会娄底商会）定为正处级单位。地区劳改大队改名为地区劳改支队，升格为副处级单位。娄底第一中学升格为副处级单位。地区多种经营办公室恢复，为副处级机构，归口地区农委管理。地区煤炭公司升格为中型二级（副处级）企业。地区经济研究室分设为地区经济体制改革委员会和地区经济研究室。民族事务委员会和宗教事务办公室两块牌子、一套人员，为副处级机构，归口行署办公室管理。地区工商业联合会设立，归口地委统战部管理。8月，交通管理体制改革，地、县（市）交通局（双峰县除外）改为交通委员会，分别直属行署和县（市）人民政府领导。地区县乡公路管理处、地区交通规划勘察设计院与地区公路总段机关合并，组建地区公路管理局，为正处级事业单位。10月，《娄底工作》杂志社定为正处级全民事业单位。娄底有线电视台升格为副处级单位。11月，行署驻北京办事处设立，为正处级单位。行署驻广州、深圳、上海联络处改名为办事处，升格为正处级单位。新设立的行署驻珠海、昆明、北海联络处，均为副处级单位。行署驻海口联络处恢复，为副处级单位。地区住房制度改革办公室成立，为副处级单位，归口地区经济体制改革委员会。

1994年5月，地直党政群机关（不含纪委、直工委、税务以及人大、政协的内设处室）有正副处级单位89个，其中地委工作部门12个，行署工作部门61个，群团组织7个，公检法司系统9个。7月，省委、省政府下发《关于娄底地区党政机构改革方案的通知》，地委办公室、行署办公室发出《关于印发〈娄底地区地直机关机构改革“三定”工作的实施意见〉的通知》，实施自改革开放后第三次地直机关机构改革。设地委工作部门9个，行署工作部门33个，按党章宪法规定设立的机构4个，群团机构9个。娄底市、冷水江市、涟源市、新化县、双峰县党政机构限额均为37个。是年11月，在总结双峰县1986年乡镇机构改革经验的基础上，以简政放权、健全乡镇政府职能、加强基层政权建设和完善农村社会化服务体系为主要内容对乡镇机构实施改革。1995年2月，地委办公室印发《关于下发〈娄底地区乡镇职能配置、机构设置和编制配备试行方案〉的通知》。3月，地区机构编制委员会（以下简称地区编委）下发《关于〈娄底地区乡镇职能配置、机构设置和编制配备试行方案〉有关问题的实施意见》

《关于加强乡镇机构编制管理的意见》，分类核定人员编制，强化异动管理，规定人员异动在编内按程序办理。全地区198个乡镇（街道）撤并为92个，撤销全部县辖区公所。1995年5月，地委办公室印发《关于地直工业经济管理局转为经济实体有关问题的处理意见》。地直工业经济管理局成建制转为经济实体，转体后不再保留行政职能。地区医药局转体后组建成跨县（市）的医药集团有限公司。地区工贸开发总公司依托地区铁合金厂组建有限责任公司。地区轻纺局、二轻局、冶金机械电子局、化工局、建材局转体后，分别更名为地区轻纺工业总公司、二轻工业总公司、冶金机械和电子工业总公司、化学工业总公司、建材工业总公司，并分别设立行业管理办公室，对全地区本系统实行行业管理，负责直属企业资产经营管理。地区广播电视、体育、农机、档案和机关事务等行政职能单一的部门分别转为地委、行署的直辖事业单位。

1994年娄底地区党政群机构设置一览表

表17-1

部门分类	机构数量(个)	机构名称
地委工作机构	9	纪律检查委员会机关、办公室、组织部、宣传部、统战部、政策研究室、政法委员会(综合治理办)、直属机关工作委员会、机构编制委员会办公室
按宪法规定设置的机构	4	人大常委会机关、政协机关、中级人民法院、人民检察院
行署工作机构	33	办公室、计划物价委员会、经济委员会、经济体制改革委员会、教育委员会、科学技术委员会、建设委员会、对外经济贸易委员会、农村工作办公室(地委农村工作部)、财贸工作办公室、公安处、司法局、民政局、财政局、人事局、劳动局、交通局、农业局、林业局、水利水电局、乡镇企业局、审计局、统计局、工商行政管理局、国土管理局、文化局、卫生局、计划生育局、监察局、地方税务局、粮食局、环境保护局、煤炭工业局
群团机构	9	工会、团委、妇联、科协、文联、工商联、侨联、残联、贸促会(商会)

1996年3月，地区粮油贸易总公司更名为地区粮食总公司，为副处级事业单位。5月，地区机关事务管理委员会办公室设立，为正处级事业单位。娄底外资工业区管理委员会与娄底市经济技术开发区管委会合署办公，“一个机构、两块牌子”。

1997年5月，湘中商业大厦、泰隆实业有限公司分别为副处级经济实体。地区残联调整为副处级社团机构。地区安全生产委员会办公室、地区爱国卫生运动委员会办公室调整为副处级机构。地区移民开发办公室调整为副处级事业单位。地区中级人民法院司法警察支队定为副处级机构。地区社科联、侨联为正处级社团机构。7月，娄涟公路建设有限责任公司定为处级全民事业单位。地区文明单位建设领导小组办公室更名为地区精神文明建设指导委员会办公室，为副处级机构，归口地委宣传部管理。8月，地区确定省无线电管理委员会办公室娄底地区管理处为副处级机构。11月，撤销省检察院娄底分院税务监察局，其涉税案件侦查职能全部调整给同级公安机关。地区交通规费征稽管理体制调整，人员编制仍由省编办和交通部门控制，人事和财务由地区交通局管理，事权范围按规费征稽目标管理考核指标划分。县（市）征稽所的领导班子由地区交通局管理。

1997年末，全地区党政群机构精简28.3%，人员精简30%，实现“转变职能、理顺关系、精兵简政、提高效率”的目标。地直党政部门确定职能485项，转移和下放及弱化职能112项，强化宏观管理职能85项，理顺交叉职能23项。各县（市）撤销“委”一级管理层次，改委为局。市委不设与政府对口的工作机构。地直党政群机构由418个精简到353个。1998年7月，地区广播电视局与地区广播电视中心实行“两块牌子、一套人员”，合署办公。娄底电视台、娄底有线广播电视台、娄底人民广播电台（筹）、娄底广播电视报社合并组建娄底广播电视中心。1999年，工商行政管理部门由地方管理实行省以下垂直管理。

1999年5月，地委撤地设市领导小组出台《关于批转〈娄底地区撤地设市工作实施方案〉的通知》。地委相继出台《关于娄底市和娄星区部分单位职能调整的通知》等配套文件，部署撤地设市工作。7月，原冠“中共娄底地委”的工作机构均改冠“中共娄底市委”名称。8月，原娄底地区群团机构改冠“娄底市”名称，原行署工作机构和直属单位改冠“娄底市”名称。9月，原娄底市党政群机构改冠娄底市娄星区名称。市政府组成机构23个：办公室、市计划委员会、市经济委员会、市经济体制改革委员会、市教育委员会、市科学技术委员会、市建设委员会、市对外经济贸易委员会、市公安局、市国家安全局、市司法局、市监察局、市审计局、市民政局、市财政局、市人事局、市劳动局、市交通局、市农业局、市林业局、市水利水电局、市文化局、市卫生局。是年，娄星区上划各级各类单位（不含区建委机关、乡镇国土所）87个。全市县以上党政群机关机构361个，事业机构4091个，其中：市直党政群机构66个，包括党委10个（含挂牌的农村部），政府工作机构42个（含工商、技监、国安、地税、药监），群团机构10个，议事协调机构5个，履行政府工作职能的事业局（中心、办）15个，人大、政协有各专门委员会及内设机构14个。市直事业机构281个，其中正处级事业机构27个，副处级事业机构39个。是年，撤销新化县瓷业集团公司处级行政级别、涟源市白水泥厂副处级行政级别和冷水江市耐火材料厂处级行政级别。停止执行冷水江市平板玻璃厂、娄底市彩色水泥厂、涟源冶金建材总厂的党政领导班子正职可以配备副处级干部待遇的规定。此后县（市、区）属企业取消行政级别和配备副处级干部。11月，市维稳办为市委政法委副处级内设机构。娄底市医疗保险管理处设立，承担的公费医疗管理职能，市体改委的医疗保险制度改革职能一并划归，为副处级全民事业单位，归口市劳动局管理。12月，市医药管理局和市卫生局药政科归并，以市医药管理局为主，组建市药品监督管理局，统一管理全市药品监督工作，承担药品生产流通监督职能，市卫生局承担的药政药检和中药监督职能，有关机构与人员编制划归市药品监督管理局。市医药管理局承担的市医药行业管理职能划归市经委。市药品监督管理局为市政府正处级工作机构，为主管药品监督的行政执法部门。2000年，市药品监督局调整为省药品监督管理局的直属机构。

2001年1月始，各县（市、区）劳动局不再行使锅炉压力容器、压力管道、电梯、防爆电器等特种设备的安全监察监督职能，其职能划归各县（市、区）质量技术监督局。各县（市、区）公路局人、财、物、事归市公路局直接管理，干部以市管为主，县（市、区）协管。2月，娄底公路桥梁建设总公司升格为副处级事业单位。3月，娄涟高等级公路管理处设立，为副处级事业单位。4月，市粮食批发中心成立，为副处级事业单位。市房地产管理局、市建筑工程管理处、市风景园林管理处（加挂城市绿化办公室牌子）、市环境卫生管理处设立，均为副处级事业单位。市城市建设管理监察支队成立，为副处级机构。市政建设工程局改制为企业化管理单位。9月，企业公安机构改革，设立娄底市公安局煤城、钢城、锡矿山3个分局。10月，市仲裁委员会秘书处设立，为正处级。12月，经省人民政府审批的原县级娄底市管辖的娄底市经济技术开发区上划到地级娄底市管理，其人、财、物、事一并上划。原地委、行署批准设立的外资工业区管理委员会撤销，其外资工业区并入娄底市经济技术开发区。娄底市经济技术开发区管理委员会成立，为市政府的派出机构，正处级单位。

2001年9月，根据《中共湖南省委、湖南省人民政府关于市县机构改革的意见》和《中共湖南省委、省人民政府关于娄底市机构改革方案的通知》，市委、市政府下发《关于娄底市党政群机构设置的通知》。本次机构改革，遵循党政机构不超限额、不转不增、依法依规和适度精简的原则设置，设置市委工作机构9个，市纪委工作机构1个，市政府工作部门33个，部办委管理机构2个，群团组织10个，承担行政管理职能的事业单位24个，按法律程序产生的机构4个，撤销市直物资、商业、轻纺、轻工、建材、化工、冶金机械、工业开发公司8个正处级行政性总公司和粮食、煤炭、粮贸3个经营兼管理型副处级总公司，其职能划入政府相关部门。副处级行业办由原来的7个合并设置为5个（物资、商业、轻纺轻工、建材、化工）。撤销市公用事业局、市经济信息中心、市地方志办公室、市冶金机械电子行业办、市农业广播学校、《娄底工作》杂志社6个事业机构。市建筑勘察设计院、市水利工程队、市路桥公司、市湘中公路桥梁建设公司等4家事业单位转制为企业。市军培中心降格为副处级。药品监督管理系统实行省以下垂直管理。10月，市委、市政府《关于市直机关机构改革职能调整机构撤并的实施意见》出台，撤销市体制改革委员会、市经济研究室、市财贸工作办公室、市政府农村工作办公室、市国有资产管理局（副处级）。市国土管理局与市地质矿产管理局合并组建市国土资源局。市信访工作领导小组办公室和市调处纠纷领导小组办公室合并组建市信访局（加挂市调处纠纷领导小组办公室的牌子），由市委办和市政府办共同管理，以市政府办管理为主。市民族宗教事务办并入市政府办，为市政府办内设机构。不再保留招商引资局。市绿委办与市森林城建设办合署办公。

2001年娄底市党政群机构设置一览表

表17-2

类别	机构个数	单位名称
市委工作机构	9	办公室、组织部、宣传部、统一战线工作部、政法委员会(市社会治安综合治理委员会办公室)、政策研究室、直属机关工作委员会、农村工作领导小组办公室、机构编制委员会办公室
中共娄底市纪律检查委员会	1	市纪律检查委员会机关,与市监察局合署办公
市政府工作机构	33	办公室、发展计划委员会、经济委员会、教育局、科学技术局、公安局、监察局、民政局、司法局、财政局、人事局、劳动和社会保障局、国土资源局、建设局、交通局、水利局、农业局、林业局、对外贸易经济合作局(加挂招商合作局牌子)、文化局(加挂新闻出版〈版权〉局的牌子)、卫生局、计划生育委员会、审计局、环境保护局、统计局、粮食局、乡镇企业局、物价局、旅游外事侨务局、规划局、城市管理局 市政府办事机构:法制办公室(与仲裁委员会秘书处合署办公) 市政府派出机构:娄底经济技术开发区管委会
部办委管理机构	2	老干局(组织部管理) 煤炭局(市经济委员会管理)
议事协调机构、办事机构	3	市信访局(加挂调处纠纷领导小组办公室的牌子,由市委办和市政府办共同管理,以市政府办管理为主) 市人民防空办公室 市委处理邪教问题领导小组办公室(市政府防范和处理邪教问题办公室,归口政法委)
群团机构	10	总工会、共青团娄底市委、妇女联合会、文学艺术界联合会、科学技术协会、工商业联合会、残疾人联合会、归国华侨侨眷联合会、社会科学界联合会(挂靠市委宣传部)、中国国际贸易促进委员会娄底支会(挂靠市对外贸易经济合作局)
承担行政管理职能的事业机构	24	市贸易工作办公室、市委党校(娄底市行政学院)、市社会主义学院(归口市委统战部)、市委市政府接待处、市委讲师团、市委党史资料征集办公室、市机关事务局、市体育局、市档案局、市公路管理局、市广播电视局(娄底广播电视中心)、市农业机械管理局、市畜牧水产局、市信息产业管理办公室、市蔬菜管理局(副处)、市知识产权局(副处,作为市科技局内设机构管理)、市房产局(副处)、市农村合作经济管理局(副处)、市供销合作社、娄底仲裁委员会秘书处(与市政府法制办公室合署办公)、市商业行业管理办公室(副处,按正处级配备干部,由市贸易办管理)、市物资行业管理办公室(副处,按正处级配备干部,由市贸易办管理)、市建材工业行业管理办公室(副处,按正处级配备干部,由市经委管理)、市化工行业管理办公室(副处,按正处级配备干部,由市经委管理)、市轻纺轻工工业行业管理办公室(副处,按正处级配备干部,由市经委管理)

续表17-2

类别	机构个数	单位名称
按法律程序产生的机构	4	市人大常委会机关及各委员会 政协娄底市委员会机关及各委员会 市人民检察院 市中级人民法院

2002年4月，市卫生防疫站、市职业病防治所、市健康教育所、市结核病防治所、市性病皮肤病防治所等5个单位撤销，组建市疾病预防控制中心、市卫生监督所，均为市卫生局副处级直属事业单位。5月，市低保工作管理处设立，为市民政局副处级事业机构。6月，市公安局煤城分局撤销，其职能并入市公安局娄星分局。7月，市老干部活动中心升格为副处级事业单位。8月，市住房公积金管理中心设立，为副处级事业单位。撤销娄涟高等级公路管理处。9月，市地方城市调查队和市地方企业调查队组建，均为副处级事业单位。12月，市体育学校升格为副处级事业机构。市国库集中支付核算中心设立，为副处级事业机构。

2003年6月，市安全生产监督管理局（加挂市安全生产委员会办公室牌子）设立，为正处级政府直属事业单位。7月，市项目投资全程代理服务中心设立，为市外经贸局副处级事业机构。市政务服务中心为市政府办管理的副处级事业机构。9月，市经济研究信息中心设立，为市发展计划委员会副处级事业单位。11月，市政府驻北京联络处和驻长沙办事处由市政府办公室管理，为副处级事业机构。是年，娄底职业技术学院列省管普通高等院校（专科）事业机构编制序列，机构规格与省管普通高等院校（专科）等同。

2004年8月，市建设（技改）项目审计监督中心设立，为市审计局副处级事业单位。娄底广播电台升格为副处级事业单位，市殡葬管理处升格为副处级事业单位。5月，市不良金融资产处置公司组建，为副处级阶段性事业机构。12月，市委台湾工作办公室（市人民政府台湾事务办公室）由副处级升格为正处级。市征地拆迁事务所更名为市征地拆迁事务处，升格为副处级。市农业局所属的农业技术推广站、良种繁育推广站、植保植检站、土壤肥料管理站、农产品质量安全检验检测中心、优质农产品开发中心6个财政拨款的公益性事业机构合并组建市农业技术推广中心，为副处级事业单位。

2005年，根据省委、省政府《关于市州县市机构改革的意见》《关于娄底市人民政府机构改革方案的通知》，娄底市启动市县政府机构改革。此轮改革以深化行政管理体制改革为主要内容，按照“精简、统一、效能”的原则，重新审定市直各单位的“三定”方案，重点加强对政府职能的界定，解决部门之间职责不清、职能交叉的突出矛盾，理顺各职能部门的关系，调整职能256项。此次政府机构改革，撤销市对外经济贸易合作局、市贸易工作办公室、市物资行业办、市化工行业办、市轻纺行业办、市商业行业办、市建材行业办、市工业开发管理办公室。市乡镇企业局由政府工作部门改组为承担行政管理职能的副处级事业单位，归口市农业局管理。市发改委所属的经济研究信息中心与市经委归口管理的市信息产业管理办公室，组建娄底市信息化工作办公室，归口市发改委管理。市蔬菜局归口市农业局管理。机构名称有变更和职能有调整的机构：市委组织部、市发展和改革委员会、市人口和计划生育委员会、市财政局、市劳动和社会保障局、市经委、市规划局、市建设局、市城市管理行政执法局、市财税金融工作办公室。组建市国资委、市商务局、市信息化工作办公室、市城市管理行政执法局。

2006年，市建筑设计院等9个事业单位转制。市审计局审计事务所、市财政局财政事务所转变为社会中介组织。紫鹊界梯田梅山龙宫风景名胜区管理处设立，为新化县政府领导的副处级事业机构。

市事业单位登记管理局设立，为市编办副处级机构。市委组织部党员电化教育中心更名为党员干部现代远程教育管理中心，升格为副处级。涟钢中学更名为娄底市第五中学，为副处级事业单位。省政府关闭破产矿山留守机构涟邵六矿三厂代管机构人员编制、涟钢中小学校移交地方管理。

2007年5月，市人大常委会研究室升格为正处级。7月，白马灌区管理局设立，为副处级事业单位。市劳动争议仲裁院升格为市劳动和社会保障局副处级事业单位。政协娄底市委员会研究室升格为正处级。市委办公室机要处更名为市委机要局（加挂市国家密码管理局牌子）并升格为副处级机构。2008年11月，市非税收入管理局由市财政局内设机构变更为独立的全额拨款事业机构，为市财政局管理的副处级机构。

2009年3月，市人大常委会设立预算工作委员会，为正处级工作机构。市农村工作领导小组办公室更名为市委农村工作部，与市政府农村工作办公室实行一个机构、两块牌子。5月，市纪委设立市优化经济发展环境领导小组办公室，副处级。7月，市政府驻海口联络处、驻深圳办事处、驻上海联络处撤销。市发展和改革委员会设立市发展研究中心，为副处级全额拨款事业机构。市工伤保险管理处升格为副处级全额拨款事业机构。市移民工作办公室更名为市水库移民开发管理局，并升格为正处级全额拨款事业单位。市兽医局（副处级全额拨款事业单位）设立。

2010年4月，市新型城镇化工作办公室为副处级事业单位。5月，市委、市政府下发《娄底市机构改革方案实施意见》，启动新一轮政府机构改革。此次改革围绕政府职能转变这个核心，全面梳理部门职能，合理配置宏观调控部门职能，进一步下放管理权限。涉改单位调整职能92项，加强职能39项，增加职能21项，转移职能9项，取消职能23项，减少内设机构14个。乡镇减少机构298个，精简26%。6月，新化县大熊山国家森林公园管理处升格为副处级事业单位。9月，娄星经济园区管理委员会调整为由市政府管理，加挂娄底市水府示范片万宝新区管理委员会牌子（对外可使用该牌名）。10月，涟源龙山国家森林公园管理处为副处级事业机构，归口涟源市政府管理。

2012年3月，市政府口岸办公室设立，为副处级全额拨款事业单位。市拆迁安置管理处更名为娄底国有土地上房屋征收中心，为市住建局副处级全额拨款事业单位。市公共资源交易中心设立，为市政府办管理的副处级全额拨款事业单位。5月，娄星区食品药品监督管理局及其下属机构整体上收至市食品药品监督管理局。8月，市城市建设投资管理办公室由市政府管理调整为市政府直属事业单位。是年，全市公路养护管理体制改革，实行管、养机构整合，收回事业编制336名。县、市海事体制由垂直管理调整为属地管理。市文体广新局、广播电视台、文化市场综合执法局实行同城一支执法队伍。文艺院团和电影公司改制转为企业。

2014年，市委议事协调机构保留58个，合并或更名31个，撤销92个，改由市政府设置32个。市政府议事协调机构保留106个，暂时保留25个，合并21个，撤销253个，市委办、市政府办出台《娄底市市级议事协调机构管理办法》，进一步加强议事协调机构的管理。

2015年5月，市委、市政府发出《关于印发〈娄底市人民政府职能转变和机构改革方案的实施意见〉的通知》，启动新一轮政府机构改革。此轮改革仍以职能转变、简政放权为核心。是年底，市政府工作部门调整职责56项，撤并正处级机构8个、副处级机构11个。10个事业单位的行政职能回归主管机关。是年，原由市商务局承担的生猪定点屠宰监管职责划转到市畜牧水产局。市国土资源局土地矿产的交易职能划转到市公共资源交易中心。市政府精简议事协调机构13个，新设或调整议事协调机构18个，建立市级议事协调机构台账。娄底市卫生学校整合到娄底职业技术学院。市不动产登记中心升格为副处级事业单位。市城市建设投资管理办公室重新组建。8月，市专用通信局成立，为市委办副处级全额拨款事业单位。

2017年12月，市本级设立22个副处级派驻纪检组（其中综合派驻19个，单独派驻3个）。市委设立巡察工作领导小组办公室，辖3个市委巡察组。市委网络安全和信息化领导小组办公室成立，为市委工作部门。省垂直管理的娄底市盐务管理局承担的食盐质量安全管理与监督、盐政执法与监督工作职责划入娄底市食品药品监督管理局。

2017年娄底市党政群机构设置一览表

表17-3

类别	数量	单位名称
市委工作机构	9	办公室、组织部、宣传部、统一战线工作部、政法委员会（娄底市社会治安综合治理委员会办公室）、政策研究室、直属机关工作委员会、农村工作领导小组办公室（市政府农村工作办公室）、市机构编制委员会办公室
政府工作机构	32	办公室、发展和改革委员会、教育局、科学技术局、经济和信息化委员会、公安局、监察局、民政局、司法局、财政局、人力资源和社会保障局、国土资源局、环境保护局、规划局、住房和城乡建设局、城市管理行政执法局、交通运输局、农业委员会、水利局、林业局、商务粮食局、文体广电新闻出版局、卫生和计划生育委员会、审计局、旅游外事侨务局、统计局、安全生产监督管理局、食品药品监督管理局、政府法制办公室、工商行政管理局、质量技术监督局、人民防空办公室
直属特设机构	1	国有资产监督管理委员会
部办委管理机构和议事协调机构、办事机构	4	市委老干局（由市委组织部管理） 市委处理邪教问题领导小组办公室（市政府防范和处理邪教问题办公室，由市委政法委管理） 市信访局（加挂调处纠纷领导小组办公室的牌子），由市委办和市政府办共同管理，以市政府办管理为主 市委台湾工作办公室（市政府台湾事务办公室），归口市委统战部
群团机构	10	市总工会、共青团娄底市委、市妇女联合会、市文学艺术界联合会、市科学技术协会、市残疾人联合会、市归国华侨侨眷联合会、市社会科学界联合会、中国国际贸易促进委员会娄底支会、市红十字会
按法律程序产生的机构	4	市人大常委会机关及各专门委员会 政协娄底市委员会机关及各专门委员会 市人民检察院 市中级人民法院
民主党派及工商联	5	九三学社娄底市委、中国民主同盟娄底市委、市工商业联合会、中国民工民主娄底市委、中国民主建国会娄底市委

说明：市监察局与市纪律检查委员会机关合署办公，挂市预防腐败局牌子，列入市政府工作部门序列，不计入市政府机构个数；市政府办公室挂市政府研究室、市民族宗教事务局牌子；市农业委员会挂市委农村工作办公室牌子；市文体广电新闻出版局挂市版权局牌子；市旅游外事侨务局挂市政府港澳事务办公室牌子；市安全生产监督管理局挂市煤炭局牌子；市食品药品监督局挂市食品安全委员会办公室牌子。市人民防空办公室既是市国防动员委员会的常设办事机构，也是市政府人民防空工作主管部门，列入市政府工作部门序列，不计入市政府机构个数

第二节　机关事业单位人员编制

1990年，全地区各级党政群机关编制总额8965名，其中由省业务主管部门和地、县（市）定的事业、工勤编制417名，在职9610人。1991年，全地区党政群机关在职行政人员11830名。

1994年，全地区核定行政编制8912名，在职10152人。其中地直机关行政编制1023名，在职1254人。县（市）行政编制3702名，在职4351人。乡镇（街道）行政编制4187名，在职4547人。

1999年撤地设市后，娄星区调整上划行政编制78名，专项编制259名。上划各级各类人员4564人，其中在职4288人。在职人员中：全额拨款806人，差额拨款918人，自收自支937人，企业人员

1627人，干部680人，工人3608人。娄星区城建系统上划单位54个，调整上划3000多人。

2000年，市、县（市、区）两级机关实行财政工资统发，其中市本级党政群、政法机关、全额预算及经费包干单位纳入财政统发工资人员5770人。原属省管的工商部门广告业管理和市场服务管理职能、所有市场和市场在编在岗的486人，全部从省剥离移交地方。

2001年，全市县以上党政群机关核定行政编制3660名，在职5634人。其中：市直行政编制1033名，在职1422人。娄星区行政编制477名，在职766人。涟源市行政编制561名，在职731人。冷水江市行政编制503名，在职1003人。新化县行政编制582名，在职1104人。双峰县行政编制504名，在职662人。全市乡镇（街道）编制3347名，在职4966人。全市事业单位编制61502名，在职84146人，其中财政全额拨款人员52742人，差额拨款人员13845人，自筹资金17552人。市直事业单位编制9857名，在岗9802人。

2003年5月，市编办发出《关于乡镇机构改革中加强计生干部队伍建设的实施意见》，各乡镇（街道）分别设置计划生育办公室和计划生育服务所，编制总额974名。7月，省编办下达娄底市中小学教职工编制37140名，其中市直909名，娄星区2683名，娄底经济开发区402名，冷水江市2826名，涟源市9565名，双峰县8519名，新化县12161名，其他74名。中小学核编定岗工作于2003年10月底完成。全市中小学校1676所（不含教学点218个），核定编制33289名，在职中小学教职工［含乡镇（街道）教育办］35353名，分流2507人。2006年，全市乡镇（街道）除政策性安置外，实行人员“只减不增，只出不进”，确保5年内机构编制不增加。

2009年，市编委出台《关于市直单位引进人才的意见》，每年下达编制90名，用于各事业单位引进硕士研究生以上学历急需人才。2010年4月，省编办下达娄底市乡镇卫生院事业编制总量为4353名。其中双峰县1141名，涟源市1179名，娄星区185名，冷水江市206名，新化县1642名。5月，市委办、市政府办下发《关于严格控制乡镇（街道办事处）机构编制和实有人员增长的通知》，对乡镇（街道）行政事业编制核定为：行政编制3012名，选拔生专项编制80名，财政所编制550名，共3642名；后勤服务事业编制190名，事业编制4676名。全市乡镇（街道）减少各类编制2346名，精减23%；减少领导职数276名，精减28%。

2012年末，全市党政群机关行政编制8385名，机关后勤编制967名，事业编制88561名。其中市本级行政编制1601名，机关工勤177名，事业编制15884名，共19230名，在职15876人。县（市、区）［含乡镇（街道）］行政编制6784名，机关工勤编制790名，事业编制72677名，共83650名，在职89075人。

2013年，市委、市政府提出中心城区化解大班额问题四年行动计划，对市直部分义务教育学校在省下达的编制总额内调剂增加教职工编制101名。12月，收回5个县（市、区）公路管理局事业编制336名。2014年，市编委下达市教育局所属市直学校引进高层次人才和公开招聘教师编制270名。

2015年，全市遵循机构编制总量“只减不增”的原则，盘活已有机构编制资源，在市直行政事业单位实行周转编制管理制度，收回部分单位行政事业编制，打破行政事业编制“一核定终身”、行政事业编制固化到部门和单位的管理方式。市编委出台《关于2015—2020年市直单位安置政策性人员使用编制计划的意见》，优化人才结构。

2017年末，全市行政编制总数14438名，在职15630人。工勤编制1033名，在职1629人。党政群机关系统总编制9575名，在职10858人，其中党委行政编制1215名，在职1108人；人大行政编制190名，在职242人；政府行政编制7765名［含乡镇（街道）3574名］，在职9094人；政协行政编制132名，在职169人；民主党派行政编制16名，在职15人；群团行政编制191名，在职230人。行政待分配66名。事业单位总编制88750名，在职85340人。按经费来源分：全额拨款编制66472名，在职61136人。差额拨款编制15237名，在职16724人。经费自理编制6996名，在职7480名。

第三节　监督检查

1991年6月，地委办、行署办印发《关于转发〈娄底地区机构编制管理若干规定〉的通知》，严格机构编制管理。7月1日起，全地区国家机关、事业单位全部使用国家统一制发的《工资基金管理手册》。1995年，建立和完善机构编制与工资基金和财政经费预算包干相结合相约束的新机制，全面实行人员编制与财政预算经费包干。

1996年3月，地委、行署批转地区机构编制委员会《关于进一步加强机构编制管理工作的意见》，地委办、行署办印发《娄底地区地直行政事业单位人员异动管理暂行办法》，确定机构编制部门的主要职责、审批权限、规范要求以及人员异动审批原则、程序，机构编制管理更加规范化。8月，地区编委、纪委、人事局、财政局、监察局联合出台《关于贯彻执行湘编22号〈关于严禁擅自增设机构、机构升格、增加编制和超编进人的通知〉的通知》，进一步加强机构编制的监督检查。

1997年，地区编委对地直单位机构编制管理、职能履行、隶属关系、活动方式等问题进行督查，纠正不按“三定”方案办事的违规行为20例，为4个单位理顺管理层次。将编制计划卡和人事局的增人计划卡两卡合成一卡。制定《地直行政事业单位人员异动实施细则》，建立由组织、人事、编制、财政等部门组成的人员异动调控体系。聘请20名机构编制监督员，推行公开办事制度。对乡镇（街道）机构、编制情况全面清理，清理出乱挂牌子滥设“庙”的机构90多个，清退违规调入人员20多人。针对运管系统盲目进人、队伍膨胀、经费超支等问题，地区编办、地区交通局出台《关于对全区运管系统人员编制实行统一管理的通知》，暂定运管人员编制310名。

1998年4月，地委、行署出台《娄底地区地直机关事业单位违反机构编制管理规定处理暂行办法》。5—6月，组织、人事、编委、纪检监察等职能部门抽调人员，组成5个清理检查组，清退机关事业单位临聘人员3378人［含乡镇（街道）1024人］，查处纠正8起重点违规问题。

2006年3月，市委、市政府出台《关于进一步加强机构编制管理的若干规定》，在审批审核程序上，推行机构编制集中统一领导和“一支笔”审批制度。对乡镇机构编制进行督查，确保乡镇机构编制和财政供养人员5年内只减不增。

2007年5月1日国务院《地方各级人民政府机构设置和编制管理条例》颁布实施后，全市机构编制工作步入法制轨道。2008年，市委、市政府将机构编制管理纳入县（市、区）目标管理考核范畴。市编办对乡镇机构编制和实有人员情况进行全面督查，严格控制乡镇人员无序增长。市编办开通机构编制举报电话“12310”，对举报反映的新化县人民防空筹备办公室擅设机构的违规行为予以查处。2012年，全市开展清理“吃空饷”工作，核查单位3708个，清理出“吃空饷”单位254个，人员600名，涉及金额980.43万元。

2013年，全市启动机构编制实名制管理，建立完善机构编制综合管理信息系统数据库。集中整治超编，机关行政、事业编制混用，在编不在岗、“吃空饷”、超职数配备干部、违规党政正职分设、按年龄划线调整配备干部等问题。

2014年，市编委下发《关于进一步规范机构编制实名制数据库管理的通知》，对县（市、区）实名制数据库建设专项督查。审核入库行政事业机构460余家，人员15000余人。市编办出台《娄底市县市区机构编制工作考核办法（试行）》《关于落实财政供养人员要求严格编制使用管理的通知》。市委组织部、市人社局、市编办联合出台《关于查处超编制进人、超职数配备领导干部、超范围分设党政职务、随意按年龄划线调整配备干部、违反规定程序进人、违规长期借调人员、领导干部调动违规带人带车带资金进入新单位、违规配备秘书、调动工作不转工资关系等问题专项整治工作方案》，查出2013年7月至2014年12月10日因政策性人员安置、组织任命、特岗教师、免费师范生安置等原因全市超编进人766名，并对超编人员提出整改消化方案，明确整改时限，在全市通报。

2015年，市编委开展机构编制审计工作，对市幼儿师范学校、市中心血站、市妇幼保健院、市公安局交通警察支队、市公安局钢城分局、市机关事务局6家单位主要领导任期中机构编制管理工作进行审计。2016年，市编委采取市直、县（市、区）单位自查和联合督查相结合的方式，对党政群机关行政编制、政法专项编制、事业编制总量执行情况进行督查，对市老干局、市机关事务管理局等26个市直单位和县（市、区）主要领导实施任中或离任机构编制管理审计。

2017年，根据湘编办《关于加强机构编制问题整改推进审批联动的通知》，市、县两级对机构编制的违规违纪问题全面梳理和整改，对26个行政机关混用事业编制问题、44个因政策性人员安置造成的超编问题予以整改。机构编制管理情况纳入市委巡察内容。市编委出台《娄底市市直机关事业单位机构编制评估办法（试行）》。全市机关事业单位中文域名注册率达到100%，政务、公益网站标识挂标率达到98.9%。

第二章　干部（公务员）管理

第一节　人事计划

1991年，娄底地区启动人事计划管理工作。1992年，地区人事局与计委、劳动、编制、财政、银行等部门协同配合，将各种统配人员的派遣安置纳入人事计划管理的范畴，分部门、分单位建立人员异动台账和工资总额计划台账。计划内新增人员，财政部门凭人事部门签发的新增人员增资计划通知单划拨人员经费。1993年，地直机关、事业单位工资基金管理实行分类指导、区别对待，合理分配和下达干部录用计划以及行政事业单位招工计划。财政全额拨款单位控制从严，差额和自收自支单位适当放宽。

1994年，按照控制总量、调整结构、保障重点、充实基层的原则，地区人事局与地区财政局、金融机构互相配合，共同把住机关进人关，遏制机关事业单位工资基金过快增长。1995年，全区人事计划管理体系形成。1996年开始，机关事业单位进人实行增人计划卡制度。1997年，地委办、行署办转发地区人事局、地区编办《关于加强管理，防止机构编制再度膨胀的补充规定》，地直机关事业单位增人按照“计划服从编制，增人服从计划，配员服从结构”的原则，严格审批程序，统一使用“编制使用和增人计划卡”，凭卡办理录（聘）用、分配、调动、招工等手续。

1999年，地委办、行署办下发《关于做好机关事业单位新增人员计划管理工作的规定》，冻结机关和全额预算事业单位增人，其他事业单位增人控制在规定比例以内。对擅自调入或接收安置的人员不列编，不办理工资审批手续，不转移保险基金，不增加单位的工资基金。机关工作人员首次出现负增长。事业单位人员增长控制在规定比例以内。2001年，各级机关、群众团体以及具有行政管理职能的事业单位进人，除配备领导干部外，实行“凡进必考”制度。2003年，市委、市政府出台《关于进一步加强机关事业单位机构编制和人员管理的规定》，建立机关事业单位人员异动和编制、财政“三挂钩”制度。2004—2017年，全市机关事业单位人员增长得到控制。

第二节　公务员制度推行

一、公务员过渡

1993年10月《国家公务员暂行条例》施行，地区各级党委机关，人大、政协、检察、审判及参照管理的群团机关开始推行公务员制度。1996年，县以上行政机关国家公务员制度入轨运行。地区人事局会同地委组织部在双峰县洪山殿镇进行推行公务员制度试点。1997年10月，331个单位，其中地直机关50个，县市直机关189个，乡镇（街道）机关92个纳入首批实施国家公务员制度范围，6314名干部过渡为国家公务员，其中按政策规定核定处级公务员非领导职务职数80名。核定科级公务员非领导职务职数935名，过渡1382名。处级公务员领导职务改任非领导职务的7人。科级领导职务公务员改任非领导职务的128名。职位轮换3255名（其中处级公务员201人）。因职务回避调整89人。1998年，地区人事局印发《娄底地区各级机关实行竞争上岗实施意见》，在地区公安处、地区国税局、地区供销社、地区工商局、地区建委等单位试点，选拔158名中青年干部担任科、处级领导职务。地区公安处154名民警通过双向选择确定工作岗位。2001年4月，市委、市政府印发《娄底市政府机构改革人员定岗实施意见》《娄底市市县（市、区）机构改革人员定岗实施意见》《关于娄底市各级机关和行使行政职能的事业单位补充主任科员以下非领导职务工作人员实行“凡进必考”的通知》，实行新进机关担任主任科员以下非领导职务人员“凡进必考”制度，推进竞争上岗和岗位轮换。85个单位开展竞争上岗，2462人参加岗位竞争，162个单位轮换中层骨干1780人，轮换面50%。2006年《中华人民共和国国家公务员法》实施，全市将原参照管理机关（党委机关及人大、政协、检察、审判、群团机关）纳入公务员范围，将具有行政管理职能的事业单位纳入参照《中华人民共和国国家公务员法》管理范围。

二、公务员登记

2006年，市委组织部、市人事局印发《娄底市市直单位公务员登记模拟工作实施意见》，对市教育局、市建设局、团市委等单位公务员登记进行模拟。2007年4月，市直及县（市）、党委、政府、人大、政协、检察、审判、民主党派、人民团体、群众团体机关及乡镇427家完成公务员登记审批工作，登记公务员10451人，登记参照公务员法管理机关工作人员3624人，登记提前离岗1079人，暂缓登记120人，不予登记644人。2011年12月，全市落实《湖南省行政机关公务员日常登记管理实施细则》，规范公务员日常登记对象、条件和工作程序。2014—2015年，完成市、县（市、区）直大部分参管事业单位人员的参管登记工作，228个事业单位经省批准参照公务员法管理。至2017年底，全市公务员（含参照公务员管理人员）登记16985人。

三、国家公务员及参照公务员法管理的事业单位人员结构

（一）国家公务员结构

2001年，全市公务员11546人。其中，女1987人，占17.2%；中共党员8359人，占72.4%；少数民族33人，占0.3%。研究生以上学历30人，本科学历1664人，大专学历4648人，高中及以下学历5204人。35岁及以下4323人，36～45岁2724人，46～55岁2724人，56岁以上927人。正厅级1人，副厅级7人，正处级96人，副处级476人，正科级1372人，副科级3852人，科员5742人。

2010年，全市公务员11571人。其中，女2462人，占21.3%；中共党员10344人，占89.4%；少数民族49人，占0.4%。研究生以上学历324人，本科学历5479人，大专学历4374人，高中及以下学历1394人。35岁及以下2972人，36～45岁4548人，46～55岁3089人，56岁以上962人。正厅级9人，副厅级42人，正处级279人，副处级792人，正科级2806人，副科级3982人，科员3661人。

2017年，全市公务员14905人。其中，女3514人，占23.6%；中共党员12584人，占84.4%；少数民族81人，占0.5%。研究生以上学历711人，本科学历8584人，大专学历4422人，高中及以下学历1188人。35岁及以下2490人，36～45岁5322人，46～55岁5985人，56岁以上1108人。正厅级4人，副厅级27人，正处级180人，副处级617人，正科级3286人，副科级3762人，科员7029人。

（二）参管事业单位人员结构

2010年，全市参照公务员法管理的事业单位工作人员3349人。其中，女792人，占23.4%；中共党员2769人，占82.7%；少数民族13人，占0.4%。研究生以上学历56人，本科学历1484人，大专学历1340人，高中及以下学历469人。35岁及以下889人，36～45岁1294人，46～55岁871人，56岁以上295人。正处级36人，副处级109人，正科级618人，副科级844人，科员1742人。

2017年，全市参照公务员法管理的事业单位工作人员1810人。其中，女609人，占33.7%；中共党员1477人，占81.6%；少数民族9人，占0.5%。研究生以上学历69人，本科学历1035人，大专学历583人，高中及以下学历123人。35岁及以下203人，36～45岁688人，46～55岁781人，56岁以上138人。副厅级1人，正处级20人，副处级79人，正科级384人，副科级468人，科员858人。

第三节　干部（公务员）录用

1990年，娄底地区开始从乡镇聘用干部和城镇待业“五大”毕业生中录用国家干部。1991年，地区开始从优秀工人、农民、乡镇企业家中录用国家干部，从民办教师中录用国家教师。1993年考试录用国家干部的范围扩展到村干部、复退军人、乡镇企业负责人、“以工代警”人员。1994年，开始从农村、农林场所选拔录用国家干部补充到乡镇工作，从高级专家、劳模子女、城镇待业“五大”毕业生中吸收录用国家干部。1996年，现代企业试点单位不再从工人中吸收录用国家干部。1990—1997年，全地区吸收录用干部1658人，考试录用干部429人，乡镇聘（选）用干部965人，民办教师录用为国家教师2378人。

1997年，停止从乡镇聘用干部中录用国家干部。1998年，严格控制从高级专家、劳模子女，城镇待业“五大”毕业生中吸收录用国家干部，停止其他各类吸收录用国家干部工作。1999年始，全市先后选拔229名优秀大学毕业生到农村基层锻炼，经考核合格后全部录用为国家公务员（2012年终止此项工作）。2000年，停止吸收录用（包括考试录用）国家干部。2000年后，停止从民办教师中录用国家教师。1998—2000年，民办教师录用为国家教师7872人。

2002年，市人事部门制订公务员录用计划，按照公开、平等、竞争、择优的原则，面向社会发布公告，经过笔试、面试、体检、考核等程序录用到机关或参照管理机关担任主任科员以下非领导职务的公务员或参照管理人员。2003年8月，市人事局会同市委组织部、市编办、市财政局印发《关于印发〈娄底市选拔高校毕业生到农村基层工作管理暂行办法的通知〉》，规范选拔生的选择程序和在农村锻炼期间的管理。至2017年，全市58443人报考，2498人录用为国家公务员（含参照管理人员）。

2002—2017年娄底市公务员（含参管人员）考录一览表

表17-4　　单位：人

年份	报考人数	录用人数	年份	报考人数	录用人数
2002	1299	72	2010	4120	126
2003	2060	167	2011	4480	269
2004	1962	137	2012	5161	184
2005	2491	129	2013	4668	162
2006	2029	56	2014	2227	110
2007	2641	117	2015	3808	203
2008	2419	147	2016	3009	222
2009	5434	185	2017	10635	212

第四节 干部（公务员）调配

1990年，地区人事局在省人事厅下达的计划指标内，通过考核考察直接选调应届高校优秀毕业生安排到地、县（市）、乡镇党政机关工作（以乡镇为主，此后每年一次），从外地调入干部195名，地区内调整干部514名。1991年，调配干部886名，其中从行政单位调往事业单位68名，从企事业单位和外地调入行政单位107名。1992年，全地区坚持“哪里要人往哪里调”，简化调配的审批程序，公开选调干部1352名，其中为新建项目、重点工程、企业、农业和基层生产一线调配394名。1995年，将在机关干部岗位上工作且符合干部条件的工人录用为国家干部，分流到企事业单位工作。停止企事业单位人员调入党政机关。1997年，地区建立组织、人事、编制、财政等部门联合调控机制，鼓励机关创办经济实体，促进人员分流。地直党政机关实有人数由1813人精减到1322人（含事业局），分流安置491人，清退临时借调人员84人。娄底市、涟源市、冷水江市、新化县党政一级机构实有人数由4678人精减到3848人，清退借调人员284人。地委、行署发出《娄底地区促进乡镇人员分流实施意见》，乡镇分流2786人，占乡镇工作人员总数的16.4%。全年调配干部458名。1998年，全地区调配干部649名，分流机关工作人员1381人。1999年，按照考试考核相结合的办法，选拔优秀高校应届毕业生到农村基层工作，并纳入公务员考试录用范围，终止直接从高校选调应届毕业生到机关工作。分流党政机关人员2360名（其中乡镇机关996名），清退临时雇用人员7189人（其中代课教师5083人）。2001年，按照《娄底市政府机构改革人员分流实施意见》的要求，92个乡镇（街道）分流2705人，清退临时雇用人员5274人。

2002年，市人事局会同组织、编制部门下发《在机构改革中进一步加强人员定岗和分流工作的意见》，市直机关分流256人。2004年，建立健全机关事业单位人员总量调控体系，对市直事业单位补充工作人员实施年度增人计划管理，至2008年，机关事业单位调入915人，调整异动1072人，被撤销单位分流172人。2009年，市委、市政府发出《关于进一步规范机关事业单位机构编制管理和人员交流的通知》《公务员调任规定（试行）》，编内进人、行政机关补充工作人员“凡进必考”，事业单位补充工作人员公开招聘，严格控制行政机关从事业企业单位调任人员和从外地和下级调入工作人员，建立机关事业单位人员异动档案审查制度。是年，机关事业单位调入96人，调整异动696人。

2017年，在省人社厅下达的招募计划内，市人事局向社会发布招募公告，通过笔试、面试、体检、考核等程序，招募专业人员128人，其中支教70人，支农17人，支医28人，扶贫13人，对口安排到农村基层帮扶两年，经考核合格者，由县（市、区）人社部门统筹安排到事业单位工作。2013—2017年，全市机关事业单位调入726人，调整安排123人，分流40人。

第五节 人事考试

1990年，娄底地区通过考试确定部分专业技术人员职务。1991年增加职称外语考试。1993年，人事部门组织会计、审计、统计、经济、计算机软件等专业技术人员初、中级职务的任职资格和卫生系统药师、护士、技术人员基础理论和专业技术水平考试。1996年2月，地区人事局成立地区人事考试指导中心，负责选调机关事业单位工作人员和录用国家干部、专业技术人员任职资格和执业资格等人事考试业务。1998年，1838人参加经济师资格考试，1967人参加职称外语水平考试，1906人参加专业技术人员定（晋）级考试。1999年始，全地区专业技术人员职称外语实行统一考试，考试每年举行一次。

2000年，市人事局印发《娄底市人事考试考务工作规程》，对考点考场的设置、试卷运送、交接、保管和分发、笔试考务工作操作程序、考场纪律、考务工作人员职责、应试人员违纪违规行为处理作出规定。是年，市人事局联合市无委办、市公安局在考点安放无线电屏蔽仪、金属探测仪，对考场周围进行无线电流动监测，严控作弊。2002年，市人事考试指导中心更名为市人事考试中心，建立人事考试面试评委库。全市首次面向社会考试录用公务员。考试科目分为《行政职业能力测验》和《申论》，从1299名报考者中择优录用72名到市直机关工作。此后，相继开展地税系统的公务员招录、烟草系统招聘和法院、检察院的招录考试。是年始，录用公务员考试每年一次。专业技术人员计算机应用能力考试成绩纳入评聘专业技术职务的条件。

2004年，土建、注册税务师、土地登记代理人纳入职业资格考试范围。市考试中心组织专业技术人员计算机应用能力考试。2007年始，市考试中心负责军队转业干部安置考试。先后组织农机监理人员移交考试和市直部分事业单位人员招聘考试。2008年，娄底高级技工学校、娄底职业技术学院、娄底康复医院等6个单位实行联合招聘考试。

2009年始，全市施行网上报名，网报系统由计算机应用能力考试扩展到全省的公务员录用考试以及部分事业单位的招聘考试。市人事考试中心组织市住房公积金发展研究中心招聘考试。是年，二级建造师、一级建造师、执业药师、消防工程师等考试相继由省下放到地市。2010年始，面试评委由从本市面试考官库中抽取逐步变更为从外地市州邀请。2010—2011年，市人事考试中心先后组织市人力资源和社会保障局信息中心、娄底高级技工学校招聘考试、华达机械厂社区服务人员招聘考试。2012年，市政府出台《关于加强人事考试考务工作的通知》，成立人事考试考务工作领导小组，建立人事考试考务管理联动机制。至2016年，全市军队转业干部安置考试666人。次年，该项考试由省军队转业干部安置处统一组织。

2017年，公务员面试考试全部实行异地考官制度，其他招聘人员面试一般选择外地面试考官，笔试面试命题选择异地第三方机构命题，以确保人事考试的公平公正。娄底市首次施行初级经济师电子化考试。工勤人员考试由市人社局职业能力鉴定中心负责，考试中心协助。

第六节　干部（公务员）教育培训

1990年，地区人事局开始对新进干部实施培训。是年，地区军队转业干部培训中心成立，对军队转业干部、国家干部、专业技术人员进行培训。1991年，机关事业单位2.1万多名公务员参加培训。1994年，地区人事局印发《国家机关开展国家公务员过渡培训意见》，组织机关工作人员特别是人事干部学习《国家公务员暂行条例》《国家公务员制度实施方案》以及人事部印发的公务员制度的宣传资料和书籍。地、县举办4期培训班，培训骨干700余人，组织2322名新干部学习《国家公务员暂行条例》。1995年，地区人事局编写10余万字的《学习〈国家公务员暂行条例〉辅导资料》，印发1.7万余册，组织1.1万多名干部参加国家公务员知识竞赛。3—5月，组织国家公务员过渡培训，参加培训单位528家，培训1.6万余人。2002年，组织机关和具有行政管理职能事业单位工作人员1.7万余人，学习人事部颁发的公务员行为规范。市人事局将实用英语（由单位组织实施）、世贸知识和行为规范，列为在职公务员、参照管理人员、事业单位工作人员自学和干部培训班的培训内容。军队转业干部培训中心加挂娄底市国家公务员培训中心的牌子，开展国家公务员培训。2004年，市人事局组织在职公务员（含参照管理人员）学习电子政务。2005年，市人事局印发《关于对机关事业单位工勤人员进行素质教育培训的通知》，对所有工勤人员进行素质教育培训，市、县（市、区）人事部门考试验收，其成绩作为晋级和定岗的依据。2006—2011年，在公务员（含参照管理人员）中先后开展公务员法培训、调查研究能力培训。2012年，开展以树立正确的群众观，提高为群众服务的能力为主题的职业道德培训。1990—2017年，全市培训军队转业干部2589人，公务员（新干部、初任、任职、素质提升）6457人，新进人员6077人，工勤人员（素质教育、定级、升级培训）5615人，专技人员16514人。

第七节 干部（公务员）考核与奖惩

一、考核奖励与惩戒

（一）考核奖励

1991年，行署出台《关于国家行政机关、事业单位的奖励综合管理实施办法》，确定考核的内容为思想品德、工作能力、工作业绩、勤政四个方面。考核结果为合格、基本合格和不合格三个等次。表彰奖励为先进工作者、记功、记大功三种。1992年，地区人事局印发《娄底地区行政奖励工作管理办法（试行）》，记大功以下的奖励由县（市）、地直各战线审批，浮动升级由地区人事局审批，一事一奖的一次性固定升级奖励和通令嘉奖报行署审批。1993年，地区表彰奖励38名科技兴工、科技兴农、抢险救灾、维护社会治安等方面有突出业绩者。是年，全地区参加考核45438人，其中，优岗9157人，称职6221人，不称职60人，浮动固定升级401人，记大功183人，记功1459人，先进工作者4544人。

1994年，根据《国家公务员暂行条例》规定，国家公务员奖励在年度考核的基础上进行。行署成立机关、事业单位工作人员考核委员会。考核等次为优秀、称职、不称职三个等次。奖励分为嘉奖、记三等功、记二等功、记一等功、授予荣誉称号。受奖面控制在所在机关事业单位总人数的15%以内。1997年，行署印发《娄底地区奖励工作实施办法》，表彰182名先进个人，3个先进单位。1998年，地区人事局对抗洪抢险、见义勇为的先进典型给予奖励，记二等功5人，记三等功168人，嘉奖265人。1999年，地区人事局会同地委组织部印发《关于做好机关事业单位考核工作的通知》，确定优秀单位优岗和奖励比例一般不突破15%，一般单位不突破12%，较差单位不突破8%。纪检、监察、检察、计生、信访等部门参与审查。是年，全地区嘉奖5613人，记三等功680人，记一等功4人，定为不称职102人(其中辞退1人，降职9人，降薪15人，受党纪政纪处分11人，被取消申报专业技术职务资格16人)。

2001年，全市评选表彰10名娄底市人民满意公仆，推荐1名湖南省人民满意公仆，给10人记二等功，35人记三等功。2002年，市人事局印发《娄底市机关事业单位年终评比二等功奖励条件和比例的具体规定》，表彰14名人大工作先进个人，21名卫生系统先进个人。2003年，市人事局印发《娄底市国家公务员考核实施办法（试行）》，表彰抗击“非典”、“严打”整治斗争、农村税费改革、市重点工程建设等单项工作先进单位113个，先进个人413名。2006年，根据《国家公务员法》的规定，全市公务员考核的内容为德、能、勤、绩、廉五个方面，重点考核政治素质和工作实绩。奖励分嘉奖、记三等功、记二等功、记一等功、授予荣誉称号五个等次。事业单位的考核奖励参照执行。全市核准表彰市教育局、市建设局等151个先进集体、412名先进个人。2007年，市人事局印发《考核奖惩办法》，推荐财政、教育、卫生、建设等22个单位上报国家、省系统奖励，核准表彰水利、科技、工会、公安等81个先进集体，315名先进个人。2009年，全市推行奖励会审制度，规范奖励呈报审批程序，加大对奖励对象的考察、审核力度。推荐市政法委、市人事局、市文化局、市农开办等20多个单位上报省级以上奖励，核准表彰市教育局、市建设局等151个先进集体、412名先进个人。全市表彰抗冰救灾先进集体73个，记三等功97人，授予抗冰救灾模范称号39人。核准表彰市卫生局、市档案局、市妇联、市残联等92个先进集体，396名先进个人。2011年，市人社局推荐市食品药品监督管理局、市司法局、市卫生局、市文广新局、市住建局、市政协、市供销社等20多个单位上报并获国家、省奖励。2012年，市人社局印发《关于深入开展以建设人民满意机关、争创人民满意业绩为主题的带头创先争优、争做人民满意公务员活动的实施意见》《关于贯彻落实省委组织部、省人力资源和社会保障厅、省公务员局〈关于进一步加强全省公务员职业道德建设的意见〉的通知》等文件，进一步规范公务员考核工作。

2014年，市人社局转发中组部、人社部《公务员奖励规定（试行）》和省委办公厅、省政府办公厅《关于进一步规范评比达标表彰活动的通知》，推荐市商务局、市交通运输局、市旅游局、市审计局等单位上报国家、省系统表彰奖励。事业单位考核按国务院《事业单位人事管理条例》规定，全面考核工作人员的表现，重点考核工作绩效，考核结果为优秀、合格、基本合格和不合格。奖励种类分为嘉奖、记功、记大功、授予荣誉称号。2016年，市人社局下发《关于深入开展公务员平时考核试点工作的通知》，完成第六届湖南省人民满意公务员集体和人民满意公务员的推荐工作。落实省人社厅、省委组织部、省委宣传部《关于开展表彰活动的通知》，完善公务员奖励机制。2017年，市人民检察院和娄星区社会养老保险管理服务局获评第六届湖南省人民满意的公务员集体，2人获评湖南省人民满意公务员，2人获记一等功。是年，全市公务员参加考核18425人，其中，优岗2984人，称职15130人，基本称职26人，不称职77人，受各种奖励760人。

湖南省人民满意的公务员先进事迹报告会在娄底召开
（2012年5月11日摄）

（二）惩戒

1990年，娄底地区执行国务院《国家机关工作人员奖惩暂行条例》，对机关工作人员实施奖惩。1994年，根据《国家公务员暂行条例》规定，行政处分分为警告、记过、记大过、降级、撤职、开除6种。降职和开除察看不作为行政处分。2013年，行政处分联席会议制度建立。2014年，全市按照《事业单位人事管理条例》规定，对事业单位工作人员违反纪律的处分种类设置为警告、记过、降低岗位等级或者撤职、开除。1990—2017年，全市对566名不称职人员给予处分，其中开除公职30人，给予党纪政纪处分165人，降职降薪186人，给予年度考核不定等次并扣发年终奖金185人。

二、绩效考核评估

2004年，市委、市政府落实省委、省政府为全省人民群众办8件实事（即：扩大就业和再就业，县到乡镇公路改造工程建设，城镇社会保障和农村扶贫帮困，依法解决失地农民和城镇拆迁户的补偿、安置问题，实施食品、药品放心工程，公共卫生服务体系建设和重大传染病、地方病、职业病的防治，改善城乡环境，实施城乡居民安居工程）的决定，成立8件实事领导小组和8件实事考核办公室，出台《娄底市2004年为民办8件实事考核奖惩办法》，确定市直责任单位一把手为第一责任人，分管负责人为第二责任人。各责任单位一把手与市长签订责任状，按照“一件实事、一个方案、一套班子、一抓到底”的原则，分工明确、责任到位、一级抓一级、层层抓落实。经考核，2004年、2005年，新化县政府、涟源市卫生局、双峰县教育局被评为全省先进集体。2006年、2007年，市交通局、新化县政府、涟源市民政局被评为全省先进集体。2008年，市8件实事考核办公室更名为市为民办实事考核办公室，负责为民办实事任务分解、日常调度及考核奖惩工作。市人事局印发《2008年为民办实事考核奖惩办法》和《娄底市2008年为民办实事县市区和市直责任单位目标考核实施细则》，推荐市政法委、市科技局、市审计局、市司法局、市计生委等20多个单位上报国家、省的系统奖励。2009年4月，市委、市政府下发《娄底市落实2009年省委省政府绩效评估工作实施方案》，市绩效评估委员会下发《关于下发县市区政府（管委会）落实2009年省委省政府绩效评估指标的通知》《关于下发市直部门落实2009年省委省政府绩效评估指标的通知》等文件，将省评估指标任务分解到有关市直单位和县（市、区），并进行单独考核，考核结果与市目标管理量化考核体系挂钩。是年，市劳动和社会保障局、市为民办实事考核办、双峰县政府被评为2008年度、2009年度全省先进集体。

2012年，市委、市政府下发《关于印发娄底市结合绩效评估和为民办实事考核做好公务员考核工作实施方案的通知》。市委工作机构、市纪委、市人大常委会工作机构及专门委员会、市政协工作机构及专门委员会增列为绩效评估范围，与政府机构一并考核。2013年、2016年、2017年，娄底市在全省政府绩效评估中被评为绩效良好等次。

2004—2017年，通过为民办8件实事，全市累计新增城镇就业人口36.64万人，兴建经济适用房25.54万平方米，筹集廉租房11.0万平方米和33891套（户）、公租房1.47万套，农村危房改造3.77万户，城市棚户区改造9.14万套（户），解决农村饮水不安全人数143.19万人，兴建改造县乡村公路1.23千米，农村公路提质改造2309千米，农村公路安保设施建设2415千米，兴建农村沼气池3.77万口，新增通电话自然村406个，改扩建乡镇敬老院93所、新增养老床位3244张，兴建义务教育阶段合格学校233所，实施配电网改造行政村510个，新增社会治安视频监控摄像头6010个。8件实事涵盖减负增收、就业、就学、就医、社会保障、住房保障、环境治理、公共安全、交通建设等方面。其间，娄底市2次被省政府评为为民办8件实事工作先进集体（2年1次）。

第八节　军队转业干部安置、管理与解困

一、安置

1990年，娄底地区军队转业干部培训中心成立，每年组织当年转业的军队干部培训，提高军队转业干部地方工作适应能力。2010年，娄底市实行考试考核相结合的办法，安置营及营以下军队转业干部。1990—2017年，全市所有军队转业干部均妥善安置，无遗留问题。

娄底市举办2008年度军队转业干部适应性培训班（2008年摄）

二、自主择业军队转业干部管理

2001年，全军实行军队转业干部自主择业新政策。是年始，市人事局每年在“八一”建军节和春节前夕，组织召开自主择业军队转业军官座谈会，了解自主择业军队转业军官思想生活和工作情况，设法解决诸如子女就学等实际困难。2004年，市人事局与税务、工商等部门衔接，为他们的再就业、经商、创办经济实体提供便利，并通过多途径与相关企业取得联系，解决部分自主择业军队转业干部的再就业问题。

三、企业军队转业干部解困

2004年，针对有的企业军队转业干部生活困难这一情况，市、县（市、区）成立企业军队转业干部问题工作小组，负责企业军队转业干部解困和稳定工作。此后，市政府每年对企业军队转业干部纳入解困范围的人员给予生活困难补助。对身患重大疾病和家庭特别困难的企业军队转业干部给予特殊个案救助。按照公务员体检的标准和次数，组织困难企业军队转业干部进行体检。对当年死亡的人员，按标准给予其家庭生活困难补助。每年“八一”建军节、春节，对企业军队转业干部中的困难人员走访慰问。每月召开企业军队转业干部代表座谈会。至2017年底，市、县（市、区）政府为企业军队转业干部安排再就业93人，对1182名特殊困难人员家庭给予重点补助，节日慰问1558人，救助1.17万人次。

第三章　事业单位人事管理

第一节　登记管理

1997年，地区编办、财政局、物价局、工商局、技术监督局、国资局联合下发《关于全区事业单位首次登记有关问题的通知》。10月底，全地区首次登记事业单位3064个，经审定核准登记2830个，占应申报的92%，其中法人事业单位1460个，非法人事业单位1370个，注销登记8个，暂缓登记226个。1998年，首次开展事业单位年度检验工作。全地区5555个事业单位，应参加登记的4967个，经审查核准，登记3927个，占登记总数的87%。其中取得法人资格的1697个，非法人资格的2230个，不符合条件暂缓登记的1040个。注销各类不具备条件的事业单位132个，其中地直15个。

2000年，全市审核年度报告事业单位3292个，补登事业单位45个，注销事业单位43个，非法人事业单位过渡为法人的36个，变更登记事业单位462个，确定为A级的2157个，B级的619个。2002年，审核年度报告事业单位2428个，其中非法人转法人单位398个，合并、转体、注销288个。7月1日起，停止使用事业单位非法人证书。2007年，市水利工程处等12家事业单位改制转体为企业。2016年4月，原由市质监局承担的机关、群团统一社会信用代码赋码工作调整至市事业单位登记管理局。是年，市本级办理机关、群团统一社会信用代码46个。市直386个事业单位明确类别，其中，划入行政类事业单位20个，公益一类事业单位257个，公益二类事业单位33个，经营类事业单位24个，暂缓分类的18个，暂不纳入本次事业单位分类范围的事业单位34个。2017年，娄底市事业单位法人登记3111户，其中市本级320户，娄星区261户，涟源市434户，冷水江市587户，新化县1025户，双峰县484户。

第二节　岗位聘用

1996年，娄底地区启动事业单位人事制度改革。改革的主要内容是推行全员聘用制和绩效奖励制。娄底一中、双峰县人民医院、冷水江市技校等15个单位为改革试点单位。2001年，市人事局出台《关于全面推进我市事业单位人事制度改革的意见》启动人事争议仲裁工作，保障改革单位和工作人员的合法权益。至年底，75%以上的事业单位启动用人制度或分配制度改革。2002年，娄底市在全省人事制度改革会议上介绍事业单位人事制度改革的经验。市中心医院、冷水江市技校、冷水江市波月洞管理处的改革经验在会上书面交流，被《中国人事报》推介。2003年，市政府办印发《娄底市事业单位工作人员聘用制度实施办法》，对此前事业单位工作人员沿用身份管理（即干部身份的按干部政策管理，专业技术人员身份的按专业技术人员政策管理，工人身份按工人政策管理）制度实施改革，实行全员聘用制。2004年，市政府印发《事业单位人事制度改革实施意见》。事业单位工作人员实行聘用制合同管理，即除事业单位应由上级任命或经选举产生的人员和涉密岗位人员外，其余一律签订聘用合同，在管理岗位上的聘为管理人员，在专业技术岗位的聘为专业技术人员，在工勤岗位的聘为工勤人员。2010年始，事业单位实行岗位管理，即在岗位设置的基础上，按岗位类别和层级实行全员聘用合同制，非专业技术人员不得聘到专业技术岗位，并不得享受专业技术人员待遇。至2017年底，事业单位在册71296人，其中市直8963人，县（市、区）、乡镇（街道）62333人。实行聘用管理制度单位1628家，纳入聘用管理人数62000余人。事业单位管理人员7690人，其中市直1786人，县（市、区）直4241人，乡镇（街道）1663人。专业技术人员48090人（含“双肩挑”2697人），其中市直5936人，县（市、区）直31828人，乡镇（街道）10326人。事业单位各层次专业技术人员岗位中，高级岗位5902人，中级岗位21809人，初级岗位（含尚未取得任职资格人员）20379人。高层次技能人才中，高级技师14人，技师1575人。事业单位工勤人员18213人。市政府下发《娄底市事业单位岗位设置管理实施意见》。市事业单位岗位设置管理工作领导小组及其办公室成立，启动全市事业单位岗位设置管理工作。市人社局配套印发《娄底市事业单位首次岗位设置操作实务》《娄底市事业单位首次岗位设置专业技术三级岗位聘用暂行办法》《娄底市事业单位岗位管理暂行办法》等一系列指导性文件，依照按需设岗、竞聘上岗、按岗聘用、合同管理的原则，推进岗位设置管理工作。2017年，全市完成岗位设置的事业单位1420家，其中市直177家，县（市、区）1243家。乡镇（街道）事业单位岗位设置管理工作因全省尚未启动而搁置。

第三节　公开招聘

2007年始，市直部分事业单位新进人员公开招聘试点。2011年，除政策性安置、按干部人事管理权限由上级机关任命及涉密岗位等确需使用其他方式任用人员外，事业单位新进人员一律实行“凡进必考”。2012年，市委组织部、市人社局印发《关于事业单位公开招聘人员的实施意见》，市直单位公开招聘计划由事业单位（或主管部门）拟定，经主管部门同意，报市人社局核准，由其主管部门组织实施，市组织人社部门和纪检监察部门负责监督。县（市、区）属事业单位按级向县（市、区）人社部门申报计划，县（市、区）人社部门汇总并报市人社局核准后组织实施。2014年，市委组织部、市人社局印发《娄底市事业单位公开招聘人员实施细则》，规范全市事业单位公开招聘制度，实现事业单位人员公开招聘全覆盖。2012—2017年，全市事业单位核准计划公开招聘5006人，其中市直1517个，新化县1019个，双峰县782个，冷水江市379个，涟源市579个，娄星区687个，娄底经开区43个。公开招聘入编4859人，其中，市直1308人，县（市、区）3551人。

2001年、2010年、2017年娄底市事业单位管理人员结构表

表17-5　　单位：人

年份	小计	性别、政治面貌、民族						学历				年龄				职务					
		女	占比(%)	中共党员	占比(%)	少数民族	占比(%)	研究生及以上	本科	大专	高中及以下	35岁及以下	36~45岁	46~55岁	56岁以上	副厅	正处	副处	正科	副科	科员
2001	4892	1631	33.4	1642	33.6	5	1.0	11	267	1393	3221	2075	1331	1233	253	—	—	—	—	—	—
2010	8405	1725	20.5	4108	48.9	48	5.7	45	1977	3479	2904	2439	3685	1830	451	3	30	129	445	1008	6790
2017	7690	2295	29.8	4153	54.0	37	48.1	136	2612	3290	1652	1635	3473	1887	695	3	26	108	517	956	6080

说明：本表数据不含参公管理事业单位人员

2001年、2010年、2017年娄底市事业单位专业技术人员结构表

表17-6　　单位：人

年份	小计	性别		政治面貌		民族		学历				年龄				职务		
		女	占比(%)	中共党员	占比(%)	少数民族	占比(%)	研究生及以上	本科	大专	高中及以下	35岁及以下	36~45岁	46~55岁	56岁以上	高级	中级	初级
2001	48879	20425	41.8	10732	22	44	0.09	109	6231	16295	26244	23191	13653	9637	2398	1611	20039	27229
2010	48387	22563	46.6	11130	23	117	0.24	247	15178	20786	12176	17833	16304	10853	3397	3865	22483	22039
2017	48090	23600	49.1	10609	22.1	180	0.37	981	22088	18819	6202	14047	18355	12577	3111	5902	21809	20379

第四章　专业技术人员管理

第一节　职务评聘

1990年，全地区复查1986—1990年评聘的5.47万名专业技术人员的职称（高级1142名，中级1.16万名，初级4.19万名），查出751名（其中高级3名，中级159名，初级589名）问题人员，分别给予处理，其中取消资格401名（其中，中级53名，初级348名），解聘职务204名（其中高级1名，中级63名，初级140名），缓聘146名（其中高级2名，中级37名，初级107名）。地区职改办出台考核办法，经过述职测评、情况反馈、汇总验收等工作程序，把全市专业技术人员分成优秀、称职、基本称职、不称职四个档次，为专业技术职务评聘奠定基础。此后每年考核一次，考核结果记入专业技术人员档案，作为续聘、低聘、解聘或晋升、奖惩的依据。是年始，实行专业技术资格考试制度。对考试成绩合格者，地区人事局颁发专业技术人员资格证书，作为用人单位聘用依据。1991年，地区成立18个中级和144个初级评审委员会，评审、认定专业技术人员的任职资格和院校毕业生初认专业技术职务。1992年，地区职称改革工作领导小组成立，办公室设地区人事局，专业技术职称评聘工作转入经常化。在会计、审计、船舶、法律顾问等系列，地区推行统一考试制度。1999年始，开发乡土人才，为农民技术人员评定技术等级，当年评定农民技师28名，农民技术员32名。2000年，专业技术人员职业资格考试扩展到卫生和矿业权评价师、经济师、质量技术等系列。专业技术人员职务实行评聘分开。聘任专业技术职务由用人单位按专业技术岗位设置需要自主确定。市、县（市、区）人事局建立用人单位岗位职数台账，严格控制聘用结构比例。市人事局建立外地专家联系制度，收集娄底籍在外地工作的800多名专家的基本信息，编印《娄底籍在外地工作专家通讯录》。2002年，市人事局下发《娄底市县乡农村实用人才管理暂行规定》，建立农村实用人才信息库。

2003年，市委、市政府印发《娄底市事业单位专业技术人员职务聘任暂行办法》。市人事局印发《娄底市专业技术人员职务聘任和管理暂行规定》。全市对教育各系列中、高级职称评审实行“三倾斜”（向教学一线倾斜，向农村边远山区倾斜，向教学时间长、年龄偏大且仍在教学岗位的骨干教师倾斜）。符合“三倾斜”条件的优先申报中、高级职称。2005年4月，市人事局会同市农村工作领导小组办公室、市农业局印发《关于做好农民技术人员职称评定工作的意见》，明确农民技术人员职称等级分为：农民技术员、农民助理技师、农民技师。是年，专业技术人员职称外语考试取消有效期，即长期有效。市人事局对1985年前参加工作，工龄满20年，符合中级条件的中小学教师，三年内落实申报指标，专项下达执行。2011年始，事业单位专业技术人员职称评审须在岗位设置的基础上有空缺职位方可申报评审。

2016年，全市深化中小学教师职称制度改革，取消中、小学（含幼儿园）原所有职称名称，统一改为中、小学三级教师、二级教师、一级教师、高级教师和正高级教师，对应其他系列专业技术职务的员级、助理级、中级、高级和正高级。符合条件的中、小学（含幼儿园）教师可申报评审高级和正高级教师，调整职务与岗位级别的对应关系，即正高级教师对应专业技术岗位一至四级，副高级教师对应专业技术岗位五至七级，一级教师对应专业技术岗位八至十级，二级教师对应专业技术岗位十一至十二级，三级教师对应专业技术岗位十三级。

1990—2017年，全市评审通过各类专业技术人员高级职称1.27万人，中级职称4.78万人。

第二节　专业技术培训

1990年始，娄底地区专业技术人员在任职期间须每年接受不少于12天的培训学习。人事部门负责公需科目的培训，业务主管部门负责业务方面的培训。专业技术培训列入专业技术人员晋升专业技术职务的依据之一。1994年始连续12年，地区人事局对全市专业技术人员进行计算机应用能力和世界贸易组织知识培训。

2000—2002年，娄底市建立专业技术人员专业技术培训登记和年审制度，1.78万名专业技术人员参加专业技术培训。全市建立科技专家服务基地121个，创办专家科技示范样板和专家联系点124个，组织科技攻关项目82个，举办适用技术培训班1230期，发放技术资料70多万份，12.6万人参加培训。

2003年，市人事局印发《关于建立专家服务基地的实施办法》，采取与职称挂钩、与年度考核挂钩、与评奖选拔挂钩等措施，组织和引导科技专家参加专家服务基地建设。新建科技专家服务基地14个，示范基地种植面积0.87万多公顷，举办各类培训班发放科技资料84万多份。至2008年，举办各类农村实用技术班5534期，培训36.6万人次，培养农村实用人才3.63万人，帮扶农户2.6户，推广活动基地682个，被帮扶农户年人均收入增加150元。2004年，市级领导联系专家制度建立。19名市级领导联系46名科技专家。全市新增科技人员服务基地15个，种植面积0.86万公顷，新增专家联系点34个，举办各类适用技术培训班近1000期，培训14.58万人次。全市卫生系统452名专家下乡开展卫生扶贫，城区586名高级教师为边远地区学校上示范课3900多场次。

2007年，市人事局印发《关于在全市专业技术人员中开展"权益保护"和"职业道德"两门公共必修课程继续教育的通知》，县（市、区）和市直业务主管部门组织实施。2008年，市人事局在专业技术人员中开展科技创新和创新能力的培养和知识产权战略公需科目继续教育。2013年，将"科学发展主题"纳入专业技术人员公需科目继续教育的范围。2015—2017年，根据人社部《专业技术人员继续教育规定》，全市专业技术人员接受继续教育时间每年累计不少于90学时，其中专业科目不少于总学时的三分之二。

湖南技能大赛·全省数控赛暨全国选拔赛在娄底技师学院举行（2016年10月13日摄）

第三节　外国专家引进与管理

2002年，娄底市外国专家局成立。至2010年，全市引进国外技术项目23个，其中国家级引智项目1个，省级引智项目22个，引进外国专家132人次。2011—2012年，引进国外技术项目41个，其中，国家级引智项目5个，省级引智项目36个。建立省级引智基地2个，引进外国专家395人。华菱安赛尔米塔尔汽车板设备安装、调试阶段，外国专家常驻近100人。2013年起，全市引进国外技术项目81个。其中，国家项目2个，引智专项经费40万元；省级引智项目78个，引智专项经费374万元。省级引智基地每年保持2个，引进外国专家212人次。2017年，17个单位在国家"外国人来华工作管理服务系统"注册，具有聘请外国文教专家资格。在娄常住外国籍教师共31人，分别来自美国、巴西、乌克兰、韩国、喀麦隆、爱尔兰、印度等国。市人社局给21位在娄专家发放就医绿卡，方便其就医。是年，外国专家工作移交市科技局。

第五章　人才培养管理

第一节　人才市场

1996年，娄底地区人才市场成立。次年，办理流动服务手续557人，办理求职登记3102人。1998年，地区和各县（市）投资近200万元建设地区人才市场和各县（市）人才市场，建立地市级人才市场的人才供求信息联网，信息库存600家单位和3600个职位供挑选。9月，行署办下发《娄底地区人事代理制度实施意见》，实行人事代理管理制度，规范单位自主用人、个人自主择业，促进人才资源的合理配置和利用。是年，地区人才市场更名为湖南湘中人才市场，发布人才供求信息12期，为116家单位办理求才登记，为1562人办理求职登记。1999年，为全市190家单位人事代理2123人。2003年，市人事局对人事代理人员档案实行计算机管理，与代理对象签订规范的托管和代理协议，为代理人员提供工龄认定、职称评定、工资套改、转正定级、户口代管等服务。2014年7月，市、县（市、区）两级人力资源市场整合。全市910家单位2.74万人实行人事代理。2015年，市人力资源服务中心成立，各县（市、区）人力资源市场全部按省“五统一”的要求整合到位。县（市、区）取消人事代理、档案托管等多项服务收费。1996—2017年，市人才市场举办人才招聘会960场次，登记求职4.33万人次，为1.77万人找到工作。

1999—2014年娄底市人事代理情况表

表17-7

年份	代理单位(家)	代理人数(万人)	年份	代理单位(家)	代理人数(万人)
1999	190	0.21	2007	783	1.90
2000	83	0.63	2008	798	1.95
2001	90	0.85	2009	813	2.04
2002	—	—	2010	829	2.18
2003	682	1.36	2011	880	2.55
2004	682	1.56	2012	898	2.64
2005	715	1.73	2013	902	2.71
2006	750	1.89	2014	910	2.74

第二节　人才引进

1993年，地区和各县（市）相继建立人才流动服务中心，配备专职人员，制定人才流动管理办法和引进外地人才的优惠政策，为企业引进和推荐紧缺人才230名。1995年，地区建立人才求职登记制度，面向“五大”毕业生、中专毕业生和有一技之长的人员受理求职登记，并为其牵线搭桥，提供服务，成立人才信息协会和建立人才信息网络，输出人才近500名，引进急需人才300多名。2000年7月，市委、市政府发出《关于做好人才智力引进人才储备工作的通知》，加大人才引智引进和人才储备工作力度。2002年，市委组织部、市人事局联合下发《关于加强人才队伍建设的实施意见》，为重点学科、新兴学科急需的技术带头人和高新技术产业、支柱产业、重点工程等领域引进专门人才。2005年开始，市人事局会同市编办每年确定一定数额的人员编制计划用于引进高层次人才（硕士研究生以上或副高级以上职称人员）。1993—2017年，全市引进各类专业技术人才4037名。

第三节 人才激励

一、政府特殊津贴

国务院特殊津贴　1990—2017年，娄底市推荐并获批准胡国梁等28人享受国务院特殊津贴。名单如下：胡国梁（娄底市大金材料有限公司）、何真临（新化县瓷厂）、周先和（市科技局新材料研究所）、刘修明（地区农科所）、周平（地区农业局）袁裕文（地区农办）、唐荣昌（地区畜牧水产局）、蒋水廉（娄底职业技术学院）、石晓斌（湖南人文科技学院）、罗艾芬（女，地区人民医院）、段思木（地区人民医院）、郭宗华（地区人民医院）、贺省卿（地区人民医院）、郭鹏华（地区人民医院）、李成业（地区卫生防疫站）、徐迪新（双峰县农业局农科所）、贺恂（双峰县农业局农技推广站）、王康儒（涟源市农业局农技推广站）、李家友（涟源市农业局桥头河农技站）、陈锡松（涟源市林业局龙山林场）、林德润（冷水江市耐火材料厂）、刘宪文（冷水江市建筑机械工业总公司）、林家生（冷水江市钢铁总厂）、伍国科（新化县农业局农技推广站）、罗松喜（新化县体育局体校）、秦长清（新化县长青电子有限公司）、姜正国（湖南人文科技学院）等。

省政府特殊津贴　2013—2017年，授予向勇等9人省政府特殊津贴。名单如下：向勇（湖南三泰新材料股份有限公司）、刘建伟（湖南省兵器长城机械有限公司）、陈奇福（湖南华菱涟源钢铁有限公司）、谭华清（市中心医院）、曾建岳（湖南三泰新材料股份有限公司）、陈文斌（湖南华菱涟源钢铁有限公司）、杜友红（市中心医院）、卢松（湖南涟钢培训中心）、泽尔根·柯博特（比利时籍，华菱安塞乐米塔尔汽车板有限公司）。

市政府特殊津贴　2015年，市委、市政府下发《关于实行娄底市政府特殊津贴制度的通知》，从专业技术岗位和技能岗位上工作的在职人员或在娄底工作的外国专家中选拔李德应等17位同志享受市政府特殊津贴。名单如下：李德应（万宝新区开发投资有限公司）、喻姿容（女，冷水江市中医医院）、姚毅（涟源市第一中学）、陈志国（湖南人文科技学院）、范彦江（娄底市第一中学）、杨小仆（市艺术馆）、何凌红（市体育学校）、谭华清（市中心医院）、焦国华（华菱安赛乐米塔尔汽车板有限公司）、吴迎春（省地质矿产勘查开发局418队）、陈志明（市风景园林管理处）、杜友红（市中心医院）、伍康勉（涟源钢铁集团有限公司）、冯文斌（涟源钢铁集团有限公司）、陈文斌（涟源钢铁集团有限公司）、曾建岳（湖南三泰新材料股份有限公司）、泽尔根·柯博特（比利时籍，华菱安赛乐米塔尔汽车板有限公司）。

2016—2017年未开展这项工作。

二、人才工程

2004—2011年，娄底市入选湖南省新世纪“121人才工程”21人，其中一层次1人，二层次3人，三层次17人。2012—2017年未开展这项工作。

2004—2011年娄底市入选湖南省新世纪“121人才工程”人员一览表

表17-8

姓 名	性别	职业技术职称	层 次	评选年份	工作单位
姜正国	男	教授	一层次	2004	湖南人文科技学院
蒋建初	男	教授	三层次	2004	湖南人文科技学院
李铁林	男	教授	三层次	2004	市教育局

续表17-8

姓 名	性别	职业技术职称	层 次	评选年份	工作单位
刘演林	男	教授	三层次	2004	娄底职业技术学院
刘文伟	男	研究员级高级工程师	二层次	2008	娄底路桥建设有限责任公司
石潇纯	女	编审	三层次	2008	湖南人文科技学院
游训龙	男	教授	三层次	2008	湖南人文科技学院
张 玲	女	副教授	三层次	2008	湖南人文科技学院
康忠访	男	高级农艺师	三层次	2008	新化县农业局
万孝康	男	高级农艺师	三层次	2008	双峰县畜牧站
段健芝	女	教授	二层次	2011	湖南人文科技学院
童大志	男	研究员级高级工程师	二层次	2011	市林业调查设计队
胡 瑾	女	教授	三层次	2011	湖南人文科技学院
钟巧灵	女	教授	三层次	2011	湖南人文科技学院
盛正发	男	副教授	三层次	2011	湖南人文科技学院
曾志方	男	高级工程师	三层次	2011	省地质矿产勘查开发局四一八队
李志强	男	高级工程师	三层次	2011	锡矿山闪星锡业有限责任公司
陈敢新	男	讲师	三层次	2011	湖南人文科技学院
谢完成	男	副教授	三层次	2011	娄底职业技术学院
陈 翔	女	副教授	三层次	2011	娄底职业技术学院
李强翔	男	主任医师	三层次	2011	市中心医院

2005年，市委组织部、市委宣传部、市人事局等10家单位印发《娄底市新世纪252人才工程实施方案》。入选2005年252人才工程第一层次人才13人，第二层次人才28人，第三层次人才70人。2008年入选252人才工程第一层次人才7人，第二层次人才23人，第三层次人才56人。2009—2017年未开展这项工作。

三、表彰

1990年8月，地委、行署授予安加强等11人为娄底地区有突出贡献的人才称号。1993年1月，地委召开有突出贡献人才表彰大会，对张友陵、梁稳根等12人给予表彰奖励。是年，地区科技专家服务中心成立，启动科技专家服务工作，为专业技术人员家属子女解决“农转非”4176人，为110名科技专家发放医疗保健证。1996年5月3日，地委、行署决定，授予唐荣昌等9人首届科技兴娄奖。2003年，市政府修订《娄底市科技奖励办法》，设立科学技术杰出贡献奖和科学技术进步奖。科学技术杰出贡献奖每两年评选一次，每项奖励1~2人，每人奖20万元。科学技术进步奖一等奖5万元，二等奖3万元，三等奖1万元。表彰科学技术杰出贡献专家26名。是年，市人事局印发《关于组织2003年专家考察休假休养的通知》，组织46批500多名专家休假休养考察，安排3000多名副高以上职称人员健康体检。2004年，市委、市政府下发《关于盘活用好现有专业技术人才的意见》，表彰16名科技专家。市人事局组织486名专家健康检查，48名专家休假考察（此后每年一次）。春节前夕，慰问全市享受政府特殊津贴的专家、学术技术带头人及后备人选，发放慰问金9万余元（此后每年一次）。市人事局印发

《娄底市农村实用人才工程实施意见》，在乡村干部中开展“一人学一技、一人扶一户、一户培训一人”活动，推荐5名农村优秀实用人才报省人事厅表彰奖励。2011年10月，市委、市政府下发《关于表彰娄底市第五届突出贡献人才的决定》。2012—2017年，先后表彰奖励有突出贡献人才25名。

第六章 工资福利

第一节 工 资

一、机关事业单位工作人员工资

机关工作人员工资 1990—1992年，娄底地区机关工作人员沿用1986年建立的结构工资制度。1993年，全地区工资制度改革，废除以职务工资为主的结构工资制，实行以职务和级别为主的职级工资制。机关工作人员工资由职务工资、级别工资、基础工资、工龄工资四部分组成。职务工资按工作人员的职务高低确定，每一职务层次设置若干工资档次，并随着职务及任职年限的变化而变动。级别工资按工作人员的资历和能力确定，级别共分15级。基础工资按维持工作人员本人基本生活标准确定，各职务人员执行相同的基础工资。工龄工资是按工作人员工作年限确定，工作年限每增加一年，工资增加1元，工作年限计算到离退休当年为止。机关技术工人实行岗位技术等级工资制，由岗位工资、技术等级工资和奖金三部分组成。普通工人实行岗位工资制，由岗位工资和奖金两部分组成。2006年，全市进一步推进公务员工资制度改革，实行职务与级别相结合的工资制度。完善机关工人岗位技术等级（岗位）工资制和津贴补贴制度、工资水平正常增长机制，并实行年终一次性奖金。2014年10月1日，国家调整机关工作人员基本工资标准，并将部分规范性补贴纳入基本工资，将调整工资标准和养老保险改革以及优化工资结构相结合。全市基本工资人均增加1200元／月，但因同步启动的养老保险缴费，以及部分规范津贴补贴纳入基本工资，个人实际增资约300元／月。2016年7月1日，全市调整工资标准，人均增加基本工资约500元／月，因规范津贴补贴的减少和增加的养老保险缴费，个人实际平均增资264元／月。

事业单位工作人员工资 1990—1992年，娄底地区事业单位工作人员沿用1986年建立的结构工资制度。1993年，事业单位工作人员工资收入分配制度改革，在事业单位建立不同类型、不同行业自身特点的分类工资制度，与国家机关的工资制度脱钩。其中，专业技术人员按照不同行业，根据工作性质和特点不同，分别实行专业技术职务等级工资制、专业技术职务岗位工资制、结构工资制、津贴奖金制、等级工资制五种不同类型的工资制度。管理人员实行职员职务等级工资制，技术工人实行技术等级工资制，普通工人实行等级工资制。对全额拨款、差额拨款和自收自支三种不同类型的事业单位，实行不同的管理办法。2006年7月，娄底市事业单位工作人员工资收入分配制度改革，建立岗位绩效工资制度，实行工资分类管理，完善工资正常调整机制和高层次人才、单位主要领导的工资分配激励约束机制以及健全工资收入分配宏观调控机制。2009年1月1日起，义务教育学校开始实施事业单位绩效工资。10月1日，公共卫生和基层医疗卫生事业单位开始实施事业单位绩效工资。2010年1月1日起，其他事业单位开始实施事业单位绩效工资。实施事业单位绩效工资的同时，对事业单位离退休人员发放生活补贴。事业单位绩效工资总量依据上年度12月份基本工资额度（包括岗位工资、薪级工资和基本工资标准提高10%的部分）和规范后的津贴补贴水平核定。绩效工资水平与当地事业单位工作人员平均工资水平相衔接，综合考虑单位类别、人员结构、岗位设置、事业发展、经费来源等因素后确定。绩效工资分为基础性和奖励性两部分。市直事业单位绩效工资基准线随公务员津贴补贴标准的调整而变化。2014年10月1日和2016年7月1日，全市先后两次调整事业单位工作人员基本工资标准，并将部分绩效工资纳入基本工资。具体做法及增资情况与机关工作人员相同。2017年1月1日起，市直事业单位工作人员绩效工资基准线调整为年人均2.68万元。

2017年娄底市市直事业单位工作人员绩效工资发放标准一览表

表17-9　　　　单位：元/月

人员类别	岗位或技术等级	基础性绩效工资		
		70%标准	60%标准	50%标准
管理人员	管理四级(副厅)	2219	1902	1585
	管理五级(正处)	1999	1714	1428
	管理六级(副处)	1807	1549	1291
	管理七级(正科)	1646	1411	1175
	管理八级(副科)	1507	1292	1077
	管理九级(科员)	1419	1216	1013
	管理十级(办事员)	1311	1124	937
	试用期	1146	982	818
专业技术人员	专技2级	2336	2002	1668
	专技3级	2288	1961	1634
	专技4级	2240	1920	1600
	专技5级	1951	1673	1394
	专技6级	1903	1631	1359
	专技7级	1855	1590	1325
	专技8级	1611	1381	1151
	专技9级	1576	1351	1126
	专技10级	1542	1322	1101
	专技11级	1463	1254	1045
	专技12级	1419	1216	1013
	专技13级	1311	1124	937
	试用期	1157	992	827
工勤人员	高级技师	1611	1381	1151
	技师	1480	1269	1057
	高级工	1442	1236	1030
	中级工	1396	1196	997
	初级工	1307	1121	934
	普工	1277	1094	912
	学徒期	1107	949	791

说明：2017年1月1日起执行

二、津贴补贴

规范性津贴补贴 2007年起，公务员规范性津贴、补贴分为工作津贴和生活补贴两类。其中，在职工作人员津贴补贴归并为工作津贴和生活补贴两项（工作津贴占40%，生活补贴占60%）。离退休人员津贴补贴归并为离退休人员生活补贴一项。保留并另行规范的津贴补贴项目有：改革性补贴，市直机关单位工作人员改革性补贴包括住房货币补贴、单位缴存的住房公积金和公费医疗改革补助三项；奖励性补贴，由市政府根据工作绩效向少数做出突出贡献的公务员发放的奖励性补贴；特殊岗位津贴、女职工卫生补贴，此二类补贴均按国家现行规定的发放范围和标准发放。至2009年12月，市直机关公务员津贴补贴为年人均1.45万元。2010年1月1日起，市直机关公务员津贴补贴提高至年人均1.81万元。2014年1月1日起，市直机关公务员津贴补贴提高到年人均2.7万元。2014年10月1日和2016年7月1日，全市部分规范性津贴补贴纳入基本工资，规范性补贴标准下降为年人均2.44万元。具体标准如下：

2016年娄底市直机关工作人员津贴补贴发放标准一览表

表17-10

公务员			工勤人员		
职级	月标准(元)	年标准(万元)	职级	月标准(元)	年标准(万元)
正厅	3255	3.91	高级技师	2095	2.51
副厅	2885	3.46	技师	1925	2.31
正处	2600	3.12	高级工	1875	2.25
副处	2350	2.82	中级工	1815	2.18
正科	2140	2.57	初级工	1700	2.04
副科	1960	2.35	普工	1660	1.99
科员	1845	2.21	学徒期	1440	1.73
办事员	1705	2.05			
试用期	1490	1.79			

说明：2016年7月1日起执行

特殊岗位津贴 2004—2017年，根据人社部相关文件精神，结合本地情况，机关事业单位特殊岗位工作人员津贴，有：人民警察警衔津贴、人民警察执勤岗位津贴、海关工作人员津贴、密码人员岗位津贴、税务征收津贴、司法助理员岗位津贴、人民法院办案人员岗位津贴、人民检察院办案人员岗位津贴、审计人员工作补贴、纪检监察办案人员补贴、法官审判津贴、检察官检察津贴、信访工作人员岗位津贴、安全生产监管监察岗位津贴等；教师教龄津贴和护士护龄津贴、中小学特级教师津贴、特殊教育岗位津贴、卫生防疫津贴；环境保护监测津贴、农业有毒有害保健津贴、畜牧兽医医疗卫生津贴等。

2004—2017年娄底市机关事业单位工作人员特殊岗位津贴表

表17-11

项目	标准	文件依据	执行时间	执行范围
信访工作人员岗位津贴	235、130(元/月)	人社部发〔2009〕177号	2010-01-01	各级、各单位信访部门执行公务员工资制度的专职信访工作人员

续表17-11

项目	标准	文件依据	执行时间	执行范围
法院办案人员岗位津贴	220、240(元/月)	人社部发〔2011〕17号	2011-01-01	最高人民法院和地方各级人民法院的法官、执行员、书记员及其他办案辅助人员
检察院办案人员津贴	220、240(元/月)	人社部发〔2011〕18号	2011-01-01	最高人民检察院和地方各级人民检察院的检察官、书记员及其他办案辅助人员
法官审判津贴	340、318、298、278、262、246、233、220、210、200、190、180(元/月)	国人部发〔2007〕105号	2007-07-01	各级人民法院中评定法官等级的在职法官
检察官检察津贴	340、318、298、278、262、246、233、220、210、200、190、180(元/月)	国人部发〔2007〕106号	2007-07-01	各级人民检察院中评定检察官等级的在职检察官
审计人员补贴	220元/月	人社部发〔2011〕20号	2011-01-01	各级审计机关和列入审计署编制的审计署派驻国务院部委、地方审计机构工作人员，财政部驻各地财政监察专员办事处工作人员
纪检监察办案人员补贴	220元/月	人社部发〔2011〕19号	2011-01-01	中央纪委、监察部行政编制的纪检、监察办案人员和地方各级纪检、监察机关的办案人员
政法委机关工作津贴	1200元/月	人社部规〔2017〕12号	2017-01-01	各级党委政法委机关中执行公务员工资制度的在编正式工作人员
防范处理邪教办机关纳入政法委工作津贴	1200元/月	人社部规〔2017〕12号	2017-01-01	全省防范处理邪教办机关(含所属参照公务员法管理事业单位)中除人民警察以外已登记为公务员(参照公务员法管理人员)的在编正式工作人员
密码人员岗位津贴	200、400、600(元/月)	人社部发〔2011〕120号	2012-01-01	各级党政系统经中央和中央办公厅批准的核心密码科研、管理、通信、教育培训部门的专职密码人员及中央和中央办公厅批准设立的各省(自治区、直辖市)、计划单列市和地市党委办公厅(室)机要交通部门在编正式工作人员
安全生产监管监察人员岗位津贴	320、220(元/月)	人社部发〔2012〕55号	2012-07-01	各级安全生产监管监察机关赴生产一线进行安全生产监管监察、每月达到10个工作日以上的在编正式工作人员
法院和检察院工作人员法定工作日之外加班补贴	10元/小时	人社部发〔2013〕17号	2013-01-01	各级人民法院和人民检察院中除司法警察以外，列入国家政法专项编制且执行公务员工资制度的人员
人民警察法定工作日之外加班发放补贴	80、100(元/天)	人社部发〔2009〕184号	2010-01-01	各级公安、国家安全、监狱、劳动教养、法院、检察院机关中列入国家政法专项编制、且执行公务员工资制度的人民警察
人民警察法定工作日之外加班补贴	710/月(总量)	人社部规〔2017〕9号	2017-01-01	国家政法专项编制、且执行公务员工资制度的各级公安机关、国家安全机关、监狱、强制隔离戒毒机关的人民警察和人民法院、人民检察院的司法警察
人民警察警衔津贴	2250、2000、1800、1600、1400、1250、1100、960、860、760、660、610、560(元/月)	人社部发〔2016〕11号	2015-01-01	各级公安机关、国家安全机关、监狱、强制隔离戒毒机关中评定授予警衔的在职人民警察和人民法院、人民检察院中评定授予警衔的在职司法警察

续表17-11

项目	标准	文件依据	执行时间	执行范围
人民警察执勤岗位津贴	50、40、30、20(元／天)	人社部规〔2017〕10号	2016-07-01	国家政法专项编制、且执行公务员工资制度的各级公安机关、国家安全机关、监狱、强制隔离戒毒机关的人民警察和人民法院、人民检察院的司法警察
司法助理员岗位津贴	10年及以下:150元／月 10年以上每增加1年增加10元,不超过300元	人社部发〔2009〕172号	2010-01-01	列入国家政法专项编制并执行公务员工资制度,在乡镇(街道)等基层司法所工作的司法助理员
中小学特级教师津贴	300元／月	国人部发〔2007〕158号	2008-01-01	特级教师
林业有毒有害岗位津贴	一类450元／月 二类350元／月 三类260元／月	人社部发〔2015〕101号	2016-01-01	林业事业单位(含国有国营林场、苗圃、林业工作站、林业有害生物防治检疫机构、动植物检疫、科研、教学等单位)从事有毒有害工作的人员
环境保护监测津贴	450、350、260(元／月)	人社部发〔2015〕100号	2016-01-01	环境保护事业单位直接接触有毒有害物质的环境监测、科研人员和有关辅助人员
广播电台津贴	40、32、24、16、12、8(元／天)	人社部函〔2010〕355号	2011-01-01	一至六类艰苦广播电视台站,地方所属的艰苦广播电视台站参照执行
农业有毒有害保健津贴和畜牧兽医医疗卫生津贴	450、350、260(元／月)	人社部发〔2015〕99号	2016-01-01	农业事业单位中专职从事和直接接触有毒有害物质工作的人员;畜牧兽医事业单位中专职从事和直接接触有毒、有害、有传染危险工作的人员
地质勘查职工野外工作津贴	(见文件)	人社部发〔2014〕46号	2014-01-01	国有地质勘查事业单位在野外一线从事地质勘查工作的职工
林业调查规划事业单位职工野外工作津贴	(见文件)	人社部发〔2016〕60号	2016-01-01	国有林业调查规划事业单位从事野外林业调查勘查工作的职工
测绘地理信息职工野外工作津贴	(见文件)	人社部发〔2016〕61号	2016-01-01	国有测绘地理信息事业单位从事野外测绘工作的职工
传染病疫情防治人员临时性工作补助	300、200、100、50(元／天)	湘人社发〔2017〕55号	2016-11-11	直接参与达到国家突发公共卫生事件管理信息系统报告标准的传染病疫情类突发公共卫生事件现场流行病学调查处置、实验室检测、传染病病人转运和救治、口岸检疫、动物疫病防治等存在感染传染病病原体风险的各类一线工作人员;由政府选派直接参与国外重大传染病疫情防治工作的医疗和公共卫生等防控人员
卫生防疫津贴	3、5、7、9(元／天)	国人部发〔2004〕27号	2004-01-01	在麻风病院及专职从事传染病、结核病、血吸虫等寄生虫病防治的卫生工作人员

三、奖金

1993年始，娄底地区对年度考核为称职（合格）及以上的公务员发放年终一次性奖金，在考核结果确定后兑现。奖金标准为本人当年12月份的基本工资。年度考核为基本称职，不称职（不合格）的人员，不发放年终一次性奖金。事业单位将一个月基本工资的额度以及地区附加津贴纳入绩效工资。2017年6月，市委办、市政府办下发《娄底市正向激励实施办法（试行）》，以绩效评估、全市重点工作考核结果等为主要依据，适当提高绩效评估奖金标准，并按优秀、良好、合格三个档次发放，其他未纳入绩效评估范围的独立核算的全额拨款事业单位按规定标准发放。社会治安综合治理奖，根据优秀、合格两个档次分别按1.5个月、1个月市直机关事业单位月平均工资标准发放奖金。文明单位奖，根据国家级文明单位、省级文明标兵单位、省级文明单位、市级文明单位四个档次，每年分别按2个月、1.5个月、1个月、0.5个月市直机关事业单位月平均工资标准发放奖金。

第二节 福 利

一、福利费的提取与使用

1990—1993年，娄底地区按1986年规定的福利标准提取和使用。1994—2017年，机关事业单位按职工工资总额和离退休职工工资总额的3%提取福利，用于解决工作人员的基本生活困难、家属患病死亡安葬等造成的生活困难、慰问老干部及住院的工作人员、其他特殊困难、补助集体福利（如单位自办职工食堂、托儿所、洗澡堂、理发室、医务室等集体福利）事业等。

二、休假

节假日　1990—2017年，国家公务员和事业单位工作人员享有元旦、春节、清明节、劳动节、端午节、中秋节、国庆节等节假日，假期按国家规定。

年休假　1990—2017年，职工累计工作满1年不满10年的，年休假为5天；已满10年不满20年的，年休假为10天；已满20年的，年休假为15天。

婚假　1990—2017年，职工婚假为3天，实行晚婚的，增加婚假12天（湖南省规定，2016年1月1日取消）。

丧假　1990—2017年，职工父母、岳父母或公公、婆婆去世可给予3天丧假，丧事在外地料理的可给予路程假。

产假　1990年始，女职工生育正常产假90天，难产增加产假15天，多胎生育者每多生一个增加产假15天。根据《湖南省计划生育条例》，晚育的除国家规定的产假外再加产假30天，在产假期间领取“独生子证”的，另增加产假30天。2012年4月18日，根据《女职工劳动保护特别规定》，正常产假由90天延长至98天。2016—2017年，合法生育子女的夫妻，产假期满后再享受60天的奖励产假待遇，男方享受20天的护理假待遇，取消晚婚、晚育及独生子奖励的有关规定。

探亲假　1990—2017年，职工探望配偶每年一次，可休假30天。未婚职工探望父母每年一次，可休假20天，如二年一次可给假45天。已婚职工探望父母4年一次，可休假20天。探亲假和路程假期内工资照发。探望配偶和未婚职工探望父母的往返路费给予报销，已婚职工探望父母的往返路费，在本人月标准工资30%以内的，由本人处理，超过部分由单位负担。随着经济社会发展，现代交通（高速公路、高铁、飞机）的普及，双休日、“小长假”、“黄金周”的实行，职工在公休日不能与配偶、父母团聚的情形已非常少。因此，符合探亲假条件的才可享受探亲假。

事假　职工因私事，可请事假。

三、病休期间待遇

1990—2017年，娄底市机关事业单位工作人员病休期间工资待遇：病休两个月以内的，工资照发。超过两个月不足六个月的，工作年限不满10年的发本人标准工资的90%，满10年及其以上的发给本人标准工资的100%。病休超过六个月按工龄不满10年、已满10年两个等次分别发给本人标准工资的70%、80%。省、直辖市、自治区人民政府和国务院各部门授予劳动英雄、劳动模范称号且仍保持荣誉的人员，经批准，病休期间工资待遇可在以上标准基础上酌情提高10%～15%。1949年10月1日前参加革命工作的，病休期间工资全额照发。其间，1991年11月1日至2017年末，身患癌症、重症精神病的机关事业单位人员，由地市级以上所辖综合医院或地市级以上所辖的肿瘤、精神病专科医院诊断证明，经单位批准，在停止工作期间原则上照发本人标准工资，福利待遇等同在职人员。

四、伤残待遇

1990—2003年，娄底市机关、事业单位工作人员因工（公）致伤致残（含因工感染血吸虫及职业病）丧失劳动能力，由市人事局指定县属以上医院进行专门鉴定，每年一次。因工（公）致伤的，由县（市、区）人事局审批；因工（公）致残的，由市人事局审批。因工（公）负伤致残人员，根据鉴定的残废等级发给一定数额的保健金。自2004年1月《工伤保险条例》施行后，工伤（残）鉴定及有关待遇的落实由工伤保险行政部门负责。2005—2017年，上述政策没有变化。

五、丧葬费、抚恤金及遗属生活困难补助

丧葬费　1990年9月前，机关事业单位工作人员死亡，丧葬费标准为：病故的300元，因工（公）死亡的400元。1990年9月起，病故的600元，因工（公）死亡的700元。1997年8月起，病故的900元，因工（公）死亡的1300元。2001年10月起，病故的1500元，因工（公）死亡的2000元。2005年7月起，病故的4000元，因工（公）死亡的5000元。2009年7月起，病故的5000元，因工（公）死亡的6500元。

2013年7月1日至2017年末，病故的7000元，因工（公）死亡的9000元。市城区及所辖县（市、区）均为火葬区，辖区内机关事业单位工作人员及退休人员去世后均应火葬（回民穆斯林除外），否则，其遗属不得享受丧葬补助费和其他各种补助及抚恤金。

抚恤金　1990—1994年，机关事业单位工作人员病故的，按10个月全额工资或退休费计发。因公牺牲的，按20个月全额工资或退休费计发。1995年1月始，抚恤金由按全额工资、退休费作为计发基数改为按基本工资、基本退休费作为计发基数。2004年10月1日始，事业单位工作人员病故的，按20个月基本工资或基本退休费计发。因公牺牲的，按本人40个月基本工资或基本退休费计发。2005年12月始，事业单位因公牺牲的，按工伤保险的有关规定计发待遇。2006年7月始，机关及参照公务员法管理的事业单位职工抚恤金标准：烈士为80个月基本工资或基本离退休费，因公牺牲的为40个月基本工资或基本离退休费，病故的为20个月基本工资或基本离退休费。

2011—2017年，机关及参照公务员管理的事业单位职工死亡后抚恤金标准：烈士和因公牺牲的，抚恤金为上一年度全国城镇居民人均可支配收入的20倍加本人生前40个月基本工资或基本离退休费。病故的为上一年度全国城镇居民人均可支配收入的2倍加本人生前40个月基本工资或基本离退休费。根据人社部、财政部《关于事业单位工作人员和离退休人员死亡一次性抚恤金发放办法的通知》，事业单位人员病故的为死者生前20个月的基本工资或基本离退休费。因工（公）死亡的按工伤保险的有关规定执行。

遗属生活困难补助　1990—1991年机关及参照公务员管理的事业单位职工遗属生活困难补助，按1986年的标准补助。1992年起，补助标准：非农业户口，1人者每月45元；2人及以上者，每人每月40元。农业户口的，1人者每月40元；2人及以上者，每人每月35元。1997年起，补助标准：非农业户口，1人者每月110元；2人及以上者，每人每月90元。农业户口，1人者每月70元：2人及以上者，每人每月50元。2001年起，补助标准：非农业户口，1人者每月为180元；2人及以上者，每人每月160元。农业户口，1人者每月140元；2人及以上者，每人每月120元。2005年起，补助标准：非农业户口，1人者每月210元；2人及以上者，每人每月190元。农业户口，1人者每月170元；2人及以上者，每人每月150元。2009年起，补助标准：非农业户口，1人者每月285元；2人及以上者，每人每月260元；农业户口，1人者每月225元；2人及以上者每人每月190元。2013—2017年，补助标准：非农业户口，1人者每月425元；2人及以上者，每人每月385元；农业户口，1人者每月335元，2人及以上者每人每月285元。

第三节　离退休人员待遇

1990年至1993年9月，地区机关事业单位离退休人员离休费按1986年确定的标准享受待遇。1993年10月始，全地区机关事业单位离休人员离休费按离休前基本工资全额计发。机关干部退休时，基础工资和工龄工资按100%计发，职务工资和级别工资按本人原标准的一定比例计发，即工龄满35年的按88%计发，满30年不满35年的按82%计发，满20年不满30年的按75%计发，满10年不满20年的按60%计发，不满10年的按40%计发。机关技术工人退休时，按本人原技术等级（职务）工资、岗位工资和奖金三项之和的一定比例计发。事业单位专业技术人员和职员按本人职务（技术等级）工资和津贴两项之和的一定比例计发，技术工人按本人技术等级和岗位津贴之和的一定比例计发。2006年7月1日至2014年9月30日，机关事业单位离休人员离休费按本人离休前基本工资全额计发。退休人员的退休费按退休前基本工资的一定比例计发。

2014年10月始，全市养老保险制度改革，退休人员养老金实行新办法，根据缴费年限与缴费基数确定，设10年过渡期（2014年10月1日至2024年9月30日）。过渡期内退休的，其养老金采取新老待遇计发办法对比、保低限高的方法确定。新办法待遇标准低于老办法待遇标准的，按老办法待遇标准发放；高于老办法待遇标准的，超出部分，第一年退休的人员（2014年10月至2015年12月）发放超出部分的10%，第二年退休的人员（2016年1月至2016年12月）发放20%，以此类推，至过渡期末年退休的人员（2024年1月至2024年9月）发放超出部分的100%。新办法待遇计发标准=基础养老金+个人账户养老金+过渡性养老金+职业年金。2015—2017年没有变化。

1990—2017年娄底市市直机关事业单位工作人员退休费计发比例表

表17-12

工作年限	计发比例	工作年限	计发比例
满35年以上	90%	满21年	80.5%
满34年	89%	满20年	80%
满33年	88%	满19年	79%
满32年	87%	满18年	78%
满31年	86%	满17年	77%
满30年	85%	满16年	76%
满29年	84.5%	满15年	75%
满28年	84%	满14年	74%
满27年	83.5%	满13年	73%
满26年	83%	满12年	72%
满25年	82.5%	满11年	71%
满24年	82%	满10年	70%
满23年	81.5%	不满10年(公务员)	50%
满22年	81%		

第七章　管理机构

第一节　市机构编制委员会

1986年7月至1992年2月，地区编委由委员制改为主任制，地委组织部部长兼任主任，配专职副主任1名。1992年2月，成立地委机构编制委员会，专员任主任。委员会下设办公室，为正处级常设办事机构，负责处理日常工作，归口地委组织部，由组织部部长兼任主任。1993年12月，地区机构编制事务所成立。1995年3月，核定地区机构编制事务所人员编制5名，其中财政拨款2名。1996年1月，地区编委办公室为地区机构编制委员会的常设办事机构，列入党委序列，主管全区机构改革和机构编制工作，内设综合科（加挂事业单位法人登记办公室牌子）、行政机构编制科、事业机构编制科。核定行政编制7名，机关后勤服务人员编制1名，事业单位法人登记办公室核定事业编制2名。2002年4月，市编办内设综合科、机构编制科、事业单位登记管理办公室（加挂娄底市事业单位登记管理局牌子），核定行政编制10名，后勤服务人员事业编制1名。2006年，市编办事业单位登记管理科升格为副处级机构，增加事业编制3名。2007年7月，市编办内设机构调整，设立机构编制监督检查科、行政机构编制科、事业机构编制科，撤销登记管理科、机构编制科。2011年4月，信息中心设立，为正科级全额拨款事业单位。2014年12月，设立行政审批改革科。2017年8月，增加市事业单位登记管理局全额拨款事业编制1名，副局长（正科级）职数1名。

第二节　市人事局

1979年9月，地区人事局成立。1990年1月，地区军队转业干部培训中心成立，为正处级事业单位，内设办公室、培训科、行政科。4月，地区军队转业干部接待站成立；9月，地区人事局设监察室。1991年5月，地区人事局增设综合计划管理科。1993年5月，地区科技专家服务中心成立，为全民所有制事业单位（高配副处级），归口地区人事局管理。1995年12月，地区人事局为行署工作机构，是行署综合管理人事工作的职能部门，内设办公室、综合计划科、调配培训科、专业技术人员管理科、军官转业安置科、任免考核奖惩科、工资科、保险福利科等8个职能科室和纪检组（监察室）。1996年2月，地区人事考试指导中心成立。12月，地区人才市场成立，为全民所有制事业单位，挂靠地区人才流动服务中心。1997年5月，地区军队转业干部培训中心加挂国家公务员培训中心牌子。1998年2月，地区人事局增设职称科，设立地区人事信息中心；6月，地区人才市场更名为湖南湘中人才市场。2002年4月，市人事局内设办公室、综合规划与人事争议仲裁科（加挂市人事争议仲裁委员会办公室牌子）、公务员管理科、专业技术人员管理科、流动调配与军队转业干部安置科（加挂“市军队转业干部安置工作领导小组办公室”牌子）、工资福利与离退休工作科、外国专家科（加挂“市外国专家局”牌子）、教育培训科8个科（室）。局属事业单位5个：市人才流动服务中心（高配副处级）、市人事考试中心（高配副处级）、市专家服务中心（高配副处级）、市人事信息中心（高配副处级）、市军队转业干部培训中心（加挂“市国家公务员培训中心”牌子，由正处级降格为副处级），各中心均按局机关内设科室（机构）实施管理。划入职能1项：从原市外事侨务办公室划入智力引进、来娄工作外国专家及国家机关和企事业单位工作人员出国（境）培训工作的管理职能。划出职能2项：将机关事业单位社会保险管理职能交市劳动和社会保障局。将非教育系统出国留学人员的派出管理职能和市直机关幼儿园的归口管理职能交市教育局，转变职能2项。加强综合管理和调查研究，减少具体审批事项。将机关辅助性、技术性、服务性工作交给局直属事业单位。2003年，市人事局设置规划仲裁科。2004年12月，市军转干部安置工作办公室加挂市自主择业转业军官管理服务办公室牌子。2009年3月，湖南湘中人才市场为财政全额拨款的正科级事业单位，不再挂靠市人才交流服务中心。

2010年6月，市人事局与市劳动和社会保障局合并为市人力资源和社会保障局。

第三节　县（市、区）编制人事机构

一、县（市、区）编制机构

1990年，娄底市、涟源市、冷水江市、新化县、双峰县编制委员会由委员制改为主任制，组织部部长兼任主任，另设专职副主任。1992年，县（市）长兼任主任，县（市）委组织部部长兼任专职副主任。编制委员会下设办公室（简称编办），负责处理日常工作，归口县（市）委组织部。1996年，编办为常设机构，正科级单位，列入党委序列，内设机构编制监督股、行政机构编制股、事业单位编制股、登记管理股。2011年，县（市、区）编办设立信息中心。2014年，增设行政审批改革股。

二、县（市、区）人事局

1990年，娄底市、涟源市、冷水江市、新化县、双峰县人事局内设办公室、综合计划股、调配股、专业技术人员管理股、军转干部安置股、工资股、福利股、任免考核奖惩股。1996年，建立人才市场（加挂人才流动服务中心牌子）。1998年，增设职称股。2002年，县（市、区）人事局内设办公室、综合规划与人事争议仲裁股、公务员管理股、专业技术人员管理股、任免考核奖惩股、流动调配与军转干部安置股、工资福利与离退休工作股、教育培训股，将县（市、区）直机关幼儿园的归口管理职能交教育局。2010年8月，县（市、区）人事局与同级劳动和社会保障局合并，组建人力资源和社会保障局。

第十八篇

劳动和社会保障

概 述

1990年，娄底地区贯彻执行1986年国务院改革劳动制度“四个规定”，企业新招收工人一律实行劳动合同制。依照国务院《关于国有企业工资改革问题的通知》，对此前执行的工人八级工资制和干部行政级别制确定工资标准的劳动工资制度实施改革，推行工资总额同经济效益挂钩制度。全地区238家企业开始实行工效挂钩，涵盖职工4.88万人。1994年，全地区所有全民所有制企业实行岗位技能工资制度。

1995年，行署批转地区劳动局《关于娄底地区全面实施再就业工程的报告》，为1.09万人提供担保贷款1.63亿元，为下岗失业人员自谋职业和创业提供免费职业技能培训，为灵活就业和下岗失业人员、公益性岗位就业人员提供社会保险补贴。是年，地区劳动局与地区编委办公室、地区财政局联合印发《关于进一步完善乡镇劳动保障服务平台建设的通知》，79个乡镇、13个城镇街道建立劳动保障服务站，1156个行政村承办人社工作业务。地区劳动局制定社会统筹与个人账户相结合的企业职工基本养老保险制度实施方案。是年起，地区劳动局每年发布一次最低工资标准，为用人单位和劳动者双方协商工资时提供参考。全地区实行集体企业用工制度改革。1104家企业，固定职工22.19万人，全日制职工7.09万人，22.86万名职工与用人单位签订劳动合同，占全地区职工总人数的85%。至1996年底，所有的全民、集体企业固定工与企业签订劳动合同。

2000年，市直和县（市、区）机关事业单位及部分企业启动城镇职工基本医疗保险，同步实施城镇职工大病医疗互助制度，实现机关事业单位公费医疗制度、企业劳保医疗制度向基本医疗社会保险制度转变。是年，全市所有企业退休职工与原企业脱离，进入社区实行社会化管理，养老金通过银行发放。

2001年，失业保险覆盖全市城镇企业、事业单位、社会团体、民办非企业单位及其职工。2002年，市劳动局更名为市劳动和社会保障局。是年起，市劳动和社会保障局每年向社会公布劳动力市场职业（工种）工资指导价位。2004年，城镇灵活就业人员纳入基本医疗保险，城镇实行职工生育保险。市劳动和社会保障局建立全市社保数据中心，统一存放管理全市各类参保单位、各险种参保人员的社会保险数据，劳动保障业务实行微机管理和网上网下办理、查询。

2005年，企业职工基本养老保险扩大到城镇各类企业职工、个体工商户、灵活就业人员、进城务工人员和农垦企业职工等。全市启动工伤保险。2007年，市劳动和社会保障局出台《娄底市建立劳动用工备案制度的实施方案》，规定所有用人单位用工实行登记备案制度，不再办理招收劳动合同制工人的手续。市劳动和社会保障局、市总工会、市企业家协会在全市开展职工工资集体协商工作。

2008年，全市逐步形成农村劳动力“培训、就业、维权”三位一体的工作模式。建立21个市级就业扶贫基地。各县（市、区）分别与省内外经济发达地区建立劳务协作关系，促进贫困劳动力转移就业。全市建立城镇居民基本医疗保险制度，5个县（市、区）和娄底经开区新农合制度实现全覆盖。

2009年，市劳动和社会保障局、市国税局、市地税局、市总工会、市企业联合会、市工商联联合建立推进工资集体协商和工资薪金税前扣除工作联席会议制度，企业依法建立工资集体协商制度。是年始，市劳动和社会保障局和市总工会每年对各县（市、区）的工资集体协商工作实行专项考核，并将考核结果作为企业评选五一劳动奖状、模范职工之家、劳动关系和谐企业以及经营者推荐人大代表和政协委员、评选劳动模范等必备条件。

2010年6月，市劳动和社会保障局与市人事局整合为市人力资源和社会保障局（简称“人社局”）。2011年，省政府确定娄底市为首批省级创业型城市。市政府办出台《娄底市创建省级创业型城市工作实施方案》，启动公益性创新创业孵化基地建设。2012年，全市新农保和城居保两项制度实现全覆盖。 2013年，市人社局率先在全省推进劳动保障监察“两网化”建设和劳动人事争议调解仲裁机制建设。市、县、乡三级实行劳动监察网格化管理、网络化服务。

2014年，全市启用湖南省劳动用工备案系统，所有用工人员全部实行网上备案。机关事业单位建立职业年金制度，终结养老保险制度中的“双轨制”。“新农保”和城居保两项制度整合，形成统一的城乡居民基本养老保险制度。至2015年，全市“新农合”制度和城镇居民医保两项制度统一为城乡居民基本医疗保险制度。机关事业参保单位按本单位在职在编工作人员个人缴费工资基数之和的20%，个人按本人缴费工资基数8%的比例缴纳基本养老保险费。退休费的计算与缴费挂钩。是年，市政府出台《娄底市“大众创业、万众创新”五年行动计划实施方案》，配套出台《创新创业孵化基地建设方案》《基地创业扶持资金使用管理暂行办法》等政策措施，增加创业主体，带动城乡劳动力就业。涟钢大市场等4个创业孵化基地被认定为省级创业孵化基地。2016年，市、县（市、区）卫生部门新农合职能整体移交给市、县（市、区）人力资源和社会保障局管理。

1990—2017年，全市安排城镇待业人员就业71.05万人，下岗失业人员就业41.51万人，就业困难人员就业10.91万人。城镇登记失业率保持在4.4%左右，2017年底，农村劳动力转移就业128.61万人，其中省外85.81万人，省内转移就业42.8万人。2017年底，全市机关事业单位职业年金参保人数69674人，累计征缴职业年金4.47亿元。失业保险参保单位1278家，参保33.01万人，全市为264家企业发放稳岗补贴3645.64万元。工伤保险覆盖全市，参保单位4353家，参保人员40.52万人。

第一章　劳动就业

第一节　安置就业

1990年，娄底地区把劳动就业工作纳入地区经济社会发展规划。1992—1993年，安置关停企业、生产任务不足和在劳动用工制度改革中富余职工1万余人，占富余职工70%。1994年，劳动部门直接组织劳务输出2150人次，为200名城镇居民特困户子女安排工作。1995年，行署批转地区劳动局《关于娄底地区全面实施再就业工程的报告》，为9614名失业人员和下岗富余职工重新安排工作。1990—1995年，全地区安置待业人员就业8.44万人，其中全民所有制单位安置4.07万人，县以上集体所有制单位安置1.94万人，个体和其他各类集体单位安置1.26万人，临时工1.17万人。

1996—2000年，按照劳动者自主择业、市场调节就业、政府促进就业的原则，广开就业门路，全市累计安置城镇待业人员5.29万人，其中安置到国有企业和城镇集体有所制经济组织2.31万人，占总数的43.7%。实施涟邵矿务局“百千万再就业工程”，扶持200户困难职工家庭及小型企业，安置下岗职工1125人，其中56户年收入超过1万元，129户脱贫。1996年在全国城市实施再就业工程现场会上介绍经验。

2001—2005年，全市安置待业人员就业14.5万人，国有企业下岗职工再就业12万人，其中“40、50”大龄困难人员1.8万人。劳动部门为1.35万名下岗失业人员提供劳动保障代理服务。2005年，国有、集体经济单位就业比重由2000年的66.5%下降到35.8%，其他就业比重从33.2%上升到58%。城镇登记失业率控制在5%以内。2006—2010年，累计新增城镇就业人员16万人，安排下岗失业人员再就业9.3万人，“40、50”大龄困难人员就业3.1万人。援助2525户零就业家庭中至少一人就业，实现动态清零100%。城镇登记失业率控制在4.5%内。高校毕业生初次就业率85%。全市筹集就业专项资金7.7

亿元，发放再就业优惠证10.5万个，培训40万人次，职业技能鉴定10.4万人，核发职业资格证书9.5万个。

娄底2012年“春风送岗位”大型招聘会现场
（2012年3月19日摄）

2011—2015年，全市新增城镇就业19.21万人，安排下岗失业人员再就业9.22万人，就业困难人员再就业3.08万人。城镇登记失业率控制在4.3%以内。零就业家庭动态清零率保持100%。全市举办“就业援助月”“返乡务工人员专场招聘会”“春风行动招聘会”“高校毕业生专场招聘会”等294场，促成就业14.5万人次。登记发放就业创业证8.84万本，认定就业困难人员3万人。2016—2017年，新增城镇就业7.61万人，安排下岗失业人员再就业3.63万人，就业困难人员再就业1.34万人。城镇登记失业率4.4%，零就业家庭动态清零率继续保持100%。娄底市获评省级创业示范基地2个，示范县（市、区）1个，示范街道（乡镇）5个，示范社区（村）10个，“双百资助工程”个体工商户16户，优质初创企业15家。先后举办“就业援助月”“春风行动”“民营企业招聘周”“高校毕业生服务月”“高校毕业生服务周”5类大型专场招聘活动，组织1000余家企业进场招聘，提供就业岗位4.6万个，成功承办2016年全国人力资源市场高校毕业生服务周湖南省启动仪式暨人才招聘大会、全省“就业去哪儿”娄底站两个大型活动。完成13.09万名建档立卡贫困劳动力的数据采集核实工作，免费培训1.18万人，其中，建档立卡贫困劳动力3947人，新增转移就业贫困劳动力7817人，完成贫困家庭“两后生”（即初中、高中毕业后未考取大、中专院校，又不愿复读的学生）培训951人，提升贫困劳动力就业技能。

1990—2017年，娄底市安排城镇待业人员就业71.05万人、下岗失业人员再就业41.51万人，就业困难人员再就业10.91万人。

第二节 创业带动就业

2004年2月，市政府启动小额担保贷款工作，扶植自主创业，以创业带动就业。8月开始，市内具备一定劳动能力，并持有再就业优惠证，年龄60周岁以内的下岗失业人员在自谋职业、自主创业或合伙经营与组织起来再就业的，其自筹资金不足的部分可申请小额担保贷款。额度原则上控制在2万元左右。是年，全市筹集小额担保贷款基金630万元，为313名下岗失业人员发放创业担保贷款501.5万元。2005年，贯彻执行省委、省政府《关于促进创新创业带动就业工作的实施意见》，发放自谋职业和自主创业的下岗失业人员再就业优惠证5.9万个。自谋职业和自主创业人数逐年上升。

2009年11月，小额担保贷款对象扩大到持就业失业登记证人员、城镇军队退役人员、大中专毕业生、失地农民和返乡创业的农民四类人员，以及符合贷款条件的劳动密集型小微企业。个人申请贷款最高额度5万元，合伙经营和组织企业经营最高额度50万元，劳动密集型小企业最高额度200万元。是年，为573名下岗失业人员发放创业担保贷款923.5万元。2005—2010年，全市为2516名下岗失业人员发放小额担保贷款3739.3万元，新办街道、社区就业实体334个，新开发就业岗位6.04万个，新安置下岗失业人员4.83万人。

2011年，省人社厅确定娄底市为首批省级创业型城市。市政府办出台《娄底市创建省级创业型城市工作实施方案》，成立创建领导小组及其办公室。2012年，全市完成9个创业园区、8个创业孵化基地的评估认定工作，累计发放小额担保贷款1.02亿元。1.15万人创业成功，创造就业岗位5.75万个。2013年创业园区、创业孵化基地引进企业220家、个体工商户850家，安排就业2.35万人，新推介创业项目278个，利用率超过85%。专家志愿团受理在孵企业问诊800多人次。

2014年，小额担保贷款对象扩大到符合规定条件的城镇登记失业人员、就业困难人员、复员置业退役军人、高校毕业生（两年以内）、刑释解教人员以及符合贷款条件的劳动密集型小企业。贷款额度：高校毕业生最高10万元，妇女最高8万元，其他人员最高5万元。财政贴息资金支持的个人小额担保贷款利率，在中国人民银行公布的同期贷款基准利率的基础上上浮不超过3个百分点。娄底市通过省级创业型城市评估验收，帮助1.12万名城乡劳动者成功创业，带动5.15万人就业。全市公益性创新创业孵化基地启动建设，形成创业促进就业良性循环。2015年，市政府出台《娄底市“大众创业、万众创新”五年行动计划实施方案》，配套出台《创新创业孵化基地建设方案》《基地创业扶持资金使用管理暂行办法》等政策措施。娄星区涟钢大市场管理处创业孵化基地、双峰县富厚商业街创业孵化基地被认定为省级创业孵化基地。全市新增创业主体1.21万户，带动城乡就业2.24万人。

2016年，全市新增创业主体1.26万户，带动城乡就业1.99万人。参与湖南省创新创业带动就业示范典型申报评选，获评省级示范基地1个。境内湖南安石创业孵化基地、湖南丰厚物流创业孵化基地被认定为省级创业孵化基地。参与全省“双百资助工程”（即，政府资助100个自主创业就业个体工商户和100家创新创业带动就业优质初创企业）评选，获评自主创业就业个体工商户6家，优质初创企业7家。参与全省“2151工程”，即由省人社厅牵头会同省财政厅在全省范围内每2年择优评选奖励创新带动就业完成效果显著的10个示范县（市、区）、50个示范街道（乡镇），100个示范社区（村）评选，获评示范县（市、区）1个，获省级奖励资金320万元。市人社局启动实施中心城区创业经营场所补贴，给予每户最高5000元；给符合条件的62名高校毕业生创业项目拨付补贴资金105万元，对70个市级示范典型发放奖励补贴资金555万元。

2017年，贷款对象范围进一步扩展，高校毕业生放宽至毕业5年以内，新增化解过剩产能企业职工和失业人员、返乡创业农民工、网络商户、建档立卡贫困人口、农村自主创业农民。个人自主创业的创业担保贷款最高额度10万元。对符合条件的贷款个人和小微企业，可继续提供创业担保贷款贴息，但累计次数不得超过3次。是年，全市为820名符合创业担保贷款条件的人员发放担保贷款8400万元，带动就业3330人。按时收回到期贷款6263.58万元，回收率99.5%。新增创业主体1.27万户，带动城乡就业2万人。获评2016年度省级示范基地1个、“双百资助工程”优质初创企业8家、个体工商户8户，获省级奖励补贴资金220万元。给78个市级示范典型奖励补贴618万元，给中心城区3534户创业项目补贴1179.8万元。

2004—2017年，娄底市为11.05万创业主体发放担保贷款5.18亿元。

第三节　农村劳动力转移就业

1990—1991年，娄底地区劳动部门发挥职业介绍所职能，向广东及本省外地区输出劳动力4712人。1992年，地区成立劳务输出办公室，向广东等地输出劳动力6万人，其中劳动部门组织输出劳动力1.2万人。1990—1994年5年间，全地区累计劳务输出51.5万人次。1995—2000年，有序组织农村劳动力合理流动，鼓励返乡就业创业，每年新增农村劳动力转移就业2万余人。

2001—2008年，全市每年新增农村劳动力转移就业6万人左右，“培训、就业、维权”三位一体的工作模式逐步建立。2009年，18.96万农民工返乡就业创业，农村劳动力转移培训15.54万人，稳定农村劳动力转移就业85.22万人，其中跨省转移64.19万人，省内转移就业21.03万人。2010年10.23万农民工返乡就业创业。

2016—2017年，全市新增农村劳动力转移就业7.8万人，新增创业主体2.53万户，带动城乡就业2.99万人，组织技能培训9.59万人，建立21个市级就业扶贫基地，各县（市、区）分别与省内外经济发达地区建立劳务协作关系，促进贫困劳动力7817人转移就业。2017年底，全市稳定农村劳动力转移就业128.61万人，其中省外85.81万人，省内42.8万人。

第二章　劳动培训

第一节　培训机构

1990年，娄底地区有技工学校8所。1991年，地区开展“创一流技校”活动，成立地区职业技术培训学会。1996年，全地区有就业训练中心7个，固定训练网点44个，年培训能力12万人。2011年，市人社局通过公开招标，从44家申请投标的培训机构中择优选定22家培训定点机构。2013年，市政府印发《关于进一步加强职业培训促进就业的实施意见》，把职业技能培训作为促进就业的重要举措。2015年，娄底市被列为全国百家技能振兴城市。注销52家取得过办学许可证的“僵尸学校”。2017年，全市形成以技工院校、就业训练中心和教育部门的职业学校为主，民办职业培训机构为辅，覆盖城乡的职业技能培训网络和集职业培训、职业技能鉴定和市场就业于一体的完整体系。有培训基地51个，职业院校、技工学校6所，民办职业培训机构30个。

第二节　分类培训

一、就业前培训

1990年，娄底地区实行“先培训、后就业”和“先招生、后招工”的制度。就业前培训的重点是城镇待业青年，培训期3个月、6个月、1年、2年至3年不等。培训合格者由劳动部门的培训机构和职业介绍机构推荐就业和指导自主择业，或组织劳务输出到外地就业，安置就业率85%以上，紧缺工种就业率100%。至2001年，全市每年参加就业前培训的待业青年1万人以上。2002年始，全市每年参加就业前培训的待业青年1万人以下。1990—2017年，全市18.31万待业青年参加就业前培训。

二、劳动预备制培训

劳动预备制培训始于1998年，地区劳动局会同地区工商局出台《娄底地区劳动预备制度实施方案》，确定新化、双峰两县进行劳动预备制培训试点。2000年，市劳动局出台《关于印发劳动预备制培训实施办法的通知》，确定培训内容为：职业技能训练、专业理论学习、文化知识学习和创业能力培训。参加劳动预备制培训的合格人员，纳入劳动力信息管理系统，根据国家就业方针和劳动力市场需求，组织双向选择，优先推荐就业。2002年，娄底市高级技校等6家单位确定为劳动预备制培训定点单位。1998—2017年，全市22.16万人参加劳动预备制培训。

三、下岗失业人员培训

1995年，行署批转地区劳动局《关于娄底地区全面实施再就业工程的报告》，确定在“九五”期间组织1.5万名下岗失业职工实施转业转岗再就业培训。参加培训的人员享受国家补贴450元／人。培训形式以短训、速成、一技之长的实用性技能培训为主。培训内容为：引导性培训（包括职业道德、法律法规、安全生产）和专业技能培训。1995—2017年，全市国有、集体企业下岗失业职工再就业培训29.36万人次。

四、创业培训

2004年，全市启动创业培训工作。2011年，市人社局出台《关于印发娄底市职业技能培训创业培训管理监督暂行办法的通知》，加强培训的针对性、规范性和有效性。2013年1月，市政府出台《关于进一步加强职业培训促进就业的实施意见》，进一步健全职业培训工作机制。2004—2017年，全市5.27万人参加创业培训。

五、农村劳动力转移培训

1996年，地区劳动局在西阳、茶园、涟滨3个乡设立农村劳动力转移培训基地。2002年始，全市采取乡镇自培、联培和委托培训等方式，对具有初中以上文化程度、有转移就业愿望的农村劳动者开展职业技能培训。95%以上的培训合格者实现就地或转移就业。1996—2017年，全市26.88万名农村剩余劳动力参加职业培训。

六、技工培训

1990年始，各技工学校先后开设30余个专业（工种），学制2～3年，技师班学制5年，开展技工培训工作。文化技术理论学习和实习操作时间各占一半。实习采取在校办工厂实习和到专业对口的企业实习两种形式。1993年以前技工学校学生实行统一招生，统一分配。1993年始，技校毕业生实行推荐就业和自主择业。经过几十年的改革发展，全市技工院校已形成初、中、高级培训并存，学制教育与职业资格证书考核培训相结合，多层次、多功能、多元化的职业技能培训体系。1990—2017年，娄底技师学院、冷水江高级技校、涟钢技校、人文科技技校为社会培训8.4万名技术工人。

娄底技师学院校企合作签约仪式现场（2017年6月15日摄）

1991—2017年娄底市职业培训情况表

表18-1　　单位：万人

年份	合计	就业前培训	农村劳动力转移培训	下岗失业人员再就业培训	劳动预备制培训	创业培训	企业在岗职工培训	扶贫技能培训	高校毕业生培训
1991	0.95	0.95	—	—	—	—	—	—	—
1992	1.10	1.10	—	—	—	—	—	—	—
1993	1.11	1.11	—	—	—	—	—	—	—
1994	1.05	1.05	—	—	—	—	—	—	—
1995	1.16	1.16	—	—	—	—	—	—	—
1996	1.79	1.39	0.10	0.30	—	—	—	—	—
1997	1.75	1.34	0.11	0.30	—	—	—	—	—
1998	2.80	1.92	0.27	0.30	0.31	—	—	—	—

续表18-1

年份	合计	就业前培训	农村劳动力转移培训	下岗失业人员再就业培训	劳动预备制培训	创业培训	企业在岗职工培训	扶贫技能培训	高校毕业生培训
1999	1.87	0.89	0.32	0.30	0.36	—	—	—	—
2000	2.09	1.05	0.37	0.32	0.35	—	—	—	—
2001	2.47	1.14	0.49	0.47	0.37	—	—	—	—
2002	2.46	0.33	0.84	0.78	0.51	—	—	—	—
2003	2.42	0.25	0.83	0.85	0.49	—	—	—	—
2004	4.53	0.70	0.96	1.59	1.13	0.15	—	—	—
2005	8.10	0.35	1.92	1.64	0.66	0.16	3.37	—	—
2006	8.73	0.32	2.61	1.20	0.59	0.20	3.81	—	—
2007	8.02	0.31	2.75	1.43	0.71	0.71	2.11	—	—
2008	9.61	0.32	2.50	1.60	0.88	4.11	0.20	—	—
2009	12.07	0.50	2.37	1.34	2.35	0.12	4.17	1.22	—
2010	12.21	0.42	2.41	1.50	3.24	0.48	3.98	0.18	—
2011	13.89	0.32	2.00	3.54	3.44	0.56	3.86	0.17	—
2012	17.25	0.40	2.14	7.15	3.19	0.94	3.30	0.13	—
2013	9.05	0.21	1.74	2.27	0.80	0.88	2.80	0.15	0.20
2014	4.95	0.20	0.59	0.83	0.36	0.87	1.56	1.56	3.67
2015	5.48	0.36	0.56	0.94	0.74	0.75	1.65	0.27	0.21
2016	4.81	0.41	0.56	0.95	0.65	0.65	1.22	0.26	0.11
2017	6.44	0.68	0.44	1.08	1.03	0.62	2.40	0.18	0.01

说明：扶贫技能培训始于2009年，高校毕业生技能培训始于2013年。2005年前，企业在岗职工由各企业自行组织培训

第三节 职业技能鉴定

1994年，地区成立职业技能鉴定中心，组建娄底技校、洪源技校、华达技校、涟邵技校、冷钢技校、有色技校、冷江技校、涟钢技校等9个职业技能鉴定站（所）。职业技能鉴定站（所）有考评人员200多人，能够鉴定车工、钳工、铣工、电工、焊工、锻造工、计算机操作工、家电维修工、汽车修理工等50多个工种，鉴定所场地6100多平方米，鉴定设备上千台（套），可同时容纳2000余人开展职业技能鉴定。

1996年，地区劳动局、地区工商局联合出台《关于个体工商户、民营企业从业人员实行职业资格证书制度有关问题的通知》，对个体工商户、民营企业中从事中式面点师等12个工种从业人员实行职业资格证书制度，开始对个体、民营企业从业人员进行职业技能鉴定。是年，地区建立培训、鉴定与就业相结合、与待遇挂钩的激励机制。

1997年，职业技能鉴定范围扩大，职业技能鉴定站（所）对全市职业技术学校和技工学校毕业生以及企业职工技术等级进行鉴定。1998—1999年，5847万名技校毕业生通过技术等级鉴定，获得初、中级技术等级证书。2001年，职业技能鉴定范围进一步扩大，覆盖全市企业职工、技工学校、大中专院校毕业生、社会从业人员涵盖宾馆、餐饮、美容美发等服务技术工种。2009年，全市对农村劳动力转移培训、失业人员技能培训和技能鉴定。

1994—2017年，全市鉴定各类人员29.80万人，颁发职业资格证书25.54万人，其中高级以上技术等级证书14.31万人，中级技术等级证书8.55万人，初级技术等级证书2.29万人，技师等级证书3002人，高级技师等级证书927人。

1994—2017年娄底市职业技能鉴定情况表

表18-2　　单位：人

年份	鉴定人数	获得职业技能证书总人数	获得高级以上技术等级证书人数	获得中级技术等级证书人数	获得初级技术等级证书人数	获得技师等级证书人数	获得高级技师等级证书人数
1994	2613	2550	1051	887	612	—	—
1995	2735	2439	851	931	657	—	—
1996	2656	2549	918	960	671	—	—
1997	3358	3346	2305	1041	—	—	—
1998	3528	3175	1812	1043	320	—	—
1999	3661	3295	1977	1015	303	—	—
2000	3795	3416	2039	1170	207	—	—
2001	3250	2534	657	832	1045	—	—
2002	5870	4523	624	1702	2197	—	—
2003	6083	4638	656	2776	1206	—	—
2004	6892	6272	1692	3560	1020	—	—
2005	10475	8766	716	4917	3133	—	—
2006	12886	11762	2443	8318	724	224	53
2007	14244	12731	1950	9761	711	252	57
2008	12225	10971	1725	8246	703	234	63
2009	15936	13585	7068	5704	623	124	66
2010	14706	13573	7451	5122	693	254	53
2011	28693	24423	18948	4675	528	184	88
2012	28447	23875	17873	5502	201	205	94
2013	29255	25321	21387	3134	503	225	72
2014	24097	21287	13235	5189	2267	398	198
2015	23566	19255	12435	4020	2146	565	89

续表18-2

年份	鉴定人数	获得职业技能证书总人数	获得高级以上技术等级证书人数	获得中级技术等级证书人数	获得初级技术等级证书人数	获得技师等级证书人数	获得高级技师等级证书人数
2016	18665	16147	12057	2090	1633	305	62
2017	20471	14953	11212	2861	816	32	32
合计	298107	255386	143082	85456	22919	3002	927

说明：1994—2005年，娄底地区未开展技师和高级技师鉴定工作

第三章 劳动合同与劳动工资

第一节 劳动合同

1990年，娄底地区实施劳动制度改革。是年，新招工人实行劳动合同制，劳动合同制工人3.4万人。劳动部门鉴证劳动合同1.5万份，其中全民合同制工人3901份，农民轮换工7588份，农民合同工2158份，临时工（季节工）1226份，集体企业合同制工人147份，私营企业个体工商户15份，乡村集体所有制企业8份。

1995年，行署出台《娄底地区劳动合同管理办法》《娄底地区实行全员劳动合同制暂行办法》，规范劳动合同制管理。22.86万名职工与用人单位签订劳动合同，占全地区职工总人数的85%。1996—2006年，国有集体企业中的全民固定工和集体职工全部与用人单位签订劳动合同。

2007年，市劳动和社会保障局出台《娄底市建立劳动用工备案制度的实施方案》，规定所有用人单位用工实行登记备案制度。是年始，市内企业、个体组织、民办非企业单位、会计师事务所、律师事务所、基金会等组织实行劳动用工备案制度。2014年，全市用人单位用工除纸质材料备案外，开通启用湖南省劳动用工备案系统，所有用工人员全部实行网上备案。是年，市人社局审批劳务派遣许可单位8家。2007—2017年，全市为706家用工单位办理劳动用工备案手续6.31万人次，审批劳务派遣许可单位43家，劳务派遣1.58万人。

第二节 劳动工资

一、劳动工资制度改革

1990年，娄底地区对此前执行的工人8级工资制、干部行政级别制确定工资标准的劳动工资制度实施改革，推行工资总额同经济效益挂钩制度，同时启动岗位技能工资试点。全民所有制单位工效挂钩企业户数238家，占可挂钩企业的78%，工效挂钩企业职工4.88万人，占可挂钩企业职工的96%。地区工程公司、资江氮肥厂被省政府列为实行岗位结构工资制度改革第一批试点企业。地区药材公司、地区塑料厂、冷水江市碱厂、涟源市铁厂、双峰县氮肥厂、新化县气门厂、新化县副食品公司列为第二批试点企业。试点企业管理人员按岗位责任大小、生产工人按个人技能的高低确定劳动者工资。1993年底，全地区30家企业实行岗位技能工资。1994—2017年，所有国有企业工人、干部实行岗位技能工资制度。

二、劳动工资宏观调控

1990年1月，地区劳动局与地区计划委员会、中国人民银行娄底分行联合下发《关于实行统一制

发的“工资基金管理手册”有关问题的通知》，地、县（市）属全民所有制企业、事业、机关团体等单位工资额，一律经当地劳动行政部门和人民银行审核后支付。1994年始，企业打破职工工资分配指令性计划控制，实行宏观调控。企业内部分配的自主权逐步扩大。

1995年始，地区劳动局每年发布全区最低工资标准。最低工资人均每月1995—1996年145～175元。1998—1999年190～210元。2002年始，娄底市每年公布劳动力市场132个工种工资指导价位。对企业合理确定职工工资水平，劳动者获得合理的工资收入提供宏观调控指导。2002—2003年，最低工资人均每月280～320元。2004年始，娄底市每年发布职工平均工资数。2004—2005年人均每月2280元，最低人均每月360元。2006—2007年2909元，最低人均每月420～450元。2008—2009年人均每月3441元，最低人均每月560～580元。2010年人均每月2005元；最低人均每月600～650元。2011年人均每月2280元，最低人均每月770元。2012年人均每月2589元，最低人均每月870元。2013年人均每月2909元，最低人均每月945元。2014年，市劳动和社会保障局公开发布劳动力市场工资指导价位，涵盖的职业（工种）扩展到196个。是年，职工人均每月3065元，最低人均每月945元。2015年人均每月3441元，最低人均每月1030元。2016年人均每月3666元，最低人均每月1030元。2017年，未公布劳动市场工资指导性标准。职工人均每月4044元，最低人均每月1030元。

三、劳动者工资集体协商

2007年1月，市劳动和社会保障局、市总工会、市企业家协会转发省劳动和社会保障厅《关于开展区域性行业工资集体协商工作的意见》，开始在全市开展工资集体协商工作。2008年7月，市劳动和社会保障局、市总工会转发省劳动和社会保障厅《关于进一步规范全省用人单位工资集体协商基本程序的指导意见》，规范工资集体协商。全市开展工资集体协商的企业72户，涉及职工2.91万人。2009年11月，市劳动和社会保障局出台《全市推进工资集体协商和做好企业工资薪金税前扣除工作实施方案》，市劳动和社会保障局、市国税局、市地税局、市总工会、市企业联合会、市工商联联合发文建立推进工资集体协商和工资薪金税前扣除工作联席会议制度，企业依法建立工资集体协商制度。

2010—2017年，市劳动和社会保障局（市人力资源和社会保障局）和市总工会每年印发《年度全市工资集体协商工作考核办法》，制定《工资集体协商工作奖励办法》《娄底市劳动关系和谐工业企业创建标准》，对各县（市、区）劳动和社会保障局（人力资源和社会保障局）、总工会的工资集体协商工作实行专项考核，将开展工资集体协商作为企业评选五一劳动奖状、模范职工之家、劳动关系和谐企业以及经营者推荐人大代表和政协委员、评选劳动模范的必备条件，实行“一票否决”。2017年底，全市建立工资集体协商制度的企业4476家，覆盖职工27.06万人。其中企业单独签订专项工资集体协议959份，覆盖职工13.43万人，签订创业性、区域性工资集体协议85份，覆盖企业4147家，职工13.62万人，签订补充协议283份，覆盖职工2.27万人。

第四章　劳动权益保障

第一节　劳动保障监察

1994年，地区成立劳动监察大队，县（市）成立劳动监察中队，履行宣传劳动保障法律法规，检查用人单位遵守法规的情况；受理对违反劳动保障法律法规行为的举报、投诉；依法纠正和查处违反劳动保障法律法规行为。是年，全地区劳动监察机构对用人单位开展年度定期监察8558次，督促补签劳动合同1.45万份，385家用人单位补缴社会保险费6291万元，查处劳动违法案件1347起，为劳动者追讨工资3977.8万元。2000—2002年，全市对3680户用人单位进行监察，督促补签劳动合同8492份，补缴社会保险费3700万元。

2005年，市劳动监察机构依据2004年国务院《劳动保障监察条例》规范劳动监察，对用人单位开展诚信等级评价。2006年7月，举办劳动保障定期监察培训班，培训全市用人单位劳资人员1000多人次。2011年，对全市用人单位开展劳动保障年度定期监察2849次，督促补签劳动合同932份，督促用人单位补缴社会保险费1981万元，查处劳动违法案件823起，查处使用童工案件4起，清退童工6人，为劳动者追讨工资953万元。

2012年，市劳动保障监察机构实施网格化、网络化建设，并将"两网化建设"纳入"金保工程"（人社部门专属的信息化建设工程）。市本级、娄星区、娄底经济开发区完成"两网化"建设。2013年，双峰县、涟源市、冷水江市、新化县完成"两网化"建设。"两网化"平台分为市级"两网化"指挥中心、县级"两网化"管理中心和乡镇"两网化"管理工作室三级。以各县（市、区）劳动保障监察中队为基础，划分为98个网格（娄星区12个、经济开发区2个、双峰县17个、涟源市21个、冷水江市15个、新化县31个），形成覆盖城乡用人单位的劳动保障监察执法信息网。

1994—2017年，全市对用人单位开展劳动保障年度定期监察用人单位4.83万家次，督促补签劳动合同6.23万份，督促4245家用人单位补缴社会保险费2.11亿元，查处劳动违法案件9780起，查处使用童工案件7起，清退童工9人，为劳动者追讨工资5.91亿元，向社会公布4起重大劳动保障违法案件。"两网化"系统录入用人单位1.2万余家，登录案件500余件。全市以网格为依托，以网络为媒介，实时监控用人单位招用工、劳动合同、工资支付、社会保险缴纳等方面的信息，及时处理网格内劳动保障违法行为。

第二节　专项检查

一、农民工工资检查

2005年始，市劳动、住建、交通、水利、公安等部门组成联合检查组，对所有在建项目进行清查，重点清查落实实名制用工、缴纳农民工劳动报酬保证金、按月足额支付工资等情况，打击拖欠农民工工资的违法行为。是年，检查用人单位189户，涉及劳动者3.6万人，查处拖欠案件34起。2007年，检查用人单位286户，涉及劳动者4.14万人，查处拖欠案件53起。2015年，检查用人单位386户，涉及劳动者3.51万人，查处拖欠案件228起。2017年，检查用人单位153户，涉及劳动者1.76万人，查处拖欠案件大幅度减少，为15起。2005—2017年，检查用人单位2840户次，涉及劳动者41.01万人次，查处拖欠案件863起。

二、人力资源市场检查

2006年始，市劳动保障监察机构每年2—3月对人力资源市场开展清理整顿专项检查，取缔非法人力资源服务机构，依法严惩各类以职业介绍为名从事传销、强迫劳动等严重违法行为。是年，检查233家劳务用工单位，其中职业介绍机构52家，劳务派遣机构4家。

2007—2014年，全市检查各类职业中介机构及劳务用工单位1516家，查处违法案件675件，取缔非法职业介绍机构75家，责令退赔劳动者中介服务费、押金或其他费用75.09万元。

2015—2017年，全市检查各类职业中介机构及劳务用工单位328家，查处违法案件53件，取缔非法职业介绍机构9家，责令退赔劳动者中介服务费、押金或其他费用16万元。

三、劳动法律法规检查

2011年始，市劳动保障监察机构于每年7—8月对全市用人单位遵守劳动法律法规情况进行专项检查，主要检查劳动合同签订、工资支付、休息休假、防暑降温、妇女及未成年工保护等内容。2011—2017年，检查用人单位4089户，涉及劳动者23.18万人，补签劳动合同3.18万份，督促补缴社会保险费213.59万元。

第三节 劳动人事争议仲裁

1990年始，全地区劳动人事争议一直处于高位状态，且呈逐年增长态势。1995年1月《中华人民共和国劳动法》施行，全地区规范劳动用工管理，重点抓变更、终止、改变劳动关系中的疑点，解决企业改革、改制、改组中的难点，处理劳动争议过程中的错点，保护劳动者权益。2003年，全市全面推行事业单位人员聘用制，人事争议案件开始增加。2009年后，小型煤矿关闭，不少企业面临倒闭，劳资矛盾加剧，集体争议增加，案件调解难度和执行难度增大。2012—2017年，市、县两级劳动人事仲裁机构平均每年处理劳动人事争议案件达1000余起，案件调解结案率70%，上诉到法院裁决案件，判决维持率达100%。

第五章 养老保险

第一节 企业职工基本养老保险

一、退休待遇

1988—1997年，娄底地区工人退休以后，每月按标准发给退休费（直至去世为止）。抗日战争时期参加革命工作的，按本人标准工资的90%发给。解放战争时期参加革命工作的，按本人标准工资的80%发给。中华人民共和国成立后参加革命工作，连续工龄满20年的，按本人标准工资的75%发给，连续工龄满15年不满20年的，按本人标准工资的70%发给，连续工龄满10年不满15年的，按本人标准工资的60%发给。退休费低于25元的，按25元发给。饮食起居需要人扶助的，按本人标准工资的90%发给，还可以根据实际情况发给一定数额的护理费。护理费标准，一般不超过一个普通工人的工资，同时具备两项以上的退休条件，按最高的标准发给。患二期矽肺病退休的工人，退休费按本人标准工资的90%发给，并享受原单位矽肺病人离职休养期间的待遇。完全丧失劳动能力的工人退职后，按月发给相当于本人标准工资40%的生活费。低于25元的按25元发放。

1990年后，全地区多次调整企业退休（职）人员养老金。1957年以来未升过级的离退休人员提高二级工资；退职人员每月增加8元。1992年1月起，离退休人员提高离退休费的10%。未参加1985年工资改革的企业离退休人员每月增加10元。退职人员参照执行。1994年起，1978年12月31日以前退休的职工每月增加60元。1979年1月1日至1985年工资改革前退休的职工每月增加45元。1985年工资改革后至1988年12月31日前退休的职工每月增加30元。1989年1月1日至1993年9月30日退休的职工每月增加20元。退职人员月均增加20元。1995年7月起，1994年12月31日前退休（职）的职工调整基本养老金。连续工龄40年及以上的退休人员月增加70元。连续工龄满35年不满40年的退休人员月增加50元。连续工龄不满35年的退休人员月增加30元。退职人员月增加20元。1996年7月起，1995年12月31日前退休的职工每月增加20元。退职人员每月增加10元。1997年7月起，1996年12月31日前退休（职）的职工调整基本养老金待遇。一般退休人员月增加10元。未参加岗位技能工资套改的退休职工月增加15元。退职职工月增加8元。

1999年7月起，1999年6月30日前退休（职）的职工调整基本养老金待遇：月养老金在400元（不含400元）以下的退休职工月增加60元，月养老金总额不超过450元；月养老金在400~500元（不含500元）以下的退休职工月增加50元，月养老金总额不超过540元；月养老金在500元以上的退休职工月增加40元；退职人员月增加30元。2000年，企业离休人员基本养老金待遇进行调整，比照国家机关同类人员的调整办法执行。调整时间从1999年10月1日起，标准按机关同职务在职人员晋升一个职务工资档次的级差增加基本养老金，每月低于25元的按25元增加。

2002年7月起，2001年3月31日前退休（职）的职工调整基本养老金待遇：普调月增加20元，退职人员月增加15元。未参加1995年等级工资调标的退休职工，1988年年底前退休，工龄满35年、1993年年底前退休，工龄满40年的男性退休职工；1983年年底前退休，工龄满30年、1993年年底前退休，工龄满40年的女性退休职工给予政策倾斜，在普调的基础上每月再增加20元。1953年12月31日前参加工作的退休职工每月增发70元；1949年10月1日至1953年年底参加工作的每月补足至570元；1954年1月1日后参加工作，1995年年底前退休的职工每月增发25元，1996年1月1日后退休的月增发20元；1995年年底前退休的企业军队转业干部和企业党政干部月增发45元，1995年后退休的上述人员月增发50元；退职人员月增加15元。

2004年7月起，2003年12月31日前退休（职）的职工基本养老金待遇调整：1953年12月31日前参加工作的退休职工月增加70元。1954年后参加工作，1996年前退休的职工月增加45元，1996年后退休的月增加25元，退职人员月增加20元。2005年7月起，2004年年底前退休人员每月增加35元。具有高级职称的月增加120元。农垦企业退休农工月增加30元。2004年年底男年满60周岁、女年满50周岁的退休人员：1954年前参加工作的月增加105元。1954年后参加工作的、1998年前退休的月增加65元。1954年前参加工作的、1998年后退休的月增加45元（工残退休、企业军转干部不受此年龄限制）。

2006年7月起，2005年年底前退休，2005年年底前不满60周岁（男）、不满50周岁（女）的退休人员月增加60元。具有高级职称的月增加155元。农垦企业退休农工月增加50元。2005年年底男年满60周岁、女年满50周岁的退休人员：1954年前参加工作的月增加145元。1954年后参加工作的、2000年前退休的月增加80元（工残退休、企业军转干部不受此年龄限制）。

2007年1月1日起，全市对退休职工实施基本养老金普调，人均每月增加50元，再按缴费年限（含视同缴费年限、不含折算工龄）每满1年（不满1年的计为1年）增加1元，缴费年限超过40年的按40年调整。1993年12月31日前退休的每月再增加20元，具有高级职称的每月再增加40元。农垦企业退休人员，2003年6月前退休的月增加60元、2003年6月以后退休的每月增加55元。

2008年，全市对2008年年底前退休（职）的职工从2008年1月起普调，人均每月增加50元，再按缴费年限每满1年增加1.5元。另外对以下人员政策倾斜：1953年年底前参加工作的退休职工每月再增发40元。原工商业者每月再增发40元。在职时取得高级职称的每月再增发60元。75（含75）~80周岁的每月再增发10元。80岁以上（含80）的每月再增发20元。其中，前3项倾斜政策不可同时享受。2009年，全市对2009年年底前的退休（职）职工从2009年1月起普调，每月人均增加50元，再按缴费年限每满1年加2元。2010年年底前退休（职）的职工从2010年1月起普调，人均每月增加60元，再按缴费年限每满1年增加2元。

至2017年，全市企业退休职工基本养老金连续12年普调。

二、企业职工基本养老保险个人账户管理

1995年8月，地区劳动局制定全地区社会统筹与个人账户相结合的企业职工基本养老保险制度实施方案，建立养老保险个人账户，实行企业职工基本养老保险社会统筹和个人账户相结合，企业职工统筹退休基金提取比例保持相对稳定。缴费基数340元／月，保底基数204元／月，单位统筹比例25%，个人缴费比例3%。

随着退休职工的退休待遇较大幅度提高，退休职工人数不断增多，企业和职工的缴费标准相应调整。1998年1月起，个人账户比例统一为11%，跨省转移时统筹部分转移12%，个人账户转8%。2002年4月1日起，单位缴纳基本养老保险费的比例统一为20%，职工个人缴纳基本养老保险费的比例统一为8%，职工个人账户规模仍为个人缴费工资的11%。自由职业人员、城镇个体工商户业主统一按本人缴费工资基数的21%缴纳养老保险费。城镇个体工商户从业人员本人按其缴费工资基数的8%缴纳基本养老保险费。此后每年的缴费比例和缴费基数有所调整。

2005年，企业职工基本养老保险覆盖面扩大到城镇各类企业职工、个体工商户、灵活就业人员、进城务工人员和农垦企业职工等。在基本养老金计发和调整、个人账户做实与积累、基金的管理和筹集、退休人员社会化管理服务方面形成相应健全的制度和办法。2006年1月，全市个体工商户按全省社会平均工资20%缴费，统筹部分12%，个人账户记8%，单位缴费不再划入个人账户。4月，全市统一按全省上年度在岗人员月平均工资缴费。2009年6月，娄底市纳入全省启用新的养老保险信息业务系统。2010年1月，全市养老保险缴费年度改为自然缴费年度（即每年的1—12月）。

2011年7月1日，《中华人民共和国社会保险法》正式实施。全市调整丧葬补助金和抚恤金标准：丧葬补助金按其死亡时上年度全省企业退休人员月平均基本养老金的四个月发放，抚恤金按其缴费年限发放。参加企业职工基本养老保险的人员，因病或非因工死亡后，其遗属可以按规定领取丧葬补助金和抚恤金。因工死亡或伤残职工在停薪期内因工伤导致死亡，只发丧葬补助金，不发抚恤金。至2017年没有变化。

1995—2017年娄底市企业职工基本养老保险缴费及个人账户计算标准一览表

表18-3

缴费年月	市月平均工资（元）	市在岗月工资（元）	省月平均工资（元）	省在岗月工资（元）	实际缴费基数（元）	保底基数（元）	单位统筹比例（%）	个人统筹比例（%）	个人缴费比例（%）	单位代缴比例（%）	单位划转比例（%）	个人账户合计比例（%）
1995-08—1995-12	—	—	340	—	340	204	0.25	—	0.03	0.05	0.08	0.16
1996-01—1996-03	—	—	340	—	340	204	0.25	—	0.03	0.05	0.08	0.16
1996-04—1997-03	—	—	400	—	400	240	0.25	—	0.03	0.05	0.08	0.16
1997-04—1997-12	—	—	425	—	425	255	0.25	—	0.03	0.05	0.08	0.16
1998-01—1998-03	—	—	425	—	425	255	0.23	—	0.04	—	0.07	0.11
1998-04—1999-03	—	—	444	—	444	266	0.23	—	0.04	—	0.07	0.11
1999-04—2000-03	—	—	456	—	456	273	0.22	—	0.05	—	0.06	0.11
2000-04—2001-03	—	—	495	—	495	297	0.22	—	0.05	—	0.06	0.11
2001-04—2002-03	510	—	543	—	543	326	0.21	—	0.06	—	0.05	0.11
2002-04—2003-03	602	—	641	—	641	385	0.20	0.13	0.08	—	0.03	0.11
2003-04—2004-03	667	—	728	—	728	437	0.20	0.13	0.08	—	0.03	0.11
2004-04—2005-03	749	—	821	—	821	493	0.20	0.13	0.08	—	0.03	0.11
2005-04—2005-12	915	1084	955	—	955	573	0.20	0.13	0.08	—	0.03	0.11
2006-01—2006-03	915	1165	955	—	955	573	0.20	0.12	0.08	—	—	0.08
2006-04—2007-03	1070	1305	1143	1305	1305	783	0.20	0.12	0.08	—	—	0.08
2007-04—2008-03	1263	1360	1336	1487	1487	892	0.20	0.12	0.08	—	—	0.08
2008-04—2009-03	1524	1616	1643	1795	1795	1077	0.20	0.12	0.08	—	—	0.08

续表18-3

缴费年月	市月平均工资（元）	市在岗月工资（元）	省月平均工资（元）	省在岗月工资（元）	实际缴费基数（元）	保底基数（元）	单位统筹比例（%）	个人统筹比例（%）	个人缴费比例（%）	单位代缴比例（%）	单位划转比例（%）	个人账户合计比例（%）
2009-04—2009-12	1746	1818	1924	2052	1940	1164	0.20	0.12	0.08	—	—	0.08
2010-01—2010-12	1929	2005	2167	2274	2270	1362	0.20	0.12	0.08	—	—	0.08
2011-01—2011-12	2219	2280	2440	2540	2540	1524	0.20	0.12	0.08	—	—	0.08
2012-01—2012-12	—	2589	—	2960	2960	1776	0.20	0.12	0.08	—	—	0.08
2013-01—2013-12	—	2909	—	3336	3336	2002	0.20	0.12	0.08	—	—	0.08
2014-01—2014-12	945	3165	3775	3658	3658	2195	0.20	0.12	0.08	—	—	0.08
2015-01—2015-12	—	—	4025	4044	4044	2426	0.20	0.12	0.08	—	—	0.08
2016-01—2016-12	—	3666	4525	4491	4491	2695	0.20	0.12	0.08	—	—	0.08
2017-01—2017-12	—	—	4491	5013	4491	2695	0.20	0.12	0.08	—	—	0.08

三、企业养老保险基金征缴

2001年，根据省政府《社会保险费征缴暂行条例》，娄底市就单位登记、基数申报、缴纳、社会保险费的管理、监督检查、罚则等方面做详细的规定：是年5月1日起，外商投资企业、城镇私营企业的养老保险费征收交给地税部门负责。国有、集体企业的职工养老保险费仍由劳动保障部门的社保经办机构征收管理。全市历经十余年的扩面征缴，养老保险费征收连创新高。该规定执行至2017年未变。

1995—2017年娄底市企业养老保险征缴收入情况表

表18-4　　单位：亿元

年份	全市	市本级	年份	全市	市本级
1995	0.50	0.27	2007	5.78	1.84
1996	0.80	0.44	2008	6.20	1.64
1997	1.19	0.55	2009	6.70	1.80
1998	1.19	0.52	2010	6.71	2.20
1999	1.12	0.45	2011	7.48	2.41
2000	1.30	0.56	2012	9.90	3.17
2001	1.51	0.63	2013	9.10	2.99
2002	1.45	0.66	2014	13.81	3.77
2003	1.71	0.76	2015	14.01	3.87
2004	2.46	1.04	2016	12.80	4.27
2005	2.28	1.05	2017	14.12	4.30
2006	3.56	1.26			

四、社会化管理服务

1990—1999年，娄底地区离退休人员由原所属单位管理和负责养老金领取资格认证。2000年开始，全市实行企业退休职工养老金委托银行社会化发放，2005年移交市社保处管理。至2009年，全市养老金领取资格认证由离退休人员所属单位或社区或社保经办机构证明担保，每年两次集中认证。2010—2017年，市社会保险经办机构对企业退休人员开展人脸建模生存认证，企业退休职工每年到社会保险经办机构确认一次生存信息，不能确认生存信息的停止养老金发放。

第二节　机关事业单位养老保险

1994年，娄底地区机关事业单位社会保险处、县（市、区）机关事业单位社会保险所成立。是年7月，机关事业单位启动养老保险、失业保险，参保范围为地区各级党政群机关工作人员和全额拨款事业单位中的合同制工人、乡镇聘用制干部、民办教师、人事档案及工资关系挂靠人才流动服务机构的人员、计划内临时工。养老保险缴费比例为月工资总额的27.5%（其中个人缴纳3%），失业保险缴费比例为月工资总额的1%。

1996年1月起，全地区对差额拨款、自收自支事业单位征缴养老保险金、失业保险金。1996年8月起，地区机关事业单位养老保险参保范围扩大至机关事业单位及编制部门认定的并执行机关事业单位工资制度的工作人员。养老保险缴费比例调整为在职工作人员上年度月平均工资总额的27%（其中个人缴纳3%）。2006年10月1日起，市公务员管理单位、参照公务员管理的党政群机关单位中的工作人员养老保险个人缴纳部分暂缓缴纳。2008年10月始，全市调整市直差额和自收自支事业单位基本养老保险费缴纳标准，按在职工作人员上年末月工资额的28%缴纳，其中单位缴纳25%，个人缴纳3%。

2014年10月起，全市机关事业单位工作人员在参加基本养老保险的基础上，建立职业年金。缴费标准为单位按本单位工资总额的8%，个人按本人缴费工资的4%缴纳。退休后，按照本人退休时对应的计发月数按月领取职业年金。2016年11月，市本级启用新的湖南省机关事业单位工作人员养老保险信息系统。2017年，全市机关事业单位在职参保人数9.69万人，征缴养老保险费22.95亿元（含补缴）；取得利息收入1790万元；参保退休人员4.25万人，支付基本养老保险金21.62亿元（含补付）；基金累计结余4.28亿元；市本级参保人数1.65万人，征缴养老保险费3.99亿元（含补缴）；取得利息收入1305万元；参保退休人员6455人，支付基本养老保险金4.48亿元（含补付）；基金累计结余1.1亿元。

2015年11月18日，全市启动机关事业单位养老保险制度改革。参保单位按本单位在职在编工作人员个人缴费工资基数之和的20%，个人按本人缴费工资基数8%的比例缴纳基本养老保险费。退休费计算与缴费挂钩，多缴多得，长缴多得。是年，全市机关事业单位在职参保9.68万人，参保退休人员3.46万人。12月，全市累计征缴养老保险费55.75亿元；利息收入1.03亿元；累计支付基本养老保险金53.84亿元。市本级在职参保1.40万人，退休人员参保5043人。市本级累计征缴养老保险费8.38亿元，取得利息收入4500.6万元，累计支付基本养老保险金7.05亿元，基金累计结余1.76亿元。

至2017年底，全市机关事业单位职业年金参保人数6.97万人，累计征缴职业年金4.47亿元。市本级在职参保人数1.65万人，累计征缴职业年金1.28亿元。

第三节　城乡居民基本养老保险

2009年始，市政府在娄星区启动新型农村社会养老保险（简称“新农保”）试点，基础养老金水平每人每月55元，2011年，在娄星区启动城镇居民社会养老保险试点。2012年，全市实现新农保和城居保全覆盖。2014年，根据国务院《关于建立统一的城乡居民基本养老保险制度的意见》，娄底市合并实施两项制度，建立统一的城乡居民基本养老保险制度。参保人员年满60周岁，累计缴纳满15年，未领取国家规定的基本养老保障待遇，从达到上述条件的次月起，按月领取城乡居民基本养老金，城乡居民基础养老金水平提高到每人每月75元。

2016年，城乡居民基本养老保险基础养老金标准提高到每人每月80元，资金来源为个人缴费（分100元、200元、300元、400元、500元、600元、700元、800元、900元、1000元、1500元、2000元、2500元、3000元14个档次）、集体补助、政府补贴（每年不低于30元／人）。

2017年，城乡居民基本养老保险基础养老金标准提高到每人每月85元，全市城乡居民基本养老保险登记参保人数达到200万人，登记参保率达到95%。全市城乡居民养老保险工作基本形成"社会统筹与个人账户相结合"，个人缴费、集体补助与政府补贴相结合，基础养老金和个人账户养老金相结合的城乡居保制度框架。

第四节　被征地农民社会保障

2009年4月，市政府制发《娄底市被征地农民就业培训和社会保障办法（试行）》，启动全市被征地农民社会保障工作。2011年12月市政府下发《娄底市市辖区被征地农民社会保障工作的若干规定》，建立实行市中心城区（娄星区、市经济开发区）、冷水江市、涟源市、双峰县、新化县行政区划负责制，个人缴费与政府补贴相结合的保障制度。被征地农民社会保障范围是市域行政区划内因政府统一征收农村集体土地而失去全部土地或人均耕地低于0.2亩标准（以户为单位），且在征地时享有农村集体承包权的16周岁以上在册农村居民。被征地农民社会保障以基本养老保险为主，被确定为保障对象的被征地农民，可以自主选择参加企业职工养老保险或城乡居民养老保险，个人按所选险种的缴费标准缴纳个人部分，当地政府给予相应的缴费补贴或生活补助。

截至2017年底，全市15.28万名被征地农民确定为社会保障对象，享受被征地农民社会保障待遇79462人，被征地农民社会保障资金累计结余10.4亿元。

第六章　医疗和生育保险

第一节　医疗和生育保险制度

一、城镇职工基本医疗保险

2000年始，娄底市启动城镇职工基本医疗保险制度，城镇职工大病医疗互助制度，逐步终止执行国家20世纪50年代初建立的医疗制度（机关事业单位实行公费医疗制度和企业实行劳保医疗制度），城镇职工基本医疗保险制度从公费医疗向社会保险型转轨。2001年5月，全市特殊门诊费用开始纳入基本医疗保险统筹基金支付范围，设特殊病种18种，报销比例退休人员75%，在职人员70%。10月25日，全市实施国家公务员补充医疗保险并在全市建立企业补充医疗保险。

2002年，公务员医疗补助费列入财政预算，按参保单位上年度职工工资总额3.5%筹集。2003年1月，全市停止职工公费医疗和劳保医疗制度，全面实行城镇职工医疗保险。4月，市委办公室、市政府办公室出台《娄底市市直离休干部医疗保障管理暂行办法》，建立新的离休干部医疗保障制度，离休干部医药费筹资标准定为每人每年8000元。2004年，全市城镇灵活就业人员可参加基本医疗保险，按全市基本医疗保险缴费的70%缴纳基本医疗保险费，每人每年缴纳大病医疗互助费80元。

2006年5月，全市增设意外伤害医疗保险。大病医疗互助缴费标准由每人每年80元调整为110元。年度最高支付限额从10万元调高至15万元。6月，城镇职工基本医疗保险参保单位缴费比例由原来的

6%调整到7%。特殊病种从18种增加到24种。2009年11月，市政府印发《娄底市城镇职工基本医疗保险实施办法》，全市基本医疗保险费个人年度内累计最高支付限额调整为15万元。灵活就业人员可自愿选择参加城镇职工基本医疗保险或城镇居民基本医疗保险。2011年，城镇职工基本医疗保险统筹基金的最高支付限额提高至6万元。增补离休干部药品目录和诊疗项目目录，人工器官及贵重医用材料的最高支付限额提高至4.5万元。2012年10月，医疗和生育保险政策实行市级统筹，城镇职工基本医疗保险年度内最高支付限额（进入统筹）提高至18万元。全市增加免检病种、延长复检时间。70岁以上人群不再参加特殊门诊检查。灵活就业人员的基本医疗保险按上年度全市职工平均工资的9%缴费。

2014年，城镇职工基本医疗保险医保年度内最高支付限额调整至25万元，城镇职工基本医疗保险用人单位缴费费率调整为8%。2016年，年度内城镇职工医疗保险最高支付限额调整到30万元，城镇职工大病互助缴费（含意外伤害）由120元／人年提高至150元／人年。至2017年底，全市7140人享受特殊病种待遇，市直106人享受离休干部待遇，59人享受1至6级革命伤残军人医疗待遇。

二、城乡居民基本医疗保险

（一）新型农村合作医疗

2003年，全市启动以大病统筹为主的新型农村合作医疗（以下简称“新农合”）试点。涟源市成为全国、全省第一批“新农合”试点县市。该市的农民率先享受基本医疗保障待遇。是年，“新农合”制度覆盖农业人口93万人，参加“新农合”农民66万人。2006年，全市新增新化县、双峰县2个试点县，覆盖农业人口285万人，参加“新农合”农民217万人。2007年，全市新增冷水江市为试点县市，覆盖农业人口303万人，参加“新农合”农民249万人。2008年，娄星区和市经开区也相继启动“新农合”制度，全市5个县（市、区）和市经开区“新农合”制度全覆盖，当年参保人数达280.8万人。

2003—2016年娄底市新型农村合作医疗参保缴费、财政补助与基金收支一览表

表18-5

年 份	筹资标准（元／人）	个人缴费（元／人）	财政补助（元／人）	基金收入（亿元）	基金支出（亿元）
2003	30	10	20	0.20	0.15
2004	10	0	10	0.06	0.06
2005	30	10	20	0.21	0.23
2006	50	10	40	1.00	0.85
2007	50	10	40	1.32	1.14
2008	80	10	70	2.21	2.04
2009	100	20	80	2.75	2.79
2010	140	20	120	4.25	3.74
2011	230	30	200	7.19	6.47
2012	290	50	240	9.24	10.10
2013	340	60	280	11.01	10.45
2014	380	60	320	12.52	12.18
2015	470	90	380	15.51	14.09
2016	540	120	420	17.18	14.72

（二）城镇居民基本医疗保险

2008年，市政府印发《娄底市城镇居民基本医疗保险试行办法》，自4月1日起，全市建立城镇居民基本医疗保险制度。2011年10月，全市实行城镇居民门诊统筹。2012年，城镇居民全年住院费用累计最高支付限额8万元。2014年12月，城镇居民基本医疗保险起付标准调整：年度内第一次住院，起付标准为三级医院800元，二级医院400元，一级医院200元，社区卫生服务中心100元。二次以上住院（含第二次）起付标准：三级医院400元，二级医院200元，社区卫生服务中心100元。

2008—2017年娄底市城镇居民医保缴费标准一览表

表18-6 单位：元

年份	人员类别	筹资标准	个人缴费	财政补助
2008	成年人	230	160	70
	未成年人	110	40	70
2009	成年人	220	140	80
	未成年人	100	20	80
2010	成年人	180	60	120
	未成年人	140	20	120
2011	成年人	260	60	200
	未成年人	220	20	200
2012	参保人	300	60	240
2013	参保人	340	60	280
2014	参保人	380	60	320
2015	参保人	470	90	380
2016	参保人	540	120	420
2017	参保人	600	150	450

（三）城乡居民基本医疗保险并轨

2016年，市政府出台《娄底市城乡居民基本医疗保险实施办法》《娄底市城乡居民基本医疗保险实施细则》，市、县卫生和计生部门将“新农合”职能整体移交给市、县人力资源和社会保障局管理，市医保处、县市医保局经办业务。娄底经开区城乡居民医保业务整体划入市医保处。全市统一的城乡居民基本医疗保险制度正式建立。2017年，市人社局出台《关于做好2017年城乡居民医疗保险的通知》，全市城乡居民医保缴费标准为150元／人年，并统一转为住院支付标准。

（四）城乡居民大病保险

2015年，市政府发布《关于印发〈娄底市城乡居民大病保险实施方案〉的通知》，启动全市城乡居民大病保险，从城乡居民基本医保基金中划出一定比例或额度作为大病保险基金。是年，大病保险筹资标准为每人25.85元，大病保险补偿起付线为12500元，低保困难群众大病保险补偿起付线降低50%。

2016年，全市城乡居民大病保险开始实行市级统筹，城乡居民大病保险补偿起付线为13800元，低保困难群众大病保险补偿起付线为6900元，大病保险年度累计补偿金额每人不超过20万元。2017年，全市享受大病保险起付线减半的人群在原特困人员、低保困难群众的基础上，增加建档立卡贫困人员，并统一起付线为6900元。是年，市人社局出台《强化人社职能助推脱贫攻坚七条措施》《关于进一步做好城乡居民医疗保险扶贫工作的通知》，全市建档立卡贫困人员100%参保，住院医疗费用报销比例提高10%。至年底，全市享受大病保险待遇36485人次，支出大病保险资金25083万元。

三、生育保险

2004年10月，全市开始实行城镇职工生育保险。参加基本医疗保险的职工全部纳入生育保险统筹范围。生育保险费由用人单位按职工工资总额的0.7%缴纳，个人不缴纳生育保险费。是年，市人社局出台《娄底市城镇职工生育保险统筹支付项目及支付标准》，明确13项生育保险病种及定额支付标准。2006年，全市提高部分生育医疗费用定额支付标准。2010年3月，再次调整部分生育医疗费用定额支付标准。2012—2017年，女职工每天生育津贴标准为上年度本单位职工月平均缴费基数的1／30。

第二节　医保基金运行

一、参保人数

2000年，娄底市直医疗保险参保单位206个，其中行政单位78个，事业单位113个，企业单位15个。参保1.11万人，其中在职人员9591人，退休人员1540人。至2017年12月，市本级城镇职工基本医疗保险参保单位1294个，参保13.21万人，其中在职8.02万人，退休5.19万人。生育保险参保7.62万人。市本级经开区城乡居民基本医疗保险参保3.84万人。

2000—2017年娄底市医疗、生育保险参保人数统计表

表18-7

单位：万人

年份	全市				市本级		
	城镇职工基本医疗保险	生育保险	城镇居民基本医疗保险	新型农村合作医疗	城镇职工基本医疗保险	生育保险	城乡居民基本医疗保险
2000	2.36	—	—	—	1.11	—	—
2001	6.83	—	—	—	1.74	—	—
2002	8.15	—	—	—	2.21	—	—
2003	22.06	—	—	66.02	3.66	—	—
2004	24.09	—	—	66.02	5.47	—	—
2005	25.29	13.89	—	71.43	6.19	3.88	—
2006	27.84	16.88	—	217.18	6.95	4.26	—
2007	30.21	18.91	—	249.45	7.35	4.35	—
2008	34.30	23.09	49.00	280.80	7.96	4.80	—
2009	38.96	27.38	61.99	274.60	8.90	5.01	—

续表18-7

年份	全市				市本级		
	城镇职工基本医疗保险	生育保险	城镇居民基本医疗保险	新型农村合作医疗	城镇职工基本医疗保险	生育保险	城乡居民基本医疗保险
2010	40.50	28.70	63.00	303.80	11.70	7.33	—
2011	39.66	28.70	67.25	312.74	12.24	7.79	—
2012	38.92	27.89	65.98	318.67	12.50	7.93	—
2013	37.92	27.48	65.03	323.90	12.99	7.74	—
2014	37.42	27.10	56.44	329.45	12.86	7.43	—
2015	37.21	26.72	52.86	330.03	12.91	7.56	—
2016	37.27	24.49	41.07	318.07	12.98	7.49	—
2017	36.86	20.64	360.28		13.21	7.62	3.84

说明：2017年城镇居民医保和“新农合”整合为城乡居民医保

二、基金征缴

2000年7—12月，娄底市本级城镇职工医保征收基本医疗保险基金698万元，其中基本医疗保险统筹基金261万元，个人账户437万元。征收大病互助费65万元。2000—2017年，市本级城镇职工医保征收基本医疗保险基金35.62亿元，其中基本医疗保险统筹基金收入17.45亿元，个人账户收入13.31亿元。征缴生育保险基金1.61亿元。征收大病互助费1.93亿元，公务员医疗保障基金6313万元，离休基金6765万元，伤残基金793万元。征收城乡居民医保基金2362万元。

2000—2017年娄底市本级各项医保基金收入一览表

表18-8　　单位:万元

年份	城镇职工基本医疗保险基金		生育保险基金	大病互助费	公务员医疗补助	离休基金	伤残基金
	统筹基金	个人账户基金					
2000	261	437	—	65	—	—	—
2001	439	664	—	112	—	—	—
2002	589	879	—	173	—	—	—
2003	1345	1377	—	262	80	103	—
2004	1475	1705	—	583	34	424	—
2005	3631	2421	238	558	80	406	—
2006	10925	2910	293	1276	100	490	—
2007	7302	3459	346	1136	154	312	—

续表18-8

年份	城镇职工基本医疗保险基金		生育保险基金	大病互助费	公务员医疗补助	离休基金	伤残基金
	统筹基金	个人账户基金					
2008	5733	4761	407	819	170	303	—
2009	12293	5621	420	1012	165	413	—
2010	10096	8730	813	1536	255	424	—
2011	9023	10323	1171	1513	212	720	15
2012	14061	10050	1522	2169	305	665	288
2013	19865	13632	1915	2418	423	439	110
2014	14511	13841	1935	1321	762	399	110
2015	19325	15341	2175	1087	803	554	90
2016	21130	17239	2328	1625	1334	554	90
2017	23385	19747	2583	1669	1436	559	90
合计	174490	133137	16146	19334	6313	6765	793

三、基金支出

2000年12月，娄底市本级城镇职工医保参保人住院治疗249人次，统筹基金累计为住院治疗病人支付医疗费用74万元。6位病人享受大病医疗互助，金额为12万元。2017年，市本级城镇职工医保住院3.85万人次，支出统筹基金（含大病互助）费用2.4亿元。特殊门诊支出统筹基金（含大病互助）费用3061万元。大病特药支出统筹基金（含大病互助）费用399万元。市本级城乡居民医保住院6013人次，统筹基金支出1988万元。城乡居民大病保险补偿233人次，补偿金额91万元。

2000—2017年娄底市本级各项医保基金支出一览表

表18-9　　单位:万元

年份	城镇职工基本医疗保险基金		生育保险基金	大病互助费	公务员补助	离休基金	伤残基金	城乡居民医保基金
	统筹基金	个人账户基金						
2000	86	21	—	14	—	—	—	—
2001	299	290	—	50	—	—	—	—
2002	456	1313	—	97	—	—	—	—
2003	811	402	—	306	7	78	—	—
2004	1395	897	—	138	28	303	—	—
2005	2371	1636	120	467	143	449	—	—

续表18-9

年份	城镇职工基本医疗保险基金		生育保险基金	大病互助费	公务员补助	离休基金	伤残基金	城乡居民医保基金
	统筹基金	个人账户基金						
2006	2855	1928	199	628	107	501	—	—
2007	3722	2509	231	633	138	333	—	—
2008	5364	3205	269	916	178	349	—	—
2009	6180	4165	478	1236	175	417	—	—
2010	9056	5494	482	2101	243	420	—	—
2011	15787	7889	651	2217	180	498	—	—
2012	15505	9388	700	1031	237	559	67	—
2013	17296	11154	806	1464	193	513	98	—
2014	17945	12726	904	1663	499	553	86	—
2015	19718	13911	2157	2434	702	563	130	—
2016	19599	14796	1873	2177	1257	547	93	—
2017	20495	15172	2892	1479	1599	549	94	2152

第三节　医保监管

2000年，娄底市城镇职工医保付费以项目结算为基础按实支付。次年，市本级医疗保险定点医疗机构13家，定点零售药店2家。2005年2月，市医保处引入市场竞争机制，实行公开招标，对肺结核等32个单病种试行住院费用包干结算办法，确定单病种医疗费用包干中标医疗机构及价格。2012年，全市全面改革基本医疗保险付费方式，对医疗费用支出实行总额控制管理办法。是年3月28日，《关于对市本级城镇职工基本医疗保险住院医疗费用实行总额控制的通知》出台，是年4月1日起，对定点医疗机构的医疗费用实行全年总额控制、每月定额支付、年终考核决算，县（市、区）也实施医疗费用总额控制管理。9月，市人社局出台《关于对部分口腔疾病医疗费用实行包干结算管理的通知（试行）》，对6个口腔疾病实行“病种控制、定额结算”的单病种包干结算办法。

2015年2月，《娄底市市本级城镇职工基本医疗保险单病种包干结算管理办法》出台，对59个病种医疗费用实行单病种包干结算管理。4月，市人社局出台《关于开展娄底市市本级基本医疗保险部分病种试行日间住院治疗费用包干结算的通知》，对面神经炎（急性发作期）、脑中风恢复期等6个病种在娄底市中医院等4家医院实行日间住院治疗费用包干结算管理试点。是年，市人社局引入中公网第三方审核平台，强化医保监管。2016年9月，市人社局联合市财政、卫计委、发改委出台《娄底市基本医疗保险付费总额控制方案》，对各协议医疗机构的医疗费用实行全年总额控制。2017年3月，市人社局出台《娄底市市本级基本医疗保险定点医药机构协议管理暂行办法》，对医药机构定点、管理、结算等方面都作出明确规定。是年，市本级协议医疗机构39家，协议零售药店336家，另有只使用个人账户不纳入统筹支付的门诊协议医疗机构32家。

第七章　失业保险

第一节　失业保险统筹范围

1990年，娄底地区待业保险参保范围由国有企业单位的固定工和合同制工人扩大到依法宣告破产的企业职工、濒临破产的企业在法定整顿期间被精减的职工、终止或者解除劳动合同职工、企业辞退的职工四类人员。是年，全地区参加待业保险单位690家，参保16.57万人。1993年，娄底地区待业保险制度进入正常运行时期。待业保险政策覆盖单位从单一的国有企业扩大到所有集体企业。救济对象扩大到依法宣告破产的企业职工，濒临破产的企业在法定整顿期间被精减的职工，按照国家有关规定被撤销或解散企业的职工，按照国家有关规定停产整顿企业被精减的职工，终止或者解除劳动合同的职工，企业辞退、除名或者开除的职工。1994年，待业保险更名为失业保险。10月1日开始，地区失业保险实行地级统筹，失业保险机构直接承办中央、省、地属单位失业保险业务。

1996年，地区失业保险覆盖面由国有企事业单位扩大到集体企业和外商投资企业的中方职工。全地区703个企事业单位的18.2万名职工参加失业保险社会统筹，国有企业失业保险覆盖面为98%，县以上集体企业覆盖面为40%。2001年，全市失业保险覆盖至所有的城镇企业、事业单位及其职工、社会团体及其专职人员、民办非企业单位及其职工。至2017年底，全市1278家企事业单位参加失业保险，参保33.01万人。

第二节　失业保险基金征缴

1990年开始，娄底地区待业保险基金按单位全部职工标准工资总额的1%筹集。1993年，待业保险基金征缴比例调整为全部职工工资总额的1%，同时实行从业期间每人每月缴纳1元钱的失业保险金制度。

2001年，全市失业保险金的缴费比例由企业工资总额的1%提高到3%，其中参保单位按本单位工资总额的2%，职工按本人工资的1%缴纳失业保险费。2011年5月，市政府常务会议第三次会议通过“事业单位失业保险2012年起纳入财政预算”事项，失业保险征缴难的问题得以解决。2015年3月起，全市失业保险总费率由3%降至2%，其中：用人单位缴费比例降至1.3%，个人缴费比例降至0.7%。2016年5月起，全市失业保险总费率由2%降至1.5%。其中，单位缴费比例降至1%，个人缴费比例降至0.5%。

2017年1月1日起，全市失业保险总费率由1.5%降至1%，其中单位费率由1%降至0.7%，个人费率由0.5%降至0.3%。是年，全市1278家单位的33.01万名职工参保，征缴失业保险基金5022万元。

第三节　失业保险支出

1990年始，娄底地区职工待业保险基金的开支项目包括：宣告破产的企业职工和濒临破产的企业法定整顿期间被精减的职工待业救济金；宣告破产的企业职工和濒临破产的企业法定整顿期间被精减的职工在待业期间的医疗费、死亡丧葬补助费、供养直系亲属抚恤费、救济费；宣告破产的企业离休、退休职工和濒临破产的企业法定整顿期间被精减而又符合离休、退休条件职工的离休、退休金；企业辞退的职工和终止、解除劳动合同的工人待业救济金和医疗补助费；待业职工的转业训练费；扶持待业职工的生产自救费；待业职工待业保险基金的管理费。职工失业救济金按照工龄长短计发：工龄满1年不满3年者，发给6个月，每月为本人标准工资的70%。工龄满3年不满5年者，发给9个月，每月为本人标准工资的70%。工龄满5年不满10年者，发给14个月，其中第1～12个月为本人标准工资的70%，第13～14个月为其标准工资的50%。工龄满10年不满15年者，发给17个月，其中第1～12个月为本人标准工资的70%。第13～17个月为本人标准工资的50%。工龄满15年不满20年者，发给21个月，其中第1～12个月为本人标准工资的75%，第13～21个月为其标准工资的50%。工龄满20年以上者，发给24个月，其中1～12个月为其标准工资的75%，第13～24个月为其标准工资的50%。工龄不满1年的，不发给失业救济金。参加待业保险的失业人员，在企业破产或濒临破产法定整顿期间被精减，可办理待业登记，凭职工待业救济金领取证享受待业保险待遇。

2000—2001年，全市失业保险基金用于领取失业保险期间的医疗补助金、领取失业保险金期间死亡的失业人员的丧葬补助金和其供养的配偶、直系亲属的抚恤金，领取失业保险金期间接受职业培训、职业介绍的补贴。申请领取失业保险金、享受其他失业保险待遇的条件为：按照规定参加失业保险，所在单位和本人按照规定履行缴费义务且满1年的；非因本人意愿中断就业的；已办理失业登记，并有求职要求的。经办机构根据用人单位和失业人员累计缴费时间核定其领取失业保险金的期限。失业人员失业前所在单位和本人按照规定累计缴费不满1年的，不领取失业保险金；满1年的，领取失业保险金的期限为4个月，以后每增加1年可增加2个月，但最长不得超过24个月。失业保险金的发放标准为当地最低工资标准的80%。

2015年，市人社局、市财政局联合出台《关于实施失业保险稳岗补贴的通知》，对依法参加失业保险并足额缴纳失业保险费满1年以上，上年度裁员比例低于全市城镇登记失业率，人事、财务制度健全，管理规范的给予稳岗补贴。对实施兼并重组、化解产能过剩、淘汰落后产能三类企业，按照不超过该企业及其职工上年度实际缴纳失业保险费总额50%给予稳岗补贴。对积极承担社会责任，采取有效措施不裁员或少裁员的其他用人单位，按照不超过该用人单位及其职工上年度实际缴纳失业保险缴费总额的40%给予稳岗补贴。2015—2017年，全市为264家企业发放稳岗补贴3645.64万元。2017年，失业保险金标准为每人每月960.5元，全市为4484人发放失业保险金3044万元。为165名农民工发放一次性生活补助金45万元、基本医疗费789万元、职业培训补贴140万元。失业保险基金累计结余3.61亿元。

1990—2017年娄底市失业保险基金征缴和支出情况表

表18-10

年份	参保企业（家）	参保人数（万人）	征缴基金（万元）	支出（万元）	领取人数（人）	每月标准（元）
1990—1991	690	16.57	164	—	—	—
1992	728	18.80	238	—	—	—
1993	736	18.99	610	—	—	—
1994	997	22.03	820	—	—	—
1995	1472	19.46	—	—	—	—
1996	703	18.20	—	—	—	—
1997	585	18.19	—	—	—	—
1998	—	—	—	—	—	—
1999	624	19.86	1222	—	—	130.0

续表18-10

年份	参保企业（家）	参保人数（万人）	征缴基金（万元）	支出（万元）	领取人数(人)	每月标准（元）
2000	432	16.40	1620	1599	1241	130.0
2001	475	17.50	1850	1417	1624	130.0
2002	480	17.90	2086	1874	1871	228.0
2003	420	18.54	2868	2515	2153	228.0
2004	384	19.44	2621	3331	2638	256.0
2005	870	25.41	2731	2602	3000	256.0
2006	906	27.01	2587	4069	3437	320.0
2007	968	31.50	4189	3331	7892	400.0
2008	1106	23.70	3200	2442	4517	400.0
2009	1112	25.87	5247	3079	7472	464.0
2010	1138	27.90	7111	4159	8298	520.0
2011	1169	29.10	5482	2936	3439	520.0
2012	1298	30.92	6766	2788	2889	616.0
2013	1337	31.59	7720	2875	4106	696.0
2014	1398	33.23	6858	3591	3676	756.0
2015	1240	33.59	6765	4407	4339	875.5
2016	1043	32.00	6557	5647	4507	875.5
2017	1278	33.02	5022	6004	4484	960.5

第四节　失业动态监测

2012年，市人社局出台《娄底市失业动态监测实施方案》，启动失业动态监测工作，全市33家企业纳入失业动态监测范围，监测岗位4.96万个。2017年，市人社局改善失业动态监测样本结构，对原有33家监测企业进行适当调整和增加，选取66家代表性、典型性强的企业作为当年动态监测样本，监测岗位4.55万个。

第八章　工伤保险

第一节　工伤保险制度

2004年6月，娄底市劳动和社会保障局成立市工伤保险管理处，启动工伤保险工作。2005年3月，市政府印发《娄底市工伤保险实施办法》，规定本行政区域内各类企业、有雇工的个体工商户必须参加工伤保险，缴纳工伤保险费。经劳动保障行政部门认定为工伤的职工，依法享受工伤保险待遇。是年，市政府办公室印发《娄底市工伤保险费率管理若干规定》。市劳动和社会保障局相继印发《娄底市工伤职工伤亡待遇结付办法（试行）》《娄底市建筑企业参加工伤保险的补充规定》《娄底市工伤保险定点医疗机构管理办法》等系列文件，对全市工伤保险参保范围、缴费标准、工伤认定和待遇等作出明确规定。6月，新化县、双峰县、涟源市、冷水江市、娄星区相继成立工伤保险经办机构。

2006年，市政府印发《关于工伤保险基金市级统筹工作的通知》《关于按产量征收煤矿企业工伤保险费的通知》，市劳动和社会保障局印发《关于煤矿企业工伤保险管理的补充规定》，全市工伤保险管理制度逐步健全。2007年，市劳动和社会保障局、市人事局、市民政局、市财政局印发《关于事业单位、民间组织工作人员参加工伤保险有关问题的通知》，全市除参照公务员制度管理的事业单位外的所有事业单位、民间组织参加工伤保险。2008年，市劳动和社会保障局印发《关于建立医疗、工伤保险联席会议制度的通知》，在全市建立起医疗、工伤保险联席会议制度。2011年3月，市医疗保险科分设为工伤保险科和医疗生育保险科，由工伤保险科负责本行政区域内的工伤保险工作，同时加挂劳动能力鉴定委员会办公室牌子，负责行政区域内工伤职工劳动能力鉴定工作。2013年5月，市政府重新印发《娄底市工伤保险实施办法》，8月市政府印发《关于进一步完善工伤保险市级统筹工作的实施意见》，全市工伤保险制度日益完善。至2017年，全市工伤保险制度无变化。

第二节　工伤保险参保和基金征缴支付

2005年，全市参保单位465户，9.02万人，征收工伤保险费199万元，支付工伤保险待遇97.5万元。2006年，煤炭行业按产量（6元／吨）征收工伤保险费（2011年6月起调整为10元／吨）。2007年，全市实行工伤保险基金市级统筹，并逐步实行全市工伤保险基金统收统支。参保1208户，11.41万人。2008年，启动老工伤人员纳入工伤保险统筹工作，将2206名老工伤人员纳入统筹管理。参保2055户，15.7万人。2009年，推进建设项目参加工伤保险，明确全市所有施工企业统一以工程项目按属地原则参保。是年，建设施工企业农民工参加工伤保险人数1.6万人。2012年，全市参保2729户，36.81万人。工伤保险基金出现缺口182万元。2013年，参保3249户，40.89万人。工伤保险基金缺口增大到982万元。全市将基金统筹模式由市级“统收统支”调整为“统一政策，基金分级管理，建立筹备金制度”，并相继出台关于费率浮动、医疗管理、职业病工伤管理、工伤预防等政策。2014年，参保3540户，43.77万人。工伤保险基金缺口扩大到2908万元。是年，省工保基金调剂给市工伤保险基金1500万元。2015年，全市工伤保险基金缺口达2.08亿元，省里调剂给市工伤保险基金6630万元。

2017年，全市工伤保险参保单位4353户，工伤保险参保个人40.52万人，征缴工伤保险费1.69亿元，支付工伤保险费1.66亿元，省里调剂给市工伤保险基金3057万元。是年，交通运输、公路和水利建设行业参加工伤保险，全市工伤保险基金征缴首次突破1.6亿元，实现工伤保险基金当期收支平衡。2005—2017年，全市工伤认定4.15万人，劳动能力鉴定2.45万人，为3.69万名工伤职工及其亲属支付工伤保险费13亿元。

2006—2017年娄底市工伤保险参保、基金征缴与待遇支出一览表

表18-11

年份	参保单位（家）	参保人数（万人）	征缴基金（亿元）	待遇支出（亿元）
2005	465	9.02	0.02	0.01
2006	650	7.02	0.08	0.07

续表18-11

年份	参保单位(家)	参保人数(万人)	征缴基金(亿元)	待遇支出(亿元)
2007	1208	11.41	0.40	0.31
2008	2055	15.70	0.46	0.65
2009	2074	26.20	0.57	0.72
2010	2113	28.47	0.79	1.09
2011	2140	33.22	1.11	1.38
2012	2729	36.81	1.36	1.45
2013	3249	40.89	1.35	1.70
2014	3540	43.87	1.41	1.93
2015	3938	45.72	1.39	1.93
2016	4209	40.21	1.39	1.53
2017	4353	40.52	1.69	1.66

第九章　社保基金监督和信息化建设

第一节　社保基金监督

1990年，娄底地区企业职工基本养老保险基金和失业保险基金的收支，由地区财政局监督。10月起，地、县（市）社会劳动保险机构独立行使内部审计职权。1995年，地区建立企业职工社会保险基金监督委员会。1996年7月，全地区社会保险基金由内部审计转变为接受外部审计。2002年8月，市劳动和社会保障局成立社会保险基金监督科，建立现场监督、非现场监督、基金管理风险评估和社会保障反欺诈工作体系。是年底，全市各项社会保险基金累计滚存结余49.9亿元，其中市本级11.9亿元。

2002—2017年，市人社局相继出台《娄底市关于加强社会保险基金监督工作意见》《娄底市社会保险基金监督暂行办法》《娄底市社会保险基金监督举报办法》等文件，实现行政监督有法可依，有章可循。市人社局基金监督部门开展各项检查，查处各类社保基金欺诈冒领案件117起，追回基金714万元。市人力资源和社会保障局与市本级各社会保险经办机构、各县（市、区）人力资源和社会保障局层层签订基金安全责任状，实行“一票否决”制度。

第二节　信息化建设

一、业务网络平台

20世纪90年代初，地区企业职工社会保险处在地区本级建立计算机信息管理系统，通过信息化手段代替手工操作，基本实现日常业务计算机系统经办。1995年，全地区劳动保障系统业务数据中心和网络中心建设初具规模，社会保障“一卡通”、网站服务初显成效，形成以“数据集中、应用集中、网络集中、安全集中、管理集中”为主要特点的人社信息化体系。1998年，地区本级和各县（市）企业职工社保经办机构均建立以PC服务器为核心的以太局域网。医疗生育、工伤、失业、机关事业单位养老保险等业务经办机构基本实现社保日常业务网络一体化平台经办。劳动保障信息化建设进入网络信息平台管理阶段。2002年10月，市本级通过政府采购确定由湖南长信信息系统集成有限公司开发基本医疗保险业务软件系统。2003年9月，娄底市人事信息网（www.ldrsj.gov.cn）开通。

2004年，市劳动和社会保障局按照国家“金保”工程要求，建成全市社保数据中心机房。全市各级社保经办机构分散管理的社会保险数据统一存放中心机房集中管理、集中应用。开通特殊病种计算机网络操作业务。是年，全市建成开通社会保障市县两级双链路业务专网，覆盖全市所有社保经办机构。开通特殊病种计算机网络操作业务，享受特殊门诊待遇的参保人在特殊门诊定点零售药店购药实行差额结算。2009年，娄底市劳动保障网（www.ldldbz.gov.cn）开通。2011年11月，市本级启用由创智和宇公司开发的“大医保”信息系统，长信系统数据导入至创智“大医保”信息系统。业务专网延伸至132家协议医院，679家定点药店。各县（市、区）城镇职工、城镇居民医保随后统一使用创智“大医保”信息系统，实现信息系统的整合。12月，全市启动省内异地联网结算。2013年9月，全市社会保险信息系统和门户网站通过计算机信息系统安全保护等级二级备案。2015年，建成社会保障卡数据采集信息系统。全市构建社会保障卡基层平台，将业务专网延伸至92个乡镇（街道）。是年，人社业务专网组建完毕，基本搭建起纵向上连人社部、省人社厅，下接县（市、区）、乡镇（街道）和社区，横向覆盖业务经办机构、医疗保险协议医院、定点药店、对接商业保险公司、银行等部门的人力资源社会保障一体化信息网络平台。2016年，建成公共就业服务信息系统。

2017年，全市启动跨省异地就医直接联网结算，市内跨县（市、区）联网直接结算。实现跨省、省内、市内异地定点医疗机构联网结算。参保人办理异地就医的申报手续后，在开通联网结算的定点医疗机构就医时只需支付个人自付部分费用。按照政府网站集约化建设的要求，市人社局对门户网站改版，整体迁移至市政府门户网站群，网站名称不变，网站域名更改为http：//rsj.hnloudi.gov.cn/，网站内容和功能更加完善，为全市市民提供政策法规、公示信息、业务流程、网上办事等方面的服务，成为人社部门对外宣传和服务的窗口。市人社局出台《网络安全应急预案》，保障全市人社网络和基础数据安全管理。

二、社会保障卡

2013年，市人社局出台《娄底市社会保障卡建设实施方案》，启动社会保障卡建设。是年12月，成立娄底市社会保障卡服务中心。2014年9月，娄底市社会保障卡在新化县举行首发仪式。至2017年底，全市社会保障卡数据采集288万人，制卡265万人／份，制卡人数覆盖全市67%的常住人口，开通102项社会保障卡应用项目，应用范围包括养老、工伤、医保、失业等待遇领取，个人缴费，就业、培训等补贴发放等，同时在工资代发、涉农补贴发放、诊疗一卡通等其他政府公共服务领域得到成功应用，社会保障卡应用的业务领域和地域范围不断扩大。

娄底市社会保障卡首发仪式在新化县举行（2014年9月17日摄）

第十章 管理机构

第一节 市级机构

1990年，地区劳动管理机构为地区劳动局，系娄底行政公署工作部门，内设工资科和保险福利科。1991年1月设财务管理科。地区劳动服务公司内设待业保险科、企业管理科、就业训练科。1992年，地区劳务输出办公室成立，统筹管理全区劳务输出工作。1993年7月，地区职工交流服务中心成立。1994年1月，地区劳动监察大队成立，随后各县（市、区）劳动监察中队相继成立。是年，地区职业技能鉴定中心成立，下设9个职业技能鉴定站（所）。4月，地区机关事业单位社会保险工作处成立，县（市）设立机关事业单位社会保险所。9月，地区机关事业单位社会保险工作处更名为地区机关事业单位社会保险处。1995年6月，地区劳动服务公司更名为地区劳动就业服务处。7月，地区社会劳动保险事业管理所更名为企业职工社会保险处。11月，设立地区劳动就业服务处涟钢职工失业保险服务站。12月，地区劳动局内设办公室、人事教育科、财务审计科、工资福利与社会保险科（加挂综合计划科牌子）、就业科、劳动关系与劳动争议仲裁科、职业技能开发科、职业安全卫生监察科、矿山安全卫生监察科、锅炉压力容器安全监察科、劳动监察大队、纪检组（与监察室合署办公）12个机构。1997年7月，地区矿山安全监测站的职能、编制并入地区劳动保护监测站，并保留其牌名。10月，县（市）机关事业单位社会保险所更名为机关事业单位社会保险局。1999年11月，市劳动局增设医疗保险科，成立市医疗保险管理处。市卫生局承担的公费医疗管理职能、市体改委的医疗保险制度改革职能划归市医疗保险管理处。

2002年1月，市劳动局更名为市劳动和社会保障局，内设办公室、人事科、财务科、劳动工资科、就业和失业保险科、劳动争议仲裁科（加挂娄底市劳动争议仲裁委员会办公室牌子）、职业能力开发科（加挂娄底市工人考核委员会办公室牌子）、养老保险科、医疗保险科（加挂娄底市劳动鉴定委员会办公室牌子）、社会保险基金监督科、劳动保障监察支队（加挂法规与监察科、行政复议办公室牌子）等11个职能科（室）。4月，市机关事业单位社会保险处成建制划转归市劳动和社会保障局管理，职能、机构级别不变。将原由市人事局承担的机关、事业单位社会保险管理职能，原由市卫生局承担的公费医疗管理职能，原由市经济体制改革委员会承担的医疗保障制度改革职能划入市劳动和社会保障局。将安全生产综合管理、职业安全监察、矿山（非煤矿山）安全监察职能交由市经济委员会承担；职业卫生监察（包括矿山卫生监察）职能交由市卫生局承担；锅炉压力容器和特种设备安全监察职能交由市技术监督局承担；老年人管理服务工作，交由市民政局承担。2002年12月，市劳动就业服务处更名为市劳动就业服务局，市社会保险监督委员会成立。2003年4月，市劳动和社会保障局信息中心成立。10月，市经济技术开发区社会事务管理局加挂市劳动和社会保障局经济技术开发区分局的牌子。2004年5月，市职业介绍所更名为市职业介绍服务中心。6月，市工伤保险管理处成立。2006年8月，市劳动争议仲裁院设立，市劳动和社会保障局劳动争议仲裁科（劳动争议仲裁委员会办公室）撤销。10月，市医疗保险管理处更名为市医疗生育保险管理处。2007年7月，市劳动争议仲裁院升格为履行行政管理职能的副处级事业单位，内设立案庭、仲裁庭、综合庭，并具体负责劳动和社会保障局信访工作。2009年3月，市医疗生育保险管理处增设城镇居民医疗保险管理科。7月，市工伤保险管理处升格为副处级全额拨款事业机构。

2010年，政府机构改革，6月，市人事局、市劳动和社会保障局职能整合，成立市人力资源和社会保障局，为市政府工作部门。市人力资源和社会保障局内设办公室、政策法规科、公务员管理科（加挂市公务员局牌子）、外国专家科（加挂市外国专家局牌子）、规划财务科、就业促进与失业保险科、人才开发与人力资源市场管理科、军官转业安置科（加挂市军队转业干部安置工作小组办公室、市自主择业转业军官管理服务办公室牌子）、职业能力建设科、专业技术人员管理科、事业单位人事管理科、劳动关系科、工资福利科、养老保险科、医疗生育保险科、工伤保险科（加挂娄底市劳动能力鉴定工作委员会办公室牌子）、农村社会保险科、社会保险基金监督科、绩效考核办公室、人事科（加挂离退休人员管理科牌子）等20个内设机构。市人力资源和社会保障局管理的单位18个：1.市人力资源和社会保障局经济开发区分局，正科级。2.市劳动监察局，副处级。3.市人才流动服务中心，高配副处级。4.市人事考试中心，高配副处级。5.市专家服务中心，高配副处级。6.市劳动就业服务局，副处级，全额拨款事业单位，内设综合科、城镇社区就业服务科、农村就业服务科、培训服务科、失业保险管理服务中心（含涟钢失业保险服务站）5个科室。7.市企业职工社会保险处，副处级，全额拨款事业单位，内设综合科、财务审计科、基金征缴科、离退休人员管理服务科、稽核科、结算科6个科室。8.市机关事业单位社会保险处，副处级，全额拨款事业单位，内设综合科、财务审计科、征缴科、稽核科、结算科5个科室。9.市医疗生育保险管理处，副处级，全额拨款事业单位，内设综合科、财务审计科、基金征缴科、医疗监审科、离休人员医疗保障科、结算科、城镇居民医疗保险管理科、涟钢工作科8个科室。10.市工伤保险管理处，副处级，全额拨款事业单位。11.市劳动人事争议仲裁院，副处级，全额拨款事业单位。12.市军队转业干部（国家公务员）培训中心，副处级，全额拨款事业单位。13.市人力资源和社会保障局统计信息中心，正科级，全额拨款事业单位。14.湘中人才市场，正科级，全额拨款事业单位。15.市职业介绍服务中心，正科级，自收自支事业单位。16.市职业技能鉴定中心，正科级，自收自支事业单位。17.市劳动就业培训中心，正科级，自收自支事业单位。18.市下岗失业人员小额贷款担保中心，正科级，差额拨款事业单位。

2011年1月，原市人事局专技科、人才中心、工资福利科、公务员管理科中事业单位人事管理方面的职能统一整合；明确市劳动人事争议仲裁院，副处级，全额拨款事业单位；娄底市军队转业干部（国家公务员）培训中心，副处级，全额拨款事业单位。5月，市绩效考核办公室更名为市绩效评估办公室，主任高配副处级。2012年5月21日，市劳动人事争议仲裁委员会成立。各县（市、区）也相应成立劳动人事争议仲裁委员会和劳动人事争议仲裁院。2013年2月，市工伤保险管理处内设机构财务稽核科分设财务科、稽核科。市劳动就业服务局增设财务稽核科。2014年11月，市人才流动服务中心、市湘中人才市场、市职业介绍服务中心整合组建市人力资源服务中心，正科级全额拨款事业单位。2015年，市人力资源服务中心成立，为全额拨款事业单位，定编14人，其中市职业介绍中心8名自收自支事业编制全部转为全额拨款事业编制。7月，市劳动监察局调整为事业单位，维持原副处级规格不变，人员实行“老人老办法，新人新办法”管理。是年9月，市人力资源和社会保障局增设信访科和离退休人员管理科。市人事考试中心、市专家服务中心仍按内设机构实施管理。是年10月，市劳动监察局内设综合科、监察一科、监察二科。2016年3月，市人力资源和社会保障局成立信访科，编制2人，负责处理信访维稳工作。4月，市机关事业单位社会保险处增设职业年金管理科、个人账户管理科，财务审计科更名为财务科、征缴科更名为基金征缴科、稽核科更名为登记稽核科、结算科更名为退休管理服务科。9月，市劳动监察局、市劳动就业服务局、市企业职工社会保险处、市机关事业单位社会保险处、市医疗生育保险管理处、市工伤保险管理处、市劳动人事争议仲裁院、市人力资源和社会保障局统计信息中心（市社会保障卡服务中心）、市人力资源服务中心、市职业技能鉴定中心列为公益一类事业单位，市下岗失业人员小额贷款担保中心列为公益二类事业单位。12月，市卫生和计划生育委员会承担的“新农合”行政管理职责划入市人力资源和社会保障局，由医疗生育保险科承担该项职责。将经济技术开发区农合办的经办职责整合划入市医疗生育保险管理处。市医疗生育保险管理处增设稽核科，涟钢工作科更名为娄底经济技术开发区医疗生育保险管理服务中心，基金征稽科更名为基金征缴科，医疗监审科更名为医疗审核科，城镇居民医疗保险管理科更名为城乡居民医疗保险管理科。2017年12月，市军队转业干部（国家公务员）培训中心列为公益一类事业单位。

第二节　县级机构

一、娄星区人力资源和社会保障局

1990年，娄底市人事局内设6个股（室），定行政编制12名。2002年8月，娄星区劳动局更名为劳动和社会保障局，内设7个股室，定行政编制11名。2011年7月，娄星区人事局与劳动和社会保障局合并为人力资源和社会保障局，内设17个股室，定机关行政编制25名。机关后勤全额拨款事业编制3名。2017年，区人力资源和社会保障局在编在岗54人，其中行政编制34名，机关后勤编制20名。

二、冷水江市人力资源和社会保障局

1990年，市人事局内设7个股室，市劳动局内设6个股室，2002年，市劳动局更名为劳动和社会保障局。2010年，市人事局、劳动和社会保障局合并为市人力资源和社会保障局，内设25个股室，下辖企业职工社会保险管理局、机关事业单位社会保险管理局、医疗保险管理局、工伤保险管理局、城乡居民社会保障管理局、劳动就业服务局、人才市场。业务上归口管理市高级技工学校（副处级）。市人力资源和社会保障局行政编制29名，局属事业单位定编16名。2017年实有人员63人，其中在编在岗51人，借调人员12人。

三、涟源市人力资源和社会保障局

1990年，涟源市人事局内设5个股，定编9人。劳动局内设七个股室。2002年8月，涟源市劳动局更名为市劳动和社会保障局。2011年，涟源市人事局、涟源市劳动和社会保障局整合设立涟源市人力资源和社会保障局。2016年，内设13个股室，涟源市劳动保障监察大队、涟源市劳动人事争议仲裁院、涟源市人力资源和社会保障局统计信息中心（加挂市社会保障卡服务中心的牌子）按内设机构实施管理。2017年，涟源市人力资源和社会保障局系统核定编制248名，实有人员252人。

四、双峰县人力资源社会保障局

1992年3月，双峰县委老干部工作局与双峰县人事局合并，设立双峰县人事老干局。县劳动局为县政府综合管理全县劳动工作的职能部门。2002年8月，双峰县人事局，加挂双峰县委老干部局的牌子，简称为双峰县人事（老干）局，为县政府工作机构。县劳动局更名为县劳动和社会保障局，内设6个股室。局属副科级二级机构4个。2005年6月，增设双峰县工伤保险局。2008年6月，设立双峰县劳动争议仲裁院。2010年5月，双峰县经济开发区设立县劳动和社会保障局经济开发区分局。2010年12月，县人事局、县劳动和社会保障局合并，设立双峰县人力资源和社会保障局，为县政府工作部门，内设19个股室。设事业机构11个。2017年，县人力资源和社会保障局编制215名，实有人数263名。

五、新化县人力资源社会保障局

1990年，新化县人事局内设3个股室，在编15人。新化县军队转业干部安置办公室和人事局合署办公。新化县劳动局定编18人，内设7个股室，归口管理县安全生产委员会办公室和县老龄工作委员会办公室两个正科级机构，下设劳动就业服务所、企业职工社会保险所两个副科级独立法人单位。2002年，新化县劳动局更名为劳动和社会保障局。2002年8月，新化县人事局内设7个股室，核定行政编制19名，事业编制3名。2009年底，新化县劳动和社会保障局内设10个股室定编23个，包括二级机构在职人员141人。2011年7月，新化县人事局、劳动和社会保障局合并组建县人力资源和社会保障局，内设18个股室，核定机关行政编制25名，事业编制5名，机关后勤服务全额拨款事业编制3名，下辖二级机构17个。2017年编制187名，在职299人。

第十九篇

经济综述

第一章 经济发展

第一节 发展规模和速度

一、经济总量

娄底市地区生产总值1990年39.06亿元，同比增长6.5%。1992年51.72亿元，同比增长11.3%。1995年110.36亿元，同比增长10.3%。2003年211.19亿元，同比增长9.1%。2008年增至526.9亿元，同比增长11.0%。2012年1002.65亿元，同比增长11.9%。2017年1411.81亿元，同比增长8.4%。1990—2017年，年均增长10.5%。

1990—2017年娄底市地区生产总值和指数情况表

表19-1

年份	地区生产总值		年份	地区生产总值	
	数量(亿元)	指数(上年=100)		数量(亿元)	指数(上年=100)
1990	39.06	106.5	2004	267.83	113.2
1991	43.37	107.9	2005	302.29	112.1
1992	51.72	111.3	2006	349.35	112.4
1993	71.48	115.1	2007	431.82	114.6
1994	94.56	114.0	2008	526.9	111.0
1995	110.36	110.3	2009	568.31	112.8
1996	129.74	111.0	2010	678.71	114.3
1997	140.96	110.3	2011	847.26	113.1
1998	148.29	110.3	2012	1002.65	111.9
1999	157.13	106.7	2013	1118.17	110.6
2000	166.73	108.0	2014	1210.86	108.1
2001	179.85	108.3	2015	1300.02	107.6
2002	189.60	107.6	2016	1338.99	107.6
2003	211.19	109.1	2017	1411.81	108.4

二、产业增加值

第一产业　1990年13.46亿元，同比增长2.0%。1995年32.37亿元，同比增长8.1%。1999年，受养殖业价格下降的影响，增加值39.28亿元，同比下降1.2%。2000年40.23亿元，同比增加2.5%。2004

年，受气候条件好、政策利好刺激，增加值53.92亿元，同比增长9.3%。2005年50.21亿元，同比增长7.7%。2010年99.8亿元，同比增长4.2%。2015年189.2亿元，同比增长3.8%。2017年152.8亿元（未含农林牧渔服务业），同比增长4.1%。1990—2017年，第一产业增加值年均增长3.8%。

第二产业　1990年17.13亿元，同比增长1.5%。1993年35.67亿元，同比增长21.4%。1995年46.15亿元，同比增长8.5%。2000年62.7亿元，同比增长7.1%。2005年143.15亿元，同比增长15.0%。2010年364.86亿元，同比增长18.4%。2015年650.12亿元，同比增长5.8%。2017年659.72亿元，同比增长6.7%。1990—2017年，第二产业年均增长12.4%。

第三产业　1990年8.47亿元，同比增长28.6%。1995年31.84亿元，同比增长15.5%。2000年63.8亿元，同比增长11.2%。2005年108.93亿元，同比增长10.9%。2010年214.05亿元，同比增长11.8%。2015年460.7亿元，同比增长12.1%。2017年599.29亿元，同比增长12.0%。1990—2017年，第三产业增加值年均增长12.8%。

三、产业内部各行业增加值

（一）第一产业

1990年，种植业7.9亿元，林业0.4亿元，牧业4.63亿元，渔业0.53亿元。1995年，种植业17.75亿元，林业0.58亿元，牧业12.79亿元，渔业1.25亿元。2000年，种植业19.14亿元，林业0.78亿元，牧业17.89亿元，渔业2.42亿元。

2005年，种植业22.58亿元，林业0.84亿元，牧业24.19亿元，渔业2.27亿元，农林牧渔服务业0.33亿元。2010年，种植业37.79亿元，林业1.74亿元，牧业55.37亿元，渔业4.26亿元，农林牧渔服务业0.64亿元。

2017年，种植业85.59亿元，林业5.26亿元，牧业49.71亿元，渔业12.24亿元。

（二）第二产业

工业　1990年14.51亿元，同比增长1.7%。1995年40.56亿元、同比增长9.0%。2000年54.9亿元，同比增长7.19%。2005年128.12亿元，同比增长15.4%。2010年330.21亿元，同比增长18.4%。2017年573.25亿元，同比增长6.8%。

建筑业　1990年2.62亿元，同比增长0.3%。1995年5.59亿元，同比增长9.5%。2000年7.8亿元，同比增长24.8%。2005年15.03亿元，同比增长12.4%。2010年34.65亿元，同比增长14.3%。2017年86.47亿元，同比增长5.9%。

（三）第三产业

交通运输仓储邮政业　1990年2.17亿元，同比增长20.2%。1995年7.55亿元，同比增长18.2%。2000年14.85亿元，同比增长9.1%。2005年24.82亿元，同比增长6.9%。2010年41.09亿元，同比增长9.3%。2017年80.78亿元，同比增长15.6%。

批发和零售业　1990年2.22亿元，同比增长23.3%。1995年6.97亿元，同比增长20.7%。2000年10.3亿元，同比增长15%。2005年15.11亿元，同比增长9.6%。2010年30.55亿元，同比增长12%。2017年86.29亿元，同比增长19.7%。

住宿和餐饮业　1990年0.55亿元，同比增长23.3%。1995年1.74亿元，同比增长20.7%。2000年2.57亿元，同比增长15%。2005年3.99亿元，同比增长21.8%。2010年8.71亿元，同比增长9.8%。2017年29.17亿元，同比增长20%。

金融保险业　1990年0.84亿元，同比增长30.9%。1995年1.88亿元，同比增长16.7%。2000年2.79亿元，同比增长5.8%。2005年5.02亿元，同比增长9.4%。2010年12亿元，同比增长9.1%。2017年39.68亿元，同比增长7.9%。

房地产业　1990年0.9亿元，同比增长32.4%。1995年2.5亿元，同比增长11%。2000年6.31亿元，同比增长4.4%。2005年10.07亿元，同比增长9.9%。2010年17.22亿元，同比增长8.8%。2017年40.36亿元，同比增长10.9%。

其他服务业　1990年1.79亿元，同比增长30.6%。1995年11.2亿元，同比增长15.5%。2000年26.98亿元，同比增长12.5%。2005年49.92亿元，同比增长13.1%。2010年104.47亿元，同比增长13.4%。2017年323.01亿元，同比增长9.3%。

1990—2017年娄底市部分年份国民经济主要指标完成情况一览表

表19-2

指　　标	单位	1990年	1995年	2000年	2005年	2010年	2015年	2017年
一、综合								
年末户籍人口	万人	372.67	387.98	399.03	407.58	432.99	447.70	453.61
其中：非农业人口	万人	55.03	68.94	95.38	123.51	132.34	169.47	185.34
从业人员	万人	188.06	216.39	223.47	225.53	249.40	250.57	250.56
GDP	亿元	39.06	110.36	166.73	302.29	678.71	1300.02	1411.81
其中：第一产业增加值	亿元	13.46	32.37	40.23	50.21	99.80	189.20	152.80
第二产业增加值	亿元	17.13	46.15	62.70	143.15	364.86	650.12	659.72
第三产业增加值	亿元	8.47	31.84	63.80	108.93	214.05	460.70	599.29
GDP指数（上年为100）	%	106.50	110.30	108.00	112.10	114.30	107.60	107.90
其中：第一产业	%	100.20	108.10	102.50	107.70	104.20	103.80	104.20
第二产业	%	101.50	108.50	107.10	115.00	118.40	105.80	106.70
第三产业	%	128.60	115.50	111.20	110.90	111.80	112.10	112.50
二、农业								
年末耕地面积	万公顷	15.70	14.72	14.45	13.89	14.82	19.27	19.27
农林牧渔业总产值（不变价）	亿元	18.47	51.85	61.29	91.22	160.3	301.45	246.56
其中：种植业	亿元	10.85	28.43	27.04	41.00	60.69	121.14	119.90
林业	亿元	0.54	0.93	0.99	1.53	2.80	4.40	6.93
牧业	亿元	6.36	20.48	30.37	43.95	88.94	161.83	96.61
渔业	亿元	0.72	2.01	2.89	4.13	6.84	12.39	14.24
农牧渔服务业	亿元	—	—	—	0.61	1.03	1.69	8.88
主要农产品产量								
粮食	万吨	134.17	159.64	156.78	160.64	163.30	163.84	151.94

续表19-2

指　标	单位	1990年	1995年	2000年	2005年	2010年	2015年	2017年
油料	万吨	1.42	7.51	3.47	3.36	3.83	4.77	5.47
棉花	吨	130.00	626.00	645.00	661.00	565.00	507.70	386.14
苎麻	吨	201.00	346.00	246.00	94.00	62.00	175.10	173.96
甘蔗	吨	2735.00	7074.00	6352.00	7904.00	5434.00	6011.00	2068.22
烟叶	吨	1654.00	871.00	1442.00	1334.00	323.00	312.30	280.29
蔬菜	万吨	—	—	49.68	71.33	80.52	144.85	134.88
茶叶	万吨	1.09	0.79	0.63	0.52	0.58	0.74	0.57
水果	万吨	1.61	2.46	2.86	13.57	16.43	20.80	21.081
出栏肉猪	万头	176.19	307.33	412.14	460.01	513.18	516.71	353.54
牛肉	万吨	0.17	0.50	0.84	1.39	1.55	2.12	1.36
羊肉	吨	357.00	705.00	2088.00	2833.00	3959.00	4978.00	7192.50
禽肉	万吨	0.46	0.96	1.71	1.79	1.80	2.07	1.57
鱼类	万吨	1.73	2.83	4.81	5.53	7.04	8.72	8.25
三、工业								
主要工业产品产量								
原煤	万吨	1082.86	1515.48	810.99	422.74	1453.26	1064.22	680.38
焦炭	万吨	90.40	80.73	74.35	176.08	285.39	416.93	413.17
洗精煤	万吨	—	—	54.95	101.31	540.32	86.50	739.06
石灰石	万吨	—	—	—	—	—	176.02	240.25
石膏	万吨	—	—	—	85.57	205.42	131.87	158.80
食用植物油	吨	1472.00	1700.00	987.00	—	463.00	9787.00	20014.00
硫酸(折100%)	万吨	0.71	2.63	5.02	8.76	17.57	6.52	—
纯碱	万吨	2.88	—	—	1.88	11.07	17.34	15.62
合成氨(无水氨)	万吨	11.00	17.42	21.09	19.45	26.78	28.84	
农用氮磷钾肥(折纯)	万吨	9.12	13.62	15.97	20.47	22.65	24.72	4.26
合成复合肥(实物量)	万吨	—	—	—	—	—	46.29	64.20
硅酸盐水泥熟料	万吨	—	—	—	265.49	611.88	929.27	1027.39

续表19-2

指　　标	单位	1990年	1995年	2000年	2005年	2010年	2015年	2017年
水泥	万吨	139.65	275.24	238.63	251.08	702.28	1374.23	1419.72
商品混凝土	万立方米	—	—	—	—	173.04	604.81	769.94
砖	万块	—	—	—	—	12192.00	32353.00	39534.00
天然大理石建筑材料	万平方米	—	—	1.67	—	—	7.22	7.75
天然花岗岩建筑材料	万平方米	—	—	0.19	—	201.60	6.26	10.98
日用陶瓷制品	万件	4923.56	5630.81	7152.00	3876.22	—	31.33	47.21
耐火材料制品	万吨	3.90	7.80	8.27	4.01	14.18	24.30	32.45
生铁	万吨	79.47	108.82	166.78	523.87	885.96	934.77	950.18
粗钢	万吨	51.09	93.20	159.54	529.73	921.28	930.23	1053.60
钢材	万吨	40.67	78.62	150.75	467.70	933.20	993.52	1245.49
铁合金	万吨	—	3.41	1.74	6.10	24.27	28.60	12.47
锑品	万吨	1.71	2.49	3.54	2.71	6.11	6.20	6.52
矿山专用设备	万吨	—	—	—	1.52	6.30	28.77	24.86
建筑工程机械	台	—	—	—	—	—	174.00	9351.00
光电子器件	万只(片、套)	473.93	268.00	—	—	—	251.00	4525.00
自来水生产量	万立方米	—	—	24179.00	—	6997.00	7924.00	9692.00
发电量	亿千瓦时	31.86	38.72	28.63	40.76	121.57	116.65	122.43
煤气生产量	亿立方米	—	—	2.36	5.27	131.70	189.86	205.28
四、交通运输邮电								
公路通车里程(不含高速)	万千米	0.28	0.49	0.52	0.93	1.14	1.46	1.47
高速公路通车里程	千米	—	—	—	—	—	222.00	278.00
铁路通车里程(不含高铁)	千米	350.00	309.00	309.00	378.00	313.00	313.00	475.00
高铁通车里程	千米	—	—	—	—	—	—	85.00
货运量	万吨	3799.00	2814.00	3981.00	7791.93	13371.45	1488.57	14565.05
客运量	万人	2774.00	4363.00	6660.00	9564.17	10066.95	7413.25	6183.89
民用车辆拥有量	万辆	1.07	2.30	2.60	13.61	41.31	81.47	82.34
邮电业务总量	亿元	0.11	1.02	4.66	13.80	35.71	43.52	73.07

续表19-2

指　标	单位	1990年	1995年	2000年	2005年	2010年	2015年	2017年
五、固定资产投资								
当年完成投资	亿元	6.48	22.39	40.99	117.67	409.06	1108.39	1376.32
六、房地产开发投资								
当年完成投资	亿元	0.04	0.93	2.28	9.29	40.98	107.94	73.05
七、建筑业								
生产总值	亿元	1.33	5.17	15.19	34.24	85.03	216.70	296.24
八、内外贸易								
社会消费品零售总额	亿元	14.04	36.90	59.11	96.43	217.67	433.80	537.44
外贸出口总额	亿美元	0.144	0.08	0.48	1.71	3.31	2.35	3.05
外贸进口总额	亿美元	—	0.11	0.11	2.75	11.10	7.43	9.16
九、财政金融、保险								
地方财政收入	亿元	2.69	4.70	7.58	12.27	30.01	59.92	70.29
公共财政预算支出	亿元	2.90	7.46	11.42	28.39	106.66	237.77	277.84
金融机构各项存款余额	亿元	14.66	66.37	132.11	282.18	655.75	1284.75	1716.19
其中：城乡居民储蓄存款余额	亿元	9.96	46.60	98.91	213.31	422.80	895.00	1178.64
金融机构贷款余额	亿元	20.92	69.28	103.47	159.11	399.32	790.65	890.23
原保险业保费收入	亿元	0.33	0.76	2.02	5.70	20.84	32.90	51.14
各项赔款和给付	亿元	0.18	0.34	0.82	1.90	3.76	12.68	18.53
十、人民生活								
全体居民可支配收入	元	—	—	—	—	7530.50	13954.00	16813.00
城镇居民可支配收入	元	1270.30	4340.90	5202.00	7998.20	14972.00	21838.00	25634.30
农村居民可支配收入	元	569.00	1309.00	1923.00	2349.00	3365.00	8655.00	10530.00
十一、高新技术								
高新技术企业个数	个	—	—	—	16.00	55.00	98.00	133.00
高新技术产品总产值	亿元	—	—	—	93.07	378.91	605.45	1102.00
高新技术产品增加值	亿元	—	—	—	32.13	110.25	144.35	218.59

第二节 经济效益

一、农业

1990年，娄底地区农业增加值13.46亿元，粮食总产量134.17万吨，人均粮食占有量360.02千克，油料作物产量1.42万吨，生猪出栏176.19万头，猪肉产量11.35万吨。1995年，农业增加值32.37亿元，粮食总产量159.64万吨，人均粮食占有量411.64千克，油料作物产量7.51万吨，生猪出栏307.33万头，猪肉产量19.21万吨。

2000年，娄底市农业增加值40.23亿元，粮食总产量156.78万吨，人均粮食占有量392.9千克，油料作物产量3.47万吨，生猪出栏412.14万头，猪肉产量25.791万吨。2010年，农业增加值99.8亿元，粮食总产量163.3万吨，人均粮食占有量377.14千克，油料作物产量3.83万吨，生猪出栏513.18万头，猪肉产量32.65万吨。

2017年，农业增加值152.8亿元，粮食总产量151.94万吨，人均粮食占有量364.41千克，油料作物产量5.47万吨，生猪出栏353.54万头，猪肉产量25.85万吨。

二、工业

娄底地区独立核算工业企业：1990年1208家，增加值10.19亿元，利税3.16亿元，全员劳动生产率0.46万元／人。1995年1329家，增加值27.06亿元，利税5.79亿元，全员劳动生产率1.12万元／人。

娄底市规模以上工业企业：2000年229家，增加值29.54亿元，利税7.12亿元，全员劳动生产率2.07万元／人。2005年290家，增加值95.05亿元，利税22.59亿元，全员劳动生产率9.26万元／人。2010年641家，增加值283.9亿元，利税127.62亿元，全员劳动生产率16.64万元／人。2017年794家，增加值449.46亿元，利税205.5亿元，全员劳动生产率37.46万元／人。

三、贸易

（一）国内贸易

1990年，娄底地区社会消费品零售总额14.04亿元，同比增长0.5%。1995年36.9亿元，同比增长22.7%。“八五”期间普通耐用消费品快速进入家庭，年均增长21.78%。2000年娄底市社会消费品零售总额59.11亿元，同比增长9.4%。“九五”期间年均增长9.9%。2005年96.43亿元，同比增长13.5%。2008年始，住房消费挤占商品消费，家用汽车等耐用消费品逐步进入家庭。2010年217.67亿元，同比增长17.2%。2017年537.44亿元，同比增长10.8%，是1990年的38.28倍。

（二）外经外贸

1990年，娄底地区外贸收购（供货）总额6894万元，为省下达任务的113.0%。1991年，外贸收购（供货）总额1.37亿元，为省下达任务的157.2%。1992年，外贸收购（供货）总额1.91亿元，同比增长39.5%，其中自营出口388万美元。1993年外贸收购（供货）总额2.23亿元，同比增长17.2%，其中自营出口20万美元。1994年，娄底推行工业“五自主”、商业“四放开”、外经外贸“四结合”改革措施，完成外贸经营额2.25亿元，同比增长29.3%，其中出口额200万美元。1995年，外贸收购（供货）总额1.94亿元，同比下降24.2%，其中出口额为812万美元。

1996年进出口总额0.28亿美元，同比增长25.3%。其中出口0.14亿美元，同比增长14.6%；利用外资0.24亿美元，同比增长25.3%。2000年，娄底市进出口总额0.59亿美元，同比增长132.4%。其中出口0.48亿美元，同比增长558%；进口0.11亿美元，同比增长132.4%；利用外资0.24亿美元，同比增长25.3%。2005年，进出总额4.46亿美元，同比增长27.4%。其中出口1.71亿美元，同比增长56.9%；进口2.75亿美元，同比增长14.1%；利用外资0.68亿美元，同比略有减少。2010年，进出总额14.41亿美元，同比增长69.3%。其中出口3.31亿美元，同比增长155.8%；进口11.1亿美元，同比增长53.9%；利用外资1.62亿美元，同比增长20.9%。

2017年，进出口总额12.21亿美元，同比增长36.7%。其中出口3.05亿美元，同比增长34.4%；进口9.16亿美元，同比增长38.7%；利用外资4.62亿美元，同比增长16.1%。1996—2017年，全市进出口总额159.27亿美元，其中出口41.58亿美元，进口117.69亿美元。利用外资32.22亿美元。

四、金融

银行　娄底地区银行各项存款、各项贷款余额，1990年分别为14.66亿元、20.92亿元。1995年分别为66.37亿元、69.28亿元。娄底市银行各项存贷款余额：2000年分别为132.11亿元、103.47亿元。2005年分别为282.18亿元、159.11亿元。2010年分别为655.75亿元、399.32亿元。2015年分别为1284.75亿元、790.65亿元。2016年分别为1508.42亿元、839.65亿元。2017年分别为1716.19亿元、890.23亿元。

保险　娄底地区各项保费收入、各项赔款和给付，1990年分别为0.33亿元、0.18亿元。1995年分别为0.76亿元、0.34亿元。1997年分别为1.48亿元、0.82亿元。娄底市各项保费收入、各项款和给付：2000年分别为2.02亿元、0.81亿元。2005年分别为5.7亿元、1.9亿元。2008年分别为14.15亿元、4.04亿元。2010年分别为20.84亿元、3.76亿元。2015年分别为32.9亿元、12.68亿元。2017年分别为51.14亿元、18.53亿元。

证券　1995年5月，湖南省证券公司娄底营业部在娄底市图书馆开业，开办上海、深圳上市股票交易业务。当年开立800多户，完成证券交易额2亿多元。2001年，湖南省证券公司娄底营业部更名为泰阳证券娄底营业部，2005年开立3.84万户，完成交易额40亿元。2008年始，安信、湘财等证券公司先后进驻娄底。2017年，全市10家证券公司营业部完成证券交易额1282.4亿元。

期货　2007年、2009年，德盛期货、方正期货分别设立娄底营业部。2017年，2家期货公司客户6363户，成交金额1316亿元。

五、财政收入

娄底地区地方财政收入，1990年2.69亿元，同比增长3.6%。1995年4.7亿元，同比增长17.7%。娄底市地方财政收入，2000年7.58亿元，同比增长6.2%。2005年12.27亿元，同比增长15.8%。2010年30.01亿元，同比增长17.5%。2011年39.56亿元，同比增长31.8%。其中企业所得税、土地增值税、国有资本经营性收入分别增长51.9%、113.5%、1048.7%。2012年51.83亿元，同比增长31%，其中企业所得税、土地增值税、契税分别增长69.9%、62.6%、68.2%，非税收入中的排污费收入、国有资源有偿使用收入、其他收入分别增长82.9%、149.5%、142.1%。2014年，因市委、市政府连续出台支持中小微企业发展实施意见，施行税费优惠政策。地方财政收入58.91亿元，同比下降5.6%。其中利息所得税、城镇土地使用税、土地增值税、耕地占用税分别下降100%、52.6%、37.6%、23.8%，非税收入中的教育附加收入、行政性收费、国有资本经营性收入、上划中央收入分别下降19%、16%、25.3%、15.2%。2017年70.29亿元，同比增长3.3%。

第二章　经济结构

第一节　地区生产总值构成

娄底地区一、二、三产业增加值构成：1990年为34.4∶43.9∶21.7，1995年为29.3∶41.8∶28.9。娄底市一、二、三产业增加值构成：2000年为24.1∶37.6∶38.3，2010年为14.7∶53.8∶31.5，2015年为14.6∶50∶35.4，2017年为10.8∶46.7∶42.5。

1990—2017年娄底市地区生产总值结构一览表

表19-3 单位:%

年份	第一产业	第二产业	第三产业	年份	第一产业	第二产业	第三产业
1990	34.4	43.9	21.7	2004	20.1	43.7	36.1
1991	31.1	44.3	24.6	2005	16.6	47.4	36.0
1992	27.5	45.6	26.9	2006	15.3	49.3	35.4
1993	24.5	49.9	25.6	2007	17.1	49.2	33.7
1994	28.4	45.5	26.1	2008	18.5	50.0	31.5
1995	29.3	41.8	28.9	2009	16.2	50.8	33.0
1996	30.9	39.0	30.1	2010	14.7	53.8	31.5
1997	30.3	38.0	31.7	2011	15.6	55.0	29.4
1998	28.1	37.7	34.2	2012	14.9	55.1	30.0
1999	25	38.2	36.8	2013	14.5	54.1	31.4
2000	24.1	37.6	38.3	2014	14.5	53.5	32.0
2001	22.2	37.8	40.0	2015	14.6	50.0	35.4
2002	20.3	38.5	41.2	2016	11.0	49.9	39.1
2003	18.4	40.6	41.0	2017	10.8	46.7	42.5

第二节　第一产业内部构成

1990年，娄底地区第一产业增加值13.46亿元，其中种植业占58.7%，林业占3.0%，牧业占34.4%，渔业占3.9%。1995年，第一产业增加值32.37亿元，其中种植业占54.8%，林业占1.8%，牧业占39.5%，渔业占3.9%。2000年，娄底市第一产业增加值40.23亿元，其中种植业占47.6%，林业占1.9%，牧业占44.5%，渔业占6%。2010年，第一产业增加值99.8亿元，其中种植业占37.9%，林业占1.7%，牧业占55.5%，渔业占4.3%，农林牧渔服务业占0.6%。2017年，第一产业增加值152.8亿元，其中种植业占56%，林业占3.5%，牧业占32.5%，渔业占8%。

第三节　第二产业内部构成

娄底地区第二产业增加值，1990年工业占84.7%，建筑业占15.3%。1997年工业占90.5%，建筑业占9.5%。娄底市第二产业增加值，2003年工业占85.7%，建筑业占14.3%。2006年工业占90.7%，建筑业占9.3%。2010年工业占90.5%，建筑业占9.5%。2015年工业占89.2%，建筑业占10.8%。2017年工业占86.9%，建筑业占13.1%。

1990—2017年娄底市第二产业内部结构一览表

表19-4　　单位：%

年份	第二产业	其中：		年份	第二产业	其中：	
		工业	建筑业			工业	建筑业
1990	100	84.7	15.3	2004	100	89.0	11.0
1991	100	85.6	14.4	2005	100	89.5	10.5
1992	100	86.0	14.0	2006	100	90.7	9.3
1993	100	89.2	10.8	2007	100	90.4	9.6
1994	100	89.0	11.0	2008	100	90.4	9.6
1995	100	87.8	12.2	2009	100	90.0	10.0
1996	100	88.5	11.5	2010	100	90.5	9.5
1997	100	90.5	9.5	2011	100	90.5	9.5
1998	100	90.5	9.5	2012	100	90.7	9.3
1999	100	89.5	10.5	2013	100	90.2	9.8
2000	100	87.5	12.5	2014	100	89.9	10.1
2001	100	86.5	13.5	2015	100	89.2	10.8
2002	100	86.2	13.8	2016	100	88.7	11.3
2003	100	85.7	14.3	2017	100	86.9	13.1

一、工业

（一）轻重工业结构

1990年，娄底地区全部工业总产值41.72亿元，其中轻工业产值7.67亿元，重工业34.05亿元，轻重工业比为18.4∶81.6。1995年，全部工业总产值142.71亿元，其中轻工业产值21.51亿元，重工业121.2亿元，轻重工业比为15.1∶84.9。

2005年，娄底市规模以上工业总产值322.93亿元，其中轻工业产值14.56亿元，重工业308.37亿元，轻重工业比为4.5∶95.5。2010年，规模以上工业总产值1038.25亿元，其中轻工业产值99.09亿元，重工业939.16亿元，轻重工业比为9.5∶90.5。2017年，规模以上工业总产值2076.29亿元，其中：轻工业产值474.95亿元，重工业产值1601.34亿元，轻重工业比为22.9∶77.1。

（二）工业行业结构

1990年，娄底地区工业总产值41.72亿元，采矿业、制造业、电力热力燃气及水的生产和供应业的产值分别占14.5%、77.7%、7.8%。制造业中的水泥石灰石膏制造业、黑色金属冶炼及压延加工业、有色金属冶炼及压延加工业产值，分别占工业总产值的4.6%、23.8%、4.4%。1995年，娄底地区乡属及以上全部工业总产值89.22亿元，采矿业、制造业、电力热力燃气及水的生产和供应业的产值分别占11.2%、80.1%和8.7%。制造业中的水泥石灰石膏制造业、黑色金属冶炼及压延加工业、有色金属冶炼及压延加工业产值，分别占工业总产值的7.%、30.9%、7.7%。

2000年，娄底市国有及主营业务收入500万元以上非国有工业总产值85.65亿元，采矿业、制造业、电力热力燃气及水的生产和供应业的产值分别占11.2%、80.5%和8.3%。制造业中的水泥石灰石膏制造业、黑色金属冶炼及压延加工业、有色金属冶炼及压延加工业产值，分别占工业总产值的5.2%、44.2%、6.1%。

2001年，娄底市高新技术产业企业30家，高新技术产品总产值5.12亿元，高新技术产品销售收入4.81亿元，出口收入3401万元。2002年大力推行新型工业化，把精品钢材及薄板深加工、有色冶炼及深加工、煤炭深加工、建材、农机机电、机械铸造、特种陶瓷、农产品加工、煤矿机电、现代中成药及生物医药等十大产业集群作为全市新型工业化集群发展主阵地。

2007年，娄底市分别编制十大产业集群发展规划，实施产业集群培育，促进产业扩容，加快产业升级，强化产业支撑，构筑集群化的产业布局，全市涌现华菱涟钢汽车板电工钢工程、华润电力、汇源焦化、湖南海螺、双峰海螺等一批生产规模较大，盈利能力及竞争力较强的骨干企业和标志性工程。2008年高新技术产品销售收入和出口收入分别达到241.17亿元和4.83亿元。

2010年，娄底市规模以上工业总产值1038.25亿元，采矿业、制造业、电力热力燃气及水的生产和供应业的产值分别占14.9%、77.4%和7.7%。制造业中的黑色金属冶炼及压延加工业、有色金属冶炼及压延加工业产值，分别占工业总产值的39.5%、4.4%。

2015年，娄底市规模以上工业总产值1663.64亿元，采矿业、制造业、电力热力燃气及水的生产和供应业分别占12.7%、82.4%和4.9%。制造业中的水泥石灰石膏制造业、黑色金属冶炼及压延加工业、有色金属冶炼及压延加工业产值分别占2.7%、25.3%、4.5%。

2017年，全市十大产业集群进一步完善。是年，高新技术产业企业133家，高新技术产品总产值1102亿元，高新技术产品销售收入990.42亿元，其中出口收入10.33亿元。高新技术产品增加值同比增长16.9%。规模以上工业总产值2076.29亿元，采矿业、制造业、电力热力燃气及水的生产和供应业的产值分别占7.7%、88.6%和3.7%。制造业中的水泥石灰石膏制造业、黑色金属冶炼及压延加工业、有色金属冶炼及压延加工业产值分别占2.4%、26.9%和2.8%。采矿业产值占比连续3年下降，主要原因是关闭产能低、瓦斯突出、地质条件复杂的煤矿。

2001—2017年娄底市高新技术产业情况表

表19-5　　单位:亿元

年份	企业单位数(个)	高新技术产品总产值	高新技术产品增加值	高新技术产品销售收入	其中:出口收入	高新技术产品利税额	其中:利润总额
2001	30	5.12	1.27	4.81	0.34	0.59	0.23
2002	27	4.92	1.51	4.86	0.46	0.71	0.26
2003	29	12.53	4.32	12.90	1.05	1.96	1.00
2004	24	54.47	17.53	53.20	0.63	6.69	3.90
2005	16	93.07	32.13	92.49	1.16	9.67	3.56
2006	19	91.27	30.66	91.33	2.03	12.44	5.53
2007	23	176.18	54.07	176.90	2.80	19.66	10.73
2008	26	236.53	582.34	2411.73	48.26	127.73	-1.36
2009	56	249.20	67.28	231.38	1.24	16.94	7.72

续表19-5

年份	企业单位数（个）	高新技术产品总产值	高新技术产品增加值	高新技术产品销售收入	其中：出口收入	高新技术产品利税额	其中：利润总额
2010	55	378.91	110.25	352.91	3.78	3.21	-5.72
2011	64	519.73	134.76	483.04	4.72	29.59	17.66
2012	83	530.17	131.08	489.34	2.68	21.80	14.59
2013	89	568.60	129.45	518.26	22.88	22.6	16.06
2014	86	575.50	134.45	575.77	35.69	16.57	13.75
2015	98	605.45	144.35	562.15	12.87	12.66	-5.05
2016	104	713.41	163.62	654.64	9.37	27.87	13.30
2017	133	1102.00	218.59	990.42	10.33	91.97	64.50

（三）所有制结构

1990年，娄底地区完成工业生产总值41.72亿元，其中，全民所有制企业占59.2%，集体所有制企业占20%，外商投资企业占0.1%，城镇合作经营企业占0.1%，城镇个体企业占0.2%，农村村办工业占7.1%，农村合作经营企业占3.4%，农村个体工业占9.9%。1995年，工业总产值142.71亿元，全民所有制企业占33%，集体所有制企业占20.8%，股份制企业占17%，外商投资企业占0.1%，港澳台商投资企业占0.5%，城镇合作经营企业占0.2%，城镇个体企业占1.4%，农村村办企业占9.4%，农村合作经营企业占3.7%，农村个体企业占9.6%，私营企业占4.3%。1997年，工业总产值210.06亿元，全民所有制企业占31.7%，集体所有制企业占19.4%，港澳台商投资企业占0.2%，城镇合作经营企业占0.9%，城镇个体企业占2.7%，农村村办企业占8.7%，农村合作经营企业占5.4%，农村个体企业占31%。

1990—1997年娄底地区全部工业所有制构成一览表

表19-6

单位：%

年份	全民所有制	集体所有制	股份制	外商投资	港澳台商投资	其他	城镇合作经营	城镇个体	农村村办	农村合作经营	农村个体	私营
1990	59.2	20.0	—	0.1	—	—	0.1	0.2	7.1	3.4	9.9	—
1991	58.2	20.6	—	0.1	—	—	0.4	0.6	7.2	2.8	10.1	—
1992	57.6	20.7	—	0.1	—	—	0.2	0.5	7.5	2.3	11.2	—
1993	28.6	18.6	28.1	—	—	0.3	1.1	0.6	7.9	2.7	12.1	—
1994	30.1	19.7	21.2	—	—	0.3	1.5	1.4	8.9	3.3	13.7	—
1995	33.0	20.8	17.0	0.1	0.5	—	0.2	1.4	9.4	3.7	9.6	4.3
1996	33.3	18.6	—	0.3	0.4	0.1	0.6	1.7	12.8	6.0	26.2	—
1997	31.7	19.4	—	—	0.2	0.0	0.9	2.7	8.7	5.4	31.0	—

1998年，娄底地区完成工业总产值227.11亿元，国有企业占28.5%，集体企业占24.7%，港澳台商投资企业占0.1%，股份合作企业占1.9%，私营企业占16.7%，个体企业占27.8%，其他经济类型企业占0.3%。2000年，娄底市国有及500万元以上非国有企业完成工业总产值85.65亿元，国有企业占73.9%，集体企业占14.9%，港澳台商投资企业占0.1%，股份合作制企业占0.9%，股份制企业占6.1%，其他经济类型企业占4.1%。

1998—2003年娄底市工业所有制构成一览表

表19-7　　单位:%

年份	国有	集体	港澳台商投资	其他经济类型	股份合作制	股份制	私营	个体	外商投资
1998	28.5	24.7	0.1	0.3	1.9	—	16.7	27.8	0.01
1999	25.2	20.8	0.1	0.7	2.0	2.4	19.4	29.3	0.02
2000	73.9	14.9	0.1	4.1	0.9	6.1	—	—	—
2001	75.9	11.9	0.0	4.3	0.9	6.9	—	—	—
2002	71.8	8.5	0.1	5.3	1.6	12.7	—	—	—
2003	65.6	7.2	0.1	5.4	1.1	20.6	—	—	—

说明：2000—2003年为国有及500万元以上工业企业完成总产值的占比

2005年，娄底市规模以上工业总产值322.93亿元，国有企业占56.3%，集体企业占3.5%，股份合作企业占1.2%，有限责任公司企业占22.2%，股份有限公司占3.0%，私营企业占12.5%，外商投资企业占0.7%，港澳台商投资企业占0.4%，其他经济类型企业占0.2%。2017年，娄底市规模以上工业总产值2076.29亿元，国有企业占2.3%，集体企业占2.5%，有限责任公司企业占36.2%，股份有限公司占3.2%，私营企业占48.3%，外商投资企业占1.8%，港澳台商投资企业占4.6%，其他经济类型企业占1.1%。

2004—2017年娄底市规模以上工业所有制构成一览表

表19-8　　单位:%

年份	国有	集体	股份合作	联营企业	有限责任公司	股份有限公司	私营企业	其他	外商投资	港澳台商投资
2004	62.9	3.6	1.1	—	16.7	3.6	10.7	0.5	1.0	—
2005	56.3	3.5	1.2	0.0	22.2	3.0	12.5	0.2	0.7	0.4
2006	47.0	3.9	1.2	0.1	29.7	3.1	13.5	0.2	0.7	0.6
2007	43.2	5.0	1.1	0.2	28.6	3.6	16.7	0.1	0.9	0.6
2008	37.4	4.6	0.6	—	—	48.9	0.0	7.3	1.2	—
2009	31.5	5.9	0.9	0.2	24.1	3.7	30.8	0.7	0.7	1.4
2010	33.5	6.1	0.7	0.3	20.3	3.3	32.3	1.0	0.8	1.8

续表19-8

年份	国有	集体	股份合作	联营企业	有限责任公司	股份有限公司	私营企业	其他	外商投资	港澳台商投资
2011	29.8	5.2	1.1	0.3	19.9	3.2	35.2	1.1	0.5	3.6
2012	25.1	7.1	0.6	0.3	19.2	3.1	38.4	1.2	0.9	4.1
2013	2.2	5.5	0.1	0.1	25.4	18.6	41.8	1.5	0.9	3.8
2014	2.8	5.2	0.1	0.1	26.2	16.6	43.9	0.4	0.8	4.0
2015	2.9	4.0	0.0	0.1	26.8	13.2	46.9	0.4	1.2	4.5
2016	2.5	3.2	—	0.1	37.3	3.0	47.6	0.4	1.5	4.4
2017	2.3	2.5	—	0.0	36.2	3.2	48.3	1.1	1.8	4.6

二、建筑业

（一）所有制构成

1990年，娄底建筑业总产值1.33亿元，全民所有制和城镇集体所有制经济分别占72.6%、27.4%。1995年总产值5.16亿元，全民所有制、集体所有制、股份制经济分别占63.5%、26.1%、10.4%。2005年总产值34.24亿元，国有、集体、股份制、有限责任公司、私营企业、港澳台商投资企业分别占10%、23.2%、0.4%、42.2%、17.3%、6.9%。2010年总产值85.03亿元，国有、集体、股份制、有限责任公司、私营企业、港澳台商投资企业分别占12.1%、13.6%、2.9%、30.5%、37.5%、3.4%。2017年总产值296.24亿元，国有、集体、股份制、有限责任公司、私营企业、港澳台商投资、其他经济分别占3.6%、11.8%、1.5%、30.7%、45.2%、6.7%、0.5%。

（二）行业构成

娄底建筑业总产值中房屋和土木工程建筑业、建筑安装业、建筑装饰业：1993年分别占97%、1.1%、1.9%。1995年分别占98.7%、0.9%、0.4%。1998年分别占96.7%、3.2%、0.1%。房屋和土木工程建筑业、建筑安装业、建筑装饰业和其他：2003年分别占93.6%、5.7%、0.1%、0.6%。2010年分别占79%、11.8%、0.1%、9.1%。2017年分别占96.2%、1.2%、0.1%、2.5%。

（三）工程类型构成

娄底建筑业总产值中建筑工程、安装工程、房屋构筑物和非标准设备制造等：1993年分别占87.1%、8.7%、4.2%。1995年分别占87.6%、9.9%、2.5%。2000年分别占85%、11.3%、3.7%。2005年分别占83.8%、9.8%、6.4%。2010年分别占84.1%、10.5%、5.4%。2015年分别占85.9%、10.7%、3.4%。2017年分别占77.4%、20.3%、2.3%。

第四节 第三产业内部构成

1990年，娄底地区第三产业增加值8.47亿元。交通运输仓储邮政业占25.5%，批发零售贸易业占26.2%，住宿和餐饮业占6.5%，金融保险业占10%，房地产业占10.6%，其他服务业占21.2%。1995年，第三产业增加值31.84亿元。交通运输仓储邮政业占23.7%，批发零售贸易业占21.9%，住宿和餐饮业占5.5%，金融保险业占5.9%，房地产业占7.9%，其他服务业占35.1%。

2000年，娄底市第三产业增加值63.79亿元。交通运输仓储邮政业占23.3%，批发零售贸易业占16.2%，住宿和餐饮业占4%，金融保险业占4.8%，房地产业占9.9%，其他服务业占41.8%。2005年，第三产业增加值108.93亿元。交通运输仓储邮政业占22.8%，批发零售贸易业占13.9%，住宿和餐饮业占3.7%，金融保险业占4.6%，房地产业占9.2%，其他服务业占45.8%。

2010年，第三产业增加值214.05亿元。交通运输仓储邮政业占19.2%，批发零售贸易业占14.3%，住宿和餐饮业占4.1%，金融保险业占5.6%，房地产业占8%，其他服务业占48.8%。2017年，第三产业增加值为599.29亿元，交通运输仓储邮政业占13.5%，批发零售贸易业占14.4%，住宿和餐饮业占4.9%，金融保险业占6.6%，房地产业占6.7%，其他服务业占53.9%。

第五节 固定资产投资构成

1990年，娄底地区全社会固定资产投资6.48亿元，其中第一产业0.28亿元，第二产业3.74亿元，第三产业2.46亿元，分别占4.3%、57.7%、38.0%。1995年，全社会固定资产投资22.38亿元，其中第一产业0.24亿元，第二产业10.77亿元，第三产业11.37亿元，分别占1.1%、48.1%、50.8%。

娄底市全社会固定资产投资2000年40.99亿元，其中第一产业0.26亿元，第二产业15.02亿元，第三产业25.71亿元，分别占0.7%、36.6%、62.7%。2005年，全社会固定资产投资117.67亿元，其中第一产业1.12亿元，第二产业74.88亿元，第三产业41.67亿元，分别占1%、63.6%、35.4%。2010年，全社会固定资产投资409.06亿元，其中第一产业6.77亿元，第二产业212.48亿元，第三产业189.81亿元，分别占1.7%、51.9%、46.4%。2015年，全社会固定资产投资1108.39亿元，其中第一产业73.73亿元，第二产业446.57亿元，第三产业588.09亿元，分别占6.7%、40.3%、53%。2017年，全社会固定资产投资1376.33亿元，其中第一产业89.48亿元，第二产业578.52亿元，第三产业708.33亿元，分别占6.5%、42%、51.5%。

1990—2017年，全社会固定资产投资8222.78亿元，年均增长22.8%。其中第一产业376.3亿元，第二产业3730.4亿元，第三产业4116.08亿元，分别占4.6%、45.4%、50%。

说明：以上数据中的第一产业投资仅包括种植业和养殖业，其他分别归入第二、三产业。

第三章 居民生活

第一节 收 入

一、城镇居民

（一）收入水平

居民 娄底地区城镇居民人均可支配收入：1990年1270元。1995年4341元，同比增长19.7%。2000年5202元，同比增长11.4%。2005年7998元，同比增长10.5%。2010年1.50万元，同比增长11.5%。2015年2.18万元，同比增长7.4%。2017年2.56万元，同比增长8%，为1990年的19.7倍。

职工 1990年，娄底地区非私营单位职工30.26万人，工资总额6.07亿元，人均年工资2064元。1995年，职工34.17万人，工资总额16.05亿元，人均年工资4871元。2000年，职工33.88万人，工资总额20.48亿元，人均年工资6116元。2010年，职工26.77万人，工资总额70.69亿元，人均年工资2.69万元。2015年，职工29.12万人，工资总额124.62亿元，人均年工资4.32万元。2017年，职工29.31万人，工资总额150.54亿元，人均年工资5.21万元，为1990年的24倍。

个体户和私营企业主 20世纪90年代初，摆摊卖早点、水果、衣服的个体户每月收入几百元，而国有、集体企业职工月工资约200元。1998年以后，国有、集体企业改制，大批职工下岗，政府鼓励自谋职业，个体经营的队伍迅速扩大，他们的收入略高于企业职工。因为改革开放，政府对乡镇企业

有扶持政策，许多私营企业都以乡镇集体企业的身份出现。私营企业主数量很少，收入相当高，年收入几十万、几百万的企业主很多，成为社会上的高收入阶层。

（二）收入构成

20世纪90年代，娄底地区城镇居民收入基本来源主要是工资收入，其次是从单位得到的其他收入、个体经营收入、赡养收入和赠送收入。1997—2017年，城镇家庭收入渠道增多，除工资收入外，还有财产性收入、转移收入和经营收入等，并逐年提高。

薪酬收入　1990年，娄底城镇居民人均工薪收入3995元，占可支配收入的76.4%。1997年，城镇居民国有经济单位职工人均收入3280.68元，占可支配收入的72.9%。集体经济单位职工人均收入226.44元，占可支配收入的5%。2010年，城镇居民人均工薪收入9567.2元，占人均可支配收入的60.6%。2017年城镇居民人均工薪收入15073.7元，占人均可支配收入的58.8%。

财产性收入　娄底城镇居民财产性收入1997年人均87元，占可支配收入的1.9%。2001年人均106.07元，占可支配收入的1.8%。2010年人均426.65元，占可支配收入的2.7%。2017年人均1392.2元，占可支配收入的5.4%。

转移性收入　20世纪90年代始，国家不断完善和改革企业养老制度，多次上调养老金标准，城镇居民家庭转移性收入1997年735.96元，占可支配收入的16.4%。2010年4111.62元，占可支配收入的26.1%。2017年7198.9元，占可支配收入的28.1%。

经营等收入　1997年，娄底城镇居民人均其他劳动收入171.05元，占可支配收入的3.8%。娄底城镇居民人均经营性收入2010年1674.71元，占可支配收入的10.6%。2017年1969.5元，占可支配收入的7.7%。

二、农村居民

（一）收入水平

娄底市（地区）农民人均纯收入：1990年569元。1994年1047元，同比增长37.2%。1998年1817元，同比增长5.3%。2004年2184元，同比增长16.3%。2008年3001元，同比增长4%。2012年达到4762元，同比增长20.1%。

农民人均可支配收入：2013年7059元。2015年8655元，同比增长10.5%。2016年9529元，同比增长10%。2017年1.05万元，同比增长10.5%，比2013年增长49%。

（二）收入构成

1990年，娄底地区农村居民人均总收入731.98元。其中工资性收入占9.8%，家庭经营收入占86.3%，财产性收入占1.5%，转移性收入占2.4%。1995年，农村居民人均总收入2147.37元。其中工资性收入占21.6%，家庭经营收入占72.3%，财产性收入占1.1%，转移性收入占5%。

2000年，农村居民人均总收入2582.32元。其中工资性收入占32.2%，家庭经营收入占59.1%，财产性收入占0.3%，转移性收入占8.4%。2005年，农村居民人均总收入3147.28元，其中工资性收入占34.3%，家庭经营收入占55.7%，财产性收入占1.1%，转移性收入占8.9%。

2010年，农村居民人均总收入4341.16元。其中工资性收入占39.9%，家庭经营收入占49.6%，财产性收入占1%，转移性收入占9.5%。2015年，农村居民人均可支配收入8655元。其中工资性收入占50.2%，家庭经营收入占21.2%，财产性收入占0.8%，转移性收入占27.8%。

2017年，农村居民人均可支配收入1.05万元，其中工资性收入占49.1%，家庭经营收入占20%，财产性收入占0.8%，转移性收入占30.1%。

三、收入差别

（一）城乡差别

20世纪90年代，娄底地区城镇企业所有权和经营权分离，企业工资与上缴利税挂钩，职工收入增加，城乡差距不断拉大。1990年，娄底城镇居民人均可支配收入1270.3元，农村居民家庭人均纯收入569元，城乡居民收入比为2.23∶1。2000年为2.71∶1，2010年为4.45∶1，2017年为2.43∶1。

（二）所有制差别

1990年，娄底地区全民所有制单位职工年均工资2192.9元，城镇集体所有制单位职工年均工资1552.7元，其收入之比为1.41∶1。

2000年，娄底市国有经济职工年均工资6666元，城镇集体经济职工年均工资3422元，其他单位职工年均工资6127元，其收入比为1.09∶0.56∶1。

2010年，城镇国有单位从业人员年均劳动报酬2.73万元，城镇集体单位从业人员年均劳动报酬2.44万元，其他单位从业人员年均工资2.72万元，其收入比为1∶0.89∶1。

2017年，国有单位从业人员年均工资5.62万元，集体单位从业人员年均工资4.01万元，其他单位从业人员年均工资5.24万元，其收入比为1.07∶0.77∶1。

（三）行业差别

1990年，娄底地区职工年人均工资2063元。地质勘探行业、工业、运输和邮电行业职工年人均工资分别为2324元、2211元、2084元，分别高出地区职工年人均工资261元、147元、21元。农林牧渔水利业单位职工年人均工资1515.7元，低于地区职工年人均工资548元。1992年，职工年人均工资2631元，地质勘探业、金融业、机关团体、运输邮电业、教育文化业、工业等行业职工年人均工资高于全市平均水平，农林牧渔水利业的职工年人均工资低于全市平均水平。1993年，职工年人均工资3275元。电力、煤气及水的生产和供应行业职工工资年人均5638元，制造业职工工资年人均3782元，金融行业职工年人均工资3757元，党政机关和社会团体职工年人均工资3647元，均高于全市平均水平。农林牧渔业行业职工年人均工资2061元，低于全市平均水平。1994年，职工年均工资4282元，农林牧渔业行业批发和零售贸易餐饮业、采掘业等行业职工年人均工资低于全地区职工年均工资水平。

2000年，娄底市职工年人均工资6116元。金融保险业单位职工工资最高，是全市年均工资的2.16倍。电力燃气及水的生产和供应业单位职工年均工资是全市平均工资的2.11倍。机关团体单位人均年工资7894元，超过全市平均工资水平。农林牧渔业单位人均年工资2544元，仍然最低。2010年，职工年人均工资2.69万元。电力、煤气及水的生产和供应业单位职工年人均工资3.49万元，金融业3.44万元，制造业3.09万元，信息传输计算机服务和软件业3.20万元，卫生、社会保障和社会福利业3.06万元，分别为全市年人均工资2.69万元的1.29倍、1.28倍、1.15倍、1.19倍和1.14倍。公共管理和社会组织单位职工年人均工资低于全市平均水平。农林牧渔业单位职工年人均工资1.08万元，为全市年均工资的40.3%。

2017年，从业人员年人均工资5.21万元。金融业年人均工资7.90万元，信息传输计算机服务和软件业年人均工资6.57万元，卫生、社会保障和社会福利业年人均工资6.35万元，制造业年人均工资6.02万元，分别是全市从业人员年人均工资的1.52倍、1.26倍、1.22倍、1.15倍。农林牧渔业单位年人均工资2.44万元，仍然最低。

1990—2017年娄底市各行业从业人员年均工资一览表(一)

表19-9　　单位:元

行　业	年　份		
	1990	1991	1992
全市职工年均工资	2063	2276	2631
农、林、牧、渔水利业	1515	1598	1754

续表19-9

行　业	年　份		
	1990	1991	1992
工业	2211	2483	2754
地质勘探业	2324	2541	2909
建筑业	1977	2165	2404
运输、邮电业	2084	2310	2778
商、饮、物、供仓储业	1657	1807	2015
房地产、公用、服务事业	1836	2093	2559
卫生、体育、社会福利事业	2058	2205	2696
教育、文化事业	1950	1985	2759
科研和技术服务业	1857	1866	2537
金融、保险业	1941	2130	2866
机关、团体	1996	2124	2833

1990—2017年娄底市各行业从业人员年均工资一览表(二)

表19-10　　单位:万元

行　业	年　份									
	1993	1994	1995	1996	1997	1998	1999	2000	2001	2002
年均工资	0.33	0.43	0.49	0.51	0.51	0.51	0.57	0.61	0.89	1.00
农、林、牧、渔业	0.21	0.27	0.21	0.16	0.16	0.21	0.28	0.25	0.52	0.57
采掘业	0.27	0.35	0.50	0.51	0.47	0.41	0.45	0.42	0.76	0.90
制造业	0.38	0.47	0.51	0.54	0.52	0.50	0.56	0.62	0.98	1.07
电力、煤气及水的生产和供应业	0.56	0.82	0.97	1.07	1.20	1.16	1.21	1.29	1.55	1.68
建筑业	0.30	0.32	0.42	0.41	0.38	0.35	0.34	0.40	0.69	0.76
地质勘探业、水利管理业	0.34	0.45	0.45	0.46	0.51	0.55	0.51	0.59	0.80	0.80
交通运输、仓储及邮电通信业	0.34	0.45	0.50	0.49	0.51	0.50	0.46	0.54	0.73	0.83
批发和零售贸易、餐饮业	0.24	0.30	0.36	0.38	0.34	0.30	0.29	0.31	0.59	0.71
金融、保险业	0.38	0.70	0.77	0.79	0.94	1.05	1.08	1.32	1.39	1.61
房地产业	0.30	0.48	0.42	0.49	0.54	0.71	0.72	0.88	0.97	1.28
社会服务业	0.31	0.55	0.42	0.54	0.56	0.61	0.63	0.66	0.87	0.94
卫生、体育和社会福利业	0.27	0.49	0.49	0.55	0.62	0.74	0.80	0.82	0.92	1.00
教育、文化以及广播电影电视业	0.33	0.45	0.51	0.52	0.61	0.71	0.81	0.86	0.95	1.08

续表19-10

行业	年份									
	1993	1994	1995	1996	1997	1998	1999	2000	2001	2002
科学研究和综合技术服务业	0.30	0.47	0.53	0.56	0.66	0.72	0.81	0.91	1.02	1.08
国家机关、政党机关和社会团体	0.36	0.49	0.52	0.55	0.60	0.66	0.73	0.79	0.89	0.98
其他行业	—	0.47	0.54	0.55	0.58	0.53	0.64	0.37	0.83	0.93

1990—2017年娄底市各行业从业人员年均工资一览表(三)

表19-11　　单位：万元

行业	年份														
	2003	2004	2005	2006	2007	2008	2009	2010	2011	2012	2013	2014	2015	2016	2017
年均工资	0.90	1.10	1.28	1.52	1.83	2.14	2.37	2.69	3.05	3.43	3.73	4.06	4.32	4.78	5.21
农、林、牧、渔业	0.32	0.49	0.88	0.96	1.15	1.21	1.12	1.08	0.97	1.13	1.59	1.91	2.03	2.37	2.44
采掘业	0.57	0.76	1.27	1.47	1.65	2.27	2.29	2.57	3.01	3.63	3.62	4.08	4.23	4.23	4.24
制造业	0.92	1.17	1.42	1.74	2.07	2.52	2.59	3.09	3.57	4.05	4.46	4.73	4.71	5.19	6.02
电力、煤气及水的生产和供应业	1.81	1.80	1.95	2.27	2.54	2.97	3.51	3.49	3.78	3.57	3.70	3.86	4.21	4.59	4.98
建筑业	0.64	0.76	0.90	1.28	1.54	1.62	2.17	2.38	2.70	3.15	3.36	3.94	3.94	3.96	4.20
交通运输、仓储及邮政业	0.70	1.17	0.92	1.19	1.32	1.67	1.88	2.13	2.21	2.36	3.16	3.22	3.39	4.00	4.20
信息传输、计算机服务和软件业	1.89	1.75	2.27	2.41	2.43	2.44	2.49	3.20	2.65	4.38	4.37	5.05	6.09	6.32	6.57
批发和零售业	0.37	0.42	0.73	1.07	1.89	2.32	2.18	2.47	2.84	3.12	3.39	3.56	3.89	4.11	4.20
住宿和餐饮业	0.90	0.89	1.14	1.12	1.36	1.65	1.65	1.86	1.90	2.40	2.48	2.56	2.83	2.84	2.74
金融业	1.75	2.04	1.98	2.24	2.50	2.64	3.16	3.44	4.19	4.71	5.91	6.41	7.29	7.77	7.90
房地产业	0.89	1.33	1.19	1.45	1.93	1.96	2.19	2.64	2.94	2.90	3.29	3.50	3.74	4.02	3.56
租赁和商务服务业	0.85	0.82	0.99	1.24	1.43	1.79	1.74	1.85	2.26	2.36	3.12	3.00	2.91	4.06	4.02
科学研究、技术服务和地质勘探业	0.81	1.01	1.12	1.18	1.30	1.85	2.06	2.66	2.89	3.35	3.81	3.82	4.01	4.66	5.84
水利、环境和公共设施管理业	1.02	1.10	1.11	1.12	1.34	1.50	1.58	1.72	1.86	2.12	2.44	2.47	3.00	3.59	3.82
居民服务、修理和其他服务业	1.28	1.44	1.06	1.90	2.45	2.05	2.04	2.05	2.19	2.10	2.82	3.97	4.51	4.60	5.79
教育	1.16	1.31	1.38	1.49	1.89	2.07	2.25	2.63	2.98	3.23	3.8	3.74	4.38	5.30	5.76
卫生、社会保障和社会福利业	1.16	1.30	1.36	1.54	2.11	2.29	2.70	3.06	3.69	4.32	4.61	4.78	5.31	5.96	6.35
文化、体育和娱乐业	8188.00	0.96	1.13	1.21	1.99	1.88	1.92	2.18	2.60	2.85	3.28	3.46	4.02	4.27	4.54
公共管理和社会组织	1.03	1.19	1.27	1.33	1.72	2.10	2.32	2.55	2.65	2.95	3.26	3.53	4.16	4.96	5.52

（四）基尼系数

娄底市基尼系数：2013年为0.39。2014年为0.41。2015年为0.4。2016年为0.39。2017年为0.39。

第二节 消 费

1990年，娄底地区社会消费品零售总额14.04亿元，同比增长0.5%；1992年，居民消费量同比增长20.6%。1993年社会消费品零售总额25.44亿元，同比增长40.1%。进入21世纪，在国家扩大内需、刺激消费等经济政策和居民收入稳步增长等因素的作用下，城乡消费品市场购销两旺。2000年，娄底市社会消费品零售总额59.11亿元，同比增长9.4%。2005年，社会消费品零售总额96.43亿元，同比增长13.5%。城镇居民家庭恩格尔系数为38.3%，农村居民家庭为47.8%。2010年，社会消费品零售总额217.67亿元，同比增长17.2%。2014年，社会消费品零售总额391.44亿元，同比增长12.5%。恩格尔系数城镇居民家庭为33.4%，农村居民家庭为36.9%。2017年，社会消费品零售总额537.44亿元。全市城乡居民家庭恩格尔系数为32.5%，其中娄星区为26.1%，双峰县为37.1%，新化县为32.0%，冷水江市为32.1%，涟源市为30.7%。

一、城镇居民家庭消费

1990年，娄底地区城镇居民人均消费支出1127.84元。其中，购买商品支出1020.15元，占90.5%；非商品支出107.69元，占9.5%。食品烟酒支出636.03元，衣着支出156.83元，日用品支出94.16元，居前三位。食品消费占70.3%，交通通信、文化娱乐教育、医疗保健占15.4%。

1995年，城镇居民人均消费支出3681.76元。其中，购买食品为1802.59元，占49%。衣着为408.82元，占11.1%。家庭用品为408.07元，占11.1%。医疗保健为95.09元，占2.6%。交通通信为171.69，占4.7%。文化娱乐为314.02元，占8.5%。居住为336.78元，占9.1%，杂项商品和服务为144.7元，占3.9%。

2000年，娄底市城镇居民人均消费支出4162.82元。其中，购买食品为1699.06元，占40.8%。衣着为343.35元，占8.3%。生活用品及服务为438.05元，占10.5%。医疗保健为291.35元，占7.0%。交通通信为219.56元，占5.3%。文娱耐用消费品支出144.59元，占3.5%。文化娱乐为531.74元，占12.8%。居住为488.16元，占11.7%。杂项商品和服务为151.55元，占3.6%。

2010年，娄底市城镇居民人均消费支出9354.42元。其中，购买食品3672.36元，39.3%。衣着1201.37元，12.8%。家庭设备用品778.36元，占8.3%。医疗保健806.88元，占8.7%。交通通信742.84元，占7.9%。文化娱乐928.96元，占9.9%。居住950.72元，占10.2%。其他商品和服务272.92元，占2.9%。

2017年，城镇居民人均消费支出17733.5元。其中，食品烟酒为5459.9元、占30.8%。衣着为1495.9元，占8.4%，生活用品及服务为1340.2元，占7.6%，医疗保健为1410.9元，占8%。交通通信为1734.6元，占9.8%。文化娱乐消费为2814元，占16%。居住为3089.8元，占17.4%。其他为338.3元，占2%。

（一）食品

20世纪90年代后，娄底地区城镇居民食品消费由吃饱吃好向注重健康、科学和安全转变。1990年，城镇居民人均食品消费支出636.03元。人均消费大米、鲜蛋、鲜果分别为141.65千克、5.37千克、24.5千克。1995年，城镇居民人均食品支出1802.59元。人均购买粮食120.92千克，食用植物油3.76千克，猪肉24.69千克，牛羊肉2.9千克，禽肉4.84千克，蛋类9.8千克，水产品8.56千克。

娄底市城镇居民人均食品消费：2000年购买粮食109.33千克，淀粉及薯类8.57千克，油脂类9.49千克，猪肉20.66千克，牛肉3.21千克，羊肉0.55千克，活鸡鸭6.19千克，蛋类11.23千克，草鱼6.44

千克，菜类106.91千克，食糖2.15千克，卷烟19.47盒，酒类4.06千克，干鲜果类68.67千克，奶及其制品0.84千克。人均食品烟酒消费1699.06元。2005年，娄底市城镇居民人均食品消费支出2361.04元。人均消费大米71.46千克，鲜蛋8.39千克，鲜果63.5千克，鲜奶6.3千克。

2010年，城镇居民人均食品支出3672.36元。其中，粮食308.19元，淀粉及薯类10.31元，干豆及制品类49.35元，油脂类1131.87元，肉禽蛋水产品类473.26元，蔬菜类38.18元，糖类220.06元，烟草类90.04元，酒类和饮料类70.69元，干鲜果类、奶及其制品365.45元，在外饮食451.78元。2017年，人均食品消费支出5459.9元。其中人均在外饮食支出363.62元，占食品消费支出的6.7%。食品消费种类依次为鲜果、鲜菜、猪牛羊肉、粮食。

（二）衣着

20世纪90年代，娄底地区城镇居民服饰单一，穿戴时间长久。随着改革开放和收入增加，居民服饰消费逐步向时尚化、多样化、品牌化、高档化发展。1990年，娄底地区城镇居民人均衣着支出156.83亿元，占消费支出的13.9%。1995年为408.82元，占消费支出的11.3%。2000年，娄底市城镇居民人均衣着支出343.35元，占消费支出的8.3%。2010年为1201.37元，占消费支出的12.8%。2017年为1495.9元，占消费支出的8.4%。

（三）居住

1990年，娄底地区城镇居民人均住房10.7平方米，居全省首位。1995年13.66平方米，2000年娄底市城镇居民人均住房13.63平方米，2010年30.43平方米。2017年底，全市拥有产权住房的城镇居民占99%，人均住房面积45.11平方米。全部家庭拥有齐全的卫生设施、自来水，使用管道天然气或灌装液化石油气，空调、地暖替代煤炭取暖。人均住房消费支出3089.8元。

（四）交通通信

20世纪90年代，娄底城镇居民主要交通工具为自行车和公交车。2000年以后，城市道路交通设施改善，娄底市城镇居民出行既可选择自行车、电动车、摩托车，又可乘公交车、出租车，私家车增多。2017年，娄底市每百户居民家庭拥有小汽车28辆，有移动电话244部。居民人均交通通信支出1734.6元，比1990年增长132.11倍，交通通信支出在居民消费总支出中所占比重达9.8%，比1990年提升8.6个百分点。

（五）耐用消费品

1990年前，娄底地区居民家庭消费耐用品以黑白电视机、手表、自行车、缝纫机为代表，彩色电视机、电冰箱、洗衣机、摩托车、录像机、空调机稀有。1990年后，城市居民耐用消费品开始更新换代，消费需求由普及型向享受型转变，手机、家用电脑拥有量迅速增加。

2005年，娄底市城镇居民家庭每百户拥有家用汽车0.73辆，摩托车17辆，助力车3台，洗衣机98台，电冰箱93台，微波炉21台，彩色电视机125台，空调68台，热水器52台，消毒柜33台，排油烟机52台，固定电话5台，移动电话93部，计算机30台，照相机30台，摄（照）相机32台，中高档乐器9架，健身器材6台。2010年，城镇居民家庭每百户拥有家用汽车2辆，摩托车3辆，助力车11台，洗衣机92台，电冰箱93台，微波炉25台，彩色电视机115台，空调68台，热水器74台，消毒柜29台，固定电话69台，移动电话148部，计算机10台，摄（照）相机22台，高中档乐器3架，健身器材1.4台。

2017年，城镇居民人均家庭设备及服务支出1340.2元，占家庭消费支出的7.56%，彩色电视机、电冰箱、摩托车、录像机、空调机、淋浴热水器、电话和移动电话机及互联网普及，家用电脑、钢琴、汽车、摄像机、健身器材、高档乐器成为平常物品。每百户城镇居民拥有彩色电视机116台，电冰箱98台，洗衣机98台，空调135台，摄（照）相机22台，家用电脑73台，移动电话244部。

（六）医疗保健和教育文化娱乐

20世纪90年代始，随着居民收入的增长，娄底地区居民更加注重身体健康和生活质量，医疗保健支出增加。居民在教育文化娱乐服务方面的支出逐渐增加，家庭文娱用品日趋增多，旅游休闲娱乐方式成为时尚。1990年，人均医疗保健支出17.83元，占家庭消费支出的1.6%。教育文化娱乐支出119.42元，占消费支出的10.6%。1995年，人均医疗保健支出95.09元，占家庭消费支出的2.6%；教育文化娱乐支出314.02元，占消费支出的8.5%。

2000年，娄底市城镇居民人均医疗保健支出291.35元，占家庭消费支出的7.0%，教育文化娱乐支出531.74元，占消费支出的12.8%。2010年，人均医疗保健支出806.88元，占家庭消费支出的8.7%。教育文化娱乐支出928.96元，占消费支出的9.9%。2017年，人均医疗保健支出1410.9元，占家庭消费支出的8%。人均文化教育娱乐支出2814元，比1990年增长23.3倍，年均增长18.8%。

二、农村居民家庭消费

1990年，娄底地区农村居民家庭人均消费支出487.01元。其中，衣着、食品的支出占消费支出的65.4%。交通通信、文化教育娱乐、医疗保健消费三项支出占消费支出的4.5%。1995年，农村居民家庭人均消费支出1346.16元。其中，食品、衣着支出904.6元，占消费支出的67.2%。交通通信、文化教育娱乐、医疗保健消费三项支出203.02元，占消费支出的15.1%。

2000年，娄底市农村居民家庭人均消费支出1810.89元。其中，食品、衣着支出1097.26元，占消费支出的60.6%。交通通信、文化教育娱乐、医疗保健消费三项支出369.75元，占消费支出的20.4%。2010年，农村居民家庭人均消费支出3224.05元。其中，食品、衣着支出1867.76元，占消费支出的57.9%。交通通信、文化教育娱乐、医疗保健消费三项支出627.08元，占消费支出的19.5%。2017年，农村居民家庭人均消费支出10219.6元。消费居前三位的为食品、文化教育娱乐、交通通信消费。衣着、食品的支出占消费支出的39.2%；交通通信、文化教育娱乐、医疗保健消费三项支出占消费支出的22%。

（一）食品

1990年，娄底地区农村居民家庭人均食品支出283.03元。消费量最多的5个品种依次为粮食、蔬菜、猪牛羊肉、食用油、鲜蛋。1995年，农村居民家庭人均食品烟酒支出831.98元。2000年，娄底市农村居民家庭人均食品烟酒支出1014.73元。2010年，农村居民家庭人均食品支出1687.64元。2015年，农村居民家庭人均食品支出3033.5元。2017年全市农村居民家庭消费数量最多的依次为粮食、蔬菜、猪牛羊肉、水产品、水果，普遍有乳制品消费，人均食品支出3543.6元。

（二）衣着

1990年，娄底地区农村居民人均衣着消费35.37元，占人均生活消费总额的7.3%；1995年为72.62元，占人均生活消费总额的5.4%。2000年娄底市农村居民人均衣着消费82.53元，占人均生活消费总额的4.6%。2010年人均衣着消费180.12元，占人均生活消费总额的5.6%。2015年人均衣着消费440.4元，占人均生活消费支出的5.2%。2017年人均衣着消费459.3元，占人均生活消费支出的4.5%。

（三）住房和耐用消费品

1990年，娄底地区农村居民家庭耐用品以黑白电视机、钟表、缝纫机、收音机、自行车为代表。1995年，农村居民人均住房面积20.22平方米，每百户家庭拥有大衣柜1.34个，沙发1.31个，写字台1.12张，组合家具0.1套，自行车1.47辆，缝纫机0.77架，手表3.03只，电风扇2.57台，洗衣机0.94台，电冰箱0.55台，彩色电视机0.42台，黑白电视机0.64台。

2000年，娄底市农村居民人均住房和耐用消费品支出227.07元。人均住房面积32.78平方米。每百户家庭拥有大型家具394件，洗衣机15台，电风扇169台，电冰箱6台，抽油烟机0.8台，热水器1.3台，自行车45.2辆，摩托车7.9台，移动电话0.8部，电话机19部，寻呼机6.9台，彩色电视机26台，黑白电视机65台，录像机3台，摄像机0.2台，影碟机7.7台，组合音响6.9台，收录机9.8台，照相机2.5架，家用计算机0.8台。2010年，人均住房面积40.78平方米。每百户家庭拥有洗衣机53台，电冰箱

43台，空调机3台，抽油烟机2台，微波炉2台，热水器5台，自行车5辆，摩托车27台，生活用汽车1辆，移动电话86部，电话机49部，彩色电视机88台，黑白电视机6台，影碟机20台，照相机1架，家用计算机2台。2017年，人均住房和耐用消费品支出2125元。人均住房面积72.1平方米。彩色电视机、电冰箱、洗衣机、摩托车、空调、淋浴热水器、电话和移动电话及互联网基本普及，家用电脑、汽车、摄像机进入家庭。

（四）交通通信

20世纪90年代，娄底地区农村居民主要交通工具为自行车、班车。1995年，农村居民家庭交通通信消费人均支出21.91元，占消费支出1.6%。进入21世纪，农民出行可选择自行车、电动车、摩托车、班车和私家车。电话机、移动电话、信息网络进入平常百姓家。2000年，娄底市农村居民人均交通通信消费支出64.12元，占消费支出的3.5%。2005年，人均交通通信消费207.47元，占生活消费支出的10.5%。2010年，人均交通通信消费支出213.12元，占消费支出的6.6%。2015年，人均交通通信消费支出554.2元，占消费支出的6.5%。2017年人均交通通信消费支出820元，占消费支出的8%。

（五）教育文化娱乐

20世纪90年代起，娄底地区农村居民家庭在教育文化娱乐方面的支出逐渐增加，家庭文娱用品日趋增多，旅游休闲娱乐方式成为时尚。1990年娄底地区农村居民教育文化娱乐支出人均22.03元，占消费支出的4.5%。1995年教育文化娱乐人均支出130.01元，占消费支出的9.7%。2000年，娄底市农村居民教育文化娱乐人均支出222.62元，占消费支出的12.2%。2005年教育文化娱乐人均支出323.79元，占消费支出的14.5%。2010年教育文化娱乐人均支出1097.4元，占消费支出的12.9%。2017年教育文化娱乐人均支出1426.7元，占消费支出的14.0%。

（六）医疗卫生保健

1990年，娄底地区农村居民人均医疗卫生保健消费15.7元，占人均消费总额的3.2%。1995年医疗卫生保健人均消费54.1元，占人均消费总额的4%。2000年，娄底市农村居民医疗卫生保健人均消费84.01元，占人均消费总额的4.6%。2005年医疗卫生保健人均消费104.73元，占人均消费总额的5.3%。2010年医疗卫生保健人均消费230.44元，占人均消费总额的7.2%。2015年医疗卫生保健人均消费830.5元，占人均消费总额的9.8%。2017年医疗卫生保健人均消费1069.4元，占人均消费总额的10.5%。

第二十篇

农业农村

概 述

1990年，娄底地区农业人口317.6万人，农业劳动者131.43万人，农民人均纯收入569元。粮食播种面积26.57万公顷，粮食总产134.17万吨。农业总产值18.47亿元，其中畜牧业总产值7.05亿元，农机总动力66.47万千瓦，农业机械11.73万台（套），农业机械化水平31.5%。是年，新化县列入“八五”期间国家扶持的省重点贫困县。1992年，农业农村改革开放步伐加快，娄底地区被确定为全国唯一地级农业和农村发展研究试验区。1993年，地委、行署作出《关于实施“引导农民进市场奔小康工程”的决定》，加速传统农业向现代农业转变、农民奔小康进程。全地区部署全面推进“一优两高”（即优质高产高效）农业发展，在抓好粮食生产的同时，利用占全地区土地总面积60%左右的可开发丘岗山地，发展多种经营，调整优化农村产业结构，建设优质、高产、高效农业。养殖业、乡镇企业、农机等全面发展。1994年，开展第一轮建整扶贫，地区直属单位派出88支工作组驻村。1995年，全地区粮食播种面积28.81万公顷，总产量159.64万吨。农业总产值51.85亿元。农机总动力90.85万千瓦，农业机械17.09万台（套）。

1995年，根据农产品商品率低、农业总体效益不高的实际，全地区积极支持“公司+农户”“流通企业+农户”的新型农业经营形式；扶持和发展一批新兴产业，农产品加工业迅速崛起；农机部门大力推广新机具、新技术，开展农业机械全方位社会服务；畜牧业进行生猪品种改良，水产养殖业得到快速发展。1996年，地委、行署下发《关于大力推进农业产业化进程的实施意见》。推进农业产业化，打造一批农产品加工龙头企业，建设一批有区域经济特色的农产品基地，培育支柱产业，有力促进全地区农业结构调整和农民增收致富。2000年，全市粮食播种面积27.7万公顷，总产量156.78万吨。全市农业总产值61.28亿元，农民人均纯收入1923元，畜牧业总产值15.75亿元，农机总动力112.19万千瓦，农业机械拥有量19.89万台（套），农机化水平45%。

2001—2005年，市委、市政府连续出台《关于进一步推进农业和农村经济结构战略性调整的意见》《关于加快全市草食牲畜发展的意见》《关于加快竹产业发展的意见》3个文件，继续引导、扶持、促进农业结构调整。通过大力扶持农业产业化龙头企业，加快实施大户战略，培育生猪和草食动物、中药材、南竹、果蔬、优质米五大支柱产业。其间“湖南黑猪”引进娄底，养殖业开始形成“两黑”（黑牛、黑猪）格局，同时通过招商引资成立境内第一家生猪机械化屠宰加工企业——庆阳牧业。中央财政购置农机补贴项目在全市展开，激发广大农民购买、使用农业机械的积极性，推动农机化事业发展。2005年底，全市粮食作物播种面积27.24万公顷，粮食总产量160.64万吨；养殖业总产值19.34亿元，占农业总产值51.25%；农机总动力178.9万千瓦，农机拥有量19.75万台（套），农机化水平52%。农产品加工企业689家，实现销售收入23.2亿元，全市省级农业产业化龙头企业7家，市级龙头企业28家。农村结构调整取得明显成效，农业生产水平得到提升。

2006年，全市开展新农村示范建设，在78个村办点示范，建设“千村示范工程”。至2008年10月，全市实行从办点示范开始到区域化、整村成片整体推进，形成山、水、田、林、路、气、电、园、房综合整治格局。党的十七届三中全会作出关于我国农村改革发展的重大决定，对新农村建设提出新的更高要求，全市认真落实中央、省委统筹城乡发展、推进农村改革发展、加快社会主义新农村建设的决策部署，相继出台多项支农惠农措施，以示范创建为引领，推进新农村建设。2009年，以农业机械、矿山机械、电子陶瓷为主导产品的博览会（简称湘博会）在娄底举行，促进全市农业机械化和农机产业发展。2010年，全市农业总产值160.3亿元，农民人均纯收入3365元，粮食作物播种面积27.1万公顷，总产量163.3万吨；农产品加工企业达909家，有市级以上龙头企业102家，实现销售收入59.41亿元；畜牧业总产值88.94亿元，比2000年增长5.6倍；农机总动力258.37万千瓦，农机拥有量35.47万台（套），农机化水平57%。

2011年以后，大力推进农业供给侧结构性改革，加快建立主导产业、支柱产业、特色产业相互促进的现代农业产业体系。2012年，出台《娄底市城乡环境整治四年（2012—2015）行动方案》《关于全面开展城乡环境整治及建设工作的意见》，开展城乡环境整治及建设。养殖业进入绿色发展阶段。2013年8月，利比里亚农业代表团到娄底考察，参观市东菱科技发展有限公司设施农业、蔬菜基地、双峰农友公司及水稻高产基地。组织辖区内优秀农业企业到境外展示展销，宣传优质农产品。2014年全市依法推进养殖功能区域划分，各地此后相继完成禁养区、限养区和适养区划定。全市开展精准扶贫。全市建档立卡贫困人口54.31万人，贫困村574个。

至2017年，全市财政投入扶贫资金50亿元，投入基础设施建设资金58亿余元，全市贫困发生率降至6.1%，农民人均纯收入1.05万余元，省定贫困县（市）涟源市全面建成小康社会实现程度达到89.3%，国定贫困县（市）新化县全面建成小康社会实现程度达到84.9%。共有60余个村实施美丽乡村示范创建，其中杉山镇万乐村、双江乡洪山村、蛇形山镇秋湖村等18个村获省委农村工作部“湖南省美丽乡村建设示范村”称号。农业总产值246.57亿元。粮食播种面积24.58万公顷，总产量151.94万吨。农产品加工企业1269家，实现销售收入381.80亿元；休闲农业企业1238家，实现经营收入21.5亿元。畜牧业总产值96.61亿元。拥有农机总动力360.9万千瓦，各种农业机械56万台（套），农机化水平68%；经工商注册登记的农机合作社191家，102家现代农机合作社进入省“千社”工程；农机生产企业65家，生产总值102亿元。

第一章　农村经营管理改革

第一节　土地经营管理改革

一、稳定土地承包

1990年至1998年，第一批土地承包继续推进。1997年9月，地委、行署出台《关于农村土地延包工作中具体问题的处理意见》，确定全市第二轮农村土地延包时间从1999年1月1日至2028年12月31日，承包期30年。至2003年各地土地延包工作结束。

2007年，根据农业部等七部办局《关于开展全国农村土地突出问题专项治理的通知》精神，全市开展农村土地突出问题专项治理工作，有效化解农村土地承包矛盾。依照《农村土地承包法》，各县（市、区）逐步依法建立仲裁机构，土地承包规范管理加强。

2011年2月，贯彻执行农业部、财政部、国土资源部、国务院法制办、国家档案局《关于开展农村土地承包经营权登记试点工作的意见》，双峰县被确定为试点县。2015年6月，确定全市整体推进确权登记颁证工作。至2017年底，全市农村土地承包经营权确权登记颁证工作完成，88个乡镇（街道）、1887个村（居），81.14万户农户参与确权，实测耕地15.13万公顷，签订承包合同78.51万户，颁发证书3.63万本；新化县、涟源市、冷水江市完成信息应用平台建设，娄星区、双峰县在建设中，各县（市、区）全部完成档案整理入馆前期准备工作。

二、引导土地流转

2005年始，落实农业部《关于农村土地承包经营权流转的管理办法》，准许农民在依法、自愿、有偿原则下，流转土地承包经营权，发展规模经营。2010年2月，出台《关于积极推进农村土地承包经营权流转促进农业适度规模经营的实施意见》，把农村土地承包经营权流转工作列入绩效考核。至2013年，全市流转土地面积5.6万公顷，同时流转服务体系基本建立，建立1个县级土地流转市场，5个县级服务中心，58个乡级服务中心。2016年6月，制定《关于引导农村土地经营权有序流转发展农业适度规模经营的实施意见》，进一步强化土地流转服务机构，促进土地流转。2017年，全市流转土地6.15万公顷，比2013年增加5593公顷，其中转包1.99万公顷，出租2.6万公顷，转让793.3公顷，互换3040公顷，入股7013.3公顷，其他4853.3公顷；规模经营集中连片流转133.3公顷以上有17个，66.7～133.3公顷有45个，33.3～66.7公顷有106个，6.7～33.3公顷有1224个。

三、土地纠纷调解

2010年6月，全市贯彻实施《中华人民共和国农村土地承包经营纠纷调解仲裁法》，下发《关于贯彻实施〈农村土地承包经营纠纷调解仲裁法〉的通知》，启动土地仲裁工作。是年底，5个县（市、区）设立农村土地承包仲裁委员会，所有乡镇均成立农村土地承包纠纷调解委员会，各村配备兼职调解员。其间，双峰县、冷水江市、新化县争取到农业部西部地区农村土地承包经营纠纷仲裁基础设施建设项目。至2015年，全市受理、调处土地纠纷事件1000余起，均有处置结果。2017年，全市发生土地承包经营纠纷505起，其中土地流转引起的纠纷436件；纠纷调处498件，乡村两级调解463件，仲裁委受理35起，其中调解31起，裁决4起。

第二节 村级财务管理改革

20世纪90年代初期，农村财务管理不规范，违法乱纪的情况时有发生，群众意见较大。1998年，全地区推行财务公开和民主理财，全地区3287个村，财务公开的村3114个，占95%，建立民主理财小组的村2493个。2000年，全面清理整顿1995—1999年全地区范围内的村组集体经济组织财务。全地区清理整顿2632个村，查处违纪违规人员206人，违纪违规金额281.3万元。

2002年，市政府出台《关于切实加强农村村级财务规范化管理的意见》，在不改变集体资金性质和所有权前提下，推行"村账乡管"制度，由乡镇经管站对各村的账务实行代管。各地拿出实施办法，出台制度，实行以乡镇为单位集中村会计定期办公制度，明确报账程序、岗位职责和权限等。在"村账乡管"制度实行初期，只管账不管钱，各县（市、区）在实践中考虑到管理需要，逐步实行"钱账双代管"，各村开始清理财务，取消出纳、会计岗位，各村只设一名报账员，村级实行报账制度。2003年始，全市改革村级会计核算手段，淘汰旧式手工记账、算盘统计的会计信息处理模式，推行村级财务电算化管理。2006年，全市各地开始全面建立健全财务公开制度、民主理财制度和民主决策机制，全市各村全部成立民主理财小组。

2008年，在全市推行"村财民理乡监管"村级财务管理制度。2012年，全市全部实行村财民理乡镇监管。2016年，全市所有乡镇村级财务基本实现电算化管理。2017年8月，市政府印发《娄底市村财民理乡镇监管办法》，对村级财务管理作出具体规定，国家有关法律法规和政策明确要求公开的事项在便于群众观看的地方设立固定的村务公开栏，同时通过广播、电视、网络、民主听证会等其他有效形式公开，全市农村财务管理步入规范化、制度化、公开化轨道；11月，娄底市"互联网+监督"平台正式上线运行，全市村（居委会）财务实现联网全公开，村级财务进入网络监督。

第三节 国有农场改革

1990年，全地区有地、县农科所2个、原种场3个、园艺场5个、茶场2个、水产场10个、畜牧场1个，5748人，其中劳动力3030人，固定职工2682人。原种场引进、试验、示范、繁育推广水稻、棉花、油菜良种；园艺场主要发展柑橘和良种苗木的繁育；茶场主要进行茶叶新品种试验、示范、推广及制茶工艺的开发、名优茶的制作。进入20世纪90年代后，随着农业农村的改革开放，各地农场陷入困境。1996年，全地区国有农场29个，总人口4133人。是年，各县（市）农业场所实行体制改革，国家干部调回县市农业局，从各农业场所的职工中民主选举出管理委员会，实行场所自治，地、县财政先后对农业场所停止资金拨付。1997年后，各农业场所主要结合本单位生产性质，自行组织农业生产。2000年后，各县（市、区）农业场所陆续改为居委会或居民小组。至2002年底，通过调动、自治、改变身份的固定职工1665人，国有农场不复存在。场所土地承包到户，公有住房分配到户，困难职工纳入国家低保，职工分批参加养老保险，所有职工完成身份置换，就地转为居民，国有场所改制结束。

第四节 农民专业合作组织

1995年始，产生农民专业合作经济组织雏形，主要是农业专业生产基地，如药材、生猪、蔬菜、经果林等，由政府有关部门开展技术、信息等方面指导，在资金、种苗等方面给予支持。2001年，全市有13家农民专业合作经济组织，如新化中药材协会、冷水江小康联发公司、双峰甘棠镇药材协会等。

2003年10月，全市落实党的十六届三中全会精神，支持农民按照自愿、民主的原则发展各种形式的农村合作组织，鼓励发展各类农产品专业合作组织。2004年4月，开展国家级和省级农民专业合作组织试点，推荐冷水江市岩口农民金星养殖专业合作社、双峰县印塘农民中药材专业合作社、花门仁山特色水果专业合作社为试点合作社。2005年，推荐双峰甘棠镇农民养猪专业合作社等11个合作组织作为全省示范项目，每年安排10万元建设市级示范社。2006年底，全市农民专业合作组织发展到488个，其中有农民专业合作社138个，农业协会350个；成员总数5.23万户；带动农户18.86万户。经营模式主要有“合作社+农户”模式，占全市合作社的80%；“企业+合作社+农户”模式和“合作社+农户+公司”模式，占20%。

2007年，实施《中华人民共和国农民专业合作社法》。娄星区黄豆加工专业合作社成为全市第一家到工商登记的农民专业合作社。2009年后，湖南省连续5年实施为民办实事农民专业合作社示范社项目建设，娄底市申报23个。2011年，市政府办下发《关于进一步扶持农民专业合作社快速发展的意见》，从财政扶持、项目支持、信贷支持、税收优惠、简化登记、绿色通道等方面，扶持农民专业合作社发展。2013年，落实《湖南省人民政府关于加快发展农民专业合作社的意见》和农业部、国家发展和改革委员会等9部门印发《关于引导和促进农民合作社规范发展的意见》要求，全市申报的5个项目达标并得到460万元扶持资金，农民专业合作社的规范建设摆上重要位置。2014—2016年，全市分6批次组织38名优秀合作社理事长和辅导员到台湾考察培训。2017年，2批次4名理事长到德国考察培训。同时，按照《关于开展农民专业合作社省级示范社清理认定工作的通知》，农业部门清理17家制度不健全、管理不规范、带动力不强的省级农民专业合作社。在双峰进行农民专业合作社内部信用试点。至年底，全市经工商注册登记的农民专业合作社有5100家，入社社员17.86万户，占全市农户总数的19.24%；带动非社员农户27.2万户，占全市农户总数的29.3%。全市农民专业合作社固定资产总值31.91亿元，产值36.79亿元，拥有注册商标237个、“三品一标”38个。全市各级示范社268家，其中国家级示范社16家、省级示范社46家、市级示范社71家、县级示范社135家。

第五节 减轻农民负担

1990年，地委、行署根据落实国务院《关于切实减轻农民负担的通知》精神，提出农民负担控制标准，即以乡为单位人均村提留乡统筹控制在上一年人均纯收入5%以内。1991年12月，国务院颁布《农民承担费用和劳务管理条例》后，对涉及农民负担文件和收费项目一律先停后清，当年取消或暂停上百项涉及农民负担收费项目和达标升级活动。1995年，全地区落实国务院“约法三章”，即党中央、国务院已经明令取消的项目不准恢复，暂停一切涉及加重农民负担项目的审批，各地农民承担的提留统筹费不允许突破上年农民纯收入5%。

1996年，执行党中央、国务院《关于切实做好减轻农民负担工作的决定》，全地区实行减轻农民负担工作党政主要领导负责制。全地区农民人均负担31.6元，负担较重，一些地方面向农民的各种收费项目达1200多个，农民的实际负担占上年农民人均纯收入的10%以上，超过国家规定5%的标准。地委、行署下发关于加强农民负担监督管理的3个文件，规定“五项减负制度”。地、县（市）对1993年以后的涉负文件进行普遍清理，清理各级各部门涉负文件1280个，清退未经批准的教育集资和超标准收费1500多万元，清退公路集资款1300多万元，终止不切实际的减负方案，减负2400多万元。1998年10月，党的十五届三中全会《关于农业和农村工作若干重大问题的决定》，合理确定负担，一定3年不变。全地区对加重农民负担行为进行整治。是年，全市农业税5872万元，农业特产税1421万元，屠宰税1615万元，村提留乡统筹9965万元，农民实际承担的义务工和积累工折合人民币780万元，全市农民人均税费负担63.39元。

至1999年，各种乱摊派、乱收费、乱集资有效遏制，农民负担基本控制在合理范围以内，没有发现突破5%的乡镇，涉及农民负担上访案件减少，全市未出现因农民负担问题而引发的群体性事件。

2000年，全市开展“减轻、规范、稳定”农村税费改革试点工作。减负工作随着大环境变化，由重点治重、治乱转入巩固税费改革成果、有效防止农民负担反弹的阶段。农民负担“一定3年不变”政策得到落实。2001年8月，启动涉农收费公示制。10月，市委办、市政府办发出通知，对减轻农民负担专项治理和涉农收费公示作出安排。全市按照国务院、省委、省政府关于农村税费改革试点工作要求，层层召开会议，采取多种形式宣传贯彻减负政策，组织万名干部进村入户进行宣讲。2002年，农民减负率46%，人均减少负担27.5元，亩平减轻负担47.6元。是年，省委、省政府下发《关于全面推行农村税费改革的通知》，决定在全省范围内全面推行农村税费改革。4月23日，市委、市政府召开全市农村税费改革工作动员大会，全面部署农村税费改革工作。随后，全市各级层层召开动员大会，成立领导小组，广泛宣传发动，推进农村税费改革。2003年，全市严肃查处涉农案（事）件，市纪检监察、减负等部门按照《关于对涉及农民负担案（事）件实行责任追究的暂行办法》规定，查处双峰县甘棠镇干部在收取税费过程中非法赶猪搬物和涟源市计生、劳动服务、公安等部门对外出务工人员办证乱收费等4起重大涉农案件，依法公开处理。是年，全市减轻农民税费负担6073万元，农民总减负率为30.9%，农民人均减负20.01元。2004年1月1日起，全市农业税正税在2003年实际执行税率的基础上降低3个百分点，农业税附加同步降低，实际降低正税和附加3.6个百分点。2005年12月起，全面免征农业税。2001—2005年，全市农村税费改革试点减轻农民负担3.41亿元，人均107元。

2006年9月，市委下发《关于做好当前减轻农民负担工作的意见》，针对减轻农民负担面临的新情况、新问题，就如何加强监管，防止反弹作出部署和规定。涟源市被省减负办、省纠风办列入全省首批农民负担重点监控县（市）。2007年2月，市委决定2007年为全市治理教育乱收费年。2009年，双峰县、新化县、涟源市、冷水江市纳入全省村级公益事业建设“一事一议”财政奖补试点范围。2012年，市委、市政府下发《关于对农民负担重点乡镇和重点部门实行重点监控的办法》，建立健全减负长效机制。2014年，全市各级农民权益维护和农民负担监督管理部门，按照第二批党的群众路线教育实践活动要求和省农民维权监管办部署，以坚决纠正损害涉农利益行为专项整治为重点和抓手，全面规范涉农收费行为。2017年，全市各级减负部门组织和参与强农惠民政策的落实和检查，维护农民权益。市减负办先后对双峰县杏子铺镇、新化县琅塘镇、冷水江市中连乡、涟源市湄江镇、娄星区双江乡等8个乡镇2015—2016年耕地地力保护补贴、粮食适度规模经营补贴等主要惠农补贴资金发放情况进行检查，累计收缴违规发放的补贴资金67.16万元，造表分发到户的补贴资金13.16万元，补发乡村医生补助18万元，清退邮政储蓄银行违规收取的短信服务费6600元，同时开展春秋两季教育收费检查，全市清退教育乱收费229.43万元，追回乱发教职工补助17.75万元，取消违规收费项目9个，减轻农民负担400万元。

第二章　农村经济发展

1990年，全地区农业总产值18.47亿元，其中农业（种植业）占55%，林业占3%，畜牧业占36%，渔业占6%。至2017年，产业结构变化不大，农业牧渔服务业成为新的经济增长点，占比3.6%。

1995—2017年娄底市部分年份农业产业结构情况表

表20-1

年份	总产值		其中									
			农业（种植业）		林业		牧业		渔业		农林牧渔服务业	
	金额（万元）	占比（%）	金额（万元）	占比（%）	金额（万元）	占比（%）	金额（万元）	占比（%）	金额（万元）	占比（%）	金额（万元）	占比（%）
1995	518486	100	284267	54.8	9297	1.8	204825	39.5	20097	3.9	—	—
2000	612793	100	270389	44.1	9855	1.6	303659	50.0	28879	4.3	—	—
2005	912117	100	410011	45.0	15250	1.7	439493	48.2	41302	4.5	6061	0.7
2010	1602988	100	606901	37.9	28019	1.7	889370	55.5	68378	4.3	10319	0.6
2015	3014496	100	1211429	42.2	43973	1.5	1618289	53.7	123906	4.1	16899	0.6
2017	2465623	100	1198992	48.6	69253	2.8	966147	39.2	142394	5.8	88837	3.6

第一节　农业生产条件

一、耕地、农业人口与农村劳动力

耕地　1990年，全地区耕地14.9万公顷，其中水田10.9万公顷，旱土4.04万公顷，人均耕地0.70亩。2017年，全市耕地19.24万公顷，其中水田13.83万公顷，旱土5.41万公顷，人均耕地面积0.65亩。

农业人口　1990年，全地区总人口372.67万人，其中农业人口317.6万人，占总人口的85.2%；农业劳动者131.41万人，占农业人口41.4%；社会劳动者188.46万人，农业劳动者占社会劳动者总人数的69.7%。1995年，全地区农业人口319万人，占全地区总人口82.2%；农业劳动者128.05万人，占农业人口的40.4%；农业劳动者占社会劳动者总人数的59.2%。2000年，全市农业人口318.01万人，占全市总人口的80%；农业劳动者130.46万人，占农业人口的41%；农业劳动者占社会劳动者总人数的58.4%。

2005年，全市农业人口301.31万人，占全市总人口的73.9%；农业劳动者123.81万人，占农业人口的41.1%；农业劳动者占社会劳动者54.9%。2010年，全市农业人口338.34万人，占全市总人口的78.1%；农业劳动者占农业人口的36%；农业劳动者占全社会劳动者总人数的48.8%。2017年，全市农业人口206.42万人，占全市总人口的45.5%；农业劳动者115.5万人，占农业人口的45.5%；农业劳动者占社会劳动者总人数的46.1%。

劳动力转移 1990年起，农村劳动力开始向二、三产业分流。1992年，全地区有60多万劳动力转入二、三产业。1993年，按地委、行署要求三三分流，即种养业、乡镇企业、流通和服务及劳务输出各占1/3，全地区建立劳务输出站40个，劳务输出40.7万人。1994年，全地区有农村剩余劳动力50万人，从事二、三产业人数达83.32万人，比1993年底增加6.39万人，占全地区乡村劳动力总量的50.3%，建立劳务输出站152个，比1993年底增加112个，劳务输出46.4万人，比上年增加5.7万人。至2004年8月底，全市农村劳动力转移就业93.05万人，占农业总人口的29.1%，占农村总劳动力的52.4%，首次超过农村总劳动者半数。其中劳务输出56.03万人，占劳动力转移总数的60.2%；就地转移37.02万人，占劳动力转移总数的39.8%。在转移劳动力中，从事第二产业的有71.16万人，占76.5%；从事第三产业的有20.22万人，占21.7%。此后，农村劳动力转移随着经济的发展保持基本稳定态势。2017年，全市农村劳动力转移就业120.17万人，占农村总劳动力的61%。

二、农村水利与林业条件

1990年起，全地区加快水利建设。1992年，涟源市大江口水库枢纽工程建成蓄水。1993年，新化县车田江水库竣工。2008年，娄星区双江水库建成蓄水。2017年，双峰县城何家闸坝（水库）及新化县高峰水库建成蓄水；新化县芭蕉园水电站投产发电（1万千瓦），助力2523户脱贫。至2017年年底，累计投入水利资金约200亿元，建成水利工程14.8万处，年均蓄、引、提总水量13亿立方米，对720座大中小型水库实施了除险加固，解决264万农村人口饮水不安全问题，治理河道260千米，建成小水电站139处16.98万千瓦，治理水土流失面积10万公顷。全市28万公顷宜林荒山荒地、宜退耕地、三难地、四旁地得到绿化，森林覆盖率50.3%，活立木蓄积量1602.66万立方米，林地41.22万公顷。

三、农业发展水平

1990年，全地区粮食平均亩产337千克，在省内属于单产水平较高的地区，比全省粮食平均亩产269.3千克高25.1%。1992年，全地区春粮收获面积5.81万公顷，总产量6.2万吨。涟源市成为全省春粮年产过5万吨的第一个县（市）。1995年，全地区农村社会总产值160亿元；新增"千元山"1.13万公顷；拥有各类专业开发大户6918户，庭院开发产品收入过万元的"万元庭"2.15万户。至1996年，逐步形成了一批布局区域化、生产专业化、经营集约化、产品商品化，具有一定规模的农产品商品生产基地，全地区各类农产品加工企业347家，年产值5.5亿元。

2010年，粮食总产量163.3万吨，农业增加值99.8亿元，扣除物价因素，比2005年增长29.6%，双峰县、新化县多次获全国粮食生产先进县、全省粮食生产标兵县、全省粮食生产先进县称号；农村各类开发大户5.1万户，农产品加工企业888家，休闲农业企业252家，省、市级农业产业化龙头企业分别为11家、103家；农产品加工企业完成销售收入59.4亿元，休闲农业企业完成营业收入4.4亿元。2011年，农业增加值突破100亿元。2015年，农业增加值190.24亿元，按可比价，5年间年均递增4%；粮食总产163.84万吨，油菜籽总产3.09万吨，分别比2010年增长0.3%、29.3%。蔬菜总产144.85万吨，比2010年增长79.9%，蔬菜自给率由2010年30%提高到55%；出栏黑猪31余万头、湘中黑牛5.6万头，分别为2010年的15.5倍、4.7倍；全市稻谷、蔬菜、水果和茶叶等大宗农产品生产环节质量安全合格率96%以上，比2010年提升4个百分点；"三品一标"（即无公害农产品、绿色食品、有机农产品和农产品地理标志）有效认证150个，其中种植业96个、养殖业54个；农业产业化龙头企业市级以上175家、省级以上24家、国家级1家，其中28家年产值过亿元，农产品加工企业1130家，农产品加工业实现销售收入156

亿元，为2010年2.6倍，农产品加工产值与农业总产值之比为0.52：1，有中国驰名商标3个、省著名商标31个；休闲农业企业704家，其中“国家级五星休闲农业企业”1家、“国家级四星休闲农业企业”5家、“国家级三星休闲农业企业”5家，“省级三星休闲农业企业”以上56家，接待游客450万人次，实现营业收入15.6亿元，为2010年的3.6倍；耕地流转面积4.14万公顷，占全市14.04万公顷家庭承包经营耕地面积的29.5%；农民合作社2259家，成员9.8万个，带动非成员农户10.77万户。

2017年，全市粮食种植面积24.58万公顷，总产量151.94万吨，经济作物种植面积7.67万公顷，全市蔬菜播种面积3.58万公顷，总产量134.88万吨，实现产值30.76亿元，主要蔬菜自给率50%以上；全市“三品一标”有效认证产品总数105个，年实物总量6.11万吨，创建全省绿色食品示范基地2个；农产品加工企业1269家，销售收入381.8亿元，有国家级龙头企业1家、省级龙头企业31家、市级龙头企业173家，过亿元企业45家，其中过5亿元的有9家；全市1238家休闲农业企业经营收入21.5亿元，接待游客700万人次，有国家星级休闲农庄14家，省星级休闲农庄85家；完成市县两级农产品质量安全检测中心建设，大米、蔬菜、水果、茶叶等主要农产品生产环节合格率100%。

娄底市主要农产品产量及增长情况（1990年与2017年比较）表

表20-2

项目	计量单位	1990年	2017年	2017年比1990年增长（倍）
粮食	万吨	134.17	151.94	1.1
油料	万吨	1.42	5.47	3.9
茶叶	吨	10939	5690	-1.9
蔬菜	万公顷	1.70	3.58	2.1
中草药材	吨	120	65794	548.3
水果	万吨	1.61	21.08	13.1
生猪	万吨	11.35	25.85	2.3
牛肉	吨	1675	13638	8.1
羊肉	吨	357	7193	20.1
家禽肉	吨	4551	15653	3.4
水产品	万吨	1.78	8.82	5

四、农民收入与收入来源

农民人均收入　1990年，全地区农民人均纯收入569元。1995年，全地区农民人均纯收入1309元。1997年，全地区农民人均纯收入1726元。2000年，全市农民人均纯收入1923元。此后，全市加大力度推进农业产业化经营，促进农业农村经济结构调整，农业农村经济发展良好，外出务工人员增加、劳务收入增多，农民收入稳步增加。2010年，全市农民人均纯收入3365元。2012年，农民人均纯收入4762元，是1990年的8.37倍。2013年，农民人均可支配收入7059元。2017年，全市农民人均可支配收入10530元，是2013年的1.41倍。

农民收入来源　1990—1994年，全地区农民收入来源主要有家庭经营收入、在乡从事非农经营收入、务工收入、集体经济收入、其他收入等。1995年，全地区农民增收的项目主要有粮食、水果、水产、生猪、家禽，以及二、三产业和劳务输出，特别是农村劳动力转移速度加快，全地区农村二、三产业从业人数达112.6万人，二、三产业人数占全地区乡村劳动力的66.6%。1999年，全市从事一、二、三产业农村劳动力人数之比为61.6∶23.2∶15.2，农民从一、二、三产业所得收入之比为60.9∶25.3∶13.8。2003年，全市农村外出务工经商人员61万人，约占农村劳动力总量的31%。农民劳务输出收入占农民纯收入的50%左右。2015年，农民工资性收入4342元，占年均总收入的50.2%；家庭经营性收入1835元，占年均总收入的21.2%；转移性收入和财产性收入合计达2478元，占年均总收入的28.6%。2017年，全市农民人均收入10530元，其中工资性收入5172.8元，占农民人均收入的49.1%；其他收入5357.2元，占农民人均收入的50.9%。

第二节 农业产业化发展

一、农产品加工

娄底农产品加工业有粮食（含以粮食为原料的酒类加工业）、畜禽（生猪单列）、果蔬（水果单列、含果酒）、油料、茶叶、水产、中药材、棉麻、竹木及其他10个行业。

1990—2000年，全市农产品加工业没有单独统计，包含在乡镇企业统计口径内。2001年始，全市有农产品加工企业381家，实现销售收入10.5亿元；至2007年，全市农产品加工企业发展到745家，实现销售收入32亿元，年均增长12.6%。市级以上龙头企业75家，其中省级龙头企业29家，享受省级龙头企业待遇企业8家；75家市级以上龙头企业实现销售收入15.9亿元，占农产品加工销售总收入的49.7%。是年，全市农业产业化基地种植面积10.47万公顷。

2008年，全市农产品加工企业870家，其中年销售收入500万元至1亿元企业有89家，过亿元企业有8家。农产品加工业实现销售收入39.6亿元，利润总额达2.51亿元，从业人员2.61万人，发放劳动者报酬2.75亿元，建立基地面积12.2万公顷，带动农户22.39万户。2011年，全市农产品加工企业981家，实现销售收入73.03亿元；以粮油、畜禽、果蔬、中药材和竹木加工为主的5大支柱产业壮大，完成销售收入55亿元，占农产品加工业销售收入的75%。全市有市级以上农业产业化龙头企业103家，其中省级龙头企业21家，比上年新增8家。2014年，涟源市被认定为全省农产品深加工特色县（市）。2015年，全市农产品加工企业1130家，销售收入156.1亿元，2008—2015年，年均增长16.6%；建立基地13.93万公顷，带动农户60.74万户。

湖南省渠江薄片茶业有限公司新化县天子山有机茶园基地（2016年5月摄）

2016年，按照全省对农产品加工业统计口径要求，将农产品加工企业自建基地和领办的农民专业合作社的收入纳入该企业收入范围。是年，全市农产品加工业总产值、销售收入316.4亿元和305.4亿元。2017年，全市农产品加工企业有1269家，全市农产品加工业实现销售收入389.42亿元、利润总额17.81亿元。

二、农业产业化龙头企业

2001年始，省政府开展农业产业化省级龙头企业申报评定工作，全市有双峰辣酱集团公司等2家企业被省人民政府授予农业产业化省级龙头企业称号。2004年，市农村工作领导小组印发《娄底市农业产业化市级龙头企业运行监测管理暂行办法》，规定市级龙头企业申报与认定的基本标准、申报与认定程序，明确2年进行一次申报与监测工作。是年，15家农产品加工重点企业被认定为市农业产业化龙头企业。2011年，娄底市庆阳牧业食品有限公司被国家认定为农业产业化国家重点龙头企业，实现娄底市国家级龙头企业零的突破。至2017年，全市有国家级龙头企业1家，省级龙头企业31家，市级龙头企业173家。

三、项目支持

百企培育项目　2014年，省政府决定在全省实施“百企千社万户”现代农业发展工程，其中“百企”就是培育农产品加工企业100家。是年，娄底市有4家企业被列为省政府2014年度“百企”培育项目，获得省财政扶持资金321万元。2014—2017年，全市有24家次企业获得省“百企”培育项目支持，获得省财政支持资金1761万元。

全国“一村一品”示范村镇　2012年始开展“一村一品”创建。2013年，种植中药材的双峰县甘棠镇盐井村被农业部授予第三批全国“一村一品”示范村镇称号。2016年，冷水江市铎山镇眉山村富硒葡萄获农业部认定第六批全国“一村一品”示范村镇称号。

“蓝色证书”职业技能培训与鉴定项目　2013—2017年，全市农业部门对农产品加工企业在职职工开展以实施“蓝色证书”为重点的职业技能培训与鉴定工作，培训人员6970人次，提升企业管理水平和员工素质。

四、扶持政策

财政政策　1996年始，地区财政每年安排一定资金扶持农业产业化发展，采取以奖代投、财政贴息等方式，支持带动能力强的农产品加工龙头企业和重点新项目。县（市）安排一定资金支持农业产业化发展。是年，地区财政安排资金81万元。2006年，市财政安排资金2477万元，支持农业产业化经营项目。1996—2017年，全市财政安排资金2.75亿元，扶持农业产业化经营项目发展。

税费政策　2005年，市委、市政府印发《关于加快全市农业产业化发展的意见》，对各种资本投资农产品加工项目，所办手续由市、县两级政务中心实行一窗制、免费全程代理。对市级以上农产品加工龙头企业的行政事业性收费，按照“收支两条线”的管理办法，50%返还给企业。禁止对竹木等资源型农产品收取各种管理费、资源费。对新建农产品专业市场免收3年市场管理费。企业投资农产品加工项目，经考核认定，一次性固定资产投资1000万元以上的，免除市及市以下除劳保费、白蚁防治费以外的城市基础设施报建费和城市基础设施建设配套费。投资2000万元以上的新建农产品加工企业投产后，应按国家规定的排污费征收标准缴纳排污费，环保部门优先考虑安排专项资金以贷款贴息或者拨款补助方式用于企业完善环保设施建设和污染治理。农产品加工企业生产用水和自有原料基地种植、养殖业用水，由所在县（市、区）水行政主管部门会同有关部门核定年度用水计划，计划内用水减半收取水资源费。农产品加工企业生产基地和加工设施用电，按所在县（市、区）农业生产用电价格优惠计费。至2017年，税费优惠政策未变。

用地政策　2005年，市国土资源部门对市级以上龙头企业经营所需用地优先审批，其农用地转用、土地征（占）用各项费用按国家重点项目用地标准低限执行。农产品加工企业新增建设用地所需农用地转用和占用耕地指标统一纳入年度土地利用计划，统筹安排。对占用土地进行永久性设施建设的，按非农建设用地的规定办理审批手续。进行非永久性设施建设，且对耕作层不造成破坏的；对以畜禽加工为主的重点农产品加工企业，其新办的不进行非农建设的畜禽养殖用地，视同农业生产用地，按《农村土地承包法》的有关规定办理。支持农产品加工企业租赁农民土地建设农产品原料基地，根据其带动能力和基地规模，市、县两级财政部门可给予适当补助。鼓励农村集体经济组织、农民以土地入股，参与投资农产品加工业，降低企业进入成本。至2017年，用地政策未变。

第三节 休闲农业

一、概况

1990年始，各县（市）城区周边自发兴起以吃农家菜、住农家屋、观农家景、干农家活的“农家乐”为主体的初级休闲农业形态。此后，政府逐步提倡、鼓励、完善休闲农业政策：2005年10月，国家《“十一五”规划纲要建议》提出推进社会主义新农村建设。2006年省政府办公厅印发《关于加快发展休闲农业的通知》。2007年中央一号文件提出开发农业多种功能，拓展农业生态保护、观光休闲、文化传承等功能。全市各地休闲农业与乡村旅游均有不同程度发展，并由自发阶段进入政府引导阶段。至2008年，全市有休闲农业经营主体212家，占地1483公顷，从业人员8114人，拥有客房1580间，年接待游客152万人次，年经营收入3.19亿元，其中农产品经营收入6851万元，连接基地2867公顷，带动农户2880户；有星级农庄10家，其中五星级6家、四星级1家、三星级3家。

2009年，全市休闲农业与乡村旅游经营主体218家，营业收入达到3.51亿元，年接待游客148万人次。2010年，全市休闲农业经营主体252家。2011年，休闲农业经营主体发展到527家，比2010年增加275家，增长109%；营业收入达5.4亿元，接待游客230万人次。至2017年，全市休闲农业经营主体发展到1227家，营业收入21.18亿元，年接待游客730.4万人次。

二、主要支持措施

政策支持　2009年12月，市政府办印发《关于加快休闲农业发展的通知》，成立市长任顾问，分管农业的副市长任组长的发展休闲农业领导小组，把休闲农业纳入新农村建设政策支持范围，提出系列优惠政策措施，明确经省休闲农业协会评定的三星级及以上休闲农业企业享受市级农业产业化龙头企业待遇。2010年8月，市政府首次召开全市休闲农业工作会议，对获省评定的5家五星级农庄和2家三星级农庄进行表彰奖励，鼓励休闲农业企业上星级、上水平。

推介活动　2012年8月，市乡镇企业局组织企业参加在张家界市永定区举办的2012全国休闲农业创意精品（中南赛区）推介活动，双峰县国藩溪砚工艺有限公司被省乡镇企业局评为组织产品先进单位。2013年，组织休闲农业企业参加全国休闲农业创意精品遴选推荐活动；组织开展中国美丽田园、中国最有魅力休闲乡村推介活动。

学习培训　2009年，省休闲农业协会应台湾休闲农业协会邀请，组织赴台湾考察学习发展休闲农业先进经验，市内部分休闲农业企业负责人、行业管理人员及有关专家学者参加为期10天考察学习；2013年，市乡镇企业局组织休闲农庄负责人到株洲、西安等地学习考察。

星级评定　主要有省星级农庄评定和国家星级农庄评定。2006年，省休闲农业协会组织各市州开展省星级农庄创建活动，确定每2年评选1次，次年复审2年前评定的星级农庄。是年，全市有5家农庄获评星级，其中五星级2家，四星级2家，三星级1家。年底，省政府办印发《关于加快发展休闲农业的通知》，明确要求开展休闲农业企业省级星级评定工作，促进休闲农业发展。经省休闲农业协会评定为五星级的休闲农业企业享受省级农业产业化龙头企业待遇。文件认可省休闲农业协会开展星级农庄评定的合法性。此后各休闲农庄开展省星级示范创建活动积极性逐步提高，2008年第二批获评省星级农庄5家，2010年第三批获评省星级农庄15家，2012年第四批获评省星级农庄8家，2014年第五批获评省星级农庄28家，2016年第六批获评省星级农庄34家。开展复审5次，有4家农庄被取消省星级农庄称号，其中五星级1家，四星级2家，三星级1家。到2017年底开展省星级农庄评定6次，复审5次，全市保留省星级农庄85家，其中五星级18家，四星级28家，三星级39家。

2013年，全市首次组织5家农庄申报国家星级示范创建，1家获国家四星级称号、4家获国家三星级称号。此后每年开展国家星级休闲农业企业示范创建。至2017年，全市国家星级休闲农庄14家，其中国家五星级休闲农庄3家、四星级7家、三星级4家。

示范创建　2014年，新化县入选全国休闲农业与乡村旅游示范县。2016年，开展休闲农业示范创建工作，娄底经开区中阳村白鹭山庄为省级休闲农业示范园。2017年，创建省休闲农业示范点2个：新化油溪桥村、涟源市南芙山庄，其中新化油溪桥村为省休闲农业特色示范园。

三、节会活动

油菜花文化旅游节　2011年始，双峰县以锁石镇油菜基地为依托，举办油菜花文化旅游节，吸引大批游客前往观花，以后每年举办，以"花之缘"为品牌打造花海、休闲、旅游为一体的特色美丽乡村，截至2017年，举办七届油菜花文化旅游节，结合"欢乐潇湘、文化双峰"送戏下乡，蔡和森红色文化展览，摄友拍花海、书家名人画花海，清竣亭登山运动，稻草人魔幻艺术展览等活动项目，吸引大量游客观花、赏花和消费。

葡萄节　2016年，冷水江市眉山村、涟源市东园村、经开区新东方生态葡萄休闲农庄依托各自葡萄基地举办葡萄节，引导市民开展亲子体验采摘品尝1.5万人次。

牡丹花旅游文化节　2017年3月，涟源市博盛生态农庄举办涟源首届南国牡丹旅游文化节，活动期间开展"互联网+"专业培训、牡丹产业论坛、牡丹产业考察、"互联网+成果展"、商贸洽谈、情景外训、文化展示、摄影大赛与展览、征文活动、马戏观赏和牡丹食品鉴赏等11项活动，接待游客9.01万人次，零售商品1800万元，签订产品代理合同567个。

樱花文化旅游节　2017年4月15日，双峰县林海生态农庄举办"三生三世·十里樱花"双峰县首届樱花文化旅游节，活动主题以花为媒，以节会友，推进特色农业、旅游农业和文化产业发展。

第四节　项目与品牌建设

一、项目建设

（一）重点项目

1990—2011年，未进行农业重点项目建设。2012年，全市开展"项目建设推进年"活动，开始安排市级农业农村类重点项目，具体工作由市委农村工作部牵头负责。2013年，国有林场危旧房改造工程、湖南前进食品黄金薯和玉竹深加工、和盛农业珍稀菌产业化及深加工3个项目获2012年优秀项目奖；冷水江市统筹城乡发展整体推进新农村建设、娄底湘村高科黑猪产业链建设、娄底中心城区"菜篮子"工程、味菇坊珍稀菌生产线建设4个项目被评为优秀项目。2012—2017年，全市建设市级农业农村类重点项目291个，计划总投资161.16亿元，累计完成投资200.76亿元。2017年，重点项目建设不再采取分组方式，改为市级领导挂点、市直部门牵头负责。

2012—2017年娄底市农业重点项目基本情况表

表20-3

年份	项目数量(个)	本年计划投资(亿元)	本年累计完成投资(亿元)	完成比例(%)
2012	25	14.80	17.67	119.4
2013	46	26.74	31.86	119.1
2014	58	33.33	45.34	135.6
2015	64	33.62	43.41	129.1
2016	97	50.17	59.98	119.6
2017	1	2.50	2.50	100.0

（二）产业融合发展项目

2015年始，全市申报全省农村一、二、三产业融合发展试点项目，涟源市获2015年和2016年全省农村一、二、三产业融合发展试点县（市），新化县获2017年农村一、二、三产业融合发展整县推进试点县。3年争取上级农村一、二、三产业融合发展资金3200万元，其中涟源市2000万元，新化县1200万元。

二、品牌建设

1990—1995年，全地区各级政府和农业生产经营者实施农业品牌战略，重视扶持培育，全市农业品牌从无至有。2000年，全市明确加大餐餐香大米、花蕊牌粉丝、芙蓉面粉、永丰辣酱及肉类加工产品、鱼制品、茶皂素等产品开发力度。2003年，市政府出台《关于加快我市名优特果业发展的意见》，鼓励支持全市名优特果业发展。2005年，冷水江市响莲实业有限公司“响莲”商标获省著名商标，为娄底市首个省级农业品牌。至2017年，全市农产品注册商标272个，其中有万福香、味博士、响莲3个中国驰名商标、34个省著名商标、8个省名牌产品，106个“三品一标”产品。其中，有永丰辣酱、紫鹊界贡米、富田桥游浆豆腐等中国地理标志产品3个。

第五节　农业会展

中国中部（湖南）农博会　1999年11月18日至24日，中国中部（湖南）第一届农业博览会由省政府与农业部共同举办。此后，除特殊情况外，举办日期每年都在11月18至24日举办。娄底市前十一届由市政府农办组织承办，第十二届开始，改为市农业局组织承办。娄底每年由市领导任团长，组织市农办等8个相关单位负责人及部分企业负责人观摩展会。

1999—2017娄底市参加中国中部(湖南)农业博览会情况表

表20-4

届别	时间	地点	参展情况
第一届	1999-11-18—24	长沙市红星大市场	市农办具体承办。参展产品50个，获金奖产品1个，银奖产品3个，优质产品奖4个
第二届	2000-11-18—27	长沙市红星大市场	全市有25家企业、38个品类、132个产品参加展销，直接销售额376万元，签订购销合同1.4亿元。有19个产品获奖，其中金奖7个，银奖6个，优质产品奖6个
第三届	2001-11-18—27	长沙市红星大市场	全市有28家企业、42个品类、86个品种的产品参会，直接销售额512万元，签订合同1.6亿元，全市20个产品获奖，其中金奖12个，银奖8个
第四届	2002-11-18—24	长沙市红星大市场	全市获得金奖产品4个，银奖产品5个，并获得组织工作优秀奖
第五届	2003-11-18—24	长沙市红星大市场	全市组织18家企业，3个系列19种产品参展，另有2个产品参加“新、奇、特农产品大观园”展出。现货销售额486万元。签订购销意向合同金额1.56亿元。8个产品获奖，其中金奖7个，银奖1个
第六届	2004-11-18—24	长沙市红星大市场	全市组织26家企业、168种产品参展。展会现场销售货物586万元，签订购销合同1.68亿元。8个产品申报评奖，获得7个金奖，1个银奖
第七届	2005-11-18—24	长沙市红星国际会展中心	娄底22家企业、136种产品参展，100多家企业、合作社，600多人组团参会。现场销售258万元，签订合同2850万元，意向合同1.25亿元。获得产品金奖9个，银奖1个
第八届	2006-11-18—24	长沙市红星国际会展中心	娄底获得金奖产品9个，银奖产品2个

续表20-4

届别	时间	地点	参展情况
第九届	2007-11-18—24	长沙市红星国际会展中心	娄底参展企业46家，参展产品527个。全市100多家农产品加工企业派员到农博会观摩，600多人参展参会。46家参展企业现货销售额575万元，签订购销合同2.4亿元。2个产品获金奖
第十届	2008-11-18—24	长沙市红星国际会展中心	娄底42家企业、256种产品参展。现场销售315万元，签订购销合同4200万元。获6个金奖，1个银奖。市农办获优秀组织奖；娄底农村改革30年成果综合展馆获展位设计二等奖
第十一届	2009-11-18—24	长沙市红星国际会展中心	娄底46家企业、527种产品参展，展位9个。展会现场销售货物575万元，签订购销合同2.4亿元。2个产品获得金奖。市农办被组委会评为组织工作先进单位
第十二届	2010-11-18—24	长沙市红星国际会展中心	全市各县(市、区)分别组团参展，共6个展团。参展企业28家，产品种类220个。涟源市、新化县展团分别获"特装展位奖"二等奖和三等奖。7个产品获金奖。市农业局获最佳组织奖
第十三届	2011-11-18—24	长沙市红星国际会展中心	全市6个展团，22家企业参展，展示展销的食品、农产品产品种类(品种)28个。5个产品获金奖。市农业局获最佳组织奖
第十四届	2012-11-18—24	长沙市红星国际会展中心	全市22家企业、36个产品参加展销展示，获得产品金奖9个，"农校对接，农超对接"成功企业3对，市农业局荣获最佳组织奖
第十五届	2013-11-28—12-04	长沙市红星国际会展中心	娄底29家企业、188个产品参展，获产品金奖9个，市农业局获最佳组织奖
第十六届	2014-11-18—24	长沙市红星国际会展中心	娄底组织30家农产品加工企业、192个产品参加2014中国中部(湖南)国际农博会，8个产品获得金奖，市农业局获最佳组织奖
第十七届	2015-11-18—24	长沙市红星国际会展中心	娄底组织28家企业、148个产品参展，14个产品获金奖，市农委获最佳组织奖
第十八届	2016-11-29—12-05	长沙国际会展中心	娄底组织全市56家农业龙头企业、200多个产品参展，19个产品获得金奖，市农委获最佳组织奖
第十九届	2017-11-17—24	长沙国际会展中心	娄底组织72家农业企业、300个产品参展，16个产品获得金奖，市农委获组织奖

中国国际农产品交易会　2007年，百雄堂集团自发参加中国国际农产品交易会（简称农交会），首次展示娄底产品。到2010年，市农业局组织湖南瑞生源生物科技有限公司和湖南鸿冠集团2家企业参加第八届农交会。2011年，第九届农交会上，湖南肖老爷食品有限公司红薯粉丝系列首获产品金奖。2012年，由市农业局牵头组团，新化县农业局和双峰县农业局派人参加第十届农交会，湖南广益农业开发集团股份公司（新化）"广益康湘西黑猪肉"获金奖。2013年11月，市农业局组织冷水江瑞生源参加在湖北武汉举办的第十一届农交会。2014年10月，组织新化县桃林园酒业和冷水江瑞生源参加在山东青岛举办的第十二届农交会。2015年11月，在福建福州举办第十三届农交会，新化县桃林园酒业和冷水江瑞生源再度联袂参加。2016年11月，在昆明举办第十四届农交会，娄底3家企业参展，湖南省双峰县永丰湘春酱菜园生产的湘春牌永丰辣酱、湖南紫农农林科技开发有限公司生产的紫鹊界贡米获得金奖。2017年北京第十五届农交会，娄底7家企业参展，湖南味菇坊生物科技有限公司生产的一朵舞茸产品、湖南桃林园酒业有限公司生产的桃林园养生酒获得金奖。

第九届湖南西部（娄底）农博会　2014年11月，经省政府批准，由省农委和市政府在娄底共同主办第九届湖南西部（娄底）农博会。本届展会在孙水公园设主会场，有国家、省级龙头企业、14个市州及娄底各县（市、区）特色企业800多家参展。布设展位近700个，展示面积1万平方米，人流超过70万人次，为历届湖南西部农博会之最。现场交易额3.28亿元，对接订单5.35亿元；对外发布96个农业招商项目，达成投资意向28亿余元。签订湘村黑猪基地及加工厂建设、博盛生态农业低碳体验示范园建设、新化县3万亩中天玫瑰种植基地建设等农业招商引资项目14个，引进资金27.2亿元；签订新东方葡萄产业发展等银企对接项目4个，授信2.7亿元。

（郴州）特色农产品博览会　2015年12月，娄底5家企业参加（郴州）第一届特色农产品博览会。2016年11月11—14日，湖南（郴州）第二届特色农产品博览会在郴州国际会展中心举行，新化万新农业和紫鹊界辣酱、涟源新绿农业和富田桥游浆豆腐、双峰湘春酱菜园、冷水江市大嵊调料食品厂等6家企业参展。2017年12月1日，湖南（郴州）第三届特色农产品博览会举行，湖南瑞生源生物科技有限公司等企业参展，万新农业连续两届参展，奉氏古方食品公司猫乳成为热销产品。

第六节　农业技术与农业信息服务

一、农业技术服务

1990年起，各级农业部门牵头组织开展农技服务。涟源市从1995年开始，制作《农业半月谈》，定期在涟源电视台播放，讲解、推介农业新技术新品种，尤其是农作物病虫害的防治技术。新化县从1998年4月开始与县电视台联合创办《农民之友》专栏节目，通过电视向广大农民传授农业科技知识，宣传农业政策、法律、法规。双峰县编辑《双峰农业科技》《病虫情报》免费赠送农民，将党和政府的农业方针政策、致富信息、病虫害防治和农作物培管技术传达至千家万户。2002年起，涟源市《农业半月谈》栏目改为《走入乡村》，每周制作一期。2010年，市农委开办娄底“三农网”，为农民提供农技服务。2014年，湖南实施“百企千社万户”现代农业发展工程和“百片千园万名”科技兴农工程，组织全省农业科研院所和大专院校的科研人员以及省、市、县农业技术推广人员和乡镇农业技术推广骨干1万名，为新农村建设服务。2015年开始，涟源、新化、双峰列入项目县市，每年从省、市、县三级抽调部分农业技术人员组成农业技术服务团队进入农业龙头企业、产业园区、农业合作社等进行技术服务。截至2017年，全市共派出技术人员1577名，其中省级91名、市级95、县级1391名。

二、农民培训

1990年，农民教育培训主要由地区农业广播学校负责。地区农业局从1998年开始，实施“绿色证书工程”；1999年始，实施“跨世纪青年农民科技培训工程”。2002年2月，市农办成立市农民素质教育办公室，专司农民教育培训。

2003年，市委下发《关于加强农民素质教育，提高农民科技文化水平的实施意见》，以全市385个建设扶贫工作队驻点村、20个农村党员和基层干部实用技术培训基地为重点，以点带面开展农民教育和培训工作。2004年，市委、市政府下发《2004—2010年娄底市农民工培训实施计划》《关于加强农民素质培训，培养农村实用人才的意见》等文件，对全市农民教育和培训工作作出全面部署和安排。市农民素质教育办公室编印示范教材《务工指南》，免费向农民和毕业学生发放，培训内容主要是基本权益保护、法律知识、城市生活常识、寻找就业岗位等引导性必修培训以及家政服务、餐饮服务、宾馆服务、保安、物业管理、电动缝纫、电子操作和计算机操作等方面职业技能选修培训，以及农业实用技术培训的内容。

2005年，市委要求全面开展对农村初高中毕业生“9+1”“12+1”培训；市人大把农民培训作为二届人大一次会议的三大重点议案之一，建议各级党委政府和相关职能部门把农民培训工作作为自身重要职责，促进农民培训工作横向到边，纵向到底。2008年，市委、市政府下发《关于贯彻落实〈省委办公厅省人民政府办公厅关于加强农民教育培训工作的意见〉的实施意见》，要求通过多渠道、多层次、多形式的农民教育和培训，在全市培养和造就新农村带头人。是年1月，全市遭遇百年一遇的冰雪灾害，市农委紧急编印《救灾补损农业技术培训要点》5000余份，下发各县（市、区），并会同市远教办紧急刻录救灾补损农业技术培训光盘，在娄底电视台播放。2009年3月，主办市农民工“携手进站点、共谋新职业、开创新生活”活动，专门为返乡农民工就业创业制作《走进春天》光盘，通过远教站点培训农民。

2010年，为满足农民对新知识新技术的需求，编印14万余字的培训教材《农民教育培训知识手册》1万余本，免费发放给需要的农民。是年11月，市农民素质教育办公室和市农广校合并，组建成新的农民素质教育办公室，负责全市农民素质与农民技能培训工作。

2012年，市农民素质教育办和市农广校联合招生645人，除去流失的学生，至年底，有在籍学生523人。2015年，按照省农广校关于加强全省新型职业农民培育要求，把涟源市农广校以及湖南博盛生态农业技术开发有限公司等4家农业企业作为全市省级新型职业农民培育示范校和示范基地（农民田间学校）向省广校申报。经省农广校审定，涟源市农广校被确定为新型职业农民培育省级示范创建学校，湖南博盛生态农业技术开发有限公司（涟源市桥头河镇）、湖南省农友机械集团有限公司（双峰县永丰镇）、新化县富康水果种植专业合作社被省农广校确定为省级新型职业农民培育示范基地（农民田间学校）。湖南博盛生态农业技术开发有限公司在成为省级新型职业农民培育示范基地（农民田间学校）后，加强培训基础设施建设，提升教学培训接待能力，先后承办新型职业农民培训班3期132人，接待市及全省各地新型职业农民培训班实习实训、参观考察5批次共400多人。是年，省农广校批准成立湖南博盛（涟源）生态休闲农业产业分校，成为省农广校在娄底市建立的第一所产业分校，开创校企合作新型职业农民培育的新模式。

2016年，把农业实用技术培训作为“十三五”农民教育培训的工作重点，规划在此期间全市每年开展农业实用技术培训10万人次以上。选定湖南忠食农业生物科技有限公司等5家农业龙头企业（农民专业合作社）作为市级新型职业农民培育实习实训示范基地（农民田间学校）。全市培训新型职业农民5194人，其中生产经营型2552人，专业技能服务型2642人，3643人获得新型职业农民证书。

2003—2017年，全市培训农民14.3万人，其中包括新农村建设带头人、农民技术员、农民骨干、农民企业家和能工巧匠，每人掌握1～2门实用技术，外出就业安置率98%。

三、农业信息服务

农业信息收集与报送　20世纪90年代，农业信息收集、报送工作为各级农业部门工作范围，设立农情、苗情、病虫情报及农业统计信息收集报送专项，每年定期或不定期地编辑《娄底农业信息简报》10～30期，印发100余份，向市委、市政府和省农业厅提供农业生产、管理、科技、农产品供求、农业灾害等信息，与全国30多个地、州（市）进行交流。娄底农业信息工作多次获省农业厅表彰。截至2000年停办时，《娄底农业信息简报》发刊152期。2015年，进一步调整职能，根据农事季节每年上报各类农业信息40多次，各类表格100多张。至2017年，农业信息收集、报送更为规范。

农业信息网站　2001年，市农业信息网站建立。2009年，市、县二级农业信息网站整合到市人民政府网站，成为市、县二级人民政府网站的子网站。2015年，全市6个单位的视频会议系统全部建成投入使用。“12316”热线网络建设完成，市、县两级农业部门将“12316”三农服务热线电话实施绑定，安排专人值班，接听和答复“12316”打假举报、技术咨询等各类电话。2017年，在市、县政府门户网站和本单位门户网站及时发布信息，提供办事指南，回复农民提问和开展农业技术咨询服务。

农业电子商务　2014年起，电子商务、物联网在农村发展较快。2015年，双峰县获批全国电子商务进农村综合示范县，2017年6月，新化县和涟源市入围电子商务进农村国家级综合示范县。是年底，全市拥有各类电商主体2万家，其中电商企业2000多家，电商从业人员6.3万余人。电子商务交易额超80亿元，网络零售额超20亿元，其中网络农产品销售额近9亿元。新化黑茶、白溪豆腐、双峰永丰辣酱、青树坪淮山、涟源富田桥豆腐、古塘金秋梨、冷水江葛根面、乡土情水酒等40多个具有本土特色的名优特新产品成为网络畅销农产品。

第三章 农村建设

第一节 新农村建设

2002年，涟源市茅塘镇石门村列为省级小康示范村。

2006年，市委、市政府贯彻党中央、国务院《关于推进社会主义新农村建设的若干意见》和省委、省政府《关于推进社会主义新农村建设的意见》，通过办点示范、对口帮扶，以点带面、由点及片开启娄底社会主义新农村建设。7月，全市按照省社会主义新农村建设领导小组印发《关于社会主义新农村建设“千村示范”工程的实施意见》，开展示范建设，探索矿产资源型、民营工业型、生态养殖型、特色产业型、旅游服务型、城郊商贸型、劳务经济型、龙头企业带动型8种新农村示范村建设模式，推进特色村庄创建。

2007年4月，市委办、市政府办印发《关于组织企业对口帮扶新农村建设示范村的通知》，建立企业对口帮扶制度，确定市内湖南华达机械总厂、冷水江钢铁总厂、湖南华菱涟钢钢铁有限公司、湖南闪星锑业有限公司等164家企业分别对口帮扶全市78个村开展社会主义新农村示范建设。

2009年5月，17位市级领导挂点新化县上梅镇示范片、娄底经开区大埠桥街道示范片2个示范片和涟源市枫坪镇黄潭村、娄星区万宝镇浒石村、冷水江市铎山镇眉山村、双峰县梓门桥镇白山村等12个村示范建设，由14家市直机关单位牵头帮扶。

2011年，娄底市支持冷水江市统筹城乡发展整体推进新农村建设指导小组成立，市政府主要领导任组长，指导小组在市委农村工作部（市农办）下设办公室；7月，市政府印发《关于支持冷水江市统筹城乡发展整体推进新农村建设的意见》。冷水江市设立统筹城乡工作办公室，在全省率先全面启动统筹城乡发展、整体推进新农村建设，以进一步缩小城乡差距、推进城乡基本公共服务均等化为目标，提出“一年起步、三年见效、五年变样”口号。坚持“高起点规划、高标准建设”，实现全市184个农业村（社区）新农村建设全覆盖。

2012年3月，省政府办公厅印发《湖南省“百城千镇万村”新农村建设工程工作规划的通知》，明确2012—2015年全省实施“百城千镇万村”新农村建设工程。市政府推广冷水江市经验，以县（市、区）示范村和镇村连片开发为重点，突出优化规划布局，强化基础建设，调整产业结构，美化乡村环境，统筹城乡发展，推进全市新农村建设。双峰镇蛇形山秋湖村引导本村企业主捐资6000万元，支持家乡改造旧矿区，建设新村庄，发展新产业。冷水江市在农村连片整治建设基础上，进一步深化改革，推进土地流转、规范建房、户籍制度改革、农村社会管理、乡风文明建设，每年投资1.5亿元左右，确定30～50个村整体连片推进，完成通组公路、河道综合整治、房屋风貌改造、垃圾集中处理等建设，其中岩口片区、铎山片区，共修建垃圾池1140个，发放垃圾桶1.09万个，购置垃圾运输车16台，安排保洁人员202人，绿化植树11万株，植草皮1.9万平方米，安装太阳能路灯1810盏，新修通村通组公路7.26千米，新建村级组织活动中心和健身休闲场所31处，建筑面积2.40万平方米，新建排水管沟1.37万米。至2013年，全市有新化县上梅镇毛家垅村、双峰县梓门桥镇白山村、娄底经开区大埠桥街道中阳村、冷水江市铎山镇眉山村、双峰县印塘乡铁马山村、新化县曹家镇水竹村、冷水江市铎山镇大坪村、冷水江市岩石镇金莲村、涟源市龙塘乡宽家村、冷水江市岩口镇农科村、娄星区杉山镇坝塘村、冷水江市铎山镇新枫村、涟源市茅塘镇石门村等13个村获省社会主义新农村建设示范村授牌。是年，中共中央、国务院印发《关于加快发展现代农业进一步增强农村发展活力的若干意见》，提出建设“美丽乡村”的奋斗目标。娄底市在前一阶段新农村建设的基础上，进一步加强农村生态建设、环境保护和综合整治工作，推进“产业兴旺、环境整洁、风景优美、宜居宜游”的美丽乡村建设。

2012年，制订《绿化娄底四年行动计划》，全市开展植树造林、封山育林、绿化家园活动，重点开展路边、水边、城边和景区的植树造林工作，做好工业园区和矿山绿化与植被修复，提高自然生态质量。村庄、社区绿化全面推进，涌现出荷叶、岩口、双江等8个样板乡镇。是年始，冷水江市锡山镇眉山村、新化县曹家镇水竹村、上梅镇毛家垅村、双峰县梓门桥镇白山村、娄底经开区中阳村陆续获批社会主义新农村建设示范村。2013年，娄底经开区以南阳村为中心，按照“十村联动、整体推进、城乡统筹发展”思路，持续推进水利、公路建设、民居风貌改造、生态环境提升、特色产业发展、乡村文化繁荣六大工程，在全市打造城乡统筹示范区、新农村建设样板区、农村体制改革实验区，实现农村环境生态化、基础设施景观化、农业生产设施化，城乡交通大贯通、城郊产业大调整、城乡环境大整治。是年，新化县水车镇正龙村，奉家镇上团、下团村获评全国最美乡村。2014年，冷水江市34个建制村基本实现宜居、富裕、生态、平安、活力“五个新农村”建设目标，新化天门乡土坪村被评为中国最美乡村。2015年，冷水江市政府根据《娄底市推进城乡一体化四年行动计划》，以6个新农村建设示范点为龙头，全力推进城乡统筹一体化发展。市住建局牵头推进南阳村等10村连片新农村示范点建设，编印《娄底市村镇住宅设计图集》《娄底市农村住房设计通用图集》，全部免费发放到县（市、区）、乡（镇）和村。

2015年，全市启动美丽乡村建设“三年行动计划”，改造老旧厕所1.35万户，农村垃圾定点存放，清运率无害化处理率100%，村庄污水处理率86%。建成秀美乡村120个，万宝镇石湾村获评全国文明村，杉山镇万乐村获评全国生态文化村，双江乡获评全省生态乡，双江乡洪山村、蛇形山镇秋湖村获评“全省美丽乡村”建设示范村。冷水江市锡山镇眉山村致力打造湘中田园风光、生态宜居、乡村旅游新农村建设特色品牌，建立眉山葡萄合作社和专业合作社销售信息网，建成有机富硒千亩葡萄园和15个家庭农场，人均年收入3.5万余元，集体年收入20万元。修建通村、通组、通户硬化水泥公路20千米，硬化产业人行道5千米，安装太阳能路灯150盏、太阳能热水器80个，建设公园3个、文化广场2个、村办公大楼1栋，开办图书室、留守儿童之家、老年人娱乐中心、医疗卫生室、文化活动室、体育广场文体中心。农户门前实行“三包”，房前屋后栽花种树绿化。购置垃圾桶1200个，建造垃圾分类回收站，科学分类收集。改造污水沟600米，统一排放到污水池。先后被授予全国文明村、农业部第六批“一村一品”示范村、省社会主义新农村建设示范村、省特色旅游名村、省绿色村庄、娄底市最美乡村等称号。

双峰县井字镇田园风光（2017年3月摄）

至2016年，全市新农村建设投入15亿元，完成房屋风貌改造5000多栋，拆除危旧房屋600多栋，新建、拓宽通村通组公路500多千米，新修人行道480多千米，岩口片区10村连片、锡山片区4村连片基本成形，全市1835个村全部纳入新农村建设范围。是年，继续以冷水江市省级示范市为样板，推进新农村建设工作。娄底经开区南阳村通过省级美丽乡村验收。新化县天门乡土坪村、水车镇正龙村获评省美丽宜居示范村。

2017年，全市120余个建制村实施美丽乡村示范创建，其中杉山镇万乐村、双江乡洪山村、蛇形山镇秋湖村等18个村获得省“湖南省美丽乡村建设示范村”的授牌，冷水江市获全省美丽乡村建设先进县（市）称号。

第二节 能源建设

一、“两省灶”推广

1990年，全地区农村普遍推广省煤省柴灶（简称“两省灶”），用户10万多户，《娄底地区省煤省柴灶技术推广与应用》项目获地区科技进步二等奖。截至1992年，涟源市推广“两省灶”20万户，占总农户的90%，其中推广省煤灶19.5万户，质量合格率96.8%，完好率95%，平均热效率20%，主要指标均达到验收标准。据验收统计，散煤灶改为省煤灶，一户一年可节省煤0.8～1吨；普通藕煤灶改为省煤灶，一户一年可省煤0.3吨；敞开烧柴灶改为省柴灶，一户一年可省柴980千克。是年底，全地区80.29万农户使用“两省灶”，占农户总数的90%以上，热效率从改灶前的10%提高到20%以上，节柴省煤1／3以上。1995年，全地区推广“两省灶”91万户，占全地区农户数的99%。一年节省煤炭50万吨，节省柴20万吨。此后至2017年，“两省灶”在全市农村普及。

二、沼气综合利用

1990年，全地区推广上流式浮罩沼气池500多个。在改进建池技术的同时，还抓沼气的综合利用，开展以沼气为纽带的生态农户建设。至1992年11月，受省农村能源领导小组委托，地区农能办牵头，与地区农委、地区科委、地区计委、地区环保局联合组成验收小组，对省沼气试点县——新化县、双峰县检查验收。新化县3年共建池630个，验收组实地考察4个乡80户沼气池的使用情况，结果为池均产气量417立方米。使用率与三结合率为100%。双峰县3年建池618个，池均产气量428.3立方米，使用率和三结合率为100%。两县所建沼气池的各项经济、技术指标达到省定要求。新化县还在城镇积极开发利用沼气资源，县邮局、县新华书店等10多家单位兴建沼气化粪池，对人畜粪便和生活污水进行无害处理。1995年，全地区新建沼气池1000个，发展以沼气池为纽带的生态农户1000个，全地区使用沼气池的农户8300多户，沼气池总容积10万立方米，年产沼气450万立方米。

1996年，市委农村工作会议要求大力抓好沼气建设，充分发挥沼气技术的特殊作用。1998年，新建农村户用沼气池800个。1999年新建农村户用沼气池1500个，形成1500户以沼气为纽带的生态农户。

2000年，农业部“生态家园富民计划”在全市实施，农村沼气出现大发展局面。2003年，全市新建农村户用沼气池3470个，建池容积4.16万立方米。2004年，市委、市政府将农村户用沼气池建设作为为民办8件实事之一，全年建设沼气池8157个。2005年，完成农村户用沼气池建设6000个，全市农村户用沼气池达到3.59万个。

2006年，全面落实《湖南省农村能源管理办法》《湖南省农村可再生能源条例》，全市农村能源建设进入法制化轨道。是年，沼气建设得到国债项目、扶贫补助建池项目、库区移民补助建池项目的资金支持，全年新建农村户用沼气池5049个，超额完成省里下达的为民办实事任务。2008年，在完成新建农村户用沼气池6023个的同时，为解决大中型养殖场粪污问题，开始组织建设大中型养殖场能源环保工程，全年完成173处。是年，各县（市、区）配齐农村能源干部，县级有机构6处，乡镇推广机构12处，管理人员48人，取得农村能源专业技术从业资格的施工技术人员800余人。通过技术大比武等活动开展技术交流，提升技工建设施工水平。2010年，全市新建农村户用沼气池5026个，完成省定建池任务。新建大型沼气池32处，7处主体工程竣工。全市历年累计建设户用沼气池6万个，年总产沼气量2413万立方米，适宜农户普及率11.47%，受益人口22.2万人。

2011年，全市新建农村户用沼气池4034个，超额完成年度任务，12月初经省为民办实事考核组检查验收，评定为优秀。2012年9月，全国第二届沼气生产工技能大赛在贵州举行，冷水江市有3名高级沼气生产工，代表湖南省参加此次比赛，获得团体铜牌奖，陈远见获全国沼气技能能手称号，3名参赛选手均晋级为技师。2013年新建农村户用沼气池5100个，超额完成省为民办实事工作任务。2014年，农村户用沼气池建设退出省为民办实事工作项目，农村户用沼气池建设数量大幅度减少。2016年，完成新建农村户用沼气池734个，新建小型沼气工程152处，供气1423户，竣工验收大型沼气工程5处，新开工大型沼气工程2处。至2017年底，全市建设规模化生物天然气试点项目1处，大型沼气工程45处，中型沼气工程114处，小型沼气工程3102处，户用沼气池8.7万户；建设城镇污水净化沼气池337处，年产沼气约9.8亿立方米，折标准煤约70万吨。

附：涟源市实竹山生态农业发展有限公司

2014年建设总容积800立方米的大型沼气综合利用工程。有效处理养殖场生猪所产生的粪便和污水1.83万吨，年产沼气12万立方米，年发电5.8万千瓦时，基本满足该公司污水处理和内部用电需求。针对沼渣沼液运输不便问题，2016年4月，投资15万余元，从山东引进沼渣干湿分离机组，使分离沼渣变成可袋装干物质，每天可产干粪60袋，每月赢利7000～8000元。用沼液灌溉作物，用沼渣施肥，形成猪、沼、作物的良性循环。培育红叶、万楠等名贵苗木26.67公顷，优质乌杨梅和美国布朗李、板栗等水果15公顷。

三、太阳能推广

1998年始，全地区推广新能源。1999年，太阳能在农村开始大规模开发利用，全市推广太阳能热水器400台，集热面积800平方米。至2002年末，全市累计推广太阳能热水器4207台，集热面积9655平方米。2003—2008年，全市推广太阳能热水器1.4万台，集热面积3.2万平方米。2011年4月，冷水江市在铎山镇眉山村进行太阳能路灯推广试点，首装太阳能路灯50盏。是年，冷水江市政府将太阳能路灯列入新农村建设的范畴，安排资金56万元，在铎山镇岩口村信纳公路两侧安装太阳能路灯100余盏，打造全市首个太阳能路灯示范区。建成太阳能热水器示范区6处，安装太阳能路灯700多盏。2016年，全市推广太阳能热水器3576台，太阳能路灯1498盏，7个分布式光伏发电站全面并网发电，总装机容量184千瓦。2017年，全市安装太阳能路灯8000余盏。在农村推广太阳能热水器累计5.12万台，有1423个村安装太阳能路灯4.17万盏。

第三节　环境整治

2012年，市委、市政府印发《娄底市城乡环境整治四年（2012—2015）行动方案》《关于全面开展城乡环境整治及建设工作的意见》，全市铺开城乡环境整治及建设工作，农村全域推进“四清”（清洁家园、清洁田园、清洁水源、清洁能源）、“三基”（基本不见垃圾、基本消除马路市场、基本完成）、“四改”（改水、改厨、改厕、改圈）、“二统”（垃圾统一分类处置、中心镇污水统一处理）、“一化”（全面绿化路边、屋边、水边）工作。出台《〈娄底市城乡环境整治及建设工作考评办法〉及相关考评细则》，采取明察与暗访相结合，按照逐月考核、每季讲评、年终总评的方式对县（市、区）考核评比。是年起，市财政每年安排400万元专项经费用于以奖代投，各县（市、区）分别上缴200万元保证金用于奖优罚劣。是年，双峰县获评全省城乡环境整洁行动十佳县（市、区）。

2013年，开展“五小”行业、农贸市场、城中村及城乡接合部环境整治。乡镇建成区中心推进“六乱”整治和“门前三包”。农村围绕“四清三基二统一化”目标，推行收、烧、埋、还田等方式处理垃圾。是年，全市92个乡镇（街道、林场）、3250个村开展垃圾大清扫、大清运，建立长效保洁机制；80%的村建立保洁队伍，30%的村实现村内无零碎垃圾，基本实现“四清”目标；投资1.3亿元，重点整治规模化养殖场67个，新建粪污处理设施9750立方米；投入绿化资金3.5亿元，完成植树造林1.1万公顷。是年，市创建国家卫生城市通过省预检和国家暗访，通过省级灭蝇先进市考核验收，娄星区获评全省城乡环境整洁行动十佳县（市、区）。

2014年，在双峰县蛇形山镇世瑞村、涟源市渡头塘镇光芒村、娄星区杉山镇万乐村开展垃圾分类试点；在冷水江市禾青镇，涟源市茅塘镇、渡头塘镇，双峰县甘棠镇、荷叶镇和新化县吉庆镇油溪桥村，涟源市茅塘镇永福村，双峰县甘棠镇长冲坪村，娄星区杉山镇万乐村，娄底经开区大埠桥街道中阳村等地开展环境整建工作示范乡镇、示范村创建。2015年，在800个村推进农村垃圾分类减量无害化处理，全年减少垃圾清运成本40%。在村垃圾分类的基础上，建立以县（市、区）为主体的垃圾回收和无害化处理体系，市整建办考评730个村。

至2015年，四年整治行动结束，全市投入197.94亿元，其中城区改造157.17亿元、集镇建设31.59亿元、村组整建9.18亿元，基本完成“四清三基二统一化”任务，城乡环境整治建设进入常态化。全市92个乡镇（街道、林场），共拆除乱搭乱建棚点2.2万个，清除乱摆乱放“人字”广告牌3.2万块，统一门店招牌1.35万个，整治规范农贸市场（马路市场）135个，新建农贸市场42个；城镇建成区绿化植树74万株，新建污水处理厂12座；创建省级卫生乡镇1个、市级卫生乡镇17个、省级文明乡镇3个、市级文明乡镇8个。全市3398个村（社区）共配备保洁员8819名，平均每个村（社区）2.6名；改厕13万多户，新增安全饮水人口143万人；有1569个村开展农业面源污染，其中高标准整治965个村；创建省级卫生村91个、市级卫生村301个、省级文明村3个、市级文明村9个。

2016年，全市推进镇域中心扩容提质建设，治理“六乱”现象，涟源市桥头河镇、冷水江市禾青镇、新化县油溪乡、双峰县甘棠镇、娄星区杉山镇等30个乡镇（街道）统一广告招牌；涟源市七星街镇、娄星区万宝镇、冷水江市铎山镇、娄底经开区大埠桥街道等21个乡镇（街道）新建农贸市场；娄星区双江乡、涟源市桥头河镇等乡镇对城镇建成区的绿化亮化进行提质；双峰县石牛乡、新化县西河镇、娄星区杉山镇、涟源市茅塘镇等多个乡镇对主要公路路面进行“白改黑”改造；全市河道保洁工作走在全省前列。

2017年，修订《娄底市城乡环境整治及建设工作县市区、娄底经开区考评办法》。6月，市政府召开整治农村墙体广告约谈会，全面启动全市农村墙体广告与“牛皮癣”整治工作。7月，出台《娄底市整治农村墙体广告专项行动实施方案》。通过专项行动，全市清除农村墙体广告8.3万块、“牛皮癣”73.17万条（处），在全省率先完成农村墙体广告“清零”。配合中央环保督察组督察行动，对督察组反馈与整建工作相关的21起问题，督促协调相关单位立行立改，完成10处非正规垃圾堆放点的清理整治，新发展150个村开展垃圾分类处理。全市所辖县（市、区）中心城区全面禁止燃放烟花爆竹，部分乡镇、村开展禁止燃放烟花爆竹行动。

第四章　扶贫开发

1990年，地委、行署继续贯彻党中央、国务院自1988年实施的挂钩扶贫战略。至2017年，历经挂钩扶贫（1988—1993年）、建整扶贫（1994—2002年）、建设扶贫（2003—2013年）、精准扶贫（2014—2017年）四个阶段。1990—2017年，全市扶贫资金投入245.1亿元（扶贫办口投入资金37.83亿元）。其中贫困村基础设施建设投入资金58亿余元，贫困地区基础设施和公共服务基本完善，农村公路全面提质，农村电网全面升级，建制村光纤通达和4G网络全覆盖，建成村级综合文化服务中心1407个。全市累计减少贫困人口126.12万人。其中，1990—1999年，减少44.9万人；2000—2013年，减少53.08万人；2014—2017年，减少36.73万人。903个贫困村退出贫困名单。尚有324个村、21.23万人未脱贫。

2017年，全市建档立卡贫困人口基本医疗参保率100%。先诊疗后付费、“一站式”结算政策体系建立，“三个一批”行动计划落实。贫困人口基本医疗保险报销提高10%，补偿4184万元；2245人落实大病保险补偿起付线减半政策，补偿金额1837.28万元；4类9种大病补偿人数1676人，补偿金额3459.9万元。全市农村低保3.67万户8.04万人，社会保障兜底脱贫对象5494户9149人。所有符合贫困户条件农村低保对象以户为单位纳入建档立卡信息系统，农村低保保障标准提高至每人每月268元。全市发放贫困地区学前教育入园补助金、义务教育阶段寄宿生生活费、普高助学金、普高免学费、中职助学金、中职免学费、高职助学金、生源地助学贷款等共计2.74亿元。

第一节　挂钩扶贫

1990年，国务院确定农村家庭人均年收入268元为贫困人口。全地区农村有贫困人口108.44万人，其中娄底市4.5万人，涟源市17.74万人，冷水江市2.4万人，双峰县31.3万人，新化县52.5万人。

新化县为全地区扶贫开发主战场，全地区三大贫困带均集中在新化县。

柘溪库区贫困带：30个乡镇193个村和10个居委会，1.1万公顷农田被淹，库区农业人口人均耕地由建库前的1.1亩锐减至0.26亩。贫困人口12.5万人，占全县贫困人口的23.8%。

石灰岩干旱区贫困带：新化县东部坐石、崇山、白岩等28个乡镇360个村，人口33.3万，其中贫困人口13.3万人，占全县贫困人口的25.3%。

高寒山区贫困带：新化县西部苍溪、双林、上团等23个乡镇309个村27.6万人，贫困人口16.7万人，占全县贫困人口的31.8%。

1990年，经国务院批准，新化县被列入“八五”期间国家扶持省重点贫困县。地委、行署实施挂钩扶贫战略，成立地区扶贫办公室，制定扶贫规划，从地直83个单位抽调干部组成93个工作组，新化县37个县直单位抽调干部配合，进驻新化县18个贫困乡开展挂钩扶贫。地区财政投入资金1380万元，帮助贫困村修建道路、水利、供电等基础设施。

1991—1993年，地委加派涟钢、金竹山电厂、资江氮肥厂、冷水江钢铁总厂、锡矿山矿务局、涟邵矿务局、向红机械厂、新化水泥厂、广州军区水泥厂、新化瓷厂、湘中机械厂、省煤机厂12个中央、省属企业投入挂钩扶贫。1993年起，财政部、中国光大集团到新化县扶贫。12月，新化县被列入新一轮首批调整后的国家重点扶贫县。

第二节　建整扶贫

1994年，国务院调整农村贫困人口年收入标准为480元。新化县被列为全国《国家“八七”扶贫攻坚计划（1994—2000年）》序列592个贫困县之一。9月，省政府扶贫开发领导小组确定新化县56个乡镇列入“八七”扶贫攻坚范围。是年起，地委、行署贯彻执行党中央、国务院建整扶贫决策，成立建整扶贫办公室，下发《关于切实搞好建整扶贫工作的通知》，对扶贫工作提出目标要求，把农村党支部建设整顿和扶贫工作结合起来，解决农村党支部软、散、懒和经济发展问题。3年一轮换，第一轮，1994—1996年，派出259个工作队分驻全地区259个贫困村建整扶贫，其中，中央、省直5个、地直88个、县（市）166个。第二轮，1997—1999年，派出373个扶贫工作队，分驻全地区373个贫困村建整扶贫，其中，中央、省直5个，地直89个，县（市）279个。第三轮，2000—2002年，派出415个扶贫工作队，其中，中央、省直3个，市直71个，县（市、区）341个。重点解决柘溪库区、石灰岩干旱区、高寒山区三大贫困带的贫困问题。1990—1999年，全地区投入扶贫资金16亿元，减少贫困人口44.9万人。

2000年，国家确定农村贫困人口年收入标准为625元。2001年，新化县被列入新一轮国家扶贫开发工作重点县。2002年，涟源市列入省级贫困县。

第三节 建设扶贫

2003年，国家调整农村贫困人口年收入标准为627元。市委、市政府贯彻执行党中央、国务院建设扶贫战略，成立扶贫开发领导小组，重点解决贫困村基础设施、经济社会建设落后问题。市级领导每人联系1个扶贫村。连续开展6轮扶贫，每村2年。每轮派出扶贫工作队323个（含中央、省、市、县工作队），分别进驻323个贫困村。2003年，涟源市、冷水江市、双峰县、新化县分别制订新一轮扶贫开发三年计划。2006年，新化县被国务院列入比照国家西部开发政策县。按照“一次规划、两年实施、因村制宜、整体推进”要求，启动80个重点村的扶贫开发建设。同时，在全市开展民政低保和扶贫开发相结合试点。2006—2010年，全市投入扶贫资金13.57亿元，其中财政扶贫资金1.76亿元，小额信贷4.8亿元，建扶单位和社会资助1.91亿元，群众自筹3.22亿元，协调整合部门资金1.88亿元，修建村级公路1015千米，60%村公路硬化，修建饮水工程4210处，52%的村架通自来水，修建渠道1162千米，65%的村完成村农网改造。新建、维修学校119所，修建无线通信基站26座。开发和培育中药基地6667公顷，发展油茶林3000公顷。培训贫困农民劳务技能1.67万名，科技培训33.05万人次。贫困地区人均纯收入由2000年的680元增加到2244元，减少贫困人口14.96万人。2010年，国家调整农村贫困人口年收入标准为2300元。是年，双峰县被列入省级贫困县。

2011年，市政府制定《娄底市“十二五”扶贫发展规划》，规划到2015年减少贫困人口17.5万人，贫困地区农民纯收入增加1500元。全市投入各类扶贫资金3.67亿元，整村推进，实行产业扶贫。新化县因地制宜，培植3大扶贫主导产业。以奉家、水车、石冲口等乡镇为重点种植金银花等中药材产业，种植药材1万公顷，户均增收2万多元；建立以游家、西河、白溪、上梅等乡镇40多个村为主体的良种生猪养殖基地；以荣华、文田、炉观、白溪、金凤等乡镇为中心，发展“湘中黑牛”养殖基地、博泰种猪基地、东岭田鱼加工厂、金银花加工厂、绿源食品厂、渠江薄片公司等优质龙头企业。涟源市实施“金牛扶贫工程”，辐射7个乡镇6000户农户，合同养牛1.5万头；开发软籽石榴2000公顷，覆盖58个贫困村，2.32万贫困农户。双峰县杏子铺镇发展网箱养鱼，甘棠镇发展养鸡养牛和药材种植，花门镇发展经果林，沙塘乡发展仔猪养殖，发展各类产业项目132个，均形成规模。是年，全市减少绝对贫困人口1.61万，人均收入增加320元，达到2884元。“雨露计划”培训贫困农民1354人，举办实用技术培训16期，培训3560余人次。是年，新化县、涟源市、冷水江市被国务院列为武陵山片区区域发展与扶贫攻坚示范县。

2012年，市政府制定出台《娄底市财政扶贫资金项目实施管理暂行办法》《娄底市武陵山区十年发展规划》，规划扶贫项目452个。是年，全市投入扶贫资金4.13亿元，其中财政6863万元，小额信贷4080万元，社会帮扶7864万元，群众自筹8226万元，协调部门1.43亿元。全年减少贫困人口14.01万人，贫困农民人均年收入3652.25元。新化县、涟源市、冷水江市列入国家武陵山片区扶贫攻坚试点示范区，双峰县列入全省扶贫开发工作重点县，40个特困村列入国家级扶贫开发工作重点村，181个贫困村列入省级扶贫开发重点村。

2013年，全市列入国家武陵山片区扶贫攻坚示范区规划项目401项，其中，新化县185项，涟源市216项。是年，启动经济建设项目204项，其中，新化83项，涟源市121项，投入资金102.13亿元。培训各类人员1.1万人次，“雨露计划”培训贫困村民4360人，培训贫困村干部107人。新建、改建人畜饮水、通信、交通、卫生所、学校等项目，受益人口107.62万人。

2003—2014年，经过6次轮换，全市先后派出扶贫工作队2105个，投入扶贫资金27.36亿元。

第四节　精准扶贫

2014年，市政府出台《关于切实做好娄底市农村扶贫对象建档立卡工作实施意见》，对全市贫困人口识别建档立卡，通过精准识别，574个贫困村，建档立卡54.31万人。全市扶贫工作围绕“贫困地区增效、贫困农民增收”总目标，实施产业开发、基础设施、贫困农户危房改造和“雨露计划”四类重点项目，采取上级财政投入、市县财政配套、信贷扶贫支持、项目主体自筹方式推进全市扶贫项目开发。新化县出台《“百村示范、千村带动、万户脱贫”重点产业扶贫工程实施意见》开展产业扶贫。是年，减少建档立卡贫困人口9.95万人。

2015年，国家调整农村贫困人口年收入标准为2855元。市委、市政府贯彻党中央、国务院精准扶贫战略，派出工作队544个，其中：中央、省直单位14个，市直86个，县（市、区）443个。市、县、乡三级党政一把手为第一责任人。全市投入扶贫开发资金7.44亿元，其中财政资金1.44亿元、小额信贷资金1247万元、整合行业资金2.23亿元、社会帮扶资金1.33亿元、群众自筹资金2.31亿元，改造农村危房9300户。是年9月，米兰世博会发布梯田全球认租公告后，新化县委、县政府在紫鹊界梯田景区举办“实施梯田认租，推进精准扶贫”活动，以每亩每年8000元以上的公益价格，现场公益认租对接30个贫困户，认租7.57公顷，租金142万元，把梯田全球认租模式推向市场，开创梯田保护与精准扶贫有机融合的“新化模式”。是年，全市减少建档立卡贫困人口7.54万人。

2016年，市委、市政府印发《娄底市脱贫攻坚“十三五”规划》《关于印发娄底市直单位和干部驻村帮扶考核办法的通知》《娄底市加速转型奋力赶超脱贫攻坚三年（2016—2018）行动计划实施方案》《关于进一步夯实工作基础，加快脱贫攻坚步伐的若干意见》。全市574个贫困村合并为498个，集中脱贫攻坚。市政府下发《关于开展光伏产业扶贫工作的指导意见》，开展光伏扶贫试点，新化县游家镇歇凉山村、涟源市湄江镇黄罗湾村、双峰县甘棠镇祠堂湾村各建成60千瓦村级光伏扶贫电站。全市把旅游扶贫作为重点扶贫工程推进。利用紫鹊界梯田、大熊山、梅山龙宫、波月洞、龙山、湄江、水府庙、九峰山等自然景观和蔡和森纪念馆、曾国藩故居、陈天华故居、罗盛教故居等人文景观，推进31个景点集群村、镇旅游扶贫开发。是年，减少建档立卡贫困人口9.25万人，18个贫困村退出。

2017年，国家调整农村贫困人口年收入标准为3200元。市委、市政府下发《关于娄底市2017年度市级领导挂点帮扶贫困村和市直单位驻村帮扶贫困村任务分工的通知》《关于市级领导联系指导扶贫重点乡镇开展脱贫攻坚工作的通知》《关于在全市贫困群众中倡导开展“人穷志不穷脱贫靠自身”自强自立行动的意见》《关于在全市党支部书记中开展争当脱贫致富带头人活动的意见》《关于动员全市机关和企事业单位帮助贫困群众增收致富的意见》，全方位安排部署脱贫攻坚工作。在机关和学校食堂采购、物业管理公司人员招聘、乡镇村公益性岗位招聘、市县园区企业招聘、职业技术培训、大中专毕业生就业、劳务输出及权益保障7个方面，给予贫困群众优先照顾。是年，全市建成191个贫困村村级光伏扶贫电站，装机容量1.15万千瓦，其中娄星区10个680千瓦，冷水江市6个660千瓦，涟源市57个3420千瓦，双峰县45个2270千瓦，新化县73个4465千瓦。全面完成易地扶贫搬迁项目建设任务，建成住房1.92万套171.5万平方米，安置搬迁人口6.86万人。

2017年，全市10个重点景区带动76个贫困村参与旅游开发，提供就业岗位5923个，6730名贫困人口脱贫致富。双峰县荷叶镇天坪村旅游扶贫着力开发曾国藩故里旅游资源。新化县稻田养鱼、双峰县蛋白桑种植和红心脐橙种植、涟源市枳实精智加工和生态土鸡养殖、冷水江黄桃种植、娄星区蔬菜种植等7个省级重点产业项目，使2.66万贫困户增收脱贫，项目扶持对象和项目均达到“精准”要求，参与项目的贫困人口持续稳定增收5年以上。全市种养专业合作社对贫困村覆盖率78%，市级以上龙头企业产业基地对贫困村覆盖率60%，75%建档立卡贫困户（每户1人或以上）与新型经济主体建立持续稳定增收利益联结关系。全市建成117个村级电商扶贫服务站，农产品电商年交易额7.65亿元。

贫困村发展农产品加工企业1238家、休闲农业企业1750家。至2017年，全市民营企业156家结对帮扶贫困村101个，帮扶项目202个，项目投入资金2.63亿元，受益贫困人口6400人。2017年，全市减少建档立卡贫困人口9.98万人（剩余21.23万人未脱贫），156个贫困村整体脱贫（剩余324个未脱贫）。

附：中央单位在新化县的扶贫工作

1993—2000年，财政部派专人驻新化县扶贫，并挂职担任副县长，累计投入扶贫资金5785万元，帮助引进项目资金2.3亿元，为490个贫困村修通乡村公路1500余千米；为487个贫困村架设高、低压输电线路1250千米；新修、整修高标准渠道1410千米、山塘1240口；恢复水毁农田520公顷，加固整修病险水库115座，改善灌溉面积3800公顷，新建饮水工程1317处、解决17万人饮水难题；新开耕地2000公顷；新建、改造中小学校舍127所、6.19万平方米。扶持新大饲料有限公司、中畜药厂等一批龙头企业，扶持中药材、南竹、烤烟、杂交玉米、良种猪、稻田养鱼等种养基地、农业综合开发、县建新瓷厂无铅毒釉上彩瓷产业示范工程、天马山水泥厂扩建工程等扶贫项目。

2002—2017年，中国光大集团在新化县累计投入扶贫资金7069.86万元。集团员工及联合有关单位、社团和爱心人士累计捐款973.1万元，走访慰问贫困家庭、组织贫困学生到北京开展观摩培训助学和夏令营活动投入120.34万元，招商引资折合人民币3364.5万元，帮助引进人才145人、技术5项，新建光大希望学校2所、中小学教学楼35栋，改扩建乡镇中小学校44所，修建学校图书室6个、电脑室1个，捐赠图书6.4万册、课桌椅1048套、电脑50台套、校服和被褥1万余套，对口资助贫困大学生785名（1000～2000元／人）。新建乡镇卫生院2所、医疗综合楼和住院楼5栋、村卫生所5个；改扩建乡镇卫生院6所，为乡镇卫生院新置不锈钢病床30张。举办乡镇领导干部、农业技术骨干培训班114期，印发《农业实用技术》《农业技术手册》等资料3.9万余册，培训乡镇领导干部605人次、农业技术骨干1.49万人次，劳务输出岗前培训4717人次。在曹家镇湘思村、吉庆镇吉庆村等村实施“整村推进”扶贫，整修小型水库，扶持农户发展金银花、花菇、大棚蔬菜、水果等种植业和猪牛羊鱼等养殖业，修建连接文田、天门、奉家3个乡镇的10千米“光大连心路”。

第五章　机　构

第一节　市级机构

1988年2月，撤销中共娄底地委农村工作部，保留地区行署农业委员会。1993年12月，恢复地委农村工作部，与地区行署农业委员会“两块牌子、一套人马”。1994年8月，地区农业委员会更名为地区行署农村工作办公室，加挂地区农村工作部牌子。2001年7月，市政府农村工作办公室更名市农村工作领导小组办公室（简称市农办），加挂娄底市农村工作领导小组牌子，将原体改委承担的指导全市农村经济体制改革的职能划入市农办，内设秘书科、生产综合科（农村开发科）、科技教育科、政策法规体改科、市扶贫办、人事科，定行政编制18名。2004年12月，市农办加挂市政府农村工作办公室牌子。2009年3月，市农办更名市委农村工作部，与市政府农村工作办公室实行“一个机构、两块牌子”。

2015年7月，设立市农业委员会（简称市农委），挂市委农村工作办公室牌子，把市农业局、市委农村工作部（娄底市政府农村工作办公室）职责整合并划入市农业委员会，将市蔬菜管理局、市乡镇企业局职责划入市农业委员会。市农委内设18个内设机构：办公室、综合调研科、政策法规科、发展计划科、新农村建设科、县域经济发展科、市场与经济信息科、科技教育科（市农业转基因生物安全管理办公室)、扶贫开发办公室、粮油作物科、经济作物科、农业产业化指导科、农产品加工科、农产品质量安全监管科、外经外事科、蔬菜管理科、财务科、人事科。行政编制48名。此外，按内设机构管理的正科级全额拨款事业单位有市农业行政执法支队，事业编制9名；娄底市农业资源与环境保护办公室，事业编制6名，市农药监督管理办公室，事业编制4名；市种子管理办公室，事业编制4名。

第二节 县级机构

1990年，境内娄底市、双峰县、涟源市、冷水江市、新化县设立农业委员会，为农业系统领导机构，归口管理农业局、林业局、畜牧水产站、水利水电局、气象局、农业机械管理局、经营管理站。1994年，5个县市随地区农业委员会更名相应更名。2001年，5个县（市、区）农办更名农村工作领导小组办公室，为政府工作机构。2007年，各县（市、区）农办归口管理农业局、林业局、畜牧水产局、水务局、气象局、农业机械管理局、农村合作经济管理局、供销合作社联社、农业综合开发办公室。此后，各县（市、区）农办机构随娄底市机构改革相应变动。2015年机构改革，娄星区、双峰县、涟源市、新化县、冷水江市设立农业局，挂农村工作办公室牌子，原农业局、农村工作部、蔬菜管理局、乡镇企业局职责划入。

第二十一篇

种植业

概 述

1990年，娄底地区种植业以粮食生产为主，占农作物总面积80%以上。水稻是粮食作物的主体，旱粮主要有玉米、红薯、大豆、马铃薯、小麦、大麦等。经济作物主要有蔬菜、油料、柑橘、茶叶、食用菌、药材、花卉苗木等。是年，全地区粮食播种面积398.51万亩，总产134.17万吨，平均亩产337千克。蔬菜种植面积25.55万亩，总产量8.23万吨。种植业总产值10.85亿元。1994年，地委、行署明确将“吨粮田建设”作为农村工作目标，全地区举办吨粮田建设骨干培训班，各级干部深入基层办吨粮田点，严格岗位责任制考核，层层签订吨粮田目标管理责任状，实行奖励制度，同时贯彻《中华人民共和国农业法》《中华人民共和国农业技术推广法》，增加对粮食和农业科技的投入，加强农业服务体系建设。1995年，全地区各级农业部门进一步落实各项增产措施，粮食作物播种面积432.21万亩，粮食总产159.64万吨，平均亩产368千克。分别比1990年增长8.5%、18.9%和9.2%。农业部门推进成建制建设吨粮田，全地区双季稻种植126.02万亩，平均亩产960千克。蔬菜种植面积25.32万亩，产量40.66万吨。种植业总产值28.43亿元，比1990年增加17.58亿元，增长162%。

1996年3月，行署发出《关于力争1996年建成吨粮地区的动员令》。至1997年，经省吨粮办组织专家测产验收，全地区126.1万亩双季稻田平均亩产1056.8千克，成为全省第三个成建制亩产过吨粮的地区。是年，全地区粮食播种面积423.15万亩，粮食总产164.05万吨，种植业总产值29.93亿元。

1998年，全地区调整种植业结构，加大优质水稻开发力度，旱粮推广杂交玉米。2000年，全市粮食作物播种面积415.52万亩，总产156.78万吨，亩产377千克。蔬菜种植面积30.93万亩，产量49.67万吨。种植业总产值25.8亿元。

2003年，全市粮食种植面积388.36万亩，粮食总产129.24万吨，同比均有所下降。

2004年，全市落实国家良种补贴、农业机械补贴、不准挤占基本农田等一系列发展粮食生产、确保粮食安全的政策措施。全市粮食种植面积有所增长，至2005年，全市粮食种植面积408.56万亩，总产160.63万吨，亩产393千克，种植业总产值41亿元。2007年种植业面积下降至351.82万亩，创历史新低。

2011年，全市推广以水稻集中育秧、合理密植、晚稻安全齐穗三项关键增产技术，粮食作物种植面积和产量同比有所增长。2014年，粮食作物种植面积410万亩，水稻亩产444千克。市政府实施中心城区“菜篮子”工程建设3年行动计划，发展设施蔬菜及特色蔬菜生产，增加品种，增强供给能力，主要蔬菜自给率55%。2015年，全市种植粮食作物417.02万亩，总产163.84万吨，平均亩产391千克。

2017年，全市农作物总面积518.23万亩，其中粮食作物368.64万亩，总产151.94万吨，平均亩产412.16千克；蔬菜53.71万亩，总产134.88万吨；油料51.59万亩，总产5.47万吨。全市种植业总产值119.90亿元，农作物总面积和种植业总产值均创历史新高。但是，娄底成片耕地少，集约经营困难，青壮年劳动力大量转移，经济作物优势不够明显等因素，制约娄底种植业发展。

第一章 耕 地

第一节 耕地面积

1990年，全地区耕地面积223.52万亩，其中水田162.91万亩，旱土60.61万亩，按农村人口，人均耕地0.7亩。2012年，国土部门对全市耕地进行详查，确认全市耕地面积288.82万亩，人均耕地0.65亩。2017年，全市耕地面积288.6万亩，其中水田207.46万亩，旱田81.14万亩，人均耕地面积0.65亩。

第二节 耕地质量

一、耕地质量监测评价

土壤肥力监测　1990年，地、县两级农业部门按照湖南省《土壤监测技术规程》要求，相继对全地区6种成土母质、4种耕作制水稻土，建立56个土壤肥力长期定位大田监测点，持续开展施肥状况、土壤肥力、作物产量动态监测，掌握耕地施肥和作物产量、地力质量和农作物产量变化情况，分析大田监测效果。1991—1995年，绿肥种植少，有机肥施用少，氮、磷、钾配比不平衡，耕地肥力呈下降趋势。1996年，监测总平均1千克土壤有机质含量33.1克，2000年31.2克。此后大面积推广秸秆还田和测土配方施肥，水田有机质含量有所提升。2002年，市农业局土肥站在娄星区万宝镇江溪村黄沙泥稻田中建立一个土壤肥力长期定位监测点，监测在施用有机肥和不施有机肥条件下施用高氯化肥和低氯化肥的土壤性状变化，试验持续9年，初步得出有机肥化肥配合施用能维持和增加土壤有机质、有效磷、速效钾含量，长期施用高氯化肥土壤pH值呈下降趋势的结论。后因城镇化建设用地需要终止。

2012年，全市保留30个省级大田土壤肥力监测点，分别是双峰、涟源各8个，新化7个，冷水江4个，娄星区3个。2013年，农业部和省农业厅加大耕地质量监测力度，全市省级大田土壤肥力监测点增加到70个，分别是双峰20个，涟源、新化各15个，冷水江、娄星区各10个，监测点覆盖主要农作物和主要土种。大田监测为科学合理施肥，加强有机肥建设提供可靠依据。2015年和2017年，双峰县增设2个国家级长期定位监测点。

耕地质量评价　2005年，涟源市率先启动耕地地力调查与质量评价，7月，举办培训班，省土肥站4位专家授课。11月，外业取样工作启动，组织人员20人，分成5个小组，历时两个月，采集耕层混合土样3206个。次年化验启动，经省土肥站验收合格。2006—2009年，双峰县、新化县、娄星区和冷水江市陆续开展耕地地力调查与质量评价工作。全市耕地质量调查取样分析结果与第二次土壤普查比对，土壤有机质、碱解氮、有效磷、速效钾等平均养分都呈上升趋势，但pH值普遍降低0.5～1。新化县有机质平均1千克含量36.7克、有效磷含量14.75毫克、有效钾含量79.5毫克，在全省居中等水平，土壤有机质、有效磷、速效钾含量增幅分别为6.6%、109.5%、22.4%；pH值下降9.8%，pH值5以下的强酸性耕地面积17.2万亩，耕地酸化趋势强于全省平均水平。2012年，全市完成各项调查评价，评定263.21万亩。亩产800千克以上的一级、二级地，属高产田范畴，面积95.24万亩，占36.2%；亩产500～800千克的三、四、五级地，属中产田范畴，面积118.54万亩，占45%；亩产500千克以下的六、七级地，属低产田范畴，面积49.43万亩，占18.8%。

2017年，全市耕地质量主要风险：水利设施损毁严重，年久失修，灌溉能力和排水能力下降；重化肥轻有机肥，造成土壤酸化、板结；小型旋耕机普及，长期没有深翻耕，导致土壤耕层变浅，犁底层增厚，影响土壤保水保肥能力；部分耕地重金属污染问题难以治理；农药残留尤其是除草剂残留问题突出。

2012年娄底市耕地地力等级表

表21-1

地力等级	一级地	二级地	三级地	四级地	五级地	六级地	七级地	合计
产量(千克/亩)	≥900	800~900	700~800	600~700	500~600	400~500	≤400	
面积(亩)	302211.6	650188.4	610989.6	391032.6	183377.8	377443.7	116856.3	2632100
标准	高产田		中产田			低产田		
面积(亩)	952400		1185400			494300		2632100

2012年娄底市耕层厚度表

表21-2

耕层厚度(厘米)	<12	13~15	16~18	19~20	>20	合计
面积(亩)	249262.9	1008423.6	828467.8	435181.1	110764.6	2632100
占耕地百分比(%)	9.47	38.31	31.48	16.53	4.21	100.00

2012年娄底市耕地土壤pH值分级表

表21-3

土壤等级	强酸性	酸性	中性	碱性	强碱性	合计
分级标准	≤4.5	4.5~5.5	5.5~6.5	6.5~7.5	≥7.5	
面积(亩)	109925	877889.6	1475181.4	130787.3	38316.7	2632100

二、耕地改良

(一)农业技术改良

起垄栽培　在潜育稻田里分厢开沟起垄，还结合稻田养鱼推广立体种养技术。1991年，双峰县龙田乡推广4800亩，亩增稻谷115千克。全地区推广8.15万亩。1992—1999年，种粮效益下降，劳动力成本提高，水稻应用起垄栽培技术推广面积逐年减少，2000年以后停止。

水旱轮作　在水田里实行年间或年内水旱作物轮作，主要模式有麦稻稻、油稻稻、瓜稻、菜稻等。1990年，双峰县甘棠乡开始在水稻田试种冬小麦，种植3100亩，占该乡水田面积的15%，亩产166千克。2010年后，农业机械普及和土地流转政策深入，各级政府大力推广稻稻油水旱轮作，2017年，水稻田油菜种植面积41.32万亩。

测土配方施肥　全市利用第二次土壤普查成果，推广测土配方施肥技术，减氮增磷钾，示范推广锌肥、硼肥等微量元素肥料，保护和培肥土壤地力。2005年开始，涟源市、双峰县、新化县、娄星区、冷水江陆续实施中央财政测土配方施肥项目，至2015年，累计投入财政资金4500余万元，每年完成测土配方施肥面积380万亩。2017年，完成测土配方施肥面积390万亩。

推广秸秆还田、商品有机肥、发展绿肥　2010年始，农业部门加大商品有机肥推广力度，鼓励农户种植绿肥、秸秆还田。2017年，全市推广秸秆还田155万亩，商品有机肥施用面积19.77万亩，种植绿肥50.8万亩。

实施深翻耕　1990年后，因劳动力成本增加及免耕技术的推广，土壤耕层厚度持续降低，随着农业机械的普及，有条件的地区开展深翻耕，恢复耕层厚度。2016年，冷水江市实施中央财政深翻耕项目，深翻耕水田2.5万亩。2017年，全市深翻耕水田50万亩。

（二）农业工程改良

中低产田改造　1990年，各级政府和部门加强中低产田土改良。1991年，在涟源市甘溪乡托里村和枫坪乡四良村组织实施改良潜育低产田项目，投资9万元，投工7410个，完成土石方7380立方米，开明沟2575米，受益面积980亩。通过工程改造，水稻亩增产145千克，复种指数提高，二熟变三熟。2000年开始，农业、国土、水利、农开办等部门加大中低产田改良力度，农业部门的新增千亿斤粮食产能工程、水利部门的农水建设项目、国土部门的土地整理项目、农开办的农业综合开发项目相继实施，中低产田产能得到有效提升，粮食主产区的中低产田基本得到改良。2001—2017年，全市改良中低产田50万亩。

高标准农田建设　2001年开始，各县（市、区）发改、国土、水利、农开办等部门开始实施高标准农田建设项目。2009年，实施国家农业综合开发高标准农田示范工程项目，打造高产稳产、旱涝保收高标准农田。2014年，省政府出台《湖南省高标准农田建设规划》，整合农业、国土、水利、农开办各部门农田水利项目建设资金，到2020年全市建成152.8万亩高标准农田。至2017年，全市完成68万亩高标准农田建设，建成的高标准农田集中连片，田块平整，水、电、路配套设施完善，地力等级提高0.5～1个等级，粮食生产能力亩增加50～100千克，耕地质量得到提高，生态修复能力得到提升。

第三节　耕地利用

1990年，全地区耕地复种指数226%。随着全地区吨粮田开发，各地大力发展冬季农业，耕地复种指数逐年提高。1997年，全地区双季稻田成建制过吨粮，耕地复种指数上升到244.6%。2005年，耕地复种指数245%。此后，各地开展种植结构调整，冬季大小麦面积逐年减少，耕地复种指数逐年下降。2006年，耕地复种指数下降到221.2%。2012年后，耕地复种指数再度下降。2013年耕地复种指数196.2%。2017年耕地复种指数179.2%。

第二章　粮食作物

1990年，全地区粮食作物播种面积398.51万亩，亩产337千克，总产134.17万吨；油料作物播种面积19.59万亩，亩产72千克，总产1.41万吨。1993—2016年，全市粮食作物播种面积、产量基本稳定，总产一直在150万吨左右。2017年，全市粮食作物播种面积418.2万亩，亩产395千克，总产165.3万吨：油料作物播种面积60.84万亩，亩产88千克，总产5.37万吨。

1990—2017年娄底市粮食作物面积、产量表

表21-4

年份	粮食作物			水　稻			旱　粮		
	面积（万亩）	亩产（千克）	总产（吨）	面积（万亩）	亩产（千克）	总产（吨）	面积（万亩）	亩产（千克）	总产（吨）
1990	398.51	337	1341724	279.32	407	1137986	119.19	171	203738
1991	414.00	342	1414455	279.48	425	1188995	134.52	168	225460

续表21-4

年份	粮食作物			水稻			旱粮		
	面积(万亩)	亩产(千克)	总产(吨)	面积(万亩)	亩产(千克)	总产(吨)	面积(万亩)	亩产(千克)	总产(吨)
1992	425.25	327	1390552	276.92	425	1175963	148.33	145	214586
1993	429.77	349	1501624	279.23	444	1238782	150.54	175	262842
1994	430.51	353	1521313	278.08	454	1263379	152.43	169	257934
1995	432.21	369	1596389	276.84	479	1324693	155.37	175	271696
1996	426.30	358	1524045	275.15	452	1243866	151.15	185	280179
1997	423.15	388	1640522	276.96	492	1363505	146.19	189	277017
1998	413.28	381	1575354	275.52	470	1294918	137.76	204	280436
1999	414.00	382	1580071	275.05	473	1300108	138.95	201	279963
2000	415.52	377	1567789	272.94	470	1282503	142.58	200	285286
2001	407.18	371	1509937	268.73	458	1231811	138.45	201	278126
2002	400.04	359	1438073	259.53	447	1159599	140.51	198	278474
2003	388.36	333	1292350	244.50	415	1014400	143.86	193	277950
2004	414.79	373	1553564	278.87	450	1259760	135.93	216	293804
2005	408.56	393	1606350	283.98	455	1293402	124.58	252	312948
2006	430.86	394	1698610	285.87	462	1319500	144.99	261	379143
2007	351.82	418	1470562	264.49	465	1229684	87.34	276	240878
2008	381.30	417	1590852	276.77	465	1286885	104.53	291	303967
2009	393.54	412	1621577	281.25	458	1287892	112.20	297	333685
2010	388.13	397	1541476	296.69	442	1309953	91.44	253	231523
2011	392.00	402	1572307	298.16	446	1330961	93.84	260	241346
2012	403.02	398	1605441	300.49	448	1347400	102.53	252	258041
2013	407.33	387	1576129	301.22	439	1321817	106.11	240	254312
2014	410.31	393	1614482.5	301.31	444	1339162.9	108.75	253	275320
2015	417.02	393	1638377	304.74	442	1346496	112.28	260	291881
2016	416.73	387	1610812	303.67	434	1317500	113.06	259	293312
2017	418.20	395	1653023	279.32	407	1137986	114.05	267	304641

第一节 水 稻

一、面积、产量

1990年，娄底水稻主产区在新化县、双峰县、涟源市，总面积243万亩，占全市稻田面积279.32万亩的87%。按单、双季稻划分，传统单季稻面积32万亩左右，主要分布在新化县6个乡镇，涟源市3个乡镇，冷水江1个乡镇，娄底市（县级）1个乡镇以及双峰县的2个乡镇。双季稻面积130万亩左右，主要分布在双峰县8个乡镇，娄底市7个乡镇1个开发区、涟源市16个乡镇，冷水江市8个乡镇，新化县14个乡镇。高档优质稻生产以双峰县为主，娄底市与涟源市为辅，双峰县6个乡镇、娄底市2个乡镇、涟源市2个乡镇。全地区59个乡镇生产中档优质稻（双峰县10个、娄底市6个、涟源市16个乡镇、冷水江市8个、新化县19个）。全地区水稻播种面积279.32万亩，总产113.80万吨。亩产407千克。1997年，亩产492千克，较1990年增加85.3千克，增长21.0%。1999年，全市播种面积275.05万亩，总产130.01万吨，亩产473千克。

2000始，全市水稻播种面积、总产逐年减少，至2003年全市水稻播种面积仅244.5万亩、总产101.44万吨，亩产415千克。2004年始，国家实施一系列优惠政策，农民种粮积极性提高，粮食播种面积回升，全市水稻亩产450千克，较2003年亩增35千克。2006年，全市水稻播种面积、总产分别为285.87万亩、131.95万吨。2007年，全市水稻播种面积264.49万亩、总产122.97万吨。

2008年，水稻种植面积、总产分别为276.77万亩、128.69万吨，亩产465千克。至2017年，全市水稻播种面积增至304.16万亩，总产134.84万吨，亩产443千克。

二、双季稻栽培模式与新技术

1990年，全地区双季稻栽培模式以“中配中”为主。早、晚两季平均亩产900千克，较“中配迟”或“迟配中”每亩少产50～75千克。1991—1997年，全地区80%～95%以上双季稻以中配迟、迟配中为主。1998年以后“中配迟”“迟配中”比例逐年减少，至2005年减少至53.5%，较1990年减少43%。至2017年，全市“中配中”面积占整个双季稻面积的46.5%。

水稻种植应用新技术10项，包括：塑料软盘抛秧技术，减轻劳动强度，提高生产效率；旱土育秧技术，提早播种时期，提高出苗率；秧田喷施多效唑，防止秧苗老化，培育壮秧；后期喷施谷粒饱技术，提高叶片叶绿素含量与光合效率，降低空秕率，提高千粒重，防止早衰；化学除草技术，减轻劳动强度；晚稻免耕技术，节省犁（耙）田用工，提早晚稻插秧季节，降低生产成本；早稻稻草还田技术，增加稻田有机质含量；种子包衣技术，杀灭种子所带病原菌，预防苗期病虫害，提高成秧率和秧苗素质；机收技术，减轻劳动强度，提高生产效率。

三、水稻新品种推广

杂交稻推广　随着全市吨粮田建设全面推进，双季杂交稻成为稻田突破吨粮的主要选择，杂交水稻在全市得到全面推广。1992年，全地区杂交水稻推广205.94万亩，占水稻面积74.4%，其中杂交晚稻117.03万亩，占晚稻90.2%；杂交中稻20.25万亩，占中稻87.5%。1994年，双季杂交稻覆盖率82%。

优质稻推广　1997年，全市实现双季稻田成建制亩产过吨粮，米质不优成为制约娄底稻米走出去的短板，优质稻得到重点推广。是年，推广中高档优质稻2万亩。1998年，中高档优质稻种植9.5万亩。2000年，推广优质稻22.53万亩，其中中档优质稻11.93万亩，平均亩产530.1千克，总产6.32万吨；高档优质稻10.6万亩，平均亩产460.7千克，总产4.88万吨。2015年，全市启动湘米产业工程，大力发展优质稻生产，高档优质稻26.5万亩，其中“一片一种”标准化优质稻生产基地面积25.78万亩。2016年，双峰、新化、涟源3个县（市）实施湘米工程，高档优质稻生产基地20.80万亩，建成500亩以上示范样板12个。2017年，全市高档优质稻种植45.30万亩，占水稻种植14.9%，双峰、涟源、新化三县市推进“湘米工程”建设，高档优质稻播种37.07万亩，其中双峰县高档优质稻种植面积21.5万亩。

超级稻推广　2006年，全市示范推广超级稻50万亩，平均亩产400千克。以后不断扩大。2000年，全市示范推广65万亩，亩产410千克。2011年，全市示范推广91.8万亩，亩产424千克。2012年，示范推广超级稻118万亩，平均亩增98.9千克，其中超级杂交早稻42万亩，平均亩产518千克，比全市早稻平均亩产增加94千克，增产22.2%；超级杂交中稻32万亩，占中稻面积的89%，平均亩产623.1千克；超级杂交晚稻44万亩，平均亩产540.8千克。2014年，全市推广超级稻122.6万亩，其中推广农业部认定的超级稻品种80.4万亩，省认定超级稻品种42.2万亩，平均亩产638.6千克。平均亩增97.8千克。2017年，全市超级稻播种面积157.2万亩，占全市水稻总面积的51.6%，平均亩产600千克。

附：主推品种

1990—1996年，主要推广杂交水稻组合有威优98、威优49、威优64、威优46、汕优63、汕优64、威优77、威优6号、汕优6号、汕优桂99等组合。

1997—1999年，推广威优402、金优207、金优974、金优77、汕优77、新香优80等品种。

2000—2003年，新品种推广注重米质，以中档优质稻为主。早稻主推湘早籼31号、中优早81、中鉴100等；晚稻主推新香优80、新香优77、新香优63、金优63、金优77、金优207、威优207、汕优63、香两优68、培两优288、湘晚籼8号、湘晚籼10号、湘晚籼9号等良种；高档优质晚稻主推湘晚籼11号、湘晚籼5号等良种。淘汰浙福802、湘早籼12号等口感不佳品种。

2004年，中档优质稻主推川香优2号、金优117、金优桂99、培两优288、金优207、新香优80、丰两优一号、国丰一号、T优259、湘晚籼6号、湘晚糯一号等19个晚稻品种和准两优527、两优培九、II优63等6个中、晚稻品种；高档优质稻主推湘晚籼5号、湘晚籼9号、湘晚籼11号、湘晚籼13号、中香一号、中健2号。是年，娄底市农业局在各县（市、区）设立5个一季晚稻新品种试验示范基地，引进准两优527等39个一季晚稻专用组合，筛选出准两优527、中优明86、P88S / 0293、II优多系一号、福优明86等8个亩产600千克左右优质高产多抗组合。

2009年，全市早稻推广品种株两优819、陆两优996、T优705、株两优02、金优463等19个品种，中稻Y两优1号、II优58、Y两优7号等16个品种，晚稻丰源优299、金优207、湘晚籼13号、岳优9113等16个品种。

2010年，全市主导品种：早稻：株两优02、株两优811、T优167、陆两优996、株两优21、金优463；中稻：Y两优1号、Y两优7号、准两优1102、中浙优1号、准两优527、Y两优3218、新两优6号、T优640；晚稻：T优272、T优207、T优259、金优284、丰源优299、金优297、湘晚籼17号。

2012—2013年，全市推广株两优819、株两优02、陆两优996、两优1128、Y两优2号、岳优360、湘晚籼13号、湘晚籼17号等优质高产多抗良种。

2014—2017年主推品种：早稻：陆两优996、株两优819、陵两优942、五优308（晚稻品种）、株两优312、株两优02、谭两优83、株两优30；中稻：Y两优7号、Y两优1号、深两优5814、准两优608、C两优608、Y两优3218、C两优396、扬两优6号、Y两优2号；晚稻：丰源优299、深优9586、岳优9113、T优597、五优308、H优518、玉针香、湘晚籼13号、天优998。

四、吨粮田开发和高产创建

1990年，全地区吨粮田进入成建制开发阶段。1991年，双峰县成为全省第二个双季稻田成建制亩产过吨粮的县。随后涟源市、娄底市、冷水江市、新化县分别于1992年、1993年、1994年、1996年创双季稻田成建制亩产过吨粮县市。经省吨粮办组织有关专家组测产验收。1997年，娄底地区成为全省第三个双季稻田成建制亩产过吨粮的地区，全地区126.1万亩双季稻，平均亩产1056.8千克，圆满完成吨粮地区的建设任务，以后省里未继续抓吨粮田开发。

2008年，市农业局根据《农业部关于印发〈全国粮食高产创建活动年工作方案〉的通知》，制定《娄底市2008年度粮食高产创建活动实施方案》，双峰县、涟源市、冷水江市和新化县划定4个粮食高产创建活动示范区域，实行品种、育秧、移栽、技术指导、肥水管理、病虫防治“六统一”模式。双峰县印塘乡、涟源市水洞底镇双季稻高产创建示范点平均亩产1055.4千克，较非示范区亩增96.9千克，节省物化成本66.4元；冷水江市三尖乡一季稻高产创建示范点平均亩产563千克，较非示范区亩增58千克，节省物化成本80元。

2014年，全市承担农业部与省农业厅粮油生产高产创建万亩示范片27个（早稻10个，晚稻8个，玉米6个，马铃薯1个，油菜2个）。高产创建示范区448个村，面积30.86万亩。全市高产创建示范片增产粮食2.38万吨，增收节支6151万元，其中10个早稻万亩高产创建示范片面积11.18万亩，平均亩产506千克，比当地非示范区，每亩增产47.3千克，增收126.3元。8个晚稻万亩高产创建示范片面积9.41万亩，平均亩产528千克，比当地非示范区每亩增产44.8千克，增收122.8元。高产创建示范片成为现代农业与粮食生产的样板。

工厂化育秧（2017年摄）

此后，全省粮食生产中心转移，未再提高产创建。

五、补贴

2004年始，国家对农民在计税耕地内种植的早、中、晚稻实行良种补贴，补贴标准早稻每亩10元，中稻每亩15元，双季晚稻每亩7元，统称粮食“三项补贴”。2015年，全省启动农业“三项补贴”改革在娄底试点。根据中央统一部署，改革试点核心内容是将农业“三项补贴”合并为农业支持保护补贴，将全部种粮农民直接补贴和农作物良种补贴资金，以及农资综合补贴存量资金的80%，用于耕地地力保护；将农资综合补贴存量资金的20%，加上农业“三项补贴”的增量资金，统筹用于支持粮食生产适度规模经营。是年，全市种植一季农作物的耕地地力保护补贴标准为每亩每年105元、种植双季稻的每亩每年175元。

第二节　旱　粮

一、玉米

1990年，境内推广杂交玉米。全地区种植玉米2.63万亩，总产0.32万吨，亩产122千克。至2000年，全市种植玉米21.39万亩，总产5.01万吨，亩产234千克，比1990年分别增长7.13倍、14.65倍、91.8%。2010年，种植51.48万亩，总产16.82万吨，亩产327千克。玉米种子基本实现杂交化、丸衣化。旱地玉米间作红薯、间作大豆。杂交玉米播种面积排全省第七位。成规模开发的县市有新化县（25.05万亩，全省第二位）、涟源市（17.33万亩，全省第十一位）、双峰县（11.21万亩，全省第二十六位），是全省杂交玉米优势产区。2014年，6个玉米万亩高产创建示范片面积7.91万亩，平均亩产556千克，比当地非示范区每亩增产玉米180千克，增收450元。至2017年，全市玉米播种面积67.82万亩，总产23.09万吨，平均亩产340千克，与1990年比较，面积增加26倍，总产增加72倍，亩产提高2.8倍。

二、麦类

小麦 1990年，全地区小麦种植30.41万亩，总产3.82万吨。至1996年，小麦播种47.5万亩，亩产163千克，总产7.72万吨，成为当年第一大旱粮作物，创历史新高。1997年以后，播种面积逐年下降，到2000年小麦面积34.19万亩，总产为4.80万吨；2010年，小麦面积6.98万亩，总产1.05万吨；2017年，降至4.53万亩，总产0.72万吨，分别比1990年减少85.1%、81.2%。2012年起，主推品种杨麦五号、杨麦158等。

大麦 1990年，大麦播种面积21.61万亩，总产2.79万吨。1992年，大麦播种面积41.02万亩，较1990年增长89.8%，总产6.31万吨，较1990年增长126%。1993年以后，播种面积与总产逐年下降。2000年，种植大麦12.35万亩，总产1.94万吨。2010年大麦面积为2.36万亩，总产为0.36万吨。至2017年，播种面积降至1.65万亩，总产0.26万吨，分别比1990年减少92.4%和90.7%。

1990—2017年娄底市玉米、小麦、大麦面积、产量表

表21-5

年份	玉米			小麦			大麦		
	面积（万亩）	亩产（千克）	总产（吨）	面积（万亩）	亩产（千克）	总产（吨）	面积（万亩）	亩产（千克）	总产（吨）
1990	2.63	122	3210	30.41	126	38172	21.61	129	27855
1991	3.59	172	6177	32.57	122	39814	31.94	133	42545
1992	3.96	118	4666	35.78	133	47691	41.02	154	63078
1993	4.89	155	7566	45.21	142	64163	30.80	143	43923
1994	5.07	167	8480	45.98	149	68310	23.87	152	36359
1995	5.16	195	10085	46.98	155	72638	21.72	158	34380
1996	6.32	194	12282	47.49	163	77224	18.83	162	30573
1997	10.38	224	23272	42.53	166	70398	16.98	162	27520
1998	15.62	226	35214	34.58	161	55507	13.34	158	21082
1999	17.42	230	40132	32.66	151	49273	12.93	161	20796
2000	21.39	234	50146	34.19	140	48014	12.35	157	19382
2001	24.36	244	59479	31.98	141	45103	9.20	153	14103
2002	30.83	250	77212	32.45	131	42617	9.12	144	13149
2003	37.07	236	87434	31.25	128	39898	8.57	139	11917
2004	37.41	292	109073	25.62	117	29985	6.98	137	9551
2005	39.29	328	128715	11.18	138	15474	2.90	146	4241
2006	52.85	341	180257	13.80	142	19592	3.42	153	5221
2007	38.76	331	128118	5.91	154	9086	3.11	157	4874
2008	46.77	352	164563	7.49	153	11444	—	—	—

续表21-5

年份	玉米			小麦			大麦		
	面积(万亩)	亩产(千克)	总产(吨)	面积(万亩)	亩产(千克)	总产(吨)	面积(万亩)	亩产(千克)	总产(吨)
2009	52.73	354	186711	7.47	161	12039	1.62	213	3452
2010	51.48	327	168245	6.98	151	10549	2.36	151	3551
2011	53.40	332	177551	7.50	141	10611	2.21	154	3387
2012	58.22	329	191675	4.82	131	6316	1.82	149	2711
2013	61.01	312	190415	4.50	122	5510	1.82	151	2744
2014	64.46	326	209947	4.52	139	6280	1.71	154	2628
2015	67.17	334	224362	4.53	141	6386	1.74	156	2706
2016	67.91	330	224145	4.19	153	6403	2.52	157	2638
2017	67.82	340	230857	4.53	159	7197	1.65	158	2614

三、薯类

红薯　1990年，全地区红薯种植34.54万亩，总产9.79万吨，亩产283千克。到1999年，红薯种植面积稳定在30万亩，总产9万吨以上。2000年，面积、亩产、总产分别为30.93万亩、304千克、9.39万吨。2001—2008年，部分山地退耕还林，红薯栽插范围缩小，种植面积逐年下降。2009年，全市种植红薯18.86万亩，总产7.62万吨。2010年，红薯播种4.68万亩，总产1.08万吨。2017年，红薯播种8.1万亩，总产1.61万吨。品种有豫薯868、南薯88、湘薯16号等。

马铃薯　1990年，全地区马铃薯种植为2.35万亩，总产为0.46万吨。以后逐年增加，至2000年，全市马铃薯种植9.6万亩，总产为2.06万吨；2006年，马铃薯种植11.3万亩，总产2.46万吨，分别比1990年增长4.8倍和5.3倍。此后全市马铃薯种植面积逐年减少，2010年，全市马铃薯种植3.08万亩，总产5280吨。2014年，马铃薯千亩高产创建示范片1个，1026亩，亩产鲜薯2048千克，比当地非示范区每亩增产鲜薯698千克，增收2094元。2017年，全市马铃薯种植5.91万亩，总产9591吨。品种有东农303，克新4号，鄂马铃薯3号，鄂马铃薯5号等。

四、大豆

1990年，全地区播种大豆17.8万亩，总产2.32万吨。1995年播种大豆22.05万亩，总产3.16万吨。1996年以后播种面积逐年下降，2000年，播种大豆19.77万亩，总产3.50万吨；2010年，播种大豆12.9万亩，总产1.83万吨。2017年，全市播种大豆13.26万亩，总产1.96万吨，分别比1990年减少25.5%和15.5%。品种有湘春豆15号，湘春豆16号，湘春豆22号，湘春豆23号等。

1990—2017年娄底市红薯、大豆、马铃薯面积产量表

表21-6

年份	红薯			大豆			马铃薯		
	面积(万亩)	亩产(千克)	总产(吨)	面积(万亩)	亩产(千克)	总产(吨)	面积(万亩)	亩产(千克)	总产(吨)
1990	34.54	283	97890	17.80	131	23230	2.35	195	4579

续表21-6

年份	红薯			大豆			马铃薯		
	面积(万亩)	亩产(千克)	总产(吨)	面积(万亩)	亩产(千克)	总产(吨)	面积(万亩)	亩产(千克)	总产(吨)
1991	34.74	282	98111	18.05	123	22216	2.42	190	4600
1992	34.19	170	58079	19.89	127	23607	2.86	181	5163
1993	34.80	279	97258	18.96	151	28581	3.26	206	6635
1994	34.55	241	83342	20.66	150	31026	7.46	159	11891
1995	34.34	254	87110	22.05	143	31636	8.25	188	15543
1996	33.17	270	89511	19.65	154	30316	9.30	182	16964
1997	30.48	279	84970	19.34	160	31019	10.23	178	18318
1998	31.17	307	95821	18.05	175	31564	9.74	204	19892
1999	30.75	305	93920	19.95	176	35180	9.54	217	20688
2000	30.93	304	93940	19.77	177	35031	9.60	215	20592
2001	30.06	301	90458	17.55	171	29955	9.99	210	20979
2002	26.52	302	80016	16.58	165	27341	10.08	202	20380
2003	26.12	285	74552	16.25	164	26611	9.99	204	20360
2004	25.91	311	80446	16.62	173	28097	9.71	206	20022
2005	28.49	325	92561	17.10	178	30442	10.82	212	22926
2006	28.56	334	95311	17.99	181	32612	11.30	218	24615
2007	14.05	386	54246	11.22	155	17429	6.54	209	13684
2008	18.16	393	71381	12.76	158	20106	8.50	211	17911
2009	18.86	404	76239	12.50	160	20045	9.11	212	19254
2010	4.68	230	10757	12.90	142	18328	3.08	172	5280
2011	4.80	232	11138	13.08	146	19050	3.23	173	5571
2012	6.93	204	14125	13.38	141	18809	4.98	142	7095
2013	7.43	176	13101	13.85	130	18055	5.10	140	7146
2014	7.44	184	13691	12.93	134	17262	5.30	144	7637
2015	7.59	186	14108	13.02	136	17699	5.52	147	8118
2016	7.67	191	14631	13.14	136	17867	5.61	153	8610
2017	8.10	199	16108	13.26	147	19557	5.91	162	9591

第三章 经济作物

第一节 油 料

油菜 1990年，全地区种植油菜13.04万亩，总产0.86万吨。1996年，全地区油菜种植面积增加到25.05万亩，总产1.79万吨。1997—1999年，种植面积保持在20万亩上下。2000年，种植油菜19.88万亩，总产1.64万吨。2006年，种植面积下降到13.46亩，总产1.32万吨，回到1990年的水平。2007年，油菜生产回暖，至2010年种植36.57万亩，总产2.39万吨。此后，各地冬季农业开发以油菜种植为主，普遍采取农业部门免费供应油菜种子，乡镇组织农业机械帮助农民实行油菜全程机械化种植，全市油菜种植面积和总产量连年增加。2014年，万亩油菜高产创建示范片2个，亩产149千克，比当地非示范区每亩增产菜籽34.5千克，增收196.6元。2017年，全市种植面积42.32万亩，总产3.86万吨，较1990年分别增长2.25倍和4.49倍。品种有湘油15号、湘杂油1号、湘杂油4号、湘杂油5号、湘杂油6号、湘杂油780（菜薹、菜油两用）、湘杂油753，均为优质"双低"油菜良种。

花生 1990年，全地区种植花生6.55万亩，总产0.55万吨。此后，播种面积、总产逐年增加。2000年，全市种植11.93万亩，总产1.81万吨。2000年以后，全市花生种植面积稳定在10万亩左右。2010年，种植面积8.82万亩，总产1.42万吨。2017年，全市播种面积9.03万亩，总产1.59万吨，分别比1990年增长37.9%、189.1%。主要品种有本地小籽，湘花120，芙蓉花生等。

1990—2017年娄底市油菜、花生面积、产量表

表21-7

年份	油菜			花生		
	面积(万亩)	亩产(千克)	总产(吨)	面积(万亩)	亩产(千克)	总产(吨)
1990	13.04	66	8647	6.55	84	5483
1991	19.12	71	13665	6.33	94	5939
1992	17.30	69	11975	6.48	87	5612
1993	13.17	72	9497	7.17	103	7413
1994	14.09	84	11890	8.63	116	9992
1995	17.10	82	14091	9.54	114	10903
1996	25.08	71	17892	9.65	122	11761
1997	23.13	93	21488	9.78	133	12986
1998	23.84	85	20282	10.89	136	14853
1999	20.46	71	14597	11.76	163	19220
2000	19.88	83	16446	11.93	151	18061
2001	16.50	86	14200	12.26	149	18247
2002	15.74	81	12674	11.85	143	16966
2003	14.27	83	11828	11.81	130	15380

续表21-7

年份	油菜			花生		
	面积(万亩)	亩产(千克)	总产(吨)	面积(万亩)	亩产(千克)	总产(吨)
2004	13.34	85	11386	11.88	157	18599
2005	13.52	98	13253	12.77	158	20215
2006	13.46	98	13220	12.93	160	20661
2007	15.47	70	10796	7.67	155	11919
2008	22.02	65	14356	7.84	157	12317
2009	24.86	65	16238	8.27	160	13182
2010	36.57	65	23895	8.82	160	14156
2011	39.50	67	26381	9.11	162	14711
2012	43.41	52	22435	9.32	164	15273
2013	43.79	56	24358	9.57	165	15827
2014	48.29	60	29179	9.56	170	16207
2015	49.53	62	30885	9.71	171	16567
2016	49.38	68	33792	9.69	175	16993
2017	42.32	91.21	38596	9.03	176	15902

第二节　蔬　菜

1990年，全地区有蔬菜种类63个，340个品种，种植面积25.55万亩，总产8.23万吨，其中农户自留地种菜15.67万亩，城镇工矿专用菜地1.01万亩。1996年，全地区蔬菜种植面积增加到27.72万亩。2005年，全市蔬菜种植面积突破40万亩，达42.78万亩。2009年，市里成立蔬菜协会，选举东菱科技有限公司负责人为会长，出台协会章程，加强行业自律，规范和推动蔬菜种植工作上台阶。2010年，全市蔬菜种植面积43.47万亩。2012—2014年，市政府实施娄底市中心城区“菜篮子”工程建设三年行动计划，发展设施蔬菜和特色蔬菜生产，实现蔬菜生产稳步发展，蔬菜产品供应丰富，供给能力持续提高，主要

涟源市桥头河镇蔬菜基地（2017年摄）

蔬菜自给率55%。2017年，全市蔬菜种植面积53.7万亩，总产134.8万吨，实现产值39.83亿元，占全市农业总产值24.3%，成为全市种植业中仅次于粮食的第二大类作物。

一、主栽蔬菜种类与品种

辣椒　1990年，全地区种植6.12万亩，干辣椒产量6457吨。主要产地：双峰县荷叶镇、石牛乡和永丰镇，涟源市桥头河镇、伏口镇，新化县白溪镇、田坪镇，娄星区双江乡等。主要品种：菜椒、大辣椒、牛角椒、朝天椒、伏地椒等。以永丰灯笼辣椒、石牛牛角辣椒著名，属菜椒类，形似灯笼、牛角，肉质肥厚，微辣带甜，有100多年栽培历史，是制作“永丰辣椒”的主要原料。2017年，全市辣椒种植面积8.45万亩，总产19.44万吨。

萝卜　1990年，全地区种植4.8万亩，以涟源桥头河面积、产量大，品质最佳。1993年，该镇种植面积1.2万亩。2017年，全市种植5.54万亩，总产11.75万吨。

白菜　1990年，全地区种植0.7万亩，涟源市桥头河镇、双峰县永丰镇、新化县曹家镇等地种植的白菜，除供应本地外，还批量销往长沙、湘潭、邵阳等地。2017年全市种植10.24万亩，总产20.78万吨。

茄子　1990年，全地区种植0.26万亩。此后，双峰县石牛乡茄子产业稳定发展。2017年，全市种植面积3.45万亩，总产5.75万吨。

黄瓜　1990年，全地区种植1.3万亩，总产325吨。2017年，全市种植3.16万亩，总产6.32万吨。

芹菜　1990年，全地区种植0.8万亩，总产240吨。主要品种为实心香芹。旱芹香气较浓，又名“香芹”。是秋冬季蔬菜主栽品种。娄星区涟滨办事处茅塘村、红旗村的香芹品质好，产量高。2017年，全市种植2.28万亩，总产4.23万吨。

包菜　1990年，全地区种植0.3万亩，总产600吨。是秋冬季主要栽培蔬菜之一。2017年，全市种植2.25万亩，总产5.86万吨。

莴笋　1990年，全地区种植1.2万亩，总产600吨。2017年，全市种植2.25万亩，总产5.12万吨。

胡萝卜　1990年，全地区种植0.7万亩，总产350吨。2017年，全市播种1.97万亩，总产3.63万吨。

豇豆　1990年，全地区种植1.9万亩，总产1026吨。2017年，全市种植1.94万亩，总产4.28万吨。

花菜　1990年，全地区种植0.3万亩，总产210吨。2017年，全市种植1.83万亩，总产4.3万吨。

食用菌　1990—2000年，全地区以栽培平菇、金针菇为主。2017年，全市种植食用菌1518亩，其中工厂化种植675亩，食用菌总产量1.12万吨，产值7.58亿元。全市有湖南味菇坊科技股份有限公司、湖南忠实农业生物科技有限公司、湖南多宝生物科技有限公司三大食用菌工厂化品牌企业，其中湖南味菇坊科技股份有限公司是国内首家实现“灰树花（舞茸）”、鲜银耳工厂化生产企业，连续两年保持该产品工厂化生产市场占有率、生产增产率国内首位，公司实现鲜品生产6500吨，营收1.92亿元。湖南忠实农业生物科技有限公司生产灵芝、牛樟芝和羊肚菌，年产值5000万元。湖南多宝生物科技有限公司种植黑木耳14亩，平均亩产鲜木耳10吨，产值6万元。

二、高效栽培模式与主推技术

1990年，域内以竹架大棚为主，面积5600亩，主要以娄底市（县级）红旗村蔬菜基地、涟源市桥头河镇蔬菜基地、双峰县永丰镇茅坪村、金田村蔬菜基地为主，每亩效益1.5万元以上。2003年，以水泥柱架大棚为主，面积1.13万余亩，县、市郊区等蔬菜基地采用，每亩效益16万元以上。2010年始，全市推广蔬菜新品种、新肥料、新农药、新技术、新设施等“五新”成果，每年引进示范蔬菜新品种5～10个，推广“五新”成果10项次以上，引进、选育、示范推广南方新特瓜果蔬菜、药食两优蔬菜、功能保健蔬菜和本地特色蔬菜品种，推广无土栽培、蔬菜嫁接、组织培养快繁等蔬菜育苗栽培技术，加快新型农机具以及高效低毒低残留农药、生物农药、黄板、性诱剂、频振式杀虫灯等蔬菜主要技术的推广应用，提高蔬菜产量、品质和效益。每年结合推广“五新”技术，培训菜农1.3万人次，提高菜农种植技术。2012年后，推广不锈钢钢架大棚、春提早蔬菜栽培模式。域内茄果类、瓜类、豆类蔬菜，提早播种、提早上市，比普通种植模式提早半个月甚至1个月上市。全市推广1.3万亩。

2017年，冷水江市贺琪果蔬种植专业合作社种植春提早辣椒40亩，平均亩产值2.5万元；涟源市桥头河蔬菜种植专业合作社种植春提早辣椒、黄瓜120亩，平均每亩产值2.2万元；娄底紫缘农业科技发展有限公司种植西红柿6亩，平均每亩产值3.6万元。是年，市经开区宋家村旺春蔬菜种植专业合作社种植上海青、小白菜等叶类蔬菜30亩，每亩效益6000元。双峰县印塘乡岳家村万绿农产品种植合作社种植秋延后辣椒25亩，平均产值2万～2.5万元；双峰县农丰祥现代农业综合开发有限公司种植秋延后黄瓜42亩，平均亩产值8200元；冷水江市贺琪果蔬种植专业合作社和涟源市桥头河蔬菜种植专业合作社种植的秋延后辣椒，平均亩产值1.5万～2万元。是年，全市蔬菜大棚面积2.19万亩，娄底市中心城区菜篮子基地普遍使用，其中温室蔬菜大棚67亩；三和绿缘高科农业发展有限公司、农康生态园、桥头河蔬菜专业合作社均建立高标准的连栋大棚。

三、市中心城区“菜篮子”工程建设

2012年始，娄底实施菜篮子工程。至2014年，全市投入“菜篮子”工程专项发展资金3200万元，建成蔬菜基地30个，蔬菜标准园17个，蔬菜大棚1172亩；全市所有蔬菜基地、19个农贸市场、2个蔬菜配送中心建立42个农药残留检测室。建立蔬菜直销网点72个。建立桥头河大型蔬菜配送中心，对所有农贸市场进行标准化改建，建立9家平价菜市，主要蔬菜自给55%。全市初步形成涟源市桥头河大型蔬菜基地，双峰县、新化县无公害标准化基地，娄星区、娄底经开区四季鲜销型专业蔬菜基地区域布局。建成高标准蔬菜基地30个，蔬菜标准园17个，其中桥头河蔬菜种植专业合作社、娄底三和绿缘高科农业开发有限公司、农丰祥现代农业综合开发有限公司、湖南省九耳金地农业开发有限公司、娄底市东菱科技发展有限公司先后被评为省级特色产业园和农业部蔬菜标准园。

2017年，全市30亩以上蔬菜种植大户276户，300亩以上的12户，500亩以上的4户，2000亩以上的1户。蔬菜种植专业合作社296个。是年，全市有蔬菜加工企业49家，产值16亿元，其中涟源肖老爷食品年出口创汇突破1000万美元，新化县湘鑫农业综合开发有限公司脆爽萝卜、手工魔芋等蔬菜加工产值1300万元；培育出永丰辣酱、桥头河萝卜、青树坪淮山、坪底辣椒、新化魔芋、新化高山蔬菜等一批地方特色蔬菜品牌，年产值3.72亿元。

第三节 茶 叶

一、品种、面积与产量

1990年，域内茶叶种植沿新化县雪峰山脉、双峰县九峰山脉、涟源市龙山山脉分布。域内中、小叶品种占95%，大叶型品种占5%。中叶型有枫木茶、竹林中叶、留心岭中叶和涟茶1号、2号、5号；小叶型有涟茶7号、奇曲、奉家群体和茶园3号、6号、8号。大叶型有笋芽岩茶、槎溪大叶、丁家2号。地方良种24个。涟茶1号、2号、5号、7号被列为全省重点推广品种。从外地引进茶树良种29个，较好的有楮叶齐、湘波绿、福鼎大白、福安大白、广东水仙、福云品系等。域内还有大量野生茶树分布在新化大熊山、金凤、猫面山、横溪，冷水江大乘山，涟源市龙山、古塘、漆树、柏树等地。大叶型有大熊山大叶、岩子园大叶、竹林大叶、大乘山1号、龙山岩茶及猫面山大叶。中叶型有大乘山2号、槎田中叶。大熊山大叶，树高2.37米、骨干枝粗8.5厘米。

1990年，全地区种植茶叶17.13万亩，总产1.1万吨。1991—1993年，受国际市场影响，茶叶出口萎缩，面积、产量、产值逐年减少。1994年，全地区茶园10.26万亩，总产9751吨。1996年，全地区茶园8.61万亩，总产6462吨。是年，一部分乡村茶场弃采弃管，甚至毁茶改种其他作物。1997年，湖南省涟源茶厂停产，全地区茶产量降至6553吨。1998年，其他红碎茶厂全面停产。此后，各级政府和农业部门针对市场波动，调整茶类结构，削减红碎茶产量，开发具有本地特色的名优茶，扩大绿茶生产，先后开发出双峰碧玉、新化月牙茶、涟源玉笋春等高档绿茶，并获评省级名茶。2000年，全市茶叶生产开始复苏，茶园面积回升至11.35万亩，产量6297吨。2002年，茶叶农药残留问题成为全市茶叶生产新瓶颈。在冬季茶园培管和当年的春茶生产中，茶场对农药、化肥使用加强管理，按有机农业要求生产，有机肥代替化肥，用农业防治、生态控制，生物防治代替化学防治，杜绝在茶园施用高毒、高残留农药，茶产品质量明显提高。新化县、涟源市、双峰县培育16个龙头茶场，从品种和茶园管理入手，实施无公害茶叶生产技术，引进名茶制作机械20台套，全市名优茶产量上升。是年，全市茶园种植面积9.83万亩，总产5416吨。2006年，茶叶种植比2000年减少1.5万亩，产茶5070吨，产量为史上最少年份。2008年，遭遇冰灾，但茶叶产量仍有5464吨，还涌现专业与特色乡8个，村50多个，成为经济作物的一大亮点。此后，茶叶面积、产量逐步回升，2012年茶园面积12万亩，产茶6017吨。2017年，全市茶园面积14万亩，产量7760吨。全市有产茶乡镇20多个（新化县10个，涟源市5个，双峰县2个，冷水江市1个，娄星区1个）。茶园分布初步形成新化雪峰山脉产茶带，资江沿岸产茶带，涟源龙山山脉产茶带，双峰九峰山脉产茶带。

二、贸易

茶叶收购　1990年，红条茶由供销社茶叶收购站、个体户及精制茶加工厂设点从茶农手中收购。茶叶收购站遍及各产茶乡镇，方便茶农送茶交易，逐步自发形成茶叶购销集散地，较具规模的有新化琅塘镇新佃桥集散中心、水车镇集散中心。琅塘镇新佃桥集散中心位于新化与安化交界处，有茶叶收购站60家以上，年收购茶叶3000吨左右，从事贩运茶叶的茶商1000多人。每年4—10月收购季节，全省主要茶叶精制加工厂来此收购调运红条茶，年收购量700吨左右。双峰县、涟源市也有自发的茶叶集散中心，但规模较小。其他分散在各乡镇的收购站收购茶叶后，自行运送到各茶厂交易。新化茶厂在邵阳市的中河街设有验收站，收邵阳市九县一郊区的红条茶，年收购量3000吨左右，1998年，该站撤销。涟源茶厂在双峰、祁阳设有收购站，收购当地茶叶。到1999年，由于工夫红茶销售低迷，价格较低，大部分茶叶收购站停止经营，茶市逐步消失。

工夫红茶调拨与出口　1990年，工夫红茶主要由精制茶厂加工，90%出口，新化茶厂、涟源茶厂的产品供给湖南省以及广东、上海等茶叶进出口公司。1993年，出口量约2000吨，新化茶厂与俄国的出口易货贸易数量较大，月供量256吨。少量供应省内和内蒙古、东北三省市场。2012年，少数出口。

红碎茶销售　红碎茶的鲜叶由当地红碎茶厂从茶农手中收购，加工成红碎茶后，送交精制加工厂或出口公司。95%以上远销美国、中东、非洲、欧盟、俄国等地。1995年，年供货量1000吨左右，此后逐渐减少，至1998年，出口受阻，区内红碎茶厂基本停止生产。

茶馆　1998—2002年，茶店和茶馆兴起，出现天下梅山、天颂茶缘等茶馆，陈年上品茗茶、茶行天下等专营性茶店。2017年，全市有茶馆60家以上，茶店约100家。茶叶贸易以名优茶为主体，黑茶、红茶、绿茶、白茶等丰富的品类供应市场，渠江薄片茶业公司2018年出口茶叶140吨。

三、娄底名茶

月芽茶　湖南省十大名茶之一，以新化县奉家山、桐凤山一带高山云雾茶为原料，在清明前至谷雨间，采摘一芽一叶初展、肥壮、毫多的黄绿色幼嫩芽叶，经九道工序制成。外形条索紧细，形如蛾眉月，隐毫洁净，色绿较深，内质香色高长，汤色绿亮，滋味鲜醇。2017年，产量1吨。

双峰碧玉　参与湖南省历届名优茶评比，均被评为省级名茶，是湘中地区的名牌产品之一。经8道加工工艺制成。条索微曲紧结，银毫满披隐绿，香气浓郁芬芳，滋味鲜爽甘醇，汤色碧澈明亮，叶底匀嫩肥厚。2017年，产量1吨。

梅山毛尖　由湖南省渠江薄片茶业有限公司生产，2010年参加第五届中国国际茶业博览会，获金奖。梅山毛尖以雪峰山脉天门、奉家、大熊山一带的高山有机鲜叶为原料，经萎凋、摊凉、提香等8道工序制成，使茶叶条形紧直有锋苗，肉质滋味醇爽，栗香显著。2017年，产量2吨。

新化红茶　新化红茶是在娄底工夫红茶、红碎茶基础上的创新和发展，是2010年后兴起的优质名优茶，新化红茶以其条索紧细、乌黑油润、蜜香悠长、汤色橙红明亮，滋味甘醇鲜爽，叶底红亮鲜活等优良品质为特点，内含物丰富，水浸出物高，生态有机，绿色环保，是湖南红茶珍品。2017年注册为中国国家地理标志产品，年产量100吨。

新化黑茶　黑茶始于新化渠江薄片，被称之“黑茶之祖”，出产至今有1162年历史。新化黑茶从2007年始开发。产品以海拔600～1600米的新化县雪峰山脉春茶为原料，由一芽一叶、一芽二叶的嫩叶制成的特级黑茶。常年产量150吨。2017年产量190吨。

渠江薄片　2008年恢复生产，以湖南省渠江薄片茶业公司为代表。2014年8月，参加蒙古国中华茶文化周；11月，在澳大利亚G20会议期间，参加中国文化节，成为中国文化节的主泡茶。2015年7月，获百年世博中国名茶金骆驼奖，参加米兰世博中国馆“中国茶叶展示周”，入选《百年世博中国名茶品牌榜》，先后赴俄罗斯、美国、古巴、墨西哥等国参加经贸交流。2017年，被授予湖南省名牌产品称号，产量110吨，市场销售额2亿元以上。

第四节　水　果

一、柑橘

1990年，全地区有成片橘园5.82万亩，建有5个以柑橘生产为主的国有园艺场，1100个乡村园艺场。村民住宅周围零星柑橘树149.65万株，柑橘产量2.22万吨。1997年，全地区种植6.82万亩，产量2.29万吨，以温州蜜橘为主，占柑橘总量90%。品种发展到5类80多个品种，其中橘类、甜橙类和柚类比重较大。2004—2005年，受病虫鼠等生物灾害、柑橘大实蝇大量发生、连续低温冻害等影响，产量大幅减少，个别果园失收。2008年，受柑橘大实蝇疫情影响面积6691亩，减产1500吨，其中新化荣华乡受害3827亩，处理柑橘100吨，损失180万元。2009—2015年，引进新品种，改良老橘园，倡导以生物防治为主，进行综合防治，果品产量和质量稳步提升。2017年，种植20.5万亩，产量13.12万吨。

二、西瓜

1990年，种植西瓜1.28万亩，产量2.5万吨。至2005年，种植8.1万亩，产量15万吨，产值1.3亿元。西瓜逐渐从有籽过渡到无籽，从单纯个大发展到多种类型礼品西瓜，以大棚育苗和大棚栽植为主，主要品种有湘蜜系、湘杂3号和4号、新澄1号、新红宝、湘西瓜5号系、雪峰无籽西瓜等。2008年，一批浙江种植专业户带苗带技术来双峰县、涟源市和娄星区种植西瓜，产量上升。2017年，全市种植10.06万亩，产量20万吨。

三、杨梅

1990年，全地区种植面积3万余亩，产量2.7万吨。2009年，新化县上梅镇毛家垅村，种植杨梅1500亩，人均收入2000元，成为名副其实的杨梅村。2017年，全市杨梅种植21.08万亩，总产9.46万吨。

四、其他水果

梨　1990年，全地区种植5100亩，产量1356吨。分布在涟源市、新化县和双峰县境内的15个乡镇，其中涟源5个，新化6个，双峰4个。1996年，全地区种植1.57万亩，产量1035吨。2017年，全市种植4.77万亩，产量4.35万吨，品种以金秋梨、黄花梨和晚三吉为主。

桃　1990年，全地区种植2000亩，产量4000吨。产于5县（市）的19个乡镇，其中涟源5个，新化7个，双峰4个，冷水江1个，娄底市2个。栽培的主要品种有一线红、六月白、蟠桃、夏至桃、玉露、水蜜、鹰嘴、象牙白等。2014年，引进黄桃试种试销，深受市场欢迎。2016年，黄桃种植5000亩，主要集中在冷水江市，市场知名度较高的是水云峰公司生产的黄桃。2017年，全市种桃1.65万亩，产量1.25万吨，主要品种是水蜜桃类。

李　1990年，主要品种有麦李、猪血李、太平果李、桐子李、青李、黄腊李、牛心李、杏李等，产量300吨左右。2017年，全市李树面积2.3万亩，产量2.93万吨，主要品种有猪血李、太平果李、桐子李、黑宝石、黄腊李、美国大李等。

葡萄　1990年，全地区种植葡萄2100亩，产量246吨。2017年，全市种植葡萄3万亩，10多个品种，产量4.2万吨。涟源市三甲乡种植超5000亩，产量6000吨。

第五节　其他经济作物

棉花　1990年，全地区种植0.27万亩，产量130吨。1991—1995年，面积、产量变化不大。1996年，全地区种植1万亩，产量500吨。1997—2017年，棉花种植面积逐年减少。主要以农户零星栽种为主。2017年全市棉花种植面积0.44万亩，总产量386.14万吨。

烟叶　1990年，全地区种植2.54万亩，总产1654吨。新化县所产烟叶品质较好，产量稳定，被列为全省烤烟生产基地。1999年，根据市场需求，播种1.4万亩。2007年，新化县被取消烤烟基地县，烟草种植面积减至0.5万亩。2017年，全市烟叶播种面积0.25万亩，总产量280.29万吨。

双峰县甘棠镇祠堂湾村芍药花基地（2018年4月摄）

蚕桑　1990年，全地区仅双峰县有桑园500余亩，产茧23吨。2008年全市蚕桑种植面积1万亩。2009年，全市蚕桑种植1.8万亩，产值3000万元以上。后因市场变化，技术落后，蚕桑种植面积逐年减少。2017年，仅零星种植。

花卉　境内花卉种植始于2008年，种植1.3万亩，产值8000万元。2017年，全市种植花卉1.8万亩，产值2.7亿元。

第四章　农业技术推广

第一节　推广项目

一、肥料

（一）有机肥料

秸秆　1994年始，示范推广撩穗收割留高茬还田、早稻草直接还田免耕插晚稻等技术措施。随着机械收割全面普及和秸秆禁烧力度加大，秸秆还田面积逐年增加，至2017年秸秆还田155万亩，机械收割留高茬还田成为主要模式，配施腐熟剂加快稻草腐熟速度。

绿肥　1990年，绿肥种植43.35万亩，以紫云英为主。2005年，绿肥种植21.12万亩。2013年，省人民政府出台《关于恢复发展绿肥生产的意见》，每年安排专项资金示范引导恢复绿肥生产。2017年绿肥种植面积50.7万亩。

厩肥和商品有机肥 2002年，国家发布有机肥料和有机无机复混肥料标准，蔬菜、果树等农作物商品有机肥逐年增加。2016年推广商品有机肥6.41万亩。2017年推广商品有机肥14.35万亩。

其他有机肥 1990年，推广麦地盖草肥技术，面积15.3万亩。此后由于小麦种植减少，麦地盖草技术随着消亡。同时推广垄栽稻萍鱼立体农业技术，其中双峰县推广1.5万亩，当年亩节省化肥、农药成本8.5元。1995年后，由于垄栽稻萍鱼费工费力，此种模式基本消失。

（二）无机肥料

1990年，全地区化肥施用总量24.6万吨，其中单元肥料化肥施用实物量23.43万吨，占95.2%，复合肥只有1.17万吨，占4.8%。此后主要推广复合肥（复混肥），至2000年，全市化肥施用总量32.05万吨。2007年后，开始推广水溶肥料。2017年，化肥施用量下降至28.97万吨，其中单元肥料施用量4.35万吨，占化肥用量的15.02%；复合（混）肥用量24.62万吨，占85%。

1990—2017年娄底市部分年份化肥施用情况表

表21-8 单位:万吨

年份	化肥施用总量(实物量)				
	合计	氮肥	磷肥	钾肥	复合(混)肥
1990	24.60	8.24	13.75	1.44	1.17
2000	32.05	16.72	8.22	3.33	3.78
2012	29.67	14.09	6.31	3.22	6.05
2017	28.97	2.32	0.58	1.45	24.62

二、病虫害防治

1990年，地、县植保部门每年发放病虫情报120期左右，使用普通白炽灯灯光诱虫进行测报，由各乡镇落实到农户。1997年，全地区开始实行农作物统防统治，由乡镇农技站负责组织机防专业队，开展统防统治试点，使用山东卫士植保有限公司生产的NS-16型和WS-16型手动喷雾器。1999年始，采用频振式测报灯，测报数据规范准确。2004年，按照农业部植保工程项目要求，双峰县、涟源市、新化县先后建成病虫监测预测区域站，使病虫监测预警与测报信息传递进入网络化时代。

2006年始，背负式机动喷雾器、担架式喷雾器、超远程喷枪喷雾机器推广使用，其中担架式喷雾器因工作效率高，防治效果好，成为专业化统防统治的主要药械。2008年，用测报软件开展测报统计。全市专业化统防统治服务面积8.73万亩，专业化防治队61支，专业防治队员917人。

2010年，县（市、区）植保站建立病虫信息平台，测报趋于标准化、规范化，病虫情报与通知单等入户率95%，全市农作物没有因病虫害出现大面积灾情，检疫性病虫没有扩散蔓延。

2012年，专业化统防统治与绿色防控融合推进服务组织形式多样化，有农资企业型、合作协会型、种粮大户型、农技站主导型、农场基地型，服务面积62.9万亩，全市有专业化防治组织24个，专业化机防队1500个，拥有担架式机动喷雾器540台，背负式机动喷雾器1400台，日作业能力10万亩。2014年，进一步推进统防统治，服务全市水稻病虫害防控。2016年，按照省植保植检站的部署安排，纵深推进专业化统防统治，构建农业部门、服务组织、协会联盟、农资农机企业“四位一体”的市场化运作的协调推进机制，推行药、肥、种、机的组织服务模式，专业化统防统治服务面积66万亩，服务组织发展35家，机防队员2600人。

2017年，全市建立12个标准化区域服务站。基层区域服务站服务面积2000亩以上，超低空遥控植保无人机大量应用于防治服务，每机每日防治面积200～300亩，提高了防治效能。是年，专业化统防统治服务面积78.75万亩，专业化统防统治组织50多家。

三、植物检疫

1990年始，根据《植物检疫条例》，严格进行产地、调运检疫和市场检疫检查。是年，地区种子公司从外地调进小麦种子，冷水江三尖镇、岩口镇，双峰县梓门桥镇发现少量毒麦，随着小麦种植量的减少而消失。1993年，细菌性条斑病蔓延到双峰县和娄底市，新化县700亩制种田种子出现细菌性条斑病，扩散蔓延到全地区各县（市），随即按检疫条例进行防控遏制。

1997年在涟源的蔬菜基地上首次发现美洲斑潜蝇，覆盖面积2500亩，按检疫条例及时防控，美洲斑潜蝇得到有效遏制。

2005年，双峰县印塘乡发现重大国际检疫对象稻水象甲，当年的普查中，青树坪镇、锁石镇、三塘铺镇等3个乡镇也有发生，严重者减产七成，个别丘块失收，按检疫条例防治，稻水象甲得到遏制，没有扩散蔓延到其他县（市、区）。

2008年，在新化县圳上镇神仙村陈明喻自家橘园里首次发现柑橘大实蝇，随后各个县（市、区）橘园相继发现，成为橘园大量减产的主要害虫，普遍减产40%左右，严重的造成失收。是年，全市仅娄星区没有发生柑橘溃疡病外，全市有近半柑橘园发现有溃疡病危害，成为柑橘的主要病害。2013年，在娄星区清谭社区蔬菜上发现扶桑绵粉蚧，由于防控及时得当，没有扩散蔓延。至2017年，没发现危害性大的病虫害。

四、农业新技术推广应用

1990—1999年，主要推广应用技术有丘岗山地开发技术，小麦新品种的引进示范与推广技术，水稻旱秧及抛秧栽培技术，植物抗逆增产剂增产新技术，杂交优势利用及双季杂交稻高产栽培技术，中低产田、土、塘、园改造技术及测土配方施肥技术、旱粮综合丰产技术，浓缩饲料及配合饲料饲养畜禽技术等。

2000—2010年，主要推广柑橘综合高产栽培技术，柑橘品种改良技术，水果套袋技术，避雨栽培技术，池塘精养高产技术，植物生长调节剂应用技术，科学施肥技术，以经济作物和蔬菜为主的地膜覆盖栽培技术。

2011—2017年，主推水稻高效高产栽培应用技术，集中育秧技术，秸秆还田还土、稻草还田技术，农作物病虫害专业化统防统治技术，农作物病虫害绿色防控技术。在符合条件的地区推广再生稻高效高产栽培技术、“水稻+”稻田高效综合种养技术（稻田养鱼、稻田养虾、稻田养鸭等）、水稻新品种高产栽培技术集成展示、绿色有机特色稻高产高效技术示范等。

五、专业化统防统治

1997年，全地区开始推行农作物统防统治，由乡镇农技站负责组织机防专业队开展试点。是年，有专业防治队10支，服务面积1万亩。2000年，全市有专业防治队30支，服务面积5万亩。2008年，全市有专业化防治队61支，专业防治队员917人，服务面积达8.73万亩。2012年，全市有专业化防治组织24个，专业化机防队1500个，服务面积62.9万亩。2016年，专业化统防统治服务面积66万亩。2017年，全市有专业化统防统治服务组织25个，专业化机防队1600个，服务面积78.75万亩。

六、重金属污染治理

2015年始，按照省农委制定的技术规范实施对重金属污染治理，在重工业集中的冷水江市13个乡镇办161个村（居）委会集中连片、整体推进重金属污染耕地修复，全年治理4.93万亩，投入中央资金1200.7万元。实行耕地修复治理，施用生石灰4.93万亩，优化水分管理4.93万亩，增施有机肥4.93万亩，种植绿肥1.63万亩，喷施叶面阻控剂4.5万亩。生石灰、有机肥、叶面阻控剂、绿肥种子等物资采购，按照省农业委员会、省财政厅《关于规范2015年长株潭耕地重金属污染修复产品和服务技术质量要求的指导意见》要求进行招投标，物资及时发放到位。与13个乡镇241个水分管理员签订责任合同。2016—2017年，继续在冷水江13个乡镇办开展重金属污染耕地应急性修复，施用生石灰4.83万亩，深翻耕改良土壤2.5万亩，优化水分管理3.5万亩，种植绿肥2万亩，喷施叶面阻控剂7.4万亩，种植镉低积累水稻2.5万亩，投入资金1233.4万元。

第二节　新品种展示与审定

一、新品种展示示范

1991年，由地区种子公司牵头，成立优良新品种推广协作组，组织全地区统一规划优良新品种引进、试种、审定、推广。新化县以引进示范杂交高新组合为主，双峰县以引进常规水稻良种为主，涟源市以引进旱粮作物良种为主，冷水江、娄底市以引进蔬菜良种为主。2000年，种子市场放开，省内外新品种大量进入。为筛选一批适宜娄底种植的高产、稳产、优质的农作物新品种，种子管理部门每年开展新品种展示与示范。2003年，市种子站和粮油站及有关种子公司合作在双峰梓门桥、娄星万宝和新化水车等地开展水稻和玉米新品种展示，展示品种34个，面积120余亩，其中近半数为外省品种。早杂株两优02展示非常出色，双峰梓门镇八仙村集中连片面积56亩，长势好，产量高，种植农户称之为“多年来少有的一季好禾”。2004—2007年，市种子站承担湖南省玉米新品种生产和引种试验，基地安排在双峰县梓门镇和蛇形山镇，每年完成省种子站布置的试验品种20～24个，引进的新品种30余个，试验和展示面积100多亩。筛选出中科8号、联合3号、晋单42等一批适应栽培的高产玉米品种。2006年，市种子站统一组织各县（市、区）安排水稻新品种展示基地8个，展示神农107、株两优99、准两优49等新品种78个，面积200多亩。玉米新品种展示基地5个，展示万农23、京科769、长丰1号等新品种52个，面积150余亩；油菜基地两个，展示沪杂油1号、希望98等新品种8个，面积20余亩。2010—2014年，根据省种子管理局的统一安排和娄底实际，市种子站在新化县石冲口镇潮铺村开展一季稻新品种试验和示范，试验品种22个。2015—2017年，双峰县投入项目经费15万元，在锁石镇桤木村设立展示示范园，完成新品种展示20个，示范品种9个，展示示范面积120余亩；筛选出一批适合本县推广的当家品种，如株两优2008、荣优9号、陵两优268、潭两优215、潭两优921；涟源市纳入湖南省晚稻新品种展示重点项目县，示范基地设在杨市镇洄水村，完成展示晚稻新品种20个，示范品种7个，展示示范面积100余亩；筛选出荣优390、T优H505、内5优8015、荣优225、中青优2号、欣荣优华占等晚稻新品种；在原有新品种展示示范基础上，开展品种安全跟踪评价，对审定推广5年以上、推广面积较大、出现过质量问题品种作为跟踪对象，淘汰一批种性严重退化和不适宜继续种植的品种；各县（市、区）设立品种跟踪评价点20个，安全跟踪评价品种151个，走访调查次数125次，专家调查次数43次，向企业反馈缺陷品种信息6个，发布缺陷品种预警信息4期，建议停止推广缺陷品种2个。涟源市在7个乡镇设立定点调查点，每个定点调查点安排6个玉米、7个中稻品种集中种植。

二、新品种审定

1989年12月，地区农作物品种审定小组（简称农审组）审定通过5个水稻新品种：沪红早1号、浙852、怀早4号、威优438、威优47。其中：双峰县种子公司引进品种沪红早1号、浙852、怀早4号、威优438，地区农科所参与怀早4号引进，新化县农业局粮油站引进威优47。认定1个大麦品种：舟麦1号。1992年3月，地区农审组审定3个农作物新品种，水稻：娄晚籼二号（原名辐23选2）、威优140；油菜：汇油50。1997年5月15日，地区农审组审定通过4个水稻新品种（组合）：娄早籼9号（原名93-11）、威优198、晚糯89、娄优晚3。1997年12月，地区农审组审定通过了3个蔬菜新品种：娄苦瓜一号（原名冷江早苦瓜）、娄丝瓜一号（原名冷江肉丝瓜）、娄辣椒1号（原名冷江一号）。2000年2月2

日，市农审组分别审定水稻新品种娄早籼11号（原名93-11），组合汕优82；认定9个杂交水稻新品种：威优974、金优77、汕优58、Ⅱ优58、Ⅱ优63、岗优881、威优82、汕优明86、汕多优1号。2000年12月1日，《中华人民共和国种子法》实施，确定实行国家、省两级品种审定制度，市级审定终止。

第三节 科技成果

一、农业丰收计划项目

1990—2017年，全市实施完成省丰收计划项目15个，获省丰收奖15个，其中一等奖3个，二等奖3个，三等奖8个，获农业部丰收奖三等奖1个。

1990—2017年娄底市农业部门完成项目获丰收奖情况表

表21-9

年份	项目名称	奖励等级	第一完成单位	第一完成人员
1991	娄底地区大小麦综合丰产技术	省农业丰收奖二等奖	地区农业局	黄建明
1996	涟源市46个乡镇大麦小麦优良品种及综合高产栽培配套技术推广	省农业丰收奖一等奖	涟源市农业局	刘保初
1997	新化县中稻旱育秧配套高产栽培技术推广	省农业丰收奖三等奖	新化县农业局	李春泉
1998	娄底地区双季稻成建制亩产过吨粮综合配套技术	省农业丰收奖一等奖	地区农业局	郑开明
1998	涟源市10万亩纯旱粮地亩产过500千克综合配套技术推广	全国农牧渔业丰收奖三等奖	涟源市农业局	刘保初
2000	新化油菜高产栽培配套技术推广	省农业丰收三等奖	新化县农业局	陈善雄
2000	娄底市30万亩旱粮综合技术推广	省农业丰收奖一等奖	娄底市农业局	郑开明
2001	涟源市优质稻无公害高产栽培及加工技术	省农业丰收奖三等奖	涟源市农业局	吴细华
2003	娄底市40万亩高产高效旱作农业开发	省农业丰收奖二等奖	娄底市农业局	谢晓明
2004	新化吉庆等乡镇8万亩旱粮综合栽培技术推广	省农业丰收三等奖	新化县农业局	邹定良
2004	冷水江市2000公顷水果优质高产栽培配套技术推广	省农业丰收三等奖	冷水江市农业局	李旺林
2005	涟源市优质旱杂粮产业化开发技术	省农业丰收奖三等奖	涟源市农业局	吴细华
2013	双峰县水稻测土配方施肥技术推广	省农业丰收奖二等奖	双峰县农业局	李立志
2013	冷水江市水稻测土配方施肥技术推广	省农业丰收奖三等奖	冷水江市农业局	李旺林
2015	涟源市超级稻高产栽培技术推广应用	省农业丰收奖三等奖	涟源市农业局	毛梦龙

二、科技进步奖

1990—2017年，市、县（市）农业科技人员针对农业生产需要解决的技术问题进行相关研究和示范推广，完成项目15个，获娄底市科技进步奖14个，其中一等奖4个，二等奖6个，三等奖4个；获省农业科技进步奖三等奖1个。

1990—2017年娄底市农业部门完成项目获科技进步奖情况表

表21-10

年份	项目名称	奖励等级	第一完成单位	第一完成人员
1990	娄底地区大小麦密点播综合丰产技术研究	地区科技进步二等奖	地区农业局	郑开明
	防治水稻僵苗复混肥的研究与应用	地区科技进步一等奖	地区农业局	龚洵利
	杂交水稻威优64推广	地区科技进步一等奖	新化县种子公司	欧光道
	温州蜜柑简易就地贮藏技术的推广	地区科技进步三等奖	地区农业局	刘英才
1991	水稻测土配方施肥技术推广	地区科技进步二等奖	地区农业局	康文靖
	双季杂交稻高产栽培技术研究与推广	地区科技进步二等奖	娄底市农业局	李伟智
1992	南薯八八高产栽培技术	地区科技进步三等奖	冷水江市农业局	蔡明光
	柑橘冻害与“干热风”危害防御及灾后恢复措施研究	地区科技进步一等奖	地区农业局	易既白
	大麦—双季杂交稻综合配套技术推广	地区科技进步奖三等奖	涟源县农业局	苏先范
1994	代料袋栽金针菇速生高产优质栽培法研究	地区科技进步二等奖	地区农业局	康文靖
1998	水稻旱育秧栽培技术推广	省农业科技进步奖三等奖	涟源县农业局	刘保初
1999	娄底地区持续农业科技示范区SARD模式研究	娄底市科技进步一等奖	地区农委	凌志胜
2003	新化县柑橘品种改良技术	娄底市科技进步三等奖	新化县农业局	谢建辉
2005	杂交玉米推广	娄底市科技进步二等奖	娄底市农业局	陈毛一
2017	紫鹊界特色稻绿色(有机)高产高效集成技术示范推广	娄底科学技术进步二等奖	新化县农业局	曾劲松

第四节　推广机构

1990年，全地区有各类农技推广机构206个，农技人员798人（含聘用农民技术员）。其中地区农业局56人，5个县（市）农业局252人，37个区农技站167人，155个乡镇有农技站干部58人，聘用农民技术员265人。

1992年，省农业技术推广总站与地区农业局推广（科教）站签订《联合建设区乡农技站房协议书》，拨付资金7万元，地区农业局推广（科教）站与新化、涟源、娄底市三县（市）推广（科教）站签订协议书，新建、维修、扩建吉庆农技站、山塘农技站、娄底市南片站站房。1994年，全地区被聘用的172名农民技术员全部转为乡镇农技站农技员。

1995年撤区并乡后，乡镇农技站由155个减为84个。1996年，全地区农技推广机构（不含畜牧）90个，农技人员1142人，其中原地区农业局90人，5个县（市、区）农业局442人，84个乡镇农技站610人（国家干部216人，全民合同制农技人员394人）。是年，省农技推广总站根据农牧渔业部《关于建设农业技术推广中心的若干问题》等文件精神，采取与地、县联合投资办法，三方签订协议，共同投资建设新化、涟源、冷水江、娄底市县级农技推广中心。

1997年，地编委办将控编人数一次性下发到乡镇，核定全地区乡镇农技站754人，其中娄底市56人，冷水江市62人，涟源市252人，双峰县180人，新化县204人。2010年，根据国务院、省政府和省农业厅改革精神，各县（市、区）乡镇农技推广服务机构由县乡两级共管、农技推广机构为纯公益性事业单位，乡镇农技推广人员所有经费纳入财政预算。2017年，全市种植业农业技术推广机构90个，其中市级1个，县级5个，乡镇级84个（双峰县16个、新化县30个、涟源市20个、娄星区10个、冷水江市6个、娄底经开区2个），形成具有市、县、乡三级完善的农业技术推广体系。在编农技人员983人。

第五章 监 管

第一节 “三品一标”认证与监管

一、三品一标认证

2003年始，全市陆续启动“三品一标”（无公害农产品、绿色食品、有机农产品和农产品地理标志）认证和监管。

无公害农产品 2003年，全市启动“无公害食品行动计划”。2004年，24家种植业单位的43个产品通过无公害农产品认证（其中蔬菜类19个、粮食类6个、茶叶类4个、果品类3个、食用菌类3个、其他加工类8个），年实物总产量17.7万吨。2007年，43个无公害农产品中，有35个产品进行复查换证。2009年，无公害农产品认证个数62个，2012年减少至38个。2017年末，有效获证主体20家，产品49个（其中蔬菜类42个、果品类5个、粮食类2个），年实物总产量1.57万吨。

绿色食品 2006年，同星米业有限公司生产的餐餐香“晚籼大米”和餐餐香“精品米粉”通过全市第一批绿色食品认证，监测面积5100亩，年实物总产量6000吨。2007年8月，市政府办转发市农业局《关于加快发展绿色食品产业意见》的通知，绿色食品发展加快。至2017年底，有效认证企业24家，产品46个，产地监测面积4.8万余亩，实物总产量3.03万吨。

有机农产品 有机农产品于2010年起步，湖南省新智文生物科技有限公司稻谷、大米通过有机转换认证。2012年、2013年，湖南省年发样样红果业有限公司生产的突尼斯软籽石榴和湖南紫秾特色农林科技开发有限公司生产的稻谷、大米先后通过中绿华夏有机食品认证中心有机（转换）认证。2014年，全市通过认证的有机产品5个，面积2033亩，年总产量858吨。2015年后，上述产品相继停止再认证。至2017年末，全市无农业部中绿华夏有机食品认证中心认证的有机产品。

农产品地理标志 2007年，启动农产品地理标志登记工作。2010年“紫鹊界贡米”经农业部登记颁证，成为全市首个地理标志农产品。2013年，开展农产品地理标志资源普查。2014年，奉家柴火腊肉、新化东岭田鱼入选《全国地域特色农产品普查备案名录》。2016年，“紫鹊界贡米”接受央视《味源中国》地理标志宣传片组的采访和拍摄，12月，经中国品牌建设促进会审定，“紫鹊界贡米”品牌强度600，品牌价值6500万元。

2004—2017年娄底市种植业"三品一标"认证情况表

表21-11 单位：个

年份	年末"三品一标"有效总数	其中			
		无公害农产品	绿色食品	有机农产品	地理标志农产品
2004	43	43	—	—	—
2005	51	51	—	—	—
2006	57	55	2	—	—
2007	53	51	2	—	—
2008	48	46	2	—	—
2009	79	62	17	—	—
2010	75	47	25	2	1
2011	89	59	27	2	1
2012	75	38	33	3	1
2013	91	58	27	5	1
2014	76	54	16	5	1
2015	96	61	32	2	1
2016	100	50	47	2	1
2017	96	49	46	0	1

二、"三品一标"监测与监督

2005年始，省市县将农产品质量安全例行监测作为农产品检测中心的主要工作和提升农产品质量安全管理的重要措施。省质量安全例行监测每年开展四次以上，监测品种涉及水果、蔬菜、茶叶；监测地点为全市大型农产品生产基地、市中心城区大型农产品批发市场或农贸市场、超市。市级例行监测根据省农业厅的要求，结合娄底实际，每年制定全市年度农产品质量安全例行监测工作方案。2006年始，以农药残毒速测为主，农残定量分析为辅，每年抽检农产品样3000余批次；2007年始，每年组织开展"三品一标"市场标志专项检查。

2012年，全市组织开展农产品质量安全专项治理、农资打假、农药专项治理、化肥农药使用量零增长、土壤重金属应急修复等专项活动，围绕重点产品、重点单位和重点区域，加强对农产品生产全过程质量安全督导巡查检验监测。

2013年始，省农业委员会每年对生产基地、批发市场和超市开展监督抽查和专项抽查；市、县两级农产品检测中心在重大节假日期间，根据工作安排部署，积极配合相关部门对全市蔬菜、水果、茶叶生产基地开展监督抽样。每年抽查农产品样品3000多批次。

2014年始，全市每年对辖区内绿色食品企业开展年检，建立健全"企业自律为基础、行政执法为主导、系统监管为保障"的农产品认证监管长效机制。以农残定量分析为主，农药残毒速测为辅，每年抽检农产品样品1000余批次。县级农产品质检机构根据工作要求，结合当地实际，陆续开展年度农产品质量安全例行监测工作，以农药残留速测为主，定量分析为辅，各县（市、区）每年抽检农产品样2000余批次。

2017年，全市检查生产经营企业1530家次，出动执法人员2400人次，立案查处不合格农药案件33个，种子案件5起。新化县出动农业执法人员165人次，检查农资经营网点210个，查处案件8起，涉案金额8.8万余元。涟源市组织6次专项行动，对大型生产基地、农业投入品经营单位进行拉网式检查，检查范围覆盖全市19个乡镇，出动执法人员430人次，检查农业投入品经营单位、农产品生产企业163家。市农业执法支队查处市农药实验厂生产假劣农药案件，对该企业生产劣质除草剂罚款4万余元，农药标识违法行为罚款3000元。是年，省级例行监测农产品农残总合格率，蔬菜98.1%，水果96%，茶叶100%；其中生产环节蔬菜、水果、茶叶合格率100%。全市省级监督抽查农产品农残总合格率，蔬菜、茶叶、大米100%，水果96.6%，其中生产环节蔬菜、水果、茶叶均为100%。市级例行监测和监督抽查，蔬菜、水果农残合格率100%。县级例行监测和监督抽查，蔬菜、水果农残合格率均为99.6%，其中生产环节蔬菜、水果均为100%。

第二节　农业行政执法

一、农药监管

（一）经营监管

1999年7月，根据《农药管理条例实施细则》制定《娄底地区农药经营许可证制度实施办法》，由各县（市、区）组织对农药经营户进行业务培训和资质审核，对培训考试考核合格者发放《农药经营上岗证》《农药经营许可证》，全地区核发农药经营许可证700多个。2002年7月27日，农业部下发第18号部长令，取消农药经营许可。2005年，启动农资信用体系建设及优质农资进村入户、农资经营单位信用等级评定试点，将规范经营主体、推行连锁经营、健全企业诚信制度、加强市场日常监管、强化技术服务等方面作为农药监管工作重点，指导经营单位建立购销台账和信用档案，建立农资市场质量追溯管理，集中打击与日常监管相结合，打假与扶优相结合的工作机制，公布举报电话，依法公布农资检测结果，加强农资市场的动态监测与预警，培训农资经营单位从业人员。此后，农药监管工作从单纯的农药产品监管，发展到农药市场全程监管。2010年起，全市连续3年开展农药监管年活动，农药产品质量监督抽查、农药标签检查、高毒农药监管、规范农药经营行为、引导安全合理用药、妥善处理农药使用安全事故、技术培训等工作成为农药监管工作的重点，对全市827家农药经营门店进行经营资格审查。2013年始，实施高毒农药定点经营，并建立购销台账，设立高毒农药专柜，专人管理，实行实名制购买，实现高毒农药可追溯，全市确定高毒农药定点经营单位56家。2015年，开展示范门店创建活动，按照统一店容店貌、统一制度上墙、统一购销台账，高毒农药有专柜，其他农药分类摆放的要求，规范经营，全市创建农药经营示范门店33家。2017年6月1日，新修订的《农药管理条例》实施，农药登记、生产、销售、使用全部归农业部门管理，高毒危险农药实名登记工作，纳入全省综治考评和省直综合考评；全市680家农药经营单位实行经营许可证制度。

（二）禁用农药清理

2002年，查处假劣农药30吨。2003年，检查农药门店193个，受理举报20起，查处假劣农药130吨；摧毁毒鼠强制售窝点6个，取缔非法经营摊点8个。2004—2007年，连续4年开展毒鼠强专项整治。按照“一户一通知，一户一承诺，一户一档案”要求，落实县、乡政府责任制，张贴农业部等九部局《关于清查收缴毒鼠强等禁用剧毒杀鼠剂的通告》到村组，发放科技灭鼠技术和启用杀鼠剂新标识标签知识资料2.5万份。清查农药经营门店635个，取缔非法经营摊点8个，收缴剧毒杀鼠剂86千克。查处不规范、过期、假劣农药136吨。核准杀鼠剂定点经营门店112个，经省农业厅核发杀鼠经营许可证107个。全市毒鼠强生产经营得到杜绝，杀鼠剂市场基本得到规范，确保农业安全和农村社会稳定。在全市范围内对生产、销售、使用含甲胺磷、对硫膦、甲基对硫磷、久效磷、磷胺5种高毒有机磷混配产品进行全面清理整顿，对含5种高毒农药混配剂的清理成为农药监管重点，直至从市场上完全清除。

2008年，农药立案查处45起，简易程序处罚91起；禁止甲胺磷等5种高毒农药在农业领域使用，收缴高毒农药3.5吨。2014年，开展查处使用百草枯等除草剂对食用农产品进行催枯干燥专项行动。通过加强农药监管和巡查检查，全市未发生使用百草枯等除草剂对稻谷、油菜等食用农产品进行催枯干燥的违法行为。2016年开展禁限用农药专项整治，彻底清查收缴禁用农药，全面实施高毒农药定点经营，实现溯源管理。是年7月1日，在全市开展百草枯水剂清查收缴专项行动，对百草枯水剂经营单位、农民专业合作社，种植大户等采取拉网式排查和清缴，全市共收缴百草枯1700多瓶，责令退回2000多瓶。2017年，查处省督办、案值较大的王某假农药案，处罚金额4.44万元。

（三）示范创建

2013年始，连续3年在市本级开展农药监管综合试点，双峰县开展创建高毒农药定点经营示范县、涟源市开展低毒低残留农药示范补贴与推广、新化县开展农药风险监测项目建设。2017年，新化县成为全省3家农药废弃包装物回收处理试点县之一，在新化县水车镇、文田镇开展农药废弃包装物回收处理试点工作，收集销毁农药废弃包装物3.8吨。

二、肥料监管

（一）肥料生产

1990年，全地区示范推广复合（混）肥，被广大农户接受。随着复合（混）肥市场的兴起，陆续兴建一批中小型复合（混）厂，如双峰磷肥厂、涟源磷肥厂、双峰新科复合肥有限公司、涟源万利化肥有限公司、新化金狮复合肥厂、冷水江资信复合肥厂、冷水江金信复合肥厂。金信复合肥厂年产15万吨，其他企业年产不足2万吨。1991年开始，测土配方施肥技术进入大面积推广期。1992年，地区农业局土肥站率先在双峰县走马街镇和新化县横阳镇建立2个基层配肥站。根据土壤养分状况、作物需肥特性设计配方、生产配方肥，提供给当地农户，当年试产配方肥料80吨，受当地农民欢迎，配肥站建设快速推进。至1996年，除冷水江市外，其他各县市农业部门相继建立配肥站，全地区先后建配肥站8个。2003年后，一部分配肥站停办，一部分与农业部门脱钩，到2009年全部停办。

2012年，市内建立第一家有机肥厂——娄底市裕德科技有限公司，年产2万吨。2015年停产，后恢复生产，更名为德施普生物科技有限公司，办理农用肥料登记许可证。至2017年底，全市只有湖南金信复合肥有限公司（原冷水江金信复合肥厂）和湖南金富源碱业有限公司正常生产，年产2.5万吨，其他企业全部停产。

（二）肥料市场监管

1990年始，全地区配合省肥料登记办公室对复混肥、配方肥、有机无机复混肥、有机肥等生产企业进行登记管理，强化肥料质量监督管理。对肥料生产企业生产厂房、仓库、机械设备、化验室以及专业化验人员等组织现场考核，每年的产品至少抽查检测一次，条件不达标企业不予登记。1996年，省土肥站组织肥料行政执法培训，市、县土肥站派员参加。1997年，在省土肥站的统一部署下，全地区首次开展肥料行政执法，市土肥站会同工商部门在全市开展农资市场清理整治。是年，全地区肥料登记企业8个，其中配肥站6个，复混肥生产企业2个。1999年，市、县两级完善肥料市场执法机制，肥料市场执法监管进入常态化，每年开展春、秋两轮市场巡查，严厉打击制售假冒伪劣产品坑农害农行为。2000年，农业部出台《肥料登记管理办法》，从法律上规范肥料登记管理。2002年，查处假劣肥料5250吨。2003年，检查销售肥料单位140个，查处假劣和标识不规范农药1000吨。2004—2007年，全市肥料登记企业9个，其中配肥站2个，复混肥企业6个，硅肥厂1个。查处不规范肥料2450吨，劣质肥料350吨。

2008年，查处双峰县兴农复合肥厂制假售假案件，企业法人被司法处理和行政处罚，企业关闭整顿。2010—2017年，未发现大宗制假售假，对检查出来少数生产不合格肥料的企业及时进行整改。

三、种子监管

（一）市场监管

1990—1995年，粮、棉、油主要农作物杂交种子归口县级以上农业部门国有种子公司专营（生产和经营），其亲本种子归口地级以上农业部门国有种子公司专营，其他单位和个人不得生产和经营。乡镇农技站可代销地、县农业部门国有种子公司的杂交种，但必须持有同级种子管理站的代销证。农作物常规种子实行同级种子管理机构指导下的多渠道经营。生产、经营农作物种子及种苗必须严格执行“三证一照”（种子生产许可证、种子经营许可证、种子质量合格证、营业执照）的管理制度。禁止单位和个人私自到制种区套购种子和无证照经营种子。

1996年，地区种子站和种子公司分设后，种子站不再参与经营，主要职责为种子市场监管，确保种子质量安全。1998年，新化吉庆镇农技站高某冬贩卖假种子给农民造成损失近30万元，被移送司法机关处理，判刑10年，罚款2万元。至2000年，种子管理部门取缔无证、无照种子经营户140余起，查处种子案件280起，结案275起，没收种子120吨，判刑6人，行政处分12人。

2001年，种子市场放开，种子供应主体逐步多元化。2002年，查处伪劣种子5.7吨。2003年，全市检查门店235个，抽查种子样品198个，取缔无证无照经营36起，查处假劣种子29吨。2004年3月1日，《湖南省实施〈中华人民共和国种子法〉办法》实行，种子监管以包装标识、品种审定、生产许可和种子质量为主。是年，开展春秋两次种子市场大检查，对市内9家种子企业和400多家门店进行全面检查，发现有市内市外7家经营单位50多个品种包装标识不规范，主要存在缺少标识内容，乱编和伪造许可证号，标识与要求不符等情况。全年立案查处无证无照经营5起，经营未经审定批复主要农作物种子4起，涉及品种29个，种子35.8吨；封存应当包装而散装经营的种子2起计1.2吨，标签标识严重不符合规定的6起，涉及种子65吨；劣质种子2起计2.12吨。

2005年起，成立以市政府办牵头，农业、公安、工商等部门参与的农资打假专项领导小组，市委分管副书记任组长，市农业局具体负责组织，在全市范围内开展农资打假。2009年，全市春季以“两非”（非法经营和非法品种）为重点集中力量进行市场检查。8月，双峰县种子管理部门重点查处邮政服务经销假冒“两优389”种子案件，把0.11吨假冒种子全部清查到对应农户，监督经销商按每亩赔偿稻谷75～175千克的标准逐一交到农户手中，对经销商罚款3.3万元。

2012年，湖南省开展集中育秧试点工作，双峰县是试点县之一，集中采购早、晚稻杂交种子约250吨，分布在17个乡镇、1040个集中育秧点。25万亩双季稻，从种子调入、集中育秧到大田种植，无一出现质量问题，集中育秧成功率100%。

2015年，全市对种子直销入户比例较高的双峰、涟源、新化3个县市，组织进村入户倒查，共抽查35个乡镇，95个村，860户，调查户种植面积3390.2亩，购进品种180个次，其中水稻品种112个次，玉米品种68个次。倒查结果显示，种子质量整体较好，未出现种子质量问题。

2017年，全市农业部门成立种子监管机构，落实监管经费57万元，开展专项检查4次，出动执法人员946人次，检查门店数量804个次。

（二）杂交水稻制种监管

1996年，全地区制种7660亩，种子产量1185.5吨。2000年，制种面积5700亩，种子产量1200吨。

2003年，在春季用种前对制种单位进行一次全面核查，查处自发制种30余亩。对全市6000亩春夏制种子生产进行田间花检，对60多个点进行抽查，田间纯度99.5%以上，对个别纯度偏低的组合，进行现场监督除杂去劣。

2011年，对双峰生产基地6个国有种子企业34个杂交稻种子组合进行抽样种植鉴定，样品合格率100%。

2013年，市县两级种子管理部门多次到双峰县夏制基地调查种子歉收事件，基地所制种子实插面积650亩，分布在11个村，因高温干旱灾害绝收515亩，占79.2%。市、县种子管理部门争取到位救灾资金5万余元，用于杂交水稻制种补偿。

2016年，有3家企业在双峰县制种，制种面积795亩。抽查制种田750余亩。其中隆平种业40亩两系亲本繁殖田品种组合培矮64S因为意外缺少控温水源，导致田间温度过高基本失收。在收种现场，种子管理部门扦取5个样品进行海南纯度种植鉴定，鉴定结果全部合格。2017年，落实种子救灾储备经费15万元，抽查种子样品241个，合格率96.2%。

（三）种子纠纷调处

2006年，全市调处各类种子质量事故和纠纷35起，其中影响较大的7起，为农民挽回损失80余万元。娄星区和双峰县反映早稻八两优96和株两优30田间纯度分歧投诉，市县两级相关专家组成多个调查鉴定组，走访10多个村近100个农户，按照农业部要求，进行种子质量田间纯度鉴定。最终鉴定结果是八两优96含杂超标，而株两优30含杂未超标。

2009年，全市处理各类种子纠纷200多起，相当于往年的4～5倍。其中因种子质量纠纷而影响较大的4起，为农民挽回损失60余万元。

2015年，全市处理各类种子纠纷41起，其中质量纠纷6起，非质量纠纷35起。主要是受阴雨天气影响，各地水稻病害呈多发高发态势，部分品种受病害影响严重减产。市种子管理站对辖区内中晚稻品种稻瘟病发生情况进行调查，统计34个品种的稻瘟病发生情况，形成调查报告上报到省种子管理处。

2016年，市种子管理站重点调处冷水江市政府购买湖南恒德种业镉低积累水稻品种Y两优9918共22.43吨一事。该品种种植面积约占冷水江市中稻面积（2.98万亩的）90%以上。当地干部和农户反映该品种黄熟期出现异常，发生面积100亩。市种子管理站组织市农委两名高级农艺师以及省农科院、湖南农大3名教授前往冷水江市现场考察，经鉴定，生长异常原因为药害和病虫害以及田间管理不当所致，而非种子质量问题。2017年，查处违法违规行为6起，立案6起，查获涉案种子310千克，没收非法所得4900元，处罚金4.94万元。

第三节　监管体系

1994年，地、县（市）植保植检站、畜牧兽医防疫站、饲料监测站等专业科站行使监管和执法职能。全地区有植物检疫22人，种子管理36人。1996年7月，地区农业局成立政策法规科。1998年，111名执法人员获执法证。

2001年3月，成立市农业综合执法支队，5月28日，更名市农业行政执法支队。12月，成立市农业环境监测管理站，承担全市农产品质量安全管理职能。2003年，市农业局整合土壤肥料检验检测室、省农作物种子监督检验测试中心（娄底），设立市农产品质量安全检验检测中心。新组建的市农产品检验检测中心设立农产品质量安全例行监测点20个（包括新一佳、中兴大市场等超市、农贸市场），并挂牌公示，每周抽检1～2次，每次检测蔬菜品种40个，水果品种12个，全年检测样品1312个次，主要检测农药残毒、亚硝酸盐含量等项目，检测结果通过简报和报纸向全社会公布。2004年，市农产品质量安全管理工作领导小组成立，由市长任组长。县（市、区）农产品检测中心相继设立，县级检验检测中心（站）共有实验室面积1739平方米，仪器设备240台（套）。2006年，市绿色食品管理站成立，负责全市无公害农产品和授权范围内绿色食品、有机农产品的认证与管理。2010年9月26日，市政府下发《关于开展农产品市场准入工作的通知》，在全市有序推行农产品市场准入工作。2012年始，市农产品质量安全监管科与市农业行政执法支队、检测中心共同承担农产品质量安全监管职责，建立完善以监管为主体，检测、执法为翼的“一体两翼”监管机制。2013年1月，农产品质量安全监管科与市场信息科分设，专职行使农产品质量安全监管工作职能。

至2017年底，市检测中心有土壤、肥料、种子、农产品农残、农环（重金属）、微生物等6个专业检测室，拥有气相色谱、液相色谱、原子荧光、原子吸收等精密仪器68台（套），检测室面积700余平方米，固定资产600余万元。在岗且有效注册的绿色食品检查员10人、监管员7人、无公害农产品检查员8人、地理标志核查员3人。

第六章　机　构

第一节　市级机构

一、市农业局

1990年，为地区行政公署农业局。1994年8月，地区党政机构改革，保留地区农业局。1995年6月，设立地区畜牧水产总站，为副处级事业单位，归口地区农业局管理。1997年7月，地区畜牧水产总站升格为地区畜牧水产局，从地区农业局析出单独设置。

2001年，机构改革，市农业局为主管全市农业与农村经济发展的市政府工作机构。内设科室8个。机关核定行政编制16名，事业编制20名，后勤服务事业编制3名，老干服务事业编制1名。实行公务员管理。下设5个正科级事业站（中心），事业编制56名：土壤肥料管理站（加挂基本农田保护管理办公室和市农业环境监测站牌子）、植保植检站（市农药监督管理站）、优质农产品开发中心、农业技术推广站、良种繁育推广站。经费纳入财政预算。

2002年，市农业环境监测站单设。2003年，市农业环境监测站更名市农业环境监测管理站；市农药监督管理站与市植保植检站分设；设立市农业对外经济技术合作办公室，为市农业局内设机构；成立市农产品质量安全检验检测中心，为正科级事业单位，归口市农业局管理。2004年，成立省农业广播电视学校娄底分校，为正科级事业单位，归口市农业局管理。12月，市乡镇企业局和市蔬菜管理局改组为承担行政管理职能的副处级事业机构，归口市农业局管理；市农业局所属农业技术推广站、良种繁育推广站、植保植检站、土壤肥料管理站、优质农产品开发中心、农产品质量安全检验检测中心6个事业机构合并组建市农业技术推广中心，为副处级独立法人事业单位。2005年6月，政策法规与市场信息科分设为政策法规科、市场信息科；市农业环境监测管理站和市农药监督管理站更名农业环境监测管理科和农药监督管理科，为局机关内设机构。

2010年，内设科室10个，核定机关行政编制21名，后勤服务事业编制3名。下辖副处级单位3个：市乡镇企业局、市蔬菜管理局和市农业技术管理处；下辖正科级单位5个：农业行政执法支队（支队长高配副处级）、市农业资源与环境保护办公室、市农药监督管理办公室、市种子管理办公室、市种子技术推广服务站。

2015年，将市农业局、市委农村工作部（市政府农办）的职能整合，划入市农业委员会。

二、市蔬菜局

2000年，在市财贸工作办公室蔬菜办的基础上成立市蔬菜工作办公室，为具有行政职能的副处级事业机构。2001年，撤销综合管理科，成立市无公害蔬菜检测中心（正科）。2004年10月，从市财贸工作办公室改隶市农业局管理，为承担行政管理职能的副处级事业机构，定编10名。2010年7月，为参照公务员法管理的事业单位。2015年7月，市蔬菜管理局撤销，职责划入市农业委员会。

三、市扶贫开发办公室

1990年9月，地区扶贫开发领导小组下设办公室（简称扶贫办），为常设办事机构。1994年8月，地区扶贫办为行署农办内设机构。2002年2月，市扶贫办为市农办内设科室。2009年3月，市扶贫办为市委农村工作部（市政府农村工作办公室）内设机构。2015年7月，为市农委内设机构。2016年10月，撤销扶贫办，由市农业委员会加挂市扶贫开发办公室牌子。

四、市农村经营管理局（站）

1996年2月，地区行署农村工作办公室经营管理科、农村财会辅导站合并升格为地区农村合作经济管理处，为承担行政职能的副处级单位。内设科室3个，编制10名。

2002年4月，设置市农村经营管理局和市农民负担监督管理领导小组办公室，实行两块牌子一套人马合署办公。内设科室3个，编制10名。2010年7月，明确为参照公务员管理的事业单位。

2014年6月，市农民负担监督管理领导小组更名市农民权益维护和农民负担监督管理领导小组，办公室设市委农村工作部。

2015年9月，市农村经营管理局更名市农村经营管理服务站，为市农委管理的副处级参照公务员管理全额拨款事业单位，原市农村经营管理局所的承担行政职能划入市农委，由市农委委托市农村经营管理服务站行使原承担的行政职能。内设科室3个，全额拨款事业编制10名。

五、市农民素质教育办公室

2002年2月，市农办成立娄底市农民素质教育办公室，核定事业编制4名。管理人员实施公务员制度，后勤事业编1名。2010年11月，市农民素质教育办公室和市农广校合并，组建农民素质教育办公室。2010年12月，核定市农民素质教育办公室（加挂娄底市农业广播电视学校牌子）为正科级全额拨款事业单位，定编8名（含后勤服务全额拨款事业编制1名）。

六、市农村能源环保办公室

1990年，地区农村能源办公室为副处级单位，由地区农委主管，核定编制4名。2002年2月，市农村能源办公室更名为市农村能源环保办公室，由市农办管理，核定事业编制3名。管理人员实施公务员制度，后勤事业编制1名。2010年12月，核定为市农办下属正科级全额拨款事业单位。2012年11月，明确为参照公务员管理事业单位。2015年11月，核定为市农委直属正科级全额拨款事业单位。

七、市农业技术推广中心（市农业技术管理处）

2004年，市农业局所属农业技术推广站、良种繁育推广站、植保植检站、土壤肥料管理站、优质农产品开发中心、农产品质量安全检验检测中心6个正科级事业单位合并组建市农业技术推广中心，为副处级独立法人事业单位，归口市农业局管理。内设办公室、植保植检站、土壤肥料管理站（基本农田保护办公室）、绿色食品管理站、农作物技术推广站（体系建设管理办公室）、农产品质量安全监督检验测试中心。核定全额拨款事业编制50名。

第二节　县级机构

一、娄星区农业局

1990年，娄底市农业局设办公室、人事教育股，人员编制11名。1994年，党政机构改革，保留农业局，为政府职能部门，内设机构3个，行政编制10名。2001年，内设股室7个，局机关核定行政编制10名、事业编制22名。2010年，内设股室10个，局机关行政编制15名、全额拨款事业编制15名。2015年，将区农业局、区委农村工作部（区政府农村工作办公室）职能整合，将区蔬菜管理局、区乡镇企业局职责划入，组建区农业局，为政府工作部门，内设机构15个，核定机关行政编制21名。

二、冷水江市农业局

1990年，冷水江市农牧渔业局更名冷水江市农业局，内设办公室、人事教育股、计财股等。1994年党政机构改革，保留市农业局。2002年，内设股室8个，定行政编制9名，事业编制20名，实行公务员管理。2010年，新一轮机构改革，市农业局为政府工作部门，内设股室10个，行政编制12名，事业编制28名。2015年，将市农业局、市委农村工作部（市农办）职能整合，划入市农业局。内设股室14个，定行政编制20名，事业编制36名。

三、涟源市农业局

1990年，涟源市农业局设办公室、政工股、计财股等，定行政编制15名。1994年，党政机构改革，市农业局为市政府组成单位，内设4个职能股室和纪检组（监察室），定行政编制15名。2001年，机构改革，内设股室9个。2010年，新一轮机构改革，市农业局内设股室11个，局机关核定行政编制16名、全额拨款事业编制21名。2015年，设立涟源市农业局，加挂涟源市委农村工作办公室牌子，为市政府工作部门。将市委农村工作部（市政府农村工作办公室）、市蔬菜管理局、市乡镇企业局职责整合，划入市农业局。内设机构12个，将市畜牧水产局、市农业机械管理局、市农村经营管理局承担的行政职能划入市农业局。

四、双峰县农业局

1990年，双峰县农业局内设办公室等4个股室，行政编制15名，负责全县农业农村工作。1994年党政机构改革，县农业局编制未变。2001年，县农业局为主管全县农业与农村经济发展的政府工作机构。2010年，新一轮机构改革，县农业局为政府工作部门。内设股室11个，局机关核定行政编制16名。2015年，设立双峰县农业局，加挂中共双峰县农村工作办公室牌子，为县政府工作部门。将县委农村工作部、县蔬菜管理局、县乡镇企业局的职责整合，划入县农业局。将县畜牧水产局、县农业机械管理局、县农村经营管理局承担的行政职能划入县农业局。内设机构12个，定行政编制20名。

五、新化县农业局

1990年，新化县农业局内设4个股室，行政编制15名。1994年，党政机构改革，保留县农业局，内设机构3个，行政编制未变。2001年机构改革，县农业局为主管全县农业与农村经济发展的政府工作机构。2010年，新一轮机构改革，县农业局内设股室10个，局机关行政编制15名、全额拨款事业编制15名。2015年，将县农业局、县农村工作部（县政府农村工作办公室）职能整合，将县蔬菜管理局、县乡镇企业局职责划入，组建县农业局，为政府工作部门，内设机构15个，核定机关行政编制21名。

第二十二篇

林　业

概 述

娄底市境内西、南、东三面山丘环绕，产杉、松、竹等用材，是水源涵养林区。中部丘冈密布，是经济果木林、油茶和湿地松产地。

1990年，娄底地区以消灭宜林荒山为重点，大规模开展全民义务植树。全地区人工造林1.42万公顷，其中，荒山造林1.17万公顷，更新造林2500公顷。封山育林3.23万公顷，森林面积22.58万公顷，森林覆盖率27.8%。1991—1994年，全地区继续消灭宜林荒山，累计人工造林7.75万公顷（年均造林1.94万公顷），飞机播种造林1.93万公顷，中幼林抚育4400公顷，封山育林11.28万公顷。娄底中心城区建成区绿化面积800公顷（公共绿地89.33公顷），绿化覆盖率30.2%，建制镇绿化覆盖率25%。全地区全面绿化达标，娄底市在省绿化委员会首届“争创造林绿化‘四佳’活动”评比中获先进县市称号。

1995年始，娄底地区加速全面绿化、发展高效林业。省委、省政府先后授予冷水江市、双峰县、涟源市、新化县全面绿化达标先进市县称号。1997年，国家林业局批复同意娄底市建设森林城项目建议书。至2000年底，全市6年共完成人工造林1.73万公顷（年均2883公顷）。全市森林面积23.51万公顷，森林覆盖率40.6%。

2006年始，全市开展集体林权制度和林业配套改革，推进林业高质量发展。是年3月，娄底市获“全国绿化模范城市”称号。市长林武参加在北京人民大会堂召开的全国造林绿化表彰大会。2009年，明确基层林业站工作人员为事业编制，工资纳入财政预算，确保基层林业部门正常运转和林农负担不反弹。2010年，37.19万公顷集体林权落实到户。

2012年，全市开展绿化娄底四年行动和秀美村庄、“天蓝水净地绿”三年行动，至2015年，域内人工造林8.05万公顷（平均每年2.01万公顷）。2016年，林业部和省林业厅批准娄底国家级生态公益林保护面积23.2万公顷，安排生态补偿金5713.33万元。娄底市林业局获评“全国绿化先进集体”。

2017年，境内8个国有林场确定为公益一类事业单位，人员编制、经费，职工最低生活费、养老保险和医疗保险单位缴纳部分等纳入同级政府财政预算。是年，全市林下经济发展较快，种养业面积10.58万公顷，产值47.24亿元。建成国家、省级林业龙头企业39家，年产值4.99亿元。省级现代林业特色产业园11家，年产值26.61亿元。全市森林面积34.54万公顷，森林覆盖率50.3%。

1990—2017年，全市总计人工造林30.96万公顷，年均1.1万公顷，完成林业科研生产和科技推广项目27项，获省科技进步二等奖、三等奖10项，获科学技术推广成果奖10项。全市林业实现改革转型跨越式发展，基本建成娄底生态安全屏障。但在发展中仍存在一些问题：林种、树种结构显单一，生物多样性较简单，野生动植物资源偏少，森林覆盖率较高，但单位面积蓄积量偏低，抵御自然灾害能力不强；生态文明建设须进一步深入人心；生态公益林管理机制需进一步完善。

第一章 森林与湿地资源

第一节 森林资源

一、林业用地

1990年，娄底地区林地面积21.94万公顷，占全地区土地总面积的27%。1996年，林地面积30.64万公顷，占全地区土地总面积的37.7%。2005年，林地面积27.95万公顷，占全市土地总面积的34.4%。因20世纪70年代所建杉木林基地林木进入成熟期，采伐量加大，迹地增加。到2009年，全市林地面积31.17万公顷，占全市土地总面积的38.4%。2013年全市林地面积32.28万公顷，占全市土地总面积的39.8%。2015年全市林地面积33.98万公顷，占全市土地总面积的41.9%。2017年，全市林地面积34.54万公顷，森林覆盖率50.3%。

二、森林蓄积量

1990年，全地区活立木总蓄积量421.6万立方米；立竹4377万株。2000年，全市活立木总蓄积量843.16万立方米，立竹8156万株，分别比1990年增长100%和86.3%。2005年，活立木总蓄积量1262.79万立方米，立竹1.04亿株，分别比2000年增长49.7%、26.9%。2008年，娄底遭受百年一遇的大雪冰冻灾害，林木损失严重，活立木和立竹分别比2005年减少13.5%、19.1%。2009年，活立木总蓄积量1092.2万立方米，立竹8371万株。2015年，活立木总蓄积量1341.4万立方米，立竹1.25亿株，分别比2009年增长22.8%和49.6%，是历史上增长最多的时期。至2017年底，域内活立木总蓄积量1571.24万立方米，立竹1.69亿株，分别比2015年增长17.1%和35.1%。

三、林种树种

（一）林种

1990年，娄底地区用材林面积13.97万公顷、防护林1.09万公顷、特用林160.33公顷、经济林3.84万公顷。

新化县大熊山古寺前距今约1600年的银杏树（2015年摄）

1995年，全地区用材林21.22万公顷，活立木蓄积658.66万立方米；防护林1.85万公顷，蓄积38.97万立方米；薪炭林257.6公顷，蓄积4540立方米；特用林1792.3公顷，蓄积11.94万立方米。

2005年，全市防护林19.11万公顷，蓄积627.39万立方米；特用林1.98万公顷，蓄积90.21万立方米；用材林11.25万公顷，蓄积442.72万立方米；薪炭林1696.4公顷，经济林2.43万公顷。

2011—2015年与2001—2005年相比，全市防护林面积减少4.7%、特用林面积增加98.4%、用材林面积增加35.6%、薪炭林和经济林分别减少64.7%和53.1%。

2017年底，全市防护林7.2万公顷，特用林2.3万公顷，分别比"十二五"期末减少39.5%、41%，用材林27.4万公顷，薪炭林0.09万公顷，经济林7万公顷，分别比"十二五"期末增加80.3%、33.3%和5倍多。

（二）树种

1990年，全地区乔木树种99科344属1027种。其中，用材林285种，防护林48种，薪炭林30种，经济林180

种，特种用途林（含母树林、种子园及绿化树）树种220种。主要造林树种有杉木、马尾松、银杏、枫香、红椿、楠木、柏木、毛竹等51种。

1991年，杉木林面积6.46万公顷，蓄积265.94万立方米；马尾松3.23万公顷，蓄积62.59万立方米；阔叶树1203.8公顷，蓄积3.05万立方米。分别占森林面积的65.8%、39.9%、1.2%，占总蓄积量的80.2%、18.8%、0.9%。

2009年，杉木林面积8.2万公顷，蓄积305.8万立方米；马尾松11.35万公顷，蓄积339.36万立方米；阔叶树3.15万公顷，蓄积62.11万立方米；柏木5300公顷，蓄积2.75万立方米，分别占总森林面积的26.3%、36.4%、10.1%和1.7%，占总蓄积量的28%、31%、5.6%和0.3%。

2015年，杉木林面积8.03万公顷，蓄积449.08万立方米；马尾松10.66万公顷，蓄积575.62万立方米；阔叶树3.64万公顷，蓄积114.37万立方米；柏木面积0.66万公顷，蓄积15.02万立方米，分别占总森林面积的34.9%、46.3%、15.8%和2.2%，占总蓄积量的38.9%、49.8%、9.9%和1.3%。

2017年，杉木林面积9.56万公顷，蓄积556万立方米；马尾松面积12.31万公顷，蓄积716.73万立方米；阔叶树面积5.65万公顷，蓄积351.8万立方米；柏木面积1.14万公顷，蓄积28.03万立方米。

2000—2005年与2011—2015年娄底市乔木面积、蓄积情况对照表

表22-1

比较项目				2000—2005年	2011—2015年	增加	增长率(%)
林地总面积(万公顷)				38.63	42.04	3.41	8.8
活立木总蓄积(万立方米)				1262.79	1341.40	78.62	6.2
主要优势树种(组)	杉木类		面积(万公顷)	8.04	9.30	1.27	15.8
			蓄积(万立方米)	449.08	448.92	-0.16	—
			单位面积蓄积(立方米)	55.90	48.20	-7.70	-13.8
	松类		面积(万公顷)	10.67	10.85	0.19	1.8
			蓄积(万立方米)	575.62	587.10	-8.52	-1.5
			单位面积蓄积(立方米)	54.00	52.30	-1.70	-3.1
		其中：国外松	面积(公顷)	5669.20	6495.10	825.90	14.6
			蓄积(万立方米)	34.87	28.93	-5.95	-17.0
			单位面积蓄积(立方米)	61.50	44.50	-17.00	-27.6
	阔叶类		面积(万公顷)	3.65	6.85	3.19	87.7
			蓄积(万立方米)	114.37	211.44	97.07	84.9
			单位面积蓄积(立方米)	31.40	30.90	-0.50	-1.6
	柏木类		面积(万公顷)	0.66	1.15	0.48	72.7
			蓄积(万立方米)	15.02	28.03	13.00	86.6
			单位面积蓄积(立方米)	22.60	24.40	1.80	8.0

四、古树名木

根据《中华人民共和国森林法》规定，2008年，娄底市进行第一次古树名木普查；2015—2017年，开展第二次普查，确认域内保存百年以上古树名木2214株，其中树龄1600年以上的古树1株，1000~1500年的6株，500年以上的148株。

2015—2017年娄底市古树名木(树龄600年以上)情况表

表22-2

序号	树种	树龄(年)	树高(米)	胸径(厘米)	所在地点
1	银杏	1600	28	330	新化县大熊山大熊村熊山古寺
2	银杏	1510	31	220	新化县大熊山金坪村西泉寺
3	樟树	1500	25	223	新化县水车镇楼下村9组贺家冲
4	香樟	1033	20	190	双峰县印塘乡铁马山
5	樟树	1000	25	200	双峰县杏子镇大树村天托仑
6	青冈	1000	49	146	新化县水车镇奉家村10组燕窝院
7	樟树	1000	25	200	双峰县杏子镇大树村
8	继木	913	5	43	双峰县荷叶镇天坪村雷公塘
9	乌桕	873	15	111	双峰县永丰镇枣子塘
10	银杏	870	28	135	双峰县九峰山林场二工区
11	银杏	870	24	138	双峰县九峰山林场二工区
12	银杏	870	28	138	双峰县九峰山林场二工区
13	银杏	870	24	135	双峰县九峰山林场二工区
14	苦槠	850	9	78	新化县荣华乡田果村1组田果冲
15	枫香	820	18	150	新化县大熊山熊山村枫福桥
16	银杏	800	30	68	新化县大熊山大熊村2组爱山屋边
17	柘藤	800	13	45	新化县荣华乡栗树村6组拔刀界
18	樟树	800	28	163	新化县西河镇利兴村13组袁家院
19	秋枫	800	20	86	新化县桑梓镇洪潮村9组洪潮
20	银杏	800	20	120	涟源七星街镇菜花村潭山湾
21	银杏	800	30	168	新化县大熊山大熊村2组
22	银杏	800	28	115	涟源市七星街镇菜花村扶王洞
23	青冈	780	32	107	新化县金凤乡大湾村马路边
24	青冈	750	12	201	新化县琅塘镇隔山村6组曾家湃
25	银杏	700	29	50	新化县大熊山大熊村爱山屋后

续表22-2

序号	树种	树龄（年）	树高（米）	胸径（厘米）	所在地点
26	银杏	700	25	175	新化县奉家镇卯溪村6组下湾山
27	女贞	690	12	48	新化县古台山高峰村7组何家
28	石檀树	660	13	101	双峰县甘棠镇台上园
29	柞树	660	5	60	双峰县荷叶镇金风村神玉庙
30	樟树	650	18	143	新化县荣华乡易龙村11组庙堂田
31	青冈	650	12	120	新化县琅塘镇隔山村曾家湃
32	马尾松	620	45	132	新化县大熊山锡溪村丰福屋
33	青冈	620	18	143	新化县荣华乡易龙村10组坟山湾
34	樟树	610	16	94	新化县荣华乡大乐村5组新屋院
35	银杏	600	20	117	冷水江市集中居委会
36	香樟	600	25	320	涟源市十甲村大湾组
37	重阳木	600	25	140	新化县圳上镇文教村3组五统庙
38	银杏	600	25	165	新化县田坪镇杨柳冲1、2、6组白竹山
39	三角枫	600	11	60	新化县上梅镇梅树村3组罗家院
40	银杏	600	35	184	新化县桑梓镇塘冲村2组塘冲
41	银杏	600	22	88	新化县桑梓镇塘冲村3组塘冲
42	石楠	600	13	98	新化县荣华乡大乐村6组胡家院
43	枫香	600	15	76	新化县桑梓镇西江湾6组西江湾
44	苦槠	600	25	145	新化县水车镇道观村16组青苔冲
45	朴树	600	19	176	娄星区双江乡朱家村

第二节　湿地资源

1990年，境内的天然河流主要有4种类型，即山地溪流、高地河流、低地江河和丘平江河。主要江河有湘江一、二级支流涟水、孙水、涓水，市内流程85千米，流域面积49.13万公顷。资江一级支流油溪、大洋江、渠江、青峰等，市内流程489.2千米，集雨面积289.5万公顷。2004年统计：全市人工湿地691处，其中，大型水库3座，中型10座、小（1）型98座，小（2）型582座。大型水库有柘溪、水府庙和车田江，总库容42.5亿立方米，集雨面积259万公顷；中型水库有白马、大江口、梅花洞、南冲、半山、群力、燕霄、峡山塘、周头和双江10座，总库容2.17亿立方米，集雨面积5.99万公顷。

2007年11月，国家林业局批准建立湖南水府庙国家湿地公园试点，2008年启动。2014年，市政府出台《娄底市水府庙湿地公园保护管理暂行办法》。是年，国家林业局专家组验收授牌。2014年，国家林业局批准湖南新化龙湾国家湿地公园建设，2015年，批准湖南涟源涓峰湖国家湿地公园建设。2017年，域内未新增湿地资源。

娄底市三个国家湿地公园情况表

表22-3

湿地公园名称	批准时间	批准机关	湿地面积（公顷）	其中		分布区域
				娄星区（公顷）	双峰县（公顷）	
水府庙国家湿地公园	2007年	国家林业局	8537.2	1436.3	7100.9	娄星区：大科、花山、万宝；市经开区：涟滨、大埠桥；双峰县：杏子、梓门。涉及86个村
新化龙湾国家湿地公园	2014年	国家林业局	2504.6	—	—	新化县琅塘镇：苏溪、新佃桥、杨木洲、梅罗、先进、乐溪、晚坪、潘洋、双龙、大桥、石门、古塘、潭家、澧溪、长溪，1个社区；荣华乡：白大、易龙、鹊桥、田果、荷华、荣华、杨家、小鹿
涟源湄峰湖国家湿地公园	2015年	国家林业局	508.6	—	—	涟源市湄江镇：远利、蒿子、黄罗、寨背、湴田、桃溪、秀家、王江、新江、马方溪和大江口水库管理区
合计			11550.4	1436.3	7100.9	

第二章　森林培育

第一节　苗木培育

一、林木育苗

1990年，全地区有苗圃280处91.01公顷，产合格苗5607.34万株，其中，国有苗圃（新泽、青山、毛易、新化和古台山、大熊山林场）育苗19.36公顷，占育苗总面积的21.3%；重点户育苗71.65公顷，占育苗总面积的78.7%。育苗树种以杉木、马尾松、湿地松、檫木、柏木、板栗、柑橘等为主。新化县水车区锡溪乡柳双村育苗专业户罗教礼培育光皮桦苗木0.8公顷，出苗30万株。1991年，地委、行署要求打好消灭宜林荒山攻坚战，加大育苗力度，全地区育苗126公顷，比上年增长38.4%，并从邵阳、怀化等地区调入杉木、马尾松、湿地松和柏树苗木2000万株，无偿供群众造林。1992年，全地区育苗面积仍保持126公顷，育苗树种以经济林柑橘、椪柑、柰李、桃、杨梅、板栗为主，育苗40公顷；绿化苗木桂花、茶梅、海棠、石楠等31.33公顷，用材林杉木20.66公顷、马尾松30公顷、湿地松4公顷，产合格苗木4600万株。冷水江市铎山乡塘溪村育苗专业户租赁8公顷水田，培育柰李3.33公顷、杨梅（丁岙、东魁）2.67公顷，巨峰葡萄0.67公顷、桃0.6公顷，产合格苗310万株，收入510万元。1993—2000年，全地区育苗每年保持112公顷，产合格苗木3840万株；用材林育苗每年26.6公顷上下。全区绿化苗木育苗专业户30户，面积666.66公顷，形成集绿化苗木供应、旅游观光、绿化工程施工、餐饮一体化的绿色生态可持续产业。

2001—2004年，国家退耕还林还草试点示范期，全市每年育苗120公顷，建成包围山阔叶树良种基地，优良林木品种有榉树、楠木、红椆、枫香、木荷、杜英、香花槐、栾树、桤木、板栗、柑橘、杨梅等。

2005—2008年，省下达退耕还林面积减少，全市进入“三难地”（紫色页岩、钙质页岩和石灰岩裸露山地）造林和发展名优特经济林阶段，每年育苗53.33公顷，结构向经济林、生态林体系调整。2009

年，省林业厅批准涟源市、新化、双峰县和娄星区4个油茶育苗基地，用种10吨，育苗14.66公顷，嫁接良种芽条690万株，出圃标准苗木450万株。至2010年，全市培育苗木181.32公顷，其中油茶林21.32公顷。

2011年，涟源市建立包围山油茶林采穗圃6.66公顷，年产穗条500万条。至2017年，全市每年育苗80公顷，生产苗木2600万株，其中，用材林标准苗木1000万株，经济林和绿化苗木1600万株。

二、绿化苗木培育

1990年，域内国有苗圃、城区159家机关及企、事业单位投资千万元自建花卉苗圃，从事绿化专职人员500余人，30%的庭院达到县级“花园式”标准。

2003年，娄底市现代园林有限公司种苗基地成立，投资2000万元，面积46公顷，建设古树大树移植基地，从广西山区购买胸径80厘米，树龄100~500年的古银杏树、樟树30棵植于基地，绿化苗木资产1000万元。2010年，新化县建立唐奇木本药材产业园，投资2.94亿元，面积126公顷。2012年，娄星区华泰农林科技有限公司、冷水江市汇美天下珍贵花卉苗木产业园相继建立，分别投资0.2亿元、1.1亿元，面积分别为40公顷、50公顷。2012—2017年，娄底境内有花卉、绿化苗木龙头企业34户，每年产值4.99亿元。

第二节　植树造林

一、基本情况

1990年，全地区人工造林1.42万公顷，其中，荒山造林1.17万公顷，占82.4%，更新造林2500公顷，封山育林3.23万公顷。1991年始，娄底形成第一个造林高峰阶段，至1992年，娄底市（县级）、涟源市、冷水江市和双峰县均实现“灭荒”达标。1994年5月，地委、行署作出《关于表彰实现消灭宜林荒山单位的决定》，对在消灭宜林荒山工作中取得显著成绩的5个县（市）和184个乡、镇、场、办给予通报表彰；对在“灭荒”工作中成绩突出的地区林业局和县（市）林业局给予表彰。1991—1995年，全地区造林8.4万公顷，其中，荒山造林6.35万公顷，占76%，更新造林1.01万公顷，经济林3000公顷，低产林改造7400公顷。飞机播种造林1.93万公顷。中幼林抚育9100公顷。封山育林12.32万公顷。全地区“灭荒”造林取得明显成效。

1996—2000年，全地区累计人工造林1.08万公顷，其中，“灭荒”造林5200公顷，更新造林3600公顷，经济林2000公顷。中幼林抚育1.01万公顷。封山育林2万公顷。2001—2005年，全市造林4.76万公顷，是1996—2000年的4倍多，其中，荒山造林1.34万公顷，长江防护林（简称“长防林”）1500公顷，退耕还林3.27万公顷，中幼林抚育5500公顷，封山育林3400公顷。

2006—2010年，全市基本维持“十五”期间的造林水平，累计造林4.06万公顷，（比“十五”期间减少16.1%）。其中“灭荒造林”1.82万公顷，占44.9%；退耕还林5000公顷，占12.3%。“长防林”2800公顷，经济林4900公顷，防护林9600公顷。中幼林抚育8.82万公顷，封山育林6.45万公顷。

2011—2015年，坚持以“绿水青山就是金山银山”新理念为指导，全市加快生态体系和林业产业体系建设，累计造林9.16万公顷（年平均1.83万公顷，是上个五年计划期的2倍多），其中，石漠化造林3.17万公顷，经果林1.53万公顷，退耕还林4200公顷，荒山造林1.92万公顷，长江防护林1.04万公顷，防护林4200公顷，低产林改造6500公顷。中幼林抚育4.45万公顷。封山育林3.2万公顷。“十二五”时期是娄底林业发展最快的时期。2011—2015年，市林业局4次获得省人民政府湘林杯奖。

2016—2017年，全市造林2.08万公顷，其中，荒山造林8500公顷，退耕还林1200公顷，“长防林”1900公顷，经济林2800公顷，低产林改造5700公顷，石漠化造林700公顷。中幼林抚育1.64万公顷，封山育林8000公顷。

二、工程造林

长防林工程　1990年，省林业厅召开长江中上游防护林体系工程（简称“长防林工程”）建设第一次工作会议。娄底抓住长防林工程建设的政策机遇，加快流域生态屏障建设。到2005年底，累计完成长防林工程造林1500公顷。2006—2010年，全市长防林工程造林2800公顷，比“十五”期间增长86.7%。2011—2015年，全市长防林工程造林1.04万公顷，比“十一五”期增长271.4%。2016—2017年，全市长防林工程造林1900公顷，年均950公顷。至2017年底，全市长防林工程累计造林1.66万公顷。

退耕还林工程　2001年，新化县列入全省退耕还林试点县，完成退耕地造林2700公顷。市委、市政府将退耕还林与农业结构、经济结构调整和扶贫开发“三结合”，注重抓好机构完善、领导检查、任务到户、种苗供应、资金筹措、技术指导“六个落实”。2002—2005年，全市退耕还林3万公顷；2006—2013年，退耕还林8000公顷；2014—2016退耕还林1800公顷；2017年，退耕还林600公顷。2001—2017年，全市共完成退耕还林4.32万公顷，国家累计投入资金约10亿元，年均5875.32万元。

2001—2017年娄底市退耕还林资金情况表

表22-4　　　　单位：万元

年份	合计	退耕还林补助			完善政策补助			种苗费补助	封山育林费
		小计	粮食补助资金	管护费	小计	粮食补助资金	管护费		
2001	683.00	483.00	441.00	42.00	0	0	0	200	0
2002	5103.00	3703.00	3381.00	322.00	0	0	0	1400	0
2003	7778.00	6578.00	6006.00	573.00	0	0	0	1200	0
2004	7376.00	6946.00	6342.00	604.00	0	0	0	430	0
2005	9070.00	8380.00	7560.00	730.00	0	0	0	490	200
2006	8364.92	8247.80	7530.60	717.20	17.12	14.38	2.74	100	0
2007	7963.70	7914.08	7226.08	688.00	17.12	14.38	2.74	32	0
2008	8554.46	7695.05	7025.91	669.14	215.51	181.03	34.48	506	138
2009	7938.27	7238.36	6608.93	629. 43	301.91	253.60	48.31	300	98
2010	5247.34	4201.64	3319.01	882.63	656.70	566.12	90.58	270	119
2011	5580.46	1641.08	1498.37	142.71	3591.38	3016.76	574.62	285	63
2012	5300.67	1278.31	1167.15	111.16	3617.36	3038.58	578.78	300	105
2013	4620.09	0	0	0	4198.09	3526.39	671.70	345	77
2014	4194.89	0	0	0	4194.89	3523.72	671.17	0	0
2015	4154.60	0	0	0	4154.60	3489.85	664.75	0	0
2016	4148.26	0	0	0	4148.26	3484.53	663.73	0	0
2017	3902.80	0	0	0	3902.80	3278.34	624.46	0	0
总计	99980.03	64306.32	58106.05	6100.27	29015.74	24387.68	4628.06	5858	800

2014—2016年娄底市新一轮退耕还林专项资金情况表

表22-5　　　　　　　　　　　　　　　　　　　　　　　　　　　　　　单位：公顷、万元

年份	面积	造林种苗费	第1年补助资金	第2年补助资金	第5年补助资金
2014	366.67	165	275	165	220
2015	846.67	381	635	381	508
2016	633.33	285	475	285	0
合计	1846.67	831	1385	831	728

说明：造林种苗费（300元／亩），第1年补助资金（500元／亩），第2年补助资金（300元／亩），第5年补助资金（400元／亩）

退耕还林还湿工程　2016年9月，市委、市政府制定《娄底市湘江流域退耕还林还湿试点项目实施方案》《关于认真做好娄底市湘江流域退耕还林还湿试点工作的通知》，涟源市成立湘江流域涟源市杨市镇退耕还林还湿试点项目指挥部。2017年，全市落实治理试点河流1千米，试点区域面积33.4公顷，实施退耕面积20.47公顷，其中，退耕还林12.46公顷。试点区退耕还湿8公顷，人工湿地0.1公顷，水域湿地恢复12.21公顷；还林陆地种植水杉4100株，垂柳7620株，黄桃等经济林1.2万株。恢复湿地，在水塘、河流、河滩植垂柳3000株，美人蕉、芦苇、莲藕等5.1万株。村庄小块湿地中种植狐尾藻、东方香蒲、花叶芦竹，堤岸上植水杉、垂柳、杜鹃等耐湿植物8.26万株。修建管护观赏廊道2.38千米，设置工程标示牌6块，项目概算投入资金596.77万元，是年投入种苗和施工资金220万元。

石漠化造林工程　2008年，新化县石漠化总面积位于全省第四。2011年，新化县纳入省第二批石漠化综合治理试点县，按照国家发展改革委《岩溶地区石漠化综合治理规划大纲（2006—2015）》，编制《新化县2011—2014年石漠化综合治理实施规划》，以全县29个行政区域为单位，建立石漠化观测点60个，完成石漠化造林3.17万公顷。2017年，娄底市启动石漠化监测，监测岩溶区面积44.7万公顷，其中石漠化山地10.5万公顷，完成石漠化造林700公顷，累计完成石漠化造林3.24万公顷。吉庆、游家、坐石、温塘、曹家等石漠化严重的山区，干部群众用锥子、钢钎、镐头凿穴，挑土担水上山植树造林，使一片片松柏林、果木林生长苍翠，昔日荒芜的石灰岩山地披上绿装，成为林农的"金山银山"，县域森林覆盖率从2005年的45%提高到53.2%。全国《生态与林业》杂志，以《石灰岩上的美丽》为题刊发通讯。

三、城乡绿化

城市绿化　1994年始，娄底地区贯彻《湖南省争创全国造林绿化千佳村、百佳乡、百佳县、十佳城市活动实施办法》，制订义务植树规划和年度计划，建立义务植树基地，创建省、市级"园林式小区"20个。娄底地区各县（市）和甘棠、万宝、禾青、桥头河、洋溪等20个建制试点镇的街道绿化建设同步推开，建设一路多树种、一街多景观的绿化工程，城市各部门、单位及学校、部队均参加植树活动。全地区新建成一批园林式单位，139个单位庭院，获得省、市"园林式单位"或"园林式小区"称号，其中，娄底中心城区获评省级园林式单位46个，市级园林式单位21个，城区中心12条道路配套改造拓宽路面，建成以乔木为主体，灌木、藤本、花卉和草本合理搭配的林荫道32千米，园林小品形态的绿带（块）18万平方米，交通休闲绿岛9个，道路绿化普及率85%以上，建成区绿化面积800公顷（公共绿地89.33公顷），按城市人口25.5万计算，建成区绿化覆盖率30.2%，人均公共绿地面积9平方米，建制镇绿化覆盖率25%。是年，娄底市（县级）被授予全国造林绿化"四佳"先进市称号。

1997年，林业部批准娄底市（县级）建设"森林城"项目建议书，市森林城建设领导小组成立。

2001年，根据国务院《关于加强城市绿化建设的通知》，市委、市政府把城市绿化作为城市基础设施的重要内容列入城建规划。2003年1月，市政府常务会议发布《娄底市全民义务植树实施管理办法》，于2003年3月1日起施行。

2003年4月，市政府成立绿化委员会。2004年，市委成立创建娄底森林城市领导小组。是年10月，市二届人大常委会第七次会议审议决定樟树为市树，杜鹃花为市花。2005年，市委、市政府修改完善《娄底市城市绿地系统规划（2003—2020）》，按照“新型工业城市、新兴旅游城市，重点交通枢纽，彰显娄底特色”的定位，邀请深圳园林设计装饰工程公司，对涟钢环境绿化建设进行总体规划设计，邀请湖南农林勘察设计研究院和省林业调查规划设计院完成《娄底市森林城总体规划》《娄底市洪家山森林公园总体规划》。至2005年，娄底城区和城郊参加义务植树112.52万人次，植树541.28万株，建成义务植树基地324.33公顷。市政府投资3800万元，实施广场建设改造工程，建成绿地面积270.3公顷。投资5000万元，改造青山公园、月琴山公园等，启动柏杨河公园、江龙公园、钢城公园、檀香公园和龙眼公园等建设工程，建成城区公园5座，绿地率75%。投资8800万元，新建城市道路26条，总长39千米，采用拆违建绿办法，对20条街道的绿化进行改造升级，增植乔木5600株，灌木1.36万株，建成园林小品（景点）83处，城市主干道绿地率31.2%，次干道绿地率27.5%。娄底中心城区建成区绿地面积和绿化覆盖面积分别达到1281公顷和1378公顷，绿地率和绿化覆盖率分别达到34.1%和36.6%，人均公共绿地9.07平方米（中心城区6.9平方米）。2005年，省人民政府授予娄底市“湖南省园林城市”称号。

2005年10月18日，市委、市政府举行创建全国绿化模范城市万人签名活动，激发市民主动参与的自觉性。2006年3月，娄底市获得全国绿化模范城市称号。2010年，参加在河南郑州举办的中国第二届绿化博览会，在郑州建设一个面积2300平方米的室外“娄底风情园”。

2011年，全市创建省级园林式单位有新化县人民检察院、新化县第五中学、双峰县烟草专卖局、双峰县行政中心、娄底幼儿师范学校、湖南娄底湘中文武实验学校、娄底市娄星区人民检察院、涟源市工贸职业中等专科学校、涟源市行政中心、涟源市人民检察院。

2012年，娄底市第三届人大常委会第27次会议，确定每年农历正月初八为娄底市全民义务植树日。至2017年，娄底市委、市政府仍坚持省级园林式单位创建和每年农历正月初八全民义务植树活动持续开展。

联村建绿　2012年始，市委、市政府决定在全市开展绿化娄底四年行动，坚持以“植树造林、封山育林、绿化娄底”为主题，以“三边一区”（路边、水边、城边和景区）绿化为重点，全面实施森林生态保护与建设工程，宜造则造、宜封则封、封造并举，着力打造成山清水秀、鸟语花香、林城相依、人与自然和谐相处的森林城市。绿化娄底四年行动累计完成义务植树4060.8万株，为计划任务的107%，投入资金3.24亿元。2015年11月，全省秀美村庄三年行动计划在娄星区杉山镇万乐村启动。

2016年，市委、市政府决定在全市开展“天蓝水净地绿”三年行动，联村建绿列为考核内容之一。2017年8月，中央电视台《新闻联播》以《湖南娄底：联村建绿还绿于民》为题，报道娄底市通过联村建绿，大力改善城乡生态环境的典型经验。至2017年底，全市累计投入6297.1万元，植树186.21万株，联村建绿454个村，其中，市直单位投入1085.07万元，植树32.27万株，联村建绿105个村。

第三节　森林抚育

1990年，地委、行署部署境内低质、低效林地封山育林。封山育林期间，不准放牧、不准采伐、不准砍柴。是年，全地区完成封山育林3.23万公顷。1991—1993年，封山育林8.91万公顷。1994年，地区行署提出：加强中幼林抚育管理，改变重造轻管局面。至1999年，全市完成中幼林抚育1.92万公顷，封山育林5.41万公顷。2001年，封山育林0.17万公顷。2002—2006年，中幼林抚育1.16万公顷，封山育林4400公顷。2007—2013年，完成中幼林抚育11.66万公顷，年均1.67万公顷，其间封山育林9.38万公顷。2014年，中幼林抚育1万公顷。2017年，完成中幼林抚育1.64万公顷，封山育林8000公顷。通过中幼林抚育和封山育林，境内用材林尤其是杉木林基地得到保护，成林成片，蓄积增加。

第四节　林业科技推广

1990—1991年，地区林业科学研究所主要从事林业科学研究工作。1992年，林业科学研究转向主要推广林业新技术；1993年，全地区林业科技推广站，管理林业新品种引进，培植推广和提高林木良种使用率。2001—2010年，全市推广应用ABT、GGR生根粉17千克，获得国家林业局生根粉推广成果奖二等奖一项、三等奖两项。2011年2月，全市应用《湖南林地测土配方网上服务系统》查找造林栽培技术，选择适合树种和相关元素，推进林业高效优质发展。2014年6月，各县（市、区）选择适生立地因子，应用适宜造林树种和栽培技术，开展作业设计。娄底祥兴农业股份有限公司、涟源市利群农贸综合开发有限公司及冷水江市龙盘山农林科技开发有限公司应用该技术建立油茶林基地333.33公顷。涟源市博盛农业开发有限公司、娄星区宜东农林发展有限公司、冷水江市汇美天下珍贵花卉苗木产业园应用林业测土配方技术发展楠木、桂花、南方红豆杉、紫薇等珍贵苗木基地200公顷。新化县发展杉、松、毛竹速生丰产林和中药材6700公顷，提高林地集约、科学经营水平，提高经济效益。2015年，《湖南省新化县毛竹标准化示范基地建设》项目在新化县实施，各项技术经济指标达到或超过预期目标；2016年，《突尼斯软籽石榴早期丰产栽培技术示范与推广》和《湖南省冷水江市矿区废弃地生态修复与植被恢复标准化示范区建设》项目在涟源、冷水江市推广实施。2017年，娄底市林业科技推广站承担中央财政支持林业科技《多花黄精林下栽培技术示范与推广》项目在新化县推广，各项技术指标超过预期。至2017年底，境内林业科研机构完成的科研项目中获省科技进步二等奖、三等奖10项，完成生产推广项目27项，获科学技术推广成果奖10项。

第三章　森林保护

第一节　林业执法

1990年，娄底行署林业局内设营林技术推广站，履行营林技术和林木良种调入育苗及林木种苗依法管理，杜绝经营假劣林木种苗进入市场流通的职能。林业公安科打击盗伐和毁林、乱捕滥猎野生动物和违法运输木材的案件，稳定林区社会治安秩序。2001年，市委、市政府部署林业种苗行政执法管理工作，依据《湖南省"林木种子生产许可证"和"林木种子经营许可证"核发管理暂行办法》、《中华人民共和国种子法》、国家林业局《林木种子生产经营许可受理办法》的规定，林木种子经营许可证实行国家、省、县（市）三级审核发放制度。至2004年，全市办理林木种苗经营许可证30户。2008年，市林业局林业公安科更名市森林公安局。2010年，新化、涟源、双峰、娄星区与林改同步，相继成立林业综合执法大队。

2014年，娄底市森林公安以新化县为主，保护全市境内12处候鸟迁徙主要通道及栖息区域，实行昼巡夜守，联合执法、保护野生动物。重点乡镇林业站、派出所连续开展3次集中整治行动，出动警力150人次，现场查获摩托车5台，强光灯4个，汽车电瓶1个，驱鸟器6个，捕鸟网4张，鸟笼5个，猎枪子弹数发，黑火药和火铳铁砂千余克，查获鸟类死体12只，救护放生活鸟24只，侦缉追逃不法分子4人。中央电视台《聚焦"三农"》频道，对新化县森林公安局保护候鸟作特别播报。

2017年7月，娄底市森林公安局现场查获娄星区水洞底镇大山冲采石场，未经林业主管部门批准，非法占用林地2.83公顷，其中1.26公顷林地的原生植被全部毁坏，已构成非法占用林地罪，依法向娄底市人民检察院移送起诉。

至2017年底，全市查处涉林违法犯罪案件6765起（刑事案件1254，行政案件5511），打击违法犯罪人员9568人，挽回直接经济损失2402.7万元。办理涉林信访案382件，接访群众1492人。累计发放或换发林木种苗生产许可证105份，林业种苗行政执法管理加强，良种使用率100%。

第二节　森林防火

1990年，行署成立地区护林防火指挥部，各县（市）成立相应机构，是年始，娄底地区加强森林防火基础设施建设，建成“四网两化”（即火险预测预报网、火情监测瞭望网、通信联络网、阻火隔离带网和扑火机具化、队伍专业化），预防森林火灾，有效控制野外用火，火灾减少。1995年，娄底地区组建县、乡、村半专业和义务森林消防队。

2003年，市政府获评2002—2003年全省森林防火责任制先进单位二等奖；2004年，市政府获全省森林防火责任制先进单位一等奖，双峰县获评全国森林防火先进单位。2006年，市政府获评2005—2006年度全省森林防火工作二等奖。

2007年8月，市政府颁发《关于加强森林防火期禁区野外火源管理的通知》，规定每年10月1日至翌年4月30日为全市森林防火期，防火期内，查禁林区野外火源。

2009年，娄底市委、市政府下发《关于加强森林防火基础设施建设的实施意见》，市森林防火指挥部下达年度森林防火基础设施建设任务和标准。全市完成“森林重点火险区综合治理工程建设项目”，总投资848.9万元，建成林火信息系统6套，安装地理信息及影像传输系统4套、建设防火林带100千米，防火检查站12个，购置防火车辆10台，建成防火物资储备库436平方米，专业扑火队营房450平方米，配备扑火机具装备8900件（台、套）。

2013年，市政府发布《森林防火禁火令》，印刷2万份纸质件，发至县、市、区和乡镇机关企业事业单位、村（社区）。2014年，根据省森林防火指挥部、省财政厅、省武警总队《关于建设武警森林灭火救援队伍的意见》，市委、市政府出台《娄底市森林防火工作责任追究办法》《娄底市森林防火责任制考评办法》，强化各级党委、政府主要领导和分管领导及各级森林防火指挥部成员单位负责人的责任，在全省首次明确地方派出所和村级负责人的责任，规定各县（市、区）政府每年向市森林防火指挥部缴纳森林防火责任保证金10万元，年底综合考评合格的，全额返回，市财政从预算的森林防火经费中给予适当奖励。娄底市被评为全省森林防火责任目标管理先进单位。

2015年，娄底组建市、县两级武警森林灭火救援队伍4支160人。市委、市政府出台《娄底市森林防火重点管理乡镇的管理办法》，明确市级重管乡镇，管理好用火一线，做到火险早发现、早处理，把好森林火灾源头控制关。

2017年，市森林防火指挥部出台《娄底市森林防火工作约谈办法》，通过约谈，敲响警钟，明确各级领导的责任。是年，市森林防火指挥部办公室依据约谈办法，对新化县洋溪镇镇长，维山乡专职副书记、分管林业的政协联工委主任，冷水江市渣渡镇镇长、分管林业的人大副主席、农开中心主任兼林业站站长3个乡镇党政主要负责人，新化县森林防火办公室，冷水江市林业局主管领导共8人进行警示约谈，向全市90个乡镇发出《关于对部分乡镇森林防火工作约谈情况的通报》，被约谈乡镇及时整改，向市森林防火指挥部办公室报送森林防火工作整改落实材料。

至2017年底，全市建立半专业和义务森林消防队100支，队员3425人。其中，市级1支50人；新化县31支953人；双峰县20支531人；涟源市21支1150人；冷水江市12支372人；娄星区12支360

人，娄底经开区3支9人。全市建设生物防火林带307千米，防火隔离带1391千米，瞭望台15个，蓄水池131个；设立森林火险预警监测站6个，火险因子采集站2个。市县两级建成“12119”森林火灾报警系统和森林防火指挥地理信息系统，建成无线固定基站6个、背负式移动基站6个，图像传输系统3个，对讲机140部，应急通信箱4个，森林防火视频点名系统1个。

1990—2017年，全市发生森林火灾1500余次，受害面积5594.84公顷，其中一般森林火灾518次、较大森林火灾982次，受伤8人，死亡9人，未发生重大和特别重大森林火灾。

1990—2017年娄底市森林火灾情况表

表22-6

年份	森林火灾（次）	受害森林面积（公顷）	损失林木		伤亡人数（人）	
			幼林（万株）	成林蓄积（立方米）	轻伤	死亡
1990	14	19.50	7.23	102.00	0	0
1991	19	28.20	8.33	192.00	2	0
1992	42	103.40	26.83	363.00	0	1
1993	17	55.40	6.81	858.00	0	0
1994	4	0.15	0.02	3.90	0	0
1995	16	14.60	3.48	40.00	0	0
1996	29	50.10	8.83	320.20	0	1
1997	4	5.20	1.11	10.00	0	0
1998	11	15.97	1.94	188.70	0	0
1999	16	31.57	4.66	564.80	0	0
2000	25	54.33	9.60	433.10	0	0
2001	36	59.26	2.66	1083.80	0	0
2002	51	97.06	12.12	4731.00	0	1
2003	75	203.59	18.25	7402.50	1	0
2004	149	527.04	15.91	19671.22	0	1
2005	214	593.10	19.98	18924.70	0	1
2006	64	154.44	7.86	5278.27	0	0
2007	99	343.10	18.23	7764.50	0	0
2008	282	2195.90	57.86	62597.30	1	2
2009	86	306.01	39.31	6222.50	0	0
2010	89	266.74	40.28	4763.70	0	0
2011	43	82.51	9.22	2416.50	0	0
2012	72	133.60	3.31	4838.90	0	0

续表22-6

年份	森林火灾（次）	受害森林面积（公顷）	损失林木		伤亡人数(人)	
			幼林(万株)	成林蓄积(立方米)	轻伤	死亡
2013	21	147.44	10.10	6276.80	4	1
2014	11	71.63	2.30	2949.70	0	1
2015	1	6.80	0	160.00	0	0
2016	2	11.00	1.10	100.00	0	0
2017	8	17.20	1.30	680.00	0	0
合 计	1500	5594.84	338.63	158937.09	8	9

附：冷水江市禾青镇2013年“8·10”森林火灾扑救纪实

2013年8月10日上午8:30，冷水江市禾青镇社学里村发生森林大火。接到群众报警后，娄底市、冷水江市及禾青镇的相关负责人赶到现场，组织干部群众分头扑火。12日上午10时，省森林防火指挥部、省林业厅启动“森林火灾Ⅱ级”应急响应。驻省武警森林部队官兵驰援火灾现场，与冷水江市地方民兵坚守火场观音殿火线。因天气长期高温干旱，森林植被干燥易燃，山势陡峭，地形复杂，森林茂密，火焰凶猛，扑火队员无法靠近火源，面对严峻火情，省长杜家毫4次指示，一定要全力以赴，科学组织，尽早扑灭，损失降到最低，严防发生人员伤亡。国家森林防火指挥部密切关注火情，多次向湖南扑火工作下达批示，同时从北京派武警森林部队官兵支援，还指示南方航空护林总站派出工作组，调派直升机灭火。13日，省森林防火指挥部再次紧急召开调度会，增派森林武警部队赶赴冷水江扑火。14日深夜，接壤的新邵地带又意外冒出冲天大火，省林业厅厅长、娄底市市长、邵阳市市长现场指挥冷水江市、新邵县群众扑火。15日中午，省政府副省长张硕辅紧急赶往火灾现场，调度指挥，并看望武警官兵，部署有力措施扑火，要求娄底市和冷水江市切实周密组织，沉着应对，万众一心扑灭森林火灾。娄底市委书记、市长值守火灾现场，查看火情，指挥专业队伍科学扑火，保护人员安全，防止伤亡事故发生。冷水江市委书记、市长第一时间赶到现场指挥扑救火灾。15日16时，火灾现场因风大火焰方向突转，几位扑火队员被困火中，中国人民武装警察部队森林指挥部机动支队副支队长（正团职）贾宝龙见火势凶猛，一位受困战友没有穿防护服，便立刻将自己穿的防护服脱下让给他，当即命令他迅速冲出火海，自己却不幸被大火包围，壮烈牺牲，年仅47岁。16日14时，明火全部扑灭。8月16日，娄底市委、市政府发出《关于开展向贾宝龙同志学习的决定》，号召全市人民群众学习贾宝龙同志为保护森林，奋不顾身、舍己救人、以身殉职的英雄事迹。

第三节　有害生物防治

1990年，全地区测报林业有害生物种类：马尾松毛虫、黄脊竹蝗、松梢螟、松褐天牛、萧氏松茎象、油茶炭疽病、油茶软腐病、杨小舟蛾、银杏大蚕蛾、松茸毒蛾、云南松毛虫、加拿大一枝黄花、松材线虫病等。是年，境内森林病虫害防治应用新技术，用白僵菌、灭幼脲防治马尾松毛虫。1993年，研究推广打孔注射内吸性强的农药防治竹广肩小蜂、竹蝗、竹缕舟蛾技术。1998年，贯彻“预防为主，综合防治”方针，研究应用GPS导航飞机超低容量喷洒贝林克防治马尾松毛虫技术，防治效果80%以上，且不杀伤天敌，不污染环境。2000年，娄底市森林病虫害防治，宣传“森林保健”新理念，将森林、环境和生物作为一个整体来保护，通过人为措施，调节三者关系，维护森林健康。具体防治主要有：人工摘卵块、茧，捉幼虫。采取人工挖油茶尺蠖的蛹、挖竹蝗卵块、摘松毛虫卵块，人工挖掘白蚁巢等。灯光诱蛾，降低成虫密度，减少下一代虫口基数。用白僵菌、苏云金杆菌、松毛虫病毒，仿生农药灭幼脲等防治松毛虫。施放赤眼蜂、肿腿蜂，招引益鸟防治森林害虫。用溴氰菊酯、速灭杀丁等高效低毒农药防治森林害虫。应用封山育林、培育林下植被层次、保留阔叶树种等营林技术措施，增加生物多样性，增强森林的自控能力；培育良种壮苗和无病虫苗木，禁止带病虫苗木上山造林，防止外来有害生物入侵。改造马尾松毛虫的虫源地，或造混交林，或补种别的树种，抚育间伐，垦复施肥，提高林分长势和质量，增强森林抗病虫能力。

2004年1月至2005年3月，根据国家林业局《关于在全国开展林业有害生物普查的通知》《湖南省林业有害生物普查技术方案》，对全市进行林业有害生物普查，发现有害生物19种。2014年10月开始，全市开展林业有害生物调查测报。2015年，国家林业局开发林业有害生物信息管理平台软件系统，实现国家、省、市（州）、县四级联网，及时掌控病虫害发生及防治情况。至2016年9月，境内重点查出有害生物176种，其中，虫害155种，病害16种，有害植物5种；新化县、双峰县被列入国家级测报点，在基础设备和经费上得到支持。国家林业局林业有害生物防治检疫管理与服务平台开通运行，实现全国检疫信息联网，提高即时掌握森林植物检疫调运管理水平，便于检疫信息查询与检疫执法。全市有森林病虫防治专职人员15人，专职测报员5人。

双峰县井字镇马尾松基地喷施药剂防治松毛虫
（2017年7月20日摄）

2017年，全市林业有害生物测报工作，应用无人机、遥感和卫星影像技术资料判读，市、县两级林业系统信息技术融合监测。森林病虫防治，仍然应用仿生低毒高效专用生物林药和“森林保健”前沿技术及科学人工措施，坚持控制森林病虫基地和人工重点防治相结合，全市森林病虫防治面积保持常年水平，森林林分质量优化，种群结构陆续趋于合理，阔叶树逐渐向多层次演替，森林植被多样性增加，生态环境渐趋平衡。

第四节 限额采伐与林地管理

一、限额采伐

1990年，娄底行署严格执行省人民政府下达的森林采伐限额制度。1991年，根据《中华人民共和国森林法》规定，开展年森林采伐限额编制，每5年核定一次，由各编制单位依法编制，地区林业局汇总上报省林业厅，逐级报经国务院批准后，由省人民政府批转各市（州）政府分解到各编制单位执行。严格实行森林采伐限额管理，凡人为采伐胸径5厘米以上的森林、林木，均纳入年森林采伐限额。

2000—2001年，娄底市政府根据1987年省林业厅下发的《湖南省林木采伐许可证核发管理办法》《湖南省森林采伐限额全额管理办法（试行）》，仍执行每5年编制一次森林限额采伐的规定。

1990—2017年，全市共编制、执行5次年度森林采伐限额。

1990—2017年娄底市森林采伐限额量情况表

表22-7

编制时期	森林活立木蓄积量(万立方米)	年森林采伐限额总量(万立方米)	其中		毛竹年采伐限额量(万株)	年采伐量控制在年活立木生长量的5%以下
			商品材(万立方米)	农民自用材(万立方米)		
1991—1995年	843.15	28.83	22.80	6.03	850.0	3.4%
1996—2000年	1052.96	36.10	28.40	7.70	930.0	3.4%
2001—2005年	1262.98	43.18	34.10	9.08	1035.0	3.4%
2006—2010年	1302.09	61.22	48.45	12.77	1191.0	3.4%
2011—2015年	1341.40	47.00	33.60	13.40	1056.0	3.4%
2016—2017年	1380.71	47.29	33.50	13.79	1179.6	3.4%
合计	7183.29	263.62	200.75	62.77	6241.6	—

二、林地管理

征占用林地审核审批制度　2001年始，根据国家林业局《占用征收征用林地审核审批管理办法》规定，全市开展占用征收征用林地审核审批工作。严格按照征占用林地审核审批权限，县（市、区）林业局初审，市林业局审核审批的制度，征占用林地107公顷。2002—2008年，征占用林地1088公顷，年均136公顷。2009—2015年，经审核审批征占用林地1169公顷，年均167公顷。

2016年，贯彻执行省林业厅《关于加强和规范建设项目使用林地审核审批管理工作的通知》，全市按照林地审核审批权限，执行临时占用防护林或者特种用途林林地面积5公顷以下，其他林地面积10公顷以上20公顷以下的，由省人民政府林业主管部门审批；临时占用防护林和特种用途林林地面积2公顷以上10公顷以下，由市政府林业主管部门审批；临时占用除防护林和特种用途林以外的其他林地面积2公顷以下的，由县级人民政府林业主管部门审批。9月，省林业厅对审核审批规定进行调整，全市严格按照调整后的审批权限，执行县政府林业主管部门审批，市政府林业主管部门审核审批。域内除依法批准的基础设施、公共事业、民生建设项目，符合森林公园、湿地公园、风景名胜区规划的建设项目外，其他建设项目没有突破不得使用一级国家级公益林规定的红线。

2017年12月，全市按照省林业厅《关于严格采石（砂）取土场使用林地审批管理的通知》，对域内采石取土企业使用林地审批管理作出明确规定，对未经审批的采石取土企业和个人进行冻结，擅自占用林地乱象得到遏制。

2015—2017年娄底市征占用林地审核审批情况表

表22-8

单位:公顷

县(市、区)＼年份	小计	2015	2016	2017
新化县	238.75	13.58	152.22	72.95
双峰县	75.93	0	10.08	65.85

续表22-8

县(市、区) \ 年份	小计	2015	2016	2017
涟源市	123.52	8.82	96.81	17.89
冷水江市	52.43	7.97	21.80	22.66
娄星区	58.65	20.70	24.38	13.57
合 计	594.28	51.07	305.29	192.92

森林植被恢复费征缴　2002年，娄底市严格执行财政部、林业局《森林植被恢复费征收使用管理暂行办法》，建立依法缴纳森林植被恢复费制度，按照征收标准，征收森林植被恢复费420万元。2003年，境内森林植被恢复费征收标准：用材林、经济林、苗圃地，每平方米收取6元；未成林造林地每平方米收取4元；防护林和特种用途林林地每平方米收取8元；疏林地、灌木林地每平方米收取3元；宜林地、采伐迹地、火烧迹地每平方米收取2元。对农村居民按标准建设的住宅，农村集体经济组织修建乡村公路、学校、幼儿园、敬老院、卫生院等社会公益项目，以及保障性安居工程，免征森林植被恢复费。至2006年，境内征收森林植被恢复费3486万元，年均581万元。2007—2012年，全市征收森林植被恢复费5226万元，年均871万元。

2013年始，森林植被恢复费纳入财政预算管理，其中：省级征收的森林植被恢复费，除省本级留20%，集中用于全省范围内异地植树造林，恢复森林植被支出外，其余80%通过省财政专项转移支付返还被占用征用林地所在市（州）、县（市、区），具体分成比例，娄底市与县（市、区）分别为30%和50%。2014年，省直管县（市、区）后，省与县（市、区）分成比例4∶6，用于异地植树造林，恢复森林植被。市级不再分成。至2014年，域内征收森林植被恢复费2360万元，年均1180万元。

至2017年底，全市严格执行依法缴纳森林植被恢复费制度，开展森林植被恢复费征收工作，积极引导节约集约利用林地，域内异地植树造林，恢复森林植被所需资金的矛盾有所缓解。

2015—2017年娄底市森林植被恢复费缴纳情况表

表22-9　　单位：万元

县(市、区) \ 缴费额 \ 年份	小 计	2015	2016	2017
新化县	3898.53	131.92	2422.63	1343.98
双峰县	927.83	0	107.27	820.56
涟源市	1941.08	86.68	1488.48	365.92
冷水江市	1204.17	137.35	642.93	423.89
娄星区	881.53	283.51	361.13	236.89
合 计	8853.14	639.46	5022.44	3191.24

第五节　生态公益林和天然林保护

一、生态公益林保护

2001年，国家级、省级公益林规划启动。全市界定国家、省级公益林保护面积16.36万公顷。2005年，市级公益林试点规划、区划界定坚持“生态优先，因害设防、合理布局，尊重自愿，便于管理，有利发展”原则。规划区公益林分布于新化县、涟源市、双峰县、冷水江市、娄星区、娄底经开区，共89个乡镇（街道），8个国有林场，3128个建制村。2012年，保护面积23.34万公顷。2013年始，逐渐下调，2016年23.2万公顷。娄底为全省首个启动公益林保护项目市州之一。2016年，市政府出台《娄底市市级森林生态效益补偿基金管理办法》，有效保护环市中心城区生态圈和饮用水水源，实施面积3333.33公顷。2001—2016年，全市森林生态效益补偿面积23.2万公顷。其中，新化县10.37万公顷、涟源市5.06万公顷、双峰县4.96万公顷、冷水江市1.89万公顷、娄星区8644.93公顷、经开区537.2公顷。中央和省、市财政安排森林生态效益年补偿资金5713.33万元，其中，中央财政3834.08万元，省级财政1843.75万元，市级财政35.5万元，惠及34万农户。2017年，全市生态公益林区划保护面积23.56万公顷，其中，国家级17.82万公顷，省级5.37万公顷，市级3333.33公顷。

2016年娄底市国家级和省级生态公益林及生态效益补偿资金情况表

表22-10

县(市、区)	公益林总面积（万公顷）	其　中		年补助资金(万元)	惠农情况	
		国家级(万公顷)	省级(万公顷)		受益村(个)	惠及农户(户)
新化县	10.37	7.18	3.19	2504.53	520	161157
涟源市	5.06	3.83	1.23	1246.83	450	21547
双峰县	4.96	4.07	0.89	1222.59	750	97000
冷水江市	1.90	1.83	0.07	473.13	147	37000
娄星区	0.86	0.86	0	217.24	107	24000
经开区	0.05	0.05	0	13.51	0	0
合计	23.20	17.82	5.38	5677.83	1974	340704

二、天然林保护

2016年始，境内新化县、涟源市进入湖南省天然林保护工程试点，是年，建档立卡生态护林员642人。到2017年，省下达娄底市集体、个体天然商品林管护各2.19万公顷；下达国有、集体天然商品林管护666.66公顷；省下达国有天然商品林停伐9622.93公顷。至2017年底，全市建档立卡生态护林员1222人，累计获得国家天然林保护财政专用资金3241.98万元。

第六节　野生动物保护

1990年，娄底地区贯彻《中华人民共和国野生动物保护法》，各县（市）组织宣传学习，加强重点林区野生动物保护，打击各种非法捕猎行为。1991年，全地区开展以“爱鸟周”宣传为载体，发布告、通告，进行野生动物栖息地保护和爱鸟周活动，发布保护野生动物宣传布告1800份，宣传栏25期，依法打击非法经营和犯罪案件43起，放生蛙、蛇类活体150千克，落实“三个禁止”措施：禁止食用国家保护的陆生野生动物；禁止使用爆炸物、猎套、排铳、电击以及非人为直接操作的狩猎装置猎捕野生动物；禁止非法出售、收购重点保护的野生动物植物及其产品。

1992年，新化县白溪区鹅溪乡洪竹村一村民用猎具猎捕夹死一只云豹，违法者受到拘留。1997年，地区林业局野生动物保护科、娄底行署林业公安科、市工商行政管理局联合查处市内宾馆、大酒店非法经营国家一级保护动物穿山甲、黑麂10多只。各县（市、区）林业局、工商、公安密切配合，开展经营、猎杀野生动物稽查行动。1998—2016年，公安、工商、野生动物保护科坚持联合开展稽查行动，查处酒店、宾馆非法经营穿山甲3只，青蛙、虎纹蛙、泥蛙60千克，放回自然黄链蛇、菜花蛇、眼镜蛇、烙铁头等30千克。2017年9月，正逢候鸟迁徙期，新化县森林公安局接到群众举报，有人利用强光灯、鸟铳等器具猎捕候鸟，立即进行暗访摸排，蹲守跟踪，27日凌晨，民警采取收网行动，当场查获鸟铳3支，鸟类死体20只，作案摩托车一台，对作案者进行严肃处理，遏制非法猎捕鸟类的违法行为。

截至2017年底，全市累计开展保护野生动物活动和稽查行动120余场次，发放保护野生动物布告和宣传资料2万余份，出动3000多人次，清理集贸市场50个（次），清理经营单位160多家，查获放生国家重点保护动物200多只，省级重点保护动物及部分毒蛇2000余千克，重点保护鸟类1000多只，兽类50多头，责令停业整顿酒店30多家，摘掉带“野味”牌匾200块。查处破坏野生动物行政案件300余起，处罚300多人，查处刑事案件40余起，刑拘13人，处罚60多人。境内野生动物生存生态环境渐见优化，总体种群数量和生物多样性渐有增加。

第七节 野生植物保护

1990—1991年，娄底地区依据《中华人民共和国森林法》组织全地区乡镇林业站、木材检查站管理非法运输木材和森林植物保护工作。依法重点保护域内特种用途林、防护林。

1992年，省林业厅批准建立新化县大熊山和涟源市龙山省级森林公园，明确国家一级保护植物5种、二级保护植物7种；湖南省保护植物7种。是年5月，全地区开展古树名木剪枝、修补、救治、移植和复壮工作，对新化县大熊山大熊古寺千年银杏王、娄底市茶园小学古罗汉松等200多株古树，砌保护墙，培土复壮。1995年，境内各乡镇订立护林公约，对全地区197个林业站560多名护林员，划定责任区，巡护森林。1997—2001年，市林业部门按照新修订的《湖南省林业条例》，对珍稀树木和有保护价值的植物资源，建立档案，设立标志，并报同级人民政府发布保护公告。2002—2004年，市绿化委员会组织对娄底市区内（含中心城区）古树名木进行摸底，确定古树名木48株，落实专人负责逐一拍照、登记、编号、挂牌，建立保护责任制。

2005—2010年，全市开展第一次古树名木普查，保存古树名木1220株。双峰县对境内的古树名木，逐株设立电子档案（图片、树种、树龄、树高、胸径、冠幅），推行古树名木认养制度，明确养护单位、养护责任，及时发现和查处损害及违规买卖、转让、移植、砍伐古树名木等破坏行为。

2015年，全市开展第二次普查，确认保存古树名木2214株。是年，市林业局、市园林处到娄星区双江乡检查现存古树名木成活保存情况，该乡党委、政府重视古树名木、珍稀植物保护工作，对境内30多株古树，制订保护措施，明确专人负责。2016年，各县（市、区）进一步落实古树名木保护牌制作，明确保护牌必须标明序号、树种名（中文）、学名（拉丁文）、保护等级、树龄、立牌时间等要素。一级古树名木为红色标志牌，二级为蓝色标志牌。

2017年，市政府再次明确各县（市、区）人民政府为本区域古树名木保护工作责任单位，县级政府每5年进行一次资源普查，建立、更新资源档案，向社会公布古树名木名录，制定保护范围，检查修缮，增设保护墙（栏），保护经费纳入财政预算，保护措施落到实处。

第四章 林 场

第一节 大熊山林场

大熊山林场位于娄底市新化县城西北部。属湖南省最大农户林场，辖锡溪、大熊、金坪、九龙、礼中、高峰、桃塘7个工区，林场内有一所学校和职工医院。

1990年，大熊山林场总面积7400公顷，森林面积5000公顷，森林蓄积量28.5万立方米，森林覆盖率82%，毛竹蓄积64万株；总人口3500人，林业职工1738人，总收入830万元。境内森林资源丰富，群山耸立，山势宏伟，海拔160～1622米，最高峰九龙峰海拔1622米，娘娘殿（娘娘峰）海拔1609米，尚有原始阔叶林2000公顷，享有生物基因库、野生动物乐园和森林康养长寿之山的美誉，国家一、二级重点保护树种24种、动物38种、木草本中药材1000余种。

大熊山林场一隅（2013年摄）

1992年10月，大熊山被省林业厅批准建立省级森林公园。2002年12月，国务院批准大熊山为国家森林公园。林场与森林公园“两块牌子、一套人马”。境内旅游资源有礼中景区川岩江溪流风光、大熊景区春姬峡谷溪流风光和锡溪景区蚩尤谷风光，桃塘景区龙山溪溪流风光和田家垣瀑布，九龙城墙岩自然风光，金坪鸡公嘴溪流风光，凤形山溪流风光；人文景观熊山古寺，蚩尤屋场，西泉寺和尚墓塔群，地形山石瀑布景点九龙峰，娘娘峰、旗帜岩、将军岩、油盐石、鞋底石、碓坑石、绹马桩、贞仙洞、雷打洞、桐子冲瀑布、樊家洞瀑布、汪家冲瀑布、云仙洞瀑布、礼山冲瀑布、观日台等景观。1993年始，圳上镇株子管区锡溪村成建制并入大熊山林场管理，组建熊山工区，林场增加到8个工区。2006年9月，中国气象出版社出版《生态旅游瑰宝——大熊山》一书，首次记载蚩尤故里，苗瑶祖山，自此，依照可持续发展，跨越式经营的思路，森林旅游生态化、生态资源产业化的创新理念，走人与自然和谐共荣，绿色发展建设生态文明的路子。10月，中国民间艺术家协会授予中国蚩尤故里文化之乡匾牌。

2009—2010年，市委书记驻点大熊山建整扶贫，开展森林旅游开发探索。2011年，宗教界发动民间募资6000万元，重建“熊山古寺”，建筑面积6000多平方米，其规模雄伟，有“中南地区最大佛道两教圣地”之称。2012年，新化县政府筹资1.2亿元，恢复“蚩尤屋场”，再现蚩尤故里古老文明，供游人观古论今。

2013年林场筹资600万元，建成土地坳至大熊峰、原始阔叶林中12千米游道，春姬峡谷溪流风光带至靛池坪的8千米旅游步道。新化县政府争取国家投资1500万元，建成白溪镇至大熊山国家森林公园娘娘峰观景台（瞭望台）30千米柏油公路。定制安放垃圾桶60多个。绿化大熊工区至靛池坪公路2千米。

2014年，国家林业局批准建立大熊山森林康养基地。2015年，建成大熊山田家垣高峰湖，供游人森林康养，避暑度假。2016年，熊山古寺举行开光仪式。是年，林场被国家和省授予中国森林氧吧、湖南省最佳避暑胜地、湖南省森林康养示范基地、全省森林公园质量管理先进单位、湖南省秀美林场、湖南省森林旅游特色产业示范园等称号。

2017年，林场总面积8100公顷，森林面积7500公顷，森林蓄积量43.8万立方米，森林覆盖率93%，毛竹蓄积64万株；林场总人口4686人，林业职工2059人（退休职工901人）。建成林区公路120千米，防火线25千米，年总收入2.2亿元，其中接待游客300万人次，旅游综合收入1.9亿元。

第二节　龙山林场

龙山位于涟源市城区西南部。下辖荆竹、铁丝、凤凰、小洋江、茶竹五个工区和一个金钱松种子园。1990年，龙山林场经营面积2754公顷，其中，森林面积2066.6公顷，活立林蓄积量8.5万立方米，毛竹蓄积240万株，森林覆盖率85%。总人口1030人，林业职工567人，管理人员25人，年总收入218万元。

1992年，省林业厅批准涟源市龙山林场为省级森林公园。森林公园与林场“两块牌子、一套人马”。境内山峦重叠，海拔500～1500米，最高的岳屏峰1513.8米，动植物资源种类繁多，有维管束植物192科762属1672种，其中，被子植物154科684属1516种，草木本药材2300余种。主要景区有铁丝坪溪流风光，老洞山和小洋江溪流风光，茶竹、荆竹坪、金钱松种子园自然景观。森林景点和人文景观多而集中，主要有药王殿、药王井、晒书石、凤凰寺、岳坪峰、老龙潭、飞水洞、三仙桥、石牛相斗、仙人下棋、宝石残月、避水仙境、湘中一瀑布等几十处，碑刻、石雕众多，神奇传说源远流长。最高岳坪顶的药王殿，始建于唐代，有曾国藩题写的“湘南孕育”牌匾遗迹，素有小南岳之称，登山游客络绎不绝。

2003年，龙山国家森林公园引资4000万元，建成凤凰景区“凤凰寺”和“龙山宾馆”等旅游景观设施。2006年，国务院批准建立龙山国家森林公园，林场与森林公园“两块牌子、一套人马”。2014年，获评中国最佳养生休闲基地和湖南最受欢迎养生基地，龙山成为湖南中医药大学学生实习基地。2017年6月，国家旅游局、国家中医药管理局认定为第一批国家中医药健康旅游示范基地创建单位。同年，林场经营面积2754公顷，其中，森林面积2343.9公顷，活立林蓄积量13.8万立方米，毛竹蓄积240万株，森林覆盖率96.4%。是年，林场总人口1586人，林业职工602人（退休474人），建成林区公路79.3千米，防火线30千米，接待游客30.8万人次，旅游综合收入1.36亿元。

龙山林场一隅（2006年7月摄）

第三节　九峰山林场

九峰山林场位于双峰县城东部，下辖6个工区。九峰山属南岳七十二峰之一，主峰正托峰海拔750.4米。

1990年，林场经营面积212.73公顷，森林蓄积量1.2万立方米，森林覆盖率92%。总人口80人，林业职工36人，年总收入21万元。1992年10月，省林业厅批准建立省级森林公园。林场与森林公园“两块牌子，一套人马”。场内植物资源丰富，属国家保护树种10多种，其中一级保护树种有水杉；二级保护树种有银杏，金钱松等；乔木树种50多种，主要有松、杉、檫、竹、银杏、柳杉、樟树等。木本药材有黄檗、杜仲、厚朴、辛夷等。野生动物有云豹、穿山甲等19种，有观赏花卉100余种。九峰山森林景观和人文景点多而集中，主要有“千人烧香，万人拜佛”的定慧庵，有800多年历史的千年连理枝古银杏树，地理和生物景观有揽胜峰、神鳅吐水，美女梳头、雷祖殿、铁丁寨、五松迎客。清代重臣曾国藩启蒙于定慧庵。1993年，林场投资60万元，建成古香古色的九峰山庄，建筑面积1500平方米，具备融旅游、餐饮、住宿，森林浴与度假、休闲于一体的良好基础设施。双峰县城到林场交通方便，距永丰镇23千米，马荷公路直达林场。

2017年，林场经营面积212.73公顷，森林蓄积量1.8万立方米，毛竹2000余万株，森林覆盖率95.1%。总人口80人，林业职工36人（退休职工23人），林区公路20.13千米，防火线7.3千米；年总收入230万元，其中，接待旅客1.5万人次，综合旅游收入150万元。

第四节　其他林场

包围山林场　包围山林场位于涟源市石马山镇、桥头河镇、渡头塘镇三镇交界处。1990年，经营面积66.7公顷，森林蓄积量3000立方米，毛竹蓄积2000株，森林覆盖率98%；林业职工18人，管理人员2人，年总收入19万元。

2008年12月23日，省政府批准为省级森林公园。林场与森林公园“两块牌子、一套人马”。神古峰海拔360米。有6公顷珍贵阔叶林，马尾松种子园8公顷。观花赏果植物300余种，国家一、二级保护树种有银杏、楠木、南方红豆杉、伯乐树和金钱松等8种；国家保护的野生动物有虎纹蛙、黑鸢、松雀鹰和红隼等13种。旅游资源有涟水河平缓水平绿荫湖面、神古峰、竹叶峰、涟水石滩、书目岩、大洲滩、剑峰石、龟背石、筒车坝叠水和涟水河岸奇峰异石和古民居等，可供游人踏青、健身和休闲。2017年，经营面积66.7公顷，森林面积60.5公顷，活立林蓄积量5000立方米，森林覆盖率98%；林业职工16人，管理人员6人，退休职工10人，建成林区公路5千米，防火线8千米，年总收入63万元。

毛易林场　毛易林场位于冷水江市中心。1990年，经营面积334公顷，活立林蓄积量2.38万立方米，毛竹蓄积3000株，森林覆盖率83%。总人口150人，林业职工59人，年总收入80.9万元。

2008年12月，省政府批准建立毛易紫云峰省级森林公园。规划面积1010公顷，分紫云峰、新世界、回龙庵和生态观光4个景区，主要景点有紫云峰、神猴观海、鹤手留莲、夫妻情深树，千年古刹回龙庵、付团庵等。2011年，建立湖南省生态文明教育基地。2017年，经营面积760公顷，森林面积753公顷，活立林蓄积量2.4万立方米，毛竹蓄积5000株，森林覆盖率90%。总人口150人，林业职工90人，在岗职工34人，退休职工49人，建成林区公路12千米，防火线20千米，年总收入520万元。

洪家山林场　洪家山林场位于娄星区北部，距娄底市城区10千米，1990年，林场总面积533.3公顷，其中，森林面积530公顷，森林蓄积量2.1万立方米，森林覆盖率80.6%。林场管理人员8人，年总收入5万元，人均年收入6000元。1997年，市政府批准建立县级森林公园。

2003年，省政府批准建立省级森林公园，总面积4400公顷，森林资源有乔灌植物84科436种；国家珍稀保护树种有银杏、水杉、罗汉松；药用植物98科260种，观赏价值高的植物190种，300年以上古树名木有古朴树、苦槠、马尾松、古枫、古樟、古柏、银杏和皂荚等。国家二级保护动物2种，省级以上保护动物52种，园内建立万家坪、洪家山、圣仙洞和青龙湖4个景区，景点主要有青龙湖、圣仙洞、华池洞、青龙洞、舍身崖、观景台、贺国忠烈士公园、古峡道、圣仙寺。2017年，公园总人口1.65万人（农业人口1.61万人），经营总面积4400公顷，林业用地3600公顷（森林面积2500公顷），森林蓄积量11万立方米，森林覆盖率88%。林场管理人员13人，森林防火道10千米，年总收入1000万元（接待游客30万人，旅游综合收入983万元）。

古台山林场　古台山林场位于新化县城西部，距县城34千米。下设董家、横茶、高峰、黄双、峨力5个工区，场内有新化县云峰矿业有限公司、娄底古台山绿色食品有限公司、古台山黄双水电站、古台山横茶铜砷矿、古台山中学和医院各一所。

1990年，经营面积3866.66公顷，森林蓄积量7万立方米，森林覆盖率86%。毛竹蓄积117万株。总人口3200人，职工1720人，管理人员42人，退休职工684人，年总收入120万元。1999年3月，新化县政府批准建立县级森林公园。主峰古台山海拔1512米，相对高度290～1512米。场内植物资源丰富，木本植物400余种，属国家保护树种10多种，其中一级保护树种有水杉；二级保护树种有银杏，金钱松等；乔木树种100多种，主要有松、杉、檫、竹、银杏、柳杉、樟树等；还有黄檗，杜仲、厚朴、辛夷等木本药材。野生动物170多种，有穿山甲等。有观赏花卉150余种。洞穴和宗教旅游资源，有高岩洞古老原始采金洞穴遗址、瀑布溪流风光，黄双洞溪流风光，老洞山溪流风光，鱼溪谷风光，椿树坪古树群落，杜鹃花基地，神秘擂鼓堂，香火旺盛的观音殿、万寿庵等。

2017年，林场总面积3866.6公顷，森林面积3300公顷，森林蓄积量21.27万立方米，毛竹蓄积123万株，森林覆盖率85.8%，林业职工1889人（退休职工869人），年总收入1.2亿元，其中，接待游客130万人次，森林旅游综合收入8000万元。

猪婆山林场　猪婆山林场位于双峰县城西。1990年，经营面积1320公顷，森林蓄积量3.3万立方米，毛竹蓄积4500株，森林覆盖率93.8%。总人口156人，职工87人，年总收入26.9万元。1997年10月，双峰县政府批准建立县级森林公园。境内植被丰富，主要景点有紫槽沟、芒担石、南冲人工湖等，供游客踏青、旅游健身和休闲。

2017年，林场总面积1320公顷，森林面积1300公顷，森林蓄积量5.6万立方米，毛竹蓄积5000株，森林覆盖率98%。林业职工110人（在岗25人，退休职工85人），林区公路57千米，防火线10千米，年总收入320万元。

黄龙林场　黄龙林场位于双峰县城南。1990年，经营面积1480公顷，森林蓄积量2.8万立方米，毛竹蓄积12.5万株，森林覆盖率90.1%。总人口129人，职工51人，退休职工78人，总收入26万元。1995年8月，双峰县政府批准建立县级森林公园。境内森林植被丰富，有黄巢山等多处人文景点。

2017年，经营面积1480公顷，活立林蓄积量6.5万立方米，毛竹蓄积13万株，森林覆盖率99%。总人口130人，在职职工51人，管理人员32人，退休职工86人，建成林区公路20千米，防火线30千米，年总收入230.9万元。

第五章　林业经济

第一节　林产品加工

1990年，地委、行署部署木竹产品加工企业的发展，全地区建立一批以木竹为原料的产品加工大市场。是年，新化县西河（沙江）衣柜加工大市场，加工成品衣柜6万套（件），折成品木材2.4万立方米。1991—1996年，加工成品衣柜56万套（件），折成品木材22.4万立方米，销售收入2.13亿元，年均3500万元，群众积极性高，林产品加工呈上升势头。

1997—2002年，新化县西河镇（沙江）衣柜市场，加工成品衣柜72万套（件），折成品木材28.8万立方米，消耗杉木原条37万立方米，产品销往省内和湖北、安徽、河南等省，销售收入2.5亿元，年均4166万元，增加就业8000人。是年，新化县洋溪镇湖南省新星竹木制品有限公司，年生产高档竹地板6万平方米，实现销售收入1080万元，产品参加林业部举办的全国林产品展销会获优质产品荣誉，主要销往北京、天津、陕西、河南等地。双峰县五里牌木竹加工市场加工竹胶汽车箱底板和建筑模板30万立方米，销售收入3.9亿元，年均6500万元；涟源市白马镇竹胶板厂加工竹胶板4万立方米，销售收入5200万元；娄星区观化和将军庙市场竹梯板加工，年加工20万块，销售收入320万元。境内林产品加工逐步发展成大市场，林农发展林业的积极性高涨，收入增加，成为林业经济发展的支柱产业。

2003年，市政府加强林业产业发展，实现生态建设与林农增收相结合。是年，建成双峰县竹胶板厂，综合开发竹车厢板、建筑模板、竹凉席、竹地板等系列产品，年产量100万平方米；2007年，新化县琅塘镇竹胶板厂（坪口）生产竹胶板和三夹板等产品，年加工竹胶板5万立方米，销售收入6000万元；涟源蓝田街道办和新化城关镇仿古家具厂，冷水江市火车东站竹纤维制服厂、古月根雕等企业，年工业总产值38亿元。2009—2016年，全市审批建成一批规模大、效益好、带动力强的省级林业龙头企业，加工高档竹木器具类：套装门、仿古木质床、衣柜等家具，细木工板；食品类有茶油、茶叶、葛根粉（面）、杨梅果脯、杨梅酒、饮料等。至2017年底，域内建成34家省级以上林业产业龙头企业和11家省级现代林业特色产业园。

第二节 林下经济

2013年始，市政府落实省政府办公厅《关于加快林下经济发展的实施意见》，各县（市、区）制定实施意见和发展规划。2014年，新化县绿源农林科技有限公司成规模林下种植黄精、灵芝菌，鸡鸭鹅养殖基地105公顷，生产黄精、黄精酒、黄精糕、黄精饮料、灵芝孢子粉、板鸭等产品；冷水江市贵鸿农林科技发展有限公司，种植中药材黄檗、杜仲356公顷，林下发展蔬菜、瓜果等，是年，冷水江市被省林业厅确定为林下经济发展重点县。2015年，新化县被国家林业局确认为林下经济发展示范基地。同年，新化县绿源农林科技发展有限公司等8个单位被省林业厅定为林下经济示范基地。新化县天华中药材种植专业合作社等10个合作社，被省林业厅评为省级示范合作社。

至2017年，域内林下经济发展面积10.57万公顷，产值47.24亿元，其中，林下种植2.89万公顷，养殖1.06万公顷，采集加工2993.33公顷，森林景观利用5.49万公顷，实现林下种植黄精、奶参、玉竹、白芍、魔芋、蜜源植物等，产值11.24亿元；林下圈养鸡、鸭、鹅、牛等林下养殖，产值7.35亿元，加工有黄精系列产品、杨梅酒、果脯、果汁等，产值7.97亿元。森林景观旅游20.67亿元，新化县大熊山国家森林公园和涟源龙山国家森林公园，森林旅游1.2万公顷，森林景观、生态休闲、森林康养和避暑度假旅游兴旺，每年接待国内外游客139万人次，综合旅游收入3.2亿元。

2009—2017年娄底市国家、省级林业产业龙头企业一览表

表22-11

所在地	企业名称	批准年份	法人代表	经营范围	级别
娄底市万宝新区	万宝食品饮料有限公司	2009	刘新桥	林果种植及加工	省级
冷水江经开区	响莲实业有限公司	2009	陈响莲	葛根种植及加工	省级

续表22-11

所在地	企业名称	批准年份	法人代表	经营范围	级别
双峰县走马街	双龙家具有限责任公司	2009	李献存	家具制造	省级
娄星区大科街道	连泰科技开发有限公司	2010	颜湘元	林药种植等	省级
涟源市龙塘镇	祥兴农林科技开发有限公司	2010	李黄祥	油茶苗木	省级
新化县经开区	绿源农林开发有限公司	2011	孙毅东	林药林果	省级
双峰县永丰镇	永盛木业胶板厂	2011	龚再兰	细木工板	省级
双峰县永丰镇	中南神箭竹木有限公司	2012	邓玉剑	竹家具	国家级
冷水江市岩口镇	贵鸿农林科技开发有限公司	2012	苏平贵	林药种植	省级
冷水江市冷水江街道	汇美天下集团园林绿化有限公司	2012	张　翼	园林绿化苗木	省级
娄星区茶园镇	和盛开发有限公司	2012	李剑伟	菇类培育及加工	省级
娄星区茶园镇	神州生物能源有限公司	2012	刘志生	青钱柳等	省级
娄星区万宝镇	华泰农林科技有限公司	2012	陈楚华	林药苗木等	省级
冷水江市渣渡镇	瑞生源生物科技有限公司	2012	李世华	杨梅种植及加工	省级
双峰县永丰镇	海人科技开发有限公司	2012	李海仁	特色家具	国家级
涟源市桥头河镇	万花花卉有限公司	2013	彭卫和	园林绿化苗木	省级
娄星区大科乡	大泽生农林开发有限公司	2013	阳振宇	林花种植加工	省级
经开区大埠桥街道	现代园林绿化有限公司	2013	曾　剑	园林绿化苗木	省级
冷水江市同兴乡	潮盛生态林业发展有限公司	2013	李冬初	林药林果苗木	省级
娄星区杉山镇	宜东农林发展有限公司	2014	颜卫国	珍稀树种苗木	省级
涟源市龙塘镇	利群农贸综合开发有限公司	2014	颜信初	油茶种植	省级
涟源市荷塘镇	新贵园农业发展有限公司	2014	贺新贵	黄连木种植加工	省级
涟源市杨市镇	宇城农业科技发展有限公司	2014	姚菊红	花卉苗木	省级
双峰县洪山镇	林海农林综合开发有限公司	2014	王海平	花卉苗木	省级
新化县上梅镇	中派集成家具有限公司	2014	邹飞廷	木竹家具	省级
双峰县经开区	桑园门业有限责任公司	2014	贺建新	门系列	省级
冷水江市沙塘湾街道	优景农业科技发展有限公司	2016	李鸿强	花卉苗木等	省级
冷水江市冷水江街道	旭翔农业开发有限公司	2016	吴　旭	林下经济	省级
冷水江市布溪街道	水云峰农业科技有限公司	2016	蒋红云	林下经济等	省级
涟源市安平镇	翠远生态农业有限公司	2016	吴应值	花卉苗木等	省级

续表22-11

所在地	企 业 名 称	批准年份	法人代表	经 营 范 围	级别
涟源市六亩塘	南芙生态农业有限公司	2016	康向东	花卉苗木等	省级
新化县开发区	天龙山农林科技开发有限公司	2016	刘唐奇	林药种植加工	省级
新化县鹍鹏工业园	新化县恒安工贸有限公司	2016	肖卫平	木竹套装门	省级
涟源市七星街镇	康橙生物科技开发有限公司	2017	欧阳仪	玳玳酸橙种植加工	省级

2010—2017年娄底市省级以上现代林业特色产业园情况表

表22-12

园区名称	类 别	投入资金(亿元)	其 中		2017年产值(亿元)	直接就业人数(人)	带动农户就业(户)	带动增收(亿元)	审批年份
			主体(亿元)	财政(亿元)					
新化县唐奇木本中药材产业园	木本药材	2.94	2.93	0.01	1.28	753	2758	0.46	2010
涟源市祥兴油茶产业园	油茶	0.80	0.70	0.03	0.69	340	2300	0.41	2010
双峰县中南神箭产业园	花卉苗木	2.98	2.95	0.03	1.47	120	1860	0.29	2012
冷水江市汇美天下珍贵花卉苗木产业园	花卉苗木	1.11	1.10	0.01	0.93	249	125	0.02	2012
冷水江市贵鸿林下经济产业	林下经济	0.68	0.65	0.03	0.59	368	598	0.10	2016
涟源市宇城经济林产业园	经济林	0.50	0.48	0.02	0.36	560	500	0.06	2016
双峰县林海珍贵苗木产业园	花卉苗木	0.98	0.95	0.03	0.17	230	1860	0.29	2016
双峰县海人林产工业园	林产加工	16.85	16.82	0.03	17.80	1500	15000	1.95	2016
新化县大熊山森林旅游产业	森林旅游	7.50	2.50	5.00	2.60	5800	2300	0.27	2016
涟源市湄江湖经济林产业园	经济林	0.65	0.64	0.01	0.32	600	500	0.03	2017
新化县绿源林下经济产业园	林下经济	0.31	0.28	0.03	0.40	378	2980	0.68	2017

第六章　林业改革

第一节　集体林权制度改革

全市集体林权制度改革（简称“林改”）始于2007年。是年，市委、市政府把林业改革，列入林业工作的重点。

2008年12月，成立娄底市集体林权制度改革领导小组。2009年2月，全市林权改革启动，市、县、乡（镇）、管区、村层层成立林改领导小组，市、县两级由书记任顾问。2010年8月，市委、市政府把林业站、木材检查站改革与集体林权改革配套进行，在全省率先颁发《关于认真做好集体林权制度改革有关林业行政事业单位机构设置、编制核实和人员安置工作的通知》，下发至县（市、区）乡镇，全市林业站核定事业编制494人。

2010年9月，市林改办印发《娄底市集体林权制度改革档案管理操作规程》，要求按林改综合类、林改方案类、林权发证资料类、纠纷调处类和声像宣传资料类五个类别分类管理，装订成册，立卷建档。林改涉及93个乡镇办事处、3510个村、34778个村民小组、88.9万农户。各县（市、区）调处纠纷林地2325.98公顷。按照“五个不得颁证”（外业不合格、林农有意见、资料不合格、档案资料收集不齐和填写或打印不规范）要求达到图表册一致，集体林明晰产权37.19万公顷，全面完成省定的各项工作任务。10月，各县（市、区）成立林权管理办公室、设立林权交易中心和森林资产评估中心，落实人员编制，林权交易市场开始运营。11月，全省林改工作现场会在新化县召开，肯定新化县林改工作经验。全市林改工作综合排名全省第一。至年底，全市在依法实地勘界勾图、确定“四至”界线，核实承包山林面积、登记造册、签订承包经营合同，核（换）发全国统一的林权证后，允许流转森林资源和林地使用权。按照“政府引导、政策支持、市场运作、林农自愿、协同推进”原则，建立市、县（市、区）生态公益林补偿基金，完善森林生态效益补偿基金制度，按照“谁开发谁保护、谁受益谁补偿”原则，多渠道筹集生态公益林补偿基金，逐年提高地方森林生态效益补偿标准。建立健全林业社会化服务体系，组建森林资源资产评估机构，开展评估资格认证，提供评估咨询服务；建立林权流转制度，组建林业服务机构，为林农和林业经营者提供政策和技术咨询、林产品产供销和林权流转信息、林业科技和实用技术等方面服务，扶持和发展林业专业合作组织，鼓励龙头企业与林农建立“公司+基地+农户+互联网”等产、供、销“一条龙”，贸、工、农一体化产业格局，推进规模经营、互联网经营、集约经营，打造一乡一业，一村一特色市场，用一体化视野建立绿色、高效、高质量种植业基地，标准化畜禽养殖场、健康水产养殖场、特色产品示范基地和良种繁育基地，培育林产品批发市场，冷链物流配送体系，名优特产品名录，生态旅游和文化支撑等全程服务。通过集体林权制度改革，全市流转林权3606宗，转让山林1.92万公顷，释放林地林木资本6580万元；抵押林权182宗，兑现抵押贷款5220万元，增加扩大造林和绿色生态发展投入资金4000万元，使森林旅游业兴起，林业供给侧结构得到优化。

2012年，市政府为保障森林和生态资源安全，尽量减少林业经营者损失，将全市生态公益林全部纳入政策性保险，共计保险面积23.2万公顷，保险费缴纳标准为1.6元／亩，缴纳比例为国家50%、省30%、县财政20%（包括经营者10%）。每年由承保的保险公司对遭受灾害（如火灾，旱灾，冰灾，水灾和虫灾）的森林（林木），按灾害程度，依照比例给予理赔，赔偿标准为400元／亩。商品林保险缴费比例：国家35%、省25%、县财政20%、经营者20%。

至2015年，冷水江市全部商品林3333.33公顷、涟源市部分商品林6666.67公顷纳入保险。入保县市受灾森林（林木）获得保险理赔。截至2017年，全市涌现造林大户127个，林业专业合作社615个，涉林企业70家，转型投资林业11.28亿元。

第二节　国有林场及涉林国企改革

林场改革及涉林企业改革始于1998年。是年，地区木材公司、地区贮木场列入改革改制范围。2000年1月，市林业局成立两家企业改革改制、职工置换工作组，按照市委部署和改制工作要求，深入企业，协调处置企业资产变现，落实改制补贴资金，兑现改制职工工资。2003年，帮助企业解决资产处置，职工生活费和在岗职工安置，退休人员养老归属等事宜。2005年，娄底市木材公司、娄底市贮木场改制工作完成，职工得到妥善安置，退休人员和置换职工生活费和养老保险、医疗保险由娄底市社会保障局统筹解决。2015年5月，全市8个国有林场改革全面铺开。至2017年，8个国有林场确定为公益一类事业单位，人员编制数按要求落实到位，编制内人员经费，职工最低生活得到保障，养老保险和医疗保险单位缴纳部分等经费纳入同级政府财政预算；编外人员经费，通过政府购买服务等形式支付。双峰县和冷水江市为林场职工落实住房公积金政策。各林场富余人员安置，尊重职工意愿，多渠道、多形式、多方法妥善安置。国有林场职工危房改造实现全覆盖，累计改造危房3087户。省财政每年给林区的道路建设及养护专项资金60%以上安排到国有林场，贫困林场省级专项扶持涵盖全市8个国有林场水、电、路等设施，基础设施建设纳入当地政府建设专项规划。

第三节　林业基金改革

1990年，娄底境内可采森林资源少，林业发展资金不足。娄底行署按《中华人民共和国森林法》的规定，出台一系列政策、下大力筹措林业发展资金，在全地区征收“一金两费”（育林基金、维简费和林业建设费）。农村村民采伐自留山、责任山的木竹自用，按市场价12%缴纳育林基金，免收两费。所有从事与林木有关商品交易（含木质原材、木制品、林副产品）的单位和个人，严格按照规定缴纳“一金两费”。林政部门加强执法，漏交的补交，瞒报或抗拒的依法处理。是年，全地区征收“一金两费”198万元。

1994—2002年，全市按《湖南省集体林育林基金、维护费、林业建设保护费管理办法》及以后的补充规定，制订“一金两费”征收计划，并分解落实到乡（镇）村。各县（市、区）征收管理机构负责督查与征缴。2003年，维简费并入育林基金，征收标准不变。同年，娄底市征收“一金两费”1077万元。2004年，取消林业护林建设费。2006年征收“一金两费”1733万元（含补缴2004—2005年的部分育林资金）。“一金两费”按省、地各10%、县（市）80%的比例，并按财政专户的审批程序管理和使用。“一金两费”每月底五日内向县（市、区）、十日内向市缴存到同级财政专户。“一金两费”实行专款专用，接受同级审计监督。

2009年，财政部印发《关于下达中央对地方降低育林基金征收标准后财政减收补助资金的通知》，通过财政转移支付解决基层林业部门行政、事业经费不足等问题，确保基层林业部门正常运转和林农负担不反弹。全市根据这个文件对域内征收育林基金收缴使用情况进行执法检查，严禁损害林农利益。对集体单位或个人采伐林木，由原来按木材销售收入20%，降低到按10%计征育林基金，使林农得实惠。

2011年，国家税务总局《关于印发（农业产品征收税范围）注释》通知，林木培育种植坚果、水果，中药材免征企业所得税。全市根据通知执行免征所得税，经果林种植户直接受益。

2016年2月1日起，取消育林基金征收。是年，财政部印发《关于取消停征和整合部分政府性基金项目等有关问题的通知》，持续为企业减负。中央财政实施林业补贴政策，在宜林荒山荒地、迹地、低产低效林地人工造林、更新和改造，面积不少于1亩的造林主体每亩补贴200元，灌木林每亩补贴120元，水果、药材及其他林木、竹林每亩补贴100元，迹地更新和低产低效林改造每亩补贴100元。补贴资金在造林第一年按任务先一次性拨付50%，造林完成3年后，经省级验收合格，再拨付其余50%。

2017年，国家按退耕还林每亩补助1500元。对名优经济林示范项目补贴：企业两年以上，净资产不低于申请财政资金总额，合作社一年以上，社员数量30人以上和专业户、家庭农（林）场，国有林场，单个项目中央投资不低于200万元。

1990—2017年娄底市育林基金收支情况表

表22-13　　单位：万元

年份	收入	支出	年份	收入	支出
1990	198	236	1994	418	395
1991	309	281	1995	451	398
1992	300	361	1996	489	600
1993	386	493	1997	476	564
1998	510	505	2008	1026	1026
1999	444	480	2009	1013	1013
2000	447	639	2010	994	994
2001	424	586	2011	830	830
2002	552	541	2012	668	668
2003	1077	940	2013	397	397
2004	995	888	2014	364	371
2005	661	596	2015	5	5
2006	1733	1733	2016	8	8
2007	1264	1264	2017	0	0

第七章　机　构

第一节　市级机构

1990年，地区林业局行政编制16名，事业编制50名。内设办公室、监察室、人事科、计财科、林业公安科、林业科教管理科、营林技术推广站、森林保护站、森林资源管理站、国有林场管理站和林业工业管理站。地区绿化委员会办公室和地区森林防火指挥部办公室，为行署议事协调机构，办公室设地区林业局。地区林业调查设计队（正科级事业单位，编制20名），地区林业科学研究所（正科级事业单位，编制27名），地区木材公司、地区贮木场，两个企业单位，归口地区林业局管理。

1999年，局机关行政编制16名，事业编制45名。2000年12月，市林业公安科更名为市林业局森林公安支队。2001年，更名为市林业局森林公安分局，正科级，事业编制9名，局长、政委高配副处级。

2005年6月，娄底市林业科学研究所成建制划给娄底经开区管理。娄底市木材公司与娄底市贮木场改制，企业职工置换后的退休工人养老保险和被置换职工生活费保障由娄底市社会保障局统筹落实。

2010年，娄底市林业局行政编制22名，保留事业编制5名。娄底市林业局森林公安分局（加挂娄底市森林防火指挥部办公室牌子），正科级，核定政法专项编制10名。娄底市森林公安分局娄星直属大队，副科级，核定政法专项编制7名。娄底市国有林和森林公园管理处，正科级，全额拨款事业编制6名。娄底市退耕还林工作办公室，正科级，全额拨款事业单位，事业编制3名。娄底市林业基金征收管理站，正科级，全额拨款事业单位，事业编制4名。娄底市林木种苗管理站，正科级，全额拨款事业单位，定编5名。娄底市水府庙国家湿地公园管理处，正科级，财政全额拨款事业单位，事业编制4名，内设主任1名（配副处级），副主任1名（配正科级）。娄底市绿化委员会办公室（与娄底市森林城建设领导小组办公室合署办公），副处级，财政全额拨款事业单位，事业编制10名（含后勤服务事业编制2名）。娄底市林业调查设计队（加挂娄底市森林资源测算中心牌子），正科级，财政拨款事业单位，定编20名。

2012—2015年，市林业局管理机构9个，行政编制27名。2017年，市林业局行政编制27名，内设办公室、政策法规科、资源林政科（加挂行政审批科牌子）、计划财务科、林木种苗管理站、造林绿化管理科（加挂娄底市绿化委员会办公室和娄底市油茶管理办公室牌子）、退耕还林办公室、野生动植物保护科（加挂娄底市森林病虫害防治检疫站牌子）、湿地管理科、有害生物防治科、科学技术管理科（加挂娄底市林业科技推广站牌子）、林业发展改革科、人事科、机关党委、纪检（监察）室。

第二节　县级机构

一、娄星区林业局

1990年，娄底市（县级市）林业局，正科级，行政编制23名，事业编制31名，内设7个股室。设乡镇林业站10个，在岗34人。2005年，娄星区林业局机关行政编制23名，内设7个股室。乡镇设林业站9个，编制36名，在岗60人。2017年，局机关行政编制14名，内设9个股室。乡镇设林业站6个，编制39名，在岗41人。

二、冷水江市林业局

1990年，正科级，行政编制28名，实有58人，内设7个股室。国有毛易林场86人，正科级，财政拨款事业单位，归口林业局管理。乡镇设林业站15个，归口乡镇管理；2005年，行政编制33人，实有73人，内设8个股室。乡镇设林业站15个，归口乡镇管理。2017年，行政编制17名，事业编制110人，内设8个股室。国有毛易林场，正科级，公益一类事业单位，归口林业局管理。乡镇合并后设10个林业站，乡镇管理。

三、涟源市林业局

1990年，正科级，行政编制29名，内设8个股室。乡镇设林业站46个，在岗94人。下辖县木材公司，企业单位；国有涟源龙山林场，副科级事业单位；国有包围山林场，林业局管理。2005年行政编制21名，事业编制118名。内设14个股室。乡镇设林业站20个，林业局管理。国有涟源龙山林场，副科级事业单位，国有包围山林场，林业局管理。市木材公司改制置换，退休职工和置换工人社保和生活费由县社会保障局统筹解决。

2017年，正科级，行政编制21名，事业编制112名，内设股室20个。乡镇设林业站20个，编制95人；国有龙山林场，正科级，公益一类事业单位，森林公园管理处处长高配副处级；国有包围山林场，副科级，归口林业局管理。

四、双峰县林业局

1990年，正科级，行政编制12名，事业编制56名，内设9个股室。木材检查站2个，在岗7人。猪婆山林场副科级事业单位，在岗88人。黄龙林场副科级事业单位，在岗102人。九峰山林场副科级事业单位，在岗34人。新泽苗圃，事业性质、木材公司企业单位，归口林业局管理。乡镇设林业站15个，在岗57人，乡镇管理。2005年，局机关行政编制16人，实有31人，内设10个股室。木材检查站2个7人。猪婆山林场、黄龙林场、九峰山林场，副科级事业单位，林业局管理。新泽苗圃、木材公司改制置换，退休职工和置换工人社保和生活费由县社会保障局统筹解决。乡镇设林业站15个，编制113名，乡镇管理。2017年，局机关行政编制16名，在岗32人，内设10个股室，木材检查站2个7人，沿旧制管理。猪婆山林场、黄龙林场、九峰山林场，副科级公益一类事业单位，林业局管理。乡镇设林业站15个，在岗52人，乡镇管理。

五、新化县林业局

1990年，正科级局机关，行政编制37名，事业编制267名，内设11个股室。设区林业站14个，在岗54人；木材检查站8个，42人，林业局管理。木材公司，企业性质，大熊山林场，古台山林场，副科级事业单位，归口林业局管理。

2005年，行政编制11名，参照公务员管理编制27名，后勤服务人员事业编制2名。事业编制388名。局机关内设20个股室。乡镇设林业站27个，在岗245人；木材检查站设5个，在岗29人。木材公司改制置换，退休职工和置换工人社保和生活费由县社会保障局统筹解决。大熊山林场，古台山林场副科级事业单位（正职高配正科级），林业局管理。

2017年，正科级局机关，行政编制19名，机关后勤服务编制2名，事业编制397名，内设15个股室。乡镇设林业站27个，在岗167人。木材检查站9个，38人，林业局管理。大熊山林场、古台山林场，正科级公益一类事业单位，森林公园管理处处长高配副县级，业务归口林业局管理。

六、娄底经开区林业组

2003年，组建娄底经开区农村工作局，内设林业组。2017年，农村工作局与社会事务局合并，组建新的娄底经开区社会事务局，内设林业组，履行林业工作管理职能。

第二十三篇

养殖业

概　述

1990年，娄底地区出栏生猪176.19万头、牛1.7万头、山羊3.9万只、家禽447.58万羽，肉类、禽蛋产量分别为11.58万吨、1.08万吨。放养水面1.09万公顷，渔业产量1.78万吨。养殖业产值7.05亿元，占农业总产值的34.7%。是年，涟源市建900系列饲料厂，生产系列浓缩饲料，年产量1.5万吨，在全地区推广，带动养猪业发展。1991年，双峰县成为全国养猪百强县，涟源市猪肉产量跃居全省前十位。1992年，双峰县、涟源市被评为全国肉类总产量百强县。新化县被列入“八五”期间全省八大农业致富工程中第一批肉牛生产基地县，冷水江市建成一个自动化程度较高的单班5000吨级饲料厂。1993年，全地区各级政府制定优惠政策，鼓励个体长途贩运户参与生猪流通服务，促进地方养殖业发展。1995—1997年，多项政策及涉农资金等向水产养殖方面倾斜，全地区水产业得到快速发展，产量、质量和效益连年提升。1998年，双峰县建立一支拥有大卡车320辆、小四轮1000台、从业人员上万人的生猪贩运队伍，组建28个生猪长途贩运共同体、2个贩运公司，年贩运生猪150万头。1997年，全地区各类产销一体化养殖协会、合作社发展会员2000多人。行署成立生猪品改领导小组，印发《关于加强生猪品种改良工作的通知》，制定品改方案，连续3年从屠宰税中集中安排20%作为生猪品改专项资金，推进生猪品改。各县（市）均建立原种猪场，扩繁长白猪、大约克猪、杜洛克猪，在全市推广“杜×长×大”三元杂交猪。县（市）畜牧水产部门兴办饲料厂4家，年产量5.5万吨。2000年，新化县、涟源市推广秸秆氨化养殖牛、羊，先后被确定为全国秸秆氨化养牛养羊示范县，涟源市被确定为全国肉牛产业基地示范县和秸秆养畜示范县。是年，出栏生猪411.94万头、牛7.94万头、羊15.42万只、家禽1655.61万羽，肉类、禽蛋产量分别为25.79万吨、1.91万吨。放养水面12.48万公顷，产量4.8万吨。全市养殖业年产值15.75亿元，占农业总产值的47.1%。

2001年，全市调整养殖业发展思路，加大结构调整和科技投入力度，发展养殖专业户和专业合作组织，发展龙头企业、休闲渔业及生态渔业，扩大畜产品加工，实现养殖业产业链条延伸，逐步形成较完备的产业链条。是年，市政府印发《关于加快全市草食牲畜发展的意见》。涟源市天华牧业用安格斯黑牛与本地牛杂交，产生以安格斯牛为父本的肉牛。2003年，全市畜牧业调整布局规划，建立以双峰县为重点的无公害优势瘦肉型猪养殖基地；以涟源市、冷水江市、新化县为重点的沿龙山山脉与雪峰山脉优势肉牛养殖带；以湘香禽业公司为龙头的娄星区、冷水江市优势家禽养殖区；以冷水江市金汉乳业公司、新化绿源食品公司、娄底市银豆豆公司为重点的畜产品加工点。2004—2005年，成立由市委主要领导任顾问的“湘中黑牛”发展领导小组，财政安排专项发展基金，推进肉牛产业发展；“湖南黑猪”引进娄底，养殖业开始形成“两黑”格局；市政府出台《关于加快全市农业产业化发展的意见》，明确举全市之力培育生猪和草食动物产业；通过招商引资，成立境内第一家生猪机械化屠宰加工企业——庆阳牧业，年设计屠宰加工生猪100万头，是全市唯一一家拥有自主出口权的农产品加工龙头企业。2005年底，全市年出栏生猪460.01万头、牛13.26万头、羊19.55万只、家禽1763.89万羽，肉类、禽蛋产量分别为31.75万吨、2.09万吨。放养水面1.31万公顷，产量5.53万吨。养殖业产值19.34亿元，占农业总产值的51.3%。

2007年，国家对养猪业扶持力度加大，全市生猪产业集约化程度提高，年存栏猪500头以上的养殖户增加到1000余户。草食动物发展较快，肉牛成为全市畜牧产业结构调整的朝阳产业。2008年，为进一步推动生猪、肉牛产业发展，市里编制《娄底市生猪产业发展纲要》《娄底肉牛产业发展纲要》。市政府常务会议设立生猪和肉牛发展基金，并列入常年财政预算。全市饲料生产企业发展到15家，饲料产量8.29万吨，产值2.29亿元。2009年始，每年设立200万元生猪发展基金，肉牛发展基金由原来100万元增加到200万元。2010年，"湖南黑猪""湘中黑牛"两大地方特色品种确立。是年底，全市年出栏生猪513.18万头、牛14.77万头、羊26.48万只、家禽1792.72万羽，肉类、禽蛋产量分别为36.48万吨、2.41万吨。放养水面1.21万公顷，产量7.04万吨。养殖业产值39.31亿元，占农业总产值的60.4%。

2011年，全国肉牛"湘中黑牛"产业发展研讨会在娄底召开；"湘村黑猪"通过国家遗传资源委员会品种审定，成为湖南省唯一通过国家级品种审定的畜禽类新品种。2012年，市政府印发《娄底市湘村黑猪产业发展规划（2012—2015）》《娄底市湘中黑牛产业发展规划（2012—2015）》，对"两黑"产业扶持力度加大。环保问题日益受到重视，养殖业进入绿色发展阶段。2014年始，全市依法推进养殖功能区域划分，各县（市、区）相继完成禁养区、限养区和适养区"三区"划定，并以县级人民政府名义发布。2017年有国家级农业产业化龙头企业1家，省级农业产业化龙头企业4家。与养殖业发展密切相关的饲料产业、运输业、行业协会同步发展。持证饲料生产企业4家，产量11.15万吨。全市年出栏生猪527.34万头、牛19.05万头、羊35.5万只、家禽2059万羽。肉类、禽蛋产量分别为42.9万吨、3.05万吨。放养水面8787公顷，水产品产量8.21万吨。养殖业产值191.04亿元，占农业总产值的55.4%。

第一章　畜牧业

第一节　畜禽品种

一、猪品种及其分布

（一）地方猪种

湘村黑猪　原名湖南黑猪，属以桃源黑猪为母本、杜洛克猪为父本杂交，经继代选育而成的瘦肉型猪种，娄底市湘村高科农业股份有限公司拥有其自主知识产权。2012年7月，通过国家畜禽遗传资源委员会审定，为湖南省唯一通过国家品种审定的具有自主知识产权的畜牧新品种。湘村黑猪被毛黑色，体质紧凑结实。背腰平直，胸宽深，腿臀较丰满。具有抗逆性强、产仔多、母性好、哺育能力强、生长发育快、饲用效率高、胴体瘦肉率高、肉质品质优良等特性。

湘西黑猪　主要包括浦市黑猪（又称铁骨猪）、桃源黑猪（又称延泉黑猪）和大合坪黑猪3大类群，产于湖南省沅江中下游两岸。有长头型和短头型之别，背毛黑色，偶在躯体末端出现白斑。湘西黑猪在新化县山区有少量喂养。

宁乡猪　俗称宁乡土花猪，主产于湖南长沙宁乡县流沙河、草冲一带，又称草冲猪、流沙河猪。具早熟易肥、边长边壮、蓄脂力强、肉质细嫩、味道鲜美、性情温顺、适应性强、耐粗饲、体躯深宽短促、体质疏松等特点。1989年以前，宁乡猪在娄底境内有大量喂养。但随着农业与饲料工业的发展，饲喂量大幅度减少，2000年后，几乎绝迹；2017年，在各县（市、区）又有少量喂养。

砂子岭猪　为古老肉脂兼用型地方猪种，系华中两头乌猪主要类群，已有4000多年家养历史。原产于湖南省湘潭县砂子岭一带，湘中、湘东、湘南、湘西部分地区有分布，其毛色"两头乌，中间白"，肉色红润，细嫩多汁，大理石纹丰富，纹路精致细腻。1990—2017年，在双峰县部分乡镇有少量喂养。

（二）引进品种

娄底市引进品种主要有杜洛克猪、大约克夏猪和长白猪3种，在各大中型猪场都有喂养。新化县、涟源市、双峰县3个生猪调出县都有长白猪、大约克夏猪、杜洛克猪的种猪扩繁场，常用“杜×长×大”杂交方式生产商品肉猪（最常用配套系为“杜洛克×长白×大白”，俗称“杜长大”）。

杜洛克猪　20世纪80年代初被引进娄底境内。杜洛克猪具有生长发育快、四肢健壮、抗逆力强、饲料报酬高、瘦肉率高5大特点，为娄底市域生猪养殖主要品种之一，在商品猪杂交体系中，常用作终端父本。

大约克夏猪　20世纪80年代初被引进娄底境内。大约克夏猪是世界上著名肉用型品种之一，具有较好适应性，有生长快、饲料利用率高、瘦肉率高，产仔多等特点，为娄底生猪养殖主要品种之一，境内各地猪场有饲养，主要用于与长白猪杂交，生产“长×大”商品后备母猪，再供应各地大中型猪场。

长白猪　20世纪80年代初被引进娄底境内，是世界著名的瘦肉型猪种。主要优点是产仔数多，生长发育快，省饲料，胴体瘦肉率高等，但抗逆性差，对饲料营养要求较高。娄底各县（市、区）种猪场均有饲养，用于与大约克猪杂交，生产“长×大”商品后备母猪，以供应各地大中型猪场繁育。

二、牛品种及其分布

（一）地方品种

湘西黄牛　湖南省优良地方黄牛品种，为肉、役兼用型品种。湘西黄牛体格中等，体形多呈倒梯形，结构紧凑，肌肉发达，皮薄毛细，骨骼细致。毛色一般以黄色、褐色为主；湘西黄牛在娄底市域均有分布。

湘南黄牛　主产于南岭山地丘陵区，分布于湘西南、湘中、湘东和毗邻的鄂赣部分地区。湘南黄牛个体较矮小，公牛躯体前高后低，母牛后躯略高于前躯。体质健壮，结构紧凑，背腰平直，身躯短。毛色以黄色为主，次为黑色、褐色。湘南黄牛在娄底各地均有分布。

滨湖水牛　主产湖南洞庭湖畔，分布于湘西、湘中各地，湖北、江西、广西、广东等省份均有引进。滨湖水牛躯体高大，骨骼粗壮，躯体匀称，肌肉丰满。滨湖水牛在娄底市域均有分布，进入21世纪后有减少趋势。

（二）引进品种

安格斯黑牛　原产地英国。2001年，湖南天华牧业有限公司（简称天华牧业）首次引进该品种。其体低矮、结实，体躯宽深，四肢短而直，肌肉丰满，被毛黑色、无角，又称为无角黑牛。安格斯牛具良好肉用性能，为世界“专门化”肉牛中的典型品种之一。为适宜娄底市气候特色的外来肉牛品种，主要用于改父本。

（三）培育品系

湘中黑牛　2001年开始，天华牧业以引进的英国安格斯种牛为父本，以本地黄牛为母本，生产的杂交后代毛色全黑，命名为“湘中黑牛”。“湘中黑牛”具有明显的杂交优势：生长快，个体大，成年牛体重达550千克；肉质好，肌间脂肪丰富，口感好；屠宰率57%，净肉率46%。2008年，市里制定《娄底市肉牛发展规划纲要》，规划整合各项资金，扩建安格斯种牛场，以“湘中黑牛”为重点，发展小规模、大群体湘中黑牛养殖基地和示范村，推广“桂牧1号”等优质牧草种植与青贮池建设，建立“湘中黑牛”生产体系。2010年，“湘中黑牛”产业发展取得成效，全市存栏肉牛30头以上的规模养殖户300余户，存栏100头以上的规模养殖户50户，“湘中黑牛”存栏超8万头，其中能繁母牛1万余头。市政府印发《关于进一步推进湖南黑猪和湘中黑牛产业化发展的意见》，决定整合扶贫、农业综合开发、国土整理、农业产业化发展等涉农资金，建立480万元产业发展基金，支持“两黑”生产体系建设。2014—2016年，省畜牧水产局在新化、涟源两县（市）实施基础母牛扩群项目，分3年投入资金

2440万元，采取“见犊补母”方式，对饲养能繁母牛10头以上的养牛户实行补助。截至2016年底，两县（市）新增湘中黑牛牛犊7.62万头，存栏能繁母牛10头以上的规模户3250多户，存栏肉牛在100头以上的养牛场108家。2014—2017年，农业部在天华牧业、阳春农业科技、懿藩农业、天池农业等规模肉牛养殖场实施“中国南方现代草地畜牧业推进行动”，计划建设一批畜草配套、发展优势明显、示范带动能力强的肉牛生产基地，有效推动“湘中黑牛”生产向规模化、标准化方向发展。2017年底，全市存栏“湘中黑牛”18.5万头，出栏“湘中黑牛”8.1万头。

三、羊品种及其分布

湘东黑山羊　主产区在湖南东部山区地带。1990年起，湘东黑山羊在娄底推广饲养。成年公、母羊体重分别为50千克、45千克左右。

成都麻羊　产于四川盆地西部的成都平原及其邻近丘陵和低山地区，系乳肉兼用优良地方品种。被毛有棕黄而带黑麻色，故称作“麻羊”。成年公、母羊平均体重分别为43千克、32千克。娄底域内均有饲养。

马头山羊　因头无角，似马头，称为马头羊。马头山羊具有体型大、体质结实、繁殖力强、屠宰率和净肉率高、肉质细嫩、膻味小等特点，为国内山羊地方品种中生长速度较快、体型较大、肉用性能好的品种之一，娄底域内均有饲养。

南江黄羊　系四川南江县经长期选育而成的肉用型山羊。具有性成熟早、生长发育快、繁殖力高、产肉性能好、适应性强、耐粗饲、遗传性稳定的特点，肉质细嫩、适口性好。成年公羊体重为50千克，母羊35千克，在娄底境内分布较广。

努比亚山羊　由英国、美国、澳大利亚等国引入。具有体型大、生长快、繁殖力强、产羔多、屠宰率高、产肉多、耐粗饲、适应性强、抗病力强和遗传性稳定等优势。2010年新化县建有努比亚种羊场。

四、禽品种

域内养禽以鸡为主，鸭、鹅次之。鸡品种主要包括本地土鸡、湘黄鸡、罗斯鸡、芦花鸡、桂东黄鸡、罗曼鸡、绒毛乌骨鸡等；鸭品种主要包括本地麻鸭、樱桃谷鸭、苏州鸭、狄高鸭、卡基康贝尔鸭等；鹅品种主要包括武冈铜鹅、溆浦鹅、常德鹅、四川白鹅等。

第二节　畜禽养殖

一、生猪养殖

1990年，全地区生猪生产专业化起步，随着生猪配合饲料的使用，一大批中小养猪专业户涌现，养猪业开始向专业化、集约化发展。全年出栏生猪176.19万头。1996年，境内养猪专业户4846户，形成一批专业养殖村。开展种公猪普查鉴定及选优去劣工作，淘汰杂劣公猪451头，引进良种公猪292头，新建生猪人工授精站14个。双峰县、涟源市建设国家级瘦肉型商品猪基地，种公猪实现良种化，存栏瘦肉型母猪占母猪存栏总数的50%以上，出栏瘦肉型猪占出栏生猪总数的85%以上。

1997年，全地区养猪专业户1.16万户，域内建成年出栏生猪过万头的畜牧小区22个，5000头的畜牧小区69个。1998年，生猪养殖专业户有所减少。是年，全地区启动生猪品改工作，投入品改经费200万元，淘汰劣种公猪519头，调进优良种猪3800头。新化县种猪场、双峰县种猪场和冷水江市中连种猪场通过省畜牧局验收发证。建成国家级瘦肉型商品猪基地3个，二元、三元杂交猪占出栏总数的89%，商品率提高至85%，出栏率提高至174%，出栏周期缩短至120天。1999年，生猪品改实现突破，全市引进良种公猪527头、良种母猪3500头。

2001年，全市出栏生猪413.07万头。2002年，境内生猪繁育体系建设形成，先后建设市原种猪扩繁场、市明阳种猪场、双峰县原种猪扩繁场、涟源市宏大牧业原种猪扩繁场、新化县博泰原种猪扩繁场、娄星区湖南黑猪原种猪场等19个种猪场，实现种猪更新换代，生猪品质大幅提高；与省畜牧水产局合作创办全省原种猪场唯一市级分场，并在全省率先引进“新英系大约克”种猪9个家系150余头，对外提供原种猪300余头，“大×长”杂二元母猪500余头，带动优质双肌臀商品猪发展。2003年始，市政府连续5年每年无偿投放种公猪100头，淘汰所有地方劣质种公猪。2004年，“湖南黑猪”引进娄底。域内种公猪基本更新为台系杜洛克、新英系大约克母猪×丹系长白公猪×台系杜洛克公猪，三元杂交组合得以推广，全市出栏生猪中，二元猪和三元猪占总出栏数的81%。2005年，为稳定生猪生产，市、县财政共同对规模母猪饲养户实行补贴，对存栏母猪50头以上大户奖励一头8000元以上种公猪。双峰县对生猪品改实行以奖代投，出栏500头以上规模户每引进一头优质母猪补贴100元。经省畜牧水产局批准，天源高科农业发展有限公司（湘村高科前身）引进“湖南黑猪”实施产业化开发工作，获“湖南黑猪”全部知识产权。2006年，全市出栏生猪488万头。

2007年，全市生猪出栏518.03万头。境内1000头以上的规模养殖大户25户，100头以上的1500多户。是年，国家和省政府相继出台系列扶持生猪生产政策，实行能繁母猪补助与保险生猪标准化养殖小区补助、生猪调出大县奖励等政策，全市生猪生产向规模化、标准化和产业化方向发展。全市兑现能繁母猪补助资金1086万元，中央和省补助830万元，市本级补助103万元，县（市、区）配套153万元，全市能繁母猪22万余头。中央安排娄底生猪标准化养殖项目50个，项目资金1350万元。双峰县、新化县、涟源市获生猪调出大县奖励，其中双峰县990万元，新化县737万元，涟源市484万元。全市出栏生猪544万头，出栏100头以上的规模猪场3288个，出栏3000头以上的规模猪场14个，出栏1000～3000头的规模猪场155个，出栏500～1000头以上的规模猪场2618个。2008年，全市确定28个市级重点规模猪场和外贸出口生猪基地，进行重点扶持，生产企业基础设施得到改善。2009年，全市扩建高标准栏舍4.4万平方米，修建沼气池、污水处理池2800立方米，大部分猪场安装电子监控系统，生猪生产饲料管理、污染处理、疫病防控均得到改善。2011年10月，经省畜牧水产局同意，“湖南黑猪”更名“湘村黑猪”。2012年8月31日，经国家畜禽遗传资源委员会审定、鉴定，“湘村黑猪”获国家新品种配套系证书。至2012年底，全市饲养规模有小幅增加，生猪品质和生产效果提高。

2013年始，养猪业环境污染问题日益凸显，各级各部门通过加强规划和引导，推进规模养猪企业开展标准化改造。2014年，“湘村黑猪”首次成为全国“两会”特供猪肉。其选育及推广项目获全省科技成果进步奖二等奖。全市养猪企业新建沼气池4000立方米。2015年，全市新建和改造标准栏舍4750平方米，粪污处理设施4750立方米，建设国家级标准化示范场1个，省级示范场4个。各县（市、区）根据环境条件确定适养区、禁养区和限养区划分。是年7月15日，首批“湘村黑猪”进入香港市场。2016年2月24日，湘村高科农业股份有限公司在新三板上市，成为娄底市第一家本土农业板块上市企业，其第一核心育种场被评为国家级示范场。2017年，禁养区内363个畜禽规模养殖场（小区）和529个畜禽养殖专业户全部关闭搬

湘村黑猪（2015年4月摄）

迁。全市养殖业标准化、规模化和产业化程度提高，年出栏生猪500头以上生猪规模养殖场数量1744个，标准化规模养殖场（小区）373个，省级规模养殖示范场15个，国家级规模养殖示范场7个。

1990—2017年娄底市生猪生产情况表

表23-1

年份	出栏(万头)	存栏(万头)	母猪(万头)	猪肉产量(万吨)
1990	176.19	186.26	10.84	11.35
1991	187.09	183.96	10.29	12.12
1992	198.43	189.55	11.97	12.90
1993	230.84	200.48	13.80	14.15
1994	265.35	206.26	13.73	16.95
1995	307.33	228.39	15.00	19.21
1996	357.42	242.52	16.26	22.48
1997	402.53	249.02	18.11	24.83
1998	422.03	257.06	17.72	26.26
1999	398.42	243.77	16.90	24.85
2000	412.14	259.06	17.71	25.79
2001	413.07	256.71	17.59	26.10
2002	406.19	246.57	17.63	25.18
2003	406.94	249.89	18.00	25.36
2004	424.31	255.55	19.38	26.16
2005	460.01	262.22	20.46	28.25
2006	488.48	269.01	20.75	30.57
2007	518.03	289.95	23.82	32.40
2008	481.27	268.04	23.23	30.04
2009	499.20	283.60	26.79	31.21
2010	513.18	284.79	26.33	32.65
2011	496.76	290.19	26.96	32.59
2012	515.14	299.54	27.42	34.08
2013	517.10	289.09	27.89	35.72
2014	535.20	295.45	27.72	36.95
2015	516.71	283.93	26.42	36.13
2016	503.71	274.87	25.54	35.39
2017	527.34	283.19	26.46	37.59

二、牛羊养殖

1990年，域内有草山草坡30.25万公顷。是年，全地区存栏牛25.77万头，存栏羊6.77万只。1992年，全地区发展养牛专业户142户。一些地方利用山地草山资源大力发展山羊养殖。1994年，全地区养羊专业户发展至475家。1999年，新化县扶持发展以炉观镇云溪村、万寿桥村、小金溪村和维山乡黄古村为中心的良种山羊繁育基地，新建标准化羊舍1150平方米，引进马头山羊、四川南江黄羊等良种528只，基地年供种羊3000只以上。1995年，全地区出栏牛4.94万头、羊5.86万只。

2000年，出栏牛7.94万头、羊15.42万只。2002年，全市发展肉牛养殖专业公司10家、养殖基地17家，养殖专业户1000余户，引进基础母牛8000余头，发展人工种植牧草1.33万公顷。

2004年，国家级安格斯牛纯种繁殖场建设获得农业部批准立项，落户天华牧业。是年，涟源市获世界银行扶贫贷款200万美元，用于支持“湘中黑牛”产业发展。山羊养殖逐步扩大，全市山羊存栏21.3万只。2006年，全市建立肉牛品改站38个，投放优质安格斯公牛110头，全年完成黄牛冷配和安格斯公牛本交2.4万胎次，新产杂交牛犊9000多头。2007年，全市在涟源市、新化县、冷水江市建立3个肉牛品改中心，42个乡镇品改站，培养出一批专业能力比较强的冷配员，肉牛品改体系形成。2011年，“湘中黑牛”大群体成为南方养牛唯一成功典范，得到国家肉牛产业技术体系首席科学家曹兵海的肯定。是年，全市出栏牛14.51万头、羊25.79万只。

2013年起，全市肉牛羊产业持续发展。至2017年底，全市存栏牛40.22万头，其中肉牛存栏19.22万头；存栏羊32.23万只。“湘中黑牛”年出栏数8.1万头。发展以“湘中黑牛”为主导并备案登记肉牛规模养殖场（户）295家，存栏能繁母牛21.19万头。双峰县阳春科技成为全市第二家安格斯一级种牛场，天华牧业与中科院遗传育种研究所合作，在全省首次实施胚胎移植项目，居全国领先地位，其种牛场成为全省唯一的安格斯原种牛场。

黑山羊（2008年4月摄）

1990—2017年娄底市牛羊生产情况表

表23-2

年份	出栏		存栏				牛肉产量（吨）	羊肉产量（吨）	牛奶产量（吨）
	牛（万头）	羊（万只）	牛（万头）	能繁母牛（万头）	乳牛（万头）	羊（万只）			
1990	1.70	3.90	25.77	7.96	0.18	6.77	1675	357	100
1991	1.77	3.58	25.86	7.87	0.20	6.34	1769	434	122
1992	2.10	4.61	26.41	8.78	0.16	6.48	2890	566	109
1993	3.26	5.47	26.65	7.65	0.09	7.31	3268	598	95

续表23-2

年份	出栏		存栏				牛肉产量（吨）	羊肉产量（吨）	牛奶产量（吨）
	牛（万头）	羊（万只）	牛（万头）	能繁母牛（万头）	乳牛（万头）	羊（万只）			
1994	3.79	4.60	26.64	7.53	0.01	6.75	3913	551	66
1995	4.94	5.86	26.52	8.04	—	8.67	4994	705	4
1996	6.30	9.97	28.23	8.71	—	13.89	6179	1273	—
1997	7.85	11.96	31.47	11.76	—	16.15	8880	1523	—
1998	8.08	13.23	31.85	11.73	—	17.05	8647	1783	—
1999	6.80	14.06	31.55	11.68	—	17.85	7288	1894	—
2000	7.94	15.42	31.78	9.99	—	17.84	8352	2088	—
2001	8.17	14.90	30.09	9.75	0.02	17.57	8467	2020	20
2002	8.23	15.17	30.24	10.32	0.02	19.58	8523	2076	100
2003	8.89	16.22	31.19	10.49	0.04	20.13	9194	2206	335
2004	10.21	18.44	33.46	10.84	0.04	21.30	10628	2636	505
2005	13.26	19.55	35.16	11.80	0.05	23.47	13873	2833	657
2006	15.59	21.08	36.88	12.55	0.05	24.03	16320	3174	796
2007	17.86	22.59	38.28	13.26	0.07	25.05	18770	3428	1078
2008	12.52	23.61	34.18	12.52	0.09	25.93	13169	3552	2131
2009	13.64	24.96	36.44	13.26	0.08	27.01	14511	16904	1870
2010	14.77	26.48	38.16	16.55	0.08	28.91	15511	3959	1831
2011	14.51	25.79	38.71	16.78	0.07	29.08	15329	3894	1894
2012	15.59	27.76	39.81	17.26	0.04	29.73	17038	4147	865
2013	16.72	29.52	40.44	17.85	0.04	31.67	18341	4479	880
2014	17.40	30.75	41.29	18.18	0.04	32.04	19162	4697	880
2015	18.34	32.59	42.15	18.55	0.04	32.79	20174	4978	910
2016	18.94	34.72	40.95	18.54	—	31.95	21724	5268	—
2017	19.05	35.50	40.22	18.91	—	32.23	23002	5388	—

三、家禽养殖

1990年，全地区出笼家禽447.98万羽，禽蛋产量1.08万吨，家禽养殖逐渐向专业化、集约化发展。1992年，全地区养禽专业户2343户，形成一批专业养禽村，涟源市马家境乌鸡坝村，年养鸡6.3万羽，户平209羽，出笼肉鸡3.4万羽，产蛋20吨，产值180多万元。区内引进并推广一批美国王鸽、乌骨鸡、火鸡等特种禽类。1994年，养禽专业户发展到2740家，比1992年增长17%。1996年，养禽专业户与产业化进程加快。新化县槎溪镇益大公司、双峰县锁石镇“金凤凰”公司等一批初具规模家禽养殖企业出现。2001年，涟源市、冷水江市、新化县先后发展一批养殖规模大、经济效益高的山地养鸡专业户、专业村。2003—2007年，因禽流感疫情影响，家禽养殖专业户维持在3000家左右。2008年，家禽产业升温，中小规模养鸡、养鸭专业户增长，特别是一批以农家院落圈养与放养相结合的山地养鸡增多。2010年，涟源市枫坪镇天柱山禽业综合开发有限公司成立，注册资金500万元，拥有鸡舍8栋、孵化厅1栋，建筑面积6210平方米，年出笼商品肉鸡和鸡苗600万羽以上。至2015年，天柱山禽业成为全市家禽养殖龙头企业。

新化县吉庆镇油溪桥村养鹅场（2020年9月摄）

2011—2015年，全市养禽业保持平稳发展。2017年底，全市出笼家禽2059万羽，禽蛋产量3.05万吨，比1990年分别增长460%、282%。

1990—2017年娄底市家禽生产情况表

表23-3

年份	禽		禽蛋（万吨）	年份	禽		禽蛋（万吨）
	出笼（万羽）	存笼（万羽）			出笼（万羽）	存笼（万羽）	
1990	447.98	492.93	1.08	2004	447.98	492.93	2.01
1991	477.40	556.03	1.24	2005	1763.89	1103.72	2.10
1992	548.87	631.25	1.33	2006	1861.62	1120.00	2.16
1993	670.71	644.73	1.36	2007	1969.34	1206.09	2.36
1994	721.32	606.29	1.30	2008	1174.99	1062.20	2.10
1995	853.24	806.35	1.27	2009	1671.77	1119.00	2.27
1996	1242.77	842.63	1.59	2010	1792.72	1187.57	1.80
1997	1452.27	863.56	1.71	2011	1868.18	1195.45	2.45
1998	1548.46	926.49	1.79	2012	1995.46	1240.14	2.56
1999	1628.34	962.71	1.87	2013	1979.50	1235.52	2.71
2000	1655.61	953.97	1.90	2014	1920.12	1265.60	2.81
2001	1700.68	983.32	1.91	2015	1966.62	1316.50	2.89
2002	1713.56	987.16	1.94	2016	2052.54	1352.00	3.00
2003	1783.28	1011.84	2.01	2017	2058.96	1356.71	3.05

四、畜禽饲料

全市畜禽饲料主要有稻谷、红薯、大麦、玉米、大豆、菜饼、血粉、羽毛粉、肉骨粉等饲料资源。

1990年，地区农业局畜牧兽医工作站经5年时间筛选出900系列浓缩饲料配方，在涟源市设厂投产，产品在全地区普及推广。1992年，通过技术改造，年单班生产能力由5000吨扩大至1.5万吨，由简陋手工投料工艺过渡到自动化生产创造产值1100万元。是年，冷水江市建成一个自动化程度较高的单班5000吨级饲料厂。配合饲料、浓缩饲料入户率占55%。全地区生产各种饲料4.5万吨。1993—1996年，县（市）畜牧水产部门陆续兴办饲料厂，先后建成新化新大饲料厂、冷水江锑都饲料厂、涟源正大饲料厂、娄底市娄星饲料厂等万吨级饲料厂和1个年产1000吨预混料厂，主要生产猪、鸡、鸭浓缩料、颗粒料、全价料和各种饲料中的核心部分预混料。

1998年，全地区饲料年单班生产能力8.5万吨，实际生产5.5万吨。1999年起，在国家政策影响下，养猪业迅速发展，饲料工业发展步伐加快。2005年，全市饲料生产8.6万吨。2008年，全市饲料生产企业15家，其中猪用浓缩料、畜禽全价料生产企业10家，猪用预混料生产企业3家，牛羊专用预混料企业1家，骨粉厂1家；饲料总产量8.29万吨，总产值2.29亿元；饲料经营门店300余家，常年在娄底市场销售的饲料有100多个品牌，年销售各类饲料总量100多万吨，经营额近20亿元。

2009年，受金融危机、养殖产品质量安全问题和H1N1甲型流感等因素影响，畜禽养殖受到冲击，饲料企业竞争日益加剧，中小型企业或兼并重组或破产淘汰。2012年，先后有7家饲料企业被淘汰，外市大型饲料企业逐步进入市内；年生产规模20万吨的娄底东方希望、10万吨的新化浏阳河饲料生产企业投产。2013年，年产24万吨的娄底湘大骆驼饲料有限公司建成。是年底，全市饲料生产总量11.7万吨，饲料生产总产值4.68亿元。饲料经营门店减少至274家，饲料自配料点750个，饲料加工点21个。

2014年，生猪价格大幅度下降，原料价格上涨，全市饲料生产总量9.78万吨，比上年减少1.93万吨。2016年，全市9家饲料企业，3家换发新生产许可证，2家兼并重组，4家达不到生产要求被责令停止。2017年，全市持证饲料生产企业4家，饲料生产总量11.15万吨，总产值3.14亿元。

第三节　动物防疫

一、动物疫病

1990年以来，域内畜禽疫病有近100余种流行或发生，主要传染病有口蹄疫、猪瘟、高致病性猪蓝耳病、高致病性禽流感、鸡新城疫、布鲁氏菌病、小反刍兽疫、猪链球菌病、猪丹毒、猪肺疫、猪副伤寒、猪传染性胃肠炎、仔猪白痢、禽霍乱等。

（一）口蹄疫

1990—1997年，全地区未发生规模式口蹄疫。1998年，全地区4个县市14个乡镇、1个规模猪场、4个生猪定点屠宰场发生口蹄疫疫情，疫点35个，病猪571头，同群猪819头，病牛8头，扑杀病猪及同群猪1390头，扑杀病牛8头；1999年，5个县（市、区），52个乡镇，4个街道，195个村，5个定点屠宰场发生猪、牛、羊口蹄疫，疫点271个，处理病牛3631头，病猪879头，病羊265只，直接经济损失达2000余万元；经溯源调查，疫源主要是牛贩、猪贩从疫区购进病畜所致，其次是外出打工人员购回染疫畜产品。2000—2006年，口蹄疫疫情累计涉及乡镇145个、行政村380个、疫点778个。2007—2017年，随着国家逐步推广口蹄疫免疫，再未暴发。

（二）猪瘟

1993年，全地区发生自1982年以来较为严重的猪瘟疫情，5个县（市）、43个乡镇，2个集约化养殖场暴发猪瘟疫情，死亡生猪近7万头。各县（市）政府和业务主管部门相继采取紧急扑疫措施，疫情得到控制。2000年，有3个集约化猪场发生猪疫，未造成生猪死亡。2001—2017年，全市重视猪疫防控，推广疫苗免疫，境内未出现大规模疫情。

（三）炭疽

1992年，冷水江市潘桥乡、新化县桑梓、洋溪镇先后发生4起炭疽疫情，其中潘桥乡共死牛17头，感染9人发病，死亡4人。病因分别为挖掘坟墓、洪水和贵州引种所致，为此扑杀牛36头，对炭疽疫区县卖出的1425张牛皮作追踪查处，烧毁阳性皮11张。此后至2017年，境内未发生牲畜炭疽疫情。

（四）高致病性猪蓝耳病

2006年，娄底首次发生高致病性猪蓝耳病疫情，波及各县（市、区）40个乡镇、173个村，死亡生猪2.94万头。2007年，各县（市、区）37个乡镇再次发生高致病性猪蓝耳病疫情，死亡生猪2.25万头，扑杀生猪2.56万头。之后，国家对高致病性猪蓝耳病实施强制免疫，疫情缓解。至2017年，境内未暴发该疫情。

（五）高致病性禽流感

2001年，由于使用贵州生物药厂生产批号为200106的鸡疫SPF活疫苗和销售宁乡温氏集团公司禽流感病鸡，境内新化县、冷水江市首次发生H5N1高致病性禽流感疫情，病死鸡4.85万羽。2004年，全市暴发H5N1高致病性禽流感疫情，出现疑似疫情预警点21个，共扑杀和无害化处理家禽9.92万羽。之后，各县（市、区）多次出现疑似禽流感疫情。2014年2月3日，境内发生首例人感染H7N9流感病例。2017年，有5人感染H7N9流感，其中死亡1人。

（六）布鲁氏菌病

1991年，在全地区畜间布鲁氏杆菌病普查中抽检牲畜血样3319例，发现阳性9例，对阳性牲畜进行隔离观察和定性诊断。1992年，对种畜场全面普查和农村种畜大面积血清学检验，对阳性种畜全部淘汰处理。2012年，涟源桥头河发生1例山羊布鲁氏菌病；2015年，新化县上梅镇发生1例山羊布鲁氏菌病，疫源分别为从宁乡引进山羊和从四川省简阳市非法购进种公羊所致。2016—2017年，境内没有发现布鲁氏菌病。

（七）小反刍兽疫

2014年，新化县上梅镇、琅塘镇、娄星区万宝镇先后发生小反刍兽疫情，3个疫点死亡羊50只，扑杀89只。2016年新化桑梓镇发生一起。2017年，境内未发生该疫情。

二、动物疫病防控

（一）预防免疫

1990年始，全地区贯彻“预防为主”方针，紧抓猪瘟、口蹄疫、高致病性禽流感，高致病性猪蓝耳病免疫注射，对多发和常发猪丹毒、猪肺疫、仔猪副伤寒病的地区进行重点免疫。1992年，在全地区推行涟源市已连续4年实施的防疫行政业务“双线双包”目标管理责任制经验和双峰县“防疫专职、防治分家”改革做法。1993年，调整防检收费和防疫费由财政代收转为税务代收。1994年，为提高常年免疫密度，全地区由传统的季节性免疫改为常年免疫。1997年，开展禽霍乱胶苗、鸡传染性法氏囊炎苗、鸡马立克氏苗、鸡传染性支气管炎、鸭病毒性肝炎、鸡法氏囊卵黄抗体的免疫工作，开展羊三联四防苗的推广。1998年，加强防疫费统筹和推行税费同收办法，争取畜牧部门代收税费权，推行生猪免疫证制度和生猪免疫程序改革，发放免疫证一猪一证，改全年二次普注为卡耳标的三次普注和月月补注。2002年，全市全面实施动物免疫挂标。2015年，全市开始探索基层兽医服务体系改革，开展“花钱买劳务、养事不养人”的基层动物防疫新模式，双峰县在2016年全国医政工作会议上作典型发言。2017年，动物强制免疫进行调整，由原来的猪瘟、高致病性禽流感、高致病性猪蓝耳病、口蹄疫调整为口蹄疫、高致病性禽流感、小反刍兽疫和布鲁氏菌病。

（二）疫情监测

1990年开始，全地区开展畜禽疫病普查工作。1991年，开展猪、牛、羊布鲁氏菌病普查。2000

年，市本级和双峰县被列为国家无规定动物疫病区，新化县被列为疫情测报县。2002年，通过监测控制涟源胡泉、涟源市牛业公司附红细胞体病、牛焦虫病等疑难疫病。2004年，市本级、双峰县、新化县、娄星区先后建成动物疫病诊断实验室和动物疫病监测站。2009年开始，逐年加强对家禽、生猪和牛羊等动物疫病集中监测和动物疫病免疫监测。2013年，开展流行病学调查，全市设立25个动物疫病监测点，形成一个覆盖全市动物疫病监测网络。开展H7N9禽流感、猪流行性腹泻、猪丹毒等动物疫病的专项流行病学调查。开展免疫抗体监测，免疫抗体水平进行乡镇排名，并与动物防疫目标管理考核、政府绩效考核挂钩，实现以监促防。2015年，开展牛、羊血液原虫病专项流行病学调查，启动种畜禽场疫病净化试点。2017年，全市设立7个市级定点流行病学调查点和31个县级监测流调点，每季度开展一次定点监测和定点流行病学调查，采取点面结合的方法，及时掌握动物疫情动态。

三、动物疫病防控体系

（一）乡镇动物防疫站建设

2004年，全市开始动物防疫体系建设。2007—2010年，全市95个乡镇动物防疫站纳入项目建设，总投资1502.4万元，其中中央投入资金1114.47万元，地方配套387.93万元，改扩建站49个，改建站房1.08万平方米，新建站房1.11万平方米，购置仪器3623台（套），乡镇动物防疫站基础设施建设得到加强。2017年，全市乡镇动物防疫站82个。

（二）疫苗冷链体系

1993—1998年，地、县两级投入154万元，添置五十铃运输车一辆，冰箱102台，冰柜5个，冷库3座，对地、县、乡三级冷链体系予以更新，建成较为完整的疫苗冷藏贮运体系。2009年，全市共有冷库6个（市本级1个、县级除市经开区外其他都有1个），总计65个立方米；冰箱、冰柜141个；冷藏包1982个，基本做到每个县（市、区）有冷库，每个乡镇站有冰箱（柜），每个村级动物防疫员有冷藏包，做到冷链到底，保障疫苗保管效果。2015年，在原有基础上进一步完善冷链体系，市本级建成33立方米冷藏库和18立方米冷冻库各一座。双峰县、娄星区等县（市、区）完成冷链设施、设备建设和采购任务。2017年，5个县（市、区）和市本级有冷藏/冷冻库6个；每个乡镇防疫站有冷藏/冷冻冰箱1台以上。

（三）兽医实验室

1990—2008年，兽医实验室疫病监测能力有限。2009年，兽医体制改革，市畜牧水产局成立具有独立法人资格的二级机构市动物疫病预防控制中心，建立动物疫病预防控制实验室。全市包括市本级建成兽医实验室6个，均能开展抗体水平检测、细菌培养、动物尸体剖解以及动物疫病诊断、病原学监测等工作。新化县建成全国动物疫病测报站。2015年，市财政投资1500万元，新建成总面积500平方米、设备先进的市级兽医实验室，达到生物安全二级。2017年，全市6个兽医实验室严格遵守生物安全防范标准，运行良好。

（四）无害化处理体系

2013年始，娄底市首次着手建立病死畜禽无害化处理体系。是年，双峰县被选定为国家、省病死畜禽无害化处理试点县，投资700余万元，建成标准化尸窖571个，添置高温处理设备12台，干化处理设备1套。2016年2月，市政府出台《建立病死动物无害化处理长效机制建设实施意见》，市重大动物疫病指挥部印发《关于进一步推进构建病死动物无害化处理长效机制的实施意见》，推进该项工作。2017年，省绩效办将病死畜禽无害化处理体系建设列入政府绩效考核评估内容，市政府督查室将该项工作纳入政务督查重点任务清单。是年底，娄星区病死畜禽无害化处理中心建成并试投产运行，新化县、双峰县、涟源市畜禽无害处理中心在建。

第二章 水产业

第一节 水产资源

1990年，境内水域面积6.33万公顷，可供养殖水面2.72万公顷，具人工放养条件水面2.41万公顷，其中池塘1.59万公顷，水库6146公顷，鱼种池2034公顷。全地区有水田12.67万公顷，其中可稻田养鱼的水田6.67万公顷。

全地区有鱼类70种，隶属6目13科47属，主要经济鱼类有青鱼、草鱼、鲢鱼、鳙鱼、鳊鱼、鲤鱼、鲫鱼、团头鲂、鲶鱼、翘嘴鲌、黄颡鱼、翘嘴鳜、大眼鳜、赤眼鳟、细鳞斜颌鲴、黄尾密鲴、银鲴、加州鲈鱼、乌鳢、鳜鱼、罗非鱼、团头鲂、大口鲶、芙蓉鲤、黄鳝、泥鳅等。引进养殖鱼类主要有加州鲈鱼、斑点叉尾鮰、银鱼、匙吻鲟、胭脂鱼等。此外，还有大鲵、青蛙、中华鳖、中华绒螯蟹、克氏原螯虾、青虾等。

1991—1994年，域内先后有革胡子鲶、湘云鲫、湘云鲤、尼罗罗非鱼、美国青蛙、古巴牛蛙等品种引入。随后，胭脂鱼、加州鲈鱼、斑点叉尾鮰、小龙虾、大口鲶等养殖品种进入娄底。2009年，新化县洋溪镇石燕村、邹建村投资400万元，建成大鲵（俗称娃娃鱼）养殖基地，同年底新化县吴松林投资1200万元，在维山四都成立三联洞娃娃鱼有限公司，有养殖面积1万平方米，可养娃娃鱼10万条。此后，冷水江市、涟源市、娄星区、双峰县都有娃娃鱼养殖。

水草及其他饵料生物资源并能被鱼类利用的水草有14种，隶属6目7科。其中苦草、轮叶黑藻、金鱼藻、紫背浮萍，青萍、黄萍、红萍、菹萍、佛来眼子菜、小叶眼子菜、鸭舌等水草品种。至2017年，其间全市水产业资源无大变化。

第二节 养殖模式

一、池塘养殖

1990年，全地区池塘养殖面积7732公顷，产量1.36万吨，平均每公顷1755千克。1999年，全市池塘养殖8362公顷，产量2.61万吨，平均每公顷3120千克。2000年起，鱼用配合饲料在池塘养殖中得到推广。2017年，全市池塘养殖8139公顷，产量5.76万吨，平均每公顷7065千克。

二、水库养殖

1990年，全地区利用水库2700公顷，以稀放粗养为主。是年，开展网箱养鱼试点成功，养殖品种主要有4大家鱼、鳜鱼、鲤、鲫、鳊、鲂等。1999年水库养鱼面积3160公顷，产量3900吨。2011年，全市水库养鱼网箱3.5万口，养殖面积3400公顷，产量4000吨。

2012年，全市天然水域有网箱3.96万口（每口按28平方米折算），拦网445处，其中水府庙库区网箱2.38万口，拦库117处，对水质和防洪造成严重影响。2012年5月，省政府下发《关于开展水府庙库区专项整治工作的通知》，要求对水府庙库区网箱、拦库退养，对扳罾、迷魂阵等进行清除。2015年，省政府办公厅出台《关于规范水库渔业利用加强水库水质保护的意见》，水府庙库区、柘溪库区等饮用水源和备用水源地网箱、拦库全面退养。2016年，省政府办公厅《关于规范水库渔业利用加强水库水质保护的意见》出台，天然水域禁止投饵施肥，全市大部分水库作为城区及乡镇饮用水源而被明确为禁养区，其余水库也逐步开始限养，水库渔业逐渐减少。2017年，市里印发《关于加快全市大中型水库渔业发展规划》，加强水库渔业生产规划指导。是年，全市一级保护水源水府庙库区2.38万口网箱全部拆除，白马水库和涟水、孙水流域的网箱基本撤除到位。非饮用水源区域，网箱养殖面积严格控制在水域渔业面积的0.4%以内。

三、稻田养殖

稻田养鱼在娄底市域历史悠久。新化县素有稻田养鱼习惯，“新化田鱼”养殖历史可追溯至清光绪八年（1882)。稻田养殖以鲤鱼为主，形式有稻鱼兼作、稻鱼轮作和利用晚稻秧未插期间培育草鱼夏花鱼苗等，传统稻田养鱼以粗养为主。1990年，推广垄栽稻萍鱼立体种养技术418.33公顷，产鱼313.75吨。1993年，全市放养稻田1.35万公顷，新化县被列为全省稻田养鱼基地县市之一。1996年，涟源市白马镇、双峰县青树坪镇黄田村被评为全省模式化稻田养鱼示范村，同时涌现大批模式化稻田养鱼示范户。1998年，双峰县被省水产局评为湖南省模式化稻田养鱼示范县。2012年，稻田养鱼方式由单一稻鱼演变成稻虾、稻蛙、稻龟、稻鳖、稻蟹、稻鳅等多种模式，粗放型面积逐年减少，高标准模式化稻田综合种养面积增加。2015年，省扶贫办调研“新化田鱼”后，和省畜牧水产局出台《关于大力发展稻田综合种养加快贫困农民脱贫致富的指导意见》，稻田养鱼列为全省扶贫主导产业。2017年，全市稻田养鱼1.63万公顷，产鱼1.17万吨。

第三节　鱼苗繁育与鱼病防治

鱼苗繁育　1990年，全地区规模鱼苗孵化场11家，其中国有鱼种场6家，除地区水科所外，娄底市（县级市）、双峰县、涟源市、新化县和冷水江市都有一家国有鱼苗鱼种场，为渔业生产发展提供水产苗种。1991年，全地区鱼苗生产量9.1亿尾。1999年，全市生产量为13.3亿尾，主要孵化品种有4大家鱼、鳊鱼、鲤鱼、鲫鱼、黄尾密鲴。2000年后，全市养殖结构不断转变，投放规格逐渐增大，鱼苗销售逐年减少。2001年，双峰县鱼苗示范场土地被征收。2004年，冷水江市同心鱼苗场被冷水江钢铁总厂征收。2008年，涟源市鱼苗鱼种繁殖场、娄星区鱼苗鱼种场被征收。2016年，全市苗种孵化维持在6亿尾左右。2017年，全市还在生产苗种的国有渔场（所）只剩市水产科学研究所和新化县鱼苗鱼种场。

鱼病防治　1990—2017年，境内主要有3大类鱼病：即病毒性鱼病、细菌性鱼病和寄生虫性鱼病，此外还有因低温燥热缺氧引起泛塘。其中病毒性鱼病有草鱼出血病，细菌性鱼病有细菌性烂鳃、肠炎、白皮、赤皮、打印、竖鳞、水霉病、鳃霉病，寄生虫性鱼病有碘泡虫、车轮虫、小瓜虫、纤毛虫、脂环虫、毛细线虫、绦虫、水蛭、中华鳋、锚头鳋、鲺等。每年4—9月为鱼病流行季节，以病毒性鱼病和细菌性鱼病危害最大。娄底市传统鱼病防治方法主要为生石灰、茶枯、漂白粉清塘消毒，发病季节用漂白粉全池泼洒或用漂白粉、硫酸铜和硫酸亚铁挂袋防治，吃食性鱼类还可用大蒜素、三病灵、三黄粉等药物拌入冷却面粉浆，将其粘在嫩草上晾干，再投入鱼池中喂养。

第四节　鱼类捕捞与资源保护

1990年，全地区鱼类捕捞量1602吨。1991年后，渔业资源衰减。1999年，捕捞量3358吨。2005年始，市、县（市、区）开展人工放流活动，每年在涟水、孙水、资水、水府庙等水域投放各种鱼苗数亿尾，银鱼卵数亿粒，水生生物资源得到改善。2007年5月10日，由省畜牧水产局主办全省第四次大鲵（娃娃鱼）增殖放流活动在新化县梅山龙宫启动，160尾娃娃鱼放入梅山龙宫。

2011年始，中央和省级财政每年安排专项人工增殖放流经费，先后在资江冷水江段、新化段、水府庙水库、白马水库、涟水河等天然水域投放各种品种大规格鱼种40吨，夏花鱼种1.7亿尾及银鱼卵9亿粒。除常规品种增殖放流外，全市开展两次大鲵人工放流。2012年12月，农业部批准成立“湖南资水新化段鳜鲌国家级水产种质资源保护区”，面积3811.5公顷，其中核心区1646.3公顷。2015年11月，农业部批准成立“湖南资江油溪河拟尖头鲌蒙古鲌国家级水产种质资源保护区”，面积681.4公顷，其中核心区260公顷，实验区421.4公顷。

2016年，全市捕捞产量5122吨。2017年全市渔业捕捞量2507吨。

1990—2017年娄底市水产品养殖情况表

表23-4

年份	面积（万公顷）	产量（万吨）	养殖（万吨）	捕捞（吨）	产值（万元）	稻田养殖（万公顷）
1990	1.09	1.78	1.62	1602	7204	—
1991	1.16	2.02	1.78	2412	—	—
1992	1.15	2.15	1.90	2470	—	—
1993	1.18	2.38	2.15	2336	9889	1.35
1994	1.19	2.56	2.32	2329	—	1.44
1995	1.18	2.91	2.64	2705	20097	1.21
1996	1.19	3.36	3.08	2816	25642	2.74
1997	1.19	3.86	3.54	3257	24614	3.31
1998	1.22	4.28	3.93	3504	26927	3.33
1999	1.23	4.41	4.07	3358	27358	3.41
2000	1.25	4.81	4.46	3420	28879	3.65
2001	1.25	4.93	4.57	3560	29086	3.70
2002	1.27	5.12	4.75	3727	29051	3.73
2003	1.25	5.05	4.68	3684	22727	2.12
2004	1.28	5.36	5.01	3598	36355	2.18
2005	1.31	5.53	5.17	3647	41302	2.34
2006	1.48	6.11	5.77	3321	42396	2.59
2007	1.54	6.67	6.34	3249	49623	2.18
2008	1.09	6.25	5.89	3543	53586	2.04
2009	1.14	6.64	6.28	3656	60218	1.75
2010	1.21	7.04	6.64	3976	68378	1.70
2011	1.29	7.12	6.72	3962	77365	1.68
2012	1.32	7.62	7.19	4313	85695	1.59
2013	1.36	8.08	7.62	4602	99566	1.61
2014	1.39	8.38	7.90	4812	113322	1.62
2015	1.42	8.72	8.23	4885	123906	1.62
2016	1.47	9.14	8.62	5122	153113	1.76
2017	1.87	8.21	6.79	2507	170000	1.63

第五节 水产健康养殖示范场创建

2009年始，全市参与由农业部组织的水产健康养殖示范场创建活动。是年，双峰县宁家大塘养殖场和新化县车田江养鱼专业合作社首批入选农业部第四批健康养殖场创建目录。至2017年，全市分10批创建农业部健康养殖场32家。水产健康养殖场的创建，由市县组织申报、部省组织验收。

1999—2017年娄底市创建水产健康养殖场情况表

表23-5

创建单位	养殖面积（公顷）	产量（吨）	主要品种
新化县车田江养鱼专业合作社	2.4	1500	青鱼、草鱼、斑点叉尾鮰、鳙鱼、鲤鱼、湘云鲫、鳊鱼
双峰县宁家大塘养殖场	14.0	100	草鱼、鳙鱼、鲢鱼、青鱼、鲂鱼、鲴鱼等
娄底市水产科学研究所（所属水产养殖场）	20.0	300	草鱼、青鱼、鲢鱼、鳙鱼、鲤鱼、鲫鱼、鳊鱼
双峰县峡山塘水库渔场	80.0	418	鳙鱼、草鱼
新化县绿源食品开发有限公司养殖场	16.2	180	草鱼、鳙鱼、青鱼
娄底市神龙现代农业有限公司（所属水产养殖场）	24.5	80	四大家鱼
冷水江市锑都养殖专业合作社	40.0	635	金丝鲇、草鱼、青鱼、叉尾鮰
双峰县新庄水产养殖场	98.0	300	四大家鱼
新化县梅花洞农业开发有限公司（所属水产养殖场）	125.0	450	叉尾鮰、湘云鲫、 草鱼、 鳙鱼
娄底市永胜农业科技发展有限公司（所属水产养殖场）	14.0	110	神龙9号泥鳅，四大家鱼
湖南省豪雄生态水产有限公司（所属水产养殖场）	23.0	85	泥鳅、青蛙
冷水江市景宜果业有限公司（所属水产养殖场）	24.0	210	青鱼、草鱼、鲢鱼、鳙鱼
涟源市利群生态养殖场（所属水产养殖场）	24.0	230	四大家鱼
涟源市冬仁养殖专业合作社（所属水产养殖场）	16.7	220	四大家鱼
新化县兴业田鱼养殖专业合作社	13.9	203	草鱼、鲤鱼
新化县三联洞娃娃鱼养殖有限公司	15.0	220	鲤鱼
涟源市八女水库养殖专业合作社（所属水产养殖场）	20.5	260	四大家鱼、鲤鱼、鲫鱼
涟源市横路坝生态渔业综合开发有限公司（所属水产养殖场）	13.6	204	四大家鱼、鲤鱼、鲫鱼
双峰县招通农业综合开发有限公司	6.9	100	青鱼、草鱼、湘云鲫、鳙鱼、鲢鱼、翘嘴红鲌
双峰县鲁子塘养殖农民专业合作社	8.6	110	青鱼、草鱼、鲢鱼、鳙鱼、湘云鲫
新化县维峰生态农业发展有限公司	20.0	120	青鱼、翘嘴红鲌
涟源市金广胜农业科技养殖专业合作社	15.6	205	龙虾、四大家鱼等
涟源市飞水养殖专业合作社	17.3	225	四大家鱼等

续表23-5

创建单位	养殖面积（公顷）	产量（吨）	主要品种
涟源市和裕圣丰养殖专业合作社	16.6	250	青鱼、草鱼、鲢鱼、锦鲤
涟源市星联养殖专业合作社	14.6	215	四大家鱼、鳜鱼、匙吻鲟
双峰县鑫隆源农业开发有限公司	16.0	150	对虾、罗非鱼、四大家鱼
双峰县食地方生态农业有限公司	6.8	65	四大家鱼、湘云鲫
湖南逸兴富泉农林生态科技发展有限公司	40.0	250	四大家鱼、湘云鲫
双峰县归来农趣种养专业合作社	7.6	60	四大家鱼、鳜鱼、翘嘴红鲌、鲤鲫
双峰县华峰养殖农民专业合作社	7.1	60	四大家鱼、鳜鱼、翘嘴红鲌、鲤鲫、匙吻鲟
双峰县益群种养殖农民专业合作社	13.9	100	四大家鱼、团头鲂、泥鳅
新化县水产科学研究所	14.8	鱼苗3亿尾	草鱼、鲤鱼、鳙鱼

第三章　养殖技术培训与推广

第一节　技术培训

1990年，地区、县市水产部门举办各种形式畜牧水产养殖技术培训班25期，参训997人次，印发技术资料6050份；举办检疫人员培训班10期，培训310人。1992年，地、县、乡举办畜禽养殖技术培训班125期，培训人员7560人，其中涟源市举办55期家禽免疫技术培训班，49个乡镇培训2523人；举办水产养殖培训班25期，培训997人。1993年，推动名、特、优水产养殖发展，编印《牛蛙、甲鱼养殖技术》《网箱养鱼技术问答》6000本，开展培训18期，新化县水产站编印稻田养鱼技术资料3000份，发放到农户，推动稻田养鱼发展。全地区开办“两员”培训9期，培训543人次，其中送农业部培训10人。1994年，全地区举办畜禽养殖培训班258期，受训人数1.5万余人，其中冷水江畜牧水产部门联合该市妇联在乡镇举办养猪培训班80余期。1996年，举办水产养殖培训班90期，参训4570人次，推广模式化稻田养鱼、甲鱼养殖、围栏养殖。1997年，全地区水产养殖推广高效渔业示范水面400公顷，举办各类培训班57期，培训3680人次，印发技术资料1.11万份。

2000年，举办“两员”培训班6期，培训1500人。2004年，在涟源市石马山镇首次举办为期10天的肉牛冷配技术员培训班。2007年新化县全年举办肉牛品改技术培训班3期，培训人数120人。培训形式多样，有集中办班、科技人员入户指导、电教等。2007年，市畜牧水产局与市委组织部电教中心联合摄制《标准化规模猪场建设与管理》，开展技术专题讲座。双峰县畜牧水产局在双峰电视台开辟《养殖直达车》栏目，每月6日和7日晚上9点，进行技术讲座，传授养殖新技术，解答养殖热点、难点问题，成立“养殖服务110”，设立技术咨询服务部，启动专家服务基地建设工作。此后至2017年，未举办养殖技术培训班。

2010—2017年，每年举办1期动物防疫培训班，时间为秋冬季动物防疫工作启动前，全市每年参加动物防疫培训班人员2000余人次。县（市、区）畜牧兽医部门和乡镇站层层开展相关培训，培训人员包括各级专职动防疫工作人员、村级动物防疫员、养殖从业人员等。

第二节 技术推广

一、畜禽养殖技术推广

(一）生猪品种改良和饲养技术

1990年，依托各级生猪原种扩繁场和种猪场，继续引进、扩繁推广长白、杜洛克、大约克、汉普夏等国外优良种猪及生猪人工授精技术。1992年，新建50余个生猪人工授精站，累计人工授精2.76万胎次。2000年，引进推广良种猪3.7万头，双峰县通过省农业厅生猪品改项目验收。湘村高科农业股份有限公司培育出“湘村黑猪”新品种，2012年通过国家新品种认定。是年，新化县整合1000万元项目资金，在14个乡镇建立“湘村黑猪”养殖示范基地，新发展农户210户，推广黑母猪7138头。新化广益康集团推广以湘西黑猪为母本、杜洛克猪为父本的“广益康”黑猪（梅山黑猪），2012年广益农业投资8000万元，新建梅山黑猪核心场1个，存栏680头，年供种能力6000头。2013—2016年，农业部将“湘村黑猪”推介为全国各地饲料生猪产品。2017年，“湘村黑猪”种猪群达12个家系。

(二）肉牛品种改良和饲养技术

1990年，在冷水江奶牛场开展饲养技术试验，推广籽粒苋种植133公顷。1995年，推广秸秆氨化养牛、养羊2.7万户，6万余头。2004年启动“湘中黑牛工程”，在涟源市、冷水江市投入安格斯种公牛26头，在新化县和涟源市建立20个黄牛品改站。市财政从2005年开始，每年投入100多万元，免费投放纯安格斯种公牛60头以上。为解决肉牛养殖饲草问题，涟源、新化等肉牛养殖量大的区域成功引进和推广矮象草、桂牧1号、墨西哥玉米等牧草。2010年始，市畜牧科学研究所利用市肉牛产业发展资金每年向天华牧业安格斯牛原种牛场购买20～40头种公牛（年龄1.5岁、重300千克以上）投放到全市规模牛场，通过安格斯牛原种公牛与本地母牛多元杂交和级进杂交，提高本地牛的生长速度、产肉性能。2012年，引进肉牛超强度技术密集型育肥技术，开发“湘中黑牛”高端牛肉产品“雪花牛肉”。2016—2017年，成功引进新西兰抗寒牧草，解决牧草过冬问题，助力全市肉牛产业发展和“湘中黑牛”品系群扩展。

(三）家禽良种引进推广

1990年，全地区引进、饲养和开展繁殖试验的品种有长沙黄、桃源鸡、衡山鸡、广西麻鸡；外来蛋用品种来航鸡、罗斯鸡、罗曼鸡、海褐来等；肉鸡品种白洛克、艾维因等；优良肉鸭如樱桃谷、麻鸭等。另外还引进推广乌骨鸡、火鸡、美国王鸽、珍珠鸡等特种经济禽类。2002年，投入10余万元从安徽引进优质白鹅8000多羽，在冷水江市三尖乡、双峰县青树坪镇、涟源市茅塘镇建立三个草鹅示范基地，带动草鹅养殖。2010—2017年，家禽品种基本保持原有格局，未进行新品种引进推广。

二、水产技术推广

1991年，全地区选派15名水产技术专干在各县（市）蹲点开展网箱养鱼试点，面积67公顷。1994年，推广稻田养鱼技术“四改”，即改传统平板式养殖为田、凼、沟结合，改单一常规品种为多品种混养，改人放天养为科学饲养，改一次起水为多次捕捞。1998年起，全市逐步引进太阳鲈、斑点叉尾鱼、淡水白鲳、大板鲫、澎泽鲫、湘云鲫、湘鲫、南方大口鲇等水产品种。1999年，引进散鳞镜鲤、兴国红鲤等新品种，引进宿根黑麦草、玉米草、聚合草、苏丹草、漂沙等鱼类饲草。根据山区丘陵适合鲴类鱼类生产的环境条件，组织技术力量，攻克细鳞斜颌鲴人工繁殖难题，每年可供应周边及邵阳地区银鲴、细鳞斜颌鲴5000万尾、四大家鱼苗5000万尾。2001年，在娄星区、涟源市、双峰县建立四个中华绒毛蟹和青虾稻田养殖示范点。

2006年，依托境内丰富的天然青虾资源，利用池塘及稻田发展青虾养殖，开展青虾良种繁育项目。2012年底，项目整体验收，成为娄底市青虾良种培育和繁殖基地。2015年始，主要试验发展黄颡鱼、匙吻鲟，推广鳜鱼、翘嘴鲌、加州鲈鱼、胭脂鱼、大鳞鲃等名贵鱼苗。2017年，无水产新技术推广。

第四章 养殖监管

第一节 监管执法

一、检疫监管

1993年，地区兽医卫生监督检验所从畜牧兽医工作中独立出来后，全地区配备45名兽医卫生监督员，500名兽医卫生检疫员。娄底市防疫费、检疫费、屠宰税统一由防检人员收取，加大产地检疫力度试点。1994年，双峰县建立一支114名专职检疫员队伍，成立部分乡检疫站，实行经纪人申报和定点产地检疫相结合的管理模式。1997年，《中华人民共和国动物防疫法》颁布后，产地检疫基本从设卡检疫转变到入户检疫，市场白肉检验转移到定点屠宰场。屠宰检疫解决多年来全地区未被理顺的屠宰检疫与肉食部门分权问题，全地区7个定点屠宰场均由动物防疫监督机构实施检疫。1998年，全面推行产地检疫申报制度和定点检疫相结合的办法，探讨预检、协检、定点产地检疫（换证）的新办法。1999年，推行"临栏检疫、凭证宰杀、持证上市、换证调运、税费同收"的管理办法，设立村级协检点，解决产地检疫行为到位难、收费难的矛盾。2000年，添置245套检疫工具，淘汰部分废旧设备。2001年，免疫证制度实施后，强调凭动物免疫证申报产地检疫，明确检疫具体操作程序和免疫证、检疫证查验办法，规定检疫证的回收验收办法，即"产地检疫证"存根联须附有"动物免疫证"。各乡镇分别设立专职检疫稽查员或动物防疫稽查组，对进入流通环节的生猪进行免疫证和检疫证的检查，实现"以监促检，以检促防，防检结合"的目的。2009年，实行生猪检疫与瘦肉精检测同步制度。2011年，结合乡镇防疫站建设，对170个动物检疫申报点进行改造，其办公场地、办公设备、检疫设备等都有明显改善。统一印制产地检疫申报、无害化处理等各类登记本，全面实行生猪检疫与瘦肉精检测同步制度，完善各项检疫工作制度。2015年11月，国家取消动物检疫收费。2016年，全市启动动物检疫电子出证，实行标准化动物产地检疫申报点建设，首次推行动物检疫申报承诺单制度。2017年，全市对屠宰检疫监管模式进行改革，将屠宰场入场查验交由屠宰企业负责，严格实行门禁制度。

二、兽药监管

1990年，全地区无专门兽药监察机构，兽药监管工作开展力度小。1991年，5个县市畜牧部门先后从农业局分离出来，成立独立的畜牧业管理机构，兽药监管工作得到加强。全地区查封不合格兽药厂、制剂室3个，处理假劣兽药价值28万余元，查处违反检疫条例事件8起。1993年，地区兽药监察管理所成立，配备兽药监督员23人。1994—2003年，查处兽药案162起，没收销毁假劣兽药1098件，吊销兽药经营许可证24个，取缔无证兽药经营户211家，罚款85.7万元。2004年，《兽药管理条例》实施，兽药市场监管进一步规范。2005年，对所有兽药经营企业换发新的经营许可证，清理整顿兽药经营企业，换发新证243个，近40家门店被责令停止经营。之后每年组织兽药专项整治，对兽药进行抽查。2011年始，全市推行兽药GSP认证，审查通过企业182家，进一步规范兽药经营市场。

2004—2017年，共检查兽药生产经营企业或门店累计2477家，抽查样品1083个，不合格样品53个，查处兽药案件82起，没收销售假劣兽药1350件，吊销兽药经营许可证112个，取缔无证兽药企业或门店25家。

三、饲料监管

1990年，饲料质量监督检测起步，主要开展显微镜检技术及氨基酸质量鉴定工作。2002年，饲料管理职能由计划部门移交到畜牧水产部门。是年，畜牧水产局联合公安、技监、工商等部门开展饲料市场专项整治活动，取缔地下饲料生产厂3家、预混料生产厂1家，整顿预混料生产企业2家，查处销售违禁药物添加剂1.5吨、过期霉变饲料20吨，立案查处经营门店、贩运户和养殖户17个，全市饲料市场的混乱局面有所改观。之后每年采取综合治理与专项检查相结合，重点抓生产管理和市场销售的整治，加强饲料监管。2004—2017年，全市共监督检查饲料生产企业或经营门店累计1534家次，抽检样品1768个，不合格样品240个，销毁假饲料500多吨、假骨粉23.5吨、假玉米蛋白粉5吨、假肉骨粉10吨，立案172起，查处饲料企业、门店620家。

四、畜禽水产品质量安全检测

2004年，市畜牧水产局投资120万元建成饲料兽药畜禽水产品质量检验检测中心，开展饲料、兽药产品质量检测和生猪尿液瘦肉精检验业务。各县（市、区）畜牧水产局也相继建成畜禽水产品质量安全检测中心，开展检测业务。到2006年，全市各县（市、区）形成畜禽水产品质量安全监测网络，畜禽水产品质量安全监管能力提升。2008—2010年投资240万元，添置高效液相色谱仪、气相色谱仪、液相质谱仪等设备。2009年始，畜禽水产品质量安全监管工作层层签订责任状，建立畜禽水产品质量安全目标管理责任制度，工作经费纳入各级财政预算。2013—2016年，投资2000多万元，立项完成国家级市农产品质量安全检测中心建设，使农产品质量安全监管从单一快速定性检测进入实验室精准定量检验检测。2017年，市畜禽水产品质量安全检测中心实现“双认证”（检验检测机构资质认定和农产品检测机构考核），成为娄底市唯一的农产品和畜禽水产品“双认证”检测机构。

五、“瘦肉精”监管

1991—1995年，“瘦肉精”作为一种能提高畜禽瘦肉率的饲料添加剂推广使用。1997年，因发生人食用含“瘦肉精”猪内脏中毒事件，农业部明令禁止在饲料中添加盐酸克伦特罗（瘦肉精的一种）。由于管理体制不顺，“瘦肉精”监管缺位，在饲料中添加“瘦肉精”仍较严重，涟源市、双峰县、冷水江市先后被深圳市亮出红牌，生猪外销受阻。2002年，市委、市政府主要领导作出批示，理清饲料管理体制，明确畜牧部门的饲料添加剂管理职责，之后每年开展“瘦肉精”违禁药物专项整治，对养殖户、屠宰场、饲料兽药企业、门店等进行定期和不定期检查。2009年2月，多家网站相继报道广州发生“瘦肉精”中毒事件的毒猪来源于冷水江市、涟源市和新化县等地，娄底市组织专门力量对所涉及的91个养殖户进行地毯式的排查，对生产、销售和使用“瘦肉精”的各个环节进行全面清查，落实对定点屠宰场加强待宰生猪的监控、提高抽检频率和密度等措施。是年起，每年市、县、乡层层签订责任状，并建立生猪检疫与“瘦肉精”同步抽检、黑名单管理、生猪贩运商风险抵押金管理和工作责任追究等四项制度，形成“瘦肉精”监管长效机制。2002—2009年，全市出动执法人员8300多人次，检查兽药、饲料生产经营企业656个，抽检饲料样品1175个，检查生猪养殖场（户）2.03万户，抽检生猪尿样2.96万个，检出“瘦肉精”阳性样品235个，查处“瘦肉精”案件89起，其中15起移交公安机关、3起移送湘潭市处理，依法刑事拘留13人。2010年，成立专门领导小组，加强对“瘦肉精”监管工作。2011年3月，娄底市下发《关于进一步加强生猪“瘦肉精”监管工作的紧急通知》，在全市范围内开展大排查，全年排查养殖场6295家，排查存栏生猪163.9万头，抽检猪尿3.03万个，排查兽药门店395家，饲料生产企业18家，饲料销售门店115家，生猪定点屠宰场8家，立案查处阳性案例2起，刑拘2人，无害化处理生猪26头。2012年，市政府印发《娄底市人民政府关于禁止生产经营和使用“瘦肉精”等违禁药物的通告》，通过娄底电视台宣传报道禁止制售使用“瘦肉精”的有关法律法规和严厉打击制售使用“瘦肉精”的工作情况，之后，市财政每年安排120万元“瘦肉精”快速检测经费，“瘦肉精”检测力度进一步提升。2012—2017年，排查养殖户4.21万户，抽检尿样12.04万个，未检测出“瘦肉精”阳性样品。

六、屠宰监管

1995年6月，双峰县永丰镇率先实行生猪定点屠宰，此后，全地区其他县市城区相继推行。由于无专门管理部门，全地区生猪屠宰较为混乱。1998年2月，行署设立地区生猪定点屠宰管理工作领导小组，负责组织全区生猪定点屠宰管理。1998—2004年，共查处违法经营案件770起，涉案人数1100

人次，取消非法屠宰场38个，没收猪肉4.36吨，罚没收入70万元。

2005年，全市牲畜屠宰行业管理职能划转到市商务局，生猪屠宰监管步入正轨。2008年，国务院出台《生猪屠宰管理条例》，实行生猪定点屠宰、集中检疫、统一纳税制度。2009年7月，组建市商务综合执法支队，负责对违反牲畜定点屠宰规定的违法行为进行查处。同年，市商务局被商务部确定为全国首批商务综合执法试点单位，率先实行“三个统一”：统一执法车辆标识、统一执法服装、统一执法文书。2010年，市商务局开展“运输—屠宰—回送”一条龙式“人性化”执法，全面破解娄底城区“城中村”生猪屠宰监管难题。2005—2014年，端掉生猪私屠滥宰窝点26个，取缔生猪私屠滥宰专业村2个，专业户4个，查处白板肉40吨，没收生猪160多头。

2015年1月，市本级生猪定点屠宰监管职能由商务部门划转至畜牧部门，在市畜牧水产局挂牌成立市畜禽屠宰执法支队（加挂娄底市畜禽屠宰管理办公室牌子），在全省率先完成移交工作。涟源市、双峰县、新化县于同年完成屠宰监管职能移交。是年10月，娄底城区启动机械化屠宰生产，关停东明肉联公司茶亭子屠宰场，双峰县与新化县实行机械化屠宰。2016年，冷水江市完成生猪定点屠宰监管职能移交。至2017年，定点屠宰企业升级改造和A类定点屠宰场的资格审核清理工作全部完成。

2015—2017年，全市查处屠宰违法案107起，其中移送司法机关4起，行政罚没收入46.6万元，端掉私屠滥宰窝点30个，没收生猪产品2.7吨，成功劝离和解散乡镇私屠滥宰窝点23个。

第二节　机　构

一、市级机构

1990—1995年，地区畜牧水产工作由地区农业局管理。1995年，地区农业局畜牧兽医工作站、水产工作站、饲料产品监督检验站等机构合并，成立地区畜牧水产总站。1997年，更名地区畜牧水产局（副处级），1999年升格为正处级。设办公室、人事科、计划财务科、饲料兽医监察所、市动物防疫监督站、畜牧科（种畜禽管理站）、水产科（渔政管理站）、饲料管理办，局机关定编45人。辖二级机构市水产科学研究所、市畜牧科学研究所、市种猪扩繁场。2004年，增设娄底市畜禽水产品质量安全检测中心，动物防疫监督站调整为正科级事业机构。2009年，市动物防疫监督站撤销，成立娄底市兽医局、娄底市动物卫生监督所、娄底市动物疫病预防控制中心，增设法制科（加挂动物产品质量安全管理科）。2010年，法制科改为政策法规科，加挂动物产品质量安全管理科牌子；新增市渔业船舶检验管理站。2015年，市商务局生猪定点屠宰监督管理职责划入市畜牧水产局，新设直属单位市畜禽屠宰执法支队，加挂市畜禽屠宰管理办公室牌子。2017年，市畜水产局有干部职工105人。

二、县级机构

1990年，各县、市设有畜牧水产局，负责辖区内畜牧水产畜牧业和渔业工作，承担养殖业产业发展规划、畜牧水产技术推广、动物防疫、畜禽品种改良、畜禽水产品质量安全监管等职责。各乡镇设有畜牧兽医（水产）站。2004年，全市统一组建乡镇动物防疫站。2016年，乡镇区划调整，乡镇动物防疫站随之合并。2017年，全市有冷水江市、涟源市、娄星区、双峰县、新化县5个县级畜牧水产局，乡镇动物防疫站82个，专职动物防疫员315人。

附：“两黑”企业简介

湘村高科农业股份有限公司　2011年8月3日，湘村高科农业股份有限公司成立，注册资本7142万元，是以“湘村黑猪”产业开发（原名：湖南黑猪）为主业，集种、养、加、销为一体的省级农业产业化企业。业务涵盖生猪品种选育、繁育推广、商品猪养殖与销售、肉制品加工、冷链配送、饲料生产、沼气能源生产与销售等。企业占地面积19.25公顷，其中第一核心养殖场11公顷，有员工1573人。

公司先后承担国家发改委生物育种高技术产业化示范项目、国家“十二五”资源节约和环境保护重大项目、国家农业标准化示范区、国家“863”计划等一系列国家重大项目建设，并获得世界银行的贷款支持。公司在北京怀柔，湖南娄底、邵阳建成4座年出栏30万头以上的现代化、规模化猪场和一个生态放养场以及肉制品加工厂、饲料加工厂、销售运营中心等20多个生产或经营单元，拥有7家全资子公司和一家控股子公司，总资产16亿元。公司2016年2月在新三板挂牌交易，股票代码835920。2017年，实现营业收入5亿元。

湖南天华牧业有限公司 2001年，湖南天华牧业有限公司成立，地址涟源市茅塘镇石门村，注册资金6590万元。公司通过不断发展，已成为集肉牛良种繁育、屠宰、加工、销售于一体的综合性企业，为湖南省唯一国家肉牛产业技术体系综合试验站、国家肉牛核心育种场、国家级星创天地、国家参股经营重点项目，湖南省农业产业化重点龙头企业，扶贫龙头企业。下辖安格斯种牛场、湘中黑牛核心繁育场、高档肉牛育肥场、屠宰加工厂、天华食品厂、有机肥厂等。2005年，天华牧业公司第一次提出“湘中黑牛”品牌概念，成功注册“湘中黑牛”商标，2010年省政府将“湘中黑牛”列入湖南省新兴产业战略规划。2017年，建成安格斯牛良种繁育场、标准湘中黑牛育种场、湘中黑牛高档育肥场、牛源基地部、天华养牛合作社及200公顷草场。安格斯种牛场存栏种牛700头，湘中黑牛育种场存栏种牛500多头，湘中黑牛高档肉牛育肥场存栏1000头。是年，公司总资产3.8亿元，营业收入3.76亿元，有员工280人。

第二十四篇

水利

概 述

1990年，娄底域内流域面积50平方千米及以上河流66条，总长3125千米，多年平均水资源总量68.98亿立方米；有大、中、小型水库784座，塘坝16.86万处、电灌站4879处，初步形成以蓄为主、蓄引提相结合的水利工程体系。

1990年始，域内水利建设逐步推进。至2017年，全市先后有涟源市大江口水库、娄星区双江水库、双峰县何家水库、新化县高峰水库建成蓄水，控制流域面积1.35万公顷，总库容6105.15万立方米；新化县车田江水库、涟源市白马水库、双峰县南冲水库等灌区续建配套和节水改造工程建成；通过努力，建成以管道灌溉、喷灌、滴灌为主的高效节水工程，有效灌溉面积3.53千公顷；更新改造泵站工程44处；建成城镇防洪堤40.71千米，防洪保障能力提高；治理乡村河道208.46千米。村级供水工程建设取得突破性进展，农村饮水困难和安全问题得到解决；小型农田水利重点（项目）县建设初见成效。新化县紫鹊界梯田、涟源市杨家滩水利风景区被评为国家级水利风景区。

1990—2017年，全市全面加强水利工程管理。水利建设管理突出规划设计，加强水利工程可行性研究，先后完成18个防洪规划、除险加固、水利工程的勘测等设计。加大建设项目管理力度，推行水利工程建设监理制和水利工程建设项目法人制，规范水利工程建设项目质量监督。全市重点水利工程均为合格。水利工程管理方面，完成10座大中型、105座小（1）型、605座小（2）型水库的大坝除险加固；全方位进行管理体制改革，建立起农民用水合作组织，制定灌溉管理、农田用水收费标准，探索农业水价综合改革，推广涟源市民兵灌区、双峰县南冲灌区高效节水管道灌溉经验，建成农业综合水价改革面积2510公顷。贯彻执行《中华人民共和国河道管理条例》，印发《娄底市全面推行河长制实施方案》，有河长2917名，“水清、河畅、岸绿、景美”目标初步实现。成立市水资源委员会，贯彻实施《湖南省湘江保护条例》，加强资江、涟水流域治理和保护。加大水行执法力度，调处水事纠纷1273起，查处水事案件1020起。

1990年始，贯彻实施《中华人民共和国防汛条例》，防汛工作步入法制轨道，以防为主、常抓不懈。1995—2017年，境内先后出现38次暴雨和大暴雨过程，严重威胁人民群众生命财产安全。各级领导深入防汛抗洪前线检查督促，组织指挥抢险。同时组织部队官兵和武警消防战士、专业技术人员、干部职工和群众投入抗洪救灾第一线，最大限度降低灾害损失。

1990年始，制定抗旱预案，推广使用渠道防渗技术，组织抗旱服务队投入抗旱，重点解决灾区群众饮水困难问题。2009年，全市实施《中华人民共和国抗旱条例》，5个县（市、区）相继组建抗旱服务队，有服务人员84人，抗旱设施281台（套），发电机组245千瓦。在历年尤其是2003年、2013年等年份抗旱中发挥了显著效益。

1990—2017年，水土保持工程建设初见成效，境内治理水土流失面积8.82千公顷，城乡规模开发及公路等基础设施建设所形成的水土流失被动局面得到有效遏制。

第一章　水利建设

第一节　水库工程建设

1990年，除柘溪、水府庙2座大型水库属省级管理。域内有大型水库1座、中型水库8座、小（1）型水库97座、小（2）型水库676座。车田江水库是属地管理的大型水库，位于新化县温塘镇车田江村、资江一级支流油溪河上游，控制流域面积85平方千米，大坝为黏土心墙堆石坝，坝高68.5米，总库容12.8亿立方米。1992年，涟源市大江口水库砌筑至坝顶高程并蓄水至水位425米，1993年竣工并蓄水运行。大坝为细石砼双曲拱坝，坝顶高程432米，坝高82米，坝顶轴长224.4米，坝顶宽5米。控制集雨面积91.6平方千米，总库容4430万立方米，正常蓄水位430米。

新化县高峰水库（2018年11月摄）

1995年11月，娄底市双江水库开工建设，因基础地质问题，Ⅱ坝线1996年7月停工，经进一步勘查论证，2000年8月上移到Ⅰ坝址建设，2003年9月因移民、资金等原因再次停工，2006年9月复工，2008年1月建成，6月蓄水。大坝为细石砼双曲拱坝，坝高54米，坝顶高程251米，坝顶轴长175.79米，坝顶宽2米，控制集雨面积19.55平方千米，总库容1146万立方米，正常蓄水位为249米。

2015年5月，双峰县何家水库开工，经两年建设蓄水运行，为城市河道型水利枢纽（闸坝）。大坝轴长175.6米，坝高10.31米，控制流域面积14.61平方千米，总库容512.12万立方米，正常蓄水位76.5米。

2015年9月，新化县高峰水库开工，2017年底完成主体工程。大坝为细石砼重力坝，坝高39.2米，坝顶高程533.7米，坝轴线长95米，控制流域面积9.35平方千米，总库容162.03万立方米，正常蓄水位531米。

2017年，境内有大型水库1座、中型水库11座、小（1）型水库111座、小（2）型水库633座。

2017年娄底市水库情况表

表24-1　　单位:座

所在地	合计	大型	中型	小(1)型	小(2)型
娄底市	756	1	11	111	633
娄星区(含娄底经开区)	74	0	1	9	64
双峰县	203	0	4	24	175
新化县	280	1	2	48	229
涟源市	168	0	2	27	139
冷水江市	31	0	2	3	26

说明：2004年，双峰县蛇形山镇燕子岩水库因娄底垃圾填埋场建设被征用；新化县石冲口镇清泉冲水库因周边小煤窑开采造成库内多处沉陷，经论证2010年报废；娄底经开区澄清、双冲水库分别于2009年、2013年因城市建设被征用

2017年娄底市大中型水库一览表

表24-2

水库名称	工程地点	所在河流	集雨面积（万平方米）	坝高（米）	建设时间
群力	邵东界岭乡	侧水河	14.80	29.01	1958—1960年
白马	涟源白马镇	孙水河	205.00	28.50	1958—1972年
燕霄	双峰永丰镇	城坪河	22.20	44.20	1958—1978年
周头	冷水江渣渡镇	柳溪河	12.63	34.00	1964—1968年
半山	新化槎溪镇	洋溪河	129.00	32.00	1965—1966年
梅花洞	新化曹家镇	小洋溪	33.80	29.50	1965—1970年
南冲	邵东界岭乡	四安埠河	65.72	45.00	1966—1969年
车田江	新化温塘镇	油溪河	85.00	68.50	1972—1977年
大江口	涟源湄江镇	湄塘河	91.60	82.00	1975—1993年
峡山塘	双峰走马街镇	迷水河	1.75	32.78	1977—1979年
双江	娄星区双江乡	高灯河	19.55	55.00	1995—2008年
浪石电站	冷水江城区	资江	1.63	28.00	2005—2007年

说明：省管柘溪、水府庙水库未列入；双峰县群力、南冲水库坝基在邵东县界岭乡

第二节 灌区和节水灌溉工程建设

一、灌区工程建设

1990年，全地区有667公顷以上灌区17处，灌溉渠道3500千米，有效灌溉面积43.24公顷。是年，双峰县峡山塘水库灌区列入省水利基建计划内项目，至2005年底完成干渠砼衬砌加固25千米、支渠10千米，灌溉面积增至1.47千公顷。1992年，新化县车田江水库灌区续建工程和梅花洞水库灌区续建配套工程建成，投资568.65万元，设计灌溉7000公顷，其中梅花洞水库灌区307公顷。1993年12月竣工验收。是年，涟源市白马水库灌区干渠防渗改造工程开工建设，地区、县市、乡镇三级各筹集1/3材料费，各乡镇包段负责组织劳力，完成干渠砼防渗66千米，其中娄底市投入320万元，改造干渠32千米。1996—1998年，双峰县争取国家粮食自给工程南冲灌区试点项目投资140万元、地方配套210万元，完成南冲、群力、峡山塘水库灌区干支渠更新改造36.65千米。1998—2000年，全市中型灌区续建配套与节水改造争取中央投资2159.8万元，完成干支渠砼防渗393.68千米、处理险工险段和加固渠系建筑物202处。2001年，白马水库灌区水利骨干工程农业综合开发项目开工，中央投资800万元、省投资400万元，至2003年10月，完成干支渠疏浚110千米、砼防渗59.3千米。2005年，市政府将涟源市白马水库灌区与大江口水库灌区捆绑建设娄底市白马灌区，并经水利部批复为大型灌区，设计灌溉涟源市、娄星区、双峰县2340公顷。至2017年，到位资金2亿元，其中中央投资1.54亿元，新建大江口水库干渠19.5千米、渡槽等渠系建筑物14座、泄洪闸等附属建筑物46处，白马水库干渠防渗衬砌70.7千米。2006—2008年，全市中小灌区投资2600万元，完成干支渠砼防渗82千米、支渠及田间渠道46千米。2009—2010年，冷水江市周头灌区、新化县半山灌区分别投入500万元，干渠砼防渗

13.59千米。2010—2011年，双峰县南冲灌区节水配套改造和农业综合开发项目中央及省级财政下拨资金1450万元，完成干渠砼防渗24.31千米。2011—2012年，沟渠疏浚整治项目建设，冷水江市、涟源市和新化县投入1831.6万元，建成灌区渠道砼防渗16千米、沟渠疏浚整治180千米。2012—2017年，新化县车田江、炉观坝和涟源市湄江灌区农业综合开发节水配套改造项目，中央及省级财政各下拨资金1400万元，完成干渠砼防渗41.36千米、险工险段加固改造53处1.07千米、附属建筑物加固改造302处。

至2017年，全市有667公顷及以上灌区45处，其中3330～20000公顷5处、20000公顷以上灌区（白马灌区）1处，设计灌溉面积8670公顷，干支渠长度378.03千米，有效灌溉面积4870公顷。

娄星区双江水库（2017年11月摄）

2017年娄底市3330公顷以上灌区情况表

表24-3

灌区名称	管理单位	设计灌溉面积（公顷）	2017年灌溉面积（公顷）	建成干支渠长度（千米）
白马灌区	娄底市	23430	16730	721.00
南冲水库灌区	双峰县	3600	2620	167.30
半山水库灌区	新化县	3510	2550	127.70
车田江水库灌区	新化县	3950	2040	230.20
炉观坝灌区	新化县	3370	1550	169.50
湄江灌区	涟源市	3540	1930	127.90

二、节水灌溉工程建设

1990—1999年，全地区基本无节水灌溉。2000年，冷水江市获中央投资130万元，试点完成渠道砼防渗3.5千米、铺设输水管道2千米、喷灌1处、滴灌1处、山塘砼防渗8口，节水灌溉面积33.33

公顷。2000—2003年，市水利局组织5县（市、区）完成节水灌溉增效示范项目可行性研究报告及实施方案，逐步立项实施。2003年，涟源市涓江渠道节水灌溉工程动工建设，获中央预算内国债资金100万元，完成干渠砼防渗改造3.94千米。2004年，双峰县建成花门镇水箭楼农田灌溉示范区和印塘乡光华村药材喷灌示范区，获中央预算内国债资金100万元、省级配套20万元，增加节水灌溉面积20公顷。2005年，新化县节水增效示范项目，获中央预算内国债资金130万元，建设农田灌溉示范区、花木苗圃微喷示范区和蔬菜微喷示范区，节水灌溉160公顷。2008年，全市获省节水灌溉贴息资金20万元，在新化县科头乡、双峰县甘棠镇和娄星区白马渠道试点。2009年，全市开展小型农田水利重点县建设，规划兴建以管道灌溉、喷灌、滴灌为主的高效节水灌溉工程。2011年，冷水江市红旗水库灌区利用中央规模化节水灌溉增效综合示范项目资金100万元，完成渠道防渗17.27千米。2015年，双峰县规模化节水灌溉增效示范项目县建设启动，中央投资4384万元、省级投资939万元，新增灌溉面积846.66公顷，其中管灌、喷灌、滴灌513.33公顷。2016年，全市新增高效节水灌溉面积413.33公顷，中央财政下拨资金519万元、省级财政81万元。2017年，全市新增高效节水灌溉413.33公顷，完成中央投资1755.14万元、省级财政2494.22万元。2000—2017年，全市建成高效节水灌溉面积3530公顷。

第三节　泵站工程建设

1990年，全地区保有泵站4879处，以沿河或沿渠道小型机埠建设为主，村组集体或其委托个人管理。由于作物品种与耕作制度改变，需水量减少，开机抽水的电费连年难收，机械设备老化失修，至2007年，部分灌溉泵站损毁或废弃。2008年，为扭转泵站损毁乃至废弃的被动局面，市水利局申报涟源市段江电灌站为大型泵站更新改造项目。2014年6月，省水利厅批复段江泵站更新改造工程初步设计，概算总投资6603.59万元。2014—2017年，到位中央资金2920万元，以段江站为骨干，整合峡山站、湖烟站、黄栗站、龙口站、群英站、工农站、日新站、民兵站、甘溪站、超纲站、温江站、庙边站、芦茅站、义溪站、梅子塘站、双江站、七九站、孙桥站，更新改造工程44处5778千瓦，总装机103台1.33万千瓦，分布在涟水流域，设计灌溉农田5110公顷。改善和恢复灌溉面积2670公顷。

2016年，市水利局按照水利部《关于开展中型灌溉排水泵站更新改造规划工作的通知》，对新化县友谊、涟源市五星等泵站进行安全鉴定，改造中型灌溉泵站28处。至2017年，全市保有电灌站4804处。

第四节　城市防洪和河道工程建设

一、城市防洪工程建设

（一）娄底中心城区防洪工程

2001年，涟钢大桥至下游城北防洪工程开工建设，完成投资375万元，建成浆砌石挡土墙450米。2002—2005年，娄底一大桥至梅子湾段城北防洪堤2.22千米和3座涵闸工程开工建设，完成投资1951万元。2006—2009年，涟钢修筑涟水北大桥至涟钢大桥北岸浆砌块石挡土墙1.45千米，完成投资4000万元。2007—2010年，市城投集团实施孙水河北岸龙泉花园至桃子湾大桥段防洪工程建设，投资6000万元，建成土堤3.3千米。2007—2012年，市水利局修筑涟水河南岸娄底一大桥至吉星路大桥段防洪工程，投资6200万元，其中争取亚行贷款项目资金3322万元建成防洪堤4.4千米、涵闸3处。2010—2012年，市水利局建设渡头坪排渍站，完成投资300万元，装机3台396千瓦。2011—2013年，市水利局建设涟水河南岸吉星路至月塘街段城中防洪工程，建成土堤1.1千米，完成投资1300万元。2012—2015年，市城投集团建设城南孙水河南岸富冲大桥至桃子湾大桥段防洪工程，投资6270万元，建成土堤

1.48千米。2013—2016年，娄底经开区建设城北梅子湾至袁家湾段防洪工程，投资1100万元，建成土堤800米。至2017年，建成防洪堤15.2千米，防洪标准均为50年一遇。

（二）双峰县城区防洪工程

2000—2006年，县水利局争取国债资金1020万元，新建河西新桥至万福桥段防洪堤1.05千米、双湄路口至百步坳撇洪渠2.65千米。2009—2014年，建成河西万福亭桥至犁头嘴桥防洪堤1.4千米、河东湄南新居至有恒桥0.87千米，项目建设获得亚洲开发银行469万美元支持。至2017年，建成防洪堤3.32千米，防洪标准20年一遇。

（三）新化县城区防洪工程

1988—1991年，省移民局拨款1000万元扩建城西防洪堤，全长5.24千米，堤顶宽9米，防洪设计标准达20年一遇，设立向东街、工农河两个排渍站。2003年，县水利局投资800万元，对城西防洪堤北塔至花山2千米进行整修加固。2007—2010年，县城市建设投资开发有限责任公司（简称县城建投）筹资1.1亿元建成城东防洪堤一期工程，防洪堤、沿江路、风光带相结合，长1.6千米、堤顶宽4米。2011年，县水利局投资250万元加固城西防洪堤。2011—2015年，县城建投筹资4.3亿元，建成城东防洪堤二期工程，防洪堤、沿江路、风光带和上河、上渡两个排渍站。堤长3.23千米、堤顶宽8～23米。2017年11月，县城建投建设城东防洪堤三期工程。至2017年，建成防洪堤10.07千米，防洪标准20年一遇。

（四）涟源市城区防洪工程

2001年，涟源市水利水电局投资262万元，建成涟水左岸水文站段堤防310米。2012年，涟源市城建投筹资8600万元，实施建设涟水左岸双江口至工业桥河岸防洪堤3.1千米。2015—2017年，涟源市水利局整修加固涟水北岸工业桥至飞仙坝堤岸6.15千米，投资4314万元，其中中央预算2246万元。2016—2017年，涟源市城市建投筹资4624万元，治理涟水右岸石马山车站至立珊水闸河岸3.9千米。至2017年，建成防洪堤6.46千米，防洪标准20年一遇。

（五）冷水江市城区防洪工程

2000年，冷水江市水利局建成资江右岸中连溪河口至市审计局河段防洪堤950米，投资853万元，其中国债资金280万元。2004—2006年，冷水江市水利局建成资江右岸集中电站至中连溪河口大湾段防洪堤870米，投资1556万元，其中国债资金600万元。2009年，冷水江市水利局建成资江左岸浪石滩电站至冷水江市水文站河段防洪堤1.7千米，投入1200万元。2014—2015年，冷水江市水利局完成中央投资1420万元、建成资江左岸渣洋岸坡防护950米，使用亚行贷款2180万元、建成资江右岸渣洋铁桥至山水名城小区河段防洪堤1.2千米。至2017年，共建成防洪堤5.67千米，防洪标准20年一遇。

二、河道治理工程

2010年，市里争取省水利厅试点，启动娄星区高灯河双江乡河段治理工程，完成投资772万元，治理河道9.5千米。2011年，娄星区万宝镇防洪工程完成投资406万元，治理河道5.82千米。娄底经开区西阳江堤防加固工程完成投资600万元，治理河道500米。双峰县杏子铺镇、荷叶镇防洪工程完成投资1801万元，治理河道15.94千米。新化县洋溪镇防洪一期工程完成投资1120万元，治理河道8.8千米。涟源市白马镇、水洞底镇防洪治理工程完成投资1676万元，治理河道20.64千米。冷水江市中连乡防洪工程完成投资1612万元，治理河道8.1千米。2012年，娄星区孙水河万宝段治理工程、涟水河石井段堤防加固工程完成投资1354万元，治理河道6.06千米。双峰县涟水河杏子铺泉坝堤防加固工程、锁石镇防洪工程、涓水荷叶镇治理工程完成投资3487万元，治理河道20.61千米。新化县炉观镇石溪河段防洪工程、白溪镇防洪工程完成投资3036万元、治理河道16.49千米，涟源市湄江镇防洪工程完成投资2124万元，治理河道18千米。2013年，娄星区高灯河小碧河段治理完成投资1714万元，治理河道

10千米。双峰县涓水井字镇堤防工程、迷水洪山镇和走马街镇河段治理工程、深江花门镇河段治理工程完成投资3100万元，治理河道11.59千米。新化县汝溪河维山乡和科头乡河段治理工程、石溪西河镇河段治理工程完成投资3585万元，治理河道15.87千米。涟源市温江河龙塘河段治理工程、湄江河桥头河镇河段治理工程完成投资2726万元，治理河道9.57千米。冷水江市柳溪河毛易镇和市经开区段治理工程完成投资1584万元，治理河道6.87千米。2014年，娄星区高灯河双江段堤岸整治工程、岐潭河及娄底经开区西阳河段治理工程完成投资1451万元，治理河道6.7千米。双峰县涟水河杏子铺联湘保护圈防洪工程、荷叶镇堤防续建工程、虞塘河苏坡段及井字镇河段治理工程完成投资1495万元，治理河道6.82千米。2015年，娄星区涟水左岸恩口段岸坡整治工程、祖师殿河石井段河道治理工程完成投资1420万元，治理河道3.91千米。2016年，娄星区孙水河百亩乡河段治理工程完成投资1149万元，治理河道4.2千米。双峰县涟水杏子铺镇黄沙滩护岸工程、涟水石塘塅保护圈防洪工程、四安埠印塘乡河段治理工程完成投资1876万元，治理河道6.84千米。新化县桑梓镇李家院保护圈防洪工程、上梅镇地母庵保护圈防洪工程完成投资3010万元，治理河道3.24千米。涟源市孙水河杨市段一期治理工程完成投资1183万元，治理河道5.6千米。冷水江市球溪河资氮上保护圈堤防工程完成投资700万元，治理河道610米。2017年，娄星区涟水右岸东来湾保护圈堤防工程完成投资1115万元，治理河道1.5千米。新化县大洋江河炉观镇上梅镇游家镇河段治理工程、油溪河与洋溪河河道治理工程完成投资4592万元，治理河道10.58千米。涟源市东石山河桥头河镇河段治理工程完成投资650万元，治理河道3千米。冷水江市球溪河资氮保护圈堤防工程完成投资1309万元，治理河道1.13千米。至2017年，全市治理河道208.46千米，设计防洪标准10年一遇。

第五节 村镇供水工程建设

1993—1999年，全地区贯彻中央《国家“八七”扶贫攻坚计划》，国家投资673万元，建成日供水100吨以上乡镇集中供水工程28处，其中日供水1000吨以上7处，兴建人畜饮水解困工程1.61万处，初步解决25.28万人饮水困难。2000年，全市复核农村饮水困难人口27.95万人（不含工矿区），其中列入国家专项规划13.55万人，第一期7.11万人、第二期6.44万人。2000—2005年，全市争取国债资金1431万元、地方配套2271.28万元，建成各类饮水工程872处，其中引水421处、提水194处、打井337处、集雨83处，解决13.95万人饮水困难。投资3148万元建成乡村集中供水工程322处、日供水能力4.15万吨、改善农村饮水困难群众37万人。2005年，全市农村饮水不安全人口122万人，其中氟超标43.76万人、砷超标5.47万人、苦咸水6.23万人、污染水32.83万人、严重缺水31.72万人，计划“十一五”优先解决高氟砷和严重苦咸水及部分严重缺水65.09万人。2006年5月开始实施，新建自来水厂、原有水厂改造扩容提质、供水管网延伸三类，分散供水为分散打井、引流泉水等。2006—2010年，中央投资2.35亿元、省级配套5230.06万元，解决农村饮水不安全人口86.02万人。

2011年5月，根据国家农村饮水安全新标准，全市重新认定“十二五”需解决农村饮水不安全人口123.39万人。2011—2015年，中央投资4569.9万元、省级配套9124.03万元，兴建工程530处，解决农村饮水不安全人口128.02万人。至2015年，全市基本解决农村饮水不安全问题。是年，根据《湖南省农村饮水安全巩固提升工程“十三五”规划》，全市规划到2020年实现乡镇100%、村85%通自来水，农村自来水普及率80%，并全面解决36.06万建档立卡贫困人口饮水安全问题（农村饮水安全巩固提升27.35万人、易地搬迁8.71万人），自来水水质达标率年均提高5个百分点。2016—2017年，中央投资1.15亿元，兴建139个农村饮水安全工程，解决农村饮水不安全人口34.18万人。至2017年，全市日供水规模千吨万人以上农村供水工程69处，供水人口101.42万人。

娄底市日供水规模千吨以上农村集中供水工程表

表24-4

所在地	水厂名称	投产年份	设计规模（立方米/日）	2017年供水人口（万人）	2017年供水量（万立方米）
娄星区	万宝镇自来水厂	2004	4200	1.66	92
娄星区	万宝镇青山水厂	2010	2000	0.63	25
娄星区	城北自来水厂	2014	4000	1.90	70
娄星区	小碧乡自来水厂	2014	1800	0.85	32
娄星区	石井镇自来水厂	2012	4200	1.95	75
娄星区	蛇形山镇自来水厂	2010	1800	1.56	58
娄星区	蛇形山镇丁祝水厂	2011	1400	1.10	40
娄星区	水洞底镇自来水厂	2015	4500	2.00	75
冷水江市	铎山镇红日水厂	2000	6000	2.50	60
冷水江市	渣渡镇周头水厂	2011	3000	1.50	35
冷水江市	渣渡镇利民水厂	2015	3000	1.50	10
涟源市	安平水厂	2011	1600	1.01	26
涟源市	安平镇麻溪洞水厂	2008	1500	0.95	25
涟源市	安平镇享堂水厂	2010	800	1.20	32
涟源市	白马水厂	2012	1000	0.13	3
涟源市	斗笠山水厂	2007	4000	2.99	78
涟源市	渡头塘镇鸿雁水厂	2009	1000	0.98	26
涟源市	渡头塘镇增加水厂	2010	1000	0.39	10
涟源市	枫坪水厂	2011	2500	0.37	10
涟源市	伏口镇龙安水厂	2009	1200	0.85	22
涟源市	伏口镇第一自来水厂	2009	1500	1.25	33
涟源市	古塘乡古塘水厂	2010	1000	0.76	20
涟源市	荷塘镇塘湾水厂	2009	2000	0.75	20
涟源市	金石水厂	2007	3000	2.02	53
涟源市	六亩塘镇秀溪水厂	2007	650	1.01	26
涟源市	龙塘水厂	2010	1600	1.10	29
涟源市	龙塘镇珠梅水厂	2006	1000	1.25	33

续表24-4

所在地	水厂名称	投产年份	设计规模（立方米／日）	2017年供水人口（万人）	2017年供水量（万立方米）
涟源市	茅塘水厂	2009	1600	1.39	36
涟源市	湄江水厂	2007	1000	0.68	18
涟源市	七星街水厂	2006	6500	2.35	62
涟源市	桥头河镇段江水厂	2006	2500	1.80	47
涟源市	桥头河镇城建水厂	2008	4000	1.48	39
涟源市	桥头河镇石狗水厂	2006	1000	0.63	17
涟源市	桥头河镇株木水厂	2010	1000	0.59	15
涟源市	三甲乡荷叶水厂	2007	1200	1.28	34
涟源市	石马山镇东温井水厂	2008	3800	3.88	102
涟源市	杨市水厂	2013	7500	1.52	40
双峰县	燕霄水库集中供水	2014	15000	8.02	493
双峰县	青树坪镇集中供水	2008	4000	2.57	73
双峰县	洪山殿镇集中供水	2008	3000	2.42	98
双峰县	三塘铺镇集中供水	2008	3000	1.06	98
双峰县	甘棠镇莘耕集中供水	2010	2100	2.57	69
双峰县	走马街镇集中供水	2011	1300	1.25	43
双峰县	梓门桥镇集中供水	2010	1200	1.39	39
双峰县	石牛乡集中供水	2012	1000	1.24	33
双峰县	甘棠镇集中供水	2009	1000	1.46	33
双峰县	杏子铺镇集中供水	2009	1000	1.16	33
双峰县	荷叶镇集中供水	2010	1000	1.07	33
新化县	白溪镇水厂	2008	2150	0.63	29
新化县	槎溪镇水厂	2006	2100	1.01	37
新化县	西河镇丰骊水厂	2009	3000	2.41	88
新化县	吉庆镇中心水厂	2014	3000	1.76	64
新化县	科头乡水厂	2007	1500	1.91	70
新化县	琅塘镇水厂	2009	2000	1.26	46
新化县	炉观坝375水厂	2009	1750	1.62	59

续表24-4

所在地	水厂名称	投产年份	设计规模（立方米／日）	2017年供水人口（万人）	2017年供水量（万立方米）
新化县	炉观镇水厂	2015	1350	0.88	32
新化县	梅花洞温泉水厂	2007	1400	1.38	50
新化县	孟公镇曲溪山水厂	2006	1900	0.26	9
新化县	北渡集中供水工程	2011	1250	0.77	23
新化县	茅岭水厂	2010	3000	2.61	95
新化县	水车镇水厂	2006	1150	0.42	15
新化县	太平水库水厂	2013	4000	1.07	39
新化县	田坪镇水厂	2012	1000	1.72	63
新化县	温塘镇水厂	2007	1000	1.12	41
新化县	西河镇红岩山水厂	2013	1800	1.34	49
新化县	洋溪镇水厂	2015	3600	1.85	68
新化县	油溪乡水厂	2014	1000	1.62	59
新化县	游家镇水厂	2008	1000	0.83	30
新化县	圳上镇水厂	2014	2550	2.51	92

第六节　小型农田水利工程建设

2009年以前，小型农田水利建设进展艰难，塘坝和渠道淤塞乃至废弃现象时有发生。2009年始，5县（市、区）均编制和组织实施《县级农田水利建设综合规划（2009—2020）》。2009年后，5县（市、区）均纳入全国小型农田水利重点县建设名单，建设期3年，投入中央资金1.76亿元，省级资金0.69亿元。

2010年，省新增农资综合补贴山塘清淤扩容项目资金0.95亿元，清淤山塘7374口，新增蓄水695.6万立方米，快恢复改善灌溉面积3067公顷。

2011年，全市贯彻中央关于“从土地出让收益中提取10%用于农田水利建设”的要求，市政府下发《关于进一步规范市本级国有土地使用权出让收支管理有关问题的通知》，规定“按土地出让总价款的3%计提农田水利建设资金”，2011—2017年，全市提取农田水利建设资金1.86亿元，纳入预算管理，专项用于农田水利建设，重点疏浚改造渠道217千米。2013年，市政府贯彻省政府《关于进一步加强小型农田水利建设的意见》，明确以塘坝、渠道建设为重点，开展“芙蓉杯”水利建设竞赛先进单位和十强乡镇评比表彰活动。至2017年，全市获小型农田水利奖补资金投入0.61亿元，其中省级财政0.4亿元，中央财政0.21亿元，整治山塘414口、改造渠道132千米。

2015—2017年，小型农田水利建设重点县更名为小型农田水利项目县，建设期一年，全市累计投入中央资金1.08亿元、省级财政资金0.29亿元。至2017年，全市小型农田水利重点县（项目县）建设，中央投资2.7亿元、省级财政投资0.92亿元，疏浚及改造渠道2140千米、整治山塘2250口、改造泵站273处4374千瓦、整治河坝309处、建设高效节水灌溉面积2320公顷。

第二章　水利管理

第一节　水利建设管理

一、规划设计

1990—1993年，地区水利水电勘测设计院完成娄底市双江水库工程可行性研究。1994—1996年，完成娄底市双江水库枢纽工程设计。1997年，完成冷水江市周头水库左坝基勘探及帷幕灌浆设计。1998年，完成冷水江市城市防洪规划设计。1999年，完成娄星区石井镇红卫电站大坝导水墙至右坝端坝段止漏灌浆施工设计。2000年，市水利水电勘测设计院完成新化县、涟源市城市防洪工程初步设计。2001年，完成新化县车田江、梅花洞水库大坝除险加固工程改造设计。2002年，完成新化县上梅镇节水灌溉示范工程可行性研究。2003年，完成新化县柘溪库区移民2003—2008年实施规划单项工程可行性研究。2004年，完成冷水江市周头水库大坝除险加固技术设计。2005年，完成娄底中心城区、涟源市、冷水江市、新化县、双峰县亚行贷款城市防洪工程规划及勘测报告。2006年，编制《娄底市水利发展“十一五”规划》并完成涟水河南岸娄底大桥至吉星路段综合治理工程设计。2007年，完成涟源市地方电力公司渡头塘35千伏输变电工程设计。2008年，完成娄底市白马灌区可行性研究报告。2009年，完成娄底中心城区涟水河综合治理项目天王寺拦河坝工程设计。2010年，完成双峰县峡山塘水库大坝除险加固工程技术设计。2011年，完成双峰县南冲水库大坝除险加固工程初步设计。2012年，完成涟源市段江泵站（大型）初步设计。2013年，完成四水治理项目新化县城东防洪堤工程设计。2014年，完成娄底中心城区孙水河防洪堤工程勘察设计。2015年，完成双峰县规模化节水灌溉增效示范项目施工图设计。2016年，完成涟源市城西生态文明示范区河湖联通项目工程勘测设计。2017年，完成涟源市城西生态文明示范区河湖水系连通项目第二期工程勘测设计。

二、建设项目管理

1989年，地区水利工程建设质量监督管理站成立，负责全地区水利水电工程质量监督管理。1997年，全地区贯彻水利部《水利工程质量管理规定》，水利工程质量实行项目法人负责、监理单位控制、施工单位保证和政府监督相结合的质量管理体制。1998年，长江流域特大洪灾后，国家加大水利工程建设力度。全地区相继推行水利工程建设管理“三项制度”（项目法人制、招标投标制和建设监理制），完善建设管理程序，规范项目管理。1999年，市水利水电工程招标投标领导小组成立。2000年，娄星区双江水库大坝工程、涟水河娄底中心城区段综合治理工程开标，市水利水电工程建设监理有限责任公司（简称市水利水电公司）同时中标。市水利局贯彻省水利建设管理工作会议精神，市水利水电勘测设计院组建市水利水电工程建设监理有限责任公司。市水利水电局组建娄底市城市防洪工程建设项目经理部（简称市防洪工程部），作为涟水河中心段综合治理工程项目法人。市防洪工程部与市水利水电公司签署涟水河中心城区段综合治理工程建设监理合同，全市水利工程建设监理制实施。2001年3月，娄星区政府成立娄底市娄星区双江水库工程建设管理处，作为双江水库工程建设项目法人。此后，全市推行水利工程建设项目法人制。2008年，省水利厅出台《湖南省水利工程建设项目法人导则》，进一步规范项目法人组建及其各项工作职责。2014年，《娄底市水利水电工程质量监督程序及方法》出台，进一步规范水利工程建设项目质量监督。2015—2017年，水利部、省水利厅各年度水利工程质量监督考核，全市重点水利工程质量均为合格。至2017年，全市推行建设管理“三项制度”的水利项目202个。

第二节　水利工程管理

一、管理体制改革

（一）水利工程管理体制改革

1990—2002年，全市有车田江、半山、梅花洞、炉观坝、太平、茅岭、龙溪、周头、大江口、白马、湄江、南冲、群力、燕霄、峡山塘、千金、段江电灌站等国有水利工程管理单位18处。2003年4月，根据国务院办公厅《关于水利工程管理体制改革实施意见》，市政府出台《娄底市水利工程管理体制改革实施办法》。2006年，冷水江市周头水库作为水利部试点单位，率先完成改革。至2008年，全市18处水库定编514人、分流488人，落实公益性人员经费899.1万元、维修养护经费976.6万元。2008年，市政府印发《小型水库日常管理办法》，明确每座小（1）型水库每年补助全员工资2400～2700元、每座小（2）型水库每年补助全员工资1500～1800元，市级财政补助每座小（1）型水库800元/年、小（2）型水库500元/年，其他经费由县（市、区）负担，市级补助经费由市财政下拨到各县（市、区）财政，根据水利部门考核提供的管理人员名单通过乡财信息网发放。至2017年，补助额度有所增长。

（二）小型水利设施产权制度改革

1996年，娄底市率先推行“投标定塘、以塘养塘”改革方案，至1999年，完成8437口山塘和2处小（1）型水库、16处小（2）型水库改制，将经营权出租或承包。1999年12月，根据省政府办公厅《关于小型水利设施产权制度改革意见的通知》，全市小（2）型水库及乡村管理的塘坝、机埠、泵站、渠道、小水电等小型产权制度改革。作为全省试点单位，冷水江市政府发出《关于对小型水利设施管理体制实行改革的通知》，先在岩口镇选择部分山塘和小水库公开拍卖或出租，至2001年，9个乡镇的5座小（2）型水库、450口山塘实施承包、租赁、拍卖和股份合作。2001年10月，全市小型水利设施产权制度改革现场会在冷水江市召开，推广冷水江市经验。至2010年，全市完成小型水利工程产权制度改革4.92万处，其中水库48处、塘坝4.91万处、电灌站25处、小水电站8处。

（三）小型农田水利设施管理体制改革

2011年，全市贯彻落实中央、省委文件和《湖南省小型农田水利条例》，推行小型农田水利设施管理新机制。2013年，双峰县被选定为全国深化小型水利工程管理体制改革试点县，翌年，又被列为全国农田水利设施产权制度改革和创新运行管护机制试点县，明晰工程产权、落实管护主体、落实管护经费、完善管理机制，全县发放小型水利工程产权证2.33万本、颁发管理权证书2.85万本、签订管护合同3.98万份，小型水库管护费5000元/座，纳入县财政预算，2014年在拨付200万元基础上连续3年每年递增50%，并出台《双峰县小型农田水利工程整修建设奖励办法》，激励群众按耕地20元/亩筹集小型农田水利设施管护费，推行专业化维修养护，其做法入选《中国水利年鉴（2017）》和湖南省基层水利改革创新典型案例。至2017年，全市小型农田水利设施管理体制改革持续深化。

（四）建立农民用水合作组织

2004年，冷水江市和涟源市试点在经济情况好、水利设施相对完整的乡镇建立农民用水合作组织。2009年，全国小型农田水利重点县实施后，各乡镇相继成立农民用水户协会，运行管理逐步规范。对以乡镇或灌区为单位的用水户，协会要求按期年检。以村为单位或更小范围组建的用水户协会运行不稳，多数不能按期年检。双峰县还成立村级用水小组893个。2014年，新化县吉庆镇油溪桥村用水户协会被评为农民用水合作组织国家级示范点。2016年，双峰县荷叶镇当先水库石林用水协会、涟源市渡头塘镇民兵灌区用水户协会被评为农民用水合作组织国家级示范点。至2017年，全市31个乡镇158个村建立农民用水户协会92个、注册44个，参与农户29.3万余户，管理灌溉面积5.93公顷。

二、水库除险加固

1990年，省水利水电厅批准新化县半山水库除险加固工程项目开工。是年冬至翌年春，新化县组织受益区乡按耕地筹资筹劳，洋溪区平均每亩自筹18.66元、燎原区平均每亩自筹16.66元，其中洋溪镇每亩21.4元、自筹16万元，投工12.6万个，经过两个月会战，大坝外坡加高至32米，坝底加宽13.75米，坝顶由2.2～2.5米加宽至5米，完成土石方3.9万立方米。1995年，省水利水电厅为协调双峰县南冲水库和邵东县界岭乡库区矛盾，指示双峰县南冲水库溢洪道堰顶高程降至194.5米，相应提高大坝安全性能。是年，冷水江市试点“自筹配套资金60%加固周头水库大坝”，省水利水电勘测设计院对大坝基础帷幕和坝身高喷灌浆加固，确保安全度汛。1997—1999年，地、县两级政府按照省委、省政府提出的“大干三年、不把危险水库带入21世纪”的部署，将防洪保安资金80%以上用于大坝除险加固，群众自筹870万元、地、县（市、区）配套2170万元、省级投资694万元，完成车田江、周头、白马、南冲、梅花洞、半山、燕霄7座大中型以及30座小（1）型、105座小（2）型水库大坝应急除险。

2002—2010年，全市10座大中型水库完成大坝除险加固，完成投资1.03亿元。2014—2016年，双峰县南冲水库大坝除险加固，完成投资3216万元。

2002—2016年娄底市大中型水库除险加固情况表

表24-5

水库名称	建设时间	投资（万元）	工程建设内容
南冲	2002—2003年	600	大坝除险、溢洪道加固、溢洪道左岸滑坡体应急处理
梅花洞	2003年	910	大坝除险加固、涵管加固、坝端溶洞处理
白马	2003—2004年	763	主坝及思乐副坝除险、溢洪道改造、压力隧洞加固
车田江	2004—2005年	1500	大坝除险加固、高涵加固、溢洪道加固及左岸山体除险
周头	2004—2006年	600	大坝加固、副坝加固、溢洪道加固、卧管改造
半山	2007—2009年	1371	大坝坝坡加固及基础帷幕灌浆、溢洪道加固及左岸山体浆砌石墙、新建防汛公路及两座公路桥
燕霄	2008—2010年	826	大坝除险加固、溢洪道加固、输水隧洞加固
群力	2008—2010年	865	大坝除险加固、溢洪道加固、新建输水隧洞、涵洞封堵
大江口	2008—2011年	945	大坝除险加固、溢流坝泄洪闸改造、压力隧洞加固
峡山塘	2009—2010年	1930	主坝及副坝除险加固、涵洞封堵，新建输水隧洞
南冲	2014—2016年	3216	大坝加固、溢洪道左岸滑坡体处理、重建新石桥

2008—2012年，全市完成列入病险水库除险加固规划的小（1）型水库105座，其中2008—2009年专项规划小（1）型43座，2010—2012年，《全国重点小型病险水库除险加固规划》重点小（1）型52座。2013年，列入新出险病险水库除险加固小（1）型10座，投资2.9亿元。

2010—2012年，全市纳入《全国重点小（2）型病险水库除险加固规划》141座、《全省小（2）型病险水库除险加固规划》457座、《湖南省灾后薄弱环节小型病险水库除险加固项目》44座；2013年，纳入新出险水库加固2座，完成水库除险加固605座，投资6亿元。

2013—2015年，双峰县水库除险加固过程中，对大坝白蚁防治采取合同定额、现场监督确认、专家组评审验收的管理制度，开挖清巢、诱饵投放和药物预防，先后对南冲、燕霄、峡山塘3座中型水库及21座小（1）型水库、69座小（2）型水库进行白蚁防治，投资252万元，清除白蚁主巢777个、副巢8299个，药物预防面积22.05万平方米。2016—2017年，全市60座水库大坝白蚁巢穴、39座水库贯穿性蚁路得到清除。

三、灌溉管理

1990年，涟源市白马水库管理处被评为全国百个先进灌区之一。1991年，省政府做出决定，推广双峰县千金水库和涟源市白马水库灌溉管理经验，地委、行署做出《关于深入开展学习千金、白马水库经验的决定》，并在双峰县举办全地区学千金学白马训练班。1992年，新化县车田江水库灌区制定实施《车田江水库水利水电管理办法》及6项制度，配备28名乡镇管水员、173名村管水员、1845名组看水员，推行“定人员、定涵闸、定流量、定时间、定田亩”灌溉管理模式，建成量水堰19处、水尺38条、改建钢闸门386处，水费标准由收稻谷5千克／亩调整为基本水费2千克／亩加按方收费25克／立方米，流量包段到乡镇，节余奖2克／立方米、超用罚30克／立方米，鼓励蓄好用好塘坝水，并加强渠道维修养护，当年多蓄塘坝水289万立方米、少用水库水831万立方米，节约水费24.5万元。1994年，地区行署修订水利工程水费收缴和使用管理实施细则，规定基本水费每年每亩收稻谷1～3千克或按方30～60克／立方米、按亩每年收稻谷10～13千克／亩标准收取，逐步推动各灌区管理委员会调整水费标准，以粮计价、委托当地粮食部门代收为主，或以钱计收、委托灌区所在乡镇财政所代收，或乡镇水管站代收，或水管单位直接向用水户收，一般采取先年放水、来年收费，或当年用水、年底结算。新化县炉观坝灌区建立预交水费制度。1997年，全地区14个国有灌区应收水费374.8万元、实收238.5万元。

2004年，省政府颁发《湖南省水利工程水价核定及水费计收使用管理办法》，标志着水利工程供水价格步入市场运行轨道，各地相继出台具体办法。《双峰县中型水库水费及附加征收暂行办法》确定计收标准为25元／亩，其中水费19元／亩（丰水年份减半征收）、渠道清淤维修费6元／亩（干支渠各半），由受益乡镇代收、分成和代收手续费为总额的30%，每年10月底由水管单位与乡镇财政结算，将水费收缴纳入乡镇领导班子年度考核内容，县管灌区是年水费入库率90%。新化县梅花洞水库灌区改变原来乡镇代收方式，采取职工直接上门收缴，水费实收率95%。2006年，国家取消农业税后，灌溉水费收缴难度加大，一些地方也相继取消灌溉水费。

2014年，涟源市在金石镇山茂水库灌区探索农业水价综合改革，涟源市和双峰县先后列入全省农业水价综合改革试点推进县，按照先建机制、后建工程、节水优先、良性运行的要求，以推动农民用水合作为核心，以完善末级渠系工程为基础，以健全终端水价制度为保证，以总量控制、精准计量为手段，在试点区初步建立起农田水利良性运行机制，将高效节水灌溉工程（管道灌溉项目区）同步安装计量设施，推进农业水价综合改革，市级财政专款拨付80万元用于农田灌溉水有效利用系数样本灌区量水设施建设。至2017年，全市累计投入资金5449.14万元，以涟源市民兵灌区、双峰县南冲灌区和高效节水管道灌溉区为示范，建成农业水价综合改革面积2510公顷。

第三节　河道管理

1990年，全地区继续贯彻执行《中华人民共和国河道管理条例》，河道管理工作逐步推进，切实加强资江、孙水、涟水、侧水等干流管理。1997年，新化县成立河道整治领导小组，常务副县长任组长，下发《关于全面整顿治理境内河道的通告》《关于对全县河道进行综合整顿治理的实施方案》，抽调55名工作人员组成水上执法大队，开展河道整治，资江干流淘金船至1998年全部取缔，40艘挖砂船只允许在批准范围内作业，查处采挖船违章1962次，依法处罚违规船舶76只，罚款9280元，拆除影响航运锚链14根，扣押拒交规费船16艘，处理非法水上客运事件35起、非法捕鱼事件19处，处置采挖船

“地皮费”事件1起和3起妨害公务事件。1998年，新化县购进河道疏浚船一艘，对三洲滩、农丰、磨盘滩等河段进行疏浚。2003年，新化县大旱，资江水位偏低，河道内沙洲砂堆阻塞航道，采砂淘金船又由原来的69艘增至103艘，部分河堤基脚被掏空，县政府受理人大代表关于整顿资江河道水事秩序建议，成立由常务副县长任指挥长的资江河道综合整治指挥部，县政府下发《关于加强河道管理的通知》《新化县资江河道综合整治方案》，至2005年，采砂、淘金船招标缩减至78艘，收取河道维护补偿费140万元、河道采砂管理费26万元，用于资江干流新化县城段清障40万立方米，河床加高160.5～162米，资江干流游家段清障20.4千米99万立方米、大洋江出口段清障11万立方米。

2017年4月，市政府印发《娄底市全面推行河长制实施方案》，成立市河长制工作委员会，市委书记任政委，市长任总河长，分管副市长任副总河长，成员由26个市直单位和各县（市、区）主要负责人组成，副市长兼任市总河长办公室主任。按照属地管理原则，境内资江、涟水、孙水和侧水4条市级河道439千米、县（市、区）级河道213条1776千米、乡（镇、办）及村（社区）级河道306条1225千米，分级分段设置河库市级河长8人、县级河长123人、乡级河长670人、村级河长2116人，明确各成员单位职责及协调机制，市财政每年统筹安排100万元资金，各县（市、区）安排30万～50万元专项经费用于河道管理。全市在河库显要位置设置河长公示牌2753块，其中市级54块、县级532块、乡级700块、村级1467块，标明河长职责、河湖概况、管护目标、监督电话及二维码，并编号管理。市、县两级均制定出台《市级河长会议制度》《河长制信息共享制度》《河长制工作督查制度》《河（库）日常监管巡查制度》《河长巡查制度》《河长举报投诉受理制度》《河长制工作考核办法》《娄底市河长制验收评估办法》，建立河长制举报投诉受理登记，设立专门举报电话，在娄底电视台综合频道开展“全面推行河长制、建设富饶美丽健康祥和新娄底”公益宣传，市河长办建立专栏、简报及娄底河长制微信公众号。建立“河道监督长制”和“河道警长制”，新化县组建水警中队，冷水江市建立三级“河道警长”，取缔和关停59艘无证采砂船和55处无证采砂场，清除采砂尾堆1.3万立方米。全市河流全面禁止采砂。编制“一河一策”，率先在境内资江、涟水、孙水、侧水实行“一河一档”“一河一策”管理制度。建立河长巡河制度，市级河长一季一巡、县级河长一月一巡、乡级河长一旬一巡、村级河长一周一巡、河道保洁员每天坚持河道保洁，同时组建娄底“民间河长志愿团”，聘请老领导、老党员、老干部担任巡查员和宣传员。投入5000万元用于河道保洁工作，成效明显，“水清、河畅、岸绿、景美”目标初步实现。全市13个地表水监测断面水质均达Ⅲ类及以上标准，其中孙水河达Ⅱ类标准，国家考核断面水质优良率和省级水功能区水质达标率100%。是年，市政府启动资江、涟水、孙水、侧水干流330千米生态廊道建设，依托速生捕碳草技术，完成孙水河杨市段试点。将河长制工作纳入各级领导班子和领导干部绩效考核，县（市、区）各上交100万元、市直成员单位3万元，作为工作保证金用于奖优罚劣。是年，市政府获全省河长制工作优秀单位。9月，市第五届人民代表大会常务委员会第四次会议审议通过《娄底市孙水河保护条例》，省第十二届人民代表大会常务委员会第三十二次会议批准，成为全市第一部地方性法规，2018年1月1日起实施。

第四节 水资源管理

2012年，贯彻国务院《关于实行最严格水资源管理制度的意见》，市政府批复实施《娄底市水功能区划》，并相应确立水资源开发利用控制红线、用水效率控制红线、水功能区限制纳污红线，强调以水定产、以水定发展。2013年，市政府成立水资源管理委员会，常务副市长任主任，出台《娄底市实行最严格水资源管理制度考核办法》《娄底市实行最严格水资源管理制度的实施意见》《娄底市实行最严格水资源管理制度考核工作实施方案》《娄底市“十三五”水资源消耗总量和强度双控行动实施方案》，建立水功能区监督管理机制、联席会议机制、饮用水源地保护机制和流域水资源调配机制。推进实施湘江保护与治理“省政府一号重点工程”，成立市湘江保护协调委员会，出台《娄底市贯彻落实〈湖南省湘江保护条例〉实施方案》《娄底市湘江保护协调委员会成员单位工作责任分工》《娄底市湘江保护协调委员会工作规则》《娄底市湘江流域生态补偿（水质水量奖罚）暂行办法》，明确工作职责和部门分工，确定年度工作重点和目标任务，把资江冷水江和新化段、涟水、孙水、侧水以及白马、水府庙、双江水库综合治理作为重点，纳入政府绩效考核，建立目标管理责任制，集中开展河道采砂专项整治、城乡环境综合整治、水府庙库区专项整治、白马水库专项治理，乱采、乱弃、乱堆现象得到遏制，集中式饮用水水源地达标，水府庙库区全面禁止采砂、清除大坝附近和主航道网箱，取缔白马水库投肥养鱼，并先后完成市第二污水处理厂以及涟源市、新化县和双峰县污水处理厂续建，建成涟源市杨市镇、双峰县三塘铺等10处污水处理厂。市政府明确资江、涟水、孙水、侧水干流及两岸各150～200米列入生态廊道建设，退田还湿还草，完成孙水河杨市镇5.5千米生态廊道及15.33公顷碳汇草建设试点。2014年，市水利局编制《娄底市水功能区划》，各县（市、区）完成一级水功能区和开发利用区及重要水功能区划界立碑。2015年，办理取水许可证316个，出台《娄底市水功能区纳污能力核定和分阶段限排总量控制方案》，开展县级交界断面、重要饮用水水源地、重要水库等水功能区14个断面监测。2016年，娄底一中等15家单位首批创建节水型单位，涟源市杨家滩水利风景区评为国家级水利风景区。2017年，全市核查登记入河排污口529处，其中规模以上入河排污口65个，整改关闭位于县级以上饮用水水源一、二级保护区入河排污口32处。是年，全市水功能区监测断面增至38个，完成63家取水户国家水资源管理监控系统安装，对65个规模以上入河排污口每季度开展一次现场检测，并由市水环境监测中心每月发布《娄底市水资源质量状况简报》。是年，娄底在全省实行最严格水资源管理制度考核中被评为优秀。编制实施《娄底中心城区水资源保护规划》及省级饮用水水源地达标保障建设项目方案8个，涟源市、冷水江市和娄星区实施县域节水型社会示范县建设。

2014年娄底市水功能区情况表

表24-6　　　　单位：千米

一级区	二级区	河流	河段	范围		长度	水质目标
				起始断面	终止断面		
涟水—新邵—涟源缓冲区	—	涟水	新邵县—涟源市	新邵县坪上镇梅寨村	涟源市良溪河口	22.3	Ⅱ
涟水涟源开发利用区	涟水涟源工业用水区	涟水	涟源市	涟源市良溪河口	涟源市石马山	9.5	Ⅳ
涟水涟源—娄底保留区	—	涟水	涟源市—娄星区	涟源市石马山	娄星区石井镇	35.5	Ⅲ
涟水娄底开发利用区	涟水娄底饮用水水源区	涟水	娄星区	娄星区石井镇	娄星区涟钢北大桥	7.0	Ⅲ
	涟水娄底工业用水区	涟水	娄星区	娄星区涟钢北大桥	娄星区湘黔线铁路桥下	10.5	Ⅳ
	涟水娄底过渡区	涟水	娄星区	娄星区湘黔线铁路桥下	娄星区西阳岐潭河入涟水口	10.2	Ⅲ
	水府庙水库涟水饮用水水源区	涟水	娄底市—湘乡市	娄星区西阳岐潭河入涟水口	水府庙水库大坝	25.3	Ⅲ
涟水双峰—湘乡保护区	—	涟水	双峰县—湘乡市	水府庙水库大坝	湘乡市园池塘	45.1	Ⅲ

续表24-6

一级区	二级区	河流	河段	范围		长度	水质目标
				起始断面	终止断面		
资江冷水江—新化开发利用区	资江冷水江饮用水水源区	资江	冷水江市	新邵县坪上镇筱溪水库大坝	冷水江市自来水厂取水口下游200米	7.5	Ⅲ
	资江冷水江工业用水区	资江	冷水江市	冷水江市自来水厂取水口下游200米	新化县化溪	16.2	Ⅳ
	资江化溪—满竹过渡区	资江	新化县	新化县化溪	新化县满竹	6.8	Ⅲ
	资江新化饮用水水源区	资江	新化县	新化县满竹	新化县月光潭水厂取水口下游500米	9.8	Ⅲ
	资江新化工业用水区	资江	新化县	新化县月光潭水厂取水口下游500米	新化县塔山村	6.8	Ⅳ
资江新化—安化保留区	—	资江	新化县	新化县化溪	新化县满竹	6.8	Ⅲ

第五节 水行政执法

1990年，全地区组织学习贯彻《中华人民共和国水法》。1995年，地区水利水电局设立水政水资源科，履行水行政执法职能。1997年，娄底市（县级）、冷水江市先后设立水政监察大队。1999年，涟源市成立水政监察大队。2000年，双峰县设立水政监察大队。2003年，市水政监察支队、新化县水政监察大队相继设立。市水利局举办全市水利系统首届水法律法规知识竞赛，为水行政执法打下基础。2004年9月1日，施行《湖南省实施〈中华人民共和国水法〉办法》，全市水利执法部门统一配置水政监察车，颁发取水许可证606个，调处水事纠纷74起，查处水事案件106件。2005年，市水利局报请省水利厅挂牌督办，查处邵东县界岭乡在南冲水库非法爆破打井案。新化县水利局申请人民法院强制拆除汝溪河上7栋非法建房。是年，新办取水许可证和河道采砂证148本、年审取水许可和河道采砂证351本，调处水事纠纷271起，查处水事案件88件。2006年，组织双峰县水利局调查梓门桥镇大冲水库，责令停工补办手续。全市年审“取水许可证”612个，新颁“取水许可证”19个，调处水事纠纷7起，查处水事案件18件。2007年，新化县列入全省水行政综合执法试点县。市水利局调处涟源市七星街镇棱角井取水纠纷，责令建设单位补做取水水资源论证，尊重历史用水协议。市水利局协调处理新化县荣华乡九龙电站用水纠纷，责令补办水资源论证、取水许可、水土保持等各项手续。全市河道专项执法检查登记无证采砂船只100余条、违规建设采砂码头60处，普查复核入河排污口237个，调处水事纠纷111起，查处水事案件87件。2007年，新化县列入全省水行政综合执法试点，水政、水资源、河道、水土保持执法职能实行一体化管理，执法能力集中加强。2008年，全市选派38人参加《湖南省行政程序规定》培训班学习。市水利局出台孙水流域整治实施方案，整治“乱采、乱倒、乱排、乱建、乱占”行为，取缔非法采砂船只8艘，查处乱倒渣土垃圾6处。2008—2010年，全市调处水事纠纷97起，查处水事违法案件248件。取缔、限停无证采砂船59艘，疏浚河道尾堆300处，换发取水许可证394套。

2011年，贯彻实施中央一号文件，加大水行政执法，开展市中心城区开发建设项目水土保持监督专项执法，检查工业园项目4个、房地产项目105个。是年，整治取水用户411家、入河排污口270个，调处水事纠纷27起，查处水事案件8件。2012年，市水利局配合省水政监察总队查处双峰县杏子铺镇吴合村向水库倾倒渣土违法行为。全市选派15名水政执法骨干分2期参加省水利厅法律培训，全部取得结业证书。是年，水资源专项执法查处规模较大的未安装取水计量设施取水户12户，发出书面整改通知书1份，调处水事纠纷16起，查处水事案件22件。2013年，市水利局查处大唐华银金竹山公司擅自在资江河堤建停车场案件。省水利厅联合工作组查处冷水江市防洪堤上多处违规开发问题，锦江楼顶层复式结构别墅由产权人自行拆除。市水利局督促新化县水利局集中整治大洋江非法采砂行为，组织8次联合执法，下达行政处罚决定书37份，拆除非法采砂设备87台，查封采砂船30艘，扣押挖机2台。是年，全市调处水事纠纷216起，办结水行政处罚案件247件，其中河道非法采砂案226件。

2014年，全市整治湘江流域河道内乱建、乱采、乱排、乱围、乱占、乱弃行为，排查登记湘江流域涉水违法案件138件，其中，水资源类14件、水土保持类71件、河道类53件。省水政监察总队来娄督办湘江流域水行政专项执法，针对民丰变电站非法取用地下水生产矿泉水行为，责令补办取水许可手续。全市调处水事纠纷122起，查处水事案件220件。2015年，市水利局出台《水政监察巡查月报制度》，组织调查水污染企业，排查登记养猪场28个、洗砂场2处、砼搅拌站2处、入河排污口2处，形成整改意见报市政府。调处水事纠纷69起，查处水事案件35件。新化县列入全省水行政执法责任制建设试点单位。2016年，市水利局开展边界河流平安建设督查，联合查处涟源市桥溪村在涟水河道非法采砂越界引起娄星区环江村上访的水事纠纷，全部清除桥溪村河道采砂尾堆和临时公路。全市调处水事纠纷61起，查处水事案件15件。新化县"移重心、全覆盖、无盲点"水行政执法责任制试点经验在全省水利依法行政工作会上典型发言，双峰县、涟源市被列入全省26个水行政执法责任制重点建设单位。2017年，涟源市、双峰县水行政执法责任制建设验收合格，娄星区、冷水江市遴选列入全省第二批水行政执法责任制建设单位。全市调处水事纠纷114起，查处水事案件14件。

2004—2017年，全市调处水事纠纷1273起，查处水事案件1020件。

附一：水府庙库区整治

2009年6月，市水利局回复省水利厅《关于开展水府庙水库库区网箱、拦网养殖情况普查的函》，娄底境内网箱养鱼主要集中在双峰县杏子铺镇6个村和1个茶场，有网箱4307口、拦网33处，占用水面12.45公顷。2011年，市水利局完成围垦填库调查，围堤52处、市域围库面积263.67公顷，其中：双峰县12处19.4公顷、娄星区1处2公顷、娄底经开区39处241.6公顷。2012年8月，按照省政府统一部署，市政府启动网箱养鱼、围垦填库和河道采砂三个专项整治行动，登记确认市域1988年7月以后围垦填库21处8.53公顷，其中双峰县7处0.73公顷、娄星区1处1.2公顷、娄底经开区13处6.63公顷，逐处制订整治方案报省水府庙库区专项整治办批准执行。确定保留采砂场6个、采砂船6艘，其中娄星区2个砂场2艘砂船、娄底经开区4个砂场4艘砂船，其他一律取缔。双峰县率先启动围库整治拆除行动，铲除泥溪村、双冲村围堤3处300米，还库水面1.2公顷。娄星区强拆境内唯一的水库围库方石休闲农庄内2座池塘，还库水面0.67公顷。至2013年3月，除双峰县吴合村龙船房"钓鱼台"和娄底经开区百雄堂、犁头村等7处围堤报省水利厅申请免拆或缓拆外，其他14处围垦填库按方案全部拆除到位，省水政监察总队还查处了双峰县吴合村向水库倾倒渣土违法行为。2016年，水库管理局对娄星区方石村在涟水河内填土建坪的违法行为立案查处，当事人运走填入涟水河内土石3000立方米。2017年，市水利局协同水库管理局查处益娄衡高速白鹭湾涟水大桥建设违法占库案件。

附二：资江浪石滩电站下游河道水事调处

2007年，市水利局督查电站水土保持工程与主体工程同时设计、同时施工、同时投产使用的落实情况，确保资江干流汛期防洪安全。2008年，省水利厅答复新化县罗珊等28位人大代表《关于综合治理河水污染，保护母亲河的议案》，省水利厅据此调整冷水江市资江干流段生态流量，批复将筱溪电站最小下泄流量从23.3立方米/秒调整至72立方米/秒。2009年，新化县部分受损群众上访到浪石滩电站，市水利局协调提出《关于筱溪、浪石滩电站梯级开发对冷水江市和新化县资江沿河部分乡镇影响损失情况的调查报告》，但因涉及筱溪、浪石滩、柘溪三电站调水调电以及沿河农业灌溉泵站改造等多方面问题，未能有效处理。2010年，省水利厅组织水政监察总队专题调研浪石滩、筱溪等水电梯级对两岸群众生产生活影响，协助国家电网湖南公司取消筱溪水电站峰谷电价，调整浪石滩电站下泄生态流量由40立方米/秒调整为67立方米/秒，改善了电站下游河道水位波动幅度，有利于泵站抽水和岸坡稳定。2011年，市水利局组织调查电站发电运行对新化县石冲口镇沿河泵站取水影响情况，走访5村3处码头、10处泵站，调查事实与市人大代表伍石军领衔提交的《冷水江市浪石滩电站对资江下游的主要危害和处理建议》基本一致，向人大代表反馈意见后，专题报告上级部门决策。7月，省水利厅向省政府办公厅报告《关于资江流域梯级开发致使沿江部分群众受损情况的调查处理意见》，提出8条处理建议。2013年，新化县163名代表联名反映问题在省信访局12月3日《重要信访呈阅》上登载，省水利厅在呈报《重要信访呈阅件》（第12号）办理建议的函重申了8条处理建议。2017年初，市政府再次向省政府呈交《关于梯级水电站开发对新化县资江两岸群众生产生活造成影响损失的请示报告》，请示解决这一涉及娄底、邵阳、益阳的水事纠纷，仍在协调中。

第三章 防汛抗旱

第一节 防 汛

1990年6月11—16日，全地区普降暴雨和特大暴雨，平均降雨量276.95毫米，局部300毫米以上，168个乡镇（街道）2525个村受灾。涟源市四新水库和新化县洞里坝水库6月15日先后被冲毁，冲毁塘坝7752处，死亡62人，冲垮渠道2429千米，直接经济损失2.5亿元。省领导和地委、行署领导赶赴一线指挥抢险抗灾，并派出工作组赴重灾区指导抢险救灾工作。1991年，全地区贯彻实施《中华人民共和国防汛条例》，防汛工作纳入法制轨道。

1995年，全地区先后5次出现暴雨和大暴雨过程，84个乡镇（街道），2964个村受灾，13个小城镇被淹，倒塌房屋5989间，死亡35人。娄底市西阳乡团结水库大坝溃口，12处小型水库和白马水库溢洪道被不同程度损毁，冲垮塘坝4009处、河堤1.08万处107.7千米、渠道253千米，直接经济损失4.84亿元。5月21日，副省长唐之享赶赴新化县科头乡等地指导防汛工作。地委、行署领导坚守一线指挥抢险抗灾，并派出工作组赴重灾区指导抢险救灾工作。1996年7月10—18日，全地区平均降雨量超300毫米，其中新化县城区395毫米，娄底中心城区305毫米。7月19日22时，资江新化站水位178.38米、超出警戒水位6.88米；7月19日14时，冷水江站水位184.55米、超出警戒水位7.55米。全地区多地山洪暴发，190条溪河洪水泛滥，12万口山塘爆满，22座小型水库出现险情。新化县、冷水江市22个乡镇（街道），618个村受灾，22个小城镇被淹，16.95万人被洪水围困，紧急转移7.01万人次，倒塌房屋2.59万间，死亡40人，直接经济损失37.16亿元，其中新化县直接经济损失31.9亿元、冷水江市3.96亿元。新化县城区7月19日22时资江水位178.38米、持续30小时、比防洪堤高3.38米、最深渍水5米，9.75万人被洪水围困、紧急转移4.21万人，供电、交通中断，企业停产，直接经济损失15.48亿元。面对特大灾情，省委、省政府密切关注，地委、行署领导赶赴灾区，和新化县领导组成抗洪救灾领导小组，统一部署领导抗洪救灾工作。7月20日凌晨5时始，在组织军民抢筑子堤无望的情况下，紧急组织武警官兵和干部职工5500人、民兵应急分队1000人，出动快艇7艘、船舶40只、木排310块，抢救被困群众，奋战两昼夜，转移被洪水围困群众14万人。

1997年，全地区学习贯彻《中华人民共和国防洪法》，防汛抗旱工作逐步规范化、制度化。1998

年，全面推行抗洪救灾行政首长负责制和岗位责任制，建立市领导包县、县领导包乡镇、乡镇领导包村、村干部包组、党员干部包农户的五级责任体系，对重要区域和工程实行行政责任人、技术负责人、工程管理单位负责人“三位一体”责任制。每年汛前，层层递交责任状，并分级向社会公告。是年，4月30日、5月8日、21—22日，6月12—13日、16日、22—23日、27日和7月30日共8次普降大暴雨和特大暴雨，以5—6月间的几次暴雨山洪损失尤为严重。全地区77个乡镇（街道），2532个村受灾，倒塌房屋1.82万间，死亡38人，损毁中型水库1座（白马）、小型水库36座，直接经济损失16.78亿元。5月21日18时至22日10时，涟源市白马水库降雨量320.4毫米。22日凌晨6时10分，白马水库水位178.56米，超正常蓄水位0.56米，巡查人员相继发现大坝右侧163米高程坡面上有6处冒水点。省水利厅指导组赶至现场，行署专员率地区水利水电局局长现场指挥，水利专业队伍全力投入抢险，采取加大泄量、内堵外排的抢护方法，加大泄洪流量至850立方米／秒，调集武警和消防战士100名、干警50余名、抢险应急分队60人、驻涟部队一个连、干部250名、车辆150余台、麻袋1.5万条，将水库水位降至177.6米，下泄流量200立方米／秒，险情得到控制，确保了大坝安全。

2002年，全市出现8次强降水，8月14—21日强降水致特大秋汛。全市85个乡镇（街道）全部受灾，直接经济损失5.58亿元。8月19日，新化县城西防洪堤花山城郊堤发生特大管涌滑坡险情。19日11时至21日17时40分，新化县城西防洪堤发生大小管涌51处堤坡塌洞1处。出险后，省、市、县领导到现场指挥抢险，调用武警250余人，出动干部200人、抢险民兵3500人，采取管涌点抛丢沙包，滑坡地点抛石压脚，塌洞处导流压砂等措施，及时控制险情进一步恶化。全市发生1000立方米以上规模滑坡50处，15座水库出现较大险情，资江出现历史第2高的洪水位，市委、市政府领导深入防汛抗洪前线检查督促防汛抗灾工作，组织指挥抢险。300名部队官兵和武警消防战士、1.5万名干部职工及10万多名群众一直奋战在抗洪救灾第一线，及时抢护了新化县城西防洪堤和15座水库的重大险情，有效地防御了50处较大山体滑坡灾害。

2003年，市、县、乡三级制定防汛应急预案，以后每3～5年修订一次，报同级人民政府批准实施。对各类调度预案、转移预案、抢险预案，逐年进行常态化研修，所有上型号工程和山洪灾害危险区全覆盖。各地组建群众抢险队伍、专业防汛队伍、民兵预备役等平战结合、优势互补的防汛抢险队伍共1万余人，市、县两级防汛抗旱抢险技术服务队为各级领导指挥决策提供技术支撑。每年汛前，市、县两级防指分级制订水库度汛方案。按照分级负责原则，突出指挥决策、巡查值守、搜救转移、工程抢险、城镇排涝、山洪防御，逐年推进培训和演练。2005年，全市先后出现“5·31”特大暴雨和5月4日、11—14日，6月4—7日、17—19日、26—27日6次强降水，94个乡镇（街道）受灾，38个乡镇（街道）重复受灾，死亡43人，倒塌房屋4.6万间，81座水库不同程度损坏，36座水库出现较大险情，冲毁塘坝3510座，损坏水电站22座，损坏灌溉设施9599处，直接经济损失16.63亿元。尤其是“5·31”暴雨山洪，中心区24小时降水量达285毫米，山洪暴发、山体滑坡，枧埠河沿线桥梁、道路、房屋被冲垮，交通、电力中断，荷塘镇24个村不同程度受灾，左湾等9个村受灾尤为严重，死亡22人，损坏水库3座，冲毁塘坝21处。6月4日，民政部常务副部长贾治邦率领的国务院赴湘救灾工作组在省长周伯华陪同下，到涟源市荷塘镇指导救灾。省委副书记戚和平、副省长杨泰波等省领导到重灾区指导。市领导靠前指挥，发动万名党员干部和武警部队、民兵预备役官兵投入灾区一线，解救转移13万受洪水围困或危险区群众。2006年，涟源市列入全省山洪灾害防治县级非工程措施建设试点县。

2008年5月，全省山洪灾害防御暨水库除险保安工作座谈会在涟源市召开，并在三甲乡举行现场演练。2009年，新化县列入全省山洪灾害防治县级非工程措施建设试点县。是年，初步建成省、市、县抗洪救灾异地视频会商系统。2010年，全市全面启动县级山洪灾害防治项目，初步建成覆盖全市重点区域的山洪灾害监测预警系统。是年，市防汛抗旱指挥部下达物资储备计划，明确砂石料、纤维袋、木材、钢材、应急照明灯等防汛抢险物资的储备数量。市、县、乡三级和水库管理单位按照实物储备与资金储备、自己储备与委托储备相结合的原则，均建立抢险物资储备仓库和存放点。是年，全市发生12次暴雨过程，启动13次防汛应急响应。5月5—6日，新化县双林雨量站24小时降水263毫米。涟水涟源站5月13日出现建站以来第三高的洪水位，涟水娄底站6月24日、5月13日分别出现自1958年以后第5、6高的洪水位，侧水双峰站于5月13日、6月24日两次发生超警戒水位洪水（6月24日洪水位为建站以后第三高），孙水石安站6月24日出现自1962年以后第三高的洪水位，资江6月25日全线超警戒水位。全市47座水库出险、26处24.6千米堤防受损，涟水河娄底天王寺段临时围堰突发崩塌、滑坡险情，双峰县洋潭库区30千米堤垸全线出险，新化县城河西防洪堤花山排渍站地段发生险情。全市96个乡镇（街道）受灾，部分乡镇（街道）重复受灾，倒塌房屋1.58万间，因灾死亡8人、失踪1人，直接经济损失30.8亿元。全市启动防汛Ⅳ级应急响应4次、Ⅲ级应急响应7次、Ⅱ级应急响应2次，并制定市防汛抗旱指挥部成员单位联系县（市、区）及重点乡镇方案，向防汛救灾一线派出工作组或专家组38个，出动冲锋舟21艘次，紧急转移群众82万人次，调集编织袋5万条，调拨防汛抢险资金500万元，支持各县（市、区）抗洪抢险减灾工作。5月7日，省委副书记梅克保到现场指导新化县水车镇抗洪救灾。5月9日，常务副省长于来山到现场指导涟源市伏口镇抗洪救灾。5月13日上午9时20分，涟源市石马山镇长车学校因暴雨导致公路石坎坍塌，50立方米土石冲垮教学楼一、二楼教室墙体。当时全校180名师生正在上课，学校迅速启动预案，组织师生在3分钟内撤离教室，二年级28名师生在1分钟之内全部撤离教室，仅1人受轻微伤。5月13日晚7时，水府庙水库15孔闸门全开泄洪，库内近1000口养鱼网箱顺流漂移到距坝体仅50米的防护钢丝处，严重威胁大坝安全，市防汛抗旱指挥部紧急调集冲锋舟6艘，组织民兵应急分队、党员干部、公安民警、技术人员共500人，彻夜奋战，清除养鱼网箱，排除大坝险情，确保下游百万群众生命财产免受威胁。5月18日，市长张硕辅率市防汛抗旱指挥部指挥长刘益丈一行现场处置新化县合新水库管涌险情，安全转移下游群众235人，群众和抢险人员均无伤亡。

2011年6月上中旬，全市出现3次大暴雨和1次暴雨，平均降水量404.9毫米、比历年同期偏多97%，江河水位陡涨。6月10日17时25分，涟水干流娄底站出现洪峰水位97.28米、超警戒水位1.28米，6月15日5时20分，涟源站出现洪峰水位140.57米、超警戒水位1.97米，6月15日15时30分，侧水双峰站出现洪峰水位77.56米、超保证水位0.37米，山塘爆满，部分小型水库超汛限水位，半山、周头、南冲、白马等中型水库水位迅速上涨、均超汛限水位。全市95个乡镇（街道）受灾，倒塌房屋2851间，直接经济损失6.08亿元。6月15日凌晨，省军区政委杨忠民少将冒雨驱车赶赴娄底市防汛抗旱指挥部，现场督促抽查防汛责任制落实情况，与各县（市、区）防汛抗旱指挥部进行紧急视频会商，之后，深入涟源市现场指导防汛抢险。全市启动防汛Ⅳ级应急响应6次。各地启动山洪灾害报警设施，及时发布预警信息，各级干部和防汛责任人快速投入抗洪抢险救灾。6月4日，冷水江市潘桥乡苗田村因暴雨成灾造成10余间房屋倒塌，溪河水位猛涨，村指挥所通过广播、打锣及时预警预报，紧急组织村民转移，无人员伤亡。2016年，全市遭受7次强降雨袭击。4—7月，全市平均降水量995.1毫米，比历年同期均值偏多38%，其中6月28日20时至7月6日10时，全市普遍出现连续超强降水天气，新化县西河站降水量635毫米，晏家站最大1小时降水量76.9毫米。大江口、半山、白马等水库泄洪，涟水涟源站、娄底站，资江冷水江站、新化站均出现超警戒水位。全市88个乡镇（街道）受灾，倒塌房屋3189间，死亡7人，直接经济损失21.36亿元。全市启动防汛应急响应6次，各级党政主要领导深入一线靠前指挥。全市紧急转移4.52万人次。7月4日12时，新化县防汛应急响应升至Ⅰ级，出动各级干部8000人次抢险救灾，紧急转移群众3.4万人次，从娄星区、冷水江市、涟源市、双峰县抽调技术力量和物资设备器材支援益阳市赫山区和岳阳市华容县抗洪抢险。2017年，全市遭遇6次强降雨过程，特别是6月22日至7月2日连续降雨11天，22站超500毫米，涟源市安平站最大降水量924毫米。资江、涟水经历多次洪峰、相互叠加、持续超警戒水位，涟水娄底站出现历史最高水位104.87米、超警戒水位4.37

米。全市87个乡镇（街道）受灾，倒塌房屋3531间，直接经济损失35.97亿元。市委、市政府第一时间向全市发出《娄底市防汛保安紧急令》，号召全市上下全力以赴做好防汛抗灾工作，市委书记、市长等领导带队到重灾区指导抗灾救灾。全市启动Ⅳ级防汛应急响应6次，6月24日17时，升至Ⅲ级；7月1日8时，升至Ⅱ级；12时，娄星区和娄底经开区启动防汛Ⅰ级应急响应。7月4日12时，新化县启动城区防汛Ⅰ级应急响应。全市紧急出动公安、武警、消防与民兵预备役人员2510人，紧急抢险人员3.65万人，紧急调派工作组和督查组600个，投入抢险舟船1830舟次、冲锋舟43艘，省防汛抗旱指挥部紧急支援10艘，转移群众16.37万人次，全市无因洪灾死亡一人，无一座水库出现重大险情，无一处堤防发生溃垮。

第二节 抗旱

1990年，地、县水利部门制订抗旱预案，加大病险水库除险加固、推广使用FA旱地龙渠道防渗技术，7月10日至9月20日，晴热高温70天。全地区水利工程蓄水1.87亿立方米，437座水库、12.9万口山塘干涸、501条溪河断流，168个乡镇（街道）受旱、33.2万人饮水困难。全地区组织64万劳力、9000多名干部投入紧急抗旱。1991年，6月中旬到10月持续晴热高温，全地区169个乡（镇、办）受旱，43座水库、5.5万处山塘干涸，36条溪河断流，24.38万人饮水困难。地委、行署领导到一线指挥抗旱抗灾，并派出工作组到重灾区指导，适时实施人工增雨。1995年7月，全地区出现高温少雨，7月底极端气温高达39.4℃，257座小型水库、7.6万处山塘干涸，216条溪河断流，全地区85个乡镇（街道）受灾、7.4万人饮水困难。地委、行署领导到一线指挥抗旱抗灾，并派出工作组到重灾区指导，保证了群众的饮水安全。1996年冷水江市、1997年娄底市、1998年新化县先后组建抗旱服务队投入抗旱。2001年，全市旱情分为夏秋连旱和秋冬旱连旱两个阶段，7月份平均降水量77.3毫米，比历年同期均值偏少27.96%；8月份平均降水量74.2毫米，比历年同期均值偏少44.71%，8月22日，集中降水缓解了大部分地区旱情。进入9月，又长时间晴朗少雨，大部分地区旱象持续到年底。全市85个乡镇（街道）不同程度受旱，46座水库、3.91万口山塘干涸，35条溪河断流，15.5万人饮水困难。市委、市政府部署抗旱救灾，全市1.3万名干部、35.6万人投身抗旱救灾，拦河筑坝4945处、疏通渠道5120千米，打井掏涵8630处，解决饮水困难7.5万人。各抗旱服务队共维修设备512台，租赁设备189台，累计投放FA旱地龙5吨，流动灌地面积3.5万公顷，灌溉果树2.7万棵，解决1万人饮水困难。7月下旬到8月上旬，气象部门先后人工增雨作业100次，效果明显。2003年始，市、县、乡三级逐步制定抗旱应急预案，以后每3～5年修订一次，报同级政府批准实施。是年6月27日至8月31日，全市平均降雨量仅57.4毫米，双峰仅25毫米，7月11日至8月6日，最高气温达38℃以上、持续26天，7月28日至8月2日，娄底中心城区、涟源市城区和双峰县城区等地连日高温40℃以上，最高达41.4℃。至8月31日，全市水利工程蓄水量仅2.49亿立方米，15.43万口山塘干涸，全市92个乡镇（街道）受灾，70.34万人饮水困难，直接经济损失8.54亿元。7月16日8时，市防汛抗旱指挥部启动Ⅳ级应急响应。8月1日，升至Ⅲ级抗旱应急响应，派出工作组到各地指导抗旱救灾。全市拦河筑坝5227座，开挖疏通渠道8332千米，打井掏涵9988处，缓解饮水困难群众16.6万人。2004年，娄星区抗旱服务队被评为全国水利系统先进集体。2007年6月下旬至8月中旬，夏秋连旱。7月份全市平均降水量仅为73.3毫米、较历年同期均值偏少43%，8月1—20日，全市平均降水量仅为7.1毫米，双峰县、涟源市无有效降水，全市水利工程蓄水量2.7亿立方米，305座水库、10万多处山塘干涸，266条溪河断流。全市86个乡镇（街道）受旱，35.48万人饮水困难，2.3万人饮水靠车送。市委、市政府领导到双峰、涟源、新化等重灾区检查指导抗旱救灾工作，8月2日启动抗旱Ⅲ级应急响应，1.2万名干部深入抗旱一线，全市拦河筑坝1104座、开疏渠道996千米，打井掏涵1.13万处，抗旱面积55330公顷。抗旱服务组织针对干旱死角和缺水的山边高处水田，引导村民改种耐旱作物并推广使用FA旱地龙抗旱剂，效果明显。

2009年，全市实施《中华人民共和国抗旱条例》。2011年，涟源市、双峰县相继组建防汛抗旱服务队。至2014年，各县级抗旱服务队经编委核定编制5～25名、总编制60名，实有84人，有挖掘机5台、送水车7辆、简易净水设备19台、清淤设备46台套、打井设备8台套、潜水泵196台、发电机组245千瓦，抗旱能力400公顷／日，应急送水能力60吨／次。是年，购置配备水泵、备用发电机组等抗旱设备。2011年1—5月，发生历史上罕见的春旱，全市平均降水量仅270.8毫米，比历年均值偏少58%，65个乡镇出现旱情，26.3万人饮水困难。5月27日8时，市防汛抗旱指挥部启动抗旱Ⅳ级应急响应，5月29日8时，升至Ⅲ级，并派出3个检查组，到涟源市、娄星区、新化县、冷水江市等地指导抗旱救灾工作。全市投入抗旱资金6769万元，抗旱浇灌面积21850公顷，临时解决20.48万人饮水困难。6月下旬，全市再次进入少雨时段，7月，全市连续10天最高气温近40℃。全市平均降水量仅为6.7毫米，较历年同期偏少94.8%。7—9月，平均降水量149.5毫米，比历年同期偏少55%。夏秋连旱，全市27.87万人饮水困难。市防汛抗旱指挥部启动抗旱Ⅳ级应急响应，8月1日升至Ⅲ级应急响应。8月1—2日，省委书记、省人大常委会主任周强率省水利厅等部门负责人，到娄星区、涟源市、冷水江市指导抗旱救灾。市级领导包县、县级领导包乡、乡级领导包村、村干部包组、组干部和党员包户，按照抗旱预案加强协调合作，全市投入9.15万人次、抗旱资金4390万元、设备2.8万台、水车140辆，抗旱面积47.1千公顷、解决饮水困难群众10.06万人。2013年1—8月，全市平均降水量745.5毫米，较历年同期偏少30%，尤其是7—8月，全市平均降水量仅4毫米，持续晴热高温，娄星区35℃以上天气35天、双峰县39天，新化县最高气温40.8℃。全市96条河流断流、169座水库干涸、1378眼机电井出水不足，所有乡镇受灾，23.4万人饮水困难，直接经济损失30亿元。7月24日11时，市防汛抗旱指挥部启动抗旱Ⅳ级应急响应，7月26日15时升至Ⅲ级，7月31日18时升至Ⅱ级。8月7日，省长杜家毫深入双峰县指导抗旱救灾。全体市级领导深入受旱严重的乡村指导工作，带领乡镇干部在灾情一线协调解决问题，抗旱服务队分赴各乡镇抗旱救灾，调集机动运水车293辆，维修抗旱机具280台套，拉水送水1160吨，打井80眼，解决23.4万人饮水困难，解决9730公顷农田灌溉。中央电视台、《湖南日报》等媒体相继深入双峰县抗旱现场采访。国家防总工作组专题调研肯定双峰县抗旱工作。2014—2016年，域内未发生大的旱灾。2017年，发生夏秋冬连旱，7月2日至8月7日，全市累计平均降水量46.7毫米，比历年同期均至少七成。全市43个乡镇（街道）、15240公顷农作物受灾，重旱5560公顷。全市各级投入资金2236万元，劳动力9.86万人次，启动抗旱机电井8020眼、泵站1787处、机动抗旱设备9850套、机动运水车570台次，保证738处农村用水工程饮水安全。

第四章 水土保持

第一节 水土流失概况

娄底是属湘中红壤丘陵区，有红壤土3333.3平方千米，是长江上中游流域国家级水土流失重点治理区。因气候、地形、地质、土壤、植被，特别是暴雨及径流对地表土壤的冲刷和人为对土地不合理开发利用，造成环境破坏以致水土流失，1990年，全地区有水土流失面积2044平方千米。据省第三次土壤侵蚀遥感调查，至2015年，全市水土流失面积1842平方千米，其中：轻度流失面积1166平方千米、中度流失面积409平方千米、强度流失面积150平方千米、极度流失面积94平方千米、剧烈流失面积24平方千米。

第二节　水土保持工程建设

1990—1996年，双峰县沙河、涟源市太和、新化县水车等小流域试点水土保持综合治理140平方千米，国家投资185万元。1997年始，全地区争取中央预算内国债水土保持投资2050万元，治理水土流失面积350.11平方千米，争取国家长江上中游水土流失重点治理工程投资600万元，治理水土流失面积111.8平方千米。2003年，启动农业综合开发水土保持项目，治理水土流失面积190.89平方千米，国家投资2185万元。2006年，启动中央预算内资金水土保持项目，治理水土流失面积183.76平方千米，国家投资3262.8万元。2010年，启动崩岗治理项目，治理水土流失面积3平方千米，国家投资140万元。2011年，启动坡耕地水土流失综合治理项目，治理水土流失面积41.97平方千米，国家投资6860万元。2012—2016年，国家投资3080万元，全市治理水土流失面积110.7平方千米。2017年，全市治理水土流失面积31.74平方千米，其中，新化县创建水土保持生态修复试点，治理水土流失面积15.14平方千米，国家投资560万元。至2017年，全市争取国家投资1.51亿元，治理水土流失面积980.21平方千米，因大规模城乡开发及公路等基础设施建设形成的水土流失被动局面得到有效遏制。

第三节　水土流失预防监督

1991年，《中华人民共和国水土保持法》颁布。至1998年，全地区水土保持及预防监督体系配套建设徘徊不前，水土流失治理进展缓慢。1999年，市政府成立水土保持委员会，出台《关于加强水土保持监督管理的规定》，先后制定《娄底市开发建设项目水土保持方案管理办法》《娄底市水土保持规费征收管理办法》《娄底市水土保持方案审批制度》《娄底市开发建设项目验收制度》，明确水土流失预防保护区、重点监督区和重点治理区，有效规范水土流失预防监督工作。2008年9月，水利部党组副书记、副部长敬正书考察紫鹊界梯田灌溉工程。2010年，双峰县走马街镇峡山塘径流场建成投入使用。2014年，涟源市南芙生态园获评国家级水土保持科技示范园，该项目采取工程措施、植物措施和生态修复措施综合治理。2017年，新化县上梅街道三湾村径流观测场开始修建。至2017年，市、县（市、区）两级有水土保持专职人员56人，初步形成水土流失预防监督体系，共审批开发建设项目水土保持方案1576个，征收水土保持设施补偿费8876.2万元、水土流失防治费3020.7万元。

第五章　机　构

第一节　市级机构

一、市水利局

1990年，地区水利水电局内设办公室、人事科、纪检组、监察室、水政水资源科、计划财务器材科、科教科等。2001年9月，更名为市水利局，2002年4月，定编57人、12个科室。2009年7月，市水库移民开发管理局升格为正处级事业单位，从水利局析出，归口市政府办公室管理。2010年，市水利局内设办公室、规划计划科、水资源科、财务科、建设管理科、安全监督科、水土保持河道管理科、农村水利科、农村水电及电气化发展科、人事科，另设机关党委、纪检（监察）机构。2017年底，在岗43人（定编26名），内设办公室（加挂行政审批科牌子）、规划计划科、水资源科（加挂市节约用水办公室牌子）、财务科、政策法规与安全监督科、水土保持河道管理科（加挂省水土保持监测总站娄底分站牌子）、农村水利科、农村水电及电气化发展科、人事科（加挂离退休人员管理科牌子）和机关党委、纪检组（监察室）。

二、市水利局直属机构

1990年5月，成立市防汛抗旱指挥部办公室，定编8名，2009年，办公室主任高配副处级。1996年4月，设立地区水利水电职工培训中心，正科级，定编20名，为自收自支事业单位，2002年撤销。2003年1月，成立市水政监察支队，正科级，支队长高配副处级，定编6名。2010年底，市灌溉实验站撤销。2016年8月，设立市农村饮水安全水质检测中心，正科级，定编3名。2017年5月，成立市河长制办公室，正科级，定编5名，水利局局长兼任主任。2017年5月，设立省水土保持监测总站娄底分站，正科级，定编3名。2017年12月，设立市河湖管理中心和市水利综合信息中心，正科级，各定编6名。

市水利水电勘测设计院　1990年，地区水利水电勘测设计院（队）定编53名，在职49人，拥有水利行业乙级、工程咨询乙级、电力行业丙级、工程勘测乙级、水土保持乙级、水文水资源调查评介乙级和水资源论证乙级资质，2000年，更名市水利水电勘测设计院，2017年，定编51名，在岗49人，正科级。

市水利水电工程处　1991年7月成立地区水利水电工程队，1993年12月，更名地区水利水电工程处，2000年，更名市水利水电工程处。2002年4月，组建市水利水电工程建设有限责任公司与市水利水电工程处“一套人马、两块牌子”，2007年8月，整体改制成国有企业，2017年在岗136人。

市防洪工程建设管理处　2003年1月成立，正科级，主任高配副处级，定编6名，2017年在岗18人。

市白马灌区管理局　2007年组建，委托涟源市管理，副处级事业单位，管理白马水库、大江口水库、湄江渠道、段江电灌站4个工程单位，合计定编161名，2017年在岗284人。

第二节　基层机构

娄星区水利局　1990年，娄底市（县级）水利水电局有干部职工52人。2002年，更名娄底市娄星区水利局，设置区防汛抗旱指挥部办公室、区移民办公室（副科级）。下属事业单位：防汛抗旱服务队、白马灌区中心站、城北水利站、双江水库管理处。2017年，局机关定编51名，在岗68人，下属事业单位定编51名，在岗51人。

冷水江市水利水电局　1990年，有干部职工25人。2002年，更名为市水利局。下辖水库移民开发管理局（副科级）、水政监察大队（副科级）、堤防工程管理处（股级）、水利水电物资站、抗旱服务队。2017年，局机关定编15名，在岗31人。下属事业单位定编66名，在岗98人。

涟源市水利水电局　1990年，有干部职工46人。2002年，更名为涟源市水务局，辖白马水库管理处、大江口水库管理所、湄江渠道管理所、湄塘口水电站、杨虎冲水电站、地方电力公司。2015年更名涟源市水利水电局。2017年，局机关定编63名，在岗45人。下属事业单位定编39名，在岗40人。

双峰县水利水电局　1990年，有干部职工178人。2002年，更名双峰县水利局。直属机构：防汛抗旱办公室、水利服务站、水电服务站、水利水电建设公司、河道管理站、抗旱服务队。归口管理水土保持监督站、劳动服务公司、群力水库管理所、南冲水库管理所、燕霄水库管理所、峡山塘水库管理所、流光岭水库管理所（与邵东合管）。2004年，分设双峰县水库移民开发局。2017年，局机关定编61名，在岗65人。下属事业单位定编110名，在岗110人。

新化县水利水电局　1990年，有干部职工42人，辖地方电力公司、双江口电站、岩山湾电站、铁山坝电站、车田江水库、炉观坝水电管理所、半山水库、梅花洞水库、太平水库、龙溪水库、茅岭水库、水土保持站、水电学校，共有干部职工772人。2000年，归口管理梅堤管理站。2005年，增设水土保持局、水政监察大队、防汛抗旱服务队、水利水电设计院。2007年，以梅堤管理站为基础组建堤防管理处。2008年，地方电力公司划归国家电网。2010年，更名新化县水利局。2017年，局机关定编22名，在岗31人，下属事业单位定编391名，在岗474人。

娄底经开区水利局　2003年，娄底经开区设立农村工作局，加挂水利局牌子，定编3名。2017年，在岗3人。

第二十五篇

农业机械

概 述

1990年，娄底地区农业机械总动力66.47万千瓦，农业机械11.73万台（套）。地区、县（市）、区、乡镇四级农机管理服务机构172个，职工1693人。基本实现农村中长途运输和粮、油、棉初加工机械化，水田耕整、水稻植保、脱粒半机械化。农业机械化（简称农机化）水平31.5%。

1991—1994年，农机部门克服困难，农机化事业逐步发展。1995年底，农机总动力90.85万千瓦，农机17.09万台（套），农机化水平36.5%。

1996—2000年，贯彻《湖南省农业机械管理条例》，全地区农机化事业实现较快发展，在农机化服务体系建设、科研推广、教育培训、销售、使用和维修、安全监理等方面强化管理，分类指导，成效显著。其中，薯类加工机械形成3大系列、18个产品，行销14个省市的薯产区，应用于20多家大型红薯粉丝加工厂和万余个家庭生产加工。组合米机占全国市场份额的64%。农机成人教育以岗位培训、继续教育、学历教育和专业技术培训等多种形式开展，受训1.61万人。农机安全监理职能进一步强化，检验车辆1.92万台次，上路查车8.15万台次，纠违5.14万起，年审驾驶员1.78万人，调处事故1674起。2000年底，全市农机总动力112.19万千瓦，农机拥有量19.89万台（套），农机化水平45%。

2001年，娄底市取得湖南省农业机械春秋两季农机机电产品展销订货会的举办权。2004年，贯彻《中华人民共和国农业机械化促进法》，农机产业实施品牌战略。通过扶持，农友机械制造有限公司、恒昌机械制造有限公司、五丰农用车厂等一批产值在2500万元以上的企业和湘中农机机电大市场引领双峰农机产业发展，双峰县农机产业集群初步形成。2005年，中央财政购机补贴项目在全市展开，全市使用中央财政补贴资金45.81万元。至年底，全市农机总动力178.9万千瓦，农机拥有量19.75万台（套），农机化水平52%。

2006年，娄底市在全省率先提出“百千万工程”，即用3～5年时间，在全市建设好百个农机示范村，千个农机服务组织，万个农机专业户。2010年，全市争取到国家购置补贴资金3180万元，市县两级配套补贴资金65万元，购置各类补贴农机具6.5万台（套）。是年，农机总动力258.37万千瓦，农机拥有量35.47万台（套），农机化水平57%。2012年，全市有农机合作社126个，各类农机服务组织1243个，农机专业户1.24万个，流转经营土地1.2万公顷，全市农机产业产值30.5亿元。

2017年，全市农机总动力360.9万千瓦，拥有各类农业机械56万台（套），完成机耕面积16.33万公顷，机收面积14.55万公顷，机电排灌面积12.03公顷，机械插秧面积6200公顷，机械加工农产品591万吨，农机化水平68%。全市农机产业产值102亿元，农机产品出口2000万美元，农友、五丰、劲松等农机规模企业56家，从业人员超过3万人。生产农机产品60多个品种、300多个型号，涵盖农业生产的耕、种、收和粮食烘干、加工、运输全过程。全市经工商注册登记的农机合作社191家。其中，102家进入省“千社工程”，6家被评为省级农机示范合作社。农业机械在耕耘、育秧、插秧、植保、收获、脱粒、农产品加工、运输上的优越性得到全社会认可。农业机械社会化服务、农机生产、销售、使用和维修、教育培训、安全监理更加完善。部分工作跨入全省先进行列。但也存在大、中型农机具少，农机企业自主创新能力不够等问题。

第一章 农机装备

第一节 农机动力和拥有量

1990年，全地区农业机械总动力66.47万千瓦，农业机械拥有量11.73万台（套）。地、县（市）政府根据水稻生产机械化程度较低、农民迫切需要适用农机的实际情况，及时调整农机化发展思路，确定因地制宜、选择性发展小型农机。重点推广水田耕整、排灌、植保、脱粒等水稻作业机械化的应用。生产水田耕整、排灌、植保等水稻作业机械4.1万台（套）。至1995年，全地区农机总动力90.85万千瓦，农业机械拥有量17.09万台（套）。分别比1990年增长36.7%和45.7%。1996年起，全地区组织实施水田机械化集团承包，水田作业机械增长较快，农民购机踊跃，至2000年，水田耕整机、排灌机械、植保机械、水稻联合收割机等水稻作业机械7.77万台（套），其中水稻联合收割机5台。水稻全程机械化水平30%左右。全市农机总动力112.18万千瓦，农业机械拥有量19.89万台（套）。分别比1995年增长23.5%和11.2%。

2001—2010年，全市争取国家农机购置补贴资金6682.7万元，带动农机装备特别是水稻插秧机、水稻联合收割机发展。耕整、排灌、植保、机插、机收等水田作业机械20.2万台（套），其中水稻插秧机181台，水稻联合收割机2641台。水稻全程作业机械化水平达到45%。农机总动力258.37万千瓦，农业机械拥有量35.47万台（套），分别比2000年增长130%和78%。2011年，开始实施“十二五”农机化发展计划。其中确定在“十二五”期间实现农业机械总动力增加60万千瓦，农业机械保有量40万台（套）；水稻耕种收综合机械化水平达到全省平均水平。2015年，全市农业机械总动力337.8万千瓦，农业机械保有量52.72万台，水稻综合机械化水平达到54.8%，高于全省平均水平6个百分点。新产品农用无人机5架，用于植物保护。

2017年，全市机耕面积16.33万公顷，机插面积6200公顷，机械植保面积6.4万公顷，机电排灌面积12.03万公顷，机收面积14.55万公顷，水稻全程机械化水平66.5%。农机总动力360.9万千瓦，农机拥有量56万台（套），分别比2010年增长39.7%和57.9%。

1990—2017年娄底市农机动力和拥有量情况表

表25-1

种类 年份	农机总动力（千瓦）	农业机械拥有量(台)	其中								
			拖拉机（台）	植保机械(台)	排灌机械(台)	机耕（滚）船（艘）	农产品加工机械(台)	水稻插秧机（台）	联合收割机（台）	畜牧养殖机械（台）	农用无人机（架）
1990	664700	117273	7289	100	38488	3214	16732	—	—	254	—
1991	686600	124413	7385	120	41173	3199	15997	—	—	310	—
1992	714229	135697	7428	176	42524	3331	16834	—	—	418	—
1993	762009	168006	7419	189	47306	3139	17065	—	—	374	—
1994	849567	151485	7812	261	48013	3258	18632	—	—	398	—
1995	908533	170889	8518	271	52570	3261	21224	—	—	730	—
1996	993672	205398	8540	176	59020	3375	23414	—	1	6506	—
1997	1020855	195221	8684	215	62293	3434	24341	—	1	6805	—

续表25-1

种类 年份	农机总动力（千瓦）	农业机械拥有量（台）	其中								
			拖拉机（台）	植保机械（台）	排灌机械（台）	机耕（滚）船（艘）	农产品加工机械（台）	水稻插秧机（台）	联合收割机（台）	畜牧养殖机械（台）	农用无人机（架）
1998	1066530	208326	8847	336	65762	3115	28401	—	1	7184	—
1999	1108819	238108	9213	369	67360	3200	29937	—	4	8024	—
2000	1121819	198914	9827	567	73969	6425	30517	—	4	10111	—
2001	1284686	160348	9695	652	81697	9468	31514	—	10	12333	—
2002	1392786	168101	10611	722	83790	10022	33506	—	23	13395	—
2003	1500324	175297	11766	756	85326	10469	34054	2	110	13606	—
2004	1588301	182427	10603	1069	87919	11215	35318	2	267	14503	—
2005	1789004	197508	10769	1148	83864	14472	37862	2	711	15750	—
2006	1938095	208574	10519	1258	96958	16548	38769	4	958	16831	—
2007	2013214	220042	10736	1327	99434	20683	41831	14	1405	17723	—
2008	2190168	248989	10154	1414	103669	29129	48719	63	1739	21350	—
2009	2408929	291178	10092	1612	121282	38617	51294	104	2314	22817	—
2010	2583660	354678	10344	5313	145289	48748	62782	181	2641	24288	—
2011	2796882	395214	10747	6522	153828	53602	70212	290	3037	26563	—
2012	2963677	416267	10641	6997	157149	64807	75003	567	3286	28771	—
2013	2893599	450600	11348	8215	164227	73151	80288	1039	3687	29290	—
2014	3250767	498137	11628	8329	168452	79491	82592	1289	3939	29459	—
2015	3379760	527176	11745	8655	172174	83178	87562	1746	4366	17722	5
2016	3548748	556535	11682	8728	176856	94798	96852	1898	4658	17685	16
2017	3609027	560000	11492	8558	187145	101254	106686	2096	4690	17687	42

说明：部分机械未列入“其中”栏

第二节 农机种类

一、农用动力机械

1990年，全地区为农业生产、农副产品加工、农田建设、农业运输和各种农业设施提供原动力的机械，主要有各种内燃机（柴油机、汽油机、煤气机等）、拖拉机、电动机、水轮机、风力机等。共计7.04万台（套），总动力40万千瓦。2000年，全市农用动力机械11.53万台（套），总动力58万千瓦。2017年全市农用动力机械33.6万台（套），总动力216.54万千瓦。

二、耕耘和整地机械

1990年，全地区用于加深耕层，改变土壤结构，翻埋杂草和害虫，平整地面，利于作物生长的机械，分为牵引式耕整地机械和驱动型耕整地机械。主要有犁、耙、旋耕机械、机滚机耕船、开沟机。全区拖拉机配套农具2915部，机耕机滚船、耕整机、旋耕机共3214台。2000年，全市拖拉机配套农具3500台（套），机耕机滚船、耕整机、旋耕机共6425台。2017年，全市拖拉机配套农具5156部，耕整机9.55万台，机耕船5784台，机引耙1.22万台，旋耕机1.18万台。

三、播种、施肥和植保机械

1990年，全地区植保机械100台。2000年，全市植保机械567台。常用的播种机、育秧机械设备、插秧机、肥料深施机，共计456台。2003年，2台插秧机开始应用。2015年，5架无人驾驶植保飞机用于植保。2017年，全市有播种机30台，水稻插秧机2096台，化肥深施机1363台。水稻工厂化育秧设备88套。机动喷雾喷粉机械8558台，茶叶修剪机110台。农用无人驾驶植保飞机42架，

四、收获、烘干和储存机械

1990年，全地区动力脱粒机械5.08万台（套）。2000年，全市动力脱粒机械7.51万台（套）。联合收割机4台。2017年，全市有联合收割机4690台（其中半喂入式38台），割晒机212台，茶叶采摘机91台，油菜籽收获机7台，青饲料收获机250台，牧草收获机69台，秸秆捡拾打捆机1台，油菜籽收获专用割台4台。有机动脱粒机8.47万台，谷物烘干机186台，种子加工机械73台，保鲜储藏设备52套。

五、农产品初加工机械

1990年，全地区农产品初加工机械1.67万台（套）。2000年，3.35万台（套）。2017年，全市农产品初加工机械10.67万台（套），其中粮食加工机械9.89万台（套），油料加工机械1835台，棉花加工机械847台，果蔬加工机械686台（套），茶叶加工机械484台（套）。

六、其他机械

1990年，全地区排灌机械3.86万台（套），农用水泵3.83万台。增氧机100台。饲料粉碎机254台（套）。2000年，全市排灌机械7.4万台（套）。畜牧养殖机械1.01万台（套）。2017年，全市有排灌机械18.18万台（套），农用水泵18.67万台，节水灌溉类机械6017台（套）。畜牧养殖机械1.77万台（套），其中饲草料加工机械1.67万台（套），畜牧饲养机械392台（套），畜产品采集加工机械18台（套），渔业机械3538台（套）。

第二章　农机生产与经营

第一节　农机生产

1990年，境内各县（市）农机修造厂，主要生产锄头、犁、耙、人力打稻机、饲料粉碎机、机耕船、蒲滚、水轮泵、微型电机等简单的农机具。生产铸管等翻砂件。全地区农机工业总产值5000余万元。1991年，双峰县农业机械厂、火光机械厂、县农机修造厂等企业研发、生产出农用三轮车、四轮车、碾米机、饲料粉碎机、磨浆机、压面机、机滚船等全省有名气的农机产品和配件，涌现一批优秀的管理、营销和技术人员。1994年，由双峰县一些专业技术人员发起，以江南机械厂生产的6NF-48型碾米机和本县生产的饲料粉碎机为基础，吸收娄底市万宝微型电机厂分离式米机和饲料粉碎机的优点，研制成6NF-48型微型碾米机和9F-20型微型粉碎机，将碾米和饲料粉碎合二为一，开发成组合米机，并建起小规模的生产厂。是年11—12月，机械工业部组织的全国小型分离式碾米机性能对比试验竞赛活动在双峰县举行，双峰县机械厂生产的6NF-2.2型组合碾米机名列第一。全地区农机产业年生产总值突破1亿元。

1996年，组合米机在双峰县快速发展，至1997年发展到制造企业70多家。为加快农机产业发展，

双峰县建成湘中农机机电大市场，是南方最大的农机交易市场。至2000年，组合米机生产厂发展到100多家，产量30万台，产值2亿元。组合米机占全国市场份额的35%。全市农机生产总值3.22亿元。

2001年，市政府设立市农机机电产业领导小组。2003年4月，市政府办发文对市农机机电产业领导小组成员进行调整，领导小组下设办公室，办公地点设市农机局。2005年，全市138家（未包括作坊式小厂）农业机械生产企业生产碾米机械、农产品加工机械、农用运输车等60多个品种，300多个型号，全市农机企业总产值10.55亿元，其中的“组合米机”年生产能力50万台，占全国市场份额68%。双峰县农友机械有限公司列入省大米加工机械出口基地。

2006年，市委、市政府将农机产业列入全市十大支柱产业之一。2008年12月，省经委发文授予双峰县“湖南省农机产业基地”称号。2009年，双峰县160多家农机企业中、小型企业改良重组为65家，形成6大农机生产商：双峰县五丰机械有限公司、湖南省农友机械集团有限公司、湘中兴华机电有限责任公司、湖南南方农业机械制造有限公司、湖南省劲松机械有限公司、湖南省金峰机械科技有限公司。2010年，根据《国务院关于促进农业机械化和农机工业又好又快发展的意见》，双峰县农机生产企业的50多个农机产品申报进入国家和省支持推广的农业机械产品目录及湖南、安徽、云南、贵州、广东、四川等10多个省的农机购置补贴目录；农友机械集团的农用工程机械（公路养护机械）生产项目进入全省十二五重点支持范围；农友机械集团与湖南永州金丰科技开发有限公司合作组建湖南省好运来农业装备有限责任公司，新建年产6000台多功能半喂入式联合收割机生产线，与市南星电机有限公司、湘潭微城电机电泵厂共同组建湖南省好运来机电设备有限公司，新建年产30万台国标电机生产线；农友、金峰、五丰、劲松等龙头骨干企业深化同科研院所、知名农机企业合作。是年3月，《湖南省农机产业基地（双峰）2010—2020年发展规划纲要》通过评审。2010年，全市农机生产总值16亿元。

2012年4月，双峰县政府与省农机局签订《关于加快双峰农机产业发展的战略协议》。2014年，双峰县依托农机产业成功申报为湖南省特色县域经济重点县，获得省委、省政府政策、项目、资金支持；农机产业园区有6家国家级高新技术企业、2家省级研发中心、8个省级产学研基地。2015年，全市农机生产总值46亿元。2016年，市经开区引进湖南省唯一一家农业航空高新技术企业——精飞智能科技公司，生产农用无人驾驶飞机。全市农机生产总值76.43亿元，比上年增加30亿元。

2017年，中南地区最先进铸造线、废旧农机再利用、高速抛秧机、有机化肥生产设备、民用无人机监管控制平台等项目有效推进，部分项目建成投产。农机产品科技含量不断提高，农友机械技术中心被认定为国家企业技术中心。至年底，全市有农机生产企业65家，农机产品达60大类300多个品种，农机生产总值102亿元。获国家专利9项。产品远销东南亚及非洲等地区。双峰县成为湖南省农机产业基地、湖南省新型工业化示范基地（农机制造）、湖南省首家省级农机产业园。全市农机机电产业和双峰农机大市场，成为南方农机机电产品最大的生产、销售、储运、物流中心。

双峰县农机展示中心（2018年11月摄）

附：全市主要农机生产企业

湖南省农友机械集团有限公司　主要生产碾米机械、耕整机械、水稻联合收割机、插秧机、粮食烘干机、旋耕机、履带式拖拉机等机械。2017年年产量13.3万台，产值8.25亿万元。有22种农机产品进入国家农机购置补贴产品目录。

双峰县五丰机械有限公司 主打产品农用三轮车、拖拉机。2017年产量2000台，产值2700万元。

湖南省湘中兴华机电有限责任公司 以生产碾米机、电动机、玉米脱粒机、铡草机为主要产品。2017年年产量3万台，产值1500万元。其6NFZ-2.2型碾米机进入国家农机购置补贴产品目录。

湖南省南方农业机械制造有限公司 主打产品组合米机、粉碎机、磨浆机、玉米脱粒机。2017年年产机具4万台，产值1100万元。其6N-9／9F-26型碾米机，进入国家农机购置补贴产品目录。

湖南省劲松机械有限责任公司 以生产碾米机、玉米脱粒机、饲料粉碎机、薯类磨浆机、蒸汽杀青机、茶叶烘干机为主。2017年年产10.2万台，产值1.25亿元。其6NF-4型碾米机进入国家农机购置补贴产品目录。

湖南省金峰机械科技有限公司 在生产碾米机、粉碎机、揉茶机、铡草机的基础上开发出无人植保机。2017年，产量8万台，产值7000万元。其6N-8／9F-21型碾米机进入国家农机购置补贴产品目录。

湖南精飞智能科技有限公司 其制造的多旋翼无人植保飞机3WX4-10、3WX6-10和3WX8-10三种型号进入湖南省农机购置补贴目录。2017年，在全市有16个农机合作组织购买23架无人植保飞机，在使用中省时省力、杀虫效果良好；年产600架旋翼无人植保飞机，产值3500万元。

双峰县湘源金穗收割机制造有限公司 以收割机、拖拉机、旋耕机为主要产品，其JS-752型履带式拖拉机、1GZ-170型旋耕机被列为国家创新产品，该企业有5个农机产品进入国家农机购置补贴产品目录。

第二节 农机经营

一、公司经营

1990年，全地区国有农机供应公司系统在国家取消对农机公司经营亏损补贴后，引入市场机制，开拓经营领域，由单一经营农业机械主机及配件，发展到经营拖拉机、推土机、工程机械、电动机、柴油机等。是年，地区农机公司扩大经营范围，经营汽车、摩托车、钢材等非农产品，年销售额700万元。1992年，系统销售总额2900万元。1993年，全地区农机公司实现销售收入3620万元，比上年增长24.8%，实现利税65万元。其中地区农机公司销售收入1080万元。1994年，全地区农机公司系统完成总销售额4608万元，其中地区农机公司销售额突破1600万元，实现利税25万元。1995年，全地区农机公司实现销售额5868万元，其中地区农机公司实现销售额1800万元，实现利税20万元。1997年，全地区农机公司系统销售额3500万元，比1995年下降2368万元，下降40.4%。全地区农机公司系统处于亏损状态。1998年，地区农机公司完成销售额680万元，亏损20%。境内农机公司少数职工开始从事个体农机供应，农机供应以农机公司为主渠道的体制开始解体。1999—2000年，全地区农机公司系统全面亏损。2001—2002年，国有企业改革改制，全市（县、市、区）国有农机公司实施“两个置换”。国有农机公司不复存在。

二、大户经营

1996年，全地区农机耕作大户、加工大户、运输大户、维修大户、制造大户等各种农机大户发展到480个，拥有固定资产2347万元，年收入3058万元。2005年，全市农机大户6500户，年收入4.95亿元。2010年，全市农机大户1.19万户，年收入9.54亿元。2012年，全市农机大户1.23万户，实现年收入10.85亿元。2017年，年收入20万元以上的农机大户266户，农机作业服务面积1.26万公顷，实现年收入2.15亿元。

三、湘中农机机电大市场经营

1998年2月，位于双峰县五里牌经济开发区的湘中农机机电大市场（以下简称市场）开业。该市场占地100公顷，建成商业门面1000余个。来自浙江、江苏、江西、山东、湖北等12个省份的52家外省经销商在市场落户。26个专业生产厂家生产和销售的农机产品、各类配件5000个品种，2万多个型号的农机产品进入市场。是年，举办首届招商暨农机产品订货会，8个省83家农机制造商赴会参展，与会者2000人，成交额1.2亿元。2000年，市场被全国农机流通协会评为全国第三大农机专业市场。2003年，省春季农机产品订货交易会在市场举行，17个省市的400家厂商参展，合同成交额3.7亿元。

2005年，市场内有经销商110家，实现农机产品销售额3.5亿元。2010年，实现农机产品销售额12.7亿元。2012年，实现销售收入15亿元。2013年，市场被评为全国十大农机专业市场。2017年，市场内有经销商115家，年产品交易额20.5亿元。是年，全市共有农机经销商179家，农机产品交易额25.57亿元。

四、农机会展

2002年，湖南省春秋两季农机机电产品订货会暨新技术展销会在娄底市举行。有16个省份和560个厂家，6000多宾客参加，参展3000多个农机产品，意向合同额超过8亿元。

2003年，中国南方农机机电产品展览会和湖南省农机产品展示订货交易会在双峰湘中农机机电大市场举办。来自全国20多个省（自治区、直辖市）、400多家企业的产品参展，参会客商2000多人，参展产品2000多种，意向交易额5亿元以上。2004年4月，由市政府、省农机局主办，省农机总公司、省农机供销行业协会、市农机局、市农机机电产业办公室、娄星区人民政府、市经开区承办的湖南省2004年春季农机机电产品展示订货交易会在娄底举行。来自广东、广西、湖北、河南、北京、山东、江苏、浙江、福建、四川、贵州等15个省（自治区、直辖市）的厂商参加会展订货，展销各类农机机电产品3000多种，签订合同金额3亿多元。2005年9月，“第二届中国南方农机机电产品展览会暨2005年湖南省秋季农机产品订货会”在湘中农机机电大市场举行，全国23个省份、708家农机生产企业、经销商5000余人参加、3800个农机产品参展，达成意向成交额6.5亿元。

2009年9月，第一届湖南省农业机械、矿山机械、电子陶瓷产品博览会（简称“湘博会”）在娄底举行，有省内外农机企业和经销商参展。2010年12月，第二届湘博会在娄底举行。湘博会上，中国农业机械工业协会授予双峰县“中国碾米机之乡”牌匾。2013年11月，第四届湘博览会在娄底举行，规定在展会期间购买农机者，在国家补贴30%的基础上，还可获得6%的累加补贴。2014年11月，双峰县组织农机生产和经销企业130余家，邀请客商300余名参加第五届湘博会。其间，举办双峰农机推介会，与东南亚各国进行广泛对接，力促双峰农机企业走出国门。2015年10月，市领导带队组团参加由中国农业机械流通协会、中国农业机械化协会、中国农业机械工业协会在山东省青岛国际博览中心主办的“2015国际农机展”，全市23家企业和经销商参展。11月，以“培育特色，转型发展”为主题的省第六届湘博会在娄底举行，明确湘博会永久性落户娄底。湘博会加大农机购置补贴力度，购买农机最高可享受38%的累加补贴：即在国家补贴30%的基础上，市财政再补贴3%，双峰县财政再对购买双峰农机或双峰农户购买农机补贴5%。

2016年9月，第七届湘博会对农机展区符合产品参展条件的所有企业一律免费参展，现场购买农机最高可享受40%的累加补贴：即在国家补贴30%的基础上，市财政再补贴5%，双峰县财政再对购买双峰农机或双峰农户购买农机补贴5%，湘博会期间共发放农机购置补贴967.74万元。2017年9月举行的第八届湘博会上，有印度、马来西亚、古巴等11个国家农机企业代表和采购商，省内外125家企业参加会展，参展的农机产品900多个，近220家经销商和采购商参加会展。省内所有购机者到湘博会现场购买湖南省农机购置补贴目录里的产品，按国补资金的20%给予累加补贴；对购买娄底生产补贴目

参加第七届湘博会的双峰农机（2016年9月摄）

录里的产品和所有娄底市内购机者再加补国补资金的10%。由市财政安排资金700万元，按照“先购先补”的原则予以实施。双峰县政府在国家补贴和市累加补贴的基础上，对购买双峰生产的农机和双峰购机者再累加补贴国补资金的20%。本届湘博会上，购机农户达1836户，销售各类农机2152台（套），现场成交额1.5亿元。同时，签约农机产业招商项目3个，意向引进资金8.11亿元；签订贸易合同31个，意向交易额9.54亿元。

第三章　农机服务

第一节　农田作业服务

1990年，地、县（市）两级农机管理部门开始组织实施农机化技术集团承包，把分散经营的农业机械组织起来，为广大农户服务，有效解决农民抗旱难、机耕难的问题，发挥农业机械的综合效能。是年，地区农机局与双峰县农机局在杏子铺镇开展稻稻麦机械化综合增产技术集团承包。投入农机具100台（套），面积13.3公顷。1991年，全地区组织实施农机化技术集团承包，机耕面积1.3万公顷、抗旱面积2万公顷。1993年，地、县（市）、乡三级共组织500多名农机、农技人员到生产第一线，把技术、物资送到村、组和农民手中；组织机耕、抗旱承包服务队1890个，耕作机械7120台投入作业；组织实施3.67万公顷农机化机耕技术和4.33万公顷机械化抗旱技术集团承包。1994—1995年，全地区两年组织实施农机化技术集团承包25.04万公顷，其中实施机耕技术集团承包12.15万公顷、排灌技术集团承包　9.89万公顷、水稻综合增产技术集团承包3万公顷。至1995年底，直接为农民节约生产成本1000万元，增产粮食1.5万吨。

1996—2000年，农村劳动力大量转移，农机化技术集团承包由前几年单一的机耕、抗旱承包扩大到机耕、抗旱、植保、脱粒及水稻生产全程机械化集团承包。5年累计承包作业面积88.35万公顷，其中，机耕26.33万公顷、抗旱28.03万公顷、植保7.83万公顷、脱粒19.61万公顷、排灌6.55万公顷。抽样检测表明：通过农机化技术集团承包，全市每公顷平均增产粮食274.5千克，每公顷平均节油3.45千克、节约用工37.5个、节约机械维修费26.25元。

2001年，继续开展农机化技术集团承包。2003年，涟源市农机技术推广站牵头组织25名农机手、31台农机具入股组建全市第一家农机作业专业合作社；冷水江市农机局为三峡移民落实农机作业服务合同，向市政府争取到每亩15元的机耕补助；双峰、涟源农机部门在帮助农户与机手签订农机作业服务合同的同时，通过集资购置联合收割机投入承包作业。

至2005年，全市累计签订农机化技术承包合同115万份，组织1.5万个农机作业服务队，出动40多万台农业机械投入承包作业，完成承包作业面积118.97万公顷，年均23.79万公顷；为全市150余万户农户解决耕田难、抽水排灌难、收割难等问题。

2006年，按照《中华人民共和国农民专业合作社法》的规定，本着“民办、民营、民受益”的原则，着力抓农机专业合作社建设，发展农机专业合作社9家。2007年，培育农机服务组织820家，农机专业合作社37家。2010年，农机化服务体系建设由中央投资在双峰县实施。全市农机服务组织1122家，农机专业合作社50家。2011年，全市新增农机化服务组织26家，达1148家，农机专业合作社200家。2013年，冷水江毛易农机专业合作社、娄星区平康农机专业合作社被评为全国农机合作社示范社。2014年，湖南省实施农机合作社发展“千社”工程，省农业厅、财政厅、农业机械化管理局先后下发《湖南省人民政府关于实施两个“百千万”工程加快现代农业建设的意见》及《关于支持现代农机合作社发展的实施意见》。全市按照“小、精、坚”要求，严格程序、严把质量，成熟一个发展一个。至2017年，全市经工商注册登记的农机专业合作社191家，拥有社员2780人（户），资产3.77亿元，农机经营收入2.12亿元。其中102家现代农机合作社进入省“千社”工程，娄星区南阳农机合作社、双峰县时和年丰农机合作社、新化县兴隆农机合作社等6家农机合作社被评为省级示范合作社，涟源市硕泰、农富农机专业合作社被评为全国农机合作社示范社。现代农机专业合作社均按照“千社”工程要求，装备机耕、机插、机收、机械植保、机械转运、机械烘干、机械化加工7个环节的农业机械及设施，成为水稻全程机械化生产的引领者。全市60%以上的机耕、机收，80%以上的机插由农机专业合作组织完成；70%的乡镇（办事处）配备粮食烘干机，日烘干能力达到5000吨。

第二节　农机维修服务

一、维修网点

1990年，全地区有经营维修网点400家（其中集体维修点73家，维修人员1209人，个体修理点327家，维修人员730人），229个网点获得《湖南省农业机械维修点》资格。地区农机局根据省农机管理条例规定，指导县（市）农机局对农业机械维修经营者应当具备的设备和技术条件、维修等级、范围承揽维修项目进行审核发证。1993年，进一步规范、健全农机修理网络，全地区农机维修网点300个，从业人员1020人，全年共检修农机具2.89万台（件）。1996年，对农机维修网点全面清理整顿，对维修设备、维修人员不合格的网点强制停业整顿，限期取得维修网点合格证和维修人员技术等级证后方可执照挂牌上岗。全地区共核发维修网点技术合格证200个，维修工人技术等级证32个。1998年，全地区432个维修网点取得农机维修技术合格证，580名修理工取得维修技术等级证。全年维修农业机械5.86万台（次）。

2012年，严格农机维修技术资格准入制度，加强农机维修网点的年度检审和维修工人的技术等级考核力度及各维修网点的维修质量监管。是年，维修农业机械6万台（次）。全市农机维修网点93家。全部取得技术合格证。2017年，全市农机维修网点103家，从业人员2012人。核发农业机械维修工人技术等级合格证1000个，由农业部核发职业资格证338人，其中高级8人、中级162人、初级168人。

二、机车检测

1990年，农机部门对农机进行技术检测。1992年，省农机局、省环保局联合印发《湖南省农用机动车排污监督管理办法》，开始对农用机动车排气、噪声等进行技术检测。至1993年，全地区累计检测农用机动车3850辆。1994年，检测农用机动车4222台。1995年，全市各级农机部门根据省农机局《湖南省农业机械维修设备技术检测管理办法》规定，加大对农用机动车检测力度。对农用机动车进行技术检测、调试，减少机具带病作业，降低油料消耗，节约使用成本。是年，检测农用机动车5780辆。1998年，全地区检测农用机动车3866台。2011年，全市检测农用机动车6534台。是年，农机监理中的农用汽车、拖拉机道路安全秩序和事故处理职责划出，农用机动车技术检测停止。

第四章　农机科研、培训与推广

第一节　农机科研

1990—2010年，市农机所承担研究课题28项，通过省级鉴定6项，市级鉴定16项，获部、省级科技成果奖9项，获国家专利5项。其中，由市农机所设计的红薯粉丝加工机械累计生产销售3500台（套），销往14个省（市），为薯产区带来了很好的经济效益和社会效益。

2014年，市农机所承担市科技局下达的《WF-402型履带拖拉机》项目，2015年通过市科技局成果鉴定，同时取得2个新型专利。2016—2017年，完成省农机示范推广及服务能力建设项目2个、《中央引导地方科研基础和能力建设》项目1个，在涟源杨市敬农农机合作社建成农机服务、农机试制试验两个基地，分别通过省农机局、省科技厅验收。

随着农机产业的发展壮大，域内农机企业也逐渐成为农机科研的主力军，至2017年，湖南省农友机械集团有限公司拥有国家专利151项，其中发明专利41项；参与3个国家标准、10个行业标准、8个省地方标准的制定。湖南省劲松机械有限公司与中南大学、湖南农业大学开展技术合作，联合研发新产品，至2017年获授权专利33项，其中发明专利3项。双峰县金穗收割机制造有限公司致力于小型联合收割机研发，获科技成果5项，实用新型专利10项，国家发明专利3项。娄底市乐开口实业有限公司成功研发"粉师傅"自动化一步成型米粉机。通过ISO9001质量体系认证，ISO14001环境管理体系认证，OHSMS职业健康管理体系认证，纳入农机购置补贴目录。

第二节　农机教育培训

1990年，全地区5所县级农业机械化学校，开展成人教育管理和各类驾驶员培训。是年，全地区举办各类驾驶员和农机操作手培训班35期，受训4850人。其中，培训拖拉机驾驶员450人、农用运输车驾驶员40人、三轮车驾驶员40人，共615人。1991年，新化县、双峰县、涟源市农业机械化学校纳入成人教育管理。双峰县农业机械化学校招收4个农机机电职业中专班。全地区教育培训3332人。其中，培训拖拉机驾驶员470人、农用运输车驾驶员48人、三轮车驾驶员130人，共648人。1992年，全地区县级农机学校举办各类驾驶员培训班16期895人，其中新训拖拉机驾驶员696人，农用运输车驾驶员49人，三轮车驾驶员150人。新训各类农机操作手1489人，复训各类驾驶员、操作手3529人，共计培训5913人。全地区5所县级农机学校在校学生514人，共创收110.3万元。1993年，招收农机中专班50人。1993年8月，农业部颁发《农机成人教育暂行规定》，明确地（市）农机管理部门对农机成人教育的任务和地（市）、县（市）农机化学校是本级农机成人教育培训主体。全地区有培训机构5个［即5个县（市）级农机校］，职工29人（其中教师20人）。实施农机监理和农机学校合署办公，统一领导，统一安排，分开结算。全地区共培训各类人员4358人，其中拖拉机驾驶员1157人。双峰县农机学校还为公安交警部门举办4期农运车、三轮车驾驶员培训班。1994年，全地区继续实施、完善监理和培训合署办公，收到以监理促培训，以培训保安全的整体效益。全年培训各类驾驶员、农机操作手、技术工人1.04万人，创收201.7万元。1995年，全地区培训各类农机人员5273人。

1995年撤区并乡后，乡镇农机站的集体资产逐步解体，人员分流，基本停止农机管理人员培训。1996—1999年，全市培训各类农机人员2.07万人。实施购机补贴后，对1100名操作人员和经销商进行专业培训。

2001年12月28—31日，举办全市农机执法人员学习班，重点学习《中华人民共和国农业法》《中华人民共和国农业技术推广法》《湖南省农业机械管理条例》，在农机安全监理、生产、销售、使用等方面如何执法加以规范。参培人数65人。2000—2005年，全市培训各类农机人员2.95万人。2006—2010年，全市培训各类农机人员2.63万人

2011年3月23日，全省农机春耕备耕动员会暨水稻育插秧培训班在双峰县举行，全市农技推广人员、乡镇负责人、农机合作社等近200人参加培训。是年10月，全市16人参加省发改委、省农机局联合在衡阳市举办的“衡邵干旱走廊农机抗旱减灾能力建设规划培训班”。2012年，全市培训农机各类管理、技术人员等5800余人（其中争取和完成阳光工程、劳动转移培训等1855人）。2013—2015年，继续集中对1000余名拖拉机驾驶员、水稻联合收割机驾驶员、农机操作手进行培训。

1990—2017年，全市培训各类农业机械操作人员13.26万人，其中，拖拉机驾驶员4.42万人、农机维修人员2.21万人、联合收割机驾驶员及农机操作手6.63万人。

第三节 农机推广

一、新机具推广

1990年，全地区推广种、养、加各类农机新机具2669台（套），其中，水田作业机械1573台，农产品加工、养殖机械等1096台。1991年，推广种、养、加各类新机具3500台（套），其中水田耕整机500台。1992年，全地区推广种、养、加新机具4500台（套），其中各县（市）推广水稻育秧破胸催芽机120台，水田耕整机500台，收割机5台。1993年，推广种、养、加各类新机具3500台（套）。其中，推广水田耕整机524台，加上原有的4000余台耕整机、2000多台机耕机滚船投入作业，共完成机耕面积10万公顷；推广稻种破胸催芽机32台，为141个乡镇的10多万农户催芽稻种500吨；推广红薯粉丝加工机械270台；推广微型水力发电机21台；推广微型碾米机、微型电泵、电动打稻机及饲料加工机械2000多台。1994年，全地区推广种、养、加新机具5800台（套）。1995年，地区农机局与双峰县农机局在青树坪镇建立农机化科技示范点，推广实施化肥深施、动力植保、机械收割、池塘清淤农机科技项目。全地区推广农机化新技术11项、新机具4700台，其中耕整机378台、化肥深施器310台、红薯粉丝机250台、人力改动力打稻机3000台、其他新机具762台。地区农机局与各县（市）农机推广站联合，从江苏引进1000台EZ140型汽油机用于改装人力打稻机，经济实用，受农户欢迎。

1996起，地区农机局和各县（市）农机管理部门，重点推广小型收割机、动力打稻机、化肥深施器、水田耕整机、池塘养殖、农产品加工、植保等新机具。是年，推广新机具6200台，其中动力脱粒机5490台。1997年，全地区推广种、养、加新机具6740台，其中水田耕整机260台、化肥深施器41台、动力植保机械42台、动力脱粒机械4867台、红薯粉丝加工机械300台、养殖及其他机具1230台。至2000年，全市累计推广新机具2.56万台（套）。其中，动力脱粒机械1.5万台，占59%；水田耕整机3105台，占12%。

2001—2005年，全市推广各类新机具2.27万台（套），年均推广4547台（套）。推广的各类新机具从小型适用向大中型、高效率的先进农机转变。

2006年起，重点推广水稻插秧机、水稻联合收割机、无人驾驶农用飞机等大中型先进农机具。2007—2015年，推

双峰县机械化收割水稻（2017年11月摄）

广水稻插秧机1565台，水稻联合收割机2246台。1990—2017年，全市推广种、养、加各类新型农机具5.76万台（套），其中水稻插秧机2096台，水稻联合收割机4690台，喷洒农药的无人驾驶农用飞机42架。

二、新技术推广

1990年，在双峰县杏子铺镇推广抗旱农机具和稻稻麦机械化综合增产新技术的应用，推广作业面积37.33公顷，节约成本11.2万元，节约劳动工日25.09万个。1991年，稻稻麦机械化综合增产技术推广扩大到新化县、娄底市和涟源市，面积1.15万公顷，平均每公顷节约劳动力30个、成本降低75元。

1993年，全地区实施稻稻麦等综合新技术面积4万公顷。1994年，地、县、乡分别成立新技术推广领导小组，统一机械组织调度、统一物资分配供应、统一机具维修保养、统一作业收费标准。是年，全地区实施各类农机技术的效果24万公顷土地，每公顷平均节约油料19.5千克，降低生产成本90元。

1995—1996年，推广实施化肥深施、动力植保、机械收割、池塘清淤农机化新技术。实施化肥深施13.3公顷，比人工提高功效3倍，每公顷均增产612千克；动力植保21公顷，节约农药30%，比人工提高功效10倍以上。1997—1998年，省水稻增产配套机械化技术项目在娄底市（县级）实施，水田面积9600公顷，每公顷平均增产246千克。其间，双峰县被农业部列为全国水稻生产机械化示范县，农机整体装备水平和农机化作业效果进一步提高。

2001年，在涟源市杨市镇、枫坪镇、斗笠山镇、水洞底镇建立娄底市农机化综合示范园区（简称园区）。园区以涟源市杨市镇为中心，辐射枫坪、斗笠山、水洞底3个乡镇。包括五大工程：农机化服务体系建设示范工程，万亩水稻生产机械化示范工程，机械化养殖示范工程，蔬菜生产加工机械化示范工程，薯类产品加工机械化示范工程。是年，五大工程全面启动：农机化服务体系建设示范工程，以杨市镇农机站为样板，对其他3个镇的基层农机服务组织进行清理、整顿，提升整体服务功能；万亩水稻机械化示范工程，设计建成200个节水机埠，投入耕整机、机动植保机、动力打稻机及联合收割机示范表演和作业，面积333公顷；机械化养殖示范工程，购回30头母牛、种植10公顷牧草、增添饲料加工机械；蔬菜生产加工示范工程，建成60个标准大棚，配有喷灌、滴灌设施，种植蔬菜35公顷；薯类加工机械化示范工程，推广10台红薯粉丝加工设备，年产粉丝150吨。2002年，农机化示范园区通过省农机局首期工程验收。

2010年，在涟源市杨市镇金盆、梅林、洄水村创办“六统”农机作业示范区，水田示范面积133公顷，在示范区内水稻生产实现统一机耕、统一品种和规划、统一机插、统一病虫害防治、统一排灌、统一收获，通过“六统”作业，每亩水田节本增效近200元。是年，双峰县印塘乡新泽村的新泽机埠和沙塘乡红荣村的红旗机埠、涟源市古塘乡肖家机埠的维修改造列入2010年湖南省农机抗旱体系建设项目基本建设投资计划，国家投入资金45万元，为当地改善粮食生产条件，加强农机抗旱减灾能力。2011—2017年，推广水稻插秧等新技术，面积4.34万公顷，平均每公顷增产265千克。

双峰县机械化收割油菜（2017年5月摄）

三、农机购置补贴

2003年，双峰县成为全省实施《国家农业机械购置补贴项目》三个试点县之一，争取国家财政购置补贴资金50万元。主要购置产品是碾米机、旋耕机。利用补贴资金带动推广各类新型农业机械5450台（套），带动农民对农机化的投入资金317万元。2004年国家对农民购置农业机械补贴工作全面展开，是年下拨农业机械购置补贴资金42万元。2005年，涟源市列入国家优质粮食产业工程现代农机装备推进项目县，该项目严格按照农业部批复的方案，并参照农机购置补贴项目的有关规定实施。

2004年6月25日，《中华人民共和国农业机械化促进法》颁布，中央财政、省财政分别安排专项资金，对农民和农业生产经营组织购买国家支持推广的先进适用的农业机械给予补贴，中央财政购机补贴项目在全市展开，双峰县被省财政厅、省农机局定为2004年“省级农业机械化补贴目录”实施县。市农机局和市财政局联合下发《关于2004年农业机械购置补贴的实施意见》，制定详细的操作规程。是年，使用中央财政补贴资金42万元，县（市、区）配套资金87万元，享受补贴的农机具400台（套）。2005年，争取部、省购置补贴资金45.81万元，市（县、区）配套资金115万元。全市销售财政补贴机具434台（套），其中水稻联合收割机218台。2007年，双峰县被财政部列入“水稻先进栽培模式和耕作技术推广”项目县，获专项资金80万元。至年底，实际完成部、省两级农机补贴资金361.39万元，市财政配套资金15万元，国家农机装备推进资金220.02万元，推广各类补贴机具4235台（套）。2010年，省农机局下达农机购置补贴资金3180万元，市、县两级配套资金128万元，在补贴政策引导和拉动下，农民投入资金1.2亿元，购置各类补贴农机具6.5万台（套）。水稻插秧机、联合收割机等产品进入购置补贴产品目录。

2011年，全面开展农机购置补贴专项清查工作，各县（市、区）普遍建立县（市）、乡镇、村三级共同参与的补贴监督管理机制，设立购机补贴公示栏，通过电话回访、实地查看、留存核查记录案方式进行监管，确保补贴资金惠于农民。市及各县（市、区）纠风、减负、审计、农机等部门紧密配合，各司其职，自上而下组成入户清查组82个，干部职工800人参与自清自查。受理信访举报7件，调查7件，立案3件，结案3件，移送公安机关1件，收缴违纪资金187.4万元。向主管部门提出针对性意见和建议7项。是年，完成国家购置补贴资金3572.85万元，推广补贴农机具3.1万台（套），直接受益农户2.34万户。2013年，完成国家购置补贴资金3609.35万元，财政配套资金475.9万元，推广补贴农机具1.78万台（套），直接受益农户1.32万户，带动农民投入购买农机资金1.26亿元。2017年，使用国家农机购置补贴资金3200万元，推广补贴农机具1.2万台（套），直接受益农户1.5万户，带动农民投入购买农机资金1.1亿元。

2004—2017年，全市完成国家农机购置补贴资金3.43亿元，市、县两级配套资金2348.9万元，购置各类补贴农机具25.19万台（套），直接受益农户16.5万户，带动农民投入购买农机资金12亿元。

2017年，进入国家和省农机购置补贴目录的产品有拖拉机、微耕机、旋耕机、碾米机、水稻插秧机、联合收割机、粮食烘干机、饲料粉碎机8个类别50个农机产品。

2017年娄底市农机产品进入农机购置补贴产品一览表

表25-2

机具大类	机具小类	机具品目	机具型号	生产企业	国家补贴（元）	特殊县国家补贴（元）
耕整地机械	耕地机械	微耕机	1WG3.2	湖南省灿华机械有限公司	600	600
中央创新产品	中央创新产品小类	旋耕机	1GZ-130	湖南省灿华机械有限公司	10000	10000
中央创新产品	中央创新产品小类	旋耕机	1GZ-180	湖南省灿华机械有限公司	13000	13000
耕整地机械	耕地机械	微耕机	1WG-4.1Q	湖南省灿华机械有限公司	800	800

续表25-2

机具大类	机具小类	机具品目	机具型号	生产企业	国家补贴（元）	特殊县国家补贴（元）
耕整地机械	耕地机械	微耕机	1WG-4.2Q	湖南省灿华机械有限公司	800	800
耕整地机械	耕地机械	微耕机	1WG-4.4Q	湖南省灿华机械有限公司	800	800
耕整地机械	耕地机械	微耕机	1WG6	湖南省灿华机械有限公司	800	800
耕整地机械	耕地机械	旋耕机	1GZ-130	湖南省灿华机械有限公司	10000	10000
农产品初加工机械	碾米机械	碾米机	6NF-2.2	湖南省农友机械集团有限公司	300	300
农产品初加工机械	碾米机械	碾米机	6NFZ-2.2C	湖南省农友机械集团有限公司	300	300
收获机械	谷物收获机械	自走履带式谷物联合收割机（全喂入）	4LZ-3.2S	湖南省农友机械集团有限公司	20000	20000
种植施肥机械	栽植机械	水稻插秧机	2ZS-6A	湖南省农友机械集团有限公司	5000	5000
农产品初加工机械	碾米机械	碾米机	6N-8/9F-20	湖南省农友机械集团有限公司	300	300
中央创新产品	中央创新产品小类	旋耕机	1GZ-180	湖南省农友机械集团有限公司	13000	13000
中央创新产品	中央创新产品小类	旋耕机	1GZ-230	湖南省农友机械集团有限公司	15000	15000
耕整地机械	耕地机械	耕整机（水田、旱田）	1Z-20	湖南省农友机械集团有限公司	600	600
种植施肥机械	栽植机械	水稻插秧机	2Z-8A2	湖南省农友机械集团有限公司	41500	41500
种植施肥机械	栽植机械	水稻插秧机	2ZS-4A	湖南省农友机械集团有限公司	4000	4000
种植施肥机械	栽植机械	水稻插秧机	2Z-6B2	湖南省农友机械集团有限公司	27000	27000
耕整地机械	耕地机械	旋耕机	1GZ-180	湖南省农友机械集团有限公司	13000	13000
耕整地机械	耕地机械	旋耕机	1GZ-230	湖南省农友机械集团有限公司	13860	13860
农产品初加工机械	碾米机械	碾米机	6NF-2.2	湖南省农友机械集团有限公司	300	300
农产品初加工机械	碾米机械	碾米机	6NFZ-2.2C	湖南省农友机械集团有限公司	300	300
农产品初加工机械	碾米机械	碾米机	6N-8/9F-20	湖南省农友机械集团有限公司	300	300
收获机械	谷物收获机械	自走履带式谷物联合收割机（全喂入）	4LZ-1.0A	双峰县湘源金穗收割机制造有限公司	9000	9000

续表25-2

机具大类	机具小类	机具品目	机具型号	生产企业	国家补贴（元）	特殊县国家补贴（元）
中央创新产品	中央创新产品小类	履带式拖拉机	JS-752	双峰县湘源金穗收割机制造有限公司	16000	16000
中央创新产品	中央创新产品小类	旋耕机	1GZ-170	双峰县湘源金穗收割机制造有限公司	13000	13000
动力机械	拖拉机	履带式拖拉机	JS-752	双峰县湘源金穗收割机制造有限公司	13200	13200
耕整地机械	耕地机械	旋耕机	1GZ-170	双峰县湘源金穗收割机制造有限公司	13000	13000
收获机械	谷物收获机械	自走轮式谷物联合收割机（全喂入）	4LZ-0.3	湖南松河专用汽车制造有限公司	4500	4500
收获后处理机械	干燥机械	粮食烘干机	5HL-10	湖南省农友盛泰农业科技有限公司	29300	29300
收获后处理机械	干燥机械	粮食烘干机	5HL-15	湖南省农友盛泰农业科技有限公司	29300	29300
收获后处理机械	干燥机械	粮食烘干机	5H-4	湖南省农友盛泰农业科技有限公司	13900	13900
收获后处理机械	干燥机械	粮食烘干机	5H-26	湖南省农友盛泰农业科技有限公司	40500	40500
收获后处理机械	干燥机械	粮食烘干机	5HL-20	湖南省农友盛泰农业科技有限公司	40500	40500
收获后处理机械	干燥机械	粮食烘干机	5H-32	湖南省农友盛泰农业科技有限公司	50000	50000
农产品初加工机械	碾米机械	碾米机	6N-8 / 9F-21	湖南省家福机械有限公司	300	300
农产品初加工机械	碾米机械	碾米机	6N-8 / 9F-21	湖南省金峰机械科技有限公司	300	300
农产品初加工机械	碾米机械	碾米机	6NF-2.2	湖南省劲松机械有限公司	300	300
农产品初加工机械	碾米机械	碾米机	6NF-4	湖南省劲松机械有限公司	300	300
农产品初加工机械	碾米机械	碾米机	6LN-6.5 / 8P	湖南省良友机械制造有限公司	800	800
农产品初加工机械	碾米机械	碾米机	6N-9 / 9F-26	湖南省南方农业机械制造有限公司	300	300
农产品初加工机械	碾米机械	碾米机	6NF-2.2	湖南省韶峰机械有限公司	300	300
农产品初加工机械	碾米机械	碾米机	6NFZ-2.2	湖南省湘中兴华机电有限责任公司	300	300

续表25-2

机具大类	机具小类	机具品目	机具型号	生产企业	国家补贴（元）	特殊县国家补贴（元）
农产品初加工机械	碾米机械	碾米机	6NF-4	湖南湘益丰茂科技有限公司	300	300
农产品初加工机械	碾米机械	碾米机	6NF-8	湖南湘益丰茂科技有限公司	300	300
农产品初加工机械	碾米机械	碾米机	6LN-6.3／8.5	湖南湘益丰茂科技有限公司	800	800
农产品初加工机械	碾米机械	碾米机	6N-9／9F-21	湖南银杉机电制造有限公司	300	300
农产品初加工机械	碾米机械	碾米机	6N-8／9F-21	湖南中南农机有限公司	300	300
畜牧水产养殖机械	饲料（草）加工机械设备	饲料粉碎机	9FZ-56-14	湖南省王牌农牧机械有限公司	1200	1200

四、专项资金管理

推广补助资金　2012—2016年，涟源市、双峰县、新化县列入省级基层农机推广补助项目县，每个项目县每年20万元推广补助资金。主要用于农技推广服务、农业科技示范、农业技术人员能力建设。

推广与培训专项资金　2014年，争取省级技术推广与培训专项资金282万元，其中“百千万”工程现代农机合作社建设扶持240万元，其他用于农机技术示范、推广、培训、农机安全、服务能力建设等。2015年，争取省级技术推广与培训专项资金527万元，“百千万”工程现代农机合作社建设扶持435万元，其他用于机耕道建设、技术培训、示范推广、平安农机创建等。2016年，争取省级技术推广与培训专项资金593万元，其中现代农机合作社建设扶持专项390万元，其他用于机耕道建设、技术培训、示范推广、水稻机插秧技术培训、平安农机窗口等。2017年，全市争取省级技术推广与培训专项资金742万元，其中35家现代农机合作社建设扶持专项资金525万元，其他用于技术培训、示范推广、农机购置补贴会议培训和下乡核实补贴机具、水稻机插秧技术培训、农机牌证管理、平安农机窗口等。

第五章　农机监理

第一节　安全监理

1990年，全地区农机安全监理突出抓法规建设和“畅安工程”，加强安全生产宣传和路检路查。是年，全地区百台车辆事故发生率、重伤率、死亡率分别为0.18、0.043、0.027。1993年，加强安全生产宣传和法制教育，地区出动宣传车60台次，进行广播电视宣传27场，举办法制培训班52期，受训机手3712人。全年查车1.1万台次，纠正违章5375起。1995年，百台车辆事故发生率、重伤率、死亡率分别比1990年略有下降。

1996年，农机安全监理工作全面实行目标管理，农机安全状况逐年好转。2000年，举办年审学习和普法学习班95期，参加人员5031人，发出普法合格证和年审签证4325人；举办违章学习班75期，参训人数3163人次。上路检查6643天人，检查拖拉机1.74万台次，纠违5802台次，督促214名无证驾驶员、346台拖拉机办理证件、牌照；禁止私自改装车、拼装车和未经鉴定合格的车辆上户。百台车辆事故发生率、重伤率、死亡率分别为0.11、0.023、0.015。

2001年，加大路检路查和对违章机手的处罚力度。全市10个监理小组上路查车2.43万台次，处理违章3550人。从9月至12月，开展严重交通违章集中整治行动，查处无证机手115人，拆除载客农用车篷15个，强制报废解体农用车6台，移送公安、检察机关处理人员8人。2002—2005年，上路查车10.17万台次，纠正违章1.49万台次，查处农用车载客756台次，查处无证驾驶1661人，调处大小安全事故375起，消除安全事故隐患7944次。2006年，百台车辆事故发生率、重伤率、死亡率分别为0.05、0.015、0.01。

2007年，农机管理部门承担的低速载货汽车、三轮汽车管理职能，拖拉机及其低速载货汽车、三轮汽车的道路交通安全秩序管理和事故处理职能移交公安交警部门。

第二节　驾驶员管理

一、考试发证

1990年，省公安厅、省农机局《关于农用拖拉机道路交通管理有关具体问题的通知》，明确农用拖拉机驾驶员的培训由农机管理部门下辖的农机学校进行，由公安交通管理机关和农机安全监理机关按规定对现有的农机培训单位进行审核，对具备条件的核发培训许可证。是年，各县（市）农机驾驶员培训机构均经过考核验收，取得培训许可证。对未经农机学校培训合格的驾驶员不予考试。至1995年，全地区有4158人参加驾驶员考试，3500人领到驾驶证。至2000年，全市有正式驾驶员6101人，驾驶学员1000人。

2002年12月26日，省农机局印发《湖南省农业机械驾驶操作人员培训管理暂行办法》，对农机驾驶操作人员培训机构实行许可证管理和年度审验制度。2003年，全市农机部门所属培训机构全部审验合格，省农机局对所属培训机构核发农机化技术培训合格证。2月19日，省农机局下发《关于加强农机驾驶员培训考试发证管理的通知》，要求考验员、助理考验员、教练员必须经过培训、考试合格，取得相应资格持证上岗，并对其进行年度检审。2004年，全市有取得农机驾驶操作资格的考验员、教练员100多名，至2009年，全市共组织考试农机驾驶员6500人，取得驾驶证5785个，通过率89%。

2010年，省公安厅、省农机局进一步明确农用拖拉机驾驶员考试发证的具体要求。全市各级农机安全监理机关认真执行各项规定，进一步严格农用机动车驾驶员考试。实行异地交叉考试。2010—2016年，全市累计考试农用机动车驾驶员1.14万人，其中农用车驾驶员6400人、联合收割机驾驶员5000人。2017年，全市有农机驾驶员7908人，其中，拖拉机驾驶员3218人、联合收割机驾驶员4697人。

二、牌证管理

2005年，根据农业部《农用拖拉机及驾驶员安全监理规章》，对拖拉机申请报户，领取拖拉机号牌和农用拖拉机行驶证的，持拖拉机来历凭证，由农机监理机关检验，检验合格的，发给号牌和行驶证。2006年，全市农机监理部门对联合收割机等主要农业机械实行牌证管理。根据《财政部关于取消、停征和免征一批行政事业性收费的通知》，自2015年1月1日起，取消拖拉机号牌（含号牌架、固定封装置）、拖拉机行驶证、拖拉机登记证、拖拉机驾驶证、拖拉机安全技术检验、拖拉机驾驶许可考试等收费项目。2016年1月1日起，全市农机安全监理机构终止受理变型拖拉机注册登记，禁止为变型拖拉机发放拖拉机号牌、行驶证；终止受理已注册登记变型拖拉机所有人的更换发动机，或者更换机身（底盘）的变更申请。

第三节　职能变换

1990年，全地区四轮、三轮农用运输车及驾驶员的档案移交地区交警部门。1997年6月，《湖南省农业机械管理条例》明确，农用运输机械属农业机械范畴。2003年2月19日，省公安厅交通管理局、省农机局联合下发《关于农用运输车委托管理问题的通知》，明确动力在60千瓦（含）、核载在1.5吨以下的符合安全技术标准的农用运输车的驾驶员考核、核发机动车行驶牌证以及农用运输车检验等项工作，由省公安厅交通管理局委托省农业机械化管理局负责，各级农机安全监理部门具体实施，公安交警部门有权进行监督、检查。8月25日，农业部办公厅《关于拖拉机农用运输车管理问题的复函》，规定农业部负责“组织实施拖拉机、联合收割机、农用运输车等农业机械的安全监理、产品质量检验、鉴定和认证管理”。2007年6月27日，省政府办公厅下发《关于低速载货汽车、三轮汽车和拖拉机管理职能移交有关问题的通知》，把农用小四轮、农用三轮车改称为低速汽车和三轮汽车，规定“移交前由农机监理机关登记发证的农用三、四轮运输车及其驾驶人档案，于2007年9月30日以前，由农机监理机关移交给同级公安交警部门管理。公安交警部门将拖拉机的牌证管理职能移交给农机管理部门，移交前由公安交警部门登记发证的各类拖拉机及其驾驶人档案，于2007年9月30日以前，由公安交警部门移交给同级农机监理机关管理”。全市77名（市农机监理处8名，娄星区农机监理大队10名，涟源市农机监理大队16名，冷水江市农机监理所6名，双峰县农机监理大队18名，新化县农机监理大队19名）符合条件的农机监理人员编制转隶公安交警部门。11月20日，省机构编制委员会办公室、省农业厅联合下发《关于重新核定农机监理机构人员编制的通知》，明确职能移交后各级农机监理机构规格维持不变，监理人员编制原则上按省级8名、市级5～7名、县级6～12名配备。

第六章　机　构

第一节　市级机构

一、市农业机械管理局

1990年，地区农业机械管理处负责全地区农业机械管理，正处级单位。1991年更名为地区农业机械管理局，内设人秘科、科教科、管理科、计财科、监理所、机关工会，共有干部职工29人。1995年12月，为行署直属事业单位。

1996年7月，地区农业机械管理局实施公务员管理。2001年机构改革，市农机局管理科加挂农机机电产业管理办公室牌子。

2010年11月，为市政府直属正处级事业单位。内设办公室（加挂政策法规科牌子）、监督管理科（加挂农机机电产业管理科牌子）、科技教育科、计划财务科、人事科、农机安全监理处。核定全额拨款事业编制34名（含农机安全监理处事业编制6名、后勤服务事业编制3名）。

2015年9月，市农业机械管理局承担的行政职能划入市农业委员会，由市农业委员会委托市农业机械管理局行使其原承担的行政职能，继续按原有体制独立运行。机关内设办公室（加挂政策法规科牌子）、监督管理科（加挂农机机电产业管理科牌子）、科技教育科、计划财务科、人事科、农机安全监理科。机关党委、纪检（监察）机构保持不变。定编全额拨款事业编制29名。

二、市属二级机构

（一）市农业机械安全监理机构

1990年，地区农机局下设农机安全监理所，负责全市农用拖拉机的检验、办理报户（过户）、发牌发证，考试、考核驾驶员，核发执照，处理事故。

1996年7月，农机安全监理所编制单列，核定事业编制16名。2002年2月，市农机安全监理所升格为副处级单位，更名为农机安全监理处，内设车管、安宣、综合3个科室，定编13名。

（二）市农业机械化技术推广站

1990年，地区农业机械化技术推广服务站，为独立核算、自负盈亏的科级事业单位。1994年3月17日，核定事业编制12名。2015年9月，核定全额拨款事业编制17名。

（三）市农业机械化研究所

1990年，地区农业机械化研究所，定编33名。2015年，定全额拨款事业编制23名。人员只出不进。

（四）市农业机械技术推广中心

2017年12月24日，市农机化研究所和市农机技术推广站合并，组建市农机技术推广中心，正科级全额拨款事业单位，定编33名。

第二节　县级机构

一、娄星区农业机械管理局

2017年，娄星区农机管理局内设办公室、计财股、监督管理股、科技质量股、人事股、农机机电产业发展股，局机关核定全额拨款事业编制14名；机关后勤服务事业编制2名。下设农机安全监理大队，副科级，全额拨款事业编制5名；农机学校，全额拨款事业编制4名；农机技术推广站，全额拨款事业单位，定编1名。

二、冷水江市农业机械管理局

2017年，冷水江市农机局内设办公室，人事教育股，计划财务股，监督管理股，科技质量股，安全监理所（副科级）。局机关全额拨款事业编制23名，参照公务员法管理。下设农机技术培训中心，股级，全额事业编制5名；农业机械技术推广站，股级，全额拨款编制7名；农机物资公司，股级，自收自支编制6名；农机石油公司，股级，自收自支编制14名。

三、涟源市农业机械管理局

2016年后，涟源市农机局内设办公室、行政审批股（加挂政策法规股牌子）、管理股（加挂市农机机电产业管理办公室、科技教育股牌子）、人事股、计财股5个股室，下辖市农机安全监理大队、市农机技术推广中心、市农业机械化学校和市农用油料服务站4个二级机构，核定编制115名，实有在职职工76名，承担市农业局委托行使的农机化工作行政职能。

四、双峰县农业机械管理局

2017年，双峰县农机局内设办公室、计划财务股、科技质量股（加挂双峰县农业机械化项目办公室牌子）、行业管理股（加挂双峰县农机技术检测站牌子）、人事政工股和政策法规股6个股室，下辖农机安全监理大队、农机技术推广培训中心（加挂双峰县农业机械化学校牌子）和农机机电产业管理办公室3个二级机构。编制设置：局机关19名；安全监理大队12名；农机技术推广中心17名；农机机电产业办10名。

五、新化县农业机械管理局

正科级事业单位。2017年，内设办公室、计划财务股、科技质量股、管理股、人事股、政策法规股、纪检组（与监察室合署办公）。定事业编制21名，实行国家公务员管理制度。核定后勤事业编制2名。下设农机安全监理大队，核定人员编制12名；农机学校，编制人员9名，实有10名；农机技术推广服务站，核定编制10名，实有26名。

第二十六篇

工业综述

概　述

1990年，娄底地区是全省能源原材料基地，有工业企业1341家，从业人员31万人，实现工业增加值14.51亿元，占地区生产总值的37.2%。全地区技术改造和生产性投资2.83亿元。1991年，地委、行署作出《关于加快工业发展步伐的决定》，要求强化管理、转换机制、推进技术进步和新产品开发。1992年，地委发出《关于在地县（市）属国营中小型工业企业实行“五自主”改革试点的通知》，全面推行生产经营、产品定价、内部分配、劳动用工、技术改造由企业自主决定的改革，启动企业经营机制的转换。至年底，全地区90户预算内企业，实施“五自主”改革的79户。1993年，推进转换国有资产经营形式、企业分配机制、人事劳动用工制度、企业生产组织形式、企业领导机制的“五转换”。1994年，全地区开始进行产权重组和企业制度创新等深层次改革，实行股份制改造搞活一批、引进外资“嫁接”带活一批、组建企业集团壮大一批等“九个一批”改革。1995年，推进“三改一加强”（改制、改组、改造和加强管理），关闭小矿山、小水泥、小冶金（轧钢）企业221户。34户国有企业进行“创新企业制度”的改革。是年，全地区工业企业1546户，从业人员35万人，实现工业增加值40.56亿元，占地区生产总值36.7%。

1996年，地委、行署对30户资债持平或债略大于资的企业，实行股份制改革；对13户严重资不抵债、扭亏无望的企业依法破产，实施兼并3户，组建企业集团4个。1997年，22户破产企业资产重组，40户规模较大的企业（中央、省属15户）实施兼并重组。是年，三一重工油缸项目、湖北宜化等一批内外资项目落户娄底。国家重点扶植技改项目冷水江制药厂肝复乐异地扩建工程投产。1998年，投资2.5亿元的华达机械厂汽车空调压缩机生产线完成投资8287万元。全地区开展科研攻关、星火计划等科技项目236项。1999年，市委、市政府作出《关于加快国有中小企业改革和发展的决定》，除极少数确需采取国有独资或国有控股形式的企业外，其他采取依法破产、公开出售、租赁经营、兼并联合、股份制或股份合作制等形式，实现产权多元化。2000年，全市13户国企实行产权租赁，19户股份制企业重组，5户资产整体拍卖。全市规模以上工业企业229家。全市工业实现增加值54.9亿元，占地区生产总值的32.9%。

2001年，市政府出台《关于在市直国有工业企业改革有关问题的处理意见》，确定两个置换（企业置换产权、职工置换身份）的具体办法，企业改制工作铺开。是年，全市引进项目20个。华菱涟钢超薄板工程建设启动。2002年，全市完成省级以上新产品开发项目47项。2003年，在“深洽会”上，娄底签约合同项目46个。2004年，涟钢年产200万吨热轧薄板项目投产和冷轧薄板工程开工。市经开区第一工业园开园，涟钢建工集团、三一集团等近30家企业入园。2005年，全市引进5亿元以上项目12个，三一重工新材料项目、安徽海螺落户娄底。全市规模以上企业290户。2006年，在第二届“青春娄底•湘中之光”经贸博览会上，引进项目123个。86户国有预算内企业（其中中央、省级42户）全部改制到位。2007年，娄底市编制十大产业集群发展规划，实施产业集群培育。湖北宜化集团收购金信化工成立湖南宜化公司，当年扭亏，产值6.92亿元，上缴利税7752万元。至2008年，全市省级高新技术企业25家，完成产值150.17亿元，利润9.75亿元，出口创汇2.8亿美元。2009年，全市开展“项目建设年”活动。双峰海螺、湖南海螺日产5000吨水泥熟料生产线投产。华菱安赛乐米塔尔汽车板、电工钢项目，大丰和电动车，湖南金华车辆有限公司特种汽车及底盘生产线，华润雪花啤酒20万吨生产基地等项目落户娄底经开区。2010年，全市规模以上企业641家，实现工业增加值330.2亿元，占地区生产总值的46.7%。工业发展的质和量全面提升。

2012年，市委调集资金7000万元，用于支持工业企业基础设施建设。2013年，娄底经开区的精品钢材和薄板深加工、新材料工业、机械装备业和电子科技成主导产业。2015年，基本形成汽车薄板加工产业、电子陶瓷产业、高储能动力电池产业、生物制药产业、新材料产业、互联网+产业、农机产业、食品加工业、工程机械制造业等产业集群，并集中于全市7个工业园区。省级以上工业园区规模工业增加值190.94亿元，同比增长9.2%；高加工度工业增加值117.94亿元，同比增长2.4%；战略性新兴产业增加值87.91亿元，同比增长13.7%。涟钢薄板加工（下游产业链——汽车板、家电器材等）、新能源储能电池、生物医药、电子陶瓷、新型建材、汽车制造、农产品深加工等一批高技术含量的工业项目，在娄底经开区及县（市、区）省级工业园区发展。建成省、市企业技术中心27个。2016年，全市工业经济稳中向好，实现增加值592.74亿元，占地区生产总值的44.3%。其中，规模工业增加值同比增长9.9%，增速在全省14个市州中排第六。

2017年，全市规模以上工业企业794户，产值2076.29亿元，增加值449.46亿元。高新技术企业133家（其中省级23家），总产值1102亿元，增加值218.59亿元，产品销售收入990.42亿元（其中出口收入10.33亿元），利税91.97亿元。是年，全市工业园区引进规模工业企业370家，其中高新技术企业61家，实际到位外资3.53亿美元，内资458.18亿元。全市工业园区工贸总收入2420亿元，规模以上工业增加值350.23亿元，出口创汇1.82亿美元，上缴税金27.2亿元。

第一章　企业结构

第一节　所有制结构

1990年，全地区工业总产值41.72亿元。其中，全民所有制企业产值24.69亿元，占59.2%；集体所有制企业产值8.36亿元，占20%；农村村办工业产值2.95亿元，占7.1%；其他企业（含城乡个体、中外合资等）5.72亿元，占13.7%。

1992年，全地区工业总产值64.88亿元。其中，全民所有制（国有）企业32.34亿元，占49.8%；集体所有制13.06亿元，占20.1%；城乡个体7.27亿，占11.2%；其他企业（城乡合营、合伙等）12.21亿元，占18.8%。

1997年，全地区工业总产值210.06亿元。其中，国有工业66.65亿，占31.7%；其他企业（集体、股份制及个体）的产值占68.3%。2000年，全市工业总产值253.37亿元，其中国有工业产值63.23亿元，占25%。2006年，86户预算内企业（全民所有制）改制到位，涟源钢铁集团和冷水江闪星锑业公司成为国有控股的股份制企业。

至2017年，市场经济体系比较完善，不再使用全民所有制企业概念，所有制结构呈现多元化。全市规模工业总产值2076.3亿元，按登记注册分组为：内资企业1943.77亿元，外商投资企业37.98亿元，港澳台商企业94.55亿元；按经济组织类型分：独资企业156亿元，合作合伙企业37.36亿元，股份有限公司104.34亿元，有限责任公司1778.6亿元；按企业规模分：大型企业541.39亿元，中型企业578.36亿元，小型企业883.63亿元，微型企业72.92亿元。

第二节　行业结构

（参见第十九篇《经济综述》第二章第三节）

第三节 规模结构

1990年，境内地、县（市）属预算内工业企业87户，中央部属、省属企业42户。大型企业产值12.01亿元，占28.8%；中型企业产值7.51亿元，占18.0%；小型企业产值22.2亿元，占53.2%。

1999年，全市工业产值234.16亿元。国有及年销售收入500万元以上的非国有工业产值83.9亿元，占35.8%。2000年，全市工业产值253.37亿元，国有及年销售收入500万元以上的非国有工业产值86.65亿元，占34.2%。

2004年，全市工业增加值96.4亿元，其中规模以上工业增加值76.2亿元，占79%。2005年，全市工业增加值135.88亿元，其中规模以上工业增加值102.5亿，占75.4%，比上年占比额降低3.6个百分点。2007年，工业增加值199.92亿元，其中规模以上工业增加值172.63亿元，占86.3%，比2005年的占比额提高10.9个百分点。2011—2012年，市委、市政府继续坚持把培育规模企业作为发展新动能和支撑经济稳增长的重要措施，规模工业逐年增强，至2013年，全市规模企业713户，2014年740户。

至2017年，新入规企业集中在机械（139户）、食品（98户）、建材（79户）和轻工（58户）行业，分别占全市新入规工业企业的31.4%、22.2%、17.9%、13.1%，其他行业新入规企业68户，占全市新入规的15.4%。煤炭行业退规企业182户，占退规企业总数的57%。退规10户以上的行业有机械（34户）、轻工（20户）、建材（19户）、冶金（17户）、化工（17户）。2017年，规模企业794户，实现工业增加值449.46亿元。

2013—2017年娄底市规模工业企业情况表

表26-1

主要指标＼年份	2013	2014	2015	2016	2017
年底规模工业企业总数(户)	713	740	676	736	794
省定入规目标任务(户)	—	40	45	59	59
新入规工业企业(户)	57	58	81	131	123
完成率(%)	—	145	180	224	209
退规工业企业(户)	9	31	145	71	65
净增规模工业企业(户)	48	27	-64	60	58
规模工业增加值(亿元)	423	431	411	430	511
规模工业增加值增速(%)	11	9.5	5.7	6.7	8.7
增速在全省市州中排位	11	8	13	6	1

2013—2017年娄底市规模工业企业分行业增减情况表

表26-2

单位:家

行业	年度新入规工业企业数						年度退规工业企业数						五年净增企业数
	2013年	2014年	2015年	2016年	2017年	总计	2013年	2014年	2015年	2016年	2017年	总计	
医药	0	0	0	0	2	2	0	0	0	1	0	1	1

续表26-2

行业	年度新入规工业企业数						年度退规工业企业数						五年净增企业数
	2013年	2014年	2015年	2016年	2017年	总计	2013年	2014年	2015年	2016年	2017年	总计	
食品	9	10	22	31	26	98	0	2	3	3	1	9	89
轻工	3	9	10	17	19	58	2	2	4	3	9	20	38
有色	1	0	1	1	1	4	1	1	5	2	1	10	-6
冶金	2	0	3	3	4	12	0	4	6	4	3	17	-5
石化	2	3	7	3	3	18	0	2	6	2	7	17	1
建材	20	14	10	17	18	79	3	3	3	4	6	19	60
纺织	1	3	1	4	1	10	0	0	0	3	1	4	6
烟草	0	0	0	0	0	0	0	0	0	0	0	0	0
电力	1	0	2	0	1	4	0	0	1	0	1	2	2
煤炭	4	2	1	0	1	8	3	13	100	38	28	182	-174
电子	0	2	0	4	1	7	0	0	4	1	0	5	2
机械	14	12	24	47	42	139	0	4	12	10	8	34	105
其他	0	1	0	4	4	9	0	0	1	0	0	1	8
总计	57	58	81	131	123	448	9	31	145	71	65	321	127

2012—2017年各县(市、区)规模工业企业情况表

表26-3

单位:户

县(市、区) \ 年份	2012	2013	2014	2015	2016	2017
娄星区	82	89	90	85	93	104
双峰县	129	135	136	136	157	165
新化县	112	120	130	125	143	155
娄底经开区	71	75	81	84	98	116
冷水江市	118	128	134	111	110	118
涟源市	153	166	169	135	135	136
全市合计	665	713	740	676	736	794

2000—2017年娄底市规模以上工业发展速度情况（以上年为100）表

表26-4

年 份	规模以上工业总产值		规模以上工业增加值	
	绝对值（亿元）	发展速度（%）	绝对值（亿元）	发展速度（%）
2000	85.65	106.0	29.54	112.3
2001	94.74	109.3	31.72	107.6
2002	103.70	112.1	35.02	111.3
2003	139.06	117.8	47.42	122.0
2004	242.94	161.8	78.46	154.3
2005	322.93	117.6	95.05	119.4
2006	413.29	130.8	126.05	120.8
2007	591.40	114.3	170.82	114.3
2008	842.36	129.3	216.16	119.8
2009	752.73	112.6	219.17	116.1
2010	1038.25	129.0	283.90	121.2
2011	1400.10	136.7	366.25	119.0
2012	1472.18	112.9	370.91	114.7
2013	1650.92	110.8	411.71	111.0
2014	1711.58	103.5	431.12	109.5
2015	1663.64	96.6	376.30	105.7
2016	1945.53	109.7	413.49	106.7
2017	2076.29	121.3	449.46	108.7

说明：1.规模以上工业是指当年销售收入2000万元及以上的企业。2011年之前的统计口径是当年销售收入500万元及以上的企业为规模以上工业。2.根据表中计算，1999年后18年，规模以上工业平均年发展速度为8.05%

第二章 国有工业企业改革

第一节 经营机制转换

1990年，娄底地区工业企业实行经营承包责任制。1991年5月，地委、行署作出《关于加快工业发展步伐的决定》，确定把深化企业改革、理顺内部机制、增强经济活力作为搞好大中型企业的方向。

1992年，地委、行署贯彻落实国务院《全民所有制工业企业转换经营机制条例》，印发《关于在地县（市）属国营中小型工业企业实行“五自主”改革试点的通知》，在全地区地、县（市）属国有企业实行生产经营、产品定价、内部分配、人事和劳动用工、技术改造“五自主”改革，促进企业经营机制转换。选择涟源市的预算内工业企业，娄底地区湘中针织厂、娄底市毛巾厂、冷水江市电化总厂、塑料一厂、耐火材料厂、新化县水泥厂、无线电器材厂、双峰县水泥二厂等单位进行试点。地委、行署成立“五自主”改革领导小组，明确为“五自主”改革试点企业创造宽松环境。是年4—5月，省委书记熊清泉、副书记孙文盛等领导先后到娄底考察调研工业企业“五自主”改革，考察涟钢、涟源白水泥厂、地区五金公司等单位“五自主”改革成果。7月，召开全地区工业企业“五自主”改革试点经验交流会，推介涟源市政府、涟源白水泥厂等11个单位的经验。是年末，全地区实行“五自主”改革的企业79户，占87.7%。

1993年底，全地区预算内工业企业全部推行“五自主”改革。1994年，全地区乡以上工业产值56.59亿元，比上年增长13.3%，完成省下达的目标任务，居全省第七位，全地区预算内企业亏损的占35.8%，亏损额3734万元，分别比上年减少7.2%和15.6%，比预定目标分别降低3.2个和5.6个百分点。全地区工业企业由“五自主”改革进入产权制度改革阶段。

第二节　产权制度改革

1993年，地委、行署推进企业股份制改造，对企业进行产权重组和制度创新。组建湘科发展有限公司等5家有限责任公司，全地区股份制国有工业企业发展到10家。成立娄底地区“产权交易中心”，在双峰县机械厂推行国有资产存量折股出售改革试点。1994年始，娄底企业产权制度改革进入实质性实施阶段。是年，全地区86户预算内工业企业，负债12.03亿元，资产负债率77.7%。地委、行署决定，对全地区国有企业进行“九个一”改革，即实行股份制改造搞活一批，引进外资“嫁接”带活一批，组建企业集团壮大一批，开辟第三产业转移一批，租赁拍卖转让一批，联合兼并“过户”一批，“输血”解救搞活一批，依法破产重新组装一批，母体裂变、分体衍生一批。

1996年2月，全地区全面铺开国有工业企业产权制度改革。对资债基本持平或债略大于资的企业，实行股份制改革，全地区实施股改的企业30户，占总数的39.7%。对13户严重资不抵债且扭亏无望的企业依法破产，其中：已制定方案的4户，经批准和职代会通过的4户，法院受理的5户。按照优势重组，实施企业兼并的3户。以优势企业为龙头，组建企业集团4个。

1997年，22户已实施破产的企业，采取兼并、拍卖、租赁、股改等多种形式进行重组，促进企业存量优势资产、名牌产品集聚。54户已改制的企业，在明晰产权的基础上，重点抓内部改革。40户规模较大的企业〔其中15户中央、省属企业，15户地、县（市）属企业，10户乡镇企业〕，通过技术改造，兼并联合，形成规模经营。

1999年，市委、市政府出台《关于全市国有工商企业产权制度改革的若干规定》《关于加快国有中小企业改革和发展的决定》，因企制宜，全面推进产权制度改革，除极少数确需采取国有独资、控股形式的企业外，绝大多数企业采取依法破产、公开出售、租赁经营、委托经营、联合兼并、股份制和股份合作制等多种形式，实现产权多元化。对产品没有市场、扭亏无望、资源枯竭、技术落后、污染严重的小矿山、小冶炼、小水泥企业，实行破产关闭，淘汰一批落后产能。

2001年8月，市政府出台《关于市直国有工业企业改革有关问题的处理意见》，确定“两个置换”（企业置换产权，职工置换身份）的具体办法。市直国有企业实行“两个置换”改革时，职工解除全民身份，由企业给予一次性的经济补偿。2001—2002年，市直国有企业，原地属八一集团公司、湘中针织厂、机电总厂、机械厂破产终结，变现资产、安置职工。华兴运动衫厂等5户企业和主管局所办的7户供销公司处置其资产，实行改制。娄底纺织厂、彩冠印刷有限公司落实合作伙伴，组建股份制企业，实行改制。铁合金厂、煤机厂等已租赁的企业先租赁后实行改制。资江煤矿、大建煤矿、9765工厂等企业实行下岗分流，减员增效，并试行股份合作制改造进行改制。煤炭公司、医药集团公司等流通企业，分批实行改制。此后，各县（市、区）参照地属企业的改制办法，对本辖区国有企业实施改革改制。

2004年，市彩冠印刷有限公司等4户企业改制基本到位。市马鞍山煤矿、市资江煤矿、市煤炭公司、市铁合金厂、市工业供销公司、华兴运动衫厂6家企业处置完资产，全力展开职工安置。市煤机厂、9765工厂基本协商处置好债务，市马鞍山煤矿、市资江煤矿分别依法公开挂牌转让给温州客商——湖南大自然房地产公司和长沙客商——湖南辉鹏投资有限公司。2005年市铁合金厂公开拍卖。市彩冠印刷有限公司以820万元整体转让给市金海置业发展有限公司。市煤炭公司关家脑土地和洪山、双板桥站公开转让，变现收入502万元。

至2005年，全市改制到位工业企业占应改制企业总数的92.5%，盘活资产24.18亿元，补偿安置职工8.27万人，移交社保管理的离退休人员2.43万人。是年，驻娄省属（包括中央下放给省）国有企业42户，其中工业生产类企业12户，“三线”军工企业3户，矿产开采类企业23户，其他类企业4户。市委、市政府成立驻娄中央、省属企业改革协调领导小组，下设冷钢、金信、雪峰、湖南锻造厂、华达机械厂等企业改革指导和协调小组，涟邵矿业集团6矿3厂、锡矿山矿务局北矿、洪源机械厂等企业破产协调领导小组和清算组，负责协调处理中央、省属企业在改革中存在的问题。各县（市、区）相应成立省属企业改革协调领导小组，服务省属企业改革工作。是年，有6家省属下划大型国有企业（雪峰水泥集团、湖南锻造厂、冷水江钢铁总厂、金信化工公司、华达机械总厂、冷水江制碱厂）开始改制，涉及资产17.8亿元，职工2.8万人，其中4家（雪峰水泥集团、冷水江制碱厂、湖南锻造厂、冷水江钢铁总厂）完成改制，金信化工公司进入改制扫尾阶段，华达机械总厂破产，完成职工安置、社区服务指导中心机构人员的选聘、社区移交协议的签订和资产处置等工作，破产终结加速推进。至2006年，纳入改制的市、县（市、区）国有工业企业改制全部到位。驻娄省属（包括中央下放给省）国有企业42户，其中列入全国企业兼并破产项目计划的13户。

2014年9月，市委、市政府发出《关于进一步深化国有企业改革的实施意见》，全面清理经营性国有资产，实现集中统一监管全覆盖，进一步完善现代企业制度。市政府发出《关于加强市管国有企业统一监管的通知》，由市国资委履行出资人职责，国有独资、控股企业（公司）由市国资委负责管人（企业班子成员）、管事（包括外派监事会、国有资本预算管理、企业负责人业绩考核及薪酬管理等）、管资产，原主管部门负责企业的行业管理，企业除市管干部外的其他班子成员由市国资委任命、管理。国有参股企业，由市国资委实施国有资本预算管理。华达汽车空调（湖南）有限公司（国有股份55%）按市政府要求，于2015年3月办理产权重新登记等手续。12月，市委发布《关于推进市属国有企业分类改革的实施意见》，华达汽车空调（湖南）有限公司，以引进社会资本、发展混合所有制、推行职业经理人制度为改革重点，实施改革。域内其他企业产权制度改革扫尾工作结束。

第三节　社会职能剥离

1996年9月，地委、行署与涟源钢铁股份有限公司召开联席会议，明确提出“根据企业实际情况，实施主辅分离，企业社会职能转由政府承担，摆脱企业办社会的状况”。

1999年12月，市政府出台《关于加快国有中小企业改革和发展的若干政策规定》，加快分离企业办社会职能。2004年10月，市长办公会议决定涟邵集团公司利民煤矿、恩口煤矿关闭破产工作时，企业的医院、学校和社区管理机构移交所在县（市、区）管理。

2005年3月，市政府同意按政策由当地政府接管湖南青山硫铁矿承担的社会职能，即接收其子弟学校、医院等单位。是年4月，市政府接管湖南洪源机械厂离退休人员的管理、养老金社会化发放工作，将该厂剥离的社会职能（包括学校、医院、居委会等单位）移交地方政府管理，并按国家有关规定接收人员和资产。市政府与冷水江市政府《锡矿山闪星锑业有限责任公司北矿实施政策性关闭破产工作协调会议纪要》，将锡矿山闪星锑业有限责任公司北矿所办学校的资产、人员一并移交给冷水江市政府，31名企业公安由冷水江市政府接管，社区管理机构及供水供电职能，实行辅业改制，自主经营，自负盈亏。

2006年5月，市政府第13次市长办公会议，专题研究全市国有企业所办中小学校移交地方政府管理的有关问题。市、县（市、区）两级教育局，按照循序渐进、注重平衡的原则，做到条件成熟一个移交一个。同年8月，市政府成立驻娄中央下放和省属关闭破产独立矿山企业留守机构移交工作领导小组，9月，印发《涟邵矿业集团6矿3厂关闭破产留守机构移交实施方案》，10月，印发《关于国有企业中小学校移交地方政府管理的实施意见》，12月，成立娄底市国有改制企业社会职能移交工作领导小组，加强对该项工作的组织领导。至2010年，五县（市、区）全部完成地方企业社会职能的接管移交工作。

2014年底，全市共有省属国有企业办中小学校37所，合计应移交3182人，企业公安局（所）18所，共258人，全部移交地方政府管理。全市有中央、省属企业办职工医院18所，3000人。根据省政府相关政策，企业所办职工医院和供水、供电机构可成建制整体移交给地方，部分成独立企业，实行市场化运作。截至2016年1月，娄底铁路医院成建制整体移交给娄底市政府，纳入市级事业单位统一管理；涟钢职工医院整体移交娄底市政府。

为基本完成关闭破产和改制的企业办理社保、医保关系接续手续。为涟邵矿业集团6矿3厂退休人员9724人（内养2110人，退休7614人）办理退休手续；为冷水江制碱厂退休人员513人（内养82人，退休431人）办理医疗保险手续，涟邵矿业集团已解除劳动关系的职工档案移交各县（市、区），冷水江制碱厂的职工档案移交娄底市劳动就业服务局。至2016年底，娄底市内原国有企业社会职能移交工作完成。

第四节　管理机构改革

1992年12月，地委、行署印发《关于在地直属工业企业中实行无行政主管的意见》，1993年，对地直娄底纺织厂等9家企业实行无行政主管局试点。按照政企分开的要求，政府部门对企业实行“六不”：不下达指令性生产调拨计划；不下达招工计划；不下达工资总额控制指标；不干预企业内部机构设置；不干预企业内部人事管理；不准向企业乱收费、乱摊派。参照地直企业实行无行政主管局试点经验，新化等县市在本辖区内也逐步推开。

1994年，地委、行署发出《关于娄底地区地直党政机关机构设置的通知》，撤销食品办、包装办，其职能划归经委。地区轻纺、二轻、冶金机械电子、化工、建材5个工业局，分别转体为对应的5个总公司，注册登记时间1994年6月20日。地区医药局转体组建成跨县市的医药集团有限公司。地区工贸开发总公司依托地区铁合金厂，组建有限责任公司。在地区五个工业转体单位中设立行业管理办公室（简称“行管办”），根据管理工作范围定事业编制4～6名，不设内部科室。公司总经理兼任行管办主任。行管办受行署委托，行使本行业的行业和部分行政管理职能。2004年，撤销行管办。化工、建材、轻纺、二轻行管办行政在编人员划入市国资委，冶金机械电子行管办、工业开发和医药集团总公司行政在编人员划入市经委。至此，市属工业行政管理职能不复存在。各县（市、区）工业企业行政管理职能同时消亡。企业管理机构改革完成。

第三章 企业转型升级

第一节 技术进步

一、技术改造

1990年，娄底地区根据省经委《关于进一步抓好企业技术进步工作的几点意见》，集中力量抓好技术改造项目的投产；加强新产品开发和新技术推广；实行必要的金融倾斜，建立地区和县市技术开发基金。是年末，全地区全民单位的固定资产投资总额中，用于生产、技改投资2.82亿元，占总投资的78.2%。

1991年，全民单位的固定资产投资中，用于生产、技改建设投资4.09亿元，比上年增长44.6%，是年，主要新增生产能力有电炉钢30万吨、黄金119.75千克、自动电话交换机4596门、日用陶瓷684万件。至1995年，全地区有203家地属工业和乡（镇）企业建立研发机构，29个企业提取科技开发基金5700万元，与大专院校和国家、省级研究院共建科研开发联合体近100个。

1996—2000年，市政府制订《娄底地区科学技术“九五”计划和“2010年发展规划”》，通过技术改造和创新，新化电子器件厂研制的“电子证件及自动查验系统”技术性能达到国家先进水平。涟钢通过实施“CIMS”工程，使企业生产和管理现代化实现新的进步，筹建的省级技术创新中心，带动和促进企业技术创新、新产品、新技术研发。涟源冶金连铸设备制造有限公司承担的高效结晶器及结晶管被列入国家高新技术产业示范工程和省重点科技攻关计划，通过重组，加快产业化步伐。在新材料领域，开发焊接材料、金属纤维、电解镍、粉末触煤产品、半石墨材料、复合陶瓷辊环、无铅毒釉上彩出口瓷。在生物制药领域，开发抗癌新药“肝复乐”、低分子量肝素钠。在光机电一体化领域，开发自由行走智能数控切割机，高效结晶器及铜管。2000年，科技进步因素对经济增长的贡献率38.2%。

2001—2005年，全市工业技术改造投资155亿元，地方工业投资146亿元，其中冶金行业110亿元，建材10亿元。钢铁、水泥产量和质量位居全省前列。广州梅雁集团公司投资建设的涟源坑口电厂，投资22.5亿元。安石集团2×3万吨捣固炼焦工程第一期顺利投产。双峰海螺一期150万吨干法水泥生产线竣工投产，金信化工集团30万吨合成氨、50万吨尿素的技术改造项目，投资1.36亿元，竣工投产。

2006年，工业企业技术改造固定资产投资59.63亿元，2010年，达到210.06亿元，是2006的3.5倍。2011—2015年，全市工业完成技术改造投资1103.7亿元，其中制造业投资337.49亿元，同比增长10.2%；完成基础设施投资248.38亿元，增长31.3%；高技术产业投资54.04亿元，增长48.2%，均高于全市投资增速。

2016年，市政府组织相关部门编制《娄底市新型工业化“十三五”发展规划（2016—2020年）》，部署“十三五”全市工业发展工作。是年，协助10户企业融资6000余万元；引导企业和资本市场对接，其中欧道科技从华夏国家投资公司引资4000万元。全年完成工业固定资产投资491.7亿元，其中技术改造投资338.6亿元，同比分别增长17.8%和26.2%。

2017年，市委、市政府印发《关于加快建设国家产业转型升级示范区的若干意见》，依托科技创新、制度创新双轮驱动，主动对接“中国制造2025”“互联网+”，打造新引擎，加大技术改造和技术研发投入，推动大众创业万众创新，构建全方位创新发展体系。是年，全市完成工业固定资产投资564亿元，比全省平均水平高7.3个百分点，居全省第二位。其中技改投资375.2亿元，增速9%，排全省第一位。在全市开展项目建设大比拼活动中，重点跟踪服务工业项目84个，投资511亿元，其中本年度计划投资104亿元，至年底完成年度计划的124.7%。全市两高产业发展明显加快，其中高技术产业增加值增长16.9%，高加工度产业增加值增长12.2%，医药制造、农副食品加工、专用设备制造、汽车制造业分别增长18.7%、30.6%、18.8%和40.1%。

1990—2017年娄底市工业技改投资情况表

表26-5　　　　单位：亿元、%

年份	投资额	年均投资	年均增加	同比增长
1990	2.82	2.82	—	—
1991	4.09	4.09	1.27	45.04
2001—2005	155.00	31.00	26.91	6.57
2006—2010	651.46	130.29	99.29	320.00
2011—2015	1103.70	220.74	90.45	69.40
2016—2017	713.80	356.90	136.16	61.68

二、科技创新

1991—1995年，涟钢先后与外单位签订技术合同90余份，经费900万元（实际支出约850万元）。"轧钢一火成材工艺""转炉声纳化渣""LF精炼炉""轧钢加热计算机控制""全连铸工程""高炉上料计算机控制"等技术，都是与有关研究院所、高等院校及其他企业进行技术合作的结果。与中南工业大学合作开发的科研项目"焦炉配煤集散控制与专家控制系统"投入近90万元，取得年经济效益约470万元。五年间，涟钢有41个项目列入湖南省冶金系统科研、新技术推广及新产品试制项目计划。同期，冷水江化工二厂引进具有国内领先水平的"低钾钠氯化"生产技术，产品填补省内空白，1995年试产成功，产品远销江苏、浙江、广东等地。冷水江制药厂通过开发"肝复乐片"，完成产值4500万元，交税480万元，成为冷水江市利税大户之一。

1996—2000年，全市共承担各类工业科技计划项目236项，其中国家级16项，省级100项，地区级120项。这些项目中，达国际先进水平的3项，国内领先水平4项，国内先进水平9项，填补省内空白7项。累计项目投入2.19亿元，新增产值8.31亿元，新增利税1.77亿元，为全市工业科技的发展奠定基础。涟钢安排科技项目300余项，计划经费1.3亿元（实际支出0.85亿元），取得直接经济效益2.1亿元。三一集团新材料工业有限公司研制成功的"连续化带状泡沫镍"被列入国家级高科技科研计划，其连续化带状新工艺达到国际先进水平，属国内首创，产品填补国内空白。冷水江制碱厂成功研制"可充电氢镍电池"，其工艺技术水平居国内领先地位，产品填补省内空白。娄底地区新材料研究所研制成功的"混菌发酵饲料调制剂"，经权威专家鉴定：其剂型研制和生产工艺，达到国际同类研究的领先水平，被列为国家级科技新产品试制鉴定计划。涟钢的"CIMS应用示范工程"项目被列入国家"863"计划，在全国80余家大、中型冶金企业中，是3个仅有的按CIMS模式组织企业信息体系的单位之一。涟源市南方冶金连铸设备厂研制的国家"九五"重点攻关计划"高效结晶器和结晶器铜管"，其主要技术指标达到国内领先水平。新化县电子器件厂生产的电子皮带秤、永磁系列等产品，广泛应用于电子、仪表、航天等行业。全市被列入国家、省、地的各类工业科技计划项目，经实施科技创新后年产值上亿元的企业有3家，过5000万元的企业5家，过1000万元的企业7家。全市获得省星火计划奖励的科研项目9项，9个单位29名研发人员获奖。

2001—2005年，市委、市政府印发《关于加强技术创新、加快发展高新技术产业的决定》。湖南省大乘资氮集团有限公司"15万吨/年大颗粒尿素造粒装置国产化"项目列入国家重大装备创新研制计划，涟钢"无头轧制技术应用"、冷水江制药厂"胃得力胶囊开发"等3个项目列入国家重点技术创新项目计划，新化气门厂"EQ-140排气门激光熔敷产品"获国家重点新产品称号。加强产学研联合，市政府与清华大学、国防科技大学等19所大专院校建立长期稳定的联系。涟钢、湖南省金信化工集团公司、锡矿山矿务局建立的技术中心，被认定为省级技术中心。至2005年，全市实现新产品产值9.79亿元。

2006年，娄底市与中南大学举行战略合作及科技成果对接会，签订中南大学与娄底市战略合作协议，企业与中南大学的资源、冶金、化工等领域共签订22份校企科技合作项目协议书。2008年，全市高新技术产业产值150.17亿元，创利润9.75亿元，出口创汇2.8亿美元。全市新认定的省级高新技术企业5家，审查企业13家。是年，省级高新技术企业25家，初步建立高新技术企业和产品数据库。

2009年，市政府制定《娄底市科技创新活动实施方案》，加快高新技术和先进适用技术在传统产业中的推广应用，促进传统产业节能降耗。重点搞好传统支柱产业的技术改造，提升涟钢、冷钢、闪星锑业、中兴液压、湖南宜化等核心企业的市场竞争力。对特种陶瓷、矿山机械、农业机械三大特色产业，推动企业兼并重组，实施大公司、大集团战略，培育核心龙头企业。加强薄板及深加工产业基地、双峰农机产业基地等特色产业基地建设，集聚特色产业企业，扩大产业规模。

2010年，全市认定高新技术企业32户。

2011—2015年，娄底市获国家科技进步二等奖2项，省科技进步一等奖2项、二等奖4项、三等奖7项，省专利奖6项，娄底市成功跨入全国科技进步先进市行列，科技创新水平步入全省前列。全市共举办科技培训100余场，实施科技特派员创新创业项目50余项，争取国家和省科技项目341项、项目资金3亿元，国家科技惠民计划、省级科技重大专项落户娄底，并牵线搭桥，帮助300多家企业与国内外56所高校和科研院所开展紧密合作，攻克核心关键技术130余项。全市建成国家级技术平台2个、省级企业技术中心12个、市级企业技术中心15个，申请专利1520件。在第六届中国创新创业大赛中，娄底有9项成果脱颖而出。

2017年，娄底研发机构49个，规模以上企业从事研发工作人员5613人，其中本科以上学历3396人。规模以上企业中有168家企业开展了研发活动，内部研发经费支出155亿元。是年，全市列入高新技术企业23户，规模以上企业实施研发项目296个，专利申请受理282件，新产品销售收入402.1亿元。

2017年娄底市省级高新技术企业一览表

表26-6

序号	企业名称	技术领域	序号	企业名称	技术领域
1	娄底市中兴液压有限公司	先进制造与自动化	13	湖南科比特科技有限公司	新能源
2	娄底市大丰和电动车辆有限公司	先进制造与自动化	14	冷水江市华科高新材料有限公司	新材料
3	湖南省卓尔轴瓦科技限公司	先进制造与自动化	15	冷水江市佳晨电子陶瓷有限公司	新材料
4	娄底市通达金属材料有限公司	新材料	16	湖南驰鑫特种隔热材料有限公司	新材料
5	湖南省方圆磨料磨具限公司	先进制造与自动化	17	新化县新园电子有限公司	新材料
6	湖南十一维阀门制造有限公司	先进制造与自动化	18	湖南步升取暖科技有限公司	先进制造与自动化
7	湖南三讯新能源科技有限公司	新能源及节能	19	湖南中南神箭竹木有限公司	新材料
8	湖南电将军新能源有限公司	新能源及节能	20	湖南省丰源机械有限公司	先进制造与自动化
9	湖南田野生物科技有限公司	生物与新医药	21	双峰县九峰农机制造科技有限公司	先进制造与自动化
10	湖南格仑新材料股份有限公司	新能源与节能	22	湖南五丰机械有限公司	先进制造与自动化
11	湖南富佳钢瓶制造有限公司	先进制造与自动化	23	娄底市双超机电制造有限公司	先进制造与自动化
12	娄底市同丰科技有限公司	先进制造与自动化			

2017年娄底市新材料企业一览表

表26-7

序号	企业名称	所属行业	产品名称
1	娄底市远程精密精密结构陶瓷有限责任公司	先进硬质材料	超硬陶瓷手机盖板
2	冷水江市明玉陶瓷工具有限责任公司	先进复合材料	氮化硅陶瓷电热元件
3	湖南省映鸿科技有限公司	先进复合材料	氧化锆陶瓷
4	娄底市朝阳塑胶有限公司	先进复合材料	埋地双平壁钢塑复合缠绕排水管
5	湖南三泰新材料股份有限公司	金属新材料	高硼高速钢
6	娄底市久鑫电子科技有限公司	金属新材料	锰锌铁氧体磁性
7	湖南文昌科技有限公司	金属新材料	AHS-2
8	冷水江钢铁有限责任公司	金属新材料	高强度钢筋
9	娄底市通达金属材料有限公司	金属新材料	316L不锈钢纤维
10	湖南鸿瑞新材料股份有限公司	化工新材料	高分辨率感光干膜
11	娄底市峰钰科技有限公司	其他新材料	锰锌铁氧体颗粒料
12	冷水江三A化工有限责任公司	其他新材料	二氧化硅气凝胶
13	湖南省新化县鑫星电子陶瓷有限责任公司	其他新材料	SMD晶体谐振器
14	新化县新园电子陶瓷有限公司	其他新材料	陶瓷结构件
15	湖南华南煤矿机械制造有限公司	先进结构材料	增强铝基钢背复合板材
16	湖南天益高技术材料制造有限公司	先进结构材料	硬质合金棒材
17	娄底市安地亚斯电子陶瓷有限公司	高性能复合材料	一种固态继电器陶瓷壳
18	湖南创一电子科技有限公司	金属新材料	软磁铁氧体磁芯
19	娄底市光能科技发展有限公司	先进复合材料	新型复合材料护栏
20	新化县恒新陶瓷有限公司	先进复合材料	可控硅外壳
21	湖南驰新特种隔热材料有限公司	先进复合材料	防渗透轻质砖
22	娄底市飞达冶金炉料厂	先进复合材料	硬质合金混合料
23	娄底维亚科技有限公司	化工新材料	粉末涂料
24	湖南大乘医药化工有限公司	化工新材料	高纯度4,4-联苯二酚
25	湖南恒远新材料科技发展有限公司	先进复合材料	钢骨架塑料复合管材

第二节 质量兴企

1990年始，全地区开展“质量信得过企业”“质量信得过产品”活动。至1994年，全地区评定的质量信得过企业26家，免检产品7个。

1997年，冷水江大乘锌化厂、冷水江制碱厂、涟邵水泥厂3家企业的3种产品获省名牌产品称号，9765工厂、冷水江耐火材料厂和涟钢3家企业3种产品获省质量奖。市域内有83家企业整顿验收，验收合格率100%，18家企业的产品质量等级品率82.4%，18家企业共降废减损3000万元。

1998年，大乘资氮集团等6家企业申报名牌产品，6家企业获省质量奖，4个到期名牌产品复查通过。新化燎原水泥厂的“金马”牌水泥被评为省质量奖和省名牌产品。地县（市）对75家工业企业的质量状况进行全面调查，28家企业整改验收，27家合格。全地区工业产品等级品率90%。涟钢和资氮全年降废减损2300万元。

1999年，169厂等4家企业的5项产品获省产品质量奖、4项产品（包括复评2项）获省名牌产品称号。娄底化工总厂等12家企业的12项产品，评为市优质名牌产品。全市工业产品等级品率92.8%。是年，10户工业企业全面质量管理验收发证。雪峰集团等4家企业被评为省质量管理先进单位。

2000年4月，市政府印发《娄底市质量振兴实施计划（2000—2010年）》，冷水江市和娄星区出台《质量振兴实施计划》，涟钢和大乘资氮集团等企业制订质量振兴实施计划。是年，冷钢等4家企业4项产品（含复查2项）获省名牌产品称号，冷水江制药厂等4家企业的4项产品，获省产品质量奖，12家企业13项产品评为市优质产品。全市工业产品等级品率92.5%。是年底，娄底市酒类产销管理办公室，依据《湖南省酒类管理办法》《娄底市人民政府关于加强酒类产销管理的通告》等法律法规，会同公安、技术监督、工商部门，对酒类市场进行3次清理整顿，检查6家酒厂、11个专业市场、65家商场、85家超市、241家酒店（宾馆），捣毁1个制假窝点，查获假冒伪劣品牌酒总标值21余万元。2001年8月，开展“中国质量万里行——娄底行”活动，资氮、燎原水泥厂、169厂等38家企业开展“质量兴企”活动。9765工厂等10家企业中有5家企业的5项产品获省名牌产品称号。2005年，湖南中南神箭竹木有限公司重视质量管理，产品畅销东南亚、中东、南美、俄罗斯等国家和地区。是年，全市有10家企业的11项产品获湖南名牌产品称号。华菱涟钢在全省率先获“全国质量奖”。金信化工的国家免检产品通过复评。2007年，闪星锑业有限责任公司生产的三氧化二锑，获中国名牌产品称号，填补娄底市无中国名牌的空白。是年，9家企业的10项产品获湖南名牌产品称号。

2008—2010年，全面推进产品质量电子监管网工作。全市132家企业首批列入入网目录，139家进行网上登记。市政府出台《娄底市质量兴企、名牌强市战略“十二五”实施方案》，设立市长质量管理奖。12家企业的13个产品申报湖南名牌产品，10个通过现场评审。其间，日用搪瓷保温瓶“五江”商标被认定为中国驰名商标，各项经济指标创新高。2011年，市政府印发《娄底市市长质量奖管理办法》。16家工业企业开展全面质量管理培训，10家企业参与省质量信用等级评定，11个产品申报湖南名牌产品。

2013年9月，娄底市召开首届“市长质量奖”颁奖大会暨全市质量工作会议，2个组织和1名个人获奖，获2012年湖南名牌产品称号的15家企业受表彰。2014年，全面质量监管培训500人次。华菱涟钢有限公司通过质量兴企、品牌培育活动，年产钢跨过300万吨台阶。

2015年，全市举办4期全面质量管理培训班，1500人取得培训证书。15名企业高管参加省质量管理高级研修班，涟钢等2家企业参加省第36次质量管理小组代表大会。全市3家企业撰写经验材料，23家企业参与“湖南名牌产品汇编”活动。是年，21家企业的21个产品获“湖南名牌产品”称号。双峰县向国家申报“全国农机产业品牌示范区”。2016年，冷水江钢铁有限公司、双峰县湖南农友机械集团有限公司等7家企业的产品获得湖南名牌产品称号，5家企业获得A级以上企业质量信用等级证书，国产实业（湖南）水泥有限公司、湖南创一电子科技有限公司等6家企业参与中国质量协会企业质量现状调查，湖南农友机械集团有限公司等2家企业编写2016年度企业质量信用报告。按照市政府《娄底市帮扶工业企业十五条的通知》规定，企业自主研发的发明专利、新获得“中国驰名商标”“湖南名牌产品”“湖南著名商标”的企业、获得“中国质量奖”“省长质量奖”“市长质量奖”的企业，由受益财政按相关政策分别给予奖励。

2017年，市政府出台《关于加快质量发展建设质量强市的实施意见》，启动第二届娄底市市长质量奖申报评选工作。湖南省农友机械集团公司获工信部颁发的“质量标杆企业”荣誉称号、农友商标获中国驰名商标；涟钢、闪星锑业等4家企业，定为全省品牌培育试点企业；涟钢获中国钢铁工业协会“特优质量奖”。截至2017年，全市有中国驰名商标13件，省著名商标87件，省名牌44个，6家企业获省级工业标准化试点。

第三节　招商引资

1990年始，地区及各县市大力发展招商引资，引进资金和技术使招商引资成为促进工业发展的重要抓手。1997年，行署组织三次大型招商活动，批准外商投资项目12个，合同利用外资6000万美元，实际到位2842万美元。出口创汇2509万美元。是年6月，地委发出《关于对外商投资企业合法权益实行挂牌重点保护的通知》，对华达杰克赛尔（湖南）汽车空调有限公司等12家外商投资企业实施挂牌重点保护，禁止任何部门、单位和个人对企业乱收费、乱罚款、乱集资摊派和其他各类违法违规行为，为招商引资创造好的环境。

2002年，湖南—上海经贸活动周及深圳商交会期间，全市有18个工业项目与外商签订协议，引进外资3553万美元，境内资金1.1亿元。在第四届深圳交易会上，引进海螺水泥集团整体收购双峰水泥二厂，组建双峰海螺有限公司，对水泥熟料生产线进行技术改造。2004年，娄底市先后在温洽会和珠洽会、中博会、湘招会上落实引资项目342个，合同引进内资41.55亿元，外资2.56亿美元，91个项目当年开工建设。娄底经开区50个项目开工建设，完成投资12亿元。

2005年5月，市政府发出《娄底市人民政府关于CEPA相关项目经营优惠政策若干规定的通知》，全市引进安徽海螺、三一重工等一批全国500强企业布点娄底。当年，组织参加“港洽周”经贸洽谈会和第二届“泛珠三角”经贸洽谈会，娄底发布项目187个，投资92.56亿元，签约项目28个，合同引资3.25亿美元，其中外资2.44亿美元。是年7月，娄底市在第二届“珠洽会”上发布项目330个，投资168.5亿元，签约5个，投资2.14亿元，引进外资1.96亿美元。至2006年，全市引进1亿元以上工业项目31个，其中5亿元以上项目12个。

2007年，引进湖北宜化集团，该公司以5.3亿元收购经营困难的金信化工，成立湖南宜化公司，用一年时间，实现产销额6.92亿元，上缴利税7752万元。2013年，文昌科技与北京有色研究总院合作的年产2万吨半固态轻合金新材料及产业园项目，投资2.7亿元，北京有色研究总院设备投资6000万元；博纳斯锻造有限公司与娄底光华机械有限公司签订投资1.5亿元的精密锻造生产线项目合作协议。12月，编制《汽车及零部件产业招商指南》，介绍娄底市14家企业，14个汽车产业链配套招商项目。是年，全市洽谈引进重大招商项目51个，引资427.8亿元。

2014年，在“沪洽周”活动中，市政府促成威嘉生物与上海安捷投资有限公司签约年产500吨甜菊糖生产线项目。2016年，全市“项目建设大比拼”活动有序推进。市经信委重点跟踪服务的99个工业项目总投资351.9亿元，年计划投资84.1亿元，实际完成投资121.1亿元，为年计划投资的143%。是年，全市工业企业招商引资273亿元，超额完成年度目标。

2017年，市政府出台《娄底市招商引资若干政策规定》，对重点招商引资项目，到位投资形成固定资产1亿元、5亿元、10亿元（或外资1500万美元、7000万美元、1.5亿美元）的，分别给予100万元、300万元、500万元的产业扶持资金。对重点招商引资项目，从投产第1年开始连续3年，由受益财政从投资企业当年缴纳入库税收地方实得部分中，奖励50%用于支持该项目发展。在重点招商引资项目鼓励政策基础上，地方政府和园区管委会在职权范围内采取“一事一议”方式，加大对土地供应、资金扶持、费用减免等方面的支持。2017年，84个工业项目，当年计划投资104亿元，实际完成129.3亿元。

第四节　淘汰落后产能

2001年始，娄底市把淘汰落后工业产能列入政府的重点工作之一。当年，将省财政下达的关闭国有小煤矿150万元专项补助金，分配到各县（市、区），专款专用，促进小煤矿关闭落实。

2005年，市政府组织相关部门制定《娄底市工商企业重点支持产品和技术、制止重复建设、淘汰落后生产能力和工艺的目录》。按国家经贸委指令，第一批，制止重复建设201项，淘汰落后生产能力20项，淘汰落后生产工艺设备36项，淘汰落后产品58个。第二批，淘汰落后产能5项。第三批，淘汰落后产能8项。按省政府指令，淘汰落后生产能力242项，淘汰落后生产工艺装备195项，淘汰落后产品72个。

2007—2014年，全市淘汰落后产能企业647户，其中煤炭企业426户，占65.8%。

2017年，市政府成立淘汰落后产能工作领导小组，各县（市、区）成立相应机构，先后出台和执行《娄底市2017—2018年去煤炭落后产能工作方案》等3个文件。淘汰煤矿23处，去产能138万吨。市淘汰落后产能办公室制定下发《娄底市对2013年以来淘汰落后产能公告企业开展“回头看”及环保督察反馈的问题进行整改工作方案》，采取县（市、区）自查与市政府督查相结合进行，对2013年以后淘汰落后产能工作及奖补情况进行全面清理整顿。“回头看”的重点是煤炭行业和烟花、爆竹、危化品和小冶炼行业。根据属地管理原则，建立市、县（市、区）、乡镇三级巡查机制，明察暗访，打击违法违规专项行动。

第五节　工业节能及资源综合利用

1990年初，地区经委向各县（市）下达当年主要工业产品能源、原材料消耗考核指标，要求限期达标。1991年，地区能源监测站共监测企业17家，对15台锅炉，10台风机，13台水泵，3台电机的能耗进行测试，督促企业落实节能技术措施，取得间接经济效益1.45万元。1992年，下达全市148家工矿企业的32种产品电耗、47家企业的煤耗指标。是年，全地区县及县以上国有、集体企业，万元产值能耗6.78吨标准煤，比1991年同期下降4.1%。全年节约能源近20万吨标煤，其中节煤11.9万吨，节电6939万千瓦时，节油2551吨。纳入全省目标管理考核的30项主要工业产品能源消耗，比上年同期下降的21项，持平的1项，上升的8项，稳定降低率76.6%。全地区完成节能技改投资470万元。

1994年，全地区考核的30项主要产品原材料消耗单项平均下降6.6%，项目稳定降低率76.6%，万元工业产值综合能耗比上年下降0.7%。

1996年，全地区开展以节能降耗，提高经济效益为主要内容的管理年活动，化工行业万元产值综合能耗15.25吨标煤，下降0.4%，冷水江制碱厂联碱双吨单位成本1535.19元，下降53.41元，全年增利275.3万元。1997年，全地区资源节约与综合利用，考核30项主要产品原材料降耗，平均降幅2.3%，项目稳定降低率81.5%，能源消耗平均下降2.6%，项目稳定降低率70.4%，万元工业产值综合能耗同比下降13.9%。

2000—2002年，全市工业万元产值综合能耗年均下降4.7%，节约能源40余万吨标煤，相应减少排放二氧化硫0.6万吨，废渣8万吨，废水18万吨；综合利用工业固体废弃物200万吨。

2005年，全市单位GDP能耗2.96吨标准煤，规模工业万元增加值能耗7.11吨标准煤。2007年申报涟钢、五江轻化列入省循环经济试点单位，推动循环经济发展和资源综合利用。2008年，有7家企业继续享受国家财税优惠政策，全市利用固体废弃物33万吨，废气9.7亿立方米，折标准煤10.9万吨。是年7月，市政府制定《节能减排工作实施方案》，提出全市“十一五”期间的各项节能减排目标任务。至年底，娄底市争取国家、省节能专项资金1.02亿元，重点支持涟钢余热发电、湖南宜化合成氨系统、五江轻化窑炉等20个节能项目，项目实施后每年节约标准煤56.96万吨。对79户淘汰、限制类企业实行差别电价，抑制高能耗行业盲目发展。

2009年，全市规模经济增加值单位能耗3.53吨标准煤，同比下降13.1%。是年，申报国债项目10个，项目投资18.38亿元，全年节约标准煤19.99万吨，争取国家财政节能预算资金1680万元，实施完成21个节能项目。至2010年，全市规模工业万元增加值能耗由2005年的7.11吨标准煤，下降至3.04吨，同比下降57.2%，完成“十一五”节能目标任务的136%。

2011年9月，市政府下达“十二五”期间及当年节能目标任务。11月，市政府表彰“十一五”期间污染减排工作先进集体，授予冷水江市政府、涟源市政府、娄底市环保局、娄底市住房和城乡建设局、大唐华银电力股份有限公司金竹山火力发电分公司、湖南宜化化工有限责任公司娄底“十一五”污染减排工作先进集体称号。

2012—2013年，娄底市根据《湖南省人民政府批转省两型办等单位（关于在长株潭两型社会建设综合配套改革试验区推广清洁低碳技术的实施方案）的通知》要求，制定并实施《娄底市推广清洁低碳技术实施方案》，在全市重点推广新能源发电脱硫脱硝技术、工业锅（窑）炉节能技术、绿色建筑技术等十大清洁低碳技术，实施能源节约、清洁生产和资源综合利用三大工程，提升资源能源利用率，降低能耗。

2015年1月，市政府印发《娄底市节能减排低碳发展行动方案》，加强工业节能降碳。是年底，规模以上工业单位增加值能耗比2010年降低20%，节约112万吨标准煤。全市95项国家、省重点减排工程项目完成91项。火电脱硫脱硝、钢铁脱硫、水泥脱硝等重点项目按期完成。省政府与市政府签订“十二五”期间的减排重点项目15个，完成14个。

2016年，娄底市配合工信部、省经信委和省节能监察中心，分两批对市内9家高能耗企业进行节能专项监察。制定《娄底市经济和信息化委员会环境保护工作实施方案》，由市经信委配合市发改、环保、水利等部门，开展工业节能及大气污染防治、水污染防治、水资源管理制度、节能减排考核等工作。

2015年、2016年娄底市各县（市、区）工业企业产值能耗情况表

表26-8

年份 县（市、区）	工业总产值（亿元）		产值能耗（吨标准煤／万元）	
	2015年	2016年	2015年	2016年
娄星区	163.30	181.35	0.17	0.15
双峰县	240.67	273.14	0.19	0.17
新化县	161.02	182.88	0.27	0.24
冷水江市	380.61	399.40	0.99	0.87

续表26-8

年份 县(市、区)	工业总产值(亿元)		产值能耗(吨标准煤/万元)	
	2015年	2016年	2015年	2016年
涟源市	245.75	273.70	0.63	0.51
市经开区	206.15	234.76	0.07	0.06
市　直	272.12	298.56	1.50	1.44

2016年娄底市六大高耗能行业能源消耗情况表

表26-9

行业分类	企业数(家)			综合能源消费量(折标准煤万吨)		
	2015年	2016年	增长(%)	2015年	2016年	增长(%)
石油加工、炼焦和核燃料加工业	3	3	持平	33.85	33.34	-1.51
化学原料和化学制品制造业	40	40	持平	58.83	33.88	-42.42
非金属矿物质制品业	74	85	15	123.37	127.74	3.54
黑色金属冶炼和压延加工业	42	39	-7	562.76	582.53	3.51
有色金属冶炼和压延加工业	23	21	-9	10.58	5.72	-45.96
电力、热力生产和供应业	9	9	持平	149.21	144.95	-2.85
总计	191	197	3	938.60	1049.36	11.80

2017年，全市480家砖厂，关闭取缔328家。全市有19家工业企业加大燃煤锅炉（窑炉）、电机系统变频节能，工业余热余压利用、能量系统优化节能技术改造，投资3.1亿元，节约标准煤527万吨，节电4.29亿千瓦时，减少废水200万吨。全市工业污水再生利用率20%以上。重点推进工业“三废”特别是冶金渣、煤矸石、粉煤灰等大宗工业固体废弃物及余热余气余压综合利用。全市工业固体废弃物利用量439.85万吨，粉煤灰综合利用率100%，有余热余压机组58.1万千瓦，年发电量42.4亿千瓦时，其中涟钢自备余热发电量由2011年的20亿千瓦时上升至2017年的30亿千瓦时，自发电量占全厂用电量85%左右，居国内先进水平。娄底市根据国家、省清洁生产有关要求，在机械、食品、建材、化工等行业，提高清洁生产水平。有8家企业列入全省清洁生产自愿审核试点单位。是年，全市规模工业增加值能耗同比下降9.4%，工业能耗总量1048.11万吨，下降1.5%，万元工业增加值用水量86.5立方米，下降15.2%，规模以上工业固体废弃物综合利用率86%。

第二十七篇

冶金工业

概 述

1990年，娄底地区冶金工业企业85户，从业职工4.92万人。主要生产钢、铁、锰、铅、锌、锑、黄金、铜、铁合金等20余种产品。固定资产原值13.58亿元。完成工业产值11.29亿元，销售收入11.18亿元，创利税1.63亿元。1991年，冶金行业开展“质量、品种、效益年”活动，完成工业产值12.55亿元，销售收入14.6亿元，创利税2.01亿元。1992年，实现利税3.99亿元。1993年，全地区冶金行业完成工业产值18.84亿元，比上年增长20.6%。1994年，涟源钢铁总公司（简称涟钢）实施200万吨钢配套改造建设。冷水江钢铁总厂（简称冷钢）处于亏损状态。1998年，新建涟源市世创铸铁有限公司。

2000年，全市黄金产量135千克，生铁、硅锰合金、含量锑等产量均比上年有所增长。2001年，列为湖南省推进工业化进程10大标志性工程之首、投资85亿元的涟钢200万吨超薄板带钢工程动工建设。同时启动新一轮技术改造，完成投资31.25亿元，建设项目136项，达到年产钢200万吨主体生产能力。2002年，冷钢组建冷水江博长控股集团有限公司，主体设备升级改造，生产规模实现跨越式发展。2003年，涟源市冶金建材总厂更名涟源顺鑫钢铁有限责任公司。2004年，涟源顺鑫钢铁有限责任公司以1008.89万元整体收购涟源市冶炼厂，成为湖南省第二大铁合金企业。2006年，涟钢薄板工程建成投产，形成年产钢300万吨的综合生产能力。是年始，市委、市政府编制和落实《培育和发展产业集群规划》，在娄底经开区兴建占地8公顷、建筑面积4.56公顷的薄板配套和深加工产业项目。王力门业、长沙碧城机械电力有限公司、浙江新兴经贸有限公司等企业落户娄底经开区。精品钢材及薄板深加工产业集群内企业技术改造投入3亿元。至2006年，冷钢先后完成技改工程项目20余项，形成年产200万吨铁、200万吨钢和200万吨轧钢生产能力，进入中国大型企业500强。全市钢和钢材产量636.7万吨、542.1万吨，位居全省前列。2008年，涟钢启动汽车用薄板生产，冷钢完成改制。2010年，涟钢形成炼钢450万吨、热轧轧材480万吨、冷轧轧材150万吨生产能力。至2012年，全市冶金行业淘汰落后产能项目18项。

2013年，涟钢新上年产440万吨汽车基板和硅钢基板、年处理50万吨板材横切及热处理生产线。冷钢新上年产20万吨冷轧板、年产60万吨高速线材、年产60万吨超细粉生产线和年产15万吨紧固件生产线。全市钢材产量1068.06万吨，居全省第1位。冶金行业逐渐奠定在娄底规模工业中举足轻重的地位。2015年，万宝新区引进文昌科技年产8000吨铝硅合金半固态成形材料生产线等项目，开创娄底有色金属精深加工先河。

2017年，全市精品钢材及薄板深加工、有色冶炼及深加工和不锈钢深加工，基本形成产业集群。以钢铁、锑业为主体的冶金工业总产值1069.19亿元，占全市规模以上工业企业总产值51.5%。其中钢铁工业（涟钢、冷钢）年总产值558.69亿元，占全市规模以上工业总产值26.9%，是娄底工业的支柱。

第一章 钢 铁

1990年，娄底地区钢铁企业有涟钢、冷水江铁焦总厂、涟源市铁厂和安平镇铁厂，另有13家小冶炼厂。涟钢产钢56万吨，生铁53.7万吨，钢材48.77万吨，完成工业产值2.90亿元，实现利润0.41亿元，完成利税1.28亿元，居全国56家地方钢铁骨干企业第5位。冷水江铁焦总厂产铁20.25万吨。

1991—1995年，全地区钢铁企业生产生铁495.45万吨，粗钢331.84万吨，钢材336.2万吨，铁合金5.75万吨。

2000年，娄底市清理整顿37家小钢铁厂。全市钢铁企业产钢208.81万吨，产钢材183.19万吨，产生铁196.31万吨。2010年，全市钢铁企业产钢626.95万吨，产钢材797.75万吨。2017年，全市钢铁企业产钢1053.6万吨，产钢材1245.49万吨，产生铁950.17万吨，产铁合金12.47万吨。

第一节　采　矿

一、铁矿

1990年，全地区规模较大的铁矿企业有涟钢田湖矿业有限公司、涟源县烂草坪铁矿、浆江铁矿。另有19家乡镇小铁矿。5月，经省冶金工业厅批准，涟钢田湖铁矿关闭，结束井下生产。是年，境域生产铁矿石原矿产量10.19万吨。1991年1—5月，因开采规模小、设备条件差等原因，铁矿石生产呈下降趋势。全地区仅产铁矿石9000吨，为年计划的30%。至1997年，烂草坪铁矿、浆江铁矿改采煤炭，乡镇小铁矿全部停产。是年，全地区产铁矿石1.98万吨。1998年，域内铁矿石开采基本停止。2017年，全市仅有冷水江市一家铁矿企业，原矿产量113.1万吨。

二、锰矿

1990年，境内主要有柏树、仙洞、栗溪3家锰矿，均在涟源，产锰矿石2.28万吨。1997年，开采锰矿石3.68万吨，年产值900万元。规模较大的有涟源市七星街镇三尖峰锰矿、伏口镇柏树锰矿和双门石锰矿，2002年，伏口镇柏树锰矿、峡口村锰矿、天雄锰矿关闭。因锰矿资源不足，开采规模逐年减小，至2007年，涟源境域锰矿石开采量仅2600吨。至2017年，涟源市、娄星区双门矿业有限公司、达顺矿业科技发展有限公司生产成品矿19.14万吨，年产值1.53亿元。

三、白云石矿

1990年，涟钢下属的田湖矿业有限公司铁矿关闭后，主产白云石、石灰石等矿，年产白云石20余万吨。1991—1996年，田湖矿业有限公司产白云石精矿160.9万吨。因资源枯竭，1997年初关闭。8月，涟钢田湖矿业有限公司转至涟源市七星街镇曾家桥村开采白云石矿。该矿属大型优质白云岩矿床，矿石自然类型为微晶—细晶白云岩，矿石显微结构以微晶—细晶为主，少量为泥晶、中晶及不等晶结构，MGO大于或等于20%，SIO少于或等于0.2%，为一级品和特级品。省冶金规划设计院设计规模为年产白云石原矿35万吨，露天开采，从业人员56人。至2001年，该矿开采白云石原矿65.93万吨。白云石粉矿粒度3毫米以下的含量达到85%以上，合格率100%，品位稳定在99.5%以上，符合涟钢生产要求。2017年，该矿占地面积54公顷，固定资产7437万元，员工290人，白云石年产能60万吨、石灰石年产能100万吨。主要产品有白云石原矿、白云石坯、白云石粉、活性石灰等。

第二节　炼　铁

1990年，娄底境内主要炼铁企业有涟钢、冷水江铁焦总厂、涟源铁厂、涟源安平镇铁厂和涟源磷肥厂炼铁分厂，有炼铁高炉13座，其中涟钢4座、冷水江铁焦总厂4座、涟源铁厂2座、其他3座。另有铁合金冶炼厂13家。是年，境内产生铁（含炼钢和铸造生铁）79.47万吨。1991年，涟钢大力改进操作工艺和管理，扩大产能，提高产品质量，所产铸造生铁出口国际市场。冷水江铁焦总厂钢高炉气化冷却等4项技术，获湖南省实用节能降耗奖。1992年，冷水江铁焦总厂布袋除尘电动清灰装置获国家专利，2号高炉创造连续3745炉无废品的佳绩。涟源铁厂更名为涟源冶金建材总厂（简称冶建总厂）。

1993年，涟钢产生铁72.37万吨，冷钢产生铁23.4万吨。1994年冷钢炼铁分厂因连年亏损，停产2座高炉。1990—1995年，全地区铁合金产量5.75万吨，销往鞍钢、武钢、首钢等大型钢铁厂，出口美国、韩国、新加坡等国家及中国台湾、香港地区，创汇4.15万美元。

1996年，涟源磷肥厂炼铁分厂停产，全地区主要炼铁企业有涟钢、冷钢和涟源冶金建材总厂3家，高炉12座，其中涟钢6座、冷钢4座、涟源冶建总厂2座。1997年，涟钢有5座高炉采用喷煤工艺，炉温升高，成本降低，产量增加。2002年，涟钢投资10亿元，新建一座容积2200立方米的高炉，2003年与之配套的18立方米烧结机工程建成，高炉炼铁能力200万吨/年，相当于前5座高炉之和，是年，生产生铁185.83万吨。2004年，冷钢改进2座高炉的工艺，兴建混铁炉、105平方米的烧结机，形成100万吨/年的产能，年产量82.1万吨。涟源冶建总厂改制，以3101万元整体出让给邵东顺新钢铁有限责任公司（简称“顺新公司”），当年产生铁10万吨。涟源嘉鑫冶炼有限公司收购涟源市冶炼厂，成为中南5省硅锰合金、中碳锰铁、富锰渣的唯一产品链企业。2005年，娄底市铁合金厂破产。1996—2005年，全市产生铁2223.25万吨，年均220.33万吨，产铁合金24.41万吨。

2006年，涟钢年产300万吨的280平方米烧结工程竣工投产。是年，生铁产量408.8万吨。2007年，冷钢新建1座530立方米高炉，炼铁能力300万吨/年，2008年，产生铁208万吨（达产70%）。是年，涟源市小铁厂发展到5户，总产能85万吨/年，产量63.8万吨（达产75%）。2009年，新化县有铁合金厂7户，产量22万吨，产值10亿元，实现利税3300万元，占全县工业总产值5.37%。2008年，涟源嘉鑫冶炼有限公司生产的“鑫奥”牌硅锰合金被评为省名牌产品。至2010年，涟钢总投资15亿元，容积3200立方米、产能295万吨/年的7号高炉和产能386万吨/年的烧结矿项目竣工投产。全市生铁生产企业7户（涟源市内5户），共有炼铁高炉17座，其中涟钢6座，冷钢5座，涟源冶金建材总厂6座，产能1040万吨，其中涟钢595万吨，冷钢360万吨，涟源冶金建材总厂85万吨。2006—2010年，全市产生铁3922万吨，其中涟钢2604万吨，冷钢1018万吨，涟源冶金建材总厂300万吨。生产铁合金61万吨，年均12万吨。2011年，冷钢扩容改造2台105平方米烧结机，产能提高60万吨/年，产生铁258万吨。2012年，涟源市域内的小铁厂全部停产。2013年，涟源市关闭淘汰7项铁合金落后产能。2017年，全市生铁产能1000万吨（涟钢700万吨/年，冷钢300万吨/年），生产生铁950.17万吨。

第三节 铁合金

1990年，全地区有铁合金冶炼厂13家，主要产品有普通铁合金硅锰合金、硅铁、硅锰、硅铬和特种铁合金中碳锰铁等。是年，完成工业总值14754元。

1991年，能源、原材料涨价，铁合金市场疲软，铁合金生产企业加强内部管理，降低消耗，提高效益。是年，境域铁合金产量16000吨。

1992年，铁合金行业遇到困难。年产铁合金产品7873吨，其中，硅锰合金5473吨、铬铁2400吨。完成工业产值2776.8万元，销售收入2310.9万元，上缴税金175.4万元，为国家创汇415万美元。

1993年起，铁合金市场行情转旺，境域铁合金企业增加，产量、产值增加。1995年，涟源市茅塘电石厂转产铁合金，年生产能力1.2万吨。到1997年，涟源市铁合金冶炼企业生产铁合金11585吨，比1992年增长26%；完成工业总值2191万元。2004年，涟源市嘉鑫冶炼有限责任公司通过公开竞拍，以1008.89万元的价格整体收购涟源市冶炼厂，成为湖南省第二大铁合金企业和中南五省联合生产硅锰合金、中碳锰铁、富锰渣的唯一产品链企业。到2007年，该公司年产量达到3.22万吨，年工业产值1.49亿元，上缴税金463万元。2008年，涟源市嘉鑫冶炼有限责任公司生产的“鑫奥牌”硅锰合金被评为湖南名牌产品。

2009年，铁合金冶炼逐步发展成新化县一大支柱产业。全县规模以上铁合金冶炼企业发展到7家，年产值10.23亿元，占全县工业总产值的15.93%；销售收入9.76亿元，利税总额3300.3万元，占全县工业企业利税总额的5.37%。

2012年前后，国家出台差别电价等一系列淘汰落后产能的政策，娄底铁合金冶炼企业整体退出市场。2017年，全市铁合金产量12.47万吨，其中特种铁合金产量9.87万吨。

第四节 炼 钢

一、电炉炼钢

1990年，域内仅有涟钢能电炉炼钢，涟钢有三个电炉炼钢分厂，3座电炉及连铸机等配套设备，采用熔化、氧化、还原三段式冶炼工艺。是年，涟钢生产粗钢54.41万吨。1991年，涟钢实施年产100万吨钢发展规划并进行配套改造，从法国购进2座二手60吨交流电弧炉，新建一炼钢厂。7月，1#电炉竣工投产；10月，2#电炉投产运行。1#、2#电炉采用全液压控制、全水冷导电横臂、全系统计算机控制和电炉整体设备计算机监视等新工艺、新技术。一炼钢厂主要生产装备达到90年代国际水平，设计生产能力26万吨／年。1992年，涟钢瞄准国内外市场，冶炼20#、30#、35#、45#、55#、70#等碳素结构钢和工具钢，开发16Mn、20Mn、65Mn、40Cr和20CrMnTi齿轮钢、08CuPVRe耐候钢等钢种，其中20CrMnTi齿轮钢、08CuPVRe耐候钢的开发填补了省内优特钢生产空白。涟钢成为湖南省电炉优钢生产基地。是年，粗钢产品75.9万吨。1993年，一炼钢厂实施扩建第二期工程，建成2座70吨精炼炉及钢坯连铸机等成套生产线。二炼钢厂和三炼钢厂对设备进行扩容改造，二炼钢厂3座电炉平均日产钢由13吨提高到18吨。是年，涟钢实现年产100万吨钢的目标，生产粗钢100.9万吨，跨入全国21家年产过百万吨级大型钢铁企业行列。1994年，涟钢采用炼钢新技术、新工艺，改造1#电炉出钢槽，提高钢水质量。1996年，《涟钢年产200万吨钢配套改造建设总体规划》获省政府和冶金工业部批准。该《规划》在保留中小型建筑用材的基础上，发展机械用钢和生产不锈钢材，采用国内外成熟的先进技术，将60吨电炉改造成超高功率电炉，达到年产电炉钢90万吨；通过改造挖潜，形成年产转炉钢110万吨，总体达到200万吨钢的生产规模。是年，1号大电炉、2号大电炉和2号精炼炉的技术改造项目相继进行，新建一台130平方米烧结机以及相应配套设施，将3座15吨转炉改造为90吨顶底复吹转炉。1996年，投资1359.69万元，再次对1#电炉进行停产改造。1997年，投资226.6万元，从俄罗斯购回一台150吨的二手鱼雷罐混铁炉，安装在配料跨，为电炉炼钢提供铁水，有效降低冶炼电耗。1998年，技改工程项目完工，扩大产能，但仍然不能适应炼钢能力增长。1999年，涟钢关闭二炼钢厂的高耗能电炉，2座90吨转炉工程开工建设。2004年，停止电炉炼钢。

二、转炉炼钢

1990年，涟钢三炼钢厂转炉产钢46.81万吨，其中连铸坯产量36.31万吨。1991年，产钢52.39万吨。1993年，涟钢产钢突破100万吨大关，三炼钢厂产钢73万吨，占73.0%。1996年，三炼钢厂产钢跃上80万吨。1997年，三炼钢厂15吨转炉扩容为23吨转炉，1998年产钢100万吨。1999年5月，冷钢投资1.5亿元、年产30万吨钢的转炉炼钢工程竣工投产，结束有铁无钢的历史，是年底，产钢坯2.5万吨。2000年9月、12月，涟钢2座转炉相继竣工投产。2001年，涟钢年产钢能力200万吨，实际产钢180.9万吨，改变炼钢能力弱于炼铁能力的被动局面。是年，冷钢30万吨转炉产钢坯28.1万吨。2002年，涟钢产钢216.7万吨，转炉连铸比90.35%，居全国同行业领先水平。是年，冷钢产能提高至60万吨，当年产钢48万吨。2003年，涟钢为配套薄板坯生产线（连铸连轧），提高钢产量，新建自动化控制的3号转炉，年产钢能力提高至360万吨。2004年，涟钢粗钢产品343.8万吨。冷钢1000立方米／小时制氧机投产，70吨1#转炉、450米32#高炉点火、900吨混铁炉和105米21#烧结机竣工投产，钢产量78.5万吨。湖南顺鑫钢铁有限公司投资2.8亿元，启动35万吨转炉炼钢生产线改造项目，2005年试产，

2006年产粗钢8.8万吨，2007年16.1万吨。2007年，涟钢产钢454.9万吨，冷钢产钢坯200万吨。2008年，冷钢产能1300万吨，实际产钢214万吨。2010年，涟钢投资28.5亿元、国内最大的1300吨混铁炉项目和2座210吨转炉及配套的高效能连铸设备项目竣工投产。2座转炉装备具世界先进水平，实现“一键炼钢”自动化操作。210吨转炉产品定位于汽车板和硅钢等高端品种。是年，涟钢开发的新品种高强管线钢、高强汽车钢、汽车板实现批量生产。冷钢吨钢综合能耗等指标达到国内同行业先进水平，产钢261万吨。2012年，涟钢与中国钢铁研究院合作，实现国内第一次在板坯连铸机上使用倒角结晶，解决中碳钢和包晶钢角部裂纹问题，提高热装比。2013年，成功生产出15个牌号的汽车板，其中USIBOR1500为国内独家生产的高级高强汽车结构用钢。2015年，开发出高强钢、取向硅钢和激光拼焊板系列产品，其中取向硅钢被称为钢材产品中“皇冠上的明珠”。2017年，涟钢210吨转炉钢产量达到389.5万吨，其中品种钢312.2万吨，占转炉钢产量的80.2%。是年，全市粗钢产量1053.61万吨，其中涟钢745.51万吨，冷钢308.1万吨。

第五节　压延加工

一、棒材加工

1990年，全地区有以涟钢为主体的大小钢材压延加工企业11个、生产线17条、设备14台（套）。是年，棒材产能68万吨，其中涟钢65万吨，实际产量48.77万吨。涟钢生产圆钢、螺纹钢等17个钢材品种。1993年，涟钢一轧钢厂改进轧钢工艺，新增一台550毫米九辊式矫直机，并新建原料跨等配套设备，棒材年产量由17万吨扩大至25万吨；二轧钢厂增加一台直径530毫米轧机，产能由10万吨扩大到15万吨；三轧钢厂改造热轧生产线、轻轨生产线，建设小型连轧工程和轧钢厂房等配套工程。是年，涟钢钢材产量70万吨。1994年，涟钢轧钢生产新增一座节能加热炉，加热温度采用微机控制，对带钢生产线升级改造，实现一次成材和四分之三连轧，年产能由5万吨提高至20万吨，钢带由8米至12米长条改成100～200米卷带，成为涟钢第一条自动化程度较高的连轧生产线。至1995年，涟钢开发中空钢、顶锻钢、新型弹簧钢、船用不等边角钢、轻轨、矿用扁钢等新品种，多项产品技术填补省内空白。1997年，涟钢对六轧钢厂半连轧生产线进行扩能改造，产能由20万吨扩大至35万吨。1998年，全地区钢材产量126.3万吨。涟钢船用锚链钢获得全国冶金产品实物质量金杯奖。2000年，涟钢投资2.36亿元，新建一条以生产圆钢、螺纹钢为主的全连轧棒材生产线，年设计能力40万吨。船用不等边角钢获得全国冶金产品实物质量金杯奖。2001年3月，涟钢的全连轧棒材生产线达产达效，开发的直径12毫米棒材三切分轧制技术填补国内空白。

2002年，冷水江博长钢铁有限责任公司50万吨／年的轧材工程项目当年投产，结束冷水江市有钢无材的历史。是年，全市产钢材209万吨。2004年，冷水江博长公司建成第二条轧材生产线，形成年产100万吨螺纹钢生产能力，当年生产46.4万吨；2005年，与上海天宝公司合资组建冷水江博强铆螺钢有限责任公司，建设年产50万吨铆螺钢生产线，年产材78万吨。2006年冷钢形成年产200万吨轧钢能力，生产127万吨。是年，涟钢带肋钢筋获工商总局中国驰名商标称号和省名牌产品证书。2007年，冷钢二流板坯连铸机试产成功，100万吨中宽带钢投产，产量188万吨。2008年，涟钢淘汰老产品，把型材生产线改造成棒材生产线。2009年，冷钢开发大规格螺纹钢、铆螺钢、盘螺等20个钢材品牌，产材282万吨。2010年，涟钢附属企业振兴公司轧钢厂技术改造，增加棒材轧制设备，年生产能力扩大到60万吨。是年，冷钢一轧、二轧厂螺纹钢生产线技术改造，产能提高至120万吨／年。2013年，涟钢老冷带生产线停产拆除，除振兴公司轧钢厂外，原有的轧钢生产线保留2条螺纹钢生产线。螺纹钢生产线经过升级换代改造实现现代化的全连轧生产。是年3月，冷钢成功轧制HRB500E高强抗震钢筋。2014年，涟钢棒材轧钢产能100万吨，实际产材191.13万吨。2015年，涟钢生产的带肋钢筋获全国冶金行业“卓越产品”证书。2017年，涟钢实际轧材215.57万吨，冷钢形成500万吨钢材生产能力。

二、板材加工

2004年2月，华菱涟钢薄板热轧生产线投产、冷轧生产线开工。项目包括建设一套年产240万吨超薄板热轧生产线、年产150万吨冷轧生产线和30万吨热镀锌生产线。薄板热轧工程比计划提前2个月投产，生产1.0～12.7毫米厚多种规格热轧薄板卷。2005年9月，冷轧项目酸洗轧机组热负荷试车成功，轧出0.25毫米薄规格钢板。11月，精整机组热负荷试车成功。2005年涟钢生产板材238万吨。2006年2月，涟钢冷轧工程建设竣工投产，获国家优秀工程银质奖。是年，涟钢具备150万吨冷轧板材年产能力。

2007年，涟钢成立产品结构调整及薄板深加工项目轧钢项目部，筹备建设一条2250毫米常规热连轧生产线，主要产品为汽车用钢、高强度钢、中高牌号无取向硅钢和取向硅钢。6月，涟钢一炼轧厂在热轧生产线轧出首个热轧钛卷，创造国内三个第一：第一个拥有自主知识产权的钛带卷，第一次在热轧机组上轧制成功，第一次实现钛钢联合。7月，成功轧出第一个工业纯钛卷，成为国内首家有能力批量生产工业纯钛卷的企业。2009年9月，2250热轧生产线建成投产，由2250常规热轧、横切、热处理炉、高强平整机四条生产线组成。设备由国际著名钢铁企业安赛乐米塔尔公司提供技术支持，工艺水平达国际先进。2010年，涟钢生产板材455万吨。2011—2012年，涟钢船体结构钢A、B、D级钢获得英国、美国和中国船级社的工厂认可证书。

2012年6月，华菱集团与安赛乐米塔尔合资的汽车板项目在娄底经开区开工建设，主要生产高端汽车板材。2014年，涟钢《高效化微合金化钢板坯表面无缺陷生产技术与工程化推广应用》获国家科学技术进步奖。2015年，涟钢通过自主创新，在酸洗连轧生产线成功轧制出酸洗板和酸平板，为国内首例，为汽车用钢市场增加主要品种。是年，涟钢汽车用钢通过国际权威机构法国BV工厂认证，获汽车大梁用热轧钢带、连续热镀锌钢带、冷轧低碳钢带3个全国冶金产品质量实物“金杯奖”。2016年，涟钢汽车用热轧钢板和钢带、高强度耐磨钢板、低合金高强度结构钢板、锯片用热轧钢板和钢带5个产品，均获全国冶金产品质量实物“金杯奖”。板材重点产品进入中石油、格力电器、中联主科、东风汽车等一线品牌供应链，为拥有第三代高端汽车板材生产技术的华菱·安赛乐米塔尔汽车板材公司（VAMA）提供基板。

2017年，涟钢生产出2毫米极限薄极规格耐磨板，打破国外垄断，在国内市场占有率居领先地位。冷轧低碳钢板及钢带、冷轧低合金高强冷带、高强度结构用调质钢板分别获2017年度全国冶金产品实物质量“金杯奖”。是年，涟钢生产板材512万吨。

涟钢冷轧薄板产品（2017年12月摄）

1990—2017年娄底市钢、钢材、生铁、铁合金产量表

表27-1 单位:万吨

年份	钢	钢材	生铁	铁合金
1990	56.41	41.13	79.47	—
1991	61.65	47.92	84.91	—
1992	76.11	61.26	91.87	—
1993	100.88	70.40	101.41	—
1994	—	78.00	108.44	2.34
1995	93.20	78.62	108.82	3.41
1996	100.36	86.62	118.62	1.43
1997	123.93	93.73	134.73	1.86
1998	137.55	126.33	151.04	1.10
1999	159.53	150.75	166.78	1.74
2000	208.81	183.19	196.31	1.83
2001	—	—	—	—
2002	265.54	212.41	242.02	1.75
2003	291.55	250.51	269.32	2.12
2004	452.09	382.42	420.57	6.47
2005	529.73	467.70	523.86	6.10
2006	—	—	—	—
2007	489.66	568.94	631.56	11.56
2008	628.28	594.20	734.82	14.05
2009	921.28	933.19	885.95	24.27
2010	626.95	797.75	—	—
2011	948.82	986.55	932.53	40.66
2012	717.16	953.17	—	—
2013	927.21	1063.31	916.14	32.40
2014	822.69	1125.57	975.85	42.03
2015	803.82	1123.49	934.76	28.60
2016	808.36	1138.01	966.13	22.49
2017	1053.61	1245.49	950.17	12.47

第六节 深加工产业

2002年，市委、市政府成立薄板深加工项目领导小组，协调解决薄板深加工问题。

2004年6月，薄板特色产业基地建设在娄底经开区启动。2005年4月，涟钢投资建设的薄板剪切中心投产，年产值10亿元。其附属公司投资的金华板材、振兴电器、振兴综合、振兴经营、振兴防滑材料等薄板上下游配套项目相继投产。8月，省政府批准该基地为湖南省薄板及深加工特色产业基地。2006年，以涟钢和冷钢为核心初步形成薄板生产、配套和深加工产业集群。集群内企业110户，员工5万余人。实现工业总产值290.2亿元。至2007年，娄底经开区共引进中兴液压件、三泰轧辊、涟钢钢材加工配送公司、现代精密、涟钢振兴电器等33家薄板深加工配套企业。其中规模以上企业22家，涉及汽车改装、农业机械、工程机械、煤矿机械、电器制造、五金机械、小家电、管道、钢结构、包装配送等10多个行业，数十种产品。是年，实现产值14.6亿元，税收1870.9万元。湖南华菱钢铁集团、华菱管线与安赛乐米塔尔共同组建的汽车板合资公司入驻娄底经济开发区第二工业园，建设汽车板和电工钢生产线，项目投资115亿元，2013年6月建成投产，园内薄板深加工企业20余户，年产160万吨高档汽车板。

2015年3月，冷水江市经开区启动再生不锈钢产业园建设，携手冷钢、吉坤置业公司将该园建成集不锈钢生产、加工、交易、物流于一体的产业基地，项目全部达产后产值超100亿元。是年9月，产业园一期工程竣工投产，泰和金属公司40万吨生产线投产。冷水江市第一卷中宽带不锈钢在冷钢950热轧厂生产。

2016年，市政府出台《关于支持发展钢铁深加工及汽车零部件产业的若干意见》，明确16项扶持、鼓励政策措施，推动娄底汽车配套产业、特种汽车和电动汽车等新兴产业发展。是年，双峰定园机械厂生产定园半轴，被一汽解放、二汽东风、三菱猎豹、北汽福田、长城皮卡等企业认可，作为半轴定点生产厂家。金华车辆制造厂自主研发，形成年产15万辆油罐车、防爆运输车等特种汽车产能，其中六轮全驱重卡、烟花鞭炮运输车填补国内空白。娄底大丰和电动车辆有限公司生产轻型电动汽车、电动巡逻车、观光车、会所车、高尔夫球车、电动老爷车、电动三轮车等系列产品，形成轻型低速电动汽车及场地电动车辆整车产销中心、高速电动汽车及电动大巴关键零配件供应中心。2017年，全市汽车配套生产企业26家。

附：企业选介

华菱涟钢股份有限公司 湖南华菱钢铁集团旗下企业，湖南省特大型工业企业。1990年，厂区占地面积1200公顷，在岗员工1.1万余人，总资产325亿元。产品结构以超薄高强热轧、冷轧卷板为主，其中热轧薄板占52%，冷轧卷板占22%，棒材占比26%。

涟钢厂区（2009年4月摄）

1990年，涟钢产生铁72万吨，钢材产能65万吨，主要产品有螺纹钢、矽钢、合金结构钢、碳素工具钢等15个品种多个规格的型材。1991—1992年，涟钢产粗钢151.8万吨。1993年产钢100.9万吨，产生铁72万。1994年，涟钢产生铁80万吨。是年，改造带钢生产线，由原8～12米长条改造为100～200米卷带，成为涟钢第一条自动化连轧生产线。

1997年，涟钢生铁产量达到105万吨。是年，六轧钢分厂技术改造，年产能由20万吨提高至35万吨。1998年，该厂生产的船用锚连钢获全国冶金产品实物质量“金杯奖”。2000年，2座炼钢转炉竣工投产，产钢180.9万吨。投资2.36亿元，新建全连轧生产线（主产圆钢、螺纹钢）。

2002年，涟钢生铁产能跨上200万吨台阶。2003年，新建3#自动化转炉，钢产能提高到360万吨/年。2004年2月，涟钢薄板热扎生产线竣工投产，当年生产1.0～12.7毫米多种规格的热轧薄板124万吨，全年钢材产量329万吨。

2006年，生铁产量408.8万吨，钢材产量414.3万吨，该厂所产的带肋钢获“中国驰名商标”。2007—2009年，涟钢成立产品结构调整和薄板深加工轧钢项目部，筹建一条2250毫米常规热连轧生产线，主产汽车用钢、中高牌号无取向硅钢和取向硅钢。2009年，涟钢产钢454.9万吨。

2010年，涟钢投入28.5亿元，开展大规模技术改造，新建1300吨混铁炉和2座210吨转炉，生铁产量633万吨，2座转炉实现“一键炼钢”自动化操作，其装备和生产工艺进入世界一流水平。是年，生产钢材616万吨。2011—2012年，涟钢生产的船体结构钢获得英国、美国和中国船级社的工厂认可证书。

2017年，涟钢产生铁659.3万吨，粗钢745.5万吨，钢材727.4万吨，实现工业总产值286亿元。产品形成冷热轧用钢、工程机械用钢、家电用钢三大系列271个牌号，应用于长江三峡工程、黄河小浪底工程、武广高铁、湘西矮寨大桥等100余个重点工程。

1990—2017年，获3项国家科学技术进步二等奖；双菱牌带肋钢筋3次获国家“银质奖”；获25个全国冶金产品实物质量“金杯奖”。获得科技成果、管理成果及综合奖1000余项。

湖南博长控股集团有限公司生产车间（2010年11月摄）

湖南博长控股集团有限公司 前身为冷水江铁焦总厂。是中南地区最大铸造生铁生产基地和原冶金部56家地方骨干钢铁企业之一。1992年12月，冷水江铁焦总厂更名冷水江钢铁总厂。2000年，企业主要经济技术指标22次刷新历史纪录。2004年，冷钢自主研发系列高强度盘螺HRB400E、HRB500E抗震钢筋、ML25MNB高强度紧固件用材（铆螺钢），其中高强度盘螺生产技术获“国家发明专利”，并开发系列产品。冷钢主导产品多次获得“湖南省名牌产品”称号。2006年，冷钢首次进入中国大型企业500强，列464位。2008年，年生产能力300万吨铁、300万吨钢、500万吨材，固定资产总值增至53亿元。2008年4月，冷水江博长控股集团有限公司更名湖南博长控股集团有限公司，2013年，公司列湖南省企业排名“规模前五名”的第三位和“税收贡献前五名”第二位。2014年，列“湖南百亿企业名单”18家钢铁企业的第15位；2017年，总资产130亿元，员工2.8万人。与外商合作建设50万吨冷轧板、20万吨镀锌板、20万吨直缝焊接管和30万吨紧固件生产线。

第二章 锑

1990年，娄底地区锑业主要有国家中型企业锡矿山矿务局，下属大型冶炼厂3家，各类锑炉18座，年生产能力1.9万吨，生产锑品1.76万吨。有乡镇小型冶炼厂8家，生产锑品3634吨。1992年，锡矿山矿务局生产锑品1.48万吨，销售锑品1.56万吨。2001年5月，锡矿山矿务局整体改制为锡矿山闪星锑业有限责任公司（简称闪星锑业），至2006年，企业发展成为以锑为主，集采掘、冶炼、深加工及科研于一体的新型联合企业，实现主营业务收入15.8亿元。2006年，域内锑品企业83家，其中采掘8家、冶炼75家，从业6300人，企业主营业务收入24.5亿元。

2007年，全地区进行锑业资源整合，规范锑业秩序，至2016年，关闭整合民营企业46家，保留涉锑企业37家，其中采矿5家、选矿2家、冶炼12家、贸易15家、综合类2家、其他1家。开发精锑、三氧化二锑等20多个品种，形成锑采选82万吨／年、冶炼6.6万吨／年、氧化锑系列产品产能3.3万吨／年能力。其中，2013年，闪星锑业投资65.28亿元，开展生产环节改造，年产锑品5.85万吨，国际市场占有率34.4%。

2016年，受国际市场锑品价格大幅下跌等因素影响，闪星锑业公司亏损10.41亿元，资产负债率112.6%。按照中国五矿深化改革的指导意见，积极推行退出低效资产、压减管理人员、分流富余员工、剥离不良资产等改革。是年12月，闪星锑业被中国五矿集团列入97家重要骨干子企业之一。2017年，公司生产锑品2.56万吨，实现主营业务收入10.8亿元，公司发展成为集锑采、选、冶和科研于一体的大型联合企业。是年，全市生产锑品6.52万吨。

第一节　采　选

一、资源利用

1990年，锡矿山被国务院列为资源枯竭型矿山。针对这一情况，公司坚持两条腿走路，一是内部地质找矿，二是组织残矿回收队，扩大残矿回收工作。至1996年，回收残矿含量1.9万吨。1997—2016年，共回收残矿8.19万吨，年均4096.3吨。在坚持老矿区地质找矿外，还面向社会收购外地锑矿资源，考察大批国内外矿山，先后开发加拿大水獭溪、西藏山南等矿山，收购锑金属量8.95万吨，锑白原料12.76万吨，锑氧粉6329.28吨，毛锑2943.6吨。2017年，闪星锑业公司自产精矿1.01万吨，精锑1.65万吨，氧化锑2.37万吨。对外采购锑金属量6650吨，精锑5471吨。

二、资源整合

2006年，锡矿山锑矿区保有可开采锑矿石量455万吨（金属量41.42万吨）。2008年，娄底市、冷水江市两级政府启动锑矿资源整合，关闭锡矿山矿区内振兴、矿山、陀子冲3个锑矿，将矿山锑矿与物华锑矿整合，陀子冲锑矿与再兴锑矿整合。2010年，将锡矿山矿区内的30多家民营采矿企业整合成4家，关闭锑冶炼企业75家，取缔手工选矿小作坊145处，拆除焙烧炉106座，淘汰落后产能17.4万吨，投入1.2亿元，对保留的7家涉锑冶炼企业扩能改造，生产能力由3.5万吨提升到5.5万吨，锑白产能由3000吨提高到9000吨。

2012年1月，市政府牵头，组织锡矿山矿区的相关企业，与中国五矿开展战略合作，以闪星锑业为龙头，对矿区内的闪星锑业、金波锑业公司2家国有锑矿企业和狮子山、再兴、物华3个集体锑矿企业及湖南荣信矿业有限公司进行资源整合。2015年5月，83家民营企业，整合成37家，锡矿山矿区锑矿企业完成资源整合。

三、技术改造

1990年，锡矿山矿务局有南矿、北矿、南选厂、北选厂4个主要生产单位承担锑业采选任务。1997年，锡矿山矿务局对南北两矿进行技术改造。南矿先后建设深部盲斜井、竖斜井、猴子车工程，深部、浅部充填系统建设、老尾矿库闭库工程和通风系统调整改造。北矿完成一号竖井延伸，提升设备改为双筒提升机，三六盲斜井、四八斜井、六八斜井、北斜井、西斜井等工程，建设尾砂废水零排放系统，为矿山持续稳产创造条件。南选厂完成磨浮能力扩能改造、浮选精矿过滤系统改造、浮选新系统改造，建设浮选尾矿回收项目。北选厂完成跳汰抛废工程、破碎系统升级改造和磨矿、浮选系统扩能改造，以及摇床作业、精矿压滤机、浮选作业设备升级改造，建设重选尾矿回收工程。经改造后的两个选厂，选矿处理与矿山生产配套进行。1997—2017年，两个矿完成锑矿含量24.25万吨（南矿15.44万吨），年均1.28万吨。南选厂日处理矿石量1200～1500吨，选矿综合回收率82%。

第二节 冶 炼

一、工艺技术

1990—1995年，锡矿山矿务局对锑冶炼设备和生产工艺改造更新，北炼厂形成年产1万吨锑白生产能力，冶金化工厂具年产1.4万吨锑白生产能力。1996年，建成年产1200吨筛分氧化锑生产线。南炼厂形成年产8000吨精锑生产能力。3个冶炼厂锑冶炼能力由1.2万吨增至3.1万吨。

2001年，闪星锑业公司南炼厂采用鼓风炉“高硅低铁”渣型，在公司推广使用，贫氧鼓风炉处理能力20吨／平方米·日以上。2003年，由南炼厂研发应用的快速除砷除硒新技术，全面替代传统纯碱除砷技术，效率提高。2008年，公司在北炼厂建设全国锑行业第一座4.5平方米现代冶炼鼓风炉，完善锑鼓风炉富氧挥发熔炼技术，处理能力36吨／平方米·日，焦率、熔剂率降低30%以上。2006年，闪星锑业公司投资500多万元，改革传统炼锑生产工艺，加强对工业固体废物砷碱渣处理和锅炉废气余热回收等循环经济项目建设，增效2000万元。2010年，公司研发高效无烟除铅剂，实现传统除铅技术升级换代。至2017年，闪星锑业公司成为湖南省高新技术企业和国家重金属污染防治工程技术中心产业化基地，有国家级实验室、企业技术中心、检测中心等4个。获得锑冶炼发明专利23项，获国家、省部级科学技术进步奖62项。

二、产品开发

1990—1992年，锡矿山矿务局相继开发和建成酸法流程锑酸钠、胶体五氧化二锑、PVC阻燃母粒料生产线，研制开发出锑酸钠、醋酸锑、胶态五氧化二锑、超细粒氧化锑、三氯化锑、阻燃母粒、除铅剂、催化剂零级三氧化二锑、粒状无尘氧化锑等10余种新产品投放市场。其中锑酸钠、超细粒氧化锑分别形成年产2000吨、1000吨生产能力。

1996—2003年，锡矿山矿务局在提高产品质量基础上，研制出聚酯催化用三氧化二锑、无尘三氧化二锑、五氧化二锑、金黄锑、乙二醇锑、溶解型三氧化二锑、氧化锑母粒等新产品。加大投入，建设纳米氧化锑、乙二醇锑、低着色度氧化锑等7条锑深加工生产线；进入塑料改性领域开发生产阻燃塑料，建设ABC、PVC等7条特种阻燃料生产线。锡矿山闪星锑业公司生产的“闪星牌”锑系列产品远销美国、日本、加拿大、澳大利亚、德国、俄罗斯等50多个国家和地区，全球市场占有率保持30%左右。2017年，冷水江市锑冶炼增加值8.7亿元。

三、品牌创建

1998年6月，锡矿山矿务局获中国进出口商品质量认证中心湘赣评审中心的质量管理体系认证书。2001年和2005年，闪星牌三氧化二锑获“湖南名牌产品”称号。2006年和2007年，闪星牌三氧化二锑、锑锭分别获得进出口商品免验证书及有色金属产品实物质量“金杯奖”、中国名牌产品称号，闪星牌商标获中国驰名商标。2008年，闪星锑业公司在国家信用等级评价中获最高级AAA信用企业称号，2011—2012年，获中国出入境检验检疫协会中国质量诚信企业称号，2016年，获中国出口产品质量安全示范企业称号，是湖南省获此荣誉的企业之一。2017年，未新增名牌产品。

第三节 环境污染整治

1990年，锡矿山矿区大气、土壤和水源污染严重。2009年，锡矿山一个山头有96处小型冶炼厂。2010年始，矿区开展涉锑企业关闭整顿，关闭锑采、选、冶炼小企业82家，取缔选矿小作坊145处，7

户锑开采企业整合为4户，民营锑冶炼企业整合至8户，所有非法建设涉锑项目全部关闭取缔。整治后的企业，全部配套建设烟气脱硫设施，通过环保验收，工业污染源、废渣、河流开展分类专项治理，塌陷区进行地面专业沉降监测和地下支护，修建2.7千米避险公路，在15个村实施引水供水工程，解决1万余人的安全饮水问题，建成含重金属污水处理站7座，处理能力7100吨／天。

2013年，锡矿山矿区开展“矿山复绿”行动，市国土资源部门投入3亿多元，对锡矿山实施资源枯竭型城市矿山地质环境治理，将引水供水、河道清淤和8所学校改建等项目与种树复绿、搬迁避险同步进行，环境治理与新农村建设有机结合，59座复绿矿山，造林270公顷，种植大叶女贞、楸树等一批抗污树种。

2014年，冷水江市启动青丰河、涟溪河综合整治工程，通过类似垃圾填埋的方式，用反渗透膜将河两岸的废渣与河流和土层隔离，用水泥加固，防止其流动和渗透。一期工程处理400万吨历史遗留废渣。锡矿山矿务局与中南大学、湖南有色金属研究院、南昌航空大学和北京师范大学组成“产学研”研发团队，实现砷锑分离、砷碱分离、砷酸钠干燥三大关键技术的突破，将砷碱渣全部回收利用。锡矿山闪星锑业牵头研发的“有色冶炼含砷固体废物治理与清洁利用技术”，获2014年度国家科技进步奖二等奖。

2017年7月，娄底市政府根据中央环保督察组反馈锡矿山地区生态环境污染治理意见，组织编制《娄底市资江流域锑污染整治行动计划（2017—2022）》《冷水江涟溪河、青丰河达标整改方案（2017—2022年）》《冷水江市锡矿山地区废渣整治工作方案》《冷水江市锡矿山地区生态修复方案》，将整治工作细化到33个具体的环境治理项目。至2017年底，锡矿山矿区采矿企业由4户合并为1户，完成5个废渣片区的综合治理项目，处理1370万吨历史遗留废渣，库容6万立方米的集中砷碱渣库建成营运，建成12座废水处理站，督促涉锑企业建设烟气脱硫设施，建成1333公顷矿区复绿示范基地。

第三章　黄　金

1990年，娄底地区双峰、新化两县有两处国有金矿和一处集体办的金矿，产黄金16.51千克。1991—1995年，全地区有开采许可证的金矿企业5户，职工450人。新化县地方国有金矿和双峰县铃山金矿为骨干企业，其他乡镇集体小金矿，有双峰马鞍、新化奉家白牛凼、古台山林场草皮岭金矿，均为土法生产。新化县古台山、奉家乡境内有3000～5000人季节性采金。全地区年产黄金11.59～36.59千克，属全省重点产金地区之一，排全省第五位。新化玉坤金矿、双峰县黄金矿产资源有限公司，分别扩建成50吨／日和25吨／日金矿石采选规模。2017年末，全市产黄金383千克，比1990年增长22倍。

第一节　采掘与探矿

新化县金矿1988年建矿，1990年，掘进采金巷道及采矿工程部分交付使用，基本保证生产需要。双峰县铃山金矿投入150万元，改造采矿场与老选厂。1991年，新化金矿50吨／日采选工程投入试生产，通过投产竣工验收，当年开采矿石1.18万吨，掘进进尺526.47米，处理矿石8155吨，完成含量金10.18千克，成品金0.3千克，做到当年见产，当年见效。

1993年，新化县金矿自筹资金，落实450～500米的探矿计划。双峰县政府成立金矿地质勘探协调领导小组，处理铃山金矿区的工农关系，协调矛盾。1994年，新化县金矿投入25.75万元，开展地质探矿，矿区西坑探见矿脉，品位达标。1995年，娄底地区金矿地质勘探，分别与省有色地勘局246队、核工业中南地勘局304队，签订双峰县铃山金矿和新化县金矿地质储量承包勘探协议。经过勘探，为全地区黄金生产提供资源依据。1996年，新化县金矿与246队签订勘探合同。探明蚀变破碎带金脉厚1米多，品位达标，确保该矿“三级”矿量平衡，无掘进欠账。1998年，双峰县铃山金矿招商引资，投入近1000万元，初步建成100吨／日的采选厂。2004年始，全市黄金年产量200千克，2015年提高至743千克，2017年降至383千克。

第二节 整顿采金秩序

1990年，地区行署依据《中华人民共和国矿产资源法》，整顿采金秩序，制止乱采滥挖。6月中旬，双峰县铃山金矿出现哄抢黄金矿石乱局，县黄金公司立即会同矿管等部门赶赴矿区，依法处置非法采矿者，收缴矿石17吨，黄金50克。8—9月，新化县政府古台山金矿区整顿工作队开赴采金区，宣传矿产资源法，制止非法开采，封闭采金硐50个，炸毁破碎机4台，石碾子1台，钢碾子5个，水碾1个，没收柴油机22台，推毁工棚10余处，罚款2000余元，没收黄金120克。

1991年，新化县黄金办会同县矿管办、金矿派出所深入矿山周围民采区清理整顿，强制封闭50多个民采硐子。是年12月，双峰县石牛乡原村办马鞍金矿交乡接管。

1992年11月，地区行政公署发出《关于坚决制止黄金矿区乱采滥挖的紧急通知》，新化县政府组织公安、工商、地矿、银行及黄金主管部门，成立依法办矿领导小组，深入现场，依法处理乱采滥挖、黄金走私、倒买倒卖、藏匿等违法行为。

1993年5—8月，一些外地采金者与本地村民进入新化、双峰两县金矿区乱采滥挖，行署和两县政府采取人力物力，多管齐下，综合治理，查封非法采金硐300多处，拆除工棚90多个，没收非法采金设备7台，炸毁土制设备多台，处罚168人。其中新化县158人，有2名干部交纪检、监察部门立案处理，行政拘留1人，监视居住4人。查处5起死亡事故，没收和罚款3.9万元。双峰县没收和罚款0.5万元。

1994年，新化县组织有关部门深入采金热点矿区再次清理整顿，查处三个非法转让开采许可证行为，吊销其证照，追究转让单位领导人的责任，没收全部所得2.5万元。彻底查封县金矿和古台山林场草皮岭金矿区周围的非法采金点，将24个采金老板提交县司法部门依法审查，20个采金者列为清查对象，没收非法所得20余万元。

1995年，地区黄金办在双峰县组织县、乡政府、黄金办、矿管办、人民银行等部门召开黄金矿山开采秩序和黄金交易秩序整顿会议，落实责任制。针对新化县资江河与云溪乡群采泛滥、走私严重的混乱局面，行署和新化县政府召开会议专题研究落实处理措施。1996—2017年，全市采金秩序保持正常。

第二十八篇

煤炭工业

概 述

1990年，全地区有批准发证的国营、集体、民营煤矿矿井537处，未批准发证的私营煤矿矿井267处，产原煤1082.86万吨。1992年，地委、行署在全地区国有企业推行改革，实行企业自主经营、自负盈亏。1995年，全地区五个县（市）有四个县（市）被列入全国200个重点产煤县（市）。全地区92个建制乡镇（街道），55个乡镇（街道）有煤炭，31个乡镇（街道）为年产20万吨以上的重点产煤乡镇（街道）。是年，地委、行署印发《关于进一步深化地方国有企业改革的意见》，取消国有煤矿政策性亏损补贴，逐步将企业推向市场。域内大部分国有煤矿因资源枯竭或扭亏无望，实行破产重组、改革改制。至2005年，市、县（市）属25家国有煤矿、公司及厂、场等企业先后以破产、关闭、拍卖、整体改制等形式，完成主体改制工作。全市保留民营煤矿529处，年生产能力1685万吨，年产原煤1087.68万吨，实现工业总产值24.19亿元，上缴煤炭产品增值税3.15亿元，占全市财政收入的18.9%。

2006年，国家煤炭产业政策调整，明确坚决关闭和淘汰不具备安全生产条件的煤矿和非法煤矿。至2007年，全市保留地方合法煤矿251处。随后，在全市范围内进行大规模的改造扩能、推行正规采煤方法和支护改革，提高机械化程度和单井规模，促进矿井产能释放。2011年，全市原煤产量1486.16万吨，实现工业产值151.26亿元。2013年，市委、市政府按照国家产业政策，抓大关小、整合资源，走兼并重组、做大做强、降成本、增效益发展之路，淘汰、退出过剩产能，推动行业转型升级。至2017年，全市保留国有控股煤矿3家，年生产能力60万吨；地方煤矿74处，年生产能力661万吨，产煤404.13万吨，产值34.4亿元，缴税2.8亿元。

第一章 煤炭资源

第一节 煤炭储量

娄底域内含煤面积1928平方千米，占全市总面积的24%。远景资源储量30亿吨以上。至2006年，煤炭探明储量约11.65亿吨，保有资源储量9.97亿吨，占全省的35%，居全省第一。在保有资源储量中，无烟煤7.53亿吨，占保有资源总储量的74.78%；烟煤2.54亿吨，占25.22%。全市已探明的矿区有双峰县的朝阳、太平寺、洪山殿，娄星区的恩口、凤冠山，涟源市的斗笠山、桥头河、杨家滩、乌云山，冷水江市的金竹山、毛易、渣渡、冷水江，新化县的芦茅江、建新、油溪、晏家铺17个，分121个井田。在17个矿区中，无烟煤矿区11个，81个井田，主要分布在涟源市、冷水江市、新化县一带。烟煤矿区6个，40个井田，主要分布在涟源市、娄星区境内。涟源市20个乡镇（街道）中19个乡镇（街道）有煤炭资源。

2006年娄底市煤炭资源分布情况表

表28-1

区域	矿区(个)	井田(个)	占井田数(%)	保有资源储量(万吨)	占保有资源储量(%)
涟源市	5	49	40.5	37585.9	37.7
双峰县	3	18	14.9	10633.5	10.7
冷水江市	3	22	18.2	27530.2	27.6
新化县	4	25	20.7	21046.1	21.1
娄星区	2	7	5.7	2913.1	2.9
合　计	17	121	100.0	99708.8	100.0

第二节　煤种煤质

一、无烟煤

1990年，域内无烟煤资源主要集中于渣渡、冷水江、金竹山三个矿区内。有井田42个，占全地区储量的34.7%，占无烟煤类的51.2%；保有储量6.12亿吨，占全地区储量的60.8%，占无烟煤类的81.3%；工业储量5.05亿吨，占全地区储量的64.1%，占无烟煤类的84.8%。其余均分布在涟源市的渣渡矿区东段和双峰县的洪山殿等矿区内。煤质大多是低灰、低硫、低磷、高发热量的优质煤，平均含硫（std）1.1%、灰分（Ad）12.8%、含磷（Pa）0.02%，发热量31兆焦耳/千克，干燥无烟灰基挥发分（Vdaf）平均11.8%。

二、烟煤

域内烟煤资源储量2.54亿吨（2006年统计）中有炼焦煤1.99亿吨，其中主焦煤0.33亿吨，肥煤0.05亿吨，焦煤0.6亿吨，瘦煤0.4亿吨，贫瘦煤0.19亿吨，分别占烟煤资源储量的13%、2%、23.6%、15.7%、7.5%。非炼焦用的贫煤0.55亿吨，占烟煤总量的21.7%。主要集中在斗笠山、洪山殿、桥头河、恩口矿区内。煤质大多为低灰、低至中硫、低磷优质煤，原煤灰分9.1%~14%，挥发分14.2%~24.4%，发热量3349.4万焦耳/千克，磷0.008%~0.0039%。煤的可选性属易选到中等易选。1997年，随着涟邵矿务局恩口、桥头河煤矿相继关闭，停止排水，地下水位上涨，矿区原有的小煤矿绝大部分被淹没，造成烟煤生产能力锐减。2017年，斗笠山矿区祖保煤矿和洪山殿矿区的蛇形山、彭家冲、咸沙坝煤矿相继关闭或转让。全市烟煤生产仅存斗笠山矿区的石坝井和桥头河矿区的青山煤矿以及娄星区境内4对矿井，年生产能力73万吨。

2017年娄底市主要矿区烟煤资源储量情况表

表28-2

矿区	渣渡矿区	冷水江矿区	金竹山矿区	斗笠山矿区	洪山殿矿区
井田(个)	19	17	6	13	6
烟煤(万吨)	—	—	—	7312.1	7148.7
无烟煤(万吨)	30041.5	20342.2	7449.8	—	—

2017年娄底市煤种产能结构表

表28-3 单位:万吨

产能	无烟煤产能	烟煤产能	产能合计
国有控股煤矿	60.00	—	60.00
市直管煤矿	66.00	—	66.00
涟源市	145.00	36.00	181.00
冷水江市	103.00	—	103.00
新化县	221.00	—	221.00
双峰县	53.00	—	53.00
娄星区	—	37.00	37.00
合计	648.00	73.00	721.00
占煤炭总产量(%)	89.88	10.12	—

第二章 煤矿性质

第一节 国有煤矿

1990年，境内国有煤矿企业25家，矿井39处，核定生产能力430万吨。其中国家统配矿和省属矿企业9家（桥头河、金竹山、洪山殿、斗笠山、朝阳、利民、恩口、芦茅江、冷水江），24处矿井，核定生产能力349万吨。地属煤矿企业3家（资江、大建、马鞍山），5处矿井，核定生产能力33万吨。县（市）属国有煤矿企业13家，其中双峰县5家（双峰、群益、秋湖、向阳、松木冲），涟源市4家（沙坪、新坪、七一、栗山桥），新化县3家（稠木、坪塘、乐田煤矿），冷水江市1家（涟溪）。核定生产能力48万吨。是年，煤矿总投资5715.73万元，其中国家投资5030.22万元，各种基金289.29万元，煤矿企业自筹396.14万元，其他0.08万元。总投资中，涟邵矿务局等国家统配煤矿占35%，地方煤矿占65%。通过投资改造，煤矿的通风及生产能力得到提升。

1990年底，国有煤矿续建项目有涟邵矿务局的利民煤矿利北井，地属马鞍山煤矿建新井，资江煤矿晓云井。扩建的项目有新化县的乐田煤矿。改造项目有涟源市七一煤矿石坝井。1991—1992年，娄底地方煤矿投资1.13亿元，其中中央及省、地财政补贴投资1亿元，各种基金492万元，煤矿企业自筹803万元。1992年始，随着企业改革和国家取消煤矿政策性亏损补贴，生产经营困难。2000年，涟邵矿务局桥头河煤矿、斗笠山煤矿、朝阳煤矿、芦茅江煤矿，破产还债。2002年，涟邵矿务局金竹山煤矿、洪山殿煤矿改制为涟邵矿业集团金竹山实业有限公司和涟邵矿业集团洪山殿实业有限公司。同年，金竹山实业有限公司兼并冷水江煤矿。2003年，全市国有煤矿企业减至11家。是年，向阳、沙坪、七一、新坪4家县（市）属煤矿企业关闭。2005年，境内25家国有煤矿企业改制全部完成，形成新的7家国有控股煤矿企业，即金竹山实业公司所属的一平峒、土朱、托山、塘冲煤矿，洪山殿实业公司所属的蛇形山、彭家冲、咸沙坝煤矿。2017年，金竹山实业公司所属托山煤矿关闭，洪山殿实业公司所属的蛇形山、彭家冲、咸沙坝煤矿整体转让给地方民营。是年底，境内国有控股煤矿企业仅保留金竹山实业公司所属的一平峒、土朱和塘冲3处煤矿。

第二节 民营煤矿

1990年，娄底有乡（镇）村办煤矿（简称小煤矿，即民营煤矿）495处，其中乡镇矿194处，村办矿301处，个体私营煤矿只统计产量，不统计煤矿数量。是年2月，行署作出《关于大力发展村级经济的决定》，对有矿产资源的村，可开办采掘业。地区煤炭局根据国家对乡镇、村办煤矿“扶持、改造、整顿、联合、提高”的方针，将24处矿井列入技改项目，2处矿井列入国家基建项目。1991年，地委、行署《关于下达1991年发展村级经济项目贷款贴息的通知》中安排三个煤炭项目，即涟源市石陶乡温泉村煤矿、芙蓉乡利民村煤矿、冷水江市中连乡蔡家山煤矿的贴息贷款。次年，地委下发《中共娄底地委、地区行署关于全区农村大力发展股份合作企业的决定》，小煤矿发展到517处，其中乡镇191处，村办矿326处。

1993年8月，地委印发《关于进一步加快乡镇企业发展的若干规定》，对服务配套的采矿、小能源工业，从开办之日起，免征所得税三年至五年。至1995年，全地区小煤矿发展到1235处，生产能力1000万吨（含未批准煤矿产量）以上。小煤矿的乱采滥挖，互争资源，矿点星罗棋布，没有规划，不具备办矿条件即投入生产，安全问题突出。据此，地区劳动局、地矿局、工商行政管理局印发《关于加强矿山安全生产合格证管理的通知》，对境内所有矿山企业（包括煤矿、非煤矿山等）必须申请办理“矿山安全生产条件合格证”“采矿许可证”“矿长安全技术业务合格证”，实施矿山安全生产合格证制度。对不符合办矿条件的小煤矿强制关闭。至1997年，域内小煤矿减至733处。

1998年，随着煤炭市场复苏，被关闭、取缔的小煤矿逐渐启动恢复生产，域内小煤矿增至1196处。行署对不具备安全生产条件的小煤矿采取强行关闭，至1999年，域内有小煤矿776处。

2000—2004年，市委、市政府对一些有发展前途、生产条件较好、布局较合理的3万吨以下的煤矿采取技术改造、工程配套、安排投资、技术培训等措施，对乡镇村办及民营煤矿进行集中整治。至2005年12月，境内“六证”（采矿许可证、安全生产许可证、煤炭生产许可证、矿长资格证、矿长安全资格证、工商营业执照）齐全、经省批准保留矿井529处。2006年1月，市政府办印发《关于迅速关闭不具备安全生产条件煤矿的紧急通知》，整顿关闭不具备安全生产条件的煤矿和非法煤矿。至2008年，域内保留煤矿250处。2012年始，市委、市政府根据上级政策继续抓大关小、优胜劣汰，整顿关闭不具备安全生产条件和不具备规模、布局不合理的煤矿。2014—2015年，关闭瓦斯突出和高瓦斯矿井147处，2016—2017年，又相继关闭高瓦斯和突出矿井29处，至2017年底，除国家控股3处矿井外，域内保有地方合法矿井74处，产能661万吨。

2017年娄底市保留煤矿基本情况表

表28-4

煤矿名称	矿种	瓦斯等级	产能（万吨／年）
一、国有控股（3处）			
塘冲煤矿	无烟煤	突出	24
一平峒煤矿	无烟煤	突出	13
土朱煤矿	无烟煤	突出	23
二、市直（4处）			
资江煤矿业	无烟煤	突出	45
建新煤矿	无烟煤	突出	9

续表28-4

煤矿名称	矿种	瓦斯等级	产能（万吨/年）
北平井	无烟煤	高瓦斯	6
红新井	无烟煤	高瓦斯	6
三、娄星区（4处）			
咸沙坝煤矿	烟煤	突出	6
茶园煤矿	烟煤	突出	6
秋湖煤矿	烟煤	突出	6
蛇形山煤矿	烟煤	突出	19
四、涟源市（22处）			
留石三矿	无烟煤	突出	6
力达煤矿	无烟煤	突出	9
共胜煤矿	无烟煤	突出	6
雷家冲煤矿	无烟煤	突出	6
私家塘煤矿	烟煤	突出	6
湘中煤矿	无烟煤	突出	6
群力煤矿	无烟煤	突出	6
金鸡煤矿	无烟煤	突出	6
谢家冲煤矿	无烟煤	突出	6
新岩煤矿	无烟煤	突出	6
枫坪煤业	烟煤	突出	6
头石煤矿	无烟煤	突出	15
杨梅山煤矿	无烟煤	突出	30
鑫旺煤矿	无烟煤	突出	6
工农煤矿	无烟煤	突出	6
石坝井	烟煤	高瓦斯	15
龙安煤矿	无烟煤	低瓦斯	6
沙群煤矿	无烟煤	低瓦斯	4
青山煤矿	烟煤	低瓦斯	9
灌湄煤矿	无烟煤	低瓦斯	9
仙田煤矿	无烟煤	低瓦斯	6
温泉煤矿	无烟煤	低瓦斯	6
五、新化县（21处）			
珠溪煤矿	无烟煤	突出	9

续表28-4

煤矿名称	矿种	瓦斯等级	产能(万吨/年)
焕发矿业	无烟煤	突出	6
联合煤矿	无烟煤	突出	6
兴隆煤矿	无烟煤	突出	4
桑梓煤矿	无烟煤	突出	6
联新煤矿	无烟煤	突出	6
大同煤矿	无烟煤	突出	6
祥星煤矿	无烟煤	突出	15
大跃煤矿	无烟煤	突出	30
兴华煤业	无烟煤	突出	15
芦二井	无烟煤	突出	15
鸿荣矿业	无烟煤	突出	6
韩家山煤矿	无烟煤	高瓦斯	15
韩家冲煤矿	无烟煤	高瓦斯	15
玖威煤矿	无烟煤	高瓦斯	9
繁荣矿业	无烟煤	高瓦斯	9
金鸡山煤矿	无烟煤	高瓦斯	6
芦一井	无烟煤	高瓦斯	21
胜利煤矿	无烟煤	低瓦斯	10
稠木煤矿	无烟煤	突出	9
稗冲煤矿	无烟煤	突出	9
六、冷水江市(16处)			
盐井塘煤矿	无烟煤	突出	6
永安煤矿	无烟煤	突出	6
涟溪一工区	无烟煤	突出	9
涟溪二工区	无烟煤	突出	6
龙盘山煤矿	无烟煤	突出	6
树柏煤矿	无烟煤	突出	6
梓改煤矿	无烟煤	突出	6
富旺煤矿	无烟煤	突出	6
富民煤矿	无烟煤	突出	6
伍家山煤矿	无烟煤	突出	6

续表28-4

煤矿名称	矿种	瓦斯等级	产能(万吨/年)
将岭煤矿	无烟煤	突出	6
新红煤矿	无烟煤	突出	6
戴家湾煤矿	无烟煤	高瓦斯	6
杨梅岭煤矿	无烟煤	高瓦斯	4
鑫泉煤矿	无烟煤	高瓦斯	6
石巷里煤矿	无烟煤	低瓦斯	9
七、双峰县(6处)			
兴洪煤矿	无烟煤	突出	6
红建煤矿	无烟煤	突出	6
朝阳矿业	无烟煤	低瓦斯	8
粟米皂煤矿	无烟煤	突出	6
测水煤矿	无烟煤	突出	6
石子井煤矿	无烟煤	突出	15

1990—2017年娄底市煤炭产量表

表28-5　　单位:万吨

年份	总产量	涟邵矿务局	地方煤矿	年份	总产量	涟邵矿务局	地方煤矿
1990	1082.86	308.01	774.85	2004	1205.65	158.87	1046.78
1991	938.55	262.03	676.52	2005	1114.71	158.58	956.13
1992	1050.95	256.05	794.90	2006	1175.28	140.28	1035.00
1993	1261.87	268.81	993.06	2007	1132.95	145.95	987.00
1994	1171.32	226.05	945.27	2008	1226.25	115.25	1111.00
1995	1494.07	229.07	1265.00	2009	1304.68	106.68	1198.00
1996	1416.27	231.93	1184.34	2010	1390.86	108.86	1282.00
1997	976.32	200.53	775.79	2011	1486.16	101.16	1385.00
1998	943.49	175.62	767.87	2012	1387.75	101.75	1286.00
1999	700.80	186.92	513.88	2013	1246.16	83.16	1163.00
2000	529.13	162.52	366.61	2014	1051.13	69.13	982.00
2001	486.14	102.71	383.43	2015	891.98	65.98	826.00
2002	737.45	144.37	593.08	2016	678.13	58.13	620.00
2003	1045.20	145.57	899.63	2017	680.38	54.13	626.25

1990—2017年娄底市部分年份煤矿及产能结构表

表28-6 单位：处、万吨

年份	煤矿总数	生产能力	其中							
			国家及省属煤矿	产能	市属煤矿	产能	县(市)属煤矿	产能	乡镇民营煤矿	产能
1990	518	—	9	349	3	33	11	48	495	800
1995	1258	—	9	349	3	33	11	48	1235	1265
2000	794	—	4	168	3	33	11	48	776	368
2005	536	1955	7	270	—	—	—	—	529	1685
2010	257	1552	7	270	—	—	—	—	250	1282
2015	107	935	4	126	—	—	—	—	103	809
2017	77	739	3	78	—	—	—	—	74	661

第三章　煤炭开采

第一节　开拓方式

1990年，境内25家国有煤矿企业39处矿井，其中平峒开拓的4处，平峒暗斜井开拓的6处，立井开拓的8处，其余为斜井开拓。2004年，境内国资控股的7处煤矿：金竹山一平峒、土朱、托山、塘冲煤矿和洪山殿的蛇形山、彭家冲、咸沙坝煤矿。一平峒、塘冲煤矿为平峒开拓，蛇形山、彭家冲为立井开拓，其余均为斜井开拓。2005年，经批准发证开采的529处乡镇民营煤矿，绝大多数是斜井开拓，极少数矿采用平峒或立井开拓。一般均用平峒—暗斜井或立井—暗斜井混合式开拓，或平峒暗斜井延伸方式，多水平开采。至2017年，全市保留地方煤矿74处，其中斜井开拓68处，混合式开拓6处。

第二节　掘进工艺

1991年，地区煤炭局在全地区国有煤矿推行风钻打眼、耙斗机装岩及电机车运输，减少人力装矸和推车，推广光爆锚喷支护，斜井及下山施工推行耙斗装岩、箕斗提升、漏斗排矸经验。在乡镇民营煤矿岩巷掘进基本都用气腿式凿岩机打眼，煤巷使用电煤钻打眼，电雷管引爆，电容式放炮器放炮；极少数矿井仍然使用手锤、钎子凿眼，手工装岩，刮子、竹箕为工具，劳动强度大。至1999年，全市煤矿掘进及装载机械化程度提高，手锤、钎子凿眼逐步被机械化操作取代。

2000年以后，全市煤矿巷道掘进基本上采用普掘工艺。岩巷掘进工作面采用气动式凿岩机钻眼，煤巷掘进工作面采用电煤钻打眼，爆破落煤，使用金属U形、梯形钢棚铰接梁支护，人工装煤或刮板运输机运输。

2009年12月，资江煤业集团第一个EBZ-135型半煤岩巷综掘机组在3535机巷成功开掘。2010—2015年，新化县、冷水江市、涟源市相继在重点矿区开展掘进机械化示范矿井建设。至2017年，除资江煤业资江井、芦一井、芦二井、杨梅山等矿采用综掘机组外，其他矿井只实施机械化装岩，全市有165处矿井岩巷掘进采用机械化装载。

第三节　巷道支护

1990—1992年，全地区煤矿巷道支护方式主要为木支护、料石砌碹和钢筋混凝土支架支护、金属梯形棚支护、U形钢锚杆喷浆支护等。其中国有煤矿及地方重点乡镇煤矿煤巷采用木支护和金属梯形棚支护，岩巷采用料石砌碹，钢筋混凝土支架，锚杆和锚喷支护等。1993年始，地区煤炭局根据“掘进工作面到永久支护之间，必须使用临时支架和金属前探支架，严禁空顶作业”的规定，在全地区推行支护改革，采用各种前探梁，既笨重又工序烦琐。2008年始，大部分煤矿岩石巷道一般采用料石、水泥料石支护。岩层较好的地段采用锚喷支护，对服务年限较长的斜井、运输大巷、回风巷、硐室等，均采用料石或人工水泥料石砌碹支护。煤巷及半煤巷一般采用木支护。2010年，采用新研制出的U形钢支架、工字钢支架、锚网喷联合支护的前探梁卡子。操作简便，卡梁牢固，前移方便，效果好，逐步在大小矿井推广。但这项工艺一次性投入较大，中小煤矿，特别是乡镇民营煤矿一时难以接受，仍然采用木支护。

2011年，随着坑木消耗增大，价格提升，为降低煤炭开采成本，支护改革再次在全市推广。是年，境内有25处矿井岩巷采用锚网、锚喷支护，28处矿井煤巷、半煤巷采用金属支护。

至2017年，全市煤矿岩石巷道均采用锚喷支护，回采工作面全部实现单体液压支护+π形梁和铰接梁支护，除极少数煤矿个别工作面外，基本消灭木支护。

金竹山矿业有限公司矿工井下工作面支单体
（2009年11月摄）

第四节　采煤工艺

一、采煤方法

1990—2004年，域内普遍使用壁式采煤法、台阶式（倒台阶）采煤法、倾斜分层采煤法、分段密集采煤法（正台阶采煤法）和巷道式或房柱式采煤法。当煤层稳定时，采用壁式采煤法；对煤层不稳定的地段采用巷道式或房柱式采煤法。涟邵矿业集团所属煤矿一般采用双翼采区方法，采区走向长400～600米，少数800米。工作面斜长依煤层赋存条件和地质条件而定，一般80～90米，个别100米。市、县（市）属煤矿因井型较小，地质构造复杂，倾斜长一般30～60米，采区走向长100～400米。除四古、继江、更生、工农、祥星、戴家湾等少数矿井采用壁式工作面外，多数矿井仍然采用巷道式采煤法。2005年，在529个保留矿井中，形成壁式工作面采煤的59个，占矿井总数的11.15%。

2008年，全市整顿非正规采煤矿井，推行壁式采煤方法。是年，新化县13处矿井实现壁式采煤。2010年始，推广广西百色经验，在资江、涟源力达等重点煤矿开展采掘机械化示范矿井建设，把打非治违与推进正规开采相结合，煤矿逐渐实行正规生产。2012年，全市有123处矿井建成166个单体液压支柱回采工作面，6个伪倾斜柔性掩护工作面。2014年，全市制定煤矿严厉打击证照不齐、无证生产、停而不整、超深越界、风井出煤和以包代管违法生产行为，着力整治系统不完善、非正规开采、瓦斯防治、防治水措施与安全管理制度不落实和违规使用淘汰设备等六类违规违章行为。严厉打击非正规开采，重点整治多头多面、乱采滥挖、巷道式开采问题。通过严格执行国家安全生产监督管理总局颁发的《煤矿矿长保护职工生命安全七条规定》，对没有实现正规开采的煤矿实行先停后整、分类处置；对不能实现正规开采的，坚决予以关闭，促进煤矿正规开采作业。至2017年，全市煤矿均实现壁式工作面采煤。

二、工艺改进

1990年，涟邵矿务局在金竹山、芦茅江煤矿试用采煤机组采煤，因地质条件变化大、不适应而停止使用。地方煤矿普遍使用电煤钻打眼爆破落煤，急倾斜或顶板破碎则采用风镐落煤。为提高块煤率，在爆破煤层时适当减少装药量和雷管。涟源沙坪、栗山桥煤矿块煤生产占60%以上。极少数煤矿仍采取手镐落煤。在采煤工作面，一般采用刮板运输机或电溜子，把落下的煤炭运送至煤斗，由矿车进入采区，通过煤斗把煤炭装入矿车，用蓄电池机车运送至井底车场。2000年，仍有相当数量的乡镇民营煤矿沿用铁锹、煤扒装煤，背拖、人力推送等原始生产方式。截至2006年，娄底煤矿采煤机械化程度落后于全国、全省水平。

2007年，全市煤矿企业开展采煤方式和支护材料改革，淘汰落后采煤工艺，在有条件的矿井推行负压通风壁式工作面，采用液压单体支柱支护。新化芦茅江芦一井、杨家山矿区的祥星、共升、焕三等矿率先实行开采工艺和支护材料改革。是年，全市有30个走向长壁后退式采煤工作面，有22个单体液压支柱支护采煤工作面。涟邵矿务局所属10处矿井全部达到质量标准化矿井标准，新化有13处矿井实现壁式采煤。

2009年，市政府根据省煤炭工业局《关于推进壁式正规化采煤工作面的指导意见》，确定为煤矿推动技术进步年、安全基础管理年，在全市实施“科技兴煤”战略。组织各规模企业和监管人员去广西百色、贵州、山西等地学习机械化采煤先进技术，推广先进采煤工艺；协调企业与银信部门关系，出台《关于缓解中小企业融资的若干意见》，采取以采矿权抵押、煤矿组团担保等形式，破解技改资金瓶颈，畅通煤矿企业融资渠道。是年，全市53处矿井实现走向长壁后退式工作面（共70个面）采煤。新化县祥星煤矿等22处矿井采煤工作面采用液压单体支柱支护。新化县稠木、乐田等急倾斜煤层开采成功使用伪倾斜柔性掩护支护。

2010年，市管资江煤业集团资江井投入2000余万元，MGZ×70／330-BWD采煤机、SGZ630／2×55综采刮板机等综采机组在该矿3535工作面成功投产，实现综合机械化采煤，结束炮采历史。

2011年，在资江煤业综采综掘试点成功的基础上，资江煤矿、涟源市力达煤矿等企业开展采掘机械化示范矿建设。是年，斗笠山煤业公司实现综掘机械化，新化县韩家山煤矿等12处矿井实现装岩机械化。全市建成单体液压支柱支护回采工作面156个，资江煤业集团、新化县共升煤矿、芦茅江芦一井、涟源市力达、群力煤矿被省授予一级标准化矿井。2013年，全市地方煤矿157处矿井实现正规工作面采煤，161处矿井岩巷采用锚网喷支护，158处矿井煤巷采用金属材料支护，地面花园式、井下工厂式的标准化矿井初步形成。资江煤业集团资江井，芦茅江芦一井、芦茅江芦二井、涟源市群力、力达，冷水江市石巷里、盐井塘等7处矿井达到省一级质量标准化矿井标准。涟源市群合、冷水江市南宫新井、新化县乐田、双峰县秋湖等46处矿井达到省二级质量标准化矿井标准。158处矿井达三级质量标准化矿井标准。至2017年，全市74处保留煤

资江煤矿薄煤层综采机组（2013年10月摄）

矿全部实现壁式工作面采煤，除资江、芦茅江、杨梅山等少数几个矿井采用综采综掘机组外，大部分矿井仍然采用电煤钻打眼爆破落煤，极少数矿井急倾斜采煤工作面风镐落煤的工艺仍在沿用。

第五节 通风排水

一、矿井通风

1990—1993年，地、县（市）国有煤矿和部分乡镇民营煤矿井下局部通风采用压入式供风方式，局扇型号主要为JBT、YBT系列轴流式通风机，功率为2.2千瓦、5.5千瓦、11千瓦不等，采用直径为300毫米、450毫米等规格的阻燃风筒对采掘工作面送风；部分乡镇民营煤矿特别是低瓦斯煤矿，其采掘工作面采用铁壳离心式鼓风机配彩条布风筒送风；极少部分乡镇民营煤矿无风作业。

1994年8月，地委、行署召开全地区乡镇煤矿清理整顿大会，重点清理整顿国有煤矿井田范围内小煤矿的通风设施。通过清理整顿，煤矿的通风系统，局部通风质量有所提高，但部分低瓦斯矿井串联通风仍然存在，出现采掘工作面局部打循环风，采用局部通风机串联送风、一台局部通风机为多个作业地点送风的现象；个别乡镇煤矿存在采掘工作面无风作业、局部通风机安装地点不合理、打循环风的现象，甚至井下局部通风机吸入风量大于矿井总进风量，发生全井大循环风，给矿井安全带来严重威胁。2013年，全市开展煤矿安全专项整治，严格要求矿井必须有安全、独立、可靠的通风系统，严格落实“以风定产、监控监测、先抽后采”十二字方针，严禁超通风能力生产，禁止任何形式的串联通风，对采掘工作面实现风电、瓦斯电闭锁，突出矿井和部分高瓦斯矿井局部通风必须实现专用开关、专用线路、专用变压器供电。

2014—2017年，所有煤矿风井均配有二台同等功率的主通风机，一台工作，一台备用，实现矿井全负压通风。通风机房内安装水柱计、电流表、电压表、轴承温度计等仪器仪表，各类通风设施按质量标准化要求安装到位，通风设备的三专供电多数矿井得以落实。通风系统完整、合理，能自觉执行“一通三防”（矿井通风，防治煤尘、防治瓦斯、防治火灾事故），按定措施、定整改日期、定责任人的形式落实通风管理，坚持“以风定产，以风定面”原则，保证矿井安全生产。

二、矿井排水

1990—2002年，地、县（市）属国有煤矿均建有井下排水系统，排水泵大多采用D型泵、IS型单级泵、S型中开泵等。国有煤矿周边的乡镇民营煤矿大部分没有建立自己的排水系统，依赖国有大矿排水。

2003年始，随着矿井安全监控系统的推广应用，逐步将排水系统的设备开停、水仓水位、泵房温度及泵房瓦斯含量等纳入监测监控范围。随着国有煤矿的改革改制，完全依赖国有大矿排水已不可能，小煤矿以矿区为单位或各矿井自行建立独立的排水系统。

2004年，涟源市斗笠山矿区实行集中排水，由斗笠山煤业公司香花台井、黄巷井、湖坪井建立集中排水系统，负责整个矿区的排水，矿区内所有乡镇民营煤矿没有建立排水系统，每生产一吨煤向斗笠山煤业公司缴纳10元的排水电费。

2005年以后，各矿井均根据矿井的涌水量建立相匹配的、独立的排水系统，添置相适应的排水设施和设备，使用无底阀防爆水泵排水，沿用至2017年。

第六节 提升运输

一、矿井提升

1990—1994年，境内地、县（市）属以上国有煤矿均采用机械提升，乡镇民营煤矿绝大部分矿井装备有提升绞车，极个别小煤窑仍沿用古老的肩背人挑方式出煤。

1995年，全地区所有煤矿实现机械提升，乡镇民营煤矿一般选用0.8～1.2米滚筒直径的提升绞车。2005年，按照省煤炭工业局要求，煤矿斜井提升的井筒，安装防跑车装置，实行一坡三挡（平台阻车器、变坡点下20米处挡车器、坡底处挡车栏）；斜井绞车更新为煤矿专用防爆型。

2007年1月，金竹山矿业公司土朱煤矿主斜井、副斜井提升电控系统由金属电阻调速改为变频调速。托山矿主斜井2.5米绞车由金属电阻控制改造为变频控制，电动机改为变频电机，制动系统由角移式块闸机械式改造为液压式盘形闸，增加液压系统，操作台改为显示屏。两矿的主、副井绞车电控实现PLC无触点智能控制。2008年，根据湖南煤矿安全监察局《煤矿建设项目安全设施设计审查及竣工验收工作规范》，矿井主提升绞车更新改造，淘汰滚筒直径1.2米及以下的矿用提升绞车。

2014年，根据国家安全生产监督管理总局、国家煤矿安全监察局规定，全市禁止使用KJ1600／1220单筒缠绕式矿井提升机和JKA、KJ、XKT、JTK型矿井提升机。至2017年，市内煤矿相继淘汰更换上述各种型号的矿井提升机，并对部分绞车的电控装置进行更新改造。

二、人员运送装置

1990—2004年，境内市、县（市）属以上国有煤矿矿井均安装有机械运送人员设施，少数斜井开拓的矿井安装使用架空乘人装置，大部分安装斜井人车，井下运输大巷配备有蓄电池机车牵引的人车装置。大部分乡镇、村办煤矿未安装机械运送人员设施，步行上下井。

2005年始，煤矿推广机械运送人员装置。2007年，涟源市斗笠山镇17处保留矿井，多数开采垂深500～600米，斜长度近1200米，人员下井往返耗时长，为了减轻职工劳动强度，保障安全，提高效率，是年，有15处矿井，由市、县（市）两级煤炭局督促并提供技术指导，安装使用煤矿人车。

2009年，落实省煤炭工业局、湖南煤矿安全监察局《湖南省改扩建煤矿竣工验收和证照变更暂行规定》，全市煤矿企业普遍使用机械运送人员方式特别是架空乘人装置。至2017年，全市煤矿都装备有人车和架空乘人装置（无极绳人车），煤矿工人步行上下矿井的历史结束。

三、井下运输

1990—2000年，省属及市、县（市）属国有煤矿井下运输普遍使用U形矿车、V形矿车、侧卸式矿车和自制矿车等装煤（矸）。运输大巷使用蓄电池机车和人力运输。采区上（下）山采用绞车提升运输。工作面和机巷使用搪瓷溜槽或刮板运输机运输，工作面开采的煤炭由搪瓷溜槽和人力运送到工作面机巷，再由刮板运输机或人力拖运到采区煤仓（煤斗），自溜放入矿车，经蓄电池机车拖运或人力推运至井底车场，由绞车提升到地面。乡镇民营煤矿大部分采用人力推车，在运输大巷一般没有设置蓄电池机车牵引设备。

2001—2009年，市、县（市）属国有煤矿井下运输大巷推广使用防爆蓄电池电机车牵引，工作面机巷推广V形刮板运输机。乡镇民营煤矿井下运输大巷少数开始使用防爆蓄电池电机车牵引，有正规采煤工作面的矿井，机巷使用V形刮板运输机，多数矿井仍然为人力推车。

2010年，全市推进煤矿企业集团化、采掘机械化、安全质量标准化、管理信息化（简称“四化”）建设，井下工作面刮板运输机的使用得到广泛推广。资江煤业集团综采机组在3535工作面试采成功。该机组在工作面由刮板运输机自动将煤炭运送至皮带运输机，再由皮带运输机直接将煤炭运送至地面煤仓，实现“带式”运输“一条龙”。2015年，杨梅山煤矿实现综采带式运输。至2017年，全市其他矿井工作面机巷都配备刮板运输机，井下运输全面进入机械化时代。

第七节　供电通信

一、供电

1990—1999年，地属以上国有煤矿普遍形成由电力部门110千伏及以上等级的区域变电站和电网向矿区35千伏专用变电站供电，再直供矿井6千伏（个别为10千伏）变电所的供电网络。部分县属国有煤矿供电系统不完善，存在供电设施简单、单回路、供电设备陈旧老化、井下与地面未实现分开供电和保护装置不齐全等问题。大部分乡镇民营煤矿由农网单回路供电。普遍存在线路负荷重、电压不稳、供电质量差且经常停电现象，威胁煤矿安全。

2001—2003年，全市第一、第二期农网改造完成。农村电力基础设施简陋落后的状况得到改善，依靠农网供电的乡镇民营煤矿的供电质量提高。

2007年，部分乡镇民营煤矿实现双回路供电，没有双回路供电的矿井部分配备柴油发电机组作为备用电源，少部分矿井仍为单回路供电，存在地面、井下共用一台变压器的现象。2010年，随着隐患排查治理制度的落实和依法强化责任追究，供电方面存在的各类重大安全隐患逐步得到治理。全市煤矿采用单回路供电的，全部配备柴油发电机组。

2011年始，煤矿企业推行“四化”建设，对矿井井下供电高、低压开关、变压器等设备按禁止使用设备及工艺目录进行淘汰、更新或改造，做到防爆电器设备“三证”（防爆合格证、产品合格证、煤矿矿用产品安全标志）齐全。至2017年，各煤矿企业均设立供电管理机构，制定管理制度，以地面、井下安全用电、计划用电和节约用电为重点开展供电管理。乡镇及民营煤矿供电管理从最初的矿井仅设1～2名电工管理至逐步设立机电班组管理，并配有相关的机电专业技术人员。

二、通信

1990—2001年，市属以上国有煤矿相继建成数字程控直拨电话，结束煤矿摇把子电话时代，井下通信一律采用防爆型电话机。乡镇民营煤矿只在地面办公室、煤炭销售部门安装有电话，供煤矿企业与外界联络，井下没有通信。2002年以后，各煤矿相继在井底车场、主要机电硐室、回采和掘进工作面、主要运输大巷、避灾硐室安装防爆电话机与地面联络。2012年，娄星区茶园二矿实现井下小灵通与地面点对点通话，全市有211处矿井安装人员定位及视频调度指挥系统。涟源市、冷水江市、新化县实现县（市）煤炭管理部门与煤矿安全监控联网。

2014—2017年，全市煤矿形成较完善的通信系统，矿井安装矿用程控交换机，井口调度室和井下各作业区域实现直拨通信联系。各矿主、副井底车场、中央变电所、采区绞车房、主排水泵房、采区排水泵房和采区工作面均安装安全防爆型直拨电话机。

第四章　安全生产

第一节　煤炭生产许可

1990年，域内煤炭生产的行政许可，没有明确具体的规章可循。1995年8月，行署根据煤炭部颁发的《煤炭生产许可证管理办法实施细则》，下发《关于加强矿山安全条件合格证管理的通知》，对境内所有矿山企业实施“矿山安全生产条件合格证”“采矿许可证”“煤炭生产许可证”“矿长安全技术业务合格证”制度。地、县（市）煤炭生产监管部门相继成立煤炭生产许可证管理办公室，负责辖区内煤炭生产许可证申报、初审和颁证管理工作。11月，在全国煤炭生产许可证颁证大会上，冷水江市作为全国乡镇煤矿煤炭生产许可证颁证试点单位有10处煤矿取得煤炭生产许可证。是年底，境内共颁发煤炭生产许可证97个，占全省总数的66%；采矿许可证676个，居全省之首。此后，煤炭生产许可证作为煤矿安全监管的重要手段和准入门槛，对全市煤矿企业每验收合格一个，颁证一个，并逐年开展煤炭生产许可证年检年审，使煤炭生产许可证制度成为煤炭生产的一项重要制度。

2006年，市政府根据全省煤矿整顿关闭工作会议的部署和《湖南省人民政府办公厅关于继续做好煤矿整顿关闭和资源整合工作的通知》，决定用三年时间解决全市煤矿数量多、规模小、结构和布局不合理、办矿水平和安全保障能力低、破坏和浪费资源严重、事故多发等突出问题，对八类不符合安全生产条件和布局不合理的煤矿实行整顿关闭，对生产能力小于3万吨，且具备资源整合条件的煤矿进行煤炭资源整合和技改扩能。是年底，全市保留煤矿373处，其中366处矿井取得煤炭生产许可证。

2007年，全市关闭整合煤矿122处，注销煤炭生产许可证煤矿120处，保留煤矿251处，其中持有煤炭生产许可证矿井247处。通过年检年审，其中合格225处，暂定不合格矿井22处。2009年，在全市251处保留矿井中，246处有煤炭生产许可证矿井参加年检年审，其中合格矿井242处，不合格矿井4处，暂扣生产许可证矿井2处。2011年，全市251处保留矿井中，219处整合技改扩能，165处完成技改工程，126处取得新证合法生产，125处矿井停产整顿和技改。

2013年，根据《中华人民共和国煤炭法》，全市取消“煤炭生产许可证”。

第二节　安全培训

1990年，地、县（市）煤炭局建有安全技术培训中心和煤矿生产安全服务站，配有教学管理专职人员，负责对本辖区内煤矿从业人员、班组长、煤矿安全生产管理人员、乡镇煤矿矿长及特种作业人员的安全培训。是年，全地区开办安全培训班65期，2500人参加培训。1995年地区煤炭局安全培训中心培训1621人（矿长359人、安监员222人、井下电工219人、爆破工213人、绞车司机108人、其他工种500人）。

1997年始，全地区全面实施《煤炭生产许可证制度》和《乡镇煤矿管理条例》，对所有煤矿矿长、特种作业人员实行持证上岗制度。煤矿安全培训主要围绕落实上述制度开展。1998年以后，农民工逐渐成为地方煤炭生产建设中的劳动主体，文化素质偏低，安全意识淡薄。市、县（市、区）煤炭管理部门，实施全员培训上岗制度。对煤矿新招人员一律实行岗前培训，经考试合格，取得上岗资格证后方可上岗。所有煤矿企业在每年的春节过后，停产全员培训一周，经考试合格，并经主管部门复产开工验收后开工上岗。

2002年，国家对煤矿安全培训机构实施资质管理，一级资质由国家安监总局颁发，二、三级资质由各省（市）煤监局颁发。取得培训资质的机构应具备相应的硬件设施和师资条件。是年，娄底市煤炭局和涟源市、冷水江市、新化县煤炭管理部门重新组建煤矿安全培训中心，均取得三级安全培训资质，负责对辖区乡镇民营煤矿各工种作业人员和班队管理人员进行专业技术和安全管理知识培训。

2003年，市煤矿安全培训中心与湖南工业职工大学联合举办煤矿机电、“一通三防”培训班，学期3个月，92人参加培训。

2006年，市煤矿安全培训中心共举办矿长复训、安全生产副矿长、特种作业人员、监控系统操作人员及安全监管人员培训班22期，培训1519人。是年，与湖南科技大学联合举办采矿本、专科学历函授班。全市各煤矿229人参加学习获得本、专科学历。2006—2009年，培养本、专科学历学员635人，采矿中专学历学员136人，在读本、专科函授学习236人，采矿中专班函授学习178人；选送湖南工大脱产学习142人。

2010年6月，市政府办公室下发《关于做好全市煤矿安全生产教育培训经费征收工作的通知》，决定在全市范围内按每吨原煤0.3元的标准征收煤矿安全培训教育经费，委托娄底职业技术学院每年培养120名全日制专科煤矿专业学生，全市有300余名煤矿优秀青年免费参加煤炭专业技术培训。至2013年，这一政策停止实施。2014—2017年，培训“三岗”（安全管理、特种作业、专项作业）人员3864人。

2008—2017年娄底市煤矿安全“三岗”人员培训情况表

表28-7 单位：期、人

年份	煤矿安全管理人员		特种作业人员		其他专项作业人员	
	期数	人数	期数	人数	期数	人数
2008	6	543	7	557	—	—
2009	6	768	9	608	5	460
2010	11	1089	12	1136	—	—
2011	12	1034	26	2717	10	894
2012	15	1334	29	2790	—	1094
2013	29	2392	12	1226	—	—
2014	11	747	4	278	—	—
2015	8	422	4	363	—	—
2016	6	353	5	201	7	508
2017	8	267	5	246	5	479
总计	112	8949	113	10122	27	3435

第三节 煤矿清理整顿关闭

1990—1998年，域内乡镇民营煤矿非法开采、无序开采的情况普遍存在，影响煤矿安全生产。1999年4月，地区行署关井压产办公室召开紧急会议，部署全区煤矿安全生产，开展重点抽查和清理整顿工作，严厉打击非法开采和无序开采。是年，全市关闭矿井703处，其中取缔非法矿井563处。

2001年6月，市委第7次常委扩大会议决定，对冷水江市岩口镇等6个关闭非法矿存在较大差距的重点产煤乡镇提出黄牌警告。2002年9月，市政府召开市安委会成员单位会议，决定对非法小煤矿、已关闭又重新开采的小煤矿、大水矿井和高瓦斯矿井、经整治验收不合格的矿井，依法彻底关闭。是年，通过关停整治，乡镇煤矿由上年的128处减至55处，村办小煤矿由上年的285处减至162处。

2003年5月，市委、市政府向涟源市派出深化煤矿安全专项整治督查组，对168处重点矿井进行地毯式检查和清理整顿。2005年2月，市政府出台《关于进一步加强煤矿安全生产的若干规定》，进一步整顿关闭全市不具备安全生产条件的非法煤矿。至11月中旬，全市520处矿井中，“六证”齐全91处、“六证”不齐429处。停产整顿416处，列为不合格11处，实施关闭2处。2006年1月，市政府印发《关于迅速关闭不具备安全生产条件煤矿的紧急通知》，将涟源市大桥煤矿等14处矿井关闭到位，排查确定拟关闭86处矿井，并在《娄底日报》公告，其中实际关闭63处，整合37处。

2007年6月，全市召开煤矿整顿关闭工作会议，对煤矿整顿工作提出理性决策、科学规划、安全发展、有序关闭的工作思路，下发《关于切实做好2007年度煤矿整顿关闭工作实施意见》，成立以市长为组长的煤矿整顿关闭工作领导小组，每月10日定期召开整顿关闭工作领导小组成员联席会议。根据省政府解决小煤矿整顿关闭问题的总体方案，把全市规划在“十一五”后三年整顿关闭的122处煤矿提前到2007年底前全部关闭。是年底，全市关闭矿井66处，整合矿井65处，保留矿井251处。2008年，全市251处保留矿井中，226处整合技改扩能。提交技改设计188个，审查批复176个，有3处矿井申请整合技改竣工验收。

2009年，全市继续推行煤矿技改扩能，各县（市、区）煤炭管理部门、乡（镇）人民政府、安监站联合派出专人驻矿盯守，同时启动技改验收程序。

2012年9月，《娄底市煤矿“四化”建设四年（2012—2015）行动计划》颁发实施，对未经市、县两级煤矿“四化”建设领导小组同意的煤矿实行四不准（不准为6万吨／年及以下的小煤矿扩界配置资源；不准为开采同一煤层的相邻矿井单个深部扩界配置资源；不准受理所有煤矿资源扩界和改扩建申请；不准受理新建煤矿立项、核准和资源许可申请）。对不符合“四化”建设标准或不愿意参与“四化”改造的小煤矿，先停产整改直至淘汰关闭，限期退出。在组织生产期间发生2人及以上死亡事故的，一律关闭；逾期未关闭的，一律强制关闭，有条件实施机械化改造矿井未按规定实施升级改造的，一律淘汰关闭；未达到省三级质量标准的，一律淘汰关闭。2013年，市委、市政府制定相关政策，对自愿关闭的三类煤矿（煤与瓦斯突出矿井、非突出矿井、整合关闭矿井），分别按每个煤矿不低于1200万元、700万元、500万元的标准实行奖补。对2014年底前关闭的矿井，在奖补标准外适当给予奖励；对在2015年9月30日前关闭的矿井，在奖补标准基础上适当下调。同时制定煤矿打非治违，“六打六治”（严厉打击证照不齐、无证生产、停而不整、超深越界、风井出煤和以包代管违法生产行为，着力整治系统不完善、非正规开采、瓦斯防治、防治水措施与安全管理制度不落实和违规使用淘汰设备六类违章行为）工作方案，严厉打击非正规开采，重点整治多头多面、乱采滥挖、巷道式开采问题。通过严格执行国家安监总局颁发的《煤矿矿长保护职工生命安全七条规定》，对没有实现正规开采的煤矿实行先停后整，分类处置；对不能正规开采的，坚决予以关闭。至2015年12月，全市143处矿井分三批关闭退出。

2016年，全市贯彻落实《国务院关于煤炭行业化解过剩产能实现脱困发展的意见》，推动八类矿井在1～3年内淘汰：9万吨／年及以下煤与瓦斯突出矿井、拒不执行停产整顿指令仍然组织生产的矿井、停而不整或整顿后仍达不到安全生产条件的矿井、经停产整顿在限定时间内仍未实现正规开采的矿井以及开采范围与自然保护区、风景名胜区、饮用水水源保护区域重叠的矿井、产能小于30万吨／年且发生重大及以上安全责任事故的矿井、产能15万吨／年及以下且发生较大及以上安全生产责任事故的矿井、采用国家明令禁止使用的采煤工艺且无法实施技术改造的矿井。引导八类煤矿尽早关闭退出：煤与瓦斯突出、水文地质条件极其复杂等灾害隐患严重且在现有技术条件下难以有效防治的煤矿；开采深度超过《煤矿安全规程》规定的煤矿；达不到安全质量标准化三级的煤矿；非机械化开采的煤矿；产能小于9万吨／年的煤矿；开采技术和装备列入《煤炭生产技术与装备政策导向（2014年版）》限制目录且无法实施技术改造的煤矿；长期停产、停建的煤矿；资源枯竭、资源赋存条件差的煤矿。是年底，经整顿、淘汰、退出、关闭，全市保留煤矿97处。2017年，全市继续化解过剩产能和推进煤矿的清理整顿关闭。共关闭煤与瓦斯突出矿井10处，高瓦斯矿井2处、瓦斯矿井11处，保留矿井74处。

第四节　煤矿灾害防治

一、瓦斯灾害防治

（一）通风管理

1990年，境内煤与瓦斯突出矿区9个，井田49个，其中高沼气矿区10个，井田43个。25处国有煤矿42对矿井中，煤与瓦斯突出矿井16对，高瓦斯矿井15对。境内乡镇个体小煤矿通风装备水平低，低瓦斯矿井自然通风现象普遍。涟源市批准的148处煤矿中，有15处煤矿主扇风机处于不开或时停时开状态。独眼井、自然通风、明电照明、明电放炮、刀闸开关现象普遍存在。因为矿井通风系统不完善，通风装备水平低，煤矿瓦斯爆炸、窒息死亡事故时有发生。

1991—2000年，煤炭主管部门除督促煤矿企业加强日常通风和瓦斯管理外，定期组织有关人员对全市煤矿“一通三防”进行集中检查，重点排查矿井通风系统、瓦斯管理，预防瓦斯事故发生；对乡镇个体煤矿企业按消灭独眼井、消灭自然通风、消灭明火明电照明、消灭刀闸开关的要求管理，开展以消灭自然通风为主要内容的矿井通风系统整顿，强制实行机械通风；控制大串联通风与局扇打循环风，限制井下作业头面数量，完善矿井通风瓦斯管理。

2001年，全市开展乡镇煤矿安全生产专项整治行动，要求无条件配备自救器和相关安全生产设施。但大多数矿井没有按规定配备相关设备设施，没有防突钻机、没有建立兼职救援队伍。2002年始，以“一通三防”为中心，整治隐患，对一部分矿井的通风系统进行调整、改造。矿井安全生产条件得到初步改善。是年底，全市各煤矿地面抽风除使用一台主抽风机外，还配有备用风机。2005年，全市开展煤矿自救器配备专项行动，凡是没有配足自救器的矿井一律停产整顿，没有随身携带自救器的人员，一律不准下井作业。是年，境内所有矿井都按1：1.2的比例配备自救器。

2006—2007年，煤矿安全监管部门以矿井通风管理作为煤矿安全专项整治的重点，全市煤矿企业自筹资金6亿元，对160处矿井进行通风系统改造，新增通风配套巷道45万米，251对矿井全部安装安全监控系统，其中涟源市实现县域联网。69对高瓦斯矿井全部更换成15千瓦功率及以上轴流式风机，129对突出矿井全部更换为22千瓦功率及以上轴流式风机。

2008年，市煤炭局下发《关于开展娄底市煤矿“强基础、保安全”百日专项行动的通知》，开展“以风定产、瓦斯治理、煤矿技改”三个专项行动。规定年产6万吨及以下矿井同一风流中同时作业人数不得多于9人；需进行整合技改的煤与瓦斯突出矿井必须在10月31日前，其余矿井在12月31日前提交整合技改设计。各县（市、区）煤炭局分别采取“限供火工产品”、“锁绞车”、“立案查”、“三停”（停电、停供火工产品、停产）、“暂扣证照”、“提请关闭”等措施，促进煤矿安全基础条件的改善。是年，全市改造通风系统巷道20万米，改造主要通风机120台，煤与瓦斯突出矿井全部实现专用回风井，井下实行分区通风。

2009年以后，全市着力推进安全质量标准化矿井创建，加强矿井作业现场通风管理，不断完善“一通三防”规章制度建设，严厉打击“违章指挥、违章作业、违反劳动纪律”等“三违”行为。至2017年，全市各煤矿企业均设有“一通三防”专门机构，配有专职瓦斯检查员、安检员和防突员。

（二）瓦斯监测监控

1990—2002年，娄底煤矿企业按瓦斯等级、采掘作业场所、范围配备瓦斯检查员检查瓦斯。瓦斯检查员携带光学瓦斯仪器和矿井瓦斯记录本，对水泵房、绞车房、采煤工作面、掘进工作面、盲巷、临时停风地点、电器设备（开关、局扇、钻机、电机）附近、放炮地点、总回风巷、其他有人员作业地点等检查瓦斯和二氧化碳气体并填写登记牌板。矿长、副矿长、矿技术负责人、爆破员、安全员、班组长、电钳工等下井必须携带便携式瓦斯检测报警仪。主管矿长和技术负责人每天坚持审查瓦斯日报表，并针对通风管理方面存在的问题，制定相应的措施，加强瓦斯管理和通风管理。2003年，市委、市政府按照国家安委办《小煤矿安全生产基本条件》的30条标准开展乡镇煤矿清理整顿，全市有40处保留煤矿配置瓦斯监控、抽放系统。2005年，全市390处矿井安装煤矿瓦斯安全监测监控系统，401处高瓦斯、突出矿井的通风、生产系统得到完善。

2006年，市煤矿安全监管部门贯彻执行省政府《关于坚决关闭不具备安全生产条件煤矿意见的紧急通知》，要求高瓦斯、突出矿井的瓦斯安全监控系统在2006年9月30日前实现县、乡（镇）、矿三级联网；市直改制煤矿的6处矿井瓦斯安全监控系统在2006年6月30日前与市直驻矿安监站实现联网。所有高瓦斯、煤与瓦斯突出矿井必须保证安全监控系统正常运行。是年6月底，全市337处高瓦斯突出矿井、51处低瓦斯矿井均安装瓦斯安全监控系统，涟源市80处矿井的瓦斯安全监控系统与涟源市煤炭局安全监控中心联网。2007年，市政府制定印发《娄底市2007年煤矿瓦斯集中整治工作方案》，强制煤矿完善矿井通风系统、瓦斯安全监控系统，添置四位一体防突装备及安全防护设施，矿井瓦斯监测监控和防治能力明显提高。至2008年10月，全市250处地方保留矿井有248处矿井安装瓦斯安全监控系统，部分实行县级区域联网。其中涟源市96处矿井实行联网运行，新化县47处矿井有25处实现联网，双峰县30处矿井有18处实现联网。

2009年，按照“通风可靠、抽采达标、监控有效、管理到位”的要求，不断完善监测监控系统，坚决杜绝瓦斯超限作业。至2010年10月，全市所有的煤矿建立较为完善的矿井瓦斯监测监控系统；涟源市、冷水江市、新化县实现瓦斯安全监控系统区域联网。2012年，市政府办公室印发《娄底市2012年度安全生产“打非治违”集中行动工作方案》，将瓦斯防治列为重中之重，市煤矿安全监管部门制定印发《娄底市煤矿瓦斯防治能力评估细则》，开展全市煤矿瓦斯防治能力评估验收。是年，126处煤与瓦斯突出矿井、2处高瓦斯矿井通过现场评估和全面的安全体检，47处矿井已具备瓦斯防治能力，全市所有矿井均安装有安全监控和瓦斯监测监控系统，211处矿井安装有人员定位及视频调度指挥系统。2013—2017年，瓦斯安全监测监控，成为煤矿企业安全生产制度，被职工群众所接受。

（三）瓦斯治理和抽采利用

1990—2003年，辖区内的煤矿瓦斯均是通过通风自然稀释。2004年，煤矿瓦斯实现机械集中抽放，瓦斯防治实现质的提升。2005年，市政府下发《娄底市煤矿瓦斯集中整治工作方案》和《进一步加强煤矿安全管理若干规定》，由煤矿企业根据矿井实际，编制瓦斯集中整治方案，各县（市、区）煤炭局对方案进行逐矿审核，做到一矿一方案一审批。要求各煤矿严格执行，否则，实行停电、停产、停供火工产品。2006年1月，市煤炭局在《关于认真抓好2006年全市煤矿安全生产工作的意见》中要求，所有煤与瓦斯突出矿井必须安装瓦斯抽放泵，配备防突钻机，并将其列入煤矿清理整顿验收条件之一。是年，在全市373处保留矿井中，有煤与瓦斯突出矿井179处，占矿井总数的48%。

2007年，市政府制定煤矿瓦斯防治整顿措施，监控系统运行不正常，未建立抽放系统落实抽采措施，采区没有专用回风巷，采用巷道式、前进式或高落式采煤工艺，未落实“四位一体”（突出危险性预测、防治突出措施、防治突出措施效果、安全防护措施）综合防突措施和防误穿煤层措施，三条生命线（水管、压风管、通信线）未落实的一律停产整顿。是年，涟源市安平镇四古、力达、安平、湘中等矿瓦斯抽采试点成功。市直管资江煤矿在307采区—53石门揭煤过程中采用瓦斯抽放措施，历时2年打抽放钻孔100多个，安全揭开5、6、7煤层，打破该矿石门揭煤逢揭必突的惯例。

2008年4月，省政府在涟源市召开全省煤矿瓦斯治理现场会，推介涟源市力达等煤矿瓦斯抽采经验。9月，市政府召开全市瓦斯防治工作会议，就瓦斯抽采专项工作与各县（市、区）人民政府签订责任状。是年，全市有47处地方煤矿安装地面瓦斯抽采系统，涟源市力达、四古煤矿、双峰县秋湖煤矿、市直管资江煤业公司、大建矿业公司南平井等18处煤与瓦斯突出特别严重矿井开始地面瓦斯抽放。

2009年2月，在全市134处煤与瓦斯突出矿井中，有48处建立地面瓦斯抽采系统；通过县级初验收矿井19处，市级验收1对，建设地面瓦斯抽采系统矿井13处。6月，市财政、安监、煤炭局分别对资江煤业公司等54家煤矿企业，拨付煤矿瓦斯治理以奖代补专项资金540万元。是年，全市131处煤与瓦斯突出矿井，有102处矿井建立地面瓦斯抽放系统，21处矿井建立井下瓦斯抽放系统，涟源市力达煤矿瓦斯发电站成功并网运行，成为湖南省第一个乡镇煤矿瓦斯发电示范企业。

2010年，郭家冲煤矿安装的2套500千瓦瓦斯发电机组成功并网发电。是年，全市瓦斯抽采总量0.54亿立方米。2011年，加强瓦斯专项整治和瓦斯抽采，聘请重庆煤科院对市内6个井田的6处矿井进行瓦斯参数的基础研究，对其中2处矿井瓦斯治理整顿实行承包抽放；冷水江市与湖南煤科所签订瓦斯科研合同，对市内煤矿瓦斯参数进行测定；涟源市引进贵州、重庆等6支瓦斯治理专家团队对市内煤矿瓦斯进行治理。除力达、郭家冲煤矿外，湘中、新红煤矿实现瓦斯发电。至2012年，全市建成地面瓦斯抽放系统110套，瓦斯发电厂7座13台（套），涟源市力达煤矿的瓦斯发电示范项目，年创收350万元。

2013年，资江煤业集团资江井、涟源市的力达、郭家冲、新红、湘中、青树、群力、私家塘煤矿，冷水江市的堑子口、九兴煤矿以及新化县复兴、共升等煤矿，开展底板岩巷瓦斯穿孔预抽和本煤层顺层预抽，准确测定残余瓦斯含量、瓦斯压力，对不同矿井、不同煤层、不同的地质构造单元瓦斯参数，因地制宜制订瓦斯抽采方案，瓦斯灾害逐渐变为可防可控。至2017年，涟源市、冷水江市分别建立瓦斯治理风险抵押制度，从各煤矿收取5万~10万元的瓦斯治理风险金，对瓦斯治理工作达标的矿井给予2万~20万元的奖励，煤矿布置一个合格的底板抽放钻场财政补贴6000元。是年，全市拥有底板抽放钻场600个，本煤层抽放钻场500个，1~3季度共抽采瓦斯5163万立方米，利用瓦斯657万立方米。

二、顶板管理

1990—2008年，域内煤矿采掘工作面支护材料主要以木材为主，仅市属资江、大建等少数国有煤矿使用摩擦支柱配铰接梁支护工作面，乡镇民营煤矿普遍采用木支护。煤矿顶板安全监管的有效措施主要强调“加强矿压观测”“敲梆问顶”“严禁空顶作业”“回柱时严禁捶打斧砍”“提高支护质量”等具体要求。每年顶板事故发生的次数占事故总数40%左右。2001年，全市煤矿共发生死亡事故95起，其中冒顶事故39起，占41.1%。

2009年，全市推行煤矿支护改革，实现回采工作面金属支护66个，其中柔性掩护支护4个。2010年，全市有35处煤矿实行壁式工作面，其中单体液压支柱支护采煤工作面126个，25处矿井实现锚网喷支护。资江煤业公司所有回采工作面实现单体液压支护，巷道工程全部采用锚喷和金属支护。2011年，全市建成单体液压支柱支护回采工作面156个、锚喷支护巷道3563米、金属支护巷道3.8万余米。

2012—2014年，全市煤矿所有地质条件复杂煤层均采用单体液压支护，基本消灭木支护。至2014年，资江煤业集团资江井所有工作面实现综合机械化开采，新化县祥星矿业集团祥星煤矿高档普采运行。全市165处矿井的岩巷掘进采用机械化装置，157处矿井实现正规工作面采煤，161处矿井岩巷采用锚网喷支护，158处矿井煤巷采用金属材料支护。2015—2017年，全市继续推行壁式工作面采煤，采用单体液压支柱配铰接梁支护，顶板管理一律采用陷落法采煤工作面实行“采四放一”或“采五放二”（每采四排支架放一排支架或每采五排支架放二排支架）控顶方式，机械回柱，机采工作面采用掩护式液压支架支护。新化县、冷水江市、涟源市分别建设采掘机械化示范矿井。

三、水害防治

1990年，全地区煤矿涌水量500立方米/小时以上矿井集中在桥头河、斗笠山、恩口三大矿区，主要来源于煤层底板强含水层茅口灰岩，其中斗笠山煤矿香花台井涌水量超过5000立方米/小时，恩口煤矿达到18000立方米/小时。1997—2000年，涟邵矿务局桥头河、恩口、斗笠山等国有大矿，随着开采深度的增加，煤层顶板长兴灰岩及底板茅口灰岩、底板岩溶承压水水量丰富，水位高，水头压力大，因不堪排水成本与安全压力，先后选择关闭退出。至2005年，各级煤炭行业主管部门，在每年雨季来临之前，都要发出防治水患警示性文件，及时处置通报水患事故。对乡镇煤矿水害防治采取三项措施：建立矿井排水系统；解决邻近矿井报废后的积水处理问题；下暴雨时全井停产撤人，加强地表水监测，发现问题及时处置。

2006年1月，市煤炭局印发《关于认真抓好2006年全市煤矿安全生产工作的意见》，要求煤矿安全监管部门对“水患严重矿井及公示的停产整顿矿井进行重点监管，分矿到人，责任到人”“水患矿井必须配备探水钻机，建立完善的防排水和防治水设施”，加强对晏家、古塘、斗笠山矿区的水患防治。4月，市政府召开煤矿安全专项整治及安全生产工作会议，要求全市煤矿企业“井下防治水，严禁带压采煤，采掘作业与老空、老窑接近必须坚持有疑必探、先探后掘的探放水原则”。2007年12月18日，冷水江市梓改煤矿+190米回风水平以上探煤上山掘进时穿透老窑水，导致上山下出口垮塌，井下三名作业人员两人获救，一人遇难。市煤炭局对事故情况及时通报，敲响各煤矿防治水警钟。

2008年4月，涟源市七星街镇仙田煤矿在回风水平以上独头采煤，穿老窑水8人被困，经抢救脱险。在停产整顿期间，该矿继续违章组织在回风水平以上独头开采，6月底再穿老窑水全井被淹。7月18日，娄星区石井乡石井煤矿在未摸清矿井老窑积水范围，未形成矿井防排水能力，未采取探水措施的情况下盲目施工，穿透老窑积水导致全井被淹。市煤炭局立即下发通知，责令县（市、区）煤矿安全监管部门立即开展防治水工作专项检查，对回风水平以上违规作业、防治水措施不落实、屡教不改的，坚决提请关闭。2009年6月，市煤矿安全生产环境治理整顿工作领导小组印发事故通报，要求煤炭管理部门和煤矿企业建立整合矿井相关水文地质条件、开采技术台账，坚持预报预测、有疑必探、先探后掘、先治后采的探放水原则，落实防、堵、疏、排、截的防治水综合措施，禁止在回风水平标高以上掘进，禁止矿井带压开采；定期收集、调查和核对相邻煤矿和废弃老窑情况，并在井上下对照图、采掘工程平面图上标注，使防治水措施能准确施行到位。

2010年，落实防、堵、疏、截相结合的防治水措施。涟源市、冷水江市、新化县三县市购置物探仪，与重庆煤科院合作，开展水患探测。2011年，全市对水害严重矿井，均按照《煤矿防治水》规定，成立专门的防治水组织机构和专门的防治水队伍，配置2台以上探放水专用钻机，编制专门的探放水作业技术方案，做到长短探相结合，先探后掘，有疑必探，不探不掘。

2012年，市政府印发《娄底市煤矿“四化”建设四年（2012—2015）行动计划》，对市内73处水害严重矿井（37处承压水、36处老窑水矿井）开展水害普查，均绘制《矿井综合水文地质图》，各矿以该图为指导，采取探放水措施，开展水害综合防治。是年，全市主汛期内仅3处矿井发生部分区段被淹事故。2013年，涟源市、冷水江市分别成立矿井防治水办公室，2014年始，全市对矿井水患开展物探普查，为防治水害事故提供科学依据。至2017年，全市未发生大的矿井水害事故。

四、火灾防治

域内煤矿自燃矿井主要集中在双峰县洪山殿、冷水江、金竹山等矿区。1990—2004年，矿井火灾防治方法是在预防外因火灾的前提下，加强煤炭自燃的早期预测预报和预防监控，采用黄泥灌浆技术等手段治理。2005年，采用惰性灭火技术，但灭火成本大，大部分矿井仍采用黄泥灌浆等传统技术。井口实行检身制度，井下作业场所均使用防爆设备与矿用阻燃电缆，完善短路保护，减少电器火花，消灭明电引起火灾。具有煤层自燃发火矿井每年按规定进行矿井反风演习。加大煤层自燃预防，利用安全监控系统，监测监控巷道的温度和氧气浓度，及时发现煤层自燃发火预兆，改善通风系统，在煤巷中撒布岩粉防止矿井煤层自燃发火。在开采煤层的重要地点、通风系统的关键点、井巷和井下硐室等地设置温度传感器，对温度进行实时监测监控。

2006—2017年，对有煤层自燃发火倾向的煤矿，建立地面和井下移动注浆系统，对采空区实施预防性灌浆，采煤工作面回采结束后及时打好永久性密闭。

集中运输大巷和总回风巷均布置在岩层内，各采区布置专用总回风巷，采煤工作面采用后退式开采。在采掘工作面、采区回风巷、总回风巷安设一氧化碳传感器、温度传感器，对煤层自燃发火敏感指标进行监测监控。井口和通风机房附近20米内禁止烟火。井下和井口严禁采用可燃性材料搭设临时性操作间、休息室。井下禁用灯泡取暖和使用电炉等产生明火的设施。下井使用的机电设备必须有煤安标志的防爆合格证书，机电设备安装维修严格按操作规程执行，严禁带电作业，并定期检查，及时消除火爆隐患。矿井消防材料库，按规定配备满足需要的消防材料和工具。井下各硐室、车场配备灭火器材。同时，下井作业人员不穿化纤衣服及携带烟、打火机等易燃易爆物品下井。井下使用的煤油、变压器油装入盖严的铁桶内，由专人送至使用地点，剩余油品及时运回地面。

五、粉尘治理

1990—1992年，除省属国有煤矿外，地方国有煤矿和乡镇煤矿在防尘管理方面的知识是空白的。1993—2011年，地方国有煤矿采取综合性防尘措施，煤炭行业管理和煤矿安全监管部门按照国家有关规定，把煤尘防治工作纳入安全生产管理和监督范畴。各煤矿企业均按规定配备个体劳动保护用品，督促作业人员在施工过程中自觉佩戴口罩等个体劳动保护设施。在煤尘产生地点使用孔口捕尘、爆破喷雾等措施；机采工作面安装内外喷雾，截煤时采区喷雾降尘。液压支架和放顶煤工作面的放煤口均安装喷雾装置。破碎机安装防尘罩和喷雾器。在矿井运输与回风巷各煤仓放煤口铺设防尘供水管路，安设支管和阀门，并根据矿井变化情况及时调整改造，健全防尘供水系统。采煤工作面采取煤层注水防尘措施；掘进和炮采工作面采取湿式打眼，从源头上控制煤尘产生。

2012年，全市煤矿企业均按照《中华人民共和国职业病防治法》和湖南煤监局、省煤炭局印发的《关于开展〈职业病防治法〉宣传活动的通知》的各项规定和要求落实到位。

至2017年，全市所有矿井都建有高位水池，容量满足矿井上下用水。煤矿除用一套水管从高位水池接通井下专供降尘、除尘、喷雾、洒水和安全施救外，还专设一套水管供地面使用（包括降尘、除尘及消防用）。在新建矿井六大系统中都包含有供水施救系统，供水施救系统与矿井防尘防灭火系统均与矿井生产建设系统同时设计、同时施工、同时验收投入使用。

第五节　煤矿事故抢救

1990年始，娄底煤矿事故抢救，由地区煤炭行业主管部门依法统一管理，接受省煤炭管理部门统一指挥。地区设煤矿救护大队，编制12人，涟源市、冷水江市、新化县均设有救护中队，编制分别为15人、18人、18人，双峰县、娄星区没有设置专门的矿山救援队伍，事故救援由地区煤矿救护大队承担。国有控股煤矿和资江、大建、马鞍山等市直管煤矿设有企业救援小队。各矿山救护队均设有单独的办公室和其他应有设施，实行准军事化管理。各项工作按照《矿山救援规程》《矿山救援队质量标准化考核规范》要求进行。至2000年，娄底市煤矿救护大队装备有应急救援车2辆、指挥车1辆、室内体能训练场600平方米、室内小型移动应急平台1套、灾区电话1套、惰性灭火装置和高泡灭火装置1套、生命雷达探测仪2台，配有撑顶器、氧气充填泵、液压剪扩器、手动泵等，能承担域内煤矿较大以上事故的抢险救援任务。

2002年9月3日，双峰县秋湖煤矿发生煤与瓦斯突出事故，死亡39人。娄底市煤矿救护大队接报后，紧急出动，在井下抢救出遇险人员16人。

2006年，娄底市煤矿救护大队代表娄底矿山应急救援队伍参加全省矿山救援技术竞赛，获团体综合第二名；2008年获全省团体快速掘进第二名。2009年，通过省安全生产监督管理局全面考核，批准建设省级矿山救援娄底基地，为全省统一规划建设的六大应急救援基地之一。是年，经省政府批准，在娄星区万宝镇富冲村征地3.369公顷，建设救援基地。

2010年1月5日，市煤矿救护大队接到省局指令，参与湘潭市谭家山镇立胜煤矿矿井火灾事故抢救，承担全井侦察任务，经过12小时侦察救援，发现和搬运遇难矿工28名，抢救出遇险人员6名。

2014年娄底救援基地参加全省技术竞赛获团体第三名、理论竞赛团体第一名。2015年12月14日，涟源市六亩塘镇芙蓉煤矿发生煤与瓦斯突出事故并引发瓦斯爆炸，娄底煤矿救护大队接报紧急出动，救出遇险矿工8人，并在灾区中心地点成功救活2人。市委、市政府主要领导在事故救援现场宣布，给予娄底煤矿救护大队记集体三等功。

1999—2017年，市煤矿救护大队出动矿山救援225次，抢救遇险矿工407人，运出遇难者遗体359具。

1990—2017年娄底市煤矿事故情况表

表28-8

年 份	死亡事故总数（次／人）	百万吨死亡率	涟邵矿务局死亡事故数（次／人）	百万吨死亡率	地方煤矿死亡事故数（次／人）	百万吨死亡率
1990	158 / 136	22.09	13 / 12	43.75	145 / 124	14.94
1991	116 / 176	18.75	11 / 20	7.63	105 / 156	23.06
1992	101 / 175	16.65	14 / 21	8.20	87 / 154	19.37
1993	104 / 195	15.45	8 / 8	2.98	96 / 187	18.83
1994	109 / 204	17.42	7 / 15	6.64	102 / 189	19.99
1995	141 / 270	18.07	6 / 32	13.97	135 / 238	18.81
1996	107 / 299	21.11	8 / 13	5.61	99 / 286	24.15
1997	48 / 155	15.88	4 / 21	10.47	44 / 134	17.27
1998	45 / 166	17.59	2 / 4	2.28	43 / 162	21.10
1999	41 / 165	23.54	3 / 30	16.05	38 / 135	26.27
2000	95 / 160	30.24	4 / 25	15.38	91 / 135	36.82
2001	95 / 212	43.61	3 / 13	12.66	92 / 99	25.82
2002	100 / 252	36.24	6 / 8	5.54	94 / 244	41.00
2003	92 / 177	17.34	6 / 13	8.93	86 / 164	18.23
2004	99 / 158	13.44	2 / 3	1.89	97 / 155	14.81
2005	66 / 117	10.76	5 / 7	4.41	61 / 110	11.50
2006	65 / 116	10.05	4 / 4	2.85	61 / 112	10.82
2007	48 / 68	6.13	1 / 4	2.74	47 / 64	6.48
2008	42 / 74	6.03	1 / 1	0.87	41 / 73	6.57
2009	30 / 60	4.60	0	0	30 / 60	2.01
2010	22 / 24	1.73	0	0	22 / 24	1.87
2011	22 / 59	3.97	2 / 9	8.90	20 / 50	3.61
2012	18 / 31	2.23	0	0	18 / 31	2.41
2013	12 / 23	1.85	0	0	12 / 23	1.98
2014	13 / 20	1.90	1 / 4	5.79	12 / 16	1.63
2015	9 / 14	1.56	0	0	9 / 14	1.69

续表28-8

年 份	死亡事故总数（次／人）	百万吨死亡率	涟邵矿务局死亡事故数（次／人）	百万吨死亡率	地方煤矿死亡事故数（次／人）	百万吨死亡率
2016	3／7	1.03	1／4	6.88	2／3	0.48
2017	3／13	3.22	0	0	3／13	3.71

2004—2017年娄底市煤矿救护大队出动抢救事故情况表

表28-9

年份	出动次数	抢救出遇险人数	抢救遇难人数	年份	出动次数	抢救出遇险人数	抢救遇难人数
2004	17	28	32	2012	2	8	8
2005	14	6	14	2013	2	0	0
2006	20	32	28	2014	0	0	0
2007	6	5	2	2015	3	12	6
2008	6	28	31	2016	1	0	2
2009	10	11	22	2017	4	18	10
2010	6	6	31	合计	97	169	195
2011	6	15	9				

第五章 煤炭加工和经营企业

第一节 煤炭加工

1990年，全地区生产焦90.6万吨，有碳素厂23家，大建煤矿、资江煤矿建有年生产能力1000万块矸石砖厂。1993年，全地区生产碳素制品3000余吨，销往10多个省市铁合金厂。是年，涟邵矿务局焦化厂开工建设，设计规模20万吨／年。1995年，一期工程投入运行。1998年，实现煤、焦、气联营，其煤气供娄底市煤气公司。2000年改制为民营企业。

2000年，煤炭洗选、炼焦企业发展加快。2006年，湖南安石集团公司生产的铸造焦、冶金焦获湖南名牌产品称号。2010年，全市煤炭洗选加工企业发展到68家，年生产能力860万吨，从业人员2677人，安置残障人员512人，全年洗选精煤581万吨，洗选工业增加值26.2亿元，上缴税金3.8亿元。境内煤炭洗选加工企业主要集中在娄星区杉山镇、石井镇和涟源市斗笠山镇，以柏洋公司为龙头，腾达煤焦、锦源煤业、安立煤业为骨干。2011年，境内煤炭洗选加工企业发展加快，年生产能力60万吨以上的规模企业有万通、海谊、柏洋、高溪、锦源煤业等5家，年产能30万～60万吨规模的企业有10余家。年生产值突破100亿元，实现上缴税金7.7亿元。洗精煤产品主要供应省内涟钢、冷钢、闪星锑业、湘钢、江西萍钢、新钢、广西柳钢、广东韶钢等钢铁、冶金企业。

2012年始，全市煤炭洗选加工业随着煤矿企业一起快速进入调整期，产业逐步萎缩。2017年，仅存7家企业。其中娄星区内2家（高溪洗煤、柏洋工贸），涟源市内2家（锦源煤业、腾达公司），冷水江市内3家（鸿鹄公司、新鑫和盛、金兴选煤）。全市生产洗精煤739.06万吨，生产焦炭413.17万吨。

1996—2017年娄底市煤炭深加工产品情况表

表28-10

年份	洗精煤(万吨)	焦炭(万吨)	粗苯或纯苯(吨)	年份	洗精煤(万吨)	焦炭(万吨)	粗苯或纯苯(吨)
1996	30.50	103.90	—	2007	309.26	197.16	15255(纯苯)
1997	40.89	83.97	—	2008	367.26	182.03	869(纯苯)
1998	39.92	71.47	—	2009	483.88	248.15	16167
1999	44.69	75.88	72	2010	540.32	285.39	14494
2000	54.95	74.35	6803	2011	580.76	391.32	18703
2001	64.29	75.03	7042	2012	610.17	371.29	13118(纯苯)
2002	39.23	67.35	6856	2013	808.82	396.85	14647(纯苯)
2003	53.03	88.37	7565	2014	213.11	412.62	3002(纯苯)
2004	100.99	139.28	11815	2015	165.62	864.95	—
2005	101.31	176.08	14595	2016	839.85	422.54	—
2006	207.82	186.89	15100	2017	739.06	413.17	—

第二节　煤炭经营企业

1990年，境内煤炭销售由国家计划统一调配，由各级煤炭公司经营，地、县（市）均设有煤炭经营公司，公司下设若干煤炭购销站，负责煤炭的购销业务。是年，地、县（市）设煤炭经营公司6家，煤炭购销站16个。其中地区煤炭公司下设9个煤炭购销站，有职工307人。涟邵矿务局设运销处，下属9个矿和地、县（市）属国有煤矿均设有煤炭销售科。是年，娄底地区市场整顿办对地、县（市）煤炭经营市场进行整顿，实行煤炭专营。1991年，对验收合格的煤炭经营企业分批颁发“获准煤炭经营资格单位”证书。是年，境内有302家企业获得经营资格。1993年，煤炭行业进入调整期，“三角债”困扰煤炭企业。1999年，用煤单位拖欠全市煤矿煤款8000余万元，部分煤矿被迫关闭。大部分国有煤炭经营企业随之改革改制，退出经营市场。2003年，娄底市煤炭公司依法破产还债，所属9个煤炭购销站先后拍卖，转为民营。

2005年，全市取得煤炭经营合格证的煤炭经营企业148家。其中批发企业75家，零售企业73家，均为民营企业。2013年7月，煤炭经营许可制度废止，是年，全市有煤炭经营企业235家（注册资金2000万以上企业38家），其中批发企业163家，零售企业72家。2014年以后，煤炭经营全部放开，由市场相关部门实行监管。2015—2017年，电厂、钢厂用煤自行采购，经营企业（中间环节）退出市场。

2013年娄底市注册资金2000万元以上煤炭经营企业一览表

表28-11

企业名称	经营地址	法人代表	注册资金（万元）	经营方式	储煤场地地址	有效期至
市直(9家)						
湖南湘中矿业集团有限公司	娄底市长青中街	杨克伟	6000	批发	冷水江毛易镇	2013-04-29
娄底市资江矿业有限公司	冷江市布溪特区	苏明清	6600	批发	冷水江布溪特区	2013-04-29
湖南华剑实业有限公司	娄底市长青中街	陈楚华	4868	批发	冷水江东	2014-08-14
湖南九龙物质贸易有限公司	娄星区杉山镇	彭青松	2518	批发	娄底胜昔桥	2013-11-03
湖南龙一控股有限公司	娄星区育才路	梁　军	5000	批发	冷水江东	2015-06-05
娄底市兴星实业有限公司	娄底市涟滨西街	刘永胜	4500	批发	娄底胜昔桥	2014-11-10
娄底市万通煤业有限责任公司	娄底市娄星区	曾建升	3280	批发	杉山	2013-04-29
湖南煤化新能源有限公司	娄底市涟滨西街	梁石安	31166	批发	娄底市涟滨西街	2015-03-15
湖南康金贸易有限公司	娄底市石井乡	刘志康	4000	批发	娄底市涟滨西街	2013-11-18
娄底经开区(1家)						
湖南省煤炭物流储备中心实业有限公司	大埠桥办事处	朱山元	10000	批发	胜昔桥	2013-08-08
娄星区(8家)						
娄底市柏洋工贸有限公司	娄星区石井乡	谢洪志	2008	批发	娄星区三圭桥	2013-05-04
湖南三星投资集团有限公司	娄底市乐坪西街	朱汝安	5118	批发	娄底市乐坪西街	2013-05-04
湖南北方能源投资有限公司	娄底市娄星南路	吴新南	3000	批发	娄底	2012-12-16
湖南鸿源煤业贸易有限公司	娄星区经济园区	肖超奇	5000	批发	娄星区斗罡村	2015-06-03
娄底市鸿星洗煤有限公司	娄星区石井乡	付鸿飞	2000	批发	娄星区石井乡	2014-02-20
娄底华一煤业有限公司	乐坪东街7号	曾新建	2688	批发	娄星区杉山镇	2015-10-08
娄底市江润新能源有限公司	娄星区杉山镇	肖志浩	3980	批发	胜昔桥	2015-03-14
湖南省北泰实业有限公司	娄星经济园区	姚超雄	5000	批发	娄底	2015-09-16
涟源市(12家)						
涟源市大地煤业有限公司	涟源市六亩塘镇	陈盛仪	2200	批发	涟源	2013-05-09
涟源宏达福利煤业有限公司	涟源市斗笠山镇	曾玉明	4008	批发	涟源市斗笠山	2015-05-20
涟源市湘中福利洗煤有限公司	涟源市斗笠山镇	曾业华	3818	批发	涟源市斗笠山	2015-06-12
涟源市锦源煤业有限公司	涟源市斗笠山镇	吴春日	6688	批发	涟源市斗笠山	2014-07-19
涟源市江汇经贸有限公司	涟源市斗笠山镇	肖安江	2800	批发	涟源市斗笠山	2012-10-22
涟源市安立煤业有限公司	涟源市斗笠山镇	梁论利	5353	批发	涟源市斗笠山	2015-01-09
涟源市汇源焦化有限公司	涟源市斗笠山镇	肖安江	5168	批发	涟源市斗笠山	2013-04-27

续表28-11

企业名称	经营地址	法人代表	注册资金（万元）	经营方式	储煤场地地址	有效期至
湖南腾达煤焦实业有限公司	涟源市斗笠山镇	邓冬发	5028.8	批发	涟源市斗笠山	2015-05-20
娄底市五江实业有限公司	涟源市石门工业区	肖自江	10228	批发	涟源	2016-01-24
涟源市湘华福利洗煤有限公司	涟源市杨市镇	姚升春	2058	批发	涟源市杨市镇	2015-01-09
湖南省鑫宏煤炭贸易有限公司	涟源市斗笠山镇	肖石山	2000	批发	涟源市斗笠山	2013-12-28
涟源市华宏煤业物流有限公司	涟源市石马山镇	曹立华	2000	批发	涟源市六亩塘	2014-09-14
双峰县（1 家）						
娄底市海森贸易有限责任公司	娄底市经开发区	梁　艳	2300	批发	洪山殿	2015-06-03
冷水江市（6 家）						
冷水江市鸿鹄燃化实业公司	冷江市金竹山乡	张攸武	2050	批发	金竹山	2013-04-26
湖南省冷水江金电电力修造开发总公司	冷水江市颜家冲	刘跃禄	2000	批发	冷水江市颜家冲	2013-04-28
冷水江市盛达物资有限责任公司	冷水江市锑都路	陈红文	3998	批发	冷水江西	2012-03-01
湖南荣华工贸有限公司	冷水江市新城路	陈晓荣	2000	零售	冷水江市经开区	2013-04-28
湖南海弘贸易有限公司	冷水江市锑都中路	李铁祥	3000	批发	冷水江西	2013-11-07
湖南华能创业投资有限公司	冷江市沿江路 28 号	李权初	3000	零售	望城县丁字镇	2013-10-11
新化县（1 家）						
湖南省新化芦茅江矿业有限公司	新化县炉观镇	苏明清	3380	批发	金滩	2013-04-29

说明：煤炭经营许可制度于2013年7月废止，此表为废止前

第六章　机构与管理

第一节　机　构

1990年，地区煤炭工业局定编50人，在岗46人，内设办公室、人事教育科、生产计划科、安全监察科、劳动工资科、财务科、经营管理科、乡镇煤矿清理整顿办公室等行政科室和局机关工会、监察室、机关党委等机构。下辖地区煤矿救护队、煤矿设计室、煤炭科学研究所、煤炭工业培训中心、劳动服务公司、物资供应经理部等二级机构。直属大建煤矿、资江煤矿、马鞍山煤矿、煤炭公司、煤矿机械厂、清平商场等。五县（市）均设有相应的煤炭管理机构。1994年，双峰县煤炭局与县工业局合并，其他各县（市）煤炭管理机构继续保留，并保留有一定数量的行政编制。2001年，市煤炭工业局更名市煤炭工业管理局。2002年8月，更名市煤炭局。是年，市煤炭局设办公室、财务科、人事科、安全管理科、生产技术科、行业管理科、法制科。定编22人（内含工勤编制2人）。各县（市、区）成立县（市、区）煤炭局。涟源市、冷水江市、新化县按产煤乡镇区域划分组建煤监站，双峰县、娄星

区煤监站与乡镇安监站合设，分别负责各辖区内煤矿安全监管。

2005年，市煤炭局设办公室、监察室、总工室、人事科、生产许可监管科、安全生产监管科、财务科、法制科、经营市场监管科、国企改革办、纪检组、机关党委、工会。二级机构有：煤炭执法稽查支队、驻矿安监站、安全培训中心、机关事务管理中心、维简费管理办公室、煤矿救护队、煤炭科学研究设计院。

2010年4月，市煤炭局由市经济委员会管理调整为市政府工作部门。各县（市、区）政府亦对所辖煤炭局作相应调整。

2015年7月，将市安全生产监督管理局、市煤炭局的职责整合，新组建市安全生产监督管理局。将拟订煤炭工业发展规划和管理职责划入市发展和改革委员会。市安全生产监督管理局内设煤矿生产基础管理科、煤矿安全监督管理科、煤炭经营和煤机产业管理科。各县（市、区）政府对煤炭局进行相应改革和职能职责调整，统一将煤炭生产监管部门合并至安全生产监督管理机构。至2017年，机构未变化。

第二节 管 理

一、生产管理

1990年，境内涟邵矿务局所属的9家国有煤矿，均是一矿多井，生产井设工区，工区设采煤、掘进、通风、运输、机电等队，各队的工作按工区主任、副主任的指挥、安排运行，工区负责检查、监督各队的生产计划、任务的落实和完成。地属国有煤矿3家，其中资江、马鞍山煤矿为一矿一井。大建煤矿分为北平、南平、红新3个工区，生产、安全亦由工区主任、副主任直接管理。县（市）属国有煤矿12家，均是一矿一井，生产、安全均由煤矿安排。所有国有煤矿均执行由上级主管部门制订的指令性和指导性（俗称“双轨制”）相结合的生产计划。具体内容为：原煤生产、上调煤炭、开拓进尺、商品煤灰分、含矸率、吨煤工资、成本、利润亏损、全员工效、坑木消耗、煤炭“三量”（开采煤量、准备煤量、回采煤量）等。

资江矿业安全生产调度指挥中心监控室

（2013年12月摄）

国有煤矿建有井口调度室，实行领导调度值班制、调度会议制，各种生产、安全指令均由调度室发出。乡镇民营煤矿设有矿长、生产技术副矿长、安全副矿长和总工程师，由矿里直接管理生产安全，自主经营，以销定产，生产无计划。乡镇民营煤矿大部分在矿井井口设有调度室，并有专人值守。

1993年，煤炭主管部门对国有煤矿实行目标管理。其主要内容是：利润（或补前亏损）、安全生产、采掘接替、富余人员就业、职工收入、上缴各项基金等。

2005年，煤矿井下逐步配备安全监控系统和人员定位系统，乡镇民营煤矿的安全监控和人员定位系统的主机、显示屏大部分设在调度室内，调度室的工作职能由单纯的联络、看守职能转换为维护各种监控设备的正常运行，监控井下各作业地点安全生产情况，实时传达矿里对井下各工作面的安全生产工作指令。是年底，境内地方国有煤矿全部改制为民营煤矿。煤炭主管部门对民营煤矿实行行业管理，主要是监督管理煤矿安全生产，开展行政执法检查，指导、监督煤矿企业依法依规生产经营。

2006—2017年，全市煤炭生产管理以“四化”建设为重点，实行宏观指导与规划管理。

二、技术管理

1990年，境内国有煤矿一般配有总工程师、工程师及工程技术人员管理煤矿生产、安全技术，审定采掘方案，负责煤矿达标。对石门揭煤、防治煤矿灾害和机械安全等进行技术指导和技术把关。负责采掘机械设备、安全监测监控设备、机电防爆设备、运输提升设备的技术监督检查。

国有煤矿机电设备一般有供电设施、运输提升设施、通风设施、供排水设施等（俗称“四大件”），并普遍建有机电设备台账、图版、技术人员岗位责任制、技术操作规程和设备维修制度等，有专业工程技术人员对设备进行维护和管理。乡镇民营煤矿聘请有采煤工作经验的老工人任“掌窑师”，负责生产技术。但采煤掘进无工作规程，机电设备由一名或几名机电工人进行维护和管理，没有专业的机电技术人员。1999年，开展乡镇煤矿清理整顿，均配有安全生产技术管理人员，生产逐步走向正常。2000—2017年，各乡镇煤矿生产、安全、机电、采掘专业技术人员配置较齐，矿井技术管理及生产安全管理水平提高，机电设备的安全隐患逐步得到治理。

三、劳动力组织

1990—1991年，境内煤矿企业普遍采用三班倒八小时工作制。国有煤矿企业劳动用工由政府的劳动、人事部门定编定员，招收录用。劳动组合由企业在职工中搭配编制成工区、队、班组生产作业。1992年始，国有煤矿企业普遍实行经营责任承包，劳动力由承包者自由组合，富余人员另行安排或下岗自谋职业。至2005年，境内地方国有煤矿全部改革改制转为民营煤矿或破产关闭，职工按相关政策安置；乡镇民营煤矿企业的劳动用工，实行自主招聘，合同制实行松散型管理，一般不固定。此种煤矿劳动力组织形式延续至2017年。

四、经营管理

1990年，国有煤矿企业普遍实行经营责任承包。涟邵矿务局对所属矿、厂、司、处、队、院、校等单位进行六年投入产出经济承包。地属6家煤炭直属企业（资江、大建、马鞍山煤矿、煤机厂、煤炭公司、物资供应经理部）分别向行署签订三年经济承包合同。3个煤矿的承包内容是：包原煤产量，包指令性上调煤计划，包开拓进尺，包“三量”，包亏损补贴。三年承包到期，由地区审计局依据承包合同逐项审计，奖罚兑现。是年，境内国有煤炭企业有职工5.45万人，人均年工资1992元。其中涟邵矿务局共有职工4.47万人，人均年工资2801元；地、县（市）属国有煤矿企业职工9772人，人均年工资1042元。

1991年，行署对地属煤炭企业采取“先审计、后承包，先审计后兑现，先审计后离任”的原则进入第二轮承包。承包者一般由上一轮承包成功者继任，或本系统、本企业推选有经营头脑和管理能力的能人承包。由主管单位和财政局代表政府与承包者签订承包合同。1994年以后推行目标管理，县（市）国有煤矿企业与县（市）政府签订承包合同，实行企业内部经济责任承包。

1995年，煤矿企业经济效益下降，职工工资不能按时发放。1999年，国有煤矿企业职工工资制度有等级工资制、计时工资制、计件工资制、吨煤工资含量包干工资制、工效挂钩效益工资制等多种形式。

2000—2002年，境内煤炭销售形势好转。2003—2005年煤炭行业逐渐走出低谷，煤矿由长期亏损转为盈利，职工工资收入得到提高。乡镇民营煤矿的经营管理由企业经营者或企业投资人、股东直接负责，实行企业自主经营、自负盈亏。2005年后，乡镇民营煤矿聘有专业财会、销售人员，参与对企业的经营管理。职工劳动分配实行按劳动定额和不同岗位计酬，多劳多得。井下生产一线职工的工资收入5000元／月，是地面人员的2～3倍，企业主管人员的工资是企业平均工资的1～10倍不等。2006—2017年，市内国有煤矿改革改制到位，经营管理按股份制企业模式运行，财务收支、股份分红、工资级别等均经股东大会决定。一线员工收入保持2005年的水平。

第二十九篇

电力工业

概 述

20世纪90年代，域内有金竹山电厂60万千瓦火力发电机组，涟源钢铁厂、资江氮肥厂自备余热发电，在电力紧缺期自发自供。213座小水电站，实行集资开发，谁建谁管谁所有。

1990—1994年，娄底地区军工企业多，小煤窑、小水泥、小硅铁、小轧钢、小化工多，电力供应不足，拉闸限电频繁，供需矛盾突出。电网供电半径大、电能质量差。地区和县市“三电办”，强力推行计划用电、安全用电和节约用电，错峰填谷，今超明还，确保电网安全，将有限的电能发挥最大效益。为缓解供需矛盾，电力部门按政策收取供配电贴费、发动社会集资、企业自筹等方式筹集资金建设电网。1995年，湘黔铁路电气化改造、五强溪水电站西电东送、500千伏民丰变电站均完成投产，娄底电网获得快速发展。1997年12月，大电网区域内2570个村实现全部通电。1998年，根据国家政策，集资办电改由电力企业向银行贷款开展电网建设与改造。自此，开展大规模、长周期的城乡电网改造、农电“两改一同价”(即在改造农村电网、改革农村供电管理体制的基础上，力争用三年左右的时间，实现城乡用电同网同价)、“转供改直供”。开展居民用电“一户一表”“两电分离”，改变工矿企业向农村转供电的状况。2000年，电力紧张局势缓和，基本不再拉闸限电，地方政府与电力部门设立的“三电办”完成使命。

2004年后，金竹山电厂通过异地新建、改造增容，装机容量195万千瓦，仍居湖南火力发电之首。冷水江博大钢厂、华新水泥、锡矿山闪星矿业和新化、双峰、涟源三个海螺水泥厂利用余热余气发电。涟源钢铁厂数度改造增容，实现规模发电。2006年8月，随着电厂与电网发展，娄底大电网供电区在全省率先实现农村“户户通电”目标。2008年，金竹山电厂60万千瓦容量6台老旧机组关停。是年，500千伏民丰变电站2号主变投运。

2009年，华润涟源电厂66万千瓦机组建成投产。是年，140个为民办实事工程、83个电气化村建设项目竣工。2010年，全市建成1个电气化县、12个电气化乡、258个电气化村。境内最大水力发电站浪石滩电站投产。新化炉观、铁山坝、铁索桥、石子岭、龙湘、双升等水电站相继新建或扩建投产。2013年后，瓦斯、沼气、风力、光伏、生物质等新能源发电从无到有，风力发电机雄居于境内大熊山、古台山、龙山之巅。2016年，571个中心村、贫困村和未改村完成电网建设改造，光伏扶贫接网工程完成215个。808户自然人利用屋顶太阳能发电，自发自用余电上网。

2017年，娄底发电装机总容量376.19万千瓦。其中火电装机325万千瓦、水电装机27.5万千瓦、风电装机15万千瓦、太阳能（光伏）装机9.02万千瓦，年发电量135.27亿千瓦时。拥有35千伏及以上变电站219座，主变压器446台，容量1435.87万千伏安。与1990年比，发电装机增长4.6倍，年发电量增长3.1倍。35千伏及以上输电线路316条，全长4127.42千米。年用电量突破130亿千瓦时。娄底电网已成为湖南“西电东送”“北电南送”的重要通道，形成以500千伏民丰变电站为中心，以金竹山电厂和华润涟源电厂为支撑，以220千伏线路为骨架的高压供电网络，通过4条500千伏、9条220千伏输电线路专线与域外电网相连，中、东、西部电网联系紧密，互为支撑，为娄底市经济社会持续健康发展提供可靠电能保障。

第一章 发 电

第一节 火力发电

大唐华银金竹山电厂（2010年1月摄）

1990年，境内火力发电，有金竹山电厂一家，装机60万千瓦。年发电量30.33亿千瓦时。

2003年5月，大唐华银金竹山电厂异地扩建获国家计划委员会批准。2004年6月，电厂异地扩建开工。厂址金竹山乡麻溪村，工程分两期进行。一期工程安装2台60万千瓦亚临界燃煤发电机组，征地83.51公顷。2006年7月，一期工程投产，总投资45.01亿元，单位造价3750元／千瓦。一期工程投产后，大唐华银金竹山电厂迈上大容量、高参数、低消耗、少排放大型火力发电机组新台阶。2008年，60万千瓦容量的6台老旧机组关停。2009年7月，二期工程新厂3号机组并网投产。形成180万千瓦装机容量，年发电量69.12亿千瓦时。

2009年4月，华润涟源电厂66万千瓦装机容量建成发电。厂址位于涟源市渡头塘镇。建设规模2×35万千瓦，预留远景扩建2×60万千瓦机组。投资额35亿元。工程采用低碳燃烧技术，烟气经过选择性催化还原（SCR）脱硝装置、布袋除尘器、石灰石—石膏湿法脱硫装置处理后，由210米高烟囱排放；安装烟气在线监测系统并与地方环保部门联网。露天煤场四周设置防风抑尘网和喷淋设施。工业废水、脱硫废水和生活废水经处理后全部回收利用。循环冷却水部分回收利用，其余外排至涟水。对主要噪声源采取隔声降噪措施，在冷却塔周边、锅炉房扩建端等处设立隔声屏障。在干罗冲灰场采取防洪防渗措施，搬迁灰场防护距离内的40户居民。氨罐区设立围堰。电厂以220千伏接入娄底电网，成为湘中电网的骨干支撑电源。

2014年2月，大唐华银金竹山电厂3台机组铭牌增容获省经济和信息化委员会批复，机组出力均由60万千瓦变更为65万千瓦，装机容量为195万千瓦。至此，境内两家火力发电厂装机容量261万千瓦。至2017年，大唐华银金竹山电厂（含老厂）发电1400亿千瓦时。华润涟源电厂投产8年，发电199.27亿千瓦时。

华润涟源电厂（2011年8月摄）

第二节 水力发电

1990年，涟源市兴建股份制龙潭电站2×75千瓦、黄土潭电站125千瓦。新化县双林电站第三台500千瓦机组投产。1991年，新化县建军一级1600千瓦、油溪桥3×200千瓦、涟源市大江口水库坝后630

千瓦、湄江2×400千瓦、龙潭2×75千瓦、冷水江市集中二级电站100千瓦+160千瓦相继投产。1992年2月，新化县建军2×1600千瓦三级电站开工建设，与二级电站共坝引水、丰水调节运行。1993年，新化县油溪河梯级水电站工程列入基建计划，得到水利部长江水利委员会认可，安排新化县基建贷款200万元。油溪河2×1600千瓦晨光电站获省建行贷款额度700万元，次年12月开工建设。1994年，新化县建军三级、铁山坝（左岸）2×320千瓦、川坳55千瓦、高峰55千瓦、长峰55千瓦、架桥55千瓦、竹林30千瓦、双峰县白石75千瓦、冷水江市集中三级电站2×55千瓦投产。1995年，新化县农村水电初级电气化建设领导小组编制《农村初级电气化规划报告》。涟源市杨家滩电站3号机组200千瓦、余中电站1号机组200千瓦完成更新改造投产发电。冷水江市集中三级55千瓦机组扩容为75千瓦。1996年，新化县经国务院批准进入第三批全国农村水电初级电气化县建设名单，县政府印发《关于加强农村水电初级电气化建设的规定》。1997年，涟源市湄塘口电站扩建500千瓦投产，新化县2×1600千瓦晨光电站并网发电，对新化县地方电网起调峰作用。1998年，新化县七节洞电站2×500千瓦投产。2000年，省政府验收通过新化县第三批全国农村电气化县建设。2001年，新化县水利水电局注册龙湘水力发电有限责任公司，合股400万元联合续建龙湘三级电站，2×630千瓦。2002年，省水利厅批复新化县2×1600千瓦杨洪岩电站申报新化县电气化建设。2003年，新化县、涟源市列入全国“十五”水电农村电气化县建设名单，水利部批复新化县水电站建设项目6处12台7275千瓦、投资3698.3万元，涟源市4处6台950千瓦、国家电气化资金370万元，当年到位国家电气化资金160万元，其中：新化县杨洪岩电站125万元、涟源市大江口水库坝后电站扩建630千瓦35万元，新化县龙湘三级电站2×630千瓦、高岩电站125千瓦+100千瓦，涟源市凤凰电站200千瓦投产，涟源市蒿子电站400千瓦完成技改。2004年4月，省水利厅协调杨洪岩电站由省水科所牵头开发，省农电局调整农村电气化建设试点项目为卯溪电站2×800千瓦，投入国家电气化资金335万元。涟源市到位65万元，安排白马渠道跌水电站改建320千瓦和水洞底200千瓦电站扩建项目。2005年，省水利厅通过新化县、涟源市水电农村电气化建设备选县达标验收。是年，冷水江市开工建设3×12000千瓦浪石滩电站，全贯流灯泡式机组，正常发电流量400立方米／秒，调节库容456万立方米，调节水位0.5米。2006年，新化县调整《新化县渠江段水资源开发规划》，将铁索桥电站高坝开发方案调整为上下两级开发，上级平游桥3×2000千瓦、下级芭蕉园电站3×2500千瓦。是年，新化县、涟源市列入全国“十一五”水电农村电气化县。新化县卯溪电站1600千瓦和涟源市大江口二级山罗冲电站8200千瓦作为重点项目上报国家发改委。新化县卯溪电站续建投资70万元，涟源市山罗冲电站安排90万元前期工作经费。是年，全市新建和改扩建投产电站10处7350千瓦：新化县谋乐电站400千瓦+250千瓦、金桥电站3×500千瓦、金盆电站2×250千瓦、黄双电站630千瓦、海鸥电站2×250千瓦、建军电站一级扩建1600千瓦，涟源市白马水库渠道跌水电站改建320千瓦、密溪电站2×100千瓦、高桥河电站3×400千瓦、西坪电站2×150千瓦。2007年，新化县、涟源市“十一五”水电农村电气化建设实施方案通过省发改委和省水利厅审查，新化县到位国家电气化资金140万元，安排建军一级电站扩建100万元。涟源市罗山冲电站到位国家电气化资金150万元。新化县杨洪岩电站2×2000千瓦竣工。冷水江市浪石滩电站蓄水验收。新化县罗湾溪电站2×320千瓦投产。2008年，涟源市杨虎冲电站到位国家电气化资金130万元扩建630千瓦。全市冰冻受灾水电站42座40810千瓦，争取国家救灾资金400万元。2009年，新化县岩山湾电站扩建500千瓦、涟源市35千伏新坪输变电工程列入国家电气化项目建设，全市“十一五”规划岩山湾、卯溪、山罗冲、杨虎冲、建军一级、月弓桥6个电站和新坪35千伏输变电工程共到位投资730万元。2010年，全市实施《湖南省水能资源开发利用管理条例》。新化县先试点华山电站200千瓦+75千瓦和龙潭电站2×500千瓦公开拍卖。10月，省水利厅通过新化县、涟源市“十一五”水电农村电气化建设验收。2011年，新化县电气化建设项目2×630千瓦铁山坝电站（右岸）扩改动工，国家电气化建设资金110万元。新化县平游桥3×2000千瓦、卯溪2×800千瓦、月弓桥2×400+250千瓦、小洋100千瓦4座电站投产。新化县龙湘800千瓦、大同500千瓦+630千瓦、水车320千瓦+200千瓦、金凤125千瓦、十里坪电站160千瓦5座电站完成技改。2012年，省水利厅批复新化县“十二五”电气化新（改）建水电站14处，国家启动“十二五”农村水电站增效扩容改造。市水利局向省水利厅申报农村水电站增效扩容改造69处72130千瓦。新化县石子岭电站到位资金180万元，新化县水口山电站引资招商1020万元，新建新化县正溪江四级2×630千瓦电站、水口山320千瓦+200千瓦一级电站。2013年，新化县华山电站200千瓦+75千瓦建成。是年，水利部批复2013—2015年全国农村水电增效扩容改造计划，全市纳入69处水电站，其中：中央和省财政三年内补助8183万元，省财政厅下达第一批1114万元安排19处水电站改造，2014年通过省水利厅验收。2014年，新化县水口山电站申报小水电代燃料项目。2015年，涟源市沙河电站小水电代燃料项目通过省发改委和省水利厅联合验收，省水利厅批复新化县小水电代燃料项目水口山3×500千瓦电站开工建设。是年，新化县“十二五”水电新农村电气化县建设通过省水利厅验收，完成炉观、石子岭、铁山坝、双升和龙湘三级5处电站电气化建设，到位国家资金1255万元。新化县、涟源市列入全国“十三五”水电新农村电气化建设。2016年，全市完成68处83285千瓦农村水电站增效扩容改造，到位资金18873.32万元，其中：中央投资7365万元，扩容11155千瓦，发电量达32822.56万千瓦时。是年，省水利厅下达首批“十三五”农村水电站增效扩容改造项目中央预算内资金1076万元，包括碧江、炉观、晨光、铁山坝、石子岭和龙湘三级6处水电站9770千瓦增效扩容改造。新化县芭蕉园水电站2×3500千瓦+1×3000千瓦，争取中央预算内投资2980万元、当地村民土地入股930万元，项目法人2017—2036年将中央投资按年收益率6%存入县政府指定账户、专项用于扶贫建档立卡贫困户和贫困村基础设施等公益事业建设，每年分红不少于55万元，8个扶贫村每年不少于36万元，2523个扶贫户每年不少于144万元。2017年，新化县桐子滩水电站继续列入农村小水电扶贫试点，到位中央预算内投资1840万元，投产后连续20年从发电收入中拿出110万元用于周边6村基础设施建设和1299户建档立卡贫困户脱贫致富。是年，全市水电站发电量2.79亿千瓦时。

2017年娄底市单机500千瓦以上水电站一览表

表29-1

所在乡镇、村	电站名称	装机容量(台·千瓦)	建成年月
石井镇松江村	娄星区红卫电站	2×650+2×250	1982-12
冷水江办事处集中居委会	冷水江市浪石滩电站	3×12000	2007-12
白马镇思乐村	涟源市白马电站	3×630+6×125+1×320	1974-01
茅塘镇沙河村	涟源市杨虎冲电站	2×500+1×630	1986-12
湄江镇蒿子村	涟源市大江口坝后电站	3×630	1992-01
湄江镇湄塘村	涟源市湄塘口电站	3×630	1993-07
湄江镇沅利村	涟源市湄江电站	2×500	1991-12
湄江镇湄塘村	涟源市湄塘电站	1×250+2×500	1978-11
杨市镇大坳村	涟源市高桥河电站	3×500	2007-12
炉观镇芷溪村	新化县双江口电站	2×2700+2×3500	1987-06
炉观镇横岭村	新化县炉观坝电站	2×800	1974-12

续表29-1

所在乡镇、村	电站名称	装机容量(台·千瓦)	建成年月
油溪乡蜀坳村	新化县铁山坝电站	2×(630+320)+1×125	1972-11
温塘镇龙潭桥村	新化县建军一级电站	2×1600	1991-12
田坪镇官帽村	新化县建军二级电站	2×800	1979-12
金凤乡岩山湾村	新化县岩山湾电站	1×500+3×630	1980-11
奉家镇双林村	新化县双林电站	1×320+2×500	1989-10
坐石乡老长冲村	新化县建军三级	2×1600	1994-12
坐石乡老长冲村	新化县开源电站	3×700	1994-03
吉庆镇油溪桥村	新化县晨光电站	2×1600	1997-02
水车镇正龙村	新化县七节洞电站	2×500	1993-07
水车镇吉寨村	新化县龙湘三级电站	2×800	2003-04
金凤乡架桥村	新化县金桥电站	3×500+1×250	2005-10
古台山林场	新化县黄双电站	1×630	2006-06
槎溪镇油坪溪村	新化县海鸿电站	1×500	2006-12
坐石乡杨洪岩村	新化县杨洪岩电站	2×2000	2007-12
奉家镇渠江源村	新化县小桥江电站	2×800	2008-12
天门乡天门村	新化县天门电站	2×500	2010-01
荣华乡大乐村	新化县九龙电站	2×630	2010-03
金凤乡岩山湾村	新化县锦秀电站	3×500	2010-12
奉家镇横江村	新化县平游桥电站	3×2000	2010-02
奉家镇下团村	新化县卯溪电站	2×800	2011-11
水车镇正龙村	新化县龙湘电站	1×400+1×800	1980-10
水车镇大同村	新化县大同电站	1×500+1×630+1×250	1969-12
天门乡长峰村	新化县正溪江四级电站	2×630	2011-09
曹家镇双江村	新化县双升电站	1×630+1×400	2015-03
槎溪镇兴石岭村	新化县石子岭电站	1×630+2×320	1979-12
金凤乡岩山湾村	新化县竹林电站	1×630+1×800+1×250	1973-10
天门乡长峰村	新化县芭蕉园电站	2×3500+1×3000	2015-12
田坪镇鹏程村	新化县鹏程电站	2×200+1×250+1×630	1979-10
奉家镇秦人社区	新化县奉家电站	1×500+1×250	1989-10

第三节　企业自备余热发电

1990年，涟源钢铁厂热电厂装机容量1.7万千瓦：三台35吨链条式机械抛煤锅炉、四台汽轮发电机组，年发电量8000万～9000万千瓦时。资江氮肥厂余热电站0.9万千瓦装机容量投入运行，先发电后供热，年发电量894万千瓦时。冷水江制碱厂余热发电工程开工建设，投资2124.61万元。系统选用抽汽凝汽式发电机组发电，实现以供热为主，以热定电，锅炉高压蒸汽供汽轮机组发电。由于采用循环流化床锅炉，可以掺烧造汽炉废渣，节约了大量标准煤，年创利润424万元。1995年3月投入运行。是年9月，涟钢因安装汽动风机，拆除1号发电机组，装机容量减少。1999年，新建一台3000千瓦发电机，容量增至1.75万千瓦。

2002年6月，冷水江制碱厂自备发电因锅炉本体问题终止发电。从投产到终止，发电1.26亿千瓦时。2004年，锡矿山闪星矿业公司为节能减排，利用锅炉收集锌厂焦结高炉尾气，驱动汽轮机发电机组发电。2005年6月，该项目第一台D14型3000千瓦余热发电机组投产。此后三年，余热利用率增加，锌厂两台沸腾蒸汽炉加入发电，二期D14型3000千瓦余热发电机组并入电网，先后安装两台3000千瓦发电机组，日发电量4.5万千瓦时，可自保锌厂正常生产用电量的90%，最高年发电量2742万千瓦时。2005年8月，冷水江博大钢铁厂建设高炉煤气发电，装机容量两台2.4万千瓦发电机组。之后相继安装5台高炉炉顶煤气机组和3台蒸汽余热发电机组，装机容量6.7万千瓦，年发电3.66亿千瓦时。

2007年12月，双峰海螺水泥厂装机1.8万千瓦的低温余热发电项目开工建设。2008年4月，省电力公司同意该厂以110千伏电压等级接入系统，电厂作为自备电源，其电力电量自发自用，并网不上网。是年8月竣工投运。

2009年，湖南海螺水泥有限公司新化水泥厂自备余热发电第一期工程建成投运。由安徽海螺集团有限责任公司投资7931万元修建，是年发电2347.93万千瓦时。11月，涟钢能源中心拥有高炉煤气联合循环发电机CCPP机组、2.8万千瓦燃气轮机发电机组、配套有余热锅炉和2.2万千瓦汽轮发电机组各三套；110t／h高温高压煤气锅炉和2.5万千瓦高温高压凝汽式汽轮发电机组各两套；150吨次高温次高压煤气锅炉和4.2万千瓦汽轮机发电机一套；150吨和130吨中温中压煤气锅炉和2.5万千瓦抽凝式汽轮机发电机组一套；280烧结余热1.8万千瓦汽轮发电机组一套、360烧结余热1.35万千瓦汽轮发电机组一套、钢后饱和蒸汽1.2万千瓦汽轮发电机组一套。其发电方式为常规锅炉发电、燃气—蒸汽联合循环发电、烧结余热发电及饱和蒸汽发电四种类型。装机容量33.55万千瓦。能源中心日发电量可达760万千瓦时，年发电量24亿千瓦时。发电综合煤耗降至395克／千瓦时，接近大型发电机组的水平。

2011年10月，涟源国产实业水泥厂余热发电装机容量9000千瓦的生产线点火投产，年发电量5500万千瓦时。

2013年5月，涟钢8号高炉配套项目——发电五期工程投产。总投资1.18亿元，发电工序煤耗412克／千瓦时，并预留1套同容量同参数的锅炉及发电机组总图位置。次年6月，第六期项目投产，机组与五期同型号。2014年，新化海螺水泥厂余热发电第二期工程投资5530万元修建，当年投入运行。至此，两期工程均由安徽海螺集团出资，共投入资金7.67亿元，建设规模及装机容量4500吨／日熟料生产线、9000千瓦纯低温余热发电，年发电量1.2亿千瓦时。2015年11月，冷水江华新水泥有限公司建成自备9000千瓦低温余热发电厂，年发电量5000万千瓦时。涟源钢铁厂利用2250热轧板厂和210转炉炼钢厂剩余饱和蒸汽，投资7000万元，兴建1.2万千瓦自备电厂。该项目1.2万千瓦凝汽式汽轮发电机组利用20吨／小时燃气锅炉的自产蒸汽，实现第一次并网发电试运行。2016年6月，锡矿山闪星矿业公司锌厂停产，两套余热发电机组终止运行。

至2017年，境内企业自备余热发电有新化县、双峰县、涟源市境内的3个水泥厂及冷水江华新水泥厂和涟源钢铁厂、冷水江博大钢铁厂、冷水江闪星锑业公司自备电厂7家，装机46台，容量54.5万千瓦。

2017年娄底市装机6000千瓦以上企业自备余热发电厂表

表29-2

序号	地址	电厂名称	机组类型	装机容量(千瓦)	投运年月
1	娄星区	娄底涟钢自备电厂	余热余压余气发电	342500	1989-01
2	娄星区	娄底涟钢动力分厂(TRT)	余热余压余气发电	107000	1991-01
3	冷水江市	冷水江博大钢铁自备电厂	余热余压余气发电	64000	2008-05
4	冷水江市	冷水江湖南宜化自备电厂	余热余压余气发电	27000	1995-03
5	双峰县	双峰海螺自备电厂	余热余压余气发电	18000	2008-08
6	新化县	湖南新化海螺自备电厂	余热余压余气发电	18000	2009-03
7	冷水江市	冷水江华新水泥自备电厂	余热余压余气发电	9000	2015-11
8	涟源市	涟源国产实业水泥自备电厂	余热余压余气发电	9000	2011-10
9	冷水江市	冷水江锡矿山闪星自备电厂	余热余压余气发电	6000	2005-06

第四节　新能源发电

一、风力发电

1990—2012年，娄底境内无风力发电项目。

2013年，湘电新能源公司和湖南省澧水清洁能源有限公司共同投资，在新化县大熊山林场筹建娄底第一家风力发电场，命名大熊山风电场。场址占地面积6.6公顷，海拔1150～1580米。装机容量9.98万千瓦，建110千伏升压站，投资10亿元。工程分两期建设，2014年3月，第一期工程装机25台，容量4.99万千瓦。11月，25台风机吊装调试。次年1月，全部机组并网发电，以一回110千伏线路接入新化琅塘变电站，年供清洁电能9175万千瓦时。

2015年4月，古台山风力发电场（亦称吉庆风电场）开工建设。该风电场位于新化县古台山林场，距新化县城33千米。场址呈“J”形分布，占地面积10.35公顷，海拔1100～1550米。装机25台，容量4.99万千瓦。采用永磁直驱同步发电，设计年上网电量1.05亿千瓦时。投资4.26亿

涟源市龙山风力发电场（2018年12月摄）

元。翌年4月竣工投产，6月，全部风机并网发电。2016年9月，涟源龙山风电场开工建设，2017年投产。该风力发电场位于涟源市南部茅塘镇境内的龙山林场。三一重型能源装备有限公司出资30%、五凌电力有限公司出资70%建设。场址呈"U"形分布，场区面积3.60公顷，海拔1100～1500米。装机25台，容量4.99万千瓦（其中一台限发1900千瓦）。场内道路18.26千米，建升压站一座，通过T接与岳坪峰风电场共用送出线路。

2017年，娄底境内有大熊山、古台山、龙山（含岳坪峰）风力发电场正常运行，发电量0.91亿千瓦时。

二、光伏发电

1990—2014年，境内无光伏发电。

2015年5月，娄底市根据国家能源局《太阳能发展"十三五"规划》，投资20余万元、装机20千瓦的首个政府光伏发电项目——娄底市水文局屋顶光伏发电并网。率先安装使用分布式屋顶光伏发电的娄底城区金谷市场蒋志华、娄星区小碧乡青联村刘正华的家庭式"发电厂"，所发电量除满足自用外，剩余电量纳入国家电网。

涟源市古塘乡光伏发电站（2016年12月摄）

2016年，市政府发布《关于开展光伏产业扶贫工作的指导意见》，对全市建档立卡的贫困村和贫困户因地制宜分年度稳步推进光伏扶贫，市县两级政府对光伏扶贫项目给予财政奖补和金融扶持。808户自然人用户自投资，在屋顶、地面安装太阳能板块，利用太阳能自发自用，余电上网的模式发电。娄底旭晨新能源科技有限公司在涟源市七星街镇红联村、柏杨新村地段征地40.7公顷，开工建设涟源旭晨光伏发电场。新建伍家湾110千伏变电站1座（本期容量50兆伏安），110千伏伍栗线14.51千米，旭晨光伏发电站（4万千瓦）旭晨Ⅰ站和旭晨Ⅱ站至伍家湾变电站二条35千伏线路共计6.94千米，新装9台箱变共7.2万千伏安，全部采用固定式支架安装。工程主要建筑物按照普通建筑物设计，使用年限50年。场区总体规划分为四部分：光伏阵列、逆变器室、电控楼、综合楼和道路。

2017年，涟源七星光伏电站并网发电，经伍（伍家湾变）栗（栗山变）线并入娄底电网，年底发电129.66万千瓦时。涟源同兴光伏电站与新化尖山涧光伏电站同期投入运行，装机2万千瓦。经同兴光伏升压站至龙塘35千伏变电站并入娄底电网，年发电797.11万千瓦时。是年，尖山涧光伏电站并网发电，新化新能源公司投资1.4亿元，租赁桑梓镇尖山涧、新干、新焕三村区域40公顷，建设太阳能发电站，安装太阳能电池组件7.68万块，分别布置在6984套光伏支架上，采用588台组串式逆变器，12台箱式变压器，以1回35千伏架空线路接至电网，装机容量为2万千瓦。同兴光伏电站并网发电，征地52公顷，安装多晶硅260光伏组件7.67万块，直流峰值功率20兆瓦，采用35千伏电压等级与大电网并网，投资1.58亿元。2017年，全市光伏发电量1348万千瓦时，装机容量9.02万千瓦。

三、生物质发电

2010年前境内无生物质发电。

2011年12月，双峰县凯迪绿色生物质发电项目开工建设。项目由凯迪绿色能源开发有限公司在双峰县永丰镇开发区投资3亿元，征地10公顷，建41米高温超高压锅炉一座，3万千瓦汽轮发电机组从国外进口，铺设取水管道5千米，2014年2月25日22时25分，通过72+24小时连续试运行后正式投产。广泛收集稻壳、稻草、秸秆等农业生产中的废弃物作燃料发电，并附带供热、提供化肥原料等。2017年，全年生物质发电量1.63亿千瓦时，装机容量3万千瓦。

四、瓦斯发电

2008年，洪山殿煤矿自备瓦斯发电，装机容量500千瓦，虽未通过验收，未办理相关手续，私下里发过少许电量，不久关停。是年，湖南省力达能源开发有限公司在涟源市安平镇力达煤矿成功实施3×500千瓦低浓度瓦斯发电示范项目。2012年6月，冷水江渣渡鋆子口煤矿筹建瓦斯发电站，装机2×500千瓦两台，通过一台1250千伏安变压器并入电网，是年，电站投产发电，年发电量518万千瓦时。2015年12月，鋆子口煤矿关停，发电终止。至2017年，力达煤矿低浓度瓦斯发电2046万千瓦时。

五、沼气发电

沼气发电始于2016年。是年12月，新化县新中环保科技有限公司投资3500万元，建设5970千瓦垃圾填埋气发电项目。一期工程装机容量2200千瓦，2017年11月并网发电，日均发电量3万千瓦时。

附：企业选介

冷水江浪石滩水力发电站 境内第一大水力发电站，扼守资江干流中段，为资江梯级发电第五级，上承筱溪、下接柘溪两电站之间，为径流式发电，2005年9月开工建设。坝址位于冷水江市城区资江大桥上游约800米的大湾里。控制流域面积1.6万平方千米，年均径流量129亿立方米，水库正常蓄水位175米，相应库容2710万立方米，总库容8434万立方米。主要建筑物包括溢流坝、两岸连接坝、电站厂房等。大坝为砼重力坝，最大坝高28米，坝轴线长608.8米，坝顶高程187米，坝顶设5米宽公路桥贯通资江两岸，集水力发电、防洪抗旱、休闲旅游、城市建设于一体，与资江河畔生态滨江公园形成旅游景观。电站装灯泡贯流式机组3×1.2万千瓦。年发电量1.46亿千瓦时，总投资3.98亿元，由冷水江钢铁有限责任公司等6家公司参股建设。2007年4月，第一台机组投运，2008年5月主体完工，三台机组投入发电。至2017年，发电15亿千瓦时。

冷水江市浪石滩水力发电站（2017年9月摄）

1990—2017年娄底市发电量表

表29-3　　单位：亿千瓦时

年份	发电总量	火电	水电	风电	其他	年份	发电总量	火电	水电	风电	其他
1990	31.86	30.33	1.53	—	—	2004	40.26	38.20	2.06	—	—
1991	33. 92	32.26	1.66	—	—	2005	40.76	39.65	1.11	—	—
1992	34.63	33.06	1.57	—	—	2006	57.29	56.11	1.18	—	—
1993	36.41	34.21	2.20	—	—	2007	78.97	77.93	1.04	—	—
1994	36.53	34.21	2.32	—	—	2008	65.79	63.92	1.87	—	—
1995	38.71	36.69	2.02	—	—	2009	93.79	91.80	1.99	—	—
1996	37.17	35.28	1.89	—	—	2010	121.56	119.10	2.46	—	—
1997	31.92	29.57	2.35	—	—	2011	141.85	139.97	1.88	—	—
1998	30.65	28.16	2.49	—	—	2012	118.90	116.27	2.63	—	—
1999	27.91	25.56	2.35	—	—	2013	132.58	129.90	2.68	—	—
2000	28.63	26.24	2.39	—	—	2014	120.98	118.16	2.65	—	0.17
2001	29.36	27.17	2.19	—	—	2015	116.65	112.68	2.77	—	1.20
2002	28.40	27.19	1.21	—	—	2016	116.39	112.58	2.84	0.97	—
2003	34.76	33.94	0.82	—	—	2017	122.59	118.67	2.79	0.91	0.22

说明：1.火力发电中包括企业自备余热、余气、余压发电量；

2.风力发电始于2016年；

3.其他发电包括太阳能、沼气、瓦斯发电等，始于2014年（并网）

第二章　供　电

1990年，娄底电网分为东西两片，东部以娄底市、双峰县为一片，依靠豹南山220千伏变电站供电；西部以冷水江市、涟源市、新化县为一片，依靠金竹山电厂110千伏系统供电，供电可靠性低。

至1997年，110千伏及以下电网建设投资，主要依靠供电企业根据国家政策收取的供配电贴费以及企业和居民多方集资。其间，湘黔铁路电气化改造、五强溪水电站西电东送、500千伏民丰变电站投产，娄底电网获得快速发展。

1998年，国家取消集资办电政策，改由电力企业向银行贷款，娄底电业局争取到省电力工业局第一批城、农网建设与改造资金，实施境内大电网供电区内城乡电网建设与改造，农村供电实行“两改一同价”，并对当地工矿企业向农村的转供电全部改由供电企业直接供电。至2001年，大电网供电区农村电网改造面高于全省平均水平。2003—2006年，县城电网建设与改造完成。大电网供电区率先在全省范围内实现户户通电。2008年，500千伏民丰变电站2号主变压器投运。2009年35千伏、110千伏投产容量和线路长度创娄底电网建设史上之最。2006—2010年，大电网供电区电网建设投资27.25亿元，村网改造和户表改造面达到100%，建成新农村电气化县1个、乡12个、村258个。2014年，沪昆铁路客运专线湖南段建成运营，大熊山等风电场建成送出，娄底220千伏及以下电网又一次快速发展。2011—2015年，大电网供电区（含新化电力公司）电网建设改造投资18.4亿元，新增35千伏及以上变电容量132万千伏安，线路505千米。2016年，建设改造571个中心村、贫困村和未改村，集抄建设全年安装上线36.1万户。2017年，完成农网升级改造村网388个，光伏扶贫接网工程215个，新装智能电能表33.5万只，实现采集全覆盖。至2017年底，全市供电可靠率99.97%；综合电压合格率99.99%，城市综合电压合格率99.99%，农网综合电压合格率99.28%；一户一表率100%。拥有35千伏及以上变电站102座，主变压器446台，容量706.2万千伏安；35千伏及以上输电线路314条，长4120.48千米。形成以民丰500千伏变电站为中心，以金竹山电厂和涟源华润电厂为支撑，以220千伏线路为骨架的高压供电网络，成为湖南"西电东送""北电南送"的重要通道。

第一节 输 电

一、35千伏输电线路

35千伏电网主要分布在农村，1990年后建设的35千伏变电站分别就近通过架设35千伏线路、剖接或T接原35千伏线路供电。

1991年7月，涟源市水利部门投资建成君子塘至大江口坝后变电站线路，后改为T接在35千伏湄猛线；1995年5月，新化县水电局投资建成洋溪至炉观线路。至1996年，相继建成大科至万宝、万宝至春溪、涟源至安平、朝阳煤矿至三塘铺、永峰至柘塘、柘塘至蛇形山、十竹至花门7条公用线路。

2003年1月，新化县水电局投资架通110千伏白溪至圳上线路。至2005年底，通过农村电网建设与改造，建成恩口至小碧、矿山至锡南、君子塘至七星线、柘塘至太平寺等21条公用线路。

2006年始，城区供电由110千伏或220千伏变电站变为10千伏直供，逐步取消35千伏电网，农村35千伏电网逐步改变长藤结瓜线路，由放射形单电源结构变为部分单电源、单环网和手拉手供电结构，且随着一些35千伏变电站的退运，相应的35千伏线路退运或改造。2007年8月，新化电力公司投资建成炉观至洋溪、三鑫锰业投资建成洋溪至三鑫锰业2条线路；2008—2009年，建成恩口至洪家、双江至洪家，沙塘湾至渣渡、沙塘湾至神龙、神龙至石巷里、湄江至古塘、白溪至荣华、炉观至洋溪Ⅱ8条公用线路，马芦线剖进科头变电站改为科马线和科芦线，碱竹线剖进沙塘湾变电站改为沙碱线和沙竹线、梓荷线剖进井字变电站改为梓井线和井荷线。2012年，建成长丰—奉家—开源线路、斗笠山至锋山线路等公用线路；梓荷线剖进红云变电站改为梓红线和红荷线。2014年10月，温塘至晏家线路架通投运。2015年10月，110千伏桑梓变电站配套35千伏线路竣工投运，曹氮T陶线改进桑梓变电站改为曹桑线、桑氮线、桑氮T陶线；11月，110千伏张龙变电站配套35千伏线路竣工投运，即架通张龙至龙塘、安古线剖进张龙变电站改为张安线和张古线。

2017年，涟源七星光伏旭晨Ⅰ站至伍家湾变电站、旭晨Ⅱ站至伍家湾变电站35千伏线路投运；涟源龙塘同兴光伏升压站至龙塘变电站线路、新化桑梓光伏升压站至曹家变电站线路建成投运。是年，对冷水江35千伏网络进行完善建设：将原接于110千伏冷水江变电站的中冷锡线和冷塘Ⅰ、Ⅱ线从110千伏冷水江变电站改出，冷塘Ⅰ、Ⅱ线冷水江变电站侧一条改接至中连变电站，一条T接至中冷锡线，改成中塘线和中塘锡线，架设中连变电站至锡南变电站线路中锡线，中塘线、中锡线、中塘锡线建成投运。全市有35千伏输电线路163条，长1454.87千米。

二、110千伏输电线路

1990—1997年，娄底电业局相继建成豹南山至大科、冷水江至园株岭、上渡至游家等13条公用线路，豹南山、大科至娄底牵引变、冷水江市至冷水江牵引变、上渡至渠江·西河牵引变Ⅰ、Ⅱ线等5条线路架通送电，域内110千伏输电网络有所加强。

1998年，开展大规模城乡电网建设与改造，220千伏和110千伏公用变电站布点逐年增加，境内110千伏输电网络逐步完善。1999年11月，上冷线剖进菊花井变电站改为上菊线和冷菊线。2000年，架通早元至杨家滩线路。是年5月，利用原冷利线（按110千伏线路设计架设作35千伏线路运行）开断剖进矿山变电站，南段线改造后改名冷矿线。2001—2005年，建成早元至高溪、冷水江至冷钢、毛坪至顺鑫、永丰至梓门、上渡至河东等10条公用线路；2005年11月，新化县地方电力公司投资建成游家至炉观线路。2006—2010年，相继建成大科至安石、锑都至冷水江牵引变、群联至栗山、筱水电站升压站至锑都双回、锑都至沙塘湾双回、岩口至涟源牵引变、早元至共荣双回、浪石滩至禾青、鹅塘至琅塘等21条公用线路；群岩线剖进毛坪变改为群毛线和岩毛线，早双线剖进蛇形山变改为早蛇线和双蛇线，上冷线侧改进锑都变改为上都线，锑冷君解头将T君线退运改为锑冷线，双青线剖进贺家改为贺树线和贺双线，河园线剖进科头变改为河科线和园科线，上菊线剖进中连变改为上连线和中菊线，冷矿线剖进中连变改为中冷线和中矿线，上都线改进禾青变改为锑禾线。同期建成的还有冷江钢铁总厂投资建成冷钢Ⅱ站至冷钢Ⅰ站钢联Ⅰ线，冷钢Ⅱ站至冷钢Ⅲ站钢联Ⅲ线。

2011—2015年，建成13条公用线路，改建14条输电线路。厂矿企业投资建成3条专用线路。2016—2017年改建大白线、琅白线、河桑线、中科线、中矿钢线、岳龙杨线、伍栗线7条输电线路。

2017年，娄底电网有110千伏输电线路102条，长1123.91千米。

2017年娄底市110千伏输电线路表

表29-4

线路名称	起点	终点	县（市、区）	产权所有	架空长度（千米）	导线型号	电缆长度（千米）	杆、塔（个）				投运年月
								小计	角钢塔	钢管杆	水泥杆	
早高线	220千伏早元变电站	110千伏高溪变电站	娄星区	国网娄底供电公司	5.22	LGJ-240	—	30	10	—	20	2001-01
大高线	110千伏大科变电站	110千伏高溪变电站	娄星区	国网娄底供电公司	2.87	LGJ-185	—	7	4	—	3	2006-01
豹大线	220千伏豹南山变电站	110千伏大科变电站	娄星区	国网娄底供电公司	5.35	LGJ-240	—	23	8	—	15	1990-01
豹仙檀线	220千伏豹南山变电站	110千伏檀山湾变电站	娄星区	国网娄底供电公司	7.02	LGJ-240	—	43	12	—	31	1996-07
大娄牵线	110千伏大科变电站	娄底牵变电站	娄星区	国网娄底供电公司	1.51	LGJ-185	—	9	3	—	6	1997-01
豹娄牵线	220千伏豹南山变电站	娄底牵变电站	娄星区	国网娄底供电公司	5.41	LGJ-185	—	25	8	—	17	1996-12
早建吉线	220千伏早元变电站	220千伏吉星变电站	娄星区	国网娄底供电公司	7.22	LGJ-185/30	0.48	32	17	—	15	2014-03
吉石线	220千伏吉星变电站	石山变电站	娄星区	国网娄底供电公司	12.36	LGJ-120	0.17	52	33	—	19	2014-05
吉檀Ⅰ线	220千伏吉星变电站	110千伏檀山湾变电站	娄星区	国网娄底供电公司	3.25	LGJ-120	0.45	14	5	—	9	2014-12
吉檀Ⅱ线	220千伏吉星变电站	110千伏檀山湾变电站	娄星区	国网娄底供电公司	2.99	LGJ-120	0.45	14	5	—	9	2014-12
豹恩线	220千伏豹南山变电站	110千伏恩口变电站	娄星区	国网娄底供电公司	4.95	LGJ-185	—	19	8	—	11	1992-08
早大线	220千伏早元变电站	110千伏大科变电站	娄星区	国网娄底供电公司	3.90	LGJ-240	0.75	23	10	—	13	1998-09

续表29-4

线路名称	起点	终点	县（市、区）	产权所有	架空长度（千米）	导线型号	电缆长度（千米）	杆、塔（个）				投运年月
								小计	角钢塔	钢管杆	水泥杆	
早城线	220千伏早元变电站	110千伏城中变电站	娄星区	国网娄底供电公司	5.34	LGJ-240／30	—	43	19	—	24	2003-12
豹仙城线	220千伏豹南山变电站	110千伏城中变电站	娄星区	国网娄底供电公司	10.34	LGJ-240／30	—	73	24	—	49	2004-09
豹棋石线	220千伏豹南山变电站	110千伏棋梓桥（湘潭）	娄星区	国网娄底供电公司	30.42	LGJ-120／20	—	143	47	—	96	2006-07
豹九线	220千伏豹南山变电站	110千伏九仑变电站	娄星区	国网娄底供电公司	4.67	LGJ-240／30	—	30	12	—	18	2009-12
大安线	110千伏大科变电站	安石升压变电站	娄星区	国网娄底供电公司	1.30	LGJ-185	—	7	2	—	5	2006-06
早益牵线	220千伏早元变电站	110千伏大科变电站	娄星区	国网娄底供电公司	17.70	JL／G1A-120／25	—	65	42	—	23	2015-10
蛇益牵线	110千伏蛇形山变电站	110千伏大科变电站	娄星区	国网娄底供电公司	11.42	LGJ-120／25	—	45	39	—	6	2015-09
浪中线	浪石滩电站	220千伏中连变电站	冷水江市	国网娄底供电公司	6.55	LGJ-185／30	0.55	33	13	—	20	2013-06
锑岩线	220千伏锑都变电站	110千伏岩口变电站	冷水江市	国网娄底供电公司	7.10	LGJ-300／30	—	28	11	—	17	2009-08
冷冷牵线	110千伏冷江变电站	110千伏冷牵变电站	冷水江市	国网娄底供电公司	2.18	LGJ-120	—	10	4	—	6	1996-12
金冷Ⅰ回	金竹山电厂	110千伏冷江变电站	冷水江市	国网娄底供电公司	1.886	LGJ-400	—	9	4	—	5	1989-01
湍资线	220千伏湍江变电站	110千伏资氮变电站	冷水江市	国网娄底供电公司	2.82	LGJ-240	—	13	8	—	5	2014-08
冷菊线	110千伏冷江变电站	110千伏菊花井变电站	冷水江市	国网娄底供电公司	7.22	LGJ-240	—	29	11	—	18	1999-12
中矿线	220千伏中连变电站	110千伏矿山变电站	冷水江市	国网娄底供电公司	13.90	LGJ-240／40	—	57	23	—	34	2011-05
中冷线	110千伏冷江变电站	110千伏冷江变电站	冷水江市	国网娄底供电公司	10.10	LGJ-240／40	—	43	17	—	26	2011-05
中菊线	220千伏中连变电站	110千伏菊花井变电站	冷水江市	国网娄底供电公司	2.99	LGJ-120／20	—	13	5	—	8	2011-03
中禾线	220千伏中连变电站	110千伏禾青变电站	冷水江市	国网娄底供电公司	11.65	LGJ-120／20	—	47	19	—	28	2011-08
锑湍线	220千伏锑都变电站	220千伏湍江变电站	冷水江市	国网娄底供电公司	8.05	LGJ-120／20	—	30	21	—	9	2014-07
湍禾线	220千伏湍江变电站	110千伏禾青变电站	冷水江市	国网娄底供电公司	1.68	LGJ-120／20	0.38	8	4	—	4	2014-07
锑冷牵线	220千伏锑都变电站	110千伏冷牵变电站	冷水江市	国网娄底供电公司	6.76	LGJ-120	—	29	12	—	17	2006-12

续表29-4

线路名称	起点	终点	县(市、区)	产权所有	架空长度(千米)	导线型号	电缆长度(千米)	杆、塔(个) 小计	角钢塔	钢管杆	水泥杆	投运年月
锑冷线	220千伏锑都变电站	110千伏冷江变电站	冷水江市	国网娄底供电公司	5.47	LGJ-300/20	—	26	10	—	16	2006-11
锑资线	220千伏锑都变电站	110千伏资氮变	冷水江市	国网娄底供电公司	10.25	LGJ-240	—	38	15	—	23	2006-11
筱锑Ⅰ回	筱溪水电站	220千伏锑都变电站	冷水江市	国网娄底供电公司	14.12	LGJ-300/25	—	44	18	—	26	2008-01
筱锑Ⅱ回	筱溪水电站	220千伏锑都变电站	冷水江市	国网娄底供电公司	13.86	LGJ-300/25	—	49	19	—	30	2008-01
锑沙Ⅰ回	220千伏锑都变电站	110千伏沙塘湾变电站	冷水江市	国网娄底供电公司	4.19	LGJ-300/25	—	18	7	—	11	2008-09
锑沙Ⅱ回	220千伏锑都变电站	110千伏沙塘湾变电站	冷水江市	国网娄底供电公司	4.19	LGJ-300/40	—	18	7	—	11	2008-09
中科线	220千伏中连变电站	110千伏科头变电站	冷水江市	国网娄底供电公司	18.80	JL/G1A-300/40	0.16	71	32	—	39	2017-10
中矿钢线	220千伏中连变电站	110千伏矿山变电站	冷水江市	国网娄底供电公司	12.44	LGJ-240/40	0.16	47	13	—	34	2017-10
岩涟牵线	110千伏岩口变电站	110千伏涟牵变电站	涟源市	国网娄底供电公司	14.87	LGJ-120	—	63	26	—	37	1996-12
旱共杨线	220千伏旱元变电站	110千伏杨家滩变电站	涟源市	国网娄底供电公司	25.89	LGJ-185-240	0.35	111	31	—	80	2000-07
豹君线	220千伏豹南山变电站	110千伏君子塘变电站	涟源市	国网娄底供电公司	19.01	LGJ-185/30	—	78	29	—	49	1990-12
恩斗线	110千伏恩口变电站	110千伏斗笠山变电站	涟源市	国网娄底供电公司	27.24	LGJ-120	—	123	50	—	73	1992-01
豹斗线	220千伏豹南山变电站	110千伏斗笠山变电站	涟源市	国网娄底供电公司	21.22	LGJ-120	—	84	30	—	54	2003-07
群涟牵线	220千伏群联变电站	110千伏涟牵变电站	涟源市	国网娄底供电公司	4.89	LGJ-120/25	—	19	9	—	10	2004-01
群涟线	220千伏群联变电站	110千伏涟源变电站	涟源市	国网娄底供电公司	3.59	LGJ-240/30	—	8	5	—	3	2004-01
群杨线	220千伏群联变电站	110千伏杨家滩变电站	涟源市	国网娄底供电公司	15.19	LGJ-240/30	—	66	24	—	42	2004-01
群毛线	220千伏群联变电站	110千伏毛坪变电站	涟源市	国网娄底供电公司	10.22	LGJ-240/30	—	38	17	—	21	2005-08
岩毛线	110千伏岩口变电站	110千伏毛坪变电站	涟源市	国网娄底供电公司	9.46	LGJ-185/30	—	33	13	—	20	2006-04
群栗线	220千伏群联变电站	110千伏栗山变电站	涟源市	国网娄底供电公司	22.46	LGJ-240-30	—	73	28	—	45	2007-10
君栗线	110千伏君子塘变电站	110千伏栗山变电站	涟源市	国网娄底供电公司	6.99	LGJ-240-30	—	25	10	—	15	2007-12

续表29-4

线路名称	起点	终点	县（市、区）	产权所有	架空长度（千米）	导线型号	电缆长度（千米）	杆、塔（个）				投运年月
								小计	角钢塔	钢管杆	水泥杆	
群斗线	220千伏群联变电站	110千伏斗笠山变电站	涟源市	国网娄底供电公司	13.79	LGJ-240／30	—	45	20	—	25	2008-04
涟毛线	110千伏涟源变电站	110千伏毛坪变电站	涟源市	国网娄底供电公司	7.88	LGJ-185／30	—	27	10	—	17	2008-12
杨国线	110千伏杨家滩变电站	110千伏国产变电站	涟源市	国网娄底供电公司	13.52	LGJ-240／30	—	53	21	—	32	2011-08
群张线	220千伏群联变电站	110千伏张龙变电站	涟源市	国网娄底供电公司	9.27	LGJ-240／30	—	38	22	1	15	2015-10
伍栗线	110千伏伍家湾变电站	110千伏栗山变电站	涟源市	娄底晨旭科技有限公司	14.51	JL-GIA-300-10	—	49	30	—	19	2017-06
上渠线	220千伏上渡变电站	110千伏渠江牵引变	新化县	国网娄底供电公司	54.39	LGJ-150-25	—	188	76	—	112	1996-12
岳龙杨线	110千伏杨家滩变电站	新邵龙山（涟源龙山）风力发电升压站	新邵县	国网娄底供电公司	21.80	JL／G1A-240／40	—	80	37	—	43	2017-03
鹅西渠线	220千伏鹅塘变电站	110千伏渠江牵引变	新化县	国网娄底供电公司	40.23	LGJ-150-25	—	147	75	—	72	1996-12
鹅螺线	220千伏鹅塘变电站	110千伏海螺水泥厂变	新化县	国网娄底供电公司	13.11	LGJ-150-25	—	52	40	—	12	2014-07
上西线	220千伏上渡变电站	110千伏西河牵引变	新化县	国网娄底供电公司	23.55	LGJ-120-20	—	88	8	—	80	1997-01
上游线	220千伏上渡变电站	110千伏游家变电站	新化县	国网娄底供电公司	8.45	LGJ-120	—	34	13	—	21	1996-04
上园线	220千伏上渡变电站	110千伏园珠岭变电站	新化县	国网娄底供电公司	5.15	LGJ-240	—	21	8	—	13	1996-04
上河线	220千伏上渡变电站	110千伏河东变电站	新化县	国网娄底供电公司	3.52	LGJ-150	—	17	7	—	10	2000-06
曹工线	110千伏曹家变电站	110千伏亿利变电站	新化县	国网娄底供电公司	5.20	JL／GIA-240	—	20	9	—	11	2013-04
古鹅线	古台山风电厂	220千伏鹅塘变电站	新化县	国网娄底供电公司	15.49	JLHA1／G1A-400／50	—	59	52	—	7	2015-11
上曹线	220千伏上渡变电站	110千伏曹家变电站	新化县	国网娄底供电公司	5.41	LGJ-300-25	—	24	8	—	16	2007-06
曹游线	110千伏曹家变电站	110千伏游家变电站	新化县	国网娄底供电公司	6.71	LGJ-240／30	—	23	9	—	14	2006-12
曹温线	110千伏曹家变电站	110千伏温塘变电站	新化县	国网娄底供电公司	22.39	LGJ-240／30	—	87	17	—	70	2011-12
园科线	110千伏园珠岭变电站	110千伏科头变电站	新化县	国网娄底供电公司	5.17	LGJ-240／30	—	26	9	—	17	2009-09
鹅长线	220千伏鹅塘变电站	110千伏长丰变电站	新化县	国网娄底供电公司	23.63	LGJ-240／30	—	92	37	—	55	2009-12

续表29-4

线路名称	起点	终点	县（市、区）	产权所有	架空长度（千米）	导线型号	电缆长度（千米）	杆、塔（个）				投运年月
								小计	角钢塔	钢管杆	水泥杆	
鹅游线	220千伏鹅塘变电站	110千伏游家变电站	新化县	国网娄底供电公司	16.26	LGJ-240／30	—	63	25	—	38	2010-08
鹅琅Ⅰ线	220千伏鹅塘变电站	110千伏琅塘变电站	新化县	国网娄底供电公司	11.64	LGJ-240／30	—	43	17	—	26	2009-12
鹅琅Ⅱ线	220千伏鹅塘变电站	110千伏琅塘变电站	新化县	国网娄底供电公司	13.27	LGJ-185／30	—	48	19	—	29	2011-09
鹅炉线	220千伏鹅塘变电站	110千伏炉观变电站	新化县	国网娄底供电公司	15.77	LGJ-185／30	—	64	26	—	38	2011-01
中桑线	220千伏中连变电站	110千伏桑梓变电站	新化县	国网娄底供电公司	5.18	LGJ-240／30	—	27	15	—	12	2015-09
大白线	110千伏大熊山风厂	110千伏白溪变电站	新化县	国网娄底供电公司	16.90	JL／G1A-400／50	—	—	—	—	—	2016-08
琅白线	110千伏琅塘变电站	110千伏白溪变电站	新化县	国网娄底供电公司	28.60	JL／G1A-300／40	—	—	—	—	—	2016-08
游观线	110千伏游家变电站	110千伏炉观变电站	新化县	国网娄底供电公司	9.84	LGJ-185／30	—	—	—	—	—	2005-01
桑河线	110千伏桑梓变电站	110千伏河东变电站	新化县	国网娄底供电公司	11.78	JL／G1A-300／40	—	53	27	—	26	2017-10
永印青线	220千伏永丰变电站	110千伏青树坪变电站	双峰县	国网娄底供电公司	19.57	LGJ-240／30	0.25	80	24	—	56	2001-12
永双线	220千伏永丰变电站	110千伏双峰变电站	双峰县	国网娄底供电公司	4.93	LGJ-240／30	—	34	4	—	30	2001-12
永梓Ⅱ线	220千伏永丰变电站	110千伏梓门变电站	双峰县	国网娄底供电公司	8.17	LGJ-185／30	—	29	12	—	17	2001-12
永梓Ⅰ线	220千伏永丰变电站	110千伏梓门变电站	双峰县	国网娄底供电公司	7.65	LGJ-185／30	—	29	12	—	17	2015-05
早蛇线	220千伏早元变电站	110千伏蛇形山变电站	双峰县	国网娄底供电公司	26.11	LGJ-185 LGJ-240／30	—	87	34	—	53	2006-01
永蛇线	110千伏双峰变电站	110千伏蛇形山变电站	双峰县	国网娄底供电公司	17.29	LGJ-240／30	—	72	29	—	43	2012-08
贺印双线	220千伏贺家变电站	110千伏双峰变电站	双峰县	国网娄底供电公司	22.96	LGJ-185／30	0.23	91	30	—	61	2008-09
凯印线	凯迪电厂升压站	110千伏印塘变电站	双峰县	国网娄底供电公司	2.11	LGJ-185	0.65	11	4	—	7	2013-08
贺海线	220千伏贺家变电站	110千伏海螺变电站	双峰县	国网娄底供电公司	4.46	LGJ-300／40	—	17	7	—	10	2012-01
贺树线	220千伏贺家变电站	110千伏青树坪变电站	双峰县	国网娄底供电公司	5.64	LGJ-240／30	—	24	10	—	14	2008-09
永海线	110千伏永丰变电站	110千伏双峰海螺变电站	双峰县	海螺水泥厂	23.46	LGJ-185	—	97	77	—	20	2004-07

续表29-4

线路名称	起点	终点	县(市、区)	产权所有	架空长度(千米)	导线型号	电缆长度(千米)	杆、塔(个)				投运年月
								小计	角钢塔	钢管杆	水泥杆	
毛鑫线	110千伏毛坪变电站	110千伏涟源顺鑫厂变电站	涟源市	涟源顺鑫厂	3.52	LGJ-120	—	13	8	—	5	2005-08
群木线514	涟源群联变电站	110千伏木灵三一变电站	涟源市	中源新材料有限公司	0.96	LGJ-185	—	9	3	—	6	2012-09
冷钢线	110千伏冷江变电站	110千伏冷钢Ⅱ站	冷水江	冷江铁钢总厂	2.31	LGJ-240	—	9	6	—	3	2001-11
浪钢线	110千伏浪石滩升压站	220千伏冷钢Ⅱ站	冷水江	冷江铁钢总厂	2.02	LGJ-185-30	—	11	6	—	5	2007-06
上矿钢线T钢线	110千伏上矿钢线TP40	110千伏冷钢Ⅰ站	冷水江	冷江铁钢总厂	6.26	LGJ-240	—	23	18	—	5	1998-04
钢联Ⅰ线	220千伏冷钢Ⅱ站	110千伏冷钢Ⅰ站	冷水江	冷江铁钢总厂	0.46	LGJ-240	—	—	—	—	—	2006-05
钢联Ⅲ线	220千伏冷钢Ⅱ站	110千伏冷钢Ⅲ站	冷水江	冷江铁钢总厂	1	LGJ-240	—	—	—	—	—	2010-09
禾华线	110千伏禾青变电站	110千伏冷江华新水泥变电站	冷水江	冷江华新水泥厂	2	LGJ-185/30	—	11	6	—	5	2012-10
琅苏线	110千伏琅塘变电站	腾飞、东盛矿业变电站	新化县	腾飞、东盛矿业	9	LGJ-120	—	33	10	—	23	2013-02
园西线	110千伏园珠岭变电站	110千伏湖南海螺变电站	新化县	湖南海螺水泥有限公司	16.25	LGJ-120	—	76	56	—	20	1991-07

三、220千伏输电线路

1990年，娄底仅有2条220千伏输电线路98.64千米。1991年7月，豹南山至涟钢Ⅰ站线路竣工送电。1992年11月，220千伏金豹线P151、P152号杆带电升高6米。

1995年12月，500千伏民丰变电站投运，娄底220千伏输电网络相应变化。金乡线（原金泉线）剖进上渡变电站和500千伏民丰变电站，至上渡变电站线路改为民上线和民泉线；500千伏民丰变电站至豹南山变电站民豹Ⅰ线建成投运；豹响线剖进民丰变电站民豹Ⅱ线和民响线。1997年，长72.8千米的民丰至邵东青山桥变电站线路建成投运，该线路在1998年7月剖进早元变电站，改为民早Ⅰ线和早青线。2002年2月，民丰至早元变电站线路建成投运。2003年3—4月，民丰变电站至涟钢Ⅱ站线路、220千伏民泉Ⅱ线建成投运。

2004—2005年，娄底电业局建成早元至涟钢Ⅰ站、早元至永丰、田家至上渡、群联至早元、田家至群联等5回220千伏线路；豹南山至涟钢Ⅰ站（原高溪变）220千伏线路改进涟钢Ⅱ站改为豹上线；金豹线剖进群联变电站改为金群线和群豹线。

2006年，金竹山电厂A区升压站至上渡线路金竹山电厂侧改进锑都变电站改为锑上线；架通金竹山电厂B区升压站至锑都变电站线路金锑Ⅱ线；金宝线剖进锑都变电站改为金锑Ⅰ线和锑宝线。2007年，锑都至群联变电站线路锑群线竣工投运。2008年，冷江博大钢铁总厂自建自管建设锑都至冷钢Ⅱ站线路竣工投运。为满足华润涟源坑口电厂（2×30万千瓦）机组电能送出，建成华润涟源电厂至康田开关站线路二回、康田开关站至涟钢Ⅰ站线路二回、豹南山至康田开关站等5条220千伏线路；原早青线剖进贺家变电站改为早贺线和贺青线。2009年，建成永丰至贺家、金竹山电厂升压站B区至锑都二回（金锑Ⅲ线、金锑Ⅵ线）、康田开关站至早元（康早Ⅱ线）4条220千伏线路；早钢Ⅰ线涟钢变电站侧改进康田变电站改为康早Ⅰ线，柘上线剖进鹅塘变电站改为柘鹅线和鹅上Ⅰ线，田上线剖进鹅塘变电站改为田鹅线和鹅上Ⅱ线；华菱涟钢集团有限公司投资建成康田220千伏开关站至涟钢Ⅰ站二回线路、涟钢Ⅰ站涟钢Ⅱ站联络线路。2010年，豹上线剖进中连变电站改为豹中线和中上Ⅰ线；锑上线剖进中连变电站改为锑中线和中上Ⅱ线。2011年，金群线金竹山电厂A区侧改进锑都变电站改为锑群Ⅰ线。至2011年底，锑都、冷钢Ⅱ站、贺家、鹅塘、中连等220千伏变电站，金竹山电厂B区和涟源华润电厂建成投运，娄底220千伏输电网络逐步加强。

2014年，国网娄底供电公司相继建成豹南山和早元至华菱安赛乐米塔尔、鹅塘和上渡至鸭田牵引变、湍江和锑都至郭家牵引变、金竹山电厂升压站B区至湍江、吉星至颜家牵引变等8条220千伏线路。田群线剖进观音阁变电站改为观群线和田观线，田鹅线剖进观音变电站改为观鹅线，民早Ⅱ线剖进吉星变电站改为民吉Ⅰ线和早吉Ⅰ线，民早Ⅰ线剖进吉星变电站改为民吉Ⅱ线和早吉Ⅱ线，早永线早元变电站侧改进吉星变电站改为吉永线，早永线永丰变电站侧改至颜家牵引变电站改为早颜线。

至2017年，全市有220千伏线路45条，长984.16千米。

2017年娄底市220千伏输电线路表

表29-5

线路名称	起点	终点	县(市、区)	产权所有	架空长度(千米)	导线型号	杆、塔(个)			投运年月
							小计	角钢塔	水泥杆	
中上Ⅰ线	中连变电站	上渡变电站	娄星区	国网娄底供电公司	10.08	2*LGJ-300／40	28	20	8	2010-12
豹中线	豹南山变电站	中连变电站	娄星区	国网娄底供电公司	63.86	2*LGJ-300／40	172	139	33	2010-12
豹华线	豹南山变电站	华安变电站	娄星区	国网娄底供电公司	7.35	JLHA3-450	41	14	27	2014-01
民华线	民丰变电站	华安变电站	娄星区	国网娄底供电公司	5.04	JLHA3-450	13	10	3	2014-08
鹅鸭线	鹅塘变电站	鸭田牵引变电站	娄星区	国网娄底供电公司	40.17	JL／G1A-400／65，JL／G1A-400／50	125	78	47	2014-08
锑郭线	锑都变电站	郭家牵引变电站	娄星区	国网娄底供电公司	11.68	LGJ-400／50，LGJQ-400，JL／G1A-400／50	30	24	6	2014-08
民豹Ⅰ线	民丰变电站	豹南山变电站	娄星区	国网娄底供电公司	7.92	LGJ-400	16	16	—	1996-04
群豹线	群联变电站	豹南山变电站	娄星区	国网娄底供电公司	33.44	LGJQ-400	103	73	30	1984-04
民吉Ⅰ线	民丰变电站	吉星变电站	娄星区	国网娄底供电公司	11.85	LGJ-400／40	40	23	17	2014-07
吉早Ⅰ线	吉星变电站	早元变电站	娄星区	国网娄底供电公司	7.59	LGJ-400／40	28	15	13	2014-07
民吉Ⅱ线	民丰变电站	吉星变电站	娄星区	国网娄底供电公司	11.58	2*LGJ-300／40	36	22	14	2014-08
吉早Ⅱ线	吉星变电站	早元变电站	娄星区	国网娄底供电公司	7.78	2*LGJ-300／40	7	7	—	2014-08

续表29-5

线路名称	起点	终点	县(市、区)	产权所有	架空长度(千米)	导线型号	杆、塔(个)			投运年月
							小计	角钢塔	水泥杆	
涟康Ⅰ线	涟源电厂	康田变电站	娄星区	国网娄底供电公司	4.75	2*LGJ-500/35	17	12	5	2008-07
涟康Ⅱ线	涟源电厂	康田变电站	娄星区	国网娄底供电公司	4.93	2*LGJ-500/35	6	6	—	2008-07
豹康线	豹南山变电站	康田变电站	娄星区	国网娄底供电公司	9.81	2*LGJ-400/50	29	20	9	2008-07
民豹Ⅱ线	民丰变电站	豹南山变电站	冷水江市	国网娄底供电公司	8.47	LGJ-400	27	17	10	1996-04
锑中线	锑都变电站	中连变电站	冷水江市	国网娄底供电公司	11.78	LCJ-400/50	36	24	12	2010-12
中上Ⅱ线	中连变电站	上渡变电站	冷水江市	国网娄底供电公司	10.07	LCJ-400/50	28	20	8	2010-12
金锑Ⅲ线	金竹山电厂B区	锑都变电站	冷水江市	国网娄底供电公司	4.99	LGJ-630/35	19	13	6	2009-05
金锑Ⅳ线	金竹山电厂B区	锑都变电站	冷水江市	国网娄底供电公司	4.99	LGJ-630/35	2	2	—	2009-05
康早Ⅰ线	康田变电站	早元变电站	冷水江市	国网娄底供电公司	10.12	2*LGJ-300/40	48	34	14	2009-06
康早Ⅱ线	康田变电站	早元变电站	冷水江市	国网娄底供电公司	10.70	2*LGJ-300/40	20	20	—	2009-03
群康线	群联变电站	康田变电站	冷水江市	国网娄底供电公司	21.90	2*LGJ-300/40	61	46	15	2009-05
锑贺线	锑都变电站	贺家变电站	冷水江市	国网娄底供电公司	72.34	2*LGJ-300/40	235	166	69	2009-07
观群线	观音阁变	群联变电站	涟源市	国网娄底供电公司	126.31	2*LGJ-300/40	338	246	92	2014-04
锑群Ⅱ线	锑都变电站	群联变电站	涟源市	国网娄底供电公司	27.69	2*LGJ-300/40	89	62	27	2007-01
锑群Ⅰ线	锑都变电站	群联变电站	涟源市	国网娄底供电公司	31.04	LGJQ-400	94	66	28	2011-12
贺青线	贺家变电站	青山变电站	双峰县	国网娄底供电公司	35.29	LGJ-400/50/65	112	109	3	2008-09
早颜线	早元变电站	颜家变电站	双峰县	国网娄底供电公司	7.45	LGJ-400/50/65	15	12	3	2014-08
吉颜线	吉星变电站	颜家变电站	双峰县	国网娄底供电公司	12.97	LGJ-400/50/65	42	25	17	2014-08
吉永线	吉星变电站	永丰变电站	双峰县	国网娄底供电公司	44.10	LGJ-400/40	103	86	17	2014-08
湍郭线	湍江变电站	郭家变	双峰县	国网娄底供电公司	6.18	LGJ-400/40	21	13	8	2014-08
金湍线	金竹山电厂	湍江变电站	双峰县	国网娄底供电公司	10.28	LGJ-400/40	36	20	16	2014-11

续表29-5

线路名称	起点	终点	县(市、区)	产权所有	架空长度(千米)	导线型号	杆、塔(个)			投运年月
							小计	角钢塔	水泥杆	
上鸭线	上渡变电站	鸭田牵引变	双峰县	国网娄底供电公司	44.10	LGJ-400/40	135	87	48	2014-08
永贺线	永丰变电站	贺家变电站	双峰县	国网娄底供电公司	25.46	2*LGJ-400/40	79	55	24	2009-01
观鹅线	观音阁变	鹅塘变电站	新化县	国网娄底供电公司	71.96	2*LGJ-300/40/50	239	140	99	2014-04-01
鹅上Ⅱ线	鹅塘变电站	上渡变电站	新化县	国网娄底供电公司	22.81	2*LGJ-300/40/50	60	50	10	2009-12
柘鹅线	柘溪水电站	鹅塘变电站	新化县	国网娄底供电公司	63.91	2*LGJ-300/40	173	126	47	2009-11
鹅上Ⅰ线	鹅塘变电站	上渡变电站	新化县	国网娄底供电公司	22.25	2*LGJ-300/40	74	41	33	2009-12
民钢线	民丰变	涟钢Ⅰ变	娄星区		16.53	2*LGJ-300	39	29	10	2003-03
涟钢Ⅰ-Ⅱ变联络线	涟钢Ⅰ变	涟钢Ⅱ变	娄星区	华菱涟钢集团有限公司	2.30	2*LGJQ-300	9	6	3	200-03
豹钢线	豹南山变	涟钢Ⅱ变	娄星区		6.58	LGJQ-400	20	15	5	2003-01
锑钢线	锑都变电站	冷钢Ⅱ站	冷水江市	冷水江钢铁总厂	7.52	2*LGJQ-300	23	7	16	2008-03
康钢Ⅰ线	康田开关站	涟钢Ⅰ站	娄星区	华菱涟钢集团有限公司	3.04	2*LGJ-400	22	7	15	2008-07
康钢Ⅱ线	康田开关站	涟钢Ⅰ站	娄星区		3.24	2*LGJ-400	26	8	18	2008-07

四、500千伏输电线路

1991年始，市政府报请国家计委，为满足湘中地区用电急需，解决五强溪水电站120万千瓦的电力外送，建设五强溪至民丰、民丰至株洲云田的500千伏输电线路、民丰500千伏变电站。经国家计委批准为重点建设项目，由国家计委能源投资公司出资建设，静态投资1.64亿元。1995年12月，架通五强溪水电站线路至民丰500千伏变电站线路五民线，线路179.99千米，同时架通民丰500千伏变电站线路至株洲云田500千伏变电站线路民云线，线路89.99千米。1996年7月，民丰变电站主变压器并网运行。至此，民丰变电站和金竹山电厂东西呼应，成为娄底区域电网的两大电源支撑点，成为娄底电网与大电网的重要联络通道。2006年1月，由大唐金竹山分公司建设的金竹山升压站B区至民丰变电站500千伏线路金民Ⅱ线架通投运，线路64.27千米。2007年3月，建成金竹山升压站B区至民丰变电站500千伏线路金民Ⅰ线63.89千米。2008年2月，民丰变电站至湘潭鹤岭变电站双回500千伏线路架通投运，民鹤Ⅰ回82.4千米，民鹤Ⅱ回83.95千米。

2017年，全市有500千伏线路6条，长564.90千米，金民Ⅱ线除大唐金竹山分公司自建自管外，其他5条由省电力公司维护管理。

第二节 变 电

一、35千伏变电站

1990—1995年，娄底电业局先后建成万宝、春溪、柘塘、蛇形山、安平5座变电站；企业自主投资建成涟源沙坪煤矿、电解锰厂、冷水江利北煤矿、新化硅厂、西河镇天马山水泥厂等6座变电站；涟源市水利部门投资建成大江口坝后变电站；新化县水电局投资建成洋溪变电站。

1996—1997年，娄底电业局筹资兴建花门、西河农排两座变电站相继投运，涟邵矿务局投资建成冷水江铎山煤矿变电站。

1998年始，娄底电网开展大规模农网建设与改造，在农村无变电站的乡镇建设35千伏变电站，2000年以后，建成和改扩建的公用变电站全部按无人值班建设，农村的供电可靠性和电压质量逐步提高。2003年1月，新化地方电力公司投资建设圳上变电站。至2005年，建成小碧、双江、荷塘、渣渡、石冲口、甘棠等15座公用变电站。2006年，企业自筹资金建成冷水江银宇铁合金厂、佳福铁合金厂、娄底金宇冶炼、新化顺发、娄底五丰冶炼厂5座专用变电站。是年，新化地方电网35千伏炉观变电站退运。2008年，建成洪家、井字、神农3座公用变电站，并对荷叶、十竹、甘棠、七星变电站进行改扩建。是年，企业自筹资金建成冷水江石巷里煤矿、银宇铁合金厂、涟源市汇源焦化厂、湖南永鑫铁合金厂4座企业专用变电站。新化地方电力公司投资建成金凤变电站。2009年，由涟源地方电力公司投资建成新坪变电站，是涟源地方电网唯一一座变电站，至此涟源地方电网供电电压由10千伏升压至35千伏电压等级。2010年，建成车村、石坝、荣华3个公用变电站，荣华变电站是新化地方电力公司代管后建成的第一座35千伏变电站。至2010年底，禾青、东站、新化西河农排、蓝田、三塘埔5座公用变电站和11座35千伏企业专用变电站退运。

2011—2017年，国网娄底供电公司利用农网建设与改造资金建成红云、晏家两座公用变电站，并对已投运的22个35千伏变电站进行改扩建；企业自筹资金建成冷水江泰和金属、新化鲲鹏工业园、新化县鑫星电子3座企业专用变电站，光伏发电企业自筹资金建成龙塘同兴升压变电站，七星光伏升压Ⅰ、Ⅱ站、桑梓光伏升压变电站，各安装一台2万伏安变压器。

至2017年，全市有35千伏变电站129座，主变压器280台，容量216.16万千伏安。

二、110千伏变电站

1991年，省煤炭工业厅投资建成恩口变电站。是年8月，西河雪峰水泥集团投资建成西河雪峰变电站。1992年9月建成斗笠山变电站。1996年，广铁集团投资建成娄底、涟源、冷水江、西河、渠江5座牵引变电站。娄底市自来水公司投资建成石山变电站。至1997年，娄底电业局建成檀山湾、禾青、园珠岭、青树坪4座公用变电站，并对大科、双峰变压站进行扩建，岩口110千伏变电站升压改造。1998年8月，娄底电业局接管恩口煤矿110千伏变电站和110千伏豹恩线以及其他35千伏等输变电设施。1999年6月，大科变电站无人值班调度自动化设备通过验收，成为全地区第一个无人值班变电站。是年11月，菊花井变电站建成。2000年，建成矿山、杨家滩两座变电站。至2004年，高溪、城中、仙人桥、河东、梓门5座变电站建成，高溪变电站为首座110千伏采用户内封闭式GIS设备变电站。是年，斗笠山变电站由涟邵矿业集团成建制移交给娄底电业局管理，接收后对站内的一、二次设备及通信系统进行了全面改造和升级。2005年，由企业自筹资金建成冷钢、双峰海螺、顺鑫3座企业专用变电站。新化县地方电力公司建成炉观变电站，为新化地方电网唯一一座110千伏变电站。

2006—2011年，城乡电网建设改造投资相继建成共荣、沙塘湾、毛坪、印塘、曹家、琅塘、长丰、温塘等12座公用变电站，升压改造蛇形山变电站，重建大科新变电站，扩建游家变电站。蛇形山变电站为35千伏变电站升压改造成110千伏变电站。沙塘湾变电站为建设规模最大的110千伏变电站，设计建设规模主变压器3.5万千伏安，110千伏出线4回，35千伏出线8回，10千伏出线24回；一期安装2

台5万千伏安主变压器。琅塘变电站在原变电站前新建设的变电站竣工投运。琅塘变电站为新化地方电力公司代管后建成的首座110千伏变电站，新化地方电网的供电可靠性和供电质量大幅度提高。2013年，海螺水泥集团公司收购成立湖南海螺水泥有限公司，西河雪峰变电站改为湖南海螺变电站，并对变电站设备进行了扩容改造。至2015年，企业自筹资金建成冷钢Ⅲ站、冷水江华新水泥、天宝紧固件、涟源益星牵引变、国产实业、木灵三一、新化亿利、东盛、腾飞9座专用变电站，发电企业投资建成凯迪电厂、大熊山风力发电场、古台山风力发电场3座升压变电站。两年间，农网建设改造投资相继建成张龙、桑梓、白溪3座公用变电站。2017年1月，五凌新邵电力有限公司投资建成新邵龙山风电升压变电站，3月，生产技术改造投资改造冷水江变电站竣工投运，取消35千伏电压等级，更换原2台3.15万千伏安主变压器为2台5万千伏安，35千伏出线全部改至中连220千伏变电站；6月，娄底旭晨新能源科技有限公司投资建成伍家湾升压变电站；12月，湖南省鸿兆风力发电有限公司投资建成涟源龙山风电升压变电站。

至2017年，全市有110千伏变电站67座，主变压器105台，容量387.71万千伏安。

2017年娄底市110千伏变电站一览表

表29-6

变电站名称	站址所在地	变电站产权所属	变电站投运时间	现有变电容量（千伏安）	现有变电压器台数	主变压器情况	
						容量（千伏安）	投运年月
大科变电站	娄底市大科乡	娄底供电公司	2008-12	100000	2	100000	2008-12
檀山湾变电站	娄底市檀山湾	娄底供电公司	1996-07	63000	2	31500	2005-06
						31500	2005-05
高溪变电站	娄底市高溪村	娄底供电公司	2001-01	31500	1	31500	2001-01
城中变电站	娄底市城中	娄底供电公司	2002-12	100000	2	50000	2002-12
						50000	2007-005
仙人桥变电站	娄底经开区	娄底供电公司	2004-09	100000	2	50000	2004-09
						50000	2016-01
恩口变电站	娄底市杉山乡	娄底供电公司	1991-03	56500	2	31500	2001-08
						25000	2003-01
建设变电站	娄星区	娄底供电公司	2008-12	50000	1	50000	2008-12
共荣变电站	娄底万宝新区	娄底供电公司	2009-11	50000	1	50000	2009-11
九仑变电站	娄底经开区	娄底供电公司	2009-12	50000	1	50000	2009-12
冷水江变电站	冷水江市同心乡	娄底供电公司	1986-08	100000	2	100000	2017-03
岩口变电站	冷水江市岩口镇	娄底供电公司	1968-09	56500	2	31500	2005-09
						25000	2003-07
禾青变电站	冷水江市禾青镇	娄底供电公司	1994-01	40000	2	20000	2002-06
						20000	2005-11

续表29-6

变电站名称	站址所在地	变电站产权所属	变电站投运时间	现有变电容量（千伏安）	现有变电压器台数	主变压器情况	
						容量（千伏安）	投运年月
矿山变电站	冷水江市锡矿山	娄底供电公司	2000-05	63000	2	31500	2000-05
						31500	2011-10
菊花井变电站	冷水江市诚意坪	娄底供电公司	1999-11	81500	2	31500	1999-11
						50000	2012-10
沙塘湾变电站	冷水江市沙塘湾	娄底供电公司	2008-09	100000	2	100000	2008-09
君子塘变电站	涟源市桥头河镇	娄底供电公司	1972-05	63000	2	31500	2001-09
						31500	2006-12
涟源变电站	涟源市马头山乡	娄底供电公司	1986-07	63000	2	31500	1986-07
						31500	1996-02
杨家滩变电站	涟源市杨家滩镇	娄底供电公司	2000-07	63000	2	31500	2000-07
						31500	2011-05
斗笠山变电站	涟源市斗笠山镇	娄底供电公司	1992-12	56500	2	25000	1992-12
						31500	1992-12
张龙变电站	涟源市安平镇	娄底供电公司	2015-11	50000	1	50000	2015-11
毛坪变电站	涟源市毛坪镇	娄底供电公司	2006-03	81500	2	31500	2006-03
						50000	2012-11
栗山变电站	涟源市湄江镇栗山	娄底供电公司	2007-10	31500	1	31500	2007-10
园珠岭变电站	新化县园珠岭	娄底供电公司	1992-03	56500	2	31500	1995-05
						25000	1999-03
游家变电站	新化县游家镇	娄底供电公司	1973-03	51500	2	20000	2000-06
						31500	2010-10
河东变电站	新化县城河东	娄底供电公司	2001-01	63000	2	31500	2006-07
						31500	2017-04
科头变电站	新化县科头乡	娄底供电公司	2008-12	31500	1	31500	2008-12
曹家变电站	新化县曹家镇	娄底供电公司	2006-12	31500	1	31500	2006-12
桑梓变电站	新化县桑梓乡	娄底供电公司	2015-09	50000	1	50000	2015-09
白溪变电站	新化县白溪镇	娄底供电公司	2016-07	50000	1	50000	2016-07
长丰变电站	新化县天门乡长丰村	娄底供电公司	2010-05	50000	1	50000	2017-04
琅塘变电站	新化县琅塘镇	娄底供电公司	2009-12	50000	1	50000	2009-12
温塘变电站	新化县温塘镇	娄底供电公司	2011-12	31500	1	31500	2011-12
炉观变电站	新化县炉观镇	娄底供电公司	2005-11	63000	2	31500	2006-09
						31500	2012-08
双峰变电站	双峰县永丰镇	娄底供电公司	1983-07	63000	2	31500	2002-06
						31500	2002-10

续表29-6

变电站名称	站址所在地	变电站产权所属	变电站投运时间	现有变电容量（千伏安）	现有变电压器台数	主变压器情况	
						容量（千伏安）	投运年月
青树坪变电站	双峰县青树坪镇	娄底供电公司	1997-05	31500	1	31500	1997-05
梓门变电站	双峰县梓门桥镇	娄底供电公司	2002-01	63000	2	31500	2002-01
						31500	2015-05
蛇形山变电站	双峰县蛇形山镇	娄底供电公司	2006-01	63000	2	31500	2006-01
						31500	2016-05
印塘变电站	双峰县开发区	娄底供电公司	2009-09	81500	2	31500	2009-09
						50000	2015-12
娄底铁路牵引变	娄星区	怀化铁路总公司	1996-11	80000	2	80000	1996-11
石山变电站	湘乡市谷水乡	娄底自来水二厂	1996-11	12600	2	12600	1996-11
安石升压变电站	娄星区	娄底安石集团有限公司	2006-06	31500	1	31500	2006-06
冷水江铁路牵引变	冷水江市	怀化铁路总公司	1996-11	50000	2	50000	1996-11
资氮变电站	冷水江市	湖南宜化化工有限责任公司	1975-03	80000	2	40000	2009-04
						40000	2012-10
华新水泥专变	冷水江市	冷江华新水泥厂	2012-10	40000	1	40000	2006-05
浪石滩升压变	冷水江市	冷江浪石滩电站	2007-06	47500	2	16000	2007-06
						31500	2007-12
新邵筱溪水电站升压变电站	新邵县	湘投控股集团公司	2008-01	175000	2	75000	2008-01
						100000	2008-04
冷钢Ⅰ变电站	冷水江市	冷水江钢铁总厂	2001-12	150000	3	50000	2004-12
						50000	2003-03
						50000	2006-05 装于冷钢铁Ⅱ站内
冷钢Ⅲ变电站	冷水江市	冷水江钢铁总厂	2010-09	50000	1	50000	2010-09
天宝紧固件变电站	冷水江市	冷江天宝紧固件厂	2014-04	31500	1	31500	2014-04
涟源铁路牵引变	涟源市蓝田街道	怀化铁路总公司	1996-12	50000	2	50000	1996-12
顺鑫铁厂变电站	涟源市	涟源顺鑫铁厂	2007-01	20000	1	20000	2007-01
国产实业变电站	涟源市	国产实业（湖南）水泥有限公司	2010-03	35000	1	31500	2010-03
涟源木灵三一变	涟源市	中源新材料有限公司	2012-11	16000	1	16000	2014-01
伍家湾变电站	涟源市	娄底旭晨新能源科技有限公司	2017-06	50000	1	50000	2017-06
涟源龙山风电升压站	涟源市	湖南省鸿兆风力发电有限公司	2017-12	50000	1	50000	2017-12
新邵龙山风电升压站	新邵县	五凌新邵电力有限公司	2017-01	50000	1	50000	2017-01

续表29-6

变电站名称	站址所在地	变电站产权所属	变电站投运时间	现有变电容量（千伏安）	现有变电压器台数	主变压器情况	
						容量（千伏安）	投运年月
益星牵引变	涟源市	怀化铁路总公司	2015-11	100000	2	100000	2015-11
西河铁路牵引变	新化县西河镇	怀化铁路总公司	1996-12	80000	2	80000	1996-12
渠江铁路牵引变	怀化市渠江	怀化铁路总公司	1996-12	80000	2	80000	1996-12
湖南海螺变电站	新化县西河镇	湖南新化雪峰湖南海螺水泥有限公司	1991-08	61500	2	31500	2013-02
						30000	2014-07
亿利变电站	新化县	娄底市亿利电化有限公司	2013-04	12500	1	12500	2013-04
大熊山变电站	新化县大熊山	湘电新能源有限公司	2014-01	50000	1	50000	2014-01
古台山变电站	新化县吉庆镇	国家电投湖南娄底新能源有限公司	2015-12	63000	1	63000	2015-12
双峰海螺变电站	双峰县三塘铺镇	双峰海螺水泥有限公司	2004-07	65000	2	30000	2004-07
						35000	2013-07
凯迪电厂升压变电站	双峰县经济开发区	双峰县凯迪电厂	2013-12	40000	1	40000	2013-12
东盛变电站	新化县琅塘镇	东盛矿业公司	2013-03	12500	1	12500	2013-03
腾飞变电站	新化县琅塘镇	腾飞矿业公司	2014-01	12500	1	12500	2014-01

三、220千伏变电站

1990年初，娄底电网有金竹山电厂220千伏升压变电站和豹南山变电站两座。1991年7月，涟源钢铁厂投资建成涟钢Ⅰ站变电站。1996年，新化县首座220千伏变电站上渡变电站建成投运。1998年，早元变电站建成投运。2000年，涟源钢铁厂投资建成涟钢Ⅱ站变电站。该变电站由原110千伏变电站升压改建而成，7月竣工投运；三年后扩建工程竣工投运。2001年，双峰县首座220千伏变电站永丰变电站建成投运，成为全省第一批实现无人值班的220千伏变电站。2004年，涟源市首座220千伏变电站群联变电站建设，9月，一期工程竣工投运。2006年12月，冷水江市首座220千伏变电站锑都变电站、金竹山220千伏升压站B区建成投运。金竹山220千伏升压站B区与金竹山电厂新厂B区同步建成投运，一台6.3万千伏安主变压器投运。2008年，金竹山电厂老厂6台小机组全部关停，35千伏、110千伏、220千伏变电设备、输电线路逐步退出运行。是年，冷钢Ⅱ站、贺家、康田、华润电厂220千伏升压站4座220千伏变电站建成投运。2009年，鹅塘变电站建成投运。2010年12月，境内首座220千伏全户外GIS设备的变电站——220千伏中连变投产送电成功，该变电站占地1.98公顷，为冷水江市境内第二座220千伏变电站，改善娄底西部特别是冷水江电网的结构，有效化解金竹山老厂机组关停给冷水江电网带来的供电能力不足和电压质量问题的矛盾。是年，原金竹山220千伏升压站A区及220千伏线路全部退出运行。2011年，上渡变电站无人值班改造验收合格，实现娄底电网220千伏变电站无人值班管理模式全覆盖。2014年，建成华菱安赛乐米塔尔、吉星、湍江3座220千伏变电站，鸭田、颜家、郭家3座220千伏牵引变电站。华菱安赛乐米塔尔变电站由华菱安赛乐米塔尔汽车板有限公司投资建设管理。鸭田、颜家、郭家3座牵引变为沪昆铁路客运专线湖南有限责任公司投资建设管理，为沪昆铁路客运专线专用牵引变电站。2015年12月，双峰县永丰变电站二期扩建工程竣工投运。至2017年，全市有220伏变电站21座，主变压器49台，容量523万千伏安。

2017年娄底市220千伏变电站表

表29-7

变电站名称	站址所在地	变电站产权所属	变电站投运年月	现有变电容量（千伏安）	现有变电压器台数	主变压器情况	
						容 量（万千伏安）	投运年月
豹南山变电站	娄底市黄泥塘	娄底供电公司	1985-02	240000	2	12.0	1991-09
						12.0	1985-02
早元变电站	娄底市大科办事处	娄底供电公司	1998-07	300000	2	12.0	1998-07
						18.0	2010-06
上渡变电站	新化县城上渡村	娄底供电公司	1996-04	240000	2	12.0	1996-04
						12.0	2002-01
永丰变电站	双峰县永丰镇	娄底供电公司	2001-12	300000	2	12.0	2001-12
						18.0	2015-12
群联变电站	涟源市高头屋	娄底供电公司	2004-09	360000	2	12.0	2004-09
						18.0	2010-05
						18.0	2016-12
贺家变电站	双峰县青树坪镇	娄底供电公司	2008-09	120000	1	12.0	2008-09
鹅塘变电站	新化县西河镇	娄底供电公司	2009-12	240000	2	12.0	2010-03
						12.0	2016-11
锑都变电站	冷水江市	娄底供电公司	2006-12	180000	1	18.0	2006-12
渋江变电站	冷水江市	娄底供电公司	2014-11	180000	1	18.0	2014-11
吉星变电站	娄底市	娄底供电公司	2015-11	180000	1	18.0	2014-11
中连变电站	冷水江市	娄底供电公司	2010-12	360000	2	18.0	2010-12
						18.0	2015-03
康田变电站	娄底市	娄底供电公司	2009-01	—	—	—	—
金竹山电厂220升压变电站B区	冷水江市金竹山	大唐金竹山分公司	2006-12	846000	5	6.3	2006-12
						72.0	2009-06
						6.3	2009-06
涟钢Ⅰ站	涟钢	华菱涟钢集团有限公司	1991-07	450000	3	45.0	2009-05
涟钢Ⅱ站	涟钢	华菱涟钢集团有限公司	2003-03	530000	5	8.0	2000-01
						45.0	2003-03
冷钢Ⅱ变电站	冷水江市	冷水江钢铁总厂	2006-05	100000	1	10.0	2008-03
涟源华润电厂	涟源市渡头塘	华润电力（涟源）有限公司	2008-07	780000	3	4.0	2008-07
						37.0	2009-05
						37.0	2010-10

续表29-7

变电站名称	站址所在地	变电站产权所属	变电站投运年月	现有变电容量（千伏安）	现有变电压器台数	主变压器情况	
						容 量（万千伏安）	投运年月
华菱安赛乐米塔尔变电站	娄星区	华菱安赛乐米塔尔汽车板有限公司	2014-01	160000	2	16.0	2014-01
颜家牵引变	娄星区	沪昆铁路客运专线湖南有限责任公司	2014-08	160000	4	16.0	2014-08
鸭田牵引变	隆回县	沪昆铁路客运专线湖南有限责任公司	2014-08	160000	4	16.0	2014-08
郭家牵引变	邵东县	沪昆铁路客运专线湖南有限责任公司	2014-08	160000	4	16.0	2014-08

四、500千伏变电站

1995年12月，500千伏民丰变电站一期工程竣工投产，娄底电网步入超高电压、大电网、高自动化行列。民丰500千伏变电站位于娄底经开区大埠桥镇民丰村乌石峰脚下，占地面积8.5公顷，是娄底市唯一一座500千伏枢纽变电站。建设规模主变压器2组（6台），每组容量75万千伏安，500千伏出线6回，220千伏出线10回。一期工程安装主变压器一组（3台），容量75万千伏安，500千伏出线2回，220千伏出线6回。金竹山500千伏升压站B区位于金竹山电厂新厂B区，属大唐金竹山分公司资产。2006年，金竹山500千伏升压站B区与金竹山电厂新厂B区同步建成投运，2006年3月，第一组（3台）72万千伏安主变压器投运，9月第二组（3台）72万千伏安主变压器投运。2010年11月，500千伏民丰变电站无人值班改造验收合格。移交省超高压局运行管理。2011—2017年，500千伏民丰变电站完成10期工程建设，其中，较大的改造工程220千伏民华线间隔和固定式直流融冰装置投产。

第三节 配 电

一、大电网供电区域配电网

大电网供电区域配电网分为城市配电网和农村配电网。城市配电网主供娄星区城区及部分城郊和冷水江市城区。1990年，农村配电网供电的有66个乡镇，2516个行政村，其中392个村为厂矿企业转供，223个村由厂矿和小水电合供。1991—1997年，受投资主体限制，城市配电网络的发展不能满足用电客户的需求。农村用电由于供电网络不合理，线路超半径供电，10千伏线路最长的42千米，线径小，线路损耗大，电能质量低。1997年，娄底电业局筹集改造资金1577.1万元，改造农村10千伏线路31条275.3千米，建成10千伏线路21条191千米，改造高能耗变压器152台，容量1185千伏安，新增配电变压器54台3110千伏安。12月，新化西河双佳、湖田村通电，实现72个用电乡2570个用电村全部通电。1998年，娄底电业局开始全面启动城乡电网建设与改造，农村6千伏配电线路逐步升压为10千伏，原由企业转供的6千伏供电线路全部就近接入10千伏公用线路，取消6千伏供电电压等级。1999—2005年，城市配电网建成10千伏架空线路214.04千米、10千伏电缆线路79.56千米，改造10千伏线路45.75千米；新增和更换配电变压器364台，容量10.75万千伏安；新增公用配电房3座，新增配电变压器5台，容量0.44万千伏安；新增箱式变260台，容量1.48千伏安；建成0.40千伏低压线路635千米；新增10千伏开闭所5座（育才开闭所、新星开闭所、清水开闭所、娄底火车站开闭所、小科开闭所）；“一户一表”及“两电分离”改造4.5万户。农村配电网建设改造10千伏配电线路1895千米，建成开闭所2座，新增线路真空开关231台，建设改造10千伏配电变压器3096台/24.89万千伏安，建设改造低压线路2.08万千米；整改村级电网2283个，区台改造3605个，村民入户改造54.9万户。改造取消厂矿转供电，改由大电网直供。2006年，第三期农网改造启动；8月，1358户无电户告别无电历史，5400人解决用电问题，在全省率先实现户户通电。2007—2010年，村网改造面由95.3%提高至100%，户表改造面由91.7%提高至100%；新化地方电网区域村网改造面由20%提高至62%，户表改造面由23.5%提高至68%，建成新农村电气化县1个、乡12个、村258个。

2011—2015年，建设改造10千伏线路1420.34千米，配变容量49.13万千伏安；改造台区（含村网工程）3191个，涉及村组2048个，其中未改村421个，解决低电压户数7.2万户。2016年，城区配电网建设改造10千伏线路11千米，电缆线路16千米；新增配电变压器36台/1.60万千伏安；建成低压线路15.71千米；冷水江市城区改造冷集线、集中支线；娄星区城区建成10千伏吉童Ⅰ、Ⅱ线，九群Ⅰ线，吉军Ⅱ线，吉贤Ⅰ、Ⅱ线，分解檀育Ⅰ、Ⅱ线，建贤Ⅰ、Ⅱ线，大育Ⅰ、Ⅱ线负荷，娄星区城区线路重载情况得到改善，重要用户供电可靠性得到保证。农村配电网建设改造10千伏线路281千米，新增配电变压器1155台，容量18.25万千伏安，建设改造低压线路2180千米；集抄改造更换表箱22.44万个、进户线555.6千米，更换电能表28.86万只。2017年，建设改造10千伏线路589千米，建设改造配电变压器722台，容量12.77万千伏安，建设改造低压线路2195千米，改造户表33.5万块；改造县城台区38个，村网388个，其中未改村29个，贫困村178个；新装智能电能表33.5万只，实现计量采集全覆盖；光伏扶贫接网工程215个。

至2017年，大电网供电区域有10千伏配电线路577条9544.11千米；配电变压器1.96万台，容量433.99万千伏安。其中娄底供电公司所属的10千伏公用配电线路503条9276.58千米，公用配电变压器1.16万台，容量280.04万千伏安，箱变857台，柱上变1.06万台，配电室187座；0.38千伏线路3.08万千米，其中电缆长度1189.06千米、绝缘线8401.28千米、裸导线2.12万千米。

2008—2017年娄底市10千伏及以下配电网建设改造情况表

表29-8

年份	投资（万元）	改造项目（个）				配 变		10千伏线路长度（千米）	低压线路长度（千米）	户表改造（户）
		未改村	完善村	光伏项目	10千伏单项工程	台数（台）	容量（万千伏安）			
2008	4249	44	0	—	—	83	0.36	64.13	568.60	13193
2009	3902	80	3	—	—	149	0.88	74.63	658.30	19987
2010	2567	52	4	—	—	124	1.00	32.08	584.23	14239
2011	6829	100	50	—	—	293	2.53	113.39	928.14	28381
2012	11090	128	11	—	—	336	3.43	107.50	1230.35	34874
2013	720	1	1	—	2	6	0.09	14.96	23.79	816
2014	2807	49	7	—	—	148	1.77	51.21	233.85	17235
2015	11884	124	8	—	—	344	3.88	142.70	1374.40	33458
2016	12331	66	58	—	4	273	4.61	95.08	1032.82	45418
2017	15575	26	98	56	3	299	5.30	89.10	523.33	123228
合计	71954	670	240	56	9	2055	23.84	784.78	7157.81	330829

二、新化地方电网供电区域配电网

1990年，新化县地方电网供电区域范围包括新化县21个乡镇和2个国有林场840个村，供电面积占新化总面积82%，供电人口占总人口70%，由新化县地方电力公司管理。是年，网内拥有35千伏变电站4座4台6100千伏安、35千伏输电线路89.4千米、10千伏配电线路152千米、并网电站17处40台9870千瓦，琅塘变电站经省水利水电厅评为标准化变电站。1991年10月，洋溪35千伏变电站开工，建军至毛坪6.8千米35千伏线路建成，建军一、二、三级3个电站都经该线路在毛坪一点T接并入新化县地方电网运行。1992年，架通横阳至大石35千伏输电线路，翌年又延伸至天门、长峰等山区，以10千伏供电，解决农村生产生活用电之急需。1994年，吉庆变电站迁址新建，炉观至洋溪35千伏输电线路建成10.5千米，翌年10月投产。1995年，县政府批准坪溪35千伏变电站移交县水利水电局管理。1996年，横阳变电站增容改造。1997年，晨光电站至吉庆变电站35千伏线路投产。洋溪变电站主变增容至4000千伏安，翌年增设一台8000千伏安主变。1998年，新建吉庆变电站，在网内第一个采用微机控制运行。是年底，拥有35千伏变电站9座38250千伏安，供电21个乡镇809个村和2个国有林场，并网水电站40座87台37580千瓦，地方电网自供电量6851万千瓦时，送入国家电网8459万千瓦时。是年，全区按国家部署开始实施农网改造工程。1999年，新化县启动地方电网自供电区内的农网改造，覆盖21个乡镇809个村，翌年，县政府批准县地方电网无偿上划51%资产到省水利电力有限责任公司，由其控股实行“统贷统还”。2003年6月2日，新化县水利电力有限责任公司挂牌，成为省水利电力有限责任公司控股子公司，当年实现产值5138万元、利润248万元、上缴税金413万元。至2004年底，新化县农网改造完成投资5390万元，其中：国债资金1750万元、银行贷款3450万元，新建110千伏变电站1个、35千伏变电站4个，改造35千伏变电站7个，新建110千伏线路9.8千米、35千伏线路136.64千米，改造35千伏线路119.84千米，完成村网改造175个村262个台区。2005年7月，通过省验收，撤销21个乡镇电管站，成立12个乡镇供电营业所，直接抄表到农户。2006年，新化县水利电力有限责任公司申报第三期农网改造，包括110千伏输电网架结构完善、701个村（社区）供电台区及低压配电网，县政府同意将县地方电网资产全额上划省水利电力有限责任公司，但银行贷款一直未能达成协议，2008年，收回上划省水利电力有限责任公司资产，新化县地方电网划归国家电网。至2017年，10千伏及以下配电网投资7.2亿元，建成未改村670个，完善村240个；新增10千伏配电变压器2099台，容量23.84万千伏安；建设改造10千伏线路784.78千米，低压线路7157.81千米；户表改造33.08万户，实现计量采集全覆盖。

三、涟源地方电力配电网

1990—2000年，涟源部分地方是小水电自发自供区。1997年，涟源市成立地方电力公司，隶属涟源市水利水电局，管理水电站37处16995千瓦，当年发电量5400万千瓦时，地方电网形成桥头河、大江口、水洞底、白马4个供电片区，供电面积672.8平方千米，供电人口31.07万人，年供电量3000万千瓦时。1998年，国家启动农村电网“两改一同价”，即改革农村电力管理体制、改造农村电网、实现城乡用电同网同价。2001自供电区仅保留桥头河镇和渡头塘乡，大江口、茅塘、白马、杨家滩、快溪、石狗等区域先后交由大电网供电。2002年，涟源市地方电力有限责任公司挂牌，成为省水利电力有限责任公司子公司，下达第二期农网改造国债资本金给涟源市地方电力公司900万元，其中：地方财政专项资金160万元。2003年，农网改造材料招标，水洞底镇农网改造计划纳入涟源市地方电力公司统管。至2005年，累计完成农网改造投资计划1013万元，建立桥头河、渡头塘、增家、水洞底4个供电营业所，实现城乡同网同价，并通过省水利厅验收。2006年，公司改革推行电费坐收制度，实施居民用电集抄和互联网缴费。2007年，新坪35千伏变电站立项。2008年，电气设备采购招标。2009年，新坪35千伏变电站列入国家“十一五”水电农村电气化建设，设计2×6300千伏安，35千伏间隔4回，总投资530万元。2010年，新坪变电站建成投产，通过1回35千伏线路在君子塘110千伏变电站并网。2017

年，地方电力公司筹资4000万元，启动新坪变电站2×10000千伏安扩容改造（国家电网只同意扩容1台），并新建和改造配电变压器215台35425千伏安及供电区。至2017年，涟源地方电力供电区域为涟源市的桥头河镇和渡头塘部分、娄星区的水洞底镇，涉及建制村及社区48个，3.67万户（合户表为2.54万户）。分两块与大电网并网，其中桥头河与渡头塘为一块分别通过一回35千伏线路及3回10千伏线路与大电网君子塘110千伏变电站并网，水洞底为一块通过两回10千伏线路与大电网托山35千伏变电站并网。是年，水洞底供电营业所划入娄星区，涟源市地方电网直管桥头河、五星、渡头塘、水洞底4座水电站3150千瓦，供电6026万千瓦时。

第三章 用 电

1990年，域内社会用电量18.98亿千瓦时，娄底电业局辖区（简称“大电网”）售电量16.68亿千瓦时。1995年，社会用电量26.35亿千瓦时，大电网售电量23.04亿千瓦时。1996年7月，社会用电量26.23亿千瓦时，较上年同期下降1137万千瓦时，下降0.4%；大电网售电量22.7亿千瓦时，较上年同期下降3436万千瓦时，下降1.5%。1997年，社会用电量25.31亿千瓦时，较上年同期下降5830万千瓦时，下降3.5%。随后年度域内用电量大幅提升，2003年，社会用电量32.39亿千瓦时，2004年涟钢等企业用电量大幅增长，社会用电量50.78亿千瓦时，首次突破50亿千瓦时，较上年同期增长18.39亿千瓦时，增长56.8%。2010年，全市社会用电量108.72亿千瓦时，突破百亿大关。至2013年底，全市社会用电量125.46亿千瓦时，大电网售电量77.9亿千瓦时。2014—2016年，域内企业经济下行压力增大、产业结构调整，生产经营困难，社会用电量下降。2017年，社会用电量恢复至129.93亿千瓦时。

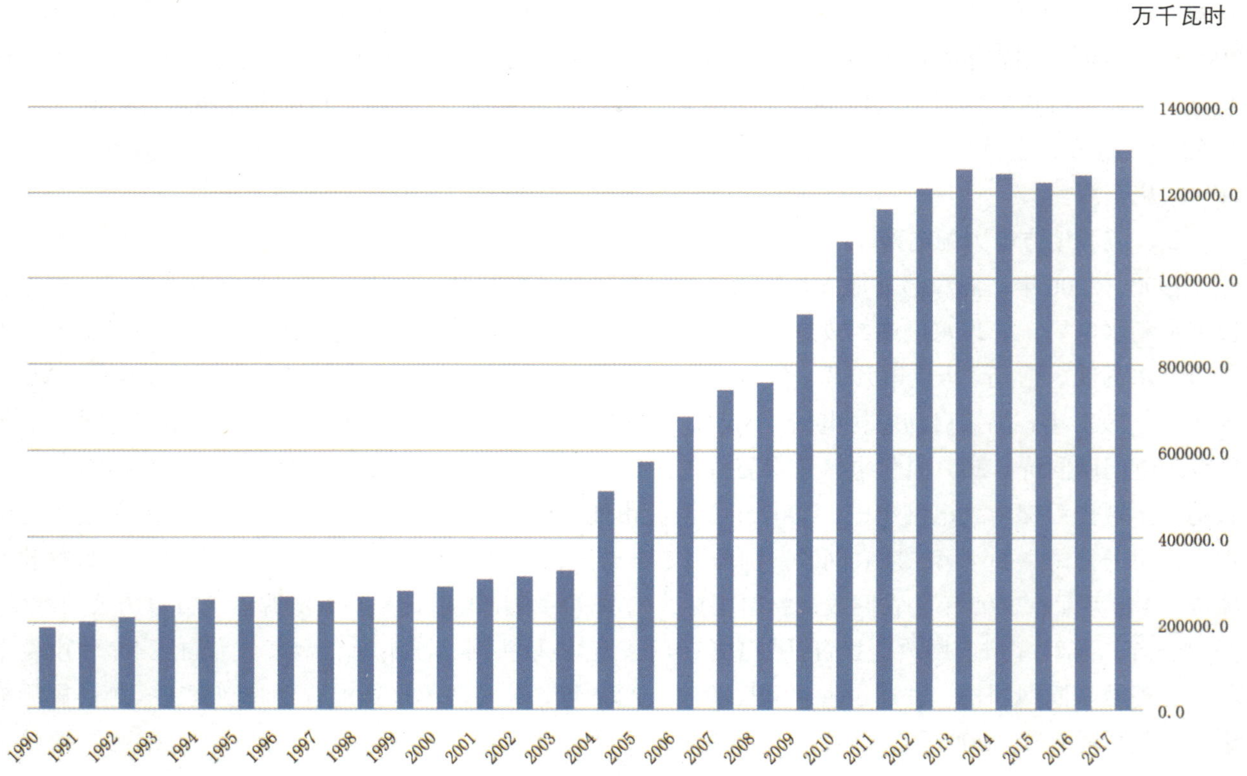

图29-1 1990—2017年娄底市全社会用电量变化图

1990—2017年娄底市社会用电、大电网售电情况表

表29-9　　单位：亿千瓦时

年份	全社会		大电网		大电网市场占有率
	用电量	同期增长率	售电量	同期增长率	
1990	18.98	7.8%	16.68	5.2%	87.9%
1991	20.44	7.7%	17.94	7.5%	87.8%
1992	21.54	5.4%	18.76	4.6%	87.1%
1993	24.27	12.7%	21.33	13.7%	87.9%
1994	25.53	5.2%	22.25	4.3%	87.1%
1995	26.35	3.2%	23.04	3.6%	87.5%
1996	26.23	-0.4%	22.70	-1.5%	86.5%
1997	25.31	-3.5%	21.70	-4.4%	85.7%
1998	26.19	3.5%	22.40	3.2%	85.5%
1999	27.67	5.7%	23.47	4.8%	84.8%
2000	28.59	3.3%	24.25	3.3%	84.8%
2001	30.29	6.0%	26.40	8.9%	87.2%
2002	31.18	2.9%	27.30	3.4%	87.6%
2003	32.39	3.9%	31.52	15.6%	97.3%
2004	50.78	56.8%	40.40	28.2%	79.6%
2005	57.69	13.6%	44.00	8.9%	76.3%
2006	67.97	17.8%	48.76	10.8%	71.7%
2007	74.00	8.9%	50.30	3.2%	68.0%
2008	75.76	2.4%	52.06	3.5%	68.7%
2009	91.88	21.3%	64.25	23.4%	69.9%
2010	108.72	18.3%	72.70	13.3%	66.9%
2011	116.34	7.0%	78.01	7.3%	67.1%
2012	120.89	3.9%	75.02	-3.8%	62.1%
2013	125.46	3.8%	77.90	3.8%	62.1%
2014	124.50	-0.8%	75.55	-3.5%	60.7%
2015	122.25	-1.8%	73.80	-2.3%	60.4%
2016	124.29	1.8%	72.82	-1.3%	58.6%
2017	129.93	4.5%	76.67	5.3%	59.0%

第一节　工业用电

1990—1995年，域内用电构成以工业用电为主。地区经委与娄底电业局联合发出《征收电力建设集资费及其管理办法（暂行规定）》，低压供电且电度表容量未超过5安培的城乡居民生活用电和专用农业排灌用电免征集资费，其余客户按照新增容量每千伏安（或千瓦）130元，双电源客户每千伏安（或千瓦）260元征收。1995年，工业用电量22.79亿千瓦时，占全社会用电量的86.5%。1996年，用电量较上年同期下降0.4%，工业用电22.35亿千瓦时，同比下降1.9%。1997年，用电量较上年同期下降3.5%，工业用电20.94亿千瓦时，同比下降6.3%。1998年，全社会用电量开始增长，工业用电20.77亿千瓦时，占社会用电量的78.8%，工业用电占比逐年下降。是年，省电力工业局下发《关于停止执行若干限制用电规定的通知》，鼓励工业生产多用电，实行超基数用电优惠政策，鼓励企业以电代油、代气、代煤，提高电力终端用能份额。电源建设与电网建设速度加快，取消电力建设集资费的征收。

2000年，市政府根据省政府《关于涟邵、资兴两局煤矿关闭破产有关问题的会议纪要》，对涟邵矿务局的“四矿三厂”（斗笠山煤矿、桥头河煤矿、卢茅江煤矿和朝阳煤矿、涟邵水泥构件厂、湘中工业镁厂、涟邵焦化厂）进入破产法定实施程序。是年工业用电量22.29亿千瓦时，占全社会总用电量的77.9%。2001—2003年，娄底电业局贯彻落实市委、市政府《关于全市国有工商企业产权制度改革的若干规定》，支持破产企业实行生产生活“两电分离”。企业产权外的供电设施与业务移交给娄底电业局，减轻企业负担，破产企业移交用电管理人员43名。2004年，省物价局印发《国家发展改革委关于停止收取供配电贴费有关问题的补充通知》，3月1日起停止收取供配电贴费，对于新装、增容的双（多）电源客户收取高可靠性供电费用，对临时电力用户按合同方式约定，预收相应容量的临时接电费用，到期按合同约定退还企业，逾期按照合同约定比例收取。是年，工业用电量39.4亿千瓦时，占社会总用电量的77.6%。

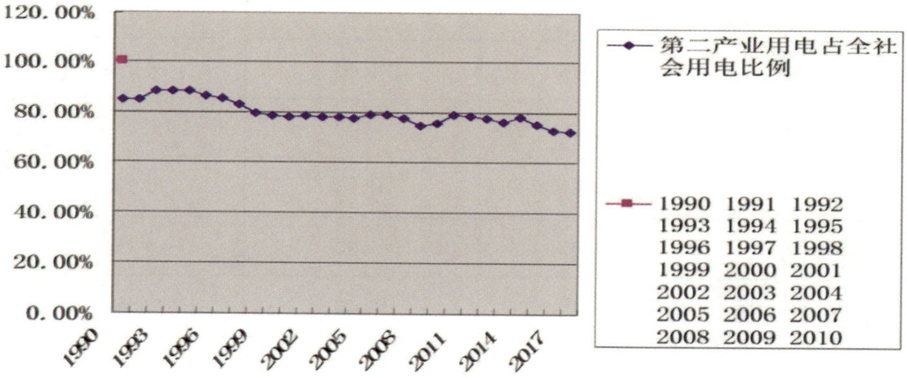

图29-2　1990—2017年娄底市工业和建筑业用电量变化图

2006年，工业用电量53.67亿千瓦时，占全社会总用电量的79%。2008—2010年，国家电网公司落实国家能源发展战略，构建节能服务体系。娄底电业局印发《关于加快节能服务体系建设的通知》，节能服务体系通过采用新材料新技术，推广热泵技术、选用高效电机、变压器节电技术、降低产品单耗、提高用电设备效率等，实现节能减排目标。2010年，工业用电量86.05亿千瓦时，占社会总用电量的79.1%。

2011—2013年，娄底市开展中央省属企业“三供一业”分离。至2014年，共计12家企业“三供一业”（供电、供水、供气和物业）供电改造移交。是年，工业用电量96.87亿千瓦时，占社会总用电量的77.8%。2015年，娄底供电公司贯彻落实省政府《关于扩大有效投资稳定经济增长的意见》，降低企业投资成本，工业用电量91.98亿千瓦时，占社会总用电量的75.2%，电价调整减收电费5809万元。2016年，省发展和改革委员会印发《湖南省降低大工业电价工作方案》，全市工业用电量90.45亿千瓦时，占社会用电量的72.8%，电价调整减收电费1.5亿元。2017年，全市工业用电量93.96亿千瓦时，占社会用电量的71.7%。完成7家中央国有企业供电分离改造6493户，5家省属国有企业改造2.8万户。完成电能替代电量3.65亿千瓦时。

2001—2009年娄底市大电力用户用电量表(一)

表29-10 单位:万千瓦时

用户名称	2001年	2002年	2003年	2004年	2005年	2006年	2007年	2008年	2009年
涟钢集团	71000	69000	84000	132000	138000	150000	129600	107157	130685
冷江铁厂	—	10700	18800	23600	39800	46900	44600	46609	66882
金信化工	30300	33500	31800	30200	33500	31000	19800	36697	51571
冷江碱厂	3900	3400	4500	5300	5900	7200	7600	8009	9288
斗笠山煤矿	7300	6100	6100	7700	7600	6700	6300	—	—
涟源嘉鑫	2100	2200	1700	2900	3400	3900	7800	6561	6278
涟源顺鑫	0	1600	5800	6800	1200	3800	5200	—	—
双峰海螺	0	0	0	2600	14300	16500	17400	17897	21826
西河水泥	3400	5500	4700	7600	1300	1600	3500	3159	12528
电气化铁路	12820	16510	15700	19700	22300	23900	27000	29355	32043
新化电力公司	—	—	—	—	—	—	—	14933	12704
锡矿山闪星锑业	—	—	—	—	—	—	—	10495	11828

2010—2017年娄底市大电力用户用电量表(二)

表29-11 单位:万千瓦时

用户名称	2010年	2011年	2012年	2013年	2014年	2015年	2016年	2017年
华菱涟钢	176148	166258	130487	138654	126311	110110	68567	95550
冷钢	59147	64325	52068	46110	53457	32356	45573	54398
湖南宜化	54801	54135	53593	54088	57911	—	—	—
双峰海螺	20934	19863	21164	24530	28520	18531	23018	21374
新化电力公司	13806	25836	15826	24959	14325	—	—	—
闪星锑业	13402	13623	9444	7286	7897	6317	5487	7167
湖南海螺	13292	13364	14377	15840	18169	15696	19553	22103
金富源碱业	8901	9215	9209	8724	8673	6716	8909	8600
电气化铁路	8201	34269	34146	—	31271	28729	33949	37869
斗笠山煤业	7982	6749	6946	7211	3135	—	—	—

续表29-11

用户名称	2010年	2011年	2012年	2013年	2014年	2015年	2016年	2017年
国产实业	—	—	12408	12318	13769	8643	12943	13076
华新水泥	—	—	—	10890	8765	7742	10190	9070
米塔尔汽车公司	—	—	—	—	6362	13463	14471	13739

第二节　农业用电

1990年，农业用电量（含农林牧副渔业，简称农业用电）1.11亿千瓦时，占社会用电量的5.9%，1991—1997年，农业用电量整体保持平稳。1998年，娄底电业局贯彻执行国家“关于农村用电‘两改一同价’”政策，网改前农村平均到户电价0.905元／千瓦时。1999年4月，娄底电业局对大中企业就近向周围农村转供电的现状进行调查分析，编报《关于地区转供改直供用电的可行性报告》。当年转供电单位共35家，涟钢、涟邵矿务局所属煤矿均承担当地农村的转供电，涉及41个乡（镇）、615个行政村和441个乡（镇）企业，年转供电量1.25亿千瓦时，年损失电量2375.80万千瓦时，配损率19%。2003年，已直接抄表到户的村，一律实行同价，每千瓦时执行0.55元；未直接抄表到户的村，按不同地域条件每千瓦时分别执行0.58元、0.61元、0.65元，是年底全部同价到位。

2004—2014年，随着城市的扩大，工业用电、第三产业等用电大幅度增加，部分原农业用电被替代，排灌用电大幅度减少。2014年，农村用电管理系统与国网SG186系统合并，实行城乡用电一体化管理。农业用电量统计方式变化，自该年起农业用电量占社会总用电量比例下降，是年农业用电量0.38亿千瓦时，占社会用电量的0.3%。2017年，农业用电量0.51亿千瓦时，占社会用电量的0.4%。是年所有转供电完成改造并移交娄底供电公司管理。

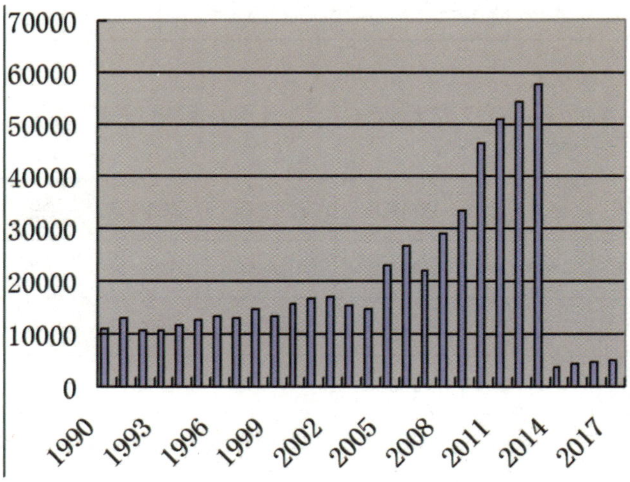

图29-3　1990—2017年娄底市农业生产用电量逐年变化图

第三节　城乡居民生活与第三产业用电

1990年，城乡居民生活与第三产业用电量1.79亿千瓦时，占社会用电的9.4%，其中农村居民生活用电0.43亿千瓦时，城市居民生活用电0.52亿千瓦时，以后逐年递增。1996年，房地产市场开放，商品房居住小区楼盘大量建设，新建商品房小区采用一户一表。1998年，国家电网公司制定《关于城镇一户一表若干规定》，娄底电业局开始对公用变压器合表用电的居民住宅，包括企事业单位的职工住宅等实行一户一表改造，出台《关于支持扶植下岗特困职工就业、鼓励个体私营企业发展用电的规定》，持有“特困证”的下岗职工经商办企业，1千瓦以下的免收增容贴费，1～4千瓦的免收供电贴费，4千瓦以上的部分，增容贴费按国家最低标准收取。新开办的私营工商企业，无论容量大小，增容贴费按国家最低标准收取，免收集资费、装表接电只收工本费，新装缴纳增容贴费确有困难者，经审批，供电贴费可缓交半年至一年。是年，省电力公司重新修订了《电费抄核收工作规程（试行）》，抄表采用抄表机、纸质抄表卡、自动远方抄表、购电卡等方式，逐步取消纸质抄表卡方式。电费收取采用营业厅坐收、银行托收、银行联网划拨、邮政代收等，取消收现金方式。

2008年，娄底电业局在全省开展城区低压集中自动化抄表系统建设试点，实现远程自动抄表、实时在线监控分析。通过集抄系统随时了解负荷增长与电压变化情况，便于及时调整负荷分配、处理电压偏差，发现电表缺陷，避免故障停电，提高供电质量；采用远程停送电，加快欠费停复电速度，减少纠纷；提高抄表质量准确率，避免因漏、估、错抄等引起的供用电矛盾，降低电能损耗。

2012年，市政府为规范域内新建住宅供电设施（简称供电设施）建设管理，出台了《娄底市城市新建住宅供电设施建设维护管理办法》等文件，对新建住宅供电设施按照统一组织建设、统一管理维护的原则实施，消除小区专变因入住率增加、负荷增加导致的电压质量不合格、运维不到位等小区供电矛盾与用电安全隐患。根据《湖南省物价局关于居民生活用电试行阶梯电价的通知》规定，2012年7月1日起，城乡居民生活用电量（8月结算电量）实行阶梯电价，第一档（180千瓦时）电价为0.588元／千瓦时，第二档（春秋季180～350千瓦时、冬夏季180～450千瓦时）电价为0.638元／千瓦时，第三档（春秋季350千瓦时以上、冬夏季450千瓦时以上）电价为0.888元／千瓦时。

2015年11月，根据省发改委《关于完善我省居民阶梯电价制度的通知》，第一档电量由每户180千瓦时调整为200千瓦时及以内，春秋季第二档电量为超过200～350千瓦时，冬夏季为超过200～450千瓦时，春秋季第三档电量为350千瓦时以上，冬夏季为超过450千瓦时以上，各档电价仍执行《湖南省物价局关于我省居民生活用电试行阶梯电价的通知》规定。

2017年4月，市发改委根据国家有关文件停止执行按面积收费政策，累计完成新建小区供电设施建设项目157个，在建小区供电设施项目22个。至年底，域内实时远程采集客户164万户，集抄覆盖率100%。当年城乡居民生活与第三产业用电量35.45亿千瓦时，占全社会用电量的27.3%。

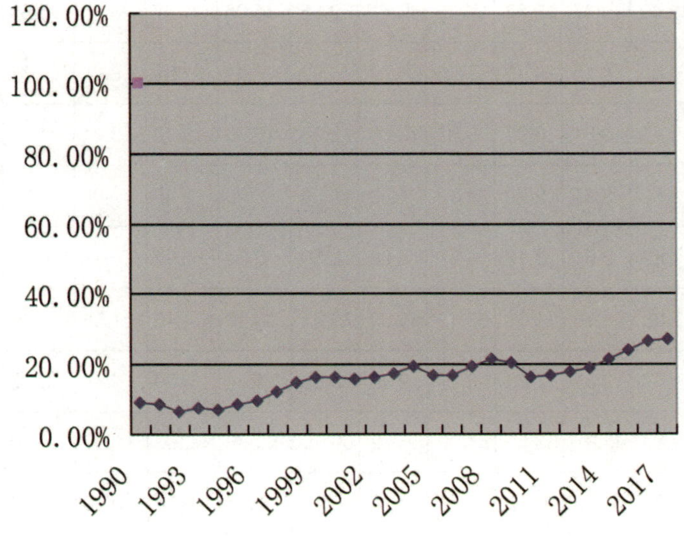

图29-4　1990—2017年城乡居民生活与第三产业用电占全社会用电比例图

1990—2003年娄底市社会行业用电情况表

表29-12　　　　单位:亿千瓦时

名　称	1990	1991	1992	1993	1994	1995	1996	1997	1998	1999	2000	2001	2002	2003
社会用电	18.98	20.44	21.54	24.27	25.53	26.35	26.23	25.31	26.19	27.67	28.59	30.29	31.18	32.39
1.第一产业	1.11	1.30	1.08	1.07	1.17	1.27	1.33	1.30	1.46	1.34	1.57	1.65	1.70	1.53
2.第二产业	16.09	17.31	19.06	21.38	22.49	22.79	22.35	20.94	20.77	21.70	22.29	23.73	24.33	25.26
3.第三产业	0.84	0.79	0.35	0.63	0.39	0.48	0.58	0.94	1.60	2.04	2.16	2.25	2.35	2.23
一、农林牧副渔	1.11	1.30	1.08	1.07	1.17	1.27	1.33	1.30	1.46	1.34	1.57	1.65	1.70	1.53
二、工业合计	16.02	17.25	18.99	21.30	22.41	22.73	22.29	20.88	20.64	21.48	22.25	23.67	24.25	25.16
三、地质普查及勘探业	0.02	0.02	0.01	0.01	0.00	0.00	0.01	0.02	0.05	0.09	0.01	0.01	0.02	0.02
四、建筑业合计	0.05	0.05	0.07	0.07	0.07	0.06	0.05	0.05	0.07	0.14	0.03	0.05	0.06	0.08
五、交通运输、邮电业	0.35	0.35	0.13	0.15	0.16	0.17	0.29	0.45	1.02	1.37	1.67	1.72	1.75	1.79
六、商业、饮食、物质供销仓储业	0.29	0.30	0.08	0.12	0.12	0.17	0.14	0.31	0.30	0.41	0.19	0.21	0.23	0.27
七、其他事业	0.19	0.15	0.15	0.36	0.11	0.14	0.15	0.18	0.28	0.26	0.29	0.33	0.36	0.17
八、城乡居民生活用电	0.95	1.03	1.09	1.19	1.48	1.80	1.97	2.13	2.36	2.59	2.57	2.65	2.80	3.37
其中:乡村	0.43	0.45	0.50	0.64	0.75	0.87	0.84	0.89	0.86	1.29	0.94	0.92	1.01	1.48
城市	0.52	0.58	0.59	0.56	0.74	0.93	1.13	1.24	1.50	1.30	1.64	1.73	1.79	1.88
社会用电总计	50.78	57.69	67.97	74.00	75.76	91.88	108.72	116.34	120.89	125.46	124.50	122.25	124.29	129.93
A.全行业用电合计	45.38	51.88	61.03	65.13	65.68	79.83	98.10	104.18	107.58	111.15	107.24	103.63	103.46	108.04
第一产业	1.47	2.31	2.66	2.19	2.90	3.34	4.64	5.09	5.44	5.77	0.38	0.42	0.45	0.51
第二产业	39.40	45.47	53.67	57.22	56.41	69.56	86.05	91.27	93.51	95.66	96.87	91.98	90.45	93.96
第三产业	4.51	4.10	4.70	5.73	6.37	6.92	7.41	7.82	8.63	9.72	9.99	11.23	12.55	13.56
B.城乡居民生活用电合计	5.41	5.81	6.95	8.87	10.08	12.06	10.63	12.16	13.31	14.31	17.26	18.62	20.83	21.89
城镇居民	3.52	3.31	3.79	4.10	4.38	5.55	5.29	6.26	7.04	7.57	9.45	7.87	9.00	9.46
乡村居民	1.89	2.51	3.16	4.77	5.69	6.50	5.34	5.91	6.27	6.74	7.81	10.75	11.83	12.44
全行业用电分类	45.38	51.88	61.03	65.13	65.68	79.83	98.10	104.18	107.58	111.15	107.24	103.63	103.46	108.04
一、农林牧渔业	1.47	2.31	2.66	2.19	2.90	3.34	4.64	5.09	5.44	5.77	0.38	0.42	0.45	0.51
二、工业	39.34	45.37	53.55	57.09	56.29	69.45	85.89	90.63	92.57	94.79	95.95	91.12	89.56	93.15
三、建筑业	0.05	0.10	0.12	0.13	0.12	0.11	0.16	0.64	0.93	0.87	0.92	0.86	0.89	0.82
四、交通运输仓储和邮政业	1.81	2.41	2.62	2.97	3.24	3.51	3.66	3.78	3.73	3.80	3.53	4.41	4.94	5.28

续表29-12

名 称	1990	1991	1992	1993	1994	1995	1996	1997	1998	1999	2000	2001	2002	2003
五、信息传输、计算机服务和软件业	0.11	0.23	0.25	0.17	0.08	0.10	0.26	0.29	0.33	0.35	0.41	0.52	0.70	0.80
六、商业、住宿和餐饮业	0.62	0.60	0.73	0.95	1.01	1.08	1.33	1.60	1.97	2.39	2.44	2.43	2.61	2.93
七、金融、房地产、商务及居民服务业	0.16	0.29	0.36	0.61	0.79	0.79	0.66	0.71	0.87	0.94	1.08	1.00	1.01	1.06
八、公共事业及管理组织	1.81	0.58	0.74	1.03	1.24	1.44	1.50	1.44	1.74	2.24	2.53	2.87	3.29	3.48

说明：2004年起，启用《规划计划信息管理平台》进行全社会行业用电统计，全社会行业用电统计口径发生相应变化

第四章 管 理

第一节 机构体制

1990年，电力管理体制以政企合一为主。娄底电业局是境域电力管理主要机构，属省电力工业局直管的国有供电企业，非独立核算。企业经营主要是完成省电力工业局考核的利润指标和应收账款指标。企业工资总额、职工收入与经营指标完成情况挂钩，财务上实行严格的收支两条线。娄底电业局同时又是行署的电力管理部门，负责管理区域内大电网的发、供、用电业务，承担电网规划、电力工程勘察设计、施工、“三电”管理（计划用电、节约用电和安全用电）、电力调度、农电管理、电力设施保护、用电监察、电力扶贫、社会电工培训管理、监督指导地方电力企业等政府管电职责，具有行政执法权力。地、县（市）水电局负责所辖小水电站的归口管理。20世纪90年代，电力供需矛盾突出，电力管理以“三电”管理为主，由地、县（市）分管工业的领导兼任“三电”领导小组组长，地、县（市）经委主任分别担任“三电办”主任，娄底电业局及所辖县（市）电力局领导分别担任对应的“三电办”常务副主任，日常工作由娄底电业局及所辖县（市）电力局用电管理部门负责。随着电力供需矛盾的缓和，计划用电、节约用电政策逐步取消，2000年撤销“三电办”。2001年1月，省电力工业局撤销，改制为省电力公司，娄底电业局仍保留电力管理部门职能。

2002年，国务院《电力体制改革方案》发布后，政企分开、网厂分开、主辅分开、主多分开（主业和多种经营）和发电厂向用户直接供电等一系列改革措施逐步实施。是年，娄底电业局作为国家电网公司省电力公司的下属企业，开始企业化经营，其电力行政管理职能移交给政府相关部门。是年1月，金竹山电厂从省电力公司划入中国大唐集团公司。自此，市、县（市、区）经委成为域内电力管理部门，负责电力事业的监督管理。对应的安监局负责电力安全监管，物价局负责电价监管，工商行政管理局负责电力市场监管。2003年3月，新组建的国家电力监管委员会（简称电监会）成为全国性的电力监管部门。2006年，娄底市电力行业协会成立，以其自律、协调、监督、服务功能，成为政府、社会、电力企业之间的桥梁、纽带。2007年，娄底电业局推行劳动人事、工资分配、社会保障三项制度改革，平稳有序完成“主多分离”改革。2013年，娄底电业局更名国网省电力公司娄底供电分公司，各县（市）电力局随之变更对应的供电公司。2013年3月，电监会被整合到新组建的国家能源局，其派出机构行使电力监管职责。

2015年，随着《中共中央、国务院关于进一步深化电力体制改革的若干意见》及配套文件的相继出台，开启放开发电、售电、电价和配电增量业务为主题的新一轮电力体制改革。电力管理体制全面进入市场经济阶段，在政府监管下，发电、供电、企业、电力客户多方平等竞争、合作共赢。

2017年，按照国务院国资委的部署，国家电网公司由全民所有制企业整体改制为国有独资公司，公司系统单位整体更名。国网湖南省电力公司娄底供电分公司更名国网湖南省电力有限公司娄底供电分公司，简称国网娄底供电公司。

第二节　营销管理

一、用电服务

1990年，娄底电业局首次在高压业扩接电、设备检修领域开展不停电作业，减少因停电对客户造成的影响。1997年娄底电业局将电力抢修110并入全市社会联动报警系统。2001年开展供电服务窗口建设，娄底电业局共建有66个营业窗口，实行无周休日无午休服务，业务咨询首问负责制，对窗口人员进行英语和手语培训，营业场所向社会公布各项收费标准和投诉举报电话，接受社会监督。在娄底电业局和五个县（市、区）电力局成立行风监督委员会，面向社会聘请行风监督员。2002年建成“95598”客户服务专业系统，开通全省第一条7×24小时供电服务热线“95598”，负责停电信息公告、电力故障报修、服务质量投诉、用电信息查询、咨询、业务受理。承诺故障抢修到达现场城区不超过45分钟、农村不超过90分钟、边远山区不超过120分钟。是年抢修4310次，承诺兑现率99.9%，“95598”接通率99%。

2008年，域内遭遇百年一遇的冰灾，电力设施损坏严重，电力供应出现长时间、大范围供应紧张局面。娄底电业局严格贯彻落实上级有序用电的工作要求，动态制定有序用电方案15个，对117户高危重点用电负荷指标等进行详细部署，主动走访客户。根据负荷情况及时通知大客户充分利用低谷盈余负荷组织生产，为客户创效及减损500万元。专人24小时对用电负荷进行实时监控，合理避峰、错峰，减少拉闸限电，优先保证居民基本生活用电、重点部门、重点企业的设备保安用电，供水、供气、交通等行业和单位用电，确保电网安全稳定运行。同年，娄底电业局开展对学生和农村居民用电安全知识培训活动，发放电力安全知识手册5万本，赠送DVD宣传光盘3000张。在全市1228所小学，集中讲课150个班次，在农村张贴宣传海报5000张，受益人数超过200万人。活动列入国家电网公司2008年度履行社会责任典型宣传范例。

2012年娄底电业局开展5项营销优质服务专项活动，分别为：配网过载和重载变压器调查分析与整改；供电服务专项效能监察；减少居民家电损坏的措施研究；新建住宅小区“专改公”试点建设（专改公即专用变压器改造为公用变压器）；配网低压空气开关失压脱扣装置的技术研究。是年11月，被中国质协授予“全国用户满意工程先进单位”，获得省电力公司为民服务最佳“95598”、最佳服务团队（浩平服务队）、工人先锋号、青年文明号、十佳供电所和为民服务“质量之星”等多项荣誉。

2017年，国网娄底供电公司成立全省首家供电服务指挥中心并通过省电力公司验收。全年开展不停电作业3644次，减少停电时户数12万时户，多供电量1179.8万千瓦时。“95598”受理话务量17.2万条，全年服务投诉（剔除申诉成功）318件，同比下降12.4%，表扬40件，投诉管控偏差率16.5%，排名全省第2。营销服务管理规范率排名全省第3。娄底中心营业厅获省电力公司五星级供电营业厅，服务专业获评省电力公司标杆专业。

二、用电稽查

1990年，域内窃电屡禁不止，线损居高不下。是年5月，能源部、公安部联合发布严禁窃电的通告。娄底电业局广泛开展反窃电宣传，修订用电稽查工作制度，使用全省统一的用电检查证，对电力偷窃行为进行严厉打击。1992年，娄底电业局投入反窃电人数2515人次，全年检查用户4650户，查处窃电450户，公安拘留5人，追补电费与罚款73.96万元。1999年6月，娄底电业局成立稽查大队，专业从事反窃查违、降损节能和现场稽查。1999—2004年，用电稽查成为营销服务的常态工作，每年联合公安机关开展专项行动。2005年，娄底电业局组织开展五次反窃电活动。查获窃电案件120余起，追补电费与罚款180万元，公安机关立案6起，刑拘8人、判刑4人，给窃电者以沉重打击。2006—2016年，查窃工作常态化、打击力度加大、用电设备更新换代，遏制窃电行为。2017年，娄底供电公司查处违约、窃电7868户，追补电费897万元，刑拘6人。综合线损率下降至4.4%，同比下降1.06个百分点，排名湖南省电力公司第一位。

第三节 农电改革

1990年，农村供用电管理在大电网供电区域，有84个乡镇电管站，其中由当地乡（镇）政府管理，县（市、区）电力局负责业务指导的69个，由县镇政府单独管理的1个，水电合一14个。新化县水电公司供电区域内基本上是水电合一、网站一体的经营管理模式。县（市、区）电力局和转供企业、小水电对农村实行10千伏供电，按分类目录电价“趸售”给乡镇电管站。乡镇电管站再通过村电工抄表收费到农户。由于年久失修，线路损耗大，加上其他各种摊派，农村到户电价居高不下，电能质量低，导致农村停电频繁。

1991年，经地区行署批准，娄底电业局设立农电管理办公室后更名农电管理局，在各县（市、区）电力局设立农电总站，对大电网辖区乡镇电管站实行人财物归口管理。1992年，娄底电业局在各县（市、区）开展电力“三为”（为农村、为农民、为农业生产）服务、农村电气化达标建设工作。对农村电价开展整顿，对配电台区进行整改，联合当地物价部门每年测算并公布各乡镇的农村最高限价，明确规定超过限价部分的电价，农民有权拒付。1995年以后，全地区大电网供电区的农村电价基本维持在最高限价以内，农村电价与城市电价的差距逐年缩小。

1999年1月，按照国务院关于加快农村电力体制改革加强农村电力管理意见的通知，市政府下发《娄底市“两改一同价”工作实施意见》，将农电体制改革政策具体化，农电“两改一同价”正式实施。农村电网改造工程正式启动。2000年，市政府下发《关于进一步加快农村电力体制改革与农村电网改造实现城乡同网同价工作的通知》，专门将农电“两改一同价”工作目标与各县（市、区）领导签订目标责任书。娄底电业局制订《乡镇农电管理体制改革实施办法》，明确具体措施。2001年，娄底电业局完成以减人分流和撤站建所为核心的乡镇农电管理体制改革，组建农村供电所60个，精简分流乡村电工2217人，减员57.4%。

2005年，全市农村电网建设工程投资6.12亿元，农村新建和改造110千伏变电站9座、35千伏变电站18座，新建和改造10千伏配电线路1895千米，新建开闭所2座，新增线路真空开关231台，新建和改造10千伏配电变压器3096台／24.885万千伏安，新建和改造低压线路2.08万千米。整改村级电网2283个，台区改造3605个，村民入户改造549.61万户。农村供电质量、供电能力提高，农村电价由原来的均价0.905元／千瓦时下降到0.548元／千瓦时，全市为农民减轻负担5.6亿元。农网售电量由网改前的15.85亿千瓦时增长到网改后的24亿千瓦时。2005—2014年，农电体制改革、农村电网改造，农村用电管理水平、农村供电能力和质量不断提升。2008年1月，新化县人民政府与湖南省电力公司签署代管协议，新化县电力公司交由省电力公司代管。代管期间，新化县电力推进“网中网”改造与改制。2015年完成厂网分离改制，24个“网中网”全部移交新化电力公司。2015年10月，新化电力公司整体（含电网、设备、人员）上划至省电力公司，实现“一县一公司”管理。2017年，农业用电增至0.51亿千瓦时。

第四节 电力安全与调度

一、电力通信与电网调度

（一）电力通信

1990年，娄底电力通信使用纵横制交换机，传输系统由ZJ-3/ZDD5/ZDD12电力载波承担。1992年，豹南山—省网480路NEC数字微波、豹南山—钻天姥微波投运。1993年，娄底电业局大院—豹南山微波投运。1997年，娄底电网第一条由娄底电业局—大科变电站—早元变电站的155Mb/s SDH光纤链路安装投运。

2001年，娄底电业局利用自动化RTU系统资源自主开发的电源监控系统第一套通信电源监控系统安装投运。2003年底，域内110千伏及以上变电站全部实现光纤通信方式。2004年娄底城区光纤核心环网光缆敷设、设备安装调试完成。实现豹南山、本部大院、城区电力局、早元变622Mb/s光纤环网通信网络。2005年，娄底电力通信完成娄底西部光纤环网光缆敷设、设备安装调试。县局本地155Mb/s、地区主干网622Mb/s光纤通信环网组网。2006年，新泰达、上海国昌通信监控系统投运，完成110千伏及以上变电站的通信电源及动力环境监控。新建立电力调度通信大楼投运Siemens Hipath4000交换机，是年视讯系统MCU投运，建立省市远程电视电话会议系统。2009年，完成国网至娄底各县电力局电视电话系统的组网，调度交换系统正式投运，域内35千伏及以上变电站实现行政、调度双语音通道通信方式。

2010年，Harris816门程控交换机安装投运。2011年，35千伏及以上变电站及大部分供电所实现光纤联网。2012年，电力安全生产应急指挥中心应急指挥系统投运。至2013年，双峰县、涟源市、冷水江市、新化县配网所程控交换相继投运，汇接交换机逐步升级为Harris 2020LX3072端口，娄底电力行政交换网全面建设完成。2014年，国家电网公司通信管理系统（TMS）投运使用，系统集成通信日常运维、值班管理、方式管理、资源管理、故障缺陷管理、检修管理、计划管理为一体，提升通信专业管理能力。2016年，娄底电力光纤环网形成东部和西部2.5Gb/s双环网，娄星区主干网622Mb+155Mb/s。2017年，娄底电力光纤环网南部2.5Gb/s双环网投运，满足电力系统对通信大容量、多层次服务要求。

（二）电网调度

1990年，娄底电网调度自动化使用YDZ-2远程装置接收金竹山电厂电力数据。至1995年，娄底电网调度模式为湖南省调、娄底地调、县级调度三级调度管理。1996年，500千伏民丰变电站主变压器投运，娄底电网形成华中网调负责500千伏系统及设备、省调负责220千伏、娄底地调负责110千伏、县级调度负责35千伏及以下系统和设备的四级调度管理。是年，娄底地调调度自动化系统更新为分布式计算机监控网络DF-2000系统，实现娄底电网远动信息的收集和处理功能，110千伏及以上变电站全部实现了遥测、遥信。1999年6月，110千伏大科变电站无人值班调度自动化设备通过验收，成为第一个具备无人值班条件的常规变电站。2001年根据调度自动化实用化以及变电站无人值班的需要，调度自动化系统更换成DF-8002型系统，实现变电站开关遥控、变压器分接头遥调功能，减少现场操作，为变电站实施“无人值班，少人值守”创造条件。是年3月地调EMS系统通过湖南省省公司验收。2013年12月总投资达1823万元的娄底地区智能电网调度技术支持系统投运。2015年，娄底地调调度数据网建成投运，完成主调的地县一体化建设，五个县调全部接入娄底地区智能电网调度技术支持系统，为娄底电网安全稳定运行提供了强大平台。是年，新化县电网是唯一一个受两个调度机构管理的县。2017年，新化县供电公司和新化县电力公司调控机构整合，实现新化“一县一调”，保障了新化县电网的安全经济运行。是年，娄底在全省率先完成了所属75个变电站的第二套数据网及纵向加密装置安装调试，进行调度数字证书的远方控制功能和36个35千伏变电站第一套数据网纵向加密装置改造。至2017年，域内电网调度自动化实现地县一体化、数据传输网络化、安全防护标准化的新一代地区智能电网调度技术支持系统，包含实时监控与分析、调度计划和调度管理三类，接入11个电厂、116个变电站。

二、电力安全

（一）自然灾害防护

1990年6月，域内发生重大洪灾，造成高压线路损毁530处，损毁低压线路2500处、配电变压器97台、配电间9座，雷击损坏电度表1640块，造成500多个乡、村断电，直接经济损失314.78万元。1996年7月，娄底地区连降暴雨，造成历史罕见的洪涝灾害，冷江、新化交通中断，新化县城被淹，洪灾造成高低压线路损毁256千米，铁塔5座，配电变压器200多台，电度表损坏2220块，造成经济损失1776.78万元。电力部门灾后迅速组织人员物资抢险复电，保证社会正常运转和人民生产生活。

2004年12月，娄底市遭遇罕见雪灾，娄底电网供电设施损毁严重，至2005年2月，又遇大范围冰冻，灾情进一步加重，线路倒杆6247处，断线1.09万处；损毁高压线路235千米，低压线路1032千米，配电变压器34台，户表1062块，直接经济损失1000余万元。500千伏五民线三处倒塔断线，多条220千伏线路断线、铁塔倒塌，导致西电东送严重受阻。为保证西电东送的正常运行和春节保电，娄底电业局出动所有力量组织抢险复电，以最快的速度恢复供电，保证群众度过祥和的春节，也让西电东送线路平稳畅通。

新化县温塘镇郭家村电力抢修现场（2008年12月摄）

2008年1月中旬至2月上旬，娄底遭受百年难遇的冰冻灾害。此次冰冻持续时间长，涉及面积广，造成全市1532个村停电，影响32.8万用户的电力供应。娄底电业局迅速启动应急预案，组织抢修损坏线路和保护线路正常运行双管齐下。努力开展防冻融冰，组织人工除冰3300多条次，全力确保主网安全。组织全局员工并动员社会力量1万余人翻山越岭，巡线除冰，抢修电网。2月6日，35至220千伏主电网全面恢复运行，2月20日全市辖区供电范围全部恢复送电。娄底电业局还选派技术骨干驰援怀化、郴州、衡阳电网重建，被省、市领导称赞为是一支“特别能吃苦、特别能奉献、特别能战斗”的队伍，获得“国网公司抗冰救灾功勋集体”和“湖南省抗冰救灾先进集体”荣誉称号，下属7个基层单位被评为“娄底市抗冰救灾先进单位”。

2012年，电力安全生产应急指挥中心应急指挥系统投运，提高应对灾情、应急抢险、快速恢复供电的能力。2013年5月，新化县曹家镇、温塘镇、炉观镇等遭遇大风暴雨冰雹袭击。高、低压断杆70余基、断线17处、损毁配变2台、杆基塌方11处，70余个台区、1.8万余户用户停电。娄底电业局启动防汛应急处置方案，出动抢修车辆120多台次，抢修人员380余人，分成26个抢修分队，3天抢修完毕，恢复供电。

2016年新化县遭受特大暴雨袭击，16个乡镇受灾严重。娄底供电公司组织20支抢险队1084人次、车辆295台次，赶赴受灾区紧急抢险，恢复2.7万用户供电。2017年，娄底域内发生严重洪灾，娄底电业局投入应急抢修人员1.31万人次，抢修车辆2530台次，发电车57台次，发电机63台次，带电作业车15台次，搭建临时变电房一座，复电台区2124个，抢修主要供电设施19处，恢复供电用户41万余户。

（二）电力设施保护

2000年始，娄底电力设施保护步入规范化管理体系，纳入日常管理范畴。2001—2005年，全市发生电力设施盗窃破坏案件2684起，直接经济损失3000余万元，严重影响电网的安全运行。根据国务院《电力设施保护条例》和《中华人民共和国电力法》，市政府颁发《娄底市优化电网建设与运营发展环境若干规定》。2006年11月，市公安局、娄底电业局联合成立涉电犯罪侦查大队。2008年，通过警电协作，端掉在境域和跨省作案盗窃、破坏变压器的张某国犯罪团伙。2012年，将在逃的多次盗窃电力设施且数额特别巨大的犯罪分子曾某承等6人绳之以法。2013—2016年，涉电犯罪侦查大队经常开展专项行动，侦破涉电案件238起，抓获犯罪团伙22个，抓获犯罪嫌疑人93人，刑拘87人，有效保障电网的安全输送。娄底电业局从电网安全运行预防性控制、实时控制和紧急控制三个环节入手，建立从规划电网到运行电网的全过程和电网检修、临时、过渡三种特殊方式的风险预警控制体系，规划建设与电源并网、电网运行、设备状态监视有效衔接，实现电网全过程安全管理。

2017年，娄底电业局建立以群众护线员、供电所员工、运行人员为主体的三级护线网络。利用移动机械台账和短信提醒平台，推行群众护线员突发事件反馈机制、外力破坏属地化管理连带责任追究、试点推行农村供电所责任护线模式等措施，为线路的防外破、防山火、防冰等工作提供支持。采用对线路多点实时视频监控，无人机特巡照片传回、手机GPS定位方式，提升对外部隐患的及时发现和应急响应速度，有效保障电网的安全输送。至2017年底，娄底电网实施连续安全运行3785天。

（三）地方水电安全管理

1991年，地区水利水电局在地委党校举办小水电站长培训班，在双峰县召开地区小水电管理工作会议，参观学习白碧、南冲电站安全生产管理经验，开展无线电通话试点。1992年，省水利水电厅组织安全生产为中心的“标准化”检查，充分肯定新化县双江口电站“全面岗位责任定时考核制度”，授予新化县琅塘变电站标准化管理合格单位称号。1993年，新化县地方电网标准化建设通过省厅验收。琅塘、横阳、水车3个35千伏变电站申报省水利水电厅复查颁证。地区水利水电局在新化县双江口电站举办首届安全知识抢答赛。新化县水利水电局参加全省水利系统安全知识抢答赛获三等奖。1994年，地区水利水电局组织电力职工在地委党校举办《水轮机运行及维修》电视培训。新化县水利水电局出台《新化县小水电系统安全稽查管理规定》。1996年，省水利水电厅决定将千分制考核更名为安全生产达标考核，建立奖励基金制度。1998年，地区水利水电局组织学习桥头河电站安全生产管理经验。2010年，全市推行农村水电站开发建设和运行生产安全分类管理，制定《娄底市地方电力安全生产管理办法》。2001年，市水利局组织小水电系统管理人员赴慈利县考察，学习全国优秀电站安全生产管理经验。2002年，全市小水电站上岗职工集中培训，至2006年，累计颁发特种工操作证182人。2005年，全市农村水电站全面落实“三个一”管理责任制，即一名行政负责人、一名技术负责人、一套防汛应急预案，切实提高安全监管应急能力。2007—2008年，市水利局针对无规划同意书、无水资源论证报告、无工程建设许可、无水土保持方案的“四无”电站排查登记40处，其中：已建电站23处、在建电站17处，对新化县、双峰县、涟源市9处“四无”电站排查安全隐患59处、提出整改意见33条、责令停产整改3处。2009年，下达《关于取消我市“四无”水电站发电上网资格的通知》，“四无”电站整治力度得到进一步加强，全市40处“四无”电站全部整治到位，补办齐全各项手续。为防反弹或出现新的“四无”电站，市水利局从生产责任、规章制度、信息报送、事故调查等各个方面强化小水电管理职责，坚持政务公开，依法依规审批。2012年，通过安全监管检查，全市138个农村水电站全部建立健全安全生产、安全监管“双责任主体”，并在娄底水利信息网公示。2015—2017年，炉观、盛和电力、建军一级、建军三级4座电站逐步实施安全生产标准化。

第三十篇

建材工业　化学工业

第一章 建材工业

1990年，全地区生产水泥139.65万吨，大理石板材3220平方米，平板玻璃21.49万重量箱，石墨3.93万吨，釉面砖23.33平方米。建材工业总产值2.38亿元。

1995年，全地区建材企业259家，固定资产原值7.92亿元，净值5.58亿元，职工3.3万人，产值11.75亿元。其中年产水泥100万吨企业1家，年产15万吨水泥企业4家，年产10万吨耐火材料的企业1家，年产平板玻璃70万重量箱企业1家，年产23万吨石膏矿1座，年产石墨碳素制品5万吨企业1家。全地区12种主要建材产品产量，占全省第一的有水泥，第二的有大理石板材、石膏，第三的有平板玻璃。

2003—2012年，安徽海螺集团双峰海螺水泥有限公司日产5000吨水泥熟料线、日产5000吨新型干法熟料生产线和年产120万吨粉磨站，年产160万吨粉磨机、年产220万吨粉磨站相续建成投产。新化县境内湖南雪峰水泥有限公司被海螺集团有限公司并购，改建1条日产5000吨新型干法水泥生产线，新建年产120万吨粉磨站和9000千瓦余热发电机组。实业建设股份有限公司投资15亿元，在涟源市斗笠山镇建设一条5000吨／日熟料带余热发电生产线。

2017年，全市规模以上建材企业12家，总产值49.78亿元，是1990年2.38亿元的20.91倍。

第一节 水 泥

一、水泥生产

1990年，全地区生产水泥139.65万吨，其中县属以上国有水泥生产企业17家，年产水泥51.7万吨，其中白水泥6万吨。1991年，全地区水泥企业狠抓扭亏增盈，年末盈利41万元（上年亏损5万元），其中双峰县水泥二厂扭亏100万元，9765工厂（省军区水泥厂）实现利润161万元。1992年，全地区生产水泥219.4万吨，同比增长28.1%，实现利润182万元，其中县属以上全民企业140.8万吨，同比增长32.4%。1993年，全地区狠抓水泥生产质量，对130名水泥厂化验人员进行技术培训，学习ISO 9000质量管理和质量保证系列标准，9765工厂获得一级化验室认证，娄底彩色水泥厂等6家企业获二级化验室认证，娄底市水泥厂等13家企业通过三级化验室认证。是年，双峰县水泥二厂、娄底市彩色水泥厂建立质量责任制。9765工厂制订《窑前管理实施细节》《工序质量事故处理规则》等制度，质量管理覆盖全厂。涟源市白水泥厂、涟源市特种水泥实行质量一票否决制。双峰县水泥二厂投资110万元技术改造，采用微抗配料，预加水成球等新技术，月产6500吨，质量合格率100%。全区投资1.68亿元，重点扩建改造7个项目，其中，涟源市白水泥厂投资4030万元，新建一条年产7万吨生产线；涟源市特种水泥厂，投资1300万元，新建一条年产7.5万吨的高标号水泥生产线，于1994年一季度投产。1995年，娄底彩色水泥厂生产实行“错峰用电”（负荷高峰时段压负荷，平、高峰时段开机生产），年节约电费10余万元。双峰县二水泥厂节电创利上百万元。1997年，全地区继续加快水泥生产企业技术改造，产能和产品质量逐步提升，双峰县特种水泥厂、涟邵水泥厂、新化天马水泥厂等3家企业生产的425#水泥被评为湖南省免检产品。是年，全地区有4条年产15万吨高标号水泥生产线竣工投产，产量78.6万吨，占水泥总产量30.6%。涟源市白水泥厂建成年产3万吨的白色硅酸盐水泥生产线和15万吨的普通硅酸盐生产线。1998年，涟源市特种水泥厂、9765工厂、涟邵水泥厂、新化县燎原水泥厂和娄底市白水泥厂5家企业进入全省质量500强。

2002年，市政府出台一系列招商引资激励政策。2003年始，广东、山东等省份大型水泥企业相继落户娄底，淘汰一批水泥落后产能，促使娄底境内水泥生产上规模、上档次、上水平。广东梅县梅雁经济发展总公司以2338万元整体收购白水泥厂，组建涟源市白云旋窑水泥有限公司，扩建年产150万吨旋窑硅酸盐水泥生产线。是年，安徽海螺集团成立华南地区海螺第一个水泥熟料生产基地——双峰海螺水泥有限公司，2004年8月，第一期工程日产5000吨水泥熟料线和年产120万吨粉磨站投产，成为湖南省第一条日产5000吨新型干法熟料生产线。11月，海螺集团有限公司并购新化县境内湖南雪峰水泥有限公司，改建1条日产5000吨新型干法水泥生产线，新建年产120万吨粉磨站和9000千瓦余热发电机组。2005年，娄底市彩色水泥厂生产的“仙女牌”普通硅酸盐水泥，被评为国家免检产品。2007年，台湾国产实业公司投资15亿元，在涟源市斗笠山镇建设一条5000吨/日熟料带余热发电生产线。2008年4月，海螺集团双峰股份有限公司160万吨粉磨站建成投产，2009年3月，日产5000吨水泥熟料生产线建成投产，2012年5月，年产220万吨粉磨站建成投产。至此，海螺集团双峰股份有限公司成为娄底境内最大的水泥企业，年产值9亿余元，创利税8000余万元。

2014年，根据省经委《关于开展全省水泥熟料行业项目清理工作的紧急通知》，海螺集团重组新化天马水泥公司，淘汰6家小水泥厂，投资8亿元建成40006吨/日新型水泥干法生产线，10月点火运行。全市淘汰工艺落后、年产10万吨以下的水泥厂97个，总产能734万吨。2017年，全市生产水泥1419.7万吨。

1990—2017年娄底市水泥产量表

表30-1　　单位：万吨

年份	产量	年份	产量	年份	产量	年份	产量
1990	139.65	1997	238.05	2004	243.33	2011	664.20
1991	171.22	1998	253.61	2005	251.10	2012	965.20
1992	219.24	1999	238.63	2006	319.80	2013	1154.60
1993	252.28	2000	238.28	2007	407.70	2014	1263.40
1994	273.54	2001	233.07	2008	500.40	2015	1374.20
1995	275.24	2002	220.04	2009	734.60	2016	1435.30
1996	297.17	2003	230.02	2010	702.30	2017	1419.70

二、散装水泥推广

推广使用　1990年12月，娄底地区成立散装水泥领导小组，负责宣传贯彻执行国家和地方政府相关法规政策，推广使用散装水泥（简称“推散”）。1991—2000年，散装水泥使用量187.21万吨，年均18.72万吨。2003年，根据省政府《湖南省散装水泥管理办法》和财政部《散装水泥专项资金征收使用管理办法》，市散办对5个县（市、区）的120多个水泥生产企业和建筑工地进行行政执法，帮助企业推广散装水泥。全市散装水泥初步形成生产、运输到施工使用“三位一体”的格局。2004—2005年，全市15家大小水泥企业具备机械化供应散装水泥能力，散装运输车42台，散装发放库24座，散装储存罐196个。2006年，娄底第一家搅拌站华威商品混凝土有限公司成立。2007年，娄底市钢城混凝土有限公司成立。公司拥有HZS180全自动化控制商品混凝土生产线2条，混凝土搅拌车38台，混凝土输送泵车10台，年生产输送能力120万立方米混凝土。全市进入集约化推散阶段。2004—2008年，市散装水泥办连续5年获得湖南省“推散”工作先进集体和目标管理奖。2010年，娄底市内混凝土搅拌企业7个，散装车45辆，工地储存罐206个，生产企业散装水泥发放库26座。2011年7月，市政府政务服务中心设置袋装水泥行政许可窗口，建设项目未经许可不得使用袋装水泥。2014年，娄底市散装水泥量在全省排名第二。2015年，全市农村“推散”工作全面开展，农村小型搅拌站发展至14家，投入专项资金60多万元。全市混凝土搅拌站发展至78个。2016年，娄底市生产散装水泥率65%，预拌混凝土供应量150万立方米。2017年，全市散装水泥供应量492.36万吨，散装率65%。

效益　1990年，全市散装水泥用量4.52万吨，节约木材1356立方米，节约标煤904吨，减少粉尘排放452吨，减少二氧化碳排放271.2吨。1991—2010年，全市散装水泥用量1724万吨，节约木材51.72万立方米，节约标煤34.48万吨，减少粉尘排放17.24万吨，减少二氧化碳排放量10.34万吨。2011—2015年，推广使用散装水泥2960万吨，节约包装纸16.6万吨，节约木材97万立方米，节电2.1亿千瓦时，节煤23万吨，节约烧碱6.5万吨，减少水泥损失147万吨，减少水泥粉尘排放1.3万吨，综合社会效益12亿元。2016—2017年，散装水泥用量1315.34万吨，节约木材39.5万立方米，节约煤炭26.3万吨，减少粉尘排放13.2万吨，减少二氧化碳排放量7.9万吨。

1990—2017年娄底市散装水泥使用量表

表30-2　　单位：万吨

年份	1990	1991	1992	1993	1994	1995	1996	1997	1998	1999	2000	2001	2002	2003
散装水泥使用量	4.52	6.23	10	12.60	15.80	19.40	21.50	22.98	23.50	25.20	30	32	33.31	46.00
年份	2004	2005	2006	2007	2008	2009	2010	2011	2012	2013	2014	2015	2016	2017
散装水泥使用量	70.67	109 .00	143	175.00	231.00	312.00	417.00	425.00	500.00	650.00	685	700	684.56	630.78

1990—2017年娄底市散装水泥使用率表

表30-3

年　份	1990	1991	1992	1993	1994	1995	1996	1997	1998	1999	2000	2001	2002	2003
散装水泥使用率(%)	—	—	—	—	8.6	10.4	11	11.6	12	13.4	14	15	17	22
年　份	2004	2005	2006	2007	2008	2009	2010	2011	2012	2013	2014	2015	2016	2017
散装水泥使用率(%)	26	28	32	33	34	42	45	51	53	56	57	58	65	65

1990—2017年娄底市征收散装水泥专项资金情况表

表30-4　　单位：万元

年份	1990	1991	1992	1993	1994	1995	1996	1997	1998	1999	2000	2001	2002	2003
散装水泥专项资金征收	36	41	80	42	47	32	20.8	22	24	32	40	49	42	67
年份	2004	2005	2006	2007	2008	2009	2010	2011	2012	2013	2014	2015	2016	2017
散装水泥专项资金征收	70	50	66	69	75	70.6	91	190	217	230	120	100	—	—

三、水泥构件

1990年始，境内房屋建筑多数采用预应力空心板。水泥预制构件制作，以矿用轻墩、支护梁柱、背板和建筑用的空心板、楼梯板和下水管道及水泥电杆为主，各县、市均建有水泥预制构件厂（场）。涟源市第一、二建筑公司预制厂年产预应力板20万平方米。涟邵矿务局预制构件厂生产矿用轻枕、支架和背板三种类型水泥构件，供地区内煤矿使用，1991年，月产量300立方米，1992—1993年，因水泥支架笨重且无回收价值，煤矿用量逐步减少，水泥构件产量下降至200立方米/月。1995年始，娄底电业局电力器材厂水泥电杆分厂（2016年改制为湖南星源电气有限公司电杆制造分公司）年均生产电杆2500基，除保证本地区供电线路新建和改造的需要外，还向省内其他地区提供。2000年，涟源市一、二建筑公司生产预应力板30万平方米，2007年涟源市发展到43个大小预制构件厂（场），生产各种预制构件217万平方米，产值693万元。至2017年，随着散装水泥的推广应用，商品混凝土占领建材市场，建筑企业所属水泥预制构件厂（场）生产停止。境内水泥构件生产企业仅有湖南星源电气有限公司电杆制造分公司，年产水泥电杆2500～3000根。

第二节　砖、石灰、石材、建筑板材

一、砖

1990年，全地区有砖瓦生产企业148家，其中县属4家，乡办53家，村办91家，职工5837人，砖产量5.6亿块。1992年始，开展建筑墙体材料改革，逐步禁用黏土砖，推广使用新型墙体砖。1995年，全地区产黏土砖7.5亿块，占墙体材料总量的87.2%。

2000—2002年，全市产黏土砖24.81亿块，年均8.3亿块，新墙材砖9.41亿块，年均3.1亿块，分别占墙体砖年产量的72.8%和27.8%。2006—2010年，全市有黏土砖生产企业570家，年均产量5.7亿块，新墙材生产企业230家，年产9.3亿块，年产量分别占全市墙体砖总量的38%和62%。2012—2016年，全市规模以上企业砖总产32.6亿块，年均产砖6.52亿块（娄星区4.96亿块，占76%），其中生产蒸汽加压混凝土砌块54.2万平方米，年均27.1万平方米，折成标块砖1.86亿块，占全市年均总产数的28.5%，产页岩方孔砖1.1亿块，占16.9%，煤矸石烧结砖和煤矸石方孔空心砖1亿块，占15.3%，新型墙材砖占全市墙体砖总量（年产）的60.7%。2017年，砖产量6.52亿块。

二、石灰、石材

（一）石灰

1990年，全地区有石灰生产企业29家，职工1236人，产量63万吨。1993年，涟钢所辖田湖矿业有限公司石灰厂及涟源市境内的乡镇小石灰厂，生产石灰22.94万吨。2005年，涟源市内生产石灰34万吨（含田湖矿业），2007年，涟源市28家大小石灰厂生产石灰45万吨，比2005年增长32.35%。2010年，冷水江市内有合盛活性石灰厂、潘桥精石灰厂等17家，年产石灰25万吨，销售收入5000万元。2017年，田湖矿业公司建成年产100万吨石灰石生产线，其中活性石灰是主要产品之一。是年，湖南华菱集团涟钢冶金材料公司与唐山助钢护料公司合作，以高炉煤气为燃料，建成一座日产石灰600吨的大型石灰窑，年产石灰20万吨左右。

（二）石材

境内石灰岩资源丰富，已探明储量超4亿吨，大型矿床5处、中型矿床4处，建筑业的石材原料充足。1990年，域内有娄底、双峰大理石加工厂8家，板材加工能力8.5万平方米。1991—2000年，娄底境内5个县（市、区）均建有采石场（厂）。全市有9家较大的采石企业（田湖矿业公司，涟源市芙蓉石场有限公司、南风采石场、渡头塘新星采石场、福源石材雕刻厂，冷水江市东站采石场、鸿云石材有限公司、潘桥长冲采石场等）。所产的主要石材产品有用于建筑混凝土和路桥施工的碎石（规格2.4

厘米、1.3厘米、0.5厘米等）、石米（墙体装饰）、石粉（砌筑砂浆用），产品产量满足市境内建筑业需要的同时，部分销往市外。2016—2017年，全市石材生产企业通过整顿发证，保持“十二五”期末的规模和产量水平。

三、建筑板材

2006年始，建于双峰县境内的湖南神箭实业集团有限公司生产竹木建筑板材。2009年，新化县的小型建筑板材生产企业，年产人造板5.01万平方米。至2010年底，神箭实业集团建筑板材年均产值2亿元左右，上缴国家税收280万元。2011年，建筑装饰板材企业——娄底市高盛板业有限公司成立，研发、生产用于宾馆、酒店、会展中心等大型装饰用材，包括硅酸钙板、蜂巢芯底板、异形隔板、天花板吊顶等。至2013年，该公司产蜂巢芯底板50万张，硅酸钙板120万张，天花板吊顶50万张。产品销往省内外，2016年，实现出口创汇500万美元。至2017年底，湖南神箭集团年均产销建筑模板20万张，托板150万张，该公司所产“神箭牌”竹胶板（省著名商标），其硬度、韧性、防腐、环保指标等均达到国家质量标准，产品畅销全国，远销南非、安哥拉、斯里兰卡、澳大利亚等国家。

第三节 耐火材料 混凝土添加剂

一、耐火材料

1990年，娄底地区有较大的耐火材料企业5家，生产高铝砖、硅石砖、铝铬砖、磷酸盐化学结合不烧砖等14个产品。1993年，涟源耐火材料厂生产镁质系列不烧砖6200吨。2003—2004年，冷水江市内先后组建成立湖南耀华冷水江耐火材料有限公司，冷水江市中孚、鑫达耐火材料有限公司，曾纬耐火材料总厂等7家较大规模的企业。2004年末，全市生产各类耐火材料3.52万吨。2010年，全市耐火材料厂发展至16家，总资产3.8亿元，职工3800人，产量增长至7.45万吨，年销售收入2.15亿元。主要产品有高级硅砖、铝铬砖、磷酸砖及硅质耐火泥等。是年，湖南瑞泰硅质耐火材料有限公司生产的硅砖，畅销省内外，远销加拿大、印度、印度尼西亚等国家，出口量2000吨。2013年9月，湖南耀华冷水江耐火材料有限公司高级硅砖生产线建成投产，投资2.2亿元，年产硅砖3万吨。2013—2017年，全市耐火材料企业集中在冷水江市，年产量稳定在5万吨以上。

1990—2017年娄底市耐火材料产量表

表30-5　　单位：万吨

年 份	产 量	年 份	产 量	年 份	产 量	年 份	产 量
1990	3.90	1997	—	2004	13.44	2011	15.76
1991	5.60	1998	7.85	2005	4.01	2012	12.78
1992	5.96	1999	8.81	2006	3.67	2013	16.75
1993	6.92	2000	8.27	2007	3.86	2014	21.32
1994	6.23	2001	5.68	2008	8.70	2015	24.30
1995	7.80	2002	6.00	2009	6.99	2016	27.34
1996	—	2003	9.47	2010	14.18	2017	32.45

二、混凝土添加剂

娄底境内的混凝土添加剂（包括速凝剂、锚固剂、防水剂、早强剂等系列产品），主产于冷水江市。1990年，速凝剂产量3000吨。2002—2010年，湖南金陆混凝土外加剂有限公司生产的AC系列混凝土外加剂，获省名牌产品；冷水江市有红星锑都水泥外加剂有限责任公司等4家企业生产混凝土添加剂，年均产量5万吨，产品应用于工业和民用建筑及重大基础设施建设工程，其中红星水泥外加剂、锑都水泥外加剂有限公司生产的混凝土添加剂系列产品（速凝剂、锚固剂、防水剂）分别注册商标“红星牌”和“锑都牌”，销往全国各地，出口东南亚国家。2017年，涟源市的湖南金工大禹防水科技有限公司生产防水背涂胶、瓷砖胶、刚性防水涂料、魔彩防水涂料等产品，广泛应用于楼房、桥梁隧道、应用水池等工程。是年10月获得全国防水瓷砖胶行业优选品牌称号，11月，中央电视台7频道做专题品牌展播。

第四节　新墙体材料

1992年，地区墙体材料改革办公室（简称墙改办）成立，在全地区推行墙体材料改革，推广应用新型墙体材料（简称新墙材），限制和淘汰实心黏土砖。1993年，全地区新增新墙体材料生产能力5200万块标准砖。推广使用新墙材砖1740万块，新墙材应用比例由1992年的3.8%上升至6%，节约能源2088吨标准煤，节约土地0.87公顷。

1994年，各县（市）相继成立墙改协调小组和墙改办公室。全地区建立墙改财政专户，收缴墙改资金。新墙材企业发展至35家，生产新墙材折标准砖9200万块，建筑应用12.7万平方米，占11.1%。1996年，全地区生产新墙材折标准砖9300万块，新墙材占墙体材料总量12.4%，新墙材生产节约能耗1.02万吨标煤，节地4.33公顷，利用工业废渣10万吨，当年收缴墙改专项资金24万元，在全省率先推进新墙材定点生产制度，禁止新建黏土砖厂，对已有的黏土砖生产企业严格限产，直至关停。

1997年，提出“九五”墙改发展规划，以建筑企业为龙头抓好典型，并以收取墙改专项基金为重点，采取行政强制手段推进墙改。是年，新型墙材生产占建筑墙材总量12.8%，新墙材建筑应用面积占建筑面积29.6%，比上年增长9%。1993—1999年，全地区生产新墙材折标准砖2.98亿块。2000—2002年，全市生产新墙材折标准砖9.41亿块，节煤2.89万吨，利用工业废渣80万吨，节地49.5公顷，新墙材品种由3种发展到7种，新墙材占墙体材料总量的比例由8%上升到27.5%。2003年，涟源市“华天能新型建材有限公司”投资4000万元建厂，年产20万立方米的蒸压加气混凝土砌块。

2006—2010年，全市淘汰、限产、转产实心黏土砖企业200余家，实心黏土砖生产企业由780家下降到570家，实心黏土砖年生产量由905亿标块下降到5.7亿标块。全市新墙材生产企业发展至230余家，新墙材品种发展到8种，初步形成砖、块、板三大系列，新墙材年产量由0.9亿标块增到9.3亿标块，新墙材年建筑应用面积由15万余平方米增加至200余万平方米，占总建筑面积的63.7%。节约能源3000余万吨标煤，节约土地2000余公顷，利用工业废渣9000余万吨。新型墙材专项基金全部列入非税收入管理，统一征收标准、统一票据、统一减免审批程序，专项基金的监管力度得到加强。全市墙改专项基金年征收增到1000余万元，运用500余万元基金扶持新墙材企业20余家，投入专项资金200余万元，带动社会投资3.2亿余元。

2011年始，根据《国家发展改革委员会办公厅关于开展“十二五”城市城区限制使用黏土制品县城禁止使用实心黏土砖工作的通知》，全市开展“城市限黏、县城禁实和农村推新”工作，加大“城市限黏和县城禁实”工作力度。2015年底，全市关停黏土砖瓦企业270余家，新墙材占建筑墙材总量的71%，全市有年产3000万块标砖的规模以上新墙材企业37家，淘汰落后产能37亿块标砖，关停企业腾退、淘汰黏土砖产能，节约耕地3800余公顷。新墙材年生产能力6.7亿块（拆合标砖），新墙材产量占墙体材料总产量的85.5%。城市规划区内新墙材应用比例95.5%以上，县城规划区新墙材应用比例61.5%以上，建制镇新墙材应用比例51.8%以上。全市新墙材认定企业40余家，其中蒸压加气混凝砌块类企业10余家。

新墙材利用煤矸石、粉煤灰、建筑垃圾、渣土、煤泥、尾矿等大宗固体废弃物500余万吨。

2016年，全市有各类砖厂479家，其中规模以上砖厂产砖32.6亿块。至2017年，全市的新墙材年产能3000万块（标砖）以上的大小企业37家，经省认定年产能0.57亿标块的企业14家，总产能8亿标块，轻质墙板18万平方米。产能按砖的类型分：页岩方孔砖2.4亿标块，轻质墙板18万平方米，混凝土空心砌块0.4亿标块、蒸压加气混凝土砌块60万立方米（折标砖4.1亿块）。全市共取缔实心黏土砖厂252家，淘汰落后生产能力4000万标块／年，节省土地255公顷，减排废气1.08万立方米。

2016年娄底市新型墙体材料主要生产企业情况表

表30-6

企业名称	地址	产品名称	产能（万标块／年）
清江页岩多孔砖厂	娄星区万宝镇清江村	页岩方孔空心砖类	6000
白竹环保砖有限公司	娄星区蛇形山镇白竹村	页岩防控空心砖类	5000
娄底市石口新型墙体材料厂	经开区大埠桥办事处石口村	煤矸石方孔空心砖类	5000
娄底市群力制砖有限公司	娄星区蛇形山镇天井村	煤矸石方孔空心砖类	5000
娄底高盛板业	娄星区石井镇白云石村	轻质墙板类、石膏板类	—
三鑫环保砖厂	娄星区黄泥塘曹家村	混凝方孔空心砌块类	4000
国盛环保砖厂	娄星区杉山镇石底村	蒸压加气混凝土砌块类	10260
冷水江市永兴矸石砖厂	冷水江市同兴乡永兴村	煤矸石烧结砖	4000
冷水江市金筑新型墙体材料有限公司	冷水江市坪塘居委会	蒸压加气混凝土砌块类	10260
涟源市华天能新型建材有限公司	涟源市渡头塘镇	蒸压加气混凝土砌块类	10260
涟源市强鑫高科墙体材料有限公司	涟源市枫坪镇	蒸压加气混凝土砌块类	10260
湖南省华中新型建材有限公司	双峰县永丰镇东华村	轻质墙板类、石膏板类	—
新化县福美来建材有限公司	新化县炉观镇金滩村	煤矸石方孔空心砖类	6000
新化县大华新型环保砖厂	新化县桑梓镇华山村	煤矸石方孔空心砖类	4000

说明：表中所列企业均为签订质量委托检验合同的企业

2015—2016年娄底市部分县（市、区）规模以上企业混凝土砌块产量表

表30-7

县（市、区）	两年合计		2015年		2016年	
	产 量（万立方米）	折标砖（万块）	产 量（万立方米）	折标砖（万块）	产 量（万立方米）	折标砖（万块）
娄星区	15.00	10260	8.00	5472	7.00	4788
冷水江市	17.54	11997	9.54	6525	8.00	5472
涟源市	21.70	14843	11.70	8003	10.00	6840
合 计	54.24	37100	29.24	20000	25.00	17100

附：企业选介

双峰海螺水泥有限公司 2002年12月30日成立，注册资金4.92亿元，是海螺水泥集团在华南地区投资设立的第一个水泥熟料生产基地。年产熟料360万吨、水泥500万吨。员工780余人。公司位于双峰县三塘铺镇，有自营铁路专用线，年吞吐量300万吨。公司拥有两条日产5000吨熟料新型干法窑生产线，配套余热发电设施。2003年6月，首期日产5000吨熟料生产线和120万吨粉磨站工程开工建设，2004年8月底建成投产。该生产线是湖南省第一条5000吨新型干法熟料生产线。2008年4月，二期日产5000吨熟料生产线开工，2009年3月建成投产。2007年5月，160万吨粉磨站开工，2008年4月底建成投产。2007年12月，18兆瓦余热发电项目开工，2008年8月底并网发电。2011年3月，公司三期年产220万吨粉磨站工程开工建设，2012年5月底建成投产。至2017年，两条现代化环保型水泥熟料生产线，均采用国内最先进的新型干法窑外分解技术，低NO燃烧器。原料粉磨、生产线环保装备采用低能耗设备及数字化操作技术。生产用水选用内循环式水冷却系统，各污染物排放均符合国家标准。用X荧光分析仪24小时进行在线质量跟踪检测。公司先后获湖南省技术进步先进单位、A级纳税信用单位、优秀外来投资企业、环境保护工作先进单位等荣誉。

双峰海螺水泥有限公司（2017年12月摄）

娄底市钢城混凝土有限公司 2007年3月成立，是一家预拌混凝土生产企业。公司位于娄星区黄泥塘办事处双园社区，占地2.9公顷，注册资金2000万元，在职员工60余人。拥有HZS180全自动化控制商品混凝土生产线2条，混凝土搅拌车38台，混凝土输送泵车10台，年生产输送能力120万立方米混凝土。公司先后通过ISO 9001质量管理体系认证，引进ERP企业信息管理系统、车载GPS控制系统和自动洗车清罐系统。至2017年，先后为长青街人防工程、众一桂府、万豪城市广场、金和天下、娄底体育馆、华菱安赛乐米塔尔汽车板项目等市级重点项目提供商品混凝土，实现产值10亿元，上缴税收3000万元。公司多次被评为娄底市消费者信得过单位，获得娄星区纳税大户称号，被中国建材市场协会评为质量、服务、信誉AAA级示范企业。

第二章 化学工业

娄底境内化学工业主要是农用化工（化肥、农药）、民爆化工（炸药、雷管）及其他通用化工（化工材料、专用化工产品）。

1990年，娄底地区有化工企业68家（全民11家、集体57家），归口化工行政管理的县以上企业18家，职工9536人，生产化肥、民爆火工产品及酸、碱、醇、染料等7大类30多个品种。化肥产业是全地区化学工业的支柱，产值占化工系统的63%～75%，利税占52.2%。

1991年，全地区化工行业开展学“吉化”、学“长炼”、学“资氮”活动，化工产品质量稳定提高，优质品产值率43.6%。有10家预算内企业实现利税2751.8万元。资江氮肥厂（简称资氮）获全国化工系统学吉化先进单位，进入湖南省16家大型企业行列。湖南169化工厂，针对本企业安全生产的特定要求，制定285个技术标准、146个管理标准、237个工作标准，覆盖率分别达到100%、89%和79%。

1992年，全地区化工行业完成4个技改项目，投资1094万元。农用化工企业开发多唑可湿性粉剂、尿素增效剂等10个新产品，多唑可湿性粉剂达到国内先进水平。是年，全地区化工企业产值3.18亿元（其中资氮厂1亿元、冷江碱厂0.55亿元）。

1993年，全地区化工企业增加到105家，其中10家全民所有制企业的固定资产净值1.77亿元，员工1.1万人。有15种主要化工产品产量比1990年均有增长（硫酸、磷肥除外），其中增幅较大的是甲醇和碳酸钙，分别增长25%和42%，全地区化工企业产值3.34亿元，比1990年增加6630.8万元。1994年，化工企业从计划经济转向市场经济，市场竞争力差距显现。到1995年，列入统计的9种主要产品中，有5种产量明显下降，幅度较大的是硫酸和电石，分别下降24%和55.9%。

1996年，以资氮为主的国有独资企业——湖南大乘资氮集团有限公司（实行母、子公司体制）成立。涟源磷肥厂、涟源氮肥厂租赁经营。新化氮肥厂、化工厂、染化厂、三化工厂和冷水江金属化工总厂等5家企业破产。1998年，全地区有化工企业76家，其中国有企业12家（大一型1家、中二型8家）。企业固定资产原值12.94亿元，全年总产值5.47亿元，销售收入6.07亿元，产销率98%。10种化工产品出口，创汇423万美元。

2000年，娄底电化总厂分块搞活，碳素化工厂实行民营合作制。2001年，金信化工剥离非经营性资产，形成多元化投资主体。冷江制碱厂引进广东民营资金合股建立先河化工公司，形成年产4万吨小苏打生产规模。至2002年，归口管理的17个化工投入技术改造资金1.18亿元，产品由2000年前的35个发展至56个，合成氨年产能由22万吨扩大到26万吨，纯碱由5万吨提高到6.5万吨。国有化工企业产值500万元以上的17家，员工6465人，年产值6.01亿元（占全市工业总产值8.7%），产销率99%，亏损116万元，比上年减亏329.4万元。2007年，全市主要化工产品产量65.89万吨，比2002年增长21%。

2008年，全市化工行业推进重大技术改造。湖南宜化公司投资5.3亿元扩建、锡矿山矿务局化工厂烧碱生产线扩建、金富源碱业公司投资5000万元技术改造等重大项目相继动工，陆续投产，化工企业生产增速加快。2011年，全市化工原料制造业主要产品产量104.62万吨，2014年114.44万吨。全市规模以上化工企业发展至30家。2015年，化工行业治理环境污染，关停部分企业，加上部分改制企业管理跟不上等因素，化工产品产量下降。是年，锡矿山矿务局化工厂的硫酸产量，由上年的26.47万吨下降至6.52万吨。市内最大的农用化工企业——湖南宜化化工有限责任公司，因严重亏损停产。2015年，全市主要化工产品产量由上年的94.18万吨降到63.98万吨，下降32%。

2017年，市经信委根据《娄底市两型产业发展规划（2011—2020）》，组织编制《娄底市新型工业化“十三五”发展规划（2016—2020）》，提出化工产业发展思路：稳步发展化肥、择优发展煤化工、保障发展民爆产业、稳定发展锑化工新产品。继续扩大合成氨和尿素生产，提高高浓度化肥比重和化肥复合化率；化工材料重点发展重质纯碱和干燥氯化铵、提升氨碱废渣综合利用水平。民爆化工产业依托湖南神斧集团169化工股份有限公司，保障工业用炸药、电雷管产品安全生产与市场供给，拓展民用爆破等相关业务。通过实施化工发展规划，遏制主要化工产品产量下滑势头，全市化学原料、化学制品产量66.41万吨。

第一节 农用化工

一、化肥

1990年，全地区化肥生产企业有资江氮肥厂，新化氮肥厂、双峰氮肥厂、涟源氮肥厂，涟源磷肥厂、双峰磷肥厂，员工6790人。全年生产化肥（折纯）9.12万吨（氮肥7.92万吨、磷肥1.20万吨），产值1.57亿元。

1991—1994年，年产量徘徊在10万吨左右。1995年，资氮厂扩建生产线，日产突破800吨，相对成本下降。双峰氮肥厂抓节能降耗，吨肥电耗由481千瓦时降到25千瓦时，年创利101.8万元。新化、涟源氮肥厂租赁经营，盘活资产。是年，涟源氮肥厂碳铵产量9万吨，超设计能力3万吨。全地区化肥产量15.9万吨，1996—2000年年均递增3.5%。2002年，产量增至17.76万吨。2004年，全市生产化肥26.58万吨。2008年，生产化肥32.46万吨。

2010年，全市化肥产量22.65万吨。2011—2015年，产量在25万吨左右徘徊。2016年6月，市内最大的化肥企业——湖南宜化停产。是年末，全市化肥产量仅11.76万吨。2017年，市内化肥生产规模企业3家，员工446人，年产化肥4.26万吨，年底全面退市。

（一）氮肥

1990年，资江氮肥厂投资1168万元，扩建合成氨（俗称碳氨）生产线，年产能2万吨。是年，全地区有氮肥生产企业14家，尿素产能13万吨，实产12.1万吨，生产合成氨11万吨。

1991年，资江氮肥厂及涟源、双峰氮肥企业，为降低成本，减少产品积压，研制生产尿素增效剂等产品。是年，生产尿素13.21万吨，比上年增长9.2%。全地区生产合成氨12.4万吨，比上年增长12.7%。1992年，资江氮肥厂新产品多效灵和肥精创省化质产品，尿素增效剂获中国专利新技术新产品博览会金奖。是年，全地区生产合成氨12.43万吨，碳酸氢铵一级品率99.9%；合成铵合格率100%，一级品率46.81%。1993年，双峰氮肥厂投资950万元，扩建合成氨生产线，年生产能力1.5万吨，日产碳铵200吨，比扩建前增长50%。涟源氮肥厂研制开发出适应娄底地区土壤和作物生长的增效碳铵，氮、磷、钾利用率分别达67.5%、46.5%和79.2%，年产能5000吨，从四川省7018工厂引进稀氨水提浓技术，填补湖南省空白，日处理稀氨水240吨，年回收氨564吨，增产碳铵2260吨。全地区合成氨产量12.67万吨。1994年4月，大乘资氮集团有限公司扩建工程投产，合成氨年生产能力增至18万吨。是年，全区实际生产合成氨14.47万吨，比上年增长14.2%。1995年，大乘资氮集团有限公司投资2.23亿元建设尿素扩建工程，年产能由13万吨提高到26万吨。全地区实产尿素21.55万吨，生产合成氨17.42万吨。1996年，冷水江制碱厂生产副产品氯化铵，年产量5.43万吨。全地区生产尿素23.8万吨，合成氨19.07万吨，分别比上年增长10.4%和9.5%。1997年，涟源氮肥厂固定资产净值2692万元，具备年产6万吨碳氨生产能力，由于市场疲软，实际生产碳氨2.46万吨。全地区生产尿素27.84万吨，比上年增长17.0%，合成氨产量减少到18.05万吨，比上年下降5.4%。1998年6月，涟源氮肥厂停产，10月，该厂由湘中化肥有限公司租用3年。双峰氮肥厂由于销售困难，货款拖欠，资金难以回笼，处于半停产状态。全地区尿素产量由上年的27.84万吨降到11.07万吨，降幅60.2%。

湖南宜化化工有限责任公司
（2015年9月摄）

1999—2000年，全市尿素年产量12万吨。2001年，降至9.9万吨。2002年，涟源市惠福化肥有限公司生产碳氨6.4万吨。是年，全市生产尿素11.72万吨。2003年7月，双峰氮肥厂解体，厂房地产权转让给长沙市湖南杨子冶金实业有限公司。2004年，冷水江制碱厂破产，副产品氯化铵停产。2005年，涟源惠福化肥公司产碳氨12.96万吨。全市化肥企业生产合成氨19.45万吨，比上年增长15.77%。2006年，湖南金信化工有限公司生产的尿素产品获湖南名牌产品和国家免检产品称号。2007年，冷水江金富源碱业有限公司生产氯化铵10.51万吨。6月，湖北宜化集团以5.3亿元竞拍收购金信化工全部资产，组建成立湖南宜化化工有限责任公司，继续生产尿素。2008年，湖南宜化投资9289万元进行技术改造。是年尿素产量15.01万吨。2009年3月，湖南宜化日产尿素突破1200吨，形成年产尿素45万吨能力，实际生产尿素18.83万吨。2010年，冷水江金富源公司生产氯化铵13.27万吨，湖南宜化生产尿素39.04万吨。2015—2016年，国家取消化肥电价优惠政策，尿素生产电价上调0.25元/千瓦时，上涨57.4%，湖南宜化亏损严重，2016年6月，全面停产。是年，全市尿素产量7.45万吨，合成氨产量15.59万吨。2017年，娄底氮肥产业全面退市。

（二）磷肥

1990年，娄底地区磷肥生产企业有涟源磷肥厂和双峰磷肥厂2家，分别生产钙镁磷肥、普通过磷酸钙，年生产能力1.61万吨，是年，实际生产磷肥9.41万吨。

1991年，涟源磷肥厂召开内、外两次订货会，衔接7.8万吨产销合同，企业产、销分别比上年增长7.8%和52%，利润增长一倍。双峰县磷肥厂提前召开全年度订货会，安排供销人员上门推销。全地区磷肥产量7.7万吨，比上年增长7.87%。涟源市磷肥厂钙镁磷肥创省优。

1992年后，磷肥生产萎缩。1993年，双峰磷肥厂建设复混肥生产线，转产复混肥。1994年，涟源磷肥厂炼铁分厂恢复炼铁，停产磷肥。是年，全地区磷肥产量6.25万吨，比上年下降19.05%。1995年，双峰磷肥厂投资960万元改造生产设备，从业人员增至300人。1997年，该厂被审定为国有中型二档企业。1998年开始，涟源磷肥厂由部分职工承包，生产较为稳定，年产钙镁磷肥5.38万吨。2002年，双峰磷肥厂破产。2005年，涟源磷肥厂停产。至此，全市磷肥生产停止。

二、农药

1993年5月，湖南省娄底化工总厂投资800万元，在娄底市西郊建成娄底农药厂，生产高效低毒农药乙胺磷及除草剂。厂区占地11.5公顷，年生产能力1000吨。至1997年，农药销售收入2342.5万元。是年，湖南大乘医药化工有限公司生产菌毒敌等农药。

2001年1月，湖南省娄底化工总厂研制生产90%乙、苄、甲漂浮粒剂型除草剂（又名懒汉乐），经专家会议鉴定为新剂型产品，填补国内空白，获湖南省石化行业科技进步一等奖、省科技进步三等奖。是年，全市化学农药产量893吨。2002年，低毒农药年产能2000吨。2003年全市化学农药产量萎缩，生产农药721吨，比上年下降19.3%。2005年产量降至400吨，2007年产量200吨。

2010年，湖南大乘医药化工有限公司拥有资产6000万元，菌毒敌等农药年销售收入3000万元。2015年4月，湖南田野生物科技有限责任公司在娄星区成立，该公司建设年产1500吨除草剂生产线，年产除草剂5000万包，至2017年，农药产能、产量未变。

第二节 民爆化工

1990年，娄底地区民爆化工业企业有湖南169化工厂、涟源市化工厂、湖南向红机械厂3家，从业2670人。是年，湖南169化工厂生产2号、3号煤矿硝铵炸药，产品主要供应省内煤炭系统，在广东、广西、湖北占有市场，为冶金、交通、建材等民用爆破提供服务。1992年，该厂成功研制生产60吨乳化炸药，填补湖南省煤矿乳化炸药空白，产品供煤矿井下和湖区水下作业使用。是年，湖南向红机械厂生产电系列雷管、非电系列雷管、半秒级导爆管雷管和新40雷管，产销各种民用雷管9908万发，生产8号纸火雷管8063万发。湖南169化工厂生产工业瞬发电雷管1457.8万发，销售1461万发（是全省唯一既生产炸药又生产雷管的企业），创投产以来年销售量最高纪录。是年，向红机械厂所产新40雷管首次出口巴基斯坦、美国。1993年，煤炭生产下降，民用爆破器材市场萎缩，169化工厂调整产品结构，由过去的6种10多个规格增加到8种20多个规格，建成年产1500～2000吨的煤矿型和岩石型乳化炸药生产线。是年，涟源化工厂生产岩粉状铵梯（油）炸药2638吨。至年底，全地区民爆工业形成雷管1.5亿发、炸药2万吨生产能力，实际生产雷管1.23亿发、炸药1.06万吨。1995年1月，169化工厂乳化炸药生产线通过煤炭部定型鉴定，煤矿许用乳化炸药和岩石乳化炸药获得生产定型鉴定证书。1993—1998年，生产乳化炸药4609.8吨，工业电雷管9382.7万发。向红机械厂生产的8号纸火雷管获国家银质奖，被评为湖南省优质产品。1997年9月，向红机械厂整体搬迁至岳阳市。

1999年始，湖南169化工厂加大产品工艺、技术改造，2003年9月，企业整体改制，成立湖南169化工有限责任公司，建成全国首条AE型乳化炸药生产线。2004年，湖南169化工有限公司以1398万元整体收购涟源市化工厂，开发改性铵油炸药，当年产量1.58万吨。2006年，公司实现销售收入1.53亿元，完成税收1915万元，实现利润1442万元。2007年，生产炸药2.79万吨、雷管3612万发，完成工业产值1.87亿元，实现销售收入1.72亿元，上缴税收2015万元，创利润1575万元。2008年，169化工有限公司完成工业总产值1.7亿元，实现销售收入1.65亿元，上缴税收1485万元，实现利润1315万元。2014年起，公司按照“政府引导、市场运作”原则，采取整体收购、股权转让或国有资产依法划转等方式，推进省内优势民爆经营公司整合和爆破业务延伸。2015—2017年，169化工有限公司先后组建娄底169爆破公司、涟源市民爆器材运输公司，整合并购湘潭、醴陵、茶陵等民爆公司，加强生产自动化、信息化管理，公司拥有4条全连续化、自动化工业炸药生产线和1条自动化工业电雷管生产线，生产粉状铵梯（油）炸药、乳化炸药、工业电雷管三大系列10多个品种、20多种规格的民爆产品，形成年产工业炸药4万吨、雷管7000万发规模。2017年，公司总资产3.7亿元，从业人员845人，完成工业总产值4.46亿元，税收2838万元。

第三节　通用化工

一、硫酸

1990年，全地区生产硫酸0.71万吨，1991—1992年，全地区产硫酸1.36万吨。

1993年，双峰磷肥厂投资960万元，兴建年产2万吨硫酸生产线，1994年3月投产，当年生产硫酸1.46万吨，盈利8.4万元。1995年，生产硫酸2.12万吨，超过设计能力6%，盈利37万元。是年，全地区硫酸产量2.63万吨。1996年，锡矿山矿务局锌冶炼厂建成投产，1997年4月，始产浓度98%的浓硫酸，产量1.24万吨。是年，全地区硫酸产量3.83万吨，比上年增长45.6%。1998年起，随着企业扩能改造和管理完善，全地区硫酸产量逐年增加，从2000年的5.02万吨，增长至2013年的24.28万吨，占全省产量的8.5%，居全省第5位。2015年，全市硫酸产量6.52万吨。2017年，全市规模企业生产硫酸9.21万吨。

二、盐酸

1992年，锡矿山矿务局化工厂生产盐酸114吨，1993年，生产3496吨。2008年，该厂扩建烧碱生产线，相应增加盐酸产量，至2010年，生产盐酸2.05万吨，2014年3.3万吨。2015年，盐酸产量2.72万吨。2016年因产品污染环境停产。

三、碱

1990年，冷水江制碱厂生产纯碱2.88万吨，1992年，产量3.91万吨。是年，锡矿山矿务局化工厂生产烧碱34吨，1993年产量增加到1.03万吨；冷水江碱厂生产纯碱4.22万吨，1996年产量4.88万吨。1998年，冷水江制碱厂纯碱年生产能力5万吨，2000年，纯碱产量5.37万吨，2002年突破6万吨。2008年，产量增加到12.35万吨。2003—2010年，锡矿山矿务局化工厂共生产液碱35.37万吨（8年）。2013年，冷水江制碱厂产纯碱16.8万吨，占全省的25.9%。2017年，纯碱产量降至15.62万吨。2011—2017年，冷水江碱厂生产烧碱24.45万吨，年均3.49万吨。

四、染料

1990年，娄底地区有新化县化工厂、染化厂、三化工厂3家染料企业，从业人员691人。是年，生产能力1171吨，生产染料620吨，年总产值2887.2万元，销售收入2043.0万元，上缴税收444.3万元。

1991年，全地区染料产量727吨，1992年增加至908吨。1993年，全地区染料生产能力1180吨，实际生产829吨，比上年下降8.7%。1996年，全地区染料产量252吨，1997年39吨，1998年10吨。2000年起，染料生产行业加强企业管理，提高产品质量，降低消耗。2002年，全市染料生产企业4家，从业人员761人。其中湘渝化工公司主要产品染料中间体蒽醌系列年生产能力达到1500吨，出口欧美和西亚。是年，该公司产值1900万元；创利税100万元。2004年，全市染料生产量387吨，2005年724吨。2006年，进入快速增长时期。是年，全市染料产量1082吨，2007年2228吨。2010年，全市染料产量4540吨，是2005年的6倍。

2015年后，因污染环境，新化染化厂、新化三化工厂等企业关闭，至此，全市染料生产停止。

五、其他

1990年，冷水江诚信化工有限公司和冷水江制碱厂生产工业氯化铵2807吨。1991年，诚信化工公司生产氯化铵1287吨。1992年，冷水江制碱厂生产氯化铵1133吨，“晶”牌工业氯化铵跻身国际市场。是年，该厂研发生产食用小苏打588吨。2002年，冷水江制碱厂引进广东民营资金700万元，合资兴建先河化工有限公司，年产小苏打4万吨，年产值4000万元，至2010年，公司工业氯化铵产量增加到4700吨，销售收入800万元；生产小苏打8500吨，销售收入5581万元。2017年，恒兴化工助剂有限公司生产化工助剂（VCM聚合引发剂、DC2-002H2复合终止剂、DFN-01防黏剂、液体锌热稳定剂），销售收入2500万元。

1990—1999年娄底市主要化工产品产量汇总表

表30-8 单位：万吨

产品	1990年	1991年	1992年	1993年	1994年	1995年	1996年	1997年	1998年	1999年
硫酸	0.71	0.70	0.74	0.54	1.95	2.63	2.00	3.83	2.83	3.61
纯碱	2.88	3.43	3.91	4.22	4.47	4.64	4.88	4.95	3.15	4.41
烧碱	—	—	—	—	—	—	—	0.25	0.28	0.33
甲醇	0.92	1.23	1.79	1.79	1.82	2.00	2.73	3.48	3.42	3.67
合成氨	11.01	12.40	12.43	12.67	14.47	17.42	19.07	18.05	18.50	21.82
化肥(折纯)	9.12	10.22	10.11	9.99	11.22	13.62	13.55	14.33	14.95	17.74
其中:氮肥	7.92	8.97	9.02	9.12	10.40	12.54	12.59	13.32	13.71	16.57
磷肥	1.20	1.25	1.09	0.87	0.82	1.08	0.96	1.01	1.24	1.17
电石	0.90	0.66	0.70	1.09	0.86	0.51	0.23	0.21	0.24	0.06
染料	—	—	—	—	—	0.026	0.025	0.004	0.001	0.550(颜料)
盐酸	—	—	—	—	—	—	—	0.17	0.21	0.29
硫化碱	—	—	—	—	—	—	—	0.18	0.14	0.15
商品液氯	—	—	—	—	—	—	—	0.19	0.20	0.22
粗苯	—	—	—	—	—	—	—	—	—	0.007

2000—2009年娄底市主要化工产品产量汇总表

表30-9　　单位:万吨

产品	2000年	2001年	2002年	2003年	2004年	2005年	2006年	2007年	2008年	2009年
硫酸	5.02	7.07	7.00	7.57	8.7	8.76	8.96	9.79	9.77	12.86
纯碱	5.26	5.34	6.01	5.99	5.79	6.13	8.07	9.17	9.44	11.94
烧碱	1.77	1.02	0.73	0.86	2.34	1.88	2.17	2.53	2.67	4.42
甲醇	4.23	4.49	4.81	4.11	3.95	4.28	1.80	2.00	4.20	5.10
合成氨	21.02	20.04	22.43	21.55	16.80	19.45	13.27	14.37	23.57	31.05
化肥(折纯)	15.97	15.64	17.75	18.07	26.58	20.47	23.24	25.17	32.46	38.07
其中:氮肥	15.08	14.49	16.93	16.41	22.32	20.47	23.24	25.17	31.81	37.20
磷肥	0.89	1.15	0.82	1.66	2.46	0	—	—	—	—
钾肥	—	—	—	—	1.8	—	—	—	0.65	0.87
电石	0.01	0	—	—	—	—	—	—	—	—
盐酸	0.39	0.37	0.23	0.30	0.33	0.46	0.45	0.45	0.77	1.48
粗苯	0.68	0.70	0.69	0.76	1.18	1.46	1.48	1.53	0.87	1.62
农药	—	0.09	0.07	0.08	0.16	0.04	0.03	0.02	—	—
合成橡胶	—	—	0.02	0.02	0.03	0.05	0.06	0.06	0.10	0.12
商品液氯	—	0.27	0.19	0.24	—	—	—	—	—	—
燃料	—	—	—	—	—	0.08	0.15	0.22	0.20	0.37
颜料	—	—	—	—	0.99	0.47	0.53	0.58	0.84	0.09

2010—2017年娄底市主要化工产品产量汇总表

表30-10　　单位:万吨

产品	2010年	2011年	2012年	2013年	2014年	2015年	2016年	2017年
硫酸	17.57	21.46	22.29	24.28	26.47	6.52	8.88	9.21
纯碱	11.07	13.10	15.41	16.79	17.78	17.34	15.49	15.62
烧碱	5.72	5.59	2.36	3.38	3.45	3.04	3.28	3.36
甲醇	6.17	4.26	3.33	4.41	8.49	4.25	0.29	4.15
合成氨	26.78	30.18	29.11	29.64	26.86	28.84	15.59	16.18

续表30-10

产品	2010年	2011年	2012年	2013年	2014年	2015年	2016年	2017年
化肥(折纯)	22.65	25.36	25.58	24.83	21.99	24.72	11.76	4.26
盐酸	2.05	2.17	1.26	2.65	3.33	2.72	—	—
粗苯	1.45	1.87	—	—	—	—	—	—
纯苯	0.97	0.63	1.31	1.46	0.30	—	—	—
化学试剂	—	—	—	—	5.65	5.94	7.05	10.05
合成橡胶	—	—	0.21	0.26	0.14	—	—	1.82(乙烯)
染料	0.45	—	—	0.03	—	0.81(油墨)	0.86(油墨)	1.82(油墨)
颜料	—	—	—	2.15	—	—	0.39(涂料)	0.55（表面活性剂）
活性炭	—	—	—	1.45	—	—	0.39	0.79

附：企业选介

湖南神斧集团169化工有限责任公司　公司占地面积85公顷，注册资金2760万元，总资产3.2亿元。下辖一家生产类分公司，五家经营服务类子公司、一家控股子公司。湖南境内唯一一家既生产炸药又生产雷管的民用爆破器材定点生产企业，主导产品有粉状铵锑（油）炸药、乳化炸药、工业电雷管三大系列10多个品种，年产工业炸药2万吨、工业电雷管6000万发、非电导爆管雷管1000万发生产规模。1993年，169化工公司生产炸药7962吨，1995年，雷管生产达到2505万发，1997年生产9626吨。2003年，产量达到2990万发。9月，生产的2#抗水岩石铵梯油炸药被评为省名牌产品。2004年，以1398万元将涟源市化工厂整体收购。当年炸药产量达到1.58万吨。2007年，生产2.79万吨，产值1.87亿元（含雷管，下同），利润1884万元，缴税1806万元，从业人员892人。

2005年，从重庆845化工有限责任公司引进雷管电引火元件生产线，从新疆雪峰民爆公司引进雷管生产线主体工程装填装配生产线，根据企业实际情况将引进的自动生产技术和气动生产技术有机糅合。2007年8月投产，是年，雷管产量3612万发。2008年，公司员工892人，工业总产值1.7亿元，税收2085万元。2017年，公司主导产品有乳化炸药、改性铵油炸药等两大系列7个品种20多种规格，广泛应用于采矿、建设、水利等多个领域。经国家工业和信息化部批准的

湖南神斧集团169化工有限责任公司（2009年5月摄）

凭证生产炸药能力3.9万吨。2017年，公司拥有四条全连续化自动化工业炸药生产线，完成工业总产值4.46亿元，上缴税收2838万元。公司先后获得“湖南省产品质量奖”“湖南省先进企业”等多项荣誉称号。

冷水江三A新材料科技有限公司 位于冷水江经济开发区，占地6万余平方米，是一家具备自主研发和生产二氧化硅气凝胶、氧化铝吸附剂两大系列的综合性新材料企业。公司前身是冷水江制碱厂劳动服务公司，1995年为全国100家股份合作制劳服企业之一。2006年8月，公司改制为冷水江三A化工有限责任公司，2014年1月更名冷水江三A新材料科技有限公司。2012年以来，公司建立省级唯一的工程技术研究中心，研发新产品二氧化硅气凝胶系列18000吨/日和硅铝吸附剂系列1000吨/日，获发明专利10项，实用新型专利2项。产品出口德国、英国、意大利、韩国、埃及、印度及东南亚等65个国家和地区。自主研发的“S≠777消光剂”新产品荣获国际涂料大奖“荣格创新奖”。“鸿盛”牌商标被认定为“湖南省著名商标”，“鸿盛”品牌产品被评为“湖南省名牌产品”。2014年3月，公司牵头起草制订的中华人民共和国《消光用二氧化硅》行业标准，经批准在全国实施。公司先后获得“湖南省高新技术企业”“湖南省小巨人企业”等多项荣誉。2017年，产量1.02万吨，实现销售收入1.2亿元，上缴税金850万元。

第三十一篇

装备制造业

概 述

1990年，娄底地区有装备制造业企业230家，产值3.18亿元，分别占全地区全部工业企业及其产值的17.2%、7.6%。产品有矿山机械、农业机械、电工机械、石化机械、运输车辆、基础部件、食品机械等14类90个品种。

1996—2011年，域内装备制造业，呈现出量的增长和质的提升。农业机械、矿山机械、汽车制造、建筑机械、工程机械、电子设备、通用设备等制造业快速发展。2000年，娄底规模以上装备制造企业50家，产值7.48亿元，分别占全市规模以上工业企业的21.8%、8.7%。2010年规模以上制造企业143家，产值171.29亿元，分别占全市规模以上企业的22%、16.5%。

2015年，全市规模以上装备制造业企业128家，工业总产值260亿元。其中，矿山机械企业27家，产值39亿元；农机企业27家，产值53亿元，其他设备制造企业74家，产值168亿元。是年底，电子产品制造规模企业降至18家。2016年，全市规模以上装备制造企业136家。通用设备、专用设备和汽车制造业三大类的工业产值348.92亿元，其中专用设备产值213.59亿元，占61.21%（采矿、冶金、建筑专用设备产值71.61亿元），汽车制造业（含零配件）产值42.2亿元，矿山机械企业19家，产值41亿元。三大类设备制造工业增加值80.72亿，从业人员2万人。2017年，全市规模以上装备制造业企业182家，产值416.29亿元，分别占全市规模以上企业的22.9%、20%。

2017年，全市规模以上装备制造业企业比2000年增加132家，产值增加408.81亿元，年均增长分别为8%、26.9%；产值占全市规模以上工业总产值的比重上升11.3个百分点。

第一章 矿山设备制造

第一节 采掘机械

1990—2004年，娄底地区煤机厂生产与煤巷掘进机械配套的电煤钻杆，年产3万～5万米。2005年，娄底市煤机厂改制为湖南永安煤矿机械制造有限公司（以下简称永安煤机公司），专业从事矿山机械设备制造。2006年始，研发、制造的矿山设备主要有刮板运输机、巷道掘进机、人车、斜井防跑车装置等。产品销往本省和新疆、内蒙古、云南、贵州、四川、江西、黑龙江、福建等省份，年销售收入4000万元左右。2009年，永安煤机公司被确定为湖南省高新技术企业，2010年，与中南大学合作研发矿山掘进机、挖掘式装载机。为中、小型矿山提供综合服务。2015年，湖南金马矿山设备有限公司生产的耙斗装岩机和井下工作面回柱绞车获湖南名牌产品称号。2017年，湖南永安煤机公司实行以销定产模式，年产掘进机60台，产品销往伊朗等中东国家和东南亚国家和地区。

第二节 提升设备

2000年，涟源矿机厂研发生产无级调速矿用提升绞车，列入国家“火炬”计划。2005年，湖南远杨煤机制造有限公司研发制造JT／JTK／JTP／JK系列矿用绞车、提升机、3M大型矿用绞车，湖南金塔机械制造有限公司生产矿用提升绞车，评为省名牌产品。是年，湖南金三星煤机集团成立。2006年，金三星煤机集团生产的矿用提升绞车获中国知名绞车十佳品牌称号，被中国质量万里行指导委员会授予中国产品质量、服务质量双满意单位称号。2010年，在湖南率先研发2TK3×1.8双筒矿用提升机。2013年，研发生产整体式JTKB系列防爆型提升绞车，该设备占地空间小，便于运输安装，操作简便。公司生产的矿用提升绞车（地面）、防爆型绞车、回柱绞车、无极绳绞车、矿井提升机等均取得国家安标认证，达到国内同类设备先进水平。是年，公司主营业务收入（提升设备）1.21亿元。2015年，湖南煤矿机械有限公司生产的JK（B）型、JTP（B）型矿用提升绞车获湖南名牌产品称号。2016年，湖南金三星煤机集团被国家知识产权局授予国家知识产权优势企业称号、中国煤炭工业机电设备定点生产企业，矿井提升设备销往20多个省份。截至2017年，获得专利86项。

湖南金三星煤机制造有限公司生产的绞车JK-2.5X2
（2011年11月摄）

第三节 输送设备

1990年始，娄底地区煤机厂连续5年，年产矿车500台，产值200多万元。涟源桥头河矿机厂年产矿车1000余台，刮板输送机60余台。2000年，湖南远扬煤机制造有限公司研发、生产出矿山架空乘人装置（俗称“猴车”）的机头、智能型机尾和行星齿轮减速器。2005年，创建娄底同丰科技有限公司，从事矿用架空行人装置的研发与生产，年产能200台（套），产品取得ISO9001国际质量管理体系认证。公司获“湖南小巨人企业”、湖南质量信用AA级企业称号，产品销往山东、山西、内蒙古等20个省、（自治区、直辖市），中国神华集团、国电集团、鲁能集团等大型能源集团，均使用该公司的架空行人装置成套设备。是年，湖南永安煤机公司生产煤矿人员运送车（简称“人车”）系列产品，是全国矿用人车品种最齐、产销量最大的企业之一，年产400台左右，营销收入3000余万元。2006年，永安煤机公司年产各种型号的刮板输送机200多台，产值1500余万元，年产矿车1500～2000台，年营销额近

同丰科技有限公司生产的矿山架空行人装置
（2020年12月摄）

湖南金塔机械制造有限公司生产的带式输送机
（2012年5月8日摄）

千万元。2007年，涟源湘中煤机厂、石马山煤机厂生产刮板输送机、带式输送机等设备，年产值千万元。2009年，华南煤机有限公司生产的皮带输送机、刮板输送机系列产品获湖南名牌产品称号。2012年，湖南金塔机械制造有限公司、湖南金马矿山设备制造有限公司生产的井下输送机获湖南名牌产品称号。2013—2017年，金三星煤机集团研发生产RTV系列固定抱索器架空行人装置、RTKY系列大坡度可摘挂及RTHY系列活动抱索器架空乘人装置，产品全部取得国家安标认证，该系列产品销往东北、西南、华中、华南20多个省份，年均营销额4500余万元。

第四节 矿山电器

1990年始，涟源桥头河矿机厂专业从事井下防爆局扇生产，连续15年年产YBF2.2、5.5、11系列局扇5000余台，主供本地煤矿使用，部分销往外地。

1997年始，湖南创安防爆电器有限公司以煤矿井下电器生产为主，其中防爆开关是湖南省的名牌产品。公司年产防爆电器600余台（件），年均销售额4000多万元。湖南海湖矿灯有限公司，设计年产煤矿井下专用矿灯3万台（盏），充电架5000余套，按设计满负荷生产，满足娄底地区煤矿需求，部分销往外地，2009年，该公司生产的KL型矿灯获湖南名牌产品称号。2006—2010年，金三星煤机集团生产矿用隔爆型电磁起动器，OBZ系列矿用真空起动器、小型隔爆型保护开关、电煤钻综合保护等电器设备，产品销往国内多个省市（区），出口东南亚和非洲地区国家。

2013年，湖南创安防爆电器有限公司收购上海欣华民福电器有限公司，投资1.98亿元，在娄底市高新技术产业开发区建设标准化厂房3.5万平方米，年设计矿用防爆电机产能10万台（套），2017年，公司生产防爆电机3万台（套）。

2012—2017年娄底市部分年份矿山机械制造产值情况表

表31-1

年　份	规模以上企业(家)	规模以上企业总产值(亿元)	同比增长(%)
2012	21	29	36.7
2014	23	25	7.8
2015	27	39	3.8
2016	19	41	13.1
2017	20	44	17.6

附：企业选介

湖南煤矿机械有限公司　1995年，由湖南省煤矿机械厂改制设立，下辖全资子公司——湖南金塔机械制造有限公司，占地35万平方米，员工610人。是湖南省属国有控股企业。国家高新技术企业。公司集科研设计、制造、销售、安装于一体，专业制造矿山综采、提升、运输等成套设备、智能立体车库、混凝土湿喷机等。至2015年，拥有20多项专利。其中一种矿用刮板机控制系统及其控制方法，一种立体车库皮带式车辆输送装置获发明专利。“辣”牌矿井提升机（绞车）、刮板输送机、带式输送机获评省名牌产品和省著名商标。

第二章　交通运输设备制造

第一节　汽车制造业

一、汽车整车

2010年，湖南省金华车辆有限公司设立，是一家集研发、生产、销售、售后服务于一体的汽车制造企业。是年，通过招商引资，娄底经开区与珠海大丰和电动汽车车辆有限公司合作，组建娄底大丰和电动车辆有限公司。2011年6月，市政府作出《娄底市促进电动汽车产业发展的若干政策规定》，从产业指导、土地税费、资金扶持、推广使用、服务体系等方面予以支持，成立汽车产业发展领导小组，由市本级财政拿出500万元，作为汽车产业专项发展资金。2015年，湖南省金华车辆有限公司主要产品有清扫车即东风天龙喷洒车，用于园林洒水、城市道路清洗，绿化喷洒；有小型路面养护车、清扫车、多功能抑尘车等；重汽大、中、小型勾臂车；压缩式垃圾车、垂直压缩式垃圾中转站、12～18立方压缩式垃圾箱体，大、中、小型垃圾收运车，东风压缩式对接垃圾车、重汽大型压缩收集车、小型侧挂桶车等。2010—2017年，大丰和电动汽车有限公司生产电动车1万辆，产值4.16亿元。

湖南省金华车辆有限公司生产的车辆（2013年5月摄）

二、汽车薄板

2009年，湖南省华菱钢铁公司和卢森堡的安赛乐米塔尔公司联合组建华菱安赛乐米塔尔汽车板有限公司，双方各持股50%。2012年6月，公司开始全面建设，2014年建成投产，年产量150万吨，包括80万吨冷轧卷材、20万吨铝卷及50万吨热镀锌钢卷。投产运营后，其热成型产品UsiborR1500通过国内全部合资主机厂的零件认证，获得稳定的市场份额；镀铝硅（Alusi）产品持续替代韩日进口，成为国内该系列产品举足轻重的供应商。经过高精尖技术转化成中国高端汽车用钢，利用高科技手段转化为市场亟须的优质汽车用钢产品，逐步确立其在国内热成型钢种供应的领导地位。VAMA生产的UsiborR1500，适用于汽车结构件和安全件的超高强度热成型钢，与传统冷成形钢种相比，可减轻汽车重量10%～20%。2016年始，公司与世界领先的汽车板先进加工解决方案提供商Govarri成立下游延伸配套企业，分别于娄底、常熟、沈阳、重庆设立4处先进加工服务网络，向客户提供定制化先进高强钢及汽车外板的落料和激光拼焊服务。至2017年，生产镀铝、镀锌、连退卷69.41万吨，其中镀铝卷35.66万吨，国内市场占有率55%。

华安钢宝利高新汽车板加工车间（2018年10月摄）

三、新能源动力电池

2006年，湖南电将军新能源有限公司在娄底经开区成立。致力于打造全球应急储能电源制造基地。2009年建成，拥有汽车应急启动电源、家庭智勇储能电源、PACK等17条全自动化生产线。公司主要产品应急启动电源，全球销量名列前茅；富铝锂电池具备超低温度性能（-50℃）、宽温度范围（-50℃～80℃）、高安全性、高性价比等诸多优势。年产高功率高安全富铝锂电池12亿瓦时，产值120亿元。

2014年，市委决定在娄底经开区设立新能源动力电池和储能产业园，规划面积200公顷，打造园内电子陶瓷、动力电池、储能电源三个核心产业集群。引进充电桩、电力设备、电动汽车零件及新能源汽车整车等项目。是年，科舰新能源公司建成，生产新能源AGM起停电池、锂离子动力电池等，已形成年产80万千伏安时AGM混合动力电池、120万千伏安时高性能封密形免维护蓄电池、3000套新能源动力电池的生产能力。湖南电将军新能源公司的纳米陶瓷高倍率应急启动电池电芯关键技术产业化项目，设计年产3200万千伏安时应急启动电源生产能力，正在建设中的艾威尔新能源公司专业从事储能电池和汽车动力电池系统的研发制造，产品用于储能、电动汽车、混合动力汽车、轻型电动车等。博盛新材料公司研发、生产锂离子电池隔膜及特种高分子膜材料，其中动力隔膜产品已进入比亚迪等一线动力电池生产商供应体系。

2015年12月，湖南三迅新能源科技有限公司由深圳市三讯电子有限公司与娄底市创业投资有限责任公司共同投资组建。总投资20亿元，设计产能50亿瓦时，可装备10万台电动汽车。公司主要生产锂离子动力电池，产品广泛应用于新能源汽车、电力储能、通信基站、无人机、舰船潜艇、雷达基站等领域。2017年，湖南三迅动力电池、安地亚斯电子陶瓷、创一电子公司获得中央专项建设基金和预算内技术改造专项资金2.18亿元。投入规模化生产的三迅新能源公司，锂离子电池和储能电池的年产能10亿瓦时。安地亚斯公司主产纳米厚膜陶瓷电路、燃料电池陶瓷连接器等，形成年产1800吨软磁性材料生产能力。

四、汽车配件

1997年，华达杰克赛尔汽车空调有限公司成立。厂区占地面积1.1万平方米，建筑面积9000平方米。项目投资2.5亿元，注册资金1亿元。2006年，公司主产DKS-S型、DKS-CH型和DCW-17型以及KC-83和KC-88型汽车空调压缩机，具年产30万台的生产能力。产品与一汽、二汽、重庆五十铃、郑州日产、福建东南等多家汽车生产厂家配套。是年，娄星区腾达半轴厂生产小车及1～30吨货车的后轿半轴数十个品种，生产半轴20万条。2007年，公司对最初引进的DKS-S型空调压缩机进行研究和改进，研发DKS-SE型空调压缩机。2009年，涟源市成宏机械铸造有限公司生产汽车空调压缩机斜盘18万件。是年，华达杰克赛尔公司投资1800万元，从株式会社法雷奥热系统引进十缸双向斜盘压缩机生产设备和技术，建成一条新生产线。2010年，公司自主开发HD19、HD21两款大排量压缩机。

2011年，湖南文昌新材料科技股份有限公司开发生产活塞、斜盘、动静盘及汽车空调压缩机零部件，A390铝合金材料，产品与上海日立、重庆建设、法雷奥等多家大型汽车生产企业配套。铝合金制动盘广泛应用于动车、高铁、汽车运输车辆等。

2012年，华达杰克赛尔（湖南）汽车空调有限公司生产汽车空调压缩机22.5万台，产值1.5亿元。是年，娄星区腾达半轴厂利用电子商务平台，为美国福特公司提供赛车半轴，其订货量占出口额50%以上。双峰县定圆机械厂投入8000多万元，更新设备，数控操作，生产效率由过去生产一根半轴15分钟缩短为40秒钟，年产半轴百万根。2017年，全市汽车配件生产企业26家。华达杰克赛尔（湖南）汽车空调有限公司年生产能力达到80万台。是年，生产压缩机52.62万台，实现利税3000多万元。湖南至科铸造有限责任公司生产涡轮增压器壳、汽车支架等。湖南雷宇科学技术有限公司生产卡车防爆列制动鼓5000套、AUS刹车淋水系统1万套。新化长江电子有限公司年产500万件新能源汽车阀片陶瓷。新化林海陶瓷有限公司生产“95”氧化铝陶瓷产品5亿件。娄底市安地亚斯电子陶瓷有限公司生产新能源动力电池盖板、绝缘陶瓷环、陶瓷柱和新能源汽车直流高压熔断器外壳。湖南定园汽车配件制造有限公司生产的定园汽车半轴，获湖南名牌产品称号。

第二节　船舶、航空器件制造

1991年8月，新化航运公司制造全省第一艘200客位的“平头涡屋”型钢质客船，缓解资江水道沿岸人员出行难题。2000年始，湖南旭升科技有限公司生产用于船舶、航空器制造的配套器件CA42插件式钽电器、CA45片式钽电容、CAK36HT高能钽混合电容器、CAK36HT高能钽混合电容器、CAK35型银外壳封装非固体电解质钽电容器等各系列钽电容器等。部分器件用于舰船制造，获国家三级保密资质，通过GJB 9001B—2009国家军标质量管理体系认证。2011年，娄底市兴鑫合金有限公司生产镁锆、镁钕中间合金、铝钪中间合金等，其中，镁锆、镁钕中间合金主要用于军事舰船制造，销售到国内大型船舶、航空器制造厂，部分产品销往韩国、日本、加拿大、捷克、印度等国外市场。2015年，兴鑫合金公司完成产值1509万元。2017年，产值未变。

第三章　工程施工设备制造

第一节　工程施工机械

1990—1992年，湖南煤矿机械厂与长沙建筑设计院研制成功QTZ型20tm塔式起重机（塔吊）。1994年，湖南煤矿机械厂更名为湖南南方建筑工程机械总厂，是年，生产销售塔吊75台，产值1415万元。之后，相继开发QTZ系列塔式起重机和SC.SC（D）系列施工升降机，“南峰”商标是湖南省建筑施工机械的著名商标。2007年，湖南金塔机械制造有限公司（2004年由南方建筑工程机械总公司改组建立）生产、销售塔吊、升降机280台，产值8000余万元。2008年6月，涟源市在上海“沪洽周”上签约引进娄底市三一中源新材料有限公司，是全球最大的泵车臂架生产基地，生产出世界最长的86米工程施工（泵车）臂架。2013年，娄底光华机械设备制造有限公司，成功研制出GHD全液压冲击式露天凿岩钻机。至2015年，该公司研制出石油钻井泥浆不落地成套设备；湖南启力隧道机械有限公司，专业生产隧道工程机械，主要产品有全自动上料喷浆车QLP3-5S、QLP2-5M、QLP2-7C、QLP2-7B、QLP2-7A等。湖南双有机械有限公司研发生产具有自主知识产权的SC／200人货两用建筑施工电梯，实现销售收入1389万元，利润208万元，上缴税金44.8万元。是年，全市生产各种型号升降机500台，实现销售收入7200万元。2017年，娄底市三一中源新材料有限公司的路面机械生产线，开始批量投产。是年，全市生产矿山专用设备24.86万吨，建筑工程用机械9351台，混凝土机械33台。

第二节　液压油缸

2005年，娄底市中兴液压件有限公司（简称中兴公司）成立，专业从事液压油缸的研发、生产，是三一集团产业链的重要组成部分。公司投资1.5亿元完成国内先进的锻造生产、消失模和熔模生产线的一期建设，拥有大、中型精机加工设备30余台（套），具备年产各种锻件、铸件上万吨的生产能力，主要产品为混凝土机械油缸、挖机油缸和起重机油缸，涉及产品种类1800余种。挖机油缸生产线集成三一自主研发的MES智能系统，实现生产全过程自动化、数字化管理。挖机油缸全面替代进口。泵车主油缸、臂架油缸、输送油缸、路面机械油缸达到国内前列；起重机、桩机、煤炭机械、港口机械油缸处于国内领先水平。获得专利30余项。经过多年发展，中兴公司成为国内规模大、品种多的液压油缸生产基地。2017年中兴公司工程机械液压油缸销售产值8.5亿元，实现利税6337万元。

第四章 通用设备制造

第一节 通用铸造产品

2001年，崇阳科技有限公司生产热辊轧耐磨轴承5000吨，产品销往涟钢、韶钢、柳钢等大型钢厂。2005年，娄底三泰轧辊有限公司生产的铸铁合金环轧辊，获湖南名牌产品称号。2006年，湖南至科铸造有限责任公司生产出口耐磨工件、优质钢阀门精密铸件，生产能力1万吨，可铸2千克的小件至2吨大精密件。双峰县建设机械有限公司生产颚式破碎机配件（齿板、护板等，圆锥破碎机配件即轧臼壁、破碎壁、分料磨压套等），产品为高锰钢、铬钢、铸铁等合金钢耐磨材料，与广东、南昌、上海等众多厂家建立合作关系。铸造产品远销南非、澳大利亚、美国等地，年产值3000万元左右。2007年，涟钢机电设备制造有限公司，生产中硬齿面、硬齿面减速机系列，各种地面车辆阀门、铸钢、铸铁轧辊，焦化炉门框、转炉炉包、中间罐、分节辊、炉底辊等铸件。2009年，涟源市成宏机械铸造有限公司生产煤机设备配件铸造链条8万件，各类铸造坯件2000吨。

2016年，双峰兴隆机械有限公司每年生产高锰钢铸件2000吨。湖南富佳钢瓶制造有限公司，与湖南农业大学、湖南工业大学签订校企教育科研合作协议。公司建成100万只钢瓶自动化生产线两条、自动化检测线一条、钢材深加工线一条，年处理100万只废旧钢瓶与再利用加工车间一座。主产“富佳”液化石油气钢瓶，并配备液化石油气钢瓶生产用的下料、成型、焊接、加工、探伤、试验、热处理、抛丸、喷塑、试压及废旧瓶回收处理等生产成套设备980台套，其中焊接设备全部采用自动焊接机等，年生产能力300万只。2017年，销售额9500万元，税金280万元。

第二节 紧固件

2006年，冷水江天宝实业有限公司成立。建设厂房13万平方米，年设计能力15万吨（一期），是国内最大的紧固件生产企业之一，2008年建成投产，形成紧固件年生产能力20万吨、管制品年生产能力15万吨的规模。公司引进井式球化退火炉，高速高精冷镦机、淬火设备以及全自动电镀生产线，采用优质原料，运用ERP管理系统，生产国标及日、美、德国际标准紧固件。公司生产冷镦成形铁制螺母、螺栓、垫圈以及其他用于汽车、电讯、电力设备的紧固件，并可根据客户需要生产非标紧固件，仅冷镦六角螺母，年产能超过15万吨。公司拥有自营业务出口权，70%的产品出口。2013年建成投产高速公路护栏板和紧固件热浸镀锌项目。2016年12月，冷水江天宝实业有限公司成为中国机械通用零部件工业协会紧固件分会第八届理事会常务理事单位。2017年，该公司生产的“TBF”牌紧固件获湖南名牌产品称号。年生产能力保持15万吨以上水平，是年产量12.23万吨。

第五章 电子产品制造

第一节 电子元器件

1990年，娄底地区有电子元器件厂15家，年产电子元件473.79万只、电阻器4237万只，产值2965万元。新化电子器件厂开发的传感器电子皮带秤，投入涟钢原材料场地使用；湘隆公司开发的全自动链式烧结炉、新化电子仪器厂开发的声光血压计实现批量生产。1995年，双蜂县湘源皇视电子有限公司研制的“皇视”卫星接收设备，是数字电视终端接收设备行业的早期产品。公司主营的卫星数据多媒体接收卡、卫星接收天线和高频头等产品，是中国25家拥有卫星数字机顶盒生产资质的企业之一，同时也是拥有全套卫星地面接收设备生产资质（包括机顶盒、高频头和天线）的5家企业之一。公司拥有68项专利和1项软件著作权。自1997年起，致力于开发满足农村市场需求的机顶盒，每年推出6款以上新产品，并具有工信部批准的直播卫星天线、室外单元接收机的生产资质。经工信部批准为具有卫星电视广播地面接收设备（数字卫星电视接收机、高频头和天线）生产资质的定点企业。

1999年，新化湘隆公司彩色电子枪支架玻杆与大连显像管厂配套；冷水江市无线电器件厂与北京电子玻璃厂合作兴建600万只荧光显示屏生产线。新化县石墨制品厂利用场地设施与湖南大学化工系合作兴建大功率氮化铝集成电路基板材生产线，总投资500万元，年产50万片，产值1500万元。2004年，创一科技在珠海创立，公司主体落户娄底经开区，2009年6月，成立湖南创一电子科技有限公司，专注于高性能磁电功能材料及器件研发和生产，包括软磁磁性材料、电子元器件等的研发，公司产品广泛应用于新一代信息技术、工业智能化、汽车电子、航天军工、5G、人工智能等领域。

2017年，全市生产电子元件2359万只，光电子器件4525万只（片、套）。

第二节　电子专用材料

1996年6月组建的娄底（新化）电子材料集团公司，上报“九五”重点项目“电子基础材料”，电子工业部批准列入省级“九五”计划初选项目。1997年，湖南鑫星电子陶瓷有限公司成立，是一家生产综合性特种陶瓷及电子元器件的高新技术企业，主产各类结构陶瓷、功能陶瓷、耐磨陶瓷及元器件，产品广泛应用于电子、通信、国防、纺织、家电等众多领域，远销美、德、日等国家，其中气体放电电管陶瓷占出口的40%。2004年，娄底市安地亚斯电子陶瓷有限公司成立，2006年，该公司生产的纳米厚膜陶瓷电路、厚膜陶瓷加热器、陶瓷盖板、燃料电池陶瓷连接器、锂离子动力电池陶瓷密封连接器、电动汽车电控陶瓷继电器、熔断器等产品，进入新能源汽车领域。2008年12月，新化县特种陶瓷新材料协会成立，加强产学研结合，研发新技术、新工艺，新产品。2010年8月，湖南省美程陶瓷科技有限公司在娄底成立，研发、生产、销售现代化特种陶瓷，产品应用于电子电器、互联网通信、新能源汽车、城市轻轨、航空航天等领域。2012年，湖南鑫星电子有限公司被认定为湖南省高新技术企业。2013年，湖南省美程陶瓷科技有限公司拥有自主知识产权32项，自主研发的“基于干压成型工艺制备复杂结构高性能电子陶瓷”关键技术，通过省科技厅成果鉴定，达到国内领先水平。2014年，该公司通过高新技术企业认证，获得中国制造网和SGS公司颁发的“金牌供应商”称号。是年，新化经济开发区特种陶瓷及新材料产业园启动，规划面积45公顷，投资10亿元。2016年，国家标准化委员会电子陶瓷技术分会落户于该工业园。湖南省电子陶瓷质量监督检测中心设娄底市，对电子、电气陶瓷、结构陶瓷化验参数等44个项目进行检测；全国陶瓷标准化委员会结构陶瓷分技术委员会秘书处，设新化县鑫星电子陶瓷有限公司。是年12月，娄底市安地亚斯电子陶瓷有限公司复审通过国家级高新技术企业认证。至年底，全市电子陶瓷企业申请专利370项，通过省级科研成果鉴定20项，签订产学研合作项目20个，申请国家专利20项。

2017年，湖南美程陶瓷科技有限公司、亚龙电子、长江电子等20户特种陶瓷企业入驻新化经济开发区特种陶瓷及新材料产业园，有美程陶瓷、长江电子、福美来电子等3家投产，年产值1亿～3亿元。冷水江市电子陶瓷规模企业4家。至年底，全市电子陶瓷产业以新化县为基础，逐步发展成为全国电子陶瓷出口基地，产品从单一品种发展到1000余个精细陶瓷品种，形成集陶瓷生产、机械制造、技术开发、产品营销于一体的电子陶瓷产业集群，电光系列、温控系列、金属化系列、电路基板材系列、保险管系列、真空管系列、时热系列、耐磨系列及水阀系列等十大精细陶瓷的工艺技术，达到国内领先水平，产品占全国市场70%以上。部分产品远销国外。

第三十二篇

轻工业

概　述

1990年，全地区有制药企业3家（中药制剂），生产18种制剂，产值300余万元。1991年，冷水江制药厂与湖南省中医药研究院合作研发出治肝癌新药——“肝复乐”中成药。1993年，肝复乐生产线中成药片剂扩建为年产5亿片规模。湖南回春堂制药厂建成投产，产值380余万元。湖南吉田医药包装有限公司年产4700万套药用塑瓶的生产线建成投产，填补省内空白，1994年，生产一次性医用注射器1.2亿支，产值近亿元。2003年，境内建成中药材基地30个。2010年，湖南省回春堂制药厂在涟源市重点乡镇种植中药材5300余公顷，至2015年，域内种植中药材1.93万公顷。2017年，全市药品生产（含器械）规模企业7家，生产药品8166吨，产值5亿余元。

1990年，境内有大小食品加工企业1042家（含个体小作坊），从业者万余人，加工大米、面粉、食用油、辣酱豆制品、茶叶、饮料、糖果、酒等产品，年产值2.21亿元。1991年，全地区农副产品加工业完成12项技术改造，产值2.29亿元。1995年，全地区规模企业生产的农副产品14种，有7种产品产量较上年大幅增长，其中黄酒产量增长25倍。

1996年，全地区着手建立优质稻、瘦肉型猪、黑山羊、商品牛、茶叶、柑橘等农副产品原料和加工基地，用本地资源发展优质大米、肉类、辣酱、豆制品、酒、精制茶等加工业。永丰辣酱，富田桥豆腐等一批特色食品畅销省内外，涟源湄江春大曲获北京第五届亚太地区国际贸易博览会金奖。至2000年，域内有农副产品加工企业168家，产值9.4亿元，出口354万元。2002年，永丰酱业公司评为省级农业产业化龙头企业。2005年，全市有规模食品加工企业8家，特色产品12个。2006年底，娄底庆阳牧业食品公司建成年加工150万头生猪生产线，天华牧业建成年加工10万头肉牛生产线并开发系列牛肉冷鲜食品，娄星区17种农副产品获省绿色食品认证。2008年，湖南味菇坊生物科技有限公司生产的产品除满足本地市场外，还远销欧洲和我国港澳地区。2010年，双峰县扶植发展4家优质大米规模加工企业，年产10万余吨。是年，全市食品加工企业888户，产值47.8亿元。

2011—2016年期间，永丰辣酱被评为全省十大名牌农产品之一，湘军酱业公司生产的“湄水湾”牌辣酱被评为国家地理标志标识保护产品，精品名茶——渠江薄片、梅山银针等，远销国外。2017年，全市有79家食品加工企业，产值128.15亿元。

1990年，娄底地区其他日用消费品工企业有60余家，从业者1.25万人，年产值1.57亿元。1991年，娄底地区华兴运动衫厂调整产品结构，花色品种增至12个、款式达200多种，完成年产值67.8万元，创利4.3万元。是年，娄底制革业扩大市场旺销的羊皮、牛皮服装面革生产，当年完成产值1402万元；湘中地质印刷厂四色地图印刷试验成功。1992年，洪源、湘峰机械厂（军工企业）研发生产民品自行车22.6万辆，“波月”“松鹤”等品牌广受消费者青睐。是年，涟源锅厂“鑫字牌”铁锅、涟源工具厂的“飞箭牌”钢丝钳被国家轻工业部评为优质产品，冷水江服装厂生产的“波月牌”西服在上海（1992年）全国服装博览会上获奖。是年底，全地区16家纺织企业完成产值8763万元。1994年，新化瓷业集团瞄准国内、外市场，生产出口无铅餐具瓷、工艺美术瓷，年产3500万件，创产值5856万元。1995年，涟源皱纹纸厂生产的“皇后”牌餐巾纸获省优质产品奖和全国轻工产品博览会铜奖。

1996年，全地区5家纺织企业产值6112万元。2003年，五江轻化集团有限公司生产的保温瓶胆获省名牌产品，2007年，产量1.66亿个，2008年，增加至2.7亿个，成为全国最大的保温瓶生产基地。是年，全市纺织企业总产值8509万元。2015年，娄底市规模服装企业总产值14.8亿元。2017年，全市14家重点制鞋企业（含制鞋材料生产企业）产值29.7亿元。全市陶瓷产业完成产值74.8亿元。

2017年，全市生产电子元件2359万只，光电子器件4525万只（片、套）。

第一章　医药工业

第一节　药品制造

一、中成药

1990年，境内主要中药制剂生产企业有冷水江市制药厂等3家，涟源市人民医院、涟邵矿务局职工医院等医疗机构设有制剂室，生产葡萄糖注射液、炉甘石冲剂、注射用水等18个品种，年产值300余万元。1991年，水江市制药厂与省中医药研究院共同开发出肝复乐，在冷水江市制药厂批量生产。1992年6月，《肝复乐的研制与新工艺研究》追补为国家“八五”科技攻关项目。同年7月，在墨西哥城举办的“1992墨西哥中国实用技术及产品贸易展览会”上，肝复乐获金奖。1993年，冷水江市制药厂投资3250万元，扩建肝复乐生产线，达到年产片剂5亿片、冲剂2000万包、糖浆1000万瓶产能。

1994年，湖南回春堂制药厂建成投产。主要生产中成药片剂、颗粒剂、丸剂、胶囊、口服液及糖浆等6种剂型30余种产品。是年，生产中成药28.3吨。冷水江制药厂生产的肝复乐成为全国第一个经卫生部批准的国家级治疗肝癌中药。1996年5月，肝复乐项目通过国家验收。1997年，湖南回春堂制药厂年产量74吨，产值突破1000万元。1999年，产销136吨，2000年，15个品种列入国家非处方药目录，其中甲类10个（银黄冲剂、喉痛灵冲剂、藿香正气冲剂、精制银翘解毒片、三宝胶囊、养血当归精、天王补心液、胎宝胶囊、胃痛丸、通便灵胶囊）、乙类5个（板蓝根颗粒、桑菊感冒冲剂、益母草颗粒、六味地黄丸、益母草膏）。2001年，新修订的《中华人民共和国药品管理法》颁布实施，医院制剂配制条件和标准提高，除田心卫生院制剂室外，其他医院制剂室自行关闭。是年，湖南回春堂制药厂生产中成药107吨，完成总产值3283万元，实现销售收入2750万元。

2002年，冷水江市制药厂被华禾药业收购，更名华禾药业冷水江市制药有限责任公司。湖南回春堂制药厂组成湖南省回春堂药业有限公司，是年，完成产值3500万元，销售收入2800万元。华禾药业冷水江制药公司实现销售收入4313万元，创利税659万元。2003年，回春堂药业投资2310万元，进行GMP技术改造，年生产能力达到600吨规模，年新增产值8000万元、税金360万元、利润640万元，2004年，该公司全部产品通过国家药品GMP认证，是娄底市首家通过GMP认证的制药企业。

2005年，湖南伍星生物科技有限公司落户双峰工业园，以动物软骨为主要原料，采用生物酶解技术，开展生物制药，生产用于治疗和预防风湿、关节炎、心脑血管疾病等的药品。回春堂药业生产中成药270吨。2007年，回春堂药业产值7683万元，上交国家税金193万元。同年，田心卫生院配制中药特色制剂龙山胃乐、灭湿搜风痛、扶脾养肝丸、癌痛灵、玄驹肝宝口服液、强力乙肝解毒片等20个品种，年收入80多万元。2009年，娄底市雅龙生物科技有限公司在双峰县锁石镇投资办厂，生产青蒿素。2010年，湖南威嘉生物科技有限公司在双峰县工业园，利用植物青蒿、甜菊、银杏叶，生产医药、化妆品、保健品生产所需的提取物。是年，娄底市同济药业有限公司，未取得药品GMP证书再认证，退出药品生产领域。2012年，回春堂药业有限公司研制的追风透骨胶囊0.32克／粒获湖南名牌产品称号。2014年，华禾药业冷水江市制药公司产值1亿元，获得国家药品GMP认证。2015年，雅龙生物公司生产青蒿素15吨，创产值1875万元，实现利税265万元。2009—2016年，湖南威嘉生物公司累计生产青蒿素200吨，完成产值3亿元，完成税费2300万元，出口创汇657万美元。2017年，湖南伍星生物公司年产硫酸软骨素250吨、蛋白粉2000吨，产值7000余万元，创税利1200万元。全市医药行业开展

“创三品”（即增加品种、提高品质、创名品牌）活动，湖南回春堂药业获得38个国药准字号产品批文，产品涵盖内科、心血管、妇科、肿瘤、伤科、保健系列等39个中成药品种。华禾药业冷水江市制药公司研发的通宣理肺冲剂、夏参、胃胶囊列入国家三类新药，肝复乐列入国家新三类中药保护品种。康哲药业在冷水江市经济开发区新建年产5000万片肝复乐药品生产线。是年，全市药品生产规模企业7家，完成固定资产投资11.1亿元，生产药品8166吨。

1995—2015年娄底市部分年份中成药生产情况表

表32-1

年 份	1995	2000	2005	2010	2015	2017	合 计
产量(吨)	283	432	618	384	5540	8166	15423

二、中药材

中药材种植境内天然生长的中药材2000余种，长年生长的有杜仲、厚朴、芍药、玉竹、射干、白术、牡丹、黄柏等20余种。1991—1992年，医药企业加强中药材生产、收购管理，增加力量，以需定产，以销定购。全地区中药材种植829.6公顷，收购中药材69.21万千克。2003年，全市形成规模的中药材基地30余个。

2010年，湖南省回春堂药业公司在涟源市古塘乡、石马山镇、三甲乡、伏口镇、荷塘镇等6个乡镇和龙山国家森林公园，建设12个中药材种植基地，采取“公司+基地+合作社+农户”的运作模式，种植中药材5333公顷，带动8100农户增收。

2015年，全市中药材种植1.93万公顷。2016年，新化县被评为首批湖南省中药材种植基地示范县，2017年，该县8个专业合作社种植中药材1.05万公顷。

中药材加工2004年，市政府制订《娄底市中药材开发“十五”计划》，在产业政策、技术、项目和资金等方面积极扶植中药材产业发展。2005年2月，湖南福泰中药饮片有限责任公司投资9860万元，在双峰科技工业园建设中药饮片生产基地，其生产的中药和原生药材供应国内80余家大中型中成药厂和市、县级中医院及医药销售企业，被评为娄底市农业产业化龙头企业。2006年，生产中药饮片800余种，产量4600余吨。

2011年，中药材加工工艺、设备技术创新，产品质量提高。是年，湖南华人中药饮片有限责任公司采用滚筒式炒药机、高速往复式切药机、变频式风速机、翻板式烘干机等40余台先进设备深加工中药材、中药饮片1.6万吨、药茶药膳5000吨。该公司生产的华人凉茶获中国西部（湖南）国际农博会金奖。2012年，新化县新都天然色素厂利用天然栀子深加工黄色素，年产量100吨，带动科头、槎溪、奉家、田坪等6个乡镇农民致富。2017年，回春堂药业公司建有片剂、胶囊、丸剂、口服液、糖浆、颗粒剂6条符合新版GMP标准的中成药生产线，生产38个中成药产品。

湖南回春堂药业有限公司（2021年4月摄）

第二节 医疗器械

1990年，娄底地区八一橡胶厂生产医药瓶塞，年产能4000万个，实际生产1928.3万个。1991年，该厂医药瓶塞产量1197.76万个，比上年下降37.9%。该厂首产医用橡皮胶带，年产能100万筒，实际生产27.21万筒。1992年8月，娄底市引进香港张氏投资公司，与娄底市塑料厂共同投资1460万元，成立湖南吉田医药包装有限公司，引进药用塑料瓶生产线，1993年11月竣工投产，年产能力4700万套，产品填补省内空白。1994年，吉田医药包装公司引进“美国PE医用塑料一次性注射器”技术，年生产一次性注射器1.2亿支。1999年4月，湖南塑料工业集团娄底塑胶股份有限公司挂牌成立，主产塑料医药包装容器，年生产能力5000万套。2001年7月，湖南中源医用材料有限公司生产的蛋白缝合线获得国家三类《医疗器械注册证书》，为娄底首张医疗器械产品许可证书。2002年12月，湖南吉田医药包装公司生产的药用包装瓶获得国家GMP认证。2005年湖南省中源医用材料有限公司、娄底市光辉医疗器械有限公司分别获得三类和二类“医疗器械生产许可证”。

2010年5月，湖南省健缘医疗科技有限公司，在娄底经开区第一工业园投资建厂，2011年6月，公司获得二类“医疗器械生产许可证”。2012年4月，年产15万台中医封包综合治疗仪、5000台中医超声药透电疗仪项目竣工投产。2015年，公司实现销售收入1.04亿元，创利润916万元，上缴税金437万元。2017年，公司生产中医封包综合治疗仪11.25万台、中医超声药透电疗仪2478台，产品销往30个省、市、区和东南亚、欧美等国家和地区，实现销售收入1.54亿元，利润1373万元，上缴税金915万元。是年，全市有医疗器械生产许可企业3家，获得三类医疗器械注册批准文号1个、二类4个、一类15个。

第二章 食品工业

第一节 农副产品加工

1990年，全地区农副产品加工企业1042户，从业人员1.07万人，年加工大米7.8万吨、面粉1.2万吨、食用植物油1184吨、罐头625吨、饮料酒（混合量）8652吨、茶叶7845吨、糖果600吨、无酒精饮料321吨，总产值2.21亿元，销售收入1.37亿元，出口0.68亿元，创利税887万元。

1991年，娄底地区农副产品加工企业技术改造12项，投资362万元，开发新产品10个。是年，全地区总产值2.29亿元，销售收入1.52亿元。1992年，引导企业参加技术交易会，引进技术50多项，开发新产品15个，完成短平快技改项目19项，投资1123万元。是年，全地区农副产品加工企业总产值2.32亿元。1995年，列入全地区统计的规模以上农副产品加工14个品种，比上年增加4种。原有的10种产品中有7种产量均比上年增长，增幅最大的是黄酒，增长24.87倍。增加的4种产品及加工量：糖果181吨、糕点1528吨、饼干90吨、果蔬汁饮料790吨，有8种食品加工产量增长率为10%~24%，增长最快的软饮料和冷冻饮品分别比上年增长152.7%和231.3%。列入地区统计的两家规模以上国有酒厂——涟源市酒厂和双峰县酒厂加工食品和饮料，全年产值301万元、工业增加值208万元，实现销售收入479万元，上缴税金29万元，亏损61万元。水果罐头、果酒、碳酸饮料，分别比上年减产6.6%、97.5%和18.35%。

1996—2000年，地委、行署提出将食品行业发展成新的支柱产业，一批农产品加工基地、一批名牌产品乘势而上。至2000年底，全市有乡及乡以上农副产品加工企业168家，年产值9.4亿元，出口交货值354万元。全市加工大米、面粉、面条的食品企业100余家，年销售收入500万元以上的21家，比上年减少5家。11家企业亏损1076万元，3家停产。

2002年，永丰酱业公司被省政府评为农业产业化龙头企业。2004年，乐开口实业公司多功能放心米粉机生产的米粉通过省技术监督局QS论证和中国绿色食品论证。2005年，全市农副产品加工骨干企业8家，特色品牌12个。全市农副产品加工产值14.07亿元，利润1008万元。2006年底，庆阳牧业食品有限公司投资6000多万元，建成年加工150万头生猪生产线，2007年又开发冷鲜肉、火腿肠、腊制品等系列产品。天华牧业建设年屠宰加工10万头肉牛生产线，开发冷鲜分割牛肉、肉牛馄饨等系列产品。娄星区"亲情果"饮料系列产品等60种农副产品获无公害认证，17种获绿色食品认证。2010年，锁石精制大米厂、老百姓大米厂等4家大米加工企业，通过公司+基地+农户的模式，年产精制大米10万余吨，产值1.2亿元。全市农副产品加工企业888家，实现销售收入47.8亿元。

2011年，双峰县上规模的大米加工企业15户，加工辣酱、豆干、糕点的小微企业20户，涟源市斗笠山镇花萼牌红薯粉丝小型加工企业10家。2012年，娄底庆阳牧业食品有限公司加工的肉制品系列产品，获省名牌产品称号。是年底，在娄底经开区建设的华润雪花啤酒（中国）有限公司娄底分公司，2条啤酒生产线投产，500毫升6个系列、330毫升3个系列产品投放市场。2013年，双峰县永丰酱业有限公司生产的"湘宝"牌系列辣酱，获湖南省国际农博会金奖、省十大名优农产品品牌，被农业部认定为无公害农产品。湘军辣酱有限公司生产的湄水湾牌辣酱，被国家质量技术监督总局评定为国家地理标志标识保护产品。是年12月，富厚酒业公司白酒生产线在娄星区工业集中区建成投产，年产白酒6000吨。2014年，湖南灯塔米业有限公司加工的大米获湖南名牌产品称号。2014—2015年，湖南前进食品公司分别开发以红薯、香葱、芝麻等为主要原料的手工系列薄饼和休闲食品，年均销售收入1.35亿元。2016年，新化县王斧山食品有限公司生产的豆制品、涟源市备行农业开发有限公司生产的蔬菜干制品获评湖南名牌食品。是年，湖南省渠江薄片茶业有限公司生产的渠江薄片、奉家米茶、梅山毛尖、梅山银针等系列产品，远销国外。2017年，全市农副产品加工规模企业79家，从业1万余人，加工农副产品60.21万吨，产值128.15亿元，实现销售产值118.74亿元，利税11.91亿元。

第二节　生物食品生产

2008年，湖南味菇坊生物科技有限公司在万宝新区从事菌菇工厂化生产与加工。主要产品有灰树花（舞茸）、鲜银耳。2009年，在全国首家实现灰树花（舞茸）、鲜银耳工厂化生产，产品出口欧盟。此后，连续两年市场占有率、增产率居国内首位。2010年，该公司产品获中国中部（湖南）国际农博会金奖。是年5月，湖南省和盛农业开发有限公司工厂化生产杏鲍菇。2012年8月，湖南忠食菌业有限公司在涟源经济开发区成立，从事食（药）用菌研发、生产、加工，主要产品有食用菌鲜品、干菇。公司利用农作物秸秆作为培养料生产食用菌，形成"废弃物—资源—产品—废弃物—再生资源"的循环链条。2017年，湖南味菇坊生物科技有限公司生产灰树花（舞茸）、鲜银耳6500吨，实现销售收入2.5亿元。湖南忠食菌业公司生产食用菌1800吨，销售收入2949.1万元，利润479.9万元。是年，全市3户生物食品加工规模企业，从业者500余人，总产值3亿元。

湖南味菇坊生物科技有限公司生产车间（2014年8月摄）

第三节 饲料加工

1990年，涟源特种饲料厂，生产900系列浓缩饲料，至1992年，饲料加工由简陋的手工投料过渡到自动化生产，浓缩饲料年单班生产能力由5000吨扩大到1.5万吨。是年，总产值1100万元。1993—1996年，全地区陆续兴办新化新大饲料厂、冷水江锑都饲料厂、涟源正大饲料厂、娄底市娄星饲料厂、娄底地区特种饲料厂等9家万吨级饲料厂和1家年产1000吨预混饲料厂，主要生产猪、鸡、鸭浓缩饲料、颗粒饲料等。是年，浓缩饲料产量3.5万吨、骨粉80吨。1997年，涟源市特种饲料厂生产的浓缩饲料被评为省免检产品。1998年，全地区饲料生产企业100余户，年单班生产能力8.5万吨，实际生产5.5万吨。是年，娄底地区900饲料厂生产的猪饲料被评为省免检产品。1999年，生猪价格下跌，养殖减少，饲料加工业产、销量减少三分之二。娄底地区特种饲料厂等饲料加工企业，采取用户先试喂后付款和企业质量跟踪、技术讲座、广告宣传等措施，开拓市场。是年底，娄底地区特种饲料厂产品销往本省除郴州、湘西、常德之外的广大地区和贵州、江西等省，月产、销量由上半年的100多吨增到400多吨。

2000年，国家支持养猪业发展，娄底饲料加工业发展加快。至2005年，全市规模以上饲料加工企业，生产饲料2.83万吨，产值7337万元，销售收入7518万元，利税541万元。2008年，饲料生产规模企业由上年的4家减少到3家，生产饲料1.76万吨，产值6947万元，利润743万元，比上年分别下降25%、7.1%和24.8%。2009年和2012年，湖南娄底胖哥饲料有限公司生产的“胖哥”牌猪饲料被评为省名牌产品，商标被评为省著名商标。2012年底，饲料市场供大于求，竞争加剧，中小型企业兼并重组或破产淘汰，全市先后有7家饲料加工企业被淘汰，市外大型饲料厂相继进入市内，年产20万吨的娄底东方希望动物营养有限公司、年产10万吨的新化浏阳河饲料有限公司投产。2013年，年产24万吨的娄底湘大骆驼饲料有限公司建成。是年，全市生产饲料11.7万吨，其中配合饲料8.6万吨，浓缩饲料3.1万吨。饲料品牌100多个，工业产值4.68亿元。全市饲料经营门店274家，饲料自配料点750个，饲料加工点21个。2014年，全市生产饲料9.78万吨，比上年减少1.93万吨，减少16%。2016年，全市饲料加工企业进入转型升级阶段，年初9家持证企业，只有3家换发新生产许可证，有2家兼并重组，4家达不到生产要求停产。2017年，全市饲料加工业有持证生产企业4户，生产饲料18.99万吨，其中配合饲料3.14万吨，浓缩饲料0.14万吨，混合饲料9.66万吨，工业总产值3.14亿元。

1990—2017年娄底市部分年份食品加工业主要产品产量表

表32-2

年 份	大 米(万吨)	食用植物油(万吨)	鲜、冻畜肉(万吨)	糖果(吨)	糕点(吨)	精制茶(吨)	饲料(万吨)
1990	—	0.12	—	—	—	—	6.54
1991	—	0.12	—	—	—	—	6.54
1995	1.27	0.17	—	—	—	—	3.36
2000	37.29	0.10	0.20	155	177	1207	5.54
2005	—	—	—	—	—	—	2.83
2010	8.39	0.05	4.53	2056	5397	—	3.32
2015	21.36	1.00	1.98	2514	—	43	15.03
2017	27.38	2.00	2.06	2714	—	848	18.99

第三章　其他轻工业

第一节　纺织服装制鞋

一、纺织

1990年，境内国有纺织企业7户，集体企业5户，从业人员4784人。主要设备有棉纺锭2.5万锭，系列织机274台，床单织机72台，毛巾织机98台，针织设备190台（套）。是年，生产棉纱1808吨、棉布324万米、毛巾388万条、床单13万条、内衣192万件、纬编布145万米、袜子55万双，产值3385万元，销售收入3581万元，亏损202.5万元。

1991年，娄底地区纺织企业调整产品结构，扩大生产，生产棉纱1839.65吨，产值1819.34万元，销售收入1982万元，亏损192.5万元。双峰县织染厂由被单布转产工业帆布，销售收入比上年增长12.8%，实现利润7万元。湘中针织厂压缩滞销亏损的汗衫背心类产品23万件、蚊帐布34吨，扩大外销量14万件，全年实现利税68万元。1992年，娄底纺织厂生产棉纱3342.5吨，产值3321万元，销售收入3643万元，实现利润2.2万元，首次扭亏为盈。湘中针织厂生产针织内衣159万件、纬编面料94吨，产值1092万元，销售收入925万元，出口创汇交货值比上年增长106%。是年底，全地区纺织企业16家，从业人员5034人，工业产值8763万元，销售收入5836万元。

1993年，全地区纺织业亏损1084万元，系统内10家独立核算企业，9家亏损，亏损1127万元。1994年，涟源市织染厂生产纯棉布26.2万米，产值35万元，亏损20.8万元。1995年，冷水江市床单厂、涟源市织染厂、双峰县织染厂、娄底工用布厂相继停产。湘中针织厂生产针织面料服装15万件，比上年下降31.82%。是年底，全地区纺织企业8户，从业4593人，完成产值5623万元，亏损1896万元。1999年，全地区5户纺织企业，工业产值5552万元，销售收入4019万元，亏损321万元，亏损面80%。2000年，全地区纺织企业5户，从业者2060人，总产值6112万元，销售收入4553万元，亏损226万元。

2001年，娄底纺织厂由裕辉纺织股份有限公司重组经营，2002年，减亏98.2%。2003年12月，娄底纺织厂和裕辉纺织股份有限公司整体转让给浏阳建辉纺织有限公司，成立中鑫纺织有限公司，发展化纤纺织和棉纱纺织。冷水江盛达纺织股份有限公司由原1万纱锭扩大到3万纱锭水平。是年，全市纺织业纱锭产能5万锭，毛巾产能100万平方米，床单产能500万平方米，完成工业总产值6133万元。

2004年，大批小型针织企业陆续落户双峰县梓门桥镇、杏子铺镇，双峰县委、县政府出台《关于加快发展针织产业的实施意见》，加以引导扶持，至2008年，针织企业发展到44户，针织机械1万台，从业人员8000余人。是年，全市纺织工业规模企业完成总产值8509万元。

2010年，全市纺织工业开发高支、轻薄织物麻棉、化纤、变形纱、各种印花涂料和纯棉涤棉稀薄织物、高档针织用纱、仿真丝织物、精梳麻棉无结头纱。至2017年，全市有规模纺织企业4户，总产值6.26亿元，创利润6944万元。

二、服装

1990年，境内有服装企业9家，职工942人。是年，生产成衣、内衣235万件。1991年，新化县服装厂、轻工综合厂、福利厂和城关镇“三八”服装厂年产值124万元，上缴税金1万元，亏损2万元。1992年，全地区服装企业推进技术改造，开发新产品。华兴运动衫厂新购置具有国际先进水平的GC70701-1型电脑刺绣机，形成裁剪、缝纫、刺绣、印花、整烫一条龙，花色品种由建厂初期的2种发展到12种、200多个款式，产品畅销全省各地，远销新疆、内蒙古、贵州、湖北、广西等省区，全年完成工业产值67.8万元，创利税4.3万元。冷水江市制服厂生产的“波月”牌高档西服系列产品，参加上海“92”全国服装精品博览会获五项大奖。是年，全区服装工业销售收入708万元，利税94.37万元。1993年始，受沿海低成本服装冲击，服装企业被迫压缩生产。1994年，全地区生产服装96.19万件。

1998年，涟源市机绣童装厂试行租赁经营。是年，列入地区规模统计的服装企业减少到1家，生产梭织服装、羽绒服等服装52.8万件，产值719万元，销售收入544万元。1999年，全地区规模服装企业生产服装71.5万件，产值1080万元，亏损616万元。2000年，列入地区规模统计的服装企业——冷水江市制服厂，生产便服套装2.3万件，产值101万元，亏损19万元。2008年，湖南金鹰服饰集团有限公司生产的西服、大衣，获湖南名牌产品称号。

2010年8月，涟源市龙塘制衣有限责任公司生产中高档系列成衣衬衫。此后，全市服装行业推广CAD／CAM电脑辅助设计和制造技术，实现设计个性化、裁剪自动化、缝纫高速化、传输吊挂化。至2015年，全市有5户规模以上服装企业，从业人员1308人，生产服装413万件，产值14.8亿元，创利润1.39亿元，上缴税金103万元。2016年，龙塘制衣有限责任公司完成工业产值2829万元，实现主营业务收入2829万元，上缴税收18万元。2017年，全市服装工业进行结构调整和产业升级，改造成人中高档衬衫生产线。是年，全市有6户规模以上服装企业，从业人员1340人，生产服装132万件，完成产值3.27亿元，创利润1353万元。

三、制鞋

1990年，境内制鞋厂和皮革制品主要分布在涟源市和双峰县。规模较大的涟源市制鞋厂，布鞋年产能45万双。是年，全地区规模以上制鞋企业生产布鞋40万双，生产皮鞋69万双。1992年，全地区县市属皮革制造厂的生产能力为10万双皮鞋，产值583万元。1993年，涟源市制鞋厂生产布鞋3.94万双。是年，涟源市兴办桥头河镇皮鞋厂等3户皮革制造企业（个体）。1994年后，全地区制鞋企业加强营销，促进布鞋生产。是年，全地区生产布鞋44万双，1995年，增加到190万双。1997年，涟源市个体制鞋户生产皮鞋4.5万双，2000年36万双，县市属皮革制品企业产皮鞋4000双。2001年，涟源市制鞋厂被涟源市烟草公司以162万元整体收购。是年，双峰县印塘乡、永丰镇私营布鞋业悄然兴起，至2005年，小型布鞋企业发展到38户，有制鞋机2000余台，从业者2000余人，年产能500万双，产品销往湖北、江西、贵州、广西等10多个省，年销售额4000万元，年产布鞋25万双以上、产值过100万元的企业4户，年产布鞋10万～25万双、产值过50万元的企业15户，年产1万～10万双布鞋的企业12家，生产制鞋材料的企业7家。

2006年，双峰县充分发挥传统优势和劳动力资源优势，积极承接沿海产业转移，引进制鞋龙头企业。2007年，引进世界十大鞋业之一的兴昂国际有限公司组建双峰分公司。是年11月，兴昂第一期工程投产，建成16条鞋面生产线，招聘员工2000多人，主产男女时装鞋和休闲鞋，产品出口欧美市场。次年5月，第二期工程投产，招聘员工1000余人，年产鞋底100万双。2008年，全市皮鞋制品规模企业生产皮鞋、皮靴300.5万双。是年底，荣诚鞋业有限公司引进台资落户双峰县工业园，租用园区标准厂房，建成18条针车生产线和9条截断生产线，生产阿迪达斯等国际知名品牌运动鞋，形成年产鞋240万双生产能力，2010年，上缴税金400万元。2011年，兴昂公司在工业园区邻省道娄衡公路旁购地7.3公顷，建设厂房、办公楼。2012年，全市有皮鞋规模企业4家，从业人员5262人，产值7.04亿元，利润7497万元，完成税收2001万元。至

双峰县荣诚鞋业有限公司（2012年7月摄）

2015年，兴昂公司员工1889人，产品远销国外，年出口产值3000多万美元。是年，湖南远美鞋业有限公司在永丰镇东华科技园办厂，投资3691万元，形成年产皮鞋30万双、皮带皮具2万套生产能力。2017年，该公司总产值3600余万元，创税利40万元。荣诚鞋业资产2亿元，年产值3.2亿元，创利税1500万元。是年底，全市有重点制鞋企业和皮革制品厂14户，销售收入50.46亿元，其中皮鞋制造业11户，销售产值29.66亿元，利润2.82亿元，完成税收0.39亿元。

1990—2017年娄底市部分年份纺织、服装、鞋类产品产量表

表32-3

年 份	布匹(万米)	纱(吨)	服装(万件)	毛巾(万条)	布鞋、皮鞋(万双)
1990	324.42	1803	192	368.25	45.00
1991	325.31	2279	95	267.34	31.43
1995	136.00	2732	—	—	190.00
2000	—	5465	75	31.00	714.51
2005	348.00	5745	3	348.00	250.00
2010	—	4417	356	—	200.00
2015	21.36	7954	413	—	153.00
2017	—	7492	1232	—	900.00

第二节 塑料皮革制品

一、塑料制品

1990年，新化塑料厂开发PVC塑料管投放市场，20天内订货金额200多万元。冷水江塑料二厂开发塑料大米淘沙器。娄底市塑料厂生产的塑料壁纸，图案由过去的7种增加至21种，花色由21个增加到80个，产品打入上海市场，获轻工部和省优质产品，全年实现利润67万元。是年，娄底地区有国有、集体塑料制品企业16家，生产钙塑、中空注塑产品、薄膜、编织袋、全塑鞋等塑料制品2430.82吨。

1991年，全地区塑料制品企业扩大农用地膜、PVC塑料管、塑料大米淘沙器等10余个畅销产品生产和销售，限产平板编织袋等平销产品。全地区县以上塑料制品企业7家，从业者1089人，完成工业产值2050万元，实现销售收入1515万元，上缴税金90万元，创利润53.5万元。1992年，涟源市塑料厂扩建钙塑生产线，年产农用塑胶桶、饲料槽等钙塑制品400吨。新化县塑料厂在中越边界地投资20多万元，建设对外贸易楼，开展贸易业务。是年，全地区县以上塑料制品企业7家，从业者1260人，产值2048万元。1994年，全地区国有、集体塑料制品企业产量下降到542吨。1995年，民营塑料制品业兴起。是年，涟源市塑料制品增加到5204吨。1998年，全地区塑料制品年产能5000吨，其中农地膜1600吨，管材、异型材、扣板年产能1000吨，塑料医药包装容器年产能5000万套。1999年4月，娄底市塑料厂新组建塑胶股份有限公司，2000年，销售收入411万元，亏损6万元。2005年，娄星区塑料厂改制为民营企业。2009年12月，娄底市朝阳塑胶有限公司在娄星区小碧工业园建成年产值4000万元的钢塑排污管生产线，生产口径0.6米至1.8米共10余个规格的双平壁钢塑排污管，填补中南地区市场空白。至2014年，该公司获国家专利90项，其中发明专利8项。先后将防漏宝、大口径竹塑排水管、大口径钢塑排水管、大口径钢塑混凝土复合排水管等四大系列60多个专利转化为生产力。2015年，涟源

市三甲乡引进塑料制品企业，投资2500万元，扩建年产6000万条编织袋生产线。2017年，该企业实现销售收入3500万元，创税收20.3万元，娄底朝阳塑胶有限公司销售收入3.49亿元。是年，全市塑料制品业有14家规模企业，从业者1167人，生产塑料制品5.89万吨，总产值13.84亿元，营业收入9.77亿元，实现利润5957万元，上缴税收874万元。

二、皮革制品

1990年，境内制革业有涟源市制革厂、新化县皮革厂2家，从业人员250人。是年，鞣革产量16万标准张，铬鞣山羊正面服装革被评为省优产品。1991年，限产滞销产品猪皮革，扩大羊皮服装革、牛皮面革等畅销产品生产，全地区制革业产值1402万元，销售收入1165万元，上缴税金22万元，创利润2.5万元。1992年，全地区制革业产值1178万元。1995年，全地区制革业鞣革产量仅8万标准张。是年，涟源市制革厂试行股份制改造，1996年8月，重组为雄达制革有限公司。是年，全地区制革业年产能30万张，鞣革实际产量0.3万标张。1997年，因产品滞销，雄达制革有限公司停产。2003年，涟源市制革厂由民营企业湖南创安防爆电器有限公司整体收购。是年，全市制革业工业产值274万元。2004年后，因污染大、效益差，制革业退出市场。

第三节　造纸印刷

一、造纸

1990年，境内造纸工业有7户独立核算企业，即全民所有制企业娄底市湘中造纸厂、涟源市造纸厂和集体所有制企业涟源市皱纹纸厂、双峰县造纸厂、新化县造纸厂、新化县造纸二厂、新化县纸板厂，从业人员1904人，生产瓦楞纸、单胶纸、双胶纸、有光纸、卫生纸、书写纸、箱板纸等12种产品。另有杨市造纸厂、五溪造纸厂等10多家乡镇造纸小企业，生产包装纸、方纸、毛边纸。是年，7家独立核算企业生产机制纸和箱板纸8787吨。1991年娄底市湘中造纸厂生产高强瓦楞纸。1992年，涟源市皱纹纸厂生产出口皱纹纸产品，出口交货值比上年增长35%。1995年，全地区造纸行业年产能3万吨，先后引进开发特种箱版纸及高档加工纸制造技术，开发提箱纸板、皇后牌纸巾纸2个新产品，纸餐巾、纸面巾、纸湿巾、盒面纸、单面胶版纸等5个产品获省优质产品奖，皇后牌纸巾系列获国家轻工部博览会铜奖。是年底，全地区造纸行业5家规模企业，亏损168万元。新化县造纸二厂、娄底市湘中造纸厂先后停产。1996年，涟源市皱纹纸厂重组为涟源皇后纸业公司，引进废纸脱墨新技术，是年，产值比1995年翻一番，高档生活用纸产品获省级新产品奖。12月，因造纸废液严重污染涟水，该厂停产，1998年破产关闭。2000年，全市规模造纸企业中仅有娄底市湘中造纸厂正常生产，是年，该厂生产机制纸和箱板纸2346吨，总产值300万元，销售收入157万元，利润5万元，减亏83.3%。涟源市内6家乡镇造纸小企业，生产低档次生活用纸，2004年，根据环保政策，全部关闭。2005年，娄底市湘中造纸厂改制为民营企业；涟源市造纸厂，资产拍卖。至2009年，双峰县、新化县境内小型造纸企业全部关闭。

2010年始，全市造纸行业生产中高档生活用纸和包装用纸，开发一次性可分解的纸饭盒、水杯和食品包装产品。2017年，全市造纸工业规模企业2家，从业者405人，完成产值1.50亿元，利润427万元，完成税收240万元。

二、印刷

1990年，境内有规模印刷企业7家，从业人员950人，从事各种平、精装书刊、书报、彩色地图、商标、广告、账簿、作业本等印刷。另有县属集体印刷厂和厂矿企业、个体办的小型印刷厂30多家。1991年，新化印刷厂新建彩印车间，发展商标印刷，被列为全省26家彩印厂家之一。该厂自行设计印刷的酒类、龙井茶等商标，获西南地区首届包装装潢设计优秀奖。湘中地质印刷厂四色地图印刷试验成功，解决了用传统方法印刷多色地图出现的难题。该厂相继印刷一批高档次的大型精装书刊，《湖南年鉴》等印装质量受到印刷出版界专家好评。1992年，省地方志编纂委员会把该厂列为“年鉴”“志书”印刷定点厂家。为改变印刷制版落后状况，地区印刷厂投资80万元，新装激光照排机，工效提高一倍。是年，该厂书刊、平彩、凸彩印刷增长15%，全厂完成工业总产值312万元，销售收入182万元，实现利税5.6万元，扭转了连续3年亏损局面。1996年，涟源市印刷厂从北京人民印刷厂购置双色彩色印刷机一套，成为娄底地区首家能彩色印刷书刊、年画的企业。是年，全地区印刷行业7家规模企业完成产值1418万元。

1997年，个体印刷业兴起，对国有、集体印刷企业带来冲击。是年6月，新化县印刷厂破产重组为新化县彩色印刷有限公司，压缩非生产人员，将6个车间改为3个分厂，实行分厂承包，企业扭亏为盈，完成产值352万元，利税6.5万元。娄底地区印刷厂资产重组，改为娄底彩冠印刷有限公司，实行股份制经营。是年，全地区印刷企业340家（含个体）。2003年10月，娄底市彩冠印刷有限公司资产出让。是年，全市印刷行业完成产值246万元。2004—2006年，新化县彩色印刷有限公司、双峰县印刷二厂、涟源市印刷厂等国有、集体企业业务减少，资不抵债，先后破产。

2010年后，全市印刷产业逐渐萎缩，至2017年，有规模企业5家，产值3.76亿元，销售收入3.71亿元，利润4784万元。

第四节　日用陶瓷、家具

一、日用陶瓷

1990年，境内有新化县瓷厂、新化县建新瓷厂、涟源市瓷厂、双峰县瓷厂和新化县建华瓷厂等8家陶瓷企业，从业人员2649人。是年，新化县瓷厂艺术瓷品种由上年165个增加到179个，全年产瓷器1659万件，出口1257万件，产品远销欧美、东南亚等20多个国家和地区。新化建新瓷厂研发“炻瓷”，年产886万件。新化县化溪陶瓷厂利用当地陶土资源，生产缸、钵、坛、瓮、罐等日用品，年产陶器40.7万件。是年，全地区生产日用陶、瓷器2629万件，出口45%，其中工艺美术瓷50%。娄底成为全省重点陶瓷产区和出口基地。

1992年，双峰县瓷厂开发“还原焰烧低温瓷”技术，填补省内空白，被列为省级“星火”项目，在全省推广。1994年，新化瓷厂生产成套西餐具出口瓷、艺术瓷，发展为中型企业，1995年，组建瓷业集团公司，其自行设计的15.2米连续式新型推板窑，烧成合格率95%，能耗下降23%。是年，双峰县瓷厂建成74.8米长高标准煤烧隧道窑，生产不同规格的茶碗、饭碗、菜碗等餐具瓷器，年产由200万件增至1000万件，产值由180万元增至400万元。是年底，全地区有独立核算陶瓷生产企业5家，从业3546人，生产日用陶瓷器3500万件，产值5856万元，销售收入4778万元。1997年，新化青峰集团新晶装饰陶瓷有限公司150万米玻化砖生产线竣工投产。是年，新化瓷厂租赁转为民营，1998年，双峰县瓷厂推行租赁承包制，新化县科技人员以租赁形式承包涟源市瓷厂，更名为涟源市工艺瓷厂，生产出口日用工艺瓷，1999年，产量429万件，产值925万元，上缴税金32万元。是年，新化县建新瓷厂生产精炻瓷1016万件，被国家发改委确定为国家高新技术产业化示范基地。2000年，涟源市工艺瓷厂生产日用工艺瓷408万件。是年，全市有独立核算陶瓷生产企业4家，员工2181人，生产日用陶、瓷器3031万件，产值3017万元，销售收入1974万元，亏损105万元。

2005年12月，涟源市工艺瓷厂资产拍卖，组建涟源市丞锋陶瓷有限公司。2007年，新化县瓷厂、新化建新瓷厂改革改制，资产拍卖。是年，全市陶瓷工业只有规模企业1家，从业者192人，生产日用陶瓷1385万件，产值2195万元，利润95.6万元，上缴税金69.6万元。2008年始，全市日用陶瓷产业萎缩。2015年6月，新化美程陶瓷有限公司真空封接陶瓷生产线竣工投产，年产封接陶瓷件3000万只。是年底，全市陶、瓷器产量31.32万件，2017年，全市生产日用陶瓷47.21万件，产值74.82万元。

二、家具

1990年，境内有娄底市家具厂，冷水江市、新化县和双峰县木工厂4家集体企业，从业者303人。是年，生产木制家具3万件。1992年7月，娄底市家具厂被娄底市塑料厂兼并。1993年，新化县木工厂停产，1995年，冷水江木工厂、双峰县木工厂先后破产。1991—1996年，乡镇个体家具业快速发展，新化县西河（沙江）衣柜加工大市场，加工成品衣柜56万套（件），销售收入2亿多元。1996年底，全地区年生产木制家具24.8万件。1998年，外地新型家具与不锈钢家具涌进市场，木制家具产量急剧减少。2000年，全市生产木制家具9000件。2003年，新化县木工厂破产拍卖。2005年，海人科技开发有限公司在双峰县经开区生产竹床垫、弹性木椅、沙发等家具，当时市场少见。至2008年，年产竹床垫4.8万张、弹性木椅2万张、坐不塌沙发1450张，产品销往全国18个省市。是年，双峰县木制家具企业发展到40家。2009年起，新化县西河镇出现木制家具企业一条街，2010年，产值2.01亿元，销售收入1.99亿元，盈利4054万元，上缴税金650万元。是年，湖南冠艺家居集团股份有限公司在新化县成立，定制整体衣柜、整体橱柜、整体卫浴、现代木门、办公家具、酒店家具、欧美式家具、新中式家具、现代竹子家具等产品。2011—2013年，该公司产品连续三届获“湖南省家具博览会金奖”。2016年，海人公司竹床垫销售额2000万元，产品获2项发明专利、6项实用新型专利。是年，全市家具行业产值9.57亿元，利润4730万元。2017年，全市家具制造规模企业9家，生产家具89.56万件，产值13.34亿元，利润6596万元。

1990—2017年娄底市部分年份日用陶瓷、家具产量表

表32-4　　单位：万件

年份	日用陶瓷	家具	年份	日用陶瓷	家具
1990	4923.56	4.76	2005	3876.22	0.76
1991	4463.92	71.97	2010	—	9.43
1995	5630.81	81.09	2015	31.33	71.54
2000	7152.00	37.28	2017	47.21	89.56

第五节　保温器皿搪瓷制品雨具

一、保温器皿

1990年，涟源市保温器皿厂生产保温杯、保温瓶、饭盒等玻璃保温容器，是省内保温器皿重点出口厂家。是年，生产保温杯60.78万个。1991年，该厂玻璃保温容器产能100万个，实产114.1万个。1996年产品滞销，产量下降，生产24.4万个，产值68万元。2000年，湖南五江轻化集团有限公司，在石门村兴建年产4000万个瓶胆的中高档保温瓶生产线，2002年，生产保温瓶胆416万个，2003年，保温瓶胆被评为省名牌产品。2007年，该公司生产瓶胆1.66亿个，占全国市场份额的25%，成为全国最大的保温瓶生产企业，年产值3.23亿元，员工2500人。2008

湖南五江轻化集团有限公司保温瓶厂生产车间（2009年3月摄）

年，全市规模企业生产玻璃保温容器2.7亿个，比2007年增长63.23%。2010年，受国家政策影响，高能耗的保温瓶产业下滑，产量逐年减少。是年，全市规模企业生产玻璃保温容器2.05亿个，2016年降至1.09亿个，2017年降至1997万个。

二、搪瓷制品

1990年，娄底地区工业搪瓷厂开发的搪瓷烟气通风管，填补国内产品空白，1995年，生产搪瓷制品200万个。1996年，涟源市宏宇搪铝工业有限公司，形成年产2000万件搪铝制品、产值上亿元的生产能力。2000年，娄底市工业搪瓷厂搪瓷制品产量400万个，2001年突破500万个。2004年，湖南五江轻化集团在石门村生产搪瓷制品，至2007年，产量、产能列全国前5名，日用搪瓷产品被评为省名牌产品。是年，全市搪瓷制品工业有规模企业4家，员工5919人，生产搪瓷制品4014吨，产值12.88亿元，出口交货值9309万元，创利润1.66亿元，上缴税金4293万元。2010年，全市规模企业生产搪瓷制品1.51万吨。2012年始，因搪瓷产业能耗高、污染重，压缩减产退市。

三、雨具

1990年，境内雨具生产企业主要有涟源市伞厂、地区工艺美术厂生产少量钢骨布伞。涟源市伞厂是全国制伞协会成员厂、湖南省制伞协会常务成员厂，从业人员183人，主要生产钢骨布伞、尼龙伞、斗笠、菜罩及伞具钢制配件，年产能伞具50万把、斗笠3万个，实际生产伞具52万把，1991年，停产斗笠。是年，涟源市、双峰县境内出现伞具个体户，从业者300余名，双峰县个体户生产棕斗笠1.48万个，全地区伞具产能60万把，实产56.18万把（涟源市伞厂52.66万把，地区工艺美术厂3.52万把），比1990年增长8.62%，产值300万元，创利税29万元。钢骨布伞合格率99%。1992年始，江浙一带折叠伞涌入市场，全区雨具生产下滑。1995年，全地区生产伞具13万把，比1991年下降76.87%。1997年，全地区生产伞具仅1.5万把，涟源市伞厂亏损严重，于1998年停产，2006年破产拍卖。至2017年，娄底伞品市场基本无本地产品。

第六节　五金制品

1990年，境内金属制品工业有娄底五金厂、冷水江金属制品厂、双峰向阳五金厂、涟源锅厂、涟源工具厂、涟源制钉厂、涟源锁厂、涟源金属制品厂8家企业，员工1386人，主要生产铸铁锅、钢丝钳、铁丝、圆钉、合页、插销、窗钩、松香焊锡丝、拉手、保险丝、色门扣、木螺丝、菜刀、剪刀、锁、管子台虎钳等20多种产品。1991年，全地区金属制品工业完成产值2002万元，销售收入1862万元，上缴税金80万元，亏损88万元。因产品缺乏市场竞争力，至2003年，全地区金属制品工业除铁锅生产外，其他五金工具配件企业先后停产。2004年始，金属门窗及类似制品、金属压力容器、不锈钢日用制品、金属成型机床、金属紧固件等金属制品业逐渐发展起来，至2017年，全市金属制品工业有规模企业37家，从业人员9323人，产值150.7亿元，实现工业销售产值149.15亿元，利税总额19.69亿元。

一、锅

1990年，境内有涟源市锅厂和双峰县三塘铺镇生产铁锅。涟源市锅厂制锅设备齐全，主要生产鑫字牌铁锅，年产能100万口，员工309人。是年，全地区实际生产铁锅61万口。1992年，鑫字牌压铸铁锅被评为国家轻工部优质产品。三塘铺镇铁锅出口美国、加拿大、欧盟、东南亚等20多个国家和地区。1991—1995年是娄底地区铁锅生产的鼎盛时期，1996年后，受“三角债”困扰和个体私营企业冲击，锅厂压缩生产，1997年，涟源市锅厂生产铁锅17.8万口产值124万元，亏损109万元，是年10月停产。1998年，涟源市锅厂一部分职工租赁经营，小量生产。另有36名下岗职工采取入股形式，自筹资金80万元组建石马山锅厂，建造1座0.8吨化铁炉与10台压锅机及相应辅助设备，生产各种型号铁锅。1999年，生产铁锅12万口，产值42万元，上缴税金1.8万元。2000—2006年，年产量8万～10万口。2006年11月，停产铁锅，转产翻砂铸件。是年，涟源市锅厂资产拍卖。2007年，石马山锅厂更名为石马山铸造厂。双峰县铁锅厂制造环保型电磁炉专用锅、精铸生铁锅、不粘锅、搪瓷锅、不锈钢锅等产品系列。恒盛锅厂与美的、九阳公司合作，长期供应配套电磁炉锅具，年产铁锅400万口，产值5000万元，利税500多万元，员工200多人。至2009年，双峰县制锅企业22家，年产民用铁锅3000万口，年产值3亿元以上，员工2000余人，铁锅生产量约占全国生产总量的10%，列全国第4位，成为全国民用锅主要生产基地。2010年，国家淘汰落后产能，双峰制锅业滑坡，市场份额减少。至2017年，该县年产民用铁锅降到1000万口，比2009年减少三分之二。

二、五金工具配件

钢丝钳　1990年，涟源市工具厂生产钢丝钳，年产能200万把，该厂拥有压力机、冲床、铣床等各种设备282台（套），员工484人。1991年，该厂万把钢丝钳综合能耗降到4.82吨，比省级先进企业标准低0.13吨；“飞剪”牌6寸钢丝钳被轻工部评为优质产品。是年，该厂生产钢丝钳194.49万把。1991—1993年，涟源市工具厂投资360万元，实施为期三年的500万把钢丝钳技改工程。1994年，开发生产美式大头钳、剥线钳、电讯剪切钳等新产品。是年，员工597人，完成产值803万元，全员劳动生产率1.35万元／人。1997年，产量下滑至178.4万把，亏损191万元，上缴税金7万元。1998年，实行租赁承包。1999年生产钢丝钳115万把。2001年，生产22万把，企业停产。

家用锁　1990年，境内锁具生产企业主要是涟源市锁厂。地区工艺美术厂生产少量家具锁。涟源市锁厂有万能铣、空压机、工具磨床、开齿机等设备68台（套），从业人员69人，主要生产家用锁、双保险门锁，年产能各20万把。是年，因市场疲软，实际生产2.28万把。1991年，全地区生产锁3.17万把，其中涟源市锁厂生产3.09万把，地区工艺美术厂生产800把，比上年减少3.14万把。1996年，涟源市锁厂停产，由涟源市矿山机械厂收购。

圆钉　1990年，境内圆钉生产企业有涟源市圆钉厂。该厂拥有自动制钉机、拉丝机、车床等设备69台，从业人员75人，主要生产圆钉和黑铁丝，圆钉年生产能力1200吨、黑铁丝1400吨。是年，实际生产圆钉356吨、黑铁丝102.63吨。1991年，该厂生产圆钉403吨、黑铁丝204吨，分别比上年增长13.2%、98.77%。1993年，因产品库存增大，流动资金短缺，生产下滑，全年仅生产圆钉、黑铁丝120吨。1994年停产，2000年破产拍卖。2007年，涟源市茅塘镇工业区兴建石门制钉厂，年生产圆钉125吨，产值60万元，厂子规模小，不久关停。

焊条　1990年，境内生产焊接材料的企业有涟源市焊接材料厂。1991年9月，该厂更名为湖南三一集团有限公司，生产特种电焊条。1992年，产量4708吨，1997年下降至989吨。2000年，产量逐渐增长，至2001年生产焊条2400吨，2005年达到2600吨，2006年停产。

打火机　2014年始，雄风五金有限公司在双峰县青树坪镇单家井购买原县公路局苗圃场，建设占地3万平方米厂房，生产打火机零配件及组装打火机。2016年投产，从业人员90人。是年，生产打火机2.8亿只，产值4000万元。2017年，产量3.5亿只，实现销售收入5000万元。

第七节　家用电器

一、电热水器

1997年，湖南第二大民营企业五江轻化集团在涟源市茅塘镇石门村开办碧波尔家用电器有限公司，研发生产快速电热水器、预即混合式电热水器、储水式电热水器。2000年，“碧波尔”品牌电热水器，通过国家3C认证和ISO 9001：2000国际质量体系认证，经国家权威机构鉴定：产品整体技术1项达到国内同类产品领先水平、1项达到国际先进水平。2003年，公司搬迁至娄底经开区，征地20公顷，建设新厂房，电热水器产能扩大到60万台／年。2007年，“碧波尔”热水器被评为省名牌产品，产品销往省内外，出口至俄罗斯等多个国家和地区。2014—2016年，电热水器产品市场竞争激烈，碧波尔公司生产逐年萎缩，2017年停产。

二、电取暖器

1998年，湖南瑞奇电器有限公司成立，专业研发、制造电取暖桌、多功能升降电取暖茶几等产品。1998—2000年，公司处于研发试制阶段。2001—2005年，累计投放市场1.86万台（套）电取暖器。2006年始，公司加大研发投入，增加品种，提高质量，2010年，产量提高至2.5万台（套），比2005年（9000台）增长177.78%。2015年底，该公司电取暖器产量达到35000台，实现产值3500万元，2017年，产量提高至3.8万台（套），完成产值3900万元。全市生产节能电取暖桌（茶几）企业20家，产量100万台，产值10亿余元。

湖南瑞奇电器有限公司（2018年4月摄）

1990—2017年娄底市轻工业产值及占比情况表

表32-5　　单位：亿元、%

年 份	工业总产值	轻工业产值	轻工业占比	年 份	工业总产值	轻工业产值	轻工业占比
1990	41.72	7.67	18.38	1998	151.96	33.54	22.07
1991	44.72	9.63	21.53	1999	164.85	36.97	22.43
1992	56.20	5.94	21.94	2000	134.99	19.17	14.20
1993	69.73	14.35	20.58	2001	95.20	6.30	6.62
1994	84.94	18.47	21.74	2002	104.37	6.10	5.84
1995	85.54	15.61	18.24	2003	137.71	6.43	4.67
1996	122.95	22.47	18.28	2004	242.93	9.05	3.73
1997	132.75	27.69	20.84	2005	322.93	14.56	4.51
2006	413.29	18.30	4.43	2012	1472.18	141.53	9.61
2007	591.40	32.49	5.49	2013	1650.92	191.05	11.57
2008	842.36	56.54	6.71	2014	1711.58	264.92	15.48
2009	753.73	67.13	8.91	2015	1663.64	321.66	19.33
2010	1038.24	99.09	9.54	2016	1945.53	405.47	20.84
2011	1400.10	177.70	12.69	2017	2076.29	474.95	22.87

说明：1.1990—1999年，工业总产值和轻工业产值按1990年不变价计算，2000—2017年，按当年价计算；2.2001—2017年，工业总产值和轻工业产值统计在国有企业和规模以上非国有企业；3.规模以上企业：2000—2012年为年销售收入500万元以上的企业，2013—2017年为年销售收入2000万元以上的企业

第三十三篇

乡镇企业

概 述

1990年，娄底地区乡镇企业7.55万家，从业人员34.22万人，总产值22.01亿元（其中工业总产值12.17亿元），发放工资总额4.85亿元，上缴税金8559万元。1992年5月，全地区乡镇企业总产值过30亿元动员暨表彰会召开。年底，实现产值过10亿元的县（市）1个，过5亿元的县（市）2个，过亿元的乡（镇）3个，过1000万元的村6个。全地区乡镇企业实现总产值37亿元。1993年，为娄底地区“乡镇企业年”。是年，5个县（市）乡镇企业总产值均超过10亿元，其中涟源市突破30亿元大关。1995年，地委、行署确立以“工业小区、骨干企业、拳头产品、能人经济”为主线的乡镇企业发展思路，出台一系列加快乡镇企业发展的规定。协调金融机构新增乡镇企业贷款2.62亿元，支持48个重点项目新建扩建，帮助28家新建企业解决流动资金困难和18家企业恢复生产。是年底，全地区乡镇企业9.97万家，从业人员52.75万人，乡镇企业总产值142.61亿元，其中工业总产值74.06亿元，上缴税金5.46亿元，发放员工工资总额18.79亿元。

1996年1月，地委、行署联合发出《关于加快发展乡镇企业的若干规定》，确立乡镇企业以民营经济为主体的发展格局。是年，行署先后召开3次以乡镇企业工作为重要内容的工作会议，把加快工业小区建设作为发展乡镇工业的重点来抓。组织推进乡镇企业的“双十双百工程”。至年底，全地区12个工业小区完成工业产值16.1亿元，占全地区乡镇企业工业总产值的16%。1997年，全地区贯彻实施《中华人民共和国乡镇企业法》，拉开全地区乡镇企业改革改制的序幕。至1999年，通过改革调整，全市有6个村总产值过亿元大关，其中娄底市高溪村和涟源市石门村分别达到4.92亿元和2.25亿元。骨干企业涟源市三一集团公司、娄底市高溪集团和涟源市宏宇搪铝制品厂分别完成总产值1.2亿元、4.92亿元和0.75亿元。是年底，全市乡镇企业完成总产值386.7亿元，比1998年增长20%；实缴税收3.48亿元，比1998年增加15%；吸纳农村剩余劳动力51.4万人，发放职工工资24亿元，为全市农村人均创收842元。

2001年，改革改制工作进度加快。至2002年，全市6.43万家乡镇企业，5.49万家盈利，盈利面85.4%。销售收入500万元以上的骨干企业65家。2003年，全市乡镇企业7.54万家，比2000年减少1.86万家；从业人员42.97万人，比2000年减少21.2%；总产值315.09亿元，比2000年减少110亿元，减少35%；工业总产值123.18亿元，比2000年减少36%；发放工资29.33亿元，比2000年增加3.9亿元，增长13.4%；上缴税金3.45亿元，比2000年增长2.5%。2004年，市乡镇企业局由正处级降为副处级事业单位，加挂农业产业化办公室牌子，归口市农业局管理，乡镇企业工作重心转向农业产业化工作，不再履行乡镇企业管理职责，乡镇企业发展情况记载至2004年前后，相关情况以其他口径进行统计。

第一章 企业发展

第一节 企业规模

1990年，娄底地区乡镇企业7.58万家，其中乡办企业1511家，村办企业5657家，联户企业2207家，个体企业6.65万家；从业人员34.22万人，企业总产值22.01亿元，利润总额1.46亿元，上缴税金

8559万元，发放工资总额4.85亿元。总产值300万元以上企业32家。其中，涟源市13家，娄底市9家，冷水江市7家，新化县2家，双峰县1家。32家企业完成总产值1.56亿元，占全地区乡镇企业总产值的7.1%。1991年，全区乡镇企业开展“质量、品种、效益年”活动。至年底，全地区乡镇企业实现总产值37亿元，企业发展到7.93万家，发展水平较高的企业有15家。其中，娄底市2家、冷水江市2家、涟源市5家、双峰县3家、新化县3家。涟源市三一集团公司完成总产值3520万元，娄底市高溪耐火材料厂完成总产值2500万元。1993年，地委、行署开展“乡镇企业年”活动，乡镇企业总产值达66.6亿元，企业10.13万家。总产值过10亿元的县市由上年1个增至4个，过亿元的乡镇由上年3个增至28个，过千万的村由上年4个增至34个。过千万的规模企业发展到44家，其中涟源市12家、双峰县10家、娄底市8家、新化县8家、冷水江市6家。44家规模以上企业实现总产值7.04亿元，占娄底地区乡镇企业总产值的10.6%。

1995年，全地区乡镇企业9.97万家，总产值142.61亿元，增长114%。营业收入过3000万以上规模的企业6家，其中双峰县洪山殿建筑工程公司实现营业收入7440万元。1996年，境内乡镇企业管理部门均成立由主要负责人任组长的乡镇企业领导小组，层层建立目标责任制，引导企业加强内部管理，壮大发展规模。是年底，全地区乡镇企业总产值218.96亿元，比上年增长40.6%。营业收入过3000万元以上的规模企业9家。1997年，全地区乡镇企业在抓改革、调结构、强管理、增效益上做文章，重点抓结构调整，促增长方式转变。对小水泥、小冶炼、小造纸、小煤窑、小轧钢企业进行整治或关停并转，扶持机电等一批新产业。巩固和发展股份制、股份合作制和混合所有制经济，加大私有经济发展力度。是年，全地区乡镇企业11.74万家，创历史新高。7月，农业部批准第三批全国乡镇企业集团303家，湖南省高溪集团榜上有名；确认湖南省冷水江铸造股份有限公司、湖南省冷水江大乘锌化厂为大型二档企业；确认娄底市高溪耐火材料厂等15个企业为中型一档、中型二档企业。是年底，全地区乡镇企业总产值316.13亿元。1998年，全地区乡镇企业10.59万家，职工人数50.35万人，总产值381.3亿元，占全地区农村经济生产总值的81.2%。营业收入5000万元以上的规模企业5家，分别为涟源市三一集团公司、娄底市洗煤公司、涟源市宏宇搪铝制品有限公司、娄底市特种耐火材料厂、娄底市第二机械厂，其中涟源市三一集团公司完成营业总收入1.1亿元。

冷水江市锡矿山杨尊严小炼厂关闭（2010年5月摄）

1999年，全市乡镇企业发展遇到困难，“五小”资源型企业生存困难。2001年，全市乡镇企业总产值减少至253亿元。2002年，全市乡镇企业过亿元企业4家，分别为湖南高溪集团公司、湖南省三一集团材料工业有限公司、湖南省五江轻化集团有限公司、双峰丰华实业有限公司。新增年产值10万元以上农产品加工企业42家，总数达423家。销售收入500万元以上骨干企业65个。2003年，全市乡镇企业7.54万家，职工人数42.97万人，总产值又恢复至315亿元。2004年后，乡镇企业发展情况未再进行专门统计。

第二节 企业投资

一、项目

1990—1992年，地区乡镇企业固定资产投资项目769个，其中新建306个、扩建237个、改建91个、其他项目35个，累计实际完成投资2.7亿元。新化西河水泥厂三号窑、涟源市杨家滩水泥三厂投入资金1240万元扩建。中国农业银行娄底中心支行（简称农行娄底中支）投放869万元支持30个乡镇企业更新设备、改造工艺。新化西河水泥厂经过两年技改，产品由以前4个增加到11个，新增产值1496万元。三号窑完成扩建改造后，与香港源洲置业公司合作兴建4条年产25万吨高标号水泥生产线。涟源市毛坪水泥厂因配料技术落后，水泥安定期长达110天，严重影响生产和资金周转，投入资金50万元进行电脑配料、立窑除尘、微机控制包装三项技改，产品和产量迅速提高，当年生产水泥6.5万吨，比1991年增产62.5%，实现利润150万元。冷水江市铎山拉铸厂投入50万元技改资金，新增产量4000吨，实现利税256万元。1993年，全地区固定资产投资项目1042个，其中新开工987个，投资总额3.94亿元。投资项目中，乡村两级新扩改项目714个，其中投资200万以上且基本竣工项目32个，投资100万元以上项目72个。全地区新扩改项目竣工投产后当年新增产值4.8亿元，利税1000万元。1994年，银信部门全年给乡镇企业固定资产投资贷款2.22亿元。是年，双峰县新开工项目242个，竣工218个；乡村两级完成投资1.6亿元。全县29家乡村水泥厂20家进行技改；新建5家水泥厂，投资6672万元，机立窑水泥厂由4家增加到21家，总生产能力达100万吨。

1995年，全地区乡镇企业固定资产投资项目960个，其中新建项目679个，完成投资额5.91亿元。其中用于技改挖潜上水平的资金占4亿元，其余资金用在具有一定科技含量的新建项目上。1996年，全地区固定资产投资12.96亿元，支持新扩改项目1513个。新建项目中，以机械、电子、搪瓷和农产品加工业为主。技改项目重点支持冷水江耐火材料厂、新化宏利瓷业公司、冷水江机瓦厂、娄底彩色水泥厂等34家企业近200个项目。1997年，全区乡镇企业固定资产投资项目1777个，其中新建项目1443个，完成投资总额7.74亿元。1998年，全地区乡镇企业固定资产投资项目1835个，其中新开工项目1512个，完成投资总额8亿元。1999年，全市乡镇企业增加投入技改资金2320万元，对30多家重点企业进行技术改造。市乡镇企业局在省局和市财政支持下，争取资金900万元进行技改，建成中南6省第一条球墨铸管生产线，填补省内空白。乡镇企业局局属企业共投入技改资金3000万元，改造、新建项目4个，新增产值500万元。2000—2002年，全市乡镇企业累计新建、扩建、改建项目2911个，其中新建项目2439个，累计完成固定资产投资14.37亿元，年均4.8亿元。娄星区第三耐火材料厂投入200万元，对耐火材料产品进行升级改造。涟源市第二铸管厂投入600万元，初步建成球墨铸管生产线。冷水江市金大乘集团、涟源市牛业公司、涟源市植物化工厂、田坪镇金刚石厂等企业共注入资金1050万元用于改建项目。2003年，企业新开工项目309个，投产项目385个，完成固定资产投资3.64亿元。其中，用于新建项目1.64亿元，用于改建项目0.89亿元，用于扩建项目0.9亿元。2004年，企业新开工项目及固定资产投资与上年持平。

二、资金来源

（一）银行贷款

1990年，乡镇企业发展所需资金，除农民集资、政府投入外，主要靠境内农行和信用社两大金融机构支持。全年累计发放乡镇企业贷款1.11亿元，年末乡镇企业贷款余额2.24亿元。全地区1400多个企业得到贷款支持，273个关停或半关停企业中有110个重新启动。涟源市毛坪水泥厂因缺少流动资金，前7个月只生产水泥4000吨，8月贷款100万元进行改造，至年底，月产量均在5000吨以上，产品销往省内外，并出口孟加拉国2万吨。1991年，新增乡镇企业贷款5483万元。1992年，农行、农村信用社加大对乡镇企业的贷款投放，全年累计发放乡镇企业贷款2.21亿元。地区乡镇企业局牵头配合农行娄底中支实施“四一推进”计划：即支持100家乡镇企业更新产品、10个以科技为先导的技改项目、10个企业利税过100万元、100个企业扭亏增盈。农行组织62个“支帮促”小分队深入企业开展“支帮促”活动，农村信用社支持1000家乡镇企业技术改造。此次活动中，先后启动关停企业75个，帮助盘活信贷资产1000万元，35个企业扭亏765万元，40家企业扭亏增盈1059万元。全地区年末相关贷款余额4.05亿元。

1993年，农行娄底中支重点支持利税大户和工业小区。累放乡镇企业贷款1.67亿元，重点支持利税过百万元的乡镇企业60家，其中利税过200万的18家。农村信用社新增乡镇企业贷款余额8915万元，支持25家乡镇企业进行技术改造，年末乡镇企业贷款余额3.42亿元，比上年增长35.3%。1994年，实施“二、十、百”工程，乡镇企业贷款重点支持双峰三塘铺镇和娄底高溪村两个工业小区和10家年产值过3000万与利税过500万的企业，适度支持100家利税过100万的企业。农村信用社改变以往分散投入方式，适当集中资金，统一投放效益好、有发展前景的重点企业，全年增加短期投资贷款余额1.15亿元。1995年，按乡镇企业的经济效益、发展前景、资产负债、信用资质等情况，划分为一、二、三类，贷款向一、二类企业倾斜，关紧三类企业贷款，全年新增乡镇企业贷款6143万元。农村信用社加大对乡镇企业信贷投入，累放乡镇企业贷款2.01亿元，支持48个重点项目新扩建，帮助28家新建企业解决流动资金困难，支持18家企业恢复生产。1997年，大批乡镇企业改革改制，全地区与农村信用社有信贷关系的企业2852家，结欠信用社贷款9.61亿元，占全区农村信用社贷款总额的43.7%。在改制改革中，107家企业破产，涉及农村信用社贷款本金6373万元，破产后有58家企业悬空农村信用社债权3599万元；通过租赁、承包形式转制的企业236家，转制后有70家企业悬空农村信用社债权6314万元；股份制改制企业50家，涉及信用社贷款2563万元，其中34家企业悬空农村信用社债务1572万元。全年乡镇企业贷款余额13.57亿元，创历史新高。1998—1999年，乡镇企业贷款增速放缓。2000年末，全市乡镇企业贷款余额11.67亿元，比1995年增加2.39亿元。

2001年起，农行、农村信用社严禁向“五小企业”贷款，对一般加工项目、低水平重复建设项目、生产积压产品的企业严禁信贷投放。是年末，农行乡镇企业贷款余额2.54亿元。2002年起，全市农村信用社乡镇企业贷款不断下降。2004年，全市乡镇企业贷款余额2.89亿元，比2000年减少8.78亿元，下降75.23%。

1990—2004年娄底市乡镇企业贷款余额情况表

表33-1

单位：万元

年份	贷款余额	年份	贷款余额	年份	贷款余额	年份	贷款余额
1990	22365	1994	68546	1998	125204	2002	121661
1991	28605	1995	92779	1999	128071	2003	123058
1992	40506	1996	110791	2000	116733	2004	28917
1993	53872	1997	135702	2001	121567		

（二）引进资金

1990—2004年，全市乡镇企业引进资金8.35亿元，其中外资2.43亿元。其间引进资金最多的为2000年，金额近1亿元。

（三）国家扶持资金和主管部门下拨资金

1990—2004年，全市乡镇企业获国家扶持资金8971万元，获主管部门下拨资金1.91亿元。

第三节 工业小区

1995年11月，地委、行署下文命名娄底市高溪等共12个工业小区，其中2个于1996年升级为省级工业小区。

一、省级工业小区

（一）万宝工业小区

1995年12月，经地区行署批准设立万宝工业小区。小区主要集中在万宝镇境内的娄双公路、娄湘公路、万新公路、埡木公路及茶元火车站以北地段，规划建设范围包括万宝、朱山、石林、龙井、石埠、群益等16个村，总面积24平方千米。1996年12月，农业部批准其为全国乡镇企业东西合作示范区。至1997年，先后投入资金2100万元，重点进行基础设施建设，小区内水、电、路、通信设施配套齐全。是年末，万宝工业小区内有工业企业177家。其中，镇办企业17家、村办企业17家、股份制企业18家、个体企业125家，从业人员3206人。产品涉及能源、建材、机电、化工、建筑等多个行业。发展较好的企业有3家（1998年始，省级工业小区无统计资料）。

娄底市白水泥厂　始建于1986年，占地面积11.54万平方米。从1989年起，该厂产量、产值、利税以年均30%的速度递增。1995年经省验收审定为娄底地区乡镇企业第一家中型企业。1996年，生产白水泥3.6万吨，完成产值1754万元，创利税156万元。至1997年，从业人员439人，其中各类专业技术人员68人；累计投入固定资产1940万元，生产设计能力4.5万吨／年，是湖南省唯一一家拥有3台回转窑的专业生产厂家。产品畅销中南6省区，部分销往港澳地区及东南亚。先后被评为全国水泥质量管理优胜企业、省科技示范企业、省乡镇企业经济效益百强企业、省水泥质量十佳企业。

湖南省娄底市微型电机厂　创建于1970年，是娄底地区机电行业中唯一拥有部优产品的骨干工业企业。1996年，年产值1649.9万元，销售收入1382.4万元，利税164.2万元。至1997年，有职工298人，其中工程技术人员28人；全厂设2个分厂、7个车间，占地面积4.9万平方米；固定资产原值610万元，流动资金400万元；拥有1条年产6万台微型单相电机泵生产线。投入科研经费195万元，与6所大专院校、科研院所联合开发微型单相电机、电机泵、家用碾米机、粉碎组合机、潜水泵、发电机、搪瓷煤溜槽板等6个系列25个产品，先后获省优、部优、国际银花奖和省级金奖，12次获省、地、市科技成果奖和科技进步奖。是年，征地3.5万平方米，自筹资金400万元，进行易地扩建改造。

娄底市橡塑厂　创建于1991年，占地3万平方米，总投资1200万元，固定资产800万元。拥有1条夹布管生产线、3条吸引管生产线，年产值2100万元。1993年12月，三耐（耐油、耐热、耐酸碱）胶管通过省级科技成果鉴定，填补了省内空白，先后获省优秀产品、省科技创新金奖、省科技进步一等奖等称号。1996年，实现产值1205万元。至1997年，有职工247人，其中工程技术人员58人。该厂以科技为本，不断研发新产品，拥有吸引管、夹布管和三耐胶管3大系列共270多个品种。

（二）高溪工业小区

高溪工业小区1993年开发建设。1995年，完成企业总产值3.2亿元，创利润4456万元。1996年完成企业总产值4.33亿元，创利润5429万元。至1997年，小区内有集体企业22家，固定资产1.9亿元，自有流动资金6000万元，职工3062人，形成产值5亿元的年生产规模。产品涉及耐火材料、机械制造加工、洗煤、现代农业、建材、化工、冶炼、房地产开发、商贸服务等10多个行业，工业产品50多种。发展较好的企业有4家。

娄底市第二机械厂　创建于1976年，总资产3012万元，具年产值4000万元的生产能力，是一家铸造、机械加工、冷作兼有色金属冶炼的工业企业。1997年有职工148人，其中具初、中级技术人员37人。主要产品HKF-B40滑动水口机构先后获地区科技进步一等奖、省优秀新产品奖、省新技术新产品创新金奖等称号。1995年完成产值3000万元，实现销售收入2677万元，上缴税金192万元，创利润

378万元。1996年完成产值3490万元，实现销售收入3185万元，上缴税金130万元，创利润550万元。

高溪钢管厂　建于1990年，占地面积2.28万平方米。至1997年，有固定资产1234万元，流动资金623万元，年生产能力8000万元。主要产品有直径10～45毫米的焊管和镀锌管、多种规格的方管。1995—1996年，实现销售收入6061万元，上缴税金290万元，创利润846万元。

高溪特种耐火材料厂　建于1984年，占地面积3.7万平方米，总资产4748万元，年产耐火材料5万吨。1991年，被行署授予明星企业。1992年，晋升省级预备企业。1993年，被农业部评为全国乡镇企业500强。1995年，实现销售收入4147万元，上缴税金358万元，创利润728万元。1996年，实现销售收入5135万元，上缴税金268万元，创利润1044万元。至1997年，有职工480人，其中各种专业技术人员50人。主要为钢铁行业生产特种耐火材料和保温材料，产品有轻质绝热帽口、绝热板、整体出钢槽等18种。轻质绝热帽口、复合保护渣分别获省乡镇企业科技进步飞轮奖、乡镇企业科技成果奖，整体出钢槽获省科技产品创新金奖。

湖南高美洗煤焦化有限公司　1994年下半年开工建设，1995年5月竣工投产。公司总资产2887万元，具年产值1亿元生产能力。主要生产焦煤、肥气煤。洗精煤畅销省内外。1996年，实现销售收入8225万元，上缴税金503万元，创利润1497万元。至1997年，有员工130人。

二、市级工业小区

1992年，冷水江市禾青工业小区、岩口工业小区、铎山工业小区；涟源市石门工业小区、桥头河工业小区；双峰县三塘铺工业小区、永丰工业小区、甘棠工业小区；新化县西河工业小区、洋溪工业小区等10个市级工业小区相继成立。产品涉及能源、建筑、建材、铸造、机电、食品、化工、轻工等工业行业以及交通运输、商贸服务业。1996年，全地区10个工业小区生产总值18亿元。1997年，双峰县永丰工业小区、三塘铺工业小区年生产总值分别达到17.7亿元、12.5亿元。2000年，10个园区工业总产值31.5亿元。

2002年，全市10个工业园区实有企业2544家，从业人员3.78万人，实现生产总值32.77亿元，上缴税金4626万元，利润总额7464万元。2002年后无统计数据。

第二章　结　构

第一节　所有制结构

一、乡（镇）、村集体企业

1990年，乡（镇）、村集体企业是乡镇企业的主体。是年，全地区乡（镇）、村集体企业7168家，从业人员18.22万人，总产值11.45亿元，上缴税金4215万元。分别占全地区乡镇企业家数的9.5%、从业人员总数的53%、总产值的52%和上缴税金的49.2%。

1992年，乡（镇）、村集体企业7502家。其中，乡办企业比1990年减少1488家，为1483家；而村办企业增加4886家，达到6019家。总产值20.07亿元，上缴税金7396万元，比1990年分别增加8.61亿元、3181万元，分别占全地区乡镇企业总产值的54.8%和57.5%。依然是全地区乡镇企业的主体。1993年，乡（镇）、村集体企业9129家，占全地区乡镇企业总家数的9%；产值36.35亿元，占全地区乡镇企业总产值的56.1%；上缴税金1.27亿元，占全地区乡镇企业上缴税金总额的56.1%。1994年，由于优惠政策和扶持力度减少，乡（镇）、村办集体企业经营效益有所下滑。1997年，一批乡（镇）、村集体企业进行改革改制，破产企业107家，通过租赁、承包形式转制的企业236家。是年底，乡（镇）、村集体企业6337家，比1990年减少831家。1998年，全地区60%的乡（镇）企业、80%的村办企业实行不同形式的改制。是年底，1406家乡（镇）办企业有844家实行改制，其中出卖占9%、出租占30%、股改占25%、大承包占21%、先并后股和边并边股占15%。集体企业6209家，总产值90.16亿元，占全地区乡镇企业总产值351.3亿元的25.6%，比1990年的占比下降26.4%。

1999年，乡（镇）、村集体企业中，数以千计的小煤窑、小水泥、小冶炼、小轧钢、小造纸企业停产或无正常生产，30%的企业亏本经营。根据国家产业政策，全市关闭小煤窑705处，取缔关闭小水泥企业75家，全部淘汰小冶炼企业。是年，集体企业5876家，产值92.11亿元，占全市乡镇企业总产值的23.8%。

2000年起，未完成改制的乡（镇）、村集体企业，继续进行改制。经过改制的集体企业，绝大多数成为私营企业、股份制企业或股份合作制企业，有的成为租赁企业或承包企业。是年，全市乡（镇）、村集体企业4974家，总产值46.55亿元，占全市乡镇企业总产值的18%。2001年，全市乡（镇）、村集体企业4570家，进行不同形式改制的4265家。其中，实行股份合作制290家，组建企业集团3家，兼并46家，风险抵押承包3273家，出售资产215家，破产9家，其他形式734家，改制面93%。2003年底，全市乡（镇）、村集体企业1009家，进行各种改革改制的1005家，其中触及产权制度改革的606家，其余4家于2004年全部改制完毕。

二、个体企业与私营企业

1990年，娄底地区个体企业6.65万家，总产值8.79亿元，上缴税金3670万元，分别占全地区乡镇企业总家数的87.6%、总产值的40%和上缴税金的42.9%。1991年始，各级党委和政府在巩固乡（镇）、村集体经济的同时，相继出台多种优惠政策，积极推动个体和私营企业的发展。1992年，全地区个体、私营企业7.5万家，总产值14.64亿元，上缴税金4843万元，分别占全地区乡镇企业总家数的89%、总产值的40%和上缴税金的37.7%。上缴税金占比比1990年下降5.2%，其余基本持平。1993年，各专业银行、信用社认真贯彻国家政策，加大对个体私营企业的扶持力度。农行娄底中心支行和3家城市信用社累放个体企业流动资金贷款1810万元，支持个体、私营企业发展。是年末，全地区个体私营企业8.99万家，总产值24.48亿元，上缴税金7447万元。涟源市三一集团公司产值突破亿元大关。1995年，地委、行署出台《关于加快发展乡镇企业的若干规定》，推动个体、私营企业快速发展。至年底，全地区个体私营企业8.54万家，实现总产值75.61亿元，上缴税金1.72亿元，分别是1990年的1.28倍、8.6倍和4.69倍。

1996年始，全地区乡（镇）、村集体企业实行改革改制，个体企业和私营企业成为发展农村经济的骨干力量。1997年，个体私营企业快速发展，全地区形成一批个体、私营企业小区。1998年，地委、行署印发《关于加快个体私营经济发展决定》，各国有商业银行、城市信用社给予贷款支持。是年，个体、私营企业总数9.96万家，总产值261.14亿元，分别占全地区乡镇企业总家数的94.1%、总产值的45.9%。1999年，个体、私营经济发展加快，成为全市乡镇企业的主体，总产值占乡镇企业总产值的71%。2003年，全市个体、私营企业5.99万家，占全市乡镇企业总家数的79.4%；总产值154.58亿元，上缴税金1.59亿元，占全市乡镇企业上缴税金总额的46.1%。

三、联户企业与股份制企业

1990年，娄底地区联户企业2207家，从业人员2.57万人，企业总产值1.52亿元，上缴税金674万元，分别占全地区乡镇企业总家数的2.9%、总从业人员的7.5%、总产值的6.9%和上缴税金的7.9%。1992年，联户企业1671家，从业人员1.91万人，企业总产值1.9亿元，上缴税金616万元。1993年，地区乡镇企业局和双峰县乡镇企业局在双峰县三五福利锅厂、双峰县铸造厂进行股份制联合试点。是年，全地区联户企业2265家，企业总产值3.99亿元。1994年，地委、行署推动股份合作制改革，全年新增乡村股份合作企业256家，累计达到889家。其中，乡办股份制企业新增123家，村办股份制企业新增133家。1995年，全地区有联户企业和股份合作制企业5832家，从业人员4.31万人，企业总产值14.3亿元，上缴税金4307万元。1996年，按地委、行署规定，3户以上（含3户）农民和乡镇居民开办的股份合作企业，享受国家和省、地给予乡镇集体所有制企业的各种优惠政策。乡（镇）、村集体企业有计划有组织进行股份合作制改造。是年，冷水江市禾青镇利用大乘集团的资金、技术优势，大乘集团利用禾青镇的优惠政策，两家共同投资1500万元，联合创办复合肥厂，实现产值2000多万元。冷水江市铸造股份有限公司新机制运行后，产值5400多万元，创利税400余万，较股改前产值、利税翻一番。

1998年，全地区股份及股份合作制企业305家，其中股份制企业5家，股份合作制企业300家。股份合作制企业中，由集体企业改制的203家，由私有制企业改制的18家，新组建的79家。联户企业按新的统计口径，并入股份合作制企业中。2000年，全市股份及股份合作制企业增至646家，其中股份制企业7家，股份合作制企业639家。股份合作制企业中，由集体企业改制的376家，由私有制企业改制的179家，新组建的84家。2002年，股份及股份合作制企业420家，其中股份合作制企业393家，有限责任公司17家，股份有限公司10家。股份及股份合作制企业成为乡镇企业的“领头雁”。

四、局属企业①

1990年，地区乡镇企业局局属企业有地区乡镇企业供销公司、地区建材矿产品服务公司、地区荣华工贸公司，共有职工31人。1991年，设立地区地方企业物质经理部，撤销荣华工贸公司成立地区星火工业公司。1992—1995年期间，先后设立娄底地区物质购销公司、湖南娄底球墨铸管厂、娄底焊接材料厂、娄底第一新型材料厂、娄底包装制品厂、乡镇企业科技发展公司等6家局属企业。至1995年底，共有局属企业11家，其中全民所有制企业4家，集体所有制企业7家，职工200多名。1996年，地区乡镇企业供销公司、地区建材矿产品公司、地区星火工业公司、地区物质购销公司停业倒闭。2004年，市乡镇企业局成立局属企业改革改制工作领导小组，对11家企业进行改制。217名企业职工一次性买断工龄，解除劳动关系。

第二节　产业结构

一、工业企业

1990年，娄底地区乡镇工业以煤炭、水泥、冶炼、农产品加工为主体，电力、化工塑料制品、轻工手工业等为辅。全地区乡镇工业企业2.77万家，占乡镇企业总家数的36.5%，乡镇工业企业总产值13.26亿元，占乡镇企业总产值的60%。

涟源市甘溪焦化厂（2017年12月摄）

1992年5月，行署召开500人参加的全地区乡镇企业年产值过30亿元动员大会。乡镇企业主管部门抓生产、抓投入、抓目标管理，对产值过亿元的涟源市三一集团公司及娄底市微型电机厂、娄底市三机械厂、冷水江铎山拉铸厂、涟源市甘溪焦化厂等企业的项目开发和项目改造加大投入和扶持力度。至年

①其他单位创办的企业因无资料未记述。

底，全地区乡镇工业企业2.99万家，总产值22.51亿元，占乡镇企业总家数的39.4%、总产值的61.5%。1993年，乡镇工业企业3.67万家，总产值36.62亿元，占全地区乡镇企业总产值的56.6%。1994—1995年，全地区重点抓2个省级工业小区和10个地区级工业小区的建设，银信机构加大对12个工业小区的贷款力度。娄底市高溪村工业小区、双峰县三塘铺工业小区产值接近翻番，其他10个地级工业小区产值都有不同程度的增长。至1995年年底，全地区工业企业2.78万家，总产值73.84亿元，占全地区乡镇企业总产值的51.8%。

1996年11月底，12个工业小区完成工业产值16.1亿元，占全地区乡镇工业总产值的16%，比上年增长近80%。1997年，工业企业2.19万家，从业人员17.75万人，总产值136.82亿元，占全地区乡镇企业总产值189.47亿元的72.2%，增长20.3%。1999年，水泥行业开工不足，产品价格下跌，70%的水泥厂按生产成本价销售。工业企业69种产品在低价位运行，30%亏本经营，50%保本经营。2000年，全市乡镇工业企业2.34万家，占全市乡镇企业总家数的24.9%，工业总产值167.43亿元，占乡镇企业总产值的39.4%。

新化县天马山水泥厂（2018年10月摄）

2001年起，全市贯彻“发展乡镇企业以发展工业为主”的方针，继续进行产权制度改革和工业园区建设，引导乡镇企业入园经营。由于受产业结构调整等多方面影响，乡镇工业再度下滑。2003年，全市乡镇工业企业1.48万家（其中规模以上企业85家），占乡镇企业总家数的23%；完成工业总产值123.18亿元，占全市乡镇企业总产值的39.1%。

二、交通运输企业

1990年，娄底地区乡镇交通运输企业发展到1.15万家，占全地区乡镇企业总家数的15.1%；从业人员1.72万人，占全地区乡镇企业总人数的5%；交通运输总产值2.02亿元，占全地区乡镇企业总产值的9.2%。1991年起，乡镇交通运输业进入新的发展时期。个体户、联户和私营运输业发展加快。1993年，全地区交通运输企业1.53万家，从业2.84万人，交通运输业总产值5.76亿元。1995年，全地区乡镇交通运输企业2.05万家，从业3.59万人，交通运输产值19.51亿元，占全地区乡镇企业总产值的13.7%。

1996年起，个体户、联户和私营运输企业发展规模受到客观条件限制，交通运输业发展速度放慢。2000年，全市乡镇交通运输企业1.97万家，产值52.14亿元，是1995年的1.67倍，占全市乡镇企业总产值的12.9%。

2001年始，乡镇个体、私人等小型运输业逐步减少，湘运物流等大型运输企业迅速发展，运输业规模扩大，运输能力增强。2003年，全市乡镇运输企业减少至1.58万家，比2000年下降19.7%，占全市乡镇企业总家数的28.8%；实现总产值44.79亿元，占全市乡镇企业总产值的14.2%。

三、建筑企业

1990年，全区建筑企业3166家，占全地区乡镇企业总家数的4.4%；从业5.42万人，占全区乡镇企业总人数的15.8%；建安总产值3.34亿元，占全地区乡镇企业总产值的15.2%。

1991年起，乡镇建筑企业发展进入新的阶段，建筑领域拓宽，管理和技术水平提高。1993年，双峰县洪山建筑公司实现产值5000万元，1994年，实现产值6004万元。1995年，地区行署授予16家乡镇企业明星乡镇企业称号，娄底市第五建筑工程公司、涟源市七星建筑安装工程公司、双峰青树坪镇建筑工程公司、双峰县蛇形山镇建筑工程公司、新化县燎原建筑工程公司5家企业榜上有名。是年，全地区建筑企业3481家，从业9.02万人，实现总产值21.78亿元，分别占全地区乡镇企业总家数的3.5%、总人数的1.7%、总产值的13.7%。

1997年，全地区建筑企业1782家，从业人员4.68万人，总产值44.53亿元。2000年，全市乡镇建筑企业发展到3665家，从业人员8.37万人，总产值54.63亿元，创历史新高。

2001年，全市建筑企业2858家，从业人员6.88万人，总产值34.22亿元。2003年，全市乡镇建筑企业2660家，从业人员7.45万人，总产值38.29亿元，占全市乡镇企业总产值的12.2%。

四、农业企业

1990年，全地区有农业企业3535家，从业人员3.17万人，总产值1.01亿元，占全地区乡镇企业总产值的4.6%。此后，随着农村家庭联产承包责任制的不断完善，乡镇除保留部分农场外，集体农场、猪场、渔场都承包给农户经营，乡（镇）、村集体种植和养殖企业所剩不多。1993年，银信机构支持新化县开发山地6666.67公顷，发展农副产品加工项目33个，良种养猪基地5个。1995年，涟源市农村信用社集中600万元资金，扶持发展新禾乡生猪出口基地、三甲乡葡萄生产基地、塘湾乡尾参生产基地、太和乡网箱养鱼基地，均取得好的效益。全地区相继建起一批养猪场，采用全封闭式工厂化管理，设配种、产仔、保育、育成、育肥五个车间，供料、供水、卫生、仔猪保温基本实现自动化或半自动化。红碎茶加工企业产销两旺。至年底，全地区农业企业3695家，从业人员3.37万人，总产值4.68亿元，占全地区乡镇企业总产值的3.3%。

1996年始，种养加工企业除继续建设茶、果、林场外，重点发展农产品加工业。企业家数减少，产值有升有降。娄底市双江乡果蔬食品厂、涟源市湄江春酒厂、双峰县大米厂、新化生命链酒厂等19家农业企业，根据市场需要，加快技术改造，其产品罐头、辣椒油、魔芋粉、酒、食用植物油等出口日本、新加坡。新化水车镇美食公司生产的柴火腊肉受消费者欢迎。1997年，双峰县永兴生物制品有限公司生产的肝素钠系列产品，产量占全国同类产品产量的8%，还出口欧美等国家和地区。1998年，全地区共有农副产品加工企业959家，主要加工制作茶叶、大米、面粉、糖果、罐头、白酒、辣酱、食用植物油、肉类制品等。是年底，全地区共有农业企业2540家，从业人员2.62万人，总产值8.62亿元。2000年，全市农业企业2099家，占乡镇企业总家数的2%，从业人员2.27万人，产值20.4亿元，是1995年的4.19倍，占乡镇企业总产值的4.8%。

2001年始，农业产业化企业逐步发展，初步形成粮食、畜禽、果蔬、油料、茶叶、水产、竹木、中药材、棉麻等9大类农产品加工行业。一批龙头企业推行“公司＋农户+基地”的生产经营模式，培植一批种养专业村、专业户、专业协会，推动种养加工企业发展。涟源市牛业开发有限责任公司、永丰酱业总公司等企业成为这种新型模式的领头企业。全市共建立基地5.33万公顷，联结农户30余万户。是年，全市共有农业企业1773家，从业人员1.51万人，总产值6.54亿元。农业企业中，农产品加工企业381家。2002年，全市新增年产值10万元以上农产品加工企业42家。2003年，具一定规模的农产品加工企业471家，其中新增年产值100万以上农业企业31家。是年底，全市农业企业1863家，总产值14.19亿元，占全市乡镇企业总产值的4.5%。

五、商业服务企业

1990年，娄底地区乡镇商业服务企业2.99万家、从业人员5.45万人、总产值3.76亿元，分别占乡镇企业总数的39.4%、15.9%、17.1%。

1991年，乡镇商业服务业逐步向外向型、集团化转变。1992年，全地区乡镇商业服务业3.66万家，从业6.51万人，总产值2.69亿元。到1995年，全地区商业服务业3.79万家，从业7.55万人，总产值24.41亿元，占乡镇企业总产值的17.1%，比1990年增长549%。

1996年起，娄底市利用区位优势，建立建材市场、糖酒副食市场、机动车配件市场、小商品批发市场、蔬菜水果批发市场、服装批发市场等专业市场，涟钢、老街、南贸西街市场投入使用。其他县市也加快建立一批商贸、农贸集市。全地区各地依托交通沿线和集镇大力发展商业服务业和餐饮娱乐业。新化、涟源、冷水江等县市以开发旅游为重点，发展相关产业。全区商业服务业得到快速发展。2000年，全市乡镇商业服务业发展到4.52万家，从业人员11.54万人，总产值109.37亿元，是1995年的4.48倍，占乡镇企业总产值的25.7%。

2001年起，辖内各县（市、区）相继建立规格较高的专业大市场，吸纳沿街设店摆摊的个体经营户入市经营，净化市容，形成规模，提高效益。是年底，全市有20多家具有一定规模的专业市场。至2002年，全市乡镇商业服务企业3.01万家，从业人员10.5万人，总产值97.16亿元。2003年，全市乡镇商业服务企业继续稳步发展，休闲中心、休闲农庄、乡村土菜馆悄然兴起。是年底，全市乡镇商业服务企业3.68万家，占乡镇企业总家数的48.8%；从业人员11.36万人，占乡镇企业总人数的26.4%；总产值77.83亿元，占乡镇企业总产值的24.7%。

第三节　产品结构

一、机电产品

1990年，主要有机械产品、铸造产品、电子陶瓷三大类。机械产品主要有娄底市微型电机厂生产的微型单相电机、家用碾米机、潜水泵、发电机等6个系列20个产品，娄底市三机械厂的调速电机，双峰县农机农具厂生产的铁制农具和小型家用碾米机及其农机具配件。娄底市微型电机厂生产的W50-6微型电泵机组被评为农牧渔业部优质产品。铸造产品主要有双峰县的“三锅”（铁锅、鼎锅、温水锅）及农机小厂的生铁翻砂件。电子陶瓷主要有新化县高频瓷厂生产的腾空牌95氧化铝瓷件，产品有集成电路陶瓷基片、晶体管陶瓷外壳基片、电子管陶瓷基片、字膜电路基片、半导体制冷基片、双列直插式黑（白）陶瓷外壳等108个产品。其中双列直插式白陶瓷外壳，被评为农牧渔业部优质产品。

1991—1994年，机电产品发展态势良好。机械产品中，双峰县的农业机械厂、火光机械厂、农机修造厂等企业生产碾米机、磨浆机、饲料粉碎机、压面机、机滚船、农用三轮车等全国有名的农副产品加工机械和耕作运输机械。其间，由双峰县当地的一批专业人士发起，以农机厂生产的碾米机和饲料粉碎机为基础，吸收娄底市微型电机厂生产的分离式碾米机和饲料粉碎机的优点，研制成6FN-48型家用单相碾米机、6F-20型单相饲料粉碎机，产品畅销全国各地，供不应求。1995年，全地区机电产品生产总值9.59亿元。

1997年，双峰联合60余家农机厂家组建湘中农机机电大市场后，有浙江、江苏、江西、山东等12个省和本省市外的农机机电客商入驻市场经营，经营品种3000多个，成为国内南方最大的农机交易市场。1998年，全地区有45家机械制造厂家生产的100余个产品出口。2000年，全市机电产品生产总值7.17亿元，比1995年减少2.4亿元，下降25.2%；占全市乡镇企业工业总产值的34.8%，比1995年增长4.8%。2003年，全市有138家企业生产组合米机、水田耕整机、旋耕机、农用运输车等农副产品加工机械及农田作业机械，有60个品种、300个型号。其中，家用组合米机年产能力50万台，占全国市场份额的68%。

二、建材产品

主要产品有水泥、耐火材料、石灰、砖、瓦、水泥预制件等。1990年，全地区建材企业127家，其中水泥生产企业68家。产品有白水泥、普通水泥，标号有325号、425号、525号等，年产量50.14万吨。生产石灰60.31万吨，生产红砖5.03亿块。是年，建材产品产值2819万元。1993年，全地区建材企业238家，总产值1.63亿元。是年，全地区水泥产量118.7万吨，石灰106.4万吨，砖12.87亿块，瓦5.99亿片，水泥构件53.58亿立方米，耐火材料1.26亿吨。1995年，水泥产量133万吨，水泥预制构件455万立方米，砖21.4亿块。1999年，关闭取缔小水泥生产企业75家，压产200万吨。2000年，全市水泥产量137.68万吨，水泥制件570.72万立方米，砖95.28亿块。2001年，全市关闭、淘汰水泥生产企业57家，压产110万吨。水泥产量126万吨，水泥制件216万立方米，砖90亿块。2003年全市乡镇水泥企业26家，总产值4.06亿元。

三、能源产品

1990年，娄底地区乡镇企业能源产品主要是原煤、焦炭和电，有煤矿667家。全地区原煤产量708.53万吨，焦炭27.39万吨，发电量5561万千瓦时。1993年，原煤产量突破1000万吨大关，达1084.5万吨，发电量7326万千瓦时。1994年，原煤产量1204万吨，产值8.12亿元。1997年，煤炭开采企业801家，原煤产量910万吨，总产值11.44亿元。2000年，全市原煤产量1082.4万吨，产值13.6亿元。2000年，按照国家产业政策，关停“五小”企业、调整乡镇企业结构，全地区关停小煤炭企业705处，压产340万吨。2001年，全市原煤产量降至571万吨。2003年，全市乡镇企业煤矿18家，原煤产量371万吨，产值2.23亿元，产量、产值为2000年的34.3%、16.4%。

四、农副业加工产品

茶叶　1990年，全地区乡村茶场2203个，种植面积8400公顷。全地区制茶企业68个，从业人员3138人，茶叶产量1.09万吨，年产值3591万元，出口茶叶5385吨。1995年，全地区制茶企业5个，企业人数343人，生产茶叶7869吨，年产值3995万元，产品没有出口。2000年，茶叶产量6297吨，比1990年减少4633吨，下降42.4%。2003年，全市茶叶产量5326吨，其中双峰县2108吨、涟源市1130吨、娄星区1150吨、新化县900吨、冷水江市38吨。

辣酱　1990年，双峰县有乡办、村办、联户和个体辣酱厂16家，从业人员500人，生产辣酱100吨，产值20万元。1991年起，辣酱产量增加，销量扩大。1995年产量1000吨，产值500万元。2000年11月18—27日双峰县永丰辣酱集团公司生产的湘宝牌辣酱，在省第二届名优特新产品交易会上10天内现场销售40多万元。2001—2004年，湘宝牌永丰辣酱年产量4000余吨，销售收入7000万元，在省第三届、第四届、第五届、第六届（国际）农博会上热销脱销，并多次获得金奖、银奖。

红薯粉丝　1990年，涟源市甘溪茶厂引进地区农机研究所的粉丝生产设备和生产工艺，利用本地的红薯资源生产红薯粉丝，注册花萼牌商标，年产量200吨，产品销路好。由此带动甘溪乡家家户户生产红薯粉丝，甘溪乡成为“粉丝之乡”，全乡年产红薯粉丝1000吨左右。1994年，甘溪茶厂停产倒闭，粉丝生产设备和生产工艺转让给塘溪村。1995年，甘溪乡塘溪村建成花蕊粉丝厂，年生产花蕊牌红薯粉丝400吨，产值800万元。1996年起，产品连续几年获湖南省（国际）农博会金奖或银奖。1997年，双峰县恒力薯业有限公司建厂生产恒力牌红薯粉丝，年产量500吨，产值1000万元，产品多次获湖南省（国际）农博会金奖或银奖。2000—2004年，花蕊牌红薯粉丝、恒力牌红薯粉丝年产量均达1000吨。

五、轻工产品

1990年，全地区乡镇企业生产的主要轻工产品有陶器、瓷器、皮革制品、针织品、服装、五金制品、家具、纸、塑料制品等。共有轻工产品生产企业940家，产值1942万元。五金制品中，双峰县印田乡金蚌村的“三刀”（镰刀、菜刀、剪刀）著名，销往省内外。1995年10月，涟源市茅塘乡石门村创办涟源市宏宇搪瓷铝业工业有限公司，设计年产搪瓷、铝制品610万件，年产值400多万元。此后，石门村成为全国搪瓷、铝制品、塑料制品著名生产基地，产品遍及全国各地。1997—2003年，全市乡镇企业生产的轻工产品主要有搪瓷、保温瓶、塑料制品及服装等。

第三章 管 理

第一节 机 构

1990年，娄底地区地、县（市）两级设有乡镇企业局，负责乡镇企业管理工作；乡（镇）设乡镇企业办公室，具体组织、管理辖内乡镇企业。是年，地区乡镇企业局内设机构6个，即办公室、政工科、生产协调科（加挂规划统计科牌子）、管理指导科、公司管理科、外经外贸科。职工28人。地、县（市）两级乡镇企业管理局6个，职工122人。

1991年，地委、行署成立地区乡镇企业领导小组，县、乡两级也成立相应机构，均由政府主要领导担任组长，负责解决乡镇企业发展中的重大问题。7月，地区乡镇企业局更名地区乡镇企业经济委员会，直属行署领导，增设科技信息科（加挂技术咨询培训中心牌子）和矿山安全科。1996年，地区乡镇企业经济委员会复名为地区乡镇企业局。

1999年，市乡镇企业工作领导小组办公室设市乡镇企业局。市乡镇企业局为市政府工作部门。2001年，市乡镇企业局内设办公室、计划生产统计科、经营管理指导科、建材科、科技教育科、经贸科、人事科。编制27名（其中行政编制16名、机关事业编制8名、后勤服务事业编制2名、老干服务编制1名）。直属事业单位有：市乡镇企业散装水泥办公室，编制4名，经费自收自支；市乡镇企业信息中心，定编4名，自收自支。

2002年，市民营经济工作领导小组成立，增设市民营经济发展局，与市乡镇企业局两块牌子一套人马合署办公。是年，各县（市、区）均成立类似的管理机构。2004年，市乡镇企业局改为承担行政职能的副处级事业单位，将有关工业企业和工业经济管理职能划归市经济委员会。

2005年，成立市农业产业化工作领导小组，办公室设乡镇企业局，级别未变，加挂市农业产业化办公室牌子。局内设办公室、农业产业化指导科、农村第三产业指导科、教育综合科，定编15名，归口市农业局管理。县（市、区）乡镇企业机构及职能多与市里相同。2015年7月，市乡镇企业局撤销，职能划入娄底市农业委员会。

第二节 政策扶持

一、税费优惠

1990—1994年，根据国家、省关于发展乡镇企业的有关文件，地委、行署出台乡镇企业优惠税费政策。从1995年起，不再对乡镇企业征收交通能源重点建设基金和预算调节基金费用，继续执行国务院关于对中西部地区乡镇企业免征固定资产方向调节税的政策。乡镇企业按应交所得税额减征10%，用于补农建农和补助农村社会性开支；贫困地区新办乡镇企业，免征企业所得税2～3年。国家和省确定的贫困县办村办企业，年利润不足2万元的，免征所得税5年。工业小区中土地出让或转让收入上缴财政后，再返回用于小区内的基础设施建设。乡村矿山企业上交的维简费中的80%返回企业用于技改和安全生产，20%用于矿山基本建设。环保部门向乡镇企业收取的排污费73%返回乡镇企业用于乡镇企业的环境污染治理。经法定部门批准自行开采黏土、砂石、石灰石等主要生产原料的乡村集体建材企业，减免矿产资源税。乡村集体固定资产折旧率可提高1～2个百分点。

二、激励机制

1990—1991年，地区乡镇企业局落实省委、省政府《关于进一步加快乡镇企业发展步伐的决定》，对在其任期内乡村两级工业新增产值600万元以上、新增利税60万元以上的企业家按新增利税1%发给奖金；新增产值1200万元、利税120万元以上的，除发1%奖金外，晋升一级工资。行署拿出25个农转非指标，解决地级以上的企业家及其有贡献人员的户口问题。1996年，地区乡镇企业局贯彻地委、行署4号文件精神，地、县（市）每年制定乡镇企业发展目标和奖励办法，对凡在年度内完成上级规定目标、指标的县市和乡镇的主要领导和分管领导、高速高效发展乡镇企业的厂长和经理、为乡镇企业做出突出贡献的部门领导和乡镇干部及经济能人，进行表彰奖励。同时，提高政治待遇激励一批县（市）主管部门负责人、乡镇主要领导和乡镇企业的厂长、经理。在发展乡镇企业中做出突出贡献，且工作多年的县市乡镇企业局局长，可享受副处级待遇；当年乡镇企业总产值过3亿元、增长幅度50%以上、乡镇工业总产值过1.5亿元（其中乡办工业总产值占60%以上）、乡村工业年利税达1000万元、年新增投入2000万元、连续在该乡（镇）工作3年以上的乡镇党委书记，或连续3年评为“十强乡镇”的乡镇党委书记，可享受副处级待遇；当年产值5000万元以上、增长速度在40%以上、利税500万元以上的乡镇企业厂长和经理（不含个体私营企业），不是干部的予以录干，并可享受副处级待遇；连续3年被评为“十佳企业”的厂长和经理，可以享受正科级待遇。按照上述文件规定，地委、行署和各县（市）委、县（市）政府对乡镇企业当年任务和目标管理完成情况进行督查考核，并将结果作为各级党政主要领导和分管领导政绩考核的重要内容，实行一年一兑现。一批为乡镇企业做出贡献的乡镇领导、厂长经理，相应提高待遇。

1997年，对全地区乡镇企业评选出的10名优秀科技工作者及其家属子女117人解决“农转非”问题。

第三节 质量管理

1990年，全地区乡镇企业始现以工人为主体、由基层质量管理干部组成的全面质量管理小组，简称QC小组。1991年，涟源市三一集团公司成立由厂长、生产技术副厂长、质检员、车间干部、工人组成的全面质量管理办公室。此后，各县市乡镇企业相继成立全面质量管理领导小组或办公室。地区在乡镇企业中推介涟源市三一集团公司、娄底市微型电机厂等企业抓质量管理，创优质产品的经验，采取培养重点、带动一般、自选课题、指定攻关等办法，把QC小组活动逐步引向深入。涟源市三一集团公司的不锈钢电焊条、娄底市微型电机厂的无级变速电机、娄底市三机械厂的节能电机等，都是QC小组活动取得的成果。1992—1995年，全地区195家乡镇企业注册登记QC小组307个，参加人员2100人；共召开QC成果发布会4次，发表成果24项。其间，全地区68个水泥厂共投资100万元，对化验室进行整改、换证和定级，对化验员进行培训，优化检测手段，水泥质量提升。通过全面质量管理，有12家企业被省科委授予省级科技示范企业。1996年，全地区乡镇企业没有继续组织全面质量管理活动。

1997年，地区着手培植优质名牌产品，成熟一个，推出一个。针对个别水泥厂出现的水泥标号降低问题，进行检查督促和整改。1999年，高溪集团公司为提高金鹏铝材产品质量，从南京聘请专家、工程师12名到厂，攻克生产中的技术难关；娄底铸管厂为解决球墨铸管技术难题，聘请中国铸管协会会长实地指导。2000—2003年，全市乡镇企业全面落实市委、市政府“传统产业高新技术化”的发展方针，改进设备，改造生产工艺，提升传统产品质量。市、县两级组织专门力量，4次下企业进行专项质量督查。2000年始，全市乡镇企业根据发展需要强化质量管理，提高企业品牌意识。各县（市、区）加强对已获名牌产品企业的指导和服务，对已获自营进出口权和省名牌产品企业及一些重点骨干企业，按省局要求进行ISO 9000质量体系认证。全市先后有13家乡镇企业相继获得国际质量体系ISO 9000认证书，10家企业的品牌获得无公害农产品和绿色食品认证。

第四节 财务管理

1990年，乡镇企业财务管理主要进行财务计划、资金筹集、固定资产、流动资金、工资、成本及费用、收入、利润、专项资金9个方面的管理。是年，全地区1566个乡办企业、5560个村办企业共有专职财务人员1.4万人，其中具有专业技术职称人员1105人。1991年5月，地区乡镇企业局、地区审计局印发娄底地区乡镇企业系统内部审计暂行办法，并在县（市）乡镇企业局设立内部审计机构，在乡镇企业办配备专职或兼职审计人员，加强内部财务审计和监管。1992年，地区乡镇企业局组织专门班子，对乡镇企业的财务收支、财经纪律、资产负债、基建投资、承包经营、厂长（经理）离任、财务决算等组织开展内部审计。1993年始，全地区县（市）乡镇企业推行新的会计制度，落实企业财会通则和会计准则。地区乡镇企业通过集中培训、加强检查辅导等措施，顺利实现新旧会计核算方式的平稳过渡。1994年，在全地区推广双峰县开展成本核算管理的办法，将成本考核指标分期落实到生产各个环节，推进企业降能增效。1995年，地、县两级都举办多种形式的企业财会人员学习班、培训班，全地区1.5万多名专职财务人员，都不同程度地进行过培训教育，提高了财务队伍的整体素质，对管好用好资金、降低运行成本、减少浪费、严格费用管理、提高经济效益等方面起到积极作用。是年，对全地区会计证进行更换。

1996—1997年，地区乡镇企业局会同财政、银信等部门，对全地区近100家骨干企业进行5次财务大检查，主要检查政府扶持资金、主管部门下达资金、银信部门技改资金的使用情况，对出现的问题进行整改；同时，督促企业认真执行会计制度，规范操作程序，提高会计核算质量。狠抓会计人员的培训，通过考试、考核等方法，提高执业水平。至1998年，全地区乡镇企业实行统一的会计制度。之后，加强企业财务清核管理，监督企业增加积累资金。1999—2003年，企业通过改革改制，财务管理进一步规范。乡村集体企业、股份合作企业、有限责任公司普遍建立完善的岗位责任、财务开支审批、现金管理、固定资产管理、工资管理、成本管理、接待及财务审计制度，极力杜绝贪污、挪用、坐支公款、借款逾期不还等问题。

第五节 教育培训与职称评定

一、教育培训

1990年，根据省乡镇企业局关于加强乡镇企业职工再教育的指示精神，将人才培训列入重要议事日程。是年，与大专院校合作，举办各类培训班、学习班36期，参训人员2660人。其中岗位培训班10期，参训人员1111人；继续教育学习班11期，参训人员571人；短训班15期，参训人员978人。此外还举办了学历教育班3期，参训人员153人。人才培训教育，主要进行基础知识、基本技能教育，结合生产中遇到的实际问题，有很强的适应性。1993年，共培训乡（镇）级领导干部21人、三总师64人、厂长经理846人，职工等级培训1.13万人，继续教育1523人，学历教育2600人。举办了化学工程、工民建、经济管理三个专业函授班。10月，举办为期4天的全地区乡镇企业家学习班。地、县市在进行教育培训的同时，鼓励企业选拔员工进入大中专学校深造。娄底市第三建筑公司投入15万元，输送20名职工去大中专学校学习，对300名职工进行技术培训。至1994年，公司有大中专毕业生25人，有技术职称的64人，其中工程师8人，助理工程师18人，技术员38人。是年，地区乡镇企业培训中心督促和指导各县市开展培训教育工作，通过培训教育达到高中和中专水平的职工有7.79万人。

1995年，全地区培训人数2.35万人。1996年，举办有实用学科的电大班、中专班和技校班，参加学习人员200人。与此同时，对乡镇企业骨干、技术人员进行多次轮训，受训人员1475人。1997年，举办3期改革培训班、2期改革研讨班、2次改革现场会；举办英语、法制、统计、财务等专业短期培训班35期，受训人员1000人次；强化学历教育，选考一批优秀人才到电大和技校脱产学习，人数7538人。1998年，学历教育9644人。为提高重点企业管理者水平，1999年，加大对企业改革改制培训力度，对全市产值500万元以上的重点企业厂长、经理采取集中培训和现场考察学习相结合等形式，邀请大专院校学者按季度、分行业进行系统培训。相继举办强化企业管理、提高经济效益的培训班40期，参训学员2万多人。

2000—2002年，辖区内乡镇企业进入学历教育的有1.55万人；培训、轮训、继续教育等人员4.79万人。2003—2004年，全市各级乡镇企业管理部门除对各类工程技术人员进行培训和继续教育外，还对企业管理、改革改制等进行专门培训。两年累计进入学历教育、培训的人数4.5万人。

二、职称评定

1990年，全地区乡镇企业有各类工程技术人员6357人，占企业职工总人数的1.9%，其中中级及以上职称589人，初级4159人。1992年，辖内乡镇企业各类工程技术人员6805人，占企业职工总人数的比例与上年基本持平，其中中级及以上职称622人，初级职称5212人。1993年起，乡镇企业职称评审工作走向正规化，纳入人事职改部门统一管理。初级职称的评审权下放到各县市。1995年，全地区乡镇企业工程技术人员1.88万人，占企业职工总人数的35.7%，其中高级职称52人、中级职称1746人、初级职称9378人。全国劳动模范、全国优秀民营企业家、三一重工股份有限公司董事长梁稳根，1995年首批被评聘为高级职称。

1997年，全地区晋升高级职称13人、中级职称285人、初级职称700名。各类工程技术人员1.35万人，其中高级职称79人、中级职称2213人、初级职称8668人。2000年，各类工程技术人员1.33万人，其占比比1995年下降10%，其中高级职称161人、中级职称2927人、初级职称8174人。2000年，省人事厅、省乡镇企业局、省工商联3家联合发文，对乡镇企业原评定的技术职称必须在三年内重新考试、评定，才能转入人事部门。按照上级精神，对原有的高、中级职称人员进行培训、考试和转评。是年，转评高级职称31人、中级职称463人。2001年，全市乡镇企业有高级专业技术职务人员267人，中级专业技术人员3782人。高级职称中享受国家级政府津贴或国家级荣誉的5人，省级待遇的3人。是年，转评高级职称65人、中级职称729人。2002年，省乡镇企业局、省人事厅印发《关于表彰湖南省乡镇企业有突出贡献的专业技术人员和优秀专业技术人员的决定》，对“九五”期间勇于开拓、艰苦创业、业绩突出的专业技术人员予以表彰。湖南金大年化集团喻国英、湖南娄底球墨铸管厂梁永志、新化长青电子器件有限责任公司秦锡和、娄底市新型材料厂朱哲仁、娄底市第三机械厂曾胜武、娄底焊接材料厂王建余分别获有突出贡献的专业技术人员和优秀专业技术人员称号。是年，转评高级职称96人、中级职称1015人。2003年，转评高级职称72人、中级职称691人。4年累计转评高级职称264人、中级职称2898人。

第四章　效　益

第一节　社会效益

一、转移农村劳动力

1990年，娄底地区乡镇企业转移农村劳动力34.22万人，占全地区农村劳动力总数的21.8%。1992年，全地区乡镇企业转移农村劳动力39.37万人，占农村劳动力总数的23.9%；1993年全地区乡镇企业转移农村劳动力49.43万人，1995年，全地区转移农村劳动力52.75万人，比1990年增加18.53万人。

1996年始，全地区对能源原材料企业和建材企业进行清理整顿、关闭停产、减产压产，一些散、小、差的企业运行困难倒闭，加上改革改制，农村劳动力转移到乡镇企业的人数骤增骤减。1997年，全地区乡镇企业转移农村劳动力31.97万人，占农村劳动力总数的18.6%。涟源市石门工业小区，吸引能人回乡兴办企业27家，转移农村劳动力1628人，其中外地劳动力1383人；1998年，全地区乡镇企业转移农村劳动力50.35万人，占农村劳动力总数的29.5%。2000年，全市乡镇企业转移农村劳动力51.16万人，占农村劳动力总数的30.3%。

2003年，全市乡镇企业转移农村劳动力人数39.88万人，占农村劳动力总数的23.5%。14年间，全市乡镇企业平均每年转移农村劳动力43.38万人，占全市农村劳动力总数的25.7%。

二、安排残疾人与下岗人员就业

1990—1992年，娄底市高溪特种耐火材料厂为当地残疾人安排就业岗位20余个。高溪福利厂一创办即安排75名残疾人就业，至1995年，安排残疾人就业岗位121个。全地区乡镇企业中，有85%的乡村企业都安排残疾人就业，人数达2000人，占转移农村劳动力总数的0.6%左右。此后，有条件的乡镇企业，继续承担社会责任，至2003年，全市乡镇企业为残疾人提供就业岗位3700个。吸纳国有企业下岗职工1.46万人。

三、发展农村公益事业

1990年起，一批乡（镇）村基层组织和乡镇企业在完成上缴税金以后，拿出资金用于农田水利设施建设、村民福利事业和农村教育事业。是年，涟源市伏口镇企业办支持农业基本建设，投入16万元修电排、2.5万元修渠道、15万元修街道。1991—1995年，涟源市茅塘镇石门村把留下的利润45%用于发展教育事业，35%用于福利事业；双峰县三塘铺镇把留下的利润50%作为集镇公共设施建设，30%作为教育事业。1997年，涟源市茅塘镇石门村工业反哺农业82万元，修整河道500米，新修高标准护堤1000米、高标准水渠1000米，开发高产农田33公顷、速生丰产林16公顷、经果林20公顷。湖南省三一集团材料工业公司、双峰丰华实业有限公司对公益事业也有不同额度的资助。据统计，1999—2003年，全市乡镇企业为当地公益事业的发展捐资超1000万元。

1990—2003年娄底市乡镇企业基本情况表

表33-2

单位:家、人、万元

年份	企业家数	企业人数	工资总额	上缴税金	纯利润	总产值							
						合计	工业企业	农业企业	建筑企业	交通企业	商业	餐饮服务业	其他
1990	75483	342185	48486	8559	14750	220108	121683	11310	40375	23068	10533	13139	—
1991	79294	352359	51938	9502	15315	254680	151683	12320	40287	25068	11631	13691	—
1992	84228	393720	63160	7377	8982	366045	225123	15810	57424	39007	17533	11148	—
1993	101298	494335	102165	21854	35890	666427	398467	38497	82624	66311	29806	35211	15331
1994	104740	530090	139926	49087	49450	983982	585146	56590	121457	98140	43814	51760	26475
1995	99703	527446	187933	54562	81882	1426102	740584	46810	210714	192897	65721	93168	76208
1996	101825	540417	223889	40134	90717	2189618	1110876	70215	318071	289345	158581	139752	102778
1997	117387	499510	222044	16966	96715	3079594	1555226	98301	445299	405083	222013	209853	143889
1998	105853	503466	234090	19000	94321	3512997	1619163	86172	813051	33830	547655	248320	164806

续表33-2

年份	企业家数	企业人数	工资总额	上缴税金	纯利润	总产值							
						合计	工业企业	农业企业	建筑企业	交通企业	商业	餐饮服务业	其他
1999	110795	514082	241075	34810	75296	3867098	1634319	112598	507537	430907	759155	256832	165750
2000	94033	521048	253917	25846	69315	4249821	1674317	203991	546309	521373	807321	286365	206299
2001	91088	412848	278991	29456	60117	2534171	897503	38975	342161	371870	554762	193778	135158
2002	64299	398799	288408	30395	45428	2824752	1170294	65418	369125	398824	606147	141980	72334
2003	75440	429720	293318	34536	68515	3150904	1231835	141889	382867	447920	635260	143079	168054

第二节　经济效益

一、利税

1990年，娄底地区乡镇企业实现利税2.31亿元，其中上缴税金8559万元，占地区财政收入的31.8%，每万元产值创税率3.9%。1992年，全地区乡镇企业实现利税3.7亿元，其中上缴税金1.29亿元，占地区利税总额的34.8%。每万元产值创税率3.5%。是年，全地区创利税150万元以上的乡镇企业11家。其中，娄底涟滨乡红旗轧钢厂创利税300万元，冷水江铎山拉铸厂创利税256万元，涟源市第四水泥厂创利税255万元，涟源市三一集团有限公司创利税250万元，涟源市第二铸管厂创利税232万元。其余6家企业分别创利税151万～165万元不等。1994年，全地区乡镇企业实现利税总额9.85亿元，比上年净增3.59亿元，增长57.3%。其中，乡镇企业利润总额完成5.6亿元，比上年增长36%；上缴税金4.91亿元，增长124.6%。1995年，再上台阶，全地区乡镇企业实现利税总额14.51亿元，其中上缴税金5.46亿元，占全地区利税总额的37.6%。每万元产值创税率3.8%。实现利税和上缴税金分别为1990年的6.27倍、6.37倍。

1996年1月23日，地委、行署出台一系列扶持乡镇企业发展的若干规定，执行有关优惠的税收政策：凡新办的乡、村集体企业和股份合作企业，可享受现行所得税有关政策，免征或减征所得税1～2年；到贫困地区新办乡镇企业的，从获利之年起，免征企业所得税2～3年。1999年，全市对“五小”企业实行关停、压产，利税收入开始下降。至2000年，全市乡镇企业实现利税总额6.18亿元，比1995年减少8.33亿元，上缴税金2.39亿元，比1995年减少3.04亿元，下降127.4%。

2001年起，全市乡（镇）村集体企业基本完成改制，上缴税金逐年增长。2002年，完成利税总额7.58亿元，其中上缴税金3.04亿元，占全市财政收入的35.8%。2003年，全市乡镇企业上缴税金3.45亿元，占全市财政收入的37.8%。

1990—2004年，累计上缴税金42.11亿元，年均2.81亿元。

二、工资

1990年，娄底地区乡镇企业发放职工工资4.85亿元，人均1417元。按全地区农业人口计算，人均152.7元，占农民人均纯收入的26.9%。1992年，全地区乡镇企业发放职工工资6.32亿元，人均1604.19元。1995年，全地区乡镇企业发放职工工资18.8亿元，人均3563.31元，是1990年的2.51倍。全市农村人口年人均从乡镇企业获得工资收入591.6元，占农民人均纯收入1309元的45.2%。

1996年，全地区乡镇企业共发放工资22.35亿元。全地区农业人口年人均从乡镇企业获得工资收入

701元。2000年，全市乡镇企业共发放工资27亿元，人均5175.9元。全市农村人口年人均从乡镇企业获得工资收入842元，比1995年增加250.4元，增长42.3%。占农民纯收入的46.8%。

2001年起，个体户、联户与私营企业逐步发展，农民工不仅可以得到工资，而且在股份合作企业中还能获得部分利润。农民从乡镇企业中取得的工资收入占其纯收入的比重越来越大。2002年，全市乡镇企业共发放工资25.84亿元，人均6479.8元。2003年，全市乡镇企业发放工资29.33亿元，人均6825.8元，全市农村人口年人均从乡镇企业获得工资收入937.18元，占农民纯收入1878元的49.9%。

1990—2003年，全市乡镇企业共发放职工工资254.85亿元，年均18.2亿元。

三、创汇

1989年，娄底地区乡镇企业产品出口全部由外贸安排，创汇额不大。出口产品主要是茶叶、精锑。1990年，全地区出口企业88家，出口茶叶5385吨，精锑1789吨，罐头食品31吨，出口产品产值6450万元。1992年，出口企业83家，出口产品产值9486万元，主要产品精锑产值3607万元，占出口产品产值的38%。1993年，出口企业增加到116家，出口产品产值1.7亿元，比上年增长79.4%。矿产品、食品、机械产品分别占出口产品产值的18.5%、18.4%、18.2%。1995年，全地区出口企业172家，出口产品产值3.66亿元，比1990年增长467.2%。矿产品、化工产品、机械产品分别占出口产品产值的47.1%、14.6%、9.8%。

1997年6月，经外贸部批准，湖南省金鑫铁合金实业有限公司和湖南省冷水江市大乘锌化厂获自营进出口权，成为娄底地区首批获此权利的乡镇企业。1998年，全地区出口企业126家，出口产品产值4.36亿元。其中，矿产品1.7亿元，占39%；机械产品6688万元，占15.4%；化工产品6550万元，占15%。2000年，出口企业减至64家，出口产品生产总值降至3.55亿元。其中，食品出口企业由1998年的9家减至2家，出口产品产值由2646万元减至292万元；矿产品出口企业由45家减至38家，产值由1.7亿元增至2.11亿元。2001年，一批出口企业在改制中关闭，生产企业减少，出口产品产值急剧下滑。2002年，全市乡镇企业出口产品产值1.1亿元。2003年，全市出口企业减至17家，机械类出口企业降为零。矿产品、轻工、食品、工艺品出口企业降至1家。出口产品产值8965万元，是1998年的20.6%、2000年的42.6%。

娄底市志

（1990—2017）

第三册

娄底市地方志编纂委员会　编

方志出版社
Publishing House of Local Records

目　录

（第三册）

第三十四篇　开发区建设

概　述 ……1147
第一章　娄底经开区 ……1149
　第一节　园区规划 ……1150
　第二节　基础设施建设 ……1154
　第三节　招商引资及筹融资 ……1156
　第四节　园区产业 ……1158
　第五节　经济效益 ……1168
　第六节　管理机构 ……1169
第二章　娄底水府示范片万宝新区 ……1170
　第一节　园区规划 ……1171
　第二节　基础设施建设 ……1172
　第三节　招商引资 ……1173
　第四节　园区产业 ……1176
　第五节　管理机构 ……1178
第三章　省级经济开发区 ……1178
　第一节　娄星工业集中区 ……1178
　第二节　娄底高新技术产业开发区 ……1180
　第三节　冷水江经济开发区 ……1182
　第四节　双峰经济开发区 ……1184
　第五节　新化经济开发区 ……1187

第三十五篇　商　贸

概　述 ……1191
第一章　商业体制改革 ……1193
　第一节　管理机构改革和职能转变 ……1193
　第二节　经营机制和产权制度改革 ……1193
第二章　百货贸易 ……1195
　第一节　针织服饰 ……1195
　第二节　电子电器 ……1196
　第三节　五金交电 ……1196
　第四节　文具家具日杂 ……1197

第五节 洗涤化妆用品 ……1197
第三章 糖酒、副食品贸易 ……1197
第一节 酒类购销 ……1197
第二节 食糖、副食购销 ……1198
第四章 肉类、蔬菜水果贸易 ……1199
第一节 肉类贸易 ……1199
第二节 蔬菜水果贸易 ……1201
第五章 餐饮、宾馆、家政业 ……1201
第一节 餐饮业 ……1201
第二节 宾馆业 ……1202
第三节 家政业 ……1202
第六章 金属、机电、化轻、建材贸易 ……1203
第一节 金属材料贸易 ……1203
第二节 机电设备贸易 ……1203
第三节 化工原材料贸易 ……1204
第四节 建筑材料贸易 ……1204
第七章 粮油购销 ……1204
第一节 粮油收购 ……1204
第二节 粮油销售 ……1207
第三节 粮食票证管理 ……1212
第四节 粮油储备和运输 ……1212
第五节 粮食市场调控管理 ……1215
第六节 粮食机构和企业改制 ……1217
第八章 石油经营 ……1217
第一节 库站建设 ……1217
第二节 油料销售 ……1218
第三节 石油机构 ……1219
第九章 烟草专卖 ……1220
第一节 烟叶生产 ……1220
第二节 卷烟购销 ……1220
第三节 烟草专卖管理 ……1221
第十章 盐业专营 ……1222
第一节 食盐销售 ……1222
第二节 盐业管理 ……1223
第三节 盐业体制改革 ……1224
第十一章 市场网点建设、电子商务与商业执法管理 ……1225
第一节 市场与网点建设 ……1225
第二节 电子商务 ……1229
第三节 市场管理与行政执法 ……1230
第十二章 商贸会展 ……1232
第一节 商品展销会 ……1232

第二节　“青春娄底·湘中之光”经贸博览会 ……1232
第三节　“湘博会” ……1232
第四节　专项博览会 ……1233

第三十六篇　供销合作

概　述 ……1237
第一章　经营网络 ……1237
第一节　传统经营网络 ……1237
第二节　新型经营网络 ……1238
第二章　经营业务 ……1242
第一节　农资购销 ……1242
第二节　农副产品购销 ……1243
第三节　日用工业品购销 ……1243
第四节　再生资源回收 ……1244
第五节　社办工业 ……1244
第六节　生产培植 ……1245
第三章　企业改革 ……1246
第一节　“四放开”改革 ……1246
第二节　社有民营改革 ……1246
第三节　企业改制 ……1247
第四章　经营管理 ……1249
第一节　管理机构 ……1249
第二节　市场与企业管理 ……1250
第三节　扩股增资 ……1250
第四节　安全统筹 ……1251

第三十七篇　对外经贸

概　述 ……1255
第一章　招商引资 ……1255
第一节　招商政策 ……1255
第二节　招商成果 ……1257
第三节　服务与管理 ……1260
第二章　对外贸易 ……1260
第一节　进出口贸易 ……1260
第二节　进出口商品种类 ……1262
第三章　资本与劳务输出 ……1263
第一节　对外投资 ……1263
第二节　对外劳务输出 ……1264
第三节　对外工程承包 ……1265

第四章　机　构 ……1266
第一节　市级机构 ……1266
第二节　县级机构 ……1266

第三十八篇　旅游业

概　述 ……1269
第一章　旅游资源及开发 ……1269
第一节　山水风光 ……1270
第二节　地质奇观 ……1274
第三节　文化遗存及古建筑、古民居 ……1275
第四节　名人故居及革命纪念地 ……1276
第五节　工矿旅游资源 ……1280
第二章　旅游规划与品牌创建 ……1282
第一节　旅游规划 ……1282
第二节　中国优秀旅游城市创建 ……1283
第三节　国家全域旅游示范区创建 ……1284
第三章　旅游服务体系 ……1285
第一节　星级饭店、乡村旅游区（点） ……1285
第二节　旅行社 ……1286
第三节　旅游交通运输 ……1286
第四节　其他旅游设施 ……1287
第四章　旅游商品 ……1287
第一节　旅游食品 ……1288
第二节　旅游纪念品 ……1289
第五章　旅游市场开发 ……1290
第一节　媒体宣传 ……1290
第二节　论坛展会 ……1291
第三节　节庆营销 ……1292
第六章　旅游管理 ……1293
第一节　机　构 ……1293
第二节　产业引导 ……1294
第三节　行业管理 ……1297
第四节　旅游统计 ……1299

第三十九篇　金　融

概　述 ……1303
第一章　负债业务 ……1304
第一节　居民存款 ……1304
第二节　单位存款 ……1306

第三节　外币存款 ……1308

第二章　资产业务 ……1310

第一节　短期贷款 ……1310

第二节　中长期贷款 ……1316

第三节　政策性贷款 ……1319

第四节　外汇贷款与个人贷款 ……1322

第三章　中间业务 ……1324

第一节　结算业务 ……1324

第二节　拆借业务 ……1326

第三节　票据业务 ……1327

第四节　银行卡 ……1328

第五节　电子银行 ……1330

第六节　代理业务 ……1331

第七节　信托业务 ……1333

第八节　其他中间业务 ……1334

第四章　央行业务 ……1334

第一节　货币发行与管理 ……1334

第二节　经理国库 ……1335

第三节　信贷业务 ……1336

第四节　金银管理 ……1337

第五章　保险业务 ……1337

第一节　财产保险 ……1338

第二节　人身保险 ……1340

第三节　中介业务 ……1342

第四节　保险赔付 ……1343

第六章　证券期货 ……1345

第一节　证券业务 ……1345

第二节　期货业务 ……1347

第三节　资本市场工作 ……1348

第七章　金融监管 ……1349

第一节　市场监管 ……1349

第二节　防范和化解金融风险 ……1354

第三节　地方金融风险处置 ……1359

第八章　金融统计、调研、电子化 ……1362

第一节　金融统计 ……1362

第二节　金融调研 ……1363

第三节　金融电子化建设 ……1364

第九章　机　构 ……1366

第一节　协调指导监管机构 ……1366

第二节　银行机构 ……1366

第三节　保险机构 ……1369

第四节　证券期货机构 ……1374
第五节　其他机构 ……1375

第四十篇　财　政

概　述 ……1379
第一章　收　入 ……1379
第一节　税收收入 ……1381
第二节　非税收入 ……1381
第三节　财源培植 ……1382
第二章　支　出 ……1384
第一节　教科文卫支出 ……1385
第二节　农业支出 ……1386
第三节　经济建设支出 ……1387
第四节　社会保障支出 ……1388
第三章　财政管理 ……1389
第一节　财政预算管理 ……1389
第二节　国库管理 ……1391
第三节　综合财务管理 ……1392
第四节　农业综合开发资金管理 ……1393
第五节　会计管理与会计函授 ……1394
第六节　乡村振兴管理 ……1395
第七节　财政监督检查 ……1396
第八节　工资统发与财政投资评审管理 ……1398
第九节　财政担保资金、地方金融企业、PPP项目管理……1399
第十节　机　构 ……1400

第四十一篇　税　务

概　述 ……1405
第一章　国家税务 ……1405
第一节　主要税种 ……1405
第二节　重点税源与税收 ……1407
第三节　征收管理与服务 ……1409
第二章　地方税务 ……1415
第一节　税种及费金 ……1415
第二节　重点税源及税费收入 ……1423
第三节　征收管理与服务 ……1424

第四十二篇　发展计划

概　述 ……1437
第一章　综合计划 ……1438
第一节　年度计划 ……1438
第二节　五年总体规划 ……1440
第三节　专项规划 ……1452
第二章　项目建设与管理 ……1459
第一节　项目计划 ……1459
第二节　项目监管 ……1461
第三节　重点竣工项目 ……1464
第三章　发展战略研究与实施 ……1467
第一节　湖南第二条经济走廊 ……1467
第二节　经济强区战略 ……1467
第三节　“三基地一中心一枢纽”战略 ……1468
第四节　融城战略 ……1469
第五节　“两型”社会建设战略 ……1470
第六节　资源型城市转型发展战略 ……1471
第七节　经济调研报告及建言献策 ……1471
第四章　计划管理 ……1472
第一节　管理体制改革 ……1472
第二节　县（市、区）计划管理机构 ……1474
第三节　投资体制改革 ……1474

第四十三篇　统　计

概　述 ……1481
第一章　国民经济统计 ……1482
第一节　国民经济核算 ……1482
第二节　农业统计 ……1482
第三节　工业统计 ……1483
第四节　能源统计 ……1484
第五节　固定资产投资统计 ……1485
第六节　建筑业统计 ……1485
第七节　房地产开发统计 ……1486
第八节　贸易统计 ……1487
第九节　园区统计 ……1488
第十节　服务业统计 ……1488
第二章　社会统计 ……1489
第一节　人口统计 ……1489
第二节　劳动工资统计 ……1489

第三节　科技统计……1490
第四节　文化及相关产业统计……1490
第五节　妇女儿童“两纲”监测统计……1491
第三章　统计调查……1491
第一节　普　查……1491
第二节　抽样调查、重点调查与典型调查……1495
第四章　统计服务……1496
第一节　资料汇编……1496
第二节　分析研究……1497
第三节　咨询服务……1497
第五章　信息化建设……1497
第一节　数据处理……1497
第二节　网站建设……1498
第六章　法治建设……1498
第一节　统计普法……1498
第二节　统计执法……1499
第七章　机　构……1499
第一节　市统计局机构……1499
第二节　县级统计局机构……1500

第四十四篇　物　价

概　述……1503
第一章　商品价格……1504
第一节　主要农产品价格……1504
第二节　部分工业品价格……1507
第三节　房地产价格……1512
第二章　服务性收费……1514
第一节　道路客运价格……1514
第二节　行政事业性收费……1515
第三节　其他收费……1519
第三章　物价管理……1519
第一节　管理机构……1519
第二节　价格调控……1520
第三节　价格监督……1524

第四十五篇　审　计

概　述……1529
第一章　国家审计……1529
第一节　财政金融审计……1529

第二节 经济责任审计 ……1533
第三节 固定资产投资审计 ……1535
第四节 行政事业单位审计 ……1538
第五节 企业审计 ……1541
第二章 内部审计和社会审计 ……1543
第一节 内部审计 ……1543
第二节 社会审计 ……1544
第三章 审计管理 ……1545
第一节 机 构 ……1545
第二节 审计指导与监督 ……1547

第四十六篇 工商行政管理

概 述 ……1551
第一章 市场主体登记 ……1552
第一节 内资企业登记 ……1552
第二节 外商、港澳台商投资企业登记 ……1554
第三节 个体私营企业登记 ……1555
第二章 市场主体监管 ……1557
第一节 内资企业监管 ……1557
第二节 外商投资企业监管 ……1559
第三节 个体私营企业监管 ……1559
第三章 市场秩序维护 ……1560
第一节 市场交易行为监管 ……1560
第二节 市场竞争行为监管 ……1568
第三节 打击传销 ……1571
第四章 商标广告监管 ……1572
第一节 商标管理 ……1572
第二节 广告管理 ……1578
第五章 消费者权益保护 ……1580
第一节 行政保护 ……1580
第二节 社团保护 ……1581
第三节 消费者申（投）诉举报受理 ……1582
第六章 机 构 ……1583
第一节 市级机构 ……1583
第二节 县级机构 ……1583

第四十七篇 质量技术监督

概 述 ……1589
第一章 质量管理 ……1590

第一节　质量强市战略 ……1590
第二节　产品生产许可证管理 ……1597
第三节　质量信用管理 ……1598
第四节　质量体系认证 ……1598
第二章　质量监督 ……1599
第一节　产品质量定期检验和委托检验 ……1599
第二节　产（商）品质量检查与监督 ……1599
第三节　专项产品质量监督 ……1600
第三章　标准化管理 ……1602
第一节　企业产品标准制定与备案及管理 ……1602
第二节　采用国际标准和国外先进标准 ……1603
第三节　消灭无标生产 ……1604
第四节　农业标准化试点 ……1604
第五节　组织机构代码管理 ……1605
第六节　商品条码管理 ……1606
第四章　计量管理 ……1606
第一节　计量标准 ……1606
第二节　计量器具周期检定与强制检定 ……1607
第三节　计量认证 ……1609
第四节　计量监督 ……1610
第五章　特种设备安全监察 ……1612
第一节　特种设备普查登记 ……1612
第二节　特种设备作业人员培训 ……1613
第六章　机　构 ……1614
第一节　市级机构 ……1614
第二节　县级机构 ……1614

第四十八篇　土地矿产资源管理

概　述 ……1619
第一章　土地资源管理 ……1620
第一节　土地利用总体规划 ……1620
第二节　耕地保护 ……1622
第三节　地籍管理 ……1625
第四节　土地利用管理 ……1628
第五节　土地市场管理 ……1632
第二章　地质矿产资源管理 ……1634
第一节　矿产资源管理 ……1634
第二节　矿产资源开发 ……1638
第三节　地质灾害防治与矿山综合治理 ……1641
第三章　测绘业务与管理 ……1644

第一节　测绘业务 ……1644
第二节　测绘应用服务 ……1645
第三节　测绘资质管理 ……1646
第四节　地理信息管理 ……1646
第四章　执法监察 ……1647
第一节　土地执法 ……1647
第二节　矿产执法 ……1649
第五章　机　构 ……1652
第一节　市级国土管理机构 ……1652
第二节　地质矿产机构 ……1652
第三节　县（市、区）国土资源管理机构 ……1653

第四十九篇　食品药品化妆品监管

概　述 ……1657
第一章　药品监管 ……1658
第一节　生产监管 ……1658
第二节　经营监管 ……1660
第三节　检验检测 ……1666
第四节　不良反应监测 ……1668
第五节　稽　查 ……1670
第二章　医疗器械监管 ……1673
第一节　生产监管 ……1673
第二节　经营监管 ……1674
第三节　不良反应监测 ……1676
第四节　稽　查 ……1677
第三章　食品监管 ……1677
第一节　综合监管 ……1677
第二节　生产监管 ……1678
第三节　经营监管 ……1679
第四节　检验检测 ……1683
第五节　稽　查 ……1684
第四章　保健品化妆品监管 ……1685
第一节　生产监管 ……1685
第二节　经营监管 ……1686
第三节　检验检测 ……1686
第四节　稽　查 ……1687
第五章　机　构 ……1688
第一节　市级机构 ……1688
第二节　县（市、区）机构 ……1689

第五十篇 安全生产监督管理

概 述 ……1693
第一章 安全培训与安全活动 ……1694
第一节 安全培训 ……1694
第二节 安全活动 ……1695
第二章 日常监管 ……1696
第一节 责任目标管理 ……1696
第二节 质量标准化管理 ……1697
第三节 安全规范化管理 ……1697
第三章 专项监管 ……1698
第一节 煤矿安全监管 ……1698
第二节 非煤矿山安全监管 ……1699
第三节 烟花爆竹和危险化学品安全监管 ……1700
第四节 建筑施工安全监管 ……1701
第五节 特种设备安全监管 ……1703
第六节 职业卫生安全监管 ……1708
第七节 八大行业安全监管 ……1709
第四章 应急救援 ……1710
第一节 救援预案 ……1710
第二节 救援演练 ……1710
第三节 救援保障 ……1711
第五章 监管机构 ……1711
第一节 市级机构 ……1711
第二节 县级机构 ……1712

第五十一篇 国有资产

概 述 ……1715
第一章 国有资产监管 ……1715
第一节 监管机构 ……1715
第二节 经营性国有资产监管 ……1716
第三节 非经营性国有资产监管 ……1722
第二章 国有企业改革 ……1723
第一节 国有企业改制 ……1723
第二节 建立现代企业制度 ……1727

第五十二篇 环境保护

概 述 ……1731
第一章 环境污染与治理 ……1732

第一节　废水污染与治理 ……1732
第二节　废气污染与治理 ……1737
第三节　噪声污染与治理 ……1743
第四节　固体废弃物污染与治理 ……1744
第五节　辐射污染与治理 ……1748
第二章　生态环境保护 ……1750
第一节　自然保护区、湿地资源保护 ……1750
第二节　野生动、植物资源保护 ……1751
第三节　农业生态环境保护 ……1752
第四节　生态保护红线划定 ……1754
第五节　矿产资源区环境保护 ……1754
第三章　环境规划与管理 ……1755
第一节　环境规划 ……1755
第二节　建设项目环保审批与管理 ……1756
第三节　排污权交易 ……1757
第四章　环境监测 ……1758
第一节　污染源自动监控体系建设 ……1758
第二节　水环境监测 ……1758
第三节　城市空气环境监测 ……1759
第四节　城市噪声环境监测 ……1759
第五节　排污总量控制 ……1759
第五章　环境监察 ……1760
第一节　环境监察执法 ……1760
第二节　环境污染应急处置 ……1761
第三节　排污费征收与管理 ……1763
第六章　环保机构与宣传教育 ……1764
第一节　环保机构 ……1764
第二节　环保宣传教育与绿色创建工作 ……1764

第五十三篇　城乡规划

概　述 ……1769
第一章　城乡总体规划 ……1770
第一节　城镇体系规划 ……1770
第二节　基础设施规划 ……1771
第三节　城镇等级结构规划 ……1771
第二章　娄底中心城区规划 ……1773
第一节　总体规划 ……1773
第二节　交通规划 ……1773
第三节　公用事业规划 ……1775
第四节　环境卫生设施与环境保护规划 ……1778

第五节　城市绿地与景观规划 ……1779
第六节　历史文化遗产保护和旧城改造规划 ……1780
第七节　综合防灾规划 ……1780
第八节　城市居住用地与住房建设保障规划 ……1781
第三章　县（市、区）城区与建制镇规划 ……1782
第一节　娄星区 ……1782
第二节　涟源市 ……1783
第三节　冷水江市 ……1786
第四节　双峰县 ……1788
第五节　新化县 ……1790
第四章　机构与管理 ……1794
第一节　机　构 ……1794
第二节　规划管理与执法 ……1794

第三十四篇

开发区建设

概 述

1992年5月，娄底地委、行署成立地区经济开发区暨城镇建设领导小组。是年，省体制改革委员会批准娄底地区成立娄底市经济开发区、新化县梅苑开发区、冷水江市布溪特区、涟源市马家境开发区、双峰县永丰开发区。境内15个乡镇先后设立开发小区。

1993年，5个县（市）经济开发区土地规划41.44平方千米。根据《国务院关于加强和改革宏观调控，严格审批和认真清理各类开发区的通知》，行署撤销乡镇开发小区。1994年，省政府《批转省清理工作领导小组办公室〈关于做好我省开发区工作报告〉的通知》，同意娄底地区保留各县（市）开发区。

2000年11月，市委决定将地区外资工业区与娄底市经济开发区合并，成立新的娄底市经济技术开发区（简称娄底经开区）。2002年9月，市政府印发《娄底市优化投资环境扩大招商引资若干规定的通知》，对外来开发区投资企业在土地使用方面按有关法律规定予以优惠。至2002年，全市各开发区投入资金28.96亿元，实现国内生产总值22.95亿元，利润8361万元，财政收入3058万元。

2003年4月，市政府印发《关于娄底市经济开发区鼓励投资的若干规定（试行）的通知》《关于鼓励外商投资若干规定（试行）的通知》，赋予开发区在项目审批审核、土地利用、企业工商注册、税务登记、社会安全管理等方面的自主权。是年，娄底经开区党委和管理委员会成立，分别为市委、市政府的派出机构，享受综合经济管理权限。各县（市、区）开发区设立党的工作委员会和管理委员会，作为县（市、区）党委、政府的派出机构。2004年始，市财政连续4年每年拨款1000万元，用于娄底经开区基础设施、重点项目等方面的建设。县（市、区）财政相应给予所属开发区财力支持。

2006年1月，国家发改委审核认定娄底市经济技术开发区、冷水江经济开发区、涟源经济开发区、双峰经济开发区、新化经济开发区为省级开发区。5月，市政府印发《关于娄底市经济技术开发区工业企业建设项目收费优惠标准的通知》，免缴市、县级部分行政事业性收费。2007年，全市开发区入园企业430家。其中，工业企业134家，投产78家，实现地区生产总值27亿元，占全市地区生产总值的6%，实现工业增加值20亿元，占全市工业增加值的10%，上缴税金2亿元。

2009年，市委、市政府印发《关于进一步促进产业园区发展的意见》。开发区用地优先纳入当地土地利用年度计划。娄底经开区和县（市、区）开发区设立政府土地储备分中心，盘活存量土地资源，通过总量平衡、内部置换存量土地的办法，支持工业项目建设。

2010年，娄底水府示范片区的核心区和主要承载区万宝新区成立。总用地规划面积110平方千米，其中建设用地面积38平方千米。市委、市政府出台《关于支持娄底市水府示范片万宝新区建设发展的若干意见》。当年，经省政府批准，娄星区工业集中区为省级工业集中区。2012年10月，经国务院批准，娄底经开区升级为国家级经济技术开发区。

2014年12月，市政府下发《关于支持标准厂房建设的意见》，实施标准厂房建设专项补贴。市财政每年安排1000万元，对适用范围内标准厂房给予奖励补助。2016年1月，市委、市政府下发《关于将部分市级行政审批事项及管理职能下放给娄底经济技术开发区的实施意见》，下放建设、房产、规划、水利、林业、国土、环保、城管等8个方面41项行政审批事项及管理职能。是年，按照《湖南省人民政府办公厅关于印发〈湖南省加快推进产业园区转型升级的实施方案（2016—2018）〉的通知》，市政府下发《关于支持娄底经开区设立动力电池与储能电池产业园的若干意见》，提出10条政策措施，促进新能源产业集聚发展。各县（市、区）开发区根据各地优势打造特色工业园。

2017年9月，市政府下发《关于印发〈深化娄底经济技术开发投资建设有限公司体制改革实施方案〉的通知》，授权娄底经开区行使1473项经济社会管理权限，其中审批管理类321项，执法检查类1152项。是年，根据省政府办公厅《关于加快推进产业园区改革和创新发展的实施意见》《湖南中部（株洲、湘潭、娄底）国家产业转型升级示范区建设方案》，市政府编制《娄底市园区产业发展规划（2018—2020年）》，规划各产业园区功能定位和主导产业差异化，打造特色鲜明、竞争力强的现代化产业集群。

2017年，全市1个国家级开发区，5个省级开发区，1个市级开发区。园区规划面积169.17平方千米，累计开发面积44.54平方千米，工业用地面积37.43平方千米。园区技工贸总收入2420亿元，规模工业以上企业370个，增加值348.83亿元，占全市规模以上工业增加值的68.5%。高新技术产品产值940.29亿元，占全市高新技术产业总产值的80%。上缴税金29.4亿元，占全市税收收入的70.4%。出口创汇1.96亿美元，占全市出口额的64.5%。从业13.05万人。在全省省级及以上开发区综合评价排名：新化经济开发区为21名，双峰经济开发区为25名，娄底高新技术产业开发区为30名，娄底经济技术开发区为32名，冷水江市经济开发区为48名，娄星工业集中区为107名。娄底市省级及以上产业园区综合评价得分在全省市州排名从2016年的第7名上升为第2名。

2017年娄底市开发区基本情况表

表34-1

序号	指标名称	计量单位	合计	娄底经开区	娄底高新区	冷江经开区	双峰经开区	新化经开区	娄星工业集中区	万宝新区
1	规划面积	平方千米	169.17	23.33	7.34	7.38	6.37	10.50	4.25	110.00
2	已开发面积	平方千米	43.31	17.58	4.20	4.79	4.20	5.41	3.85	3.28
3	工业用地面积	平方千米	37.43	15.74	3.90	4.54	3.60	5.09	3.85	0.71
4	期末从业人数	万人	13.04	4.50	1.19	2.57	1.86	1.11	1.23	0.59
5	规模企业个数	个	370.00	118.00	46.00	48.00	54.00	59.00	25.00	20.00
6	技工贸总收入	亿元	2420.00	1350.10	208.00	343.50	218.00	115.10	138.30	47.00
7	规模工业增加值	亿元	348.83	117.17	54.74	69.93	47.86	28.78	30.35	—
8	上缴税金	亿元	29.40	18.34	5.83	0.84	0.61	0.56	1.04	2.18
9	出口创汇	万美元	19640.10	6063.00	1067.00	4208.00	6931.00	1157.00	101.30	112.80
10	实际到位外资	万美元	35506.00	12725.00	3900.00	3125.00	3425.00	3365.00	3261.00	5705.00
11	实际到位内资	亿元	460.25	101.67	64.41	64.35	70.00	66.10	22.95	70.77
12	主导产业集聚度	%	—	65.60	71.00	74.90	81.20	75.40	83.00	70.00
13	工业集中度	%	—	99.80	63.50	76.00	58.80	52.20	45.60	—
14	高新技术产品产值	亿元	940.29	408.15	89.47	313.70	76.50	47.70	4.20	0.57

续表34-1

序号	指标名称	计量单位	合计	娄底经开区	娄底高新区	冷江经开区	双峰经开区	新化经开区	娄星工业集中区	万宝新区
15	高新技术产业主营业务收入占技工贸总收入比例	%	38.85	35.64	51.66	91.32	35.09	41.44	3.04	1.22
16	发明专利授权量	件	172.00	105.00	18.00	19.00	10.00	0	15.00	5.00
17	完成固定资产投资额	亿元	514.54	213.68	42.23	55.40	42.80	25.40	37.60	97.43
18	拥有标准厂房面积	万平方米	378.60	105.26	40.80	66.80	18.90	30.10	33.60	101.00
19	标准厂房入驻率	%	—	90.00	100.00	100.00	95.00	95.00	90.00	100.00

第一章　娄底经开区

娄底经开区位于娄底城市建成区北部，南隔涟水河与主城区相望，西邻全国百强企业华菱涟源钢铁集团公司，东接库容量3.7亿立方米的水府庙水库，贯穿开发区的娄涟、娄湘高等级公路与娄星北路、新星北路等城市主干道以及涟水航道组成开发区综合交通网络。地处北纬27°43′03″至27°49′03″，东经111°58′49″至112°07′41″，属湘中丘陵地貌区。北部山峦叠嶂，中西部岗地密布，南部丘陵起伏，东部平地宽阔，为北、西、南面较高，向东开口的地势。平均海拔185米。

1992年3月，省体改委批准成立娄底市经济技术开发区（隶属县级娄底市）。2000年11月，市委常委会议研究决定，将地区外资工业园与娄底市经济技术开发区合并，成立新的娄底经开区，12月获省政府批准。2002年1月8日，娄底经开区挂牌。2003年4月，市委、市政府下达《关于加强娄底市经济技术开发区建设与管理的决定》，确定开发区建设的12条扶持政策措施。5月，开发区起步区项目建设全面启动，太和工业园开园。娄星区涟滨街道办事处、大埠桥办事处划归经开区代管。开发区行政区划面积72.8平方千米，人口2.79万人。是年始，经开区陆续征收土地总面积1214公顷，拆迁房屋1542栋，拆迁建筑总面积66.65万平方米，安置1544户，8366人。2007年10月，高桥工业园开园。2008年，娄底经开区出台包括返税、免税等招商引资13项优惠政策。2010年1月，水府示范片区东部新区管委会在经开区挂牌成立，围绕东部新区物流、新材料研发、文化教育、生态旅游休闲等重点产业，开展项目包装和招商引资。12月，娄底经开区获国家新型工业化产业示范基地称号。2012年10月，经国务院批准，经开区升级为国家级经济技术开发区。

2013年，娄底经开区党委、管委会颁发《关于鼓励创业创新、壮大产业集群、促进转型升级的若干规定》，确立“项目立区、产业强区、科技兴区”发展思路。坚持“新型工业化与新型城市化双轮驱动”“多引快引”与“做大存量”并举，从“十五”“十一五”期间的设备制造、薄板深加工、医药、家具、服饰加工、农资饲料、新材料、电子电器、食品加工9个门类，发展整合为三大产业集群，即千亿级精品钢材及薄板深加工产业集群，100亿级新材料、新能源产业集群，电力科技特色产业集群。

2017年，娄底经开区开发面积58.26公顷，入园企业31家，固定资产投资213.53亿元，到位外资1.2亿美元，出口创汇6063万美元，主导产业集聚度65.6%，税收18.14亿元，财政收入28.75亿元，期末从业4.5万人。规模工业增长值进入全省园区前列，成为国家高科技产业基地、国家新型工业化产业示范基地、大众创业万众创新示范基地。2002—2017年，娄底经开区开发面积1758公顷，落户工商企业1121家。其中，规模以上企业118家，世界500强企业12家，上市公司10家，央企8家。投资1338.67亿元。

2003—2017年，娄底经开区内企业组织或参加各种人才招聘活动591次，招聘各类专业技术人才、专家1962人，其中高级职称人员196人，中级职称791人，初级职称823人，高级技师（含高级技工）171人；博士9人，硕士135人，本科生1351人。有科研中心8个，科研人员312人，投入科研资金4.68亿元，获得科研成果273项，专利技术478项，发明专利授权151项。企业技改项目253个，投入技改资金16.3亿元。

2003—2017年娄底经开区主要经济指标与开发情况表

表34-2

年份	当年开发面积（公顷）	基础设施投资（亿元）	入园企业（家）	固定资产投资（亿元）	实际到位外资（亿美元）	税 收（亿元）	财政收入（亿元）
2003	109.05	1.09	20	10.00	0	—	0
2004	107.49	0.85	18	12.66	0	—	0.56
2005	77.06	0.92	20	13.90	0	—	0.89
2006	96.52	1.69	20	10.12	0.61	—	1.19
2007	9.42	1.37	10	13.50	0	—	2.33
2008	357.31	1.22	11	17.00	0.08	—	3.19
2009	47.43	2.95	11	24.66	0.22	4.88	4.13
2010	53.26	1.92	22	31.40	0	4.67	4.72
2011	56.52	3.49	21	45.00	0	4.32	7.34
2012	86.32	4.20	12	161.68	0	11.20	10.01
2013	46.81	9.67	7	93.00	1.81	13.23	21.36
2014	358.21	11.81	9	30.96	0	11.46	19.74
2015	44.21	12.81	43	151.76	1.45	9.89	18.55
2016	46.13	11.39	35	179.28	0.95	11.69	22.03
2017	58.26	9.09	31	213.53	1.22	18.14	28.75
合 计	1554.00	74.47	290	1008.45	6.34	89.48	144.79

说明：1.娄底经开区2000—2008年国税、2000—2011年地税与娄星区混合，未拆分单列；
2.基础设施投资数据只反映账面开发成本的实际发生数；
3.娄底经开区2000—2003年财政收入与娄星区财政混合，未拆分单列

第一节　园区规划

一、总体规划

2003年，娄底经开区管委会委托上海同济城市规划设计研究院编制娄底城北区分区规划（经开区总规）。2004年9月，市规划委会审议通过。2005年1月，市政府印发《关于娄底市城北区分区规划的批复》。该规划位于《娄底市总体规划（2000—2020年）》范围内，城市建成区北部。规划范围总用地面积23.33平方千米。城市建设用地：2003年5.1平方千米，2020年22.9平方千米，形成钢铁相关产

业、高新科技产业、仓储物流产业、文化教育产业四大产业结构。经济发展目标：国内生产总值年均增长8%以上，2010年国内生产总值30亿元，2020年80亿元；财政总收入年均增长10%左右，2010年3亿元，2020年超过7亿元；每5年新增就业3万人；城镇居民人均可支配收入年均增长7%左右，农民人均纯收入年均增长6%左右；居民人均居住建筑面积增加到15平方米以上；2020年人口20万人以上。

开发区总体布局为“一带、三廊、四片区”的组团式结构。一带，即沿涟水河畔的延续性景观走廊，构成一幅别致的恬然景观。三廊，即碧溪河沿线生态绿廊，湘黔铁路沿线防护绿廊，以西阳山公园为基础的自然生态联系廊。四片区，即仙人桥片区、高桥片区、江龙湾片区、大埠桥片区。相应制定居住用地、公共设施用地、工业用地、仓储用地、道路交通等16项规划。

2010年，根据省政府《湖南省开发区调区和扩区暂行办法》和市国土资源局的部署，湖南万源评估咨询有限公司承担本次经开区土地集约利用评价更新工作。2012年编制开发区调区扩区规划，确定“一区三园”的远景发展设想，并经省发改委核准，核定由原10.5平方千米扩展至20平方千米。本次调区扩区规划与娄底市总体规划的规划期限一致。近期2011—2015年，远期2015—2020年。调区扩区方案：以调整前10.5平方千米为基础，保留原四至范围内用地7.08平方千米，调减3.42平方千米，置换用地3.42平方千米，新扩区9.5平方千米。2020年20平方千米，新调、扩区12.92平方千米。

调区范围A1：根据太和工业园现状，大汉路以南，新星北路以西，涟水河以北，石冲路以东范围作为建成区，主要用地性质为商业和住宅用地。不划入工业园区四至范围，此区域0.47平方千米。

调区范围B1：原江龙工业园湘阳街以南，涟水河以北，江龙滩以东，东二环西路以西区域，主要用地性质为商业和住宅用地，不划入工业园区四至范围。面积2.95平方千米。

总体结构：工业用地集中布局在大埠桥、杉山两个城市组团中，形成“一区三基地”的空间结构，“一区”即娄底经开区。工业项目集中布局，形成三大产业基地，即：太和装备制造及配套产业基地，由原太和工业园经调减面积后形成。四至（保留范围，地块A）：西至新星北路，南至涟水河，东至碧溪西街，北至群乐街。用地4.11平方千米。

大埠桥薄板深加工及配套产业基地，由原江龙工业园经调减后再向北部东部扩园形成。“四至”范围：北至冠槽街，西至吉星路，南至湘阳街，东至益娄衡高速。用地13.68平方千米。（含置换面积1.21平方千米）分为两个地块：薄板深加工产业基地1（地块编号B）：以原江龙工业园调减范围为主。四至范围：北至娄底东站，西至江龙路，南至湘阳街，东至中心公园。此区域2.97平方千米。薄板深加工产业基地2（地块编号B2）：以现状米塔尔汽车薄板项目以及娄底货运东站为中心向北，向北向东扩区。四至范围：北至冠槽街，西至吉星路，南至湘阳街，东至益娄衡高速。此区域用地10.71平方千米。杉山电子信息及配套产业基地，由原太和工业园，江龙工业园调减范围置换构成。（地块编号C1）（置换地块）“四至”范围：北至冠福街，西至娄星北路，南至泉福街，东至新星北路。用地2.21平方千米。

规划至2020年，娄底经开区用地20平方千米，调区、扩区总用地12.92平方千米，其中工业仓储等项目生产用地10.57平方千米，工业生产用地占扩区规划用地的81.8%，符合生产项目用地不低于60%的规定。

二、专项规划

（一）水府片区东部新区水府国际新城控制性详细规划

2011年3月，娄底经开区管委会委托市规划设计研究院编制水府片区东部新区水府国际新城控制性详细规划（简称“东部新区”）。7月报娄底市规划委员会审查。12月，市政府下发《关于同意实施水府国际新城控制性详细规划的批复》（简称“水府国际新城控规”）。规划区域为北至娄底经开区二工业园规划一街、娄涟公路及沪昆铁路，东至湘乡市边界，南至涟水河，西至吉星路，规划区26.43平方千米，包括水府“两型”社会示范片区涉及的大埠桥、涟滨两个街道办事处、17个村行政区划范围，人口1.83万人。用地呈不规则椭圆形，用地东西长10.2千米，南北宽4.7千米。

产业定位：以两型产业为主导，构建先进装备制造业、休闲旅游产业、现代物流产业、战略性新兴产业为主导的低碳新区。发展目标：近期依托交通优势及新城发展机遇，形成湖南省竞争力强的先进装备制造业集聚区与湘中地区陆港物流中心。中期初步达到两型社会新城区建设指标，形成生态环保产业集聚区，初步构建水府示范片区的休闲旅游业及优质居住区。远期汇聚创新研发、循环经济等战略性作用，在低碳经济、生态环保及研发创新领域形成辐射和吸附力。

规划引导产业：休闲旅游产业、先进装备制造业、现代物流产业、战略性新兴产业（新材料产业、现代服务业）。

规划目标：湖南“两型社会”建设样板区，湖南中西部“最适宜旅游，最适宜人居，最适宜创业”的滨水新城，湖南中部地区文化产业与生态休闲旅游度假中心（CRD）。

规划整体定位：“一城三基地”，即生态宜居新城、休闲旅游基地、新材料与先进装备制造业基地、现代物流基地。

形象定位：“山水宜都两型新城”、两型社会建设的排头兵、娄底跨越发展的东大门。

功能定位：休闲旅游、新材料及先进装备制造、仓储物流、现代服务、低碳宜居。

规划形成“一心、一带、三轴、五区”的结构。即：“一心”——城市生态绿心，即多功能综合性的西阳生态公园，位于水府国际新城中央。“一带”——涟水风光带生态廊道。“三轴”——主发展轴：沿湘阳街两厢城市发展主轴，串联商贸、房产、会展休闲、文化创意、教育培训、旅游度假等功能。次发展轴：沿娄涟大道城市发展次轴（工业经济走廊），通过低碳经济、产业集群优化产业结构、提升产业内涵。再次发展轴沿华星路两厢，依托湘中物流园区，通过现代物流支撑其他产业、降低成本，促进经济社会良性循环发展。“五区”——休闲旅游区、新材料及先进装备制造区、现代物流区、中央服务区、低碳宜居区。

规划区总面积：2643.82公顷，其中城市建设用地1890公顷。

规划人口规模：规划确定新城区的居住人口18万人。规划区人均建设用地107平方米／人。

（二）起步区控制性详细规划

2006年4月，起步区控制性详细规划经市规划局评审会议通过，市政府印发《关于同意实施〈娄底市经济技术开发区起步区控制性详细规划〉的批复》。

起步区位于娄底经开区西部，西面是娄星北路，紧邻青山组团，南面紧邻涟水河，东南面是娄底经开区梅子湾片区，东面临碧溪河，与开发区第二工业园隔河相望，北面至大小狮子山。项目距离娄底市中心城区约十分钟车程，在整个娄底市城北区域中处于连接涟钢与东部新区的承西启东，联结南北的核心位置。

规划区位于娄底中心城区的北部，属于城北涟滨组团。规划区范围为北至狮子山，东沿高灯河，经娄涟大道至新星北路，沿新星北路至二大桥；南抵涟水河，西至娄星北路。规划区总面积7.6平方千米，其中城市建设用地6.64平方千米。

整体定位以居住、商贸以及工业为主，形成分区明确，功能较为完善的城北综合片区。形象定位“示范门户，创业厂区，活力社区”。定位四大主要功能：工业仓储、社会居住、商贸服务业、休闲。

规划区总体布局采用组团式结构。组团内部功能配套相对完整，组团之间有城市主干道相互联系，在整体上形成一种疏密有效的空间布局。

起步区主要是太和工业园和茅塘商住综合区。包括“一心、两区、两轴”：一心，即以青山街以南，娄星路以东，新星路西，涟水河以北的城市商业次中心；两区即以新星路为界，东部工业园发展区，西部综合配套服务区。两轴，即新星北路发展轴、娄涟大道发展轴。规划总用地7.6平方千米，规划总人口9万人。

（三）梅子湾片区控制性详细规划

2015年，梅子湾控制性详细规划由市规划设计研究院编制完成。2016年4月，市政府印发《关于同意实施〈娄底市经济技术开发区梅子湾控制性详细规划的批复》。规划区北起娄涟大道，南抵涟水河，西至新星路，东至吉星路。规划区总用地面积约为3.19平方千米。

娄底经开区梅子湾片区（2019年8月摄）

整体定位：区域休闲活力城·娄底城北次中心。形象定位：生态走廊，黄金水岸，滨水休闲地，傍山宜居城。

功能定位：四大主要功能：商业、商贸服务业、休闲娱乐、低碳宜居。

规划目标：建立一个高质量、高品位、配套完善的居住、商务、娱乐，康体新区，体现历史与现代文化的休闲活力新区，传承自然与城市共生的城北滨水中心。总人口规模6万人，城市建设用地规模约3平方千米。形成“一心、两轴、两带、四片区”的空间结构体系；“一心”是指滨水综合服务核心；“两轴”是指大汉大道发展轴、新星北路发展轴；“两带”是指涟水河风光带和高灯河风光带；“四片区”是指综合服务核心区、生态宜居示范区、滨水宜居生活区、康体文化休闲区。

（四）第二工业园控制性详细规划

2015年，经开区委托市规划设计研究院编制完成经开区第二工业园控制性详细规划。2016年4月，市规划局组织专题会议审查通过。市政府印发《关于同意实施〈娄底市经济技术开发区第二工业园控制性详细规划〉的批复》。第二工业园是娄底市重点打造的生态工业园区，规划区范围为西起高灯河，北至冠槽街，东至北环路、南到娄涟大道，规划区总面积7.25平方千米，其中建设用地面积6.43平方千米。规划定位：中小高科技企业孵化及薄板上下游延伸产业园区，以产业集聚为主要特征，以先进装备制造为主导产业，以工业标准厂房为特色，配套建设商贸物流、管理、居住、商业服务业设施为辅的高科技生态工业园区。总人口规模2万人，建设用地规模6.43平方千米。规划结构：“一园、二轴、三区”的空间布局结构。“一园”，即第二工业园；“二轴”，即城市主干道吉星北路发展轴和城市主干道华星路发展轴；“三区”，即生态居住区、中小企业孵化区、薄板上下游产业区。

三、规划管理

2003年，娄底经开区设立建设规划分局，由娄底市规划局和经开区双重领导，职责是组织有关部门编制开发区范围内分区规划及各项专业规划，并按照有关规定报审和执法管理。是年，编制娄底市城北区分区规划（经开区总体规划），执行“一书两证”制度，搞好规划管理。全年出具规划设计条件17个，核发用地规划许可36个，工程规划许可4个。娄底市规划勘测中心开发区分队成立。

2004年，市规划局围绕娄底城市“扩容提质”“北扩南移”发展战略，履行规划管理，严格规划方案审查，依法核发“一书两证”，全年核发用地规划许可52个，工程规划许可38个。

2005年，重点加强规划基础性工作，建立规划信息库，形成完善的规划体系。依法依规核发“一书两证”，研究出台规划设计、审批等规划管理操作流程，使规划管理科学化、规范化。全年核发用地规划许可74个，临时用地规划许可2个；工程规划许可42个，临时工程规划许可2个。

2006年，娄底经开区建设规划分局拆分，成立市规划局经济开发区分局。核发用地规划许可40个，临时用地规划许可4个，工程规划许可40个，临时工程规划许可4个。2007年，制定《娄底市规划局违法建设案件举报制度》《娄底市规划局行政执法人员执法过错追究办法》《执法检查预告、公示制度》。将园区纳入城市统一规划管理。全年核发用地规划许可38个，临时用地规划许可2个；工程规划许可24个，临时工程规划许可3个。2008年，核发用地规划许可30个，临时用地规划许可1个；工程规划许可12个，临时工程规划许可3个。2009年，核发用地规划许可24个，工程规划许可正本19个，工程规划许可副本6个。

2010年，规划编制注重统筹城乡发展，体现在娄底市城市总体规划修编和水府“两型”示范区规划编制。全年出具规划设计条件20个；核发用地规划许可39个，工程规划许可正本19个，工程规划许可副本10个。2011年，统筹城乡发展做规划编制，加大专项规划编制力度，提高控规覆盖率，审批管理注重调控把关，坚持每周例会集体会审制和批前批后公示制。全年出具规划设计条件19个；选址意见书5个；核发用地规划许可27个，工程规划许可正本17个，工程规划许可副本30个。

2012年，娄底经开区规划执法大队成立。区规划局出具规划设计条件30个；选址意见书30个；核发用地规划许可65个，临时用地规划许可2个；工程规划许可正本14个，工程规划许可副本5个。2013年，出具规划设计条件57个；选址意见书29个；核发用地规划许可55个，临时用地规划许可2个；工程规划许可正本24个，工程规划许可副本26个。2014年，出具规划设计条件27个；选址意见书4个；核发用地规划许可23个，临时用地规划许可2个；工程规划许可正本39个。

2015年，启动经开区湿地公园规划编制。根据市政府《关于进一步加强村镇规划建设管理的实施意见》，强化规划条件变更管理，出具规划设计条件26个；选址意见书30个；核发用地规划许可69个；工程规划许可正本24个。2016年，出具规划设计条件57个；选址意见书34个；核发用地规划许可36个。2017年，全年出具规划设计条件9个；选址意见书5个；核发用地规划许可23个；工程规划许可正本10个。

第二节　基础设施建设

一、道路桥梁建设

2001年，娄底经开区启动园区主干道建设。2004年，建成新坪街（新星北路—勤丰北路）、铁炉冲路（群乐街—娄涟大道）、石冲路（娄星北路—大汉路），长4140米。2005年，建成凤阳街（娄星北路—大汉路）、石玉街（娄星北路—大汉路）、大汉路（娄星北路—新星北路）、太和路（娄涟大道—香茅街）、群乐街（新星北路—西坪路），长4049.54米。2007年，建成青山街（娄星北路—大汉路）、食府街（太和安置基地内—太和路），长1388.62米。2008年，建成群乐街（西坪路—勤丰北路），长1270米。

2010年，建成大汉路（新星北路—西坪路）、洪冠街（铁炉冲路—勤丰北路）、吉星路（东西四街—娄涟大道），长3864.84米。2011年，建成西坪街（娄涟大道—香茅街）、沿河路（一大桥—铁炉冲路），长2881.44米；完成吉星路勤河桥新建工程，桥梁长82米，桥宽28米。2012年，建成太和路（娄涟大道—香茅街），长513米。2013年，建成吉星路（东西四街—娄涟大道），长1526.55米，完成娄涟大道勤丰河大桥拓宽加固及大桥两端引道改扩建工程。桥梁长111.86米，扩宽至19米，引道宽55米，长200米。上部结构简支架组合T梁搭配空心板，下部桩柱式桥台和桩柱式墩配桩基础。

2014年，建成食府街（新星北路—铁炉冲路）、娄涟大道（新星北路—勤丰桥），长3861.26米。建成娄涟大道新星北路立交桥，桥梁长88.08米，宽34米，采用16+25+25+16米预应力砼连续箱梁，设ABCD四个匝道，宽8米。2015年，建成娄涟大道（勤丰桥—耀春路）、尤莉街（迎春路—元冲路）、南北二路（东西四街—娄涟大道）、南北三路（东西四街—娄涟大道）、迎春北路（东西四街—娄涟大道）、迎春中路（娄涟大道路—湘阳街）、东西一街（吉星路—迎春北路）、东西二街（吉星路—迎春北路）、东西三街（吉星路—迎春北路）、南北一路（东西中街—娄涟大道）、东西四街（吉星路—迎春北路)、勤丰北路(洪冠街—娄涟大道)、汽贸城道路工程(南北一路—娄涟大道),长2.24万米。

2016年,建成秋蒲街(江龙路—迎春路)、永新街(迎春路—元冲路),长1471.1米;完成秋蒲大桥(跨涟水河)新建工程,桥梁长230米,宽33米,上部结构类型:预应力变形截面连续箱梁,下部板式墩配群桩基础。2017年,建成湘阳东街改扩建工程(江龙桥—耀春路)、湘阳东街改扩建工程(耀春路—东二街)、秋蒲街(迎春路—娄涟公路)、马龙路(秋蒲街—尤莉街)、元冲路(秋蒲街—尤莉街)、尤莉街(迎春路—马龙路)、娄益高速娄底东连接线扩宽改造工程,长7467.3米。

二、绿化亮化

2003年,娄底经开区把绿化列入整体发展规划,边建设、边绿化。2008年,投资400多万元,完成青山街、洪冠街、娄涟公路北侧等园区道路的绿化施工,面积6万平方米;完成涟水河风光带绿地补植和新造,绿化20千米。2011年,投入350万元,完成石冲路、香茅街北段等道路和金利达、凤阳市场的绿化。对石玉街、青山街、大汉路、新坪街等街道增绿提质改造;完成龙眼公园、鸭丝塘公共绿地大门、凉亭、步行道、塑石路等建设和空闲地绿化,面积6.47万平方米。2012年,投入绿化建设资金150余万元,扩建大埠桥花卉苗木基地20公顷,栽植绿化大苗2万余株。

2013年,西坪南路、凤阳市场广场、新坪街、群乐北街等道路、凤阳市场、金利达市场等完成补栽补植绿化任务。大埠桥中心学校绿化和春元中学增绿提质。中阳、南阳、宋家、大埠、冠曹、仙人桥6个村启动联村建绿工程,绿化村组公路10千米,绿化庭院500多户。涟水河、西阳河河边道路及东环路完成绿化6千米。2014年,经开区制订园区14条新建扩建道路32万平方米绿化带方案,完成娄涟公路、吉星北路的绿化任务,栽植珍贵大苗2.5万多株,绿化6万平方米。非规划区19个村(居)联村建绿,每户栽植绿化树、果树10棵以上,绿化乡村公路、河堤26千米。

2015年,娄底经开区流转林地400余公顷,新建公园、绿地2处,栽植珍贵大苗10多万株,绿化30万平方米。绿化乡村公路42千米,沿河绿化25千米。建设绿色村庄5个,绿化庭院3000余户。截至2017年,绿化面积801.47万平方米,绿地覆盖率30.1%。园区42条、总长55.7千米机动车道旁安装单、双臂路灯2394盏。照明功率密度值(LPD)每平方米大于1瓦。

三、排水排污

2010年,经开区投资1880万元,完成一大桥至提升泵站沿河路及截污干管工程四个标段,长3050米。2011年,投资1060万元,完成主排水涵南北一路主排水涵工程,迎春市场盖板涵新建工程。2012年,投资1303万元完成娄涟公路勤丰河桥到第二提升泵站截污干管工程,汽车板盖板涵南延工程。2015年,投资1300万元,建成多式联运中心主排水涵项目,新建工程长498.91米,其中4米×4.5米单孔箱涵345米,3米×3米双孔箱涵154米。

2016年,投资2794.76万元,完成涉重金属工业废水预处理厂及配套管网工程,废水预处理厂1座,建筑面积1477.3平方米,配套管网4350米。至2017年,经开区新建排水排污管、涵(与路面施工同时进行)16处,总造价近2亿元。建污水管道9条,土建投资5543万元,涉重金属工业废水预处理厂1座,土建投资2794.76万元。

四、配套设施建设

(一)供水供电供气

娄底经开区由市自来水公司供水。2003—2017年,陆续沿娄商大道、娄涟公路、群乐街、洪冠街、新坪街、西坪路、太和路、大汉路、东西二街、东西三街、南北一路、南北二路、华星路、吉星北路、秋浦街、马伦路、湘阳街铺建供水主管道4.51万米,供应生产生活用水。域内有50万伏变电站1座,20万伏变电站2座,11万伏变电站4座。国家西气东输二线横亘境内,为经开区提供充足的电源和燃气源。

(二)标准厂房

2006—2010年,娄底经开区投资2.98亿元,建成标准厂房38.58万平方米。2011—2015年,投资

6.83亿元，建成标准厂房55.30万平方米。2016—2017年，投资1.1亿元，增建标准厂房11.29万平方米。

（三）通信

2001年始，娄底经开区陆续开通湖南有线娄底分公司有线电视网络。2008年，整合涟钢有线网络资源，建立有线电视城北分前端1个，与娄底有线总前端形成环网，有线电视信号覆盖开发区全境。2010—2011年，进行有线电视双向化网络改造。用户从以前单纯收看电视到可满足双向回看、视频点播、宽带上网等多种需求。2012年，收购大埠桥农村电视信号网，并进行FTTB光网络及4000用户双向化改造。在大埠桥办事处增设前端1个，机房配置OLT11台、光放大器22台、OLT2台等电视及数据传输设备。至2017年底，境内有移动网络信号铁塔250座，基站机房230间。网络用户9000户。快递物流转运、配送中心（点）发展到17个。承接顺丰、申通、圆通、中通、韵达、天天、百世等快递公司在境内的业务。

（四）公共建筑

2005—2017年，娄底经开区先后完成仙人桥小学部、楚英学校学生公寓、市特勤消防站、北郊供电所办公楼、娄底水文资源勘测队测报大楼、五江国际建材家居城A.B区消防工程、凤阳市场1#～4#栋、众一桂府南区二期幼儿园、娄底移动开发区分公司综合楼、娄底高级技工学校一体化教学楼、车管所及交通监控指挥大楼、警官食堂、信息服务中心（A地块）一期工程、开发区一中教师村项目1#～5#栋住宅、娄底市楚英学校教学楼改扩建工程等公共建筑15处，面积26.99万平方米，造价3.1亿元。

2001—2017年，娄底经开区基础设施投资74.48亿元。

第三节　招商引资及筹融资

一、招商引资

2004年，娄底经开区颁发《娄底市经济技术开发区招商引资奖励暂行办法》。引进娄底市安地亚斯电子陶瓷有限公司投资2亿元、年产500万件新能源汽车陶瓷零部件项目，湖南省金华车辆有限公司投资1亿元的工程机械设备、环卫设备项目，娄底市联强物资有限公司投资2亿元的废钢加工、废钢配送项目。2006年，引进湖南泰基建材有限公司投资2亿元的冶金矿渣微粉生产项目。2007年，颁发《娄底经济技术开发区工业项目招商优惠政策（暂行）》《娄底经济技术开发区招商引资中介人奖励暂行办法》。2008年6月，参加上海经贸洽谈周活动，签约项目8个，签约金额3.58亿元。2009年5月，在港澳经贸洽谈周获签项目10个，签约金额15.61亿元。引进娄底市奇峰工贸有限公司投资5000万元的机电产品生产项目。

2010年6月，在第六届珠三角区域经贸洽谈会上，娄底经开区完成省级签约项目1个，合同引资5亿元。7月，在上海投资说明会上，签约项目68个，投资金额195.8亿元，引进资金187亿元。在“2010年上海世博会”上签约项目10个，利用外资8500万美元；利用境内资金47.5亿元。引进珠海大丰和电动汽车有限公司投资28亿元的电动汽车项目，中冶南方工程技术有限公司投资16.2亿元的重型轧辊项目，山西煤炭物流有限公司投资3.5亿元的煤炭物流项目。浙江客商林志斌丰田汽贸中心，广州湘豪气体有限公司工业气体制造项目，广州光华机械有限公司液压油缸及配件项目，江苏银华机械有限公司目机械制造项目，引资2.17亿元。9月，在十四届“国洽周”上，引进华润集团投资3.3亿元的雪花啤酒项目。11月，在娄商大会上，引进浙江旭杨钢构有限公司电力通信器材，智超高分子科技有限公司高分子聚合材料等12个项目，引资4.7亿元。在“港澳洽谈周”，引进珠海创一电子科技有限公司投资2亿元的SMD／SMT电感磁性材料及电子元器件项目。

2011年11月，在第三届湘博会上，引进中国供销集团有限公司投资80亿元的新合作物流园项目，广东巨大重型机械有限公司投资8亿元的重工设备项目，湖南省湘汇能源经贸有限公司投资2.8亿元的物流、工业品仓储及其配套项目。广东新金刚机械设备有限公司投资1.5亿元的工程设备项目，江西新鼎电力科技有限公司投资1.05亿元的变压器项目，老友投资有限公司1亿元的古镇灯饰城，湖南科源房地产开发有限公司投资1亿元的五和医院。

2012年，《娄底经济开发区工业项目税收优惠与纳税奖励暂行办法》出台，规定6项外商投资企业税收优惠标准。引进华达汽车空调（湖南）有限公司年产100万台汽车空调项目。

2013年，娄底经开区引进创高节能环保新型材料有限公司投资3亿元的PA66-GF25隔热条，门窗幕墙节能材料产品项目。在第六届湖南经济合作洽谈会暨湘商大会上，签约项目4个，签约金额9.3亿元。在中国湖南（日韩）专业招商活动中，促成大丰和电动汽车公司与日本电动汽车配件生产和研发的高新技术企业Maway公司的合作。引进湖南旭升科技有限公司投资6亿元的工程机械配套项目，诚达钢构工程建设有限公司投资1亿元的钢结构生产项目，湖南巨峰科技实业有限公司投资2亿元的机电设备制造项目，娄底市明人机械有限公司投资2亿元的耐磨材料项目。在第四届湘博会上，签约项目3个，签约金额33.5亿元。引进骏和集团投资26.5亿元的汽车产业配套服务城项目，湖南昌和机械有限公司投资6亿元的工程机械制造产业园项目，奥农科技有限公司投资4亿元的轻便型轿式联合收割机项目。在娄商大会上，引进湖南中利福机械有限公司、中伟纸品包装有限公司、湖南大北农科技（集团）股份有限公司、吉鼎铜业有限公司、鑫制铝制品有限公司、湖南新合作湘中国际物流园投资开发有限公司、吉鼎铜业有限公司、湖南创高铝业集团有限公司、湘中再生资源科技有限公司、环通机械有限公司的投资项目。

2014年11月，第五届湘博会上，经开区薄板加工仓储配项目、“锦誉国际”城市综合体项目和环保节能换气多用电子空调器生产基地建设项目成功签约，投资21亿元。引进广东星泰科技有限公司投资12亿元的汽车零配件制造产业园项目，广东乾源实业发展有限公司投资8亿元的科技创业园项目二期，内蒙古旺达中小企业创业基地发展有限公司投资8亿元的中小企业孵化园项目二期，上海亚泽新型屋面系统股份有限公司投资1.2亿元的太阳能发电项目，江苏恒鑫伟业有限公司投资1亿元的漆包电磁线项目。

2015年，娄底经开区印发《娄底经济技术开发区关于加快推进湖南省汽车及零配件产业基地建设发展的意见》，规定汽车及零配件企业年度纳税扶持奖励政策。华菱涟钢投资50亿元的薄板深加工产业园、深圳三讯电子有限公司投资30亿元的娄底新能源汽车动力电池生产基地等项目落户经开区。在第六届湘博会上，引进香港奥特莱斯有限公司投资10亿元的娄底奥特莱斯项目，娄底市中科金谷房地产开发有限责任公司投资10亿元的医疗器械及医药产业园项目，娄底安地亚斯电子陶瓷有限公司投资5亿元的新能源汽车零部件产业园项目，中国电子商务网投资2亿元的中国电子商务网湖南总部及电商产业基地项目，上海星珂实业有限公司投资1.2亿元的LED照明及太阳能光伏设备生产项目。

2016年，娄底经开区颁发《关于鼓励创业创新、壮大产业集群、促进转型升级的若干规定》。在第六届湘博会上，引进华菱安赛乐米塔尔汽车板有限公司投资10亿元的汽车板深加工项目，中山福韵生物科技有限公司投资2亿元的福韵生物手性医药及中间体研究。

2004—2017年，娄底经开区参加对外招商活动30次，接待外商考察12次，101人，签约项目290个，引进内资1368.6亿元，引进外资和港澳台资6.34亿美元。

二、筹资融资

2002年12月，娄底市经济技术开发投资建设有限公司成立，负责园区开发建设的筹融资工作。2010年，公司与银行等金融机构建立长效合作机制，银行和银监部门将公司列为第一类融资平台。公司被建设银行湖南省分行列为公司类贷款单位。是年从银信机构融资1.19亿元（其中，开发银行2100

万元、信用社950万元、建设银行3800万元、省信托公司5000万元）。从其他公司借款9388万元。土地收入（包括清欠款）2730万元。财政投入11950万元。全年融资3.6亿元，比2009年增加2000万元。地税稽查局将园区道路及基础设施所占用土地的征地拆迁成本在计缴营业税前扣除，核减营业税及附加500余万元、其他各种税费400多万元，共计核减900多万元，从企业收回欠款2045万元。

2017年，按照市政府《深化娄底经济技术开发投资建设有限公司体制改革实施方案》，公司新设产业投资公司，资产经营管理公司，发展建设公司，娄开电力科技谷开发建设有限公司，开元房产公司，文化旅游投资公司等全资子公司；1家控股子公司：华菱薄板产业园开发建设有限责任公司；1家参股子公司：湖南省二建经投装配式建筑工程有限公司。实行至2017年，公司取得财政投入18.8亿元，取得外部融资渠道99.31亿元，协调金融机构为30家企业贷款21.24亿元，11家企业用其他融资方式融资11.32元。

第四节　园区产业

一、新兴工业

2001年4月，以精钢薄板加工为主的娄底市诚达工贸有限公司入驻开发区，成为经开区第一家企业。2003年4月，第一工业园——太和工业园开园。该园位于经开区版图西部，新星北路以东，娄涟公路以北，面积3.5平方千米。2004年，园区开发面积107.49公顷，入园企业13家，引进项目32个，合同引资24亿元。固定资产投资12.66亿元，其中外资企业6家，合同利用外资8200万美元。省外境内企业10家，合同引资5.3亿元。市外省内企业16家，合同引资8.92亿元。2005年，年产20万升啤酒的华润雪花、湘江电力、珠海大丰和电动车制造厂等12家企业入驻园区。

2006年，园区累计开发面积800公顷，依托涟钢产业优势，发展薄板及深加工产业，被列为湖南省重点扶持的高新技术特色产业基地，拥有33家薄板及深加工配套企业，形成优势产业和特色产业集群。是年，引进一批科技含量高、市场竞争力强、符合环保要求的优质项目，其中包括11个国家级和5个省级高新技术项目，即脱氧核糖、感光干膜、液压油缸、氢氧燃料产气机等填补国内空白的行业尖端产品。涟钢冷轧板、三一重工液压油缸扩建、众一手机、香港庄胜建材超细粉末、勘源高科防水找水等工业项目落户开发区。园区形成薄板加工、先进制造新材料、新能源、生物制药和食品加工等产业集群。累计完成固定资产投资26亿元，开工建设的工业项目63个，建成投产47个。技工贸收入11.94亿元，工业增加值3.78亿元，高新技术产值2.25亿元，利润9637万元，税金6902万元，出口创汇654万美元。

2007年，园区企业引进项目24个，其中高新技术项目4个，合同引资27.8亿元。新开工项目15个，新投产项目18个。园区经济由“点状型”向“块状型”转变，初步形成机械制造业、食品工业、医药化工产业、电子材料产业等四大支柱产业集群，占太和工业园经济总量的90%。园区规模以上企业33家，实现工业增加值5.83亿元。是年，合同引资174.19亿元。开工建设项目83个，建成投产项目65个。是年10月，第二个工业园高桥工业园开工建设。该园西起高灯河，北至冠槽街，东至北环路，南到娄涟大道，总面积7.25平方千米，其中建设用地6.43平方千米。园区以集聚中小高科技企业孵化、延伸薄板上下游产业为主要特征，以先进装备制造为主导产业，辅以商贸物流、管理、居住、商业服务等标准化配套设施。

2008年，一、二工业园初具规模。新入园项目17个，合同引资15亿元。开工项目83个，15个项目建成投产。年内新增规模以上企业12家。41家规模以上企业完成工业产值30.11亿元，实现工业增加值6.36亿元。太和工业园被省信息产业厅列为省级电子信息产业园。2009年，经开区提出“项目兴区、产业强区、环境优区”三大举措。新开工项目15个，新投产项目10个。娄底经开区被纳入全省十大“千亿园区”。薄板及深加工产业纳入全省十大“千亿产业集群”，被省政府办公厅和省发改委授予国家高技术产业基地娄底薄板材料深加工产业园。管委会制定《工业园管理办公室内部管理制度》《工业园管理规定》，从加强园区建设和管理、加强企业交流与合作、加强园区产业培育、加强园区文化建设四个方面为企业服务，规范园区环卫、治安、交通、市政等管理工作。

2010年，园区开发面积53.26公顷，入园企业22家，完成固定资产投资34.1亿元，获得国家高技术产业基地娄底薄板材料深加工产业园、国家高技术产业示范基地、国家新型工业化产业示范基地等品牌称号。娄底经开区综合实力列全省省级开发区第一位。2011年，经开区启动投资公司集团化改革，推进“平台”招商，做实中小企业创业（创新）孵化园、湘中国际物流等承载平台。园区形成装备制造业、电子电器业、服装加工业、家具制作业、新材料业、农资饲料业、薄板加工业、食品加工业、医药业9个产业门类。82个项目入园建成投产。2012年，中兴液压扩建、华润雪花啤酒等12个项目建成投产。总投资150亿元的中小企业创业（创新）孵化园开工建设。华达汽车空调（湖南）有限公司、中国华电集团等23个项目入驻园区，合同引资116.8亿元，实际到位内资39亿元，外资6000万美元。园区规模以上工业总产值36.1亿元，比2011年增长26%。是年10月，经开区升级为国家级经济技术开发区。

2013年，面对国内外经济下行压力，娄底经开区党委、管委会颁发《关于鼓励创业创新、壮大产业集群、促进转型升级的若干规定》，提出“打造千亿园区，建设幸福新城”，确立“项目立区、产业强区、科技兴区”发展思路。坚持“新型工业化与新型城市化双轮驱动”“多引快引”与“做大存量”并举，深入推进“工业倍增”计划。从“十五”“十一五”期间的设备制造、薄板深加工、医药、家具、服饰加工、农资饲料、新材料、电子电器、食品加工9个门类，发展整合为三大产业集群，即千亿级精品钢材及薄板深加工产业集群，100亿级新材料、新能源产业集群，电力科技特色产业集群。园区“两型”示范企业12家，新增规模以上企业7家。10个项目竣工投产。16项产品进入国家和省市重点产品目录。高新技术产值占工业总产值的52%。培育营业收入过亿元企业3家。68家规模以上企业完成工业总产值155亿元，同比增长25%。园区综合评价进入全省省级以上园区20强，获省奖励125万元。健缘科技的医疗设备、裕德水处理产品等打入国际市场。园区全年完成进出口总额10亿美元。其中，进口额同比增长14倍，出口额增长5倍。

2014年，娄底锦鸿钢结构有限公司等9家企业入驻园区，引资8.75亿元。规模以上工业产值180.59亿元。是年，娄底境内企业社会不良融资问题爆发。经开区20多家企业受影响。百雄堂控股集团子公司——高科技农业有限公司因受集团融资拖累，濒临停产后，及时引入长沙、新化、娄底3家同行企业投资800多万元参股或项目独资经营，生产经营得以恢复。

2016年，市委、市政府出台《关于将部分市级行政审批事项及管理职能下放给娄底经济技术开发区的实施意见》，授予开发区8类41项市级经济管理权限。企业高新技术设备进口额4亿美元，居全省园区第2位。园区以“智慧园区”建设为向导，建立园区中小企业服务中心，优化42项服务流程。银信融资到位18.13亿元，发行债券13亿元。世界500强企业麦德龙、亚洲大型物流企业普洛斯集团、传化物流、香港特莱斯、阿里巴巴义乌购等国际国内知名企业签约入园。汽车板项目与西班牙Convarri公司签约合作，汽车板产品成功进入欧洲市场。园区规模工业完成总产值206.15亿元，同比增长12.4%，完成规模工业增加值47.28亿元，同比增长14.9%。进出口总额7亿美元，对外经济合作收入800万美元。经开区全年实现财政总收入6.69亿元，地方财政预算收入3.93亿元，分别比2015年增长6.81%和12.3%。

2016年，娄底经开区颁发《关于鼓励创业创新、壮大产业集群、促进转型升级的若干规定》，提出发展“3+1”产业集群的思路。即：发展千亿级精品钢材及薄板深加工产业集群；建设新能源动力电池及储能电源、精细电子陶瓷、先进合金材料等100亿级新材料、新能源产业集群；转型提质100亿级工程机械及电力设备、先进轨道交通装备、先进装备制造产业集群；建好一处输变电建设、安装产业园，发展电力科技特色产业集群。经开区工业项目从“十五”“十一五”期间的装备制造业等9个工业门类，发展整合为三大产业集群。三大主导产业产值占园区工业总产值的85%，工业企业主营业务收入同比增长20%，利润总额增长38%。新发展各类企业427家，新增规模以上企业26家。规模以上工业总产值626.21亿元。高新技术企业14家，增加值占规模工业增加值的80.7%。全区实现财政收入24.57亿元，与上年比增长26.6%，其中，税收占比99%以上。

2017年9月，市政府授予娄底经开区行使1473项经济社会管理权限，其中审批管理类312项，执法检查类1152项。是年，娄底经开区实施权限、审批、执法、服务、机构、人事、考核、薪酬等八个方面改革，着力优化园区管理。主要经济指标稳健快速增长，全年完成工业总产值662.21亿元。完成规模工业增加值117.36亿元，同比增长15%，增速排名全省园区前列。新增高新技术企业16家，完成高新技术产业产值196.94亿元，同比增长30.97%，完成增加值76.68亿元，占规模工业增加值的65.3%。全年合同引资273亿元，到位内联引资98.3亿元，到位外资1.22亿美元，进出口总额45.39亿元。

附：2003—2017年入驻娄底经开区重点企业名录

2003年，湖南娄底赛璐珈科技有限公司、娄底市佳华机械有限公司、涟钢建筑安装有限公司、湖南五江轻化集团有限公司、娄底太和板材开平有限公司、娄底市三泰轧辊有限公司、湖南红宇工业有限公司、娄底三湘焊接材料厂、娄底市大金新材料有限责任公司、娄底银达冶金设备有限公司、娄底市正诚机械电器有限公司、娄底市中兴液压件有限公司、娄底龙云金属制品有限公司。

2004年，娄底市现代精密铸造有限公司、娄底市四正光电材料有限公司、娄底市众兴钎钢有限公司、娄底市新兴经贸有限公司、娄底市金马矿山设备有限公司、娄底市精诚机械设备有限公司、娄底市畅华实业有限公司、娄底易宝化工有限公司、娄底五星物资有限公司、娄底仙人金属剪切有限公司。

2005年，娄底市天顺有色金属铸造有限公司、涟钢振兴金属制品有限公司、娄底市日升实业发展有限公司、涟钢振兴电气设备有限公司、娄底市龙云金属制品有限公司、娄底市天健高技术材料制造有限公司、湖南恒瑞工贸有限公司、娄底市天源卫星通信设备有限公司、娄底市新野企业有限公司、娄底市盛隆冷轧有限公司、湖南鑫美格铝型材有限公司、娄底维亚化工有限公司。

2006年，娄底市辉宇科技有限公司、娄底市利通磁电科技有限公司、长沙巨星轻质建材股份有限公司娄底分公司、娄底市宝苏矿冶设备有限公司、娄底市中凯机电设备有限公司、娄底兴鑫合金材料有限公司、娄底市宁波汇源塑胶模具有限公司、湖南众一电子有限公司、娄底市凌一机电设备有限公司、娄底市宏伟工贸有限公司、湖南三都煤矿设备制造有限公司、娄底德胜能源设备发展有限公司。

2007年，湖南泰基建材有限公司、娄底市华南煤机装备技术研发中心、湖南旭杨钢构有限公司、娄底市诚达工贸有限公司、娄底市金维新材料有限公司、娄底三一锑业有限公司。

2008年，娄底市振兴防滑材料厂、湖南省方圆磨料磨具有限公司、娄底市新源有色科技有限公司、湖南南方连铸设备制造有限公司、娄底市大金新材料有限责任公司、湖南九都科技有限公司。

2009年，华菱安赛乐米塔尔汽车板有限公司、湖南金华车辆有限公司、湖南创高铝业集团有限公司、湖南省粉师傅机械科技股份有限公司、湖南创一电子科技股份有限公司、娄底赛德机械有限公司、湖南天柱钢结构有限公司、湖南大丰食品机械有限公司、湖南九都工贸有限公司。

2010年，娄底市大丰和电动车辆有限公司、娄底光华机械设备制造有限公司、娄底湘中工程机械制造有限公司、娄底市环通机械有限公司、湖南旭杨钢构有限公司、湖南九都科技有限公司、娄底智超高分子科技有限公司。

2011年，中国供销集团有限公司、湖南巨大重工机械有限公司、湖南众一电子科技有限公司、湖南东岱光电科技有限公司、娄底市明人机械有限公司、湖南新鼎电力科技有限公司。

2012年，华达汽车空调（湖南）有限公司娄底市联强物资有限公司。

2013年，湖南中晖重科有限公司、湖南旭升科技有限公司、湖南中骐机械有限公司、娄底市湘中再生资源科技有限公司、娄底市星泰科技有限公司、湖南双信实业管理有限公司、湖南城达钢业工程有限公司、娄底市奥农科技有限公司、湖南创高节能环保新型材料有限公司、湖南中利福机械有限公司、湖南嘉盛机械有限公司、湖南九昌科技有限公司娄底市三星矿山设备制造有限公司、湖南鑫制铝业有限公司、娄底市环通机械有限公司。

2014年，娄底锦鸿钢结构有限公司、娄底晶盛新能源有限公司、湖南省达尔阀门制造有限公司、湖南省百宏钢构有限公司、湖南同年幕墙装饰有限公司、湖南瑞航光电科技有限公司、湖南盈峰光能有限公司。

2015年，湖南鑫源通科技有限公司、娄底市美节新材料科技有限公司、湖南三迅新能源科技有限公司、娄底安地亚斯电子陶瓷有限公司、湖南星珂环保科技有限公司、湖南安福电气设备有限公司、湖南三耳重工科技发展有限公司。

2016年，湖南电将军新能源有限公司、湖南旺龙科技有限公司、湖南省联众科技有限公司、湖南明德新材料科技有限公司。

2017年，湖南典卡姆信息技术有限公司、湖南燕达新材料科技发展有限公司、湖南久能电力电杆有限公司、湖南品源机械制造有限公司、湖南省三能机电设备有限公司、湖南博盛新能源技术有限公司、湖南五江高科技材料有限公司、湖南华欣新材料有限公司、娄底市云传工业技术有限责任公司、湖南引领智能装备有限公司、湖南湘洋铝业有限公司。

2004—2017年娄底经开区规模以上工业主要经济指标表

表34-3　　单位:亿元

年份	总 产 值	销售收入	利 润	税 金
2004	1.31	1.49	0.12	—
2005	4.87	4.61	0.37	0.56
2006	5.65	11.57	0.67	0.04
2007	20.53	20.44	1.53	0.04
2008	30.88	31.65	1.93	1.59
2009	39.08	38.43	6.67	1.47
2010	59.56	59.70	9.33	2.40
2011	88.39	84.62	9.45	3.86
2012	124.95	113.40	10.75	3.18
2013	160.28	143.76	8.44	3.79
2014	178.12	158.85	7.49	3.55
2015	206.15	177.81	-1.60	-3.42
2016	234.76	188.12	4.45	1.30
2017	626.21	593.16	38.00	14.10
合 计	1780.74	1627.61	97.60	32.45

二、外贸　物流

（一）对外贸易

2003年，娄底经开区产品出口企业3家（均为自营进出口企业），即娄底大理石厂、湖南华菱涟钢进出口有限公司、华达杰克赛尔（湖南）汽车空调有限公司。进出口贸易总额6409万美元。其中，出口额635万美元，进口额5774万美元，分别比2002年增长75.1%、57.3%。出口交货值5256万元，占娄底市出口总额的37.2%；

2004年，新增产品出口企业2家，新增自动数据处理设备及其部件、玻璃制品、原电池产品。出口交货值4.56亿元，占娄底市出口总额的56.3%。2005年，新增塑料制品、机电产品、热电子管、冷阴极管或光阴极管、静止式变流器。出口交货值8.95亿元，占娄底市出口总额的65.1%；

2008年，新增产品出口企业3家，出口交货值23.88亿元，占娄底市出口总额的74.5%。2011年，新增汽车及汽车底盘、自动数据处理设备及其部件、自动数据处理设备及其零件、未锻造的铝及铝材，农产品。出口交货值21.63亿元。占娄底市出口总额的64%。2012年，新增钢坯及粗锻件。2013年，新增鲜、冻猪肉。2014年，新增电线和电缆、家具及其零件。出口交货值12.91亿元，占娄底市出口总额的59.5%。2015年，新增印刷品。2016年，新增服装及衣着附件、蓄电池、电扇。湖南华菱涟源钢铁有限公司连续13年获娄底市出口创汇奖。

2017年，娄底经开区有产品进出口企业20家，与美国、澳大利亚、日本、韩国、泰国、菲律宾、巴基斯坦、孟加拉国、印度、越南、伊朗、智利、危地马拉、厄瓜多尔、科威特、阿联酋、沙特阿拉伯等114个国家和地区建立贸易合作关系，其中自营进出口实绩企业15家，进出口总额6.71亿美元，其中出口额5764万美元，占娄底市出口总额的19.1%，进口额6.13亿美元。其中出口量最大的是钢材。华菱涟钢、华达汽车空调、华菱安赛乐米塔尔、联众科技、北成实业等外贸企业成为开发区国际化带头企业。其中华菱钢铁钢材产品出口到日本、韩国、泰国、菲律宾、巴基斯坦、孟加拉国、印度、越南等多个亚洲国家。出口产品有钢材、金属加工机床、机电产品、电动机及发动机。华安钢宝利高新汽车板加工（娄底）有限公司、娄底市友合贸易有限公司、娄底市大丰和电动车辆有限公司、湖南创一电子科技有限公司、湖南省英越船舶配套工程有限责任公司、湖南北成实业发展有限公司、娄底市卓瑞化工有限公司、湖南三迅新能源科技有限公司获娄底市出口创汇奖。是年，经开区出口产品12种，产品出口交货值3.91亿元，占娄底市出口总额的19.1%。

2003—2017年，娄底经开区出口交货值146.95亿元，占娄底市出口总额的51.7%。

湖南涟钢物流有限公司（2021年4月摄）

（二）物流

2003年，娄底经开区境内无运输物流企业。2004年4月，金惠物流有限公司入驻经开区，注册资金2000万元。是年12月，大汉集团物流有限公司入园，注册资金1120万元。2009年9月，国有控股公司湖南涟钢物流有限公司入驻经开区第一工业园，总面积5.67万平方米，使用面积为5万平方米。拥有资产总值1.26亿元，固定资产原值1.37亿元，净值3412万元，自有车辆322台，运力约7136吨。钢材仓储库房1700平方米，仓储能力3万多吨，是娄底市首家国家AAAA物流企业、省物流与采购联合会副会长单位、省物流行业20强、省汽车维修与检测行业协会常务理事单位、中国工程机械学会维修工程分会会员单位、全国汽车维修行业诚信企业。企业通过ISO 9001：2015质量管理体系认证，逐步形成物流、维修、汽贸三大业务板块。物流业务主要包括涟钢集团公司厂内物流和厂外物流运输。在传统汽车运输业务上进行拓展，涵盖客、货运输、大件、危货运输业务及装载机业务。重点拓展外部物流业务，具备水路、铁路、公路多式联运能力。业务主要招标物流、第三方物流、重点工程（客户）配送、VAMA产品外发、矿石回厂全程运输业务和仓储配送在内的六大业务模式。2005年，公司实现综合收入1.2亿元。2017年实现物流业务收入4.28元，维修业务年收入1950万元，汽贸业务年收入7182万元，年产值超5亿元，年纳税额过1000万元。

2012年11月，湖南新合作湘中国际物流园投资开发有限公司成立，是中国供销集团所属新合作商贸连锁集团旗下子公司，负责湘中国际物流园的开发建设。注册资本5.9亿元，占地面积166.67公顷，建筑面积300万平方米，总投资80亿元。规划建设“八心一区二广场”，即：信息服务中心、大宗陶瓷展示交易中心、多式联运中心、工业原料及产品展示交易中心、冷链物流中心、家居家饰展示交易中心、商务会展中心、多式联运及农资配送中心，生活配套小区，新合作广场、主题卖场及商业广场。截至2017年，已投入资金50亿元。A区一期、B区、C区及D区一期红星美凯龙商场已建成运营，A区二期、D区二期正在建设中。A区信息大楼入驻企业约50家，已引进中石油、华润燃气等众多国内知名企业入驻，是集信息服务、电子商务、酒店、银行、餐饮、金融担保等为一体的智慧商务平台，企业总部基地，成为娄商返娄、企业孵化、大众创新、万众创业的重要承载平台；B区大宗陶瓷展示交易中心入驻企业及商家约400家，通过一系列优惠政策，初步形成门窗、防水材料、整体装饰、陶瓷等市场集群；C区多式联运中心入驻企业及商家约200家，引进京东、苏宁物流、德邦物流、远程物流、唯品会、壹米滴答、百世快运等国际国内知名物流企业入驻；D区引进全球家居品牌典范红星美凯龙入驻，商场入驻商户约140家，招商率达94%以上。

湖南新合作湘中国际物流园投资开发有限公司

（2021年4月摄）

至2017年，娄底经开区物流企业发展至46家，货运车辆467台，吨位9540吨，注册资金3.67亿元。

三、特色农业

2003年，涟滨、大埠桥街道办事处划归娄底经开区代管，农村土地面积60.56平方千米，占总面积的80.1%。农业人口3.67万人，占总人口的69.3%。经开区充分利用国家农业政策和区域优势，发展特色产业。

2005年，经开区扶植星剑药业、百雄堂、鸿冠食品、同星米业和天趣茶业5家省市级农业产业化龙头企业。对新引进的中马贸易公司、顺鑫生态农庄和兴缘黄酒厂，在资金争取、信息服务和用地等方面给予支持，依托这些企业建立无公害优质稻米生产基地333.33公顷，带动10个村110个组2800户农户，建立特色蔬菜生产基地33.33公顷，带动农户300户，发展珍稀食用菌生产农户300户，年产值2000万元，户均增收1.5万元，发展药材生产基地20公顷，延伸农业产业链。省级农业产业化龙头企业湖南娄底百雄堂高科技农业有限责任公司以豆制品深加工为主业，运用现代生物技术和先进工艺，改进和提升食品品质，相继开发出唐纳豆、纳豆灵芝、珍稀食用菌、多元素有机生态肥、速冻腐竹、豆奶等科研产品，是国内第一家采用速冻工艺生产豆制品的厂家，也是湖南省第一家采用全自动化、超高温瞬间灭菌推出的低温新鲜豆奶产品厂家。公司通过ISO 9001国际质量管理体系认证，获得《食品安全管理体系认证证书》。“味博士”商标被评为中国驰名商标，省名牌产品，“百雄堂”商标被评为“湖南省著名商标”。

2010年，落实省委办公厅、省政府办公厅《关于积极推进农村土地承包经营权流转促进农业适度规模经营的意见》，经开区鼓励农村土地流转经营权和林地承包经营权，建立农村土地承包经营权流转机制，鼓励农民参与转包、互换、入股、出租、转让、托管等六种形式的经营。2014年，中阳村引进东菱公司，星明、西阳村引进新东方公司，冠曹村引进九耳公司等农业企业20多家，发展特色农业，其中省级龙头企业5家，市级龙头企业7家，总投资10亿多元，流转耕地200公顷，流转林地400公顷。东菱公司发展无公害蔬菜基地26.67公顷，年产蔬菜6000吨，建立育苗基地6.67公顷，建立高标准蔬菜种苗温控智能大棚2000平方米，年产蔬菜种苗1.2亿株，成为湘中地区蔬菜种苗供应中心。新东方公司建立高标准葡萄基地69.33公顷、无公害蔬菜基地37.13公顷，建成集观光、采摘、餐饮、休闲于一体的生态葡萄庄园。九耳公司在冠曹大塅流转土地69.33公顷，发展无公害蔬菜基地31.07公顷，温室大棚基地3.33公顷，全自动喷灌基地20公顷，年产绿色蔬菜5100吨。

2016年，经开区确定大埠桥办事处西阳、南阳、星明等村为美丽乡村示范村，推动美丽乡村建设。区级财政安排500万元资金用于新农村建设。省级财政扶持资金200万元。开发区推荐湖南省新东方生态农业科技发展有限公司申报国家级现代生态农业产业园特色小镇。2017年，经开区有蔬菜基地、莲藕基地、葡萄基地、大棚西瓜基地、油茶园等特色农业基地多个，农业产业化龙头企业数十家。

附：企业选介

华菱安赛乐米塔尔汽车板有限公司　该公司为经国家发改委批准，由世界最大的钢铁企业安赛乐米塔尔和中国钢铁十强之一的湖南华菱钢铁股份公司各出资50%联合组建的中外合资钢铁企业。公司于2010年9月成立，注册资本40.15亿元，投资金额52亿元，完成固定资产投资51.5亿元。资产总额67.42亿元。公司位于娄底经济开发区吉星北路88号，占地133.33公顷，建筑面积22.15万平方米。有员工672人，其中，初级职称人员84人，中级职称71人，高级职称22人，高级技工96人。公司以生产AM热成型钢UsiborR1500、UsiborR2000等以及其他系列高强钢、超高强钢为主，一期项目设计产能为150万吨。2015年投产，生产和供应部分低牌号低合金高强钢、超低碳深冲钢、高强度IF钢、高强度BH钢、双相钢、Usibor1500AS热成形钢等。2016年，镀铝硅深冲钢产品开始量产，Usibor1500AS热成形钢开始批量生产。2017年，连退线小铝花改造，解决产品大铝花问题，使镀铝硅产品质量上一个台阶。产品主要销往上汽、一汽、广汽、北汽、特斯拉等国内外知名汽车生产厂家。拳头产品Usibor1500占领国内60%以上的市场份额。2017年公司产量60万吨，产值33.39亿元，销售收入33.25亿元，实现利税6736万元。

华菱安赛乐米塔尔汽车板有限公司（2021年4月摄）

三一重工娄底市中兴液压件有限公司　2005年7月建成投产。注册资本3.18亿元，投资金额12.67亿元，资产总额23亿元。占地面积50公顷，建筑面积13.2万平方米。主要生产工程机械、煤矿机械、冶金矿山、汽车制造、橡胶陶瓷等行业的各型号液压油缸。从事军工悬挂液压缸、长盾构机推进液压缸、消防液压系统等数字液压缸研发。是湖南省重大产业类专项资金支持项目。公司有员工858人，其中，本科以上学历人员50余人，硕士13人；初级职称人员2人，中级职称2人，高级职称3人。公司拥有一支基础知识扎实，科研能力强的研发团队，与湘潭大学、中南大学、娄底人文科技学院建立校企共建关系，在生产瓶颈难题、智能化制造等领域开展合作。2003—2017年获得专利43项。2017年销售收入8.5亿元，实现利税6337万元。公司取得湖南省先进制造与自动化、新型机械、机械基础件及制造技术领域高新技术企业认定，通过IATF16949国际质量体系认证。

三一重工娄底市中兴液压件有限公司（2021年4月摄）

湖南省联众科技有限公司 创立于2000年2月，位于娄底经开区第二工业园，规划用地4.67公顷，实用地2公顷，员工86人，固定资产投资6000万元。主要从事磁性材料精密测量装置的研制、生产与销售服务。是全国磁测量仪器仪表制造商5强之一，是科技部、财政部、国家税务总局认定的全国首批国家级高新技术企业、国家知识产权管理规范企业。拥有专利技术52项，其中，发明专利5项，实用新型专利18项。主导产品有5大类别、7大产品系列、80多个品种。公司研制出的MATS-2010M硅钢测量装、MATS-2010SD软磁直流测量装置、CIM-3102永磁磁体偏角测量装置等是磁测量行业最具标志性的产品。“MATS-2000”技术被国家技监局评为计量科技进步一等奖、国家科技进步二等奖。产品远销美国、俄罗斯、韩国等10多个国家和中国台湾地区。

湖南省联众科技有限公司（2021年4月摄）

湖南湘中输变电建设有限公司 成立于1980年，位于娄底经开区大埠桥办事处南阳村。占地面积1.77万平方米，建筑面积4480平方米，注册资金1.68亿元，固定资产5175万元。经40年发展，公司成为国内规模较大的电力施工与输变电工程二级企业。有固定员工331人，常年临时用工1万余人。其中高级工程师2人，一级建造师12人，二级建造师18人，工程师21人，高级技工80人，中级技工150人。年产值20亿元，年利税1.7亿元。公司技术力量雄厚，检测设备齐全，检测手段完善，具有220千伏高压输变电工程施工、风力发电设计施工、光伏电站设计施工运维能力。业务遍布湖南、浙江、福建、湖北、广东、广西、江西、新疆、西藏、云南、安徽、内蒙古等20多个省和自治区。

湖南湘中输变电建设有限公司（2021年4月摄）

公司连续23年被评为娄底市“重合同、守信用”单位，连续13年被评为省级“重合同、守信用”单位，2016被国家工商行政管理总局评为“重合同、守信用”单位，连续6年被湖南省企业信用评价中心评定为AAA信用企业。2017年，公司商标被省工商行政管理局评为“省著名商标”。

湖南省翔宇工程有限公司 组建于1993年3月，前身为娄底市第八建筑工程有限公司。注册资本1.25亿元，在册职工630人。其中，工程技术、经济管理人员519人。高级职称人员4人，中级职称75人，初级职称135人，一级建造师6人，二级建造师43人。有各种施工机械设备1076台。具备建筑工程施工总承包、地基基础工程、消防设施工程专业承包等二、三级共18个施工资质。公司通过ISO 19001质量管理体系、ISO 14001环境管理体系、OHSAS18001职业健康安全管理体系三个国际管理标准的整合认证。年产值4.5亿元，年度纳税2500万元。先后获评省、市38项“优质工程”荣誉。连续15年被娄底市工商行政管理局授予“守合同、重信用单位”，连续8年被省工商行政管理局评为湖南省“守合同重信用单位”，安全认证多次被评为“省级合格”“市级优秀”企业，娄底市企业诚信体系AAA级企业，并获得湖南省AAA级企业信用等级证书，连续3年纳税信用评价A级企业。

健缘控股集团有限公司 2012年4月建成投产，主要生产中医封包综合治疗仪、中医超声药透电疗仪、中医定向透药治疗仪等具有自主知识产权的12个系列100多个产品，年产中医治疗设备及配套耗材等20万套（台），是一家以研发、生产和销售自主品牌中医诊疗及康复设备为主，在医疗健康、教育培训、媒体传播、投资管理、进出口贸易、中药材种植加工等领域内多元化发展的企业。集团有限公司旗下有湖南省健缘医疗科技有限公司、广东省健缘云健康管理有限公司、广州市健缘医疗科技有限公司、长沙市方旭医疗科技有限公司、健缘中医研究院等10家实体企业（研究机构），建有中医诊疗及康复设备及配套耗材、中药材加工、消毒产品等多条生产线。集团集聚大批电子技术、信息传输、生物医学工程和临床医学等专业的专家、学者，组成专门的技术研发团队。截至2017年，获得专利100余项，其中发明专利授权7项，实用新型专利50多项。与国内外多家高校、科研院所和医疗机构建立长期稳定的合作关系。主要产品均通过ISO 13485、ISO 9001国际质量体系认证。产品被广泛用于国内各级医院，远销东南亚、欧洲各国和地区。至2017年，公司先后获国家中医药管理局“中医诊疗设备生产示范基地建设单位”，工信部、民政部、国家卫健委“智慧健康养老应用试点示范企业”“国家高新技术企业”，湖南省“两型”示范建设示范单位，湖南省“省级企业技术中心”，湖南省“重点上市后备企业”等荣誉称号。2017年产值2.2亿元，销售收入1.7亿元，实现利税2405万元。

健缘控股集团有限公司（2021年4月摄）

娄底市安地亚斯电子陶瓷有限公司 2004年6月创办，是一家集先进陶瓷、新能源汽车陶瓷零部件、智能传感陶瓷、电子信息陶瓷、轨道交通、军工航天陶瓷等研发、生产、销售于一体的国家级高新技术企业，是先进陶瓷新材料成功应用于新能源汽车零部件的首家企业，全球新能源先进陶瓷技术创新引领者，成功通过ISO 9001、IATF 16949、ISO 14001和GJB 9001C体系认证。产品成为比亚迪、中国振华、科达利、泰科、中科院等企业产品的核心零部件。自主创新的新型动力电池陶瓷密封连接器经省科技厅鉴定为国内领先技术。新型动力电池陶瓷密封连接器技术填补全球空白。在新能源先进陶瓷运用领域中，公司在研发实力、工艺装备水平、产品性能指标、市场占有率等方面均位于全国优势地位。全球市场占有率达12%，国内市场占有率达30%，并陆续进入新能源及轨道交通领域，成为行业的龙头企业。公司有国家级、省级技术管理专家组建的研发团队，建立《湖南省先进陶瓷材料与新能源部件工程技术研究中心》及《湖南省新能源汽车陶瓷零部件技术中心》两个省级技术研究中心。公司同中科院上海硅酸盐研究所、清华大学、中南大学、湖南大学、湖南人文科技学院、国家电子陶瓷产品质量监督检验中心等陶瓷行业合作资源建立良好的合作共赢关系。牵头起草国家《动力型锂离子电池陶瓷密封圈行业标准》，参与起草《精细陶瓷强度数据的韦伯统计分析》及《钢水测氧用镁稳定氧化锆陶瓷元件》等国家行业标准。取得发明专利6项，实用新型专利40余项，外观专利1项，国际专利1项，共49项专利。是全国第一家规模应用先进陶瓷于新能源领域的企业。公司生产的新型动力电池陶瓷密封连接器经省科技厅鉴定为国内领先技术，并获得省科技进步三等奖、娄底市科技进步一等奖。获得的认证有：国军标体系认证GJB 9001C；汽车行业体系认证IATF1 6949；质量保障体系认证ISO 9001。环境保障体系认证ISO 14000，年产新能源先进陶瓷2亿（套），电子通信系列陶瓷1亿（套），军工航天陶瓷0.2亿（套）。2017年销售收入8060万元，上缴税金1141万元。

娄底市安地亚斯电子陶瓷有限公司（2011年4月摄）

湖南三迅新能源科技有限公司 深圳市三讯电子有限公司与娄底市创业投资集团公司共同投资组建，为混合所有制企业，位于娄底经开区第二工业园。主营锂动力电池研发、生产、销售以及废旧电池回收利用，设计产能为年产50亿瓦时锂动力电池，可装备10万台电动汽车，年减少碳排放500万吨。项目一期于2016年9月建成试产，实现10亿瓦时产能，2017年形成年产能10亿瓦时的生产能力。年产量50.8万只，年产值2.19亿元，销售收入2.22亿元，实现利税226.4万元。二期规划40亿瓦时产能。公司与中南大学、湖南大学、清华大学、中科院、湖南人文科技学院以及美国北卡罗莱纳州立大学建立产学研合作关系。公司所研发生产的方形磷酸铁锂电池填补省内三大领域空白，是目前湖南省内电动工程机械用锂电池唯一提供商，电动船舶用锂电池唯一提供商，调峰调频储能电站用锂电池唯一提供商。公司通过ISO 9001和IATF 16949汽车零部件的体系认证、ISO 14001环境管理体系认证和OHSAS 18001职业健康安全管理体系认证。产品及生产体系通过国家机动车产品质量监督检测中心强制性检测，美国UL、欧洲TUV、CE认证、CCS中国船级社、UN38.3国际航空运输安全认证等多项国内、国际产品认证。

湖南三迅新能源科技有限公司（2021年4月摄）

湖南创一电子科技股份有限公司 2009年6月成立，2012年5月正式投产。主要产品高性能磁电功能材料、功率件通过SGSIATF 16949：2016、ISO 9001：2016、ISO 14001：2015认证。公司与中国科学院微电子研究所、湖南大学等建立合作关系，拥有从软磁配方研发、模具设计、自动化设备开发、产品流程化制造的全产业链工艺流程，获得专利32项，被认定为“湖南省新材料企业”。2016年创一SMD / SMT高性能软磁材料被工信部授予“国际领先”荣誉称号，通过汽车行业的ISO / TS 16949：2009认证，进入汽车产品领域，2017年与中科院微电子研究所联合共建“中科创一芯磁联合实验室”，荣获“第六届中国创新创业大赛优秀企业奖（成长组）”，年产性能磁电功能材料1600吨，年产值1亿元，利润1874万元，上缴税金1047万元。至2017年，出口创汇432万美元。

湖南创一电子科技股份有限公司（2021年4月摄）

第五节　经济效益

一、财政

2003年3月，市财政局、国税局、地税局在娄底经开区分别设立分局。2004年1月起，经开区按县（市、区）一级财政体制运转，设立一级金库。市政府对经开区实行分税制财政体制，以经开区所辖区域2003年末实际完成数为基数，一定五年，亏空不补，超收全留。经开区财政收入范围：原娄星区划转经开区的财政收入；经开区所办企业产生的地方税收及附加；在经开区范围内（不含原市级企业）的耕地占用税、契税、城建税、教育费附加和土地出让金收入；与经开区职能相对应的行政事业性收费、罚没收入及其他财政收入。3月，市政府下发《关于批转娄底市经济技术开发区与娄星区财政体制划转方案的通知》，按照政权、财权与事权相统一的原则，将原属娄星区财政的一部分财政收支划转到经开区，将原娄星区西阳镇所辖区域和茅塘、仙人桥、民福、九仑、太保、澄清、高车7个村以及仙人阁、青山、南石3个居委会列入经开区财政收支范围。2004年，一般公共预算收入3230万元，地方财政收入2321万元。2008年，一般公共预算收入2.11亿元，地方财政收入1.08亿元。

2009年1月，市政府调整娄底经开区财政管理体制。经开区的税收收入按行政区域范围实行属地征收。经开区区域内的地方税收收入分为市级独享收入、市与经开区共享收入。市级独享收入为经开区区域内的银行、保险、证券业营业税地方部分。市与经开区共享收入包括：除市级独享收入以外的营业税地方部分，增值税、企业所得税、个人所得税、资源税地方部分，城市维护建设税、契税、房产税、印花税、城镇土地使用税、土地增值税、车船税、耕地占用税等。市政府与经开区共享收入以经开区2008年税收入库数为基数，按55：45比例分成。城区教育费附加按85：15（即市级占85%、娄星区级占15%）比例分别缴入市级、娄星区级金库（市级85%中含娄底经开区5个百分点）。按照全省统一规定，市政府重新核定经开区上划中央的增值税和消费税“两税”基数和“两税”返还系数，市财政不再按0.05系数集中经开区“两税”返还。市财政计算国库调度资金占用费由3%调减为1%。其他结算事项维持原体制不变。市财政根据开发区按新体制计算的应得财力部分按月予以资金调度，其财政年度预算须经市里审核批准后执行。从2009年开始，连续3年市级集中的经开区新增财力扣除征收成本后，全额返还经开区用于基础设施建设投入。是年，一般公共预算收入2.71亿元，地方财政收入1.42亿元。

2011年始，市与经开区税收按55：45进行入库。是年，一般公共预算收入4.96亿元，地方财政收入2.38亿元。2013年起，涟钢部分企业税收入库经开区。一般公共预算收入15.04亿元，地方财政收入

6.32亿元。2015年，增值税地方比例由18.8%调整为37.5%。一般公共预算收入12.24亿元，地方财政收入6.31亿元。2017年，一般公共预算收入19.60亿元，地方财政收入9.15亿元，分别是2004年的60.69倍和39.4倍。

2004—2017年，娄底经开区一般公共预算收入97.03亿元，地方财政收入47.94亿元。

二、税收

（一）国税

2003—2008年，娄底经开区国税与娄星区混合，未拆分单列。2009年，娄底经开区税务分局入库4.44亿元。其中内资企业3.88亿元，涉外企业4833万元，个体经营760万元，其他4352万元。2010年，入库4.67亿元。其中内资企业3.73亿元，涉外企业8585万元，个体经营727万元，其他66万元。2011年，入库4.32亿元。其中内资企业2.68亿元，涉外企业1.51亿元，个体经营1269万元，其他2万元。2012年入库，8.66亿元。其中内资企业6.53亿元，涉外企业1.92亿元，个体经营2054万元，其他1万元。2013年，入库9.74亿元。其中内资企业8.54亿元，涉外企业0.97亿元，个体经营2337万元。2014年，入库7.53亿元。其中内资企业6.32亿元，涉外企业0.48亿元，个体经营2359万元。2015年，入库6.64亿元。其中内资企业5.70亿元，涉外企业0.78亿元，个体经营1586万元。2016年入库8.72亿元。其中内资企业8.02亿元，涉外企业0.62亿元，个体经营905万元。2017年，入库15.78亿元，同比增加7.03亿元，增长81%。其中内资企业15.42亿元，涉外企业0.22亿元，个体经营1183万元。

2009—2017年，娄底经开区国税入库70.9亿元。其中内资企业60.82亿元，涉外企业8.29元，个体经营1.34亿元，其他4421万元。

（二）地税

2003—2011年，娄底经开区地税与娄星区混合，未拆分单列。2012年始，地税征收由经开区地税分局征收管理，是年入库2.54亿元。2013年入库3.49亿元。2014年入库3.93亿元。2015年入库3.25亿元。2016年入库2.97亿元。2017年入库2.39亿元（不含营业税39.78万元）。

2012—2017年，娄底经开区地税入库18.57亿元。其中营业税3.28亿元，企业所得税1.12亿元，个人所得税9368.7万元，资源税812.8万元，城市维护建设税1.04亿元，房产税5573.4万元，印花税2474.6万元，城镇土地使用税1.32亿元，土地增值税6162.48万元，车船税869.4万元，教育费附加4399.77万元，地方教育费附加1338.3万元，（费）金437.9万元，契税3.01亿元，耕地占用税5.66亿元。

第六节 管理机构

2000年12月，娄底市经开区管理委员会成立。2002年12月，娄底市经济技术开发投资建设有限公司成立。2003年管委会内设社会事务局（加挂人口与计划生育办公室、劳动和社会保障办公室牌子）、农村工作局、总工程师室。派驻国土资源分局、公安分局、财政分局。2004年3月，确定娄底市经开发区管理委员会为正处级机构。2008年7月，更名娄底经济技术开发区管理委员会。2011年，增设招商一局、招商二局、产业发展局、人口与计划生育局、教育局、信访科、公用事业局、安全生产监督管理局、城管办。派驻机构增设人力资源和社会保障分局、建设局、规划局、环保局、人防办、物价局、房管所。2017年，管委会人员编制46名，在岗102人。派驻机构人员编制53名，在岗57人。垂直管理交警直属二大队、国税局、地税局、工商分局、投资服务中心、移民办、采购中心、优化办、新农村合作医疗管理办公室、城管大队、环境卫生管理办公室、园林管理办公室等事业单位编制77名，在岗77人。代管的投资公司，编制87名，在岗87人。

第二章　娄底水府示范片万宝新区

2009年11月，省政府批准设立娄底水府示范片万宝新区。2010年8月，市委根据省“两型社会”建设总体部署，决定在娄星区原经济园区的基础上组建娄底水府示范片万宝新区。

2010年12月，娄底市委、市政府出台《关于支持娄底水府示范片万宝新区建设发展的若干意见》，确定万宝新区机构设置、人事制度、建设管理、土地管理、财税金融、行政审批等管理体制；万宝新区财税单独核算；以“四化两型”为主线，以推进“两型建设”为重点，着眼国际水准，高起点规划，高标准建设，切实转变经济增长方式，走出一条有别于传统模式的新型工业化、新型城镇化路子。

2011年1月，万宝新区挂牌。是年起，市委、市政府确定万宝新区纳入娄底融城战略，规范建设范围内新产生的税收和非税收入（含土地收入），连续五年统归万宝新区用于开发建设。至2017年，万宝新区成为娄底市第二大经济园区。2011—2017年，新区年末开发区面积451.86公顷，基础建设投资158.57亿元，固定资产投资494.22亿元，到位外资、港澳台资2.82亿美元，财政收入14.07亿元。

万宝新区（2018年11月摄）

2011—2017年万宝新区主要经济指标表

表34-4

年份	年末新区面积（公顷）	基础建设投资（亿元）	固定资产投资（亿元）	到位外资港澳台资（万美元）	财政收入（亿元）
2011	79.68	5.54	29.90	2108	1.03
2012	184.72	11.12	44.18	3403	1.58
2013	288.90	11.07	66.19	3340	2.05
2014	322.43	23.90	81.24	3980	1.98
2015	399.36	20.70	98.73	4223	2.04
2016	408.45	39.07	80.96	5072	2.34
2017	451.86	47.17	93.72	6090	3.05

第一节 园区规划

2009年11月，《湖南省人民政府关于同意水府片区纳入长株潭城市群示范区的批复》批准设立“两型示范片区”娄底水府示范片万宝新区。2011年，由娄底市规划设计研究院设计的万宝新城控制性详细规划通过专家评审会审查。《长株潭城市群“两型社会”示范区娄底水府片区规划（2010—2030年）》经省人民政府批复实施。

规划范围：北至涟水河，东至娄星区行政边界，南到双峰县洪山殿镇、蛇形山镇和杏子铺镇，西至涟源市水洞底镇，总用地110平方千米，其中建设用地38平方千米。

核心区范围：北至孙水河（包括原娄星经济园区），南至娄新高速，西至高丰路，东至娄邵铁路既有线。

起步区范围：以沪昆高铁南站为中心，南到城市二环线，西至娄星南路，北至规划的主干道万兴街，东至潭邵高速娄底连接线，建设用地2平方千米；正在开发建设的原娄星经济园区2平方千米，即湘中大道以南，大石山路以西，洛湛铁路以东，新林街以北的范围。

2013年9月，万宝新区规划通过市规划委员会审查。2015年4月，市政府批准实施。规划定位为先进制造业配套服务聚集区、新材料研发区、文化体育与生态休闲旅游区和新型城市化建设示范区，建成“两型三区五大产业”，即“资源节约型社会、环境友好型社会”“品质城区示范区、新型产业聚集区、两型建设先行区”“移动互联网、智能制造、现代物流、文化旅游、健康养老”产业。

万宝新区产业规划表

表34-5

产业类型	产业选择	产业规划主要内容	空间布局
第一产业	无公害近城蔬菜产业	通过精深加工延长产业链，带动农业产业结构升级，实现传统农业向现代农业升级	主要布局在片区南部农业示范与休闲体验区，用地在3500公顷左右
	休闲观光农业	结合无公害蔬菜产业基地建设，开发休闲观光农业	
	花卉苗木产业	构建包含花卉、苗木等在内的经济农产品生产基地	
第二产业	新材料产业	加快开发一批新材料关键核心技术，做深、做精、做专、做强、做长新型材料产业链和产业集群	布局在百亩组团，用地在300公顷左右
	环保科技产业	加快环保科技产业的发展，以汽车电子、新型电子元器件、环保装备（产品）制造业等为主	
第三产业	现代物流	坚持大流通、大市场的原则。发挥娄底区位、交通和产业优势，与湖南省东、西部以及长株潭实行有效对接。有效利用现有设施和娄底市的物流条件，将示范片区的仓储物流产业的发展定位为：着重发展以配送为主导的企业终端物流，适度发展辐射型、开放性的区域物流，形成服务娄底、面向湖南东西双向的物流中转基地	用地结合沪昆铁路东站场以及洛湛铁路站场相结合，布局在百亩组团中，用地在200公顷左右
第三产业	移动互联网	秉承“开放、分享、创新”核心理念，重点引进视频直播、电子商务、区块链、大数据、软件开发等移动互联网企业入驻	布局在万宝组团中，位于高铁南站区域
	文化旅游	结合孙水河流域综合整治，高标准建设城市景观带，打造成新区亮丽的城市名片。以保护为基础，适度开发以仙女寨为核心的生态资源，加大仙女寨品牌营销力度，以“仙女文化”“农耕文化”和“民俗文化”为文化底蕴支撑，重点发展城郊旅游产品	以仙女寨为区域，布局在万宝组团中
	健康养老	发展医疗及老年生活照料、老年产品用品、老年体育健身、老年文化娱乐、老年旅游五大领域，满足现代医疗养老服务多样化、多层次需求，构建完整的医疗健康养老服务业产业链	重点布局在新星南路发展线，用地在200公顷左右

规划按“依附主城、组团布局、网络联系、整体保护”的发展原则，形成“一心一区一带两组团”的空间结构。

“一心”，即主要依托仙女寨生态公园和水府庙国家级湿地公园，打造新区有山有水、山水相依的生态核心。“一区”，即城区东南部的茶园镇、双峰的洪山殿镇、蛇形山镇、杏子铺镇区域，主要发展高效生态农业、旅游观光农业，打造农业示范与休闲体验区。“一带”，即以孙水为依托，加大水体治理保护，建设沿河风光带，打造高品位的商住、休闲旅游、文化走廊。

百亩组团，即产业用地依山布置，居住用地临水布局，体现“依山而作，临水而居”的特色，建设以新材料研发、环保科技产业和物流产业为主导功能，配套完善的生态居住等综合组团，规划面积1400公顷。

万宝组团，即以高铁南站南北公园为轴线，北接高铁，东延水府庙湿地公园、仙女寨生态公园等景观脉络，建设区域性客运中心，商务功能突出的枢纽型城市次中心，新型城市化建设示范区，重点发展现代服务业等“两型”为主导功能的生态低碳宜居新城，配套建设完善的生活设施，规划面积1800公顷。至2017年无变更。

第二节　基础设施建设

一、道路建设

2013年，主干道新星南路—娄星南路段，娄星南路—S209段竣工通车。2014年，主干道甘桂路（湘中大道—早元西街，长1100米，宽60米），静安街（新星南路—S209，长2730米，宽60米）、新星南路—娄星南路段竣工通车。支干道大井路（湘中大道—百宝街，长630米、道路路幅宽32米）、镇堂街（高丰路—醒农路，长1100米、宽30米）、百宝街（大石山路—高丰路，长800米、宽42米）、众乐街（长约575米，宽20米）、星驰路（长约300米，宽30米）竣工通车。

2015年，主干道万宝大道（新星南路—S209公路，长2200米，宽60米）、原仙女大道、娄星南路（湘中大道—娄新高速，长5350米，宽60米）竣工通车。支干道三元街（竹林路—甘桂路，长400米，宽32米）、甘桂路—斗牛路段、斗牛路（湘中大道—早元西街，长1100米，宽20米）、三元街—湘中大道段竣工通车。富冲大桥（长220米）、共荣街跨娄邵铁路立交桥（全长102米）竣工。

2016年，主干道高丰路（早元西街—湘中大道，长1153米，宽60米）竣工通车。娄双公路（娄星区边界—娄新高速，长2500米，宽25米）、娄底大道新区段（长2800米，宽60米）、早元西街（甘桂路—高丰路，长2200米，宽60米）、波月街（火车西站—甘桂路，长2500米，宽36米）、万宝大道东段（仙女大道—新星南路，长1000米，宽60米）在建。

二、供水设施

新区依托市第一水厂，2011—2017年沿湘中大道、娄星南路、新星南路、万宝大道、静安街、高丰路、甘桂路等市政道路，修建配套供水设施DN400的给水管16.5千米，DN300的给水管12.5千米，初步形成给水管网。日供水量8万吨。

三、污水处理

2011—2017年，新区沿湘中大道、娄星南路、新星南路、万宝大道、静安街、高丰路、甘桂路等铺设排污干管50千米，管材DN600采用非混凝土管，DN600以上管径采用钢筋混凝土管。洪山殿棚户区污水一体化处理站一座，碧桂园小区及百亩安置基地污水提升泵站各一座，处理能力均为500立方米／日。百亩片区污水沿湘中大道、波月街、竹南路铺设截污干道，汇集至孙水河北岸总截污干管排入二污，管径DN600～DN1200，二污处理能力5万立方米／日。万宝片区规划沿孙水河南侧铺设截污干管，管径DN800～DN1200，收集娄星南路以西、万宝大道以北区域，从孙水河改倒虹吸排入第二污水处理厂。沿永昌河两侧铺设截污干管，管径DN600～DN1300。

四、供电设施

2011年始，新区陆续架设百亩片区110千伏共荣变一座，容量50千伏安，110千伏线路1条，长25.5千米，10千伏线路11条，76.2千米。万宝片区35千伏万宝变一座，容量14千伏安，主要依托早元变早娄万线、早娄南I线和建设变建湘I线及万宝35千伏变的万仙I线等7回10千伏线路供电。2017年，万宝新城最大负荷约12.4MW。

五、通信设施

2011年始，新区相继完成沿湘中大道、娄星南路、新星南路、万宝大道、静安街、高丰路、甘桂路等市政道路移动、电信、联通、国防光缆等弱电建设，其中移动管线28千米，联通管线31.2千米，电信管线31.5千米，国防光缆27.5千米。按照电信网络覆盖半径2～2.5千米，服务人口12万～15万人，电信模块局按网络覆盖半径0.5～0.8千米。

六、标准厂房

2011—2017年，新区建成标准厂房101万平方米，引进入驻企业88户，厂房利用率100%。

第三节 招商引资

2011年，万宝新区管委会制定出台一系列政策，比照娄底经开区，对入园企业在税费收缴，土地供应，技术创新等方面给予优惠。是年，在省第三届湘博会上，万宝新区签订项目合同资金15亿元。引进碳纳米管项目、表面处理及液压油缸制造维修、先进电子陶瓷及微晶玻璃电热水壶生产线等项目，合同资金15.05亿元，直接利用外资3400万美元。

2012年，万宝新区引进半固态轻合金流变生产线、年产40万吨干混砂浆项目、医药物流园项目等，合同资金46.60亿元，实际到位35亿元，直接利用外资3403万美元。2013年，新区引进豪布斯卡国际综合街区、年产1万套高低压电器成套设备、6万吨农副产品冷链仓储与物流配送项目、中国物流娄底诚通现代物流园等项目，合同资金12.42亿元，直接利用外资3700万美元。12月，在第三届娄商大会上签约三个项目，合同引资93.7亿元。2014年，新区引进高铁南站枢纽一体化项目、湖南湘港创意科技有限公司等项目，合同资金16.5亿元，直接利用外资3980万美元。

2015年，新区管委会出台《万宝新区落实省市政府加快移动互联网产业发展政策的实施办法（试行）》，设立移动互联网产业发展专项引导资金，连续三年财政每年安排1000万元，用于支持移动互联网产业聚集区重要企业（机构）、重大项目的引进、人才引进与激励、企业（团队）创新创业场地补助等。统筹规划向入园企业集中提供办公场地，提供办公场地全额补贴租金和装修补贴。提供稳定、安全、快速的光纤网络和补贴。对于引进国内、省内知名电商企业的高管满一年度后，一次性给予年度工资总额10%、最高不超过10万元的专项安家费奖励。是年，实际到位51亿元，直接利用外资4223万美元。2016年，味菇坊股权投资、文昌科技股权投资、湘村高科股权投资项目，合同资金6.2亿元，直接利用外资5072万美元。

2017年，新区引进陌陌、谷歌大数据展示中心及中南地区大数据中心（IDC）、颐高互联网+创业小镇、“顺德造”、联联共享单车项目、区块链等互联网项目，孙水河综合治理及配套路网建设工程PPP项目、保障性住房安置基地及配套路网建设PPP项目，合同资金93.8亿元，实际到位71.35亿元，直接利用外资5961万美元。

2011—2017年，万宝新区引进项目48个，合同资金324亿元，实际到位348.88亿元，到位外资、港澳台资2.82亿美元。

2011—2017年万宝新区招商引资项目情况表

表34-6

序号	项目名称	建设单位	总投资(亿元)
1	棚户区治理工程建设项目	湖南神斧集团一六九化工有限责任公司	6
2	碳纳米管项目	湖南省青松环保科技有限公司	0.6
3	百亩卫生院	百亩卫生院	0.2
4	表面处理及液压油缸制造维修	广东韶关液压件厂有限公司	0.66
5	先进电子陶瓷及微晶玻璃电热水壶生产线	湖南亚龙电器有限公司	0.65
6	湖南娄底市仙女寨悠活国际度假酒店	台湾南良集团 湖南九龙集团	7
7	棚户区改造项目	湖南省煤业集团洪山殿矿业有限公司	6
8	大石山五星级酒店	香港惠洋国际投资有限公司 娄底鸿霖房地产开发有限公司	5
9	娄底万通国际汽贸城	湖南省娄底市湘军水府置业发展有限公司	20
10	总部大楼项目和物流配送中心二期	娄底市天客超市有限责任公司 湖南省天客物流有限公司	5
11	年产6000吨半固态轻合金流变生产线项目	娄底市文昌科技有限公司	2
12	年产40万吨干混砂浆项目	湖南七二八新型建材有限公司	0.6
13	医药物流园	湖南国恒置业有限公司	8
14	豪布斯卡国际综合街区	湖南标志集团 娄底市标志房地产开发有限公司	30
15	年产1万套高低压电器成套设备	娄底华宁科技有限公司 娄底市湘中钢结构有限公司	0.5
16	6万吨农副产品冷链仓储与物流配送项目	湖南省北泰实业有限公司	1.2
17	年产200万米新型复合材料护栏项目	湖南华鑫绿能科技有限公司 娄底光能科技有限公司	0.8
18	娄商广场项目	东莞市神鹰塑料有限公司 湖南省娄商置业有限公司	3.2
19	中国物流娄底诚通现代物流园项目	中国物流有限公司 湘中诚通物流有限公司	40
20	年产1万套煤矿智能监控设备	娄底市同丰科技有限公司	1.5
21	众一国际健康城项目	众一控股有限公司	50
22	娄底市二手车产业交易市场	湖南新汇达实业有限公司	2
23	高铁南站枢纽一体化项目	湖南建工集团 湖南省乾惠实业发展有限公司	14

续表34-6

序号	项目名称	建设单位	总投资(亿元)
24	广东家具广场	娄底市娄星区富连(广东)家具广场	2
25	机动车检测项目	娄底市京和机动车检测有限公司	0.4
26	湖南湘港创意科技有限公司	湘港宇韬家具物流仓储综合项目	1
27	味菇坊股权投资	重庆德同领航企业投资中心(有限合伙)	1.8
28	文昌科技股权投资	武汉雷士鼎乾投资合伙企业(有限合伙)	2
29	湘村高科股权投资	东方嘉实(上海)投资管理有限公司	2.4
30	食品药品综合管理平台	湖南畅盈恒丰信息科技有限公司	0.2
31	万宝新区双创服务基地建设项目	娄底众鑫互联网创业服务有限公司	0.5
32	远程医疗健康体检预约平台建设项目	湖南美年信息科技有限公司	1.2
33	云智能健康家电研发生产建设项目	湖南战信龙腾实业有限公司	1.5
34	云创超市网上订货平台建设项目	娄底掌和天下信息技术有限公司	0.2
35	团贝网+药能达电子商务体系建设项目	湖南智能美汇网络科技有限公司	0.8
36	中小企业孵化服务平台项目	湖南智网孵化器管理有限公司	0.1
37	农产品安全及原生态家居旅游项目	湖南点点拉提电子商务有限公司	1.2
38	娄底一中西侧地块综合开发项目	佛山市顺德区碧桂园物业发展有限公司	30
39	瓯高互联网+梦想小镇项目	浙江瓯高电子商务产业园股份有限公司	5
40	品牌制造厂家联盟直销平台“顺德造”总部	香港鑫奇投资有限公司	5
41	陌陌娄底项目	北京陌陌科技有限公司	6
42	联联共享单车总部项目	深圳幸融投资有限公司	3
43	谷歌大数据展示中心、中南地区大数据中心(IDC)	贵州贵谷科技产业股份有限公司	6
44	仙女寨(含孙水河、尖山寨)整体开发项目	娄底市文化旅游发展投资有限责任公司	5
45	碧桂园城市综合体项目二期	佛山市碧桂园股份有限公司	20
46	机器人制鞋项目	娄底市同丰科技有限公司	1
47	娄底市万宝新区孙水河综合治理及配套路网建设工程PPP项目	中国水利水电第八工程局有限公司(牵头方)	12
48	娄底市万宝新区保障性住房安置基地及配套路网建设PPP项目	中冶京诚工程技术有限公司(牵头方)	10

第四节 园区产业

2003年，湖南文昌新材料科技股份有限公司原公司组建的省级研发团队入驻，从事高硅铝合金等技术和高端汽车零部件和碳化硅高端技术研发，拥有3类专利发明30个。2004年，从事电取暖桌研发、制造、销售和服务的两型（资源节约型，环境友好型）高新科技企业湖南瑞奇电器有限公司入园。该公司专注电取暖炉高端技术研发，获1类专利发明41个。

2005年，矿用架空乘人装置的研发、设计、生产、销售的科技型企业——娄底市同丰科技有限公司落户园区。公司拥有30个矿用产品安全标志证书以及30项国家实用新型专利，并取得ISO9001国际质量管理体系认证，与中南大学建立产学研基地，先后获湖南省小巨人企业、中国名牌、国家权威检测合格放心产品、湖南省质量信用AA级企业等30个荣誉称号。公司形成年产“猴车”200台套的生产规模，产品销往山东、山西、内蒙古等20个省和自治区，包含神华集团、国电集团、鲁能集团等国内大型能源集团。

2008年，湖南味菇坊生物科技股份有限公司创建，下辖湖南、广东生产基地，是一家从事菌菇工厂化生产、研发、加工及销售一体的高科技民营企业，中国食用菌工厂化生产标杆企业（中国舞茸工厂化生产标准制定企业），属国家食用菌工程技术研究中心舞茸（灰树花）分中心、湖南省农业产业化龙头企业、湖南省两型示范标准企业、上海市农业科学院出口食用菌优良菌种标准化繁育分基地，中国首家实现舞茸（灰树花）、鲜银耳工厂化生产企业，产品市场占有率、生产增产率居国内首位，拥有36项实用新型专利和5项发明专利、中国有机产品认证、欧盟有机食品认证、澳洲有机食品认证、供港蔬菜认证、ISO 9000体系认证。公司致力生物制菌高新技术研发，1类专利发明34个。

2009年，湖南煤矿机械制造有限公司入园。该公司集科研设计、制造、销售、安装为一体，专业制造煤矿综采采运成套装备，系薄煤层机械开采成套装备制造的企业。2010年其产品通过ISO 9001-2008国际质量管理体系认证。“辣”牌系列提升机（绞车）、带式输送机、刮板输送机系获省名牌产品，“辣”牌商标，系省著名商标。

2010年，娄底市兴鑫合金有限公司年产2000吨系列合金项目在园区投产。是年，天客物流有限公司投资8.07亿元，在新区建设占地4.33公顷的天客物流配送中心，建成1.24万平方米的仓储设施，拥有4000平方米的蔬菜农贸产品配送区，1600平方米的冷藏、冷冻库区，库区容积6000立方米，日吞吐量2000吨。中国邮政、顺丰等配送企业入驻。

2011年，万宝新区成立，湘村高科农业股份有限公司落户园区。公司是以湘村黑猪产业开发为主业，集种、养、加、销为一体的国家级高新技术企业、省农业产业化重点龙头企业和上市重点后备企业，涵盖猪品种研发、种猪繁育和推广、商品猪生产、饲料加工、肉食品加工、销售和配送等经营领域。公司先后获得世界银行贷款农业科技创新项目承担单位、国家“863”计划农业技术领域课题承担单位、国家高新技术产业示范基地、国家农业标准化示范基地和全国科普惠农兴村先进单位等荣誉称号，获得ISO 14001、ISO 9001、有机产品和欧盟麦咨达等质量认证。是年，新区累计开发面积79.68公顷，固定资产投资29.9亿元，财政收入1.03亿元。

2012年，湖南文昌新材料科技股份有限公司扩建轨道交通更铝基复合材料制动盘生产项目，年产2万吨半固态轻合金项目，年产8000吨金属半固态成形生产线改扩建项目，年产3万件碳化硅颗粒增强铝基复合材料轨道交通制动盘生产线建设项目，年产2万件轨道交通制动盘及车用关键零件项目，年产1000吨陶瓷增强铝基复合材料生产线项目，年产300万件新能源专用半固态铝合金关键部件生产线，年产1000吨陶瓷增强铝基复合材料生产线，科技轨道交通制动盘及汽车用空调压缩机动静盘项目陆续入园。公司获工业和信息化部中国新材产业博览会金奖，被北京市政府评为科学技术二等奖。是年，新区开发面积184.72公顷，固定资产投资44.18亿元，财政收入1.58亿元。

2014年，中国物流有限公司湘中诚通物流有限公司承接中国物流娄底诚通现代物流园项目的投资、建设与运营。该项目是中国物流网络布局重要节点，100亿元布局湖南的项目之一，湖南省第一批重点项目。公司投资40亿元建设诚通物流园。项目占地面积110公顷，总建筑面积约150万平方米。物流园依托城市环线和主干公路，有效连接高速路网，结合娄底火车西站资源，形成公路铁路联运的天然枢纽，打造湘中地区首个“千亿商贸产业新城”。是年，新区开发面积322.43公顷，固定资产投资81.24亿元，财政收入1.98亿元。

2016年，湖南红太阳新材料有限公司年产2900吨钴系列电池新材料产业化项目，湖南七二八新型建材有限公司新型湿拌砂浆，商品混凝土项目，湖南省青松材料科技有限公司年产10吨碳纳米管项目，娄底市兴鑫合金有限公司高型镁钕、镁锆系列稀土合金深加工技术改造项目，年产2000吨镁合金深加工项目等先后入园。湖南文昌新材料科技股份有限公司研发的铝合金材质转子、碳化硅（SIC）颗粒增强铝基复合材料汽车制动盘填补国内空白，成为新区新材料产业龙头企业。湖南味菇坊生物科技湖股份有限公司在中国创翼创新大赛中获二等奖；湘村股份跻身新三板创新层。是年，新区累计开发面积408.45公顷，固定资产投资80.96亿元，财政收入2.34亿元。

2017年，网络直播领域的龙头企业——娄底陌陌科技有限公司将网络直播部分业务落户娄底万宝新区，发展娄底“互联网+”产业，打造属于娄底本土的直播平台，投资约2亿元，12月开业经营，业务收入1亿元以上。湖南智慧政务区块链科技有限公司成立，总投资1亿元，致力于区块链技术研发、应用场景落地、智慧政务服务建设等领域，建设区块链智慧政务体系建设项目，打造全国知名区块链政务应用技术型公司。颐高集团有限公司（Ego Group Co., Ltd.）系中国电子商务百强企业，在新区投资5亿元，建设娄底“EGO创业小镇”，分设颐居草堂、美丽乡村体验中心、智能科技体验中心、大数据中心、众创空间、微巢学院、电商服务中心七大板块。“EGO创业小镇”通过创投基金、智慧城市、大数据、物联网和电子商务等五大创新产业，为企业提供全链条解决方案，推动城市产业转型升级和美丽乡村的建设规划打造城市产业新平台。湘中诚通物流有限公司诚通物流园完成投资8.6亿元，首期物流仓储投入运营，融入高铁南站及多条高速公路构成的现代物流网。湖南味菇坊生物科技湖股份有限公司在中国国际农产品交易会上获金奖，在科技部举行的中国科技创新大赛中获优胜奖。公司鲜品生产5000吨，营收1.91亿元。瑞奇系列产品获省名牌产品证书，先后通过国家强制性3C安全认证和WSC国际质量体系认证，获省著名商标。所生产的电取暖产品畅销全国各地。鸿帆铝业有限公司年产8万吨铝板带项目，娄底市华宁科技有限责任公司装配式轻钢结构智能化生产项目，变电站GIS设备在线监测及诊断系统的研发、高低压电气成套设备销售项目，湖南华鑫绿能科技有限公司塑钢护栏扩建项目，湖南春源家纺有限公司被服生产一期建设项目，湖南九龙集团中岳新建仓库及办公基地等先后入园。湖南畅盈恒丰信息科技有限公司食品药品综合管理平台，湖南智慧政务区块链科技有限公司区块链智慧政务体系建设项目，娄底众鑫互联网创业服务有限公司万宝新区双创服务基地建设，湖南美年信息科技有限公司的远程医疗健康体检预约平台建设项目，湖南战信龙腾实业有限公司云智能健康家电研发生产建设项目，娄底掌和天下信息技术有限公司云创超市网上订货平台建设项目，湖南智能美汇网络科技有限公司团贝网+

娄底陌陌科技有限公司揭牌（2017年10月16日摄）

药能达电子商务体系建设项目，湖南智网孵化器管理有限公司中小企业孵化服务平台项目，湖南点点拉提电子商务有限公司农产品安全及原生态家居旅游项目，深圳幸融投资有限公司联联共享单车总部等入驻创业小镇。湖南湘谷信息科技有限公司落户新区，致力于IDC机房、大数据系统集成、“互联网+”实际应用创新、国际文化旅游等领域，成功组建湘谷大数据中心、湘谷（国际）旅行社有限公司、湖南湘润通科技发展有限公司。是年，新区固定资产投资97.43亿元，技工贸总收入47亿元，上缴税金2.18亿元，出口创汇112.8万美元，财政收入3.05亿元。

2011—2017年，新区累计开发面积451.86公顷，投入工业项目建设资金494.92亿元，到位外资和港澳台资2.82亿美元。建成投产项目220个，其中重大工业项目88个。有规模以上企业26家，其中建材4家、汽车配件制造1家、机械制造5家、机电制造1家、电器制造2家、煤炭生产1家、食品加工5家、钢铁冶金2家、家具制造1家、食用菌生产1家、玻璃制造1家、棉纺生产1家、塑料制品1家。重大农业项目39个，第三产业企业93家。以互联网为龙头的产业93个，完成投资166.45亿元。8个房地产项目，累计完成投资37.48亿元。财政收入14.07亿元。

第五节　管理机构

2010年12月，市委、市政府批复成立万宝新区，为市委、市政府派出机构（正处级），行使市级经济管理权限。内设综合管理部、财政金融部、国土规划部、建设工程部、招商发展部、公共事务管理部，人员编制45名。下设投融资管理办公室，编制15名。

2011年6月，万宝新区开发投资公司成立，独立核算，自主经营，自负盈亏，是具有独立法人资格的国有投资公司，设有董事会和监事会，主要负责万宝新区开发过程中的融资、投资、土地应用开发、基础设施建设、项目开发等工作。2013年5月，新区管理委员会设立党群工作部。2015年8月，新区配备专职纪委书记。2016年11月，园区设立企业党工委，党工委书记由万宝新区党委副书记兼任，设专职副书记1名（正科级）。2017年，新区机构无变化。

第三章　省级经济开发区

第一节　娄星工业集中区

娄星工业集中区（本节简称工业区）地处娄底市娄星区西部，北与宁乡县毗邻，东与湘乡市接壤，南与娄底中心城区联通，西与涟源市相邻，涉及百亩、石井、黄泥塘三个乡镇、街道办事处。2010年11月娄底市委同意组建，2012年11月，省人民政府批准为省级工业开发区。

娄星工业集中区高溪工业园标准厂房（2020年9月摄）

2015年，中共娄底市娄星工业集中区工作委员会和娄底市娄星工业集中区管理委员会成立，分别为娄星区委、区政府副处级派出机构，代表区委、区政府在工业区规划范围内行使经济管理职能，对工业区经济建设实行统一领导、规划、建设和管理，不负责社会事务管理。至2017年，工业区开发土地385公顷，引进企业98家，其中规模以上工业企业25家，累计完成固定资产投资98亿元。当年实现工技贸总收入138.3亿元，完成规模工业增加值30.35亿元，上缴税金1.02亿元，出口创汇101.3万美元，财政收入1.39亿元。

一、园区规划

2012年3月，工业区委托娄底市规划设计研究院编制娄星工业集中区概念性区域总体规划和起步区控制性详细规划。7月，省发改委批复同意《关于娄星工业集中区发展规划（2011—2020》确定规划范围。2013年，工业区委托娄底市规划设计研究院和湖南师范大学区域经济社会发展研究中心编制工业区杉山片区用地区域控制性详细规划、概念性总体规划和产业发展规划体系。5月，娄底市规划委员会审议通过工业区起步区控制性详细规划。工业区总规划面积4866公顷，分为起步区、拓展区和远景发展区。其中起步区826公顷，重点发展钢铁深加工产业和资源循环利用产业；拓展区1782公顷，主要布局电子信息、日用消费品生产和商贸物流产业；远景发展区2258公顷，主要布局现代服务业和商业地产。

二、基础设施建设

2013年，工业区启动主干道涟滨西街项目、高溪工业园百花路的维修改造和万新街修建工程。和森路以东按照城市主干道标准，道路宽度为60米；以西按二级公路12米标准修建，按60米控制。2015年，涟滨西街基本建成，万新街建成通车。续建涟滨西街A标段2767米，宽60米，投资3100万元，2016年，路面工程完工通车。是年，新建涟滨西街B标段4216米，宽12米，投资2.52亿元（2017—2019年）；柳青南路1172米，宽30米，投资1.56元（2016—2019年）。规划修建百花路681米，宽30米，投资7560万元（2018—2019年）；湘黔街板涵工程301米，投资1124万元（2018—2019年）。至2017年，湘中大道、涟滨西街、蒋大街、万新街、古溪街为主的横向主干道，娄底大道、高丰路、百花路、柳青路、竹春路为纵向主干道的“五纵五横”路网结构形成。路网建设计划完成62%。新建污水处理厂一座，投资5883万元，2017年建成运营，日处理污水5000吨。在建截污干管2350米，计划投资2000万元，拟于2019年完工。至2017年底，工业区完成基础设施投资56.32亿元。

三、园区产业

2011年，工业区开发面积198公顷，其中工业用地108公顷，注册企业32家，其中主营业务收入超过5000万元的企业11家，高新技术企业3家，拥有投资5000万元以上在建项目7个，签约投资上亿元项目5个，协议引资11亿元。2012年，引进高盛板业、森泰年处理50万吨再生资源集散加工市场、金联商用车工程机械商贸物流园、富厚酒业年产6000吨白酒生产线、唐人神饲料生产线等8个项目。2013年6月9日，娄底华宏科技发展有限公司，年产3万吨太阳能支架组件项目签约。是年，高盛板业、富厚酒业、唐人神等招商引资项目相继建成投产。

2014年，工业区引进高安环保年产100万吨超细矿渣微粉项目、薄板深加工仓储配送项目和格仑新材年产1.05万吨特种不锈钢管生产项目。并以区内森泰年、高盛板业、高安环保、裕德科技项目为依托，在工业区的娄涟公路沿线集中规划建设循环经济产业园。10月，森泰年处理50万吨再生资源集散加工市场项目试投产。是年，市发改委与娄星区建立共建工业区工作机制，工业区报批土地80.6公顷，征拆腾地35.13公顷，完成固定资产投资15亿元，实现技工贸总收入66.7亿元，财税收入3020万元。

2015年，娄底市金联商贸物流中心项目开工建设，娄底高安环保科技有限公司年产90万吨矿渣微粉项目投产，暖洋洋电器入园，格仑新材不锈钢项目建成投产。是年，工业区完成固定资产投资22.1亿元，同比增长47.3%，完成规模工业增加值24.7亿元，完成财税收入3523万元，同比增长16.7%。2016年，湖南高盛板业股份有限公司在新三板挂牌上市。湖南富佳钢瓶制造有限公司湖南富佳钢瓶生产、检测项目签约入园。工业区中小企业创业基地、格仑新材、金鑫电子、富佳钢瓶等4个项目集中开工。娄星区祖师殿石井段河道治理工程项目开工。娄底市金鑫电子科技有限公司，北斗卫星导航车载终端研发制造与应用平台建设项目入园。娄底市华宏科技和湖南富佳钢瓶两个重点项目投产。湖南格仑新材股份有限公司新型高效船舶（岛礁）尾气余热海水淡化与船舶尾气速冷设备项目进入二期工程建设。是年，工业区完成技工贸总收入110亿元，同比增长16.4%；完成固定资产投资21.9亿元，同比增长25.1%；规模以上工业增加值达到21.8亿元，同比增长38.4%；财税收入完成6056万元，同比增长68.4%，超额完成全年目标任务。

2017年，重点在建项目19个。湖南金刚玻璃节能科技有限公司，年加工200万平方米玻璃生产线建设项目正式签约。湖南益思迪科技有限公司，高端防静电仪器建成投产。涟钢周边环境综合治理项目建设指挥部挂牌。娄星工业集中区与葛洲坝环嘉再生资源有限公司签约，年处理100万吨废钢项目在娄星工业集中区落地。娄星工业集中区开发建设投资有限公司与市创投、高溪集团签约，共同组建娄底市钢城众园开发建设有限责任公司，用公司化运作的模式，打造“钢铁小镇”。是年，“涟滨西街经济带”初具雏形，益思迪项目进度主体工程完工。格仑新材、金鑫电子、兴恒纺织的棉纺织加工与制造项目相继投产。

第二节　娄底高新技术产业开发区

1992年9月，省体改委批准成立涟源市马家境经济开发区，行政管辖面积920公顷，辖马家境、石梅、新中、乌鸡坝、张家湾、青烟6个村，石马山、梅园、牛车边、十字坳、双江口、石山、黄山7个社区，总人口近2万人。规划建设413公顷。1994年8月，涟源市马家境经济开发区更名涟源经济开发区。

2013年5月，省发改委批准，涟源经济开发区开发建设面积由原413公顷扩大到734公顷，位于涟源市城区东部石马山镇和蓝田街道办事处的行政辖区范围内，东至群英河、西临石马山路、南至涟水河、北至娄底大道以北200米。开发区以娄底大道作为经济走廊，横穿东西，二广高速纵贯南北，与娄怀、长韶娄两条高速呈“工”字形交叉，融入长株潭1小时经济圈。

2017年9月，根据《湖南省人民政府关于设立涟源高新技术产业开发区的批复》，涟源经济开发区更名为娄底高新技术产业开发区（本节简称高新区），高新区党委、管委会分别为娄底市委、市政府副处级派出机构，对高新区的建设和发展行使管理权，内设办公室、规划建设部、产业发展部、投资管理部、招商合作部，下设社会事务管理处。涟源市财政局、自然资源局、公安局分别设立分局和金凯派出所。辖区总面积11.29平方千米，其中规划建设面积7.34平方千米，下辖4个村，1万余人。至2017年底，高新区开发面积420公顷，入驻企业128家，其中规模以上企业46家，高新技术企业14家，外商和港澳台投资企业3家，上市公司1家，固定资产投资42.23亿元，利用外资、港澳台资4.84亿美元。当年，高新区技工贸总收入208亿元，税收5.83亿元，出口创汇1067万美元。

娄底高新技术产业开发区（2021年摄）

一、基础设施建设

1992—1996年，域内修建主干道长1500米（人民东路莲花广场至工业广场段），梅亭路长1597米，工业桥和工业路长540米。建成梅园市场、梅园小区，建成东西走向的松青街、桂圆街、梅苑街、春意街，南北走向的蜡梅街、梅子街，总长1270米。1998—2004年，域内建成望梅生活服务区，2条长150米东西方向和2条长50米南北方向道路。2006年，经开区在石梅村建成石马山汽车站，占地1.73万平方米，停车位20个，是涟源至荷塘、新禾、白马、娄底、茅塘、田心坪、湖泉、黄栗等8条客运线路的始发站。2013年，人民东路Ⅰ段竣工通车。省二建公司按照BT模式修建环北东路段、东风路、人民东路Ⅱ段、马头山路，总长3297米，年内通车。安邵高速经开区区域（安邵高速南与娄新高速互通、北与龙塘互通）通车。规划修建解放路、人民东路第五段、相车路、福源路第六段，围绕园区形成“三纵、四横、两连接”道路交通网。娄底大道拉通后，二广、娄怀、长韶娄等三条高速公路连通园区。2014—2017年高新区投入4亿元，建成多层标准厂房15万平方米。园内水、电、路、讯、污水处理等设施逐步完善，建有22万伏、11万伏变电站各一座，5万吨／日自来水厂、4万吨／日生活污水处理厂、2万吨／日工业污水处理厂各一座。至2017年，高新区投入基础建设36.8亿元。

二、产业发展

1992—2007年，区内工业企业86家，其中规模以上企业14家。2012年以后，涟源市委、市政府相继制定《涟源市招商引资若干政策规定》等7个规范性政策文件。根据这些文件精神，高新区落实“放管服”相关举措，实施“只跑一次”审批制度改革。在土地供应、厂房租赁、费用减免、资金支持、教育医疗等方面，为企业提供优惠，帮助企业转型升级。对入园项目跟踪管理，全程代理。园区多次组团赴北、上、广、深等一线城市考察优质企业和项目，同时邀请一些国内外知名企业来园区考察，全力招商引资。

2014年，投资2亿元的安邵高速管理中心项目建成交付使用，湖南华德食品集团有限公司投资1.92亿元建设华德食品产业园。是年，园内工业企业总投资18.98亿元，技工贸总收入60.39亿元，利润9.45亿元，税收2.17亿元。

2015年，湖南省爱泽新能源技术股份有限公司投资5000万元在园区建设泓泽新能源智能电网产品项目。湖南泓和高科技农业开发有限公司投资6700万元建设农产品出口加工基地。引进湖南艾威尔新能源石墨烯锂离子电池项目。创安产业园投资1.98亿元异地新建投产。是年，园内工业企业总投资25.63亿元，合同外资港澳台资4600万美元，技工贸总收入107.17亿元，利润10.6亿元，税收2.72亿元。

2016年4月，投资1亿元的康麓生物签订酸橙高值化深加工项目开工建设。2017年，湖南科比特公司签订建设光伏产品生产基地项目在园区落地，总投资2亿元。回春堂中药现代化产业园项目、康麓生物果胶项目、艾威尔新能源石墨烯锂离子电池项目系全省“5个100”重点建设项目。是年，园内工业企业总投资33.16亿元，合同外资港澳台资5092万美元，技工贸总收入141.86亿元，利润11.83亿元，税收3.15亿元。湖南创安防爆电器有限公司成功收购上海欣华民福电器科技有限公司。回春堂药业投资2.2亿元基本建成湖南中药现代产业园第一期工程。区内有4家省级研发机构，4大省级科技创新平台，拥有大学本科以上专业人才1307人，其中硕士以上379人，高级职称76人。研发投入3.95亿元。申请专利256件，专利申请授权125件。省级大众创业空间孵化器1家，在孵企业65家。是年，高新区入园企业17家，园内工业企业总投资33.16亿元，合同外资、港澳台资5092万美元，技工贸总收入173.21亿元，利润14.16亿元，税收3.74亿元。

至2017年，高新区初步形成以先进装备制造、新材料新能源和生物医药为主，以特色农产品加工、仓储物流为辅的产业格局，建成3大产业园：涟商总部经济园位于娄底大道与马头山路交叉口东南角，总用地面积为1.98万平方米，总建筑面积3.55万平方米，总投资1.5亿元。有瑞崇工贸、沙坪建设、平安创展等多家企业入驻开展业务。科技扶贫产业园占地4.67公顷，建五层标准化厂房4栋、四层标准化厂房4栋、仓储冷冻各1栋，总建筑7.2万平方米。科技扶贫产业园总投资1.8亿元，其中整合涟源市特色县域经济奖补资金3000万元，全市148个贫困村各村入股34万元，合计5032万元，其余由园区自筹，入驻旭辉首饰、新马制衣、精飞智能、三马防静电、煜龙生物、玉宝龙、烯能新材料等企业。高新技术企业孵化园位于娄底大道与马头山路交叉口西南侧，总用地4.72公顷，总建筑8.7万平方米，总投资2.5亿元，建有1栋创新创业大厦、1栋单层厂房、5栋多层厂房、2栋职工宿舍及食堂。已入驻新创电子、百斯特、众兴电力等企业，园内科技企业孵化器和众创空间正式运营。

第三节　冷水江经济开发区

1992年3月，经省体改委批复设立冷水江市布溪特区，地处沙塘湾街道办事处。省道S312线穿区而过，西南方向约2千米处是娄怀高速冷水江南互通湍江入口，东向约2千米处是娄怀高速金竹山入口，由此可连接进入全国高速公路网。沪昆铁路湘黔线横贯东西，距湘黔铁路冷水江东站不足2千米，距沪昆高铁邵阳北站不足10千米。

冷水江经济开发区（2019年9月摄）

2006年，国家发改委批准冷水江布溪特区为省级经济开发区，更名冷水江经济开发区（本节简称经开区）。经开区党委和管委会分别为冷水江市委和市政府副处级派出机构，行使园区经济社会事务管理权。管委会内设办公室、经济发展局、工程建设管理局，下设招商引资服务中心、工程技术服务中心和财政、国土、规划、建设、环保、工商质监6个派出分局。是年始，经开区分区规划和控制性详规出台并进行多次调规、修编。规划面积738公顷。2009年，经开区被省政府确认为湖南省综合性高新技术产业基地冷水江先进制造产业园。2016年，列入全省一类省级园区。2017年，固定资产投资55.4亿元。园内企业74家，其中规模以上工业企业48家。规模以上工业增加值69.93亿元，技工贸总收入343.5亿元，出口创汇4208万美元，上缴税金0.84亿元。2006—2017年，园区开发479公顷，固定资产投资318.93亿元，合同外资港澳台资2.5亿美元，工技贸总收入2445.31亿元，税收58.18亿元。

一、基础设施建设

2007年，经开区将纵横交错的电力杆线进行大规模迁移，实现沿路、沿山布局。至年底，累计迁移35千伏以上杆线2组，10千伏以上杆线4组，10千伏以下杆线11组，迁移电杆200余根，改造电力线路43千米，架设通信线路15千米。完成11万伏沙塘湾变电站建设和1万伏供电线路建设。经开区有装机容量180万千瓦的大唐华银金竹山电厂，有220万伏和110万伏变电站各1座，供电保障率100%。冷水江市中心水厂和禾青镇水厂主水管铺设到园区主干道旁。园区新铺设自来水管道15千米，形成5万吨的闭合供水系统，供水率100%。园区完成通自来水、通电、通车、通网的“四通”综合建设工程。

2010年，经开区向农发行贷款3000万元，按城市主干道二级标准建设园区内主干道长铺路，连接S312线和大建路，全长1660米，路幅宽40米，年底完成长铺路、天宝路共800米水泥路面硬化。2015年，投资8000万元，采用BT模式建设朝阳路、向竹路。向竹路长700米、朝阳路长1200米，年底完成路基建设。2016年始，以S312线为中心，开工建设春风路、叶岩路、纬四路，形成“三纵两横”的路网骨架。经开区自筹资金5000万元，建成标准厂房14万平方米和520套公租房，为入驻企业提供硬件平台，吸引中小微企业入驻。建成第二污水处理厂，架设12千米污水给排管网，2017年底进水调试。

2007—2017年，经开区累计筹资投入基础设施建设20.66亿元。

二、园区产业

2005年，冷水江市委、市政府作出《关于冷水江市经济技术开发区建设与管理的决定》。经开区充分利用国家和省、市的各种优惠政策，实行投资项目代理、审批一条龙服务和重大项目协调服务机制，对项目入园提供全程“保姆式”服务，为专利申报、土地使用、项目建设手续办理等各类行政事项开通“绿色通道”。对投资规模大，对区域经济有较大拉动作用的战略性项目实行一事一议。工业用地以成本价供应。土地综合成本远低于沿海地区和省内发达地区。园区对企业项目实行跟踪服务。

2006年始，经开区通过资源优化配置，升级传统优势产业，按照经济转型的要求，培育新兴产业，通过产业集聚发展，构建产业体系，以产业带动园区建设，实现产城融合，建成一批有规模、有效益、在国内省内有影响力的好企业、好项目。园区形成由一个公共服务中心和紧固件产业园、不锈钢产业园、新材料产业园、精细化工产业园为主导产业的“一区多园”的发展格局，是年5月，上海天宝紧固件制造有限公司、冷水江博长钢铁有限公司、冷水江华成投资管理有限公司共同投资4亿元的30万吨紧固件建设项目在经开区签约。投资1.2亿元的服饰项目、投资8000万元的三A新材料项目相继入园。经开区以天宝紧固件项目为龙头，沿长铺路规划面积100公顷，设立紧固件产业园，利用天宝紧固件制造技术、市场优势、整合资源，引进市内投资者，发展20家紧固件产业卫星企业，补齐紧固件生产链条，实现紧固件产业聚群发展。天宝紧固件实现年产能30万吨、产值50亿元的规模。是年，累计开发51公顷，入园企业4家，固定资产投资18.73亿元，合同外资港澳台资900万美元，工技贸总收入32.79亿元，税收1.25亿元。

2009年1月，东苑置业在广州招商引资会上，与广州赛能投资有限公司等企业签约，引进资金4.9亿元。2010年7月，在湖南省“沪洽周”娄底投资说明会上，园区签约9个项目，引进资金19亿元。经开区通过产业链招商、规模企业招商、本土特色产业招商等方式，先后到厦门、宁波、泉州、佛山等沿海城市参加招商推介会，引进年产4万吨不锈钢钢管项目、年产5万吨不锈钢五金项目、年产6万吨不锈钢冷轧生产项目、年酸洗20万吨不锈钢板项目、汇鑫电子陶瓷项目等。再生不锈钢回收加工利用企业泰和金属沿朝阳路规划面积100公顷，重点发展再生不锈钢制品、再生金属耐磨耐蚀材料铸造等产业，促成不锈钢热轧线的建设，搭好再生不锈钢原材料与制品之间的桥梁，引进50家关联企业，实现年产80万吨、产值100亿的不锈钢制品的产业规模。是年，经开区累计开发300公顷，入园企业12家，固定资产投资8.23亿元，合同外资港澳台资2000万美元，工技贸总收入24亿元，税收6.27亿元。

2015年，经开区发挥金竹山电厂余热利用、直供电优势，以金竹山电厂、三A化工为行业龙头，通过招商，在沿资江河畔征地27公顷，架设蒸汽管道，吸引需要热能的企业入驻园区，发挥园区热能优势。是年，累计开发面积435公顷，入园企业51家，固定资产投资36.2亿元，合同外资港澳台资2756万美元，工技贸总收入278.3亿元，税收6.4亿元。2017年，园区引进投资18亿元的益盛新材料项目、投资3亿元的单体有机玻璃项目、投资7500万元的特种电子陶瓷项目、投资5000万元的道路新材料项目、投资5000万元的康哲制药项目、投资4000万元的冷耐华鑫项目、投资3000万元的紧固件配套产品项目等21个项目。园区以有硅化工行业国家标准起草者、国内领先、省内最大的硅化工制造企业三A化工，技术国内领先、省内一流的不定型耐火材料生产企业华科高新，明玉陶瓷、汇鑫电子陶瓷、冷耐华鑫为基础，扶持企业建设国家级研发中心，发展精细化工、陶瓷、特殊钢用炉衬耐材、新型耐火材料等新材料产业链，形成集群效应，实现新材料产值100亿元。湖南中西部地区最大的包装企业益盛公司等产业龙头企业相继入园。是年，园内规模以上工业企业48家，增加值69.93亿元；工技贸总收入343.5亿元，出口创汇4208万美元，上缴税金0.84亿元。

第四节　双峰经济开发区

双峰经济开发区位于县城西郊，东邻湘潭，西接邵阳，南抵衡阳，北连娄底，是“泛珠三角”经济辐射区，属“长株潭”一小时经济圈和“3+5”城市群范围。境内上瑞高速、320国道横贯东西，209、210、314省道贯通南北，益（阳）—娄（底）—衡（阳）高速、洛湛铁路为南下“珠三角”开辟便捷通道。

1992年5月，双峰永丰经济开发区挂牌运作。1994年1月，省人民政府批复同意建立双峰永丰经济开发区。1997年5月，双峰县永丰经济开发区管理委员会成立，为县政府的派出机构。2005年12月，经开区实行“以区管村”管理体制。永丰镇桑园村、土乔村、四安村、东塘村，印塘乡金开村、印泉村、大埠村、谢泥塘村等8个村成建制划归开发区管理，面积1301.8公顷，人口约1万人。管委会设办公室、招商部、建设部、农村和社会事务部及二级机构园区服务中心，县直部门派驻财政、国土、建设房产、规划、公安、司法分局（所）。

2006年，省人民政府批准双峰永丰经济开发区为省级经济开发区，更名为双峰经济开发区（本节简称经开区），2007年4月，升格为副处级机构。2010年6月，经开区成立新区管理处，履行辖区农村社会事务及服务园区建设职能。经开区内设综合办公室、农村和社会事务办公室（加挂计育办牌子）、服务园区办公室，增设派驻机构环保分局、人社分局，2011年12月增设合同履约监管部、党群工作部。

双峰经济开发区（2017年7月摄）

至2017年，园区累计开发面积420公顷，合同引进外资10.50亿美元，实际利用外资7.5亿美元。到位境内资金50.28亿元。累计落户企业129家，其中规模以上工业企业54家，上市公司3家。规模工业增加值47.6亿元，固定资产投资42.8亿元，高新技术企业18家，当年，国民生产总值57.4亿元，技工贸总收入218亿元，出口创汇6931万美元，利润25.8亿元，税收0.61亿元，财政收入4.7亿元。经开区成为双峰县经济增长的新亮点。相继被授予湖南省中小企业创业基地、湖南省农机机电制造基地、湖南省承接沿海产业转移基地、湖南双峰台资工业园、湖南省新型工业化示范基地、湖南省循环经济示范园区、湖南省农机特色产业园区、湖南省"飞地经济"试点园区等称号。

一、园区规划

1992年，双峰县委、县政府规划永丰经济开发区布局三个小区，占地约100公顷。该规划由县政府和永丰镇共同组织，采取一条龙会审、一支笔审批、一个窗口对外的管理模式，由管委会实施。

2000年，经开区核准规划建设面积140公顷，东至新龙村，南至诸家村，西至娄衡公路，北至桑元村。2001年，县政府修编《双峰县域城镇体系规划（2001—2020）》，明确经开区与城区的规划管辖以迎宾路为界。2006年，经开区根据该规划"以区带村"，管辖7个村1个居委会，面积1930公顷，建成面积450公顷。工业园按照"高起点规划、高科技含量、高投资回报、高速度发展、低成本起步"的发展思路，规划总面积106.67公顷，形成"一园五区"的总体格局设置，即：电脑配件生产区，生物生化制品生产区，农产品深加工生产区，农机机电生产区，商贸、服务区。

2012年9月，县委、县政府向娄底市规划局发出《关于出具对双峰经济开发区调规扩区规划审核意见的函》，请求将经开区948公顷的范围纳入《双峰县域城镇体系规划（2001—2020），2012年修改》范围内，实现城区一体化发展。2013年6月，省人民政府批准双峰经开区调规扩区方案。县政府成立"一区多园"规划编制领导小组，在全县选址规划"分园"，即"飞地经济"试点园区。2016年6月，经开区编制"一区多园"发展规划，将青树坪、三塘铺、甘棠、梓门桥等乡镇工业集中区规划纳入园区管理范畴，扩大园区发展空间。2017年无变化。

二、基础设施建设

1992年始，经开区按照"规划先行，项目带动，有序推进"的建设思路，投资基础设施建设工程7亿元，其中土方及场地平整0.8亿元，供排水0.2亿元，电力设施0.3亿元，道路、园林绿化、通信设施、路灯设施、环卫设施建设2.00亿元，公租房、创业大厦、标准厂房建设3.3亿元，污水处理厂建设0.4亿元。园区主要道路骨架路网，给排水网、电力通讯网初步形成。区内建成、延伸或者提质改造主干道6条，兴建次干道7条，形成五纵四横的交通格局。改造万宜路桥梁1座。区内道路长25.58千米，总投资3.17亿元。改造、新修、硬化村组公路7.5千米。园区道路与区外的320国道、娄衡S210线等主要交通要道形成四通八达的交通网络体系。县燃气部门采用中压A、中压B二级管网系统向各用户供气。中压进栋，经中—低压调压箱调至低压送往各用户。主干燃气管网采用环状布置，支线燃气管网采用支状布置。经开区和电力部门共同投资，在金开中路、和森西路交汇处建设110千伏的金开变压站。经开区吸引社会资金800万元投资建设第一期标准厂房，占地1.33公顷，其中厂房4000平方米，办公楼5000平方米。

2008年，园区主要街道通过招投标，全部安装路灯，亮灯率平时保持80%以上，重大节假日亮灯率保持90以上。复兴西路、迎宾路、和森西路南侧主干道每隔20米安装10米高白玉兰式氖气灯105盏，经二路、纬一路、福泰路等次街道安装8米高氖气灯、5米高古典宫灯各一，共计112盏。经开区以城市道路绿化为基础，初步形成点、线、面相结合的呈网状的有机绿化系统，绿地24万平方米。

2009年，经开区在桑园安置区建设电力供应仓库一处。先后改造桑园、金开、印泉、大埠、土桥等供电线路，规范原斜跨区内的两回110千伏的高压线路走向。对崛起广场等处的架空线路改为电缆下地敷设，新建配网线路20余条，新增电缆10余千米，环网柜、分接箱30余台。规划区内10千伏线路均采用电缆穿PVC硬质塑管埋地敷设，规划道路除环线、和森西路、迎宾路、万宜路、印塘路沿两侧敷设外，其余道路沿西北侧敷设，并与周边各市政道路接线井相连，过路处埋深不小于1米，并用混凝土包封敷设，大部分线路下地，实现电缆供电；同时建成区新建配网线路20余条，新增电缆10千米，环网柜、分接箱20余台；配电线路实现互联9条，提高供电的安全性和可靠性，最大限度地确保企业生产和城市人民生活供电需求。经开区三栋临时办公大楼建成，位于崛起广场东北角，占地680平方米。是年，经开区建设创业大厦，建筑面积1.9万平方米。

2011年，经开区依托县自来水厂，建设供水加压泵站，解决因园区地势较高、供水管网过长而引起的水压、水量不足问题。区内铺设主供水管道3.5万米，供水覆盖面积300公顷。2012年底，园区建成标准厂房20万平方米，在建与落实指标拟建的标准厂房约50万平方米。2013年4月，根据县委、县政府确定的“3+1”模式，启动建设20万平方米的标准厂房的征地拆迁工作。项目采取BT模式，引进投资者建设20万平方米的标准厂房。项目选址万宜路以西、金开路以东，沿和森西路南北布局，规划占地10.93公顷，总投资1.5亿元。

2015年，完成一期标准厂房8万平方米的建设，二期工程正在实施，可入驻企业30多家。2017年，投资0.4亿元，建设园区工业污水处理厂，日处理5万立方米，园区建成区的污水排放由雨污合流向雨污分流排放过渡，通过园区排污管网经城中河排向县污水处理厂。区内通信光纤电缆，有线电视光纤，移动、联通、电信等通信信号全覆盖，学校、医院、超市、宾馆、公租房及其他公益事业设施齐全，设有公共汽车西站。

三、园区产业

1992—1997年，经开区引进项目比较零散，产业结构以土地出让和房地产开发为主。1998年始，经开区引进投资商建设药材市场、湘中保健品批发市场、湘中优质农产品批发市场、湘中农机大市场，鼓励县内企业入园。2002年，工业销售收入27.4亿元，利润2.64亿元，财政收入3900万元。

2003年始，农机机电制造、电子信息产业为主的产业格局基本形成。2005年，农友机械列入省大米加工机械出口基地。园区成为中南地区最大的农机专业市场——湘中农机机电大市场。与之配套的商贸、物流日臻完善。农机制造业项目投资规模近10亿元。农机机电制造业按照五位一体（龙头企业+产业园区+农机大市场+农机会展+自主创新）的发展思路，通过“三个整合”（品牌整合、资产整合、产业整合）途径，达到“三个创建”（创建国字号品牌、创建上市公司、创建100亿元产业集群）目标。是年，工业销售收入41.2亿元，出口创汇717万美元，利润4.01亿元，财政收入4800万元。

2008年，经开区被省经委确认为湖南省农机产业基地，实现工业总产值15亿元，销售收入13亿元，税收500万元。2009年，湖南农友机械、劲松机械、金峰机械、五丰机械、丰彩机械等项目相继在园区落户，以农友集团为核心，组合10余家农机生产小型企业，组建“农机航母”，农机机械制造业产值11.9亿元。2011年，经开区农机装备制造产业成功申报全省首批传统产业转型升级——省级新型工业化产业示范基地。是年，工业销售收入74.8亿元，出口创汇1980万美元，利润9.7亿元，税收3500万元，财政收入1.2亿元。

至2017年，经开区初步形成制鞋业、农机制造、生物医药及农产品加工、装配式建筑四大支柱产业。是年，利用沿海产业转移的机遇，经开区主动出击，寻求制鞋产业的新突破，将“湖南双峰台资制鞋园”做大做强做优。荣诚、兴昂两家鞋厂从业人员达到1万多人。经开区成为湘中大型台资制鞋基地，年产成品鞋1000万双，出口创汇2亿美元。农机工业产值25亿元。湖南卓越粮油、灯塔米业、永丰辣酱、胖哥槟榔等农业产业化龙头企业及伍星生物、威加生物等生物制品制造企业入驻，投资约3亿元，实现产值20余亿元。装配式建筑产业群在园区内悄悄兴起，规模以上的有杭萧钢构、定荣家、居百年、福颐等企业。其中杭萧钢构项目规划用地20公顷，总投资10.2亿元（其中一期投资5.2亿元，占地8.73公顷；二期投资5亿元，占地约11.27公顷），主要生产钢结构装配式体系的核心产品（钢管束构件）、钢管束配套产品（钢梁钢柱、装配式钢筋桁架楼承板）、装配式建筑配套产品和高频焊型钢、其他装配式建筑材料或部品等，年产钢构件8万吨，装配式钢筋桁架楼承板约100万平方米。

第五节　新化经济开发区

1992年，梅苑经济开发区成立，地处新化县城资江东岸，下辖上渡办事处和梅苑工业园，面积3200公顷，人口7万。首期规划面积1040公顷，辖上渡、农丰、资源、白沙、铁牛五个村。1996年，梅苑开发区实行封闭式管理，管辖区域增加到12个村和2个居委会。是年，国家发改委、国土资源部认定新化梅苑经济开发区为国家审核保留的省级开发区，更名为新化经济开发区（本节简称经开区）。经开区党委、管委会升格为副处级机构，内设招商产业发展局、投资开发管理中心、工程建设管理局、党政办、监察室，国土资源、财政两个县直单位在开发区设立分局。社会管理职能移交给上渡办事处，城建、城管等职能移交给县直职能部门。

新化工业园（2010年摄）

至2017年，开发541公顷，固定资产投资25.4亿元。园内企业94家，其中规模以上工业企业59家。企业固定资产投资53.15亿元。是年，技工贸总收入115.1亿元，出口创汇1157万美元，上缴税金0.56亿元，财政收入2.75亿元。综合发展实力在大湘西地区54个单位排名第一位。

一、基础设施建设

1992年10月，经开区建设发展规划，主要是县城提质扩容。1995年，经开区筹资1000余万元，完成100公顷区域主干道供电、供水等基础设施建设。1996年，完成新冷公路与天华路交叉广场建设。至1999年，新城区铺设下水道1.34万米，供水管道5700米，碎石路面3.8万平方米，硬化路面4.2万平方米，架设供电线路6600米，街道绿化面积1.54万平方米。新化一中田径场、狮子山娱乐园一、二期工程、上梅东路硬化、亮化工程相继建成。2002年，资江二大桥动工兴建。开发区完成350公顷范围内的“五通一平”，建成以上梅东路、梅苑路两条52米硬化路为骨架、面积达300公顷的新城区，完善配套县政府新址四周道路、水、电、通信建设。2005年，梅苑工业园完成青峰路土石方工程150万立方米、碎石路面1100平方米，开挖下水道730余米，改造高压线路460余米，低压线路320余米，改造供水管道1100余米。至2009年底，青峰路硬化路面2100米并完成成街配套。繁荣路完成碎石路面230米。望城路完成碎石路面190米。综合服务安置区完成土石方平整6万平方米、混凝土硬化5580平方米，铺设下水管道600余米，完成26户拆迁户建安置房的超深基础处理。园区供水、供电、通信等与道路建设同步完工，青峰路与新冷公路接口混凝土硬化。

1992—2017年，经开区基础设施投资10.25亿元。

二、园区产业

1992年，县政府颁发《关于梅苑经济开发区若干优惠政策》，经开区采取多种形式对外招商，签订意向投资协议15个。香港众亮有限公司、香港敬华实业有限公司与开发区合资经营新港房地产开发公司，对新区资江大桥东端南北两侧64公顷土地联合开发，总投资3960万元，其中港商投资1980万元。2000年，省政府批准县政府机关搬迁至梅苑开发区计划。经开区投入8000多万元，在唐家岭小区征地53公顷，拆迁房屋24栋，移坟2000余棺，开挖土石方100万立方米，区内金融、电力、交通、邮政、通讯、卫生、餐饮等服务设施日臻完备。全县政治、经济、文化中心向梅苑开发区转移。至2002年3年内，新城区征地266公顷。先后入驻大小企业53家、个体工商户716家，引进资金5000余万元。

2005年，经开区增设招商产业发展局，梅苑工业园开工建设，重点发展工业项目。工业园规划面积600公顷，规划主导产业电子陶瓷、农产品深加工、轻纺制造、精细化工4大类，开发土地487公顷。是年，技工贸收入18.13亿元，财政收入0.54亿元。2006年，县委、县政府作出《关于进一步加快开发区工业园建设与发展的决定》。至年底，完成招商项目13个，合同引资2.6亿元。2007年，2家电子陶瓷企业、1家精细化工企业、2家农产品深加工企业投产。2008年，新入园企业6家，园区电子陶瓷企业达到12家，形成电子陶瓷产业集群。是年，技工贸收入21.03亿元，财政收入0.61亿元。

2009年，园区工业总产值4.87亿万元，销售收入5.53亿元，利税6605万元。至年底，工业园引进项目24个，招商引资总额44.5亿元。其中房地产、第三产业引资43.4亿元，工业企业引资1.1亿元。前进食品公司、特种陶瓷公司、瑞信电子有限公司、湘誉新材料有限公司等11家企业先后投产。电子陶瓷业主要产品有95陶瓷、瓷管陶瓷外壳、散热陶瓷等。食品加工业主要产品有糕点、糖果，年产量1.22万吨。生化行业主要产品有辅酶Q10，年产量2800吨。机械行业主要产品有汽车内燃机、柴油机配件、进排气门，年产量200万件。园内电子陶瓷、食品、中药材加工等主导产业初具规模。是年，技工贸收入25.83亿元，财政收入0.68亿元。

2010年，上市公司东方希望集团入园投资，园区实现上市公司入驻零的突破，台资企业兴昂鞋业入驻。两企业翌年投产。2013年，园区完成调规扩区。省人民政府核准园区总面积1050公顷，在原梅苑工业园基础上，新增向红、游家2个园区。梅苑工业园面积增加到320公顷，重点布局高新技术、农产品加工、轻纺制造等产业。向红工业园530公顷，重点布局精细（电子）陶瓷、新材料、新能源、有色金属压延加工等产业。游家工业园200公顷，布局精细化工产业。是年，技工贸收入27.43亿元，财政收入0.82亿元。2014年始，签约入驻梅苑工业园的企业开始退出或转迁至游家、向红工业园。2015年，园区在第六届湘博会上签约金品电器、美程陶瓷年产3000万只真空封接陶瓷生产线等项目，引资2.3亿元。格林美、中民筑友等上市公司入园投资，当年投产。是年，技工贸收入68.79亿元，财政收入1.83亿元。2016年，在第七届湘博会上签约兴龙门窗、福美来电子等项目，引资3.7亿元。2017年，经开区举行项目集中签约活动，签约项目20个，合同引资近30亿元。是年，新印科技在第八届湘博会签约入驻向红工业园。湖南军辉光电有限公司在港洽周签约年产300套惯导系统项目入园，合同引资1.9亿元。

第三十五篇

商　贸

概 述

1990年，全地区负责商业贸易管理机构有地区财贸委员会（简称财委）、地区对外经济贸易委员会（简称外经委）、地区商业局、地区物资局。烟草、食盐依法专卖专营，粮油实行国家定购、合同收购、议价收购，对非农业人口定量供应粮油。全地区贯彻国务院《关于深化物资体制改革的方案》，将国家计划管理的523种生产资料划分为4类进行管理。汽车、拖拉机、钢材、水泥、化肥等关系国计民生的重要生产资料和手表、缝纫机、自行车、电视机等重要生活资料实行统管。境内涟源钢铁总厂、新化西河水泥厂等企业相继自行组建销售机构。地区物资局改进物资计划管理实施办法，对国家统配的27种机电产品中的21种、14种建材产品中的12种取消计划分配，实行敞开订货，自由购销。是年，全地区有各类商业网点和市场163个，社会消费品零售总额14.04亿元。1991年，全地区商业物资系统启动物资管理与经营体制改革，规定凡申请开业或办理变更手续经营重要工业品生产资料的单位，经同级物资部门审查同意，由工商行政管理部门核准发放工商营业执照即可经营。生产资料市场形成国有、集体、个体民营企业相互竞争的局面。

1992年3月，地委、行署贯彻邓小平视察南方重要谈话精神，在全省率先提出商业供销体制“四放开”改革试点。地区财委等10个部门联合制定35条试行办法。确定在地区五交化站等8家企业试点。6月，行署设立地区钢材市场管理办公室，组织地属以上钢铁、有色金属生产企业、有经营权的经营单位和使用单位进场交易。全地区商贸系统在国有商业企业推行批零一体化改革，11月，全省国合商业“四放开”改革经验交流现场会在娄底召开。是年，全地区实现社会消费品零售总额23.99亿元。1993年4月1日，贯彻国务院《关于加快粮食流通体制改革的通知》，全面放开粮油经营市场。经营条件合格的企业可向工商部门申请经营粮油批发业务，粮食销售全面市场化，取消粮票，实行粮油商品敞开供应。

1994年，地委、行署贯彻中共中央关于加快城市经济体制改革的决定，在全地区商业系统全面推行“四放开”改革。1997年始，全地区商业、物资系统进行经营机制、人事制度、企业重组三大改革。1998年，全地区商业物资系统扩大改革范围，老公司退出国有序列进行重组。推行现代企业经营管理模式，有计划、有步骤地在大中型商业企业、饮食服务企业推行多种形式承包经营责任制，零售商业企业试办租赁制。是年，全地区粮食系统除军粮供应站、粮食储备库外，其余48个粮食企业全部实现资产置换，全地区粮油企业完成改制。

1999年，获准建立全国库存商品调剂（网络）中心娄底直属市场暨娄底生产资料市场，境内17家大中型企业进入市场。2000年，市委、市政府印发《关于全市国有工商企业产权制度改革的若干规定》《娄底市国合商业企业产权制度改革若干规定》，全市国有工商企业全面推行以“两个置换”为主要内容的产权制度改革。是年底，全市有各类市场403个，其中生产资料市场11个，消费品市场138个，集市贸易市场、商业网点254个。场内摊位3.25万个。1990—2000年，全市社会消费品年均零售额56亿元，增长14.2%。

2001年，市政府出台《娄底市国合商业企业产权制度改革规定》，批准市直商业企业产权制度改革实施办法和物资企业产权制度改革实施方案。全市国有商业和物资企业以“两个置换”为主的企业产权制度改革全面铺开。历经3年，企业改革工作全部完成。是年，全市贯彻中央和省政府有关精神，开始建立市、县两级地方生活物资储备和应急保障机制，全市储备粮食5万吨。2004年5月，全市实施新一轮粮食购销体制改革，全面放开主产区粮食收购价格和市场，粮食购销全面市场化，粮食价格机制在国家宏观调控下由市场形成。是年，农业税停收粮食，改收现金，全市按最低收购价敞开收购粮食。

2005年，国家启动"万村千乡市场工程"，娄底安排财政资金，农村现代流通网络。11月，市政府制定《娄底市城市商业网点规划（2005—2020）》，对娄底商贸业态、组织方式、经营战略和经营方式进行系统布局。是年，全市所有国有商业、物资系统所属企业完成"两个置换"，停止经营，退出市场。至2007年，全市559家国有企业改制到位，盘活资产28.6亿元，补偿安置、置换职工身份8.36万余人，移交社保管理的离退休人员2.43万余人。2008年11月，市政府印发《娄底市生活必需品市场供应突发事件应急预案》，明确将粮食、食用油、猪肉等作为居民生活必需品纳入应急保障范畴，实施应急保障储备。是年，全市储备粮达到4万吨，活体猪储备5000头。2010年，全市社会消费品零售总额217.67亿元。2011—2012年，市政府相继下发《娄底市中心城区农贸市场建设专项规划（2010—2020年）》《娄底市农产品现代流通综合试点实施方案》《娄底中心城区农贸市场标准化改造及专项整治活动实施方案》《娄底市城区农贸市场建设改造标准》，启动"农贸市场升级改造计划"，连续实施三年，投资2000余万元改造育财农贸市场投入试运行，并作为"样板工程"推广。另投入9770万元，按标准化重点改造中兴市场、金谷市场、涟钢农贸市场等14个农贸市场。中心城区万豪广场建成投入使用，成为全市最大的商业中心。2017年，全市储备粮食5.35万吨，食用植物油储备0.14万吨，应急成品粮储备0.2万吨，活体生猪储备5750头，冻猪肉3000吨。应急供应网点达到113家，应急加工企业25家，应急配送中心12家，粮食应急储运企业11家。全市有418建材市场、大汉建材市场、新世界建材市场、粮运建材市场、好家居市场、新合作国际商贸市场、五江建材市场、双峰县永丰农机大市场、新化电子陶瓷城等大型市场455家。摊位5.3万个，年交易额1亿元以上商品交易市场23个，年交易总额158亿元。有物流园区13个，年均货物流通20亿元；有大型超市11家，商业步行街8条，汽车市场（含4S店）42个。全市实现电子商务交易额128.05亿元，增幅排全省第一，其中网络零售额36.4亿元，增长153%，全市社会消费品零售总额537.44亿元，是1990年的38.28倍。

1990—2017年娄底市社会消费品批发零售增加值增长情况表

表35-1　　单位：%

年份	增长率	年份	增长率	年份	增长率	年份	增长率
1990	123.3	1997	114.5	2004	107.1	2011	112.4
1991	108.3	1998	108.6	2005	109.6	2012	108.9
1992	110.7	1999	109.7	2006	111.4	2013	108.4
1993	113.2	2000	115.0	2007	106.9	2014	111.5
1994	104.2	2001	109.5	2008	110.6	2015	113.1
1995	120.7	2002	105.9	2009	116.9	2016	106.6
1996	110.4	2003	105.7	2010	112.0	2017	119.7

说明：以上年为100

第一章 商业体制改革

第一节 管理机构改革和职能转变

1990年，全地区负责商业贸易管理机构有财委、外经委、地区商业局、地区物资局、地区粮食局。1992年，设立地区湘中商业总公司、地区湘中物资总公司、地区粮食贸易总公司，分别与地区商业局、物资局、粮食局实行“两块牌子、一套人马”。1994年10月，地委、行署发文，地区商业局成建制转体为地区商业集团总公司，地区物资局成建制转体为地区物资总公司。撤销地区外经委，其外贸经营职能分离出来，分别组建地区对外经济合作局、地区外贸总公司。同时成立商业、物资行业管理办公室，均为副处级事业单位。行业管理办公室挂靠转体后的总公司，地区粮食局牌子和职能不变，撤销地区粮食贸易总公司。1995年9月，地区财委更名地区财贸工作办公室（简称财办），地区蔬菜办公室并入财办。2000年，市委、市政府机构改革，撤销转体后的地区商业集团总公司、地区物资总公司，分别组建商业、物资行业管理办公室。2002年1月，撤销市财办，组建市政府贸易工作办公室，为正处级机构，增加蔬菜管理、市场管理、中心城区生猪定点屠宰稽查管理职能，归口管理全市金融、商贸、财政、粮食、税务、工商、烟草、供销等部门。2004年12月，组建市商务局，外经贸委、物资局的管理职能并入市商务局。撤销市财办，除财税金融证券管理职能并入市财税金融工作办公室外，其余行政职能并入市商务局，人员随原担负的工作任务分流至各有关单位；市蔬菜局并入市农业局；市市场管理处行政职能并入市商务局，服务职能下放至新组建的市场服务中心。划入商贸流通行业行政管理、市属商贸流通企业国有资产监管、不良金融资产处置等职能，对直属商贸企业为主的直接管理转变为对全社会商贸流通业的宏观管理；增加国有商贸流通企业改革改制组织指导职能。2010年11月，市商务局取消民爆产品经营管理职责，增加履行家政服务培训与管理、境外就业职业介绍机构资格认定审批和监督检查职责。2015年7月，撤销市商务局、市粮食局，组建市商务粮食局（加挂市招商局牌子），为市政府组成单位，同时将酒类、生猪定点屠宰监督管理职责转入市场监督局。至2017年机构与职能不变。

第二节 经营机制和产权制度改革

1990年，国务院下发《关于深化物资体制改革的方案》，将国家计划管理的523种生产资料划分为4类进行管理。即一类为实行指令性分配的物资，由343种减少至72种；二类为实行国家合同订购的物资，共计93种；三类为国家组织产销衔接的物资，由180种增加到209种；四类为完全放开自由购销的物资，共计149种。全地区汽车、拖拉机、钢材、水泥、化肥等关系国计民生的重要生产资料和手表、缝纫机、自行车、电视机等重要生活资料均属国家计划物资，实行统一领导、分级负责管理体制和经营机制，分别由地区计委、物资局、商业局管理，按计划分配销售。是年，国家允许生产资料生产企业在完成国家计划前提下，根据市场需要增产适销对路产品，并按国家价格政策规定自行销售。境内涟源钢铁总厂、新化西河水泥厂等企业相继组建自己的销售机构。地区物资局改进物资计划管理实施办法，明确规定凡国家控制的重要物资，按计划核定供应，凡可能组织资源的物资，按需要签订合同扩大供应，凡资源充足的物资，敞开供应。据此，对国家统配的27种机电产品中的21种、14种建材产品中的12种取消计划分配，实行按需敞开订货，自由购销。

1991年，全地区商业物资系统按照国家调节市场，市场引导企业机制，缩小指令性计划，扩大指导性计划和市场调节。地区物资局根据国务院和省政府有关规定，启动物资管理与经营体制改革，规定凡申请开业或办理变更手续经营重要工业品生产资料的单位，经同级物资部门审查同意，由工商行政管理部门核准发放工商营业执照即可经营。至此，生产企业自办营销机构，党政机关允许办公司经营生产资料，民营企业与个体户等中介机构涌现。生产资料市场形成国有、集体、个体民营企业相互竞争的局面。

1992年3月，地委、行署贯彻邓小平视察南方重要谈话精神，在全省率先提出商业供销体制“四放开”改革试点。地区财委等10个部门联合制定35条试行办法。地区五交化站、百纺公司、涟源百纺公司、冷水江锑都大厦、娄底市工矿公司、新化肉食公司、新化县百纺公司、双峰县五交化公司8家企业为“四放开”改革试点单位。6月，行署设立地区钢材市场管理办公室，负责宣传贯彻国家关于钢材、有色金属流通和市场管理的方针、政策和法规，组织地属以上钢铁、有色金属生产企业、有经营权的经营单位和使用单位进场交易，并进行审查鉴定，协调交易关系，指导资源流向，定期或不定期举办各种形式的金属材料调剂交易会。是年，行署组建地区湘中物资总公司，直接领导和参与本系统经营业务活动。全地区物资系统开始向经营管理、服务型转变。为适应经营活动的开展、对原有科室及人员进行全面调整，新组建3个业务经营机构，工作重心逐步向经营管理转移。其间，全地区商贸系统在国有商业企业推行批零一体化改革，对小型门店推行“四自一包”（自筹资金、自由组合、自主经营、自负盈亏、个人承包）、“三上交”（交利润、税金、铺底资金）、“三不变”（企业性质、隶属关系、职工身份不变）措施。全地区实现社会消费品零售总额23.99亿元（其中国营、集体商业企业14.97亿元，占62.41%），同比增长20.03%。

1993年，随着经济体制改革不断深化，国家计划分配给娄底的物资大幅减少。地区物资局为满足本地生产建设的需要，采取突出重点的倾斜政策，最大可能使计划分配的物资得到更加合理的配置。1994年，地委、行署贯彻中共中央关于加快城市经济体制改革的决定，在全地区商业系统全面推行“四放开”改革。商业经营和物资流通逐渐实行市场化配置。是年，国家加强宏观调控、调整产业结构、压缩基建规模，娄底生产资料市场严重供过于求，价格大幅下跌。经营单位为盘活资金、减少亏损，向市场大量抛售产品，造成生产资料计划内价格与计划外价格倒挂，计划分配物资积压。全地区物资企业销售收入从上年6.6亿元下降至3.8亿元，下降42%，利润从上年盈利530万元降至亏损679万元。其中，7家直属公司销售收入从上年3.27亿元下降至1.29亿元，下降60.5%，利润从上年盈170万元降至亏损500万元，44家核算单位，24家出现亏损，亏损面57%。1996年3月，行署将地区物资产业总公司列为全地区建立现代企业制度试点单位，借鉴省物资产业集团经验，理顺产权关系，将7家直属专业公司组建母子型的集团公司，同时将转体后的地区物资总公司由商品经营型向资本运营型转变。11月，组建地区拍卖有限责任公司，隶属地区物资产业总公司，打破物资系统专业经营生产资料的传统界限。是年，全地区40户在编物资企业，27户亏损，亏损面为67.5%，经营出现重大困难。地区金属回收公司和地区储运公司申请停业整顿获准。1997年始，全地区商业、物资系统进行经营机制、人事制度、企业重组三大改革，企业经营由经营承包责任制向资产经营责任制转变，员工实行内退制度，同时鼓励买断工龄。1998年，全地区商业物资系统扩大改革范围，老公司退出国有序列进行重组。推行现代企业经营管理模式，国营小型商业企业实行租赁制，从饮食、服务、修理、副食品行业逐步向百货、五金、交电、储运等行业扩展，国营归口管理的集体商业企业通过合股形式，转为集体所有制企业。小门店（点），实行公开拍卖，职工参与购买或自谋职业。国营批发商业发展多种批发方式，开展灵活经营，仓储、运输设施向社会开放，组建经营自主、盈亏自负的经济实体。企业和职工的积极性得到提高，销售、利润逐年增加。隶属物资总公司的地区物资贸易中心扩大经营范围，经营品种包括煤炭、木材、农副产品、烟酒副食、日用杂品等。是年，全地区粮食系统除军粮供应站、国家粮食储备库外，其余48个粮食企业全部实现资产置换，3569名职工身份实现置换，全地区粮油企业完成改制。

1999年，获准建立全国库存商品调剂（网络）中心娄底直属市场暨娄底生产资料市场，境内17家大中型企业进入市场。2000年，全市国有工商企业全面推行以“两个置换”为主要内容的产权制度改革。娄底湘中商业大厦、食为天大厦、华龙商厦、百花商店采取整栋或分楼层转让方式，转让经营权，实行一定5年或6年。全面推行“企业经营资产、个人经营商品”的商品买断制经营，传统商业格局被打破，各种性质的超市、连锁店、专卖店、专营店、便利店、无店铺销售、物流配送、电子商务等新型业态成为新潮。10月，湘中商业大厦关门停业。市直商业汽车队实行“两个置换”改革，汽车队建制撤销，土地使用权转让给娄底移动通信分公司，转让费一次性补偿安置职工62名。

2001年，全市商业国有企业以“两个置换”为主的企业产权制度改革全面铺开，市商业集团总公司成立国有商业企业改革工作领导小组及其工作办公室，指导全市国有商业企业改革。是年，市糖酒副食品公司通过“买断资产、职工入股”形式完成改革改制工作，全体职工成为新公司股东。随着国有商业的退出，全市商业贸易市场基本上为民营、私营、个体商业贸易企业所主导。

2003年3月，市政府批准市直物资、外贸企业产权制度改革方案。是年，市百纺公司、五交化公司、湘中商业大厦、肉食水产公司、肉联厂5家企业启动“两个置换”改革，历时3年，5家企业改革工作全部完成，职工通过一次性领取补偿金置换国企员工身份后，自谋职业。2004年3月23日，市委召开国有企业改革改制动员大会，提出建立现代产权制度和现代企业制度，实现“三退三化”（即国有资本从一般性竞争领域退出，实现投资主体多元化、职工从国有身份退出，实现劳动用工市场化、政府从直接管理企业格局中退出，实现政府职能服务化）改革的重点是人员身份置换，核心是产权转换。市政府印发《全市国有工商企业产权制度改革规定》《市属国有企业改革职工安置和劳动保障实施细则》等6个文件。全市工商企业改革全面铺开。2005年，全市所有国有商业、物资系统企业全部通过“两个置换”，停止经营，退出市场。商品贸易、物资流通全部市场化。市直属物资企业有形资产，即103仓库、物资办公大楼、金属公司办公楼、金属回收公司办公楼及娄底回收站5个部分进行公开拍卖，成交价5634万元。市直物资企业共有527名在职职工，按政策领取一次性安置补偿。民爆器材经营许可权转让至169厂，转让费100万元，化工轻工公司在职职工由169厂接收安置，其他公司职工以货币形式安置。

至2007年，全市559家国有商业企业改制到位，盘活资产28.6亿元，补偿安置、置换职工身份8.36万余人，移交社保管理的离退休人员2.43万余人。

第二章　百货贸易

第一节　针织服饰

1990年，全地区国有商业部门经营针织品主要有布匹、衣帽、鞋袜、毛线、毛巾等18大类，400多个品种。娄底百货采购供应站纺织品批发部与全国100多家生产厂家建立直接进货渠道，批零兼营，销售对象为本地区国营零售企业、供销社及周边县市零售商户，以及广大个体商户。主销省内湘潭纺织印染厂生产的涤棉布、装饰布，湘潭有色织布厂生产的色织化纤混纺布，湘潭市毛纺厂生产的呢绒，湘潭市丝绸厂生产的丝绸等，山东淮纺第二印染厂的纯棉布销量占娄底百货采购供应站纺织品批发部纯棉布总销量50%以上，年销售120多万元。上海、青岛、西安等地高档布料在全地区畅销。是年，全地区布匹销售量1380多万米，销售额9681万元。鞋类以销售省产鞋为主，批发业务主要由地区百货纺织品采购供应站鞋帽批发部经营，面向全地区各商业零售企业及湘乡、邵东、新邵、叙浦等周边县市零售企业。是年，全地区销售各种鞋类254多万双，销售2793万元。成衣经营由地区百货采购供应站从上海、杭州、广州、苏州、株洲、长沙等地进货，再向各商业网点和个体经营户批发。随着改革深化和市场放开，个体经营户直接从外地大量进货。1992年，全地区布匹销售量951.02万米，销售

9681万元。1993年后，成品服装和针织品消费成为城乡消费市场主流，布匹销量骤减。1995年后，国营商业企业全面改革，逐步退出针棉织品经营，民营企业和个体工商户成为销售主角。是年，全地区布匹批发零售量51万米。1990—1999年，全地区各类针织服饰年均销售637.96万件，年均销售3.52亿元，年均增长12%。1993—1999年，金银、玉石等各类首饰品逐渐进入娄底市场，全地区销售各类首饰约16万件，销售1.58亿余元，年均销售约2300万元，年均增长9%。

2000年，全市各种针织服饰制成品生产经营快速发展，市场占有率不断提高，城乡居民家庭床上用品消费增长迅速。零售和专业批发市场购销两旺。布匹退出大型商场、超市经营范围，服装布料市场进一步萎缩。部分从事布匹经营的个体户，瞄准装饰市场需求，专业经营窗帘布、装饰布等。是年，全市批发零售各种鞋类83.47万双。私营、个体服装加工店经营高档、优质、时尚布匹，开展个性化订制加工，零售布匹192.4万元。2002年起，国有、集体商业企业改制关停，取而代之的是各类民营、私营、股份、个体性质的连锁店、专卖店、品牌店等，进货渠道多样化。高、中档鞋类、成衣成为销售主体，境外知名高档、时尚品牌针织衣帽鞋袜市场份额逐年上升，国内低档鞋类市场份额逐年减少。2000—2010年，全市年均销售各类针织服装品11.7亿元，年均增长12.4%。同期，全市各类首饰品市场快速扩大，品种增加、式样新颖、质量提高，年均销售3462万元，年均增长14.7%。

2011—2017年，市场进一步放开，网购兴起，全市衣帽、鞋袜、毛线、毛巾等针织品销售情况难以准确统计，年均销售约15.47亿元，各类首饰年均销售约4125万元，年均分别增长18.9%、21%。

第二节　电子电器

1990年，全地区商业系统经营电子电器和家电主要品种为钟表、收音机、录音机、电视机、照相机、洗衣机、电风扇、冰箱、灯具9大类、50多个品种。是年，全地区批发零售各类电子电器和家电7904万元。1992—1995年，彩色电视机全面取代黑白电视机，大哥大向模拟手机升级，BB机、小灵通开始上市，各类电子电器和家电不断更新换代，产销两旺。计算机在党政机关、大中型企业开始普及。1990—1999年，全地区电子电器和家电年均销售1.23亿元，年均增长10%。

2000年后，手表销售主要以各类进口名牌、高档手表和电子石英表为主。学生普遍使用电子石英表，居民家庭大多使用挂钟，普通机械手表、电子手表销量日减。空调开始普及，销量日增。2001年后，全市手机由模拟机向智能手机升级换代，销量逐年上升，至2005年，电视机、洗衣机、空调、手机、冰箱等，城市家庭普及率100%，农村家庭普及率70%左右。2008年11月，全市启动“家电下乡”工作，扩大销售市场。制定家电下乡推广实施方案，对彩电、冰箱、洗衣机、手机、计算机、热水器、空调、微波炉、电磁炉9大类家电产品按销售价格的13%给予补贴。2004—2010年，全市享受政策补贴的各类家电下乡产品186.76万台，政策补贴4.94亿元。2000—2010年，全市电子电器和家电年均销售2.28亿元，年均增长10.2%。

2011—2017年，全市电子电器和家电经营和销售主要集中于各专卖店和大型超市，实行销售、服务“一条龙”模式，年均销售25.84亿余元，年均增长13.2%。

第三节　五金交电

1990年，全地区国营商业企业经营五金交电主要有自行车、缝纫机、五金工具、水暖设备、电线和油漆等14大类，60多个品种。1990—1994年，自行车、缝纫机属于计划紧俏物资。缝纫机主要经营“蝴蝶”“蜜蜂”“标准”“华南”等品牌。全地区年均销售缝纫机2.03万余台，年均销售总额470余万元。自行车主要经营上海“永久”“凤凰”、天津“飞鸽”、广州“五羊”、洪江“松鹤”、湘潭“奔月”

等品牌。全地区年均销售4.15万余辆，年均销售1000万余元。1995年，全地区人力三轮车市场活跃，居民出行交通工具多变，开始趋向摩托车、电动车、汽车。自行车销售量逐渐下降。是年，全地区销售各种五金交电商品金额1.58亿元。1996年后，电动缝纫机取代脚踏缝纫机，成衣制品全面占据市场，家庭无人购买缝纫机，脚踏缝纫机退出市场。电动缝纫机只有制衣厂购买，缝补店仅有少量购买。除小五金工具外，交电化工、电缆、电线、房屋装修机具、油漆、涂料、农业机具等成为经营大头。1990—1999年，全地区年均销售各类五金交电2.5亿元，年均增长8.7%。

2000—2010年，自行车、缝纫机等市场进一步萎缩，但交电化工原料市场随着房地产市场扩大快速发展，呈爆发式增长，全市年均销售五金交电商品3.4亿元，年均增长7.5%。2010—2017年，全市五金交电年均销售4.6亿元，年均增长7%。

第四节　文具家具日杂

1990年，全地区商业部门经营文具主要有纸张笔墨、账册、学生练习簿、图书以及体育用品等数十个品种。家具主要有家庭和单位所需的桌、椅、凳、床、柜、沙发等数十个品种，体育用品主要为球类、体育设施设备。日杂品包括人们生产生活所需的各种小工具、小用具数百个品种。是年，全地区销售文具家具和日杂品2200万元。之后以年均15%速度增长。1990—2017年，全市年均销售文具家具和日杂品1.2亿元。

第五节　洗涤化妆用品

1990年，全地区商业部门经营洗涤用品主要是肥皂、香皂、洗衣粉等十余个品种。湖南日化“马头”肥皂为主要销售品牌，洗衣粉则主要有“光辉”“雕牌”“白猫”等品牌。随着人们生活水平的提高和消费习惯的改变，洗涤化妆品的种类逐步增多，质量不断提高。是年，全地区销售肥皂4972箱、洗衣粉3451吨，销售4541万元，其中洗衣粉销售占比40%。化妆品销售1200余万元。1991年，随着洗衣机的普遍使用，洗衣粉销量快速增长。全地区肥皂销售4862箱，比上年减少110箱。洗衣粉销售6425吨，同比增长95.1%，销售5740万元，同比增长54.4%。肥皂、香皂销量逐步萎缩。1992—1995年，洗衣粉市场份额继续扩大，全地区国有商业系统年均销售洗衣粉8953吨，年均销售7800万元。年均销售化妆品3140万元。1996年起，国内生产厂家不断更新品种，提高档次，加大广告宣传，促进洗涤用品销量增加，1996—1999年，全地区年均销售化妆、洗涤用品1.45亿元。2000年后，家庭用沐浴露普及，香皂销量减少。进口化妆用品档次提高，市场份额扩大，洗衣粉销量继续增加。2000—2010年，全市化妆、洗涤用品年均销售2.35亿元，年均增长15%。2011年后，家用洗涤液销量迅速攀升，洗衣粉销售有所下降，洗涤用品结构发生变化，但销售总量在上升。2011—2017年，全市洗涤化妆用品年均销售2.89亿元，年均增长12%。

第三章　糖酒、副食品贸易

第一节　酒类购销

1990年，全地区酒类经营主要为白酒、红酒、啤酒三大类、数十个品种。城市以茅台、泸州老窖、董酒、剑南春、酒鬼、武陵、德山大曲、五粮液和开口笑等中、高档酒为主。农村则以浏阳河小曲、邵阳大曲、湘潭汾酒和传统米酒为主。啤酒、葡萄酒、保健药酒销量增长较快，主要品种有民权葡萄酒、青岛葡萄酒、长城干红、骄杨干啤、白沙啤酒、黄酒和五加皮酒、虎骨酒、国公酒等药酒。另有可口可乐等各种饮料。是年，全地区销售酒类1.31万吨，销售饮料3008吨。1991年起，酒类价格逐年上涨，购销两旺。1990—2000年，全市（区）国营商业系统年均销售酒类13.85万吨、饮料5200吨，年均销售25亿元，年均增长10%。

2001年，国外白酒、红酒、饮料全面进入国内市场。国内酒类、饮料生产企业推出一系列新品种。全市酒类经销商、代销商崛起，促销员进酒店推销，到超市促销，媒体推介、广告推销、巡回宣传带动消费，抢占消费市场。2001—2017年，全市各类酒年均销售75亿元，年均增长15%。

第二节 食糖、副食购销

一、食糖

1990年，全地区食糖购销主要为白糖、红糖、冰糖及加工用淀粉糖。食糖为国家指令性计划商品，实行国家计划分配调拨，统一由地区商业局归口管理，地区副食品公司批发、经营，按民用、生产用糖顺序安排，各副食品商店、农村由供销社零售经营。食糖执行物价部门规定的统一价格，对用糖企业实行计划分配制，不足部分可自行外采，但仅限于本单位加工使用，不得转手批发。1991年，全国食糖减产，进口减少，省分配娄底食糖计划840吨，食糖缺口较大，供需矛盾突出。为组织货源保供，地区商业局组织专人到产区催调。4月，省专项安排娄底340吨糖源用于增调供销部门供应农村消费。是年，全地区食糖销售1.19余万吨，销售3378万元。1995年，全地区食糖市场放开，价格由市场调节，经营由国营、集体转向个体私营和民营转变。全年批发销售食糖8960吨，零售2174吨。1996年，个体私营业逐步主导市场，食糖供应充足，价格上升，每千克食糖价格上升至4.5元，全地区国有商业系统购进5487吨，销售6563吨。1997年，全地区国有商业系统购进5983吨，销售6703吨。2000年，国营商业副食品企业改革改制退出食糖经营，食糖计划分配供应历史结束。2001—2017年，食糖市场供需平稳，价格波幅较小。市民健康观念增强，食糖量有所减少，但销售数量和金额难以统计。

二、糖果副食

1990年，全地区国营商业企业和个体私营商店经营的糖果副食主要包括纸包糖、糕点、饼干、月饼、巧克力等各类以糖为主要添加剂的糖果副食品。全地区销售糖果副食的国营、集体和个体私营副食品商店1051家。除婚嫁喜庆、春节外，平时糖果副食销售量较少，是年，全地区销售糖果副食4774吨，销售1135万元。1992年，商业企业改革，国营糖果副食销售企业减少，个体私营商店增加。全地区经营糖果副食的国营、集体及个体私营商店1195家，销售糖果副食3961吨，销售1714万元。1993年，全地区糖果副食消费量增加、档次提高。是年，国营商业企业改制，糖果副食市场全面放开，销售数量和金额无法统计。1994年，全地区商业超市经营糖果副食数量和品种增加，大白兔奶糖、双喜水果糖等深受市民喜爱。1997年，娄底市糖果糕点厂投入生产，供应全地区市场。1998年，口香糖和巧克力糖果等新型品种市场畅销。2001年后，全市糖果副食销售呈现品种多、色彩新、味道美、形状奇、质地优等特点。农村消费市场拓展较快，农村糖果副食销量增加。2005—2017年，城区糖果副食销售逐渐集中至大型超市、商业连锁经营店及大中型副食品综合商店，农村延伸到村组、烟酒摊点，糖果副食消费日趋理性，消费市场品种丰富，档次提升，销量平稳。

第四章 肉类、蔬菜水果贸易

第一节 肉类贸易

一、家禽类

1990—1992年，全地区销售猪561.71万头、牛羊10.95万头，金额6.68亿元。1993年，国家取消农村猪牛定购政策。生猪价格和市场逐步放开，个体商贩增加。全地区国营商业肉食企业市场竞争力不足，乡镇肉食品站工作人员除部分在店销售外，大部分进入农贸市场设点或组织流动服务，个体商贩或在农贸市场固定经营，或在路边摆摊推销。地区商业局对全地区国营肉食系统实行目标管理与奖励机制，以全年销售、盈利任务为目标，设“盈利奖”和“地销生猪”奖。全地区年销售生猪230.84万头，金额1.96亿元；销售肉牛26.65万头，金额1987万元；销售羊7.31万头，金额204万元。1994年，全地区国营肉食系统生猪购销实行目标管理，绩效与收入挂钩。全地区销售生猪265.35万头，金额1.9亿元；销售牛3.79万头，金额2162万元；销售羊4.6万头，金额233万元。

1995年，全地区国营肉食企业除加强冻肉应急储备、重大节日冻肉供应外，市场全面放开，自主经营。肉食品市场主要由个体、私营经营。全地区年销售生猪307.33万头，金额2.11亿元；销售肉牛4.94万头，金额2217万元；销售羊5.86万头，金额350万元。是年，受猪饲料价格上涨和自然灾害影响，全地区猪肉供不应求，价格大幅上涨。对此，行署采取“平抑市场，稳定物价”措施，国营猪场应急储备生猪投放市场，及时组织冻肉供应，实行定点挂牌限价销售。全年销售鲜（冻）猪肉3930吨，市场猪肉供求关系缓解，价格趋向稳定。全地区实施生猪定点屠宰试点。是年，全地区年批发、销售猪肉19.21万吨。

1996年，全地区实行生猪定点屠宰，集中检疫。娄底中心城区设立3家定点屠宰场，县市各设立1家。从事肉食品销售的个体、私营商贩统一从定点屠宰场批发采购，并在农贸市场或指定地点摆摊销售。是年，全地区销售猪肉22.48万吨。1997—1999年，全地区贯彻省政府运销广东活猪优惠政策，为全市活猪运销广东打开“绿色通道”。全地区商业肉食企业年均销售鲜猪肉25.31万吨、冻猪肉3751吨，2000年，城区农贸市场肉食品经营场地扩大，大型商业连锁超市出现“生鲜超市”和分割肉供应，腊肉进入超市。农村养殖大户增加。国营商业肉食企业对生猪经营主攻品质改良。2001年起，大批农民工进城务工，城区人口迅速增加。同时，旅游业发展较快，景点餐饮业，尤其“农家乐”式的旅游景点增加，肉食品需求量增多。2004年，全市销售猪肉26.16万吨、牛肉1.06万余吨。2005年，市商务局建立应急储备（活体、冻肉）企业、网点，稳定生猪生产，提升现代化屠宰分割、应急储备能力，组建东明肉联厂，稳定猪肉市场供应。2006—2017年，全市肉食品供应持续稳定，量足价稳，各类肉食生产加工、定点屠宰企业生产正常，农贸市场、乡镇集市、商业超市、居民小区便利店均有鲜肉及分割肉、包装肉供应。年均销售猪肉33.77万吨、牛肉4220吨、羊肉1256吨。

二、禽蛋产品

1990年，全地区禽、蛋品市场放开，国营肉食企业退出家禽、蛋品市场经营。禽、蛋品市场全部由个体商贩和农民自养、自售。是年，全地区销售鸡、鸭等家禽447.98万羽，鲜蛋1.08万余吨，销售金额2377万元。1991年，全地区家禽销售477.4万羽，鲜蛋销售1.24万余吨。1992—1994年，全地区鸡、鸭、蛋品产销两旺，除农民自产自销外，省外鲜蛋及鸡、鸭加工制品大量涌入，全地区家禽年均销售670万羽，鲜蛋年均销售1.36万吨。

1995年，全地区销售家禽853.24万羽、蛋品1.27万吨。1996年，全地区禽、蛋销售形成个体私营商户、农民自产自销和商业连锁超市并存格局，出现分割鸡、鸭销售与包装销售、加工产品销售和冷冻保鲜销售等形式。全地区销售鸡、鸭约1242.77万羽、蛋品1.59万吨。1997—2000年，境内餐饮、夜宵行业发展较快。鸡、鸭和蛋品消费需求旺盛。分割包装、加工产品日益丰富，销量速增。全市年均销售鸡、鸭1650万羽，年均销售蛋品1.86万吨，金额1.68亿元。2001—2017年，全市城镇人口快速增加，鸡、鸭、蛋品销售量上升。年均销售鸡、鸭约1850万羽，蛋品约2.85万吨，销售额无法统计。

1990—2017年娄底市禽、蛋销售情况表

表35-2　　单位：万羽、吨

年份	肉禽	禽蛋	年份	肉禽	禽蛋	年份	肉禽	禽蛋
1990	447.98	10880	2000	1655.61	19029	2010	1792.72	18003
1991	477.40	12407	2001	1700.68	19108	2011	1868.18	24470
1992	548.87	13263	2002	1713.56	19438	2012	1995.46	25586
1993	670.71	13620	2003	1783.28	20136	2013	1979.50	27063
1994	721.32	12952	2004	1741.97	20085	2014	1920.12	28067
1995	853.24	12709	2005	1763.89	21037	2015	1966.62	28867
1996	1242.77	15877	2006	1861.62	21639	2016	2052.54	29958
1997	1452.27	17101	2007	1969.34	23630	2017	2058.96	30518
1998	1548.46	17918	2008	1174.99	21005			
1999	1628.34	18673	2009	1671.77	22699			

三、水产品

1990年，全地区销售水产品主要有草鱼、鲢鱼、鲤鱼、鳙鱼、鳊鱼、虾等和部分海产品。中心城区和各县市城区农贸市场均设有水产品专营区。是年，全地区销售水产品1.78万吨，销售金额7562万元。1991年，全地区农村科学养鱼技术普及，品种、产量、销量增加。全地区销售水产品2.02万吨，其中国营商业部门销售1659吨，金额3985万元。1992年，全地区国营商业部门销售水产品1.01万吨，金额5698万元。1996—1999年，全地区个体私营商贩从省内岳阳、常德、益阳洞庭湖地区大量采购鲜鱼批发销售，弥补本地鲜鱼缺口。市区各商业连锁超市“生鲜柜”开始分割鱼供应，分为鱼头、鱼块，并配备冷鲜设施。年均销售水产品约3.5万吨。2000—2009年，除传统水产品外，阳澄湖大闸蟹也进入城乡市场，全市水产品年均销售6.34万吨，金额1.55亿元。2010—2017年，全市水产品消费扩大，农贸市场、商场超市、部分酒店增设水产品活体专区。全市年均销售水产品8.25万吨，金额2.3亿元，增长15%。

1990—2017年娄底市水产品销售情况表

表35-3　　单位：万吨

年份	销售量	年份	销售量	年份	销售量	年份	销售量
1990	1.78	1997	3.86	2004	5.36	2011	7.72
1991	2.02	1998	4.28	2005	5.53	2012	7.62
1992	2.15	1999	4.41	2006	6.11	2013	8.10
1993	2.39	2000	4.81	2007	6.66	2014	8.38
1994	2.56	2001	4.93	2008	6.25	2015	8.72
1995	2.91	2002	5.12	2009	6.64	2016	9.14
1996	3.36	2003	5.05	2010	7.04	2017	8.21

第二节 蔬菜水果贸易

一、蔬菜

1990—1999年，全地区蔬菜市场供应的品种主要有萝卜、白菜、胡萝卜、花菜、菠菜、橄蓝菜、冬瓜、南瓜、黄瓜、葱蒜等数十个品种，上市季节分明，另有少量加工干菜。经营主体主要是菜农和农民自产自销。2000—2010年，市政府相继出台《娄底市农产品现代流通综合试点实施方案》《菜篮子工程实施方案》，明确政府引导、市场运作、多元化投资原则，建设蔬菜基地和农贸市场。娄底天客超市有限公司、娄底湘中果蔬批发市场、娄底育才农贸市场、娄底涟滨农贸市场、娄底三元大市场、娄底市中兴农贸市场、娄底涟钢大市场、湖南九龙科技农业股份有限公司和涟源市、冷水江市、新化县、双峰县等15个蔬菜基地和农贸市场项目参与此次试点工作，项目总投资10.43亿元，申请中央财政支持资金2250万元。至2010年全部建成投产。不受季节影响，南北蔬菜适时供应市场。2011—2017年，全市加大蔬菜基地和农贸市场建设，新增蔬菜基地16个，新增蔬果批发市场8个。除农贸市场销售蔬菜外，全市各大型超市均销售蔬菜。

二、水果

1990—1999年，全地区水果市场销售鲜果主要有柑橘、脐橙、葡萄、苹果、荔枝、香蕉、梨子、桃子、李子等数十个品种，年均销售约15万吨。销售干果主要有核桃、葡萄干、红枣、龙眼、瓜子、花生等10余个品种，年均销售4万多吨。2000—2010年，中心城区和各县市相继建设8个水果批发市场，南北水果适时应市，进口水果也大量进入娄底市场，销量日增，年均销售约20万吨，年均增长6%。2011—2017年，全市新增水果批发市场4个，除农贸市场、水果摊店销售水果外，大小超市均经营水果和干果，年均销售鲜果约25万吨、干果约6万吨，年均分别增长7%、6%。

第五章 餐饮、宾馆、家政业

第一节 餐饮业

1990年，全地区餐饮业国营商业主导地位逐步消退，私营、个体餐饮业兴起。全地区国营餐饮企业70多家，从业人员3000余人，营业额8200万元。1991—1994年，全地区餐饮市场全面放开，餐饮业快速发展。全地区年均新增私营餐饮企业160多家，小型个体饮食摊店遍布城乡，年均营业收入1.23亿元。1995年，全地区国有商业企业全面改制，除地、县（市）政府和国有大企业的接待处、招待所继续经营餐饮外，其余国营餐饮企业逐步退出市场。全地区私营、个体餐饮企业1260多家，营业收入约3.56亿元。1996—2003年，全市餐饮营业年均收入5.76亿元。2004—2012年，餐饮企业快速发展，至2012年末，全市各类餐饮企业、个体经营户2100余家，从业人员7.15万人，年均营业额收入20亿余元，年增长率20%。满殿香餐饮、百雄堂“味博士”、彪哥餐饮等数十家餐馆成为娄底特色经营品牌企业。2009年10月，娄底市餐饮协会成立，提倡诚信经营、行业自律，行业规范发展。2013年，餐饮消费趋于理性，公款消费被严格控制，机关单位食堂逐步恢复，餐饮企业营业收入下降，部分大中型餐饮企业关停并转，私营个体小型、特色农家餐馆开始兴起。2017年，餐饮消费市场开始回暖。6月，娄底市餐饮业协会举办“特色餐饮·茶文化”竞赛，活动评选出娄底市“十大名菜”“十大名茶”“十大特色小吃”，带动餐饮、茶文化、特色小吃的发展。是年底，全市餐饮企业6000余家，从业人员14万余人，实现营业收入25.17亿元，上缴税金0.7亿元。

第二节 宾馆业

1990年，全地区党政机关单位、国有企业宾馆、招待所（不含乡镇）236家。个体、私营招待所较少。1992年11月，地区外经委与马来西亚国合资兴建星马大酒店，成为娄底首家集餐饮、住宿、洗浴服务为一体的综合性中外合资大型酒店。1994年9月，娄底与香港合资建设的高档酒店皇冠大酒店开业，为全地区最高档次的综合宾馆。1995年，湘中商业大厦股份有限公司所属湘中大酒店开业。1998年8月28日，皇冠大酒店产权变更，改名金香大酒店。2005年8月16日，娄底富野华典酒店开业，为娄底首家台资酒店宾馆。2006年12月，娄星区饮食服务公司改制，清泉大酒店转型为民营，成为娄底首家大型民营酒店宾馆。2008年9月，娄底莫林风尚酒店集团创立湖南首家时尚连锁酒店，后在省内外发展40多家中档连锁酒店，被评为省“著名商标”。2010年始，娄底引进湖南华天大酒店品牌，6月，创立娄底首家九龙华天酒店。2011年4月，香港明源投资公司打造娄底明源佳程酒店试营业，该酒店成为娄底首家准五星级酒店。2012—2016年，快餐业发展迅速，“美团外卖”进驻娄底，全市有快餐店3000余家。其间，金和康年大酒店、娄底华天大酒店、四一八华天大酒店等4～5星级酒店相继建成开业。2017年，全市规模宾馆、酒店55家，其中五星级宾馆3家，四星级宾馆2家，三星级宾馆12家，旅游饭店25家，从业人员4306人。1990—2017年，宾馆业年均营业收入9.4亿元、增长17%。其中，2017年营业收入10.6亿元。

1990—2017年娄底市住宿与餐饮增加值增长情况表

表35-4 单位：%

年份	增长率	年份	增长率	年份	增长率	年份	增长率
1990	123.3	1997	114.5	2004	107.1	2011	111.8
1991	108.3	1998	108.6	2005	121.8	2012	107.7
1992	110.7	1999	109.7	2006	111.6	2013	106.7
1993	113.2	2000	115.0	2007	116.1	2014	105.2
1994	104.2	2001	109.0	2008	115.7	2015	126.3
1995	120.7	2002	105.9	2009	109.6	2016	108.6
1996	110.4	2003	105.7	2010	109.8	2017	120.0

说明：以上年为100

第三节 家政业

20世纪90年代，全地区家政服务行业主要为保洁、保姆、搬家等临时服务，逐步发展到月嫂、陪护、理财、保健、插花、厨师、美容化妆、母婴和老人护理、健身等多个领域，服务时长与形式实现多样化。2000—2008年，全市以职业介绍为主的家政服务市场日趋活跃，新化县小志家政、娄底宏业人力资源、邦家乐、美家缘、润心、蓝天物业、蓝天家政等家政服务有限公司相继成立，并以公司的形式开展家政服务，全市家政服务逐步走上公司化发展道路。

2009年，为增加城镇下岗失业人员和农民工就业岗位，满足人民群众日益增长的生活服务需求，市商业部门实施“家政服务工程”。市商务局、市总工会共同制定《娄底市“家政服务工程”实施方案》，由娄底科技职业学校、市商务培训中心、娄底湘运职业技术培训学校等多家家政培训机构，会同湖南人文科技学院、市妇幼保健院等单位，按照国家《家政服务员培训大纲》要求开展免费培训，当年培训3000人左右。全市家政服务企业开始向集培训、管理、职业介绍、推荐就业、诚信评价等为一体的现代服务业转型。2010年后，全市家政服务企业品牌服务意识增强，建立诚信档案。同年，家政服务业纳入商务行政综合执法范畴，建立完善从业人员、家政企业、用工方的权利义务、服务标准、行为规范，促进整个行业的规范化、专业化、标准化建设。至2015年，全市有家政公司48家，从业人员1.3万人。

2016年，全市首家应用互联网、电子商务家政服务企业—娄底蓝天家政服务有限公司成立，家政服务企业开始公司化网上运营管理。2017年，全市商务部门将家政服务与脱贫攻坚紧密结合，实施“百城万村”家政扶贫工作，组织有关家政企业赴“58到家”等知名企业学习考察，引进大型家政服务品牌、龙头企业，组织开展家政扶贫试点和政策宣传、用工对接，加大培训力度。是年，全市举办各类家政服务技能培训班112期，培训家政服务人员5000余人，其中建档立卡贫困从业人员1100多人，全市家政服务行业年收入1.7亿元，家政服务从业人员人均月收入3500元以上。全市有蓝天、中安、国泰、湘运、幸福、金苹果等家政服务企业56家。有中安学校、娄底职业技术学院、娄底妇幼保健院等家政服务培训机构54家，家政服务从业人员1.8万余人，家政服务行业年收入2亿元。

第六章　金属、机电、化轻、建材贸易

第一节　金属材料贸易

1990年，地区金属材料公司负责计划内金属材料产品采购与销售。金属材料分为黑色金属和有色金属两大类，黑色金属材料有铁轨、型钢、线材、板材、钢管等15个大类。有色金属材料分为有色原料、有色三材、稀有金属、炉料、硬质合金5个大类。是年，国家对13种有色金属中的10种取消计划分配，实行敞开订货，自由购销。全地区销售金属材料175.01万吨，其中钢54.41万吨、钢材41.13万吨、生铁79.47万吨。物资系统销售计划内金属材料4.565万余吨，金额7300万元，其中黑色金属材料销售约4.5万吨，金额6970万元，销售计划内有色金属材料650吨，金额330万元。1991年，娄底地区钢材市场建立，为钢材贸易提供平台。是年起，国家基础建设加速发展，黑色金属材料需求急增。1991—1999年，全地区黑色金属材料年均销售316.14万吨，其中物资系统年均销售6.28万吨、金额1.46亿元，年均销售有色金属材料543吨、金额904万元。此后，金属材料全面市场化，国家取消计划供应，物资部门不再经营计划内金属材料。生产厂家进入市场直接销售。2000—2017年，国家基础建设规模持续扩大，房地产业蓬勃发展，建筑用钢材需求量进一步增长，尤其是加入世界贸易组织后，全市金属材料出口量日增。18年间，全市年均销售钢材705.83万吨，其中年均出口18万吨，年均增长8%；年均销售金额282.35亿元，年均增长11%；年均销售有色金属材料40万吨，金额12亿元，增长5%。

第二节　机电设备贸易

1990年，地区机电设备公司负责计划内电机设备产品采购与销售，主要经营国家统配的汽车、轿车、工程车、特种车、摩托车、客船、货船、拖拉机、机床设备、工业锅炉、内燃机组、推土机、挖土机、起重机、装载机、矿山机电设备及其他机械产品380多个品种，由省分配的品种主要有各类工业轴承、工业滚针、刀具、量具、电工仪表、磨具等产品，以及自行组织采购的各种机电产品。是年，全地区销售各种交通运输工具3630台，其中汽车858台、客船20艘、货船23艘、拖拉机1117台。销售工程机械1740台，其中推土机241台、挖土机324台、起重机78台、装载机215台及零配件23万件，金额17.25亿元。1991—1995年，年均销售各类机电设备22.4亿元。1996年起，国家基本建设全面铺开。汽车、工程机械销量大增，合资汽车、国产工程机械占据主要市场。1996—2017年，全市年均销售各种机动车辆3310台、金额80.6亿元、增长18.4%；年均销售工程机械1250台、金额32亿元、增长24%。

第三节　化工原材料贸易

1990年，地区轻工化工公司负责计划内化工原材料和产品采购与销售。主要经营硫酸、硝酸、盐酸、纯碱、烧碱、橡胶、轮胎、雷管、炸药、冰醋酸、草酸、电石、烯类、苯类、醇类、甘油等7大类30多种国家计划管控化工物资。其中雷管、炸药等易燃易爆物资实行国家专营专卖，公安备案，其余化工原材料由商业和物资部门经营。是年，国家对5种统配化工产品中的3种取消计划分配，实行敞开订货，自由购销。全地区销售主要化工原材料26.7万吨，其中物资系统销售计划内硫酸140吨、烧碱841吨、纯碱1383吨，金额2952万元。1991—1999年，全地区化工工业快速发展，化工材料产销两旺，年均销售45.5万吨（其中物资系统年均销售硫酸603吨、烧碱1013吨、纯碱1882吨）、金额8500万元、分别增长4.3%、29%。2000—2017年，国家取消计划物资，物资部门不再经营化工材料。化工原材料销售全部实现市场化，全市年均销售各类化工原材料96万吨金额32亿元，分别增长15%、13%。

第四节　建筑材料贸易

1990年，地区建筑材料公司负责计划内建材产品的采购与供应。主要经营玻璃、水泥及水泥制品、木材、红砖、石灰、沙石、石材、油毡、石棉及石棉制品、石墨、金刚石、矿渣棉、坩埚、陶土粉、建筑陶瓷、卫生陶瓷等14大类百余个品种，除玻璃、木材、水泥等为国家计划供应外，其余均为市场调节，自由采购，价格随行就市。是年，全地区销售各类建筑材料350万吨（其中水泥139.65万吨），销售金额3318万元，其中建材系统销售金额1314万元。1991—1995年，全地区年均销售建材524万吨，其中建材系统年均销售1610吨、金额1771.5万元。1996年，国家取消建材计划供应，建材市场全面放开，国家基础设施建设、城市建设、房地产开发快速发展，各种建筑材料更新换代，尤其建筑装修材料品种增多，需求量日增，1996—2017年，全市年均销售各种建材金额200亿余元，年均增长35%。

第七章　粮油购销

第一节　粮油收购

一、粮食收购

1990—1992年，全地区完成国家定购粮食分别为6.4万吨、6.5万吨、6.19万吨。1993年1月1日起，根据《国务院关于加快粮食流通体制改革的通知》，取消定购，实行经济合同收购。国有粮食部门在粮食生产者自愿前提下签订粮食收购经济合同，收购品种仍为稻谷、小麦、玉米、大豆。按合同收购的粮食与国家专储粮食执行保护价，并按保护价的20%给农户发放预购定金。与定购粮挂钩的平价化肥和柴油，由供应物资改为等量物资平、议差价款，作为合同内收购粮食的价外加价直接付给粮农。1994年，国家恢复粮油定购任务，行署决定地、县增加机动5.88%（地级2.88%，县级3%），按9万吨稻谷下达定购任务，其中列入地区总量平衡即上交地区任务8.75万吨。由于水灾导致中晚稻严重减产，少数完成定购任务的农户缺粮，全地区减购计划2000吨稻谷，其中娄底市150吨，涟源市400吨，双峰县700吨，新化县750吨，按调整后的8.55万吨定购任务执行。1995年，地区行署为贯彻落实中央“米袋子”省长负责制和《国务院关于粮食部门深化改革实行两条线运行的通知》，按照分级负责、分级管理和事权、粮权相统一的原则，推行粮食专员、县长责任制，下放粮食财务管理政策，执行省定粮食收购价格。以棉顶粮665吨（棉花定购任务每超50千克列抵粮食定购任务100千克），加工折差6670吨（每32.5千克销售计划安排2.5千克加工折差），省调入粮食4.75万吨，自留定购粮1.29万吨。食油收购计划1000吨。1995—1997年，全地区实际完成粮食定购任务分别为6.29万吨、6.57万吨、4.58万吨。每交售100千克定购粮供应标准化肥10千克的标准，分配下达粮肥挂钩计划。1997年，全地区贯彻国务院《粮食收购条例》，执行国家保护价敞开收购粮食。每50千克定购粮供应国产尿素2.5千克。1998年，全地区贯彻国务院全国粮食流通体制改革工作会议精神，粮食企业实行政企分开、中央与地方责任分开、储备与经营分开、新老财务账目分开，完善粮食价格机制，按保护价敞开收购农民余粮。是年，全地区粮食定购实行指导性计划，维持上年任务不变，逐级下达落实到农户。农民完成定购任务并留足自用和自储粮食后出售的余粮，国有粮食收储企业须按保护价敞开收购，做到常年、常时挂牌收购，不压级压价，不得停收、限收。

1999—2001年，全市保护价收购任务分别为6189吨、1.77万吨、2.26万吨。执行保护价收购时，坚持不限收、不停收，做到不打白条、不压质压价、不抬质抬价。粮食部门执行国务院全国粮食流通体制改革决定，按保护价敞开收购农民余粮、粮食收储企业实行顺价销售、粮食收购资金实行封闭运行，加快国有粮食企业自身改革。对粮食定购实行指导性计划，并按保护价敞开收购农民余粮，对按定购价和保护价收购的粮食取消销售包干，在顺价销售的前提下奖励促销压库。2002年，全面取消保护价收购制度，全市粮食收购价格和市场全部放开，取消粮食定购政策。2004年5月，全市实施新一轮粮食购销体制改革，全面放开主产区粮食收购价格和市场，粮食购销全面市场化，粮食价格机制在国家宏观调控下由市场形成。是年，农业税不收粮食，改收钱，2005年，全市按最低收购价敞开收购粮食。2006年1月1日起，全面取消农业税。

1990—2001年娄底市国家定购粮实际收购数量表

表35-5　　　　单位：万吨

年份	定购量	年份	定购量	年份	定购量
1990	6.40	1994	6.09	1998	3.72
1991	6.50	1995	6.29	1999	5.08
1992	6.19	1996	6.57	2000	2.53
1993	6.12	1997	4.58	2001	2.25

2005—2016年，全市先后有中央储备粮总公司新化直属库、双峰直属库和市国家粮食储备库、5县（市、区）国家粮食储备库等地方国有粮食储备企业被指定从事最低收购价收购。中央储备粮娄底直属库先后选取湖南卓越粮油实业有限公司、湖南灯塔米业有限公司、双峰福寿粮油实业有限公司、双峰民生米业有限公司、双峰湘军粮油有限公司、娄底市同星米业有限公司6家民营企业为最低收购价收购稻谷租放点。2007—2008年、2010—2012年、2017年，娄底以市场收购为主，没有启动最低收购价执行预案。2016年，全市对农民售粮款支付制度进行改革，全面实行“一卡通”系统结算，按“谁送粮、谁收款”的原则直接支付给售粮农民。

2005—2017年部分年份娄底市稻谷最低价收购情况表

表35-6 单位：吨

年份	合 计	娄星区	冷水江市	涟源市	双峰县	新化县	市直
2005	69450	9607	6462	7929	29487	7170	8795
2006	24060	1310	5005	5895	6960	2890	2000
2009	62813	1659	2186	4869	30148	0	23951
2013	78255	3421	2350	8852	50166	5023	8443
2014	92933	6960	4719	5885	50477	12409	12483
2015	48024	4154	0	5115	32061	0	6694
2016	24847	5387	0	10356	0	5060	4044

说明：2005年、2006年市直为娄底市国家粮食储备库，2009年市直包括同星米业10547吨

二、粮食收购价格

1990—1991年，粮食收购价格维持原有政策不变。1992年11月1日，按国家规定，全地区改合同定购为国家定购，每50千克中等糯谷定购价27.2元，抵稻谷定购指标30千克，大豆收购价由36元调为46.5元。同时，还进行议价粮食收购。全地区早、中稻议购价为39元／50千克。

1993年，全地区粮食经济合同收购价按照“购得进、销得出、有利润”的原则，由各县或基层企业自定。为防止谷贱伤农，国有粮食部门按经济合同向粮食生产者收购的粮食和国家专项储备粮按保护价收购：每50千克早籼稻21元、中籼稻26元、晚籼稻28元、粳稻31.5元、玉米21元、小麦31元、大豆45元。同时，制定早、中稻收购指导价：每50千克早籼稻25～26元，中稻26～27.5元，执行价格由县市确定，可适当浮动，但每50千克稻谷的价格不得低于24.5元。优质早稻在普通早稻保护价基础上加价6%，中档优质晚稻在普通晚稻基础上加价8%，高档优质晚稻加价20%。

1994年6月，地区粮食局执行省政府调整粮食收购价格政策，每50千克早籼稻45元、中籼稻48元、晚籼稻53元（另加价外补贴2元）、粳稻54元、早优稻55元、晚优稻70元、小麦51元、玉米46元、大豆88元。7月，每50千克早优稻加价外补贴2元；9月，每50千克中籼稻收购价格提高至50元，晚优稻加价外补贴2元，等级及差价同早优稻。

1995年起，地区行署执行国家粮食定购价，每50千克早籼稻45元，中籼稻定购价50元，在上年国家定购价和省定价外补贴基础上，每收购50千克早籼稻、中籼稻和早稻优质稻再增加价外补贴，与农户实际结算价为：每50千克早籼稻51元、中籼稻54元、早优稻61元，小麦、大豆、玉米等定购品种仍按上年国家规定价格，不实行价外补贴，农户交售定购粮时，价外补贴随定购价款一并付给农民。1996年，全地区中等质量早籼稻定购价提高至65元／50千克，中晚籼稻定购价相应提高。1997年，全地区保护价为每50千克中等质量标准早籼稻56元、中籼稻62元、晚籼稻66元。1998年，每50千克早籼稻保护价50元，中籼稻保护价58元，晚籼稻收购价原则上参照中籼稻价格确定。1998年，每50千克早籼稻定购价57元，中籼稻定购价63元，晚籼稻收购价原则上参照中籼稻价格确定。省指定的6个高档优质晚稻品种收购价，按高于普通晚稻市场价的20%～25%或更高一点比例由各地自定，其他中档优质稻收购价按品种产量和市场需求适当上浮。

2000年，全市每50千克中籼稻定购价54元，晚籼稻定购价58元。2001年，每50千克中籼稻收购价52元，晚籼稻收购价56元。2002年起，国家实行粮食价格改革，粮食收购价格随行就市。2004—2017年，全市实行粮食最低收购价政策，市场价高于最低价，按市场价收购。

2005—2017年娄底市执行国家粮食最低收购价格表

表35-7 单位：元/50千克

年份	早籼稻	中晚籼稻	粳稻	小麦		年份	早籼稻	中晚籼稻	粳稻	小麦	
				白麦	红麦、混合麦					白麦	红麦、混合麦
2005	70	72	75	—	—	2012	120	125	140	102	102
2006	70	72	75	72	69	2013	132	135	150	112	112
2007	70	72	75	72	69	2014	135	138	155	118	118
2008	77	79	82	77	72	2015	135	138	155	118	118
2009	90	92	95	87	83	2016	133	138	155	—	—
2010	93	97	105	90	86	2017	130	136	150	—	—
2011	102	107	128	95	93						

三、食用油收购及价格

1990年，全地区食用植物油收购包干上交任务630万吨。是年，收购植物油2264.9吨。每50千克收购价320元。1991年，收购植物油1847.6吨。定购计划外交售的价格随行就市，市价低于定购价时，国家按定购价收购，但不奖售物资。从新茶油上市起，由原每收购50千克定购茶油补助150千克稻谷指标改为价外补助30元，使茶油购销价格持平。1992年，全地区食用植物油收购包干上交任务调整为1260吨。收购品种、价格不变，继续奖售化肥。全地区计划收购菜油1110吨，茶油150吨。实际收购植物油838.5吨。1994年，全地区食用植物油收购计划1800吨，油菜籽收购价每50千克110元，毛菜油收购价每50千克330元，上下浮动不超过10%。9月1日后，县市粮食局将食用油交给地区的，地区按每500克毛菜油3.4元与县市粮食局结算，作为地区统一调剂使用，保管费和利息由地区支付。是年，收购植物油230.7吨。1995年，全地区食用植物油收购包干上交任务1000吨。油菜籽收购价每50千克提高至120元，毛菜油提高至360元，上下浮动幅度10%。是年收购植物油249.9吨。1996年起，省、市不再下达收购计划，由各地随行就市实施市场化收购。

第二节 粮油销售

一、平价粮食统销

（一）非农业人口统销

1990年，全地区继续实施平价粮食统销包干，省对地、地对县层层实施平价粮食统销包干，对城市居民、大中专在校学生、现役军人、菜农、林农、劳教、劳改人员实行粮油定量供应，对流动人员凭粮票供应。食品业、酿造业凭计划供应。行政单位人员因公下乡、二等以上伤残军人给予粮食补助。国营厂矿、野外勘探等企事业单位计划内雇请的合同工和回族、维吾尔族非农业人口粮食予以补助，其他各种定量外补助用粮均被取消。农村水库淹没区、国家基建占地等缺粮人口统销指标和菜农、棉农定销粮按原价格供应，其余已放开农副产品定、统销粮均实行议价供应。菜农定销粮按计划指标包干。此后增加菜地和菜农定销人口均不再增加定销粮指标。保留棉农、水淹区、农林场原定统销指标，已放开的经济作物定销粮取消。改变生产条件、粮食和经济作物收入增加的历史缺粮单位，适当减少或取消定销粮。实行工种粮、补助粮包干的企业，在10月底以前结余的包干指标一律冻结，暂停供应。月定量口粮14.5千克的干部职工，从11月起每人每月扣减1千克。城乡实行主杂粮搭配，减少精米、精面的供应。城镇居民实行凭粮证限购当月口粮，当月未买完的部分可在粮证上登记储存（粮证存粮和结存的粮食不作废）。供应火车餐车、汽车站、轮船餐厅、各级外事部门和旅游局所属的宾馆、饭店的粮油，取消固定价格，实行随行就市。经核实饮食、糕点行业用粮平价销售指标给各地包干使用，其余用粮均按议价供应。是年，豆制品平价用粮指标保留50%，其余改为议价供应。农转非增长人数超过省分配人数的，不增加平价粮销售指标。

1991年10月起，进一步压缩平价粮食统销。凡定量高于14千克的城镇职工，除已调减1千克外，每人每月再减1千克；定量13~13.5千克的，每人每月减0.5千克。压缩城乡部分平价销售后，城镇居民继续实行凭证（凭票）定量供应。各级粮食部门按新的定量标准核定到人，换发新证。部队干部和军队离休干部、大中专、技校、初高中在校学生和低于12.5千克的居民定量不作调整。新增的农转非人口（大中专学生除外）保留基本定量口粮，月定量：体力劳动者13.5千克，脑力劳动者13千克，居民12.5千克，学生儿童执行现行标准。"农转非"人口按"转户服从政策、政策服从指标"的原则，实行指标与政策规定双向控制。全地区由国家常年供应定量口粮的农村统销人口和菜农定销人口，均按城镇职工口粮定量调减标准进行调减。调减后即为新的定量，不再保留原来的定量标准。对菜农定销粮实行清理、整顿、挂钩、包干的办法，不种菜、不交菜的改供议价粮。供应城乡奶牛、科研、种牛（禽）饲料粮改按议价供应。

1992年，地区行署执行省政府规定：保留城镇居民定量口粮和事业用粮，实行定量口粮当月购买、季内有效，过季作废的办法；"农转非"超过省下达指标规定的，不办理平价粮供应手续。11月起，全地区取消城乡居民定量粮油和农村统定销粮平价供应，同时全面放开城乡平价粮油销售价，各种粮（油）票、券、指标划拨证、居民粮证结存的粮油指标不再流通，对每个职工发放3元粮价补贴。1993年4月1日，贯彻国务院《关于加快粮食流通体制改革的通知》，全地区全面放开粮油经营市场。经营条件合格的企业可向工商部门申请经营粮油批发业务，粮食销售全面市场化，取消粮票，实行粮油商品敞开供应。

1990—1992年娄底地区平价粮食统销情况表

表35-8　　　　单位：吨

年份	非农业					农业				
	小计	定量人口	食品业	副食酿造	事业供应	小计	菜农人口	统定销人口	因灾统销	退耕还林
1990	94786	92392	494	1272	628	25972	6488	8955	9982	547
1991	104750	101193	2374	548	605	34776	7147	12359	14995	275
1992	104597	93582	9985	486	544	39078	7205	15542	16204	127

全地区粮食销售市场化后，粮价涨幅和波动较大。为平抑粮价，稳定市场，1994年，全地区实施定购粮销售新办法：对城镇居民基本口粮保价保量供应，大中专学生定点定量供应。农村水淹区、灾区粮食销售继续按计划安排，除此之外的各项用粮均实行市场调节。城镇居民每人月供应大米10千克，大中专院校新生15千克。

1995年，全地区实行国家定购粮食销售包干。城镇居民口粮以各地上年末上报人口数的75%为基数，按每人每月10千克计算。大中专院校学生按上年末各地在校人数，每人每月15千克计算。“两劳”（劳改、劳教）人员口粮按省公安、司法部门提供的上年末人数，每人每月22.5千克、“两所”（看守所、拘留所）人员每人每月15千克计算。根据各县市近几年实际情况，对农村灾区、贫困地区、纯林区需救助人口口粮核定一定数量包干各县市使用。

1996年1月1日，全地区取消非农业人口口粮定量平价供应政策，全面放开粮油市场。1997年，全地区国有粮食库存积压严重，市场销售不畅。省粮食局要求扩大粮食销售，减轻库存压力。是年9月，根据省政府规定，对存放时间较长、陈化比较严重的粮食，及时处理，避免造成更大损失。1998—2001年，执行国务院关于对定购粮和保护价粮实行顺价销售的要求，层层分解下达粮食促销任务，把促销责任落实到每个企业和每个职工，并继续执行销售奖励政策。2002年，全市实施粮食购销市场化改革。4月起，划断新老粮食库存及粮食收购贷款，各县市政府组织粮食、财政、农发行、质监等部门对2002年3月末以前的定购粮、保护价粮分年度清查鉴定，按粮权所属承担库存管理责任。各县市对国有粮食购销企业销往系统外和省外的定购粮与保护价粮，每销售50千克稻谷奖励1.5元。截至2002年3月末，全市老粮库存15.2万吨，其中定购粮8.5万吨、保护价粮6.7万吨。2004年，国家全面实施粮食购销市场化改革，按照省政府“新老划断、锁定库存、限期销售、价差挂账、逐步消化”的原则，全市国有粮食购销企业的库存老粮全部销售完毕。

（二）水库移民口粮供应

1990—1994年，水库移民口粮供应沿用原有政策，继续按计划供应。1995年，全地区改革水库移民口粮供应办法，采取稳定销量，统一销价，定额补贴，钱粮分开，地县包干，共同负责的办法。1995年，全地区水淹粮销售计划1.64万吨稻谷，其中冷水江市0.03万吨、涟源市0.17万吨、双峰县0.08万吨、新化县1.36万吨。

1996年8月起，省里对移民口粮的供应价格、补贴标准及方式作出新的规定：在全省水库移民口粮安排维持上年总量不变的前提下，对个别地市的粮食安排作适当调整，调整后的粮食数量纳入定购粮销售包干计划，专项用于移民口粮供应支出，包干使用。行署按省政府规定，根据1995年价格、供应量和1996年新增粮食销量，按省定补贴标准计算，包干到库区县市。特殊困难补助主要用于生活水平较低、经济承受能力较弱的部分困难移民。上述粮食价差补贴与特殊困难补助必须专款专用，具体分配方案报省核准。各库区县市政府必须随供粮计划将差价补贴和特困补助一并安排到户，以保证移民及时购买粮食。补贴（补助）款设专户封闭式管理，由省财政逐级拨付到县市。

二、国家专项粮食销售

2000年，国务院决定抓住全国国有粮食库存充裕时机，实施退耕还林还草政策，对退耕还林户予以粮食补助。2004年，国务院办公厅印发《关于完善退耕还林粮食补助办法的通知》，从当年起，向退耕户粮食补助改为现金补助。中央按每千克粮食（原粮）1.4元包干到各省、自治区、直辖市。2004—2014年，国家累计下达娄底市退耕还林任务2.01万公顷，实际验收面积1.91万公顷，按实际验收面积计算，每年需供应补助粮食4.29万吨，实际供应粮食（稻谷）2.53万吨。此后，上级未再下达退耕还林任务。

三、粮食销售价格

1990年，全地区平价粮食统销转为顺价销售，逐步提高销价，减少财政补贴，减轻国家财政负担。1991年，全地区提高粮食销售价格。大米、面粉中等质量，平均每500克提高0.113元。同时调整农村各类统、定销粮价格。原供应价低于新统销价的，按新统销价供应；原供应价高于新统销价的，维持原价。

1991年娄底地区粮食统销价格调整表

表35-9　　单位：元／50千克

品　名	调整前	调整后	品　名	调整前	调整后
标二早籼米	14.2	25	强力面粉	30.0	50
标一早籼米	15.1	27	标准粉面条	27.0	39
特制早籼米	16.0	30	特二粉面条	31.0	46
标二晚籼米	14.2	27	特一粉面条	36.0	53
标一晚籼米	15.1	29	强力粉面条	47.0	67
特制晚籼米	16.0	32	早籼稻	9.5	18
标二粳米	15.1	29	晚籼稻	9.5	19
标一粳米	16.0	31	粳稻	10.1	20
特制粳米	16.9	34	糯稻	11.9	22
标二糯米	17.6	32	小麦	13.0	22
标一糯米	18.5	34	玉米	9.5	16
特制糯米	19.4	37	大豆	16.7	39
标准面粉	17.0	28	蚕豆	14.0	25
特二(七五)面粉	20.0	33	红薯干	11.0	20
特一(富强)面粉	23.0	38			

1992年娄底地区粮食统销价格调整表

表35-10　　单位：元／50千克

品　名	调整前	调整后	品　名	调整前	调整后
早(中)籼稻	18	24.5	特制粳米	34	53
晚籼稻	19	27.5	标二糯米	32	47
粳稻	20	30.8	标一糯米	34	50
糯稻	22	32.0	特制糯米	37	54
小麦	22	30.4	标准面粉	28	40
玉米	15	21.2	特二面粉	33	47
大豆	39	46.5	特一面粉	38	54
早稻优质稻	30	33.0	强力面粉	50	71
晚稻优质稻	30	35.0	标准粉面条	39	52

续表35-10

品 名	调整前	调整后	品 名	调整前	调整后
标二早(中)籼米	25	36.0	特二粉面条	46	61
标一早(中)籼米	27	39.0	特一粉面条	53	70
特制早(中)籼米	30	43.0	强力粉面条	67	88
标二晚籼米	27	40.0	特二粉蛋白面条	56	70
标一晚籼米	29	43.0	特一粉蛋白面条	63	79
特制晚籼米	32	47.0	早稻优质米	55	69
标二粳米	29	45.0	晚稻优质米	55	73
标一粳米	31	48.0			

1992年11月起，全省城乡逐步放开平价粮油销价，全地区取消城乡居民定量粮油和农村统定销粮平价供应。1993年10月起，省政府调整大豆统销价格，每50千克（中等）为56.5元，其他等级价格按放开前大豆定购等级差价相应调整，国家计划安排供应或出口的大豆，执行调整后的统销价格。1994年6月，国务院决定对主要粮食品种早、中、晚籼大米和面粉销售实行国家定价，且只对城市居民实行定价挂牌供应，每50千克早、中、晚籼稻谷销售价分别为59.2元、62.1元、66.9元。粮食调入县每50千克标一早、中、晚籼米销售价分别为92元、95元、102元；标二早、中、晚籼米分别为87元、90元、97元。面粉执行省确定的作价原则和办法，地区物价、粮食部门按保本微利原则核定具体价格。娄底属于二价区，二价区的粮食调出县和产销平衡县销价比一价区低2～3元。大米分标一、标二、特制三个等级，等级差全省统一为5元。抵定购任务收购的粳稻、优质稻、玉米、大豆按定购价格和串换比例换成籼稻（米）销售。面粉分标准、特二、特一、强力4个等级，等级差率12%。其他品种和用粮销价放开，随行就市。

1996年1月5日起，境内部分县市经省批准，调整定购粮销售价：每500克标一早籼米，娄底市1.12元、冷水江市1.15元、涟源市0.95元、新化县1.08元。粮食等级和等级差价及中晚籼米等其他定购粮食品种销价按现行规定差价水平相应调整，原粮销售价格按现行差率相应调整。但水库移民口粮仍按原定价格执行。1998年，此项政策停止执行。

四、食用油销售

1990—1992年，省里按供应标准下达娄底地区食用油销售包干指标，分别为1818.5吨、1820吨、180吨。食油统销价格与粮食统销价同步，全省平均每500克提高1.51元，茶籽油、菜籽油、棉籽油购销同价，平价销售。1992年1月起，居民定量食油供应实行当月购买，季内有效，过季作废。11月起，全地区城乡全面放开平价粮油销价。1993年，食油经营市场全面放开。企业和个人经工商注册登记，可经营食用油。1994年，全地区按非农业人口年人均3千克平价供应食油，同时对菜籽油实施差率管理，将地产地销的菜籽油出厂价（即批发价）调整为每500克二级菜籽油4.25元，一级菜籽油4.5元。1995年起，省里对各地不再下达食油销售包干计划，但对销售价格仍实行计划管理。规定地产地销的出厂（批发）价每500克二级菜籽油4.2元、一级菜籽油4.5元，销地调入菜籽油批发价按在产地出厂价基础上每500克加0.25元地区差价核定。零售价格继续实施差率控制。1995年，全地区销售食用油1196.7吨。1996年始，食用油销售价格全面放开，随行就市，取消所有定价。

第三节 粮食票证管理

一、粮票

1990年，全地区流通的粮票主要有全国粮票和湖南省地方粮票。省内居民凭粮票在全国、全省购买粮食或粮食制成品。1993年4月1日，国务院发出《关于加快粮食流通体制改革的通知》，全国取消粮票，实行粮油商品敞开供应。1997年5月，省政府决定，除留粮票票样交省粮食局统一存档备案作为历史资料保存外，其余粮票均在年内由省粮食局派员监督当地销毁。是年5月，全地区粮食部门存有国票、省票等各种粮票3559.94万张，票面总量6.3万吨。年内全部销毁。

二、粮证

1991年，娄底地区供粮证有“城镇居民粮油供应证”，供城镇居民（非农业人口）购买粮油使用，按户发给，凭证定量供应，到指定粮店购买；“机关团体用粮供应证”，供机关、厂矿、学校、企事业单位集体户口购买粮油使用，按单位发放，到指定粮店购买；“工商行业月粮供应证”，发给工商企业用粮单位使用，到指定粮站、粮店按用粮计划和粮票购买。城镇居民的迁移、干部职工异地调动、大中专学生入校和毕业分配、军人入伍、转业退伍、复员等随户口迁移必须同时办理粮食供应转移关系。粮食供应转移关系包括“城镇居民粮食供应转移证明”“农村粮食供应转移证明”。前证限于非农业人口迁出时签发，后者供农业人口、吃定销粮人口和农村统销粮人口迁出时使用。粮食供应转移证由省粮食局统一式样，县市粮食局印制，基层粮站（店）签发，并按规定套印县市粮食局公章、加盖签发单位公章以及经办人印章。

1992年，商业部决定从6月1日起启用新的“城镇居民粮食供应转移证明”，以适应即将放开粮食价格和经营新形势。

1999年，省政府要求，办理新生婴儿随父亲或母亲登记常住户口、解决夫妻分居落城市户口、老人投靠子女落户城市户口，以及在城市投资、兴办实业、购买商品房的公民及随其共同居住的直系亲属在城市落户，粮食部门按改革后的户口管理政策凭有关审批手续和落户地的户口，办理粮食供应关系。2001年，国家粮食局发文，决定自5月1日起，取消“城镇居民粮食供应转移证明”（简称“转移证”），城镇居民户口在全国范围内迁移，以及农业户口转为非农业户口，不再办理“转移证”。此前关于“转移证”的文件和规定以及印制的“转移证”同时废止。

第四节 粮油储备和运输

一、粮油储备

（一）中央（国家）储备粮

1990年9月，国务院决定建立国家专项粮食储备制度，设立国家粮食储备局，负责国家专储粮的管理。1992年，娄底市、冷水江市、涟源市、新化县、双峰县粮食储备库获准成为国家粮食储备库。国家粮库由国家粮食局统一领导、分级管理。为增强地区本级宏观调控能力，地区粮食局在涟源市租借13栋军用仓库成立地区粮食局直属仓库，代储国家专项储备粮。1996年12月26日，地区直属仓库整体搬迁至娄底市江龙滩。

1998年，国务院决定建立中央储备粮垂直管理体制。是年，新化县国家粮食储备库开工建设，2000年，竣工投入使用。2001年9月28日，该库正式划转中储粮长沙分公司管理，定名中央储备粮新化直属库。2002年，市粮食局直属仓库定名娄底市国家粮食储备库。2003年8月，国务院正式颁布实施《中央储备粮管理条例》，将储备粮管理纳入法制化轨道。2004年，国家发改委等部门颁布《中央储备粮代储资格认定办法》，市国家粮食储备库和5个县（市、区）地方国家粮食储备库全部按规定申请获得中央储备粮代储资格。

2008年7月16日，双峰国家粮食储备库用中央投资建设的新库区划转中储粮长沙分公司管理，更名为中央储备粮双峰直属库。2013年，双峰直属库改为中央储备粮娄底直属库双峰分库。

（二）省级储备粮

1992年，省政府决定建立省级储备粮。1993年，娄底粮食储备库、涟源粮食储备库被定为省粮食储备库。

1998年，省政府决定建立和健全省、地、县三级储备制度。分配娄底地区储备任务5.1万吨，其中地本级2.05万吨。是年，地本级2.05万吨储备粮全部入库。1999—2006年，全市省级储备粮全部入库。

2007年，市政府确定以动态管理方式建立省级调节储备粮。委托民营粮食企业代储粮食，粮权属于代储企业。收购、销售和轮换由企业根据市场行情和企业生产经营需要自主进行，盈亏由企业自负。但在市场供求紧张、粮价大幅波动时，代储企业必须服从省政府宏观调控，在保本微利的情况下，按省政府要求参与市场调节。调节储备粮最低库存不低于代储计划规模的30%，须储存在代储企业主库区内，年平均库存不低于代储计划规模。储存期间的利息补贴按代储规模、普通籼稻谷市场均价（或国家最低收购价加费用）和农发行当期贷款利率计算。2010年，为规范地方储备粮管理，省政府出台《湖南省地方储备粮管理办法》，明确地方储备粮的计划、储存、动用、财务管理、监督检查和法律责任。冷水江国家粮食储备库、涟源国家粮食储备库、双峰国家粮食储备库、新化国家粮食储备库4个地方国有粮库受托代储省级储备粮。是年，娄底市同星米业有限公司、湖南卓越粮油实业有限公司、双峰灯塔米业有限公司、涟源万寿米业有限公司等4家企业代储省级调节储备粮，代储总规模1.9万吨。2012年，娄底市国家粮食储备库取得省储备粮代储资格。

2014年，省粮食局取消涟源万寿米业有限公司、娄底同星米业有限公司省级调节储备粮代储资格，其储备规模由省调整至其他市州粮食企业。至2017年，湖南卓越粮油、双峰灯塔米业继续承储省级调节储备粮，代储规模共计1.1万吨。2017年，省粮食局重新修订、印发《湖南省省级储备粮油质量抽查扦样检验办法》《湖南省粮油仓储单位储粮熏蒸方案备案办法》，省级储备粮管理步入规范化法治轨道。

（三）市级储备粮

2003年，市政府确定建立市级0.5万吨规模的储备粮（早籼稻），委托市国家粮食储备库代储。储备费用、轮换费用及贷款利息补贴在市粮食风险基金中列支，由市财政局会同市粮食局直接拨补到市国家粮食储备库。同年，市粮食局、市财政局、市农发行印发《娄底市市级储备粮管理办法（试行）》，对市级储备粮管理职责分工、承储合同、库存管理、财务管理、出入库管理、轮换损耗等作出详细规定。2005年，市政府增加市级储备粮规模0.3万吨早籼稻。2009年，省粮食局等四部门下达娄底市储备粮指导计划4万吨，要求年内全部建立到位。省政府将市、县储备粮计划落实情况纳入对市政府的年度绩效考核范围。市政府确定2010—2011年，市本级储备粮规模增加0.6万吨，全市按4.6万吨规模实施储备计划，分解下达市、县两级，其中市本级2万吨，双峰县0.6万吨，娄星区、涟源市、冷水江市和新化县各0.5万吨；同时明确把储备计划完成情况纳入各县（市、区）政府年度绩效考核。市本级、涟源市、冷水江市、新化县、双峰县完成规定的储备粮储备计划，娄星区实际建立区级储备粮规模1661吨，未达规定数量。2011年，根据省政府建立应急成品储备粮的要求，市政府决定市本级建立0.2万吨大米应急储备，由娄底同星米业有限公司代储，品种为国标三等以上中晚籼米或优质早籼米。储备费用全额纳入市本级财政专项预算。

2015年，省政府下达娄底市、县两级储备粮新增规模0.75万吨，市政府将新增规模均衡分解至涟源市、冷水江市、新化县、双峰县。2016年，新增储备规模落实到位。2017年，市本级存储地方储备粮2万吨、应急成品储备粮2000吨。

（四）市级储备油

2008年，市政府根据招商引资协议，委托湖南鸿冠食品有限公司（简称鸿冠公司）代储非政策性市级储备油2500吨。2010年，市政府决定将代储规模扩大到9500吨（其中一级豆油7900吨、一级菜油1000吨、一级茶油600吨）。2012年，为有效控制项目风险，市政府调减储备计划1900吨，调减后的储备计划为7600吨（其中一级豆油6000吨、一级菜籽油1000吨、一级茶籽油600吨），实际代储库存7600吨。是年4月25日，市政府根据省粮食局、省财政厅、省发改委、省农业发展银行四部门联合行文，向市国家粮食储备库下达代储政策性地方储备油1400吨计划，其中一级菜籽油800吨、一级豆油600吨。2014年，市国家粮食储备库对该批油脂进行轮换。是年，检查发现鸿冠公司发生挤占挪用市级储备油轮换资金、违规动库、拖欠市级储备油贷款等违法行为，代储市级储备油项目陷于停顿。2016年4月出库期间，市级食用植物油项目出现严重空库。2017年，市政府决定由娄底经开区负责市级储备油项目，同时委托市国家粮食储备库日常管理。

（五）县级储备粮

2004年，市政府印发《关于下达县级储备粮规模的通知》，要求建立县级储备粮。2008年，双峰县政府在全市率先建立0.6万吨县级储备粮。2009—2010年，娄星区、涟源市、冷水江市、新化县相继按市政府下达的计划建立县级储备粮。2011—2016年，冷水江市、涟源市、新化县分别落实县级储备粮新增规模。2017年，娄星区地方储备粮1661吨，涟源市地方储备粮7500吨，冷水江市地方储备粮7500吨，新化县地方储备粮7500吨，双峰县地方储备粮6000吨。

二、粮油保管

（一）粮食储藏技术

娄底市在中国储粮生态区域中，属于第五区，即中温高湿储粮区，年平均相对湿度34%～98%。1月气温0～10℃，7月气温28℃左右，代表性储粮害虫为玉米象、谷蠹、麦蛾、锯谷盗、长角扁谷盗、大谷盗、赤拟谷盗。夏季高温高湿，晚稻水分含量高。针对这种储粮生态特点，1990年起，全地区粮食部门推广普及机械通风、环流熏蒸和粮情测控三项储粮新技术。2017年，全市粮食仓储企业库区64.75万平方米、标准仓房总仓容48.12万吨，完好仓容44.17万吨，罐容3355吨，储粮罩棚6095吨，仓间罩棚1.33万平方米，地坪7.32万平方米，烘干设施8套，烘干能力550吨／日，应用环流熏蒸仓容29.93万吨，应用粮情测控仓容31.35万吨，应用机械通风仓容37.82万吨，实现低温、准低温储粮仓容15.31万吨。

（二）仓储管理

1990年，全地区粮食仓储建立健全“四无”（无虫害、无霉变、无鼠雀、无事故）制度，接受全省定期不定期粮油清仓查库。1991年，省政府下发《关于做好粮食保管工作的通知》，规定主管财贸的专员、市长、县长为安全储粮第一责任人。地、县（市）粮食部门均成立主要领导任组长、主管领导任副组长的安全储粮领导小组，直接抓安全储粮和“四无”工作。1993—1994年，为准确掌握全地区库存粮油底数，地区粮食局在全地区开展粮油清仓查库工作。县、市、区站（库）先自查，地、县联合复查。1996年，地区粮食局按省粮食局统一部署，开展全地区粮油“四无”普查工作。1998年7—8月，百年一遇大洪灾期间，全地区粮食库存爆满、库存玉米多、晚稻多，在租借社会仓库多和露天储粮多的情况下，地区粮食局建立“四无”风险抵押金制度，市、县粮食局领导和站库主任创办储备粮样板仓、示范仓、标准仓，确保粮仓设施安全。1999年，以3月31日为基准时点，接受省财政厅、粮食局联合对全省国有粮食库全面清查，全地区各粮库均符合要求。2000年，全省统一组织春季粮油“四无”普查，娄底普查结果得到省粮食局充分肯定。之后，全省不再统一组织“四无”普查工作，改为分级普查，即省负责省直、市负责市直、县市负责县市国有粮食仓储企业“四无”普查。2001年4月，根据国务院办公厅《关于开展全国粮食清仓查库工作的通知》，省粮食清仓查库领导小组对当年3月31日前的库存粮食进行市州交叉清查复查，并接受中央巡回检查组重点抽查，全市各粮库全部合格。2006年，市粮食局贯彻国家新颁标准，建立完善粮油仓储管理规章，改善粮油仓储保管条件。对粮食代储企业，开展综合指标、仓储管理和粮库基础设施三个方面评比活动。2009年，全市粮食部门贯彻国家发改委、粮食局等10部门《粮食清仓查库工作实施方案》，以2009年3月末粮食库存统计结报日为检查时点，重点检查所有中央储备粮，国家临时存储粮、地方储备粮的数量、品种和质量情况，对县（市、区）自查的93家非国有粮食企业执行国家粮食流通统计制度情况进行核查，对湖南卓越粮油实业有限公司、双峰灯塔米业有限公司、新化县东兴粮油贸易有限责任公司等市级粮食代储企业进行重点调查。通过普查，全市粮食库存账账、账实相符，未发现中央储备粮、国家临时存储粮和地方储备粮粮食质量和储存品质异常情况。是年，市粮食局被省政府授予全省粮食清仓查库工作先进单位称号。

2010年开始，全国粮食清仓查库由不定期改为每年4月定期进行。每两年中央和地方联合检查1次，县市每两年交叉检查1次。新化国家粮食储备库被省粮食局授予全省粮油仓储规范化管理示范库称号。2011—2015年，根据国家发改委等4部委关于开展年度全国粮食库存检查工作的通知精神，市粮食局规定以每年的3月31日为检查时点，分县市自查、省级复查、总结报告三个阶段开展粮食库存例行检查。2016年7月，市商务粮食局制定《粮油储存安全责任暂行规定》《粮油安全储存守则》《粮库安全生产守则》，形成粮食行业安全储粮和安全生产问责制度和行为准则，并专题集中培训，印发《关于开展粮油仓储企业规范化管理水平评价的通知》，粮油仓储建设管理纳入全市年度粮食安全责任制考核范围。2017年，全市开展以“管粮、管企、管人”为主线，对省级调节储备粮、军粮库存、粮食经营企业粮食库存和政策性粮食库存专项核查，质量以省粮油科学院检测标准为准，全市储备粮承储企业均实达到“四无粮库”标准。

三、粮油调运

（一）粮油调拨

1990—1998年，行署对所属5县（市）实施粮食购销和调拨包干管理。双峰县、涟源市可调出部分定购粮，其余3县（市）均要大量调入定购粮食。省内计划调拨平价粮油按最后发货地统购价作价，调拨费用由省粮食局按纯调出粮油进行补贴。补贴标准：每5吨原粮补25元、成品粮补60元、黄豆补100元、植物油补200元。省内调拨议价粮油一律按发货单位最后发货点同等质量粮油议购价格加经营管理费计算。

1999年以后，除中央储备粮、省级储备粮按计划调拨外，其余粮油取消计划调拨。

（二）粮油运输

1990年，全地区粮油运输由地、县（市）粮食局直属粮油运输车队（公司）负责。地区粮食局对全地区粮食系统内粮油运输企业经营范围进行适当分工，县内粮油收购、运输，原则上由县粮运企业承担，县域间粮油运输，由地区粮运企业承担80%以上，县粮运企业承担20%以下。1992年，全地区城乡逐步放开粮油销价后，粮油运输业务逐步向市场化转变，粮食系统内运输业务大幅减少，地、县两级粮运企业运量严重不足，大部分粮运企业严重亏损，甚至资不抵债。1994年起，全地区县市粮运企业相继关停并转，逐步退出运输市场。1997年7月30日，全地区最后一家粮油运输企业（地区粮运公司）实施改制。1998年9月18日，改制后的市粮运股份合作公司正式挂牌运作，为民营企业。

第五节 粮食市场调控管理

1990—1994年，行署落实国家粮食宏观调控政策，地、县粮食部门对粮食质量监督管理方式比较单一，主要通过衡器计重、容器计重、水尺计重等方式进行，质量主要通过人体感觉器官，用眼看、手摸、耳听、鼻嗅、牙咬等方法，来检验粮食成熟度或者饱满程度、水分、杂质、不完善粒、虫蚀、霉变、色泽、气味等，核定粮油质量等级标准。1995年，全地区贯彻国务院《粮食收购条例》《粮食购销违法行为处罚办法》，对粮食经营企业加强监测和市场监管。是年，行署强化粮食调控责权，粮食定购任务纳入各级政府目标管理，实行“米袋子”专员、县长负责制，明确各级政府负责本地区粮食生产、流通总量平衡。1998年5月，行署贯彻国务院《关于进一步深化粮食流通体制改革的决定》，对粮食生产和流通全面负责，综合运用经济、法律、行政手段进行调控，对粮食收储企业附营业务与收储业务划开，设立独立法人，实行独立核算、自主经营、自负盈亏。2001年，粮油统计信息管理出现新变化。全市将111家国有粮食企业纳入统计监控范围，其中国有粮食购销企业48家、附营企业63家。

2002年，省粮食局印发《湖南省储备粮管理办法（试行）》，明确省、市、县（市）建立地方粮食储备，履行粮食安全责任。2003年8月，市粮食局、财政局、农发行印发《娄底市市级储备粮管理办法（试行）》，2004年，国家全面放开粮食购销市场，全市粮食购销实施市场化改革。5月，国务院废止《粮食收购条例》和《粮食购销违法行为处罚办法》，颁布实施《粮食流通管理条例》，粮食收购资格许可制度在全市全面实行。全市粮食行业统计信息管理从单纯的行政指令向法治转变。是年起，早、中、晚稻收购及储备粮轮换期间，向社会公布收储库点、公开质价标准、服务承诺、投诉举报电话。全市查处粮食违法案件123起。2005年1月1日，全市施行《湖南省实施〈粮食流通管理条例〉办法》《湖南省粮食收购资格管理办法》，全年审核发放粮食收购资格证48份。全市粮食系统建立粮食流通统计机构。2006年，市粮食局建立局长负总责的粮食市场监督检查执法工作机制，成立粮食行政复议委员会和处罚委员会，分别行使粮食行政复议职能和一般程序的粮食行政处罚决定职权。县（市、区）粮食行政主管部门相应成立监督检查机构和粮食执法大队，明确粮食市场监督检查部门责任。市粮食局制定《粮食流通监督检查执法程序规范》等，编写《粮食流通监督检查执法案卷讲评》，合理划分市、县粮食行政主管部门监督检查职权，将县（市、区）依法实施粮食收购资格许可和粮食流通监督检查处罚情况细化量化为17项指标。2007年，市粮食局在双峰县举办全市基层粮食行政执法标准化建设现场培训班，统一执法操作规程和标准。严格执行和监督检查国家规定的粮食收购质量标准、价格，收购资格等执行情况，全市查处“打白条”、“转圈粮”、以陈顶新、违规超期储存、坑农损农、侵害国家利益等违法行为17起。是年，市政府贯彻省政府《湖南省粮食应急预案》，制定《娄底市粮食应急预案》。2008年，市粮食局制定《娄底市2008年粮食监督检查执法评比活动实施方案》《娄底市粮食行政执法报告制度》等相关制度和标准，全市建立分级负责、属地管辖、以县为主、层级监督的执法监督制度。精选执法典型案例、监督检查执法案卷，开展执法案卷集中核查、统一评议、当场点评、现场交流，评选出优秀案例8件。

2010年，市粮食局首次对全市11家国有粮食企业、83家重点非国有粮食经营企业和取得粮食收购资格许可证的个体工商户、3家重点转化用粮企业进行统计执法检查，对非国有粮食企业统计基础工作进行重点整治，查处违规统计行为33起。2011年，市粮食局按《湖南省粮食流通统计制度》要求，将贯彻落实粮食流通统计纳入年度培训计划，开展政策宣传、实务操作培训、统计调查、执法监督等工作，每年组织1次年度统计执法检查。2013年，市政府修订《娄底市粮食应急预案》，有效监测市内粮食市场异常波动，确保粮食市场供应，保持粮食市场价格基本稳定，维护正常社会秩序。各县级政府先后印发本级储备粮管理办法、本级粮食应急预案。2015年，市商务粮食局修订原《娄底市粮食局行政执法工作制度》，印发《娄底市商务粮食局粮食质量安全监管责任追究制度》，检查市、县地方储备粮和军粮计划、数量、质量及技术规范执行情况，发出整改通知16份。2016年2月，市政府落实《粮食安全省长负责制考核办法》，对全市粮食调控管理进行考核，5个县（市、区）均考核合格。2017年，全市商务粮食系统建立统计机构和统计人员管理制度、粮食流通台账制度、统计数据审核制度，落实统计责任。全市纳入粮食流通统计管理范围的国有及国有控股企业10家，内资非国有企业40家。

1990—2017年，全市开展粮食安全隐患排查整治执法250次、出动执法检查人员1000余人次，办理粮食执法案件235件，其中责令改正169件，警告28件，罚款37件、金额4.778万元，移交司法部门处理2件。

第六节 粮食机构和企业改制

一、粮食机构

1990年，地区粮食局为行署工作机构，内设办公室、人事教育科、计划统计供应科、储备储藏调运科、财务基建科、科技行业管理科、安全保卫科、纪检组9个科室，机关定编35名。管理地区粮油贸易总公司、直属仓库、粮食干部学校、粮油质量检测中心、粮油运输公司、劳动服务公司二级单位6个。5个县市均设立粮食局。全地区职工4362人。1999年，娄底市粮食局为市政府工作机构，内设办公室、政策法规科、调控科（加挂粮油质量检测中心牌子）、财务科（加挂审计科牌子）、行业发展指导科、人事科6个职能科室，公务员编制35名，机关事业编制11名。二级机构有粮食批发中心、职工培训中心、粮油信息中心、直属仓库。

2010年11月，设立市粮食行政执法支队。2014年，市粮食局保留原内设机构，下辖市粮油质量检测中心、市国家粮食储备库、市粮食行政执法支队。全市粮食系统有职工689人，粮食民营企业纳入报表统计的职工615人。2015年7月，市政府机构改革，市粮食局人员、职能整体划入新组建的市商务粮食局。

二、粮食企业改制

1990—1997年，全地区粮食企业按原体制运行。1998年，娄底国有粮食企业启动“两个置换”改革工作。地区粮食局率先在地区粮油运输公司试点，将地区粮油运输公司改造为地区粮运股份合作公司，84名职工置换国企职工身份。2001年，按市政府《关于置换粮食企业国有产权及其职工身份的意见》，以冷水江市为改革试点县。是年底，冷水江市基本完成“两个置换”试点工作。2004年，娄底市全面铺开国有粮食企业“两个置换”改革。是年底，娄星区、双峰县、新化县、涟源市基本完成“两个置换”改革改制任务，3801人与企业解除劳动合同关系，置换国企职工身份。至2005年6月底，全地区粮食系统除国家粮油储备库外，有86家粮食企业实现资产置换，5078名职工身份实现置换，全市国有粮油企业改制完成。

第八章 石油经营

第一节 库站建设

一、油库建设

1990年，全地区有砖砌土油池一座，库容1060立方米和部分钢质油罐。1991年，土油池退出历史舞台，借用涟钢油库油罐4个，容量50立方米，存放润滑油，兴建娄底神童湾油库、库容1150立方米，涟源毛坪油库、库容量4800立方米，双峰三塘铺油库、库容量1150立方米，双峰五里牌油库、库容量为2150立方米和冷水江金竹山油库。是年12月18日，新化县五里亭油库投产，库容4500立方米。1994年5月，冷江市潘桥油库竣工投产，库容3803立方米。1995年7月26日，娄底市杉山油库投产，立式储油罐11个，卧式油罐20个，库容1.14万立方米，新建卸油铁路专线370米、10个卸油鹤位。1999年12月，地区石油公司收购地区物资局双涟603仓库，改建为油库，占地17公顷。2000年1月起，陆续关闭双峰三塘铺油库和五里牌油库、涟源毛坪油库、冷水江金竹山油库和潘桥油库、新化五里亭油库、娄底神童油库。2001年，双涟油库开始全面改造，2004年8月30日投入使用，库容1.8万立方米。2005年7月，因杉山油库储油罐区位于恩口煤矿采空区，多次发生大面积塌陷，该库关闭，全市只保留双涟油库。

2009年3月，市政府全力支持中石化娄底石油分公司网建工作，5县（市、区）高速公路联络线、城区主干道及改造干线的加油站网点，优先由中石化娄底石油分公司建设。5月19日，在北京科学博览会上，市政府与省石油公司签订投资合作协议，中石化投资兴建湘潭—娄底（双涟油库）成品油管道输送工程。2011年5月10日，湘潭至娄底成品油管道开工建设，2014年2月竣工投产。岳阳长岭炼化厂成品油直通双涟油库。2015—2017年，全市仅保留双涟油库为在营油库，没有新建油库。

二、加油站建设

1990年，境内有加油站7座。即娄底本部春园站、双峰五里牌站、涟源蓝田站和杨家滩站、冷水江集中站、新化大桥站和立新桥站。1991年，全地区新建加油站3座，是年5月18日，娄底地区境内第一座农村简易加油站，双峰香铺坳简易加油站开业。1997年，全地区有加油站12座。至1999年，全市有加油站30座。2000年，全市加油站213座，其中社会加油站175座，中国石化38座。全部获成品油零售经营许可证。2003年8月，全市石油系统建立安全评估制度，所有在营油库、加油站，均由省级安全生产监督部门颁发危险化学品经营、储存许可证，方准经营或储存成品油。2004年7月开始，境内所有加油站均按《中国石化股份公司加油站形象手册》和《中国石油天然气股份有限公司加油站形象手册》标准重新改造，形成全国统一的“中国石化”“中国石油”品牌形象。是年9月9日，娄底市成品油行业协会成立，全市180余家零售经营企业成为会员。2005年，成品油市场进行清理整顿，不合法规的加油站全部淘汰，全市保留加油站68座。2017年，中石化娄底公司在营加油站79座，中石油娄底分公司在营加油站46座，民营加油站142座。

第二节　油料销售

1990—1993年，地区石油公司实行成品油价格双轨制，计划油与自采油同时销售。成品油经营品种主要有：汽油（70号、90号、93号、97号）、柴油（0号、-10号）、灯用煤油、润滑油。1994年，双轨制取消，成品油全面走入市场。1994年起，加油站制发汽、柴油油票，凭票加油。油票面值分别为1、5、10、20、50、100升。1995年，农村基本通电，灯用煤油失去市场，不再销售。1998年，润滑油实行集团化经营，统一进货，统一结算，统一销售。1999年起，全市成品油销售实行统调统结，市级石油公司设结算中心，县级公司设收入、支出户头各1个，结算中心负责全市资金统一调度、结算、管理。7月，境内首次销售97号无铅汽油。11月开始，全国性第一次闹油荒，全市汽油、柴油资源全面吃紧，停止汽油柴油批发，加油站严禁灌桶。2002年9月，市石油公司购置小型配送车4台，为工地、宾馆酒店、采石场等用油量不大的客户送货上门，价格执行同期加油站零售价。2005年3月14日，加油IC卡启用，油票退出历史舞台，加油进入智能数字化时代。是年，全市销售成品油突破17万吨，收入18亿元。1990—2004年，全市销售成品油92.24万吨。

2006年，成品柴油资源趋紧，石油销售部门停止批发、控制直销、保障零售。2007年下半年，全国性油荒多次爆发，市政府下发《关于确保全市成品柴油有序供应的紧急通知》。10月24日，市公安局派出巡特警人员，在全市专供柴油的10座加油站，维持加油秩序。是年，全市成品油销售超过20万吨。2008年3—7月，全市发生柴油抢购风。市政府出台《娄底市城区成品油供应办法》，市场供应实现平稳过渡。2009—2017年，全市石油零售市场趋于稳定，销售量年均增长15%左右。2017年，中石油娄底分公司销售成品油9万吨。中石化娄底分公司销售成品油36.61万吨。

1990—2017年中石化娄底分公司成品油销售情况表

表35-11　　单位:万吨

年份	总量	零售	直销批发	年份	总量	零售	直销批发
1990—2004	92.23	—	—	2011	30.20	21.55	8.50
2005	17.40	11.90	5.50	2012	30.22	24.05	6.13
2006	19.46	13.20	6.26	2013	32.09	25.65	6.44
2007	20.23	13.89	6.34	2014	33.80	26.65	7.15
2008	21.45	15.50	5.95	2015	35.20	27.00	8.20
2009	24.11	15.56	8.55	2016	35.89	26.34	9.55
2010	26.76	16.97	9.79	2017	36.61	25.57	11.04

说明：1990—2004年，中石化娄底分公司成品油销售92.23万吨

2008—2017年中石油娄底分公司成品油销售情况表

表35-12　　单位:万吨

年份	总量	零售	直销批发	年份	总量	零售	直销批发
2008	5.68	3.95	1.73	2013	11.78	8.19	3.59
2009	6.23	4.02	2.21	2014	10.97	7.71	3.26
2010	6.86	5.25	1.61	2015	9.40	7.33	2.07
2011	8.42	7.12	1.30	2016	9.08	7.71	1.37
2012	9.04	7.31	1.73	2017	9.00	7.97	1.03

第三节　石油机构

1990年7月，省石油公司娄底分公司更名为省石油总公司娄底地区公司，正处级单位。省石油公司实行人、财、物垂直管理。1998年，中石化全面重组，湖南省内油田、炼油厂及省级以下销售企业并入中石化集团公司，实行产供销一条龙、人财物垂直管理。2000年1月，中国石化改制上市，娄底市石油分公司、双峰县和冷水江市两个石油支公司重组纳入上市公司。涟源市和新化县石油支公司重组为整体非上市公司。剥离的非上市部分不再经营成品油，主营业务为运输、多种经营。2000年3月1日，中国石油化工股份有限公司湖南娄底石油分公司（简称中石化娄底分公司）成立，开始运作。2004年，中国石油天然气股份有限公司进入娄底。是年11月，中国石油天然气股份有限公司湖南娄底销售分公司（简称中石油娄底分公司）成立。2005年，中石化娄底公司有员工680人。2014年5月，中石化进行混合所有制改革，对销售业务进行重组，公司更名为中国石化销售股份有限公司湖南娄底石油分公司。2017年，中石化娄底分公司在职员工556人，中石油娄底分公司在职员工223人。

第九章　烟草专卖

第一节　烟叶生产

1990—1994年，境内涟源市、冷水江市、新化县、双峰县种植烤烟，年均种植1073公顷，年均收购烟叶1650多吨。烤烟种植择地、移栽、防病、打顶抹荪、采收、调制、分级技术沿袭旧制。对烟农所送售的上、中等以上烟叶每50千克分别另外补贴75元、60元，由县烟草部门在烟叶收购结束后以烟草专用肥的形式兑现到户。新建1座烤烟房补助200元，改建1座补助150元。对符合规格的大棚育苗和飘浮育苗，每处分别补助400元、2000元。1995—1999年，仅新化县、涟源县种植，年均种植面积600公顷，年均收购烟叶500吨～700吨。此后种植面积逐年减少。1999年，全市种植烤烟634.8公顷，收购烟叶708吨。是年，传统品种全部淘汰。2002年，全市种植809公顷，主要种植新K326和云烟87两个新品种，云烟87种植占80%以上，收购烟叶592吨。2003年，涟源市停止烤烟种植。新化县种植566公顷，收购烟叶495吨。是年，烤烟技术单炉膛烤房全部改为双炉膛热风循环式烤房。至此，种植面积和收购量稍有增长后又回落。至2006年，全市种植334.3公顷，收购烟叶434.6吨。烟叶主要调拨给新邵、长沙、零陵、郴州、常德烟厂。调拨价格按国家物价部门和国家烟草专卖局文件执行。2006年12月，省政府办公厅下发《关于2007年烟叶生产收购有关问题的通知》，规定从2007年起，年产未达1万吨烟叶种植规模的县，取消种植计划，新化县烟叶种植计划被取消。至此，全市停止烤烟规模种植。

第二节　卷烟购销

1990年，全地区销售卷烟8.62万箱，金额9900万元。1990—1994年，全地区卷烟购销品种以省内各卷烟厂为主，占销售额的70%以上，年均销售9.73万箱，年均销售1.81亿元。1995—1996年，全地区卷烟购销品种由省内为主逐步转向省外，销售20.53万箱、7.75亿元。1997年，全地区销售卷烟利润896万元，比1996年的1819万减少923万元，1998年销售利润759万元，1999年亏损256万元。2000年起，市烟草公司注重与卷烟生产企业协同关系，加强卷烟零售终端建设，细化卷烟零售客户管理与服务，全市卷烟购销利润逐步回升，是年盈利676万元，2001年盈利1416万元。2006年1.5亿元，此后全市烟草市场购销两旺。2017年，全市卷烟购销利润3.61亿元。

1990—2017年，全市专卖销售国产、进口各种卷烟1342.63万箱，销售额427.27亿，实现利润36.80亿元，缴纳税金49.86亿元。

1990—2017年娄底市卷烟销售情况表

表35-13　　单位：万箱、亿元

年份	省内生产的	省外生产的	合计		年份	省内生产的	省外生产的	合计	
			数量	金额				数量	金额
1990	8.58	0.04	8.62	0.99	1993	8.60	1.24	9.84	2.52
1991	9.37	0.16	9.53	1.30	1994	9.61	1.51	11.12	2.66
1992	8.98	0.60	9.58	1.59	1995	8.34	1.21	9.55	3.35

续表35-13

年份	省内生产的	省外生产的	合计		年份	省内生产的	省外生产的	合计	
			数量	金额				数量	金额
1996	9.38	1.60	10.98	4.40	2007	9.19	3.22	12.41	13.58
1997	10.45	1.58	12.03	4.49	2008	9.22	3.69	12.91	15.60
1998	8.50	1.43	9.93	4.66	2009	9.80	3.73	13.53	17.97
1999	9.44	1.69	11.13	4.82	2010	10.04	4.08	14.12	24.19
2000	8.80	1.26	10.06	4.56	2011	10.35	4.66	15.01	30.10
2001	9.19	0.98	10.17	5.33	2012	10.52	5.06	15.58	36.01
2002	8.59	1.01	9.60	5.23	2013	10.29	5.60	15.89	39.30
2003	8.56	1.48	10.04	5.93	2014	11.12	4.88	16.00	41.91
2004	8.60	1.71	10.31	9.92	2015	11.31	4.60	15.91	44.11
2005	9.02	1.78	10.80	10.25	2016	10.80	3.98	14.78	38.71
2006	9.47	2.09	11.56	12.14	2017	10.96	3.87	14.83	41.65

第三节 烟草专卖管理

一、管理机构

1990年3月，地区烟草专卖科更名为专卖管理办公室，各县市局专卖股随之更名专卖管理办公室。2001年1月，娄星区烟草专卖局（公司）上划娄底市烟草专卖局（公司）。2004年，取消各县（市）公司法人资格，成立县市营销部，2007年，更名为县（市）分公司。2017年，市烟草专卖局（公司）内设14个职能科（室），下设双峰县、涟源市、冷水江市、新化县4个县级烟草专卖局（公司）。是年，全系统职工编制380余名，配备专卖稽查队员88人。

二、市场管理

1990—1993年，地区烟草专卖局按照《中华人民共和国烟草专卖法实施条例》《中华人民共和国烟草专卖法》，制定《关于加强内部管理的若干规定》，印发10项经营管理制度，实施专卖管理，并会同公安、物价、税务、工商等部门联合执法，以“市场管、路上查”为主要形式，常年坚持市场检查。1994年，地区烟草专卖局贯彻执行国家烟草专卖局《烟草专卖行政处罚规定》，成立地区烟草市场综合治理领导小组。全地区烟草专卖执法实行外部监督和内部监督两种形式，外部监督包括行政监督、司法监督和社会监督。内部监督由地区烟草专卖局内部自我监督、自纠自查。是年，地区烟草专卖执法部门对全地区1.3万户烟草专卖零售许可户和群众举报的违法经营户进行检查，至1997年，查处违法案例241起。1998—1999年，地区烟草专卖局贯彻执行国务院《中华人民共和国烟草专卖法实施条例》，与工商、公安等执法部门联手，严厉打击假冒卷烟和走私卷烟，查处制假、售假、非法贩运卷烟不法分子23名。

2000—2003年，市烟草专卖局持续开展清理整顿专项行动，查处网络案件和大案、要案，抓捕犯罪嫌疑人23人。推行卷烟经营诚信等级管理，引导卷烟零售客户守法经营，2004—2010年，市烟草专卖局加大烟草专卖执法队伍建设和管理，1990—2017年，全市烟草系统与公安、检察、法院、工商质监密切配合，查处涉烟案件1.43万起，查获各类卷烟12.51亿支，其中假冒卷烟1.24亿支；查获制假烟叶、烟丝417吨；缴获制假工具238台（套），取缔制假、贩假窝点110处；上缴财政罚没款2108万元；刑事拘捕339人，逮捕188人，判刑119人。

第十章　盐业专营

第一节　食盐销售

1990年，全地区继续实行食盐国家专营政策，散装食盐和袋装食盐500克零售价分别为0.27元、0.42元。1995年，500克加碘小包盐零售价0.62元。1998年，500克复合膜袋加碘小包盐零售价0.8元。2003—2009年，盐业部门执行国家发展计划委员会《食盐价格管理办法》，500克纸塑袋加碘小包盐零售价提高到1.3元。2011—2016年，500克绿色加碘精制小包盐零售价2元。2017年，500克绿色加碘精制小包盐零售价1.5元。是年，全市销售额3996.5万元，利润137万元，税金317.1万元。

1990—2017年娄底市食盐购销情况表

表35-14　　单位：万吨、万元

年份	购 进	销 售	小包盐	库 存	利 润	税 金
1990	2.60	2.43	1.82	1.26	76	41
1991	2.76	2.51	1.75	1.21	96	48
1992	3.02	2.85	2.11	1.44	91	54
1993	2.66	2.79	1.97	1.20	101	66
1994	2.08	2.47	1.69	0.80	129	112
1995	2.31	2.20	1.51	0.94	96	89
1996	2.31	2.14	1.61	0.93	−11	83
1997	2.27	2.49	1.72	0.72	42	131
1998	2.29	2.46	1.81	0.84	56	129
1999	2.38	2.48	1.87	0.92	60	133
2000	2.15	2.50	1.93	0.75	32	157
2001	2.00	2.34	1.78	0.65	42	150
2002	2.12	2.04	1.51	0.79	80	62
2003	2.14	2.27	1.75	0.61	140	220
2004	2.23	2.29	1.47	0.67	80	176

续表35-14

年份	购进	销售	小包盐	库存	利润	税金
2005	2.58	2.64	1.26	0.61	200	273
2006	2.17	2.28	1.26	0.50	311	391
2007	2.18	2.15	1.45	0.31	297	368
2008	2.06	2.15	1.37	0.43	213	236
2009	1.91	1.94	1.22	0.39	214	339
2010	1.95	1.99	1.36	0.35	229	361
2011	2.49	2.18	1.51	0.66	132	318
2012	1.98	2.05	1.52	0.43	526	462
2013	1.94	1.99	1.49	0.40	708	633
2014	1.98	1.87	1.34	0.47	801	619
2015	1.80	1.66	1.38	0.59	1016	971
2016	1.69	1.90	1.39	0.14	60	795
2017	2.02	2.19	1.73	0.19	137	317

说明：1.小包盐销售为加碘食盐；2.库存为各类盐

第二节 盐业管理

一、管理机构

1990年，地区盐业公司为省盐业公司下属机构，人、财、物、产、供、销归省公司统一管理。8月，更名为省盐业公司娄底地区公司，加挂地区盐务管理局牌子，1998年4月，更名为湖南盐业集团有限公司娄底分公司。1999年，娄底市盐务管理局为市政府盐业行政主管部门。2002年11月，更名为省轻工盐业集团有限责任公司娄底分公司。2011年12月，成立湖南盐业股份有限公司娄底市分公司。娄底市盐务管理局与分公司合署办公，职能分设，两块牌子，一套人马。为以省管为主的双管单位和专营性质的省属国有大中型企业，负责境内各类盐的调运、储存、供应及盐政管理，下辖涟源、冷水江、新化、双峰四个县（市）支公司和市直属娄星区批发部。2013年，市本级设综合管理部、市场经营部、财务审计部、盐政管理科4个部（科）室。2014年，娄底分公司实行混合所有制企业改革，注册成立娄底盐业雪天商贸有限公司，2016年公司注销。2017年，全市盐业系统在职员工78人，离退休人员96人。

二、管理与执法

1990年，全地区盐政部门根据国务院《食盐专营办法》和国家计委《关于进一步加强食盐计划管理严格执行专营政策的通知》，对食盐生产实行定点管理，对食盐运输实行准运证管理，对食盐批发实行批发许可证管理，对食盐零售实行零售许可证管理，严格指令性计划价格管制，确保合格加碘食盐供应和防治碘缺乏危害。1991—1999年，地区盐务管理局根据省局和省政法机关联合办理涉盐违法案件工作机制，先后与地区中级人民法院、地区检察院和地区公安局建立联合工作机制。所辖各县市盐政部门也与本级法院、检察院、公安局建立联合工作机制，建立盐政稽查网、特许经营网和经营网点举报网“三网”联动工作机制。地区盐务管理局与地区公安局联合下发《关于建立打击涉盐违法犯罪工作机制的意见》，加大市场监管，依法查处涉盐案162件，涉案盐810吨，查询传讯34人，捣毁私制小塑料袋厂和小包装袋盐加工窝点各1个，收缴私制小塑料袋模板2块，没收小塑料袋3万多个，罚没款30万元，行政处罚6人，行政处理4人，刑事拘留2人，提起公诉1人。案涉新化、冷水江、涟源、隆回、新邵、安化等6县（市）。2000年7月20日，查获冷水江市黄某勇等人特大非法加工小包食盐案，查获工业盐59.8吨，捣毁黑加工窝点1个，查处加工假冒无碘复合膜小包盐1.75吨，假冒防伪商标1.28万枚，假冒复合膜袋4917个，封口机1台，加工台秤2台。2001年10月，冷水江市检察院对犯罪嫌疑人提起公诉。2003年8月24日，新化县盐务管理局依法查获安化县坪口镇刘某非法走私60吨盐案。新化县人民法院判处其有期徒刑1年，处罚金2万元。2005年4月12日，涟源市盐务管理局盐政执法人员查获梁某私购私销散装食盐40吨违法案件，移送涟源市公安机关刑拘处罚。2006—2012年，市盐务管理局与娄底火车站货运车间、车皮调配中转站及运输公司签署联查协议书，建立专项排查和联合稽查相结合的工作机制，形成联合盐政稽查态势，打击涉盐违法行为。对从湖北应城、孝感地区和江西发往娄底的各类盐和元明粉、骨粉包装字样的货物进行排查，严防违法私盐卸载或过境。全市查处涉盐案250起，涉盐1324吨，刑拘处罚65人，罚款30余万元。

2013年，市政府办公室下发《关于进一步加强盐业市场管理的通知》，全市加大盐业市场监管和整治，查处涉盐案件5起。2014年5月，双峰县盐务管理局查获彭某2人非法贩卖“粤盐牌”小包装盐案，收缴假冒广东“粤盐牌”小包装食盐2.3吨，对2名犯罪嫌疑人依法予以刑事拘留。2014年7月，市盐务管理局与市食品安全委员会办公室联合出台《关于进一步加强食盐市场管理的通知》，实行“政府牵头、部门配合、盐业为主、社会参与”四位一体工作机制，加强部门协同联动，对食盐市场进行年度安全评估考核。2015—2017年，会同公安部门开展联合打击涉盐违法犯罪行为，建立边界设防、省、市、县三级联防、严查堵防的“三防”工作机制。实施小工业用盐、食品加工用盐等其他非食用盐合同备案、销售审批、印章管理和跟踪服务制度，确保专盐专用，防止其流入食盐市场。2017年3月9日，娄底市盐务管理局会同市公安机关在市场检查中发现，娄星区老街某仓库存放着大量省外某品牌食盐，某商户无法提供合法票据和有效证据，涉嫌违法经营食盐。市公安局巡特警大队依法扣押涉盐违法食盐10余吨。

第三节　盐业体制改革

1990—2015年，继续沿袭既往盐业管理体制。2016年4月，贯彻国务院《关于印发〈盐业体制改革方案〉的通知》，全市允许食盐定点生产企业和批发企业进入食盐流通销售领域，实行价格放开和销售区域放开。9月，全市盐业部门贯彻工业和信息化部、国家发改委《关于做好改革过渡期间食盐定点生产企业进入食盐流通销售领域和食盐批发企业开展跨区域经营有关工作的通知》，2017年1月，省政府制定《湖南省盐业体制改革方案》，两年为改革过渡期。全市食盐定点生产企业进入食盐流通销售领域和食盐批发企业开展跨区经营。4月，贯彻国家发改委、工业和信息化部《关于进一步落实盐业体制改革有关工作的通知》，盐业政企分开，完善食盐专业化监管体制。8月，市盐务管理局贯彻省政府办公厅《湖南省盐业监管体制改革实施方案的通知》，制定《娄底市盐业监管体制改革实施方案》，实行政企分开改革。12月，改革尚在进行中。

第十一章　市场网点建设、电子商务与商业执法管理

第一节　市场与网点建设

1990年，地区商业局直属食杂果品、棉麻纺织品、五金交化、肉食品等11个公司，县市商业部门有直属公司55个，经营商店180余家。是年，娄底行署根据国务院和省政府关于新建居民住宅楼按建筑总额收取一定比例商业服务网点建设费的规定，决定城市规划区域内的机关、团体、学校、事业单位和城市居民新建住宅，均征收商业服务网点建设费，行政单位按2%收取，事业单位按3%收取，企业单位按5%收取，并委托国土局和规划局收取，由地区财贸委员会和财政局共同管理，用于国营大中型商业网点和重点集贸市场建设。是年，全地区有各类商业网点和市场163个，其中商业网点和工业品市场49个，集贸市场114个。场内摊位9344个。1991—1996年，全地区新建商业网点32个。其中娄底首家汽车4S店——上海大众汽车4S店开业，首家旧汽车交易市场建立。1997年，地区行署调整商业服务网点建设费征收标准，按建筑面积每平方米征收20元。1998年，全地区商业网点逐步向连锁超市、大型商场和专卖店方向发展。全地区除少数大型商业网点由国有商业企业经营外，绝大部分为个体、私营商业经营网点。1997—1999年，全地区投资集市贸易市场建设8.7亿元，建成大小市场140个，占地96万平方米，建筑面积103万平方米，拥有门面8876个，摊位2.25万个。2000年底，全市有各类市场403个，其中生产资料市场11个，消费品市场138个，集市贸易市场、商业网点254个。场内摊位3.25万个。2001—2005年，全市新建和改建集贸市场32个。2005年，国家启动“万村千乡市场工程”，娄底安排财政资金，以补助或贴息的方式，引导城市连锁店和超市等流通企业向农村延伸发展农家店，构建以城区店为龙头、乡镇店为骨干、村级店为基础的农村现代流通网络。标准化农家店100%覆盖全市乡镇和85%的行政村。是年11月，市政府制定《娄底市城市商业网点规划（2005—2020）》，提出以中心城区为市级商业中心，县市城区为次级商业中心、社区商业和集镇商业网点为基础，突出城乡结合，科学创新规划，对娄底商贸业态、组织方式、经营战略和经营方式进行系统布局，撤除城南市场，开发建设综合商业步行街，2005年，沃尔玛超市进驻娄底。2007年10月，市政府推广“超市+基地”“超市+农村流通合作组织”“超市+批发市场”“超市+社会化物流中心”新模式。娄底市湘中果蔬批发市场被核准为全国“双百市场工程”建设项目，获商务部160万元资金支持，其冷链系统建设发挥“蓄水池”调节作用，旺季大量收储季节性果蔬，淡季进行销售，较好地解决农户增产不增收困境。2008年，全市拥有年成交额亿元以上的集贸市场9个。全市集贸市场总交易额19.5亿元，占全市社会商品零售总额的15.1%。是年，万豪商业广场开工建设，2010年建成投产，成为全市最大的商业中心。

2010—2012年，市政府相继下发《娄底市中心城区农贸市场建设专项规划（2010—2020年）》《娄底市农产品现代流通综合试点实施方案》《娄底中心城区农贸市场标准化改造及专项整治活动实施方案》《娄底市城区农贸市场建设改造标准》，启动“农贸市场升级改造计划”，连续实施三年，投资2000多万元改造育才农贸市场投入试运行，并作为“样板工程”推广。另投入9770万元，重点改造中兴市场、金谷市场、涟钢农贸市场等14个农贸市场。至2012年12月，承办万村千乡市场工程企业10家，建成标准化农家店3111家（其中日用品店2184家，农资店927家），改造和新建配送中心10家，建设乡镇商贸中心5家。期间，中心城区中兴市场、育才市场、金谷市场相继建成投入使用。2013年，市政府加大娄底中心城区农贸市场改造力度，投入财政资金4600万元，升级改造20家农贸市场和1家专业家禽批发市场，带动社会资本投入1.78亿元。2012—2015年，全市改造县乡农贸市场45家，投入改造资金1.27亿元，改造8.88万平方米，改造摊位7664个，新增4.34万平方米，新增摊位3578个，新增就业人员5530人，城乡农贸市场基础设施进一步完善，彻底改变“脏、乱、差”现象。同期，对部分农贸市场实施标准化改造，争取省政府市场改造资金1520万元，市级财政资金97.4万元，县乡财政资

金881万元。

2017年，全市有418建材市场、大汉建材市场、新世界建材市场、粮运建材市场、好家居市场、新合作国际商贸市场、五江建材市场、永丰农机大市场、新化电子陶瓷城等大型市场455家。摊位2.3万个，年交易额1亿元以上商品交易市场23个，年交易总额158亿元。全市有物流园区10个、大型超市11个，单店60家、商业步行街8条、汽车市场（含4S店）42家，个体门店遍布全市城乡，商业网络覆盖全市5个城区、70个乡镇。

2017年娄底市农贸市场一览表

表35-15

市场名称	性质	面积（平方米）	摊位个数	建设年份	市场名称	性质	面积（平方米）	摊位个数	建设年份
娄底市湘中果蔬批发大市场	民营	10000	820	1992	冷水江市白杨市场	国有	300	22	2014
娄底市育才农贸市场	国有	7200	320	1995	冷水江市同兴市场	国有	336	24	2013
娄底市中兴农贸市场	民营	11800	480	2002	冷水江市江南市场	国有	800	38	2014
娄底市三元农贸市场	民营	3000	252	2012	冷水江市太阳城市场	国有	300	22	2010
娄底市金谷农贸市场	国有	8000	380	2003	新化县鑫泰农贸综合大市场	民营	124182	1000	2014
娄底市涟钢农贸市场	国有	8986	459	1995	新化县洋溪市场	国有	1532	70	1983
娄底市仙人阁农贸市场	民营	1700	258	2014	新化县化溪市场	国有	597	55	1969
娄底市城西农贸市场	民营	2480	108	2002	新化县天龙山市场	国有	500	35	1969
娄底市黄泥塘农贸市场	国有	3200	120	2008	新化县四都市场	国有	431	48	1969
娄底市观化农贸市场	集体	5300	262	1992	新化县青山市场	国有	1325	34	1966
娄底市涟滨农贸市场	国有	2500	20	2014	新化县炉观市场	国有	1390	37	1978
娄底市洞新农贸市场	国有	1500	155	1995	新化县荷叶市场	国有	1892	30	1985
娄底市高溪农贸市场	民营	3200	87	2013	新化县过街市场	国有	558	33	1962
娄底市星兴农贸市场	民营	4000	125	2014	新化县孟公市场	国有	3881	66	1992
娄底市长青农贸市场	民营	3500	212	2013	新化县塘下市场	国有	753	42	1981
娄底市早元农贸市场	民营	4000	275	2012	新化县水车市场	国有	3304	51	1992
娄底市凤阳农贸市场	集体	3500	78	2014	新化县曹家市场	国有	597	36	1940
娄底市金利达农贸市场	集体	3500	68	2015	新化县胜利市场	国有	1526	66	1982
娄底市贤童农贸市场	国有	4000	56	2013	新化县塘井市场	国有	975	32	1982
娄底市秀石农贸市场	集体	3000	208	2012	新化县毛坪市场	国有	1353	41	1953
娄底市活禽交易市场	民营	8600	46	2017	新化县圳上市场	国有	7651	52	1993
娄星区石井农贸市场	国有	1100	90	1989	新化县城南市场	国有	4500	110	1980
娄星区万宝农贸市场	国有	1600	70	1982	新化县华新市场	民营	1500	30	1999

续表35-15

市场名称	性质	面积（平方米）	摊位个数	建设年份	市场名称	性质	面积（平方米）	摊位个数	建设年份
娄星区茶园农贸市场	国有	1500	60	1984	新化县金苑农贸大市场	国有	2384	56	2011
娄星区双江农贸市场	国有	2800	80	1989	新化县天华南农贸市场	民营	3000	60	2011
娄星区杉山农贸市场	国有	1000	50	1985	新化县桥东农贸市场	民营	2000	45	2004
娄星区小碧农贸市场	国有	800	35	1986	新化县栗山市场	国有	552	29	1983
娄星区水洞底农贸市场	国有	1200	90	1980	新化县龙潭市场	国有	1461	28	1975
娄星区蛇形山农贸市场	国有	2000	90	1978	新化县东岭市场	国有	780	44	1990
涟源市蓝田市场	国营	15600	350	1992	新化县游家市场	国有	1337	49	1968
涟源市三角坪市场	国营	10800	315	2005	新化县小洋市场	国有	1200	43	1973
涟源市杨家滩市场	国营	2500	89	1992	新化县沙江市场	国有	1970	34	1984
涟源市龙塘市场	国营	2000	76	2005	新化县礼溪市场	国有	333	34	1989
涟源市桥头河市场	国营	1000	38	1995	新化县太平铺市场	国有	1116	63	1996
涟源市荷花农贸市场	民营	2200	54	2008	新化县团结山市场	国有	1738	74	1972
涟源市六亩塘农贸市场	民营	2800	79	2010	新化县太平头市场	国有	3136	44	1992
涟源市蓝溪桥农贸市场	民营	4000	112	2010	新化县奉家市场	国有	1124	40	1969
涟源市三甲金竹市场	集体	2000	62	1996	新化县横江市场	国有	306	26	1983
涟源市栗山农贸市场	集体	5460	189	1996	双峰县青树坪中心大市场	国有	10000	345	2017
涟源市伏口农贸大市场	集体	28000	312	1998	双峰县湘中农产品批发大市场	国有	10000	325	在建
涟源市安平市场	集体	4438	126	1998	双峰县城西农贸市场	国有	3500	98	2013
涟源市古塘乡农贸市场	集体	1300	46	1998	双峰县新桥农贸市场	民营	1800	53	2013
涟源洪桥新市场	集体	800	31	1996	双峰县国藩农贸市场	民营	5000	151	2015
涟源洪源商贸城农贸市场	民营	2600	81	1997	双峰县玉盘小区市场	国有	1000	35	2012
涟源市虎溪市场	集体	6600	189	1995	双峰县工农坪市场	民营	3000	99	2014
涟源市渡头塘铜铃市场	集体	3000	88	1994	双峰县白燕农贸市场	民营	2480	78	1997
涟源市枫坪新市场	集体	2000	68	2000	双峰县城南农贸市场	民营	2000	70	2008
涟源市杨市商贸城	民营	10000	225	2016	双峰县城北农贸市场	国有	800	30	2005
涟源市斗笠山农贸大市场	集体	17000	312	2006	双峰县永丰农贸市场	国有	5000	132	1986
涟源市田心市场	集体	30000	425	1998	双峰县香铺坳市场	国有	2000	68	2014
涟源市马溪市场	集体	1800	50	1997	双峰县沙塘农贸市场	国有	2200	70	2013
涟源市荷塘农贸市场	集体	600	32	1994	双峰县锁石农贸市场	国有	5000	148	2014
涟源市金石市场	集体	2500	78	1999	双峰县荷叶农贸市场	国有	3500	98	2014

续表35-15

市场名称	性质	面积（平方米）	摊位个数	建设年份	市场名称	性质	面积（平方米）	摊位个数	建设年份
冷水江市冷江市场	国有	10000	336	1989	双峰县井字农贸市场	国有	3000	90	2016
冷水江市桃园市场	国有	1400	38	2014	双峰县太平寺农贸市场	国有	3500	88	在建
冷水江市三角坪市场	国有	1000	32	2008	双峰县走马街农贸市场	国有	4500	122	2015
冷水江市矿山市场	国有	2000	60	1987	双峰县花门农贸市场	国有	4000	112	2013
冷水江市东站市场	国有	701	31	2011	双峰县三塘铺农贸市场	集体	2000	65	2012
冷水江市集中市场	国有	900	30	2011	双峰县石牛桥亭农贸市场	民营	3600	92	2011
冷水江市和谐市场	国有	300	21	2012	双峰县甘棠农贸市场	国有	2800	79	2003
冷水江市枫树坳市场	国有	300	20	2014					

2017年娄底市主要商贸流通市场情况表

表35-16

市场名称	所在地	类型	市场名称	所在地	类型
新世界建材城	娄星区	建材	九亿商业步行街	娄星区	综合
418建材市场	娄星区	建材	涟钢商业步行街	娄星区	综合
五江建材家居城	娄星区	建材家居	明珠步行街	娄星区	科技
粮运建材市场	娄星区	建材	长青地下商业街	娄星区	综合
大汉精品建材城	娄星区	建材	万豪城市购物广场	娄星区	综合
湘中陶瓷城	娄星区	建材	五江碧桂园购物广场	娄星区	综合
娄星木材大市场	娄星区	建材	步步高商业广场	娄星区	综合
湘中钢材大市场	娄星区	建材	通程商业广场	娄星区	综合
涟钢大市场	娄星区	综合	金和IT数码广场	娄星区	科技
娄底大市场	娄星区	综合	鹏泰商业广场	娄星区	综合
金谷大市场	娄星区	综合	汇达二手车交易市场	娄星区	旧机动车交易
早元大市场	娄星区	综合	将军庙市场	娄星区	工业品
千里红家居市场	娄星区	家居	双峰建材大市场	双峰县	建材
湘中国际灯饰城	娄星区	装饰	双峰农机机电大市场	双峰县	工业品
民营市场	娄星区	综合	湘中皮毛批发市场	双峰县	农产品
三元大市场	娄星区	综合	汇丰商业步行街	双峰县	综合
五江五金机电市场	娄星区	综合	青树坪步行街	双峰县	综合
华达综合市场	娄星区	综合	财智世代广场	双峰县	综合

续表35-16

市场名称	所在地	类型	市场名称	所在地	类型
娄星市场	娄星区	综合	东方城市步行街	新化县	综合
九龙小商品城	娄星区	综合	新化义乌小商品批发城	新化县	综合
新九龙小商品城	娄星区	综合	新化粮油批发市场	新化县	粮油
娄底义乌小商品城	娄星区	综合	世茂城市广场	新化县	综合
新合作商贸城	娄星区	综合	新化星星家禽批发市场	新化县	农产品
花卉大市场	娄星区	花卉	开成商悦商业广场	涟源市	综合
花卉苗木批发市场	娄星区	花卉	涟源粮食批发市场	涟源市	粮油
水果农产品大市场	娄星区	农产品	蓝田水果市场	涟源市	农产品
娄底古玩城	娄星区	文化	斗笠山镇香花商业街	涟源市	综合
奇石文玩大市场	娄星区	文化	东方建材市场	涟源市	建材
新星文化城	娄星区	文化	涟源农产品建材大市场	涟源市	综合
中南汽车城	娄星区	汽车贸易	红双喜建材市场	冷水江市	建材
娄底汽车城	娄星区	汽车贸易	东苑国际商业广场	冷水江市	综合
湘中汽车城	娄星区	汽车贸易	冷水江粮油综合贸易市场	冷水江市	综合
春园商业步行街	娄星区	综合			

第二节　电子商务

20世纪90年代，娄底电子商务萌芽，但发展缓慢。进入90年代后，电子商务开始受到关注与应用，并向各种领域延伸。2003年，淘宝网诞生，城乡居民开始网上购物。2010年4月，娄底市“网上供销社”建立，成为集物流、信息流、资金流为一体的移动电子商务“三农”服务平台。是年底，发展网上供销社108家和“远教—网上供销社”51家。

2011年，市商务局制定“十二五”发展规划，将电子商务纳入规划之中。2013年，全市电子商务去中间化，网上销售实现快速发展。全市1439家“四上”企业（规模以上工业企业、房地产企业和资质等级以上建筑业企业、限额以上批发零售住宿餐饮业企业、规模以上服务业企业）中，1150家企业通过互联网进行宣传推广，占比79.9%。2014年，娄底在阿里巴巴平台注册企业3000多家，开设淘宝网点600多家，部分企业加入第三方电子交易平台。是年4月，娄底市电子商务协会成立。1438家“四上企业”中开展电子商务交易的企业83家，其中，制造业42家，批发和零售业6家，住宿和餐饮业15家，房地产业5家。是年，市商务局引进浙江义乌耀点等跨境贸易电商企业，支持双峰中南神箭公司开展跨境电商业务，销售竹胶板78万美元。中南神箭竹木有限公司被评为2014年湖南省电子商务示范企业。全市实现电子商务交易额20.7亿元。

2015年，市政府出台《关于促进移动互联网产业发展的实施意见》，市商务粮食系统设立电子商务机构，市、县相继成立电子商务产业发展工作领导小组，移动互联网得到迅速广泛应用。大数据、互联网、云计算、人工智能等成为创新驱动发展新业态。淘宝网、中国网购、京东商城、百姓网、58同城、美团、国美、赶集网、中国电商网娄底电子商务中心等连锁商务网站在娄底建立。百蔬园、娄底购、娄商网、七品网、娄底易购网、娄底美乐乐家居建材网、美丽乡村网等本土购物交易平台不断涌现。4000多家本土企业在全国综合性电商平台上注册开展业务，其中娄底百蔬园建立小区配送点187个，辐射至涟源市、冷水江市、新化县、双峰县及周边乡镇。是年，双峰县被认定为全国电子商务进农村综合示范县。新化县被认定为湖南省电子商务进农村示范县。湖南汇元板业有限公司等12家企业被认定为湖南省电子商务示范企业。全市建成电子商务乡镇服务站和村级服务点600余家，实现电子商务交易额45亿元，其中网络零售交易额10亿元。

2016年，全市年实现电子商务交易总额57.9亿元，其中网络零售交易额22.7亿元。各类传统生产企业、加工企业、商贸流通企业纷纷触网，开展电子商务业务。大丰和电动车辆有限公司、瑞奇电器有限公司、正好网络科技服务有限公司等38家企业被认定为湖南省优秀电子商务企业，其中省级电子商务示范企业4家，认定省级电子商务重点培育项目6个。是年，市、县财政安排电子商务发展专项基金948万元，用于扶持个体网店、电商企业、网货供应商、物流快递企业发展。冷水江市电商创业园、涟源市飞天电商产业园、娄星区移动互联网产业园、双峰县电子商务产业孵化园相继开园，入驻企业300多家。新化县电子商务产业园开工建设。2016年，新化县、涟源市获批全国电子商务进农村综合示范县，全市构建县级农村电子商务服务中心4个、乡镇服务站和村级服务站点600余家。是年，娄底市商务粮食局实施电商产业扶贫计划，成立电商脱贫攻坚三年（2016—2018年）行动计划领导小组，设立电商扶贫服务站93个，举办建档立卡贫困村“互联网+”电子商务服务人才培训班4期，培训电商人才200多人。

2017年，市政府出台《娄底市促进电子商务等互联网经济加快发展若干措施》，县（市、区）政府分别出台促进电子商务发展的若干政策。是年起，市、县两级财政每年安排专项资金近2000万元，支持电商发展。全市新增电商乡镇服务站和村级服务点1200余家，认定电子商务企业10家，获批国家及省电子商务示范支持项目10个，其中2家企业被认定为省级电子商务示范企业，6个产业项目被认定为省级电子商务重点培育项目或电商扶贫项目，获国家、省专项支持资金4400万元。是年，全市建成贫困村电商服务站（点）118个，实现农产品网上交易额7.7亿元，促进农民增收、农业增效和农村发展。是年，全市实现电子商务交易额128.05亿元，同比增长130.3%，其中网络零售额36.4亿元，增长153%。

第三节　市场管理与行政执法

1990年，地区商业局配合工商、质监部门依法对全地区各类市场管理，照章登记、年检、颁证。娄底城南市场、冷水江市场、涟源篮田市场、新化城南市场、双峰永丰市场均建立市场管理所。是年，全地区查处假冒伪劣产品1.02万件，罚款3.99万元，取缔无照经营1103户，处理不合格杆秤2194杆。1991年，全地区5个城区市场被评为全省文明市场，地区级文明市场16个，县市级文明市场34个，双峰县永丰市场被评为全国文明市场。1991—1993年，全地区查处集市贸易市场案件300余起，治安拘留20余人，破获各类案件100余起，其中刑事案件32起。1994年，全地区加强市场监管，查处违法违章案件3270起，1995年，全地区开展集市贸易市场整顿217次，查处违法经营行为3119起，罚款17.5万元，其中刑事案1件，依法处决杀害工商管理人员罪犯1人。1996年，全地区评出文明工商户321户，合格工商户13290户。是年，全地区加强定点生猪屠宰场和非法屠宰场的监管，查处违法违章行为3467起，查处母猪肉1.14万千克，病死猪肉2400千克，罚款14.5万元。1997年，全地区文明市场达到30个。冷水江市场受到人民日报专题宣扬。1998年，娄底地区设立牲畜定点屠宰管理办公室，对中心城区茶亭子等3家生猪屠宰场和肉类流通市场进行监管，打击私屠滥宰行为，县市各设置1家定点屠宰场，按属地管理原则实施监管。1998—1999年，全地区检查各类商业网点76家，其中检查旧汽车交易市场13家，汽车配件商店820家，没收不合格配件2.5吨，查处违法违章经营案件28起。

2000年，强化市场管理，全市查处各类商业违法案件750余起，罚没金额92万元，收缴不合格度量衡器具710件，注销违法市场3个。2001年，全市实施“红盾闪电”执法行动，查获“白板肉”（未经检疫部门检疫盖章）、病死猪肉4865千克，假冒伪劣饮料7.55余万瓶，变质食品8070千克，端掉制假窝点15个。2002—2004年，全市查处商业违法案件497件，罚没69.43万元，没收汽车大梁15副，车厢32个，废旧汽车6台。2005—2008年，工商、商务、质监等部门对酒类、成品油、洗染业、家政服务、旧电器流通、再生资源回收、旧货市场、零售商、商业特许经营和拍卖、典当、食品、药品流通、汽车销售、电子商务、现代物流、外派劳务市场等领域全面开展行政执法。全市检测蔬菜品种1200个次，检查肉类市场46个，收缴注水猪肉678千克，抽样检测225个集市市场商品214个，其中不合格商品10个，责令下架报废处理，查处违法违章汽车配件案件4起，取缔非法经营户32户，查扣假冒汽车配件3.2吨，没收报废汽车4台。2009年，商务部确定娄底市为全国商务综合行政执法第一批试点城市，市政府印发《关于全面推进商务综合行政执法试点工作的意见》《娄底市行政执法试点实施方案》。娄底商务综合行政执法工作领导小组成立，副市长任组长，率先在全国推行“三统一”，即统一执法文书、统一执法车辆标识、统一商务执法服装。娄底商务综合行政执法文书作为商务行政执法“蓝本”，商务部在全国推广。是年，全市查处生猪私屠滥宰案件80多起，打击取缔私屠滥宰窝点12个，没收活猪40余头，收缴白板肉1万余千克。当年全国商务综合行政执法试点综合测评中，娄底市以280分的全国最高分，排全国地级市第一名。

2010年4月2日，市商务局、市工商局联合召开创建和商品市场专项整治动员大会，细化工作职责，印发《商品市场文明卫生公约》2万份。是年起，对入市的禽、肉、水产品及公母猪肉全市一律实行挂牌公示制度。7月，全国商务行政执法暨放心肉体系建设会议在云南昆明召开，娄底作为地州市代表作典型交流发言。2011年6月，市政府印发《娄底市农贸市场管理办法的通知》，强化农贸市场周边摊点及环境专项整治，全市所有农贸市场明确专人值守制度。9月，工商、质监、商务、公安联合整治涟钢大市场、中兴市场、湘中果蔬批发市场、金谷市场、育财市场、湘中汽车城、中南汽车城等8个市场，查获假冒汽车配件1200多件，取缔无证经营户96户，罚款27万元，查处生猪定点屠宰违法案件200多起，行政处罚50多万元，摧毁地下非法生猪屠宰窝点1家，没收已宰生猪1头、活猪10头。2012年，市商务局联合市城管局狠抓农贸市场、农村集贸市场、商场、定点屠宰场和商店的环境卫生集中整治，查处酒类违法案件100多起。2013—2017年，工商、商务、监察部门联合开展农贸市场、消费品市场、汽车市场整顿26次，对娄底城区单用途商业预付卡规模发卡、售卡企业开展联合执法行动6次，查处违法违规经营活动470余起，其中立案查处不合格汽车配件案件16起，下架退市不合格汽车配件364个，罚没金额13.5万元，取缔非法经营汽车配件企业84户。与此同时，全市工商、商务、疾控部门重点加强H7N9人感禽流感防控工作，年均巡查家禽经营户6800多户，阻止活禽交易400余次，关闭活禽交易市场61个。

娄星区开展“3·15”消费者权益保障日活动
（2017年3月15日摄）

第十二章　商贸会展

第一节　商品展销会

1990年1月4日，娄底市商业局经市政府批准在氐星路、长青中街十字路口搭棚举办第一届娄底商品交易会（简称“娄交会”），集中推销鞋帽服装、糖酒副食、家用电器、生活日用品。至1993年，连续举办四届，年均销售金额730余万元。1994年，停办娄交会，但各类商品展销会继续举办。1990—1999年，中心城区和各县市举办商品展销会70多场次。2000年起，展销会不再在城区主要街道搭棚举办，商业部门也不组织此类活动，主要由一些专业公司或外地流动商业团体在大型市场举办，组织商品展销，但规模较小。2009年后，形成商业协会、外贸公司、专业展销公司等多元主体举办展销会的新格局，展销活动逐步转向汽车、摩托车、书画作品、农机、煤机、电子陶瓷、粮油机械、粮油产品、房产交易等，专业性、单一性更加明显。2000—2017年，全市举办各种商品展销会1000余场次。

第二节　“青春娄底·湘中之光”经贸博览会

2003年12月6—8日，市委、市政府举办娄底市首届“青春娄底·湘中之光”经贸博览会，会上签约项目76个，引资50亿元。2006年11月9—11日，举办第二届“青春娄底·湘中之光”经贸博览会。中国国际贸易中心有限公司董事长、外贸部原副部长孙广相，及省政府、省直有关部门负责人、娄底市党政军领导、香港著名企业家慈善家彭立珊等800余名嘉宾和客商出席开幕式。副省长贺同新宣布开幕。本届博览会签订合作项目146个，合同金额63亿元，引进资金59亿元（内资46.1亿元、外资1.6亿美元）。

2009年9月26—28日，第三届“青春娄底·湘中之光”经贸博览会在娄底举行，共签署投资项目71个，总金额约为117亿元。其中外资项目8个，投资总额5.8亿美元，内资项目63个，投资总额77.45亿元。2010年后，该博览会停办。

第三节　“湘博会”

2009年，省政府决定在娄底举办湖南省农业机械、矿山机械、电子陶瓷产品博览会（简称“湘博会”），由市政府主办，每年举办一届。2013年，省政府决定，从第四届“湘博会”开始，改为省政府主办，市政府承办，主管副省长出任组委会主任，展会永久落户娄底。至2017年，共举办8届，成为湖南省会展业的主要品牌之一。

2009—2017年历届“湘博会”成果表

表35-17

届次	举办时间	参展企业(家)	招商签约(个)	合同引资(亿元)	贸易签约(亿元)	交易金额(亿元)
1	2009-09-21—23	110	20	17.0	134	14.80
2	2010-12-06—08	207	97	15.2	赴境外投资项目8个,投资金额12.2亿元	
3	2011-11-09—11	200	45	215.4	121	28.77
4	2013-11-18—20	435	37	224.0	213	43.56

续表35-17

届次	举办时间	参展企业(家)	招商签约(个)	合同引资(亿元)	贸易签约(亿元)	交易金额(亿元)
5	2014-11-11—13	261	41	213.9	147	36.56
6	2015-11-06—8	700	60	246.0	142	29.50
7	2016-09-26—29	720	43	223.9	136	27.00
8	2017-09-27—29	498	65	476.7	167	38.90

第四节　专项博览会

一、新化文印产业博览会

2013年1月，新化县政府在洋溪镇举办第一届中国·新化文印产业博览会（简称“印博会”），成交金额2.45亿元。2014年起，每年农历十二月二十四日“小年”前后举办，至2017年，共举办5届，届均交易金额近3亿元。每届展会吸引全国各地文印行业上万从业人员参展、观展，高峰时8万多人。新化县政府抓住这一产业优势，在新化洋溪镇创建新化文印产业园，打造集文印总部大厦、会展中心、文印产业为一体的文印产业基地。规划、征地、环评已完成，正在开工建设。2017年，新化文印产业博览会被省商务厅列为重点培育和支持的展会，获省商务厅、省财政厅20万元资金支持。

2013—2017年新化文印产业博览会情况表

表35-18

届次	会展年月	成交额(亿元)	届次	会展年月	成交额(亿元)
一	2013-01	2.45	四	2016-02	2.99
二	2014-01	2.81	五	2017-01	3.15
三	2015-02	3.37			

二、双峰（湘中）农特产品博览会

2017年，双峰县政府决定，是年起，两年举办一届双峰（湘中）农特产品博览会，推介双峰名优农特产品。11月9—15日，第一届双峰（湘中）农特产品博览会暨电商扶贫论坛在双峰县青树坪镇开幕，吸引200余家双峰本土企业及邵阳、衡阳、湘潭等周边地市企业参展。会上集中展示双峰名优农特产品以及现代农业、电子商务、精准扶贫取得成果，成交金额2.3亿元。是年，双峰（湘中）农特产品博览会被省商务厅列为重点培育和支持展会，获省商务厅、省财政厅20万元资金支持。

双峰（湘中）首届农特产品博览会暨电商扶贫论坛在青树坪镇开幕（2017年11月9日摄）

三、书画艺术交易博览会

2015年11月27—12月1日，娄底市委宣传部、市文体广新局、市文联在市体育馆共同主办娄底市首届书画艺术交易博览会（简称“艺博会”），启动娄底书画“双百工程”并举办北京宋庄画家娄底采风创作展。参加交易作品1.05万幅，销售作品7100多幅。是年起，每年邀请100名书法家、100名画家赴娄底采风，用艺术家的笔墨描绘娄底独特的人文风貌。2016年10月21—23日，在娄底市文体中心举行第二届艺博会。参展艺术家127位，其中书法家58人（本地55人、外地3人），画家70人（本地49人、北京及外地21人）的6411幅作品报名参与交易博览会，其中美术作品3610幅，书法作品2801幅，经过专家评审，最终遴选出5126件作品参展，其中美术作品2750幅、书法作品2376幅。

四、汽车文化节暨汽车展销博览会

2006年，娄底日报社、娄底市汽车行业商会联合举办第一届娄底汽车文化节暨汽车博览会。至2017年，共举办二十届，累计现场成交车辆近2万台、销售金额28亿元，实现税收2.7亿元、保险金额近1亿元，带动广告、物流、餐饮等相关产业创收3000多万元，成为湘中区域性专业车展。

五、房地产交易展示会

2011年，市住房和城乡建设局、市房地产管理局、市房地产业协会主办第一届中国·娄底房地产交易展示会，参展楼盘27个，现场销售商品房130多套，成交金额6370万元。至2017年，连续举办7届，每届平均现场销售商品房200余套，届均销售金额1亿元。

第三十六篇

供销合作

概 述

20世纪90年代初，市场竞争激烈，企业内部机制不活，全地区供销社企业举步维艰。1991年始，为全面搞活经营，地委行署先后在供销社系统推行“四放开”改革，“统一领导、柜组（门店）承包、资金铺底、风险抵押、三定到柜、照章纳税、自主经营、自负盈亏”等改革，但成效不太明显。至1999年，全系统亏损继续扩大，全地区88个独立核算单位亏损81家，亏损面93%，当年亏损3800万元，累计亏损5554.1万元。

2001年，市政府下发《娄底市国合商业企业产权制度改革若干规定》，开始在全系统推行“两个置换”的产权制度改革。2006年，全市供销社系统整体完成改制企业89家，部分完成改制企业12家，改制面99%，共补偿安置职工1.57万人，占企业职工总数的92%。是年，银海商业有限公司实行破产还债，涟源市供销社所属企业改制扫尾工作基本结束。至2009年底，全市供销社系统企业改制整体完成，1.6万余名职工得到经济补偿安置。

2006年8月，市供销合作社发布《关于推进“新网工程”服务新农村建设实施方案》。2007年3月，市政府转发《市供销合作社关于建设农村现代流通服务网络实施意见的通知》，“新网工程”建设全面推广。全市农村建立农业生产资料、农副产品、日用消费品、再生资源市县乡村四级连锁经营体系，巩固发展专业合作社、农村合作经济组织协会。2011年，市供销社编制“十二五”发展规划。至2013年，市供销社与市委远教办紧密配合，推进“远教—网上供销社”平台建设，5个县（市、区）建成260家“远教——网上供销社”综合服务点，培养290多名远教和电子商务专业队伍。市供销社在娄星区石井镇创办数字乡村建设试点，拓展“新网工程”建设领域。2015年3月，市委、市政府贯彻《中共中央、国务院关于深化供销合作综合改革的决定》，下发实施意见，综合改革全面启动。双峰县列为全省首批14个综合改革试点县。2015年8月至2016年9月，试点获省验收评估。2016—2017年，市委、市政府先后两次召开全市深化供销合作社综合改革推进会，全系统综合改革进入全面推进阶段。

第一章 经营网络

第一节 传统经营网络

一、供销企业

1990—1998年，全地区供销社系统独立核算企业88家，其中地直公司5家，基层供销社44家，县市社专业公司（厂）39家，其中公司35家、独立核算社办工业企业4家，各类经营服务网点1947个，职工1.09万人，其中农村各类网点占网点总数的85%以上。1999年，地区供销社银海商业广场（有限公司）建成开业。

2000年4月，双峰县商业总公司撤销，所属13家公司并入县供销社。2001年，全市供销系统独立核算企业102家，经营服务网点2100多处，职工人数1.83万人。至2012年底，全市供销系统社属企业45家，其中省级国家级龙头企业12家，市级龙头企业13家，中心基层社1个，职工4000余人，资产总额15.39亿元。2017年，全市供销系统社属企业56家，资产总额27.1亿元，其中市供销社控股企业20

家，参股35%以上的企业14家，开放社办企业22家，年销售额过亿元企业8家，国家级龙头企业1家、省级龙头企业10家。全市乡镇基层社71家、村级综合服务社1033家，农民专业合作社132家。

二、专业公司

1990年，地、县供销合作社专业公司主要有农业生产资料、农副产品与食杂果品、日用工业品、废旧物资四大类专业经营公司。全地区县级专业公司35家、地直专业公司5家，仓房面积20余万平方米，商品销售额2.7亿多元，占全系统商品销售额的55%以上，其中批发销售占80%左右。1994年，全系统有市级农资公司1家，县级农资公司5家。全年销售化肥20万吨左右，占市场销售总量的60%以上。在工业品联购分销上，5个县市工业品（联营）公司发挥主渠道作用。1995年，县、市工业品（联营）公司联购分销总额8625万元，利税93.2万元。1996年，地区供销社组建达康商社，新世纪商业大厦、冷江商业大厦、涟源日杂公司、新化联营公司、双峰工业品公司、地农资公司、新大星商业城及双峰青树坪、涟源四古供销社等14家企业加入达康商社，做大联购分销。1997年，达康商社与108个生产厂家建立总经销、总代理关系，直接从生产厂家购进电视机、洗衣机、电冰箱等日用工业品5700多万元。

2002年后，全市供销系统专业公司因改制逐步退出市场。

三、基层供销社

1990年，全地区乡镇基层供销社44个，其中娄底市3个、冷水江市4个、双峰县16个、涟源市8个、新化县13个。全地区基层社在职职工7192人，占63%。1994年，地区供销系统销售总额8.6亿元，其中基层社销售额3.73亿元，占43.4%。基层社固定资产原值5905万元，占供销系统总值的57.1%。2004年，娄星区、双峰县供销社先后重组农业产业化服务中心，承担基层社的部分服务职能。2005年企业改制后，44个乡镇基层社不复存在。2006年，冷水江市供销社重组中心基层社。2015年，全市供销社综合改革在双峰县试点，建立乡镇惠农服务中心。是年，双峰县供销系统建立16个乡镇惠农服务中心、343个村级惠农服务社。涟源市供销社重组蓝田、杨家滩、盛达农业3家基层社，基层服务组织以新的面貌逐步恢复。2017年，全市供销系统有冷水江市中心基层社、双峰县金和供销社、涟源市蓝田供销社进入全国基层社标杆社行列。娄星区茶园供销社、双峰县鑫和供销联社进入全省基层社标杆社行列。

四、大中型综合商场

20世纪90年代起，地区供销系统以收缩农村网点，布局城镇网点，抢占城镇市场为重点，加快城镇商业大厦、综合商场、超市、临街门面建设步伐，至1997年，全地区供销系统累计向银行专项贷款4500万元，自筹资金1200万元，其他资金300万元，建设改造各类经营网点1522个，其中年销售50万元以上的综合商场98个，年销售100万元以上的综合商场49个，年销售300万元以上的商场11个。新世纪商厦、冷水江大厦、资江大厦等为经营大户。娄底市新世纪商业大厦营业面积1.2万平方米，当年销售额8000万元，利税154万元。是年，地区供销社贷款5000余万元建设银海商业广场（有限公司），广场占地8000平方米，总建筑面积2.23万平方米，1999年1月15日营业，年商品销售额上亿元，成为全市供销社最大的工业品零售企业。2008年6月，步步高连锁股份有限公司通过竞拍以4930万元价格拍得银海商业有限公司资产，开展新的经营。2009—2017年，全市供销系统未建大型综合商场。

五、代购代销店

1990年，全地区供销系统归口管理代购代销店1900家。代购代销店（简称双代店）设在偏僻山区或村落，为供销社代购零星分散的农副产品和废旧物资，代销群众生产生活资料，多为家庭式经营"夫妻店"，为方便群众生产生活发挥作用。1998年底，双代店全部与供销社脱钩，自主经营。

第二节　新型经营网络

一、新网工程

2006年8月21日，根据全国供销合作总社及省委、省政府有关文件精神，市供销合作社印发《关于推进“新网工程”服务新农村建设实施方案》，以建设“新网工程”示范店为切入点，对农村基层营销网络整合改造，把盘活社有资产与网络建设相结合，对原社属企业改制后剩余资产场地，引进合作伙伴统一规划，统一管理，统一标识，统一改造，统一货物配送，共同开发建设，并吸收符合条件的社会超市和农家店加入，形成供销社统一品牌的农村连锁超市和村级农家店。是年，全市规划建设示范店，要求示范店必须达到规定的经营场地面积、经营规模、经营品种数量、商品配送率、门店店容店貌、服务质量、诚实守信、遵纪守法8条具体标准方可加入，成熟一家验收一家。市社对验收合格的“新网工程”示范店按类型（村级店、乡镇店）分别给予3000元、3500元的专项补贴，其挂牌费用（每店800元）由各县（市、区）社给予配套补贴。是年，全市建成“新网工程”示范店55家。2007年3月19日，市政府批转市供销合作社《关于建设农村现代流通服务网络实施意见的通知》，市农村市场体系建设领导小组成立，统筹协调商务、供销合作系统全市农村现代流通服务网络和新型营销体系建设工作。市供销社随后出台《娄底市供销合作社“新网工程”管理与实施细则》，规定“新网工程”示范店建设的组织领导、建设程序、验收方法和内容标准。2008年，全市农村建立起农业生产资料、农副产品、日用消费品、再生资源市县乡村四级连锁经营体系。市供销社组织五县（市、区）“建网络创十佳”巡视会，全市“新网工程”示范店发展至173家，其中双峰、涟源、新化三县市示范店98家。

2009年，全市验收挂牌“新网工程”示范店307家，其中乡镇店119家、村级店188家。2010年，市供销系统通过互联网为农民提供市场信息，为专业合作社销售农产品牵线搭桥。各县（市、区）供销社分别建立县域配送中心，将示范店、农家店连接起来，降低采购成本，减少流通费用，加快资金周转，为“新网工程”标准化和品牌化创出新路。是年，全市重组和吸收入社的三湘农资公司、惠多利农资公司等8家农资企业，建立配送中心6个，发展连锁直销店103个，联系全市1800多个经销网点，形成农资现代营销网络；组建专业合作社28个，依托庆阳牧业、万宝食品、永丰辣酱、恒旺食品、专业土产公司等龙头企业，采取“订单农业”方式组织当地农民生产，建立辣酱、花生、黄豆、中药材、本地生猪等生产基地35个，其中有辣椒基地666.67公顷、花生种植基地400公顷、黄豆种植基地333.33公顷、中药材基地2666.67公顷。规模化生猪养殖基地147个，依托龙头企业加工增值，形成农副产品营销网络。

2011年，全省农村移动电子商务暨“网上供销社”在娄底试点，共发展108家乡镇加盟店、移动“供销通”用户8000余户，省内外127家品牌供应商签约进驻“网上供销社”。全市62家经销商企业、46家农民专业合作社成为“网上供销社”平台会员。湘村黑猪、家嘉豆制品、永丰辣酱和大批水果、茶叶、中药材远销长沙、广州等地。2013年初，市供销社评选出10家文明服务示范店，在全市供销社工作会议上授牌表彰。

2016年，市供销社探索电子商务与入社企业发展利益联结合作，筹备组建新的供销电子商务公司，对接全国总社供销e家、省社惠农供销平台。7月，“娄底供销”微信公众号注册搭建运营，侧重以绿色、优质特色农产品为突破口，打造娄底服务“三农”新平台，开展全市三农信息服务和农商培训，推进区域特色农产品交易中心建设，设立“供销e家”娄底农产品展示平台，着手筹建大宗农产品、区域特色农产品线上交易中心。2017年初，市供销社牵头按“1+5”模式组建娄底市新供销电子商务公司。年中，市级产品展示中心投入运营。双峰县、涟源市营运中心成立。新化县供销e家实体店建成，采集特色农产品200多种，完成产品上传全国总社“供销e家”准备工作，建设娄底市农特产品数据库列入全市电子商务发展规划。是年9月，针对涟源市古塘乡500吨金秋梨滞销情况，市社利用微信平台“娄底供销”与涟源市社和家利多电子商务有限公司合作垫资3万元，先后2次在古塘乡金秋梨基地和龙泰上品广场举办古塘金秋梨产品推介会，金秋梨的价格为每500克增加1元钱左右。娄底新供销电子商务有限责任公司，加之前先建立的农业生产资料、农副产品、日用消费品和再生资源4大网络，形成既分工又协作的5大农村现代流通服务网络。年底，娄底“供销e家”有加盟店5家，电商从业人数72人，依托“供销e家”网络完成销售71.42亿元，比上年增长17.68%，实现利润8817万元，同比增长6.8%。

二、农民专业合作社

1990年，全地区供销社以“自愿、平等、互助、互利”原则发动农民合办茶叶、柑橘、薏米、辣椒专业合作社43个，入社场所869个，农户3616户，专业种植面积4993公顷，年产值1632万元。1993—1997年，绝大部分基层供销社和专业公司撤销生产股，解散生产培植人员，供销社对农民专业合作社的扶植基本中断，农民专业合作社处于自我发展状态。

1998年9月10日，地区供销社根据省供销合作社《关于进一步发展和规范专业合作社的意见》，要求县乡供销社兴办各类专业合作社，深化供销合作社改革，参与、服务农业产业化。地区农资总公司与娄底小碧乡政府签订合同，承包乡经管站园艺场，发展专业合作社示范基地，选派农艺师和大学生15人，维护柰李3.6公顷、种植脐橙1.6公顷、柑橘4.267公顷，建设万羽养鸡场1个，养鱼3万尾，带动周边种养农户400户。双峰县甘棠镇供销社领办药材专业合作社，入社农民5000余人，种植中药材1867公顷，遍布全镇83个村，其中种植玉竹453.33公顷、丹皮166.67公顷、射干80公顷、白术69.47公顷、白芍130.67公顷，年产值1800万元，产品远销中国香港、台湾和东南亚地区。至2003年，全市供销系统创办各种专业合作社97个。2004年，市供销社贯彻省政府办公厅《关于发展“两社一会”意见的通知》，通过人才培训，专项资金扶植，发展农产品生产基地55个。是年，全市供销社系统企业改制进入收尾阶段。年初，市社与涟源市供销社组织下岗职工在桥头河兴办台湾蜜枣专业合作社；与双峰县供销社联合社会力量兴办新半山园特种水产养殖合作社，养殖水面6.67公顷，主要养殖美国鮰鱼和四大家鱼，当年达产200担。4月28日，双峰县走马街镇龙腾现代农业专业合作社挂牌成立，开发土地73.33公顷，其中种植花卉26.67公顷、优质水果33.33公顷、药材13.33公顷、食用仙人掌4公顷，联结农户1500户。娄星区社结合建整扶贫工作，在百亩乡楂林村组建种养专业合作社，开发荒山1.33公顷，种植杨梅5000棵、枇杷1200棵，同时修建养猪、养鸡基地。是年7月，双峰县花门镇翠垅无公害蔬菜专业合作社、双峰县供销社石湾良种养殖基地合作社成立，吸收专职技术人员35人、入社社员500户、吸纳股金200万元，固定资产投资1000万元，带动周边农户1500户，年出栏活大猪6万头，产值7500万元，创利税800万元。新化县供销社领办新化县中药材联营合作社，入户社员251户，中药材年生产加工能力1000吨，年产值1100万元。

2005—2006年，娄星区供销社领办万宝花生种植加工专业合作社，入社社员1200户，种植花生400公顷，年产值4200万元，为农民增收500万元，生产的花生奶饮料遍销全国。涟源市供销社领办涟源市古塘金秋梨专业合作社，年产5吨。冷水江市供销社与当地粮食局联手创办永佳苗木花卉专业合作社，生产销售退耕还林苗木、经济林果苗木、各种绿化观赏苗木及花卉，承办城市生态园林绿化工程设计与施工及花卉出租等业务，种植不同品种不同规格优质苗木200多种，占地13.33公顷。新化县供销社领办新兴猪业专业合作社，首批入社社员87户，涉及12个乡镇，产值5700万元。专业合作社在饲料配送、仔猪供应、疫病防治、信息技术、生猪出售及加工等方面为入社农户提供系列化服务，年产值1亿元。

2007—2017年，市供销社贯彻《中华人民共和国农民专业合作社法》，对各类农民专业合作社规范化管理，各类专业合作社不断发展。市供销社系统兴办领办农民专业合作社132家，入社社员10万人，涵盖种植业、养殖业、农产品加工、食用菌培育、农用机械服务、农业生产资料供应和农产品购销等领域。双峰县湘军农产品种植基地专业合作社被全国供销合作总社评为示范性专业合作社，娄星区神农山庄专业合作社、涟源市明珠种养专业合作社、新化新兴猪业合作社、双峰县湘军农产品种植基地专业合作社入选全国总社“千社千品”富农工程。

2011—2014年娄底市全省供销合作社系统农民专业合作社示范社一览表

表36-1

合作社名称	入选时间
涟源市特色水果种植专业合作社	2011
双峰县金和种植农民专业合作社	2011
新化县炉观镇宏兴养殖专业合作社	2011
冷水江玉新葡萄种植专业合作社	2012
新化唐奇中药材种植专业合作社	2012
湖南省冷水江市瑞生源杨梅种植合作社	2012
双峰县雷打石生态农业农民专业合作社	2014
冷水江市响妈妈葛根种植专业合作社	2014
双峰县大地正丰种养农民专业合作社	2014

2015—2017年娄底市全国(省)供销合作社系统基层社标杆社一览表

表36-2

单位名称	入选时间
双峰县金和供销合作社有限公司	2015
冷水江市中心基层供销社	2015
涟源市蓝田供销社有限公司	2016
娄底市娄星区茶园镇基层社(全省)	2016
双峰县鑫合联供销合作社有限公司(全省)	2017

2012—2017年娄底市全国供销合作社系统农民专业合作社示范社一览表

表36-3

合作社名称	入选时间
双峰湘军辣椒种植专业合作社	2012
涟源超琅红薯种植专业合作社	2013
涟源盛达种植专业合作社	2014
涟源金鹏种植专业合作社	2014
新化亿园中药材种植专业合作社	2014
湖南省冷水江市瑞生源杨梅种植合作社	2015
湖南省双峰县金和种植农民合作社	2015
涟源市天柱山禽业专业合作社	2016
双峰县雷打石生态农业农民专业合作社	2016

2014—2017年娄底市国家级农民合作社示范社一览表

表36-4

单位名称	入选时间
新化唐奇中药材种植专业合作社	2014
双峰县智创牧业农民专业合作社	2017

说明：由全国农民专业合作社联席会议办公室评选

三、网上供销社

2010年3月，娄底市成立全省首家地市级网上供销社。4月，注册娄底供销电子商务有限公司。通过半年试点运作，全市发展乡镇加盟店108家，发展移动供销通用户1.7万户，建立远教—网上供销社村级服务点71个。所有加盟店统一形象、统一标识、统一装修标准、统一安装电脑、宽带、打印传真一体机、农行支付通、银联POS机等信息化硬件设施。市供销电子商务公司与市移动公司、市农业银行签署战略合作协议，共同搭建新型电子商务服务平台，带动农村物流、信息流、资金流贯通，为解决农民“买难”“卖难”问题提供新途径。10月，全省农村移动电子商务试点工作汇报暨“网上供销社”推广会在娄底召开，人民日报、新华社、中央电视台1套、7套以及湖南日报、湖南卫视、湖南经视、娄底日报等中央、省、市主流媒体先后全方位、立体式宣传报道。2011年，全市新增远教站—网上供销社村级服务点260个。2012年，全市新增远教站点—网上供销社村级服务点152个，其中娄星区30个、双峰县35个、冷水江市32个、涟源市30个、新化县25个，培养网购代理人297人，站点新增电子政务功能。网上供销社拓展加盟店服务领域和范围，代办火车票、医疗挂号、代收水电费、代售福利彩票等等。是年，市远教—网上供销社工作领导小组成立，制定《娄底远教—网上供销社试点工作实施意见》《关于推进全市远教—网上供销社工作实施方案》《远教—网上供销社综合服务点管理办法》。2016年，娄底供销电子商务公司由于股本结构问题和暂时性亏损予以清算退出。2017年12月5日，为延续网上供销社工作，市供销社与所辖县（市、区）供销社商定，按照“1+5”（市社+5个县市社）模式，注册成立娄底市新供销惠农电子商务有限责任公司。

2017年，新网工程、网上供销社、供销e家等平台逐步建立和完善，助力农民脱贫致富。市社组织各县（市）区社赴湖北学习考察电子商务工作，牵头按“1+5”模式组建全市新供销电子商务公司，采集特色农副产品200多种上传全国总社供销e家。建起娄底农副土特产品数据库，注册“梅山农哥”商标。涟源市社向涟源市政府申请，将供销社电子商务纳入全市农村电子商务建设重点规划和电子商务进农村省级示范县建设，成为拥有136家电商实体店的优秀电商企业。

第二章　经营业务

第一节　农资购销

1990年，全地区化肥、农药、农膜基本由政府定价，供销社专营。是年，全地区销售化肥22.45万吨，农药2132吨，农膜527吨，农用机械具2.44万部（件），销售金额1.30亿元。1991—1993年，全地区销售化肥68.29万吨，农药6424吨，农膜1626吨，农用机械具7万部（件），销售额4.86亿元。1994年，地区农资公司打破过去坐等上门开票惯例，在农村增设农资网点2500多个，委托1100多个代销点。农民在家门口就能买到所需农资，节省劳动工日30多万个。是年，全地区销售化肥27.26万吨，农药2545吨，农膜733吨，销售金额1.56亿元，比上年增长8.26%。1995—1999年，为稳定尿素货源，地区农资公司与资江氮肥厂签订冬储协议，每年冬储尿素3万吨。三年间，全地区销售化肥67.35万吨，农药7600吨，农膜1500吨，销售金额24.27亿元。其中双峰县供销社以16个基层社为网络，分设网点，分头销售分摊费用，年均销售农资1.1亿元，连锁经营综合经济效益225万元。县农资公司盈利90多万元。2001年，全市供销社企业改制，6家县级农资公司退出市场。44个基层供销社相继改制，经营网点全部处理给职工个人，农资供应由集体经营全部转为个体经营。2001—2008年，全市农资经营品种、数量、销售金额无法统计。

2009年，全市供销系统组建股份制农资企业8家，建立农资配送中心12个，依托乡村综合服务社和新网工程网点，全市供销系统销售农资金额1.3亿元，其中销售化肥11.2万吨。2010年，除个体销售农资外，全市供销部门销售化肥111.22万吨。2011年6月，全市遭受特大洪涝灾害。全市供销部门调度防汛救灾物资和生产自救化肥、农药、种子14万吨。2012—2016年，全市供销系统强化服务意识，完善经营网络，把好质量关，杜绝假冒伪劣，年均销售农资62万吨，销售额6.9亿元。2017年，全市销售农资71万吨，销售额7.2亿元。

第二节　农副产品购销

1990年，全地区收购农副产品6626吨，其中柑橘114吨，黄花菜601吨，收购金额4549万元，销售金额5203万元。1991年，全地区收购农副产品5638吨，其中柑橘287吨，黄花菜254吨，收购金额4326万元，销售金额5100万元。1992年，全地区收购农副产品5202吨，其中柑橘因自然灾害，仅收购200吨，销售金额4752万元。1993年，全地区收购农副产品4046吨，主要为红碎茶、功夫茶、绿茶、黄花菜等。收购金额4780万元，销售金额4652万元，出现亏损。1994年，黄花菜退出收购。1995年，全地区收购金额2031万元，销售金额1567万元，大幅下跌。1996年，收购金额有所回升，至1998年，收购金额5217万元，销售金额4890万元。1999—2003年，收购数量和金额逐年减少，2003年，低至收购金额1950万元，销售金额1745万元。2004年，企业改制后，全市供销社系统引导农民组建各类专业合作社、行业协会，直接进入市场，市供销社不再统计收购量及金额。

第三节　日用工业品购销

1990年，全地区供销社系统日用工业品经营网点1947个，直接从生产厂家购进日用工业品1200万元。地区供销社在涟源市桥头河区供销社举办联购分销试点。1991年，逢场赶集1800多场次，销售500多万元；摆摊设点1510场次，销售210余万元；货郎担送货下乡1500多次，送售商品1800余万元；举办各种展销会，促销商品1500余万元，代销店代销日用工业品3328万元。除零售外，还建立工业品批发部32个，批发销售日用消费品6000万元。是年5月，地区供销社召开全区供销系统加强联购分销和以活对活现场经验交流会。1992—1997年，全地区基层供销社试办特价商店24个，商厦、超市经营机制逐步放活，价格随行就市，年均销售日用工业品8200余万元。地区供销社组建达康商社，联网入社企业有：市农资公司新大星商业城、新世纪商业大厦、冷江大厦、涟源日杂公司、新化联营公司、双峰青树坪供销社、涟源四古供销社等14家企业。1997年，达康商社直接从生产厂家购进电视机、洗衣机、电冰箱等日用消费品5700余万元。涟源市四古区供销社通过达康商社，联购分销长虹、康佳彩色电视机2946台。是年，全地区供销系统与108个生产厂家建立总经销关系，总经销日用工业品722种，为厂家代销品种1518个。1999年，市供销社投资兴建银海商业广场开业，设有彩电、小家电、百货、鞋帽、服装、科文、超市7个经营部。当年销售商品6260万元。是年，全市供销系统日用工业品销售额6.26亿元。2000—2002年，全系统从生产厂家年均直接进货4.6亿余元，原来需要凭票供应的名牌洗衣机、自行车，以及原来限制供销社经营的彩色电视机等高档商品大量进入农村商场。摩托车、录相机、数码照相机、化妆品、名牌服装等时尚商品也摆上农村供销社门店柜台，农民也能就近买到时尚商品。2003年，各县市供销社联营公司（工业品公司）解体，相关业务由“新网工程示范店”及“网上供销社”承担。2003—2017年，进货渠道全面放开，进货量供销社不再统计。

第四节　再生资源回收

1990年，全地区供销社系统有6家废旧物资回收公司，其中市社1家，县市社5家，从业人员317人，当年回收各种再生资源2.35万吨。1991年，地区供销社贯彻《国务院关于加强再生资源回收利用管理工作的通知》，供销社废旧回收公司取得报废汽车回收拆解经营权，全年回收再生资源2.46万吨。1992—1994年，年均回收再生资源3.1万吨，其中收购废钢铁1.95万吨。1995年，财政部、税务总局印发《关于对废旧物资回收经营企业增值税先征后返的通知》，对从事废旧物资经营企业增值税，一般纳税人按现行规定计算缴纳增值税后，由企业提供纳税凭证，经审核后按入库70%返还企业。有效地调动企业积极性，购销大增，当年全地区废旧物资购销额首次突破7000万元。1996—1999年，全地区回收再生资源34.82万吨，其中废钢铁19.84万吨。2000—2004年，全市回收再生资源32.54万吨，其中娄星区供销社再生资源公司回收并销售废钢1.17万吨，创利528万元。2005年，全市6家再生资源公司全部改制完毕，资产被处置，职工身份被置换，再生资源经营业务停止。个体经营户完全占领全市再生资源回收市场。2006年，随着“新网工程”的建设，供销系统得以重建实现乡村再生资源四级回收体系。2009年，再生资源回收企业快速发展，全市供销系统再生资源营业收入1.17亿元，实现利润72万元。娄星区供销社吸收入社的娄底市森泰再生资源公司，年经营处置废旧金属50万吨，被商务部定为循环经济试点企业。市再生资源公司在企业改制后重组，联合置换身份的6名职工，组建娄底市七星再生资源有限公司，成为市供销社参股企业。2004年，公司回收废钢7000吨、锰渣2000吨、报废汽车100多台，全年销售金额4100余万元，以后连续6年业务强势发展。2011年后，个体经营户大量进军废旧物资回收市场，竞争激烈。七星再生资源有限公司除保留废钢、报废汽车回收业务外，退出其他废旧物资回收市场。至2017年，个体经营户成为全市废旧物资回收市场主力军。

第五节　社办工业

1990年，地区供销系统共有11家独立核算的社办工业企业，年产值1500万元，其中5家发生亏损，亏损金额41.4万元。1991年，全系统社办工业企业年产值1400余万元，亏损37万元。1992年开始，地区供销社对社办工业进行整顿，及时调整发展方向和策略，重点放在抓大放小、重规模、重管理，培育重点龙头企业，作坊式的社办工业企业相继停产。是年，新化县化工染料厂投产，年产碱性品绿150吨，碱性嫩黄80吨，色酚中间体60吨，产值1500万元。1993年，新化县供销社生命链酒厂投产，年产系列化生命链酒55吨，产值150万元。在全国新技术新产品交流交易会上，生命链酒被评为全国星火计划成果金奖，先后获日本第五届国际博览会金奖、亚太博览会金奖。是年，全地区社办工业产值2512.2万元，直接出口茶叶3100吨，成品肠衣1400吨，盐渍藠头、清水竹笋罐头230吨，创汇427万美元。1994年，全地区社办工业28家，年产值2625万元。1995年5月，地区供销社在双峰县召开社办工业推进会，全地区社办工业年产值3500万元。1996年，全地区社办工业停业2家，新增12家，总数达到38家，年产值4100万元，增长41%。1997年，新增社办工业4家，停办10家，总数为32家，年产值5100万元。1998年，全地区社办工业31家，年产值5580万元。2001年始，停办改制落后滞销企业，优势畅销产业转型升级，实现优胜劣汰，良性发展。双峰县供销社在原辣酱厂基础上，改制组建永丰辣酱股份有限公司，固定资产786万元，年产辣酱860多吨，产值1960万元，赢利130万元。是年，公司加大技术研发，重新包装永丰辣酱，开发拳头产品。国藩家府辣酱，参加全省农副产品博览会及中国（北京）国际合作贸易洽谈会，均被评为部优产品，连续三年获评湖南省博览会金奖，永丰辣酱成功申请为地理标志产品，产品畅销海内外。2001年，中国加入WTO后，社办工业企业效益日降，80%出现亏损，社办工业大多关门歇业，少数转体经营。2002年，全市社办工业实行体制改革，至2009年，全市供销系统全部完成企业改制，企业和职工完成两个置换。是年，市供销社开放办社，陆续吸收娄底恒旺食品、庆阳牧业、万宝食品饮料、新化前进食品有限公司等企业加入。全市供销社系统新办工业企业16家，资产总额4585万元，工业总产值6.828亿元，利税总额2876万元。2015年，社办工业企业11家，工业总产值11.79亿元。至2017年，不再单列社办工业门类。

第六节　生产培植

20世纪90年代，境内茶叶、辣椒、薏米、药材、烟草、土纸、黄花菜为传统大宗农副产品。1990年，全地区供销系统投入人力、物力、财力，扶持扩大发展传统农副产品，同时引进良种良畜，种养结合，壮大农副产品产业。经扶植发展起来的项目有种植、养殖、采集、加工、林副产品、编织、捕捞七大类，约400个品种。培植商品生产总面积2.99万公顷，其中茶叶1.28万公顷、年产量9307吨，柑橘0.64万公顷、年产量27750吨，黄花菜0.14万公顷、年产量370吨。扶持专业场队2948个。是年，地区供销社安排生产扶植资金824.67万元，扶植生产用化肥11479.8吨，举办各种类型技术培训班，培训农民技术员40万人次。同时在集镇墟场设技术辅导站30个，建科研小组400个，创办经济作物技术服务点180处。

1992年，地区供销社先后引种枣树、大叶茶、蓖麻、柑橘、药材、蚕桑、葵扇、青皮竹、苹果、乌桕等良种，推广种植192公顷。先后引进苏淮鸭、黑山羊、白拉克鸡、长白猪、长毛兔等良种家禽，向农民推广，促进多种经营发展。供销社采取奖励化肥、农药、钢材、煤炭、油料、木材、楠竹、排灌设备等办法，扶植多种经营生产。全地区供销社扶持农副产品生产资金1500万元，组建茶叶、柑橘、黄花、薏米、辣椒等专业合作社43个，入社场队869个，农户3616户，专业种植面积4793.47公顷，年产值1632万元。1993—1999年，基层供销社和专业公司收购货源越来越困难，大宗农副产品收购由分散农户向生产基地转变。全地区建立各类农副产品生产基地2749个，面积3266.67公顷。其中规模较大的有：娄底市小碧乡辣椒基地，种植辣椒66.67公顷；双峰县杏子铺镇万宝村墨西哥食用仙人掌基地，种植墨西哥食用仙人掌3.33公顷；娄底市梅花鹿及母猪养殖基地，养殖梅花鹿、母猪各400多头；冷水江市谭家村林场土鸡养殖基地，年出售土鸡10万羽；双峰县甘棠镇中药材基地，入社农民5000余户，种植面积1867公顷，遍布全镇83个村，种有玉竹、丹皮、射干、白芍、白术等中药材，年均产值1800余万元，销售收入1208万元，当地农民增加纯收入129万元；娄星区中心基层社种植基地，32户农民入股，种植柑橘37.3公顷，年出栏生猪1000头；娄星区供销社百亩乡楂林村组织专业合作社基地，开发荒山13.3公顷，种植杨梅5000株，枇杷1200株，年出栏土鸡8000羽，饲养母猪20头，年产值600余万元。2000年，娄底市恒旺食品有限公司在娄星区茶园镇、新化县圳上镇创办“公司+农户”黄豆生产基地。公司提供种子，保底价收购产品，种植黄豆333.33公顷。双峰县花门镇翠垅无公害蔬菜专业合作社，入社农民318户，建蔬菜大棚50个，种植辣椒、茄子、黄瓜、叶菜53.33公顷，入社农民人均增收2800元。市供销社重点扶植双峰县湘军农产品种植基地专业合作社、娄星区神龙山庄专业合作社、涟源市明珠种养专业合作社、新化县新兴猪业合作社等。

2001—2003年，部分供销社转向农产品加工、储存等业务服务。地区供销社食杂果品公司兴建全地区第一座500吨果品冷库，储存水果蔬菜，调节淡旺季供应矛盾。地区茶叶土产公司兴办茶叶加工厂生产“米女”牌红碎茶供应出口，解决部分茶场卖茶困难，双峰县巩固辣酱一厂，保持永丰辣酱老字号，促进当地辣椒生产，致富农民。2004—2008年，市供销社企业改制基本完成后，按照省政府办公厅《发展“两社一会”意见的通知》，至2009年，全市发展专业合作社17家、农村综合服务社32家、专业协会20家，2010—2016年，依托庆阳牧业、万宝食品、永丰辣酱、家嘉食品，新化农林科技、冷水江景宜果业等专业龙头企业，采取“订单农业”方式组织当地农民生产，建立辣酱、花生、水果、黄豆、中药材、本地生猪生产基地450个，年均种植4.6万公顷，其中有辣椒基地666.67公顷，花生种植400公顷，黄豆基地333.33公顷，葡萄基地333.33公顷，柚子基地200公顷，中药材基地2600公顷，规模生猪基地（大户）147个。2017年底，新化县农林科技有限公司的黄精、冷水江市景宜果业有限公司的大友牌葡萄、双峰县湘军辣酱食品有限公司的永丰辣酱、涟源市天柱山禽业基地养鸡产业成为当地优势产业。至2017年底，全市供销社系统扶植发展专业合作社132个，入社农户2万余户，建立各类农产品基地2200余个。其中6个专业合作社入选全国总社“千社千品”富农工程。生产基地建设为大宗农副产品购销提供稳定货源。

第三章　企业改革

第一节　“四放开”改革

1990年，全地区国合商业亏损1000余万元。供销社系统亏损单位34个，占88个核算单位的39%，改革势在必行。1991年，地委、行署贯彻省政府《加强供销社工作的通知》精神，推行经营放开、价格放开、分配放开、用工放开改革（简称“四放开”）。地委、行署成立“四放开”改革领导小组，确定全地区50家试点单位，其中供销社系统确定双峰县日杂食品公司、涟源市农副产品公司等6家。1992年5月，全面推广。地委、行署先后召开“四放开”改革经验交流现场会3次。在全省会上，双峰县食杂日杂公司、涟源市伏口区供销社2个企业介绍经验。省、地先后下发5个关于“四放开”文件，地区四放开领导小组编写《四放开资料汇编》下发全地区商业和供销企业1000余册。地区供销社《积极推行四放开，振兴供销社企业》经验，在国家体改委、商业部推广。1998年，全地区供销社系统“四开放”改革全部到位。

第二节　社有民营改革

1992年6月，地区供销社系统推行“社有民营”改革。7月，地区财委、供销社、农业银行、税务局等单位组成联合工作组，进驻娄底市供销社，对3个基层社89个门店试行“风险抵押承包，股份合作经营”改革试点，推行“统一领导，柜组（门店）承包，资金铺底，风险抵押，三定到柜，照章纳税，自主经营、自负盈亏”为主要内容的社有民营改革。娄底市西阳乡基层社区，29个门店中，有26个试行，经过5个月试点，年底完成销售492万元，为年计划61.5%，同比增长12.5%，上缴款项全部按时缴清。基层社试点取得初步成效。是年8月，行署下发《关于在国合商业小型企业推行公（国）有私营改革若干问题的意见》，把社有民营作为积极探索供销社转换企业经营机制的一项重大改革。11月，县、市和地直公司全面推行，企业与社有民营承包人签订为期3年承包合同，原有库存商品一次性拍卖。商品拍卖损失由企业承担，拍卖款一次缴清。承包方式可以集体承包、个人承包、家庭承包、人员自由组合联合承包。对无能力承包又被组脱人员，采取停职下岗，由所在门店承包人每月发给100至150元生活费。承包人自主经营，作价随行就市，并有权决定员工待遇。是年底，全地区社有民营企业25个，基中双峰县16个、娄底市3个、涟源市1个、新化县4个、冷水江市1个。1993—1994年，地区88个独立核算企业中52个实行不同范围的社有民营改革，39个企业在所有门店中推行，13个企业限于小范围实施。全地区44个基层供销社全部推开。1995年，全地区推行此项改革的门店（柜组）826个，占门店（柜组）总数的47.6%，其中生产资料销售门店232个，生活资料销售门店494个，农副产品及废旧物资收购门店55个。参与社有民营承包经营的职工3425人，占职工总人数的30%，社有民营产生下岗职工1050人，占企业在职人数13.5%。社有民营单位应上缴承包款4120.4万元，累计收回3161.4万元，占79.2%；应收回铺底资金3539.5万元，实际收回1091.7万元，占30.8%。

1996年，行署办公室、地区财委、地农业银行、地供销社组成4个调查工作组，对5个县市社、22家企业（其中基层社15家）、25个报账单位社有民营、扭亏增盈情况进行实地调查研究，写出《大胆探索前进，总结完善配套》调查报告，指出社有民营改革企业合同兑现难、队伍稳定难、经营管理难。是年，社有民营单位铺底商品金额5200多万元，应上缴款1500多万元，风险抵押金560多万元，分别只收回48%、70%、34.9%。地区供销社按省供销社要求，提出整顿完善社有民营措施，统一步调，统一范围，统一内容，统一标准。特别是在承包经营范围上，只限于在边、小、亏、微门店进行，在经营者管理上，铺底商品金额人平5000元，承包期3年，到时全部收回。风险抵押金人平2500元，一年结算一次，综合上缴款，不按规定或连续三个月不交的，企业有权终止合同，收回场地，追回亏欠，人员作自动离职处理。1996年底，通过调整完善，全市社有民营职工3183人，比完善前减少1125人，社有民营柜组738个，占用固定资产原值2779万元，铺底商品资金3563万元，年综合上缴款1239万元，其中税金260.5万元，收回风险抵押金310.8万元。调整后共拍卖商品154万元，拍卖门店69个，拍卖门店收回资金144.2万元，出租门店69个，租金53万元。企业由商品经营向资产经营转变。1997年初，地区供销社规定，开展社有民营的单位，待合同期满后不再延续，没有开展的不再进行。是年底，社有民营3年承包合同到期，收回725个门店柜组，除极少数小微亏和小型饮食服务门店外，基本都收归集体经营，对社有民营中产生的遗留问题逐个予以解决。

第三节 企业改制

2001年5月，市政府下发《娄底市国合商业企业产权制度改革若干规定》，市政府成立流通企业改革领导小组，指导企业改革。改革采取分级管理、分级决策、分级实施办法。市供销合作社具体负责所辖直属企业改制，县级专业公司及基层供销社改制由各县级政府和县级供销合作社负责。市供销社和各县市社以推进“两个置换”为重点，整体推进社属企业和基层社产权变革和机制转换。产权交易所得，由政府、市县供销合作社统一掌握，统筹安排。在改制中坚持供销社的牌子不能丢、供销社的经营阵地不能丢、为“三农”服务的宗旨不能丢。全市供销系统参加改革的单位102家，其中基层社44家，县以上直属企业58家。参加企业改制干部职工1.57万余人（不包括挂靠和临聘人员）。其中在职1.23万人，离退休3400人，有资产总额6.65亿元，负债总额7.61亿元。其中市直属企业6家，职工669人，离退休127人。市直企业资产评估总值8250.3万元，负债1.34亿元，其中农资公司等5家老公司资产3560.6万元，负债5528.5万元。银海公司资产4689.7万元，负债7900.3万元。是年5月30日，市供销社下发《娄底市供销合作社直属企业产权制度改革实施方案》。在企业中组织讨论20多次，收集7个方面37条不同意见，七易其稿，再报市政府批准实施。

2002年4月，市政府印发《娄底市人民政府关于同意市直供销社企业产权制度改革实施办法的批复》，启动市直企业“两个置换”改革。实施方案中对置换身份职工补偿办法实行基础补偿加工龄补偿，基础补偿为每人6000元，工龄补偿每人每年800元。2002年4—9月，市供销社出台《直属企业产权制度改革实施细则》《直属企业资产处置的若干规定》《关于直属企业改制有关问题的补充规定》等多个文件，实行统一组织领导，统一组织资产处置，统一职工安置标准，依据企业不同情况，条件成熟一个改制一个。市社组成5个督查指导小组，进驻5家市直老企业，组织干部职工深入学习上级文件，澄清家底，协调企业处理债权债务，解决实施改制方案中遇到的困难。2002年，双峰县供销社在全市系统率先完成县级社整体改制。2003年，新化县开始改制，到2005年底，历时3年改制完成。2003年3月，市棉麻茶叶土产公司上报改制实施方案获市供销社批复同意。6月，市食杂果品公司和市农业生产资料公司改制实施方案获批。2003年5月，市棉麻茶叶土产公司完成改制。农资公司变卖农资大厦，果品公司与银海商业有限公司协商出售果品冷库及土地房屋资产，4家公司共有的花果山仓库由市社出面与职院协商出售。2004年5月—7月，市再生资源公司和市日用杂品工业品公司改制方案获批，是年9月，市银海商业有限公司改制方案获批。是年底，市棉麻茶叶土产公司、市食杂果品公司、市农业生产资料总公司、市再生资源总公司、市日用杂品工业品公司改制完毕。涟源、冷水江、娄星区社的改制工作也于2006年底前改制完成。

2007年1月，银海商业有限公司向市中级人民法院申请破产。3月2日，市中院裁定该公司破产还债。2008年6月，步步高连锁股份有限公司经公开竞拍以4930万元获得银海公司资产。加上商品及中央空调等资产变现收入4987万元，依法清收欠款，收回各种往来款161笔，共108万元，利息及其收入20万元，共计筹措资金5115万元。公司278名正式员工通过补偿解除劳动合同。至此，市社属6家企业全部改制完成。286人下岗分流，其中停薪留职184人，买断工龄12人，租赁承包经营80人，退股走人10人。

至2009年底，全市供销系统102家企业，整体完成改制企业96家，部分完成改制企业6家。企业职工通过补偿得到安置。在企业改制同时重组企业24家，安置职工1445人。

1990—2017年全市供销社系统商品购销利润表

表36-5 单位：万元

年份	购进总额	销售总额	报表利润
1990	60757	70743	-307.8
1991	65904	73764	175.7
1992	61525	75903	7.1
1993	58423	70907	52.8
1994	73858	87278	54.1
1995	90184	102260	96.1
1996	102932	120086	76.5
1997	115490	136926	37.8
1998	123395	142684	-695.2
1999	119518	132026	-5961.6
2000	114985	130748	69.7
2001	126431	142161	108.4
2002	114631	127395	86.8
2003	105000	130000	233.7
2004	101800	112000	322.5

续表36-5

年份	购进总额	销售总额	报表利润
2005	121500	117334	463.0
2006	120135	131477	450.9
2007	143691	168400	1158.5
2008	179650	193445	1645.0
2009	203780	223360	2518.0
2010	276859	292190	3489.4
2011	342321	361232	4538.9
2012	352149	384940	4972.3
2013	392231	422730	5410.5
2014	427303	469652	5799.1
2015	466542	537538	6190.9
2016	549695	606883	7367.0
2017	663106	714193	7774.0

第四章 经营管理

第一节 管理机构

1990年，地区供销社实行党组领导下的理事会负责制。社机关内设人事教育科、计统科、基层贸易科、生产科、财会科、物价科、储运保卫科、办公室、纪检监察室，同时设立系统工会、机关工会组织。1992年4月，地区供销社组建湘中贸易总公司，实行一套人马，两块牌子。机关由管理服务型转变为管理经营服务型。转体后成立的湘中贸易总公司为一级企业法人，下设6个经营部。另设劳动服务公司和安全统筹办公室。1995年10月，湘中贸易总公司停止运转并进行全面审计，除3个主要经营部3名负责人留下处理经营部债权债务外，其他人员返回机关。

1996年，地委、行署贯彻《中共中央、国务院关于深化供销合作社改革的决定》，地区供销社被确定为市政府直属正处级事业单位，恢复设立办公室、人事科、财务科、合作指导科、科工农贸科、保卫科、审计科、后勤服务科，恢复系统工会、监察室。1999年，根据《供销社章程》，设立娄底市供销合作联社监事会。2002年1月，市供销社机关内设办公室、人事科、财务统计科、合作指导科、经贸发展科（加挂保卫科）、审计科，另设纪检监察室、工会、机关党委3个工作部门。2003年，市供销合作联社纳入参照公务员法管理。2015年7月，市供销联社全资企业——市新供销资产经营管理有限公司注册成立。2017年，市供销社全资企业——市新供销电子商务有限公司注册成立。市供销联社与5个直属公司为产权所有关系；与娄星区、涟源市、冷水江市、新化县、双峰县5个县级供销社，为行业管理业务指导关系。

第二节 市场与企业管理

20世纪90年代中后期，大部分经营网点实行承包经营、社有民营和租赁经营。地、县两级供销社每年初下达商品销售额和利润两项指导性指标，不再下达经营计划指标。以法定报表为依据采用百分制计分考核管理。所属企业在“效益杯”竞赛中，主要经济指标按地财办考核口径，分县市供销社组和地直公司组。企业法人代表向地社交纳风险抵押金1000元，年终总分超过90分，风险抵押金退还，未达到90分者，抵押金作罚款处理。1990年，针对一些不法商贩哄抬物价，扰乱农资市场，无证经营，假冒伪劣乱象，地区供销社联合工商、公安、质监、物价等部门，对农资市场进行清理整顿，全地区取缔无证经营户2488户，销毁假冒伪劣农药化肥3853吨。1995年，商品销售额10.23亿元，同比增长13.6%，实现利润96.7万元，同比增长73.3%，按考核办法兑现目标奖。1997—2003年，全地区整顿农资市场，检查农资经营企业和个体户1600余家，查处经营假冒伪劣农资案件45起，没收非法经营化肥1361吨，没收非法销售化肥、农药金额1.8亿元。2004—2008年，全市供销企业全面改制，进一步加强人、财、物管理，确保改革顺利进行。其间，企业经营统计不便进行，经营业绩考核暂停。2009年底，市银海商业有限责任公司等企业完成改制。市供销社系统企业改制全部完成，以上考核管理自然中止。2010—2017年，市供销系统采取考核综合业绩方式进行管理。

第三节 扩股增资

1996年2月17日，地区供销社贯彻全国总社《供销合作社股金管理办法》，印发《娄底地区供销合作社股金管理办法（试行）》，规定吸收社员股金单位，必须是领导班子强、经营管理善、效益好的法人企业。入股对象主要是当地农民、乡镇（含城镇）居民、乡镇企业和供销社职工，入股时间应在一年以上，每股100元，活期股入股时间和金额不限。定向投资股，设立投资项目，入股时间应在三年以上，每股1000元。社外法人入股（含乡镇企业）股额、股数不限。股金由县市供销社统一掌握使用，股金和红利发放保息分红，及时兑现，以收定支，留有余地。各级社成立监事会、纪检、审计、保卫等部门和社员代表监督小组。1996年7月18日，地区供销社首家对外开放的社员股金服务部在涟源市桥头河区供销社挂牌营业。开业当天，吸收社员股金150万元（其中定期股120万元，活期股30万元）。是年，全地区供销社系统新增股金4039万元，入股社员8205人，累计股金4557.9万元。股金服务部35家。1997年，全地区股金服务部48个，入股农户33万户，股金总额1.21亿元。1998年5月，按上级要求，全地区停止扩股。股金用于农资购销5436.3万元，用于农副产品收购210.4万元，用于生活资料购销3725.7万元，用于扶植专业合作社6万元，用于其他175.7万元。当年逾期未收回的股金1335万元。资金的注入，使地区再生资源公司、双峰县青树坪供销社、涟源市茶叶公司、冷水江市果品公司、新化肠衣厂等一批企业走出困境。1998年，全系统商品销售14.27亿元。

1998年6月起，全地区发生多起股金挤兑风波。涟源市农资、再生资源、工业品3家公司及荷叶供销社股金服务部因不能确保支付而引发股金挤兑风波，涟源市14家股金服务部有7家被迫关门停业。地区供销社要求所有基层供销社支付保证金应保持股金总额40%。全系统支付保证金1725.7万元。1999年4月，地区供销社制订下发《关于清理整顿社员股金防范和化解风险的实施意见》，部署清理整顿工作。涟源市供销社变卖处置资产24处，收入351万元，处理库存商品500万元用于兑现股金。采取经济、行政、法律手段清欠追回1897.5万元，收回30%，用于退还股金。2000年6月，市供销社争取湖南省防范化解金融风险股金专项再贷款2400万元，用于股金兑付。至2003年初，全市供销社系统全面改制，股金规模收缩，挤兑股金风波平息。

第四节　安全统筹

1990年，全地区供销社系统经营商品中有易燃易爆的烟花爆竹、剧毒农药，经营设施陈旧，隐患多，抗灾能力差，安保工作难度大。全地区各级供销社和企业将经营责任、安全管理责任、财产损失责任三者融为一体，建立安全基金补偿统筹，包括内部财产灾害损失补偿统筹、内部财产盗窃损失补偿统筹、机动车辆损失和第三者责任补偿统筹、自有运输工具货物运输损失补偿统筹、职工家庭财产损失补偿统筹。是年底，全地区供销社系统参加安全基金统筹的企业86家，占全地区社属企业总数的97.5%，收缴安全统筹基金63.7万元，上缴省社4万元，补偿支出52.8万元。1991年，全地区供销系统所有企事业单位参加安全统筹。1992年，地区供销社下发《娄底地区供销社系统安全基金补偿统筹暂行规定》《娄底地区供销社系统机动车辆及驾驶员意外伤害安全基金补偿统筹办法》《娄底地区供销社系统职工家庭财产安全统筹试行办法》等文件，全地区供销社系统层层签订《社会治安综合治理目标责任书》《安全保卫统筹目标管理责任书》，地、县两级社一把手和企业法人代表为第一责任人。全地区供销系统添置干粉灭火器500个、消防栓64个、消防泵10个，加固维修围墙10处800米，加固门窗35处，整改电源线路15处。全系统千余名职工接受安全培训，常年开展安全无事故竞赛活动。全地区供销系统安保部门参与办理经济案件24起，追回欠款和挪用公款24.4万元，处理责任人28人，破获内盗案1起，挽回经济损失1.8万元，调处矛盾纠纷48起，协助23个基层单位收回内外欠款80万元，协助公安机关侦破一起黄花菜诈骗案，挽回经济损失40万元。1993年，全地区供销社系统开展“百日安全”竞赛活动，全年未发生重大火灾、交通、盗窃事故，地社被省供销社评为全省供销系统“安全基金统筹”先进单位。全地区供销社系统11名驾驶员被省社树为全省供销社系统安全行车五十万公里标兵。1996年，全地区供销系统开展“安全年”活动，共预防各种事故205起，盗窃事故由上年的23起下降到17起，抓获扒窃犯19人。双峰县社、冷水江市社防火、防盗、防车祸，安全统筹四大工作目标达标，被评为全地区供销系统安全先进单位。1997—2000年，全市供销系统经营网点2110处，除农资供应网点外，绝大部分实行承包经营和租赁经营，安全统筹基金收不上，统一管理困难。因社属企业“两个置换”改革正在进行，安全基金补偿统筹工作至2001年结束，供销社统筹办公室撤销，补偿基金收支经审计后移交市供销社财务统计科管理。

第三十七篇

对外经贸

概 述

1990—1991年，娄底地区对外劳务输出以公派为主，人数较少。全地区取消对外贸易定额补贴，推行自负盈亏经营机制。1993—1995年，行署出台一系列招商引资优惠政策，推动招商引资工作。1996年，地委、行署注重外贸工作，把招商引资成果与党政一把手绩效考核挂钩。是年，全地区启动外贸企业改革，首次开展加工贸易业务。1998年，劳务输出逐步步入正轨。是年，地区设立《娄底地区外经贸发展基金》。2001年，市委、市政府对境外来娄投资者在土地使用、项目收费、税收给予优惠；对行政审批备案事项简化手续，实行限时办结制度，对失职渎职行为追究责任。是年，娄底五江轻化公司赴德国投资，成为全市第一家对外投资企业。2003年6月，市委、市政府成立对外开放工作领导小组。8月，设立娄底市项目投资全程代理服务中心。全市年进出口额首次实现1亿美元。2005年，全市进出口额4亿美元。2007年，双峰县湘源皇视电子有限公司年出口超过200万美元，成为第一个市级民营出口加工贸易企业。2008年，全市进出口额10亿美元。省政府批复同意设立娄底铁路口岸。市政府制定《娄底市鼓励投资创业的若干规定》《娄底市规范建设项目收费暂行办法》等管理办法。2009年，突出扩大内需和承接产业转移两个重点，启动铁路口岸建设和海关、商检“交钥匙”工程。2010年，娄底经开区获批省级承接产业转移示范园区。2011年，全市进出口额22亿美元，实现三年翻番目标。2012年8月，设立娄底市口岸办公室，娄底铁路口岸建成。2013年6月，韶山海关驻娄底监管组挂牌成立，实现市内办理海关业务；市政府与长沙海关签署共同推进娄底市开放型经济发展的合作备忘录。2014年，韶山海关驻娄底监管机构受理报关单276票，进出口总值4384万美元。娄底进出口贸易检验检疫机构挂牌，结束进出口产品不能本地报检历史。涟源市获批省级农产品出口基地市，湘中黑牛获评全省出口名牌产品。娄底经开区湖南湘江电力集团有限公司取得境外承包工程资质，成为全市首家境外承包工程企业。2015年10月，市服务外包基地被省商务厅认定为湖南省服务外包示范基地。是年，娄底检验检疫部门受理进出口报检1250批，出具各类检验检疫证书（单）1000余份，货值1.25亿美元。2016年8月，湖南新合作湘中物流保税仓库获长沙海关批准设立，全市援外培训实训基地7个。是年，全市对外投资企业8家，投资额1.1亿美元。2017年，市委、市政府制定《娄底市关于实施开放崛起建设开放强市的意见》《娄底市招商引资若干政策规定（试行）》等文件，提出12条产业链招商措施。重点打造1个板材深加工及汽车零部件千亿产业集群，发展新能源电池及储能等5个百亿产业集群，培育发展生物医药健康等6个产业招商项目，建设十大特色产业园。市商务局执行商务部《外商投资企业设立及变更备案管理办法》，实施外商投资企业国民待遇加负面投资清单管理。市财政每年安排800万元，设立外贸外经口岸专项发展基金，用于奖励进出口、对外投资企业。是年，全市实际到位内联引资606.44亿元，利用外资4.62亿美元，对外工程承包营业额1亿美元。

第一章 招商引资

第一节 招商政策

1990年，全地区取消外贸定额补贴，推行自负盈亏经营机制。1992年，地委、行署出台一系列招商引资和外经外贸政策。1993年，出台《关于以改革开放促能源、原材料开发建设的若干实行办法》，对来娄底办企业的外商，可按国际惯例管理企业，享有充分的自主权，厂址自选，施工单位自招，合作伙伴自找，企业员工自聘，产品价格（除国家统一规定外）自定，经营管理自主；经营期10年以上的中外合营企业，免征地方税五年，对外资企业的出口产品除国家规定外，免征工商统一税，对所需能源、场地、运输和通信设施，优先提供服务。1994年，全地区新批“三资”企业14家，外商应到位资金5286万美元，实际到位861万美元，实际外资到位率16%。是年，地委、行署出台《关于发展外向型经济的决定》《关于招商引资的若干优惠政策》《关于落实招商引资优惠政策的意见》《娄底地区利用外资领导责任制》《娄底地区关于加强外商投资企业管理的若干意见》。1995年，地委、行署决定在娄底市郊规划100万平方米，建设娄底外商投资工业区，并安排招商引资专项经费。1996年，地委、行署贯彻省委、省政府开放带动战略，提出外贸抓扭亏、外资抓突破、外经抓起步、外商投资区抓开发的工作思路，把招商引资工作与党政一把手绩效考核挂钩。1997年，地委、行署提出“调整立足点，服务大外经贸”，出台《关于进一步扩大对外开放、搞好利用外资工作的决定》，制定利用外资优劣奖罚机制，对各县市招商引资成果进行核实、打分排队，对综合评分前2名的县市，颁发“全地区利用外资工作先进县市”称号和2万元奖金，综合评分最后1名的县市予以黄牌警告，2万元押金不予退回。1998年，地委、行署出台《关于进一步做好全区招商引资工作的通知》，建立招商引资单项考核制。建立一站式审批制，规定在一定时间内统一办公，加快项目审批速度，对重大项目实行领导责任制，设立招商引资专项基金。2001年，市委、市政府提出全力实施外向发展战略，围绕优化投资环境、营造招商氛围、拓展投资领域和强化后续管理4个方面开展工作。2002年，市政府出台《娄底市优化投资环境、扩大招商引资若干规定》。2003年，市对外开放工作领导小组、市项目投资全程代理服务中心成立，负责内联引资、重大投资项目全程代理，确立中心受理、联席办公、独立代办运行模式。建立招商服务网，实现网上代理和网上招商。是年，市政府全面清理、废止有碍对外开放的地方性文件和规定，出台《娄底市招商引资中介人奖励办法》《娄底市招商引资中工作考核测评办法（试行）》《市级领导联系重大招商引资项目和重点外资企业、民营企业责任制度》《娄底市鼓励外商投资若干规定（试行）》等，从政策上保证外商外企外资进得来、留得住、发展好；建立招商引资项目领导包干责任制，推行市、县领导联系重要客商、重点企业和开发园区制度；成立娄底市投资促进协会，搭建政企沟通平台，发展投资外包服务；市、县两级建立统一规范的行政服务中心。

2004年，全市重点抓签约项目履约落实，出台《娄底市招商引资工作实际考核与服务质量测评实行办法》，建立签约项目县（处）级领导跟踪落实责任制和定期督查制度，全市开展招商引资考核测评工作。2006年，市政府提出以招商引资为龙头，开拓国际、国内两个市场，利用国外、国内两种资源，扩大利用外资。2007年，招商引资工作以抓好工业项目、城市建设项目、资源开发项目、物流项目推介为重点，争取国际和国内战略投资者；以“安商”为手段，优化经济发展环境，营造良好营商环境；落实重大项目领导跟踪责任制，提高项目成功率。市对外开放工作领导小组办公室出台《娄底市重大招商活动签约项目履约工作考核试行办法》，对履约率70%以上且各项引资指标按考核综合得分高低确定奖励等次，由市政府给予奖励，对履约率低于50%县（市、区）取消各类招商引资评奖资格并通报批评。

2008年，市委、市政府对原有优惠政策进行重新调整和修正，印发《娄底市鼓励投资创业的若干规定》及其他3个相关文件，形成“1+3”招商政策框架。新的优惠政策体系从降低门槛、规范收费、重点扶持、落实奖励、优化环境5个方面提出切实有效措施。各县（市、区）相继出台新的招商引资优惠政策和奖励办法，下大力气整顿和改善投资环境，落实领导干部挂点重大项目责任制，完善项目全程代理服务。2009年，围绕科学发展，加速赶超战略部署，市委、市政府印发《娄底市招商引资考核奖励办法》，明确具体考核项目、内容、细则和奖罚措施。全市招商引资工作呈现领导挂帅、节会招商、乡情招商、机制创新特点，并突出依托协会、商会、园区、龙头企业招商，实现政策招商与以商招商相结合。2011年，全市围绕“四化两型、建设幸福娄底”战略思想，开展项目建设年专项活动，编印《2011年娄底市招商引资项目手册》《娄底市招商引资政策文件汇编》，加强招商引资项目信息管理，组织统计培训，实行项目台账式管理，在全市实现建档立册；引导市县经开区编制产业规划和产业定位，制定新的投资促进政策。招商引资工作提出突出招大引强，围绕世界、国内和民营500强，推动全市煤炭及煤化工产业、薄板深加工及配套产业、工程机械配套产业、电子信息及战略性新兴产业、城市休闲旅游文化产业集群发展。突出“两型”示范区平台建设，成立万宝新区，将“湘博会”打造成娄底对接东盟区域性经贸平台与面向全国的省级招商专业平台，承接沿海产业梯度转移。2013年，市政府印发《娄底市招商引资项目履约监督清理工作方案》，成立娄底市招商引资项目履约监督清理工作组，对前两年全市招商引资项目全面清查。2017年，市委、市政府印发《娄底市关于实施开放崛起建设开放强市的意见》《娄底市发展开放型经济考核办法（试行）》《娄底市招商引资工作专项考核办法（试行）》《娄底市重点产业小分队招商引资实施办法（试行）》《娄底市招商引资若干政策规定（试行）》等文件，进一步完善招商政策和措施。

第二节 招商成果

1990年，地区赴北京参加全国中外经济技术洽谈展示会，签订6个合作意向项目。地区委派代表随省外经委团参加湘籍海外侨胞洽谈会、香港第二届对外经济技术合作洽谈会等招商引资活动。1991—1992年，行署领导带队参加深圳、香港经贸洽谈会，达成引资协议26项。1993年，地区代表团参加第四次湘交会，考察新、马、泰东盟三国，对外发布外经招商项目100余个。1994年，地区代表团参加湖南港深经贸洽谈会，签订投资协议14个。1995年，地区首次举办娄底地区海外联谊暨经贸洽谈会（简称海联会），行署发布招商引资项目32个，签订引进外资合同6项、协议15项，合同利用外资390万美元，协议利用外资7287万美元。地区代表团参加第五届省商品交易会（简称湘交会），签订项目26个，协议总投资1.2亿美元，其中利用外资7805万美元。1996年，地区外经贸委筛选招商项目193个，汇编《娄底地区招商引资项目册》，囊括全地区160个项目，赴深圳、广州和北京上门招商，参加深圳商品交易会（简称深交会）和香港商品交易会（简称港交会）等招商活动，达成合作意向5项。全地区批准设立“三资”企业79家，其中投产35家。1997年，组团赴香港、深圳招商，参加北京省情说明会、美国投资说明会、深圳产权交易会、厦交会、中西部地区经贸洽谈会和第六届湘交会，引进外商投资项目12个。1998年，建立招商引资项目库，收纳项目200个，组织参加香港招商会、厦交会，举办娄底农产品交易会和海联会。地区新批外商投资项目15个，实际到位外资3516万美元，“三资”企业销售收入1.27亿元，利税598万元，外商投资占固定资产投资10.6%。

1999年，探索和开拓招商引资新领域、新形式，通过湖南招商信息网、娄底信息港和娄底科技信息网，首次开展网上招商，发布重点项目100个，介绍娄底投资环境、申办“三资”企业程序、优惠政策及利用外资管理部门、服务机构和开发区情况，举办娄底第二届海联会，参加厦门商品交易会（简称厦交会）等招商活动，引进外资项目21个，外商投资4.2亿美元，新批设立“三资”企业11家，实际利用外资2120万美元，“三来一补”企业产值1586万美元，“三资”企业出口创汇138万美元。2000年，参加中国东西部合作与贸易洽谈会、欧洲商品交易会（简称欧交会），赴美国、加拿大招商考察。对外发布60个招商引资项目，其中高新技术项目20余个，签约项目32个，引进境内外市资金3亿元，邀请两院院士、高校专家论证包装项目。双峰县在永丰高科技园、三塘铺无费工业园、杏子铺生态高新农业园、320国道、潭邵高速公路沿线实行无费到底招商优惠措施。新化县利用自然资源、人力资源，对外引资大熊山森林公园、狮子山公园开发和花岗岩、竹制品和宝石加工等项目。涟源市利用山、水等旅游资源开展招商，重点开发白马湖、龙山、湄江等风景区。冷水江市以招商引资促产业结构调整为重点，盘活国有资产，对外转让、租赁一批倒闭企业，解决一批下岗职工就业问题。市政府完善“一站式”审批，“一条龙”服务、“联合年检”等对外招商办公制度，印发《对外商合法权益及安全重点保护实施细则》。全年新批外商投资企业16家，新设外商投资企业分支机构4家，合同利用外资2875万美元，完成年计划110.6%，实际到位外资2589万美元，完成年计划117.7%，增长22%。全市“三资”企业年销售收入2.6亿元，“三来一补”企业销售收入960万美元。2001年，市政府组团参加北京高新技术产业周、湖南（香港）投资贸易洽谈会、深圳高新技术成果交易会等招商活动，全市新增外商投资项目12个，合同利用外资2568万美元，实际利用外资到位资金2846万美元，完成省、市工作目标。是年，市政府与南非艾古鲁赖尼市签订建立友好城市协议，邀请澳大利亚国际商会至娄考察，与北京航空航天大学、清华大学等高校建立项目关系。2002年，参加上海经贸活动周、深圳高新技术交易会，发布项目90个，签约项目62个，其中外资项目35个，投资总额1.94亿美元，合同利用外资1.27亿美元。全年新批外资项目22个，合同利用外资3342万美元，实际利用外资2872万美元，完成年计划111%。“三资”企业上缴税收1500万元。其中安徽海螺集团在双峰县投资8亿元兴建全省规模最大水泥生产线。2003年，全市引进市外境内项目186个，合同引进资金65.55亿元，实际到位资金19.18亿元，完成年计划319%。2004年，全市实现内联引资项目145个，总投资46.27亿元，协议引进境内资金44.41亿元，实现到位资金12.19亿元，完成年计划60.9%。省外项目占总项目55%。全市新批外商投资企业16家，合同利用外资2621万美元，完成年计划24%，实际到位外资2013万美元，同比增长139%，完成年计划39%。2005年，市主要领导带队参加东盟贸易洽谈会、香港贸易洽谈周等活动，发布招商项目187个。全市引进市外境内项目443个，合同引进资金163.4亿元，实际到位39.3亿元，为90多家企业全程代办服务，对50多家外资企业联合年检。全市新批外资企业32家，合同外资1.14亿美元，实际利用外资6830万美元，增长34.2%；外资税收地方留成4848万元。是年，全省最大外资并购项目——全球最大钢铁生产企业安塞乐米塔尔钢铁公司落户娄底涟钢。该企业以3.38亿美元收购湖南华菱娄底管线股份有限公司33.7%的股份。2006年，娄底组团先后参加中部地区博览会（简称中博会）、珠海贸易洽谈会（简称珠洽会），举办第2届省农业机械博览会等大型招商活动。全市内联引资项目317个，合同引进市外境内资金155.8亿元，实际到位42.5亿元，增长23.2%，完成年计划118%。是年，香港华润电力控股有限公司投资30亿元建设涟源煤电一体化项目。商业零售巨头—沃尔玛投资娄底经开区五江建材城，筹建娄底第二家分店。全市新批外商投资企业21家，合同利用外资1.15亿美元，实际到位外资9028万美元。2007年，参加中博会、珠洽会，举办娄底地级建制三十周年投资说明会，签约项目118个，合同总投资148.65亿元。其中引进湘潭康星百货股份有限公司参与红太阳商城改制，通过招商引资解决企业改制及职工安置问题，引进境内资金5000万元。全市批准设立外商投资企业19家（其中注册资本1000万美元以上的4家），办理变更手续的33家，撤销外商投资企业8家；全市利用外资2.33亿美元，比上年增长163%。

2008年，参加第二届湘商大会，签约项目39个，合同引资46.19亿元。组团参加第三届中博会、沪洽周等7大招商活动，其中沪洽周引进资金78亿元。市经开区在杭州举办薄板深加工基地产业推介会，在广州设立招商工作站，聘请招商人员，安排招商经费。冷水江在岳阳举办钢构件制造产业群项目推介会。双峰县作为全省十大承接产业转移基地县之一，承办第四届湘台经贸交流合作会娄底分会。全市内联引资项目287个，引进市外境内资金297.4亿元，实际到位65.7亿元，同比增长16.7%，完成年计划117.4%。全市新批外商投资企业10家，其中工业项目占90%。合同利用外资9784万美元，实际到位外资1200万美元。2009年，继续探索代理招商、网络招商、小分队招商、专题招商等新形式，推进“两库一网”（项目库、客户库及招商网站）建设，组团参加港澳洽谈周、中博会、湘商大会、湘台经贸交流会，举办第三届娄洽会等活动，全市引进市外境内项目259个，合同引资

388.1亿元，实际到位80.49亿元，引进省外境内项目201个，合同引资306.37亿元，实际到位69.02亿元。签约项目146个，总投资383.8亿元，引进资金361.8亿元。举办首届湘博会，并永久落户娄底，每年举办一届。市经开区引进资金120亿元，建设安塞乐米塔尔汽车板电工钢项目。双峰县引进外资5亿元，建设双峰凯迪电力。涟源市引进外资3.5亿美元，兴建华润电厂二期。娄星区引进1.5亿美元，建设韩国威利斯华光大厦。2010年，市经开区引进内资15亿元建设特种汽车及底盘生产项目，引进28亿元，建设绿色动力科技园暨大丰和电动汽车生产基地项目及上海大众中南配送中心项目，形成娄底新能源汽车生产集群。全市引进境内项目361个，实际到位资金110.4亿元，其中引进省外境内项目237个，实际到位资金87.7亿元，引进市外省内项目124个，实际到位资金22.7亿元。全市新增外商投资企业17家，合同利用外资3.86亿美元，实际到位外资1.62亿美元，完成年计划的108%，同比增长21%。

2011年，组团参加苏浙考察、北京科技博览会、第六届中国博览会、第七届珠海贸易洽谈会、第五届湘商大会、湘台经贸洽谈会及第三届湘博会等招商活动，签约项目78个。全市内联引资项目398个，合同引资683.56亿元，实际到位内资157.4亿元，同比增长37.5%，其中省外境内项目266个，到位资金95.1亿元，市外省内项目132个，到位资金33.4亿元。是年，邀请国产实业、大地钢构、兴昂国际、国电电力、德国ECBC等客商94批次到娄考察。新批外商投资企业6家，合同利用外资1.2亿美元，实际利用外资1.8亿美元。

2012年，市领导带队赴苏浙沪粤考察，轮流赴广州、上海敲门招商，组团参加第七届中部博览会、第23届哈尔滨国际经济贸易洽谈会、第18届兰州投资贸易洽谈会、第16届中国国际投资贸易洽谈会、中国（湖南）中小微型企业产品产销洽谈会、第八届珠洽会和随省厅赴日韩招商，举办第四届湘博会。全市新批外商投资企业2家，到位外资1.48亿美元。

2013年，市委、市政府实施“娄商回娄”战略，召开娄商座谈会、第三届娄商大会，组团参加第八届中博会。全市内联引资301.5亿元，实际到位外资2.67亿美元。2014年，编印《2014年娄底市重大招商项目解决方案》，开发重点项目99个，对接“长三角”“珠三角”薄板产业配套项目，引入项目20余个，赴太原、宁波、佛山等地进行不锈钢产业敲门招商，与阿里巴巴、广州建工集团对接电商产业，落户淘宝“特色中国·娄底馆”。全年全市新签约承接产业转移项目61个，投资总额148亿元，举办第五届湘博会，内联引资388.9亿元。全市新增境外投资企业7家，实际利用外资3.25亿美元。

2015年，全市签约项目116个，合同引进境内资金471.57亿元，实际到位资金435亿元。全市实际利用外资3.68亿美元；新批外资企业3家，合同利用外资1.01亿美元。2016年，全市内联引资515.8亿元，引进省外境内资金226.68亿元。全市实际利用外资4.3亿美元（其中省厅录用3.98亿美元），同比增长16.8%；新批外资企业2家，合同利用外资2442万美元。2017年，全市内联引资606亿元；其中重大项目103个，总部企业105个。全市引进外资4.62亿美元，增长16.1%。

万宝新区招商推介会暨“顺德造”平台娄底发布会现场
（2017年8月22日摄）

第三节 服务与管理

1994年，娄底行署提出加强“三资”企业管理和服务要求，首次开办“三资”企业外销人员业务培训班，成立省外商投资企业协会娄底办事处，为“三资”企业办税及进口设备办理服务业务。1995年，实行外资项目一站式审批，行署办出台《清理、规范外商投资企业税外费的工作方案》，全面清理外商投资企业收费项目，实行集中、公开收费。1996年，行署出台《关于对外商投资企业合法权益实行挂牌重点保护的试行办法》，挂牌重点保护的第一批企业有华达机械厂、梅香瓷业等11家外资企业。全地区完成全国统一部署的“三资”企业检查换证工作，撤销18家名存实亡外资企业，取消“三资”企业外汇年审费等五项收费。1999年，全市围绕“服务全区、外向引导、广泛参与、健康发展”思路，开创“三外联动”大外经贸格局，按照省“综合治理经济环境年”要求，注重提高全市利用外资效益，建立项目库，成立整治经济发展环境领导小组和外商投资企业协会，加强招商引资宏观管理和服务。2000年，市委、市政府突出问题导向，调整外资结构，提高项目质量，在产业导向上倾向高科技、农业产业化、国企技改和出口型外资项目；强化后续服务，突出招商活动实质性成效；营造招商氛围，优化投资环境。2001年，市政府出台《娄底市扩大招商引资若干规定》，对外来投资者（市外法人、自然人及外商投资企业）在土地使用、项目收费、税收以及产业专项上给予优惠，实行限时办结制度、简化办证手续，对外商投资文化旅游服务业实行扶持保护；对外商合法权益和人身安全依法保护等。2002年，建立政务中心，实现“一个窗口对外、‘一站式’审批、‘一条龙’服务”。2003年，开展税贸、银贸、关贸协作，协调商检、质监等部门，推动进出口企业管理体系认证和产品质量国际认证，帮助企业获得国际市场通行证，协助公安机关“经济110”工作，打击涉外违法犯罪及“三乱”案件，至2005年，处分副处级以上干部3人，科级干部11人，一般干部26人。2006年，娄底市投资促进协会成立，创建协会网站娄底投资网，开展网上招商，与市优化办、市监察局开设投资服务热线，对市内重点企业实行挂牌保护。至2010年，全市办结外商投诉案件24起。2011年，突出项目服务，推进从项目开发包装到项目洽谈签约、项目履约到位、项目建成投产再到项目台账管理等方面加大服务力度，促进招商引资质升量增。2013年，市政府对外来投资项目实行“一个项目、一名领导、一套班子”模式，推行驻厂服务，明确一名市级领导挂点联系，由政务中心全程代理外来投资项目手续。2014年，启动外资项目预申报系统，提高一次性办结率；加大重点项目全程代理服务、重大项目审批代理和联合审批力度。2016年起，全市执行商务部《外商投资企业设立及变更备案管理办法》，结束实行30多年的外资逐案审批制度，实施外商投资企业国民待遇加负面投资清单管理，创造更加国际化、便利化的营商环境。

第二章 对外贸易

第一节 进出口贸易

1990年，全地区对外贸易年出口供货（收购）6900万元，排名全省第9位；自营出口创汇超10万美元，获出口退税6.5万元。1991年，对外出口供货额1.37亿元，同比增长98.6%，出口创汇67.29万美元，其中自营出口创汇30.4万美元，外贸实现利润63万元。1992年，全地区对外贸易出口供货额1.91亿元，增长39.42%，总量和增幅分别排名全省第七位、第一位；完成出口创汇388万美元，其中娄底地区挂靠湖南省华湘进出口（集团）公司自营出口创汇304万美元，被评为全省经贸系统先进单位，获全省出口企业承包创汇一等奖；娄底地区首次自营进口机械设备1.3万美元，实现“零”的突破。是年，全地区外贸实现利润148万元，同比增长1.35倍。1993年，地区对外经济贸易公司和冷水江市外贸公司获得自营进出口权。对外贸易出口供货额2.23亿元，同比增长16.9%，出口创汇238.62万美元，其中自营出口创汇19.42万美元，比1992年减少93.62%。是年，行署组建地区对外经济贸易（集团）公司（简称经贸公司）。1994年，全年完成出口额2.56亿元，同比增长14.8%。涟钢进出口公司、洪源进出口公司、地区经贸公司和冷水江市经贸公司完成出口创汇515.36万美元，其中外贸自营出口创汇199.45万美元。1995年，全年完成外贸出口额1.94亿元，同比下降24.23%，出口创汇1200万美元，其中外经贸系统自营出口创汇798万美元。全年实现进出口总额816.02万美元。1996年，娄底地区实施“以开放促开发”战略，扩大出口创汇、扩大招商引资、扩大对外经济合作、扩大外向型经济发展，坚持外贸抓扭亏、外资抓突破、外经抓起步、外商投资区抓开发。全地区新增锑品冶炼厂、新型装饰材料厂、电解锰厂和塑料编织袋厂等5家外贸企业。新化、双峰、涟源、市外贸公司和锡矿山矿务局获得自营进出口权。全地区完成外贸出口商品经营额1.13亿元，同比下降41.75%。完成进出口总额2825万美元，其中出口1377万美元，进口1448万美元。

1997年，省锻造厂、向红机械厂获进出口经营权。全地区完成进出口额3936万美元，同比增长39.3%，其中出口2510万美元，同比增长82.3%，进口1426万美元，同比下降1.5%。完成商品销售额1.36亿元，同比增长20.25%。出口创汇排名全省第8位，其中生产企业出口创汇1898万美元，增幅123%，外贸专业公司增长30%，三资企业增长18%。1998年，全地区完成进出口总额5259万美元，同比增长33.6%，增幅排全省第4位，其中出口2943万美元，增长17.3%，进口2316万美元，增长62.4%。1999年，市委、市政府确定“服务全市、外向引导、广泛参与、健康发展”外贸工作思路。全市外贸商品销售总额1.30亿元，完成进出口总额2539万美元，其中出口创汇726万美元，同比增长22.6%，增幅排全省第三位。2000年，全市进出口总额5747万美元，同比增长126.3%，其中出口4599万美元，同比增长530%，进口额1147万美元。自营出口创汇增速排全省第1位。涟源市五江轻化集团和双峰县永兴公司出口创汇各50万美元，首开全市私营企业自营出口创汇纪录。2001年，市委、市政府实施“外向发展”战略，涟钢进出口公司、冷水江制药厂等2家企业获进出口经营权。全市获自营进出口经营权企业25家。全市进出口总额7107万美元，同比增长23.7%，其中出口4099万美元，进口3008万美元，同比增长162.2%。全年审核把关单证229笔。

2002年，全市获准进出口经营权企业32家，较上年增加7家，完成进出口总额7854万美元，同比增长10.5%，其中出口4100万美元，进口3754万美元，同比增长24.8%。涟钢和锡矿山闪星实业有限公司完成进出口总额7578万美元，占比96%。2003年，全市进出口总额突破1亿美元大关，实现1.04亿美元，同比增长32.1%。2004年，全市实现进出口总额3.46亿美元，同比增长233.4%。2005年，全市进出口额实现4.85亿美元，同比增长40.2%，增幅排全省第三位。其中出口1.68亿美元，同比增长71.5%，增幅排全省第1位，进口3.17亿美元，同比增长27.9%，增幅排全省第二位。

2006年起，全市简化工作程序，改进对外贸易经营备案登记方式，当年全市进出口总额5.78亿美元。2007年，全市出口额实现6.33亿美元，同比增长9.6%。加工贸易实现“破零”，双峰成立第一家加工贸易企业—双峰县湘源皇视电子有限公司，年出口额超过200万美元。2008年，全市进出口总额10.97亿美元，同比增长73.3%，其中出口4.62亿美元，同比增长61.7%；进口6.36亿美元，同比增长82.7%。2009年，全市以农机、煤机和电子陶瓷三大产业为拳头，打造出口基地。市政府出台《娄底市电子陶瓷产业发展规划》，打造新化县国家特种陶瓷制造及出口基地、涟源市省级煤机出口基地。全市新获进出口经营权企业30家，变更登记17家。全市有进出口经营权的企业168家。全年进出口总额8.51亿美元，同比下降22.5%，排全省第四位，其中出口1.29亿美元、同比下降72.1%，进口7.22亿美元、同比增长13.6%。2010年，全年新批外贸经营权企业48家，累计216家。企业开始利用国际电子商务平台进行网上贸易，完成进出口总值14.41亿美元，增长69.3%，其中进口11.11亿美元，出口3.3亿美元，分别增长53.9%和156%。2011年，全市开展“外贸商品质量提升年”活动，新增进出口备案登记企业26家。全市完成进出口总值22.37亿美元，同比增长55.3%，总量排全省第3位，其中进口

17.14亿美元，出口5.23亿美元，分别增长54.3%和58.8%。民营企业和“三资”企业全年完成进出口总额6.5亿美元，占比30%，摆脱单纯依靠国有企业开展进出口业务的格局。

2012年，全市新增进出口备案登记企业29家。除涟钢、冷钢、闪星锑业等大型外贸企业外，其他外贸企业完成进出口额近2亿美元，增长73.2%。引进的湖南湾盛信息科技有限公司、深圳安正轩信息科技有限公司和上海非凡动漫服务外包企业，成为全市新的经济增长亮点。全市实现进出口总额16.83亿美元，总量排全省第六位，其中出口额2.85亿美元，进口额13.98亿美元。双峰县加工贸易额1300万美元，在全省20个重点（试点）县中，排名第八位。新化县、冷水江市实现加工贸易“零”的突破。2013年，全市完成进出口总额14.45亿美元，同比下降14.2%，其中出口2.07亿美元，同比下降27.1%，进口12.37亿美元，同比下降11.5%。2014年，新增进出口企业7家。轩泰贸易、福泰箱包、聚源商贸、荣诚鞋业、映鸿国际、腾顺自动化、卓盈商贸、大华洁净煤业等企业进出口业绩“破零”。全市完成进出口总额15.4亿美元，同比增长6.7%。涟源市、双峰县全年进出口总额翻番。涟源市获批省级农产品出口基地市，成为娄底市第一个农产品出口基地，湘中黑牛被评为省出口名牌产品。

2015年，全市完成进出口总额9.73亿美元，同比下降36.9%，外贸业绩“破零”企业11家，“倍增”企业7家。新增加工贸易实体企业1家，完成加工贸易额4282万美元，同比增长9.16%。全年新增服务外包企业6家。娄底市服务外包基地被省商务厅命名为“湖南省服务外包示范基地”。2016年，全市持续实施外贸出口“破零倍增”计划，新增外贸企业16家，龙盛电子、农广农业、伍星生物、巨石工艺品、格林美等生产型企业外贸业绩出口“破零”，双峰荣城鞋业、湖南威嘉生物、新化鑫盛手袋等企业扩大生产，全年出口有“破零”外贸企业31家，“倍增”企业9家。全市完成进出口总额9.02亿美元，同比下降7.4%。2017年，全市实施“开放强市”战略，外贸进出口高速增长，全年新增外贸企业30家，全市共98家。湖南鄂尔萌菲皮草服饰等46家企业外贸业绩出口“破零”。湖南北成实业发展有限公司、娄底市龙盛电子等21家外贸企业外贸业绩翻倍。是年，全市完成进出口总额12.21亿美元，同比增长34%；其中出口3.05亿美元，进口9.16亿美元。

第二节　进出口商品种类

1990年，全地区1000万元以上的出口商品，由茶叶、锑品和陶瓷3个品种减少到茶叶1个品种；100万～1000万元出口商品，由活大猪、盐湿牛皮、针棉织品、染料、钳子等6个品种减少至活大猪1个品种。1991—1995年，商品结构调整，轻、重工业等加工制成品出口比例提高。1997年，出口额100万美元以上产品有氧化锑、不等边角钢、等边角钢、钢坯、生铁、瓷器。除茶叶、生猪等初级产品仍有出口外，主要出口商品为工业制成品。进口产品种类仅有涟钢进口的铁矿石和废钢。1998年，双峰县竹荪、新化县竹笋罐头及涟源市搪瓷开始出口。1999年，全市工矿、机电产品等工业制成品出口比重由1992年的77%上升至88%，农副产品初加工比例由1992年的23%下降至12%。

2000年，全市进出口商品品种，主要为机电、冶金、轻工、建材、化工、医药、农牧业等产品。出口国家和地区达14个，其中亚洲9个、欧洲4个、北美1个。涟钢螺纹钢打进美国、新加坡、日本、越南4个国家和中国香港、台湾2个地区市场，每个市场贸易额均超过200万美元。2002年，进口产品主要为汽车零配件、矿石、高新技术设备等。新开辟出口市场10个，出口目的地增至38个国家和地区。2003年，进口大户为涟钢进出口有限责任公司，出口大户为锡矿山闪星锑业有限责任公司。出口商品为锑氧化物、未锻轧锌、未锻轧锑、截面角钢、钢铁制搪器等；进口商品为铁矿砂及其精矿、非电机驱动压缩机、工业用旋除尘器、硅耐火砖及类似品等。新增出口市场10个，进出口国家增加59个，日本成为最大贸易伙伴。全年进出口增长87%，商品品种达到184个。

2004—2007年，出口品种增至399个；进出口国家和地区由62个增至74个，亚洲、南美洲、大洋洲成为新兴市场。澳大利亚、巴西、日本、印度等国家和中国台湾、香港、澳门地区成为全市对外贸易主要市场。华菱涟钢热轧钢卷、镀锌铁和非合金钢宽板材等产品大量出口，2004年出口量占生产量的28.3%，2007年占45.1%。铁矿砂及其精矿占进口总量的75.3%。2007年占比达89.9%。澳大利亚、印度、加拿大成为铁矿砂主要进口市场。2008年，全市机电产品进出口3370万美元，增长12.5%，其中出口1086万美元，增长30%，农产品出口增速高达986.6%；进口2185万美元，增长6%。2009年，农机、煤机和电子陶瓷三大产业产品大量出口，新化县陶瓷制绝缘零件、双峰县农机、涟源市矿机年出口额分别为10.19万美元、8.72万美元、5.87万美元。金属矿砂及金属废料、其他动植物原料等初级产品进出口额占比78.13%，同比增长22.42%。2010年，华菱涟钢、锡矿山闪星锑业、五江轻化集团、庆阳牧业等40家企业与世界90多个国家和地区开展贸易往来。出口商品结构向机电、电子、有色金属、轻工制品、制鞋业等多元结构转变。农产品、鲜肉出口额分别为1724万美元、1363万美元，同比分别增长226.7%、165.2%；以玉竹为主的药用类植物产品出口额突破300万美元。

2011年，全市机电和高新技术产品进出口额2.41亿美元，增长164%。全年进口铁矿石14亿美元，占全市进口总额85%。双峰县兴昂鞋业首次出口鞋类产品，出口额322万美元。娄底首个离岸外包项目天龙富国科技公司注册落户，娄底成为全省第二个开展离岸服务外包业务的市。2012年，服装及衣着附件、旅行用品及箱包成为新的出口品种，首次出口额分别为94万美元、64万美元。湘中矿业、红太阳新材料、兴昂鞋业成功获批海关A类企业。娄底主要进口产品铁矿石、煤炭被纳入省进口产品贴息目录，企业获取贴息资金600万元，获取中小企业国际市场开拓资金97万元。2013年，全年新增进出口业绩企业10家。全年机电产品进出口总额9079万美元。高新技术产品进出口总额3546万美元，增长641%。全市服务外包企业增至20家。湾盛科技、大德科技、地勘418队、中盾保全智能科技等公司成为服务外包市场具较强竞争力的信息技术外包（ITO）企业群体。

2014—2015年，鞋类、机电产品、旅行用品及箱包、药材等出口增加。涟钢、冷钢、锡矿山闪星锑业有限公司等传统出口大户占比由2011年前97%下降至87%。加工贸易企业完成加工贸易额4282万美元，年均增长52.2%。涟源市获“省级农产品出口基地市”称号。锡矿山闪星锑业有限公司产品获准出口免检资格。2016年，鞋类、旅行用品及箱包、机电产品、高新技术产品等商品出口比重增加，占比由2015年的30%提升至63.6%。进出口商品种类300余种，初级产品占比下降，由2012年的81.52%降至74.4%。工业制品占比有所提高，由2012年的18.5%提高到25.6%。

2017年，全市大力引进皮草、箱包、文印等外贸生产型企业，特别是冷水江利用亲情招商引进皮草协会，皮草产业成为该市外贸出口新增长点。全年出口商品种类300余种。与娄底有贸易往来的国家和地区123个。

第三章　资本与劳务输出

第一节　对外投资

2001年，娄底经开区、湖南五江轻化集团与德国石玉公司合作投资128万马克，在柏林市郊购买11万平方米农用土地，其中五江轻化集团投资76.8万马克，占股60%，主要经营蔬菜种植和销售，兼营餐饮业，成为娄底首笔对外投资。

2003年5月，涟源特种电源厂与越南河内工艺建筑贸易股份公司合资成立南华机电有限责任公司，投资总额30.2万美元，其中中方投资12.2万美元。2004年，湖南新化映鸿科技有限公司与印尼公司合资在雅加达成立环球磨具磨料有限公司，投资总额50万美元，其中中方投资额为25万美元。2005年，娄底市大雄型钢制造有限公司与太原市明方贸易有限公司合资在越南成立“太湖矿业有限公司”，投资总额60.5万美元，其中中方投资额为24.2万美元。2008年，娄底市辉宇科技有限公司在老挝注册独资“老挝康华投资股份有限公司”，投资300万美元。涟源钢铁集团有限公司在老挝注册老挝荣祥华源矿业公司，投资400万美元，其中中方投资200万美元。2009年，娄底市辉宇科技有限公司、双峰县洪山殿镇忠心煤矿、双峰县蛇形山镇枫树台煤矿、娄底市海人科技开发有限公司4家企业赴老挝投资办企业，投资总额为850万美元，中方投资520万美元。2010年，娄底市德胜能源设备发展有限公司赴瑞典投资创建高科技企业—绿色能源有限公司。娄底境外投资企业家罗洪峰在老挝万象设立老挝湖南工业园。该园为娄底企业家在境外创立的第一家工业园区。2011年，全市新增境外投资企业5家，合同投资2094万美元，其中中方投资1586万美元。2012年，全市新增境外投资企业3家，合同投资2580万美元，全部为中方投资。娄底兴华有色金属有限公司在老挝成立兴翔矿业有限公司。娄底市德胜能源设备发展有限公司赴芬兰首都赫尔辛基郊区投资建设北欧湖南工业园。湖南味菇坊生物科技有限公司在瑞典设立（菇菌）研究中心。2013年，全市新增境外投资企业6家，合同投资7130万美元，其中中方投资6970万美元。湖南味菇坊生物科技有限公司、娄底乐开口实业有限公司联合芬兰企业在芬兰成立绿色有机农业现代产业园。2014年，全市新增境外投资企业6家，对外投资7560万美元。2015年，全市新增境外投资企业9家，对外投资9100万美元。2016年，全市新增境外投资企业8家，对外投资首次超过1亿美元，实现1.096亿美元。2017年，全市新增境外投资企业6家，对外投资1234万美元。

第二节　对外劳务输出

1990年，娄底地区受中国建材总公司及省出国人员选派处委托，首次选派各类劳务人员10人出境，从事建筑工程技术工作。1991年，娄底地区选拔一批医务护理人员公派科威特工作；地区外经委从地直相关单位挑选10名中级以上技术职称、38岁以下厨师出国从事中式餐饮服务工作。1998年，全地区外派建筑、厨师、农业等各类劳务人员100人。1999年，全市对外输出劳务42人。2000年，娄底西阳电力安装公司和建筑安装公司在境外开展承包工程分包业务，全年外派266人，赴菲律宾和缅甸从事建筑工程和交通运输等工作。

2001年，为扩大对外劳务输出，娄底组团随省外经贸厅至江西、浙江、上海、江苏等地进行为期15天的对外劳务输出考察，学习先进经验，制定《娄底对外劳务输出工作方案》，利用娄底人力资源，建立外派劳务培训基地，开拓日本、东南亚、中东和非洲劳务渠道和市场。2001—2002年，全市输出劳务87人赴东南亚和韩国、日本、美国等国家从事建筑、电力安装工作。2003年，全市输出197名劳务人员赴东南亚诸国从事建筑工作。2004—2006年，美国某公司与娄底卫校合作，举办“国际护理”班，娄底卫校成为全市首个对外输出医务人才培训基地。此后，娄底精华厨师学校获准为湖南省外派劳务技能培训基地。

2007年，双峰县获批为湖南省外派劳务基地县，全市对外劳务输出全部进入国家数据库。全年外派劳务305人，年末在外劳务人员526人。2008年，全市外派劳务424人，年末在外劳务人数664人。2009年7月，新化县获批为湖南省外派劳务基地县，新化县职业中专、双峰县职教中心获批为全省外派劳务技能培训基地。是年，全市外派劳务人员396名，主要分布在越南、马来西亚、老挝、蒙古等国家从事建筑、制造、餐饮服务等。年末在外劳务人员479名，实现劳务收入570万美元。2010年，全市外派劳务1379人，年末在外劳务人数1863人，实现劳务收入725万美元。

2011年，建立娄底市对外劳务合作服务平台，与全国对外承包工程企业建立合作关系，全市外派劳务人数1144人，实现劳务收入820万美元。年末，全市在外劳务人数2382人。2012年，新化县成立对外劳务合作服务中心，常年开展劳务招聘、培训工作。全市外派劳务1889人，实现劳务收入2632万美元。年末，全市在外劳务人员2370名。2013年，外派劳务1984人，实现劳务收入3968万美元，年末在外劳务人员2616名。

2014年，全市外派劳务2218人，实现劳务收入5363万美元，其中新化、双峰2县输出劳务1525人，占全市当年外派劳务总量的68.8%，全市年末在外劳务人数2679人。2015年，新化县对外劳务合作平台被评为湖南省示范平台。7月，全省对外劳务公共示范服务平台经验交流会在新化县召开，其外派劳务合作经验在全省推广。全市外派劳务2590人，实现劳务收入7183万美元。2016年，新化县对外劳务合作服务平台与中国银行新化支行达成合作协议，由银行为境外劳务人员提供前期贷款，解决出国前期费用，促进外派劳务工作发展。是年，全市外派劳务人员3379名，实现劳务收入9399万美元。2017年，全市外派劳务人员3996名，劳务收入实现1.23亿美元。年末，全市在外劳务人员4226名。

2008—2017年娄底市对外劳务合作情况表

表37-1　　单位：人、万美元、%

年份	外派劳务人数	同比增长	年末在外人数	同比增长	劳务收入	同比增长
2008	424	39.0	664	26.2	388.5	112.3
2009	396	-6.6	479	-27.9	570	46.7
2010	1379	248.2	1863	288.9	725	27.2
2011	1144	-17.0	2382	27.9	820	13.1
2012	1889	65.1	2370	-0.5	2632	221.0
2013	1984	5.0	2616	10.4	3968	50.8
2014	2218	11.8	2679	2.4	5363	35.2
2015	2590	16.8	3106	15.9	7183	33.9
2016	3379	30.5	3762	21.1	9399	30.9
2017	3996	18.3	4226	12.3	12332	31.2

第三节　对外工程承包

2000年，娄底西阳电力安装公司和地区建安公司与国内大型国有对外工程承包企业建立联系合作机制，分别在菲律宾、缅甸建筑工程和交通运输工程中承担转包、分包业务。2014年，娄底经开区湘江电力建设集团有限公司（以下简称湘江电力）获批对外承包工程资质，中标科特迪瓦“苏布雷水电站附属输变电工程（施工II标）”项目，合同投资额5990万元。同时在埃塞俄比亚分包吉布堤第三水电站线路安装分包合同，合同投资额278万元，全年实际完成营业额2000万元。娄底对外承包工程数据进入国家统计范围。2015年，娄底湘江电力公司中标吉布提铁路供电EDRP LOT-2 230千伏变电站工程项目，合同投资640万元；中标巴基斯坦SAPPHIRE变电站、50兆瓦风电站土建与机电安装工程项目，合同投资1707万元；分包柬埔寨桑河二级水电站河床混凝土坝及发电厂房大拌合楼安装工程项目，合同投资70万元。全年完成工程承包营业额4236万元。2016年，湘江电力公司中标巴基斯坦萨察尔（Sachal）风电场49.5兆瓦工程132千伏升压站土建安装及集电线路项目，合同金额2070万元；分包加纳“PK”工程项目，合同金额7324万元；分包老挝巴色500千伏输电线路项目（工程施工二标段），合同金额898万元；承建缅甸小其培电站工程项目，合同金额212万元。全年完成营业额6351万元。

2017年，湘江电力公司中标巴基斯坦哈特福德风电工程项目，合同金额2598万元；承建乌干达卡鲁玛输变电工程项目2个标段，合同金额8402万元；承建缅甸克钦邦境内小其培电源抢修工程项目2个，合同金额191万元；承建吉布提多哈雷变电站项目JABAN'AS 230千伏变电站（电气安装施工承包合同），合同金额916万元。是年，湘江电力完成境外工程项目5个，实现营业额收入1.1亿元，同比增长73.39%。

第四章 机 构

第一节 市级机构

1990年，地区对外经济贸易委员会（简称外经贸委）辖茶叶、粮油食品、土产畜产、工矿产品、进出口、对外经济贸易集团6个子公司和外运汽车队，干部职工504人。1995年8月，外经贸委内设办公室、人事教育科、财务科、外贸科、外经科、审计科，核定行政编制20名，后勤、老干服务事业编制3名。1999年1月，协管涟源茶厂、新化茶厂、新化炉观茶科所3家驻娄央企。2004年4月，更名市对外贸易经济合作局（简称市外贸局，加挂市招商合作局牌子），内设办公室（加挂保卫科牌子）、人事科、财务科（加挂审计科牌子）、外贸科、外经科、外商投资联络科、外资企管科。核行政编制20名，事业编制16名。2003年8月，设娄底市项目投资全程代理服务中心，财政全额拨款副处级事业单位。

2004年，市外贸局撤销，行政职能、人员并入市商务局。3家驻娄央企改制。

第二节 县级机构

一、涟源市外贸局

1990年，涟源市对外贸易局（对外称市外贸公司），按“两块牌子、一套人马”模式运行，内设办公室、财务股、政工股、业务股、生产股5个职能股室，下辖粮油食品出口、土畜产品出口等2个专业公司，职工52人。1994年，增设外贸饲料公司。1995年1月，撤销市外贸局，成立市对外贸易总公司，拥有5家国有外贸企业、职工85人。2002年12月，成立市外贸行业管理办公室，与市对外贸易总公司“两块牌子、一套人马”。2006年9月，涟源市撤销市外贸行业管理办公室、市对外贸易总公司，其行政职能划归涟源市商务局。

二、冷水江市外贸局

1990年，冷水江市对外贸易局（对外称市外贸公司），按“两块牌子、一套人马”模式运行。1995年11月，冷水江市撤销市对外贸易局，组建市外贸行业管理办公室。2005年1月，冷水江市撤销外贸行业管理办公室，其职能并入冷水江市商务局，出口产品相继增加耐火材料、化工产品、服装、钢铁等。

三、双峰县外贸局

1990年，双峰县对外贸易局（对外称县外贸公司），按“两块牌子、一套人马”模式运行。1992年，双峰县撤销对外贸易局，设立对外经济贸易总公司。2002年6月，双峰县撤销对外经济贸易总公司，其行政职能并入双峰县贸易办。

四、新化县外贸局

1990年，新化县对外贸易局（对外称县外贸公司），按“两块牌子、一套人马”模式运行。1995年，新化县撤销对外贸易局，组建县外贸行业管理办公室。2007年1月，新化县撤销外贸行业管理办公室，其行政职能并入新化县商务局。

第三十八篇

旅游业

概 述

娄底市旅游业资源丰富，人文底蕴深厚。20世纪70年代末，娄底旅游业开始起步。1979年，冷水江市波月洞景区开发，次年6月对外开放，当年接待游客近5万人次。1985年，波月洞接待游客超10万人次。1992年，涟源市湄江风景区开发，1994年对外开放，仅首游式即有游客近10万人。旅游开发前期，受经济社会发展条件等因素影响，旅游产业的发展在全省相对滞后。2000年，全市接待游客仅60.2万人次，旅游综合收入仅2.7亿元，在全省排名第13位。2003年6—9月，市旅游局邀请专家、学者对全市旅游资源进行第一次全面普查，得出娄底属于旅游富资源区的结论。娄底“旅游资源丰富，品味甚高，开发潜力巨大，后发优势明显”的社会共识逐渐形成。2004年4月，市政府邀请国内外旅游专家学者、省市领导和新闻媒体记者30余人，在新化召开旅游发展战略高层研讨会。随后出台《娄底市旅游发展总体规划》，娄底旅游产业发展步入快车道。2005年，娄底市提出“崛起湘中、后发赶超”发展思路，把旅游业作为全市国民经济新支柱产业、富民产业来培育。新化紫鹊界、梅山龙宫、大熊山，涟源湄江、龙山，双峰曾国藩故居的开发力度加大，接待能力提高。是年，全市先后举办“五一”“十一”黄金周和“娄底人游娄底”系列活动，接待游客177万人次，创旅游收入8.5亿元。2009年，全市接待游客544.2万人次，创旅游收入27.6亿元，比2005年分别增长300%和320%。

2010年，娄底成功创建“中国优秀旅游城市”。2011年，市委、市政府作出“旅游兴市”战略决策，出台系列旅游产业引导政策。市财政旅游发展专项资金从2009年的200万元提高至400万元。各县（市、区）财政均预算安排旅游发展专项资金，采取“以奖代投”方式，引导社会资本发展旅游产业。对原初级开发景区，按照国家级景区评定标准进行全面改造提质。截至2013年，梅山龙宫、曾国藩故居、紫鹊界梯田、湄江地质公园建成国家AAAA级景区，蔡和森纪念馆、波月洞、飞水崖、中阳白鹭山庄建成国家AAA级景区，全市旅游接待能力和服务水平大幅提升。是年，新化县列入全省首批文化旅游特色产业重点县，此后连续3年获省财政1亿元/年的旅游扶持资金。2015年，全市接待国内外游客2316.6万人次，旅游总收入163.87亿元，分别是2009年的4.3倍和6.1倍。娄底旅游产业占第三产业增加值34.6%，对全市地区生产总值贡献率12.7%，成为第三产业的龙头产业和经济社会发展的支柱产业。

2016年，新化县被列入第一批创建“国家全域旅游示范区”名单。涟源市被列入第二批创建“国家全域旅游示范区”名单。是年，娄底进行新一轮旅游产业综合改革，以旅游业供给侧结构性改革为指导，做大产业、做强品牌、做优效益。至2017年，全市创建国家级旅游景区15个，其中国家AAAA级旅游景区4个、AAA级旅游景区10个、AA级旅游景区1个。是年，全市接待游客3466万人次，旅游总收入251亿元。全市有直接旅游从业人员近8万人。娄底全域旅游格局初步形成。

第一章　旅游资源及开发

2017年底，根据国家旅游局颁发的《旅游资源分类、调查与评价》标准，娄底市拥有旅游资源主类8个、亚类28个、基本类型95个，分别占分类标准的100%、90.3%和61.3%。全市有上等级的旅游资源单体177处，其中五级旅游资源单体2处、四级单体9处、三级单体20处、二级单体80处、一级单体66处。有上等级的旅游资源区32处，其中五级旅游资源区2处、四级资源区4处、三级资源区6处、二级资源区10处、一级资源区10处。有全球重要农业文化遗产1处，世界灌溉工程遗产1处，国家自然和文化遗产2处。有国家森林公园2座、国家地质公园1座、国家湿地公园3座、国家水利风景区3处、全国重点文物保护单位3个。

第一节　山水风光

一、大熊山国家森林公园

大熊山又名熊胆山、神山，位于新化县北部，距新化县城70余千米，由43座海拔1000米以上的山峰组成，其中最高峰九龙峰海拔1622米，为湘中第一高峰。大熊山文化底蕴深厚。据《史记·五帝本纪》记载："黄帝……，南至于江，登湘熊。"《方舆胜览》记载："昔黄帝登熊山。"据考证，"熊山"即大熊山。传说大熊山是东方九黎族首领蚩尤世居地，至今保存刻有"蚩尤屋场""轩辕黄帝登此山"等字样的石碑，"蚩尤屋场""春姬坳"等地名由来已久，关于大熊山与历史名人名物的传说众多。

大熊山总面积7623公顷，有林地6632公顷，其中原始次森林1200公顷。有乔木灌木树种81科407种，其中国家保护树种18种。有药用植物56科116种，飞禽走兽30余种，是一座宏大的自然动植物园，湘中地区物种基因库。其空气每立方厘米含负氧离子10万余个。其主要景区（景点）有春姬坳、春姬峡、川岩江、十里坪、樊家洞瀑布、田家垣瀑布和熊山古寺、娘娘殿、西泉寺等。

熊山古寺（2020年4月摄）

1995年，大熊山被省林业厅批准为省级森林公园。2001年，由中南林学院（后更名中南林业科技大学）编制出《大熊山森林公园旅游总体规划》。2002年，被国家林业局批准为国家森林公园。2003年8月，新化县政府设立大熊山国家森林公园管理处。主要承担大熊山国家森林公园保护、利用、规划和开发管理等职能。2014年1月，经新化县政府批准，管理处成立新化县大熊山旅游开发有限公司。

截至2015年，大熊山国家森林公园管理处累计投入基础设施建设资金1.6亿元，按规划新建景区入口山门、管理用房、游客接待中心、医疗救护站、警务室、旅游购物街、拥有400余个停车位的生态停车场，以及景区环保车停靠站、旅游厕所、垃圾箱和一系列标识标牌等，修复蚩尤屋场，重建熊山古寺，对景区原有公路全面改造提质，修筑10余千米游步道。引导建设发展景区"农家乐"50余家，建设导游、餐饮、购物、医疗救护、安全防护等基本配套设施，可满足日游量3000人以上接待要求。11月，大熊山国家森林公园被评定为国家AAA级旅游景区。

二、龙山国家森林公园

龙山位于涟源与新邵、双峰交界处，距涟源市区35千米，距娄底市区45千米，是娄底母亲河孙水河发源地，总面积9286.12公顷。其主峰岳坪峰为最高峰，海拔1513.6米。龙山为孤山地形，主山脉成"之"字形，森林覆盖率80%以上，有原始次森林533公顷。氧气及负氧离子含量高，是理想的养生避暑胜地。2007年1月，被国家林业局批准为国家级森林公园。

龙山有“天下药山”之称。据全国第四次中药材重点县（市）普查，龙山有中药材2384种，其中包括灵芝、人参、天麻、野三七等珍贵药材。2006年8月，龙山被中国华夏文化纽带工程组委会批准建设“华夏中药文化园”。据《旧唐书》《宝庆府志》《湘乡县志》《药王孙思邈年鉴》等史实资料记载：公元636年，药王孙思邈沿长江而下，进入江南，在邵陵龙山地区搜集医药方剂，并经常采药和出诊行医，撰写《备急千金要方》和《千金翼方》。后人为纪念他，在岳坪峰建有药王殿。殿内有一石井，水质清冽，万人饮水不竭，一人饮水不溢，实属稀有奇观，人称“仙井”。龙山主要景点还有凤凰寺、三仙桥、老龙潭、青龙瀑布、将军石、藏金洞、情郎石、情侣崖、仙人桥和飞水洞瀑布等。

三、飞水崖风景区

飞水崖位于龙山国家森林公园东麓，主要包括飞水崖瀑布、黄土潭、将军石、鸳鸯溪、仙人石、石观音、飞水漂流等景点。其中飞水崖瀑布宽26米，落差154米，气势雄伟。黄土潭由狮河东流至龙山形成，因岩石呈黄色而得名。将军石位于狮河下游海拔400米处，有两块巨石叠加竖立于河旁，其形态从侧面看酷似一位气宇轩昂的将军，下方石头高约6米，宽约2米，恰似将军身躯。上方石头高约1米，宽约1.5米，恰似将军头部，故名“将军石”。鸳鸯溪位于荆水和白水汇合部，因两水汇合于飞水崖下而得名。仙人石位于杨市镇白水村。石下有仙人桥，桥面平滑如镜，石桥跨度20米，高8米，桥下坡陡草密，两侧竹木葱茏，景致奇特。石观音位于杨市镇大坳村李家山，山中有洞，洞中有石，石如观音。飞水漂流景点位于飞水崖下一段小溪，全程4千米，落差100余米，两岸群峰耸峙，竹影婆娑，漂流惊险刺激。2011年12月，飞水崖景区被评定为国家AAA级旅游景区。

四、三联峒冰泉风景区

三联峒坐落于新化县维山乡四都管区神象山，距县城25千米，海拔780～1560余米，与新邵、隆回二县毗邻。原始森林覆盖率61%，其中原始次森林覆盖率36%。空气每立方厘米含负氧离子近10万个。景区内分布有冰泉峡、文房台、冰泉湖、天生百丈观音、古战场遗址、华山道、黄山顶、天墨、天书等奇特景观。是全国首家以娃娃鱼（学名“中国大鲵”）、孔雀、穿山甲科研和驯养为主，集餐饮住宿、乡村旅游、休闲观光于一体的综合性风景区。

2010年始，按国家AAAA级标准修建冰泉峡谷游览区、龙脊峰登山观光旅游区、镂空铁索桥观光区。其中冰泉峡谷内建有观景桥2座、观景台（亭）3个，建有以防腐木、仿木、青石板构成的栈道、游步道4500余米。在龙脊峰登山观光旅游区内建有观景台（亭）2个，建有长296米钢索原木天梯，以及长300米钢筋混凝土时空隧道。在镂空铁索桥观光区内建有高398米、长168米的跨越高山峡谷镂空铁索桥1座。2015年11月，三联峒冰泉风景区被评为国家AAA级旅游景区。

五、渠江源风景区

渠江源位于新化县奉家镇，位于紫鹊界梯田和古桃花源两个景区之间，以生态、清爽、古朴、自然见称。占地面积52平方千米，由渠江源核心景区、双林峡谷风光带、浪山坪高山湿地等众多景观组成。渠江源核心景区包括茶溪谷栈道游览区、姑娘河溯溪体验区、无二冲贡茶园（含鋻字岩贡茶园）等景点组成。集生态观光、避暑休闲、户外探险、农事体验等功能于一体，可赏花、亲瀑、嬉水、品茶。渠江源是全国知名黑茶“渠江薄片”发源地，是历史上著名的贡茶区、名茶区，是湖南省茶业“十佳旅游休闲示范基地”，向有“姑娘河的水、鋻字岩的茶”一说。2015年11月，渠江源风景区被评定为国家AAA级旅游景区。

六、古台山风景区

古台山又名鼓台山，位于新化县西北部，距新化县城33千米，总面积3870公顷，属雪峰山支脉，呈孤山状，四周坡陡，最高峰海拔1512米。有各类森林3130公顷，其中天然林1300公顷，特殊景观林100公顷，森林覆盖率81%。有各类山石景观50余处，有大小溪涧12条，有宽窄瀑布20余处，其中高岩洞瀑布落差80余米，号称“湘中第一瀑”。

七、天门山风景区

天门山位于新化县西北边陲，与奉家镇、文田镇、金凤乡、西河镇、琅塘镇、古台山林场以及溆浦县接壤，总面积1.48万公顷。境内群峰起伏，有海拔1200米以上高峰100余座，最高峰斗笠山1457米。天门山森林资源丰富，有林地面积1.3万公顷，楠竹面积4000公顷，森林覆盖率89%。天门山民居多为木质板房，风格相对统一，保存相对完整，尤其瑶族古村落风格独特。天门山主要景区（景点）有土坪村、黄金谷、雅天湖、寒茶园等，其中土坪村是湖南省民俗文化特色村。

八、大乘山风景区

大乘山位于冷水江市南郊禾青镇和三尖镇境内，总面积333公顷，海拔724米。地形起伏，峭壁林立，沟谷深切。飞瀑流泉随处可见，最高瀑布72米。有七步金阶、水晶琼阁、琼台望日、卧龙戏水、仙女出浴、十八矛湾等景观。北宋熙宁五年（1072），宋神宗派大将军章惇开发梅山时，在此修圣帝殿一座。民国30年（1941），此殿重建，为四扇三间带两横式建筑，占地面积300平方米。1994年，被省建设委员会批准为省级风景名胜区。

九、九峰山风景区

九峰山位于双峰县东南部，跨越衡阳县溪江乡北部，距双峰县城23千米，由飞形山、铁钉寨、双乳峰、正托峰、新亭子、乌飞山、木鱼岭等九峰呈笔架形排列而成，故名九峰山。其主峰正托峰海拔750.4米，两翼呈座椅状。

九峰山号称“南岳七十二峰之少祖”，分为古罗坪、槐花托两个景区，有定慧庵、千年连理枝、览胜峰、五松迎客、神鳅吐水、美女梳头、铁钉寨、雷祖殿、钵盂山等三级景点10余个。1992年，九峰山被省林业厅批准为省级森林公园。

十、洪家山风景区

洪家山位于娄星区北端双江乡境内，距娄底市区20千米，由120余座山头组成，与宁乡市、湘乡市、涟源市接壤，属亚热带常绿阔叶林区，森林覆盖率58%。主要景点有胜仙洞、双江水库和红军“虎将”贺国中烈士故居等。胜仙洞以险、幽、奇、深著名，有大小洞厅38个，已探明洞内面积3000余平方米，与涟源市仙洞乡雷鸣洞相通，绵延数十千米。双江水库位于群山苍翠之中，碧波荡漾，空气清新，景致独特。2003年3月，洪家山被省政府批准为省级森林公园。

十一、仙女寨风景区

仙女寨位于万宝新区，距中心城区3千米，其主峰仙女峰海拔580米，属城区最高峰，山下有孙水河环绕。古《湘乡县志》记载：“立仙女峰，日看千人朝拜，夜观万家灯火”。自唐宋以来，此处曾先后修建过仙女庵、天籁岩、七层宝塔、瑶池、圣母殿。这些景点虽在“文革”期间遭受不同程度破坏，但后来大部按原貌修缮恢复。仙女峰南面山肩有个天然石灰岩溶洞，名圣岩洞。洞内奇石嶙峋，光怪陆离，各种石像栩栩如生。里面泉水叮咚，优美动听，仿佛天籁之音。清朝中兴名臣曾国藩省亲回乡，在此挥毫题名“天籁岩”，并撰“有意烧香，何必远朝南海；真心向善，此处便是灵山”楹联一副。从此，圣岩洞声名远播，终年香火不灭。仙女寨风景区还有火烧岩、东林寺、钟鼓台、天台等名胜古迹。

十二、油溪桥村旅游区

油溪桥村旅游区位于新化县吉庆镇，是一个以生态农业为主题，集溪河峡谷风光、自然生态环境、风景名胜资源于一体的综合性旅游度假区，总面积7平方千米，有油溪河漂流、油溪桥、江南小山峡、戴家拜古村落、古桥古迹、盐茶官道等旅游景点。旅游区与安化县接壤，距新化县城、安化梅城、梅山龙宫、大熊山等地均不足30千米，内有省道S217通过，周边距龙琅高速公路仅7千米，有山水生态美好、水陆交通便利的旅游优势。2017年12月，油溪桥村旅游区被评为国家AAA级旅游景区。

十三、博盛生态体验园

博盛生态体验园位于涟源市桥头河镇桥头河农业产业园区内，占地2平方千米。距长韶娄高速公路

3千米，交通便利。是一个集乡村生态旅游、休闲、度假、苗木栽培、树木观赏、花卉培育、园林绿化、林下经济推广及户外拓展于一体的综合性生态园。建有异域风情美食区、拓展野战训练区、木屋别墅度假区、牡丹观赏区、赏花揽月区、婚纱摄影红娘区、滑草娱乐体验区、动物观赏区、商务会议培训区、野炊烧烤区、山地越野区、蔬果采摘亲子区、生活体验区等功能区，属涟源市乡村旅游示范园。2016年11月，被评为国家AAA级旅游景区。

十四、新化狮子山公园

新化狮子山公园位于新化县城东郊，占地64公顷，因山体形状极像一头气宇轩昂的雄狮而得名，是一座东临资水、依山而建、俯瞰新化古城的森林公园，主要有狮子山、穿风洞险道、脚踏岭、大营盘、螺丝山、周山、乌龟山、锅铁山、雄狮阁等景点。园区山清水秀、环境优雅、景色宜人，有“雄狮盘踞白龙湾”“美女望夫”等传说流传于世。2002年，被评为国家AA级旅游景区。

十五、油溪河漂流体验区

油溪河漂流体验区位于新化县东北部，因资江第二大支流油溪河而建。全程8.6千米，沿途穿越28座山、34面岩、39道湾、48座滩。2016年8月，油溪河漂流体验区被评定为国家AAA级旅游景区。

十六、资江旅游度假区

资江旅游度假区位于冷水江市资江河畔，占地407.5公顷，是一个集主题演艺、山地养老、水上娱乐、生态休闲、沙滩运动于一体的综合旅游风景区。建有游客集散中心、九井滨江水世界、沙滩主题公园、炉竹果蔬公园、群丰印象资江广场、柳溪热气球基地、资江房车自驾游营地等旅游景点和体验区。2017年12月，被评定为国家AAA级旅游景区。

十七、柘溪水库风景区

柘溪水库位于资水中游，横跨娄底市新化县和益阳市安化县，修建于20世纪50年代，总容量35.65亿立方米，总水面1.65万公顷，其中新化县境内水面9930公顷。库内岛屿星罗棋布，倒影成趣。新化县境内有天子山、十指岭、七步天桥、香炉岩、金龙洞、狮子山、麒麟洞等几十处自然景观。

十八、水府庙水库风景区

水府庙水库，又名溪口水库，是一座以防洪、灌溉为主，兼顾发电、供水等功能的大型水利枢纽工程。水域面积44.3平方千米，最大库容5.6亿立方米，正常库容3.7亿立方米，集水区3160平方千米。水库主体位于湘乡市境内，大坝位于双峰县境内，库尾回水达娄星区。库岸线100余千米，有库湾100余个、岛屿34个，其中最大岛屿3平方千米。有狮子山、鹅婆山、日照台、猩儿礁、乐耕岛、白鹭岛、青龙潭等众多自然景观。有抗日名将宋希濂将军故居，蜚声中外的陶龛学校，宋代陶瓷民窑群遗址等人文景观。2002年，水府庙水库被水利部批准为国家水利风景区。2005年，被省旅游学会评为“新潇湘八景·水府醉月”。2014年12月，被林业部评定为“国家湿地公园”。

水府庙水库风光（2020年8月摄）

第二节　地质奇观

一、梅山龙宫

梅山龙宫原名梅山洞，又名九龙洞，位于新化县油溪乡，是一个集溶洞、峡谷、峰林、绝壁、溪河、漏斗、暗河等多种喀斯特地质地貌景观于一体的大型溶洞群。梅山龙宫有九层洞穴，洞底总面积3.6万平方米，探明长度2870米，其中包括世界罕见的神秘地下河466米。

梅山龙宫主要景观有峡谷云天，在一条宽度不足10米，高40米以上的峡谷中，洞顶钟乳垂吊如林。有哪吒出世，在湍急地下河的河道上兀立几片巨大的“莲花瓣”，瓣中有一巨大石笋，极像一人从石头爆裂而出。有玉皇天宫，洞内有大厅，面积数百平方米，洞底十分平坦，并有层层石田，洞口左右两侧立有直径8米、高12米的巨型石柱。有天宫仙苑，苑内洞穴与地下河水面高差36米，有早期地下河冲积沙层沉积，有极为丰富的钟乳石，有天宫瑶池、海边红树林、后花园、灵霄殿等天然胜景。有远古河床，在高出地下河36米的第四层洞穴中，大面积沉积古河床沙砾层，因受后期再度侵蚀，沙砾层既布于洞底，又残留洞壁，使洞壁形成色如白雪的大片“雾凇”奇观。此外，还有水中金山、九龙迎宾、天上龙宫、龙凤呈祥、南海椰林等大小景点100余处。

2005年，梅山龙宫被列入国家首批自然与文化遗产。是年底，被国务院列为国家重点风景名胜区，并与紫鹊界梯田一块被评为湖南省“新潇湘八景——紫鹊衔梅”。2010年1月，梅山龙宫被评为国家AAAA级旅游景区。

二、湄江国家地质公园

湄江国家地质公园位于涟源市西北部，距涟源市城区30千米，距娄底市城区50千米，总面积128平方千米，拥有3处国家级地质遗迹，20处省级地质遗迹，数百处其他地质遗迹，其岩溶地质遗迹的规模、种类、内涵皆具有全国性乃至世界性意义。

湄江国家地质公园主要景区有观音崖、藏君洞、塞海湖、仙人府等。观音崖下的莲花涌泉，流量每秒5立方米，分5个泉眼冒出，形成五朵略向上突的莲花，动水直径1～2米，为全国罕见特大型岩溶涌泉。藏君洞全长25千米，大小洞厅30余个，结构奇特，气势恢宏。塞海湖水面25万平方米，水质清澈，湖光山色，相映生辉。仙人府是一座高60米、长100米的穿风洞。穿过仙人府，必过仙人桥。仙人桥由几块巨石自然搭成，两座石桥主体交叉，仿佛天桥，堪称“天下一绝”。此外，还有古神州、龙泉峡、香炉山、黄罗湾、湄花岩、大江口等景点。2002年12月，湄江风景区被批准成为省级岩溶地质公园。2013年1月，湄江风景名胜区被国家国土资源部批准为国家地质公园。9月，被评为国家AAAA级旅游景区。

三、波月洞

波月洞位于冷水江市北郊1.2千米处。据专家研究，早在3亿年前石炭纪，此处已出现黄龙组灰岩地层，经漫长地质作用与变迁，形成多层结构岩溶洞穴群体。

波月洞分上、中、下三层，总面积4万余平方米。洞内钟乳挺拔，石笋丛生，石幔高挂，石柱巍峨，石帘低垂，石花瑰丽，石瀑飞流。中层洞穴进深1700米，洞宽5～10米，最宽70米，高3～10米，最高20余米。整个洞府以迷宫大厅为中心，前部洞厅宽广宏伟，气势磅礴，后部洞厅线条密集，晶莹剔透。波月洞属溶洞群体，除主洞波月洞外，还有常纱洞、清泉洞（观音洞）等副洞。洞中玉柱擎天、银河飞瀑、海天揽胜、空心鹅管群、千丘田、清心巨石、飞剑断壁、枯木逢春、神猴送客等天然景观堪称经典。洞内石槽之深之广、鹅管之长之密、石坝之高之巨，堪称三大“世界之最”。波月洞兼具世界溶洞主要类型，被中外岩溶专家誉为“世界溶岩博物馆”“地下自然艺术宫殿”。20世纪80年代，中央电视台在此采集拍摄中国古典神话电视剧《西游记》中的“花果山水帘洞”“美猴王宝座”“白骨精卧榻”等剧景。2009年12月，波月洞被评定为国家AAA级旅游景区。2014年11月，波月洞获批省级地质公园。

四、华天洞

华天洞又名凤凰洞，位于双峰县甘棠镇，洞长6000余米，洞内景点颇多，有凤凰天地、周郎赤壁、古榕树、低头台、一线天、天仙桥、画山仙境、蜀道青天、南天门、太空洞、中华图腾、南天白云、海市蜃楼、将军剑塔、三山五岳、武陵晨曦等。洞口有一眼终年不竭的井泉，泉水蓄积形成一座天然平湖。

第三节 文化遗存及古建筑、古民居

一、紫鹊界梯田

紫鹊界梯田位于新化县水车镇，地处娄底、怀化、邵阳三地交界处。紫鹊界山体属雪峰山脉，海拔500～1585米，坡度30～50度。紫鹊界梯田层层遍布山体，自下而上，500余级，面积5336公顷。

紫鹊界山高林密，生态原始，高处无任何山塘、水库，但梯田水源充足。梯田依靠森林植被、土壤、田埂综合形成储水保水系统，凭借神奇独特的基岩裂隙孔穴水源，构成纯天然自流灌溉工程，潺潺流水四季不绝，久旱不竭，洪涝无忧，堪称人类最伟大的水田灌溉工程。紫鹊界梯田源于先秦，盛于宋明，已有2000余年历史，最早为苗族和瑶族两族祖先开创，是南方稻作文化和苗瑶山地渔猎文化交融糅合的历史遗存。

2012年，紫鹊界梯田被评为国家AAAA级旅游景区。2014年，被国际灌溉排水委员会列入“世界灌溉工程遗产”名录。2017年，被联合国粮食组织批准为“全球重要农业遗产”。

二、新化向东街

新化向东街原名向化街，位于新化县上梅镇，为新化资江渡口一条东西走向的老街，始建于清康熙十二年（1673）。街宽2.5～3米，泥土地面。民国27年（1938）至民国29年（1940），当地政府对街道进行全面整修，两边住宅各后退5尺，街道拓宽为6.5米，街道长2000余米。路面用大青石板铺砌，两旁设下水道，雨止路干，街道两旁耸立大小不一、高矮不等砖木楼房，二至三层廊式层楼兼作住宅商铺。一楼前屋一般为活动门板店铺，铺面整齐划一，内设货架、柜台，后屋为商品加工场所。二楼一般为茶座或锦绣编织房。当年资江水路船来帆往，航运繁忙，北通武汉，南达邵阳。向东街属新化古县城繁华街区，商贾云集，五金、家纺、文房、工艺等商品琳琅满目，茶馆、饭馆、旅馆等馆舍一应俱全。中华人民共和国成立后，向东街几经修缮还原，独具历史文化气息，属探古怀旧理想场所。

三、三甲古民居群

三甲古民居群位于涟源市西南部三甲乡，有青砖青瓦庭院120余座，大多建于晚清期间，最古有400余年历史，规模宏大，气势非凡。每座庭院，有书家题写屋名，有竹木雕就门联，建筑整体雕梁画栋、工艺精湛。院落组合多种多样，各成体系，外形多姿多彩。布局大都以正厅为轴线，一进两横两天井，或两进两横三天井，或三进两横四天井。建筑为砖木结构，各院落有较宽庭院空间，包括厅堂、过厅、走廊、天井、庭坪。其中世业堂，建于清代乾隆年间，占地面积1万余平方米，建筑面积6476平方米，三进四横组合，分前堂、正堂、左右厢房，大小房屋200余间，天井5口，石砌基脚，砖木结构，青砖青瓦。正堂采用抬梁式构造，木窗木门，雕龙画凤，悬挂名人字画、鎏金牌匾于厅堂，造型精美华丽。2009年2月，三甲古村落群被评为省级历史文化名村。2011年初，世业堂被确定为省级文物保护单位。

四、洛阳湾古建筑群

洛阳湾古建筑群位于双峰县城北杏子铺镇侧水河畔，建于明朝永乐年间（1403—1424），由关圣殿、观音阁、龙王阁、文昌阁等4大建筑组成。建筑群背山面水，互为犄角，连成一体。整个建筑雕梁画栋，亭角峥嵘，气势雄伟。侧水江心有一巨石，其上建石塔，巍峨壮观，与岸上建筑两相呼应，相映成趣。

五、三塘铺古民居

三塘铺古民居位于双峰县三塘铺镇，包括体仁堂、柏荫堂。体仁堂为清太学生、奉政大夫、中宪大夫、著名茶商刘麟郊的儿子刘校亭、刘良丞于光绪年间（1875—1908）所建。整个建筑砖木结构，三进六出三厢九井，有正厅堂3个、侧厅堂6个、厢房厅房18间。以天井为中心营造小院，院中有院，院中套院。以亭廊相连，辅以廊房、轿厅、花厅、书楼、花园、佛堂、戏台，左有守经别墅，右有西式凉亭。以正室为主体，中轴相对称，厢房、杂房均衡排布。占地面积2.7万平方米，建筑面积2万平方米，房屋365间。体仁堂木雕华美，石刻精致，外观气势雄伟、富丽堂皇。

柏荫堂是一处仿明清建筑老宅，为民国时期中国茶叶总公司总茶师、著名茶商戴海鲲于1934年所建，占地面积5650平方米，建筑面积5400平方米，房屋100余间，布局形似北方四合院，宽阔坪地后建正宅，两厢以天井隔开，既独立成院，又完美融合。正厅阶基上廊柱为整根大圆木，廊柱和墙壁连接处横梁置有圆形雕花木盘，各种浮雕物栩栩如生。外墙设有炮楼和枪眼。整个建筑规模宏大，坚固无比，工艺精湛，华美壮观。

六、龙潭风雨桥

龙潭风雨桥位于新化县温塘镇与田坪镇交界处，跨资江支流油溪河上游。该桥始建于清咸丰八年（1858），为石墩悬臂式纯木结构，有4墩24扇，长50米，宽5米，桥身用巨木层垒搭接，正中建有四角攒尖顶阁楼，置神龛和石碑，两端建庑殿、顶阁楼各1个，造型别具一格。各扇主梁均记载修桥主事人姓名和修建年月。西端有5米宽石梯22级。龙潭风雨桥属娄底市仅存最古风雨桥。2002年，被确定为省级文物保护单位。

七、眼花岭

眼花岭位于新化县温塘镇眼花村，村岭一体，自然天成。整村整岭为车田江水库一半岛，三面环水，远看似古堡一座。当地盛产页岩，先民就地取材，用薄页岩围砌梯田梯土，形同一道道古城墙。先民亦用页岩构筑石屋，石屋错落有致布于古梯田、梯土之间，尽显沧桑，极具人文特色。

八、玉屏“共产主义”居民点

玉屏“共产主义”居民点位于涟源市三甲乡玉屏村，距涟源市中心城区4.7千米，是一处集生产、生活、学习于一体的农村特色居民区。1958年建成。占地面积5724平方米，整齐排列平房6栋144间。楼栋之间有边长12米方形空坪，以石子路相连。居民点各种功能一应俱全，配套有生产大队部（即村委会）办公室、活动室、粮仓、农具存放室、公共食堂、澡堂、公厕等。青砖墙上现存白石灰粉底，油墨书写毛主席语录100余条（块），书体规范，字迹清秀。玉屏“共产主义”居民点是“大跃进”时期留下的特殊文化遗产。2011年，被确定为省级文物保护单位。

第四节　名人故居及革命纪念地

一、名人故居

曾国藩故居　位于双峰县荷叶镇（旧属湘乡），包括白玉堂、黄金堂和富厚堂3处遗迹。曾国藩，晚清重臣，中国近代政治家、战略家、理学家、文学家，湘军创立者和统帅。曾国藩兄弟5人，在双峰荷叶镇建白玉堂、黄金堂、万宜堂、大夫第、富厚堂等10座大庄园，统有“黄金白玉，富厚万宜”之称。

白玉堂，曾国藩出生府邸，坐落于荷叶镇天坪村，整座建筑为砖木结构，青砖青瓦，双层飞檐，粉壁墨画，颇为壮观，全屋三进两横，房屋48间，天井6处，屋前修一大坪，坪前修半月形池塘。土地改革时期，分给当地农民居住，后因年久失修，只剩断壁残垣。2004年，双峰县政府按原样修复。

黄金堂，曾国藩青少年时代住处，坐落于荷叶镇良江村，构造与白玉堂相似，砖木结构，三进两横，四周古木环绕。曾国藩成亲后，其夫人欧阳氏长住于此。中华人民共和国成立后分给当地农民居住，因年久失修，只留下门楼和部分残墙。

富厚堂，又名毅勇侯第，坐落于双峰县荷叶镇富托村，始建于清同治四年（1865）。曾国藩“素无终身官场打算”，动员家眷回祖籍“主家作业”，自身准备择机致仕引退，便令其子曾纪泽回湘主持，依照侯府规模，耗时10年建成富厚堂。整个建筑呈北京四合院建置，包括门前半月塘、门楼、八本堂主楼，公记、朴记、芳记3座藏书楼，荷花池、后山鸟鹤楼、棋亭、存朴亭，还有咸丰七年（1857）曾国藩亲自营建的思云馆等，颇具园林风格，占地面积4万余平方米，建筑面积9202.86平方米。富厚堂精华部分为藏书楼，曾藏书30余万卷，名贵字画近1000幅，以及许多珍贵文史资料。富厚堂藏书楼是中国近代以来保存最好的最大私家藏书楼之一。中华人民共和国成立后，富厚堂作为双峰县荷叶区公所和卫生院驻地。

1996年12月，双峰县政府成立富厚堂管理所，对曾国藩故居（富厚堂）实施有效保护和适度开发。2001—2006年，双峰县政府先后投入1500余万元，对门楼、轿马房、藏书楼、艺芳馆、外墙、屋顶、院内空坪和堂前半月荷花池、“帅”字旗基座进行全面修缮，将堂前几十亩稻田全部改种莲藕，并在荷塘内修建桥、亭、游步道，使之成为名副其实的“荷叶塘”。2005年，与南岳衡山一起，被省旅游学会评为“新潇湘八景——衡岳灵秀”。2006年，经国务院批准列入全国重点文物保护单位。2010年1月，曾国藩故居获评国家AAAA级旅游景区。

湘军名将故居群　位于涟源市杨市镇、荷塘镇境内。涟源籍湘军将领载入《清史稿》的有李续宾（巡抚，赠总督衔）、李续宜（巡抚，赠总督衔）、刘岳昭（云贵总督）、刘连捷（布政使，赠内阁学士，钦命头品顶戴）、刘腾鸿（道员）等24人。他们分别在老家涟源（原属湘乡）杨家滩、荷塘等地，大兴土木，建造府邸。保留较为完整的有云桂堂、师善堂、老刘家（大夫第）、存厚堂、锡三堂等。2011年，湘军名将故居群均被确定为省级文物保护单位。

老刘家（大夫第），始建于康熙四十七年（1708），总建筑面积3万余平方米。由兴裕堂、怡然堂、六吉堂等堂院组成。有房屋几百间，天井108个（至今尚存48个），走廊纵横交错，廊廊相连，雨不湿鞋、晴不骄曝。前门正厅悬挂同治皇帝御赐“大夫第”牌匾。

存厚堂，湘军名将刘岳昭府第，建于清咸丰十一年（1861），四进五横。堂前石阶逐级而上，级多阶长，仅月台就长200米，宽40米。正厅高大宽敞，梁柱上有大型瑞兽木雕，形象生动逼真。前栋左右走廊可通正厅和后院，院内有天井、阁楼和花窗，风格别具特色。

师善堂，湘军名将刘连捷儿子之府第，建于清咸丰末年（1861），堂前有一半月形大池塘，塘岸由清一色条石砌成，甚是壮观。堂内装饰精美，雕梁画栋。无论是斗、拱、昂、梁、雀替、牛腿、隔扇的构建，还是家具的制造，工艺均体现浓郁地方特色。正厅阁楼的隔板上，有八仙过海、文王访贤、桃园结义等多种浮雕透雕，或人物故事或花鸟虫鱼。

云桂堂，湘军名将刘连捷表兄湘军将领彭胜安于清咸丰年间（1851—1861）所建，四进五横，占地面积近3万平方米。其风火墙长180余米。堂前有半月形荷池。堂内宽敞明亮，布局合理，阁楼和花窗做工精细，堪称精巧。

光远堂，湘军名将刘岳昭弟弟中宪大夫刘岳昕于清咸丰年间所建，四进三横，占地近1万平方米，前有池塘，后有碉楼，旁有水井。整个装饰古朴自然，清新雅致。

德厚堂，湘军名将刘连捷府邸，建于清咸丰年间，位于旧时长沙至宝庆（邵阳）官道旁，占地3万余平方米，门前有十三步石阶，意喻皇帝赐封“十三太保”，槽门上有圣旨牌匾。旧时凡路过此堂者，文官下轿，武官下马，可见此堂威极一时，盛景可观。

锡三堂，湘军名将李续宾、李续宜兄弟故居，位于涟源市荷塘镇古楼村，建于清咸丰年间。

乐恺堂　别名谢家大屋，位于涟源市金石镇，由清代嘉庆年间（1796—1820）“烧车御史”谢振定的曾祖辈谢添弦、谢添荫于清康熙十七年（1678）所建，占地约1万平方米，坐北朝南，3进9厅，轴对称分布，有大小房屋73间，青砖青瓦，砖木结构，中厅采用抬梁式构造，前后有4排单檐式平房，2道大门，9座大小天井。堂前有一块空坪和一口石砌半月池塘。门庭青石门框，门楣上书“乐恺堂”鎏金大字3个，主厅悬挂清嘉庆皇帝御赐“翰林第”“父子翰苑”“太学”“文魁”“金紫诰封”等匾额。窗楣、墙壁上二龙戏珠、双凤朝阳、鱼虫花草等精美图案随处可见。整个建筑保存较为完好。2011年，被确定为省级文物保护单位。

杨昌浚故居　又名“蓬庐”，位于娄星区大埠桥街道上元村。杨昌浚是晚清重臣，官至福建巡抚、闽浙总督、陕甘总督，曾因错判“杨乃武与小白菜”案而罢官，后经左宗棠力荐复出，任陕甘总督。故居建筑1万余平方米，大小房屋100余间，大多用青砖、制瓦砌盖，部分用土砖砌成再抹以白灰。基础使用大量条石，雕琢花纹或图案。其中廊柱基石，上为鼓形，中为八方形，下为四方形，喻“天方地圆”“四平八稳”之意。厅堂采用木石架构，共有4扇，每扇有4柱5瓜3穿枋，柱为石柱，枋为木枋。所有木制卷棚，做工讲究，雕工精细，刷饰红漆，为整座建筑之精华。堂上悬挂光绪皇帝御赐“福”字巨匾。整座建筑大量采用中国传统造法，并引进不少外来工艺，中西合璧，豪华靓丽。

方鼎英故居　位于新化县圳上镇，修建于1945年。方鼎英，22岁入东京陆军士官学校学习，23岁参加同盟会，24岁回国，先后参加武昌起义、平陈炯明叛乱、北伐、东征和西征等战争。国共合作时期任黄埔军校教育长、代校长，大革命时期保护中共大批优秀人才。1949年，成功策动湖南和平起义。中华人民共和国成立后，任省参事室主任、省政协副主席等职。方鼎英故居占地1800平方米，为三层中西结合回廊式庭院，大小房屋50余间，院中有天井13个。房屋曲折回环、幽深莫测，阁楼上设有炮楼多个，个个相连。中华人民共和国成立后，它作为圳上区公所办公用房，长期保存较好。20世纪末，新化县实施撤区并乡以后，圳上区公所撤销，房屋停止使用，后疏于修缮，损毁严重。

谢冰莹故居　位于冷水江市铎山镇龙潭村，分为新栋“守园”和旧栋“花灼堂”两部分。谢冰莹（1906—2000），原名谢鸣岗，字凤宝，是中国现代史上妇女解放运动的先驱，第一位女兵作家。“守园”是她4次逃婚前的住所，整体保存基本完好，屋内的精美雕窗和彩绘飞檐极具湘中民俗特色。“花灼堂”是她的出生地。2011年1月，谢冰莹故居被确定为省级文物保护单位。

罗盛教故居、纪念馆　罗盛教故居，位于新化县圳上镇松山乡桐梓村，属木结构房屋。罗盛教（1931—1952），原名罗雨成，中国人民志愿军一级爱民模范，国际主义战士，在朝鲜营救落水小孩崔莹时牺牲。其故居占地面积约800平方米，建筑200平方米，陈列面积120平方米。1971年，故居内外竖石碑两块，一块镌刻“罗盛教故居”及罗盛教生平简介，另一块镌刻朝鲜首相金日成题词“罗盛教烈士的国际主义精神与朝鲜人民永远共存”。1978年，故居被加修围墙保护，至今保存完好。1979年，被确定为省级文物保护单位。

罗盛教纪念馆，位于新化县城资江大桥西端，占地3000平方米，建筑1100平方米。馆内有展厅3间，面积370平方米。1985年4月22日，罗盛教烈士诞辰54周年，纪念馆开馆。三间展厅依次介绍罗盛教烈士由一个普通农家孩子成长为一个国际主义战士的全过程，集中展示烈士生前学习、劳动和参军用过的实物及其他相关实物114件，展示中国共产党和中华人民共和国领导人毛泽东、周恩来、叶剑英，朝鲜国家主席金日成接见罗盛教父亲罗迭开，以及反映中朝两国人民传统友谊的照片78幅，其他图片51幅，塑像4座，模型1座。

二、革命纪念地

蔡和森故居、蔡和森同志纪念馆　蔡和森故居，屋名“光甲堂”，位于双峰县井字镇杨球村，始建于清朝末年。蔡和森是中国共产党早期重要领导人，杰出共产主义战士，无产阶级革命家、理论家和宣传家。其妹蔡畅是中国共产党早期领导人之一，无产阶级革命家，妇女解放运动先驱。光甲堂是一栋清末湘中山区普通农舍，属穿斗式梁架结构，一进三横，呈倒“凹”字形，建筑550平方米。1985年，大门悬挂邓小平题写的“蔡和森故居”金字红木匾。2013年5月，光甲堂被确定为全国重点文物保护单位。

蔡和森纪念馆，位于双峰县永丰镇，总占地1.1万平方米，馆舍占地面积595平方米，建筑1650平方米，展厅1000平方米，为4层楼房，钢混结构。正门上方悬挂中华人民共和国元帅聂荣臻题写的“蔡和森同志纪念馆”牌匾。一楼门厅陈列蔡和森半身铜像和邓小平题词，左右展厅介绍蔡和森生平事迹，陈列大量照片及实物。二楼是蔡畅生平事迹陈列室，室名由中华人民共和国主席李先念题写。馆前是蔡和森烈士陵园，陵园中央立蔡和森雕像。雕像通高9米，其基座刻有中共中央政治局常委、中共中央副主席陈云题写的“蔡和森同志纪念碑”碑名。

1986年，蔡和森纪念馆开始建设。1987年7月1日，建成开馆。1988年4月，在新民学会成立70周年之际，正式对外开放。2007年3月，蔡和森纪念馆被评为国家AAA级旅游景区。

衡宝战役战场遗址及双峰县烈士公园　衡宝战役战场遗址，位于原衡州府和宝庆府境内，即现衡阳市、邵阳市、娄底市境内，方圆数百平方千米，娄底市部分主要分布在双峰县境内。1989年4月，为纪念在战役中牺牲的解放军指战员，双峰县政府在永丰镇城南塔子山修建双峰县烈士公园。园内建有纪念亭2座，红柱围栏，黄色琉璃瓦。园门建有牌楼，四柱三门二房九楼古典式建筑，绿色琉璃瓦，钢筋混凝土结构。正门上书“双峰县烈士公园”金字园名。塔子山顶修有烈士塔，塔碑正面镌刻原省委书记熊清泉题写的“衡宝战役青树坪战斗烈士纪念塔”塔名。塔顶置红色火炬，象征革命烈士精神永垂不朽、革命火炬代代相传。青树坪镇崇丰村，甘棠镇盐井村，花门镇大托村、东桥村，分别建有烈士墓。每年清明、国庆等节假日，以及党、团、少先队活动日，常有人前往扫墓悼念。

中共湖南省委机关旧址睦邻堂　位于双峰县梓门桥镇永和村长庆组。1940年冬至1945年10月，抗战时期，中共湖南省委机关在此驻扎。高文华、周里、常杏荣、袁学之、毛达恂、刘鼎、孔福生、张春林等中共湖南省委骨干成员多次在此召开会议，开展地下组织活动。王淑南、朱春芝、文仕祯作为省委机关办事处常驻人员在此工作近5年。当地村民胡希庆、黄文秀、黄子田、曹鹤清、胡子英、易桂中等为省委及机关办事处提供会址和驻地，义务承担保卫保密任务。

红六军团司令部驻新化旧址　位于新化县上梅街道办事处，为一座老式大宅院。1935年11月27日，萧克、王震、夏曦率中国工农红军第六军团在完成配合中央红军长征的战略任务后进入新化县城，军团部驻青石街陈姓地主宅院。罗盛教纪念馆珍藏有原新化县城水月楼照相馆摄影师拍摄的军团领导人萧克、王震、夏曦和红16师、红17师部分干部在军团部大宅院门前的合影。该院占地4680平方米，坐东朝西，临街而建。中华人民共和国成立前，是新化工人运动场所。中华人民共和国成立后，是新化县总工会办公场所。“文化大革命”期间，工会机构撤销，该院建筑年久失修。20世纪80年代，工会机构恢复，该院拆除改建。

红二军团司令部驻新化旧址　位于新化县奉家镇上团村，屋名竹园，是一座四合大宅院。1935年12月12日，为策应中央红军战略转移，任弼时、贺龙、关向应率领中国工农红军第二军团进入新化县奉家镇上团村，将军团部设在当地大地主奉仕卿的宅院内。军团部旧址占地6575平方米，建筑5680平方米，为二进二横四幢建筑，地方特色明显，保存相对完好，部分房屋因岁月侵蚀而破损。2011年1月，被确定为省级文物保护单位。2013年5月，被确定为国家重点文物保护单位。

红六军团长征进驻锡矿山旧址、锡矿山革命烈士陵园　红六军团长征进驻锡矿山旧址，位于冷水江市锡矿山。1935年11月，红六军团政委王震率领红16师主力1500余人经新化进驻锡矿山，设司令部于宝大兴片区。王震等红军将领居住的房屋及司令部办公楼至今保存完整，但久经岁月侵蚀，略显残破。2005年10月，冷水江市老区建设促进会在锡矿山建“红军驻地旧址”纪念碑。纪念碑由水泥、红砖构筑，碑座、碑身镶嵌大理石。碑高3.6米，底座宽4.5米，占地10.35平方米。是年，红六军团长征进驻锡矿山旧址被确定为冷水江市文物保护单位、冷水江市爱国主义教育基地。

锡矿山革命烈士陵园，位于冷水江市锡矿山陶塘长龙界钟鼓山。1949年9月9日，为解放锡矿山，解放军第47军160师478团在胜利山黄土坑围歼国民党部队63师残部。战斗中，营教导员吴振宗、连长吕庭轩等9位指战员牺牲，当地人民在烈士牺牲地修建革命烈士墓。1974年8月，烈士墓由黄土坑迁至钟鼓山，墓前修建革命烈士纪念碑，碑高14米，砖石结构。碑面楷体书写“革命烈士永垂不朽”，底座刻大理石碑文，碑后20米处建一面纪念墙，墙面阳刻锡矿山解放经历和战斗场景图。1983年，纪念碑被确定为冷水江市爱国主义教育基地。1994年，被确定为县（市）级文物保护单位。2010年8月，锡矿山革命烈士纪念碑获整体重修扩建，占地面积1550平方米。10月，烈士墓、纪念碑所在园区被确定为锡矿山革命烈士陵园，为省级文物保护单位。

新化抗日英烈陵园　位于新化县上渡街道办事处农丰村狮子山公园。抗日战争期间，驻扎于新化县立中学的军政部第四六后方医院，收治从前线转来的4000余名受伤将士，其中1500余名将士因伤势过重而牺牲，掩埋于新化县城郊一座小山岗香槟山，香槟山因此更名为伤兵山，位于新化县梅苑经济开发区（原湖南机械刀片厂附近）。1946年，当地政府立纪念碑1块，建纪念亭1座。纪念碑呈方形，青石质，攒尖，高4米，阴刻“抗敌伤亡荣誉将士公墓”。1981年12月，公墓被确定为县级文物保护单位，同时被确定为新化县爱国主义教育基地。1993年7月，公墓扩建为陵园，园内建英烈亭、梅花池、喷泉、假山，栽种大量翠柏和鲜花。是年，陵园被确定为新化县爱国主义教育基地。2008年，公墓由伤兵山迁至狮子山公园，公墓周围200平方米按原样修建抗日英烈陵园，园中依山建造纪念厅。是年，抗日英烈陵园被确定为新化县爱国主义教育基地。

洋溪万人坑　位于新化县洋溪镇龙潭湾村文昌阁旁，为龙潭湾死难军民合葬墓，因埋葬死难者众多而得名。1945年4月，日本侵略军发动“湘西战役”，企图打通雪峰山天险，占领芷江机场。驻宝庆（现邵阳市）日本侵略军两个纵队约6000人自新邵侵入新化县境，在洋溪境内烧杀抢掠。国民党第18军18师从芷江赶来增援，联合第73军在洋溪寨边、长丰、老屋一带展开恶战，在当地百姓支持下，最终打败敌人，使这支日本侵略军仅剩500余人仓皇逃窜，自新化槎溪、苍溪逃回宝庆驻地。洋溪战斗持续27天，中国军民死难4000余人，日本侵略军死亡5000余人。当地幸存百姓挖一巨坑，将约万具尸体集中掩埋，用黄土累起一巨型坟墓，名为“万人堆”，又名“万人坑”。后来人们立碑记事，以记国耻，以警世人。1981年，洋溪万人坑获修缮整理，被确定为县级文物保护单位、新化县爱国主义教育基地。

锡矿山羊牯岭碉楼　位于冷水江市锡矿山街道办事处，为民国时期大矿商段楚贤所建。锡矿山羊牯岭碉楼经风雨剥蚀80余年，只剩四周砖石外壳，楼内结构荡然无存，外墙粉刷脱落，四周杂草丛生。该楼独处锡矿山飞水岩羊牯岭，俯视四周，是飞水岩景区的主要人文景观之一。2011年1月，被确定为省级文物保护单位。

第五节　工矿旅游资源

一、锡矿山

锡矿山位于冷水江市北郊，盛产锑矿。矿区发现于明代末年，因当时人们误认锑为锡，故被称为“锡矿山”。锡矿山因炼不出锡，遂被弃置。清光绪十六年（1890），矿物经化验为锑。光绪二十三年（1897），湖南巡抚陈宝箴主持设置新化锑矿行政局，实行民采官收官炼，后因技术匮乏和资金缺乏改为商办。当时矿区有采锑公司130余家，冶炼厂30余座。美、俄、德、英、法、日、西、葡等外国的商人开设“多福”“开利”“合利”“修和”等锑矿公司。最盛时期矿工逾10万人，年产锑占全世界锑产量58%。山上山下，矿洞遍布，人群如蚁，厂连成街，市集熙攘。锡矿山成为名副其实的“世界锑都”。

1941年，国民政府资源委员会设立锡矿山工程处，建立北矿区实验冶炼厂和南矿区冶炼厂，收砂炼锑。截至1948年底，锡矿山有冶炼厂9家。1949年中华人民共和国成立后，锡矿山所有官企、民企收归国有，国家先后投资3亿元，建成南矿、北矿、南选矿厂、北选矿厂、冶炼厂、湿法冶炼厂，与外国专家进行技术合作，使锑矿产量、质量提升，产品远销世界各地，为国家创汇10亿余美元。

1972年，锡矿山矿务局拨专款修建矿史、革命斗争史陈列室，辟出一条古矿道为“忆苦窿”，请一批老工人为模特，进行最原始的采矿表演，供党政机关、厂矿企业、学校和社会各界人士参观，开展爱国主义教育。1990年始被确定为省级爱国主义教育基地。

二、涟源钢铁厂

涟源钢铁厂位于娄星区，1958年建成投产，经过60年的建设，现已发展成为全国工业企业500强。涟源钢铁厂建有一条全流程展示炼铁、轧钢、薄板生产的全闭路循环参观通道，可供游客观摩。

2017年娄底市其他知名单体旅游资源表

表38-1

名　称	类型	地理位置	级别
将军庙(姜齐贤将军纪念馆)	红色	娄星区花山办事处	3级
天王寺	人文	娄星区	3级
贺国中故居	红色	娄星区双江乡	2级
陶龛学校	人文	娄底经开区大埠桥办事处	2级
雷锋山(肉身佛)	自然、人文	娄星区蛇形山镇	5级
中共地下党东湾支部陈列室	红色	双峰县梓门桥镇	3级
观音阁	人文	双峰县永丰镇	2级
双胜寺	人文	双峰县永丰镇	2级
落子山	自然	双峰县井字镇	2级
石林地质公园—石鸡寨	自然	双峰县荷叶镇	2级
黄巢山	自然、人文	双峰县井字镇	3级
彩石庵	人文	双峰县走马街镇	2级
仙神寨(又名仙潭寨、仙人寨)	自然、人文	双峰县印塘乡	2级
新车桥	人文	涟源市石马山镇	2级
隐龙庵	人文	涟源市蓝田镇	2级
洪水岭	自然、人文	涟源市蓝田镇	3级
雷鸣洞	自然	涟源市七星街镇	2级
李聚奎将军故居	红色	涟源市龙塘镇	3级
红日岭及人防工程	自然、人文	冷水江市城区	3级
刀劈岩	自然	冷水江市	2级

续表38-1

名　称	类型	地理位置	级别
白果岭	自然	冷水江市锡矿山街道	2级
九门洞	自然	冷水江市渣渡镇	2级
北塔	人文	新化县上梅镇	4级
文昌阁	人文	新化县洋溪镇	3级
四都节孝牌	人文	新化县维山乡	2级
桃林小南岳	人文	新化县科头乡	2级
卯溪古树群	自然	新化县奉家镇	3级
岩板古村落	自然、人文	新化县奉家镇	4级
梅王洞	自然	新化县圳上镇	3级
小桂林	自然	新化县西河镇	3级
杨氏宗祠	人文	新化县水车镇	3级
天坑	自然	新化县桑梓镇	2级
谭人凤墓	人文	新化县文田镇	2级
奉家山下团民俗文化村(古桃花源)	人文	新化县奉家镇	3级
双峰归古民俗文化村	人文	双峰县青树坪镇	3级

第二章　旅游规划与品牌创建

与全省其他市（州）相比，娄底市的大型旅游开发较晚。2005年，第一部《娄底旅游总体规划》出台，娄底市开始总体有序开发全市旅游产业。截至2017年，娄底市创建AAAA级旅游景区4个、AAA级旅游景区10个、AA级旅游景区1个。

第一节　旅游规划

1990—2002年，娄底市（地区）先后对部分单个景区作出过专项旅游规划，但未编制娄底市（地区）旅游发展总体规划。专项旅游规划包括市旅游局对水府庙水库的旅游规划，冷水江市旅游局对波月洞的旅游规划，涟源市旅游局对湄江的旅游规划，新化县旅游局对大熊山的旅游规划。

2003年6—9月，市旅游局邀请湖南师范大学旅游学院专家、学者对全市旅游资源进行普查、登记、分类和评价。10月，邀请湖南师范大学旅游学院和湖南司大旅游规划设计有限公司，编制娄底市旅游发展总体规划。2004年3月28日至4月1日，娄底旅游发展战略研讨会召开。国家旅游局顾问卢存岳、副省长贺同新、省旅游局局长袁新华和国内外旅游专家、学者等30余人参加会议，就娄底旅游规划编制、旅游资源开发与利用、旅游投融资体系、旅游市场定位、旅游综合环境建设、旅游人才培训等进行讨论并达成共识。11月22日，《娄底市旅游总体规划（2005—2020）》获省旅游局和市政府主持的专家评审会评审通过。2005年4月28日，该规划获市二届人大常委会第十一次会议审议通过。8月3日，获市政府批复实施。该规划对全市旅游资源进行全面评价，确立“梯耕大观、湘军摇篮”为总体形象。旅游产业总体布局为“一轴一心、东西两翼”。“一轴”，指东起曾国藩故居旅游区，依托湘黔铁路和上瑞高速公路联络线，以及娄星区—涟源—冷水江—新化高等级公路（即沪昆客运专线、娄新高速和娄底大道），西止新化紫鹊界—奉家山世外桃源旅游区，形成一根横向旅游轴线。在这条轴线上串联1个地级市和4个县级中心城市。“一心”，指娄底中心城区，全市政治、经济、文化、交通中心，也是全市最大的客源市场集散地。“东西两翼”，指娄底市域内最高品位的旅游资源分布在东西两端。东端为曾国藩故居旅游区，紧邻长株潭客源市场。西端为紫鹊界梯田——奉家山世外桃源旅游区，可拓展邵怀益客源市场，东西两翼竞相开放，形成横贯全市、辐射全省的旅游黄金线。根据全市旅游资源的分布，规划分别列出东部名人故居观光旅游区，中心城区和近郊休闲、宗教、岩溶景观旅游区，南部山水度假旅游区，西南部梅山文化、名洞、名矿旅游区，西部传统耕读文化游赏区，北部山、林、洞、湖综合旅游区等6个不同功能旅游区。截至2007年底，全市构建完成市、县（市、区）、景区三级旅游规划体系。

2009年，娄底被评为“中国十大宜居城市”。2010年，娄底成功创建“中国优秀旅游城市”。2013年，娄底获“国家园林城市”称号。截至是年底，曾国藩故居、紫鹊界、大熊山、梅山龙宫、波月洞等一批国家A级景区相继建成，为促进资源枯竭型城市转型和加速旅游业发展奠定基础。2015年，在坚持《娄底市旅游总体规划（2005—2020）》前提下，编制出《娄底市“十三五”旅游业发展规划纲要（2016—2020）》（简称《纲要》）。《纲要》提出“十三五”旅游业发展目标：至“十三五”末，全市年接待国内外游客超6000万人次，年旅游总收入超500亿元，对GDP贡献率超18%，旅游经济指标进入全省前10位，国家AAAAA级景区1个以上，国家AAAA级旅游景区7个，星级饭店35家，旅行社行业做大做强。旅游产业社会效益凸显，新增旅游就业人员超过3万人，间接从业人员不少于15万人，旅游扶贫取得突出成绩，产业发展与美丽乡村、新型城镇化建设一体化成效显著。景区达到“四化两型”建设要求，成功创建绿色环保旅游企业不少于10家，等级景区用水用电量降低20%，建筑节能材料与新能源运用普及率50%以上，景区内部全部使用绿色与环保交通工具，旅游产业率先打造成为绿色环保产业，娄底成为国内知名旅游目的地。

第二节 中国优秀旅游城市创建

2007年初，市人大代表在市二届人大四次会议上联名提出创建“中国优秀旅游城市”的第一号议案，旨在提高娄底旅游知名度，打造娄底城市新名片。市委、市人大、市政府、市政协顺应人民群众呼声和旅游业发展趋势，作出创建“中国优秀旅游城市”（简称“创优”）的决议。7月，市委办、市政府办制定下发《娄底市创建中国优秀旅游城市实施方案》，成立创优工作领导小组。市委书记、市人大常委会主任、市政协主席任顾问、市政府市长任组长，市委、市政府相关领导任副组长，市委办、市政府办、市旅游局、市财政局、市建设局、市城管执法局、市交通局，以及各县（市、区）政府等23个成员单位负责人为成员。创优工作领导小组将创优任务分解到各成员单位，实行“三挂钩”制度，即创优工作与单位“一把手”挂钩，与单位领导班子绩效考核挂钩，与创先争优奖罚挂钩。各单位根据创优工作任务，均制定出具体实施方案，任务到位，责任到人。创优工作领导小组下设创优工作办公室（简称创优办），由分管旅游的副市长兼任办公室主任，创优办分设政策法规（综合联络）、行业管理、宣传工作、环境建设、城管标识等五个部室，具体负责业务指导和任务落实。市财政安排创优工作专项经费100万元，安排创优项目引导资金500万元。2007—2009年，市委、市政府先后召开创优工作动员大会4次，工作调度会10余次，现场办公会10余次。市城管局、市邮政局等单位，合理利用城市广告资源，义务发布巨幅创优广告17幅，公交站台广告68处，宣传横幅数百条。娄底电信、移动和联通公司为创优工作免费发送公益短信10余万条。市创优办印发山水画创优宣传挂历5000本，创优宣传邮资信封5000个。联合娄底电视台举办“创优杯”旅游知识抢答赛，拍摄制作《创建中国优秀旅游城市、塑造青春娄底美好形象》创优形象宣传片和《神奇娄底·永远有待发现》旅游形象宣传片。配合北京电视台记者拍摄娄底宣传片。编印《古城神韵》旅游画册，《神奇娄底·探秘之旅》旅游指南宣传手册，《娄底旅游招商指南》《娄底旅游安全指南》《创建中国优秀旅游城市宣传手册》等20万份，下发至各景区、宾馆、旅行社、社区及学校，使创优工作深入人心。双峰县筹措2000余万元，按4A级旅游景区标准开发建设曾国藩故居旅游区，新化县投资2500余万元按AAAA级标准建设梅山龙宫风景区，投资2000余万元建设紫鹊界秦人梯田基础设施。市财政投资325万元新建、改建市中心城区旅游星级厕所20座。2009年，全市旅游接待580万人次，旅游总收入超40亿元，旅游业成为全市国民经济的重要组成部分。2010年1月，娄底旅游各项指标基本达到中国优秀旅游城市标准，顺利通过国家检测。5月，娄底获批“中国优秀旅游城市”。

第三节　国家全域旅游示范区创建

截至2015年“十二五”末，旅游产业占全市第三产业增加值34.6%，对全市GDP贡献率12.7%，成为全市经济社会发展支柱产业。“十三五”始，娄底旅游进行“一点一线”产业布局，把旅游业作为产业转型发展第一选项，以建设“锦绣湘中、醉美娄底”新兴旅游目的地为主题，以培育秦人梯田、国藩故里、世界锑都、水墨涠江、极品龙宫、文化水府、药王龙山、始祖大熊山等8大品牌为依托，大力发展全域旅游。2016年，新化县、涟源市获批“国家全域旅游示范区”创建单位。4月28日，湖南省创建“国家全域旅游示范区”启动仪式在新化县大熊山国家森林公园举行，省、市有关领导，全省13个首批创建单位和23个特邀单位的相关负责人，专家学者、旅行商代表、新闻媒体记者等出席仪式，娄底全域旅游创建活动正式启动。

新化县“国家全域旅游示范区”创建工作，突出“一心·两翼”发展重心。统筹构建以梅山古镇为核心，以资江为纽带，以南部乡村休闲旅游片区、东部峡谷运动旅游片区、西部梯田观光旅游片区、北部森林湖泊旅游度假区的“一心·一带·四区”旅游发展格局。有序推进景区提质建设，实施大熊山、紫鹊界梯田等一系列旅游景区提质升级项目。全面启动奉家山下团民俗文化村即古桃花源景区建设工程，完成梅山古镇国有资产归集工作，进行青石板路和古朴风貌街区改造。新化县还投资1420余万元完善配套旅游公路建设，完成圳上镇至大熊山炒砂路面提质改造，启动新溆高速大熊山连接线等旅游公路建设，新建和改扩建大湘西“神韵梅山”旅游精品路线沿途村级游客服务中心12个、旅游厕所80座。依托独特的生态资源，以点突破、串点成线、连线成面，推出品味资江流域游、梯田风光游、西部自然景区游、乡村体验游、森林峡谷游5个品牌和一日游、两日游、三日游等3条精品线路，同时与大湘西区域旅游线路对接，形成覆盖全县主要景区、串联乡村旅游区点，城乡一体的全域旅游格局。

涟源市将全国全域旅游示范区创建工作纳入市委、市政府重要议事日程。2016年5月，注册成立涟源市力源旅游建设投资有限公司，通过发行债券、银行贷款等方式筹集资金4.5亿元，突破旅游建设资金不足的瓶颈。2017年9月25日，出台《涟源市人民政府办公室关于印发〈涟源市加快旅游产业发展扶持配套办法〉的通知》。9月，成立涟源市全域旅游创建领导小组办公室，与市旅发办“两块牌子、一套人马”合署办公，市财政解决办公经费70万元，各乡镇、街道办事处相应成立文旅站等旅游管理机构。9月26日，出台《涟源市“国家全域旅游示范区”创建三年（2017—2019）行动计划实施方案》，明确全域旅游创建目标。市财政统筹安排旅游发展专项资金1000万元。

第三章 旅游服务体系

第一节 星级饭店、乡村旅游区（点）

一、星级饭店

娄底旅游星级饭店、农家乐建设起步较晚。1990—1994年，娄底尚未实施星级饭店申报、评定，只实行旅游涉外饭店申报、审批。娄底仅有地委招待所（娄底宾馆）和各县（市）委招待所（迎宾馆、涟源宾馆、冷江宾馆、新化宾馆、双峰宾馆）被审批为旅游涉外饭店。外来游客、出差人员、各种会议的接待主要由以上几家招待所（宾馆）承担。1995—2000年，娄底的旅游涉外饭店申报、审批，逐步过渡为旅游星级饭店申报、评定。娄底地区先后有迎宾馆、冷江宾馆、涟源宾馆、星马大酒店被评定为二星级旅游饭店。

21世纪初叶，娄底市星级饭店逐年增加。2001年3月，娄底皇冠大酒店更名金香大酒店，通过设备更新和管理提质，被评为娄底首家三星级旅游饭店。6月，迎宾馆经改造提质后晋升为三星级旅游饭店。是年，冷水江市红梅宾馆投入资金60余万元改善基础设施，加强岗位培训，被评为一星级旅游饭店，成为娄底第一家民办星级饭店。2002年，娄底宾馆投入200余万元，改造客房、厨房和设施设备，被评为三星级旅游饭店。2003—2005年，双峰宾馆、涟源宾馆、星源酒店、金穗酒店等进入星级旅游饭店行列。截至2005年底，娄底星级饭店数量增至12家。2006年，娄底清泉大酒店被评为三星级旅游饭店，盛源大酒店被评为二星级旅游饭店。2007—2009年，新化鸿宇大酒店，娄底恒丰大酒店、金丰大酒店先后被评为三星级旅游饭店，娄底鹏天大酒店被评为二星级旅游饭店。截至2009年底，娄底星级旅游饭店增至18家。截至2011年，娄底三星级旅游饭店18家，二星级旅游饭店11家。2015年，双峰湘军大酒店和洞庭春大酒店被评为三星级旅游饭店，双峰宾馆和双峰馨德宾馆由二星级旅游饭店升为三星级旅游饭店。截至2016年底，娄底三星级旅游饭店27家。2017年，鸿源紫荆大酒店被评为四星级旅游饭店，娄底市实现高星级旅游饭店零突破。是年，全市因企业改制或星级复核不达标退出星级旅游饭店16家。至年底，全市有星级旅游饭店34家，其中四星级1家、三星级20家、二星级13家。另有娄底华天、418华天、新化华天、双峰湘润天下等一批中高档旅游饭店尚待评定星级。

二、乡村旅游区（点）

随着乡村旅游和全域旅游兴起，农家乐开始出现并快速发展。2008年始，对农家乐实行星级评定，以加强农家乐的层次性、规范化管理。是年，首批评定二星级农家乐15家。2009年，二星级农家乐增至38家。2010年，农家乐统称为乡村旅游区（点）。是年，娄底市在全省率先发展乡村旅游富民工程，先后出台《娄底市乡村旅游发展总体规划纲要》《娄底市星级乡村旅游服务管理办法（试行）》《娄底市乡村旅游诚信公约》《娄底市星级乡村旅游区（点）评定办法》等，指导各县（市、区）重点打造“花之缘、田之韵、水之梦、山之恋”四大乡村旅游特色品牌，培育10条乡村旅游示范线路。紫鹊界民俗演艺中心和冷水江三友农庄被评为娄底市首批4星级乡村旅游区（点）。涟源株梅农庄和新化紫鹊人家等5家农家乐被评为首批三星级乡村旅游区（点）。2011年，娄底中阳白鹭山庄、银凯假日休闲山庄和涟源南芙生态农业园被评定为首批五星级乡村旅游区（点）。2012年，娄底旅游进入快速发展时期，旅游星级饭店、乡村旅游区（点）同步发展。涟源市蓝知客栈和双峰国藩家菜馆等8家乡村旅游区（点）进入三星级行列，二星级以下乡村旅游区（点）发展至120余家。2013—2015年，涟源翠远山庄、五行生态农庄、新化五七生态农庄等被评为五星级乡村旅游区（点）。双峰九峰山庄、新化天鹅湖水上乐园、涟源君都山庄等7家旅游区（点）被评为四星级乡村旅游区（点）。娄星区大新钓鱼山庄、冷水江九江农庄、涟源市紫薇山庄、新化县云来山庄、双峰县乡约人家等20家旅游区（点）被评为三星级乡村旅游区（点）。截至2017年底，娄底市有三星级以上中高档乡村旅游区（点）151家，其中五星级19家、四星级46家、三星级86家。

第二节　旅行社

1994年，娄底地区中国旅行社成立，为娄底地区首家旅行社，地区旅游局直属科级事业单位，负责外宾和华侨及港、澳、台同胞接待任务，有组团经营国内旅游业务的资质。1999年12月，娄底市娄星区旅行社有限责任公司成立，直属娄星区旅游局。2001年3月，娄底市青年旅行社有限责任公司成立，为娄底市首家民营旅行社，从事国内外旅游业务。2003年，娄底市新增7家旅行社，分别为涟源市围城国际旅行社有限公司、娄底市招商旅行社有限公司、冷水江市天马国际旅行社有限公司、新化县金穗国际旅行社有限公司、冷水江市金龙旅行社有限责任公司、娄底市国藩国际旅行社有限责任公司、娄底市湘中国际旅行社有限公司。2005年，娄底市将旅游业列为全市国民经济新的支柱产业、富民产业，旅行社发展迎来高峰期。2005—2006年，娄底市新增湖南华天国旅娄底旅行社有限公司、湖南中青旅娄底旅行社有限公司，娄星区旅行社、涟钢双菱旅行社、娄底春秋旅行社、娄底阳光旅行社、娄底文景旅行社、娄底风光假日旅行社、涟源神州旅行社、涟源蓝天旅行社、新化青年旅行社、新化潇湘旅行社、新化湘中旅行社等13家旅行社。截至2011年底，娄底旅行社增至34家。2012年始，加大对旅行社管理力度，严格执行《旅行社管理条例》，对违规经营、效率低下、游客评价较差的旅行社责令整改，整改不到位的，勒令注销。旅行社发展从增加数量向提高质量转变。全市旅行社进入重组整合期，部分旅行社加入国内大型旅行社企业集团。截至2017年，全市旅行社整合为19家。

第三节　旅游交通运输

一、旅游交通

1990—2000年，娄底有沪昆、洛湛铁路线，320和207国道公路线东西南北交汇，但域内其他旅游交通建设相对滞后，基本没有柏油路或水泥路通向景区。2001年始，娄底公路交通建设持续快速发展，上瑞高速建成通车，二广高速投入运行，长韶娄高速连接二广高速，娄怀高速横贯东西，益娄衡高速纵穿南北。各条高速公路线在娄底中心城区、沿线各县（市、区）及重点旅游景区设置互通枢纽和连接线。2014年底，沪昆高铁建成通车，在娄底市域内设有娄底南站、新化南站，在距涟源市、冷水江市城区仅10余千米处设有邵阳北站。2017年，呼南高铁娄底段开工建设，线路联通娄底高铁南站。截至是年底，娄底市域内国道、省道、市道、县道提质改造基本完成，各县（市、区）的县、乡、村级公路新建及改扩建基本完成。全市所有通往国家AAA级以上景区的公路均建成二级以上标准公路。

二、旅游运输

1990—2004年，娄底市旅游交通运输相对滞后，在普通交通运输业中所占比重不大。2005—2007年，随着娄底旅游业的兴起，娄底市旅游交通运输逐步发展，占普通交通运输业30%以上。2008年始，娄底市旅游客运能力增强。是年，娄底湘运总公司购置39～55座旅游大巴15辆，19～35座旅游中巴5辆，专门成立娄底湘运旅游汽车公司，开展省际、市际旅游包车运输业务。2011年12月，娄底市龙行天下旅游汽车运输公司成立，属旅游运输类民营企业。该公司购置大型旅游巴士16辆，中型旅游巴士18辆，面向社会特别是旅行社开展省际、市际旅游包车运输业务。2014年12月，娄底市锦程旅游汽车运输有限公司成立，属全资民营企业，拥有大型一级、大型中级和中型旅游巴士25辆，开展省际、市际包车客运，及省、市级非定线旅游包车运输业务。3家运输公司联合营运，可同时满足3000名以上旅客乘车需求。此外，各县（市、区）湘运分公司，全面开通辖区内直通国家AAA级以上旅游景区的客运班车，便于人民群众开展一日游活动。截至2017年底，全市有汽车客运站（场）44个，其中一级站（场）4个、二级站（场）6个、三级及以下站（场）34个。有汽车客运班线527条，其中省际12条、市际116条、县际106条、县内293条，共有线路营运车辆2029台。

第四节　其他旅游设施

一、旅游厕所

1990—2006年，娄底市（地区）旅游厕所建设和管理意识缺乏，旅游业厕所需求基本靠普通民用厕所勉强支持。2007年始，娄底市在中国优秀旅游城市创建过程中，加大旅游厕所建设和管理力度。是年，市政府投入资金325万元，在娄底中心城区建设四星级旅游厕所1座，改、扩建三星级旅游厕所2座，二星级旅游厕所10座，一星级旅游厕所7座，实现娄底旅游星级厕所零的突破。2015年始，进一步加大旅游厕所建设和管理投入。截至2017年底，全市投入专项资金1.6亿元，新建、改建旅游厕所200座，提供蹲位3634个。旅游厕所基本覆盖全市旅游景区、旅游集散中心、乡村旅游区（点）和旅游线路沿途休息点。

二、旅游购物点

1990—2004年，娄底市（地区）旅游购物点建设和管理缺乏，旅游购物点基本靠景区、景点周边民众随机设置。2005—2007年，除各景区、景点按A级景区评定标准配套设置旅游购物点，景区周边民众自发设置土特产购物点外，政府旅游部门和商务部门没有在市区和通往景区的沿途规划、布局和设置旅游购物点。2008年，市旅游局和市商务局联合发文，要求各县（市、区）在中心城区游客集散地和通往景区途中的休息点，采取政府引导、行业管理、民间经营的模式，适量设置和发展旅游购物点。市旅游局和市商务局组成联合督导组，深入5个县（市、区）帮助指导选点定位，设立旅游购物点11家，其中娄底中心城区5家，新化县城3家，双峰县、涟源市、冷水江市各1家。2009年始，随着入境游客逐年增多，旅游购物需求增长，娄底市公、私营旅游购物点不断增加。截至2017年底，娄底市年营业额10万元以上旅游购物点有80余家。

三、旅游信息平台

2006年，娄底市旅游局官网（娄底旅游一点通）开通，网址http：//www.hnloudi.80v.cn/bmjyhjs/slyj/。2008年，娄底市旅游局官网改版，网址变更为http：//www.gotold.cn。是年，各县（市、区）相应建立旅游网站。2017年6月，娄底市旅游局官网关闭，内容并入娄底市政府官网，成为其中一个旅游行政部门的网页。是年，该网页访问量11.5万余人次。12月，市旅游局的官方微信订阅号“娄底旅游官方”建立，该微信公众平台每周一、三、五向社会发布娄底旅游资讯。各县（市、区）旅游行政部门和AAA级以上旅游景区均建立旅游信息平台。

第四章　旅游商品

1990—2004年，娄底市（地区）旅游商品品种较少，只有新化竹编、梅山棕编、双峰剪纸、唐浩明编辑的《曾国藩全集》几种工艺文化产品，以及永丰辣酱、富田桥豆腐、新化生命链酒几种土特产食品。2005年始，娄底市委、市政府把旅游业作为市域经济新兴支柱产业加以培育，将购物作为6大旅游要素之一加以规划扶持，使旅游商品的生产与销售提速，呈现百花齐放态势。以双峰国藩溪砚、曾国藩肖像、曾国藩家书、曾国藩手迹堆金帛书系列，新化梅山竹编、冷水江根雕等为代表的工艺文化产品，以渠江薄片、东岭田鱼、富田桥豆腐、绿缘酱板鸭、永丰辣酱和响莲葛根系列等为代表的土特产食品相继进入娄底旅游商品市场。2007年，娄底市工商登记在册旅游商品生产销售类企业160余家，累计销售额1.32亿元。2008年，娄底中心城区举办娄底市首届旅游商品展览会，展位22个，展出旅游食品738种，旅游纪念品226种，旅游用品242种。

2009年，娄底市旅游商品生产企业代表参加在安徽合肥召开的中部六省旅游商品博览会。娄底市的线装丝绸版《曾国藩家书》、曾国藩“八本家训”织锦和国藩溪砚“松鹤延年”等7种工艺文化产品入选“大会推荐的100种旅游商品”，占湖南省入选商品的70%。2011年，在湖南省旅游商品博览会上，娄底市获奖商品总数在全省排名第二位，仅次于省会长沙。2012年，娄底市旅游商品研发、生产、销售企业分别为12家、32家和52家，行业年产值4.01亿元。2013年，在省第四届旅游商品博览会上，娄底市旅游局、新化县旅游局获旅游专题活动优秀组织奖，新化县旅游局获旅游商品优秀展台奖。2014年，娄底市组织24家企业参加第五届省文化旅游产业博览会。娄底市旅游商品梅山竹编获银奖1枚，国藩溪砚获铜奖1枚，并获“必购旅游商品”称号。娄底市8个旅游单位获“湖南省乡村旅游十大好去处”称号。2015年，在湖南（第六届）旅游休闲博览会上，娄底旅游商品国藩溪砚获金奖1枚，涟源棕编工艺品获银奖1枚，湘春牌永丰辣酱获铜奖1枚。2016年，娄底市组织各县（市、区）旅游局、娄底经开区产业发展局、万宝新区招商部及20家旅游商品企业参加湖南（第七届）旅游休闲博览会。娄底市旅游商品湖湘溪砚获金奖1枚，曾国藩文化旅游商品系列、湖南麻辣魔方食品、多功能鱼缸获银奖3枚，涟源湄江黄茶、新化天门寒红系列、国藩溪砚获铜奖3枚。2017年，在“2017中国湖南旅游商品大赛”上，娄底市征集20种旅游商品参赛，冷水江市红汤牛肉米粉、麻辣魔方罐装嗦螺获金奖2枚，新化县夜金花渠江薄片、涟源市“湘山”牌系列产品获银奖2枚，双峰楠竹签字笔套装、涟源桥头河白茶获铜奖2枚。娄底市旅游局获专题活动优秀组织奖。

第一节 旅游食品

一、紫鹊界紫米

紫鹊界紫米产自新化县紫鹊界梯田风景区，史料记载此地所产紫米历代为朝廷贡品，故称“贡米”，有“药米”“长寿米”“黑珍珠”等美誉。据《本草纲目》记载，紫米有滋阴补肾、健脾暖肝、明目活血之功效。现代医学证明，经常食用紫米，有益身体健康。紫鹊界紫米经当地群众精致包装后作为旅游商品，深受广大游客青睐。

二、东岭田鱼

东岭田鱼因原产于新化县东岭乡（现游家镇东岭管区）而得名，精选新化高寒山区稻田鲜活小鲤鱼，用高山泉水素养5个小时以上，剖去鱼肚肠杂，用食盐和天然香料以独殊方法腌制、干蒸、料糠上烟、文火烘烤而成。东岭田鱼成品外观感觉焦、酥、脆，口尝感觉鲜、嫩、软，是一道新化名菜。2006年，东岭田鱼获中国湖南第八届（国际）农博会金奖。

三、永丰辣酱

永丰辣酱属双峰县地方传统特色产品，因原产于永丰镇而得名。永丰辣酱选用当地鲜红、肉厚的灯笼椒、牛角椒，以黄豆、小麦、糯米等辅料，蒸煮发酵后经长时间翻晒而成。永丰辣酱在17世纪中期已有名气。19世纪上半叶，被曾国藩进献给咸丰皇帝，继而被列为朝廷贡品。20世纪90年代，永丰辣酱获长足发展，先后开发出无籽辣酱、刀豆辣酱、地蚕辣酱、蒜仁辣酱、豆豉辣酱、五香酱、八宝酱、什锦酱、牛肉酱、鱼子酱等20余个品种。21世纪，永丰辣酱发展成为双峰县支柱产业，年销售收入上亿元。2007年12月10日，质检总局批准对永丰辣酱实施地理标志产品保护。

四、冷水江麻辣魔方罐装嗦螺

冷水江麻辣魔方罐装嗦螺属国内第一款可流通罐装麻辣田螺产品，采取独特剪尾去肠工艺、中草药专利配方制成，干净卫生，零添加剂，香辣入味，口味独特，携带方便，美观大方。每一罐都配有牙签和手套，随时随地便于品尝。产品已实现标准化、量产化。2016年，获中国中部（湖南）农博会金奖。2017年，在内蒙古包头市举行的中国特色旅游商品大赛中获铜奖。在中国湖南旅游商品大赛上获金奖，并被授予“2017中国品牌旅游商品”称号。

五、其他知名旅游食品

其他知名旅游食品包括绿缘酱板鸭、响莲葛根系列、富田桥豆腐、白溪豆腐、花萼红薯粉、渠江薄片、奉家毛尖、新化蒿子粑、新化糁籽粑等。其中，新化糁籽粑因中央电视台《舌尖上的中国》栏目播出美食节目“糁籽粑蒸鸡”而享誉中外。

第二节　旅游纪念品

一、梅山棕编

梅山棕编主要产自涟源市西北部古塘乡、湄江镇、伏口镇一带。此地处于古梅山深处，棕树众多，先民闲时喜用棕叶编制龙、蛇、虎、螳螂等动物造型用于观赏和消遣。棕编产品主要通过撕、拉、绕、穿、刺等手法编织而成。梅山棕编工艺主要传承人吴方才、刘恋中等从选材、制作和造型等方面，对传统棕编工艺进行创新发明，其多种作品获国家发明专利和外观设计专利，并获各类奖项。2001年，获香港首届国际新产品博览会金奖。2015年，获湖南省（第六届）旅游商品设计大赛银奖。2017年，获中国特色旅游商品大赛铜奖。

二、《曾国藩家书》系列

《曾国藩家书》系列由娄底市祥盛旅游发展有限公司精心设计和印刷，内容复印自台北故宫博物院曾国藩家书原件，采用苏杭丝绸材料，以高难手工仿生水印或织绣而成。产品典雅精湛，永难腐蚀，可永久珍藏，属重要国宾礼品，常作为国家领导人馈赠外国元首的首选礼物，被称为“东方艺术之花”。外包装盒有皮革盒、红木盒、硬纸盒等。2009年，获“中部6省旅游商品博览会推荐产品”称号。2011年，获湖南省旅游商品博览会一等奖。2012年，获湖南省旅游商品设计大赛金奖。

三、国藩溪砚系列

国藩溪砚系列由双峰县国藩溪砚工艺有限责任公司研发生产，取材于双峰县杏子镇溪口村溪石。其质地细腻温润、五彩缤纷、历久不变，具有较高的文化价值和收藏价值。可与广东端砚、安徽歙砚，甘肃洮砚、山东鲁砚四大名砚媲美。“清代湘学复兴导师”邓显鹤在《南村草堂诗钞》中写道：“以湘乡雪花滩石为砚，佳者过端溪，五盖不足言也。”溪砚的开发可追溯至清朝，清末重臣曾国藩将溪砚作为贡品献给同治皇帝。民国初年，溪口人宋樾生（宋希濂将军之父）组建溪砚公司，最盛时有工人200余人。20世纪70年代，双峰溪砚生产中断。2004年，国藩溪砚工艺有限责任公司成立，接续中断30年之久的溪砚生产。溪砚从实用性工艺品发展过渡为兼具艺术性和实用性的观赏收藏品。国藩溪砚系列因文化底蕴深厚和雕刻技艺先进而刷新公众观感。2004—2009年，国藩溪砚先后蝉联省第一届、第二届、第三届旅游商品设计大赛金奖，其多种款式产品在湖南省多次旅游商品博览会上获一等奖。2009年，国藩溪砚制作工艺被列为第二批省非物质文化遗产保护项目。

四、其他知名旅游纪念品

其他知名旅游纪念品包括《曾国藩诗词楹联》系列（含丝质版、宣纸版、普通纸质版），曾国藩“八本家训”系列（包括织锦、竹简、竹筒、木雕版）、曾国藩“八字祖训”系列（含石雕、镇纸版）、曾国藩肖像（含金、银、铜质品）系列、蚩尤肖像系列、新化竹编系列、双峰剪纸系列、娄底风景名胜系列（含金箔挂画、刺绣挂画，以及屏风、碟、扇等）、梅山龙宫工艺龙灯和琉璃汽车挂件、世界锑都“锑原矿”水晶罐和锑锡茶叶罐、紫鹊界四季笔筒等。

第五章　旅游市场开发

第一节　媒体宣传

20世纪90年代初，娄底旅游刚起步，景区景点少，宣传推广力度弱，只靠一些零星赛事、节会等招徕游客。1994年始，随着涟源湄江等景区开发，娄底地区利用媒体宣传提高辖区旅游资源知名度。全地区各级旅游部门会同有关单位，通过报刊、电视台等媒体广泛开展旅游宣传。地区旅游局配合地委宣传部、娄底电视台摄制娄底山水人文风光录像带。冷水江市旅游局印制发放冷水江风光挂历。涟源市旅游局编印《湄江风光》一书及湄江风景区导游图，拍摄湄江风光片5部、纪录片2部。向50余家新闻单位发送1000余篇介绍湄江风光的稿件。2001年，娄底电视台和香港凤凰卫视联手拍摄《湘中明珠——大熊山》，将大熊山森林公园的生态旅游景观和蚩尤文化遗迹等人文景观介绍给香港市民。《中国旅游报》《湖南日报》多次宣传推介娄底旅游资源。2004年，重庆卫视拍摄专题片《走进湖南——探寻紫鹊界》，参加国内24家省级卫视展播。省委宣传部拍摄紫鹊界秦人梯田宣传片赴凤凰卫视参展，使娄底旅游首次以专题宣传形式亮相香港知名媒体。2006年，娄底市邀请中央电视台《走进遗产地》《走遍中国》栏目组，香港《新报》、凤凰卫视、泛珠三角媒体合作圈《美丽9+2》栏目组，湖南卫视、湖南经视、重庆电视台、广东电视台对娄底紫鹊界秦人梯田、梅山龙宫、曾国藩故居等重点景区进行宣传报道。“五一”黄金周期间，在长沙公共频道连续播放娄底重点景区专题宣传片。2008年，协助北京电视台《四海漫游》栏目组、香港凤凰卫视对娄底重点景区进行专题拍摄和展播。在南方卫视“潮流假期”栏目推出娄底旅游专题。2015年，娄底探索与高铁沿线城市及旅行商交流与合作新路子，致力发展区域无障碍旅游和总体营销。与沪昆高铁湖南段沿线城市长沙、株洲、湘潭、邵阳、怀化等开展区域合作，结成“沪昆高铁湖南旅游联盟”。在沪昆高铁上海南至贵阳北段旅客列车车厢投放重点景区宣传广告。开展沪昆高铁沿线媒体记者采访活动，制作精美旅游手册和展示折页。利用娄底旅游网和娄底旅游微信平台，与腾讯微旅签订智慧旅游战略合作协议。2017年，《娄底日报》《娄底广播电视报》《旅伴》高铁杂志等媒体联合出版娄底旅游专刊。与今日头条、红网、TOP旅行等网络媒体合作推介娄底旅游资源。新化在中央七台、湖南卫视黄金时段投放紫鹊界梯田、大熊山景区旅游宣传广告，与新华网、人民网、凤凰网、华声在线等大网站合作发布新化旅游信息，并在凤凰网湖南频道开设新化文化旅游专题展示区。涟源湄江风景区在湖南卫视天气预报栏目中插播宣传广告。2017年8月19日至9月18日，市旅游局与湖南亚文传媒、拓众传媒联合主办“2017周末去娄底”系列宣传活动。8月21日，“周末去娄底”专题在长沙地铁1号线、2号线上线宣传。长沙地铁首次以航拍视角展示“传奇娄底”全貌，每节车厢从不同角度滚动播放娄底11个AAA级以上旅游景区的秀美画面，以场景体验方式展示娄底自然风光和人文魅力。通过长沙高铁南站、长沙各地铁站大屏互动，扫描微信二维码参与小游戏等线上线下活动，免费送出娄底景区门票600张，吸引和带动更多人周末远离城市喧嚣，投入山水怀抱“洗眼、洗肺、洗心”。是年，娄底市文化旅游发展投资有限责任公司与省12301公司合作发行“锦绣潇湘·传奇娄底”全域旅游卡，持卡可以享受娄底所有加盟景区限次或不限次免门票优惠，以及当地加盟旅游饭店、特色旅游购物店、特色餐饮店折扣优惠。娄底全域旅游卡全面整合娄底旅游产品，提升“锦绣潇湘·传奇娄底”旅游品牌形象。2005—2017年，娄底市域内的梅山龙宫、紫鹊界梯田、曾国藩故居、湄江国家地质公园等重点风景名胜区先后在沪昆、娄怀、长潭西、长韶娄等高速公路，以及市内主要干线公路沿线连续不断发布大型户外广告，在娄底及周边城市互通互联处设立景区指示牌，全媒体、立体化宣传娄底旅游资源，让娄底旅游走出湖南，走向世界。

第二节 论坛展会

1990—1993年，娄底地区参与旅游论坛展会少，未自办旅游论坛展会。1994年8月，地区旅游局成立，娄底地区举办和参与的旅游论坛展会逐渐增多。12月，首次参加国家旅游局在海南省海口市举办的国内旅游交易会，学习外地旅游推介经验。1995年11月18日，双峰县举办全国第一次曾国藩学术研讨会。来自国内20余个省市的专家学者，向大会提交曾国藩研究论文60余篇。学者们从学术研究的角度对曾国藩故居旅游开发提出众多合理化意见和建议。

2004年3月，娄底市政府在新化县举办全市旅游发展战略高层研讨会，邀请国家旅游局、省政府和省旅游局领导，境内外旅游专家和新闻媒体记者30余人参会，为娄底旅游出谋划策。2005年4月，市旅游局组织各旅游单位参加“2005中国国内旅游交易会”。9月，组织各旅游单位参加“2005中国湖南旅游节暨首届中国旅游精品博览会”，获优秀组织奖、优秀展位奖。2006年4月，市旅游局组织各县（市、区）旅游局、重点景区负责人赴成都参加“2006中国国内旅游交易会”，利用声像资料、宣传画册、交流介绍等形式宣传娄底旅游产品。12月1日，市政府在双峰县举行“第二次曾国藩学术研讨会暨首届曾国藩文化旅游节”。国家有关部门，省、市、县有关领导，曾氏后裔，曾氏宗亲会成员，美国、日本、韩国以及国内（含港、澳、台）有关专家学者，各旅游界相关人士700余人参加会议。2008年，为推动全市旅游商品研发、生产和销售，市旅游局在娄底中心城区主办“2008首届娄底旅游商品展览会”。展会面积500余平方米，展位22个。全市60余家企业展出各类旅游商品1200余种。专家评审委员会评审出组织奖3个、创意奖6个、优秀展品奖11个。2009年，娄底市先后组团参加在大连举办的“2009中国国内旅游交易会”，在合肥举办的“第四届中国中部六省经贸协作暨国际旅游商品博览会”。

2010年4月30日，娄底市政府和省旅游局在长沙共同举办“相约娄底·走进乡村”娄底旅游推介会暨“乡村旅游富民工程”启动仪式。娄底市委、市政府主要领导推介娄底旅游项目和线路，省旅游局领导为梅山龙宫和曾国藩故居AAAA级景区授牌，娄底市政府聘请湖南卫视知名主持人担任娄底旅游形象大使。省直机关，娄底市、各县（市、区）相关领导，省内各旅行社总经理200余人参加会议。是年，市旅游局先后组织队伍参加在长沙举办的“2010中国湖南国际旅游节·2010中国湖南旅游商品博览会”，参加在义乌举办的“2010中国国际旅游商品博览会”，参加在昆明举办的“2010中国国际旅游交易会”等大型旅游展会。累计发放各类宣传资料3.6万份，以现场解答、影音资料赠送等形式吸引国内外旅行商关注，与多家旅行社达成合作协议或意向。2011年9月2日，在双峰县举行“2011湖南双峰·海峡两岸首届曾国藩学术研讨会暨中国第三届曾国藩文化旅游节”。活动以纪念曾国藩诞辰200周年为契机，由国台办《两岸关系》杂志社、省政府台湾事务办公室、省旅游局、市政府主办，双峰县政府承办，来自海峡两岸150余位专家学者和旅行社总经理参加。2012年5月25日，市政府邀请著名旅游经济和管理专家教授作“娄底耀人间、旅游谋幸福”专题讲座。全市县级处以上领导干部，旅游企事业单位负责人300余人参与听课。

2015年，娄底市旅游局倡议推出“湖南首条黄金旅游中线，缔结长潭娄三市旅游结盟”。3月27日，“百里长韶娄·醉美湘中游”座谈会暨长沙、湘潭、娄底三市旅游结盟活动在长沙举行。三市现场签署结盟协议书，共同打造以长韶娄高速沿线优秀旅游城市、靓丽旅游景点为依托的湖南旅游“黄金走廊”，推出湖南旅游新线路、新玩法。是年，娄底市委、市政府组织市旅游局、新化县旅游局和紫鹊界梯田风景名胜区管理处负责人参加“意大利米兰世博会”。当地时间6月22日下午，在米兰世博会中国馆举行紫鹊界梯田推介会。紫鹊界梯田认租模式得到广泛关注，紫鹊界宣传片《一平方英尺的奇迹》使在场观众感到震撼，娄底旅游资源赢得一系列国际赞誉。2016年，娄底市政府在上海举办娄底旅游专题推介会，中央电视台等近30家主流媒体，“驴妈妈旅游”等著名旅游网站，“中青旅”等50余家旅行商参加。是年，市旅游局组织各县（市、区）旅游单位参加在长沙举办的“中国湖南（第七届）旅游产业博览会”，娄底旅游项目和旅游商品获得多项奖励。2017年8月，“协力推进大梅山文化与旅游融合发展专题研讨会”在新化县大熊山举办。此次研讨会由省委宣传部统一部署，益阳、邵阳、娄底三市市委宣传部签署“共建区域产业协作同盟，共谋梅山文旅融合发展”同盟倡议书。100余名专家学者参加研讨会，协力推动区域旅游融合发展。是年，娄底市旅游局组团参加由国家旅游局主办的“美丽中国——2017丝绸之路旅游年”暨“沪昆高铁旅游之夜”旅游专题推介会。参加分别在昆明和贵州举办的、以“锦绣潇湘、伟人故里·湖南如此多娇”为主题的“2017年中国湖南国际旅游节”系列活动。参加在“2017年湖南（香港）投资贸易洽谈周”期间举办的湖南旅游推介会，重点推介湖南新化旅游资源。参加在郴州举办的“2017第五届中国（湖南）国际矿物宝石博览会”，以推介娄底奇珍异宝为载体开展旅游营销。

首届曾国藩学术研讨会在双峰召开（1995年11月18日摄）

第三节　节庆营销

1990—2001年，娄底市（地区）旅游节庆营销相对滞后。2002年始，娄底注重发扬地方文化传统，举办各种节庆旅游营销活动。9月16—18日，冷水江市政府在波月洞风景名胜区举办“2002中国湖南波月洞‘西游之旅’旅游文化艺术节”，特邀中央电视台《西游记》剧组人员“回家”过节。活动内容包括梅山文化展、锑都文化展、波月风光图片展、岩溶研讨会、文学笔会、波月形象小姐评选、民族歌舞演出、高空走钢丝表演、焰火晚会及有奖灯谜竞猜等。除邀请娄底本地各旅行社人员参加外，还特邀长沙、株洲、湘潭、益阳等市30余家旅行社人员参加。2005年10月2日，应涟源市政府邀请，国家体育总局航管中心和湖南省飞行名家航空运动俱乐部，在涟源湄江风景区联合举办“首届国际悬崖跳伞挑战赛”。美国、澳大利亚、瑞典、日本以及国内24名低空跳伞运动员参与挑战。2006年10月7日，中国首届“鸟人”飞行大赛在涟源市湄江风景区塞海湖上举办。2008年9月3日，市政府主办，市旅游局和新化县政府承办的“2008中国湖南国际旅游节——国家重点风景名胜紫鹊界梯田开园仪式”在新化县水车镇举行。省人大常委会副主任蔡力峰、省政协副主席谭仲池，以及来自全国各地旅游界嘉宾500余人出席。节庆活动向国内外全面展示蚩尤故里、古韵梅山、神奇新化的旅游新形象和新定位。2009年9月2日，娄底市委、市政府在长沙华天大酒店举行“亿元优惠迎国庆、万人免费游娄底”大型旅游促销活动，省直机关，长沙、株洲、湘潭三市旅游局相关领导，省内40余家旅行社经理，以及新闻记者200余人参加启动仪式。12月23日，省旅游局和娄底市政府在双峰县荷叶镇举办“中国第二届曾国藩文化旅游节暨曾国藩出生旧居白玉堂重建重光仪式”。中央政治局常委、全国政协主席贾庆林向节会致贺电，湖南省委原书记熊清泉、省人大常委会副主任蔡力峰等出席开幕式。

2011年3月26日，双峰县在锁石镇举办“娄底‘花之缘’乡村旅游线路开通暨首届娄底旅游摄影大赛启动仪式暨双峰首届油菜花节”。万亩菜花竞相开放的场景吸引众多游客和摄影家参观。自此，双峰油菜花节形成一年一届的惯例，逐步发展为集观光踏青、采风摄影、休闲旅游、登山健身、乡友联谊、文化交流于一体的综合性节庆营销活动。4月26日，市旅游局和市农委在新化县奉家镇下团村举办“2011娄底最美乡村评选活动”，推动乡村旅游富民工程发展。9月24日，市旅游局和新化县政府在紫鹊界梯田举办“湖南新化首届紫鹊界国际稻谷文化节暨梯田户外生活节”，作为“2011中国湖南国际旅游节”系列活动之一。国内外300余名自行车爱好者参加山地自行车竞赛。世界小姐评选活动湖南赛区20名佳丽在梯田上走秀。海内外游客在大山梯田中欣赏紫鹊界民俗文艺表演，体验当地农家生活，参加原生态的割禾、扮禾、挑谷进仓、竹筒送水等农事活动。2012年6月21日，市旅游局和冷水江市政府在冷水江市铎山镇大坪村联合举办“2012湖南·冷水江新农村体验游启动仪式暨首届杨梅文化节”。开展“杨梅王”评选、“爱心杨梅”大竞拍和“我在铎山有块地”“梅来眼去”等活动，全国各地近5000名游客共享杨梅盛宴。此后，冷水江杨梅节形成一年一届的惯例，获新化县、涟源市仿效。9月26日，省旅游局、娄底市政府在新化紫鹊界联合举办“湖南首届大梅山文化旅游节”。推出紫鹊界原居民原生态稻作农耕表演、紫鹊界世界梯田研讨会、大梅山文化旅游协作学术研讨会、“飞越紫鹊界”大型滑翔机特技表演暨空中摄影邀请赛、“穿越紫鹊界、探秘桃花源”大型山地车嘉年华暨寻踪觅宝等活动。此次节会由娄底新化、冷水江、涟源、双峰、娄星，邵阳隆回、新宁，益阳安化、桃江和怀化溆浦、沅陵等12个大梅山文化旅游联盟县（市、区）共同发起，由娄底市旅游局和新化县政府承办。活动以大场面、大规模、大气魄，展示新化神奇独特的历史、人文、民俗风情，展现新化旖旎壮观的山水、田园、自然风光，展出新化秀美多姿的城乡风貌及强劲有力的发展态势。2013年3月29日，由省政府主办，省交通厅、省旅游局、省政府新闻办、省网宣办和娄底市政府承办，娄底市旅游局具体执行的“2013‘探秘神奇梅山·感受美丽中国’万辆自驾车畅游大梅山首发仪式”，在长沙贺龙体育馆举行。活动向全省自驾游爱好者推出娄底地质奇观游、生态休闲游、湘军探源游、耕读文化游等多个主题活动和多条特色旅游线路。省政府、省政协、省旅游局、省交通厅、省网宣办领导和旅行社、自驾车旅游爱好者600余人参加仪式，省政协副主席武吉海为首发团授旗。2014年8月2日，市旅游局和新化县政府联合举办“2014‘湘中明珠·快乐娄底’旅游嘉年华”系列活动。启动仪式在新化紫鹊界举行，“相约七夕·情定紫鹊”首场活动同时举办。2017年8月8日，冷水江市政府在三尖镇光明村举办“2017中国·冷水江市首届黄桃节”。活动以“精准扶贫在路上、产业转型促发展”为主题，包括黄桃代言、桃王拍卖、网络直播、专家座谈等环节，搭建起展示企业形象、畅通产销渠道、宣传农业品牌的舞台，推进乡村旅游业发展。

第六章　旅游管理

第一节　机　构

一、市级机构

1990—1993年，娄底地区未设旅游行政管理机构，旅游工作由地区行政公署外事办公室兼管。1994年8月，地区行署外事办公室和地区行署侨务办公室合并为地区行署外事侨务办公室，加挂地区旅游局牌子。1995年8月，地区行署调整外事侨务办公室（旅游局）的职能配置、内设机构和人员编制，明确其为正局级单位，内设4个科（室）。定行政编制8名。对外分别使用“娄底地区旅游局”“娄底地区外事侨务办公室”牌子和公章。2002年2月，市政府调整市外事侨务办公室（旅游局）工作职能，成立娄底市旅游外事侨务局，主管全市旅游、外事、侨务工作。市旅游外事侨务局内设办公室、旅游行业管理科、旅游规划市场科、外事科、侨务科5个科（室），定行政编制8名，事业编制5名。2005年，娄底市旅游行业协会成立，分设景区分会、星级饭店分会、旅行社分会。旅游行业协会代行部分旅游外事侨务局的社会职能。2011年，市旅游外事侨务局内设机构新增港澳事务科。2016

年，市旅游外事侨务局内设机构调整为办公室、旅游规划产业发展办公室、旅游市场开发科、旅游管理科、外事科、侨务科、港澳事务科7个科（室）。对外分别使用“娄底市旅游局”“娄底市外事办公室”“娄底市侨务办公室”“娄底市人民政府港澳事务办公室”牌子和公章。2017年，市旅游外事侨务局下设二级机构“娄底市旅游质量监督管理所（加挂旅游执法支队）”。12月，娄底市文化旅游发展投资有限责任公司成立，为市属国有企业，行使旅游投融资市场主体职能。公司成立后，由市旅游局代行管理。

二、县级机构

娄星区　1996年，娄底市旅游局成立。1999年7月，娄星区旅游局与外事侨务办公室联合办公。12月，娄星区招商局并入娄星区旅游局，为娄星区招商旅游外事侨务局。2016年成立娄星区旅游外事侨务局，招商职能划入娄星区商务局。

冷水江市　1993年11月，冷水江市旅游局成立，为正科级行政机构，归口市建委管理，定编5名。1994年9月，成立冷水江市大乘山—波月洞风景名胜区开发管理处。开发管理处与旅游局合署办公，内设一室五科。1996年3月，市旅游局归口市政府办公室管理，内设3个职能股室，事业编制12名。2016年9月，将市文化广电新闻出版局、市体育局、市旅游局的职责整合，组建市文体广电新闻出版局，加挂市版权局、市旅游局牌子。为市政府工作部门，

涟源市　1991年，成立涟源市旅游局，属市政府工作部门，核定行政编制6名。2002年，市外经办、招商引资局、市旅游局合并，组建市外事招商旅游局。内设4个职能股室，编制13名。2011年，市外事招商旅游局更名市招商旅游外事侨务局，为市政府直属事业机构，内设6个股室，编制16名。2014年，涟源市旅游局单设，为市政府直属正科级事业机构，内设4个股室，编制12名。2015年，将市文化广电新闻出版局（市版权局）、市体育局、市旅游局、市招商外事侨务局的外事侨务职责整合，组建市文体广电新闻出版局，为市政府工作部门，加挂市版权局、市旅游局、市政府外事侨务和港澳事务办公室牌子。旅游局事项职责委托给涟源市旅游发展委员会办公室执行。

双峰县　1990年，双峰县公关局加挂旅游局牌子。2002年，县公关局、县外贸局部分职能整合，成立双峰县招商局（加挂旅游局牌子）。2005年3月，双峰县旅游外事侨务局独立办公。2016年3月，旅游外事侨务局并入文化广电新闻出版局，成立双峰文化体育广电新闻出版局，对外使用双峰县旅游局名称。

新化县　1997年10月，新化县旅游局成立，与新化县外事侨务办合署办公，归口县政府办管理。2002年8月，组建新化县旅游局，正科级事业单位，定编制7名。内设办公室、规划开发发展股、行业管理股。2015年11月，将新化县旅游局和新化县外事侨务招商局的外事、侨务职责整合，组建新化县旅游外事侨务局，加挂新化县人民政府港澳事务办公室牌子，定编14名，为县政府工作部门。内设办公室、规划与产业发展股、行业管理与行政审批股、市场开发股、外事侨务与港澳事务股和新化县旅游质量监督管理所、新化县旅游综合服务中心。

第二节　产业引导

一、财政投入

1990—2004年，娄底市（地区）未出台旅游产业扶持政策，无专项财政预算。旅游规划、宣传促销、景区开发等所需资金，均由财政临时审批。2005年始，市政府每年安排100万元财政预算作为旅游产业发展专项引导资金，并逐年增加预算额度。在保障市本级各项旅游活动经费外，采取“以奖代投”方式，安排部分资金鼓励各县（市、区）编制旅游规划，开发旅游景区，宣传旅游产品。2009—2012年，引导资金增至200万元／年。2009年，市政府出台鼓励旅游业发展的系列优惠政策：明确对投资1500万元以上，开发旅游景区、生产旅游商品，在娄底中心城区兴建四星级以上或在各县（市）

兴建三星级以上旅游饭店的，从生产之日或获得资格认证之日起，市政府以企业营业税和所得税额度为标准，前两年按50%、第三年至第五年按20%给予企业资金奖励。对各旅游企业的新增员工，3年内按每人每年4000元的定额标准，依次扣减营业税、城市维护建设税、教育附加税和企业所得税。对投资额度在1亿元以上的重大旅游开发项目，减免报建费50%。对新评定为国家AAAAA、AAAA、AAA级旅游景区的，分别给予一次性奖励20万元、10万元、5万元。对新评定为五星、四星级旅游饭店的，分别给予一次性奖励5万元、2万元。对新评定为五星、四星级旅行社的，分别给予一次性奖励5万元、2万元。对新评定为全省旅游强县、特色旅游名镇、特色旅游名村的，分别给予一次性奖励5万元、2万元、1万元。对新评定为全国、全省工农业旅游示范点的，分别给予一次性奖励5万元、2万元。2011年始，娄底市对各县（市、区）旅游产业发展实施年度考核评比，对总分80分以上的进行奖励，设置一等奖2名，各奖励8万元。二等奖2名，各奖励5万元。三等奖2名，各奖励3万元。2013年，市财政预算旅游专项引导资金增至400万元，出台《娄底市旅游促销奖励办法（暂行）》，鼓励旅行社、旅游饭店积极开展对外宣传，组织境内外游客赴娄旅游。明确单个旅行社年内累计接待境内游客1000人次（含）以上的实施分段奖励：1000～5000人次的，按5元／人标准给予奖励。5001～1万人次的，超过部分按8元／人标准给予奖励。接待游客量超过1万人次以上的，超过部分按10元／人标准给予奖励。旅行社组织境外游客赴娄旅游，单个旅行社全年累计接待旅客500～2000人次的，按8元／人标准给予奖励。接待旅客超过2000人次以上的，再另行一次性奖励1万元。从市外组织专列赴娄旅游，每趟人数在300人以上的，一次性奖励承办旅行社2万元，每趟人数在500人以上的，一次性奖励3万元。从市外组织旅游大巴赴娄旅游的，单次人数在500～1000人的，一次性奖励3000元。单次人数1001人以上的，一次奖励5000元。游2个以上有价门票景区且住宿1晚以上，单次人数在300人以上的，一次性奖励1万元。单次人数在500人以上的，一次性奖励2万元。从市外组织自驾车队赴娄旅游，自驾车在30辆以上或旅游人数在100人以上，游览2个有价门票景区且住宿1晚以上的，奖励承办旅行社3000元。同一旅行社组织符合奖励条件的多趟自驾车队赴娄旅游的，从第二趟起每趟另行奖励1000元。旅行社在市外自行组织娄底旅游宣传促销活动并报市旅游局和市财政局备案，单次活动支出3万元以上的，按实际支出的30%给予奖励（单次最高奖励不超过3万元）。旅行社全年接待赴娄游客量排名第一、二、三名，且接待旅客在8000人次以上的，分别再给予奖励2万元、1.5万元、1万元。旅游饭店全年接待旅行社组团游客在3000人次（含）以上且排名第一、二、三名的，分别奖励1万元、0.8万元、0.5万元。旅行社自行在市外发布娄底旅游目的地形象和旅游产品广告，并向市旅游局、市财政局报送宣传方案和概算备案的，单次实际支出5万元（含）以上的，按实际支出的30%给予奖励（单次最高奖励不超过3万元）。2014年，市财政旅游发展引导资金提高至500万元。2015年、2016年，因市财政比较困难，旅游专项引导资金没能全额到位，分别到位350万元、330万元。2016年8月，市旅游局和市财政局联合发文，出台《娄底市长三角旅游客源市场促销奖励暂行政策》，明确规定旅行社从长三角客源市场组织游客赴娄旅游，游览2个以上有价门票景区，且在娄底市域内旅游饭店（含3星级以上农家乐）住宿1晚以上的，单个旅行社年内组织旅客数量400人次（含）以上的实施分段奖励：其中400～2000人次部分，按8元／人标准奖励。2000人次以上部分按10元／人标准奖励。超过5000人次以上的，另行一次性奖励3万元。各县（市、区）财政预算相应设立旅游产业发展引导专项资金，出台支持旅游项目开发的相关优惠政策。2017年，市财政状况有所好转，旅游专项引导资金增至1000万元。

二、旅游扶贫

娄底大部分优质旅游资源分布在贫困边远山区。根据这一特点，娄底市委、市政府将乡村扶贫与旅游开发结合。2010年4月，在全省率先启动乡村旅游富民工程，成立由市长任组长的乡村旅游富民工程领导小组。市、县（市、区）两级扶贫工作队重点派往旅游资源区，将扶贫项目与旅游开发项目相结合，优先安排扶贫资金，优先安排道路改造、退耕还林、水利建设等专项资金。2014年，市乡村旅游富民工程领导小组职能并入市旅游产业发展领导小组。各县（市、区）成立相应机构，出台扶持政策，将发展规模化、特色化的种植业、养殖业与发展乡村旅游业融合。2016年，市旅游局根据市委、市政府要求，出台《娄底市旅游扶贫攻坚三年行动计划实施规划》，绘出全市旅游扶贫攻坚线路图，对资金投入、项目建设等作出安排。重点打造“花之缘、水之梦、田之韵、山之恋”4大乡村旅游特色品牌，培育10条乡村旅游扶贫示范线路。四大品牌分别为：以双峰锁石、花门万亩油菜花基地，甘棠芍药、牡丹花基地，山塘铺突尼斯软子石榴花基地，曾国藩故居荷花基地的“花之缘”特色旅游品牌，以水府庙水库、涟水、孙水流域为主的“水之梦”特色旅游品牌，以新化紫鹊界梯田为中心的“田之韵”特色旅游品牌，以大熊山、龙山为代表的“山之恋”特色旅游品牌。围绕这四大品牌，确定在10条旅游线路上扶持贫困村不少于100个、贫困户不少于500户发展旅游业及旅游相关产业，为贫困人口提供5000个以上直接就业岗位，通过从事旅游业实现脱贫人口不少于1万人，使旅游扶贫涉及的农村人口年人均可支配收入1万元以上，建立10个以上旅游扶贫示范线（点），示范线（点）内贫困户100%实现脱贫。2017年，引入激励机制，出台《娄底市旅游产业发展奖励办法》，明确通过开发旅游项目被评为省级农业旅游示范点及星级乡村旅游区（点）的，分别奖励3万～5万元。各县（市、区）相应出台优惠政策。新化县优先为发展乡村旅游的贫困户提供5万元以下、3年期内免担保抵押、财政贴息的扶贫小额贷款。

新化县奉家镇下团村（2016年10月摄）

为落实旅游扶贫三年行动计划，市、县（市、区）、乡三级党政群机关和企事业单位组建扶贫工作队42个，抽调工作队员85人，深入旅游资源区贫困村76个，采取“工作队派出单位包村、机关干部包贫困户”方式，开展精准扶贫，规定“村不脱贫不换点、户不脱贫不换人”。截至2017年底，全市各级财政预算和向上级争取的各类专项资金，用于旅游扶贫项目建设5.2亿元，累计修建景区公路和乡村旅游区（点）公路115千米，景区游步道22千米，村民自来水项目15个。发展杨梅、黄桃、葡萄、蓝莓、中药材、四季花卉等种植基地15个，新建或修复民俗文化传承载体（场所）项目21个，帮助贫困户修、改建房屋15栋，发展乡村旅游区（点）221家。脱贫村庄72个，贫困家庭5026户，贫困人口12116名。新化县在柘溪水库库区发展杨梅“亿元扶贫产业”，种植杨梅5万余亩，受益群众5万余人，其中建档立卡贫困人员3568人，脱贫3000人。新化县奉家镇利用姑娘河优质旅游资源，开发渠江源风景旅游区，培植高山茶叶基地，开发“贡茶”，直接提供就业岗位1000余个，脱贫困难家庭200余户。涟源市在龙山周边5个乡镇20余个村庄发展中药材种植，打造中药健康旅游产业园，帮助1700余户贫困家庭增收3000元／户。涟源市桥头河镇的博盛生态农业体验园安置当地贫困村民600余人，解决当地闲置劳动力就业1400余人。对该镇采取“公司+合作社+农户”扶贫模式，通过藏香猪养殖和林下经济开发（作为景区餐饮食材）等项目扶贫，使周边11个村（其中3个贫困村）2000余户农民增收3000元／年。双峰县在锁石镇、花门镇发展万亩油菜花基地，县政府每年举办油菜花节，指导帮助贫困群众加工农副产品和兴办农家乐，增加旅游收入。油菜花节接待赏花游客10万余人次，给当地村民增加农家乐餐饮收入和农副产品销售收入300万元。冷水江市在三尖镇和铎山镇发展黄桃和杨梅种植基地，分别举办黄桃文化旅游节和杨梅文化旅游节等旅游宣传促销活动，帮助群众脱贫致富。截至是年底，通过旅游扶贫与美丽乡村建设相融合，娄底市相继创建荷叶镇、甘棠镇、茅塘镇、杨市镇、水车镇5个省级旅游名镇，水车镇、湄江镇、杨市镇、荷叶镇、井字镇、锌山镇6个湖湘风情文化小镇，正龙村、楼下村、下团村、土坪村等15个省级旅游名村，创建渠江源旅游区、油溪桥村旅游区、博盛生态农业体验园等AAA级旅游景区。

第三节　行业管理

1990—1994年，娄底未设专门旅游管理行政机构。1995—2001年，市（地区）外事侨务办对旅游行业开始管理。2002年，市旅游外事侨务局成立，内设旅游行业管理科和旅游规划市场科，人员力量、管理力度加强。各县（市、区）相应成立旅游外事侨务局，强化旅游行业管理。2016年，市政府批准成立市旅游质量监督管理所，加挂市旅游执法支队牌子。2017年7月，市旅游质量监督管理所（旅游执法支队）挂牌成立。娄底市加强对旅游行业的规范化、制度化、科学化管理。

一、星级饭店、乡村旅游区（点）评定、检查与复核

1990—1997年，娄底地区对星级饭店（旅游涉外饭店）的管理止于日常工作检查指导和星级复核。1998年始，娄底地区建立星级饭店管理档案，含饭店星级等级、评定时间、复核情况说明、经营状况、年度报表分析、员工教育培训情况等，从宏观和微观两个层面进行管理和指导。是年，对全区5家星级饭店的设施设备和服务水平进行复核评定。根据修改后星级标准，对饭店设备保养和卫生状况、服务技能和服务质量进行逐条逐项评审复核。2001年，娄底市旅游局指导帮助金香大酒店和娄底迎宾馆进行软硬件改造与提升，通过省旅游局审核评定，成为娄底首批三星级涉外饭店。2003年始，每年分别组织一次星级饭店总经理培训和从业人员培训，提升星级饭店软实力。2007年，市旅游局对全市旅游星级饭店实施访查制度，发现问题限期整改，整改不到位者予以黄牌警告。是年，先后要求冷江宾馆、双峰宾馆、金穗宾馆3家星级饭店限期整改，并延期作出星级复核。2015年，因条件和水准不够，娄底宾馆、娄底迎宾馆、馨德宾馆、中微宾馆、鹏天大酒店、三间房精品连锁酒店、新化假日大酒店、梦幻神话家园宾馆和新雅商务宾馆9家饭店的星级评定被取消。2017年，因条件和水准不够，东泰大酒店、悦城大酒店、起陆大酒店、星源酒店、富厚大酒店、中铁大酒店和锦宏大酒店7家饭店的星级评定被取消。是年始，乡村旅游区（点）星级评定标准由省旅游局制定，市、县（市、区）级旅游局按照省级标准，采取严进宽出方针，制定管理办法和具体制度，指导和促进旅游业发展。其中，五星级由市旅游局初评、申报，由省旅游局评定授牌。四星级由市旅游局评定、授牌。三星级（含）以下由县（市、区）旅游局评定，报市旅游局备案。县（市、区）旅游部门具体负责乡村旅游区（点）经营服务质量的监督管理，省、市旅游局不定期进行检查指导和星级复核。

二、国家级风景名胜区评定、检查与复核

1999年，国家旅游局和国家质量技术监督局颁布《旅游景区质量等级的划分与评定标准》，即GB／T 17775—1999（简称标准）。2001年4月，市旅游局派员参加省旅游局举办的旅游景区等级评定培训工作会议，开启娄底市国家级风景名胜区创建和评定工作。组织景区、景点相关人员学习标准内容，领会标准精神，指导景区、景点按标准开发建设。对条件比较成熟的景区，组织检查、评分、完善。2002年，市旅游局组织新化狮子山公园的管理人员到外地学习国家级风景名胜区申报资料编写经验，新化狮子山公园成功申报和评定为国家AA级旅游景区，成为娄底首家国家级旅游景区。2004年始，市旅游局每年召开一次县（市、区）旅游局分管局长和各景区负责人参加的景区建设管理经验交流座谈会，互相学习和促进。先后组织与会人员到郴州市和河南焦作市、山西晋城市参观学习国家级风景名胜区建设和管理经验。2006年，双峰县蔡和森纪念馆派员赴湘潭彭德怀纪念馆参观学习，调整县馆陈列室，完善设施设备，制作标识标牌，整理申报资料，次年该馆被评为国家AAA级旅游景区，

成为娄底首家国家AAA级旅游景区。2007—2009年，市旅游局重点指导县级旅游局参照国家AAAA级标准，完善新化梅山龙宫、双峰曾国藩故居两大景区建设，聘请专业人员搜集汇编申报资料。截至2009年底，申报资料通过国家旅游局等级景区评定组审查验收。2010年1月，新化梅山龙宫、双峰曾国藩故居被评为国家AAAA级旅游景区，成为娄底市第一批AAAA级旅游景区。是年始，市旅游局每年对境内国家级风景名胜区进行两次巡查、一次复核，发现问题及时整改，整改不到位者予以黄牌警告。对建设提质快、管理质量高、经济社会效益好的景区，指导提升景区等级。对管理不善、经济社会效益不佳的景区，取消或降低其景区等级。2015年12月，娄星区中阳白鹭山庄被取消国家AAA级旅游景区资质。截至2017年，娄底创建并保持国家AAAA级旅游景区4家、国家AAA级旅游景区10家、AA级景区3家。

三、导游资格考试与管理

1990—1995年，娄底地区各旅行社和旅游景区的导游人员，除个别是旅游院校毕业生外，绝大多数没有经过专业培训，未取得导游资格证书。1996年始，娄底地区每年选送旅行社或旅游景区人员参加省旅游局组织的导游人员培训和导游资格证考试。1999年始，娄底市要求所有旅行社导游持证上岗，同时加强景区景点讲解员业务培训。截至2001年，娄底市有2家旅行社共10名导游人员取得初级导游资格证书。是年，娄底市旅行社选送青年导游张扬作为娄底唯一代表参加省旅游局举办的全省2300名选手参与的“湖南省首届导游技能大赛暨十佳导游评选”活动，以总分第10名的成绩，获湖南省“十佳导游”称号。2003年，娄底市有旅行社7家，从业人员50人。2006年，配合省旅游局做好全国（湖南考区）导游人员资格考试工作，组织相关人员深入学校、景区进行宣传，组织考生报名参加导游资格考试。9月29日至10月8日，市旅游局邀请省内旅游专业优秀教师，在娄底金香大酒店举办导游资格考试考前培训。是年，娄底市报考导游资格考试学员400人，考试合格148人，合格率37%，远高出全省平均合格率28%。2008年，娄底市报考导游资格考试学员516人，考试合格181人，合格率35%。是年，娄底市被省旅游局确定为全国导游资格证永久考点，成为全国导游从业人员输出地。市旅游局采取组织培训、年度审核、投诉处理相结合的方式对导游人员进行管理，使之保持较高质量。截至2017年，娄底市有持证上岗导游300余名。

四、旅游质量监管

1990—2004年，赴娄底旅游人数不多，旅游投诉案件较少。2005年始，娄底旅游产业快速发展，赴娄旅游人数增长，旅游投诉案件相应增多。是年，受理旅游质量投诉案件4起，其中对旅行社投诉3起，对旅游景区投诉1起。市旅游局按照有关旅游政策法规和程序及时处理，使游客合法权益得到保障。2006—2007年，受理旅游投诉案件7起，其中对景区投诉1起，对旅行社投诉6起，均及时调解处理。2008年，下发《旅游投诉处理暂行规定》，向社会公开旅游投诉电话，以及旅游景区景点咨询和监督电话，全市旅游投诉案件有所增加。是年，全市接受和处理旅游投诉案件16起，其中反映景区接待问题1起，反映旅行社低价揽团、恶性竞争，游览景点少、时间短，途中购物点多、时间长，住宿条件差，与所签合同标准不相符等问题15起。2009年，贯彻执行国务院颁布实施的《旅行社管理条例》（以下简称《条例》），举办全市旅行社总经理学习班，领会《条例》精神，自查自纠问题，向全市通报旅游投诉案件和处理情况，全面整顿旅行社市场行为。2009—2016年，全市旅行社投诉案件明显减少，降至每年2～3起。2016年始，域外赴娄旅游者日益增加，反映景区建设和接待问题的域外旅客投诉案件随之增多。2017年，娄底市全面加强旅游质量监管，保障域内外游客合法权益。娄底市旅游质量监管服务与全国旅游监管服务平台12301旅游消费维权服务热线对接，接受处理全市各渠道旅游投诉。全市受理反映景区道路不畅、接待设施不全、服务质量不高、讲解员水平有限等问题的旅游投诉11起。是年，举办全市旅游行政管理部门和旅游企业管理人员100余人参加的旅游提质培训班，学习贯彻《中华人民共和国旅游法》和《湖南省实施〈旅游法〉办法》，使之熟悉旅游法律、掌握旅游标准，改善接待条件，提高服务质量，提升应对处理旅游投诉能力。

第四节 旅游统计

1994年，娄底旅游统计制度随地区旅游局成立而建立。是年，全地区举办各县（市）旅游行政部门、旅游景区和旅游饭店统计人员培训班，学习掌握国家旅游局和国家统计局明确的旅游统计口径、操作程序和计算方式。1995年始，除旅游景区、旅游饭店和旅行社按月按规定报送接待人数、门票和客房收入等数据外，每年按照国家旅游局统一印发的问卷调查表，对娄底地区人们年出游次数、天数、消费额度等内容，在不同区域、不同类型的人员中开展问卷调查1～2次，每次至少随意调查100人以上，再按统一的计算公式得出有关数据。1999年始，国家调整国民休假制度，确定每年春节、“五一”劳动节和“十一”国庆节3个长假（旅游业称“旅游黄金周”），并成立国家假日办公室。省、市、县各级政府均成立相应机构，娄底市政府在市旅游局设假日办公室。2000年“十一”旅游黄金周始，贯彻执行国家旅游局和国家统计局规定的旅游统计“预报制”，市假日办在假期内每天下午5点前向省假日办报告旅游统计数据和相关情况。2005年，市旅游局首次被评为全省旅游统计工作先进单位。2008年始，国家调整法定节假日，强调落实职工年休假制度，改“五一”劳动节长假为小长假，继续保留春节、“十一”国庆节2个长假，另设清明节、端午节、中秋节3个小长假。长假和小长假期间，旅游统计实行“预报制”。每年底，旅游综合统计实行“年报制”。2008—2014年，市旅游局连续7年被评为全省旅游统计工作先进单位。截至2017年，娄底市持续保持节假日前旅游统计数据“预报制”和年终旅游统计数据“年报制”。

1994—2017年娄底市旅游接待人数和旅游收入表

表38-2

年份	旅游接待		旅游收入	
	人数（万人次）	同比增长（%）	金额（万元）	同比增长（%）
1994	25	—	5200	—
1995	27.1	8.4	8130	56.0
1996	30.4	12.1	11520	42.1
1997	34.2	12.5	14600	26.4
1998	40.6	18.7	18000	23.3
1999	48.7	21.0	22000	20.0
2000	60.2	23.0	27000	22.0
2001	72.2	20.0	34000	25.0
2002	87.9	22.0	42000	24.0
2003	108.9	24.0	52000	24.0
2004	136.3	25.0	65000	26.0
2005	177.1	30.0	85000	31.0
2006	231.9	31.0	113000	34.0

续表38-2

年份	旅游接待		旅游收入	
	人数(万人次)	同比增长(%)	金额(万元)	同比增长(%)
2007	312.3	34.7	155000	36.8
2008	403.8	29.3	201000	29.6
2009	544.2	34.5	276000	36.4
2010	751.7	39.3	392500	38.4
2011	1013.9	34.8	570000	45.2
2012	1301.8	28.4	717900	26.0
2013	1577.0	29.3	1159700	28.5
2014	1932.6	22.5	1426500	23.1
2015	2316.6	19.8	1638700	18.6
2016	2856.7	23.3	2011200	22.8
2017	3466.0	21.3	2510000	24.8

第三十九篇

金　融

概 述

1990年，娄底地区金融机构主要有人民银行、工商银行、农业银行、建设银行、中国银行等国有银行的地方分支机构和农村信用社等，从业人员6614人。年末全地区金融机构各项存款余额14.66亿元，贷款余额20.51亿元，保险公司保费收入3280万元。实现经营利润1355万元。在20世纪90年代初期，由于金融监管不到位，全地区部分金融机构或是发放贷款，或是与企事业单位合作投资沿海地区项目，造成损失。据统计，全地区外流资金6.9亿余元，其中银行贷款2.75亿元。其间，农村互助储金会、农村合作基金会等金融组织无序发展，全地区金融形势十分严峻。1993年，国务院颁布《关于金融体制改革的决定》，明确人民银行金融调控、金融监管和金融服务职责。1994年，娄底人行加强金融监管，全地区金融秩序逐步好转。12月，中国平安保险娄底中心支公司成立，打破保险业由人保公司独家经营格局。1995年，湖南证券娄底营业部开办经纪上海、深圳证券交易所上市股票业务。1996年，信托、证券业与银行业脱钩，证券监管由人行监管改为证监委监管。工行、农行、建行3家银行的信托办事处被撤销，财政信托办事处停办新的业务（2001年被撤销）。全地区信用社与农行脱钩。中国农业发展银行娄底地区中心支行（简称农发行）成立，其业务由农行代理改为自营。保险业实行财险、寿险分营，分设中保人寿娄底分公司、平安人寿娄底支公司，财产险、人身险险种增加，业务加快发展。是年末，全地区银行、信用社机构本外币各项存款余额78.37亿元，本外币各项贷款余额79.97亿元；保险机构各项保费收入1.13亿元，证券开户2200户，经纪股票交易14亿元。

1998年，中国保监会成立，娄底境内保险业监管由省保监局负责。湖南证券营业部拓展冷水江服务部，开通“天亿”网上股票交易。1999年，行署组织清理“两会一部”（农村合作基金会、农村互助储金会、供销社股金服务部）等社会金融组织。将符合条件的77家农村合作基金会并入各县、市农村信用社，未并入的机构陆续撤销。工行、农行、中行、建行4家国有商业银行加快向商业银行转轨步伐，加大对不良资产的清收与处置。至2000年，4家国有商业银行的娄底市分行分别以1999年6月30日或9月30日为时点，向华融、长城、东方、信达4家资产管理公司剥离不良资产本息共19.44亿元。2003年，成立中国银行业监督管理委员会娄底监管分局（简称娄底银监分局）。全市初步形成“一行三会”监管体制（即人民银行、银监会、保监会、证监会的分业监管）。此后，省农村信用联合社成立娄底办事处，全市信用社形成从上到下的管理系统。保险系统全面引入市场竞争机制，泰康人寿、太平洋财险等13家保险公司先后登陆娄底。证券业打破方正证券独家经营格局，安信证券等6家公司先后入驻娄底开设营业部。先后成立开源担保等6家担保公司和娄底市城建投等3家平台公司。各国有商业银行和人保、人寿、平安保险等机构推进股份制改革。2005年，娄底邮储分局改建成立中国邮政储蓄银行湖南省娄底分行。市政府成立财税金融工作办公室，协调管理全市财税、金融、保险、证券工作。2009年，全市银行业等金融机构各项存款余额584.17亿元，各项贷款余额338.05亿元，经营盈利9.2亿元；保险业各项保费收入16.2亿元，各项赔给付4.18亿元；证券业7家机构中，6家尚在初创阶段，方正证券娄底营业部担纲主力，开户6.22万户、经纪股票基金交易453.79亿元，托管客户资产22.51亿元；6家担保机构为2200多家中小企业提供融资信用担保。

2009年后，全市金融机构围绕“保增长、扩内需、调结构、促发展”和“科学发展，加速赶超”的基本方针，加快金融业多元发展和化解金融风险、加强金融服务。加强金融安全区建设，强化社会征信与金融稳定工作，打击和处置非法集资，防范和化解金融风险。因应民间融资问题，2013年，市政府成立打击和处置非法集资（简称“打处非”）工作领导小组，金融办承担日常工作。至2017年8年间，5县（市、区）农村信用联合社先后改制为农村商业银行；先后引进4家股份制银行和设立4家村镇银行；引进10家保险机构和5家证券机构；新增12家担保公司；成立9家小额贷款公司和7家平台公司、4家基金投资公司。全市金融业形成政府引导协调、行业监管自律、中央银行、政策性银行、大型国有商业银行、股份制银行、地方性银行和证券基金投资、保险与担保配套服务的较为全面的金融体系。2017年，全市金融机构756个，从业员工8580人，营销人员1.8万余人；全市银行业金融机构各项存款余额1716.19亿元、各项贷款余额890.23亿元，经营盈利13.88亿元；保险业发展各类险种260多个，实现保费收入51.14亿元、赔给付支出18.53亿元，证券业经纪股票基金交易1783.18亿元，期货交易1316.38亿万元。小贷公司投放贷款余额4.34亿元。担保业为3400多家中小微企业提供担保服务。全市金融机构实现金融业税收收入7.17亿元。

第一章　负债业务

第一节　居民存款

1990年，境内各银行、信用社分别开办大额可转让定期存单、支农储蓄等新储种，采取代发工资、电脑储蓄等服务方式，动员全行、社职工业余揽储。年末，全地区金融机构储蓄存款余额9.95亿元，储蓄存款余额占各项存款余额的67.92%。1991年，农行娄底中支（以下简称娄底农行）在5个县市支行成立储蓄服务部。1992年，工行娄底中支（以下简称娄底工行）对储蓄所实行等级管理，开办储蓄抵押贷款“喜庆吉祥储蓄”业务。建行娄底中支（以下简称娄底建行）完善《储蓄目标管理考核计分标准》，开办储户小额抵押款业务，实行以贷引存。1993年，中行娄底分行（以下简称娄底中行）开办零存整取集体储蓄业务，开办“张张红”“欢欢乐”“吉祥、幸运”和“通知存款”等业务。娄底农行举办“湘中储蓄小姐”竞赛活动，揽储500多万元。邮政储蓄利用点多面广优势，改进服务，是年，全地区邮政储户发展到18.9万户，储蓄金额2.83亿元。1995年，全地区金融机构储蓄存款49.81亿元。

1996年，不再批准各类有奖储蓄业务。1997年，娄底工行以集体零存整取和代发工资为“拳头”产品，实行“月月红”储蓄竞赛。娄底建行发行储蓄卡，开办“定期储蓄一本通”，全省通存通兑。娄底农行开办务工汇兑、电子商务等业务，全行揽储8.6亿元。1999年，娄底建行开办代收电费业务，发行储蓄生肖卡，实现储蓄存款全国通存通兑。娄底工行撤并13个低效储蓄所网点。涟钢工行花庙冲储蓄所存款余额突破亿元，成为全市金融系统首家亿元储蓄所。娄底中行有9个网点当年净增存款1000万元以上。2000年4月，市内各行分别开办教育储蓄，娄底工行重点发展教育储蓄和代发工资业务，全年教育储蓄开户5.85万个，代发工资16亿余元，占全市银行系统代发工资存款总额的48.8%。娄底建行开办网上银行业务，开通“95533”热线。邮政储汇分局建成电子化网点48个，占网点总数的80.95%。融合储蓄、汇兑、银行卡功能，全年储蓄余额较上年增长31.97%。农村信用社因受原农村合作基金会并入后存款支付影响，储蓄增长较慢，2000年净增1.91亿元，比上年少增1.7亿元。是年，全市金融机构储蓄存款98.91亿元，比1995年增长98.58%。

2001年，娄底工行开办代收电费业务，吸储8254万元；与证券营业部合作开办“银证通”业务，全行“银证通”开户1.04万户，居全省工行系统第三位。娄底农行在娄星支行新世纪分理处设立全省农行系统第一家“金钥匙”金融超市。与邮电、保险单位合作，开办“储汇通”“储保通”业务；开办“提醒服务”。娄底建行开办“银证通”银证转账业务、约定自动转存业务，开办代收保费、代理证券买卖、汽车消费贷款存款保证等业务，全行净增储蓄存款2.29亿元。农村信用社实施“挖掘农村储源，拓展城市客户”储蓄战略，重点抓住务工劳务资金的储存，实行“存款营销员”制度。开展“庆祝农村信用社建社五十周年”活动，扩大农村信用社社会影响，全年净增储蓄存款6.3亿元，比上年多增4.39亿元。是年末全市金融机构储蓄存款余额115.19亿元，突破100亿元大关。娄底中行分行对14个储蓄网点实行单人收付操作。从6月1日起，实行人民币、英镑、港元、美元、日元、加拿大元、欧元7种货币通存通兑并与中行省分行同步清算。娄底建行推进电子设施建设，提高网点单产能力，全行网点存款单产由上年的4003万元上升至8490万元。活期储蓄存款余额11.16亿元，占储蓄存款总额的46.96%。农村信用社坚持立足农村市场，加强基础建设，提高城镇网点竞争能力。邮政储汇分局86个网点全部实现电子化，1087个村邮站发展邮储近1亿元。2004年，娄底邮政储汇分局净增储蓄存款8.38亿元，占全市金融机构当年净增总额的33.38%，增幅居全省邮储系统第一。2005年，娄底农行储蓄存款余额过亿元的网点增至9个。娄底中行开办个人七天通知存款约定转存业务，全年净增储蓄存款4.25亿元。娄底建行净增储蓄存款6.59亿元，占全市金融机构净增总额的22.78%。农村信用社全年净增储蓄存款5.68亿元。邮政储汇分局加大对活期存款考核，活期储蓄余额提高5个百分点。

2006年，全市金融机构储蓄存款余额245.67亿元。2007年，娄底农行加强优质客户营销，个人储蓄存款5万元以上客户比上年增加1622户。2008年，邮储银行娄底市分行（简称娄底邮储银行）成立，承接娄底市邮政分局储蓄业务及各项邮政金融业务。年末储蓄存款余额46.62亿元。2009年，全市农村信用社建达标网点188个，年末储蓄存款余额105.9亿元，突破百亿大关。2012年，招商银行娄底分行（简称娄底招商银行）、华融湘江银行娄底分行（简称娄底华融湘江银行）成立。2013年，交通银行娄底分行（简称娄底交行）、长沙银行娄底分行（简称娄底长沙银行）成立。2014年，娄底农行组织各类网点90多场客户营销活动。全市农村信用社（农商银行）年末存款余额216.57亿元，率先突破200亿元大关。2016年，全市储蓄存款突破千亿元大关。2017年，娄底建行储蓄存款余额突破200亿元大关，农商银行系统储蓄存款余额突破300亿元大关。全市金融机构储蓄存款余额1193.14亿元。全市人均储蓄存款2.63万元。

1990—2017年娄底市金融机构储蓄存款余额情况表

表39-1　　单位:万元

年份	合计	工商银行	农业银行	中国银行	建设银行	邮储银行	农村信用社（农商银行）	城市信用社	交通银行	招商银行	华融湘江银行	长沙银行
1990	99496	33534	19099	3242	11028	3728	28113	752	—	—	—	—
1991	136805	45390	22602	5290	14721	8352	39494	956	—	—	—	—
1992	180980	55596	29180	9112	22825	4403	58465	1399	—	—	—	—
1993	258179	61229	40065	15209	33273	14021	91715	2667	—	—	—	—
1994	383705	81301	59162	22949	42524	28344	143829	5596	—	—	—	—
1995	498122	95253	81303	24111	57085	32100	200672	7598	—	—	—	—
1996	617602	110105	102962	25694	85353	31572	252190	9726	—	—	—	—
1997	679766	115059	103719	30667	100600	23424	294756	11541	—	—	—	—
1998	764486	135437	113822	48680	110996	37028	306448	12075	—	—	—	—
1999	886046	150855	132994	65650	129876	48127	342530	16014	—	—	—	—

续表39-1

年份	合计	工商银行	农业银行	中国银行	建设银行	邮储银行	农村信用社（农商银行）	城市信用社	交通银行	招商银行	华融湘江银行	长沙银行
2000	989107	166334	156064	74562	148146	63515	361661	18825	—	—	—	—
2001	1151921	181394	189486	95779	171033	84665	424696	4868	—	—	—	—
2002	1330459	202123	230331	124949	204455	130079	438522	—	—	—	—	—
2003	1581442	230146	280067	144680	237715	195752	493082	—	—	—	—	—
2004	1832584	260655	327832	168265	268547	279595	527690	—	—	—	—	—
2005	2121735	293182	349522	210760	334415	349401	584455	—	—	—	—	—
2006	2456735	327168	389645	262981	415111	413597	648233	—	—	—	—	—
2007	2739480	341827	432088	290245	502167	407755	763772	—	—	—	—	—
2008	3374938	434548	510956	365665	635377	466237	959861	—	—	—	—	—
2009	3904604	505234	574916	453631	788637	523195	1054105	—	—	—	—	—
2010	4223864	528082	642092	507051	792490	596044	1157187	—	—	—	—	—
2011	4781816	605842	703290	526017	917915	699719	1329028	—	—	—	—	—
2012	5621918	683597	805662	599444	1052613	847292	1555718	—	—	22357	55231	—
2013	6463103	767241	894688	682703	1215649	955870	1777655	—	11762	31225	122549	3758
2014	7786479	881359	1053422	814074	1525216	1150755	2165708	—	18559	34713	134977	7693
2015	9082400	973571	1215790	958550	1745191	1336234	2544690	—	34893	31195	222421	19861
2016	10551442	1119431	1362476	1082213	1999182	1607341	2922908	—	60378	28946	280912	87655
2017	11931404	1223738	1515829	1174425	2168266	1864744	3387564	—	79699	34142	336157	146840

第二节 单位存款

1990年，全地区7家银行、信用社机构单位存款余额4.82亿元，占各项存款余额32.84%。1991—1997年，各银行、信用社加强账户管理，促进单位存款持续增长，1997年末存款实现20亿元。1999年，娄底农行研发“通用代收业务处理系统”，率先发展电子网络代收业务，代收5.2万多笔，增加存款980余万元。2000年，全市各金融机构年末单位存款余额比上年增加3.75亿元。2001年，娄底农行开发“银证通”“储保通”等系统客户，培植医保、社保、税务等一批优良存款客户，新增对公存款户1000余个。与市医保处合作，稳定医保专户存款1200万元，日均余额800万元。2003年，娄底工行实行新的内部资金计价办法，年末单位存款余额12.26亿元。娄底建行年末单位存款余额比上年增幅22.72%。2004年，娄底农行突出对财政、保险、教育、交通等行业的“联动营销”，拓展交通规费征稽处、国企改革办、财政局等行政事业单位的存款，全行日均存款余额50万元以上的存款户新增62户。与市国土、社保、地税、国税等系统建立长期合作关系，保持存款日均余额8000万元；为湖南人文科技学院、娄底职业学院代收学费，增加存款1.2亿元。年末全行单位存款余额10.61亿元。2005年，娄底建行单位存款年末余额新增4.37亿元。娄底中行、娄底工行年末存款余额分别比上年增加3.22亿元、2.99亿元。全市农村信用社单位存款实现5亿元。

2006年，娄底建行营销华润电力、庄胜集团、涟钢、金电、冷钢、锡矿山等重点优质大客户，为铁路和烟草行业量身定做综合金融服务方案。娄底中行人民币公司存款比上年增加3.77亿元。全市金融机构年末单位存款余额75.26亿元。2008年，娄底建行全年开展“抓户增存、清户挖潜”活动，新增行政事业单位存款4.79亿元，占全市财政代理授权支付、代理集中支付、代理非税收入收缴等各项代理财政业务50%的市场份额。2009年末全行单位存款余额64.46亿元，比上年增加21.02亿元；农村信用社单位存款余额突破10亿元大关。

2010年，娄底工行在华达机械厂改制项目中，归集存款最高达1.5亿元，平均余额6000万元。娄底农行收存社保资金1.2亿元。娄底邮储银行年末存款余额为上年的15.17倍。2011年，农发行娄底分行（简称娄底农发行）年末单位存款余额比上年增加3.74亿元。娄底建行以对公客户“十百千万”工程为抓手，重点营销特色集群产业链客户、工业园区、高新产业园区成长性好的小企业客户，开展专项竞赛活动。全年单位存款余额88.52亿元。2012年，娄底邮储银行单位存款余额比上年增11.29亿元，增幅居同业第一。是年，娄底招商银行、娄底华融湘江银行先后进驻娄底，年末单位存款余额分别为10.3亿元和4.94亿元。2013年，娄底工行参与全市126个重点项目的营销，年末单位存款余额75.1亿元。娄底华融湘江银行年末单位存款余额突破10亿元。娄底交行、娄底长沙银行进驻娄底，年末单位存款余额分别为5.89亿元和7.54亿元。2014年，因娄底民间融资问题影响，全市11家银行单位存款余额平均下降11.29%。

2015年起，全市金融机构单位存款余额以连年新增超60亿元高速增长。是年，娄底农发行单位存款余额比上年增加14.33亿元。娄底长沙银行单位存款余额比上年增加7.38亿元。2016年，娄底农行在全国农行系统首创农民养老金贷产品，全年新增对公存款13.3亿元。2017年，全市各金融机构年末单位存款累计493.81亿元，为1990年的102.55倍。

1990—2017年娄底市金融机构单位存款余额情况表

表39-2 单位:万元

年份	合计	工商银行	农业银行	农发行	中国银行	建设银行	农村信用社农商银行	城市信用社	信托办事处	交通银行	招商银行	华融湘江银行	长沙银行	邮储银行
1990	48153	18530	3917	—	9811	9234	3922	105	2634	—	—	—	—	—
1991	57718	21474	4587	—	10359	11473	5909	466	3450	—	—	—	—	—
1992	83213	23309	6394	—	10907	27457	9315	1433	4398	—	—	—	—	—
1993	97041	31479	7234	—	11455	26953	13437	2032	4451	—	—	—	—	—
1994	140480	39790	12374	—	12003	51805	17460	2513	4535	—	—	—	—	—
1995	149625	50644	22640	—	12551	38252	16829	2749	5960	—	—	—	—	—
1996	174095	51609	34482	—	13099	49797	17736	3963	3409	—	—	—	—	—
1997	200203	60523	45695	37	13647	55773	17946	4005	2577	—	—	—	—	—
1998	224134	67114	51042	185	14195	65812	17509	5691	2586	—	—	—	—	—
1999	234136	65379	62396	362	16743	64507	20745	2815	1189	—	—	—	—	—

续表39-2

年份	合计	工商银行	农业银行	农发行	中国银行	建设银行	农村信用社农商银行	城市信用社	信托办事处	交通银行	招商银行	华融湘江银行	长沙银行	邮储银行
2000	271605	88304	62525	876	24291	73651	18086	2683	1189	—	—	—	—	—
2001	326332	107482	64581	1174	41839	85495	24594	1167	—	—	—	—	—	—
2002	384634	102591	89662	2658	59387	98491	31845	—	—	—	—	—	—	—
2003	461964	122624	96318	4168	76935	120870	41049	—	—	—	—	—	—	—
2004	548293	156247	106095	5510	94483	142508	43450	—	—	—	—	—	—	—
2005	652426	186174	99619	3186	126729	186217	50501	—	—	—	—	—	—	—
2006	752649	190582	92518	16988	164447	226855	61259	—	—	—	—	—	—	—
2007	987793	241873	101293	19711	236850	326512	61554	—	—	—	—	—	—	—
2008	1304761	343117	108916	27205	319151	434451	71921	—	—	—	—	—	—	—
2009	1689497	411096	123396	49030	359010	644619	100070	—	—	—	—	—	—	2276
2010	2207494	434003	286081	90618	476507	757293	128471	—	—	—	—	—	—	34521
2011	2693508	550150	355685	128053	527766	885187	173176	—	—	—	—	—	—	73491
2012	3225643	641470	413636	109875	540577	937300	244009	—	—	—	103023	49385	—	186368
2013	3663300	750977	429729	74100	582554	970002	268887	—	—	58889	121955	102200	75372	228635
2014	3249856	602690	332853	66910	493028	862024	259980	—	—	96592	85028	116504	118124	216123
2015	3616767	535911	347018	210184	507095	914126	286910	—	—	129085	87280	191465	191891	215802
2016	4216848	592091	479996	310731	549429	970220	380313	—	—	162134	77594	236871	244439	213030
2017	4938079	628836	603351	191078	631638	1042922	465128	—	—	231626	136161	290026	409543	307770

第三节　外币存款

1990年，娄底地区只有娄底中行经营外币活期存款业务，外币存款收兑增加东德西德统一后的新“德国马克”。年末外币存款余额160万美元。1991年，娄底工行成立国际业务代办处。1993年，娄底建行设立国际业务部，开办外币存款、外汇贷款和外汇结算业务。1994年，娄底农行设立国际业务代办处，发展外汇业务。娄底中行贯彻总行颁发的《外币存款章程（甲种）》和《外币存款章程（乙种）》两个文件，甲种外币存款对象增加“在中国境内保税区的中外企业、单位”，经人民银行批准的“经营外汇业务的金融机构”和“私营企业”；乙种外币存款对象规定为外国人、外籍华人、华侨及港澳台同胞。1994年末，全地区外币存款余额693万美元，是1990年的4.33倍。其中，娄底中行外币存款余额521万美元，占75.18%。

1995年，娄底工行国际业务代办处升格为国际业务营业部，分别在娄底、冷水江、涟钢3个支行设立外汇业务办事处，开办外汇存款、外币兑换、外汇汇款等业务，年末外币存款金额136万美元。娄底农行将外币存款目标任务纳入全行资金组织计划，统一考核，并对上存的外币存款由上级行补贴1个百分点的利差，按上存额度返回50%（折人民币）给存入行使用，调动基层行发展外币存款积极性。1996年，娄底农行增设7个外币代办储蓄点，以吸揽外币储蓄为重点发展外币存款。1997年，娄底建行国际业务部更名湘阳分理处，实行本外币一体化经营，是年，增加外币存款161万美元。1998年，娄底工行实行“整体联动、全行办外汇”战略，发挥行业优势，有机结合本外币业务营销，年末外币存款余额267万美元。1999年，娄底中行落实上级关于外籍居民避免双重征税协定，对已与中国政府签订避免双重征税协定的54个国家的外籍居民的个人储蓄利息，统一协定税率为10%。娄底工行加强外汇存款宣传，聘请“三胞”人员为外币存款协存员，与侨胞、出国留学人员、出国务工人员保持经常性联系，促进外币存款稳定增长。娄底农行建立本外币一体化经营体制，将国际业务部门的职能调整到信贷、计划、零售业务等部门，扩大国际业务服务范围。2000年，娄底建行增加娄星、双峰、资氮3个支行开办外汇业务。全市外币存款余额2963万美元。

2001年，娄底工行制定《外汇业务考核办法》，将娄星、冷水江、涟钢等支行作为发展外汇存款的重点支行。年末各支行外币存款余额379万美元。2003年，建行长青路支行开办单位外币存款业务，为涟钢华菱薄板项目开立外币存款账户。2004年，娄底中行开办“汇聚宝”个人外汇理财业务，娄底农行推广西联汇款业务，实现个人外币汇款实时到账。2005年，娄底农行增加9个办理个人外汇存款业务网点。2004年和2005年，全市外币存款下降，2005年，全市外币存款余额1666万美元，比2003年下降24.44%。2006年，全市外币存款余额1984万美元。2007—2008年，受人民币升值、美元贬值等因素影响，辖内四大行外币存款余额，只有娄底建行有所增加，其他三大行均下降。2008年4月，娄底邮储银行获准开办外币储蓄业务。2009年，娄底中行外币存款余额1722万美元，娄底建行外币存款余额1285万美元。2011年，辖内金融机构年末外币存款余额达8401万美元，创历史新高。娄底中行、娄底建行分别占47.21%和37.85%份额。2016年，辖内经营外币业务的金融机构有8家，除娄底中行外，各银行机构外币存款均有不同程度增长，全市外币存款余额3853万美元。2017年，全市金融机构外币存款余额4041万美元，比1990年增长25.56倍。其中娄底中行2402万美元，占全市外币存款余额的59.44%。

1990—2017年娄底市金融机构外币存款余额情况表

表39-3　　　　单位：万美元

年份	合计	工商银行	农业银行	中国银行	建设银行	交通银行	邮储银行	招商银行	长沙银行
1990	160	13	—	147	—	—	—	—	—
1991	254	2	—	252	—	—	—	—	—
1992	688	18	—	670	—	—	—	—	—
1993	446	8	3	435	—	—	—	—	—
1994	693	110	12	521	50	—	—	—	—
1995	983	136	22	825	0	—	—	—	—
1996	1045	213	47	785	0	—	—	—	—
1997	1148	197	74	716	161	—	—	—	—
1998	1178	267	99	735	77	—	—	—	—
1999	1522	326	117	1005	74	—	—	—	—

续表39-3

年份	合计	工商银行	农业银行	中国银行	建设银行	交通银行	邮储银行	招商银行	长沙银行
2000	2963	518	149	2175	121	—	—	—	—
2001	2093	379	225	1382	107	—	—	—	—
2002	2275	394	264	1481	136	—	—	—	—
2003	2205	399	293	1393	120	—	—	—	—
2004	2100	459	245	1278	118	—	—	—	—
2005	1666	300	159	1083	124	—	—	—	—
2006	1984	393	157	1324	110	—	—	—	—
2007	1381	184	126	941	130	—	—	—	—
2008	1230	132	63	775	260	—	—	—	—
2009	3262	200	55	1722	1285	—	—	—	—
2010	3073	362	46	2451	214	—	—	—	—
2011	8401	685	569	3966	3180	—	1	—	—
2012	6164	569	234	3473	1874	—	10	4	—
2013	4587	629	286	3610	47	1	7	7	0
2014	6104	948	232	4738	165	1	12	8	0
2015	3954	587	262	2816	244	7	4	34	0
2016	3853	804	239	2352	334	49	5	69	1
2017	4041	997	209	2402	322	31	15	64	1

第二章　资产业务

1990—2017年，辖内金融机构本外币各项贷款余额由20.51亿元增加到890.23亿元，增长42.41倍。

第一节　短期贷款

一、工业贷款①

1990年，娄底地区工业贷款主要由娄底工行经办，农行、中行、建行亦按专业银行分工，发放国有和集体工业贷款。娄底农行制定《工商企业生产（商品）周转贷款管理试行办法》，全年发放工业流动资金贷款6361万元，支持65家国有、集体工业企业启动生产，年末余额4606万元。娄底中行办理外贸系统和“三资”企业的工业贷款，贷款户主要有涟源茶厂、新化茶厂等企业，年末工业流动资金贷款余额333万元。娄底建行为涟钢、华达机械厂、涟源公共汽车公司等企业发放工业流动资金贷款

①2006年起，银行贷款项目调整，工业贷款、商业贷款、农业贷款项目取消，其余额并入公司贷款，因此，从2006年起，公司贷款作为本节续述。

1129万元，收回到期贷款709万元，年末工业流动资金贷款余额1010万元。是年，全地区金融机构工业贷款余额6.8亿元。1991年，娄底工行加大对涟钢、西河水泥厂、涟源冶炼厂等能源、原材料工业企业的支持，新增工业贷款9352万元。娄底农行开展“支农、促工、效益年”活动，选定10户工业企业，累放国有和集体工业流动资金贷款6662万元，年末余额5636万元。娄底中行新增工业贷款户26家，年末工业流动资金贷款余额4368万元。娄底建行投放工业流动资金贷款1052万元，收回到期贷款782万元。是年9月，涟钢30万吨电炉工程一度资金脱节，工程处于停工边缘，建行及时发放临时贷款300万元，帮助渡过难关。1992年，娄底工行为涟邵矿务局5户企业注入贷款2997万元，帮助清理“三角债”；增加生产化肥企业贷款1350万元；支持锡矿山矿务局1万吨氯碱工程和地区纺织厂3万锭棉纱生产线等项目，增加流资贷款3750万元；对涟钢、资氮效益好的企业适度资金倾斜，增加贷款4700万元；支持洪源机械厂、冷水江制药厂等企业调整生产结构、开发新产品，增加贷款1612万元。全年增加工业短期贷款1.6亿元，占当年新增贷款的64.9%。洪源机械厂在工行425万元贷款支持下，开发高档自行车、中巴车等产品，当年减亏500万元。冷水江制药厂开发的“肝复乐”项目，被列入国家星火计划。娄底中行向涟钢拓展业务，贷款1000万元，支持其购进原、辅材料。娄底建行加大对能源、原材料企业的信贷投入，发放工业流动资金贷款2241万元。1993年，娄底工行采取“点贷”措施，为资江氮肥厂、冷水江钢铁总厂、新化水泥厂、涟邵矿务局、金竹山电厂、湖南锻造厂、涟源铁厂、冷水江碱厂8户大中型企业“点贷”1.27亿元，为娄底水泥厂、省煤机厂、新化高频瓷厂等企业投放科技开发贷款1100万元。娄底建行年末工业流动资金贷款余额3730万元。娄底农行至1993年两年间，增加工业贷款余额2445万元，支持湘中机械厂军工产品转民品生产和整体搬迁，发放1100万元流动资金贷款，支持其生产轻型汽车变速器和农用车。是年末，全地区工业流动资金贷款余额11.73亿元，比1990年增长72.5%。

1993年，国务院颁发《金融体制改革的决定》，增加各专业银行自主经营权。娄底工行实行资产负债比例管理，加强对效益好的大中型工业企业的信贷投入，全年增加工业贷款7836万元，重点投向冷水江钢铁厂、资江氮肥厂、涟源铁厂、涟邵矿务局、娄底纺织厂、省煤机厂等企业。娄底农行投放涟钢短期贷款2000万元。两次向省行争取短贷规模，为冷水江纺织厂、青山硫铁矿、涟源制药厂、一六九厂等大中型企业解决流动资金困难，年末工业短期贷款余额9346万元。娄底建行开始商业化经营，先后为涟钢、华达机械厂、自来水厂、锡矿山矿务局等企业发放工业流动资金贷款6250万元，收回4058万元，年末余额5922万元。1995年，国家颁发《商业银行法》，各国有商业银行开始按商业银行要求经营资产业务。娄底工行增加工业贷款1.04亿元。娄底农行制定《提高信贷资产质量实施方案》，对重点企业派驻厂信贷员，年末短期工业贷款余额9779万元。娄底中行建立重点贷款企业监控制度，对重点外贸工贸企业、“三资”企业、工业企业和外汇贷款项目实行跟踪监控，以涟钢、锡矿山矿务局为重点，逐年增加工业贷款投放，年末工业流动资金贷款余额8185万元。1996年，全地区遭遇特大洪灾，娄底工行贷款3100万元，支持18户工业企业救灾和恢复生产。娄底农行实施省行制定的《信贷管理制度》，管紧效益差的企业贷款。娄底中行支持涟钢与火车站铁路接轨，发放3000万元贷款，全行工业短期贷款年末余额7447万元。娄底建行全年发放工业短期贷款1.7亿元。1997年，娄底工行加强对大中型工业企业的支持，增加短期工业贷款1.53亿元。娄底农行加强对涟钢集团、金竹山电厂、大乘资氮集团等“黄金客户”的贷款营销，年末余额1.16亿元。

1998年，人民银行取消对国有商业银行的贷款规模控制，各商业银行全面实行资产负债比例管理，加强工业贷款营销。娄底中行加大对冶金、建材、交通、能源、通信等行业的营销，新增贷款重点投放涟钢、锡矿山矿务局、三一集团等重要客户，全年增加工业短期贷款余额1.21亿元。1998—1999年，娄底工行增加工业短期贷款2.67亿元，重点投放在涟钢集团、雪峰水泥集团、闪星锑业公司、冷水江钢铁总厂、涟源冶金建材总厂、涟邵矿业集团、涟邵焦化厂、金信化工公司、冷水江耐火材料厂、洪源机械厂10户企业，10户企业的贷款余额占全行工业短期贷款余额87%。娄底农行加大对涟钢集团贷款投放，1999年，两次为其授信1.1亿元。娄底建行发放短期工业贷款1.61亿元，其中投放涟钢4000万元、锡矿山矿务局锌厂1000万元。2000年，娄底农行重点支持7户国有、集体工业企业，新增贷款8600万元，占当年全行新增贷款的55.12%。娄底中行建立授信制度，在加强对涟钢集团和金竹山电厂管理基础上，分别为两企业发放短期工业贷款5000万元和3000万元。是年，各商业银行因剥离不良资产和核销呆账贷款，全市工业短期贷款余额20.13亿元。

2005年，全市短期工业贷款余额28.61亿元。2006年，娄底工行公司贷款余额15.36亿元，占全市公司贷款的35.12%。娄底农行重点支持华菱涟钢，五江实业等工业优质客户，新放公司贷款10.19亿元。娄底中行公司贷款4.24亿元。娄底建行全年发放公司贷款16.44亿元，主要投向华银电力、双峰海螺、涟钢集团等优质工业企业。全市金融机构贷款余额43.74亿元。2008年，娄底工行坚持审慎信贷经营，以国家产业政策和总行信贷行业政策为标准选择信贷介入客户，推进“绿色信贷”，年末公司贷款余额比上年增加1.83亿元。娄底建行新增双峰海螺、华润电力等重点项目授信18亿元。对双峰农机、涟源煤机领域中的“龙头小企业”发放贷款1.03亿元。是年，娄底邮储银行成立信贷业务部，邮储银行涟源支行发放第一笔公司贷款。2009年，娄底工行拓展信贷市场，加快资产业务创新发展，全年公司贷款余额24.47亿元。娄底农行树立“资产业务兴行”概念，全年累放公司贷款28.51亿元。娄底中行对华菱安赛乐米塔尔电工钢项目授信贷款25.94亿元，全年公司贷款余额37.35亿元。娄底建行对三星锻造、金三星煤机、双峰农友等优质小企业发放中小企业贷款10.35亿元。娄底邮储银行短期贷款余额4000万元。

2010年，娄底工行贷款余额27.34亿元。娄底中行从全市近1000户中小企业中精选50户作为新模式下的目标授信客户，举办大型新模式业务推动会，与22家企业签订4.12亿元授信支持意向。娄底农行贯彻农总行《关于全面推进信贷审批体制改革的意见》和省分行《信贷业务审批体制改革实施方案》，将业务营销与风险防控结合起来，有效拓展大唐华银电力、湖南有色、湖南煤业等集团优质客户。2011年，娄底建行成立小企业中心，重点营销特色集群产业链客户、工业园区、高新技术产业园区成长性好的小企业客户，年末公司贷款余额39.56亿元。2012年，发放湖南首笔网络循环贷小企业业务。2012年，娄底邮储银行提出“控风险、强能力、提效益、促转型”信贷工作主题，突出小额贷款和小企业贷款战略地位，年末全行公司贷款余额2.81亿元。12月，娄底华融湘江银行进驻娄底，2013年，公司贷款余额9.04亿元。2013年，娄底农行以提升价值创造能力为导向，优化贷款投入，支持娄底经开区、娄星北部产业园、冷水江有色金属产业园的先进技术装备制造企业。创新“简式贷”客户营销方式，支持华菱涟钢等大中型企业提供原材料、零配件和服务的湖南鸿瑞新材料公司、湖南远扬煤机制造公司等38家中小企业扩大生产规模。是年，娄底长沙银行进驻娄底，2014年，各类贷款总授信23.8亿元。其中投放公司贷款9.8亿元，小微企业贷款7000多万元。娄底工行加大力度营销优良客户，年末公司贷款余额51.04亿元。娄底建行对娄底经开区、娄星工业集中区、双峰工业科技园、涟源新区、新化特色旅游等重点项目重点支持，全年投放公司贷款47.32亿元。娄底中行公司贷款余额49.06亿元。娄底邮储银行年末公司贷款余额2.26亿元。娄底农行新增贷款重点投放石长铁路、铁路总公司、高速公路、五江集团等大中型工业交通企业，年末公司贷款余额40.06亿元。

2015年，娄底工行组织专门力量大力清理处置不良贷款，化解贷款风险；积极拓展重点项目领域信贷市场，大力发展低风险的票据贴现业务和支持效益好的企业发展，年末公司贷款余额较上年减少1.77亿元。娄底农行重点支持华菱涟钢、五江轻化、湖南高速等项目，全行年末公司贷款余额比上年增加2766万元。娄底中行公司贷款余额49.08亿元，比上年增加5.9%。娄底建行对300多个信贷客户分类管理。娄底邮储银行发放首笔50万元“合伙经营”的再就业贷款。2017年，全市银行业公司贷款163.4亿元。

二、商业贷款

1990年，娄底工行支持国有商业企业增加商品储备，全行发放商业二级批发企业收购地方工业品优惠贷款1418万元。年末商业流动资金贷款余额1.87亿元。娄底农行贯彻总行下发的《供销合作社贷款管理办法》《关于加强农业生产资料专营信贷管理的意见》，调整信贷结构，发放农业生产资料贷款8803万元，增加供销社贷款余额1098万元，支持工业品下乡，活跃农村市场。娄底中行配合外贸体制改革，从单纯支持流通转向支持流通、生产并重，全面支持外贸、工贸、地贸、技贸、军贸各系统，年末商业流动资金贷款余额7219万元。1991年，娄底工行加大对商业企业适销商品贷款投放，增加季节性、临时性贷款1450万元，年末商业流动资金贷款余额2.36亿元。娄底农行采取多项措施支持供销社“四放开”改革，年末全行供销社贷款余额1.67亿元。全地区供销社系统扭亏增盈，受到省、地政府表扬，也得到农行省分行肯定。娄底中行适应外贸系统“自负盈亏”改革，突出支持外贸企业出口创汇，全年对外贸进出口企业累放流动资金贷款1.07亿元，直接创汇30万美元。1992年，“四放开”改革深入发展，各银行在增加对“四放开”企业信贷支持的同时，采取措施防范风险。1993年，继国合商业放开经营后，粮食经营亦随之放开。各银行在增加商业流动资金贷款投放的同时，密切关注新形势下商业贷款营运状况，针对部分“公有民营”企业资金“体外循环”的问题，有针对性地采取信贷制裁措施。年末全区金融机构商业流动贷款余额9.7亿元，占各项贷款余额的22.05%。

1994年，粮棉油贷款作为政策性业务移交中国农业发展银行，各专业银行经营商业、供销、外贸和个体工商业的商业贷款业务。娄底工行增加3000万元商业贷款，支持地区百货大楼、百花商厦、冷水江饮食公司等12个单位新建和扩建综合商业大楼，新增营业额8000万元；增加节日物资供应和增加商品品种贷款3558万元，支持地区百货公司举办秋季商品交易会，支持地区五金公司进口电器商品经营部商品购进。1995年，娄底农行加大对基层供销社增加农资冬储贷款，全年累放农资贷款4850万元，并签发银行承兑汇票2363万元，保证农资企业资金需求。娄底中行向地区邮电局拓展短期商业贷款业务，发放1450万元流动资金贷款，年末短期商业贷款余额1.43亿元。1996年，娄底建行开始经办短期商业贷款业务，支持建成湘中商业大厦，发放520万元商业流动资金贷款。1997年，受东南亚金融危机影响，22家在中行开户的外贸企业，只有4家维持正常经营。娄底中行发放1.92亿元短期商业贷款中，大部分存量贷款形成呆滞沉淀。1997—1998年，娄底农行与地供销社实施“兴行兴社”银企效益工程。1998年收回三类供销社贷款452万元，增加一类供销社贷款2438万元。1999年，娄底建行向各县市石油公司营销商业贷款，为娄底、冷水江、双峰三县（市）石油公司发放短期商业贷款800万元。2000年，全市商业企业进行置换企业资产、置换职工身份的重大改革。为在“两个置换”中保全银行资产，人行娄底中支（简称娄底人行）组织市内各银行，向市政府提交《积极支持企业改制，切实保障金融债权安全的意见》。娄底工行对商业企业清户退出5户、剥离23户，收回和转化商业不良贷款1.13亿元。娄底农行抽派专人参与企业改制，按政策法规保全信贷资产。对供销社系统6家改制企业保全资产3891万元，其中落实债务2300万元、处置资产收回贷款本息1584万元；对1家粮食企业以资抵债250万元、收回利息100万元。娄底建行加大到、逾期贷款清收力度，全年累放短期商业贷款593万元、累收1203万元，余额1014万元。是年，全市金融机构短期商业贷款年末余额15.48亿元，占各项贷款余额的14.96%。

2002年10月，市政府下发《关于防范和制止企业在改革中逃废金融机构债务的通知》。各银行、信用社密切关注企业改制过程，安排专人全程参与改制进展，采取以资抵债等措施收回到逾贷款，全市各金融机构共压缩短期商业贷款余额1.65亿元。2003年，商业、供销、粮食系统加快“两个置换”改革进程，各银行加大金融维权力度，加强不良贷款清收。娄底农行收回供销、粮食系统改制企业贷款本息1700多万元。娄底中行逐年压缩商业贷款，2004年，调整信贷科目，短期商业贷款为零。2005年，娄底工行取消商业贷款科目，商业贷款并入短期公司贷款，短期商业贷款余额由2004年的2.41亿元调整下降为150万元。娄底农行短期商业贷款余额7.17亿元。娄底建行按经济资本管理要求，优化短期商业贷款配置，向信誉高、效益好的企业倾斜，向吉凯工贸公司、涟源煤炭总公司等企业累放短期商业贷款1444万元，累收627万元，年末余额1617万元。年末全市金融机构短期商业贷款余额13.71亿元，比2000年下降11.43%；占各项贷款余额的8.61%。

2006年，辖内商业企业完成改革改制，各银行相继调整短期贷款项目，取消商业贷款项目，其余额并入短期公司贷款项目统计。

三、农业贷款

（一）农户贷款

1990年，全地区农村信用社累计发放承包户贷款1.96亿元。1991年，实行农贷“五公开一监督”制度（即贷款政策公开、贷款利率公开、贷款发放公开、贷款收回公开、违章贷款处理公开和群众监督农贷发放），增加农户贷款透明度。投放农户贷款突出以粮、棉、油、猪为主的种养业，全地区农村信用社累放农户贷款2.79亿元，年末余额1.43亿元。1993年，全地区农村信用社累计发放农户贷款4.42亿元，帮助30万农户解决生产周转资金。1994年，农村信用社调整信贷结构，优先安排农业生产贷款和扶贫救灾贷款，累放农户贷款8.32亿元，年末余额3.51亿元，占农村信用社各项贷款余额的32.83%。1995年，农信社对农户贷款进行切块管理，参与支持“吨粮田开发工程”“菜篮子工程”“扶贫温饱工程”“科技示范工程”，全年累放农户贷款8.88亿元，帮助21.32万余农户解决资金困难。1996年，对农户小额贷款实行“一次核定，分次发放”，全年累放农户贷款10.69亿元。1997年起，农村信用社规范农户贷款管理，累放农户贷款8.66亿元。1999年，推行小额信贷和限额贷款办法，推广“农户联保贷款”，累放农户贷款8.57亿元。2000年，全市农信社实施“做小、做散、做个人”的贷款方式，在风险可控的前提下，农户贷款不仅支持购买农业生产资料，还可用于建房、婚嫁、买车、子女上学、个体私营办企业。为简化农户贷款发放手续，农信社为30万农户发放“小额农户贷款证”，全年发放7.08亿元小额农贷，年末农户贷款余额11.24亿元。

2001年，全市36万户农户发放“贷款证”。2003年，各县市联社选择1个乡镇、10个村组、100个农户，进行小额农户信用贷款试点。全市评出94个信用村、960个信用农户。全年累放农户贷款17.33亿元，年末余额12.7亿元。2005年，全市农村信用社加强“三农”服务工作，加大农户贷款投放，累放农户贷款24.98亿元，累收22.26亿元，年末余额33.3亿元，占农村信用社各项贷款总额79.82%。2007年，农村信用社贷款重点支持“公司+合作组织+基地+农户”发展模式。支持公共基础设施建设。2008年，娄底农行设立三农业务部，在双峰县青树坪镇试点惠农卡和农户小额贷款发放工作，发放惠农卡2.39万张，为2207户农户授信农户小额贷款额度2490万元。2009年，全市农村信用社信贷实行电子信息化管理，入网21.34万贷款户，占90%。2010年，娄底农行加快惠农卡发行和小额农户贷款授信发放，全年累计发行惠农卡24.01万张，授信2.27万户，发放农户小额贷款余额2.36亿元。2013年，农村信用社发行首张具有小额贷款功能的借记卡——便民卡，将传统贷款业务和存款业务有机结合，可在全省农村信用社任意网点随时办理放款和还款业务。2014年，娄底农行惠农卡发行

娄底农业银行举办金融支持娄底实体经济发展对接会
（2014年摄）

量增加到138万张，并增加惠农卡的综合金融服务功能。2016年，全市5县（市、区）农商银行按照中央脱贫攻坚战略部署，主动开展金融产业扶贫。支持家庭农场等新型农业经济发展，发放贷款111笔、金额1.92亿元。2017年，全市农商银行建立金融扶贫服务站359个，全年为1.5万户贫困户发放贷款5.73亿元。娄底农行发展养老贷、富农贷、粮食贷、救灾贷等产品，全行涉农贷款余额53.32亿元，其中农户贷款余额7.02亿元，同比净增2.57亿元，规模与增速均居全省农行系统第一位。是年，全市金融机构累放农户贷款余额13.49亿元。

（二）农业经济组织贷款

1990年，娄底农行支持国有、集体农林场所搞活经营，增加贷款投放，年末国营农业贷款余额1039万元、集体农业贷款余额1410万元。1991年，娄底农行重点支持160个科技兴农项目和70个农机农技等农业社会化服务组织，对国有、集体农林场所加强信贷管理，对贷款余额在300万元以上的3个农业企业派出驻厂（场）信贷员，帮助解决流动资金贷款需求。1992年，娄底农行发放瘦肉型生猪基地贷款1050万元，支持双峰、涟源两县市成为全国瘦肉型猪基地和出口活大猪基点县市，使全地区瘦肉型猪普及率达到70%。发放894万元贷款，支持9个国有农办工业、10个国有农办商业项目，进行农工贸综合开发。累放农业社会化服务体系建设贷款650万元，支持新建8个农业、畜牧水产技术服务培训中心和农机服务中心，支持农业集团承包土地面积3867公顷。1993年，娄底农行加强对“两高一优”农业、特色农业、创汇农业和农贸市场的支持，贷款2800万元，支持兴建8个大中型农产品加工项目和5个农副产品贸易市场，促进农副产品增值和流通。1994年，娄底农行增加农业贷款4564万元，重点支持农业综合开发的农业社会化服务体系的建立与完善，支持改造和扩建农工产品加工企业62个。1995年，娄底农行发放粮棉大县贷款1630万元，支持双峰县原种场农产品批发市场等5个项目的续建和新建，5个项目新增产值3600万元、利税451万元。1997年，娄底农行开展信贷“治散、治小、治差”工作，将3079户集体旧农贷和1253户个体旧农贷列为“三治”的重点内容，采取行政、经济、法律等多种手段清收。

1998年，根据省委、省政府《关于加强推进农业产业化的意见》，娄底农行选择15家市场发育较成熟、商品率高、农产品附加值高的企业，增加贷款3963万元，推动农业产业化发展。2000年，娄底农行对改制企业实行责任包干，安排专人紧盯企业改制过程，防止悬空或逃废银行债务。2004—2005年，娄底农行加快商业银行改革进程，除支持农业产业化企业外，对其他农村经济组织贷款逐年减少，两年分别压缩农业贷款余额6789万元和1381万元，2005年，娄底农行农业经济组织贷款余额1.57亿元，为1990年的6.41倍。2006年贷款项目调整，农业经济组织贷款并入短期公司贷款项目。

（三）乡镇企业贷款

1990年，地委、行署实施对乡镇企业“调整、整顿、改造、提高”的方针，娄底农行全年累放乡镇企业贷款6539万元，年末乡镇企业流动资金贷款余额1.09亿元。全区1560个乡镇企业，90%得到贷款支持；上年273个关停半关停企业，有110个得到重新启动。全区农村信用社乡镇企业贷款余额同比增加4925万元，增长74.84%。1991年，娄底农行选定40个乡镇企业开展“支帮促”活动，新增贷款503万元。1992年，娄底农行实施“四一推进计划”，全行累放乡镇企业贷款1.3亿元，年末余额1.52亿元。1993年，娄底农行以利税大户和工业小区为重点，支持乡镇企业扩大内涵再生产。累放乡镇企业贷款1.67亿元，重点支持利税过百万元的乡镇企业60家，其中利税过200万元的18家。全地区农村信用社支持25家乡镇企业进行技术改造，增加乡镇企业贷款8915万元。1994年，娄底农行实施“二、十、百工程”，乡镇企业贷款重点支持双峰县三塘铺与娄底高溪村两个工业小区和10个年产值过3000万元和利税过500万元的企业，适度支持100个利税过100万元的企业。两个工业小区当年新增贷款2600万元，实现工业产值4.27亿元。增加3800万元流动资金贷款，支持地区铸管厂、冷水江禾青锌化厂等20多家新建企业投产，为50多家骨干企业解决资金周转困难，其中41家企业扭亏增盈1560万元。

年末娄底农行乡镇企业贷款余额2.29亿元。全地区农信社增加乡镇企业贷款1.16亿元，年末余额4.57亿元，占各项贷款余额的42.69%。1995年，娄底农行按《中华人民共和国担保法》的规范要求，全行清理乡镇企业贷款，对担保抵押不规范的，90%重新补办担保抵押手续，使其效率提高到95%以上。农信社累放乡镇企业贷款2.01亿元，支持18家企业启动生产。1996年，全地区工业小区发展到12个，其中省级2个、地级10个。娄底农行对12个工业小区累放8500多万元贷款，支持工业小区实现产值10.8亿元、利税6500万元。农村信用社累放乡镇企业贷款4.87亿元，重点支持新化县天马山水泥厂、涟源市石门工业开发区、双峰县三塘铺“三铸”产品、冷水江飞水岩锑品冶炼厂、娄底耐磨耐热蚀材料厂等企业。

1997年，大批乡镇企业进行改制改革，出现以股份制改革、承包、租赁等形式悬空银行债权行为。娄底农行开展信贷治散、治小、治差专项活动，加强乡镇企业贷款的资产保全工作，补办合法财产抵押手续1000余笔，对3家假破产真逃债的企业和10家以股份改革、承包、租赁等形式悬空银行债权的行为，及时发现和纠正，保全农行资产4000余万元。1999年末，全行乡镇企业短期贷款余额5.2亿元。2000年，娄底农行在处置不良资产中，剥离的乡镇企业不良贷款较多，年末该行乡镇企业短期贷款余额2.49亿元。农村信用社对改制后的乡镇企业，在保全债务基础上择优支持，累放贷款1.33亿元。是年，全市关闭92家乡镇水泥厂，结欠信用社贷款3.6亿余元。2001—2005年，娄底农行贯彻总行关于严禁向“五小企业”贷款的指示精神，管紧对乡镇企业贷款投放，主动参与企业改制改革，尽力保全资产，盘活存量贷款。2004年退出事实风险户362户、2845万元，退出潜在风险户180户、1834万元。2006年后贷款科目调整，乡镇企业贷款余额并入短期公司贷款科目。

（四）农业产业化龙头企业及小企业贷款

2006年，娄底农发行围绕支持新农村建设，加大力度支持粮棉油产业链发展，全年发放农业产业化龙头企业、骨干加工企业及农业小企业贷款3418万元，化肥储备贷款300万元，重点支持中鑫纺织、同星米业、越大农牧、餐餐香、湘林食品、丰地化工、冷水江种业等产业化龙头企业。2007年，该行对全市120家涉农企业进行全面摸底调查，对符合条件的企业实行贷款资格认定，建立项目库，将业绩优、前景好、市场竞争力强的“黄金客户”作为业务发展的重点，全年累放产业化龙头企业和农业小企业贷款1.16亿元，重点支持的21家产业化龙头企业，实现销售收入5.95亿元，创利税5000多万元。2009—2012年，按照“区别对待，择优扶持，严控风险”的原则，实施差异化信贷策略，重点支持上规模、上档次、有品牌的21家省市级产业化龙头企业。2012年，贷款余额4.6亿元，占贷款总额的15.48%。全市农村信用社重点支持养殖业和种植业，推进农业产业化发展，先后支持中药材基地6700公顷、蔬菜基地1.1万公顷、水果基地6700公顷、优质稻和烟草基地1.5万公顷；对接市政府“项目建设年”活动，支持经济园区产业集群发展。是年，全市金融机构累放中小微企业贷款29.92亿元，扶持“菜篮子”产业化企业、产销大户及专业合作组织发展。2013年后，农发行和农商银行对贷款客户按照保证支持、重点支持、一般支持、限制支持和退出客户进行分类排队，全力处置和化解不良资产，贷款余额逐年缩减。2017年末，全市农业产业化龙头企业贷款余额9560万元。

第二节　中长期贷款

一、基本建设贷款

1990年前，娄底地区的基本建设贷款由娄底建行承办。1989年末，娄底建行基本建设贷款4710万元。

1990—2005年，全市基本建设贷款业务以娄底建行为主经办，其间，娄底工行、娄底农行、娄底中行先后开办。基本建设贷款业务。各行经办的基本建设贷款，主要有能源原材料开发贷款、交通建设贷款、城市基础建设贷款、工商企业建设贷款。

（一）能源、原材料开发贷款

1990年，涟钢建设30万吨电炉，娄底建行和娄底工行分别为该厂发放基本建设贷款1750万元、1000万元，保障工程顺利进行。1991年，根据地委、行署关于加快能源、原材料开发的决定，娄底建行加大基本建设信贷投入，先后向锡矿山矿务局、涟源钢铁厂、娄底彩色水泥厂、新化建筑陶瓷厂、双峰竹胶板厂、娄底标达公司、娄底电子陶瓷研究所等建材企业新增贷款1.27亿元。娄底工行增加涟钢30万吨电炉、连轧工程项目1500万元基本建设贷款。7月，该项目第一期工程冶炼系统试产成功，结束湖南从省外、国外进口电炉钢的历史。该项目完全投产后，涟钢增加棒材品种14个，成为全省优质合金钢的大型生产基地。1992年，娄底建行加大对涟钢基建贷款投放，新增贷款2900万元，支持涟钢生产基地建设。1992—1999年，娄底建行累放基建贷款5.38亿元，重点支持涟钢、金竹山电厂、冷水江铁厂、锡矿山矿务局、雪峰水泥厂、海螺水泥公司等能源、原材料企业扩大生产能力的基本建设。2003—2005年，金竹山电厂进行2×600兆瓦国产燃煤机组和烟气脱硫装置的第四期扩建工程，总投资48亿元，娄底建行向其授信基建贷款26亿元，流动资金贷款2.6亿元。2004年和2005年，娄底建行分别增加7.45亿元和7.67亿元基建贷款，重点投放金竹山电厂、华润电力等大型项目，加快全市能源、原材料工业发展。2005年，娄底中行增加1.8亿元基建贷款，重点投放金竹山电厂扩建工程。在支持重点项目的同时，娄底建行还为娄底民丰500千伏变电站、早元220千伏变电站、娄底城区10千伏主干线路等供电设施建设发放基本建设贷款，对促进城市建设和经济发展起到积极作用。2006年，能源、原材料开发贷款余额并入项目贷款内。

（二）交通建设贷款

各国有商业银行在中长期基本建设贷款中，重视对交通建设的投放。1992年，冷水江市建设资江大桥，总投资2500万元，娄底建行贷款1800万元。1994年，娄湘公路开工建设，娄底段13.7千米。娄底建行3次投放基建贷款1830万元，保证项目顺利施工和按期建成通车。1995年，娄底行署决定修建娄涟高等级公路，娄底建行先后投放2500万元基建贷款，保证工程顺利进行。2000年，国道320线绕双峰县城改造工程开工，娄底建行投放基建贷款3020万元，娄底农行投放基建贷款2980万元，保证工程资金需要。2006年，交通建设贷款余额并入项目贷款内。

（三）城乡基础设施贷款

1992年，娄底自来水公司建设日供20万立方米的第二水厂，总投资1.17亿元，娄底建行累放贷款5150万元，支持项目顺利进行。1993—1995年，娄底建行累放265万元基建贷款，支持娄底城区煤气管道工程，使2.9万多户居民告别烧蜂窝煤的时代。1995年，新化县进行旧城改造，双峰县兴建永丰市场，涟源市建设蓝田市场，娄底建行分别投放500万元、300万元、790万元基本建设贷款，支持3县市城市建设。2000年，娄底农行立项支持娄底城市燃气混气工程、涟源市自来水公司温江水厂扩建等项目，支持改善城市供水供气。娄底工行支持湖南电信百万电话大行动，发放5800万元基建贷款，支持程控交换机扩容，新增程控电话20万门，实现全市村村通电话。2003年，娄底农行增加1079万元基建贷款，重点支持娄底经开区、地产交易所、金海置业等城市建设项目。2004年，涟源市人民医院整体改造扩建，总投资7232万元，娄底建行为其发放2900万元基础建设贷款，支持项目顺利进行。2001—2005年，娄底农行将教育业、卫生业列入优势行业，年均增加基建贷款700多万元，先后为娄底一中、娄底二中、娄底三中、新化一中、双峰一中、涟源行知中学、娄底卫生防疫站、娄底人文科技学院、冷水江师范、娄底中医院、娄底日报社等文化卫生事业单位发放基本建设贷款，支持完善和扩大基础设施。2006年，城市基础设施贷款余额并入项目贷款内。2009年，娄底农发行开办农村基础设施建设等中长期贷款，至2017年，先后支持35个中长期贷款项目，发放水利、支农、改善人居环境等中长期贷款168.9亿元。

（四）工商企业建设贷款

1990—1993年，娄底建行支持资江氮肥厂扩大生产能力，累放基建贷款8533万元，使该厂形成年产尿素30万吨、甲醇6万吨、复合肥10万吨、合成氨18万吨的生产能力。1997年，娄底农行发放1500万元基建贷款（后追加到2000万元），支持地区供销社新建湘中供销大厦（后更名为银海商厦），完成建筑面积2.2万多平方米，成为全地区骨干商业企业。1998年，娄底工行增加8053万元基建贷款，支持一批重点项目上马和扩大生产能力。

2006年，辖内各银行贷款项目调整，基本建设贷款科目取消，各银行单列房地产贷款项目。是年，娄底工行加大房地产贷款营销力度，年末房地产贷款余额1.08亿元。2007年，娄底工行将娄底体育新城等5个新开工的房地产项目列入支持对象，发放房地产贷款5000万元。年末贷款余额1.59亿元。2008年，娄底农行以融入“3+5”城市群为动力，中长期贷款重点投放房地产等行业。全年房地产贷款余额2.66亿元。2010—2014年，娄底工行营销“株山华府”“金和天下”“回龙湾·主人家园”“湾田·和悦家园”等6个房地产项目，累计发放贷款3.33亿元。2014年，房地产贷款余额6.89亿元。娄底农行营销三江万豪、雅晟房地产、大汉城建、众一房地产、九耳房地产、中欧房地产等项目，2013年，房地产贷款余额5.71亿元，2014年，下降2.05%。2015年，娄底建行房地产贷款余额4.45亿元。2016年，娄底工行控制房地产贷款投放，年末房地产贷款余额3.68亿元。2017年，娄底工行发放五江碧桂园房地产项目贷款3亿元，压缩其他房地产企业贷款2.37亿元，年末房地产贷款余额4.31亿元。娄底建行年末房地产贷款余额1.08亿元。

二、技术改造贷款①

1990年，娄底地区金融机构技术改造贷款主要用于国有、集体工商企业和乡镇企业的技术进步。各专业银行采取控制总量、调整结构、保证重点、压缩一般的措施，适当增加技改贷款投放，支持企业调整产品结构和扩大生产能力。是年，全地区金融机构年末技术改造贷款余额1.51亿元。1991年，娄底工行重点支持列入全省“七五”计划的国营大中型骨干企业技术进步，对锡矿山矿务局年产1万吨烧碱项目、冷水江耐火材料厂高级硅砖改造项目、新化西河水泥厂三号窑扩建配套项目等7户企业的11个技改项目，累放技改贷款2746万元，年末余额1.06亿元。娄底农行制定乡镇企业技术改造规划，计划支持30家乡镇企业更新设备、改进工艺，投放869万元，其中技改贷款510万元、设备贷款359万元。建行省分行将切块安排的技改贷款审批权下放娄底建行，实行多收多贷。全年累放技改贷款938万元，年末余额6197万元。1992年，娄底工行增加技改贷款3520万元，支持39个技改项目，合计增加产值4.64亿元、创利税4629万元，创汇124万美元。娄底农行累放技改贷款310万元，年末余额1396万元，重点投放7家骨干企业，使这些企业新增产值4500万元、利税550万元。娄底建行支持娄底金属塑料制品厂等10多个技改项目，累放技改贷款1617万元，年末余额7422万元。1994年，娄底工行增加技改贷款1.04亿元，重点支持19个项目技术改造，年末余额2.92亿元。娄底农行累放技改贷款603万元，重点支持冷水江特种水泥厂、新化温塘石膏矿等企业新建和技术改造。娄底建行为双峰县水泥二厂、娄底彩色水泥厂、金属塑料制品厂等新建、续建项目累放技改贷款5918万元。全地区金融机构年末技术改造贷款余额4.57亿元，比1990年增长302.6%。

1995年后，各国有商业银行逐步实行商业化经营，技术改造贷款的投放有所放缓。娄底工行增加技改贷款1.38亿元，重点支持原有技改项目竣工扫尾。娄底中行发放300万元技改贷款，支持冷水江市人民医院建设CT项目。1996年，娄底工行对冷水江耐火材料厂、涟邵矿务局、西河水泥厂、涟源白水泥厂10个续建项目增加技改贷款3437万元。娄底建行重点支持新化宏利瓷业公司、冷水江机械砖瓦厂等10多个项目，累放技改贷款1.12亿元，年末余额2.8亿元。1997年，国有企业加快改制改革，民营

①2006年起，银行贷款科目调整，技术改造贷款科目取消，项目贷款科目作为本节续述。

经济迅速发展，各国有商业银行相应调整技改贷款投向。娄底农行对16家重点企业累放技改贷款1839万元，年末余额2881万元，同比增长136.53%。1998年，娄底工行对涟钢集团、闪星锑业、金信化工、冷水江制药厂等项目增加技改贷款投放，全行技改贷款余额增加1.9亿元。娄底农行累放技改贷款1996万元，年末余额3265万元。1999年，娄底工行加强改制企业技改贷款管理，压缩技改贷款余额830万元，年末余额6.3亿元。娄底农行制定《关于盘活信贷存量，支持地方经济发展的工作方案》，累放技改贷款950万元，年末余额1585万元。娄底中行累放技改贷款256万元，年末余额1.16亿元。娄底建行年末技改贷款余额1.38亿元。全市金融机构年末技改贷款余额9.07亿元，比1994年增长98.39%。

2000年，娄底工行累放技改贷款2798万元，支持闪星锑业、涟钢田湖铁厂、冷水江制药厂的技术改造，年末余额5.48亿元。2002年，娄底工行调整统计科目，取消技术改造贷款科目，技改贷款并入基建贷款和其他中长期贷款。2003年，娄底中行投放5000万元技改贷款，支持涟钢薄板工程项目。2004年，娄底中行向涟钢薄板项目投放2.3亿元技改贷款，支持该项目按期竣工投产。2005年，娄底中行增加1亿元技改贷款，支持金竹山电厂扩建工程项目，年末技改贷款余额3.8亿元。是年末，全市金融机构技改贷款余额4.24亿元，占各项贷款余额的2.66%。

三、项目贷款

2006年，辖内银行技术改造贷款项目取消，余额并入中长期项目贷款，其他中长期贷款中的中长期流动金贷款等也列入项目贷款。是年，娄底工行新增项目贷款1846万元，年末余额4.49亿元。娄底建行项目贷款余额25.34亿元。2007年，娄底工行向华银电力金竹山项目发放贷款1亿元。2008年，娄底建行营销娄新高速公路、双峰农机、涟源煤机项目，新增项目贷款余额7069万元。2009年，娄底邮储银行发放第一笔中长期项目贷款1400万元，年末余额2200万元。2010年，娄底工行紧跟湖南中部崛起、“3+5”城市群发展战略，围绕高速公路、铁路、基础设施等方面，加强与政府及发改委、经委、商务局、工商局等职能部门的联系，成功营销7个项目，增加项目贷款7.8亿元，年末余额15.14亿元，2015年增加至20.36亿元。娄底农行调整资源配置，营销优质项目，是年新增项目贷款5.58亿元，年末余额39.63亿元。娄底建行项目贷款高位高速增长，2015年年末项目贷款余额84.79亿元。娄底邮储银行2015年中长期项目贷款余额12.73亿元。2016年，娄底工行为“娄衡高速”“潭邵高速”项目发放贷款3.5亿元，对“新化县吉庆风电场建设”项目续贷8000万元，年末项目贷款余额22.53亿元。娄底农行紧跟娄底经济转型，紧密对接政府工作部署，成功营销政府PPP等基础设施项目3.6亿元和龙琅高速项目、蒙华铁路项目贷款6亿元，年末余额49.82亿元。娄底建行营销娄底城区道路完善及城市网络提质改造项目、娄底市涟水河综合治理（神童湾段）等PPP项目储备30亿元，年末项目贷款余额77.23亿元。娄底邮储银行营销五凌电力新化维山风电场5亿元固定资产贷款项目，年末中长期项目贷款余额16.73亿元。2017年，全市金融机构项目贷款余额196.22亿元。

第三节　政策性贷款

一、粮棉油收购贷款

1990年，娄底农行对农副产品收购贷款采取早测算、早安排、早衔接、早亮底的做法，保证粮食收购贷款按时到位，全年累计发放农副产品收购贷款3301万元，年末余额1.04亿元，其中粮食收购贷款累放2026万元，年末余额4956万元。支持粮食部门收购夏粮入库9.59万吨。1991—1993年，娄底农行加强收购资金管理，加强资金调度，帮助企业挖掘资金潜力，清理企业“三角债”，保证粮食收购资金按时、足额到位。1993年，贯彻国务院关于收购农副产品确保不向农民打白条精神，娄底农行对39个收购企业进行收购资金使用情况全面调查，帮助收购企业盘活“两呆”贷款800万元、压缩不合理占用资金1000万元。按照政府、企业、银行分担收购资金分工，娄底农行应到位粮食收购资金5200万元，实到位5827万元。当年全地区收购合同定购粮7.36万吨、议价粮1.5万吨，居全省首位。全地区农副产品收购未发生打“白条”现象。1994年5月，粮食收购贷款余额7179万元，移交中国农业发展银行。1994年，中国农业发展银行成立，粮棉油等政策性贷款统归农发行经办。因其机构尚未下延，是年至1996年，娄底农行代理农发行业务。娄底农行设立53个代理机构，对农发行资金封闭运行。1995年，配合娄底人行对收购资金进行100%的检查稽核，清理收回挤占挪用收购资金1154万元。1996年，娄底农行代理农发行累放粮棉油收购贷款1.28亿元，年末余额2.43亿元，其中粮食收购贷款2.07亿元。年末移交娄底农发行。

1997年，娄底农发行累放粮棉油收购贷款8976万元、累收1133万元，年末余额3.21亿元。1998年，按照“库贷挂钩、钱随粮走、购贷销还、封闭运行”的原则，娄底农发行严防收购资金挤占挪用，保证全地区敞开收购，无“白条”现象发生。2000年，国家深化粮食流通体制改革，南方早籼稻退出保护价收购范围，粮食政策性收购贷款相应减少。娄底农发行在加强政策性收购贷款管理的同时，发放非保护价收购贷款8013万元，支持企业按市场价格收购早籼稻10.3万吨。2002年，适应粮食购销价格市场化要求，发放收购贷款7558万元，比上年减少26.3%。2003年和2004年继续下降，2005年，全市粮棉油贷款总额6.31亿元。2009年，娄底农发行确认13家粮食企业粮食贷款收购资格，累计发放粮食收购、调销贷款3.12亿元。2013年，国家启动早粮稻最低收购预案，农民卖粮热情高涨，娄底农发行按照“保收购、保优质企业、不保劣质企业”的原则，优先支持中央和地方政府纳入粮棉保质稳价体系、承担调控任务的骨干企业，择优支持资信好，抗风险能力强，在区域市场有影响力的龙头加工企业和收储企业，发放调购粮收购贷款2.28亿元，支持中储粮直属库收购稻谷8.6万吨，全行收购贷款余额4.27亿元。此后几年，娄底农发行加强政策性收购资金供应与管理工作，收购市场平稳，贷款余额平稳增长。2017年粮油收购贷款余额4.89亿元，占各项贷款总额17.32%。

二、粮棉油专项储备贷款

1990年，国务院颁发《关于建立国家专项粮食储备制度的决定》，娄底工行加大粮油储备、调销贷款投放，是年至1993年，娄底工行累计增加粮食贷款6839万元。1994年5月余额1.16亿元。6月，粮棉油储备和调销贷款业务移交农发行。1994年6月至1996年12月，娄底农行代理农发行在娄底地区的粮棉油储备贷款和调销贷款业务，将专项储备贷款与调销贷款分开管理。1996年，省粮食厅增加专项储备贷款规模，全区专项粮油储备贷款余额1.29亿元，比1993年末的粮食贷款余额（包括调销、加工贷款）增长10.12%。

1998年，省政府批转《关于建立省地县三级粮食储备体系的意见》，按“钱随粮走”的原则管理资金。是年起，娄底农发行发放地方储备粮贷款。当年对5家具备条件的粮食购销企业发放地方储备粮贷款2960万元，帮助储备省级储备粮5.5万吨，地、县级储备粮4200吨。2000—2001年，国家以国债资金在新化县投资新建仓容为10万吨的中央储备粮承储库，增加中央储备粮规模。是年末，娄底农发行专项储备贷款余额1.17亿元。2005年，娄底农发行储备粮油贷款余额1.57亿元，占粮棉油贷款总额24.81%，其中，中央储备粮油贷款余额1.22亿元、地方储备粮贷款余额3455万元。2006年起，娄底农发行粮油专项储备贷款逐年增长，2012年余额5.27亿元，此后缓慢回落。2017年，娄底农发行粮油专项储备贷款余额3.39亿元，其中中央储备粮贷款余额9779万元、地方储备粮油贷款余额2.41亿元。

三、粮棉油调销及加工贷款

1990年，粮棉油调销贷款及粮棉油企业加工贷款主要由娄底工行经办，与专项储备贷款一起统列粮食贷款。1994年，划转农发行，由娄底农行代理。1995年，娄底农行代理农发行粮棉油调销贷款余额1.29亿元、加工贷款余额4080万元。1996年，调销贷款余额1亿元、加工贷款余额7530万元。年末划归娄底农发行。1997年，娄底农发行加强调销贷款管理，调销贷款结算坚持“钱货两清”的原则，年末调销贷款余额1.09亿元。1999年，粮食市场全面放开，粮食供应由市场调节，不再由国家粮食部门统一调销、供应市场。娄底农发行调销贷款大幅减少，调销贷款余额下降到1561万元。2003—2004年，全市粮食企业加快“两个置换”改革，粮食调销贷款需求减少，2004年，娄底农发行粮食调销贷款余额只有121万元。2005年，娄底农发行加大力度扶持粮食流通市场，在规范管理基础上加大粮食调销贷款发放，年末粮棉油调销贷款余额1.04亿元，占粮棉油政策性贷款的16.44%。2006年后，粮棉油调销及加工贷款余额转入粮油收购贷款。

四、扶贫贷款

娄底地区开办扶贫贴息贷款始于1987年，1989年余额193万元。1990年，娄底农行贯彻国务院批转的《关于九十年代进一步加强扶贫开发工作的请示》和省委、省政府《关于进一步加强扶贫工作的决定》，在解决贫困地区大多数群众温饱问题基础上，逐步实施以脱贫致富为主要目标、以支持贫困地区经济开发为主要措施的信贷扶贫，当年累放扶贫贷款208万元，年末余额310万元。1991年，国务院批准新化县为“八五”期间国家扶贫的省定贫困县，娄底农行将信贷扶贫工作集中于新化县，改扶贫贷款投放千家万户为集中投放种、养项目，全年累放扶贫贴息贷款300万元，重点扶持该县烤烟、薏米、茶叶、药材、柑橘、小水果6个种植业项目和网箱养鱼等3个养殖业项目、肉类加工等8个农产品加工项目。1992—1993年，支持新化县立足本地资源，开发山地6700公顷、发展农副产品加工项目33个、良种养猪基地5个，发放扶贫贷款1340万元，其中国家扶贫贴息贷款780万元，大部分项目取得较好效益。年末娄底农行扶贫贷款余额1548万元（其中国家扶贫贴息贷款余额1064万元、其他扶贫贷款余额484万元）。1994年6月起，娄底农行代理农发行承办扶贫贴息贷款业务（农行自办的其他扶贫贷款并入农业贷款等目）。扶贫贷款重点用于扶贫开发项目，增强贫困乡、村“造血”功能。共发放扶贫贴息贷款余额2157万元。1995年，增加1400万元扶贫贴息贷款，主要投放于新化中成药兽药厂、新大饲料厂等9个重点项目。1996年，增加扶贫贴息贷款余额1700万元，年末扶贫贴息贷款余额5257万元。

1997年，扶贫贴息贷款由娄底农发行承办。1997年，娄底农发行增加2700万元扶贫贷款，其中1000万元用于17个农副产品加工项目，1700万元用于128个种养业开发项目。1998年4月末，娄底农发行扶贫贷款余额1.18亿元。5月，按上级行部署，娄底农发行将扶贫贷款移交娄底农行承办。

1998年5月起，娄底农行根据中共中央、国务院关于“国有商业银行也要有一定比例的资金积极帮助和支持贫困地区开发建设”的要求，从自主类贷款中安排部分资金作为其他扶贫贷款，与国家扶贫贴息贷款捆起来使用，支持扶贫开发。全行从地方政府推荐的60多个扶贫项目中，择优支持8个扶贫开发项目，累放扶贫开发贷款1450万元。年末全行各项扶贫贷款余额1.13亿元，其中扶贫贴息贷款余额6307万元、其他扶贫贷款余额4998万元。1999年，娄底农行按商业银行经营方式管理扶贫贷款，对以前手续不完善的扶贫贷款补办合规手续，先后补办担保抵押手续19笔、金额4000多万元。实施“公司+贫困户”的扶贫开发方式，支持发展种养加、产供销、农工贸一体化的农业产业化企业，择优支持32个扶贫开发项目，累放扶贫贷款4000万元，新增产值近1亿元。同时，对小额扶贫贷款采取“五户联保”办法，由乡村组织扶贫贷款发放小组，实行集中审批、以乡镇为单位分片包干，直接将贷款发放到贫困户家中。年末全行各项扶贫贷款余额1.68亿元，其中扶贫贴息贷款余额7585万元。2001年，正确处理政府规划引导和农行自主经营的关系，坚持按商业运作方式加强扶贫贷款管理，完善“公司+农户”“企业连基地”和实体带动的方式，新增各项扶贫贷款2457万元。2003年后，国家扶贫贴息贷款逐步减少，其他扶贫贷款逐年增加。2005年，娄底农行各项扶贫贷款余额3.21亿元，其中国家扶贫贴息贷款3678万元、其他扶贫贷款2.84亿元。2007年，娄底农发行逐步构建“四融一体”定点帮扶体制，先后对双峰、涟源等县市开展定点扶贫工作。2008年，农行进行股份制改革，扶贫贷款中的不良贷款大部分剥离到长城资产管理公司。农行股改上市后不再经营管理政策性扶贫贷款。农行经营的扶贫贷款，均在农业贷款中统一管理，按商业化模式运作。

2015年，按照中共中央、国务院关于打赢脱贫攻坚战的决定，娄底农行主动对接市委、市政府脱贫攻坚工程，从推进普惠金融、项目带动、产业扶贫、建档立卡贫困户精准扶贫等方面着手，不断创新产品和模式，推进金融扶贫工作。2015—2017年，娄底农发行设立扶贫金融事业部，加大对精准扶贫的金融服务；先后审批3个易地扶贫搬迁贷款项目，共发放易地扶贫搬迁贷款16.4亿元，支持建立18个易地扶贫安置点，2017年末贷款余额6.54亿元。其中，贷款1.3亿元，支持新化县易地扶贫在北塔安置点的征地拆迁和房屋基础、道路建设。

五、农业综合开发贷款

1991年，娄底农行开办此项业务，发放此项贷款250万元。此后，全地区加大农业综合开发力度，1993年，贷款余额1747万元。1994年6月，农业综合开发贷款余额1950万元划转娄底农发行。1994年6月至1996年12月，娄底农行代理农发行农业综合开发贷款业务。在上级行支持下逐年加大农业综合开发贷款投入，1996年末，农业综合开发贷款余额5030万元。

1997年，娄底农发行自营农业综合开发贷款，投放专项贷款4200万元，支持黑山羊基地等11个骨干企业，年末全地区农业综合开发贷款1.26亿元。1998年4月末，按上级布置，娄底农发行向娄底农行划归农业综合开发贷款，剔除农业科技开发、农业基本建设、农业技术改造、林业及治沙等其他专项贷款后，划转农业综合开发贷款余额8271万元。5月后，娄底农行对划转时一些企业贷款要素不齐的，逐笔补办借据、贷款合同189份，对新建、续建、扩建项目重新建立项目经济档案38个，完善企业经济档案63个。1999年，贯彻农行总行《开发贷款管理暂行办法》，明确农业综合开发贷款包括土地治理、山区综合开发、林业及治沙、节水灌溉、多种经营与农业高科技示范项目等。年末农业综合开发贷款余额9161万元。2002年，娄底农行对专项贷款实行常规管理，累放农业综合开发贷款4000万元，年末余额1.25亿元。2003年，新增政策性农业综合开发贷款改由财政部门办理。

第四节　外汇贷款与个人贷款

一、外汇贷款

1990年，娄底地区外汇贷款均由娄底中行经办，外汇贷款余额94万美元。1991年，涟钢电炉车间改造和兴建小型轧钢分厂，因引进设备从境外借款1180万美元，娄底中行发放1000万美元的5年期外汇贷款，支持企业提前偿还境外贷款。1993年，地区邮电局为新化、涟源、双峰三县市邮电局兴建数字程控交换机。娄底中行为其投放231.72万美元的技改贷款（以后增加至522万美元）。1994年，娄底中行加强涟钢公司短期外汇贷款的周转管理，按期收回到期贷款，全年累放涟钢公司外汇贷款700万美元、累收822万美元，年末外汇贷款金额1521万美元。1995—1998年，娄底中行规范外汇贷款投放，加强风险监控，加大到期外汇贷款清收，外汇贷款总量逐年压缩。1998年，娄底中行外汇贷款余额1149万美元。

1999年后，4家国有商业银行实行本外币一体化经营，先后开办外汇贷款业务。是年，娄底工行首次为湖南华菱涟钢公司发放95万美元、为期3个月的外汇流动资金贷款，用于该公司支付进口铁矿石货款。2000—2002年，娄底工行加大对企业进出口贸易融资需求的支持，累计向涟钢发放外汇贷款13笔，金额1470万美元，用于解决涟钢集团进口铁矿石的付汇需求。2003年，涟钢薄板公司从德国进口机械设备，娄底工行为其发放外汇项目临时贷款813.73万欧元（按当时外汇牌价率折算约895万美元）。娄底建行为该项目发放中长期外汇贷款1085万美元、短期外汇贷款120万美元，支持薄板项目顺利进行。2004年，娄底中行加快进出口押汇业务发展，进出口贸易融资余额3576万美元。2005年，娄底农行首次向涟钢发放外汇短期贷款590万美元，办理进口信用证712万美元。是年末，全市金融机构外汇贷款余额5899万美元。

2007—2009年，娄底工行通过进口押汇方式向湖南华菱涟钢有限公司、冷水江铁厂有限责任公司、湖南红太阳电源新材料股份有限责任公司等企业累放外汇贷款9385万美元，支持其从澳大利亚、刚果等国购进高品质铁矿石和三氧化二钴原材料等。2009年，全市金融机构贷款余额1.86亿美元。其中，娄底中行创新理财产品，外汇贷款余额1.13亿美元，占全市外汇贷款余额的60.70%。2010—2012年，娄底工行先后向华菱涟钢、冷钢、闪星锑业等企业累放外汇贷款6940万美元。2011年，娄底农行与华菱涟钢、闪星锑业、华润雪花啤酒等客户开具27笔信用证，累计国际贸易融资1.24亿美元。是年，娄底建行向华菱涟钢、冷钢、湘中矿业投放1.75亿美元。2012年，全市前10大进出口企业，有9家与农行建立业务合作关系，全年累放国际贸易融资3.33亿美元，较上年增加2.09亿美元，业务总量和增量双居全省农行系统第一位，年末外汇贷款余额6843万美元。娄底中行2012年外汇贷款余额1.58亿美元。2012年，辖内金融机构外汇贷款余额增至3.13亿美元，创历史最高水平。

2013年起，辖内各银行外汇贷款低位发展，年末余额下降。娄底工行2014年向湖南红太阳电源新材料股份有限公司发放半年期外汇贷款1300万港元（折约168万美元）。贷款发放后，该公司法人周某某触犯法律被依法逮捕，除收回2万美元外，其除166万美元形成不良贷款。娄底农行2015年在维护华菱涟钢、湘中矿业、闪星锑业三大国际业务重点客户的同时，拓展兴昂鞋业、中矿服饰、湖南威嘉、肖老年食品等中小国际业务客户，累放国际贸易融资2.53亿元。加强外汇贷款期限管理，加大逾期外汇贷款清收，年末外汇贷款余额1051万美元。娄底中行受华菱涟钢等企业大部分进出口融资业务使用人民币结算的影响，外汇贷款余额连年下降。娄底建行向湖南华菱涟钢、冷钢、湖南湘中矿业以进口押汇、海外贷款、出口商业发票融资等方式拓展外汇贷款业务，2016年外汇贷款余额7806万美元。2017年，全市金融机构外汇贷款余额1.48亿美元，为1990年的157.57倍。

1990—2017年娄底市金融机构外汇贷款余额情况表

表39-4

单位：万美元

年份	外汇贷款	年份	外汇贷款	年份	外汇贷款
1990	94	2000	600	2010	17006
1991	1000	2001	1055	2011	25769
1992	1321	2002	1615	2012	31319
1993	1643	2003	4487	2013	14344
1994	1521	2004	5753	2014	14885
1995	1522	2005	5899	2015	18453
1996	1332	2006	2586	2016	14451
1997	991	2007	5031	2017	14812
1998	1149	2008	4967		
1999	1000	2009	18629		

二、私营企业、个体工商户和个人贷款

1990年，娄底城市信用社增加个体工商户流动资金贷款投放，年末余额289万元。娄底农行全年累放个体工商户流动资金贷款年末余额138万元。1991—1992年，各银行贯彻执行“控制总量、调整结构、保证重点、压缩一般、适时调节”的信贷方针，对个体工商户贷款采取压缩措施。3家城市信用

社增加对城镇个体工商户流动资金贷款投放，年末余额194万元。1992年，全地区金融机构个体工商户流动资金贷款余额310万元。1993年，省委、省政府制定《关于加快发展个体私营经济的决定》，各专业银行、信用社加大对个体工商户扶持加度。娄底工行累放个体工商户流动资金贷款43万元。3家城市信用社将发展个体工商户贷款作为经营重点，累放个体工商户流动资金贷款1251万元，年末余额1188万元。1994年，娄底农行按照市场经济规律，增加对有一定规模、市场前景好的私营企业贷款，全年累放私营及个体工商户短期贷款4812万元，年末余额1604万元。1996年全地区金融机构私营企业和个体工商户短期贷款余额4358万元。

1997年，各国有商业银行加强商业化经营管理，整顿和规范信贷行为，调整信贷结构，对效益差、信誉不好的私营企业和个体工商户进行信贷整治。1998年，各国有商业银行、城乡信用社贯彻落实地委、行署《关于加速个体私营经济发展的决定》，娄底工行帮助私营企业盘活贷款存量；娄底中行加大对私营和个体工商业贷款；娄底农行要求各基层行打破"公""私"界限，把个体私营经济作为第一经济增长点和区域经济的主体，从全年信贷规模中切块20%作为支持个、私经济的专项贷款，重点支持宏宇搪铝公司、兴龙工艺厂等重点企业和20个个体私营经济特色小区与专业一条街，在信贷、结算、现金、信用卡、承兑与贴现、资信评估等方面提供系列服务。2000年，娄底工行加强私营企业贷款营销，对大汉集团、湘源科技、永兴生物制品公司、盛达贸易、毅能工贸公司等重点客户增加投放。娄底农行实施扶优扶强信贷措施，确立"不问姓、不求大、只求好"的经营理念，按国有、集体企业同一标准对待私营个体工商业。全行确定的30家重点信贷支持客户中，有民营企业6家、股份制企业2家。是年末，全市金融机构私营企业及个体工商户贷款余额3888万元。

2000年后，全市一些国有、集体企业通过企业改制，成为民营企业和股份制企业。各金融机构加强对民营企业的信贷支持，对有市场、有特色、有效益、有前景、讲信誉的中小企业加大信贷投放。2004年，娄底建行开办个体工商户贷款业务。2005年，全市金融机构私营企业及个体工商户贷款余额7971万元，占各项贷款余额0.5%。

2006年，娄底工行年末个人贷款余额1.6亿元。娄底建行组织开展"个贷业务发展研讨会""个贷业务经验交流现场会"，累放个人贷款5.89亿元。2007年，各银行个人贷款持续增长，娄底工行2007年为22户中小型民营企业办理评级授信或贷款报批，向其中10户个体企业营销贷款1.39亿元。2009年，娄底农行实施县域"蓝海战略"，营销县域优质个人客户，年末个人贷款余额1.51亿元。2013年，娄底中行制定《个人业务审批流程整合方案》，全行27家金融网点全部获准个人贷款业务发放权，实现个贷业务全覆盖。娄底建行推广网络循环贷、善融贷、善融商户、"借贷通"等新产品，促进个贷业务发展，新增个贷客户4543户，100万元以上个人助业贷款客户168户、50万元以上个人消费贷款客户233户，年末个人贷款余额38.21亿元。2013年，四大国有银行个人贷款余额104.48亿元。至2017年，全市金融机构本外币住户贷款（个人贷款）331.97亿元，占各项贷款余额37.29%。

第三章　中间业务

第一节　结算业务

一、国内结算

1990年，各银行、信用社办理异地结算一般采用汇票、托收承付、异地委托收款等方式；同城结算一般使用现金支票、转账支票、同城委托收款等结算方式。是年2月，各专业银行省内跨系统汇划款项，一律通过娄底人行转汇。4月，恢复托收承付结算方式，推广委托收款、汇兑、银行承兑汇票、商业汇票结算方式。全年清算联行往来资金4654笔、国内结算金额41.07亿元。1991年，娄底工行推广电脑结算，使用单用户微机、多用户电脑办理结算，提高业务处理效率。1993年，按省人民银行要求，从9月16日起，对专业银行系统内和跨系统50万元以上的汇划款项，均通过人行联行转汇；专业银行办理50万元以上的银行汇票，须向人行移存资金，通过人行进行资金清算。各专业银行和保险公司共同签订《娄底地区银行结算公约》，加强票据交换制度建设，提高同城结算速度。1994年，娄底人行建设电子联行卫星站，加快资金清算。全年清算汇划联行资金6.62万笔、清算联行往来资金241.18亿元。娄底人行加强结算纪律检查，1990—1994年，共查处违反结算纪律、压票扣汇、多头开户等违纪事件800多起，查处和裁决资金清算2亿多元。

1995年，娄底人行、娄底工行电子联行正式运行。娄底农行全年办理各类结算业务228万余笔，无违反结算纪律问题发生。娄底建行及各支行分理处均参加省辖联行结算。农村信用社加强联行印押证和内外对账管理。1996年，各银行加强基本账户管理，严格执行一个企业只在一家银行的营业机构开立一个基本账户规定。娄底工行开发城域综合业务网络，结算资金在途时间为零。娄底农行开通全国农行联行和省辖联行电子汇兑系统，实现汇兑资金一日内到账抵用。娄底建行开通电子清算系统，系统内资金清算通过电子系统汇划，取消联行核算。1997年，人民银行颁发《支付结算办法》，废止原《银行结算办法》。1998年，各商业银行、政策性银行、农信联社均开通电子联行“天地对接”系统，实现异地汇划资金实时到账。娄底农行建立数据中心，清理调整联行机构，撤销18个业务量小、管理较难的省辖联行机构，开通7个省辖电子汇兑机构。娄底建行开通“速汇通”个人电子汇划业务，实现个人储蓄汇款24小时内到账。1999年起，娄底人行取消汇票资金移存人行的规定。娄底工行开办网上银行业务，开通储蓄暨灵通卡异地通存通兑系统，实现结算“一卡通”。娄底农行开通全市农行营业所、分理处、储蓄所的县辖电子汇总系统，三级联行均实现电子化传输。全市全年办理联行资金划汇2.23万笔，国内结算资金235.4亿元。

2000—2005年，娄底工行、娄底农行、娄底中行、娄底建行利用现代电子网络系统，开发和推广“银保通”“银证通”“银税通”“储汇通”等产品，方便客户转账结算。各行利用银行卡做载体，办理存款、取款、转账、支付等业务，加强结算服务。2005年，娄底人行组织各银行、信用社推广应用大额支付系统。全辖区通过大额支付系统和电子联行，办理异地资金结算业务440余亿元。2006年，农村信用社加入人行大、小额支付结算系统和全国农信银支付清算系统，实现24小时全国农村信用社系统实时转账清算。2007年，娄底工行新增中小企业无贷结算户1316户。2012年，娄底农行在双峰县甘棠镇二步山村进行“金穗支付通+电子银行”创新试点，改善农村特约商户支付结算环境。2013年，娄底工行新增对公结算账户2366户，新增5万元以上的个人账户3771户。2014年，娄底招商银行企业网银发展结算客户3万户。2015年，娄底工行全年办理结算业务3922万笔，年末单位结算账户7467个，个人结算账户149万余个，实现结算业务收入5533万元。娄底农行对柜面办理的27248笔密码解锁业务进行“全面扫雷”，防范违规解锁操作风险。2017年，娄底工行推进“111122”客户拓展工程，加强智能银行建设，年末共有智能银行网点28家，智能设备153台套，智能银行处理结算业务135.3万笔，全年结算交易金额39.69亿元。娄底农行全年超柜业务由上年每月10万笔增加到17万笔，超柜业务分流率达到84%。响应平台对服务基层快速响应，响应及时率100%。是年7月，娄底农商行签发第一张电子银行承兑汇票，发展银行承兑汇票无纸化业务。

二、国际结算

1989年，娄底中行承办外币兑换折人民币35万元，解付侨汇折人民币13万元。1992年，娄底中行与港澳分行及纽约、伦敦、东京、大阪、法兰克福、巴黎、香港、澳门、悉尼、新加坡等24家分支机构建立联行关系。1993年3月，娄底中行直接办理对外开证等业务，全年为工贸企业、外资企业、“三资”企业办理直接进出口贸易结算620笔，累计结算5500万美元。

1994年，国际结算业务以娄底中行为主、多家共办。是年，办理进出口结算878笔6022万美元；办理票据托收、汇入汇款、侨汇解付812笔486万元；办理外币现钞兑换786笔，收回外汇券78.5万元。娄底工行、娄底农行、娄底建行的国际业务部亦陆续开办国际结算业务。1995年，随着市场经济发展，境内效益好的涉外企业申请自营进出口权，各银行加强融资服务，发展进出口结算业务。娄底中行与境外金融机构建立联行往来的银行增加到30家，全年办理进出口结算业务1158笔1.01亿美元，其中出口结算1026笔5423万美元；进口结算132笔4633万美元。1996年，娄底工行、娄底农行、娄底建行采取加强融资服务等措施，延揽涉外企业客户，加快发展国际结算业务。1999年，娄底中行先后向涟钢、锡矿山等有国际结算业务的大中型企业提供2500万美元外汇贷款和9000万元人民币贷款，促进国际结算业务发展，当年办理国际结算2028笔，金额8713万美元，同业市场占有量保持在85%以上。娄底工行加强与涟钢、锡矿山等大中型企业合作，上门为企业制单、审单，帮助企业规避外汇风险，全年办理外汇结算1900万美元。2000年，娄底中行实现NICS系统和EIBS系统（电子联行系统）联机运行，开办“环球汇兑一日通”业务，加快外汇资金汇划，全年办理国际结算业务2154笔，金额9235万美元。娄底工行、娄底农行、娄底建行合计办理国际结算2308万美元。2001年，娄底中行承办远期结售汇业务，办理代客外汇买卖业务中的个人实盘外汇买卖。2002年，娄底农行完成国际业务自动化处理系统（BIBS）推广升级，加快汇划速度，办理国际结算268.5万美元。2003年，国际市场上铁矿石和锑品、钢材价格上涨，出口企业出口量增加，娄底工行、娄底农行、娄底建行合计办理国际结算1.15亿美元。2004年，娄底中行在国际结算业务中实行“攻大抓小揽新”营销措施，全年办理国际结算2.01亿美元，超过前三年的总和。娄底农行开办“西联汇款”业务，与全球200多个国家与地区、12万多个金融机构实现外汇实时汇兑。全年办理国际结算688万美元、西联汇款7.8万美元。2005年，娄底工行推广“全球快汇”业务，拓展外汇结算品种，办理国际结算1.35亿美元。娄底中行完成国际结算2.87亿美元，居全省中行系统前列。

2006年，娄底中行继续加强国际结算业务，全行办理国际结算业务3.06亿美元。2008年，娄底中行与香港、法兰克福、悉尼、东京、新加坡、巴拿马中行合作17笔融汇通业务，金额1.56亿美元和2.57亿日元。10月初，涟钢出口一批价值1000余万美元的卷板到法国一家客户，受国际金融危机影响，卷板价格一降再降，款项遭法国兴业银行拒付，娄底中行多次配合涟钢与法方交涉，分2次收回全部货款1078.65万美元，为涟钢避免损失。娄底建行制定国际业务绩效考核方案，完成国际结算量2.8亿美元。2013年，娄底中行全年国际结算9.8亿美元，占同业市场的73.78%。2015年，娄底农行应对经济增速放缓、同业竞争加剧情况，强力开展营销活动，办理国际结算业务4.41亿美元。2017年，娄底农行主动对接国际业务客户，办理全省农行系统第一笔网银外币汇款业务。娄底建行完成国际结算量3.94亿美元，实现外汇中间业务收入2116万元。

第二节　拆借业务

1990年，辖内部分专业银行发生支付困难，娄底人行发放2.8亿元短期融通资金，帮助专业银行渡过临时资金困难关。各专业银行实行以资金约束信贷规模的管理体制，陆续开办横向融通资金业务。1991年，娄底工行先后与沈阳、无锡、桂林、常德等10多家融资中心建立融资关系，先后拆入资金8640万元。娄底农行设立内部融资市场，并入股沈阳融资市场、衡阳融资市场，从资金市场拆入900万元。全地区农村信用社从娄底农行拆入资金1256万元，向娄底农行拆出资金2872万元。1992年，各行各业资金需求旺盛。娄底人行恢复娄底资金市场，与省内外30多家资金市场和专业银行建立融资关系，全年累计拆借资金6.37亿元，其中拆入4.01亿元，拆出2.36亿元。1993年上半年，各银行继续发展横向资金拆借业务。1月至6月，娄底资金市场累计拆入资金2.89亿元，拆出资金1.23亿元。下半年贯彻国务院领导指示和全国金融工作会议精神，加强拆借资金管理，各金融机构自查自清拆借资金违规情况，停办新的资金拆借业务，清收违规拆借资金。收回违规拆出资金2.67亿元，占应收回资金的71.49%。是年末，按人民银行总行要求，停办娄底资金市场资金拆借业务。

1994年，设立湖南省融资中心，各地市设立融资办事处。省融资中心娄底办事处按照“为金融机构服务，为宏观经济调控服务”的宗旨和“不违规、不为利”的要求，为辖内金融机构相互融通资金，全年累计融资9.76亿元，其中拆入4.15亿元，拆出5.61亿元。1995年，各国有商业银行加强拆借资金管理，从严控制地区外、系统外资金拆借。娄底农行撤销内部融资市场，集中资金拆借权限，与地区外金融机构的资金拆借统一由娄底农行办理。娄底中行同业拆借业务均通过省分行办理。娄底融资办事处规范拆借资金用途，重点解决地区内国有商业银行短期寸头不足和主要农副产品收购资金周转。1996年，为解决高额占用汇差问题和支持受灾企业恢复生产，娄底工行在向娄底融资办事处融资的同时，还向省电业局财务公司拆入4000万元，年末余额1000万元。娄底农行停办同业拆借业务，系统内跨地区融资一律通过省分行办理。娄底建行加强拆借资金期限管理，按期偿还到期拆入资金，年末拆入资金余额3970万元，拆出资金余额1495万元。1997年，辖内各国有商业银行加强商业化经营，资金营运均由各行系统内资金调剂，分别停办同业资金拆借业务。娄底工行全面清理历年拆借资金，此后该行既无拆入资金也无拆出资金。1998年，各国有商业银行增强系统内资金调剂功能，横向融资业务减少。娄底融资办事处停办资金拆借业务。农村信用社根据各地资金不平衡情况，各县市联社间继续发展资金拆借业务。2000年，全市农村信用社累计拆入资金3.02亿元，拆出3.13亿元。2002年，娄底中行全部收回拆出资金。2003年，人行撤销娄底融资办事处。农村信用社大幅减少资金拆借业务，全年只发生3000万元拆入资金、100万元拆出资金业务。2005年，娄底建行拆出资金全部收回。2006年，娄底农行加强资本管理，强化内部资金调度，清理收回全部拆借资金。此后境内金融机构间无资金拆借业务。

第三节　票据业务

1990—1993年，娄底工行、娄底农行、娄底建行合计办理1300余万元票据贴现业务，娄底人行累计办理60余万元再贴现业务。

1994年7月，国家印发《关于在煤炭、电力、冶金、化工和铁道行业推行商业汇票结算的通知》和《商业汇票办法》《再贴现办法》。人民银行安排专项资金，对以上“五行业”和承担国家计划内棉花、生猪、食糖、烟叶“四品种”购销任务的企业办理票据再贴现5000万元。1995年，国家颁布《中华人民共和国商业银行法》和《中华人民共和国票据法》，票据业务迅速发展，境内各国有商业银行分别开办签发银行承兑汇票和办理贴现业务，娄底人行再贴现范围扩展至所有工商企业。各银行对票据业务实行限额管理，在核定的限额内办理贴现和再贴现。全年各银行共办理票据贴现2亿余元，娄底人行再贴现1.9亿余元。1996年1月，《中华人民共和国票据法》正式实施，娄底行署举办厂矿企业负责人参加的票据业务培训班，鼓励发展商业票据业务，各国有商业银行分别制定票据业务管理办法，采取印发宣传资料、业务培训、业务咨询等方式，向开户企业推广票据结算业务。娄底工行、娄底农行、娄底中行、娄底建行4家全年签发银行承兑汇票8.75亿元，受理承兑5.69亿元，贴现3.2亿元。娄底人行办理再贴现2.69亿元。1997年，各银行《商业汇票承兑、贴现与再贴现管理办法》，规范和加强票据市场风险管理，加强对商品交易合同和增值税发票审查，坚持票据查询、复查和集体审票等制度。1998年，调整贴现和再贴现利率生成机制，贴现利率和转贴现利率由交易双方自行在再贴现利率基础上加点生成，再贴现利率与再贷款利率脱钩，初步形成票据交易价格市场化。是年3月起，3次调低再贴现利率，共调低再贴利率3.98个百分点。1999年6月，再次调低再贴现利率1.8个百分点。人民银行调低再贴现利率的货币政策，扩大商业银行票据业务利润空间，刺激票据业务加快发展。是年，娄底工行、娄底农行、娄底中行、娄底建行4家累计签发银行承兑汇票18.74亿元，累计办理贴现21.67亿元，娄底人行累计为各商业银行再贴现19.82亿元。娄底农行在农行涟钢支行设立票据贴现中心，发展贴现和转贴现业务。2000年，娄底人行印发《认真贯彻执行稳健的货币政策，积极支持地方经济发展》的信贷指导意见，采取运用再贴现工具推动票据业务、票据主办行制度、试点商业承兑业务三项措施，支持票据业务发展，培育区域性票据市场。是年，市内各银行签发银行承兑汇票26.55亿元，贴现51.34亿元；娄底人行再贴现42.17亿元，业务量占全省的二分之一；支持娄底工行与涟钢、锡矿山、资江氮肥厂3户大型企业签订主办行协议，签发银行承兑汇票7.35亿元，娄底人行为其再贴现3.6亿元；在涟钢进行商业承兑汇票试点，由涟钢签发9900万元商业汇票，有关商业银行予以承兑，娄底人行给予再贴现。2001年，市内各银行建立票据贴现"专营窗口"，分别选择一家分支机构向娄底人行集中再贴现。9月，调高再贴现利率0.81个百分点。再贴现资金接近商业银行短期资金营运成本，全市再贴现业务开始回落。2002年，取消对银行承兑汇票总量控制，但由于再贴现利率高，贴现与再贴现利差减少，各国有商业银行纷纷减少再贴现，转向发展转贴现，票据回购业务，娄底人行年末再贴现余额为零。2003年9月，调高存款准备金1个百分点。市内部分商业银行资产结构受流动性不足影响，再贴现业务再度回升，年末全市再贴现余额5.7亿余元。2004年娄底工行设立票据中心和分中心，办理贴现和转贴现31.4亿余元，占全市金融机构的58%。2005年，全国票据市场利率下滑，票据业务大幅减少，4家国有商业银行娄底分行共贴现38.48亿元。

2006年，娄底人行停办再贴现业务。各商业银行和农村信用联社按照市场利率，将票据业务作为中间业务重要产品，加大营销力度，全市票据融资余额13亿元。2007年，娄底建行支持涟钢集团、冷钢集团、五江集团、大汉集团、安石集团等大型企业和优质民营企业发展票据业务，签发银行承兑汇票27.54亿元，贴现12.15亿元。全市农村信用社办理贴现3.6亿元。年末全市金融机构票据融资余额35.5亿元。全市金融机构年末票据融资余额53.64亿元。2010年，娄底人行重新开办再贴现业务，以买断方式发放再贴现资金，全年累计再贴现4.57亿元。全市金融机构年末票据融资余额34.29亿元。2011年，娄底邮储银行4月起开办票据业务。2012年，娄底工行拓展本地票据市场空间，向总行票据营业部广州分部存管票据60.33亿元，在娄底人行支持下办理首笔赎回式再贴现8000万元，票据业务实现健康快速发展，当年签发银行承兑汇票23.44亿元，办理贴现70.8亿元。娄底农行加大力度向中小企业营销票据业务，全年签发银行承兑汇票28.13亿元。娄底建行发展电子银行承兑汇票业务，全年签发银行承兑汇票87.2亿元，其中签发电子银行承兑汇票11.3亿。娄底邮储银行加快票据业务发展，全年贴现票据27.56亿元。全市各金融机构年末票据融资余额41.62亿元。2013年，娄底建行加快发展电子银行承兑汇票业务，新增电子银行承兑汇票客户18户，全年办理电票贴现6.32亿元，占全省建行系统29%。2014年，全市各金融机构全年累计签发银行承兑汇票202.03亿元，贴现196.38亿元，年末票据融资57.5亿元。2015年，娄底人行创新货币信贷"1+N"机制，推出"央行票据小微通"等产品，助推票据市场发展。2016年，各银行机构规范票据业务发展，为中小企业经济实体开通票据融资金"绿色通道"，全市累计签发银行承兑汇票127.2亿元，贴现334.15亿元。2017年，娄底人行完善货币信贷"1+N"机制，运用再贴现货币工具引导各金融机构规范票据市场，支持供给侧结构性改革。全市各银行机构全年共签发银行承兑汇票122.9亿元，贴现259.7亿元，年末融资余额104.6亿元。

第四节　银行卡

1990年12月，娄底中行发行长城卡，至1991年，全年发卡699张，吸收存款余额373万元，累计交易金额2783万元。6月，娄底工行设立牡丹信用卡机构，9月5日起发行人民币牡丹信用卡，至年末发卡997张，其中单位金卡135张、个人普通卡862张，卡存款余额21万元，累计交易额95万元。1992

年4月，娄底中行独立发行人民币长城卡。1994年1月28日，娄底建行发行龙卡，是年发卡1350张，累计交易金额1026万元，卡存款余额500万元。6月8日，娄底农行发行金穗信用卡，是年发卡1731张，卡存款余额154万元。长城卡、牡丹卡拓展服务功能，开办代理收费业务，代收电费、水费、煤气费和代发工资业务。1995年，娄底地区邮电局储汇分局代理省局开办绿卡业务，全年发卡500张，吸收卡存款200万元。1997年，娄底工行开办借记卡业务，发行“牡丹灵通卡”，该卡具有存款取款、个人结算、电子银行、投资理财、自助缴费等功能，受到客户欢迎。香港回归前，娄底农行自主开发金穗卡“香港回归纪念卡”，1个月时间发行6000多套。1998年，娄底中行与湖南证券娄底营业部合作，开办长城卡“银证卡”业务，方便客户银证转账；1999年末，发行“银证卡”8568张，证券资金存款日均300余万元，日均交易额80万元。是年，娄底建行龙卡借记卡实现全国通存通兑；娄底农行推广发行“潇湘一卡通”，实现全省农行系统银行卡业务通存通兑。2000年，娄底中行将信用卡业务并入CBIS综合业务系统，将长城信用卡受理范围扩大到各储蓄网点RBS终端。娄底工行开办“理财金账户”业务，拥有在工行20万元人民币金融资产的客户均可申办理财金账户业务，享受多种业务优惠和多种理财产品，实现“一张卡理全家财”。与娄底交警支队合作，推出“牡丹交管卡”，持卡人凭卡缴纳车辆年检费用及违章罚款。2001年9月，首次发行长城国际卡，该卡可结算美元、欧元、英镑、澳大利亚元。2002年，娄底工行加强银行卡业务的科技支撑，搭建ATM自助服务平台和网上银行服务平台，加快POS机推广应用。年末全行牡丹卡保有量20.49万张，卡存款余额4.63亿元，卡消费9865万元。2003年，娄底农行开发和推广银行卡附加服务功能，为3000名客户开通手机支付定制业务。为高端客户提供VIP服务，在结算、取现、透支、理财等方面开通“绿色通道”。12月，娄底建行发行龙卡双币种贷记卡，以人民币和美元两种货币结算，全球通用。娄底工行拓展公务用卡和外卡收单业务，为市财政局、国税局、地税局、交通局、武警支队、烟草公司等单位安装公务用卡POS机35台，为银海商场、新一佳商场等零售企业安装POS收单机28台，全年卡消费1.14亿元。2004年，娄底工行整合电子银行服务功能，推出“牡丹灵通卡e时代”，为客户提供个人结算、电子银行、投资理财及各种日常便利服务。2005年7月，娄底工行推出“牡丹中油国际信用卡”，该卡为国内第一张可在加油站使用的全国性联名卡，并具有牡丹国际信用卡的所有功能。至年末，全市金融机构发行的长城卡、牡丹卡、龙卡、金穗卡、绿卡保有量175.52万张，卡存款余额29.99亿元。

娄底中国银行发行娄底地区第一张银行卡
（1991年1月摄）

2007年2月，娄底市农村信用社发行福祥借记卡，全年发卡9.57万张。娄底建行开展网上银行投资理财业务，发放华菱连钢名企卡2774张，新增贷记卡8965张。娄底农行新增8台ATM，更换6台旧ATM，ATM网点覆盖率上升至85%。2008年，娄底农行推广金穗惠农卡，全行发行惠农卡2.39万张，激活2.39万张，激活率99.7%。布放530台支付通设备，拓展特约商户159户，促进农村银行卡业务发展。邮储银行娄底分行成立，承办绿卡业务。2010年，娄底中行与社保、电信部门合作营销长城卡，新增借记卡7.65万张。2012年，娄底建行与冷水江公交公司合作推广金融IC卡，与娄底市自来水公司营销水费代扣代缴项目，与娄底市华润燃气公司营销批量代扣项目，与娄底市房产局签订委托代收住房维修基金协议。娄底中行开展“走进机关、走进企业、走进城郊”活动，强力营销社保、部队、水利公积金专项存款，在国土、城建等系统拓展高中档客户群，全年银行卡中间业务收入2807万元。市农村信用社开办POS机收单、开通支付宝快捷支付和网上银行业务，推动福祥借记卡业务快速发展，至年末，全市农村信用社发卡90.43万张，存款余额32.96亿余元。2013年，娄底工行突出白金卡、逸贷卡、交通卡品牌优势，加大对中高端客户和分期付款业务营销，全年实现贷记卡消费85.4亿元，实现牡丹卡中间业务收入9927万元。娄底农行全年新增信用卡有效客户4716户，实现信用中间业务收入4541万元。新增惠农卡2.85万张，发展3376个惠农通业网点，全市行政村覆盖率达到95%。累计办理63.3万余笔惠农卡业务，金额29.28亿元。2015年，娄底农行分期付款业务发生风险，全行信用卡透支余额4.57亿元，其中不良透支余额7716万元，新增4397万元，不良率16.9%。2016年，娄底中行组织开展信用卡主题日活动，全行贷记卡发行量、ETC业务均居全省中行系统第一。娄底工行拓展宾馆、酒店、大商场、大型超市的收单业务，新增特约商户460户，实现消费额93.6亿元，收单额41.5亿元。推进手机信用卡、二维码商户营销，新增手机信用卡7633张，新增二维码商户1891户，实现银行卡中间业务收入5599万元。2017年末，全市金融机构发行的银行卡有长城卡、牡丹卡、龙卡、金穗卡、绿卡、福祥卡，总存量661.84万张，卡人民币存款余额248.97亿元。招商、交通、长沙、华融湘江等娄底分行，入驻时均开办银行卡业务。

第五节　电子银行

2001年4月，娄底工行成立电子银行业务办公室，开办以“银证通”为主要内容的电子银行业务。至年末，银证通开户1.04万户，实现交易额2179.4万元。2003年，娄底中行、娄底农行开通电子银行业务。是年，企业网上银行、个人网上银行、电话银行稳步发展，电子银行交易额45.8亿元。2004年，娄底工行先后对全功能银行（NOVA）系统（V1.1、V1.2、V1.3）进行3次升级，开展电子银行“三个一工程”（一日一柜一网银）竞赛活动，新增个人网上银行2600户。2005年，娄底农行推广手机银行、电话银行、网上银行、自助服务等银行卡关联品种，网上银行注册客户778户，网上银行交易金额3.5亿元。2006年，娄底农行网银交易9.04亿元；娄底建行电子银行交易额7.09亿元；娄底中行企业网银客户13户，网银结算金额5.29亿元。2007年，娄底农行结合城区网点扁平化政策，更换网银操作平台，方便网银客户。新增网上银行注册客户2097户，其中个人客户2037户、企业客户60户，全年网银交易50.8亿元。2008年，娄底建行发展手机银行业务，全年新增1.84万户。个人网银客户新增16.5万户，增幅居全省建行系统第一位。企业网银新增1700户。12月，娄底邮储银行开通电话银行业务。2009年，娄底工行新增个人网银9.51万户，新增企业网银960户，WAP手机银行新增3.68万户，网上银行交易笔数518万笔，网上交易额1075亿元。9月，娄底市农村信用社开通短信通业务。2010年，娄底建行实施柜面业务分流，将各项中间业务向网上迁徙，提高电子银行的自动设备财务性占比。全年个人网上银行新增5.93万户，手机银行新增4.36万户，个人短信金管家新增6.15万户，个人电话银行新增6.33万户，企业网银高级版客户新增794户，企业短信（含电话银行）新增794户。娄底中行新增企业网银客户221户，个人网银客户2.84万户。6月，娄底邮储银行开启网上银行。

2011年，娄底工行开通住房公积金银企互联，新增个人网上银行1.71万户，新增企业网上银行811户，新增WAP手机银行1.12万户，新增个人电话银行4604户，实现电子银行交易额3680亿元。2012年，娄底农行加快柜面业务分流，全行通过网银渠道销售个人理财产品64.26亿万元、企业理财产品9.81亿元，网银渠道占比分别为87.57%、82.56%，网银对账渗透率达到49.34%。娄底中行组织“手机银行交纳党费”主题实践活动。娄底邮储银行开启手机银行业务。娄底市农村信用社开通网上银行业务。2013年，娄底建行手机银行活跃客户新增4.42万户，全省建行系统排名第一位。12月，娄底市农村信用社开通手机银行、电话银行及缴费通业务。

2014年，娄底工行实现电子银行交易金额3821亿元，其中网上银行交易金额3515亿元。娄底农行将批量代收代付业务转为网银渠道办理，通过电子银行办理各种理财产品，实现全行电子渠道占有对私理财产品的86.49%、对公理财产品的90.98%、基金销售的82.46%。三项渠道分流指标均居全省农行系统第一名。2015年，娄底工行以融e联、融e行、融e购为平台，新增手机银行7.91万户、企业网银证书客户650户、工银e支付客户8.09万户、融e购注册客户5.03万户、工银E校园客户注册数1158人，实现B2B交易额3.55亿元。是年1月，娄底市农商银行开办ETC高速公路不停车代理收费业务，3月开办农信通POS机业务，7月开通微信银行。2016年，娄底中行企业网银交易客户新增2197户。组织电子银行主题日活动，先后到四县（市）和市分行营业部参与牵头营销学费宝，学费宝完成率居全省中行系统第一。娄底建行开展外出营销活动453场，以点带面拓展电子银行客户群体。娄底邮储银行手机银行客户23.71万户，其中自营10.79万户，代理12.92万户。2017年，全市电子银行业务替代率69%。

第六节 代理业务

一、代收代付

1991年，娄底工行有18个储蓄所利用电子联网、通存通兑的有利条件，为255个单位、5.14万名职工办理工资转存，全年转存金额4848万元。1992年，娄底工行代理开户单位收缴集资款，代理公安部门收缴城镇户口增容收入，两项共代收2742万元。娄底农行拓展代发工资业务，为15%以上的开户单位开办此项业务。1994年，各银行全面开展代发工资业务。1995—1996年，娄底农行为交警系统代收交通违章罚款。1997年，对所有在农行开户的机关、团体、学校、企事业单位有固定工资发放的客户均实行工资代发转存。加强代收学费业务，春秋两季共代收学费1.3亿余元。1999年，娄底工行与娄底电力局合作，运用网上银行和数据传递批量代扣等方式，为4500多户居民代缴电费。娄底农行开发通用代收代付业务处理系统，代收业务由手工操作转为网络代收，发展代收电费、代收电话费、代收税款、代收煤气费等业务，全行通过电子网络办理代收业务5.2万多笔、金额1亿元。2000年，娄底农行开发社会养老金、医疗保险、移动电话费银证转账、银税一体化等系统性代收代付10个项目，全年办理代收代付6亿多元，增加存款日均余额4000余万元。2002年，娄底建行开发网上银行代付业务，由开通企业网上银行单位直接在网上发放本单位员工工资。2004年，娄底中行拓展代发工资和代理医保业务，新增代理客户27个单位，其中代理涟钢集团代发工资1.5万余户。娄底建行在1995—2005年，为382家单位5.39万人代发工资15.28亿余元。

2006年，娄底农行营销社保、医保等系统的代收代付业务。2009年，农行开通双峰县、冷水江市和娄底城区社保收缴系统端口，代理社保资金1.21亿元，代理“新农合”2826万元。2011年、2012年分别托管养老金1.3亿元、1.89亿元。2015年，娄底农行新增代发工资61个单位，月代发工资4291万元。2016年，娄底农行代理双峰县、冷水江市“新农保”资金1.67亿元、“新农合”资金2.65亿元。2017年，农行启动双峰县城乡居民医保代缴系统和冷水江“五险”（养老、医疗、失业、工伤、生育保险）征缴系统，发展网上代理业务，促进代收代付中间业务稳健发展。

二、代理同业

1990年，娄底人行制定《专项贷款工作暂行程序》，娄底人行的专项贷款，委托专业银行发放和收回，当年委托工、建、农行发放专项贷款555万元，年末余额3579万元。1997年，各国有商业银行累计代理人行专项贷款59个项目，累放累收1.09亿元。1999年，娄底建行代理国家开发银行4个委托贷款项目，贷款余额1.89亿元；代理国家投资公司基建基金委托贷款余额1.16亿元。2001—2005年，各商业银行拓展证券、基金公司金融同业代理业务，发展银证通、银证转账、集合理财、第三方存管等业务，拓展同业代理范围。

2006年，娄底工行代理销售基金8216万元。娄底农行代销各种基金17只。2007年，娄底农行与泰阳、光大、湘财海通等证券机构合作，发展第三方存管业务，签约客户6051户。2008年，娄底工行代理销售个人本位币理财产品1.33亿元，代理业务收入1425万元。

2009年，娄底农行抓住证券、期货市场回暖时机，与安信证券、湘财证券、德盛期货公司合作，变第三方存管从自然发展为主动营销。新增第三方存管和银期转账业务3977户，同业存款余额2.09亿元，净增2亿元。发展各类理财产品，销售理财产品3.84亿元。娄底工行代理销售人民币法人理财产品15.2亿元；代理销售个人理财产品16亿元；代理基金3.67亿元。全年实现代理业收入1602万元。2012年，娄底工行全年代销个人理财产品3.63亿元，代销法人理财产品3.05亿元；实现代理业务收入2203万元。2013年，娄底农行营销各种金融理财产品，全年实现投资收入3297万元。2015年娄底农行加强同业合作，营销华宝信托合作性同业存款20亿元、东方资产公司同业借款10亿元、广发银行长沙分行理财同业存款10亿元和自营理财10亿元。发放银团贷款2.5亿元。加强重点基金营销，完成重点基金代销9029万元，对私理财日均3390万元。娄底工行代销个人理财产品15.4亿元，其中私人银行专属理财产品营销2.56亿元。代销法人理财产品7.1亿元。代销养老金理财720万元。全年实现代理业务收入2175万元。2016年和2017年，娄底农行以债券分销、理财同存为重点，强化与辖内农商行、村镇银行的合作。新开4个同业账户，其中投融资专户3个，办理同业理财5000万元，办理合作性同业存款业务24笔，总金额8.32亿元。为涟源、新化农商行分别办理各5000万元的地方债券分销业务。加强金融理财产品营销，实现投资银行收入2773万元。娄底工行根据客户资产保值增值需求，两年代销个人理财产品64.73亿元，其中2017年42.6亿元。

三、代理财政

1990年，省财政和省人行分配娄底地区发行国库券、特种国债、“两金”购买共2034万元，其中国库券1918万元，由各银行代理财政部门发行和兑付国债，实际完成2036万元。娄底人行与财政部门、各专业银行密切配合，全地区设立257个国债兑付点，配备700名兑付人员，集中办理7月、8月、9月三个月的兑付工作。之后还在全地区设立10个常年兑付点，做到国债兑付让群众满意。全地区全年兑付国债还本付息共1760万元。1991年，全地区再增设44个兑付点。全年兑付各种国债本息2437万元，其中本金1696万元。1994年，国债发行在发行纸质国库券的同时，推广无纸化即凭证式样国债，全地区发行任务共7800万元。经与国债办、财政局、各专业银行协商，两年期纸质国债1500万元由财政部门推销发行，三年期凭证式国债6300万元由各专业银行承担发行。经广泛宣传发动，组织证券、信托机构包销，全地区如期、超额769万元完成发行任务。1995年，全地区发行各种国债1.06亿元，比上年增加24%。1996年，国债发行由财政部门管理、各商业银行经办。1997年，财政系统推行收费征管体制和综合财政预算两项改革，预算外资金收缴全部委托银行代办。当年娄底农行代理5个县市79个乡镇金库结算业务。1998年，新化县建设国家储备粮食库，娄底建行代理财政部投资4000万元。1999年，娄底农行代理乡镇国库业务8.2万笔、金额4.8亿元。

2000年后，随着改革开放发展和国债的低风险、稳收入，各种国债逐渐成为深受民众欢迎的理财产品。国债发行均由各国有商业银行经办。2001年，娄底人行将兑付基金划到各商业银行市级分行，全辖各金融机构共兑付历年各种国债8049.3万元。2002年，娄底农行代理市政府政务中心和会计结算中心业务，代理财政扶贫项目等财政性拨款业务。2003年，市级财政实行集中支付改革。2004年，娄底工行、娄底农行、娄底中行、娄底建行4家分别代理市本级财政的直接支付、授权支付和非税收入收缴业务。2005年，娄底中行与娄星区财政局签订非税收入收缴代理协议，推广中行省分行研发的银税联网业务系统，为市国税局开办个税代理业务，代理债券分销、买卖和回购业务，当年完成债券分销4000万元、现券买卖4500万元，债券回购35.68亿元。娄底农行发展代理国税电子缴税业务，为3000多法人客户2000多个体工商户，代理上缴国税6050万元。

2006年，娄底农行代销国债5期，金额300万元。2007年，娄底工行代销国债2787万元。2008年，娄底工行代销国债7572万元。娄底农行代销国债5期，金额1318万元。娄底邮储银行是年具备代理国债业务资质，开办代理国债业务。2009年，娄底工行代销国债2.58亿元。娄底农行代理发行凭证国债5期、电子式国债6期，完成代销金额3.23亿元，实现代理国债手续费收入198万元。2010年，娄底工行代销国债8278万元。娄底农行全年代销各种国债2.6亿元。任务完成率居全省农行系统第一位。2011年，娄底工行代销国债416万元。娄底邮储银行代销国债1.88亿元。2012年，娄底邮储银行代销国债761万元，2013年，代销国债1863万元。2014年，娄底工行代销国债3428万元。娄底邮储银行代销国债4292万元。2015年，娄底邮储银行代销国债5757万元。娄底农行代理财政涉农直补资金2.16亿元。新增新化县财政涉农直补代理业务。2016年，娄底邮储银行代销国债4726万元，完成财政分配任务的2.49倍。2017年，娄底农行推进财政惠农直补和财政扶贫补贴代理业务，实现辖内5个县（市、区）两项财政资金代理全覆盖。全年代销国债1.53亿元，市场份额居同业第一。

四、代理保险

1988年起，娄底农行与人保娄底中支公司建立合作关系，对承贷的农村工商企业代理财产保险业务。1992年，娄底中行开办代理保险业务，代理人保娄底中支公司在中行开户单位的各种财产保险、责任保险、信用保险和人身保险业务。1997年，娄底农行与平安保险娄底支公司、中保人寿娄底分公司等单位签订代理保险业务，把代理保险与农行信贷资产保全结合起来，对代理保险业务实行目标管理，作为中间业务的主要项目。2001年，娄底建行开办代理保险业务。2002年，娄底工行开办代理保险业务。至2005年，娄底工行、娄底农行、娄底中行、娄底建行分别与市内10家保险公司建立代理合作关系，开办“储保通”业务。至2005年的6年间，娄底农行代理各种保费收入1.02亿元，娄底建行代理保费收入6500万元。2008年，娄底农行制定《规范发展保险代理业务若干规定》等文件，从制度建设、机构设置、利益分配、资源配置等方面规范代理保险业务，组织开展专项竞赛。全年完成代理保险1.3亿元，手续费收入312万元。娄底工行代理销售保险1.38亿元。

2010年，娄底农行以代理保险为重点，统一管理各项代理业务。保险代理业务以寿险为主，制定《寿险代理业务动态考评及网点经营资源分配办法》，建立公开公平公正的资源分配制度。对6个低产网点实行公开招标经营。先后开展“开门红”“夏日激情”“收获金秋”“年末冲刺”等活动，全年完成寿险、产险新单保费2.26亿元，实现代理保险手续费收入949万元。娄底工行代理销售保险8172万元。是年，娄底邮储银行全年代销保险1.92亿元。娄底农行全年代理寿险、产险新单保费共1.36亿元。2014年，娄底工行代销保险1527万元。娄底农行将代理保险转向主要代理农银人寿保险业务。娄底邮储银行全年代销保险4.13亿元。2016年，娄底工行根据上级和银监部门要求，对所有合作保险公司重新确定合作准入，为每个支行各确定3家合作保险公司，促进代理保险业稳步发展。2017年，娄底农行完成农银人寿代理保费7071万元。娄底工行代理销售保险5450万元。娄底邮储银行主要合作的保险公司有中邮、人保、富德生命，全年实现保费收入6240.76万元。

第七节　信托业务

1989年，全地区农行、建行、工行和地区财政局4家信托投资公司共有各项存款余额2261万元，信托贷款余额1860万元。1990—1991年，4家信托投资公司先后并入各自的省公司，分别更名各信托投资公司娄底地区办事处，重新开办业务。1991年末各项存款余额3450万元，信托贷款余额3274万元。1992年，各信托办事处创新业务发展，延揽各种委托信托存款，加强横向资金融通，发展证券、债券、投资业务。1994年末，全地区4家信托办事处各项存款余额4535万元，各项贷款余额8707万元，证券和投资余额4612万元。1995年11月和1996年6月，工行信托娄底办事处和建行信托娄底办事处先后撤销，所有资产、负债和从业人员分别并入娄底工行和娄底建行。农行信托娄底办事处于1996

年12月与娄底农行房地产信贷部撤并，改建为中国农业银行娄底地区中心支行星城办事处。财政信托娄底办事处于2001年5月撤销，其资产、负债由娄底市财源建设办公室接管，人员由娄底市财政局接管。

第八节　其他中间业务

主要有农行娄底信托投资公司开展向企业发放租赁贷款，1990年末，贷款余额499万元，1996年末，贷款余额386万元，此后并入娄底农行贷款科目中统一管理；娄底工行、娄底农行双星办事处和农行新化县支行分别开办保管箱租赁业务，2003年，娄底工行出租保险箱345门，实现租赁收入15.96万元，2012年租赁收入33.2万元；娄底农行成立信息咨询公司，开办少量信用签证和债务担保活动；娄底中行代销第十一届亚运会基金奖券、代销中国福利彩票；娄底建行为经济技术开发投资公司提供理财服务等临时性的中间业务活动；娄底工行保管箱租赁业务不断扩大，2013年，定制高科技含量的保管箱，型号由6种提高至9种，数量由2479个增至2860个，由单一的机械锁换成密码加指纹锁。2014—2016年，年均出租保管箱300门，收入52万元。2017年，娄底工行全年出租保管箱668门，实现租赁收入68.6万元。

第四章　央行业务

第一节　货币发行与管理

1990年，娄底人行贯彻《现金管理条例》，从加强工资基金管理、加强现金检查、加强现金调度三个方面加强现金管理。娄底人行在全地区设立1个中心支库和冷水江支行发行支库。冷水江支库负责冷水江市和新化县的现金出入库业务。从人行省分行调入发行基金2.09亿元；内部调入30次4.06亿元，调出21次1.97亿元。与各专业银行召开联席会议，统一第三套、第四套人民币投放与回收，加速第三套人民币向第四套人民币过渡，促进第四套人民币单一流通。1991—1993年，全地区经济发展加速，社会货币需求大幅增加。及时编制发行基金计划，加大调运频率。3年间，先后从人行省分行调运发行基金1.77亿元；从长沙等地调入流通券6.84亿元。系统内累计调拨流通券50多亿元。其间，在双峰县增设发行支库。1994年，国家劳动工资体制改革，工资性现金支出增幅较大，全年调入发行基金17.02亿元。1996年，全地区金融机构全年现金支出228.5亿元、回笼213.3亿元、净投放15.2亿元，其中，工资性支出27.6亿元，行政企事业管理费现金支出10.2亿元。1997年，对开立基本存款账户的单位，按单位行业特点和日常用现情况，重新核定库存现金限额，严格控制不合理的现金支出；对一日一次性从储蓄账户提取现金5万元以上的，或一日数次累计超过5万元以上的现金支付，实行上报备案。

1998年，调入发行基金24.4亿元。1999年10月1日，全市正式发行第五套人民币。2000年，根据武汉分行下达的现金计划，娄底人行按“条”“块”分解，双线下达到各金融机构和各县（市）支行。加强对各金融机构现金收支进行监控，强化销售回笼和信用回笼管理。2000年，调入发行基金17.8亿元。2002年，规定开户单位和居民个人一次性提取现金10万元以上，或一日同一账户累计支现10万元以上的，应提前一天向其开户行申请报批。2005年，严格行政单位及企事业单位账户大额现金支付管理，严格企事业单位库存现金管理，严禁基本存款账户、临时存款账户超限额、超范围支付现金。全市金融机构全年现金回笼1093亿元、现金投放1103亿元，现金净投放10.33亿元。调入发行基金38亿元。

2006—2007年，根据货币投放、回笼的变化规律，适时调节券别结构，确保辖内现金供应和小面额票币需要。2006年，调运发行基金111.17亿元，其中调入金额62.4亿元，调出金额47.6亿元。2007

年，将大额现金支取与反洗钱工作结合起来。对于一次或一日内同一账户累计人民币20万元（含20万元）以上按规定。是年，调运发行基金181.58亿元，其中调入98.77亿元，调出82.79亿元。2008年，调运发行基金金额206.4亿元，其中调入115.9亿元，调出90.62亿元。2010—2012年，先后制定和完善货币调运和供应规章制度，建立对发行基金调运、出入库等风险高发部位、环节的风险控制。3年累计投放10元以下小面额货币8.98亿元。与娄底市公交公司、人民医院、沃尔玛和新一佳超市合作，推广使用非现金支付结算工具。2013—2014年，在娄底城区和各县（市）城区确定小面额人民币供应主办银行5家、主办网点55个。选择35家零钞需求大户结为对子，自行调剂。中心支库和支库4次集中投放10元以下小额币1.13亿元，全年投放3.17亿元。2015年，加强821A品发行和现金分析预测，提高现金投放回笼预测准确率，确保年度、月度发行基金落实和821A品的顺利投放。严格商业银行存取款预约管理制度，增强现金供应的主动性、计划性和有序性。全年调拨发行基金100.68亿元，其中调入37.3亿元、调出63.38亿元。2016年，调拨发行基金178.15亿元，其中调入63.05亿元、调出107.48亿元。打造优化人民币流通三个“优化平台”，即构建银企间快速响应平台，开办小面额人民币直通车业务；构建银行间余缺调剂平台，形成“集中调剂+直接调剂”的小面额人民币调剂模式；构建农村现金流动直通平台，组织全市涉农金融机构根据不同产业、不同季节、不同服务对象，开办小面额人民币直投农村业务。2016—2017年，贯彻执行人行总行修订颁发的《金融机构大额交易和可疑交易报告管理办法》，金融机构履行大额交易报告义务，向中国反洗钱监测中心报送大额交易报告，中心通过交互平台直接监测到各金融机构大额现金支取情况。2017年，累计发行基金投放162.5亿元，回笼180.67亿元，净回笼18.17亿元。其中小面额币累计投放4.72亿元，回笼3.57亿元。

第二节　经理国库

1990年，娄底人行与财政、税务、各专业银行协作，准确核算国库收支。组织国库收支专项检查，发现有24笔30万元税款未及时入库，及时予以纠正。1991年5月1日起，各县（市）支库收纳的中央、省级预算收入由过去直接上划省分库改为上划地区中心支库，各代理支库收纳的收入也改过去由代理行省分行转划省分库改为直接上划地区中心支库，中央、省级预算收入统一由地区中心支库汇总上划省分库，理顺国库资金划解程序。1992年，上解省财政收入的划解方式，由按月分旬、定额划解改为按收入总额比例划解。省级预算收入统一由中心支库汇总上划省分库。1993年，严格处理违规占压税款和中央财政资金行为，共罚款123万元。1994年，国家财税体制实行国税、地税分税制。针对中央收入增幅大、地方收入减少多的情况，与地区财政部门配合，给各县（市）制定不同的分成比例，确保地方财政收入及时实现。全年办理财政收入3.99亿元、财政支出6.77亿元。1997年，开通辖内7个代理支库国库报表数据电子联网。加快发展乡镇国库，全年建成71个乡镇、1个街道办事处库，占全辖乡镇、街道办事处的85.5%，建库完成率为全省第一。地区中心支库全年受理各种凭证12.27万张，办理收纳入10.2亿元，支拨退库11.22亿元。加大临柜监管力度，严格审查收纳入库的及时性和支拨退库的合规性。审查拒付不合理的拨款115笔、金额437万元；不合规退库42笔、金额253万元，全年税款入库率95.8%。1998年7月1日，开通省、地、县国库资金三级联网报解，实现预算资金当日入库、当日报解、当日到位。1999年，加强对财税部门办理预算收支的管理，明确由农行代理全市乡镇国库的经收业务。2000年，建立四级内控机制，修订、完善、落实分库核算16项管理制度。全年办理各级预算收入13.43亿元，办理财政拨款16.53亿元，退税、退库8962万元。是年，围绕入库、支拨、退库等业务，率先在全省推行财政、税务、国库联合现场办公，实行“三堂会审”。在联合会审中，拒绝退库87笔、1553万元；返回不符合要求的缴款书48份36.58万元。2001—2002年，根据《湖南省国库机构管理办法》，辖内乡镇金库停办63家。2005年，全市推广TBS大额支付系统，推进财政国库集中支付工作，将183家预算单位纳入市本级国库集中支付。办理各级财政预算收入32.49亿元，预算支拨库款28.56亿元。

2006年，适应财税体制深化改革，撤销全市仅存的双峰县16家乡镇国库。在双峰县开展社保基金由国库直接统一收付的试点工作，全年办理社保基金收付业务45万元。全市全年办理国库业务15万多笔，预算收入43.73亿元、预算支出59.33亿元。按照国家《国库监管指引》和《国库资金风险管理办法》，加强国库柜面监督，拒办不规范缴款书316笔7210万元；拒办不规范拨款39笔4124万元；不规范退库2笔86万元；不规范预算收入更正2笔510万元。2010年，配合财政部门全面推进“省直管县”财政体制改革，做好四大系统参数维护和上千个预算科目调整，修改和完善40多项内部管理制度。2012年，推进TCBS上线，助力娄星区国库集中支付改革，对141个全额预算单位实现全覆盖。推进税款入库“同城通办”业务。2013年，严格做好非税收收缴业务资格认定工作，向各金融机构转发上级行《代理非税收入收缴业务资格认定管理办法》，受理8家金融机构的申报，对6家符合条件的单位做出认定批复。2015年，配合省分库完成国库会计分析、国库库存余额变动、非税收入收缴、国库直接支付、财政资金开户监督、政府性资金管理操作情况等调查。全市收纳各级预算收入98.39亿元，各级国库办理一般预算支出205.95亿元。2016年，研发《TBS单位代码格式转换系统》和《TBS额度文件转换系统》，被省分库确定作为TBS应急备用辅助软件，在全省推广应用。

第三节 信贷业务

一、中央银行存款与存款准备金

1990年，娄底人行执行13%的存款准备金率，督促各专业银行、城乡信用社、信托投资机构等按规定比例缴纳存款准备金和存款备付金。年末，全行的中央银行存款3.63亿元。1997年，娄底人行存款17.22亿元，其中存款准备金10.66亿元、财政性存款8744万元、邮政储蓄转存款2.15亿元、金融机构特种存款3.54亿元。1998年3月21日起，娄底人行对存款准备金制度进行改革：调整金融机构一般存款范围；合并准备金存款、备付金存款账户，统称为“准备金存款”账户；法定准备金率由13%下调至8%，超额部分由各金融机构自定；工、农、中、建等国有商业银行和农发行由其各总行统一缴纳存款准备金；对城乡信用社缴纳的存款准备金利率由原来的准备金利率7.56%和备付金利率7.02%，统一下调至5.22%。年末全行中央银行存款余额10.81亿元，其中存款准备金存款6.73亿元、财政性存款3877万元、邮政储蓄转存款余额3.7亿元。1999—2005年，对存款准备金率进行3次调整。2005年末，娄底人行存款余额33.23亿元，其中存款准备金16.11亿元、邮政储蓄转存款余额16.37亿元、财政性存款7517万元。2006年后，多次调动存款准备金率。2016年，农发行执行8.5%的存款准备金率，国有商业银行执行17%的准备金率，股份制银行、非县域农商行执行15%的准备金率，县域农商行、农信社和村镇银行分别执行12%、9%的存款准备金率。2017年，娄底人行年末存款余额52.81亿元。

二、再贷款

1990年，娄底人行制定《再贷款内部管理暂行规定》，对金融机构的再贷款实行总额控制和限额管理。全年累放再贷款12.27亿元，年末余额6.12亿元。1991年和1992年，全地区经济建设加快，娄底人行向省行申请增加再贷款指标。两年累放再贷款50.19亿元，累收46.64亿元。1994年，娄底人行除少量短期融通资金调剂外，再贷款业务迅速减少。1997年后，年末各商业银行再贷款余额7000万元。

2006年，娄底人行规范再贷款用途，支持农村信用社发展小额农户贷款业务。2012年，全面清理历年再贷款余额。2014年，按照市委、市政府工作部署，娄底人行运用再贷款货币政策工具，加大对小微企业和“三农”产业的支持力度。全年累放再贷款5亿元。2015年发放再贷款5亿元，定向支持“两支一扶”主办银行的资金需求，支持对“三农”产业、小微企业和精准扶贫的信贷投放。2016年，与市扶贫办联合，规范支农再贷款管理，发挥再贷款政策定向功能。累放再贷款8.7亿元，助推各农商银行发展支农业务。2017年，加强再贷款的审查审批，重点投向助力供给侧结构性改革、精准扶贫、小微企业、小额农户贷款的农商银行。全年累放再贷款12.15亿元，推动新增涉农贷款45.3亿元、小微企业贷款32.9亿元。

三、再贴现

娄底人行再贴现业务始于1988年。1990年，全行再贴现35万元。1994年，按上级行安排，娄底人行为专业银行符合“五行业四品种”的贴现票据办理再贴现，累计再贴现5000万元，年末余额5000万元。1996年，对各商业银行的贴现票据，再贴现2.69亿元，年末余额8178万元。1998年后，多次下调再贴现利率，扩大商业银行票据业务的赢利空间，促进其办理承兑、贴现、再贴现的积极性。2000年，全年累计再贴现42.17亿元，余额17.07亿元。2001年9月，再贴现利率上调，再贴现对商业银行已无利可图，再贴现业务开始下落。2009年，未办理再贴现业务。

2010年，娄底人行创新再贴现方式，首次以买断方式发放再贴现资金，为娄底工行、娄底农行和双峰、冷水江农信社发放再贴现资金，年末余额1.99亿元。2015年，娄底人行创新货币信贷“1+N”机制，推出“央行票据小微通”“央行农贷三农通”“央行农贷扶贫通”等产品模式，以再贴现、农村产权抵押和扶贫小额信用贷款为着力点，撬动票据融资、涉农贷款、产业扶贫等快速增长。全行累计办理再贴现27.67亿元。2017年，灵活运用再贴现货币政策工具，支持辖内银行机构发展票据业务，加快企业和金融机构资金流动性。全年累计发放再贴现资金30.05亿元，促进全市银行机构签发银行承兑汇票122.9亿元、贴现259.7亿元。

第四节　金银管理

1990年，娄底地区双峰、新化两县有两处国有金矿和一处集体办的金矿。所产黄金以及单位与个人出售的金银，均由人行收兑。发放黄金专项贷款415万元，支持新化芦观金矿和双峰铃山金矿扩改采选能力。全年收购黄金17.47千克，其中门市收购0.4千克、矿产收购17.06千克；收购白银6.42千克（银圆274枚折白银6.42千克）。娄底人行印发《关于加强黄金饰品业务管理的通知》，规范黄金饰品经营业务。全年为机电、电子、冶金等工业企业配售白银18.9千克。1993—1994年，全地区用银企业生产经营旺盛，娄底人行追加白银配售指标，支持用银企业正常生产需要。2年分别完成白银配售480千克和584.5千克。1994年，全地地区经批准的金银饰品零售经营单位发展到19家，维修和翻新点增加到14处。娄底人行批准湘中地质实验研究所开办金银检测业务。1995年，依据《中华人民共和国金银管理条例》，制定《金银生产、检测、销售、维修翻新管理办法》，规范金银生产企业金银生产、销售、加工和回收业务。1997年，人行新化、双峰支行改变以往被动收购金银的方法，深入矿山协调关系，促进收购量大幅增加。全年收购黄金186.1千克、白银203.15千克。

1999年，娄底人行严格执行黄金收购计划，非本地产的黄金不收购，严防收购走私黄金。6次调整黄金收购价格，严格执行国家收购政策，维护国家利益。全年收购黄金29.12千克。10月，国家放开白银市场，娄底人行不再行使白银收购与配售职能。2002年，国家改革黄金管理体制，取消黄金制品零售业务许可证管理制度，上海黄金交易所开业，黄金交易由市场调节，娄底人行不再负责矿产黄金收购工作。

第五章　保险业务

1990—2017年，娄底辖内保险公司由1家发展至28家，开办险种由60多个发展至260多个，保费收入由3280万元增加至51.14亿元，赔（给）付支出由1933万元增加至18.53亿元。保费收入和赔（给）付支出分别为1990年的155.9倍和95.8倍。

第一节 财产保险

1981年，娄底地区恢复国内保险业务，开办企业财产、家庭财产和运输工具3大类险种。1990年，人保娄底中支公司财产保险保费收入1483万元。1994年成立平安保险娄底支公司。1996年，人保娄底中支公司在分设寿险娄底分公司后专营财险业务；平安保险娄底支公司亦实行产、寿险分营。2005年，全市5家财险公司经营企业和家庭财险、机动车辆险、责任险、人身意外险4大类100个险种，共保费收入1.65亿元，为1990年的10.5倍。2006—2017年，全市增设9家财险公司。2017年，全市14家财产保险公司，经营企业财产险和家庭财产险、机动车辆险、责任险、人身意外险和短期健康险、农业保险、大病医疗保险、信用保证险、其他财产险8大类260多个险种，合计保费收入13.76亿元。

一、企业和家庭财产保险

1990年，人保娄底中支公司承保全地区537户企业财产险，收入保费361万元，占保费总收入的24%。1992年，开办产品质量保险、产品销售信誉保险等险种，承保企业财产险的企业增加至605家。在家庭财产险中，开办家庭财产团体户保险、家庭财产两全保险、长效还本家庭财险等险种，城乡居民参保70万户，覆盖多种风险71亿元，收入保费2652万元。为覆盖农业和农村风险，人保娄底中支与各县市政府配合，开办农村“联合共保”，保险公司与各县市政府风险共担、利益共享。“联合共保”含乡镇企业财保等20多个险种，63万农户和175家乡镇企业参保，实现保费收入747万元。1994年12月，平安保险娄底支公司开办企业财险和家庭财险业务，当年收入保费85万元。1995年，人保娄底中支停办农村“联合共保”业务，全年财产保费收入1446万元；平安娄底支公司拓展涟源钢铁总厂、华达机械厂、冷水江铁厂、资江化肥厂等企业的保险业务，发展400多户家庭财险保护，全年财产险保险收入506万元。1996年，中保财产保险分公司加强与涟钢等大型企业合作，全年实现财产保费收入1845万元。平安保险娄底支公司加强对中小企业的财险营销，承保83家大小企业，覆盖企业财产风险9亿多元，实现财产保险保费收入1150万元。1997年后，部分国有、集体企业改制为私营企业，企业财险业务保源减少。2004—2005年，保险机构增加，加大保险业务竞争。2005年，人保、中保、天安、太平洋、平安5家财险公司娄底分支机构共收入企业和家庭财产险保费3405万元，其中人保娄底分公司企业和家庭财产保险收入1843万元，占54.12%。

2008年，阳光财险娄底中支公司拓宽客户资源，全年实现财产险保费收入102万元。平安财险、国寿财险、中华财险、阳光财险等公司加大对企业财产保险的营销力度。人保财险娄底分公司改进服务，深入企业开展营销活动，开办产品质量保险、产品销售信誉保险、附加利润损失保险、企业借款保证保险等险种，对老保户按时续保，对新企业扩大营销，承保企业财产险的企业保持稳定。2013年，英大财险开发电力系统各项财产保险业务，2014年，收入财产险保费400多万元。在家庭财产险中，各财险公司娄底分支机构分别开办家庭财产团体户保险、家庭财产两全保险、长效还本家庭财产保险、建房安全保险、城市煤气用户平安保险等险种，开发农村居民参保，覆盖农业和农村风险。2015—2016年，针对娄底市场企业财险业务保源减少的状况，人保财险娄底分公司、平安财险娄底支公司等财险公司加大对连钢、金竹山电厂等大中型企业的营销，维持企业财险保费的大体稳定。2017年，各财险公司娄底分支机构共收入企业和家庭财产险保费3279.33万元。其中人保娄底分公司收入1902.76万元，占58.02%。

二、运输工具保险

1990年，人保娄底中支公司将运输工具险作为主要险种，全地区承保各类车辆6700辆，收入保费

550万元。1992年，全地区投保的机动车辆10742辆，比1990年增长60%；收入保费1096万元。1994年，平安保险娄底支公司将机动车辆险作为支柱业务，收入运输工具险保费34万元，1996年增加到680万元，占该公司财险收入的54.14%。1997—1998年，受东南亚金融危机影响，投保的机动车辆有所减少。1998年，全地区运输工具险保费收入2664万元，比1996年下降18.63%。1999年，人保娄底分公司加强运输工具险营销，车险保费收入止跌回升，收入车辆险保费3000万元。平安财险娄底支公司严格承保质量，控制事故较多的营运性车辆的承保，车辆险保费收入自1997年起连续5年下滑，2000年承保各类汽车765台，比1997年减少1493台；2001年，车辆险保费收入264万元，较1996年下降61.17%。2003年和2004年，平安财险娄底中支公司发展非营运性车险业务，参加各县（市）行政事业单位公务用车保险招标，中标冷水江市、双峰县、娄星区的保险承办，两年车险保费收入分别增长25.15%和18.81%。2004—2005年，天安保险、太平洋财险、中华保险等娄底中支公司将运输险作为重要财险业务，采取多种措施进行营销。中华联合财险娄底中支公司2005年9月成立，年底收入车险保费315万元，占该公司保费总收入的58.76%。2005年，全市5家财险公司收入运输工具保险费1.12亿元，其中人保娄底分公司6844万元，平安财险、天安保险、太平洋财险、中华保险4家娄底中心支公司合计收入运输工具保险费4310万元。

2008年，阳光财险娄底中支营销湘运公司等客户资源，当年收入车险751万元。2009年，天安财险娄底中支公司中标2009—2010年娄底市市直行政事业单位公务车辆政府采购定点保险项目。2010年人保财险娄底分公司拓展电商渠道，车险业务快速发展。2011—2016年，市内各商业银行继续开办汽车销售贷款业务，人保娄底分公司、平安财险中支公司等公司均开办汽车销售贷款保证保险。在快速发展的汽车消费贷款保险业务中，由于部分车主恶意逃废还贷责任，致使保险公司遭遇道德风险。为规避承保风险，各公司相继收紧或停办汽车消费贷款保证保险业务。娄底各财险公司与各大车商合作，发展汽车经销商保险代理业务，车险业务占比逐年上升。2017年，天安财险娄底中支公司先后中标涟源市、新化县机关事业单位公务车辆2017—2018年度保险项目。人保财险、平安财险、太平洋财险、中华财险、国寿财险和长安财险6家公司与车商合作，共收入车险保费8848.32万元；全市14家财险公司共收入运输工具险保费9.48亿元，其中人保娄底分公司3.05亿元。

三、货物运输保险

1990年，人保娄底中支公司承办货物运输险，全年收入保费251万元。1992年该公司设立涉外保险业务机构，为“三资”“台资”企业开办进出口货物运输保险服务项目，全年收入货物运输险保费304万元，其中涉外保险保费56万元。1994年，平安保险娄底支公司成立后，亦开办货物运输保险业务和车载货物掉落责任险等附加险，1995年，该项保费收入8.8万元。1996年，中保财险娄底分公司开办铁路货物运辆预约保险，全年收入货运险保费547万元。1997年后，铁路部门自办货物运输保价保险，保险公司此项业务萎缩。1997—2002年，人保娄底分公司重点稳定涟钢等企业的货运保险，保费年收入维持在400万元上下。2005年，全市5家财险公司共收入货物运输险保费725万元，其中人保娄底分公司收入614万元，占84.68%。

2006年，人保娄底分公司、平安财险娄底中支公司采取抓重点客户和改进服务措施，发展货物运输险业务。随着物流业的快速发展及公司物料系统化配送，各厂企业自行承运的货运量随之减少，货运险业务也逐年下降。2010年，各财险公司收入货运保费406.71万元；2014年收入货运保费355.2万元。2015—2017年，全市财产保险公司共收入货物运输保险保费897.42万元。2017年，全市9家财产保险公司共收入货物运输保险保费367.58万元，较2005年下降49.3%。

四、责任保险

1990年，人保娄底中支公司开办责任保险业务，收入保费34万元。1992年，开办企业借款保证保险，为部分企业向银行借款提供保险支持，年末责任保险收入130万元。1993—1995年，人保娄底中支公司加强责任险营销，保费收入逐年增加，1995年，责任险保费收入498万元，占保费总收入的10.33%。1997年，平保财险娄底支公司开办责任险业务，收入保费30万元；1998年扩大责任险范围，收入保费88万元。1998—2002年，人保娄底分公司加强财产险中的责任险营销，责任险保费收入逐年增长，年均增长27.41%。2002年责任险保险收入911万元，为1996年的3.68倍。

2003年，经国家保监会批准，人保公司重新开办人身险中的意外伤害责任保险业务。人保娄底分公司开办煤矿井下工人意外伤害保险和严重意外伤害险等责任险业务，全年责任险保费收入增加到1155万元。2005年，太平洋财险娄底中支整合财产险、人身意外险、第三者责任险3个险种，开办“幸福之家”保险，受保户欢迎，年末收入保费1337万元。2005年，全市5家财险公司共收入责任保险和其他保险费4643万元，其中人保娄底分公司1549万元。2006年，各财产保险公司加强责任保险业务营销，共收入责任险保费1302万元。2013年，娄底市燃气事故保险规定出台，7月，创建“平安医院”，推广医疗责任保险，各公司发展医疗责任保险、燃气责任保险、火灾公众责任保险等各类责任保险。2014年10月，人保财险娄底分公司在全市开启食品安全责任强制保险试点。各公司在办理财产险、人身险各种主险的基础上，开办产品质量保险、产品销售信誉保险、雇主责任保险、校园责任保险、公众责任保险等责任险业务，推动责任保险收入增长。2017年，全市13家财险公司共收入责任保险和其他保险保费5678.01万元。

五、农业保险

2007年，中央财政全面启动政策性农业保险试点工作，人保财险娄底分公司在双峰县和涟源市试点承保政策性水稻保险，签单保费2543万元，支付赔款1708万元，开启政策性农业保险的帷幕。中华财险娄底中支公司试点承保农业保险，收入保费1000万元。2013年，国家实施《农业保险条例》，国寿财险娄底中支公司、平安财险娄底中支公司经批准开办农业保险，涉及常规水稻保险、杂交水稻制种保险、养猪养鱼与家禽保险、玉米油茶、林地保险以及农房保险和家庭财产等30多个险种，覆盖全市各县（市、区），为农业生产和农户提供各种风险保障。2017年，人保冷水江支公司与中华联合共保冷水江扶贫特惠保，实现全市扶贫特惠第一单。2017年，全市5家财险公司共收入农业险保费1.42亿元。其中人保财险娄底分公司收入农业险保费7646.89万元，占全市农业险保费的53.8%。2015—2017年，全市5家财险公司共收入农业险保费3.45亿余元，占同期财险保费收入的9.63%。

第二节　人身保险

1984年，人保娄底中心支公司开办人身保险业务。1990年，全地区参保人数100万余人，收入人身险保费及寿险基金1797万元。1994年，平保娄底中支公司开办人寿险业务，收入保费66万元。1996年，中保人寿娄底分公司将人身保险拓展为人寿保险、健康保险、意外伤害保险3大类50多个险种，当年收入保费3705万元。平安保险设立人身保险部，年末实现寿险保费收入938万元。2005年，全市5家寿险公司共收入人身保险保费收入4.81亿元，为1990年的26倍多。2006—2017年，全市寿险公司增加到14家，开办人寿保险、健康保险、意外伤害保险等3大类60多个险种。2017年，共收入人身保险保费37.38亿元，为2005年的7.7倍。

一、人寿保险

1990年，人保娄底中心支公司收入人寿保险储金1797万元。1991年，加快拓展养老保险等险种，至1992年，110余万人参加各类人身保险，寿险储金收入5075万元。1993—1995年，人保娄底中支公司整顿规范寿险业务，寿险储金下降。1995年，人保娄底中支公司收入寿险储金1944万元，比1992年下降61.55%。

1996年，中保人寿保险娄底分公司开办少儿一生幸福保险、九九鸿福保险等险种，组织300名营销员拓展市场，收入寿险储金3153万元，占该公司保费收入的85.09%。平安保险娄底支公司加大寿险营销，业务员由20人增加到105人，收入寿险储金600万元。1997年，中保人寿娄底分公司开办鸿寿养老金保险。是年收入寿险储金6380万元。1998年，平安寿险娄底支公司抢占个险市场，发展利差返还型保险，实现保费收入948万元。至2001年的5年间，国寿娄底分公司市场营销人员由365人增加到1380人，寿险保费由8229万元增加到1.27亿元。平安寿险娄底支公司建设“三A”服务系统，2001年实现寿险保费收入1935万元。2002年，国寿娄底分公司采取强化管理、提高效益等措施，全年完成寿险保费收入2.43亿元；平安寿险娄底中支公司开展“诚信工程”活动，从承保、核保、赔给付、咨询等方面诚信服务客户，是年寿险保费收入3098万元。2003年，泰康人寿娄底中支公司开办分红类险种，收入寿险保费1211万元。2004年3月，新华人寿娄底中支公司开办多种寿险业务，发展526名营销员，实现寿险保费收入2972万元；太平洋寿险娄底中支公司组建4个营销部，发展915名营销员，实现寿险保费收入205万元。2005年，全市5家寿险公司均经办各种人寿保险理财业务，共实现寿险保费收入4.46亿元，占人身保险保费收入的92.58%。其中，国寿娄底分公司32183万元，占72.7%。

2006—2007年，中国人寿、平安人寿、泰康人寿、新华人寿、太平洋人寿娄底中支公司分别推出各具特色的寿险险种，寿险收入逐年增长。2008年，泰康人寿娄底中支公司开办金满仓两全保险、阳光旅程少儿两全保险分红型保险。2009年，国寿娄底分公司发展非分红寿险，收入1.55亿余元。2010年，民生人寿娄底中支公司开展营销，到2012年收入保费905万元。2014年，泰康人寿娄底中支公司开办财富人生E款年金保险（分红）、畅赢人生年金分红型、泰康基本两全（分红型）、泰康祥云康顺两全保险、幸福人生B款年金（分红型）等分红保险。吉祥人寿娄底中支经办各种分红寿险，2015年，收入寿险保费6927万元。2017年，全市14家寿险公司经办各种人寿保险业务，开办分红寿险、万能寿险、投连保险，个人年金保险和各种团险业务，把保险与理财结合起来，实现寿险保费收入30.49亿元，占人身保险保费收入总额的83.25%。其中国寿娄底分公司9.02亿元，占24.63%。

二、健康医疗保险

1990年，人保娄底中支公司开办住院医疗保险业务，至1995年，因业务不多未单独统计。1996年，中保人寿娄底分公司承接人保娄底中支公司医疗健康保险业务，收入保费131万元。1997年，将医疗健康险分为重大疾病终身保险、重大疾病定期保险，全年收入保费124万元。1999年，平安寿险娄底支公司开办健康医疗保险，收入保费114万元。由于风险控制和与管理难度较大，国寿娄底分公司多次停办健康医疗险业务，但是群众需要，又先后恢复，2000年只收入保费5万余元。平安人寿娄底支公司通过分拆市场，在国寿娄底分公司收缩医疗健康险的同时，加大业务营销，2000年收入健康医疗保费404万元。2002年，国寿娄底分公司和平安寿险娄底中支公司加强与医疗保健机构合作，规范操作与管理，分别收入该险种保费273万元和1045万元。2003年和2004年，泰康人寿娄底中支公司开办重大疾病险、意外医疗险等险种，分别收入保费29万元和102万元。2004年，新华人寿娄底中支公司开办个人短期健康险、个人长期健康险等险种，收入保费79万元。2005年，各寿险公司建立对保户回访服务制度，随时了解保户健康状态，加强理赔服务，促进健康医疗保险业务发展。全市5家寿险公司收入健康医疗保险费2936万元。

2007年，泰康人寿娄底中支公司开办生命关爱重大疾病终身保险、泰康双重关爱重大疾病保险，当年健康险保费收入104万元。2009年，国寿娄底分公司采取措施应对管理风险，发展健康险，收入健康险保费1996万元。2011年9月，泰康人寿娄底中支与娄底市第二人民医院携手构建“健保通”项目，实行医疗费垫付理赔，受到保户欢迎。2014年，国寿娄底分公司与双峰县医保机构签订双峰新农合经办业务协议，基金总额945万元。2015年签订新化新农合经办业务协议，基金规模增加到2000万元。2016年，国寿娄底分公司、人保财险娄底分公司、太平洋财险娄底中支公司、中华财险娄底中支公司及长安财险娄底中支公司等开展大病保险及城乡居民医保，收入保费1.23亿元。2017年，全市14

家寿险公司共收入健康医疗险保费5.4亿元，为2005年18.4倍，占人身保险收入总额14.75%。

三、意外伤害保险

1990年，人保娄底中心支公司将意外伤害险作为人身保险主要险种，开办团体及个人意外伤害保险、学生平安保险、计划生育系列险等40多个险种，收入意外伤害险保费30多万元。1991—1992年，人保娄底中支公司加快人身保险业务发展，意外伤害险保费收入增加至130多万元。1993—1995年，人保娄底中支公司加强团体业务营销，3年累计收入意外伤害险保费803万元。

1996年，中保人寿娄底分公司以学生与幼儿平安保险、公路客运旅客安全保险为重点，收入意外伤害保费552万元。1998—2000年，国寿娄底分公司加强与教委关工委合作，3年累计收入意外伤害险保费3415万元。1999年，平安寿险娄底支公司开办意外伤害险业务，收入保费7万元，2000年增加至19万元。2001—2002年，国寿娄底分公司开办建筑工程团体人身保险、计划生育手术安康保险等险种，分别收入意外伤害险保费1543万元和1273万元；平安寿险娄底支公司加强校企合作，拓展意外险业务，收入保费58万元和67万元。

2003年，经中国保监会批准财险公司开办意外伤害险和短期健康险业务。各财险公司和寿险公司加强煤矿井下工人意外伤害保险和学生意外伤害险营销。年末，人保娄底分公司、中国人寿娄底分公司、平安财险娄底中支公司、平安寿险娄底中支公司、泰康人寿娄底中支公司5家公司共收入意外伤害险保费共1824万元。2004—2005年，各寿险公司分别开办团体意外险、医疗意外险、学生平安险、个人意外险等业务，各财险公司分别开办煤矿、学生意外险业务。2005年，全市10家保险公司共收入意外伤害险保费2649万元，其中5家寿险公司收入意外伤害保费1866万元，5家财险公司收入意外伤害险和短期健康保费783万元。

2009年，国寿娄底分公司加强意外险营销，是年意外险伤害保险收入保费2143万元。2010年，泰康人寿娄底中支公司新开办如意宝意外伤害保险等多个险种，2012年，开办如意宝航空意外伤害保险、泰康e顺旅行意外伤害保险等意外保险。2014年，因在普通寿险和健康险当中包含意外险，意外险收入比例下降。各保险公司娄底分支机构加强与学校和企业的合作，拓展意外伤害险业务，开办建筑工程团体人身保险、学生意外保险、煤矿井下工人意外伤害保险等险种。2015—2016年，全市各财、寿险公司共收入意外伤害保险1.68亿元。2017年，全市各财、寿险保险公司共收入意外伤害险保费1.06亿元，其中14家寿险公司收入意外伤害险保费7329万元，13家财险公司收入意外伤害险和短期健康险保费3277万元。

第三节　中介业务

1990—1994年，人保娄底中支公司和平安保险娄底支公司先后与各专业银行合作，由有关银行代办所属信贷企业的财产保险，建立70多个保险代办站，发展保险代销业务。1996年，中保人寿娄底分公司建立直销、代销、营销机制，代办站发展到78个。1998年，国寿娄底分公司代销业务收入保费2985万元，占业务总收入的32.4%。2002年，全市保险机构中介业务保费收入6661万元，占保费总收入的16.87%。2005年，全市10家保险公司共计中介业务保费收入1.13亿元，占保费总收入的17.4%，其中，银行代理收入保费7746万元，邮储代理收入保费488万元，其他代理收入保费3024万元。

2006年，国寿娄底分公司、平安人寿娄底中支公司、人保财险娄底分公司、平安财险娄底中支公司与农行、中行、建行、工行和邮政储蓄机构合作，开发“储保通”，发展各种人身险、财产险业务。各财险公司还陆续与专业代理公司、经纪公司开展合作，扩大业务渠道，代理业务保费占比逐年上升。2008年，各公司相继开展电销和网销业务。2012年，民生保险娄底中支公司收入银行代理保费259万元，占当年保费的26.08%。2014年，天安财险娄底中支公司转型发展，将业务重点逐步向银行渠道、车商渠道及非车险业务等项目转移，全年实现保费收入4000万元。各人寿保险公司娄底分支机构与市内各商业银行、农村信用社加强合作发展个人代理业务，扩大兼业代理范围，银保业务迅速发展。2015—2017年，全市银行渠道共收入保费33.14亿元，占同期保费收入的26.52%。

第四节　保险赔付

1990—2005年，娄底各保险公司秉着为经济发展服务的宗旨，按照“主动、迅速、准确、合理”的理赔原则，累计赔付款11.52亿元，年均赔付率为34.4%。2006—2017年，各保险公司坚持依法经营，提高合规意识，提升保险理赔服务能力和理赔服务质量，累计赔付款93.25亿元，年均赔付率为32.71%。

一、财产保险赔偿

财产保险赔偿主要有自然灾害理赔和意外事故赔偿。意外事故理赔中，首推交通事故赔案，各保险公司每年受理上千件之多。1990年，人保财险娄底分公司赔付率为66.05%。1992年，人保娄底中支公司对涟源冶炼厂遭遇雷击、冷水江岩口镇遭受冰灾、新化城关镇和涟源蓝田镇暴雨灾害及涟源市杂交制种水稻遭受旱灾所造成的损失进行查勘定损，赔款184万元；对全地区1100多户家庭遭遇水、火、冰雹灾害和盗窃事故支付保险赔款59万元。1992—1995年之间，人保娄底中支公司对涟钢1号电炉喷溅钢水酿成火灾、涟源市副食品公司大楼发生火灾、涟钢两次钢包穿孔事故、涟钢从巴西进口5.5万吨球矿石发生的沉船事故、涟钢进口设备发生火灾事故以及新化县电业局、锡矿山矿务局发生重大火灾等意外事故，分别进行查勘定损，总计核赔1611.3万元。1996年7月，因暴雨造成资江河堤溃堤，中保财险娄底分公司为102家企业和1.4万户城乡居民支付保险赔款2293万元，平安保险娄底支公司为14家企业和400户家庭支付保险赔款221万元。12月，涟邵焦化厂发生爆炸事故，中保财险娄底分公司赔偿17.1万元。1997—2001年，全市发生多次暴雨、雷击灾害。中保财险娄底分公司共计理赔134.4万元；平安财险娄底支公司赔付5.5万元；人保财险娄底分公司对湖南锻造厂和锡矿山矿务局先后遭遇洪灾，分别理赔11.4万元和23万元。2003年，金信化工有限公司合成氨厂两次发生重大火灾，厂房及装备受损；涟钢棒材二厂发生事故并酿成火灾。人保财险娄底分公司共核赔748.1万元，并支付各项费用19.9万元。1990—2005年，人保、平保、天安、太平洋、中华联合5家财险公司的娄底分支机构，共理赔支出6.25亿元，占财产保险费收入的70.25%。其间受理万元以上车险赔案24起，合计赔付203万多元（其中10万元以上赔案8起，赔付112万多元）；人保财险娄底分公司受理20万元以上火灾保险赔案20起，合计理赔1469万元。

2006年，全市机动车赔款6743万元，赔付率达55.36%。2008年1月，娄底遭遇雨、雪、冰恶劣天气，电力、移动等财产保险损失严重，人保财险娄底分公司及时支付各类赔款6989万元。2009年，机动车赔款上升到1.31亿元。各保险公司加强车险管理，规范核保、理赔操作，赔付率仍高于50%。2010年，各公司开始推行快处快赔模式，对没有人伤、损失金额在1万元以下的案件简化理赔手续，与交警部门联合组建道路交通事故快处快赔服务中心，提升车险理赔服务时效。2015年7月，新化发生泥石流等自然灾害导致造成10多人伤亡，人保财险娄底分公司赔付200多万元。2015—2017年，全市14家财产保险公司共理赔机动车辆险赔款19.99亿余元，占各项财产险赔付总额的69.99%，占车险保费收入的54.65%。2017年6月，全市普降暴雨，天安财险娄底中支公司赔付湖南省建筑工程集团总公司道路水淹工程险近500万元。全市各保险公司共接到保险报案1.28万起，报损金额7871.6万元，各公司及时理赔。2006—2017年，全市14家财险公司的娄底分支机构，共理赔支出42.59亿余元，占财产保险保费收入的53.34%。

二、人身保险给付

1990年，人保娄底中心支公司独家经办人身保险给付。人身保险给付主要有寿险期满给付和死亡赔付、人身意外伤害险赔付、健康险给付。1992年，人保娄底中心支公司办理人身伤残死亡及满期给付案1.76万起，给付保险金和医疗费1536万元。1994年，平安娄底支公司经办人身保险给付。1990—1995年，人保娄底中心支公司累计给付寿险保险金5096万元（不含集体企业职工统筹养老支出6842万元）。1996年，国寿娄底分公司经办人身保险给付，至1999年，国寿娄底分公司累计给付12.67万起满期及退保的人寿保险，共给付金额1.48亿元。1999—2002年，平安人寿娄底支公司累计给付健康保险金263万元，平均给付率11.19%。2003—2005年，由国寿娄底分公司、平安人寿、泰康人寿、新华人寿、太平洋人寿娄底中支公司经办，全市5家寿险公司累计给付寿险保险金1.16亿元，其中2005年给付寿险保险金3097万元，给付率6.94%；全市各寿险公司累计给付健康险保险金1603万元，平均给付率32.68%；全市保险机构赔给付意外伤害险保险金2316万元，平均赔给付率47.72%。1990—2005年，全市保险公司累计给付人身保险给付金4.93亿元，占人身保险保费收入的22.18%。

2006年，娄底各寿险公司赔给付人身意外伤害保险金额629万元，赔给付率35.76%。2008年，国寿娄底分公司寿险满期给付逐渐进入稳定期，全年给赔付保险金1.57亿元。按照保赔合一体制，按条款约定如数兑付保险金额。2010年，全市健康险给付818万元，给付率10.92%。2010—2012年，各公司加强对建筑工程意外险、井下作业人员意外险和学生平安险等险种的团体意外险理赔服务工作。2013年，国寿娄底分公司寿险期满给付进入高峰期，是年给付3.08亿元。人保寿险娄底中支公司也开始满期给付，是年给赔付6442万元。2015—2017年，全市14家寿险公司共给付寿险期满保险金20.31亿元，平均给付率22.79%；全市各寿险公司累计给付健康险保险金的8350万元，平均给付率8.29%；全市保险机构赔给付人身意外伤害险保险金额4883.6万元，平均给付率24.42%。

2006—2017年，全市14家寿险公司累计给付人身保险给付金50.66亿元，占人身保险保费收入24.68%。

1990—2017年娄底市保险业务情况表

表39-5　　单位：万元

年份	保费收入	其中		理赔支出	其中	
		财险收入	寿险收入		财险赔付	寿险赔付
1990	3280	1297	186	1933	924	1009
1991	4267	1512	180	2603	1511	1091
1992	7709	2272	380	3943	1860	1727
1993	5319	3485	1834	2542	2288	254
1994	6442	4375	2067	5740	5216	524
1995	8041	5498	2543	3391	2900	491
1996	11322	6679	4643	10302	8134	2168
1997	13617	7361	6256	7893	2898	4995
1998	15399	7287	8112	9899	1518	6381
1999	17353	7749	9604	8821	3032	5789
2000	19313	7973	11340	7230	3758	3472

续表39-5

年份	保费收入	其中		理赔支出	其中	
		财险收入	寿险收入		财险赔付	寿险赔付
2001	24215	9548	14667	7123	3749	3374
2002	39468	11315	28153	8397	5870	2527
2003	47071	9588	37483	10525	5180	5070
2004	59584	12845	46739	13077	7067	5986
2005	64669	16533	48136	12755	8284	4471
2006	73811	17365	56446	17519	9247	8272
2007	92272	24020	68252	34504	14437	20067
2008	140145	30190	109955	40402	21060	19342
2009	161992	35471	126521	41854	20322	21532
2010	207002	44647	162355	37496	19104	18392
2011	211493	54934	156559	47523	22378	25145
2012	218544	65161	153383	59394	31904	27490
2013	232293	77797	154496	88318	41363	46955
2014	264114	90631	173488	94651	48659	45992
2015	329035	103018	226017	126830	56415	70415
2016	409157	117681	291476	158742	61594	97148
2017	511366	137551	373815	185277	79435	105842

第六章　证券期货

第一节　证券业务

1990年，娄底地区证券公司经营代理国债及企业债券的发行、兑付和大额可转让记名存单贴现转让、抵押等业务。1993年挂靠湖南证券股份公司，涉足股票交易市场，参与湘中意A、湘火炬A的认购，摸索交易经验。1995年，湖南省证券公司娄底地区营业部设立娄底地区首家股票交易厅，主营证券经纪和证券自营业务。代理证券交易之初，采取手工填单委托、柜台输单、再人工报盘的方式进行。到年底共新开立800多户，经纪深、沪两市证交所股票交易2亿余元，实现经营利润49.6万元。1996年，娄底证券营业部人员、业务、财务并入湖南证券股份有限公司，由省公司统一管理，娄底营业部更名湖南证券股份有限公司娄底证券交易营业部。全年完成代理交易14余亿元，实现经营利润170.8万元。1997年，营业部开通点对点业务（即客户可以通过自助方式下单、也可填单由柜员输入交易系统，交易系统直接将委托指令传送到交易所系统撮合成交），解决人工报盘速度慢、差错多的问题。是年，营业部筹建冷水江证券服务部。全年完成代理交易35亿余元，实现盈利1700万元，成为湖南证券股份有限公司的利润大户。1998年，营业部与娄底电信合作开通“天亿”网上股票交易业务，增加交易工具，扩大交易领域。2000年，营业部取得证券登记业务代理资格，客户可以在营业部直接开户，当天开户当天入市交易。设立涟源证券交易服务部。5月8日，开通泰阳证券网及网上证券委托系统，全年网上交易占总成交易量30%，居湖南证券各营业部之首。1998—2000年，沪深股市行情火爆，娄底营业部累计代理交易140多亿元，累计实现经营利润1654万元。

2001年，湖南证券娄底营业部更名为泰阳证券娄底营业部。此时，沪、深股市进入“熊市”，营业部成立业务拓展部，开办国债交易，开通“银证通”业务，加强网上交易指导和服务，实行全员营销，全年完成代理交易90多亿元，实现经营利润518万元。2002年，沪、深股市持续低迷，泰阳证券娄底营业部经纪业务急速萎缩，全年代理交易20亿元，不足上年的1/4。2003年股票经纪业务逐步回升。2005年，泰阳证券娄底营业部开户股民3.84万余人，经纪证券交易40亿元，其中网上交易量占总交易量75%，网上交易成为证券交易的主要方式。

2006年，泰阳证券娄底营业部采取多项措施营销证券市场客户，将营销任务分解落实到各部门和个人，加强宣传服务，唤醒“睡眠客户”，争取涟钢等客户和营销企业投资者。2007年，证券市场爆发“牛市”行情，泰阳证券娄底营业部业务量成倍增长，日均开户500多户。与娄底工行、娄底农行、娄底中行、娄底建行4家银行配合，发展客户保证金第三方存管业务。接收恒信证券娄底营业部的业务与资源，整合证券市场经营。推广上线集中交易系统，提高证券交易服务质量。全年完成股票基金交易量596.78亿元，完成营业收入1.79亿元，实现营业利润1.47亿元。

2008年5月，泰阳证券与方正证券合并重组，更名为方正证券有限责任公司，营业部相应更名为方正证券有限责任公司娄底营业部。是年，安信证券、湘财证券、银河证券、华融证券先后进驻娄底，证券市场开始出现竞争态势。2009年，安信、湘财、银河、华融等娄底证券营业部在经纪证券交易的同时，发展证券投资咨询、基金代销、融资融券等业务，促进证券业务发展。2010年，财富证券入驻娄底开设营业部。方正证券更名为股份有限公司，娄底营业部更名为方正证券股份有限公司娄底南贸西街证券营业部。受国际金融危机影响，证券市场出现“熊市”行情。各证券营业部实施以“提高客服质量稳存量，全员合力营销促增量”的经营方略，方正证券营业部采取稳定VIP客户及大中客户等措施，完成交易量551.35亿元，实现营业收入6687万元，实现营业利润6475万元。财富证券娄底清泉街营业部发展线上网上开户，客户凭身份证、银行卡，扫描二维码，录制视频，两三分钟即可开户成功，促进客户营销，推动业务发展。2011—2012年，证券市场行情遇冷，娄底各证券营业部采取“营销、服务、拓展”的措施，加大客户营销力度。方正证券娄底营业部开展融资融券和泉友会服务产品推广活动，加强客户回访工作，全年回访一般客户744次、贵客户7160次、富客户1041次；融资融券授信额度5540万元；泉友会签订套餐总额1524万元。2012年，方正证券娄底营业部开办股民学校，举办12期股民培训班；设置《投资者园地》墙报，介绍证券投资专业知识。2013年，证券市场回暖，各证券营业部抓住有利时机，与各商业银行合作，发展第三方存管业务，活跃证券交易市场。其中，方正证券娄底营业部新开资金账户1194户，引进资产8000万元，全年完成交易量503.85亿元，实现营业收入5712万元，利润3351万元。

2014年，国盛证券、中投证券进入娄底开设营业部。2015年，方正证券娄底营业部经纪股票基金交易2457.89亿元，实现营业收入2.2亿元，营业利润1.65亿元，2016年，国泰君安、华林证券进入娄底开设营业部。全市证券营业部发展至10家，证券市场规模不断扩大，其中方正证券营业部占据50%以上市场份额。2016年和2017年，在证券市场“熊市”影响下，各证券营业部交易量大幅下降，2017年，全市10家证券营业部共有开户客户33.27万余户，合计经纪股票基金交易量1783.18亿元。其中方正证券娄底营业部经纪股票基金交易969.34亿元，营业收入6262万元、营业利润2649万元。

1995—2017年娄底市证券机构经纪股票交易情况表

表39-6 单位:亿元

年份	交易量	年份	交易量	年份	交易量
1995	2	2003	28	2011	1100
1996	14	2004	44	2012	715
1997	35	2005	40	2013	900
1998	30	2006	103	2014	1000
1999	40	2007	750	2015	4231
2000	70	2008	400	2016	2900
2001	90	2009	500	2017	1282
2002	20	2010	944		

第二节 期货业务

2003年6月，泰阳证券娄底营业部应对持续低迷的证券基金交易压力，积极而又慎重地拓展期货业务。营业部采取多种方式，在股民中宣传期货业务，对期货投资人组织业务培训，至2005年，营业部发展期货客户100多户，开办国债期货和沪深指数等金融期货业务，实现手续费收入200余万元。

2007年6月，德盛期货有限公司设立娄底营业部，为投资机构和个人提供期货交易服务。营业部按照“专注、协同、共享、规范”的经营理念，以安全、稳定、高速、开放式接口，为客户提供全面的行情资讯系统服务，先后推出澎博闪电手、文华一键通、快期等多套交易系统，开通与建行、交行、中行、光大等全国银期转账，促进业务稳健发展。2009年1月，方正期货设立娄底营业部，2013年更名方正中期期货公司娄底营业部。先后开通澎博、文华、易盛、恒生VIP等交易系统，经营范围包括上海、大连、郑州、上海能源、中国金融期货等交易所的50多个期货品种和3个期权品种。2017年，德盛期货有限公司设立娄底营业部，开户客户4000户，完成期货交易674.87亿元；方正中期期货娄底营业部各类期货客户2363户，累计各类期货交易1500万手，成交641.5亿元。

2017年，娄底仅有两家期货公司营业部，共计客户6363户，各类期货合计成交1316亿元。

2009—2017年娄底市期货交易情况表

表39-7 单位:亿元

年份	交易量	年份	交易量	年份	交易量
2009	659	2012	1350	2015	3271
2010	991	2013	2700	2016	1200
2011	950	2014	2200	2017	1316

第三节　资本市场工作

2008年，市委、市政府分析全市经济金融形势，针对全市没有一家上市企业的情况，交由市政府金融办牵头加强上市企业后备资源培育，对全市23家拟上市企业资源进行调查摸底，建立上市企业后备资源库，向上级有关部门上报8家上市后备企业。2009年，市政府印发《关于鼓励和支持企业改制上市的若干意见》，对拟上市企业后备资源库进行整理分类，采取“重视、引导、帮助、扶持”等措施，向省申报11家拟上市企业，经省级评审，三泰轧辊、三A化工、湘源皇视等5家企业入选省重点上市企业后备库。市政府支持3家企业拓展融资渠道，其中涟钢发行企业债券融资16亿元，三泰轧辊私募融资0.1亿元。2010年，继续加强上市后备企业的规范、引导工作，入选省重点上市企业后备库的企业增加到9家，其中5家企业得到省财政上市专项引导扶持资金。三泰新材、安石星源发电、湘源皇视等4家企业完成股份制改造。2011年，市政府印发《娄底市“十二五”企业上市发展规划》和《关于加快推进企业上市工作的意见》，加大对企业上市的培育力度。2012年，调整和充实市企业上市工作领导小组成员，明确各成员单位的相关工作职责，建立重点上市企业领导挂点帮扶制度，完善企业上市的各项政策措施。至年末，全市上市重点后备企业增加至32家，其中14家入选省重点上市企业后备资源库。全市上市后备企业加快直接融资工作，融资41.25亿元。

2013年，市政府金融办举办全市创新融资工具、拓宽融资渠道专题讲座，推进企业通过“新三板”挂牌和发行中小企业私募债等直接融资方式。2015年，在处置民间融资风险的基础上，规范拟上市企业直接融资工作。主动对接沪深交易所和“新三板”等场外市场交易所及中介机构，推动企业“新三板”挂牌和上市融资。全市32家企业进入市级“新三板”和企业上市后备库，其中7家进入省级“新三板”后备库。2016年，培育后备上市企业20家，其中三泰新材、湘村股份、高盛板材、文昌科技4家公司在“新三板”挂牌融资4.7亿元。引导企业进行融资租赁，直接融资19.9亿元。2017年3月，成立了企业上市科，加快推进企业上市步伐，并形成《关于加快推进我市企业上市的调研报告》，调整企业上市工作领导小组成员，加强企业上市组织领导，出台《关于进一步加快发展资本市场的若干意见》，13家企业进入省重点上市后备企业资源库，15家企业进入省新三板后备企业资源库，30家企业进入市重点上市后备企业资源库。

自方正证券1995年5月设立娄底地区证券公司后，2007年银河证券、德盛期货进驻娄底，2008年华融证券、湘财证券进驻娄底，2017年国泰君安、中投证券、华林证券正式进驻娄底，年末全市共有8家证券公司营业部，2家期货公司营业部，2家私募股权基金管理有限公司，3家私募股权基金企业。证券交易额达1282.39亿元，证券期货税收1916.41万元。

坚持把发展直接融资放在重要位置，充分利用以主板、创业板、“新三板”、区域性股权交易市场等为主体的多层次资本市场融资体系，大力推进企业改制上市工作，培育优质企业后备资源，支持企业到“新三板”和区域性股权交易市场挂牌融资，鼓励企业上市融资；引导企业利用债务融资工具发行债券；引导企业利用银行间市场发行中小企业债、中期票据和短期融资券；引导企业利用私募基金进行股权融资。2017年全市实现直接融资179.42亿元，其中市城投、市创投、市交建投、市文旅投、市国资投、市金融投等政府平台共融资85.4亿元，对集聚资源配置、盘活存量、优化增量、转换动能，引导加速产业转型发展发挥了积极作用。

第七章 金融监管

第一节 市场监管

一、机构监管

1990年，娄底人行批准各专业银行和人保娄底中支在相关企业设立87个储蓄代办所、69个保险代办站。1991—1994年，全地区共增设金融机构145个（包括11个储蓄代办所和9个保险代办站），先后撤销38个储蓄所、代办所、信用联站；换发“经营金融业务许可证”565个，补发“代理经营金融许可证”162个，批准4家专业银行的18个分支机构开办房地产信贷业务；清查出全地区违规设立的信用联站272个，对1993年7月后违规设立的19个联站予以撤销。1995—1996年，娄底人行在公安、工商等部门配合下，强制收缴23家典当行的证照，遏制一些典当商行违规经营金融业务现象；取消32家农村合作基金会在金融机构的账户，对核准保留的61家基金会的基本账户不作金融同业账户；取缔地区农机安全互助协会变相办理拖拉机等农机保险和人身保险，督促将已办业务移交当地人保公司；报批设立中保人寿保险公司娄底地区分公司和中国农业发展银行娄底地区分行。为合理布局网点，对683家银行、信用社、邮储机构和17家保险机构重新登记，批准撤销12个营业网点，调整搬迁11处网点。1997年后，各国有商业银行加快商业性经营步伐，加大营业机构撤并力度。娄底人行配合各商业银行机构改革，支持其调整网点布局。至2001年5年间，批准各金融机构撤销低效营业网点188个，改建、搬迁、更名网点222个。2002年，全市查出带“地下钱庄”性质的案例23起，取缔地下钱庄5起。有步骤推进城区信用社机构精简，稳妥实施机构、人员向农村转移，全年降格合并4个信用社，撤销32个信用分社，撤并88个城区信用代办站。对新化县城市信用社停业整顿，2003年5月批准撤销。

2003年底，银监会娄底监管分局行使对银行业的监管职能，娄底人行不复行使金融机关准入与退出监管职能，转为配合娄底银监分局和省保监会、省证监会组建“大监督”机制，共同维护全市金融业的稳定和发展。2004年，娄底银监分局履行对全市银行业的监管职能，审查核准13个网点升格、22个网点迁址、14个网点更名和24个网点撤销，更换564个由娄底人行颁发的金融许可证。2005—2010年，制定《银行业金融机构管理操作办法（暂行）》，组织对《金融许可证管理办法》的公示情况进行抽查，督导农村信用社统一法人筹建，推进新型农村金融机构试点工作，推动大型商业银行股份制改革。全面开展对营业网点的审查、核准、升格、撤销、更名、迁址等监管职能：6年共审查核准33个网点升格，68个网点开业，90个网点迁址，44个网点更名，93个网点撤销。2011年，协调娄星、双峰联社改制；对上海农商行在双峰、涟源发起组建村镇银行的筹建资料通过初审；招商银行娄底分行筹建工作基本就绪；华融湘江银行完成网点选址。2012年，根据银监会文件精神，对同一行政区划内变更营业场所且不需变更名称的中资银行分支机构实行报告制，不再进行审批。是年，双峰、涟源两家村镇银行开业；招商银行、华融湘江银行、交通银行的娄底分行分别于5月、12月开业；恢复成立娄底市银行业协会。2013—2017年，进一步简化行政许可程序，增加“分行级专营机构的分支机构”审批许可；制定行政许可操作规程，规范市场准入多个环节的操作规程和审批权限；支持村镇银行向乡镇设立网点；推进农村商业银行组建；引进和新设银行业金融机构。5年共审核准51个网点升格，21个网点迁址，37个网点更名，13个网点终止营业，19个机构和2个网点开业。经审查核准，先后批准成立娄底长沙银行、双峰农商银行、娄底农商银行、新化农商银行、涟源农商银行、冷水江湘淮村镇银行、新化星龙村镇银行。

二、高级管理人员监管

金融机构高级管理人员监管工作始于1990年。1990—1995年，共考察地级、县市级金融机构班子45个，考察领导班子成员218人，签署同意任职意见143人。1996年，根据有关规定，对各金融机构高管人员实行任职资格审查。当年任职资格审查99人，通过78人。在此基础上，对各行、司领导成员进行14次考察，按干部任免程序对56人次签署任免意见。1997—1998年，娄底人行严格掌握高管入职条件，把好任职资格审查关。两年受理各金融机构上报的审查对象97人，认定90人符合和基本符合高级管理人员的任职资格；配合有关行、司上级单位，考察各级领导成员40批次，考察高管人员150人次，签署同意任免的130人次。结合营运监管，加强对高管人员任职管理，对9个违规单位14名负责人提出行政处分建议。

1999年起，娄底人行负责对各银行、信用社高管人员任职资格审查，不再参与对各行、社领导班子和领导成员任免考察。2000年，制定《金融监管诫勉谈话制度》，诫勉谈话对象为辖内支行级以上金融机构、中小法人金融机构的主要负责人及其他高管人员。2001年，推行任职资格审查公示制度，对6名拟任高管人员予以公示，对48名高管人员任职情况进行年度考核和评价。对农行星城支行、农行冷水江支行未经人行核准、擅自变更高管人员的问题给予处罚。对利率违规严重的8家金融机构高管人员给予行政处罚，取消其中3人的高管人员任职资格。2002年，制定《娄底市金融机构高管人员任职考核与管理办法》。对49名高管人员进行年度考核和年度定期谈话，对12名银行、邮储机构负责人进行提醒谈话和诫勉谈话，取消2名高管人员任职资格。对7名申报高管人员资格的人员，进行金融法规与业务知识考试。对全市农村信用社高管人员组织任职资格考试，为356人颁发高管人员任职资格证书。2003年，对违规经营的23名责任人给予行政处罚，撤销其中2名信用社主任职务并取消其高管人员任职资格。1999—2003年，娄底人行共审查认定411名高管人员任职资格。其中2001—2003年，先后对147名高管人员进行年度考核和年度定期谈话，建议行政处分高管人员31人，取消7名高管人员任职资格。

2004年后，对银行业高管人员监管工作，由娄底银监分局组织实施；保险业、证券业由省保监局、省证券局监管。是年，娄底银监分局制订《金融机构高级管理人员任职资格管理内部操作办法》，对辖内金融机构高管人员的任职资格全部实行考试、考核、公示制度。当年审查93人，其中核准50人，备案42人，取消1人。对高管人员从德、能、勤、绩、廉5个方面考评，初步形成包括资格审查、约见谈话、业绩跟踪评鉴、提醒通报、离任评估和年度考核制度在内的全程动态监管体系。组织各银行367名高管人员进行培训和考试。2005—2008年，共审查核准226名高管人员的任职资格，取消14名，备案2名。2009年，加大对高管人员任职资格审查，全年核准25名高管任职资格；约谈76人次，交流问题96个（次），对105名高管人员上年度履职情况进行考评。2010—2017年，完善拟任高管考试制度和考试内容，加强对拟任人员的不良记录、不良行为审查；按照银监会办公厅文件精神，推进简政放权，对政策性银行、商业银行高管人员在同一机构内部平级调岗转任，实行事后报告制；简化许可事项，经营型支行行长任职资格由核准制变更为报告制。8年共核准全市金融系统高管人员任职资格353人，备案48人，对5名有“病底”的拟任高管建议退回。

三、日常营运监管

1990年，娄底人行制定《关于维护我区储蓄秩序的联合公约》，查处18个储蓄网点违规吸储问题，冻结其存款229万元。1991年，加强结算纪律现场检查，查处部分单位随意延压结算凭证、受理无理拒付、无理退票等违规金额1485万元。1992年，对103个金融机构进行12个项目的现场检查，稽查存贷款28.95亿元，查出和纠正违规金额4.65亿元。1993年，针对金融机构之间发生“储蓄大战”，组织11个检查组，对753个营业网点进行现场检查，对一般违规的174个单位予以通报批评，对违规严重的36个单位处罚款32万多元，对其中8家机构在《娄底报》和娄底电视台曝光。组织各金融机构收回外流资金1100万元、违规拆出资金2.67亿元。1990—1993年，先后对566个行次进行贷款规模管理、执行结算纪律、贷款质量、保险费率等35个项目现场检查，累计稽查金额351.22亿元，查出和纠正违规金额29.93亿元。

1994年起，娄底人行对金融机构的营运监管由政策法规监管逐步转到政策法规与风险监管并重，突出金融风险的防范与化解。1994年，对232个金融机构进行利差补贴、结算纪律、保险费率等21个项目现场检查，稽查金额107.02亿元，查出和纠正违规金额6.85亿元。1995年，对356家金融机构和41家企业现场稽核，查出和纠正违规金额33.07亿元。全面审计1994年7月至1995年5月全地区粮棉油收购资金情况，检查104家金融机构和41家粮棉油收购加工企业，查出企业固定资产和经营性业务挤占挪用收购调销资金598万元、收购资金挪作他用623万元、亏损挂账1.29亿元，以及企业多头开户等问题。均采取措施予以纠正。1996年，检查156家单位执行信贷政策情况，重点查处工行、农行、中行、建行的房产信贷部、信用卡部、国际业务部的账外经营情况，查出“三部”共账外存款2.62亿元、账外经营贷款9.35亿元，分别督促纠正。全面稽核调查214家独立核算的农村信用社，划分高风险社、风险社、低风险社三个等级，严密监测高风险社。1998年，组织联合成立整顿账外账和违规经营领导小组，纠正账外经营76万元、违规经营3.47亿元。

1999年后，全市金融机构营运监管逐步形成央行监管、机构内控、行业自律、社会监督的“四位一体”监管体系。2000年，督促各行、社定期报送内部规章制度、授权授信情况、资产风险状况等资料；设置资产流动性比例、资产安全性比例、资本充足率、资产效益性4大类12项目风险预警指标。2001年，制订《不良贷款监测考核办法》，按月跟踪考核，对不良贷款比例超过50%的单位，及时发出预警告诫通知。2003年，组织6个项目的现场检查，检查78家金融机构，查处违规贷款1.53亿元；查处信用社经济案件18起。是年，娄底银监分局成立，娄底人行准确履职定位，正确处理“监”与“管”的关系，建立金融风险监测指标和风险预警指标体系，努力营造良好的金融营运秩序。2004年，娄底人行先后组织现金管理、统计执法、银行信贷登记咨询、再贷款、会计账户、邮政储蓄、反洗钱等现场检查，帮助违规金融单位进行整改。

2004—2005年，银监娄底分局对全市农村信用社法人机构进行风险评估和风险提示；对39家C级机构、C—级机构及重点贷款对象进行重点持续监管。两年间发出监管意见书、通知书45份，提出监管措施97条，监管约见谈话6行（社）37人次。先后派出42个工作组，对贷款风险等10多个项目组织现场检查46次，检查银行、信用社394家，查出违规金额20.17亿元，分别督促整改。2006年，派出26个检查但，对246家机构大额对公存款账户和票据风险、贷款偏离度、集团客户授信情况等15个项目进行现场检查，涉及金额150亿元，查出违规金额近41亿元，提出整改意见108条。对5个严重违法违规机构实施行政处罚。2007年，对外汇业务、统计执法、银行账户、反洗钱、存款准备金、国库经收、再贷款等一系列检查，维护银行业运营秩序。支持娄底农发行发展商业性金融业务，逐步推进由单一的政策性银行向政策性与商业性业务并存发展的综合性银行的改革过渡。2007—2008年，银监分局完成26个现场检查项目，检查机构网点546家，查出各类问题154个，提出整改意见263条。在此基础上，强化现场检查发现问题的后续整改督办，落实被监管对象的整改意见和建议96条，内部追责23人次。行政处罚10起。2009—2010年，银监分局强化现场检查质效，两年现场检查项目33个，派出检查组84个（次），检查银行分支机构380家，查出违规机构120家，违规金额32.85亿元，提出各类整改意见281条，责令银行业机构处理责任人74名。

2011—2012年，加强对存款、信贷、内控风险等问题的监管，就财政性存款招标、票据业务、有非法集资嫌疑企业信贷等问题下发风险提示，对不良贷款控制和清收不力的信用联社班子诫勉谈话。创新联动形式，构建娄底非现场监管QQ群。2013年，注重对农村信用社2008年以后新发放贷款中形成的不良贷款进行监测管理，建立和完善动态监测台账。组织各联社对隐性不良贷款进行全面清查，将隐性不良贷款和已显现的不良信贷资产清理入账。2013年，建立金融消费者协会，在银行、证券、保险三大行业设立投诉站，加强营运监管的社会监督。2014年，下发书面风险提示书、监管意见书27份，提出整改意见160条，行政处分119人，经济罚款51.46万元。2014—2015年，建立“大监督”考核基金，按季召开“大监督”联席会议，将“大监督”情况与“大监督”基金分配结合起来。2016年，针对双峰、娄底和冷水江3家农商行内部管理不规范、风险高等形势，开展7次监管会谈，4次下发28条整改意见。全年举证并认可各类信息780条，堵塞各类差错300余条，内部问责29人次；发出书面风险提示书、监管意见书33份，召开监管座谈会及约见谈话40次，提出监管意见166条。2017年，发出非现场监管提示单、警告单、书面风险提示书、监管意见书132份，召开监管座谈会60次，提出监管整改意见278条，整改到位80条，部分整改到位186条，责令内部问责18人次。

四、利率监管

1990年，较大范围的利率调整有4次。对华侨人民币储蓄和粮棉油贷款、开发性贷款、扶贫贷款等项目执行优惠存贷款利率。娄底人行重点检查62个金融机构利率执行情况，对违反利率政策的行为分别作出处理。1991年，娄底人行制定《利率管理工作要则》，组织4次利率大检查，查出违规多收或少收利息19万元。1993年，加大对利率违规处罚力度，对擅自和变相降低、提高存款和债券利率的，处以同额罚款，并将其非法吸收的存款，专户、无息存入人行。对违反贷款规定利率的，按其少收或多收的利息处以同额罚款，多收利息责令如数退还借款方。对拒不执行人行处罚和拒不纠正违规行为的单位，凭处罚通知从其账户上扣款，情节特别严重的，责令其停业整顿，直至吊销其经营金融业务许可证。1994年，组织5次全区性的利率管理检查。受检单位40个，检查储蓄存款878万元、贷款1.46亿元。查处违规单位12个，违规储蓄575万元；违规贷款5741万元。发出整顿通知书15份。在人行督促下，4家专业银行开展自查，主动退还多收贷款利率189万元。1995年，针对储蓄存款中贴水、滥发手续费和纪念品、变相提高存款利率等问题实施监管。对擅自提高和变相提高储蓄利率的，不论金额大小，查实后每笔处2万~5万元的罚款，同时冻结其违规吸收的存款，无息收缴人行，并追究单位负责人的行政责任。1996年，组织各种存贷款利率检查45次，对38个利率违规严重且不主动自查自纠的单位，分别做出责令整顿、通报批评、罚款及停业整顿的处理，共处罚款159万元。1997年，4次召开利率管理专题会议，明确各行社一把手的利率管理责任。组织42次各种形式的利率检查，受检机构109个，查处违规金额2.76亿元，处罚违规单位23个。对严重违规的农行钢溪支行行长、建行涟钢支行行长，分别取消其任职资格。对娄底工行、娄底中行、冷水江城市信用社等9个单位存在的利率违规现象，分别给予经济和行政处罚，对14名负有责任的领导人员，分别给予行政警告、记过和罚款的处分。1998年，在全地区推行金融机构自律、人民银行监管、社会监督的“三位一体”利率监管方式，全年利率检查27次，重点检查37个单位。对农行涟源市支行违规支付手续费揽储进行联合查处，冻结该行资金600万元无息存入人行，处罚款8万元，对负有责任的支行行长、分管副行长分别给予行政处分。1999年，采取自清自查与督促相结合的方法，强化利率执行监管。2000—2001年，针对利率违规行为隐蔽性强的特点，完善违规利率举报制度，加强社会监督。2001年，受理举报14起，查处14起。全年开展利率检查28次，查处20家单位的利率违规行为。2002年，对利率监管重点行和违规高发地，多次组织人员巡查调查，在《娄底日报》发布利率管理公告和利率违规举报。2003—2005年，与娄底银监分局密切配合，加强对金融机构执行利率政策监管，维护全辖存贷款利率秩序。

2006年，娄底人行结合推进利率市场化改革工作，加强区域金融市场利率的监测分析，转发《关于农村信用社贷款定价模板的通知》，帮助五县市信用联社制定《贷款定价管理办法》，举办利率定价培训班，推进市场化贷款定价机制建设。加强对利率调整后市场反应的快速调查，按月、按季汇总辖内市场利率情况，密切关注利率政策的实施效应。2007年，在各金融机构建立利率联系员制度，及时对利率调整产生的影响进行监测，将货币市场基准利率Shibor纳入市场利率分析框架，引导农村信用社贷款利率从“一浮到顶”粗放定价模式，转向按资金成本和风险类别科学定价。2009年，推广利率监测电子报备系统，将国有商业银行、农发行、邮储银行各分支机构全部纳入监测范围。加强Shibor的宣传，扩大Shibor在金融机构、企业和居民中的影响力，引导农村信用社在票据贴现、同业存款、内部资金交易等短期产品中参照Shibor定价。2010年，将小额贷款公司等民间借贷企业纳入全市电子利率报备系统，建立由金融机构、民间借贷企业和民间借贷户监测点构成的利率监测体系，按月编制全市利率监测月报，及时组织利率调整后的快速调查。1996—2015年，人总行27次利率调整，其中，上调13次；下调14次。2017年，境内金融系统建立利率管理联席会议制度，及时传达上级行有关精神，通报辖内利率政策执行情况，协调解决政策执行中的问题。积极推进利率市场化改革，规范金融机构利率定价行为，加强市场利率定价引导，审慎评估金融机构存贷款和票据业务利率定价行为。做好利率新旧系统切换培训，强化利率监测分析工作和调查研究。

五、外汇管理

1990年，全地区外汇市场只有少量的外汇券（侨汇券），由娄底中行统一管理。全年办理调剂外汇15笔，成交金额149.88万美元。1992年，国家改革外汇留成政策，留成外汇主要集中于有进出口权的外（工）贸公司。娄底外汇管理分局采取措施，加强外汇调剂工作，对辖内6家外商投资企业进行登记，对无外汇来源的娄底市毛巾厂和湘中针织厂，帮助调剂外汇51万美元。全年调剂外汇142笔，金额845.75万美元。1994年，辖内中行、工行、农行、建行4家银行经批准办理结、售汇业务。随着国家实行货币自由兑换政策，外汇券失去存在必要，次年全地区停止使用外汇券（侨汇券）。境内外汇调剂锐减，当年成交外汇调剂37笔，金额605.34万美元，结售汇1761美元，全地区外债余额2301万美元。1995年，对24家外商投资企业进行年检，其中9家合格。在对外债管理上，做好借、用、还的登记管理和严格审批程序。年底全区外债总额4007万美元。1996年，加快外汇调剂市场预测的转轨扫尾工作，为外商投资企业办理外汇调剂业务10笔、单向成交45万美元。1997年后，各国有商业银行发展结汇、售汇业务，实行本外币一体化经营。是年，全地区外债余额4743万美元。1998年，针对东南亚金融危机对外贸业务的影响，加强对进口报关单的第二次核对。全年出口收汇核销866万美元，收汇率100%；进口付汇1355万美元，进口到货1586万美元，核销率为93%。

2000年，娄底中心支局全面清理全市外汇账户，撤销1个长期睡眠户。全市出口创汇额4099万美元。全年收汇核销4055万美元，核销率100%；进口付汇963万美元，到货核销1128万美元，核销率117%；外债总额1166万美元，外汇账户余额3203万美元。各涉外企业交单率和付汇率均达到省规定的“A”级标准。2003年，全市自营进出口总额、结售汇业务1.14亿美元、1.07亿美元。2004年和2005年，实施外商投资资本金结汇管理改革；与相关部门加强对外商投资管理的协调联动，形成“汇、贸、商”涉外工作协调机制。2005年，娄底市自营进出口总额4.64亿美元，娄底外汇中心支局向省分局申请远程核销试点。7月1日，人行冷水江支行正式代办企业出口叫汇远程核销业务，成为全省第一家开办出口远程式核销试点单位。2008年，规范经常项目日常管理，实现涉外收支申报率、出口收汇核销率、外资企业参检率三个100%。扩大自动核销和远程核销业务，全年办理出口自动核销3.5亿美元，远程核销8000万美元。是年后，娄底邮储银行、娄底招商银行、娄底交通银行、娄底长沙银行先后被批准办理结售汇业务。

2010年，推进进口付汇核销制度改革，举办30余家重点进口企业和各银行参加的培训班，帮助熟悉新法规和核销业务。全年办理进口核销4.75亿美元，出口核销2.47亿美元，进出口核销率分别为97.70%和98.8%。2011年，在全省率先协助外商投资企业办理资本金定存及保值业务3000万欧元。指导外汇指定银行帮助出口企业发展海外代付业务，累计国际融资近6亿美元。推广会计师事务所代办数据资料申报，提高外商投资企业联合年检效率。全市参加年检的34家企业中，通过会计师事务所代申报的28家。2013年，娄底外汇中心支局综合运用窗口指导、风险警示、约见谈话、现场检查、联合检查等形式，督导外汇指定银行加强交易真实性审核，引导企业服从调控大局，防范外汇风险。开展企业资本金结汇、贸易收付汇、转口贸易收支等现场检查，清理资金20笔、金额3.4亿美元。2017年，全市办理结售汇业务的指定银行有8家，全市结售汇10.86亿美元。

第二节 防范和化解金融风险

一、反假币

1990年，采取多项措施，开展人民币反假工作。1992年和1993年，全地区发现假币案50起，破案32起。至1993年，全地区收缴假人民币5.78万张，金额8.39万元。

1996年和1997年，涟钢公安分局和涟源市公安局破获4起贩卖、持有假币案，收缴假币11.25万元。在新化县破获一起伪造美元案，在案犯刘某福家搜得伪造的1928年、1934年、1988年、1993年4个年号版、面额100美元的假美元2500张，合计25万美元（案发前，已销出5万多美元）。1998年，破获假币大案5起，收缴各种假币4000多张、涉案金额14万多元。1999年，开展反假币宣传周活动，全市设立反假防伪咨询点176个。举办6期反假币培训班，培训商业银行一线员工1000余人。配合公安部门在新化县端掉1处制造假纪念币窝点，当场抓获4人，搜缴假纪念币成品和港币10种、9100多枚，折值5.05万元；同时收缴冲压成型的半成品50千克、2万枚，钢模3副，案情在《娄底日报》等媒体报道。1998—1999年，收缴各种假货币1.57万余张，金额70.11万元，其中假人民币47.06万元、假国库券950元、假港币500元、假美元24.9万元。2000年5月，贯彻《中华人民共和国人民币管理条例》，在媒体和报刊上办专栏、做专访，号召全社会共同抵制和打击制贩假币的犯罪活动。先后破获假币案14起，涉案金额16.11万元，收缴各种假币7.09万元。2001年，将反假币工作纳入经常化、制度化、规范化轨道。全市各金融机构设立反假币宣传点153个，其中乡镇宣传点128个，散发反假币宣传资料15万多份。结合第五套人民币50元券、10元券发行，各金融机构层层举办培训班，培训一线员工1300余人，培训社会单位出纳人员3000多人。2001—2002年，全辖收缴各种假币62.03万元，收缴制造假币的工具1套。2003年，破获假币案5起，收缴假1元硬币16.1万枚。在新化县孟公镇捣毁1处制造假硬币窝点，当场抓获犯罪嫌疑人2名，收缴假硬币1100余枚、半成品5000余枚、模具2个、冲床1台。在1台面包车上发现28箱1997年版的1元假硬币，抓获犯罪嫌疑人2名、收缴假1元硬币14万枚、贩运假币车辆2台。2004年，在新化县捣毁制贩假硬币窝点5个，抓获犯罪嫌疑人15名，缴获制造假硬币模具25副、制假设备8台，缴获1元假硬币20余万枚及半成品2吨。中央电视台等媒体对此进行报道。12月，12名制贩假币犯罪分子被判刑，其中死缓6人、无期徒刑1人。2001—2004年，全市收缴各种假硬币46.3万枚、49.79万元；缴获假硬币半成品2670千克。2003—2004年，收缴假人民币1.1万余张、67.06万元。2005年，在新化县召开邵阳、益阳、怀化、湘潭、娄底5市人行参加的区域性反假货币工作第一次联席会议，交流各地反假货币工作情况，制定《湖南五市反假货币工作联席会议工作制度》，构建以娄底为中心的跨区域反假币工作机制。

2006年，全市反假货币工作以构建安全和谐的金融生态环境为方向，完善与地方党政、公安、金融机构、周边地市反假货币联系机制，在公交、电信、车站、医院、超市聘请反假货币工作联络员，全市共收缴假币12.6万元。2008年，完善信息沟通与办案协作平台，增强反假快速反应能力。先后破获贩卖、使用假币案5起，抓获犯罪嫌疑人9人，收缴假币8.6万元。受人行长沙中支委托，将全省收缴的185.49万元、重11.7吨的假硬币在冷水江钢铁总厂集中销毁。2009年5月，破获制假硬币窝点6个，抓获特大伪造货币案犯罪嫌疑人23名，缴获假硬币成品及半成品139万元，制假设备6台，制假模具60余套。国务院反假货币联席会议办公室称，本案是全国破获的最大一起硬币制假案件，其制假设备如精密车床、液压机、冲床和抛光机均为国内最新产品。是年，娄底辖区收缴假币107.8万元，销毁假币146.7万元。反假经验被国务院《反假工作简报》推介。2010—2011年，在新化县推出“一纵三横”反假机制，即建立县、乡（镇）、村“三位一体”反假中轴大纵深，县、乡（镇）、村三级分别成立反假网络覆盖的工作机构，严密监控，有效遏制该县制贩假币犯罪高发势头。其经验材料被国务院《反假货币工作简报》刊登。2010年，全市收缴假币7340张（枚）154.2万元；2011年，收缴假币2273

张（枚）、65.9万元；销毁假币2.21万张（枚）170.2万元。2015年，在公路、水路等交通领域开展反假币宣传月活动。通过综合整治，新化县连续3年未发生假币案件，被国务院反假币办摘掉"假币危害突出地区"帽子，是全省4个"假币危害突出地区"中唯一被摘帽子的县。2016—2017年，全市继续开展打击制贩假币违法犯罪集中整治专项行动，保持打击制贩假币犯罪的高压态势。2016年，全市收缴假币1.38万张112.5万元。全市连续5年无制贩假币犯罪记录。

二、反洗钱

2003年始，娄底人行成立由行长任组长的反洗钱工作领导小组和办公室。2004年，与各银行机构建立全市金融机构反洗钱工作联席会议制度，制定《大额和可疑支付交易调查操作程序》。2006年，开展《中华人民共和国反洗钱法》大规模宣传活动。2007年，针对犯罪分子利用手机短信和网上银行诈骗外地客户资金情况，责成金融机构全天候启动洗钱风险预警体系，加强对支付清算和网上银行的监测，成功防范和堵截37起诈骗外地客户资金案件，配合公安机关抓获犯罪嫌疑人39人，破获诈骗团伙9个，挽回客户直接经济损失341.5万元，直接防堵取现153.4万元。2008年，对涟钢一建材经营部账户几天内数亿元的可疑交易，进行一个月的监控跟踪，报请上级行同意与省市两级公安机关联合侦查，查出涉及多家深圳公司的洗钱窝案。对新化县某五金商行一天内收付数千万元涉嫌洗钱线索跟踪，报请公安机关立案冻结300万元涉案资金。2009年，对证券机构进行业务检查，挖掘并按程序向公安机关报送5起洗钱线索，其中一起由警方成功侦破。2010年，加大对资金交易的分析监测，向公安机关移送交易线索4起，涉及交易金额56.79亿元。

2011年，向公安移交可疑交易线索2起，其中正式立案1起，涉嫌交易金额2.8亿元，涉及账户56个，涉及30多人。2012年，与公安部门联合对公安经侦人员进行反洗钱培训，结合地下钱庄犯罪、毒品洗钱犯罪和金融诈骗犯罪等新型犯罪案例进行培训，协助公安案件协查13次，向公安移交可疑线索1起，协助破案2起，涉及套现金额3.2亿元。2013年，加强反洗钱队伍素质，组织51家单位的370人参加反洗钱知识测试，对未取得从业资格证书的不予备案上岗。2014年，对华融湘江银行、双峰农村商业银行等6家机构组织现场检查，发现一起重点可疑线索移交公安部门。协同公安部门和金融机构召开3次可疑线索会商，开展5次案件协查，整改76个责任问题。2015年，针对少数高管人员反洗钱意识不强的问题，先后约见3家单位高管人员进行警示谈话；对51家金融机构履职情况考核。联合公、检、法交流情报，对10件电信诈骗、非法集资、非法传销开展调查和打击。接收重点可疑报告10份，向公安机关移交线索8条，与公检法会商17次，协查案件6件。2016年，向公安机关移送线索8起，其中某珠宝公司涉及金额达77亿元的重点可疑交易线索和3起涉及上游洗钱犯罪的可疑线索，纳入公安立案侦查。配合有关部门开展打击离岸公司和地下钱庄转移赃款专项行动，推动反洗钱工作深入开展。2017年，依托"反洗钱监管信息综合管理系统"对金融机构进行风险评估，对13家被评为C类的机构高管进行警示谈话，对中投证券冷水江营业部、娄底中行、太平洋产险娄底中支公司进行现场执法检查。约谈双峰沪农商村镇银行、娄底农商行主要领导，予以风险提示。

三、信贷规模控制

1990年，贯彻执行"控制总量、调整结构、保证重点、压缩一般、适时调节、提高效益"的信贷方针，强化金融宏观调控，从紧控制信贷规模。年末各金融机构各项存款余额14.66亿元，各项贷款余额20.51亿元，贷存比例为139.8%；各项贷款规模比上级行核定计划节余205万元。1992年，以调剂规模为重点，控住各金融机构信贷规模在"笼子"内运行。辖内金融机构各项存款余额38.69亿元，各项贷款余额43.98亿元，贷存款比例为113.65%。1994年，年末辖内金融机构贷存款比例为105.1%，新增存贷款比例为79%。1995年，娄底人行实行贷款限额管理下的增量资产负债比例管理，对国有商业银行的新增贷款按其新增存款75%的比例控制。工行、农行、中行、建行4家国有商业银行的省分行年内下达信贷规模8.59亿元，实际投放节余指标22万元。1996年，执行适度从紧的货币信贷政策，对辖内国有商业银行和非银行金融机构实行全面的资产负债比例管理，督促严格执行各上级行核定的贷款规模和资产负债比例，督促调整信贷结构，保证农副产品收购资金到位，重点支持讲信用、有市场、有效益的大中型企业和新产品开发。

1998年1月起，对商业银行实行“计划指导、自求平衡、比例管理、间接调控”的信贷资金管理体制，加强“窗口指导”、协调引导和监管督导。1999年，农村合作基金会并入农村信用社，年末全市农村信用社存贷比为70.17%。2000—2002年，全市共增加贷款投入20.65亿余元，增量贷款70%以上投入涟钢、锡矿山、资氮、金竹山电厂等大型骨干企业和电信、交通等公共基础建设部门。2002年末，全市金融机构贷存比例为71.5%，比1999年下降20.88个百分点，结束多年来的高负荷运行。2003年，以支持县域经济发展为突破口，鼓励加大对“三农”、中小企业、民营企业和个体私营经济的支持，增加对小城镇建设和市政基础设施等方面的投入。2004—2005年，鼓励发展票据融资业务，弥补贷款规模的不足，全市累计开出商业汇票83.73亿元，累计办理贴现业务118亿元。2005年，全市金融机构本外币各项存款余额282.2亿元，本外币各项贷款余额159.1亿元，贷存款比例为56.38%，全市金融业务实现良性运行。

2006年，引导金融机构重点支持华菱涟钢等大型企业及重点建设项目，加强“三农”金融服务和下岗失业人员再就业的信贷扶持。年末全辖本外币各项存款328.02亿元，本外币各项贷款余额185.09亿元，贷存款比例为56.42%，较上年上升0.04个百分点。2008年初，娄底发生严重冰雪灾害，指导金融机构发放灾后重建贷款31.4亿元，支持5564户企业、28.3万农户迅速恢复生产。年末全市本外币存款余额486.96亿元，本外币各项贷款余额244.55亿元，分别比上年增加102.96亿元和54.99亿元；贷存款比例为50.22%，比上年下降4.12个百分点。2009年，按照国家保稳定、调结构、促增长的货币信贷政策，引导金融机构同心协力应对国际金融危机，支持、督促金融机构调整信贷结构，增加对优势行业、重点项目和中小企业的信贷支持，新增各项贷款93.5亿元。2010年，贯彻落实市政府《娄底市加速推进新型工业化“四百工程”实施方案》，引导金融机构把握信贷投入重点、力度和节奏，新增各项贷款61.27亿元，支持全市经济发展。年末，全市金融机构各项存款余额664.50亿元，各项贷款余额399.32亿元，贷存款比例为60.09%，比上年上升2.23个百分点。2013年，制订有关支持实体经济等6个窗口指导文件。组织发展跨境人民币融资业务，引导涟钢、闪星锑业等骨干企业办理跨境人民币融资13.94亿元。2014年，按照上级行关于加强支持实体经济发展的意见，协调有关部门编制20个市级标志性重点项目、97个工业交通项目、59个城建项目、47个商贸物流旅游项目、46个农业农村项目，引导各银行机构加大对实体经济的信贷支持；对农合机构和村镇银行，抓好央行定向调控政策落地，落实新型农业经营主体主办行制度，对44户新型农业经营主体发放贷款1.78亿元。2015年，制订金融支持转型发展的指导意见，引导各银行机构新增企业及机关团体贷款72.13亿元、房地产贷款15.25亿元、“三农”和小微企业贷款21.52亿元。2016年，贯彻落实市政府《关于推进供给侧结构性改革的总体实施方案》，建立金融支持钢铁煤炭行业化解过剩产能工作监测制度，引导银行机构退出采矿、制造、能源等行业贷款10.02亿元。制定《贫困村金融扶贫服务站建设工作实施办法》，引导涉农金融机构为10.56万贫困户授信21.4亿元，向51家扶贫经济组织发放贷款1.8亿元。推动娄底农发行与3个贫困县市签订《易地搬迁金融服务战略合作协议》，帮助对接扶贫开发投资平台，为易地搬迁及惠民基建项目授信16.4亿元。2017年，加强宏观审慎评估、事中监测引导、事后约谈管理等管控措施，运用央行货币政策工具，完善“1+N”货币信贷机制，督促银行机构改进薄弱领域信贷服务，支持娄底国家循环经济综合标准化试点和湖南中部产业转型升级示范区建设。年末全市本外币各项存款余额1716.18亿元，本外币各项贷款余额890.22亿元，同比分别增长13.8%和11.1%；贷存款比例为51.87%。

四、窗口指导

2004—2005年，娄底银监分局引导银行业信贷资金向重点领域、重点产业、民生工程、中小企业、

“三农”经济倾斜。督促各银行落实各项改革措施，建立和完善以风险控制为核心的新型经营管理模式。推动全市农村信用社统一法人改革。2006年，出台小企业贷款推动工作方案，指导各银行机构新增授信小企业337户，新增贷款5.28亿元。2007年，指导冷水江联社获取央行票据兑付资金1.3亿元；引导银行业金融机构支持社会主义新农村建设和县域经济发展；督促和引导银行机构优化服务环境、规范服务行为、提高服务效率和强化服务管理。2008—2011年，引导银行业机构重点支持农业产业化经营、支柱产业和优势骨干企业做大做强，支持民营企业和小企业发展壮大；指导农村合作金融机构稳步推进改革，加快改善股权结构，扩大法人股、投资股比重；指导全市5家农信社全部获得票据兑付金额9.57亿元；指导农行有序推进股改工作及农发行业务转型；指导大型银行分支机构设立中小企业信贷业务专营机构，推广双峰农行“惠农卡+科技社”模式。2012年，引导增强信贷投放效果，优先保障重大在建、续建项目、“三农”项目的资金需求；指导推动各农信联社进行农商行改革。2013—2014年，指导农村信用社进行农商行改革。支持大、中型银行向县城、社区延伸服务网点，设立离行式自助银行。出台支持实体经济发展、推进普惠金融，深化小微企业金融服务的意见和方案。2015年，引导、督促银行业机构实施差别化信贷政策，对接重点项目，保障地方政府融资平台重点在建项目的合理融资要求，推动改进小微、“三农”金融服务。开展服务收费行为整治，减轻企业成本负担。2016年，召开银行业机构服务实体经济发展促进会议，督促加大信贷投放力度，辖内法人机构完成小微企业“三个不低于”（贷款增速不低于各项贷款平均增速、贷款户数不低于上年同期户数、审贷获得率不低于上年同期水平）目标任务。加大扶贫信贷投放，全市银行业机构农村小额扶贫信贷余额2.06亿元，比年初增长1.55亿元；指导农村信用社完成农商银行改革。2017年，娄底银监分局指导银行业加大对实体经济的支持力度。推动2家国资委控股公司收购双峰农商行劣变股东股份5200万股。推进土地变现，新化、涟源两地政府用土地置换农信社不良贷款1.98亿元提前1年实现变现。指导银行业继续加强和改进小微企业金融服务加强金融消费者权益保护。指导推进银行业改革，督促法人银行机构完善公司治理，加强对董事、监事和股东管理，落实绩效薪酬延期支付制度。

五、社会征信

1994年，娄底人行开始建立贷款卡登记制度。1999年，银行信贷登记咨询系统在娄底正式运行，至12月配发贷款卡240张，虚拟贷款卡150张。2001年1月8日，全市银行信贷登记系统与省辖联网。6月16日，与央行系统联网。全市完成48家金融机构的程序升级，实现全国联网运行。2003年，各银行机构利用信贷系统提供的“公告牌”，配合金融安全区创建，及时发布欠息大户、欠贷大户、逃废债大户的“黑名单”和诚实守信的“红名单”。组织对逃废债的联合制裁。全市利用信贷登记咨询系统，防范信贷风险境内逃废债金额6000余万元。2004年，发放贷款卡10775张，征信查询6428次。2005年，制定《娄底市征信管理工作操作手册》，实行缴纳风险抵押金的办法强化考核评比。全市金融机构共入库信贷业务数据145.78亿元，其中贷款余额123.52亿元，占全市贷款95%。

2006年，全市稳步推进社会信用体系建设，高质量完成中小企业信息采集任务，充实企业信用信息基础数据库，入库信贷数据163.94亿元，其中贷款余额142.13亿元，督促金融机构利用系统信息资源开展查询，全市共查询2282次，发挥信息系统防化信贷风险的作用。2008年，结合征信工作，推荐中小企业与商业银行、信用社签约，签约企业50户，项目58个，金额为33.7亿元。有14户从未有过贷款的中小企业，通过征信建设获得3.2亿元贷款。2010年，组织“征信知识进校园、进乡村、进机关、进社区”活动，加强个人和企业信用报告异议处理，接受个人和企业信用报告异议处理48人次，妥善解决60多起历史遗留问题引起的征信纠纷和2起信用记录纠纷。2011年，协助工商部门开展评选“守合同重信用”活动，查询58家企业信用状况，其中7家因存在不良信用记录受影响。2012年和2013年，加大征信执法力度，检查网点96个，及时纠正持无效卡办理信贷业务等11个问题。利用企业征信系统中数据，从中筛选出114户优质企业，通过推介会等形式推荐给各金融机构。有62户获15.85亿元信贷支持，其中19户首次获1.90亿元贷款。2014年，推广使用身份信息自动录入设备，累计查询672家企业信用报告，查询1.71万份个人信用报告；发放新开户企业机构信用代码证4235户。推广应收账款质押贷款，撮合娄底市盛鸿贸易有限公司获得900万元应收账款质押贷款，实现湖南省应收账款融资服务业务零的突破。2015—2016年，全市征信工作在提升素质、强化监管中发展，在机制创新、促进征信服务上下功夫。推广使用信用报告，在财政贴息申请、房地产业年检、食品行业诚信体系建设等方面为156家企业提供信用报告查询服务。51家金融机构、17家企业在融资平台上注册；5家企业通过平台完成应收账款质押融资7亿元。继续加强征信服务，促成应收账款融资交易15笔，融资金额13.81亿元。为15.22万户贫困户信用评级，13.29万户获得授信32.57亿元；6632贫困户用信、金额2.78亿元。2017年，采取优化征信窗口服务、推进社会信用体系建设及信用联合奖惩措施，加强征信管理工作。为802家企业查询信用报告。查询个人信用报告6.63万份，为新开账户的5652户企业发放机构信用代码证，为611户企业办理信息变更。依法依规妥善处理异议事项，办理个人异议44笔。配合市委组织部对126名省人大、省政协代表推荐人选进行信用审查。提供司法信用查询5次，对11名个人和11户企业提供信用报告。紧扣精准扶贫推进贫困农户信用评价。对全市建档立卡贫困户13.91万户全部评级，评级率100%；授信12.2万户，授信金额22.96亿元。

六、银行账户管理

1990年3月，娄底人行规定，一个单位只能在一家银行机构开立一个基本账户，督促各行、社清退多头开户。1993年，娄底人行和地区标准局联合通知，在账户管理中实施查验全国统一代码证书的制度，将单位代码分别记入开户许可证和开户登记簿。1994年，经逐企业清理，撤销多头开户20户；查出无证开户600户，督促有关行社重新按规定办理开户手续。1997年，配合财政预算制度改革，组织力量清理地直各行政事业单位的财政预算外存款账户，发现一些单位为规避银行监督和套取现金，在多家金融机构重复开户，逐单位督促整改。1999年起，开展基本存款账户开户许可证年检工作，巩固基本存款账户清理整顿工作，通过年检及时发现和纠正账户违规情况，全部实行电脑规范管理。2001年，开发账户管理系统，建立基本存款账户数据库。全市进入账户系统管理的各类存款账户2.35万户，其中基本存款账户1.29万户、非基本存款账户1.06万户。2003年，对申请开立基本存款账户的，增加出具税务登记证件的资料；对企业破产、撤销基本账户后，为便于清算资产，凭人民法院批文开立一个临时存款账户。

2006—2007年，继续加强基本账户管理，建立自律基金，规范支付结算和账户管理。制定《金融机构账户管理员管理办法》，明确各银行账户管理人员的工作职责；组织全辖金融机构账户检查，对2家违规的商业银行分别予以行政处罚。2009年，结合为期一个月的支付结算、现金管理、反洗钱的综合检查，全面清理整顿各金融机构在人行开立的各类账户，核准开立各类账户1719户，核准销户532户。2013年，组织辖内各银行开展存量账户核实工作，全辖各银行应核实402.36万账户，均按进度如期完成。2015年，开展存量个人人民币银行存款账户相关身份信息真实性核实验收，对14家银行机构网点现场评估，落实账户实名制规定。规范单位结算账户行政许可，推广使用“三证合一、一照一证”营业执照进入账户管理领域。2017年，开展支付结算领域实名制落实年活动，组织4家村镇银行对2317户异常账户进行客户身份信息识别。组织辖内银行清理7737户存量单位结算账户，重新识别法人或单位负责人身份，消除风险隐患。

七、创建金融安全区

2003年6月，全市召开创建金融安全区动员大会。成立由市长任组长，政法委、金融办等20多个市直单位负责人参加的清收清欠领导小组。2004—2005年，娄底人行、娄底银监分局采取合规监管与风险监管并重的措施，以不良贷款为重点，加强信用风险贷款监管；以内部控制为重点，加强风险操作贷款监管；以法人机构为重点，加强流动性风险监管。查处责任人34人，堵截和防范2起涉及金额

2.1亿元的案件发生。至2005年，全市清收公职人员拖欠贷款4700多万元，占公职人员拖欠贷款的58%。2007年，加强金融生态环境建设，建立金融风险监测评估体系和金融稳定联席会议制度，对创安试点的双峰县和冷江市进行考核和授牌。2008年，查出发放冒名贷款和参与地下"六合彩"等重大违法人员2人并提请刑拘。2009年，市委、市政府将银信部门贷款纳入重点督查项目，娄底人行加强对5家农村信用联社及民间借贷情况重点监测。对政府类贷款风险实行针对性监管，逐笔建立监测台账，建立和完善项目、平台公司和地方政府三级分析评估体系，加大对贷款资金用途和流向监管力度。加强票据业务监控监测。首次将信息科技风险作为银行风险防控内容，建立信息科技联席会议制度和重点信息系统突发事件应急管理机制。对2008年以后新放贷款形成不良实行问责。加强金融机构运营监管，强化涉外业务管理，防范全球金融危机对辖内金融机构的冲击。2010年，市政府以创建"金融生态良好城市"为目标，出台《娄底市创建金融生态良好城市实施方案》，成立由市政府领导为组长的创安领导小组，狠抓各项措施落实，推动金融债务清收。全市银行业金融机构不良贷款率下降1.88个百分点。受逃废债影响较大、不良贷款率偏高的5个农村信用联社不良贷款余额减少1.41亿元，不良率下降9个百分点。

2011年，开展建设"省级金融安全区"工作，市政府成立"金融生态良好城市"创建领导小组，领导小组办公室设市金融办，全市不良贷款余额减少4.66亿元，不良率下降2个百分点。2013年，健全风险监测预防体系，构建以12项核心指标、22项参考指标、21项重点指标组成现场评估指标体系。出台证券监管、小额贷款及融资担保风险监测制度。落实法人机构"双线"风险防控责任，建立健全"双线"风险防控机制，与法人机构签订风险管控责任承诺书，按季对落实"双线"风险防控责任情况进行督办；防范信用卡风险，规范信用卡管理措施，防止信用卡套现和不良透支。2014年，将防范化解民间融资风险作为金融创安工作的重点。成立民间融资风险领导小组，建立分工协作的风险处置机制，部署维稳方案和风险应对举措。2015年，建立金融稳定基础数据库，制作全市金融风险分布地图，加强对房地产、煤炭等重点行业、重点问题企业、重点银行机构信贷风险专项监测，强化不良贷款清收工作。全市全年处置不良贷款30.15亿元。配合公安立案200余起，追缴资金5000余万元。与市法院配合，开辟快立、快审、快执、快结金融案件的绿色通道，结案率65%。2016年，创新金融维稳方式，发挥存款保险体系功能，促进地方法人投保机构完善公司治理，壮大抗风险实力。2017年，推进存款保险制度，加强金融生态环境建设和反洗钱工作，配合有关部门打击电信网络犯罪行为。建立钢铁、煤炭、锑品、房地产和融资平台、出险企业专项监测制度，及早处置金融风险苗头。规范互联网金融发展，制定互联网金融风险整治方案，开展打击电信网络新型违法犯罪活动，维护金融秩序。累计收集26户出险企业信息，涉及银行贷款5.18亿元，其中不良贷款5.01亿元。全市地方法人机构累计现金清收不良贷款2.46亿元，实现以物抵债2.21亿元；银行机构金融诉讼案执结率38.83%，标的额兑现率18.25%；全市不良贷款率3.88%。

第三节　地方金融风险处置

一、清理"三角债"

20世纪80年代末、90年代初，全国发生较为严重的"三角债"现象。1989年，娄底行署组织辖内清理拖欠，效果甚微。1990年，娄底行署成立清理"三角债"领导小组，下设办公室。娄底人行注入清欠启动资金4100万元。全地区企业共发出托收265笔，金额4206万元，对方承付74笔，金额965万元；收到托收424笔，金额7038万元，承付224笔，金额4256万元。1991年，娄底地区采取"源头注入、付方启动、收款还欠、连环清理"的全封闭式操作方法，对22个基建、技改项目源头注入启动资金3692万元，其中银行贷款3323万元，地方自筹369万元，企业累计清付3692万元。在连环清欠中，全地区有732户企业收回欠款127笔1.42亿元；607个单位偿付欠款1395笔1.2亿元。同时，在煤炭、棉花等重点行业和冷水江市进行流动资金清欠试点，收回人欠款1212万元，偿付欠人款1678万元。全地区清欠效果达到1∶8.1，高于全省平均水平，被评为全省清理“三角债”先进单位。1992年，围绕搞活国有大中型企业的目标，从治理整顿固定资产投资缺口、成品积压、企业亏损3个源头入手，清防结合，以防为主继续清理整顿企业“三角债”。对1991年底前竣工投产的国有单位基建技改项目拖欠的设备和材料款、应清未清和清欠资金未到位的在建项目拖欠的设备与材料款，以及上述项目拖欠国有建安企业的工程款等22个基建、技改项目，4月25日起，分批从源头注入资金8566万元，其中贷款8183万元，地方自筹383万元，源头清付8566万元。在连环清欠中，收到人欠货款256个单位、312笔、1.74亿元；支付欠人货款单位186个、212笔、1.56亿元。7月10日，全部完成封闭式连环清欠，清欠效果为1∶3.85。接着对冶金、电力、煤炭、机电等重点行业进行流动资金清欠，对10户重点企业注入贷款2959万元，加上企业自筹，共支付拖欠款4385万元。至此，清理“三角债”工作取得成功。通过清理“三角债”，对规范商业信用起到积极作用。

二、“两会一部”风险处置

（一）娄底地区农村合作基金会

1993年4月，娄底行署农村办公室在涟源市渡头塘进行农村合作基金会试点。至1994年底，全地区农村合作基金会由上年的2个发展到50个，下辖215个村级分会或代办站，吸收股金和各种存款6567万元、放款3.5万元。1995—1998年，乡、村两级基金会加速发展，至1999年4月中旬，全地区有农村合作基金会97个，下辖村级分会或代办站（点）1306个，吸收股金和各类存款9.12亿元、放款6.89亿元。

农村合作基金会建立后，由于经营管理不规范引发诸多问题。据1998年底清查，全地区农村合作基金会共有逾期放款3085.1万元，占放款余额的45.52%；干部职工在基金会借款4687.4万元、干部担保借款7021.5万元、干部介绍借款625万元、县乡单位借款（包括财政）8468.5万元，4项合计为2.08亿余元，占放款余额的31.37%；全地区44个基金会亏损1704.57万元，亏损面为48.89%。

1999年1月，根据国务院和省委、省政府部署，各级政府组织清理整顿农村合作基金会，从银行、信用社、审计、工商、财政、公安、法院等部门抽调3460人，组成310个清理工作队、69个巡回法庭。4月16日，完成农村合作基金会的清产核资工作。全地区农村合作基金会1403个机构，从业人员657人（不包括代办站人员）。聚资总额9.12亿万元，其中社员股金存款7.72亿元、代管资金1.4亿元；投放资金总额6.89亿元，占聚资总额的75.52%，其中干部职工借款6819万元、干部担保借款5940万元、单位财政借款7295万元、乡村企业借款1.19亿元、农户借款3.7亿元。各级政府运用行政、经济、法律手段进行清收，全地区先后停薪停职干部职工4925人，免职下岗518人，辞退干部34人。10月底，全市清收各种欠款4.13亿元，占投入总额的59.88%，其中干部职工借款和干部担保借款清偿率达85.7%和57.8%。1999年10月27日，全市完成农村合作基金会清产核资和分类处置工作。经人行武汉分行批准同意，77个农村合作基金会并入农村信用社，撤销5个县市联合会和15个不符合并入条件的乡镇基金会。并入总资产4.22亿元，其中各项放款1.42亿元、货币资金2.77亿元、固定资产82万元、应收利息239.76万元；并入负债4.2亿元，其中各项存款4.03亿余元、应付利息1609万元、其他49万元。并入时，各级政府承诺注入资金5955.22万元、实物资金589万元。11月，批准并入农村信用社的原农村合作基金会存款开始兑付，12月底结束，原基金会存款转存农村信用社2.37亿元。撤销关闭的基金会和并入农村信用社前剥离的原基金会的资产与负债，由有关政府部门接管和清盘。

（二）娄底地区农村互助储金会

1989年，地区民政局在双峰、娄底试办互助储金会，组建2个乡镇储金会、6个村分会和代办站。

1990年起在全地区推广，年末机构43个，其中乡镇储金会8个、村级分会和代办站35个，吸纳储金和存款余额25万元、放款17万元。1991年，建立2个县级联合会。至1994年底，全地区互助储金会机构2911个，其中县市联合会5个、乡镇储金会195个、村级分会和代办站2711个，村级储金会占法定行政村81.8%，入会农户54.11万户，占农户总数的61.7%。拥有储金和存款余额2700万元，其中会员储金1580万元，资金增值175万元，国家扶助资金62万元，集体捐助资金4.5万元；放款余额1198万元。1990—1994年，累计用于会员应急互助资金155万元，救灾扶贫发展生产投放资金534万元，扶持兴办救灾实体773个，投放资金509万元。

1994年以后，互助储金会逐渐偏离救灾扶贫、应急解难的办会宗旨，纷纷办理存款、贷款业务。1995年下半年到1997年底，互助储金会高息揽储、高息放贷现象较为普遍，有的存款年利率高达13.5%，并向存款人发放20‰的奖金；贷款年利率高达18%～20%。1998年，全地区互助储金会发展到3270个，其中县市联合会5个、乡镇联会210个、村级分会和代办站3055个，共有储金和存款余额4576万元、放款余额2380万元。1999年，互助储金会进行清产核资。全地区互助储金会借出资金2500万元，占储金总额53%。放款中，会员个人借款1645万元、企业借款680万元、乡镇财政借款105万元、乡镇干部借款70万元。无法收回的放款400余万元，占放款总额16%。

1999年，地委、行署贯彻国务院关于撤销农村互助储金会的决定，先撤销村级互助储金会，保留142个县市级和乡镇联合会进行清理整顿，在清产核资基础上再撤销全部互助储金会。各级政府组织清理整顿领导小组，全面展开农村互助储金会资金清欠和资金兑付工作。至2002年底，全市全部兑付完毕个人在储金会的储金和存款，收回借款1494万元。没有收回的1006万元借款（其中单位借款426万元、个人借款580万元），作为遗留问题交当地政府处理。

（三）娄底地区供销社股金服务部

1996年7月，涟源市桥头河区供销社设立股金服务部，向供销社职工和农户吸收股金及开办商业放款业务，入股股民526户，吸收股金60.28万元。1997年，股金服务部在全地区供销社系统推广，1998年，全地区供销社设立社员股金服务部（办）48家，占独立核算的基层供销社的65.7%，入股股民3.67万户，吸收社员股金1.13亿元。

1998年，各县市供销合作联社设立县市级的股金服务中心。5月，贯彻省政府关于供销社股金服务部“停止发展，全面整顿，严格规范，逐步收缩，化解风险，保持稳定”的精神，全地区清理整顿供销社股金服务部。年底，基层供销社的股金服务部减少至41家，股金余额下降至6308万元，其中农民和城镇居民股金4619万元，供销社职工股金1689万元。投放使用股金5817万元，占股金总数的92.2%，其中，用于农贸商品购销3485万元，占60%；用于生活资料购销1914万元，占33%；用于农副产品收购2859万元，占投放总额的49.1%。1999年3月12日，涟源市发生供销社股金挤兑风波，约300多名股民围坐桥头河等9家基层供销社，该市14家股金服务部有7家被迫关门停业。4月，全地区开展清理整顿“两会一部”工作，经过清产核资，年底，5家县市供销社股金服务中心和各基层供销社股金服务部全部撤销。在清理、撤销供销社股金服务部过程中，采取清收欠款、变卖商品和资产等措施，并从省政府争取到2400万元再贷款资金，保证股金正常兑付。

三、民间融资风险处置

20世纪90年代后，娄底域内不同程度地存在民间融资现象。为防范和化解民间融资风险，2007年，娄底市成立打处非工作领导小组，办公室设娄底银监分局（2014年，改设市金融办）。2012年，全市民间融资规模约400亿元。

受诸多内外因素影响，2014年，娄底市民间融资风险爆发。市委、市政府迅速采取措施积极应对。市委办、市政府办印发《关于调整市打击和处置非法集资工作领导机构、民间融资风险处置工作机构及成员的通知》，明确由市委常委、常务副市长担任打处非领导小组组长，成员单位由21个增加到33

个。按照《湖南省处置非法集资工作规范（暂行）》要求，制定《娄底市非法集资突发事件应急处置预案》《娄底市处置非法集资规范实施办法》《娄底市打击和处置非法集资工作责任追究办法》《关于禁止党员及国家公职人员参与非法集资和高利借贷等非法金融活动的通知》《关于进一步做好民间融资风险分类处置的指导意见》《关于印发民间融资风险分类处置工作流程的通知》等一系列制度。2015年，市打处非办按照省打处非领导小组对非法集资专项整治行动的统一部署，根据《关于开展非法集资问题专项整治活动的通知》和《关于进一步做好非法集资专项整治活动有关工作的通知》等文件精神和工作要求，制定开展非法集资专项整治活动。全年全市共排查企业（机构）2542个，调查自然人756人，发现非法集资问题线索143条，涉案金额较大的高风险非法集资事项8起，其中7起由公安机关立案侦查。检察机关受理案件79件121人。公诉部门受理非法集资案件75件249人。同年，印发《2015年娄底中心城区民间融资风险处置工作考核办法》，明确风险处置工作责任单位和个人的职责和考核标准。同时将处置非法集资工作纳入综合治理考核的内容上。

2016年7月，市政府印发《娄底市互联网金融风险专项整治工作实施方案》，成立娄底市互联网金融风险专项整治工作领导小组，明确市政府金融办、市人民银行、娄底银监分局、市商务粮食局等作为牵头部门，排查各种互联网金融企业，对涉嫌非法集资犯罪的，及时采取措施处置。市委、市政府为加强对打处非的领导，明确由市委副书记担任打处非领导小组组长，成员单位由原来33个增加至43个。先后制定出台《关于政法系统进一步做好打击和处置非法集资工作的指导意见》《关于非法集资案件资产确认追缴和归集若干问题的意见》《关于重申党员及国家公职人员参与非法集资和高利借贷等非法金融活动“七不准”要求，强化依法推进风险资产处置工作纪律的通知》等文件。

2017年，按照“政府牵头、司法主导、依法处置”的总体思路，由市金融办牵头，组建娄底市民间融资纠纷调解中心（简称调解中心）和娄底市中心城区打击处置非法集资集中办案中心，继续推进民间融资风险防范和化解工作。是年，经统计，全市民间融资总额215.38亿元，全年风险事项178起，涉及人数8.22万人。兑付金额31.44亿元（含以物抵债），涉及兑付人数2.39万人。

第八章　金融统计、调研、电子化

第一节　金融统计

1990年，娄底人行与行署统计局及商业、外贸、供销等部门联系，建立21项国民经济主要指标统计制度，及时为金融宏观决策和定量分析提供准确的系列数据。1992年，对娄底地区自中华人民共和国成立以后40多年的经济、金融历史数据填漏补缺；加强系统内外联系与信息交流，与省内外金融机构和有关部门建立6条联系网络；将全地区信贷资金报表数据输入电脑。1994年，适应金融体制改革和金融业务发展需要，在全省率先将外汇、证券、房地产、保险信贷的业务纳入央行统计，增强金融统计的完整性。是年，金融统计从侧重信贷现金统计向建立货币统计体系转变，对15个统计单位的统计归属与统计口径，按照货币统计体系的要求进行改革，扩充“货币概览”“金融概览”“储备概览”“现金概览”“存款货币银行信贷收支分析”等统计指标体系，形成中央银行以基础货币为主线的新的统计模式。4月起，逐月编制“金融机构主要指标一览表”，供地方党政和本行领导掌握金融运行态势。1995年，实现统计报表通信联网。1997年，统计报表实行“全科目”上报。规定各金融机构的报送频度为旬报、月报、季报和年报，各地级商业银行收集汇总其所属单位数据后向娄底人行传盘转换，城乡信用社、证券公司、邮政储蓄和信托机构向娄底人行直接报送。完成人行系统金融统计IES网络建设，实现共享统计信息资源。1998年，贯彻《中共中央办公厅、国务院办公厅关于坚决反对和制止在统计上弄虚作假的通知》精神，先后组织会计核算与统计报表、现金收支统计两次执法检查，重点检查17家金融机构，及时发现和整改一些基层单位存在估统、错统、漏统等问题。

1999年，娄底人行完善数据统计、资料管理、重大事件请示汇报等10项管理制度。2000年，规范“全科目”的数据统计，归口管理各金融机构统计业务。各金融机构的各类统计信息，原则上统一由统计部门向当地人行报送，纠正以往存在的多渠道报送、多口径报送、重复交叉报送等现象。2001年7至9月，组织全市金融系统金融统计大检查，重点抽查33家金融机构，对存在问题较轻的3家单位限期整改，对问题较严重的1家单位给予行政处罚。2002年，加强与监管对象的信息沟通，建立重大事项及时报告制度。各种报表的报送方式实行文字资料与磁盘、电子邮件同时报送。2004年，娄底银监分局与娄底人行分设。辖内各级银行继续按原有渠道和方式报送统计数据，同时分别向人行和银监分局报送统计分析资料。2005年，制定《娄底市金融机构统计达标管理办法》，组织工、农、中、建、娄底农发行、市邮政储汇局、娄星区信用联社等7家单位开展金融机构统计达标活动。

2006年，建立《统计快报》指标体系，为经济、金融提供统计服务。2008年，将新设保险机构和证券机构纳入金融统计范围，实现“大金融”统计数据的全面性与完整性。2009年，完成金融统计新老系统过渡，实现金融统计数据集中系统单轨运行。2010年，建立《娄底市政府投融资平台贷款统计制度》，跟踪监测地方政府投融资平台融资情况，建立钢铁行业监测分析制度，将新成立的娄星区汇丰小额贷款公司、涟源市源方小额贷款公司纳入统计范围。2011年，将新成立的娄星区鸿星小额贷款公司纳入统计范围。与各商业银行、证券机构和发改委等经济主管部门，建立数据报送平台和信息共享机制。建立战略性新兴产业、地方政府融资平台、保障性安居工程和农田水利建设四大领域贷款专项统计制度。2012年，将证券、保险等32家非银行金融机构纳入金融统计范围。对新设立的招商银行娄底分行、娄底华融湘江银行和双峰沪农商村镇银行、涟源沪农商村镇银行纳入统计范围。2013年，将招商银行娄底分行、娄底华融湘江银行、交通银行娄底分行纳入娄底市金融统计数据共享平台。

2015年，金融统计制度发生较大调整，特别是存贷款统计口径调整较大。2016年和2017年，建立《娄底市金融统计数据质量评估指标体系》；向娄底市政府门户网站申请专栏，按季公布金融统计数据；加强与政府有关部门的沟通、协调与合作，提高数据采集的覆盖率和统计分类的精确度；定期采集银、证、保、小贷公司、担保公司、民间融资等数据；完善监测指标体系和评估方法，为防范和化解金融风险提供统计支持；强化金融统计等级管理工作，对考核评定为A类行的单位，下年度免于检查；对考核评为C类行的单位，进行全面检查，并约谈主管领导，促进全市金融统计水平规范化。

第二节 金融调研

1990年，娄底人行围绕经济、金融工作的重点、难点、热点、焦点问题，先后组织37次调研活动，撰写调研材料109篇，其中被中共中央办公厅、国务院经济发展研究中心等采用4篇。其中对全地区闲置设备的专题报告刊发后，省内外一些企业和经济主管部门来信来电要求调剂闲置设备。在各部门配合下，有24家企业调剂闲置设备近1000万元。1991年和1992年，娄底人行围绕工业企业景气、“七五”期间固定资产投资特点、资金流失情况等问题，两年分别撰写各种调研和信息材料298篇（条）和220篇（条），其中被国家级刊物采用62篇。1993年，国家经济体制改革深入发展，各种矛盾的冲撞影响金融业有序运行。娄底人行撰写《金融竞争失控的表现、特征、影响、原因及改革思考》等多篇调查报告和调研论文，对当年开展的整顿金融秩序的工作起到参考作用。1996年，娄底人行选择国营、集体、乡镇企业10多家开展调查研究，撰写《破产应依法稳妥进行》《企业破产的误区及对策建议》等调研报告，分析有意逃废债务导致诚信缺失、最终影响企业和地方经济发展的危害。地委、行署高度重视，专门开会研究，规范企业破产和改制工作。1998年，针对一些企业破产、改制后的下岗、失业人员的社会问题和金融企业经营效益持续滑坡等问题，组成联合调查组，开展为期一个月的社会调查和企业调查，连续撰写《下岗职工再就业现实保障及对策》等7篇调查材料，为地委、行署出台的一系列下岗职工再就业优惠政策提供参考。

1999年，娄底人行撰写的《拓展农村内需难在何处》一文，被《人民日报》加上编者按语登载。2000—2002年，娄底人行围绕贯彻货币政策、维护金融稳定、改进金融服务等问题，先后进行40多项课题调研，在省部级报刊和内刊上发表调研文章110多篇。其中《中部地区农村金融支持农村经济结构调整对策研究》，被武汉分行列入重点研究课题。2007—2008年，市财金办坚持开好季度金融形势分析会，对经济金融运行中的难点问题及时协调解决，先后围绕财源建设、金融支持县域经济发展状况和中小企业直接融资等方面进行重点调研，编印《财金信息》和《财金月报》，为市委、市政府领导决策提供参考依据。2009—2010年，市财金办围绕财税金融证券工作及金融支持县域经济发展、缓解中小企业融资困难、支持重点项目建设、加大地方金融体系建设等方面深入企业、贴近企业开展专题调研。先后撰写《我市再生资源行业在税收政策财整中存在的问题及对策》《中小企业贷款难在何处》《改善娄底投融资环境的思考与对策建议》《娄底市“十二五”金融发展战略和发展思路研究》等28篇调研报告和建议方案。2009—2013年，娄底人行紧扣金融危机对娄底经济的影响、金融支持中小企业融资及城镇化建设，欠发达地区中小微企业融资等专项课题及一系列子课题开展调查研究。完成调研课题109个，完成调研报告1423篇（条）。2014年，全年完成8个重点课题和6个上级行布置的调研课题。2016年，市金融办制定《娄底市“十三五”现代金融业发展规划》《关于加快金融业改革发展的实施意见》，提出“十三五”期间加快娄底现代金融业发展的指导思想、基本原则、战略目标、主要任务、发展布局、发展措施和发展保障，把金融业打造成现代服务业的龙头支柱产业，提升服务地方经济和社会经济发展的能力，为未来5年娄底现代金融业的跨越式发展提供宏观指导和路径指引。

2017年，市金融办牵头负责金融生态良好城市创建工作，深入企业、金融机构等基层一线走访调研，撰写《娄底市金融生态环境报告》，引起市委、市政府高度重视。是年，市人行完成《民间借贷危机后金融生态的修复路径选择——基于娄底实证》的重点课题以及《金融精准扶贫瓶颈与制度供给——涟源案例》的特色课题。全年在上级行内外刊物上稿200余篇。

第三节　金融电子化建设

1990年，境内开始电子联行基础建设，完成卫星机房的改造和8个操作台、34台设备的安装。娄底工行率先开办电脑储蓄，配备电脑主机30台、终端机20台、计息机222台、点钞机82台、密押机72台。娄底建行、娄底工行、娄底农行、娄底中行逐步推进会计电算工作。1993年，境内建成卫星小站，连通总行总站；安装调试NOVELL网络，着力进行软件自主开发；对人行省分行推广应用的《会计记账》等16项业务和管理工作，均取消手工操作，全部上机处理。各金融机构网点业务实行计算机处理电脑覆盖率大幅提升。1995年，境内电子联行正式运行；卫星小站并入全国大网。1996年，境内在全省第一家开通IES快通系统；开通娄底地区同城票据清算计算机网络系统。1997年，境内完成“天地对接”软件安装调试，先后建成二级分行机关内部的局域网、省地县三级广域网、全国人行系统卫星网和与国际互联的INTERNET网。1998年，境内开通169网，连通互联网。全行机关局域网、省地县（市）三级广域网、IES快通系统和全国卫星网正常运行。1999年，各银行以解决计算机“2000年问题”为中心，围剿“千年虫”，结合推进计算机软硬件平台升级，完善网络建设，顺利通过2000年的时间窗口。娄底人行完成全国人行系统电视电话会议系统基础建设。

2000年，境内将信贷登记咨询系统推广应用到县（市、区）一级，将城乡信用社纳入该系统管理范围，年底实现全国联网。娄底工行加强网络建设，实现全国工行系统联网、通存通兑、电子汇款即时到账抵用。娄底农行实施以省域数据集中为核心的新一代综合业务系统（ABIS）、综合应用前置系统（AIPS）、集中式信贷管理系统（CMS）的三大工程电子化建设。娄底中行转换储蓄业务RBS系统和信用卡业务AS／400系统数据，加强电子汇兑系统建设。娄底建行开通清算直联业务，实现综合网络与清算网络无缝对接。娄底农发行完成信贷管理系统3.0版的升级工作。农村信用社建立城乡资金清单“高速公路”电子汇兑系统，建成电脑储蓄网点115个，对公业务电算网点5个、电子汇兑网点5个、同城票据电子结算网点2个。2001年，境内完成计算机通信网第三期工程改造。2002—2003年，娄底人行完善电子邮件、公交传输、信贷登记咨询、会计核算“四集中”系统，逐步实现无纸化办公；推进银行卡联网通用工程，改进用卡环境。

2004—2005年，娄底人行实施局域网升级扩容和交换机更新，对县（市、区）网进行提速改造。完成大额支付系统、账户管理系统的上线推广，货币金银信息管理系统等8大业务系统均上线运行。娄底银监分局与娄底人行进行网络分设，开通与省银监局的网络直通，加快机房建设和网点连线，连线网点98个。农村信用社加快电子化基础建设，全市100个信用社中，96个开办电脑储蓄，80个实现办公自动化；243个营业网点中，配备电脑375台，打印机等设备459台，204个网点开通中创版储蓄系统。省信用联社驻娄底办事处与各县（市）联社均实现信息处理电子化。

2006年，娄底人行完成小额支付系统、国库3.0版核算系统、纪检办公系统、内控制度评价系统的推广应用；完成内联网核心交换机、内联网络路由器备份和内联网补丁分发系统等工程。2007年，推广应用国库财库行横向联网系统、人民币结算账户管理系统二期升级换版、商业银行身份证联网查询系统和支票影像交换系统、中央银行会计集中核算会计凭证影像系统。2008—2010年，为每个县市支行增设一条2M的数字线路；自主开发“国库统计分析表辅助程序”；对各业务系统升级、补丁10多次，维护、维修计算机软硬件300多次；推广上线新版《固定资产管理系统》《ABS系统整合》《金融行业机构信息管理系统》《资产监控平台》《桌面安全管理系统》等。各商业银行加强电子化设备的维护管理和更新换代。

2011—2016年，组织推广应用金融IC卡，市工行、市中行、市建行先后与市公交公司、市出租车公司和冷水江公交公司签订推广应用金融IC卡合作协议。完成网结构优化暨划分OSPF子域工程、国库业务TCPS上线、电视电话会议系统延伸到县支行工程。将业务网省域网由10M升级到20M，业务网县市网由2M升级到4M，办公网省域网由2M升级到4M，机关互联网由10M升级到60M。完成网络扁平化改造项目，撤销娄底市金融城域网，将各银行机构财库行系统前置机改造为通过长沙金融城域网MT接转中心进行中转接入。2017年，娄底工行共有各类金融电子设备3069台（套），以及网络设备、视频设备、防火墙设备、核心路由设备、电源设备等门类齐全的电子化设施和大数据、云计算智能化的电子处理系统、清算系统、报表系统、管理系统及办公系统；娄底农行全行3400多台（套）电子设备，上线运行实物资产管理系统；5家农村商业银行先后建立监控中心，具备实时视频监控、对讲、回放查询、远程报警功能。财务管理系统上线运行。业务网络进行SMTP网络改造；全市农村地区布放便民金融自动服务终端机37台，建设便民金融服务点37个；娄底中行2700余台次核心银行系统BL终端版本程序升级工作；娄底建行重点推进总行部署的“新一代核心系统”建设，推广实施Windows7、Office2007／2010等新系统，全行各类计算机设备1165台，现金类自助设备634台；娄底邮储银行建成包括自动存取款机、多媒体终端、网银自助图形终端、“95580”电话在内的自助服务体系，有各类金融电子设备665台。先后成立的招商银行、华融湘江银行、交通银行、长沙银行及村镇银行，根据自身电子化业务发展需要，投入各种各类金融电子化智能设备1000余台。

第九章　机　构

第一节　协调指导监管机构

一、市政府金融工作办公室

2005年1月，成立娄底市财税金融工作办公室，为副处级机构。由市政府授权管理全市财税、金融、保险、证券工作，内设3个科室，编制13名。双峰县、娄星区、涟源市、冷水江市、新化县、娄底经开区、万宝新区先后设立县（市、区）金融（财金）办公室。2010年12月，市财税金融工作办公室更名市政府金融工作办公室（简称市金融办），加挂娄底市企业上市办公室牌子，升格为正处级行政单位，行政编制12名，内设机构仍为3个科室。2014年1月，全市打处非办公室从娄底银监分局移交市金融办。2015年，市金融办增设企业上市科，在金融科加挂打处非领导小组办公室牌子，增加打击处置非法集资职责。2016年，不再负责管理财政、税务部门的工作。2017年，市金融办内设4个科室，行政人员14人。

二、中国人民银行娄底市中心支行

1977年，中国人民银行娄底地区分行成立。1990年，内设11个科室和1个工会组织。下辖冷水江市支行、二级分行营业部及湖南省证券公司娄底代理处。共有职工194人。1990年9月和1991年8月、1993年1月，先后恢复成立双峰县支行、新化县支行、涟源市支行。其间，内设机构增设6个科室。1996年，信用社与农行脱钩，由人行直接监管，娄底人行增设农金科和信合办。证券营业部与人行脱钩，划归省证券公司。1999年1月，人行娄底地区分行更名为中国人民银行娄底地区中心支行，归属人行武汉分行和人行长沙中支双重领导；8月，中国人民银行娄底地区中心支行更名中国人民银行娄底市中心支行。2003年12月，娄底监管分局与人行娄底中心支行分设，娄底人行向银监分局划调干部51人，此后，机构、人员保持相对稳定。2017年，娄底人行下辖双峰、涟源、冷水江、新化4个县市支行，内设19个科室和1个工会组织，有员工204人。

三、国家外汇管理局娄底市中心支局

1987年，国家外汇管理局娄底分局成立，与娄底人行合署办公。1990年，娄底外汇分局局长、副局长由人行行长、副行长兼任，下设外汇管理科，员工3～5人，行使外汇管理职能。1999年，娄底外汇分局更名国家外汇管理局娄底市中心支局，仍与娄底人行合署办公，局长仍由行长兼任，副局长改设为1人，由管理外汇工作的副行长兼任。至2017年体制未变。

四、银监会娄底监管分局

2003年12月，成立娄底银监分局。2003年，在职员工51人，内设6个职能科室，下设双峰、涟源、冷水江、新化4个监管办事处。2005年，设立财务科。2007年5月，设立监察室，合作金融机构监管科分设为合作金融机构非现场监管科和合作金融机构现场检查科，上收4县市监管办事处全体人员。至2017年末，娄底银监分局设置未变。

第二节　银行机构

一、中国农业发展银行娄底市分行

1996年9月26日，中国农业发展银行娄底地区分行成立，县处级机构，授权法人单位。全行干部职工112人。内设5个科室；下辖分行营业部和双峰、涟源、冷水江、新化4个县、市支行。主要经营粮、棉、油等农副产品专项贷款和农业综合开发、扶贫贴息等政策性贷款。是年，接收娄底人行划转的老少边穷贷款3713万元，接收娄底农行划转的代理各项存款余额3812万元、各项政策性贷款余额

6.51亿元，全行资产总额12.98亿元。1999年9月，中国农业发展银行娄底地区分行更名中国农业发展银行娄底市分行。2001年，市分行增设信息电脑科、保卫科。2004年，撤销保卫科，增设客户服务科、信息与风险管理科。2006年，市分行内设机构原名为“科”的均改称为“部”。2017年，全行下辖4个支行和1个营业部，内设10个部室，全行在职员工125人。2017年，全行各项存款余额18.01亿元，各项贷款余额28.24亿元，实现经营利润6443万元。

二、中国工商银行股份有限公司娄底分行

1990年，中国工商银行娄底地区中心支行成立。下辖机构76个，其中娄底、冷水江、涟源、双峰、新化5个县（市）支行和1个涟钢办事处、29个分理处、41个储蓄所。内设17个科室和1个工会办。全行在职干部职工847人。1990年各项存款余额5.21亿元、各项贷款余额9.02亿元，经营利润1250万元；1993年增设牡丹信用卡部；1994年增设房地产信贷部，成立中心支行营业部。1999年9月，中国工商银行娄底地区中心支行更名为中国工商银行娄底市分行。2005年12月，中国工商银行娄底市分行更名为中国工商银行股份有限公司娄底分行，内设16个部室和1个工会组织；下辖涟源、冷水江、新化、双峰、涟钢、兴城、城建、街心8个县（市）级支行；有营业网点30个，在职正式员工580人，其中分行机关205人。2006年，内设部室精减至10个。2009年末，全行员工646人，设机构网点28个。2017年，全行营业机构28个，一级支行9个，二级支行13个；内设19个部室和1个工会办。在职员工625人。2017年，各项存款余额185.26亿元、各项贷款余额132.73亿元，经营亏损2.08亿元。

三、中国农业银行股份有限公司娄底分行

1990年，中国农业银行娄底地区中心支行有机构88个，下辖5个县市支行、42个营业所（营业部）、37个储蓄所，直属科级单位有信托投资办事处、劳动服务公司、干校各1个。内设13个科室和1个工会组织。全行干部职工1107人。同时管理5个县市农村信用合作联社、218个乡（镇）信用社，1149名信用社职工。是年，全行各项存款余额3.7亿元，各项贷款余额4.84亿元，经营亏损795万元。1991—1995年，增设4个内设机构，成立钢溪支行（后更名涟钢支行）。扩增40个储蓄所、代办点。1995年，有干部职工1351人。1996年，中国农业发展银行和农村信用社与农行“一分一脱”，向娄底农发行划调干部职工112人，向各县市信用联社调出管理干部35人。

1997年，撤销3个内设部门和信托公司办事处，将其改建为经办银行综合业务的3个支行级办事处。1998年，将6个支行级机构合并为4个县级支行（营业部）。1999年，中国农业银行娄底地区中心支行更名为中国农业银行娄底市分行。1999—2008年，撤并91个营业所、储蓄所，增设2个城区网点，改建升格和搬迁10个营业网点。2008年，全行48个营业机构，下辖8个县级支行、2个二级支行、37个分理处和营业所。全行员工792人，另有12名劳务派遣工。2009年，娄底市分行更名为中国农业银行股份有限公司娄底分行。市分行按股份制银行要求，加快营业网点转型发展，加强员工队伍建设。2017年，下辖7个一级支行、46个营业网点（含二级支行）。内设15个部室和1个工会组织。有员工788人。2017年，全行各项存款余额212.76亿元，各项贷款余额107.07亿元，净利润1.56亿元。

四、中国银行股份有限公司娄底分行

1990年，中国银行娄底支行专业办理娄底地区外贸系统所属企业、三资企业、外贸出口和外贸定点扶植的生产经营企业存贷款和结算业务。下辖涟源、新化、冷水江、双峰4个县（市）支行、11个储蓄所（分理处）。内设9个科室，干部职工161人。是年，全行各项存款余额4407万元、各项贷款余额8402万元，经营亏损134.2万元。1993年8月，增设涟钢支行。10月，中国银行娄底支行更名为中国银行娄底分行，下辖5个县级支行、30个分理处（储蓄所），内设科室18个。员工413人。

1995年，娄底中行由国家专业银行向国有商业银行转轨，部分储蓄所升级为分理处。2005年6月，中国银行娄底市分行更名为中国银行股份有限公司娄底分行。下辖1个二级分行、5个县市支行、20个

分理处、7个储蓄所，内设9个部室，员工529人。2008—2012年，21个分理处升格为支行。2017年，下辖营业部和冷水江、新化、涟源、双峰等5个县级支行（营业部）、22个经营性支行和34个自助网点，本部内设8个职能部门，在职员工519人。2017年，各项存款余额182.19亿元，贷款余额78.02亿元，净利润2.53亿元。

五、中国建设银行股份有限公司娄底分行

1990年，中国人民建设银行娄底中支辖有机构网点82个，其中支行8个、自办公司3个，职工人数459人。1990年，各项存款余额2.03亿元、各项贷款余额1.97亿元，经营利润351万元。1991—1992年，娄底建行和5个县市支行设立房地产信贷部。营业部改建为长青路支行。1996年3月，中国人民建设银行娄底地区中心支行更名为中国建设银行娄底地区中心支行。1999年11月，更名为中国建设银行娄底市分行。原娄底市支行、涟邵支行撤并更名娄星支行。2000年，撤并网点28个。2003年，内设机构7个，营业网点由51个减至29个。2004年9月，中国建设银行娄底市分行更名为中国建设银行股份有限公司娄底分行。2005年，全行机构网点总数28个，其中支行10个、分理处12个、储蓄所6个，在职员工425人。2006年后，全行机构、人员保持基本稳定。2017年，内设12个部室和1个工会组织，下辖17个支行、29个营业网点，在岗人员524人。各项存款余额323.15亿元，各项贷款余额171.16亿元，实现经营利润5.92亿元。

六、中国邮政储蓄银行股份有限公司娄底分行

1986年，娄底地区邮电局恢复开办邮政储蓄业务。娄底邮政储蓄业务先后由娄底邮电局、邮政局统一管理。1990年，邮电局经营储蓄业务由代营变为自营。地区邮电局设邮储网点43个，有储蓄从业人员150多人。1995年，全地区邮政系统设邮储营业网点52个，其中农村网点37个，从业人员215人。1998年邮政、电信分营，储汇分局隶属于邮政局。全地区邮储网点增加至85个，从业员工因邮、电分设有所减少，年末122人。2005年，娄底市邮政局储汇分局辖有84个营业网点，从业员工390人。

2008年3月24日，中国邮政储蓄银行有限责任公司娄底市分行挂牌成立，全面接管原市邮政局储汇分局的人员和业务。2008年，各项存款余额46.63亿元，各项贷款余额1.16亿元，实现经营利润2.58亿元。2012年，中国邮政银行娄底市分行更名为中国邮政储蓄银行股份有限公司娄底市分行。2017年，下辖新化、冷水江、涟源、双峰县4个县（区）级一级支行，全行邮银网点90个，本部内设12个部室，在职员工393人。2017年，各项存款余额217.28亿元，本外币各项贷款余额27.06亿元，实现经营利润4937万元。

七、招商银行股份有限公司娄底分行

2012年5月，成立招商银行股份有限公司娄底分行。内设运营部、办公室等“四部一室”，干部员工30人。是年，各项存款余额12.54亿元，各项贷款余额9.19亿元，实现经营利润1586万元。2014年，增设娄底开发区支行1个经营性网点。2017年，共2处营业机构，内设四部一室，在职正式员工37人。2017年，各项存款余额17.03亿元，本外币各项贷款余额4.65亿元，经营亏损9877万元。

八、交通银行股份有限公司娄底分行

2013年1月，成立交通银行股份有限公司娄底分行。是年，各项存款余额7.07亿元，各项贷款余额5.89亿元，经营亏损956万元。2015年9月成立大汉大道支行。2016年2月成立娄星南路支行、新星南路支行。2017年，下辖1个营业部和3个支行、18个自助网点。内设5个部门，正式员工52人。2017年，各项存款余额31.15亿元，各项贷款余额30.08亿元，实现经营利润7015万元。

九、华融湘江银行股份有限公司娄底分行

2012年12月，成立华融湘江银行股份有限公司娄底分行。2013年，各项存款余额12.25亿元，各项贷款余额9.04亿元，经营利润666万元。2017年，下辖2个城区网点、2个县域支行、4个自助网点。

全行在职员工92人。2017年，各项存款余额36.02亿元，各项贷款余额34.24亿元，实现经营利润974万元。

十、长沙银行股份有限公司娄底分行

2013年11月，成立长沙银行股份有限公司娄底分行。内设营业部、票据中心等五部二中心。2014年，设立仙人阁社区支行、月塘社区支行和新化支行。2014年，全行各项存款余额12.58亿元，各项贷款余额10.68亿元，经营利润1603万元。2015年，设立双峰支行和双峰洞庭社区支行、城北社区支行。2016年，设立娄底吉星社区支行、新化县南门湾社区支行、立新桥社区支行、冷水江支行、涟源支行。2017年，设立娄星支行、洋溪支行。是年末，共辖1个营业部和12个支行，有员工165人。2017年，各项存款余额56.14亿元，各项贷款余额40.75亿元，实现经营利润9979万元。

十一、农信社娄底办事处

1990年，娄底地区农村信用社机构网点3581个，其中有5个县（市）联社、5个联社营业部、218个乡镇信用社、24个信用分社、34个储蓄所、3295个村信用站。各联社内设4股1室。信用社正式员工1122人、临时工27人；村信用站业务代办员3296人。是年，全地区信用社各项存款余额3.43亿元，各项贷款余额2.42亿元，农村信用社经营利润20.5万元。娄底地区农村信用社由娄底农行管理。1997年，全地区206个信用社调整合并为130个，信用分社增至188个。1999年，各县（市、区）信用联社调整基层信用社营业网点，104个信用社降格为分社，撤并170个信用站；77家农村基金会并入信用社。2001年，娄星区、冷水江市2家城市信用社分别并入娄星区、冷水江市的农村信用社。2004—2005年，全市农村信用社归属娄底银监分局管理。2005年9月，成立省农村信用社联合社娄底办事处，负责全市农村信用社（农商银行）的管理工作。内设3个科。2006年，各联社相继撤销村信用代办站。2007年7月，5家县（市、区）联社实行县级联社统一核算。农村信用社法人机构由98个改为5个。2014年7月，双峰县信用联社改制为湖南双峰农村商业银行股份有限公司。2015年，湖南娄底农村商业银行股份有限公司、湖南冷水江农村商业银行股份有限公司成立。2016年，湖南新化农村商业银行股份有限公司、湖南涟源农村商业银行股份有限公司分别挂牌开业。是年，全市农村信用社全部改制为农商银行。2017年，全市农商银行系统共有机构223个，其中，农商银行5家，下辖5个营业部、210个支行、3个分理处。全市农商银行系统正式员工1802人，劳务派遣用工476人。2017年，全市农商银行各项存款余额385.27亿元，各项贷款余额224.42亿元，实现经营利润4.91亿元。

十二、村镇银行

2012—2016年，涟源、双峰、冷水江、新化等县市分别组建涟源沪农商村镇银行股份有限公司、双峰沪农商村镇银行股份有限公司、湖南冷水江湘淮村镇银行股份有限公司、湖南新化星龙村镇银行股份有限公司4家村镇银行。2012年，全市村镇银行各项存款余额6.67亿元，各项贷款余额2.78亿元，经营亏损491万元。2017年，全市村镇银行各项存款余额29.11亿元，各项贷款余额11.81亿元，经营亏损1720万元。

第三节　保险机构

一、人保娄底分公司

1990年，中国人民保险公司娄底地区中心支公司（简称人保娄底中支公司）下辖双峰、涟源、冷水江、新化、娄底、涟钢6个支公司，共有员工210人；下设70个保险办事处和保险站，招聘员工和营销员400余人。中心支公司内设11个科室。是年，实现保费收入1483万元、保险储金1797万元，理赔支出1933万元。1996年，中保人寿保险股份有限责任公司娄底分公司从中国人民保险公司娄底地区中心支公司分设成立。是年，中国人民保险公司娄底地区中心支公司更名中保财产有限责任保险公司娄底分公司，下设娄底、冷水江、涟源、新化、双峰、涟钢6个支公司。1999年4月，中保财产保险有限公司娄底分公司更名为中国人民保险公司娄底分公司。增设营销科、理赔中心等。2003年7月，中国人民保险公司娄底分公司更名为中国人民财产保险股份有限公司娄底分公司（简称人保娄底分公司），主营财产保险业务，并获准重新进入人身保险业务领域，经办各种短期人身意外伤害保险、责任险和健康险业务。公司内设机构实行扁平化改革，设7个职能机构，下辖6个支公司，员工155人。2006年，下辖6个支公司，1个直属营销服务部。2017年，内设机构有19部（办），下辖6个支公司、1个直属营销服务部、17个三农营销服务部。从业人员401人。是年，实现各项保费收入5.13亿元，各项理赔支出3.17亿元。

二、平保财险娄底中支公司

1994年，中国平安保险公司娄底支公司成立，内设4个部门，从业人员27人。1995年，下设冷水江营业所和涟源办事处。支公司保费收入808万元，赔付支出84万元。1996年，冷水江营业所更名为冷水江办事处。6月，设立人身保险部，实行产、寿险分营。1997年，设立双峰代办所。1999年和2000年，先后撤销双峰代办所和涟源办事处。2002年，平保产险娄底支公司更名为中国平安财产保险股份有限公司娄底中心支公司（简称平保财险娄底中支公司），冷水江办事处更名为冷水江支公司。2005年，平保财险娄底中支公司内设6个部门，下辖冷水江支公司，从业人员35人（其中正式职工25人、营销人员10人）。2017年，内设与下辖机构无大的变化，下辖冷水江、涟源支公司和新化、双峰2个营销服务部，从业员工126人。是年，保费收入2.65亿元，赔付支出1.25亿元。

三、天安财险娄底中支公司

2004年8月，天安保险股份有限公司娄底营销服务部对外营业。是年，保费收入856万元，理赔支出21万元。2005年3月，升格天安保险股份有限公司娄底中支公司，内设4个部门，从业人员33人。2006年，增设涟源营销服务部。2007年增设冷水江新车营销服务部2个。2012年8月，公司更名为天安财产保险股份有限公司娄底中心支公司（简称天安财险娄底中支公司）。2014—2015年，增设新化支公司，冷水江、涟源营销服务部改建为支公司。2017年9月增设双峰服务点。是年，公司员工45人。内设5个部门，下辖3个支公司和1个服务点，保费收入2880万元，理赔支出2272万元。

四、太平洋财险娄底中支公司

2004年12月，太平洋财险公司设立娄底营销服务部，2005年1月，升格为中国太平洋财产保险股份有限公司娄底中心支公司（简称太平洋财险娄底中支公司），内设9个部室，员工40人。2005年，公司实现保费收入1550万元，理赔支出233万元。先后设立娄星、新化、双峰、冷水江、涟源支公司。2017年，内设11个部门，下辖5个支公司。有合同制内外勤管理人员66人、保险营销员50人。是年，实现保费收入8908万元，理赔支出4613万元。

五、中华联合财险娄底中支公司

2005年9月，中华联合财产保险股份有限公司娄底中心支公司（简称中华联合财险娄底中支公司）成立。2005年，公司实现保费收入536万元，赔付支出10万元。2017年，公司内设7个部门。下辖新化、冷水江、涟源、双峰4个县市支公司和娄星、万宝2个城区支公司。正式职工126人。公司经营的保险产品4400个。是年，公司实现保费收入1.74亿元，赔付支出1.26亿元。

六、安邦财险娄底中支公司

2006年6月，安邦财产保险股份有限公司娄底中心支公司成立（简称安邦财险娄底中支公司）。办理车险、责任保险、信用保险和保证保险、短期健康保险和意外伤害保险等10余种保险业务。2007年，下设新化、涟源2个营销服务部。实现保费收入318万元，理赔给付145万元。2017年，有员工10人，实现保费收入484.5万元，理赔给付131万元。

七、阳光财险娄底中支公司

2006年11月，阳光财产保险股份有限公司娄底市中心支公司（简称阳光财险娄底中支公司）成立。内设3个管理部门和5个销售团队，从业人员25人。经营车险、财产保险、责任保险、信用保险和保证保险、短期健康保险和意外伤害保险等业务，2007年，实现保费收入931万元，理赔给付365万元。2007—2016年，下设双峰、冷水江、涟源3个营业服务部和新化支公司。2017年，公司内设3个管理部门，销售团队增至6个，下辖4个四级机构，从业人员50人。是年，实现保费收入3729万元，理赔给付1870万元。

八、国寿财险娄底中支公司

2008年1月，中国人寿财产保险股份有限公司娄底市中心支公司（简称国寿财险娄底中支公司）成立，员工50人。公司经营财产损失保险、责任保险、信用保险和保证保险、短期健康保险和意外伤害保险等保险业务。2008年，实行保费收入2000万元，理赔给付665万元。2017年，公司内设业务拓展等部门，下辖娄星、涟钢、涟源、双峰、冷水江、新化等6个机构，员工167人。是年，实现保费收入1.94亿元，理赔给付1.15亿元。

九、都邦财险娄底中支公司

2008年4月，都邦财产保险股份有限公司娄底中心支公司（简称都邦财险娄底中支公司）成立，公司内设业务部等5个部门。年末实现保费收入527万元，理赔支出129万元。2017年，从业人员31人，实现保费收入619万元，理赔支出297万元。

十、渤海财险娄底中支公司

2008年11月，渤海财产保险股份有限公司娄底中心支公司（简称渤海财险娄底中支公司）成立，隶属渤海财产保险股份有限公司湖南分公司。内设客户服务部等6个部室。承保各种财产损失保险、责任保险、信用保险和保证保险、短期健康保险和意外伤害保险及保监会批准的其他保险业务。2009年，实现保费收入617.6万元，理赔支出146万元。2017年，从业人员11人，实现保费收入306.3万元，理赔支出76.8万元。

十一、大地财险娄底中支公司

2011年11月，中国大地财产保险股份有限公司娄底中心支公司（简称大地财险娄底中支公司）成立。公司内设业务部等5个部门，从业人数6人。大地财险娄底中支公司经营非寿险业务的各项财险业务。2012年，实现保费收入1060万元，赔付支出289万元。2013年，下设新化支公司，2014年，成立涟源支公司。2017年，从业人员51人。公司内设4部室，下辖2个支公司。是年，实现保费收入3459万元，赔付支出1008万元。

十二、英大泰和财险娄底中支公司

2013年4月，英大泰和财产保险股份有限公司娄底中心支公司（简称英大泰和财险娄底中支公司）成立，公司内设客服部等5个部门。是年，实现保费收入497万元，理赔支出638万元。2017年从业人员15人，保费收入1141万元，理赔支出601万元。

十三、长安保险娄底中支公司

2013年4月，长安责任保险股份有限公司娄底中心支公司（简称长安保险娄底中支公司）成立。经营责任保险，法定责任保险，财产损失保险，信用保险和保证保险，短期健康保险和意外伤害保险。公司内设理赔部等5个部门。2013年，实现保费收入127万元，理赔支出30万元。2017年，有员工34人，实现保费收入1071万元，理赔支出510万元。

十四、永诚财险娄底中支公司

2013年9月，永诚财产保险股份有限公司娄底中心支公司（简称永诚财险娄底中支公司）成立，内设业务拓展、理赔管理等部门，经营车险、财产保险、责任保险、信用保险和保证保险、短期健康保险和意外伤害保险等保险业务。2014年实现保费收入124.6万元，理赔支出29.2万。2017年有员工4人，实现保费收入312.3万元，理赔支出161.4万元。

十五、国寿保险娄底分公司

1996年6月中国人寿保险公司娄底分公司从人保娄底中心支公司分设，成立中保人寿保险有限责任公司娄底分公司（简称国寿保险娄底分公司）。内设5部1室，下辖娄底、涟源、冷水江、新化等4个支公司和双峰、涟钢2个营业部，在职员工97人，营销员300人。经营人身保险、补充养老金保险、健康保险和意外伤害保险、分红型储蓄保险业务。1996年，保费收入3705万元，理赔给付1749万元。1998年，中保人寿保险有限责任公司娄底分公司更名为中国人寿保险公司娄底分公司。内设业务管理中心和财务管理中心。2003年10月，中国人寿保险娄底分公司更名为中国人寿保险股份有限公司娄底分公司。2005年，公司内设9个部室，下辖5个支公司、17个城区营销部、37个农村营销服务部。在职员工105人，业务营销人员1800余人。至2017年，分公司下辖新化、冷水江、涟源、双峰、娄星5个支公司，内设13个部门，在职员工224名，实现保费收入10.71亿元，理赔给付4.29亿元。

十六、平安人寿娄底中支公司

1996年，中国平安保险公司娄底支公司成立人身保险部，同年升格为中国平安人寿保险公司娄底支公司（简称平安人寿娄底中支公司），下设冷水江办事处，从业人员115人，实现保费收入324万元、理赔给付3万元。1997—1998年，先后成立涟源办事处、双峰营业部和涟钢营业部。2002年5月，平安人寿娄底支公司更名为中国平安人寿保险股份有限公司娄底中心支公司，下辖2个支公司和2个营销服务部。2015年10月，成立新化支公司。2017年，下辖5个分支机构，从业人员3032人，实现保费收入3.9亿元，理赔给付4082万元。

十七、泰康人寿娄底中支公司

2003年5月，泰康人寿长沙分公司娄底营销服务部成立，年末从业人员224人。2004年6月，泰康人寿娄底营销服务部升格，更名为泰康人寿股份有限公司娄底中心支公司（简称泰康人寿娄底中支公司），内设5个部门，下设新化、冷水江、双峰、涟源4个营销服务部，从业人员797人，是年实现保费收入3558万元，赔给付支出26万元。2016年12月，更名为泰康人寿保险有限责任公司湖南娄底中心支公司。2017年，公司内设9个部室，下辖1个本部营管处、1个本部收展处和涟源、冷水江、新化、双峰4家县级支公司及5家乡镇服务部。从业人员3462人。是年，实现保费收入1.94亿元。赔付支出7151万元。

十八、新华人寿娄底中支公司

2004年3月，新华人寿长沙分公司娄底营销服务部成立。12月，营销服务部升格为新华人寿保险股份有限公司娄底中心支公司（简称新华人寿娄底中支公司）。内设4个部门，从业人员278人，保费收入3083万元，赔给付6万元。2004—2005年，先后在双峰、新化、涟源、冷水江4县市设立营销服务部。从业人员增加到563人。2017年，公司内设9个部室，下辖4个县级营销服务部和1个市直营销服务部，员工51人，是年实现保费收入2.26亿元，赔给付874.8万元。

十九、太平洋人寿娄底中支公司

2004年7月，中国太平洋人寿保险股份有限公司娄底中心支公司（简称太平洋人寿娄底中支公司）成立，设6部1室，下设新化营销分部。实现保费收入228万元，无理赔支出。2005年，增设双峰、冷水江、涟源3个营销分部和新化孟公乡镇营销服务部，从业人员增加到1100人。2017年，公司内设8个部门，下辖城区本部与新化、双峰、冷水江、涟源支公司和新化孟公、温塘营销服务部等7个分支机构，从业人员2706人，实现保费收入4.66亿元，理赔支出5010万元。

二十、人保寿险娄底中支公司

2007年8月，中国人民人寿保险股份有限公司湖南省分公司娄底营销服务部成立。2008年4月，更名为中国人民人寿保险股份有限公司娄底中心支公司（简称人保寿险娄底中支公司）。公司内设6个部门，从业人员425人，实现保费收入4349万元，赔付支出11万元。2011年7月，增设冷水江营销服务部和涟源市、双峰县、新化县3个支公司。2017年，从业人员1100人，实现保费收入4.27亿元，赔付支出116万元。

二十一、合众人寿娄底中支公司

2008年1月，合众人寿保险股份有限公司娄底中心支公司（简称合众人寿娄底中支公司）成立，设立双峰、新化营销服务部。是年，实现保费收入400万元，赔付2.24万元。2016年，设立冷水江支公司。2017年，公司内设运营等部门，下辖1个本部营销服务部和新化、双峰2个营销服务部及冷水江支公司，内勤员工20人，营销人员500余人，实现保费收入4512万元，赔付支出71万元。

二十二、农银人寿娄底中支公司

2008年6月，中国农业银行人寿保险股份有限公司娄底中心支公司（简称农银人寿娄底中支公司）成立，下设双峰、新化两个营销服务部，从业人员199人。全年实现保费收入1842万元，赔给付支出10万元。2017年，公司内设6个职能部门，下辖双峰、新化两个营销服务部，从业人员514人，实现保费收入1.21亿元，赔给付支出1533万元。

二十三、民生人寿娄底中支公司

2010年8月，民生人寿保险股份有限公司娄底中心支公司（简称民生人寿娄底中支公司）成立，内设6个室（部），人员12人，实现保费收入190万元，无理赔给付。2012年，设立双峰支公司。2014年，设新化支公司。2017年，从业人员406人，实现保费收入4246万元，理赔给付536万元。

二十四、生命人寿娄底中支公司

2011年8月，生命人寿保险股份有限公司娄底中心支公司（简称生命人寿娄底中支公司）成立。公司内设4个部门，从业人员1100人，实现保费收入592.5万元，赔给付支出121.2万元。2013年，成立双峰营销服务部。2015年，公司名称更名为富德生命人寿保险股份有限公司娄底中心支公司。2017年，公司内设9个功能室，下辖1个县级营销服务部和1个市直营销服务部。从业人员900人，实现保费收入2.29亿元，理赔给付支出701万元。

二十五、阳光人寿娄底中支公司

2012年4月，阳光人寿保险股份有限公司娄底中支公司（简称阳光人寿娄底中支公司）成立，经营人寿保险、健康保险、意外保险等各类人身险业务，公司内设6个部门，人员13人，实现保费收入70.8万元，赔给付支出175.5万元。2015年，成立新化支公司。2017年，公司内设4个管理部门，下辖本部营业区、新化支公司2家机构，管理员工16人，营销人员348人，实现保费收入1008.5万元，赔给付支出203万元。

二十六、吉祥人寿娄底中支公司

2013年10月，吉祥人寿保险股份有限公司娄底中心支公司（简称吉祥人寿娄底中支公司）成立，公司内设5个部门，人员16人。2014年，实现保费收入906万元，理赔支出19.4万元。2017年，从业人员537人，下设新化、涟源、冷水江3个支公司，实现保费收入3.34亿元，理赔支付713.8万元。

二十七、太平人寿娄底中支公司

2015年4月，太平人寿保险股份有限公司湖南分公司娄底中心支公司（简称太平人寿娄底中支公司）成立，经营个人意外伤害保险、个人定期死亡保险、个人两全寿险、个人终身寿险、个人年金保险、个人短期健康保险、个人长期健康保险、团体意外伤害保险、团体定期寿险、团体终身寿险、团体年金保险、团体短期健康保险等业务。设5个部门，从业人员156人。是年实现保费收入508万元，赔给付18万元。2016年，成立新化支公司。2017年，从业人员700人，实现保费收入6760.5万元，赔给付支出272万元。

二十八、华夏人寿娄底中支公司

2016年5月，华夏人寿保险股份有限公司娄底中心支公司（简称华夏人寿娄底中支公司）成立，设7个部门，从业人员735人，是年实现保费收入8259.5万元，赔给付7.8万元。2017年，设立新化支公司。从业人员1670人，实现保费收入1.38亿余元，赔给付支出202.5万元。

第四节　证券期货机构

一、方正证券娄底营业部

1988年，娄底人行设立湖南省证券公司娄底代理处。1992年，更名为娄底地区证券公司。1994年，更名为湖南省证券公司娄底地区营业部。主要经营各类债券业务。1995年5月，招聘7名证券从业人员，开办证券经纪和证券自营业务。代理、自营买卖上海、深圳上市证券，是年开户股民800户，累计成交2亿多元。1996年10月，证券营业部与娄底人行脱钩，归属湖南证券股份有限公司，更名为湖南证券股份有限公司娄底证券交易营业部。内设6个部门。1997年和2000年，先后下设冷水江、涟源证券服务部。2001年10月，湖南证券娄底营业部相应更名泰阳证券有限责任公司娄底营业部。2008年5月，营业部更名为方正证券有限责任公司娄底营业部。2010年，营业部更名为方正证券股份有限公司娄底南贸西街证券营业部。2012年和2013年，先后下设双峰、新化营业部。2017年，方正证券娄底营业部下辖冷水江、新化、涟源、双峰4家营业部，业务托管涟源、双峰2家营业部。有员工115人。是年，开户22.73万余户，收取客户保证金3.3亿元，经纪股票基金交易969.34亿元，托管市值55.03亿元，经营利润2649.7万元。

二、安信证券娄底营业部

2008年4月，安信证券股份有限公司娄底乐坪大道证券营业部（简称安信证券娄底营业部）成立，经营证券经纪、证券投资咨询、证券投资基金代销、融资融券、证券财务顾问、代销金融产品等业务。2017年，员工64人，内设投顾中心等3个部门。是年，开户2.23万户，经纪股票基金交易180.17亿元。

三、华融证券娄底营业部

2008年9月，华融证券股份有限公司娄底营业部（简称华融证券娄底营业部）成立，经办各类证券基金业务。内设公司业务、合规运营、财富管理等部门。2016年组建对公业务部门，开办股票质押融资、政府平台及企业非标准化融资、农商银行委外投资等业务。2017年有员工174人，有客户3000多户，经纪股票基金交易210.06亿元。

四、银河证券娄底营业部

2008年6月，中国银河证券股份有限公司长沙芙蓉中路营业部迁址娄底，成立娄底服务部。2009年3月，升格为中国银河证券股份有限公司娄底乐坪大道证券营业部。经营证券经纪、证券投资咨询、证券投资基金代销、融资融券、证券财务顾问、代销金融产品等业务。内设运行管理、市场营销、理财服务等部门。2017年，从业27人。有客户1.39万户，托管客户资产8.34亿元；融资融券交易账户247户，融资融券余额0.4亿元；经纪证券交易77.86亿元。

五、湘财证券娄底营业部

2008年12月，湘财证券股份有限公司娄底氐星路证券营业部成立，内设柜台运营、投资顾问、理财、行政、合规管理等部门。经营证券经纪、证券投资咨询、证券自营、证券资产管理、代销证券投资基金、证券财务顾问、融资融券等业务。2017年，有员工43人，开户1.74万户，证券基金经纪交易133.5亿元。

六、财富证券娄底营业部

2010年6月，财富证券有限责任公司娄底清泉街证券营业部成立，经营证券经纪、投资银行、资产管理、融资融券、期货经纪等业务，营销人员120人。2017年，从业人员30人，内设运营、合规、行政管理等部门。是年，有客户3.02万户，证券基金经纪交易132.33亿元，托管客户资产5.2亿元。

七、中投证券冷水江营业部

2014年11月，中国中投证券有限责任公司冷水江江北路证券营业部成立，经营证券经纪等业务。从业人员9人。2017年，有客户3039户，经纪股票基金交易40.26亿元，托管客户资产7708万元，实现主营收入67.4万元。

八、国盛证券娄底营业部

2014年12月，国盛证券有限责任公司娄底新星北路证券营业部成立，从业人员8人，其中招聘的证券经纪人4人。2017年，有A股账户1414个，客户778户，指定与托管证券市值月均2000万元。是年，完成证券交易7.45亿元。

九、国泰君安娄底营业部

2016年6月，国泰君安证券股份有限公司娄底氐星路营业部成立，经营证券经纪、融资融券、基金代销、金融产品代销、期货IB等业务。内设市场部、合规与风险管理等部门，员工8人。2017年，有客户1.14万户，经纪股票基金交易26.92亿元。

十、华林证券娄底营业部

2016年10月，华林证券股份有限公司娄底娄星南路证券营业部成立，主营证券经纪、证券投资咨询、代销基金等业务。2017年，从业人员19人，有客户3391户，经纪证券交易6亿元，托管客户资产8261万元，实现主营收入22.7万元。

十一、方正期货娄底营业部

2009年1月，方正中期期货有限公司娄底营业部成立。2013年，方正期货公司与北京中期合并后更名方正中期期货有限公司娄底营业部。拥有澎博、文华、易盛、恒生VIP等多套交易系统。经营范围包括上海期货交易所、郑州商品交易所、大连商品期货交易所、中国金融期货交易所、上海能源交易中心等50多个期货品种和3个期权品种。2015年，开办“保险+期货”试点业务。2017年，从业人员10人，营业部各类期货开户2363户，期货交易1500余万手、成交量641.5亿元。

十二、德盛期货娄底营业部

2007年6月，德盛期货有限公司娄底营业部成立。设有营业部、交易、财务、合规等岗位。2017年，从业员工14人，有客户4000户，交易量674.87亿元。

第五节　其他机构

一、信托投资机构

1987年，娄底农行、娄底建行、地区财政局、娄底工行先后成立4家信托投资公司。地区财政局所辖的湖南省信托投资公司娄底地区分公司参照行政级别为县处级，工、农、建行的信托投资公司各为所属银行中心支行的直属科级单位。各信托投资公司均经营信托、委托存贷款和投资、租赁、咨询、代理等业务。1990—1991年，分别更名为各省公司的办事处。1996年和2001年，工、农、建行娄底信托办事处和财政信托办事处先后撤销。

二、小额贷款公司

2010—2017年，各县（市、区）政府先后支持成立汇丰、鸿星、银广通、鹏卓、源方、惠民、巨典、首信、锦银9家小额贷款有限公司。2017年，9家小贷公司共有贷款余额4.34亿元。

三、担保公司

2003—2017年，各县（市、区）人民政府先后支持成立18家融资（投资）担保有限公司。

2003—2017年娄底市担保公司基本情况表

表39-8

公司名称	成立年月	注册资金(万元)	股东人数	职工人数	法人代表	服务企业个数
娄底开源投资担保有限公司	2003-09	10030	5	18	黄　健	830
娄底中小企业信用担保公司	2004-07	10180	6	16	李小林	650
湖南兴源投资担保有限公司	2009-09	10168	4	18	刘永胜	220
湖南鼎信汇丰投资担保公司	2009-10	10000	5	17	曾建友	135
湖南联邦兴业投资担保公司	2009-12	10168	2	19	秦雪峰	318
湖南金广源信用担保公司	2009-	20000	—	24	姜东兵	117
湖南兴农投资担保有限公司	2010-04	10090	2	18	曾繁荣	88
湖南省新世界信用担保公司	2010-04	10000	8	23	伍希言	186
湖南兴泰投资信用担保公司	2010-04	10000	6	6	曾　首	20
湖南宏腾投资担保有限公司	2010-06	13000	3	10	彭正飞	—
湖南政和投资担保有限公司	2010-06	10686.9	2	7	李政和	—
湖南博长担保有限公司	2010-11	33000	3	17	王选文	130
湖南鹏润投资担保公司	2011-08	10008	3	12	李芳来	43
湖南鸿星融资担保有限公司	2011-08	15168	2	28	付建春	40
娄底泰丰融资担保有限公司	2011-08	10000	4	12	姚超雄	—
湖南鑫楚融资担保有限公司	2011-12	10080	3	10	江　雄	130
娄底兴娄融资担保有限公司	2015-06	30000	8	—	肖旺立	—
娄底百通中小企业转贷公司	2015-12	6000	2	6	肖巧莉	—

四、基金投资公司

2017年，娄底市先后成立娄底金砖城市私募股权基金公司、湖南昆石私募股权基金管理有限公司、湖南恩志私募股权基金管理有限公司、娄底市交旅私募股权基金公司4家基金投资公司。

第四十篇

财政

概 述

1990年，全地区财政收入实现2.69亿元。支出2.9亿元。

1993年，全地区财政收入实现4.76亿元。1994年，财政收入实现3.99亿元，比上年减少0.77亿元。

2000年，全市财政收入实现7.58亿元。2002年，开展农村税费改革，取消由村一级组织收取的公积金、公益金和集体管理费（三提留）和由乡一级政府收取的计划生育、优抚、民兵训练、乡村道路建设和民办教育方面的费用（五统筹）。全市财政收入8.46亿元，财政一般预算支出17.9亿元。2003年，积极培育税源和扩大内需，狠抓财税征管，全市地方财政收入完成9.13亿元，比上年增长8%。全市财政一般预算支出实现19.86亿元，比上年增长10.9%。

2005年，全市财政收入实现12.27亿元。财政一般预算支出实现28.39亿元。2010年，按照省管市州、省管县（市）的财政管理体制改革要求，理顺市本级与娄星区、娄底经开区的财政体制，加强收入征管，提高财政增收能力，全市财政收入完成30.01亿元。财政支出106.66亿元。

2013年，湖南华菱涟源钢铁集团有限公司及其附属企业的增值税和企业所得税收入分配体制下放娄底市，相关税收分别由市本级独享或由市本级和娄星区、娄底经开区按市、区体制共享。推进“营改增”改革试点，对全市从事交通运输和部分现代服务业的纳税人，实行营业税改征增值税。2014年，“营改增”改革试点范围扩大到铁路运输业、邮政业和电信业。2016年5月1日起，全面推开营业税改征增值税试点。是年，首次筹编财政发展中长期规划《娄底市财政“十三五”发展规划》，提出全市公共财政总收入和地方公共财政收入在2015年的基础上按年均9%增长，2020年分别实现145亿元和92亿元的目标，至年底，全市入库“营改增”相关税收6.34亿元，占增值税总额的19.7%。

2017年，开展“财源培植三年行动计划”，培育骨干企业，壮大园区财源规模总量，支持制造业、建筑业、金融业、旅游业、交通运输业、批发零售业、房地产业发展。是年，全市地方财政收入实现70.29亿元，全市财政支出277.84亿元。

第一章 收 入

1990年，娄底地区地方财政收入实现2.69亿元。1993年，全地区地方财政收入实现4.76亿元。1994年，按照分税制财政体制，财政收入结构发生变化，地方财政收入实现3.99亿元（不包括税收返还部分）。1995—2013年，全市地方财政收入逐年增长，其间，娄底市、冷水江市、涟源市、双峰县、新化县5个县市地方财政收入于1996年过亿元。2013年全市地方财政收入实现62.41亿元，一般公共预算收入103.89亿元。2014年，受经济持续下行、产业转型艰难和民间融资集中爆发等因素影响，全市财政收入下滑，全市一般公共预算收入实现95.35亿元，比上年下降8.2%。2016年，全市开展财源培植三年行动，财政收入恢复增长，全市一般公共预算收入实现104.59亿元，恢复到2013年水平，地方财政收入实现68.25亿元。2017年，全市一般公共预算收入实现115.62亿元，地方财政收入实现70.29亿元，年均增长12.4%。

1990—2002年娄底市地方财政收入分项表

表40-1　　单位:万元

年份	合计	增长率(%)	其中					
			工商各税	农业各税	企业收入	非税收入	其他收入	专款(项)收入
1990	26926	3.60	20849	1811	1512	—	715	727
1991	32583	21.01	21492	2105	1548	—	648	978
1992	31616	-2.97	23855	2431	1528	—	797	1222
1993	47584	50.51	37035	2374	1754	—	4078	2068
1994	39888	-16.17	24207	4426	1951	—	6551	2650
1995	46957	17.72	27840	4775	1594	7162	2643	2928
1996	54636	16.35	31859	5111	1432	11013	2833	2388
1997	64383	17.84	33527	5984	1780	13692	2647	—
1998	66923	3.95	16284	5332	2596	9354	5633	1806
1999	71357	6.63	21757	5643	2419	20391	6029	2204
2000	75761	6.17	23412	5248	2484	23370	6506	2563
2001	80421	6.15	27074	5058	3532	25738	6128	2671
2002	84566	5.15	25149	9446	2524	29484	4825	2768

2003—2017年娄底市财政收入完成情况表

表40-2　　单位:万元

年份	一般公共预算收入	市本级一般公共预算收入	地方财政收入			市本级地方财政收入	上划收入
			税收收入	非税收入	小计		
2003	134887	40818	50901	40430	91331	24290	43556
2004	171229	53628	62054	43969	106023	30266	65206
2005	201944	58447	74437	48294	122731	34973	79213
2006	261650	84810	100300	52928	153228	48594	108422
2007	327641	101903	127146	63329	190475	60670	137166
2008	400749	117841	160614	62715	223329	70343	177420
2009	455131	129641	189045	66350	255395	77496	199736
2010	562892	125217	221210	78869	300079	85480	262813

续表40-2

年份	一般公共预算收入	市本级一般公共预算收入	地方财政收入			市本级地方财政收入	上划收入
			税收收入	非税收入	小 计		
2011	716302	206882	269669	125969	395638	132618	320664
2012	885930	262374	346326	171936	518262	173181	367668
2013	1038889	334017	409324	214753	624077	211834	414812
2014	953456	334639	364223	224899	589122	218483	364334
2015	953705	334729	344861	254357	599218	212343	354487
2016	1045942	373267	373209	309262	682471	244691	363471
2017	1156223	431025	417569	285321	702890	263609	453333

第一节 税收收入

1990年，娄底地区实现税收收入3.46亿元，其中工商各税收入2.09亿元，农业各税收入0.18亿元，企业收入0.15亿元。1994年，全面实行新税制，开征消费税和企业所得税。1995年，全地区实现税收收入3.42亿元，其中工商各税收入2.78亿元，农业各税收入0.48亿元，企业收入0.16亿元。2003年突破5亿元，2006年突破10亿元，2010年突破20亿元。2017年，全市地方财政实现税收收入41.76亿元，是1990年的17.3倍。

第二节 非税收入

1990—1994年，娄底地区财政局没有非税收入统计。1995年，根据《湖南省预算外资金管理条例》，行政事业性收费、政府性基金、专项收入等非税收入被界定为不纳入国家财政预算资金，作为预算外资金管理，由地区财政局收费管理办公室管理。2000年，全面实行“收支两条线”管理。2003年，设立市非税收入征收管理局，对非税收入实行“单位开票、银行代收、财政统管、政府统筹”管理。是年起，编制非税收入征收计划，各执收执罚单位2004年的基数任务原则上按2001年、2002年实际完成数和2003年预计完成数的平均数确定。是年起征收城市污水处理费。全市非税收入4.03亿元，其中行政事业性收费收入1.51亿元，罚没收入1.23亿元。2005年，启用省非税收入征管系统。2006年起，对非税收入票据实行年检制度。2007年，核定非税收入征收成本，按3%作为调节财力，公安系统继续实行政府统筹。罚没收入统筹比例为70%，行政性收费扣除成本后统筹30%，其他收入不统筹。各类学校的非税收入政府不统筹、不预留3%的机动财力，实行非税收入超收管理与短收自负。2008年起，启用全国统一式样的财政票据，同时废止旧版财政票据，对财政票据购领、发放、填开、核销进行管理和年检，以票管收。2010年起，市本级执收单位编制年度非税收入执收计划。是年，全市非税收入7.89亿元，其中行政事业性收费收入3.19亿元，罚没收入2.52亿元。2012年，非税收入计划根据2010年实际收入数和2011年完成情况测算确定，原则上不低于上年征收数。2014年，印发《市级罚没物资处置工作规程》，规范市级行政执法机关、司法机关罚没物资和追缴赃物的处置行为，规范处置操作程序；印发《市直单位非税收入执收工作考核办法》，规范非税收入执收行为和征收管理，对执收单位考核结果优秀的单位进行通报和奖励，核定市本级非税收入执收成本。全市非税收入22.49亿元。2017

年，落实省“收入质量提升三年行动”，全市非税限额28.58亿元，实际实现28.53亿元，地方财政收入中非税占比40.6%。是年，在娄底市第一中学、娄底市第七小学试点省非税移动缴费平台。

2003—2017年娄底市非税收入情况表

表40-3　　单位：万元

年份	行政事业性收费收入	罚没收入	国有资本经营收入	国有资源(资产)有偿收入	政府性基金(附加)收入	专项收入	其他收入	捐赠收入	合计
2003	15134	12263	1081	228	—	3034	8690	—	40430
2004	14022	13127	2624	1217	—	4199	8780	—	43969
2005	18874	10761	2758	—	—	6555	9346	—	48294
2006	16879	13045	3047	—	—	11206	8751	—	52928
2007	20337	17832	1437	2514	—	12996	8213	—	63329
2008	24903	16200	502	2614	—	12990	5506	—	62715
2009	22794	21921	26	2226	—	14258	5125	—	66350
2010	31880	25201	64	2937	—	17453	1334	—	78869
2011	51635	30092	1000	8813	—	19106	15323	—	125969
2012	49838	38412	66	21987	—	24533	37100	—	171936
2013	69917	41991	13346	38166	—	24534	26799	—	214753
2014	58336	53319	9969	46845	—	18495	35627	2308	224899
2015	40040	33744	23637	37210	—	64060	54431	1235	254357
2016	41962	36969	56062	73457	3118	41145	55078	1471	309262
2017	34017	58933	11060	71426	10565	43211	52789	3320	285321

第三节　财源培植

1990年，地区财政支持产业、产品结构调整，扶植20户企业和19种适销对路产品生产。是年，地区财政贴息200万元，扩大工业产品销售1.99亿元，增加销售税金2100万元。通过财政信用担保方式，帮助企业筹集资金6700万元，用于企业新产品开发、产品质量提升、花色品种改进和增加出口创汇，全地区改造项目311个。1991年，实施县、乡“3581”工程，加快财源建设步伐。是年，冷水江市和娄底市（县级）列入省财政厅财源建设重点县市。1992年，全地区县（市）、乡（镇）、行业、企业单位，各自制定财源建设规划，加强财源建设。1993年，筹资800万元，争取银行贷款1000万元，扶植地区彩色水泥厂上新的生产线；帮助市塑料厂引进外资，并提供配套资金200万元，开发医药用产品。组织县、乡财政部门自下而上编制收入上台阶规划，娄底市、冷水江市财政收入超亿元。1994年，地区开展“以经济建设为中心，以财源建设为重点，重构地方经济发展思路”大讨论，确立“转变观念抓机遇，搞好服务辟财源，深化改革促发展”的工作思路，按照财源结构将全地区县市分为三种类型：

工业型（冷水江市、娄底市）、农业型（双峰县、涟源市）、贫困型（新化县）。1995年，行署与各县市签订财源建设目标责任状，制订财源建设目标规划，确定财源建设整体思路。是年，地委、行署下发《关于进一步加强财源建设严格财政管理的决定》，成立由行署专员任组长的财源建设领导小组，建立财源建设联厂挂点制度，设立8个财源建设点，并与各挂点单位签订目标责任状。制定《娄底地区财源建设奖励办法》，对财源建设实行“以奖代补”，对财政收入、工资发放、收支平衡的三项指标实行“一票否决”。

1996年，全地区及5个县（市）均成立财源建设领导小组，通过财政预算安排和从行政事业性收费、专项收费中提取部分资金，建立财源建设发展基金，其中地本级60万元、冷水江市300万元、娄底市60万元、双峰县50万元、涟源市1264万元。11月5日，地委、行署印发《关于加强地本级财源建设的通知》，建立领导分工负责制，地级领导每人联系一个工商企业作为财源建设的“责任田”，实行定产值、定销售、定利润、定税收、定奖罚的风险抵押责任制；全地区各级领导共办财源税源建设点213个，其中地直单位领导办点23个。是年入库农业税3390万元，入库农业特产税1065万元，入库屠宰税1393万元，国有企业上缴所得税743万元，入库个体私营企业税收1.1亿元。1998年4月，娄底地委、行署印发《关于进一步加强财源建设的意见》，对地区财源建设的指导思想和原则、总体要求和奋斗目标，主攻方向和重点、资金投入和管理、责任和激励机制等作了具体规定。明确全地区财政收入总量目标是：从1998年开始，地方财政收入的增幅要保证年均增长15%，力争20%；全地区财政收入到2000年实现“保9争10”（即保证达到9亿元，争取达到10亿元）。7月，行署印发《关于建立财源建设部门责任制的实施方案》，明确地直财源建设责任部门的具体目标任务、考核办法、奖惩措施及相关要求。

2000年，市委、市政府出台《娄底市财税工作一票否决制实施办法》，对各县（市、区）和市直责任单位实行财税工作一票否决制。以“全党以经济建设为中心，经济建设以提高效益为核心，提高效益以财税增长为重点”的指导思想，加强财源建设，提高经济运行质量，促进农民增收、企业增效、财税增长。2001年，成立娄底市财源建设管理办公室。2002年，支持农业品改工程和良种推广，扶持涟源肥牛养殖、新化黑猪养殖、冷水江市中药材和娄星区百雄堂等农业产业化项目发展，培植财源增长点。2004年5月，市委、市政府印发《中共娄底市委、娄底市人民政府关于加强财税工作的决定》，明确从2004年起，全市地方财政一般预算收入年均增长11%以上，到2008年达到15亿元以上；全市和市本级年年实现财政收支平衡。出台《娄底市市本级财源建设奖励办法》，鼓励部门（企业）对上争取、金融机构支持地方经济发展和重点税源企业发展，以贡献大小奖励招商引资中介人，将民营企业纳入财源建设范围。2007年，出台《关于支持和鼓励再生资源回收行业和跨地区经营企业发展的暂行规定》，支持再生资源回收企业发展。投入专项补助资金214.9万元，支持“万村千乡市场工程”建设，建成农家店265个。2011年5月，出台《关于娄底市区纳税激励的暂行办法》，建立对纳税大户的奖励表彰制度。2012年，修订《财源建设奖励办法》《税收奖励办法》，出台《财政支持工业“四年倍增计划”实施意见》，把扶持工业企业发展列为财政支出的重点。

2016年，出台《中共娄底市委办公室　娄底市人民政府办公室关于实施加速转型奋力赶超七个三年（2016—2018）行动计划的指导意见》《娄底市加速转型奋力赶超财源培植三年（2016—2018）行动计划实施方案》，决定在全市开展“财源培植三年行动计划”（2016—2018），培育骨干企业，壮大园区财源规模总量，支持制造业、建筑业、金融业、旅游业、交通运输业、批发零售业、房地产业发展。是年，全市一般公共预算收入完成104.59亿元，同比增长9.7%，地方收入完成68.25亿元，同比增长13.9%。2017年3月，印发《娄底市人民政府办公室关于成立娄底市财源培植工作领导小组的通知》《娄底市财源培植考核奖励办法》《娄底中心城区财源建设奖励考核办法》，成立由市长任组长、常务副市长任常务副组长的娄底市财源培植工作领导小组，明确对各县（市、区）、征管部门、牵头责任单位、优秀纳税企业、上市公司、总部经济企业进行考核和奖励。是年，完成一般公共预算收入115.62

亿元，同比增长10.5%，增幅排名全省市州第六位；完成地方财政收入70.29亿元，同比增长5.2%，增幅排名全省市州第七位；地方财政收入中税收占比59.4%，比上年提高4.73个百分点，排名全省市州第八位。

第二章 支 出

1990年，娄底地区财政支出2.9亿元。1994年起，执行分税制财政体制，财力支出主要用于保工资、保运转、保稳定。1998年，全地区财政支出9.99亿元。1999年，全市财政支出11.44亿元，比上年增长14.5%，支出规模首次超过10亿元。2000年，全市财政支出11.42亿元，与上年基本持平。此后财政支出逐年增长，尤其加大对教育、科学、文化、卫生事业的投入。2005年，全市财政支出28.39亿元。2010年，全市财政支出106.66亿元，支出规模首次超过100亿元。2017年，全市财政支出277.84亿元，比1990年增加274.94亿元，年均增加10.18亿元。

1990—2006年娄底市财政支出情况表

表40-4　　单位：万元

年份	经济建设支出	农业支出	科教文卫支出	社会保障支出	行政管理支出	公检法司支出	支出合计
1990	659	3214	9948	—	3350	—	28979
1991	955	3056	10543	—	4095	—	31478
1992	1047	1649	12758	—	5523	—	37193
1993	1245	5087	15145	1572	6989	1898	52362
1994	1378	5796	23749	2018	9691	3504	67653
1995	1734	5946	24655	2343	11859	4288	74585
1996	1238	6296	27029	2747	13496	5246	81849
1997	1952	6330	24627	2430	12266	5965	85771
1998	1313	6661	28685	2055	13598	5875	99894
1999	775	7405	30490	3083	17763	7559	114353
2000	587	7359	31282	3459	18451	7948	114153
2001	2222	8901	40127	12253	22793	10225	145474
2002	1288	10969	48458	7324	30450	15500	179149
2003	1580	11803	57287	40218	33302	15000	198600
2004	2316	17285	64411	49824	38299	17154	243607
2005	5775	19472	74795	61173	41898	19891	283852
2006	12365	26236	91261	74505	50348	24779	375785

2007—2017年娄底市财政支出分项目表

表40-5 单位：万元

项　目	2007年	2008年	2009年	2010年	2011年	2012年	2013年	2014年	2015年	2016年	2017年
一般公共服务	118143	126004	150189	162354	212738	276631	314851	282652	294991	296734	383816
国防	291	829	1129	1315	2723	1772	1523	2125	1755	2348	3215
公共安全	33363	37851	45804	62365	73260	93305	96401	110775	98682	132709	146007
教育	107690	134185	158067	163117	212003	356216	363225	358690	366982	467402	493858
科学技术	3205	4037	3875	6193	8644	8287	14286	9434	11117	8667	11932
文化体育与传媒	6931	7803	9892	11097	11280	12727	20952	31524	40616	30825	34540
社会保障和就业	109721	125651	174667	168375	200975	245011	267328	290374	383394	436493	449580
医疗卫生	24790	41705	91944	91581	138137	161769	182796	231105	262768	341534	298360
环境保护	5977	10628	26468	44286	23286	42418	42479	56018	50084	69318	50598
城乡社区事务	23077	39203	47402	55173	52926	78604	104566	100130	139318	128491	179306
农林水事务	44037	64121	91127	117776	118779	168283	202085	237859	287557	287591	346168
交通运输	23672	16788	35767	36795	49554	38271	40932	91311	138490	123959	103166
住房保障支出	—	—	—	49701	106855	35885	92761	114912	150998	160062	96814
债务付息支出	—	—	—	74	319	2082	1667	2093	5033	22194	43223
其他支出	49721	51515	53446	96429	102187	130776	145775	119288	145936	167518	137775
一般公共预算支出合计	550618	660320	889777	1066631	1313666	1652037	1891627	2038290	2377721	2675845	2778358
上解上级支出	11617	12412	6109	16888	21899	22452	26831	28777	30518	31634	26952

第一节　教科文卫支出

1990年，娄底地区科教文卫支出9948万元。之后逐年增加。1995年，全地区科教文卫支出2.47亿元。2003年，全市科教文卫支出5.73亿元。2005年，全市科教文卫支出7.48亿元。2007年起，全市教育、科技、文体传媒、卫生事业支出实行分项统计。

一、教育支出

2003年，全市乡镇教师工资纳入县级财政统发。2004年，计划生育费、国家级贫困县农村义务教育“一费制”经费缺口、科普经费、科技奖励经费等列入财政预算。是年，投入1200万元支持娄底师专升本和娄底职业技术学院建设。2005年，筹集农村中小学危房改造资金4080万元，对156所项目学校22万平方米的危房进行改造。是年起，实施义务教育阶段免学杂费、免费提供教科书、补助寄宿生生活费（两免一补）政策，2006年，每个学生按小学600元／年、初中800元／年、寄宿制小学1000

元/年、寄宿制初中1250元/年标准落实；投入资金655万元，重点支持新化县和涟源市12所寄宿制学校建设。是年，农村义务教育纳入公共财政保障范围，农村税费改革转移支付资金的68.5%用于义务教育。2007年起，教育支出实行单项统计。是年，从教育费附加中提取30%专项用于职业教育发展。是年，全市教育经费支出10.77亿元。2008年，启动农村义务教育“普九”债务清理化解，全市农村义务教育“普九”债务实际余额3.87亿元，累计化解债务3.63亿元。

2009年，市级安排配套资金800万元，集中支持32所义务教育合格学校建设。是年起，按生均高职3000元/年、中职2000元/年标准，落实高校和中职院校家庭经费困难学生资助政策，同时全面实行义务教育阶段教师绩效工资。2011年，市级投入3525万元，用于中小学校舍维修改造工程。是年，全市教育经费支出21.2亿元。2012年起，启动中心城区化解“大班额”专项行动，市级财政连续6年每年安排中心城区化解“大班额”专项资金5000万元。2013年，将市直公办职业院校生均经费纳入财政一般预算。2015年，投入全市61所农村义务教育合格学校建设资金305万元。是年起，普高公用经费标准按5000元/人列入财政预算。2016年，普高教师绩效工资财政承担80%。截至2017年，中心城区化解“大班额”竣工项目54个，新增学位6万个，义务教育阶段平均班额由75人降至60人左右。市属公办高职院校生均拨款1.2万元/年。是年，教育经费支出49.39亿元。2007—2017年，全市教育经费支出318.14亿元。

二、科学技术支出

2005年起，市级按全市人均0.13元标准，将科普事业经费纳入财政预算。是年，市级设立科技进步奖励基金80万元。2006年，市级设立高新技术产业发展基金，全年投入高新技术引导资金200万元，安排科技进步奖、专利申请补助经费和知识产权事业费115万元，对突出贡献奖获得者一次性奖励20万元。是年，市级设立应用技术研究与开发科技专项资金1236万元。2012年，贯彻落实《全民科学素质行动计划纲要》，将科普事业费提高到人均0.49元。2017年，出台《关于实施创新引领战略、建设科技强市的意见》，市级设立应用技术研究与开发科技重大专项资金1000万元。是年，全市科学技术经费支出1.45亿元，科普事业费人均达到0.55元。2007—2017年，全市科技经费支出8.97亿元。

三、文化、体育、传媒支出

2006年，实施2006—2010年广播电视“村村通”规划，市级财政每年预算安排专项经费100万元，为全市20户以上已通电自然村通广播电视。2007年，全市完成495个通电自然村广播电视“村村通”建设任务。全市文化、体育、传媒支出6931万元。2009年，市级文化事业投入1903万元，重点投向大型文体设施和公益性文化事业项目。至年底，全市完成1610个自然村广播电视建设任务，解决10.29万农户看电视难问题。2014年，保障省第十二届运动会、第九届残运会经费6964万元。2017年，安排贷款贴息资金300万元，对市广播电视台3个电视频道进行高清化改造，2个广播频道进行数字化改造。是年，设立市文化艺术创作基金100万元，奖励支持优秀文艺创作工作者、文艺作品。2007—2017年，全市文化、体育、传媒支出21.82亿元。

四、卫生事业费支出

2007年，全市医疗卫生事业费支出2.48亿元。2010年，支出9.16亿元，2015年支出26.28亿元。2017年，支出186.65亿元。

第二节 农业支出

一、农业发展支出

1990年，农业生产支出主要有小型农田水利和水土保持、农村合作生产组织农技推广和植保补助、农村造林和林木保护补助、农业发展、粮食生产、农林牧水产补助、良种补贴等。全地区农业支出

3124万元。1991年，建立财政支农周转金使用管理制度，用于种植业、养殖业、农副产品加工业、先进农业科技成果推广，扶持对象为实行独立核算的农村集体经济组织、乡镇村集体企业、其他农村合作经济组织及国营农业、林业、水利、气象等企事业单位。1998年8月，财政支农周转金制度取消。2000年，全市农业建设支出7359万元。

2003年，印发《娄底市财政农业专项资金使用管理办法》，设立财政农业专项资金报账专户，实行县级报账制。是年全市支农支出1.18亿元。2004年，实施农村劳动力转移培训“阳光工程”，市级配套资金34.5万元，培训1.15万人。2005年，市级安排劳务技能培训资金190万元、森林生态效益补偿资金496.03万元，预拨早稻良种补贴资金1098.7万元。2006年，开展支持“三农”资金整合试点，调整农业产业结构，推进新农村建设，全市建立农民专业合作社419家，市级设立“新菜地开发基金”，支持“菜篮子”工程建设。是年，争取中央及省级资金1.02亿元，整合部门资金2.8亿元，投入新农村建设；争取省级县域经济发展资金90万元。2007年，出台《财政农业专项资金管理办法》。2008年，全市投入资金5153.64万元，用于解决当年发生的冰灾损失。是年，全市农业发展支出4.4亿元。

2009年，市级投入林地虫害防治资金304.9万元；投入项目建设资金236万元，用于新农村和乡村清洁工程建设；投资2185.8万元，建设小农水项目9个；投入7700万元，建设优质稻产业项目。是年，全市发放水稻和油菜良种补贴、能繁母猪补贴、农机补贴和农村劳动力转移培训（阳光工程）补助资金6000万元。2010年，出台《娄底市蔬菜生产新扩基地奖扶办法》，对2010—2013年新扩蔬菜基地进行奖励。全市农业发展支出11.78亿元。2012年，市政府出台《娄底中心城区“菜篮子”工程三年行动计划》。2013年，补助资金252万元，建设“菜篮子”工程中心城区生鲜门店54个。全市争取上级抗旱救灾资金2165万元，用于解决当年遭遇的旱灾。是年，发放农机补贴4270万元；拨付林业专项资金2亿元，新建和改造油茶林967公顷，其他经济林400公顷；整合涉农资金1.7亿元，推进农业产业项目建设。2014年春季，全市投入造林绿化资金5.99亿元，完成人工造林1.04万公顷，补植补造8560公顷。市委、市政府出台《关于深入推进农村改革　加快发展现代农业的意见》。2016年，第八届湘博会期间发放农机购置市级补助资金697万元。2017年，印发《娄底市农业支持保护补贴资金监督管理办法》《娄底市财政扶贫资金监督管理办法》。是年，全市农业发展支出34.62亿元。2007—2017年，全市农业发展支出196.54亿元。

二、财政扶贫支出

1990—1999年，财政扶贫支出统计在农业支出内。2003年，按照《湖南省农村扶贫开发规划》、“十五”扶贫开发“6521”目标，市级财政下达扶贫资金2279万元，实行“稳定一块”和“搞活一块”政策，实施“基础工程”“科教工程”，重点支持贫困乡村公共基础设施和生态环境建设。2004年，安排扶贫资金541万元，建设涟源市肉牛养殖基地。2006年，市级预算安排扶贫资金100万元，重点解决贫困农民温饱、开展技能培训。2010年，市财政局设立财政扶贫资金专户，实行专项管理、封闭运行，当年结余结转下年继续使用。2013年，市级安排扶贫资金130万元，主要用于农村基础设施建设。2017年，市级统筹整合各项涉农资金1800万元，用于扶贫。

第三节　经济建设支出

1990年，经济建设支出659万元。此后，支出在1000万元／年左右徘徊，至2006年，达到1.23亿元。2007年始，经济建设支出没有专项统计。至2017年，较大的支出有六项：

一、国家园林城市创建投入

2009年，启动国家园林城市创建。2009年投入2.11亿元，2010—2012年，投入6.6亿元。

二、国家卫生城市创建投入

2010年，投入1.11亿元，启动国家卫生城市创建。2011年投入0.72亿元，2012年2.10亿元，2013年3.98亿元，2014年2.15亿元，2015年1.25亿元。2010—2015年，共投入创卫资金11.31亿元。2015年，娄底市被全国爱国卫生运动委员会命名为国家卫生城市。

三、湘江保护与治理投入

2013年起，实施湘江流域保护与治理第一个“三年行动计划”（2013—2015年），推进“四水”（资江冷水江新化段、涟水、孙水、侧水）“三库”（白马水库、水府庙水库、双江水库）治理，是年完成重点治理项目80个，投入资金4.98亿元；2014年项目78个、投入资金5.78亿元；2015年项目117个、投入资金9.01亿元。是年底，建成城市污水处理厂6座、乡镇污水处理厂2座，县级以上生活污水集中处理率超过88%，农村生活污水直排现象得到控制。城区生活垃圾无害化处理率100%。畜禽养殖污染处理达标率75%。全市14个水功能区断面全面达标，境内“四水”流域9个地表水监测断面水质均达到Ⅲ类标准，其中孙水河水质稳定达到Ⅱ类标准。县级以上城市集中饮用水源地水质达标率均为100%，完成第一个“三年行动计划”。2016年，实施第二个“三年行动计划”（2016—2018年），出台《娄底市落实〈水污染防治行动计划〉实施方案（2016—2020年）》《涟水娄底市水体保护总体实施方案（2016—2018）》《涟水娄底市西阳渡口断面水质达标方案》《涟水侧水娄底市街埠头断面水质达标方案》。全年实施治理项目64个、投入资金3.69亿元，2017年，出台《娄底市重点流域（涟水）水环境整治总体实施方案（2018—2020）》，实施项目51个、投入资金9.11亿元。至2017年年底，6个城市生活污水处理厂完成提标改造，中心城区污水处理率97.05%，城市生活垃圾无害化处理率100%。3个国控“水十条”考核断面（新化资江坪口、涟水侧水街埠头、涟水西阳渡口）水质优良率100%，其中新化资江坪口、涟水侧水街埠头2个断面达到Ⅱ类水质；12个省控考核断面水质优良率100%。

四、煤炭行业产能淘汰投入

2013年，启动落后小煤矿关闭退出工作，确定“奖补政策引导，安全标准严把，市场分析晓理、自觉自愿关闭”的工作原则，对自愿关闭的三类煤矿（煤与瓦斯突出矿井、非突出矿井、整合关闭矿井），分别按每个煤矿不低于1200万元、700万元、500万元的标准实行奖补，对2014年底前关闭的矿井，在奖补标准基础上再给予奖励；对在2015年9月30日前关闭的矿井，在奖补标准基础上适当下调。2014—2015年，全市安排煤矿关闭资金3.86亿元，关闭煤矿147处。2016年，安排煤矿关闭资金3.25亿元，关闭煤矿6处。2017年安排煤矿关闭资金6380万元，关闭煤矿23处。

五、烟花爆竹生产企业退出投入

2016年，落实省政府《关于加强整顿治理促进烟花爆竹产业安全发展的意见》，推进烟花爆竹产业供给侧改革，引导落后烟花爆竹生产企业自愿有序退出。是年，37家企业申请退出，于12月28日前关闭到位，全市安排退出资金3658万元。2017年，全市安排退出资金1250万元。至年底，8家企业退出，全市烟花爆竹生产企业全部退出。

六、房地产奖补投入

2016—2017年，贯彻落实《娄底市人民政府关于娄底中心城区进一步去商品房库存促房地产业发展的通知》，出台《关于娄底中心城区购房奖励资金发放实施细则》，为1.31万户娄底中心城区新购商品房购房户发放奖励资金1.21亿元。

第四节　社会保障支出

1990—1992年，娄底地区社会保障支出2400万元。2000年，启动城镇职工基本医疗保险。2002年9月始，三年内投入资金600万元，建成劳动保障信息网络（金保工程），于2004年5月与省劳动保障信息网联网；市、县两级分别设立社保补助专户和社保专户，企业养老、下岗和再就业、低保、抚恤、救灾等专项资金及上级对下级的补助通过社保补助专户下达和调度，同级财政对同级企事业单位的补助通过社保专户拨付。2003年，设立社保基金办公室。2005年，全市社会保障支出6.12亿元。2008年，全市开展城镇居民医疗保险试点。2010年，实施社会保险基金预算。2011年，市政府出台《市辖区被征地农民社会保障实施办法》，对被征地农民实行基本养老保险、医疗保险和最低生活救助制度，将被征地农民社会保障资金纳入财政专户，实行“收支两条线”管理，将保障资金中征地补偿费的25%部分和国有土地使用权出让收入的3%部分，直接划入专户。2012年，全市社会保障支出16.84亿元。2015年，出台《娄底市城乡居民大病保险实施方案》，开展城乡居民大病保险。2016—2017年，将城镇居民医保制度与新农合制度整合，建立统一的城乡居民医保制度。两年社会保障支出88.61亿元。

《娄底市级中小企业信用担保机构风险补偿资金管理办法》听证会现场（2013年7月19日摄）

第三章 财政管理

第一节 财政预算管理

一、预算编制及执行

1990年，持“量入为出”原则，不做赤字预算，制定年度一般公共预算。1996年，行署批转地区预算外资金清理检查领导小组办公室的《关于清理检查预算外资金的实施办法》，针对1995年度以来发生的十类问题进行清理检查。1997年，行署印发《娄底地区地直单位综合财政预算管理办法（试行）》，改革预算资金分配方式，推行综合财政预算（即“零基预算”），将预算内和预算外资金统一管理，统筹安排使用，实现地方财政和各部门、单位财政收支平衡。综合财政预算实行全额管理、核定收支、比例调控、综合平衡的原则，对行政事业单位实行“核定收支计划、收入全额上缴、支出统筹安排、计划一年一定”管理，对专项预算外资金（含基金）实行“以收定支，计划单列，专项使用，收入上缴，支出下拨，结余结转使用”管理。此项改革，全市清理预算外资金账户1555个，撤销1085个，缴入财政专户资金1.72亿元，财政以收抵支0.95亿元。1998年，开展财政周转金清理整顿和规范管理，取消财政周转金。是年，将供电工程贴费纳入预算管理。1999年，对资源税（不含盐资源税）、土地增值税、城镇土地使用税，按省与地市州县各50%的比例分别缴入省级国库和地市县国库。2000年，除船舶吨税外，墙体材料专项基金、铁路建设附加费、地方教育附加、地方教育基金等预算外资金纳入预算管理，结合原有经费拨款数额、收费收入缴库及开支情况，重新核定有关部门和单位的预算支出。代收手续费纳入部门和单位预算，年初由部门和单位根据上年代收收费（基金）的实际入库数及当年变化情况编制，作为部门和单位的正常经费，不再另行拨付。

2001年，行政性收费、罚没收入实行“收支两条线”管理。2002年，取消按企业隶属关系划分所得税收入的分配办法，企业所得税和个人所得税实行中央与地方按比例分享。2003年，部门预算按综合预算（一般预算安排、非税基数安排），实行“人员经费按标准、公用经费按定额、专项支出按急需”安排。2006年，对社会保障基金、防洪保安资金、“一金一费”等基金编报政府性基金预算；对城建资金、排污费、教育费附加等专项资金统筹编制明细预算。2010年，除教育收费纳入财政专户管理外，所有的非税收入全部纳入预算管理，行政性收费、罚没收入、专项收入按1%统筹（公安系统除外），用于对口支援四川理县灾后重建。是年，市本级财政全额拨款单位全部实行部门预算；差额单位及有财政资金安排的其他单位不做单位收支预算，只列财政拨款补助。

2012年，将单位所有的上级补助收入全部纳入部门预算管理，收入预算增设“上级补助收入”，支出列“专项支出”。商品和服务支出、专项支出细化到经济科目中的“款”级。2013年，编制国有资本经营预算。2014年，将社会保险基金预算纳入政府预算管理，建立一般公共预算、政府性基金预算、国有资本经营预算、社会保险基金预算统筹协调的全口径政府预算管理体系，实行“预算统筹统编、收支统批统管”，将政府的收入和支出全部纳入预算管理。2015年，政府性基金预算中统筹使用部分列入地方一般公共预算，与相关资金统筹使用，将地方教育附加、水利建设基金、残疾人就业保障金、从土地出让收益中计提的农田水利建设基金和教育资金等政府性基金列入一般公共预算；取消城市维护建设税、排污费，探矿权和采矿权价款专款专用。将各类专项资金70%安排用于保重点，30%用于统筹兼顾，取消政策到期或任务已完成的专项22项、涉及资金1.06亿元，压减专项67项、涉及资金9675万元；对2012年及以往年度结转的一般公共预算资金，除特别事项外，一律收回预算，作为结余资金管理，统筹用于2015年重点支出或补充预算稳定调节基金，用于以后年度预算编制；对2013年结转的根据需要调整用途；结转资金规模较大的，调入一般公共预算统筹使用。同时，建立预算编制与结转结余资金管理结合机制，对部门当年预算执行率不到85%的专项资金，下年度预算按比例扣减。是年，全年市本级各类结转资金统筹财力1.68亿元。

2016年，将工资调整及机关养老保险改革等刚性支出列入预算，新增市级部门预算支出预算分类（功能科目），将所有功能科目细化到“项”级。对连续两年未用完的结转资金，作为结余资金管理，由财政收回统筹使用、平衡预算或补充预算稳定调节基金；对其他结转资金，除跨年度的项目资金、2015年下达的市本级追加指标、省指标、非税收入成本和发放至个人的政策性民生资金外，一律按50%予以统筹，收回的结转结余资金，由市财政统筹安排，先用于弥补机关事业单位养老保险制度改革和配套完善工资制度的资金缺口，再用于其他重点支出。是年，市级从各类结转资金统筹财力2.19亿元。2017年，除跨年度的项目资金、2017年省指标、非税收入成本、义务制学校经费外，一律按100%予以统筹。将彩票销售机构业务费收支纳入政府性基金预算管理。是年，市级从各类结转资金统筹财力1.91亿元。

二、预决算公开

2012年起，市级部门预决算公开。2013年，出台《中共娄底市委办公室　娄底市人民政府办公室关于推进全市预决算公开工作的通知》和《娄底市财政局关于2013年市级部门预决算及“三公”经费预决算公开的通知》，启动预决算公开工作。是年，22家市政府组成部门和单位开展部门预决算、“三公”经费预决算公开试点，市本级财政预决算在市政府、市财政局门户网站上公开，各单位部门预决算、“三公”经费预决算在其门户网站公开。2014年，部门预决算和“三公”经费预决算公开单位扩大到46家。2015年，按照“以公开为常态，不公开为例外”要求，除涉密单位外，所有使用财政拨款的部门和单位都按规定公开部门预决算和“三公”经费预决算。2017年，全市所有按规定应公开预决算的单位均进行预决算公开。

三、预算绩效管理

2004年，对不同领域的财政投入开展预算绩效评价。2005年，“缓解县乡财政困难”绩效评价项目试点，获财政部表彰。2008年，开展农村中小学校舍维修改造专项资金项目绩效评价和部省属水库移民无房户建房补助资金项目绩效评价。2011年，对娄底市开源、湖南兴源和湖南鼎盛汇祥三家投资担保公司2009—2011年财政补偿资金462万元实施绩效评价。2012年，预算绩效评价工作开始建章立制、扩面提质，制定《娄底市县市区财政部门预算绩效管理工作考核办法》《娄底市财政支出绩效评价试点工作实施方案》，市级引入中介机构实施第三方绩效评价，对新农村建设、应用技术研究与开发、中心城区农贸市场改造3项专项资金进行试点。2013年，制定《娄底市本级财政预算绩效管理暂行办法》，启动市级财政预算绩效管理。是年，开展市直部门专项资金预算绩效目标申报试点，对中心城区农贸市场改造专项资金、蔬菜生产专项经费、植树造林专项经费等涉及3150万元的9个财政预算专项资金，申报预算绩效目标。2014年，委托中介机构对市本级1.85亿元巩固创“国卫”成果专项资金实施绩效运行跟踪监控试点。是年起，市本级财政支出绩效重点评价由市财政组织协调，委托第三方中介机构具体实施。2015年，开展市级财政资金绩效自评和市直单位整体支出绩效重点评价工作试点，对市司法局、市农机局和市卫生局3家单位整体支出开展绩效自评和重点评价，对企业养老保险补助、工业发展资金、信访救助资金等48个专项资金开展绩效自评。是年起，市本级预算绩效管理纳入政府绩效管理，对市委办等74家市直单位和5个县（市、区）党委、政府预算支出情况实行政府绩效考核。

2016年，建立市级预算绩效管理中介机构库，8家会计师事务所进入首批绩效评价中介机构。建立绩效评价结果反馈整改机制，调减市级财政项目预算225万元。是年，市本级156家行政事业单位申报部门整体支出预算绩效目标，占本级全额预算单位的72.2%。2017年，建立绩效评审专家库和评审机制，引进专家型人才。是年，预算绩效目标管理覆盖市本级201家全额预算单位的部门综合预算资金和市级50万元以上专项资金。市本级对22个市级财政支出项目实施重点绩效评价，评价金额5.6亿元。

第二节 国库管理

2003年，市财政局设立国库科和国库集中支付中心，推行国库集中支付改革。出台《娄底市部门预算和国库集中支付核算改革试点方案》《娄底市预算单位财政国库管理制度改革资金支付暂行办法》《娄底市财政国库集中支付改革会计核算暂行办法》，构建起国库集中支付制度框架。按照“整体设计、分步实施”“先试点、后推广，先入轨、后规范”原则，确定市科技局、市农业局、市建设局、市财政局、市民政局5家单位试点。2004年，将市委办等40家市直单位纳入国库集中支付。2005年，海南版国库集中支付系统网上试运行，支付审核由人工送审改为线上送审。市本级预算单位全部纳入国库集中支付网上运行。2006年，将临时机构的财政资金纳入国库集中支付。2007年，制定《娄底市市级预算单位国库集中支付网络操作规程》，规范预算指标上网、用款计划编审、财政直接支付和授权支付业务流程。是年，国库集中支付系统升级为科创版国库集中支付系统。2008年7月，市财政局、市教育局、市卫生局等8家单位开展公务卡改革试点。

2010年，出台《关于进一步规范预算单位国库集中支付有关规定的通知》。2011年，市级所有预算单位推行公务卡改革，单位公务卡刷卡比例不低于单位授权支付金额的20%。至次年5月底，市级累计发放公务卡5160张，公务卡刷卡金额2212万元，为授权支付总额的27%。2012年，出台《关于实施市级预算单位公务卡强制结算目录的通知》，规定公务员卡强制结算目录。2016年，出台《关于规范预算单位国库集中支付有关规定的通知》，要求公务卡结算的资金量须占授权支付总量的60%；出台《关于规范预算单位国库集中支付有关规定的通知》，规范直接支付和授权支付范围。2017年，市级推行国库集中支付电子化改革，国库集中支付系统升级为财政一体化系统。市建设银行、长沙银行、市工商银行、中国银行、农业银行电子支付正式上线运行，将全部专户资金和社保资金纳入财政一体化信息系统管理，实现预算单位、财政、代理银行、人民银行全方位、全业务流程的电子化管理，所有纳入国库支付的资金，从申报到支付全程实现“无纸化”运行。按照财政部规定清理财政专户，市级财政专户从76个撤并至26个。是年底，市本级纳入国库集中支付的预算单位235家。

2007—2017年娄底市国库集中支付数据统计表

表40-6　　单位:亿元、笔

年份	总支付笔数	总支付金额	直接支付笔数	直接支付金额	授权支付笔数	授权支付金额
2007	28036	7.71	21083	6.33	6953	1.38
2008	30786	8.67	24016	7.28	6770	1.39
2009	33309	9.43	26441	8.00	6868	1.43
2010	40531	13.09	32942	11.44	7589	1.65
2011	47902	17.65	38939	15.87	8963	1.78
2012	55880	23.32	41737	21.21	14143	2.11
2013	62957	25.98	46134	23.63	16823	2.35
2014	61208	22.08	44751	20.47	16457	1.61
2015	72875	23.70	52341	22.24	20534	1.46
2016	83347	33.92	60731	32.69	22616	1.23
2017	93041	71.89	68057	70.74	24984	1.15

第三节　综合财务管理

一、政府购买服务

2014年始，开展政府购买服务工作，是年12月建立娄底市政府购买服务工作联席会议制度，时任市委常委、常务副市长任总召集人，财政、编制、司法、民政、住建、交通、审计、工商、机关事务管理等部门领导为成员，联席会议办公室设市财政局。2015年，市级预算首次安排1100万元，用于政府购买服务项目，涉及环卫、物业管理、项目评审、法律援助等领域。2015—2016年，先后制定《娄底市政府购买保障性住房后续管理服务工作方案》《娄底市政府购买法律援助服务实施细则》《娄底市政府购买养老服务试点方案》《娄底市政府公路养护试点方案》。2016年，市级财政预算安排政府购买服务项目资金1500万元，将园林养护纳入政府购买环卫服务范围。2017年6月，制定市本级政府购买服务指导性目录，11月成立娄底市财政局政府购买服务改革工作领导小组，是年市级财政预算安排政府购买服务项目资金1500万元。

二、津补贴管理

2007年以前，津补贴发放由各地各部门自行管理。2007年1月1日起，对全市各地各部门自行设立、名目繁多、标准不一、定期普遍发放的生活性补贴和工作性津贴以及奖励项目进行归并，实行统一的津贴补贴发放标准，市级按1.45万元／人·年标准执行。2010年1月1日起，按18100元／人·年标准执行，2012年按21600元／人·年预发；2014年1月1日起，按2.7万元／人·年标准执行；2016年7月1日起，按3.12万元／人·年标准执行；2017年无变化。

第四节 农业综合开发资金管理

1996年起，农业综合开发包括土地治理项目、多种经营项目。是年，农业综合开发总投资962.16万元。其中财政资金492.13万元，自筹资金320.03万元，银行贷款150万元。1998年，农业综合开发职能归口地区财政局管理。2000年，落实财政部《农业综合开发财务管理办法》，规范农业综合开发财务管理。全年农业综合开发总投资3535.6万元，其中财政资金2252万元，自筹资金783万元，银行贷款500万元。2001年，落实财政部《农业综合开发资金报账实施办法》，农业综合开发资金实行县级报账制度，明确报账管理的职责和程序。2005年，落实财政部《国家农业综合开发资金和项目管理办法》，规范农业综合开发资金和项目管理。实现农业综合开发总投资1.46亿元。2007年，农业综合开发财政资金专账和报账资金专账合并为农业综合开发资金专账，包括财政无偿资金、财政有偿资金和项目区群众缴入的自筹资金。2010年，农业综合开发地方财政配套方式调整为省、市、县三级配套或省与省直管县市两级配套，资金由省直接分配并拨付到市本级或省直管县市，年度项目计划经国家农业综合开发办公室批准后，由省直接批复到市本级和省直管县市。是年，农业综合开发总投资3.27亿元，其中财政资金6110万元，自筹资金1.56亿元，银行贷款1.1亿元。2012年，落实省财政厅《湖南省农业综合开发工作综合考评办法》，对农业综合开发资金和项目管理进行综合考评。1996—2017年，全市累计实现农业综合开发总投资29.82亿元，其中财政资金12.31亿元、自筹资金10.34亿元、银行贷款7.17亿元。

1996—2017年娄底市农业综合开发投资情况表

表40-7　　单位：万元

年份	土地治理项目			多种经营项目（产业化经营项目）			
	总投资	财政资金	自筹资金	总投资	财政资金	自筹资金	银行贷款
1996	689.16	411.13	278.03	273.00	81.00	42.00	150
1997	1180.00	677.00	503.00	745.50	248.50	147.00	350
1998	1494.50	877.00	617.50	780.00	280.00	150.00	350
1999	1777.50	1000.50	777.00	1012.00	325.00	197.00	490
2000	1777.00	1369.00	408.00	1758.60	883.00	375.60	500
2001	3031.00	2372.00	659.00	2497.57	1157.00	760.57	580
2002	4651.50	3985.00	666.50	2272.00	1165.00	307.00	800
2003	3681.00	2781.00	900.00	5600.71	1589.00	1861.71	2150
2004	4291.00	2788.00	1503.00	932.00	450.00	312.00	170
2005	4061.00	2758.00	1303.00	10570.00	2036.00	5986.00	2548
2006	4557.50	3213.50	1344.00	7994.00	2477.00	3517.00	2000
2007	4613.40	3261.00	1352.40	7030.61	1785.00	4445.61	800

续表40-7

年份	土地治理项目			多种经营项目(产业化经营项目)			
	总投资	财政资金	自筹资金	总投资	财政资金	自筹资金	银行贷款
2008	5169.50	3742.50	1427.00	3487.65	1185.00	1802.65	500
2009	5583.50	4232.50	1351.00	4807.47	926.50	2480.97	1400
2010	7006.08	5290.00	1716.08	25695.32	820.00	13915.32	10960
2011	7846.20	6983.00	863.20	13381.49	443.00	7338.49	5600
2012	8041.07	7174.00	867.07	35131.50	1325.00	15640.50	18166
2013	7801.00	6887.00	914.00	38277.62	1747.00	12329.62	24201
2014	8174.37	7212.00	962.37	6951.86	2408.00	4543.86	—
2015	8102.00	8082.00	20.00	5578.39	2058.00	3520.39	—
2016	10121.57	10113.00	8.57	6032.10	2652.00	3380.10	—
2017	10382.00	10382.00	0	3387.22	1485.00	1902.22	—
合计	114031.85	95591.13	18440.72	184196.61	27526.00	84955.61	71715

第五节　会计管理与会计函授

一、会计从业资格管理

1992年，落实财政部、人事部联合颁布的《会计专业技术资格考试暂行规定》，设立会计考点，实行会计专业技术资格考试，高级会计师实行评审制。地区财政局负责现场报名、资格审查、现场缴费、考试、证书发放等工作。1996年，召开全区整顿会计工作秩序动员大会，在全地区范围内重点对会计行业存在的依法建账、会计信息失真、会计基础工作滑坡等问题进行整顿，促进各单位依法开展会计工作，建立规范的会计工作秩序。2004年，建立会计人员信息管理网络，为全市7013名持证会计从业人员换发会计从业资格证。2010年，组织《中华人民共和国会计法》执行情况检查，重点检查行政、企业单位103个，查出违法使用会计人员、未依法设置会计账簿、会计凭证取得和填制不规范、私设“小金库”、未按规定保管会计资料、截留应缴财政收入和虚报、挪用财政资金等问题130项。2011年7月，开通“湖南省会计从业人员综合管理系统”，对办证申领、调转、注册登记、信息变更、继续教育培训登记等进行网络化、信息化管理。2012年开始，贯彻实施《湖南省会计行业中长期人才发展规划（2011—2020年）》和《湖南省会

娄底市财政局组织市直事业单位开展业务培训
（2013年6月25日摄）

计领军人才培养十年规划》。2014年，执行财政部《行政事业单位内部控制规范（试行）》，成立娄底市行政事业单位内部控制规范专家咨询委员会，印制《内控控制工作手册》。是年，印发《娄底市会计基础工作规范化考核实施方案》，对市级单位开展会计基础工作规范化考核。2016年，取消会计从业资格证考试，此前已经考取的会计从业资格证仍视为水平能力的证明。

二、注册会计师管理

1996年，成立地区注册会计师协会，与地区财政局注册会计师管理办公室合署办公。地区有会计师事务所6家，其中有限责任制会计师事务所3家，合伙制3家；3家会计师事务所具有兼营资产评估业务和工程造价业务资格。工作人员78人，执业注册会计师32人，非执业注册会计师66人。1999年，完成会计师事务所脱钩改制，会计师事务所与挂靠单位“人事、财务、业务、名称”脱钩。2000年，全地区会计师事务所从业人员85人，其中注册会计师31人、注册评估师15人、注册造价师19人、助理人员20人，业务总收入299.4万元。2000—2017年，市注册会计师协会负责全市注册会计师资格考试，按省注协要求报批和管理协会会员，对会计师事务所执业质量、职业道德和财务收支情况进行监督检查。2017年，市财政局注册会计师管理办公室撤销，注册会计师协会合并到市财政局会计管理办公室。是年底，全市有会计师事务所8家，执业人员95人，业务收入1592万元；资产评估机构2家，执业人员19人，业务收入243万元；275人取得注册会计师从业资格。

三、会计函授

1990—2000年，中华会计函授学校娄底分校招收函授学员8271人，毕业8265人。2001年，停止中专学历招生，函校主要进行在职会计人员继续教育培训和财政支农政策培训。2004—2016年，全市会计人员继续教育培训13.65万人次。2017年，推行会计人员网上教育模式，采取网上培训方式，主要开展财政支农政策培训。

第六节　乡村振兴管理

一、乡镇财政管理

1995—1999年，乡镇财政实行“以县为主、县乡共管”的管理体制。2008年，推行“乡财县管乡用”和“村账乡代理”改革，建立县乡公共财政体制框架，规范村级财务管理。2010年，实行省、市、县财政管理体制改革，县级财政由省直管，至2017年没有变化。

二、农村税费改革

2001年3月，市里成立市农村税费改革领导小组，办公室设市财政局。主要推行农村统三提五、农村教育集资、屠宰税、农业税、农业特产税政策等改革。是年争取上级转移支付资金12691万元，市级配套377万元。2003年，开展农村税费改革“回头看”，全市农村税费改革转移支付资金的分配、落实和使用等工作经验获全省推广。2004年，农村税费改革完成。

三、农村综合改革

2005年始，市里在市财政局设立专门机构，负责农村综合改革。农村综合改革主要推行乡村债务化解、税费尾欠处理、乡镇机构改革、农村教育改革、县乡财政管理体制改革等。2006年，农业税停征。2007年，清理化解乡村垫交农业税、农业特产税债务，全市乡村垫交农业“两税”债务余额5518万元，争取上级补助资金5133万元。2008年，实施村级组织运转经费保障制度。是年全市保障村级组织运转经费7393.58万元，村均2.2万元，其中按照200元／人·月的标准发放1.17万名在职村干部误工补贴2804.64万元；按照30元／人·月的标准发放符合“四项条件”的6765名离任村主任生活困难补助243.54万元；按照1万元／村·年的标准落实村级办公经费3358万元。2015年，村级组织运转经费基本保障标准提高至7万元，村党组织书记基本报酬按照上一年度当地农民人均收入水平的1.7倍确定，村党组织书记、村委会主任和其他核定职数的村干部报酬按照1：0.9：0.7确定。符合条件的离任村支书、村主任生活困难补助每人每月不低于150元。1000人以下的村的村级办公经费1万元，1000～2000人以下的1.3万元，2000人以上的1.6万元。2017年，村干部基本报酬和村级组织办公经费两项合计，按照不低于9万元／村・年的标准确定，并建立正常增长机制。村级组织办公经费不低于2万元／村・年的标准，人口在3000人以上的村和建档立卡贫困村不低于3万元／村・年的标准，并根据物价增长因素适时调整。

四、"一事一议"财政奖补

2009年，开展村级公益事业建设"一事一议"财政奖补试点，新化县、双峰县、涟源市、冷水江市20%的村纳入试点范围。2017年，全市村级公益事业"一事一议"财政奖补1393个行政村，争取集中连村"特惠制"试点项目省级奖补资金4700万元、美丽乡村试点项目省级奖补资金1800万元。

2009—2017年娄底市"一事一议"财政奖补资金投入情况表

表40-8　　单位:万元

年份	项目个数	总投入	其中财政奖补资金
2009	782	9115.64	3810.87
2010	1024	17956.75	4918.77
2011	1618	35119.69	10805.25
2012	1972	39044.03	10593.25
2013	2000	38442.00	11845.00
2014	1920	24096.00	12306.00
2015	1692	21696.00	11863.00
2016	1726	23180.00	12633.00
2017	1393	14953.00	10025.00
合计	14127	223603.11	88800.14

第七节　财政监督检查

1990年，地区财政局配合纪检、政法、监察、银行等部门，开展企业、行政、事业单位冬季财务大检查，查出违纪金额5117.4万元，其中应入库金额3576.5万元，当年入库2418.5万元。1991—2000年，检查县级财政局和乡镇财政所356个，检查重点企业、行政、事业单位500余个，查处违纪金额2.5亿余元。落实整改意见1000条。

2003年4月，娄底市出台《关于进一步加强规范财政监督检查工作的通知》，制订财政监督执法检查10道工作程序。是年，对市教育局、市畜牧水产局、市委党校、市技校和全市国土系统开展财政综合检查，查处违纪金额709.69万元，责令限期缴入财政专户62.69万元，追缴入库35.24万元。2004年，开展财政收入"打假工程"财政专项资金检查，查处各类违纪资金1.56亿元，追缴财政资金204.8万元，罚款152.61万元，纠正财政违规金额4961万元，纠正财政混库资金103万元。是年，开展《会计法》执行情况检查，抽查32家市直行政事业单位，检查出5家单位会计人员无证上岗、2家单位未依法设账、5家单位财务收支不实、6家单位共计112.84万元的非税收入未执行专户储存，对被检查单位违法情况进行处理处罚。2005年，清理“小金库”，组织市直118家行政事业单位自查，重点抽查34家市直行政事业单位和76家县市单位，查出“小金库”29个，涉及金额319.22万元，其他违纪金额1066.2万元，收缴“小金库”资金319.22万元，立案4起处分4人，整章建制160条，提出整改意见124条。

2006年，在全市开展“财政监督质量年”活动，加强专项资金检查，创新监督机制，提高财政监督质量。全市财政监督工作经验《突出“四个创新” 实现“四个转变”》，在全国地方财政监督工作经验交流会上推介。2007年，推行预算监督，试点对市物价局、市体育局、市环保局等单位2006年预算编制和预算执行情况进行检查、调研，将单位年初综合预算和年底决算情况分类分项列表比对，分析预决算差异情况，评判部门预决算质量和水平，为下年度科学预算、精细化预算提供依据。7月，组织对全市2005—2006年禽流感扑杀资金和肉牛产业发展资金进行专项监督检查，检查新化县槎溪镇、涟源市湄江镇和七星镇，现场核查专项资金的拨付、使用情况。2007年8月14日，财政部印发《关于建立财政监督工作联系点制度的通知》，确定娄底市财政局为全国财政监督系统“预算支出监督”工作联系点中唯一的地级市财政局。11月，全省创新财政监督机制工作会议在娄底召开。

2008年，娄底市被确定为全省“创新财政工作机制”试点市。2009年，对涟源市2007—2008年收入级次和收入质量进行监督检查，重点检查涟源市财政局、国税局、地税局等单位，并延伸检查涟源市房产局、国土局、林业局和煤炭统征办等单位，查出涟源市挤挖娄底市税收262.5万元，欠缴非税收入290.2万元，未及时上解本级国库预算收入1275.6万元，违规减免契税204.3万元，违规返还契税102.15万元。针对检查出的问题，责成涟源市政府整改，并予以处罚。出台《娄底市财政专项资金（基金）管理审批办法》，加强财政专项资金的审批和监督，规范专项资金管理。同时，对市廉租房建设项目派出监督联络员，实时监控项目资金和项目建设。组织全市1318家行政事业单位自查自纠，自查出2007—2009年“小金库”21个，资金1358.7万元，支出1352.12万元，累计余额206.25万元，上缴财政49.2万元。检查市公安局、市粮食局、市中级人民法院、市教育局等15家单位及所属二级机构，查出“小金库”6个，涉及资金1277万元，收缴376万元，对个别情节特别严重的单位负责人给予党纪政纪处分。2010年，组织全市391家社会团体、11家国有及国有控股企业自查自纠，自查覆盖面100%，自查发现违规社团单位5家、违规资金118.52万元，重点检查100家社会团体，查出违规户数27家，违规资金630.95万元，其中“小金库”8个，涉及金额306.95万元，追缴入库45万元；重点检查6家国有及国有控股企业，重点检查面66.7%。

2010年，开展强农惠农资金专项清查，清查2007—2009年度中央、省、市、县（市、区）安排的强农惠农资金55.08亿元，全市发现违规违纪问题46个，涉及资金897.6万元。

2011年，组织对全市行政事业单位、社会团体和国有企业开展检查，查出“小金库”87个，违规资金3755万元，收缴资金1056万元，党纪政纪处分60人、撤职4人、移送司法机关处理9人。开展会计信息质量检查，全市抽查单位和企业65家，发现违规金额1587.39万元，处理处罚单位32家、金额199.98万元，其中补缴税款124.38万元、罚款75.6万元。

2012年，对政府还贷二级公路债务及还本付息情况进行专项清理，清查政府还贷二级公路债务项目27个，里程396.08千米，截至2011年底，二级公路债务余额14.4亿元，其中省属债务余额5.72亿元，市属债务余额8.68亿元。是年，对市本级有财政拨款的220个行政事业单位开展专项执法检查，审查会计从业资格和会计机构负责人任职条件，查出会计人员无证上岗84人、未及时办理注册登记139人、未及时办理调转登记手续55人、未及时参加继续教育87人，根据检查情况，下达整改意见书56份。2013年，印发《娄底市人民政府关于2010年—2012年娄底市国有土地使用权出让收入及使用管理存在问题整改情况的函》，规范国有土地收入的管理和使用。2014年，开展会计监督检查，重点检查19家企业单位，其中医药行业15家，公共交通行业4家，查处违法违规资金3499.62万元。是年，对全市

2013年度涉及的83项重大财政专项资金使用、管理情况进行自查，核实资金来源59.72亿元，发现全市有614.31万元专项资金配套不到位，调剂其他专项资金190.44万元及3250.07万元专项资金拨付手续不齐全，及时进行整改。

2015年，全市开展盘活财政存量资金专项检查，市本级自查出财政存量资金51.12亿元，重点检查冷水江市财政局，延伸检查该市相关资金管理使用单位，查出的问题由冷水江市财政局向冷水江市政府进行专题汇报，责令相关单位（部门）整改。是年，对全市2013年、2014年城乡医疗救助制度落实、工作开展及资金筹集、使用、管理等情况进行专项检查，检查发现存在城乡医疗救助支出中临时医疗救助比重过大、比例过高；资金申请、核拨和发放程序不规范，超标准、超范围支出；会计核算不规范，特别是乡镇没有进行专项、明细核算等问题。对全市87个涉农资金项目进行专项检查，重点检查粮食直补、农资综合补贴、国有土地使用权出让收入安排的征地和拆迁补偿支出、国有土地收益基金用于征地和拆迁补偿支出、农村危房改造补助资金、财政专项扶贫资金、农业供水节水基建支出7项资金，共发现各种涉农资金问题22件，涉及违法违纪金额1915.9万元。2016年，市财政局组织开展市直行政事业单位财务检查，组织246家市直行政事业单位自查，重点检查165家市直单位，重点检查面为67%，向160家单位下达《财政检查整改函》。2017年，市财政局牵头组织对新化县2015—2016年度财政扶贫资金进行专项检查，涉及新化县财政局、扶贫办、农业局等16个相关部门，重点抽查曹家镇、琅塘镇、奉家镇等5乡镇及所辖贫困村扶贫资金管理、使用情况，检查发现该县扶贫资金管理使用存在资金使用不及时，滞拨滞留资金；精准扶贫工作不到位，平均发放扶贫资金和物资；套取、骗取项目资金；工程项目未按规定执行招投标，未履行财政投资评审程序；建档立卡基础信息不够准确，建档立卡人员重复计算、身份证号码错误等问题，及时进行整改。

第八节　工资统发与财政投资评审管理

一、工资统发管理

2000年，市政府印发《娄底市市级财政统发工资管理暂行办法》，全市全额拨款行政、事业单位和中小学教师实行工资统发，并代缴代扣公积金、养老金。2010年，对已列入统发的信访工作人员发放信访工作津贴。21家单位全额编制人员的津补贴参照公务员单位津补贴标准执行。2011年，纪检、监察办案人员补贴列入工资统发，标准调整为220元／人·月。2015年，乡镇（不含街道办事处）机关和事业单位的正式工作人员（含上级政府派驻乡镇机构6月以上人员）发放乡镇工作补贴。是年，落实15%特殊教育教师津贴（岗位工资和薪级工资之和的15%），在奖励性绩效工资中设立特殊教育教师岗位补贴。2016年4月，调整公安机关、国家安全机关、监狱、强制隔离戒毒机关中评定授予警衔的在职人民警察和人民法院、人民检察院中评定授予警衔的在职司法警察警衔津贴。2017年，升级工资统发系统，解决平台技术差异、数据安全隐患等问题，工资统发实现自动化、无纸化。调整地方津补贴、绩效工资标准。发放政法工作津贴，每人每月1200元。调整统发单位干部的代扣养老金、年金标准，调整公务员基本工资和机关工人技术等级（岗位）工资标准。是年，市本级财政统发工资单位199个，统发工资人员11152人（其中在职11113人，离休39人）。全年发放工资7.58亿元，直接拨付财政安排的住房公积金9036万元，代扣个人住房公积金9036万元，直接拨付财政安排的养老金1.29亿元，代扣个人养老保险和职业年全7755万元，代扣个人所得税228.8万元。

二、财政投资评审管理

2003年，市财政局成立市财政投资评审中心，对财政预算、市政府投资建设项目进行管理，控制建设项目工程造价。2004年，制订《娄底市财政投资项目评审实施办法》《娄底市财政投资评审项目评审复核制度》，建立财政投资评审工作机制。2005年，开展项目评审工作，是年市本级审核项目62个，送审金额1.28亿元，审定金额1.12亿元，审减金额0.16亿元，核减率12.3%。2008年，评审娄底市体育中心项目（包括主体育馆、游泳馆等场馆），送审金额1.2亿元，审定金额1.05亿元。

2013年，联合评审路灯管理处、娄底职业技术学院回购项目。送审项目629个，送审金额27.75亿元，审减金额4.25亿元，审减率15.3%。2014年，评审天网工程等项目644个，送审金额22.92亿元，审减金额2.91亿元。2015年，评审高铁南站枢纽一体化项目、教育四年行动计划和城南中学扫尾配套工程、保障房建设、拆迁安置、儿童医院、国家综合档案馆、四水治理、迎创文明城市复检等重点建设项目共681个，送审金额23.95亿元，审减金额4.22亿元，审减率17.6%。2017年，印发《关于规范娄底市本级政府投资建设项目财政评审有关事项的通知》，完善评审管理制度，明确财政投资评审范围、资料报送要求、评审流程、评审办结时间，厘清建设单位、咨询公司和评审中心的责任边界。2013—2017年，送审项目4703个，送审金额187.43亿元，审减金额30.44亿元，审减率16.2%。

2005—2017年娄底市本级财政投资评审情况表

表40-9

年份	项目个数(个)	送审金额(万元)	评审金额(万元)	审减金额(万元)	审减率(%)
2005	62	12756	11191	1565	12.3
2006	150	49000	41160	7840	16.0
2007	167	48244	41149	7095	14.7
2008	205	98928	82111	16817	17.0
2009	190	100000	82070	17930	17.9
2010	156	98571	86348	12223	12.4
2011	387	167310	136866	30444	18.2
2012	470	261850	220526	41324	15.8
2013	629	277464	235011	42452	15.3
2014	644	229204	200083	29121	12.7
2015	681	239532	197349	42184	17.6
2016	600	155088	129637	25451	16.4
2017	362	136361	106395	29967	22.0

第九节　财政担保资金、地方金融企业、PPP项目管理

一、财政担保救助资金管理

2003年，市财政局制定《娄底市下岗失业人员小额担保贷款管理办法》，对下岗失业人员再就业小额贷款进行担保。2004年，开展小额担保贷款发放工作，确定市农商银行作为市本级创业担保贷款经办银行，由市财政出资200万元作为市级小额担保贷款初始担保基金，全市筹集小额担保基金630万元。2007—2008年，因2004—2005年期间贷款到期出现批量坏账，市财政与人社部门集中力量催收，期间小额担保贷款发放紧缩。2009年，出台《娄底市促进就业小额担保贷款实施办法》，扩大小额担保

贷款对象和规模。2010年，贯彻《湖南省道路交通事故社会救助基金管理实施细则》，市财政出资90.5万元成立道路交通事故社会救助基金。2011年，成立娄底市道路交通事故社会救助基金管理领导小组。印发《娄底市道路交通事故社会救助基金管理实施细则》。2012年3月，市财政局与中国邮政储蓄银行娄底分行签订合作协议，新增中国邮政储蓄银行娄底分行作为市本级创业担保贷款经办银行。2014年2月，出台《娄底市信用担保机构风险补偿资金管理办法》，建立全市融资性担保机构风险分担补偿机制。2016年3月，省财政厅在娄底市开展融资性担保公司代偿补偿工作试点，是年全市融资性担保公司获省级代偿补偿资金650万元。2016年7月，小额担保贷款调整更名为创业担保贷款。2017年，落实《湖南省金融发展专项资金管理办法》，争取省级补助奖励资金1670万元。是年，全市发放创业担保贷款1.1万笔，发放金额5.26亿元，担保基金8660万元；市本级拨付道路交通事故社会救助基金579万元。

二、地方金融企业管理

2004年，开展地方金融企业财务报表报送工作。2009年12月，变更金融企业财务快报填报口径，将金融企业按照银行类、证券类、保险类、担保类四种行业分类填报，并新增金融企业绩效评价指标表等填报内容，掌握金融企业的财务状况及资产质量情况，收集金融企业绩效评价基础数据。2015年，落实《湖南省财政厅关于加强地方金融企业财务管理有关事项的通知》，规范年度（季度）财务报表、财务分析报告、第三方审计情况及其他有关业务报表的报送工作。开展年度绩效评价工作，对地方金融企业的经营状况，资产质量等情况进行考核评价。2017年，全市纳入财政对地方金融企业财务监管企业23家，其中申报决算担保类金融企业9家、银行类金融企业9家、信用类金融企业5家。

湖南省财政改革在娄底巡回宣讲
（2015年4月28日摄）

三、政府和社会资本合作（PPP）项目管理

2015年6月，成立娄底市PPP工作领导小组，市财政局设立政府和社会资本合作（PPP）中心，建立联席会议制度，协调解决PPP项目推进过程中出现的重大问题，重点推出首批PPP项目40个，总投资300亿元。2016年，在全省率先提出PPP商务谈判条件、工作流程和工作标准，形成配套完善的操作体系。举办两场全市政府和社会资本合作（PPP）专题培训，对各县（市、区）、市直相关单位、地方政府融资平台公司进行培训；建立政府和社会资本合作（PPP）咨询服务机构库，其中综合类咨询机构15家，法律类咨询机构5家。2017年，印发《娄底市政府和社会资本合作项目监管办法（试行）》，加强对政府和社会资本合作项目的监管。

第十节　机　构

一、市级机构

1990年，地区财政局内设办公室、行政监察室，政工、预算等10个科室。财政局负责管理的单位6个，职工89人。1996年，地区行政事业收费管理站等7个部室调整为科级事业机构；地区信托投资股份有限公司为副处级事业机构；地区财政局财税政策法规科更名税政法规科。1997年，设立收费管理办公室，撤销收费科，综合计划科并入收费管理办公室；地区信托投资股份有限公司更名湖南省信托投资公司娄底地区办事处。1998年，设立娄底地区财政复议委员会。

2001年，市财政局信托投资公司撤销，成立市财源建设办公室。市国有资产管理局职能、人员编制并入市财政局。2002年，市财政局内设机构19个。2006年，企业国有资产管理职能划转市国资委，产权科和统计评价科职能合并，设立资产管理与绩效评价科。市农业税征收管理局更名市乡镇财政管理局。2008年，市非税收入管理局由市财政局内设机构变更为独立的全额拨款事业机构。2009年，设立金融与债务科、财政网络监管科。2010年，设立万宝新区财政金融部。2011年，耕地占用税和契税征管职能划转市地税局。2012年，撤销市财政局所属的市产权交易中心，设立市公共资源交易中心。2015年，市财政局内设21个科室。2017年，金融与债务科更名金融科。是年，市财政局内设24个科室，归口财政局管理的单位17个。干部职工203人。

二、县级机构

娄星区财政局　1990年，娄底市财政局内设机构14个，下属股级单位3个。2017年，娄星区财政局内设机构19个，下属事业单位15个，派出机构12个。

冷水江市财政局　1990年，内设股室10个。下属单位5个。2017年，内设机构18个，下属事业单位13个，派出机构11个。

涟源市财政局　1990年，内设股室10个，归口管理单位5个2017年，内设机构18个，管理单位6个，二级事业单位5个。

双峰县财政局　1990年，内设股室10个。2017年，内设机构19个，按内设机构实施管理机构4个，下属事业单位8个，派出机构16个。

新化县财政局　1990年，内设机构13个。2017年，内设机构15个，事业单位18个。

第四十一篇

税务

概 述

1990年，地区税务局由省税务局垂直管理，辖娄底市、冷水江市、涟源市、双峰县、新化县5个县级税务局。开征的主要税种有产品税、增值税、营业税、盐税、国有企业奖金税、集体企业奖金税、事业单位奖金税、国有企业工资调节税、城市维护建设税、城乡个体工商业户所得税、房产税、车船使用税、个人收入调节税、私营企业所得税、印花税、城镇土地使用税、固定资产投资方向调节税等。工商所得税更名为集体企业所得税。全地区税收收入3.46亿元。1993年，全地区形成以流转税、资源税、所得税、财产行为税、特定目的税为主的新的工商税制体系。

1994年，全面实行新税制，开征消费税和企业所得税。停征国有企业所得税、国有企业调节税、集体企业所得税和私营企业所得税。个人所得税、个人收入调节税和城乡个体工商业户所得税合并为统一的个人所得税。9月，地区税务局分设为地区国家税务局（简称地区国税局）和地区地方税务局（简称地区地税局）。各县（市）税务局分设县（市）国税局和地方税务局。国税系统属国家税务总局垂直管理，地税系统属地方政府管理。地区国税局主要征收增值税、消费税、中央企业所得税、金融企业所得税、外商投资企业和外国企业的各项税收、外籍人员缴纳的个人所得税等中央、中央和地方共享收入。其他税种由地区地税局负责征收和管理。1995年，全地区实现国税收入6.03亿元，实现地税收入3.07亿元。

2000年，国税收入实现6.19亿元，地税收入实现4.15亿元。2003年，地税收入实现5亿元，国税收入实现9.1亿元。2004年2月，市国税局与地税局建立联系协作机制。2005年，国税部门接管车辆购置税。是年，全市国税收入首次实现20亿元。

2006年，地方税务局征收烟叶税。2007年，全市地税收入超10亿元。5个县（市、区）的收入全部过亿元。2010年，市耕地占用税、契税征管职能划转地税部门，加上第三产业、建筑业、房地产业的发展，地税收入规模不断扩大。是年，全市国税收入32.74亿元、地税收入22.21亿元。

2012年，国、地两税实现收入86.15亿元。2013年，华菱安赛乐米塔尔汽车板公司进口法国Fives stein设备征收所得税104.25万元，是全市首笔非居民所得税。“营改增”试点，市地税局向国税部门移交788户“营改增”纳税户信息。是年底，1482户“营改增”纳税人，征收入库增值税6313.44万元。2013年，地税收入实现46.65亿元。2014年，铁路运输和邮政营业税改征增值税。2015年，市国税局跨省追缴台湾伟业公司非居民所得税516万元。2016年，全部实行营改增，地税的营业税单位全部移交国税，国税实现收入44.24亿元、地税实现收入37.59亿元。2017年，全市地税实现收入33.15亿元，国税实现收入63.2亿元。1990—2017年，全市实现税收收入970.82亿元，查补税款21.95亿元。

第一章 国家税务

第一节 主要税种

一、增值税

1990年，娄底地区征收产品税，按税目或产品品名确定税率，最高60%，最低3%。对机械、纺织、电子产品、有色金属、建筑材料等部分产品税税目改征增值税。1994年，原有产品税税目和营业税中的商业批发、商业零售等部分税目改征增值税。税率有13%、17%、0三种，小规模纳税人的征收率为6%。销售货物的起征点为月销售额600元；销售应税劳务的起征点为月销售额200元；按次纳税的起征点为每次（日）销售额50元。

1998年7月，商业小规模纳税人的增值税征收率由6%降至4%。2003年，起征点分别提高到2000元、1500元和200元。2004年7月，个体工商户销售货物的起征点由月销售额2000元统一提高到5000元；销售应税劳务的起征点由月销售额1500元统一提高到月销售额3000元，按次纳税不变。2009年1月，工业和商业小规模纳税人的增值税征收率由6%、4%统一调整为3%。2014年7月，将6%和4%的增值税征收率统一调整为3%。2014年10月1日，月销售额不超过3万元（含3万元）的，免征增值税；以一个季度为纳税期限的增值税小规模纳税人，季度销售额不超过9万元的，免征增值税。按次纳税的起征点提高到500元。

2013—2014年，全地区交通运输业、部分现代服务业营业税、铁路运输和邮政营业税、电信营业税改征增值税。2016年，全部营业税纳税人，改缴纳增值税。销售取得的不动产和其他个人出租不动产增值税由地税部门代征。纳税人提供交通运输、邮政、基础电信、建筑、不动产租赁服务，销售不动产，转让土地使用权，增值税率为11%；提供有形动产租赁服务，增值税率为17%；境内单位和个人发生的跨境应税行为，增值税率为零，纳税人产生除上述以外的应税行为，增值税率为6%。2016—2017年，地税系统代征增值税7133.15万元。

二、消费税

1994年，全地区生产、委托加工和进口消费品的单位和个人，征收消费税，取消特别消费税。外商投资企业和外国企业同时征收消费税。是年，香皂、金银首饰按5%征收消费税。2003年，铂金首饰消费税的征收环节，由在生产环节和进口环节征收改为在零售环节征收，消费税税率调整为5%。2006年，调整部分油品的征税范围。2008年，石脑油、溶剂油、润滑油按每升0.2元征收消费税，燃料油按每升0.1元征收消费税。2009年，无铅汽油、含铅汽油、柴油的消费税单位税额分别由每升0.2元提高到每升1.0元，含铅汽油每升0.28元提高到每升1.4元，柴油由每升0.1元提高到每升0.8元；石脑油、溶剂油和润滑油的税额由每升0.2元提高到每升1元；航空煤油和燃料油的税额由每升0.1元提升到每升0.8元。2011年，低于38度（含）的配制酒和低于20度（含）的发醇酒，按“其他酒”10%适用税率征收消费税。2015年，电池、涂料列入消费税征收范围。2016年，超豪华小汽车加征10%的消费税。

三、企业所得税

1990年，全地区企业所得分别征收国有企业所得税、集体企业所得税、中外合资经营企业所得税、私营企业所得税和国有企业、集体企业、事业单位资金税。1994年，这些税种全部停征，征收统一的企业所得税，企业所得税的计税依据是纳税人每一年度的收入总额减去准予扣除项目后的余额，税率为33%。鉴于统一执行33%的企业所得税税率后，一些利润较低或规模较小的企业，税收负担将会增加，另规定两档过渡性的优惠税率，即年应纳税所得额在3万元（含）以下的，暂减按18%的税率征收，超过万元在10万元（含）以下的，暂减按27%的税率征收。

1994年，税务机构分设，企业所得税分为两部分，分别由国家税务局和地方税务局负责征收管理。国家税务局直接负责征收的企业所得税有未在中央集中缴纳的中央企业所得税和农村信用合作社、农村合作基金会的所得税。2001年1月起，农村信用社应纳税所得额在3万元（含）以下的，暂减按18%的税率征收企业所得税，年应纳税所得额在3万元以上、10万元（含）以下的，暂减按27%的税率征收企业所得税，国家确定为贫困县的农村信用社暂免征收企业所得税。2010年，年应纳税所得额低于3万元（含）的小型微利企业，其所得减按50%计入应纳税所得额，按20%的税率缴纳企业所得税；

2012年提高到6万元（含，下同），2014年提高到10万元，2015年提高到20万元，2016年提高到30万元，2017年提高到50万元。

四、车辆购置税

2001年，市内开征车辆购置税。纳税人是在中华人民共和国境内购置的应税车辆的单位和个人，征收范围包括汽车、摩托车、电车、挂车、农用运输车。2005年1月，市国税局直接征收车辆购置税。统一税率10%。2009年1月20日至12月31日购置1.6升及以下排量乘用车，减按5%的税率征收车辆购置税。2010年1月1日至12月31日购置1.6升及以下排量乘用车，暂减按7.5%的税率征收车辆购置税。2015年10月到2016年底，减按5%征收，2017年恢复减按7.5%。城市公交企业自2012年1月1日起至2015年12月31日止购置的公共汽电车辆，免征车辆购置税。2017年12月，购置的新能源汽车免征车辆购置税。

五、基金

（一）能源、交通重点建设基金

1990年，全地区征集能源、交通重点建设基金（简称能交基金）。征集范围：国营企事业单位、机关团体、部队和地方政府的各项预算外资金及这些单位所管的城镇集体企业缴纳所得税后的利润。1994年起，停征国有企业能交基金，1996年全部停征。

1990—1995年娄底地区能源交通建设基金征集情况表

表41-1　　单位:千元

年份	合计	娄底	冷水江	双峰	涟源	新化
1990	10105	3794	2649	799	1745	1118
1991	14530	5185	5251	759	1976	1359
1992	8699	4019	2128	621	1005	926
1993	5828	3025	1658	242	300	603
1994	2106	720	523	226	433	204
1995	339	126	106	72	21	14

第二节　重点税源与税收

一、重点税源行业

（一）冶金行业

1990年，全地区冶金工业企业85户，完成工业总产值11.29亿元，销售收入11.18亿元，实现税收1.63亿元。1991—1992年，全地区完成工业总产值28.17亿元，销售收入30.21亿元，实现税收6亿元。1992年，全地区完成工业总产值15.62亿元、销售收入22.18亿元，实现税收3.99亿元。

1994年，由于税制改革及国家宏观政策的影响，冶金行业税源开始萎缩，全地区征收增值税3.11亿元，1995年减至1.7亿元，1996年减至1.5亿元。1999—2000年，全市入库增值税3.96亿元。2001年，冶金行业税收大幅度增长，全市入库增值税2.82亿元，增长35%。2002年，冶金行业生产稳定，全市入库增值税2.8亿元，与上年持平。2004年，全市入库增值税款3.67亿元。

2011年，全市入库增值税4.36亿元，同比增收2931万元，增长7.21%。2012年，全市入库增值税9.46亿元，其中黑色金属产品行业入库增值税7.92亿元，同比增收3.57亿元，增长81.9%；有色金属产品行业入库增值税1.54亿元，同比增收597万元，增长4.04%。2013—2015年，全市入库增值税22.49亿元，其中黑色金属产品行业入库增值税19.7亿元，有色金属产品行业入库增值税2.79亿元。2017年，全市入库增值税15.4亿元，其中黑色金属产品行业入库增值税14.87亿元，有色金属产品行业入库增值税0.53亿元。

（二）煤炭行业

1990—1992年，全地区煤炭总产3132万吨，入库增值税5000万元。1994年，全地区入库增值税3934万元。1995年，全地区入库增值税6227万元。1997—1998年，煤炭市场疲软，产品积压，价格下跌，产量下降，税收减少。1999年，全市入库增值税5836万元。2000年，全市入库6728万元，增长15.2%。2001年，煤炭价格上升，税收增长17.9%，全市入库7993万元。2002年，全市入库税收8331万元，比上年增收338万元，增长4.2%。2004—2007年，入库增值税9.58亿元。年均2.4亿元。2010—2011年，全市入库增值税12.72亿元，年均6.36亿元。2013年，全市入库增值税3.98亿元，同比减收2.91亿元，下降42.2%。2014年入库增值税2.37亿元，同比减收1.61亿元，下降40.4%，煤炭开采及洗煤业实现规模以上工业增加值77.61亿元，同比增长1.7%，税收与经济增长背离。2015年，9万吨以下煤矿整合关闭，煤炭行业税源萎缩。2016年，全市入库增值税1.16亿元，同比减收3374万元，下降22.6%。2017年，全市入库增值税9199万元，同比减收2393万元，下降20.6%。

（三）电力行业

1990—1991年，每年纳产品税在3000万元上下。1992年，全地区实现发电量31.2亿千瓦时，供电量22.77亿千瓦时，售电18.75亿千瓦时，实现利税2.8亿元。1994年，电力产品实行增值税，全地区征收电力增值税3539万元。1995和1996年，电力增值税攀升，达到6291万元和6221万元。1997年，电力系统发展多种经营，税收突破1亿元。2006年，税收突破2亿元，入库2.04亿元。2007年，税收入库3.28亿元，同比增加1.24亿元，增长60.8%。2013年，税收突破4亿元，全年入库增值税4.38亿元。2015年，入库增值税6.16亿元。2016年，火电厂发电量减少，入库增值税4.09亿元。2017年，入库增值税1.78亿元。

（四）建材行业

1990—1991年，全地区建材行业发展快。1992年，水泥产量达到219.4万吨，全地区建材企业257家，工业总产值5.92亿元。1994年，全地区建材行业入库增值税7399万元，占全地区增值税总额11.34%。1995—1996年，增值税逐渐下降，分别为6627.9万元、3912.7万元。1997年，大部分水泥企业处于停产半停产状态。1998年，部分水泥企业实行改制，转为私人承包，税款部分流失，全地区水泥增值税再减，以后逐年减少。2004年，税收有所回升，入库5482万元，至2013年，入库增值税2.86亿元。2017年，入库增值税2.77亿元。

（五）化工行业

1990—1991年，全地区化学工业产值年均递增率8.1%。1992年，境内县以上化工企业完成总产值3.18亿元，超1亿元的有资江氮肥厂，超5000万元的有冷水江制碱厂，超100万元的有冷水江电化总厂、涟源市氮肥厂、涟源市磷肥厂、双峰县氮肥厂、新化县染化厂。

1994年，入库增值税3049万元。1996年，降至3004万元。以后逐年减少，至2001年，入库增值税1332万元。2002年，化工行业生产销售形势好转，入库增值税2242万元。2004年，入库3234万元，同比增收45.5%，增收1011万元。2005年，入库增值税5808万元，同比增收2574万元，增长79.6%。2006年，减收2382万元，下降41.%。2007年，入库4471万元。2008—2017年，化工行业税收起伏不大。

（六）机械行业

1990年，全地区机械工业产值2.21亿元。1992年，全地区机械工业完成产值2.95亿元。1994年，全地区入库增值税1430万元。1995年—1996年，减少至1342万元、1272万元。1997—1998年，企业实行兼并、破产重组等多种形式的改革，有4家国有工业企业破产。1999年，增值税减少到576万元。2000年，增值税增长45.3%，入库837万元。2005年，机械工业发展迅速，增收3517万元，增长355%。以后持续增长。2010年突破1亿元，入库增值税1.61亿元。2011年，突破2亿元，入库增值税2.41亿元。2012年，机械交通运输设备行业上半年销售形势尚可，从下半年开始各大企业利润急速下滑，全年入库增值税2.19亿元。2013—2016年在2亿元以内徘徊。2017年，入库增值税2.38亿元。

二、税收收入

1990—1992年，全地区内的工商各税在4亿元上下。

1994—2000年，全地区内国税收入在5亿元至6亿元之间徘徊，2001年开始大幅增长，2003年接近9亿元，并消化历史包袱。2004年，经济增长引起税源大额增加，征收税金15.46亿元，比上年同期增加4.14亿元，拉动税收增长43.2%。清缴以前年度欠税1.74亿元，比上年同期多清缴入库1.37亿元。2005年，税收收入突破20亿元。共完成税收收入21.33亿元，比上年增长35.3%，增速位居全省国税系统第二位。2006年，全市完成生产总值362.36亿元，同比增长13.1%，国税征收税款24.88亿元，比上年增加3.88亿元，增长18.4%。2007—2008年，国税收入均突破30亿元。

2009年，国际铁矿石价格大幅上涨，钢铁价格大幅下跌，冷钢和涟钢减收1.79亿元，全市主体税源大部分受其影响，入库税款跌至27亿元。2010年，入库税款30亿元。

2014年，国家调整经济结构，资源型、传统型工业生产经营受限。涟钢、煤炭行业、闪星锑业、金竹山电厂等10个重点税源行业企业，合计减收6.22亿元，下降28.6%，占全市减收总额的107.61%；“营改增”试点后交通运输业税率由7%提高到11%，企业运费进项抵扣增加，全年减收税款1亿元。2015年，税收收入规模自2012年以后连续第三年下降，全市完成国税税收收入34.35亿元，同比减收0.98亿元，下降2.8%。国税收入排全省第13位。

2016年，税收收入首现四年正增长。全市国税税收收入同比增长17.2%，剔除营改增收入增长4.6%，二、三产业占全市国税收入比重为57.4%和42.6%（第一产业仅入库25万元，同比增收22万元，忽略不计），第二产业占比比上年下降2.6个百分点，第三产业占比相应上升2.6个百分点。税收产业结构逐步优化，经济转型初显成效。2017年，全市国税部门入库各项税收63.2亿元，同比增收18.96亿元，增长42.9%。增幅排名全省第6位，同比上升5位。

第三节　征收管理与服务

一、机构

1990年，地区税务局辖娄底市、冷水江市、涟源市、双峰县、新化县5个县级税务局，内设办公室、人事科、稽查大队等14个科（所）。至1994年，税务机构分设前，税务人员1483人。是年，成立地区国家税务局，辖5个县级国税局，内设9个科室，税务人员951人。1995年撤所设局，将53个税务所撤并成31个征收分局。1997年，全地区税务检察机构撤销。机关行政科室、直属机构和事业单位，由17个精简至11个。2001年，内设科室由11个增至14个。2004年，成立娄底市国家税务局车辆购置税征收管理办公室。

2005年，市局机关内设机构由14个减为13个。2006年2月，市国家税务局车辆购置税征收管理办公室更名为市国家税务局办税服务厅（车辆购置税）。撤销市所属县（市、区）设置的5个车辆购置税机构。2008年7月，设立娄底市经开区国家税务局；稽查局升格为副处级单位。2009年，办税服务厅（车辆购置税）更名车辆购置税管理分局。

国家税务总局娄底市税务局挂牌成立

（2018年7月5日摄）

2015年，成立大企业和国际税务管理科。2016年，成立娄底市公安局派驻娄底市国家税务局联络机制办公室。2017年，市国家税务局有19个机构，管辖娄星区、冷水江市、涟源市、双峰县、新化县、经开区6个县（市、区）国家税务局。全市国税系统有1004人，其中，娄底市国家税务局137人，所属6个（县、市）区国家税务局867人。2018年7月，原娄底市国家税务局、娄底市地方税务局合并，成立国家税务总局娄底市税务局。

二、征管体制

1990年，境内税务机关由省税务局垂直管理。1992年，税务机关清理废止29个有违税法的税收优惠政策，其中新化县12个，冷水江市7个，涟源市4个，双峰县3个，娄底市3个。1993年，《中华人民共和国税收征收管理法》施行，税收征管工作全面进入系统化、规范化、法制化轨道。

1994年，实行分税制财政体制，中央和地方的收入划分为中央固定收入、地方固定收入、中央和地方共享收入。地方税的法规制定权、解释权、科目税率调整权、减免税权由中央掌握，地方只负责征收，税收管理权限由原来的分散变成集中。

1997年，金融保险业营业税税率由5%提高到8%，提高的部分由国税系统征收，5年后降回5%，国税部门不再征收。2000年，中央企事业单位参股的股份制企业再投资与地方企事业单位组成的股份制企业的所得税，金融保险企业（不包括城乡信用社）投资组成的股份制企业的所得税，由国家税务总局负责征收管理。证券投资基金管理公司的企业所得税，由国家税务局负责征收管理，税款就地缴入中央金库，以前由地方税务局管理的，从2000年起移交国家税务局管理。

2002年，在工商行政管理部门新登记的企业，其企业所得税由国税部门负责征收。2003年，内资连锁企业省内跨区域设立的直营门店、从事跨区域连锁经营的外商投资企业，由总部向其所在地税务机关统一缴纳企业所得税。2004年，烟草商业企业实施组织结构调整，境内县级烟草公司成立县级营销部，由市烟草公司统一管理、集中核算。增值税由市烟草公司统一核算，各营销部按计算分摊的增值税税额就地预缴，然后由市烟草公司统一向其主管国税机关汇总申报和税款结算。2005年，对办理的出口货物退增值税中属于基数部分的退税额，继续由中央财政负担；超基数部分的退税额，由中央和地方改按92.5∶7.5的比例分担。

2008年，合伙企业以每一个合伙人为纳税义务人。合伙企业合伙人是自然人的缴纳个人所得税；合伙人是法人和其他组织的，缴纳企业所得税。2012年，推行邮政委托代征和普通发票委托代开。全市委托代征和委托代开单位共63个，其中开通邮政代开网点35个。2013年，交通运输业和部分现代服务业营改增试点，全市国税系统接收地税系统移交属于“1加7”范围的纳税户信息776户（单位纳税人495户、个体纳税人281户）。将查无下落或无法联系的纳税人按要求退回地税部门。全市“营改增”系统上线运行，营改增试点纳税人提供增值税应税服务开具国税发票。全市接收75户纳税人电子申报。

2014年，国税部门在为小规模纳税人窗口代开普通发票或增值税专用发票（简称发票），并在征收增值税（销售免税货物除外）时，代地税部门征收城市维护建设税、教育费附加、地方教育附加和个人所得税，其中个人所得税仅对窗口代开票的小规模纳税人中的个体工商户和个人进行代征。铁路运输和邮政服务行业纳入营改增范围，地税向国税移交试点纳税人共38户，其中铁路运输企业1户，邮政服务业纳税人37户，包括邮政局、快递公司等。电信业纳入营改增范围，国税部门共接收试点纳税人28户。2015年，全面推广试行《全国税收征管规范（1.0版）》，梳理税收征管11个大类152小类612个具体税收征管事项。各县（市、区）局办税服务厅均开通市域通办业务，市范围内的国税纳税人可不受主管税务机关限制，就近到已开通市域通办的国税办税服务厅办理部分涉税事项。2016年，国税系统建立起“大征管”体系。

三、发票管理

（一）普通发票管理

1990年，地区税务局执行《娄底地区发票管理若干规定》，建立“一统、二严、三专、四对口”的管理制度，所有发票实行分类登记，对发票使用单位和个人建立台账，发票分15种：产品发票、煤炭产品发票、服务发票、服务限额发票、临时经营发票、短途搬运发票、商业零售发票、集体商业零售限额发票、劳动调配发票、竹木产品发票、车辆参运发票、建筑安装发票、个体限额发票、个体户发票、多联批发扣税发票。1991年，剪裁式发票在境内推广应用。1995年，普通发票实行新防伪措施。1996年，地区调整发票定点承印厂，重新报批娄底彩冠印刷有限公司、新化县印刷厂、涟源市印刷厂3户普通发票定点承印企业。全地区审核统印发票10.37万本、企业自印衔头发票224户，19.91万本。1997年1月，全地区使用新版防伪普通发票，同时换发发票领购簿。

2000年，执行《湖南省国家税务局普通发票管理办法》，纳税人每次领购发票1～5本，最多不得超过一个月的用量。市国税局成立发票管理改革工作办公室。市政府办公室发出《在全市范围内开展发票专项治理整顿工作的通知》。市国税局推行普通发票抽奖办法，市国税局、县（市、区）国税局分别设立发票违章案件举报受理中心。全市国税系统检查发票用户2550户，其中检查行政事业单位418户，罚款169.73万元；受理发票违章举报案件187起，补征税款14.05万元，处罚款17.9万元，支付举报人奖金1.22万元。第一期国税普通发票摇奖，参加摇奖的发票奖券2.4万份。2001年，市国税局进行第4次普通发票抽奖，之后停止发票抽奖活动。2006年，推行一机多票系统，使用总局统一印制的增值税普通发票，市内不再印制、使用衔头发票。不需使用一机多票系统的机动车零售企业，使用电脑发票。2010年，设立票证中心，市内普通发票种类由30种简并至24种。

2011年，市国税局印发《娄底市国税局普通发票内部管理工作制度》《娄底市国税局发票库房管理制度》《娄底市国税局普通发票内部管理工作考核办法》，明确发票内部管理工作职责。国税系统各办税服务厅和发票库房均安装摄像头，建立值班制度，配备保管发票的保险箱和保险柜，部分县、市局安装全球锁电子看防系统进行安全管理。2013年，施行《网络发票管理办法》，加强普通发票管理，规范网络发票的开具和使用。2014年，全市推行增值税发票系统升级版。2017年，全面推行电脑发票。

（二）增值税专用发票管理

1994年，全地区开始使用增值税专用发票，制定《专用发票管理规定》《发票会计、保管岗位职责》，加强管理，建立专用发票核对传递制度。涟源市发生重大增值税专用发票虚开案，虚开专用发票15份，价税合计5343万元，税额908万元。境内统一换版使用由中国人民银行印钞造币公司印制的新版增值税专用发票。1995年，地区国税局增值税专用发票库房值班实行局长负责制。实行限量、限面额发售增值税专用发票，确定专人发放、专人负责登记、利用增值税专用发票违法犯罪案件查报制度。对大面额增值税专用发票改版，将千万元版、百万元版增值税专用发票改成万元版、千元版、百元版发票。是年，对财务核算不健全，不能照章纳税且无其他保全措施的一般纳税人，收取5000元以下的专用发票保证金。对外来经营者，视购领专用发票版本、数量和纳税情况，收取不低于5000元的发票保证金。

1996年，取消百万元以上版面手工增值税专用发票，企业从税务机关领购专用发票时，持由税务机关统一核发的税控IC卡，由税务部门通过发票发售子系统将企业所购发票的起止范围登记在税控IC卡上，同时记录在发票发售子系统中。涟源钢铁股份有限公司、涟钢力达公司、涟源冶金建材总厂、冷水江铁焦总厂、锡矿山矿务局、雪峰水泥集团公司、双峰烟草公司7家企业第一批进入防伪税控系统。1997年，全地区开通增值税专用发票丢失、被盗查询报警系统，输入查询报警系统丢失被盗专用发票838份，开展专用发票保证金清理检查活动，清退保证金297户，金额104.85万元。是年底，换用新版增值税专用发票。1998年，增值税专用发票防伪税控系统扩大到开具十万元版专用发票企业。1999年，享受免征增值税政策的国有粮食购销企业纳入增值税防伪税控系统管理，停止供应手写版增值税专用发票。2001年，增值税专用发票实行两级数据采集、三级发票比对的五级管理；8—10月，全市采集发票存根联份数1.14万份，采集率99.86%。2002年，增值税一般纳税人通过税控系统开具销售额在万元以上的增值税专用发票，废止手写万元版专用发票；手写万元版专用发票不再作为增值税扣税凭证。2003年，增值税一般纳税人申请抵扣防伪税控系统开具的增值税专用发票，自开具之日起90日内到税务机关认证。2005年，税务机关代开增值税专用发票纳入增值税防伪税控系统管理。2007年，接收入库并发放增值税专用发票59.61万份。

2014年，成品油批发和零售的经销企业开具的增值税发票纳入防伪税控系统汉字防伪项目管理。2016年，增值税一般纳税人开具增值税专用发票后，发生销货退回、开票有误、应税服务中止等情形但不符合发票作废条件，或者因销货部分退回及发生销售折让，需要开具红字专用发票的，可在增值税发票管理新系统中填开并上传“开具红字增值税专用发票信息表”。

四、税务稽查

1990年，全地区各税务所建立稽查小分队，专职稽查。1991年，全地区开展个体税收专项检查，查处1.53万家，补税款855.97万元。查处偷税大案245起，检察机关立案侦查22起。1993年，开展个人收入调节税专项检查。税收大检查的重点放在金融保险企业、各类证券公司、非银行系统的金融机构、各类房地产开发企业、规模较大的进出口企业、联营企业、股份制企业、第三产业、石油、有色冶金等行业中的大中型企业、问题较多、群众反映较大的经济执法部门。1994年，制定《稽查工作报告制度》，报告内容包括：税务稽查工作规划、工作总结、工作报告制度附表、税收专业检查和日常税务稽查中查处的典型偷漏税案件的审查结论。地国税局、地区公安处、地区检察分院、地区中院在涟源市召开打击倒卖、虚开增值税专用发票犯罪公捕大会。1995年，撤除所有税务检查站。1996年，建立“两级稽查，四个环节相互制约”的稽查体系。地、县（市）局设稽查局，内设选案、检查、审理、执行四个环节。

1997年，锡矿山矿务局、涟源钢铁股份有限公司、雪峰水泥集团、冷水江钢铁总厂、金竹山电厂、大乘资氮集团有限公司、湖南水府庙电站、地区电业局、地区烟草公司、三一集团材料有限公司实行由地区稽查局统一进行税务稽查，各县市局只负责日常征管。1998年，全地区共受理举报108次，查补税款3190.4万元，罚款310.5万元，入库2865.8万元。1999年，移送公安机关查办案件48起，追缴入库税款2362万元。2000年，对金融、保险、邮政、电信行业的所得税、建安企业的增值税、银行利息个人所得税及医药行业进行专项检查，共查补税款1000万元。市内县（市、区）国税局实行一级稽查，征收分局的稽查人员归集到县（市、区）稽查局管理，在稽查局内部，进行案件主审制、稽查员等级制的试点。2001年，市、县国税局成立案件审理委员会。对金融保险、电信行业12家企业所得税进行专项检查，查补企业所得税109万元。开展增值税、储蓄存款利息个人所得税专项检查，检查商贸企业117家，查补增值税148万元，罚款15.2万元，加收滞纳金6400元；检查储蓄存款利息个人所得税代扣代缴义务人71户，查补个人所得税8.16万元；对15家大中型企业2000年纳税情况进行检查，查补入库税款2000万元。换发税务检查证。是年，通过市、县两级税务重大案件审理委员会审理的案件29件，其中维持原处理意见的19件，退回补充调查的7件，改变原处理意见的3件。

2002年，市国税局确定市、县二级稽查模式，除市局稽查局外，各县（市、区）局只设立一个稽查局。市局稽查局以管理为主，负责组织，直接查处大要案件以及对部分重点税源企业直接稽查。县（市、区）局稽查局直接实施专案、专项、日常稽查。6—9月，开展对加油站、跨地区经营的集团企业及异地设立分支机构从事经营活动的企业、中国烟草总公司、石油化工股份有限公司、上市公司、证券公司所属分公司、营业部及集贸市场的专项检查。通过金税工程协查系统，对340家纳税人1008份发票进行受托或委托协查，查补税款64.29万元。

2003年，市国、地税局联合开展对全市金融保险行业的税收专项检查，共查补企业所得税310万元。此次专项检查系国、地税分设以来首次联合开展税收检查。《中国税务报》《湖南经济报》《娄底日报》对此报道。市国税稽查系统移送公安部门处理的案件11件，拘留6人，提起刑事诉讼5人，追缴税款125万元。2004年，全市国税稽查系统重点进行海关完税证抵扣增值税、货物运输业、医药生产及购销产业、房地产业、新办企业所得税、加油站、集贸市场、煤炭行业等税收专项检查，共检查纳税人320家，查补税（罚）款1632万元。2005年，接受举报案件70起，结案40起，发放举报奖励金20万元，接收省局交办案件6起，查补税款1048万元，加收滞纳金4.63万元，处罚款147.39万元。移送司法机关案件4起。

2006年，在《中国税务报》《三湘都市报》《湖南经视台》曝光市佳鑫工贸公司涉税违法案（“1·10”专案），在《娄底晚报》曝光“6·7”专案。制作《涉税违法案件公告书》，张贴公告所有偷税案件。2007年，受托协查案件34起，案件回复率100%；委托协查案件68起，涉及发票567份，涉及税款626万元。2009年，破获谢某文特大出售假发票案，查获假发票10.75万份，界面可开金额5000余亿元，属于特大案件，省打假办通报表扬，《湖南日报》对此进行报道。2010年，稽查系统共对302家企业实施税收专项检查，查补税款4020.72万元，处以罚款332.8万元，收滞纳金224.86万元，入库查补税款3808.18万元，入库罚款322.79万元，入库滞纳金225.76万元。向司法部门移送案件2起，追究刑事责任4人。2011年，市稽查局组织30名稽查员开展异地交叉税收专项检查。检查277家，有问题265家，查补收入7219万元。2012年，查处大要案8起。查处发票违法企业360户，查处非法发票4644份，涉及开票金额1.86亿元，涉案税款2076.56万元，没收违法所得168万元。

2015年，市局稽查局牵头，采取“分级分类检查与部门联合检查”相结合的方式，抽调县（市、区）人员15名，对省、市局风管办推送的11户企业实施检查，结案7家，查补入库税款376.61万元。2016年，市区两级稽查局分别与地税进行对口衔接，分级召开国、地税稽查合作联席会议，制发《娄底市国地税稽查合作实施方案》，联合制定《2016年重点税源企业联合进户检查实施方案》，共同制定检查预案，确定主查人员和检查组成员。是年9月，省公安厅经侦总队、省国税局稽查局派员对新化珠宝案进行督办，该案涉案金额12亿元，税额2亿元，属娄底近年来重大虚开案件。全年国、地税联合检查16家，国税部门查补2071万元，地税部门查补786万元。2017年，全市立案检查192家，结案157家，共查补入库收入6423.77万元（其中滞纳金643.05万元、罚款199.50万元），抓捕犯罪嫌疑人45人。

五、办税服务

2001年，各县（市、区）国税局成立征收分局，内设办税大厅，负责集中申报征收。2003年，撤销征收分局，成立办税服务厅。2004年，完善和深化公开办税内容，推行电子化申报缴税。建立挂牌服务、限时服务、首问责任等办税服务和质量评价考核体系。2008年，统一办税服务厅门牌标识，设立纳税人自助服务区。实施全职能窗口、全天候服务，解决排队时间过长问题。精简纳税人报送的报表。2009年，制订《娄底市国家税务局纳税服务管理实施办法》，市局和各县（市、区）局办税服务厅全部跨入市级文明单位或市级青年文明号行列。9月市局成立纳税服务科，扩大办税服务厅工作职能。市局纳税服务科牵头组建“网上办税服务厅”。全年网上办税厅共注册用户3932家，内网共受理纳税人办税21.78万家次。市国税局清理规范税务行政许可和非许可审批事项，审批时间缩减30%。纳税人申办的涉税事项，统一由办税服务厅集中受理，做到一次性告知；统筹安排对纳税人的税收调查、纳税评估和税务检查工作，避免多头评估、重复检查。清理简并涉税资料，根据实际精简纳税人报送资料，减少纳税人涉税负担。

2010年，全省12366投诉咨询电话正式上线，市局组织各县（市、区）局远程座席咨询人员、办税大厅主任、分管局领导开展纳税服务专题培训。2011年，落实《纳税服务规范与标准》，强化纳税服务考评，坚持申报期局领导值班和业务科室导税。围绕纳税人合理需求开展“我为纳税人送服务”活动，了解纳税人对国税部门的期望和服务需求。纳税服务实现“零投诉”，在全省首届税收咨询业务竞赛中获一等奖。在省局的纳税服务绩效考核中获得第一名，在全省纳税人满意度调查中，娄底名列全省第二。涟源市局办税服务厅被评为“五星级办税服务厅”。

2012年，建立办税能力等级制度。在对纳税人财务人员全面开展涉税业务、会计知识等培训的基础上，进行办税能力等级认定，办税业务能力划分为A、B、C、D四个等级，实行动态管理。对被评定为A级的，通报奖励，对评定为C、D级的进行黄牌警告，以督促财务人员加强业务学习，不断提高办税能力，降低税收违法风险。政务公开，加强对《纳税人权利与义务公告》宣传，公开办税流程、核定征收、税收处罚等内容，进一步强化社会监督，维护纳税人陈述权、申辩权等参与性权利。2013年，开展“人人争当星级办税员、个个争创五星级办税厅”活动，推行纳税人“免填单”服务。2014年，市国税系统6家基层办税服务厅，有2家获评“五星级办税服务厅”，4家获评“四星级办税服务厅”。2015年，在各办税服务厅、银行营业厅、政务大厅添置自助发票代开终端设备，引导纳税人自行开具发票。开通“全市通办”，实现税务登记、申报、认证等6大类共18项业务全市各办税服务厅（室）通行通办。增设便民办税服务点。在政府政务大厅设置国税窗口，在中心城区4S店集中地段增设2个车购税办税服务点。2016年，全市国税、地税系统加强合作，打造“快易点”服务品牌。推行“一窗一人双系统”联合办税服务模式，推行税收业务“省内通办”，车辆税收“一条龙”服务、“午间工作台”服务、“点单式前置辅导”服务、“错峰预约”服务，纳税人进一个厅、排一次队、到一个窗即可办理所有国税、地税业务。2017年，娄底经开区国税局、地税局办税服务厅被省国、地税局评为年度“一窗一人”联合办税先进单位。

六、信息化建设

1994年，国税系统在计会统方面全面使用计算机操作。1996年初，地区国税局完成计算机广域网络设备的安装、调试，与国家税务总局及省国家税务局联通，是省内第二。10月，试用新的三级汇总软件，各种系统报表都由计算机自动产生。推广应用防伪税控系统，地区局机关及5家企业安装防伪税控系统设备与软件，推行交叉稽核系统、丢失被盗增值税专用发票查询报警系统和出口退税专用税票认证系统。1997年，增设以电话线进行数据传送的后备通信线路，并在电话通信线路上实现远程登录，可随时进行数据调度。1998年，全地区国税系统有计算机180台，建成内部局域网13个。1999年，金税工程第一批实施单位的网络建设工作完成，网络运行正常。市政府办发出《在全市安装使用加油机税控计量器的通知》，成立加油机税控计量器安装工作领导小组，国税部门负责安装管理工作。当月安装加油机税控计量器10台。2000年，企业所得税税源管理软件升级。原隶属市国税局的市金税工程技术服务部移交给市国家税务局信息中心（属事业单位性质）。全市防伪税控企业发展到104户。31个征收单位建立内部局域网。

2001年，运行更新后的HNZC4.30软件产生会计、统计报表，按新口径上报有关资料。市国税局安装第1台小型计算机。金税工程全部子系统运行，市内进入防伪税控系统运作的企业85家。2003年，市内所有一般纳税人纳入防伪税控管理系统。HNZG4.40软件在各县（市、区）局准时上线。“一窗式”管理实现“票表”自动稽核，75户企业申请远程电子申报，29户企业申请抵扣联自行扫描认证。2005年，国税系统应用《综合税收征管软件》，与省局系统同步，1623家增值税一般纳税人征管软件信息和防伪税控档案信息、1370家防伪税控发行信息、21户出口退税信息同步。

2006年，启用“定位定税管理信息系统”，有2.26万家纳税人通过定位定税系统生成税收定额并实现定额导出。上线运行电子申报缴税系统。2008年，车辆税收清分比对系统、增值税专用发票审核检查子系统（核查系统）、定额核定系统、网上办税系统、运维管理平台、红字发票通知单管理系统、执法信息管理系统1.1升级版等七大系统上线。2014年，启用移动存储介质管理系统，纳入系统管理的台式机1120台。2015年，金税三期征管系统上线。2016年，印发《娄底市国税系统音视频数据专网建设及电信链路带宽升级实施方案》，采购区县核心路由器6台，核心交换机6台，组织完成设备安装、链路调试及运行测试。正式上线“互联网+”快乐学习网平台。2017年，数字人事系统正式上线，搭建金税三期核心征管系统数据分发库。

娄底国税金税三期双轨试运行定向演练工作现场
（2015年8月摄）

第二章　地方税务

第一节　税种及费金

一、营业税

1990年，全地区征收营业税。1994年实行新税制，营业税税种仍然保留，征收范围缩小，仅对从事应税劳务、转让无形资产或者销售不动产单位和个人按其营业额（转让额、销售额）征收营业税。营业税设9个税目，交通运输、建筑、邮电通信、文化体育业税率3%；金融保险、服务业，转让无形资产、销售不动产税率5%；娱乐业税率10%。

（一）营业税起征点

1994年，按期纳税的月营业额500元，按次纳税的每次（日）营业额50元。2003年，月营业额调整为1000元，按次纳税的调整为100元；2006年，市政府所在地月营业额为2000元，其他地方月营业额为1500元；2007年，月营业额为2000元；2008年1月，月营业额3000元，7月起，月营业额5000元。2013—2014年，对营业税纳税人月营业额不超过2万元的企业或非企业性单位，暂免征营业税。营业税纳税人的月营业额不超过3万元（按季纳税9万元）的，免征营业税。

（二）营业税税率变化与征收

1995年，全地区营业税纳税人7934家，全年入库营业税9412.64万元。1997年，金融保险业营业税税率由5%提高到8%，其中提高3%的部分由国税系统统一征收。1999年，个人购买普通住房和非普通住房对外销售，按购买房屋年限，营业税分别予以免征、差额计征（按销售价减去购入原价）、全额征收。征收标准见表41-2。

1999—2015年娄底市个人购买住房营业税征收标准表

表41-2

开始执行时间	购买年限	超过年限普通住房	超过年限非普通住房	不足年限普通住房	不足年限非普通住房
1999-08-01	1年	免征	全额征收	差额征收	全额征收
2005-06-01	2年	免征	差额征收	全额征收	全额征收
2006-06-01	5年	免征	差额征收	全额征收	全额征收
2009-01-01	2年	免征	差额征收	差额征收	全额征收
2010-01-01	5年	免征	差额征收	差额征收	全额征收
2011-01-27	5年	免征	差额征收	全额征收	全额征收
2015-03-31	2年	免征	差额征收	全额征收	全额征收

2000年，娱乐业营业税税率调整，市政府所在城区（包括城市郊区）14%；其他县（市、区）12%。是年，开展金融保险业税源普查。2001年，全市金融保险业营业税税率每年下调一个百分点，分3年从8%降低到5%。

2003年，起征点调整为月营业额1000元，按次纳税的调整为100元。2004年，国税系统不再征收金融保险业营业税。个人按市场价格出租居民住房，税率减按3%。娱乐业中歌厅、舞厅、卡拉OK歌舞厅、音乐茶座（含酒吧）、台球、高尔夫球、保龄球、游艺税率20%。7月，台球和保龄球调整税率为5%，税目仍属娱乐业。2006年，市政府所在地月营业额为2000元，其他地方月营业额为1500元；2007年，月营业额为2000元；2008年1月，月营业额为3000元；2008年7月，月营业额5000元。2009年，实行新的营业税暂行条例和实施细则。是年，娱乐业中歌厅、舞厅、酒吧、卡拉OK厅、高尔夫球（练习场除外）税率10%，其余娱乐业税率5%。2011年，全市营业税入库10.74亿元。2013年8月—2014年9月，对营业税纳税人月营业额不超过2万元的企业或非企业性单位，暂免征营业税。10月，营业税纳税人的月营业额不超过3万元（按季纳税9万元）的，免征营业税。

2013年，全市移交国税部门788户营改增纳税人名册。交通运输业和部分现代服务业营业税改征增值税（简称营改增）试点，交通运输业入库同比减收1422万元；住宿及餐饮业入库同比减收460万元。是年，全市营业税入库15.62亿元。2014年，铁路运输、邮政业、电信业进行营改增试点。全年入库营业税16.09亿元。2016年，移交国税部门营改增纳税人基础信息1.25万家，其中房地产业600家、建筑业1306家、金融业195家、生活服务业10.4万家。全面营改增试点，建筑业、房地产业、金融业和生活服务业等全部营业税纳税人纳入营改增试点范围。2017年，取消营业税。2000—2017年，全市征收营业税126.08亿元，占地税税收收入的34.7%。

二、所得税

（一）企业所得税

1994年，全地区内实行新的企业所得税制，征税对象为独立经济核算的企业和其他取得收入的组织。原国有企业、集体企业、私营企业统称内资企业，国有企业不再执行承包上缴所得税，法定税率为33%。年应纳税所得额在3万元（含3万元）以下的企业，税率18%；年应纳税所得额在3～10万元的企业，税率27%。年末全地区应汇缴的企业总家数为2108家，其中盈利企业1062家。1999年，落实省局《企业所得税税基管理暂行办法》，重点汇算清缴1200家。2001年，汇总纳税企业的企业所得税实行“统一计算、分级管理、就地预交、集中清算”的办法。2004年，严格审批企业所得税税前扣除、弥补亏损，全市入库企业所得税1.28亿元。

2008年，全市实行新的企业所得税法规定，纳税人分为居民企业和非居民企业。统一内外资企业所得税法，税率25%，小微企业税率20%，高新技术产业税率15%。房地产开发企业销售未完工开发产品取得的收入，先按预计计税毛利率分季（或月）计算预计毛利额，计入当期应纳税所得额。2009年，受全球金融危机影响，市内企业经济效益大幅下滑，全市入库企业所得税9872.44万元，比上年减少4987.57万元。

2010—2017年，为促进中小企业发展，小型微利企业年应纳税所得额低于标准的，其所得减按50%计入应纳税所得额，按20%的税率缴纳企业所得税，其中年应纳税所得额标准如下：

2010—2011年，低于3万元（含3万元）。2012—2013年，低于6万元（含6万元）。2014年，低于10万元（含10万元）。2015年1—9月，低于20万元（含20万元）。2015年10月至2016年12月，低于30万元（含30万元）。2017年，低于50万元（含50万元）。

2017年，企业发生的公益性捐赠支出，在年度利润总额12%以内的部分准予所得额时扣除；超过年度利润总额12%的部分，以后三年内所得额中结转扣除。

1994—2017年，全市征收企业所得税38.54亿元，占地税税收收入的10.6%。

（二）个人所得税

1990年，全地区征收城乡个体商业户所得税，纳税人是从事工业、商业、服务业、建筑安装业、交通运输业以及其他行业的城乡个体工商业户；同时对个人收入征收个人收入调节税。1994年1月，境内对个人（自然人）取得的各类应税所得征收个人所得税，城乡个体工商业户所得税和个人收入调节税同时停征。个人所得税设11个应税项目，其中：工资、薪金所得适用5%～45%九级超额累进税率；个体工商户生产经营所得和对企事业单位的承包经营、承租经营所得，适用5%～35%五级超额累进税率；劳务报酬所得、稿酬所得、特许权使用费所得、财产租赁所得、利息股息红利所得、财产转让所得、偶然所得、国务院财政部门确定征税的其他所得8个应税项目，税率20%。

1995年，全地区实行源泉控管和代扣代缴相结合的征管办法，对5000余家纳税单位的办税人员颁发代扣代缴证书，代缴入库个人所得税180万元。1999年11月，储蓄存款利息所得按20%税率征收个人所得税。2000年，全市个人独资企业和合伙企业的个人投资者按“个体工商户的生产、经营所得”征收个人所得税。

2001年1月，个人出租房屋取得的所得减按10%的税率征收个人所得税。2003年，个人所得税首次突破1亿元，入库1.05亿元。2006年1月，全市的工资、薪金所得费用扣除从每人每月800元调增到1600元。2007年8月15日至2008年10月8日滋生的利息所得，按5%的税率征收个人所得税；储蓄存款在2008年10月9日后（含10月9日）滋生的利息所得，暂免征收个人所得税。2008年3月，全市的工资、薪金所得费用扣除调增到每人每月2000元。

2011年9月起，将工资、薪金所得费用扣除标准从每人每月2000元调增到3500元。修订个人所得税法，工资、薪金所得税率由九档改为七档，取消5%、15%、40%三档税率，新增3%税率。1990—2017年，全市征收个人所得税38.36亿元，占地税税收收入的10.6%。

三、其他地方税种

（一）城市维护建设税

1990年，全地区缴纳产品税、增值税、营业税的企业事业单位和个人征收城市维护建设税。1994年税制改革，取消产品税，将部分产品税改征消费税，纳税义务人调整为缴纳增值税、消费税、营业税的单位和个人（不包括外商投资企业、外国企业和外国人）。实行7%、5%、1%三档地区差别比例税率。城建税由地方税务局征收，但集贸市场和个体户的城建税由国家税务机关负责征收。

2004年1月1日起，全市取消城建税的困难减免审批。2010年12月1日起，全市外商投资企业、外国企业及外籍个人发生纳税义务的增值税、消费税、营业税开征城市维护建设税。

1990—2017年，全市征收城建税38.97亿元，占地税税收收入的10.7%。

（二）房产税

1990年，全地区市区（含郊区）、县城、建制镇和工矿区拥有房产产权或经营管理权的单位和个人征收房产税。依房产原值一次减除30%后计算分季缴纳，税率1.2%；房屋出租依房产租金收入计算按月缴纳，税率12%。

2001年，个人按市场价格出租的居民住房，减按4%的税率征收。2003年9月，应税房屋的房产税，依照房产原值一次扣除20%后的余值计税，以后各征税年度，除新建、扩建、部分拆除、毁损等原因变动原值外，不再变动计税基数。2006年，市内纳税人自用的与地上房屋不相连的地下建筑，工业用途房产，以房屋原价的50%作为应税房产原值征税；商业和其他用途房产，以房屋原价的70%作为应税房产原值征税。2009年，外资企业及外籍个人的房产征收房产税，停征城市房地产税。无偿使用其他单位房产的应税单位和个人，依房产余值代缴房产税。

2010年，租赁双方签订的租赁合同约定有免收租金期限的出租房产，免租期间由产权所有人按房产原值缴纳房产税；按照房产原值计税的房产，房产原值均包含地价，包括为取得土地使用权支付的价款、开发土地发生的成本费用等。宗地容积率低于0.5的，按房产建筑面积的2倍计算土地面积并据此确定计入房产原值的地价。2016年，对营改增后房产出租的，计征房产税的租金收入不含增值税。1990—2017年，全市征收房产税15.09亿元。

（三）城镇土地使用税

1990年，征收城镇土地使用税，实行有差别的幅度定额税率，每平方米年税额为大城市0.5元～10元，中等城市0.4～8元，小城市0.3～6元，县城和工矿区0.2～4元。以纳税人实际占用土地面积按定额税率计征，按年计算，分季缴纳。1994年，全地区征收城镇土地使用税1009.6万元。2000年，开展土地使用税税源普查，核查3337户，税源2713万元。

2004年，娄星区、冷水江市、涟源市、新化县城镇土地使用税地段等级税额标准进行调整，并对经济技术开发区、西阳镇、毛易镇、三尖镇、湄江镇、白马镇、金石镇、荷塘镇、茅塘镇开征土地使用税。2008年9月，调高市及所属县（市、区）城镇土地使用税地段等级税额标准，分别适用4～10级土地等级，税额最高每平方米12元，最低每平方米0.6元，全年全市征收城镇土地使用税4223.48万元，比上年增长91.5%。

2012年，与财政、国土、房产部门配合，以联合文件方式明确借助和应用GPS全球定位系统，开展土地测量，核实税源数据，并与国土资源部门掌握的数据进行比对，实现“以地控税”。2015年调整市及所属县（市、区）城镇土地使用税地段等级税额标准。分别适用1～8级土地等级，税额最高每平方米12元，最低每平方米2元。1990—2017年，全市征收城镇土地使用税17.53亿元。

（四）土地增值税

1995年，全地区转让国有土地使用权、地上建筑物及其附着物产权所取得土地增值额的单位和个人，开征土地增值税。计税依据为土地增值额，设30%、40%、50%、60%四级超率累进税率。纳税人建造普通标准住宅出售，其土地增值额未超过扣除项目金额20%，以及国家建设需要依法征用、收回房地产的减免土地增值税。

1997年，房地产开发企业在房地产项目全部用工结算前转让房地产所取得的收入按3%预征。非房地产开发企业在转让房地产取得收入时按6%预交，转让项目评估后办理税款清算手续。1999年，居民个人拥有的普通住宅，转让时免征土地增值税。2002年，调整土地增值税预征率为1%，出售普通标准住宅，在预征时按预征率减半预缴。2008年，调整土地增值税预征率：普通标准住宅为1%；除别墅外的非普通标准住宅2%；别墅、写字楼、营业用房等3%；单纯转让土地使用权5%。2008年11月17日，调整房地产企业土地增值税核定征收率，普通标准住房0.5%，非普通标准住房1%，别墅、写字楼、营业用房3%。2016年，纳税人转让房地产的土地增值税应税收入不含增值税。1995—2017年，全市征收土地增值税11.23亿元。

（五）资源税

1990年，对原油、煤炭、天然气征收资源税。1992年，对铁矿石征收资源税。1994年，实行新资源税制，开采规定的矿产品或者生产盐征收资源税，征税范围扩大到所有金属矿产品和非金属矿产品，将盐并入资源税，取消盐税。对应税产品销售数量或自用数量按从量定额计征，税额为0.3～60元，共60个档次。境内煤炭0.5元/吨，田湖铁矿的铁矿石按13元/吨，冷水江铅锌矿的铅锌矿石按3元/吨，锡矿山矿务局的锑矿石按0.6元/吨。独立矿山铁矿石减按60%征收。6月，未列举名称的其他非金属矿原矿和其他有色金属矿原矿（磷矿石、雄磺矿石暂缓征），税额为0.5元/吨或立方米。1995年，资源税纳税户1195户。

1996年，冶金独立矿山铁矿石资源税减按40%征收；有色金属矿资源税减按70%征收。1997年，遭受自然灾害的特困企业，地区局在每年每户企业3万元以内审批减免，超过3万元的上报省地方税务局审批减免。是年，资源税建立代扣代缴管理暂行办法。1998年，境内开采天然地下水，经过消毒、杀菌、包装等工序生产销售或自用的矿泉水，按“其他非金属矿原矿”依1元/吨征收资源税。对用石灰石、黏土连续加工无法准确计算移送使用量的，及建筑施工所用河砂、卵石、石灰石，按湖南省税额折算表计算。1999年，对地热水资源按“其他非金属矿原矿”征收资源税，税额为1元/吨。2002年，对冶金联合企业矿山铁矿石资源税，减按40%征收。

2006年，全市煤炭资源税提高为2.5元/吨，锰矿石资源税调整到6元/吨。矽砂为3元/吨。有色金属矿资源税恢复按全额征收。冶金矿山铁矿石资源税按60%征收。2008年，调整适用等级税额标准，除砂金矿每50立方米挖出量1.2元，铅锌矿石每吨最高13元，锑矿石最低每吨0.6元。2011年，资源税调整按从价定率或者从量定额计征，普通非金属矿原矿每吨或者每立方米0.5～20元，贵重非金属矿原矿每千克或者每克拉0.5～20元；黑色金属矿原矿每吨2～30元；稀土矿每吨0.4～60元，其他的有色金属矿原矿每吨0.4～30元。

2012年，锡矿石、钼矿石、菱镁矿、滑石、硼矿资源税适用税率调整，对铁矿石资源税按80%征收。2014年，煤炭实行从价定率计征。原煤税率为2.5%；洗选煤税率为2.5%，折算率为75%。2015年，铁矿石资源税减按40%征收。稀土、钨、钼资源税从价计征。实行从价计征，是年入库煤炭资源税2367.16万元。2016年，实施资源税全面改革，21个矿产品资源从价计征。除黏土、砂石每吨或立方米0.1～5元，其他金属矿或非金属矿税率最低1%，最高20%，从量税率每吨或立方米最高30元。依法在建筑物下、铁路下、水体下通过充填开采方式采出的矿产资源，资源税减征50%；实际开采年限15年以上的衰竭期矿山开采的矿产资源，资源税减征30%。1990—2017年，全市征收资源税8.36亿元。

（六）耕地占用税

2010年起，市耕地占用税征管职能由财政部门划转至地税部门。占用耕地建房和从事非农业建设的单位和个人以实际占用的耕地面积为计税依据，依地区差别定额税率一次性征收耕地占用税。基本税额标准为：人均耕地不超过667平方米的地区（以县级行政区域为单位，下同），每平方米为10～50元；人均耕地667～1334平方米的地区，每平方米8～40元；人均耕地1334～2000平方米的地区，每平方米6～30元；人均耕地超过2000平方米的地区，每平方米5～25元。各县（市、区）每平方米适用税额为：娄星区34元，冷水江市28元，涟源市27元，双峰县26元，新化县25元。国务院或者省人民政府批准设立的开发区（娄底经开区），适用税额提高20%。占用基本农田的，适用税额提高50%。占用林地、牧草地、农田水利用地、养殖水面及渔业水域滩涂等其他农用地建房或者从事非农业建设的，按80%征收。2010—2017年，全市征收耕地占用税21.28亿元，占接管后年份地税收入的8%。

（七）契税

2010年，市地税系统接管契税征收工作。计税依据：国有土地使用权出让、土地使用权出售、房屋买卖的为成交价格的全额；土地使用权赠与、房屋赠与的，参照土地使用权出售、房屋买卖的市场价格核定；土地使用权交换、房屋交换的，为所交换的土地使用权、房屋价格差额；以划拨方式取得土地使用权的，转让房地产时，由房地产转让者补缴契税，计税依据为补缴的土地使用权出让费用或者土地收益。契税税率为4%。对个人购买普通住房，且该住房属于家庭唯一住房的，减半征收契税；对个人购买90平方米及以下普通住房，且该住房属于家庭唯一住房的，减按1%税率征收契税。2016年，个人购买家庭唯一住房，面积90平方米及以下的，税率减按1%；面积90平方米以上的，税率减按1.5%。对个人购买家庭第二套改善性住房，面积90平方米及以下的，税率减按1%；面积90平方米以上的，税率减按2%。2010—2017年，全市征收契税30.69亿元，占接管后年份地税收入的11.6%。

（八）印花税

1990年，境内对经济活动和经济交往中书立、领受应税凭证的行为征收印花税，由纳税人自行计算应纳税额，自行向税务机关购买印花税票并在应税凭证上一次贴足印花，自行划红或盖章加注销。印花税共13个税目，包括10类经济合同；产权转移书据；营业账簿；权利、许可证照。实行4档比例税率：借款合同0.05‰；购销合同、建筑安装工程承包合同、技术合同0.3‰；工程承揽合同、建设工程勘察设计合同、货物运输合同、产权转移书据、营业账簿中记载资金的账簿0.5‰；财产租赁合同、仓储保管合同、财产保险合同1‰。

1994年，生产经营单位执行《企业财务通则》和《企业会计准则》后，其“记载资金的账簿”的计税依据改为“实收资本”与“资本公积”两项的合计金额。9月28日起，印花税作为地方税收，由地方税务机关征收。

2006年，以电子形式签订的各类应税凭证的纳税人征收印花税；土地使用权出让合同、土地使用权转让合同、商品房销售合同按产权转移书据征收印花税。1990—2017年，全市征收印花税9.20亿元。

（九）车船税（车船使用税）

1990年，境内对内资企业和其他单位及中国籍人员行使于公共道路的车辆和航行于河流、湖泊、领海口岸的船舶征收车船使用税，根据车船的种类、大小、分别按例、净吨位和载重吨位为计税标准，从量计征。乘人汽车按座位分4档，年税额每辆132元，最高每辆204元；载货汽车按净吨位每吨40元或每辆96元；其他机动车分每辆24元、40元、48元；拖拉机按每辆40元或净吨位每吨40元，再减半征收；机动船按净吨位分6档，最低每吨1.2元，最高每吨5元；非机动船按载重吨位分5档，最低每吨0.6元，最高每吨1.4元。2003年，调整应税车辆分类和提高乘人汽车、载货汽车车辆税额；修改纳税期限，由每年两次（6月和12月）征收改为一次（4月15日前）申报缴纳。

2007年，废止车船使用牌照税，从事机动车交通事故责任强制保险业务的保险机构为机动车车船税的扣缴义务人。全市8月开始受理2007年度车船税纳税申报。2012年，机场、港口以及其他企业内部场所行驶或者作业且依法不需在车船登记管理部门登记的车船纳入征收范围。同时对节约能源的车船，减半征收车船税；对使用新能源的车船，免征车船税。年税额调整后乘用车按“排气量”分7档，最高每辆4800元，最低每辆120元；中型客车每辆480元，大型客车每辆600元，货车、专用作业车、轮式专用机械车每吨84元，挂车每吨42元，摩托车每辆36元；机动船舶按净吨位分4档，最高每吨6元，最低每吨3元；游艇按艇身长度分4档，最高每米2000元，最低每米600元。1990—2017年，全市征收车船税5.15亿元。

（十）烟叶税

2006年起，全市开征烟叶税，停征原由财政部门征收烟叶农业特产税。收购烟叶的单位缴纳烟叶税，征税范围包括晾晒烟叶、烤烟叶。按纳税人收购烟叶的收购金额依20%税率计算。有关烟叶特产税尾欠，由地税部门负责以烟叶税征收。2006—2017年，全市征收烟叶税94万元。

（十一）屠宰税

1993年，税务部门从财政部门接管屠宰税。1994年，单位和个人自养自宰自食应税牲畜，由其在宰杀环节缴纳屠宰税；经营单位和个人收购应税牲畜，由其在收购环节缴纳屠宰税；屠宰税自养自宰自食的猪、牛、马、骡、驴每头6元，羊每只1元；收购的猪每头9元，牛、马、骡、驴每头20元，羊每只4元。

1996年，全省调整屠宰税征收标准：猪宰杀或收购均调整为每头12元，其中乳猪每头3元；牛、马、骡、驴宰杀或收购均调整为每头20元，其中小牛每头14元；羊宰杀或收购均调整为每只10元。标准调整后，单位和个人收购的应税牲畜，其收购环节应缴的屠宰税，仍由单位和个人在收购时缴纳，也可由饲养户代扣代缴。屠宰税由地方税务机关征收，也可由其委托乡村或者有关单位代征。

1999年，建立牲畜存出栏台账，县（市）掌握年出栏牲畜50头以上的饲养户，地区掌握年出栏牲畜100头以上的饲养户的税源。2002年，执行省政府决定，取消屠宰环节和收购环节屠宰税。已直接向农户征收的屠宰税，转作农业税，并抵农户当年应上交的农业税任务。

1993—2002年，全市征收屠宰税1.01亿元。

（十二）固定资产投资方向调节税

1990年，境内征收建筑税。对全年实际完成的自筹基本建设投资超过国家计划规定10%浮动范围的部分，加征建筑税10%，即按20%征收。1992年，开征固定资产投资方向调节税，同时废止建筑税。在区内进行固定资产投资的单位和个人，对固定资产投资项目实际完成的投资额征收固定资产投资方向调节税。起征点为全民、集体单位投资5万元，私营企业、个体工商户投资2万元。按国家产业政策和项目经济规模实行差别税率，税率分为0%、5%、10%、15%、30%五档。各档税率适用范围分为两类。第一类为基本建设项目投资：国家急需发展的项目投资，税率为零；城乡个人修建、购买住宅的投资，税率为零；国家鼓励发展但受能源、交通等制约的项目投资，低税率为5%；楼、堂、馆、所以及国家严格限制发展的项目投资，税率30%；对一般民用住宅（包括商品房住宅）的建设投资，税率5%；房产公司向个人出售的商品住宅，税率为零，未列出的其他固定资产投资项目，税率为15%。第二类为更新改造项目投资：国家急需发展的项目投资（与基本建设项目投资相同），税率为零；其他更新改造项目投资，税率为10%。

1992年，对更新改造项目中的住宅投资，由税率10%改为5%。1997年，固定资产投资方向调节税实行微机核税。1999年，7月前立项开工的在建项目且实际完成的投资额，按规定征税；7—12月立项开工的建设项目，按建设项目实际完成的投资额减半征税。2000年1月1日起立项开工的投资项目，暂停征收固定资产投资方向调节税。1990—2001年，全市征收投资方向调节税1.49亿元。

四、征收代收附加、费金

（一）教育费附加

1990年，境内缴纳产品税、增值税、营业税的企业事业单位和个人征收教育费附加。教育费附加率为2%，与产品税、增值税、营业税同时缴纳。1994年税制改革，取消产品税，部分产品税改征消费税，纳税义务人调整为缴纳增值税、消费税、营业税的单位和个人，附加率为3%。外商投资企业和外国企业暂不征收教育费附加。1997年，金融保险业提高营业税税率后，随同营业税附征的教育费附加，仍按原税率5%的部分计征，提高3%税率的部分免征。1998年，经营烟叶单位不再享受减半征收政策。

2010年12月1日起，外商投资企业、外国企业及外籍个人征收教育费附加。2016年，纳税人跨地区提供建设服务、销售和出租不动产的，应在建筑服务发生地、不动产所在地预缴增值税时，以预缴增值税税额为计税依据，并按预缴增值税所在地的教育费附加征收率就地计算缴纳教育费附加。1990—2017年，全市征收教育费附加15.46亿元。

（二）地方教育附加

2008年起，全市缴纳增值税、营业税、消费税（简称“三税”）的单位和个人（暂不包括外商投资企业、外国企业及外籍个人），按照实际缴纳“三税”税额的1.5%缴纳地方教育附加，与“三税”同时缴纳。2011年起，全市境内发生“三税”纳税义务的单位和个人（包括外商投资企业、外国企业及外籍个人），按其实际缴纳“三税”税额的2%征收地方教育附加。2008—2017年，全市征收地方教育附加6.89亿元。

（三）水利建设基金

1995年，全地区国有、集体、股份、联营企业及银行、保险、信托投资、财务公司和城乡信用社的防洪保安资金，由地税部门按月或者按季代收；其单位在职职工和“三资”企业中方职工的防洪保安资金，由单位代收后交当地地税部门。征收标准为：商业、外贸、供销、物资等流通企业按当年销售收入的1‰，其中以批发为主的企业按销售收入的0.8‰；建筑安装企业按当年工程结算收入的2‰征集。银行按当年利息收入的2‰，各类信托投资公司及财务公司按当年业务收入的2‰。在职职工按照个人月工资收入分4档次征收：最低每人每年20元，最高每人每年80元。

2002年，地税部门负责独立核算企业和在职职工及有其他收入的事业单位和在职职工的征收。征收标准调整为：有销售（营业）收入的企事业单位和城乡个体工商户，按上年销售（营业）收入的0.6‰，银行（含信用社）按上年利息收入的0.4‰，保险公司按上年保费收入的0.4‰，非银行金融机构按上年业务收入的0.6‰，在职职工按照个人月工资分3档次征收：最低每人每年20元，最高每人每年80元。征收时间由按月缴纳调整为每年6月30日前一次或按次征收。

2011年，从事生产、经营的单位和个人缴纳的水利建设基金按生产、经营收入的0.6‰由地税部门负责征收。1995—2017年，全市征收水利建设基金5.02亿元。

（四）社会保险费

2001年起，全市外商投资企业及其中方职工和私营企业主及其职工的基本养老保险费由地税机关负责征收。缴费分为企业部分和职工个人部分：职工个人缴纳基数为本人工资额；企业缴纳基数为企业职工个人缴费工资基数总和。对月平均工资超过全市上年度职工平均工资300%以上的部分，不计入个人缴费基数；低于全市上年度职工月平均工资60%的，按上年度职工月平均工资的60%计算缴费基数。2000年企业缴费比例为14%，以后每年提高2%～20%。个人缴费比例为6%，以后每两年提高1%～8%。

2002年起，按全省规定企业缴费比例提高为20%，个人缴费比例提高为8%。1—6月，全市地税系统负责征管的社保费企业160户，缴费职工1444人。2011年，参加职工基本养老保险的个人达到法定退休年龄时，累计缴费不足15年的，可以延长缴费至满15年。社会保险法实施前参保、延长缴费5年后仍不足15年的，可以一次性缴费至满15年。2016—2017年，全市企业职工基本养老保险单位缴费比例降至19%。2001—2017年，全市征收社会保险费8.38亿元。

（五）文化事业建设费

1997年起，境内广告、娱乐行业开征文化事业建设费，由地税机关负责征收管理。在市内经营各种营业性歌厅、舞厅、卡拉OK歌舞厅、音乐茶座和台球、保龄球等娱乐场所的内外资企业、广播电台、电视台和报纸杂志等以及广告媒介单位和户外广告经营单位，按营业收入或经营收入3%征收文化事业建设费。

2001年，实行“定期定额”征收方式，个体娱乐业、广告业缴费人其应缴纳文化事业建设费一律纳入定额总额。2015—2017年，按月纳税的月销售额不超过3万元，以及按照纳税的季度销售额不超过9万元的缴纳义务人，免征文化事业建设费。营改增后文化事业建设费由国家税务局征收。1997—2017年，全市征收文化事业建设费2313.83万元。

（六）残疾人就业保障金

2005年，市内中央驻湘单位、自收自支的团体、事业单位、各类企业及其他经济组织应缴纳的残疾人就业保障金，由各级地税部门代征。未安排残疾人就业或安排残疾人就业达不到本单位在职职工总数1.5%比例的机关、团体和各类企业、事业单位及其他经济组织应按（单位上年度在职职工总数×1.5%-已安排残疾职工人数）×本地区上年度职工年平均工资计算缴纳残保金。凡安排残疾人就业达不到规定比例的用人单位，按其差额人数全额征收保障金；差额不足1人的，按差额比例计算缴纳。用人单位安排1名盲人或一级肢体残疾人就业，按2人计算。残疾人就业保障金按年征收，当年征收上一年度残疾人就业保障金。

2015年，工商登记注册之日起3年内，安排残疾人就业未达到规定比例、在职职工总数20人以下（含20人）的小微企业，免征残疾人就业保障金。10月起，残疾人就业保障金原按上年度本地区职工年平均工资计算改为按上年度用人单位在职职工年平均工资计算缴纳。2005—2017年，全市征收残保金9535.3万元。

（七）工会经费

2005年，已建立工会组织的企业、事业单位、机关和其他组织按规定应向工会拨缴的经费，以及未建立工会组织的企业、事业单位、机关和其他组织按规定应向上级工会拨缴的工会筹备金，由市地税局代收。2007年，各企业、事业单位、机关和其他组织按每月全部职工工资总额2%向工会拨缴的工会经费或工会筹备金由地税部门代收。邮电通信类按计算基数的5%征收；金融保险类、电力类、地质类等按计算基数的10%征收；国防军工类等按计算基数的40%征收；成立工会组织的其他缴费人按计算基数的40%征收；未建立工会组织的缴费人，按职工工资总额的2%全额征收，待其依法建立工会后，自批准之月起按计算基数的40%征收。

2013年6月，全市行政事业单位中未列入财政预算的工会经费和企业及其他组织的工会经费（筹备金）由地税机关代征应上缴县以上工会的工会经费（筹备金）。2005—2017年，全市地征收工会经费3.61亿元。

湖南省国税局“三项制度”试点工作座谈会在娄底召开
（2017年3月16日摄）

（八）价格调节基金

2012年起，向社会征收的价格调节基金由地方税务机关代征。旅店业、饮食业、休闲娱乐业、烟草、酒类、化妆品行业和通信业等重要商品和服务项目，按实际缴纳的增值税、消费税、营业税三税的1%计征。烟草、通信业价格调节基金统一在娄底直属局集中缴纳。

2016年2月1日起，停征价格调节基金。2012—2016年，全市征收价格调节基金1932.89万元。

第二节　重点税源及税费收入

一、重点税源企业

1995年，全地区把营业税年税额20万元以上的50户企业和资源税年税额10万元以上的15户企业作为重点税源，各县市把营业税年税额10万元以上和资源税年税额5万元以上的企业作为重点税源。

骨干企业涟源钢铁股份有限公司销售大幅下降，企业所得税比上年减少1.36亿元。1996年，全地区51户重点税源企业进行营业税资料普查。实行年纳税20万元以上企业由地区局监控，年纳税10万元以上企业由县市监控的重点税源分级管理制度。

2000年，全市将上年缴纳地方税收500万元以上的企业，纳入省局管理的重点税源企业。市地税局将50万元以上的企业、各县（市、区）将年纳税额5万元以上的企业建立税源台账。2001年，全市年纳税额在50万元以上的重点企业税收收入1.64亿元。2002年，征收分局对年纳税额2万元以上的企业、县市局对年纳税5万元以上的企业、市局对50万元以上的企业建立税源台账。2003年，建立重点税源省、市、县三级监控体系，将年纳地税收入300万元以上的重点税源企业纳入省地税局监控，把20万元以上的172家重点税源企业纳入市地税局管理。2004年，扩大重点税源监控管理范围。对年纳地税20万元以上的209家企业纳入《税源管理软件》管理，比上年增加37家，监控收入近3亿元。

2006年，全市年交纳地方税收500万元以上重点税源企业有湖南华菱涟源钢铁有限公司等16家，全年入库地方各税3.18亿元，占全市地税总收入的32.16%，同比增收7638万元，增幅为31.58%。2007年，全市年纳地方税收500万元以上的企业有22家，比上年增加湖南清泉房地产开发有限公司等8家，减少工行娄底涟钢支行、冷水江博长钢铁有限责任公司2家。全年入库4.53亿元，占全市地税总收入的38.47%，同比增收1.43亿元，增幅为46.09%。2008年，全市年纳地方税收在200万元以上的重点税源企业69家，入库5.81亿元，同比增收4180万元。最大税源企业涟钢，因遭受冰雪灾害重创和金融危机重大影响，企业所得税和城建税分别减收1465万元和1457万元。

2010年，对年纳税额200万元的172家企业进行重点监控。2011年，市地税局将年税源500万元以上的企业作为重点税源监控对象，各基层局将年税源100万元以上的企业和税源前十位的企业作为重点税源监控对象。2012年，市地税局对纳入监控的106户重点税源企业进行信息化管理，建立税源台账。2013年，全市纳入监控的重点税源企业增加到107家。筛选189家年纳税额100万以上的重点纳税户进行监控，建立纳税人电子户籍档案，登记重点税源企业台账，制订重点税源企业户籍巡查制度。

2015年，钢铁行业骨干企业涟钢、冷钢因价格暴跌，亏损严重，水泥行业骨干企业双峰海螺水泥有限公司、新化海螺水泥有限公司因价格下跌，效益下滑，企业入库税款大幅减少。2015—2017年，对年交纳地方税额200万元以上的100家企业进行税源监控。

二、税费收入

1995年，全地区地税系统征管税费种13个，总收入3.06亿元，其中国有企业所得税比上年减收0.96亿元。2002年，全市地税总收入5.02亿元，其中屠宰税停征减收461.07万元。2007年全市地税总收入12.45亿元。2010年，全市地税总收入突破20亿元，达22.2亿元，其中接管耕地占用税、契税两税增加7843.51万元。2013年，全市地税系统征管税费种20个，全市地税总收入达到高峰，完成税费收入46.65亿元。2017年，地税总收入33.14亿元，同比减收4.44亿元，其中“营改增”减收8.27亿元。1995—2017年，全市地税入库税收收入363.57亿元，各项费金收入40.82亿元。

第三节　征收管理与服务

一、机构

1994年9月，地区税务局分设地区国家税务局和地区地方税务局，有地税人员532人。下辖娄底市、冷水江市、涟源市、双峰县、新化县5个县（市）地方税务局，税务所52个。地区地方税务局内设8个科室。县（市）地方税务局内设6个股室。是年，地县两级地方税务局分别设置稽查局。

1997年，成立地区地方税务局直属分局，在全地区各县（市）地方税务局撤销税务所设立农村征收分局，全地区撤销52个税务所，成立24个农村征收分局。

2000年，娄底市地方税务局设置机关科室14个。2004年，全市地税系统24个农村征收分局撤并为20个农村税务分局。2008年，设立娄底市经开区地方税务局。2011年，全市地税系统由20个税务分局变更为21个税务分局。

2017年，娄底市地方税务局共有20个机构，管辖娄星区、冷水江市、涟源市、双峰县、新化县、经济开发区6个县（市、区）地方税务局。全市地税系统有766人，其中，娄底市地方税务局117人，所属6个县（市、区）地方税务局649人。

二、税务登记

1996年，全地区税务登记统一换证，换发地方税务登记证2.32万家，清出漏管户补证1186家。税务登记证件每3年更换一次，每年验审一次。1997—1998年，全地区验证5.26万家，补办证8988家。清理漏征漏管户1836家，补税罚款204.7万元。1999年，全市再次税务登记统一换证，清出漏征漏管户2018家，补税罚款26.8万元。2000—2002年，全市验证6.7万家，补办证2320家，税务登记3872家，清出漏征漏管户12家，查补税款80余万元。

2003年，推迟税务登记证件统一更换的时间。全市地税系统与同级的工商、国税部门进行定期数据传递、比对、核查工作。2004年，实行新的《税务登记管理办法》。是年，全市地税纳税人3.59万家，其中3.12万户纳入湖南地税综合软件征管。2005年，所有纳税人纳入湖南地税综合软件。

2006年，全市统一换发税务登记证件，国税、地税共管户统一受理、统一纳税识别号、分别办证，地税纯管户地税单独受理、单独办证，全市地税登记3.58万家。2008年，清理虚假登记户8536家。2009年，全面清理漏征漏管，对纳税户实行现场登记、包证到户、钉证上墙、加强辅导。补办证7140家，补缴税款1176万元，采集纳税人基本信息3.02万份，修订大集中综合征管信息23.88万条。2010年，继上年全面清理漏征漏管以后，全市纳税人4.71万家，补办税务登记1.66万家，补税1800余万元，修订基础数据320万余条。2011年，从严控制建筑业《外出经营活动税收管理证明》的开具，年增税收2000多万元。2013—2014年，在市政务中心设置地税服务窗口，负责办理税务登记办证；补录、修改税务登记数据3.61万条，税种登记数据6835条。2015年，开展“三证合一”“一照一码”工作，税务登记证不再单独发放，实现涉税信息共享。2017年，全市国、地税“金三”系统税务登记信息同步。

三、征管体制

1994年，实行分税制，地区地方税务局主要负责营业税、个人所得税、土地增值税、城市建设维护税、车船使用税、房产税、屠宰税、资源税、城镇土地使用税、固定资产投资方向调节税、地方企业所得税（包括地方国有、集体、私营企业）、印花税及地方税的滞补罚收入、按地方营业税附征的教育费附加的征收管理。1995年，全地区扩展地方税收征管范围，有纳税义务的行政事业单位开征地方税收。清理企业欠税，欠税企业加收滞纳罚金，拖欠不缴的企业，通过银行强制扣款，对玉龙房地产公司欠税款累催不交行为，公开拍卖该公司房产收欠110万元。全地区系统通过重新核实“双定”与专业检查相结合，规范个体税收征管。1996年，地税局负责征收教育费附加（铁道、银行总行、保险总公司缴纳的除外）。是年，从国税部门接管涉外企业的土地增值税征收工作。屠宰税征管实行经纪人管控制度。全区系统通过加收滞纳罚金、银行强制扣款等方式，清理欠税3100余万元。

1997年，全区地税系统下辖娄底、冷水江、涟源、双峰、新化5个县（市），管理全地区6933家企业，3.25万家个体工商户的地方税征收工作。交通运输业推广双峰县乡镇协管、税务自征方法，销售不动产、转让土地使用权实行源泉控管。源泉控管高收入者和高收入行业个人所得税，全年入库2322万元。严格审批缓缴税款，清欠企业347家，清缴欠税款4100余万元；个体税收大户推行查账征收。1998年，城区建立管理服务、征收监控、税务稽查、政策法规四大工作系列，落实自行申报缴税制度；

农村建立以自行申报，定点征收、重点稽查为主的农村征管新模式。是年，接交以缴纳增值税为主的个体户的征管工作，全地区接交2.07万户，推进个体大户建账建制680户，个体税收入库税款5956.6万元。清欠企业151家，清缴欠税款2410万元。屠宰税推行“以培植税源为基础，以税源台账为中心，以源泉控管为主体”的征管办法。是年7月，全地区资源税实行代扣代缴。1999年，贯彻执行《税务违法案件公告办法》。转换农村征管模式，以自行申报、巡回征税、强化管理、重点稽查为主，以建立代征代扣网络为辅。是年，执行省局《个人所得税代扣代缴暂行办法》，全年入库个人所得税4541.6万元。2000年，建立撤地设市后新的征收体制，划定各基层征收单位的征收范围。5月1日起实行新的《中华人民共和国税收征收管理法》，全市规范减免税管理，清理减免税资料214份，检查113家免税企业，查出少征税额42.1万元；废止或纠正各级各类违规文件28份35条。是年，清理临街门面、行政事业单位门面出租、车辆税收等税源点，入库税款1亿元；实行《娄底市行政事业单位社会团体个人所得税代扣代缴暂行办法》。

2001年，推行个人所得税扣缴义务人和纳税人双向申报，入库个人所得税8633万元。2002年起，新设立（开业）或注册登记的企事业单位的企业所得税划转国家税务局负责征收管理。全市系统历时5个月对34个集贸市场进行清理，清理漏管户769户，查补地方各税170.7万元，加收滞纳金罚款9.2万余元。在娄星区和冷水江市进行推广使用税控收款机和税款计价器的试点，然后在全市推广使用。2003年，开展漏征漏管户专项清理，清理漏征漏管户856户，补税294.05万元，罚款32.45万元。推广安装使用《个人所得税代扣代缴软件》420家。2004年，对未按规定建立印花税应税凭证登记簿，拒不提供应税凭证，不按规定期限报送汇总缴纳情况报告纳税人实行核定征收。是年，建材、煤炭行业的个人所得税实行带征，加强外籍个人所得税管理，全年入库个人所得税1.09亿元。2005年，砂石资源税实行“源泉控管和代扣代缴相结合”征管办法。全年纳税煤矿企业518家。

2006年，全市6180家纳税户实现电子报税及网上划缴税款。2007年，推行房地产税收“一体化”征管办法。推广电脑定税，有2.62万户个体工商户纳入电脑系统定税。是年，全市房地产税收入库8492万元。2008年，房地产税收扩大核定征收，实行新的应税所得率标准，实行先税后证征管机制。全市饮食服务行业强力推广税控收款机，领发票户必须装机，强化“以票控税”，推广税控收款机1836台。选取6起典型涉税违法案件进行依法公告。2009年，新增企业所得税纳税人中，应缴纳增值税的企业，其企业所得税由国家税务局管理；应缴纳营业税的企业，其企业所得税由地方税务局管理。9月，推广网上申报纳税，召开联席会议形成《网上申报纳税推广应用会议纪要》，建立部门间协商机制，解决各类问题300多项。12月底，全市3047家单位纳税人签约，网上申报纳税入库2.79亿元；安排个体工商户网上申报纳税试点，有340户较大规模个体工商户网上申报纳税。2010年起，市耕地占用税、契税“两税”征管职能由财政部门划转至地税部门。是年，实行《娄底市地方税务局漏征漏管清理、基础数据采集修订、POS机刷卡缴税推广应用实施方案》，成立三项工作推广应用小组，在全市范围内全面捆绑推行。

2011年，全市耕地占用税、土地征收和交易环节所涉及的契税实行先税后证的协税护税管理，以税务机关自主征收为主，国土资源部门协助征收。推行以炸药控税方式加强采石行业税收，年增税收3000多万元。开展全员全额扣缴明细申报，全市382家企业使用个税扣缴软件实行全员全额扣缴申报，申报个人所得税5049万元。2012年，对全市所有房地产开发企业纳税情况专项评估，入库税款近2亿元；推进存量房交易纳税评估，10月底，全市办理存量房交易业务1399笔，纳税人申报总价为2.36亿元，系统评估计税总价为3.78亿元，平均提高计税价格60%。2013年，对全市所有年纳税额100万元以上的建筑单位纳税情况进行清理评估，入库税款7000余万元。是年，在市政务中心设置地税服务窗口，负责办理产权转让的纳税人办理二手房交易缴税手续、纳税咨询、税务登记办证和涉税资料受理等相关业务。受理二手房交易缴税手续2399人次，入库税费合计3316.82万元。房地产开发项目动态管理，严格规范两种征收方式的认定。2014年，与公安、国税、工商等部门进行信息比对，对“非正常户”全部重新予以核实认定，不符合条件的依程序转为正常户，并追缴税费，予以处罚。是年，实行《娄底市印花税核定征收管理办法》，购销合同分行业按购销金额50%～100%核定，加工承揽合同与货物运输合同按金额80%核定。落实新《中华人民共和国个人所得税法》税收优惠政策，统一窗口开票个税附征率。

2015年，市地税局每季在地税网站公告欠税200万元以上大户，各县（市、区）地税局定期在相关媒体上公告其他欠税户。委托国税、邮政部门窗口代征地方税费，全年代征地方税费5000万元。专项评估非营利组织免税资格认定和医疗卫生单位，84户非企业单位申报所得税76.6万元，72家一级以上医疗卫生单位企业所得税专项评估企业所得税2101.8万元。

2016年，实施“营改增”，与国税部门联合制定《双定户联合管理办法》《非正常户联合管理办法》《欠税联合管理办法》；将原地税部门委托国税部门代征的地方税（费）改由地税部门直接征收，全市实行“一窗一人双系统”办税；向国税部门提供1.08万条工资薪金数据，进行企税个税工资薪金数据比对。2017年，实施《娄底中心城区个体税收代征》《自营和出租门面税收管理》《行政事业单位税收和发票管理》3个综合治税管理办法。与相关职能部门加大配合，实现个人所得税源头控税。

四、税务稽查

1994年，设立地区地方税务稽查局。实行《税务稽查工作报告制度》。是年，稽查局牵头开展全地区税收大检查，自查有问题的3439家，自查税款187.47万元；专业检查有问题的3646家，查补税款1629.42万元，加收滞纳金11.15万元，处以罚款15.2万元。

1995年，5个县市地税局成立税务稽查局。开展车辆运输营业税、个人所得税、资源税、固定资产投资方向调节税以及房产税的专项检查，清补税款2400万元，入库2100万元。全年各级地税稽查局检查纳税人208家，查补税款3083万元，罚款70万元，入库2485万元。

1996—1997年，稽查局牵头对行政事业单位开展年度地方税收大检查，清补入库地方各税527.4万元。稽查部门全年处理涉税举报案件23起，与公、检、法、司等部门配合，查处娄底市万乐凤井煤矿、双峰县及涟源市个体司机等偷、逃、抗税案件，查补税款78万元。制定《娄底地区地方税务局稽查局直审纳税户管理暂行办法》，稽查案件一律录入“稽查管理信息系统”软件。全地区专业检查纳税人4507家，稽查各类企事业单位256家，查补税款6895万元，罚款31万元。

1998年，地区与县、市两级稽查局成立举报中心。全年收到举报信30件，查补税款2604万元，罚款41万元。是年，处理娄底市万富街个体娱乐业和冷水江市岩口镇个体运输户等一批暴力抗税、殴打税务人员涉税犯罪案件。1999年，进行以税金及附加为主的检查，查获违章案件147起，查处64起，补税20余万元，罚款16万元；查处偷税案件11起，涉及偷税金额220余万元。全年稽查企事业单位389家，查处涉税举报案件56起，查补税款4636万元，处罚款、滞纳金218万元。2000年，全市实行税务检查计划统一，对143户单位直审。全年稽查企事业单位399家，查处涉税举报案件69起，查补税款及罚款5617万元。

2001年，市地税局稽查局增设电话语音举报系统。专项检查金融保险、电力系统、公路、电信、邮政等行业，查补入库税款806万元。全年地税稽查系统检查纳税户406家，受理并查处涉税举报案件36起，查补入库税款5303万元，加收滞纳金、罚款271万元。打击抗税案件5起，拘留6人。2002年，取消分配稽查收入任务，在城区实行一级稽查模式，同一城区只设一个稽查局。专项检查房地产业、煤炭行业以及医疗卫生、加油站、学校等重点行业，入库地方税收867万元，处罚款96万元。2003年，专项检查房地产业、建筑业、各类事务所等行业。与公安税侦部门查处新化燎原水泥厂收入不入账及虚列工资偷逃税案、市湘运公司印制使用假运输发票案。全年检查各类企业481家，查补入库税款5241万元，处罚款534.58万元。查处涉税举报案件54起，查补税款332.7万元，处罚款55.9万元。2004—2005年，重点专项检查货物运输业、医药生产及购销企业、房地产行业、汽车市场、金融保险业以及煤炭行业、水泥行业、新闻出版单位等进行专项检查。查处涟源市斗笠山镇等地近20家小煤窑，查补地方各税1285万元；其他行业查补入库税款1159万元。

2007年，全市查处涉税上千万元的案件2起，查补新化云峰金锑矿业公司偷逃税案税款1570余万元。对各县（市、区）土地增值税政策执行情况进行交叉检查，全年入库1045万元。2008年，专项检查房地产业、烟草行业、平安保险企业和年所得12万元以上个人等61家，查补税收收入4433万元。将私房联建列为整治重点实施重点稽查，查补税款3485万元。2009年，稽查局重点查处渤海财产保险公司、涟源湘运公司等14户重点举报案件，查补地方各税289万元，税收处罚13万元。2010年，推行异地交叉稽查，全市系统检查房地产及建筑安装业、药品经销行业、交通运输等重点行业企业125家，辅导纳税人自查申报补税1214万元，查补地方税费、加收滞纳金和罚款2598万元；重点查处娄底天雨文化发展有限公司、涟钢振兴焊管厂、湖南中昊房地产开发有限公司、湘运驾校、新化禅冲口煤矿等举报案件，查补地方各税231万元，税收罚款57万元；部署纳税信用A级企业的自查，全市22家A级企业自查补缴税680.7万元；全年完成131家计划检查单位的检查，查补地方税收3675万元，并处滞纳金及罚款267万元。

2011年，检查房地产及建筑安装业、电视广告行业、资本交易等重点行业企业143家，查补入库税款1.32亿元；组织辅导涟钢集团等重点税源企业的自查工作，补缴税款6121万元。

2012年，与公安经侦部门配合，查处锡矿山闪星锑业有限责任公司、新化县燎原房地产开发有限公司、冷水江市盐井塘煤矿偷逃税款案等一批案件。全年查处各类税务案件240起，查补入库税款1.9亿元。2013年，检查全市各大驾校，补税罚款430万元。清查代征代收契税的房地产企业122家，入库契税4800万元。全市查处各类税务案件182件，查补入库税款、滞纳金、罚款合计1.4亿元。2014年，市地税局制定《税务稽查一案双查双报告实施细则（暂行）》，全市实施一案双查双报告57家。是年，实施土地增值税专项清查，全市系统清算8个项目，清补税款804.67万元。查处冷水江特大制售假发票案，涉及地税发票3650份，涉案金额5000万元。全年查处案件220家，查补税费3.2亿元，入库2.6亿元。2015年，专项清查水电企业耕地占用税，将清查范围扩大到大中型企业临时占用耕地，查处湖南凤翔房地产开发有限公司“北京城”项目偷税案，查补各项税收收入865万余元，依法作出行政处罚，并依法移送公安部门。全年查处案件117起，查补税款2.98亿元，加收滞纳金526万元，处罚款1251万元。2016年，实行国、地税联合稽查27家，查补地方税费838万元。专项检查旅游业15户及小水电企业4户，查补税费119.5万元。全年查处案件79起，查补税费1.07亿元。2017年，检查全市所有的财产保险公司车船税代收情况，查补车船税207.88万元，加收滞纳金8.43万元。与国税联合稽查股权转让、保险、医药等行业。与公安、国税配合查处湖南康一馨公司大药房零售连锁有限公司，查补个人所得税1506万元，罚款769万元。全年查处立案98起，查补入库税款1亿元。

五、办税服务

1996年，全地区选择双峰县、冷水江市、涟源市设立纳税大厅试点。1997年，5个县（市）地税局建立纳税大厅，配备微机30余套，机器设备20余套，培训大厅上机操作人员3批。1998年，开票软件转向功能型软件。2000年，县（市、区）地税局推广税控收款机和税控计价器试点，各征收分局建立办税服务厅。2002年，全市系统添置大型电子显示屏和13台触摸机；开通市、县（市、区）征管系统，在农行网点办理缴税。2004年，推广使用湖南地税综合软件。2005年，各县（市、区）局设立由县（市、区）局直接管理的办税服务厅，撤销税务分局的办税服务厅，将税款征收、发票管理、会统核算、票证管理等相关工作职能统一纳入办税服务厅管理，全市地方税收的征收实行“一窗式”办税、“一站式”服务，推广使用电子报税系统、发票管理软件和个人所得税代扣代缴软件。

2006年，出台《娄底市地方税务局个人所得税自行纳税申报工作流程》，并对自行纳税申报时发生办税服务厅内排队拥挤现象及申报期无纳税人申报等现象，制定《个人所得税自行纳税申报工作应急预案》，推广电脑定税、电子报税和网上划缴税款。2008年，计算机网络内外网物理隔离。2009年，启用湖南地税省级集中综合征管系统、房地产一体化软件。2010年，使用减免税软件及税源监控平台。2011年7月，市地税局成立纳税服务科。各县（市、区）局的办税服务厅更名为办税服务中心。2012年，全市系统各办税服务大厅均实现一机双屏。全年办税服务大厅开具发票9.22万份，开具税票20.38万份。连接全市电子政务外网平台，推广存量房评估系统应用软件。2013年，建立延时服务、预约服务台账，规定即时服务时限，由纳税人监督执行。全年提供延时服务2028人次，预约服务419人次。市地税局下发《关于统一明确全市"免填单"服务范围的通知》，解决纳税人部分业务"多头跑""填表烦"的问题。2014—2015年，全市推广应用"网上办税服务厅"，金税三期工程上线。2016年11月30日，全市所有办税服务厅实现"一窗一人双系统"办税模式。2017年，向纳税人对网上办税服务厅的运行情况发放需求调查问卷，优化网厅办税功能。

六、税收优惠

1994年，安置残疾人员符合规定的民政福利企业，服务业免征营业税。符合规定的校办企业，应税劳务免征营业税。安置待业人员符合规定的新办城镇劳动就业服务企业，免征企业所得税3年，免税期满视情况减半征收企业所得税2年。1995—1996年，全址区系统全年对38家新办企业、92家税源大暂处困境的骨干企业和23家受灾严重纳税困难的老企业，报批减免税款902.6万元。1997年，对37家税源大暂处困境的骨干企业和64家纳税困难的老企业及新办企业，报批减免税款480万元。1998年，为120家企业依法报批减免税款480万元。1999年，废止与税法相悖的涟源市关于石门工业小区回乡投资办企业系列税收优惠政策。2000年，为符合政策的企业报批减免资源税12户52.7万元，报批减免12家企业所得税392.01万元，报批减免89家房产税、土地使用税1308.68万元。2001年，全市清理减免税资料214份，检查113家减免税企业，查出少征税额42.1万元。2002年，允许弥补亏损2225万元，税前扣除528万元，减免符合政策规定的企业所得税411万元。2003年，全市享受再就业税收优惠的下岗失业人员2389人，减免地方各税200余万元。是年，利用税收优政策支持抗击"非典"，减免各项税收133.77万元。2004—2005年，为涟钢等重点骨干企业落实固定资产设备抵免企业所得税近2亿元；减免民营企业税收4800万元；为下岗税收优惠的4005户个体工商户和企业减免地方各税8903.58万元；免收税务登记工本费9.67万元。

至2006年9月底，为下岗失业人员免费办理税务登记证6542户，免收税务登记证工本费26.16万元，享受安置下岗失业人员税收优惠的企业、个体工商户等经济实体4574户，减免地方各税7471.36万元。2007年，实行新的促进残疾人就业的税收优惠政策。为1991位下岗失业人员落实税收优惠1725万元，审批税前扣除金额5205万元，审批上报国产设备投资抵免税收2.99亿元。2008—2010年，符合条件的科技园自用以及无偿或通过出租等方式提供给孵化企业使用的房产、土地，免征房产税和城镇土地使用税；其向孵化企业出租场地、房屋以及提供孵化服务的收入，免征营业税。落实国家支持弱势群体就业和再就业的优惠，3年累计减免各项税收1.12亿元；免收税务登记证工本费5.26万元；327家企业和个体工商户享受下岗税收优惠政策；办理或上报省局办理企业所得税减免165家。

2011年，减免资料全部录入减免税管理信息系统。实行事前备案、事中辅导、事后监督检查的后续管理模式。2012年，执行营业税起征点调整政策，起征点以上的个体工商户同比减少7119户，月定税额减少116.31万元，全年个体工商户减负1400万元。执行下岗职工再就业、残疾人就业、大学生创业等税收优惠，减免173户，减免税额130万元；取消代开发票工本费，全年纳税人节约办税成本20万元。2013年起，取消税务发票工本费。出台文件对减免税的减免范围、审批权限、审批要求、资料报送等具体事项规范管理。2015年，全市实行小微税收优惠、促进就业税收优惠、农村金融税收优惠，营业税减免4528.45万元。其他减免户数44户，减免各类税款2480.23万元。2016年，全市开发新技术、新产品、新工艺研发费用加计扣除优惠政策14家，加计扣除金额3.84亿元；安置残疾人员工资加计扣除31家，加计扣除金额1577万元；小微企业252家，减免税额204万元；高新技术企业7家，减免税额1224万元。2017年，国家税务总局发布《“大众创业万众创新”税收优惠政策指引》，全市纳税人2.35万家享受税收减免，减免各类税款1.84亿元。

1994—2017年娄底市税务系统各年份分税种收入情况表(一)

表41-3　　　　单位:万元

年份	各项收入合计	税收收入合计	增值税	营业税	消费税	企业所得税	个人所得税	车辆购置税	城市维护建设税	城镇土地使用税	房产税
1994	103748.40	102420.00	65137.00	7799.70	24.00	17919.40	910.80	0	4625.80	1009.60	1167.40
1995	90962.31	90029.88	58612.00	9412.64	70.00	8102.10	924.61	0	3476.20	878.58	1687.30
1996	86829.91	84479.40	53753.00	11076.50	35.00	2887.70	1602.40	0	4467.40	1705.60	2106.90
1997	84655.90	82618.60	48852.00	12957.20	43.00	2459.30	2322.10	0	3534.80	1872.30	2259.20
1998	90298.40	88533.60	50579.00	14446.80	40.00	4564.30	3100.80	0	3973.70	2231.70	2597.20
1999	91996.00	89697.20	53016.00	13899.30	36.00	4112.60	4548.60	0	4306.20	1674.70	3083.60
2000	103404.73	100860.80	57301.00	16248.00	17.00	7206.30	7067.80	0	4467.50	1310.10	4550.70
2001	117923.30	115165.70	67180.00	15317.41	7.00	9129.72	12250.88	0	4539.30	1530.21	2281.32
2002	125249.10	121913.70	69840.00	15791.60	10.00	9944.60	13965.70	0	5484.40	1992.30	2738.70
2003	144519.10	140675.30	84014.00	18365.20	6.00	13186.30	14121.80	0	5288.60	1613.10	2333.90
2004	224061.70	218695.30	147859.00	23131.20	12.00	18137.20	15316.20	0	7718.40	1191.10	2949.20
2005	299412.33	291251.21	202699.00	28441.98	20.00	17300.50	17159.47	6352.00	11350.39	1815.05	3072.35
2006	350958.15	338961.96	230056.00	37831.56	63.00	19713.98	18781.86	7106.00	15159.66	1942.51	3221.72
2007	435960.61	420711.42	281783.00	45363.39	111.00	25674.74	23111.06	10268.00	20312.62	2205.01	4054.69
2008	498385.99	477393.10	313885.00	55982.81	126.00	28583.01	23876.78	13894.00	22010.47	4223.48	4932.90
2009	454290.78	430920.82	247411.00	68020.44	5094.00	26181.44	22276.96	16987.00	18914.01	7421.29	6572.53
2010	549461.91	521834.49	274068.00	83884.07	9109.00	32106.31	25865.94	23063.00	23014.98	14889.18	7984.77
2011	676867.82	644686.05	300733.00	107445.11	12643.00	44826.13	32837.30	27548.00	26889.85	12264.04	10524.64
2012	861487.29	822834.66	356129.00	138852.23	17680.00	82046.37	26732.84	35269.00	36389.71	14979.26	12942.83
2013	918153.99	876313.76	348124.00	156279.79	19167.00	82829.26	25977.47	40581.00	40611.01	17654.91	15247.52
2014	828548.81	791892.45	283791.00	160932.92	18531.00	94579.63	26923.83	37033.00	32298.36	11951.57	12378.77
2015	789328.00	750105.00	271013.00	129764.00	34728.00	75146.00	32301.00	34411.00	24625.00	15996.00	12474.00
2016	818271.43	777711.58	325278.46	89982.78	41043.00	64611.87	36965.32	35224.00	30201.55	18521.62	14357.58
2017	963441.35	920284.40	495779.87	7276.52	44561.00	68906.36	47604.88	47489.00	37142.03	34436.18	15458.51

1994—2017年娄底市税务系统各年份分税种收入情况表(二)

表41-4　　　　单位:万元

年份	土地增值税	资源税	耕地占用税	契税	印花税	车船税	烟叶税	屠宰税	投资方向调节税	其他地方税收(国税代征)	税款滞纳金罚款
1994	0	849.70	0	0	320.90	128.20	0	647.70	1835.60	0	44.20
1995	0	868.43	0	0	355.13	170.25	0	1174.91	2971.54	1308.00	18.19
1996	5.80	880.60	0	0	328.70	162.60	0	1392.10	2352.10	1717.00	6.00
1997	32.60	823.90	0	0	377.90	145.80	0	1386.20	2803.60	2723.00	25.70
1998	26.60	690.50	0	0	484.50	165.10	0	1322.60	2223.80	2087.00	0
1999	15.40	662.80	0	0	581.50	196.00	0	1160.90	2403.60	0	0
2000	16.30	343.20	0	0	753.60	178.30	0	1142.50	258.50	0	0
2001	5.90	585.98	0	0	970.40	184.12	0	1143.27	40.19	0	0
2002	2.20	619.10	0	0	638.30	204.60	0	682.20	0.00	0	0
2003	44.90	819.00	0	0	692.00	190.50	0	0.00	0.00	0	0
2004	85.20	967.30	0	0	1078.10	250.40	0	0.00	0.00	0	0
2005	99.82	888.48	0	0	1881.73	170.44	0	0.00	0.00	0	0
2006	207.27	2502.15	0	0	2025.74	256.51	94.00	0	0	0	0
2007	1045.04	3723.12	0	0	2718.63	341.12	0	0	0	0	0
2008	1626.44	3385.03	0	0	3750.48	1116.70	0	0	0	0	0
2009	1346.91	3716.96	0	0	5165.27	1813.01	0	0	0	0	0
2010	4858.96	5461.82	7077.95	765.56	7339.03	2345.92	0	0	0	0	0
2011	10377.43	7049.38	22612.39	16641.09	9043.56	3251.13	0	0	0	0	0
2012	16831.07	8550.15	26797.90	33523.37	11955.94	4154.99	0	0	0	0	0
2013	21331.93	8550.80	43965.67	37757.56	12982.39	5253.45	0	0	0	0	0
2014	13311.31	8362.06	33506.67	44736.01	7513.89	6042.43	0	0	0	0	0
2015	9960.00	8735.00	25466.00	61479.00	6832.00	7175.00	0	0	0	0	0
2016	11499.84	9214.52	30403.32	56782.70	5482.14	8142.88	0	0	0	0	0
2017	19631.85	5376.56	23007.29	55286.34	8811.81	9516.20	0	0	0	0	0

1994—2017年娄底市税务系统各年份分费种收入情况表(三)

表41-5　　单位:万元

年份	费金合计	教育费附加	地方教育附加	文化事业建设费	水利建设基金	工会经费	社会保险费	价格调节基金	残疾人就业保障金	其他罚没收入	其他收入
1994	1328.40	1327.50	0	0	0	0	0	0	0	0.90	0
1995	932.43	251.20	0	0	674.23	0	0	0	0	7.00	0
1996	2350.51	1542.50	0	0	799.01	0	0	0	0	9.00	0
1997	2037.30	1329.60	0	0.2	694.50	0	0	0	0	13.00	0
1998	1764.80	1150.40	0	21.00	593.40	0	0	0	0	0	0
1999	2298.80	1616.10	0	30.70	652.00	0	0	0	0	0	0
2000	2543.93	1874.50	0	35.30	634.13	0	0	0	0	0	0
2001	2757.60	1992.30	0	54.70	710.60	0	0	0	0	0	0
2002	3335.40	2193.60	0	64.30	956.00	0	121.50	0	0	0	0
2003	3843.80	2520.40	0	69.80	1032.80	0	220.80	0	0	0	0
2004	5366.40	3183.00	0	68.60	1502.00	0	611.80	0	0	1.00	0
2005	8161.12	4668.76	0	86.62	1800.00	573.74	1031.65	0	0	0.35	0
2006	11996.19	6444.68	0	94.98	2213.00	1620.00	1314.41	0	300.52	8.60	0
2007	15249.19	8346.88	0	129.39	2447.00	1527.00	2367.73	0	395.87	35.32	0
2008	20992.89	8397.18	4198.59	148.76	2763.00	1741.00	3281.31	0	436.29	26.76	0
2009	23369.96	9104.27	4549.13	165.36	2778.00	2067.00	4185.02	0	497.06	24.12	0
2010	27627.42	9661.44	4830.72	195.64	2967.00	2616.01	6672.34	0	574.37	55.12	54.78
2011	32181.77	11394.44	5697.22	258.35	3034.27	3072.87	7961.97	0	672.22	90.43	0
2012	38652.63	13130.30	8583.40	263.75	3515.71	3612.65	8368.03	386.80	732.75	59.24	0
2013	41840.23	14616.86	8887.41	283.47	3812.51	3399.79	9516.42	470.19	804.05	49.53	0
2014	36656.36	11824.53	6703.56	230.15	3792.70	3379.46	9493.25	403.90	815.80	13.01	0
2015	39223.00	11953.00	7998.00	92.00	3997.00	4666.00	9032.00	549.00	897.00	39.00	0
2016	40559.85	12486.47	8464.04	19.22	4336.00	4145.00	9941.00	123.00	931.00	114.12	0
2017	43156.95	13626.98	9063.70	1.54	4506.56	3716.14	9703.74	0	2478.37	59.92	0

1990—2017年娄底市税收收入情况表(四)

表41-6　　　　单位:万元

年份	合计	国税	地税	年份	合计	国税	地税
1990	34563	—	—	2005	299412	219677	79735
1991	38859	—	—	2006	350958	252001	98957
1992	47385	—	—	2007	435960	311435	124525
1993	88553	—	—	2008	498385	346752	151633
1994	103748	65385	38363	2009	454290	287833	166457
1995	90962	60323	30639	2010	549461	327373	222088
1996	86829	55964	30865	2011	676867	366954	309913
1997	84655	52918	31737	2012	861487	456183	405304
1998	90297	54433	35864	2013	918153	451679	466474
1999	91996	54079	37917	2014	828548	390508	438040
2000	103404	61864	41540	2015	789328	379785	409543
2001	117923	72388	45535	2016	818271	442402	375869
2002	125249	75060	50189	2017	963441	631980	331461
2003	144519	89583	54936	合　计	9708204	5664214	4043990
2004	224061	157655	66406				

第四十二篇

发展计划

概　述

1990年，娄底地区实行以计划经济为主、市场调节为辅的经济管理体制。地区生产总值39.06亿元，在全省排第12位。1991年始，全地区实施国民经济和社会发展“八五”计划及十年规划，围绕“服务全省，建设能源原材料开发区”总体发展战略，制定14类发展指标。1992年，地区计划委员会（简称计委）下放投资管理权限，农业生产全部实行指导性计划，工业除省定15种产品产量外，实行指导性计划。

1994年，娄底地区实行市场调节为主、计划调节为辅的计划管理体制。“八五”期间，地区生产总值年均增长11.7%，超计划1.72个百分点。在全省排名第11位。农产品有烤烟和茶叶，工业有焦炭等21个主要产品产量，教育有普通高中在校学生数等5个指标，卫生有医院病床数、卫生技术人员和人口自然增长率等没有完成计划。1995年，地区生产总值110.36亿元。1996年始，娄底地区实施国民经济和社会发展“九五”计划和2010年远景目标，从传统的计划经济向社会主义市场经济加速转变，从粗放型经济增长方式向集约型经济增长方式转变。地委、行署坚持“多轮驱动、多轨运行”发展方针，实施“三化”（工业化、农业产业化、城镇化）战略，加快乡镇企业发展。1997年，地委、行署出台进一步加快发展个体私营经济、实现农村奔小康目标和深化国有企业改革的一系列政策。但“九五”计划部分指标目标定得过高，超出娄底的发展水平和承载能力，此外，受到1998年亚洲金融危机和冰冻灾害影响，没有完全实现计划目标。1996—2000年，地区生产总值年均增长9.3%，比计划低2.84个百分点。

2001年3月，市人大一届三次会议审查通过《娄底市国民经济和社会发展“十五”计划纲要》。实施科技兴娄、交通带动、城镇化、富民强市、可持续发展、对外开放等六大战略，制定发展目标21项。7月，省政府审议通过娄底市城市总体规划。2002年，市委出台《关于加强娄底市经济技术开发区建设与管理的决定》，并启动建设。国家发改委批准冷水江矿区沉陷治理工程项目，并下达年度投资计划。2004年，市委一届三次会议做出大力发展钢铁配套产业链的决定。争取中央、省政府投资42.64亿元。湖南省新型工业化标志性工程—华菱涟钢200万吨热轧薄板竣工。冷钢扩改一期年产100万吨工程、双峰海螺年产150万吨水泥熟料工程、洛湛铁路娄底段等10个重大建设项目竣工。“十五”计划指标完成率62%，地区生产总值平均增长10.1%，地方财政收入年均增长10.1%，超计划1.1个百分点，社会消费品零售总额年均增长10.3%，固定资产投资年均增长20.5%，人口自然增长6.1‰，比计划低0.09个百分点，城镇居民人均可支配收入年均增长9%，超计划1.97个百分点。城镇化率、三次产业结构、农村居民人均纯收入、每千人口拥有卫生技术人员、高中阶段教育适龄青年入学率等8个指标未完成计划目标。

2006年始，全市实施《娄底市社会发展“十一五”规划》，规划主要目标6大类52个指标。8月，市委制发实施科教兴娄建设创新型娄底的若干配套政策。2008年，娄底市面对年初历史罕见的雨雪冰冻灾害、严重的国际金融危机和国内外经济增长放缓的形势，攻坚克难，实现地区生产总值526.9亿元，同比增长11%。园区规模工业增加值71.55亿元，同比增长33.3%。非公有制经济增加值231.76亿元，同比增长13%，占全市GDP的43.9%。完成基础设施投资62.18亿元，同比增长28.9%。其中，交通固定资产投资10.66亿元，同比增长12.4%。2009年11月，省政府批准水府片为长株潭“两型社会”建设试验示范区。中共娄底市第三次委员会第六次全体会议通过对接融入长株潭发展壮大区域经济加快推进“两型社会”建设的决定。娄底经开区获批国家高新技术产业基地娄底薄板材料深加工产业园。

2010年，全社会固定资产投资317.3亿元，同比增长57.3%。“十一五”规划指标完成率84.6%。地区生产总值年均增长13%，超计划0.52个百分点，是年，实现地区生产总值678.71亿元，总量排名全省14个市州第11位。地方财政一般预算收入年均增长19.6%，超计划6.59个百分点。五年累计内联引资343.7亿元，超计划143.7亿元；外商直接投资6.01亿美元，超计划1.91亿美元；固定资产投资1194.47亿元，超计划364.47亿元；社会消费品零售总额年均增长17.7%，超计划4.68个百分点；城镇居民人均可支配收入年均增长13.4%，超计划3.86个百分点。

2011年始，全市实施《娄底市国民经济和社会发展“十二五”规划》。市发改委编制《娄底市老工业基地调整改造规划（2011—2020年）》和《娄底市两型产业发展规划（2011—2020年）》，将娄底城市战略定位为区域中心城市、新型工业城市、中部地区特色装备与先进制造业基地、湖南省重要商贸物流中心、湖南特色文化与生态旅游休闲基地、湖南省现代高效农产品生产基地。2012年9月，省政府批准娄底市两型社会建设与改革实施方案。是年，地区生产总值达到1002.65亿元，同比增长11.9%，增幅居全省第7位。2013年，娄底市列入国家发改委《老工业基地城市调整改造规划》。是年，娄底市入选全国19个国家循环经济示范城市之一、全国二级物流园区布局城市、全国资源成熟型可持续发展城市；被命名为国家园林城市、全国科技进步先进市。2014年5月，市委、市政府发布全面深化改革的实施意见。企业投资项目，除关系国家安全、涉及全国重大生产力布局、战略性资源开发和重大公共利益外的，一律由企业依法自主决策。2015年，娄底市列入国家长江中游城市群发展规划，争取第二批国家专项建设债券基金9.73亿元，项目24个。《老工业基地城市调整改造规划》的指标实现50%。“十二五”规划指标完成率72%。地区生产总值年均递增速度、一般公共财政预算收入、社会消费品零售总额、固定资产投资、进出口总额、城镇化率、研发经费占GDP比重，总人口、城镇居民人均可支配收入等9项指标没有完成规划目标。

2016年始，全市实施《娄底市国民经济和社会发展“十三五”规划》。是年，市政府制发深化投资项目审批制度改革的实施意见。市发改委制定《娄底市发展和改革委员会行政许可裁量权基准》，共梳理出行政权力清单80项、主要职责清单17项、事中事后监督事项20项、服务事项7项。2017年，市政府下发《娄底市深化投融资体制改革重点任务责任分工的通知》《娄底市本级政府投资项目审批管理办法》。是年，地区生产总值1411.81亿元，规模工业增加值同比增长8.7%，财政总收入同比增长10.5%，固定资产投资同比增长14.7%，社会消费品零售总额同比增长10.8%。向中央、省政府争取预算内投资11.22亿元。43个重大建设项目竣工。规划预期性指标15项，至2017年，提前实现“十三五”规划目标的指标4项：规模以上工业劳动生产率、服务业增加值比重、互联网普及率、基本医疗保险参保率。达到或基本达到规划进度的指标8项：地区生产总值、财政总收入、固定资产投资、社会消费品零售总额、城镇化率、每万人口发明专利拥有量、居民人均可支配收入、城镇新增就业人口。不及规划进度要求的指标3项：规模工业增加值、研究与实验发展（R&D）经费投入强度、人均预期寿命。约束性指标11项，至2017年，提前实现规划目标的指标2项：劳动年龄人口平均受教育年限、城市棚户区改造。达到或基本达到规划进度的指标7项：脱贫人口、新增建设用地规模、万元GDP用水量、单位GDP能耗、空气质量、主要污染物排放总量减少、森林绿化，其中森林绿化中的分项指标森林覆盖率未达到规划序时进度要求。

第一章　综合计划

第一节　年度计划

1990年，娄底地区实行以计划为主、市场调节为辅的计划管理制度。地区计委于上年第四季度，对当年全市国民经济和社会发展计划执行情况进行调查分析，对来年国民经济和社会发展的走势进行预测，提出指令性计划建议，报地委、行署审查，地区人大联工委审议。是年，全地区主要计划指标：国民生产总值计划40亿元，完成39.06亿元，同比增长6.5%。国民收入17.92亿元，同比增长2.9%。工业总产值计划25亿元，完成24.12亿元，同比增长2.1%。农业总产值计划9亿元，完成8.71亿元，同比增长0.2%。社会商品零售总额计划20亿元，完成18.54亿元，同比增长2.4%。外贸出口商品收购总额完成25.44亿元，计划0.59亿元，完成0.69亿元，同比下降20.7%。实际利用外资25万美元。财政收入计划2.63亿元，完成2.69亿元，同比增长3.5%。全社会固定资产投资计划5.38亿元，完成6.48亿元，同比增长14.7%。人口自然增长率计划9‰，实际为14.6‰，同比增长12.5%。社会商品零售物价涨幅计划16%，实际为3.8%，同比增长3.4%。

1994年始，地区实行以市场调节为主、计划为辅的计划管理体制，对国民经济和社会发展计划实行目标管理。人口自然增长率、社会商品零售物价涨幅纳入指令性计划，其他主要经济指标为指导性计划。方案报地委、行署审查，经地区人大联工委审议通过后下达到各县（市、区）地直相关部门，作为年度经济工作考核目标。是年，全地区国内生产总值计划60亿元，完成94.56亿元，同比增长14%。其中工业总产值计划82.4亿元，完成84.94亿元，同比增长21.8%。农业总产值计划24.8亿元，完成25.44亿元，同比增长7.6%。社会消费品零售总额计划32.2亿元，完成34.07亿元，同比增长18.2%。外贸经营总额计划2.4亿元，完成2.25亿元，同比增长29.3%。实际利用外资1500万美元。财政收入3.99亿元，同比下降11.8%。全社会固定资产投资总额计划19.9亿元，完成19.83亿元，同比增长18.6%。城镇居民人均收入3189元，同比增长35.8%。农民人均收入1045.94元，同比增长37.2%。人口自然增长率计划8.9‰，实际为8.2‰，同比下降0.1%。社会商品零售价格指数124.3。1996年，计划指标增加城镇登记失业率。

2000年，娄底市年度国民经济和社会发展计划由市计委提出，经市委、市政府审查后提交市人民代表大会通过。是年始，增加工业废水处理率、工业废气处理率、工业固体废物综合利用率、城市生活垃圾无害化处理率纳入指令性计划指标。执行结果次年向市“两会”报告。2005年，全市国内生产总值计划增长12.5%，完成302.29亿元，同比增长12.1%。其中第一产业增加值计划增长4.5%，完成50.21亿元，同比增长7.7%。第二产业增加值完成143.15亿元，同比增长15%。第三产业增加值计划增长11%，完成108.93亿元，同比增长10.9%。财政收入计划增长15%，完成12.27亿元，同比增长15.8%。全社会固定资产投资计划增长15%，完成117.67亿元，同比增长22.6%。居民消费价格指数计划增长4.5%，实际为102.2，同比增长2.2%。社会消费品零售额计划增长12%，完成96.43亿元，同比增长13.5%。外贸进出口额计划增长71.9%，完成4.96亿美元，同比增长27.4%。实际利用外资计划增长0.7%，完成0.68亿美元。城镇居民人均收入完成7998.2元。农民人均收入完成2349元。城镇登记失业率计划4.5%。人口自然增长率计划7‰，完成6.1‰。工业废水排放达标率计划73%、工业固体废物综合利用率计划73%、城市生活垃圾无害化处理率计划69.2%，均完成计划。是年，娄底市人居环境质量列全省第二位。

2010年始，娄底市年度国民经济和社会发展计划分为约束性指标和预期性指标。人口自然增长率、居民消费价格指数、工业废水处理率、工业废气处理率、工业固体废物综合利用率、城市生活垃圾无害化处理率为约束性指标，其他为预期性指标。是年，全市地区生产总值计划628亿元，完成678.71亿元，同比增长14.3%。其中第一产业计划98亿元，完成99.8亿元，同比增长4.2%。第二产业316.5亿元，完成364.86亿元，同比增长18.4%。第三产业计划213.5亿元，完成214.05亿元，同比增长11.8%。地方财政收入计划28.5亿元，完成30.01亿元，同比增长17.5%。全社会固定资产投资计划400亿元，完成409.46亿元，同比增长30.5%。居民消费价格指数为103，实际为103.4。社会消费品零售额计划220亿元，完成217.67亿元，同比增长17.2%。外贸进出口额计划8.25亿元，完成14.41亿元，同比增长69.3%。实际利用外资计划1.5亿美元，完成1.62亿美元，同比增长20.9%。实现城镇居民人均收入14972元。农民人均收入3365元。城镇登记失业率4.5%。人口自然增长7.3‰。城镇化率34.97%。

2015年始，娄底市年度国民经济和社会发展计划由市发改委提出初步方案，经市委、市政府审定后，报市人大通过向各县（市、区）、市直单位下达考核指标。2017年，全市国内生产总值计划增长8.5%，完成1411.82亿元，同比增长8.4%。其中第一产业计划增长3.5%。完成152.8亿元，同比增长4.1%。第二产业计划增长8%，完成659.72亿元，同比增长6.7%。第三产业计划增长11%，完成599.3亿元，同比增长12%。公共财政预算收入计划增长9%，完成70.29亿元，同比增长3%。全社会固定资产投资计划增长18%，完成1376.32亿元，同比增长14.7%。居民消费价格指数计划103，实际为101.5，同比增长1.5%。社会消费品零售额计划增长12%，完成537.44亿元，同比增长10.8%。外贸进出口额计划增长10%，完成12.21亿美元，同比增长36.7%。实际利用外资4.62亿美元，同比增长16.1%。城镇居民人均可支配收入计划增长8.5%，实际为25634元，同比增长8.3%。农民人均可支配收入计划增长10.5%，实际为10530元，同比增长10.5%。城镇登记失业率4.39%。人口自然增长率9.51‰。城镇化率47.3%，完成计划目标。

第二节　五年总体规划

一、娄底地区国民经济和社会发展“八五”计划

1990年初，地区计委向行署提交《娄底地区国民经济和社会发展“八五”（1991—1995年）计划》。“八五”计划围绕“服务全省，建设能源原材料开发区”总体发展战略，在全面治理整顿基础上，紧紧抓住国家产业政策倾斜的有利机遇，依靠科技进步，立足娄底资源，走以现状延伸为主、开发成长相结合的路子，以开发促发展，以引进促改造，以改革促发展，抓重带轻，抓大带小，抓城带乡，抓工促农。1991年1月，由地委扩大会议审议通过发布。“八五”计划制定经济社会发展13类指标，规划重点建设项目69个。

“八五”期间，娄底地区国内生产总值年均增长11.7%，超计划1.72个百分点。其中：农业总产值年均增长6.2%，超计划0.94个百分点；工业总产值年均增长16.62%，超计划4.42个百分点；第三产业增加值年均增长15.6%，超计划9.14个百分点；城市居民人均生活费收入年均增长27.9%，超计划21.9个百分点；农村居民人均纯收入年均增长18.1%，超计划6.67个百分点；社会消费品零售总额年均增长17.7%，超计划10.16个百分点；全社会固定资产投资年均增长28.1%，超计划21.83个百分点；实际利用外资年均增长125%，超计划117.2个百分点。工业主要产品产量，原煤1515.48万吨，创历史最高纪录，年均增长7%；水泥年均增长14.5%，超计划4.53个百分点；粗钢年均增长10.6%，超计划0.16个百分点；锑品产量2.49万吨，年均增长7.7%，超计划14.9个百分点。农产品有烤烟和茶叶、工业有焦炭等21个主要产品产量，教育有普通高中在校学生数等5个指标，卫生有医院病床数、卫生技术人员和人口自然增长率等没有完成计划。

娄底地区国民经济和社会发展“八五”(1991—1995年)计划及完成情况表

表42-1

指　标	单位	1990年实际情况	计划目标		完成情况	
			1995年	年均增长(%)	1995年	年均增长(%)
国内生产总值	亿元	39.06	100.00	10.0	110.36	11.7
其中:第一产业	亿元	13.46	—	5.6	32.37	5.5

续表42-1

指　标	单位	1990年实际情况	计划目标		完成情况	
			1995年	年均增长(%)	1995年	年均增长(%)
第二产业	亿元	17.13	—	6.5	46.15	15.6
第三产业	亿元	8.47	—	18.5	31.84	14.5
工农业总产值	亿元	32.83	54.10	10.5	113.16	28.1
农业	亿元	8.71	11.30	5.3	27.52	6.2
工业	亿元	24.12	42.80	12.2	85.54	16.6
地方财政收入	亿元	2.69	3.58	6.0	4.70	11.8
乡镇工业总产值	亿元	4.67	13.80	7.4	14.20	24.9
社会消费品零售总额	亿元	18.54	26.60	7.5	41.80	17.7
全社会固定资产投资总额	亿元	6.48	8.12	6.3	22.38	28.1
社会商品零售物价指数	%	98.80	107.00	—	115.50	—
实际利用外资	万美元	25.00	400.00	7.8	1456.00	125.0
出口创汇	万美元	6900.00	1600.00	9.7	816.02	—
农业主要产品产量						
粮食	万吨	134.17	150.00	—	159.64	3.5
棉花	吨	—	350.00	—	626.00	—
油料	吨	14226.00	47500.00	—	25084.00	12.0
烤烟	吨	1117.00	5000.00	—	871.00	-4.9
茶叶	吨	10939.00	13000.00	—	7869.00	-6.4
水果	万吨	1.61	4.00	—	2.46	8.5
肉类总产量	万吨	11.55	15.00	—	19.78	11.4
工业主要产品产量						
原煤	万吨	1082.86	1300.00	—	1515.48	7.1
焦炭	万吨	90.40	90.00	—	80.73	-2.2
洗精煤	万吨	—	—	—	20.69	—
其他洗煤	万吨	—	—	—	1.31	—
铁矿石原矿	万吨	10.19	10.00	—	16.99	10.8
锰矿石成品矿	万吨	2.11	5.00	—	—	—
石膏	万吨	—	10.00	27.2	—	—
硫酸(折100%)	万吨	0.71	5.00	50.4	2.63	30.0
纯碱	吨	28819.00	5.50	12.9	—	—
合成氨(无水氨)	万吨	11.00	20.00	12.6	17.42	9.6
农用化肥(折纯)	万吨	9.12	—	—	13.62	8.4

续表42-1

指　标	单位	1990年实际情况	计划目标		完成情况	
			1995年	年均增长(%)	1995年	年均增长(%)
合成复合肥(实物量)	吨	—	3.00	12.7	—	—
水泥	万吨	139.65	230.00	13.00	275.24	14.5
日用陶瓷制品	件	4923.56	4000.00	8.90	5630.81	2.7
耐火材料制品	万吨	3.90	5.00	7.40	7.80	14.9
生铁	万吨	79.47	90.00	2.40	108.82	6.5
粗钢	万吨	56.41	90.00	10.40	93.20	10.6
钢材	万吨	41.13	81.00	15.20	78.62	13.8
铁合金	吨	—	20000.00	9.90	34073.00	—
锑品	吨	17611.00	11000.00	-7.20	24897.00	7.7
黄金	千克	16.51	21.80	60.70	36.95	17.5
发电量	亿千瓦小时	31.86	36.00	2.10	38.72	4.0
交通邮电						
货物周转量	万吨千米	71407.00	514800	3.70	117629.00	10.5
客运周转量	千米	64070.00	208100	2.50	87641.00	6.5
邮电业务总量(1990年不变价)	万元	11100.00	1600.00	14.90	10241.00	—
人民生活						
城市居民人均生活费收入	元	1270.30	1900.00	6.00	4340.90	27.9
农村居民人均纯收入	元	569.00	820.00	11.40	1309.00	18.1
社会事业						
高校在校学生数	万人	0.13	—	—	0.22	10.1
中等职业技术学校在校学生数	万人	0.58	—	—	1.11	13.8
普通高中在校学生数	万人	3.54	—	—	2.96	-3.5
普通初中在校学生数	万人	13.84	—	—	16.03	3.0
普通小学在校学生数	万人	47.80	—	—	49.39	0.7
医院病床	张	9000.00	9800.00	2.18	8830.00	-0.4
卫生技术人员	人	11745.00	12890.00	1.64	11462.00	-0.5
广播人口覆盖率	%	11.00	50.00	—	11.00	0.0
电视人口覆盖率	%	87.00	90.00	—	90.00	0.7
职工总人数	万人	30.26	38.00	4.70	34.17	2.5
其中:国有职工	万人	24.09	30.00	4.60	24.94	0.7
国有职工工资总额	亿元	5.28	7.57	10.00	11.45	16.7
年末人口控制数	万人	372.67	396.50	1.30	387.93	0.8

续表42-1

指　标	单位	1990年实际情况	计划目标		完成情况	
			1995年	年均增长(%)	1995年	年均增长(%)
人口自然增长率	‰	14.60	—	—	8.18	-10.9
工业废气处理率	%	89.69	—	—	—	—
工业废水利用率	%	44.98	70.0	—	61.16	6.3
万元工业产值能耗	吨标煤	14.22	12.5	-3.0	—	—
社会劳动生产率	元/人	2072.80	1317.0	4.1	5100.20	19.7
工业废水排放达标率	%	79.35	91.0	—	87.91	2.1
工业固体废物处置率	%	43.24	46.0	—	59.08	6.4
工业固体废物综合利用率	%	30.60	37.0	—	38.54	4.7

二、娄底地区国民经济和社会发展“九五”（1996—2000年）计划

1994年，根据省委和地委经济工作会议精神，娄底地区组建国民经济和社会发展“九五”计划和2010年远景目标规划领导小组，在总结“八五”计划执行情况的基础上，研究“九五”计划纲要的基本思路。1996年，向行署提交娄底地区“九五”计划纲要。“九五”计划按照结构优化、资源转化、优势强化、兴工强农、富民强区的指导方针，着力实施结构效益优势发展战略，加速从传统的计划经济体制向社会主义市场经济体制转变，经济增长方式从粗放型向集约型转变。制定经济社会发展指标28个，规划重点项目98个，其中前期工作项目40个。经地委、地区人大联工委审定后，1996年8月，行署印发“九五”计划纲要。

“九五”期间，娄底地区国内生产总值年均增长9.3%，比计划低2.84个百分点。工农业总产值年均增长3.4%，比计划低8.5个百分点；乡镇企业总产值年均增长23.8%，比计划高2.31个百分点；地方财政收入年均增长11%，比计划低7个百分点；社会消费品零售总额年均增长9.9%，比计划低13.62个百分点；固定资产投资年均增长13.7%，比计划低26.2个百分点；城、乡居民收入年均分别增长3.7%、8.0%，比计划分别低10.51和6个百分点。“九五”计划由于目标定得过高，超出娄底发展水平和承载能力，此外，受1998年亚洲金融危机和冰冻灾害影响，因此，多项指标没有完成计划目标。

娄底地区国民经济和社会发展“九五”（1996—2000年）计划指标及完成情况表

表42-2

指　标	单位	1995年情况	计划目标		完成情况	
			2000年	年均增长(%)	2000年	年均增长(%)
国内生产总值	亿元	110.36	130.00	12.1	166.73	9.3
工农业总产值	亿元	194.56	198.00	11.9	229.68	3.4
乡镇企业总产值	亿元	142.61	377.00	21.5	414.98	23.8
地方财政收入	亿元	4.70	10.80	18.0	7.58	11.0
全社会消费品零售总额	亿元	36.90	120.00	23.5	59.11	9.9
五年累计固定资产投资	亿元	[78.04]	[350]	39.9	[148.29]	13.7

续表42-2

指　标	单位	1995年情况	计划目标		完成情况	
			2000年	年均增长(%)	2000年	年均增长(%)
出口供贷总额	亿元	1.94	5.00	21.4	4777.12	—
出口创汇	万美元	812.00	2000.00	10.8	[12171.12]	118.6
5年累计吸引利用外资	亿美元	0.1456	5.00	—	〔1.328〕	36.0
城镇居民生活费收入	元	4340.90	7400.00	14.2	5202.00	3.7
农民人均纯收入	元	1309.00	2520.00	14.0	1923.00	8.0
年末总人口	万人	387.93	408.00	—	399.03	2.4
人口自然增长率	‰	8.18		8.0	5.53	-7.5
非农业人口	万人	68.94	114.00	—	78.83	2.7
全民单位职工人数	万人	24.91	35.41	7.3	27.79	2.2
全民单位职工工资总额	亿元	11.47	33.00	23.5	18.32	3.0
工农业主要产品产量						
原煤	万吨	1515.48	1300.00	—	810.99	-11.8
发电量	亿千瓦时	38.72	50.00	—	28.63	-5.9
钢	万吨	93.20	230.00	19.9	159.54	11.4
钢材	万吨	78.62	200.00	20.5	150.75	13.9
生铁	万吨	108.59	240.00	17.2	166.78	9.0
水泥	万吨	275.24	500.00	—	238.63	-2.8
农用化肥(析纯)	万吨	13.62	23.00	12.9	15.97	3.2
粮食	万吨	159.64	170.00	1.3	156.78	-0.4
生猪出栏	万头	307.73	380.00	—	412.14	6.0
油料	万吨	2.51	3.50	0.7	3.47	6.7
水产品	万吨	2.91	6.00	15.6	4.81	10.6

说明：〔〕内数据表示5年累计数

三、娄底市国民经济和社会发展“十五”（2001—2005年）计划

1998年，娄底地区启动地区国民经济和社会发展第十个五年计划编制工作。2000年，市计委完成“十五”计划编制。“十五”计划坚持以加快发展为主题，以经济结构调整为主线，以改革开放科技进步为动力，实施科技兴娄、交通带动、城镇化、富民强市、可持续发展、对外开放等六大战略。制定发展目标21项，其中：经济发展目标8项，教育科技目标4项，资源环境目标5项，民生目标4项。规划重点建设项目200个。10月，市政府委托中国国际工程咨询公司评审娄底市“十五”计划纲要。11月，中咨公司组织娄底市“十五”纲要论证会，对农业、水利、交通基础设施、信息化、煤炭工业、电力、冶金建材、化学工业、医药工业、城镇建设、生态建设与环境保护等11个方面提出咨询意见，评审通过建设涟钢汽车板电工钢等重大项目规划。市委第一届委员会第三次全体会议审议通过“十五”计划纲要。

"十五"期间，娄底市计划指标完成62%。地区生产总值年均增长10.1%，超计划1.06个百分点；地方财政收入年均增长10.1%，超计划1.1个百分点；社会消费品零售总额年均增长10.3%，固定资产投资年均增长20.5%。人口自然增长6.1‰，比计划低0.9个千分点；城镇居民人均可支配收入年均增长9%，超计划1.97个百分点。城镇化率、三次产业结构、农村居民人均纯收入、每千人口拥有卫生技术人员、高中阶段教育适龄青年入学率等8个指标未完成计划目标。

娄底市国民经济和社会发展"十五"(2001—2005年)计划指标及完成情况表

表42-3

指　标	单位	2000年情况	计划目标	完成情况	
			2005年	2005年	年均增长(%)
一、地区生产总值	亿元	166.73	265.0	302.29	10.1
二、人均GDP	元	8193	6310.0	—	—
三、三次产业结构	亿元	24.1:37.6:38.3	18.9:43:4:37.7	16.6:47.4:36	—
四、地方财政收入	亿元	7.58	11.7	12.27	10.1
五、全社会消费品零售总额	亿元	59.11	118.0	96.43	10.3
六、进出口总额	亿美元	—	1.2	4.46	—
七、五年累计固定资产投资	亿元	〔148.29〕	270.0	〔377.20〕	20.5
八、城镇化率	%	28.00	32.0	30.30	1.6
九、初中适龄少年入学率	%	—	100.0	99.74	—
十、每千人拥有卫生技术人员	人	—	4.0	2.40	—
十一、高中阶段教育适龄青年入学率	%	—	90.0	76.00	—
十二、科技对经济增长贡率达到	%	—	45.0	38.50	—
十三、工业固体废物综合利用率	%	—		73.00	—
十四、城市生活污水集中处理率	%	—	60.0	69.20	—
十五、城镇生活垃圾无害化处理率	%	—	30.0	69.20	—
十六、森林覆盖率	%	—	45.0	55.00	—
十七、城市建成区绿化率	%	—	35.0	—	—
十八、人口自然增长率	‰	—	7.0	6.10	—
十九、城镇居民恩格尔系数	%	40.80	—	38.30	—
二十、农村居民恩格尔系数	%	—	—	47.80	—
二十一、城镇登记失业率	%	—	3.5	—	—
二十二、城镇居民人均可支配收入	元	5202.00	7300.0	7998.20	9.0
二十三、农村居民人均纯收入	元	1923.00	2660.0	2349.00	4.1

说明：〔〕内数据表示五年累计数

四、娄底市国民经济和社会发展"十一五"(2006—2010年)规划

2003年，市委、市政府按照省委经济工作会议精神，启动编制"十一五"规划工作。2004年，向

社会发布“十一五”规划行业发展思路研究的课题和布置23个专项规划任务。“十一五”规划坚持与时俱进、后发赶超，实施“体制创新、结构转型、开放带动、科技兴娄、环境保障”等五大战略，加速工业化、农业产业化、城镇化等“三化”进程，实现跨越式发展。2005年11月，市委第二届六次全会批准“十一五”规划的基本思路。2005年底，编制完成“十一五”规划。规划主要目标6大类52个指标，其中：预期指标15项，导向性指标20项，约束性指标17项。规划重点建设项目249个。2006年1月，市人大二届三次全会审议通过“十一五”规划纲要。

“十一五”期间，市委、市政府面对国际金融危机的严重冲击和洪涝、冰冻等自然灾害的严峻考验，审时度势、科学决策，完成主要目标任务。“十一五”规划指标完成84.6%。地区生产总值年均增长13%，超计划0.52个百分点。人均地区生产总值2010年1.76万元，超计划3569元。地方财政一般预算收入年均增长19.6%，超计划6.59个百分点。五年累计内联引资343.7亿元，超计划143.7亿元。外商直接投资6.01亿美元，超计划1.91亿美元。固定资产投资1194.47亿元，超计划364.47亿元。社会消费品零售总额年均增长17.7%，超计划4.68个百分点。广播综合人口覆盖率2010年达到99%，超计划19个百分点。电视综合人口覆盖率99.1%，超计划1.1个百分点。城镇居民人均可支配收入年均增长13.6%，超计划3.86个百分点。总人口规划2010年425.2万人，实际399.03万人，年均减少0.45个百分点。人口自然增长率7‰，下降1.9‰。单位地区生产总值综合能耗计划2.1吨标煤／万元，实际1.83吨标煤／万元。森林覆盖率超计划4.43个百分点。工业废气排放达标率超计划1.8个百分点，工业废水排放达标率超计划1.3个百分点。工业固体废物综合利用率等超计划19.9个百分点。居民消费价格指数、城镇化率、就业人数、高中阶段适龄青年入学率、科技对经济增长贡献率、每千人口执业医生数、农村居民恩格尔系数和三次产业结构8项没有完成规划目标。

娄底市国民经济和社会发展“十一五”(2006—2010年)规划目标及完成情况表

表42-4

指　标	单位	2005年实际	规划目标		完成情况		指标属性
			2010年	年均增长(%)	2010年	年均增长(%)	
一、地区生产总值	亿元	302.29	600.00	12.5	678.71	13.02	导向性
其中：一产业	亿元	50.21	—	5.0	99.80	4.86	导向性
二产业	亿元	143.15	—	16.0	364.86	16.16	导向性
其中：工业	亿元	128.12	—	180.0	330.21	16.54	导向性
三产业	亿元	108.93	—	12.5	214.05	11.88	导向性
二、人均地区生产总值	元	8238	14000		17569	15.59	导向性
三、地方财政一般预算收入	亿元	12.27	23.00	13.0	30.01	19.59	预期性
四、居民消费价格指数(以上年为100)	%	102.2	103		103.40	—	约束性
五、进出口总额	亿美元	4.46	8.00	15.0	14.41	26.51	导向性
其中：出口	亿美元	1.71	2.62	15.0	3.30	14.33	导向性
六、五年累计内联引资	亿元	—	〔200〕		〔343.7〕	—	导向性
七、五年累计外商直接投资	亿美元	0.56	〔4.1〕		〔6.01〕	—	导向性

续表42-4

指　标	单位	2005年实际	规划目标		完成情况		指标属性
			2010年	年均增长(%)	2010年	年均增长(%)	
八、五年累计全社会固定资产投资	亿元	117.66	〔830〕		〔1194.47〕	—	预期性
九、社会消费品零售总额	亿元	96.43	200.00	13.0	217.67	17.68	预期性
十、三次产业增加值比重	%	16.6:47.4:36	13:56:31		14.7:53.8:31.5	—	导向性
十一、工业增加值对经济增长的贡献率	%	—	51.00		—	—	导向性
十二、高新技术产品增加值	亿元	32.13	110.00	28.0	110.25	27.97	导向性
高新技术产品增加值占GDP比重	%	10.63	18.00	—	16.24	8.85	导向性
十三、研发投入占地区生产总值比重	%	0.19	1.50	—	0.18	-1.08	约束性
十四、城镇化水平	%	30.3	40.00	—	34.97	2.91	导向性
十五、城镇登记失业率	%	—	4.50	—	4.00	—	预期性
十六、城镇新增就业人数	人	—	42000.00	—	〔154700〕	—	预期性
十七、每千人口执业医生数	人	0.78	2.70	—	0.31	-16.85	约束性
十八、广播综合人口覆盖率	%	63.89	80.00	—	99.00	9.15	预期性
十九、电视综合人口覆盖率	%	91.89	98.00	—	99.1	1.52	预期性
二十、农村新型合作医疗覆盖率	%	—	90.00	—	—	—	约束性
二十一、城镇居民家庭人均可支配收入	元	7998.2	13000.00	9.5	14972.00	13.36	预期性
二十二、农村居民家庭人均纯收入	元	2349	4000.00	11.3	3365.00	7.45	预期性
二十三、城市居民恩格尔系数	%	38.3	37.00	—	39.26	—	预期性
二十四、农村居民恩格尔系数	%	47.8	41.70	—	52.35	—	预期性
二十五、总人口	万人	407.6	425.20	—	399.03	-0.45	约束性
二十六、人口自然增长率	‰	6.1	7.00	—	5.53	-1.94	约束性
二十七、初中教育毛入学率	%	99.74	112.00	—	—	—	约束性
二十八、普通高中毕业生升学率	%	—	65.00	—	—	—	导向性
二十九、人才总量	万人	—	21.80	—	—	—	导向性
三十、人口平均预期寿命	年	—	74.00	—	—	—	导向性
三十一、婴儿死亡率	‰	—	11.00	—	—	—	约束性
三十二、孕产妇死亡率	1/10^6	—	36.00	—	—	—	约束性
三十三、公共安全感指数	%	—	80.00	—	—	—	约束性
三十四、单位地区生产总值综合能耗	吨标准煤/万元	2.96	2.10	—	1.893	-8.55	预期性

续表42-4

指　标	单位	2005年实际	规划目标		完成情况		指标属性
			2010年	年均增长(%)	2010年	年均增长(%)	
三十五、森林覆盖率	%	—	43.67	—	48.100	—	导向性
三十六、城市人均公共绿地面积	平方米	—	9	—	—	—	导向性
三十七、城市空气质量达二级以上标准的天数	天	—	292	—	—	—	预期性
三十八、城市集中式饮用水源地水质达标率	%	—	99	—	—	—	预期性
三十九、农村生活饮用水水源合格率	%	—	80	—	—	—	预期性
四十、工业废气排放达标率	%	—	95	—	96.8	—	约束性
四十一、工业废水排放达标率	%	—	95	—	96.3	—	约束性
四十二、工业固体废物综合利用率	%	73.0	75	—	94.9	5.39	约束性
四十三、城市生活污水集中处理率	%	69.2	80	—	—	—	约束性
四十四、城市生活垃圾无害化处理率	%	69.2	80	—	—	—	约束性
四十五、矿产资源综合回收率	%	—	50	—	—	—	约束性
四十六、共伴生矿综合利用率	%	—	40	—	—	—	约束性

说明：〔〕内数据表示五年累计数

五、娄底市国民经济和社会发展“十二五”（2011—2015年）规划

2008年，市政府按照省委、市委经济工作会议精神，启动“十二五”规划研究。2009年，向社会发布“十二五”规划行业发展思路研究课题和布置31个专项规划任务。2010年12月，市委第三届七次全会提出《中共娄底市委关于制定“十二五”规划的建议》。“十二五”规划坚持大力实施“科学发展、加速赶超”战略，以加快转变经济发展方式为主线，以主动对接融入长株潭为路径，突出“两型”引领、结构调整、创新驱动、项目支撑、改革开放、民生改善，加快推进新型工业化、新型城镇化、农业现代化和信息化，为全面建设小康社会奠定基础。“十二五”规划，规划国民经济和社会发展指标5大类、32项指标，预期性和约束性指标各16项，其中：经济发展类8项指标、教育科技类4项指标、资源环境类10项指标、民生改善类10项指标。规划重点建设项目796个。2011年1月，市第三届人民代表大会第三次会议批准“十二五”规划。

“十二五”期间，规划指标完成率72%。人均GDP、地方财政收入、专利授权量年均增长、高中阶段适龄青年入学率、人均预期寿命、万元GDP能耗、工业用水重复利用率、工业固体废物综合利用率、城镇生活污水处理率、城镇生活垃圾无害化处理率、森林覆盖率、饮用水源水质达标率、主要污染物排放累计减少量、五年新增城镇就业人口、五年新增转移农村劳动力、新型农村养老保险参保面、城镇基本医疗保险覆盖率、新型农村医疗参合率、农村居民人均纯收入等指标完成规划目标。由于规划目标过高，地区生产总值年均递增速度、一般公共财政预算收入、社会消费品零售总额、五年累计固定资产投资、进出口总额、城镇化率、研发经费占GDP比重、总人口、城镇居民人均可支配收入9项指标没有完成规划目标。

娄底市国民经济和社会发展“十二五”(2011—2015年)规划目标及完成情况表

表42-5

指　标	单位	2010年实际	“十二五”规划目标		完成情况		指标属性
			2015年	年均增长(%)	2015年	年均增长(%)	
一、地区生产总值	亿元	678.71	1300.00	12.5	1291.38	10.2	预期性
二、人均GDP	元	17569.00	30000.00	—	33290.00	10.3	
三、一般公共预算收入	亿元	56.29	—	13以上	95.37	11.2	
四、地方收入	亿元	30.01	—	13以上	59.92	14.6	预期性
五、全社会消费品零售总额	亿元	219.00	500.00	18.0	433.82	14.8	
六、五年累计固定资产投资	亿元	409.06	〔4200〕	25.0	(3842.06)	22.00	
七、进出口总额	亿美元	14.41	20.00	10.0	9.78	-7.46	
八、城镇化率	%	35.00	46.00	—	43.80	4.59	
九、研发经费占GDP比重	%	1.85	2.00	—	1.50	-4.11	
十、专利授权量年均增长	%	459.00	—	10.0	920.00	10.5	
十一、高中阶段教育适龄青年入学率	%	—	95.00	—	95.00	—	约束性
十二、人均期望寿命	岁	—	75.00	—	75.60	—	预期性
十三、万元GDP能耗	吨标煤	2.306	1.84	〔-17〕	1.375	(-40.4)	约束性
十四、单位GDP二氧化碳排放量累计减少	%	—	—	〔16〕	—	〔16〕	
十五、工业用水重复利用率	%	88.60	80.00	—	87.00	-0.36	
十六、工业固体废物综合利用率	%	—	50.00	—	95.00	—	
十七、城镇生活污水集中处理率	%	64.90	80.00	—	89.04	6.53	约束性
十八、城镇生活垃圾无害化处理率	%	—	100.00	—	100.00	—	
十九、森林覆盖率	%	48.12	50.00	—	50.21	0.85	
二十、城市空气质量达标率	%	—	93.00	—	—	—	
二十一、饮用水源水质达标率	%	100.00	98.00	—	100.00	—	
二十二、主要污染物排放累计减少	万吨	—	—	〔10〕	—	〔20.9〕	
二十三、总人口	万人	432.99	445.00	—	448.00	0.68	预期性
二十四、五年新增城镇就业	万人	—	〔15〕	—	〔19.33〕	—	
二十五、五年新增转移农业劳动力	万人	—	〔25〕	—	〔28.97〕	—	
二十六、城镇登记失业率	%	—	4.50	—	4.3	—	
二十七、城镇职工基本养老保险覆盖面	%	77.39	100.00	—	95.00	4.19	约束性
二十八、新型农村养老保险参保率	%	—	90.00	—	90.00	—	
二十九、城镇基本保险覆盖面	%	—	95.00	—	96.80	—	
三十、新型农村合作医疗参合率	%	—	95.00	—	99.30	—	
三十一、城镇居民人均可支配收入	元	15025.00	—	11.0	21838.00	7.80	预期性
三十二、农村居民人均纯收入	元	3365.00	—	11.5	8655.00	20.80	

说明：〔〕内数据表示五年累计数；()内的数值为绝对值

六、娄底市国民经济和社会发展“十三五”（2016—2020年）规划

2013年，市政府根据省委、市委经济工作会议精神，启动“十三五”规划编制工作。2014年，向社会发布23个“十三五”规划专项研究课题和布置28个行业规划任务。2015年12月，市委四届九次会议提出《中共娄底市委关于制定“十三五”规划建议》。“十三五”规划坚持“四个全面”战略布局，坚持创新、协调、绿色、开放、共享五大发展理念，坚持“加速转型、奋力赶超”，坚持“五化（新型工业化、城镇化、农业现代化、信息化、绿色化），同步”“三量（经济总量、人均量、运行质量）”齐升，形成适应经济发展新常态的体制机制和发展方式，统筹推进经济、政治、文化、社会、生态文明、党的建设等六大建设。“十三五”规划制定国民经济和社会发展目标4大类26项指标，预期性指标15项，约束性指标11项。其中：经济发展类7项、创新驱动类3项、民生福祉类8项、生态文明类8项。规划建设重点项目1537个。2016年2月，市第四届人民代表大会第五次会议通过“十三五”规划纲要。

2016年，娄底市实现地区生产总值1338.99亿元，在全省14个市州排名第11位，同比增长7.6%，比规划目标低0.9个百分点；规模工业增加值增长6.7%，比规划目标低2.3个百分点；财政总收入104.92亿元，同比增长9.7%，高出规划目标0.7个百分点；完成固定资产投资1199.92亿元，同比增长14.4%，比规划目标低0.6个百分点；社会消费品零售总额485.27亿元，同比增长11.9%，比规划目标低0.1个百分点。

2017年，娄底市地区生产总值1411.81亿元，同比增长8.4%，比规划目标低0.1个百分点；规模工业增加值同比增长8.7%，比规划目标低0.3个百分点；财政总收入同比增长10.5%，比规划目标高1.5个百分点；完成固定资产投资同比增长14.7%，比规划目标低0.3个百分点；社会消费品零售总额同比增长10.8%，比规划目标低1.2个百分点。2017年，向中央、省政府争取预算内投资11.22亿元。

“十三五”规划预期性指标15项，至2017年，提前实现规划目标任务指标4项：规模以上工业劳动生产率、服务业增加值比重、互联网普及率、基本医疗保险参保率。达到或基本达到规划进度要求指标8项：地区生产总值、财政总收入、固定资产投资、社会消费品零售总额、城镇化率、每万人口发明专利拥有量、居民人均可支配收入、城镇新增就业人口。未达规划进度要求指标3项：规模工业增加值、研究与实验发展（R&D）经费投入强度、人均预期寿命。约束性指标11项。提前实现规划目标任务指标2项：劳动年龄人口平均受教育年限、城市棚户区改造。达到或基本达到规划进度要求指标7项：脱贫人口、新增建设用地规模、万元GDP用水量、单位GDP能耗、空气质量、主要污染物排放总量减少、森林绿化，其中森林绿化中的分项指标森林覆盖率未达到规划序时进度要求。非石化能源占一次能源消费比重、单位GDP二氧化碳排放降低两项指标没有权威认定数据。

娄底市国民经济和社会发展“十三五”（2016—2020年）规划纲要目标及2016—2017年完成情况表

表42-6

指　标	2015年实际	规划目标		完成情况	
		2020年	年均增长(%)	2016年	2017年
地区生产总值(亿元)	1300.02	2000以上	8.50左右	7.6% (1338.99)	8.4% (1411.81)
规模工业增加值(亿元)	410.90	—	9.00	6.7%	8.7%
财政总收入(亿元)	95.37	—	9.00	9.7% (104.59)	10.5% (115.62)
固定资产投资(亿元)	1108.39	—	15.00	14.4% (1199.92)	14.7% (1376.32)

续表42-6

指标		2015年实际	规划目标		完成情况	
			2020年	年均增长(%)	2016年	2017年
社会消费品零售总额(亿元)		433.82	—	12.00	11.9% (485.27)	10.8% (537.44)
规模以上工业劳动生产率(万元/人)		25.00	30.00	3.71	25.20	30.60
城镇化率	常住人口城镇化率(%)	43.77	52.00	3.51	45.29	47.31
	户籍人口城镇化率(%)	20.12	31.00	9.03	20.12	24.42
服务业增加值比重(%)		35.40	42.00	3.48	37.50	42.50
研究与实验发展(R&D)经费投入强度(%)		1.50	2.30	8.92	0.91	1.01
每万人口发明专利拥有量(件)		0.70	1.23	11.93	0.80	1.06
互联网普及率(%)		40.00	50.00	4.56	48.19	54.78
居民人均可支配收入(元)		13954.00	—	10.00	15306.00	16813.00
劳动年龄人口平均受教育年限(年)		10.00	10.50	0.98	10.74	11.00
城镇新增就业人数(万人)		3.93	〔18〕	35.57	3.83	3.79
脱贫人口(万人)		7.54	〔44.97〕	42.93	9.25	9.98
基本医疗保险参保率(%)		96.50	98.00	0.31	96.80	101.95
城市棚户区改造(万套)		1.90	〔4.1〕	16.63	1.83	4.03
人均预期寿命		75.60	77.00	0.37	75.80	75.90
新增建设用地规模(公顷)		638.17	〔3050.26〕	36.74	802.96	482.61
万元GDP用水量(立方米)下降(%)		121.00	90.00	-5.75	108.00	99.80
单位GDP能耗(吨标准煤)		—	完成省下达任务	—	-5.44	-5.87
非化石能源占一次能源消费比重(%)		1.46	完成省下达任务	—	—	—
单位GDP二氧化碳排放降低(%)		—	—	30以上	—	—
森林绿化	森林覆盖率(%)	50.21	>52	>0.7	50.21	50.25
	森林蓄积量(万立方米)	1447.69	1610	2.15	1508.22	1571.23
空气质量	中心城区及县城空气质量优良率(%)	77.30	85.00	1.92	85.10	87.10
	地级及以上城市细颗粒物(PM2.5)浓度下降(%)	—	完成省下达任务		46微克/立方米 (完成省下达任务)	41微克/立方米 (完成省下达任务)
主要污染物排放总量减少(%)	化学需氧量	—	完成省下达任务		-3.43% (2.387)	-3.76% (2.614)
	氨氮	—	完成省下达任务		-2.07% (0.162)	-5.57 (0.434)
	二氧化碳	—	完成省下达任务		-15.80% (14.424)	-7.12% (6.500)
	氮氧化物	—	完成省下达任务		-20.11% (11.666)	-3.79% (2.200)

说明：1.地区生产总值、全员劳动生产率、规模工业增加值的2020年绝对值按2015年可比价计算；

2.〔〕内数据为五年累计数；()内的数值为绝对值

第三节 专项规划

一、娄底地区第三产业发展规划

1995年，地区计委根据国家、省、地经济工作会议精神，相继编制《1993—2000年娄底地区第三产业发展规划》《娄底地区1995—2010年第三产业发展规划》，由行署颁发实施。是年，全地区第三产业增加值规划31.84亿元，完成31.84亿元，同比增长15.5%，规划占国民生产总值25%，实际达到28.9%，从业48.21万人，规划占全社会劳动者比重20%，实际为22.3%。2000年，全市第三产业增加值完成63.8亿元，同比增长13.1%，规划占国民生产总值的30%，实际为38.3%，从业54.13万人，规划占全社会劳动者比重30%，实际为24.2%。2010年，全市第三产业增加值完成214.05亿元，同比增长11.8%，规划占国民生产总值的40%，实际为31.5%，从业75.51+万人，规划占全社会劳动者比重50%，实际为30.28%。

2016年，根据国家、省发改委文件精神和市规划领导小组的安排，市发改委编制《娄底市现代服务业“十三五”发展规划》(2016—2020年)，2017年7月发布该规划。是年，实施没有达到规划目标，全市现代服务业增加值604.29亿元，同比增长12.0%，占地区生产总值的42.5%。

二、娄底市老工业基地调整改造规划

2006年，娄底市发改委编制《娄底市老工业基地“十一五”调整和改造规划（2006—2010年）》。2010年，全市地区生产总值：规划在2005年302.29亿元的基础上，年均增长12.5%，完成678.71亿元，年均增长13.2%。工业增加值：在2005年128.12亿元的基础上，年均增长18%，完成330.21亿元，年均增长16.54%。规划工业增加值占GDP的比重50%，实际为46.7%。高新技术产业增加值：规划110亿元，年均增长27.9%，完成110.25亿元，年均增长28%。城镇化率：规划40%，实际为35%。三次产业结构比例：规划13∶56∶31，实际为14.7∶53.8∶31.5。

2011年，市发改委根据《中共中央、国务院关于促进中部地区崛起的若干意见》和国家发改委统筹推进全国老工业基地调整改造工作的安排，完成《娄底市老工业基地调整改造研究报告》，编制《娄底市老工业基地调整改造规划（2011—2020年）》。2013年，国家发改委将娄底市列入全国95个地级城市老工业基地调整改造范围。2015年，全市地区生产总值规划1300亿元，完成1300亿元，(2011—2015年）年均增长12.5%，人均地区生产总值33576元，规模以上工业增加值376.3亿元，财政一般预算收入59.92亿元，社会消费品零售总额433.82亿元，三次产业结构比例为14.6∶50∶35.4，中心城区城镇化率91.1%，中心城区人口40.65万人，城镇居民人均可支配收入21838元，农村居民人均纯收入8655元。2017年，全市地区生产总值完成1411.81亿元，同比增长8.4%，人均生产总值3.62万元，规模以上工业增加值573.69亿元，财政一般预算收入70.29亿元，社会消费品零售总额537.44亿元，三次产业结构比例为13.98∶46.91∶39.11，中心城区城镇化率75.8%，中心城区城镇人口46.77万人，城镇居民人均可支配收入2.56万元，农村居民人均可支配收入1.05万元。

三、娄底市“两型”产业规划

2011年，市发改委委托中国社会科学院城市发展与环境研究所编制《娄底市“两型”产业规划》。规划把加快推进新型工业化、新型城市化，作为娄底市两型产业建设和经济发展的中心；突出园区建设和项目建设两个重点，以“一区六园”建设为载体，以重大产业项目建设为抓手；以两型技术改造提升传统产业，以新材料、先进装备制造、新能源、生物、信息、节能环保等为重点积极发展战略性新兴产业，以生产性服务业为重点加快发展现代服务业；实施对接融入战略、低碳引领战略、转型升级战略、集群发展战略、改革创新战略、品牌带动产业战略；不断优化产业结构，加速推进产业集聚，培育延伸产业链条，做大做强品牌，加快打造集约高效、环境友好、市场竞争力强的两型产业体系，推动娄底两型社会建设。规划重点建设项目128个，其中工业项目49个、服务业项目52个、农业项目27个。

2015—2020年娄底市“两型”产业主要指标及2015—2017年执行情况表

表42-7

指　标	单位	2010年实际	计划目标		执行情况		
			2015年	2020年	2015年	2016年	2017年
地区生产总值	亿元	678.00	1300.00	2142.00	1338.99	1348.71	1411.81
GDP年均增速	%	13.10	1.25以上	10.50以上	7.60	7.60	8.40
工业增加值	亿元	331.00	650.00	1100.00	580.38	476.37	477.39
园区规模以上工业增加值占全市工业增加值比重	%	—	45.00	55.00	—	—	60.80
服务业增加值	亿元	214.00	500.00	850.00	460.70	523.95	559.30
生产性服务业占服务业比重	%	—	45.00	≥50.00	34.50	34.60	34.70
战略性新兴产业增加值占GDP比重	%	—	30.00	≥40.00	7.00	6.70	8.10
农业增加值	亿元	99.00	115.00	150.00	189.19	146.88	152.80
绿色有机农产品种植面积比重	%	38.00	≥40.00	≥50.00	39.50	39.80	40.00
科技研发经费占GDP比重	%	—	≥2.00	≥2.50	1.50	1.60	1.10
城镇登记失业率	%	4.50	≤4.50	≤4.50	4.20	4.20	4.40
万元GDP能耗降低	%	—	16.00	—	3.20	5.53	5.87
万元规模工业增加值能耗	吨标煤/万元	4.51	3.79	3.03	2.61	2.40	2.20
主要污染物排放量累计减少	%	10.00	8.00	—	2.90	7.80	—
城市空气质量达标率	%	—	93.00	≥93.00	77.30	87.90	86.50
饮用水源水质达标率	%	—	98.00	≥98.00	91.60	90.60	95.20
城镇生活垃圾无害化处理率	%	56.00	100.00	100.00	99.20	99.10	99.50
工业固废综合利用率	%	—	50.00	—	97.00	94.70	96.00
工业用水重复利用率	%	—	80.00	—	96.00	97.00	97.80
城镇生活污水集中处理率	%	65.00	80.00	—	89.00	91.20	95.00
森林覆盖率	%	—	50.00	60.00	50.20	50.20	50.30

四、娄底市能源产业发展规划

2011年，娄底编制《娄底市“十二五”能源发展规划（2011—2015）》。规划能源消费总量控制在2480万吨标煤内，年均递增5.9%，实际消费总量1518.1万吨，年均递减0.9%。规划节能降耗目标，万元GDP综合能耗在2010年基础上下降17%，实际五年累计下降27.4%；万元规模工业增加值能耗下降20%，实际下降36.6%。

娄底市"十二五"(2011—2015年)能源发展规划目标及执行情况表

表42-8

指　标	计量单位	2010年实际		2015年规划目标		2015年执行情况	
		实物量	折标煤(万吨)	实物量	折标煤(万吨)	实物量	折标煤(万吨)
生产总量	万吨标煤	—	—	—	1652.00	2271.60	1622.57
其中:原煤	万吨	1453.00	1039.51	1450.00	1037.36	1064.22	760.00
电力	亿千瓦时	123.56	151.84	204.50	251.33	116.59	1432.74
高炉煤气	亿立方米	48.39	62.23	300.00	—	49.00	62.88
焦炉煤气	亿立方米	1.24	7.09	25.00	142.90	8.50	522.93
转炉煤气	亿立方米	—	—	—	—	2.90	7.73
洗精煤	万吨	—	—	—	—	551.70	496.13
焦煤	万吨	285.39	277.23	1000.00	—	422.54	410.46
沼气	亿立方米	0.24	1.71	0.65	—	0.36	2.57
成品油	万吨	35.77	—	44.56	—	51.18	74.84
石油液化气	亿立方米	0.05	0.67	4.38	—	4.50	—
天然气	亿立方米	—	—	6.80	—	0.30	26.60

2016年，市发改委编制娄底市"十三五"能源发展规划。规划围绕建设全省新型能源基地，湘中能源储备基地的目标，推进能源结构战略性调整，推动能源科技变革，推进能源消费革命，着力发展低碳经济。按照安全、绿色、集约、高效的原则，用清洁低碳技术改造煤炭、火电等传统能源，大力发展新型能源和可再生能源，推动能源结构多元化、生产清洁化、使用高效化；继续加强电网建设，确保供电安全、高效、经济；着力推进节能减排全覆盖工程和城乡生态环境综合治理工程，提升资源综合利用水平和效益，实现资源、经济和环境可持续协调发展，为全面建成小康社会提供安全可靠的能源保障。

娄底市"十三五"(2016—2020年)能源生产规划目标及2016—2017年执行情况表

表42-9

名称	计量单位	2015年情况		"十三五"规划		执行情况			
						2016年		2017年	
		实物量	折标煤(万吨)	2020年规划目标	折标煤(万吨)	实物量	折标煤(万吨)	实物量	折标煤(万吨)
原煤	万吨	1064.22	760.00	1000.00	714.30	786.80	562.01	680.38	485.99
电力	亿千瓦时	118.43	1455.35	142.00	1745.00	116.59	1432.74	122.43	15044.73
焦煤	万吨	416.93	406.00	420.00	409.00	422.54	410.46	413.17	402.35
洗选配煤	万吨	864.96	778.00	860.00	774.00	839.85	755.87	739.06	665.15

娄底市“十三五”新型能源建设规划：2016—2020年，新增装机容量12.2千瓦。2016年，新增装机容量4.66万千瓦，其中风电4.59万千瓦，太阳能光伏发电0.07万千瓦。2017年，新增装机容量13.94万千瓦，其中风电5万千瓦，太阳能光伏发电8.94万千瓦。

五、娄底市水府庙水库流域水资源保护与利用规划

2012年，市政府编制《水府庙水库流域水资源保护与利用规划（2012—2020）》。以水府庙水库为核心，以涟水干流为主线，以孙水、侧水为两轴，通过强化水资源配置，明确流域水功能区划，全面治理流域水环境，完善生态保护建设，建成预警监测网络体系，合理开发利用流域水资源，实现流域内人口、资源、环境协调可持续发展。规划2015年娄底市域总人口435万人左右，城镇化水平46%左右，城镇人口205万人左右。地区生产总值突破1300亿元，年均增长12.5%，人均地区生产总值突破3万元，万元地区生产总值用水量下降2.8%，农业灌溉有效利用系数由0.45提高到0.53，省控断面按环境功能区水质达标率98%，水环境质量达标率90%。饮用水源地安全保障程度全面提高，水生态系统保护与修复工作稳步推进。规划2020年娄底市域总人口455万人左右，城镇化水平55%，城镇人口250万人左右。全市人均GDP和城乡居民收入赶上全省平均水平，产业结构明显优化，流域水体污染得到有效防治，水源水质得到充分保证，水土流失得到根本治理，生态环境明显好转，着力推进“两型”社会建设综合配套改革向纵深发展，建立和完善“两型”产业支撑体系，建成全国生态文明建设示范区，实现全面小康目标。

2012—2020年娄底市水府庙水库流域水资源保护与利用规划指标体系表

表42-10

指　标	单位	2010年实际	规划指标		指标属性	指标范围
			2015年	2020年		
GDP总量	亿元	680.70	1300.00	2000.00	引导型	市域
万元GDP水耗	立方米／万元	—	250.00	180.00	引导型	市域
万元GDP能耗	吨标煤／万元	2.31	1.84	1.50	引导型	市域
水环境质量达标率	%	—	90.00	100.00	引导型	市域
集中饮用水源达标率	%	—	100.00	100.00	控制型	市域
空气环境质量达标率	%	90.00	98.00	100.00	控制型	中心城区
城市污水处理率	%	65.00	80.00	90.00	控制型	市域
乡村地区污水处理率	%	—	40.00	80.00	控制型	市域
城市生活垃圾无害化处理率	%	100.00	100.00	100.00	控制型	中心城区
垃圾资源化利用率	%	—	30.00	50.00	引导型	中心城区
农田灌溉水有效利用系数		0.45	0.53	0.55	引导型	市域
化学需氧量排放总量	万吨	7.42	7.03	削减6%～8%	约束性，五年累计完成数量	市域
氨氮排放总量	吨	8832.00	8370.00			市域
铅排放总量	千克	3590.00	3170.00			市域
省控断面按环境功能区水质达标率	%	88.50	95.00	98.00	—	市域
涟水娄底市出境断面水质达标率	%	85.00	95.00	98.00	—	市域

六、娄底市产业转型发展规划

2013年，国家发改委将娄底市列入全国资源型城市可持续发展规划。2016年，市政府委托国家发改委产业经济与技术经济研究所编制《娄底市产业转型发展规划》。

娄底市“十三五”(2016—2020年)农业转型发展指标及2016—2017年完成情况表

表42-11

指　　标	计量单位	2015年实际	2020年规划指标	完成情况	
				2016年	2017年
农作物耕、种、收综合机械化率	%	54.80	60.00	66.50	68.00
耕地面积	万公顷	19.27	18.00	19.42	19.28
土地流转面积	万公顷	2.39	6.67	2.72	3.15
森林覆盖率	%	50.21	50.00	50.21	50.30
新增灌溉面积	万公顷	0.30	0.33	0.30	0.36
粮食播种面积	万公顷	27.80	27.33	23.68	24.58
粮食总产量	万吨	163.84	160.00	145.27	151.94
蔬菜播种面积	万公顷	4.29	4.20	3.22	3.58
蔬菜总产量	万吨	144.85	135.00	119.59	134.88
油料播种面积	万公顷	3.97	4.00	3.35	3.44
油料产量	万吨	4.77	5.50	5.19	5.47
生猪出栏	万头	516.71	550.00	340.07	353.54
出栏牛	万头	18.34	18.00	11.18	11.30
出笼家禽	万羽	1966.62	2200.00	1451.42	1433.64
农业增加值	亿元	189.20	210.50	146.88	152.80
增长速度	%	3.80	3.00	3.60	4.10
农民人均可支配收入	元	8655.00	13140.10	9529.10	10530.00

娄底市“十三五”(2016—2020年)时期工业转型发展指标及2016—2017年完成情况表

表42-12

指标名称	2015年实际		2020年规划指标		完成情况			
					2016年		2017年	
	数值	同比增长(%)	数值	同比增长(%)	数值	增速(%)	数值	增速(%)
全部工业增加值(亿元)	580.38	8%	900	7.5	592.75	7.9	573.69	6.8
规模工业增加值(亿元)	465	7.90%	680	7.8	419.43	6.7	—	8.7
研究开发费用GDP比重	1.30%	持平	2.50%	—	0.91	-26.01	1.02	12.09
高新技术产业增加值(亿元)	—	—	—	—	163.62	13.35	218.59	17.6
万元规模工业增加值能耗下降率(%)	2.44	-9.66	—	-3.8	—	-8.21	-9.41	—

续表42-12

指标名称	2015年实际		2020年规划指标		完成情况			
					2016年		2017年	
	数值	同比增长(%)	数值	同比增长(%)	数值	增速(%)	数值	增速(%)
工业用水重复利用率	85%	—	90%	—	97%	1.04	97.80%	0.82
工业固废综合利用率	90%	—	92%	—	94.70%	-2.17	96%	1.37

娄底市"十三五"(2016—2020年)现代服务业转型发展规划目标及2016—2017年完成情况表

表42-13

指标名称	计量单位	2015年实际	2020年规划目标		完成情况			
					2016年		2017年	
			数值	年均增长(%)	数值	同比增长(%)	数值	同比增长(%)
服务业增加值	亿元	460.70	800	15.00	523.95	8.60	599.29	10.90
占GDP的比重	%	35.40	42	0.03	39.10	11.30	42.50	12.00
从业人员	万人	72.41	200	14.00	74.34	2.67	76.88	3.40
占全社会从业人员的比重	%	28.90	43	0.08	29.33	0.43	30.70	0.01
税收占全市地方财政税收的比重	%	57.60	60	0.01	54.10	-0.06	59.40	0.10

七、娄底市重点流域污染防治"十三五"规划

2015年，市发改委编制《娄底市重点流域水污染防治"十三五"时期建设规划》。规划到2020年，确保资江、涟水、孙水、侧水干流水质达到Ⅲ类或优于Ⅲ类标准，城镇集中式饮用水源保护区水质达到Ⅱ类或优于Ⅱ类标准，减少生活污水、生活垃圾的污染；深化煤炭、化工、钢铁、冶炼等重点行业工业企业污染治理，消减重金属等污染物排放总量；完成集中式饮用水水源地污染整治，确保群众饮水安全；有效控制规模化禽畜养殖，加强河道采砂污染防治；继续推进锡矿山等矿区的环境综合整治，开展历史遗留污染治理等工程，全市水环境质量实现初步好转。

2017年，市发改委编制《娄底市重点流域水污染防治"十三五"规划实施方案》，经省发改委批准实行，市政府颁发"河长制"责任令。

八、娄底市健康产业发展规划（2016—2020）

2016年，市发改委编制完成、市政府办印发《娄底市健康产业发展规划（2016—2020）》。该规划以培育新型替代产业为目标，以改善民生为出发点和落脚点，以市场配置资源为原动力，以政府引导为抓手，培育壮大一批成长性好的中小微企业，引进一批带动示范作用强的健康产业项目，打造一个产值超百亿的健康产业园，将健康产业培育成为转型发展的接续替代产业和国民经济的支柱产业。到2020年，全市培育年销售收入超20亿元的龙头企业2～3家，10亿元的企业5家以上，过亿元的企业10家以上，全市健康产业总产值达到370亿元以上，年均增长25%，娄底健康产业园产值达到100亿元以上；健康产业成长为全市支柱产业，娄底成为国内知名、省内一流的健康产业城市。按照城乡发展规划要求和产业发展基础条件，形成"一核一带四基地"的总体布局。即以中心城区为核心，沿娄底大道布局健康产业带，以双峰青树坪甘棠中药材种植加工集散基地，涟源龙山传统中药疗养基地，冷水

工现代生物医药及医疗器械制造基地，新化大熊山原生态养生基地为特色基地，形成核心区统领、产业带集聚、四基地协同发展的健康产业总体布局体系。市政府据此制发《关于促进健康产业发展的实施意见》。

闪星锑业砷碱渣综合回收利用生产线（2018年6月摄）

九、娄底市“十三五”循环经济发展规划

2016年，根据《中华人民共和国循环经济促进法》，市发改委编制《娄底市“十三五”循环经济发展规划（2016—2020年）》。该规划遵循“减量化、再利用、资源化，减量化优先”的原则，构建循环型产业体系，推动资源再生利用产业化。全面实施“6666”工程，即建设6个循环经济示范园区，完善6条循环经济产业链，培育60家循环经济示范企业，实施60个循环经济重点项目，构建低碳循环工业体系、绿色循环农业体系以及高效循环服务业体系，推广普及绿色消费模式，全面建立循环型社会体系，形成企业—园区—社会的全方位循环经济发展体系。到2020年，实现资源产出率提高20%，能源产出率提高15%，打造资源型城市转型发展示范区，创建国家级生态文明示范城市。

2016—2020年娄底市循环经济发展规划指标及2016—2017年完成情况表

表42-14

项目	指标或水平	2015年实际	2020年规划指标	完成情况	
				2016年	2017年
能源利用水平	能源产出率(元/t)	7706.55	9248.40	7704.20	8184.65
水资源利用水平	水资源产出率(元/t)	80.90	119.40	87.68	93.13
土地利用水平	建设用地产出率(元/平方米)	150.00	260.00	144.76	—
农业废弃物利用水平	农作物秸秆综合利用率(%)	82.50	90.40	84.10	85.50
工业废弃物利用水平	工业固体废物综合利用(%)	85.00	96.50	94.70	95.11
水资源再利用水平	工业用水重复利用率(%)	92.00	96.00	97.12	97.12
	城镇污水处理设施再生水利用率(%)	20.00	38.00	20.13	30.14
再生资源回收水平	主要再生有色金属回收(%)	71.00	90.00	79.15	83.16
	废钢铁回收率(%)	92.00	98.00	93.53	97.01
	废纸回收率(%)	90.00	97.00	93.03	96.23
	废塑料、废橡胶回收率(%)	55.00	72.00	60.22	66.33
餐厨废弃物资源化水平	餐厨废弃物资源化利用率(%)	75.00	92.00	81.11	87.27

第二章 项目建设与管理

第一节 项目计划

一、分阶段计划

1990年，娄底地区“八五”计划规划重点建设项目69个。“九五”计划规划重点项目98个，其中前期工作项目40个。娄底市“十五”计划规划重点建设项目200个。“十一五”规划重点建设项目249个。“十二五”规划重点建设项目796个。“十三五”规划重点建设项目1537个。实施期间，根据经济运行情况，有增删或调整建设规模。1990—2017年，规划建设重点项目2949个。

二、部分重点项目前期计划

洛湛铁路娄底段项目 1989年，娄底地区“八五”计划规划建设洛湛铁路娄益段。1991年，娄底地区行署与益阳地区行署联合向省政府请示，要求将娄益铁路列入全省“八五”计划重点项目。省政府向铁道部报告后，国家“八五”计划将洛湛铁路列入全国铁路网“八五”前期工作计划。1994年4月，国家国际工程咨询公司、国家计委、铁道部、国家开发银行等4部委组织的洛湛铁路专家评估团，到娄底地区实地调研。8月，娄底地区计委与益阳地区计委向铁道部第四勘察设计院汇报走常德、益阳、娄底、邵阳东线方案。9月，地委书记、行署专员向铁道部计划司汇报，重述洛湛铁路湖南境内大东线走向方案。1997年12月，铁道部确定洛湛线在湖南段选择经娄底市的“益—娄大东线”方案。2004年12月，铁道部、省政府将娄邵铁路改造（含娄底到达场）纳入“十一五”规划。2005年9月，市发改委提出的关于娄底城区铁路外移改造、双峰段两线改造方案、娄底编组站建设等问题，均被铁道部计划司采纳。2007年11月，铁道部、省铁路建设协调小组将冷水江东站货运设施改造和娄邵铁路扩能改造工程列入“十一五”铁路技术改造规划。2008年8月，市发改委向省发改委汇报洛湛铁路娄邵扩能改造工程及城区段外移西线方案，获省发改委、铁道部支持。该方案线路长24.14千米，其中利用既有线2.86千米，新建线路长21.27千米。

沪昆客用专线娄底段项目 沪昆铁路客运专线是国家批准的《中长期的铁路网规划（2008年调整）》“四纵四横”铁路客运专线网主骨架的重要组成部分，在娄底境内约85.4千米，总投资约120亿元。铁三院编制的两个推荐方案：一个是从湘潭经邵阳至怀化方案，完全避开娄底；另一个从湘潭至娄底至邵阳至怀化方案，不经涟源、冷水江、新化。2008年9—11月，市“四大家”主要领导带队多次到铁二院、铁三院、铁道部、广铁、省政府、省发改委汇报，建议线路的走向从长沙出站至韶山，经湘乡西北至娄底城区南面，往西经涟源城区南面，然后过邵阳市新邵县坪上镇和冷水江南面，到新化县城南面，再往西至溆浦、怀化，同时建议娄底境内在娄底城南、涟源市、新化县设立客站。12月，市委书记林武率市发改委等部门负责人赴京汇报沪昆高铁走线方案，获得支持。

涟钢200万吨/年薄板项目 2000年10—11月，市政府委托中国国际工程咨询公司对娄底市“十五”计划进行评估，评审通过华菱涟钢兴建薄板项目，并列入湖南省“十五”计划重点项目。2001年1月，市委书记张建功、市长刘云柱率市计委赴京汇报，争取涟钢薄板项目。2001年，华菱涟钢超薄板带工程正式启动，2004年2月，200万吨/年热轧薄板生产线竣工投产。150万吨/年冷轧薄板生产线开工建设，2006年2月竣工，成为湖南省工业发展史上的里程碑，跨入世界钢铁产业前列。

华菱涟钢汽车板冷轧硅钢工程项目 娄底市“十一五”规划实施的重点工程，湖南省新型工业化标志性工程。2009年，市发改委向市委、市政府提出《关于大力支持汽车板电工钢项目落户娄底经开区的意见》，获市委、市政府支持。华菱涟钢集团与安赛乐米塔尔签署汽车板合资合作协议，分别组建汽车板电工钢合资公司。2010年6月，国家发改委核准批复湖南华菱涟钢集团有限责任公司与安赛乐米塔尔合资建设汽车板和电工钢项目，建设年产汽车板160万吨、电工钢50万吨，总投资123亿元。汽车板项目股份，华菱集团与安赛乐米塔尔各占33%，中外合资公司湖南华菱钢铁股份公司占34%。电工钢项目，华菱集团与安赛乐米塔尔各占股50%。2012年6月开工建设，2014年6月，第一卷优质汽车板用钢如期下线，改写中国汽车行业长期依赖进口国外汽车板的历史。

天然气管道运输工程　2005年10月，市发改委启动娄底天然气开发利用前期工作，并形成调研报告。2006年，向市委、市政府提交关于娄底天然气开发利用的建议，得到支持。2007年，市发改委先后与四川正大天然气有限公司、东海宁波天然气销售公司、北京新能源产业发展有限公司等单位就投资娄底管输天然气工程进行洽谈。市政府成立由市委常委、常务副市长任组长的娄底市天然气开发利用总体规划编制领导小组，聘请胜利油田胜利工程咨询设计有限公司编制总体规划。2008年，市政府与中石油天然气管道燃气投资有限公司签订娄底市天然气利用合作意向书，规划年输气量8亿立方米，总投资10亿元。2009年，中国石油天然气集团公司第二条西气东输管线管道其中一条支线从江西通入湖南省。湖南省“十一五”规划将娄底市天然气管输工程建设列入全省重大建设前期项目。

涟邵矿区采煤沉陷区治理项目　2002年，市委、市政府成立国有重点煤矿采矿沉陷区综合治理领导小组。市发改委在冷水江市的金竹山、利民煤矿进行试点调查，随之扩大到冷水江市以外的八大煤矿采矿沉陷区治理工程项目申报工作。2003年，国家计委、中咨公司和国家专家组到冷水江市采煤沉陷区现场勘察，对冷水江市矿区采矿沉陷区综合治理项目进行调查评估。根据国家发改委批准冷水江矿区采矿沉陷区治理方案，冷水江市新建金竹山、桃园居住小区，住宅建筑面积28.548万平方米，安置受灾需搬迁居民4328户、安置动迁居民430户，分散建设住宅建筑面积1.2万平方米，安置受灾居民200户，新建幼儿园、学校、医院等配套建筑面积4.94万平方米，货币补偿安置受损农村住宅3329户，补贴维修加固住宅27.32万平方米，受益城乡居民4874户，建设3处集中供水工程和打井、架设管道等分散供水工程，解决6.5万人的饮水问题。加固维修部分受破坏的学校、医院、道路、供电线路、通信线路。总投资4.5亿元，其中国家15977万元、省政府9006万元，娄底市政府4503万元，冷水江市政府6047万元，涟邵矿业集团金竹山实业公司3994万元，锡矿山闪星锑业公司1000万元，搬迁居民4503万元。

2004年，娄底市涟邵矿区采煤沉陷区治理实施方案上报国家发改委。2005年，国家发改委批复涟邵矿区采煤沉陷区治理方案：用三年时间，新建涟源市太和小区、双峰县永丰新村、娄星区搬迁小区、新化县城西小区，住宅建筑面积29.57万平方米，安置居民4928户（安置受灾搬迁居民4417户，安置动迁居民511户），货币补偿农村受灾居民8157户，补贴维修加固住宅87.07万平方米，受益居民14825户，新建学校、医院、幼儿园等配套建筑面积10.02万平方米，建设城乡居民生活供水设施，加固维修部分受破坏的学校、医院、道路、供电线路等。涟邵矿区采煤沉陷区治理总投资7.1亿元，其中国家2.84亿元，省政府1.42亿元、娄底市政府8469万元、邵阳市政府1960万元、湘潭市政府226万元、涟源市政府3758万元、双峰县政府2304万元、娄星区政府1221万元、新化县政府1186万元、邵东县政府1960万元、湘乡市政府226万元、湖南省涟邵矿业集团有限公司3552万元、城乡搬迁居民3551万元。

衡邵干旱走廊娄底市域治理项目　娄底市地处衡邵干旱走廊北部。2011年，衡邵干旱走廊治理纳入省政府工作计划，省、市、县三级完成专项规划编制。2012年，省政府批复将娄底市境5个县（市、区）均纳入重度干旱县范围（共22个），规划建设新化高峰、双峰何家等水源工程，改造段江泵站及病险水闸，重点建设白马灌区续建配套及节水改造，持续推进农村地区饮水安全工程，开展大规模的水土保持生态修复，同时，白马水库扩容升型和引资济涟工程相继纳入国家规划，全市供水保证率在95%以上，旱灾损失率控制在10%以内。省发改委在每个县（市、区）安排1个重点乡镇开展项目试点工程，探索按照“自选、自建、自管、自用”建管模式进行建设和管理。

三、用地计划

1993年，湘黔铁路扩改第一期工程用地133.33公顷。1998年，国家重点工程建设用地233.33公顷。2002年，涟钢薄板项目和娄底市政府新址用地197.87公顷。2005年，市土地矿产储备中心成立。2006年，争取省下达计划外用地指标330公顷，确保涟钢硅钢生产线、市体育中心、涟水河综合治理工程、新化海螺水泥生产线、娄星区经济产业园、万宝镇小城镇建设等一批省、市重点项目用地。2007年，交通运输用地4643.95公顷，水利设施用地5620.11公顷。2011年，省政府批准用地项目123个，用地877.93公顷，其中交通等基础设施项目、保障性住房等民生工程项目用地866.67公顷。2016年，省审查批准高速公路、铁路建设用地545.2公顷。2006—2017年，娄底市呈报省国土资源厅国有建设工程用地项目552宗，新增建设用地4738.73公顷。其中，2017年土地报批项目81宗，总用地551.3公顷，包括涟源龙塘至新化琅瑭高速公路建设项目用地489.1公顷，益娄衡娄底东连接线3.1公顷，益阳至娄底高速（娄底经开区段）临时用地5.6公顷。

四、建设资金计划

（一）投融资平台

2000年，娄底市建设投资开发有限责任公司成立。2009年，娄底市城市建设投资集团有限公司组建，直属市政府管理，下辖11家子公司。2015年，娄兴担保公司、娄底创业投资公司成立。2016年，市交通建设投资公司、文旅发展投资公司组建。

（二）债券银行贷款外资

债券　2001—2010年，境内争取国债资金10.12亿元。2003—2017年，全市采煤沉陷区治理获国债资金4.17亿元。2011—2015年，发行企业债券68亿元。

银行贷款　2001—2017年，银行政策性贷款164.56亿元。其中，2002—2004年，华菱集团年产200万吨热轧薄板、80万吨冷轧薄板、30万吨镀锌板项目银行贷款26亿元。2004—2007年，华银电力金竹山电厂2×60万千瓦异地扩建银行贷款36.48亿元。2005年，城市建设获国家开发银行贷款19.02亿元。2012—2017年，娄底市循环经济获政策性银行贷款6.46亿元。

外资　1996—2017年，实际利用外资32.38亿美元（见外经外贸篇第一章第一节），其中1998年娄涟高等级公路争取世界银行贷款1.22亿元。

（三）中央、省预算投资、专项基金投资

1990—1997年，中央、省预算资金未做统计。1998—2017年，中央预算内投资184.4亿元，省政府预算内投资24.84亿元，中央、省政府专项资金36.48亿元。娄底市农业农村建设资金67.24亿元（包括农业农村、扶贫、水库移民、救灾等），重点产业振兴和技术改造资金34.01亿元，文教卫体广资金13.74亿元，交通建设资金84.95亿元，城市建设投资22.51亿元，安居工程22.92亿元。新化资江二桥争取中央预算内投2000万元，省交通重点建设资金1500万元；洛湛铁路娄底路段国家投资6.5亿元；涟邵矿区采煤沉陷区治理，获中央预算内投资4.34亿元，省政府投资4.49亿元；娄底市循环经济获中央、省预算内投资3.05亿元。

第二节　项目监管

一、监管机制

1991年5月，娄底地区成立重大项目前期工作办公室，负责开发培育工业基本建设、技术改造、利用外资和港澳台资、基础设施建设等方面的重大项目；牵头组织重大项目的前期准备，直至完成项目的立项报批和可研审批。1992年始，审批总投资500万元以上的生产性项目，总投资1000万元以上的经咨询机构评估论证的非生产性项目。

1998年，行署批转《娄底地区重点项目管理办法》，强化固定资产投资方向调节税征收管理。地区计委加强固定资产投资与项目管理，建立月报制度。2001年，市发展计划委员会建立重大项目储备制度。2003年，市委、市政府建立市级领导联系重大项目责任制。2004年始，建立项目管理工作机制，按季对全市投资情况进行分析预测。2005年，对重点项目的实施进行跟踪检查、分析和协调；健全市级领导与重点项目挂钩联系制度。2012年，市委办、市政府办制发娄底市项目建设推进年活动实施方案。在全市推行重点项目网上联报、领导挂钩联系和现场督察机制。2013年，市政府办制发娄底市重大项目前期工作经费管理办法。

2014年始，市政府每年发布娄底市政府核准投资项目目录。2015年5月，市重点建设项目办公室成立，市城投集团的重点项目建设事务中心划归市发改委统一管理。是年，开展项目代建试点。至2017年，重点项目管理机制无变化。

二、招标投标管理

2002年，娄底市招标管理办公室成立。2003年5月，重新组建的娄底市招标领导小组发出《关于进一步加强和规范招标投标工作的通知》，明确计划部门为招投标法执法主体，负责审批、核准（备案）项目可行性研究报告文件，依法核准招投标事项。2011年，市政府组建公共资源交易中心，撤销各行政主管部门招投标办公室，依法须招投标项目都进入市公共资源交易中心。

2014年8月，市纪委牵头，清查自2012年至2014年3月31日的全部国有资金投资及国有资金占股控股或占主导地位的各类建设项目（含BOT、BT项目）的邀请招标情况，清理出邀请招标97项（次），其中市本级30项、市经开区1项、万宝新区8项、娄星区3项、涟源市6项、双峰县30项、新化县19项。邀请招标项目总金额39.25亿元，其中单项最大的6亿元。市本级无法律依据采取邀请招标的20项，存在招标审批程序不规范、擅自改变核准的招标组织形式和招标方式，规避招标、围标、串标以及挂靠、假借资质投标等违法行为。2015年5月，市发改委加强工业项目招标投标管理，明确所有工业项目必须全部进入公共资源交易中心进行招标投标，并重新修订备案文件格式文本。是年，建立“一委一办一中心”的领导协调机构和机制，融合市级平台。县级平台转为市级平台分支机构。市发改委与市监察局联合出台《娄底市公共资源交易重点项目监委库管理办法》。监委库人员包括市人大、市政协、市检察院、市法院以及相关行政执法部门从事纪检或法制工作的人员。监委库设市公共资源交易中心。2016年8月，市发改委、市政府法制办对涉及招标的文件清理，确定继续有效文件11件，拟修改新化县政府投资项目监督管理办法，废止娄底市住建局、监察局《关于进一步加强建设工程招投市场监管的若干规定的通知》和娄星区发改局《工程建设项目招标事项核准制度》，宣布失效的6件。2017年6月，市发改委向省发改委上报关于招标投标制度清理复核处理结果。

三、稽察督查管理

2003年4月，市政府办转发市发展计划委员会《关于娄底市重大建设项目稽察办法》，市发展计划委员会负责组织和管理市重大建设项目工程设计、施工、监理招投标、建设资金到位和使用情况、工程质量等稽察工作。

2004年4月，市发展计划委员会稽察组对娄底市、涟源市、冷水江市、新化县、双峰县5个疾病控制中心项目稽察，针对擅自变更建筑面积、配套资金不到位、国债资金没有专户专账专款专用，招标活动不规范等问题，发出《项目稽察整改通知书》。6月，责令冷水江陶瓷合金有限公司复合陶瓷辊环项目按原定设计方案落实配套资金。10月，市发展计划委员会稽察组对全市县乡公路建设稽察，对擅自变更公路建设等级、招投标流于形式、工程进度不平衡、财务管理不规范、资金拨付滞后、工程质量隐患等问题提出整改意见。

2007年3月，市发改委牵头，组织市监察局、市审计局对市国土系统综合大楼建设中的项目报批、招投标、资金筹集等问题调查，发现超建设规模、超装修标准、超投资概算等问题，向市政府汇报并提出处理建议。

2009年12月，市发改委对2008年始立项、在建、竣工的274个各级各类项目，在决策阶段的相关工作情况进行排查，将排查结果向省改委专题汇报，对涟源市水洞底镇政府办公楼未招标，斗笠山镇政府机关综合办公楼未办国土手续问题予以通报，责令整改。2011年10月，对2008年至2009年9月全市422个社会事业项目的中央投资3.12亿元进行督查，通报批评娄星区残疾人服务中心、双峰县人民医院等5个未开工项目和冷水江市人民医院、娄底市精神病医院、新化县特殊教育学校等7个项目建设进展缓慢的问题。

2012年9月，市发改委会同市纪检委、市环保局、市经信委对5个县（市、区）列入全国万家企业节能低碳行动范围的36家重点用能企业、13家重点减排企业、24个重点减排项目及2010—2012年淘汰落后产能项目进行集中检查，发出节能减排联合执法集中检查情况通报，责令相关单位限期整改到位，12月检查抽查。

2013年1月，市发改委发出稽察整改通知，对金鹰服饰、伍星生物科技有限公司未开工，娄底市三泰轧辊有限公司、娄底市同星米业擅自缩小建设规模提出整改意见。8月，对娄底市政法基础设施建设项目、涟源市公安局戒毒所建设、娄底市人民检察院办案用房和专业技术用房建设、涟源市公安局技术业务用房建设存在的问题发出稽察整改通知书。

2015年，市发改委根据省发改委稽察组对娄底市的专项稽察情况反馈，对双峰县原坳头山磺矿历史遗留污染综合治理一期1000立方米／日渗漏液处理站建设工程、娄星区双江乡集中供水两个项目未开工、省预算内资金闲置的问题发出稽察整改通知。根据省发改委对娄底市2014年中央投资资源节约和环境保护稽察反馈问题，向涟源市、双峰县政府发出稽查整改交办意见，就2012年起中央投资项目抽查中发现的问题分别向5县（市、区）政府和市经开区管委会、娄底市中心医院、娄底市康复医院、发出稽察整改意见。配合省发改委稽察特派员对万宝新区、娄星区、涟源市、冷水江市2014年中央投资资源节约和环境保护项目稽察，对有的项目未办理规划工程许可证和施工许可证，未严格执行招标投标规定、未建立财务专账、建设进度缓慢、个别单位重复申报项目套取中央投资等问题，分别向相关县（市、区）人民政府和万宝新区管委会下发稽察反馈问题整改交办意见。对2010年起中央预算投资的662个项目进行清理，投资完成率73.5%。存在地方配套资金压力大的主要问题，部分项目基本建设程序不完备，融资纠纷影响工程进度停业的柏洋工贸有限公司选洗煤90万吨／年重介洗煤生产升级改造工程、金鹰服饰二期工程，受全球性经济不景气影响的冷水江三A化工有限公司1万吨／年超细二氧化硅气凝建设项目二期、冷水江市天一金属制品有限公司3万吨／年热镦紧固件工程、冷水江市城市照明节能工程、冷水江金筑新型墙体材料有限公司利用粉煤灰生产线，受地质条件和建设工程客观环境影响的冷水江市华科高新有限公司1.65万吨环保增强炉材料建设项目、冷水江市城乡生活垃圾转运站建设项目、涟源市沙坪煤矿升级改造由于二广高速公路压矿区中止实施、永福煤矿安全改造，煤矿关闭、中止实施，水府庙电站工矿棚户区改造因工农矛盾突出影响项目建设进度，城市规划调整和项目技术设计难度的原因影响的锡矿山地区历史遗留砷碱渣处理工程、冷水江市基层就业和社会保障服务设施建设项目、冷江市飞水岩尾矿库隐患治理项目。市发改委将清理检查情况向省发改委专项汇报。

2016年，省发改委抽查娄底市2013年起中央和省政府投资专项安排的18个项目，并对“雁过拔毛”专项抽查发现的问题发出整改交办通知。市发改委就省发改委通知提出的10个项目（金竹山矿业公司土朱矿井安全改造项目和金竹矿业有限公司一并硐矿井安全改造项目未实行工程监理制问题，冷水江市渣渡煤业集团公司财神坑井安全改造项目，湖南资江煤业集团有限公司新化芦茅江矿业有限公司芦二井安全改造项目，涟源市煤炭局建设煤矿安全信息化平台项目，湖南旷通煤业有限公司洞庭新井安全改造项目，新化县煤炭局建设煤矿安全信息化平台项目，涟源大华福利有限公司大华洗煤厂升级改造项目，茂鑫煤业有限公司达家煤矿项目，娄星区高溪洗煤厂升级改造项目，双峰县2014年和2015年农网改造升级工程）分别向所在地方政府及项目单位发出整改通知，派工作组检查督促整改落实，并向省发改委汇报。

2017年3月，市发改委制发《娄底市重大建设项目稽察“双随机、一公开”实施细则》（“双随机、一公开”，是指发改行政主管部门在依据法律法规实施行政执法稽察时，采取随机抽取被稽察对象、随机选派执法稽察人员并及时公开抽查情况和查处结果。重大项目稽察的“双随机、一公开”工作遵循客观公正、程序规范、实事求是、以查促改的原则），对双随机机制建设、随时抽查工作的实施要求，随机抽查事项公开范围、形式、方式和随机抽取稽察人员的要求等作出详细规定。是年，市发改委、市政府督查室对全市2014—2016年中央和省预算内投资及专项建设基金项目建设情况进行摸底和抽查，并发布抽查情况通报。全市中央、省预算内投资专项基金项目628个，预算内资金61.39亿元，截至2016年12月底，验收项目94个，完工274个，在建219个，未开工17个，进度滞后18个。使用中央、省预算资金38.95亿元，资金使用率63.4%，有22.44亿元滞留各级财政及平台公司。存在征地拆迁、土地报批、工农矛盾、环境欠优等因素影响项目建设进度，企业建设资金筹措困难、项目前期工作不扎实、项目建设日常监管缺失，有的县市对项目情况掌握不全面、不具体等主要问题。

第三节 重点竣工项目

1990—2017年，全市重大建设工程竣工项目370个，其中国家、省重点建设项目83个。

一、工业

1990年，双峰石膏矿（10万吨／年）、冷水江麻纺厂（1万锭／年）建成投产。1991年，涟钢30万吨新电炉连铸机热负荷试拉成功，形成60万吨／年生产能力（1992年投产）。湖南新化水泥厂第3号湿法回转窑生产线竣工投产。1992年，娄底棉纺厂竣工。1993年，涟钢2×60万吨电炉小型连轧厂和300立方米级1号大炉建成投产，100万吨／年产钢配套工程竣工。涟钢成为全国第4家100万吨级地方钢铁企业。华达机械厂轻型汽车变速箱5万台生产线建成投产。资江氮肥厂合成氨、尿素翻番扩建工程竣工，年产合成氨18万吨、尿素26万吨。冷水江钢铁总厂焦化厂煤气供应工程竣工。1994年，冷水江钢铁总厂2×3000千瓦高炉煤气剩余煤气发电机组并网发电。华达机械厂30万台／年汽车空调压缩机一期工程、轻型汽车变速箱和汽车空调压缩机组主管生产线建成。国家“七五”重点项目资江氮肥厂“115”工程，年产7.2万吨合成氨、13万吨尿素扩建一期工程建成投产。1995年，马鞍山煤矿建新一井建成投产。涟邵焦化厂10万吨／年二级冶金焦炉投产。资江氮肥厂年产4万吨甲醇扩建工程竣工。娄底民丰500千伏变电站并网送电。娄底进入500千伏超高压供电系统行列。

1996年，冷水江耐火材料厂高级硅砖生产线，资江氮肥厂7.2万吨合成氨、13万吨尿素扩建工程竣工。1997年，中日合资华达杰克赛汽车空调有限公司营运。锡矿山万吨精锑工程、涟邵矿务局利民煤矿利北井（45万吨／年）、冷水江市制药厂肝复乐生产线（1.5亿片／年）建成投产。1998年，锡矿山矿务局锑品冶炼能力从2.1万吨／年扩建到3.7万吨／年。资江煤矿技改及多种经营工程，冷水江耐火材料厂不定型耐火材料生产线，涟钢1号、4号高炉布袋除尘、高炉喷煤完善、1号35吨／年小时锅炉集中供热、五水站改造项目竣工。1999年，冷钢炼钢项目竣工投产，结束有铁无钢的历史。涟钢130平方米烧结机及2×90吨转炉、20万吨／年热轧窄带钢生产线、娄底市彩色水泥厂15万吨／年白水泥项目建成投产。2000年，涟钢完成年产200万吨钢配套工程改造，建成130平方米烧结机，2×90吨转炉、棒材连轧生产线等技改项目。

2001年，涟钢薄板配套工程220千伏变电站、娄（底）双（峰）220千伏送变电工程竣工。2002年，境内第一座无人值班方式综合自动变电站——双峰县永丰220千伏输变电站、涟钢高溪220千伏变电站改造竣工。2003年，湖南神斧集团一六九化工有限责任公司全国第一条AE型乳化炸药生产线竣工投产。2004年，湖南省新型工业化标志性工程——华菱涟钢200万吨热轧薄板项目、冷钢扩改一期年产100万吨钢工程、双峰海螺年产150万吨水泥熟料工程等10个重大建设项目竣工。2005年，安石集团60万吨／年清洁型捣固焦炉扩建一期工程竣工。

2006年，涟钢150万吨冷轧薄板工程竣工投产。金竹山电厂2×60万千瓦异地扩建第一台机组并网发电。2007年，冷水江浪石滩水电站二期围堰截流。冷钢5万立方米转炉煤气柜、红宇铬锰钨耐磨材料项目竣工。2008年，冷水江天宝紧固件15万吨／年高强度紧固件项目竣工。2009年，湖南海螺（新化西河）日产5000吨熟料生产线、1.8万千瓦余热发电和160万吨粉磨站投产。涟源市力达煤矿低浓度瓦斯发电站、涟钢2250热轧板生产线、金竹山电厂二期1×60万千瓦扩建工程竣工。2010年，涟钢汽车板电工钢、华银金竹山电厂和华润电力一期、华达汽车空调压缩机生产线（压缩机生产能力50万台／年）、娄底创一电子科技有限公司电感磁性材料及电子元器件研发生产项目、大丰和电动汽车、金竹山电厂1×600兆瓦临界参数燃煤发电机组竣工投产。双峰海螺日产5000吨熟料生产线和1.8万千瓦余热发电、160万吨粉磨站，湖南水泥有限公司斗笠山水泥厂（2×4500吨熟料），9000千瓦余热发电生产线、华润电力一期工程1号机组（30万千瓦）投产，配套年产煤30万吨良湘桥煤矿建成。

2011年，涟源三一中源新材料产业园首条生产线、冷水江钢铁有限公司公3号发电机配套50万吨锅炉技术工程竣工投产。高盛板业有限公司一期工程、湖南创高铝业集团高档铝型材项目在娄底经开区投产。2012年，双峰海螺200万吨／年水泥粉磨系统建成投产。华润雪花啤酒娄底有限公司20万千升／年正式投料生产。冷水江华新水泥有限公司日产4500吨新型干法熟料生产线、湖南方瑞钢管制造有限公司与中石油合作的螺旋管及金属防腐项目投产。2013年，湖南耀华冷水江耐火材料有限公司退城进郊项目、大丰和电动车公司新厂建成投产。2014年，投资52亿元的华菱安赛乐米塔尔有限公司汽车板项目在娄底经开区竣工。2015年，娄底安地亚斯电子陶瓷项目一期工程、娄底高安环保科技有限公司年产90万吨矿渣微粉项目、天网工程第一期工程竣工。

2016年，湖南三迅新能源、湖南电将军新能源、富佳钢瓶生产与检测、110千伏光伏汇集站竣工。2017年，锡矿山闪星锑业有限公司锑冶炼二氧化硫烟气处理系统改造废水法氏囊零排放建设项目竣工。湖南兴恒纺织有限公司棉纺加工与制造生产线投产。锡矿山地区炭家湾片区、七星—七里江片区废渣综合整治工程建成。

二、农业

1992年，涟源市白马水库渠系配套工程竣工。1993年，新化车田江水库配套工程竣工，库容1.28亿立方米，可灌田0.7万公顷，2座水电站总装机容量4200千瓦。涟源市大江口水库关闸蓄水，总库容4430万立方米，坝高82米。1998年，新化中央粮库（容量5000千克）投入使用。2000年，双峰国家粮食储备库（0.15亿千克）、娄底市国家粮食储备库（0.15亿千克）扩建工程竣工。2003年，全市农网改造完成。2005年，湖南五江集团天华牧业科技园开园。2008年，娄星区双江水库关闸蓄水，总库容1146万立方米，可灌田0.35万公顷。2015年，新化渠江薄片万亩有机茶种植与加工基地建成。

三、交通

1990年，涟源市华雷公路扩建竣工通车。娄湘公路江龙滩大桥竣工。1992年，娄湘公路大埠大桥（长265米）竣工。1996年，娄底火车站新客站（站房1.11万平方米）投入营运。1997年，湘黔铁路娄怀段电气化改造工程完成，机车牵引吨位由3300吨提高到3800吨，运行速度由90千米／小时提高到120千米／小时。娄湘一级公路（长13.7千米）竣工。1998年，新化县火车站改扩建工程、320国道双峰段水泥路改造竣工。娄底火车站编组场完成扩建投入运营。

2001年，株六复线娄底段建成，长146千米。娄星北路配套工程竣工。2002年，境内第一条高等级公路娄涟公路建成，长59.96千米。潭邵高速公路娄底段完工，境内长40.8千米，连接线19.01千米，实现高速公路在娄底零的突破。2003年，320国道双峰段绕城线第一期工程竣工，长10.03千米。涟钢铁路专用线改造工程由1000万吨/年通过能力提高到1600万吨/年，存车量从600列提高到900列。

2006年，洛湛铁路娄底段正式开通客运。湘黔铁路复线电气化改造建成通车，娄底正线全长85.3千米。新化资江二桥竣工。娄底一大桥重建工程（主桥长198.12米，宽32米）、孙水河大桥（长518.74米，宽31米）建成通车。2007年，S312线涟源至新化段改造工程竣工。2010年，娄底二大桥（梅子湾大桥）竣工，桥长340米，桥宽32米。

2011年，洛湛铁路全线铺通，娄底境内有娄益段和娄邵段，长50.21千米。娄新高速潭邵连接路段、二广高速娄底段（长56.18千米）竣工。2012年，娄底至新化高速公路潭邵连接线正式通车，主线长96千米，连接线长13.3千米。潭邵高速娄底连接线扩建工程——孙水河北岸至娄新高速茶园互通收费站、潭邵高速公路娄底段连接线（长21.92千米）竣工。2013年，新化—溆浦高速公路娄底段建成通车，主线长52.32千米，连接线36.05千米。娄底三大桥（吉星大桥）竣工。2014年，沪昆高铁湖南段开通营运，娄底境内正线全长85.39千米。长韶娄高速和安邵高速公路涟源段石马山至龙塘12.8千米建成通车。高铁南站枢纽一体化开工，站前广场、公交综合体、长途综合体三部分，总建筑面积20.88万平方米（2018年12月竣工）。投资40亿元、占地110公顷的湘中诚通物流园在万宝新区投入使用。2015年，长韶娄高速娄星区双江连接线（长10.34千米）建成通车。娄邵铁路高风险控制工程——沪昆上行客车疏解线大桥线下工程竣工。

2016年，娄邵铁路扩能改造工程开通营运，列车时速由40千米提升到200千米。安邵高速公路娄底段竣工通车。娄衡高速公路娄底段主线（长116.9千米）建成通车。益娄高速公路建成通车，娄底境内主线长35.84千米，连接线长13.22千米。娄邵铁路扩能改造工程双峰北站投入运营。沪昆高铁全线建成通车，娄底境内正线长145千米，设娄底南站和新化南站。娄底中心城区甘桂路跨沪昆铁路桥合拢暨甘桂南路建成通车。娄底经开区益娄高速主线娄底段和娄底东互通连接线正式通车运营。娄新高速金竹山互通工程竣工。娄底市通用机场开工。2017年，娄底经开区湘中国际物流园多式联运中心（C区）竣工。

四、城建

1996年，娄底市第二气源厂（设计日供气8万立方米）等重大建设项目竣工。1998年，涟钢大市场（建筑113万平方米）投入使用。1999年，娄底第二自来水厂第一期工程（10万吨/日），新化县建成防洪堤一期工程（长5.24千米），娄底城区路灯改造，乐坪街、长青街、氐星路、娄星路、新星路路灯改造。2000年，娄底市燃气混气工程投产送气。2002年，娄底城区8条道路改造。2003年，娄底城区乐坪东街、长青中街、氐星路、娄星南路改造完成，长7203.56米。2004年，联通通信生产指挥中心、2005年涟水河北岸防洪工程（长5059米）竣工。

2006年，娄底市主城区50年一遇防洪工程，新化县、涟源市、双峰县、冷水江市城区20年一遇防洪工程，春园商业步行街（“十”字形交合辐射状街长1080米，总建筑面积18万平方米），娄底城区生活垃圾填埋场竣工。2008年，娄底人防指挥中心第一期工程投入使用。娄底中心城区湘阳街、东贸街、贤童街、乐坪西街和市政院道路提升改造，吉星路、娄星南路、甘桂路、春檀路、贤童东段、小科街、丽春路、仙桥西街、碧溪路等9条“断头路”建成通车，娄星广场等6处污水治理工程、孙水公园、文化广场、珠山公园竣工。2010年，娄底市第一污水处理厂（日处理生活污水10万吨）、湘中大道等项目竣工。

2012年，娄底城区长青平战结合人防工程、湘潭—娄底成品油输油管及配套工程竣工。娄底经开区单建式人防升降警报塔投入使用。2015年，娄底市第二污水处理厂投入使用，日处理生活污水10万吨，用地3.66公顷，纳污面积27.75平方千米，服务人口25.23万人，总投资1.72亿元，配套污水管网47.08千米。

2016年，娄底城区天然气管道（供10万户）、娄星广场（总用地面积11.6万平方米，建筑面积1480平方米，水面3.37万平方米，地面铺装24000平方米，绿化覆盖率86%）竣工。

五、文化教育及其他

2000年，娄底三级邮区中心局、娄底移动通信综合楼投入使用。2002年，民主革命先驱陈天华塑像在新化县天华广场落成。2005年，移动“768”工程、电信“1168”工程投入使用。娄底市委、市政府办公楼竣工。2013年，娄底吉星小学竣工。2014年，娄底市第一中学城南校区建成。2015年，娄底市体育中心建成主体育场、体育馆、游泳馆、综合馆、门球馆、妇青活动中心、体育公园以及室外篮球场、网球场、轮滑区等健身场所，建筑面积9万平方米。2017年，现代化通信网络DDN数据通信网络在全市开通。梅山古镇、大龙山康养、归古国际游度假区，紫鹊界梯田、博盛游度假区、资江游度假区、曾国藩故居等28个重点项目建成，完成投资33.35亿元。陌陌公司（投资2亿元）、“ECO创业小镇”在万宝新区投入使用。

第三章 发展战略研究与实施

第一节 湖南第二条经济走廊

1993年，地区计委按照省科委下达的软科学科研项目要求，根据行署第5次专员办公会决定，组成课题组开展湖南第二条经济走廊（指东起醴陵，西至新晃的浙赣—湘黔线湖南段沿线地区，包括株洲、湘潭、娄底、邵阳、怀化等5个地市的19个县市）调研工作。1994年，完成《湖南省第二条经济走廊环境与区情研究报告》《湖南省第二条经济走廊确立论证报告》《娄底经济强区建设研究报告》《湖南省第二条经济走廊开发研究模型分析报告》《湖南第二条经济走廊开发研究总体报告》，3个基础图表集，6个实施方案，在娄底宾馆通过省科委主持的专家评审鉴定。省科委颁发《湖南省第二条经济走廊开发研究》科技成果鉴定证书。它是对湖南省“五区一廊”〔指沿湘江流域沿京广线107国道从北到南的岳阳、长沙、株洲、湘潭、衡阳5个省辖市及所辖的25个县（市）及由此形成一条经济走廊〕区域发展战略的补充和完善，将娄底跻入湖南省“一带二廊”（以长株潭为发展核心的“京广经济带”和“长益常张”“潭娄邵怀”两条经济走廊）区域发展战略。2011年始，省政府实施该发展战略，为娄底争取上瑞高速、娄怀高速、沪昆高铁、洛湛铁路等国家重大交通干线布局过境娄底奠定基础。

第二节 经济强区战略

1993年，地区计委完成《娄底经济强区建设研究报告》撰写。该报告在省科委主持的湖南第二条经济走廊鉴定会上评审通过。据此，地区计委编制《娄底经济强区建设规划》，规划娄底国民生产总值、人均国内生产总值、国民收入、工业总产值、农业总产值、乡镇企业总产值、全社会固定资产投资、外贸出口收购总值、利用外资、社会商品零售总额、财政收入、城镇居民人平生活费收入、农民人均纯收入、年末总人口14项目标。

1993—2020年娄底市经济强区建设战略规划指标一览表

表42-15

指 标	单位	第一阶段（1993—2000年）		第二阶段（2001—2010年）		第三阶段（2011—2020年）	
		2000年	年均增长	2010年	年均增长	2020年	年均增长
国民生产总值	亿元	130.0	13.70%	530	15.1%	1300	9.4%
人均国内生产总值	元	3080.0	—	11778	—	27669	—
国民收入	亿元	110.0	13.50%	450	15.1%	1100	9.4%
工业总产值	亿元	230.0	19.26%	600	10.1%	1100	6.2%
农业总产值	亿元	35.0	6.16%	70	7.2%	150	7.9%
乡镇企业总产值	亿元	250.0	26.98%	700	10.8%	1300	6.4%
全社会固定资产投资	亿元	200.0	—	300	—	400	—
外贸出口收购总值	亿元	10.0	23.00%	40	14.9%	104	10.0%
利用外资	亿美元	10.0	—	15	—	20	—
社会商品零售总额	亿元	105.0	20.26%	700	20.9%	2800	14.9%
财政收入	亿元	6.8	10.05%	30	13.9%	100	12.8%
城镇居民人均生活费收入	元	3600.0	—	9000	—	17000	6.6%
农民人均纯收入	元	1500.0	—	4000	—	8000	7.2%
年末总人口	万人	422.0	1.35‰	450	0.64‰	470	0.46‰

规划实施十大重点工程：改扩湘黔、新建洛湛益娄两大通道；高标准修建娄湘、娄新、娄衡3条公路；扩建涟钢，改建冷钢；合资办电厂，开发煤层气；兴建新化水泥厂为龙头的建材基地；引资入涟；建成以华达机械厂为龙头的汽车制造和加工业基地；实施引导农民进市场奔小康工程；兴建湘中商贸城为中心的市场；开发水府庙水库为重点的旅游项目。1994年12月，该规划通过地区科委科学技术成果鉴定。

执行情况见本篇第一章第二节。2017年，十大重点工程除引资入涟外均已实现。

第三节　“三基地一中心一枢纽”战略

2006年，市发改委根据省第九次党代会精神和市委、市政府的安排，对娄底在湖南“3+5”城市群中的地位和作用、功能和产业发展方向与定位开展研究。2007年4月，在全省“3+5”城市群市长会议上，提出娄底市在“3+5”城市群建设中，打造成湖南省新型能源原材料基地、特色装备制造业基地、文化与生态旅游休闲基地、区域性商贸集散与物流配送中心和中西部交通枢纽的战略目标（简称“三基地一中心一枢纽”战略）。2009年11月，市委三届六次全会通过关于对接融入长株潭发展壮大区域经济加快推进“两型社会”建设的决定。2010年12月，市委三届七次全会将该战略确定为“十二五”规划的主要目标。2011年1月，市第三届人民代表大会第三次会议批准的“十二五”规划纲要，将该战略列为“十二五”战略目标。2017年，娄底“三基地一中心一枢纽”战略落地。

第四节　融城战略

2012年4月，娄底市成立可持续发展融城战略研究小组。2013年，市发改委完成娄底市可持续发展融城战略研究报告。融城战略将娄底市发展定位为区域性中心城市，转型升级示范城市，生态文明城市，提出发展“娄、涟、双”主板块和“冷、新”副板块的概念。“娄、涟、双”主板块定位为城市发展的核心区，融入长株潭的前沿地，两型产业的先导区，幸福娄底的展示区。“冷、新”副板块定位为城市发展的次中心，特色产业集聚区，生态旅游目的地，脱贫致富主战区。主要任务是强化交通，公共服务基础建设，建设产业走廊，推进城镇融合，着力打造娄（星）双（峰）高附加值两型产业走廊，娄（星）新（化）现代制造业产业走廊，推动企业向园区集聚，推动产业向集群发展。7月，市委四届四次全会、市人大常委会第18次主任会议审议通过融城战略。至2017年，在交通融城方面，沪昆客运专线、二广高速、娄怀高速、长韶娄高速、娄益衡高速、娄底大道、娄底中心城区的“四纵四横”内外环线和“八纵八横”主干道相继建成。龙琅高速开工建设。娄底通用机场、安张衡铁路、潭娄城际铁路、娄益衡城际铁路、呼南高速等项目前期工作进展顺利。

2013—2020年娄底市融城发展规划指标一览表

表42-16

指　标	单位	2012年实际	2020年规划指标	2013—2020年年均增长(%)
GDP(生产总值)	亿元	1002.65	3000.00	11.00
其中:第一产业	亿元	146.11	240.00	3.00
第二产业	亿元	555.81	1710.00	12.00
其中:工业	亿元	504.83	1600.00	12.00
第三产业	亿元	300.73	1050.00	13.40
三次产业结构比		14.9:55.1:30	8:57:35	
财政总收入	亿元	88.59	240.00	10.00
其中:地方财政收入	亿元	51.83	165.00	12.00
社会消费品零售总额	亿元	297.75	910.00	12.00
固定资产投资总额	亿元	581.91	2500.00	20.00
年末总人口	万人	437.78	455.00	0.48
常住人口	万人	381.21	395.00	0.45
城镇人口	万人	163.43	217.00	3.61
城镇化水平	%	39.23	55.00	4.31
人均GDP(按常住人口算)	元/人	26367.00	76000.00	14.15
城镇居民人均可支配收入	元/人	19263.00	57000.00	11.00

续表42-16

指　标	单位	2012年实际	2020年规划指标	2013—2020年年均增长(%)
农民人均纯收入	元／人	4762.00	18000.00	15.00
城镇登记失业率	%	4.30	4.08	-0.65
平均受教育年限	年	9.50	11.00	1.84
万元GDP综合能耗	吨标煤	1.82	0.928	-8.07
水环境质量达标率	%	83.00	100.00	2.36
城镇生活污水集中处理率	%	68.00	90.00	3.57
中心城区空气环境质量达标率	%	95.00	100.00	0.64
环境质量指数	%	97.00	100.00	0.38
中心城区人均公园绿地面积	平方米	9.50	12.00	2.96
中心城区人口规模	万人	45.60	80.00	7.28
中心城区建设用地	公顷	51.00	85.00	6.59
中心城区供水普及率	%	97.20	100.00	0.35
中心城区燃气普及率	%	93.60	98.00	0.58

说明：执行情况见本篇第一章第二节

第五节　“两型”社会建设战略

2007年，国务院批准长沙、株洲、湘潭（长株潭）城市群为全国资源节约型和环境友好型社会建设综合配套改革试验区（简称“两型”建设）。市发改委立足娄底，面向全省调查研究，提出娄底市“两型”社会建设发展战略，将水府庙库区纳入长株潭城市“两型”社会建设“五区十八片”示范区。2009年11月，省政府批准将水府片纳入长株潭城市群示范区。2010年4月，省政府办《关于长株潭城市群两型社会示范区规划编制有关事项的通知》，明确水府示范区规划面积120平方千米，规划建设用地控制在50平方千米以内，起步区8平方千米。8月，娄底市万宝新区成立，成为娄底水府示范片区“两型”社会建设的核心区和主要承载区。2011年2月，市发改委和中国社会科学院城市发展与环境研究所编制《娄底市两型产业发展规划（2011—2020年）》，规划重点建设项目128个，把娄底建设成为湖南省的区域性中心城市、新型工业城市、综合交通枢纽城市和“两型”社会建设示范城市，将娄底打造成国家新型材料基地、中部地区特色装备与先进制造业基地、湖南新型能源基地、湖南特色文化与旅游休闲基地、湖南现代高效农产品生产基地和湖南重要商贸物流中心，推动娄星区、涟源市、双峰县一体化组团和冷水江市和新化县一体化组团，发展市域的主板和副板。是年，《娄底市两型社会建设与改革实施方案》出台。2012年，省政府批准该方案。国家发改委批准湖南环长株潭两型社会建设与改革实施方案。娄底“两型”建设与改革进入国家发展战略。2015—2017年，市政府每年组织相关部门对娄底“两型”社会建设综合评价，形成评价报告，在网上征求意见完善后，报送省“两型”工委。执行结果：2015年，GDP总量完成1300.2亿元，人均3.34万元；综合能耗1.37吨标煤／万元；三次产业结构比例14.36∶50∶35.4；城镇化率43.77%。2017年，GDP总量完成1544.98亿元，人均3.96万元；综合能耗1.21吨标煤/万元；三次产业结构比例13.98∶46.91∶39.11；城镇化率47.31%。

第六节 资源型城市转型发展战略

2005年，市发改委研究完成《发挥资源优势，实现经济转型》《娄底市资源型工业存在的问题及其对策》研究报告。2006年完成《循环经济娄底可持续发展的必然选择》研究报告。2008年，完成《以投资项目建设为主线，促进娄底又好又快发展》《娄底新型城市化研究与思考》《关于请求将娄底列入第二批国家资源型城市可持续发展试点城市的建议》等研究报告。2013年，省发改委确定娄底市为全省循环经济试点示范城市，国家发改委确定娄底市为国家循环经济示范城市创建地区。2015年1月，省政府办公厅下发《关于支持娄底市资源型城市转型发展的实施意见》，给予娄底市土地、城市规划、财政金融、产业发展、基础设施、生态环保、社会事业等方面政策支持。2015年2月，市政府成立促进资源城市转型发展领导小组。2017年4月，国家发改委等5部委联合行文，确定娄底市为全国首批老工业城市和资源型城市产业转型升级示范区。

第七节 经济调研报告及建言献策

1990—1995年，地区计委向行署上报《关于贯彻实施国务院、省政府产业政策的意见》《固定资产投资管理的意见》《农转非计划管理的意见》均被行署在制定相关政策时采纳。《娄底地区煤炭产销情况》《稳定煤炭产量改善产品结构》《能源原材料开发存在的问题及对策研究》《狠抓生产成本努力提高经济效益》等调研报告，先后被《湖南日报》《湖南经济导刊》采用，引起省政府对娄底能源原材料开发区的重视，省政府主要领导率省直相关部门到现场召开办公会，解决一系列政策问题。

1996—2000年，《实施“三化”战略，抓好“六大”建设》《娄底地区经济现状和展望》《狠抓重点崛立湘中—娄底地区重点项目建设成就回顾》《关于积极争取国家投入加快娄底地区重点建设的几点意见》《对当前固定资产投资方向的思考》《我市农村第三产业发展状况的问题和对策》等调研报告，由《湖南日报》《湖南经济导刊》《宏观经济研究》刊发，行署研究决定组建重点建设项目办公室、重点项目前期工作办公室、铁路建设指挥部等重点建设项目组织管理结构。为行署研究制定“九五”计划提供参考依据。2000年，《将原娄底市经济技术开发区上收重新启动的建议》被市委常委采纳。《对当前固定资产投资方向的思考》被《当代中国思想宝库》《党政论坛》杂志刊登。

2001—2005年，开展“十五”规划思路研究，完成调研报告21篇，《娄底市县城经济发展调研报告》《把握机遇，明确方向，确保“十五”计划顺利实施》《建设娄底至衡阳铁路势在必行》《延长钢铁产业链条，打造娄底钢城品牌调研报告》《发挥资源优势，实现经济转型》《娄底市资源型工业存在的问题及其对策》《农村城镇建设存在的问题及其应对的举措》先后发表于省、市报刊，被市委、市政府采用；《关于将娄衡铁路纳入国家铁路建设规划前期工作有关问题》被国家铁道部长远规划司采纳。

2006—2010年，完成调研报告35篇，《循环经济娄底可持续发展的必然选择》《娄底市煤炭资源合理开发利用战略》《娄底经济如何突围，后发赶超再思考》《娄底市在“3+5”城市中的地位和作用》《娄底市在“3+5”城市群中的功能定位》《以投资项目为主线，促进娄底又好又快发展》等6篇被《湖南日报》《湖南经济导刊》《娄底日报》刊登；《关于请求将娄底列入第二批国家资源型城市可持续发展试点城市的建议》被国家发改委采纳；《践行科学发展，坚定赶超战略》《娄底市国民经济和社会发展“十一五”基本思路》《娄底新型城市研究与思考》《娄底市新能源产业发展研究》《娄底市公共资源交易研究》《娄底市新农村建设的路径选择》《关于娄底市天然气利用工程的意见和建议》《娄底市两型产业发展研究》等调研报告为市委、市政府研究政策提供参考；《娄底市资源节约型和环境友好型社会建设综合配套改革实施方案》被省政府批准执行。《试论城乡二元化的成因及改革对策》被湖南人民出版社采用。《关于洛湛铁路娄邵既有线扩能改造工程及城区段外移情况汇报》《关于沪昆客运专线娄底段专线方案及车站设置情况汇报》均被市政府、铁道部采纳，《关于“3+5”城市群综合交通体系规划娄底市有关情况汇报》获市政府支持，省政府采纳。

2011—2017年，完成调研报告38篇，《涟钢周边环境综合治理开发建设建议》《娄底市国民经济和社会发展“十二五”基本思路》《“十三五”基本思路》《娄底市全面建成小康社会初步研究》《娄底市产业转型发展研究》《娄底市资源型城市转型升级对策研究》《以“旅游+”力推娄底供给结构性改革》《娄底市园区产业发展思路》《娄底钢城规划思路研究》《关于公务用车制度改革财政制度改革建设的思考》等调研报告为市委、市政府决策提供参考。《娄底如何赢得“一带一部”的新红利》被省政府《研究与决策》刊登；《娄底市零碳经济发展思路研究》《娄底市先进结构材料产业集群发展思路》被国家发改委采纳。

第四章　计划管理

第一节　管理体制改革

1990年，地区计委系行署正处级工作机构，主要职能是分析研究国民经济和社会发展趋势，提出年度经济社会发展目标；组织编制国民经济和社会发展中长期计划、综合性的专业计划；直接编制农村经济，工业生产，交通运输，工业经济效益，节约能源和农村能源建设，固定资产投资，基本建设，主要商品收购、调拨，对外贸易出口收购（供货），主要物资分配，劳动工资，人口，教育，卫生，科技三项，星火成果推广，饲料工业，财政收入，横向经济联合组织，土地利用，大专院（技）校招生毕业生分配等17种年度计划。审查和批转有关行业计划；提出发展战略、规划重大建设项目。

1992年始，地区计委编制下达包括当年地区生产总值、财政收入、全社会固定资产投资、居民消费价格指数、社会消费品零售总额、外贸进出口总额、城乡居民收入、人口自然增长率、城镇化率、城镇登记失业率等17项综合性计划指标。工业、农业、商贸等生产经营产量，地区计委作指导性计划下达，企业以市场为导向，自主调整。10月，农业生产全部实行指导性计划，工业生产仅下达省定15种产品指令性计划。生铁、水泥部分指令性计划、上调任务全部改为协调性上调任务，保量不保价。其他行业指令性计划按省下达数执行。1993年，钢材、水泥、生铁取消上调任务。

1994年8月，地区组建计划物价委员会（简称地区计物委），饲料办职能归并计物委，经济技术协作办并入计物委。重点项目办为计物委的内部机构。1995年9月，地区计物委分设为地区计划委员会和地区物价局。地区计委内设办公室、人事教育科、国民经济综合科、固定资产投资科（加挂国土地区科的牌子）、外经财贸科（对外加挂物资科牌子）、工农科（加挂地区以工代赈办公室牌子）、社会发展科、地区重点项目前期工作办公室（对内为计委科室）、地区战略规划办公室（对内为计委科室，加挂地区第三产业办公室的牌子）、地区经济技术协作办公室、地区饲料工业办公室、纪检组（监察室）。行政编制30名，机关后勤服务人员核定事业编制3名。经济技术协作办定事业编制5名，饲料办定事业编制4名。地区计委主要职能是强化宏观调控，深化计划体制改革，加速职能转变，减少具体事务，简化生产、建设、流通、分配和社会事业等各个领域、各种类型的计划指标。按市场发育的程序，逐步放开资源配置有关产品的计划管理范围。改革固定资产投资管理体制，部分限额以下的基本建设项目的审批权限下放给县市，简化基本建设审批程序。

2001年9月，市计委更名市发展计划委员会。2002年2月，内设办公室、投资科、工交农业科（加挂市以工代赈办公室牌子）、高新技术产业科、社会科、市重大建设项目前期工作办公室（加挂洛湛铁路工作办公室牌子）、市发展规划办公室（加挂综合科、招投标管理办公室牌子）、市第三产业办公室（加挂外经财贸科牌子）、市饲料管理办公室、市经济技术协作办公室（加挂开发区管理办公室牌子）、人事科。行政编制27名，事业编制12名，老干部服务事业编制1名。设立市重大项目稽察特派员办公室、市国民经济动员办公室。市经济研究信息中心，定事业编制5名。市发展计划委员会新增职能：协调编制和实施生态环境建设规划、库区经济和社会发展综合规划；指导和协调全市招投标工作，制定和落实全市国民经济动员的有关工作，组织和管理全市重大项目的稽察工作；指导全市经济开发区、信息化建设的宏观管理和调控工作等。不再审批企业用自有资金和商业银行贷款建设的一般项目和限额以下直接吸收外商投资项目；不再审批黄金生产计划、重点企业用电计划；不再确定具体项目的政策性贷款额度和年度计划，将农业、工业和运输生产指标改为预期性指标。划出产业政策的制订和实施、引导企业和商业性金融投资方向；外企事业单位来娄或市内企事业单位出市设立办事机构和经营单位的审批；对外贸易、经济合作、外商投资的具体政策的制订和一般进出口商品指标及部分配额的分配等职能。

2004年12月，市发展计划委员会更名市发展和改革委员会（简称市发改委）。2005年4月，内设办公室、市发展规划办公室（加挂综合科牌子）、经济体制综合改革科（与法规科合署办公，并加挂市经济体制改革领导小组办公室和市人民政府招投标管理办公室牌子）、固定资产投资科、工交能源科、高新技术产业科、农村经济科（加挂市以工代赈办公室牌子）、社会发展科、市第三产业办公室（加挂财贸科牌子）、市经济技术协作办公室（加挂外经科牌子）、人事科。另设市重大项目建设前期工作办公室、市重大项目稽察特派员办公室、市国民经济动员办公室。市发改委职能调整为推进投融资体制改革，将基本建设、技术改造投资整合为固定资产投资管理。投资管理的重点，转到优化投资结构和产业结构、搞好重大项目布局、防止重复建设、提高投资效率上。进一步缩小投资审批范围，对企业使用非政府投资建设的符合国家产业政策、非重大项目和非限制类项目逐步实行登记备案制。对必须经行政审批的投资项目，减少审批环节，规范审批程序，设定审批时限，提高审批效率和透明度。扩大县（市、区）政府用自有资金在公共服务领域投资的权限。完善专家咨询论证制度，提高投资审批的科学性。建立政府投资项目的后评价制度和监督机制，完善投资审批责任制。加强重大项目及政府投资项目的稽察工作。强化区域经济调节中的总体指导和综合协调，减少微观管理事务。加强对经济社会发展、改革和稳定的重大问题的研究，综合协调经济社会发展和改革开放的全局性工作。加强对实施可持续发展战略的指导和重大问题协调，促进经济与资源、环境的协调发展。按照走新型工业化道路的要求，研究制定并实施宏观产业政策，抓好能源的发展战略、规划的拟定和战略储备工作。减少行政审批和对经济活动的直接行政干预，强化研究拟订发展战略、规划和宏观政策的职责。按照社会主义市场经济体制改革的要求，加大经济体制改革工作，以改革促进发展。可由市场调节或由企业自主决策的交由市场或企业决定；对竞争性领域由行业管理转变为宏观指导，促进行业自律。

2011年1月，市发改委内设办公室、发展规划科（加挂国民经济综合与经济体制改革科牌子）、招标投标管理办公室（加挂政策法规科牌子）、固定资产投资科（加挂市开发区管理办公室牌子）、农村经济科（加挂市以工代赈办公室牌子）、工业和基础产业科、社会发展科、资源环境与地区经济科、服务业科（加挂财贸和外经科牌子）、人事科。另设市重大项目建设前期工作办公室、市经济技术协作办公室、市国民经济动员（装备动员）办公室、市重大项目稽察特派员办公室、市发展研究中心、市能源局、市经济建设投资公司。其职能是，修订调减全市投资核准目录，提高市级核准项目的规模（限额）标准，缩小投资审核范围，下放投资审核权限。国家、省级规划内和年度计划规模内的固定资产投资项目，除少数需报国家、省、市政府审批、审核或由市发改委审批、核准外，区分不同情况由县级政府和行业管理部门审批、核准，或由企业自主决策。地方规划和专项规划、专项产业政策，除按规定需报国家、省、市政府审批的外，由县级政府和行业管理部门在国家、省、市内规划和政策的指导下分别制定。划出市信息化工作办公室及其职能。

2015年5月，市物价局并入市发改委，不再保留市物价局，原市物价局的职责整合并入市发改委。7月，市政府组建市重点建设项目办公室，将市重大项目建设前期工作办公室的职责、市重点工程办公室（市支援铁路建设协调领导小组办公室）的职责整合。统筹协调娄底市纳入湖南省湘西地区开发和武陵山片区国家扶贫攻坚示范区建设工作，统筹协调推进融城战略的实施工作。内设办公室、发展规划科、经济体制改革科、国民经济综合和运行调节科、政策法规科（加挂行政审批科、招投标管理办公室和市公共资源交易管理委员会办公室牌子）、固定资产投资科、农村经济科（加挂市以工代赈办公室和西部开发办公室牌子）、工业和基础产业科、资源节约和环境保护科、地区经济和转型发展科（加挂市园区管理办公室牌子）、社会发展科、能源科（对外称娄底市能源局）、服务业科（加挂财贸金融科牌子）、价格调控科（加挂价格信息中心牌子）、价格监测科、商品价格管理科、服务价格管理科、收费管理科、市优化经济发展环境办公室、人事科。行政编制57名，机关后勤服务全额拨款事业编制6名。另设市国民经济动员（装备动员）办公室、市重大项目稽察特派员办公室、市物价局娄星分局。管理市重点建设项目办公室、市发展研究中心、市“两型社会”建设工作办公室，市经济建设投资公司、市价格监督检查局、市娄星价格监督检查局、市工程咨询中心、市价格成本调查队、市价格调节基金办公室、市价格认证中心。发改委加强职能：研究拟订推进经济建设与国防建设协调发展的战略和规划协调工作；研究提出能源消费总量控制目标政策，牵头拟订能源消费总量控制工作方案并组织实施；特重大自然灾害的灾后恢复重建规划编制；提出建立健全生态补偿机制和政策措施；整合建设统一规范的公共资源交易平台。原市人口和计划生育委员会的研究拟订人口中长期发展规划、年度计划和人口政策职责，原市煤炭局拟订煤炭工业发展规划和管理职责，市经济和信息化委员会的国民经济运行调节、节能监管职责，市监察局的优化经济发展环境、政务平台电子监察和治理工程建设领域突出问题工作有关职责划入市发改委。市发改委承担的市深化医药卫生体制改革领导小组办公室的职责划归市卫生和计划生育委员会，市经济技术协作办公室职责划归市商务粮食局下属市投资促进事务局。

第二节　县（市、区）计划管理机构

1990—1994年，全地区5个县市设有计划委员会，内设办公室、综合、物资、基建计划组等，在编人员12～18名。1995年，娄底市、涟源市、冷水江市和新化县计委与物价局合并组建计划物价委，双峰县计委与统计局合并组建计划统计局，1996年，上述县市计物、计统局分设。

2002年，县（市、区）计委，更名县（市、区）发展计划委员会，内设办公室、投资组（加挂重点项目建设办公室牌子），工交农业组（加挂招商引资办公室牌子）、综合组（加挂第三产业办公室牌子）、社会事业组、财贸组。编制人员15～20名，2005年，县（市、区）计委更名县（市、区）发展和改革局。2015—2017年，县（市、区）发改局与县（市、区）物价局合并，名称不变。增加价格调控组、收费管理组、优化经济发展环境办公室、能源局。编制人员20～35名。县（市、区）计划部门的职能，随着市发改委的职能变化而变化。

第三节　投资体制改革

一、投资管理权限

1990—1992年，县（市）计委管理全民所有制基建投资100万元以下生产性项目、非生产性50万元以下项目和集体所有制生产性200万以下、非生产性100万元以下投资项目。1993年，全民所有制基建项目投资的管理，县（市）管理权限，生产性项目由总投资100万元以下扩大到1000万元以下，非生产性项目总投资由50万元以下扩大到500万元以下。城镇集体所有制项目投资，生产性项目投资，县（市）管理权限由200万元以下扩大到1000万元以下，非生产性项目投资由100万元以下扩大到1000万元以下。投资100万～300万元的乡镇企业投资项目，参照城镇集体所有制项目管理权限执行。个体私营企业的投资项目，不论规模大小，报工商部门登记后即可建设。利用外资项目（含合资、合作、独资）凡符合国家产业政策，其人民币、燃料、动力、原材料、运输能自行平衡，引进生产线不属于行业归口管理和限制进口的，产品出口不涉及许可证管理商品的，县（市）审批权限扩大到200万美元以下。危房翻修、商业网点、零星土建，全部由县（市）计委审批。国营企业自行建设包括生产性投资和职工住宅等建设项目，均由企业自主决策审批，报同级计委备案。企业集团总体发展规划经地区行署审批后，其纳入总体规划的建设项目，地区计委不再审批项目建议书。利用外资、乡镇企业和区街工业、商品房建设、个体投资等，不作总规模控制。

2011年4月，市政府执行省政府关于扩大县（市）部分经济社会管理权限的决定，凡属于地方电网的县（市）110千伏（不含）以下变电站工程、除需申请上级资金外的政府投资的县（市、区）小型农村水利项目审批、地方企业投资的小型农村水利项目、城市及干线公路以外的加油（气）站项目、县（市）城市日调水10万吨（不含）以下项目、除跨县（市）的县（市）城市道路与桥梁隧道项目、总投资5000万元（不含）以下的县（市、区）级现代物流项目、除跨流域与跨县（市）的县（市）境内水资源配置调整项目、县（市）境内总装机容量1万千瓦（不含）以下的水电站项目、除跨县（市）以及需作为独立项目申报中央资金补助外的县（市）境内二级（不含）以下公路项目、除洞庭湖区行蓄洪区和跨湘资沅澧四水通航段以及二级以上公路上的项目外的县（市）境内的独立公路桥梁和隧道项目、年产磷肥20万吨（不含）和普钙30万吨（不含）及镁磷肥与钾肥20万吨（不含）以下项目，由县（市、区）自行核准。9月，市发改委给予娄星区发展改革局下放部分项目管理权限。2017年，县（市、区）、娄底经开区、万宝新区投资项目管理权限与市同等，但是，向国家、省政府申请投资的项目，须经市发改委审查申报。

二、项目审批

1990—1992年，总投资50万元以上的项目须经立项。年度投资计划审批总投资300万元以上的项目，须经审批立项、可行性研究报告、年度投资计划。1993年始，地区计委对一般项目，只管年度计划和实行投资许可证管理。总投资在50万美元以下的利用外资项目，立项、可行性研究可一次审批。投资许可证，原则上采取哪级审批项目，就由哪级计委发证。所有项目审批服务由有关部门集中办公，统一审批。

2007年8月，市政府《关于深化投资体制改革的意见》规定，企业不使用政府投资建设的项目，不再实行审批制，区别不同情况实行核准制和备案制。政府仅对不适用政府性资金投资建设的重大和限制类项目进行核准。对《娄底市政府核准的企业投资项目目录》以外的企业投资项目，依照《娄底市企业投资项目备案暂行办法》实行备案制。大型企业集团编制中长期发展建设规划，经市政府或投资主管部门批复后，项目不再另行申报核准，只需办理备案手续。政府投资项目一般都要经过符合资质要求的咨询中介机构评估论证，特别重大项目还应实行专家评议制度。政府投资采用直接投资和资本注入方式的，只审批项目建议书、可行性研究报告，除特殊情况外不再审批开工报告，同时应严格初步设计、概算审批工作。采用投资补助、转贷和贷款贴息方式的，按照规定履行审批、核准或备案手续后，只审批资金申请报告。

2008年10月，市委、市政府颁发娄底市投资项目全程代理服务暂行办法，所有投资项目审批进入市政务中心办理，办结时间备案项目限定2天，核准项目限定3天。2009年8月，市政府办执行省政府办公厅转发的省发改委关于深化经济体制改革的意见，进一步健全企业投资项目核准制和备案制，缩减核准范围、下放核准权限、简化核准手续，规范和优化投资管理程序。在升级融资平台的基础上，制定国有建设性投融资集团组建方案，培育新型政府投融资主体；推行行政预算内投资项目公示制和专家评议制，整合政府投资资源，全面推行政府投资项目代建制。2011年4月，市政府成立市公共资源交易管理委员会，市直相关部门的招标、采购事项统一进入市公共资源交易中心。2013年，市政府制发《娄底市行政审批改革工作实施方案》，下发对行政审批“两集中、两到位”改革确定的行政审批项目进行梳理，推行网上政务服务和电子监察系统服务。

2014年5月，市政府发布《娄底市政府核准投资项目目录（2014本）》，引导社会投资方向。此后，市政府每年发布核准投资项目目录。市委关于全面深化改革的实施意见明确：市场机制能调节的经济活动，一律取消审批。企业投资项目，除关系国家安全和生态安全，涉及全国重大生产力布局、战略性资源开发和重大公共利益外，一律由企业依法依规自主决策，政府不再审批。由县管理更有效的经济社会事项，一律下放县管理。推行“阳光审批、网上审批”。市发改委投资项目审批（备案）全部进入湖南投资项目审批监管在线平台。6月，取消实行备案制的企业投资项目招标事项的核准。7月，市政府制发《娄底市本级政府投资项目管理办法》，8月，市政府办制发《娄底市政府投资项目跟踪审计操作规程（试行）》《娄底市政府投资项目审计购买社会中介服务管理办法》。9月，市政府办下发《进一步深化行政审批制度改革，强化政务服务的通知》，全面落实行政审批首席代表制度，强化联合审批，并联审批机制，推行网上审批。

2015年4月，市政府办发布《娄底市政府核准投资项目暂行管理办法》。6月，市政府公布《娄底市外商投资准入管理目录（2015年本）》。市政府公布工作部门权力清单和责任清单。7月，市政府办制发《娄底市推进政府与社会资本合作（PPP）项目实施办法》。8月，市政府制发《娄底市政府投资项目代建制管理办法》，市政府办下发《关于进一步规范和加强市本级政府投资项目评审工作的通知》。市财政局制发《娄底市政府与社会资本合作（PPP）项目财政引导基金管理办法》。9月，全市建立投资项目在线审批制度。

2016年1月，娄底市政府制定《深化投资项目审批制度改革的实施意见》，精简审批（核准）前置条件，合并立项前的规划、合并立项阶段的审批事项，合并初步设计阶段审批事项，合并施工图审查环节，规范中介服务，推行并联审批，建立在线审批平台，建立限时办结公开承诺机制，强化部门监管。是年，市发改委制定行政许可裁量权基准，梳理出行政权力清单80项、主要职责清单17项、事中事后监督事项20项、服务事项7项。出台《娄底市公共资源交易监督管理办法实施细则》《娄底市公共资源交易评标专家现场管理办法》《娄底市公共资源交易重点项目监委库管理办法》3个文件，推进县（市、区）公共资源交易机构整合并入市公共资源交易平台工作。

2017年8月，市政府下发《娄底市深化投融资体制改革重点任务责任分工的通知》，市政府办制发娄底市贯彻落实《湖南省促进民间投资六大专项行动》实施方案，10月，市政府颁发《娄底市本级政府投资项目审批管理办法》和《娄底市政府投资项目审批简化环节优化流程试行办法》，11月，市政府办制发《娄底市企业投资项目核准和备案管理实施细则》。

三、投资政策环境

1992年4月，行署制定《娄底地区鼓励台湾同胞投资和贸易的规定》，凡属台湾同胞投资兴办的企业，一律列入地区重点建设计划，在供电、供水、供煤和通讯、运输、场地，劳动力和基建三材资源等方面优先安排，其收费标准与本地国营企业同等对待，在项目立项和可行性研究及合同、章程的审批和银行立户、工商登记等方面按照有关规定，从快办理手续。

2002年9月，市政府《娄底市关于优化投资环境扩大招商引资若干规定的通知》规定，外来投资企业在土地使用方面除按有关法律规定予以优惠外，举办生产型企业以出让或租赁方式取得土地使用权，在付清首期拆迁安置费后，可以分期缴付土地出让金；以租赁方式使用土地的，前5年内土地使用租金返还70%。凡涉及投资有关审批事项的部门均在政务大厅集中办公，实行一个窗口对外，一站式审批。2003年6月，市委、市政府发布《娄底市鼓励外商投资若干规定（试行）》，对外商投资项目实行分类管理。高新技术产业、装备制造业、现代农业、出口型企业及其他生产性项目为第一类，能源交通，城市公用设施（非房地产）等基础项目为第二类，这两类除享受国家优惠政策外，从投产之日起，企业上缴的各种税收中地方财政享有部分，按一定比例返还企业用于改造和扩大再生产。对外商投资项目建设用地的收费、在建过程收费、城市供水配套设施费等给予适当优惠。

2005年5月，市政府发布《CEPA相关项目经营优惠政策若干规定》，凡港、澳地区企业或个人在市内以独资、合资、合作形式从事CEPA有关经营，由市项目投资全程代理服务中心办理立项、审批（审核）、发证，登记及经营阶段等手续；对港、澳零关税、零售、物流区、加工贸易、服务贸易区一律实行挂牌重点保护。国家、省部分规费标准按《娄底市鼓励外商投资若干规定（试行）的通知》有关标准收取，对市及市以下所有行政事业性规费实行“零费率”，有偿服务性收费按最低标准减半收取。依法征收的有关税收中的地方留成部分由当地财政给予一年的返回优惠，个人交纳的所得税，由当地财政返回50%，用于支持个人在内地购房、租房。用地优惠，零关税物流项目的用地先租后出让方式，其土地由市政府相关部门办理征地手续，用该项目税收的地方财政受益部分征用该项目所需用地，按拆迁成本计价出让给投资者；对进行加工装配后再出口企业的生产用地，按拆迁成本计价。对加工出口贸易企业，每创汇100万美元，给予6000元人民币的奖励，每年对零关税商品销售为主进行一次评优，前1至3名由市政府给予奖励。

2008年10月，市委、市政府发布鼓励投资创业的若干规定，制发娄底市规范建设项目收费暂行办法和新型工业化项目建设引导资金筹措和管理办法，发布娄底市投资项目全程代理服务暂行办法。投资项目全程代理服务规定建设项目报建审批办结时限。实行税收大户奖励政策。是年起，市财政预算安排1000万元作为新办新型工业化项目引导资金，主要用于税收在市本级、投资规模在5000万元及以上的新增工业项目和3000万元及以上的工业物流项目。

2011年10月、2014年8月，市政府先后修订颁发《娄底市规范建设项目收费办法》，规范建设项目收费。投资在500万元以上的高新技术产业、装备制造业、现代农业、出口型企业及其他生产性项目，在经济开发区（工业园区）投资的项目，投资道路、桥梁、垃圾站场、公交站场、公厕、城市公共广场、公园等城市公用设施项目收费：白蚁防治费暂按标准的50%收取。水土保持设施补偿费、水土流失防治费、新菜地开发基金、城市绿化补偿费暂按标准的30%收取。城市道路占用费按标准的20%收取。除防空地下室易地建设费按省物价部门文件收取外，其他有关行政事业性收费（基金）免征，有关服务性收费按标准的30%收取。党政、人大、政协、公检法机关、财政全额拨款的其他行政事业单位、部队等单位自建自用的办公楼、营房等非经营性项目，投资科研、教育、文化、卫生、体育、社会福利等公益事业项目（不含住宅等生活设施项目）及保障性住房等收费：白蚁防治费按标准的75%收取。因故不能修建防空地下室的，按省物价部门文件标准收取防控地下室易地建设费。其他有关行政事业性收费（基金）暂按标准的30%收取。有关服务性收费按标准的40%收取。建筑面积在1.5万平方米以上或投资在1500万元以上的金融、保险、商贸、运输、现代物流、旅游等三产业项目（不含房地产项目）收费：白蚁防治费按标准的75%收取。水土保持设施补偿费、水土流失防治费、新菜地开发基金、城市绿化补偿费暂按标准的30%收取；因故不能修建防空地下室的，按省物价部门文件标准收取防空地下室易地建设费，其他有关行政事业性收费（基金）暂按标准的40%收取，有关服务性收费按标准的50%收取。

2012年9月，市政府出台积极支持中小微型企业发展的实施意见，增加中小企业发展专项资金。2014年4月，市委、市政府制发《关于进一步扶助实体经济发展的若干意见》，选派一批懂经济、会管理的干部派驻到企业帮扶。组建国有控股融资担保公司，为中小企业提供融资担保服务。打造夯实中小企业融资、创业、培训、人才引进和管理、信息等专业化服务平台。严格执行刚性收费标准，减轻企业负担。5月，市委出台《关于全面深化改革的实施意见》，取消制约民间投资发展的各种歧视性规定，鼓励民间资本进入市政公用、社会事业、金融服务等领域，对经营性基础设施允许多种形式的融资创新。统一招投标平台建设，实行招投标透明管理。探索对外资实行准入前国民待遇加负面清单管理模式，全面放开一般制造业，有效扩大服务业开放。推行重大项目审批代理制和联合审批制。

2016年7月，市委、市政府发布《关于进一步优化经济发展环境的指导意见》，对优化政务服务环境、企业发展环境、项目建设环境、法治环境4个方面出台12条指导意见。健全优化经济发展环境领导小组，由市委书记任顾问，市长任组长，常务副市长任常务副组长，政法委书记，副市长兼公安局局长任副组长，市中级人民法院、市检察院、市政府办及其有关部门主要负责人为成员。严格实行经济发展环境问责制。2017年1月，市委办、市政府办出台《关于加强娄底异地商会建设支持娄商发展的意见》，实施“娄商返娄”战略，打造娄商兴娄平台。5月，市政府办发布《娄底市招商引资若干政策规定（试行）》，依法降低招商引资项目（暂不含一般性房地产项目，下同）的建设成本，使“招大引强”项目、重点招商引资项目、一般招商引资项目的建设成本比普通和一般性建设项目的平均成本分别下降25%、20%、15%左右。7月，市政府办出台《娄底市降低实体经济成本实施细则》，将降低企业税费负担、融资成本、制度性交易成本、用工成本、用能成本、用地成本、物流成本制度化。

第四十三篇

统　计

概 述

1990年，娄底地区按季度核算国内生产总值，反映国民经济的发展趋势和变化。地区统计局定期编印《娄底统计年鉴》《国民经济和社会发展情况统计公报》《统计工作手册》《统计快讯》，对全地区国民经济、科技进步和社会发展等情况开展统计分析、统计预测和统计监督，为制订政策、编制国民经济和社会发展规划提供资料。1992年，全地区实施新的国民经济核算体系，改进工业生产评价考核指标，统计工作全面转轨，逐步建立和完善以国民经济核算为中心的国民经济统计体系。农业统计、工业统计、能源统计、固定资产投资统计、建筑业和房地产开发统计、贸易统计、服务业统计、人口统计、劳动工资统计、科技统计、文化及相关产业统计、妇女儿童“两纲”监测统计等各项专业统计相继建立。

1993年，地委办、行署办发文规定“凡已定量的目标，均以统计部门的统计报表为准”。地区统计局直接参加地委、行署对县（市）和地直单位的目标管理考核工作。中级人民法院成立统计行政审判联络室。1994年，地区统计局成立统计违法举报中心，联合地区人大联工委、行署法制办、地区监察局等单位开展历时3个月的统计执法检查。地区统计局制定的34种执法办案文书被省统计局法规处印发至全省各地州市推广。1996年，地区统计局被授予全省统计执法先进单位、全国统计执法先进单位和全国“二五”普法宣传先进单位。

1997年，地区统计局成立统计科研课题研究小组，当年撰写各类分析调研报告近100篇。1998年，通过对国有工业企业改制改革调查，撰写的《国有企业不容忽视》《休克疗法行不通》《结构调整势在必行》《宏观调控管理要规范》等专题调研报告，被行署《内部参阅》连续刊登。业务工作在全省综合评比中连续四年获得第一名。1999年，地区统计局首次对规模以上工业企业经济效益月报实行分企业直报制度、超级汇总。

2002—2003年，市统计局组建娄底市城市社会经济调查队和娄底市企业调查队，相继建成娄底统计信息内、外网站，建立统计信息自动化系统和统计数据库体系，实现统计报表无纸化、数据采集电子化、传输处理网络化、业务流程规范化，统计方式进入网络化时代。

2005年，娄底市开通专业经济网站—娄底经济热线。市统计局设立普查中心，牵头负责经济的具体组织实施、“一套表”调查单位的“八建库”和基本单位名录库的建设与更新维护。2009年，市统计局增设服务业统计调查科，负责全市除批发零售、住宿餐饮及房地产开发业以外的其他服务业统计。针对金融危机对娄底市经济社会发展的影响，市统计局完成工交、投资与房地产、流通消费、财税金融等调研课题，为娄底积极应对金融危机、确保社会经济平稳快速发展提供重要参考。

2010年，市政府批准市统计局设立娄底市民意调查监测中心。2011—2017年，市统计局每年撰写近100篇分析研究报告，为市委、市政府提供决策参考。《娄底市当前能源供需矛盾突出的原因与对策》《奋力实现全市明年经济工作“开门红”的思考与建议》《娄底与相关市州经济发展对比分析与思考》等20篇分析研究报告得到书记、市长批示。市统计局每年向市委、市政府及有关部门提供统计信息和咨询建议2000余条次。

2012年，全市统计系统实现联网直报，1500余家规模（限额）以上企业在网上直接报送统计数据，国家、省、市、县四级政府统计部门同步共享统计资源。全市拥有16座席的计算机辅助电话调查系统和网上民意调查平台，250万个电话号码的民意调查样本库，注册开通全省唯一的民意调查专网（www.ldmd.gov.cn）。2013—2017年连续5年，市统计信息化建设工作在省局评比中获得1个一等奖，3个二等奖；信息安全工作获得2个一等奖，2个二等奖；网站建设（统计宣传）获得2个二等奖。

2016年，娄底市被选定为全国编制自然资源资产负债表试点工作5个试点地级市之一。市统计局按照国家试点方案和编制指南要求，完成8张试点表和试点工作报告，为全国正式编制自然资源资产负债表提供可复制、可推广的经验。

第一章　国民经济统计

第一节　国民经济核算

1990年起，地区统计局按季度核算国内生产总值，及时反映国民经济的发展趋势和变化。1991—1993年，地区统计局与省对接，对核算的统计年定报制度进行较大幅度修订，按收入法计算的增加值开展可比价核算，增加值构成要素由6个变为劳动者报酬、生产税净额、营业盈余和固定资产折旧4个；增加总产出报表、按支出法计算的国内生产总值报表。1994年，实行按可比价计算季度国内生产总值，对外公布季度数据。

1996年，金融保险业统计核算制度建立，开始统计金融保险财务收支核算、金融保险业非金融资产核算和保险业务经济指标3张报表。2003年起，全市按国家新颁布施行的国民经济行业分类试算地区生产总值。2004年，地区GDP的中文名称改为地区生产总值。人均地区生产总值改为按常住人口计算。2005年，娄底市用首次经济普查的结果，核算普查年度（2004年）的地区生产总值，并按照国家、省统计局统一部署和统一的修订方法，对全市1993年后的生产法和支出法GDP修订。2005—2008年，全市以县级GDP下算一级为突破口，逐步规范市县两级季度GDP核算。同时，开展非公有制经济、文化产业及生产性服务业增加值核算。

2009—2010年，改进国民经济核算工作。在研究现行GDP核算方案及第二次经济普查资料的基础上，探索GDP核算方法改革，完成第二次经济普查年度（2008年）GDP核算工作，并对2004—2008年GDP历史数据进行修订，同时对第三产业增加值测算方法进行探索研究，继续开展非公有制经济、文化产业及生产性服务业增加值核算。2016年，娄底市完成自然资源资产负债表全国试点工作，试编2011—2015年娄底市自然资源资产负债表，为全国正式编制自然资源资产负债表提供可复制、可推广的经验。2017年，全市推进GDP统一核算、《中国国民经济核算体系（2016）》的组织实施和编制自然资源资产负债表等核算三大改革工作。

第二节　农业统计

1990年，执行省统计局制定的《农村基层统计一套表试行方案》。1991年，实施省统计局、省农业厅、省水利厅和省民政厅联合颁发的《农村社会经济统计一套表制度》，全地区统计范围包括全部（含种植、林、牧、副、渔业）全民所有制、集体所有制、村民自营及个体经营的农业。报表内容包括乡镇调查统计表、县市调查统计表和乡（镇）月报表三部分。1993年，农村社会经济统计改为农林牧渔业统计，增加农林牧渔业增加值计算表，取消农村社会总产值指标。1994年，农业统计报表制度规定，农业产值年报中农业净产值改为农业增加值，计算内容包括农村非农行业产值、农林牧渔业总产值、农林牧渔业中间消耗、农林牧渔业增加值4个部分。

1996年，执行国家增设的乡村社会经济调查报表制度，统计范围为全部乡镇，报送频率为乡三年一次，建制镇每年一次。1997年，增加农村集体和个体企业固定资产投资调查统计。2000年，增加非农户畜牧业生产和农作物播种面积统计。2001年，增加农业主要经济指标统计和蔬菜及特种农作物生产情况统计，取消农林牧渔业商品产值综合年报表。2002年，将农林牧渔业中间消耗计算表与农林牧渔总产值、商品产值计算表合并，采用单位中间消耗来计算中间消耗总值。同年还增加农村固定资产投资统计。2003年起，年报增加农业服务业总产值，启用农林牧渔服务业总产值指标。2004年起，年报采用缩减法计算农业发展速度，取消蔬菜和特种农作物生产情况统计。

2005年，农林牧渔业统计内容：农业生产条件，主要农产品生产情况，茶叶、水果生产情况，畜牧业生产情况，渔业生产情况，农林牧渔业总产值，农林牧渔业增加值，农村非农行业产值，农村乡镇统计信息网络建设，公报指标，村基本情况，乡镇社会经济基本情况，县（市、区）社会经济基本情况，农村固定资产投资，非农户畜牧业生产情况，非农户全年农作物播种面积。2008年，新增畜禽监测工作，定期报表取消非农户畜牧业生产情况，农产品生产价格基层表，年报农村社会经济基本情况表作调整。

2009年，新增农村住户调查方案，包括综合年报表，综合定期报表，基层年报表和基层定期报表，调查农村居民家庭情况，农村居民居住情况，农村居民家庭收入与支出，农村劳动力就业与流动情况，农业生产结构及技术应用情况等。2010年，新增乡村社会经济调查制度，调查乡和建制镇基本情况，村基本情况，农林牧渔业生产经营单位能源消费情况等。同年新增统计基层基础工作管理。

2011年，新增农林牧渔业中小企业调查统计半年报、年报。是年，畜禽监测工作移交国家统计局娄底调查队。2012年，新增乡（镇）网络统计电子台账。2013年，农村住户调查工作移交城市经济调查队。2014年农村住户调查工作移交国家统计局娄底调查队。2015年，全市取消农林牧渔业生产经营单位能源消费情况表和全面小康监测工作。至2017年，农业统计有综合定期报表7张，分别是农作物播种面积（秋冬播、春夏播、全年），农业生产经营单位农作物播种面积，主要农作物预计产量，畜牧业生产，蔬菜、瓜果生产，农林牧渔业总产值，农林牧渔业总产值季度计算表；综合年报表15张，分别是农业生产条件，农田水利建设，农业机械化，农作物生产，蔬菜及特种作物生产，设施农业生产，茶叶、水果及食用坚果生产，林业生产，畜牧业生产，渔业生产，农村自然灾害情况统计，农林牧渔业总产值，农林牧渔业总产值、可比价产值计算表，农林牧渔业增加值，农林牧渔业固定资产投资，以及县域经济基本情况统计报表和全省扶贫开发工作重点县及片区规划县区域发展与扶贫攻坚情况表，并组织实施。

第三节 工业统计

1990年，执行省统计局工业统计一套表报表制度，地区统计报表31张。1991年，地区对1990年工业产品不变价格重新认定，保证计算价格的可比性。1992年，贯彻国务院生产办、国家计委、国家统计局《关于改进工业生产评价考核指标的通知》，乡及乡以上独立核算工业开始计算经济效益综合指数。是年，工业统计年报14种：全部乡及乡以上工业企业和生产单位数及工业生产、销售总量指标，全部全民所有制独立核算工业企业主要经济指标，全部乡及乡以上集体所有制独立核算工业企业主要经济指标，全部其他经济类型独立核算工业企业主要经济指标，全部乡及乡以上独立核算工业企业主要经济指标，全部独立核算分属工业企业主要经济指标，全部工业企业和生产单位数及工业总产值，地（州、市）及县（市）全部工业总产值、销售产值，工业企业主要工业产品产量，村办工业企业主要指标，城乡合作经营工业、城乡个体工业主要指标，主要技术经济指标，主要工业产品生产能力，主要工业产品单位成本。定期报表6种：工业生产销售总量及主要产品产量，独立核算工业企业主要经济指标月报，分行业工业总产值，主要工业产成品（实物量）库存季报，全民所有制独立核算大中型工业企业主要技术经济指标，重点工业企业主要技术经济指标。

1993年，地区增加《工业增加值计算表》，停止工业净产值指标计算。1996年，增加高新技术产品统计报表。1997年，增加全部国有控股企业扭亏增盈情况统计表。1998年，根据国家统计局统一规定，工业统计划分为两个部分：全部国有和年销售收入500万元及以上非国有工业，简称规模以上工业，实行全面报表统计；年销售收入500万元以下非国有工业和全部个体经营工业单位，简称规模以下工业，由抽样调查取得资料。是年，采用工业生产指数法替换按不变价格总产值计算工业发展速度的方法，开展工业生产指数试算工作。1999年，规模以上工业经济效益评价考核指标体系出台，综合指数由产品销售率、成本费用利润率、资产负债率、全员劳动生产率、总资产贡献率、流动资产周转率、资产保值增值率组成。2002年，重点工业企业实行联网直报。2003年，年报执行新的《国民经济行业分类》(GB / T4754-2002)，新增加废弃资源和废旧材料回收加工业大类。木材及竹材采运业从采掘业调整到农业，纤维原料初步加工业调整为农副产品初加工服务业，这两个行业不再纳入工业统计范畴。2004年，终止按不变价计算工业总产值，只计算现行价总产值，发展速度采用价格指数缩减法计算。同年，主要经济指标报表统计范围扩大到全部规模以上工业企业。2005年，工业统计联网直报企业由原来的重点企业扩大到所有大中型工业企业。年报开始推行新的企业统计一套表制度，工业企业单位基本情况，大中型企业科技项目一览表，大中型企业科技活动情况，高新技术产品（项目）情况，信息化情况主要指标，能源（购、消、调、存）情况，劳动情况，固定资产投资情况等统计内容，都归口工业统计范围。

2006年，全市开始实施新型工业化考核统计和非公有制经济统计监测。非公有制经济统计监测共有年报报表11种，定期报表10种。主要统计监测指标有非公经济的增加值、投资、税金、就业、运输、个体户等以及规模工业、建筑业、房地产业、批发、零售、餐饮、住宿业中的非公经济主要经济指标。2007年，遵照国家统计局统一部署，全市开始规模以上工业企业成本费用调查，采集计算工业增加值的基础数据。调查对象是所有大中型工业企业和部分有代表性的小型企业。调查内容包括：工业企业制造成本、营业费用、管理费用、财务费用的明细项目以及损益及分配的部分项目，涉及146个指标，主要汇总各行业收入法和生产法增加值率。自此纳入年报，每年开展一次。2008年，全国第二次经济普查代替工业统计年报。2011年，规模以上工业企业联网直报开始全面推进，次年全市所有规模工业企业实现联网直报，国家、省、市、县四级政府统计机构同步共享企业统计数据。2012年，开始实施战略性新兴产业统计。

2013—2017年，工业统计报表制度无变化。2017年末，工业企业基层统计一套表有基层定期报表14张，基层年报表12张。其中工业统计专业基层定期报表有财务状况，工业企业信息化情况补充资料，工业产销总值及主要产品产量，主要工业产品销售与库存，生产经营景气状况。基层年报表有财务状况（非成本费用调查单位填报），工业企业成本费用（成本费用调查单位填报），主要工业产品生产能力，工业企业战略性新兴产业总产值。

第四节　能源统计

1990—1993年，地区能源统计属物资统计内容。1994年，能源统计年报3种：主要能源消耗与库存，能源消费与库存总值，工业企业能源加工转换情况。1995年，年报表3种：主要能源按行业分组消费量，主要能源调入情况表，供热能源加工转换情况。半年报有重点耗能工业企业能源购进、消耗及库存和重点企业单位产品综合能源消耗情况。1998年，增加工业企业能源购进、消费与库存年报。2003年，增加工业企业主要能源消费量与库存季报和工业企业水消费半年报。年报表有5种：工业企业主要能源购进、消费及库存，主要能源按行业分组消费量，主要能源调入调出情况，工业企业主要能源消费及库存，重点耗能工业企业能源购进、消费及库存。2004年，全国第一次经济普查增加规模以上工业企业能源购进、消费及库存和主要原材料消费情况表。2005年，增加万元GDP能耗统计和万元规模工业增加值能耗统计。同年，能源统计范围由规模以上工业扩大到全社会。2007年，年报增加能源平衡表（实物量），能源平衡表（标准量），县（市、区）营业性运输车辆按车型分类数量，各市州公路运输能源消费，水路运输能源消费，规模以上港口能源消费等。同年，能源统计调查和监测考核指标体系建立。2008—2009年，重点开展规模以上工业及重点行业的能源统计工作和节能降耗统计监测。2016年实行能源统计改革。定报试行能源供应端核算，修正2010—2012年全市能源平衡表，完善“十三五”节能资料。2017年，能源统计专业基层定期报表有能源购进、消费与库存，能源加工转换与回收利用，主要耗能工业企业单位产品能源消费情况，能源生产、销售与库存，工业企业用水情况。

第五节　固定资产投资统计

1990年，全地区社会固定资产投资统计范围包括城镇50万元以上项目（含基本建设、技术改造和其他投资），商品房屋建设投资，农村50万元以上非农户投资，农村农户投资，城镇工矿区私人建房。是年，增加新开工和竣工项目统计。1995年，增加房地产开发统计，开展房地产开发建设及经营情况调查。1997年，农村集体和个体固定资产投资划归农村社会经济统计。1998年，按月报送画红线项目名单、开工与施工验收项目名单、农村私人建房面积、三资企业固定资产投资项目纳入统计。1999—2000年，组织重点房地产开发企业联网直报，报表内容含房屋施工面积，房屋销售面积，房屋空置面积。

2001年起，固定资产投资统计以月报代年报。2003年，与市计委、市经委、市建设局联合发文，建立1000万元及以上固定资产投资项目开工报告和竣工核实制度。2004年，增加农村非农户50万元以上投资项目统计，取消国债项目统计。2005年，推行企业统计一套表制度，房地产业统计从固定资产投资统计中分离出来，单独建立统计制度，取消城镇和私人建房统计。2008年，年报由第二次全国经济普查代替，增加保障性住房本年完成投资统计。2010年，市统计局建立中央扩大投资情况跟踪统计和固定资产投资项目管理信息报送制度、重点项目和重点工业企业监测联系制度。

2011年，项目统计口径由计划总投资50万元起点调整为计划总投资500万元及以上，采用实物工作量法（形象进度法）计算投资额。2013年，国家统计局推进投资统计制度改革，以建设项目为调查对象的形象进度法转变为以法人单位为调查对象的财务支出法。2016年，5000万元及以上投资项目实行统计联网直报，500万～5000万元的投资项目通过专用程序逐级上报。

2017年，500万～5000万元投资项目采用财务支出法计算投资额，5000万元及以上投资项目采用形象进度法计算投资额（2018年正式实行）。是年，固定资产投资统计基层定期报表4张分别是：调查单位基本情况，5000万元及以上固定资产投资项目情况，500万～5000万元固定资产投资项目情况，投资项目申请表；综合定期报表1张：固定资产投资（不含农户）完成情况；基层年报表2张：调查单位基本情况，固定资产投资项目新增生产能力（或工程效益）情况。

第六节　建筑业统计

1989年，地区建筑业年报从固定资产投资统计报表中独立出来。1992年，建筑装饰业纳入建筑业统计。1993年，年报统计县及县以上独立核算的建筑业企业，包括国有、城镇集体、联营、股份制、外商和港澳台商及其他经济类型的独立法人建筑业企业。季报仅统计建工系统外的全民、城镇集体建筑业企业，不再包括勘察设计活动，设建筑业企业生产情况，建筑业企业财务状况两种表。1994—

1995年，增加农村建筑业增加值综合表，建筑业企业房屋建筑工程生产情况和统计调查单位情况3张年报表。

1996年，年报统计口径由城镇集体及其以上建筑业企业扩大到村级及其以上建筑业企业，四级及其以上资质等级专业施工类建筑业企业全部纳入年报和定报。1997—1998年，年报先后增设法人单位调查，建筑业企业建筑材料消耗情况两张表，取消建筑业活动单位生产情况表。2000年，自行完成施工产值改为建筑业总产值统计。2002年，定报对象由一、二级资质等级及其以上扩大到四级及其以上资质企业，年报增加劳务分包建筑企业生产经营情况，取消建筑企业建筑材料消耗情况表。2003年，年报增加建筑业企业房屋建筑情况，出（入）湘建筑企业生产情况和建筑工程项目一览表3张表。2004年，取消建筑工程项目一览表。2005年始，年报推行企业统计一套表制度，建筑业企业单位基本情况、劳动情况、科技项目一览表、科技活动表、资质以上建筑业企业固定资产投资完成情况等统计内容归口建筑业统计范围。

2006年，增加产业活动单位基本情况年报表和建筑业企业出省（市）生产情况定期报表。2016年，定报增加生产经营景气情况表。2017年，建筑业统计基层定期报表10张：调查单位基本情况，从业人员及工资总额，财务状况，建筑业企业生产经营情况，房屋竣工面积及价值，电子商务交易平台情况，生产经营景气状况，非工业重点耗能单位能源消费情况，高新技术产业情况表，高新技术产业情况续表；综合定期报表3张：建筑业企业生产情况，建筑业企业财务状况，建筑业企业房屋竣工面积及价值；基层年报表11张：调查单位基本情况，从业人员及工资总额，财务状况，劳务分包建筑业企业生产经营情况，主要业务活动收入，信息化和电子商务应用情况，建筑业企业主要建筑材料消费，企业研发项目情况，企业研发活动及相关情况，建筑业企业创新情况，建筑业企业创新调查企业家问卷。

第七节　房地产开发统计

1990年，地区商品房建设统计纳入全民所有制固定资产投资统计。1993年，商品房投资改为房地产开发投资，扩大到各经济类型的房地产开发公司。1995年度，房地产开发统计从固定资产投资统计基层表中独立出来单设，包括各类开发公司、商品房建设公司与其他房地产开发单位开发的统建代建，拆迁还建的住宅、厂房、仓库、饭店、宾馆、度假村、写字楼、办公楼等房屋建筑物和配套的服务设施及土地开发工程，覆盖非房地产开发企业实际从事的房地产开发或经营活动。

1996年度，按国家统计局要求，为房地产开发企业统计专门设计统计报表，主要表种有房地产开发企业（单位）投资、资金和土地情况，房地产开发企业（单位）施工、销售和空置情况。1999年度，增加安居工程指标，反映安居工程的开发及销售情况。2000年起，12月份定报代替年报。2001年6月起，全国3000家重点房地产企业联网直报。2003年，房地产开发企业联网直报制度建立，定报实行企业超级汇总上报。2004年、2008年年报由经济普查代替。2004年，全国3000家联网直报房地产企业法人单位基本情况被纳入国家统计。2005年度，新建房地产开发统计报表制度。同年年报起，商品房销售按现房、期房分别统计。

2007年，全国3000家联网直报房地产企业增至5000家。2008年度，商品房销售面积，主营业务成本、利润、税金及附加、费用等统计指标与销售收入口径一致。2009年，增加房地产开发企业财务状况半年报。2012年起房地产统计年报表由房地产开发企业实行网上直报。2017年，房地产开发统计基层定期报表6张：调查单位基本情况，从业人员及工资总额，房地产开发项目经营情况，房地产开发企业资金和土地情况，生产经营景气状况，非工业重点耗能单位能源消费情况；综合定期报表2张：房地产开发企业投资、资金和土地情况，房地产开发企业施工、销售和待售情况；基层年报表5张：调查单位基本情况，从业人员及工资总额，财务状况，主要业务活动收入，信息化和电子商务应用情况。

第八节 贸易统计

1990年，地区商业统计报表有商业机构和人员，社会商品零售总额，社会商品零售量，社会农副产品收购和调出，商品购销调存总值，社会商品购销调存量，商业企业经济效益及主要财务指标。是年，商业统计改称批发零售贸易业、餐饮业统计。1993年，地区实施批发零售贸易业、餐饮业统计一套表制度，统计范围既包括原来的商业企业，又包括物资经营企业和外贸企业。统计年报有：个体商业抽样调查商品购、销、存总额，个体商业基本情况，个体商业抽样调查商品购、销、存数量，批发零售贸易业商品销售、库存总额（对外贸易），全社会消费品零售总额，批发零售贸易企业商品销售、库存总额，批发零售贸易企业财务状况（物资供销），批发零售贸易业商品分类销售、库存，批发零售贸易业商品分类销售、库存，批发零售贸易业商品分类销售、库存（物资供应），批发零售贸易业商品销售、库存数量，批发零售贸易业商品销售、库存数量（对外贸易），批发零售企业商品销售、库存数量，批发贸易业机构、网点、人员，零售贸易业机构、网点、人员，批发零售贸易企业财务状况（网内商业），批发零售贸易企业财务状况（对外贸易），餐饮业企业财务状况等19种。1995年8月，开展批发零售贸易、餐饮、服务业企业划型工作。

1998年，小型批发零售贸易企业由全面报表改为抽样调查。年报缩减为6种：限额以上批发零售贸易业经营方式及业态（试行），限额以上批发零售贸易业商品购、销、存总额，限额以上批发零售贸易业商品销售总额，餐饮业销售情况，限额以上批发零售贸易、餐饮业财务状况，社会消费品零售额。2001年，年报增加批发零售贸易业、餐饮业样本单位基本情况统计表。2003年，批发零售贸易、餐饮业统计报表制度进行较大修订，定期报表8种：批发零售贸易业商品销售总额和分类销售额，限额以上批发零售贸易业商品销售与库存，社会消费品零售总额，限额以上餐饮业销售情况，重点批发零售贸易企业主要经济指标，亿元以上商品交易市场成交情况，限额以上连锁零售业和餐饮业经营情况（分A、B表），限额以上连锁零售业和餐饮业门店和配送中心分布情况。年报9种：限额以上批发零售贸易业商品购、销、存总额，餐饮业销售情况，限额以上连锁店（公司）商品销售情况，限额以上批发零售贸易企业财务状况，限额以上餐饮业销售情况，批发零售贸易样本单位基本情况，餐饮业样本单位基本情况，法人单位基本情况，产业活动单位基本情况。

2006—2007年，限额以下贸易餐饮业抽样调查制度改革，批发和零售业、住宿和餐饮业重点企业联网直报。2008年，批发零售企业统计年报有：限额以上批发和零售企业财务状况，限额以上住宿和餐饮业企业财务状况，限额以下批发和零售业、住宿和餐饮业样木单位基本情况，法人单位基本情况。其余年报表由第二次经济普查代替。批发零售综合定期报表有：批发和零售商品销售情况（月报），限额以上住宿和餐饮业经营情况（月报），限额以上批发和零售业商品销售分类情况，社会消费品零售总额（月报），限额以上餐饮企业能源消费情况（季报），限额以上批发零售业商品销售情况（季报）。2009年，限额以上批发业统计标准由500万元调整为2000万元，零售业由200万元调整为500万元，当年取消限额以下餐饮业和个体户能源消耗情况的基层表和综合表。2010年，增加重要商品购进、销售和库存表。

2012年，国家统计局将批发和零售、住宿和餐饮业统计报表制度拆分为批发和零售业统计报表制度及住宿和餐饮业统计报表制度，当年限额以上法人企业开始使用一套表联网直报平台报送数据。2013年，增加批发和零售业企业调查问卷、住宿和餐饮业调查问卷，次年取消。2014年，在批发和零售业经营情况表及住宿和餐饮业经营情况表中增加通过互联网实现的商品销售指标。2015年，通过互联网实现的商品销售指标改为通过公共网络实现的商品销售。2016—2017年，报表制度无变化。

第九节 园区统计

1992年，全省开始园区统计工作，但没有规范的统计制度。2004年，开始有规范的统计制度，2008年取消园区统计。2009年恢复园区统计，至2017年，全市产业园区统计基层定期报表2张：湖南省省级及以上产业园区统计月报表，湖南省省级及以上产业园区制造业情况统计月报；基层年报表8张：湖南省省级及以上产业园区基本情况表，湖南省省级及以上产业园区入园企业一览表，湖南省省级及以上产业园区高新技术企业一览表，湖南省省级及以上产业园区进出口企业一览表，湖南省省级及以上产业园区统计年报综合表，湖南省省级及以上产业园区制造业情况统计年报表，国家高新技术产业开发区情况，国家经济技术开发区情况。

第十节 服务业统计

一、规模以上服务业统计

2007年始，全市实施服务业综合统计制度，开展限额以上服务业统计。统计范围包括除批发零售、住宿餐饮及房地产开发业以外的其它服务业。调查对象为全市范围内所有从事服务业活动的限额以上法人单位，包括视同法人的产业活动单位，但不包括公共管理和社会组织法人单位。入统标准是上年度营业收入（企业）或全部收入（事业行政单位）在规定标准（教育、卫生行业为500万元，其他行业为200万元）及以上的法人单位。常规报表有：单位基本情况调查表，限额以上服务企业财务状况，限额以上服务业行政事业单位财务状况，限额以上服务业民间非营利组织及其他单位财务状况，银行业企业财务状况，保险业企业财务状况，证券业企业财务状况年报和定报，定报为季报，且均为错季报表。

2009年6月，市统计局增设服务业统计调查科。2012年，根据《国家统计局关于开展服务业重点企业调查的通知》，市统计局开展服务业重点企业调查并采取联网直报方式报送数据。重点企业是指营业收入1000万元或从业人员达到50人以上的服务业法人单位，当年起报单位有12家。主要报表有：重点企业法人单位基本情况调查表，财务状况，信息化情况。2013年，娄底限额以上服务业单位和重点服务业企业分别为575家和92家。2014年，重点服务业更名为规模以上服务业，从当年年报开始取消限额以上服务业统计，形成以规模以上服务业为主体的统计制度。统计范围调整：文化、体育、娱乐业、居民服务、修理和其他服务业上年度营业收入500万元以上（含500万元），或者期末从业人数50人以上（含50人）的法人单位；其他行业标准不变，即上年度营业收入为1000万元以上（含1000万元），或者期末从业人数50人以上（含50人）的法人单位。日常报表有：法人单位基本情况，财务状况，信息化情况，企业电子商务交易情况年报和定期报表。保留银行业企业财务状况，保险业企业财务状况，证券业企业财务状况等金融企业财务报表。是年，按照《湖南省统计局办公室关于2014年季度地区生产总值核算方案》，确定改进其他营利性服务业核算方法，由原来利用该行业税收增长速度计算改为利用该行业营业收入及增长速度计算。

2015年，规模以上服务业统计报表由季报改为月报，统计范围增加年营业收入1000万元及以上或年末从业人员50人及以上的自有房地产经营活动和其他房地产业法人单位。财务月报扩大至全部规模以上服务业法人单位。规模以上信息化情况表和企业电子商务交易情况表合并为信息化和电子商务应用情况，增加电子商务交易平台情况年报和季报。增加《主要行业生产经营景气状况》季报。2016年，全市开展规模以上企业电子商务交易平台季度统计和一次性年度调查，以及规模以下企业重点电商平台季度调查。2017年始，根据国家统计局的要求将与互联网相关的信息化、电商平台、互联网平台、四众平台等统计调查项目进行整合，建立互联网经济统计报表制度。

二、规模以下服务业抽样调查

2008年始，全市对限额以下服务业（200万元以下）抽样调查。2010—2013年，市统计局收集上报省级样本单位的相关报表。2017年5月，贯彻执行省统计局、国家统计局湖南调查总队《关于做好湖南省规模以下服务业抽样调查业务分工调整的通知》，明确从2018年二季度始实施规模以下服务业抽样调查。主要报表有：服务业调查单位经营情况和服务业调查单位问卷，均为季度报表，采取联网直报和县市统计局代报两种方式进行。娄底样本单位145家，有效样本54家。

第二章　社会统计

第一节　人口统计

1990年始，地区统计局对人口统计增加人口变动抽样调查（每年一次的1‰人口变动抽样调查和5年一次的1%人口抽样调查），纳入统计年报。报表有人口变动情况抽样调查表，事后质量抽查表，事后质量抽查结果表等。是年末，全地区人口372.67万人，当年人口出生率20.3‰，死亡率5.7‰，自然增长率14.6‰。常规报表和数据取自公安部门的户籍年报。2015年始，开展1%人口变动抽样调查。调查员采用PAD现场采集数据，利用移动互联网上报到同方公司开发的数据平台。2016年始，全市所有村、社区居委会纳入填报当地报表，用于收集非普查年份的人口大数，包括户籍人口、常住人口、出生人口、死亡人口等。2017年末，全市户籍总人口453.61万人，当年人口出生率16.52‰，死亡率6.95‰，自然增长率9.57‰。

第二节　劳动工资统计

1990年，娄底地区劳动工资统计包括：全民所有制单位职工人数与工资及其补充资料，全民企业工业、建筑业职工和工资总额分类及补充资料，固定和合同职工增减变动、职工工资总额构成，城镇集体所有制单位职工人数与工资及其补充资料，集体企业工业、建筑业职工和工资总额分类、职工增减变动情况、职工工资总额构成，其他各种所有制单位职工人数与工资，工业企业职工人数、职工工资总额构成，城镇个体劳动者人数，全民所有制工业、建筑业职工年龄、工龄、文化程度和政治情况，城乡劳动力资源与分配等。1993年，劳动工资统计取消固定职工、合同制职工、临时职工和计划外用工等指标，全民所有制单位改为国有经济单位。1994年，劳动工资统计更名劳动统计，增加企业破产、停产、半停产及职工停工、待工、工资发放情况表和企业富余人员情况表。

1997年，增加下岗职工年末人数及下岗职工生活费等指标，取消企业破产、停产、半停产及职工停工、待工、工资发放情况表和企业富余人员情况表。1998年，将下岗职工指标改为离开单位保留劳动关系的职工，取消按劳动岗位分组的指标统计（包括工人和学徒、工程技术人员、管理人员、其他人员等）。1999年，劳动统计报表缩减为2种：单位从业人员和劳动报酬，单位从业人员变动情况。定期报表保留1种，单位从业人员和劳动报酬（季报）。2000年，企业在岗职工福利费用情况统计（包括集体福利设施及集体福利事业补贴、医疗卫生费、文体宣传费及其他指标）取消。2009年，单位从业人员和劳动报酬更名为从业人员及工资总额，停薪留职人员不再列入在岗职工统计，所支付的生活补助、代缴的各类保险等也不计入工资总额。

2012年，“四上”（规模以上工业企业、资质等级建筑业企业、限额以上批发零售住宿餐饮企业、国家重点服务业企业）单位劳动工资的年、定报实行联网直报。“四下”（规模以下工业企业、资质等级以下建筑业企业、限额以下批零住餐企业、规模以下服务业企业）私营单位由县（市、区）统计部门抽样调查收集纸质报表，代录入一套表平台。对“四下”非私营单位，实行一年一次全面调查，由县（市、区）统计部门在第二年的3月10日前收集纸质报表代录入一套表平台，由平台计算出全市非私营单位从业人员和在岗职工年平均工资并向全社会公布，作为劳资纠纷、工伤赔偿、缴纳残疾人就业保障金等的依据。

2013年，按国家统计局要求，对“四上”单位的劳动年报表指标按职业类型细分到单位负责人、专业技术人员、办事人员和有关人员、商业服务人员、生产、运输设备操作人员及有关人员。2017年，劳动统计定期报表1种：从业人员及工资总额（季报）；统计年报1种：从业人员及工资总额。

第三节　科技统计

1989—1999年，地区科技统计年报表有：大中型工业企业科技开发情况，大中型工业企业科技人员构成情况，大中型工业企业科技经费筹集情况，大中型工业企业科技开发项目情况等。2000年，科技统计范围扩大，由原大中型工业企业扩大到非工业企业及事业单位。当年年报18种：企业基本情况，企业科技人员情况，企业科技活动经费筹集情况，企业科技活动经费支出情况，企业新产品准备和产出情况，企业科技项目和专利情况，企业技术改造、技术获取及减免税情况，限额以上企业的科技活动项目情况，企业办科技机构情况，非工业企业及事业单位基本情况，非工业企业及事业单位科技活动人员情况，非工业企业及事业单位科技活动经费筹集情况，非工业企业及事业单位科技活动经费使用情况，工业企业及事业单位研究与实验发展活动经费使用情况，非工业企业及事业单位研究与试验发展活动经费使用情况，非工业企业及事业单位科技项目（课题）情况，非工业企业及事业单位科技成果情况，非工业企业技术改造、技术引进和消化吸收情况。是年，开始高新技术产品统计。

自2003年年报起，大中型工业企业科技统计改称重点工业企业科技统计。当年年报表调整，共3种：工业企业科技活动情况，重点工业企业科技项目一览表，重点企业办科技机构一览表。高新技术统计年报2种：高新技术产品统计情况，高新技术招商引资情况。2008年，高新技术统计年报1种：法人单位基本情况。定期报表有高新技术产业（工业园）和高新技术产业基地（园区）企业情况季报。工业企业科技统计，由全国第二次经济普查代替年报。2017年，高新技术统计定期报表有高新技术产业情况和高新技术产业情况（续表）；年报有企业研发项目情况，企业研发活动及相关情况，工业企业创新情况，工业企业创新调查企业家问卷。

第四节　文化及相关产业统计

2012年，娄底市开始文化及相关产业统计。2013年，建立正式统计报表制度。是年末，全市有文化及相关产业（简称文化产业）法人单位1499个，非文化法人单位所属的文化产业活动单位（简称文化产业活动单位）529个，文化产业个体经营户5000余户。文化产业法人单位从业1.7万人，文化产业活动单位从业0.8万人，文化产业个体经营户从业1.1万余人，文化产业增加值25.13亿元。2014年末，全市共有文化产业规模以上文化企业法人单位65个，从业0.81万人，文化产业增加值30.69亿元，占GDP的2.5%。2015年末，全市共有文化产业规模以上文化企业法人单位99个，从业1.29万人，文化产业增加值42.35亿元，占GDP的3.3%。

2016年末，全市共有文化产业规模以上文化企业法人单位115个，从业1.32万人。省统计局认定全市文化产业增加值53.21亿元，占GDP的3.8%。2017年末，全市共有文化产业规模以上文化企业法人单位182个，从业人员1.8万人，省统计局认定全市文化产业增加值61.7亿元，占GDP的4.4%。2017

年底，文化产业统计年报汇总表式8张：规模以上法人单位基本情况，规模以上制造业法人单位基本情况，规模以上制造业非成本费用调查法人单位基本情况，规模以上制造业成本费用调查法人单位基本情况，限额以上批发和零售业法人单位基本情况，规模以上服务业法人单位基本情况，固定资产投资情况，城乡居民人均可支配收入与文化娱乐消费支出。季报汇总表式3张：规模以上法人单位基本情况（文化及相关产业），固定资产投资情况（文化及相关产业），城乡居民人均可支配收入与文化娱乐消费支出。

第五节　妇女儿童“两纲”监测统计

1998年7月，娄底地区成立《九十年代中国儿童发展规划纲要》《中国妇女发展纲要》（简称“两纲”）监测统计办公室，下设两个监测统计小组，监测统计工作由统计局承担。根据两纲要求，对儿童发展情况25个主要指标，妇女发展情况六大领域40项主要量化指标监测统计与评估。主要内容有经济与人口、妇女参政议政、教育、卫生保健、就业与社会保障、法律保护、社会生活环境等。当年开始，统计局每年负责完成两纲监测指标的收集审核上报，并写出目标监测统计分析报告。

2001年始，娄底市实施《中国妇女儿童发展纲要（2001—2010年）》。2006年，市统计局完成妇女儿童两纲监测中期统计工作，撰写《娄底市妇女发展规划中期统计监测报告》和《娄底市儿童发展规划中期统计监测报告》。2010年完成终期统计工作，撰写《娄底市妇女发展规划（2001—2010年）》终期监测评估报告》和《娄底市儿童发展规划（2001—2010年）》终期监测评估报告》。

2011年，《中国妇女儿童发展纲要（2011—2020年）》颁布实施。娄底市根据省政府的部署，从2011年起执行妇女儿童发展五年规划。2015年市统计局完成妇女儿童两纲监测终期统计工作，撰写《娄底市妇女发展规划（2011—2015年）》终期监测评估报告和《娄底市儿童发展规划（2011—2015年）》终期监测评估报告。

2017年，两纲监测统计方式变革，省政府妇女儿童工作委员会开发建立湖南省妇女儿童发展规划监测评估数据库，首次采用网络上报方式。市直和各县（市、区）相关部门全部登录网络报表平台上报数据。市统计局和各县（市、区）统计局整理2010—2016年历史数据，录入网络报表平台。

第三章　统计调查

第一节　普　查

一、人口普查

第四次全国人口普查的标准时点1990年7月1日零时。1989年8月，行署成立全区第四次人口普查领导小组。全地区1.6万名普查员、普查指导员和质量检查员，历时4年完成全地区人口普查。普查结果：全市34个民族、95.45万户、367.80万人。

第五次全国人口普查的标准时点2000年11月1日零时。全市2万余名普查员、普查指导员和其他工作人员，历时4年完成全市人口普查。普查结果：全市常住人口107.24万户，368.32万人。

第六次全国人口普查标准时点2010年11月1日零时。全市2.5万名普查员、普查指导员和其他工作人员，历时四年完成全市人口普查。普查结果：全市常住人口109.13万户、368.56万人。

二、农业普查

第一次农业普查　普查时点1996年12月31日。普查范围：全地区全部农村住户、非农村住户类农业生产经营单位、行政村、农村乡镇、非农业乡镇企业、农村用地情况等。普查内容：农业和农村经营单位的数量和结构，农村从业人员、科技人员的数量、素质和分布情况，农业机械化装备水平，农村镇区规模及社会经济状况，非农乡镇企业的类型及规模等。普查结果：全市农村乡镇81个，农村行政村（居委会）3208个。其中农村建制镇47个（不包括城关镇和独立工矿区），占全市农村乡镇58%。农村从事各种生产经营活动的农村住户78.89万户，其中以农业收入为主的农村住户64.87万户，占82.2%。以非农业收入为主的农村住户14.02万户，占17.8%。农村住户从业人员199.15万人，户均3.07人。其中从事农业生产经营活动的161.16万人，占80.9%；从事非农业生产经营活动的37.99万人，占19.1%。农村科技人员2.14万人，其中种植业人，占86.6%；畜牧业1839人，占8.6%；林业411人，占1.9%；渔业621人，占2.9%。农村各类专业人员6279人，其中农机员1219人，占19.4%；水管员1372人，占21.9%；电管员3688人，占58.7%。全市非农乡镇企业总数6101家，其中乡镇办1067个，占17.5%；村办2007家，占32.9%；户办1541家，占25.3%；联户办1486家，占24.3%。非农村住户类农业生产经营单位1541个，其中国有41个，占2.7%；集体1451个，占94.2%；私营7个，占0.4%，个体20个，占1.3%；联营22个，占1.4%。

第二次农业普查　普查时点2006年12月31日。普查的范围和对象：全市全部农业生产经营和服务单位、农户、行政村和乡镇。普查的主要内容：农户家庭与人口特征信息，农村居民生产质量和基础设施，农村居民迁移、农村劳动力资源与就业状况，农业土地利用状况等生产条件和生产能力，农村投资规模，农业产业化水平，农村贫困的小区域估计基础信息，农业社会化服务水平，小城镇发展水平，农村社会事业发展水平。2005年12月，市政府成立市第二次农业普查领导小组办公室，负责普查工作的组织实施。全市2.8万名普查员、普查指导员和其他工作人员历时四年完成本次普查，调查80个乡级行政单位，其中乡24个，镇56个；3323个村级组织，其中3205个村；73.13万个住户，其中在农村居住1年以上的家庭户73.08万户。农业基本状况：农业生产经营户67.44万户，农业生产经营单位581个，农业从业人员119.34万人，农业技术人员4380人。主要农业机械：全市共有大中型拖拉机231台，小型拖拉机2136台，大中型拖拉机配套农具159台，小型脱粒机配套农具1419台，联合收割机746台。农村基础设施：全市21.3%的乡镇地域内有火车站，50%的乡镇地城内有二级以上公路通过，90%的乡镇有邮电所，97.5%的乡镇有储蓄所，5%的乡镇有公园，77.5%的乡镇有综合市场，31.3%的乡镇有农产品专业市场，48.8%的镇实施集中供水，17.5%的镇生活污水经过集中处理，36.3%的镇有垃圾处理站，98.4%的村通公路，100%的村通电，99.2%的村通电话，96.5%的村能接收电视节目，4.7%的村饮用水经过集中净化处理，1.6%的村实施垃圾集中处理，41.5%的村有沼气池，6.1%村完成改厕，23.2%的村地域内有50平方米以上的综合商店或超市。农村社会服务：全市33.8%的乡镇有职业技术学校，88.8%的乡镇有广播、电视站，100%的乡镇有医院、卫生院，78.8%的乡镇有敬老院，90.6%的村在3千米范围内有小学，80.9%的村在5千米范围内有中学，20.6%的村有幼儿园、托儿所，2.4%的村有健身场所，3.3%的村有图书室、文化站，11.1%的村有农民业余文化组织。74.3%的村有卫生室（站、所），73.6%的村有行医资格证书的医生，28.1%的村有行医资格证书的接生员。农村劳动力资源与就业：农村劳动力资源总量162.3万人，其中男劳动力占50.4%。农村从业人员145.1万人，占农村劳动资源总量的89.4%；农村外出从业劳动力56.1万人，其中男劳动力占59.5%。农村居民生活条件：农村居民平均每户拥有住宅面积143.8平方米，98.8%的住户拥有自己的住宅，32.9%的住户使用管道水，80.2%的住户炊事能源以煤为主，平均每百户拥有彩电67.2台，固定电话34.9部，手机52.9台部，电脑0.7台，摩托车14.2辆，生活用汽车2.4辆。

第三次农业普查　2015年12月，市政府成立市第三次农业普查领导小组办公室，负责普查工作的组织实施。普查的标准时点2016年12月31日，时期资料为2016年度。普查对象：农业经营户，居住在农村有确权（承包）土地或拥有农业生产资料的户，农业经营单位，村民委员会，乡镇人民政府。普查主要内容：农业生产能力及其产出、农村基础设施及其基本社会服务和农民生活条件等。全市1.7

万名普查员、普查指导员历时四年完成本次普查，调查86个乡镇级单位，其中乡14个，镇58个；1999个村级单位，其中1862个村委会，137个涉农居委会；1.6万个自然村；390个2006年以后新建的农村居民定居点。农业经营主体：2694个农业经营单位；以农业生产经营或服务为主的农民合作社1701个；87.8万农业经营户，其中，4043规模农业经营户；139.4万农业生产经营人员。农业机械拥有量：拖拉机3222台，耕整机1.7万台，旋耕机7466台，播种机738台，水稻插秧机996台，联合收割机2290台，机动脱粒机3.9万台。土地利用：全市耕地面积192.5千公顷，实际经营林地面积（不含未纳入生态公益林补偿面积的生态林防护林）243.2千公顷，实际经营牧草地面积18.1千公顷。农村基础设施：乡镇地域范围内有火车站的乡镇占19.4%，有码头的占25%，有高速公路出入口的占31.9%；99.6%的村通公路，100.0%的村通电，33.8%的村通天然气，17.3%的村有电子商务配送站点。98.6%的乡镇集中或部分集中供水，98.6%的乡镇垃圾集中或部分集中处理，67.1%的村生活垃圾集中处理或部分集中处理，18.0%的村生活污水集中处理或部分集中处理，65.3%的村完成或部分完成改厕。农村基本公共服务：97.2%的乡镇有图书馆、文化站，13.9%的乡镇有剧场、影剧院，27.8%的乡镇有体育场馆，50.0%的乡镇有公园及休闲健身广场，43.6%的村有体育健身场所，98.6%的乡镇有幼儿园、托儿所，98.6%的乡镇有小学；29.7%的村有幼儿园、托儿所，100.0%的乡镇有医疗卫生机构，100.0%的乡镇有执业（助理）医师，98.6%的乡镇有社会福利收养性单位。94.9%的村有卫生室。农民生活条件：99.5%的户拥有自己的住房，38.4%的户使用经过净化处理的自来水，28.1%的户使用水冲式卫生厕所。

三、工业普查

第三次工业普查　1995年1月始，娄底地区开展第三次工业普查，1996年末结束。普查时点：1996年1月1日。普查结果：1995年，全地区拥有工业企业2.16万家。其中乡及乡以上工业企业1530家，其中重工业企业1024家，轻工业企业506家。年末总资产134.17亿元，其中固定资产原值88.34亿元。年末职工25.07万人。1995年，实现全部工业总产值142.71亿元（现价），比1985年增长2.4倍，年均递增13.2%；实现增加值27.06亿元，实现利税5.79亿元。1995年生产原煤1515.48万吨、生铁108.82万吨、钢93.20万吨、水泥275.24万吨、焦炭80.73万吨、锑2.49万吨，产量均居全省首位，发电量、化肥、纯碱、化学染料等产品产量居全省前列。1996—2017年的工业普查并入经济普查。

四、第三产业普查

1993年6月始，娄底地区对1991年和1992年开展第三产业普查。普查范围：交通运输业、邮电通信业、商业饮食业、物资供销和仓储业、金融业、保险业、房地产业、地质普查业、公用事业、居民服务业，旅游业、信息咨询服务业，技术服务业、教育、文化、广播电视、科学研究、卫生、体育、社会福利、国家机关，党政机关、社会团体（不含铁路、部队、武警）等。普查内容：机构和人员数、业务活动项目、销售收入、成本、税金、经营利润、资产负债及变动情况等。普查方法：普查、抽样调查相结合。普查结果：至1992年底，全地区第三产业单位6.24万个，其中独立核算单位7040个，单独核算单位9508个，从事第三产业的城乡个体户4.58万个。与1991年相比，第三产业单位数增长13.8%，其中独立核算单位增长3.21%，单独核算单位增长4.8%，第三产业城乡个体户增长17.8%。按经济类型划分：1992年底第三产业单位中，国有经济8239个，占总数的13.2%；集体经济8040个，占12.9%；私营经济25个，占0.04%。与1991年相比，第三产业国有经济单位增长3.7%，集体经济单位增长4.2%，私营经济单位增长25%。1992年底，从事第三产业单位的年末人员数25.34万人，其中独立核算单位11.96万人（含铁路系统），单独核算单位6.30万人，城乡个体户7.08万人。与1991年相比，从事第三产业的人员数增长8.8%，其中独立核算单位增长4.9%，单独核算单位增长5.6%，城乡个体户增长19.3%。按经济类型划分：1992年底从事第三产业的人员中，国有经济13.09万人，占总数的51.7%；集体经济5.03万人，占19.9%；私营经济134人，占0.05%。与1991年相比，国有经济从业人员增长4.6%，集体经济增长6.3%，私营经济增长76.3%。1994—2017年，第三产业普查并入经济普查。

五、基本单位普查

第一次基本单位普查标准时点1996年12月31日。普查范围和对象：辖区内全部法人单位及工业、建筑业、交通运输业、商业经营单位。普查结果：1996年末，全地区法人单位1.26万个。其中：单产业法人单位1.19万个，多产业法人单位657个，多产业法人单位的产业活动单位5691个。法人单位中工业企业1429个，建筑业企业183个，交通运输企业46个，商业企业669个。

第二次基本单位普查标准时点2001年12月31日。普查范围和对象：辖区内的全部法人单位数、分类型法人单位数及从业人员，产业活动单位数及从业人员等。普查单位普查表包括时点指标和时期指标。时点指标的标准时间为2001年11月30日，时期指标的调查年度为2000年12月至2001年11月30日。普查结果：全市有法人单位8901个，从业人员45.32万人，其中女性13.75万人。法人单位中：企业单位3607个，从业人员33.29万人；事业单位1058个，从业人员6.59万人；机关单位662个，从业人员3.56万人；社会团体70个，从业人员0.13万人；民办非企业单位32个，从业人员0.09万人。全市共有产业活动单位1.47万个，从业人员46.62万人，其中女性14.03万人。

六、经济普查

第一次经济普查　2004年2月，娄底市第一次全国经济普查领导小组成立，负责普查的组织和实施。普查的标准时点2004年12月31日。时期资料为2004年度。普查覆盖整个国民经济第二产业和第三产业。普查的主要内容：单位标志、从业人员、财务收支、资产状况，以及企业的主要生产经营活动和生产能力、主要原材料和能源消耗及科技开发的投入状况等。整个普查历经组织准备、普查登记、数据处理、资料开发和总结表彰等阶段。全市7332名普查员、2525名普查指导员历时三年完成普查。市经普办于2006年2月发布1号～3号主要数据公报，编制经济普查资料，开发利用普查数据撰写《经普后娄底GDP数据解读》等专题分析7篇。

第二次经济普查　2008年6月，娄底市第二次全国经济普查领导小组成立，负责普查的组织和实施。普查的标准时点2008年12月31日，时期资料为2008年度。普查对象：全市从事第二产业和第三产业的全部法人单位、产业活动单位和个体经营户。普查主要内容：单位基本属性、从业人员、财务状况、生产经营情况、生产能力、能源消耗、科技活动情况等。这次经济普查采用普查资料代替2008年年报。整个普查历经各级普查机构组建、人员抽调与培训、普查方案制定与实施、普查试点与单位清查、经普宣传与发动、普查表分发与登记审核、质量抽查、数据处理、资料开发和总结表彰等阶段。全市1.37万名普查员、4500名普查指导员历时三年完成普查。市经普办发布主要数据公报，编制经济普查资料。

第三次经济普查　2013年7月，娄底市第三次全国经济普查领导小组成立，负责普查的组织和实施。普查标准时点2013年12月31日，时期资料为2013年度。普查对象：市内从事第二产业和第三产业的全部法人单位、产业活动单位和个体经营户。普查主要内容：单位基本属性、从业人员、财务状况、生产经营情况、生产能力、原材料和能源及主要资源消耗、科技活动情况等。整个普查历经综合试点、普查区划分与绘图、普查指导员和普查员及PDA操作员的选聘与培训、单位核查、入户登记、数据质量抽查、数据处理、资料开发和总结表彰等阶段。全市9930名普查员和普查指导员历时三年完成普查。经济普查办公室发布主要数据公报，编制经济普查资料。

1990—2017年娄底市三次经济普查主要数据表

表43-1

项　目	单位	第一次	第二次	第三次
从事第二、三产业的法人单位	万个	0.88	1.14	2.06
其中:企业法人单位	万个	0.31	0.52	1.37

续表43-1

项 目	单位	第一次	第二次	第三次
机关法人单位	个	520.00	597.00	580.00
事业、社会团体法人	个	1444.00	1658.00	1653.00
其他法人	个	3728.00	3915.00	4678.00
产业活动单位	万个	1.34	2.28	2.76
其中:第二产业	个	2409.00	3189.00	4516.00
第三产业	万个	1.10	1.96	2.30
个体经营户	万个	7.10	11.43	20.10
其中:第二产业	万个	0.71	2.00	2.72
第三产业	万个	6.39	9.44	17.38
第二、三产业就业人员	万人	41.11	74.22	140.20
其中:第三产业	万人	16.96	37.78	69.80
个体经营人员	万人	14.29	27.58	54.75
其中:第二产业	万人	3.86	10.34	8.99
第三产业	万人	10.43	17.23	45.76
第二、三产业企业法人单位总资产	亿元	707.27	—	2273.71

第二节 抽样调查、重点调查与典型调查

一、投入产出调查

继1984年首次开展投入产出调查后，1997年，娄底地区抽取重点调查单位31个。此后每5年调查一次。2002年7月全市投入产出调查，抽取调查单位44个。其中，大型工业企业15个，中小型工业企业26个，其他行业的企事业单位3个。调查表式有各种基层调查表37张。2007年，全市调查89家单位，其中工业企业56家，建筑业4家，道路运输企业1家，批发和零售企业4家，住宿、餐饮3家，金融保险业2家，商务1家，其他服务部门10家，行政事业单位8家。2012年，全市调查72家单位，其中工业企业49家，建筑业3家，交通运输和仓储业1家，批发和零售企业1家，住宿、餐饮2家，金融业2家，房地产1家，信息传输、软件和信息技术服务业2家，租赁和商务服务业1家，科学研究、技术服务业2家，水利、环境和公共设施管理业1家，其他服务业单位10家，行政事业单位2家。2017年，调查85家单位，其中工业企业47家，建筑业2家，交通运输和仓储业4家，批发和零售企业3家，住宿、餐饮业2家，金融业2家，房地产1家，其他服务业单位20家，行政事业单位4家。每次调查结束后，基层调查表直接上报省统计局。

二、全国研究与试验发展资源清查

2009年，娄底市根据国务院的部署，开展全国研究与试验发展（简称R&D）资源清查。清查结果：全市开展R&D活动的工业企业17个，占规模以上工业企业的2.6%。其中，开展R&D活动的大中型企业4个，占全部大中型工业企业的9.3%。在开展R&D活动的企业中，国有企业及国有独资公司3个，占17.7%；私营企业10个，占58.8%。工业企业R&D人员1420人，其中女性206人，占14.5%；工业企

业R&D经费6.52亿元。其中，大中型企业R&D经费6.27亿元，R&D经费投入占全部工业企业R&D经费的96.2%；小型企业R&D经费2476万元，占全部工业企业的3.8%。在工业企业R&D经费中，国有企业及国有独资公司R&D经费6.27亿元，占96.2%；有限责任企业3166万元，占4.9%；私营企业1424万元，占2.2%；私营有限责任企业1216万元，占1.9%。按行业分，制造业R&D经费6.52亿元，占99.99%。2009年，工业企业共开展R&D项目58项，项目经费4.88亿元。工业企业办研究开发机构17个，比2000年增长41.7%。机构人员1352人，是2000年的2.09倍；其中博士和硕士77人，占5.7%，比2000年提高3.19个百分点。全年机构经费1.5亿元，是2000年的6.11倍。2009年，工业企业完成新产品产值113.73亿元，是2000年77倍。全年实现新产品销售收入112.32亿元，是2000年75倍；新产品销售收入占主营业务收入的比重为16.3%，比2000年提高14.15个百分点。工业企业申请专利156件，是2000年的3.73倍；其中发明专利32件，是2000年的3倍；发明专利所占比重20.5%，比2000年提高3个百分点。2010—2017年未进行该项清查。

三、企业景气调查

1998年，娄底地区开始开展企业景气调查工作。1999年，企业景气调查被列入国家统计制度。2006年后，国家统计局服务业司（调查中心）组织，各调查总队实施。2016年，全市对规模以上工业、有资质建筑业和房地产开发经营业、规模以上服务业、限额以上批零业和住餐业企业全面调查。调查对象：法人企业及其负责人，调查企业基本情况，企业家对行业景气状况、对企业生产经营状况和生产经营问题的判断与建议等。设基本情况调查表1张、基层调查问卷6张。2017年开始抽样调查，不再统一布置报表，而是分专业布置，指标设置注重专业特色。

四、民意调查

2005年，娄底市开始开展民意调查工作。至2009年，娄底市民意调查主要采取电话调查方式，完成省局交办的临时调查任务。2010年，娄底市民意调查监测中心成立。至2017年每年采取电话调查、网络调查、问卷调查相结合的方式先后完成中组部委托的组织工作干部形象调查，省统计局和市委组织部委托的对县（市、区）主要负责人的民意调查，全市乡、镇、街道及县（市、区）直单位的社会管理综合治理民意调查，优化经济发展环境民意调查，县（市、区）及市直单位绩效评估民意调查，民生状况民意调查，建设小康社会统计监测民意调查，创卫工作民意调查，市国土局作风建设民意调查，社会管理综合治理回访调查，园林绿化公众满意度调查，政府工作公众满意度调查，党风廉政建设和反腐败工作民意调查，娄底市为残疾人服务满意度调查，娄星区、涟源市、双峰县义务教育基本均衡发展满意度调查，基层党建工作状况民意调查等，撰写民调分析报告40余篇。

第四章　统计服务

第一节　资料汇编

1990年始，地区统计局定期编印《国民经济和社会发展情况统计公报》《国民经济及社会发展统计资料》《统计提要资料》《主要经济统计指标月报卡》《娄底统计年鉴》等。1991年4月，增加效益指标和分市州对比指标。2003年，《娄底统计》刊物改版为《决策参阅》和《统计信息与调研》，《主要经济统计指标月报卡》更名为《娄底月度经济动态》，每个月根据全市的中心工作和热点问题，适时调整指标设置，增加带前瞻性质的指标，增设反映全省14个市州经济动态的主要指标完成情况，开通娄底统计信息外网，不断更新信息内容，与新闻媒体合作，定期发布统计信息。2005年，《娄底月度经济动态》增加特别关注、月度点评、热点论谈、全市经济发展图表、全市中心工作动态、全省动态、全国动态等栏目。2006—2017年，市统计局定期提供的纸质服务刊物有《娄底月度经济动态》《统计年鉴》

《统计工作手册》《统计快讯》《统计信息与调研》《决策参阅》等。《娄底统计信息网》《娄底经济热线》《娄底民调网》定期发布信息，搭建公众手机版统计信息服务网站和党政服务网站。

第二节 分析研究

1990年，《统计资料》围绕经济工作，重点开展进度分析和专题分析，为地方党政领导提供决策参阅。1994年，对全地区86家预算内企业和24家大中型企业的生产经营状况问卷调查及部分企业的现场调查，写出调查报告4篇，其中《企业亏损的原因在哪里》在《娄底内参》转发。1997年，地区统计局成立统计科研课题研究小组，撰写各类分析调研报告近100篇，其中42篇被领导批示或和被地区《内部参阅》《工作通讯》、地委《娄底工作》《娄底日报》等刊物采用。1998年，改《统计资料》为《娄底统计》，对国有工业企业改制改革进行调查，撰写的《国有企业不容忽视》《休克疗法行不通》《结构调整势在必行》《宏观调控管理要规范》等专题分析材料，被行署《内部参阅》连续刊登。至2017年，市统计局每年撰写统计分析报告在60篇以上。2003年，改《娄底统计》为《决策参阅》和《统计信息与调研》。2009年，针对金融危机对娄底市经济社会发展的影响，市统计局组织完成工交、投资与房地产、流通消费、财税金融4个方面的调研课题，为娄底应对金融危机、确保社会经济平稳快速发展提供重要参考。对中华人民共和国成立60周年来娄底经济社会发展成果进行系列分析研究和报道。2014年，市统计局首次采用网上问卷调查的方式完成市政府领导交办的中小企业发展问卷调查，采集企业问卷824份。通过对数据资料的开发利用并通过实地走访调研，市统计局完成系列分析论文，印发《娄底市中小企业研究报告集》，为解决中小企业发展提供对策。

第三节 咨询服务

1990年9月，地区统计局成立地区统计信息咨询服务工作联络组。1991—1994年，对全地区“七五”期间国民经济和社会发展情况系列报道、为娄底地区第一部《娄底年鉴》的编写、行署制订工作计划及规划建设娄底经济强区等，提供咨询服务。1995年始，连续11年，市统计局为娄底“九五”至“十三五”规划的编制工作提供数据资料。1999年始，对外提供统计咨询服务，每年2000余人次。

第五章 信息化建设

第一节 数据处理

1990年，地区统计局利用20世纪80年代建立的计算机站对工业、农经等部分专业统计进行数据处理，对第四次全国人口普查进行数据处理。2004年，市统计局使用epras系统完成第一次全国经济普查数据处理。2008年，利用高速扫描仪，以流水线作业方式，使用epras系统，完成第二次全国农业普查近90万表的数据处理。2009年，使用epras系统，完成第二次全国经济普查数据处理。2011年，利用高速扫描仪，以流水线作业方式，使用epras系统，完成第六次全国人口普查近100万表的数据处理。随着计算机逐步普及到县、乡和企业，统计资料使用计算机逐级录入审核汇总上报。2012年，全市统计系统联网直报工作由逐级审核汇总上报和企业直报并行的“双轨制”转为企业直接网上报送的“单轨制”，1500余家规模（限额）以上企业全部在网上直接报送统计数据，国家、省、市、县四级政府统计部门同步共享统计资源。基本单位名录库、企业一套表制度、数据采集处理软件系统和联网直报系统互相联系，整体实施。

第二节 网站建设

2002—2003年，市统计局相继建成娄底统计信息内、外网站。通过多次改版，外部网站于2003年10月正式开通，并被www.google.com和搜狐等知名搜索引擎收录。娄底市统计工作开始进入网络化时代。2005年10月，娄底第一家专业经济网站—娄底经济热线开通试运行。网站设立娄底概况、综合要闻、经济参考、统计在线、企业频道、旅游频道、房产频道、电脑商情、公众服务等10多个一级栏目和40多个子栏目。2008年，《娄底经济热线》网站成为地方门户经济网站。2009年，各县（市、区）统计网站投入运行并及时更新。2013年，单位名录库系统、经济普查数据库、人口普查数据库在内网共享查询，并逐步在外网开放共享。2014年，市统计局加强资源整合，全新打造一体化网站群信息平台，建立一站式市、县两级统计网站群，全新改版市局内网、"娄底统计信息网"外网和wap移动版统计网站。2015—2016年，市统计局投入100多万元，建成了智能化管理和安全体系完善的标准化主机房、多功能联网直报指挥中心和视频会议系统。2016年8月，"娄底统计信息网"门户网站及统计信息内部网站全面改版上线运行，统计信息发布管理更加规范快捷。至2017年，娄底统计微信公众号、企业号正式开通，与门户网站同步发布统计信息，实现新媒体与网站融合。

第六章 法治建设

第一节 统计普法

1990—1992年，地区统计局在1989年统计执法起步的基础上，编印《统计执法动态》简报，在报刊电台发表执法宣传文章，结合统计执法统计开展普法教育。

1993年，组织897人参加统计法规学习班。200多人参加省局举办的法规函授学习。1550人参加全国统计法规知识竞赛。编写普法专栏20期，印发《统计执法动态》5期450份。报刊、电台、电视台采用统计执法稿件15篇。是年，地区统计局获全省"二五"统计普法函授教育先进单位和全国统计法规知识竞赛先进单位。

1997年，利用地、县两级电视台宣讲新《中华人民共和国统计法》（简称《统计法》）和《湖南省统计管理条例》27次，播放统计法专题知识讲座录像15次，举办统计法知识抢答赛7场，印发统计法知识竞赛试卷3865份，动员参加统计法规广播函授学习学员1000多名，发行《统计法概论》450本，《统计法释义》140本。5月，与行署法制办联合举办行政执法监督检查培训班。地（县、市）统计局局长和执法专干取得相关证书。

2003年，在《娄底日报》开辟《统计法》宣传专版，邀请市人大常委办、政府办、中级人民法院、市司法、法制办、监察局等部门召开宣传贯彻《统计法》座谈会，在娄底市区出动宣传车，组织近百家单位集中设立统计法咨询台、宣传栏，升放宣传气球、悬挂横幅标语，组织全局职工开展一次统计法知识抢答赛；组织480人参加"四五"统计普法函授学习，24人参加省局行政执法班学习，2589人参加全国统计法知识竞赛。

2010年，以新修订的《统计法》和《统计违法违纪处分规定》颁布实施为契机，组织统计系统74人参加省局举办的统计普查教育和统计行政执法培训，举办5期共200多人参加的统计法律法规培训班，开展《中华人民共和国行政复议法》施行十周年和新《统计法》宣传日活动，发送宣传资料和读本1000余份。

2016年，结合娄底实际出台《娄底市统计"七五"普法规划》和《2016年全市统计法治宣传教育工作计划》，协助娄底市委党校把统计法律法规列入处、科级干部培训班的学习课程。

第二节 统计执法

1990年，地区统计局先后制定统计报表催报通知书、立案查处统计违法行为呈报表、申诉复议案件查处决定书、申诉复议案件讨论处理决定书、审批统计调查报表登记表等8种法规文书。1991年，全地区抽查133个单位2386种总计3416张报表，对其中清理出的非法报表进行处置。1992年12月，地区统计局与行署法制办、中级人民法院、地区司法局、地区监察局、地区工商局、地区财政局联合制定《统计法规检查暂行办法》。是年，全地区统计执法大检查，抽查160个单位，查处违法案件31起，罚款5.13万元。

1993年9月，地区中级人民法院统计行政审判联络室成立。是年，全地区重点办理三起统计行政诉讼案件，均以政府统计部门胜诉告结。1994年，地区统计违法举报中心成立。地区统计局联合人大、法制办、监察局等单位开展历时3个月的统计执法检查。地区统计局制定的34种执法办案文书被省统计局法规处印发至全省各地州市推广。1994—2006年，全市统计执法检查4888个单位，立案查处753个单位，罚款99.88万元。

2007年，按照《关于对违反“湖南省优化经济发展环境十条禁止性规定”的行为进行问责的意见》和《湖南省规范涉企检查若干规定》开展统计执法检查。被检查的180个单位，无行政复议与诉讼案件。2008年4月，联合市依法治市领导小组办公室、市政府法制办联合下发《关于开展全市统计执法大检查的通知》，5月分两次到县（市、区）就投资、贸易、房地产、旅游、劳动工资及工业统计进行统计监审。7月，市政府办公室下发《关于对全市工业企业贯彻执行〈中华人民共和国统计法〉情况进行检查的通知》，对全市工业企业贯彻执行统计法情况进行检查。是年，全市检查单位211个，立案查处统计违法案2件，全年无行政复议与诉讼案件。

2009年，全市执法检查169家单位，立案查处统计违法案件6件，发出责令整改的单位66个，罚款1万元，省局通报批评1个单位。2010—2017年，全市每年执法检查200家左右单位，对有轻微统计违法行为的单位发出责令整改书，对个别典型统计违法案件通报批评并曝光。

第七章 机 构

第一节 市统计局机构

1990年，地区统计局系行署正处级工作机构，在岗人员40名。1998年，地区统计局设工交能源科、投资贸易科、综合核算科、法制科、办公室、计算站、农调队、城调队。在岗人员38名。至1999年，中国统计干部电视函授学院湖南分院娄底教学工作站、地区统计事务所、地区统计学会、地区统计局机关工会、地区统计干部职称评委会、地区统计干部职称改革领导小组、地区中级人民法院统计法规执行室等与统计工作相关的机构先后设立。1999年，市统计局增设科技社会科。2002年9月，组建娄底市城市社会经济调查队和娄底市企业调查队，均为全额拨款的副处级事业单位，核定编制18个，管理人员实行公务员制度。2005年，市统计局设立普查中心。2010年，设立民意调查监测中心。2017年，市统计局设省调科、工业科、能源科、投资贸易科、综合核算科、服务业科、人口社会科、普查中心、办公室、法制科、计算站和城调队、企调队、民调中心。行政编制17名，事业编制36名。年末在职干部职工50人。

第二节　县级统计局机构

一、娄星区统计局

1990年内设办公室、工贸股、城乡经济调查队、计算站，1996年增设法规股。2008年，编制27名，其中行政编制8名，事业编制19名。2011年4月，下设统计信息中心、普查中心、城乡社会经济调查队。2017年，新增民意调查中心。行政编制8名，事业编制18名。年末在职干部职工26人。

二、冷水江市统计局

1990年，内设人秘股、统计一股、统计二股和市城乡经济调查队，普查中心定编3名，加挂冷水江市民意调查中心牌子，增加事业编3名。2016年9月市统计局并入市发展和改革局。2017年12月，冷水江市统计局单独设立，为政府工作部门，内设办公室（加挂人事教育股、计算站牌子）、法规股、综合与核算统计股（加挂人口与社会统计股牌子）、投资贸易统计股、服务业统计股（加挂能源统计股牌子），行政编制8名，机关工勤编1名，事业编制25名；实有在职干部职工31名。下设市城乡经济调查队、市普查中心（加挂冷水江市民意调查中心牌子），全额拨事业编制7名。市企业调查队，全额拨款事业编制4名。

三、涟源市统计局

1990年，定行政编9名，内设办公室、农村经济综合股、商业股、工业股，下设电子计算机站、城市抽样调查队，2016年并入市发展和改革局。2017年，市政府确定市统计局单独设置，定行政编制8名，内设办公室、综合与核算统计股、农业农村统计股、工业和能源统计股、投资贸易与服务业统计股、人口和社会科技统计股。下设市城市经济社会调查队、市企业调查队、市普查中心。

四、双峰县统计局

1990年，编制10名，年末在职11人，内设办公室、电子计算机站、农经队。1992年3月，与县计委合并组建县计划统计局。2010年，县统计局调整为政府工作部门单独设置，定编21名，内设办公室、政策法规股（加挂双峰县统计执法稽查队牌子）、工业统计股、能源统计股、投资贸易和服务业统计股、综合与核算统计股、人口社会科技股、普查中心（加挂县民意调查监测中心牌子），下设城乡经济调查队、电子计算站。2012年，增设县民意调查监测中心，定编4名。2016年3月县统计局并入县发展和改革局。2017年，上级发文明确县统计局单独设置。

五、新化县统计局

1990年，编制人数17名，其中行政编制14名，事业编制3名。内设办公室、综合统计股、农业股、工业股、法规股，下设农调队和电子计算站。2004年，县企业调查队成立，为统计局二级事业机构。2015年12月，县统计局并入县政府办。2017年10月，县统计局独立设置，列入政府工作部门。内设办公室（人事股）、政策法规股（行政审批股）、综合统计股。行政编制8名。

第四十四篇

物　价

概 述

1990年，娄底地区物价总体水平基本稳定。1992年7月，地委、行署下发《关于深化价格改革，促进经济发展的若干意见》，取消工业生产资料价格“双轨制”，放开粮食销价，取消粮票，先后将257种生产资料价格和134种工业消费品价格定价权放给企业，取消生产资料最高限价。价格改革步子过快，引起物价涨幅过大。1993年，境内商品零售价格指数为115.4%。是年，娄底地区推行清费治乱减负和商品明码标价制度、企业价格诚信制度和协商定价制度；开展行业价格检查，建立社会监督网络，扩大监督检查面，遏制价费违法行为；实行粮油调价后补偿办法，不再收取粮油定价差价款，抑制价格总水平过度上涨。全地区查处价费违法案件1210起，处罚违法所得859.46万元。国家定价的比重在社会商品零售总额、农产品收购总额、工业生产资料销售总额中分别占10%、15%和20%。

1994年，境内实行“调、放、管”结合的价格管理改革，以“管”为主，辅之以“放”。对放开的主要粮油品种价格重新纳入管理，实行国家定价。1995年，行署先后下发《关于切实加强价格管理，严格控制物价上涨的通知》《关于综合治理物价的几点意见》，对于少数放开商品价格加强行业管理，对农业生产资料实行最高限价，物价与相关部门发布粮油指导价，实行蔬菜差率管理，抑制粮油、蔬菜等商品价格持续过快上涨势头。是年，商品零售价格指数为115.5%，价格涨势得以遏制。1996年，执行国家适度从紧的财政货币政策，适度控制调价措施出台，仅对粮食等主要农产品定购价格和铁路、交通及食盐等部分工业品价格进行调整，核定10家宾馆、旅店客房基价，审核出台公路客运线路有偿使用收费标准，落实180个药品价格调整等改革措施。是年，全地区实行物价涨幅控制目标考核制，推行物价调控目标管理双向责任制。1997年，居民消费价格指数为102.5%，商品零售价格指数为100.5%，境内出现通货紧缩迹象。

1998年，行署调整粮食顺销价格，市场粮价开始回升。地区物价部门取消与《中华人民共和国价格法》(简称《价格法》)相悖的文件17个。1999年，取消收费文件30个，暂停收费文件8个。对1781个收费单位进行年审，落实收费取消项目，规范收费行为。按照“优质优价、劣质劣价”原则，制定早、晚稻收购价格。采取“下要保本、上不封顶”原则，严格执行顺价销售政策，由粮食部门自主制定销价。取消电力建设资金收费、电力增容费，推行峰谷分时电价。降低电信价格、调低互联网收费标准，平均下降30%。规范本地网收费、降低电话初装费和移动电话入网费标准，平均下降20%。取消市话、本地网附加费，长途电话附加费由40%降至20%。

2000年，围绕“刺激消费、扩大内需、启动经济”的目标，对城区范围的餐饮业、文化娱乐业进行等级评定，实行差率控制和制止低价倾销，规范收费行为。规范369个单位的收费项目和标准，清理各类收费项目1120个，取消各类收费项目203个，降低资费标准3项，规范收费项目11个，废止收费文件12个。整顿农电价格，全市农村居民生活照明用电价为0.65～0.85元/千瓦时。清理农民建房乱收费项目。规范城市物业管理收费。

2001年，全市实行商品和服务明码标价。2002年，对市本级2000年始失效、取消、废止的65个收费文件的206项收费项目进行公布。配合行政审批制度改革，对市文化局、市公安局、市卫生局等45个单位行政事业性收费项目的收费依据、收费项目、收费标准进行全面清查，责令纠正和处理违规收费行为。对1152个品种规格药品纳入集中采购零售限价管理。全面推行涉农收费公示制。推行农电

"两改一同价"（改造农村电网、改革农村电力管理体制，实现城乡用电同网同价）。

2003年，市物价局推行价费公示制度。全市教育收费单位1724个，公示率85%。机关收费单位549个，公示率90%。取消过期行政事业性收费项目70个，取消违规收费项目49个，降低行政事业性收费标准20个，注销行政事业性收费许可证8个。取消无依据服务价格收费项目15个，降低服务价格收费标准13个。制定《娄底市经营企业价格信用制度》。在防治"非典"期间，发布防止食品、药品、医疗器械价格暴涨的文件13个。对815个品种实行零售限价。稳步推进垄断行业价格改革，对煤、电、油、气等资源价格进行联动改革，落实国家对电力、电信、邮政、铁路等行业价格调整措施，理顺价格体系。编印52个价格法律法规广泛宣传。是年，全市居民消费价格指数为103.6%。政府定价在社会商品零售总额、农产品收购总额和生产资料销售总额中分别占2.6%、1.2%和2.5%。全市社会主义市场价格体制基本确立。

2004年始，境内居民消费品价格指数偏高，猪肉、粮油价格高位运行。市政府印发《娄底市价格监测管理办法》，市物价局据此设立价格监测直报点，完善价格监测网络体系，形成规范化、常态化价格监测运作体系和保障体系。2005年，对影响价格上涨幅度较大的粮食主副食品、住房、生产资料等价格实施监测、预警预报，连续7个月停止出台地方政府涨价项目。全市物价涨速趋缓。2007年，围绕"促增长、调结构、安民生、保稳定"工作，扩大副食品价格监测点和监测品种，实行"一日一报"制度；出台《娄底市价格成本监审细则》规范成本监审并加大力度；修改《娄底市价格调节基金征收管理办法》，实施价格临时干预措施，对主副食品经营企业的6大商品实行调价备案制度，严厉打击违法提价行为，撤销12个路桥收费站。动员组织社会配合监督，建立农村价格监督领导小组，聘请3336个义务监督员，形成县（市、区）、乡（镇）、村三级价格监督服务网络，打击价费违法行为，遏制物价上涨势头。

2009年，市政府建立重要食品价格补贴制度和突发事件价格处置预案。2010年，全市主副食品价格大面积、高幅度上涨。市政府发布关于贯彻落实国务院16项、省政府19项调控措施的实施意见，建立市场价格调控联席会议制度，市、县（市、区）对价格调控工作实行长效化、规范化管理，向9类低收入居民发放价格临时补贴。2014年8月，市政府转发市物价局《关于深化全市价格改革的实施意见》，完善落实保供稳价分工责任制，健全物价监测预警体系，建立稳定"菜篮子"价格长效机制。稳步推进价格改革，加快要素价格市场化改革，建立价格在市场经济中反应灵活的机制。2004—2017年，全市先后调整27种类商品价格，居民消费价格年均涨幅3.08%。

第一章　商品价格

第一节　主要农产品价格

一、粮食收购价

1990年，境内晚稻收购价为22.1元／50千克。1991年，按照省政府规定，晚稻收购价为23.5元／50千克。1992年，省政府提高粮食定购价，境内早籼稻、晚籼稻、小麦的定购价每50千克分别为24.5元、27.5元、30.4元。1993年，全地区取消粮食定购任务，放开粮油价格。1994年，国家决定粮食实行合同定购。娄底规定早籼稻定购价42元／50千克，晚籼稻53元／50千克，早、晚稻另价外补贴2元；定购任务外的粮食价格随行就市。

1995年，境内稻谷结算价格，早籼稻51元／50千克，晚籼稻61元／50千克。实际定购价格分别超过结算价格60%和50%。1996年，国家大幅度提高粮食定购价，执行全省统一价格，境内早籼稻65元／50千克，晚籼稻72元／50千克，价外补贴取消。

1997年，省规定议购保护价，早籼稻56元／50千克，晚籼稻66元／50千克。娄底早、晚籼稻定购价格约比规定价格低7%左右。1998年始，执行国家粮食定购价格，娄底早籼稻57元／50千克，晚籼稻64元／50千克。收购保护价：早籼稻50元／50千克，中晚籼稻58元／50千克。1999年，境内中等质量早籼稻51元／50千克，等级差价由1元／50千克扩大到2元／50千克；中晚稻收购价格，中等质量中籼稻、晚籼稻分别是53元／50千克、58元／50千克。2000年，劣质早籼稻退出保护价收购范围，中籼稻54元／50千克；晚籼稻58元／50千克，但实际收购价低于48元／50千克。次年，粮食价格在低水平徘徊。

2002年，全市粮食收购价格比同时期的市场收购价略有提高，晚籼稻收购价格为50元／50千克。2003年，优质稻谷价格略有回升。2004年，全市对种粮农民给予直接补贴和良种补贴，其中，直接补贴按种粮计税面积11元／亩分发到户，早稻良种补贴10元／亩，中稻15元／亩，晚稻按国家确定标准执行。粮食收购价格执行国家最低收购价政策，在早籼稻原粮市场价格低于70元／50千克时，国家指定的粮食经营企业按70元／50千克敞开收购，中籼稻最低收购价格为72元／50千克，粳稻最低收购价格为75元／50千克，晚籼稻最低收购价格为72元／50千克。

2005年，境内中等质量早籼稻、中晚籼稻实际收购价格分别为69.67元／50千克、71.08元／50千克。2006年，中等质量早籼稻、中晚籼稻实际收购价格分别为70元／50千克、72元／50千克。2007年，中等质量早籼稻、中晚籼稻实际收购价格分别为75元／50千克、80元／50千克。2008年，娄底收购价，中等质量早籼稻、中晚籼稻分别为87.19元／50千克、89.65元／50千克。

2009—2017年，境内粮食收购实行市场调节价。

二、粮食销售价

1991年5月，境内早籼稻统销价为18元／50千克，晚籼稻19元／50千克，小麦统销价22元／50千克。统销标二早籼米25元／50千克，标二晚籼米27元／50千克，标准面粉28元／50千克。1992年11月，全地区放开粮油销价，取消城镇居民定量粮油供应，价格随行就市。1993年1月，对粮食销售规定最高限价，标二早籼米零售价格不超过1.3元／千克，标二晚籼米不超过1.6元／千克。早籼米销售价格1.4元／千克，晚籼米1.98元／千克。标一大米市场销售价格在2.6～3元／千克之间。

1994年，境内标二早籼米零售价1.74元／千克，标二晚籼米1.8元／千克。市场米价高于规定价约20%。1995年，按国家规定作价原则和办法作价。实行市场调节价的，统一规定零售价不超过市场平均零售价的10%。批发价不超过市场平均进销差率3个百分点，最高进销差率为9%。加工环节不超过市场平均成本利润率2.5个百分点，最高成本利润率为7.5%。对春节前市场自组粮食的主要品种实行最高限价：标一早籼大米2.6元／千克，标一晚籼大米2.8元／千克，强力面粉3元／千克，一等面粉2.80元／千克，面条在面粉销价上加0.4元／千克。

1996年，国家大幅度提高粮食定购价。粮食销售限价：地区最高2.5元／千克，县（市）最高限价为2.3～2.34元／千克，中等稻谷销售价格79.3～89.7元／50千克。1997年，市场早籼米、晚籼米零售价格分别降至1.96元／千克、2.2元／千克。1998年始，执行国家规定粮食按进销差率不超过10%的原则，实行顺价销售，由企业自主制定销售价格。1999—2004年，境内粮食销售价格按顺价确定。2005年，市场大米销售价格2元／千克左右。

2006—2017年，境内大米销售价格，随行就市。2017年，市场标二大米4.2元／千克。

三、油脂油料

1990年，境内茶油价格同比提高9%，148元／50千克。菜油价格同比提高25%，148元／50千克。油料销价与购价持平。油脂销价不变，购销价倒挂由10%扩大到24.3%，完成定购任务外的超额部分加价50%，停止议价收购。1991年，境内将油脂油料统派购改为合同定购。定购品种为茶（籽）油、棉（籽）油、菜（籽）油三大类，其价格仍按比例计，收购价茶油为153.4元／50千克，菜油为137.8元／50千克，棉籽油86.4元／50千克。其他品种继续实行自由购销，油脂销售价格除计划供应部分仍按销售价格执行外，其余部分实行议购议销。

1993年始，境内取消油脂油料比例计价，购销价格全部放开，但对粮食部门经营的油脂价格，视市场情况或节日期间实行差率控制，其差率不超过10%。1995年，境内市场油脂价格，茶油10～12元/0.5千克，菜油8～10元/0.5千克。2005年、2008年，标准品油菜籽销售价格分别为179.05元/50千克、297.7元/50千克。

2009—2017年，境内油脂油料价格放开，随行就市。

四、棉花

1990年，境内按国家规定，定购的棉花收购价格580元/50千克。1995年，标准级皮棉（三级27毫米）收购价提高到700元/50千克，原价外补贴通过价格实现，财政不再补贴。标准级皮辊棉供应价产地县855元/50千克，产区二级站861元/50千克。

1996年，地区制定籽棉收购价格，等内锯齿棉不分等级补贴28元/50千克。标准级皮辊棉供应价格一级站855元/50千克，二级站861元/50千克，其他等级皮辊棉按规定的等级差率计算，上下浮动幅度不超过4%。1997年，棉花收购价格、供应中准价格维持上年水平，供应价格上下浮动幅度由4%扩大至6%，具体成交价格由供需双方商定。标准级皮辊棉价为650元/50千克，允许收购企业上下浮动5%。

1999年，境内实行棉花收购指导价，标准级皮辊棉为500元/50千克。2000年后，不再对棉花购销进行定价，对棉花市场进行宏观监控。2005—2008年，标准品棉花销售价格为644.98~672.1元/50千克。

2009—2017年，境内棉花价格随行就市，市价格监测中心监测。

五、畜牧水产品

（一）生猪市场收购

1990年，境内市场生猪收购价格150元/50千克。1991年年底，生猪收购价格170元/50千克。1992年，生猪收购价格190元/50千克。1993年，市场生猪收购价格240元/50千克左右。

1994年，生猪外运增加，区内猪源紧缺，市场粮食价格不断上涨，生猪收购价格大幅上升，境内生猪收购价格260～390元/50千克。1995年，生猪收购价格380元/50千克。1996—1997年，市场猪肉供求平衡，市场生猪收购价格稳中有升。1998年，生猪生产发展，上半年市场价格逐步下降，下半年，因洪灾久旱，粮食减产，猪源紧缺，生猪收购价格320元/50千克。

1999年，生猪收购价格有所下跌。2000—2001年，境内生猪收购价格基本稳定。2002年始，猪肉价格逐年上涨。2005年，生猪收购价格上升至420元/50千克。2006年始，生猪价格总体呈上升趋势。2016年，达到620元左右/50千克。2017年，生猪收购价格有所下跌，580元左右/50千克。

（二）畜禽水产品零售

1990年，境内猪肉、鸡蛋、草鱼零售价格分别为7.43/千克、7.06元/千克、4.97元/千克。1994年，分别为10元/千克、8元/千克、10元/千克。2007年，分别为28.2元/千克、9元/千克、9.2元/千克。2016年，分别为31元/千克、9.6元/千克、13.6元/千克。2017年，分别为29元/千克、9元/千克、15元/千克。1990—2017年，娄底畜禽水产品零售价格总体呈上升趋势。猪肉零售价格增长2.9倍。牛肉零售价格增长8.5倍。鸡蛋价格基本稳定。草鱼零售价格增长近1.3倍。

六、蔬菜零售

1990年，境内大白菜、黄瓜、辣椒、豆角零售价格分别为0.57元/千克、1元/千克、1.54元/千克、1.12元/千克。1995年，分别为0.8元/千克、1.15元/千克、2.0元/千克、1.2元/千克。2000年，分别为0.9元/千克、1.5元/千克、2.8元/千克、1.9元/千克。2010年，分别为2元/千克、4.4元/千克、4元/千克、3.8元/千克。2016年，分别为2.6元/千克、5元/千克、6元/千克、6元/千克。2017年，分别为2.6元/千克、5.6元/千克、9元/千克、6元/千克。

七、稻谷种子

1996年始，境内稻谷种子价格纳入物价部门管理。11月，杂交水稻种子Ⅱ优培标、I优888、D优68、冈优22、汕优63批发价每千克均为16元，零售价均为17元。1998年，杂交水稻种子销售价格为：杂交不育系、杂交早熟品种价、杂交中熟品种、杂交晚熟品种批发价每千克分别为16元、12元、14元、15元。零售价每千克分别为17元、13元、15元、16元。

1999年，境内杂交水稻种子销售价格为：早熟、中熟、晚熟品种批发价每千克分别为10.6元、11.8元、14元；零售价每千克分别为12元、13元、16元。

2003年，杂交水稻种子销售价格为：早杂组合、晚杂中熟组合、晚杂迟熟组合、超级杂交稻批发价每千克分别为9.6元、13.4元、17元、17元。零售价每千克分别为10.2元、14.8元、18元、18元。2004年，杂交水稻种子最高销售限价：早杂组合批发价每千克为7.2~7.8元。晚杂中熟组合、晚杂组合批发价每千克分别为8.5元、9元。早杂组合零售价每千克为8.7~9.4元。晚杂中熟组合、晚杂组合每千克零售价分别为10元、10.9元。

2005年，境内早杂中优402、974、493，威优974，金优402、974、463，I优402、974、200等种子批发价每千克均为8元，零售价为10元。中晚杂中优191、253，中优桂99，金优80、82，威优288、77、191、64、647、207，汕优77、82、122，汕优桂99等种子批发价每千克均为10元，零售价均为12元/千克。中优188、456等种子零售价每千克均为24元。金优188、威优288等种子零售价每千克均为27元。2008年，境内普通组合种子I优402、20、974，金优402、974等种子最高零售价每千克均为12元。自有知识组合种子T优433、535、297、647、968、707、167，金优297，H37优207等种子最高零售价每千克均为22元。两优0293等种子最高零售价每千克为50元。

2006—2017年，境内种子价格放开，随行就市。

第二节　部分工业品价格

一、化肥

（一）尿素

1990年，娄底地区尿素销售价格45元/50千克，1995年110元/50千克。

1996年，地区物价局核定资氮生产的尿素（含氮46%）试销出厂价2050元/吨，试销期半年。省统一分配的尿素零售价格继续控制在1720元/吨。1997年，境内尿素零售价格继续控制在1720元/吨以内。自组尿素零售价格按实际平均进价加合理运费再加8.5%的综合差率构成。1999年，境内小化肥出厂中准指导价格为尿素1300元/吨，并允许上下浮动5%。

2004年，执行省发改委、农业厅、物价局等7委厅局《关于加强尿素产销衔接和监管确保市场供应的通知》规定，境内尿素最高出厂价为1520~1560元/吨。批发环节最高差率不超过20%。零售价不超过1700元/吨。对碳铵、磷肥、复合肥、氯化铵等农业生产资料价格过快上涨实行价格干预措施。

2006年，境内尿素出厂价格为1500元/吨，生产企业上浮最高不超过17%，下浮不限。对农民的销售价格，尿素每吨不得超过1950元。个别边远山区因运距远，运费高，也不得超过每吨2000元。2008年，娄底市外购尿素进价为1960~1980元/吨，较2007年同期每吨上涨180~210元；批发价1980~2030元/吨，较2007年同期每吨上涨180~210元；市场零售价格为110~115元/50千克，较2007年同期87~92元/50千克上涨23元。

2010—2017年，化肥价格放开，随行就市。

（二）碳酸氢铵

1990年1月，资江氮肥厂碳铵出厂价210元/吨，6月为250元/吨，11月为235元/吨。销售价按出厂价加合理运杂费，再加综合差价率7.7%核定。1995年，碳铵销价为500～550元/吨。

1996年，碳铵全市一价560元/吨（市区及郊区零售价格为640元/吨），销往外地碳铵出厂价格随行就市。零售价格一县一价，由各县（市）物价部门按规定的出厂价格加合理运杂费和8.5%的综合差率制定，报地区物价局备案。1999年3月，碳铵出厂中准指导价格420元/吨，允许上下浮动5%。

2000年，境内碳铵价格放开，市场调节。2004年，娄底市执行价格干预政策，碳铵销售价格为28元/50千克。2008年，境内碳铵出厂价620元～680元/吨，较上年每吨上涨180～200元。市场零售价34～35元/50千克，比上年上涨10元/50千克。

2009—2017年，碳铵销售由企业自主定价。

二、农药

1990年，境内敌敌畏10.15元/千克，乐果14.5元/千克，稻瘟净5.68元/千克，甲胺磷13.95元/千克，杀虫双4.51元/千克。是年始，农药价格受生产成本的增加而逐年上升。1995年，敌敌畏18元/千克，乐果21元/千克，稻瘟净11.5元/千克，甲胺磷24元/千克，杀虫双8.5元/千克。1996年，娄底地区生产的农药品种，其出厂价格实行中准价，允许企业在中准价基础上上下浮动15%，零售价格按综合平均进价加核定的合理运杂费再加规定的综合差率核定。1997年，境内农药出厂价除省管的甲胺磷、敌敌畏和乐果执行省定价外，其他市管品种仍按上年标准执行，零售价格继续实行差率控制，分县综合作价，报地区物价局备案。具体综合差率，省管品种县乡两级为11%，市管品种县乡两级为13%。

1998—2017年，农药价格放开，物价部门每年对农药价格进行监测。

三、农机

1990年，境内喷雾器31.7元/架，737人力打稻机215元/台。1995年，喷雾器58.5元/架，737人力打稻机360元/台，手扶拖拉机8500元/台。2000年，喷雾器37.7元/架，737人力打稻机340元/台，手扶拖拉机9200元/台。2008年，喷雾器38.9元/架，737人力打稻机368元/台，手扶拖拉机1.65万元/台。2017年，喷雾器49元/架，737人力打稻机395元/台，手扶拖拉机2.1万元/台。

四、农膜

1990年，境内农膜价格7.5元/千克。1995年，9.5元/千克。1998年，13.2元/千克。2000年，11.5元/千克。2003年，9元/千克。2008年，10元/千克。2013年，12元/千克。2017年，13元/千克。

五、钢材

1990年，涟钢的钢材平均出厂价格为1299元/吨。1991年后，价格放开，随行就市。1993年，国家取消指令性计划，涟钢的槽钢、角钢、螺纹钢、优质圆钢、钢铁坯等钢材均价3500元/吨，其中6.3#普碳槽钢成交价5400元/吨。薄板价格：1995年2500～3200元/吨，1998年3500～4000元/吨，2000年4000～4500元/吨，2012—2014年4000～4900元/吨，2015—2016年3000～3500元/吨，2017年3500～4000元/吨。

六、水泥

1990年，境内水泥出厂价每吨325#水泥162元，425#水泥170元。供应价按进价加综合差价率6%，再加定额运杂费作价。1991年，水泥价格放开。1995年，425#水泥每吨出厂价350～400元，2004年353元，2005—2009年400～500元，2009—2014年400～550元，2015—2017年300～400元。

七、砖瓦

1990年，境内红砖出厂均价1161元/万块，平瓦1751元/万片。1991年，砖瓦价格放开。1995年，红砖1600元/万块，平瓦2200元/万片。2004年，由于生产工艺、自动化程度提高，生产规模扩大，砖瓦价格有所下降。红砖价格1300元/万块。2005—2010年，红砖价格1500元/万块。2011—

2014年，红砖价格1800元/万块。2015—2017年，红砖价格1400元/万块。

八、食盐

1990年，境内散装食盐零售价格每千克0.54元。1993年4月，省调整食盐价格，娄底地区属于二价区，县城以上市场井矿精制散装盐零售价格每千克0.84元，小塑袋装价格每千克1元。交通不便、运输困难的边远山区，食盐实行最高限价，散装盐每千克零售价0.94元。5月，省物价局再次调整食盐价格，每千克散盐和袋装盐均调高1分钱，并将食盐批零差率由17%提高至20%。1995年10月，启用加碘防伪包装袋。城市和县城供应的食盐每千克袋装零售价提高至1.2元。

1996年1月，境内食盐零售价区取消，改按城市和农村市场分别定价。城市及县城以上的市场加碘防伪包装食盐每千克零售价0.6元，农村0.62元。1999年1月，食盐采用新包装袋。加碘食盐袋装每千克零售价提高至1.60元。随后，因食盐进价提高，采用新包装碘盐每千克零售价格随之调整至2元。2000年1月，盐业部门推出低钠食盐等品种，省确定其零售价格每千克5元。2005年5月，省调整低塑小包装食盐价格，每千克2.6元。2006—2017年每千克2.6元。

九、城市自来水

1990年，娄底城区自来水价格不分用水类别，一律0.2元/吨。计划外用水部分按水价2倍加收。1991年，按水费的8%价外收取城市建设附加费。1992年，水价提高至0.3元/吨。1993年，地区物价局制定娄底城区用水分类价格。居民生活用水价格0.4元/吨，工业企业用水价格0.45元/吨，商业和经营性用水价格0.6元/吨。水价外收取的城市建设附加费、超计划用水加价继续执行。

1995年，娄底城区为支持第二水厂建设，价外加收0.15元/吨的二水厂建设费。自来水价格再作调整：居民生活用水价格提为0.5元/吨，工业企业用水价格提为0.55元/吨，商业和经营性用水价格提为0.75元/吨。价外加收的城建附加费提高至10%，二水厂建设费提升至0.2元/吨，超计划用水的部分仍按水价二倍加收。1997年，居民生活用水价格0.66元/吨，工业企业用水价格0.71元/吨，商业和经营性用水价格1元/吨。城建附加、二水厂建设费、超计划用水加价继续执行。

1998年，娄底城区自来水销售价格再次调整。娄底二水厂建设费停收，以自来水价格加10%的城市建设附加费组成用户实际水价。调整后，居民生活、行政事业机关用水价格均为1.08元/吨，工业生产用水价格为1.1元/吨，餐饮业经营用水价格1.81元/吨，娱乐服务业经营用水价格2.31元/吨，其他行业经营性用水价格1.65元/吨。为节约用水，规定超过计划20%以内的不加价，超过20%~40%的部分按实际水价加收一倍，超过40%以上的部分按实际水价加收两倍。

1999年9月，娄底市自来水价格管理权限上收省物价局。省物价局将城市供水价格由过去的3类调整为5类。2002年，省物价局调整娄底城区自来水价格，将城建附加费并入水价。自来水价格调整后，居民生活、行政事业机关用水价格均1.28元/吨，工业用水价格1.32元/吨，经营服务用水价格2.27元/吨，特种用水价格3.7元/吨，城镇居民特困户由自来水企业每月每户免收4吨水费。

2003年3月，娄底市开征污水处理费，为建设污水处理厂筹集资金。污水处理费标准0.2元/吨，在自来水价格外收取。11月，自来水价外按0.02元/吨征收水资源费。2004年6月，为加快娄底第一污水处理厂建设，自来水价外收取的污水处理费提高到0.4元/吨。2005年5月，水府庙水库向自来水公司征收的水库取水费折算进入自来水价格，提高自来水价格0.16元/吨。2007年居民生活用水价格1.64元/吨，非居民用水价格2.98元/吨，特种行业用水价格6.62元/吨。2010—2017年，居民生活用水价格1.99元/吨，非居民用水价格3.08元/吨，特种行业用水价格7.96元/吨。

十、电力

1990—1991年，境内电价在1988年的基础上提高1~1.5倍，照明用电保持不变，平均每千瓦时0.22元。居民生活电价，1千伏以下的每千瓦时0.2元，1千伏以上的每千瓦时0.2元。农业灌溉电价，1千伏以下的每千瓦时0.06元，1千伏以上的每千瓦时0.055元；非工业、工业电价，1千伏以下、1~10

千伏、35千伏及以上的每千瓦时分别为0.085元、0.083元、0.08元。是年，停止执行1986年实行的工业用电峰谷分时电价。1992年，根据省物价局、省电力局《关于省电网一九九二年统一售电加价标准的通知》，境内除城乡居民生活用电和1991年公布的贫困县的农业排灌用电免于加价外，其他用电均在1976年的《电热价格目录》规定和分类电价基础上实行加价。

1994年，由于电力生产成本不断上升，境内电力价格提高。居民生活用电价格，1千伏以下的，每千瓦时0.25元，非居民照明用电0.403元，非工业、普通工业电价0.325元，农业生产电价0.193元，贫困县农排电价0.11元。是年，地区电业局、地区物价局发出关于调整农村电价最高限额通知，规定农民照明电价每千瓦时不超过0.55元，边远山区不超过0.60元。1995年，根据国家对贷款新建电站执行新电价的政策规定，境内除农村居民生活照明等用电外，其他电力价格适当调整。居民生活电价1千伏以下的，每千瓦时0.4元，非居民照明电价0.553元，非工业、普通工业电价0.475元，农业生产电价0.343元，贫困县农排电价0.26元。除居民生活、非居民照明、农业生产和贫困县排灌等用电外，全面推行峰谷分时电价。峰谷电价划分为尖峰、高峰、腰荷、低谷4种电价，明确以腰封电价为基础，尖峰、高峰电价分别提高60%、40%，低谷电价降低65%。

1996年，境内实行分表分电计费法，对大中型工业用户50千瓦以上的实行两部制电价，农业排灌用电电价按普通工业电价七折收费，农村的农副产品及饲料加工用电，按普通工业电价收费，农村照明按城市照明电价收费，一律不征收附加费。地区核定湘中电力开发公司电力销售价格，小水电收购价格，丰水期每千瓦时0.075元，枯水期0.14元。1997年，为补偿燃料、运输价格上涨的影响，应对三峡工程建设基金提高，境内电力价格调整。居民生活电价1千伏以下的，每千瓦时0.45元，非居民照明电价0.663元，非工业、普通工业电价0.496元，农业生产用电0.339元，贫困县农排电价0.256元。是年，农村居民生活用电及一些耗电大户实行优惠电价。

1998年，境内农村照明电价全部限制在每千瓦时0.782元以内，经过三年努力，至2000年，全市大电网农村电价每千瓦时降至每千瓦时0.71元，限价到户率93.6%。2000年，根据省物价局、省电力工业局《关于调整省电网销售电价有关问题的通知》，境内居民生活电价1千伏以下的，每千瓦时0.503元，非居民照明电价0.76元，商业电价0.98元，非工业、普通电价0.553元，农业生产电价0.39元，贫困县农排电价0.256元。为减轻农民的电费负担，农村居民生活用电，在国家目录电价的基础上每千瓦时优惠0.1元。

2002年，娄星区、冷水江市农网“两改”完成，农户照明用电价基本降到同价基价内。2003年，市物价局发出《关于执行城乡居民生活用电有关问题的通知》，大电网内实行城乡居民生活用电同价。3月20日起，实行城乡居民生活用电同网同价，由0.503元／千瓦时调整为0.548元／千瓦时。是年，市物价局等三部门决定，对低保户实行每月补贴6千瓦时电费。2004年，因燃煤涨价，增加发电成本，对电价进行调整。调整后，居民生活电价1千伏以下的，每千瓦时0.548元，非居民照明电价0.8元，商业电价0.954元，非工业、普通工业电价0.605元，农业生产电价0.396元，贫困县农排电价0.261元，此标准执行到2005年。2006年，省电网统调燃煤机组标杆上网电价（含税，下同）每千瓦时提高1.85分。省电网销售电价水平每千瓦时平均提高3.26分。

2008年，省电网销售电价水平每千瓦时平均提高2.5分，居民生活用电、农业和中小化肥生产用电价格不作调整。2011年，省电网销售电价每千瓦时平均提高2分，商业用电价格和居民生活用电价格不作调整。2012年7月1日起，境内试行居民阶梯电价。2015年，省电网统调燃煤发电机组上网电价每千瓦时下调2.2分，形成的降价空间，除疏导脱硝、除尘电价矛盾外，全部用于下调工商业用电价格，省电网工商业用电（不含化肥用电）价格每千瓦时下调1.75分。

2016年，境内执行省电网规定，统调燃煤发电机组上网电价每千瓦时下调2.49分，形成的降价空间，除用于支持燃煤电厂超低排放改造、促进可再生能源发展、涉及工业企业结构调整专项资金外，全部用于下调一般工商业及其他用电价格，省电网工商业用电（不含化肥用电）价格每千瓦时下调1.08分。2017年，省电网统一下调大工业和一般工商业电量目录电价每千瓦时1.57分。

十一、煤炭

1990年，地区马鞍山煤矿烟煤试行按每千克发热量计价，即在混煤基本矿价每吨72元、混中块煤基本矿价每吨96元的基础上，按发热量加减价。国家统配煤综合均价由每吨42.07元提高到50.4元，价外加收维简费、设备更新基金、煤炭开发基金。省属矿的指令性煤炭提价后为每吨59.5元，价外加收维简费等10元。地、县（市）和乡镇矿的省调部分按1984年所定基价加价70%，价外加收维简费等7元。计划外煤炭价格，国营矿及省地县矿烟煤加价130%，无烟煤加价10%，其他矿加价不高于此水平。

1991年1月，全地区调整民用生活煤炭价格。原煤由每吨40元调整为50元。粉煤由每吨42元调整为52元。型煤维持每吨44元。5月，为支持商业企业"四放开"和工业企业"五自主"改革，全地区除上调煤炭执行定价外，其他煤炭价格由企业自主确定。上调煤炭部分按政府价格供应电力和木材，煤炭开发基金留矿。12月，煤炭出厂价格在上年价格基础上提高30%。地、县（市）属矿上调煤炭价外收取的专项基金每吨增加到9元。1992年7月，境内全部放开地、县（市）、乡镇矿煤炭的厂销价格，取消计划外实行的最高限价和专项资金。1993年9月，全地区煤矿煤炭专项基金由每吨15元降到12元。

1994年，民用煤炭流通环节的综合经营差率控制在10%范围内。为解决发电用煤紧缺问题，按照煤炭企业让利一点、燃煤电厂消化一点、用电企业负担一点的原则，地区第一次下达协调发电用煤价格。所供电厂的无烟煤和地属大建煤矿所供金竹山电厂的无烟煤价格，在上年底实际结算价格基础上按灰分含量不同每吨加价10～14元。1995—1998年，市场煤炭价格连续上涨。居民生活用煤价格每吨200元左右。发电用煤价格改按发热量在上年末实际结算价格的基础上加价，电煤价格每吨180元左右。

2002年始，境内煤炭价格大幅上升。2005年，为应对市场煤价上涨，全市建立煤电价格联动应急机制，煤炭价格与火力发电上网价格基本同步运行。至2012年，电煤指导价由省制定。煤炭市场价格：无烟煤每吨550元，烟煤每吨600元。

2012—2017年，煤炭价格全面放开，实行市场调节价。

十二、燃气

1990年11月，地区物价局调整煤气销售价格：每户每月55立方米定量范围内的价格由0.2元／立方米提高到0.25元／立方米，超过定量的部分按0.4元／立方米计价。1991年，涟钢煤气出厂价格从0.06元／立方米提高到0.08元／立方米。1993年，因煤炭价格上涨，地区调整煤气出厂和销售价格，将涟钢煤气出厂价提高到0.12元／立方米。煤气销售价格，在原定量范围内的调整为0.35元／立方米，超过定量的部分按0.5元／立方米计价。宾馆、招待所等经营用煤气按0.5元／立方米计价。液化气进销差率：娄底、双峰不超过20%，涟源、冷水江、新化不超过22%。

1994年，煤气销售价格每表每月加收煤气损耗一个立方米。1995年，取消煤气每户定量，加收0.2元／立方米建设基金。1997年，涟钢煤气出厂价格由0.12元／立方米提高到0.25元／立方米。1998年，居民生活用气从0.65元／立方米调整为0.85元／立方米。经营性用气从0.9元／立方米调整为1.1元／立方米。1999年，煤气安装费每户1800元。2000年，煤气用户初装费，居民用户每户3500元，单位用户每户4500元，老户移装每户1750元。

2001年，境内试行煤气与液化气混配气，价格3.16元／立方米。2003年，混配气改焦炉煤气，销售价格1.3元／立方米。对春节期间民用液化气实行最高限价：12千克装每瓶56元，14千克装每瓶65元，15千克装每瓶70元。2005年，煤气价格保持1.3元／立方米。对民用液化气作时段限价，最终到户价格每千克不超过6.1元。

2006年，居民生活用气价格1.168元／立方米，非居民用气价格2.52元／立方米。2015年，居民改用管道天然气，天然气价格2.9元／立方米，非居民用气4.21元／立方米。2017年，居民生活用气价格2.79元／立方米，非居民用气价格为3.62元／立方米。

十三、成品油

1990年，境内70#汽油、90#汽油、0#柴油批发价每吨分别为840元、924元、670元，零售价每吨分别为920元、1020元、740元。1994年，70#汽油、90#汽油、0#柴油批发价每吨分别为2640元、2984元、2230元，零售价分别每吨分别为2780元、3058元、2350元。

2006年初，标准品汽油每吨提高800元，0号柴油每吨提高700元。4月，公路客运实行燃油附加费与油价调整挂钩联动机制。90#汽油、0#柴油批发价每吨分别为5512元、4873元，零售价分别为5861元、5186元。2007年1月，标准品汽油价格降低220元／吨。11月1日零时起，汽油、柴油和航空煤油价格每吨各提高500元。90#汽油、0#柴油批发价每吨分别为5779元、5255元，零售价分别为6150元、5592元。2008年6月20日零时起，国内成品油零售中准价格提高1000元／吨。90#汽油、0#柴油批发价每吨分别为6779元、6387元；零售价分别为7107元、6651元。

2010—2017年，国家发改委实行成品油价格联动。

第三节　房地产价格

一、房屋租赁

1990年，娄底地区对地市直管公房使用，按建设部房屋分等定级标准收取租金，住房月租金最低为0.03元／平方米，最高为0.1元／平方米。1991年9月，非住宅用房租赁和私有住宅出租试行最高限价，即公有或私有非住宅用房出租，按建筑面积计算，每平方米每月不超过1元。私有住宅出租，按使用面积计算，每平方米每月不超过1.5元。1994年1月1日起，按建筑面积，每平方米月平均租金由0.2元提到0.5元。直管公房住宅每平方米月平均租金标准从0.3元提到1.3元。1995—1996年，租金标准由1.2元／平方米调整到1.4元／平方米。1999年始，落实省政府加强房地产价格调控管理政策，娄底地区对城镇最低收入家庭租赁，由政府或单位提供的廉租住房租金，实行政府定价。按使用面积计算，直管公房月租金最低1.7元／平方米，最高2.3元／平方米。商业用房最低9元／平方米，最高50元／平方米。

2004年始，娄底市市直城镇公有住房廉租房，月租金标准按建筑面积每平方米平均为1元。2007年3月，在人均14平方米建筑面积保障范围内的，最低收入家庭月租金，按建筑面积每平方米平均为1元，低收入家庭月租金，按建筑面积每平方平均为1.2元。2010年12月，市本级（含娄星区范围）公有住房廉租房月租金标准，在保障范围内的最低收入家庭，按建筑面积月租金每平方米平均为1元。低收入家庭月租金，按建筑面积每平方米平均为1.5元。配租面积超过标准面积的部分，按照当地商品住房市场月租金每平方米平均2.5元执行。

2014年12月，根据住房和城乡建设部等七部委《关于加快发展公共租赁住房的指导意见》的规定，市物价局对娄底城区公共租赁住房确定租金标准，多层公租房租金每月每平方米均价为4.56元，高层公租房租金每月每平方米均价为5.5元。2017年9月，娄底城区罗家、大屋、吉祥、城西、惠民、将军庙等7个小区公租房租金标准，分地段区域进行调整，多层公租房租金每月每平方米均价为4.23元，高层公租房租金每月每平方米均价为5.2元。

二、商品房（参见房地产业篇第三章第四节）

三、房屋重置

2000年始，市物价局每两年发布一次娄底城区房屋重置价格。是年，钢筋混凝土结构房屋每平方米861元。砖混结构一等、二等房屋每平方米分别为572元、495元。砖木结构一等、二等、三等房屋每平方米分别为509元、432元、345元。简易结构每平方米为230元。

2008年，市物价局调整发布娄底城区房屋重置价格。房屋划分为四类十三等，钢混、厂房一等，混合、厂房混合一等，砖木一等，钢混、厂房二等，混合、厂房混合二等，砖木二等，钢混三等，混合三等，简易结构。重置价格每平方米分别1247元、1178元、719元、784元、524元、1007元、880元、678元、508元、368元、910元、578元、215元。

2012年，调整发布娄底城区房屋重置价格。房屋划分为四类十三等，钢混、厂房一等，混合、厂房混合一等，砖木一等，钢混、厂房二等，混合、厂房混合二等，砖木二等，钢混三等，混合三等，简易结构。重置价格每平方米分别为1496元、1413元、863元、940元、628元、1208元、1056元、814元、609元、442元、1092元、693元、258元。高层在上述价格基础上另加500元。2013—2017年，境内房屋重置价格由社会机构进行评估，市房产局管理。

四、土地

1990年，境内土地实行有偿、有期限和有流通使用。1995年7月，娄底地区根据土地用途的不同，将娄底城区土地分为商服用地、住宅用地、工业用地三种类型。商服用地分6个级别，基准地价每平方米分别为1100元、916元、698元、506元、413元、365元。住宅用地分4个级别，基准地价每平方米分别为349元、329元、306元、280元。工业用地分为3个级别，基准地价每平方米分别为196元、149元、117元。

1998年3月，地区土地估价委员会和国土局组织有关单位对娄底城区的基准地价进行调查、测算，确定价格。商服用地1～6级的基准地价每平方米分别为1860元、1481元、1280元、973元、738元、483元。住宅用地1～4级基准地价每平方米分别为414元、383元、362元、327元。工业用地1～3级的基准地价每平方米分别为195元、165元、138元。此后，每2～3年调整更新一次。

2004年6月，市政府更新基准地价，商服用地1～6级基准地价每平方米分别为3550元、2420元、1660元、1250元、850元、470元。住宅用地1～4级基准地价每平方米分别为260元、240元、218元、197元。工业用地1～3级的基准地价每平方米分别为234元、210元、191元。

2009年5月，娄底城区商服用地：春园路金街区段，沿春园路金街，西至氐星路、东至九亿步行街，其区段基准地价为每平方米7290元。小科街区段，沿小科街，东至扶青南路、西至甘桂路，其区段基准地价为每平方米549元。住宅用地：氐星路区片，娄星路以东、长青街以南、新星路以西、乐坪街以北，其区片基准地价为每平方米754元。潇湘学院片区，碧溪路以东、新星路以西、娄涟高等级公路以北为每平方米383元。工业用地：涟钢厂区区片，城区西部偏北、以涟水河为界，其区片基准地价为每平方米252元。娄星区经济产业园区片，早元街以南、大石山以西、镇堂街、桃树街以北、高丰路以东，基准地价为每平方米210元。商业、住宅、工业用地每平方米基准地价：娄星区万宝镇分别为580元、320元、210元。茶园镇分别为525元、285元、208元。杉山镇分别为480元、260元、205元。

2016年，娄底中心城区商服用地1～6级基准地价每平方米分别为5100元、3370元、2376元、1692元、1184元、770元。住宅用地1～5级基准地价每平方米分别为2240元、1452元、1066元、733元、560元。工矿仓储用地1～4级基准地价每平方米分别为670元、490元、360元、300元。娄星区杉山镇、石井镇、双江乡的商服、住宅、工业用地级别基准地价：杉山镇1级地价每平方米分别为758元、550元、290元；2级分别为600元、438元、262元。石井镇1级地价每平方米分别为740元、520元、288元；2级分别为580元、415元、260元。双江乡1级分别为718元、511元、285元；2级分别为560元、402元、256元。2017年仍然执行此标准。

第二章　服务性收费

第一节　道路客运价格

一、公路客运

1991年9月，境内社会客车、出租汽车收费标准：19座以下的中巴车不分线路等级，统一按每人千米0.065元计价。是年，客运附加费从每人千米0.003元提高到0.01元，含客运附加费的票价起点每人0.4元。

1993年2月，公路客运附加费每人千米增加至0.02元，含客运附加费的票价起点每人0.5元。城市运营的中巴和的士等出租车辆一律在规定的票价基础上加收客运附加费，从每人千米0.1元提高至0.2元。客运人身保险费每人千米0.001元。公路运输油料补贴费由每人千米0.005元提高至0.015元。全省联运企业客票联售实行统一收费标准，即空调车每张收取1元，普通车每张收取0.5元。1994年4月，湖南省整顿公路客运价格，实行公路客运价格分级管理。国道、省道及省养护的县道客运价格由省物价局管理，其他公路的客运价格由当地同级物价部门管理。

1996年，省物价局整顿公路汽车运输价格，除包车以外的其他类别客运价格由省、地实行指导价格管理。娄底地区据此整顿公路客运价格，凡干线公路按省定中准价执行；非干线公路中准价按普通车每人千米0.085元、中巴车每人千米0.1元确定，允许上下浮动20%，取消通行费、客运附加费以外的其他收费。1997年，娄底地区出台跨县（市）客运招标线路有偿使用费征收标准，专业客运企业按在公路客运附加费中提取的站场服务费的40%征收客运有偿使用费。是年，制定全地区汽车客运站场服务收费标准。

1998年10月，境内公路客运附加费标准在原基础上每人公里提高0.03元。2004年，全市调整公路客运价格，大型普通座席客车等级公路基准运价每人千米0.084元，大型中级座席客车等级公路基准运价每人千米0.16元。非等级公路每人千米0.192元。2009年，高级客车基本运价为每人千里0.29元。中级客车基本运价为每人千米0.21元。普通客车基本运价为每人千米0.16元。卧铺客车运价在相应等级座位客车运价基础上加收20%。按照运价和计价方式，市本级制定跨县（市）道路客运票价。至2017年，执行调整后的客运价格。

二、公共汽车

1990年，娄底城区公交线路起点价每人次0.1元。线路段上改为角进制，即逢5分进整为1角。1路、2路、6路车全程每人次0.2元。3路车全程每人次0.3元。5路、8路车全程每人次0.5元。7路车全程每人次0.6元。4路、9路车全程每人次0.7元。1992年4月，娄底、冷水江、涟源三市市区公共汽车起点票价由每人次0.1元调整为每人次0.2元。娄底城区专线车线路票价：火车站至恩口、火车站至湘中机械厂、火车站至洪家洲，其票价分别为每人次0.8元、0.4元、0.4元。是年12月，娄底、冷水江、涟源三市公共汽车起点票价由每人次0.2元调整每人次0.3元。其中娄底城区1路、6路车全程每人次0.3元，2路车每人次0.4元，3路车每人次0.5元，4路、7路、10路车每人次1元，5路车每人次0.7元，8路车每人次0.9元。

1995年2月，为应对油料等价格上涨和企业亏损问题，娄底城区公共汽车票价调整。1路、6路车全程每人次0.5元，2路、3路车全程每人次1元，4路、7路、8路、9路、10路车全程每人次1.5元，5路车全程每人次1.2元。1998年，无人售票车辆投入使用，娄底城区公共汽车票，在市区内实行一票制。1路、6路车全程每人次0.5元，2路、3路车全程每人次1元，专线车停开。

1999年，娄底市城区全部实行每人次票价1元制。2014年7月，娄底中心城区投入70台新能源空调公交车辆营运。至2017年，新能源空调公交车全程一票制，票价为每人次2元。普通公交车全程一票制，票价为1元。

三、出租车

1991年，娄底地区出租车收费标准，超豪华型车每车次10元，超过起步里程运价每千米1.5元。豪华型车每车次基价8元，超过起步里程运价每千米1.2元。标准型车每车次基价6元，超过起步里程运价每千米1元。普通型车每车次基价5元，超过起步里程运价每千米0.8元。大客车20座以上每车次基价20元，每千米5元。

1995年，娄底城区出租车收费标准，计程出租车起步里程1.5千米。出租起步价，高档车、中档车、标准型车、普通车、吉普类车分别为10元、9元、8元、7元、6元。超过1.5千米运价，每车千米收费分别为2元、1.8元、1.6元、1.4元、1.2元。计时出租车起步计4小时，每小时按40千米计价；晚上23时至次日6时的出租车可加价20%；城外无客人的可按50%收取空驶费。2000年11月，娄底城区出租汽车票价，起步里程为2千米。出租汽车从早晨5时到晚间22时，起租基价为每车次3元，超过2千米，每车千米加价1.2元；晚间22时至次日5时，起租基价为每车次3.6元，超过2千米，每车千米加价1.5元。

2003年7月，娄底城区出租车票价，起步里程为1.5千米，从6时至21时，出租车起租基价每车次3元，超过1.5千米运价，每0.5千米1元；从21时至次日6时，起租基价每车次4元，超过1.5千米运价每0.5千米1元。出租车单程载客在8千米内不收空驶费，超过8千米的收取空驶费，收费标准为每0.5千米加收50%。载客途中停车的按每5分钟加收1元，不足5分钟不计费。此收费标准执行至2015年底。2016年3月，娄底中心城区出租车运价：起步里程为1.5千米，白天（6点至21点），起租基价每车次5元；夜间（21点至次日6点），起租基价每车次6元，满1.5千米后的续程运行价为每0.5千米1元。单程载客在8千米以内（含8千米）不收空驶费，超过8千米的收取空驶费，收费标准为每0.5千米加收50%，双程载客和包车不收空驶费。途中停车等候，累计每3分钟计费1元。

第二节　行政事业性收费

一、医疗服务

1990—1991年，医疗服务价格由省物价局、省卫生厅、省财政厅管理，境内医院医疗服务收费按照医院等级分类标准执行。1992年，境内医院每人次收费标准：普通挂号费0.3元，其他挂号费0.4~2元。成人一般门诊检查1.5元。其他门诊检查0.2~10元，其他门诊费2.5~50元；住院费2~11元；皮下注射0.2元，其他注射0.3~40元；封闭费1~20元，透视费1.5~10元，造影费2.4~60元，X光片3~30元，CT检查140~350元，血常规检查费0.5~25元，尿液常规检查费0.5~7元，大便常规检查费1~4元，心电图检查费3~100元，脑电图检查费5~30元，肌电图检查费5~40元，妇产科检查费10~330元，针灸治疗费0.5~3元，推拿按摩治疗费1~6元。1995年，贯彻国家计委《关于加强行政事业性收费管理的通知》，12月省对部分医疗服务费调整。境内医院每人次收费标准：普通挂号费0.5元，其他挂号费0.6~3元；注射费0.4~1.2元；血常规检查费1.2元，尿常规检查费1元，大便常规检查费2元；一般透视费3元，心脏透视4元。

2002年9月，全市按照湖南省关于改革医疗服务价格管理规定，对非营利性医疗机构提供的医疗服务实行政府指导价管理，政府指导价由省级价格主管部门会同省级卫生行政部门制定和调整。对营利性医疗机构提供的医疗服务实行市场调节价，医疗机构可根据实际服务成本和市场需求状况自主确定价格。非营利性医疗机构医疗服务价格分三类，娄底市中心医院执行一类价格，娄底市妇幼保健院、娄底市中医院、涟钢医院、锡矿山职工医院、涟源市人民医院、涟源市中医院、双峰县人民医院、新化县人民医院、冷水江市人民医院、新化县中医院、冷水江市中医院执行二类价格，其他县及县以上非营利性医院执行三类价格。挂号费不分类别每人次统一为0.5元，门诊诊查费每人次统一为：一般医师1.5元，主治医师2.5元，副主任医师5.5元，主任医师7.5元；普通病房床位费单人间一类、二类价格每床日分别为30元、25元，双人间一类、二类价格每床日分别为20元、18元，三人间一类、二类价格每床日分别为15元、13元，四人间一类、二类价格每床日分别为12元、10元；肌注统一2元／人次，静脉注射一类、二类分别为4元／人次、3元／人次，静脉输液一类、二类分别为6元／人组、5元／人组。各医疗机构实行明码标价制度，非营利性医疗机构使用省里统一研制的医疗服务价格管理软件，设立电子触摸屏和计算机查询系统。按省统一规定建立住院病人每日费用清单制度，做到一日一清，免费向病人提供。

2003年2月，全市执行省规定的特殊病房床位价格标准：套间每日每床不超过100元，单人间每日每床不超过60元；双人间每日每床不超过30元，三人间每日每床不超过20元。同时规定特殊病房床位数按不得超过床位总数的一定比例确定，即执行一类价格管理的医院不得超过床位总数的40%；执行二类价格管理的医院不得超过床位总数的30%；执行三类价格管理的医院不得超过床位总数的20%。9月，娄底市对《全国医疗服务价格项目规范（试行2001年版）》中尚未包括，在临床应用中有确切疗效，需要增加并向患者收费的医疗服务价格项目，按省“新增医疗服务价格项目申报审批管理试行办法”的规定，按程序申报和审批。

2012年8月，全市在执行二类价格以上的公立医院实施按病种收费试点工作。娄底市试点收费有6个病种，腹股沟斜疝（常规），一类价格3360元／例，二类价格2800元／例；急性单纯性阑尾炎（常规），一类4000元／例，二类3300元／例；子宫平滑肌瘤（常规），一类5500元／例，二类4800元／例；膀胱结石（常规），一类3850元／例，二类3200元／例；肛瘘，一类4800元／例，二类4000元／例；宫颈癌，一类1.8万元／例，二类1.3万元／例。2014年7月，娄底市根据省物价部门《关于非公立医疗机构医疗服务实行市场调节价的通知》要求，在省一级注册登记的娄底市中心医院，在市本级注册登记的娄底市第一人民医院、娄底市第二人民医院、娄底市第三人民医院、娄底市卫校附属医院、湖南省地质勘查开发局四一八医院、湖南省娄底监狱医院、娄星区人民医院、冷水江市人民医院、涟源市人民医院、双峰县人民医院、新化县人民医院、新化县第二人民医院、娄底市妇幼保健院、娄底市骨伤医院、娄底市康复医院、娄底市职业病防治医院、冷水江市妇幼保健院、涟源市妇幼保健院、新化县皮肤病防治院、娄底市中医医院、冷水江市中医医院、涟源市中医医院、双峰县中医医院、新化县中医医院24家医院实行政府指导价，其他所有医疗机构的医疗服务价格实行市场调节价。

2015年4月1日，全市实施县级公立医院（包括二类和三类收费类别医疗机构）医药改革，取消药品价格加成，实行“零差率”销售。挂号费、诊查费、药事服务费三项目合并为诊查费，标准为：普通门诊诊查费10元／人次；住院诊查费15元／人次。护理费：一级护理每日每床从13元调整为20元，二级护理每日每床从7元调整为10元，三级护理每日每床从2元调整为5元。床位费：单人间每日每床从25元调整为60元，双人间每日每床从18元调整为35元，三人间每日每床从13元调整为30元。治疗项目收费单项提价幅度控制在30%以内。手术项目收费提价幅度不超过30%。中医类项目提价幅度控制在50%以内。适当降低大型医用设备检查价格，其中CT、核磁共振等大型医用设备检查费降幅不得低于10%，检验检测项目没有调整。至2017年没有调整。

二、有线电视

2001年，娄底完成有线电视城域网550MHz以上改造，能传输35套节目以上，是年，成立湖南有线娄底网络有限公司。2002年10月起，娄底每户每月收取有线电视收视维护费16.5元；安装开通费，每户第一个用户盒明线300元，暗线450元；用户要求增装用户盒，线路长度不超过10米的，可按每个用户盒加收100元的工料费，超过10米加收线料费。对已自行安装的符合技术规范标准的，每户收取120元开通费。同名同址用户安装2个用户盒的，免收有线电视分机的收视维护费；2个以上的用户盒，每个用户盒加收60%的收视维护费。机关、部队、学校、各类经营企业等团体用户，收视维护费参照以上标准由供需双方协商确定。取消报停费、再开通费，对按规定申请暂停使用有线电视的用户，报停期间按每三个月15元的标准收取网络维护费，报停后申请恢复开通不再收取安装开通费。凡用户申请迁移有线电视端口和改造有线电视的，按增装一个用户盒的收费标准每户100元收取端口迁移费。

2006年，随着有线电视数字化工作的开展，有线电视传输收费分政府定价、政府指导价和市场调节价；各城域网有线电视基本收视维护费实行政府定价；涉及普通用户的有线电视其他收费实行政府指导价；其他增值业务收费实行市场调节价。2007年，娄底市数字电视整体转换，为用户提供不少于52套的基本电视节目、电子节目指南、多套数字音频广播节目政务信息、百姓生活信息等基本服务内容。是年3月，调整收费项目和标准，收取数字电视基本收视维护费24元／月；基本型数字电视机顶盒和智能卡分别实行最高限价450元／台和50元／张；其他型号机顶盒，由用户自愿购买实行市场调节价。对非在册用户和新装用户收取安装开通费300元／户，对暗线安装的可加收暗线施工费；暂停使用网络维护费15元／3个月；过户费10元／户；端口迁移费120元／个。

2009年，对未安装有线电视线路设施的旧房及2009年7月1日前签订房屋交易合同的新房，申请开户按明线300元／户，暗线480元／户收取有线电视线路设施安装费；2009年7月之后签订房屋交易合同的新房，由网络传输单位向建设单位或委托者收取，计入房屋销售价格，不得重复或单独向购房业主收取，收费标准为：暗线安装按建筑面积8元／平方米，明线7元／平方米，宾馆酒店及临街门面按300元／户收取。第一台电视基本收视费，自行购置数字电视机顶盒的18元／月，由有线电视网络传输单位统一配置的机顶盒，娄底电广宽带信息网络有限公司所辖的网络、冷水江市、双峰县城域网为24元／月，新化县和涟源市城域网为23.5元／月；普通型数字电视机顶盒360元／台，基本交互型400元／台，简易型260元／台，补领IC卡工本费40元／张。2010年1月始，境内取消有线电视初装、开通、移机、报停、复机、过户、销户等手续性收费。至2017年没有调整。

三、殡葬服务

2004年，娄底市根据省物价局《湖南省殡葬服务价格管理试行办法》，对殡葬服务收费分别实行政府定价、政府指导价和市场调节价管理，调整服务价格35个项目。其中，实行定价的基本服务项目火化费400元／具，消毒费20元／具，尸体搬运费40元／具，装灰袋40元／套，骨灰保护剂50元／盒。实行指导价的整容50元／具，骨灰寄存85元／年，吊唁厅租用富贵厅380元／4小时，安顺厅和如意厅280元／4小时，以4小时为基数，每增加一小时加收60元。2006年增加遗体解冻80元／具，外县市抬尸200元／具，墓碑增刻字大字10元／个等13个新增项目。

2010年，娄底市重新规范殡葬服务收费项目和政府定价、政府指导价，试行一年后，2011年印发正式收费文件，核定基本服务费、吊唁厅租用、整容、抬尸、遗体存放、遗体接运、骨灰安放、公墓墓穴8个大项目、30个小项目。要求按“自愿、有偿、优质”的原则，提高服务质量，满足不同层次丧葬消费需求，由丧葬用户自行选择殡仪服务内容。公墓销售执行墓穴和墓碑分开销售的方式，不得用墓穴捆绑销售墓碑。墓穴价格实行政府指导价管理，墓碑价格实行市场调节价管理。至2017年没有调整。

四、中小学校

（一）公立中小学校

1990年，娄底地区小学至高中的收费，义务教育阶段免收学费，适当收取杂费，高中教育阶段，既收学费，又收杂费。小学教育阶段收费标准每生每期28.65元。初中一、二、三年级每生每期分别为49.1元、50.7元、47.6元。高中阶段每生每期为73.1元。1991年，全地区小学至高中的收费由征收学费、杂费、包干使用代收费（含文体卫生费、水电费、图书仪器费等）、多退少补部分代收费（含书籍费、作业本费等）、学生保学保健费、住宿费组成。小学教育阶段一至六年级每生每期分别为33.5元、34.4元、34.1元、34.7元、36.6元、34.5元。初中教育阶段一、二、三年级每生每期分别为62.4元、59.3元、58.7元。高中教育阶段一、二、三年级每生每期分别为108.6元、104元、104.9元。1995年，依据省定中小学收费项目和收费标准，娄底地区每生每期收费，小学一至六年级分别为114元、121元、128元、120元、123元、125元；初中一、二、三年级分别为221元、226元、231元。全地区制定的高中收费标准大幅提高，高中一、二、三年级分别为348元、325元、316元。

1997年，高中教育阶段收费标准收归省管。娄底地区高中教育阶段每生每期的收费标准，一至三年级分别为397元、368元、354元。义务教育阶段收费标准调整，每生每期收费标准，小学一至六年级，贫困地区106~129元（含杂费、代收费，下同）；一般地区128~151元；地、县（市）所在城区156~173元。初中一、二、三年级每生每期收费标准，贫困地区191~256元，一般地区213~278元，地、县（市）所在城区235~300元。1998年秋季，娄底地区调整中小学的代收费标准，小学一至六年级每生每期：贫困地区92~118元，一般地区112~138元，地、县（市）所在城区139~169元。初中一至三年级每生每期：贫困地区180~192元，一般地区200~212元，地、县（市）所在城区222~234元。中小学班费每生每期5元。高中教育阶段学杂费标准每生每期：贫困地区外，一般高中500元，重点高中650元。高中计外生每生每期不超过7000元。

1999年，娄底市秋季中小学学生杂费调整为农村、城区两类收费标准。农村每生每期，小学70元，初中90元；城区小学90元，初中110元。代收费包括省定项目及标准和省定项目地市定标准两部分。小学一至六年级每生每期，农村119~152元，城区146~183元。初中一至三年级每生每期，农村196~202元，城区218~224元。高中教育阶段一、二、三年级每生每期，重点高中870~922元，城市一般高中718~770元，农村高中516~568元。

2002年春季，省里在新化县试行义务制教育“一费制”办法，提高教育部和省教育挂牌的教育技术实验学校借读费，每生每期小学不超过150元，中学不超过200元。高中学费亦作相应调整，计外生费相应提高。2004—2005年，中小学收费分为小学课改地区和非课改地区，新化县继续推行“一费制”。2005年秋季，全市课改地区，小学一、二、三年级每生每期，农村121~136元，县（市、区）所在城区149~165元。非课改地区，小学二至六年级每生每期，农村130~176元，县（市、区）所在城区155~205元。小学课改地区初中一、二、三年级每生每期，农村239~286元，县（市、区）所在城区269~325元。非课改地区初中三年级每生每期，农村234元，县（市、区）所在城区255元。新化县“一费制”，农村小学每生每期96元，初中156元。省重点高中每生每期1134~1191元，城区高中932~989元，农村高中679~736元。

2017年，娄底市每生每期收费标准，城乡小学一至二年级为70元，三至六年级为80元。城乡初中一、二、三年级分别为115元、165元、268元。农村高中一、二、三年级分别为1296元、1534元、1240元，城镇高中一、二、三年级分别为1952元、2129元、1286元。

（二）民办中小学校

20世纪90年代，民办中小学校逐步发展。1996年始，娄底地区民办中小学校收费标准由学校申报，地区物价部门根据教学条件确定实施。1996年，楚英学校小学每生每期880元，初中每生每期1180元。涟源市私立行知中学初中每生每期600元，高中每生每期800元。2000年，娄底市蓝圃学校小学每生每期400元，初中每生每期880元，高中每生每期1080元。楚英学校小学每生每期980元，初中每生每期1280元。双峰国藩学校小学每生每期1200元，初中每生每期1200元。涟源市私立行知中学初中每生每期1000元，高中每生每期1200元。

2005年，娄底市蓝圃学校小学每生每期600元，初中每生每期1180元，高中每生每期1380元。双峰国藩学校小学每生每期1350元，初中每生每期1350元，高中每生每期1600元。新化东方文武学校小学每生每期2160元，初中每生每期2360元，高中每生每期2560元。涟源市私立行知中学初中每生每期1200元，高中每生每期1500元。

2010年，娄底市蓝圃学校小学每生每期1200元，初中每生每期1880元，高中每生每期2280元。

楚英学校小学每生每期1280元，初中每生每期1860元。双峰国藩学校小学每生每期2000元，初中每生每期2400元，高中每生每期1900元。新化东方文武学校小学每生每期2160元，初中每生每期2360元，高中每生每期2560元。冷水江安德学校小学每生每期2000元，初中每生每期2300元，高中每生每期2500元。涟源市私立行知中学初中每生每期1560元，高中每生每期2100元。

2017年，娄底市蓝圃学校小学每生每期2100元，初中每生每期2790元，高中每生每期3780元。楚英学校小学每生每期2980元，初中每生每期3980元。楚英学校小学每生每期1600元，初中每生每期2000元。新化东方文武学校小学每生每期3900元，初中每生每期4200元，高中每生每期4500元。冷水江安德学校小学每生每期4100元，初中每生每期4500元，高中每生每期4980元。涟源市私立行知中学初中每生每期2600元，高中每生每期3000元。双峰国藩学校小学每生每期5100元，初中每生每期5300元，高中每生每期3900元。双峰文正学校小学每生每期4200元，初中每生每期4700元，高中每生每期2900元。仁德学校小学每生每期3580元，初中每生每期5180元。新雅达小学每生每期2980元，初中每生每期3980元。

第三节 其他收费

一、公园及旅游景点

2005年，娄底市根据湖南省游览参观点门票价格管理实施办法，印发《关于规范旅游景区门票价格管理的通知》，是年始，对旅游景区门票价格的制定和调整实行分级管理。省物价局协调门票价格的旅游景区：湄江风景名胜区、大嵊山波月洞风景名胜区、大熊山国家森林公园。市物价局审批门票价格的旅游景区：紫鹊界秦人梯田、梅山龙宫、狮子山公园、油溪河漂流、曾国藩故居、蔡和森纪念馆。其他旅游景区由各县、(市、区）物价局审批门票价格。文件出台后，制定门票价格的旅游景点：波月洞50元／人，梅山龙宫80元／人，紫鹊界68元／人，曾国藩故居60元／人。

2007年，境内景区门票价格实行政府定价和政府指导价。各类公园、风景名胜区、自然保护区、重要文物保护单位门票价格实行政府定价，商业投资兴建的各类人造景观实行政府指导价。游览参观点（景区）内属于游览参观者自愿选择参与的娱乐项目价格，实行市场调节价。市州价格主管部门审批辖区省级风景名胜区、除省审批以外的达到AA以上等级旅游区的其他国家级森林公园、自然保护区、重要文物保护单位及市州直属单位的旅游参观点等门票价格。是年，核定紫鹊界门票价格68元／人，2008年，核定大熊山国家森林公园56元／人，湄江风景区75元／人。2011年，冷江波月洞票价由50元／人调整至60元／人。2013年，梅山龙宫门票价格由80元／人调整至98元／人。紫鹊界由68元／人调整至86元／人。2014年，冷江波月洞票价调整到75元／人。2015年，湄江风景区重新规划、建设游览线路后，票价调整至140元／人。至2017年没有调整。

二、中介服务

1990—2017年，娄底市人才交流市场中介服务收费、会计师事务所及评估机构执业收费等，执行省定标准。

第三章 物价管理

第一节 管理机构

一、市级管理机构

1990—1991年，地区物价局系行署正处级工作部门。内设人事管理科、工业品价格管理科、农产品价格管理科、收费管理科、价格信息科等5个科室，下设地区物价检查所、工农产品成本调查队。1992年，增设地区价格事务所。1994年8月，撤销地区物价局，组建计划物价委员会。

1995年5月，地区物价局从地区计划物价委员会析出，归口地区计划委员会管理。地区物价局主要职能由过去的物价管理监督为主，拓展为物价调控、管理、监督、服务，负责拟定价格改革的年度计划和重大方针、政策，研究制订重大价格方案并组织实施，价格调节基金的征收、管理、使用工作和市场调节价格的调控，分析、预测、监控市场行情和价格、收费动态，依法对商品和服务价格、行政事业性收费、经营者和中介组织的价格行为进行监督检查，规范价格行为，维护公平竞争的价格秩序，对各类价格违规行为实施行政处罚和行政强制措施，指导县市物价管理职能部门开展工作等。1999年，接收娄星区物价局和娄星价格检查所。2002年，市物价局工作职能逐步减少由政府直接制定价格的品种和范围，将形成竞争的商品和服务价格改为主要由市场决定，减少具体价格的审批事项，下放宜由县（市）级物价部门管理的职能。地区设立价格认证中心。2010年，市物价局为市政府组成部门，内设13个科室。

2015年5月，市物价局职责整体划入市发改委，负责编制和执行全市价格改革规划，拟订并组织实施价格政策；监测、分析市场价格形势，组织实施价格总水平调控；管理国家、省、市列名管理的商品和服务价格，监管实行市场调节的商品和服务价格，承担行政事业性收费管理工作；组织实施价格调节基金政策，依法对重大自然灾害和特殊时期实行临时价格干预措施，负责价格公共服务工作；指导并组织实施价格监督检查和反垄断工作，依法查处价格违法行为和垄断行为，负责价格成本调查和监审。至2017年无变化。

二、县市管理机构

1990—1994年，各县市物价局内设办公室、财务股、价格管理股、收费管理股，工作人员15~20名。1994—1995年，娄底市、涟源市、冷水江市、新化县物价局与县市计划委员合并，组成计划物价局，双峰县物价局与工商局合并，组成县工商物价管理局。1996年，县市物价局从县市计划物价局、工商物价局析出，增设价格检查所。1999年地改市，娄星区物价局和娄星价格检查所整体上收市直管，分别作市物价局内设机构和二级机构。2006年，县市物价局下辖价格监督检查（局）所、价格认证中心、价格调节基金征收管理办公室，工作人员35~63名。县市物价局的职能随市物价局的职能转变而转变。2015年，各县市物价局整体划入县市发展和改革局。至2017年没有调整。

第二节　价格调控

一、抑制通胀和紧缩

1990年，全地区生产资料市场平稳回升，物价总水平保持基本稳定，商品零售物价指数为98.8%，居民生活费价格指数为100.5%。1992年，地区物价部门建立价格监测、预警预报系统，加强对蔬菜、肉禽蛋、水产品、粮油四大类53种农副产品价格水平的监测，对生产资料和生活资料6大类43个品种进行监测监报，及时掌握市场动态。7月，行署下发《关于深化价格改革，促进经济发展的若干意见》，放开价格管理权限。

1993年，市场物价涨幅过高，地区物价部门制定年度零售物价升幅控制目标方案，实行目标责任制，从单纯的静态管理向动态管理过渡。对粮油等21种与人们生活密切相关的日用消费品实行提价备案制度。建立价格监测网络，实行重要商品价格变动的监测和预警预报制度，对中心城区144种主要商品价格和服务收费实行经常性的价格监测。6月，行署批转地区物价局关于制止娄底市乱收费的报告。

1994年，地区成立粮油行业议价组织，发布主要粮油品种议价水平，引导市场粮油品种价格，稳定“米袋子”价格。对中心城区主要蔬菜、副食品实行指导价管理。主要粮油品种价格重新纳入管理。

对食盐、居民生活用电、粮油、自来水、民用燃料、蔬菜副食品、市内公共交通、房租等28种居民基本生活必需品和服务项目价格，分别以政府定价、指导价、差率管理、行业议价、提价申报等形式进行监审，对监审品种的市场价格采取定期跟踪监测措施，控制物价涨幅。制定凭票、限量、稳价供应粮油措施，在新粮收购开秤前，制定一步到位、一价到底的粮食收购政策，遏制“米袋子”价格上涨过快的势头。地区物价局每月发布列入指导价管理的主要蔬菜品种、差率，对豆制品主要品种按月制定和发布指导零售价格。行署组建平抑物价管理办公室，印发《娄底地区监审商品违法行为的查处规定》，严格控制食盐、火柴、肥皂、洗衣粉、酱油、卫生纸、民用煤油等日用品价格和糕点、饼干、面包等副食品的销售价格，严肃处理哄抬物价行为。

1995年，行署下发《关于切实加强物价管理，严格控制物价上涨的通知》，继续实行县（市）长物价控制目标责任制。物价部门对少数放开商品加强行业价格管理，严控物价调整新项目的出台，对农业生产资料实行最高限价；同有关部门发布粮油市场指导价，实行指导性的蔬菜价格差率管理措施，抑制往年底娄底市场粮油、蔬菜等商品价格持续过度上涨的势头。对猪肉适时组织行业议价，在各集贸市场对固定摊位推行明码标价制度。1996年，全地区将零售物价控制目标列入国民经济和社会发展目标考核。1997年，行署将全年物价调控目标分解到各县市，主要商品类别价格涨幅分解到地直各责任部门，继续实行物价调控目标县市长和地直单位一把手负责制。按照国家和省的统一安排，对全地区铁路货运价格每吨千米提高0.5分，大工业、农业生产、居民用电、农业用电每千瓦时分别提高3.89分、4.29分、6.5分、0.5分。调整和规范成品油价格，调整平衡邮资价格。先后两次调低110种常用药品价格。对17个项目、67个费率的装卸搬运价格平均提高24.3%。统一全区中小学收费标准。清理社会向学校收费项目37种，清理向学生收费项目32种，停收不合理的人员“口子经费”，严禁向学生收取危房改造及资费、农村教育附加费。清理文件189份，取消涉农收费项目21个，规范收费项目4个，对农资、农电价格全面检查整顿。清理企业收费文件135份，收费项目98个，取消收费项目24个，降低收费项目标准2个，规范收费项目4个。取消部分对个体、私营企业税外不合理的收费项目。是年，娄底居民消费价格指数为102.5%。

1998年，行署取消涉及工商企业的收费项目16个，规范10种收费行为；调整粮食顺销价格，市场粮价开始回升。地区物价部门取消与《价格法》相悖的文件17个，对文件涉及属于市场调节价格管理的商品价格和收费项目，一律取消差率控制、提价申报和最高限价等监审措施。用价格调节基金140万元建设蔬菜基地，投放28万元发展副食品基地建设，投入56.7万元平抑灾后市场物价。价格事务所与1300家单位建立价格顾问户、价格信息网员户关系，新开辟旧机动车辆交易、工商罚没物品价格、纠纷房地产价格、汽车维修费用、抵税物品价格等项目评估，全地区全年评估案件1200起，调处价格纠纷28起。按月对全地区185种主要工业品和28种农产品进行监测，每月三次对省定114种商品价格进行监测。是年，居民消费价格指数为100.3%。

1999年，市政府下发《关于运用价格杠杆扩大内需促进经济发展的意见》，清理610个收费文件，取消收费文件30个，暂停收费文件8个；年审1781个收费单位，落实收费取消项目，规范收费行为。执行省政府整顿农村电价的文件精神，对娄底82个乡镇3314个用电村制定分类电价，抄表到户。执行省政府整治医药购销不正之风的部署，对县级及以下医院自制药和市内制药厂的成本重新审核，降低4个品种9个规格自制药价格，平均降幅8%；落实省对三批409个品种的降价措施，降价幅度8%；查处药品违法案件533起，没收非法所得16.7万元。取消电力建设资金收费、电力增容费，推行峰谷分时电价。降低电信价格、调低互联网收费标准，平均下降30%；规范本地网收费、降低电话初装费和移动电话入网费标准，平均下降20%；取消市话、本地网附加费，长话附加费由40%降至20%。根据省物价局调整成品油价格的通知，上调娄底成品油价格。是年居民消费价格指数为100.1%。

2000年，围绕“刺激消费、扩大内需、启动经济”的目标，清理有关抑制消费的文件，对城区范围的餐饮业、文化娱乐业进行等级评定。实行差率控制和制止低价倾销，规范收费行为。统一换发全国式样的“收费许可证”408个，规范369个单位的收费项目和标准，清理各类收费项目1120个，取消各类收费项目203个，降低收费标准3项，规范收费项目11个，废止收费文件12个。对111种工业品、30种农产品的价格动态逐月进行监测，对自来水、集资建房成本、公共汽车票价、有关病检医疗收费等在价格出台前进行成本审核。清理农民建房乱收费项目15个，规范城市居民物业管理收费。取消有关抑制消费的文件。是年，居民消费价格指数为100.6%。

2001年，制发价格行政审批事项清理规范方案，取消审批、核准、审核、备案事项23项，市本级保留60项，下放县（市、区）13项。组织4次教育收费检查，检查中小学校464所，查处价格违法案108件，查出违法金额700万元。全市实行商品和服务明码标价，推行涉农收费公示制度，开通12358价格举报电话。是年，居民消费价格指数为100%。

2002年，按照国家计委和省、市政府的部署，对市本级2000年起的所有收费文件进行全面清理，清查各类价费文件139个，清理出失效、取消、废止文件65个，清理收费项目532项，清理出失效、取消、废止、降低标准的收费项目206项。对下岗职工再就业及低保户应享受的有关优惠价费政策涉及的31个部门、167个项目200个收费标准进行清理，报市政府行文公布。配合行政审批制度改革，与市优化办等有关部门联合对市文化局、市公安局、市卫生局等45个单位的行政事业性收费项目的收费依据、收费项目、收费标准进行全面清查，对该降低标准和取消项目继续收费等问题，责令纠正或处理。对74项审批、核准、审核、备案事项进行重新审理，取消49项，下放县市9项，市本级保留16项。对1152个品种规格药品纳入集中采购零售限价管理。全面推行涉农收费公示制。推行农电“两改一同价”，网改后的到户电价均价每千瓦时为0.66元。是年，居民消费价格指数为99.6%。

2003年，推行价费公示制度。全市教育收费应公示单位1724个，公示率85%。机关收费应公示单位549个，公示率90%。取消过期行政事业性收费项目70个，违规收费项目49个，降低行政事业性收费标准20个，注销行政事业性收费许可证8个。取消无依据服务价格收费项目15个，降低服务价格收费标准13个。市物价局先后8次召开制止教育乱收费提醒告诫会、规范经营企业价格行为提醒告诫会、出租车营运价格行为提醒告诫会。制定《娄底市经营企业价格信用制度》。在防治“非典”期间，发布防止食品、药品、医疗器械价格暴涨的文件13个，加强对集中招标采购药品的管理，对815个品种实行零售限价。旱灾期间，与贸易办联合行文《关于切实做好灾后市场物资供应和价格工作的通知》，就粮食、猪肉、蔬菜、种子、农资等的灾后市场供应和市场价格问题提出对策。

2004年，居民消费价格指数持续走高，猪肉、粮油价格高位运行。市政府印发《娄底市价格监测管理暂行办法》，市物价局制定价格监测制度、价格监测考评办法，设立价格监测直报点，完善监测网络系统，形成规范运作体系和保障体系。开展粮油、肉禽蛋菜、农资、种子、煤炭、石油等监测，编发《娄底价格监测》简报，反映价格变动情况，分析价格运行走势。下半年，停止出台政府调价项目。

2005年，全市物价部门加强价格监测和分析，突出加强对影响价格指数上涨幅度的粮食主副食品、住房、生产资料等价格监测、预警、预报。实施煤电价格联动政策，疏导部分价格矛盾，为全市经济发展提供能源支撑；5次调整成品油价格，适当联动上调全市农村公交车班线票价、市区公交线路票价。连续7个月停止出台地方政府涨价项目，严控涨价项目，全市物价指数上涨逐步趋缓，价格总体水平基本稳定。

2007—2008年，居民消费价格指数过快上涨。全市强化市场价格监管，针对猪肉、粮油等价格异动形势，启动副食品价格“一日一报”制度，扩大监测点和监测品种，增加监测频率，加强数据分析和发布，适时组织专项调查，为领导科学决策提供参考。开展食品价格和相关收费专项检查，对重点行业、重点品种、重点行为进行检查监督，建立主要农副产品及食品价格检查信息日报制度，制止苗头性涨价行为。落实涉及生猪生产流通领域的11项收费减免政策，清费降本保障供应。严控调价措施的出台。

2009年，全市实施临时价格干预措施，对主副食品经营企业的6大类商品实行调价备案制度。市政府出台《娄底价格异动应急预案》，各级分别出台价格异动工作办法，加强对主副食品、液化气等生活必需品巡查，开展农资、成品油、抗灾物资等敏感商品的专项检查，打击价格违法行为。出台化肥、柴油等市场保供稳价的紧急措施。落实鲜活农产品销售环节收费减免政策，全市批发、农贸市场减免相关收费，强化日常重要商品市场监测分析、预警预报，灵敏反映市场热点，开展抗甲型H1N1流感药品、生猪、家电汽摩下乡、家电以旧换新等专题价格监测，运用价格信息引导和稳定市场。全市居民消费价格指数107.8%。

2010年，受国际金融危机和国内通货膨胀预期的双重影响，娄底市出现主副食品大面积、高幅度价格异动性上涨。2011年，市政府出台关于贯彻落实国务院16项、省政府19项调控措施的实施意见，建立市场价格调控联席会议制度。向9类低收入居民发放价格临时补贴。2014年8月，市政府转发市物价局《关于深化全市价格改革的实施意见》，完善落实保供稳价分工责任制，进一步健全监测预警体系，建立稳定肉菜等“菜篮子”商品价格长效机制，稳步推进价格改革，规范收费行为，深化资源价格改革。2015—2017年无变化。

二、价格调节基金

1994年，行署办印发《娄底地区价格调节基金收取与使用管理办法》，规定价格调节基金的收取范围和标准共4个项目：宾馆、饭店、招待所、旅社按床位（含按摩室、桑拿浴床位）在价外收取5%；建筑安装单位，按工程总造价收取5‰；舞厅（含夜总会、卡拉OK厅）按总收入收取5%；钢材、生铁、水泥、石油和汽车等机电产品，生产企业销售利润超过10%以上的部分和经营企业利润超过5%以上的部分均按5%收取。价格调节基金用于发展副食品生产基地及调控市场物价的建设项目，重大节日的主要副食品价格补贴，平抑物价，防止暴涨暴跌的临时性价格补贴。各县（市）建立价格调节基金征收办公室。至1995年，全地区收取价调基金329万元，投放126万元，扶持18个蔬菜基地。

1996—1998年，价格调节基金收取范围增加8项。地区物价局将地区本级征收职能移交给娄底市。各县（市）按征收总额12%上缴地区用于综合平衡，调控市场物价。1999年9月始，市本级在娄星区范围内所征收的价格调节基金总额的40%返回娄星区。至2004年，全市收取价格调节基金4549.16万元，投放使用2293.3万元，扶持506个蔬菜基地和种养植基地。

2004年1月，全市调整价格调节基金征收范围及标准，对宾馆、旅社、招待所等经营单位按住宿营业额收入征收3%，对事业性收费按收费金额征收3%，对休闲娱乐业按营业额征收2%，对中央在湘和外省驻湘企业按核准人数每人每月征收2.5元。至2006年，市本级征收价格调节基金1250万元，投入825.6万元，扶持345个蔬菜基地和种养植基地。2006年底，娄底市对城区各天然气经营企业开征天然气价格调节基金，征收标准为0.03元／立方米（按实际销售量计算）。

2008年，市政府成立煤炭价格调节基金征收管理工作领导小组，制定《娄底市煤炭价格调节基金征收管理实施办法》，征收标准按煤炭实际销售量35元／吨征收，其中30元／吨上缴省财政，5元／吨留用（由市统筹1元／吨、县（市、区）4元／吨）。是年底，对本市除中石油、中石化外的在娄其他汽油、柴油批发经营企业开征石油价格调节基金，按销售量0.02元／升征收，其中市本级征收的30%上缴省级，70%留存。是年，娄底市本级征收价格调节基金474万元。2008—2015年，市本级征收价格调节基金9963.3万元，投放5358万元。

2012年，市政府修订颁发《娄底市价格调节基金征收管理办法》，增加基金收取项目。房产交易按交易总额的1%征收。行政事业单位服务性收费按收费总额的1%征收。纳入地方一般预算收入的行政事业性收费按3%征收。土地出让（转让）按出让（转让）总额的1%向受让方征收。建筑安装工程按建筑面积征收，标准为砖混结构每平方米4元，钢混结构每平方米5元，由建设单位缴纳。是年，市委、市政府实行“菜篮子”工程（2012—2014年）三年行动计划，运用价格调节基金扶持“菜篮子”工程建设，平均每年投放价格调节基金近1500万元，扶持农副产品龙头企业60多家。全市建成蔬菜基地0.2万公顷，蔬菜温室大棚5000多个，开设娄底城区平价菜市10家。2016年，全市利用积余资金538万元，对全市109个“菜篮子”工程项目后续扶持。2017年，娄底中心城区因特大洪涝灾害蔬菜基地受损严重，为帮助蔬菜生产企业恢复灾后重建工作，利用积余资金166万元，对娄底中心城区10家蔬菜生产基地进行帮扶。

三、物价补贴

娄底地区物价补贴始于1988年4月，每个职工每月补贴10元，随工资发放。1990年后，随着物价逐步放开，用于财政物价补贴的品种、金额逐年减少。

2011年，根据省物价局、民政厅、财政厅、国家统计局湖南调查队联合制定《湖南省低收入群体价格临时补贴与物价上涨联动机制实施指导意见》，市政府成立以常务副市长为组长，物价、民政、财政、人社、统计、国家统计局娄底调查队等部门负责人为成员的娄底市价格临时补贴联动机制领导小组，出台《娄底市社会救助和保障标准与物价上涨挂钩联动机制实施方案》。价格联动机制的保障对象：城乡在册低保对象，优抚对象和农村五保户，领取失业保险金人员，当地政府认定的其他低收入群体。全市价格临时补贴标准：居民基本生活费用指数达到103%~106%（含106%），补贴标准5元／月·人；居民基本生活费用指数达到106%~109%（含109%），补贴标准10元／月·人；居民基本生活费用指数109%以上，补贴标准15元／月·人。价格临时补贴所需资金由县（市、区）人民政府通过上级补助、本级安排、资金结余和价格调节基金统筹解决。

2016年12月，根据省发改委、民政厅、财政厅、人社厅、教育厅、国家统计局湖南调查总队、省统计局7个部门《湖南省社会救助和保障标准与物价上涨挂钩联动机制实施细则》，全市将享受国家定期抚恤补助的优抚对象、城乡低保对象、特困人员、领取失业保险金人员、地方高校贫困生以及当地政府认定的其他困难群众列为保障对象。启动条件：居民消费价格指数单月同比涨幅3.5%，食品价格单月同比涨幅6%。满足任一条件即启动。2017年，居民消费价格指数未达到联动机制启动标准。

第三节　价格监督

一、政府监督

1990年，娄底地区开展煤炭等行业的价费检查和商品明码标价的清理整顿，查处违价案件235起，查出非法所得217.14万元，经济制裁总额210.63万元。1991年，开展农业生产资料等价费检查，查处案件462起，查出非法所得252.92万元，实施经济制裁总额202.92万元。1992年，开展对铁路行业价费、行政事业性收费和经营服务性收费领域检查，查处违价案件226起，查出非法所得164.85万元，经济制裁总额158.58万元。1993年，查处违法案件287起，经济制裁204.75万元。1994年，行署下发《关于在全区开展春节市场物价大检查的通知》《娄底地区监审商品价格违法行为的查处规定》，先后组织粮食（水淹粮、定销粮、救灾粮）、邮电等行业的价格检查，查处违价案件1324起，查出非法所得382.03万元，经济制裁总额243.55万元，其中，收缴财政176.28万元，退还用户73.27万元。1995年，地区行署紧紧围绕抵制通货膨胀，控制物价上涨，开展以监控商品价格执行情况为重点的物价大检查。

1996年，全地区重点检查与群众生活相关的粮、油、菜、烟、酒、副食品、酱油、食盐、白糖等价格和差率的控制情况，开展灾后物价大检查。1997—1999年，地区物价部门以“清费治乱减负”为中心，配合“减轻农民负担月”和“减轻企业负担月”活动，采取地所与县市所联合办案的方式，开展保险收费、灾后物价、粮改措施落实、电力等行业的价费检查，以反暴利、反欺诈、反低价倾销为重点的物价大检查和落实明码标价的检查。3年间，查处违价案件3503起，查出非法所得7491.49万元，经济制裁总额3047.23万元，2000年，紧紧围绕“刺激消费、扩大内需、启动经济”这个目标，遏制各种乱收费、乱涨价行为，集中力量组织开展重点行业的价费执行情况检查，查处违价案件2317起，查出非法所得4310.23万元，经济制裁总额1173.53万元。

2001年，全市开展成品油等7个行业的价费专项检查和旅游等价费检查。2002年，开展下岗职工再就业收费及基建项目审批收费、高新技术开发区收费检查，突出查处价格举报案件和价格欺诈行为。2003年，开展“非典”药品、消费品等价费专项检查和农民工进城务工、城市下岗再就业收费和涉农收费检查。2004年，突出服务“三农”，服务企业，开展涉农收费、低保户优惠政策的落实和涉及“禽流感”物品价格检查。2005年，开展涉农、涉教收费检查，制止3月出现的抢购食盐现象。2001—2005年，查处违价案件8797起，查出非法所得2.48亿元，经济制裁总额7900.93万元。

2006年，全市实施“市场监督年”行动，以制止价格欺诈和价格垄断为重点，开展通信行业专项检查、客运价格检查和节日市场价格检查，严厉打击虚假标价、模糊标价和价格垄断行为。2007年，围绕落实宏观调控政策，保障价格改革措施顺利实施和维护人民群众利益为主题，加强对居民生活必需品市场价格检查、生猪定点屠宰收费检查。2008年，市物价局围绕政府关注、群众关心、社会反映强烈的热点问题，开展涉农、涉企、医疗、通信、教育等行业收费专项检查。冰灾期间，严厉查处哄抬价格、串通涨价、价格欺诈等价格违法行为。2009年，开展电力价格、农资价格、涉农收费、教育收费、旅游价格等价费专项检查。2010年，依法查处各类行业协会违规收费、强制收费、强制培训等行为。2006—2000年，查处各类价格违法案件2762起，查出违价金额8422.59万元，实施经济制裁总额2543.13万元。

2011年，围绕清费治乱减负，对水资源费、园林绿化费、人防收费、白蚁预防费等进行监管，全市开展涉农、涉企、交通运输、医疗卫生服务等收费专项检查。受日本地震核泄漏影响，社会谣传碘盐能预防治疗核辐射，导致社会出现抢购食盐风，为维护市场食盐价格稳定，积极组织市场价格巡查，通过采取组织货源、保障供应、强化监管、稳定价格等一系列应对措施，果断处理及平息食盐抢购突发事件。2012年，开展国土及煤炭税费统征系统的收费大检查。2013年，市物价局根据省监察厅、物价局、财政厅、优化办《关于开展全省“发展环境优化年”收费专项检查的通知》精神，联合市监察局、财政局、优化办对国土、建设、公安、规划、消防、环保、水利等单位收费进行专项检查。2014年，出动检查人员256人次，检查150余家行政机关和事业单位。2015年，市物价管理部门对全市教育收费、涉企行政事业性和中介服务收费检查，查处价格违法案件120起，实施经济制裁总金额362.76万元。

2016年，按照《湖南省发改委关于开展商业银行收费重点检查的通知》，市物价部门对市内各商业银行收费专项检查，查处价格违法案件33起，实施经济制裁244.07万元。2017年，开展涉企、银行、药品及医疗服务价格、电力价格、商品房销售价格5个专项检查。共查处价费违法案件13起，收缴价费违法所得194.21万元，罚款1.28万元，责令退还消费者多收价款2.76万元。

二、社会监督

1990年，根据国家物价局《职工物价监督暂行办法》《关于委托职工价格监督组织查处价格违法行为的暂行规定》，娄底地区建立基层物价监督检查站18个。1991年，开展“双信”（即计量、物价信得过）活动，5个乡镇建立农村物价监督站。地区在职工物价监督站中开展“争先创优”活动，锡矿山矿务局南区职工物价监督站被评为全省先进单位，带动全地区“双信”活动。1992年，“双信”参赛单位274家，达标114家。6个地、县（市）物价检查所、11个职工物价监督站、16个乡镇义务物价监督站、3个乡镇物价监督管理站，形成一个以物价监督检查部门为主、职监、义务监督为辅的价格监督检查网络。

1997年，地区物价部门对710家“双信”单位检查验收和“消费者信得过”单位检查评审，重新认定8个“双信”单位和5个“消费者信得过企业”。地区检查所设立消费者协会物价监督检查部，完善系列规章制度。1998年，根据《中华人民共和国行政处罚法》《中华人民共和国价格法》，职工物价监督组织退出物价监督检查工作。1998年，地区价格举报中心正式成立，设立举报信箱。

2001年1月，国家计委《关于商品和服务实行明码标价的规定》施行后，全市开展明码标价示范宣传活动。2001年4月，价格举报电话12358开通。2003年实施价格提醒告诫制度，是年，相继组织召开教育、酒店、出租车营运等单位价格提醒告诫会。全市4家单位获省“双信”称号，数量居全省第三位。2005年，在全省创建“规范化检查所”和“依法办事示范窗口单位”活动中，市检查所被省评选为首批地市级规范化检查所和省依法办事示范窗口单位。2005—2008年，娄底市连续4年开展“价格服务进万家”活动，价格服务进社区、进企业、进学校、进医院、进景区活动。2008年，全市物价系统开展纪念《价格法》颁布实施10周年宣传活动，在《娄底日报》开辟宣传专版、在娄星广场和城区主要路段悬挂气球宣传标语等，办理群众举报480件。

2009—2010年，全市聘请价格义务监督员1821人，制作12358价格举报热线温馨提示牌200多块。2011年，市政府制定《价格诚信建设工作方案》，成立市价格诚信建设领导小组，至2013年，对娄底市区范围18条街道、32家商场、230余家门店、56家房地产开发企业进行检查，现场发放明码标价规定及价格政策宣传单2000余份，标价签1000多张，对明码标价不规范的楼盘发放整改通知54份，树立“明码实价一条街”“明码实价承诺单位”等样板，建立价格诚信档案数据库。2015年，全国12358价格监管平台正式上线。至2017年年底，市“12358”价格监管平台受理群众价格咨询、投诉举报1000余起。市价格举报中心被国家发改委办公厅评为全国“12358”价格监管平台操作先进单位。

1990—2017年娄底市价格总指数一览表

表44-1 单位：%

年 份	居民消费价格指数	商品零售价格指数	服务项目价格指数	年 份	居民消费价格指数	商品零售价格指数	服务项目价格指数
1990	100.5	98.8	—	2004	104.4	104.1	101.9
1991	104.2	103.5	—	2005	102.2	102.2	101.6
1992	115.5	110.8	—	2006	101.7	101.4	101.4
1993	117.5	115.4	—	2007	106.5	105.7	102.4
1994	127.5	124.3	—	2008	107.2	107.0	101.8
1995	116.3	115.5	—	2009	100.7	98.8	103.1
1996	106.4	104.9	111.9	2010	103.4	103.4	102.7
1997	102.5	100.5	107.8	2011	105.8	105.1	103.4
1998	100.3	98.0	110.5	2012	102.0	101.7	100.8
1999	100.1	98.3	116.3	2013	102.5	101.7	102.5
2000	100.6	97.7	111.8	2014	101.6	100.9	102.1
2001	100.0	98.4	106.0	2015	101.6	99.5	102.9
2002	99.6	99.3	100.3	2016	102.0	100.8	101.2
2003	103.6	101.6	107.4	2017	101.5	100.9	104.9

说明：上年价格指数为100

第四十五篇

审　计

概　述

1990年，地区审计局重点开展行政事业单位财务收支审计、财政决算审计、企业承包经营经济责任审计。1995年，全地区审计部门贯彻《中华人民共和国审计法》（简称《审计法》），以“全面审计、突出重点”为指导，规范审计行为，有计划地组织教育、农业、林业、水利、环保、社会保障等重点部门，政府投资重点项目，水利建设、电网改造、住房公积金等专项资金审计，推行常规性审计制度。1996年，实施地区本级财政预算执行和其他财政收支情况审计。1997年始，全地区审计机关按照“有离必审、先审后离、审用结合”的原则，开展领导干部任期经济责任审计。1998年，对104个单位118名离任对象进行审计。2002年，市审计局配合各县（市、区）领导班子换届工作，对各县（市、区）拟提拔对象进行审计，把经济责任审计融入干部管理工作。2003年起，建立并完善审计标准、审计质量控制体系。是年，市本级及所辖5个县（市、区）成立经济责任审计领导小组及办公室。娄底市出台《娄底市投（融）资建设项目审计监督实施办法》。2004年8月，成立市建设（技改）项目审计监督中心，开启全市政府投资项目的预决算审计和市属重点工程项目的跟踪审计。2005年，市审计局被人事部、审计署授予全国审计机关先进集体称号。

2007年，市审计局全面推行计划、审计两分离的审计业务管理模式，实现项目统一管理，统一调度审计力量，开展优秀审计项目、审计案例评选和审计质量专项检查，实行审计结果公告制度，全面提升审计质量。2013年《娄底市党政领导干部离任交接办法》和《乡镇党政一把手经济责任审计操作纲要》在全省推广。2014年，市审计局实施“娄底冷水江市棚户区改造专项工程审计项目”，被审计署评为表彰项目。2015年，娄底市审计工作在法规建设、审计质量标准、审计技术方法、审计人员的整体素质等方面全面提升。市审计局与财政部科研所合作完成《财政审计完善国家治理路径研究》课题，由中国时代出版社出版。审计署将娄底作为全国第一批试点地区，开展自然资源资产离任审计试点，试点经验在全国推广。是年，市审计局被中央文明委授予全国文明单位。1990—2017年，娄底市审计工作以创新求发展，推进审计全覆盖，形成权威高效的审计监督体系。全市审计单位9289个，查出违纪违规金额241.4亿元，减少财政拨款6.99亿元，追回侵占挪用资金27.8亿元，上缴财政33.98亿元，增收节支32.68亿元，建议给予行政处分95人，移送司法机关处理142人。

第一章　国家审计

第一节　财政金融审计

一、财政预算执行情况审计

1995年始，全地区按照《审计法》实施财政收支审计。1996年，地区审计局开展地区本级财政预算执行和其他财政收支情况审计（又称“同级审”），抓住预算收入、预算支出和预算外资金3个环节，查出地区财政局罗某等人贪污挪用国债资金193.4万元。1997年，全地区审计281个账户和30个二、三级单位，查处违纪违规资金2011万元，撤并不合规银行账户78个，增加财政收入630万元，集中财政专户储存资金1000万元。1998年，全地区审计部门完成12个单位预算资金及税收征管情况审计，查出违规资金3690万元，上缴财政812万元。其中审计国土资金查出违纪金额226.9万元，依法查处涟源市桥头河镇以土地换手机、越权减免国土资金、低价出让国有土地、私设“小钱柜”、公款转储蓄等问题。在住房资金专项审计中查出违规金额4825万元，全地区挤占挪用住房资金4535万元，占整个住房资金收入的13.9%。审计结果在《娄底日报》公布，引起社会广泛关注，综合审计报告得到省、地政府和上级审计部门的重视，被批转各地。1999年，市审计局结合撤地建市设区，开展市、区两级财政收支基数测算，对财政部门和地税部门征管的税收成本进行审计调查，发现地、县（市、区）财税工作中存在的挤挖上级收入、获取部门利益、寅吃卯粮、空转税款、财政收支挂账违反预算级次拨款、超预算安排支出；违规提取退税手续费，少数基层分局巧立名目到乡镇报销费用；税收成本达征管税收的10%以上；部分税种征管不严，违规减免税收、间接坐支税款等违法现象。审计机关进行了查处，并从规范管理、完善制度等方面及时提出审计意见和建议。2000年，重点对市本级预算执行情况进行审计，发现财政部门编制及执行、收入征管、专项资金管理等存在深层次问题。尤其对挤占挪用教育经费、拖欠教师工资，财政资金违规转储、违规外借，乡镇财务管理混乱、欠缴漏缴水费，有些职能部门乱收费、乱摊派、乱罚款，设立“账外账”，有些单位挪用专项资金做业务费及奖金等问题，全市审计机关及时向本级政府提交专题审计报告，对遏制违纪违规行为起到警示作用。

2001年，全市审计部门把“小财政”审计改为“大财政”审计。财政预算执行审计延伸到劳动、财政、公安、水利等预算执行部门，查处违纪违规金额9191万元，处理处罚732万元，促进增收节支581万元。2002年，首次对财政结算补助资金进行审计，揭露原财政部门极少数人随意性管理和分配上级财政结算补助资金及违规报销财政周转金等问题，为检察部门查案提供事实依据。全市查出违纪违规金额1.58亿元，上缴财政1441万元，调账处理100万元，纠正违规金额3348万元。2003年，财政预算执行审计重点关注市国库办理预算资金收购拨付情况、农业专项资金、煤矿维简费、物价调节基金等，发现存在违规混库、挤挖上级税收、应缴未缴收入、寅吃卯粮、违规借用专项资金等问题。2004年，对2003年市本级政府性基金预算情况、市地税局税收征管情况、市财政局和市教育局转移支付教育资金及市国土局的国土有偿使用资金等进行审计，并对市国库收纳预算资金拨付、农业专项资金、煤矿维简费、物价调节基金、5个县（市、区）财政2003年度赤字及负债等经费进行专项审计调查。2005年，财政预算执行审计发现地税部分滞留市本级税款2041万元，缓缴财政收入1768万元，违规混库714万元，违规征收过头税2748万元；市级财政部门预算收入未及时缴入国库768万元，虚增财政收入474万元，支出挂账8392万元，套取财政资金52万元等问题。对此，审计机关依法作出调账、追缴及处理处罚。

2006年，市人大常委会首次向政府发出市级财政预算执行情况审计报告反映重点问题交办函，要求市政府及有关部门认真整改。市政府常务会议专题研究审计报告反映问题的整改方案。2007年，把财政预算执行审计与领导干部经济责任审计、专项资金审计、绩效审计有机结合起来。“同级审”通过财政扣缴、调库等方式，直接增加财政收入3000多万元。2008年，全市审计部门对48个预算执行单位进行内查外调和综合分析，查处各类违纪违规金额2.75亿元，提出合理化建议10条，为财政增收节支9000多万元。在娄底城区单位“私房联建”税收专项调查中，审计发现存有领导批条、税务部门把关不严、随意减免税收审批等行为，致使项目单位税收流失严重。市政府常务会议根据审计调查处理意见，首次专题研究并及时组织精干力量进行全面清理，确保项目单位的税收全额上缴。2009年，重点审计税收混库和征管不力的情况，发现部分房地产开发企业虚列名目，违规获取税收减免1969万元，部分企业漏缴所得税4265.4万元，部分土地转让税收未按规定征收，查出各类违纪违规金额3.2亿元，上缴财政1248万元，为财政增收节支8600多万元，提出尽快调整市区财政体制，改革现行税收分配办法等建议。娄底市2009年市本级财政预算执行情况审计项目被评为湖南省优秀审计项目。2010年，围绕促进建立公共财政体系开展财政预算执行审计，查出违纪违规金额5.6亿元，通过审计直接增加财政收入5810万元，市地税局根据审计决定对违规审批的4家房地产企业追缴税收2300万元，市国税局对相关房地产企业追缴税收200余万元。

2011年，市本级税务部门根据审计决定追缴企业税收2896万元，增加市级财政收入3396万元。2012年，市本级预算执行审计扣缴财政166万元，财政部门收缴欠款1.6亿元，各部门、单位自行纠正违规金额5.25亿元，暂停退税2750万元，取消最低生活保障金515万元。是年，《娄底市人民政府办公室关于进一步加强审计整改工作的实施意见》出台，全面落实审计督促、部门联动、市政府督办的审计整改长效工作机制。2013年，对市发改委等13个部门22个单位及其相关二级机构人员因公出国（境）经费、公务车购置及运行费、公务招待费产生的消费（简称“三公经费”）实际支出情况进行审计。针对各单位在“三公经费”使用过程中存在的问题及形成的原因，市审计局以《审计要情》向政府和有关部门提出加强和规范“三公经费”管理的意见和建议。开展煤炭税费专项审计调查中，发现一些县市采取虚列支出，设置两套账的方式隐瞒征收量与征收金额，截留应缴财政收入。2014年，对5个县（市、区）及所属80个乡镇截至2013年6月底政府债务进行审计。全市政府性债务余额212.47亿元（不含供销企业政策性挂账1.14亿元），其中政府负有偿还债责任的债务137.04亿元，政府负担保责任的债务16.03亿元，其他相关债务59.4亿元。通过审计，摸清政府债务家底，如实向市委、市政府、市人大反映全市债务规模、结构、性质及化解措施等。市委、市政府结合审计结果，出台《娄底市本级政府性债务管理实施细则》。2015年，重点对政府债务、税费管理、财税收入征管、预算编制等领域进行审计监督。针对代征点征税不规范、市直“化解大班额四年行动计划”投资管理等突出问题，市审计局以《审计要情》报市委、市政府主要领导。是年，市政府第11次常务会议决定建立强化领导、联动协调、问责问效、督促评议、制度建设的审计整改机制，把财政预算执行审计整改列入市政府常务会议固定议题。2016年，市审计局紧扣重大政策措施贯彻落实，组织4个审计组对冷水江市“两供两治”设施建设、娄底市垃圾填埋场建设、双峰县水利资金和基础设施建设、涟源市园区建设和省市重点工程等进行全面跟踪审计，把政府性资金全部纳入审计视野。针对审计发现的问题，市政府第一次启动问责程序，通报批评7人，诫勉谈话2人。是年，开展全市2014—2015年农机购置补贴专项资金审计，查处部分农机经销商伙同农机生产企业虚开发票套取农机购置补贴2843.88万元的违法行为，移送案件线索20件，形成《审计专报》报市领导。2017年，重点监督财政资金绩效、资产管理、财税政策执行、财政预算系统完善以及中央“八项规定”精神贯彻落实情况，查出一批在机构改革中单位主要职能消失但仍保留编制与财政预算、收取政策性已取消的收费维系单位存续的现象。通过审计，理清了编制身份，直接减少财政无效支出1551.69万元。在建筑行业劳保基金专项审计中，发现废止建筑行业劳保基金迟滞、机构未撤销、人员未安置等问题，审计督促建筑行业劳保基金账户余额1.35亿元全部移交市财政国库管理。

二、财政决算审计

审计结果表明，1990—1997年，各县市政府能遵守国家财经法规，违纪违规情况较少。1998年以后，在执行财政税收法规、使用财政资金中部分县市政府出现空转预算收入、挪用社保资金、征收过头税、坐支收入、违规调库等问题。1998年，省审计厅组织实施娄底地区1998年度财政决算审计发现：娄底地区虚增财政收入6172万元，虚列财政支出4962万元；地区财政局支出未拨付613.9万元；应作未作地区本级预算收入1065万元；不合规暂付款1543万元；将预算收入中的罚款100万元借给地区信托投资公司，省级收入242.64万元借入地区及县市金库；涟源市财政支出挂账1144万元。2000年，市审计局组织实施冷水江市政府1999年度财政决算审计，查出该市财政局基建股长张某，贪污挪用基建资金25万元，公款私存期间利息2775.64元。2004年，市审计局组织开展新化县政府2002—2003年度财政决算审计。审计发现，新化县2002年空转财政收入和列收列支1331.6万元，非税局空转财政收入950万元；2003年空转财政收入和列收列支1900.95万元，非税局空转财政收入1400万元。2005年，市审计局组织开展娄星区政府2003—2004年度财政决算审计，延伸审计发现2002年娄星区财政虚列一般预算收入3944.7万元，空转行政性收费收入300万元。娄星区国税局应征未征涟钢集团、华菱管线涟钢事业部增值税7165.55万元，违规以“多缴退库”的名义将增值税1400万元退库。2008年，市审计局组织开展冷水江市政府2006—2007年度财政决算审计，发现2006年冷水江市财政局以“误缴”为由从国库退库“行政性收费收入”210万元；2007年以“误缴”为由冲销“其他行政事业性收费”和“其他收入”，虚减一般预算收入1622.22万元。

娄底市审计局财政审计现场（2014年4月23日摄）

2010年起，调整省以下财政管理体制，推行“省直管县”改革，县市政府的财政决算审计由省审计厅直接审计。是年，省审计厅授权市审计局组织开展新化县政府2008—2009年财政决算审计，发现新化县民政局新办公楼建设项目挤占挪用民政专项资金732.2万元。2016年，省审计厅授权市审计局组织开展冷水江市2014—2015年的决算审计，发现冷水江市以虚假资料获取地质治理专项资金1720万元，损失浪费98万元；工程发包管理混乱，一些重点工程项目存有围标、串标现象。冷水江泰和金属有限公司董事长王某，2014年在S312线、金竹山煤矿采空区截排水治理等工程项目招投标过程中，涉嫌围标串标违法犯罪，审计部门依法将案件线索移送娄底市纪委和公安机关处理。

三、金融审计

1990年，地区审计局建立金融保险机构年度财务收支决算经常性审计制度，在省审计厅授权范围内对地方金融机构开展审计。1991年，对全地区建设银行系统9个县级以上分支机构1990年度财务收支情况进行审计，查出违纪违规金融158.5万元，收缴财政31.81万元。1992年，全地区审计部门对25个金融保险机构年度的经常性财务收支情况进行审计，获得全省金融行业审计评比第二名。1993年，全地区审计部门对所辖32个县级以上的银行机构1992—1993年上半年的信贷资金情况进行跟踪审计，查出违纪违规金额8.51亿元，依法作出处理。全地区银行系统通过整顿，抓清收外流资金和资金筹集，收回违章拆借资金6314万元，违章拆入资金460万元，外流资金3031万元，揽储吸存2.94亿元。1994年，地区审计局对全地区22个金融部门进行审计，查出违纪违规金额4530万元，收缴财政28万元。1995年，全地区审计部门对中国银行、建设银行系统进行行业审计，查出违纪违规金额1223万元，收缴财政16万元。对中国银行娄底分行消费基金增长、内控管理制度潜在金融风险问题，从宏观上提出金融体制改革的意见和建议。1996年，分别对农业银行、中国银行、保险公司的资产、负债及损益情况进行审计，查出违纪违规金额7822万元，促进增收节支35万元。1997年，地区审计局对娄底市涟滨乡农村合作基金会进行审计检查，查出偷税148.62万元，私设小金库77.45万元，以及违规发放手续费、违规高利放款、超范围放款等问题。1998年，地区审计局根据审计署授权，对中保财产、人寿保险系统1997年度资产、负债及损益情况进行审计，查处隐瞒或虚列保费收入、假赔和骗赔、贷款及投资质量低，超比例扩大基数及违纪列支等问题，查出违规金额344.5万元，收缴财政36.8万元，调账处理145万元。在中保人寿保险审计中，查出违规金额250万元，收缴财政16.9万元，罚款5.4万元，调账7万元。1999年，全市审计部门根据审计署授权，对县级工商银行和建设银行市分行的资产负债损益进行审计，查出市工商银行违规金额3653.02万元，查出市建设银行违规金额5924.1万元及吸存私设“小金库”等问题。全市对农村合作基金会及下属村级代办站自建立以来的存贷款情况、资产负债损益情况进行全面清理，澄清家底、核实盈亏，为农村合作基金会符合条件的并入农村信用社的工作提供资料。娄星区审计局协助查处违纪违规放款704笔，本金4608.4万元，利息1346.7万元，涉及88人，其中科级干部36人，收回本息264.33万元，协助清退违规领取各项奖金补贴金额192万元，协助立案查处13人，其中区纪委立案3人，检察院立案6人，批捕5人，监视居住1人。

2000年，市审计局对全市企业职工养老保险扩大覆盖面及收支预测情况审计调查，对全市挤占挪用企业职工养老保险基金典型问题专项审计，查出市本级和所辖的县（市、区）社保部门挤占挪用养老保险基金1042.7万元，用于发放工资、弥补经费不足、建办公楼和项目开发投资等问题。2001年，市审计局从县（市、区）抽查3个乡镇农村信用社审计，发现农村信用社普遍存在经营亏损严重，偷税、漏税、高息揽储等违纪行为。截至2000年底，3个信用社累计亏损3266万元，做假账支付存款资金367万元，偷逃税收31.3万元。审计部门针对上述违纪违规行为，依法作出处理处罚，收缴违纪金额70万元，提出审计意见和6条建议。是年，市审计局对人保公司系统1999—2000年资产、负债、损益情况审计，查出违纪违规金额548.86万元，查出内部管理不规范、收支不实、违规支付手续费、少损多赔等问题。2002年，市审计局根据审计署授权，对中国农业发展银行娄底支行所属5个机构2001年度资产、负债、损益进行审计，查出账外资产少计利息收入以及在粮棉收购资金封闭运行管理中存在违法贷款、挤占、挪用收购资金等问题，就农发行如何强化管理、规范经营，提高收购资金管理水平、支持经济发展等提出建议。2003—2008年，市审计局组织全市审计部门对全市农村信用社系统2005年度的资产、负债、损益进行审计，审计5家县级信用联社及营业部和19家基层信用社，审计覆盖率33.8%，查出借贷资产质量低、贷款额度大、盈亏不实、财务报告虚假、涉农贷款比例偏低、部分县市职工收入增长与信用社经营效益不相适应，党政机关、事业单位和信用社职工及亲属贷款额大等问题。2008年以后，所有银行和金融机构归属审计署直接审计。

第二节　经济责任审计

一、国有企业领导成员经济责任审计

1990年，娄底地区实施企业承包经营经济责任审计。1991年，开展财政收支审计与效益审计相结合项目25个，与内控制度审计相结合项目20个，重点审计亏损企业22个、审计调查亏损企业45家。1992年，地区审计局坚持一审二帮三促的原则，选择性地开展对企业内部控制制度和经济效益审计，帮助13家亏损企业扭亏为盈，直接或间接产生经济效益68.5万元，挽回经济损失389万元，查处和防止“三乱”以及其他侵犯企业合法权益案件41起，为企业追回各种拖欠款158万元。1993年，承包经营责任制被股份制代替，承包经营经济责任审计项目逐年减少，审计目标转移到为企业改制服务。地区审计局重点帮助亏损企业澄清家底，扭亏为盈，全年帮助基础差、效益低的10户企业实现扭亏为盈，为7家企业澄清家底，分析潜亏挂账的原因，划清企业政策性亏损和经营性亏损的界限。制止76个单位的乱收费、乱罚款、乱摊派（简称“三乱”），查处“三乱”金额508.9万元，建议政府有关部门撤销和修改4项收费文件。1994—1998年，地区审计局按照审计署的统一安排，在全地区实施国有企业领导人的经济责任审计，重点是厂长（经理）离任审计。对地区药材公司、路桥公司、建筑公司等3家大中型国有企业领导履行经济责任方面所取得的业绩及存在的问题进行审计，审计结论分别向有关部门反馈。1999年，对冷水江市耐火材料厂原任厂长的离任审计，客观公正地评价原任厂长的政绩，准确划分经济责任，查出该厂偷漏税收、私设“小金库”、厂领导多领奖金、一分厂71万元“小金库”等问题，审计依法作出处理。2000年，市审计局组成24人的审计小组，根据省厅授权对涟钢董事长、总经理詹先礼进行离任审计，历时2个月。审计认定，詹先礼1997年1月至2000年9月任职期间，公司向国家上缴税款达6.89亿元，实现利润3.45亿元，为发展生产规模和技术创新改造，企业累计投资15.44亿元，为国家和娄底的经济建设做出贡献。审计查出涟钢会计核算欠规范，部分产成品盘亏未经报批自行冲减资本公积，有的成本项目核算存在随意性，不能准确反映盈亏，虚列、挤占成本、隐瞒少报

利润1136.90万元，累计漏交税款291.96万元，坐支、截留应上缴财政罚没收入257.38万元。对此，市审计局依法作出审计处理决定，并提出审计意见及建议。审计结果达到省厅、市政府、公司职工、离任者本人“四满意”。2008年，冷水江市审计局查出冷水江制碱厂设立“小金库”、私分国有资产和原任厂级领导虚报利润、领取奖金30万元等问题，并将案件移送纪检监察部门，2人移送监察机关处理，4人被“双规”，追缴违纪资金44万元。2010年，市审计局对娄底市公交总公司经理的任期经济责任审计时发现该公司燃油料购进与入库数量存在较大差距，市公交总公司油库经理涉嫌利用职务之便从事盈利活动，被移送市纪委立案查处。2010—2017年，市审计部门重点对改制企业实行破产清算，确保国有资产不流失，未开展企业领导成员经济责任审计。

二、党政领导干部经济责任审计

1997年，娄底地区在全省率先成立领导干部经济责任审计领导小组及办公室，推行领导干部离任审计。1998年确立“有离必审、先审后离、审用结合”的原则。全地区审计机关对104个单位118名离任对象审查审计，有8人提拔使用，4人被撤职或降级，30人受到经济处罚，7人受到党纪处分，10人受到法律制裁。是年6月，地区审计局与地委组织部联合召开领导干部离任审查审计理论研讨会，研究探讨具体审查审计方法和程序。1999年，全市审计部门对33个行政事业、企业单位领导干部开展任期经济责任审计，查出违纪违规金额2128万元，上缴财政36万元，查出“小金库”9个279万元，有15人被调整岗位，5人受经济处罚，2人被移送监察机关和司法机关立案查处。2000年，市审计局出台《娄底市领导干部经济责任审计操作规程》《娄底领导干部经济责任审计项目管理办法》，把经济责任审计纳入干部管理程序、领导班子和领导干部勤政廉政目标管理、干部年度考核奖惩，受到审计署、省审计厅肯定。是年，全市完成经济责任审计项目105个，审计对象112人，其中有97人平调，1人提拔使用，1人免职，30人受到经济处罚。新化县审计局全年对20个乡镇长开展经济责任审计，占全县28个乡镇的71%。未审的乡镇主动自查自纠，退还违纪违规金额11.24万元。

2001年，娄底市出台《关于领导干部经济责任审计立项工作的实施意见》，是全省首个带有指导并具有操作性方案文件。依据该文件，全市组织领导干部经济责任审计回头看，审计机关向组织人事部门举荐德才兼备的领导干部。2002年9月，市审计部门配合各县（市、区）领导班子的换届工作，对5个县（市、区）拟提拔对象进行事先审计，把经济责任审计成果融入干部管理工作中。2003年，市本级及所辖5个县（市、区）成立经济责任审计领导小组及办公室，由党委、政府主要领导任组长和副组长，形成组织部门委托，审计机关承办，纪委、监察、检察、财政部门配合的协调机制。县（市、区）审计局设立经济责任审计办公室，全市共配备经济责任审计人员31名。2005年，领导干部任期经济责任审计向制度化、规范化方向发展，完成领导干部任期经济责任审计项目131个，其中县（市、区）委书记、县长2名。查处违规金额1.93亿元，管理不规范金额3810万元。经审中领导干部平调86人，晋升6人，免职、降职6人。2006年，经济责任审计重点评价领导干部目标责任完成情况，遵守财经法纪和廉政建设情况。全市完成经济责任审计项目103个，对5名拟提拔到副处级领导岗位的干部进行交叉审计，查出违纪违规金额8307万元，管理不规范金额1.79亿元。2007年，全市完成经济责任审计项目144个，查出违纪违规金额15649万元，管理不规范金额1.15亿元。双峰县审计局首次探索尝试村（居委会）主任审计。娄星区审计局把教育系统作为经济责任审计的重点，发现该区4所学校2005—2006年违规收费1142.7万元，向政府提出加大对教育的投入、学校严格规范教育收费行为的审计建议。2008年，全市重点围绕经济决策权、经济管理权、政策执行权和廉政自律开展领导干部经济责任审计，审计项目156个，查出违规金额1.82亿元，管理不规范金额2.07亿元。市委、市政府运用审计成果，晋升干部19人，平调干部262人，免职、降职5人，行政处分1人，移送纪检监察机关8人，移送司法机关2人。2009年，市煤炭局、市建设局、市教育局、市政府驻长沙办事处等单位，按照离任经济事项交接办法办理交接手续。县（市、区）委书记和县（市、区）长经济责任审计的报告写作模式、审计评价内容与重点、经济责任界定办法和审计成果利用实行统一的操作模式，经济责任审计更加规范。

2011年，全市实行党政主要领导干部同步审计和领导干部离任经济责任事项交接审计，完成审计项目85个，审计113人，查处违规金额2.7亿元，管理不规范金额4225万元。2012年，首次实施对省直管县（市）党委书记、县（市）长经济责任审计与财政决算同步审计。全年审计系统完成审计项目81个，查出违纪违规金额4.58亿元，上缴财政335万元。2013年，全市审计系统完成129个单位176名领导干部的经济责任审计，查出违纪违规金额8.09亿元，管理不规范金额19.03亿元，上缴财政531万元。《娄底市党政领导干部离任交接办法》被湖南省领导干部经济责任审计工作领导小组办公室在全省推广。2014年，债务管理、民生改善、环境治理、生态效益，节能减排等指标和实绩纳入经济责任审计重要评价内容。全市审计机关完成12个单位148名领导干部的经济责任审计，其中，任中审计77人，离任审计71人，查出问题金额74.85亿元，为财政增收节支1.68亿元。2015年，审计署在娄底开展领导干部自然资源资产和环境保护审计试点。2016年，中央深改办对娄底自然资源资产离任审计试点经验调研，《人民日报》作专题报道。浙江、广东、安徽、湖北、贵州等省审计机关到娄底学习交流。市审计局受省审计厅委托开展异地交叉审计，抽出11名业务骨干赴邵阳隆回参加省厅组织的县委书记，县长任期经济责任审计，历时三个月，查出问题金额20.7亿元，为当地政府挽回经济损失566万元，移送案件1起，问责2人，被评为全省经济责任审计优秀审计项目。2017年，全市完成对137个单位180名领导干部的经济责任审计，涉及32名市管领导干部，查出问题金额2.53亿元，移送案件线索26起。全市创新开展经济园区行业主要领导干部经济责任审计，对7个主要工业园区领导审计摸底，移送案件线索5起，被评为全省经济责任审计表彰项目。

第三节　固定资产投资审计

一、停缓建（遗留）项目回访跟踪审计

1990年，地区审计机关继续开展1989年开始的对停缓建项目跟踪审计。冷水江市审计局在跟踪审计中，发现该市城建局明停暗建综合大楼，出具停建的审计意见，处以5000元罚款。新化县审计局对16个停缓建项目进行跟踪审计，制止1个未按规定办理手续准备暗建的项目。1991年地、县（市）审计局对26个在建项目的跟踪检查中，发现计划外投资521万元，占预计投资总额2223万元的23.4%，资金缺口734万元，占预计投资额的33%，有16个住宅项目超标准。地区中级人民法院三类、四类住宅分别达86平方米和106平方米，审计部门对此罚款2.34万元，清缴建筑税8万元，责令2个项目停工，并提出警告与通报批评。地区审计局对省重点项目资氮扩建工程审计，发现该项目批准的概算投资偏低，应增概算投资1688.71万元，促使该重点支农项目加大建设进程。1998年，地区审计局对地区粮食局直属仓库项目进行跟踪审计，发现项目批准计划投资607万元，实际投资1667.81万元，超计划1060.81万元，超过原计划1.8倍，审计依规处理。2004年，市审计局对县（市、区）乡镇公路26个工程建设项目进行审计，确保工程资金专款专用，用料足量，按时完工。2008年，市审计局接受市政府交办的遗留工程项目市城区长青西街丽春路勘测审计任务。该项目工程于2003年立项开工至2008年尚未结算，情况复杂。审计人员到现场反复测量察看，并对设计图纸做分析，将送审工程结算239.75万元审查，核定为187.81万元，核减51.94万元，核减率21.7%。此后，市审计局没有再对停缓建（遗留）项目开展回访跟踪审计。

二、新开（复）工基建项目开工前审计

1990年，地区审计局实行新开工项目与翻修项目的事前审计制度，完成基建审计项目35个，新开工事前审计98个，审计投资金额5.09亿元，建筑面积20.33万平方米，查出违纪违规金额237.00万元，资金不落实7930万元，资金来源不当28万元，处理收缴财政69.88万元，罚款11.21万元，归还原资金

渠道281.68万元，压缩建筑面积1.29万平方米。1991年，全地区审计部门完成195个基建项目审计（含新开工项目签证审计166个），审计资金3.77亿元，查出计划外投资、挪用资金841万元，削减基建项目投资166万元。2002年，全市审计部门对149个（含签证审计）基础项目审计，查出违纪违规金额911万元，促使节省资金78万元。对一批未经审计即待开工的项目作出处理或处罚。2002年后，开工前签证审计停止。

三、重点工程项目审计

国家和集体投资项目审计　1997年，全地区审计部门对国家和集体投资的建设规模在50万元以上的未经审计的竣工项目进行全面审计。冷水江市审计局组织基建项目大检查，审核检查51个项目，审核总金额8765.67万元，基建结算价款净核减420.78万元，查出违纪违规资金813.40万元，收缴违纪资金67.35万元，被省审计厅评为建设工程竣工决算审计先进单位。1998年，全地区审计部门对路、桥建设等国有资产投资领域项目的审计，先后对36个路桥建设项目展开审计，查出违规资金7113.68万元。娄湘公路多付工程款53.87万元，1808线公路新段付施工误工费85.09万元，分别给予处理。1999年，全市审计部门审计27个项目，送审金额6221万元，查出违规金额498万元，上缴财政13万元，核减工程结算403万元，归还原资金渠道216万元。2000年，市审计局开展建设工程项目稽查，稽查4个项目，查出漏缴投资方向税及规费19万元，漏缴劳保基金12万元，分别收缴财政和市劳保办。对娄涟高等级公路进行审计，查出项目资金缺口8648万元，挪用项目资金24.94万元，并分析施工进度滞后原因，提出四条改进措施。娄星区审计局稽查25个工程项目，查出超计划面积2863平方米，超计划投资810万元，偷漏税费107万元。双峰县审计局稽查2个项目，核减造价260万元，超计划投资21.9万元，漏缴劳保基金0.76万元，依法作出处理。2001—2003年，全市工程造价审计核减率连续三年保持在20%上下，高估冒算受到抑制。2004年，全市工程造价审计166个项目，送审额3.19亿元，初审核减1215.24万元，审计审定额2.6亿元，核减率18.7%，为国家节约4759.07万元。新化县国土局地产交易大楼基础工程的施工单位报送工程决算价款595.3万元，新化县审计局审计核减高估冒算工程款238.6万元，核减率40.1%。2005年，全市审计部门对180个建设项目进行工程造价审计，审计总金额4.31亿元，审计审定金额3.66亿元，核减工程造价6428.1万元，占审计总金额的14.9%。市审计局对108个建设项目工程造价审计，审计金额2.67亿元，核减工程造价3033.44万元。新化县审计局对该县政府办公楼项目进行审计，送审金额为3234.97万元，审计审定为2477.39万元，审减757.47万元，审减率24%。冷水江市审计局对该市房地产局甲栋公房进行决算审计，报工程造价189.31万元，审计审定金额40.29万元，仅占报价的21.3%。审计还查明该项目存在严重的串标行为，房产局局长涉嫌挪用公款70余万元，用于该工程承包商作报建费用，以及虚报冒领公款1.37万元线索移送检察机关处理。2006年后，随着国家经济的发展，此项审计逐步减少。

国家重点建设项目审计　1990年，地区审计局对涟钢投资4.58亿元的30万吨电炉改造工程重点建设项目进行审计，查实该项目概算失实，资金缺口较大，落实资金仅占投资额46.8%，企业还贷能力差，投产后所需原料废钢缺口较大等主要问题，引起省地领导和有关部门的重视，促进重点工程的管理和建设速度。2007年，全市审计部门对国家重点建设项目全程跟踪审计，审计199个建设工程项目造价，总金额5.56亿元，审定金额4.56亿元，累计核减工程造价9933.76万元，占审计总金额的17.9%。冷水江市审计局对该市自来水公司球溪10千伏送电工程进行预审计，施工单位预算金额165万元，审计审定金额98万元，核减67万元，核减率41%。2008年，全市审计部门完成工程造价审计项目262个，送审金额9.16亿元，审计审定额8.18亿元，核减9768.62万元，核减率10.7%。市审计局对娄底市中心医院大楼的核算审计，报审金额1.58亿元，审定金额1.49亿元，核减额927.06万元。新化县审计局对晚坪至荣华路段结构工程的审计，报审金额51.69万元，审计审定额11.96万元，核减39.73万元，核减率71.9%。双峰县审计局对该县县城复兴路改造工程项目的结算审计，报审金额976万元，审减额333万元，核减率34.1%。2009年，市审计局加大对重点工程基建财务的跟踪审计、国家重点建设项目竣工决算的审计力度，先后对市建设局大楼、人防工程、体育馆、城管局和规划局办公大楼进行现场督查和资金使用情况的检查，完成建设项目结算审计213个，送审金额6.95亿元，审计审定额6.15亿元，核减工程造价8045.7万元，核减率11.6%。市政府新址大院6号楼、7号楼装饰工程审计，送审金额1548.94万元，核减额779.58万元，核减率50.3%。2010—2012年，市审计局对已经财政评审的项目实施审计监督，审计市城南新区建设开发有限公司。2008—2012年，共实施224个项目，施工方报审金额9.01亿元，审定造价7.88亿元，审计核减1.13亿元。2015年，市审计局对市城建投资集团公司、市房地产局、市万宝城建投资集团公司3个重点政府性投资项目建设单位2013—2015年投资项目建设效益进行专项审计，以项目决策、设计概算、招标投标、建设合同、投资效益、环节控制、项目验收、竣工结算作为重点，从体制机制层面为市人大、市政府提供一份决策的“诊断报告”。2016—2017年，审计440个投资建设项目，审核金额16.69亿元，查出主要问题资金13.56亿元，核减工程造价4.55亿元。

政府投资项目结算审计　2013年8月5日，市政府第5次常务会议专题研究市政府投资建设项目审计监督工作。会议明确财政、审计部门要实现资源共享，人员力量要相互服从调配。概预算评审以财政部门为主，审计部门配合参与；工程结算和竣工结算，政府重大投资项目的过程跟踪审计由审计部门负责，坚持审计独立性原则，财政部门予以配合。会议同意出台《关于进一步加强政府投资项目审计监督工作的意见》。2014年3月16日，市政府印发《娄底市政府投资项目审计监督办法》，理顺审计体制机制，明确审计、财政等部门在政府投资项目监督方面的职责分工，对政府投资项目竣工决算实施必审制、全覆盖、全过程跟踪。建设业主（被审计单位）不得自行委托中介机构进行政府投资项目竣工结、决算的审计。对政府投资项目实行“二审定审制”“三级复核制”。是年，市审计局完成固定资产投资项目结算审计296个，送审金额12.63亿元，审定金额11.59亿元，核减1.04亿元，核减率8.2%。9月26日，市政府投资项目审计购买中介服务首批标的物，娄底市城南中学和吉星小学建设工程结算审计业务在市公共资源交易中心抽签发包。中介一审平均核减率15%。2015年7月7日，娄底市审计局购买社会中介机构参与政府投资项目审计第二批项目在市公共资源交易中心进行公开摇号，从市政府投资项目审计社会中介机构备选库中抽取湖南楚才造价咨询有限公司等5家中介机构，报审金额3.7亿元，单项工程结算报审金额最少的仅3.92万元。年底，市审计局共完成固定资产投资项目结算审计325个，送审金额15.68亿元，审定金额13.82亿元，核减1.86亿元，核减率11.9%。特别是对总投资12.97亿元的沪昆高铁娄底南站枢纽一体化项目跟踪审计中，发现违规问题11个，审计及时提出合理建议，节约投资近1000万元。2016年，市审计局完成政府投资项目结算审计425个，核减投资金额3.04亿元。政府投资项目审计中介机构完成初审项目98个，审计核减2.43亿元，核减率16.5%。2017年，市审计局完成固定资产投资项目结算审计153个，送审金额11.86亿元，审定金额10.44亿元，核减金额1.42亿元。

2002—2017年娄底市政府投资工程结算项目审计成果表

表45-1

类别／年份	项目(个)	业主送审金额(万元)	审计审定金额(万元)	审计核减金额(万元)	审计核减率(%)
2002	20	1738.34	1690.35	47.99	2.8
2003	48	3683.64	3349.21	334.43	9.1
2004	94	13283.47	11687.36	1596.11	12.0
2005	108	25436.11	23655.45	1780.66	7.0

续表45-1

类别/年份	项目(个)	业主送审金额(万元)	审计审定金额(万元)	审计核减金额(万元)	审计核减率(%)
2006	90	41009.01	36984.91	4024.10	9.8
2007	94	25663.13	20962.17	4700.96	18.3
2008	106	52534.00	47939.00	4595.63	8.8
2009	139	39212.00	33410.00	5801.00	14.8
2010	220	74521.65	66018.72	8502.92	11.4
2011	209	70489.55	63960.16	6529.69	9.3
2012	171	67795.87	59253.87	8541.99	12.6
2013	217	160678.16	137431.33	23246.82	14.5
2014	296	126321.18	115856.25	10464.92	8.3
2015	325	156753.19	138172.63	18580.55	11.9
2016	425	267921.11	237520.44	30400.67	11.4
2017	153	118627.16	104396.84	14230.31	12.0

三、外资审计

1998年，地区审计局对8个外资项目进行审计，查明项目计划投资总额3019万元，累计完成投资总额2839万元，本年度计划投资535万元，完成投资579万元，查出违规金额24万元，虚报配套资金118万元。1999年，全市审计部门完成中国种子商业化、农村供水与环境卫生、结核病控制等11个项目审计，审计年度计划投资757万元，完成投资803万元，查处违规资金25万元，配套资金不落实21万元。2000年，全市审计机关对14个外资运用项目展开审计，审查项目计划投资6200万元，查出配套资金不落实84万元，违规金额87万元。2001—2017年，审计外资项目123个，项目投资额6.8亿元（其中外资2.05亿元），查出主要问题资金1280万元，含配套资金不落实223万元。

第四节 行政事业单位审计

一、定期报送审计

1990年，按照审计署《行政单位定期审计制度》规定，地区审计部门对191个行政事业单位开展定期审计，其中一级单位172个，审计总金额8188万元，查出违纪违规金额151万元。1991年，定期审计方法优化，采取报送审计与就地审计相结合，定期审计与专案审计、审计调查相结合，审计一级预算单位与延审二、三级单位相结合，审计预算内资金与预算外资金相结合，重点与一般相结合的办法，促进党政机关廉政建设。审计部门定期审计行政事业单位159个，查出纠正违纪违规金额96万元，未发现违纪的单位87个，占审计单位总数的54.7%。新化县审计局定期审计违规41个单位，查出违纪违规金额7.25万元。1992年，省审计厅将定期审计改为经常性审计，并逐步推行自查自报自纠和重点抽审相结合的审计制度。是年，全地区开展政府部门经常性审计196个，纠正违纪违规金额347万元。地区计生委、地司法局、地科技咨询中心自查超标准开支，将请客送礼等违纪金额1.03万元调账处理。全地区审计部门重点抽审经济管理部门和执法部门，查处铺张浪费、擅自着装和“三乱”行为。冷水江市审计局重点抽查市公安局交通警察大队集资建房、购小汽车的问题，对建房超面积253.23平方米处罚款2785元，没收吉普车一辆，并对集资和“三超”问题通报批评。1993年，地区审计局根据本地实际，经常性审计过渡到对重点单位、重点部门、重点项目、重点资金审计。

二、重点行业、部门（单位）审计

1990年开始，全地区审计部门把预算外资金多、财务管理较差行业和部门（单位）作为审计重点，审计6个县（市）教育主管部门、50所中小学和39个其他教育单位，审计总金额3932.45万元，查处违纪违规金额400.71万元，占审计总金额的10.2%，其中挤占挪用教育经费67.5万元，巧立名目超标准范围发放钱物110.67万元，虚列支出102.56万元，乱收费、乱集资、私设“小金库”问题比较严重。涟源市教委直属的12个单位，有8个“小金库”，收入67.16万元。1991年，全地区审计部门重点审计农林水单位68个，查处纠正违纪违规金额124万元。地区审计局对地区水利工程队一承包工程审计，查出违纪违规金额31万余元，依法作出处理。1993年，全地区审计部门重点对农业、邮电行业投资、环保、科教、社会保障等方面的资金审计。5个县市审计局集中力量对财政、农业银行、扶贫办等91个单位管理使用各项农业专项资金，财政支农周转金、专项农业贷款、以工代赈等资金进行为期两个多月的审计，核实全地区1991—1992年农业资金计划投入1.4亿元，实际投入1.84亿元的家底，揭露农业资金投入渠道多，主管部门多，使用单位分散而出现的挤占挪用250.74万元，按规定少安排专项资金250万元和配套资金61万元等问题，提出3条建议，受到省政府领导表扬。1996年，全地区审计部门开展工商行政管理行业审计，查出截留、挪用罚没收入、违规收费、漏缴税金、私设小金库等违纪违规金额628万元，收缴财政57万元。审计涟源市蓝田工商所时，查出私设小金库资金34万元，私分公款17万余元，作严肃处理。1997年，全地区审计部门开展对人民医院和普教经费的行业审计，重点审查乱收费、乱涨价、收入不入账和回扣等问题。审计纠正各医院不符合政策的收入提成项目及补贴，规范收费范围和收费标准，制止将由个人负担的费用转嫁公家的行为；教育系统普教经费审计，制止乱收费，并揭露财务管理上的问题。双峰县二中校庆捐款收入36.8万元不作收入；涟源市教育局将民办教师福利基金133.3万元用56张存单存入多个储蓄所。审计分别依规作出处理。2004年，市审计局对省级重点中学双峰一中、涟源一中、新化一中、涟钢中学2003年度财务收支情况进行审计，查出违纪违规金额966.28万元，收缴财政53.06万元，追回挤占挪用金额95.63万元，清退多收学生费用15.5万元，提出审计建议13条均被采纳。2005年，市审计局对双峰、新化、涟源、冷水江等4个县市物价局机关及所辖事业单位和公安、交警、教育、卫生等32个执收执法单位开展审计，查出物价系统坐支罚没收入32万元，超规定比例支付价格调节基金手续费83.5万元，越权审批项目、自立项目收费、提高标准收费、被撤销项目继续收费等问题。审计依法作出处理。2010年，市审计局审计发现，娄底市兴鹏驾驶员培训有限公司虚报冒领、套取农村劳动力转移培训阳光工程补助资金27.18万元，新东方电脑培训学校虚报冒领、套取农村劳动力技能培训补贴5万元。3名涉嫌人员被依法移送相关机关处理。

三、专项资金审计

水利资金与电网改造工程审计　1998年，全区审计部门集中50多名审计人员，开展水利资金审计，涉及22个单位，审计资金1.91亿元，查出违规金额1288万元，责成纠正违规资金755万元，归还挤占挪用资金54万元，促进落实资金181万元，促进拨付资金39万元。2001年，全市审计部门派出6个审计组32人，历时5个多月，对农村电网改造工程进行审计，查出违规金额795万元，核减工程造价，规范收费标准，使农民用上廉价电。娄星区按网改前1.15元／千瓦时，网改后0.68元／千瓦时计算电价，全年减轻农民电费负担445万元。

国土资金与“三条保障线”（下岗职工基本生活保障金、职工失业保险金、城镇居民最低生活保障金）资金审计　2002年，全市审计部门对三峡移民安置资金、解困资金、国土资金、“三条保障线”资金、失业保险基金等专项资金进行审计。国土资金审计历时两个多月，审查国土档案200多卷，延伸调查和审计20多个相关单位，查出违纪违规金额794万元，归还原资金渠道118万元。“三条保障线”资金的审计，查出原涟邵水泥厂劳资科长将下岗职工生活补助费8万元据为己有的犯罪事实，移送司法机关追究刑事责任，同时追回赃款金额返还下岗职工。

林业专项资金审计　2001年，市审计局对林业“一金两费”专项基金进行审计，审计揭露新化县林业局在1999年6—11月，分三批组织乡镇林业站、营林工作站、林业科技推广站、林产品开发办、绿委会等职能部门负责人共42人赴云南中国99昆明世界园艺博览会参观学习计8.4万元在林业“一金两费”中列支。审计作出处理，并建议县纪委将县林业局违纪行为通报批评。2005年，全市审计部门组织6个审计组，对2003—2004年全市退耕还林工程专项资金进行审计，查出挤占挪用退耕还林专项资金47.1万元，截留退耕还林专项资金127万元，滞留退耕还林专项资金2254.5万元，市审计局依法作出处理。

保障性安居工程审计　2013年始，在全市范围内开展保障性安居工程审计，揭露保障性安居工程资金筹集管理和使用，以及建设、分配和后续管理等方面存在的问题，边审计、边整改、边规范，取消725户不符合条件家庭的保障对象资格，追回住房租赁补贴资金25.98万元，腾退保障性住房18套，引起市、县两级政府和相关部门的重视，出台和完善住房保障制度、政策文件6个，规范资金管理1500万元，规范基本建设程序15个，修改规划设计1个，完善配套设施建设15个。2014年，市审计局对保障性安居工程开展跟踪审计，查处冷水江市渣渡镇保障性住房违纪违法窝案，移送和处理干部19人，被《中国审计报》头版专题报道，审计署将此案作为教学案例，并在《审计工作通讯》推介，被评为全国表彰审计项目。2015—2017年，每年均开展保障性安居工程审计。

住房公积金审计　1998年始，全地区审计部门开展住房资金审计，审计32个单位1993—1997年住房资金收、管、用情况，审计金额3.45亿元，查出违规金额4828万元，其中挤占挪用住房资金4538万元，而且资金管理分散于财政、房改、公积金中心等多个部门，审计报告上报引起政府重视。2004年审计发现，市住房公积金中心将8200万元住房公积金违法委托理财，挪用508.6万元，违规购买金融债券7000万元，坐支管理费、偷漏税费等1.68亿元，移送娄底市人民检察院立案查处。2006年5月，经长沙市中级人民法院审理，公诉机关指控，娄底市8200万元住房公积金除以先期收益名义收取的370余万元外，其余的本金7829.2万元及国债法定利息640万元全部损失。娄底市住房公积金中心主任、常务副市长因滥用职权造成国家和人民财产巨大损失被追究刑事责任。2009年，市审计局又开展住房公积金财务收支审计，侧重规范贷款管理，查处公积金管理中心市直管理部违规向市蓝天汽贸公司（民营企业）4人发放公积金贷款30.5万元，形成风险典型案例。审计帮助催还贷款，同年底归集余额20.32亿元。2017年，市审计局对市住房公积金中心财务收支和管理经费进行审计，发现部分岗位职责出现纰漏，造成住房公积金贪污损失17.48万元，且存在挪用增值收益行为；隐瞒2015年度增值收益852.15万元，采取“应付利息”科目调节不同年度增值收益，隐瞒增值收益；公积金需求数额预测不准，年度信贷计划不科学；个别单位存在贷款后停缴公积金的现象；有9人超过退休年龄仍缴存公积金。审计机关依法责令改正，并提出强化内部控制、有效堵塞漏洞的审计建议。

四、审计调查

外流资金审计调查　1995年，地区审计局组织20人分8个调查组，历经70天，对地直行政事业单位及二级机构共27个单位自1992年以后的外流资金规模、用途、投向、效益及回收情况进行审计调查，调查表明，资金外流总额1亿元，其中炒地皮8299.12万元、买股票242万元、办采石场8个410.5万元，购房115.5万元，办舞厅1个55.43万元，做生意216.5万元，购置小汽车、大哥大手机支付522.45万元，公款私借238万元。在炒地皮的8299.12万元中，落实产权的只有1363.1万元，仅占总额的16.4%，有合同的3076万元，占总额的37.5%，而合同、红线图、收据、产权证都没有的“四无”项目1455.7万元，占总额的17.5%。到1995年5月底审计调查结束为止，仅收回外流资金777.74万元。调查结果引起地委行署的高度重视，地区成立由“四大家”主要领导组成的领导小组，组成由纪检、监察、审计、法院、司法、公安、财政等部门参加的专门清理班子，通过近三个月工作，清理收回主要用于炒地皮、炒股、办采石场等外流资金1820万元，收回财产和房产权价值114.5万元。

职工养老保险基金审计调查 2000年，市审计局对全市企业职工养老保险基金进行审计调查，查出市、县（市、区）社保部门挤占挪用养老保险基金1042.7万元，用于发放工资、弥补经费不足、建办公楼和项目开发。审计报告上报后，市委、市政府督促有关部门落实审计决定。2001年，市审计部门对市本级和5个县（市、区）1999—2000年机关事业单位职工基本养老保险基金审计，审计总金额2.47亿元，查出违纪违规金额3427万元，全市财政累计欠拨3184.77万元，单位累计欠缴3589.5万元；挤占挪用养老保险基金1804.82万元。审计责成社保部门对基金的清缴与清欠，规范基金支出。

普教经费审计调查 2001年，全市审计系统对市本级和各县（市、区）进行普教经费审计调查。调查表明，2000年全市教育部门财政预算内拨款2.57亿元，占全市全年收入7.57亿元的34%，但全市教育部门2000年总收入5.84亿元，财政预算拨款只占44%。因财政预算不足，中小学校存在“三乱”现象，审计后得到纠正。

移民资金专项审计调查 1992年，地区审计局对新化县柘溪库区1985—1991年度移民资金管理使用及效益进行审计与调查，查出违纪违规资金187.9万元，收入不记账转小钱柜4.64万元，挤占成本费用13.98万元，其他问题金额40.7万元。依不同情节分别作出处理。1998年，全地区组织5个审计小组对移民资金进行历时三个月审计，采取同级审、上下结合审和审计调查的方法，分别对地本级和新化、冷水江、娄底、双峰等县市移民局（办）、粮食局、移民实体、11个移民站、6个粮站及部分乡镇进行重点审计和抽样调查，审计覆盖面80%以上，审计总金额1.38亿元，查处违规行为金额2275万元。审计人员深入水淹移民县新化县10多个移民资金扶持项目点，发现移民周转金使用效益差，沉淀损失大，历年借出周转金3155.67万元。审计提出对沉淀的移民生产周转金予以豁免或挂账停息，增加资金来源，加大库区投入力度，调整资金方向等4条建议。2004年，市审计局审计市本级和市经开区，抽查新化县、冷水江市水库移民专项资金，查出挤占挪用专项资金64.82万元，改变资金计划28.75万元，乡镇截留挤占口粮补贴款13.55万元，4.51万元移民口粮补贴款未及时发放到移民户等违纪违规问题。

家电下乡补贴资金审计调查 2012年，市审计系统109名审计人员分39个调查组，走村入户，历时半年，先后对631个经销商和1.21万个农户进行家电下乡补贴资金专项审计调查。双峰县审计局从2012年5月20日至7月10日，历时50天，组成17个审计组到16个乡镇走访调查4851个农户，摸清该县从2009年4月开始至2011年12月为家电下乡补贴阶段，三年累计“家电下乡”销售金额5.73亿元，补贴资金7750万元，销售家电下乡产品26.71万台。发现虚报、骗取补贴资金626万元，因农户外出务工无法核实的产品1702台，无法核实的金额48万元。审计责令商家收回虚报、骗取的家电下乡补贴资金626万元，对拒不配合审计部门处理和骗取家电下乡补贴资金9.53万元的青树坪五金化公司、骗取家电下乡补贴资金7.93万元的双峰新潮电器商行移送双峰县公安局立案侦查。涟源市审计局10个审计调查组运用AO审计软件进行比对分析，确定审计调查3个重点乡镇，入户实地调查100个村的4000余农户，查实部分商家存在以窃取、骗取、收买、伪造农户户口和人员信息或重复申报的方式骗取补贴资金的行为，责令部分商家清退违规骗取的补贴资金。市检察院根据审计建议，对部分经销商骗取家电下乡财政补贴案件立案12起，涉及14人，全市财政系统工作人员涉案7人，部分案件经侦查终结移送审查起诉。

第五节 企业审计

一、企业承包经营审计

1990年，全地区审计部门对29户工商企业承包经营审计，审计总金额6.1亿元，查出资金不实单位4个，金额368万元，盈亏不实单位10个，金额253万元，潜在亏损156万元，违纪金额510万元，损失浪费金额35万元。娄底市审计局对市工矿公司连审三年（1988—1990年），1990年承包终结审计，违纪金额比1988年下降96%。1991年，全地区审计部门审计11户工业企业，盈亏不实的8户，占72.7%，审计结论不但为承包指标的兑现提供依据，也为完善承包经营制提供重要参考。娄底市审计局从1987年起对市电工厂连续审计三年，审计出该厂经营亏损分别为15.24万元、20.73万元、19.9万元。娄底市政府采纳审计建议，调整该厂领导班子，实行一系列帮促措施。该厂至1991年11月底，完成产值414万元，为当年计划的146%，创税利13.7万元。1992年，全地区审计部门继续对亏损大户和盈利下降幅度大的企业重点审计，延伸审计18项，帮助13家亏损企业扭亏为盈，直接或间接促进提升经济效益368.5万元，挽回经济损失389万元。地区审计局对全地区电力部门的电力建设资金审计，澄清多年未清的财务收支账务，查出漏缴电建资金178.61万元，歉收电建资金236.85万元，已收欠解电建资金1264.06万元，欠解转作电建资金的减免税21.22万元，对涟源市、冷水江市重复收、多收的电建资金100余万元，督促电力局以开红字发票形式清退到企业。1993年，地区审计局为减轻企业负担，设立"三乱"举报电话，制止76个单位的乱收费，查处"三乱"金额508.9万元。冷水江市审计局重点清理18个单位，取消27项不合理收费。涟源市审计局查处23个单位"三乱"金额297.9万元，促使政府部门撤销和修改4项收费文件。是年起，承包经营责任制逐步为股份制所取代，承包经营审计随之停止。

二、企业资产负债损益审计

1994年，全地区审计部门围绕企业"自主经营、自负盈亏、自我发展、自我约束"的要求，有计划地对89家工商贸农企业进行审计，查清187户企业在1994年1—8月亏损面达44%，盈亏相抵净亏2041.万元，负债12.85亿元，资产负债率80.4%，向有关部门提出3条扭亏增盈的建议。1995年，全地区各审计部门分别对地区铁合金厂、地区农资公司、娄底市毛巾厂、日杂果品总公司、涟源市冶炼厂、药材公司、冷水江市纺织厂、金属化工总厂等企业开展真实性审计。地区审计局发现地区铁合金厂账面反映资产4682.86万元，经查实只有3572.58万元，相差1110.18万元，账面反映负债4016.13万元，实际为4121.59万元，实际比账面多105.46万元，1992—1995年7月账面反映三年亏损14.6万元，而实际亏损946.58万元，致使该厂流动比率只有0.88：1，速度比率0.61：1，即每百元的负债只有0.61元的资产保证。审计从宏观上提出加强管理，完善制度，改变外部环境的建议。

1996年，审计部门重点对娄底地区八一集团公司、地区五交化总公司、娄底市特种水泥厂和易牌牛仔公司、涟源五交化公司和肉食水产公司、新化建筑陶瓷厂等10多家企业审计，查出这些企业经营管理不善，内部管理混乱，损失浪费严重、会计核算随意，资产负债及损益严重失真，其中8家企业虚盈实亏金额6000万元。审计客观分析，提出一厂一策企业改革构思与建议100条。1997年，审计部门对77户企业财务收支的真实性与合法性进行审计，查出违反财经法规金额4866万元，对36户企业罚款23.24万元，纠正企业28项账外经营、骗贷逃税、弄虚作假等违纪违规行为。地区审计局对地物资系统生产劳动服务公司进行审计，发现该公司为骗取银行贷款，虚列销售收入900万元的违纪问题，依法作出处理。对涟滨乡农村合作基金会进行审计检查，该基金会连夜赶制假账、假报表。审计人员在人民银行娄底分行的配合下，通过联行对账和与检察联络配合，查出偷税148.62万元，私设"小金库"77.45万元的问题审计分别作出处理。1998年，地区审计部门采取统一组织、分级负责、交叉审计的方法，抽调42名审计人员组成5个审计组分赴各县（市）区开展粮食企业亏损挂账清查审计，审查县市粮食部门和使用农发行贷款的粮食附营业务企业68个，查清至1998年5月底，全地区粮食企业占用农发行贷款5.91亿元，新增亏损财务挂账占用2.33亿元，占总额的39%；其他不合理占用贷款5622万元。1998年底，全区农发行信贷资金来源总额6.56亿元，其中用于发放粮油贷款6.06亿元，占用资金总额的92.4%；用于发放棉花贷款1947万元，开发类贷款2515万元，占资金总额的6.8%；实际库存信贷资金493万元。清查审计还查出全区粮食系统违规金额2869万元。地区审计局派出清查审计组参加省厅交叉审计，对衡阳市直粮食企业17家单位进行清查审计，查出违规行为金额2322.35万元，核减新增财务挂账1008.09万元；查出不合理占用农发行贷款2514万元。派出参加辽宁复查审计的人员受到省厅表扬。1999年，全市审计部门突出真实性审计，审计27户企业，受省厅授权审计9户企业。市审计局对冷水江钢铁总厂审计，查出资产不实8436万元，负债不实2507万元，隐亏、潜亏1.10亿元。对市工业建筑安装工程公司的审计，查实该公司固定资产实有数仅6.84万元，流动资金纯属空头支票，实收资本为“零”(市会计师事务所验资证明该公司固定资产171.21万元，流动资产50万元)，责令其纠正。市审计局查出市五交化站793万元银行贷款去向不明，同时发现国家工作人员王某、卢某挪用公款75万元炒期货问题，将二人移送司法机关。2000年，市审计局融服务于审计，对娄底市纺织厂的审计，查出娄星区国税局以便条的形式通知娄底市棉纺厂调账处理历年增值税200万元，非法收取棉纺厂宣传费5万元，咨询费15万元，总计20万元的案件，移交市检察院处理。市审计局对湘中大厦1998年5月至2000年6月的资产、负债、损益及各经营部的经营情况进行审计调查，查出经营管理的一些问题及亏损的主要原因，对个别重点问题移交市商业总公司、市纪委及有关部门查处。

2001年，市审计部门完成省厅授权对全市5个烟草行业的审计，查出违规金额460.5万元，收缴财政入库66.5万元，其中罚款14万元，责成纠正会计报表制度缺位、会计和出纳错位、票证管理制度不到位、呆坏账损失较大、费用开支把关不严等问题。2002—2017年，没有开展娄底市企业资产负债损益审计。

三、改制企业审计与调查

1998年7月，地区审计部门组织23家股份制企业调查座谈，对娄底彩冠印刷有限公司1996年6月改制后生产经营、资产、负债、损益情况进行审计调查，发现该公司的改制没有按《中华人民共和国公司法》要求到位，产权构成不合法，国有资产流失严重，在改制中尚余200多万元的国有土地评估值，既没有折成国家股入股，也没有签订合同和办理产权登记，被个人股占有；工商税务登记相冲突，股权继承转让制度、用工制度、分配制度、会计委派等未跟上企业改制的步伐，生产经营与财务状况较差。审计调查报告上报后，引起主管部门重视，行署《工作通讯》和《娄底工作》分别采用。是年，审计部门与有关部门配合，对全地区政法部门所办经营性企业102户资产清查，核实资产总额497.83万元，负债总额313.19万元，资产损失6.8万元，不良资产69.69万元。审计建议撤销13户企业。同年，地区审计局对中外合资企业湖南星马大酒店有限公司1997年度资产负债损益情况审计，核定公司资产3123.14万元，负债2928.86万元，所有者权益194.27万元，查处公司违规乱开经营发票，漏缴税金和中方职工物价补贴等违规行为，为本级政府提供外资企业的真实情况和利用外资的借鉴经验。1999年，市审计局对市大建煤矿进行审计，查出虚报会计报表，瞒报货币资金144.65万元，责令更正。2004年，市审计局完成对湘中大厦、资江煤矿、马鞍山煤矿、大建煤矿、9765工厂等改制企业的资产负债损益审计，摸清企业家底，为领导决策提供依据。2005年，市审计局对湘中路桥总公司的改制审计，查出偷漏税金138万元，避免国有资产流失。2007年，市审计局开展企业改制专项资金审计，审计市属102户国有企业，65户基本改制到位，职工安置率85%，查出资金在筹集、管理、审批、拨付及使用等环节中存在挤占挪用改制专项资金917万元，超范围发放补助34.5万元，以及少缴个人所得税，超限额支付现金，招待费超支，违规使用票据等问题，上报市政府。

第二章　内部审计和社会审计

第一节　内部审计

1990年，全地区71个内审机构审计249个项目，纠正违纪违规金额579万元，揭露损失浪费45万元，促进增收节支450万元，建议给予党纪政纪处分25人，移送司法机关处理22人。1991年，136个内审机构审计209个项目，纠正违纪违规金额571万元，查出损失浪费金额58万元，促进增收节支437万元。地区人民银行对259个单位中的37个项目稽核审计，审计存贷款结算业务91.02亿元，查出有问题金额9.99亿元，依法处罚27.75万元。地区邮电局对本局基建投资项目预决算审计核减资金87.63万元，核减率41%。1992年，全地区内审机构审计1083个项目，查出损失浪费金额868万元，促进增收节支1286万元，纠正违纪违规金额1.02亿元。地区教委内审科人员深入64家校办工厂审计，发现大部分企业亏损严重，主要原因是用人不当，缺乏管理经验。情况上报后，引起教委主管部门的重视，作出人事调整。1993年，全地区146个内审机构审计538个项目，查出损失浪费金额766万元，促进提高经济效益2678万元，纠正违纪违规金额656万元，移送贪污贿赂案一起。1994—1995年，全地区170家内审机构审计项目702个，查出损失浪费金额477万元，纠正违纪违规资金546万元，促进增收节支2207万元，提出建议被采纳42条。1996年，全地区45个内审机构完成66个审计项目，查出损失浪费金额106万元，促进提高经济效益316万元，纠正违纪违规金额56万元，提出审计建议被采用67条。1997年，涟钢审计事务部对该总厂3亿多元外投资金清盘清算审计，查出违法违纪案件198起，违规资金4000多万元，潜在亏损6000余万元，为公司撤、停、转对外投资公司提供决策依据。1998年，全地区34家内审机构完成58个审计项目，查出损失浪费金额142万元，促进增收节支113万元，纠正违纪资金144万元，提出建议被采纳49条。

1999—2001年，大乘资氮审计处在财务收支审计中查出违纪违规金额196.49万元，收缴违纪款项51.82万元，基建资金审计9100万元，核减工程造价2011万元。2002—2005年，全市42家内审机构审计项目9137个，查出违纪违规金额5.8亿元，促进增收节支3.5亿元，提出审计建议841条，对15人给予经济处罚。2005年，涟钢内审处、市工商局内审科两个审计项目分别获省三等奖。2006年，全市160家内部审计机构（含中央、省属机构）审计项目4381个，其中审计行政事业单位金额2.75亿元、企业单位金额612.97亿元，查出违规金额3520万元，管理不规范金额25.53亿元，损失浪费834万元，促进增收节支135.24万元，提出建议602条。全市选送4个审计项目参加全省内协评比，获省一等奖1个、二等奖1个、三等奖2个。2007年，全市60家内审机构审计项目4381个，其中基建审计项目2581个、财务收支审计项目214个，查出损失浪费金额834万元，促进增收节支5200万元，建议党纪政纪处理4人。是年，涟钢审计处、娄底市总工会审计部3个审计项目获省二等奖，1个内审项目获省三等奖。2008年，全市60家内部审计机构审计项目1876个，查出损失浪费金额112万元，促进增收节支6525万元，提出审计建议被采纳209条。

2009—2016年，全市内审机构完成审计项目6266个，其中基建审计项目3726个，财务收支审计项目501个，查出损失浪费资金2.72亿元，促进增收节支1.13亿元，提出审计建议1658条，建议给予党纪政纪处分61人。2017年，全市69家内审机构审计项目2046个，出具审计报告253份，审计金额561.27万元，促进增收节支4223.3万元，审计建议被采纳270条。

第二节　社会审计

1990年，全地区审计事务所接受委托审计和签证事项766项，审查金额2.61亿元。1991年，完成审计事项299个，审计金额2.12亿元，查出违纪违规金额869万元，上缴财政22万元。1992年，完成518个审计事项，查出违纪违规金额102万元。1993年，地区审计事务所对地区工商银行综合楼进行审计，送审金额329万元，经审计核减116万元，核减率35%。是年完成委托审计事项1100项，核减基建预决算金额513万元，核减虚假注册资金1500万元，为委托单位追回损失181万元，促进提高经济效益61万元。地区审计事务所审计范围由本地区逐步延伸到沿海地区广东肇庆、深圳等地，审计业务收入由原来年收入几万元上升至百万元。

1996年10月，地区审计事务所对娄底湘中针织厂进行破产清算审计，核减资产705.5万元，核增负债487.7万元，核减亏损1193.30万元，审计后资产负债率为326.1%。审计报告得到委托单位好评。是年，地区审计事务所受地区中级人民法院委托，对娄底市百亩建筑公司三工区俩师徒资金占用情况进行鉴定。该案属于上诉案，娄底市法院一审判决，判原告应将多占用利润款付给被告2.16万元。该所经过一个多月的审计查证，根据法院提供的卷宗及审计组的调查取证，对原结论作较大的调整，法院依据该所结论作出公正裁决。1997年，地区审计事务所对地区粮食局直属仓库的基建审计，在建设单位自行核减180万元的基础上又核减140万元。是年，对地区农资公司1991—1996年底止各任期经理开展经济责任审计，对三任经理任期资产、负债及损益均作出结论，对损失合理鉴定与划分，对公司截至1996年底累计亏损及潜亏核实，调增亏损464.5万元，查明公司尚有潜亏90.6万元。1998年后，地区审计机关不再直接管理社会审计。

第三章　审计管理

第一节　机　构

一、市级审计机构

1990年，地区审计局属行署正处级工作机构。1997年6月，娄底地区在全省率先成立公、检、法驻审计局联络处。2003年，市、县（市、区）领导干部经济责任审计领导小组及办公室成立，市审计局内设副处级规格的领导干部经济责任审计处。2004年8月，市审计局设立娄底市建设（技改）项目审计监督中心，为副处级差额拨款事业单位，2013年12月，由差额改为全额拨款事业单位。2016年8月，市领导干部经济责任审计领导小组办公室更名为市经济责任工作领导小组办公室。至2017年，全市县（市、区）审计机关5个（娄星区审计局、涟源市审计局、冷水江市审计局、双峰县审计局、新化县审计局）。市审计局内设办公室、政策法规科（加挂审计执行科牌子）、财政审计科、金融与社会保障审计科、行政事业审计科、经贸审计科、农业与资源环保审计科、投资审计科、基建工程审计科、审计技术科、综合计划科、人事科、离退休人员管理服务科等13个科室，在职干部职工60人，其中硕士研究生6人，大学本科生49人，取得审计中级技术职称42人，高级技术职称6人。

二、县级机构

娄星区审计局　1990年，娄底市审计局为正科级单位，局机关干部职工21人，内设4个股室。1992年，成立娄底市审计事务所，为独立核算、自负盈亏事业单位，实有人员5名。1999年，娄星区审计局内设4个股室，局机关干部职工21人。2000年，娄底市审计事务所解散。2002年，设7个职能股室，机关定行政编制16名，工勤编制2名。成立娄星区领导干部经济责任审计办公室，为区副科级内设行政机构，核定全额事业编制5名。2005年，成立娄星区投资审计监督中心，为下属副科级差额拨款事业单位，定编2名。2016年，娄星区投资审计监督中心变更为副科级全额拨款事业单位，定编8名。2017年，内设8股1室1中心，核定行政编制18名，工勤编制2名。机关实有25人。

冷水江市审计局　1990年，正科级单位，编制15名，实有30人，内设4个股室，下设冷水江市审计事务所，定编15名。1997年，成立冷水江市离任审计办公室，定编4名。1999年，审计事务所改制解散。2002年，冷水江市离任审计办公室更名为冷水江市领导干部经济责任审计办公室（简称干审办）。2003年，成立冷水江市建设（技改）项目审计监督中心（简称中心），2007年，升格为副科级事业单位，定编3名，实有12人。2011年，局机关行政编制20名，实有35人，内设11个股室；干审办变为由审计局管理的副科级事业单位，定编6名，人员未到位；中心定编7名，实有16人。2017年，局机关行政编17名，后勤事业编1名，实有33人，内设11个股室，其中办公室加挂后勤管理科牌子；

市干审办定编6名，实有1人；中心定编7名，实有18人。

双峰县审计局　1990年，正科级单位，内设4个股室，定行政编16人，事业编3人。1992年，局机关内设7个股室，行政编27人，事业编6人。审计事务所，股级事业单位，定编6人。2002年，局机关内设7个股室和县领导干部任期经济责任审计办公室（简称干审办），行政编19人，后勤编3人，干审办事业编8人，审计服务中心事业编5人。2011年，局机关内设8个股室和干审办，行政编20人，后勤编3人，干审办事业编8人，实有38人。双峰县投（融）资审计监督中心，事业编10人，实有8人。2017年，局机关内设8个股室和干审办，核编20人，后勤编3人，干审办事业编8人，实有38人。投（融）资审计监督中心，核编13人，实有25人。

涟源市审计局　1990年，正科级单位，编制22名，实有22人，内设5个股室和涟源市审计事务所。1999年，成立涟源市领导干部经济责任审计办公室（简称干审办）。2000年，审计事务所解散，成立涟源市建设项目工程造价审计中心，定编8名。2005年，市建设项目工程造价审计中心改为涟源市建设（技改）项目审计监督中心（简称中心）。2006年，中心升为副科级事业机构，定编7名。2009年，干审办更名为涟源市领导干部经济责任审计局（简称经责局），2011年，调整为副科级机构。2017年，内设7股1室，其中办公室加挂计算机中心牌子，机关定编20名，实有20人，后勤编制2名，实有2人，经责局定编6名，实有6人，中心定编13名，实有13人。

新化县审计局　1990年，正科级单位，定编9名，设4个股室，在岗干部17人。1992年，成立新化县审计事务所，定编7名。1999年，增设经济责任审计股，在岗人员36人。审计事务所与审计局脱钩改制。2001年，增设法规股。成立县领导干部经济责任审计办公室（简称干审办）。2002年，局属审计事务所撤销，人员转隶至干审办计8人，买断2人、调出1人、自主择业1人。全局在职人员30人。2007年，成立新化县投资审计监督中心（简称中心），定编2名。2017年，内设股室7个，行政编制18名，后勤编制1名。干审办定编13名，中心定编12名。

三、内部审计机构和社会审计机构

内部审计机构　1990年，全地区有农村审计组织116个，配备专或兼职审计人员472人。是年12月，地区审计局成立综合指导科。全区邮电、电业、粮食、供销、乡镇、人民银行建立内审网络。1991年底，全地区建立内审机构136个，配备内审人员411人，其中专职人员249人。地区教委、地区工商银行、地区交通局等4个部门建成内审网络。地区农业局、地区交通局和地区煤炭局内审机构均配备人员。2002年，内部审计工作转向行业管理。2017年，全市内审人员初、中、高师专业资格370人，其中具有执业资格48人，包括CIA国际内审审计师1名，注册会计师22名。其中娄底市中心医院、湖南省烟草公司娄底市公司、娄底电力局、湖南人文科技学院、娄底职业技术学院、娄底市公安局、娄底市总工会、娄底市湘运总公司、涟钢、娄底监狱10家单位审计部（处、科）配备审计人员61人。

社会审计机构　1990年6月，地区审计师事务所成立，为地区审计局的二级机构，自收自支事业单位。至1991年，娄底地区组建县市6家审计事务所。1992—1993年，地区审计局批准成立地区邮电分所、地区教育分所、地区纪检监察分所。省审计厅批准成立娄底楚才审计事务所和能达审计事务所。1993年，地区审计事务从业36人，具有注册会计师、注册评估师资格的17人，具有资产评估和国有企业审计查证等资格。1998年11月，地区审计事务所管辖的邮电分所、教育分所、纪检监察分所撤销。1999年，从业121人。是年底，市审计事务所与审计局人员脱钩、财务脱钩、业务脱钩、名称脱钩。27名职工除1人办理退休外，其中14名职工在娄底世纪龙会计师事务所继续从业，另外12人进入人才市场。同时，省财政厅下发《关于同意注销娄底地区审计事务所的批复》。审计事务所改制后，成为由注册会计师发起成立，与国际惯例相衔接，自主执业、自担风险、自我约束、自我发展并独立承担经济和法律责任的社会中介组织，其业务活动接受市注册会计师协会直接指导和国家审计机关的执法检查与监督。

第二节 审计指导与监督

内部审计指导与监督 1990年，地区审计局秉着提升内部审计价值的指导原则，从局领导、业务科、内审协会3个层面合力推动全地区内部审计指导和监督工作，着力提升内部审计工作质量和水平。是年12月，地区审计局成立综合指导科，负责建立和完善内部审计管理制度，组织业务培训，开展业务交流，实施检查监督目标管理考核等制度，每年底考核一次，通报考核结果。1992年，地区审计局组织工交企业内审经验交流，举办专业培训班，拓宽内审领域，在精简机构、压缩编制的情况下，全地区内审机构基本得到巩固。涟钢内审处从14人增加到22人。2001年，市审计局对全市教育系统、汽车运输总公司、市纺织厂、市公路局的审计，让企业部门内审人员参与审计，以审代培。2002年6月，市内部审计师协会成立，推荐50篇论文在省级以上评选中获奖。2004年获评湖南省先进民间组织。2005年，涟钢审计部1篇论文获中国内审协会三等奖。2011年，经省内审协会评选，娄底2篇论文获二等奖，3篇论文获三等奖。至2012年，市审计局输送700余人次参加省内审协会组织的各类培训班。至2017年，62人通过CIA考试取得证书；市内部审计师协会连续13年被评为省内审协会目标管理考核优秀（优良）单位。

社会审计指导与监督 1991年，地区审计局根据社会审计工作规章和政策，指导地、县（市）两级审计事务所制订和完善自身管理制度，实行统一的财务管理制度和会计报表及职业道德守则。1992年6—8月，地区审计局与地区建委联合主办为期60天的基建概预算员培训，60名学员参加全省统考，30%以上的学员获得上岗证书。1996年9月，地区审计局组织专业人员对全地区8个审计事务所开展“信得过”活动考核，以质量、服务、信誉为考核宗旨，经考核，8个所均得到85分以上，通过为信得过审计事务所，其中涟源审计事务所、冷水江市审计事务所、能达审计事务得分为前三名。1998年，地区审计事务所实行规范化管理制度，根据员工的岗位职责和“德、能、勤、绩”考核标准，按完成的业务收入提取工资。1999年审计事务所改制后，与审计机关全面脱钩，审计机关按照国务院规定，对从事社会审计的机构出具的相关审计报告进行核查。

1990—2017年娄底市审计情况表

表45-2

年份	审计单位（个）	查出违纪违规金额（万元）	减少财政拨款（万元）	追回侵占挪用资金（万元）	上缴财政金额（万元）	促进增收节支（万元）	建议给予行政处分（人）	移送司法机关处理（人）	百万元以上违纪单位（个）	挽回(避免)国有资产流失(万元)
1990	391	2745	16	477	254	925	15	9	—	99
1991	720	5048	216	339	311	270	—	10	—	779
1992	533	5945	82	548	149	148	—	1	—	—
1993	478	3797	28	354	428	194	—	—	—	—
1994	649	15141	16	2726	2165	146	—	4	—	—
1995	283	9567	2	363	495	141	3	—	1	1115
1996	322	23461	127	1006	2076	2476	—	4	16	9470
1997	360	19810	20	234	2057	2947	11	21	18	1642

续表45-2

年份	审计单位（个）	查出违纪违规金额（万元）	减少财政拨款（万元）	追回侵占挪用资金（万元）	上缴财政金额（万元）	促进增收节支（万元）	建议给予行政处分（人）	移送司法机关处理（人）	百万元以上违纪单位（个）	挽回（避免）国有资产流失（万元）
1998	356	28668	—	2786	1847	2610	12	9	—	—
1999	362	58291	216	2854	4862	4765	—	9	—	—
2000	322	43582	400	1333	2921	1903	3	7	17	—
2001	324	42453	116	1745	1885	1379	1	1	26	—
2002	329	72934	—	1341	4857	—	0	4	0	—
2003	288	170089	1	1133	1552	—	0	—	—	—
2004	317	64879	31	826	1875	4759	0	4	—	—
2005	303	53915	—	1792	2460	—	0	14	—	—
2006	284	55546	—	2773	1840	4613	—	—	—	1743
2007	262	50100	—	1999	2158	2913	—	—	—	—
2008	284	84361	341	615	2851	3807	—	11	—	—
2009	213	177902	—	4267	2298	5416	—	—	—	—
2010	323	114181	—	4631	6848	11479	—	5	—	—
2011	254	182103	70	4237	2212	5708	—	2	—	—
2012	216	150016	1256	1957	4344	10035	—	11	—	—
2013	237	41250	545	6140	4015	6189	1	3	—	—
2014	245	316035	215	97353	7265	104104	32	3	—	—
2015	231	224006	22784	86166	165370	104085	8	6	—	—
2016	226	114419	6989	12993	36125	15559	5	2	—	—
2017	177	283713	36417	35020	74312	30272	4	2	—	—
合计	9289	2413957	69888	278008	339832	326843	95	142	78	14848

第四十六篇

工商行政管理

概 述

1990年，全地区工商行政管理部门执行《中华人民共和国行政诉讼法》，规范行政执法行为。工商登记严把准入关。1991年5月，执行国务院《中华人民共和国工商行政管理所条例》，规范基层工商所管理。是年，地委、行署明确“先发展、后规范”，扶持个体私营经济发展，全地区企业法人登记由综合性管理向事由性管理过渡，工商系统柜台式受理企业登记。1993年始，全地区贯彻执行《中华人民共和国反不正当竞争法》《中华人民共和国消费者权益保护法》《中华人民共和国商标法》《中华人民共和国公司法》等规范性法规，开展清理无照经营、虚假违法广告、商业贿赂、不正当竞争、商标侵权、禽畜类重大疫情防控等专项整治行动。1996年，重点开展打击传销行动。1998年，工商监管从“驻场制”（进驻市场监管制度）转变为“巡查制”（巡查市场监管制度）。

1999年12月，工商行政管理部门实行省以下垂直管理体制。1999—2000年，全市建设集贸市场89个（含乡镇集市），登记在册内资企业9950户，注册资金79.39亿元。其中，外商、港澳台商，投资企业45家（注册资本1.64亿元），个体工商户4.64万户，私营企业850户。有效注册商标485件。

2001年始，全市先后开展“红盾风暴”“局长保农工程”“红盾闪电”“红盾利剑”“打假保真”等专项行动，对文化、烟草、网络、粮食、成品油、汽车拆解等市场虚假广告、传销、无照经营等违法行为和食品安全、合同、注册商标专用权等重点领域进行专项整治。

2001年，全市工商登记注册实行窗口核准员审核把关、直接签发的审批制度和建立与大型企业、知名企业联系制度，实施“扶持私营企业大户工程”和“培植税源工程”。2003年，市工商行政管理部门建立完善企业信用分类监管制度。2005年，全市停止征收私营企业管理费，开展联系企业、联系农村经纪人、联系基层，为监管对象服务、为“三农”服务、为基层服务的“三联三为”活动，为企业排忧解难1700多件，为执再就业优惠证人员办理营业执照2322户，减免各项收费187.85万元。2007年，为下岗职工减免各项收费619.1万元。2008年，全市围绕落实省委、省政府关于推进新型工业化，加强基础设施、基础产业、基础工作（简称“一化三基”）战略，全面推行工商联络员制度，强化为企业服务、为个体工商户服务，停收个体工商户管理费和集贸市场管理费（简称“两费”）。2009年，出台《关于大力支持和促进农民专业合作社发展的意见》《关于促进我市科学发展加速赶超的若干措施》。2010—2011年，全市消费者协会开展多项消费维权工作改革。湖南五江轻化集团有限公司等3家私营企业获得中国驰名商标认定。2001—2011年，全市登记在册内资企业1.2万户；外商投资企业134户，注册资本2.43亿元；个体工商户6.91万户，私营企业8559户；有效注册商标3485件，跃居全省地级市前列，马德里商标国际注册1件，中国驰名商标5件。

2012年始，全市工商系统放宽市场主体准入，加强事中事后监管。陆续推行注册资本登记制度、“先照后证”（先申领营业执照后再办理有关许可证）登记制度、市场主体年检改为年报、经营场所登记制度、企业“三证合一”（工商营业执照、组织机构代码证和税务登记证三证合为一证）、“五证合一”（营业执照、组织机构代码证、税务登记证、社会保险登记证和统计登记证合为一证）、“多证合一”（证照整合，企业一照一码走天下）登记制度、市场主体信用信息归集和公示、“双随机、一公开”（在监管过程中随机抽取检查对象，随机选派执法检查人员，抽查情况及查处结果及时向社会公开）监管制度、企业简易注销、企业名称自主申报、企业全程电子化登记管理与颁发电子营业执照、压缩企业开办时间、深化“多证合一”“证照联办”（营业执照和许可证同时受理、同时出证）改革等多项改革。工商部门免费为企业办理工商营业执照，21个部门的37个证照合一，前置行政许可由226项减少至32项，106项涉企行政审批事项分别按照直接取消审批、改为备案、实行告知承诺、优化准入服务等4种方式实施“证照分离”（主体资格登记与经营资格登记相分离），实现企业开办“一窗受理、并行办理”，做到“只进一扇门”“最多跑一次”。2012—2017年，全市新登记市场主体10.24万户，其中企业2.24万户、个体户8万户；全市登记在册各类市场主体20余万户，其中外商投资企业190户，个体工商户13.09万户，私营企业2.59万户；全市有效注册商标1.03万件，其中中国驰名商标12件，地理标志证明商标2件，马德里商标国际注册4件。

第一章　市场主体登记

第一节　内资企业登记

1988年10月至1990年3月，清理整顿党政机关办公司。全地区清理整顿公司（中心）662户，撤销129户，合并4户，降格改名40户。参与经商办企业的139名党政干部办理脱钩手续。

1991年，娄底工商部门允许企业以一业为主、多业经营。是年，地区工商局接管辖区内900余户地属以上企业，规定凡名称冠“娄底地区”“娄底”字样的企业，须报地区工商局审批。是年，全地区有内资企业1.08万户，从业人员38.25万人、注册资金36.11亿元。1992年，全地区部分党政机关陆续组建公司或企业集团516户，占是年新增企业的32.6%。县市属企业冠“娄底地区”“娄底”字样的企业名称，可不经地区有关行业主管部门审批，由县（市）工商局直接报地区工商局核准即可。是年，全地区有内资企业1.24万户，从业人员43.46万人，注册资金42.51亿元。1993年，地区工商部门推进企业登记管理工作改革，凡符合《企业名称登记管理规定》及其他有关规定的，只要不重名均予登记。注册资金达到规定标准70%的，可先登记，在一年内补足。工商部门认为企业注册资金需要验证的才验证。集体所有制企业登记注册可由具备法人资格的企业出具资金担保证明。企业法人开办分支机构，可由企业法人出具资金证明。是年，全地区党政机关兴办经济实体762户，占新增企业的31.6%，党政机关新办公司540户，占新增公司的50%。根据中央、省、地区关于经济实体与党政机关脱钩的文件精神，全地区各主办经济实体的单位自清自查自报。新化县率先注销或脱钩41个经济实体，地直36个单位上报自清自查报告。

1994年7月1日始，全地区实行直接登记为主、审批设立为辅的原则，由申请人直接向公司登记机关申请登记；建立公司名称预先登记制度，实行一审一批登记程序。是年，全地区经济实体805户，与党政机关脱钩768户，其中办理注销234户、划转268户、脱钩203户、无主管部门转体63户，申请保留31户、批准保留6户。办经济实体的干部回机关上班495人，去企业11人，批准兼职7人。地直机关所办262户经济实体中，脱钩246户，保留16户。

1995年，地区工商局出台《关于支持企业改革试点工作的意见》，支持企业转换经营机制。1996年3月1日始，全地区实施《公司注册资本登记管理规定》，公司设立登记或者变更注册资本时提交的验资证明，须由经工商机关登记注册的会计师事务所或者审计事务所出具。是年，全地区实有内资企业1.57万户，注册资金140.36亿元。其中，全民所有制企业5164户，注册资金50.75亿元；集体所有制企业1.01万户，注册资金68.62亿元；有限责任公司269户，注册资金1.83亿元。办理企业变更登记1199户，注销658户，吊销295户。

1997年始，实行企业登记“首问责任制”（第一次被询问人员负责引导办理有关登记事项），登记注册工作由重登记、轻管理转变为登记与管理并重。2000年，全市302户企业与所属党政机关脱钩，撤销126户、解除挂靠21户、移交77户、暂缓脱钩78户。

2002年，全市各级工商部门设立下岗职工再就业注册登记“绿色通道”，减免登记费、管理费。是年，全市实有内资企业6911户，注册资本80.54亿元。其中，全民所有制企业2574户，集体企业3500户，联营、股份合作及其他企业33户。注销企业538户。2003年，各县（市、区）推进企业信用建设工作，结合实施“阳光收费”工程，部署安排市场主体综合统计工作（简称经济户口建设）。是年，由于企业改组，全市内资企业减少985户。2004年，企业登记注册的程序简化为审查员受理、审查，核准员依法予以核准，当场登记注册或驳回。2005年，市工商局落实省工商局企业登记一审一检制度，向市委、市政府承诺将办理登记工作日由15个工作日缩短为5个工作日。是年12月，市工商局牵头成立企业信用体系建设协调领导小组，开展企业信用系统建设。2006年，凡名称冠“娄底”“娄底市”，注册资本100万元人民币以上的公司，必须在市工商局办理注册登记。

2007年，全市工商系统累计为持有再就业优惠证的下岗职工减免行政性管理收费547.9万元、服务性收费61.6万元、其他免费9.6万元，总计619.1万元。2008年，全市内资企业减至3370户（其中国有企业1028户、集体企业1203户、公司909户、其他企业230户），注册资金125.18亿元；全市企业办理变更登记550户，补办填报资料460户。2009年，全市新发展内资企业47家，支持大学生自主创业600余人次，下岗职工再就业1000余人次，农民工返乡创办实体1200余户。2010年，全市降低准入门槛，简化审批手续，落实国家对就业与再就业工作的各项优惠政策，引导300余名大学生自主创业，500余名下岗职工再就业，500余名农民工返乡办理个体工商户和企业。是年，全市新增内资企业1673家，实有内资企业增至1.03万家。2011年，全市工商系统支持农民工、大学生、下岗失业人员自谋职业、自主创业和灵活就业，确立30个见习基层单位，为高校毕业生提供见习岗位1095个，大学生自主创业1200人次，下岗职工再就业4000余人次。

2012年，政务中心工商注册窗口实行服务内容、办事流程、申报材料、承诺期限、收费依据、收费标准“六公开”，各类市场主体申请设立、变更、注销登记由法定20个工作日内办结缩短为3~5个工作日办结。全市新登记新兴产业企业501户，注册资本17.18亿元。各类文化企业共计1889户，注册资本20.21亿元。其中，新登记文化企业245户，注册资本2.89亿元。2013年3月，全市对上年6月30日前的企业进行普查，共有各类企业1.27万户。其中省工商局登记企业274户，市工商局登记企业3438户，各县市工商局、分局登记企业9004户。通过普查，责令1223户企业到工商部门办理变更登记，发现停产或下落不明企业2983户，正常营业企业8689户，停产停业率25.6%（另外未普查的1045户企业中绝大多数为未年检企业）。各县市企业普查率90%以上。11月，全市推行工商注册制度便利化改革，削减资质认定项目。2014年始，实行注册资本认缴登记制，取消公司最低注册资本的限制，将出资期限、出资方式交由投资者自主决定。推行住所（经营场所）登记制度改革，放宽住所权属证明限制，允许符合条件的住宅登记为市场主体住所（经营场所）。允许一址多照、一照多址。是年，全市推行先证（行政许可）后照（工商营业执照）改革。2015年9月20日始，全市实施企业工商营业执照、组织机构代码证和税务登记证“三证合一、一照一码”登记制度。企业登记时间全部缩短至3~5个工作日，名称登记、备案登记、股权出质登记都当场予以办结。实行“首问责任制”“一次性告知

娄底市政务服务中心工商窗口发出全市首张“五证合一”工商营业执照（2016年9月20日摄）

制”“免费登记制”等便民措施。全市系统实施工商登记前置审批制度改革，除国务院规定保留的工商登记前置审批事项外，其他事项一律改为后置审批。是年，全市新登记企业3291户、个体户1.57万户，注册资本181.97亿元，比上年同期分别增长13.4%、49.3%、26.4%。2016年9月20日，在原来“三证合一、一照一码”的基础上，整合社会保险登记证和统计登记证，全面实行“五证合一、一照一码”登记制度。12月1日始，个体工商户营业执照和税务登记证“两证”整合，工商部门核发加载统一社会信用代码的营业执照，税务登记证不再发放。娄底中心城区注册登记权限进一步下放，娄底经开区园区企业不受注册资本限制，只需在开发区分局登记；娄底城区500万元以下企业在娄星分局登记。全市商事制度改革被《湖南日报》头版头条报道，被市委、市政府评为2016年全市优秀改革项目。2017年，全市推行企业简易注销登记制度改革，对未开业企业和无债权债务企业，由企业自主申请选择适用简易注销登记；全市整合20个部门30个涉企证照项目，全面实施“多证合一”，颁发了首张企业“多证合一”营业执照；全市推行无纸全程电子化登记和企业名称自主申报登记。是年，全市新登记的2.23万户企业，其中第一、二、三产业的市场主体分别占26.0%、14.8%、59.2%。

第二节　外商、港澳台商投资企业登记

1990年，境内外商投资企业由省工商局委托地区工商局管理。1991年，全地区登记注册外商投资企业7家，1992年增至25家。1993年，新登记注册30家。1994年，全地区新登记注册12家，投资总额1.19亿美元，注册资本4735万美元，外方认缴3057万美元。1995年，全地区有外商投资企业60家，投资总额2.53亿美元，注册资本1.41亿美元，外方认缴6213万美元。1996年始，全地区除直接冠“湖南”“湖南省”的外商独资企业和中央在娄企业外，辖区内所有外商投资企业登记注册、变更、注销等相关手续直接在地区工商局代为办理。1997年，地区工商局对超出授权范围的名称及设立、变更、注销登记申请，一律不予以核准，已经登记的予以纠正。1998年，全地区有外商投资企业56家（其中新登记注册7家），19家停止生产经营，8家盈利。

2000年3月，工商总局授予市工商局外商投资企业直接核准登记权。2002年8月，工商总局将外商投资企业核准登记权划归省工商局，市工商局外资科合并到注册登记管理分局。2003年，全市外商投资企业71家，投资总额1.12亿美元，注册资本8200万美元，外方认缴4897万美元。是年，新登记注册18家，新增投资总额2254万美元，注册资本1945万美元，外方认缴1182万美元。2004年3月17日，工商总局重新将外商投资企业核准登记权下放到地市级工商局。2005年，全市外商投资企业159户，新增27户。英国、德国、意大利、荷兰、奥地利等欧洲国家首次成为外商投资方。2006年1月，香港庄胜集团在娄底新设立湖南湘中矿业有限公司，注册资本2亿元。2007年，全市外商投资企业217家，新增投资总额4203万美元，增加注册资本2149万美元，受理变更登记43家，9家外资企业转为内资企业。2008年，市工商局建立外资企业QQ群，各外资企业工商联络员以及工商、商务、外汇、税务、统计等有关部门负责人加入QQ群，方便企业咨询和办事。2009年，全市外资企业178家，其中公司93家、分支机构85家，投资4.92亿美元，注册资金2.7亿美元，外方认缴注册资金1.97亿美元。新登记注册8家，办理变更登记57家，办理注销26家。2010年，全市外商投资企业150家，其中公司61家、分支机构89家，合计投资17.54亿美元，注册资本6.72亿美元（不包括在省工商局登记的华菱安赛乐米塔尔电工钢、汽车板2家公司的注册资金2.06亿美元），其中外方认缴3.74亿美元；新登记11家，办理变更登记76件，办理注销2户。2012年4月，香港金狮国际贸易有限公司娄底代表处迁入娄底并办理期限变更登记，成为市工商局登记的第一家香港投资企业常驻代表机构。是年，41家移动分支机构年检之后，办理变更为内资企业。是年，全市外资企业97家（不含省工商局登记的米塔尔汽车板、电工钢2家），其中公司48家、分支机构49家，投资总额8.5亿美元，注册资本总额3.42亿美元，其中外方认

缴注册资金总额2.33亿美元。2013年，全市新登记企业11户，其中法人2户、分支机构9户；办理变更登记38家、注销2家；通过年检的32户外资法人企业纳税总额4.43亿元，比上年增长35%。2014年11月，市政府办下发《关于下放外商投资企业设立和变更核准权限的通知》，是年12月1日始，投资总额5000万美元以下鼓励和允许类外商投资企业的设立和变更，由注册地县（市、区）招商局（部）负责核准。娄底经开区范围内总额3亿美元以下鼓励和允许类外商投资企业的设立和变更，由娄底经开区管委会负责核准。2015年，全市外资企业193户，其中法人企业59户、外资合伙1户、分支机构133户；新设立外资企业76户；全市实际利用外资3.89亿美元，增长13.8%，全市内联引资到位资金435.02亿元，增长10.8%。

2016年10月1日始，全市执行国家外商投资负面清单管理制度，将不涉及国家规定实施准入特别管理措施（外商投资准入负面清单）的外商投资企业的设立变更由审批改为备案管理。是年，外资企业新设立20家，变更26家，注销5家。2017年，外资企业新设立60家，变更49家，注销3家；新增投资总额数2028万美元，新增注册资金2138万美元。

1990—2017年娄底市外资企业一览表

表46-1

单位:户、亿美元

年份	外资企业（含分支机构）	注册资本	年份	外资企业（含分支机构）	注册资本
1990	4	0.91	2004	158	1.08
1991	7	0.16	2005	159	1.66
1992	25	0.43	2006	208	2.40
1993	52	0.87	2007	217	2.71
1994	60	1.41	2008	197	2.21
1995	66	2.01	2009	178	2.70
1996	74	2.18	2010	150	2.06
1997	68	2.10	2011	134	2.43
1998	56	1.60	2012	97	3.42
1999	62	1.64	2013	106	3.97
2000	45	0.81	2014	115	3.49
2001	46	0.95	2015	193	3.89
2002	53	0.62	2016	182	4.01
2003	71	0.82	2017	190	4.22

第三节 个体私营企业登记

1990年，全地区个体工商户2.48万户、从业人员4.04万人；私营企业149户、从业人员3599人。1991年，全地区私营企业转为集体企业的14户。

1992年，全地区个体私营企业登记采取“先上车、后买票”“先发展、后规范”的政策，放宽经营范围，允许企业一业为主、多业经营，适当扩大企业生产经营范围，鼓励个体私营企业发展。是年，全地区380名党政干部“下海”经商办企业，创办经济实体128家。1993年，企业注册资金只要达到规定标准的70%，便予登记。1994年，全地区个体私营经济资本、规模、雇工人数不再限制。是年，个体工商户转型升级为私营企业的154户；私营企业中产值上亿元的1家，上千万元的8家。1995年，三一集团公司、新化染化二厂在中国500家最大私营企业排名中，分别排名第34位、472位。1996年，对下岗职工从事个体经营的，实行登记费、个体管理费、市场管理费“免二（年）减三（年）”。1997年，实施大户带动个体私营经济发展的战略，要求有关部门对全地区19户私营企业大户和100户骨干企业在资金、资源、信息等方面予以重点支持。1998年，全地区129家私营企业承包或租赁国有、集体企业生产经营。是年，全地区新办私营有限公司81家，个体工商户转型升级为私营企业12户，外向型私营企业6家。

1999年，全市清理出名为集体、实为个体企业1070家，并完成转体登记手续。是年，三一集团、涟源市宏宇搪铝工业有限公司、涟钢大华工贸有限公司、双峰县永兴生物制品有限公司、新化县兴龙工艺厂等5家私营企业入选省百强私营企业前50名。2000年，全市实有个体工商户4.64万户、私营企业850户，个体私营经济从业人员12.44万人，个体私营企业完成税收2亿元。2001年，全市有22家私营企业名列省个体私营经济十大行业500强企业中。2002年，全市个体私营企业注册资本25.7亿元，其中100万~500万元的148户。2003年，安石集团、星剑集团、九龙集团等民营企业组建企业集团，为19家市属企业申请获得冠“湖南省”名称。全市个体工商户和私营企业租赁、承包、购买、兼并国有中小型企业100多家，清理名为集体、实为个体企业47家。2004年，市工商局将“二审二核”简化为“一审一核”，实行内部授权当场登记，减少审批环节，缩短审批时间。将个体工商户登记事项委托给工商所办理。2005年，市工商系统开展联系企业、联系农村经纪人、联系基层，为监管对象服务、为“三农”服务、为基层服务的“三联三为”和创建“五好工商所”活动。是年，全市工商系统为持再就业优惠证人员办理营业执照2322户，减免各项收费187.85万元。2006年，实施企业登记审查“一个统一”“四个一致”制度，即坚持形式审查与实质审查相统一，各资料之间的相同项目是否一致，复印件与原件是否一致，纸张大小是否一致，签名笔迹是否一致。2007年，全市清理个体工商户数据库，名存实亡的个体户被清理，全市实有个体工商户有所减少。2008年，全市工商系统立足工商职能，全面推行服务“一化三基”工商联络员制度，走访企业360家，收集意见108条，为企业办理60件实事。2009年，全市工商系统暂停征收个协、消协会费；出台《关于大力支持和促进农民专业合作社发展的意见》，对农民专业合作社执行“不验资、不评估、不收费、不罚款、不年检、不贴花”的“六不”政策，当年全市新发展农民专业合作社190家，新入社农民4万多人。2010年，全市培育发展农村经纪人976名，登记农民专业合作社305家。

2011年4月，市工商局开展服务“四化两型”（新型工业化、农业现代化、新型城镇化、信息化；资源节约型、环境友好型）工商联络员活动。2012年7月，在有关股权转让、股东变更登记过程中，需要对申请材料中签字或盖章的真伪进行确认的、无法核实相关材料真实性的，登记机关根据有关规定作出不予登记决定。2013年8月，市工商局规定，持有流动人口居住证的外地人员办理工商登记时，与本地人员同等对待。是年，全市有3111户个体工商户转型升级为企业，新增市场主体3万户。

2014年3月1日始，全市各类市场主体原有的15种营业执照样式统一为8种，应用二维码技术突出登记信息公示，减少非登记信息，便于登记管理和公众辨认。2015年9月21日，娄底首次颁发工商营业执照、税务登记证、组织机构代码证等“三证合一”的营业执照。2016年，全市工商系统实行公司注册资本认缴登记制，放宽注册资本登记条件，取消公司注册资本最低限额；12月，个体工商户营业执照和税务登记证的两证整合。2017年，经省政府批准，在娄底经开区开展“证照分离”改革试点。

市工商局推出55项企业登记服务事项，实行“一厅办理、一站导办、一窗受理、一网通办、一次办结、一单速达”改革，企业登记实现“最多跑一次”甚至“一次不用跑”。10月16日始，全市推行企业名称自主申报登记管理改革，除特别规定外，不再实行企业名称预先核准，由申请人自主申报企业名称，并承担相应法律责任。是年，全市新登记个体工商户2.79万户。

1990—2017年娄底市个体工商户与私营企业登记数量表

表46-2　　单位：户、家

年份	个体工商户	私营企业	年份	个体工商户	私营企业
1990	24793	149	2004	55406	2237
1991	27975	156	2005	55712	2778
1992	33357	247	2006	52230	3506
1993	50008	388	2007	43529	4115
1994	75015	1013	2008	50566	4692
1995	102940	1309	2009	54045	5816
1996	137400	1552	2010	46224	6126
1997	151297	1870	2011	69102	8559
1998	170611	1989	2012	78168	9590
1999	53995	733	2013	107331	13897
2000	46424	850	2014	118624	16691
2001	49428	1200	2015	99430	18712
2002	51228	1475	2016	110397	22355
2003	53991	1964	2017	130904	25933

第二章　市场主体监管

第一节　内资企业监管

1990年，全地区开展对商业批发企业的清理整顿。全地区1055户全民和集体商业批发企业，整顿后保留311户，调整经营范围429户，取消182户，自愿放弃56户，撤销77户；全地区工商企业重新审核登记，先后调整1716户（其中调整企业名称385户、经济性质27户、经营范围997户、经营方式307户）。1991年，全地区清理“三无”（无资金、无机构、无场地）企业178户、“四假”（假集体、假全民、假外资、假福利）企业98户。是年始，领取营业执照的企业和经营单位不纳入年检范围，只对企业法人年检。1992年，全地区年检工商企业1.08万户，年检率100%，查处违章违法案件274件，罚没21.9万元。1993年12月始，全地区企业法人连续两年不参加年检的，吊销营业执照。1994年，全地区年检起止日期定为每年的1月1日至4月30日。是年，地区工商局规定：企业将“企业法人营业执照”或“营业执照”正本置于公司住所或分公司营业场所的醒目位置，任何单位和个人不得伪造、涂改、出租、转让营业执照。1995年，全地区清理出“三无”企业610户，注销401户、吊销104户、限期补足资金47户、限期建立健全机构58户，查处违章违法案件1110件，罚没18.9万元；查出擅自改变经营登记事项的688户、未悬照经营的163户。1996年始，对不具备法人资格的营业单位实行单独年检。是年，全地区查处违章违法案件350件，罚没17万元。其中，查处擅自改变登记事项的1560户、未参加年检的726户，罚款4.5万元。1997年，全地区年检工商企业1.51万户，年检率95.8%。1998年，全地区依法取消建筑业、煤炭业等领域758户企业的资质证和资格证；开展“三无”企业清理专项行动，注销200户，吊销2515户。1999年，全市结合年检，清理出“三无”企业110户、名集体实个体企业156户。

2001年，全市工商所对辖区企业实行日常监督检查和巡查，取缔非法小煤窑905户。2002年，全市开展整顿和规范公司制企业虚假出资和抽逃出资行为专项行动，查处虚假出资和抽逃出资案件192起。2003年，全市开展无照经营清理专项行动（代号“红盾飓风”），立案查处非法煤矿110家，罚没200万元。查处房地产公司和建筑安装企业不规范出资行为18起，涉及虚假出资、抽逃出资4275.8万元，罚款20万元。2004年，全市查处企业违反登记管理法规案件1334起，罚没421.2万元。立案查处各类公司虚假出资、抽逃注册资本、以虚假资料骗取登记案件39起。2005年，全市52个工商所除5个运输市场管理所使用独立的管理系统外，所有工商所开展个体工商户授权委托登记和分类监管。2006年，市工商局协同相关部门关闭煤矿220家，整合40家，整顿129家。2007年，年检中办理变更手续385家，补办前置手续143家，发现虚假出资和抽逃资金217家，均依法处理。2008年，全市吸取内蒙古自治区赤峰市敖汉旗四家子镇鑫鑫花炮厂重大爆炸事件、三鹿问题奶粉事件的教训，开展“安全生产百日督查专项行动”，清理出无证无照7493户，立案查处无证无照2131户，规范补办证照1500户，依法取缔350户，制止现场违章作业25起。是年，全市1100户企业参加网上年检。是年始，全市对连续3年以上无违纪行为且经营情况良好、信誉较高的企业予以免检。2009年，全市工商系统配合市环保局责令60余户企业补办环保排污手续，200多户企业补办其他前置许可手续。

2010年，检查燃气充装站5户、液化石油气销售点106户，责令整改24户，取缔无证无照从事燃气经营1户。2011年，全市办理前置许可手续258户次，办结未按规定年检案件63起，罚没21.3万元，吊销未检企业276户。2012年，全市办结未按规定年检案件42起，罚没21.5万元，免除企业年检816户。9月1日始，全市各级工商行政管理机关所有按一般程序查处的行政处罚案件，除法律法规明文规定不予公开的案件外，其他案件一律在市工商局门户网站向社会公开。2013年，全市清查煤矿、非煤矿山、建筑施工、危险化学品、烟花爆竹、民用爆炸物品非法违法生产经营市场主体685家，给其中84家发出责令改正通知书。3月15日，全市公开市场主体违法行为记录92条。2014年3月1日，全市企业信用信息公示系统上线运行，全年公开15批次1011条市场主体违法记录。6月，全市清理企业名称或经营范围中含有“担保”字样的非融资性担保企业34家，防范其以“担保”名义误导、欺骗公众和非法经营金融业务。2015年，市工商局重点排查娄底城区登记的145家投资类公司的经营行为，清理规范全市15家非融资性担保企业。年度检验改为年报公示，全市完成年报信息抽查309户。依法将未按规定年报的7491户企业、352户农民专业合作社、3.26万户个体工商户列入经营异常名录。2016年1月15日，对2011年和2012年度未年检、2013年和2014年度未年报的，成立后无正当理由超过6个月未开业或者开业后自行停业连续6个月以上的，依法吊销营业执照；全市依法将2854家企业列入经营异常名录或记载为异常状态，并通过企业信用信息系统对外公示。2017年，市工商局等9部门出台《娄底市“十三五”市场监管规划实施方案》。市工商系统通过协同监管平台，全面履行“双告知”职责，实现100%的工商信息推送。市工商局建立执法人员库和市场主体库，全市工商系统具有行政执法资格的510人全部列入执法人员库。全市工商和市场监管部门实现应当公示信息归集率100%、行政处罚信息公示率100%。是年，全市依法公示行政处罚信息1536条，依法将3395家市场主体列入经营异常名录或记载为异常状态。依法吊销企业1268家，将其列入全国黑牌企业库。

第二节 外商投资企业监管

1990年，地区工商局受省工商局委托，临时代理部分外资企业监管事务。1993年，全地区外商投资企业年检工作全部实行计算机登记管理。1994—1995年，地区工商局以出资管理为重点，推进年检工作，注销外商投资企业2户。1996年4月，省工商局委托地区工商局全面履行监管外资企业职责。是年，外商投资企业应年检65户，实检40户，注销4户。1998年始，娄底行署组织工商、招商、税务等部门联合对外商投资企业实行年检。

1999年，全市年检外商投资企业30户，参检率83.3%。处罚擅自变更经营地址的1户，发出注册资本催缴通知书2份，依法吊销19户长期未出资、名存实亡、两年不参加年检企业的营业执照。2000年，全面清理“三无”（无资金、无场所、无机构）外商投资企业，吊销19户；发出注册资本催缴通知书11份，催缴到位资金4042万美元。2001年，建立外商投资企业“经济户口”管理制度，推进工商所属地监管。2002年，对外商投资企业的一般违法行为，以规范为主，责令其改正。2005年，全市外商投资企业及分支机构实现网上年检，吊销外商投资企业23户，处罚3户。2006年，全市36家外商投资企业办理变更登记手续，对确定无法继续经营的外商投资企业32家、分支机构21家办理吊销或注销手续，查处外商投资企业违法违章案件3起，处罚金额140万元。2007年，全市查处外商投资企业违法违章案件4起，处罚9万元，吊销49家外商投资企业及其分支机构营业执照。2009年4月，在全省率先出台《娄底市外商投资企业监督管理与服务暂行办法》，明确外资企业实行统一监管与属地监管相结合的监管体制。

2010年，全市外商投资企业应年检147户，实检114户，年检率78.9%，吊销28户。2011年，全市将外资企业属地监管工作纳入年度目标管理考核范围。2012—2013年，全市巡查外资企业183家，发现问题55个，逐个责令整改和处罚。2014年始，全市停止外商投资企业年检，改为年度报告。2015年，全市工商系统发挥企业信用信息公示系统的平台作用，形成政府各部门信息共享、协同监管、社会公众参与监督的外商投资全程监管体系。2017年始，全市贯彻执行国家颁布的《关于扩大对外开放积极利用外资若干措施的通知》《关于促进外资增长若干措施的通知》，公平对待内资企业和外商投资企业。

第三节 个体私营企业监管

1990年，全地区工商系统对专门从事商品批发业务的个体商业企业全面清理，将自有资金不足10万元、固定营业场所少于30平方米、从业人员少于5人和没有健全会计制度四种情况之一的，全部取消批发资格。全地区清理整顿个体私营批发企业245户，确认有批发资格的59户。1991年11月始，根据工商总局规定，每年第一季度为年检时间。是年，全地区清理整顿旅店业，查处违法经营旅店197家，吊销个体营业执照7家；清理整顿小煤窑，查出不符合条件的小煤窑1098家。1992年始，全地区对个体私营企业每年按规定实行年检，对私营企业档案单列管理，对个体工商户档案电子化管理。1990—1998年，全地区年检换照3.73万户，注销3532户，实换照3.27万户；清查出无照户2.93万户，补办营业执照2933户，取缔无照户443户，吊销执照4户，停业整顿10户，罚款1.8万元，补交工商管理费115.46万元；查处个体工商户违章违法2897起。

1999年，全市工商部门启动市场主体“经济户口”管理，登记机关与基层工商所上下联动监管。2000年，冷水江市工商局取缔26家涉嫌欺诈的邮购个体户。全市清理个体工商户登记档案3.2万户，私营企业646户，发出整改通知2000份；市政府组织清理“四乱”（乱收费、乱罚款、乱摊派、乱检查）行为，取消收费5项，降低标准8项，规范收费10项；私营企业年检实行工商所初审、县市工商局复审、市局审批“三级审检”程序。2001年，清理整顿无照经营户4789户，补办营业执照3430户，取缔1359户，查处违章违法1117起，罚款101万元；捣毁无照生产窝点18个；清缴个体管理费137万元；

全市清理508家煤矿企业，吊销和注销157家，取缔地下非法煤炭市场5个。2002年，查处虚假出资、抽逃出资案件192起。娄星工商分局查处1起特大贩卖假证案，收缴各类假证100万本，《中国工商报》予以长篇报道。2003年，开展“红盾飓风”行动，查处无照经营，即时处罚并责令无照户补办营业执照1539户，立案1683户，罚没492.3万元。2004年，全市工商系统开展“红盾巡航”行动，清理无照经营，取缔无照经营户113家，无照经营户补办登记注册手续1217家。市工商局出台《市工商局经济户口管理暂行办法》，全市52个工商所全部建立各类市场主体“经济户口”，市、县、工商所三级联网，实现对监管对象的动态管理。依法关闭、吊销、炸毁非法小煤矿584家。2005年4月，市工商局部署“网格责任”工作，按照市场主体地理位置分布情况，绘制“网格”地图，分地区确定专人开展“三分法”监管，将辖区内所有市场主体按“持照经营户”“特殊行业经营户”（有照）、“无照经营户”（含不需办照只需备案）分类备案，分类指导，分类监管。4月始，全市开展为期3个月的查处无照经营“红盾风雷”专项整治行动，立案查处648家，取缔无照经营户980家。2006年，制定市场巡查管理办法、经济户口管理试行办法、企业信用分类监管实施办法、重点行业监督管理试行办法，落实“网格化”监管责任制和“三分法”监管模式。

2007年，全市查处个体工商户违法违章案件1106件，私营企业违法违章案件213起。2008年，全市开展迎奥运百日食品安全专项整治行动，取缔无照户145户，下架退市不合格奶制品1.8万千克，查获假冒伪劣食品1500多千克，查处各类案件30起。2009年，对涟钢周边的124家废旧收购站点一次性全部处理和规范，其中注销45户、吊销3户、撤销7户、取缔41户、规范28户，公安部门刑事拘留2名无照经营业主。冷水江市开展涉锑企业整顿行动，关闭锑品冶炼企业75家，取缔选矿手工小作坊145处。新华社以《世界锑都关闭百家非法冶炼企业》为题发出通稿，《人民日报》、中央电视台等媒体作专题报道。2010年，市工商局规定：凡未经烟花爆竹主管部门审批或许可的，工商行政管理机关一律不得核发烟花爆竹营业执照。

2011年，全市清理无照经营3862户，立案查处无照经营案件498起，罚没185.2万元，发出限期整改通知书3000余份，办理执照3515户。2012年，全市开展学校周边环境专项治理工作，没收过期变质食品1300余袋（包），销毁过期和不洁食品100余千克。2013年9月，全市开展查处无照经营“亮剑”行动，立案查处无照经营案件192起。2014年7月14日始，全市工商系统停止执行市场巡查制。2015年，将未按规定年报的1.41万户个体工商户和存在其他异常情形的435家个体工商户记载为异常状态，公示行政处罚信息440条。是年，全市清查无证无照经营7763户，办理执照7229户，立案查处无照经营案件403起，罚没62万余元。2016年，全市完成60家农民专业合作社、2197家个体工商户的公示信息抽查，抽查结果通过企业信用信息公示系统对外公示。依法将264家农民专业合作社、9319户个体工商户列入经营异常名录或记载为异常状态。开展城区学校周边环境专项整治，检查经营户842户次，查出无照经营32户，下发整改通知32份。2017年，全市办理简易注销登记企业185户；全市工商和市场监管部门依法将380家农民专业合作社、7092户个体工商户列入经营异常名录或记载为异常状态，并通过国家企业信用信息公示系统对外公示；依法吊销1268家企业，并全部列入全国黑牌企业库。

第三章　市场秩序维护

第一节　市场交易行为监管

一、集贸市场监管

1990年，全地区查处欺行霸市、短斤少两、掺杂使假等各类违章违法案件3362起，罚款3.99万元，取缔无照经营1103户，处理不合格杆秤2194杆，没收伪劣假冒商品1.02万件。是年，双峰县永丰，娄底市城南、娄星，冷水江市冷江、涟源市蓝田和新化县城南等5个重点集贸市场均建立市场管理所。双峰县永丰市场被评为“全国文明集贸市场”。1991年，冷江市场设立公安派出所市场值班室，侦破刑事案件5起，制止械斗61起，调解纠纷288次，抓获违法犯罪分子113人，拘留12人。1992年，全地区登记注册各类市场55家，永丰集贸市场第三次获得“全国文明集贸市场”称号，冷江市场首次获得“全国文明集贸市场”称号。

1993年始，全地区市场相继成立市场治安联防队。是年，查处各类集贸市场案件300余起，治安拘留20余人，收审6人，破获各种案件100余起，其中刑事案件32起，抓获违法犯罪人员98人。1994年，全地区重点整顿粮食、石油、棉花、农资等重要生产生活资料市场，查处各种违法违章案件3270多起。1995年，全地区集贸市场开展整顿行动217次，查处违法经营行为3119起，罚款17.5万元。1996年12月，冷水江市工商局率先在全地区工商系统成立经纪人事务管理所。同月始，全地区加强生猪定点宰杀和非法屠宰场的监督管理，确保“放心肉”上市。是年，全地区工商系统调解集贸市场纠纷132起，查处偷、扒、抢案件30起，查处欺行霸市、强卖案件15起，处理打架斗殴事件69起；查处各种违法违章行为3467起，其中查处短斤少两行为2417起，查获母猪肉1.14万千克、病死猪肉2400千克、不合格衡器1000多杆（台），罚款14.5万元。1997年5月4日，《人民日报》以《文明建设进市场》为题，对冷江市场“两个文明”建设的经验作长篇报道。新化县城南市场、冷江市场、蓝田市场、永丰市场、娄底市城南市场5个市场蝉联省级文明市场称号。1998年，成立地区市场发展促进会，会员单位109个，涉及全地区各级各类市场。是年，全地区工商系统年检市场127个，年检率100%，合格率98.5%。年检资料全部输入电脑数据库。全年新增经纪人资格证持证人82名，总计265名。

1999年，全市核准登记展销会10个，查处未经登记的违法违章案件2起，清理出租柜台企业11家；新登记4个生产要素市场。2000年，全市办理市场各类案件750余起，罚没92万余元；处理市场投诉纠纷750件，收缴不合格度量衡器具710杆（台）；全市注销市场3个。2001年，全市实施“红盾闪电”执法检查行动，查获“白板肉”、病死猪肉4865千克，假冒伪劣饮料7.55万瓶，假劣变质食品8070千克，端掉制假窝点15个，查扣盗版光盘8000余张。2002年，全市开展集贸市场专项整治，查办各类案件205件，捣毁制假售假窝点19个。2003年，全市开展违法经营野生动物及其产品的行动，收缴野生动物及其产品3.29万千克，其中蛙类1795千克、蛇类635千克，关闭“野味”字样的餐饮企业和限期变更登记的企业67家。2004年，全市市场管理立案292起，罚没69.43万元。2005年9月，全市开展为期一周的蔬菜市场专项整治，各县（市、区）利用配备的快速检测仪，检测蔬菜品种1200个次，其中农药残留超标不合格的110个次。9月30日，市工商局、市质监局、市卫生局等8部门联合行动，集中清查肉类市场10个，收缴注水肉678千克。2006年，全市47个工商所统一配备食品快速检测箱，检测287组食品，其中不合格85组，查处案件40起，查获不合格食品1.6万千克，罚款10万余元。

2008年7月23—24日，全市统一组织食品快速检测，抽样检测225个集贸市场商品214个，其中不合格10个，责令立即下架、停止销售，下架商品货值1万余元。9月1日始，全市停止征收个体工商户管理费和集贸市场管理费。2009年，全市开展元旦、春节、“五一”、端午、中秋和国庆等节日期间集贸市场食品集中整治，收缴不合格商品8000余千克。2010年，全市实行入市经营的禽、肉、水产品及公、母猪肉一律挂牌公示经营制度。2013—2015年，全市工商系统年均培育、发展经纪人1100人。2017年，全市工商系统加强人感染禽流感防控工作，阻止活禽交易300余次，巡查家禽经营户6840户，处理活禽3.19万羽，关闭活禽交易市场61个。

二、专业市场监管

（一）农资市场监管

1990—1992年，全地区工商部门每年开展2次化肥、种子经营企业专项检查。1993年始，全地区开展“工商局长千里查农资活动”，实施“打假保农工商局长工程”。1995年，地区种子公司通过自查，将10吨劣质水稻种作普通稻谷处理。1996年，地区工商局会同地区农业局、地区供销社、地区质监局等单位，取缔无证（照）生产点434个，查处非法经营农资案201起，查获假劣化肥、农药3259.7吨，非法经营额110万元。1998年11月，全地区正式取消国产化肥指令性生产计划和统配收购计划，允许各级供销社的农资门市部、农业三站放开销售国产化肥，允许生产厂家销售自产化肥。1990—1998年，全地区查处违法违规农资案件649起，收缴假冒伪劣农资5335吨，取缔非法经营农资55家，取缔无证（照）生产点823个。

1999年始，市工商局将“打假保农工商局长工程”改为“打假护农”执法行动。全市查获劣质农药2万支（瓶）。2001年，全市开展农机农资市场专项整治，取缔无照经营81户；查处假劣种子13.5吨、假劣化肥242吨、过期变质农药10.3吨、不合格农机具27件；查处案件55件，案值125万元，为农民减少经济损失65万元。2002年，全市开展“打假保农专项治理工程”，查获无证劣质肥料3700余吨，无证过期农药1400余件，货值300余万元。2003年，全市组织3次拉网式排查“毒鼠强”药，检查市场95个，检查个体经营户2.75万户次，取缔无照经营鼠药14户，查处走街串巷兜售鼠药行为29起，清缴“毒鼠强”13.5千克。双峰县工商局查处永丰镇天青街207号龚某乾、郑某春夫妇邮购销售“毒鼠强”原粉一案，缴获“毒鼠强”原粉160小包，将当事人移送公安机关处理。2004年始，全市持续开展“红盾护农”行动。是年，立案查处30起，取缔无照经营户46户；查处各类假劣化肥25.38万千克、农药5660千克、种子3.52万千克，案值97万元，罚没31.8万元。新化县工商局查处该县杂交种子公司冒牌“优明86”和“冈优725”计9.42吨，被列为全省十大农资打假典型案件。2006年，全市立案查处农资案件56起，没收假劣化肥40吨，查扣不合格碳酸氢铵60吨、复合肥45吨，罚没金额8.65万元；取缔无照农资经营户12户，补办证25户。2008年，全市开展“红盾护农”行动，检查农资经营户150户，立案3起；培育发展农村经纪人976名；1999—2010年，全市检查农资经营4289户，查处农资违法经营案件187起，罚没183.05万元，取缔无照经营户253户，没收查封假冒伪劣化肥5313吨、农药50.06吨、种子12.09吨、不合格农机具193台（件）。

2011年，全市抽样送检农资商品82批次，检查农资经营户700余户、农资市场8个，取缔无照经营农资户14户，罚款1.9万元。2012年，各县（市、区）局（分局）在每个乡镇村聘请“红盾护农”联络员，构建全市“红盾护农”联络员网络体系。2011—2017年，全市检查农资经营1687户，抽样送检农资产品508批次，查处农资违法案件149起，罚没48.8万元，取缔无照经营农资户26户。

（二）文化娱乐市场监管

1990年，全地区查处出售迷信用品和黄色书刊780人次，收缴迷信用品600多千克，黄色书刊1600余本。1991年，全地区收缴内容反动、色情、宣扬封建迷信、渲染暴力凶杀的书刊18.96万册，非法出版的报纸1500份，取缔或停办非法经营的书摊点（店）167个，取缔录像放映厅44家，查封取缔无证违章或非法经营的桌球、棋摊、电子游戏、娱乐场所56处，整顿歌舞厅、卡拉OK厅5家，罚款10万元。1992年，取缔无证经营户9户，没收非法出版图片1.5万张，收缴并烧毁录像及录音磁带1000盒，整顿电子游戏经营户80家，收缴桌球台20张。1993年，取缔无照经营户12户，没收非法出版图片1.8万张，收缴并销毁录像及录音磁带200盒。1994—1999年，全地区每年开展文化市场整顿，共查处取缔无照经营户680户，查缴非法图书8万册，音像制品8000多盘，没收迷信、淫秽刊物2900多本。

2000年，全市清理整顿文化娱乐场所1752家、电子游戏经营场所388家，发出整改通知书190多份。2001年，清理文化娱乐场所885家，整顿规范479户，取缔90户，关闭54家，查获货值47万元盗版、淫秽书刊2万册，光盘1万余张。涟源市工商局查处市教育局教研室、涟源市湘中印刷厂擅自编辑、印刷9万册寒暑假作业案；市工商局立案查处市教委教育科学研究所擅自编印“乡土教材”案，查封“乡土教材”9万册。2002年4月12日，市工商、文化、公安等部门联合捣毁双峰县青树坪镇地下黄色书刊印刷点，没收价值20余万元的印刷设备。10月24—25日，涟源市工商局查缴《女性医学宝典》

等30余种非法出版物2万册，总定价74万元。2003年，全市检查软件市场和文化市场18家、综合市场12家，取缔非法摊点9个，收缴盗版光盘92盘、政治性非法出版物15本、盗版图书600本。双峰县教学研究室擅自非法出版发行《学生寒假作业》，涉案金额43万元，市工商局依法处罚款1.5万元。2004—2006年，全市收缴并销毁盗版出版物890本，取缔非法经营户23户，向有关经营业户发出行政告诫、警示56次。2007年，市工商、文化、新闻出版、城管等部门联合，取缔无证经营摊点25个，查获黄色光盘3000张；查处16家宾馆互联网服务案，对5家宾馆下载、复制传播淫秽录像案移交公安部门处理。2008年，全市取缔无照经营音像、书报店面摊点25个，查获盗版计算机软件78套、音像制品621张。2009年，全市查处2户销售侵权商标的商户，罚款1.7万元。新化县工商局查获盗版图书80本。

2010—2011年，全市收缴并销毁盗版出版物431本，取缔非法经营户8户。2012年，查缴涉外音像制品、热播电影、电视剧等非法出版物45件，发出限期整改通知书40份。2013年，全市检查软件市场、文化市场22家，综合市场17家，取缔非法出版物摊点23个。2014年，市工商局、市文广新局、市公安局等单位联合开展"扫黄打非"专项整治。2017年，全市收缴卫星地面接收器22台，拆除非法安装的卫星地面接收器19台。

（三）汽车市场监管

1990年始，全地区汽车交易市场管理以验证盖章为主要手段。是年，全地区验证各类交易车辆2030辆，收取验证办公费1.93万元。1993年，娄底地区旧车交易市场成立，全年验证成交机动车4062辆。至1998年，全地区验证成交机动车2.69万辆，收取验证费11.92万元。

1999—2000年，全市规范旧车交易市场，检查汽车配件店820多家次，配件230多种，没收不合格配件2.5吨。2001年，市工商局会同公安、经委等部门先后7次整治非法废旧汽车拆解拼装市场，取缔非法废旧汽车市场2个，查处违法违章案件27起，罚没12万元，查处假冒伪劣汽车、摩托车配件200余种，拼装汽车4台，假冒摩托车8台，案值150万元。2002年5月9日，市工商局组织160人，取缔死灰复燃的涟源市长冲、龙建两处非法拆解拼装汽车市场，没收废旧汽车大梁15副、车厢32个、废旧车辆6台、废旧拆解配件和拼装材料6卡车，总值近20万元。2003年，全市查处16起拆解拼装汽车案，罚款13.8万元。2004年，冷水江市工商局查处销售未经强制性认证的汽车配件案8起，案值5.2万元，查扣配件1.5吨。娄星工商分局检查汽配经营户185户、汽修厂64家，查处无照经营25户。涟源市工商局在长冲、龙建等地建立举报网络，公布举报电话，实施有奖举报。2005年，全市检查汽车及汽车配件经营户537户，查处违法违章案件4起，罚款10余万元，取缔非法经营户32户，查扣假冒汽车配件3.2吨。冷水江市查处一起擅自回收报废汽车案，没收售出的报废汽车4台，处罚款3万元。2007年，全市抽查电动车样品27个，合格的2个。抽查汽车样品5个，不合格样品经营户被依法处理。

2008—2011年，全市查获假冒汽车配件1200多件，取缔无照经营户96户，罚款27万元。2012年，市工商局抽样检测汽车配件95组，查处销售假冒伪劣和不合格汽车配件案件20起、未履行汽车配件索证索票制度案件61起；立案调查城区9户无品牌汽车经营备案的经销商，责令整改1起，结案8起，罚款25.5万元。2013年，新化县工商局查处3起不合格汽车案，查获不合格自卸货车17台。2014年，全市开展汽车行业消费评议工作，35家汽车经营企业对评议中提出的49个问题整改到位。2015年，全市汽车配件抽样检测27组，立案查处不合格汽车配件案16起，罚没13.5万元，下架退市不合格汽车配件364个。2016—2017年，全市每年开展汽车配件市场整治，检查个体经营户635户次，取缔非法经营汽配企业84户。

（四）粮食市场监管

1990—1991年，全地区查处销售资质不合格粮食285吨。1993年，取缔无照粮食经营户66户。1994年，全地区清理整顿国家粮食部门之外的国营、集体、私营、个体粮食批发经营者，限期到原发照部门办理重新核准或变更、注销登记，对无照经营的一律取缔。1995—1997年，地区工商局和粮食局规范粮食批发市场，取缔无照经营66户，把好粮食收购主体准入关，维护粮食市场秩序。1998年，全地区工商系统成立粮食市场巡查小组67个，签订责任状252份；粮食经营企业签订保证书1054份。是年，全地区查处粮食案件154起，没收粮食291.9吨，罚没40.28万元。

1999年，全市粮食加工企业由56家规范为47家；全市工商系统设立举报电话78个，查处非法收购、贩运粮食案件352起，没收粮食2500吨，罚没73.9万元。2000年，全市工商系统把监管重点转向列入保护价收购范围的粮食品种，撤销粮食“准入证”和价格调节基金收取。是年，全市查处非法收购与其他违章案件7起，罚没金额2万余元。2001年，全市查处违法违章收购粮食案件58起，没收粮食69.5吨，罚没金额14.3万元。全市有粮食加工企业61家，其中办理早籼稻收购资格证的41家、中晚稻收购资格证的7家。2003年，全市查处粮食违法经营案62起，罚款12万元。2004年，全市查处粮食案件20起，查扣以“饲料米、饲料粮”等形式出现的不合格大米81.7吨、陈化粮15吨，全部作饲料处理，并处罚款8.9万元。2005年，全市以陈化粮为重点开展粮食市场监管工作，对省粮食局2004年分两批下达的陈化粮销售计划（新化1176吨、涟源6800吨）实施全程监管。涟源市工商局查处一起利用不合格大米加工米粉的大案，查扣不合格大米3500千克。

2006—2011年，市工商局与市粮食部门每年联合组织检查粮食市场生产经营情况，责令290户无照经营户办理营业执照，查封陈化粮19.5吨并作饲料处理。2012年，新化县工商局查处全省首起越南大米“洗白”案，娄星工商分局查处60吨“三无”大米案件。

2013—2017年，全市粮食市场有序运行，工商部门没有查处粮食市场违法违章案件。

（五）成品油市场监管

1990年，全地区查处不合格柴油33吨。1991—1992年，全地区取缔非法加油站6个，责令停业整顿4个不合格加油站，取缔无照经营户11家。1993—1994年，查处不合格汽油78吨。1995年，地区工商局责令停业整顿3个不合格加油站，取缔无照经营户9家。1996年，新化、冷水江工商局联合查处冷水江市第二石油公司经销劣质汽油案，没收销货款91.13万元。1997—1998年，全地区取缔非法加油站4个，罚款2.5万元。

1999年，全市查获劣质成品油400吨。2000—2001年，全市清理整顿石油成品油市场，注销经营资格或停业整顿经营户47家。2002年，市工商局本级取缔非法加油站9个，责令停业整顿42个不合格加油站。双峰县工商局取缔无照经营点9个，查处非法经营户3家，罚款1.5万元；涟源市工商局清理整顿该市108家加油站，取缔无照经营户57家，罚款4万余元；娄星工商分局取缔非法加油站3个，责令限期改正4个。2003年，全市取缔非法加油站5个，查获劣质成品油50吨。

2005年，市工商局查处取缔娄底中心城区无照加油车辆2台，罚款2万余元。2006—2009年，全市每年检查成品油批发企业，共抽样送检42份，立案查处18起，取缔非法加油站7家，责令限期改正15家。2010年，全市抽取成品油样品12份送省检验中心检验。查处1家液化气经营企业违规经营危险化学品的行为，责令其纠正违规经营行为并罚款5万元。2011年，全市工商系统取缔非法加油站2个，查获劣质成品油66吨。2012—2014年，全市立案查处成品油违法案件8起，罚没13.5万元。2015年，全市抽检成品油20余批次，立案查处不合格成品油案件1起，罚没20万元。

2016年，全市抽检成品油34批次，其中不合格汽油1批、不合格柴油18批，立案14起。2017年，全年抽检78批次，立案查处不合格成品油案件14起，结案8起，罚没18.28万元，下发责令停业通知书28份，收缴营业执照8个，取缔非法加油站2个，查处非法加油站点3个，扣押成品油5.78吨及油罐车、加油设备。

（六）网络市场监管

2000年始，工商部门介入网络市场监管，全市登记注册网吧286家。2001年，全市工商部门和文化部门联合清理网吧426户，整顿规范275户，吊销10户。2002年9月，全市吸取北京“蓝极速”网吧火灾事件教训，清理整顿无照经营、超范围经营，在学校周边取缔非法网吧78家，强制搬迁36家。

2003年，全市查处违法经营网吧88户，吊销营业执照8户，查处取缔证照不齐的网吧79户，查封违法经营场所67处。2004年，全市123户证照不齐的网吧补办手续，吊销营业执照4户，取缔无证无照网吧125户，查封违法经营场所39处，扣押电脑554台，没收电脑331台，罚款52万元。4月，在娄底中心城区查处取缔黑网吧30家，扣押电脑310台，罚款16.73万元。8月5日，市工商局协调电信部门切断114家违法网吧的信号。2005年，查处2起娄底知名网站发布虚假广告案件，纠正1起冒用公司名义开展经营活动的行为。是年，全市取消56户违规网吧的经营资格。2006—2007年，全市每年开展网吧专项整治，共检查网吧2100户次，查处取缔违规网吧340家，罚款69万元。2008年，全市取缔无证照网吧14家，查封违法经营场所5处。2009年，全市开展黑网吧专项行动整治，检查网吧773户，取缔黑网吧167家，罚款26万元。

2010年，全市取缔互联网和手机媒体性药品和性病治疗广告200多条，取缔距校200米以内的黑网吧55户，查封黑网吧场所19处，没收电脑213台，移送司法机关案件6起。2011年，开展暑期网吧专项治理，取缔黑网吧198家，取缔利用电脑培训、劳动职业技能培训等名义变相经营网吧12户。2012年，查处取缔黑网吧25户，查封黑网吧场所11处，没收电脑74台。2013年，取缔68家无照经营网吧。2015年，取缔45家无照经营网吧。2016年，建立“娄底网监”QQ群和微信群，查办网络违法案件5起，其中违法互联网广告案件4起，网络销售商品质量不合格案件1起。2017年，全市检查网站、网店528个次，查处网络商品交易违法案10起，罚没5.45万元。是年，全市注销P2P网贷平台企业2家，责令整改1家。

（七）农机市场监管

1990年始，娄底地区农机产品的生产与经营以国有企业为主体。企业抓好农机产品质量监督工作，严格执行农机产品鉴定制度和推广许可证制度。全地区农机公司系统配合国家“质量万里行”“3·15”活动，组织农机、工商和技术监督等部门开展农机专项打假活动。1995年，双峰县为整顿农机市场，由县政府牵头，组织农机、工商和技术监督等部门开展农机产品专项打假，共查处伪劣农机产品金额150万元。至2000年，共查处伪劣农机产品金额3000余万元。2001年始，对全市所有农机维修网点进行清理整顿。2003年，取缔非法销售网点5个，捣毁制假窝点3个，查处假冒伪劣产品案值10万元。2004—2010年，全市经清理整顿农机维修网点1200个、经营网点1300个。取缔非法销售网点30个，查处伪劣农机产品金额5000万元。

2011—2017年，进一步清理整顿、规范农机维修网点和农机经营网点，严打假冒伪劣农机产品，共清理整顿农机维修网点950个、经营网点1000个。取缔非法销售网点15个，查处伪劣农机产品金额3500万元。

三、经济合同管理

（一）合同鉴证

1990年始，全地区推行经济合同示范文本制度，发放合同示范文本1310本，鉴证合同1204份，合同金额8350.92万元。1991年，全地区对建设工程承包合同强行鉴证，鉴证基建合同157份，鉴证金额4787.4万元。全地区开展《鉴证经济合同法人代表证明书》《鉴证经济合同授权委托书》（简称“两书”）颁发工作，颁发“两书”5400本。1992年，一般经济合同实行自愿鉴证。全地区鉴证建筑工程施工合同322份，房屋租赁合同201份。1994年，全地区鉴证各类经济合同1231份，鉴证金额4.76亿元，收取鉴证费13.68万元。发放经济合同示范文本5250本，发放“两书”2078本。1996年，全地区鉴证各类经济合同2740份，鉴证金额6.29亿元，收取鉴证费16.4万元。地区工商局与地区建委、地区交通局联合下发《监理合同示范文本》和《汽车维修合同示范文本》。1997年11月，全地区合同鉴证工作由县以上（含县级）工商部门办理。是年，全地区鉴证经济合同4511份，鉴证金额8.1亿元，收取鉴证费22万元。1990—1998年，全地区鉴证各类合同1658份，合同金额3.11亿元，收取鉴证费90万元，发放经济合同示范文本1.22万本，发放“两书”1.22万本。

1999年，全市鉴证各类合同5857份，合同金额16.24亿元，收取鉴证费36.75万元。全市发放合同示范文本918本。2002年6月4日始，全市不再强制鉴证合同。1999—2003年，全市鉴证各类合同3.45万份，金额66.44亿元，鉴证费357.28万元，发放示范文本4537本。2004年年底，全市工商系统合同鉴证工作停止。

（二）合同调解与仲裁

1990年，全地区受理各类经济合同纠纷案件5304起，合同金额2198.99万元，争议金额889.97万元。全地区37个仲裁庭办理经济合同案件4642起，57个信用社收回贷款367.74万元。1991年4月，全地区合同仲裁不再实行级别和地域管辖，仲裁机构和仲裁员由当事人选择。是年，全地区受理各类经济合同纠纷案件8107起，合同金额855.5万元，争议金额616.44万元，年结案率99%，为当事人解决违约金43.25万元，挽回经济损失694.8万元。1994年，全地区推行协议仲裁制度，企业合同法律意识增强，合同质量有所提高。全年受理各类经济合同纠纷案件265起并全部办结，合同金额1142万元，争议金额517万元。1995年9月1日始，全地区工商部门仲裁经济合同纠纷的职能终止，合同监督管理职能转变为查处合同违法行为、动产抵押登记、监管拍卖行为和合同争议行政调解等。1990—1998年，全地区受理各类经济合同纠纷案件1.55万起，合同金额7608.49万元，争议金额9470.41万元；办结案件1.48万起，挽回经济损失2402.54万元。

1999年，全市实施《中华人民共和国合同法》，各级合同管理机构相继并入市场管理规范机构；调解合同争议83起，争议金额790万元。2003年，全市调解合同争议75起，争议金额1398万元，接待咨询人员1434人次，涉及合同金额8068万元，协助当事人挽回或避免经济损失510万元。1999—2007年，全市调解合同争议733起，解决争议金额1.21亿元，挽回经济损失4090万元。2008年，全市工商系统行政调解合同争议工作终止。

（三）合同执法检查

1990年，全地区工商系统确认无效、违法合同122起，罚没49.44万元，为企业追回货款126.56万元，挽回经济损失1291万元。冷水江市工商局查处合同案件52起，罚没36.71万元。1991年，全地区检查各类经济合同8955份，发现不合格合同1211份，金额6355.09万元。其中，确认无效合同55件，合同金额553.78万元，返还财产13.39万元，追缴财产9.83万元。查处违法合同22起，合同金额555.6万元，罚没19.3万元。1992年，全地区工商系统监督当事人履行经济合同4135份，金额1.94亿元；确认无效合同15份，合同金额521.7万元；返回财产5万元，追缴国库5.05万元。

1993年始，全地区工商部门会同建设部门联合清理整顿基建市场，维护基建市场秩序。每年对各类经济合同进行检查。1995年，全地区检查各类经济合同2.92万份，合同金额26.3亿元。查处违法合同43起，合同金额542万元，罚没3.31万元。帮助1535家企业履行合同307起，挽回或避免经济损失1787万元。1998年，地区工商局结合地区和省级“重合同、守信用”企业年审，检查78家大、中型企业合同810份，合同金额1.4亿元。查处违法合同3起，涉及合同金额1840万元，罚没3.5万元。1993—1998年，全地区检查各类经济合同5.84万份，金额60.68亿元；查处违法合同76起，涉及金额3652万元，罚金17.04万元，挽回或避免经济损失3574万元。

1999年，全市检查发现不合格合同178份，合同金额3364万元，到期未履行的合同268份，合同金额4134万元，口头调解合同纠纷30多起，争议金额200多万元；查处违法合同7份，合同金额127万元，罚没2万元。2000年，全市纠正不合格合同433份，合同金额5070万元；督促履约341份，合同金额4985万元；查处合同违法案件23起，合同金额2013万元，非法所得2.98万元，罚款14.81万元。2003年，全市开展打击合同欺诈及建筑领域专项整治，查处违法合同案件29起，违法合同金额1.11亿元，罚款65.1万元。双峰县工商局查处非法承包双峰县黄金矿案，避免90万元国有资产流失。2004年，全市查处合同欺诈案件1起，违法金额7万元；查处建筑市场合同违法案件32起，金额4444万元。

1999—2004年，全市查处合同违法案件132起，合同金额3.04亿元，罚没114.41万元。

2005—2011年，全市查处违法合同案件122起，合同金额3.45亿元，罚款192.92万元。监督合同当事人履行合同1.81亿份，合同金额1.81亿元。2012年，全市查处合同欺诈案件3起；立案查处经营者利用合同格式条款侵害消费者合法权益违法案件50起，罚没15万余元。2013年，全市开展合同霸王条款专项整治，收集格式合同3000余份，查处案件25起。2014—2015年，全市查处合同欺诈案件5起，违法金额32万元；查处商品房合同违法案件22起，违法金额875万元。2016—2017年，全市监督检查房地产、物流、供水等行业利用合同格式条款侵害消费者合法权益的违法行为。全年收集格式合同1000余份，约谈有关企业40余次，立案8起，罚没1.4万元。

（四）重合同、守信用企业评比

1990年始，全地区开展企业“重合同、守信用”评比活动。是年，全地区159家企业被批准为“重合同、守信用”单位。湖南省资江氮肥厂、双峰县种子公司、涟源市农副土畜产公司被命名为全省“重合同、守信用”先进单位。1991年3月，在涟钢召开全地区“重合同、守信用”活动经验交流会，28家企业被表彰并作经验介绍。1992年，6家企业获省政府授予的“重合同、守信用”企业称号。1993年，全地区命名375家企业为“重合同、守信用”企业，并举行颁证大会。1995年，全地区505家企业被评为“重合同、守信用”企业，并召开表彰命名大会，其中20家被评为省级“重合同、守信用”企业。1996年，全地区命名497家企业为“重合同、守信用”企业，撤销原有不合格的“重合同、守信用”28家，新发展20家。1997年，全地区28家企业被评为省级“重合同、守信用”企业。1999年，全市年审、荐评“重合同、守信用”企业316家，其中县市属275家、市属41家、省级26家，并在《湖南日报》《娄底日报》和娄底电视台公告。2001年，全市评出“重合同、守信用”企业254家，其中省级“重合同、守信用”企业25家。

2002年，工商总局将“重合同、守信用”企业评定更名为“守合同、重信用”企业。是年，全市评出“守合同、重信用”企业259家，其中省级27家。2003年7月2日，市“守合同、重信用”企业协会筹备委员会成立。11月18日，娄底市“守合同、重信用”企业协会成立暨2002年度娄底市“守合同、重信用”单位命名大会召开。2004年，市工商局协助省工商局年度审验辖区29家省级“守合同、重信用”企业，评审市“守合同、重信用”企业214家。2005—2006年，对涟源钢铁集团有限公司等4家全国“守合同、重信用”企业、涟钢福利企业公司等34家省级“守合同、重信用”企业、198家市级企业进行年审，淘汰省级4家、市级20家，撤销17家。2006年，全市“守合同、重信用”会员单位198家，其中国家级单位4家，省级单位35家。

2007—2009年，全市共有省级“守合同、重信用”企业189户。其中，新发展市级单位59户、省级单位27户。2010—2011年，全市评定404户市级“守合同、重信用”企业，推荐评定116户省级“守合同、重信用”企业。2012年，全市公示62户省级“守合同、重信用”企业。2013年，全市新增国家级“守合同、重信用”企业7个，总数达到14个；省级“守合同、重信用”企业61个。2015年，全市公示162户市级和46户省级企业“守合同、重信用”企业。2016年，全市新发展市级单位6户、省级单位5户。2017年，全市公示105户市级和44户省级企业“守合同、重信用”企业。

四、动产抵押物登记

1995年10月始，全地区执行《中华人民共和国担保法》，担保的抵押物合同必须经工商行政管理部门和有关部门登记，通过登记防止虚假抵押和重复抵押。1996年，全地区办理抵押登记285件，主债权金额11.9亿元，登记费21.2万元。1997年，全地区办理动产抵押登记107件，抵押物值5.92亿元。1998年，全地区办理动产抵押登记96件，抵押物值5.22亿元；农行、工行等专业银行的贷款自觉抵押登记。1999年，全市办理动产抵押物登记97件，抵押物价值1.35亿元，主债权金额444万元。2000年，全市办理动产抵押物登记78件，抵押物值5.33亿元，主债权金额2.7亿元。

2001—2002年，企业办理动产抵押物登记186件，主债权金额12.46亿元，登记费25.45万元，注销登记27件。2003年，企业办理动产抵押物登记66件，主债权金额4.73亿元，登记费8.61万元，注销登记10件。2004年，全市50家企业办理抵押物登记，引进资金4.26亿元。2005—2008年，企业办理动产抵押物登记211件，收取登记费32.72万元，抵押贷款15.35亿元，注销登记43件。2009年，全市中小企业办理动产抵押登记48件，抵押贷款8.2亿元。2010年，办理股权出质登记36笔，质押贷款6.3亿元，动产抵押登记56笔，抵押贷款1.88亿元。

2011年，全市34家企业参加银企融资洽谈，签约金额5.6亿元，办理股权出质登记72笔，质押贷款16.4亿元，办理动产抵押登记66笔，抵押贷款1.88亿元。2012年，全市中小企业办理动产抵押登记72件，抵押物价值12.78亿元，抵押贷款7.26亿元；注销23件，抵押物价值2.82亿元。2013年，全市办理股权出质登记243件，出质股权35.71亿元，担保债权69.84亿元；办理动产抵押登记86件，主债权金额12.53亿元。2014—2017年，全市中小企业办理动产抵押登记178件，抵押物价值33.75亿元，抵押贷款1.26亿元；注销33件，抵押物价值8.5亿元。

五、拍卖行为监督管理

1997年1月1日始，全地区实施《中华人民共和国拍卖法》，对拍卖企业法人实行登记和监督管理。是年，全地区有19家拍卖企业。1998年，工商部门对19家有拍卖经营项目的企业逐个调查摸底，按照《中华人民共和国拍卖法》和《中华人民共和国公司法》规定，批准2家，撤销14家，其余3家限期完善条件登记。

1999—2000年，工商部门监督5家国有拍卖企业的拍卖行为，拍卖活动备案89件，拍卖标的金额5.18亿元，确认成交金额1.67亿元。2001年3月1日，全市清理已登记注册的拍卖企业，组织拍卖企业法定代表人学习有关法律法规，监督4家拍卖企业举办13次拍卖活动。2002—2003年，5家国有拍卖企业接受拍卖委托书70份，委托金额7880万元。市工商局现场监督的士车牌、市农业银行资产处置、破产企业资产的拍卖活动，监督5万吨陈化粮竞价销售拍卖。全市查处违法拍卖案件3起，罚款1.9万元。2004年，受理5家拍卖企业拍卖活动备案52起，拍卖标的金额2.1亿元，确认成交金额1.67亿元；查处违法拍卖案件1起，违法金额12.5万元，罚款26.3万元。2005—2009年，全市拍卖企业接受拍卖委托书382份，委托金额4.09亿元；拍卖确认书332份，金额2.83亿元。2010—2012年，全市办理拍卖备案确认203次，工商部门现场监督拍卖活动136次。2013—2017年，全市办理拍卖备案确认424次，工商系统现场监督拍卖活动267次。查处在拍卖过程中竞买人之间恶意串通案1起，罚款23.6万元。

第二节　市场竞争行为监管

一、查处假冒伪劣商品

1990年，地区卫生防疫站和工商局联合检查全地区生产销售眼镜的厂、店、点73户，合格44户，检测眼镜1097片，合格646片，没收销毁154片。1991年，全地区收缴劣质鞭炮2297.1万响，劣质塑料铝芯线4400米、铜芯线600米，假劣商品合计原价值52.9万元，端掉黑窝点12个。1992年，全地区查处假冒伪劣商品340种、货物25万多件（台），货物金额104万余元，捣毁地下制售假冒伪劣商品黑窝点7家。是年，全地区举办假冒伪劣商品展览会6场次。1993年，地区工商局查处地区副食品公司假冒茅台酒119件，价值17万多元。全地区在全省首届“打假保真”展览会展出大要案例50个，获展览会一等奖。1994年，在全地区举办“打假保真”巡回展览，展出案例62个，照片310多张，真假对照商品100多个。1995年，查处假冒伪劣商品460多种，价值800多万元，捣毁制假窝点18个，销毁假劣商品6.3万多件，货值金额50多万元。1996年，捣毁制假窝点12个，查处假冒香烟2540条、假冒劣质酒2.31万瓶、冒牌水泵2250台、劣质电缆线8.2万米、劣质冒牌鞭炮5.76亿响、注水肉350吨。1997年，查处10万元以上的大案7起，端掉制假窝点29个。冷水江市工商局查处制假酒窝点6个，公安收审8人，没收假酒5卡车，处罚12万元。1998年，全地区查获假冒瓶装酒1.5万余瓶，查封散装酒1000余千克；捣毁制假窝点7个，罚款7.8万元，没收物品货值33万元。

1999年，娄星工商分局查获制售假酒大案，没收各种假酒500余件，并以此为线索查处3起制假系列案。2001年，全市查处假酒2.27万瓶、劣质食品18吨、饮料17.98万瓶、“白板肉”和注水肉7200千克、劣质饮料9.46万瓶、假酒2500多瓶，罚款47万元，捣毁各类窝点62个。涟源市工商局查处李某生销售劣质食用油案，查获各种劣质“三无”食用油132大桶。2004年，全市查处假冒“皮尔卡丹”200套、假冒“华伦天奴”60件，罚没款2.6万元；查获假“五粮液”132瓶，罚没2.4万元。2005年，全市在市博物馆组织一次为期10天的打假成果展览，集中销毁6卡车假冒伪劣商品；全市查处制售假冒伪劣商品案件181起，查处无照生产经营食品户393户，捣毁制假售假窝点55个。2006年，全市开展清理苏丹红食品、红心鸡（鸭）蛋等食品安全专项执法行动，捣毁制假售假窝点17个，查获假冒伪劣饮料1.42万瓶、酒5548瓶、奶制品3619千克、儿童食品3876千克、肉类及其制品6783千克。2008年，开展原料奶食品市场专项整治、学校周边食品市场专项整治等行动，查获假冒伪劣食品16.62吨。1999—2008年，查处各类假冒伪劣商品案件987起；罚没120万元；查处伪劣酒与饮料36.37万瓶，查处伪劣食品344.37吨，捣毁制假售假窝点240个。

2009年，新化县工商局查处湖南佳惠百货有限公司新化分公司利用过期变质“精品酱肉”加工成“五香酱牛肉”销售案，当场销毁库存的198.5千克“精品酱肉”，没收违法所得，并处罚款14万元。此案被列为全省工商系统十大食品安全典型案例。2011年，全市结合打击侵犯知识产权和制售假冒伪劣商品专项行动，立案查处销售不合格和假冒伪劣商品案件666起，案值197.47万元。新化县工商局捣毁翻新电视机、制售地沟油等窝点，没收假冒伪劣商品1000余件（套）。2014年，查获不合格消防产品14件，仿真枪220多支，假冒“美的”“小天鹅”等品牌电器431台，假冒飘柔、潘婷、海飞丝洗发水及舒肤佳香皂等7370块（瓶）。2016年，开展“红盾质量维权行动”，查处假冒伪劣商品案件216起，查办无厂名、厂址等来源不明商品案件84起，案值133万余元，罚没144万余元，查获假冒伪劣商品3271件（台）。2009—2017年，全市查处假冒伪劣商品案件8505起，案值841万元，罚没921万余元；查获假冒伪劣商品3.12万余台（件），捣毁制售假窝点60个。

二、查处投机倒把违法行为

1990年，全地区查处投机案件867起，罚没金额156.34万元，为受害者追回资金31万元。查处倒卖票证大要案86起，查获国债券9.96万元，粮票6753千克。1994年，全地区各级工商机关对非法抢购、套购和倒卖棉花、蚕茧的行为，以投机倒把论处，查处各类违法违章案件3010起。1996年，全地区查处各类违法违章案件2658起；查处摩托车18辆、彩电3台、相机2部、冒牌吉普车1辆、进口香烟2.02万条。1990—1998年，全地区查处各类违法违章案件1.57万起，罚没款入库992万元；查处钢材1794吨，有色金属197吨，煤炭2.9万吨，化肥2479吨，粮食87吨，棉花2吨，电线86.46万米，木材1988立方米，水泥1133吨，成品油1213吨，饮料1.44万瓶，化妆品3674瓶，鞋2570双，白银1994克，黄金184克，外汇券17657元，美元2040元。

1999年，全市查处各类经济违法违章案件1621起，其中立案查处的案件503起，万元以上大案78起。2000—2001年，全市查处投机倒把违法违章案2223起，罚没333万元。2001年起，根据国务院和省政府的规定，对无照从事收购、加工或经营案件不再以投机倒把论处，查处投机倒把业务在日常执法中停止。2008年，国务院废止《投机倒把行政处罚暂行条例》，全市查处投机倒把工作终止。

三、打击走私贩私

1990—1992年，地区工商局重点监管国家指令性计划分配物资、特许免税进口物品及专营专卖商品。全地区查处走私案件122起，罚没金额79万元，查处倒卖的钢材2930吨、汽车2辆、有色金属206吨、木材3075立方米、煤炭3.25万吨。1993—1994年，全地区工商系统开展打击的走私贩私行为专项斗争，查处走私贩私案312起，其中走私汽车案125起、摩托车案167起，案值5125万余元，罚没196万元。地区工商局查处地区建筑基础工程公司和418队印刷厂2件走私汽车案，其准运证、商检证、海关进口许可证明书及发货票全是伪造。1995年，全地区查处走私汽车15辆、摩托车37辆、电视机29台，捣毁走私贩私窝点6个。1996—1997年，全地区查处走私贩私汽车、摩托车、香烟、照相机等案56起，罚款22万元。1998年，全地区查处走私贩私手机、香烟、家用电器等案25起，罚款10万元。

1999年，全地区允许国营商业、物资、供销等部门和生产企业以外的其他单位和个人批发经营22种重要生产资料和紧俏耐用消费品。至2002年，全市查处走私贩私案28起，罚款8.9万元。2003年，全市没收卡拉OK歌厅无合法手续的进口投影机20余台，罚款20余万元。没收娄底城区某医院无合法进口手续的医疗设备2台，案值50余万元。2004年，全市立案查处走私贩私案件22起，查获无合法进口手续的喷绘机和近视眼治疗仪。2005年起，全市工商系统停止办理走私贩私案件。

四、查处不正当竞争

1993年，全地区相继设立公平交易执法机构，查处反不正当竞争行为案件12起，罚没9万元。1994年，全地区执行工商总局《关于禁止有奖销售活动中不正当竞争行为的若干规定》，查处不正当竞争行为案件15起，罚没13万元。1996—1997年，查处不正当竞争行为案件56起，罚没197.6万元。1998年，全地区开展“扶名优、打假冒”活动，打击虚假宣传、虚假质量表示、假冒注册商标、串通招标投标和公用企业强制交易行为。

1999年，全市查处不正当竞争案件14起，案件总值2300多万元，罚没245.17万元；查处市电信局强制收取电话机代维费的违法行为，没收违法所得137万多元，罚款60万元。2000年，全市对铁路、银行、保险、电力、自来水、电信等领域进行监管。涟源市工商局查处涟源火车站多种经营部强制收取场地费、设施费案件，罚款40万元。9月12日，《人民日报》作报道。2002年6月，市工商局查处市邮政局在办理邮政特快专递业务中违反国家规定超标准收费的违法行为，没收其违法所得7万余元。2003年，冷水江市工商局查处该市电力局在农网改造中实施强制交易和滥收费用行为，罚没48万元；双峰县工商局查处该县自来水公司强行向用水户收取使用水表口径最低度水费违法行为，罚款10万元。2007年，市工商局查处娄底市新华联燃气有限公司强制用户购买其指定的燃气燃烧器具的限制竞争行为。1999—2008年，全市查处不正当竞争案件238起，罚没799万元。

2009年，全市查处反不正当竞争案件21起，罚没金额45.31万元。查处涟源市自来水公司超标准强制收取“水榭花都”270户业主水表户内改造费17.28万元，没收其违法所得10.96万元，罚款5万元。2012年，查处市汽车南站有限公司限制竞争行为案件，罚款10万元。全市有5件案例入选全省工商系统优秀案例；市工商局查办的瑞特保险经纪公司垄断经营案件，被中央电视台报道。2014年，涟源市工商局查处湖南盐业股份有限公司涟源市分公司限制竞争行为案，罚款9万元。2016年6月，市工商局委托涟源市工商质监局调查涟源市稳安燃气充装供应有限公司限制竞争案，市工商局对当事人的违法行为处罚款5万元。2017年，市工商局查处新华书店有限责任公司娄底市分公司变相强制学生购买其提供的教辅材料案件，查处涟源华润燃气有限公司附加不合理条件、强制用户接受的限制竞争行为。2009—2017年，全市办结不正当竞争案件237起，案值1099万元，罚没420万元。

五、查处商业贿赂行为

1996年，地区行署成立以工商牵头，卫生、医药、监察等部门组成的药品回扣专项检查领导小组。是年，全地区150家单位自查自纠，查出明回扣1400万元、暗回扣60万元，立案39起，罚没50万元。

地区医药公司、地矿部418职工医院、涟钢职工医院和地区人民医院4家单位收受回扣，被地区工商局罚款30万元。1999年，全市整治医药购销市场不正之风，没收各种药品100多种，查处药品回扣案172起，罚没44万元。1996—2000年，全市查处药品回扣案件110起，罚没199.38万元。

2001年，全市依法查处各县（市、区）教科所和新华书店利用其特有地位非法出版、销售寒暑假作业本、并在销售中有商业贿赂行为的案件，案值500万元。2003年，涟源市工商局专项整治超市强行向供货商收取"条码占用费""端架调整堆头费"等费用的商业贿赂行为，没收违法所得9.2万元，罚款20万元。2006年，全市查处商业贿赂案件56起，罚没金额100万元。其中出版行业5起、产权交易5起、医药购销2起、商业保险2起，政府采购、质监、土地出让各1起，其他行业40起。2007年，冷水江市工商局查处该市煤炭局、各乡镇安监站收取测绘回扣的商业贿赂案件，罚没15万余元。2008年，全市立案查处商业贿赂案件4起，罚款29.01万元。是年，娄底某银行为提高客户使用银行卡的积极性，与娄底商业连锁有限责任公司共同举行促销活动，借"促销费"之名行商业贿赂之实。市工商局没收贿赂款6.07万元，对双方各处罚10万元。娄星工商分局查办广东省第五建筑工程公司商业贿赂案，没收行贿款物折合人民币7.1万元。2001—2009年，全市查处商业贿赂案件170起，案值1157万元，罚款420.21万元。

2010年，全市查处商业贿赂案件13起，案值553.1万元，罚款18万元。新化工商局与县纪委、县检察院等部门配合，查处湖南省恒旺医药有限公司等7家公司向新化县人民医院销售药品商业贿赂行为，案值516万元，罚款76.5万元。2011年，全市查处商业贿赂案7起，案值123.6万元，罚款13万元。2012年，涟源市工商局查处谭某清以2.6万元贿赂涟源市卓越房地产开发有限公司，取得卓越阳光商城小区电信业务10年独家经营权的商业贿赂案。2014年，市工商局、卫生局、发改委等10部门，联合开展医药卫生行业发票使用情况专项整治，查处商业贿赂案9起，案值346万元，罚款222万元。2016年，市工商局查处建材行业、槟榔行业的商业贿赂案件5起，处罚20万元。2017年，全市开展扶贫领域治理商业贿赂专项执法检查，未发现商业贿赂行为。2010—2017年，全市查处商业贿赂案件54起，案值1267.7万元，罚款348万元。

第三节 打击传销

1995年10月始，全地区执行工商总局制定的《关于审查清理多层次传销企业的实施办法》。是年，查获非法传销案16起，罚款12万元。1996年，地区工商局会同公安、检察等司法部门查获非法传销案25起、非法传销点23个，罚没16万元。1997年，全地区查处湖南林田经济发展有限公司等非法传销案8起，罚没3.8万元。1998—1999年，地区工商局、地区公安局、新化县工商局查处湖南金福来健身器材有限公司娄底分公司非法传销案和新化县内传销案，遣返外地传销人员6400多人。

2000年，娄星工商分局在城区民营经济开发区端掉一个传销窝点，抓获传销骨干9名，其中6人被公安机关刑事拘留，遣返原籍220人。2001年，全市查处传销案件6起，遣返、遣散外地传销人员1000多人。7月29日，娄星工商分局查获全球得利集团娄底传销网络负责人金某载及其他主要头目5人。该案被工商总局列为全国查处的十六大传销案件之一，在中央电视台曝光。2003年，市工商局查处王某、龙某2人未经核准登记，擅自在娄底城区租用场地，组织70余名顾客在某宾馆授课，推销安利系列产品。工商部门依法对王、龙2人作出责令改正和罚款的行政处罚。2004年，全市查处举办传销人员培训案3起，驱散参与传销人员400人次。2005年，全市查处传销案件9起，取缔传销窝点11处，驱散参加传销人员360人。2006年，全市端掉摧毁传销窝点36个，解救被困传销人员1100多人；全年立案查处传销案5起，罚没16万元。2007年5月24日，娄星工商分局查处涟钢大市场18栋居民楼传销窝点，30名传销分子暴打工商执法人员20多分钟，当场造成5名执法人员不同程度受伤。娄星区公安执法人员抓获4名涉嫌暴力抗法的传销人员并依法处理。2008年，捣毁传销窝点143个，遣散传销人员2500余人，立案查处传销案8起，150名传销涉案人员移送至公安机关。其中，刑事拘留17人，治安拘留115人，追究刑事责任2起，批捕5人。查办"8·16"胡某明网络传销案，摧毁以美国"金沙"集团投资理财公司名义、以互联网为平台的网络传销体系，其中3名传销骨干被判刑。2009年，全市开展打击传销百日联合执法行动，捣毁传销窝点30个，遣散传销人员3685人。6月29日，娄星工商分局在一个居民点内，抓获张某超、丁某、向某彦、熊某绪、舒某兵5名传销头目，收缴赃款10.97万元。

2010年5月11日，市工商局查处广西新淘信息技术有限公司传销案，涉案金额近5000万元，追缴现金549万元，查获涉案高档车辆4台，8名传销组织者被批捕，被列为全省典型案例。2011年，全市组织打击传销集中行动25次，捣毁传销窝点89个，遣散传销人员1493人，逮捕传销头目17人。市工商局被评为全省打击传销工作先进集体。2012年，市工商局在湖南人文科技学院、娄底职业技术学院、潇湘学院招募150名学生为"反传销志愿者"，开展反传销宣传。2013年，全市捣毁传销窝点85个，遣散传销人员755人，办结传销案2起。工商部门联合公安机关查处湖南金峰科技生物有限公司以销售安化黑茶名义从事传销案，涉案金额1300多万元。2014年，市工商局与娄星区团委共同在市工贸职业中专举行"反传销活动进校园启动仪式"。全市创建无传销社区（村）6个。市工商局查处4起利用茶叶从事传销的案件，案值300多万元，罚没34.29万元。2015年9月7日，娄星区开展地毯式清查，查获传销窝点23个、传销人员192人，解救受害者17人，遣散传销人员92人，送救助站35人。娄星区公安机关刑拘传销骨干分子32人。2016年，市工商局查处湖南日朗电子商务有限公司传销案，抓获犯罪嫌疑人9人，刑事拘留8人，逮捕7人，取保候审5人，移送检察机关审查起诉4人。市工商局查处娄底食神电子商务有限公司传销案，涉案金额40多万元、人数260多人。娄底被评为全省创建"无传销市州"优胜单位，全市6个县市均创建为基本"无传销县（市、区）"。2017年，全市捣毁传销窝点37个，遣散传销人员300余人次，抓获传销骨干分子8人，移送公安机关8人，罚没11万元。是年，娄底经开区、涟源市、双峰县、冷水江市创建成"无传销县（市、区）"。

第四章　商标广告监管

第一节　商标管理

一、商标注册管理

1990年10月10日始，全地区建立商标"定点印刷"制度，须获得工商总局统一印制、省工商局核发的指定印刷商标单位证书，方可承接注册商标印刷业务。是年，全地区建立注册商标档案456个。1991年，全地区确定企业商标指导点66个、注册商标80件。是年4月，锡矿山矿务局在锑品出口中打出单位名称和"闪星"牌商标，两个产品在第二届北京国际博览会上获金奖。是年，全地区有效注册商标267件。1992年，全地区企业申报商标注册86件，拥有商标定点印刷厂102家。1993年，全地区推行商标代理制。是年7月1日起，商标代理机构的代理业务不受行政区划限制，地方工商机关的商标核转工作停止。1994年，地区牧业公司经营10年的"900饲料"商标被湘乡3个个体户抢先注册，造成该单位所有的技术鉴定资料、科技成果奖以及专利申请受到影响，经济效益由顶峰滑到谷底。地区工商局促成湘乡3个个体户以6.4万元转让"900饲料"商标给娄底地区牧业公司。1995年，全地区发展新商标117件。1996年，全地区注册商标547件，申报商标注册43件、续展17件、变更25件、转让1件，受理未注册商标备案20件。1997年，全地区新增注册商标55件，有效注册商标645件，12个注册商标被认定为省著名商标。1998年，全地区企业建立健全商标档案325个、商标管理制度980个。1999年，全市有效注册商标从上年的620个锐减到403个。

2000年，全市新建商标广告档案302个，申报商标注册、变更、续展、使用许可85件。2001年，全市向省工商局申报省著名商标10件，其中8件获准认定为湖南著名商标；建立健全商标档案368个。2002年，全市有效注册商标621件，代办商标106件，建立健全商标档案408个。建立企业商标联系点79处。2003年，全市审批登记商标印制单位3家，向省工商局申报湖南著名商标13件，其中9件获准认定为省著名商标；建立健全商标档案269个。2004年，市政府制定《娄底市知名商标申报认定与保护办法》，8月18日始施行。全市注册商标2000余件，5件商标被认定为2004—2007年度省著名商标。是年，涟源钢铁集团有限公司申报“涟钢”商标注册。2005年3月24日，市政府决定对首次获得中国驰名商标和省著名商标的企业分别奖励50万元、3万元。2006年1月4日，湖南省五江轻化集团有限公司的“五江”等4个注册商标被认定为省著名商标。10月，涟钢“双菱”商标认定为中国驰名商标，实现全市中国驰名商标零的突破，是继上海“宝钢”之后，第二个被工商总局商标局认定为驰名商标的钢铁冶金产品商标。2007年2月，市政府重奖获得中国驰名商标称号的湖南华菱涟钢薄板有限公司50万元，奖励新化县天马水泥厂等10家被认定为省著名商标的企业各3万元。9月，百年老矿锡矿山矿务局的“闪星”商标被认定为2007年中国驰名商标，是继涟钢“双菱”之后，全市第二个被工商总局认定的驰名商标。10月12日，省政府给锡矿山闪星锑业有限责任公司奖励50万元。是年，全市8件商标认定为省著名商标。2008年，全市完成各类商标注册申报70余件，申报省著名商标14件（重新认定3件），获评13件，全市共有省著名商标29件。2010年，全市企业申请商标注册180件，(其中农产品商标注册18件)，被认定为省著名商标20件。

2011年，工商总局商标局认定百雄堂控股集团有限公司的“味博士”商标、湖南安石企业集团有限公司的“安石”商标和农友集团的“好运来”商标等3件商标为中国驰名商标。是年，全市拥有驰名商标6件，省著名商标68件，全市有效注册商标3485件，其中农产品商标900余件，“味博士”“响莲”“龚卓越”“东岭田鱼”“珠梅土鸡”等著名商标31件。2012年，农友集团的“好运来”、湖南红太阳电源新材料股份有限公司的“CNSUN”和湖南海湖矿灯有限公司的“海湖”3件商标被工商总局商标局认定为中国驰名商标。至此，全市有中国驰名商标9件，省著名商标68件。2013年，双峰县溪口溪砚行业协会的“溪口溪砚”商标被工商总局商标局认定为地理标志证明商标。2014年，双峰万寿米业的“万福香”商标成功申请认定为中国驰名商标。2015年，全市企业办理商标注册、变更、续展等200余件。2016年，全市办理商标注册、变更、续展、转让等60余件，申报省著名商标48件，获评37件。2017年，全市企业办理商标国内国际注册、变更、续展、转让等2472件。是年，涟源市“涟源市富田桥游浆豆腐”地理标志证明商标被国家商标局核准注册；境内“枫木贡茶”“涟源茶油”“桥头河萝卜”“新化红茶”“新化黄精”“白溪豆腐”等地理标志证明商获商标局受理；“紫鹊红米”“渠江黑茶”“新化水酒”“永丰辣酱”“青树坪淮山”“世界锑都”申报地理标志商标。

溪口溪砚《湘魂》(2016年摄)

2006—2017年娄底市获中国驰名商标情况表

表46-3

企业名称	企业地址	商标	商标类别	认定年月	法定代表人(负责人)
湖南华菱涟钢薄板有限公司	娄星区	双菱+图	6	2006-10	颜建新
锡矿山闪星锑业有限责任公司	冷水江市	闪星+英文+图	1	2007-08	高长春
湖南五江轻化集团有限公司	涟源市	五江+图	21	2010-01	肖自江
百雄堂控股集团有限公司	娄底经开区	味博士	29	2011-11	熊卫华
湖南安石企业(集团)有限公司	娄星区	安石集团+图	4	2011-11	梁石安
湖南红太阳电源新材料股份有限公司	娄星区	CNSUN	1	2012-11	周红阳
湖南省农友农业装备股份有限公司	双峰县	好运来+英文+图	7	2012-11	刘若桥
湖南海湖矿灯有限公司	涟源市	海湖+图	11	2012-11	吴　颜
湖南创高铝业集团有限公司	娄底经开区	TFKO	6	2013-12	贺世登
湖南娄底响莲实业发展有限公司	冷水江市	响莲+拼音+图	30	2013-12	李雪斌
湖南灯塔米业有限公司	双峰县	万福香+图	30	2014-12	龚继胜
湖南省农友农业装备股份有限公司	双峰县	农友+图	7	2017-12	刘若桥

2007—2017年娄底市获马德里商标国际注册情况表

表46-4

国际注册号	商标	企业(个人)名称	注册时间
955066	W	湖南五江轻化集团有限公司	2007-11-16
1108965	SHAERYI	唐愈前	2012-01-16
1199721	3T NEW MATERIAL	湖南三泰新材料股份有限公司	2013-12-02
1351234	哈厉	黄　辉	2016-03-29

2004—2017年娄底市获中国国家地理标志商标情况表

表46-5

企业名称	商标名称	主要产品	注册公告日期	商标类型
双峰县溪口溪砚行业协会	溪口溪砚	砚(墨水池)	2014-02-28	证明
涟源市富田桥游浆豆制品行业协会	涟源市富田桥游浆豆腐	豆腐制品、豆腐、腐竹、腐乳	2017-06-07	证明

2014—2017年娄底市获省著名商标情况表

表46-6

企业名称	商标	认定年月	企业所在县(市、区)
湖南吉鼎门业有限公司	吉鼎门业+图	2014-12	娄底经开区
湖南省映鸿科技有限公司	映鸿科技	2014-12	新化县
湖南农友机械集团有限公司	好运来+英文+图	2014-12	双峰县
湖南金三星煤机制造有限公司	图形	2014-12	娄星区
湖南省邓灿华机械有限公司	邓灿华+图	2014-12	双峰县
涟源市广福不锈钢五金电器厂	广福+图	2014-12	涟源市
湖南涟源聚能电源有限公司	湘能+图	2014-12	涟源市
涟源市涟鑫矿山电器有限公司	涟鑫+图	2014-12	涟源市
新化县翰岭五金交电有限公司	瀚岭+图	2014-12	新化县
双峰县国藩溪砚工艺有限责任公司	国藩溪砚+图	2014-12	双峰县
双峰县湘中名望木业加工厂	湘中名望	2014-12	双峰县
湖南省桑园门业有限责任公司	桑圆	2014-12	双峰县
湖南五江轻化集团有限公司	五江+图	2014-12	涟源市
湖南资水食品开发有限公司	资水+拼音	2014-12	新化县
新化县东岭田鱼有限公司	东岭+图	2014-12	新化县
湖南娄底响莲实业发展有限公司	响莲+拼音+图	2014-12	冷水江市
湖南紫秾特色农林科技开发有限公司	紫鹊贡	2014-12	新化县
湖南灯塔米业有限公司	国藩灯塔+图	2014-12	双峰县
湖南灯塔米业有限公司	万福香+拼音	2014-12	双峰县
娄底市乐开口实业有限公司	乐开口+图	2014-12	娄星区
湖南肖老爷食品有限公司	肖老爷+图	2014-12	涟源市
湖南省金湄泉饮料有限公司	金湄泉	2014-12	涟源市
娄底市万宝食品饮料有限公司	亲情果+图+拼音	2014-12	娄星区
湖南冷水江市狮龙实业有限公司	狮龙+图	2014-12	冷水江市
湖南湘江电力建设集团有限公司	湘江电力+图+拼音	2014-12	娄底经开区
湖南振强锑业有限责任公司	振宏+拼音+图	2015-12	冷水江市
冷水江天宝实业有限公司	TBF	2015-12	冷水江市
娄底市乐开口实业有限公司	粉师傅	2015-12	娄星区
湖南省金峰机械科技有限公司	国藩	2015-12	双峰县
湖南省劲松机械有限公司	银松+图形	2015-12	双峰县
湖南省盈峰光能机械有限公司	顺泰+图形	2015-12	双峰县
湖南省富瑞机电设备制造有限公司	富瑞	2015-12	双峰县

续表46-6

企业名称	商标	认定年月	企业所在县(市、区)
双峰县赵氏刀业五金厂	赵学林	2015-12	双峰县
湖南省健缘医疗科技有限公司	健缘+拼音	2015-12	娄底经开区
湖南中南神箭竹木有限公司	中南神箭	2015-12	双峰县
湖南远美鞋业有限公司	远美	2015-12	双峰县
湖南忠食农业生物科技有限公司	玖久鲜+图形+字母	2015-12	娄底经开区
娄底市庆阳牧业食品有限公司	庆扬+图形	2015-12	娄星区
湖南华德食品集团有限公司	毅记+图形	2015-12	涟源市
涟源市祥兴农林科技开发有限公司	湘山+字母	2015-12	涟源市
涟源市璞源茶叶种植专业合作社	湘湄	2015-12	涟源市
涟源市枫木贡茶茶业有限公司	枫木	2015-12	涟源市
新化县华腾调味食品厂	渴望+图形+字母	2015-12	新化县
涟源市万寿米业有限公司	如心+字母	2015-12	涟源市
涟源市花蕊粉丝二厂	花蕊+图形	2015-12	涟源市
湖南忠食农业生物科技有限公司	玖久鲜+图形+字母	2015-12	娄底经开区
湖南天华实业有限公司	天华牧业	2015-12	涟源市
湖南千年熊山就业有限公司	盛教醇+图形	2015-12	新化县
湖南天华实业有限公司	湘中黑牛	2015-12	涟源市
湖南省丰源机械有限公司	湖峰	2016-12	双峰县
湖南金信复合肥有限公司	邦尔福+图	2016-12	冷水江市
湖南煤矿机械有限公司	辣	2016-12	娄星区
湖南农伯乐农业机械科技有限公司	农伯乐	2016-12	双峰县
湖南回春堂药业有限公司	回春堂	2016-12	涟源市
湖南省韶峰机械有限公司	韶峰SF	2016-12	双峰县
湖南省国藩工矿机械有限公司	701	2016-12	双峰县
湖南省农友机械集团有限公司	农友+图	2016-12	双峰县
湖南省丰彩机械有限公司	丰彩	2016-12	涟源市
湖南省联众科技有限公司	联众+英文	2016-12	娄底经开区
涟源市湘源机电有限公司	湘源+图形	2016-12	涟源市
新化县新华蓄电池器材厂	奥源+图形	2016-12	新化县
娄底市碧波尔家用电器发展有限公司	碧波尔	2016-12	娄底经开区
涟源市瑞强电器厂	瑞强	2016-12	涟源市
湖南定源汽车配件制造有限公司	图形	2016-12	双峰县

续表46-6

企业名称	商标	认定年月	企业所在县(市、区)
湖南瑞奇电器有限公司	瑞奇	2016-12	娄星区
湖南秦发电器科技有限公司	佳才QJ	2016-12	新化县
湖南暖洋洋电器有限公司	暖洋洋	2016-12	娄星区
涟源市富田桥曾氏游浆豆腐店	富田桥曾氏	2016-12	涟源市
湘村高科农业股份有限公司	湘村黑猪	2016-12	娄星区
湖南圣康露生物科技有限公司	金胜富	2016-12	涟源市
湖南天柱山禽业综合开发有限公司	孙水河	2016-12	涟源市
湖南省水浒庙农林科技开发有限公司	芙蓉心	2016-12	双峰县
涟源市湘浙茶叶种植专业合作社	桥头河	2016-12	涟源市
涟源市东方蜂蜜养殖专业合作社	古仙界	2016-12	涟源市
湖南湘中输变电建设有限公司	拼音+图形	2016-12	娄底经开区
湖南莫林酒店投资管理有限责任公司	莫林风尚	2016-12	娄星区
双峰县永丰湘春酱菜园	湘春	2016-12	双峰县
双峰县永丰酱园	湘宝	2016-12	双峰县
双峰县永丰酱业有限公司	国藩	2016-12	双峰县
涟源市新绿农业科技有限公司	湘鹏	2016-12	涟源市
新化县天门香有机茶业有限公司	寒	2016-12	新化县
湖南肖老爷食品有限公司	桥头河	2016-12	涟源市
湖南梅山源酒业有限公司	新梅山源	2016-12	新化县
娄底市湘土味庄餐饮管理有限公司	湘土味庄	2016-12	娄星区

二、商标使用监管

1990年，全地区查处商标违章违法77起，罚没22.13万元，收缴商标标识193.27万张（套）。1992年，全地区实行《商标印制定点单位年检验证制度》，验证注册商标296件，验证率100%。1994年，全地区商标验证377件，其中依法使用商标310件，未标注册标记的12件，改变注册商标文字图形或其组合的6件，使用在非核定商品上的6件，连续3年停止使用的20件，注册证丢失的6件。1995年，全地区验证170个注册商标，督促5家违章违法企业整改。1997年，全地区收缴用于商标侵权的模具、印版等作案工具27件，罚没24.34万元，责令赔偿经济损失1.8万元。地区工商局查处湘潭凌云轧钢厂对涟钢双菱牌商标专用权侵权案，罚没2.3万元，湘潭凌云轧钢厂赔偿涟钢损失1万元。1999年，全市对68户印制商标单位实施验证，其中27户换发新证。全市查处商标案件45起，罚没29.8万元。1990—1999年，全地区查处商标违法案件699起，罚没金额126.26万元，收缴和消除商标标识398.6万件（套）。

2000年，全市查处使用注册商标不规范单位8家，罚没3600元；查验印制商标单位72家，查处非法承印单位6家，罚款1.62万元。2001年，全地区收缴模具等作案工具36件（套），捣毁制假窝点6

处，取缔非法经营单位20家。2002年，全市查处商标案件84起，罚没25.86万元；收缴、清除、销毁侵权商标标识11.97万件（套），收缴模具、印版等作案工具36件（套），捣毁制假窝点6处，取缔非法经营单位20家。2003年，全市查获仿冒青岛啤酒0.48万余件、仿冒商标标识7万余个，收缴用于商标侵权的模具等作案工具14件（套）。2005年，全市立案查处各类商标案件58起，罚没34万元。2008年，查处违法使用奥林匹克标志案件17起，罚没6.5万元，收缴侵权商品标识0.52万件（套），强制拆除侵权户外广告15处，限期纠正侵权行为53起。2000—2008年，全地区查处商标违法案件399起，罚没184.89万元，收缴和消除商标标识26.32万件（套）。

2009年，全市查处商标侵权案件32起，案值100余万元，罚没19.5万元。冷水江市个体工商户田某从娄底购得无商标标识的板材400多块，冒充汝城县斌志木业有限公司生产的“波林牌”板材销售，工商部门依法没收田某用于造假的商标标识等物品，对其罚款5万元。2010年，全市查处侵犯世博会标志专用权行为案件7起，查处其他商标侵权案件59起，罚没65.9万元。2011年，全市开展打击侵犯知识产权和制售假冒伪劣商品专项行动，立案查处商标侵权案件998起，案值319.1万元，捣毁制假售假窝点24个，罚没236.07万元。2012年，全市立案查处商标侵权案件366起，涉案案值158.3万元，捣毁制假售假窝点7个，罚没147.6万元。2014年，全市查处商标侵权案件127起，案值74.78万元，罚没68.97万元。2016年，双峰县工商质监局查处假冒“阿尔卑斯”糖果系列案，罚款7万元。2009—2017年，全市查处商标侵权假冒案件1728起，罚没616.99万元。

第二节　广告管理

一、广告审批登记

1990年，地、县（市）工商局分别对全地区24户广告经营单位建立档卡和广告档案管理制度。1991年，全地区广告经营单位32家，从业人员548人，营业额11.44万元。是年，执行“广告业务员证”，全地区颁发广告业务员证81个。1992年，全地区广告经营单位83家，由地、县（市）工商局分别建立档案。6月，全地区烟草类广告一律停止刊播，药品、医疗器械类广告纳入法定审批程序。1993年，全地区对食品、化妆品、融资类广告实行专项审查。是年始，常年在电视、报刊上做广告的单位逐年增加。1994年，全地区广告经营单位175家，从业人员2558人，营业额718万元。1995年，全地区推行广告代理制，确定广告代理单位14家。是年始，各广告单位一律使用广告专用发票和广告合同文本。6月9日，地区商标广告协会成立。1996年，全地区广告经营单位围绕“中华好风尚”主题，制作公益广告。娄底日报社《文明的社会渴求知识》被评为省优秀作品，获一等奖；市广播电台《文明建设实打实》拍手歌被评为省三等奖。1997年，全地区推行广告审查员制度。全地区核发广告审查员证116个。是年，全地区广告单位198家、从业人员1753人，营业额1500余万元。1998年，全地区核发广告经营证350件。新化金桥广告有限公司《救救绿色》《新化报》《栽下遮天树，不怕水滔天》获全省优秀公益广告二等奖。

1999年，全市设置城区户外广告张贴栏30块，总面积291平方米，审批户外广告2114条次，发布各类公益广告53条。2000年始，全市对临时性广告、印刷品广告、户外广告实施全面登记发证制度，登记发证526个。2001年，全市各媒体单位发布各类公益广告92条，向省工商局及有关单位报送参评优秀公益广告作品15条，其中新化县、双峰县分别有1条作品获省三等奖。2月1日始，市工商局停止受理和审批大众传媒发布“国家药品监督管理局明确的必须凭医生处方才能在社会药店销售、购买和使用的粉针剂类、大输液类和已经正式发文明确的其他品种以及抗生素类处方药”的广告申请。2002年，全市新审批登记广告经营单位54家。11月1日始，全市停止受理和审批含有“中药保护品种”“GMP认证”“GSP认证”“国家基本药物品种”“医疗保险用药目录品种”“急诊用药品种”等不确切的证明药品功效的广告。2003年，全市新审批登记广告经营单位18家。2004年，全市审批登记广告经营单位23家，注销51家。审批登记户外广告、店堂牌匾广告及特殊行业广告712次。2005年，市工商局将“广告经营许可证”办理权限下放至县（市、区）局。2006—2008年，全市审批验证户外广告1356条（次）。2010年，《娄底市广告业发展2010—2013年规划》制定。2011年，全市审批登记户外广告432条次，新增广告经营单位4家。

2012年，娄底电视台、娄底日报等主流媒体与大型国有、民营企业建立战略合作关系，为企业提供优质宣传服务。2014年，市工商局出台《关于促进娄底市广告业发展的实施意见》。2016年，市广告发展工作领导小组（市广告发展联席会议）成立，领导小组成员单位18个。2017年，市工商局组织涟源市枫木贡茶、双峰县溪砚等地理标志证明商标，新化县天门寒茶等省著名商标企业参加在长沙国际会展中心举行的第24届中国国际广告节。是年，全市广告经营单位908家，从业人员1800人，营业额1.2亿元。

二、广告经营监管

1990年，全地区查处虚假广告和非法经营广告案45起，罚没1.13万元，注销经营企业2家，撤除不规范和违章违法户外广告750余处。1991年，全地区查处广告违章违法案件37起，罚没1.04万元。新化县燎原区药材种植场以“国营良种场”名义，在全国4家报刊刊登虚假广告，印制虚假种植技术简介欺骗消费者，受骗者涉及全国5个省市。新化县工商局责令其退赔受骗者购种款1000余元，收缴其营业执照和印章，并处罚款。

1993年始，全地区推行广告发布业务合同示范文本，查处各类广告案件21起。1995年6月，地区工商局对全地区举办地方性的临时广告活动进行审查登记。1997年，地区工商局规定辖区内各广播、电视、报纸、期刊等媒介发布公益广告的时间和版面不得少于全年发布商业广告时间或版面的3%。1998年始，广告经营单位每年4月30日前，向地区工商局报送资格检查材料，广告经营资格检查成为制度。是年，全地区查处广告违法违章案件301起，罚没11.9万元。1999年，全市检查散发印刷品广告单位83家，收缴并销毁违法广告1.5万余份，罚没2200元，收缴药品15盒。1993—1999年，全地区查处广告违章违法案件550起，罚没16.37万元，撤除清洗违法广告6.64万张（块）。

2000年，《娄底市户外广告管理实施办法》发布，全市收缴印刷品广告25万余份，清洗张贴广告2万余张。是年，冷水江市封杀发布虚假邮寄广告企业58家，依法吊销营业执照22家，取缔36家。2001年，性病医疗广告发布全面禁止，未经省卫生厅批准的医疗广告停止。是年，全市工商系统开展医疗、药品、保健食品广告专项整治，查处广告案件223起，罚没65.79万元，收缴非法印刷品广告33.2万份。2004年，全市专项整治医疗广告、药品广告、保健食品广告，立案20起，罚没6.5万元，责令停止发布广告72条。2005年，全市工商系统清理各类广告207余条（幅），全年监测广告343条，立案查处广告案件186起，罚没40.24万元。2006年，全市开展“打虚假、树诚信”广告专项整治行动，监测广告1168条次，行政告诫117次，查处广告案件181起，罚没30万元。2007年，全市规范广告223条次，责令停止发布广告55条次，立案查处广告102条，罚款19.5万元。其中，立案查处药品、医疗广告违法案件17起，罚没10余万元，移送司法机关案件2件。2000—2008年，全市查处广告违章违法案件1285起，责令停止发布广告318条（次），罚没279.44万元。撤除清洗广告98.53万条（次）。

2009年，全市建立广告市场“黑名单”制度，对代理和发布虚假违法广告、问题严重的广告主、广告公司和广告发布单位，纳入“黑名单”实行重点监管。2010年，全市清理违法医疗药品、保健食品广告43条，责令电视、报纸等媒体停止发布虚假违法广告37条（次），违法广告公示16次。2011年，全市整治户外广告、电视媒体、报刊、印刷品发布的鉴定胎儿和施行终止妊娠广告48条，监测电视、报纸广告700多条次，清理违法广告37条，责令停止发布违法广告29条次，查处虚假违法广告案件27起。2013年，全市监测电视、报纸、网络广告5335条次，清理各类违法医疗药品、保健食品广告570条，查处各类违法广告案件58起，罚没37.45万元。2014年，全市开展互联网和手机媒体传播淫秽色情信息、虚假违法医疗广告、电视购物的专项整治。查处各类违法广告48起，罚没58.02万元。2015年，根据工商总局广告数据中心广告监管平台监测情况，市级主流媒体发布广告7.72万条（次），其中违法广告93条。2016年，市工商局将监管重心转变为对户外广告的事中事后监管，落实属地监管责任。2017年，市政府成立市广告产业发展工作协调领导小组。全市工商系统开展为期3个月的农村墙体广告集中整治专项行动，清理违法墙体广告6200多条。9月至年底，全市查处广告违章违法案件225起，罚没140.47万元，撤除、清洗、销毁违法广告8009条（次）。

第五章　消费者权益保护

第一节　行政保护

2002年，全市开展消费者权益行政保护工作，查处侵害消费者权益案件824起，案件总值650万元，为消费者挽回经济损失428万元。2005年，市工商局联合市质监局、市卫生局、市疾控中心等8家单位集中清查肉类市场10个、米粉加工点25家，收缴注水肉678千克，不合格米粉1168千克。市工商局在涟源市召开全市构筑流通领域商品质量“三位一体”（工商监管、企业自律、消费维权）防范体系现场会。全市62家大型商场、超市中设立工商监管公示牌，将监管责任人姓名、职务、联系电话和照片在公示牌上公布，悬挂在商场、超市的醒目位置。2006年4月，全省工商系统消费者权益保护工作暨现场经验交流会在娄底召开，推广“三位一体”监管模式。9月，全市工商系统负有食品安全监管责任的47个工商所全部配备食品安全快速检测箱，开展食品快速检测工作；食品经营户建立进货查验制度、购销台账制度、质量承诺制度、协议准入制度、市场开办者质量责任制度、食品质量自检制度、不合格食品退市制度。2007年，全市农村开展食品集中整治，市工商局会同市食安委和市物价局在全市范围内联合开展创建食品放心示范店、超市和市场活动，示范店建立进货索证索票制度与进货台账制度。2008年，全市18家食品企业和61家农村放心示范店被授予食品安全放心示范店（超市）。是年，全市抽样检测建材、美容产品等154个样品，不合格49个，立案查处49起，罚没35万余元。2002—2009年，全市查处侵害消费者权益案件3238起，案值2607万元，为消费者挽回经济损失1187万元。

娄底市工商局集中销毁假冒伪劣商品现场
（2005年3月15日摄）

2010年，全市开展房地产市场秩序专项整顿行动，处理消费者申诉举报案件39起，为消费者挽回损失78万元。2011年，全市开展建材、家电、消防器材、汽车轮胎产品等专项整治行动，查处服务消费案件45起，处理消费者申诉案件433起，为消费者挽回经济损失35万余元。2013年，全市开展食品、日用品等专项整治行动，查处服务消费案件55起。2014年，全市抽检皮鞋、实木地板、珠宝等商品95组，查办不合格商品案件16起，罚没12万余元。2015年，抽查检验服装、热水器、妇婴用品等商品279组，立案查处不合格商品案件97起。2016年，全市抽检流通领域的橱柜、电线电缆、电动自行车、珠宝玉石等商品312组，立案查处50起，罚没36万余元。2017年，全市建立消费者权益保护联席会议制度，市工商局、市发改委等20个部门和单位为成员单位。全市开展“诚信经营·幸福湖南”放心消费创建活动，28家商户开展创建试点。2010—2017年，受理消费者申诉案件690起，为消费者挽回经济损失113万元，罚没84万元。

第二节 社团保护

1996年3月15日国际消费者权益日，全地区工商部门设立临时咨询台（站）16个，接受咨询投诉案件324起，解决投诉案67起。5月，地区消费者协会（简称消协）成立。是年，全地区受理投诉629起，解决598起，接受投诉和消费咨询236人次，为消费者挽回经济损失20.17万元。1997年，开展“网络诚信消费无忧”等21个维权宣传活动。全地区消协系统受理各类投诉2285起，调解2273起，为消费者挽回经济损失195.7万元，为职能部门提供案源后罚没35.07万元。是年，全地区县以上消协组织机构全部组建完成；全地区评选出17家经营企业为首届地区级“消费者信得过单位”；地区消协被工商总局和中消协评为全国保护消费者合法权益先进集体。1998年，地区商业局42户集资建房户投诉基建队提高房屋造价标准，经地区消协调解，为集资建房户挽回经济损失19万余元。涟源市石马山镇农民梁运生被啤酒瓶炸伤一只眼睛，经涟源市消协调解，为伤者获得一次性赔偿2.88万元。1996—1999年，全市受理消费者投诉7262起，调解7208起，为消费者挽回经济损失443.15万元。市消协支持消费者向法院起诉32起，接待来信来访4405人次，为职能部门提供案源后罚没35.07万元。

2000年8月2日，娄星区涟滨乡6岁男孩柳某被湘乡啤酒厂生产的骄阳干啤酒炸瞎右眼，经娄星区消协调解，厂方补偿柳某11.3万元。2001年初，娄星区烟草局许某跃家购买使用不合格燃气热水器引发煤气中毒事件，其母亲与儿子不幸中毒身亡。区消协支持许某跃向法院起诉，娄星区法院判决由被告赔偿许某跃各项费用29万元。是年，娄底城区银海商业广场、绿岛商厦、育才眼镜店、九龙市场等场所设立投诉站，由企业自行处理消费者投诉。2002年，全市受理车辆投诉108起，受理家用生产资料投诉197起，种子、苗木、化肥投诉168起。2003年，全市受理消费者投诉案件1348起，调解1328件起，为消费者挽回经济损失117.27万元，其中欺诈行为得到加倍赔偿1.28万元。消协支持消费者起诉5起，为职能部门提供案源后罚没23.17万元。2004年8月，市仲裁委员会娄底消费仲裁庭在市消协办挂牌成立。2006年，市消协、市工商局等10多家单位组成维权下乡宣传队，在涟源市桥头河镇举办消费维权宣传、咨询、演出活动，现场设立咨询台10余个。2007年，市消协在市政府公众信息网开通“娄底市投诉在线”。全市建立消协分会73个，农村建立“12315”申诉举报站、消费者投诉站295个，聘请消费维权志愿者395人，受理申诉投诉案件285起，为农民挽回经济损失51万余元。2008年，市消协出台《“一会两站”工作规范》《受理申诉举报工作规程》等制度，“一会两站”（消协分会、消费者投诉站和“12315”联络站）三级消费维权网络工作制度化、规范化。2000—2009年，全市受理和调处各种消费纠纷1.5万起，为消费者挽回经济损失1332.1万元，为职能部门提供案源后罚没33.9万元。市消协先后获全国消费维权先进集体与全省消协消费维权首项职能工作先进单位。

2010年，市消协成立全国第一家消费维权爱心基金会，聘请3位著名书画家为娄底市首批消费维权爱心大使，基金会募集资金11万余元。3月6日，娄底第一家民间维权组织——市为民维权服务中心在工商部门注册成立。2011年，全市大型企业消费者维权网点增加到92个，行业维权网点增加到45个，加入社区维权网点的社区居委会43个。是年，市消协对全市医药、医疗、房地产、通信4个行业开展消费者评议活动。2012年8月，市消协在人民银行娄底中心支行设立金融分会，下设金融消费保护中心，专门受理涉及银行、证券、保险三大行业的消费投诉，并开通8811315消费投诉专线，市消协组织消费者和有关部门评议全市10家银行，督促银行业整改有关消费者权益保护问题。市消协获人社部、工商总局授予的“全国工商系统先进集体”和中消协授予的“全国消协组织消费维权先进集体”

称号。娄星工商分局干部张锦炎获得全国消协组织投诉调解技能大赛一等奖。2015年，全市86个乡镇和2685个建制村建立“一会两站”，调处各种消费纠纷1500余起，为消费者挽回经济损失269万余元。2010—2017年，全市受理消费者投诉5579起，调解5534起，挽回损失2344万元。

第三节　消费者申（投）诉举报受理

2001年初，全市建立申（投）诉举报中心（简称“12315”），在娄底中心城区13家大型商场和企业设立“12315”联系点，全市受理消费者申（投）诉举报872件。2002年，各县市工商局相继成立相应机构。至2003年，全市工商系统受理消费者申（投）诉举报1980起。2004年5月，冷水江市工商局金竹山工商所在全市率先设立工商所“12315”消费者申诉举报站，各乡镇设立申诉举报分站，各村（居委会）设立申诉举报联系点等三级消费维权网络。6月，全市各基层工商所陆续建立“12315”投诉站。是年，全市受理并调解消费者申诉1501起，为消费者挽回经济损失156.6万元。2005年，市工商局召开现场会议，推广金竹山工商所构建农村“12315”消费维权网的做法。市工商局投入50多万元购置5台“12315”执法专车，统一配置标识。县市（分）局按统一标准购置5套快速检测仪，分别建立检测室，开展例行检测。

2006年，全市社区居委会、农村村委会、商业企业设立“12315”消费者申诉举报站（点）270个，“12315”受理有关食品安全的申诉257起，办结率100%，为消费者挽回经济损失9.99万元。处理有关食品安全的举报案件41起，案值33.2万元。2007年，市、县工商局建立“12315”指挥中心大厅，设立市局、县局、基层工商所三级贯通的“12315”信息化网络系统，全市设立383个“12315”消费者申诉举报站（点）。2008年，全市开展“一会两站”进超市、进市场、进商场、进村镇、进企业、进景区的“六进”活动。全市86个乡镇全部建立消费者分会，2805个村建立消费者投诉站和“12315”联络站。2009年，全市处理相关申诉举报430起，为消费者挽回经济损失129.5万元。2010年3月15日，根据中央电视台报道，美的紫砂锅存在问题，市工商局责令经营者下架退市问题紫砂锅，并约谈娄底供应商，为消费者退货150只。是年，市工商局开设娄底红盾网络消费者投诉受理栏，接受全国消费咨询，网上当场答疑解惑505条，受理申诉260起；全市“12315”受理范围不再局限于生活消费，对经营者的合法权益投诉同样受理和调解。

2011年，全市95%以上的工商所做到无消费投诉积案；市工商局“12315”投诉举报中心被评为“湖南省文明窗口单位”，并获得全省“12315”知识竞赛笔试第一名和电视抢答赛二等奖。2012年，全市“12315”指挥中心对重大消费申诉做到城区半个小时、农村1个小时内赶到现场处置。是年，“12315”指挥中心将2008年后的咨询、申诉、举报案件信息录入“12315”软件平台，总计录入约5200个案件、3.6万个信息点。2013年，全市120家商场、超市、市场、企业、景区挂牌消费维权服务站。各级消协受理调处消费纠纷953起，为消费者挽回经济损失398万元。2014年，市工商局开通娄底“12315”官方微博，建立“12315”消费维权QQ群，全年发布消费维权微博106条。是年，市工商局“12315”指挥中心主任刘中全被中消协、《中国消费者报》评为2014年度十大“最美维权人物”。2015年，“12315”指挥中心调处工商总局转来的娄底消费投诉举报案15起，发布消费维权微博111条。2016年，市工商局对“12315”平台升级改造，开通7个座席，对接省工商局“12315”平台，畅通各县市工商局“12315”内部系统。全市6个县（市、区）商场、超市、市场、企业、景区，挂牌“12315”消费维权服务站175家。2017年，市工商局启动对接全国“12315”互联网平台消费者投诉举报系统，并依法受理调解消费者投诉、举报案件293起。出台《关于加强“12315”“诉转案”工作的意见》，促进“12315”行政调解与行政处罚衔接；出台《“12315”重大消费事件应急处置预案》，提高工商机关快速反应能力和应对突发事件的处置能力。

第六章 机 构

第一节 市级机构

1990年5月，地区工商局内设人事秘书科、工商企业登记管理科、市场管理科、经济合同管理科、个体私营经济科、商标广告科、经济检查科、监察室（与纪检组合署办公）；12月，增设职工教育培训站。1991年9月，人事秘书科分设办公室和人事教育科。1992年6月，地区工商局设直属工商行政管理所，办公室析出预算外资金管理科，旋即改称财务科。1993年1月7日，设立外资企业登记管理科。9月，设置法制科。1995年6月，地区商标广告协会成立。8月，地区局内设办公室、人事教育科、工商企业登记管理科、市场管理科、个体科、公平交易科、商标广告科、法制科、纪检组等9个机构，撤销外资企业登记管理科、合同科、财务科（10月恢复）。1996年3月，公平交易科改为经济检查科。5月，地区工商行政管理学会成立，地区消协（副处级）成立。1999年，全地区工商行政管理部门由省垂直管理。

2000年12月，市工商局内设办公室、监察室、人事教育、经济监督检查、市场管理、工商企业登记管理、商标广告管理、外资企业登记管理、个体私营经济管理、经济合同管理、法制、财务科、教育培训站、合同行政调解委员会等14个职能科室。下设直属工商所。2002年5月，局机关内设办公室、政策法规科、财务基建科、商标广告监管科、企业和个体私营经济监管科、消费者权益保护科（“12315”申诉举报指挥中心）、合同监管科、人事教育科、机关党委、监察室（与纪检组合署办公）、审计科、工会、市场规范管理分局（直属行政机构）、注册登记分局（直属行政机构）、公平交易分局（直属行政机构）；外商投资企业注册管理科合并到注册登记管理分局。2008年1月，增设宣传秘书科（工商学会）、老干办公室，合同科合并到市场管理分局。机关内设14个职能科室，3个直属行政机构（市场规范管理分局、注册登记分局、公平交易分局）、2个社团组织办事机构（市个体私营企业协会、消协办公室）、2个事业单位（培训中心、信息中心）。

2015年11月，全市工商系统回归地方政府管理，市工商局为政府工作部门，设娄星分局、娄底经开区分局2个派出机构，均为正科级单位。内设办公室、政策法规科、企业监管管理科、个体经济监管管理科、消费者权益保护科、商标广告监督管理科、市场规范监督管理科、网络交易监督管理科、公平交易监督管理科、企业注册登记科、计划财务科、人事教育科、离退休人员管理科、机关党委、纪检监察室、“12315”申诉举报中心、经济检查支队，下设市消协办公室、培训中心、信息中心、后勤服务中心、个体私营经济发展指导中心5个事业单位。2017年8月，纪检监察室上收至市纪委；12月，增设非公经济党建指导科。

第二节 县级机构

一、娄星分局

1990年，娄底市工商局设4个股，下设派出机构花山、乐坪、黄泥塘、火车站、大科、恩口等6个工商所。1999年9月，更名娄星分局。

2000年7月，娄星分局146名干部、19名工人、17名离退休人员上收至市工商局，娄星分局为市工商局正科级直属机构，实行垂直管理。2002年12月，娄星分局人员编制137名，内设10个股室。下设8个派出机构（编制112名）。挂靠3个事业单位和社团组织。2008年1月，增设城南工商所。2011年3月，增设食品监管股。

2015年4月，撤销食品监管股，划转27名工作人员到市食品药品监督管理局娄星分局，内设14个股室，下设8个工商所和3个事业单位。2017年3月，双峰县工商质监局蛇形山工商质监所调整至娄星分局。2017年年底，全局核定编制130个，实有干部职工115人，退休人员66人。

二、冷水江市工商局

1990年，冷水江市工商局内设6个股室股，下设6个工商所。1991年7月，增设财务股。1993年8月，冷水江工商所升格为副局级单位，同时将冷水江市场管理所与冷水江市集市贸易服务部合并为冷水江市场管理处。是年，内设10个股室，下设5个工商所。1994年4月，冷水江市工商局经纪人事务管理所成立。5月，增设市场管理股。1995年3月，冷水江市消协成立。1996年3月，冷水江工商局布溪分局成立。9月，禾青所升级为禾青分局，设立木材市场管理所、运输市场管理所。

2000年，实行垂直管理，为市工商局的正科级直属机构。2002年，内设9个股室，下设3个正股级直属行政机构、8个工商所和直属3个事业单位，全局共有编制150名，实有134人。

2015年，冷水江市政府设立冷水江市工商行政管理和质量技术监督局，内设15个机构。下设直属机构6个。全局实有106人。

三、涟源市工商局

1990年，涟源市工商局内设10个股室，下设10个工商所和蓝田市场管理所。1996年8月，内设11个股室和3个直属二级机构，下设13个工商所和个体车船管理所，编制301名。1997年4月，成立涟源市消协，挂靠涟源市工商局。

2001年4月，涟源市市场服务中心成立，负责市场管理。在职人员327人，省工商局上收274人（含离退休人员40人），53人分流到市场服务中心。2002年9月，内设10个股室，增设公平交易、市场规范管理、注册登记等3个分局，挂靠单位3个，下设10个所，编制220名。

2015年12月，涟源市工商局与涟源市质量技术监督管理局合并，组建涟源市工商行政管理和质量技术监督局（简称市工商质监局），干部职工169人，离退休人员69人，为涟源市政府工作部门。2016年2月，13人划转至涟源市食品药品监督管理局。9月，市工商质监局内设13个股室，挂靠社团2个，下设3个二级机构和11个所。全局编制225名，在职干部职工195人。2017年3月，杨家滩工商质监所2个行政编制连人带编划入娄星区工商分局。

四、双峰县工商局

1990年，双峰县工商局下设17个工商所，内设8股室，全局干部职工119名。1992年4月，与县物价局合并，设立双峰县工商物价行政管理局，内设9个股室；16个工商所更名为工商物价所，另设置1个市场管理所、1个物价检查所。1995年机构改革，内设10个股室。2000年4月，工商、物价分开设置，工商系统垂直管理。下设16个工商所，撤销永丰市场管理所，成立双峰县市场服务中心。全局实有229人。

2002年12月，内设8个机构，下设3个直属分局、3个事业单位和14个基层工商所。2007年，增设“12315”申诉举报中心。2009年，增设食品安全监督管理股。

2015年，由省垂直管理改为县管理。2016年3月，与县质监局合并组建县工商行政管理和质量技术监督局，设置14个内设机构、3个正股级事业单位和10个乡镇派出机构。2017年，设9个派出机构。全局在职149人。

五、新化县工商局

1990年，新化县工商局内设12个职能机构，下设15个工商行政管理所及车辆运输市场管理所、经济检查大队、市场服务中心（1996年10月为副局级）。全局编制253名，其中行政编制20名。

2000年，实行垂直管理，为市工商局直属机构。2002年，内设机构11个，下设3个正股级直属行政机构、12个派出机构和3个直属事业单位。全局编制260名，其中行政编制210名、全额拨款事业编制44名、后勤编制23名。

2016年，县工商局、县质量技术监督局、县食品药品监督管理局合并组建新化县市场监督管理局，作为县政府工作部门，不再保留县工商局。县市场监督管理局内设机构16个，下设直属机构7个和派出机构27个。2017年，机构人员没有异动。

六、娄底经开区分局

2003年，娄底经开区设立市工商局开发区工商登记处，为临时性机构。2006年10月，市工商局经开区分局设立，为市工商局的派出机构，正科级，核定编制40名，内设5个股室。2008年3月11日，娄底经开区个私协成立。2012年2月21日，市消协经开区分会成立。2014年，6人连人带编划入市食品药品监督管理局经济开发区分局。2017年，内设6个股室。编制31名，实有在职人员22人。

附：个体私营企业协会

一、组织机构

1990年2月12日，地区私营企业协会筹备委员会成立，与地区个体劳动者协会（简称个协）合署办公，两块牌子，一套人马，由地区工商局代管。是年，核定地、县（市）两级个协事业编制34名，地区个协工作人员6名（其中经济师1人，助理经济师4人），县、市个协工作人员3~5名，基层分会配备脱产或半脱产工作人员1~2名。地、县（市）、区（镇）三级个协实有工作人员143人。1993年，新化、冷水江等县市的工商局局长兼任个协会长，全地区各县（市）个协内设宣教部、生产经营指导部和办公室，新化、冷江、双峰等县（市）个协配备专职会计、出纳，财务实行独立核算。

1995年1月，地区私营企业协会成立，1997年，地、县（市）个协均设置专职或兼职律师。1998年12月，地区个协第四届六次会议和地区私协一届六次会议一致通过决议，将两个协会合并为地区个体劳动者私营企业协会（简称个私协）。

2015年年底，市个私协被注销。

二、主要活动

1990年，全地区个协建各种俱乐部、医疗站、图书室42个。2万多会员上街开展“学雷锋、树新风、做四有会员”活动，义务为群众服务1500余次，免费金额3万多元。1991年7月，地区个协组织双峰县双石汽车配件厂等4家私营企业参加中国个协在广州举办的首届全国个体工商户私营企业产品展销会，签订合同342.7万元。是年，全地区发生对会员的侵权事件259件，处理228件，挽回经济损失10万余元。1992年，全地区发生对会员的侵权事件409起，解决385起。全地区会员参与学雷锋活动1.37万人次，支援灾区捐款19.21万元。全地区个协开展经营作风大检查，检查会员3.1万多户，其中好的2.75万户，检查衡器1万余件，合格率95%以上。11月，行署组织私营企业巡回报告团，到各县（市）及地直机关巡回作报告，7名企业家向听众讲述创业经过及生产经营情况，其中三一集团董事长梁稳根作《辞官闯市场　“下海”办企业》的报告引发热议。1993年，全地区个协组织建立会员之家203个、图书室30个、医疗站16个、幼儿园4个。冷水江市个体私营企业协会市场分会被评为全国“职业道德教育先进单位”。全地区成立信息服务站132个，为会员提供信息2567条。建立互助储金会14个，为会员解决资金280多万元。

1995年，冷水江市个私协创办《冷江个私协报》，双峰个私协创办《个体私营经济月刊》。1997年，全地区各级协会开支活动经费73.86万元，受理各类维权案件748起。其中，代理诉讼35起，排忧解难和调解纠纷1300多起，挽回直接经济损失532万元。是年，双峰县干素纳实业有限公司总经理张运良为当地贫困农民捐献27万元发展生猪养殖业。9月20日，全市举行千名个体工商户签名向社会公开承诺服务。1998年，地区个私协在全省率先邀请人大代表、政协委员和个私业主代表组成评议团，公开评议行政管理部门和执法部门对扶持、引导个体私营经济发展的执法行为。是年，张晚珍被评为全国“光彩之星”。

2000年4月4日，双峰县委举办双峰私营经济财富论坛报告会，全县83名私营企业业主参加报告会。是年，市个私协组织人员到娄星区、涟源市、新化县调查个体工商户生产经营情况和存在的“三乱”现象，撰写《我市个体私营经济发展情况与建议》的调查报告，获市长刘云柱批示。是年，湖南大汉集团公司捐款兴建一所希望小学，湖南五江集团公司捐款100多万元，为家乡兴建学校，双峰县花门会员集体投资100多万元，用于乡村公路路面硬化。是年，市、县两级个私协办理维权案1558起，挽回经济损失328.2万元。

2001年，市个私协办理维权案531起，为个体工商户、私营企业挽回损失439万元。是年，市个私协举办WTO知识电视抢答赛。涟源市个私协被评为全国个私协先进单位，冷水江市个私协会长罗志明被评为全国个私协先进工作者。

2002年7月中旬，市个私协开展“户户讲道德，店店无假货”和“文明经营户”活动，组织1000名个体工商户和私营企业主签名公开承诺，评选出127户“诚信守法示范单位”，并为他们挂牌。是年，颜长升被评为全国“光彩之星”。全地区个私协办理维权案件700多起，为个体工商户、私营企业挽回经济损失400万元。2003年，全市各级个私协受理各类侵权案件692件，处理682件，为会员挽回经济损失304.5万元。2004年3月，市个私协举办大型私营企业人才洽谈会，为30多家企业招聘各种专业技术人才300多人。

2005年3月20日，市工商局、市个私协联合举办“2005年娄底市个体私营企业大型人才招聘会”，25家企业参加，226人与用人企业签订就业合同，425人与企业达成就业意向。是年，市个私协与市委党史办联合编纂出版《娄底民营经济》。是年，全市个私协系统为会员企业提供法律咨询服务1万余次，直接受理维权案件300余件，为会员挽回经济损失500余万元。2006年，全市个私协系统直接受理维权案件800余件，为会员挽回经济损失5300余万元。

2008年5月30日，市个私协网站开通。2009年，市个私协先后举办法律专题讲座、规避风险培训班、防范风险论坛，全市大型私营企业代表参加。全市各级个私协受理维权案件70多件，提供法律咨询200多次，为会员挽回经济损失150多万元。2010年，全市个私协处理纠纷375件，挽回经济损失600多万元。5月，新化县、涟源市两地个私协向在特大洪灾中受灾的个体户捐款20余万元。10月18日，市工商局、个私协与工商银行举办银企协洽谈会，各县（市、区）设立分会场，43家企业获意向签约金额14.19亿元。

2012年，市个私协创办“娄商网”网站。5月29日，市个私协举办促进个体私营经济发展银企融资洽谈签约会，全市35家私营企业与工商银行签订银企合作协议，签约金额13.56亿元，授信金额14.27亿元。市个私协协办邮政储蓄银行湖南2012创富大赛娄底分赛区活动，娄底和邵阳地区8名选手获得邮政储蓄银行个人最高30万元、企业最高300万元的授信。2014年，全市个私协处理纠纷145件，挽回经济损失200多万元。

第四十七篇

质量技术监督

概 述

1990年，全地区贯彻实施《中华人民共和国标准化法》，制定、实施标准，开展标准咨询服务。地区计量局加强民生计量监督，在大型集贸市场设立公平秤。1991年5月，全地区开展“质量信得过企业”评审活动，11家企业获“质量信得过企业”。1992年，地区标准局与娄底市畜牧水产公司联合开展网箱养鱼标准化试点，制定14项养鱼标准。1993年，地区计量局与地区物价局组织商贸企业开展“物价计量信得过单位”评选活动，13家企业获全地区“双信”单位。1994年，全地区企业产品标准备案实施“湖南省产品标准实施证书”，390余家企业办证。1995年1月，地区标准局、地区计量局合并，组建地区技术监督局（简称技监局）。是年7月，成立地区组织机构代码办公室。1996年，宣传贯彻《质量管理和质量保证》国家标准。9月，三一集团和向红机械厂通过质量体系认证。是年，111家中小企业通过省局“完善计量检测体系”和计量合格考核。1997年，地区行署质量振兴协调领导小组成立，全地区质量工作会议召开。3家企业的3项产品获湖南名牌产品称号，20家商业企业获省“三包”示范单位。是年9月，冷水江市通过国家消灭无标生产试点县市考核验收。12月，锡矿山矿务局获国家技术监督局颁发的完善计量检测体系合格证书。1998年，全地区工业企业实施生产许可证制度，6家企业申办许可证。是年，查处无证产品34个。1999年8月，地区技监局更名市质量技术监督局（简称质监局）。是年，市、县（市、区）质监部门检查生产经销单位1098家，立案查处违法案件304起，查封制假售假窝点26个。1990—1999年，全市2种产品获省免检产品，11种产品获湖南名牌产品称号。强制检定计量器具359152台（件），合格率89%。监督检验商品质量80390批（次），合格率76.8%。查处各类违法案件12408件，其中立案查处684起。其间，全市企事业单位标准质量计量基础建设得到加强。

2000年4月，市政府印发《娄底市质量振兴实施计划（2000—2010年）》，全面加强质量管理，开展品牌创建活动。10月，市、县（市、区）质监部门人财物统一上收省质监局垂直管理。2001年，市政府在冷水江市开展“质量兴市”试点。娄底市率先在全省开展“锅容管特”普查登记整顿工作。2002年，市质监局联合市公安局查封7家“地条钢”生产企业。2003年，娄底市在全省率先开展气瓶普查整治试点工作，所有气瓶建立档案，明确产权单位。2003年，双峰县、涟源市、新化县、娄星区先后通过省质监局“消灭无标生产县市”考核验收。2005年4月，全市实施“质量兴企 名牌强市”战略。是年，涟钢获全国质量管理奖，4家企业的4项产品获国家免检产品。2007年，双峰县的“永丰辣酱”获国家地理标志保护产品，闪星锑业生产的三氧化二锑获中国名牌产品称号。2008年，全市8家企业采用国际标准，5个国家级和省级农业标准化示范项目开展试点。是年9月，市计量测试检定所在全省率先通过国家认证认可委员会CNAS认证。2009年，全市开展电表、水表、煤气表（简称“三表”）首轮强检和锅炉、气瓶、起重机械、压力管道专项整治，发现并整改安全隐患893处。2000—2009年，全市1种产品获国家名牌产品称号，4种产品获国家免检产品称号，1家企业获全国质量管理奖，1家企业获国家百城万店无假货称号，31种产品获省名牌产品称号，9种产品获省免检产品称号。强制检定计量器具393120台（件），合格率93%。监督检验商品质量164890批（次），合格率87%。查处各类违法案件11687起，立案查处584起（其中大要案189起）。其间，市政府先后两次在省政府召开的“质量兴湘”工作会议上作经验介绍，但全市自主核心品牌少，市场竞争能力弱。

2010年，市政府出台《娄底市质量兴企、名牌强市战略“十二五”实施方案》，设立市长质量奖。

2011年3月，市政府召开全市监督工作会议，印发《娄底市市长质量然管理办法》。2012年，质监部门对食品和重要工业产品开展质量安全风险监测和分级分类监管，对出租车计价器、加油机、大衡、医用三源和眼镜验光配镜等重点计量器具实施强制检定。是年，对全市227家乡镇卫生院、社区卫生服务中心和乡镇计划生育服务所强检计量器具实施免费检定，对8家重点耗能单位开展“用能单位能源计量器具配备和管理通则”认可，淘汰能耗高、污染大并超过使用年限锅炉28台，消除电梯安全隐患89处，查处超期未检电梯126台。2013年5月，电子陶瓷国检中心投入使用。是年9月，市政府召开首届“市长质量奖”颁奖大会暨全市质量工作会议，对获“市长质量奖”的2个单位和1名个人表彰奖励。全市36家重点用能单位完成首次能源计量审查。市质监局对娄底城区食品加工小作坊开展专项整治，整改发证64家，规劝停业22家，查封18家。2014年，全市获批国家级和省级农业标准化示范区项目6个。涟钢、冷钢和华润电厂开展节能减排低碳发展行动。2015年3月，市县质监局承担的食品生产监管职能及人财物划转食品药品监管部门。10月，市、县（市、区）质监部门由省质监局垂直管理下放市、县（市、区）政府管理。2016年，娄底率先在全省开展“特种设备安全保障行”活动。是年，市质监局与市公安交警支队对全市14家机动车安检机构开展联合检查。2017年，娄底市国家循环经济综合标准化试点工作高分通过国家发改委和国家标准委考核验收。9月，市政府首次对5个县（市、区）政府和娄底经开区管委会进行质量工作考核。10月，市政府印发《关于加快质量发展 建设质量强市的实施意见》。12月，娄底迎接国务院和省政府对娄底市质量工作考核，全市质量工作在全省排名由C类晋升到B类。是年，全市重要工业产品省级质量监督抽查合格率96.5%。2010—2017年，全市81种产品获湖南名牌产品称号，1家企业获工信部“质量标杆企业”“全国名牌培育示范企业”称号，1家企业获全国钢铁企业“特优质量奖”。2010—2017年，强制检定计量器具20.74万台（件），合格率93%；监督检验商品质量16.81万批（次），合格率96.4%；查处各类违法案件5.89万件。全市连续8年未发生质量安全责任事故。

第一章　质量管理

第一节　质量强市战略

1990年，全地区以“治理整顿、深化改革”为中心，强化质量监督，促进产品质量提高。1991年，行署办批转地区标准局《关于开展“质量信得过企业”评审活动的报告》，11家企业评为地区“质量信得过企业”。1995—1996年，地区技监局评选“产（商）品信得过企业”15家，地区免检产品企业17家。1997年4月，行署成立地区质量振兴协调领导小组。7月15日，行署召开全地区质量工作会议，各县（市、区）政府及大中企业相继贯彻落实。是年，冷水江大乘锌化厂、冷水江制碱厂、涟邵水泥厂3家企业的3种产品获湖南名牌产品称号。9765工厂、冷水江耐火材料厂和涟钢3家企业的3种产品获省产品质量奖。20家商业企业被省技监局评为湖南省“包修、包换、包退”示范单位。4家企业4种产品获省免检产品。1998年，4项到期湖南名牌产品通过复查，冷水江制碱厂、新化燎原水泥厂等8家企业8种产品获湖南名牌产品称号。6家企业获省产品质量奖。新化特种水泥厂、娄底机械厂等4家企业4种产品获地区免检产品。涟钢和资氮2家企业全年降废减损2300万元。1999年，4家企业的5种产品获省产品质量奖，4种产品获湖南名牌产品称号，12家企业的12种产品被市政府评为市优质名牌产品，4家企业被评为省质量管理先进单位，10家单位被市政府评为市“十佳优秀服务明星单位”。至1999年的10年间，全市12家企业12种产品获省免检产品，11家企业11种产品获湖南名牌产品称号。

2000年4月13日，市政府印发《娄底市质量振兴实施计划（2000—2010年）》，全市25家企业开展全面质量管理活动，冷水江市和娄星区政府出台《质量振兴实施计划》，涟钢和大乘资氮集团等企业制订企业质量振兴实施计划。是年，市银海商厦获全国“百城万店无假货”示范店称号。2001年，市政府在冷水江市开展“质量兴市”试点，市质监局开展“中国质量万里行——娄底行”活动。全市38家企业开展“质量振兴”活动，10家企业开展创湖南名牌产品工作，87家商业企业开展清柜台活动。是年，5家企业的5种产品获湖南名牌产品称号。2005年4月16日，市委、市政府召开实施“质量兴企、名牌强市”战略工作会议，40个市直部门、80家企业的主要负责人参加会议。5月上旬，市政府和冷水江市政府在省政府召开的“全省质量兴湘现场经验交流会”上作典型发言。11月25日，市委、市政府召开实施“质量兴企、名牌强市”战略报告会，邀请质检总局质量司专家讲课。是年，冷水江市政府制定奖励措施，对获得中国名牌的企业每项奖100万元。双峰县政府制定奖励措施，对获中国名牌产品企业每项奖50万元，获得湖南名牌产品企业每项奖5万元。全市10家企业的11种产品获湖南名牌产品称号，涟钢在全省率先获“全国质量管理奖”，4家企业的国家免检产品通过复评。2006年，金信化工有限公司生产的尿素获国家免检产品。2007年，闪星锑业有限公司生产的三氧化二锑获中国名牌产品称号，“永丰辣酱”获国家地理标志保护产品称号，中国移动娄底分公司在全省服务业率先获得质量管理奖，10家企业创国家免检产品。2008年，按照质检总局和省质监局的要求，全面推进产品质量电子监管网工作，全市132家企业列入首批入网目录进行网上登记。是年，9家企业的9种产品获湖南名牌产品称号，2家企业申报国家免检产品。2009年，市质监局开展“质量安全年”活动，成立6个服务小组，确定20家服务联系企业。2010年，全市开展“质量兴湘娄底行”活动，编辑出版《娄底市质量安全实用手册》，被省级媒体报道。10月29日，市政府出台《娄底市质量兴企、名牌强市战略“十二五”实施方案》，设立市长质量奖。是年，7家企业的8种产品获湖南名牌产品称号。至2009年的10年间，全市1家企业1种产品获国家名牌产品称号，4家企业4种产品获国家免检产品，1家企业获全国质量管理奖，1家企业获国家百城万店无假货称号；34家企业31种产品获湖南名牌产品称号，10家企业9种产品获省免检产品。

2011年，双峰、新化县政府分别召开“质量兴企、名牌强市”战略“十二五”规划实施大会。16家企业开展全面质量管理培训。是年，培育省长质量奖企业4家，申报1家。2012年，全市开展“市长质量奖”申报工作。3月26日，市政府办印发《娄底市市长质量奖管理办法》，规定获市长质量奖的单位奖励10万元、个人奖励1万元。4月13日，市政府召开全市质量工作会议，成立市“质量兴企、名牌强市”领导小组。是年，培育省长质量奖企业4家，申报2家；培育市长质量奖企业6家，申报4家，个人1名。2013年9月，市政府召开首届“市长质量奖”颁奖大会暨全市质量工作会议，对获市长质量奖的2个单位和1名个人，以及2012年获湖南名牌产品称号的15家企业进行表彰奖励。是年，申报省长质量奖企业1家，5家企业的6种产品获湖南名牌产品称号。2014年，新化、双峰县政府出台《县长质量奖实施办法》。市质监局培训企业管理人员500人。2015年，湖南灯塔米业、步升电器、海湖矿灯3家企业入选《湖南省优秀企业经典质量管理案例汇编》。市质监局组织全市15家重点企业高级管理人员参加省质监局与湖南大学联合举办的质量管理高级研修班，市质监局举办4期企业质量管理人员培训班，1500人取得培训证书。2家企业参加在郴州举办的省第36次质量管理小组代表大会。23家企业参与《湖南名牌产品汇编》活动。双峰县向质检总局申报“全国农机产业品牌示范区”试点。2016年，市质量强市领导小组3次召开成员单位联席会议，研究安排质量强市工作。是年，双峰县政府开展首届县长质量奖评选，2家企业各获奖5万元。2017年1月，市政府调整质量强市领导小组，市长任组长，分管副市长任常务副组长，27家市直单位主要负责人为成员。修订《娄底市市长质量奖管理办法》，组织开展第二届市长质量奖申报工作。各县（市、区）相继成立“质量强市”领导小组。9月，质量强市领导小组成员单位对5个县（市、区）政府和娄底经开区管委会开展首次质量工作考核。10月，市政府出台《关于加快质量发展建设质量强市的实施意见》，市质监局、经信委、国资委联合举办企业首席质量管理培训班，100名企业质量骨干参训。12月，市政府组织各县（市、区）政府和20个市直部门迎接国务院质量工作考核组和省政府质量工作考核组对市质量工作进行现场考核，全市质量工作在全省市州排名由C类晋升到B类。是年，湖南省农友集团获工信部“质量标杆企业”和“全国品牌培育示范企业”称号，华菱涟钢获中国钢铁工业协会“特优质量奖”。至2017年的8年间，全市77家企业81种产品获湖南名牌产品称号。

1997—2017年娄底市名优产品企业一览表

表47-1

名优类别	生产企业	产品名称	评定年份
湖南省免检产品	双峰特种水泥厂	425#水泥	1997
	涟邵水泥厂	425#水泥	
	新化天马山水泥厂	425#水泥	
	涟源特种饲料厂	饲料	
湖南名牌产品	冷水江大乘锌化厂	氧化锌	
	冷水江制碱厂	绿茵牌农业氯化铵	
	涟邵水泥厂	425#水泥	
湖南省免检产品	地区900饲料厂	饲料	1998
	新大实业公司	425#水泥	
	涟源四水泥厂	425#水泥	
	涟源湘中水泥厂	425#水泥	
	涟源特种水泥厂	425#水泥	
	冷水江军区水泥厂	425#水泥	
	雪峰水泥集团	425#水泥	
	双峰上峰水泥厂	425#水泥	
湖南名牌产品	冷水江制碱厂	波月牌肝复乐片	
	新化燎原水泥厂	金马牌425#水泥	
	湖南雪峰集团	雪峰牌525#水泥	
	9765工厂	波月牌425#、525#水泥	
	锡矿山闪星锑业有限责任公司	闪星牌零级三氧北锑	
	湖南华菱涟源钢铁有限公司	双菱牌热扎带肋钢筋	
	大乘资氮集团	资江牌尿素	
	锡矿山闪星锑业有限责任公司	闪星牌二号精锑	
全国“百城万店无假货”	银海商厦	—	2000
全国质量管理奖	湖南华菱涟源钢铁有限公司	—	2005
国家免检产品	湖南金信复合肥有限公司	复混肥料	
	湖南华菱涟源钢铁有限公司	“双菱牌”冷、热轧带肋钢筋	
	锡矿山闪星锑业有限公司	“闪星牌”三氧化二锑	
	娄底市彩色水泥厂	“仙女”牌普通硅酸盐水泥	

续表47-1

名优类别	生产企业	产品名称	评定年份
湖南名牌产品	湖南五江轻化集团有限公司	保温瓶胆	2005
湖南名牌产品	湖南金信化工有限责任公司	工业甲醇	2005
湖南名牌产品	娄底农科所农药试验厂	系列除草剂	2005
湖南名牌产品	湖南安石集团有限公司	焦炭(铸造焦、冶金焦)	2005
湖南名牌产品	湖南华菱涟源钢铁有限公司	碳素结构钢、高耐候钢热轧板卷	2005
湖南名牌产品	娄底三泰轧辊有限公司	铸铁合金环轧辊	2005
湖南名牌产品	湖南金陆混凝土外加剂有限公司	AC系列混凝土外加剂	2005
湖南名牌产品	双峰县南方机械厂	6NF-2.2系列组合米机	2005
湖南名牌产品	湖南同人电子有限公司	交流采样变送器检定装置	2005
湖南名牌产品	锡矿山闪星锑业有限责任公司	锌锭	2005
国家免检产品	金信化工有限公司	尿素	2006
湖南名牌产品	湖南金信化工有限公司	尿素、复合肥料	2006
湖南名牌产品	湖南省冷水江波月水泥有限公司	32.4、42.5普通硅酸盐水泥	2006
湖南名牌产品	湖南省新化县燎原水泥厂	32.4、42.5普通硅酸盐水泥	2006
湖南名牌产品	湖南天马水泥有限公司	32.4、42.5普通硅酸盐水泥	2006
湖南名牌产品	冷水江市中孚耐火材料有限责任公司	玻璃窑用硅砖	2006
湖南名牌产品	湖南华菱涟源钢铁有限公司	热轧钢带	2006
湖南名牌产品	湖南向红机械化工有限责任公司	工业雷管	2006
湖南名牌产品	湖南一六九化工有限责任公司	2号抗水岩铵梯炸药	2006
国家地理标志保护产品	产地为双峰县永丰镇、走马街镇、梓门桥镇、沙塘乡、石牛乡	永丰辣酱	2007
中国名牌产品	锡矿山闪星锑业有限公司	三氧化二锑	2007
湖南名牌产品	娄底市碧波尔家用电器发展有限公司	快热式、储水式电热水器	2007
湖南名牌产品	锡矿山闪星锑业有限责任公司	锑锭	2007
湖南名牌产品	湖南华菱涟源钢铁有限公司	钢筋混凝土用热轧带肋钢筋	2007
湖南名牌产品	冷水江钢铁总厂	钢筋混凝土用热轧带肋钢筋	2007
湖南名牌产品	湖南创安防爆电器有限公司	矿用防爆电器	2007
湖南名牌产品	湖南省农友机械有限公司	6NF系列家用谷物组合加工机	2007
湖南名牌产品	双峰县金峰机械厂	6NF系列家用谷物组合加工机	2007
湖南名牌产品	湖南双峰县湘源皇视电子有限公司	卫星电视接收天线	2007
湖南名牌产品	湖南前进食品有限公司	糕点	2007
湖南名牌产品	湖南宜化化工有限责任公司	工业甲醇	2008
湖南名牌产品	湖南鑫美格新型装饰材料有限公司	装饰铝型线材	2008
湖南名牌产品	湖南金陆混凝土外加剂有限公司	混凝土外加剂	2008

续表47-1

名优类别	生产企业	产品名称	评定年份
湖南名牌产品	涟源嘉鑫冶金有限责任公司	锰硅合金	2008
	湖南安石企业集团有限公司	铸造焦、冶金焦	
	湖南星源电器有限公司	40.5千伏及以下高低压成套开关设备和控制设备	
	娄底市环亚美容美发城环亚美容美发艺术学校	美容美发系列产品	
	湖南金鹰服饰集团有限公司	西服、大衣	
	湖南五江轻化集团有限公司	搪瓷、不粘锅系列;保温瓶	
	湖南暖洋洋电器有限公司	多功能豪华电取暖桌(NQ820.NQ740.NQ620)	2009
	湖南海湖矿灯有限公司	KL型照明器材(矿灯)	
	娄底市瑞奇电器有限公司	电取暖桌	
	湖南宜化化工有限责任公司	尿素、复混肥料	
	湖南红宇耐磨新材料有限公司	铬锰钨抗磨白口铸铁磨球及铸件	
	湖南华南煤矿机械制造有限公司	矿用皮带输送机系列、刮板输送机系列、截煤机系列	
	湖南省新化鑫星电子陶瓷有限责任公司	95%氧化铝电子陶瓷	
	湖南省娄底胖哥饲料有限公司	猪饲料	
	湖南省双峰县湘源皇视电子有限公司	HSR-2090卫星电视接收设备	2010
	湖南省农友机械集团有限公司	6NF系列家用谷物组合加工机	
	湖南省金峰机械科技有限公司	6NF-22系列家用谷物组合加工机	
	湖南创安防爆电器有限公司	QBZ、ZBZ系列660V及以下矿用防爆电器	
	湖南华菱涟源钢铁有限公司	热轧带肋钢筋	
	冷水江钢铁有限公司	热轧带肋钢筋	
	湖南新化映鸿科技有限公司	新型复合陶瓷托辊	
	湖南金鹰服饰集团有限公司	男女西服、大衣	2011
	湖南吴哥世家服饰有限公司	西服	
	湖南五江轻化集团有限公司	保温、瓶胆;搪瓷、不粘锅系列产品	
	湖南宜化化工有限责任公司	工业甲醇	
	湖南金陆混凝土外加剂有限公司	AC系列混凝土外加剂	
	湖南鑫美格新型装饰材料有限公司	新型装饰线材系列产品	
	湖南红太阳电源新材料有限公司	氧化亚钴	
	娄底市乐开口实业有限公司	自动化一步成型米粉机	
	湖南星源电器有限公司	高低压成套开关设备	

续表47-1

名优类别	生产企业	产品名称	评定年份
湖南名牌产品	湖南瑞奇电器有限公司	电取暖桌	2012
	湖南暖洋洋电器有限公司	多功能豪华电取暖桌	
	湖南海湖矿灯有限公司	照明用具(矿灯、巷道灯)	
	湖南步升电器有限公司	电取暖桌	
	湖南宜化化工有限责任公司	尿素、复混肥料	
	湖南省劲松机械有限公司	粮食加工机械(组合米机系列)	
	新化县新华蓄电池器材厂	蓄电池系列	
	湖南金塔机械制造有限公司	矿山机械(提升机、刮板运输机)	
	湖南华南煤矿机械制造有限公司	矿山机械(输送机、刮板机、截煤机)	
	湖南金马矿山设备有限公司	矿山机械(刮板机、耙岩机、绞车系列)	
	娄底海人科技开发有限公司	木质家具(棕木床垫)	
	双峰县永盛木业有限公司	细木工板	
	娄底庆阳牧业食品有限公司	肉制品	
	湖南回春堂药业有限公司	追风透骨胶囊0.32g／粒	
	湖南省娄底胖哥饮料有限公司	猪用系列饲料	
	冷水江钢铁有限公司	热轧光圆钢筋、热轧带肋钢筋	2013
	湖南农友机械集团有限公司	6NF系列家用谷物组合加工机	
	湖南金峰机械科技有限公司	6NF系列家用谷物组合加工机	
	湖南省双峰县湘源皇视电子有限公司	卫星电视接收设备HSR-2090	
	湖南娄底百雄堂高科技农业有限公司	豆制品	
	湖南五江实业有限公司	保温瓶、瓶胆;搪瓷、不粘锅系列产品	2014
	娄底市乐开口实业有限公司	食品加工机械(自动化一步成型米粉机)	
	湖南创一电子科技有限公司	电子元器件(SMD／SMT高性能软磁芯)	
	娄底市福鑫食品有限公司	湘味熟食(肉制品及风味鱼制品)	
	湖南省金华车辆有限公司	汽车零配件及总成(环卫车、烟花爆竹专用运输车系列)	
	湖南健缘科技有限公司	医疗器械(中型封包综合治疗仪001A型／001B型／001C型)	
	湖南灯塔米业有限公司	大米	
	湖南海湖矿灯有限公司	K型矿灯、DGS系列隔爆型LED巷道灯	2015
	湖南暖洋洋电器有限公司	节能电取暖桌NQ、JQ系列	
	湖南瑞奇电器有限公司	电取暖桌系列	
	湖南步升电器有限公司	电取暖桌茶几系列	
	湖南金信复合肥有限公司	50kg／袋、40kg／袋、25kg／袋复混肥料	

续表47-1

名优类别	生产企业	产品名称	评定年份
湖南名牌产品	湖南省华中新型建材有限公司	保温、隔热和(隔)音材料(2400毫米×1200毫米×9.5毫米)型普通纸面石膏板	2015
	湖南华菱涟源钢铁有限公司	板材:高强工程机械用钢	
	湖南省农友机械集团有限公司	水田耕作机械(履带自走旋耕机)IGZ-150-4LZ-2.0S型全喂入联合收割机	
	湖南煤矿机械有限公司	煤矿机械:JK(B)型矿井提升机;JT(B)、JTK(B)、JTP(B)型矿用提升绞车、带式输送机;刮板输送机	
	湖南省金马矿山设备有限公司	矿山机械:刮板输送机、耙斗装岩机、回柱绞车	
	新化县新华蓄电池器材厂	起动用铅酸蓄电池全系列	
	湖南省劲松机械有限公司	粮食加工机械(组合米机)型号:6NF-2.2	
	湖南五丰机械有限公司	盘式、履带式拖拉机184、204D、250T、WF-402	
	湖南银杉机电制造有限公司	粮食加工机械(组合米机)型号:6N-9/9F-21	
	湖南富瑞机电设备制造有限公司	粮食加工机械(玉米脱粒机)	
	双峰县永盛木业有限公司	细木工板	
	娄底市海人科技开发有限公司	海人竹(木)床垫系列	
	娄底市庆阳牧业食品有限公司	肉制品系列	
	湖南回春堂药业有限公司	中成药追风透骨胶囊0.32g/粒	
	湖南神斧集团一六九化工有限责任公司	乳化炸药 24kg/箱	
	湖南丰彩机械有限公司	粮食加工机械(压面机、米粉机)	
	冷水江三A新材料科技有限公司	消光用二氧化硅TSA系列、A系列	2016
	冷水江钢铁有限责任公司	热轧带肋钢筋HRB400、HRB400E、HRB500、HRB500E、热轧光圆钢筋HPB300	
	湖南省双峰县湘源皇视电子有限公司	卫星电视接收设备HSR-2090	
	湖南省桑圆门业有限责任公司	室内木质门	
	湖南省农友机械集团有限公司	谷物加工组合机6NF系列	
	新化县王爷山食品有限公司	豆制品 水产品	
	涟源市备行农业开发有限公司	蔬菜干制品	
	湖南粉师傅机械科技股份有限公司	“粉师傅”牌自动化一步成型米粉机	2017
	冷水江天宝实业有限公司	“TBF”牌紧固件	
	湖南定园汽车配件制造有限公司	“定园”牌汽车半轴	
	湖南创一电子科技有限公司	“创一”牌电子元器件	
	湖南省渠江薄片茶业有限公司	“渠江薄片”“奉家米茶”“梅山毛”“上梅”牌茶叶	
	湖南省健缘医疗科技有限公司	“健缘”牌中医封包综合治疗仪、中医超声药透电疗仪	

续表47-1

名优类别	生产企业	产品名称	评定年份
工信部“全国品牌培育示范企业”	湖南省农友机械集团公司	农业机械	2017
工信部“质量标杆企业”	湖南省农友机械集团公司	农业机械	
中国钢铁工业协会“特优质量奖”	湖南华菱涟源钢铁有限公司	工程机械用钢	

第二节 产品生产许可证管理

一、工业产品生产许可证管理

1990—1997年，工业产品生产许可证（简称“许可证”）实行国家统一管理，部门发证，分级负责的管理体制。1998年6月起，“许可证”制度由国家质监总局实行统一管理体制。是年，根据国家质监总局《关于进一步做好工业产品生产许可证管理工作的通知》和《补充通知》的精神，企业申请“许可证”由各省（区、市）技监局受理，由国家质监总局统一盖章发放；地区技监局审查上报6家企业申办“许可证”，查处34个无证产品或冒牌产品，查封新化县洋溪镇制售假“田草净”窝点，销毁假“田草净”413件123900包。1999年，根据国家质监总局重新设计印制的新“许可证”证书，市技监局对国家、省技监局公布收回的43家水泥生产企业“许可证”收回。是年，对39家建筑用材料“许可证”进行核准登记公告，15家企业申办“许可证”，9家企业取得“许可证”。查获不符合“许可证”要求钢材货值12万元、伪造生产日期和质量不合格“田草净”农药货值50多万元。

2000年，全市召开查处无“许可证”产品工作会议，重点对无“许可证”企业生产的钢筋和水泥进行抽查。查处小轧钢厂10家，其中关闭4家，暂停3家。2002年，市质监局联合市公安局出动执法人员124人，查封娄底市化工冶金机械厂等7家“地条钢”生产厂，查缴“地条钢”227吨。2000—2005年，查处无“许可证”生产、经销企业156家，抽查产品165批次，收缴劣质复合肥56.55吨。申办“许可证”85家，取得“许可证”企业33家。2006年，控制高耗能、高污染项目，推广节能、降耗、节水、环保的先进技术设备和产品，节能降耗6000万元。2007年，市县两级质监部门对获“许可证”企业进行清理、摸底，建立数据库，全市14类103家重点产品生产企业建立质量档案，经省质监局验收合格。市质监局对154家获“许可证”企业进行不定期检查，其监管经验在全省“许可证”后续监管经验交流会上作典型发言。2008年，培训获“许可证”企业的质量管理人员1200人次。2010年，查处5家无“许可证”细木工板企业，其中注销2家，责令3家申办“许可证”。是年，检查农资生产销售企业156家，抽检农药化肥75批次。

2011年，全市贯彻《工业产品生产许可证管理条例》等法律法规，127家获“许可证”企业进行年审，合格率100%。2012年，按产品实施细则要求，核实“许可证”申报企业的主要技术力量、生产设备、生产场地、检测设备等基本条件，为申报企业提供全方位咨询服务。是年，对100家获“许可证”企业进行年审；抽查农药化肥等7家获“许可证”企业，查处农机质量违法案2起，查封无证生产水泥单位2家；查封娄底火车站和娄星区茶园镇2个水泥加工窝点。2014年，培训“许可证”管理人员200人次，对水泥、机械、轻小型起重设备等28家获证企业和8家危化品生产企业进行监督检查，提出整改意见20条，立案查处1家。2016年，按照国家“简政放权”“放、管、服结合”要求，“许可证”下放到省质监局受理审核发证，市级以下质监部门主要进行监督管理，其中企业巡查由县

（市、区）质监局为主，简化“许可证”换发证手续，取消年检，免除换证实地核查。是年，对25家钢铁、水泥、危险化学品及包装物获“许可证”企业进行监督检查。报省质监局注销“许可证”企业5家。2011—2016年，全市申办“许可证”企业49家，换发“许可证”企业103家，更名迁址7家，产品委托加工备案6家。2017年，制定《关于开展危险化学品质量安全监管方案》，对危险化学品生产企业进行检查，发现并整改隐患20处。对18家水泥生产企业进行3次监督检查，发现并整改隐患25处。双峰海螺水泥公司、国产实业（湖南）水泥公司等260家企业的4000名从业人员参加全面质量管理培训。

二、食品生产许可证管理（参见第四十九篇第二章第一节）

第三节　质量信用管理

2011年起，实施《湖南省重点工业企业产品生产企业分级分类监管试行办法》，质监部门对电线电缆和防水卷材生产企业进行分级分类，组织10家企业参与省质量信用等级评定活动。2013年，配合省质监局对107家企业进行现场核查，评定AA类企业4家、A类企业18家、B类企业81家、C类企业4家。2014年，对被确认的AA、A、B、C四类企业实行信用监管、责任监管、常态监管、加严监管模式，对不同监管等次实行差别化监管。是年，12家企业换发质量信用等级证书，6家企业申报质量等级评定。2015年，申报质量信用等级评定企业14家，其中AA级12家，AAA级2家。2016年，国产实业（湖南）水泥有限公司、湖南创一电子科技有限公司等6家企业参与中国质量协会组织开展的制造业企业质量状况调查。农友集团等2家企业编写2016年度企业质量信用报告，5家企业获企业质量信用等级证书，其中AA级4家、A级1家。2017年，参与市创建全国文明城市建设，编写社会信用体系建设和诚信教育实践活动材料。市政务网相继发布质量分析报告和“红黑榜”等质量信息。涟钢等150家企业提交质量安全信用承诺书，12家企业申报A级以上质量信用等级评审，10家企业获证，其中AA级2家，AAA级8家。

第四节　质量体系认证

1994年5月，全地区召开主要企业质量体系认证工作会议，推行GB/T 19000-ISO 9000《质量管理和质量保证》系列标准，完成体系要素选择、质量手册、程序文件和质量计划编制。是年起，全地区开展质量体系认证工作。1995年，组织103人参加“全国第二期质量体系与质量认证”函授班。1996年4月，全地区执行GB/T 19000-ISO 9000《质量管理和质量保证》标准，培训企业质量体系内审员28名。是年9月，三一集团和向红机械厂通过质量体系认证。1997年，地区技监局举办质量内审员培训班、质量统计员学习班和质量手册编写研讨班，共培训学员1000人次。1998年，新化燎原水泥厂编写质量手册和程序性文件，完成质量体系要素选择。1999年9月，大乘资氮集团等3家企业通过质量体系认证，14家企业开展全面质量管理整顿验收，其中10家企业获省经贸委和省质监局颁发的证书。

2000年，全市有25家企业实行全面质量管理。2001年起，宣传贯彻落实2000版质量管理体系国家标准。2000—2007年，全市举办质量体系学习班5期，培训质量管理人员和质量体系认证人员2260人次，51家企业获得质量体系认证证书。

2008年起，质量体系认证由企业自愿申请，第三方评估，国家认监委认证认可。2008—2017年，全市有4000人参加全面质量管理教育培训，1000人参加ISO 9000质量管理体系培训，250家企业通过ISO 9000质量体系认证，获质量体系认证证书390张。

第二章 质量监督

第一节 产品质量定期检验和委托检验

1990年，按照《湖南省工业产品质量监督办法》规定，结合地区工业产品质量状况，地区标准局制定地县两级工业产品质量定期检验目录和检验周期，并送省标准局审定。是年，全地区检查企业539家，送检产品275种1103批次，合格率71%。其中水泥合格率86.3%，饲料合格率47%。1991年，检查生产企业916家，送检产品1184批次，合格率81%，其中饲料128批次7042项技术指标，综合合格率提高到59%，水泥合格率由一季度的78%上升到四季度的86%。至1994年的5年间，全地区检查企业2318家，送检产品275种3643批次，合格率71%~81%。

1995年，地区商品质量监督检验所（简称质检所）检验产品666批次，水泥合格率81%，大米合格率70%，饲料合格率64%，冷饮合格率32%，汽油合格率78%。1996年起，全地区每年对大米、饲料、水泥、冷饮、农资、白酒等产品进行定期检验。1995—1999年，地区质检所定期检验产品6604批次，检验结果由地区（市）质监局采取文件通报或报纸、电视公告等形式予以公布，34家产品质量不合格企业责令整改，产品不合格后处理率98%。

2000年，检验产品1912批次。2001—2005年，全市对食品、白酒、冷饮、家用电器、农资、农机、水泥、钢材、电线电缆以及涉及人身财产安全和消费者利益的产品1234批次进行检验。2006年，对食品、农资、建材、能源、烟花爆竹等重点工业和中小型企业、个体私营企业产品进行监督抽样定期监检，定期监检产品2840批次，委托检验4000批次，省级监督抽样380批次。2008年，定期监检产品4000批次。其中，11家农资生产企业检验产品13批次，1个批次不合格，化肥、农药、农机、农膜87个经销网点检验产品98批次，25个批次不合格。委托检验1600批次。2000—2011年，全市定期检验产品23412批次，委托检验产品13274批次，省级监督抽样1085批次。

2012年，对全市72类重点工业产品进行定期监督检验。市级抽检331批次；省级抽检中27个批次不合格；国家抽检中3个批次不合格。不合格产品处理率100%。2014年，检验化肥8批次、车用油品59批次、液化石油气16批次、建筑钢材11批次，省级监督抽样448批次，委托检验2758批次，仲裁检验186批次。2015年11月，根据国务院规定，取消生产企业产品质量定期监督检验。2016年，市产商品质量监督检验所受市县质监部门或企业委托，对新型墙体材料，细木工板、建筑钢材等180家企业16类349批次产品进行检验，提交检验报告和质量分析报告。2017年，市质检所受市商务粮食局和各县（市、区）商务局的委托，对娄底122家加油站所销售的252批次汽油、柴油的9个项目指标进行抽样检验，检验结果及质量分析送委托方，为政府有关部门履行职能提供技术支持。2012—2017年6年间，全市定期检验产品3103批次，省监督抽样1145批次，委托检验8007批次，仲裁检验418批次。

第二节 产（商）品质量检查与监督

1990年，贯彻国务院《关于严厉打击在商品中掺杂使假的通知》精神，开展对产（商）品质量进行监督抽查。检查经销企业1543家，抽查商品货值2398.2万元，其中伪劣商品货值319万元。1991年，对1442家企业经销的农资、低压电器、烟草、煤炭、饲料、鞋类等10大商品进行监督抽查，查出不合格商品货值1378万元，销毁伪劣商品货值4.5万元。1992年，检查生产企业476家、经销企业2112家，抽查产品1356批次，查获假冒伪劣商品340种93万件，标值496万元。销毁假冒伪劣商品130个品种63万件，标值75.7万元。1995年，地区技监局与邮电局联合对标准信封进行监督抽查，抽查定点生产企业23家、邮电所15家、商店8家，其中产品不合格和无证生产企业13家，限期整改3家，查封和销毁不合格信封200万个。是年，全地区抽查产品453批次，其中水泥合格率75%，饲料合格率68%，冷饮合格率45%。查处企业产品（商品）质量违法案件156起。1997年，监督抽查微机、矿泉水、农用生产资料、进口家电、计费器、眼镜、建材、低压电器等。查处企业产（商）品违法案件1325起，立案204起。1998年，对季节性商品、节假日群众关心的商品、热销商品及反映质量问题较多的商品进行监督抽查，检查2100多家次，查处不合格商品1400多批次，货值2500多万元。1999年，全市组织1449人次，"查市场、保两节""查农资、保春耕""查建材、保建设"。对45个市场、33条商业街、1098家生产经销单位进行检查，抽查食品、酒类、冷饮、饲料、水泥、钢材、农药、化肥等一批重点商品；整顿洞新钢材、涟钢食品、桥头河农资市场等一批市场。1990—1999年，检查生产经销企业10446家次，抽查产品（商品）17413批次，查处企业产（商）品质量违法案件4121起。

2000年，检查专业市场31个、商业街31条、商业门店496家，查处企业质量产（商）品违法案件159起，立案89起。对监督抽查情况进行电视、文件公告，对产品不合格企业负责人在会议上通报。2002年，检查32个农资生产、销售企业的农资产品，抽样56批次，其中23个品种存在质量问题。2003年，检查农用车市场生产、经销企业12家，抽查产品25批次，合格率12%，立案查处7家；检查农资生产销售单位127家，抽样135批次，查出53家企业产品质量有问题，涉及复合肥、农机配件、农膜等品种69个；抽查县（市）土肥站5家，4家不合格；抽查防"非典"口罩、防护服、消毒液生产企业11家，销售企业97家，抽样38批次，没收假劣口罩34200个，消毒液8000瓶。2004年，抽查30家水泥生产企业的30批次产品和14家预制构件厂的29批次产品，其中水泥2批次不合格，29批次预制件不合格；抽查黄金珠宝78批次，65批次不合格。2000—2007年，检查生产经销企业1365家次，抽查产（商）品5658批次，查处企业产（商）品质量违法案件553起。

2008年，根据国务院关于组织开展全国性的产品质量和食品安全专项整治要求，市质监局会同工商、食品药监等职能部门开展产品质量和食品安全专项整治。检查化肥、农药、农机、农膜经销网点87个，抽样98批次，25批次不合格，合格率74%。2010年，抽查复合肥、农药、组合米机、水泵、柴油机、喷雾机、电线电缆、水泥、钢材、人造板、木地板、胶黏剂、灯具、刹车油、汽车带、医用手套、细木工板和室内加热器18种产（商）品192批次，其中25批次不合格。2012年，检查细木工板生产企业5家，抽查产品10批次；检查农资生产销售企业156家，抽查化肥、农药、农机具98批次，不合格产品21批次。综合合格率81%。2014年，检查化肥生产企业6家，农机生产企业20家，农资生产销售企业38家，抽查农业生产资料18批次，3家农机生产企业4批次质量不合格被责令整改，8家危化品生产企业整改隐患20条；抽查车用油品59批次，液化石油气16批次，建筑钢筋11批次，摄像机9个产品4808台，电线电缆40612米。2015年，省级抽查重点工业产品314批次，287批次合格，合格率91.4%，全省排名第四。抽查商品煤300批次，烟花爆竹30批次，车用油品60批次，液化石油气12批次，复混肥3批次，下达不合格产品处理通知书4份。2008—2017年，检查生产经销企业和网点800余家，抽查产（商）品3016批次，查处不合格产（商）品148批次，合格率95.2%。

第三节　专项产品质量监督

一、煤炭、电子陶瓷、耐火材料产品质量监督

1990年，地区标准局开展煤炭检验筹建工作。1994年，省标准局批准地区标准局筹建省煤炭质量监督检验授权站。1995—1997年，地区技监局改造煤炭产品质量检验场地，添置设备。1998年，成立省煤炭质量监督检验授权站。1999—2004年，对全市煤炭质量进行全面检查，查处煤炭掺假案件5起。2005年，市质监局筹建湖南省耐火材料质量监督检验中心和湖南省电子陶瓷质量监督检测中心。2008年，全市开展调煤保电、抗冰救灾专项执法检查。组织专门力量到大唐华银金竹山电厂检查煤炭质量，

调处煤炭纠纷，组织技术人员到金竹山电厂驻厂服务。2011年，按照市政府《关于做好金竹山电厂和华润涟源电厂电煤抢运的紧急通知》要求，市质监局制定《市质监局调煤保电煤质监管措施》，抽调4名工作人员，分别进驻两家电厂，对电煤质量实行24小时监管，聘请检验骨干帮助驻厂人员24小时随时抽样，现场封存备样5078个，比对检验样686个。制定《电煤产品质量监督抽查实施细则》，为全省电煤质量监督管理提供借鉴经验。省煤炭质量监督检验中心负责市外5家电厂及180家煤矿电煤质量监督工作。是年，投入国内先进煤炭检验设备6台套，价值106万元。检验电煤省级2590批次，市级1820批次。在大唐湘潭电厂查获10个车皮、626吨电煤掺杂使假。是年，煤炭产品、耐火材料列入全省重要工业产品监督抽查范围。

2012—2014年，监督检验煤炭1829批次，耐火材料341批次，电子陶瓷产品247批次。2014年11月，通过质检总局组织的国检中心建设项目验收，成立国家电子陶瓷产品质量监督检验中心（湖南），该中心系全市第一家国家实验室。2015年，依据质检总局等6部委发布的《商品煤质量管理暂行办法》和全省主要用煤单位实际情况，制定《商品煤产品质量监督抽查实施细则》，对主要用煤单位进行抽查。是年，抽查煤炭生产、加工、销售、使用企业60家，检验276批次，合格率67%。抽查耐火材料37批次；抽查电子陶瓷产品86批次，合格率98.6%。2017年，境内287家煤矿企业基本关、停，市质监局监督抽检商品煤15批次，冶金焦炭2批次，合格率82%；抽查耐火材料35批次；省级抽查电子陶瓷82批次，市级抽查电子陶瓷43批次，合格率99%。

二、纤维制品质量监督

2011年起，根据中纤检局的统一部署和省纤检局的安排，市质监局对纤维制品进行专项监督管理，相继下发《关于开展絮用纤维及制品调查摸底和专项执法检查的通知》和《关于对絮用纤维及制品进行监督检查的通知》。配合省教育厅、省纤检局对湖南人文科技学院和娄底职业技术学院学生在用絮用纤维制品进行抽查，提出整改意见；配合省纤检局对10家宾馆和8家医院的75个纤维制品进行抽查，2家宾馆4家医院样品合格。开展阳光纤检进幼儿园专项抽查活动，抽查幼儿园13家，抽取棉絮制品样17批次，合格率15.4%。2012年，根据省质监局、省民政厅文件精神，对全市民政救灾赈济用纤维制品进行专项检查，责令某县民政局销毁“黑心棉”被200床。配合省纤检局对全市15家医院、8家宾馆的公共用纺织品进行监督检查，对其中使用不合格纺织品的9家医院和2家宾馆作出处罚。对8所学校使用的棉絮和学生服进行检查，没收“黑心棉”被200床。2014年，省运会、湘博会、农博会相继在娄底召开，市质监局开展“黑心棉”专项整治。先后抽查医院8家、宾馆56家、学校10所，抽检学生服20批次，没收“黑心棉”被300床。

2015年，市质监局和市教育局联合下发文件，对学生用纤维制品进行监督检查。市质监局对市内各学校和幼儿园集团采购的棉絮和学生服进行专项监督抽查，检查学校14所、幼儿园21家，抽检学生服、幼儿服35批次，没收“黑心棉”被120床。2016年，根据《秋冬季（含“两节”）打击“黑心棉”专项执法行动方案》要求，市质监局开展秋冬季打击“黑心棉”专项执法行动。出动执法人员23人次，对市区6所学校9批次棉絮及三件套，1批次军训服装共35000多件进行抽样检测；娄星区质监局出动执法人员12人次，对5所学校的5批次校服抽样送检；冷水江市工商质监局出动执法人员14人次，对3所学校的4批次校服和2家企业的4批次纤维制品抽样送检；涟源市工商质监局出动执法人员18人次，对学生校服及宾馆、医院经营性使用的床上用品进行抽样。所抽样品经省纤维检验局检测全部合格，未发现质量违法行为。2017年，市质监局抽查学生服4批次，医护、婴儿服4批次，床单、被套4批次，棉胎8批次，合格率100%。

三、食品及相关产品质量监督（参见第四十九篇第三章）

四、机动车安检机构监督管理

2010年起，对机动车安检机构进行专项监督管理。是年，配合省质监局对交通部门7家安检机构进行监督检查，对无资格检验、擅自扩线检验行为限期整改。建立完善7家安检机构档案。2012年，根据《湖南省机动车安全技术检验机构整改方案》要求，对7家安检机构进行巡查，发现双峰县交警大队摩托车检测站没有获得资格认可和计量认证，责令停止摩托车检验业务，对其他安检机构存在的问题下达整改意见书7份。2013年，对全市机动车安检机构进行监督检查，下达整改意见书7份。对冷水江市冷新机动车安全性能检测有限公司擅自增加检测线，责令停止该检测线的检测业务。12月，全市4家安检机构接受市质监局进行分类监管评定，A级机构1家、B级机构3家。

2014年，市质监局下发《关于加强机动车安检机构日常监管工作的通知》，把机动车安检机构日常监督管理下放给县（市）质监局。2015年，贯彻实施《机动车安全技术检验项目和方法》（GB 21861-2014）标准，组织市、县机动车安检机构监管人员和机动车安检机构负责人参加省质监局组织的标准学习宣传贯彻培训班。是年，举办全市安检机构主要检验人员和主要监管人员参加的标准学习宣传贯彻培训班；市质监局与市交警支队联合组织对全市机动车安检机构进行监督检查，并将检查情况进行通报。2016年，全市机动车安检机构增至14家，汽车检测线12条，摩托车检测线4条。是年，市质监局与省质监局先后对全市安检机构进行联合检查，检查发现安检机构内部管理不规范，检验不严格、错检、漏检、误判和超范围检验现象，立案查处1家，停业整顿1家，停止部分车型检验2家。督促各安检机构对“两客一危一校”车辆，严格按国家标准进行检验，不漏检。加强重点车辆安全运行技术检验。2017年，市质监局将安检机构人员、设备、认证资质、巡查记录等信息建档。同时与公安交警建立联合工作机制，组织开展联合检查，共享信息资源，形成监管合力。是年，联合检查4次，提出整改意见10条。

第三章　标准化管理

第一节　企业产品标准制定与备案及管理

1990—1991年，依据《中华人民共和国标准化法》（简称《标准化法》），企业产品标准制定发布，改由企业产品标准备案。地区标准局在各县市建立情报资料室，全地区接待用户584人次，为企业提供标准738份。1992年，地区标准局与娄底市畜牧水产公司联合进行网箱养鱼试点，制定养鱼标准14项，通过试点每箱比原来提高经济效益3000元。1994年起，企业产品标准备案实施证书制度。对备案企业产品标准颁发湖南省产品标准实施证书，产品执行企业产品标准时，依法送备案单位备案。1995年，地区技监局办理企业产品标准备案15家，全地区办理湖南省产品标准实施证书790家，其中地区局办理540家。1996年，全地区举办标准宣传贯彻培训班6期，为企业培训200人，85%人员获得标准化人员资格证书。是年，全地区审查备案企业产品标准83个，指导企业编写产品标准37个，办理湖南省产品标准实施证书124个，食品、饲料标签备案214个，发放食品、饲料标签认可证书65个。1997年，全地区举办两期培训班，宣传贯彻“插头、插座”“化妆品通用标签”“水泥包装袋”“种子标签”“复混肥料”“通用水泥质量等级”6项国家行业和地方标准。全地区备案产品标准95项，审查认可食品标签和饲料标签103项，办理湖南省产品标准实施证书200个。1998年，全地区举办《产品标识标注规定》《GB / T 1.3—1997产品标准编写规定》《家具产品标牌标识规定》培训班7期，培训企业标准化人员150人。完成企业产品标准备案72项，办理湖南省产品标准实施证书110个，完成食品、饲料、种子标签审查认可15项。1999年，市质监局与市畜牧水产局联合制定《种畜禽场动物防疫及检疫规范》和《畜禽屠宰场（点）动物防疫、检疫、消毒规范》地方标准2个。是年，全市企业起草产品标准20个，提供企业标准42个，办理产品标准备案72个，办理湖南省产品标准实施证书78个，审查认可食品、饲料、种子标签223项。

2000年，全市企业起草产品标准25项，办理产品标准备案72个，办理湖南省产品标准实施证书78个，审查认可食品、饲料、种子标签283项，对饲料、食品开展标准实施监督检查，现场处罚28起，立案查处5起。2004年，全市清理肥料标准和食品标准，规范食品标签。双峰县局针对该县大米生产企业多、食品标签不规范情况，组织专门力量逐个上门进行业务指导，规范18家企业食品标签，提高该县大米加工行业整体形象。指导企业制定企业标准29个，审查备案27个。2005年，双峰县局对全县66家食品生产企业产品标准进行专项清理，指导企业制定完善产品标准636个。涟钢、锡矿山矿务局等16家单位制定50多个企业标准。2006年，全市686家企业制定和完善产品标准892项。双峰县局对全县110家食品和农机生产企业产品标准进行全面清理，指导企业制定产品标准197个。冷水江市局为乡镇企业办理标准审查备案288个。2007年，全市7个产品标准获国家标准创新项目，2家企业被批准为国家标准化技术委员会分技术委员会成员单位。2008年，锡矿山闪星锑业有限责任公司、华菱涟钢等企业申报20个国家标准的制（修）定；同时，有40家优势企业申报地方标准的制定。

2010年，全国结构陶瓷分技术委员会秘书处和全国铸造标准化技术委员会铬锰钨抗磨材料工作组分别落户娄底。市质监局组织制（修）定陶瓷和铸造地方标准2个，制（修）定行业标准5个，制（修）定国家标准2个。2011年，全市加快实施标准化战略，市财政解决标准化专项工作经费30万元。向省质监局报批农业标准化示范项目2个，循环经济综合标准化项目1个。“保险管用陶瓷管”“温控器陶瓷壳体”“水嘴用陶瓷密封水阀片”“放电管陶瓷”4项电子陶瓷地方标准获省电子陶瓷标准化专业技术委员会批准立项。娄底大丰和电动车辆有限公司制定“四轮电动车”和“旅游观光电动车”2项企业标准；市质监局指导制定“水电解氢氧发生器技术要求”国家标准1项。举办两期创建标准化良好行为知识专题培训班，100家企业相关负责人参加培训。组织5家企业开展创建标准化良好行为活动，提高全市标准化工作总体水平。2012年6月23日，全市举办标准化培训班，50家标准化工作相关单位负责人和标准化工作人员参加学习。2013年，娄底市国家循环经济综合标准化试点获国家批准，该项目是全国7个试点城市之一，是全省唯一试点城市，试点实施期为3年。市政府印发《娄底市国家循环经济综合标准化试点工作实施方案》。2014—2016年，市政府组织质监等部门和相关企业推进国家循环经济综合标准化试点工作，成立10个工作组。市质监局组织制定“娄底市循环经济标准综合体”区域标准9个，建立运行并不断完善娄底市循环经济综合标准信息平台，帮助锡矿山闪星锑业有限责任公司、华菱涟钢、高盛板业等试点企业主持或参与制定GB／T 4062—2013《三氧化二锑》、GB 21349—2014《锑冶炼企业单位产品能源消耗限额》、GB／T 14164—2013《石油天然气输送管用热轧宽钢带》、《锑冶炼砷碱渣无害化处理技术规范》国家标准3项及行业标准2项、地方标准2项。编制（修）定企业标准（包括技术标准、管理标准、工作标准）882个，收集、整理、制定循环经济综合标准化相关标准4320个。建立有色冶炼、冶金钢铁、新型建材、城市公共服务4个循环经济综合标准化体系。2017年1月11日，娄底市国家循环经济综合标准化试点工作通过国家标准委、国家发改委专家考核评估验收，国家循环经济综合标准化在娄底的试点工作完成。市质监局印发《关于加强企业产品标准自我声明公开工作的通知》《关于全面开展企业产品标准自我声明公开工作的公告》。8月18日，市质监局组织各县（市、区）标准化工作人员培训学习。10月16日，市政府印发《娄底市深化标准化工作改革提升标准化建设水平实施方案》，为全市深化标准化工作改革提供政策依据。

第二节　采用国际标准和国外先进标准

1990年，实施标准化法，省标准局下达采用国际标准和国外先进标准（简称双采）任务5项，实际完成8项。是年，地区标准局接待标准咨询571人次，提供标准385个，《采用国际标准情报服务》获省标准局1990年度标准化科技进步四等奖。1994年，贯彻落实全国第四次采用国际标准工作会议精神，实施《采用国际标准管理办法》《关于推进采用国际标准工作的若干规定》《采用国际标准产品标志管理办法》《重点采用国际标准项目列入“国家级重点新产品试制和鉴定计划”管理办法》。1995年，全地区完成对双峰水泥厂等6家企业采标验收工作。1996年，全地区44家生产企业58个产品通过采标验收，并获采标产品证书。全地区复查换证16个，有7家企业7个产品申请办理“双采标志证书”。1997年，涟邵水泥厂、中南预应力配套有限公司等13家企业13项产品获得采标认可和换证。1998年，全地区完成采用国际标准标志产品认可证书换证6项，采用国际标准标志产品证书2项。

1999年，对大乘资氮有限公司“复混肥”和中南预应力配套有限公司“HM瞄具”进行采标验收认可；对涟邵水泥厂等3家企业3项采标产品进行采标备案；对643家单位588个批次标样或标签实施监督检查。2000年，对涟源钢铁厂振兴企业轧钢厂“热轧带肋钢筋”进行采标认可验收。2002年，全市45家企业74项产品获得采用国际和国外先进标准认证证书。2006年，7家企业“双采”通过验收。2008年，全市组织8家企业产品申报采用国际标准，并颁发采标证书。2011年，涟钢、冷钢、湖南宜化、双峰海螺、湖南海螺等企业制定高于国家标准或行业标准企业内控标准。全市128项产品采用国际和国外先进标准。2012—2017年，全市采用国际和国外先进标准64项。

第三节　消灭无标生产

1996年，冷水江市被国家技监局确定为全国第二批消灭无标生产试点县市。1997年8月，通过国家验收。全地区执行标准覆盖率由试点前51.7%提高到99.2%。全地区产品质量定期监督检验合格率85.3%，比试点前提高17.4%，年工业产值比试点前增长17%。

1999年，贯彻省经济委员会、省技监局、省乡镇企业局关于《湖南省全面开展消灭无标生产工作的意见》，全市计划3年实现消灭无标生产县市目标。是年起，市质监局先后对冷水江市、双峰县开展消灭无标准生产工作进行检查指导。2001年，全市为全面消灭无标生产县市，加大工作力度，加强与双峰、涟源、新化三县（市）政府协调联系和对企业业务指导。是年，双峰县、涟源市、新化县先后通过省质监局考核验收。2002年，针对湖南五江集团生产的陶瓷、热水瓶等日用产品销往全国各地、出口东南亚但无标生产、产品质量不稳定情况，市质监局帮助该公司制定完善产品标准、技术标准、管理标准，按ISO 9000系列标准建立质保体系，派出技术骨干给公司普及标准、计量、质量和法规知识。该公司当年通过ISO 9001体系认证，产品被市质监局推荐为湖南名牌，并通过采用国际标准验收和计量合格确认验收。2003年，娄星区成立由市质监局领导、副区长负责的领导小组。区政府、市质监局印发《娄星区消灭无标准生产工作实施方案》和《关于严禁生产和销售无质量标准产品的通知》，组织专门人员对全地区301家工业企业、476个产品的标准执行情况进行全面普查，对无标生产企业限期整改，审查、登记、发放湖南省产品标准实施证书440份。全地区29家企业制定36项企业标准。全地区产品标准覆盖率由普查前83.7%上升到98.7%。是年，经省质监局考核验收，全市消灭无标生产。

第四节　农业标准化试点

1990—1996年，根据国家技监局发布的《农业标准化管理办法》，全地区五个县市开展试点，在油茶林、蔬菜、网箱养鱼、飞播造林、烤烟栽培等方面摸索高产高效经验。地区标准局与市畜牧水产公司联合进行网箱养鱼试点。1997年9月，地区技监局、地区农业局印发《关于做好农作物（种子标签）标准实施工作的通知》，1998年起，各经营单位实施DB43/097—1996《种子标签》标准，新印制标签报地区技监局审查认可备案。1998年，地区技监局在双峰县杏子铺镇开展农业标准化网箱养鱼试点。地区技监局与地区烟草专卖局组织联合检查组，对全地区16个烟叶收购网点进行抽样检查，合格率72%，地区技监局为烟叶收购网点制作审定烤烟收购标样1320个。

1999年，根据省政府《关于推进农业标准化工作有关问题的通知》要求，制订《全市1999—2001年农业标准化项目实施计划》。2000年，市质监局和双峰县局分别成立农业标准化工作领导小组，制定农业标准化计划，开展早晚稻种植规范和优质稻种植示范试点。冷水江市局开发“990”农作物增长营养素项目。2001年，市质监局会同农业、林业、畜牧水产、烟草等部门推进农业标准化工作。2003—2004年，全市开展5个农业标准化项目试点，其中3个项目列入省级示范项目。2005年起，加强5个农业标准项目指导和服务。2006年11月，通过专家审查，作为市级地方农业标准规范公布实施。2007—2008年，开展16个国家级农业标准化示范项目建设，指导企业采用先进农业技术，培育和开发名优特新农产品，引导企业做大做强。是年，申报13个国家农业标准化示范项目。2008年，市质监局重点抓13个国家级农业标准化示范项目，指导企业采用先进农业技术，培育和开发名优特新农产品。2009年，对列入第六批国家农业标准化示范区的2个企业进行年度检查，鼓励企业开展“标准化良好行为企业”活动。2010年，湖南娄底天源高科技农业发展有限公司承担的湖南黑猪农业标准化示范项目和湖南肖老爷食品有限公司承担的脱水蔬菜农业标准化示范项目完成，第六批国家农业标准化示范项目通过验收。是年，新化县紫鹊界的特色水稻产品申报为第七批国家级农业标准化示范区项目，并获批立项。

2012—2013年，实施标准化战略加快，全国工业陶瓷标准化技术委员会结构陶瓷分技术委员会（2013年）工作会议在新化县召开。全市向省质监局申报标准化战略项目8个，其中特色稻（红米）种植、珍稀食用菌种植2个农业标准化示范区分别通过省级和国家级考核验收。2014年，冷水江市“12000亩油茶种植标准化示范区”项目经国家标准委批准，列为第八批全国农业标准化示范项目；“冷水江优质葡萄种植标准化示范区”“冷水江贵鸿中药材种植标准化示范区”“新化县有机茶种植及产业开发标准化示范区”“新化县优质油茶种植标准化示范区”和娄底经开区“湖南特色葡萄农业标准化示范区”5个项目经省质监局批准列为第八批湖南省农业标准化示范项目。2015—2016年，完成第8批6个农业标准化示范区考核验收，其中国家级1家、省级5家。2016年，完成第九批9个农业标准化示范区申报工作，其中申报国家级1家、省级4家。2017年9月，三泰新材料等3家企业申报2018年省级新兴优秀产业工业标准化试点，博盛生态园、三和农庄、波月洞等13家单位申报2018年省级服务业标准化试点。

第五节 组织机构代码管理

1993年4月，地区标准局印发《关于颁发企业、事业单位和社会团体统一代码证书的通知》。按照分工，地区标准局负责代码区位分配、表格审核、数据录入、证书制作、颁证等工作，地区工商局负责工商企业赋码，地区编办负责机关、事业单位赋码，地区民政局负责社会团体代码赋予。1995年6月，全地区在全省代码检查验收中全部验收合格。是年，全地区办理组织机构代码证702个。至1996年，全地区颁发证1.05万个。全地区组织机构代码数据录入工作经省技监局验收合格。

1997年，地区技监局代码办与税务、工商、机构编制部门和银行配合，加快组织机构代码证书颁发和换证工作，全地区颁发证1531个。1998年，全地区颁换发代码证1722个。1999年，地区技监局代码办更名为市技术监督信息管理所（简称市信息管理所）。全市颁发证、换证和年检组织机构代码证2026个。2000年起，市信息管理所组织机构代码网络建设和人员业务培训，执行全省统一赋码要求。1993—2004年，全市共办理、换发组织机构代码证书6173个，年检3500个。

2005年，各县市局加强与税务、银行及工商行政管理部门的协调，拓宽组织机构代码发证领域，加大换证力度。全市换发组织机构代码证3050个，年检3621个。2007年，全市处罚组织机构代码违法案件157起，罚款18.1万元。2009年，全市查处组织机构代码违法案件30起，全年发放代码证电子IC

卡330张。2005—2010年，全市办理、换发组织机构代码证13127个，年检17013个。

2011年，全市办理组织机构代码证（包括变更、换证）5391个，年检8092个。2012年，全市新办代码证（包括变更换证）4522个，年检4818个；查处组织机构代码违法案件20起，罚没款5万元。2013年，市信息管理所连续两年被评为全省组织机构代码工作先进单位。2011—2014年，全市共办理、换发代码证18377个，年检5588个，处理失效代码证书233个。2015年9月，根据质检总局《关于落实法人和其他组织统一社会信用代码制度建设总体方案有关事项的通知》要求，市信息管理所对法人和其他组织停止发放和更换组织机构代码证书，与工商营业执照和税务登记证“三证合一”由工商部门统一换发证。

第六节　商品条码管理

1994年，根据中国物品编码中心湖南分中心关于使用商品条码规定，地区标准局推行国际通用商品条码。上半年，地区召开GB／T 12904—91《通用商品条码》标准宣传贯彻会，每个县市年内发展1~2家企业成为中国商品条码系统成员。1996年，根据湖南省商品条码工作实行“两级〔省、地（州、市）〕”管理模式，地区技监局采取多种形式，对广大群众、商品生产企业和销售企业进行宣传，开展商品条码工作。1998年，执行国家技监局《商品条码管理办法》，新发展商品条码企业4家，复查6家，取消1家。1999年，发展涟钢食品饮料加工厂等3家企业和双峰永丰辣酱一厂等3家企业为商品条码单位，注销1家商品条码单位。

2000年起，每年开展商品条码工作。至2005年，新发展商品条码单位45家，查处假冒商品条码90起。

2006年，加强对全市大型超市和药店商品条码的监督检查，查处超市和药店110家。新发展商品条码成员单位15家。2008年，全市检查超市和药店150家，发展商品条码成员单位39家，办理商品条码续展率90%。2009年，全市发展商品条码成员单位9家，续展商品条码单位22家，行政执法处理30家。是年起，商品条码管理工作顺利开展。至2015年，完成商品条码单位注册142家，续展商品条码单位210家；开展商品条码行政执法，检查124家。新增商品条码成员单位7家。2016年，市信息所对16家食品企业、零售药店、大型超市开展商品条码执法检查，对发现的问题责令企业限期整改。2017年，市质监局信息管理所对商品条码使用情况进行执法检查。检查市区大型超市、食品生产企业、零售药店16家，其中大型超市4家、零售药店7家、食品生产企业5家。6家企业存在的问题限期整改到位。至年底，全市商品条码系统成员单位300家。

第四章　计量管理

第一节　计量标准

1990年，全地区法定计量检定机构建立社会公用计量标准65项。其中，地区法定计量检定机构建立35项，县（市）法定计量检定机构建立30项。企、事业单位计量检定机构建立计量标准137项。涵盖全地区长度、热工、力学、电学、流量、医疗6方面109种计量器具的检定，67种计量器具的校准，5种商品量计量器具的检测。1991—2010年，全地区计量检定机构新建心电图、血压计、B超、X光机、体温计、多参数监护仪、眼镜验光镜片、电话计费器、燃气表、加油机、出租车计价器、汽车里程表、经纬仪、水准仪、瓦斯计等项目的计量标准检定装置。其间，市计量测试检定所在全省率先获得国家认证认可委员会CNAS认证。

2011年，根据国家局《关于对计量标准考核管理工作进行监督检查的通知》精神，对全市5家法定计量检定机构和18家经计量行政管理部门授权的计量检定机构，按照省质监局《计量考核（复查）规范》进行考核（复查），5家法定计量检定机构建立的90项（最高标准75项，次级标准15项）社会公用计量标准全部符合要求；18家授权计量检定机构建立的88项计量标准，83项符合要求，5项整改至符合要求。2017年，市质监局结合计量标准复查考核工作，对全市法定计量检定机构和授权计量检定机构建立的计量标准进行复查考核。是年底，境内法定计量检定机构和授权计量检定机构涵盖全市长度、热工、力学、电学、流量、医疗、超声、辐射等8大类114种计量器具的检定，77种校准参数，5项商品量检测。

2017年娄底市法定计量检定机构计量标准一览表

表47-2

单位：项、种

检定机构	最高标准	次标	可开展检定计量器具	可开展校准参数	可开展商品量检测
娄底市计量检定所	33	12	114	73	5
冷水江市计量检定所	14	0	31	1	5
双峰县计量检定所	10	0	24	1	5
新化县计量检定所	13	1	26	1	5
涟源市计量检定所	11	1	20	1	5
合　计	81	14	215	77	25

2017年娄底市计量授权机构计量标准一览表

表47-3

单位：项

计量检定授权机构名称	建立计量标准项数	计量检定授权机构名称	建立计量标准项数
湖南煤矿机械有限公司	5	冷水江钢铁有限责任公司	4
一六九化工有限责任公司	5	冷水江金富源碱业有限公司	3
湘娄邵天然气输配有限公司	2	冷水江自来水公司水表检定站	3
华菱米塔尔汽车板有限公司	3	涟源市地方电力有限责任公司	2
双峰县自来水公司水表检定站	1	涟源市自来水公司水表检定站	3
涟源市自来水公司水表检定站	1	双菱实业有限公司检定站	2
新化县自来水公司	2	锡矿山闪星锑业有限责任公司	8
省电力公司娄底电能计量中心	12	中石化湖南娄底分公司	3
华银金竹山火力发电分公司	6	涟钢计控处检修中心	15

第二节　计量器具周期检定与强制检定

1990年，全地区法定计量检定机构完成63300台件计量器具的周期检定。1991—1992年，全地区2164个企业和机关事业单位，登记备案社会公用计量标准74项、企事业单位最高计量标准144项，强制检定计量器具47项80种178820台（件）。1993—1994年，逐单位逐项目进行查对核实，年强检计量器具62000台（件），全地区强制检定计量器具周检率95%，合格率89%。1995年，举办计量检定人员学习班，组织计量检定人员参加省局举办的全省量传考核比赛，地区计量测试检定所总分名列全省第二名。1996年，贯彻落实省局《关于开展强制检定计量器具年审达标验收的通知》精神，行署召开全地区强检年审达标验收工作会议，地区技监局印发《关于认真搞好强制检定迎接省局考核验收的通知》，地、县（市）局领导深入厂矿企业及授权站进行现场指导，解决强检中存在的问题。是年底，经省局检查验收，全地区“两标”（法定计量检定机构建立的社会公用计量标准和企事业单位建立的最高计量标准）强检率99.7%，计量器具强检率94%，地区计量所强检年审达标综合评分92.5分，获全省第一名，各县（市）所的强检年审达标验收顺利通过。1997—1998年，全地区计量器具周期检定计量器具44032台（件），其中强检计量器具14800台（件）。

1999—2000年，对全市264个企事业单位的强检计量器具进行抽查备案，对18799台（件）强检计量器具进行检定。2001—2005年，标准计量器具强检率100%，工作计量器具强检率95%。2006年，按照省局统一部署，全市贯彻落实《定量包装商品计量监督管理办法》，举办5期计量管理人员培训班，培训350人，举办5期计量检定人员培训班，培训400人，对定量包装商品生产企业的计量器具进行强制检定。2007—2009年，对民用“三表”实施首轮强制检定，年检“三表”24321只。2010年，在认真抓好强检计量器具周期检定基础上，着重抓好重点领域和重点计量器具的强制检定。是年，对全市出租车计价器、加油机、大衡（30吨以上）、医用三源（医用辐射源、医用激光源、医用超声源）、眼镜验光配镜等五类重点计量器具实施强制检定，全年检定计量器具45079台件。

2011年，全市开展“计量惠民、诚信计量、建设和谐城乡”活动，对五类重点计量器具实施专项强制检定抽检，抽检5151台（件）。出租车计价器、加油机、大衡、医用三源强检合格率达100%。2012年，根据省局《关于对五类强检计量器具摸底建档的通知》精神，全市范围内的五类强检计量器具重新建档。根据省质监局《关于做好2012年乡镇和社区医疗卫生机构医用计量器具免费检定工作的通知》精神，是年4月13日，市政府召开全市计量工作会议，部署对全市乡、镇、街道卫生院医用强检计量器具实施免费检定。全市乡镇卫生院113家，社区卫生服务中心11家，乡镇计划生育服务所103家。共有医用强检计量器具1780台（件）。全年检定1653台（件），经检定合格的1540台（件），不合格的13台（件），受检率93%、合格率93%，不合格的113台（件），其中37台（件）责令停止使用或报废。2013年起，继续抓好计量标准计量器具、强制检定计量器具以及重点计量器具的周期检定工作。至2016年，五类重点计量器具周检率100%。2017年，全市计量标准计量器具检定336台，停用14台，受检率100%；全市“三表”首轮强制检定145174只，五类重点强制检定计量器具建档6212台（件），其他计量器具检定10007台。出租车计价器、加油机、衡器受检率100%。医用计量器受检率99.4%。

2012年娄底市五类重点强检计量器具电子档案情况一览表

表47-4

计算器具	县(市、区)局	建档台件数	检定台件数	受检率(%)	第一次检定合格率(%)	调修后合格率(%)
出租车计价器	娄底市计量所	795	795	100	—	—
	冷水江市计量所	181	181	100	99	100
	涟源市计量所	200	200	100	—	—
	新化县计量所	277	277	100	—	—
出租车计价器	双峰县计量所	150	150	100	—	—
	合　计	1603	1603	—	—	—

续表47-4

计算器具	县(市、区)局	建档台件数	检定台件数	受检率(%)	第一次检定合格率(%)	调修后合格率(%)
加油机	市计量所	895	895	100	—	—
	冷水江市计量所	84	84	100	98	100
	涟源市计量所	451	451	100	—	—
	新化县计量所	94	94	100	—	—
	双峰县计量所	304	304	100	—	—
	合　计	1828	1828	—	—	—
衡器(30吨以上)	市计量所	74	74	100	—	—
	冷水江市计量所	89	89	100	97	100
	涟源市计量所	90	90	100	90	100
	新化县计量所	70	70	100	—	—
	双峰县计量所	199	199	100	97	100
	合　计	522	522	—	—	—
强检医用计量器具	市计量所	830	816	100	98	100
	冷水江市计量所	243	243	100	99	100
	涟源市计量所	233	233	100	88	100
	新化县计量所	324	324	100	95	100
	双峰县计量所	552	552	100	60	100
	合　计	2182	2168	—	—	—
验光配镜用计量器具	市计量所	77	77	100	98	100

说明：1.受检率=检定台件数／建档台件数，合格率=检定合格台件数／检定台件数；

2.强检医用计量器具指心电图机、B超、X光机、血压计／表、压力（氧气）表、天平6种计量器具；

3.验光配镜用计量器具是指验光机（仪）、焦度计、验光镜片组3种计量器具

第三节　计量认证

1990年始，实施国家计量局《产品质量检验机构计量认证管理办法》，地区计量局下发《关于加快质量监督检验机构计量认证工作的通知》，对全地区为社会提供公正数据的产品质量检验机构进行计量认证。对考核合格的产品质量检验机构颁发计量认证合格证书。是年，全地区有28家产品质量检验机构经省局考核合格发证。其中省级2家，地区级9家，县（市）级17家。1991—1998年，境内新增16家产品质量检验机构，经省局考核合格，颁发计量认证证书。同时，对认证合格的产品质量检验机构进行监督检查。1999年，全市44家计量认证的产品质量检验机构全部纳入年度备案检查范围，经检查考核，吊销2家质检机构的计量认证，其余42家复查合格。

2012年，全市40家到期的实验室，进行复查评审，其中34家实验室获得计量认证证书。省局对娄底市辖区内抽查10家实验室进行复查评审，发放计量认证证书。对娄底混凝土行业6家实验室进行

监督评审。对食品行业11家首次认证实验室开展初评，全部通过。是年，省局对21家娄底市建设工程质检机构实验室进行专项监督检查。2014年，全市完成5家食品药品检验所、4家电力安全设备检测公司实验室的现场评审，获得计量认证证书11个；对全市18家建设工程质量检测实验室进行监督评审；对10家工程监测实验室进行监督检查。全市7家食检机构参加湖南省2014年食品中酸价检测能力验证，其中2家获得优秀；全市31家产（商）品监督检验所参加省局组织的2014年湖南省水泥和混凝土外加剂检测，其中19家获得优秀；全市3家建设工程质量检测实验室参加省局2014年基桩低应变和声波透射法检测能力验证，其中1家获优秀单位，2家获合格单位。2017年，配合省局对到期和扩项的检验检测机构进行现场评审，完成对县（市）局的质检所和各县（市）的车检、环保、疾控、食品药品等检验检测机构的复查和专项监督检查。是年，全市获得资质认定的产品质量检验检测机构54家。

第四节 计量监督

一、民生计量监督

1990年，地县市计量局加强民生计量监督，保护消费者利益，在大型集贸市场设立计量监督站（公平秤），聘请义务监督员对市场开展日常监督管理。冷水江市局聘请11名义务监督员对集贸市场监督管理，被评为全省实施《中华人民共和国计量法》先进单位。地区计量局对全地区农用物资开展计量监督检查，抽查化肥厂4家，农资供销门市部4家，饲料厂3家，种子公司1家。抽查农药、化肥合格率96.2%，饲料合格率90.1%，种子合格率100%，对计量不合格的商品责令重新包装并没收违法所得。1993年，地区计量局组织商贸企业开展“物价计量”信得过活动（简称“双信”活动），13家企业获得“双信”单位。娄底供销商场、冷水江锑都大厦、新化资江大厦分别被省局授予先进“双信”单位。1995年，查处食品、烟酒、农药、化肥计量不合格案件312起。1996年，地区技监局抽查市场在用计量器具1269台（件），合格1208台（件），合格率为94.8%；定量包装商品抽查1072批次，合格726批次，合格率为67.7%。全地区查处计量违法案件405起。1997年，地区技监局查处食品、农用生产资料、眼镜、建材、电器产品等计量违法案件204起。1998年，检查市场商铺2100家，查处计量不合格商品1400批次。

2000年春节期间，市县区质监部门对车站、码头、集贸市场突击检查，检查电子秤2198台，合格2040台，不合格158台，合格率92%。加油机强检1800台，查处加油机计量案件8起，没收作弊主板18块。是年，强检出租车计价器1600台，强检30吨以上大型衡器520台，强检医用计量器具2300台（件），首轮强检民用“三表”72600只。2011年，全市开展“诚信计量建设和谐城乡”行动。3月15日消费者权益保护日和5月20日世界计量日期间，组织执法人员进入集贸市场、商店、酒店、加油站、眼镜店、医院等，发放宣传资料735份，培训人员75人，查处计量违法案件24起，免费检定血压计、人体秤等计量器具和眼镜镜片1300台（件）；是年，宣传贯彻省局《关于加强全省加油机强制检定管理的若干意见》以及加油机建档工作。举办加油站培训班，为每个加油站培训1名以上的计量员，通过考核颁发计量员证，辖区内加油站公开向社会承诺诚信计量，悬挂“诚信计量”承诺公示牌；根据省局《关于开展加油机专项计量监督检查的通知》要求，开展对加油站的巡查工作，通过巡查，完善加油机计量监督管理机制。

2012年元旦、春节期间，境区内开展车站、码头、集贸市场、超市商店计量专项监督检查，检查定量包装商品销售单位236家。其中抽查大米、食用油、土特产品84家、125批次，净含量不合格8批。抽查面粉37家48批次，抽查节令商品30家40批，净含量和净含量标注全部合格。2013年，市、县（市）局对市内周大福、老凤祥等61家单位（专柜）进行监督检查，检查电子秤63台，抽检商品

591件，对使用非法定计量单位的计量器具和没按周期检定的49台电子秤，责令停止使用，送法定检定机构进行检定。2014年，全市开展加油机专项计量监督检查，出动执法人员30人，对辖区内的国道、省道周边15家加油站进行监督检查，对47台加油机进行强制检定，其中45台合格，2台不合格，合格率96%，对不合格的依法处理。2015年，市质监局开展商店超市、医疗机构、中小学校、乡镇社区等领域的监督检查，抽查电子秤556台，不合格59台，抽查度盘秤44台，没有按周期检定的3台，抽查其他衡器47台，没有按周期检定的45台。为30家乡镇、社区卫生服务站免费检定医疗计量器具1700余台（件），为集贸市场免费检定计量器具1500余台（件），为30家中小学校学生免费检定眼镜1400人次。2017年元旦、春节期间，市质监局对娄底市区内81家大中型超市、土特产专卖店和生产销售企业的定量包装商品进行抽查。其中抽查大米、面粉、食用油、节令商品68家82批，净含量合格70批；抽查土特产专卖店13家11批，净含量全部合格。抽查社区、乡镇、计生服务站医用计量器具1000余台，抽查集贸市场的电子秤500余台。查处加油机计量案8起，其中30万元大案1起。受理计量投诉举报案9起，电能表仲裁21起，依法处理洞新市场电能表案，为市场挽回经济损失7万多元。

二、工业计量监督

1990年，全地区计量二级企业1家、三级升二级企业3家、三级企业12家，计量验收合格（待定级）企业21家。复查40家到期企业，2家达不到要求，38家复查合格。年底，全地区计量一级企业2家，二级企业29家、三级企业101家，计量验收合格（待定级）企业48家。1991年，地区计量局落实企业计量定级升级（验收）及计量证书到期复核换证工作，全地区计量升二级企业1家，定三级企业14家，验收合格企业43家，复查换证11家，年底，全地区一级合格企业2家、二级31家、三级103家，计量验收合格80家。1992年，计量定级升级工作停止。

三、能源计量监督

1990年，根据省计量局、省经委能源局要求，地区计量局会同有关工业主管部门，对年耗标煤5千吨以上的重点能耗企业从能源计量管理制度、能源计量器具配备、能源计量器具管理、能源计量数据管理、能源计量人员配备等5个方面进行能源计量验收，验收合格的单位由省计量局颁发合格证书。具体考核工作纳入计量定级升级考核中。至1991年，全地区218家企业获得能源计量验收合格证书。1992—1996年，根据省计量局在全省大中型企业中逐步开展“完善计量检测体系”和“计量合格认可”工作的要求，全地区确定11家中小型企业参加第一批“完善计量检测体系”和“计量合格认可”考核。1997年12月，锡矿山矿务局获得国家局颁发的“完善计量检测体系合格证书”。1999年，境内11家中小型企业建立和完善计量检测体系，其中湖南大乘资氮集团有限公司等7家获得省局颁发的计量合格认可证书。

2000—2002年，全市9家企业完善计量检测手段，获省局计量合格确认。2003—2005年，全市35家企业开展计量合格确认，其中26家通过省局考核发证。2006年，市质监局与18家重点能耗企业签订《共同推进节能降耗增效工作责任书》。涟钢、冷钢、金电和金信化工等能耗大户，开展降能降耗活动，年节能降耗6000多万元。全市15家企业，建立完善计量检测体系，并通过计量合格确认。2007年，根据国家质检总局、国家发改委联合印发《加强能源计量工作的意见》通知精神，市质监局对全市原有年耗标煤1万吨以上的26家企业和年耗标煤5000吨以上的70家企业，依照《能源计量管理办法》的要求，核定全市年耗标煤5000吨以上的重点能耗企业32家。2008年，市质监局组织对涟钢、锡矿山、湖南宜化、湖南海螺、耀华冷耐、天马水泥厂重点耗能企业开展调查研究，要求企业配备能源计量器具，开展强检计量器具检定工作，完善计量检测体系。2009年，全市32家重点能耗企业，按照GB17167—2006《用能单位能源计量器具配备和管理通则》、GB／T 2589—2008《综合能耗计算通则》的要求进行整改。

2011年10月，全市召开宣传贯彻《能源计量监督管理办法》工作会议，实施《娄底市单位GDP能耗统计指标体系实施方案》《娄底市单位GDP能耗监测体系实施方案》《娄底市单位GDP能耗考核体系实施方案》。2012年，全市重点耗能企业32家，其中4家被列入“国千家”（全国一千家年综合能耗标煤一万吨以上的重点耗能单位）企业，4家被列入“省百家”（湖南省一百家年综合能耗标煤5000吨以上重点耗能单位）企业，8家企业全部通过用能单位能源计量器具配备管理通则认可。是年，新化丰地化工有限公司、冷水江天宝有限公司等7家耗能5000吨以上企业通过通则认可。2013年，市质监局等六部门联合发布《2013年我市节能减排联合执法检查方案》，与市发改委联合下发《关于加强我市“万家企业节能低碳行动”重点用能单位能源计量工作的通知》。是年，华菱涟钢等36家重点用能单位完成能源计量的首次审查工作，取得“湖南省重点用能单位能源计量审查合格证”。2014年，市质监局贯彻《湖南省2014—2015年节能减排低碳发展行动方案》，督促华润电力完成1#、2#机组的火电脱硫、冷水江钢铁有限公司1#、2#烧结机组和华菱涟钢3#烧结机组的脱硫工作。2015年，按照《重点用能单位能源计量审查规范》要求，冷水江钢铁有限责任公司、湖南宜化化工有限责任公司、华润电力（涟源）有限公司等11家重点能耗单位通过复查。2016年6月，涟钢饱和蒸汽回收综合利用发电改造项目通过能源审计。2017年，市质监局配合市发改委对市内13家重点耗能企业、重大固定资产投资项目企业进行现场勘察，按照GB 17167《用能企业能源计量器具配备和管理通则》要求，配置能源计量器具。

第五章　特种设备安全监察

第一节　特种设备普查登记

2000年11月，特种设备安全监察职能由市劳动局划转到市质监局。2001年5月起，市质监局组织特种设备安全监察人员开展设备普查工作。至2017年底，全市有特种设备设计单位2家，特种设备制造单位7家，特种设备检验单位6家，特种设备安装、维护、改造单位40家，液化石油气充装站15家，永久气体充装站11家，溶解乙炔气瓶充装站4家，移动式压力容器充装站3家，天然气配送站3家，车用气瓶充装站3家，丙烷气体充装站1家，在用蒸汽锅炉457台，固定式压力容器3909台，高压医用氧舱26台，大型游乐设施120台，起重机械2129台，厂内机动车辆201台，电梯及自动扶梯5038台，压力管道187千米（含厂区），各类气瓶35万只。

2001—2017年娄底市特种设备普查登记情况一览表

表47-5

年份	设备总量(台)	锅炉(台)	电梯(台)	压力容器(台)	大型游乐设施(台)	场(厂)内机动车(台)	起重机械(台)	压力管道(千米)	气瓶(只)
2001	3044	416	76	1731	62	158	601	280	243830
2002	3017	412	72	1723	62	152	596	350	253650
2003	3321	471	115	1652	61	110	912	365	243650
2004	3603	536	139	1719	58	210	941	220	231583
2005	4242	588	206	1918	61	210	1259	180	236769
2006	485	629	289	2110	62	222	1513	196	250260
2008	5748	839	631	2549	113	180	1436	128	252263

续表47-5

年份	设备总量(台)	锅炉(台)	电梯(台)	压力容器(台)	大型游乐设施(台)	场(厂)内机动车(台)	起重机械(台)	压力管道(千米)	气瓶(只)
2013	8089	352	3472	2217	61	183	1804	156	353800
2015	9254	431	3976	3302	60	116	1369	186	250000
2016	11740	525	4505	3787	59	186	2678	187	250000
2017	11854	457	5038	3909	120	201	2129	187	350000

第二节　特种设备作业人员培训

2001—2006年，全市培训考核各类特种设备管理和操作人员7392人，发证806个。2008年，全年培训考核各类特种设备作业人员2355人，其中冷水江钢铁厂、锡矿山闪星锑业有限责任公司等单位各类特种设备作业人员1600人。2009年，市质监局邀请省质监局专家对全市36家液化石油气体充装站、123名作业人员以及500家特种设备生产、使用、安装、维修单位654名作业人员进行培训。2010年，全市举办12期各类特种设备作业人员培训班，培训考核作业人员1280人，1600人复审作业人员进行换证培训，全市各类作业人员持证上岗率100%。2011年，按照质检总局《特种设备作业人员监督管理工作》要求，严格规范特种设备作业人员培训考核发证工作。全年举办各类培训班28期，培训各类特种设备作业人员2650人。涟钢培训中心、涟钢焊培中心，冷钢培训中心、市质量技术监督协会等四家单位通过省质监局组织的特种设备从业人员考核机构验收。

2012年，全年举办电梯、起重机械、锅炉操作人员和特种设备焊接作业人培训班，培训各类作业人员500人。2013年，举办气瓶，电梯、锅炉、起重机械、压力容器及厂（场）内机动车辆操作和管理作业人员培训班26期，培训考核发证800人，对1400名作业人员进行复审换证，确保全市特种设备作业人员持证上岗。2014年，全市举办电梯安全监管和操作人员培训班，82家电梯使用单位156名管理和操作人员参加培训学习。举办两期气瓶充装站负责人和充装操作人员培训班，45家气瓶充装站、165人参加气瓶安全法制和气瓶安全技术培训学习。2015年，组织举办锅炉、压力容器、起重机械、电梯安全管理人员及电梯操作人员培训班，培训考核各类操作人员367人。2016年7月，市质监局对特检分院、涟钢考培中心等4家特种设备考试机构进行现场核查评审。是年，办理特种设备管理人员和作业人员操作证702人。2017年，市质监局重点检查聘用单位对作业人员聘用和培训情况。对安装施工现场作业人员逐一核对证件和身份，严查无证作业和借用资质行为。全市办理特种设备管理人员和作业人员操作证3532人。

娄底市特种设备电梯安全管理人员及电梯作业人员培训现场（2015年6月28日摄）

第六章　机　构

第一节　市级机构

1990年，地区标准局，核定行政编制7名，事业编制15名。地区计量局，核定行政事业编制45名，实有在职人员60人。1994年7月，地区计量局和地区标准局合并，组建地区技术监督局（简称技监局）。1995年8月，内设办公室、法规科、质量科、标准化科、计量科、监督科、特种设备安全监察科、人事科、计划财务科、机关党委、监察室。下设稽查队、代码办、产品质量监督检验所、计量测试检定所、衡器检定所。核定机关行政事业编制40名，核定3所全额拨款事业编制44名。1999年8月，地区技监局更名市质量技术监督局（简称质监局）。

2000年10月，市、县（市、区）质监局机关和事业单位全部划归省质监局垂直管理。娄星区质监局更名娄底市质监局娄星分局。2000年11月，市劳动局管理的锅炉压力容器与特种设备安全监察职能、机构、编制、人员划转到市质监局。划转行政编制4名，技术机构事业编制18名。2001年7月，省编办和省质监局核定市质监局内设机构和人员编制。内设办公室、法规科、质量管理科、计量科、标准化科、监督科、特种设备安全监察科、计划财务科、人事科、机关党委、监察室，下设质量技术监督稽查支队、质量技术监督信息管理所、产品质量监督检验所、计量测试检定所、锅炉压力容器特种设备检验检测所。核定行政编制28名，事业编制3名。稽查支队参公事业编制10名，技术机构全额拨款事业编制74名。2005年12月，增设食品质量安全监督科。2006年10月，市政府批准市质监局机关、技术机构和职工住宅整体搬迁至吉星南路大科办事处南垅居委会槽门组段。2011年7月，市特种设备检验检测所上划省特种设备检验检测研究院管理。2013年5月，市质量技术监督检验检测中心（电子陶瓷国检中心）竣工投入使用，总建筑面积17785.4平方米，总投资7677.7万元，局机关和5个直属事业单位及省特检院娄底分院迁入新址办公。2014年11月3日，国家质检总局、国家认证认可监督委员会批准成立国家电子陶瓷产品质量监督检验中心（湖南），是娄底市第一家国家实验室。2015年3月，市质监局食品安全监管和食品生产监督检验职能、编制和人员及财物划转市食品药品监督管理局。

2015年10月，市、县质监部门由省垂直管理下放到市、县政府管理。11月，市质监局为市政府工作部门。内设办公室、政策法规科、质量管理科、标准化科、计量科、特种设备安全监察科、产品质量监督科、认证管理与科技科、人事科、计划财务科、离退休人员管理科、机关党委、纪检（监察）室。核定行政编制35名，全额拨款事业编4名。下设正科级直属事业机构5个，稽查支队全额拨款事业编制18名，计量测试检定所全额拨款事业编制39名，产（商）品质量监督检验所全额拨款事业编制24名，信息所全额拨款事业编制3名，国家电子陶瓷产品质量监督检验中心（湖南）全额拨款事业编制12名。派出机构2个：娄星分局核定行政编制8名，全额拨款事业编制1名；娄底经开区分局核定行政编制3名，全额拨款事业编制1名。2016年6月，国家电子陶瓷产品质量监督检验中心（湖南）更名市精细陶瓷工业技术检测中心，加挂国家电子陶瓷产品质量监督检验中心（湖南）牌子。2017年，机构设置和人员无变化。

第二节　县级机构

一、涟源市质监局

1990年，涟源市标准计量管理局内设办公室、计量股、标准化管理股，下设计量测试检定所及试验工厂，工作人员30人。8月27日，增设产品质量监督检验所。1991年1月，增设财务股。全局机关和技术机构工作人员50人。1994年12月27日，更名涟源市技监局。

2000年10月，涟源市技监局更名为涟源市质监局。2001年7月，内设办公室、政工股、监督股、标准质量股、计量股、锅炉压力容器安全监察股及直属事业机构稽查队、计量测试检定所、产品质量监督检验所。2003年6月，产品质量监督检验所与计量测试检定所合并，成立市产品质量监督检验及计量检定所。2004年5月，涟源市质监局增设娄底溶解乙炔气钢瓶检验所，承担娄底辖区内5个县（市、区）的溶解乙炔气钢瓶的检验检测工作。2005年1月，增设食品质量安全监管股。2006年2月，涟源市质监局增设娄底煤矿机械产品质量监督检验中心，承担全市煤矿机械产品质量监督检验工作。是年，局机关内设办公室、政工股、食品质量安全监管股、标准质量股、计量股、特种设备安全监察股，下设事业机构稽查队、质量监督检验及计量检定所、娄底溶解乙炔气钢瓶检验所、娄底煤矿机械产品质量监督检验中心，工作人员71人。2011年11月，内设7个股室：办公室（法规监督股）、标准质量股、计量与认证股、产品质量监督股、食品生产监管股、特种设备安全监察股、人事股，局机关核定编制21名。

2015年12月，涟源市质监局由省直管理下放涟源市政府管理，与涟源市工商局合并，组建涟源市工商行政管理和质量技术监督局。2016年2月，划转5人到涟源市食品药品监督管理局。2017年3月，核定编制225名，其中行政编制141名，后勤编制20名，全额拨款事业编制37名，差额拨款事业编制27名。实有在职干部职工195人，离退休人员94人。

二、冷水江市质监局

1990年，冷水江市标准计量局内设人秘股、业务股，下设计量检定所、衡器检定所、产品质量监督检验所。1993年6月，计量测试所、产品质量监督检验所升格为副科级单位。1994年10月，更名冷水江市技监局。2000年10月，更名冷水江市质监局。2001年7月，内设政工股、办公室、监督股、标准质量股、计量股、锅炉压力容器安全监察股，加挂稽查队牌子。下设计量检定测试所、产品质量监督检验所。2003年，冷水江市产品质量监督检验所和计量测试所合并为冷水江市质量监督检验及计量检定所。2005年1月，增设食品安全监督股。全局干部职工54人，其中退休人员6人。

2015年12月，冷水江市质监局与冷水江市工商局合并为冷水江市工商行政管理和质量技术监督局。2016年2月，冷水江市工商局、质监局、食品药品监督管理局合并组建冷水江市市场监督管理局。

三、新化县质监局

1990，新化县标准计量管理局，内设办公室、标准股、计量股、计量测试检定所。1994年11月，更名新化县技监局。2000年10月，新化县技监局更名新化县质监局。2001年7月，内设办公室、标准质量股、计量股、产品质量监督股、特种设备安全监察股（加挂稽查队牌子），下设计量测试检定所、产品质量监督检验所。

2016年9月，新化县工商局、食品药品监督管理局、质监局合并组建新化县市场监督管理局。

四、双峰县质监局

1990年8月，双峰县标准计量管理局实有人员14名。内设办公室、计量股、标准股，下设计量测试检定所。1992年3月，与县科学技术委员会、科学技术协会合并成立双峰县科技标准计量局，内设办公室、标准质量组和计量组。1999年12月，成立双峰县质监局。定编46名，其中行政编制10名，稽查编制8名，后勤服务事业编制1名，技术机构事业编制27名，实有人员32名。2001年7月，内设办公室、政工股、产品质量监督股、标准质量股、计量股、锅炉压力容器安全监察股、稽查队及计量测试所。2003年，计量测试所撤销，成立双峰县产品质量监督检验及计量检定所。2005年1月，增设食品安全监督股。

2011年10月，内设办公室、标准质量股、计量与认证股、产品质量监督股、食品生产监管股、特种设备安全监察股、人事股，下设双峰县质量监督检验及计量检定所。编制调整为50名，其中行政编制10名，后勤服务事业编制1名，稽查编制12名，事业编制27名。2014年，实有人员51名，其中在职40名，退休人员11名。

2016年3月，双峰县工商局与质监局合并组建双峰县工商行政管理和质量技术监督局，内设办公室、政策法规股、行政审批股、企业和个体监督管理股、消费者权益保护股、商标广告监督管理股、市场规范和网络交易监督管理股、公平交易监督管理股、标准计量认证段、特种设备安全监察股（县特种设备事故调查处理办公室）、质量监管股、计划财务科技股、人事教育股；下设县市场监督检查执法大队，按内设机构实施管理；设置双峰县消费者委员会办公室（双峰县消费者协会，加挂双峰县“12315”“12365”申诉举报中心牌子）、双峰县工商行政管理和质量技术监督局信息中心（加挂双峰县个体私营经济发展指导中心牌子）、双峰县质量监督检验及计量检定所3个正股级事业单位；下辖10个乡镇派出机构。2017年，蛇形山工商行政管理和质量技术监督所划至娄星区，减至9个派出机构。局机关核定行政编制45名，后勤服务编制2名；事业单位核定全额拨款事业编制37名，差额拨款事业编制16名；派出机构核定行政编制75名。全局干部职工253人，其中在职149人，离退休人员104人。

五、娄星区质监局

1990年，县级娄底市标准计量局内设办公室和稽查队，行政编制10名，事业编制16名。1992年，更名娄底市技术监督局。1994年5月，增设产品质量监督检验所，增加事业编制5名。1996年2月，增设法制股，增加机关后勤服务事业编制1名。1997年6月，核定执法稽查大队事业编制16名；衡器检定所事业编制13名；产品质量检验所事业编制15名。1999年8月，更名娄星区质监局。

2000年10月，更名市质监局娄星分局。2001年7月，娄星分局内设办公室、标准质量股、计量股、监督股、人事股（加挂稽查队牌子）。产品质量监督检验所和衡器检定所划归市质监局产品质量监督检验所和计量测试检定所，核定娄星分局机关行政编制8名，机关后勤服务事业编制1名，稽查编制7名，事业编制43名。

2015年12月，娄星分局改为市质监局派出机构，核定行政编制8人，后勤服务全额拨款事业编制1名。内设办公室、产品质量监督与标准质量股、计量认证与特种设备安全监察股。2017年，蛇形山工商行政管理和质量技术监督所划出至娄星区。

六、娄底经开区质监局

2005年2月，设立娄底经济技术开发区质量技术监督办公室，为市质监局派出机构。

2015年11月，更名市质监局经开区分局，为市质监局派出机构，核定行政编制3名，后勤服务事业编制1名。

第四十八篇

土地矿产资源管理

概　述

1990年，地区国土管理局和地区矿产资源管理处贯彻执行《中华人民共和国土地管理法》《中华人民共和国矿产资源法》，实行城乡土地、矿产资源统一管理。全地区开始试点征收矿产资源管理费。

1991年始，对采矿许可证年检，深化采矿权管理。全地区颁发采矿许可证40余个，换发、注销和吊销采可许可证33个。行署制定《娄底地区国土综合开发规划》。地、县、乡三级土地利用总体规划编制完成。1992年，行署出台《城镇国有土地使用权管理暂行办法》，推动土地使用权改革，规范土地有偿使用。全地区建设用地初始变更登记发证26.78万本，其中国有土地使用证581本，集体土地使用证26.73万本。是年，地区矿产资源管理办公室更名地区矿产资源管理局，为行署职能机构，县市矿管办相继更名县、市矿产资源管理局。1994年始，全地区全面清查土地隐形市场。1995年，地区和县、市两级矿产资源管理局更名地质矿产局。全地区执行国家《矿产资源补偿费征收管理规定》，改管理费征收为补偿费征收，对矿山地质环境和储量实行动态管理，推进矿业权市场建设。1996年，行署制定保护耕地红线，建立土地利用规划管理、建设用地计划管理、建设用地审批、土地开发复垦等制度体系，乱占滥用耕地势头在一定程度上得到遏制。是年，全地区完成第一次土地利用大调查和基本农田保护区划定工作，初步摸清土地资源家底，全地区基本农田保护17.2万公顷，层层签订基本农田保护责任状。全地区土地有偿使用制度改革起步。

1998年，国土资源部成立后，全国土地管理纳入国土资源管理体制。完成《娄底地区土地利用总体规划（1997—2010）》。2001年10月，市国土管理局、市地质矿产局职能合并，组建市国土资源局，建立土地用途管制制度，制定和执行严格的耕地保护政策，落实土地管理行政首长负责制，将耕地保有量和基本农田保护面积纳入政府负责人考核指标，把基本农田落实到地块和农户。制订和实施土地利用年度计划，严把建设用地预审和审查报批关，实现土地资源、矿产资源统一规划、管理、保护与合理利用。全市土地储备、土地交易步入正轨。2002年，全市矿业权转让从禁止到逐渐放开。2003年，全市地质矿产资源使用权实行招标、拍卖、挂牌（简称“招拍挂”）交易，矿产资源开发有序推进。是年，全市推进土地使用制度改革，界定有偿与划拨供地范围，规范协议出让行为，严格执行协议出让土地最低价制度，推进经营性用地和工业用地招拍挂出让，逐步规范土地市场，不断深化土地有偿使用制度改革。

2004年4月，市委、市政府贯彻国务院和省政府关于做好省级以下国土资源管理体制改革有关问题的通知精神，全面完成市本级机构改革工作。12月，市国土资源测绘队成立。2006年6月，《娄底市土地储备管理办法》和相关配套规章制度实施，全市土地储备管理制度体系正式建立。2005—2010年，全市土地储备987.91公顷，出让储备土地153.7公顷。2010—2011年，娄底市连续两年获省政府土地管理和耕地保护先进单位。2014年，全市加强地质矿产管理，规范矿业权依法转让和矿业权人的变更与审批管理，矿业权有形市场信息公开，矿权交易管理规则出台，调整矿业权审批权限，严格限制矿业权协议出让。2016年，实施不动产登记制度，发证4086本、证明2334本。2017年，市本级发放不动产登记证书1.86万余本、证明1.82万余本。加强资源管理，强化监督职能，加大执法力度，实现城乡统管，强化土地调控，实行土地有偿使用，着力服务地方经济发展，资源逐步向资本转变。

第一章 土地资源管理

第一节 土地利用总体规划

1993年8月至1994年7月，地区行署编制《娄底地区土地利用总体规划（1993—2010年）》，经专家鉴定，行署常务会议审定，获省国土管理局验收。其间，各县、市、乡镇土地利用总体规划编制同步进行。1995年2月《娄底市土地利用总体规划》，被省国土测绘管理局评为湖南省土地利用优秀成果一等奖，5月，被国家土地管理局评为1994年国家土地管理局土地利用优秀成果二等奖。

1997年3月，地区行署贯彻中共中央、国务院《关于进一步加强土地管理切实保护耕地的通知》和省委、省政府指示精神，对《娄底地区土地利用总体规划（1997—2010）》进行修订，1998年完成。1999年，地区和各县（市），以及双峰县永丰镇、新化县上梅镇规划获省政府审批。乡镇级规划经市政府批准实施。

规划主要指标，建设占用耕地控制指标，规划确定到2010年为2666.67公顷，其中至2000年建设占用耕地控制在966.67公顷。1997—2005年，实际建设占用耕地面积2188.93公顷，完成规划控制指标82.08%。新增建设用地控制指标，规划确定到2010年在1.2万公顷以内，其中居民点及独立工矿用地9332.33公顷、交通用地2166.67公顷、水利设施用地546.67公顷。1997—2005年，实际新增建设用地1.2万公顷，其中新增居民点及独立工矿用地3831.87公顷，为规划控制指标41.06%；新增交通用地583.49公顷，为规划控制指标26.93%；新增水利设施用地7542.48公顷，超出规划控制指标6995.81公顷。

基本农田保护面积指标，规划确定到2010年为15.31万公顷。1997—2005年，娄底市基本农田保护面积保持不变，做到与规划面积保持一致。

补充耕地面积指标，规划确定到2010年为7567.33公顷，包括土地开发增加耕地1813.33公顷，退宅还田整理增加耕地4268.67公顷（其中土地整理出耕地980.00公顷），土地复垦增加耕地505.33公顷。其中到2000年土地开发整理增加耕地666.67公顷，退宅还田整理增加耕地1213.34公顷（其中土地整理出耕地286.67公顷），土地复垦增加耕地153.33公顷。

生态建设减少耕地控制指标，规划确定到2010年在4350公顷以内，灾害毁损减少耕地控制在550.66公顷以内，其中到2000年生态建设减少耕地控制在1240公顷，灾害毁损减少耕地控制在160公顷。

耕地保有量指标，规划确定到2010年为18.23万公顷。到2005年实有耕地面积为19.84万公顷，实有耕地面积比规划目标多1.61万公顷。

2005—2006年，娄底市政府根据《国务院关于深化改革严格土地管理的决定》《国务院办公厅转发〈国土资源部关于做好土地利用总体规划修编前期工作的意见〉》《湖南省人民政府关于深化改革严格土地管理的意见》和省国土资源厅的统一部署，对上轮规划再次修编。对与全市发展密切相关的《娄底市土地利用总体规划（1997—2010年）实施评价》《娄底市耕地和基本农田保护研究》《娄底市优化城乡建设用地结构和布局研究》等7个土地利用重大问题进行专题研究。

2008年，《娄底市土地利用总体规划大纲（2006—2020年）》获省国土资源厅批复，2010年3月，获省政府批准。2011年1月，娄星区、冷水江市、涟源市、双峰县及永丰镇、新化县及上梅镇土地利用总体规划（2006—2020年）获得省政府批准。2011年5月，娄星区12个乡镇（街道）、涟源市20个乡镇（街道）、冷水江市16个乡镇（街道）、双峰县16个乡镇、新化县27个乡镇（街道）办事处土地利用总体规划（2006—2020年），获市政府批准。

规划主要指标及执行总量指标耕地保有量至2020年，规划确定娄底市耕地保有量为17.09万公顷，截至2014年末，娄底市耕地面积为19.28万公顷，超出规划目标2.19万公顷。基本农田保护面积规划至2020年，不低于14.59万公顷。截至2014年末，全市实有面积为14.75万公顷，超出规划目标1604.78公顷。建设用地总规模规划至2020年，控制在9.27万余公顷以内，截至2014年末，实用地9.19万公顷，结余规划指标885.24公顷。城乡建设用地规模规划至2020年，控制在7.98万余公顷以内，2014年实用7.84万公顷，结余规划指标1448公顷。城镇工矿用地规模规划至2020年，控制在2.92万公顷以内，2014年实用地1.91万公顷，结余规划指标1.01万公顷。

增量指标 新增建设用地规模规划至2020年，控制在1.63万公顷以内，2014年实际新增建设用地7528.73公顷，结余规划指标8724.40公顷。新增建设占用农用地规模规划至2020年，控制在1.51万公顷以内，2014年实际新增用地6915.16公顷，结余规划指标8146.88公顷。新增建设占用耕地规模规划至2020年，规模控制在7781.43公顷以内，2014年实际新增3783.15公顷，结余规划指标3998.28公顷。土地整治补充耕地规模规划至2020年，为6298.47公顷以内，2014年实际土地整治补充耕地规模5197.92公顷，结余规划指标1100.55公顷。

效率指标、人均城镇工矿用地规模 规划至2020年，娄底市人均城镇工矿用地规模113.77平方米/人以内，2014年实际为117.28平方米/人，超规划指标3.51平方米/人。

2015年2月，根据省国土资源厅《关于印发〈湖南省土地利用总体规划调整完善工作方案〉的通知》，市政府对《娄底市土地利用总体规划（2006—2020年）》调整完善工作，通过公开招投标，确定省工程勘察院为技术服务单位。《娄底市及娄星区土地利用总体规划（2006—2020年）》（2016年修订版），2017年8月获省政府办公厅审批通过。涟源市、双峰县和新化县土地利用总体规划（2006—2020年）（2016年修订版），2017年5月获省政府办公厅审批通过。《冷水江市土地利用总体规划（2006—2020年）》（2016年修订版），2017年10月获省政府办公厅审批通过。娄星区10个乡镇（街道）、涟源市19个乡镇（街道）、冷水江市6个乡镇、双峰县14个乡镇、新化县27个乡镇（林场）土地利用总体规划（2006—2020年）（2016年调整完善方案），2017年获市政府批准。

娄底市第三次土地利用总体规划主要指标控制情况表

表48-1　　单位:公顷、平方米/人

指标名称		2005年	2014年	2020年（2016年修改后）	指标属性
总量指标	耕地保有量	197394.84	192814.54	185850.00	约束性
	基本农田保护面积	150816.13	147470.78	147770.00	约束性
	建设用地总规模	89844.82	91858.63	93956.48	预期性
	城乡建设用地规模	76750.50	78380.84	79758.75	约束性
	城镇工矿用地规模	17054.37	19093.98	29146.10	预期性
增量指标	新增建设用地规模	—	7528.73	17609.30	预期性
	新增建设占用农用地规模	—	6915.16	16123.25	预期性
	新增建设占用耕地规模	—	3783.15	8305.41	约束性
	土地整治补充耕地规模	—	5197.92	7813.68	约束性
效率指标	人均城镇工矿用地规模	86.77	117.28	135.56	约束性

娄底市第三次土地利用总体规划土地利用结构规划调整情况表

表48-2　　　　单位:公顷、%

地类			2005年		2014年		2020年		2014—2020年变化量
			面积	比重	面积	比重	面积	比重	
土地总面积			810959.38	100.00	810959.38	100.00	810959.38	100.00	0.00
农用地	合　计		665323.36	82.04	661838.02	81.61	660052.10	81.39	-1785.92
农用地	耕地		197394.84	24.34	192814.54	23.78	189471.34	23.36	-3343.20
农用地	园地		33519.35	4.13	34221.12	4.22	33956.41	4.19	-264.71
农用地	林地		381000.37	46.98	380670.10	46.94	383521.67	47.29	2851.57
农用地	牧草地		0.00	0.00	0.00	0.00	0.00	0.00	0.00
农用地	其他农用地		53408.80	6.59	54132.26	6.68	53102.68	6.55	-1029.58
建设用地	合　计		89844.82	11.08	91858.63	11.33	93956.48	11.59	2097.85
建设用地	城乡建设用地	城镇用地	13853.74	1.71	15882.77	1.96	25328.18	3.12	9445.41
建设用地	城乡建设用地	农村居民点用地	59696.13	7.36	59286.86	7.31	50612.64	6.24	-8674.22
建设用地	城乡建设用地	采矿及其他独立建设用地	3200.63	0.39	3211.21	0.40	3817.92	0.47	606.71
建设用地	城乡建设用地	小计	76750.50	9.46	78380.84	9.67	79758.75	9.84	1377.91
建设用地	交通水利用地		10753.46	1.33	11154.23	1.37	12141.53	1.50	987.30
建设用地	其他建设用地		2340.86	0.29	2323.56	0.29	2056.20	0.25	-267.36
其他土地	合　计		55791.20	6.88	57262.73	7.06	56950.80	7.02	-311.93
其他土地	水域		13672.53	1.69	13669.23	1.69	14106.26	1.74	437.03
其他土地	自然保留地		42118.67	5.19	43593.50	5.38	42844.54	5.28	-748.96

第二节　耕地保护

一、永久基本农田划定

1996年，行署与县市政府、县市与乡镇、乡镇与村组都按省下达耕地保护指标分解到村组，落实到丘块，签订长期保护责任状，全地区签订责任状1.15万份。至12月底，全地区完成1∶1万国际分幅保护区图近600幅，建立与图相衔接、能反映保护区等级的面积登记卡1.7万余张，与图相衔接保护清册162本，全地区共划定永久基本农田17.2万顷，建立永久基本农田保护标志牌2万余块。

1998年，地区国土管理局完善基本农田保护年度目标管理办法，年初、年中，组织二次集中检查，抽检面60%以上，合格率100%。在原有保护标志牌基础上，新设保护标志牌1200块。基本农田保护通过土地利用总体规划修编规划到图斑。

2003年4月，在全省国土资源工作会议上，市政府向省政府递交2003—2007年耕地保护目标责任状。2004年5月，全市历时半年，开展基本农田保护大检查，建立永久基本农田保护数据库，对上一轮规划未落实到地块的3333.33公顷基本农田进行补划，完善基本农田图表册等档案资料。全市93个乡镇在当地显著位置设置基本农田保护公示牌，耕地和基本农田的保护责任落实到农户。市政府成立基本农田检查工作领导小组，制订《娄底市基本农田保护检查方案》，深入开展基本农田保护大检查。通过动员、自查自纠、检查落实、整改建制、总结提高五个阶段，掌握全市基本农田现状，核查土地利用总体规划确定的基本农田数量、地类、位置，把基本农田保护落实到地块。县（市）与乡（镇）、乡（镇）与村都订立保护责任状，在保护区设立保护牌，县乡建立保护档案，基本农田的图、表、册齐备，并与实地趋于一致。2012年，全市新建高标准基本农田保护标志牌82块，基本农田界桩3370个，发放责任卡78.7万张。做好娄邵盆地基本农田建设重大工程申报有关工作，争取基本农田建设资金18亿元。

2016年，市本级及各县（市、区）完成全域永久基本农田划定工作，全部通过省国土资源厅和省农业委员会联合审核，被省国土资源厅作为全省优秀示范市州，代表湖南省递交到国土资源部参与考评。2017年，全市永久基本农田面积14.75万公顷，比1996年核减2.45万公顷。

二、耕地占补平衡

1996年，全地区通过开发整理途径新增耕地，坚持“占一补一”原则，跨区域异地补充原则，全面落实“先补后占、占优补优、占水田补水田”政策。是年，地区建立土地占补平衡开发基金。从耕地占用税、造地费、土地出让金等7条途径筹集土地开发基金。地区国土管理局与地区财政局联合下发规范性文件，全年收取造地费300万元，筹集开发基金167万元。

2001年，全市各项非农业建设用地占用耕地98.37公顷，开发补充耕地111.02公顷，做到耕地占补平衡并有节余。2002年，全市通过选址定点、可行性论证、立项开发整理、检查验收项目77个，补充耕地158.09公顷。2003年，全市以土地利用总体规划为依据，坚持“按需定开”，合理组织占补项目，全年非农建设占用耕地260.9公顷，实施占补开发项目36个，新增耕地143.98公顷。2004年，全市实施占补开发项目22个，新增耕地182.52公顷。2005年，全市审批涉及占用耕地的建设项目57个，占用耕地84.1公顷，全部按照“占一补一”的原则，及时补充与所占耕地数量与质量相当的耕地。

2006年，全市新增耕地337.21公顷，实现耕地占补平衡和耕地总量动态平衡目标。2007年，全市建设项目均实行对应挂钩补充，年内开发新增耕地233.47公顷。2008年11月1日至2010年10月31日，全市获批准的各类非农建设占用耕地项目199宗，占用耕地1330.3公顷，补充耕地1344.6公顷。

2011年，全市开发耕地64宗，建设规模701公顷，新增耕地608公顷。完成新增耕地项目选址建库36宗，储备耕地后备资源340公顷。全年为各类建设项目报批补充耕地715公顷。2013年，全市加大耕地保护力度，为168个各级各类建设项目补充耕地702公顷，全部执行先补后占。为省级重点建设项目（益阳至娄底高速公路娄底段）补充耕地20.6公顷。土地开发项目立项114个，建设规模578.5公顷。验收土地开发项目36个，建设规模587.7公顷，新增耕地505.6公顷。2014年，市政府与各县（市、区）政府签订土地管理和耕地保护责任状，落实耕地保护目标责任管理考核制度。为89个各级各类建设项目补充耕地347.8公顷。为省级重点建设项目（娄底大道）补充耕地86.25公顷。2015年，全市为各类建设项目补充耕地102.31公顷。

2016年，全市验收并确认土地开发项目30个，新增耕地374公顷。市本级项目建设占用耕地32.5公顷，全部实现先补后占。2017年，全市补充旱地166.67公顷、水田66.67公顷，耕地保有量为19.27万公顷，基本农田保有量为14.75万公顷，超额完成省政府下达的考核目标，娄底市连续18年实现耕地占补平衡。

三、土地开发复垦管理

1990年，娄底市国土管理局开始摸索开发复垦土地整理工作，在西阳乡大埠桥村进行荒山坡度小于25度的空闲地开发复垦试点。1992年，全地区开发农用地909.8公顷，其中耕地160.71公顷，园地749.09公顷，超额完成省下达计划。全地区投入开发补助经费84.95万元，比上年增加28.75万元。1993年，全地区开发耕地278.97公顷，开发园地1269.53公顷。1994年，全地区开发农用地959.88公顷，比下达计划数723.33公顷高出32.8%。其中耕地101.8公顷（水田14.84公顷，旱土86.96公顷）。1995年，地区国土管理局组织开发农用地841.87公顷，其中耕地168.27公顷。省下达计划数农用地开发300公顷，其中耕地113.33公顷，实际开发数比计划分别超额541.87公顷、54.94公顷，为计划数的280.6%、148.5%。耕地开发比重由上年的10.6%提高至20%。1996年，全地区开发农用地633.27公顷，其中新增耕地205.82公顷，土改田5.41公顷，落实土地开发资金150万元，地区本级落实39万元。1997年，全地区投入土地开发专项资金117万元，开发复垦土地731.87公顷，其中耕地332.87公顷，实现耕地数量“开”大于“用”的年度目标。1998年，全地区投入土地开发专项资金128万元，开发复垦土地732.47公顷，其中耕地325.07公顷。

2000年，除市本级和冷水江市外，其他三县市都成立土地开发复垦整理中心，全年各项非农建设项目的占用耕地补充都通过土地开发整理中心在储备指标中购买折抵。新化县、涟源市还承担全省洛湛铁路100公顷耕地的异地补充任务。2002年，全市通过选址定点、可行性论证、立项开发整理、检查验收的项目85个。其中实施涟源市667公顷区片土地开发项目和冷水江市土地复垦项目，新增耕地201.1公顷。涟源市万亩区片土地开发，第一期工程投入524万元，开发整理土地200公顷。第二期工程投资379万元，新增耕地113公顷，新化县大洋江土地整理项目，国家投资100万元，新增耕地27.1公顷。2002年，双峰县为长沙异地开发补充耕地40公顷。是年，全市通过土地开发整理，耕地量达到18.22万公顷，在年初耕地总量18.18万公顷的基础上增加耕地0.04万公顷。2002年，国土资源部部署土地开发整理规划编制工作，要求在6个月之内完成。市国土资源局成立领导小组和工作机构，投入专项资金82万元，组织530人参与编制工作，建立电子数据库。从准备、调研、方案拟定，到评审报批，形成县市两级规划文本、说明、附件30万字。土地开发整理潜力图、规划图12幅，建立该规划数据库3000兆比特信息量。成果通过省国土资源厅验收。

2003年，全市实施土地开发整理项目12个。其中国家重点项目2个、省投资项目2个、市级开发整理项目8个，新增耕地292.25公顷。2004年，全市土地整理在上年项目续建的基础上，增加省投资项目1个，即冷水江市三尖乡耕地整理项目；实施市级项目9个，申报国家项目4个，建设规模2000公顷；申报省级耕地整理项目2个，建设规模666.67公顷。2005年，全市完成土地开发整理项目选址定点21个，开发规模210公顷，新增耕地180公顷；竣工验收12个，提供储备耕地104.63公顷。2006年，全市申报基本农田灾毁复垦项目1个，投资预算1000万元。8个中央、省投资土地整理项目通过验收，面积1382.88公顷，总投资3543.12万元。2007年，全市启动国家、省投资土地整理重点项目9个，投资预算总额为8188.07万元，建设规模为3275.38公顷。完成双峰县荷叶镇、梓门镇等国家和省投资土地整理项目4个，投资总额为3617.38万元，建设规模为1577.97公顷，市本级土地开发项目共立项选址15个，新增耕地200公顷。2008年，全市完成国家、省、市投资土地整理项目16个，面积3168.47公顷，完成投资6742.16万元。2009年，全市完成土地开发项目86个，新增耕地963.8公顷；完成并验收土地整理项目12个，面积2254.6公顷，总投资5732.6万元。2010年，全市实施土地开发项目75个，新增耕地660公顷。年前实施的省以上投资项目全部通过验收。整理项目38个，新增耕地89.1公顷。

2011年，全市开发耕地64宗，总建设规模701公顷，新增耕地608公顷。实施土地综合整治项目7个1869公顷，投资6862万元，新增耕地41公顷。验收土地综合整治项目9个671公顷，投资2466万元。2012年，全市实施土地综合整治项目19个，3205.8公顷，投入资金1.23亿元。2013年，全市实施土地整治项目25个7563公顷，投入资金2.01亿元。是年，娄邵盆地基本农田建设重大工程项目启动，涉及娄星区、涟源市、双峰县，建设规模6.67万公顷，投资20亿元，全部工程项目分5年申报。是年，实施3个项目涉及7个乡镇、117个行政村，建设规模6384公顷，投资2.01亿元。2014年，全市申报土地综合整治项目16个9960.67公顷，投资预算3.43亿元，其中娄邵盆地基本农田建设重大工程项目建设规模6407公顷，投资2.34亿元，涉及娄星区、涟源市、双峰县，7个乡镇、118个行政村。2015年，全市申报各级各类土地整治项目17个9199.46公顷，投资预算3.01亿元。娄星区土地整治项目被省国土资源厅列为“整体打包”创新试点。

2016年，全市申报土地整治项目19个，4228.7公顷，投资9415.2万元；验收往年项目16个6751.9公顷，投资2.05亿元。是年，娄星区旱土改水田项目建设规模34.28公顷，投资1529.71万元。2017年，市本级完成土地开发项目5个，投资674.47万元，58.67公顷，新增耕地51.86公顷的工程结算、工程审计工作，通过验收；省级灾毁复垦项目1个，项目复垦灾毁土地15.12公顷，投资102.25万元；市本级土地开发项目选址9个13.33公顷，旱改水项目选址6个，40公顷。

2013—2015年娄底市娄邵盆地及连片推进示范县项目一览表

表48-3

项目名称	总投资（万元）	建设规模（公顷）	工程施工费（万元）	新增耕地（公顷）
2013—2015年娄星区娄邵盆地项目	7510.65	2359.08	6801.07	23.72
2013—2015年涟源市娄邵盆地项目	23456.28	6606.61	19142.85	33.33
2013—2015年双峰县娄邵盆地项目	37536.15	9952.04	31703.33	32.97
2013—2015年新化县连片推进示范县项目	19183.96	6009.56	16854.32	32.94
合　　计	87687.04	24927.29	74501.57	122.96

第三节　地籍管理

一、土地资源调查

1992年6月，新化县进行第一次土地利用现状调查，全县分87个作业组，历时一年整，勾画188万个地类图斑，查明全县土地38.37万公顷，获各乡、村级土地利用现状图、表、册等重要数据，撰写土地利用现状调查综合报告。1992年底，省国土管理局下发通知，在全省范围内开展土地资源补充调查，要求进一步查清所有村与村、乡与乡、县与县之间的权属界线，形成正式的土地权属界线认定书，经双方盖章生效，统一由县级政府登记造册，发放集体土地所有权证书至各乡、镇、村等单位。自此，农村集体土地所有权的确定登记发证有正式的图、表、文字依据可查。1996年后，根据国土资源部、省国土资源厅的统一部署，确定每年的10月为全国土地变更调查统一时点，并形成常态化的年报制度。2001年，市国土资源局组织开展坡耕地调查和土地后备资源调查，投入资金58万元，查清全市15°以上的坡耕地4.41万公顷，耕地后备资源1.52万公顷，其中可开垦1.29万公顷，可复垦2283.47公顷。

2007年7月，市政府启动第二次土地资源调查，颁布《娄底市第二次土地调查实施方案》，于2009年12月完成。根据国务院和省政府统一部署，以2009年12月31日汇总二次调查数据。是年，市政府进行第二次土地资源调查市级数据库及管理系统建设。建设周期为两年，进行数据库整合和管理系统的开发建设。娄底市级数据库及管理系统建设工作成果通过省国土资源厅评审。省国土资源厅为此追加给市城镇地籍调查数据汇总试点经费30万元。市土地变更调查与“二次调查”工作在省国土资源厅一次性检查通过。2010年10月，根据耕地保护形势的变化，湖南省再次启动耕地后备资源调查评价工作。

2011年5月，省国土资源厅印发《关于〈湖南省耕地后备资源调查评价工作方案〉和〈湖南省耕地后备资源调查评价技术方案〉的通知》，明确市、县两级有关耕地后备资源调查与评价的工作内容和技术要求。2012年12月，由省土地综合整治局出具各市州耕地后备资源调查与评价成果省级验收意见，娄底市通过验收。全市耕地后备资源2.98余万公顷。其中草地1.50万公顷，滩涂142.34公顷，裸地1414.2公顷，其他土地1.32万公顷。2013—2017年，娄底市没有开展土地资源调查。

二、土地确权登记发证

1987年，全地区各县、市国土管理局成立后，开展对非农业建设用地的农户及各个单位（公司）的土地清查，即对各户（单位）的土地权属界线、面积、形状进行逐宗丈量、画图、登记、造册、汇总统计等工作。按照当时相关文件要求，以土地总登记的形式按乡镇（办）、村为单位逐一清查、丈量、登记，统一登记造册，填写相关资料和各种表格，再由当地村（居委会）出具历史性用地证明后进行逐户登记发证，证书由县市政府审核，各国土管理所发放。1987年7月至1990年，全地区发出“土地使用证”24万本，建立发证档案1.93万卷。

1992年，全地区建设用地初始变更登记发证26.79万本。其中，发放国有土地使用证581本，集体土地使用证26.64万本。娄底市纳入湖南省地籍调查工作综合试点。双峰县政府颁布《双峰县国有土地申报登记发证实施细则》，国有土地使用权申报登记与城镇地籍调查一起开展，全面完成集体土地初始登记统计，颁发集体土地所有权证899本。1993年7月，双峰县政府在永丰镇试点，对国有土地开展登记发证工作，至1994年底，全县发放“国有土地使用证”3550本，土地226.5公顷。是年，娄底市国土管理局组织开展县域土地资源补充调查，对集体土地所有权单位进行现场确权勘界，制作权属文书，进行初始登记发证。1995年，全面完成确权勘界和发证工作。

1996年，全地区开展第一次城镇地籍调查，建城区范围内的土地都换发新版证书，用全解析法测算、出具宗地图，经省国土管理局验收后对城区范围内土地换发新证。截至1996年底，全地区五县市土地初始发证工作全部完成，其中有3个市城区、2个城关镇通过省级验收，并获优秀。全地区发放土地使用权证1.3万本，其中地区国土管理局配合公有住房出售发证8000本，抵押权证书70份。1997年，全地区共发放土地使用证8319本，变更登记1.9万余本，其中农村变更登记1.85万余本。1998年，全地区办理转让手续2563宗，7.88万平方米。1999年，市国土系统发放国有土地使用证1.25万余本。2000年，全市发放国有土地使用证1.13万本。其中初始登记4280本，变更登记6972本。全面铺开土地证书年检，全市查验宗地2.12万宗，年检率为94.2%，年检合格宗地1.81万宗，合格率为85%，补发和换发证书1866本。2001年，市本级发放土地使用证181本，城镇居民土地使用证207本，商品房459户，集资房575户。2002年，全市发放土地使用证1.52万本，其中集体土地使用证4320本，国有土地使用证1.09万本。2003年，全市登记发放土地使用证5.65万本，其中集体土地使用证4.48万本，国有土地使用证1.16万本。2004年底，娄星区国有土地登记发证由市国土资源局办理，集体土地登记发证由娄星区国土资源分局办理，报市国土资源局审签盖章。是年，市本级共登记发放土地使用证8597本，办理设定抵押登记1238本。2005年进行土地利用现状数据库建设，完善相关资料和程序，对所有集体土地所有权单位进行换发证。是年，全市办理变更土地登记1.4万宗，办理设定土地抵押登记5000宗。2006年，全市初始和变更登记地籍调查260宗。

2007年，第二次全国土地资源调查和地籍变更调查工作启动，全市城镇地籍调查建库工作全面铺开。2008年，全面完成城镇地籍调查数据汇总试点工作。《娄底市第二次土地调查实施方案》颁布实施。初始和变更登记实地地籍调查256宗。2009年，全市完成初始和变更登记实地地籍调查248宗，颁发国有土地使用权证1.11万本，完成利民煤矿挂牌转让评估的63.50万余平方米矿区用地实测和权属调查。2010年，完成市2010年第一批次用地项目、市土地矿产储备中心2010年第六批次储备用地项目、市纪律检查委员会“两规”办案（基地）场所、娄底经开区投资建设有限公司年产500万套高档成品服饰项目用地等重点项目征地中的土地权属界定和土地变更登记工作。是年，市国土资源局颁发国有土地使用证9654本，国有他项权利证书349本。2011年，市国土资源局发放土地使用证9836本、抵押证608本。2012年7月，市国土资源局制定《娄底市农村集体土地确权登记发证工作实施方案》，全市所有权发证工作全面铺开，地籍调查面积7742平方千米，落实专项经费6588万元。2013年4月1日，市本级启用新的19位宗地统一编码，完成地籍调查441宗，办理新增建设用地权属审查并出具书面意见97个，土地使用权登记审批1.37万宗，他项权利登记审批1857宗，共审批1.56万宗，呈报书面确权会审意见23宗，出具书面答复、报告20份。2014年10月底，完成市本级农村集体土地所有权确权登记试点工作，通过省农村集体土地确权登记发证工作办公室的验收。

2015年，市国土资源局建立年度土地变更调查报告制度和主要数据成果公报制度，首次与市统计局发布联合公报，向社会公布2013—2014年土地变更调查主要数据成果。完成年度土地变更调查与遥感监测工作，数据成果通过部、省验收。集中办理娄星区域内49宗铁路用地的变更登记发证。全年完成地籍调查242宗，登记发证1.06万本，土地他项权利证书1009本。集中办理广州铁路集团公司167宗，1401.53公顷土地的变更登记发证。是年，《娄底市不动产统一登记工作实施方案》经市委全面深化改革领导小组第七次会议原则通过，于2015年11月27日正式实施。

2016年6月28日，根据市政府《关于市级不动产职责整合和机构编制调整的通知》文件精神，市房地产管理局市城镇房屋产权产籍监理处和市国土资源局市土地矿产登记发证中心整合，组建娄底市不动产登记中心，为市国土资源局管理的副处级公益一类事业单位，作为娄底市政务服务中心的分中心，国土、税务、房产等与不动产相关的单位和部门均进驻服务大厅。至年底，发放国有土地使用证及不动产登记权证6420本。其中证书4086本、证明2334本。是年，开展不动产权籍调查，市本级完成地籍调查60宗、房地一体的不动产权籍调查118宗。积极推动城镇地籍变更调查试点工作，全面启动城乡一体化土地调查数据整合及数据库建设示范工作。

2017年，市不动产登记中心对流程进行两次梳理和改革，办理业务为两级审批，审批事项在科室办结，办结时限在法定30个工作日，抵押登记业务提速到5个工作日，比国务院要求的10个工作日缩短5个工作日，实现不动产登记发证全市域覆盖。是年，市本级发放不动产登记证书1.86万本、证明1.83万本，集中办理18家开发企业资产抵押登记手续，对不动产登记历史遗留问题推行“先证后税（费）”，妥善解决市中心城区房屋办证历史遗留问题。市本级为10多个房地产开发项目发放相关不动产权证3000本。是年底，全市农村集体土地所有权确权登记发证工作完成，5个县（市、区）共落实专项经费6588万元，涉及地籍调查7742平方千米，3372个行政村，3.63万个村民小组，28.41万宗地，40万条权属界线段。5县（市、区）的外业地籍调查成果、农村集体土地所有权确权登记数据库建库成果全部通过省级验收。完成不动产权籍调查260宗；与广铁（集团）公司协调处理21宗铁路用地变更登记发证等事宜。

三、土地权属争议调处

1990年，全地区调处土地权属纠纷1196起。1994—1995年，各县市在土地详查领导小组下设土地权属调查组，依据《中华人民共和国宪法》《中华人民共和国民法通则》《中华人民共和国土地管理法》《中华人民共和国矿产资源法》《中华人民共和国森林法》《中华人民共和国渔业法》《国务院行政区域边界争议处理条例》等法律、法规的规定，处理各类土地权属纠纷。权属纠纷处理实行分级负责，强调乡内纠纷不出乡，县（市）内纠纷县（市）解决，县（市）与县（市）的争议由双方协调解决。重大纠纷才由地和省出面调处。权属调处组统一按土地权属调查要求形成权属文书。涉及多个部门的土地纠纷，由详查领导小组办公室代表政府牵头会同有关单位统一负责处理，协商解决调处纠纷2323起。

1996年，地区国土管理局处理土地权属纠纷418宗，结案率92%。整理地籍档案568卷。1999年，市国土管理局调处土地权属纠纷45起。其中调处涟钢和高溪村的大宗土地权属纠纷。2000年，市国土管理局建立新的土地产权管理制度，做好各项重点项目征地中的土地权属界定工作，解决土地权属纠纷364起。

2003年3月，国土资源部颁布新的《土地权属争议调查处理办法》。市国土资源局据此制订详细的争议调查处理流程。2004年，市本级全年调处权属纠纷7起。2006年，调处娄底市物资局103仓库、涟钢与周边土地权属纠纷等。2008—2009年，市国土资源局调处29宗土地权属纠纷。2010—2011年，市国土资源局调处17宗土地权属纠纷。其中包括湖南省娄底化工总厂与高溪洗煤厂、安石集团与世纪花城、省煤炭一处与涟滨办事处茅塘居委会的权属争议等。2016—2017年，全市调处土地权属解决争议4宗，20.43公顷，出具书面权属调查报告30个。

第四节　土地利用管理

一、建设用地管理

1990年，用地指标在1989年的基础上有所压缩，农业建设用地纳入管理范畴。重点保证国家建设项目用地，加强乡镇村企业用地管理。严格控制农民个人建房用地，特别是严禁占用耕地，耕地指标一律由县掌握，统筹使用，提倡鼓励农民在原宅基地上翻修改造建房，凿石开山建房，把申请新宅基地建房户数控制在全地区户数的2%以下。

1991年始，各县市对村民建房采取审批前期、中期、后期跟踪监管的措施，发现问题及时处理，减少对建房户的损失。1996年，全地区国家建设用地、集体建设用地、农村居民建设共用地15.41万宗，用地3371.2公顷，其中耕地1276.7公顷。国家建设用地1346.55公顷，占总用地40%，其中耕地926.58公顷。集体建设用地535.7公顷，占总用地16%，其中耕地190.8公顷。农村居民建设用地1488.93公顷，占总用地的44%，其中耕地159.32公顷。1997年，全地区审批非农业建设用地1.39万宗，批准300.5公顷，其中耕地63.8公顷。1998年，在新《土地管理法》实施前，中央决定继续冻结非农业建设占用耕地审批。全地区审批非农业建设用地729宗，批准面积547.17公顷，其中耕地233.33公顷（全部为国家重点工程建设占用）。1999年，市政府根据新《土地管理法》的要求控制占用耕地，完善建设用地管理制度，对非农业建设用地实行审批管理，对符合要求的建设项目逐个进行审查，依程序报批宗地77.73公顷，其中耕地47.13公顷，每个项目都制定农地转用方案、补充耕地方案，收取耕地开垦费100万元。2000年，全市报批建设用地65宗。其中报国务院审批1宗，报省政府审批43宗，市本级审批21宗。全年审批农民个人建房1736户，用地20.83公顷，占用耕地11.91公顷。

2001年，全市审查报批建设用地项目35个，235.44公顷，其中农用地170.66公顷。审批个人建房3472户。2002年，全市审批国家建设用地项目43宗，集体建设用地8家，个人建房用地50批次2206户，审批用地175.51公顷。2003年，全市共审批、报批建设用地687.00公顷，申报农用地转用541.94公顷，其中，呈报国家建设项目61个，报批用地634.75公顷；审批个人建房40批，2380户，用地28.77公顷。2004年，全市在清理各类开发区，落实暂停审批农用地转用的前提下，按照有关供地政策，审查报批建设用地346.29公顷，申报农用地转用233.38公顷。2005年，市政府向省政府呈报国家建设项目51个，报批用地181.95公顷，其中农用地转用93.25公顷。

2006年，全市报批建设用地项目198个897公顷，申报农用地转用730公顷，并在国土资源部追加给湖南省的计划1200公顷中争取指标330公顷，确保涟钢硅钢生产线、市体育中心、涟水河综合治理工程、海螺新化水泥生产线等省、市重点项目用地需求。2007年，全市上报建设项目81个，256.4公顷。经省国土资源厅审批的用地331.2公顷，其中农用地转用250.2公顷（含2006年部分上报项目）。2008年，全市经省国土资源厅审批建设用地107宗526.63公顷，农用地转用398.88公顷，确保娄新高速、娄星工业产业园、珠山公园及安置用地等重点项目用地需求。2009年，全市呈报省国土资源厅建设项目96宗593.2公顷。2010年，完成娄衡高速、娄邵铁路扩能改造、长韶娄高速、沪昆高铁等省重点工程用地审查报批。全年经省政府审批建设用地项目108宗694.3公顷，新增建设用地594公顷。

2011年，全市获省政府批准建设用地项目123个877.93公顷。2012年，全市审查呈报省国土资源厅建设用地项目190个1276.45公顷，全市完成1999—2012年国有建设用地清理工作，完成新的征地补偿标准和征地区片划分听证组织工作，补偿标准提高26%。2013年，全市审查呈报省国土资源厅建设用地项目177个1537.4公顷，获批各类建设用地项目163个1462公顷。2014年，全市呈报各类建设用地项目100个720公顷。获省政府审批各类建设用地项目88个634公顷。2015年，全市获省政府批准项目85宗591.01公顷，农用地转用533.12公顷，新增建设用地540.7公顷，占用耕地314.86公顷；其中市本级项目34宗307.11公顷，农用地转用286.49公顷，新增建设用地287.06公顷，占用耕地152.49公顷。

2016年，市本级经省国土资源厅批准建设用地17宗86公顷，市本级划拨供应土地22宗84.7公顷，审查高速公路、铁路建设用地545.2公顷。2017年，全市获批建设用地项目88宗1016.1公顷，其中市本级14宗86.2公顷。涟源市龙塘至新化县琅塘高速公路建设项目489.1公顷，益娄衡高速公路娄底东连接线新建工程用地3.1公顷，审批益阳至娄底高速公路（娄底经开区段）临时用地1宗5.6公顷。

2000—2017年部分年份娄底市土地利用现状比较表

表48-4

单位:公顷、%

用地类别	2000年		2005年		2010年		2015年		2017年	
	面积	占总面积比率	面积	占总面积比率	面积	占总面积比率	面积	占总面积比率	面积	占总面积比率
总面积	810761.07	100.00	810761.07	100.00	810959.38	100.00	810959.38	100.00	810959.38	100.00
耕地	181277.17	22.36	179889.67	22.19	192006.63	23.67	192703.19	23.76	192398.19	23.72
园地	27889.07	3.44	23388.80	2.89	34621.96	4.27	34164.88	4.21	33630.86	4.15
林地	337415.41	41.62	342636.35	42.26	382922.55	47.22	380353.05	46.90	380137.78	46.87
草地	28718.99	3.54	30092.41	3.71	32450.55	4.00	31214.85	3.85	31027.64	3.83
城镇村及工矿用地	60757.78	7.49	62119.03	7.66	78250.90	9.65	81225.65	10.02	82353.40	10.16
交通运输用地	7448.93	0.92	7813.69	0.96	13203.13	1.63	14396.77	1.78	14604.03	1.80
水域及水利设施用地	48822.27	6.02	48550.39	5.99	40215.99	4.96	39909.40	4.92	39813.60	4.91
其他土地	118431.45	14.61	116270.73	14.34	37287.67	4.60	36991.59	4.56	36993.88	4.56

二、土地节约集约利用

1990年始，全地区强力推进土地节约集约利用，土地开发规模化、集约化程度不断提高，通过旧村改造、合村并点、增减挂钩、集体建设用地流转、盘活存量土地、处置闲置土地等方式达到土地集约节约目的。

1991—1993年，全地区办理征地，含行政划拨国有土地项目1043件，批准用地684.85公顷，其中耕地359.64公顷，在建设用地管理中，审批建设用地项目时参与批前、批中、批后的全程监管，坚持一支笔审批制度。3年共节约土地47.43公顷，其中耕地29.32公顷。1997年，全地区国有存量土地出让187宗9.64公顷，占总出让面积的90.2%。国土管理部门围绕企业改革和盘活存量土地等主导性工作，提高土地节约集约利用水平。1999年，全市盘活存量土地近400公顷，土地有偿使用收入3000万元。

2001，市国土管理局对中心城区内土地非法转让、出租、改变用途、闲置情况进行“地毯式”清查。清理闲置土地83宗，面积154.8公顷，处置6宗0.1公顷，收缴闲置费30.2万元，有效提高土地利用率。2003年，市国土管理局对清查出来的80多宗闲置土地进行登记，向市政府提出分批次收回处置的意见，收回娄星区蔬菜局等3宗闲置地。处置娄星区粮食局、地区文化局等15家单位16宗闲置地，处置土地46.36公顷，变现土地资产9740万元。2005年，开展去存量土地专项行动，针对市城镇存量土地进行全面清查，查出存量土地118宗381.7公顷，空闲土地43宗129公顷，批而未供土地40宗228公顷。

2006年，全市公开处置企改土地资产42宗，实现土地收益2亿元。2007年，市国土管理局执行建设用地定额控制指标，严禁圈地行为，查出闲置土地139宗297公顷。2008年，市本级清理项目土地130宗556.4公顷，认定闲置土地26宗30公顷，收回2宗6.7公顷，办理延建手续8宗4.6公顷，处置其他类型土地6宗7.6公顷。2009年，市域内5个省级开发园区节约集约用地情况一次性通过省里评审验收。清理全市区域内闲置土地和存量土地，通过增减挂钩、土地置换、先征后转等手段破解全市建设用地指标不足难题。查处闲置土地20宗11公顷，核收闲置费16.5万元。2010年，市国土管理局对市本级30宗总面积38.7公顷土地进行开工、竣工现场核实，土地开发利用率80%。全市查处闲置土地40宗13.3公顷，核收闲置费20万元。

2011年，市政府下发《娄底市城乡建设用地增减挂钩拆旧区土地整理复垦项目管理细则（试行）》。上报并通过审批娄星产业园区铝带板及万宝天客物流4个增减挂钩项目，82公顷。4个项目共64公顷拆旧区的土地复垦全部完成，新增耕地50公顷。2012年，全市组织验收城乡建设用地增减挂钩项目4个60公顷。2013年起，全市开展国土资源节约集约模范县市创建工作，强化各开发区、经济园区土地节约集约利用评价，其中市经开区连续三年获得全省经济技术开发区节约集约利用土地一等奖，每年获得20公顷农转征指标奖励。2014年，市国土资源局根据国土资源部颁布的《节约集约利用土地规定》推出六项举措推进节约集约用地。成立市土地管理委员会。严格用地规划计划刚性管控，推进标准化厂房建设，服务全市中小企业发展和招商引资。2014年，市经开区供应标准厂房用地88.07公顷，建成厂房33万平方米。收回收购低效利用土地11宗9.9公顷。2016年，完成市本级及全市供地计划的编制和审查、城市建设用地节约集约利用年度评价等工作；开展去存量土地专项行动。市本级闲置土地整改到位率95.5%。2017年，市国土资源局推行城乡建设用地增减挂钩政策。新化县、涟源市、双峰县、冷水江市相继编制城乡建设用地增减挂钩实施方案，全部通过省国土资源厅审查。

三、土地征收

1990年，全地区建设用地土地征收贯彻国家土地管理法律法规，坚持依法征收，公平合理征收。1993年6月，娄底市国土管理局完成对湘娄公路娄底路段征地拆迁工作，征用涉及7个村37个组6个林茶场的集体土地33.68公顷，征用民房52户5969.74平方米，偿还宅基地6865.4平方米。1998年，娄涟高等级公路征地拆迁全线征地416.51公顷，其中耕地250.55公顷，拆迁民房1130栋，拆除其他附属物1.01万处，拆迁10万平方米。沪昆铁路株六（株洲至六盘水）复线征地拆迁任务完成。全线征地173.33公顷，拆迁11万平方米，处理工农矛盾600起。1999年，全市重点工程建设征地拆迁400公顷，及时保证株六复线、娄涟公路、潭邵高速公路、娄衡公路等项目的用地。2000年，市国土管理局完成潭邵高速公路及其连接线的征地拆迁、用地报批工作。潭邵高速公路在娄底市境内全长41.1千米，连接线18.63千米，征地349.22公顷，其中耕地206.67公顷、房屋拆迁1030.69公顷，附着物及其他拆迁1850处。完成株六复线，娄涟高等级公路的征地拆迁后续工作49项，后续征地拆迁1460平方米，调处工农矛盾27件。

2003年，新《娄底市城乡建设征地拆迁安置补偿规定》获省政府批准通过，由市政府发文实施。3月，成立娄底市征地拆迁事务所。2004年，市国土资源局组织清理全市征地拆迁安置情况，清欠征地补偿费695.72万元。新征土地项目18个25.94公顷，应付征地补偿费2861万元，都在3个月内全部付清。2005年，市政府废止原与安置有关文件，调整完善《娄底市城乡建设征地拆迁安置补偿规定》文件，制定各县（市）耕地的统一年产值标准和征地区片综合地价。是年，全市征用土地133.33公顷，拆迁房屋近4公顷，拆迁补偿费全部落实到位。2006年，市政府发布《娄底市房屋拆迁补偿安置暂行规定》和征地统一年产值标准。全年受理征地项目79个，征用土地333.33公顷，拆迁民房260栋，均做到先补偿后征地，先安置后拆迁。2007年，市本级受理征地拆迁项目38个，征收土地212.73公顷。及时处理涉及征地拆迁的信访问题38个。2008年，市政府出台《娄底市集体土地上房屋拆迁补偿安置办法》，从4月1日起执行。当年实施征地拆迁项目41个，依法征收土地116.27公顷。2009年，新增征地拆迁项目30个，完成项目35个，完成征地面积436.72公顷，拆迁房屋面积近36公顷，完成涟钢"十一五"规划项目、华菱安赛乐米塔尔汽车板电工钢项目、珠山公园安置基地项目、娄新高速等省市重点项目征迁工作任务。娄新高速用地、涟钢建设用地如期签订征地协议。2010年，市政府发布《娄底市征地补偿标准、青苗补偿标准》等规范性文件。市本级共征收土地440公顷，拆迁房屋18公顷，为沪昆高铁、娄邵铁路扩能改造征地153.33公顷，拆迁房屋387栋，提供临时用地46.67公顷。

2011年，新的《娄底市集体土地上房屋拆迁补偿安置办法》获省政府批准，市政府对《娄底市矿山企业采矿活动损害地表及其附属物补偿规定》文件进行修改。市本级完成40个建设项目征地拆迁工作任务，征收集体土地306.67公顷，拆迁房屋35.2公顷，支付征地拆迁补偿费用2.42亿元。完成长韶娄高速公路建设项目55.33公顷土地及145栋房屋征地拆迁工作任务。2012年4月，进一步理顺市区征地拆迁（征收补偿）、控违拆违、安置职责，提高城市管理水平，健全长效管理机制，形成"关口前置，重心下移，明确职能，强化责任，控拆结合，以控为主"的管理新体制，将市征地拆迁处集体土地上征地拆迁安置部分职能委托给娄星区人民政府、娄底经开区管委会履行。将国有土地上房屋征收与补偿部分职能委托给市国有土地上房屋征收中心履行。2012年，全市完成36个用地项目拆迁任务，征收土地418公顷，拆迁房屋510栋25.2公顷，向被征地拆迁对象支付征地拆迁补偿资金4.68亿元。2013年，全市完成49个项目征地拆迁工作任务，征收土地453.33公顷，拆迁房屋940栋，48.6公顷，安置拆迁人1820人。按时足额向被征地拆迁对象支付征迁补偿资金7.68亿元。2014年，全市实施征地拆迁项目53个，征收土地296.4公顷，拆迁房屋365户5.08公顷，按时足额支付征地拆迁补偿资金4.91亿元。市国土资源局与市监察局、市公安局联合印发《娄底市坚决纠正征地拆迁中损害群众利益行为专项整治行动工作方案》，整改涉及侵害被征地农民权益问题，规范征地拆迁工作。2015年，全市完成24个项目征地拆迁工作任务，征收土地106.67公顷，拆迁房屋235栋，拆迁房屋4.98公顷。

2016年，市政府出台《娄底市集体土地征收及其房屋拆迁补偿安置办法》，严格执行征迁丈量登记数据资料与征迁补偿安置情况乡、村、组三榜公示制度。依法实施征迁项目20个，征收土地173.33公顷。2017年，市本级实施征迁项目53个，完成31个，征收土地213.33公顷，拆迁房屋240栋（本目数据均不含各县市拆迁征收面积）。

四、土地储备

2003年3月，市土地矿产储备中心（简称"储备中心"）成立，开始土地储备工作。

2006年6月，市政府发布《娄底市土地储备管理办法》，自8月1日起施行。9月4日，市国土资源局出台《项目储备土地管理工作制度》，明晰市储备中心对项目储备土地管理工作的职责。2007年2月，市土地收购储备管理委员会成立并召开首次会议，审议通过《娄底市本级土地储备资金管理办法》《娄底市土地储备管理办法实施细则》《娄底市土地收购储备管理委员会议事规则》，形成城市国有土地储备统管、分块运作、循序渐进的管理模式。是年，全市出让储备土地13.21公顷，出让价款1.28亿元，为土地储备运作筹资1000万元。2008年1月，市国土资源局下发《关于切实做好土地储备分块运作单位国有建设用地备案管理工作的通知》，就分块运作备案管理的思路、原则、方式及基本程序作详细规定，市本级城区土地储备备案管理工作步入规范化管理轨道。2009年，全市新征储备土地73.47公顷，储备土地总量453.91公顷，比上年增加17.47%。出让储备土地38.49公顷，出让价款3.15亿元，市重点工程烟草物流园项目储备土地10个月之内挂牌成交。运作自身储备土地32.4公顷。为解决城市建设筹融资问题，全年提供抵押贷款储备土地37.22公顷，贷款筹资3.9亿元。2010年，全市新征储备土地123.9公顷，收回收购储备土地13.8公顷，至年底，储备土地存量534公顷，比年初增加36公顷。储备土地总供给33宗，面积102.0公顷，收缴土地总价款9.5亿元。储备土地创收的总价款是上年度的2.3倍。

2011年，全市呈报新增土地24宗，新增储备用地报批223公顷，获批9宗，批准117.6公顷，其中委托运作5宗105.4公顷，自身运作4宗12.2公顷。收回收购土地11宗18.8公顷，已供土地39宗234.7公顷，出让土地价款13.35亿元。自身运作土地供给14宗17.9公顷，价款1.91亿元。2012年，全市呈报新增储备土地8宗，新增储备用地56.36公顷。各类储备土地总量63.22公顷，其中含新征（预约新增）、收回等方式自身运作的储备土地16宗28.35公顷，为总进储量的44.85%。市本级土地市场供应储备土地51宗132.29公顷。2013年，全市呈报新增储备土地37宗，新增储备用地210.47公顷。其中委托运作新增储备土地34宗195.84公顷；自身运作新增储备土地4宗24.08公顷，收回收购储备土地16宗65.78公顷。全年各类进储土地总量276.25公顷，其中含新征（预约新增）、收回等方式自身运作的进储土地20宗89.86公顷，为总进储量的32.53%。市本级共出让土地102宗444.49公顷，出让总价款43.13亿元。自身运作储备土地全年投入土地储备资金5295万元。是年，省财政厅、省国土资源厅核定市储备土地融资规模11.23亿元。经市土地矿产储备中心对接，娄星区城乡建设投资开发有限公司、娄星区工业集中区、娄底经开区、娄底市万宝新区、市城市建设投资集团有限公司五家融资平台融资贷款均到位。2014年，市国土资源局自身运作土地投入资金4702.8万元，共进储土地42宗154.57公顷，新增土地报批8宗39.87公顷。全年供给储备土地21宗65.82公顷，成交土地价款11.6亿元。2015年，全市核拨土地成本4689万元，自身运作投入资金4612.65万元。进储土地23宗34.05公顷。新增土地入库2宗12.13公顷；收回收购土地21宗21.91公顷。全年供给储备土地31宗106.74公顷，成交土地价款14.47亿元。

2016年，全市收回收购土地4宗2.16公顷。市本级成交土地2宗20.24公顷，土地出让价款1.88亿元。年底，尚有存量土地总量851.5公顷。2017年，全市收回土地17宗35.36公顷，新征储备土地24宗314.99公顷，合计新增储备土地41宗350.35公顷。市本级挂牌出让储备土地24宗76.95公顷，出让收入10.46亿元。

第五节 土地市场管理

一、土地交易机构

1990年，行署根据《中华人民共和国土地管理法》《中华人民共和国城市房地产管理法》和国务院《城镇国有土地出让暂行办法》规定，在娄底市景屏街进行国有土地有偿使用试点。1994年9月，娄底市成立市土地评估事务所，组织物价、国土、房产、财政、规划等单位调查城区商服、住宅、工业用地成交出租试点情况，制订基准地价。1995年，正式公布实施《关于印发娄底市城区商服业等用地级别基准地价出让金年土地使用费标准的通知》。自此，政府控制土地出让底价有章可循，国有土地出让评估工作正式展开。

2003年3月，设立市地产交易中心，加挂土地评估所牌子，2004年10月，更名为市土地矿产交易中心，负责全市土地交易信息的发布、咨询；负责娄星区范围内国有土地、矿产使用权招标、拍卖、挂牌（简称招拍挂）及协议出让的组织工作及娄底市矿业权招拍挂工作；受市国土资源局委托负责有关土地、矿产交易手续的办理；按规定收取信息咨询费、中介服务费和拍卖佣金。2015年，撤销市土地矿产交易中心，其土地、矿产使用权招拍挂等相关职能移交市公共资源交易中心。是年，市国土资源局设立市土地矿产管理办公室。

二、土地出让

1993—1997年，全地区出让土地1.49万宗310.5公顷，土地出让金（收益金）2.39亿元，土地有偿使用占建设用地的16%以上，拍卖出让小宗地6500宗110.5公顷，收取出让金1.5亿元，占总出让宗数的43.5%，占出让面积的35.5%，其中最高地价每平方米4700元。1998年，城区年内评估宗地167宗，其中抵押评估宗地45宗。1999年，全市建立5个县级地产交易所，5个县（市、区）均第二次公布并实施城区基准地价更新成果。建制镇相继制订基准地价，2955家企业进行土地资产年检，涉及土地1.56万公顷。

2000年，市国土资源局出台《关于城镇国有非农业建设实施“五统一”管理若干规定》《关于清理整顿土地市场的通知》《关于收回国有闲置土地使用权的通知》3个文件。全市出让土地264宗，其中拍卖出让64宗，出让土地115.38公顷，收缴土地有偿使用收入3000万元。其中，娄星区国土资源局出让土地52宗，转让14宗，出让、转让30.36公顷，除政策性减免外，收缴出让金270万元，土地收益金240万元。

2002年7月，国土资源部下发《招标拍卖挂牌出让国有土地使用权规定》，要求加大土地出让招标拍卖力度。全市出让土地725宗，以招标拍卖形式出让土地280宗，占39%。涟源市拍卖出让占总出让的60%。市本级共办理土地出让158宗，其中拍卖32宗，挂牌出让2宗（拍卖和挂牌出让占总出让的22%），49.82公顷，收缴土地出让金6428.96万元。2003年2月和7月，国务院两次专门召开清理整顿地产市场电视电话会议，要求各地认真开展地产市场清理整顿。市国土资源局重点清查市经开区、市政府新址搬迁办公室、市城市建设投资公司等10个单位266.67公顷土地的使用情况，核查娄星区范围500宗土地出让、转让情况，以及1999年以后全市国土系统的用地、出让、土地执法情况。是年，市国土资源局第三次公布并实施城区及建制镇基准地价更新成果。2004年，市本级出让土地292宗，104.7公顷，收取土地出让金2852.7万元。是年12月，市土地评估事务所与国土部门脱钩，成为中介机构。2005年，市政府落实《湖南省土地市场管理办法》等政策法规，市本级招拍挂出让土地292宗，其中经营性土地招拍挂出让78宗，成交金额6.1亿元。推出国土资源招商项目28个，市国土资源系统引资总额近30亿元。

2006年，全市经营性用地招拍挂比率100%，工业用地从9月起推行招拍挂出让。是年，市本级办理土地出让手续159宗157公顷，成交价5.7亿元。公开处置企改土地资产42宗，实现土地收益2亿元。其中2006年6月9日，市体育局所属体育场区域土地使用权挂牌出让以1.82亿元成交。2007年，市本级出让土地164宗144公顷，成交价为7.4亿元，收取土地纯出让金5158万元。是年，服务国企改制。为改制企业办理土地资产过户手续54宗25公顷，成交价2.5亿元。8月8日，一宗19.67公顷国有土地使用权以1.39亿元成功竞拍出让。12月25日，收回市文化局文化中心闲置土地5.4公顷，成功挂牌出让，出让价2690万元。2008年，市本级招拍挂出让土地29宗53公顷，成交价款3.4亿元，为改制破产企业办理土地资产处置手续46宗，处置国有土地28.5公顷，实现土地收益1.85亿元。2009年，市国土资源局第四次公布并实施城区及建制镇基准地价更新成果。市本级出让土地91宗68.99公顷，成交价6.08亿元。2010年，市本级出让国有建设用地使用权91宗130.3公顷，成交价11亿元。是年8月25日，一宗位于吉星路与月塘东街交汇处东北角10.65万平方米的国有建设用地使用权，在市国土资源局二楼交易大厅经过68次竞价后，以3.72亿元成交，成交价每平方米3491.99元。

2011年，市本级出让国有建设用地使用权552宗246.9公顷，成交额16.43亿元。其中招拍挂出让54宗，面积239.12公顷，成交价16亿元。全年成功催缴历史欠缴土地出让款2.63亿元入库。是年3月3日下午，位于湘阳街北侧、石马公园南面，5314.44平方米、拍卖起始价为2245万元的国有建设用地使用权，经过近50轮竞价，最终以8200万元的价位成交，超出起始价6000万元。2012年，全市土地出让实现网上招拍挂。出让土地663宗289.69公顷，出让价21.23亿元，其中以招拍挂方式出让土地147

宗270.2公顷，出让价款19.64亿元。办理土地转让2199宗90.06公顷。市本级全年出让土地57宗，179.13公顷，出让价12.09亿元。2013年，城区基准地价更新和标定地价系统成果顺利通过省级评审，第五次公布并实施基准地价更新成果。是年，市本级招拍挂出让宗地106宗452.38公顷，金额45.4亿元，协议出让14宗3.67公顷，金额4384万元。2014年，市本级出让国有建设用地使用权72宗260.4公顷，金额32.11亿元。其中招拍挂出让66宗260.1公顷，金额32.04亿元。协议出让土地6宗0.24公顷，金额0.07亿元。2015年，市本级出让土地使用权39宗111.12公顷，成交价14.93亿元。其中招拍挂出让土地32宗110.15公顷，成交价14.62亿元；协议出让7宗0.97公顷，金额0.3亿元。2016年，城区基准地价再次修正完善。市本级招拍挂出让土地3宗23.12公顷，成交额2.29亿元。2017年，第六次公布实施新的基准地价。市国土资源局编制公布年度供地计划，科学调节土地供应结构和时序，土地成交面积和价款比上年度提升。全市出让土地819宗188.8公顷，成交价22.8亿元。市本级全年出让土地使用权34宗，成交81.4公顷。

第二章　地质矿产资源管理

第一节　矿产资源管理

一、矿业管理

1990年，娄底地区继续贯彻《中华人民共和国矿产资源法》，勘查矿产资源，依法登记，开采矿产资源，依法申请取得采矿权。矿产管理部门每年对矿山企业的“证、界、费、率”进行逐项检查，强化矿产资源监管工作，促使矿山企业依法、持证、守界开采，对不合格矿山企业限期整改，年检率在98%以上。是年，全地区颁发各类采矿许可证40余个，换发、注销和吊销采矿许可证33个。

1991年，地区矿产资源管理局（简称地区矿产局）根据《湖南省矿产资源勘查、开发利用和保护监督管理办法》规定，对矿山企业进行年检。

1991年娄底地区矿山年检情况表

表48-5　　单位:个

受检、注册率统计负责年检单位	应检矿山数			受检矿山数			受检率(%)	准予注册矿山数			注册率(%)
	合计	国营	乡镇矿	合计	国营	乡镇矿		合计	国营	乡镇矿	
地区矿管办	23	23	—	22	22	—	96	22	22	—	100
新化县矿管办	128	3	125	104	3	101	81	104	3	101	100
冷江市矿管办	166	2	164	133	2	131	80	—	2	—	—
涟源市矿管办	241	4	237	159	4	155	67	—	4	—	—
双峰县矿管办	132	9	123	63	9	54	48	54	9	45	86
县级娄底市矿管办	54	—	54	47	—	47	87	47	—	47	100

说明：乡镇矿包括集体和个体矿

1992年，22个地属以上国营矿山企业、18个县属国营矿山企业接受年检，全地区国营矿山企业的年检率为100%，乡镇矿山企业年检率为80%。全地区颁发采矿许可证99个，换证145个。1993年，地区矿产局对全地区1000个大小矿山企业的采矿许可证年检，地属以上的矿山企业完成年检100%。乡镇矿山完成年检85%以上，完成采矿登记发证和换发证184个。是年，开展矿产资源补偿费的征收试点工作。1994年，地区矿产局对18个地属以上国有矿山进行年检和“三率”（矿山开采回收率、采矿贫化率以及选矿回收率）考核，年检率100%。全地区5县市对997个持证的乡镇村办矿山进行年检和换证，所属乡镇矿山年检率均在85%以上。是年，全地区新颁发采矿许可证93个，延续登记矿山换发采矿许可证85个。1995年，全地区新发采矿许可证68个，延续登记采矿许可证286个，注销采矿许可证46个，为129个乡镇矿山下达“三率”考核指标，为619个乡镇个体矿山核定回采率系数，全地区矿山企业的“三率”指标80%。

1997年，地区地质矿产局完成年度矿山企业年检工作。地属以上矿山年检17个，现场鉴定19个矿山“三率”考核，在《娄底日报》公布地属以上矿山的年检情况。年检中查封无证矿山80个、越界矿山4个。清缴拖欠的矿产资源补偿费1.78万元，责令补报资料的矿山1个，办理延续、变更采矿许可证登记50个，完成正常采领证初审13个、变更采矿许可证28个。

1998年2月，国务院颁布《矿产资源勘查区块登记管理办法》《矿产资源开采登记管理办法》《探矿权采矿权转让管理办法》，开始新一轮矿业权许可证换发。是年，地区地质矿产局办理初审采矿登记14个，冷水江市地质矿产局对10家矿山采矿许可证延续登记，换发34个采矿许可证。完成上年度矿山年检和“三率”考核工作，地属以上矿山年检率和抽检率100%和89%。各县市管辖的矿山年检率也在85%以上。1999年，市地质矿产局制定采矿许可证换证工作实施方案，全市换证213个，新发证10个。2001年，全市加强基层矿政管理机构、队伍和制度建设，强化矿山日常监管，落实矿山企业年检、探矿权、采矿权登记制度，实施《娄底市矿产资源总体规划（2001—2010年）》，适时启动矿业权储备机制，制定矿业权出让操作程序，建立矿业权交易市场，矿政管理逐步从无序走向有序，矿业开发从粗放经营、乱采滥挖走上集约化、规模化、规范化轨道，推动矿业经济持续健康发展。12月，市地质矿产局举办三期矿业权培训班，400名持证矿山矿长参加培训。2003年，全市全面推行采矿权有偿取得制度。制定《娄底市采矿权出让转让管理暂行办法》，核发采矿许可证180个，办理矿山变更登记8个，市本级发证6个，收取采矿权价款超过1000万元。2004年，全市推进矿业权市场建设和深化矿产资源有偿使用制度改革，所有采矿权实行有偿处置。

2005年，市国土资源局全年上报省国土资源厅办理矿山企业采矿许可证延续、变更登记手续347个，市本级发证17个，结合矿山企业采矿许可证延续、变更登记，按全市矿产资源总体规划调整部分矿山采矿布局。5月，全市第一宗探矿权公开招拍挂出让，出让价款401万元，为起始价的10倍。是年，全市申报出让采矿权14个，省国土资源厅批复同意出让10个，成功挂牌出让采矿权9宗，成交398.55万元，对原行政审批发证的矿山企业，完成采矿权有偿处置300个，收取采矿权价款970万元。公开挂牌出让探矿权14宗，收取探矿权价款2034万元，其中市本级出让10宗，收取价款1609万元。2006年，市国土资源局制订拟设矿权筛选、综合评价指标体系，提高矿权市场准入条件。涟源市良相井煤矿、双峰县两头塘石膏矿采矿权分别以3908万元和808万元挂牌出让。组织申报2个铁矿采矿权挂牌出让项目并获批准。各县市申报出让探矿权12个。全年两权价款收入6367万元。2007年，转让利民煤矿资产，转让价款4.1亿元，收取部分分期付款及个别扩界新增资源储量采矿权价款300万元。全年挂牌、拍卖出让探矿权5宗，收取探矿权价款331万元。2008年，市国土资源局新设探矿权6宗，其中挂牌或拍卖探矿权3宗。2009年，市国土资源局受理矿业权各项行政审查审批业务302宗。2010年，矿业权实地核查成果通过省国土资源厅验收。7个商业性煤炭探矿权得到收购处置。是年，出让矿业权3宗，28.5平方千米，价款1436万元。

2011年，省级重点挂牌督办的新化县文田镇铜钨矿区及县市级发证的采矿权整合工作全面完成。煤矿探矿权整合实施方案获省政府批复同意。市国土资源局下发《关于进一步规范县级发证矿山管理有关问题的通知》。全年审查省级发证矿山采矿权延续变更登记157宗、市级发证11宗，市本级收取采矿权价款1237.9万元。2012年，市国土资源局首次推出矿业权网上挂牌出让，新化县洋溪镇半山脉石英矿成功挂牌成交，金额326.4万元，成交价为起始价的4.8倍。清理催缴采矿权价款9900万元。是年，全年完成78宗采矿权审查审批工作，其中省级发证采矿权登记业务71宗，市级发证业务7宗。2013年，市国土资源局启动矿业权设置方案编制工作，评审并报批5个方案，新化县杨家山矿区矿业权设置方案报国土资源部审查通过。全年审查各类采矿登记资料85份，办理采矿注销登记手续3个、采矿登记手续6个。申报探矿权项目6个，探矿权登记10个。矿业权年检全部完成，矿山企业年检合格率75%，审查各类采矿登记资料40份。为4个矿山企业办理延续登记手续（市级发证）。公开挂牌出让采矿权1宗，缴纳70万元。2014年，市国土资源局对商业性探矿权出让进行清理整顿。全市经省国土资源厅批准，公开出让各类商业性探矿权19宗，其中煤矿11宗，锰矿2宗，金矿1宗，多金属矿2宗，钒矿1宗，锑矿2宗，委托新化县国土资源局出让3宗，完成各类探矿权初审登记13个，配合省关闭小煤矿工作，向省国土资源厅提交全市16个商业性煤炭探矿权的处置方案，即新化县傲家岭矿区煤炭详查、涟源市漆树坪煤矿详查2个探矿权通过整合方式处置；新化县同兴矿区煤矿详查、新化县狮子岩矿区煤矿详查以及新化县田坪镇日升矿区煤矿普查3个探矿权通过转采方式处置；通过补偿注销方式处置探矿权11个。2015年，市国土资源局办理各种采矿权登记手续90宗，其中市本级4宗，130家关闭煤矿及时办理采矿权注销手续。对全市拟扩界和整合保留煤矿资源配置进行可行性论证。抽查矿山企业48家，年检合格率95%，收缴采矿权价款110万元。完成各类探矿权初审登记7个，国家项目立项2个，完成16个商业性煤炭探矿权前期处置工作。

2016年，市国土资源局办理各类采矿权登记手续120宗，收采矿权价款90万元。妥善处置商业性煤炭探矿权14个，其中13个实行补偿退出，省级补偿退出资金全额拨付至县市政府，1个保留转采。经市政府批准，市国土资源局、市财政局联合下发《关于加快商业性煤炭探矿权补助退出扫尾工作的函》，对前面10年通过挂牌出让，但因政策原因不能转采的14个商业性煤炭探矿权补偿退出作出规定。2017年，市国土资源局完成采矿权注销、吊销清理工作和采矿权信息登记清理工作。对采、探矿权人信息进行公示。全年办理各类采矿登记手续102宗，收采矿权价款252.7万元。

二、矿产资源储量管理

1999年始，娄底市在全市开展矿产资源储量管理工作，实施矿山储量动态监督管理。市管矿山登记占用储量25个，集体、个体矿山登记占用储量524个。

2000年，市地质矿产局先后对130家乡镇煤矿、3家新建矿山企业进行储量登记，对5家非煤矿山企业进行采矿许可证延续审查和储量登记。2001年，矿产资源储量由ABCD级别划分，改为按照矿产资源储量的经济类别，进行全面套改。2003年，矿产资源储量套改工作全面完成。2004年，市国土资源局设立矿产资源储量科，加强矿产资源储量动态管理，实施储量动态检测。2005年，市国土资源局完成上年度矿产资源储量统计年报工作，新登记的20个矿山企业全部进入矿产资源储量登记数据库，完成市级发证矿山企业资源储量报告评审18个，储量登记发证15个，并按省国土资源厅要求设立矿产资源储量评审专家库，下发《娄底市矿产资源储量动态检测实施细则》。

2005年6月至2007年，市国土资源局相继制定《娄底市矿山矿产资源储量核查检测工作方案》《关于印发矿山矿产资源储量动态核查检测具体技术要求的通知》《关于矿产资源储量动态检测补充技术要求》和《关于专家评审矿产资源储量动态检测报告的评审细则》，通过地勘单位的资质审查，选定省煤田地勘院、省煤勘二队、省煤勘六队、省煤田物测队、省地勘局四一八队和四一六队、金伯利公司及中色公司进驻娄底承担储量动态监测工作。完成293个矿山储量检测，其中送省评审中心矿山48个，市国土资源局评审认定矿山245个。2007年，市国土资源局建立和完善资源储量登记数据库，对发证的4个矿山资源储量报告进行评审备案，完成资源储量整合报告、调整扩界储量报告和国有改制矿山储量核实报告62个。2008年，完成66家矿山企业资源储量统计报盘工作。配合地勘单位检测资源储量18

次，初审核实储量报告18个、检测报告46个。2009年，完成285个矿山储量利用现状调查的基础资料收集工作。2010年，完成113个矿区的储量利用现状调查工作，争取省级财政181.7万元工作经费支持，建立和完善矿区储量核查数据库和登记数据库。

2011年，完成116个矿区、310个矿山的储量利用现状调查工作。2012年，完成储量报告176个，其中送省国土资源厅评审60个，储量勘查报告4个，另有11个矿山调整扩界编制储量核实报告。2013年8月下旬，全市开展“矿山储量动态监管质量建设年”活动，完成储量年报及核实报告186个，其中送省评审年报56个，审查核实报告18个。2014年，完成储量年报及核实报告172个。其中送省评审年报82个，审查核实报告22个，完成市级评审备案年报68个。2015年，市国土资源局制定《娄底市2015年度矿山储量动态监管实施方案》，明确储量管理的目标、工作安排和主要措施，对相关单位进行分工并明确各自责任。

2016年，市国土资源局成立娄底市矿产资源储量评审中心，从资质单位中择优选择18名具有地质、采矿、水工环等专业且原则性强、经验丰富、熟悉情况的现职人员充实储量评审专家库，制定相关规章制度，开展人员培训，规范受理、评审等程序。2017年，对全市46家正常生产矿山开展矿产资源储量评审，完成矿产资源储量年报12份，完成政策性关闭106家煤矿矿山的价款核算和退付工作。

三、矿产资源规划管理

2001年，根据省政府办公厅《关于开展矿产资源总体规划编制工作的通知》《市州级矿产资源总体规划编制规程》的精神，市政府组织编制《娄底市矿产资源总体规划（2001—2010年）》，2002年12月底编制完成，经省政府批准后发布实施。2002年，各县（市、区）矿产资源总体规划相继编制完成，市政府批准后发布实施。规划总体目标：建立适应社会主义市场经济发展的矿产资源管理新体制、维护国家对矿产资源的所有权。加强矿产资源调查评价与勘查。合理开发和有效保护本市矿产资源、充分利用“两种资源、两个市场”，满足国民经济与社会可持续发展对矿产资源的需求。调整、优化矿业结构与布局，促进矿业经济的可持续发展，实现资源利用方式从粗放型向节约型、高效型转变；改善矿山生态环境状况；实现矿产资源勘查、开发的资源效益与社会效益、生态效益、经济效益协调发展。

截至2007年，娄底市在矿产资源管理方面初步建成配套的两级总体规划框架体系，全市无证采矿被彻底取缔，越界采矿大幅下降。矿产资源综合利用率提升。矿产资源管理信息化建设提高。

2009年，娄底市启动第二轮矿产资源总体规划编制工作。规划编制工作经过前期准备、资料收集和调研、专题研究、规划编写和审查、规划成果数据库建设五个阶段。完成《娄底市矿业经济发展研究》《娄底市矿产资源调查评价与勘查研究》《娄底市矿产资源开发利用布局研究》《娄底市矿山环境保护与恢复治理研究》《娄底市矿产资源规划实施管理对策研究》《娄底市煤炭资源开发利用研究》《娄底市石膏资源勘查与开发利用研究》《娄底市石灰石资源勘查开发与利用研究》8个专题。2011年6月29日，省国土资源厅正式批复通过《娄底市矿产资源总体规划（2008—2015年）》，获国土资源部第二轮矿产资源规划优秀成果一等奖。6月30日，娄星区、双峰县、冷水江市、涟源市矿产资源总体规划（2008—2015年）获省国土资源厅正式批复通过。10月20日，市政府下发《娄底市人民政府关于印发娄底市矿产资源总体规划（2008—2015年）的通知》，第二轮矿产资源总体规划全面实施。

2015年，娄底市启动编制第三轮矿产资源总体规划。完成《湖南省娄底市矿业经济发展研究》《湖南省娄底市矿产资源规划分区研究》等6个专题。《娄底市矿产资源总体规划（2016—2020年）》和各县（市、区）矿产资源总体规划（2016—2020年）先后于2017年12月获省国土资源厅批复同意。

《娄底市矿产资源总体规划（2016—2020年）》，对矿产勘查、探矿权设置区划、矿产资源开发利用与保护、充分发挥重点矿区的战略引导作用、推进市域重要勘查开发基地建设和升级、开发利用规划分区、矿产资源集约有序开发、矿产资源节约与综合利用、新建矿山开采准入条件、矿产资源保护、重点工程、规划实施管理均作出详细部署。

2015年娄底市第三轮矿产资源总体规划主要指标体系及执行情况表

表48-6

类别	指标名称	2020年规划目标		属性	执行情况	
					2016	2017
地质矿产勘查	探矿权数量	64个		预期性	43个	43个
	新发现重要矿产地	2处		预期性	1处	0
	主要矿产新增资源储量	煤／矿石量	〔1000万吨〕	预期性	0	0
		金／金属量	〔6吨〕	预期性	10.18吨	0
		方解石／矿石量	〔2000万吨〕	预期性	810万吨	0
矿产资源开发利用与保护	年开采总量	煤／矿石量	≤1000万吨	约束性	240万吨	200万吨
		方解石／矿石量	60万吨	预期性	0	0
		水泥用灰岩／矿石量	1140万吨	预期性	600万吨	600万吨
		建筑石料用灰岩／矿石量	2380万吨	预期性	2500万吨	3000万吨
		矿泉水	5万立方米／年	预期性	0	0
		白云岩／矿石量	46万吨	预期性	30万吨	30万吨
		饰面用花岗岩／矿石量	19万立方米	预期性	0	0

说明：〔〕内数据为五年累计数

第二节　矿产资源开发

1990年，全地区已开采的矿种24种（27亚种），按亚种统计已探明储量的占69.7%，在探明储量的矿种中，已开发利用的占59.1%，正在开发利用的占40.9%。

一、煤炭开采（参见第二十八篇第一章至第四章）

二、黑色金属（铁）矿产开发

20世纪90年代初，建有2家省属国有铁矿山和40余家乡镇铁矿山，主要开采赤铁矿，次为菱铁矿、褐铁矿。后因赤铁矿矿石品位低，含硫、磷等杂质高，质量差；菱铁矿资源分散，矿层不稳定；褐铁矿资源少，相继停采关闭。1990年，铁矿石年生产能力和年生产量分别为5.28万吨、4.89万吨。2000年，分别为21.21万吨、20.25万吨。2010年分别为268.74万吨、254.66万吨。2015年矿石产量0.34万吨。2017年，仅存5家小型矿山，1家开采，4家停产，矿石产量0.5万吨。

三、贵金属矿产开发

贵金属仅黄金一种。1990年，全地区有两处国营金矿和一处集体金矿。至2017年，持证矿山3家，其中国有小型1家，私营合伙企业2家，均为采选联合矿山企业。全年采岩金矿石量2万吨、矿石类型以石英脉型为主，提金方法主要为重选法，次为氰化池浸法或二者相结合。

四、冶金辅助原料矿产开发

冶金用白云岩　2017年底，市域内冶金用白云岩持证矿山3家，总设计生产能力20万吨／年。是年，产矿石量31万吨。

1990—2015年娄底市部分年份冶金用白云岩生产能力及产量表

表48-7　　单位：万吨

年份	生产能力	产量	年份	生产能力	产量
1990	0.009	0.0081	2005	18.4	18.11
1995	0.240	0.1940	2010	22.2	21.78
2000	15.92	15.850	2015	31.0	29.20

耐火黏土　1990—2004年，娄星区、冷水江市、双峰县均有耐火黏土开发生产企业，无数据可查。2005年，耐火黏土产能产量分别为2万吨、2万吨，2010年，分别为3万吨、3万吨，2015年，分别为3万吨、3万吨。2017年，持证矿山3家，年产矿石3万吨。有规模以上的耐火材料厂9家，其中冷水江市耐火材料厂引进美国技术，年产耐火砖能力4万吨，与瑞典贝特英公司合资兴建年产3万吨不定型耐火材料生产线，总生产能力接近10万吨/年，其所需优质耐火黏土从山东、河南等地运进。

冶金用石英岩　2017年，市域内冶金用石英岩持证矿山1家，总设计生产能力8.5万吨/年。是年，产矿石量8.5万吨。

1990—2015年娄底市部分年份冶金用石英岩生产能力及产量表

表48-8　　单位：万吨

年份	生产能力	产量	年份	生产能力	产量
1990	0.011	0.009	2005	1.0	0.84
1995	0.079	0.062	2010	1.6	1.41
2000	0.320	0.240	2015	5.0	4.89

五、建筑材料及其他非金属矿产开发

石灰岩　市域建材石灰岩资源丰富。2017年，有持证矿山203家，其中水泥用灰岩4家、建筑石料用灰岩183家、制灰用灰岩12家。双峰县海螺水泥有限公司开采规模最大，年产量254万吨，深加工产品主要有水泥、次为轻质碳酸钙。

1990—2015年娄底市部分年份石灰岩生产能力及产量表

表48-9　　单位：万吨

年份	生产能力	产量	年份	生产能力	产量
1990	200.72	200.62	2005	472.15	470.35
1995	243.10	242.78	2010	844.80	867.60
2000	333.60	300.57	2015	1241.50	1635.80

石墨　冷水江市三尖石墨矿是娄底市唯一一处石墨矿床。1990—1997年，年产量没有记载。1998年产量3.65万吨、1999年产量0.37万吨、2000年5.43万吨。以后不断下降，2003年产量0.22万吨，2004年开始回升，2010—2015年，年产量都在3万吨上下徘徊。2017年，有持证开采矿山1家，生产石墨1.5万吨。是年，全市规模以上工业企业产石墨及碳素制品7233吨。

石膏 2017年，全市石膏保有资源储量为1402万吨。有持证矿山6家，其中正在开采的5家、停采1家，产量30万吨。

1990—2015年娄底市部分年份石膏生产能力及产量表

表48-10　　单位:万吨

年份	生产能力	产量	年份	生产能力	产量
1990	26.08	26.061	2005	187.20	180
1995	40.90	40.812	2010	25.10	240
2000	72.10	71.970	2015	211.00	212

水泥配料用砂岩、黏土 2017年，全市有持证水泥配料用砂岩矿山2家，其中湖南海螺水泥有限公司小山冲砂岩矿，设计生产能力53万吨／年，双峰县海螺水泥有限公司龚家冲砂岩矿设计生产能力45万吨／年。是年，产量98万吨。

1990—2015年娄底市部分年份水泥配料用砂岩、黏土生产能力及产量表

表48-11　　单位:万吨

年份	生产能力	产量	年份	生产能力	产量
1990	0.14	0.011	2005	10.6	8.35
1995	0.83	0.763	2010	16.5	15.89
2000	7.50	6.240	2015	301.0	279.80

砖瓦用页岩 2017年，市域砖瓦用页岩持证开采30家，产量150万吨。

1990—2015年娄底市部分年份砖瓦用页岩生产能力及产量表

表48-12　　单位:万吨

年份	生产能力	产量	年份	生产能力	产量
1990	—	—	2005	138.00	118
1995	100	80	2010	39.50	39
2000	133	129	2015	33.55	30

大理石、花岗岩 2000年，产大理石板1.67万立方米，居全省前列。2017年，有持证花岗岩开采矿山2家，市场销售的饰面花岗岩大部分产自双峰县，产量5万立方米。

玄武岩 1990—2017年，年均生产能力为24万吨，年均产量22.1万吨。2017年，全市有持证开采矿山3家，产量18万吨。

高岭土、陶瓷土 2017年，域内有持证开采高岭土矿山2家，产量6万吨。建成规模以上各种陶瓷深加工制品厂16家，规模以上陶瓷企业产日用陶瓷器20万件，其电子陶瓷生产技术、无铅毒釉上彩技术和复合陶瓷辊环生产技术居省内领先地位。

1995—2010年娄底市部分年份高岭土、陶瓷土生产能力及产量表

表48-13

单位：万吨

年份	生产能力	产量	年份	生产能力	产量
1995	0.07	0.066	2010	1.6	1.41
2000	0.20	0.178	2015	11.0	10.12
2005	0.80	0.712	2017	22.3	20.13

第三节 地质灾害防治与矿山综合治理

一、地质灾害防治

1990—1997年，全省开始建设地质灾害群测群防网络，预报地质灾害。1998年，地区地质矿产局调查地质灾害15处，上送调查报告14份。2003年，市地质矿产局精心组织编制县、市地质灾害防治预案，成立领导小组，召开专题会议，部署汛期地质灾害防治工作。按照上级要求，完成全市地质灾害应急处理调查汇报任务，建立全市建设用地地质灾害评估制度。协助省地质环境监测总站开展矿山地质环境调查，第一次系统地掌握全市矿山地质环境资料，为矿山环境立项治理准备条件。2004年，市政府落实市级年度地质灾害防治专项经费80万元，双峰县坳头山磺矿地质灾害治理工程第一期争取国家投资200万元。

2006年，市政府根据《湖南省地质灾害防治管理办法》《关于加强山洪地质灾害防御工作的意见》《湖南省地质灾害防治规划（2006—2020年）》等法律法规和政策要求，编制《娄底市地质灾害防治规划（2006—2020年）》，每年发布年度地质灾害防治方案，确定年度地质灾害防治重点和防治措施。是年，市政府投入地质灾害防治资金252万元、矿山地质环境治理资金900万元。冷水江市锡矿山地质环境恢复治理项目第一期通过竣工验收，第二期治理项目经省国土资源厅同意上报国土资源部，落实双峰县坳头山磺矿地质环境恢复治理项目第二期治理资金300万元。2007年，全市建立覆盖所有乡镇及灾害点的群测群防网络。为汛期地质灾害应急小分队配备专用防汛车及无线对讲机、照明设备等抢险器材。共处置较大突发性地质灾害34次，指导县（市、区）处置地质灾害72次，减少经济损失1000万元。2008年，市国土资源局组织136个巡查小组对全市612处地质灾害隐患点进行排查。成功预报新化县琅塘镇石门村滑坡、双峰县洪山镇新湖村塌陷等4起地质灾害，挽回直接经济损失2810万元。是年，安排专项经费606万元，完成市矿山地质环境调查与评价工作，11月8日，通过省国土资源厅专家评审。累计收取备用金900万元。双峰坳头山磺矿第二期治理工程按计划完工并通过省国土资源厅验收。2009年11月，《娄底市山洪泥石流地质灾害发生规律及防御对策研究》报告，通过专家鉴定。是年，全市建立1200余人参加的市、县（市、区）、乡镇、村、组群测群防网络体系，成功预报双峰县花门镇青华村、新化县文田镇竹鸡村等7处地质灾害。2010年，市国土资源局向群测群防人员发布地质灾害气象预警预报23份，加强警报9次，成功避让双峰县永丰镇境坪村风光段山体崩塌等10处地质灾害。

2011年，市国土资源局对65处高危险性地质灾害开展应急处置。强降雨期间发布地质灾害气象预警预报12份，加强警报5次，预警短信5000条，转移群众1.5万人次，避让7起突发性地质灾害。2012年，全年预报地质灾害5起。2014年，娄底市国土资源局对1568处地质灾害隐患点进行全面巡查。发放防灾明白卡7500余份，建立和更新警示牌500余块，申请调整变更省级重要地质灾害隐患点22处，新增7处。全年汛期发生地质灾害129起，成功预警预报8起，紧急转移村民60人，地质灾害避免直接经济损失210.7万元。2015年，全市成功预警预报3起，紧急转移村民20人。

2016年，全市汛期历经12次集中降雨期，发生地质灾害690处，成功预警预报22起，紧急转移2

万人次。4月21日，双峰县国土资源局及时将《湖南省地质灾害气象风险预警》转发至县内相关乡镇，要求各乡（镇）国土资源所利用手机短信和电话等方式及时传达到各村、组及户，并同时向当地政府报告。22日早晨7时和9时20分，印塘乡茅仑村菜花组、大桥村大桥组发生山体滑坡，县国土资源局和印塘乡政府工作人员第一时间赶赴现场，组织茅仑村村民50人，大桥村30人迅速撤离危险区域。7月5日，冷水江市铎山镇石坑村因持续强降雨引发山体滑坡，该村巡查员陈带财发现屋后坡体移动加快的险情，及时动员5户26名村民迅速离开现场，3栋民房被摧毁，26人全部安全脱险。是年，争取省拨地质灾害综合防治体系建设、重大地质灾害治理专项资金1874万元。

2017年，全市发生各类地质灾害653处，避让各类地质灾害6起，紧急转移1000余人。新化县温塘镇焕新村滑坡倒塌房屋6栋，避免人员伤亡19人的应急处置案例，被省国土资源厅认定为成功避险案例。7月1日凌晨5:30，涟源市高新区巡查发现东轩村村民家屋后石坎开裂，在石坎整体滑坡前组织转移，确保村民全家生命安全。

二、矿山地质环境综合治理

2005年始，市国土资源部门先后投入1亿余元，在锡矿山地区开展矿山地质环境治理和生态修复工作，实施冷水江市锡矿山锑矿矿山地质环境治理工程、冷水江市资源枯竭型城市矿山地质环境专项治理工程和锡矿山“矿山复绿”示范工程建设项目，改善生态环境和生产生活条件。2009年，完成锡矿山第二期治理工程，并通过省国土资源厅的竣工验收。2011年，投资4300万元，对双峰县坳头山磺矿区（三期）和冷水江市锡矿山锑矿区地质环境（四期）进行治理，搬迁宝大兴采空危险区居民625户2741人。投资1.9亿元，对冷水江市渣渡矿区、金竹山矿区等矿山地质环境影响严重区进行治理，改善矿区及周边生态环境。启动矿山地质环境动态监测，完成新化县和涟源市两地矿山地质环境动态监测工作。2013年8月，娄底市首次召开“矿山复绿”动员大会，重要自然保护区、重要景观区、重要居民集中生活区、重要交通干线、重要河流湖泊线可视范围内，对有突出矿山地质环境问题的矿山进行复绿。2016年，全市59个矿山，其中冷水江市19个，涟源市15个，双峰县24个，新化县1个，达到复绿要求。是年，冷水江市资源枯竭型城市第一期矿山地质环境专项治理1亿元工程、冷水江市宝大兴矿山地质环境灾害治理第四期、双峰县坳头山磺矿第三期、新化县正龙村滑坡地质灾害治理工程全部完成；冷水江市资源枯竭型城市第二期矿山地质环境专项治理0.9亿元工程项目完成工程量80%，第三期1.2亿元治理资金工程项目完成设计。2017年，对后续关闭的161处煤矿和141处其他矿山，由当地政府根据矿山获得的关闭资金和已缴存的矿山地质环境备用金进行土地复垦和地质环境综合治理及生态环境修复。是年，冷水江市资源枯竭型城市第三期矿山地质环境治理项目第二期完成整改和预验收。

附：锡矿山治理

冷水江市锡矿山有120多年锑开采历史，誉称“世界锑都”。因长期采炼缺乏治理，矿区地质环境日趋恶化，地面大范围沉陷，地下水位下降，特别是“三废”污染严重，饱经地质灾害和环境污染。2005年4月，省国土资源厅批准锡矿山锑矿矿区地质环境治理项目立项，成为“湖南环保世纪行”重点工程。2006年，国家拨出专款对矿区进行治理。2009年3月，冷水江市被国务院批准列入全国第二批资源枯竭城市名单，争取国家投资3亿元，分三年实施国家资源枯竭型城市矿山地质环境治理项目。2013年9月，省政府将湘江保护和治理列为“一号重点工程”，滚动实施3个“三年行动计划”，将锡矿山地区列入五大重点整治区域之一。由省国土资源厅牵头负责指导冷水江市锡矿山区域地质环境综合治理工作。第一步完善规划体系。在《锡矿山地区重金属污染“十二五”综合防治实施方案》等专项规划的基础上，重点编制《冷水江市锡矿山转型发展建设传统矿区环境整治生态修复示范区实施方案（2014—2030年）》和《冷水江市锡矿山重金属污染区域环境综合整治实施方案（2013—2020年）》，出台《2015—2017年锡矿山地区环境综合治理三年攻坚战工作规划》，计划进一步细化顶层设计，编制锡矿山地区主体功能平面规划和工业、农业、林业、水利、环保、地灾、交通、城镇等行业专项规划或建设方案。第二步从2014年开始，分四期对冷水江锡矿山地区实施“矿山复绿示范工程”建设项目，第一期，2014年，省国土资源厅下拨专项资金300万元，复绿矿区6.4公顷。第二期，2015年省国土资源厅下拨600万元，复绿矿区8公顷，2017年实施完成。第三期专项资金300万元和第四期260万元资金省国土资源厅下达到位。至2017年底，冷水江市锡矿山、铎山镇地面塌陷等重大地质灾害隐患治理取得成效，矿山生态逐步修复。

治理前的锡矿山（2008年12月摄）

治理后的锡矿山（2018年7月摄）

2006—2017年冷水江市锡矿山地区地质环境治理项目情况表

表48-14 单位:万元

年份	项目名称	资金	项目实施效果
2006	市锡矿山锑矿山地质环境治理工程(一期)	300	锡矿山七里江居委会河道护岸及清淤2千米，挡渣坝等
2007	市锡矿山锑矿山地质环境治理工程(二期)	200	1.在主大兴塌陷区地表及建(构)筑物上设立监测点，并进行变形监测； 2.船山村引水工程：解决约300人饮水问题、修建引水管道约1000米； 3.官家引水工程解决900多人饮水问题，修建引水管道约3000米； 4.谭家河道消淤工程，清除河道淤积的废渣长度800米
2008	市锡矿山锑矿山地质环境治理工程(三期)	1200	宝大兴搬迁125户，修建避险公路2.7千米，采空区支护工程，宝大兴塌陷区监测等
2009	市锡矿山锑矿山地质环境治理工程(四期)	3300	1.搬迁避让工程对宝大兴塌陷区内625户住户进行搬迁；2.硬砚化工程，对第三期修建的2.7公里避险公路进行路面硬化等
2010	资源枯竭城市矿山地质环境治理重点工程	31000	宝大兴搬迁550户，S312线受损道路整修30.6千米，良溪河等河道清淤和护岸14.8千米，解决矿区引水约3万余人的饮水困难，修建引水管道2.6万余米，治理废渣堆废弃矿场40多处，治理面积约1200公顷等
2014	锡矿山复绿示范工程(一期)	300	治理废渣堆废弃矿场6公顷，植树1.6万余棵
2015	锡矿山复绿示范工程(二期)	600	治理废渣堆废弃矿场8公顷，植树2万余棵
2016	锡矿山复绿示范工程(三期)	300	治理废渣堆废弃矿场3公顷，植树5000余棵
2017	锡矿山矿山复绿示范工程(四期)	260	治理废渣堆废弃矿场2公顷，植树4000余棵
合　计		37460	

第三章 测绘业务与管理

第一节 测绘业务

一、基础测绘

1995年1月，地区国土管理局根据国家测绘局《测绘资格审查认证管理规定》《测绘工作证管理规定》及省国土测绘管理局印发的《湖南省测绘资格审查认证管理补充规定》，做好“测绘资格证书”与“测绘工作证”的申办与换发工作，把握考察初审关，与地区财政局、地区物价局联合下发《关于核发娄底地区测绘行业收费项目与标准的通知》，规范收费，保证工作经费的来源，维护工作正常运转。1996—1997年，娄底市开展第一次城镇地籍调查工作。1998年，全地区5个县（市）测量标志普查全面完成，通过省验收，所有测量标志全部托管到人，建立委托保管制度。

2002年12月1日，新《中华人民共和国测绘法》实施。根据省政府办公厅《转发省国土资源厅等单位关于整顿和规范地图市场秩序实施方案的通知》精神，市国土资源局对全市地图市场进行全面清查整顿，对擅自编制出版、盗版地图等违法违规行为进行处理。搞好娄星区范围内测量标志的维护工作，对Ⅳ等以上三角点48座及三等以上水准点7座进行实地查看，对其中损坏严重的8处进行维护。

2003年12月1日，新《测绘法》实施一周年纪念日，市国土资源局组织一系列宣传活动。查处一件严重毁坏测量标志点案件。2004年，市国土资源局组织测绘成果资料保密大检查，做好测绘季报、年报工作，启动基础测绘规划拟订工作。2005年，市国土资源局投入测绘基础设施费用41.8万元，完成各项测绘业务538宗，绘制地图417幅，完成企业改制测量任务41宗。

2005年10月始，编制《娄底市基础测绘规划（2006—2020年）》规划主要任务，要求2010年前完成近期测绘任务；2011—2015年，完成中期规划任务；2016—2020年，继续推进全市远期规划测绘事业。远期规划市本级基础测绘的主要任务是：完成新城区1：500地形地籍测量10平方千米；完成市区1：2000地形测量84平方千米。将新测的10平方千米1：500地形图缩编为1：1000地形图和1：2000地形图。在地形图新测与缩编的基础上，采集高程数据进行编辑处理，生成94平方千米的1：2000数字高程模型（DEM）。建立和更新全市基础地理信息系统及数据库，为信息化和“三化”建设提供地理空间基础地理信息。

2006年，《娄底市2005—2020年基础测绘规划》经市政府批准实施，各县（市）基础测绘规划编制工作启动。全年投入测绘基础设施费用41.8万元。市国土资源局测绘队全年共计完成各项测绘业务625宗，绘制宗地图723幅。完成企业改制测量任务37宗，测绘200万平方米。

2007年，省国土资源厅政务中心要求各级国土资源部门向省国土资源厅申请的各项行政许可及非行政许可审批事项统一电子报件，统一受理，通过电子政务系统办理。市国土资源局从5月21日起，完成40宗用地电子报件、1宗采矿权报件、1宗测绘资质报件任务，做到电子报件入窗率达到100%。此外，数字化地籍档案通过一年的时间，完成1999年以前和2002年以后的地籍档案扫描7000卷，逐步建立电子档案管理系统，为档案查询和管理提供方便。

2008年，市国土资源局完成市级64平方千米1：1000地形图和70个四等控制点测量，完成双峰县、冷水江市、新化县县级基础测绘规划编制工作。25家测绘单位全部完成年度注册工作。2009年，娄底市实现测绘资质在线办理，四县（市）全部完成基础测绘规划编制。数字娄底电子地图采编工作全面铺开。完成拆除永久性测量标志1处。2010年是实施城区基础测绘第一个五年计划的最后一年。9月3日，城区新一轮基础测绘项目启动。到12月底，市本级完成30平方千米1：1000地形图测绘及72个四等GPS控制点的测量；修测更新1：1000地形图52.5平方千米，完成523个D、E级GPS控制网点联测工作，确定坐标转换参数，向西安80坐标系转换，总投资200万元。是年，市国土资源局协助省国土资源厅完成湖南省卫星定位连续运行基准站系统（HNCORS）在娄星区、涟源市、双峰县和新化县等地的安装调试工作，实现娄底市域CORS的全覆盖和重点覆盖。2011年，完成1∶1000全数字化地形图测绘43.35平方千米，建立四等GPS控制网点44个，将330.5平方千米1∶1000地形图转换成西安80坐标系地形图并建库，将46平方千米1∶500地形图缩编成1∶1000地形图并建库。双峰县财政投入基础测绘经费近300万元，完成县城44平方千米地形图的修测和曾国藩故居、青树坪镇、花门镇等地形图测绘。2012年，全市完成1∶1000航空摄影测量2694平方千米。6月11—13日，市国土资源局举办湖南省卫星定位连续运行基准站（HNCORS）应用培训班。2013年1月，数字娄底地理空间框架建设一期启动，11月完成C级GPS点40个，完成娄星区似大地水准面精化。全市完成二调数据8117平方千米的整合建库；执法巡查6次，地图市场检查4次。2014年1月10日，市中心城区45平方千米1∶500全数字化地形图修补测绘和双江片区40平方千米1∶1000全数字化地形图新测项目，通过湖南省测绘产品质量监督检验授权站检验合格。

2015年，市本级年内完成1∶1000全数字化地形图测绘42平方千米，修复更新1∶1000全数字化地形图测绘7平方千米，数据整合建库78平方千米，编制“十三五”基础测绘规划方案。年内更新市中心城区三维模型7.5平方千米，拍摄更新市城区360度低空全景30处（点），对中心城区路网和地名地址进行全面更新，新增18~19级矢量电子地图120平方千米。

2016年，编制完成《娄底市测绘地理信息“十三五”规划》。市本级落实基础测绘经费200万元，完成1∶1000全数字化地形图测绘50平方千米；更新中心城区272平方千米1∶1000航摄影像及路网、地名地址等数据，升级“天地图·娄底”平台版本。完成不动产业务4054宗（包括宗地图、房屋分层分户图），其中房屋分户超过7000户。

2017年，全市各级财政安排测绘地理信息工作经费1500余万元，实现市中心城区1∶500地形图和市本级628平方千米1∶1000地形图全覆盖。完成不动产测绘业务1245宗（包括外业测绘，内业出宗地图／房产图）。

二、测绘生产

2004年12月，《娄底市行政区划图》（2004版）、《娄底市中心城区标准地名图（2004版）》出版发行。2005年，市国土资源局编制出版娄底市交通旅游图。2011年，《娄底市地图》和《娄底市城区图》出版发行。2013年，协助湖南省地图出版社完成《冷水江市地图》《冷水江市城区图》《双峰县地图》的编制出版工作。2014年8月，市国土资源局编制出版《湖南省第12届运动会专版地图》。2015年，编印新版《娄底市地图》和《娄底城区图》。2016年11月22日，《娄底市地理市情地图集》按省国土资源厅要求在规定时间内完成。2017年12月，《娄底市行政区划图（2017版）》《娄底市中心城区标准地名图（2017版）》出版发行。

第二节 测绘应用服务

测绘应用主要含地籍测绘、勘测定界、宗地查询、卫片执法配合测绘和出图，项目所在范围土地利用总体规划成果土地利用总体规划调整等。1996年，为满足城市建设需要，娄底市国土管理局委托涟邵矿务局勘测工程处测制约29平方千米的城区地籍图。

2008年11月起，娄底市城区统一采用在西安80坐标系的基础上，以东经112°为中央子午线的3度分带投影的相对独立平面坐标系统和1985年国家高程基准。2010年，市国土测绘院为市相关单位提供各种比例尺地形图780幅，依法为市规划局、万宝新区筹委会无偿提供1∶1000地形图数据（电子版本）232平方千米，保证娄底水府示范片区及娄底市万宝新区详细规划的编制用图，避免重复测绘，为政府节省资金700万元。协助市发改委制作娄底水府示范片区1：1万遥感卫星影像图近800平方千米，提供控制点成果45次。

2011年，娄底市级基础地理信息数据库建成并投入使用。全年为市相关单位提供各种比例尺地形图1630幅，为娄底北部经济园区等单位提供1：1000地形图数据（电子版）125.3平方千米，提供控制点成果38次，完成各类项目勘测定界报告128个，884.41公顷。2012年，市国土测绘院为万宝新区等相关单位提供1：1000地形图近65平方千米，提供各种比例尺图纸652幅，大地成果点30余点。2013年，市国土测绘院为政府各部门、企事业单位、各县（市、区）及国家省、市重点工程项目等建设提供各种比例尺地形图数据及影像数据278平方千米，纸质地形图215幅，大地成果点20多点。2015年，市国土测绘院完成勘测定界预审项目72个，全套勘测定界项目33个，全套勘测定界项目201.52公顷，完成土方项目3个（煤炭局土方项目、镇星恒苑土方项目、甘桂路土方项目），8.62万平方米的土方测绘，并出具土方图。完成定点放样项目一批，其中娄双大道项目放样点数420个。是年9月，实现“天地图·娄底”与“国家天地图”顺利对接。市国土资源局与市公安局、规划局、房地产管理局、自来水公司、旅游外事侨务局等单位签订共建共享合作协议。

2016年，市国土资源测绘院为市直各部门、各县（市、区）及重点工程建设项目无偿提供各种比例尺地形图及影像数据总计1650平方千米，纸质地形图5967幅，大地成果点157点等测绘地理信息成果。市国土资源局免费为市内各单位及重点工程建设项目提供各种地形图数据资料658平方千米、各种纸质地形图168件、成果控制点275点。

2017年，全市完成勘测定界预审项目91个，全套勘测定界项目40个。

第三节　测绘资质管理

1990—1995年，地区行署没有设置测绘管理机构。1996—2001年没开展测绘资质年检。2002年，市国土资源局对境内19个测绘单位进行年检年审，坚持不符合资质等级许可的单位与个人，一律不得从事测绘活动；符合资质等级许可从事测绘活动的专业技术人员，一律具备相应的执业资格条件；测绘人员进行测绘活动时，一律持有测绘作业证件，强调测绘单位不得超越资质等级许可的范围从事测绘活动，不得以其他测绘单位的名义从事测绘活动，不得允许其他单位以本单位的名义从事测绘活动。2003年资质年检，吊销1家不符合要求的测绘单位资质证书。2012年起，每年对全市测绘单位进行年检年审，没发现违规操作行为。

2013年，完成25家持证资质单位年度注册工作，新增丁级测绘资质单位1家，对全市乙、丙、丁级测绘资质单位进行全面监督检查。2014年，对26家测绘资质单位通过报送资料的方式进行监督检查。2016年，完成全市27家测绘资质单位诚信体系建设工作，对13家测绘资质单位进行资质巡查与质量监督抽检，合格率100%。2017年，娄底市有测绘资质单位28家，巡查抽检测绘资质单位14家，抽检率52%，合格率100%。

第四节　地理信息管理

一、“数字娄底”建设

2011年11月，市委、市政府根据省国土资源厅要求，做出建设“数字娄底”决策。2012年2月3日，国家测绘地理信息局下发《关于数字娄底地理空间框架建设推广项目立项的批复》，批准立项数字娄底地理空间框架建设项目，列入2012年国家测绘地理信息局数字城市地理空间框架建设推广计划。该项目由国家测绘地理信息局、省国土资源厅、市政府合作共建，项目建设成果三方共享。概算投资

2200万元。3月31日，《数字娄底地理空间框架工程设计书》通过专家评审，同时省国土资源厅与市政府签订《数字娄底地理空间框架共建共享合作协议》。12月，数字娄底地理空间框架建设正式启动。该项目按照“政府主导，统筹规划；需求牵引，科技推动；统一标准，资源共享；注重应用，平衡发展”的原则，利用信息化技术和手段，将城市资源、社会资源、基础设施、人文、经济等要素，以数字的形式进行获取、存储、整合、管理和再现，提高城市公共管理、应急处理、公共服务以及科学决策能力。建成多尺度、现势性强的基础地理信息数据库。建成权威的、唯一的地理信息公共服务平台。并基于地理信息公共服务平台完成土地资源综合管理系统、警用地理信息系统、地质灾害预警应急综合平台、土地动态执法监察系统、旅游地理信息系统等多个应用示范系统的建设，促进基础地理信息的交换与共享，提升娄底市信息化水平。

2014年11月，在数字娄底地理空间框架建设项目成果发布与应用推广会上，启动“天地图·娄底”地理信息服务平台。市国土资源局在已有城市地理空间数据基础上进行更新、扩展和开发，全面整合地理信息资源，建成高精度、多尺度、多形式、大覆盖范围的基础地理信息数据库，建立全市域地面分辨率为0.1米、0.5米、1米的航摄真彩正射影像，建立市本级961平方千米地面分辨率为0.2米的航摄正射影像和1：2000数字高程模型，建立覆盖全市域的地形三维模型和市中心城区30平方千米精细三维模型，完成市中心城区77千米街景影像拍摄，采集地名地址数据6大类共计11万条，整合全市域第二次土地调查等专题数据。通过信息化数据采集与处理手段，最终形成数字娄底地理空间框架地理信息公共服务平台专业版、政务版和公众版三版数据库。

2015—2016年，市国土资源局在加大推广应用“天地图·娄底”地理信息服务平台的基础上，补测、修复、更新全数字化地形图等地理信息数据，保持中心城区路网、地名地址等数据的现势性，不断升级优化“天地图·娄底”平台版本，为政府减少重复投入。2017年，“数字娄底”建设向纵深推进，致力数字县域建设。双峰县、冷水江市数字地理信息基础工程建设项目进入实施阶段，新化县、涟源市数字县域建设申报立项。

二、地理国情普查和监测

2013年11月1日，市国土资源局在长沙与省国土资源厅签订湖南省地理国情普查目标责任书。地理国情，主要是指地表自然和人文地理要素的空间分布、特征及其相互关系，是基本国情的重要组成部分。根据国务院、省政府的部署安排，此次地理国情普查内容主要是查清自然地理要素、人文地理要素的基本情况，开展地理国情信息综合统计分析，建立地理国情本底数据库。2013年7月至2015年6月为全市地理国情普查工作第一阶段，主要完成普查底图制作、数据采集与处理、外业调查与核查、数据集建设等工作。市国土资源局按省国土资源厅要求对全市旅游景点、省市级地质灾害点进行专项普查，建立专项普查数据库。市政府安排100万元用于此项工作。普查标准时点为2015年6月30日。2015年7—12月为普查工作第二阶段，主要完成普查信息的整理、汇总、统计分析，形成普查报告，发布普查结果。12月，完成采集地理国情普查信息数据8109.59平方千米，形成6项基本成果，省质检站验收合格率100%。2017年，完成资料收集、地图草案编制、地图成果审定等工作。

第四章 执法监察

第一节 土地执法

1990—1991年，地区国土管理局会同有关部门解决土地纠纷，查处违法占地案件。1992年，地、县（市）两级国土管理局建立国土法规执行室，配备执法人员36名。1993年，行署根据国务院《关于严格制止乱占、滥用耕地的紧急通知》《中共中央、国务院关于当前经济情况和加强宏观调控的意见要求》，对境内各开发区用地情况进行清理，21个开发区撤销16个，核减用地100公顷，复耕56公顷。对各类房地产开发经营机构以行政划拨方式获得的土地进行清理登记，对使用情况进行检查。全地区查处违法用地、违法管地的大案、要案，查处各类违法案件767起，结案705起。1994年始，土地执法从农村转移到城镇，查处城镇国有土地使用权非法转让、出租、抵押案件，清理整顿土地市场，堵住国有土地资产流失。1995年，地区国土管理局开展清理整顿土地隐形市场专项行动。查处土地案件832起，结案740起，其中大案要案120起。地区国土管理局直接参与查处大案5起，收罚没款83万元。是年，重点开展对娄底经开区非农业建设占地的清理，清处开发区越权批地、违法占地案件32起，责成退田还耕2.8公顷。

1996年，地区人大联工委办公室和行署办公室联合转发地区中级人民法院、监察局、国土管理局《关于一九九六年土地执法检查工作方案》，开展集中清理房地产开发底子、集中清理整顿土地市场、集中清理违法占地行为。查证房地产开发公司非法转让土地、违法用地行为为27起，14.4公顷。全面清理整顿土地市场，查处一批非法转移土地使用权行为，制止乱占滥用耕地17.8公顷，退田还耕5.27公顷，处理城乡接合部和公路两旁违法占地行为478起，9.47公顷，其中拆除非法建筑物8337平方米，收罚款57.2万元，收回土地使用权2.38公顷。配合省人大常委会、省国土管理局、省监察厅查处双峰违法占地修路案件。与纪委、监察部门联手查处市拆迁办非法转让土地案件，与法院配合，查处中外合资企业湖南霍格拉斯耐火材料有限公司非法占地行为。对乡镇企业用地进行清查，重点查处双峰县第七水泥厂。1998年，全市查处土地违法大要案件27起，收罚款450万元；其他一般性案件1136宗，结案1012宗。其中包括冷水江市环城路违法用地案、涟源市建委违法用地案。1999年1—6月，新化县开展2次土地专项执法行动，拆除违法建筑23处，退耕还田1.44公顷，收缴罚款45万元。10月28日对涟源市三甲乡白溪村的执法攻坚，四个县市协同作战，出动车辆28台，各种警力及国土干部、执勤民兵共450人，拆除违法建筑9栋。全市查处土地违法大要案件16起，查结16起，收罚款和规费427万元，处理土地违法责任人14人。5个县（市、区）都集中力量在不同的时间段开展国土管理专项执法。是年底，涟源市拆除违法建筑13栋，半成品屋22栋，撬毁基脚65处，还耕1.6万平方米，没收违法房屋4处，对3年以来历史遗留的案件处理兑现500起，依法收回罚款50万元。2000年，全市开展清理整顿土地市场行动。组织60人，分8个工作组，对娄星区城区范围内非法转让、改变用途非法出租的单位进行全面清查，共清查单位286个14公顷，收缴土地收益金240万元。清查后，补办出让、转让手续20宗0.84公顷。其他县市都全面开展土地市场清理整顿。冷水江市清理土地市场，收缴规费440万元。各县（市、区）查处各类土地违法案件307起，其中立案285宗结案242宗，较上年相比，案件发生率下降12%，结案率上升7%，强制拆除非法建筑8020.8平方米，收取罚款148万元，恢复耕地2.17公顷，处理土地违法责任人7人。2002年，全市查处各类土地违法案件445起，涉及土地面积26.9公顷，其中耕地3.22公顷。责令退还土地6.73公顷，拆除建、构筑物1.49万平方米，没收建、构筑物6.53万平方米，收取罚没款308万元。处理土地违法责任人4人，其中追究刑事责任1人。市国土资源局直接查处的土地违法案件14起，10.06公顷，其中耕地1.3公顷，拆除建、构筑物2100平方米，责令退还土地28公顷，收取罚款63万元。

2003年3月，市国土资源执法监察支队（加挂执法监察局牌子）组建。全市查处土地违法案件378起，32.16公顷，其中耕地9.91公顷，收取罚没款259.8万元。行政处分5人，其中1人移送司法机关。2004年，市国土资源执法监察支队培训和轮训全市执法人员2600人次，518人次参加省市选训与调训。是年，全市查处土地违法案件266起，涉及土地25.16公顷。2005年，市国土资源局落实国务院《关于深化改革严格土地管理的决定》精神，市本级立案查处土地违法案件28宗，收取罚没款18.2万元。2006年，市国土资源局重点检查以租代征和闲置浪费土地资源等问题。市本级立案查处国土资源违法案件45宗，办结率100%，收取罚没款229万元。联合市监察局查处10宗土地违法案件。清查上年跟踪检查中存在问题项目及上年所有批供新增和储备用地项目294个1058公顷，继续跟踪检查项目31个305公顷，存在问题的项目47个165公顷。2007年，市本级立案查处国土资源违法案件65宗，收取罚没款202万元。土地执法百日行动取得阶段性成效，查处土地违法案件23宗。2008年，市本级直接立案查处土地违法案件40宗。办结案件35宗，收取罚款253万元。开展农村集体建设用地政策落实情况清理行动，组织3次大的拆除违章建筑行动：市经开区大埠桥办事处拆除违法建筑19处；潭邵连接线拆除违法建筑7处；万宝匡家拆除违法建筑4处，拆除违法建筑4460平方米。

2009年1月，全市开通12336违法线索电话举报热线，全市卫星航片执法查出违法用地32宗，违法用地64.75公顷，违法用地宗数占新增建设用地宗数的15.67%，违法用地占新增建设用地的6.67%。其中未报即用25宗51.9公顷，边报边用4宗4.31公顷，未供即用3宗8.54公顷。重点工程违法用地3宗32.54公顷，占违法用地的48%。2011年，市国土资源局被国家土地督察武汉局评为“卫星航片执法检查达标”先进单位，连续两年获得免检通过卫星航片检查验收。2012年，市本级受理违法案件64起，其中土地违法案件44起，下达行政处罚决定53份，办结案件42起，收罚款434.4万元。2013年，市本级立案查处国土资源违法案件82起，办结75起，收罚款300万元。查处违法用地10宗，违法用地9.97公顷。接到“12336”群众举报电话、信件115件，省国土资源厅12336督办、交办案件42件，回复151件。2014年，市本级立案查处违法案件47起，其中土地违法案件42起，下达行政处罚决定40份，办结案件34起，收罚款269.2万元。2015年，市本级及时制止10起土地违法苗头，立案查处违法案件32起，罚款46.5万元。2016年，市本级立案查处土地违法案件27宗，罚款102万元。卫片执法检查和省域督察顺利通过验收，市本级闲置土地整改到位率95.5%。2017年9月，开通微信违法线索举报平台。是年，市本级立案查处违法案件49起，办结42起，移送公安机关、法院5起。土地卫星航片执法立案105起，结案104起。

2010—2017年，全市涉及利用卫星遥感监测等技术手段制作的叠加监测信息及有关要素后形成的专题影像图片（简称“卫星航片”）违法用地案件819宗154.56公顷，耕地97.08公顷。立案查处违法案件769起，罚款8900万元。没收建筑物215.88万平方米，拆除建筑物40.1万平方米。接到群众来信来电举报违法线索742条，省厅督办、交办违法线索383条。交与县（市、区）核查办理712条，市支队本级核查办理413条。市执法监察支队立案查处45起，挂牌督办26起。

第二节　矿产执法

1990年，全地区矿产资源管理办公室依法关闭和自行关闭的非法矿点1300处。1991年初，地区矿产资源管理办公室会同工商、公安、税务、电业、农业银行等部门联合行文，对非法开采的小煤矿做出相关规定，全地区取缔非法小煤矿1386个，处理越界开采28起。各县（市）根据煤炭资源分布特点，通过规划、合理布局，共保留乡、村办的小煤矿623个。12月上旬通过省政府乡镇煤矿清理整顿验收团清整工作验收。

1992年，全地区调处各类矿业纠纷50起，清理整顿矿业秩序，关闭私采煤窑1500处，收缴鼓风机等工具10台。1993年，全地区5个县市成立矿产资源法规执行室，地区中级人民法院发布公告，对违反矿产资源管理法律法规行为进行界定。全地区下达封闭令1458个，到期执行1321个，下达罚款通知单803个，罚款113万元，没收非法矿产品2000吨，折款15万元，没收非法采矿设备折款20万元，拘留和捕判违反《矿产资源法》人员50人，处理非法参股人员51人。1994年，地区加大执法力度，对非法采矿行为逐个立案查处。朝阳煤矿矿区范围的5个小煤窑，长期超深越界，地区地质矿产局对该5个小煤窑逐个立案查处。恩口矿区的联盟煤矿，多年来巡回在风井煤柱内采煤，7年清整一直得不到解决，地区地质矿产局依法立案查处，为国有恩口煤矿消除安全隐患。新化县地质矿产局对金矿资源进行整治，取缔非法金矿点86个。冷水江市政府指定煤炭清整由冷水江市地质矿产局牵头，取缔非法矿297个。1995年，地区地质矿产局下达行政处罚决定书280份，执行罚没款150万元，取缔非法煤矿（洞）860个（次），立案30件，行政复议10起，行政诉讼3起，没收非法开采设备价值100万元，为合法矿山挽回经济损失上1千万元。1996年，地区地质矿产局首创的建立矿业秩序整顿责任状制度、矿产品运销监督检查制度和公安矿政管理治安联防队等巩固矿业秩序整顿成果的措施得到副省长周伯华充分肯定。全地区查处违反矿产资源法规大要案9起，取缔无证煤矿点1148个，吊销、注销采矿许可证66个，没收矿产品2000吨，采矿设备400台（套），收缴罚没款100万元。

1997年，行署调整矿业秩序整顿领导小组，地委副书记、行署专员任组长，分管副专员任常务副组长，专员助理、副秘书长、政法委副书记、计委副主任、地矿局长等人任副组长，各有关部门负责人任成员，设立领导小组办公室（设地矿局内）负责日常工作。各县（市）都成立相应的领导小组及办公室。是年，全地区取缔无证采矿778处，其中娄底市14处，涟源市361处，冷水江市102处，新化县205处，双峰县96处。处理越界矿39处，调处矿业纠纷72起，吊销采矿许可证78个，没收非法矿产品1000吨。1998年，全地区依法关闭非法煤矿433个，其中炸毁130处，收缴违法开采设备价值100万元。涟源市地矿部门狠抓斗笠山重点矿区的整治，做到组织领导、清整人员、整治措施“三到位”，5—10月，先后协调10家单位，出动20台车、200人，取缔14家非法煤矿。

1999年，市地质矿产局编印《娄底市地矿行政执法责任制度汇编》，20个具体规范条目，把地矿行政执法的每一个环节都纳入规范程序；制定《娄底市地矿行政执法责任状》，3月23日在全市地矿工作会议上由市地质矿产局局长和各县市地质矿产局长签字，形成“横向到边（各科、股、室、单位、部门）、纵向到人（每一个执法岗位、执法人员）、层层把关、分级负责”的地矿行政执法格局。2000年，市地质矿产局依法立案6起，结案5起，调处矿业纠纷10起，包括娄星区百亩乡凤冠山煤矿与涟源市水洞底凤冠山煤矿，娄星区茶元二矿与双峰县扶冲煤矿边界纠纷问题的调处。2001年，市地质矿产局依法立案13起，结案10起。其中，无证非法开采案5起，越界开采案6起。查处非法流转矿业权案2起，下发清整文件11份，督办通知15个，调处矿业纠纷6起。查处非法矿反弹和部分非法煤矿区的违法行为，对涟源市水洞底镇凤冠山矿区内的“凤冠山煤矿技改井”无证采矿行为立案查处。查处大建煤矿越界开采行为，对新化县金矿和百水洞铅锑矿的违法越界案，冷水江市龙潭新井煤矿、龙光煤矿越界案，冷水江市矿山乡马井煤矿与新化县雄兴煤矿无证开采纠纷及新化县杨禾堂煤矿非法转让采矿权等案进行立案调查。收到举报信80份，经查证属实的，或立案或下令督办的有30个，非法矿主被判刑的3个，刑拘的30个。是年，市国土资源局下发《娄底市矿产资源管理秩序治理整顿实施方案》，开展矿业秩序整顿，是年，市本级立案查处矿产资源违法案件16件，移送法院强制执行8件，收取罚没款30万元，并以破坏资源罪逮捕9人。2004年，全市立案查处矿产资源违法案件247起，其中无证开采案35起，违法转让案13起，越界开采案199起，移送司法机关2起。

2005年7月至2008年7月，全市开展整顿和规范矿产资源开发秩序（简称“整规”）三年专项行动。采取重点“治乱”、整合“治散”、建制治本、“回头”巩固的原则，分步实施的方法，对全市矿产资源开发秩序进行整顿和规范，立案查处各类矿产资源违法违规行为311起。其中无证采矿144件，越界采矿153件，非法转让矿权14件；对斗笠山煤矿区、锡矿山锑矿区等7个重点矿区进行集中整治，对煤炭、锑2个重要矿种进行资源整合，关闭整合矿山325家。其中：关闭整合煤矿279家，锑矿3家，锰矿2家，铅锌矿1家，铁矿2家，采石场砖瓦黏土矿等38家，收缴罚没款1000万元，清退国家工作人员入股资金1265.83万元，查处入股分红案件95起，处分120人。2005年，市国土资源局加大越界采矿专项治理工作力度，下发《关于进一步加强专项整治越界采矿工作的通知》，关闭无证开矿2起，超深越界采矿3起，收取罚没款34.5万元，协调处理好姜某斌寒婆坳石膏矿与市国土资源局的仲裁案。2006年8月1日，市国土资源局与市煤安分局联合执法，对斗笠山煤业公司越界开采的违法行为处以罚款53万元，并没收违法所得240万元。此案是全市历年来处罚标的最大的矿产资源违法案件。按省政府规定，如期落实第一批100家、第二批56家关闭整合煤矿名单。对冷水江金竹山矿区和锡矿山矿区、新化县杨家山铜钨矿区进行集中整治。2007年7月18日，湖南省超深越界开采矿产资源专项整治工作会议在涟源市召开。是年，全市立案查处越界开采违法行为65起。矿产资源整合工作完成，全市煤矿减少52.6%。《湖南省冷水江锡矿山矿区整合总体方案》通过省国土资源厅审核。2008年，市国土资源局完成金竹山、斗笠山等8个重点矿区和煤、锑2个重要矿种的资源整合工作，全市减少矿山325个。对利民矿区和新化杨家山铜钨矿区、古台山金矿区等进行集中整治，整规工作通过国检。2009年，全市完成7个省级重点矿区、6个市级重点矿区、2个重要矿种（煤、锑）的资源整合工作。2010年9月9日，市政府召开整治矿山超深越界开采专项行动动员会，传达贯彻全省专项行动电视电话会议精神，安排部署专项行动工作。动员会上宣读《娄底市整治矿山超深越界开采专项行动工作方案》。此项行动持续至12月底。查处冷水江市物华锑矿等超深越界非法采矿4起，罚款45万元。对因尾砂坝建设未通过验收，达不到环境保护要求的新化县文田镇铜钨矿区5个铜钨矿责令停产整顿。2011年，全市矿产卫星航片执法检查工作通过验收，立案查处矿产违法案件8起。2012年，市国土资源局受理矿产资源违法案件9起，下达行政处罚决定53份，办结案件42宗，罚款434.4万元。

2013年5月，全市开展新一轮集中整治非法采矿专项行动，历时1年，抓捕涉嫌非法采矿人员30人，党纪政纪处分6人。全市扣押挖掘机16台、运输车辆16台，查封挖砂船3只，拆除非法采砂作业点机械设备51处，取缔非法采挖黑土（炭质页岩）3处。2014年，国家安全委员会下发《关于集中开展“六打六治”打非治违专项行动的通知》，指令全国各地进一步深化“打非治违”，重点内容是突出煤矿、金属与非金属矿山等重点行业领域。2015年，市本级立案查处违法案件47宗，其中矿产违法案件5起，下达行政处罚决定40份，办结案件34宗，罚款269.2万元。下发矿产卫星航片疑似违法图斑43个，经核实确定合法图斑20个，违法图斑19个，实地伪变化图斑4个，违法图斑全部查处整改到位，10月底一次性通过省级验收。是年，市国土资源局及时制止5起矿产资源违法苗头。矿产卫星航片执法检查共立案查处113起，结案件79起，罚款310.8万元。

2017年，矿产卫星航片执法立案104宗，结案30宗。全市开展矿山专项整治、安全生产督查检查等活动，关闭石膏矿5家、小煤矿22家，对第五批106家政策性关闭煤矿进行应退市级价款退付核算，去产能工作取得成效。是年，市政府办下发清理整治实心黏土砖厂实施方案，由市国土资源局牵头有关部门配合推进砖厂整治，关闭实心黏土砖厂，关闭非法砖厂，淘汰严重破坏资源环境、占用基本农田、存在重大安全隐患等情形的砖厂，扭转砖厂“多、小、散、乱”的被动局面。至年底，全市有各类砖厂480家关闭328家、整改122家、保留30家。全市立案查处违法违规砖厂426家，收缴罚没款375.82万元，拆除337家，平整115家，复耕31家，保护耕地20.97公顷，列入用地增减挂钩土地复垦项目23个。2010—2017年，矿山卫星航片执法检查中，对全市5600个疑似违法图斑进行清查处理，立案查处630起，罚款9000万元，处理210人。

2005—2017年，市国土资源执法监察支队立案查处违法案件846起（土地632宗，矿产214宗），保护耕地36.22公顷，拆除移交房屋872栋，制止乱采乱挖70宗，挽回经济损失6亿元，移送公安机关、法院案件213宗，处理涉案人员280人。

第五章 机 构

第一节 市级国土管理机构

1990年，地区国土管理局，内设人秘、土地规划和土地管理三个职能科室，暂定编制15名。1995年9月，地区国土管理局强化全地区城乡土地的统管和耕地保护、开发工作，加强土地宏观调控，加强地政地籍、法规监察、建设用地、地产市场、土地利用规划、国土规划、农业区划、测绘管理等职能以及系统财务、法律法规宣传等工作。同时，将土地利用现状调查、地籍调查、土地法规政策咨询、地价和地产交易、征地拆迁、土地开发、国土和测绘资料归档等服务性、技术性工作转由局属事业单位承担。内设机构为办公室、建设用地管理科、地政地籍管理科、法规监察科、土地利用规划科、测绘行政管理科、纪检组（监察室）。地区国土管理局机关定行政编制19名。1996年，地区国土管理局成立测绘管理科，加挂地区行政公署测绘行业管理办公室牌子，

2001年10月，撤销市国土管理局、市地质矿产局，组建市国土资源局。下设娄星分局、市国土资源执法监察支队（加挂执法监察局牌子）、市土地储备中心、市土地开垦整理中心、市征地拆迁事务所、市地产交易中心（加挂土地评估所牌子）、市土地登记发证中心、市地理信息中心（加挂市国土资源局测绘队牌子）、市地质环境监测站、市矿产资源补偿费征收办公室、市国土资源局培训中心11个二级机构。

2011年1月，市政府明确市国土资源局内设办公室、政策法规科、规划科、财务科、耕地保护科、建设用地科、地籍管理科、地产管理科、矿产开发管理科、地质勘查科、矿产资源储量科、地质环境科、测绘管理科（加挂市测绘管理办公室牌子）、人事科、信访科、综合管理科。局机关行政编制40名，保留事业编制22名。下设市国土资源执法监察支队（加挂市国土资源执法监察局牌子），市国土资源局娄星分局，市国土资源局经济开发区分局，市土地矿产储备中心，市土地开垦整理中心，市征地拆迁处，市土地登记发证中心，市矿产资源补偿费征收办公室，市土地矿产交易中心，市地质环境监测站，市地理信息中心，市国土资源局培训中心，市国土资源局娄星分局矿产资源补偿费征收办公室，市国土资源局娄星分局地质环境监测站。

2011年12月，撤销市地理信息中心加挂的测绘队牌子，设立市国土资源测绘院，系市国土资源局下属正科级自收自支事业单位，乙级测绘资质单位。2016年测绘院人员基本到位，正式对外办公。2017年，在职人员30人。

2015年5月，地产管理科更名为土地利用科。增设不动产登记科，行政审批科，测绘管理科（加挂市国土资源测绘管理办公室牌子）更名市地理信息测绘管理办公室，市国土资源执法监察支队（加挂市国土资源执法监察局牌子），仍按内设机构管理，设立市国土资源档案馆。2017年，内设机构未变。2003—2017年，市国土资源局和所辖县（市、区）国土资源局荣获省部级以上单位的荣誉称号38项。

第二节 地质矿产机构

1990年，地区矿产资源管理办公室为副处级机构，归口地区计委管理，编制5人。内设法制科、矿产管理科、财务征管科、办公室、矿山技术经济咨询服务部。1992年12月，矿管办升格为地区矿产资源管理局，为正处级单位，核定编制16名。内设办公室、矿产开发管理科、财务征管科、法制监督科、矿山技术经济咨询服务部。1995年，地区矿产资源管理局更名地区地质矿产局，2001年10月，与市国土管理局合并组建为市国土资源局。

第三节 县（市、区）国土资源管理机构

一、娄星区国土资源分局

1990年，娄底市国土管理局为正科级机构。2004年11月，明确为市国土资源局派出机构，负责娄星区范围内的土地资源、矿产资源（地质环境保护）管理工作。内设办公室、建设用地股、地籍管理股、规划股、执法大队、矿产资源管理股、财务股。2012年11月，娄星国土资源分局执法监察大队成立。矿产资源补偿费征收办公室、地质监测站与市国土资源局征收办和环监站合署办公。局机关有干部职工22人，辖区内有国土资源所9个，其中中心所2个、乡镇所7个，编制54人。2017年，机构未变。

二、冷水江市国土资源局

1990年，冷水江市国土管理局为正科级机构。冷水江市矿产资源管理局为省地矿局派出机构，定编4人。1994年10月，冷水江市矿产资源管理局更名冷水江市地质矿产局。2002年7月，冷水江市国土管理局与原冷水江市地质矿产局合并，成立冷水江市国土资源局，为冷水江市政府组成部门。2017年，机构未变。

三、涟源市国土资源局

1987年，分别为涟源市成立国土管理局、矿产资源管理办公室，1992年，涟源市矿产资源管理局成立，1995年，更名涟源市地质矿产局。2005年1月30日，撤销涟源市国土管理局和涟源市地质矿产局，组建涟源市国土资源局。2017年，机构未变。

四、双峰县国土资源局

1990年，双峰县国土管理局为双峰县政府组成单位。双峰县矿产资源开发管理办公室为省地矿局直管的正科级机构。1992年3月，撤销双峰县建委、双峰县国土管理局、双峰县环境保护局，成立双峰县城建国土环保局。6月，矿产资源开发管理办公室移交双峰县政府管理，更名双峰县矿产资源管理办公室，为双峰县政府主管矿产资源的正科级机构。1997年3月，双峰县国土管理局从县城建国土环保局划出，独立设置，为双峰县政府组成单位。1997年12月，双峰县矿产资源管理办公室更名双峰县地质矿产局。2002年8月，撤销双峰县国土管理局、双峰县地质矿产局，组建双峰县国土资源局。2017年，机构未变。

五、新化县国土资源局

1990年，新化县国土管理局为正科级机构。新化县矿产资源开发管理办公室为正科级事业单位，为地区矿产资源开发管理办公室和县政府双重领导，归口县计委管理。1992年8月，新化县矿产资源开发管理办公室更名新化县矿产资源管理局。1994年12月，县国土管理局与县地质矿产局合署办公，一套班子，两块牌子。2002年7月，新化县国土管理局与新化县地质矿产局合并，组建新化县国土资源局。干部职工215名，其中局机关和二级机构65名，乡镇国土资源所150名。内设办公室、计财股、建设用地股、国有土地资产管理股、区划股、地籍股、法规股。下设征地拆迁所、测绘队、储备中心、整理中心、地产交易所、执法大队6个二级机构。2003年4月，新化县国土管理局与新化县地质矿产局分立，2005年5月，两局机构合并，更名新化县国土资源局。2017年，机构未变。

六、市国土资源局经济开发区分局

2003年3月27日，市国土资源局经济技术开发区分局成立，为市国土资源局派出的正科级行政机构，其职能按照“委托授权、备案监督”的原则进行配置，受市国土资源局委托在开发区内行使有关职权，由市经开区与市国土资源局双重领导。2011年1月，更名市国土资源局经济开发区分局。2017年，机构未变。

第四十九篇

食品药品化妆品监管

概　述

1990年，地区、县（市）卫生防疫站为食品卫生监督机构。1991年，地区医药总公司更名地区医药管理局，各县（市）药材公司（医药公司）加挂县（市）医药管理局牌子。全地区实行“药企一体”监管，依法负责中西药品和医疗器械产供销监管（简称药管）。地区、县（市）卫生局负责药品的行政监管（简称药政）。1991—1999年，地区实行药管与药政分离的监管模式。

2000年1月，市医药管理局和市卫生局药政科合并组建市药品监督管理局（简称市药监局），实现药管和药政合一的监管模式。6月，省以下药品监督管理局实行垂直管理。9月，市药监局与市医药集团公司实行药、企分开。至2004年4月，市药监系统先后或配合省药监局完成全市4家药品生产企业、27家药品批发企业（含配送站）、25家医疗器械批发企业、882家药品零售企业、14家医疗机构制剂室的验收换证工作。重新审批80家符合条件的药品零售企业，依法督导药品生产经营单位开展GMP、GSP认证和药品分类管理。市药监系统查处违法案件4883起，假劣药品货值1041万元，捣毁制假售假窝点37个，配合公安部门抓获犯罪嫌疑人46人。县（市）、乡（镇）、村三级药品配送网络和药品监督网络建立。市药监局被市政府评为落实为民办8件实事优胜单位。娄底市药品打假新闻被《中国医药报》评为2003年度中国药监十大新闻。其间，全市的食品卫生监管仍由卫生防疫部门负责。

2004年5月，娄底市组建市、县（市、区）两级食品药品监督管理局（简称食药监局），增加食品、保健品、化妆品安全综合督查职能。是年始，市食药监局连续7年出台《娄底市食品放心工程和专项整治方案》，先后配套出台《娄底市食品安全联合执法方案》《娄底市重大食品安全事故应急预案》，推动“食品放心工程”实施和专项整治工作。每年元旦、春节、劳动节、国庆节等节假日期间，开展食品安全集中整治。2005年，市食药监局制定《娄底市食品安全信用体系建设实施方案》，督促各相关职能部门对全市85%以上食品企业建立食品安全质量信用管理档案。2006年始，市政府与各县（市、区）政府及市直卫生、工商等6个食品安全具体监管责任部门签订责任状。2007年，全市乡、镇、街道建立食品药品安全委员会及办公室。2008年9月，市食药监局牵头处置市域内的“三鹿问题奶粉”事件。市委、市政府将食品药品安全工作纳入县（市、区）政府和“三个文明”（物质文明、政治文明、精神文明）目标管理。至2010年5月，全市开办医疗器械经营企业38家，药店1168家，核发医疗器械经营企业许可证164个，通过GSP认证零售药店1091家。市食药监系统立案查处药品案件5549起，罚没1600余万元。是年，市食药监局增加食品药品综合督查职能。全市的食品药品监管采取多部门综合协调模式进行。2008—2010年，市食药监局连续3年被省局评为年度先进工作单位。

2010年，市食药监局由省局垂直管理单位调整为市政府工作部门，取消对县（市）食药监局的垂直管理，划出食品安全综合监管职责，食品药品监管延伸到餐饮服务环节和保健品、化妆品领域。至2015年，娄底市完成所有药品生产企业的GMP认证、所有药品经营企业的GSP认证和所有医药器械的电子化监管，督促娄底中心城区3100多家餐饮单位完成厨房改造，启动全市学校食堂标准化建设。该项食药监系统工作受到17家省级媒体或在湘中央媒体的专题报道。2016—2017年，市食药监系统督促全市托幼机构投入2400余万元对其食堂进行改造，改造率80.9%。查办食品药品违法案件3260起，移送涉刑案件80起。至2017年，市食药监局连续8年被国家卫计委、国家食药监总局、国家中医药管理局联合授予全国医药卫生系统先进集体称号。

第一章　药品监管

第一节　生产监管

一、注册

1990年，冷水江制药厂、湖南大乘医药化工有限公司获省、地两级药品监督管理局批准地方标准药品文号23个。1994年8月，冷水江制药厂“肝复乐”取得国家新药批准文号。1995年，娄底地区完成药品批准文号的清理、整顿、登记、重新编码和发布工作，停止生产“类L”“准L”字样批准文号的药品，由卫生行政部门撤销原批准文号，重新注册批准文号。至2000年，省药监局批准冷水江制药厂、湖南省回春堂制药厂2家医药企业地方标准药品文号55个，市药监局批准地方标准药品文号78个。

2002年12月，市药监系统执行国家药品标准，批准文号全部统一为“国药准字号”。全市68个地方标准药品批准文号升级为“国药准字号”，10个地方药品标准文号被淘汰。2007年，省食药监局药品注册处现场核查娄底市3家药品生产企业，清查药品批准文号品种18个，其中2家企业主动撤回4个，其余品种一次性通过现场核查。市食药监局配合省局完成辖区医疗机构制剂批准文号的终审。2008年6月，湖南大乘医药化工有限公司的强力碘溶液生产转为消字号，批准文号转让给大拇指药业有限公司。2010年，市食药监局将基本药物品种的注册及相关资料整理归档，对生产企业实施动态监管。至2012年，湖南省回春堂药业有限公司（简称回春堂药业），常年生产药物品种30个，其中国家基本药物品种6个。常年生产银黄颗粒、益母草颗粒、板蓝根颗粒、牛黄解毒片4个品种。至2017年底，娄底市医药生产企业药品注册获批标准文号41个。

二、生产许可

1990年，娄底地区持有药品生产许可证的医药企业3家：冷水江制药厂、娄底市同济药业有限公司（简称同济药业）、湖南大乘医药化工有限公司。2002年，涟源钢铁有限责任公司（简称涟钢）制氧厂取得药品生产许可证。2004年，湖南大乘医药化工有限公司退出药品生产行业，转产卫生消毒产品。2005年2月，湖南星剑药业集团有限公司（简称星剑药业）、湖南福泰中药饮片有限公司获得药品生产许可证。2006年1月1日始，娄底市启用国家药监局统一印制的新版药品生产许可证。12月，娄底市湘豪气体有限公司获分装医用氧（气态）的药品生产许可证。是年底，娄底市7种新药获得药品生产许可证。2007年10月，星剑药业退出药品生产领域。2010年，同济药业、吉田医药包装有限公司退出药品生产领域。2012年，市食药监局向药品生产企业下达改正意见书4份，暂扣GMP认证书1份。2013年4月，湖南威嘉生物科技有限公司获得原料药青蒿素的药品生产许可证。2015年，回春堂药业13种药品取得生产赋码。2016年11月，湖南伍星生物科技有限公司获原料药硫酸软骨素的药品生产许可证。至2017年12月，全市获得药品生产许可证的企业6家：回春堂药业、湖南福泰中药饮片有限责任公司、娄底市湘豪气体有限公司、湖南伍星生物科技有限公司、湖南威嘉生物科技有限公司、涟钢制氧厂。

三、生产主体监管及GMP认证

1993—1997年，地区医药局与地区卫生局、药品检验所配合，到冷水江制药厂、同济药业、湖南大乘医药化工有限公司、湖南省回春堂制药厂等药品生产企业监督检查11次。1998年，地区医药局贯彻执行国家医药局制定的《药品生产质量管理规范》（简称GMP认证），将GMP认证实施、监督检查作为全地区药品监督管理工作重点。1999年，执行《药品生产质量管理规范》（1998年版），监督检查辖区内药品制剂生产全过程。

2000年始，市药监局履行药品生产行业管理与行政监督管理职责。至2002年，市药监局指导全市药品生产企业实施GMP工作，负责药品企业GMP认证资料的初审和日常监督。2003年3月，省药监局同意双峰县赵玉坤申请筹建湖南福泰中药饮片有限公司。2004年3月，回春堂药业和华禾药业冷水江制药有限公司通过GMP认证。7月，市食药监局责令未申报GMP认证的大乘资氮医药化工有限公司、华禾药业冷水江制药有限公司老厂和原固体制剂车间停产。湖南福泰中药饮片有限公司在湖南双峰科技工业园投资新建，次年建成投产。2005年，冷水江制药有限公司、回春堂药业、同济药业、吉田医药包装有限公司、星剑药业取得GMP认证书。

2006年，涟钢制氧厂取得GMP认证书。新化县华人中药饮片有限公司投资新建，次年建成投产。2007年6—8月，市食药监局制定《娄底市药品生产企业信用构建与分类监管实施方案》《娄底市药品生产企业信用等级评定细则》，成立药品生产企业信用等级评审委员会，建立药品生产企业和医疗机构制剂室诚信档案。11月，娄底市湘豪气体有限公司取得GMP认证书。2008年，市食药监局将生产出口原料药的化工企业纳入监管范围，建立药品监督执法联系点制度。全市92名药品监管执法人员，联系药品生产企业94家，提出改进意见617条。医药生产企业违法案件同比下降56%。湖南福泰中药饮片有限公司获得GMP认证书。2009年，市食药监局督查落实药品生产企业质量授权人制度。各药品生产企业的质量授权人与企业签订药品质量第一责任人承诺书。2010年，市食药监局成立派驻药厂监督领导小组，督促企业整改安全隐患20余项。湖南华人中药饮片有限责任公司取得GMP认证书。市食药监局跟踪检查回春堂药业及国药药材冷水江制药有限公司，查出并监督销毁过期药品、变质中药饮片。

2011年，市食药监系统推进药品生产企业GMP认证改造。回春堂药业生产的25个医药品种，冷水江制药有限公司生产的6个剂型32个品种，均按GMP认证批准生产。4月始，全市药品生产批发企业全部纳入电子监管网络，实现实时全程监管。2012年4月，市食药监系统查获涉嫌铬超标空心胶囊130万粒，销毁铬超标药品3批次370盒，协助46家药品生产企业召回胶囊产品12万余盒。8月，省食药监局检查发现回春堂药业生产的胎宝胶囊所用胎盘来源不明等问题，收回回春堂药业的GMP认证书。9月，回春堂药业全部召回已售胎宝胶囊并销毁。2013年，市食药监系统开展“两打两建”工作（打击药品违法生产，打击药品违法经营，加强药品生产经营规范建设，加强药品监督机制建设）。市食药监局为全市7家药品生产企业建立监管档案。湖南福泰中药饮片有限公司通过国家食药监局GMP再认证，获得GMP认证书，生产中药饮片980种。2014年，市食药监局立案查处回春堂药业违法生产药品案，约谈回春堂药业有关人员，促进公司整改。2015年，回春堂药业、康哲冷水江制药有限公司纳入中国药品电子监管网监管。

2016年6月，回春堂药业、福泰中药饮片公司、涟钢医用氧公司取得GMP认证书。是年，市内4家药品生产企业通过2010年版《药品生产质量规范》认证。2017年，市食药监局对回春堂药业、湘豪气体有限公司开展GMP认证跟踪检查，查出其药品生产流程中主要缺陷4项、一般缺陷16项，依法发出责令改正通知书。2000—2017年，娄底市撤销药品生产企业GMP认证书7张，立案处理15起。

四、制剂

1990—1995年，省卫生厅批准娄底地区医疗机构制剂文号89个。至1996年，新化县中医医院摸索出治疗肺心病的强心汤、治疗支气管扩张咯血症的支扩止血汤、治疗急慢性支气管炎的愈肺汤、外敷治疗支气管哮喘病的平喘散等一系列有效医用方剂，研制出抗痨灵丸、清肺化痰丸、清肺利咽丸、宣肺化痰丸等多种中药制剂，均获省卫生厅批准文号。至2001年，省卫生厅批准娄底市医疗机构制剂文号121个。市药监局执行国家药监局颁发的《医疗机构制剂配制质量管理规范（试行）》，承担医疗机构制剂监管职能。检查全市医疗机构15家制剂室。市中心医院、涟钢职工医院的各项制剂规章健全、各项制剂记录齐备。其他部分医疗机构制剂批准文号被废弃，均被依法责令整改重报获批。2002年，市药监系统检查医疗机构制剂室17家、制剂品种135个。13家制剂室制剂原料进货渠道正当、制剂质量合格、工艺流程和批次登记清晰、制剂全部用于本单位医用，符合规范要求。4家医疗机构制剂室不符合规范要求，被依法注销批准文号。2003年，市药监局开展医疗机构制剂专项整顿，规范制剂名称，解决组方不合理、命名不科学等问题，下发整改通知书7份。2004年，双峰县中医医院老中医彭绍裘、李小亚等独创骨刺康复丸、妇康丸消炎散等中药制剂。是年，市食药监局3次检查各医院制剂单位，立案查处未经批准使用其他医院制剂案件1起，医院制剂未经检验用于临床案件2起。2005年，清理整顿全市医疗机构制剂批准文号，为6家医疗机构制剂室换发制剂许可证。双峰县人民医院制剂室和双峰县中医医院制剂室均获省局颁发医疗机构制剂许可证。

2006年，全国“齐二药”假药事件（齐齐哈尔第二制药有限公司生产的亮菌甲素注射液导致多名患者肾功能衰竭）曝光后，市食药监局按规范要求换发医疗机构制剂许可证，换发批准文号。2007年，实行药品生产企业和医疗机构制剂室负责人约谈制度，对3家违规制剂室责令整改，2家制剂室被罚款。2008年，开展全市医疗机构制剂室专项检查，责令4家违规制剂室限期整改。2009年，双峰县人民医院制剂室停止生产医院制剂。2010年，双峰县人民医院、双峰县中医医院、新化县人民医院、新化县中医医院的制剂室关闭停产。2011年，市食药监局收回双峰县人民医院、双峰县中医医院、新化县人民医院、新化县中医医院4家医院的制剂许可证。

2012年5月，冷水江市中医医院制剂室取得制剂许可证。至2013年，娄底市6家医疗机构取得79种制剂的生产许可证。2014年，市食药监局查办非法配制、使用医疗机构制剂案4起，查封扣押非法制剂180余种100余千克。其中，重点查处娄底五官科医院擅自使用其他医疗机构制剂案。2015年6月，冷水江市中医医院骨伤跌打止痛胶囊制剂开始生产。2016年，市食药监局制定公布医疗制剂市内调剂程序、药品（制剂）生产相关人员和设备备案程序，明确生产责任人和质量负责人的变更备案管理细则。2017年11月，冷水江市中医医院取得盆炎丸制剂批准文号。

第二节　经营监管

一、经营许可

1990年，娄底地区有药品经营企业1246家，其中有批发业务的95家。较大的国有企业7家：冷水江市药材公司（医药公司）、涟源市药材公司（医药公司）、新化县药材公司（医药公司）、双峰县药材公司（医药公司）、地区药材公司、地区医药公司、地区药品零售贸易公司。集体或个体私营企业65家。1991年，娄底地区有药品经营企业1297家（含四级批发站），其中有批发业务的增至112家。1992—1996年，地区医药局加强城乡药店的药品质量监管，培训药学人员，建立健全规章制度，对已经开办和申请开业的药品经营单位，严格审查，为具备药学技术人员、营业场所、设备、仓储设施和卫生条件的批准颁发药品经营企业合格证。

1997—1999年，娄底市新增国有医药零售企业28家。2000年，同时具有药品经营企业许可证、药品经营企业合格证、营业执照的国有医药零售企业37家，通过换证获得经营许可的药品批发企业27家，初验不合格后不再予以申报的批发企业5家。2001年5—7月，市药监局面向全市药品经营企业统一换发国家局颁发的药品经营许可证（零售），原有药品经营企业许可证、药品经营企业合格证终止使用。审查初期，全市零售药店882家，符合申请换证条件578家，一次性审查合格292家，整改后复验合格263家。审查后期，换证验收合格药品零售企业555家。2002年，全市注销不符合条件药品批发企业7家、药品零售企业326家，取缔无证药品经营单位63家，依法审批新办药品零售企业59家。2003年，市药监局审批零售药店128家，其中农村药店91家。三九药业有限公司、湖南千金大药房、长沙双鹤药业公司等多家知名药品经营企业在涟源市和双峰县开办连锁店和配送站。2004年，全市新开办药店104家。2005年，402家药品零售企业取得药品经营许可证。

2008年，市药监局审核批准筹建药品零售企业132家，核发药品经营许可证122家，批准变更102家。2009年，核发药品经营许可证139家，批准变更151家，注销药品经营许可证3家。2010年，审批筹建药品零售企业139家，核发药品零售企业经营许可证125家，批准变更药品经营许可证124家。

2011年，市食药监系统执行《政府信息公开条例》，让行政许可信息全部“上墙、上网、上报”。批准开办药店139家，办理其他经营许可事项238家次。2012年，核发药品经营许可证54家，批准变更药品经营许可证68家，查处无证经营企业1家，淘汰不符合换证标准企业7家，注销药品经营企业2家。2013年，注销不达标药品零售企业58家。2014年6月，市食药监局将药品经营许可证换发与经营质量管理规范认证、药品经营许可证变更与经营质量管理规范认证整合，实行“两证合一”。审查药品零售许可及相关事项176起。2015—2016年，审查药品零售许可431起。2017年，审批新开办药品零售企业27家，换发药品零售企业药品经营许可证1140家，批准变更96家。

二、经营主体监管及GSP认证

1990—1996年，娄底地区卫生部门履行药品经营主体监管职责，每年对冷水江市、涟源市、新化县、双峰县药材公司（医药公司）和地区药材公司、医药公司、药品零售贸易公司经营情况检查2次，对主要集体或个体医药批发企业检查3次，查处违法违规经营行为235起，取缔违法违规个体药店138家。1997—2000年，市医药管理局协助卫生部门加强城乡药店的药品质量监管，每年培训药学人员2批120余人次，建立健全规章制度，查处违法违规经营行为256起，取缔违法违规个体药店167家。2000年7月1日始，市药监系统执行国家《药品经营质量管理规范》（简称GSP认证），取缔无证照、证照不全的违规药品经营单位136家，查处以行医为名非法经营药品案58起，追责30人，罚款53万元。是年，市药监局7次集中整治新化县、冷水江市、娄底城区药品经营企业，取缔非法经营药品地下窝点15个，没收中西成药7014种次，涉案药品货值40万元。2002年，联合司法部门强制关闭娄底中心城区32家无证经营药店。全市淘汰不合格药品批发企业7家、药品零售企业327家、医疗机构制剂室3家、医疗器械批发企业7家，取缔无证经营户280家。查处非法经营户51家，罚款10余万元。查处非法渠道进货123批次，没收各乡镇18个集贸市场非法经营中药材124种。对18家药店、诊所违规行为提出警告并限期整改。2003年，检查药品经营户4800余家，查处药品违法案件856起。冷水江市药监局查处2起非法销售“非典”防治药品案。2004年，市食药监局以市医药集团零贸公司中心大药房等经营户为药店样板，开展GSP认证工作。9家药品批发企业和128家县以上药品零售企业通过GSP认证。回春堂药业收购市医药集团新特药有限公司并通过GSP认证，成为娄底首家跨行业经营大型医药企业。2005年，8家药品批发企业、402家药品零售企业通过GSP认证。市食药监系统检查医疗机构7820家，查处使用假劣药品的20家、未经批准使用其他医疗机构制剂的1家、对过期失效药品未及时销毁的1700家、对直接接触药品者未进行健康检查的1500家、使用过期医疗器械的3家。是年7月，市食药监局与市卫生局联合出台《娄底市医疗机构规范化药房建设实施方案》，确定全市规范化药房试点单位20家。

2006年1月始，市食药监局在全市医疗机构推行规范化药房建设，规定一级以上医疗机构在本年12月31日前完成建设，其他医疗机构在次年12月31日前完成建设。是年，娄底市新增药品批发企业2家，新增药品零售企业123家。市食药监局查处娄底市华泰医药有限公司、娄底市医药集团有限公司、娄底市医药采购供应有限公司、湖南众昊医药有限公司等批发企业的证照出租行为。2007年，130家零售药店通过GSP认证。市食药监局查处违规证照出租药品批发企业4家，罚款37万元。检查药品零售门店440家，查处柜台违规出租案件19起，调查药品销售人员186名，立案查处个人无证挂靠经营药品案件74起，罚款103.5万元。18家二级以上医疗机构、48家乡镇卫生院、860家村级卫生室通过规范化药房现场验收认证。2008年，101家药品零售企业通过GSP认证。2009年，88家药品经营企业通过GSP认证。市食药监局检查药品批发企业13家，查处药品挂靠经营违法案件22起，罚款60余万元。检查药品零售企业674家，查处非法渠道购进药品案件24起，罚款56万元。2010年，196家药品零售企业通过GSP认证，纳入国家基本药物电子监管。市食药监系统针对工业氧冒充医用氧行为开展专项检查打击行动，检查二级以上医疗机构14家、二级以下医院及乡镇卫生院73家，立案查处乡镇卫生院5家。

2011年，市食药监系统完成612家药品零售企业GSP换证，检查药品经营单位2197家，发出责令改正通知书138份，强制下柜停售违规药品17种。建立药品批发企业档案18家、药品零售企业诚信档案348家。2012年，日常检查药品批发企业40家、零售企业1458家，责令限期改正306起，立案查处68起，罚款20.48万元。实施全网电子远程监控药品零售企业，在线监控市本级药品零售企业100余家，实施GSP认证112家。2013年，推进药品企业诚信档案电子化管理，实施守信等级评定企业208家。市食药监局与网络公司合作开发涉药涉械单位远程监控系统。全市药品经营企业和乡镇以上医疗机构入网率100%。2014年，全市开展民营医院、个体诊所及乡（镇）、村（社）医疗机构药品安全专项整治，清理收缴过期药品9024盒，向卫生行政部门移送涉嫌无证行医案件5起，申请法院强制执行3起。实施新版GSP认证，重新调整认证流程，认证通过药品批发企业11家、药品零售企业130家。市食药监局将药品零售企业的新版GSP认证权委托各县（市）局。2015年4—8月，市食药监系统开展药品“两小”（小诊所、小药店）整治规范行动，累计检查小诊所、小药店1481家，立案查处57家。是年，娄底市药品零售企业加入国家药品电子监管平台661家，入网率65%。全市药品经营企业通过新版药品GSP认证471家。

2016年，市食药监系统“飞行检查”（预先不告知检查对象的直接检查）药品零售企业889家、医疗器械经营企业393家，责令限期整改36家，依法撤销药品零售企业GSP认证书2份、收回28份，实施药品经营企业新版GSP认证21家。2017年，“飞行检查”药品经营企业52家，撤销GSP认证书7份，查处违法违规案件15起。市食药监局开展娄底中心城区药品零售企业、个体诊所、社区卫生服务中心医药风险大排查，排查风险隐患2619处，立案查处经营主体9家。专项整治市直医院、私立医院、县（市、区）二级以上医院的药品违规使用行为，立案查处2起。

三、特殊药品经营监管

1990年，地区医药局规定，毒性药品采购经营由各级医药管理部门指定的药品经营单位负责，配方用药由国营药店、医疗单位负责。特殊药品经营单位须做到专店、专人、专账、专锁管理，使用单位须凭专用处方、供应卡使用。1992年7月，地区医药局、地区卫生局联合清理集贸市场药品经营店，查处中药材贸易市场国家禁止经营的西药、中成药、医用毒性药品。1993年5月，地区医药局、地区卫生局明确口服氨酚待因、可待因、吗啡、杜冷丁、二氢埃托啡等阿片类药物的处方应用办法。使用吗啡、杜冷丁、二氢埃托啡时，用麻醉药品专用红色处方。使用氨酚待因时，用普通镇痛处方。1994年7月15日始，全市精神药品按计划供应。对癌症患者实行麻醉药品专用卡制度。1995年10月，地区医药局、地区卫生局整顿麻醉药品经营单位的经营管理行为，确定地区医药公司为地区级麻醉药品中转站，专门负责麻醉药品中转、调拨、调剂及统报工作，麻醉药品中转站不得将麻醉药品直销医疗单位。

1996年，地区医药局、地区卫生局联合发文规定：罂粟壳经营单位凭盖有医疗单位公章和医师处方配方使用，不得零售。1997年规定：凡未经批准擅自生产天然咖啡因的单位，必须立即停止生产，已生产的产品，就地封存。1998年11月，地区医药局规定：对癌症病人使用镇痛吗啡，应由医师根据病情需要和耐受情况决定剂量，不受药典中关于吗啡极量的限制。2000年4月，市药监局规定，医疗机构确因医疗需要，在上报省局和省卫生厅批准后，可使用稀释麻醉剂、精神药品，或以之为原料配制其他制剂。

2001年12月，市药监局确定各县（市、区）药材公司为罂粟壳和第二类精神药品的定点零售单位，各县（市、区）药材公司向市局申报备案后方可销售，每家公司最多申报4个门市部。2002年3月，确定各县（市、区）药材公司为罂粟壳和第二类精神药品的定点批发经营单位。2004年，实行麻醉剂、精神药品目标管理责任制，暂停有不良行为记录的5家医疗机构、19家零售单位对第二类精神药品的经营资格。是年，清理过期失效麻醉剂、精神药品20余种（次）300余支（片），查处违法行为4起，罚款8.97万元。2005年，市食药监局将麻醉药品、第一类精神药品使用单位的监管职责移交市卫生局。是年，检查发现违规经营终止妊娠药品9起，均下发责令整改通知书。查处违法销售、使用终止妊娠药品案件31起。专项检查疫苗供应、经营和使用单位583家。查处非法渠道疫苗使用单位5家12种次。2006年，市食药监系统检查麻醉药品、精神药品、易制毒化学品700种次，清理销毁过期失效麻醉剂、精神药品14种次100余支片。检查疫苗32种1659种（次），查处非法渠道购进疫苗案6起。查处违法销售、使用终止妊娠药品案55起。2007年，市卫生系统对麻醉药品、第一类精神药品逐类逐批跟踪监管，清理销毁过期失效麻精药品2种200余支（片）。2008年4—10月，市食药监系统开展兴奋剂专项治理，销毁过期失效麻醉剂、精神药品3200支（片）。2009年，将米非司酮片、米索前列醇片、催产素注射液等药品列入重点检查范围，立案查处违规经营使用"两非"（非医学需要胎儿性别鉴定和非医学需要选择性别人工终止妊娠）药品案7起。2010年，实行麻醉剂、精神药品网上电子监控，查处违法销售、使用终止妊娠药品案10起，处理特殊药品销售异常现象53批次。

2011年4月，娄底市将基本药物、麻醉剂、精神药品、中药注射剂列入电子监管网的监控范围，监管项目包括扫码、核注核销等。市食药监局被评为全省2008—2010年度禁毒人民战争先进单位。2012年，市食药监局立案查处违规经营使用"两非"药品案4起。2013年，市食药监系统在全市药品经营企业悬挂"两非"药品警示牌，立案查处违规经营使用"两非"药品案2起。娄底医药采购供应有限公司、湖南众昊药业有限责任公司被列为娄底市麻醉药品、第一类精神药品的定点经营企业。2014年，市食药监系统查处"两非"药品违法案件4起，销毁过期特殊药品胶囊1344粒、片剂900片、口服溶液颗粒778盒、注射溶液170支、外用滴剂14瓶。2015年，市食药监局监督销毁特殊药品盐酸麻黄碱注射液370支、盐酸伪麻黄缓释胶囊400粒，查处违法案件3起。

2016年，市食药监局制定咖啡因、麻醉剂、精神药品、毒性药品申购审批程序，突击检查含特殊药品复方制剂经营企业26家，注销GSP认证书1家，收回GSP认证书12家，立案查处14家，约谈企业法人14家。2017年6月，配合国家食药监总局"飞行检查"娄底市药品经营企业。新化县2家药店含特殊药品复方制剂销售流向无法追溯。市食药监局责令新化县食药监局立案查处，撤销这2家药店的GSP认证书，并进行相应处罚。

四、中药市场监管

1990年2月，娄底地区医药系统、卫生、工商管理部门联合监督检查中药材经营市场，收缴不合格中药材200千克。1991年，全地区开展中药材市场整治，明确城乡集贸市场不得出售中药材以外的药品，已领取药品经营许可证的企业须在核准范围和地点经营药品。1992年，地区医药局联合地区工商局查处假冒或过期伪劣中药32种，货值3万余元。是年，双峰县工商部门为湘中药材市场核发工商营业执照150家，年销售额2亿余元。1993—1995年，湘中药材市场变相发展成药品贸易市场，市场掺杂使假现象突出，社会反响强烈。省、地区医药局执法人员先后现场检查13次，责令该市场在1995年12月30日前无条件关闭，但未落实。1996年，双峰县政府下令取缔该市场，也未彻底落实。

1997—1999年，地区医药系统联合工商、卫生部门查处全地区中药材经营户460余家，收缴违法中药材3吨。2000年，市药监局协同双峰县、新化县政府依法取缔双峰湘中和新化工农河两个非法药材市场，收缴非法中药材。2002年，市药监系统检查农村各医疗机构中成药13.58万品次，合格率91.8%。检查中药材、中药饮片19.98万品次，合格率90.8%。检查城市各医疗机构中成药、中药材、中药饮片1.89万品次，合格率96.1%。5月，新化县药监局查处新化城西贸易城个体户段某云违法批发中药材、中药饮片201种，其中假药27种。双峰县药监局捣毁双峰青树坪生脉注、脉络宁制假窝点1个，查获假冒生脉注、脉络宁注射液46箱件，查获制假设备1套、假冒药品包装材料1批。2003年，市药监系统开展中药材“非典”防治药品专项检查，查处违法案件12起。冷水江市药监局协助冷水江市工商局查处药材公司中药批发部哄抬中药价案。该案被省工商局列为全省抗“非典”期间十大违法违章案件。2004年，市食药监系统开展中药饮片专项检查，查获从邵东廉桥中药材市场违规购进的中药饮片670余种，货值10.47万元。2005年4—5月，再次开展中药饮片专项检查，查出不合格中药饮片30余种169千克，立案230起。查出非法渠道购进中药饮片经营主体192家、未按规定管理医用毒性中药的经营主体31家，责令整改164家。

2006年4月，市食药监局开展中药制剂擅自添加化学药品成分专项检查，依法查处吉林省东丰药业股份有限公司销售含有国家禁止的“格列本脲”成分糖尿病胶囊，吉林金宝药业有限公司销售含原植物粉末的止痛化症胶囊的违法行为。2007年，全市检查中药饮片经营使用单位543家，查处案件54起，销毁过期变质药品300余种次。2008年，市食药监系统开展中药材、中药饮片专项检查，查处中成药非法经营案14起。捣毁娄底汽车南站附近的中药饮片非法加工和销售假药窝点1个，查获制假工具及假药1批。2009年，开展复方甘草片专项治理，销毁过期变质复方甘草片300余盒。2010年，检查中药饮片经营使用单位642家，查处违法违规案件176起。检查乡镇医院、个体诊所、村卫生室、药店等药品经营使用单位6234家次，销毁过期变质药品600余种（次），销毁发霉变质中药饮片280余种（次）。

2011年，市食药监系统检查中药制剂生产、批发、零售企业1630家，发现问题中药1137种次，发出责令改正通知书265份，查处中药饮片违法经营案176起。市食药监局抽验中药注射剂、中成药及中药饮片等重点药品51批，发现不合格药品24批，均立案查处。2012年4月，开展中药材、中药饮片专项检查，销毁霉变、虫蛀中药饮片150千克，立案查处12起。2013年6—9月，检查全中药饮片生产、经营及使用单位19家，向省食药监局送检39批（次），其中合格21批（次），不合格18批（次），立案查处17起。2014年，市食药监系统查处经营使用假劣中药饮片违法案2起。查获掺杂掺假、增重、染色等假劣中药189种，查获防风等中药饮片劣药77种。查处新化某药店非法批发经营药品案，涉案药品265种，涉案货值12万元。2015年，查处药品经营企业、医疗机构从非法渠道购进原料或成品，非法加工分装中药饮片等违法违规案件8起。2016—2017年，娄底市实现药品生产企业、药品批发企业、药品连锁经营企业和县以上医疗机构的中药抽检覆盖率100%，中药抽样96批次，查出不合格9批次，均立案查处。

五、农村药品供应与监管网络建设

2003年7月，国家药监局启动农村药品供应保障网络和药品监管网络建设（简称“两网”建设）。是年，娄底市聘请乡村兼职药品监管联络员115人，新审批零售药店128家，其中农村药店91家。2004年，涟源市开展“两网”建设试点。7月，各县（市）药监局实施“药品放心工程”。2005年，全市构建乡镇药品监督网络，聘任以各乡镇中心卫生院院长、副院长为主的协管员116名，以乡村医生为主的信息员1286名。至年底，乡镇药品监督网络发现并查处假劣药品案118起。

2006年，全市聘任乡镇药品监督协管员90名、信息员2512名。新发展农村药店471家、个体诊所613个。乡镇药品配送覆盖率100%，村级药品配送覆盖率89%，乡镇药品抽查合格率96%。农村药品价格比上年下降18%。全市查处农村假劣药品案件593起。2007年，全市聘任药品监督协管员123名、信息员3008名，乡镇、村组覆盖率100%。至年底，星剑药业、康一馨药业集团的药品营销市场扩展至农村。农村药品零售药店增至482家，零售连锁企业和连锁门店增至101家。涟源市、冷水江市创建省级农村药品“两网”建设示范县（市），实现城乡药品同质同价。2008年，“两网”建设经费列入市、县两级财政预算。乡镇建立食品药品监管站。农村药品协管员提供违法违规药品案件线索36条，查处案件13起。2009年，全市开展农村零售药店及私立医院非法采购药品专项治理，查处违法案件23起，罚款53万元。2010年，开展乡镇医疗机构药房（药库）规范化建设，验收通过农村医疗机构817家，新增通过农村单体药店GSP认证467家。

2011年，乡镇食品药品监督管理站与乡镇安监站合署办公。农村药品合格率98.5%。2012年，全市建立县（市、区）、乡、村、组4级食品药品监管网络，聘任乡镇食品药品专兼职监管人员184名，协管员及信息员3644名，发现违法违规药品案件线索18条，收集药品不良反应报告180份。2013年，涟源市、冷水江市、双峰县通过省级农村药品“两网”建设示范县（市）验收，农村药品乡镇配送率100%、村级配送率88%。2014年，市食药监局轮训农村医疗机构药械从业人员3800人。2015年4—8月，市食药监系统开展乡村小药店、小诊所专项整治，检查乡镇卫生院7家、村卫生室（小诊所）102家、乡村小药店17家，查获销毁过期失效药品205盒、霉变虫蛀中药材10余千克。

2016年，全市农村药品监管网络覆盖率100%，零售药店覆盖率100%，行政村药品配送率98%。2017年，市食药监系统推进农村药品“两网”建设和农民互助医疗“新农合”建设，规范农村药品监督网络建设和乡镇医疗机构药房（药库）规范化建设。

六、广告监管

1990年，地区医药系统配合工商部门收缴夸大药品效果的印刷品广告3700余份。1991—1994年，收缴药品、保健食品虚假广告2.1万余份，责令改正违规广告76条，对16条违法广告发布者罚款2.83万元。1995—1997年，每年开展医药广告检查，收缴违法违规广告1.9万余份，责令改正违规广告81条，对22条违法广告发布者罚款3.66万元。1998年，地区医药局、地区工商局规定，凡上年取得批号的医疗广告不论到期与否，截至是年4月15日全部作废。对持有复印件刊播广告或擅自篡改广告内容的发布者，一律不予受理。全地区停止性病医疗广告，禁止以信息、报道、专访等形式发布未经批准的变相医疗广告。1999年，医药系统配合工商部门开展医药广告整治，收缴违法违规广告1.6万余份，责令改正违法广告69条。

2000年，市医药系统配合工商部门开展药品、保健食品广告的集中整治，收缴违法违规印刷品广告3万余份，责令改正违法广告92条，对36条违法广告发布者罚款4.03万元。责令所有相关单位停止性病医疗广告发布。2001年，开展以医疗、药品、保健食品广告为重点的“反误导、打虚假”专项整治，检查医疗、药品、保健食品广告237条，查出广告违法违规率26.7%，对违法经营单位予以查处。2002年，市药监系统查获各类违法药品广告81条，市药监局通知娄底电视台停播违法电视广告3条。双峰县药品广告发布者假借病人之口夸大宣传“钻山风”“金维他”疗效，误导消费者。双峰县工商局责令该县电视台停播该类虚假广告3条。2003年，涟源市药监局查证娄星区小碧乡村民王某等5人发布虚假广告、推销假药“追风除湿液”案，移交工商部门处理。2004—2005年，市食药监系统联合工商部门专项整治医疗、药品、保健品广告，责令停发违法违规广告98条，限期改正违规广告8条，立案查处29起。

2006年，市食药监系统发现违法违规药品广告148条（次），责令改正或停止发布102条（次），处以行政告诫71条（次），移交工商部门查处虚假广告案23起。2007年6—7月，市食药监局先后召开药品广告发布媒体座谈会、药品广告发布业主座谈会。娄底广电中心、娄底电视台等10家传媒单位，31个药品、保健品经营业主参加会议。是年，市食药监系统监控查处违法药品广告60条（次），责令整改违规药品广告84条（次），引导业主自觉改正或停播违规广告47条（次），移送工商部门查处35起。2008年，市食药监局实施药品违法广告警示制度，督导违法广告业主纠正或停播广告93条，移送工商部门处理25起，工商部门立案查处1起，提请省局采取行政强制措施2起。娄底市做法被省食药监局向全省食药监系统推广。2009—2010年，市食药监系统监测发现违法药品广告83条，责令企业自纠自改48条，提请工商部门处理70起，提请省局采取行改强制措施25起。

2011年，市食药监系统引导业主自动撤销或纠正违法药品广告25条，移交工商部门查处34起，提请省局采取行政强制措施17起。2012年，监控发现违法药品、保健品、医疗器械广告45种（次），下达责令改正通知书28份，移交市工商部门查处43起，提请省局采取行政强制措施4起。2013年，市食药监局建立违法广告发布责任人约谈提醒制度，全年约谈6人次。对广告业主下达责令改正通知书12份。移交工商部门查处4起。提请省局对檀香清肺二十味丸等12种药品的虚假广告案采取行政强制措施，暂停该类药品在市内销售。2014年，市食药监局约谈违法药品广告投资人3人次，移送工商部门查处药7批63种（次），配合工商部门清理各类违法药品广告274条。

2016年，市食药监局监测食品药品广告505条，移送工商部门处理7起。2017年，娄底市电视台、报纸等大众媒体广告业务日趋规范，未发布违法违规药品广告。

第三节　检验检测

一、检验检测机构

1989年，地区药品检验所取得计量合格认证资格。1994年，承担境内全国统一抽验药品的检验工作，抽验药品有注射用头孢唑林钠、硫酸小诺霉素等15种。2001年，市药品检验所归口市药品监督管理局管理，2008年9月升格为副处级事业单位，加挂市药品不良反应监测中心牌子。2009年，市药品检验所设化学药品检验室、中药检验室、抗生素生化药品检验室3个专业检验室。2010年11月，更名市食品药品检验检测所，增加食品、化妆品及相关产品检验职责，设置业务综合、监督抽验、质量控制、中药检验、化学药品检验、抗生素生化药品检验、食品化妆品检测等业务部门。

2012年7月，市食品药品检验检测所取得食品检验机构资质认定证书，属娄底市唯一法定食品药品检验检测机构。2014年12月，人员编制增至40名，内设化学药品检验室、中药检验室、抗生素生化药品检验室、食品检测室、化妆品检测室，另设质量控制室、监督抽验室、综合室、总工室、办公室。2015年，市食品药品监管体制改革，市食品药品检验检测所从市质监局、市工商局、市食药监局娄星区分局划转人员13名，机构转型为一类公益事业检验机构，不再接受收费委托检验，履行国家食品药品监督抽检职责。5月，通过检验机构资质计量认证扩项评审，食品检验参数由168项增至367项，药品及化妆品检验参数由142项增至200项。9月，通过省食药监局食品生产许可检验资质认定，获得粮食加工、调味品、饮料、方便食品、饼干等11大类、16小类、24个产品单元的食品生产许可检验资质。引进药学专业高层次人才2名。至2017年，全所实有人员38人，其中高级技术职称5人、中级技术职称15人、初级技术职称4人。

二、检验检测设备

1990—2000年，娄底市药品检验检测设备从7台（套）增至15台（套）。2003年，市药监局投资20余万元更新实验检测仪器5台。2004年，投资20余万元购置紫外分光光度计、药物溶出仪各1台，始建检验检测局域网络。2005年，投资10万元购置水分测定仪、多功能超声波清洗仪、电热干燥箱等设备。2009年，市药品检验所有仪器设备64台（套），其中大型精密仪器6台（套）。至2010年，市食品药品检验检测所有高效液相色谱仪、气相色谱仪、原子吸收分光光度计、薄层扫描仪、全自动溶出仪、红外分光光度计、紫外分光光度计等大型精密仪器23台（套），固定资产1600余万元，图书室藏书1500余册，药材标本600瓶，蜡叶标本1000余份。2012年，有检验仪器设备81台（套），价值157万余元。

2013—2014年，市食品药品检验检测所陆续获得中央专项补助资金446万元，购置大型精密仪器14台（套），购置德国进口耶拿原子吸收分光光度计、美国安捷伦液相色谱质谱联用仪及气相色谱仪、美国微需氧与厌氧培养系统、美国WATERS高效液相色谱仪等高精尖实验设备。市食药监局自筹资金购置氮气吹干仪、固相萃取装置等检测设备。2014年，市食品药品检验检测所具备对80%以上市药品的全部检验能力，对70%国家标准食品的检测能力。2015年，市食药监局投资20余万元，改造实验室

100平方米，新增设备30台（套）。

三、检验检测业务

1991年，双峰县药品检验所对湘中药材市场的药品进行抽验，完成药品抽验780批，检出不合格药品148批。1993年2月，地区药品检验所制定统一抽验品种范围及要求：第一类品种包括氯霉素片、盐酸土霉素片、氟哌酸胶囊，重点鉴别品次和含量。第二类品种包括医疗单位配制的氯化钠注射液、葡萄糖注射液、葡萄糖氯化钠注射液，重点考核澄明度、热原。第三类品种包括太阳神、大力神等药品，重点考核鉴别卫生学指标。第四类品种包括品种较多的中药材。1994年，地区药品检验所重点抽验新药品种和医疗单位配制制剂，抽验贵重中药材、混乱品种中药材。1995年，指导双峰县药品检验所完成药品抽验1016批，检出不合格药品71批，不合格率12.2%。1996年3月，完成全国统一要求抽验品种10个：板蓝根冲剂、小儿至宝丸、氧氟沙星原料及片剂、维生素C原料及片剂、甲苯咪咚片、硝酸甘油片、阿司匹林片、硝基安定片、帕尔敏片、盐酸利多卡因注射液。1997年6月始，启用新版《药品检验报告书》。1998年，监督检查抗洪抢险药品质量，抽验药品60批，其中与救灾直接相关药品50批，检出不合格药品20批，不合格率34%。1999年，检查娄底中心城区各药品经营使用单位的药品采购渠道、药品仓储条件、药品管理等情况，督促其加强质量管理。

2000年，市药品检验所抽验药品545批次，检出不合格药品90批次，不合格率16.5%。2001年，抽验药品1109批次，检出不合格药品174批次，不合格率15.7%，检出盐酸黄连素片等假冒药品6种。2002年，市药监局查办“4·18”系列假药案，市药品检验所检出假冒药品15种。是年，市药品检验所抽验药品2251批，其中不合格药品358批，不合格率15.9%。2003年，抽验药品1032批次，其中检验“非典”预防药品2次262种，重点检查娄底中心城区中药批发企业3家，娄底市中心医院、涟钢医院等定点医院2家，检出不合格药品135批次，不合格率13.1%。2004年，抽验药品101批，抽验单位44家，检出不合格药品36批，不合格率35.6%。其中加工炮制不合格药品11批。2005年，检验药品586批，送检品全检率80%，检出不合格药品169批，不合格率28.8%。2006年，抽验药品379批，检出不合格药品184批，不合格率48.5%。检出假劣药品复方氨酸烷胺片、驴胶补血颗粒等，货值145.9万元。2007年，快检药品2707批次，检出不合格药品87批次，不合格率3.2%。2008年，抽验监督药品538个品种，检出不合格药品136批次。抽验非监督药品420批次，检出不合格药品105批次，不合格率25%。2009年，省局下达监督抽验计划424批次，实际完成436批次，完成委托检验166批次，完成药品检验602批次，检出不合格药品118批次，不合格率19.6%，不合格药品货值35.8万余元。市食药监局联合其他执法部门查处不合格药品涉案主体。

2010年，市食品药品检验检测所完成药品快检410批，抽验药品403批，检出不合格药品109批，不合格率27%，不合格药品货值55万元。完成监督抽验394批次，检出不合格药品93批次，不合格率23.6%，不合格药品货值55万余元。2011年，完成药品监督抽验70批次，检出不合格药品18批次，不合格率25.7%。抽检品种94种，抽检率88.7%。2012年，完成药品快检1200批次，完成靶向性监督抽验139批次，检出不合格药品39批次，不合格率28.1%。2013年，完成监督抽验106批次，检出不合格药品52批次，不合格率49.1%，不合格药品货值60余万元。完成中药饮片专项抽验39批次，检出不合格中药饮片18批次，不合格率46.2%。完成非监督药品抽验453批，检出不合格药品90批，不合格率19.9%。2014年，完成省级监督抽验药品242批。完成药品快速检验3100批次，完成靶向性监督抽验156批次，出具不合格报告书9份。配合其他执法部门查处假冒伪劣药品案17起，其中省局交办5起，没收违法药品10124盒（件），货值20余万元。2015年，完成省级药品监督抽验225批，完成市级药品快检3410批次，完成靶向性监督抽验150批次，出具检验检测报告书108份，检出不合格药品17批次，不合格率11.3%。

2016年，市食药监局稽查支队送检药品132批次。市食品药品检验检测所出具抽检报告书85份，检出不合格药品7批次，不合格率8.2%。市公安局送检涉案药品20批次，检出不合格药品20批次，不合格率100%。2017年，市食品药品检验检测所受省食药监局委托完成省级药品监督抽验251批，出具省级药品抽验报告书249份，检出不合格药品8批次，不合格率3.2%。是年，娄底市完成药品快检3264批次，完成靶向性监督抽验151批次，出具抽验报告书118份，检出不合格药品17批次，不合格率11.3%。

第四节　不良反应监测

1990—2000年，娄底市未实行药品不良反应报告制度。2001年始，根据新修订的《药品管理法》规定，娄底市实行药品不良反应报告制度，是年，收到药品不良反应报告7例。2002年，市药监局组织各医疗单位负责人和临床医师、药师150余人参加由省药监局专家主讲的药品不良反应（ADR）监测与报告专题培训，聘任药品不良反应监测员96名，收到药品不良反应报告10份。2003年，选派2名临床药师分别参加由国家局、省局举办的ADR监测与报告培训班。启用国家ADR电子监测系统（升级版），实现ADR监测报告在线录入，收集药品不良反应监测报告49份。2004年4月，市药监局、市卫生局联合建立市药品不良反应监测中心，于娄底市中心医院挂牌，日常监测工作由娄底市中心医院负责。是年收集药品不良反应监测报告544份。至2005年7月，各县（市、区）均挂牌成立药品不良反应监测中心。是年，全市收集ADR监测报告1109份，其中新型、严重型ADR监测报告45份，监测信息源于70家报告单位。

2006年，娄底市药品不良反应监测网络延伸至乡镇卫生院、村级卫生室和个体诊所。全市药品生产企业全部纳入国家ADR电子监测网络。市药品不良反应监测中心向省ADR监测中心上报ADR报表3278份，人均报表率8.12份／万人，位列全省第三位，报告单位420家。娄底市ADR监测工作获全省监测工作综合目标管理奖。2007年，市食药监局、市卫生局共同制定《2007年度娄底市药品不良反应（ADR）和医疗器械不良事件（MDRE）监测工作目标管理方案》，在全市推行医疗药械不良反应目标管理。是年，向省ADR监测中心上报ADR监测报表3326份，人均报表率8.3份／万人。其中新型、严重型ADR监测报告274份。2008年，市药品检验所加挂市药品不良反应（ADR）监测中心牌子，日常监测工作职责由娄底中心医院转移至市药品检验所。是年，向省ADR监测中心上报ADR监测报表3108份，其中新型、严重型ADR监测报告179份。全市乡镇以下ADR监测网络覆盖率由上年的6%上升至11%。2009年，全市新增监测报告点300个，新建角膜镜监测哨点5个。上报ADR监测报表3336份，其中新型、严重型ADR监测报告157份，监测发现疫苗不良反应事件1起。市食药监局制定《娄底市药品医疗药械不良事件应急处置工作规范》。全市接收药品不良反应紧急专项指令14项，均调查核实处理。

2010年，娄底市向省ADR监测中心上报ADR监测报表2264份，报告率5份／万人，其中新型、严重型ADR监测报告177份。市监测结果显示，国家规定的307种基本药物有88种药物发生不良反应，发生药品不良反应768例次。市境发现药物滥用320例，发生药物滥用致死案1起。市食药监局建立娄底药品安监QQ群，提升ADR监测报告效率。2011年，市食药监局出台《娄底市药品不良反应、医疗器械不良事件报告与监测工作管理办法》，市ADR监测中心向市卫生局、市禁毒委、市医保局等部门通报工作情况和信息数据。上报省ADR监测中心ADR监测报表2471份，报告率608份／百万人，其中新型、严重型ADR监测报告139份。是年，收到药物滥用报告528例，其中丹参注射液、香丹注射液不良反应引起群体性事件2起，均妥善处理。2012年，娄底市上报省ADR监测中心ADR监测报表3927份，报告率945份／百万人。ADR监测报告增长率和百万人口报告数，在全省专项评估考核中居全省14个市（州）首位。其中，新化县ADR监测报告增长率居娄底市第一位。娄底市收到药物滥用报告652例。

2013年，全市乡镇卫生院以上医疗卫生机构、医疗药品经营企业监测网络覆盖率均为100%。娄底市上报省ADR监测中心ADR监测报表4352份。是年7—9月，收到清开灵注射液不良反应监测报告26例，其中严重病例7例，均为静脉滴注后发热、寒战、呼吸困难、发抖、紫绀等症状。收到因药品使用不当引起死亡报告3起，均妥善处理。2014年，市食药监局先后调查处理新化县、涟源市、娄星分局报告的11例药品不良反应死亡病例、2例药品不良反应预警病例。收集化妆品ADR监测报表249份，新增化妆品ADR电子监测网用户86个。上报省ADR监测中心ADR监测报表4240份，报告率1119份／百万人。其中新型、严重型ADR监测报告1503份，报告率397份／百万人口。全市收到药物滥用报告969例。2015年，娄底市上报省ADR监测中心ADR监测报表3463份，其中新型、严重型ADR监测报告1969份，占报表总数的57%，超过全省该项指标4.4个百分点。药品不良反应监测直报单位由上年的702个增至792个。收到药品不良反应死亡报告7例、药品不良反应预警报告2例。收到疑似预防接种异常反应报告52份，涉及疫苗品种12个，其中风险排名居前5位的疫苗品种为百白破（无细胞）、乙脑疫苗（减毒）、麻风疫苗、流脑A群、乙肝（酵母）。

2016年，娄底市上报省ADR监测中心ADR监测报表3604份，其中新型、严重型ADR监测报告1629份。娄底市药品不良反应监测直报单位由上年的792个增至936个，新增化妆品ADR电子监测网用户113个。是年，娄底市收到药品不良反应死亡报告6例，收到药物滥用报告986份、化妆品不良反应报告615份。2017年，娄底市建设完成市、县（市、区）、乡（镇）、村（点）四级ADR监测直报体系，基层监测直报网络覆盖率100%。是年，娄底市上报省ADR监测中心ADR监测报表3140份，其中新型、严重型ADR监测报告1432份。娄底市收到药物滥用报告1140份、化妆品不良反应报告500份。

2001—2017年娄底市药品(化妆品)不良反应情况表

表49-1

年份	注册监测单位数(家)	ADR报告数(例)	MDRE报告数(例)	药物滥用报告数(份)	化妆品不良反应报告数(份)	药品经营企业GSP认证现场审查数(家)
2001	—	7	—	—	—	—
2002	—	10	—	—	—	—
2003	—	49	—	—	—	—
2004	—	544	—	—	—	—
2005	70	1109	2	—	—	—
2006	420	3278	269	—	—	—
2007	335	3326	390	—	—	—
2008	368	3108	434	—	—	—
2009	379	3336	569	—	—	—
2010	357	2264	354	320	—	—
2011	382	2471	657	528	—	—
2012	477	3927	844	652	—	—
2013	968	4352	975	747	—	—
2014	1652	4240	1000	969	249	—

续表49-1

年份	注册监测单位数(家)	ADR报告数(例)	MDRE报告数(例)	药物滥用报告数(份)	化妆品不良反应报告数(份)	药品经营企业GSP认证现场审查数(家)
2015	1825	3463	926	913	338	471
2016	2060	3604	1020	986	615	242
2017	1989	3140	1084	1050	500	64

第五节 稽 查

一、日常稽查

1990年，地区医药系统联合地区卫生、工商部门收缴非法药品3029件，价值38.2万元，罚款8.25万元。1991年，地区医药系统配合地区工商部门查处非法经营药品单位15家，收缴非法药品3027件，价值37万元。1992年，查处假冒或过期伪劣药品32种，货值3万余元。1993—1995年，核定医药企业经营范围，确保营业执照与许可证有效期一致，取缔无证无照药品经营企业110家，查处假冒伪劣药品案98起，货值90余万元。

1996—1999年，地区医药管理局会同地区卫生、工商部门开展药品购销中收受回扣违法行为检查，取缔无证无照药品生产经营企业190家，查处伪劣药品案240起，涉案货值120万元，取缔非法诊所410家次。2000年，市药监系统实施国家药监局《药品监督行政处罚程序》，采用全国统一药品监督执法文书22种。是年，查处假冒伪劣药品792种，查处过期应淘汰一次性输液器1批，货值2万余元。

2001年，市药监局药品稽查办公室，查获假冒伪劣西药4000瓶（盒）、中药材3.9吨。2002年5—6月，查处新化城西贸易城个体户段某云非法批发药品案，收缴非法西药443种，货值2.19万元，收缴非法中药材和饮片201种，货值1.16万元。捣毁双峰县青树坪镇假脉络和假生脉注射液制售窝点1个。是年，专项检查医院药剂、农村药品经营，查获不合格药品3万种次，货值608.5万元；查处超范围超方式经营药品案210起。涟源市药监局会同公安机关抓获销售假药的7名假和尚、假尼姑，查获制假工具8件、假药15种，货品标值4万元，移送司法机关处理。2003年，市药监系统取缔无证经营药品商铺50家，捣毁制假窝点7个，配合公安机关抓获犯罪嫌疑人2名。2月，全国医药品牌保护与打假工作经验交流会在娄底召开。全国近100家大型医药企业负责人及娄底市部分药品生产、经营、使用单位负责人170人参加会议。2004年，娄底市查处各类药品违法案件l819起，立案736起，结案1735起，罚款261.4万元，捣毁制假窝点5个，移送司法机关查处1起，协助公安机关抓获犯罪嫌疑人5名。双峰县药监局捣毁原湘中药材市场五里牌地下中药材非法批发窝点1家。市食药监局集中销毁假冒伪劣药品1000余种，货品标值10万余元。涟源市查处风湿筋骨灵胶囊假药案，涉及4省19个县（市）。2005年，市食药监系统开展药品经营专项整顿，查处不合格药品3783批，违规药品1760批，立案1058起，涉案药品标值293.36万元，没收药品标值100.12万元，没收违法所得108.12万元，罚款257.68万元。查处上海大众许昌制药有限公司生产血生口服液、德康制药有限公司生产妇立康胶囊、内黄县长丰药业有限公司生产阿胶、鹿角胶案等较大假冒伪劣药品案件。

2006年，市食药监系统开展疫苗、中药制剂擅自添加化学药品成分等专项检查8次。市、县（市、区）两级药监部门立案854起，处理1142起，涉案金额532.39万元。其中查处假吴太感康药案，货值12万元。查处非法经营假人血清白蛋白案5起，涉案金额35.08万元，罚款35万元。查封控制齐齐哈尔第二制药有限公司磺胺二甲嘧啶、倍他米粉磷酸钠、双黄连、鹿茸精、复方甘草酸单铵等5种涉嫌假药注射液4222支，上报省局稽查处理。2007年，市食药监系统开展挂靠经营药品、疫苗和生物制品等违法违规行为专项稽查，立案查处1066起，涉案金额233.25万元，罚款366.29万元。2008年，立案查处各类案件963起，简案处理399起。其中假药12种，涉案货值121.75万元，罚款323.25万元。2009年，开展药品“百日整治”专项行动，查处不合格药品案64起，罚款54万余元。2010年1月，市食药监局被国家卫生部、国家食药监总局、国家中医药管理局评为全国医药卫生系统先进集体。是年，开展非药品冒充药品、中药饮片、利用互联网和邮递渠道销售药品等4个专项检查，查处非药品冒充药品案78起。抽查抽验非药品32批，发现非药品添加药物成分32种，均责令停售，当场销毁过期变质药品600余种次。双峰县食药监局查获刘某铭、刘某清团伙流窜销售假药案，收缴结石清、妇科花白胶囊等假药26种、非药品冒充药品4种，货值8000余元，向公安机关移送犯罪嫌疑人。

2011年，全市开展非药品冒充药品、“挂靠”经营、伪劣中药等9个专项整治活动，立案查处13起，查获假冒伪劣药品165批次，货值271万元，销毁假冒伪劣药品67批次，货值16万元。办理省局交办案件2件。查处非药品冒充药品326种次，立案93起，涉案货值25万元。市食药监局查办劣药穿山甲系列案件，涉案医药单位12家，货值10万余元。涟源市食药监局查获假喜炎平1000支，货值1.4万元，抓获犯罪嫌疑人6名。其中主要犯罪嫌疑人王某被移交涟源市人民检察院起诉。2012年，市食药监系统开展药品流通领域集中整治行动，立案查处违法案件68起，其中罚没5万元以上药品案17起。查获假追风透骨胶囊等假药11种。销毁铬超标胶囊药品3批次370箱（盒），召回46家药品生产企业生产的铬超标胶囊药品12万余盒。2013年，全市检查零售企业1218家次，乡镇卫生院以上医疗机构236家次，村卫生室、个体诊所1876家次，立案查处228起。开展互联网销售药品专项稽查，查出伍某销售假药舒筋健腰丸案。犯罪嫌疑人伍某被依法逮捕。2014年，市食药监系统开展农村医疗机构药品专项整治，现场清理收缴过期药品7462盒，没收假冒伪劣药品4113盒，查处各类违法案件95起，罚款18.95万元，向卫生行政部门移送涉嫌无证行医案5起。2015年，查处药品违法案件51起。其中，查处新化县天华大药房等21家药店从无资质的销售商刘某新处购进药品系列案件，货值47.6万元。

娄底市食品药品监督管理局在娄底中心城区娄星南路销毁假劣药品、不合格医疗器械、不合格保健食品（2014年5月摄）

2016年，市食药监系统开展食品药品安全风险隐患大排查，排除食品药品安全风险隐患962处，查处案件40起。市药监局重点稽查非法渠道购进药品等违法违规行为，立案查处4起。各县（市、区）食药监局稽查药品零售企业71家，责令限期整改22家，立案查处11起。市食药监局查办“11·16”潘某团伙利用互联网销售假药案，被列为全省十大典型案例。2017年3月，在娄星区石井镇凤莲山山顶集中销毁不合格药品、过期失效药品3吨。10月，集中整治城乡接合部和农村地区药店、诊所，立案查处103家，罚款56.8万元。是年，办结违法违规药品案437起，其中较大案件有新化县人民医院使用劣药案，涉案货值14.97万元，罚款29.82万元。娄底市华泰医药有限公司销售劣药案，涉案货值6.2万元，罚款12.34万元。

二、投诉举报

2004年始，市药监局公布药品投诉举报电话。4月27日，接到群众举报，娄底中心城区两家药店出售标注吉林省吴太药业有限公司的假药感康胶囊，经查属实，对两家药店分别罚款2.2万元。2006—

2007年，调查处理群众举报投诉案件189起，罚款87万元。2008年，各乡镇建立食品药品监管站，接到违法药品举报36起，立案查处13起。2009年，市食药监局受理药品投诉举报13起，其中实名举报10起，处理11起，移送县（市）食药监局处理2起，回复举报人11起。完成处理省食药监局交办案件7起。根据投诉举报线索，查处娄底康一馨大药房从无资质个人手中购进药品案，罚款69万元。2010年，受理投诉举报12起，其中实名举报12起，回复举报人12起，完成处理省食药监局交办案件5起。是年，市食药监系统受理投诉举报52起，均调查核实处理，并回复举报人。

2011年，市食药监局受理投诉举报36起，回复举报人36起，其中立案查处5起，完成处理省食药监局交办案件5起。2012年，受理投诉举报23起，立案查处2起，投诉人员撤诉2起，核实回复19起。2013年，受理投诉举报158起，其中药品投诉65起，立案查处8起。2014年，立案查处群众举报的新化县两家零售药房违法批发药品和网上售药案，罚款13万元。是年，全市累计受理投诉举报66起，立案查处9起，投诉举报和咨询回复率100%。2015年，市食品药品投诉举报中心成立，开通投诉举报热线12331。是年，通过投诉举报热线受理群众投诉举报259起，立案处理4起。立案查处省食药监局投诉举报中心案件查处交办的康哲冷水江药业有限公司违法生产经营案，罚款132万余元。根据举报线索，市食药监局查处“1·14”假泰嘉案、“6·20”假伟哥案。

2016年，市食药监局出台投诉举报中心工作制度，与市财政局联合发布《娄底市食品药品违法行为举报奖励实施办法（试行）》，设置食品药品安全举报专项奖金30万元/年。是年，娄底市受理群众投诉496起，其中药品投诉61起。2017年，全市接到各类投诉举报和咨询1691起，其中投诉举报817起，咨询874起。从中发现线索并成功处理药品违法案件44起。依法受理394起，依法不予受理6起。上传相关信息至市食药监局网站717条。

三、大要案件查处

1991年，地区医药局、双峰县医药局配合工商部门查处湘中药材市场非正规渠道购进中药材案，涉案中药材68种，价值15万元，罚款8万元。2002年4月，市药监局双峰县分局在双峰县杏子铺镇查获特大假药案1起，收缴假劣药品161种，制假侵害涉及110余家药品生产企业。查获各种制假原料1.2吨、容器581件、机器设备30台，捣毁制假窝点9处。协助公安机关抓获犯罪嫌疑人25人，其中8人被公诉。全国10余个省市的药品监管部门追根溯源，查处该案引发的系列假劣药品案件513起，捣毁制假窝点11处，协助公安部门抓获犯罪嫌疑人37人。

2005年，娄底市查处2起假药大要案：广西十万山制药厂生产的黄藤素注射液假药案，涉案金额13万元，罚款39万元。云南佑生药业有限公司生产的云仙牌天胡荽愈肝片假药案，该案被列为公安部督办案件之一，涉案金额3.4万元，罚款10万元。2006年2—4月，娄底市华泰医药有限公司业务员从广东普宁以每瓶40～45元的价格购进标示为北京天坛生物制品股份有限公司生产的假人血清白蛋白500瓶，标示为上海生物制品研究所有限公司生产的假人血清白蛋白450瓶，分别以每瓶约240元的价格销售给娄底市经营企业和医疗机构共936瓶，库存14瓶。5月，市食药监局查获并依法移送公安机关处理。

2008年，市食药监局查办冷水江制药有限公司更改药品批号案，涉案金额71万余元，罚款143.49万元。查办娄底市同济制药有限公司擅自委托其他公司生产药品案，涉案金额72.99万元，没收违法所得54.81万元。康一馨零售连锁有限公司6次从非资质人员购进人血清白蛋白628瓶，价值34.54万元。2009年6月，市食药监局查获该公司非法购进人血清白蛋白案，没收违法所得34.54万元，罚款34.54万元。

2010年2—8月，湖南省某2个医药公司业务员伪造湖南宏泰公司票据和公章，在娄底市各药品批发企业和零售药店销售标示广州中一药业有限公司生产的消渴丸，售假对象涉及全省8个市（州）24个涉药单位，涉案货值40余万元，经鉴定均为假药。8月，市食药监局和市公安局联合侦办此案。公安机关抓获犯罪嫌疑人9人，其中3人被娄星区人民法院判处有期徒刑。娄底市某医药公司从益阳药业有限公司购进京都念慈菴蜜炼川贝枇杷膏5040瓶，经鉴定均为假药。2011年7月，市食药监局罚没涉案公司非法所得5.42万元，将该案移送市公安局处理。市公安局抓获主要犯罪嫌疑人2名。某药品销售人员通过物流分10次从汕头购进假药追风透骨胶囊1500瓶，销往娄底市各药房。2012年2月，市食药监局查获并移交公安机关。此案被列为全省2012年度稽查打假十大典型案例。回春堂药业先后4次从安徽亳州中药材市场某个人手中非法购进原料药血竭，货值23.32万元。生产、销售劣药喉痛灵颗粒3.38万盒，获违法所得12.25万元。2014年4—7月，市食药监局查获、没收其库存喉痛灵颗粒1562盒、血竭0.4千克，罚款94.93万元。

2015年8月25日，市食药监局联合公安部门破获公安部、国家食药监总局挂牌督办的利用网络和电话销售假药和非法经营药品货值500余万元系列案。该案涉及全国21个省（市）189个城市，涉案金额1.1亿元。公安部门抓获犯罪嫌疑人10人，并全部由娄底市检察院提起公诉。次年，娄底市中级人民法院判处主犯刘某有期徒刑5年，并处罚金5万元。此案被列为2015年度湖南打击侵权和制假售假十大典型案例。

2016年，市食药监局查获国家食药监总局稽查局督办的阳某、王某、潘某、李某等利用QQ等网络传媒销售舒筋健腰丸、薏辛除湿止痛胶囊等假药案。该案涉及河北、江苏、山东、重庆、成都、广东、湖北等19个省（市），涉案金额100余万元。市食药监局移送市公安局查办。

第二章　医疗器械监管

第一节　生产监管

一、注册与生产许可

1990—1999年，娄底地区未实行医疗器械产品注册制度。2000年，市药品监督管理局指导湖南省中原医用材料有限公司的蛋白缝合线注册。2001年7月，该公司的蛋白缝合线获得国家药监局颁发的医疗器械注册证书（三类），属娄底市首例。是年，娄底市许可医疗器械批发企业25家，备案零售企业158家，淘汰零售企业7家。2005年，湖南省中原医用材料有限公司获得医疗器械生产许可证（三类），娄底市光辉医疗器械有限公司获得医疗器械生产许可证（二类）。

2007年，全市有医疗器械生产企业5家，其中二类医疗器械生产企业4家，普通医疗器械生产企业1家。娄底市腾盛生物技术有限公司生产体外诊断试剂，注册产品23个。娄底市星冠义齿制作中心生产金属烤瓷牙，注册产品1个。2008年，市内许可医疗器械经营企业19家。2011年6月，湖南省健缘医疗科技有限公司获得医疗器械生产许可证（二类），注册产品1个，次年投产，成为湖南省第一个国家中医诊疗设备生产基地。2012年，娄底市核发一类医疗器械（是指风险程度低，实行常规管理足以保证其安全性、有效性的医疗器械）产品文号15个。市食药监局为湖南省中原医用材料有限公司办理产品注册证。2013年，市食药监局办理一类医疗器械产品注册证5个。开展贴敷类医疗器械注册专项检查，注销产品注册证书16个。9月，湖南省三才医疗新技术有限公司获一类医疗器械生产备案。2014年6月1日始，市食药监局根据新修订的《医疗器械监督管理条例》，取消一类医疗器械生产注册证书的审批，改为备案登记。2015年，为娄底市高杨医疗器械有限公司的上肢手术牵引器办理注册，颁布经营编号为6854。为冷水江市平康医疗器械有限公司的冷敷贴办理备案，颁布经营编号为6865。为湖南省健缘医疗科技有限公司的无纺药透电极耦合片办理备案，颁布经营编号为6826，为该公司的中医超声药透治疗电极贴片办理备案。

2016年，娄底市光辉医疗器械公司湘粤义齿制作中心变更为湖南越冠医疗器械公司，领取新的产品注册证和生产许可证，11月投产。2017年，娄底市厚雄医疗器械有限公司停产，注销医疗器械生产许可证。至年底，娄底市三类医疗器械（具有较高风险，需要采取特别措施严格控制管理以保证其安全、有效的医疗器械）注册批准文号1个、二类医疗器械（具有中度风险，需要严格控制管理以保证其安全、有效的医疗器械）注册批准文号4个、一类医疗器械产品备案15个。娄底市有获得医疗器械生产许可证的企业3家，获得医疗器械经营许可证的企业218家。

二、生产主体监管

1990—1993年，地区标准局履行医疗器械生产监管职责。1994—1999年，地区质量技术监督局履行医疗器械生产监管职责。2000—2007年，市质量技术监督局每年开展对医疗器械生产、批发、零售企业的检查，下发生产质量整改通知书224份。2008年，娄底市有医疗器械生产企业5家，其中2家无注册产品，未开展生产。是年，市食药监局对直管医疗器械生产企业的检查率100%，下发整改通知书21份。2009年，娄底市食药监系统检查医疗器械生产企业10家次，其中义齿制作中心3家次、诊断试剂生产企业1家次、医用缝合线生产企业1家次，下发整改通知书6份。

2011年，娄底市有医疗器械生产企业5家，从业人员227人，年产值8000万元。注册一类产品6个、二类产品1个、三类产品1个。2012年，核准一类医疗器械产品15个。湖南省健缘医疗科技有限公司等3家生产企业投产，年产值超1亿元。湖南汇丰医药有限公司医药物流园落户万宝新区。2013年，娄底市开展定制式义齿生产使用专项监督检查，检查定制式义齿生产企业2家，使用单位（医疗机构和口腔门诊部）115家，下达改正通知书48份。2014年，娄底市有医疗器械生产企业8家。市食药监局在检查这些生产企业时发出改正通知书4份。2015年，市食药监局检查全市医疗器械生产企业8家，发出责令改正通知书2份。

2016年，市食药监局对湖南省健缘医疗科技有限公司药疗器械生产检查2次，发出改正通知书1份。检查二类医疗器械义齿生产企业2家各1次，发出改正通知书1份。2017年，配合省食药监局对湖南千金医用材料有限公司进行检查。湖南省健缘医疗科技有限公司达到GMP认证要求。

第二节　经营监管

一、经营许可

1990年，地区医药管理局（药材公司）负责全地区医疗器械经营监管。1993年，全地区有医疗器械经营企业867家。1999年，取得医疗器械经营资格的企业和个体零售店1181家。2000年，市药品监督管理局内设医疗器械科，负责医疗器械监督管理。2001—2002年，全市许可医疗器械批发企业25家，备案医疗器械零售企业158家。2004年，全市有医疗器械批发企业41家、零售备案企业300家，有医疗器械品种约7000个、医疗器械使用单位3000家。2005年，娄底市许可一、二类医疗器械零售企业240家。换发医疗器械经营企业许可证286家，其中批发企业19家，零售企业267家。在零售企业中，医疗器械专营店9家，隐形眼镜店18家，零售药店240家。

2006年，全市发放医疗器械经营企业许可证128个，其中零售企业发证124家，批发企业发证4家。2007年，有医疗器械批发公司34家，兼营和专营店444家。市药监系统许可一、二类医疗器械零售企业240家，医疗器械批发公司自愿退出市场4家。2008年，市药监局核发医疗器械经营企业许可证16家，变更10家。2009年，变更或核发医疗器械经营企业许可证65家。2010年，全市有医疗器械经营企业607家，其中批发企业42家、门店531家、兼营店34家。经营诊断试剂批发企业4家，有经营编号分别为6821、6846、6877的企业3家。是年，市食药监系统核发零售企业医疗器械经营企业许可证119家，核发医疗器械批发经营企业许可证13家，变更医疗器械经营企业许可证13家。

2011年1月，根据省食药监局授权，市食药监局核发零售企业医疗器械经营许可证22家。2012年，市食药监系统核发零售企业医疗器械经营许可证20家，办理变更事项15家，受省局委托、现场验收批发企业11家。是年，市食药监局按照省局提出的减量提质、有进有退原则，劝退不符合条件的申办公司3家。2013年，市食药监系统核发医疗器械批发企业经营许可证15家、医疗器械零售企业经营许可证13家，办理变更事项17家。2014年，核发医疗器械批发企业经营许可证21家、零售企业经营许可证13家。2015年，核发医疗器械批发企业经营许可证21家、零售企业经营许可证13家，备案登记二类医疗器械批发企业16家。是年，将办理三类医疗器械零售企业经营许可、二类医疗器械零售企业经营备案工作，按属地管理原则委托各县（市）局办理。

2016年，全市核发医疗器械批发企业经营许可证16家、零售企业经营许可证66家，办理经营备案187家，办理许可变更事项6家，办理批发企业备案登记24家，办理零售企业经营备案登记156家，办理备案一类医疗器械产品7个，办理备案一类医疗器械生产企业1家。2017年，市食药监局在单位网站公开行政许可办事程序，办理效率提高50%。核发医疗器械批发企业经营许可证13家、零售企业经营许可证43家，办理批发企业经营备案登记22家，办理零售企业经营备案登记93家。

二、经营主体监管

1990—1993年，地区医药管理局（药材公司）每年检查医疗器械经营情况2次，发现问题并责令整改95起，取缔无证无照经营235户。1994—2000年，会同工商、卫生部门检查医疗器械经营企业1578家次，取缔无证无照经营353户。2001—2002年，淘汰医疗器械零售企业7家、个体经营户112家。2003年3月，全市开展“非典”防护服、口罩、消毒剂产品专项执法检查，没收假冒伪劣产品3000多盒。是年，双峰县药监局查处双峰县某被服厂非法销售医用口罩和防护服案，冷水江市局查处冷水江市医院违规使用一次性医疗器械案。2004年，全市开展对一次性使用无菌医疗器械、牙科材料、骨科材料、检验试剂、卫生材料等医疗器械专项整治行动，检查县级以上医疗机构和医疗器械批发企业，查处违法违规案件11起。2005年，市食药监局对全市医疗器械生产、经营、使用单位进行信用等级划分，确定A、B、C、D四个等级。

2006年，市食药监局为213家医疗器械生产单位、经营公司、专营店，乡镇以上医疗器械使用单位建立诚信档案。2007年3月，新化县卫生器材经销公司销售标识洪湖泰宁医疗器械有限公司生产的一次性使用无菌注射器（带针）1.8万支，经检查均为不合格无菌医疗器械。市食药监局责令改正，并罚款2万元。2008年，全市实施医疗机构大型医疗器械购进使用备案制度，开展电疗、磁疗、光疗等物理治疗设备和隐形眼镜市场专项检查，查处无证经营企业5家，自主停业4家，发出改正通知书16份，查处违规购进使用二手医疗设备案3起，向8家单位发出改正通知书，将全市所有二手设备逐台（件）建立监管台账。2009年5月，清理全市26个产品注册标准，上报省食药监局医疗器械处并制作电子版存档。根据《娄底市医疗器械生产、经营企业信用等级认定标准》，评定医疗器械AA级企业3家、A级企业40家、B级企业1家。2010年，市食药监局对娄星区5家使用高质耗材植入器械的医疗机构专项检查，要求这些医疗机构将“植入钢板”“人工关节”的购进验收记录永久性保存，使每块“植入钢板”“人工关节”患者使用均可追溯证实。娄底市检查医疗器械经营使用单位283家，查办各类医疗器械案56起。

2011年，市食药监局对8家到期未申请换证或去向不明的医疗器械公司提请省食药监局注销其医疗器械经营许可证。是年10月始，市食药监系统对所有风险医疗器械产品实行网上监控。对医疗器械生产经营企业进行信用等级评定，评定出AA级企业6家、A级企业45家。2012年，市食药监系统检查药械单位3500余家次，发出改正意见书1800余份，注销药品经营许可证2个，暂扣GMP认证书1份。2013年，随机抽样医疗器械经营使用单位7家、不同批次样品10个、不同生产厂家9个，检出桂林爱超健康产业有限公司生产的不合格橡胶避孕套1批次，均依法查处。2014年，市食药监系统开展高风险医疗器械经营使用关键环节监督检查，检查经营单位210家、使用单位758家，立案查处8起，罚款8.95万元，发出改正通知书160份。开展注射用透明质酸钠专项检查，发出改正通知15份。开展民营医院、个体诊所，以及乡、村（社区）医疗机构药品医疗器械安全专项整治，发放公示牌1292块，签订安全承诺书1805份，发出改正通知书1210份。2015年，全市开展医疗器械8类专项检查行动，检查经营企业、使用单位1.2万家次，清理收缴过期药品7462盒、过期医疗器械676件，查处各类违法违规案件134起，没收不合格医疗器械630件，涉案金额679万余元，罚款18.95万元，发出改正通知书756份。

2016年9月，市食药监局开展医疗器械经营企业“飞行检查”，责令限期改正问题11家，注销经营企业3家，立案查处4家，罚款4.3万元。日常检查医疗器械批发企业92家、零售企业348家，发出改正通知书203份，注销医疗器械零售企业经营许可证5家。是年，市食药监系统开展医疗器械风险隐患排查，发现存在安全隐患单位150家，发出整改通知书223份，提出整改措施215条。2017年，专项检查医疗器械使用单位610家，发出改正通知书440份，立案查处16家，罚款41.35万元。查出医疗器械违规经营企业10家，发出改正通知书10份。监督检查无菌和植入性医疗器械经营使用情况，立案查处违法违规案件5起，罚款11万元。开展医疗器械风险隐患排查，检查药械经营单位512家、小诊所300余家、医疗机构39家，发出改正通知书223份，追踪检查问题单位223家。

第三节　不良反应监测

2005年，市、县（市、区）食药监局成立医疗器械不良事件报告（英文名：Midical Device Report，缩写：MDR）和监测工作领导小组和药品不良反应监测中心（简称监测中心），开展医疗器械不良事件报告和监测工作。全市上报医疗器械不良事件2例。2006年，市、县（市、区）监测中心、乡镇联络员或信息员组成三级医疗器械MDR监测网络。医疗器械生产、经营、使用单位均为MDR监测网络单位。全市上报医疗器械不良事件269例。娄底市MDR监测工作获全省MDR监测工作综合目标管理奖。2007年，上报医疗器械不良事件（Medical Device Adverse Event，英文缩写：MDAE）390例，居全省第5位。医疗器械不良事件报告覆盖率、报表及时性、三类器械产品不良或严重不良事件比率均居全省前列。2008年，娄底市MDR重点监测角膜塑形镜、心电监护仪、心血管内支架、婴儿保温箱、心脏瓣膜、无菌手术包、宫内节育器、血液透析器、骨科植入物、医疗影像设备等产品。上报医疗器械不良事件报表434份，MDR监测工作在全省排名第2位。2009年，全市新增MDR网络监测点300家，上报MDAE报表569份。市食药监局先后举办MDR监测工作培训班4期，培训980余人。2010年，全市上报MDAE报表354份。市食药监局每季度向各县（市、区）监测中心和市直医疗机构通报情况。

2011年，娄底市收集上报MDAE报表657份，平均每百万人口报告数位居全省前3位，确立2家医疗机构和3家医疗器械经营单位为监测哨点，主要做法被食药监总局列为全国MDR监测工作示范样本。全市确立5家角膜接触镜不良事件监测哨点，在全省率先采用角膜接触镜不良事件统一标准的规范术语。2012年，市食药监局出台《娄底市药品不良反应监测中心医疗器械不良事件监测工作规范》。上报MDAE报表844份，人均报表率222份／百万人，居全省前列。追踪调查医疗器械群体不良事件4例和医疗器械不良反应导致死亡事件1例，处理使用“带线缝合线”引起的群体事件2起。2013年，全市医疗器械不良事件监测单位由265个增加到540个，上报MDRE报表975份。2014年，监测单位由540个增加到855个，上报MDRE报表1000份，其中严重不良事件657例，涉及医疗器械产品279种，三类医疗器械不良事件663例。2015年，娄底市上报MDRE报表926份，其中严重不良事件579例。新增医疗器械监测哨点9家，医疗器械不良事件监测单位由855个增至928个。

2016年，娄底市上报MDRE报表1020份，其中严重不良事件447例。医疗器械不良事件监测单位由928个增至1002个。2017年，上报MDRE报表1084份，其中严重不良事件337例。医疗器械不良事件监测单位由1002个增至1011个。

第四节 稽 查

2000年，根据国务院《医疗器械监督管理条例》规定，市药监局稽查医疗器械经营企业160家，发出改正通知书38份。2001—2002年，监督检查医疗器械批发企业和零售企业，稽查备案183家，发出改正通知书66份。2003年，开展对“非典”防护服、卫生口罩、避孕套、一次性无菌器械等专项稽查，没收不合格产品5521盒，立案查处21起，关停非法经营户2家。处罚严重违规出售医疗器械的药店6家、经营不合格卫生口罩的企业2家、生产假冒医用卫生口罩的企业1家。2004年，查获假冒伪劣医疗器械110种，处罚19起，立案查处45起，没收假冒伪劣产品4000余盒，捣毁制假窝点5个，涉案金额78.21万元，罚款29.6万元，协助公安机关抓获犯罪嫌疑人5名。2005年6—7月，开展医疗器械专项稽查，查出过期当淘汰医疗器械20种次、无产品注册证18种次，查出标签、说明书、包装标识不规范40种次，累计涉案金额74.5万元，立案处理130起，罚款43万元。2006年，稽查医疗器械单位5000家次，立案处理100余起，罚款80万元，案件查处趋向大型设备和高档设备。市食药监局专项稽查全市橡胶避孕套产品，没收不合格产品3800余盒，立案查处22起，罚款8万元。

2007年，市食药监局开展骨科植入物和体外诊断试剂专项检查，立案查处5起。2008年，制定执行医疗器械监督执法联系点制度，督导医疗器械企业合法生产经营。市食药监系统查处医疗器械案75起，罚款9万余元。2009年，全市稽查医疗器械批发企业8家次、药品零售企业748家次、医疗机构630家次，立案查处5起，罚款11万元。2010年4月，开展高风险类医疗器械专项检查，立案查处58起，罚款50万元。2011年，全市以常用高风险大型医疗设备、体外诊断试剂、植入类医疗器械稽查为重点，开展高风险类医疗器械专项检查，发出改正通知书88份，立案查处56起，查获不合格医疗器械49种次，罚款58.7万元。

2012年5月，市食药监局根据省食药监局转批群众举报，依法查处湖南省健缘医疗科技有限公司产品夸大宣传及产品含药等问题。2013年，检查26家医疗机构、32家医疗器械批发企业，责令整改42家，立案查处5起。2014年，开展医疗器械专项整治，发出改正通知书237份，收缴过期医疗器械796件、不合格医疗器械830件，涉案金额700余万元，立案查处31起，罚款32.8万元。2015年，立案查处娄底丽人妇产医院涉嫌使用无合格证医疗器械案、娄底市康一馨医院涉嫌使用过期失效医疗器械案、娄星区宝岛眼镜店未经许可销售三类医疗器械案。

2016年，市食药监系统开展诊断试剂专项稽查，责令限期改正8家，立案查处3起。开展无菌医疗器械和植入性医疗器械监督检查，立案查处1起，罚款0.8万元，没收违法所得1.5万元，发出改正通知书45份。2017年，重点查处医疗机构使用未注册、走私、组装、无合格证明文件、过期、失效的医疗器械，立案查处28起，没收涉案产品819件。市食药监局查处娄星区人民医院使用过期、失效医疗器械案，涉案货值6.47万元，罚款32.35万元。

第三章 食品监管

第一节 综合监管

2004年，娄底市开始食品安全综合协调监管工作。市政府成立市食品安全委员会（简称市食安委），下设办公室（简称市食安办），办公地点设市食药监局，负责食品安全监管业务。市政府出台《娄底市2004年食品放心工程实施方案》，在全市876家食品生产经营企业建立索证索票制度。市食药监局与工商、质监、农业、畜牧等部门开展联合查处食品安全违法案件313起，取缔无证无照食品企业800余家。2005年，市食安委牵头，市食药监局、工商局、卫生局、质监局、商务局、农业局、畜牧水产局组成联合执法队，开展食品专项整治，查处假冒伪劣食品违法经营案785起，取缔无证无照食品企业120家，检测农产品农药残留1751种次，查处"瘦肉精"案19起。配合省食品安全督查组处理涟源市"5号病"死猪肉销售案。

2006年，市政府与各县（市、区）政府、市直6个食品安全监管部门签订《食品安全目标管理责任书》。市食安委制定《关于进一步加强食品安全监管工作的实施意见》。市食品安全监管部门敦促2000余家食品企业签订《食品安全承诺书》，组织食品安全联合执法检查18次，查处违法案件512起，其中"瘦肉精"案15起、病死猪肉销售案53起。查获注水肉1.2吨，检测农产品4407批次。市食安委、市食药监局确定娄星区大科街道办事处为食品安全示范乡镇试点单位。2007年，市政府出台《食品放心工程和食品安全专项整治实施方案》，构建娄底市食品安全信用体系。乡、镇、街道建立食安委及其办公室。全市形成市、县、乡三级食品安全组织协调网络，开展2次食品安全联合专项整治。2008年，市委、市政府将食品药品安全工作纳入对县（市、区）政府"三个文明"目标管理考核范围。首个乡镇食品药品监管站在双峰县走马街镇挂牌成立。市食药监局配合工商、物价等部门创建食品安全放心示范店18家。市食药监局与卫生、工商、商务、质监等部门进驻市内四大商场，现场组织三鹿奶粉退货。2009年6月1日，《中华人民共和国食品安全法》（简称《食品安全法》）实施。市食药监局联合市农业局、质监局、工商局、卫生局、盐务局等单位在娄星区步步高广场开展《食品安全法》大型宣传活动。2010年，市食安办组织各职能部门开展节假日食品安全专项整治行动，对餐饮服务业、学校和幼儿园食堂的食品安全进行专项检查，协调食品安全各成员单位开展"问题奶粉""地沟油"等专项检查。

2014年，市食安办牵头组织市食药监局、卫生局、质监局、工商局等部门，开展为期3个月的农村食品市场专项整治行动，查处食品违法案件26起，捣毁制假窝点15个。2015年，全市实行食品安全风险抵押金制度。市政府出台《食品安全考核评价管理办法》，把食品安全工作纳入对各县（市、区）、各部门绩效考核和综治考核范围。市食安委组织各类督查考核11次，主持各类专项整治32项，实现食品安全联合执法常态化。市食药监局和市畜牧局、市公安局等部门联合开展肉和肉制品专项整治，立案查处15起，罚款60余万元，集中销毁问题冷冻肉11吨。10月，市长率领市食药监局、市商务粮食局等部门领导深入娄底中心城区小餐馆、农贸市场督查食品安全。

2016年，市政府把食品安全纳入全市国民经济社会发展"十三五"规划。市食药监局协调相关部门检查食品经营单位1.11万家次，立案查处各类违法案件78起，取缔黑工厂、黑窝点、黑作坊25个。2017年1月，市委书记到娄底中心城区检查节前食品安全工作。市政府出台《食品安全工作责任追究办法》。是年，市食安办牵头组织成员单位开展各类食品安全专项整治18项，规范引导办理食品经营许可证7214家，责令食品经营单位整改到位6925家。全市食品生产经营单位持证率上升至90%。娄底中心城区15家农贸市场，以育财农贸市场为范本，全部完成标准化建设。步步高碧桂园店通过省食药监局"放心肉菜示范超市"验收。7月，娄底市省级示范Ⅳ级食品安全事故应急演练在涟源市举行。

第二节　生产监管

一、生产许可

1990—1994年，地区、县（市）卫生防疫站根据《中华人民共和国食品卫生法》（1982年版）向食品生产企业颁发食品卫生许可证1680家次。1995年11月，根据修订后的《中华人民共和国食品卫生法》（1995年版），县级以上食品药品监管部门有权颁发食品生产许可证。1996—2000年，娄底地区（市）颁发食品生产许可证1100家次。2001—2012年，颁发食品生产许可证2111家次。2013年，换发食品生产许可证61份，注销食品生产许可证41份。2014年，市食药监系统向222家食品生产加工企业颁发食品生产许可证259份，换发食品生产许可证65份。

2015年3月，市食药监局承接市质量技术监督局承担的食品生产加工环节监督管理职责。5月，市食药监局承接省食药监局下放的第一批食品生产许可审批权限，许可审批实行网上办理。是年，市级发证52份，省级发证32份。市食药监局制定食品生产加工小作坊申请许可规范性文件，核发食品生产小作坊许可证147个。2016年，市级发证87份，其中QS证23份、SC证64份（QS、SC均为食品生产许可标志，SC为QS的进化版）。上报省食药监局注销QS证17份。全市食品加工小作坊512家，其中发证162家，整改159家，劝退87家，取缔46家，自行歇业58家。各县（市、区）20家米粉生产小作坊整治、归并、重组为5家米粉企业，重新申办食品生产许可证。2017年1月始，娄底市按照新的《湿米粉细则》开展湿米粉产品生产许可工作。是年，市食药监局上报食药监局注销QS证36份，注销SC证2份。全市发放食品加工小作坊食品生产许可证60份，食品生产许可信息均由互联网及时向社会公示。

二、生产主体监管

1990年，娄底城区食品生产单位开展“四公开一监督”（公开监督监测项目、检测结果和处理意见、监督时间、监督电话，消费者监督）活动。1991—1995年，地区和各县（市）卫生监督机构每年不定期检查食品生产企业卫生条件3次，监督检查覆盖率100%。1996—2000年，全市卫生监督机构检查食品生产企业2490家次，发出改正通知书468份。2001—2004年，每年开展食品生产执法大检查，检查覆盖率100%。2005年，监督检查食品生产单位234家，限期整改68家，立案查处11家。

2006年，娄底市对152家食品生产单位的卫生情况进行量化评分和等级评定，被评为A级的18家、B级的46家。2007—2008年，对246家食品生产单位的卫生情况进行量化评分和等级评定，被评为A级的39家、B级的94家。2009—2012年，市食药监系统检查食品生产主体1778户次，责令改善卫生条件312家次。2013年，督促食品生产企业建立健全并落实采购索证、进货检查验收、全过程质量控制、不合格产品管理制度，要求生产加工场所布局和工艺流程、设备、设施、卫生条件等均符合法律法规及标准要求。对不能持续保持发证条件企业责令整改到位，拒不整改的依法查处并吊销生产许可证。2014年，市食药监系统与食品生产企业100%签订安全质量承诺书，实施统一监管、分类管理、层级负责、重心下移监管模式。检查生产企业329家次，发现问题415个，下达改正通知书415份，约谈企业50家。

2015年，市食药监系统开展食品加工生产小作坊专项整顿，指导280户食品小作坊改造到位，劝退无法改造升级小作坊47户，取缔19户，自行歇业33户，立案查处13起。市食药监局“飞行检查”34家食品生产企业，发现问题125个，整改到位110个。2016年，市食药监局抽检娄底中心城区食品生产企业样品34个，发现不合格样品7个，均督促整改到位。娄星食药监分局开展食品生产加工小作坊整治，劝退无法改造升级小作坊87户，取缔46户，自行歇业58户。市食药监局出台《关于开展娄底市食品生产企业食品安全风险等级评定工作的通知》，评定205家食品生产企业的食品安全风险等级，对39家高风险企业加强监管频次。10月，市食药监局责令6家抽检不合格桶装水生产企业限期整改，罚款30.37万元。2017年，市食药监局责令生产条件不合要求的15家水厂停产整改。是年，全市排查整治农贸市场及周边100米范围内食品生产经营单位，收缴不合格食品3.2吨。

第三节　经营监管

一、经营许可

流通许可　1990—1994年，地区、各县（市）卫生防疫站颁发和复核食品流通卫生许可证4970家次。1995—2000年，全地区（市）发放食品流通卫生许可证5990家次。2001—2005年，核发食品流通卫生许可证4870家次。2006—2008年，核发食品流通卫生许可证1340家次。

2009年始，市工商系统负责食品流通许可工作。9月，市工商局出台《娄底市工商行政管理实施〈食品流通许可证管理办法〉指导意见（试行）》。是年，市工商系统审查食品经营户129户，发放食品流通许可证84户。2010年12月，市工商局成立食品流通监管科。是年，发放食品流通许可证2711户。2011—2012年，市工商部门办理食品流通许可证1.43万户，下发限期办理证照通知2427份，督促3000余户食品经营者办理工商登记。2013年，督促2500余户食品经营户办理许可及工商登记。2014年，市工商局对新申请从事食品经营的企业，实行100%现场核查，对乳制品、现场制售小作坊实行特别标注。新发食品流通许可证1745户。2015年，市食药监局承接流通环节食品安全监督管理职责，推进食品经营许可改革。核发食品流通许可证1063个，核发食品经营许可证367个。2016年，娄底市食品经营许可按属地管辖原则由各县（市、区）食药监局许可发证。食品流通许可与餐饮服务许可实现“两证合一”，启用食品经营许可证。是年，核发食品经营许可证5738个。2017年，全市核发食品经营许可证7538个，实地检查食品经营548家，其中食品销售391家、餐饮服务157家，均办理食品经营许可证。

餐饮服务许可　1990—1994年，娄底地区颁发餐饮服务食品卫生许可证2780家次。1995—2000年，娄底市发放餐饮服务食品卫生许可证3190家次。2001—2005年，核发餐饮服务食品卫生许可证3780家次。2006—2008年，核发餐饮服务食品卫生许可证3280家次。2009年6月始，贯彻执行《中华人民共和国食品安全法》，娄底市启用餐饮服务许可证，取代食品卫生许可证。市食药监局负责餐饮服务许可证的受理和审核发放。9月，市政府第21次市长办公会议决定，市卫生局负责餐饮服务环节行政许可、行政处罚及日常监管。各县（市、区）参照市级管理模式执行。

2011年1月，市食药监局承担餐饮服务监管职责。出台娄底市餐饮服务企业许可工作制度。娄星区有持证餐饮单位800余家，无证餐饮店852家，其中500余家经过多次整治后取得餐饮服务许可证。2012年，娄底市发放餐饮服务许可证2024家，现场核查率100%，核查建档率100%。2013年，市政府颁发《关于学校食堂餐饮服务许可准入条件的指导性意见》，严格管控学校食堂准入许可，娄底市发放餐饮服务许可证3278家。娄底中心城区取缔无证餐饮单位74家，新核发餐饮服务许可证1780家。2014年，全市取缔无证餐饮单位46家，关停并转378家，新核发餐饮服务许可证834家。2015年，新许可餐饮单位813家。2016年1月，娄底市启用食品经营许可证，实行食品流通许可证、餐饮服务许可证的“两证合一”，“一站式”受理食品经营许可证的新设、变更、补发、换发。是年，换发食品经营许可证3269家。娄星区引导业主投入资金1200万元，改造小作坊280户，核发食品生产小作坊食品经营许可证147个。2017年，市食药监局网上公示餐饮类食品经营许可流程，换发餐饮类企业食品经营许可证3662家，发放小餐饮单位食品经营许可证320家。

二、经营主体监管

1990—1991年，娄底地区开展选“五好”（政治思想好、业务技术好、完成任务好、遵纪守法好、团结协作好）食品卫生监督员活动。1994—1995年，地区卫生防疫系统组织24次食品经营户卫生检查，发现卫生问题970个，均责令整改。1996—2000年，市卫生防疫系统每年举办食品经营户卫生法规和卫生知识培训班，培训3.87万人次。2001—2003年，开展食品经营户新扩建、改建工程卫生审查，审查工程2910个。2004年7月，市工商局、县（市、区）工商局与109家市场、超市、商场签订《共建诚信市场协议书》或《承诺书》。2005年，市工商部门在62家大型商场、超市中设立食品监管公示牌，明确工商监管责任人，建立完善商品（食品）质量查验登记等4项管理制度。是年，查处无照生产经营食品户393户。2006年，开展清理规范食品经营主体资格工作，注销登记1787户，取缔无照经营120户，查处违法案件59起，罚款15.32万元，查获假冒伪劣食品货值49.19万元。310户食品经营户建立食品准入、市场巡查、不合格食品退市、食品安全信息公示、食品分类监管及责任追究等制度。2007年，市工商系统取缔农村市场无照经营户227户，投入7万余元，统一印制食品进货台账和销售台账本，免费送给各经营户，指导和督促4178家食杂店建立食品进货和销售台账，占应建户数的79.2%。2008年，18家食品企业和个体户被授予食品安全放心示范店（超市），61家农村联系点被授予食品安全放心示范店（超市）。市工商部门指导食品经营户建立健全索证索票和进销台账制度，对15户拒不建立“两项制度”的食品经营户立案查处，罚款8万余元。2009年，全市推行食品市场主体准入登记管理制度、食品市场质量监管制度、食品市场巡查监管制度、食品抽样检验工作制度、食品市场分类监管制度、食品安全预警和应急处置制度、食品广告监管制度、食品安全监管执法协调协作制度。2010年，市工商部门立案查处无照经营食品案21起，罚款9.6万元，取缔无照经营16户。推进“一票通”（指放心示范店的配送企业给终极经销商配送食品的货单上需注明该食品的生产日期、保质期，终极经销商需要将该货单贴到台账上，行业简称“一票通”）进销货台账。

2011年，市工商局制定食品安全重点工作督察督查制度，内容涉及食用油市场监管、豆制品市场整治、学校周边食品消费安全、打击非法添加、农村食品市场监管等领域。2012年，重点监督农村食品店落实进货台账和索证索票制度，下发整改通知书2000余份。2013年，为流通环节食品经营者建立食品安全信用档案。立案查处无照经营食品案35起。娄底中心城区10个工作大组、76个工作小组对中心城区所有食品经营户清理整顿，发放整改通知书1.61万份，引导转行146户，劝导停业经营98户，取缔无照经营86户。3636户食品小作坊达创建国家卫生城市标准。2014年，市工商系统开展乳制品经营户专项整顿行动，下发改正通知书124份。开展桶装饮用水市场专项整治行动，处罚2个不合格的品种饮用水经营店。开展学校食品经营户整顿行动，查处无照经营户28户，责令下架退柜不合格食品159.2千克。2015年4月，市工商局的流通环节食品监督管理职责划入市食药监局。是年，市食药监系统清理规范小食品店3000余家，收缴标识不清或过期食品349.5千克，查办违法违规案件20起，案值3.25万元，罚款12.38万元。

2016年，市食药监系统依据《食品经营风险分级管理工作规范》，划分各类食品经营主体风险等级，明确日常监管频次。开展农村食品安全等专项行动10次，建立网格监管责任区120个，检查食品生产经营主体21856户，责令整改6390户，规范引导办理许可证2541户，取缔无证经营28户，捣毁黑工厂、黑作坊、黑窝点9个，查办违法违规案件149起，案值134.45万元，罚款127.27万元，查扣不合格食品10.6吨。2017年，全面清理自建食品交易网经营，排查天猫、京东、饿了么、美团外卖、百度外卖等第三方网络交易平台，下发整改通知书120份，立案调查6起。各县（市、区）自愿申报创建放心肉菜示范超市19家。步步高有限责任公司碧桂园店为娄底市第一家放心肉菜示范超市创建试点单位。是年，市食药监系统检查各类食品经营主体6万户次，收缴过期、变质等不合格食品3.2吨，扣押不合格肉及肉制品5吨，查办违法违规案件96起。

餐饮服务主体监管　1990—1994年，地区卫生防疫系统每年组织餐饮服务人员开展健康体检，体检餐饮单位8700家2.57万人次，查出患病509例。1995—2000年，每年组织抽查餐饮服务业卫生，抽查餐饮单位9080家，发出整改通知书2790份。2001—2004年，每年对餐饮服务业的执法检查，监测覆盖率100%。2005年，市食药监系统对餐饮服务人员健康体检2800人次，查出“五病”（患有痢疾、病毒性肝炎、伤寒、活动性肺结核、化脓性或渗出性皮肤病）需调离人员89人，餐饮服务人员健康证持有率和“五病”调离率100%。2006年，市食药监系统对21所市直管学校的食堂进行食品卫生量化分级，评定A级单位2家。检查全市学校食堂128家，规范学生食堂80家。

2007年，娄底市举办各类卫生知识培训班38期，培训卫生监督员446人次，培训卫生监督协管员949人次，培训餐饮从业人员3337人次。制作下发餐饮经营单位卫生监督信息公示栏1695块，悬挂餐饮卫生宣传标语223幅，印发宣传单10万份。市直管93家餐饮单位食品安全责任状签订率100%，食品采购和索证台账制度出台率100%，餐饮服务监督覆盖率100%，监督监测结果社会公示率100%。2008年，市食药监系统对学校、宾馆、酒店、餐饮店的卫生许可，餐饮具消毒保洁，采购食品及其原料索证、台账建立，从业人员健康体检培训，学生营养餐配送单位，校园周边地区食品生产经营者食品安全情况联合检查，检查餐饮单位52家、学校食堂16家，限期整改18家，销毁过期变质食品1.8吨。2009年，对餐饮单位负责人开展法律意识教育培训，与全市95%以上的餐饮经营单位签订《食品安全承诺书》，使之承诺不违法添加非食用物质和滥用食品添加剂。2010年，市卫生监督所对113家餐饮单位进行量化分级管理，量化分级管理实施率100%。对2115名预防性健康检查合格的餐饮从业人员签发健康证。

2011年1月，市食药监局履行餐饮服务监管职责，检查中小学校（含幼儿园）食堂187家，立案3起。抽检餐饮单位21家，查出不合格餐饮产品的单位6家，立案查处6起，查获违法使用添加剂或标签不合格食品19吨。5月，指导方盛公司投资600余万元，在涟源市建立一个厨余垃圾回收中转站。6月，启动餐饮服务食品量化分级管理工作，将餐饮单位分为三个层次实行分类监管。对A级单位实行有限次数监管，并优先推荐此类单位为重大活动餐饮接待方，对B级单位实行日常性监管，对C级单位及尚未评级单位实行高频次监管，限制其参与重大活动餐饮接待。是年，启动食品安全示范工程创建工作，创建娄星区乐坪街道为餐饮食品安全示范街。2012年，全市开展餐饮服务食品安全风险监测，抽样检测餐饮食品260批次，查处违法案件66起。市食药监局指导改造娄底中心城区小餐饮“门前灶”200余家。娄星区成为全国餐饮食品安全示范区。娄星区乐坪街道成为省级餐饮食品安全示范街。双峰一中成为省级餐饮食品安全示范学校。10月，市食药监局为恒丰大酒店、宏腾大酒店等5家市级餐饮安全示范单位授牌。是年始，娄底市实行校长为学校食品安全第一责任人制度。

2013年，市食药监局查处娄星区小餐饮企业“全能营养吧”销售不合格进口食品致人死亡案。涟源市筹资7000余万元改造学校食堂340余家。市食药监系统推进餐饮量化分级工作，对餐饮企业实行动态监管。监管等级分为优秀、良好、一般，分别以大笑、微笑、平脸表示。60%餐饮企业在店堂醒目位置悬挂“六统一”（统一公示许可情况、从业人员信息、食品安全管理员、食品安全管理制度、监管部门动态监督结果、餐饮安全投诉举报电话）公示栏，接受社会监督。市食药监局、娄星分局联合推动娄底中心城区2900家餐饮单位开展“厨房革命”（安全、可视、健康要求，在主体资格、人员管理、环境卫生、原材料及食品添加剂控制、加工制作、设施设备及维护、餐饮具清洗消毒等方面达到既定标准），“门前灶”（店铺门口灶台）进厅入室1000余家，老旧餐饮店厨房设施改造530家，厨房餐厅分隔600家，不达标餐饮单位依法取缔率5%。2014年，全市推进学校食堂标准化建设，财政投资1.5亿元，完成888家学校食堂标准化改造。10月，17家中央在湘媒体或省级媒体组成“食品安全走基层”报道组，专题采访报道娄底食堂标准化，《中国医药报》专版刊载。2015年4—7月，全市开展小餐饮店专项整顿行动，取缔无证店154家，查处违法餐饮案件62起，罚款31万元，实现食品安全监督覆盖率100%、量化分级率98.7%。实施“明厨亮灶”（餐饮企业顾客可以直观感受后厨员工操作是否规范、卫生是否合格、餐厨无关事物是否存在）改造工程，改造餐饮单位246家，其中学校食堂169家、大型餐馆22家、中型餐馆8家、小型餐馆47家。

2016年，全市学校食堂改造提质1100所，改造提质率80.2%。其中，涟源市渡头塘中心学校、娄底市第一中学城南校区、娄底经济开发区第一中学、涟源市三一中学获评省级食品安全示范学校。市食药监系统对4871家餐饮单位实行量化分级管理，评定A级单位94家、B级单位3305家、C级单位1472家，量化分级率90.6%。市食药监局、娄星分局在娄底中心城区及周边地区开展查无证、清死角、端窝点专项整治行动，摸排各类小餐饮店4891家。其中，发现30余家无证经营的涟钢洪家洲小餐饮“盲区”，120余家无证经营长年隐藏于居民区筒子楼内的小餐饮“死角”，20余家无证经营农家乐。市食药监局、娄星分局责令整改1496家，行政处罚47家，依法关闭73家。2017年，市食药监局开展“放心早餐”专项整治行动，取缔食品摊贩142个，责令停产停业6家，吊销食品经营许可证1家。冷水江市食药监局和冷水江市公安局联合查处食品中非法添加罂粟壳系列案，涉案门店6家，刑事拘留

7人。是年，娄底市开展饮用水安全整治，立案查处4起，罚款2.6万元。实施食品安全护苗行动，查处违法违规案件96起，罚款64.95万元，责令5家学校、托幼机构食堂停业整顿，吊销食品经营许可证1家。全市546家托幼机构食堂改造率80.9%，学校、托幼机构食堂“明厨亮灶”视频监控加装率60%。

第四节 检验检测

1990—1996年，地区防疫站系统每年开展食品、保健品，分别检验检测3200个、1200个，合格率从65%提高至82%。1997年，全地区监测各类食品4895件，合格食品4097件，合格率83.7%。1998—2003年，全市检测食品、保健品、化妆品分别为4500个、1700个，合格率提高至96.5%。2004年，市工商局抽检奶粉、果冻等食品166组次，其中不合格5组次，向社会公布抽检结果，依法查处有质量问题的市场主体。2005年，市工商系统抽样检测儿童食品样品18个，其中不合格5个。6—8月，抽样检测花生牛奶样品10个，不合格9个，罚款4.1万元。抽查营养食品、果冻等商品样品47个，不合格25个，罚款4.55万元。抽查月饼样品16个，不合格8个，罚款2.25万元。

2006年9月，市工商系统47个工商所配备食品快速检测箱。是年，21家大型商场、超市购置快速检测箱，每天检测蔬菜、水果农药残留物并公示。快速食品检测287组，检出不合格85组，查处案件40起，查获不合格食品16吨，罚款10万元。2007年，快速检测蔬菜、大米、肉类、米粉等多类食品样品293个，检出问题食品36种，抽查桶装饮用水样品20个，合格仅1个，抽查保健食品样品22个，合格11个，抽查食用油样品7个，合格6个。市工商局对不合格食品经营者依法处罚。2008年，市工商系统快速检测食品品种9212个，检出不合格品种48个，责令下架商品货值1.2万元。2009年，重点检测肉类、奶制品、水果、食用油、水产品等样品1.42万个，合格率99%。市卫生监督所开展打击餐饮业违法添加非食用物质和滥用食品添加剂的“卫监1号行动”。开展食品监督抽检33次，抽检食品样品196份，检测项目416项次，检出不合格样品8个。食品问题主要是油条中铝残留，面粉中过氧化苯甲酰，酱卤肉中亚硝酸盐含量超标。

2010年，市工商系统抽样检验食品添加剂、休闲食品等样品1.6万个，合格率99%。2011年，快检样品1.6万个，合格率99%。市食药监系统抽样检测米面食用油等12类产品540批，查处餐饮食品违法案件16起。抽检餐饮经营企业19家43个食品样品，不合格样品2个，皆为腊鱼样品，敌敌畏农药超标。2012年，市工商局为基层工商所统一配备全套食品检测试剂。配合省局抽样检查食品样品56组，自行组织抽检674组，检出不合格样品69组。2012年，市食药监局完成省食药监局部署的餐饮服务食品安全监督抽检任务290批次，发现并立案查处不合格食品1批次。市工商部门投入检测经费30余万元，快速检测食品5000余批次，抽检食品207组，检出不合格样品40组。市疾控中心完成化学污染物和有害因素监测，采集食品样品276份。完成食源性致病菌监测，采集食品样品186份。2014年，市工商部门专项抽检校园及其周边、农村小食杂店现场制售食品181组，检出不合格食品30组，查处违法违规食品案17起，罚款6.3万元。2015年，全市食品检验424批次，发现不合格24批次。保健食品国家级抽验30批次，省级抽验40批次，发现不合格4批次。

2016年，市食药监局抽检娄星区、娄底经济技术开发区食品企业18家9大类食品21批次。完成省级抽验12家13批次，市级抽验2家2批次。核查处置市级抽检不合格食品案9起。市疾控中心对化学污染物和有害因素以及食源性致病菌监测，完成食品样品采集30类371份，向省疾控中心上报食品样品646份，检测数据4500个。2017年，受省食药监局委托，抽检企业248家食品364批次，合格率94%。自主抽检食品89家121批次，合格率89.3%。检测覆盖境内19大类食品，抽样检查2310批次，合格率97%。抽样送检保健食品20批次，合格率100%。

第五节 稽 查

一、日常稽查

1990年始，地区防疫系统根据《中华人民共和国食品卫生法（试行）》，每年开展食品生产经营卫生稽查。至1994年，稽查食品生产经营单位3780家次，责令整改620家次。1995年，重点监督检查食品生产经营企业的添加剂、食品容器、包装材料和食品用具、设备、洗涤剂、消毒剂，食品生产经营场所、设施和环境。截至2000年，稽查食品生产经营企业4550家次，责令整改890家次。2001—2003年，每年不定期抽查食品生产经营企业1～2次，各县（市、区）人大常委会每年组织食品卫生执法检查。2004年4月，市工商局开展不合格奶粉专项清查行动，查处不合格奶粉700千克。5月，市工商系统查封不合格散装白酒4.4吨。8月，开展黄花菜市场专项执法检查，收缴有毒有害黄花菜160千克。2005年，开展食品集中整治行动，捣毁黑加工窝点45个，查获不合格食品8.39吨，其中不合格月饼3.64吨。全市清查肉类市场10个、米粉加工点25个，收缴注水肉678千克、不合格米粉1.17吨。市卫生监督所检查娄底中心城区16所学校饮食、饮水卫生情况，限期整改8所，立案查处1所。整治学校周边小饮食店、摊点48家，取缔12家，限期整改36家。2006年，市工商系统查处无照经营食品店510家，查获假冒伪劣饮料1.42万瓶、酒5548瓶、奶制品3.62吨、儿童食品3.88吨、粮食制品13.58吨、肉类及肉制品6.78吨。市卫生监督所查获不合格保健食品1320盒，责令改正4家，行政处罚4家。限期整改无消毒设施或消毒不合格食品经营单位27家，行政处罚4家。整改小饮食店39家，立案查处1家，取缔15家，销毁过期变质食品150千克。

2007年，市工商部门开展农村食品市场整顿年活动，查处假冒伪劣食品案件81起，案值129.9万元，捣毁制假售假窝点25个，查获假冒伪劣食品28吨，货值100万元，移送公安机关查处案件2起。2008年5月，市卫生监督所组建由4名干部组成的卫生监督监测队伍，支援地震灾区四川彭州开展灾区食品卫生、饮用水安全和消毒情况监督监测。是年，市工商部门开展节假日食品安全集中整治、学校周边食品市场专项整治行动，取缔无照经营户388家，查获假冒伪劣食品16.62吨，立案查处193起，罚款60余万元。2009年，全市开展食品安全大检查，取缔无照经营户109家，捣毁制假窝点26个，查获假冒伪劣和过期变质食品28吨、货值71万余元。2010年，市食药监系统开展食品冒充药品专项整治，查获冒充药品326种，立案查处93起。市工商部门取缔无照食品经营户285家，捣毁制假窝点28个，查处制售假冒伪劣食品案91起，查获假冒伪劣和过期变质食品20余吨，取缔无照经营洋酒店2家。

2011年，市食药监系统开展打击餐饮服务环节违法添加非食用物质和滥用食品添加剂专项整治，立案查处4起，没收销毁不合格食品60千克。市工商系统捣毁制售假冒伪劣食品窝点4个，立案查处无照经营食品案144起，立案查处其他违法违规案191起，罚款115.2万元，取缔无照经营户110家。2012年，市食药监系统开展食品冒充药品专项稽查，查处餐饮服务业违法违规案51起、食品流通案51起，罚款98万元。10月，查处娄底市海都汇餐饮有限公司春园海鲜美食广场违法经营禁止生产经营食品案，罚款5万元。市工商部门取缔“潲水油”非法加工和销售窝点4个，没收“潲水油”10.2吨，移送公安机关查处案件1起，取缔无照经营户109家，立案查处食品违法违规案件234起，罚款104.45万元。2013年，全省食品药品专项整治行动现场会在娄底市召开，市食药监局介绍经验。市工商系统查获假冒食品550余千克，查处食品违法违规案件76起。2014年，市食药监系统查处餐饮环节食品案件127起。其中，市食药监局查办娄底金和康年国际大酒店未经许可从事越界经营活动案，罚款20余万元。市工商部门立案查处食品违法案件69起，罚款21.51万元。2015年6月，市食药监局联合公安、畜牧等部门开展冷冻肉食品集中整治行动，立案查处15起，处罚60余万元，查获问题冷冻肉11吨，集中销毁。8月，开展肉及肉制品专项整治行动，立案查处3起，没收不合格冷冻分割猪肉9.35吨。开展米粉生产经营专项整治行动，发出整改通知书18份，移送公安部门查处案件1起。

2016年，市食药监系统开展食品药品风险隐患大排查，查出风险隐患3560处，责令整顿2613家。立案查处新化县孟公镇山里娃粉面馆、娄星区洋溪粉面馆和娄星区清汤羊肉粉店涉嫌在餐饮食品中非法添加罂粟壳案。开展食品生产加工小作坊、小食品经营店专项整治行动，立案查处146起。2017年，全市查处食品安全违法案件456起，移送公安机关查处案件18起，抓获犯罪嫌疑人54名，没收涉案物品7.39吨、食品5669盒（瓶）。开展瓶（桶）装饮用水企业专项整治行动，责令停产整改15家。开展打击非法添加、制假售假、互联网食品安全整治，移送公安机关查处食品非法添加罂粟壳案9起、互联网非法销售食品案6起。组织各县（市、区）交叉开展食品安全“飞行检查”，立案查处食品违法违规案件8起，罚款21万元。

二、大要案查处

2013年5月6日，涟源市行知中学73名学生陆续出现呕吐、腹泻、头晕、无力现象。涟源市疾控中心在学生所吃米粉中检出蜡样芽孢杆菌，确诊为由米粉中蜡样芽孢杆菌引起呕吐型食物中毒。市食药监局没收行知中学食堂违法经营米粉21千克、凯雪粉2包，罚款12万元。

2014年7月，市食药监局娄星分局排查肯德基万豪店标示唐山中红三融畜禽有限公司生产的“115汉堡腿肉”，发现其外包装标注的生产日期和保质期有明显涂改痕迹，涉案金额21.98万元，罚款120万元。

2015年，市食药监局查处娄底市庆阳牧业有限责任公司冷冻分割肉外包装无标识标签案，没收并销毁不合格冷冻肉9.35吨，罚款30余万元。查处湖南灯塔米业有限公司私自定制益阳市某公司“威哥牌软米”包装袋案，案值36.09万元，罚款18.35万元。市食药监局娄星分局稽查大队检查发现娄底市娄星区香香面包房将国家禁止使用的含铝食品添加剂用于生产膨化食品“香甜泡打粉”，销往市内11家大型超市。娄底城区徐珍平包子店等17家生产经营单位涉嫌违法使用含铝食品添加剂。该案涉及湖南、广西、河南3省5家食品经营单位。市食药监局娄星分局将该案移送市公安局查处，并将犯罪线索移交广西壮族自治区桂林市、河南省郑州市食药监局。

2015年始，某团伙销售注水牛肉货值超过1300万元，经下游食品经营、使用单位加价销售后，总货值超过3000万元。2017年4月，市食药监局娄星分局联合公安、检察机关查处该特大屠宰窝点注水牛肉案，捣毁非法屠宰点1个，现场查获注水牛肉800余千克，查获6个涉案肉摊点，现场查获待销母种猪肉9头，待宰母种猪10头，刑事拘留犯罪嫌疑人3名，抓获犯罪嫌疑人20名。4月，市食药监局与相关省、市公安局联合查处有毒有害食品特大生产销售案，捣毁生产销售窝点5个，抓获犯罪嫌疑人5名，查获各类减肥胶囊近百万粒，涉案金额上亿元。10月，查处冷水江市渣渡镇李某生产销售标签内容虚、假冒青岛沃隆国际贸易有限公司每日坚果案，现场查获成品400余盒，内外包装16件，封口机、打码机4台，捣毁贮假仓库1处，现场查获成品300余盒。市公安局抓获犯罪嫌疑人7名。

第四章　保健品化妆品监管

第一节　生产监管

1990—1994年，地区及各县（市）卫生防疫站累计颁发保健品、化妆品卫生许可证260家次。1995—2000年，娄底地区（市）颁发保健品、化妆品卫生许可证290家次。2001—2005年，全市累计颁发保健品、化妆品卫生许可证332家次。2006—2010年，颁发保健品、化妆品卫生许可证470家次。

2011年1月，市食药监局承担保健品、化妆品监管职责。2012年，市食安办、市食药监局、市工商局联合出台《关于明确保健品经营许可相关事宜的通知》。市食药监局备案登记保健品经营企业71家，均建立信用档案。2014年，备案登记保健品经营企业155家。2015年，市保健品备案管理更名保健品许可管理。全市保健品、化妆品监管信息化平台注册该类企业1360家，录入保健品、特殊用途化妆品8662种次。2016年，全市办理保健品经营许可证1237家，指导新化震宇生物科技有限公司换发化妆品生产许可证，备案登记化妆品企业3家、特殊用途化妆品品种10个。2017年，全市办理保健品经营许可证617家，备案登记化妆品企业4家、非特殊用途化妆品品种13个。

第二节　经营监管

1990—1995年，地区防疫站系统每年开展保健品、化妆品卫生专项检查活动，发现问题970个，均责令整改。1996—2000年，市卫生防疫系统每年组织保健品、化妆品卫生知识培训，培训1200人次。2001—2005年，开展保健品、化妆品卫生专项检查4次，责令补办卫生许可证210个。2006—2010年，开展保健品、化妆品专项整治，检查化妆品生产企业6家次、保健品经营企业1260家次、化妆品经营门店570家次，责令整改296家次。2011年1月，市食药监局整治保健品、化妆品违法添加成分及虚假宣传行为，查处保健品、化妆品的标签或说明书违法违规案件16起。开展非药品冒充药品专项整治，打击同名或近似名假冒行为，打击保健品或食品冒充中成药违法经销行为，立案查处违法违规案件18起。2012年，全市抽样检查保健品50批次，检查保健品经营企业354家，立案查处保健品违法违规案件35起、化妆品违法违规案件44起，罚款170万元。2013年，开展保健品、化妆品专项整治，检查大型化妆品生产企业1家、保健品经营企业2774家次、化妆品经营门店1331家次，责令整改1692家次，立案查处66家。查出产品低劣或货品来源不明的保健品经营企业12家，发现假冒特定保健功能产品40个，没收假冒保健品85501盒（瓶），货值163.87万元，罚款12.73万元。移送公安机关办理案件31起，刑事拘留1人。2014年，市食药监系统推行化妆品经营使用单位信息公示制度，在门店公示质量安全承诺书、质量管理制度、监督检查情况、投诉举报电话等信息。查处保健品违法违规案件12起、化妆品违法违规案件11起。检查发现深圳市康美乐生物科技有限公司生产的康美乐牌氨基酸螯合高钙片、美国红日药业国际集团有限公司生产的美日红牌肾宝口服液等问题保健品20种，祛斑类、美白类过期化妆品8种，均责令下架停止销售。2015年，全市开展保健品、化妆品安全整治，检查保健品、化妆品经营企业4442家次，责令整改336家次，发现虫草氨基酸和冬虫夏草口服液等问题品种4个，均责令下架停止销售。查处保健品、化妆品违法违规案件20起，处理结案12起，罚款2.8万元。2016年，全市开展保健品专项治理，检查保健品经营企业1196家、化妆品经营企业878家，责令整改116家，立案查处9起，罚款17.16万元。2017年，娄底市出台《保健品非法会议营销及虚假宣传专项整治工作方案》，驱散非法保健品营销会议39场次，责令营销场所自行停业整顿27家次，关闭违法经营企业12家，查处保健品虚假广告案7起、其他保健品违法违规案件12起，罚款2.3万元，移送公安机关办理案件4起，抓获犯罪嫌疑人21人，网上追逃1人。

第三节　检验检测

1990—1997年，地区防疫系统每年开展保健品、化妆品检验检测，分别检验检测1200个、840个，合格率从65%提高到82%。1998—2005年，检测保健食品、化妆品分别为4700个、3400个，合格率提高到96.5%。2007年，市工商系统快速检测保健品样品22个，合格11个。市工商局对不合格保健品经营者依法处罚。2012年，市食药监部门抽样检测减肥类、辅助降血糖类、改善睡眠类、延缓衰老类、改善胃肠功能类、维生素类、螺旋藻原料类等7类保健品40批次，抽检化妆品4类34批次，测出不合格12批次，均立案查处。市食药监局查办“6·20”假保健品案，检出非法添加保健品27批次，涉案金额2.3亿元。2013年6—11月，市食药监系统抽检保健品22个品种25批次，抽检化妆品10批次，产品分别来自美国等国家和中国香港、西藏等地。美国普林顿生物医学研究中心生产的一粒顶天等21个批次不合格，市食药监局立案查处，涉嫌刑事犯罪的移送司法机关处理。2014年，市食药监局协助省食药监局完成抽检非法添加药物产品7批次，进口特殊用途化妆品10批次，以及国产非特殊用途化妆品20批次。完成保健品国家抽验37批次，其中现场快筛17批次，监督抽检20批次。完成化妆品国家抽检30批次，化妆品国家抽检20批次，发现不合格2批次。2016年，完成化妆品国家抽验40批次，其中不合格2批次。2017年，抽检保健品20批次、化妆品40批次，合格率均为100%。

第四节 稽 查

一、日常稽查

1990年始，地区防疫系统根据《中华人民共和国食品卫生法（试行）》，每年开展保健品、化妆品稽查。截至1994年，稽查保健品、化妆品生产经营单位1880家次，责令整改260家次。1995年，重点监督检查保健品、化妆品生产经营企业的添加剂、包装材料和特殊用途材料的违法违规使用情况。至2000年，稽查保健品、化妆品生产经营企业1550家次，责令整改90家次。2001—2003年，每年不定期抽查1~2次，各县（市、区）人大常委会每年组织保健品、化妆品卫生执法检查。2005年，市工商部门开展保健品、化妆品集中整治，依法处罚不合格化妆品经销单位美容美发店和化妆品店7家，销毁不合格化妆品120余瓶。2006年，市工商系统查获不合格化妆品24种210盒，行政处罚4家。2009年，取缔无照经营户109家，捣毁制假窝点26个，查获假冒伪劣和过期变质食品、保健品28吨、货值71万余元。2010年，市食药监系统开展保健品、化妆品等冒充药品行为治理，查获冒充药品126种，立案查处39起。2012年，查处保健品案件4起。2013年，查处违法违规案件35起，查获保健品非法添加药物21批次。2015年，查处保健品、化妆品违法违规案件20起，罚款2.8万元。2016年，开展化妆品网络销售与美容美发机构销售专项稽查行动，责令限期改正31家，立案查处3起。2017年，市食药监局组织6个县（市、区）交叉开展保健品、化妆品安全“飞行检查”，立案查处健品违法违规案件4起，罚款11万元，查处化妆品违法违规案件50起，没收涉案产品1238盒（瓶）。

二、大要案查处

2012年4月，市食药监局联合市公安局协同相关省市公安局查获高某伙同吕某庆、赵某秀在娄底湘运公司宿舍租用民房销售假冒保健食品参蛾虫草胶囊案。将一个总部在北京、涉及全国272个城市、涉案货值2940万元的假保健食品销售网络和设在西安的制假窝点捣毁，抓获犯罪嫌疑人8人。该案被省食药监局列为2012年湖南省十大法治事件。新华社、中国新闻社、《湖南日报》、湖南经视、红网等30多家媒体跟踪报道。

2013年6月，市食药监局配合相关省市公安部门查获犯罪嫌疑人李某某、赵某某销售假冒伪劣壮阳类产品案，2008年起，李某某、赵某某在广西、广东、浙江、四川、新疆等省区和省内长沙、岳阳、株洲等市，以及娄底境内162家性保健品店或宾馆、酒店等经营场所，销售该类产品225种23.4万盒。该案被国家食药监总局和公安部列为2013年全国十二大重点督办案件。捣毁山东青州两个制假窝点和涉及6个省市的经销网络，抓获犯罪嫌疑人31名，涉案货值2.3亿元。9月28日，中央电视台财经频道“第一时间”栏目专题报道此案。

2016年5月，市食药监局查获金华市婺城区星康保健食品商行无证销售保健品案，没收违法经营所得并罚款76.79万元。9月，市食药监局娄星分局立案查处娄星区张某某销售未经批准或检验的进口化妆品案，没收违法所得1.34万元，罚款5.34万元。

2017年4月，市食药监局与公安局联合查处涉及全国20个省市、有毒有害保健品特大生产销售案，捣毁生产销售窝点5个，抓获犯罪嫌疑人5名，查获各类减肥胶囊近百万粒，涉案金额上亿元。7月，查获娄底中心城区某农林科技有限公司生产销售假冒丹华牌灵芝孢子粉案，收缴违法货值9万余元，没收违法所得3.71万元，罚款90.28万元，并将该案移送公安机关查处。

第五章　机　构

第一节　市级机构

1990年，地区医药总公司内设办公室、人事教育科、业务科、计划财务科、药品经营管理科，人员编制26人。1991年4月，地区医药总公司更名地区医药管理局，内设科室不变，人员编制23人。1992年12月，地区医药管理局转体组建地区医药总公司，由地区医药管理局及其所属的地区医药公司、地区药材公司、地区医药经济开发公司、娄底制药厂和冷水江市、涟源市、双峰县、新化县4个药材公司组成，转体后仍保留地区医药管理局和各县（市）医药管理局牌子，医药管理局承担医药行业管理职能，归口地区经委管理。2000年1月，市医药管理局更名市药品监督管理局，内设办公室、政策法规科、药品注册安全监管科、市场监督科、医疗器械科、财务科、人事教育科、监察室、药品稽查办9个科室，人员编制36人。9月，市药监局与市医药总公司（集团公司）实行政企分开。

2001年6月，省以下药品监督管理机构实行垂直管理。市药监局下辖新化县、冷水江市、涟源市、双峰县4个县（市）分局，内设药品市场监督科、医疗器械监管科、药品注册安全监管科、人事教育科、财务科、办公室6个职能科室和药品稽查办公室，编制97人。市药品检验所由市卫生局划入市药监局管理。10月，各县（市、区）药品检验所人员、医药管理局部分行政管理人员成建制转入市药监局，组建市药监局冷水江市分局、涟源市分局、新化县分局、双峰县分局。11月，市药监局增设政策法规科。2004年，市药监局更名市食品药品监督管理局，增设食品安全监察与协调科，增加食品、保健品、化妆品安全管理职能，负责综合督查、组织协调和依法查处重大事故等工作。各县（市）药监分局升格为县（市）食药监局，相应增加食品、保健品、化妆品安全管理职能。是年，市、县（市）食品安全委员会成立。2008年4月，市政府成立市食品药品安全委员会，撤销市食品安全委员会。市药品检验所加挂药品不良反应监测中心牌子。2009年7月，市食品药品安全委员会再度更名市食品安全委员会，办公室设在市卫生局。市食药监局将食品、保健品、化妆品安全管理职能划归市卫生局。2010年6月，市食药监局由省垂直管理单位调整为市政府工作部门，取消对各县（市）食药监局的垂直管理职能。

2011年1月，市食药监局将食品安全综合协调职能划归市卫生局，取消食品安全监察与协调科。从市卫生局划入食品、保健品、化妆品安全管理职能。市食药监局内设办公室、政策法规科、食品许可安全监管科、药品注册安全监管科、医疗器械监管科、药品市场监管科、财务科、人事科8个科室，下辖市食品药品稽查支队、市食品药品检验检测所2个二级机构，机关人员编制33名。12月，增设二级机构市药品不良反应监测中心。全局在职人员80人。2013年5月，市食药监局食品许可安全监管科更名餐饮食品监管科，增设保健品化妆品监管科。2015年3—5月，娄底市分三批完成卫生、工商、质监、商务和乡镇等涉改部门人员的划转工作。5月，市食药监局加挂市食安委办牌子。市食药监局内设办公室、人事科（加挂退休人员管理科牌子）、综合科（宣传应急科）、食品生产监管科、食品流通监管科、保健品化妆品监管科、药品生产监管科（技术标准科）、药品流通监管科、医疗器械监管科、行政审批科（政策法规科）、规划财务科。下设娄底市食品药品稽查支队、娄底市食品药品检验检测所（副处级）、娄底市药品审评认证与不良反应监测中心（原娄底市药品不良反应监测中心）、娄底市食品药品投诉举报中心（信息中心）4个直属机构。娄底中心城区设立市食品药品监督管理局娄星分局（加挂娄星区食品安全委员会办公室牌子）、娄底经济开发区分局，均为市食品药品监督管理局的正科级派出机构。市食药监局和市公安局联合成立食品药品犯罪侦查室。2017年6月，市检察院在市食药监局挂牌成立驻市食药监局检察联络室。

第二节 县（市、区）机构

一、市食药监局娄星分局

1990—2009年，娄星区食品药品直接由娄底地区食品药品监管机构监管。2010年10月，娄星区食品药品监督管理局成立，正科级，内设5个股室，下辖2个二级机构。2013年12月，娄星区食品药品监督管理局上划至市食药监局管理。2014年12月，娄底市食品药品监督管理局娄星分局成立，加挂娄星区食品安全委员会办公室牌子，为市食药监局正科级派出机构，内设8个股室，下辖1个稽查大队和12个街道（乡镇）监管所。截至2017年，市食药监局娄星分局下设11个食品药品监管所，核定编制80个，实有干部职工89名。

二、市食药监局娄底经济技术开发区分局

2013年7月，市食品药品监督管理局驻娄底经开区办事处成立，正科级，编制5名，内设办公室、执法大队。2015年4月，市食品药品监督管理局娄底经济技术开发区分局成立，正科级，属市食药监局派出机构，编制14名。2017年12月，市食药监局娄底经开区分局内设办公室、监管大队，下设涟滨街道办事处食品药品监督管理所、大埠桥街道办事处食品药品监督管理所2个二级机构，实有干部职工15名。

三、冷水江市食药监局

1991年，冷水江市医药管理局与冷水江市药材公司实行“两块牌子、一套人马”，内设7个股室。2001年10月，娄底市药品监督管理局冷水江分局成立，内设3个股室。11月，娄底市药品监督管理局冷水江分局加挂冷水江市药品检验所牌子。2004年5月，娄底市药品监督管理局冷水江市分局更名为冷水江市食品药品监督管理局，内设4个股室。2010年6月，冷水江市食品药品监督管理局由省垂直管理调整为由娄底市地方管理。2015年，内设机构增至10个股室，下辖1个稽查大队和16个街道（乡镇）监管所。2017年，内设10个股室，下辖稽查大队、检验所2个二级机构和10个街道（乡镇）监管所。

四、涟源市食药监局

1991年12月，涟源市医药管理局与涟源市药材公司实行“两块牌子、一套人马”，内设7个股室。2001年9月，娄底市药品监督管理局涟源市分局成立，内设3个股室。2001年11月，娄底市药品监督管理局涟源市分局加挂涟源市药品检验所牌子。2004年6月16日，娄底市药品监督管理局涟源市分局更名涟源市食品药品监督管理局，内设4个股室。编制37名，实有干部职工43人。2010年6月，涟源市食品药品监督管理局由省垂直管理改为娄底市地方管理，内设6个股室，下辖3个二级机构。2017年8月，涟源市食品药品监督管理局水洞底镇食品药品监督管理所划归娄底市食品药品监督管理局娄星分局管理。是年，涟源市食品药品监督管理局编制136名，实有干部职工118人。

五、双峰县食药监局

1991年，双峰县医药管理局与双峰县药材公司实行“两块牌子、一套人马”，内设7个股室。2001

年12月，娄底市药品监督管理局双峰县分局成立，内设3个股室。2001年11月，娄底市药品监督管理局双峰县分局加挂双峰县药品检验所牌子。2004年5月，娄底市药品监督管理局双峰县分局更名双峰县食品药品监督管理局，内设7个股室。2010年9月，双峰县食品药品监督管理局由省垂直管理改为娄底市地方管理。2011年4月，双峰县食品药品监督管理局搬至双峰县新行政中心办公。2015年8月，内设机构调整为10个股室，下辖2个二级机构和16个乡镇监管所。2017年，内设10个股室，下辖2个二级机构和15个乡镇监管所，行政编制15名，事业编制55名，干部职工114名。

六、新化县食药监局

1991年，新化县医药管理局与新化县药材公司实行“两块牌子、一套人马”，内设7个股室。2001年12月，娄底市药品监督管理局新化县分局成立，内设3个股室。2001年11月，娄底市药品监督管理局新化县分局加挂新化县药品检验所牌子。2004年5月，娄底市药品监督管理局新化县分局更名，内设4个股室。2010年6月，新化县食品药品监督管理局由省垂直管理改为娄底市地方管理。2015年，内设10个股室，下辖2个二级机构。2016年，新化县食品药品监督管理局与新化质量技术监督管理局、新化县工商行政管理局合并为新化县市场监督管理局。2017年始，新化县的食品药品监督管理职能由新化县市场监督管理局承担。

第五十篇

安全生产监督管理

概 述

1990年，娄底地区是湖南省的能源原材料开发试验区，重工业企业多。生产安全监管的重点是：煤矿生产、建筑施工、特种设备运行、烟花鞭炮及危险化学品（以下简称危化品）生产、其他工贸行业以及农业农村病险水库安全隐患监管等六大块。地区安全生产委员会（简称安委会）对全地区安全生产统一监管。安全监管任务重。是年，依据国家《关于加强矿山安全条件合格证管理的通知》等法规，全地区发放煤炭生产许可证，并制定一年一审的年检制度，提高煤矿生产许可准入门槛，关闭存在严重安全隐患的小煤矿402处。

1991年始，根据建设部《建设工程施工现场管理规范》和《湖南省建设工程施工现场综合考评管理办法（试行）》等规章，地区安委会对建筑工地的安全施工、文明施工、现场管理均做出明确规定，开展监管检查。1994—1995年，全地区检查监管施工项目98个。

1996年始，根据省政府下达的安全生产控制指标，行署每年向各县（市）政府和主要行业（部门）分解下达控制指标。县（市）政府、主管部门、行业将考核指标量化到管理部门和企业，年底考核。全地区每年采取系列行动整顿安全生产秩序，整治违章生产行为，提升安全生产水平。

2002年11月，市、县（市、区）安全生产监督管理机构成立，负责全市安全生产日常监管和协调工作，督促各行业建立相应的安全生产规章制度。2004年，娄底市建立安全生产控制指标体系，实施安全生产目标管理，对安全生产实行定量控制和目标考核。是年，全市开展安全质量标准化活动。建筑企业全面实行安全许可证制度。2006年，娄底市开展安全生产示范创建活动。次年，双峰县走马街镇、娄星区百亩乡、新化县炉观镇被授予湖南省第一批安全生产示范乡镇称号，示范创建工作走在全省前列。

2010年，市、县两级政府成立安全生产应急救援指挥中心和应急救援办公室。市安委会组建58人的应急救援专家组。涟钢、湖南宜化、锡矿山闪星锑业等大型骨干企业组建10个危险化学品应急分队和25个矿山救护队，全市拥有专、兼职应急救援力量3800人。全市投资1620万元，对8台10吨以上锅炉进行安全节能改造。2011年，市政府将企业安全生产标准化建设情况作为企业融资信用评级、申报安全生产专项资金和评先推优的重要依据。2012年，将商业保险与工伤保险有机结合，在全市建立商业责任保险与安全生产工作相结合的良性互动机制。全市生产经营单位安全责任保险参保率50%。是年，市安全生产应急救援指挥中心视频监控平台建成。25家单位纳入市应急救援指挥中心视频监控系统。2013年，30个建筑工地被评为省级示范工地。全市按照属地管理、分级负责的原则，落实地方党委、政府、企业及投资人的主体责任，对党政领导干部实行安全生产“一岗双责”。2015年，7名企业负责人、5名安全管理责任人被追究刑事责任。

2017年，省安监局将娄底作为全省应急救援联网工作的试点城市。市安全生产信息综合平台与省安全生产应急平台顺利对接，实现省、市、县（市、区）企业安全生产应急平台联网。全市保留省级安全生产示范县双峰县，省级安全生产示范乡镇（街道）46个，市级安全生产示范乡镇92个，三级以上标准化企业545家，安全示范学校36所，安全示范公路25条，安全生产示范村（社区）500个。拥有地方专职矿山救援队伍4支，在岗专职矿山应急救援队员50名；社会综合性救援队伍1支，正式救援队员25人，预备队员36人。全市3471个建制村（社区、居委会）均成立应急小分队，有兼职应急救援力量近5万人。100%的煤矿生产企业、60%的非煤矿山和危险化学品生产经营企业、30%的规模以上工贸企业均达到安全生产三级质量标准。全市煤矿（含省属以上）死亡事故由1991年的116次减少到3次，死亡人数由176人降到13人，死亡率由18.75人／百万吨降到1.84人／百万吨。烟花爆竹生产企业（含作坊）全部清零。1990—2017年，全市建筑业未发生重特大安全事故。农业水利设施（水库、河堤）未发生决堤漫淹等重特大灾害伤亡事故。

第一章　安全培训与安全活动

第一节　安全培训

一、特种培训

1999年9月，经贸部《特种作业人员安全技术考核管理规定》发布。至2001年，娄底市、县（市、区）两级年均举办特殊工种（矿山井下安全员、放炮员，瓦斯等有害气体检查员，绞车提升及起重机司机等）培训60~70期，每年初培、复审6000余人。

2001—2006年，娄底市培训考核各类特种设备（锅炉、压力容器、起重机械等）管理和操作人员7392人，发放上岗证806个。2008年，培训考核各类特种设备作业人员2355人。2009年，培训36家液化石油气体充装站的123名作业人员，500家特种设备生产、使用、安装、维修单位的654名作业人员。2010年，举办12期特种设备作业人员培训班，培训考核作业人员1280人，1600人的复审换证培训，作业人员持证上岗率100%。2011年，按照《特种设备作业人员监督管理工作》（国家质量技术监督局，以下简称质监局）要求，举办各类培训班28期，培训特种设备作业人员2650人。涟钢培训中心、涟钢焊培中心、冷钢培训中心、市质量技术监督协会通过省质监局组织的特种设备从业人员培训考核机构验收。

2012年，全市培训电梯、起重机械、锅炉操作、特种设备焊接作业人员500人。2013年，举办气瓶、电梯、锅炉、起重机械、压力容器等操作和管理人员培训班26期，培训考核发证800人，对1400名作业人员复审换证。2014年，举办电梯安全监管和操作人员培训班，培训82家电梯使用单位156名管理和操作人员。举办2期气瓶充装站负责人和充装操作人员培训班，培训45家气瓶充装站、165人。2015年，举办锅炉、压力容器、起重机械、电梯安全管理人员及操作人员培训班，培训考核367人。2016年7月，市质监局对特检分院、涟钢考培中心等4家特种设备考试机构现场核查评审。是年，办理特种设备管理人员和作业人员操作证702人。2017年，市质监局重点检查单位特种设备作业人员的聘用和培训情况，逐一核对证件和身份，查处无证作业和借用资质行为。是年，全市办理特种设备管理人员和作业人员操作证3532人。

二、劳动保护知识培训

1990—1997年，地、县（市）年均举办厂（矿）长（经理）劳动保护知识培训班6期，安全生产管理人员培训班38期。每年220余名厂（矿）长（经理）和1750名安全生产管理人员参加培训。1998年始，地区煤炭局对地直属煤矿企业每年春节复工后全员培训7~10天，重点培训安全生产法律法规、各工种安全操作规程、劳动技能和安全生产自我防护知识。考试合格后职工方准上岗，企业方准复工复产。2004—2017年，此项制度扩展至全市各煤矿企业，由煤矿安全监管部门、总工会组织应知应会考试和复工复产验收。生产经营单位的员工（重点是新员工和换岗人员），由企业实行厂部、车间、班组（岗位）三级安全教育，企业班组长由总工会联合人事劳动部门组织轮训。

第二节 安全活动

一、安全生产月（周）活动

1991—2001年，娄底市根据省委、省政府的统一部署，每年开展一次以提高职工安全意识为主要内容的安全生产周活动。市、县（市）、乡镇三级政府和行业主管部门开展安全大检查，组织安全生产巡回演出，悬挂张贴宣传横幅标语，发放宣传单，利用电视、广播、报纸等宣传媒体，倡导安全文化，提高全民安全意识。

2002年起，按照国家的统一部署安排，全市每年6月开展安全生产月活动。活动由市安委会牵头，市直相关部门参与。各县（市、区）、乡（镇）政府和行业主管部门以多种形式普及安全生产法律法规和安全常识。生产经营单位采用电视、广播、宣传专栏、板报、案例分析会、安全生产比武竞赛等形式开展安全生产宣传教育。在是年6月第1个全国安全生产月活动中，市、县（市、区）两级政府安委会采取对口检查、宣传咨询日活动等形式，营造全社会关注安全、人人关爱生命的氛围。在2004年6月第3个全国安全生产月活动中，市安委会办公室会同市委宣传部、市总工会、市安监、煤炭、交通、消防、交警、建设、农机、质监、保险等部门联合开展活动。市委、市政府主要领导在娄底市电视台发表电视讲话，在《娄底日报》发表署名文章，娄底电视台、《娄底日报》等新闻媒体开办安全生产月活动专栏，集中报道活动开展情况，宣传安全生产先进单位的经验，对疏于管理、事故频发的单位予以曝光。娄星广场举办“以人为本，安全第一”大型签名和宣传咨询日活动。近万名干部职工和市民在宣传横幅上签名。各县（市、区）政府、各生产经营单位相继开展形式多样的宣传咨询活动。同时，组织安全生产先进典型单位和事故幸存者、受伤者组成巡回演讲团，到企业单位宣讲安全生产经验教训。

2006年，全市安监部门在安全生产月活动中，围绕安全发展、国泰民安主题，开展群众性安全文化宣传活动及安全生产咨询日活动。《娄底日报》、娄底电视台、娄底广播台等媒体开辟活动专栏，开展千里平安公路、千个平安企业创建活动。2007年，全市围绕综合治理、保障平安主题，在娄星广场举行平安娄底文艺演出，市委、市人大、市政府、市政协领导出席，各大中专院校、市直机关和娄星区属企业组队参加活动，万余名市民观看演出。2008年，在全国第7个安全生产月活动中，市安委会、市安监局在娄星广场举办涟钢“双菱杯”安全知识抢答赛，8支代表队参赛。

2009年，市安委会组织沿双峰县—娄星区—涟源市—冷水江市—新化县公路建成200余千米的安全宣传长廊，设置大小安全宣传标牌及警示牌1870块，提醒驾乘人员和行人注意安全。2010年，全市紧扣安全发展、预防为主主题，开展“安康杯”竞赛活动，设置宣传牌板162块，安放宣传拱门8个，气球168个，发放宣传咨询资料2.5万份，接待群众咨询3800人次。组织安全宣讲4360场次，放映安全电影182场，28.7万人观看安全宣传挂图。资江煤业集团建立“三违”（违章指挥、违章作业、违反劳动纪律）曝光台，开展“三反”（反“三违”、反隐患、反事故）活动，在矿主井平巷建成一条400米长的安全文化长廊。2011—2017年，市安委会和安全生产监督管理部门每年围绕安全生产月活动主题，开展宣传教育和安全文化进企业、工地、校园、社区、家庭活动，在全市形成事故隐患群防群控、生产安全共建共享的局面。

二、安全生产示范单位创建活动

2006年始，娄底市开展安全生产示范创建活动。各县（市、区）成立专门班子，全市确定42个创建点，印发《安全常识手册》2万份，设置永久性宣传标语牌1200块。2007年1月，双峰县走马街镇，娄星区百亩乡、新化县炉观镇获授湖南省第一批安全生产示范乡镇。是年，16个乡镇实现各类安全事故零死亡，15个乡镇实现工矿商贸安全零事故。示范创建工作走在全省前列。

2008年1月，市政府授予涟源市石马山镇、七星街镇、古塘乡、枫坪镇，双峰县三塘铺镇、蛇形山镇、甘棠镇、沙塘镇、锁石镇、石牛乡、井字镇、花门镇，冷水江市渣渡镇，新化县奉家镇、西河镇、上梅镇、水车镇、荣华乡、石塘镇，娄星区长青街道办事处、杉山镇、万宝镇，市经济技术开发区涟滨街道办事处市级安全生产示范乡镇称号。是年，20个乡镇获省级示范乡镇授牌，55个乡镇获市级示范乡镇验收。

2009年1月，市安委会授予湖南新康建设集团、新化县温塘镇祥星煤矿、双峰县万里石膏矿业公司、新化县云峰金锑公司、湖南振强锑业公司、娄底博洋工贸公司、涟源市湄江镇鑫丰石膏矿业市级安全生产示范企业称号。2月，省政府授予娄星区石井乡，双峰县杏子铺镇、梓门桥镇、荷叶镇，新化县圳上镇，冷水江市矿山乡湖南省安全生产示范乡镇（街道办事处）称号。2010年7月，市委、市政府作出《关于进一步加强安全生产工作的决定》，在全市深入开展安全生产示范建设和标准化企业创建工作。12月，省农业机械管理局、省安监局联合印发通报，授予双峰县梓门桥镇、印塘乡全省平安农机示范乡镇称号。

2012年3月，市安委会印发《安全生产示范创建工作方案》。12月，双峰县安全生产示范县获省政府验收通过。至2013年12月，全市28个乡镇街道获得省级安全示范乡镇称号，76个乡、镇、街道获得市级安全示范乡镇称号。152家企业通过五级安全标准化验收。至2017年12月，全市保留省级安全生产示范县（市）2个（双峰县、涟源市），省级安全生产示范乡镇街道46个，市级安全生产示范乡镇92个，三级以上标准化企业545家（其中二级9家），安全示范学校36所，安全示范公路25条，安全生产示范村（社区）500个。

第二章　日常监管

第一节　责任目标管理

1990—1995年，娄底地区开展不定期安全生产大检查，督促企业落实安全生产规章制度。1996年始，行署根据省政府下达的安全生产控制指标，每年向各县（市）政府和主要行业（部门）分解下达控制指标。各县（市）政府、部门、行业将考核指标量化到管理部门和企业，年底考核通报。对煤矿百万吨死亡率超过上年3倍和重点产煤乡镇年内发生2起、其他乡镇发生1起以上重大伤亡事故的县（市）党政一把手分别给予行政记大过以上处分。采取“四个一律”（突出矿井一律停产整顿、发生重特大伤亡事故矿井一律停产整顿、矿长未取得《安全生产技术业务资格证书》的煤矿一律停产整顿、无证煤矿一律取缔）的办法，对辖区内小煤矿清理整顿。对非煤矿山管理实行分级责任制：当年无证矿山超过10个的县（市），追究县（市）长责任，无证矿山超过3个的乡镇，追究乡镇长责任；凡未达到管理目标的，给予责任单位主要负责人政纪处分。

2003年，全市非煤矿山实行“三证一照”（采矿许可证、矿山安全生产条件合格证、矿长安全资格证，工商营业执照）制度，无条件关闭无证非法生产、长期独眼井生产、国有矿山办小井、严重超深越界、威胁大矿和铁路、公路等重要基础设施和居民聚集区房屋及其他重要建筑物安全的、国家产业政策及环保法规和《矿产资源法》明确禁止开采的各类非煤矿山（含采石场）。

2004年4月，市政府印发《关于进一步加强安全生产工作的决定》，在全市建立安全生产控制指标体系，对安全生产情况实行定量控制和目标考核。是年，市政府以签订目标责任书的形式，部署年度安全生产控制指标和重点工作任务。各责任单位分别向市安全生产监督管理局提交安全生产目标管理风险抵押金，标准为每个县（市、区）政府5万元，市直单位2万~10万元，年终由市安委办考核。对成绩优秀的，市政府除返回上缴风险抵押金作为奖金外，另给予表彰奖励，奖励费用列入同级财政预算。合格单位市政府则返回年初所交风险抵押金作为奖金。对工作不力、重特大事故多发、突破指标的，市政府给予一票否决，扣除年初所交的风险抵押金外，取消其当年度评先评优、评奖和单位负责人提拔资格，并通报批评。是年，全市评选出安全生产目标管理先进县（市、区）政府2个，先进市直单位14个，安全生产合格单位9个，基本合格单位2个，一票否决单位1个。

2007年3月，市政府印发《娄底市煤矿安全监管办法》，按照"谁监管、谁负责"的原则，对煤矿企业实行安全现场监管、日常监管和专项监管，严厉打击非法开采和超深越界行为。公安部门按程序批供火工产品并加强对火工产品保管和使用情况的检查。供电部门凭煤炭主管部门提供的合法煤矿名单办理供电手续。市政府对未整改到位的重大安全隐患实行挂牌督办。至2010年12月，全市煤矿伤亡事故由2006年的61起死亡112人下降至22起死亡24人。

2013年，市委、市政府下发《娄底市党政领导干部安全生产"一岗双责"实施意见》《娄底市预防安全生产事故责任追究暂行规定》，强化各级领导安全生产监督管理的责任。2015年5月，市政府印发《进一步强化企业安全生产主体责任实施意见》，对生产主体安全责任落实提出具体要求，建立安全生产不良记录制度、安全生产诚信"黑名单"制度和安全生产诚信评价、管理制度，规范长效管理工作机制。2015—2017年，各级政府和职能部门累计对2万多家企业进行检查考核。90%以上的企业安全生产主体责任得到落实。

第二节　质量标准化管理

2004年，市政府根据国务院《关于进一步加强安全生产工作的决定》，在全市开展安全质量标准化活动。2007年7月，市煤矿救护大队通过省安监局应急办达标考评验收，由国家安监总局矿山救援指挥中心命名，取得二级矿山救护队资质证书。2010年，全市建设煤矿标准化矿井8对，采掘机械化示范矿井1对，试点矿井3对，100处矿井巷道实现锚网喷支护改革，123对矿井建立地面永久性瓦斯抽放系统和井下移动抽放系统，100家非煤矿山、烟花爆竹、危险化学品、冶金企业开展安全标准化试点。

2011年7月，市政府印发《娄底市深入开展企业安全生产标准化建设实施方案》，成立由分管副市长任组长的企业安全生产标准化建设领导小组，将企业安全生产标准化建设作为企业融资信用评级、申报安全生产专项资金和评先推优的重要依据。对在规定时间内未实现安全达标的企业依法暂扣相关证照，责令停产整顿。是年，新化玉坤金锑公司等152家工矿企业通过五级安全质量标准化达标验收。2013年，全市非煤矿山达到二级安全质量标准化企业5个、三级安全质量标准化企业198个。

2015年，华菱涟源钢铁有限公司2250热轧板厂、冷轧板厂，华润雪花啤酒（娄底）有限公司经湖南职业健康协会专家评审，获湖南省安全生产质量标准化二级达标企业。全市545家企业通过安全质量标准化达标验收。2017年底，全市100%的煤矿生产企业、60%的非煤矿山和危险化学品生产经营企业、30%的规模以上工贸企业均达到安全生产三级质量标准化。

第三节　安全规范化管理

2004—2010年，市委、市政府先后颁发《关于煤矿安全生产管理责任追究若干规定》《娄底市煤矿安全监管实施办法》《关于进一步加强安全生产工作的决定》《娄底市安全生产监督管理职责规定》。2010年，全市投入资金4亿元，对249处煤矿企业整合技改。所有矿井安装安全监控系统。县（市、区）实现瓦斯监测监控区域联网。2011年9月，根据省安监局《安全生产监管人员监管执法五项规定》，全市安监系统推行《权力公开运行工作方案》，以政府门户网站、单位局域网和电子政务平台为依托，将制度汇编所列的经济社会管理权限和内部队伍管理权限、行政保障权及运行流程、结果设计为计算机程序。

2012年9月，市政府印发《关于切实做好全市重点行业（领域）安全生产责任保险推广工作的通知》，在全市建立商业责任保险与安全生产工作相结合的良性互动机制。至12月，生产经营单位安全责任保险参保率50%，市安全生产应急救援指挥中心建成视频监控平台。涟源市煤炭局监控中心、锡矿山闪星锑业有限公司等25家单位纳入第一批市应急救援指挥中心视频监控系统。2013年9月，市委、市政府颁发《娄底市预防安全生产事故责任追究暂行规定》，按照属地管理、分级负责的原则，落实地方党委、政府领导的责任；按照“谁投资、谁负责”的原则落实企业及投资人的主体责任；按照“谁主管、谁负责”以及“谁执法、谁负责”原则，落实监管和执法部门（人员）的责任。2015年，7名企业负责人、5名企业安全管理责任人被追究刑事责任，12名行业主管部门及当地政府相关责任人受到党纪政纪处分。2017年，省安监局将娄底作为全省应急救援联网工作的试点城市，选择资江煤业集团、湖南玉坤金锑公司和闪星锑业公司作为试点企业。在整合原市煤炭局煤矿瓦斯监控平台和原市安监局应急救援指挥中心视频监控联网平台的基础上，将系统升级为娄底市安全生产综合信息平台，涵盖全市安全生产应急救援视频监控、人员定位、监控监测、隐患排查、通信联络、重大危险源管理、地理信息、自动化办公和行政执法等10大系统。娄底市安全生产信息综合平台与湖南省安全生产应急平台顺利对接，实现省、市、县（市、区）企业安全生产应急平台联网。

第三章　专项监管

第一节　煤矿安全监管

一、煤矿安全专项整治

1990年始，娄底地区煤矿安全专项整治的重点是规范办矿秩序，依法清理整顿、关闭不符合办矿要求的乡镇、私采小煤窑。是年，关闭小煤矿402处。371处小煤矿达到“五消灭”标准（消灭独眼井、消灭自然通风、消灭明火明电照明、消灭明火明电放炮、消灭刀闸开关）。1997年，贯彻落实《中华人民共和国煤炭法》（简称《煤炭法》），全地区依法整顿煤炭生产秩序，查封、炸毁非法小煤窑604处。280处煤矿取得煤炭生产许可证，占全省发证总数的55%。2000年，全市关闭非法和布局不合理煤矿652处。境内乱采滥挖行为得到治理。

2001年始，按照“上规模、上水平、上台阶”和安全高效的要求，全市增加煤矿建设科技含量，加大投入和管理，提升矿井生产能力和抗灾能力。关闭不具备安全生产条件、大水、高瓦斯矿井或经整顿验收不合格的矿井。对保留矿井，要求做到地面抽风，除保证一台主抽风机外，配有备用风机，井下局扇实行“三专”（专用开关、专用供电线路、专用变压器）、“两闭锁”（风电闭锁、瓦斯电闭锁），推广“壁式”采煤方式。

2005年，全市煤矿学习《煤矿瓦斯治理经验五十条》，开展煤矿瓦斯集中整治行动，贯彻“先抽后采、监测监控、以风定产”的瓦斯治理工作方针，以“一通三防”（矿井通风，防治瓦斯、防治煤尘、防治火灾事故）、瓦斯抽采和防止瓦斯突出为重点，监测监控，区域治理与局部治理并重，以风定产，提高矿井安全可靠性。

2007年，根据国务院安委办《关于组织编制煤矿瓦斯治理和利用“十一五”后三年规划的通知》，全市推进煤矿瓦斯治理和综合利用，开展煤矿瓦斯抽采工作。市政府与各县（市、区）政府签订责任状。2008年底，全市建成18对市级煤矿瓦斯治理示范矿井，47对矿井实现瓦斯抽放。2009年，开展煤矿瓦斯治理工作体系示范工作和抽采利用工程建设，采取“以奖代补”形式，激发煤矿瓦斯治理的积极性。涟邵矿务局蛇形山煤矿，资江煤业集团资江煤矿，涟源市力达煤矿、四古煤矿等4个煤矿建成国家级煤矿瓦斯治理示范矿井。涟源市列为国家煤矿瓦斯治理工作体系示范县（市）。2010年6月，市政府办公室印发《未整改到位的22处重大安全隐患进行挂牌督办的通知》，对煤矿瓦斯治理不力或整改不到位的，追究相关单位和责任人的责任。整改到位并验收合格的，报市安委会销号。至2017年底，煤矿瓦斯及瓦斯突出矿井建有地面抽放系统。

二、“四化”建设

2009年，境内铺开煤矿“四化”（企业集团化、采掘机械化、安全标准化、管理信息化）建设。市委、市政府组织县（市、区）分管副县（市、区）长，煤炭局长，安全、生产、技术副局长，65个重点煤矿矿长和部分煤矿机械制造企业负责人共117人，赴广西百色学习煤矿采掘机械化工作经验。2010年，全市借助国家鼓励企业兼并重组政策，推进地方煤矿资源重组和矿井整合，鼓励煤矿企业走集团化建设、资本化经营、精细化管理、规模化发展之路，在资江煤矿率先开展采掘机械化示范工程建设。是年6月，资江煤矿井下综采机组开机试采成功。

2011年，市政府印发《关于加快推进煤矿“四化”建设的决定》。全市学习推广百色、山东等地煤矿企业机械化开采及先进管理经验，斗笠山煤业实现综掘机械化，新化韩家山煤矿实现装岩机械化。资江煤业集团、新化共升煤矿、芦茅江一井、涟源市群力煤矿被省授予一级安全质量标准化矿井。新化县、涟源市、冷水江市实现煤矿安全监测监控系统县（市）域联网。

2012年9月，市政府办公室印发《娄底市煤矿“四化”建设四年（2012—2015）行动计划》，按照“优势优先、先愿优先”原则，重点扶持一批符合“四化”建设标准的示范企业，在各县（市、区）范围内，实行以资源为基础，以资产为纽带，以股份制为主要形式，实施煤矿企业兼并收购、参股等形式的兼并重组。按照“地面花园式、井下工厂式”的煤矿建设理念，推进机械化采煤和支护方式改革。是年底，35个煤矿企业集团框架成型，其中祥星、戴家湾、斗笠山等8个紧密型集团正常运作，85处矿井实现装岩机械化，157处矿井实现正规工作面采煤，161处矿井岩巷采用锚网喷支护，158处矿井煤巷采用金属材料支护，8处矿井达省一级标准，大建矿业公司北平井、斗笠山煤业公司香花台井达省二级标准。

2014年，资江煤业集团资江井实现所有工作面综合机械化采煤。新化祥星矿业集团祥星煤矿高档普采成功运行。资江煤业集团芦一井、芦二井，新化祥星矿业集团兴华煤业添置机采设备。165处矿井安装斜井架空人车，165处矿井岩巷掘进采用机械化装载，237处矿井建立封闭式煤仓，211处矿井安装人员定位及视频调度指挥系统。2017年，全市煤矿伤亡事故3起，死亡13人。

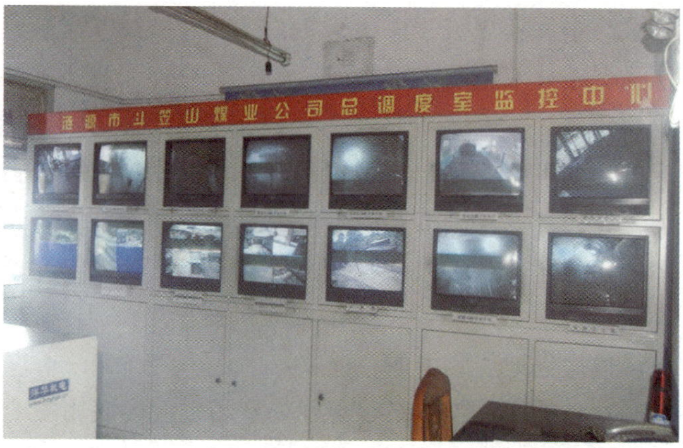

涟源市斗笠山煤业有限责任公司总调度室监控中心
（2010年8月摄）

第二节 非煤矿山安全监管

1990—2002年，娄底市非煤矿山安全监管职能由各行业主管，公安部门履行。2003年7月，监管职能划入市安全生产监督管理部门。2004年4月，市安全生产监督管理局、市公安局、监察局、国土资源局、工商局和娄底电业局联合印发《娄底市深化非煤矿山安全专项整治实施方案》。7月始，全市下达非煤矿山整改指令886份，依法取缔未取得“采矿许可证”“矿山安全生产条件合格证”“矿长安全资格证”和“工商营业执照”或证照不全的非煤矿山企业156家。2006年，308家非煤矿山企业依法申请办理安全生产许可证。整治新化县杨家山铜钨矿区，填平非法开采井口84处，拆除非法建筑302处，拆除供电变压器4台，水管近1万米，遣散非法作业人员1000人。2007年，年生产能力3万吨以上、50万吨以下、采高6米以上的中小型露天采石场推广中深孔爆破开采技术。办理安全生产许可证的非煤矿山企业增至426个，关闭不具备安全生产基本条件和非法开采矿点50处。2009年，关闭非法采煤的冷水江市麻雀山黏土矿，淘汰年产5万吨以下的露天采石场，注销非煤矿山安全生产许可证53家。

2010年4月，市安监局印发《关于进一步加强和规范非煤矿山企业安全生产的监管意见》。各县（市、区）安全生产监督管理部门建立和完善非煤矿山“安全生产许可证”“采矿许可证”有效期管理台账及在建、废弃、非法生产和已关闭地下矿山基本情况台账。制订年度执法计划，对安全生产情况较好的矿山企业，每年执法检查一次；对安全生产情况一般的企业，每季度检查一次；对安全生产情况不好的企业，每两个月检查一次。发现安全隐患及时整改，打击非法违法开采行为。冷水江市政府对锡矿山地区小矿山小冶炼厂开展执法行动，关闭锑品冶炼企业75家，取缔选矿手工作坊145处，淘汰落后产能17.4万吨。是年，市安监局采取条块结合、责任包干、联合执法、集中行动方式，责令停产整顿非煤矿山10家，对23起违法行为实施行政处罚，关闭非法生产点19处。

2011年6月，市安监局印发《关于危险性较小的地热温泉、矿泉水、卤水、砖瓦用黏土等资源开采活动的非煤矿山颁发安全生产许可证实施办法》，对非煤矿山实施安全生产许可证制度。是年，市国土、安监、公安、工商等部门统一审批准入条件。凡不符合国家规划、产业政策和技术规范及开采回采率低、矿产资源不能合理利用、不具备安全生产条件的非煤矿山一律不予审批发证。至年底，关闭此类矿山41处，排查治理安全隐患370条，责令整改9处，限期退出19家。

2012年，市安监局在全市非煤矿山企业开展安全标准化建设。全市非煤矿山开拓、通风、供电、排水、运输、通信、压风、防尘、防治水设施和措施以及采空区管理均符合安全规定，矿领导带班下井制度得到落实，露天矿山开采在法定范围，采石场外安全距离能满足设计要求，台阶式开采或分层开采、中深孔爆破、机械铲装、机械液压锤二次破碎技术广泛应用。至2013年12月，全市露天矿山中深孔爆破技术普及率80%；正常生产的15个地下矿山完成安全避险“六大系统”（监测监控系统、人员定位系统、紧急避险系统、压风自救系统、供水施救系统和通信联络系统）建设。247个非煤矿山企业，达到三级安全标准化的198家，达到二级安全标准化的5家。

2015年9月，市安委会办公室印发《娄底市与煤共（伴）生金属非金属矿山专项清理整顿工作方案》，各县（市、区）政府派员现场排查，分类处置。重点清理整顿无证或证照不全、开采共（伴）生煤炭资源的矿山企业，达不到煤矿安全生产标准的、存在煤与瓦斯突出煤层的、严重破坏矿山地质环境造成次生地质灾害的企业。

2017年3月，市安委会办公室印发《娄底市安全生产“十大战役”专项整治工作方案》，开展安全整顿和矿点整合，总量控制非煤矿山。全市非煤矿山企业减少200家。其中地下矿山企业17家，露天矿山企业176家，尾矿库企业7家；娄星区28家，冷水江市22家，涟源市54家，新化县54家，双峰县42家。

第三节　烟花爆竹和危险化学品安全监管

1990—2004年，境内烟花爆竹及危险化学品的安全监管由各级公安机关承担，2004年11月，移交至市安全生产监督管理部门。

2005—2006年，全市颁发烟花爆竹安全生产许可证35个，烟花爆竹批发经营许可证11个，烟花爆竹零售经营许可证1858个。2007年，贯彻落实国务院《烟花爆竹安全管理条例》，全市生产经营单位投入4000万元进行“工厂化、机械化、标准化”改造。全市打击非法生产、经营烟花爆竹违法犯罪行为，取缔家庭作坊和无证经营户122处，处理违法犯罪35人，关停危险化学品生产无证单位85个，对105家不符合安全生产条件企业责令停产整改。2008—2010年，关闭不符合安全条件的危险化学品生产经营单位5家、烟花爆竹生产企业1家，烟花爆竹家庭小作坊3处、非法经营网点39处、非法加油站31个，行政拘留8人。根据危险等级列出15家重点监管企业名单，将监管责任明确到人，对构成重大安全隐患的企业实行挂牌督办。在湖南宜化、金富源碱业等企业开展安全标准化示范企业和精细化管理创建活动试点。

2011年，生产企业按从业人员1%的比例配备专职安全管理人员，生产工房均改造升级为现浇钢筋混凝土结构，企业内外安全距离、工厂布局、防护屏障、灭火、防静电、防雷电、围墙、防火隔离带等按标准建设，50%的生产企业在作业现场装有视频监控。全市开展烟花爆竹企业转包、分包和“三超一改”（超许可范围、超人员、超储量，擅自改变工房用途）专项整治行动，对存在转包、分包行为的烟花爆竹生产经营企业下达限期整改指令，责令限期整改到位；对“三超一改”行为，责令现场整改到位，情节严重的，暂扣安全生产许可证或经营许可证。全市组织执法行动180次，出动执法人员219人次，检查企业800家，发现安全隐患2268处，责令停产整顿6处，投入整改资金656万元，所发现的安全隐患均按要求整改到位。组织危险化学品执法行动65次，出动执法人员300人次，检查企业和经营单位150家，责令停产关闭整顿40处，关闭淘汰危险化学品生产经营单位19家，20家烟花爆竹和危险化学品企业达到三级安全标准化标准。2012年，全市烟花爆竹、危险化学品企业完成安全标准化达标工作。至2015年，全市关闭15家烟花爆竹生产企业，淘汰10家打火机生产企业，取缔29家非法烟花零售网点。

2016年，市安监局与湖南科大广通能源安全技术咨询服务公司签订服务协议，对全市51家生产企业（其中16家危险化学品生产企业）全面隐患排查，对危险货物道路运输开展“四必查”（必查验车辆道路运输证，驾驶人、押运人员及装卸人员的从业资格证是否与承运的货物相适应；必查验压力容器是否在检验合格期内；必查验车辆是否符合国家《道路运输危险货物车辆标志》；必查验销售剧毒化学品、易制爆危险化学品的企业发货或充装相应的购买许可证或证明文件）专项执法行动，出动执法人员225人次，排查危险化学品生产经营企业16家，排查隐患354处，检查危险货物运输车辆235台次，查处非法承运危险货物车辆16台次，关闭危险化学品生产经营企业2家。娄底中心城区烟花爆竹零售网点（96家）全部退出市场。

2017年，全市部署开展安全生产“十大战役”（矿山、危险化学品和烟花爆竹、工贸行业、道路交通、水上交通、建筑施工、消防领域、校园校车、特种设备、旅游10个行业安全生产专项整治）。45家烟花爆竹生产企业关闭，188家危险化学品生产企业取得三级安全标准化证书，60家危险化学品经营企业完成安全质量标准化评审，14家烟花爆竹批发经营企业达到三级安全标准。

第四节　建筑施工安全监管

1990—1991年，根据建设部《建设工程施工现场管理规范》，全地区规范建筑工地的安全施工、文明施工、现场管理，对施工工地监管检查。1994—1995年，检查监管98个施工项目。1996年，根据建设部提出“九五”期间安全达标要求，组织安全排查2次，下达整改和停工通知书69份，监管施工项目82个。1997年，按照《湖南省建设工程施工现场综合考评管理办法（试行）》，监管98个项目。1998—1999年，监管131个施工项目。

2000年，市安监站监管项目共58个。检查发现娄底电信大楼改建工程高层施工中脚手架存在重大安全隐患，向施工方下达指令，采取增加斜撑杆的纵横向拉杆和扫地杆措施，保障受压杆的稳定性，排除隐患。2001年，集中整治施工临时用电，强制收缴木质开关箱和配电箱，至2002年，全面实现建筑施工临时用电使用标准电箱和TV-S接零保护系统，监管77个施工项目，创省级文明工地5个。

2003年，根据建设部《关于加强建筑意外伤害保险工作的指导意见》，全市30个施工单位参保。全市组织5次安全生产大检查，对396个项目提出隐患整改意见1729条，下达安全整改通知书340份，责令停工整改83处。县（市、区）监管37个项目，创省级文明工地6个。是年，全市施工工地实现无竹木脚手架的历史转折。

2004年，全市全面实行安全生产许可证制度。92家施工企业获证，1242人的安全生产考核合格证通过考核准予延期。全市监管37个施工项目，创省级文明工地6个。2005年，省建设厅为娄底1026名三类人员（企业负责人、施工项目负责人、专职安全员）颁发安全生产考核合格证，监管检查41个施工项目，创省级文明工地6个。2006年，107家施工企业取得安全生产许可证，2268名三类人员取得安全生产考核合格证。全市对411家施工企业及812个工程项目进行安全大检查，签发隐患整改通知书450份，停工整改通知书96份，向7家施工企业发出黄牌警告。年内6个项目创省级文明工地。2007年，市建设局下发《关于加强施工电梯管理的通知》，规定12层以上或高度36米以上建筑物，须安装施工电梯。2008年，制定《娄底市建筑起重机械备案登记与监督管理实施办法》，推行项目质量安全提前监管，采取日常巡查、分片包干措施，消除监管盲区，监管项目89个，创省级安全文明工地15个。2009年，推行危险性较大工程专项施工方案专家论证，建立建筑施工安全专家库，监管55个项目。市安监站被评为湖南省建设工程质量安全监督先进单位，市住房建设局（简称住建局）分管安全的副局长刘福高被建设部、全国总工会评为全国建筑施工安全质量标准化工作先进个人。市新体育馆主体工程获2009年度国家AAA级安全文明标准化工地。2010年，全市建筑安全监管率100%，重点检查在建项目226个，下达隐患整改通知646份，责令停工通知书85份。全市连续3年实现零死亡，创省示范工地20个、示范工程5个。

2011年，市住建局出台《娄底市建筑施工安全质量标准化示范工程（工地）创建实施办法》等相关文件，确定达标验收、安全认证的依据和标准。查处2起起重机械安全隐患，下达隐患整改通知600份。4月，娄底中心城区南风苑居住小区施工现场发生塔吊倒塌重伤1人的事故。市住建局下发《关于立即开展起重设备专项治理的通知》，对全市在建工程施工起重设备开展地毯式专项检查。是年，专项监管85个项目，创省示范工地27个、示范工程13个。2012年5月，查处建筑起重机械隐患5起，下达整改通知300份、停工通知43份，并跟进整改。是年，全市监管78个项目，创省示范工地23个、示范工程11个。

2013年，市安监站在住建局网站增设公示栏目网页。市住建局防灾防损办公室成立，启动建筑行业工伤保险和安全生产责任保险“双保险”。是年，监管78个项目，创省示范工地30个、示范工程19个。2014年，《娄底市建筑起重机械相关责任主体管理办法》《关于建筑施工现场建筑起重机械安装使用监控管理系统的通知》出台，引进起重监控系统，监控78个项目，创省示范工地27个、示范工程26个。

2016年，市安监站根据《湖南省建筑施工安全生产标准化考评实施细则》，全年监督项目47个，考评73项次，有10个工地获优良工地。娄底工程建设有限公司、湖南省娄底市第一工程有限公司和娄底市星城建筑工程有限公司获省级优良企业称号。2017年，监管项目42个，考评147项次，18个工地获优良工地称号，5家企业获省级优良企业称号。

第五节 特种设备安全监管

2001年，娄底市开始特种设备普查。普查结果：全市有特种设备3044台，其中锅炉416台，电梯76台，压力容器1731台，大型游乐设施62台，场（厂）内机动车158台，起重机械601台，压力管道280千米，气瓶24.38万只。是年，娄底市特种设备检验检测所成立，负责全市特种设备的检验检测。2011年，该所划归省特种设备检验检测研究院管理，更名为省特种设备检验检测研究院娄底分院（简称特检分院）。根据国家《特种设备安全监察条例》要求，对锅炉、压力容器（含气瓶、压力管道）、电梯、起重机械、客运索道、大型游乐设施、厂（场）内机动车辆进行监督检验。

2017年，全市有特种设备设计单位2家，特种设备制造单位7家，特种设备检验单位6家，特种设备安装、维护、改造单位40家，液化石油气充装站15家，永久气体充装站11家，溶解乙炔气瓶充装站4家，移动式压力容器充装站3家，天然气配送站3家，车用气瓶充装站3家，丙烷气体充装站1家，在用蒸汽锅炉457台，固定式压力容器3909台，高压医用氧舱26台，大型游乐设施120台，起重机械2129台，厂内机动车辆201台，电梯及自动扶梯5038台，压力管道187千米（含厂区），各类气瓶35万只。是年，特种设备检验检测单位检验检测特种设备5973台，合格率100%，其中锅炉304台。电梯4199台，定检率95%。压力容器291台，定检率96%。起重机械963台，安装监督检验565台，合格率100%。大型游乐设施48台，定检率92%。液化石油气钢瓶5.35只，定检率93.8%。场（厂）内机动车辆168辆，定检率87.5%。压力管道20.5千米，定检率86%。

2001—2017年部分年份娄底市特种设备普查登记情况表

表50-1

名称／年份	设备总量（台）	锅炉（台）	电梯（台）	压力容器（台）	大型游乐设施（台）	场（厂）内机动车（台）	起重机械（台）	压力管道（千米）	气瓶（万只）
2001	3044	416	76	1731	62	158	601	280	24.38
2002	3017	412	72	1723	62	152	596	350	25.37
2003	3321	471	115	1652	61	110	912	365	24.37
2004	3603	536	139	1719	58	210	941	220	23.16
2005	4242	588	206	1918	61	210	1259	180	23.68
2006	485	629	289	2110	62	222	1513	196	25.03
2008	5748	839	631	2549	113	180	1436	128	25.23
2013	8089	352	3472	2217	61	183	1804	156	35.38
2015	9254	431	3976	3302	60	116	1369	186	25.00
2016	11740	525	4505	3787	59	186	2678	187	25.00
2017	11854	457	5038	3909	120	201	2129	187	35.00

2001—2017年娄底市特种设备年度检验检测情况表

表50-2

名称 年份	设备总量（台）	锅炉（台）	电梯（台）	压力容器（台）	大型游乐设施（台）	厂（场）内机动车（台）	起重机械（台）	压力管道（千米）	气瓶（万只）
2001	1059	318	35	376	32	26	272	4.5	3.21
2002	1200	358	45	416	43	26	312	4.5	3.21
2003	1021	317	63	216	61	38	326	15.4	3.24
2004	1114	385	75	261	55	72	266	12.0	3.54
2005	1146	368	80	281	58	75	284	13.0	3.68
2008	2761	345	480	875	60	145	856	14.0	2.52
2010	4029	528	845	1171	62	241	1182	4.5	4.45
2011	4076	452	1050	1052	65	185	1272	6.7	3.10
2012	4231	286	1473	1168	62	91	1151	15.0	2.38
2013	6124	306	2523	1671	62	62	1500	15.0	3.15
2014	4982	300	2713	451	58	131	1329	20.0	3.00
2015	5136	313	2899	542	43	103	1236	22.0	2.80
2016	5850	338	3840	637	41	168	826	14.2	2.78
2017	5973	304	4199	291	48	168	963	20.5	5.35

说明：2006年、2007年、2009年缺数据

一、锅炉、压力容器、压力管道安全监管

2001年，全市检查锅炉265台，发现安全隐患1300处，提出整改措施1300条。检验压力容器268台，整改安全隐患1140处。2002年，开展土锅炉专项整治，全市报废土锅炉56台。2003年，吸取上海“12·3”锅炉爆炸事故教训，全市出动960人次，检查1345所学校、宾馆及娱乐场所小型常压热水锅炉，下发安全监察指令书368份、停运通知37份，提出整改意见2769条，现场处罚9起，立案查处91起，结案率100%。2004年，检验锅炉385台、压力容器261台，配合省特检中心对全市14台医用氧舱进行定期检验。安装、维修、改造监督检验锅炉61台、压力容器25台，监督检验压力管道85千米。2005年，根据国家质监总局《关于开展在用工业压力管道普查整治试点工作的通知》和《压力管道使用登记管理规则》，市质监局出台《娄底市压力管道普查整治和使用登记工作实施方案》。市、县两级质监部门筹资8.4万元，出动286名检查人员，普查工业管道使用单位76家，排查压力管道110千米，查出事故隐患308处，下发安全监察指令书35份。全市压力管道普查整治工作通过省质监局验收合格。

2006年6月，根据国家质监总局和省质监局关于继续加强土锅炉专项整治工作通知要求，娄底市印发《关于继续加强“土锅炉”专项整治工作的通知》。是年，取缔土锅炉25台。2008年，按照国家质监总局和省质监局关于在企业开展承压类特种设备专项整治通知要求，组织专门力量对8家化工企业所使用的特种设备包括压力容器、压力管道、阀门进行专项整治。检查化工企业8家，发现和整改隐患62处，下发安全监察指令书6份。2010年，全市10吨以上锅炉全部进行节能改造，报废能耗高、污染大、超过使用年限的锅炉28台。是年，全市投入锅炉技改资金1620万元，节约标准煤7万吨，创经济效益3000万元。

2011年4月，娄底市制定“打非治违”专项行动实施方案，专项整治非法制造、安装、使用特种设备和常压锅炉作承压锅炉使用违法行为。对冷钢非法安装使用的3台压力容器，五江碧波尔公司非法安装用于输送氧气、氩气压力容器和娄底海天宾馆非法安装使用蒸汽锅炉等违法行为进行查处。2012年3月，按照省质监局《关于进一步加强锅炉安全监察工作的紧急通知》要求，各县（市、区）局检查锅炉使用单位16家，发现15家安全附件超期未校，15家单位锅炉超期未检，16家单位司炉工无操作证，2家锅炉使用单位存在非法安装、改造等违法行为。市质监局责令县（市、区）局跟踪监管整改到位。2013年8月，市委常委、副市长率市政府副秘书长、市质监局局长对娄底城西液化气充装站、湖南煤化新能源公司等8家企业开展安全生产检查。2015年6月，市油气输送管道排查整治工作领导小组成立，制定《开展全市油气输送管道隐患整治攻坚战工作方案》，对双峰县中油城市燃气有限公司、冷水江华润燃气有限公司、湖南新康燃气有限公司登记注册的41千米天然气管道进行安全隐患排查，发现证件不齐、制度不落实、记录不规范、压力表超期未检等突出问题，下发安全监察指令书，并责令限期整改到位。2016年4月，依法对华润（娄底）燃气有限公司在建的两条天然气管道进行检查，发现未办理注册登记相关手续，压力管道没有监督检验检测报告，下发安全监察指令书，责令该公司在5月15日前补办相关手续，申报监督检验检测。是年，华润（娄底）燃气有限公司新建天然气管道（9.8千米次高压管道）经检验合格。2017年，市质监局停止办理娄底中心城区新建燃煤锅炉相关手续。

娄底市特种设备检验检测技术人员在华菱涟钢检测锅炉（2014年10月28日摄）

二、气瓶和气体充装安全监管

2001年，结合普查登记开展“锅容管特”使用安全整顿治理与气体生产、经销秩序整治，全市统一气体充装站和经销点布局，规范管理制度，整改安全隐患。4月11日23时30分，娄底市工业气体厂压缩车间3台乙炔高压干燥器发生爆炸，造成1人死亡、3人受伤，压缩车间被夷为平地，直接经济损失50万元。市里召开120人参加的事故分析会，认定这是一起因违反操作规程而引起压力容器爆炸责任事故，要求各单位吸取教训，自查自纠，全面排查安全隐患。查处单位28家，封存存在质量问题气瓶1460只。是年，市质监局联合市安委、公安、消防、工商和电业等部门依法查封和取缔2个工业气体厂、1个液化石油气充装站，拆除危及周围人民群众生命安全的三颗“定时炸弹”。中央和省、市14家新闻单位现场采访报道。该举措被评为娄底市2001年度精神文明建设10件大事之一。

2002年始，全市完善气体充装站、气瓶检验站安全技术条件和气瓶固定充装单位充装制度，加强充装站、检验站，经销点（简称“二站一点”）安全监察与监督管理，为126家瓶装气体经销点安全注册，颁发“瓶装气体经销许可证”。2003年3月，娄底市被国家质监总局和省质监局列为全省气瓶普查整治试点城市。市政府办公室印发《关于开展全市气瓶普查整治工作的通知》《娄底市气瓶普查整治工作实施方案》，全面铺开气瓶普查整治工作，当年普查登记各类气瓶充装单位30家，各类气瓶检验单位8家，各类气瓶23.16万只。各气瓶充装单位分别建立档案，实行产权转移。液化石油气气瓶产权转移率95%，永久气瓶、焊接气和溶解乙炔气瓶产权转移率分别为96%、95%和97%。全市投入工作经费25.6万元，出动执法人员620人次，发出安全监察指令278份，检验各类气瓶8.96万只，报废1861只。2004年5月，娄底市气瓶普查整治工作通过省质监局验收，名列全省前列，受到省质监局表彰。

2005年，市政府贯彻落实国务院《关于开展危险化学品气瓶安全专项检查整治工作的通知》精神，成立娄底市危险化学品安全专项整治工作领导小组，制定娄底市开展危险化学品气瓶安全专项整治检查表，召开全市危险化学品气瓶安全专项检查整治工作会议，全面开展危险化学品气瓶安全专项检查整治工作。2006年，根据省质监局《关于深入开展危险化学品气瓶安全整治工作的通知》精神，全市30家危险化学品气瓶充装单位和7家危险化学品气瓶承压汽车罐车充装单位，6家危险化学品气瓶检验单位整改隐患68处。2007年，全市48家危险化学品气瓶充装、使用、储存单位，7家危险化学品气瓶单位136处隐患全部整改到位。为全面落实特种设备安全生产、经营、使用三方责任，市质监局与各气瓶充装单位签订《气瓶充装单位安全责任书》。各县（市、区）局与各瓶装气体经销单位签订《瓶装气体经销安全责任书》，与辖区内各特种设备使用单位签订《特种设备安全管理目标责任书》。

2009年，娄底市出台《娄底市液化石油气充装单位考核管理办法》，签订安全责任书。对全市34家气体充装站、涟钢等特种设备重点监管企业与新化县丰地化工有限公司等37家厂矿企业现场安全监察，查出安全隐患103处，下发安全监察指令书147份，组织36家气体充装站123人赴省参加专业培训。2010年9月4日，娄星区娄底城西液化气站在气瓶充装过程中爆炸，造成1死、1伤，直接经济损失300万元，是一起严重责任事故。市里印发《关于在全市开展气瓶充装单位、气瓶检验单位安全大检查的紧急通知》，对全市34家气瓶充装单位，7家气瓶检验单位进行地毯式检查，发现安全隐患378处，下发安全监察指令书39份，责令停业整顿2家，行政处罚4家，整改隐患359处。建立全市气瓶充装站、检验站基本情况信息台账，规范各单位安全管理、岗位责任、现场安全管理应急救援等制度。

2011年9月，全市出动检查人员52人，对全市32家气瓶充装站、3家移动式压力容器充装站、7家气瓶检验站进行为期1个月的排查，发现安全隐患176处，下发安全监察指令书39份，责令停业整顿1家，立案查处9家，行政处罚10.5万元。2012年6月，市政府发布《关于停止使用护罩用螺丝连接的液化石油气钢瓶的通告》。9月下旬，全市9家液化气瓶充装站负责人去邵阳市和邵东县学习经验。是年，全市报废“螺丝瓶”近3万只，新购液化气瓶2.6万只。2013年7月，市质监局联合安监、消防、建设等职能部门，对全市学校、宾馆、酒店、商场和餐饮场所，开展液化石油气气瓶安全专项治理联合执法行动。检查学校26所、医院11家、酒店27家、宾馆21家、餐饮场所32家，检查气瓶726只，发现22只液化石油气瓶不符合要求。是年，全市报废“螺丝瓶”7万只。12家液化石油气充装站不再充装“螺丝瓶”。

2014年，全市举办两期气瓶充装站负责人和充装操作人员培训班，45家气瓶充装站166人参加气瓶安全法规和气瓶安全知识技术培训。2015年，对33家气瓶充装站和6个气瓶检验单位先后3次检查，督促“气瓶两站”负责人落实安全主体责任。是年，报废“螺丝瓶”和“翻新瓶”1.5万只。2016年，市质监局与市住建局联合出台《2016娄底市气瓶充装专项整治工作方案》和《娄底市中心城区液化气营销网点安全整治实施方案》，落实气瓶充装单位安全主体责任，打击和取缔非法充装与充装超期未检气瓶等违法行为。2017年8月16日，市质监局根据举报，对安徽宣城百纳气瓶有限公司在冷水江销售的4只存在严重质量问题液化气气瓶查封。是年，查缴报废气瓶1.2万只、超期未检气瓶7000只，处置废旧气瓶2.9万只。

三、电梯、起重机械、大型游乐设施安全监管

2001—2002年，全市开展对建筑施工升降机和塔式起重机的专项整治，对22台建筑用起重机械强制检验，督促整改存在的安全问题，对3台不合格的简易升降机作报废处理。2004年6月14日，市质监局在《娄底日报》开辟《安全生产月》活动专版。活动月期间，局领导带领安全监察人员分别对公园游乐设施和商场、车站电梯进行检查，下发安全监察指令书15份，督促使用单位整改安全隐患。2005年，市质监局与市安全生产委员会办公室（简称安委办）联合印发《关于开展固定式简易升降机安全专项整治工作的通知》，通过宣传发动、安全监察、监督整改，下发安全监察指令书16份，更换简易升降机5台，查封4台。市质监局印发《关于加强娄底市电梯维护保养安全管理的通知》，规范电梯维护保养。

2006年7月4日19时50分，在大唐华银金竹山电厂工地，一台60吨门式起重机在拆卸过程中因施工人员违章指挥、违章作业发生倒塌，造成7人死亡、9人受伤的重大事故。市质监局会同市安监、建设等部门对全市范围内所有起重设备，拆卸建筑工程工地起重机械专项执法检查，查封8台非法制造安装使用的起重机械。2007年8月，全市召开400家电梯使用单位负责人参加电梯安全工作会议，并对娄星区范围内300台电梯进行全面检查，发现隐患186处，责令电梯维保单位规范维修保养。

2010年，市质监系统对电梯、起重机械、大型游乐设施重点检查，发现398台起重机械、195台电梯超期未检，分别下发安全监察指令书，限期整改到位。2011年5月，全市对21家电梯安装维修单位清理整顿，对其中两家工作不规范、维保服务不及时的单位约谈，责令退出娄底电梯维保市场。市质监局对256家电梯使用单位专项检查，下发安全监察指令书126份。2012年8月，市政府印发《娄底市电梯安全管理办法》，开展电梯安全专项整治。娄星分局对城区内宾馆、商场使用的电梯集中整治，查处超期未检电梯87台。娄星区石井镇肖某非法制造的两台施工升降机被依法取缔，并受到立案查处。双峰国藩机电公司非法安装4台起重机械，湖南宜化12台起重机械超期未检，冷钢2台起重机械未经监督检验投入使用，其违法行为受到立案查处。

2013年，市质监局组织省特种设备检验检测研究院娄底分院（简称特检分院）和娄星分局对娄星区内商场、宾馆、车站等人员密集公共场所使用电梯开展专项整治，查处超期未检电梯126台，电梯无证作业人员42人，排查治理安全隐患69处。同时，对24家电梯维保单位检查清理，下发安全监察指令书24份，对5家工作不规范、维保不到位和人员、设备条件达不到设立维保（分支）机构，责令退出娄底电梯维保市场。2014年，市质监局印发《迎“省运”特种设备安全专项行动方案的通知》，对全市56家省运签约宾馆、酒店及35家医院、商场、车站等人员密集重点场所开展特种设备排查，发现电梯安全隐患28处、电梯超期未检24台，下发安全监察指令书15份，责令限期整改到位。要求23家电梯维保单位签订“迎省运保安全承诺书”，确保省运会期间电梯安全运行。

2015年，按照质检总局特种设备局《关于加强大型游乐设施及客运索道安全保障工作的通知》及国家质监总局特种设备局《关于对“狂呼”类大型游乐设施开展隐患排查的通知》要求，市质监局特种设备安全监察人员会同相关县（市、区）质监局，对娄星广场、石马公园、街心公园、新体育馆、冷水江市波月洞景区、新化县狮子山公园等50台大型游乐设施安全检查，查出并整改安全隐患13处。2016年，市质监局与市房产局物管办联合检查46家物业公司管理的电梯3100台，处理上级批转函件和群众举报投诉电梯案件28件，解决金益紫檀、涟水明珠、南苑上和物业电梯存在的重大安全隐患。对全市28家电梯维保单位清查和治理。对“三无”（无物业管理、无维保单位、无维修资金）电梯，市质监局会同有关部门落实资金，明确主体责任，确定维保单位，督促问题得到解决。2017年，市质监局会同商务局、住建局等部门检查商用、公用电梯326台，现场整改安全隐患509处，封停电梯27台。是年，全市28家电梯维保单位对电梯维保信息网上公示。至2017年，市质监局连续8年被市政府评为安全生产先进单位。连续两年获全省质监系统特种设备安全工作先进单位。

2001—2017年部分年份娄底市特种设备年度检验检测情况一览表

表50-3

年份	设备总量（台）	锅炉（台）	电梯（台）	压力容器（台）	大型游乐设施（台）	厂（场）内机动车（台）	起重机械（台）	压力管道（千米）	气瓶（只）
2001	1059	318	35	376	32	26	272	4.5	32148
2002	1200	358	45	416	43	26	312	4.5	32148
2003	1021	317	63	216	61	38	326	15.4	32367

续表50-3

年份	设备总量(台)	锅炉(台)	电梯(台)	压力容器(台)	大型游乐设施(台)	厂(场)内机动车(台)	起重机械(台)	压力管道(千米)	气瓶(只)
2004	1114	385	75	261	55	72	266	12.0	35431
2005	1146	368	80	281	58	75	284	13.0	36758
2008	2761	345	480	875	60	145	856	14.0	25226
2010	4029	528	845	1171	62	241	1182	4.5	44526
2011	4076	452	1050	1052	65	185	1272	6.7	31000
2012	4231	286	1473	1168	62	91	1151	15.0	23812
2013	6124	306	2523	1671	62	62	1500	15.0	31509
2014	4982	300	2713	451	58	131	1329	20.0	30045
2015	5136	313	2899	542	43	103	1236	22.0	28014
2016	5850	338	3840	637	41	168	826	14.2	27822
2017	5973	304	4199	291	48	168	963	20.5	53458

附：特种设备检验检测研究院娄底分院

2001年，市特种设备检验检测所成立，负责全市特种设备的检验检测工作。2011年，该所划归省特种设备检验检测研究院管理，更名省特种设备检验检测研究院娄底分院（简称“特检分院”）。根据国家《特种设备安全监察条例》要求，特种设备检验检测机构对锅炉、压力容器（含气瓶、压力管道）、电梯、起重机械、客运索道、大型游乐设施、厂（场）内机动车辆进行监督检验、定期检验、型式试验。

第六节　职业卫生安全监管

1990—2009年，娄底市每年不定期鉴定职工（重点是矿山井下职工）尘肺病等级（指定医院），劳动监察部门作为工伤补偿依据。2010年始，以矿山井下粉尘防治为重点的工矿企业职业卫生安全纳入监管。2012年，娄底市对不按时申报、不如实申报、不按规定申报的企业，下达整改指令，严格依法处罚。全市829家企业参加申报。其中双峰县196家，涟源市185家，新化县153家，冷水江市141家，娄星区117家，市经济技术开发区37家。

2013年5月，依据《中华人民共和国职业病防治法》和国家安监总局《工作场所职业卫生监督管理规定》，娄底市制定下发《娄底市开展金矿开采企业粉尘危害治理工作实施方案》《娄底市职业卫生专项检查工作方案》，对市内粉尘、高毒等职业危害作业场所开展“六查”（查职业卫生管理机构和制度、查职业健康体检和健康监护档案资料、查职业危害申报和危害因素检测评价、查职业病防护设施运行情况、查职业危害因素警示告知、查个人劳动防护用品的配备和使用），对双峰海螺水泥有限责任公司、冷水江华新水泥公司、涟源国产实业等重点企业开展粉尘专项治理情况抽查和督导，对境内石英砂、木质家具制造、石棉开采及制造、金矿开采企业职业卫生集中整治。是年底，16家木质家具制造企业、5家石英砂加工企业、3家金矿开采企业落实职业卫生管理主体责任，作业场所职业卫生达到要求。冷水江市将职业危害严重、处于市中心的冷水江耐火材料厂整体搬迁至禾青镇，其余4户耐火材料厂的职业病防护设施更新改造。

2014—2016年，娄底市对50家企业进行职业危害现状评价，下达执法文书79份，查出问题和隐患142条，下达限期整改指令24份，完成建设项目职业卫生“三同时”（与建设项目同时设计、同时建设、同时竣工投入使用）、预评价报告审查项目5个、职业卫生防护设施设计项目2个、竣工验收3个。

2017年4月，娄底市成立职业健康安全保障行活动组委会，在全市开展职业健康安全保障行活动，每半年召开一次联席会议，联席会议成员单位信息互通，职业病诊断、职业健康监护、职业病危害、事故隐患举报、职业病工伤保险、建设项目立项审核审批、施工许可证发放、职业卫生评价及监测和监督执法等信息共享。陶瓷和耐火材料生产企业粉尘危害专项治理、水泥行业淘汰落后产能、职业健康执法专项行动等，作为职业健康安全联席会成员单位活动的主要内容。是年，全市完成职业卫生备案企业903家。其中烟花生产企业49家、非煤矿山企业342家、危险化学品企业208家、制鞋企业16家、木制家具企业21家、建筑施工企业46家、砖厂60家、机械制造企业27家、冶炼企业15家、发电企业2家、其他117家。

第七节　八大行业安全监管

1990—1997年，娄底地区冶金、有色金属、建材、机械、轻工、纺织、商贸、烟草（简称为“八大行业”）的安全监管，由行业主管部门负责。2003—2007年，娄底市政府组织对“八大行业”的安全监管和隐患排查治理。政府相关部门、各个企业分别建立安全隐患与重大危险源台账，实行动态管理。涟源钢铁有限责任公司、冷水江钢铁有限责任公司、金竹山电厂等企业成立专项行动领导小组，落实每一处重大隐患治理的责任人、治理时限、治理资金、治理措施。市、县（市、区）执法检查企业40户，查出隐患260条，逐一监督整改到位。

2008年，涟源钢铁有限责任公司（简称涟钢）采用安全职业健康体系（HSE）安全管理模式，11个二级厂和13个职能管理部门纳入体系，对各安全要素进行审核，发现问题及时整改。2009—2012年，娄底市开展“一本四化”（以人为本，生产操作标准化、现场管理精细化、员工行为规范化、企业行动军事化）精细化监管，强化企业主体责任，严格工矿商贸企业市场准入，在冶金机械行业推行安全生产责任保险。2012年10月始，凡到安监部门办理行政许可的企业均办理企业安全责任险投保手续。

2013年，娄底市印发《关于加快推进全市机械等工贸行业安全生产标准化建设工作的通知》，将工贸行业企业安全生产标准化建设纳入各级政府和安监局及中央（省）驻娄（含市属）企业安全生产工作年度目标考核，对未按期达标企业每季度不少于一次执法检查，对隐患整改不到位、安全责任不落实的企业实施行政处罚；对发生生产安全事故的不达标企业依法追究责任。是年，全市“八大行业”事故死亡38人。

2015年2月，经省职业健康协会专家评审，涟钢冷轧板厂、2250热轧板厂、华润雪花啤酒（娄底）有限公司获安全生产标准化省二级企业。2015年底，全市30%的工矿商贸企业达到安全生产三级标准。2016年，娄底市组织对冶金工矿等重点行业开展打非治违，安全隐患大排查、大管控、大整治行动，组织403个督查组，参加检查3483人次，督促检查生产经营场所1384处，责令限期整改安全隐患1094处（重大安全隐患354处），停业57户，暂扣或吊销有关证照18个，关闭非法企业4户。

2017年，全市重点开展金属冶炼、易爆粉尘、有限空间作业场所安全专项治理。各工矿商贸企业对生产经营全过程及每个部位、每个环节、每个工作岗位全面排查，制定风险防控措施，建立事故隐患清单，落实整改责任、措施、资金、时限、预案，实行“一单四制”（重大隐患整改清单，隐患整改交办制、台账制、销号制、通报制）管理。是年，市安委会挂牌督办隐患整改48处，完成40处，20家违法企业受到查处，“八大行业”安全环境改善。

第四章　应急救援

第一节　救援预案

1990—2003年，境内应急救援预案由各企事业单位和行业主管部门编制。2004年，市安委会将应急预案编制管理纳入各县（市、区）政府、行业主管部门、市直单位的年度安全生产目标管理考核内容。各级行政主管部门和企事业单位针对不同的危险源编制应急救援预案，指导应急救援演练，根据演练中反映出来的问题，评估、总结，提出改进措施，修订预案文本。2007年11月，市政府修订完善《娄底市安全生产事故灾难应急预案》。

2008年，煤炭行业主管部门除制定总体应急预案外，还制定防瓦斯、防水、防顶板等专项预案。危险化学品从业单位对重大危险源分别制定专项应急预案。2009年6月，娄底市成立应急救援委员会，负责全市的应急救援管理工作。2010年，市、县（市、区）两级设立安全生产应急救援指挥中心和应急救援办公室，开设专用电话、传真。安监、国土、气象、农业、水利等部门建立自然灾害预警工作机制。市安监局与娄底移动分公司合作建立应急信息发布平台，督促指导事故预防和应对工作。是年，全市制定各类应急预案1万余件，完成17个专项预案的编制工作，30个市直相关部门制定应急预案，县（市、区）政府编制完成安全生产事故灾难应急预案和专项预案。矿山、危险化学品、烟花爆竹、道路和水上交通运输、冶金、电力、烟草等5000余家生产经营企业制定应急预案6000多个。井下开采的矿山企业，分别制定瓦斯、顶板、水患灾难应急预案。2012年5月，《娄底市食品安全事故应急预案》编制完成。2014年，《娄底市安全生产事故应急预案》《娄底市突发环境事件应急预案》《娄底市处置电网大面积停电事件应急预案》《娄底市大气重污染应急预案》出台。2015年6月，《娄底市公共场所安全事故应急预案》编修完成。

2017年，全市重点抓好高危行业和规模以上企业的应急预案修订备案，督促高危企业建立应急救援队伍，配备专兼职应急人员，预防灾害事故发生。市长江经贸公司、资江煤业集团、华菱安赛乐米塔尔公司、湖南鸿瑞新材料公司等单位完成预案的编制、评审、备案工作。全市13家危险化学品生产企业、241家非煤矿山企业、12家烟花爆竹批发企业制定事故应急救援预案，高危行业应急预案备案率100%。

第二节　救援演练

1990年始，娄底地区将应急救援演练纳入应急管理的重要内容。安监、公安、消防、水利等部门采取模拟实战的方法，重点在事故报告程序，预案的启动、响应，救援队伍拉动和现场救援处置等环节进行演练，系统检验事故应急指挥能力、快速反应能力、实施救援能力及协同作战能力。2007年6月，市防汛抗旱指挥部会同双峰县政府在水府庙水库举行防御山洪地质灾害暨抢险救灾实战演练，安监、消防、卫生、公安等部门人员和民兵近500人参加演练。2008年5月，市政府在涟源市石马山镇朱溪水库（现称朱泉水库）举行水库除险加固和涟源市三甲乡铜盆村紧急避险转移暨龙门水库抢险演练，1000余名基层干部、武警消防队员和群众参加演练。省委副书记、省长周强，省委常委、省委秘书长杨泰波等领导以及在涟源参加全省山洪灾害防御及水库除险保安工作座谈会的300多名代表观看演练。

2009年始，应急救援演练成为常态。2014年，全市举行安全生产应急演练62场次，参演3058人，观摩4000余人，根据评估结果完善应急预案39个。2015年7月，在湖南煤化新能源公司举行煤气泄漏事故应急演练。2016年8月，12家石化经营骨干企业在中石化娄底石油分公司双联油库联合举办油罐火灾事故应急处置联动演练。2017年，全市举行各种安全生产应急演练400场次，参演2万人次。市本级分别于6月和7月在华润电力能源公司、雪花啤酒娄底公司举行液氨泄漏事故应急处置联动演练。

第三节　救援保障

1990年，娄底地区、涟源市、冷水江市和新化县煤炭管理部门分别组建成立准军事化管理的矿山救护队。2010年，市安委会成立58人的应急救援专家组，成员涵盖矿山、化工、冶金、安全工程、动力机械、建筑、消防、医学、采矿、计算机应用、水电等专业。涟钢、湖南宜化、锡矿山闪星锑业等大型骨干企业组建10个危险化学品应急分队和25个矿山救护队，有专兼职应急救援力量3800人，并以国家安监总局矿山救护中心涟邵中心医院为基础，落实安全生产应急救援救治医院35个。35个乡镇成立义务消防队，有民兵兼职救援队伍4800人。2009—2010年，市矿山救护大队出动救援16次，抢救被困人员17人；危险化学品应急救援队伍参与事故救援21起，抢救疏散被困人员328人，公安消防部门出动处置大型险情3次，救出遇险被困人员169人。

2017年底，全市有地方专职矿山救援队伍4支，在岗专职队员50名。社会综合性救援队伍1支，正式救援队员25人，预备队员36人。有应急救援专用车辆7台，正压氧呼吸机77台，室内小型移动应急平台、程控视频指挥系统、惰性和高倍数泡沫灭火装置、多功能救援系统、灾区电话、远程智能采样系统各1套，灾区指路器1台，无人机1架，生命雷达探测仪2台及部分应急救援和潜水设备。全市3471个村（社区）成立应急小分队，有兼职应急救援力量近5万人。

第五章　监管机构

第一节　市级机构

1990—2001年，市（地区）、县（市、区）安委会对安全生产实施监管。2002年11月，市安全生产监督管理局成立。2003年7月，为正处级直属事业单位（加挂娄底市安全生产委员会办公室牌子），内设办公室、安全生产监督管理科、安全生产教育培训科和生产安全事故调查处理科，核定编制15名。2006年10月，市安全生产监督管理局调整为市政府工作部门（加挂市安全生产委员会办公室牌子），履行全市安全生产综合监督管理职能，内设职能科室由4个调整为5个，定编17人，后勤服务编制2名。2011年3月，内设办公室、协调科（政策法规科）、行业安全生产监督管理科、职业安全健康监督管理科、人事培训科、烟花爆竹及危险化学品安全生产监督管理科和矿山安全监督管理科。直属二级机构：市安全生产应急救援指挥中心办公室、市安全生产执法支队、市安全生产教育培训中心、市安全生产设备设施检测检验所。2015年7月，市安全生产监督管理局职能和原市煤炭局职能整合，组建市安全生产监督管理局（加挂市煤炭局牌子），为市政府工作部门，内设办公室（加挂信访科牌子）、政策法规科（加挂行政审批科牌子）、安全生产综合协调科（加挂事故调查科牌子）、煤矿安全基础管理科、煤矿安全监督管理一科、煤矿安全监督管理二科、煤炭经营和煤机产业管理科、非煤矿山安全监督管理科、危险化学品安全监督管理科（加挂烟花爆竹安全监督管理科牌子）、工贸行业安全监督管理科、职业卫生监督管理科、安全生产应急救援办公室、计划财务科和人事科（加挂安全生产培训科牌子），行政编制41名。直属二级机构：市安全生产执法支队（市安全生产应急救援指挥中心）、市安全生产教育培训中心、市安全生产监督管理局机关事务管理中心、市安全生产科学研究院（市安全生产技术服务中心）、市安全生产设备设施检测检验所、市煤矿维简费管理办公室、市煤矿安全生产驻矿监督管理站、市矿山应急救援大队（市矿山应急救援中心）和市安全生产资格考试中心。2017年，全局在岗干部职工125人。

第二节　县级机构

2002年始，境内各县（市、区）相继成立安全生产监督管理局，乡、镇、街道设立安全生产监督管理站，每站3~7人。

娄星区安全生产监督管理局　内设有办公室、矿山安全监管股、公共安全监管股、烟花爆竹危险化学品安全监管股，下辖安全生产监管执法大队、安全生产培训教育中心、民爆器材管理中心和10个镇、街道安全生产监督管理站，在编在岗干部职工63人，其中行政编制18人，事业单位编制45人。

冷水江市安全生产监督管理局　内设办公室（信访综治维稳股）、政策法规股（行政审批股）、安全生产综合协调股、煤矿安全基础管理股、煤矿安全监督管理股、非煤矿山安全监督管理股、危险化学品安全监督管理股（烟花爆竹安全监督管理股）、工贸行业安全监督管理股、职业卫生监督管理股、煤炭经营管理股、财务股、人事教育股（离退休人员管理办公室），下辖安全生产执法大队、安全生产教育培训中心、安全生产应急救援指挥中心办公室、煤矿安全生产技术服务中心、煤矿安全监测监控中心、煤矿救护中队、煤矿维简费管理办公室、矿山测量队和4个乡、镇、街道煤矿安全监督管理站，在编在岗干部职工177人。

涟源市安全生产监督管理局　内设办公室（加挂信访维办牌子）、政策法规股（加挂行政审批股、安全生产事故调查股牌子）、煤矿安全监督管理股、非煤矿山安全监督管理股、危险化学品安全监督管理股、烟花爆竹安全监督管理股、工贸行业安全监督管理股（加挂职业卫生监督管理股牌子）、计划财务股、人事政工股（加挂安全教育培训股牌子），下辖安全生产执法大队、安全生产应急救援大队、安全生产技术服务中心、安全生产监控指挥中心、矿山瓦斯治理和水害防治办公室、安全生产技术培训中心、煤炭开发中心（加挂煤炭总公司牌子）和19个乡、镇、街道安全生产监督管理站，在编在岗干部职工281人。

双峰县安全生产监督管理局　内设办公室、非煤露天矿山安全监督管理股、科技信息与非煤井工矿山安全监督管理股、危险化学品安全监督管理股、职业卫生监督管理股、烟花爆竹安全监督管理股、人事政工财务股、煤矿安全监督管理股、综合督查股、法制股、工贸行业安全监督管理股，下辖安全生产执法大队、安全培训中心和15个乡、镇、街道及县经济技术开发区安全生产监督管理站，在编在岗（不含乡、镇安全监督管理站）干部职工66人。

新化县安全生产监督管理局　内设有办公室、人事股（加挂安全生产教育培训股的牌子）、计划财务股、安全生产综合协调股、煤矿安全基础管理股（加挂煤矿市场和煤机经营管理股牌子）、煤矿安全监督管理股、非煤矿山安全监督管理股、危险化学品安全监督管理股、烟花爆竹安全监督管理股、工贸行业安全监督管理股、职业卫生监督管理股、政策法规股、行政审批股、事故调查股，下辖安全生产执法大队、安全生产培训考试中心、安全生产应急指挥中心办公室、安全生产救援大队、安全生产检测中心、安全技术服务中心和4个乡、镇煤矿安全监察站，在编在岗干部职工200人。

市经济技术开发区　未设专门的安全生产监督管理机构，其安全生产监督管理职能职责由管委会产业环保局承担。2017年，有在编在岗干部职工6人。

第五十一篇

国有资产

概 述

1990年始，娄底市国有资产归属地区财政局、国有资产管理办公室监督管理。1993年，地区清产核资领导小组牵头，地区国有资产管理局、地区财政局等单位负责对地区本级行政事业单位国有资产进行清产核资登记。2003年，市国有资产管理局撤销，非经营性国有资产划归市财政局监管。2004年，娄底纺织厂、娄底橡塑制品总厂、湘中针织厂、娄底机械厂、娄底机电厂、娄底八一机械厂6家市属国有企业完成产权制度改革。2005年，市人民政府国有资产监督管理委员会（简称市国资委）挂牌成立，为市政府特设正处级机构。根据市政府授权，市国资委履行市属国有企业资产产权监管、经营预算监管、业绩考核和薪酬分配监管及监事会监管等职责。

2009年始，市政府将冷水江钢铁总厂、娄底新华联燃气有限公司（持股20%）、华达汽车空调（湖南）有限公司（持股55%）3家企业作为市国资委直接监管企业，将市广电宽带信息网络有限公司、市自来水公司、市中小企业投资信用担保公司、市水利水电工程建设有限责任公司、市城南新区建设开发有限责任公司、娄底宾馆、市公共交通总公司、市城市建设投资有限公司、市经济建设投资公司、市电影公司、娄底日报社印刷厂、市体育新城开发有限责任公司、市和康农业产业发展有限公司、市产权交易所有限责任公司14家国有企业作为委托监管企业。2010年，102家市属国有企业，除市自来水公司因行业特殊性暂未改制外，其余全部改革改制到位。

2013年，市属国有企业完成产权重新登记13家。2014年，市政府将市自来水公司、市公共交通总公司、娄底华润燃气有限公司、市国家粮食储备库、市保安服务有限公司、市国有资产经营公司、华达汽车空调（湖南）有限公司、湖南兴源投资担保有限公司（市政府持股20%）、市影业有限公司9家企业作为市国资委统一监管企业。

2015年，除市影业有限公司暂未移交外，其他8家企业均移交市国资委管理，累计移交企业资产11.08亿元。市国资委对监管企业实行分类管理、一企一策，建立健全国有资产监管制度，监事会全覆盖监管。是年，市国资委协助完成省政府下达的中央、省属驻娄19家企业供水、供电、供暖（气）分离和物业维修改造等社会职能分离移交工作任务。至2016年，市国资委牵头组建市兴娄融资担保有限公司、市创业投资集团有限公司和市国有资本投资运营有限公司3家国有企业。

2009—2017年，市属国有企业资产总值逐年增加，累计利润7677.5万元，国有资本收益9076万元。截至2017年底，全市国有企业监管体系日益完善。市国资委向9家监管企业派驻监事会和监事，规范市属投融资公司管理。监管国有企业11家，资产总额47.9亿元。

第一章 国有资产监管

第一节 监管机构

1990年，地区国有资产管理办公室成立，1993年更名为地区国有资产管理局，副处级机构，归口地区财政局管理。2003年，市国有资产管理局撤销，相关国有资产监管职能划归市财政局。2004年3月，市国有企业改革领导小组成立，下设市国有企业改革领导小组办公室，内设综合协调组、职工安置与群众工作组、资产评估与处置组、社区服务移交组、督查与审计验收组。职能是制定国有企业改革方案，协调处理改制遗留问题，组织对改制终结企业审计与验收。12月，市委、市政府撤销市轻纺、化工、建材等行业管理办公室，把市委组织部、市财政局、市劳动和社会保障局承担的相关职能整合，组建市国资委，为市政府直属正处级特设机构，代表市政府履行国有资产出资人职责，实行资产、人事综合管理。2005年4月，市国资委机关行政编制30名，事业编制3名。内设办公室、政策法规科、考核分配科（加挂监事会工作科牌子）、产权管理科、企业改革改组科、投资管理科、国有资本经营预算科、宣传与群众工作科、组织人事科（加挂经营者管理科牌子）。另设机关后勤服务中心（加挂离退休人员管理办公室牌子）。

2006年2月，市国资委主任兼任市国企改革办主任。2008年5月，市国企改革办和市国资委合署办公，负责全市国有企业改革改制的组织、协调、指导、督促工作。2014年1月，市国资委政策法规科（加挂改革改组科牌子），增设监事会工作科，投资管理科改为资本合作科（加挂娄底市企业与中央、省属企业对接合作办公室牌子），新设改制企业市管离退休干部工作科。

2016年8月，市国资委增设党建工作科（加挂驻娄国有企业党工委牌子）、安全生产督查科。国有资本预算科和产权管理科合并为国有资本经营预算科（加挂产权管理科牌子），改制企业市管离退休干部工作科和机关退休人员管理科合并为离退休人员管理科。办公室（加挂政策法规科牌子）。改革发展科在政策法规科挂牌改为单设科室。组织人事科不再加挂经营者管理科牌子。

2017年，市国资委内设科室12个，编制33名，其中行政编制30名、事业编制3名。

第二节　经营性国有资产监管

一、产权监管

产权登记　1990年始，娄底地属国有企业先后由地区国有资产管理局、财政局负责产权登记和监管。2013年4月，13家市属国有企业完成产权重新登记，企业申报国家出资总额12.56亿元。2014年8月，冷水江市政府为治理湘江流域重金属污染发行专项债券，以娄底锑都投资发展有限公司5.7亿元股本，上划股份80%即4.56亿元产权至市国资委，发行娄底锑都债券14亿元，票面利率7.18%，期限7年。2015年9月，娄星城乡建设投资有限公司（简称娄星城乡投）从交通银行娄底分行贷款2.5亿元，用于娄星区长青街道办事处三板组旧城改造项目，以娄星城乡投5000万股份划转51%即2550万元产权至市国资委，使项目贷款按时到位。截至2017年，娄底市变动股权登记国有企业2家，累计融资16.5亿元。

清产核资　1990—2013年，娄底市属国有企业先后由市国有资产管理局、财政局清产核资。2014年11月，市国资委对华达汽车空调公司、娄底华润燃气公司、兴源担保公司、市国有资产经营公司等4家国家控股参股企业开展清产核资，审计摸清企业财务状况和经营绩效。清产核资主要包括账务清理、资产清查、价值重估、损益认定、资金核实、制度完善等。全面清查核实企业各项资产损失和资金挂账情况，按照国家政策规定进行处理，解决企业历史遗留问题。建立国有资产监督管理体系。2014年12月至2015年6月，市国资委对市自来水公司、市公共交通总公司、市国家粮食储备库、市保安服务有限公司开展清产核资。这4家企业统计上报账面资产总额5.91亿元，负债总额2.92亿元，所有者权益总额2.99亿元。审计核定，实际资产总额5.88亿元，负债总额2.92亿元，所有者权益总额2.96亿元。资产净损失268.88万元。

产权交易　1990—2005年，娄底市属国有企业先后由市国有资产管理局、财政局负责监管国有产权交易工作。2006年4月，市国企改革产权交易中心（简称市交易中心）成立，负责国有企业产权变动、转让或处置，国土和房产部门负责国有土地审核和房产评估，市国资委负责核准。2006年4月至

2017年底，市交易中心处置国有资产23宗，成交金额9.74亿元，实现“无流挂、无欠款、无纠纷”。其中湖南金信化工有限公司以超标的2.3亿元成功转让拍卖，增值度居全省第一。

2006—2012年市国企改革产权交易中心成交一览表

表51-1

单位:万元

时间	转让方	挂牌价	受让方	成交金额
2006-05-16	娄底市基础工程公司	258.0	黄新文	258.0
2006-05-21	市物资局大楼空地638平方米	72.0	娄底广成房地产公司	72.0
2006-06-15	湖南标达实业公司	50.0	谢映红	66.0
2006-06-30	娄底市活性炭厂	540.0	刘军新	540.0
2006-07-07	冷水江钢铁总厂一炼钢设备	1000.0	上海振昌金属制品有限公司	1175.0
2006-07-09	冷水江钢铁总厂制氧机三套	238.0	冷水江博大钢铁有限公司	239.0
2006-07-19	冷水江钢铁总厂汽车52台	1000.0	冷水江博大钢铁有限公司	1005.0
2006-08-30	娄底市湘中灯泡厂	62.0	谢栋良　梁爱容	62.0
2006-11-17	娄底市农贸公司	46.0	胡　涛　胡　波	46.0
2006-11-10	娄底市轻工商厦	198.0	罗志光	208.0
2006-12-06	娄底市国资委原化工院内资产	600.0	吴孟山　邓小飞	720.0
2006-12-30	娄底红太阳商城	2468.0	湖南康星百货有限公司	2468.0
2007-03-20	市建设局大市场内门面	29.8	周　琳　曾志明　曾志纯	37.6
2007-04-06	娄底汽车运输总公司	26000.0	湘运娄底汽车运输公司	26000.0
2007-06-21	湖南省金信化工有限公司	30000.0	湖南宜化化工有限公司	53000.0
2007-06-27	冷水江钢铁总厂铁路	1880.0	冷水江博大钢铁有限公司	1880.0
2007-10-08	娄底橡塑制品总厂	1800.0	娄底大同房地产公司	1820.0
2007-11-08	娄底路桥公司	3398.0	娄底市鹏泰房地产开发公司	3398.0
2008-01-18	湖南省锻造厂	2100.0	湖南三星锻造有限公司	1918.0
2009-12-23	娄底煤炭公司涟源站	448.0	梁庆云	448.0
2010-02-05	娄底地区灯花材料爆竹厂	—	湖南百鼎园置业有限公司	560.0
2012-10-19	湖南华达机械总厂	—	湖南金点油脂有限公司	5928.0

说明：2011年缺数据

二、预算监管

统计年报　1990—2010年，娄底市属企业国有资产先后由市（地区）国有资产管理局、财政局负责统计年报。2011年始，由市国资委按照省国资委统计年报口径及要求，采用市财政局统计数据上报省国资委，包括企业家数、资产总额、负债总额、所有者权益总额、国资及权益总额、职工总人数及在岗人数等内容。2011—2014年，娄底市纳入统计年报的国有企业13家，即市自来水公司、市公共交通总公司、新化县国家粮食储备库、新化县供水公司、湖南新化电力有限公司、新粮粮食购销有限责任公司、涟源市自来水公司、涟源市地方电力有限责任公司、杨虎冲水力发电站、双峰县世奥民爆器材有限责任公司、双峰县自来水公司、冷水江市民爆物品专营公司、冷水江市自来水公司。2015—2016年，湖南新化电力有限公司经产权交易后转为非国有企业，不再纳入统计年报。2017年，市国资委建立国有资产统计系统。统计年报增加市保安服务有限公司、市创业投资集团有限公司、华达汽车空调（湖南）有限公司、市国家粮食储备库、市兴娄融资担保有限公司、市国有资本投资运营有限公司6家直接监管企业，以及娄底市交通建设投资有限责任公司、市文化旅游发展投资有限公司2家委托监管企业。2011—2017年，娄底市国有资产实现保值并逐年增值。截至2017年底，国有资产负债率35.8%，保持在40%~60%合理区间内，资本积累率40.2%，所有者权益36.36亿元，实现利润7677.49万元，总资产报酬率2.1%，国有资产及权益35.28亿元。

2011—2017年娄底市国有资产情况表

表51-2

年份	企业数(家)	资产总额(亿元)	负债总额(亿元)	所有者权益总额(亿元)	国有资产及权益总额(亿元)	年末职工总人数(人)	年末在岗职工总人数(人)
2011	13	7.92	4.05	3.87	3.85	2893	2338
2012	13	8.71	4.67	4.04	4.02	2874	2264
2013	13	9.88	4.87	5.01	4.99	3065	2460
2014	13	10.23	5.20	5.20	4.98	2843	2324
2015	12	0.94	3.75	5.28	5.24	2501	2004
2016	12	9.48	3.78	5.70	5.70	2482	2010
2017	20	56.62	20.26	36.36	35.28	4229	3769

收益收缴 2006年始，市国资委对新华联燃气公司、华达汽车空调（湖南）股份有限公司进行股利收缴，资金专户设在市国有资产经营公司，企业股利分红每年上交到指定专户，上解市财政局。2006—2012年，娄底市收缴国有资本收益1021万元。2013年1月，市政府出台《娄底市国有资本收益收缴及支出管理办法》。是年始，每年编制国有资本收益收缴和支出预算方案，并入市财政预算方案，经市人大审议通过后实施。2013—2017年，娄底市下达国有资本预算收入任务7656万元，国有企业实际上缴收益8075万元。

经营预算 1990—2004年，娄底市国有资本经营预算支出管理由市国有资产管理局、财政局监督管理。2005—2015年，娄底市国有资本经营预算支出由市国资委监管。2016年8月，市国资委出台《娄底市国有资本经营预算支出管理实施细则》。2016—2017年，市国资委每年提取国有资本收益30%作为市级公共财政收入，剩余部分，按国有企业改革发展实际，分项目安排年度支出预算，报市人大审议通过后实施。

2013—2017年娄底市市级国有资本经营预算支出情况表

表51-3

单位：万元

年份	款项					支出项目												年度支出合计
						国有经济产业结构调整			国企改革补助	其他国有资本经营预算支出								
	国有企业改革补助支出	国有经济产业结构调整	企业改革脱困补助	其他国有资本经营预算支出	生态环境保护支出	市自来水公司发展支出	市公共交通总公司发展支出	补充企业国有资本	国企改革补助支出	国有资本经营收入征收经费	国有资产管理经费	监事会工作经费	中介机构审计服务费	市公共交通总公司公益性补助	补充一般预算	市公安局移交企业补助支出		
2013	413	1370	413	120	—	100	300	970	413	45	75	—	—	—	—	—		1903
2014	550	832	550	118	—	50	400	382	550	43	75	—	—	—	—	—		1500
2015	365	300	385	515	—	100	200	—	385	48	60	40	30	37	300	—		1200
2016	200	250	200	650	—	50	200	—	200	55	60	50	30	55	300	100		1100
2017	326	—	700	877	50	50	700	—	326	80	50	40	50	55	586	16		1953

财务审计　2014年始，市国资委对所有市属国有企业实行统一监管，每年聘请中介机构到企业进行财务审计，掌握企业执行会计准则、财务制度情况和实际生产经营成果，披露存在的问题，为合理评估企业业绩提供依据。至2017年，市国资委先后对市属国有企业实施年度财务决算审计或专项审计33家次，提出保留意见5家次，提出带强调事项的无保留意见7家次，核准无保留意见16家次。

2014—2017年娄底市国有企业年度财务审计情况表

表51-4

审计年度	选取中介机构方式	审计事务所	审计内容	审计意见
2014	抽签谈价	楚才(市自来水公司、市保安公司)、世纪龙(市公共交通总公司、市经营公司)、龙兴(市粮食储备库)	财务决算审计	财务决算审计中，保留意见1家(市保安公司)，带强调事项的无保留意见3家(市公共交通总公司、市经营公司、市自来水公司)，标准无保留审计意见1家(市粮食储备库)
2015	竞争性谈判	建业(市自来水公司)、龙兴(市经营公司、市公共交通总公司)、世纪龙(市保安公司、娄底华润燃气公司)、楚才(市粮食储备库、华达汽车空调公司)	娄底华润燃气公司、华达汽车空调公司为专项审计，其他企业为财务决算审计	财务决算审计中，保留意见2家(市保安公司、市自来水公司)，带强调事项的无保留意见2家(市公共交通总公司、市经营公司)，标准无保留审计意见1家(市粮食储备库)
2016	竞争性谈判	世纪龙(市保安公司、市公共交通总公司)、中鑫和顺(市创投公司、市自来水公司、华达汽车空调公司)、龙兴(市国投公司、市经营公司、兴源担保公司)、建业(市粮食储备库)、大宇(市兴娄担保公司)、楚才(娄底华润燃气公司)	娄底华润燃气公司、华达汽车空调公司为专项审计，其他企业为财务决算审计	财务决算审计中，保留意见1家(市保安公司)，带强调事项的无保留意见2家(市经营公司、市公共交通总公司)，其余为标准无保留意见6家
2017	竞争性谈判	楚才(市交建投公司、市兴娄担保公司)、龙兴(华达汽车空调公司、市创投公司、市文旅投公司)、明信(市保安公司、市粮食储备库)、三星(市公共交通总公司、娄底华润燃气公司、市自来水公司)、中鑫(市国投公司)	娄底华润燃气公司、华达汽车空调公司为专项审计，其他企业为财务决算审计	财务决算审计中，保留意见1家(市保安公司)，其余为标准无保留意见8家

重大事项监管 2014年10月，市委、市政府印发《市属国有企业重大事项报告暂行规定》，开始对国有企业重大事项进行监管。2017年8月，市委、市政府印发《市属投融资公司重大事项报告暂行规定》，对国有企业章程制定和修改、发展战略规划、重大投融资、对外担保和抵押、重大改制、增减注册资本、重大产权（股权）变动、重大资产处置、主营业务变更、年度财务预决算方案、利润分配及弥补亏损方案、对外捐赠以及其他对国有出资人权益有重大影响的事项进行监管。

2014—2017年娄底市国有企业重大事项报告备案表

表51-5 单位:次

年份	章程(制定或修改)	战略规划	投融资	担保抵押	资本、股权变动	资产处置	财务预决算	利润分配	亏损弥补	对外捐赠	合计
2014	—	3	—	—	1	2	7	2	—	—	15
2015	—	6	15	1	2	1	6	2	—	1	34
2016	2	—	3	2	3	1	5	2	—	2	20
2017	1	6	5	4	—	—	4	2	1	1	24
合计	3	15	23	7	6	4	22	8	1	4	93

三、业绩考核

经营业绩考核 2005年，市国资委对省下划娄底市管理并主导改革改制的湖南雪峰水泥集团负责人按目标管理方式进行考核。2006年，对省下划娄底市管理并主导改革改制的冷水江钢铁总厂，按省国资委业绩考核办法和薪酬管理办法进行考核。对市自来水厂按原劳动、财政部门关于国有企业试行经营者年薪制意见进行业绩考核和薪酬确定。2014年，市国资委出台《市属国有企业和经营性国有资产单位负责人经营业绩考核办法和负责人薪酬管理办法》。2015年，第12次市政府常务会议审议通过《市属企业负责人经营业绩考核与薪酬管理办法（修订）》。11月，市国资委印发《新组建市属国有企业初创期间负责人薪酬管理暂行办法》。是年考核2家，即市自来水公司和市公共交通总公司。2016年考核6家，即市国有资本投资运营公司、市自来水公司、市公共交通总公司、市兴娄担保公司、华达汽车空调公司、市创投公司。2017年，根据中央、省深化国有企业薪酬制度改革意见，制定出台相关配套文件。是年，考核国有企业9家，即市公交公司、市水业公司、华达汽车空调公司、市兴娄担保公司、市保安公司、市国投公司、市创投集团（委托市发展改革委监管）、市交建投公司（委托市交通局监管）、市文旅投公司（委托市旅游局监管）。企业完成目标值，得基本分，超过或低于目标值加分或扣分。加分和扣分的上、下限分别为该指标基本分的20%。考核结果分为A、B、C、D、E5个等级，每个等级分值及区间为：A级106~120分、B级91~105分、C级80~90分、D级70~79分、E级70分以下。

2016—2017年娄底市国有企业经营业绩年度考核表

表51-6

企业名称	2016年		2017年	
	考核得分	考核等级	考核得分	考核等级
市公共交通总公司	101.65	B	98.49	B
市自来水公司	105.75	B	106.44	A

续表51-6

企业名称	2016年		2017年	
	考核得分	考核等级	考核得分	考核等级
华达汽车空调公司	110.68	A	111.64	A
市兴娄担保公司	110.37	A	107.72	A
市创投公司	109.00	A	109.73	B
市国投公司	105.75	B	105.35	B
市交建投公司	—	—	100.74	B
市文旅投公司	—	—	94.56	C
市保安公司	—	—	109.88	A
市粮食储备库	—	—	98.13	B

负责人薪酬监管　1990—2005年，市属国有企业负责人一般实行月工资制度，月工资高出企业平均工资50%~100%。2006—2014年，市属国有企业负责人一般实行年薪制，年薪约11万元。2015年始，企业负责人年度薪酬=（基薪+绩效年薪）×薪酬系数。企业负责人基薪=本市企业在职职工平均工资×系数（企业规模与经营难度等因素综合确定）。绩效年薪=基薪×（考核结果）倍数（0~2.0）。截至2016年，市属国有企业负责人最高年薪50万元，最低11.28万元。2017年，企业主要负责人总薪酬=基薪+绩效年薪+任期激励收入。基薪按上年市管企业在岗职工平均工资（低于全市在岗职工平均工资时按全市在岗职工平均工资计算）2倍以内确定。绩效年薪=基本年薪×年度考核评价系数×绩效年薪调节系数（年度考核评价系数由综合绩效考核结果确定，最高值不超过2.0，绩效年薪调节系数取决于企业资产总额、营业收入、利润总额和人员规模，最高值不超过1.5，具体由市人社局确定发布）。任期激励收入=任期内年度薪酬综合×30%×任期考核评价系数（任期考核得分÷100，分布区间一般为0.5~1），兑现时间为任期结束后按考核结果确定任期考核评价系数，任期满后第一年兑现任期激励收入60%，第二年兑现40%。企业其他负责人总薪酬=主要负责人总薪酬×薪酬系数（0.6~1.0）。企业负责人不领取年度薪酬以外的其他任何货币收入或变相货币性收入。是年，市属国有企业主要负责人最高年薪50.5万元，最低19万元。其他国有企业主要负责人年薪参照市属国有企业负责人年薪标准执行。

四、监事会监管

监事制度　2010年4月，市政府印发《娄底市人民政府向市属国有企业和经营性国有资产单位派出监事会和监事管理办法（试行）》。2011年1月，市政府批准在市国资委设立市政府派驻市属国有企业监事会办公室，为正科级机构，定事业编制4名，设监事会主席3名。2013年12月，市委、市政府出台《市属国有企业支持配合监事会依法开展当期监督检查工作暂行规定》《娄底市国有企业监事会专用函工作规范》。确定6项制度，即工作联系制度、重要情况报告制度、列席会议制度、信息资料报送制度、协同配合制度、规范交换和整改落实制度。

当期监管　2014—2017年，一监事会、二监事会、三监事会3个监事会依法开展对7家企业当期监管，列席相关会议222次，专项检查5次，谈心谈话302人次，定期报告24次，专项报告12次，发出工作函3份、纠正函16份，发现问题155个，口头提醒181次。

跟踪监管　2014年始，监事会对当期监管中发现的问题，除以口头或文字方式提醒企业整改外，还对重大事项进行跟踪监管。4月，市政府派驻市国有资产经营公司监事会当期发现：市国有资产经营公司代持姚某雄所持有的湖南省泰丰融资担保有限公司31%股份，金额3100万元，代持湖南省汇宝集团有限公司所持有的市商汇投资担保有限公司20%股份，金额2000万元，代持邱某所持有的湖南省天信和谐担保有限公司41%股份，金额4100万元，累计代持股份金额9200万元，存在巨大潜在风险。市政府外派一监事会向市国有资产经营公司发出提醒函，建议解除代持股份。2016年10月，市自来水公司全资子公司利源物业公司被广西宾阳诈骗团伙诈骗47万元。一监事会获悉后，立即向市自来水公司提出整改建议，要求确保国有资产不受损失。11月，一监事会给市自来水公司发出提醒函。处理结果：从利源物业公司与市自来水公司签订责任状确定的可获奖励金额中提取47万元，作为诈骗案损失的冲抵准备金。对责任人分别给予纪律处分和经济处罚，最多罚款3.5万元，最少罚款2800元。2017年6—7月，市监事会对统一监管企业往来款、工程建设、物资采购进行专项检查，发现各类问题23个，提出口头改进意见19条，下发整改意见书和提醒函6件。

第三节　非经营性国有资产监管

1990年，娄底地区本级非经营性国有资产由市地区国有资产管理局负责监管。1993年，地区清产核资领导小组牵头，地区国有资产管理局、地区财政局等单位负责对地区本级行政事业单位国有资产进行清产核资登记。2003年，市国有资产管理局撤销，非经营性国有资产划归市财政局。

2004—2005年，娄底市国有资产管理体制改革，市国资委负责经营性国有资产监管，市财政局保留负责非经营性国有资产监管，主要监管市本级行政事业单位非经营性国有资产。2006—2010年，市政府《娄底市市本级行政事业单位国有资产管理暂行办法》《娄底市行政事业单位国有资产处置管理暂行规定》《娄底市市本级行政事业单位国有资产管理规定》相继出台。

2012年3月，市委办、市政府办下发《关于开展市本级行政事业单位资产清查的通知》《娄底市本级行政事业单位资产清查工作实施方案》。4月下旬至5月下旬，市财政局牵头，以办公用房清理统筹调剂为突破口，盘点、清理和登记各类资产及负债、所有者权益。清查核定，截至2011年底，累计清查核定市级行政事业单位资产58.1亿元，其中党政机关13.89亿元，占23.9%。全额和差额事业单位43.35亿元，占74.6%。社会团体0.02亿元，占0.04%。自收自支事业单位0.84亿元，占1.4%。市直行政事业单位负债额13.52亿元，净资产44.58亿元。房屋建筑物面积137.12万平方米，土地面积366.49万平方米。

2013年1月，全市暂停部门单位办公用房建设，对部门单位办公用房建设实行统一规划、集中建设，部分核心商业地段实行办公用房“零准入”。对国有资产实行“分类盘活”，将所有权与经营权分离，独立的经营性资产公开处置，闲置土地移交市城市建设投资集团有限公司，充实政府融资平台。非独立经营性资产通过公共资源交易中心公开招租，租赁收入纳入财政综合预算管理。办公用房统一调配、统一权属登记，已新建、调整办公用房的部门单位，实行“建新交旧”“调新交旧”。对未履行审批手续的党政机关楼堂馆所建设和维修改造项目，不下达财政预算和供地。财政性资产处置和财政拨款的行政事业单位基础设施建设，须经市政府常务会议集体研究决定。8月，《娄底市关于市直行政事业单位资产清理若干具体问题的处理意见》出台，对行政事业单位基本建设投资管理、部分办公用房、闲置土地及经营性门店提出处理意见。将15家市直单位的闲置资产所有权移交市城市建设投资集团有限公司，涉及房屋所有权2.99万平方米、土地面积15.82万平方米。收回16家单位的富余房产建筑面积2.69万平方米。

2017年11月，《娄底市市直行政事业单位国有资产配置管理办法》出台，明确行政事业单位资产配置范围、条件、程序、标准、监理要求及资产配置标准。

第二章 国有企业改革

2002年1月，市委、市政府决定市属国有企业实行“两个置换”（企业置换产权、企业职工置换身份）改制。2004年3月，全市全面启动国有企业改革改制工作。

第一节 国有企业改制

一、市属国有企业改制

2002—2004年，娄底纺织厂、娄底橡塑制品总厂、湘中针织厂、娄底机械厂、娄底机电厂、娄底八一机械厂6家市属国有企业完成产权制度改革。2005—2010年，102家市属国有企业，除市自来水公司因行业特殊性暂未改制外，其余全部改革改制到位，置换产权9.1亿元，补偿安置在职职工1.8万人。2002—2017年，全市完成国有企业改制111家，置换产权28.6亿元，补偿安置在职职工4.57万人，移交社保管理离退休人员1.21万人，移交社区管理10.14万人。

市经委系统　1990年，管理的工业企业42家。2002年，启动改制10家。2003年，完成改革改制6家。2004年底，划出部分国有企业由市煤炭局和市国资委负责改革改制。截至2009年底，实际安置职工1185人，安置补偿费2251万元。办理退休125人，办理失业保险663人。改制前账面总资产6851万元，处置变现7311万元，转让价款5665万元，实际清收转让款5630.5万元。移交社区管理1487人，其中离退休人员199人。移交人事档案1393份、财务档案3000份、馆藏资料册29本。移交剩余房产8处，建筑面积3636平方米。市煤炭局改革改制国有企业8家，安置职工7929人。其中在职职工5859人，离退休人员2197人。企业改革成本4.83亿元，企业资产处置总价款2.48亿元，政府拨款及其他渠道筹集资金8111.9万元，社保、医保挂账1.49亿元。

市建设局系统　2002年始，纳入改制的国有企业11家。截至2009年底，实际完成改革改制10家。市自来水公司暂未改制。市燃气公司保留20%的国有股份。全系统安置职工3615人，其中离退休人员454人，内退人员239人。职工安置补偿金1.89亿元，处置资产1.87亿元，政府返还改制资金缺口484万元，社保、医保金挂账处理，银行贷款核实呆账6199万元。移交社区管理2957人。2012年，新华联公司80%股份由央企华润集团收购。

市商务局系统　2002年始，改制国有企业30家，其中“三无”（无地产、无房产、无设备和其他有效资产）企业12家。系统内部成立外贸、物资、商业3个改革领导小组，分别负责相关国有企业改革改制领导工作。2005年，重组娄底市鸿建金属回收公司，提供再就业岗位110个。截至2010年底，解除劳动关系2565人，办理离退休539人，发放补偿安置费8249.7万元，处置18家企业资产，处置变现总金额2.26亿元。改制资金由市商务局封闭运行，统筹使用。

市国资委系统　2002年始，改制国有企业17家，其中“三无”企业11家。市轻纺、化工、建材行业办所辖的14家国有企业划转市国资委负责改革改制。截至2008年，市国资委系统安置在职职工4618人，移交社区管理4856人，办理离退休263人。处置变现资产1.68亿元。2010年底，市国资委与娄星区政府协商沟通，以原娄底纺织厂为主体，整合外系统未办妥社区移交人员，组建大科街道办事处纺织厂社区服务站。

市农办系统　2002年始，改制国有企业9家，其中“三无”企业5家。改制企业职工909人，其中离退休人员323人。截至2013年，安置补偿职工586人，安置费用2410万元，处置企业资产1870万元。

市交通系统　2004年始，改制国有企业2家，即娄底湘运公司和湖南娄底路桥建设有限责任公司，职工3094人，其中在职职工2383人，离退休人员701人。湘运公司改革改制后实施职工持股组建新公司。2006年，湖南娄底路桥公司资产挂牌转让。2007年底，娄底市鹏泰房地产开发有限公司以3428万元的价格摘牌买受。

市供销社系统　2004年始，改制国有企业5家，共有职工967人，其中在职职工837人，离退休人员130人。截至2013年，市供销社系统职工安置完成。处置企业资产7800万元，职工安置补偿费7100万元。

市委办、市发改委、市科协和工商联等系统　2002年始，改制企业9家，其中“三无”企业8家，职工296人，其中退休人员34人。截至2010年，国有企业全部完成改革改制，安置职工296人，安置补偿费用949万元，企业零散资产处置收入661万元。

2004—2014年娄底市纳入产权制度改革市属企业一览表

表51-7

系统	有资产企业	“三无”企业	系统	有资产企业	“三无”企业
市经委（含煤炭局）	资江煤矿	清平商场	市国资委	彩冠印刷厂	轻纺供销公司
	大建煤矿	广告装潢公司		9765工厂	二轻供销公司
	马鞍山煤矿	华泰物资公司		有机化工厂	化工供销公司
	市煤炭公司	宏远物资公司		轻工商厦	树脂厂
	煤机厂	振兴贸易中心		—	压力容器检测站
	活性炭厂	通用机械厂		—	化工研究所
	煤炭工业总公司	机电研究所		—	建材科研所
	铁合金厂	标准件厂		—	建材管理站
	运动衫厂	煤炭局劳动服务公司		—	建材供销公司
	标达公司	—		—	灯泡厂
	医药集团公司	—	市商务局	湘中大厦	外经贸公司
	电子研究所	—		市百纺公司	外贸利达公司
	工业供销公司	—		市五金公司	外贸冶化公司
	联运公司	—		市副食品公司	外贸进出口公司
市建设局	市自来水公司	—		红太阳商厦	外贸银环公司
	市燃气总公司	—		金属材料公司	外贸三佳公司
	市建筑勘察设计院	—		化工轻工总公司	外贸金海公司
	娄建一公司	—		机电设备总公司	外贸飞达公司
	市建安公司	—		建材总公司	外贸湘中公司
	市工程总承包公司	—		生产资料总公司	外贸环宇公司
	市经济适用房地产公司	—		金属回收公司	外贸鸿业公司
	市建设公司	—		物资储运公司	外贸劳动服务公司
	娄底工程公司	—		外贸粮油公司	—
	市城建开发公司	—		外贸土畜产公司	—

续表51-7

系统	有资产企业	“三无”企业	系统	有资产企业	“三无”企业
市供销社	市农贸公司	—		外运公司	—
	市食杂果品公司	—		外贸五矿公司	—
	市再生资源公司	—		外贸基地公司	—
	市土产日杂公司	—		星马大酒店	—
	市银海商业有限公司	—	市科协	市烟花材料厂	新力总公司
市农办	市农牧良种场	市牧业有限公司	市交通局	市汽车运输总公司	—
	市农机制造厂	乡镇企业供销公司		娄底路桥建设公司	—
	市木材公司	乡镇企业建材公司	市委办	—	市委机关汽修厂
	市储木场	乡镇企业荣华公司		—	市委机关印刷厂
	—	乡镇企业购销公司	市工商联	—	市工业搪瓷厂
市发改委	—	经济技术协作公司	—	—	—
	—	娄底物资开发公司	—	—	—
	—	冶金供销公司	—	—	—
	—	科峰电脑公司	—	—	—

二、省属驻娄国有企业改制

2005年始，省政府批准，陆续将省属驻娄国有企业湖南雪峰水泥集团有限责任公司、湖南金信化工有限责任公司、冷水江钢铁总厂、湖南省锻造厂（含湖南火车轴制造厂）、湖南省冷水江制碱厂、湖南华达机械总厂6家国有企业下划娄底市政府管理并主导改革改制。其中，除冷水江制碱厂由省政府直接下划冷水江市政府管理并主导改革改制外，其余5家均由娄底市政府履行出资人职责，负责企业改革改制。市国企改革办和市国资委负责组织实施各项改革改制工作，省国资委等相关部门协调娄底做好企业改制方案申报工作。截至2013年，省驻娄5家国有企业累计置换资产17亿元，补偿安置职工2.76万人，移交社保离退休人员7363人，移交社区管理2.76万人。

湖南雪峰水泥集团有限责任公司　20世纪90年代，该公司属全国500强企业。2003年4月，该公司被安徽海螺集团公司并购重组。2005年初，省政府将湖南雪峰水泥集团下划娄底市管理，由市政府履行出资人职责，负责组织实施企业改革改制。市政府组成以市国资委主任为组长的改革改制指导组进驻企业。11月，市国企改革办同意并批复湖南雪峰水泥集团有限责任公司改革改制方案。2006年2月，向新化县政府整体移交湖南雪峰水泥集团子弟学校，补偿费用300万元。8月，向新化县政府整体移交湖南省雪峰水泥集团职工医院。11月，由新化县人民法院裁定，宣告湖南雪峰集团有限公司破产还债。企业原有的生产性资产并入新组建的湖南海螺水泥有限公司。非生产性资产移交当地政府。截至2008年5月，完成职工安置补偿1517人，办理社保接续关系3994人。辅业包装品公司改制重组海峰包装品公司，重新上岗112人。改制后的主体企业湖南海螺水泥有限公司安排原企业职工321人上岗。2017年底，湖南海螺水泥有限公司生产熟料348万吨、水泥420万吨，实现年利税9.2亿元，上缴税款8900万元。

冷水江钢铁总厂　2006年，省政府批准将该厂下划娄底市管理并主导实施改革改制。全国企业兼并破产和职工再就业领导小组批准该厂列入2006年第二批全国企业关闭破产新增建议项目，实施政策性破产。2007年11月，市中级人民法院裁定该厂破产清算组为冷水江钢铁总厂管理人。管理人查清：截至2007年11月，破产债权总额6.58亿元，破产财产总额2.25亿元，可供分配财产总额1.93亿元。2008年4月，经娄星拍卖有限公司依法公开拍卖，冷水江博大钢铁有限公司以2.08亿元摘牌成交。8月，完成安置职工7322人，支付安置补偿费3.05亿元。总厂所欠相关社保费用由省社保局做挂账处置。在职职工所领取的安置补偿费在自愿原则下入股冷水江博大钢铁有限公司，安置下岗职工5163人。9月，总厂管理人将非经营性资产5319.9万元，连同社区建设及破产清算遗留问题一并移交冷水江市政府。至2017年，改制重组后的冷水江钢铁有限责任公司形成300万吨生铁和300万吨钢材的生产能力。

湖南省锻造厂　2006年8月，省政府批准将该厂下划至娄底市政府管理并主导政策性破产改制。10月，市中级人民法院作出破产还债裁定。是年底，经湖南世纪龙会计师事务所审计，该厂资产2869万元，负债2.69亿元。2007年8月始，破产财产在市国企改革产权交易中心挂牌拍卖。2008年4月，湖南三星锻造有限公司以1819.57万元买受。是年底，安置职工2515人。2009年7月，将未处置资产、遗留问题及社区建设等问题移交涟源市政府处理。湖南三星锻造有限公司买受后重启生产经营。2010年，实现利税1318万元。2016年因市场原因该公司歇业停产。

湖南金信化工有限责任公司　2006年3月，省政府将湖南金信化工有限责任公司（简称金信化工）下划娄底市政府管理并主导改革改制。是年底，市国企改革办授权湖南省湘资会计师事务所对金信化工评估，评估总资产5.9亿元，总负债4.08亿元。2007年5月，金信化工产权在市国企改革产权交易中心挂牌交易。6月，湖北宜化化工有限公司以5.3亿元竞拍成功。2009年，金信化工改制人数5460人，其中在职职工3600人，退休人员1710人，教师移交127人，离休干部移交23人。2014年4月，市政府办下发《关于金信化工有限责任公司改制有关遗留问题的协调会议纪要》，将剩余资产及改制遗留问题均移交冷水江市政府。2015年，撤销金信化工改制留守处，改制中的遗留问题移交金信社区处理。湖北宜化组建湖南宜化化工有限公司并恢复生产。2016年10月，居民获得水电补助1750万元，生活用水、用电全部与公司分离。2017年下半年，公司因市场原因歇业停产。

湖南华达机械总厂　1992年，湘峰机械厂和湘中机械厂搬迁合并组建湖南华达机械总厂，为省属大型军工企业。2008年6月，省政府批准将湖南华达机械总厂下划娄底市政府管理并主导破产改制。2009年6月，市委、市政府牵头组建驻厂工作组。7月，市中级人民法院裁定该厂破产。8月，聘请会计师事务所进行资产清理，核定账面资产1.06亿元，评估值9662万元，确认债权7.11亿元。2012年10月，该厂资产经市土地矿产交易中心和市国企改革产权交易中心公告，挂牌交易。湖南金点油脂有限公司以5928万元成交买受。华达机械总厂实施改制职工7021人，其中在职职工4459人，离休干部27人，退休干部2535人。安置补偿职工3248人，移交社保退休人员3773人。

2014年，该厂剩余资产、改制遗留问题及社区建设等问题移交娄星区政府处理。其中，（1）1992年始，华达机械总厂先后4次委托县级娄底市在大科街道办事处井头居委会征地21.07公顷，建学校占用4.13公顷，余地16.94公顷，征地涉及拆迁户109户327人，征地补偿支付到位，安置户签订协议并建造新房。总厂虽取得规划用地红线图，但未取得土地权证，未能列为破产财产。市政府将该类土地移交娄星区政府用于教育。（2）1998—2003年，华达机械总厂修建住宅楼18栋，在第一层建门面217个，建筑面积8547.94平方米，根据门面不同位置按1500～4500元／平方米的市场价格卖给职工。因住宅楼建底层门面须缴纳土地出让金方能办理所有权证，华达机械总厂欠缴土地出让金2069万元，持续拖欠16年，成为历史遗留问题。2014年10月，华达机械总厂管理人筹资，向市财政交清土地出让金，全部办妥门面所有权证。（3）2014年9月，华达机械总厂账面价值45.39万元、评估价值35.1万元的办公设备及车辆，市政府驻华达改制工作组在破产清算期间购置、账面价值9.24万元的办公用具等资产，一并移交给娄星区华达社区服务指导中心。11月，账面价值347.3万元、评估价值485.8万元的房屋建筑物，以及评估值436.3万元的华达机械总厂工会两处房产及土地移交娄星区政府。12月，账面价值429.4万元、评估价值500.2万元的压缩机车间，以及账面价值405万元、评估价值437.6万元的机修工具车间，评估价值13.3万元的招待所，东边五、六两层计14间办公用房，移交市国有资产经营公司。

三、县（市、区）属国有企业改制

娄星区　2002—2010年，完成区属国有企业改制37家，资产处置变现5.27亿元，安置职工2万余人，企业退休人员转为社会化管理。其中，区属国有工业企业15家，资产处置变现1.17亿元，安置职工4742人。

冷水江市　2002—2010年，市属53家国有工业企业采取资产公开拍卖和协议转让形式实施产权置换，利用资产变现资金发给职工一次性安置费，解除职工与企业劳动关系。资产处置变现1.2亿元，安置职工1.17万人。

涟源市　1999年6月始，开展国有企业产权置换和职工身份置换的改革改制试点。2003年8月，涟源市冶金建材总厂被邵东县顺达金属型材公司以3101万元整体收购，组建湖南顺鑫钢铁有限公司，涉及职工1052人，其中一次性安置职工604人，定额供养112人，安置离退休人员336人。截至2007年底，涟源市111家市属国有企业完成改革改制，其中工业企业19家、商业系统84家、物资系统7家、外贸系统1家。资产处置变现3.65亿元，安置职工9723人。

双峰县　2000—2005年，全县53家国有企业改制到位，资产处置变现2.61亿元，6100名在职职工通过一次性经济补偿与原企业解除劳动合同关系。近3000名离退休人员移交县社保局管理。80%的职工在市场中找到工作岗位，20%的职工成为重组后新企业的股东或独立经营实体自创人。

新化县　2003年始，全县完成19家国有工业企业的改革改制。企业产权转让采取拍卖、招投标、协议转让及国家法律、法规、政策允许的其他方式进行。截至2009年底，置换职工身份7000余人，处置资产变现1.97亿元，处理银信部门债务1.68亿元。是年，新化县实现工业生产总值64.21亿元，是2002年0.32亿元的201倍。

第二节　建立现代企业制度

2014年9月，市委、市政府出台进一步深化国有企业改革实施意见，启动第二轮国有企业改革，推动现代企业建设。

一、推动公司制改革

2006年8月，市国有资产经营公司成立，属自收自支事业单位，依法经营管理授权范围内的国有资产，接收处置国有企业改制后的剩余资产，开展资本运营和产业投资、咨询、产权托管、重组并购等相关业务。2007年11月，市化工研究所人员和资产整体并入市国有资产经营公司。2016年6月，市国有资产经营公司实施转企改制，将公司资产注入市国有资本投资运营有限公司，所有员工转为市国有资本投资运营有限公司，终止原有劳动人事关系，建立新劳动合同关系，实行企业劳动合同制度和企业收入分配制度。是年，市自来水公司和市公共交通总公司作为全民所有制国有企业，依据《公司法》改造成为国有独资公司。改制方案经职工代表大会审议通过后报市国资委审定。改制后，公司制定新的章程，建立公司党委、董事会和经理经营层，明确内部组织机构的权利、义务和责任。公司在承继原有各种专业或特殊资质、证照等前提下，适当增补相关资质。公司资产实施整体重组，债务随着资产走。公司接受原有全部员工，履行原公司与留用职工签订的劳动合同。员工享受工资、养老、失业、医疗保险及住房公积金等待遇。是年，市国资委与市委党校撰写《全面深化改革积极稳妥发展混合所有制经济》调研报告，探索发展混合所有制经济。市自来水公司子公司利源物业公司与自然人周成仁共同出资组建利源电梯公司，实践一年，人均实现利润2万元。2017年，市创投公司参股湖南三迅电子有限公司、乐开口实业公司等优势企业，通过国有资本引导作用，参与产业投资建设，带动和促进产业项目建设及产业转型升级。市自来水公司、市公共交通总公司全面实施现代公司制度，分别更名为市水业有限责任公司、市公共交通有限责任公司。

二、组建投融资平台

市兴娄融资担保有限公司　2015年由市国资委牵头组建，注册资本3亿元。主要经营融资担保及票据承兑、合同履约、诉讼保金、工程招投标等非融资性担保业务，解决娄底市中小微企业融资难问题，扶持中小微企业发展。市、县（市、区）两级政府共同出资，其中娄底市1.4亿元，娄星区和娄底经济技术开发区各0.3亿元，冷水江市、涟源市、新化县、双峰县及万宝新区各0.2亿元。截至2017年11月，公司累计接洽项目116个，申请金额7.1亿元。预审项目63个，金额5.04亿元。过会项目55个，金额4.28亿元。评审项目38个，金额2.63亿元。担保项目27个，金额1.71亿元。在保余额1.67亿元。

市创业投资有限责任公司　2015年由市国资委牵头组建，注册资本15亿元，打造集融资、开发、建设、经营于一体的国有投融资平台公司，致力于盘活闲置国有资产，整合城市资源，提升国有资产保值增值能力；优化政府投融资体系，拓宽融资渠道，扩大有效投资，培育支持一批新能源、环保等重点产业，推进产业转型发展。2017年初，公司开始运作，洽谈三迅新能源动力电池、精飞智能高科技民用无人机、三泰双金属钢基复合材料等20个项目。9月，该公司注册成为集团公司。至年底，集团公司共组建4家全资子公司和1家控股公司，总资产7亿元，参股9家公司，全年完成直接投资3.76亿元，带动社会投资12.7亿元。

市国有资本投资运营有限公司　2016年由市国资委牵头组建，属国有独资企业，注册资本5亿元，其中股权性资产4亿元，货币资金7000万元，债权500万元，土地、房产等实物资产2512万元。公司定位以资本管理为主，改革国有资本授权经营体制，改组市国有资产经营公司，对特定功能性企业、未退出竞争性企业、混合所有制企业的国有股权进行经营管理，对政府投入有关企业（包括民营企业）的各种资金履行出资人职责，实行股权化管理。2017年，公司完成组建。

三、分离移交“三供一业”

2015年，娄底市启动供水、供电、供暖（气）分离和物业维修改造（简称“三供一业”）等社会职能分离移交工作。市国资委负责协调中央、省属驻娄企业，主导推进“三供一业”分离移交工作。省政府下达“三供一业”分离移交任务涉及企业19家，其中省属驻娄企业5家，中央驻娄企业5家，中央下放破产企业9家。供水改造装表到户7.79万户，供电分表到户7.22万户，供气装表到户1.77万户，生活居住区移交物业管理7.67万户。“三供一业”分离移交范围涉及全市各县（市、区）。

2017年2月，市政府与各县（市、区）政府签订目标责任状，约定目标任务、工作要求及评价考核3个方面内容，并与娄底华润燃气公司、市自来水公司和国网娄底供电公司等接收单位签订责任状。接收单位组织电、水、气改造安装。至2017年底，省属驻娄华菱涟钢、169化工公司、金竹山矿业公司（不含偏远矿区）、涟邵实业公司、湖南第四工程有限公司娄底片区完成供水改造2.83万户，完成供电改造2.26万户，完成供气改造1.77万户，任务完成率均达100%。中央驻娄5家企业，供水改造移交1.03万户，任务完成率98.9%；供电改造移交7840户，任务完成率98.7%；物业改造移交6866户，任务完成率66.2%。中央下放破产9家企业，供水改造移交4638户，任务完成率10.1%；供电改造移交4.16万户，任务完成率100%；物业改造移交2597户，任务完成率6.3%。

第五十二篇

环境保护

概　述

20世纪90年代初，娄底作为能源原材料地区，工业企业设备陈旧老化，工艺落后，环境问题突出。1991年7月，地区环保局首次公布娄底地区五年环境质量报告书：全地区废水年均排放总量252.98亿吨，废气647.96亿标准立方米，工业固体废弃物310万吨。工业废水、废气、固体废弃物排放量居全省第三位。是年起，地区将环境治理纳入国民经济和社会发展规划。至1995年，相继编制完成《娄底地区环保“八五”规划》《娄底地区重点工业污染源监测工作方案》，重点治理工业废气、废水、废渣（简称“工业三废”），投资3579.72万元，治理“工业三废”项目173个，其中废水项目151个、废气项目22个。同时开展城市生活废气、废水、废渣和机动车尾气污染治理。

1996年6月，地区行署取缔和关停污染严重的小造纸厂、小制革厂、锑冶炼厂、染化厂、土硫黄窑、土炼焦窑、铅锌冶炼厂等180家。1997年，依法炸毁、查封、关停非法小煤窑700多处，铲除严重影响铁路公路交通安全和严重污染环境的土焦炉90座，取缔、关停严重污染小型企业117家。列入省直接监督的8家重点企业全部通过省环保局验收，列入市环保局监督的192家工业企业，168家达标，23家关停。是年，全地区投资1.17亿元，进行企业技术升级改造，建成工业废水污染治理项目20个，增加处理能力72万吨/年。

1998—1999年，编制完成《涟水河综合整治方案》《孙水河流域污染防治办法》，相继关停涟源制造厂、涟源制革厂、涟源酒厂、涟源蓄电池厂、双峰造纸厂等严重污染企业。2000年起，全市加大工业固体废弃物、建筑废弃物、医疗废弃物污染治理，至2010年，全市建成工业废弃物综合利用企业15家，利用粉煤灰、水渣、铁渣、脱硫石膏生产水泥熟料360万吨/年，水泥500万吨/年，综合利用率68.8%。涟钢、冷钢、资氮、顺鑫钢铁、五江焦化、安石集团、金竹山电厂、涟源华润电厂等重点工业企业以“减排”为中心，淘汰落后产能，进行技术升级改造，逐步实现“三废”达标排放。2001—2005年，全市建成工业废水治理项目63个，增加废水处理能力100万吨/日。2002年，科技部、农业部、环保部分别将娄底定为生态农业实验区、持续农业实验区、农村环境综合整治实验区。2006年，全市开展污染源普查。工业污染源1847处、城市生活主要污染源902处、农业污染源1.65万处、集中式污水处理设施2处纳入普查（未纳入清查的各类企业1254家），为科学制定环境保护政策和规划提供依据。2007年7月，市政府制定《资江流域整治方案》《锑行业准入条件》和涉锑企业整治办法，在锡矿山地区划定有色冶金工业园，未达条件锑冶炼企业一律淘汰。2008年，市环保局编制《娄底市建材产业集群2010—2015年发展规划》，为全市建材产业绿色发展提供指南。2011年，锡矿山地区被列入全国重金属重点防控区之一，2013年被列入国家湘江保护和治理5大重点区域之一，到位环保资金20亿元，走上规范、绿色、生态恢复之路。新化县通过锑品企业整合升级，淘汰非法锑品生产企业26家，所有纳入规划的产业结构调整项目全部完成整合或淘汰退出。

2014年8月，贯彻省政府有关排污权有偿使用收费和交易的政策规定，至2017年，全市排污权交易55笔，交易金额447.31万元，征收排污权有偿使用费1396.17万元。全市排污费征收从1990年的719万元增长到2017年的4783万元。

全市贯彻国家绿色工程建设规划，加强环境规划、管理、检测和监察执法，相继编制完成“九五”至“十三五”环境保护规划，出台新建、扩建、改建工程必须提出影响环境质量报告书，全面实行

“三同时”（设计、施工、验收同时进行环保评估）和环保审批制度。按国家《环境监测技术规范》和水、空气、噪声环境质量标准，建立污染源自动监控体系，对“三废”排放实行全方位、全时段监控。全市贯彻《中华人民共和国放射性污染防治法》，建立辐射环境监测站，实行辐射安全许可证制度，至2015年，全市通信基站、工业企业、医疗机构辐射源设施监控率、达标率均为100%。落实《娄底市水污染防治计划实施方案（2016—2018年）》，重点开展饮用水安全整治。开展工业废气、固体废弃物、医疗废弃物、城市噪声和核、电子电离辐射等环境的整治，划定环境“红线”，开展矿山环境、农村居住环境整治和自然资源、矿物资源、动植物资源、土地和耕地资源保护工作。至2017年，全市建立风景名胜、森林公园、湿地公园、地质公园、水产种质资源自然资源保护区19处，其中国家级11处、省级8处，总面积1642.4万平方千米。2017年，市环境保护委员会成立，出台娄底市环境保护责任规定和重大环境问题（事故）责任追究办法，以及环境保护工作绩效考核方案，明确各级政府、责任单位和管理、审批人的责任，实行终身追责制，严格监察执法。全市工业固体废弃物综合利用企业200家，综合利用量991.12万吨，综合利用率99.2%。是年，在全国率先开展领导干部自然资源离任审计和自然资源资产负债编制试点。

1990—2017年，全市持续开展“中华环保世纪行”“三湘环保世纪行”和“6·5”世界环境日活动。市环保局先后被评为全国环境保护系统先进集体、湖南省环保系统先进集体。市环境监察支队被授予全国环境监察先进集体荣誉称号。市政府获湖南省1998—2002年政府环保目标责任制考核一等奖。市环保局被记集体二等功。

第一章　环境污染与治理

第一节　废水污染与治理

一、废水污染

1990年，全地区各种废水排放总量2.76亿吨。其中工业废水2.37亿吨，农业（含养殖业）废水0.23亿吨，城市生活废水0.16亿吨，总等标污染物负荷1586.13。

1991—1995年，各种废水排放总量13.35亿吨，年均减少3%。1995年，总等标污染物负荷940.58。其中，工业废水中主要污染物排放量：化学需氧量3.47万吨、氨氮3652.56吨、石油类290.34吨、铅56.57吨、砷8.16吨、镉3.41吨。是年，锡矿山矿区青丰河水体砷超标最高70倍，锑超标最高699倍。水井污染率超50%，井水砷含量超标24倍。矿区4万多居民饮用水水源严重污染。农业废水年排放量0.23亿吨。1995年，城市生活废水排放量升至0.24亿吨，年均增长8%。

1996—2000年，全市各种废水排放总量11.9亿吨，年均减少11%。2000年，总等标污染物负荷406.82，工业废水年排放量1.5亿吨，下降32%；农业废水0.2亿吨；城市生活废水0.35亿吨。工业废水中主要污染物排放量：化学需氧量4983吨，减317%；氨氮4170吨，减110%；石油类120吨，减121%；铅27.89吨，减44.5%；砷1.79吨，减77.6%；镉0.58吨，减82.1%。其间，由于实施工业污染源达标排放，工业废水中，国家控制的12项和娄底地区增加的2项计14项主要污染物年排放量，较1996年年均减少0.36亿吨。

2001—2005年，全市废水排放10.95亿吨（农业养殖业废水排放量未统计），年均减少0.19亿吨，减少9%。2005年，总等标污染物负荷679.5，工业废水排放量1.74亿吨，城市生活废水排放量0.45亿吨。废水中主要污染物排放量：化学需氧量4.9万吨、氨氮1.01万吨、铅4.13吨、砷1.05吨、镉0.08吨。

2006—2010年，全市废水排放9.97亿吨，年均减少8%。2010年，总等标污染物负荷116。工业废水排放量由2006年的1.74亿吨降至2010年的0.94亿吨，年均减少12%；城市生活废水排放量由2006年的0.49亿吨增加至2010年的1.05亿吨，年均增加17%。废水中主要污染物：化学需氧量7.43万吨、氨氮8832吨、铅16.9千克、砷310千克、镉53.37千克。

2011—2017年，全市废水排放总量8.29亿吨，年均减少13%。2017年，全市废水排放总量2.3亿吨，其中，工业废水1.08亿吨。工业废水中化学需氧量排放量2.7亿吨，氨氮排放量0.39万吨。

二、废水污染治理

（一）工业废水污染治理

1990—1995年，全地区限期治理工业废水项目151个，其中重点企业15个。投入资金3579.72万元，其中专项贷款579.72万元，企业自筹3000万元，建成治理项目124个，新增废水处理能力504万吨／日。

1996—2000年，娄底市省属重点工业企业利用国内、外政府贴息贷款政策，配套自筹资金，投资1.17亿元。技术升级改造和环保污染治理项目20个，增加废水处理能力720万吨／年。较大项目有锡矿山南北选矿厂废水治理工程和井下回填工程各1个，利民煤矿酸性废水处理工程，涟钢废水处理厂。涟钢废水处理厂环保贷款935万元，自筹资金2000万元，建设废水处理及回用工程，1999年12月投入运行，年处理废水10万吨，废水循环利用率90%，涟水污染得到遏制。

2001—2005年，全市建设工业废水治理项目63个，增加废水处理设施32套，增加处理废水能力100万吨／年。2006—2010年，全市工业废水治理设施从158套增加至201套，处理能力从2006年的466.3万吨／日，增加至2010年的564.7万吨／日，增加21.1%，工业废水处理量13.13亿吨。工业废水排放达标率97%以上。全市7家主要工业废水排放企业全部达标排放。到2010年，全市废水治理设施运行费用增加到1.05亿元／年。

2011年，锡矿山地区被列入全国重金属重点防控区之一。2013年，又被列入国家湘江保护和治理五大重点区域之一，争取到重点项目环保专项资金20亿元，水、气、渣污染得到有效治理。2014年、2015年，全市采取化学和物理相结合的办法，化学需氧量分别减少3590吨、3871吨，氨氮分别减少580吨、462吨。

2016年始，市环保部门以改善环境质量为核心，推进全市水污染治理工作，先后制定《娄底市贯彻落实〈水污染防治行动计划〉实施方案（2016—2020）》《娄底市2016年度水污染防治实施方案》和《娄底市水环境保护和治理第二个“三年行动计划”（2016—2018）实施方案》，将工作任务分解落实到各县（市、区）人民政府和市直有关单位和相关企业，并根据《湖南省水污染防治2016年度实施方案》中娄底市的重点项目清单，加强督办检查，推进项目按进度完成。

2017年，实施锡矿山重金属污染区安全饮水工程、集中供水工程和农村分散安全饮水工程，制定《冷水江市涟溪河、青丰河达标整改方案（2017—2022）》，建成处理重金属废水处理站12座，总处理能力2.1万吨／日，实施《冷水江市资江流域锑污染整治行动计划（2017—2022）》，完成冷水江市狮子山锑业有限公司采选废水提质改造工程、废石场及场区地表废水环保治理工程等13个锑污染治理项目和锡矿山闪星锑业有限责任公司（简称闪星锑业）选矿废水提质改造工程、闪星锑业矿涌水利用工程等10个治理项目建设。2017年底，锡矿山区域青丰河万民桥断面砷平均值同比下降27.6%，锑浓度下降，低于饮用水控制标准。涟溪河民主桥断面砷下降51.9%，锑平均浓度同比下降33.6%，稳定达标。冷水江市集中式饮用水水源地水质连续7年稳定达标。资江干流入境球溪、出境郭家桥2个断面分别达到Ⅱ类、Ⅲ类水质标准，出境断面锑月平均浓度值低于0.005毫克／升的饮用水锑控制标准。

（二）城市生活废水污染治理

1990年，全地区产生城市生活污水1500万吨，主要污染物质是化学需氧量和氨氮。全部生活污水均未进行净化，一般灭菌处理就直接排放。至2007年，城市生活废水排放量6141.9万吨，年均增长

20%。主要污染物：化学需氧量排放2.79万吨、氨氮3349.34吨。全部生活污水均未净化，一般灭菌处理就直接排放。

2008年，市政府实施城镇废水处理三年行动计划，先后建成娄底市第一污水处理厂和各县（市、区）污水处理厂，2个乡镇污水处理厂。污水处理设施建设累计投资9.58亿元，配套污水管网360.17千米，日处理污水33万吨，服务人口103.6万人。2010年7月，市政府投资9100万元，在大科街道建成日处理能力10万吨的第二污水处理厂。娄底中心城区第一、第二污水处理厂排放标准均提高到一级A以上标准，并增加除磷、脱氮设施。至2011年，生活污水处理率100%。2012—2014年，全市城市污水处理1.87亿吨，年均处理6215.23万吨。2015—2017年，所有县级行政区及重点建制镇建成生活污水集中处理设施，县城生活污水处理率80%以上，重点建制镇生活污水处理率70%以上。2017年底，全市建设污水管网410.17千米，日处理污水40万吨。

2008—2015年娄底市污水处理厂建设情况表

表52-1

污水处理厂名称	启用年份	规模（万吨／日）	服务区域	服务面积（平方千米）	服务人口（万人）
娄底市第一污水处理厂	2008	10.0	乐坪街以北（含涟钢与开发区）	27.0	28.0
冷水江市污水处理厂	2009	3.0	冷水江市城区	24.0	24.0
涟源市污水处理厂	2009	4.0	涟源老城区	10.0	12.0
娄底市第二污水处理厂	2014	5.0	乐坪街以南，万宝新区	16.0	15.0
新化县污水处理厂	2014	5.0	新化县老城区	12.0	12.0
涟源市杨市镇污水处理厂	2014	0.5	杨市镇城区	2.5	0.6
涟源市茅塘镇污水处理厂	2014	0.3	茅塘镇城区	16.7	1.2
双峰县污水处理厂	2015	5.0	双峰县城	10.0	12.0

（三）农业废水污染治理

1990年，全地区畜牧养殖业，废水排放量0.23亿吨，废水污染自然降解。是年，地区和五个县（市）为探索多种生态经济模式，建设农业生态试点。1995年，全地区建成生态示范场2个，生态乡镇6个，生态村50个，生态户4.3万户。

1996—2002年，全市规模化养殖逐步扩大，废水污染日趋严重。全市开展农村环境连片整治示范区建设和农村环境综合整治目标责任制试点，对畜禽养殖场治理实施资金补贴，农村畜禽养殖场污染治理率提高到84%，畜禽粪便综合利用率提高到86%，饮用水卫生合格率提高到92%。其间，“娄底地区多层次、多领域、多功能生态农业规划研究”课题获国家科技进步二等奖。娄底市被国家科委定为生态农业试验区，被农业部定为持续农业试验区，被国家环保总局定为全国首批农村环境综合整治试验区。

2003—2017年，全市以规模化畜禽养殖场和养殖小区污染治理为重点，加强试验区建设，推进养殖污染减排、绿色种植、环境整治。各县（市、区）根据环境特征划定禁养区、限养区和饲养区，调整优化养殖场布局，坚持种养平衡，合理确定养殖规模，推广生物发酵床、垫料养殖等养殖方式；加大退耕还林，植树造林，推广配方施肥，减少化肥使用。其间，湖南天华实业有限公司湘中黑牛生态产业园项目落户娄底。该公司肉牛养殖育肥、屠宰加工厂场地的环保设施均满足环保要求。湘村高科农业股份有限公司在娄星区小碧乡和茶园镇有两座规模化湘村黑猪养殖场，常年存栏黑猪5万头左右，年产12万吨专用饲料加工厂1个，年加工猪粪有机肥2万吨生产线1条，并配套玉米种植基地667公顷和蔬菜种植基地约1333.3公顷。公司以畜禽粪便和农作物秸秆等为主要原料，建起厌氧发酵沼气能源站2座，总容积3万立方米，年产沼气60万立方米，年处理畜禽粪便14.6万吨，年生产车用燃气712万立方米。湘村黑猪生态产业链条，构建起“生态养猪—猪粪制沼气—沼气发电（或制成车用燃气）—沼渣制肥—沼液种菜—肥料种玉米—玉米制饲料—饲料喂猪”的农业循环经济模式，达到社会效益、经济效益和生态效益三者统一，实现湘村黑猪产业的健康、可持续发展。2017年底，试验区通过国家科委等三部委鉴定评估。

1998—2017年娄底市规模化养殖氨氮污染负荷情况表

表52-2 单位:吨

年份	产生量	削减量	排放量	入河量	年份	产生量	削减量	排放量	入河量
1998	2513.6	773.4	1758.1	850.9	2008	3025.6	944.0	2081.6	999.2
1999	2625.6	819.2	1806.4	867.1	2009	2956.5	922.4	2034.1	976.4
2000	2853.9	890.4	1963.5	942.5	2010	2946.2	919.2	2027.0	973.0
2001	3210.5	1001.7	2208.8	1060.2	2011	2984.9	931.3	2053.6	985.7
2002	3152.6	983.6	2169.0	1041.1	2012	2875.6	1495.3	1380.3	524.5
2003	3321.5	1036.3	2285.2	1096.9	2013	2312.8	1410.8	902.0	346.4
2004	3521.6	1098.7	2422.9	1163.0	2014	2215.4	1440.0	775.4	297.7
2005	3215.7	1003.3	2212.4	1062.0	2015	2012.4	1328.2	684.2	262.7
2006	3152.6	983.6	2169.0	1041.1	2016	1987.3	1490.5	496.8	190.8
2007	3045.3	950.1	2095.2	1005.7	2017	1874.2	1686.8	187.4	72.0

（四）主要河流污染治理

涟水河治理　涟水河发源于新邵县观音山，在娄底境内流程85.85千米，控制流域面积3906.14平方千米，是娄底市生活饮用及工农业生产主要水源。涟水河流域娄底段有集中式饮用水水源地3处，划定一级饮用水水源保护区3个、二级饮用水水源地保护区1个。娄底市第二自来水厂位于水府庙水库区，一级饮用水水源保护区水域范围是西阳河口桂花池至二水厂下游石山岭，全长4.6千米。1990年，涟水流域污染加重。1991年4月，地区环保局编写《娄底地区环境保护“八五”规划》，将工作重点放在涟水河、孙水河治理。是年12月，涟水河流域污染源44个，38个污染源得到治理。1992年，突出关停或取缔土法炼焦，小制革、小造纸等污染重点企业。1997—2000年，市政府编制完成《涟水河综合整治规划方案》，成立领导小组和办事机构，依法强制关闭涟源造纸厂、涟源制革厂、涟源酒厂蒸煮酿造厂、涟源蓄电池厂、双峰造纸厂、新化造纸厂、双峰铃山纸厂、涟源再生纸厂等严重污染企业。

涟水河垃圾打捞（2014年3月摄）

2004—2006年，市政府连续三年组织相关部门开展涟水河道整治行动，遏制乱占、乱建、乱倒、乱排等河库突出问题，基本消除河道水面的漂浮物，岸线形象改观。2007—2010年，市政府陆续开展河道沿线退耕还湿、牲畜禁养、截污等综合治理。2010—2015年，市委、市政府多次召开涟水河综合治理工程（神童湾段）PPP项目调度、推进会议，协调落实涟水河（神童湾段）重金属污染综合治理，工程涉及道路、桥梁、防洪堤、沿江风光带、截污干管及河道治理等。

2016—2017年，市环保部门先后制定《娄底市贯彻落实〈水污染防治行动计划实施方案（2016—2020）〉》《娄底市2016年度水污染防治实施方案》和《娄底市水环境保护和治理第二个“三年行动计划”（2016—2018）实施方案》《娄底市涟水水体保护总体实施方案（2016—2018）》《涟水娄底市西阳渡口断面水质达标方案》《涟水测水娄底市街埠头断面水质达标方案》《测水流域水环境质量达标2016年度实施方案》等工作方案，将任务分解到各县（市、区）和市直有关单位。2017年底，涟水河水系断面氨氮平均值同比下降11.2%，化学需氧量浓度同比上升0.5%，氨氮平均浓度同比下降3.2%，砷浓度低于饮用水控制标准。娄底市集中式饮用水水源地涟水河断面分别达到Ⅰ类、Ⅱ类水质标准，水质达标率7年稳定在100%。

孙水河污染治理 孙水河发源于涟源市龙山，聚集于白马水库，流经涟源市，经娄底城区入犁头嘴汇入涟水，全长95千米，流域面积807.2平方千米，是娄底市第一自来水厂取水水源。1991年，地区环境监测站在第一自来水厂设有常规监测断面，每月对取水点水质19个项目进行抽测。1992—1998年，地区环保局争取孙水综合治理项目21个，扶助资金1240万元，治理沿河厂矿企业污水排放。1999—2004年，市政府先后制定和发布《关于进一步加强孙水流域环境综合治理的通知》和《关于对孙水河流域实施严管严控的通告》《娄底市孙水河流域水污染防治办法》。2006年7月，关闭涟源市惠福化肥有限公司。2007年9月，市环保局发现孙水河流域部分河段出现锑超标，立即发出《关于对孙水河涉锑企业违法生产问题的监察通知》。涟源市环保局依法处理境内沙河锑矿、龙山锑矿、柿香锑矿环境违法行为。

2008年12月，市政府制定实施孙水河流域综合开发、利用、保护和水旱灾害规划。2010年7月，投资9100万元在大科街道思乐村建成日处理污水10万吨的第二污水处理厂。该厂投入运营后，城区污水处理率100%，孙水河水质达到国家二类标准。2011年，涟源市金环锰业有限公司废渣和含六价铬、锰、氨氮的废水排入孙水河。环保部门立即督促企业整治，铬废水、废渣和粉尘处理基本符合要求。是年，市环保局争取上级资金关闭该企业，并在孙水河石埠坝至落花洲饮用水水源划设一级保护区，在荷叶坝至石埠坝饮用水水源划设二级保护区，安装饮用水水源保护区界标5块、饮用水水源保护区交通警示牌5块、饮用水水源保护区宣传牌11块，在孙水公园河段安装隔离栅1100米，在取水口300米处设立常规监测断面一个，常年由市环境监测站开展水质监测。2012年9月，全市启动孙水流域环境综合治理。涟源市委、市政府按照统一安排部署，全力整治，经监测，孙水河一水厂饮用水一级保护区石埠坝断面基本达到《地表水环境质量标准》（GB3838—2002）Ⅱ类标准。2013年始，孙水河荷叶坝断面连续30个月达到《地表水环境质量标准》Ⅱ类标准。2012年、2013年全市共有24个项目获得中央资金支持，至2017年底项目全部完成。

2014年，市政府制定《2014年水府庙水库生态环境保护实施方案》《水府庙水库生态环境保护2015年度实施方案》，获环保部和省环保厅技术评审通过。

是年，市环保局对孙水河流域沙河锑矿、龙山锑矿、柿香锑矿废水排放，导致孙水河流域部分河段锑超标问题，下令限期整改，并组织孙水河沿线乡镇持续做好河面垃圾打捞清理，加强日常巡查管理，加固河道一级水源保护围栏，重新制作永久性宣传牌11块。市环境监测站对二水厂饮用水水源水质每月1次采样监测。监测结果，年内有4个月出现氨氮超标，没有达到《地表水环境质量标准》Ⅲ类标准。2013—2014年，市环保局先后向环保部申报争取国家生态环境保护专项资金2450万元，建成杨市镇污水处理厂、茅塘镇污水处理厂。2015年，孙水河达到《地表水环境质量标准》Ⅲ类及以上标准。

2017年，孙水河流域4个省控以上地表水断面水质均达到或优于Ⅲ类水质标准。

资江流域污染治理 1990—2006年，资江污染源集中于锡矿山，缺乏整体性治理规划。2007年7月，市政府制定《娄底市资江流域涉锑企业环境整治工作方案》，规范锑企业生产经营。2009年，按《锑行业准入条件》，关闭非法锑品企业，引导符合条件的企业优化整合。在锡矿山地区划定一块区域作为有色冶金工业园，园区内凡是生产规模小于5000吨／年生产能力的锑冶炼企业一律关闭。产能5000吨／年规模以上、达到环保要求的新建民营锑冶炼企业必须采用先进生产工艺，窑炉废气进行除尘脱硫治理，产生的固体废弃物按一般固体废物和危险废物分类收集、处置，综合利用锑采选和冶炼所产生废弃物、综合利用砷碱渣及利用炉渣制砖等，治理二氧化硫。各锑冶炼企业产生的含铅废渣应合理利用返回用作本厂鼓风炉配料，并按“防流失、防渗透、防扬散”的要求贮存在临时场所，逐步实现锡矿山地区砷碱渣“不欠新账，还清旧账”目标。

2010年起，冷水江市委、市政府对锡矿山地区开展大规模环境综合整治，制订长远生态修复计划，向上级有关部门争取税费返还，用于该地区环境修复整治工作，出台向企业征收生态环境修复费等政策。对采空塌陷区进行回填，采取块状、带状客土、添加保水剂等改良措施，改善土壤质量，选择背风的阴坡和沟谷作为植被恢复起始平台，利用植被自然恢复力向外围拓植，扩大植被有效恢复范围。锡矿山涉锑企业整治经验被环保部在全国推广。2014年，市政府制定《柘溪水库生态环境保护总体方案（2014—2018）》。2017年，全市全面推行“河长制”，确定市级河长8名，县级河长85名，乡级河长940名，村级河长1995名，建立市、县、乡、村四级组织体系和保障机制，强化各级政府及环保部门主体责任，确保河流环境持续好转。

第二节 废气污染与治理

一、废气污染

（一）工业废气污染

1990年，全地区废气污染源集中在冷水江钢铁厂、金竹山电厂、资江氮肥厂、冷水江碱厂、锡矿山矿务局、涟源铁厂、涟邵焦化厂和涟源钢铁厂，以及20多家大小水泥厂与数十家土法炼焦厂。是年，全地区年煤炭消费总量408.9万吨，工业废气排放量548.89亿立方米。锡矿山地区空气中二氧化硫浓度值23.65毫克／立方米，可吸入颗粒物最高日均浓度值0.25毫克／立方米，分别超国家《环境空气质量标准》（GB3095—2012）中二级标准46.29倍和0.69倍。

1991—2000年，全市年均能源消费总量651.84万吨标准煤，其中煤炭消费583.07万吨，年均汽、柴油消费0.28万吨。2000年，工业废气排放总量644.8亿立方米，其中二氧化硫排放量4.7万吨、粉尘排放量8.4万吨、烟尘排放量2.7万吨。

2001—2010年，全市工业用煤量不断增加，工业废气排放量呈逐年上升趋势。2010年全市能源消费总量1210.42万吨标准煤，其中煤炭消费1519.34万吨，燃料油消费0.35万吨。工业废气排放总量3298亿立方米。废气中主要污染物：二氧化硫排放量7.62万吨、氮氧化物排放量4.29万吨、烟尘排放量3.12万吨、粉尘排放量3.93万吨。

2011—2017年，贯彻《中华人民共和国环境保护法》，落实《湖南省“十三五”市州人民政府能源消耗总量和强度“双控”考核体系实施方案》，全市环境监管执法力度加大，工业用煤量减少，工业废气排放量呈逐年下降趋势。2017年，全市完成能源消耗总量和强度“双控”目标任务，能源消费总量1105.23万吨标准煤，其中煤炭消费1425.02万吨，燃油消费0.48万吨。工业废气排放总量2618.6亿立方米。全年能源消费总量同比增长2.1%，万元地区生产总值能耗量下降5.9%。全年规模工业综合能源消费量下降2.2%，万元规模工业增加值能耗下降9.4%。

（二）城市生活废气污染

1990—1995年，中心城区有生活锅炉100余个，餐饮业1000多家，年均排放生活燃料废气3亿立方米，排放污染物2.5万吨。其中烟尘1万吨、二氧化硫7000吨、氮氧化物1500吨。1996—2010年，城镇常住人口从64.74万人增加至147.33万人，年均排放生活燃料废气从3.1亿立方米增至56亿立方米，排放污染物从2.6万吨增至4.8万吨。2011—2016年，重点排污企业增加环保投入，中心城区与4个县（市）城区开通管道天然气，农村普遍使用石油液化气，全市生活用煤量大幅减少，年均排放燃料废气从56亿立方米减少至20亿立方米，排放污染物从4.8万吨减少至3.7万吨。2017年，全市城镇常住人口185.34万人，淘汰燃煤锅炉84台122.1蒸吨。中心城区有生活锅炉32个，餐饮业2000余家，年均排放废气39.45亿标立方米，排放污染物质3.53万吨，其中烟尘1.72万吨、二氧化硫8608吨、氮氧化物1298吨、一氧化碳8142吨，生活废气污染物负荷占总等标污染负荷的7.3%。

（三）机动车船尾气污染

1990年，全地区拥有各类汽车1.07万辆，运输用拖拉机7010辆，其他机动车2198辆，运输船舶1000艘。全年机动车排放废气污染物约8000吨。1991—1998年，全地区汽车增加到2.21万辆，轮胎式拖拉机8847辆，摩托车2.15万辆，其他机动车4000辆，机动船370艘，加上工农业生产，1998年，全地区消耗汽油1.22万吨、煤油4215.8吨、柴油1.47万吨。燃油排放氧化硫452吨。2002年，全市汽车增加到2.94万辆，运输船534艘。年均排放废气污染物2.51万吨。2003—2007年，机动车增加到19.18万辆，污染物年均排放4.82万吨，其中，总颗粒物777.19吨，氮氧化物6937.34吨，一氧化碳3.64吨，碳氢化合物4479.70吨。至2017年，全市机动车登记数量68.99万辆，年均增长12%，全年排放废气污染物14.46万吨，较2007年增长近3倍。

（四）农村秸秆焚烧和砖瓦烧制废气污染

秸秆焚烧废气污染　1990—2017年，全市（地区）年均产生农作物秸秆200余万吨，其中30%被焚烧，对大气造成一定污染。

砖瓦烧制废气污染　1990年，全地区有砖瓦窑200余座，排放废气13.58亿标立方米。1992年，全地区新型墙体材料产业起步，经过7年发展，至1998年，全地区生产新型砖13.44亿块，瓦7453万片，排放废气12.14亿标立方米。2009—2014年，全市拥有新型墙材生产企业近200家，年均排放废气17.14万标立方米，每年节约标准煤5万吨，相应减少废气排放量对环境的污染。2016年，强制取缔黏土砖生产，年均排放废气总量减至6.58亿标立方米。2017年，全市推广新型墙体材料，黏土砖厂全部关闭拆除，砖瓦行业年均排放废气减至220万标立方米。

二、废气污染治理

1991年1月，地区环保局公布前5年环境质量调查报告书，编写《娄底地区环保“八五”规划》，开始有计划地治理工业废气。1993年，确定环保治理项目45个，其中废气治理22个，增加废气处理能力2.78万立方米/年。1994年，制定《全区重点工业污染源监测工作方案》，为工业废气防治提供依据。

1996年9月，行署发出《坚决取缔和关停一批严重污染环境的小型企业的通知》，关停废气污染严重的工业企业180家，减少含硫工业废气排放9.01标立方米。1997年，全地区列入取缔、关停范围的小型企业共117家，其中关停县属企业9家、乡镇企业18家、集体企业14家、股份或联户企业12家、个体或私营企业64家，按生产种类分，关闭造纸厂10家、制革厂4家、锑冶炼厂69家、土硫黄窑6处、染化厂8家、铅锌冶炼厂5家、石棉制品厂2家、选金点2处、电镀点2处、个体土炼焦窑群9处（计640余座）。6个月后，冷水江市12家锑冶炼厂、涟源市斗笠山镇20多座土焦窑死灰复燃。

2000年，全市列入调度的192家工业企业，达标168家，未达标被强制关闭的23家。关闭工艺落后废气污染严重的小水泥厂43家、小煤窑682家。年废气排放量下降到600余亿标立方米。是年，列入省直接监督的8家企业全部通过省环保局验收，市控42家企业中有41家通过达标排放验收。2005年12月，根据国家《污染源自动监控管理办法》，市环保局启动建设华菱涟源钢铁有限公司、冷水江钢铁集团有限公司以及煤化、新能源企业等15个污染源在线监控项目。

2006年，市环保局与市经贸委联合发出通知，禁止使用含氟利昂制冷剂及其他物质。至2010年，全市工业企业废气治理设施从332套增加至480套，设计处理能力从5171万立方米/时增加至7525.6万立方米/时，增加45.5%。废气治理设施运行费用7.27亿元，投资额增加到9868万元。二氧化硫、氮氧化物、烟尘和粉尘去除量，分别是2006年的6倍、1.2倍、2.3倍和2倍。

2011—2015年，全市关闭锑品冶炼厂50家，水泥厂8家，砖瓦厂、瓷厂、耐火材料厂和钢铁厂各1家。完成大气污染防治工程项目68个，完成二氧化硫治理131.6%，完成氮氧化物治理219.5%，超额完成省政府下达的大气污染物约束性指标。2016年，完成金竹山电厂3#机组超低排放改造工程和冷水江钢铁集团有限公司钢球团烟气治理工程，依法取缔重点公路两侧200米范围内的非法采矿、采石、采砂企业及选配煤等产生扬尘污染的企业。

2017年，全市贯彻落实国家《大气污染防治行动计划》《“天蓝水净地绿”三年行动计划》，编制《娄底市大气污染防治专项行动方案（2016—2017）》，推进有色、建材和化工行业全面达标排放，完成金竹山电厂1号机组超低排放改造工程、振强锑业及艳山锑业烟气脱硫改造项目以及湘中石油油库油气回收工程。

（一）冶金工业重点企业、区域废气污染治理

华菱涟源钢铁有限公司　涟钢工业废气主要来自炼焦、烧结、炼铁、炼钢、轧钢等工业炉窑以及矿石的堆存、破碎、筛分、转运等过程，主要污染物有颗粒物、二氧化硫、氮氧化物等。20世纪90年代，企业抓达标排放，基本解决红、黄、白、黑、蓝色五条烟龙的废气污染。2000年以后，以“减排”为中心，淘汰落后产能，重点解决烧结机机头脱硫问题。通过采用清洁原燃料替代、实施工程减排项目、改造1#焦炉、2#焦炉烟道气脱硫脱硝设施，强化管理等措施，直接降低娄底市区，特别是涟钢周边地区大气环境污染物浓度。2009年开始，涟钢投入1.79亿元，先后对全部4台烧结机机头烟气完成脱硫治理。2010年，转炉厂采用干法和高效布袋除尘工艺，消除一次、二次烟气，混铁炉废气，LF炉废气，污染物稳定达标排放。2009—2013年，130平方米、180平方米、280平方米烧结机烟气脱硫系统委托第三方专业化运营管理。2015年，实施新的污染物排放标准限值，三台烧结机配套的电除尘设施，改为高效的布袋除尘或电袋除尘设施。2017年，投资9000余万元，将一次烟气湿法除尘改造成为高效干法除尘工艺，有效管控厂房和放散塔冒黄烟现象。是年，投资1000余万元，在中和场周边建设严密围挡，改造抑尘网，封闭产生扬尘的皮带通廊，削减颗粒物排放，改善厂区环境空气质量。将4台烧结机机头脱硫烟气旁路烟道全部切断，从根本上杜绝烟气从旁路烟道逸散的现象，进一步减少污染物的排放。至2017年底，涟钢有废气处理设施96台（套），废气处理能力3619万立方米/时。

治理后的华菱涟源钢铁有限公司厂区（2013年7月摄）

锡矿山地区　该区面积116平方千米，是全市重金属污染最严重、治污任务最艰巨的区域。区域内有闪星锑业和一批民营锑品冶炼企业。2004年，闪星锑业采用旋流板塔钠—钙双碱法工艺，建设锑冶

炼厂脱硫系统，升级锑冶炼厂减排治理。2006年，关闭南炼厂。2007年，3平方米鼓风炉处理量60～70吨／日，脱硫达标。鼓风炉由原3平方米贫氧熔炼扩改成4.5平方米富氧熔炼，处理量由原来的70吨／日提高到165吨／日，最高达170～180吨／日。2010年，冷水江市委、市政府对锡矿山地区开展大规模环境综合整治。8家民营锑品冶炼企业投入2.8亿元实施扩容提质改造，达到《锑行业准入条件》。空气中二氧化硫日均浓度值由2009年的0.63毫克／立方米下降到0.22毫克／立方米。2012年，境内全部锑冶炼企业建设烟气脱硫设施并实施两轮升级改造，全部达标排放。

2014年，冷水江市政府出台《冷水江锡矿山转型发展建设传统矿区环境整治生态修复示范区实施方案（2014—2030）》。2015—2017年，省委书记、省人大常委会主任杜家毫先后4次到锡矿山调研指导，要求将锡矿山建成全省“两型”社会示范区。2016年初，闪星锑业申请省重金属环保专项资金400万元、自筹600万元升级改造环保设施。2017年，冷水江市委、市政府制定《冷水江市中央环保督察反馈意见整改方案》，在该区域建成2万亩矿区复绿示范基地，在核心区连片栽植1万亩防污抗污林。是年，闪星锑业投资1940万元，对锑冶炼厂6台反射炉系统采取集中净化处理和高空排放改造，厂界东、南、西、北四面废气中的颗粒物、二氧化硫、氮氧化物监测浓度值符合《大气污染物综合排放标准》（GB 16297—1996）。砷、锑、汞、铅等浓度值符合《锡、锑、汞工业污染物排放标准》（GB 30770—2014）排放限值。同时对锑冶炼厂反射炉无组织粉尘收集处理系统进行改造，收尘布袋室变传统敞开式为封闭式。是年，废气污染下降至0.013毫克／立方米。

冷水江钢铁集团有限公司　2009年始，公司先后投入环保资金11亿余元，完成烧结烟气脱硫、球团烟气脱硫、高炉湿法改干法、烧结脱硫升级改造、转炉钢渣综合利用等治理项目及“三同时”配套项目40多个，建成废气治理设施44台（套），完成轧材系统燃煤加热炉改造，每年减少煤耗量14万吨，减排二氧化硫8500吨、烟尘150吨。淘汰46平方米烧结机，减排二氧化硫897吨、烟粉尘524吨。利用转炉、轧材加热炉、烧结环冷机的蒸汽余热发电，建成12兆瓦、9.5兆瓦、3兆千瓦发电机组各一套，发电量1.93亿千瓦时／年，年节约标准煤5.84万吨。利用高炉、转炉富余煤气发电，建成2台1.2万千瓦发电机组，以及利用高炉压差建成5台TRT发电机组。发电量3.6亿千瓦时／年，年可节约标准煤16.08万吨。新建20蒸吨以上燃煤锅炉，安装脱硫脱硝设施，10蒸吨以下锅炉使用清洁能源，35蒸吨以上的现有燃煤锅炉实施烟气脱硫，所有生产规模4000吨／日以上的生产线，全部实施脱硫脱硝改造。烧结系统：烧结机头烟气经重力除尘、布袋除尘后再经脱硫处理，机尾采用电除尘，除尘灰综合利用，废气经烟囱达标排放。2013年，投资3800万元，建设烧结烟气脱硫工程，2014年7月建成投产，同年10月通过环保验收。建成烧结系统脱硫设施：布袋除尘器1台、电除尘器4台，建成球团烟气脱硫设施，电除尘设计处理能力为131.55万立方米／年。机尾采用电除尘，除尘灰、脱硫石膏综合利用，废气经烟囱达标排放，每年减排二氧化硫7000余吨。高炉煤气通过布袋除尘器净化处理后供生产和煤气发电。高炉出铁场烟气、矿槽系统烟粉尘通过布袋除尘和电除尘处理后，除尘灰送烧结综合利用，废气经烟囱达标排放。建成炼钢系统：文氏管洗涤3套、布袋除尘器3台，除尘设计处理能力19.5亿立方米／时。转炉煤气采用一次除尘文氏管洗涤、二次布袋除尘，混铁炉烟气经布袋除尘，除尘灰送烧结综合利用，烟气达标排放。

湖南顺鑫钢铁有限公司　原为涟源铁厂，2003年11月组建为民营企业，固定资产投入1.41亿元，有120立方米、225立方米炼铁高炉各1座，35万吨炼钢转炉1台及相关炼钢设备、高炉余热发电机组3000千瓦和1500千瓦各1台，28平方米烧结机的烧结分厂1个，410米铁路专用线1条，110万伏变电站1座，年产生铁35万吨、钢35万吨。因“三废”污染严重，治理无效，2008年依法关闭。

涟源市五江汇源焦化有限公司　2017年，中央环保督察组暗访发现该企业原辅材料堆场虽设置围挡，但未采取覆盖而露天堆放、无洒水抑尘、冲洗地面和车辆等防尘降尘措施。脱硫、脱硝及废气无组织逸散严重，氨、苯等污染物未有效收集处理，厂区雨污分流不彻底，通过雨水沟偷排废水。雨水收集

池未做防渗处理。酸焦油、脱硫残渣等危险废物贮存场所简陋，不符合《危险废物贮存污染控制标准》要求。环保部门按照中央环保督察组要求，对存在的环境问题全面排查，依法处罚、整改、追责。

（二）电力行业重点企业废气污染治理

大唐集团金竹山发电厂 1990—2006年，投入技改资金1.25亿元，完成重大技改和污染治理项目32项，改造除灰除渣系统，加强灰渣综合利用，解决向资江排污问题，满足排污总量控制要求。新建240米烟囱，实现安全、文明生产双达标，得到省政府通报表扬和嘉奖。2007年6月，金竹山电厂A生产区烟尘排放超标，将污染物排放量大的1号烟囱爆破，2台5万千瓦机组关停。同年11月，2台文丘里水膜除尘器爆破，关停4#、5#机组。2008年，3#、6#机组关停。2016—2017年，金竹山电厂投资近3亿元，实施3台W型锅炉火电机组超低排放改造工程，完成低氮燃烧器改造、脱硫脱硝增容改造等项目，烟尘、二氧化硫、氮氧化物排放浓度分别低于10、35和50毫克／标准立方米，各项运行参数满足超低排放限值要求，综合脱硫效率提高到90%以上。单机容量30万千瓦及以上的燃煤机组实行脱硫脱硝改造，综合脱硫脱硝效率70%以上。

湖南涟源华润发电厂 2009年10月，该厂2台33万千瓦发电机组投产，2012—2013年，投资近2.5亿元完成1号、2号机组脱硝工程建设，同步实施低氮燃烧器、空气预热器、脱硫完善性三项改造节能减排项目。2014年，投入资金1亿元，分别对两台机组脱硫设施扩容和完善性改造。二氧化硫、氮氧化物等主要污染物排放提前完成“十二五”期间污染物减排目标。至2017年，新建燃煤机组全部配套建设脱硫脱硝设施，脱硫效率95%以上，脱硝效率80%以上。

（三）水泥行业废气污染治理

1990年，全地区有水泥制造及加工企业106家，年产水泥能力300余万吨。1991—1997年，全地区淘汰2.2万吨以下污染严重的立窑水泥生产线220条。1998年，水泥制造及加工企业减至84家，年产水泥253万吨。1999—2004年，全市水泥制造及加工企业增加至105家，落后产能回升。2005—2009年，全市淘汰4.4万吨以下污染较重的立窑水泥生产企业66家，淘汰产能100万吨，引进战略投资者海螺水泥、台湾国产实业和华新水泥，水泥企业从2005年的103家减少到2010年的24家。2010—2017年，全市优化产业结构，相继淘汰娄底市利恒水泥有限公司、娄星水泥制造有限公司各1条回转窑生产线，冷水江市华鑫水泥有限公司和双峰县湘银水泥厂年产10万吨水泥生产线，关闭10多家小型水泥厂，淘汰产能111.2万吨／年，烟（粉）尘得到控制。

（四）农业秸秆焚烧与砖瓦烧制废气污染治理

农业秸秆焚烧废气污染治理 1999年，市环保局会同有关部门，划定高速公路、铁路两侧2千米和国道、省道及其他公路干线两侧1千米地带及人口集中区、自然保护区、国家森林公园、风景名胜区、文物保护单位、人文遗址、林地、草场、油库、通信设施等周边地区为秸秆禁烧区，竖立禁烧碑（牌），张贴国家《秸秆禁烧和综合利用管理办法》。其他地区推广秸秆综合利用技术。全市年产农作物秸秆200多万吨，70%直接还田，年增土壤有机质5万吨。是年，市环保局在双峰县、新化县开展秸秆氨化饲养牛羊示范工作。2000年8月，市环保局确定双峰县梓门桥镇为秸秆机械化还田重点示范镇。2002年始，贯彻省环保局《关于进一步加强秸秆禁烧工作的紧急通知》，对全市秸秆焚烧开展现场执法检查。2012年9月，市政府发布《关于实施十大环保工程的通知》，强化农村环境综合治理整治和森林生态建设与保护工作，2013年，秸秆焚烧污染得到有效控制。2017年，禁燃区段无违法焚烧秸秆现象。

砖瓦烧制废气污染治理 2000年始，全市逐步推广新材料墙体砖，减少黏土砖的使用量。2009年，冷水江市金筑新型墙体材料有限公司成立，以粉煤灰及工业脱硫石膏、炉渣等为主要原材料，生产粉煤灰加气混凝土砌块及粉煤灰标准荷等产品。2013年，该厂利用废物120万吨，生产粉煤灰加气混凝土砌块25万立方米、蒸压粉煤灰标准砖1.8亿块、加气砌块砌筑砂浆25万吨。2010年，涟源市华天能新型建材有限公司成立，投资4000万元综合开发利用粉煤灰、脱硫石膏，年产20万立方米蒸压加气混

凝土砌砖，年综合利用粉煤灰120万吨、脱硫石膏3万吨，利用率90%。2011年，娄底市高盛板业有限公司成立，研发、生产、经营硅酸钙板、蜂巢芯底板、异形隔板和天花板吊顶。年产蜂巢芯底板50万张、硅酸钙板120万张、天花板吊顶50万张，利用处置粉煤灰4.2万吨。2014年末，全市拥有新型墙材生产企业近200家，其中煤矸石砖、页岩砖生产企业90余家，年生产能力5亿块标砖。石膏砌块、混凝土砌块和加气混凝土砌块生产企业近100家，年生产能力80万立方米。轻质隔墙板材生产企业10家，年生产能力150万平方米，减少废气1.2万吨。2015年，环保部门开展一系列砖瓦行业专项整治行动，全市实心黏土砖厂减至74家。至2016年，所有黏土砖厂被依法强制取缔。至2017年，全市粉煤灰、煤矸石、泥炭、煤炭页岩等新材料企业继续发展，粉煤灰等废弃物得到有效控制和利用。

（五）机动车船废气污染治理

1990—1995年，全地区汽车年均尾气排放1.8万吨，地区环保局机动车辆排污管理站（简称“车辆排污管理站”）开始汽车尾气治理。1996—1998年，车辆排污管理站依托市公安机动车检测站，对机动车定期开展尾气排放检测，加强机动车维修等环境管理和环保标志管理。2013年，全市有民用汽车2.21万辆，轮胎式拖拉机8847辆、摩托车2.15万辆、其他机动车4000辆、机动船370艘，耗汽油4803吨、煤油41吨、柴油8502吨、燃料油1.47万吨，排放二氧化硫30多吨。车辆排污管理站联合公安机动车检测站对尾气排放不达标的车辆强制淘汰。2014年，全市淘汰黄标车8207辆。

双峰县城新能源电动公交车投入使用（2017年12月摄）

2017年，全市共查验新注册柴油车1607台次，查验外省市迁入市境内的二手车2663台次，查验“真国Ⅲ假国Ⅳ”（汽车排气国家标准）嫌疑车辆32台次、不符合迁入要求的机动车186台次，均予退档或不予注册，从源头上控制污染产生。至2017年底，全市建成机动车环保检测机构12家（中心城区5家，新化县3家，双峰县2家，涟源市1家，冷水江市1家），另有3家在筹建。全市有机动车环保检测线31条，年均检验机动车9.19万辆，合格9.08万辆，淘汰黄标车7525辆。全市检测线与环保部门联网，实时现场监控检测机动车排放。尾气排放量年均减少2.3万立方米。1990—2017年，全市以旧换新车9万余辆，年均3334辆，禁止不符合国家机动车排放标准车辆的生产、销售和注册登记8万余辆，年均2900辆，全市年均减排废气3000多立方米。

（六）城市生活废气污染治理

1990年前后，娄底城区生活、生产锅炉和居民生活用煤产生的烟尘严重污染城市空气。地区行署通过增加管道煤气供应，减少生活用煤量，降低生活废气污染。1997年，娄底中心城区管道煤气用户70%，石油液化气用户20%。1998年，锅炉使用单位投入治污资金300万元，20多家宾馆、饭店锅炉改造。1999年，环保部门依法关停老式锅炉13台，责令20多台锅炉安装除尘脱硫设施，限期治理城区机关单位燃煤锅炉，所有锅炉烟尘排放量降低到国家规定标准以下。市城管局、市卫生局、市环保局、市工商局联合发出通知，禁止在城区街道、空坪、绿地、桥梁、车站、码头、广场等公共场所摆摊设点、经营烧烤（油炸），市中心体育馆附近的夜宵摊全部搬迁。城区餐饮灶全部使用管道液化气、液化石油气、电或其他清洁能源，安装油烟净化装置。关停所有高污染燃料的锅炉。2002年，市中心城区烟尘控制区面积32平方千米。至2010年底，中心城区烟控区面积比2002年增加24平方千米。2012年，市环保和工商部门禁止在居民楼下新建、扩建、改建餐饮门面，取缔城区九亿步行街至老市委街道露天经营烧烤饮食摊担。2013年10月，市政府下发《市城区餐饮业油烟污染限期治理实施方案》，市环保局开展餐饮油烟专项整治，对中心城区53家大中型餐馆下达限期治理通知。2014年5月，市城管局责令中心城区16家餐饮店改造除烟设备。2015年，市、县（市）城区全部使用管道天然气，城乡接合部居民全部使用石油液化气，城市生活废气排放得到有效控制和治理。2017年底，市环保局对娄底八中对面露天烧烤饮食摊担区专项整治，全市城区烟尘控制区占建成区面积90%以上，中心城区烟尘控制区占建成区100%。

（七）油气回收治理和油罐防渗改造

2011—2015年，中石化娄底石油分公司率先开展油气回收。2016年8月，市政府办公室印发《娄底市大气污染防治专项行动方案（2016—2017）》，全市石化企业开展油气回收治理与油罐防渗改造，2016年，完成加油站、储油库、油罐车油气回收治理，推广泄漏检测与修复技术，完成有机废气综合治理。至2017年，全市正常运营的225座加油站，完成油气回收改造158座，完成率70.2%，另有67座在改造。全市有储油库2座，全部完成油气回收设备改造。油罐防渗改造96座。

第三节　噪声污染与治理

一、噪声污染

1990年，按照《城市区域环境噪声标准》（GB 3096—1982），全地区城市道路干线交通噪声等效A声级为73.7分贝，其中83.1%的道路干线超过70分贝。道路噪声污染较为严重的地域是双峰县城关镇（74.5分贝）、涟源市区（74.6分贝）、冷水江市区（76.2分贝）。全地区城市区域环境噪声平均值55.4分贝，接近一类混合区昼间标准。娄底市、涟源市、冷水江市、新化县和双峰县的区域环境噪声平均值分别是52.8分贝、55.1分贝、59.0分贝、55.5分贝和54.5分贝。2010年，全市各县（市）城区道路交通干线噪声平均等效声级67.56~77.38分贝。其中双峰县城77.38分贝，属重度污染；新化县城72.48分贝，属中度污染；冷水江市71.3分贝，属轻度污染；娄星区68.33分贝，声环境质量等级较好；涟源市为67.56分贝，声环境质量等级好。2011年，全市城市区域环境噪声等效声级范围52.4~55.6分贝，均值53.9分贝。冷水江市和涟源市，平均等效声级55.1分贝和55.6分贝，属轻度污染。娄星区、新化县和双峰县区域环境噪声平均值53.2分贝、53.1分贝和52.4分贝，属较好。2012年，全市城市区域环境噪声等效声级范围51.2~54.6分贝，其中，娄星区和双峰县区域环境噪声平均值51.2分贝和51.6分贝，属较好。2013—2016年，全市城市区域环境噪声三年均值52.5分贝。2017年，全市各县（市）道路交通干线噪声昼间平均等效声级66.3~73.4分贝。涟源市区、新化县城区道路交通平均等效声级73.4分贝、72.3分贝，声环境质量等级均为四级，属于较差。娄底市、冷水江市、双峰县道路交通平均等效声级67.6分贝、66.3分贝、66.4分贝，声环境质量一级。

二、噪声污染治理

1990年起，城市环境综合整治以划分“噪声控制区”控制城市噪声。1993年，城市环境综合整治以城镇“三区”（烟尘控制区、噪声控制区和饮用水水源保护区）建设为重点，增加监测频率，分析污染来源，针对性地控制环境污染。2000年后，涟钢、冷钢、湖南宜化、湖南海螺、双峰海螺等大型企业噪声问题突出。涟钢相继对烧结机、高炉、转炉、电炉、制氧机进行技术改造，隔音降噪。2002年，全市噪声达标区控制面织27.5平方千米，噪声达标控制区覆盖率40%以上。2003年3月，市环保局收到市政协《关于综合防治噪声污染的建议》后，拟定《娄底市城市环境噪声污染防治管理办法》，加强声环境保护宣传，开通环保热线电话“12369”，对新的噪声污染源加强控制、监督和治理，依法对工业噪声、建筑施工噪声、营业性文化娱乐场所噪声征收超标排污费，重新划定噪声控制区，把城南新区等区域纳入噪声控制范围，规定全城娱乐场所0:00—8:00停止营业。是年，对噪声达标区重新调查和核定验收。噪声达标区覆盖面积60%以上。2004年始，每年高考、中考期间，开展昼夜巡查，实行噪声管制。2007年，将涟钢涟水河岸沿河街声环境敏感点的居民搬迁。是年3月，市环保局发出《关于重新划定娄底市市区空气质量、环境噪声、地表水环境功能区的通知》。2010年，涟钢先后投资近1000万元，对风机、发电站锅炉汽包、高炉均压阀、制氧站、喷煤房等设备和区域进行隔声消声处理，降噪15~35分贝，实现噪声达标，并纳入省级环保部门备案管理。2011年9月，市环境监察支队对城区宝丽金娱乐城、夜巴黎娱乐城、阿里巴巴酒吧、九九酒吧等进行现场检查，治理噪声扰民问题。2014年9月，双峰海螺水泥有限公司用隔音屏障解决石料运输带噪声扰民问题。2015年，市环保局在5个县（市、区）城区设置578个区域环境噪声、102个交通干线噪声和10个功能区环境噪声监测点。是年，全市区域环境噪声平均等效声级55.2分贝，比2014年下降0.5分贝。城市道路交通干线噪声监测路段长123.14千米，平均等效声级71.8分贝，比2014年上升4.2分贝，全市城市道路交通噪声监测点达标率51%。全市功能区环境噪声达标率相对稳定，1类区噪声平均声级昼间值50.3分贝，夜间值38.9分贝；2类区昼间值53.7分贝，夜间值43.3分贝；3类区昼间值57.6分贝，夜间值46.4分贝；4类区昼间值68.2分贝，夜间值56.4分贝（4类区夜间略超标）。湖南海螺水泥有限公司设备运行产生的机械震动、冲击和风机运行产生噪声85~105分贝，属于强噪声源，严重影响周围居民工作和生活，环保部门责成企业整治噪声污染。为此，海螺公司给风机、电机、脉冲阀安装隔声罩、隔声门、消声器，解决隔声构件之间拼装密封问题，降声罩降噪量提高到25~30分贝。2017年，冷钢对烧结机、高炉、转炉、发电厂进行技术改造，隔音降噪，实现噪声达标并纳入省级环保部门备案管理。

第四节　固体废弃物污染与治理

一、固体废弃物污染

（一）工业固体废弃物污染

1990年，全地区产生工业固体废弃物306.38万吨，排全省第一。按来源可分为燃料渣（粉煤灰、炉渣、煤矸石）、冶炼废渣、尾矿（包括赤泥）、化工废渣及其他固体废弃物，燃料渣、冶炼废渣产生量分别为188.47万吨、77.85万吨，分别占工业固体废弃物的61.5%与25.4%。是年，产生煤矸石25.83万吨，综合利用量仅11.34万吨。按区域统计，冷水江市占全地区排放量55.2%，娄底市占21.8%。按行业统计，煤炭行业排放量最大，次为电力、冶金与建材。至是年底，全地区工业固体废弃物历年堆存3199.53万吨，综合利用率30.6%。1991—2005年，因经济发展和城市扩张，全市工业固体废弃物产生量逐年增加。2005年，全市工业固体废弃物产生量602.77万吨，比1990年增加近一倍。2006—2010年，产生量4241.75万吨，综合利用4032.03万吨，利用率95.1%。2011—2017年，产生量7201.61万吨，综合利用6746.68万吨，利用率93.7%（其中2017年，工业固体废弃物产生量1120.48万吨，综合利用822.72万吨，处置量46.49万吨，贮存量269.87万吨）。2017年产生冶炼废渣、煤矸石、炉渣、粉煤灰和尾矿分别为343.35万吨、184.8万吨、183.26万吨、72.76万吨和37.13万吨，分别占当年工业固体废弃物总量的30.6%、16.5%、16.4%、6.5%和3.3%。工业固体废弃物产生量居前的企业：湖南华菱涟源钢铁有限公司（343.36万吨）、大唐华银金竹山火力发电分公司（94.97万吨）、冷水江钢铁有限责任公司（45.1万吨）、闪星锑业（39.93万吨）、娄底市新平头石煤业有限公司（18.48万吨）。

（二）工业危险废弃物污染

1990年，全地区工业危险废弃物主要是冶炼、化学与化工废弃物（其中化工行业是有害固体废弃物重点污染行业），产生总量0.27万吨，综合利用0.2万吨，利用率75%。1995年，产生总量0.27万吨，综合利用0.22万吨，利用率81%。2000年，产生总量0.29万吨，综合利用0.25万吨，利用率86.2%。

1996年8月，冷水江市锡矿山矿务局黄光村一场大雨后，200多人不同程度上出现头痛、头晕、腹胀腹泻、颜面浮肿、四肢乏力。经诊断有120多人尿砷超标，砷中毒，13人住院治疗，一名高龄妇女死亡。2005年，全市产生工业危险废弃物总量0.31万吨，综合利用0.29万吨，利用率93.5%。2010年，产生总量0.96万吨，利用率100%。2015年，产生总量16.02万吨，综合利用15.82万吨，利用率98.8%。

2017年，全市工业危险废弃物产生量23.96万吨，综合利用量22.96万吨（其中综合利用往年贮存量0.04万吨）、处置量0.85万吨、贮存量0.17万吨。综合利用率95.8%。主要工业危险废弃物种类是：含铅废物（HW31，炼钢高炉瓦斯泥和除尘灰等）、精（蒸）馏残渣（HW11，焦油、焦油渣等）、废乳化液渣（HW09）、含砷废弃物（HW24，砷碱渣），年产生量分别为16.72万吨、6.87万吨、0.39万吨、0.19万吨。危险废弃物年产生量居前的企业是：湖南华菱涟源钢铁有限公司13.2万吨、冷水江钢铁有限责任公司3.4万吨、湖南煤化新能源有限公司2.6万吨、闪星锑业1208.05吨、娄底新源有色科技有限公司0.9吨。按地域划分，冷水江市锡矿山地区长达123年的锑冶炼史，至2017年，累积大量固体危险废弃物。其中，砷碱渣100余万吨，野外混合渣约60万吨，Ⅰ类一般固体废弃物约5300万吨，Ⅱ类一般固体废弃物约2100万吨。这些固体废弃物分散在17个堆渣场，导致土壤严重污染，个别点位锑的含量1000毫克／千克，砷含量300毫克／千克，分别超标200倍、28.3倍。局部区域还存在有毒气体和重金属复合污染。2000年前，整个矿区树木枯死、寸草不生，造成严重的土地石漠化，地表水和地下水严重污染。青丰河水体砷超标最高达70倍，锑超标最高达699倍。水井污染率50%，井水砷含量平均超标24倍。

1990—2017年，全市产生工业危险废弃物132.55万吨，综合利用126.32万吨，利用率95.3%。

（三）医疗废弃物污染

1990年，全地区乡镇以上各级医疗卫生机构146家（不含私人诊所，下同），床位8131张，年产生医疗废弃物1080吨。1991—2001年，全地区医疗卫生机构诊疗人次和病床使用率逐年提高，医疗废弃物产生量年均1182吨。医疗废弃物仅作简单处理，部分“回流”社会，非法再加工利用，对人民群众身体健康构成危害。2002年，全市乡镇以上各级医疗卫生机构168家（含民办医院，下同），床位8526张。全年诊疗687.68万人次，产生医疗废弃物1632吨。2005年，全市各级各类医疗卫生机构185家，床位0.94万张，产生医疗废弃物1780吨。2010年，全市各类医疗卫生机构702家，床位1万余张，产生医疗废弃物1980吨。2015年，全市医疗卫生机构4314家，产生医疗废弃物2230吨。2017年，全市医疗卫生机构3883家，床位2.51万张，产生医疗废弃物2674.52吨。全市处置的医疗废物中，感染性废弃物占75%、损伤性废弃物占14.1%、病理性废弃物占4.2%、药物性废弃物占4.2%、化学性废弃物占2.5%。

（四）城市生活废弃物污染

全市城市生活垃圾1990年11.56万吨，1995年34.26万吨，2010年46.17万吨，2017年全市城镇人口176.36万人，生活垃圾54.89万吨。生活垃圾对乡镇和县城污染程度比中心城区重。

（五）建筑废弃物污染

1990—2000年，全市建筑业在新建、改建、扩建、拆除各类建筑物、道路管网、园林绿化、装饰装修等工程中所产生的工程渣土、工程泥浆、废弃砖瓦、混凝土、木材、管材、沥青等废弃污染物未作统计，除人工回收钢筋外，其余未作任何处理，均被填埋，不同程度地污染土壤、地表水、地下水。2011—2016年，城市建设加快，建筑垃圾增加较快，全市年均建筑垃圾产生量约5000万吨。2017年，全市产生建筑垃圾约5800万吨，其中约46%在无序低效的情况下被周转用于土方回填，约54%的建筑垃圾以临时堆放或填埋的方式分散消纳于城乡接合部闲置用地，造成环境污染。

二、固体废弃物污染治理

（一）工业固体废弃物污染治理

1990—2005年，全市工业固体废弃物污染治理处于探索阶段。2005年后，市政府先后出台一系列工业废渣综合利用的政策，促使更多企业发展利废项目。2010年，全市工业企业年产生工业废渣量800万吨左右，其中，粉煤灰130万吨、钢渣390万吨、煤矸石200万吨、其他废渣80万吨。在政策的支持下，煤矸石、钢渣、粉煤灰、炉渣等工业废渣被水泥生产企业、墙体材料生产企业大量利用。全市年处理工业废渣680万吨，处理率85%；综合利用550万吨，综合利用率为68.8%。涟源市国产实业（湖南）水泥有限公司年产300万吨水泥粉磨项目，利用钢渣、脱硫石膏、煤矸石、粉煤灰、炉底渣、钢渣等固体废弃物，P.O425水泥混合材掺入量10%以上，P.C32.5水泥混合材掺入量30%以上，年均综合利用粉煤灰等20万吨。2011年，新化县湖南海螺水泥有限公司建成一期水泥粉磨技改项目，利用粉煤灰、水渣、脱硫石膏混合材生产，P.O425水泥掺入量13%以上，P.C32.5水泥掺入量33%以上，年均综合利用粉煤灰9.8万吨、水渣4.3万吨、脱硫石膏5.5万多吨和铁渣6.1万吨。2013年9月，该公司投资2亿元启动二期年产300万吨水泥粉磨技改工程，2014年9月正式投产，年处理粉煤灰58万吨、水渣10万吨、脱硫石膏16万吨、铁尾渣11万吨。是年，双峰海螺水泥有限公司年产220万吨水泥粉磨站扩建项目，利用水渣、粉煤灰、脱硫石膏、钢渣等各种工业废渣300万吨，年产熟料360万吨、水泥500万吨。

2006—2010年，全市工业固体废弃物综合利用4500万吨以上，综合利用率76%以上。综合利用产值上亿元的企业有闪星锑业、涟钢环保科技公司、涟钢振兴企业公司、冷钢博环渣业、湖南海螺、双峰海螺、五江轻化集团、泰基建材公司、冷水江金筑公司等15家企业，对砷碱渣、锑冶炼渣、钢渣、水渣、煤矸石、高炉除尘灰（泥）等产业固体废物综合利用，实现产值38亿元以上，占全市综合利用总产值的39.5%。2013年，全市工业固体废物产生量991.12万吨，综合利用量988.95万吨（综合利用往年量13.12万吨），综合利用率达98.5%。2014—2017年，全市工业固体废弃物总综合利用量3552万吨，综合利用率99.2%。对不适合二次利用的工业固体废弃物采用填埋、焚烧、化学转化、微生物处理等方法进行处置。

（二）危险固体废弃物污染治理

1990年，中国签署《巴塞尔公约》，地区颁布危险废弃物管理名录，加强全地区危险废弃物的管理与防治。1991—1998年，地区环保部门深入研究探索全地区量最大、毒性强的砷碱渣处理难题，指导有关企业采取填埋、围挡封闭等措施加以治理。1999年9月，贯彻国家环保总局《危险废弃物转移联单管理办法》，制定发布《关于禁止擅自营运利用危险废弃物的紧急通知》，规定企业或个人转移危险废弃物时，必须取得经营许可证，全市危险废弃物由有资质的公司处理。对湘乡市省属铁合金厂未经环保部门核准许可，将该厂铬渣作为制砖原料擅自向娄星区、双峰县、涟源市等地砖厂推销的非法行为予以处理。2000年8月，发出《关于加强全市危险废弃物管理的紧急通知》，对辖区内产生和使用危险废弃物的单位和场所进行专项检查。2003年，闪星锑业锌厂建成投产，每年处理危险固体废弃物10万吨左右，综合回收固体废弃物中的有价金属。

2005年，完成国家环保总局部署的全国危险废弃物和医疗废弃物处理设施普查工作任务，编制《娄底市全国危险废弃物及医疗废弃物处置设施普查工作资料汇编》，全面反映全市危险废弃物存在环境安全隐患的现状。2006年6月，省环保局为闪星锑业补办锌厂危废综合回收利用系统环保审批手续，委托湖南有色金属研究院编制《锡矿山闪星锑业有限责任公司锌厂烟尘综合回收——水硫酸锌、铟镉环境影响报告书》，成为全市首家危险废弃物综合利用项目。2006—2010年，闪星锑业建成1200吨／年的砷碱渣处理生产线。双峰县龙凤冶炼厂、娄星区飞达化工厂、娄底市共创有色金属提炼有限公司和冷水江市群兴氧化锌厂取得省环保厅核发的危险废弃物经营许可资质，年均处置工业危险废弃物3万余吨。冷水江市、新化县加强对涉锑企业产生的危险废弃物贮存管理，督促企业建设砷碱渣贮存堆放渣库。2010年，冷水江市政府对锡矿山地区民营锑采冶炼企业进行治理整顿，淘汰落后的焙烧冶炼工艺，关闭94家污染较重的锑产品冶炼企业、采矿厂和145户采选“小作坊”，整顿整合为7家规模企业，同时加大技改力度，2011年，锑品产量比2006年提高64%，锑锌冶炼废渣比2006年减少23%。2013年上半年，市固体废弃物管理站办理危险废弃物跨市转移审批9批次，其中转入1批次，计680吨，转出8批次，计207.55吨及210吨废旧电子设备；市内转移审批共计11批次，计7.66万吨。2014年，闪星锑业年处理2万吨废渣项目，获国家专项资金2.8亿元资助，无害化处理历史遗留砷碱渣10万吨。是年，全市受理工业危险废物转移报批54批次。其中跨市转移报批39批次，实际转移35批次；市内转移报批15批次，实际转移15批次。2015年，全市有13家单位取得危险废弃物经营许可证，其中省环保厅核发7家。

2016年，开展涉危企业申报登记工作，至11月底，完成涉危企业登记注册364家，同时对辖区49家工业危险废弃物产生源企业和11家危险废弃物收集经营单位进行规范化管理现场检查。是年，环保部华南督查中心对全市涉危企业规范化督查考核中，4家企业达标，2家基本达标，3家不达标，按督查组要求，全部整改到位。2017年4月，制定《娄底市2017年危险废弃物规范化管理专项整改工作方案》，将全市371家涉危单位纳入专项整治工作对象，明确整改要求和完成时间。8月，冷水江市与锡涛环保公司签订《冷水江市锡矿山地区历史遗留砷碱渣无害化处理工程（一期）委托框架协议》。省发展改革委和冷水江市政府对该项目共安排2500万元，支持该公司开展中试平台和研究中心建设。是年，市、县（市、区）两级环保部门出动检查人员2600余人次，对全市238家涉危企业（含医院、汽车维修）进行危险废弃物规范化检查，对不达标要求的，提出整改要求和整改期限。9月，市环保局根据省厅考核要求，下发《娄底市2017年度危险废弃物规范化管理督查考核工作实施方案》，明确考核范围、重点、方式和考核小组成员。10月，举办200余人培训班，学习固体废弃物管理和危险废弃物规范化管理知识和法规。11月，市环保局对全市危险废弃物产生源企业随机抽检，对危险废弃物经营企业全面检查，合格率98%。2017年，全市危险废弃物综合利用量从1990年的0.03万吨增加到15.82万吨，危险废弃物污染得到有效治理。

（三）医疗废弃物污染治理

1990—2002年，全市无医疗废弃物集中焚烧处理中心。各医疗机构产生的医疗废弃物采用各自焚烧、简易填埋等方式处置。2003年5月，全市按照国家环保总局《关于进一步加大对医疗废水和医疗垃圾监管力度的紧急通知》，全面清理所有医疗废弃物，防止"非典"疫情扩散、传播与二次污染，切断传播途径。2011年4月，娄底市医疗废弃物集中处理处置中心在双峰县洪山殿镇梓木村建成投入使用，占地6802平方米，投资3100万元，采用国内先进的全自动热解技术，设计处理规模5吨／日，经营权限30年。是年，全市处置医疗废弃物269吨。2013年，全市集中处置医疗废弃物单位由79家增加到332家。处置医疗废弃物1176.18吨。2015年，全市医疗卫生机构4314家，市医疗废弃物年集中处置2230吨，处置率100%。个体诊所尚未纳入集中处置的医疗废弃物约500吨／年，以焚烧、消毒毁形、填埋的方式自行处置。2016年，全市医疗废弃物年集中处置量1838.6吨，处置率100%。2017年1月，市环保局向各县（市、区）政府下发落实医疗废弃物集中处置的督办函，要求在规定时间内，落实医疗废弃物集中处置方案。是年，全市所有城区和乡镇医疗卫生机构、个体诊所医疗废弃物集中无害化处置率分别为100%、95%。集中处置量2674.52吨。

（四）城市生活固体废弃物污染治理

1990—2014年，全市城市生活垃圾由环卫部门收集转运垃圾场，按传统方式集中处置，简易填埋。2014年10月，双峰海螺水泥有限公司投资8000万元，建设4500吨／日二期工程处置生活垃圾新型干法水泥熟料生产线，2015年12月投入生产，将垃圾有害物质分解和固化，金属类回收利用，非金属物作为水泥生产原料，达到无害化、减量化、资源化处理，年处理生活垃圾约6万吨。至2015年底，全市建有娄底市燕子岩垃圾卫生填埋场、涟源市富洪垃圾卫生填埋场、双峰县生活垃圾无害化综合处理场、冷水江市曾家冲生活垃圾卫生填埋场和新化县城镇生活垃圾无害化处理场等6座大型集中式生活垃圾处理场和18个重点建制镇垃圾处理场，总设计库容1828万立方米，全部采取卫生填埋无害化处理方式，规模3000吨／日，可满足全市生活垃圾处理需要。是年，全市生活垃圾产生量53.2万吨，处理量52.8万吨，处理率99.2%。2017年，生活垃圾清运54.89万吨，城镇生活垃圾无害化处理量54.59万吨。全市转运能力1840吨／日，无害化处理能力1890吨／日。娄底中心城区、各县（市）城区生活垃圾无害化处理率100%，建制镇垃圾无害化处理率80%以上。

第五节　辐射污染与治理

一、辐射污染

（一）电离辐射污染

1990—2009年，全地区电离放射源单位由3家增至17家，放射源由12枚增至102枚。2010—2014年，全市电离放射源单位由17家减少至15家，放射源由102枚减至69枚。其中，以华菱涟钢、冷钢总厂和闪星锑业为主的冶金行业53枚，湖南宜化11枚，新化天马水泥厂4枚，市中心医院1枚。湖南华菱涟源钢铁有限公司、大唐华银电力金竹山分公司和湖南长城机械有限公司3家企业使用电离放射性探伤机。全市使用非密封放射源的医院有娄底中心医院、娄底卫校附属医院、双峰县中医院3家；拥有Ⅱ、Ⅲ类电离射线装置的医院106家，其中，市中心医院、冷水江锡矿山中心医院、冷水江市人民医院、新化县人民医院、湘中煤炭医院拥有电离Ⅱ类射线装置，其余医院使用Ⅲ类射线装置。

2017年，全市电离放射源使用单位减少至10家，单项使用非密封源单位2家，在用放射源58枚。其中Ⅲ类源1枚、Ⅳ类源28枚、Ⅴ类源29枚，Ⅲ类源用于医学放射治疗，其他Ⅳ、Ⅴ类源用于钢铁熔炼、不锈钢加工、机械板材加工、锂电池生产、机械滤芯造纸加工等。主要核素有Cs-137、Co-60、Am-241、Ir-192、Kr-85等，其中中子源2个，其他为γ源。全市乙级开放性放射工作场所3个，分别为市中心医院核医学科、市卫校附属医院、双峰县人民医院。使用放射性同位素I-131、I-125为市中心医院，其他医院使用I-125，用于甲亢诊断和治疗。2017年，全市有射线装置使用单位138家，主要为工业用的Cs-137、Co-60等。其中，Ⅱ类射线使用单位11家，主要应用于工业探伤、医疗诊断、机场车站行包检测等领域，共有X射线装置302台（套）。其中，Ⅱ类射线装置20台（套），包括工业探伤装置11套、医疗直线加速器6台、血管介入造影3台，其余部分为CT机、DR、X光机等医疗诊断用Ⅲ类X射线装置。使用不当或较长时间大剂量照射，会引起慢性放射性损伤，如皮肤损伤、造血障碍、白细胞减少、生育力受损等，甚至致癌或致胎儿死亡、畸形。

（二）电磁辐射污染

1990—2017年，全市医疗电磁射线装置台数从最初的11台增加到291台（其中Ⅲ类282台、Ⅱ类9台）。工业电磁射线装置从3台增加到29台（包括Ⅱ类11台、Ⅲ类18台）。广播电视系统各类发射机从4台增加到36台。电力行业高压交流输变电线路从5条增加到144条（总长度2048千米，110~500千伏主变压器86套）。2017年，建设多普勒气象雷达1座，并通过环评审批。中国移动娄底分公司、中国联通娄底分公司、中国电信娄底分公司共有各类通信基站1.22万座，各类发射机1.9万台，总标称输出功率37.9千瓦。上述设备电磁辐射对人体造成心血管疾病、糖尿病、癌突变，对人体生殖系统、神经系统和免疫系统造成直接伤害。高频工业设备对广播电视信号造成干扰，使周围居民无法正常收看电视。过量的电磁辐射直接影响儿童组织发育，造成孕妇流产、不育、畸胎等病变，高剂量的电磁辐射还会影响及破坏人体原有的生物电流和生物磁场，使人体内原有的电磁场发生异常。

二、辐射管理与防治

（一）电离辐射管理与防治

1990—1996年，全地区有关部门继续执行国家《电磁辐射防护规定》（GB8702—1988）和电离辐射污染管理相关政策，落实防护措施，严把审批、监管环节。1997年3月，执行国家环保总局《电磁辐射环境保护管理办法》，规定电压在100千伏以上送、变电系统，电流在100安培以上的工频设备，必须按照《电磁辐射防护规定》（GB8702—1988）有关标准执行，编制环境影响评价文件报环境主管部门批复，以便掌控。1998—2003年，市、县两级环保部门贯彻国务院《放射性同位素与射线装置安全和防护条例》，对全市该技术利用单位全部办理"辐射安全许可证"，建立年检、年审制度。2004年，全市开展"清查放射源让百姓放心"专项行动，对电离放射源单位实行地毯式检查，至2005年，督促企业回收5个废弃放射源，完成4个企业放射性同位素准购审批与上报工作，是年10月至2008年5月，先后发出《关于进一步加强放射源管理的紧急通知》《关于进一步加强放射源和射线装置管理的通知》。12月，各县（市、区）环保局协助省局，依法对辖区内使用Ⅰ类、Ⅱ类、Ⅳ类、Ⅴ类放射源和Ⅰ类、Ⅱ类射线装置单位，100%办理辐射安全许可证。2009—2015年，全市建立5个国控点、5个省控点、1个核预警点和1个城市辐射环境空气吸收剂量自动监测站，并入国家辐射环境监测网点体系。按照省环保厅要求，市环保局在国控辐射监测点位采取土、水、尘、降灰及生物样品送省辐射环境监督管理站监测分析，开展热释光片投放与回收、更换大气气溶胶和陆地γ辐射环境剂量自动监测及综合电场强度测量等工作。辐射环境国控点位全年陆地γ辐射环境剂量自动监测平均值74.0~76.3纳戈瑞／小时、标准偏差0.2~1.6纳戈瑞／小时。辐射环境省控点位全年综合电场强度监测平均值0.36~1.27伏／米、标准偏差0.009~0.054伏／米。监测结果：全市陆地γ辐射环境剂量率属环境正常水平；电磁辐射综合场强测量值低于《电磁辐射防护》（GB8702—1988）规定的公众照射参考导出限值。2016年，市环保局督促检查辖区内核技术利用单位16家，Ⅱ类射线装置使用单位9家，Ⅲ类24家。配合省厅核与辐射安全监督执法检查4次，辐射环境监测6次，放射性废弃物收贮2次。是年6月，组织各核技术利用单位举办辐射安全防护业务培训142人。

根据《国家辐射环境监测网站点位布设原则与要求》，"十二五"期间，省辐射环境监督站对全市陆地环境γ辐射监测石马公园点，土壤监测孙水河公园点，水源地饮用水监测娄底第二水厂点开展辐射环境质量监测。

（二）电磁辐射管理与防治

1990—1996年，全地区环保部门执行国家《电磁辐射防护规定》（GB8702—1988），加强电磁辐射环境保护和日常监管，所有电磁辐射设施均达标。1997—1998年，贯彻执行国家环保总局《电磁辐射环境保护管理办法》，加强电磁辐射管理工作，控制电磁辐射污染源，调整电磁辐射污染源布局，使之远离居民稠密区。对环境中的电磁辐射，采取技术防护措施，减少对人的危害。1999—2002年，落实环保部《关于对〈电磁辐射环境保护管理办法〉中有关问题的复函》，细化电磁辐射管理措施。2004年12月，根据《中华人民共和国放射性污染防治法》和环保部《关于放射源安全监管部门职责分工的通知》，市环保局增设放射管理科。2005年，印发《娄底市环保局辐射事故应急预案的通知》，成立辐射事故应急领导小组和辐射事故应急响应办事机构。2005—2014年，召开有关电磁辐射管理与防治会议32次，开展专项检查行动10余次，对涉及电磁辐射的相关企业严格检查。全市使用电磁辐射单位采取屏蔽辐射源或辐射单元、屏蔽工作地点、采用吸收材料、减少辐射源直接辐射、清除工作现场二次辐射源、屏蔽设施接地、加强个人防护，减少电磁污染等措施。2015年1月，贯彻《湖南省环境保护厅关于进一步做好Ⅲ类射线装置审批工作中具体事项的通知》，市环保局承担起Ⅲ类射线装置单位的辐射安全许可委托下放审批工作。5月，全市召开辐射管理单位有关人员视频会议，对127家发证单位进行核安全知识和法规教育。是年底，全市共建有通信基站5943座，其中中国移动2228座、中国联通2635座、中国电信1080座。市环保局对其中739座通信基站电磁辐射进行监测，经检测，其周围电场强度最大值9.36伏／米，功率密度最大值31.2微瓦／平方厘米，均低于国家《电磁辐射防护规定》（GB 8702—1988）标准限值，电磁辐射达标率100%。2016年10月，制定《全市放射源安全检查专项行动实施方案》，11月，在《娄底日报》发布公告，发动群众协助清查遗漏废旧放射源，实时更新《国家核技术利用辐射安全监管系统》各电磁技术利用单位相关信息。至2017年，市环保局安全收贮废弃、闲置的密封放射源56枚，全部送省放射性废物库。全市未发生辐射安全事故。

2017年娄底市通信基站电磁辐射监测结果一览表

表52-3

基站所属单位	电场强度范围（伏／米）	功率密度范围（微瓦／平方厘米）	监测基站总数目（个）	敏感点数目（个）	监测基站达标率（%）
联通公司	0.14～7.8	0.01～10.39	127	64	100
移动公司	0.2～9.36	0.02～31.20	512	319	100
电信公司	0.21～2.46	0.01～1.61	100	45	100

1990—2017年部分年度人大、政协环境保护提案、议案办理情况表

表52-4

年份	政协提案、议案（件）	办理件数（件）	年份	政协提案、议案（件）	办理件数（件）
1990	24	24	2006	11	11
1996	15	15	2010	11	11
1997	18	18	2011	14	14
2002	20	20	2013	10	10
2003	22	22	2017	7	7
2005	12	12			

第二章　生态环境保护

第一节　自然保护区、湿地资源保护

一、自然保护区

1990—2001年，全市（地区）规划设立冷水江大崥山自然保护区、波月公园岩溶自然保护区、红日岭公园自然保护区，保护区面积115.9公顷。2002年12月，新化县大熊山获批国家级森林公园、湖南省森林和野生动物自然保护区。2003年12月，双峰县九峰山获批湖南省森林公园。2006年12月，涟源市龙山林场获批国家森林公园。2008年12月，涟源市包围山获批省级森林公园。2008—2012年，市政府按照住建部关于国家级风景名胜区总体规划编制要求，坚持“先规划后开发，无规划不开发”原则，严格规划管理、审批和实施，每年对景区内消防、道路运输、游览设施安全等进行隐患排查，定期养护景区古树名木。2009年10月，新化县紫鹊界获批国家水利风景区。2013年9月，涟源市湄江风景名胜区获批国家地质公园。2013年12月，新化段鳜鲌获批国家级水产种质资源保护区。2013—2016年，新增冷水江市省级紫云峰森林公园、省级波月洞地质公园、新化县省级大熊山梅山龙宫地质公园、

油溪河拟尖头鲌蒙古鲌国家级水产种质资源保护区、涟源市杨家滩国家级水利风景区、娄星区省级洪家山森林公园等自然保护区。至2017年，全市建成自然保护区（地）19处，其中国家级11处、省级8处，类型包括风景名胜区、森林公园、湿地公园、地质公园、水产种质资源保护区及水利风景区。全市划定重点生态功能区、生态敏感区生态保护红线，总面积1642.43平方千米。其中省级及以上风景名胜区核心景区（一级景区）生态保护红线面积28.44平方千米（含省级，下同），森林公园生态保护区和核心景观区生态保护红线面积61.24平方千米，省级以上地质公园地质遗迹保护区生态保护红线面积2.93平方千米，国家一级公益林生态保护红线面积42.92平方千米。

二、湿地资源

2007年11月，经国家林业局批准，娄底湿地生态自然保护区被列为国家林业局试点建设单位。市政府建设水府庙国家湿地公园。该公园跨娄底、湘潭两市，分属娄星区（含娄底经济技术开发区）、双峰县、湘乡市三县（市、区），总面积2.13万公顷，水域面积5591公顷。湖心岛32个，面积302公顷。岸线200余千米。其中湿地面积1.07万公顷。2011年，水府庙湿地列入国家投资建设项目并获得一期资金250万元。娄底市投资近5000万元，完成湄江湿地公园总体规划编制和基础设施建设。2014年12月，水府庙国家湿地公园通过国家林业局验收，获国家湿地公园称号。是年，国家林业局批准新化县琅塘镇、荣华乡柘溪水库龙湾湿地为国家湿地公园建设试点，公园由21千米资江干流河段，11个同一水系相连的湖泊、水库，21个森林岛屿组成，规划总面积2504.9公顷，其中湿地面积2171.4公顷，占86.7%。2015年，国家林业局批准涟源湄江镇湄峰湖设立湿地公园，公园总面积508公顷，湿地面积225公顷，湿地率44.3%。

2017年，全市湿地保护区面积180.02平方千米。3个国家级湿地生态自然保护区（地），面积143.36公顷，保护率79.6%。省级及以上湿地公园湿地保育区和恢复重建区生态保护红线面积55.06平方千米。饮用水水源一级保护区生态保护红线面积2.18平方千米，水产资源保护区的核心区生态保护红线面积17.94平方千米。

第二节 野生动、植物资源保护

一、动物资源

1990年，娄底境内华南区系和北方区系种类动物均有分布。属华南区系典型种类野生珍稀动物有金钱豹、白面狸、麂、鲮鲤、红嘴相思鸟、穿山甲、豪猪、花面狸、苦恶鸟（白胸秧鸡）、画眉、八哥、饰纹姬蛙12种珍稀动物。属北方区系的代表性种类野生珍稀动物有狐、刺猬、蝮蛇、灰喜鹊4种。具有狩猎意义的有斑鸠、环颈雉、家雀、黄鼬、野兔、狐、獾和小鹿等中、小型动物。生活在水域、农田中的昆虫、鼠类和两栖类、爬行类等动物，种多量大。至2001年，市环保局贯彻国家《野生动物保护法》，与林业、工商部门联合开展保护野生动物专项行动，对农贸市场、餐馆、酒楼和临时摊点进行10余次突击检查，打击非法猎捕、收购、经营、烹食野生动物行为，强制收缴野生鸟类500余只，对查获的野生动物集体放生，死体统一土埋。2002年5月，全市开展保护野生动物专项行动，制止和打击贩卖野生动物违法行为，查处案件355起，收缴和放生野生动物1万余只。2002—2017年，打击贩卖野生动物违法行为成为有关部门的日常工作。

二、植物资源

20世纪90年代，娄底境内天然植物主要有针叶林、阔叶林等270多种，其中树龄500年以上的珍稀大树共有36种148株。林地主要由两大山脉组成，西北部为雪峰山余脉，东南部为衡山余脉。全市林地分为4个林业区：西北部高山区为生态、商品用材林区，北部中低山区为经济林区，中部丘岗盆地为经济、风景林区，东南部中低山区为南竹用材、水土保持林区，木材蓄积量约1184.7万立方米。

2000年，环保、林业部门对全市植物资源调查结果显示，全市林业用地35.59万公顷，其中有林地32.46万公顷。

2002年，全市建立野生植物原生环境保护区。2003—2005年，自然资源保护监管从单纯的保护向保护与开发利用转变，落实林业责任制，实行严格但有区别的林地征收占用和林木采伐制度，加强重点公益林动态管理。2006—2010年，全市有22个自然保护小区，面积1.72万公顷，1个市级自然保护区即大熊山自然保护区，面积0.76万公顷。2013年，市环保局印发《生态和农村环境监察工作实施方案》，查处自然生态和农村环境违法案件、自然保护区内违法违规建设项目。至2017年，此项工作持续推进。

第三节　农业生态环境保护

一、土地和耕地资源保护

1990年，全地区农业施用农药总量3028吨，按18%含药量折纯为545.04吨，每亩年均243.84克，造成环境污染和自然生态系统破坏，食品农药检出率89.2%，猪内脏、油、鸡、蛋部分超过食用标准。1991年，全地区农药使用量3200吨，年增4.8%。氮、磷、钾和镉等有毒有害元素在土壤、水体中含量增高。因氮、磷、钾比例不协调致使病虫害加剧。农达、草胺磷除草剂广泛使用，造成土壤普遍污染。1992年始，新化县曹家镇启动生态农业试验和农村环境综合整治工作。

1993—1999年，全市生态农业和农村环境综合整治全面展开，土壤质量逐步恢复和提高。2000年，全市停用六六六、DDT，改以叶蝉散、甲胺磷、杀虫双、杀虫脒等，用药量逐年减少，土地污染相应减轻。2002年，“娄底地区多层次、多领域、多功能生态农业规划研究”课题完成。国家科委将娄底市定为生态农业试验区。农业部将娄底市定为持续农业试验区。国家环保总局将娄底市定为全国首批农村环境综合整治试验区。2003年，市环保局印发《娄底农产品质量安全行活动实施意见》，全面推行农产品安全生产。2004年3月，结合《中华人民共和国土地管理法》执法检查，加强基本农田保护。2005年，全市贯彻《全国土地开发整理规划》，实行耕地占补平衡、总量控制，巩固土地存量和质量，基本农田实行“五不准”〔不准非农建设占用基本农田（法律规定的除外）；不准以退耕还林为名违反土地利用总体规划，减少基本农田面积；不准占用基本农田植树造林，发展林果业；不准在基本农田内挖塘养鱼和进行畜禽养殖以及其他严重破坏耕作层的生产经营活动；不准占用基本农田进行绿色通道和绿化隔离带建设〕，整顿土地市场。2011年，市环保局编制《娄底市“十二五”土壤环境保护规划》，开展农村环境综合整治目标责任制试点，实施测土配方施肥。

2011—2015年，全市减少化肥使用2325.24吨，降低土壤渗透污染，推广病虫害专业化防治，增效5870万元。新增无公害农产品基地10个，面积840公顷，认证无公害产品和绿色产品27个。开展生态农业和循环农业建设，推广“林、果、药（茶）”和“猪、沼、果（蔬）”等6项生态农业建设模式。2015年，市政府制定实施《娄底市“十三五”重金属污染防治规划》《娄底市锑污染整治行动计划（2017—2022）》，确定锑污染整治工作路线图，明确39个具体治理项目，并严格落实环保部《污染地块土壤环境管理办法（试行）》，全市建立疑似污染地块及名单9块，及时上传污染地块信息系统并动态更新。2016年，贯彻落实国家《土壤污染防治行动计划》、省环保厅《关于开展土壤污染源、污染地块调查的通知》，全市农药使用量4025吨，农用化肥施用量28.91万吨，同比下降5%，但污染仍然较重。全市通过加强法规宣传，抓开发复垦实现耕地净增长，农药使用量和化肥施用量逐年降低。

2017年，全市开展土壤污染源、污染地块调查，编制《娄底市污染源（污染地块）调查报告》，对全市工业污染源、农业污染源、生活污染源全面排查，筛选出51块疑似污染地块，面积9775.53公顷。市环保和农业部门完成原涟源氮肥厂、阀门厂废弃场地及周边受污染场地，涟钢周边区域西南片区关停企业遗留废渣处理与土壤修复场地，新化县槎梓镇满竹村受污染场地，冷水江市中连乡重金属污染治理与土壤修复项目场地，双峰县走马街镇磺矿重金属污染治理与土壤修复项目场地的环境调查，并纳入省环保厅A类项目，获得省政府专项资金2000万元支持。至2017年底，全市治理修复重金属污染土壤26.66公顷，全市污染地块修复率90%。

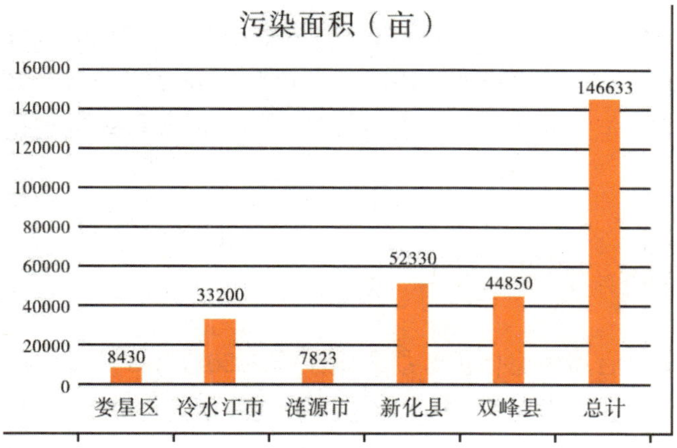

土壤污染地块区域分布图

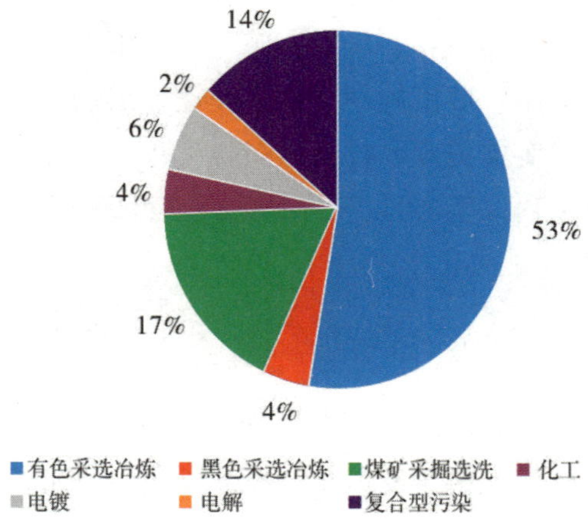

土壤污染地块行业占比图

二、农村居住环境整治

1990年9月，地区环保局向行署呈报《关于冷水江市部分地域晚稻受害一事调查的情况汇报》，分析金竹山电厂烟气二氧化硫高空排放对周边农村居住环境和农田晚稻污染受害情况，提出整改意见。金竹山电厂按行署要求整改到位。1991年，地区和5个县（市）各建立一个农业生态试点。乡镇配备环保员197人。1992年，地区环保局整顿治理新化县吉庆造纸厂废水污染问题。全地区对小煤窑清理整顿，关闭非法小煤窑1000余家。1994年，地、县两级环保局创办8个生态建设试点村。1995年10月，地区环保局与相关部门联合发出《关于开展全区乡镇工业污染源调查的通知》，全面整治乡镇工业污染对农村居住环境的影响。1996年，全地区建成生态示范场2个、生态乡镇6个、生态村50个、生态户4.3万户，创造多种生态经济模式。2001年，市环保局完成娄底市生态环境现状调查，2002年6月，印发《娄底农产品质量安全行活动实施意见》。全市开展3次专项执法检查，现场处理污染问题26起。2003年，开展农村毒鼠强专项整治，收缴并集中处置100多千克毒鼠强等剧毒鼠药。

2007—2008年，市环保局依照国家环境优美乡镇和生态村的建设标准，对全市乡镇、村调查摸底，指导编制生态环境规划，开展优美乡镇、生态村创建工作。以新化县桑梓镇尖山涧村为试点，开展农村饮用水水源地保护、生活垃圾和生活污水治理、村容村貌整治。全市14个环境问题比较突出的村庄列入中央农村环保资金第一批申报名单，其中2个纳入国家资金计划，并按省环保厅《村庄环境综合整治（2009—2015）规划》要求，报送148个重点整治村庄名单。2009年，市环保局发出《关于开展环境优美乡镇、生态村创建活动的通知》，全面开展环境优美乡镇创建工作，6个村被省环保厅认定为省级生态村，16个新农村建设示范点获得农村环境保护专项资金260万元。2011年，市环保局实施“以创促治”政策，推进农村环境综合整治，全市农村生活和建筑垃圾集中清运，清除各种垃圾20余万吨，疏通城乡沿线沟渠40千米。双峰县永丰镇金田村、娄底经开区大埠桥办事处中阳、上元、宋家、新石等5个村获批第三批省级生态村建设项目。娄星区8个村、冷水江市7个村、涟源市8个连片村共获得中央、省1800万元生态村建设专项资金。

2012年，市环保局对全市农村居住环境建设成果考评验收，娄星区96.5分、涟源市94.5分、冷水江市95.3分、新化县92.3分、双峰县97.6分。2013年，全市13个乡镇、153个行政村开展饮用水水源地保护、生活污水处理、生活垃圾集中收集转运和畜禽污染治理，惠及16.7万人。冷水江市被纳入全省“农村环境综合整治整县推进项目”，总投资2.4亿元。2014年，市环保局发出《关于开展全市农村生活垃圾情况调查工作的通知》，各县（市、区）以行政村为单位开展调查和整治。娄星区农村环境综合整治推进项目以全省总分第一的成绩获得立项，获专项资金2000万元。湖南五福农业有限公司养殖场、娄星区贺建华养猪场、小碧高坪养猪专业合作社、东来养殖场、石井乡光辉养猪专业合作社养猪场等废水处理工程，湖南湘村黑猪原种场污染治理工程均获得环保专项资金支持。

2015年，颁布实施《娄底市人民政府关于进一步加强村镇规划建设管理的实施意见》，对规范农村建房、城镇规划、队伍建设、编制经费问题等实施统一部署和安排。2016年，市政府办公室发布《关于实施美丽乡村建设亮化工程的指导意见》，决定用3年时间在全市所有行政村实施美丽乡村建设亮化工程，至2017年，完成2／3目标任务。

第四节　生态保护红线划定

2016年，按照环保部、省环保厅工作部署，全市启动生态保护红线划定工作。2017年8月，市环保局和市发展改革委联合印发《娄底市生态保护红线划定方案》，全市生态保护红线划定面积1766.45平方千米，占总面积的21.8%。重点生态功能区生态保护红线、生态敏感区生态保护红线划定面积1642.43平方千米，占总面积的20.3%。省级及以上风景名胜区核心景区（一级景区）生态保护红线划定方案面积28.44平方千米，占总面积的0.4%。省级及以上森林公园生态保育区和核心景观区生态保护红线划定面积61.24平方千米，占总面积的0.8%。省级及以上地质公园生态保护红线划定面积2.93平方千米，占总面积的0.04%。省级及以上湿地公园湿地保育区和恢复重建区生态保护红线划定面积55.06平方千米，占总面积的0.7%。饮用水水源一级保护区生态保护红线划定面积2.18平方千米，占总面积的0.03%。水产种质资源保护区的核心区生态保护红线划定方案面积17.94平方千米，占总面积的0.2%。国家一级公益林生态保护红线划定面积42.92平方千米，占总面积的0.5%。

第五节　矿产资源区环境保护

一、矿区环境污染

1990年前后，冷水江锡矿山周围非法矿井120多家，无序开采和粗放冶炼，矿产资源和环境遭到严重破坏，给冷水江市环境治理留下沉重历史包袱。据估算，矿区开采100多年来，积存二氧化硫近100万吨、砷碱渣约100万吨、冶炼炉渣及采矿废石近1亿吨。各种有害污染物对生态环境造成的破坏加剧。尾矿造成河流、水坝、池塘泥沙淤积。露天开采造成大面积土地占用、污染。开采工作面钻孔、爆破、矿石破碎及运输过程中的粉尘及有害气体等，对环境造成严重影响。

1990—1998年，全地区采煤矿井1000多处。1999—2016年，涟邵煤业集团恩口、斗笠山、桥头河矿区因开采深度加大，矿坑大量排水，导致地面塌陷25平方千米，塌洞100余处，38个村180个组水井干涸或水量减少，138.66公顷农田遭破坏，1000余公顷灌溉受到影响。壶天河、小碧河、木杉河严重缺水或断流。其间，全市重、中度污染企业4546个，乡镇工业矿区废气年均排放量59.63亿标立方米，占全市工业废气总量的12%。至2017年，冷水江锡矿山南矿形成采空区52.5万平方米，空场体积284万立方米，多次大面积塌陷，方圆1.5平方千米受影响。

二、矿区环境保护

1990年，全地区取缔、关停非法小煤窑100多处，铲除严重污染土炼焦炉30座。1992—1996年，继续对境内非法小煤窑和污染严重的土法炼焦点清理整治，依法炸毁查封非法小煤窑700多处，铲除土炼焦炉90座。1997—2001年，全市取缔、关停锑冶炼厂69家、土硫黄窑6处、选金点2处、个体土炼焦窑640余座，关闭非法小煤矿1282处，压产400多万吨。2002年，市、县两级环保部门配合煤炭行业开展环境调查，对84个项目发出限期整改令。2003年，宣传贯彻《全国生态环境保护纲要》，开展非煤矿山环境现状调查、煤炭行业环境保护调查，处置锡矿山个体企业锑渣存放场、双峰龙洞冶炼厂废渣。2005年1月，市环保局、煤炭局、国土资源局联合开展5次大规模矿山环境整治，关闭非法煤炭生产企业6家，取缔锑选矿小手工作坊20处。2006年7月，对213家矿山企业环境保护情况开展专项执法检查，取缔不法矿业企业73家，下达限期整改通知书68份。

2007年11月，市环保局针对冷水江市兴发锑品冶炼厂停产且无人经营，砷碱渣库遭破坏，砷碱渣直接裸露，对地表水和地下水严重污染情况，向冷水江市政府发出《关于建议妥善处置砷碱渣的函》。冷水江市政府立即采取紧急措施处置。2008年5月，市环保局对全市矿山开采企业专项监督检查，责令100家矿山企业，对存在环境风险尾砂库加固，防止尾砂泄漏造成环境污染。2010年，双峰县政府实施《双峰县原坳头山磺矿历史遗留污染综合治理一期示范工程》，修筑10米×100米尾渣坝一个，处理规模1000吨／日，安全无害化处置300万吨危险废弃物，修筑生态护坡，覆盖填埋尾矿渣376万吨。修建污水处理站一座，封闭固化与填充3700万立方米采空区和矿坑，绿化矿区200公顷，水土污染得到遏制，矿区生态环境逐步恢复。2011年2月，新化县贯彻国务院《重金属污染综合防治“十二五”规划》，全面启动域内杨家山和古台山矿区重金属污染治理工程，对历史遗存70余年约100万吨废渣、1000万吨废石及尾砂作无害化处置。两条被铅、铜、砷严重污染流入资江的溪流和100平方千米的矿区得到治理。

2012—2015年，市政府组织力量，详细调查90个已关闭的矿山废水排放情况，其中需要进行治理的79个，年废水排放量1840万立方米，占关闭矿山总废水排放量的78%，制定治理方案。2016年，全市投入6000多万元，新建涟源沙坪煤矿废弃矿坑涌水截污处理废水治理工程，对关闭煤矿封井回填。2017年，市环保局、煤炭局、国土资源局根据法律法规严格设置采矿权，取缔非法开采矿点10个，立案查处23个越界矿山，罚没款155.39万元。

至2017年，冷水江市对锡矿山开展18次大规模整治，关闭锑小冶炼企业82家，取缔选矿小手工作坊145处，淘汰落后产能17.5万吨。锑采矿企业从12家整合为2家，锑冶炼企业从91家整合至9家，建成10万立方米的高标准砷碱渣库和砷碱渣无害化处理中心（后停产），锑冶炼企业建成烟气脱硫设施，达标排放，通过多年治理，区域环境质量得到改善，但污染问题和环境风险仍然突出。是年，市政府根据中央环保督察组整改要求和省委、省政府决策部署，制订《娄底市锡矿山区域环境综合治理攻坚战三年（2018—2020年）行动计划》，规划实施项目56个，计划投资33.55亿元，其中冷水江市实施47个，新化县实施9个，分年度下达目标任务，实行挂图“作战”。

第三章 环境规划与管理

第一节 环境规划

1990年—1991年4月，地区完成《娄底地区环境保护“八五”规划》编制，1992年12月，行署专员与县、市长环保目标三年责任制到期，经检查验收，进入目标管理的30项重大环境工程如期完成，继续签订下一个三年环保目标责任状。1995年12月，落实国家环保总局提出的把污染物排放总量控制在1995年的水平，实施《中国跨世纪绿色工程计划》，重点治理水和大气污染。1996年6月，贯彻国家环保总局《排放污染物申报登记管理规定》，发出《关于全面推行排放污染物申报登记及许可证制度的通知》，部署全地区排污申报登记和乡镇工业污染源调查工作。至12月底，全地区210家排污企业完成申报登记。1997年，实施国家《“九五”期间主要污染物总量控制计划》，继续开展并完成320家重点排污单位和5077家乡镇工业企业排污申报登记和乡镇企业污染源调查，贯彻省政府《关于湖南省环境保护“九五”计划和2010年远景目标的批复》，制定《娄底地区“九五”期间主要污染物排放总量控制计划》，2000年3月，编制《娄底市环境保护“十五”计划和到2015年远景目标纲要》，2007年8月，编制印发《娄底市“十一五”环境保护规划》。2010年，编发“十二五”环境保护规划，确定主要污染物控制指标与管理目标。

2011—2015年(5年)娄底市污染物总量控制目标

表52-5 单位:吨

名称	2011年排放量	2015年控制量	5年总削减量
COD	74251	70380	3871
NH_3-N	8832	8370	462
SO_2	131867	105600	26267
NOx	72210	65360	6850
Pb	3.59	3.17	0.42

2011年，编制印发《2011年娄底市创建国家卫生城市环境保护专业组工作方案》，其中6项环境保护指标全部落实。2015年1月，市环保局发出年度大气污染防治控制计划，计划淘汰落后燃煤锅炉，治理工业二氧化硫、氮氧化物和烟粉尘以及挥发性有机物，实施清洁生产技术改造项目，改造、搬迁重污染企业15家。新化县自来水厂饮用水水源水质达标率91.7%，娄底城区3个水厂和涟源市、冷水江市、双峰县饮用水水源水质达标率100%。2011—2015年，全市实施减排项目164个，总投资16.01亿元，其中，工业水污染治理项目2个，投资0.18亿元；城镇生活污水处理项目9个，投资14.25亿元；规模化养殖治理项目67个，投资0.28亿元；工业大气污染治理项目17个（其中二氧化硫治理项目12个），投资0.18亿元；氮氧化物治理项目5个，投资1.1亿元；铅、镉治理项目7个，投资155万元。2017年，娄底中心城区生活污水处理率85.3%，城镇生活垃圾无害化处理率100%。

第二节　建设项目环保审批与管理

1990—1991年，娄底地区贯彻《中华人民共和国环境保护法》，出台新建、扩建、改建工程必须提出环境影响评价报告书，经批准方可施工的规定，全面清查此前建设项目“三同时”执行情况，责令100多个建设项目补办环境影响报告手续，限期整改项目200个。1992年，全地区31项在建项目全部执行“三同时”制度。1993—1995年，审批建设项目300多个。1995年，贯彻省环保局《建设项目环境影响报告书和评价工作考核大纲暂行标准与实施细则》，全地区建设项目环境审批管理，实行环境影响评价二审制管理，即省里审批的由地区环保局初审，地区审批的由县（市）环保局初审。1996年，全地区审批新、扩、改建项目52个，否决项目24个，查处未经审批擅自建设项目13个。1998—2001年，贯彻国务院《建设项目环境保护管理条例》，强化环境影响评价“三同时”制度，全市审批环境影响评价建设项目372个，否决项目27个。2002年，对未办理环保审批手续、未建环保设施、未进行排污申报登记和领取排污许可证的企业、建设项目，一律限期补办完成，对未按要求补办完成和不符合环保要求的企业和建设项目依法查处。全市审批环境影响评价建设项目35个，环保竣工验收审批17项，“三同时”执行率100%。2003年，执行《中华人民共和国环境影响评价法》和《中华人民共和国清洁生产促进法》，全年审批建设项目环保评价59个，验收“三同时”环保竣工项目20个，否定不符合国家产业政策项目5个，项目环评执行率和“三同时”执行率均达100%。2004—2009年，审批环境影响建设项目623个，无否定项目。2010年，审批238个，否决31个，依法查处未批自建项目12个。

2013—2015年，执行新《中华人民共和国生态环境保护法》，落实严格的环保准入制度，坚持六个“一律不批”（国家和省明令淘汰、禁止建设的项目一律不批，环境污染严重、污染物不能达标排放的项目一律不批，所在区域环境质量不能满足环境功能区要求的项目一律不批，位于自然保护区核心区、缓冲区内的项目一律不批，在饮用水水源一级保护区、与供水设施和保护水源有关的项目一律不批，不符合省政府流域水环境综合整治要求的项目一律不批），否决不符合环保要求的建设项目79个。同时实施环评分级审批改革，将45类建设项目审批权限下放至县（市、区）环保局，重新梳理规范环评审批制度和审批流程，对2013年完成的518个建设项目，全部网上公示。2016年，市政府下发《娄底市清理整治环保违规建设项目实施方案》，全面清理排查并依法查处未批先建、批建不符合、久建不验建设项目1519个，全部整治到位。是年底，环保审批放权，实行属地管理。

2017年，市环境保护委员会成立，出台《娄底市环境保护责任规定》《娄底市重大环境问题（事件）责任追究办法》《娄底市环境保护工作绩效考核方案》等文件，按照“一岗双责，党政同责，失职问责，终身追责”原则，明确政府、部门、管理与审批人责任。是年，娄底作为全国首先试点市之一，开展领导干部自然资源资产离任审计和自然资源资产负债表编制，环境审批管理更加严格规范。全市审批环境影响评价建设项目781个，其中环境影响报告书35个，环境影响报告表310个、环境影响登记表436个。

第三节　排污权交易

2014年8月，娄底市贯彻落实省《排污权有偿使用收费和交易政府指导价格实施细则》，下发《关于全面开展排污权有偿使用和交易工作的通知》，市环保与物价、财政等部门协调办理收费许可证，开设排污权有偿收入专用账户。10月，全市启动排污权有偿使用和交易。是年，除中心城区和冷水江市暂未收费外，其余县（市）发放缴款通知书130份，征收企业82家，到位资金27.17万元，全市新建、改建、扩建项目63个取得排污交易权，推进二级市场交易，完成交易3笔，交易二氧化硫3.12吨、化学需氧量0.2吨、氨氮0.02吨、氮氧化物11.5吨，交易资金33.91万元。2015年，对全市433家企业排污权初始分配，核定化学需氧量2991.72吨、氨氮552.3吨、二氧化硫5.27万吨、氮氧化物2.24吨，完成排污权交易19笔，交易金额157.6万元。2016年，市环保局建立一企一档、有偿使用、交易和排污权证书管理台账，完成相关企业基本信息、分配量、减排量、富余量、有偿使用及交易情况的信息收集、扫描、上传与平台录入，会同市财政局下发《娄底排污权有偿使用收入使用工作规程》。市本级32家企业足额征收排污权有偿使用费263.6万元。375家市属企业征收281家，暂缓缴纳6家，征收率76.5%，征收669万余元。所有工业类建设项目新增污染物总量指标的企业全部执行排污权交易政策，年内完成交易23笔，交易金额127.8万元。2017年，全市向足额缴纳有偿使用费的企业和交易购买指标的企业发放“排污权证”368本，完成320家企业的排污权证书的年审工作，征收有偿使用费700余万元，对全市造纸等行业进行初始排污权补充分配。市环保局与市公共资源交易中心衔接，完成排污权指标交易47笔，交易金额128余万元，交易政策执行率100%。市排污权交易平台建设通过省厅验收，与省厅平台实现数据对接。

第四章　环境监测

第一节　污染源自动监控体系建设

1990年，地区环境监测站在境内建有大气、地表水、地下水、饮用水、环境噪声、交通噪声各类监测点位400余个。1991年，娄底、双峰、涟源、新化4个县级站被列入全省17家四级优秀站之列。地区站和5个县（市）站通过计量认证，取得省计量局颁发的合格证书。认证项目七大类：水体96项、大气和废气42项、噪声42项、废渣23项、土壤24项、植物18项、反射性剂量率2项，其中205项参数检测项目具备国家环境监测有关标准检测能力。1992—2006年，各企业依靠人工检测手段，监测水准低，环境监察作用小。2007年，市环保局投资154万元，启动污染源监控中心建设。2009年，市监控中心建成，通过验收投入运行。省、市两级78家重点企业安装在线监控设施并联网运行，实现污染源自动监控信息和数据，市、省、部三级平台实现联网传输和交换。2012年，市环保局投入10.8万元搬迁机房、添置设备。全市23家国控、省控企业安装污染源监控设备49套，全部实现联网。投入500万元加强信息能力建设。2017年，以“智慧环保”建设为目标，市里投资2000余万元建设排污权交易管理平台、污染源和环境质量自动监控系统、市级机动车尾气监控管理平台、综合业务管理平台、环境数据中心，实现全市国控、省控和市控企业废水、废气排口实时连续监测，约束企业排污行为，为污染减排、总量控制和环境执法提供数据支撑和决策依据。华菱涟源钢铁有限公司投资1200万元，将主要废水、废气排放口全部安装在线监测设施。涟水、孙水流域交界断面水质自动监测站建成并投入使用。

第二节　水环境监测

1990年3月，地区环保监测站设置涟水、资江、孙水、湄水等水系监测断面15个，监测地表水质量。1992年，地区环境水质监测执行国家环保总局《环境监测技术规范》，以重金属和综合性指标为主的监测指标体系，对照国家环保总局公布的水中优先控制68种污染物名单逐项监测。地区水质常规监测项目41个，其中必测项目22个。必测项目中，重金属总汞、总镉、六价铬、总铅、总铜、总锌6个，无机污染物及综合性指标高锰酸盐指数、生化需氧量、pH、溶解氧、非离子氨、硝酸盐氮、亚硝酸盐氮、总磷、总砷、氰化物、硫化物、挥发酚、石油类、化学耗氧量14个，有机污染物总悬浮物、大肠杆菌数2个。1993—1999年，全地区在各水系主要支流上相继增设监测断面16个。2001年，购置新设备，在市环境监测站楼顶设降水监测点1个。降水监测项目为pH、电导率和SO_4^{2-}、NO_3^-、Cl^-、NH_4^+、Ca^{2+}、Mg^{2+}、Na^+、K^+8种阴、阳离子浓度。对pH，逢雨必测，其他化学组每月测定一次。2001—2009年，娄底中心城区、县（市）城区和乡镇都由供水公司集中统一供水，常规监测井不断被填埋和废弃，地下监测井失去监测价值，各级环境监测站只对部分水井项目每年抽测1~3次，监测项目选自2002年4月实施的国家环保总局《地面水环境质量标准》（GB3838—2002），评价指标为pH、溶解氧、高锰酸盐指数、生化需氧量、挥发酚、石油类、氰化物、氨氮、硝酸盐氮、亚硝酸盐氮、总汞、总镉、总铅、总砷、六价铬、总磷、悬浮物、粪大肠菌群，采用均值综合指数，污染分担率、污染负荷比等方法进行评价。2010—2015年，资江干流辖内，涟水、孙水、侧水等4条主要河流共布设9个监测断面。2015—2017年，市环保局监测站具有水、废水、环境空气与废气、土壤、固废、噪声等9大类291项监测能力，有大中型监测仪器设备100多台（套），监测业务用车3台，总价值1000多万元。主要承担环境质量常规监测、污染源监督性监测、中心城区5个及4个县级空气自动站和球溪水质自动站的运行管理，国家地表水监测网采测分离与同步监测，国家网土壤环境监测与省国控土壤环境风险点监测，国家、省、市专项监测，全市环境执法监测，应急监测与环保督察监测等一系列监测工作。

第三节 城市空气环境监测

1990—1995年，地区环境监测站按国家《环境监测技术规范》标准和要求对全地区大气污染物监测布点、采样、分析。1996年始，按国家《环境空气质量标准》（GB3095—1996）中的二级标准，对城区范围大气监测优化布点，实行24小时连续自动采样。必测项目：二氧化硫、氮氧化物、总悬浮颗粒物、硫酸盐化速率、降尘。选测项目：一氧化碳、可吸入颗粒物、光化学氧化剂、氟化物、铅、汞、苯并芘（BaP）、总烃和非甲烷烃。空气质量常规监测项目：二氧化硫、氮氧化物、总悬浮颗粒和降尘。2000年，将监测项目氮氧化物改为二氧化氮。2001年，实施《娄底市环境监测“十二五”规划》，提升重点源监控数据质量。2003年，在各县（市、区）设环境空气监测点位15个、中心城区监测点位4个，24小时全天候自动采样，县（市）仍按五日法采样、监测。2010年，在各县（市、区）设环境空气监测点位17个。2011年，市中心城区设空气自动评价站点3个。2012年9月，市环境监测站对市区早元公园环境空气中的氨气、硫化氢、甲烷以及非甲烷总烃4个污染因子采样分析监测，3个点位气体体积百分比值均在5.5%~8.2%，超标。2014年，市中心城区新建空气自动评价点1个，对照点1个。每个评价点均监测二氧化硫、二氧化氮和可吸入颗粒物（PM10）3个指标。2015年，4个评价点在原来三项指标的基础上，增加一氧化碳、臭氧和细颗粒物（PM2.5）3项指标。至2016年，市中心城区及4县（市）城区共设省控环境空气自动监测站点位9个，其中环境空气质量评价点8个，城市对照点1个，按照新标准规定，对二氧化硫、二氧化氮、可吸入颗粒物、一氧化碳、臭氧和细颗粒物6项污染因子开展常规监测。2017年，空气监测采样的时间、监测频次、分析测试方法、标准继续按国家环保总局《环境监测技术规范》《环境空气质量标准》（GB3095—1996）规定执行。

第四节 城市噪声环境监测

1990年，境内交通噪声监测路段总长20千米，布点19个，中心城区环境噪声监测点154个。1998年，各县（市）城区交通噪声监测路段总长50.96千米，布点55个，中心城区监测点495个。2003年，各县（市、区）交通噪声监测路段总长61.52千米，布点66个，中心城区32.67平方千米，监测点709个。2001—2005年，全市交通噪声监测路段12.99千米，其中暴露在60~65分贝、65~70分贝的路段比例分别为1.3%、19.8%，超过70分贝的路段平均比例为78.9%，较前5年的44.1%上升2.6%。2001—2006年，中心城区道路交通噪声监测路段长度及测点数由前5年的20条，总长35.13千米，30个测点，增加到40条，总长61.52千米，66个测点。监测统计方法按《“十五”城市环境综合整治定量考核指标实施细则》及《环境监测技术规范》执行。2006—2010年，全市城市交通干线噪声布点92个，获有效数据1000余个。至2017年，全市城市交通干线噪声监测总长99.77千米，布点92个，城市区域环境噪声监测点位703个，监测范围45.53平方千米。是年，按1~4类，在娄星区设城市功能区噪声监测点4个。评价标准按照《声环境质量标准》（GB3096—2008）《环境噪声监测技术规范——城市声环境常规监测》（HJ640—2012）执行。监测统计方法按《“九五”城市环境综合整治定量考核指标实施细则》《环境监测技术规范》（噪声部分）执行。至2017年，中心城区区域环境噪声仅昼间监测，监测网格600米×600米，监测点位区域数65分贝。

第五节 排污总量控制

2006年1月，全市各种排污量开始实行总量控制，2006—2010年，全市二氧化硫累计削减7721吨，较前5年下降7.6%；化学需氧量累计削减3590吨，较2005年下降7.3%。省政府确定的两项约束性指标，砷、镉排放量较2005年分别下降70.5%和25%。4项主要污染物减排任务均超额完成。2011—2016年，全市化学需氧量、氨氮、二氧化硫和氮氧化物排放控制总量计划分别减少3576吨、598吨、34567吨、15012吨。氨氮、二氧化硫、氮氧化物均提前完成总量减排目标任务，分别完成129.4%、131.6%、219.15%，化学需氧量完成92.4%。其间，2015年对省控11家、市控16家重点污染企业环保治理设施实行目标管理，建立运转记录和监控台账，要求运转率达到95%以上。污染因子达标率，省控企业平均92%、市控企业85%，达到和超过年初目标管理要求。

第五章　环境监察

第一节　环境监察执法

1990年10月，根据《中华人民共和国水污染防治法》和湘政发《关于控制造纸行业污染问题的通知》，下发《关于做好造纸行业污染治理规划的通知》，整顿造纸企业，关停取缔生料造纸企业3家，拆除蒸球15个，生料造纸退出娄底市场。1991年，地区环保局依法对地区铁合金厂、双峰县肉联厂违反建设项目环境管理规定各罚款5000元，并责令停产整改。1992年，地区开展4次执法检查，听取5县（市）政府和人大常委会书面汇报，检查厂矿企业18家，提出整改建议71条。是年12月，地区编委批复，地区环保局增设排污管理科，对外称排污监理站，承担环境监察职能。环境监理、监察人员开始持行政执法证、监督证上岗，亮证执法。1993年5月，行署组织环保及有关部门对境内非法小煤窑和污染严重的土法炼焦厂全面清理整治，依法查封非法小煤窑700多座，铲除严重影响铁路公路交通安全的小炼焦炉90座。

1994年10月，地区人大联工委、行署领导率环保部门对环保执法情况全面检查，检查重点企业24家。涟源、双峰、冷水江3县（市）对拒交拖欠排污费、闲置环保设施的企业立案查处。1995年9月，检查13家重点厂矿企业环境执法情况，发现并处理问题企业3家。1996年，贯彻落实《中华人民共和国行政处罚法》和《中华人民共和国行政诉讼法》，制定和完善环境行政执法、调查取证、处罚决定、处罚文书、立案告知等制度，选送10余名干部参加省高院、省环保局举办的行政执法监督人员岗位培训班学习。是年，全地区查处环境违法行为42起。1997年，地区中心医院病毒污水处理站擅自停运，没有采取投氯投药措施，余氯为零，粪大肠菌群严重超标，病毒废水直接排放。对其发出《行政处罚事先告知书》，罚款5万元，责令整改。全年立案查处环境违法案件22起。

1998—2003年，根据国家把氨氮、磷与COD指标同时列入总量控制计划和环境统计指标的要求，重点开展工业污染源、生活污染源、畜禽养殖污染源和农药化肥污染源氨氮和磷排放情况执法调查和处置。2004年10月，发出《关于涟源市环保局违法评价和初审青山化工二厂年产一万吨硫酸项目处理情况的通报》，责令依法整改。2005年12月，针对娄底市德雄化工厂严重违反国务院《建设项目环境保护管理条例》有关规定，未经环保部门审批，擅自在娄星区石井乡泽溪村建设年产4000吨的粗苯加工生产线，向市经委、国土资源局、技监局、安监局、电力局发出《关于提请共同制止娄底市德雄化工厂违法建设的函》，向该厂下达责令停止建设的通知，但该厂未停止建设。为消除环境安全隐患，工商局、国土资源局、技监局、安监局不予办理相关手续和证照，电力局不予供电，共同制止该厂环境违法行为。是年，严厉查处中心城区医疗单位擅自买卖医疗一次性输液管等医疗废物的违法行为，取缔擅自收集医疗废物的"黑店"，规范医疗废物处置管理。

2006年，对全市饮用水水源保护进行专项执法检查。冷水江市出动执法人员200余人次，下发整改通知书89份，重点查处锡矿山地区一批小锑品冶炼环境污染违法企业。新化县关闭各类重污染小型企业30余家，减少化工、造纸等行业排放工业废水600余万吨。市环保局关闭孙水河污染大户涟源市惠福化肥有限公司，消除娄底市区饮用水污染源。2007年1月，发布《关于开展医疗废物管理工作专项检查的通知》，对全市医疗机构的医废管理进行全面检查整治。对全市6个工业园进行为期1个月的监察执法，检查企业24家，涉及机械加工、制药、食品加工、陶瓷和印刷等行业，整治工业园区和矿产资源开采区环境违法问题，对213家矿山企业环保情况专项执法检查，查处和取缔73家未进行环境影响评价和“三同时”验收的矿产资源开发项目、危害人民群众健康的不法企业。下达限期整改通知68份。

2008年，市政府成立整治违法排污企业保障群众健康环保专项行动领导小组，统一领导全市专项行动。市环保局会同市监察局对2005—2007年市、县两级环保部门挂牌督办的典型环境违法案件和突出环境问题整治措施落实情况进行督察。针对涟源市和新化县饮用水水源保护区存在的问题，向涉污企业下达环境监察通知书。市政府召开专题会议研究孙水河、涟水河水上餐饮集中整治，娄星区环保局取缔孙水河水上所有娱乐餐厅。双峰县开展保护饮用水水源，保障人畜饮用水安全专项行动，关闭污染水环境企业6家，限期治理7家。

2009年3月，市环保局排查造纸污染企业44家，关停冷水江市、新化县、涟源市境内10家造纸企业。湘乡市壶天镇日新村二组村民未经环保部门审批，擅自在娄底、湘乡边界处建成一条五氧化二矾生产线，产生的废水、废气、废渣未经任何环保设施处理，对恩口煤矿三工区群众生产生活造成严重污染和影响，直接威胁居民的身体健康。8月，市环保局发出《关于停供湘乡壶天镇日新村五氧化二矾生产线生产用电的函》。经湖南省环保局，湘潭市、娄底市、湘乡市三级环保部门联合调查，湖南省环保局责成湘乡市政府予以取缔，电力部门立即停止该厂生产用电。

2010—2014年，开展百日安全隐患排查专项执法行动，市、县（市、区）两级出动执法、监测人员600余人次，依法检查企业1763家次，立案查处234家，取缔关闭324家，停产整治9家，限期治理25家，下发整改通知585份，完成整改15家，被查处企业中，有铅酸蓄电池企业1家，次氧化锌生产企业3家，炼焦企业4家，危险废物、医疗行业污染物、危险化学品危害、涉锑企业712家，小造纸企业11家，小电镀企业5家。2015年，市环保局出动执法人员1.13万人次，对1510家涉及危化品、重金属、危险废物、饮用水水源、粉尘涉爆、辐射源及建有尾矿库的单位，9个饮用水水源地，4个工业园区现场检查，取缔关闭7家非法企业，责令83家企业停产整治，对68家企业立案查处，移交移送司法机关8人，对32家企业共罚款133.58万元。

2016—2017年，全市出动执法人员2000余人次，开展重点行业环境保护专项执法检查，检查钢铁企业2家、工业园区6个、垃圾填埋场5个、尾矿库企业5家、水泥制造企业4家、污水处理厂6家、危险废物产生单位41家，立案查处违法案件28起。中央环保督察组交办信访件245件，其中重点案件113件，办结244件，其中重点案件112件，责令整改企业110家，立案处罚42家，责令停产27家，查封扣押4家，移送行政拘留11件10人，移送追究刑事责任2件4人，约谈44人，问责20人，罚款213万元。

第二节　环境污染应急处置

一、交通污染事故处置

1990年1月11日，邵阳染化厂货车运载48吨硝基苯酚钠，行至涟源市金石乡大桥村发生火灾事故，污染农田5.33公顷、菜地0.8公顷和附近鱼塘。地区环保局及时赶赴现场调查取证，处理污染，依法责令邵阳染化厂赔偿村民污染损失费2000元。3月，衡阳地质314队柴油车途经新化县炉观镇，因车祸泄漏大量柴油，污染农田5.4公顷、菜地0.67公顷和附近鱼塘。省环保厅责令314队赔偿农民损失2800元。2009年6月17日，省铁合金有限责任公司将铬废渣非法转移至双峰县梓门桥镇檀山村时，车辆倾覆，发生废渣污染事故。市环保局立即启动环境污染事件应急预案，责成企业将废渣及被污染的土壤清运至厂内处置，并给予环境损害赔偿，依法对非法转运的老板和司机拘留和罚款。2010—2017年，无交通污染事故发生。

二、矿山冶炼污染事件处置

1996年8月17日，冷水江市锡矿山黄光村5家锑品冶炼厂，大量含砷废渣随意丢弃，遭雨水淋后，砷溶化渗入地下水中，致当地井水砷含量0.58～2.86毫克／升，超过国家饮用水标准286倍，200多人砷中毒，13人住院治疗，1名妇女死亡。省、地环保局立即启动应急预案，赶赴现场处置，对事故责任单位做出经济赔偿和罚款处理，对直接责任人追究法律责任。1998年10月，涟源市金环电解锰厂污染严重，附近群众多次集体上访，扬言炸毁工厂。地区环保局和当地政府在做好群众思想工作的同时，责成企业环境整治，实现达标排放。1999年8月，新化县山溪锑品冶炼厂污染环境，造成部分村民饮用水困难。市环保局、新化县环保局联合调查，责成企业停产整治。2007年7月26日17点，冷水江市中泰矿业有限责任公司突发尾砂坝底过水涵洞穿孔事故，1万余立方米含水尾砂流入资江。市环保局启动应急预案，设置防线，隔污去污，源头截污，减少尾砂流出，防止山体垮塌，协调筱溪水电站加大下泄水量，减轻河道污染。2008年9月25日，闪星锑业水塔管道开裂，泄漏清水进入锑华公司砷碱渣库，将库内10余吨砷碱渣带入下游水源，酿成溪水砷浓度超标781倍，井水砷浓度超标757倍，部分居民砷中毒，市环保局紧急启动应急预案，处置污染，责令锡矿山地区所有涉锑企业全部停产整顿，24家涉锑企业限期整改，对锑华公司依法做出行政处罚。2009—2017年，境内没有发生矿山冶炼污染事故。

三、化学品贮存污染事件处置

1999年11月8日19时，青山硫铁矿寄存于涟源七星火车站的三罐硫氰酸钠，其中一罐阀门被盗，42吨硫氰酸钠全部泄漏，30多吨流入涟水河，10多吨淤积在坑洼内，给涟水造成极大污染。环保部门启动应急措施，市政府办公室立即发布《关于暂时停止在涟水河内取水饮用的紧急通知》。2009年8月19日，广铁集团株洲机务段洛湛车间输油管破裂，柴油泄漏，造成娄星区花山办事处对江村农田、水井污染。市环保局立即启动应急预案，在溪港、河道设置6道隔油坝网，利用稻草、棉被、吸油毡吸附表层浮油，控制污染，保障娄底城区二水厂水源安全。2013年1月19日，大唐华银金竹山火力发电公司1#柴油罐发生柴油泄漏事故，约5.8吨柴油外泄流入资江。娄底市、冷水江市两级政府启动应急预案，成立应急指挥部，两级环保部门100余人通宵达旦在木香溪、资江河设置17道隔油坝网，控制污染，至1月28日，漏油源头完全堵住，涵洞彻底清理干净并正常过水，资江河面水质指标恢复正常。大唐华银金竹山电厂赔偿事故造成的直接经济损失60余万元，对分管领导和当班责任人做出撤职处理。至2017年，没有发生化学品贮存污染事故。

四、其他污染事故处置

2002年9—10月，某非法电镀厂排放废水污染娄星区涟滨乡仙人村地下水。事故发生后，环保部门依法责令该企业立即停止生产，配合环保部门处理被污染地下水，使地下水恢复正常。是年9月13日，涟源市惠福化肥有限公司、涟源市托山造纸厂向孙水河排放废水，造成市自来水公司孙水河取水点氨氮严重超标，影响娄底城区饮用水安全。市政府责成涟源市政府关闭取缔上述两家严重环境违法企业。2011年12月5日17点，涟源市伏口镇与新化县田坪镇交界处一造纸厂排放黑色废水，污染新化县田坪镇月华村茶溪河。市环保局责成涟源市环保局迅速查处。伏口镇政府立即依法关闭该厂，限期运走原材料、拆除生产设备，并对沉淀池废水妥善处理。2005年11月24日，冷水江市金信化工有限责任公司尿素厂集水池发生渗漏导致倒塌，高浓度含氨废水流入资江，造成冷水江市12小时、新化县24小时停水环保污染事件。市环保局立即停止冷水江市、新化县自来水厂取水口的取水，并在污染河段设置10道拦污坝，事后对金信化工有限责任公司予以通报批评，对责任人给予严肃处理。

2010年1月27日，涟源市沙坪煤业有限公司矿井透水，井下废水直接排入涓水河，造成涓水河污染，桥头河自来水厂停止供水3日，市环保局立即启动应急预案，控制污染，责成企业整改，并依法依规予以行政处罚。事后，市环保局下发《关于加强煤矿矿井废水污染防治工作的通知》，要求相关单位自查，杜绝同类事故发生。是年8月，每天数以百计的游泳者聚集到孙水河一级饮用水水源保护区取水口河道内游泳，致使孙水河水质安全受到威胁。8月16日，市环保局向市政府呈报《请求采取紧急措施禁止孙水河一级饮用水水源保护区内游泳的紧急报告》，市政府采取措施全面禁止在饮用水水源地游泳。2013年3月28日，“红网论坛”发表题为“娄底万宝新区：征用土地变成城市垃圾场，200多村民靠桶装水度日”的帖子。市环保局迅速联系自来水公司为两个居民小组安装自来水，将居民生活污水接入市政污水管网，居民区原有生活垃圾全面清理，放置垃圾收集箱，由环卫部门统一转运。

2016年1月9日20点30分，冷水江市恒兴化工助剂有限公司发生火灾。市、县两级环保局监察与监测人员赶赴现场，开展环境监测及应急处置。2017年7月8日，因强降雨，冷水江市渣渡镇华润利民煤矿、水口山煤矿等关闭煤矿井下涌水日排1200立方米，流入升平河，硫酸盐、铁、锰含量增高，导致涟源市升平河部分河段呈砖红色，下游涟源市自来水公司一水厂停止取水。市环保局立即开展协调处置。冷水江市政府耗资近600余万元对上述煤矿废水，用片碱、石灰和药剂沉淀法处理，至7月18日升平河水基本恢复正常。

五、应急预案与演练

1990—2003年，娄底环境污染事故频发，市环保局制定应急预案，每年演练2~3次。2004年11月，市环保局落实市政府《关于认真做好突发公共事件应急预案制定工作的通知》，制定《娄底市环境污染、生态破坏重大事故应急预案》。2009年9月，市环保局在华达机械总厂举行环境监察、监测人员应急演练。2014年12月，市政府颁布《娄底市大气重污染天气应急预案》，明确适用范围、组织机构和职责，规范重污染天气预警措施和应急响应等级。2015年1月，市政府重新修订《娄底市突发环境事件应急预案》。是年11月，市环保局与华菱安赛乐米塔尔汽车板有限公司联合开展盐酸泄漏应急演练。2017年10月，市环保局与双峰县政府联合举办娄底高速公路—檀树湾隧道危化品车辆泄漏突发事件应急处置演练，从事故发生，接报、报告、调集、出警、监测、处置，全程模拟实战。

第三节 排污费征收与管理

一、排污费征收

1990年，全地区环保部门对57家地属以上企业，353家县属、乡镇企业开征排污费。1991年，向386家被征收单位征收排污费817.8万元，比上年增加101.06万元。1993年，地区相继发出《关于对全区境内宾馆饮食等服务性行业统一实行排污收费的通知》《关于对全区境内城市建筑噪声统一收取超标排污费的通知》，征收噪声排污费860万元。1996年，征收排污费1180万元，1998年突破1200万元。2002年6月，贯彻国务院新的《排污费征收管理条例》和省政府《湖南省排污费征收管理办法》，全市按照排污数量和浓度总量收取排污费，超标加倍收取。火电厂排污费改由省环保局直接征收。2005年，发出《关于做好2005年排污申报与核定工作的通知》《关于规范全市煤、焦生产企业排污收费有关问题的通知》，征收排污费1800余万元。2006年，全市实行排污费属地征收，征收排污费1260万元。2008年，市环保局上收困难企业排污费核定权，重点稽查擅自更改排污费缴纳额度违法违规行为。

2011年，发出《关于加强机制砖厂排污费征收工作的通知》。重新认定市本级直征排污费企业300多家，制成“排污费征收管理系统”软件。全市征收排污费3100余万元。2013年，市环保局上报《关于2012年度全市三江流域重金属污染防治及环境保护监管情况的审计所涉问题整改情况的报告》，追缴排污费614.29万元。2014年，严格规范排污费征收程序，强化排污申报和数据审核，利用排污收费软件，科学、公正核算排污费，做到收费数据真实准确。是年征收排污费近4000万元，其中市局直接征收1960万元。2015—2016年，征收排污费7000万元，其中市局直接征收3400万元。2017年7月，省环保厅稽查市环保局排污费征收工作，对煤炭、矿产品排污费征收程序不规范，违规截流，未按规定足额核定征收等问题，提出整改意见。是年，全市因经济下行压力加大，倒闭和自然停产企业逐年增加，开单企业仅204户，实际征收排污费4000万元，比上年减少578万元。

二、排污费管理

1990年，全地区发放环保基金贷款376万元，竣工治理项目51个。1991年，向68个单位92个项目发放污染治理环保补助资金464.75万元，调动厂矿自筹资金935万元，完成污染治理项目85个。1992—2004年，排污费实行返回企业专项治理制度，排污费全额返回企业用于环境专项治理。2005年，下达《关于娄底市2005年度环境保护专项资金的通知》，安排环境保护专项资金109万元，污染治理项目10个。2007—2017年，排污费使用统筹专项申请，全市累计争取30亿元，主要用于锡矿山地区、湘江流域治理和农村环境连片整治。

第六章　环保机构与宣传教育

第一节　环保机构

1990年，地区环保局属行署正处级工作机构，内设办公室、政工科、法制科、排污管理科、自然保护科、环境保护宣教中心。1999年9月，市环境保护局（简称市环保局）内设11个科室和4个二级单位。2003年4月，机动车辆排污管理站和环保科学研究所纳入财政预算单位。7月，增设开发监督科。2004年12月，增设放射管理科。2006年4月，市经济技术开发区建设规划分局加挂开发区环保局牌子。2007年9月，市环保局成立污染源普查工作办公室。2009年6月，市环境监测站和环境监察支队合并，组建市环境监察支队。2012年8月，市环保局政务服务项目进驻市政务服务中心。2013年5月，娄底市固体废弃物管理站成立，12月，市环保局娄星分局、主要污染物排污权储备交易所成立。2014年3月，市环保局成立环境行政案件审议委员会，案审委员会办公室与政策法规科合署办公。2015年7月，市公安局、中级人民法院、人民检察院、环保局联合成立娄底市打击环境污染违法犯罪联席会议领导小组及办公室。2017年，市环保局内设办公室、人事科、法制宣教科、行政审批科、自然保护科、科技监测科、信息中心、污染防治科、总量科、固废管理站、排污权交易中心、机动车尾气管理站。局机关在职干部职工160人，市环境监测站59人，市环境监察支队20人。市环保督察考核办公室成立。5个县（市、区）均设立环保局。69个乡镇设立环保管理站，每站配备2~3人。45个重点乡镇建立污水处理厂。涟源钢铁有限责任公司、闪星锑业、金竹山电厂、冷水江钢铁有限责任公司等大型企业，均设立环保管理机构，车间设立环保专干，确定排污沟、排放烟囱责任人。市环保局在各大企业、重点排污企业设置环境监测站87个。

第二节　环保宣传教育与绿色创建工作

一、宣传教育

1990年，全地区共订《中国环境报》2085份，在该报刊登稿件53篇，地区环保局编印《娄底地区环境信息》12期和《环保法规》200册，翻印执法文书2000套。1991年4月，地区环保局、地区教委在涟源市第一中学联合召开全区中小学环境教育座谈会。6月，地区环保局制定《全区环保法制宣传教育第二个五年规划》。召开环境保护新闻、文学座谈会。

1992年3月，国家环保总局与共青团中央联合发文，将1992年定为环保宣传年。地区环保局与共青团娄底地委联合成立地区环境宣传教育领导小组，利用电视、广播、报刊开展环境宣传月，百万青年参加签名活动。地区环保局投入宣传经费20万元，220万人受到教育。11月，地区环保局举办环境管理干部研讨会，各县市、大型厂矿企业50余人参加，湖南大学等高等院校教授应邀讲课。1993年12月，为纪念环保工作开创20周年及环境保护确定为基本国策10周年，地区环保局与冷江报社联合举办环保知识竞赛和“为经济建设服务”宣讲活动。地区环保局参加省局组织的宣讲活动，获二等奖。1994年3月，开展为期一周的环保宣传周活动，编印《环保条例》手册、宣传单15000份，发送厂矿、机关、学校。

1995年，地区环保局与地委宣传部、广播电视局联合开展湘中环境忧思路电视宣传活动，拍摄环保专题片16部，在地、县（市）各电视台连续播放一个月。地区环保局编写环境保护培训教材，在地委党校开设环境保护课程，165名处级领导和250多名科级干部接受环境教育。1996年，地区和各县（市）党校将环保列入各类培训班教学内容。1997年，地区环保局举办全区环保执法人员行政执法培训班，协助行署法制办组织党政机关干部环保法规知识统一考试。全地区环境教育试点中小学校增至15所。1998年，地区环保局与娄底日报社联合开辟环保专版，宣传环保法律法规。

1999年5月，地区广播电视局与地区环保局联合举办呼唤世纪蓝天三湘环保新闻竞赛活动。2002年1月，市环保局开通“12369”环保热线。3月，全市环保系统在市、县两级广播、电视、报刊开辟环境保护专栏，宣传环保法律法规和环保知识。是年，市环保局配合市人大城环委，对涟源特种水泥厂、冷水江市矿山采空区复垦问题等21个重点选题，会同新闻媒体督查采访报道。2003年5月，市环保局转发《2003年全国环境宣传教育工作要点》，12月，编印《环境保护法律法规政策汇编》2000册。2004年，配合市人大开展环保世纪行活动，协助省、市人大开展湖南省首届环境与资源法律法规知识竞赛，发放试卷2400份，回收率96%。是年，市环保局成立岗位学法活动领导小组，将新颁布的《中华人民共和国环境影响评价法》《中华人民共和国清洁生产促进法》《排污费征收使用管理条例》《医疗废物管理条例》作为学习重点，对执法人员考试，优胜劣汰，竞争上岗。

2005年7月，市环保局组织各企业环保负责人赴四川、新疆考察，学习西部地区生态保护和企业污染治理经验。2007年11月，举办庆祝娄底环保30年暨“绿色湘中”迎春晚会。2009年11—12月，分两批对辖区内煤矿企业法人代表和企业管理人员进行环保法律法规培训，听取《科学开采规范管理，保护全市煤矿生态环境》《环境与发展》《煤矿企业环境监察》《娄底煤矿生产企业环境管理》《娄底市煤矿生态环境保护与恢复管理》等专题讲座。市环保局被评为省“十一五”环境宣传教育工作先进集体。2010年，全市4件优秀作品获省环境保护宣传教育中心第二届湖南省中小学生环保社会实践活动征文大赛优秀奖。市环保局被评为征文活动优秀组织单位。市环保局、市教育局联合授予市第一污水处理厂市环境教育基地牌匾，市环保局举办首届娄底市环保形象大使评选活动，1280名选手报名，评选出10名。

2011年3月，市环保局、市直机关工委、共青团娄底市委联合举办环保系列主题活动，发放宣传资料2000余份。是年，市环保局与湖南人文科技学院教育系联合开展“袋袋相传”环境公益宣传活动。5月，市环保局组织10余名环保科技骨干开展环保科技普及宣传活动，制作环保宣传展板4块，发放环保宣传手册1000余份、宣传单3000余份、环保法律法规手册500余份。9月，环保学会组织会员参加2011年全国科普日活动，围绕节约能源资源、保护生态环境、保障安全健康、促进创新创造主题，制作宣传横幅及环保宣传展板6幅，发放环保宣传资料1000份，接受群众环保咨询200人次。11月，市环保局《世界锑都锡矿山可持续发展调查与思考》一文获第十届中国科协年会优秀论文二等奖。11—12月，举办2期全市医疗卫生机构负责人和骨干环境保护培训班。

2014年7月，市环保局、市孙水公园管理办、大学生志愿者联合组成一支文明劝导服务队，围绕“确认饮水安全”，开展历时两个多月的孙水河集中整治行动。2015年3月，市环保局、共青团市委组织湘江绿色卫士20多名志愿者前往孙水河参与“关爱自然·美丽娄底”保护环境志愿服务活动，沿河清扫白色垃圾，开展环保宣传。5月，市环保局参加市政府主办的娄底市“5·12”应急知识宣传周活动。市环保局、市科协举行科技活动周科普宣传活动，设立咨询台、展出展板、发放宣材资料，向群众宣讲科学节能节水、垃圾分类及低碳生活等环保知识。6月，娄底环保世纪行组委会一行，对新化县资江河段水资源保护情况进行现场检查。9月，为纪念《维也纳公约》缔结30周年，市环保局组织保护湘江绿色卫士志愿者开展国际保护臭氧层日纪念活动。11月，市委、市政府在湖南人文科技学院音乐厅举办《治理污染保护环境电视问政》节目，5个县（市、区）长与现场主持人、两名点评嘉宾和市民代表同台问答。12月，市环保局举办坚持绿色发展、创建全国文明城市为主题的环保宣讲活动。

2016年4月，市环保局转发《湖南省环境保护厅关于在全省广泛开展环境教育基地创建工作的通知》，推进全市生态文明建设。2017年，市委宣传部主办，市环保局等单位共同协办的第二届徒步涟水河、孙水河大型采访活动，在娄底日报社大院举行启动仪式，全体绿色湘江卫士志愿者参加。全市12家市直机关开展主题“绿色出行　环保伴我行”环境保护宣传教育。

二、绿色创建工作

2002年，市环保局开展绿色学校、绿色社区、绿色家庭创建活动，评选出娄底二中、先锋实验学校、娄底吉星小学、娄底星星实验学校、双峰荷叶镇中心小学、冷水江市红日实验小学等10所市级“绿色学校”。2003年，全市评选出娄底吉星小学、娄底一中、涟源市第二小学、娄星区春元中学4所市级“绿色学校”。2003年7月，市环保局授予冷水江市红日实验小学等10所学校2002年度娄底市“绿色学校”称号。2004年5月，市环保局做出《关于授予春元中学等学校2003年度娄底市市级“绿色学校”称号的决定》。2005年，娄底人民银行、娄底电业局2个单位以及娄底一中、娄底三中、冷水江中心小学、新化三中4所学校通过省厅创绿检查验收，分别获省级绿色社区和绿色学校称号。2006年1月，市环保局授予新化县第四中学、涟源市伏口中学、双峰县第七中学、双峰县青树坪镇大坪中学、涟钢四小、涟钢五小“绿色学校”称号，2009年11月，授予大汉巨龙家园娄底市“绿色社区”称号，授予朱锦鹏等5个家庭为娄底市“绿色家庭”称号，12月，授予蓝天双语幼儿园为“绿色幼儿园”称号。2010年3月，娄底市大汉巨龙家园被省环保厅评为绿色社区，市环保局被评为创建工作优秀组织单位。12月，市环保局、市教育局联合表彰2010年度娄底市绿色学校（幼儿园）及创建工作先进个人和优秀教师，湖南省娄底幼儿师范学校等5个单位被授予2010年度“娄底市绿色学校（幼儿园）”称号，4名干部被评为创绿先进个人，6名教师被评为创绿优秀教师并予以表彰。是年12月，市环保局授予冷水江市佳泰家花园“娄底市绿色社区”称号。2013—2017年，市政府启动“绿水青山就是金山银山”生态文明建设示范县创建工作。

第五十三篇

城乡规划

概 述

1990年，娄底市城市规划办公室（1996年更名为娄底市城市规划局）和城市规划设计室对原城市总体规划修订，形成《娄底市城市总体规划（1991—2010）》。规划将娄底市建设成一个多功能、开放型、社会化、现代化、花园式的中等城市、湘中经济带主要城市和铁路枢纽，建成以钢铁工业为基础，重点发展机电、建材、轻纺工业，第三产业快速增长的现代化工商业城市。规划城市人口：1995年18万人，2010年30万人。规划建设用地：1995年24.3平方千米，2010年36平方千米。形成中心区、城东区、城西区、城北区总体布局。

1999年，娄底撤地设市。原县级娄底市更名为娄星区。县（市、区）乡镇建设规划整体纳入市级管理。是年，市政府成立娄底市总体规划修订领导小组，2000年，委托湖南省城市规划研究设计院、娄底市规划设计院对原娄底市总体规划予以修订，形成《娄底市城市总体规划（2000—2020）》。省政府2002年3月批复实施。规划建成以娄底中心城区为中心，以冷水江、涟源两市，双峰、新化两县为依托，重点发展湘黔、洛湛铁路干线和娄双公路干线城镇主轴线，加快发展320国道和207国道及田坪三尖公路、吉庆五溪公路沿线城镇次轴线，形成“一主四纵”城镇发展网架。至2020年，建制镇发展到70个。规划中心城区面积331.62平方千米，人口2005年32万人，2020年50万人。规划建设用地：2005年36平方千米，2020年63平方千米。规划建成湖南省重要的铁路枢纽、以能源原材料生产为主导的工业基地，湘中地区生态园林城市。城市建设实施“东扩南移”战略，形成“一区三片六组团”的城市空间格局。

2004年，娄底市规划委员会成立。2007—2008年，市政府贯彻新修订的《中华人民共和国城乡规划法》（简称《城乡规划法》）、《城市规划编制办法》和党中央、国务院新型城镇化发展战略，对城市原总体规划进行修订。规划形成中心城区、县（市）城区、建制镇、湘黔和洛湛铁路干线、娄双公路、娄新公路为主轴的娄涟双和冷新两大新型城镇群。市域城乡人口2015年445万人，2020年455万人，城镇人口250万人。其中，娄底中心城区人口55万人，新化县城区35万人，冷水江市区24万人，涟源市区和双峰县城区均达20万人。镇区人口5万人的建制镇1个，3万～5万人的建制镇16个，1万～3万人的建制镇33个，3000～1万人的建制镇20个。

2012年6月，市政府委托湖南省城市规划研究设计院、南京大学城市规划设计研究院、娄底市规划设计院共同编制完成娄底市城市总体规划。12月，该规划获省政府批复实施。总体规划确定：至2020年，市域城镇化水平达到55%。规划娄底中心城区城市用地“南拓北延，东优西联”，2015年65平方千米，2020年85平方千米，将娄底中心城区建设成长株潭城市群承东启西的中心城市、湖南省新型工业化产业基地、区域综合交通枢纽、绿色宜居旅游城市。2015年，市政府强化规划编研与管理，优化城市总体布局，提升规划行政服务效能。

2017年，娄底市突出规划引领，强化村镇规划编制，提升规划设计水平。至2017年底，中心城区建成区面积49.8平方千米，常住人口61.68万人。全市户籍人口453.61万人，常住人口391.76万人，其中城镇常住人口185.34万人，城镇化率47.3%。涟源市、冷水江市、新化县、双峰县对中心城区及建制镇规划修编。全市城乡统筹规划，形成较为完善的城乡规划体系。

第一章 城乡总体规划

第一节 城镇体系规划

1991年，娄底市城市总体规划（简称总规）确定，市域城镇体系结构为：行署所在地为娄底市中心城区，有2个建制镇（杉山镇、万宝镇）和5个中心集镇（西阳乡、小碧乡、双江乡、石井乡、茶园乡）。2008年，娄底市域城镇体系规划专项规划和2000年总规确定，市域城镇发展以娄底中心城区为中心，重点发展湘黔、洛湛铁路干线和娄双公路干线城镇主轴线，以冷水江、涟源两市，双峰、新化两县为依托，加快发展320国道和207国道及田坪三尖公路、吉庆五溪公路沿线城镇次轴线，形成“一主四纵”城镇发展网架。至2020年，建制镇发展到70个。2011年，总规制定强化区域核心、突出优势产业、优化经济结构、点轴增长、网络演进、促进市域城镇集约化、协调发展的市域城镇群和城镇化发展战略。规划形成中心城区、县（市）城区、建制镇、湘黔和洛湛铁路干线、娄双公路、娄新公路为主轴的娄涟双和冷新两大新型城镇群。娄底市域城乡人口2015年445万人，2020年455万人，城镇人口250万人，其中，娄底中心城区人口55万人（常住，下同），新化县城区35万人，冷水江市区24万人，涟源市区和双峰县城区均达20万人。镇区人口5万人的建制镇1个，3万～5万人的建制镇16个，1万～3万人的建制镇33个，3000～1万人的建制镇20个。2020年，市域城镇化水平达到55%。

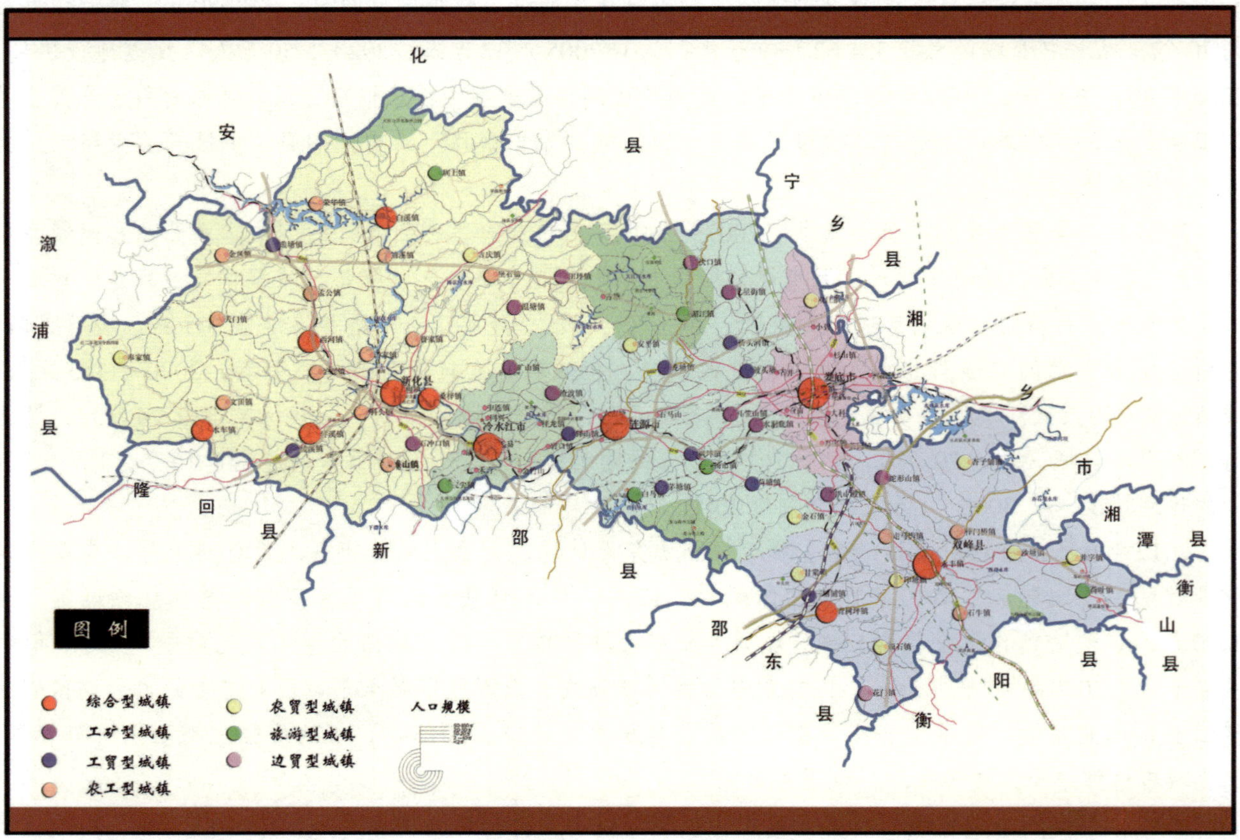

2000—2020年娄底市城市总体规划图

第二节 基础设施规划

1991年，总规确定建设杉山镇至吉星北路、万宝镇石埠村至落花洲接南环道二级公路和杉山镇至双江乡三级公路，在西阳乡及城南分别建500千伏和110千伏变电站，修筑双江水库，扩建百亩井、茶园、胜昔桥火车站为三级站，在杉山新建娄底铁路北站，远景在茶园新建机场。2000年，总规确定加快以公路为重点的城镇交通网络建设，形成以娄底城区为中心的公路网，加快城镇供电网络和信息网络建设，改善城镇给排水、环卫等基础设施。

2011年，总规规划以建设“两型交通”为目标，实施区域统筹战略，推进市域综合交通一体化，至2020年，将娄底建成湖南重要的集铁路、公路、水运、航空和管道于一体的综合交通枢纽。结合娄底火车南站、西站和公路主枢纽的建设，将娄底建成湘中最大的客运中心和物流中心。娄底中心城区和新化县城分别规划沪昆客运专线客运站，升级改造沪昆铁路，加速洛湛铁路改造，新建娄底市区西站，湘潭—娄底城际铁路和汨罗—益阳—娄底—衡阳城际铁路，在娄底火车南站与沪昆客运专线无缝对接。规划2002—2017年相继开通潭邵高速、二广高速娄底段、娄新高速、长韶娄高速、益娄衡高速、新溆高速、龙琅高速，形成“十”字形、里程300余千米的高速公路网。以国道和省道为主骨架，县乡道为网架，组成方便快捷的公路运输网络。市域公路网布局分为4个层次：高速公路为第一层次；国道、省道和娄底至双峰、涟源、冷水江、新化城际干道为第二层次；市域内67条县道为第三层次；连通各主要乡镇和干线，乡镇公路和通村组公路为第四层次。规划娄底市公路客货运输枢纽网络由一个指挥中心、客货运两大体系和3个枢纽3个层次构成。继续改造和疏通内河航道，资江、涟水规划恢复通航，重点建设涟水Ⅳ级航道整治工程，资水航道改造升级达四级标准。在新化建设民用机场。

规划建设湘潭至娄底段的天然气管道并向西延伸，湘潭至娄底的成品油干线管道，为娄底发展提供能源保障。做好供水安全与水源保护工作，划定水源地及保护区域。市域城区、建制镇采用雨污分流排水系统，在市中心城区建4个污水处理厂，冷水江市、涟源市、新化县、双峰县在原有基础上各新建或扩建一个污水处理厂。至2015年，中心城区污水处理率达90%以上，至2020年达到100%。

规划发展新能源重点抓好冷水江市大唐金竹山电厂、涟源市华润电厂扩建工程、新化县资江拦河坝小水电站等项目建设；新建、改建民丰、娄南、冷水江城西500千伏变电站及市域其他220千伏、110千伏变电站，逐步实现地方电网与国家电网并网。完善立体型邮政运输网，实现邮电通信、电信、广播影视、信息网“四网两机一化”，提高网络技术水平，建成通信能力强、业务类别多、运行高效、优质可靠的现代化电信网络，打造广播影视网络，推进数字影院建设。娄底中心城区新建2座、各县（市、区）建好1座数字影院，设立以娄底中心城区为“信息港”中心，形成信息高速公路网和全市电信网现代化，构建以信息资源数字化、信息传输网络化、信息技术应用集约化为标志的“数字娄底”基本框架。

第三节 城镇等级结构规划

1991年，总规未涉及全地区城镇等级结构规划。2000年，总规确定建成以娄底中心城区为中心，冷水江市为次中心，涟源市、双峰县、新化县城区为县级地域中心，渣渡、桥头河、杨市、七星、斗笠山、青树坪、三塘铺、洪山殿、西河、白溪、琅塘、水车12个镇为片区中心，杉山、万宝、伏口、田坪、梓门、岩口6个镇为乡镇中心的五级城镇网络结构，形成大中小城市和大中小城镇相结合、城乡一体化的城镇等级结构体系。2011年，总规规划到2020年，市域城镇发展等级规模结构分为一级城市：娄底市中心城区；二级城镇：双峰、涟源、冷水江、新化4个县（市）城区；三级城镇：三塘铺、桥头河、湄江、洋溪等20个中心建制镇；四级城镇：花门镇、岩口镇等42个一般建制镇。

2011年版娄底市主要城镇发展定位和主要职能规划一览表

表53-1

城镇名称与人口(人)	职能类型	主要职能
娄底中心城区(80万)	综合型	中部地区重要节点城市 全市政治经济文化中心 综合交通枢纽 旅游集散中心 现代化新型工业城市
冷水江市区(28万)	综合型	市域中心城市 能源、化工、建材、有色金属、钢铁生产及深加工 先进制造业
涟源市区(28万)	综合型	市域中心城市 物流、建材、先进制造业、轻工、能源基地 重点发展商业、金融、科技、文化、教育、旅游服务业 涟源政治经济文化教育中心
新化县城(35万)	综合型	县域中心城市 电子、陶瓷、建材、农产品加工基地 具有地方特色和梅山文化底蕴的现代化生态旅游城市 全县政治、经济、文化、教育、交通、信息和商业中心
双峰县城(22万)	综合型	县域中心城市 电子、化工、鞋业、农产品加工基地 旅游、商贸集散地 全县政治、经济、文化和交通中心 现代化工业和商贸小城市
洋溪镇(2万~5万)	综合型	县域次中心 交通枢纽 商贸 农产品加工
西河镇(2万~5万)	综合型	县域次中心 水泥生产 商贸 交通枢纽 竹木加工
白溪镇(2万~5万)	综合型	县域次中心 商贸中心 农产品加工 渔业 农业 旅游
三塘铺镇(2万~5万)	工贸型	县域次中心 精密制造 不锈钢加工 水泥生产
荷叶镇(2万~5万)	旅游型	县域次中心 旅游 商贸
青树坪镇(2万~5万)	综合型	县域次中心 商贸 机电 建材生产
洪山殿镇(2万~5万)	工矿型	县域次中心 矿产开采 商贸集散地
桥头河镇(2万~5万)	工贸型	县域次中心 商贸中心 农产品生产、加工
杨市镇(2万~5万)	工贸型	县(市)域次中心 化工 商贸集散地
伏口镇(2万~5万)	工矿型	县(市)域次中心 矿产开采 商贸集散地
锡矿山镇(2万~5万)	工矿型	县(市)域次中心 矿产开采
铎山镇(2万~5万)	工贸型	县(市)域次中心 煤炭 建材 农产品加工
琅塘镇(2万~5万)	工贸型	片区中心 农、林品加工 商贸 旅游
孟公镇(2万~5万)	工贸型	片区中心 商贸 农产品加工
圳上镇(2万~5万)	旅游型	片区中心 旅游 竹木加工
斗笠山镇(2万~5万)	工矿型	片区中心 矿产采掘 建材
湄江镇(2万~5万)	旅游型	片区中心 竹木加工 矿产采掘 旅游
茅塘镇(2万~5万)	工贸型	片区中心 商贸 轻工
渡头塘镇(2万~5万)	工贸型	乡镇域中心 能源 化工 商贸 新型建材

说明：规划期末为2020年

第二章 娄底中心城区规划

第一节 总体规划

1991年，总规确定娄底中心城区由涟水以南，孙水以北，吉星路以西，娄邵铁路、涟钢专用线以东的城建区组成，为全地区政治、经济、文化、教育、金融、贸易、信息中心，主要设置娄底地区、县级娄底市党政机关和文化、教育、金融、体育、通信机构与工商企业。规划区划分为各具功能且有联系的四个区，即中心城区、城东区、城西区和城北区。规划城市人口：1995年18万人，2010年30万人。规划用地：1995年24.3平方千米，2010年36平方千米。

2000年，总规划定中心城区基本范围北以涟水为界，西南以娄邵铁路和仙女寨生态公园为界。规划区范围面积331.62平方千米，建设用地控制区100平方千米，为娄底市及娄星区政治、经济、文化中心。规划城市人口：2005年32万人，2020年50万人。规划用地：2005年36平方千米，2020年63平方千米。规划市经济技术开发区范围，南至涟水河；北至恩口采矿南缘；西至娄星北路，毗邻涟源钢铁集团；东至恩口铁路，与水府庙水库相连，规划范围用地面积35.07平方千米。至2020年人口20万，建设用地22.9平方千米，形成以钢铁及相关产业、高新科技产业、仓储物流产业、文化教育产业发展为先导，集城市居住生活、物流集散、旅游休闲于一体的人文型、生态型新开发区，成为娄底体制创新的新基地、对外开放的新窗口、工业化与现代化的新城区（2012年晋升为国家级经济技术开发区）。

2011年，总规规划娄底中心城区空间边界延长，东至娄底市行政边界，西至涟源市水洞底镇大坡头，南至娄星区茶园镇奇形山，北至牯牛山，东西宽约22千米，南北长约23千米，面积391.18平方千米。娄星区成为娄底市城市核心组团，承担综合服务功能，集现代服务业、行政办公、文化产业、教育科研于一体。规划城市人口：2015年60万人，2020年80万人。规划建设用地：2015年65平方千米，2020年85平方千米。是年，《长株潭城市群“两型”社会示范区娄底水府庙片区规划（2010—2030）》经省政府批准实施。规划范围：东至娄星区行政边界，西至娄星区水洞底镇，南至双峰县洪山殿、杏子铺镇，北至涟水河。核心区范围：北至孙水河，南至娄新高速，西至高丰路，东至娄邵铁路既有线。规划面积110平方千米，建设用地面积38平方千米。规划围绕“两型”社会建设要求，建设新型城市示范区、两型产业聚集区、城乡统筹样板区、生态文明先导区。至2013年，基本完成以高铁南站为中心的2平方千米的城市建设。至2015年，全面完成起步区城市建设，基本完成核心区内的主要路网建设，初具城市规模。至2020年，基本完成核心区建设，与老城区融为一体。

2015年，娄底市基本形成中心城区总规、控规、详规及专项规划相互配套的规划体系。中心城区控规覆盖率为100%。《娄底城镇带城镇体系规划（2014—2030）》经省政府审批。城市“双修”规划编制工作启动，《水府庙湿地公园娄底市域保护利用总体规划》《中心城区海绵城市专项规划》《中心城区综合管廊专项规划》等一批事关城市长远发展的重要规划和中心城区中小学校布点、公共管理与服务设施、通信基站、道路、防灾、燃气、排水、绿地等50多项与城市功能相关的规划编制完成。

第二节 交通规划

一、城市道路

1991年，总规确定城市主干道、干道的密度为2.45千米／平方千米，建设城市内环与外环道。内环道：钢城东街—青山街—新星路—桃圃街—丹阳路—涟滨西街—丽春北路—钢城东街，长16.3千米。外环道：东环道—长青东街—南环道—西环道—北环道—东环道，长37.4千米。改造娄底大桥，在涟水河、孙水河上架设宽17~19米的桥梁9座。城市道路规划为四级：主干道宽40~44米，干道宽26~32米，次干道宽16~20米，街巷通道宽小于16米。城市环道、主次干道、街道共74条。城市道路由道路用地和街道绿化带组成，建筑物临街红线退出街道绿化带。合理布设城市广场21个、停车场15个。

2000年，总规确定市中心城区形成五街六路三环相连的城市主要道路骨架。南北方向，打通高丰路、甘桂路、娄星路、新星路、吉星路、迎春路。东西方向，打通香茅街、湘阳街、长青街、乐坪街、湘中大道，组成城市内环道、城市二环快速道和外环高速道，建成城市道路主干道39条，次干道43条，主干道规划宽度42~80米，次干道规划宽度30~36米。规划铁路跨过城市主次干道，或城市主次干道跨过铁路时必须修建立交桥，除已建11座外，规划再建18座。城区道路交叉路口及繁忙路段设行人安全通道，主要道路上设公共汽车专用道，控制摩托车、三轮车客运。规划4个长途汽车站，两个货物流通中心，8个公交总站，相应设置4处大型综合停车场，18处公共停车场。

2011年，总规调整原规划设置的二环快速道，规划设置“五纵六横”的主干路网骨架，中心城区路网为“井”形网格状结构。2020年中心城区的道路结构为“一环二快、三纵四横”。后将道路结构修订为“五纵六横”。“五纵”：早元西街—高丰路、洪州路—钢城北路—甘桂路、娄星路、新星路、吉星路。“六横”：工业大道、湘阳街、乐坪大道、湘中大道、新林街、高铁路。路网结构中取消迎春路、香茅街、长青街，增加新林街和高铁路，对高丰路在原杨柳街以北道路名称改为早元西街。早元东街往东延伸，并提高道路等级，预留穿仙女寨涵洞位置。高丰路沿洛湛铁路廊道往北延伸与乐坪大道相接，配合小碧组团发展。洪洲路、娄星路预留往北延伸的通道，娄星路北向调整为直接往北延伸。迎春路过涟水后与仙女寨相接。调整2000年版总规中确定的“Z”字形布局，构建主干道路的连续平直连接。完善跨河交通设施建设。规划中心城区建设18座跨河大桥。城市快速路与主干路相交路口设置互通立交为主。铁路与城市道路为分离式立交，主干路与主干路相交路口以平交渠化为主，其他路口以平交为主。修订后规划调整站场布局，增加公共停车场数量。设置2处公交换乘枢纽站，即娄底站综合枢纽站和娄底南站综合枢纽站，另设置7处停车场。规划设置娄涟大道、高丰路为货运专用道。规划构建一个与公共交通一体化无缝衔接的自行车与步行交通系统。调整慢行单元、慢行远足走廊、自行车道网络规划。

二、对外交通

铁路交通规划　1991年，总规确定娄底火车站为一级三场，远期建设为二级四场。娄底客站搬至娄底站场南面。娄底东站建设为货站。湘黔铁路从百亩站至株洲站建设电气化复线，娄邵铁路南线从第一水厂取水处的娄邵铁路引出，在地区铁合金厂西边与湘黔复线立交至到达场。娄益铁路由娄底站东面引入湘黔铁路。

2000年，总规突出抓住湘黔复线及电气化工程、洛湛铁路工程和娄底铁路枢纽扩建机遇，规划扩建娄底火车站，编组站建成二级四场，远期在娄底东站新建一级三场编组站，远景预留二级四场编组站用地。扩建娄底东站货场，年吞吐量200万吨，为远期年吞吐量500万吨预留用地。改建娄邵铁路线为洛湛铁路干线，预留铁路复线用地，改造胜昔桥、百亩、茶园车站。规划铁路跨城市主次干道或城市主次干道跨越铁路时修立交桥。

2011年，总规规划在万宝新城建娄底火车南站（高铁南站），沪昆客运专线入娄底高铁南站。普铁规划保留沪昆铁路、洛湛铁路十字形格局，建设洛湛铁路、娄邵铁路扩能、益娄段复线并电气化。娄邵铁路、沪昆铁路在娄底城区西端疏解后客货分线引入。娄邵段铁路邵阳方向、沪昆铁路昆明方向的客货同时到发娄底站。娄益段复线外包沪昆铁路线进娄底东站。娄底东站至娄底站间为四线格局，客货分线。安张衡铁路线引入娄底城区西北至东南走向，跨沪昆铁路线、娄邵段铁路线、沪昆客运专线经娄底高铁南站往衡阳。地区解编车站仍在娄底区段站，在百亩修建进出娄底站货车联络线。安张衡铁路客车作业在娄底高铁南站办理，货车作业在娄底西站办理。修建火车外绕线。城际铁路由湘潭—娄底线和汨罗—益阳—娄底—衡阳线引入娄底高铁南站。扩建娄底高铁南站，按共站分场布置城际铁路线等。沪昆客运专线场居北，安张衡场居南，城际铁路场居两场之间。保留娄底火车站，形成娄底高铁南站和娄底火车站一主一辅的格局。新修娄底火车西站，并预留娄底火车东站、娄底火车西站货场建设条件。

外接公路　1991年，总规确定汽车专用公路从北环道北侧通过。在娄底境内设三个互通式岔口，即大埠桥西侧一处、豹南山附近一处、祖师殿一处。修建娄底—湘乡二级公路，扩建娄底—双峰、娄底—涟源、娄底—宁乡公路为二级公路。

2000年，总规确定加快市域以公路为重点的城镇交通网络建设，形成以娄底城市为中心，“六横三纵”公路网络。抓住潭邵高速公路娄底连接线和娄涟高等级公路、207国道和1847省道改建机遇，形成以上瑞高速公路及320国道、207国道、209省道为主体的快速公路网，新建娄衡、娄常高速公路，延伸娄涟高等级公路至怀化，构建娄底公路交通枢纽。

2011年，总规规划对既有一般公路改造，构筑娄底与长沙、邵阳、益阳、湘潭、株洲、衡阳、双峰、涟源、冷水江、新化直接相通的多层次市、县级交通通道。规划S312、S209升级为国道。娄星南路接娄双城际干道，娄涟高等级公路、湘中大道往西延伸形成娄涟城际干道，湘阳街往西延伸形成城际干道。规划娄底北部长娄高速往西延伸与二广高速相交于龙塘并向西延伸至新化琅塘。南部的娄新高速往西延伸至怀化，往东延伸至衡山县，连接湘西与湘东。西侧二广高速沟通湘北和湘南。通过娄新高速、益娄高速、长娄高速和西侧规划的桥水高速（桥头河—水洞底）共同构成市区外围高速公路环线，新建高速公路互通立交出入口8个。

水运码头、货场、仓储、机场　1991年，总规确定整治疏通涟水，恢复航运，分别在涟钢大桥处、娄底大桥处、月塘街东头和耀春路南端建设客货码头。2000年总规确定，结合旅游开发和河道整治需要，恢复和开发水运产业，将涟钢大桥以下河道渠化为六级航道，分别在大埠桥、江龙滩、老街、涟钢等地建设客货码头。扩建娄底火车站，编组站建成二级四场，扩建娄底东站货场，年吞吐量200万吨，形成五大相对集中的仓储区。娄底火车站形成以零担转运为主的仓储区。娄底火车东站规划为物资中转、储备、集散地。在涟钢组团内形成原材料仓储区。结合高速公路环线布设物资交换仓储区，百亩火车站附近设置危险品仓储区。远景建设娄底机场，开辟至娄底机场的汽车专用道。

2011年，总规规划期内改造和疏通内河航道。资江、涟水规划恢复通航，重点建设涟水Ⅳ级航道整治工程，资水航道改造升级，达到四级航道标准。疏通涟水梅子湾大桥至水府庙水库河道，梅子湾大桥至湘河口175千米河段按Ⅳ级建设。在娄星区建设涟钢货运码头、大埠桥建设集装箱码头、娄底经开区建设货运码头、双峰水府庙建设水府旅游客运码头。货场建设主要是预留娄底火车西站货场建设条件。规划结合铁路货站和主要对外道路形成四个集中的物流园。在火车站等处设置零担转运物流用地，形成全市综合物流中心、中心城区综合物流中心、涟钢工业区物流中心、工业综合物流中心及消费品物流园。规划在新化建设民用机场，构筑方便快捷的航空运输网络，加强娄底与长沙黄花机场、常德桃花机场和邵东机场的联系。

第三节　公用事业规划

一、给水工程

1991年，总规确定在娄底城市既有供水规模17万吨／日的基础上，新建第二水厂（20万吨／日）、第三水厂（4万吨／日）。第二水厂建在湘乡市谷水乡，第三水厂建在洪家洲。人均生活用水标准控制为250升／人／日。给水管网以环状管网为主，城市给水管布置在“路”的东边，“街”的南边（注：当时娄底街道命名以东西向为街，南北向为路）。

2000年，总规确定以涟水、孙水、水府庙水库作为城市给水源，将涟钢大桥以上的涟水河水体、孙水河第一水厂取水口以上水体及双江水库列为娄底城市水源一级保护区。在该保护区内禁止设置污水排放口、倾倒垃圾或其他有污染的项目，确保水质符合国家《生活饮用水水源水质标准》（CJ3020—93）。确定娄底城市人均生活用水量350升／日，万元工业产值耗水量45立方米。至2020年，娄底城市供水规模55万立方米／日。扩建第一水厂至8万立方米／日的规模，新建第三水厂3万立方米／日。远期扩建第二水厂二期工程至10万立方米／日，三期工程15万立方米／日，新建5万立方米／日的第四水厂。在仙人桥西街南侧山头和大井路东侧分别建1万立方米的高位水池。

2011年，总规确定白马水库、大江口水库、双江水库联合为城市应急储备水源，将梅子湾大桥以上涟水河水体、双江水库、白马水库增列为娄底城市水源一级保护区。确定娄底城市人均综合用水量450升／日，万元工业产值耗水量45立方米。2020年娄底城市供水规模36万立方米／日，娄底市第一水厂规模10万立方米／日，扩建娄底市第二水厂至23万立方米／日，保留涟钢3万立方米／日的双菱自来水厂。供水管网采用环状网供水系统，部分边缘地区采用枝状网。城市供水网沿城市道路布置，对原有老化或管径偏小的管段改造，新建管网与道路施工同步。扩大供水范围，延伸供水网至周边村镇，逐步实现区域联网供水。

二、排水工程

1991年，总规确定娄底城市排水体制以分流制为主，个别地段采取合流制。污水集中处理后排入涟水，雨水就近排放。分别在骡子坳、渡头坪、西阳建设污水处理厂，在大方、大科、小科、关化门、渡头坪建设5个污水提升泵站。所有厂矿工业废水须处理达标定向排放。城市雨水、污水干管分别布置在“路”东“街”南。

2000年，总规确定城市排水，采取分流制排水系统，在渡头坪、思乐、石塘分别设置污水处理厂。渡头坪污水处理厂集中处理中心区、青山组团和涟钢组团污水。思乐污水处理厂集中处理百亩片污水。石塘污水处理厂集中处理西阳、碧溪片污水。3厂每天处理污水33万立方米。在涟水河和孙水河两岸设置截流干管，将污水送至污水处理厂集中处理。城市污水处理达标排放率近期80%，远期100%。

2011年，总规确定改合流制为分流制排水系统，规划中心城区4座污水处理厂，集中处理中心城区污水，污水管网根据规划分区设置。城镇污水处理达标排放率近期70%，远期90%。雨水依城市地形就近排入水体。规划实施污水处理厂尾水再生水利用工程，至2020年，全市再生水回用率达到50%。

三、电力工程

1991年，总规确定在西阳乡新建500千伏变电站1座，建设涟钢220千伏变电站与电炉配套及江龙滩110千伏变电站各1座，建设铁路电气化110千伏专用变电站1座，扩建方石35千伏为110千伏变电站。城市电力线布置在“路”东边，“街”南边。通过城市主干道、干道的电力线用电缆埋设。

2000年，总规确定城市供电负荷2005年32万千瓦，2020年83万千瓦。城市用电量2005年15.8亿千瓦时，2020年40亿千瓦时。在城东和城西各新建1座220千伏变电站，规模为2×18万千伏安，各用地700.35平方米。分别在城南、城中等地新建110千伏变电站各1座，规模为2×3.15万千伏安，各用地833.15平方米。城市近期构成110千伏供电环网，远期构成5个220千伏变电站为主的供电环网，220千伏的架空线路避开城区及城市发展用地区。

2011年，总规规划电源为省网供电。在城西南新建500千伏娄南变电站，主变容量3×1000兆伏安，作为中心城区和全市的主要供电电源。娄南变电站投入1台主变1000兆伏安，为220千伏变电站，至2015年扩容3座。扩容吉星变、早元变、康田变至1×180兆伏安。新建及扩容各2座，新建江龙Ⅰ变，110千伏万宝变，扩容高溪和城南变至2×50兆伏安。规划至2020年，新建1座城东大埠桥变电站，容量2×180兆伏安，扩容早元、康田、吉星3个变电站为110千伏变电站，新建3座110千伏谢家变、杉山变、百亩Ⅱ变。扩容城南变、共荣变、江龙滩Ⅰ变。规划至2020年，娄底城区形成500千伏、民丰220千伏、大埠桥220千伏、吉星220千伏、早元500千伏、娄南220千伏、康田220千伏、豹南山500千伏双环网。到规划期末，城区形成5个220千伏变电站为支撑的110千伏单环或双环网结构。110千伏单回线路的走廊宽度为20米、双回及三回（同塔架设）线路的走廊宽度为25米，220千伏及以上的输电线路尽量沿城市外围架空敷设，线路走廊宽度为40米。

四、邮政电信

1991年，总规确定在地区邮电局、沿河路邮电支局、涟钢邮电支局的基础上，分别在娄底铁路新客站站场、西阳、南阳新建邮电支局。铁路新客站邮电支局作为市级分解中心。扩大城市程控电话使用面，在城西人行山上建设卫星地面接收站。地区邮电局建立微波站，控制微波通道。城市电信线布置在“路”的西边，“街”的北边，通过城市主干道、干道的电信线均用管道地下埋设。

2000年，总规确定在百亩组团新建集信息传输、交换、查询等为一体的电信综合大楼，在火车站新建具有多功能的三级邮政中心大楼，建成以娄底城市为中心的区域化电信通信网、广播电视网、数字数据网和邮政实物、邮政综合业务、邮政金融业务网络。扩建市话通信网，交换容量近期12万门，远期52万门。电话装机容量近期9.6万门，远期44万门，市话交换局发展到8个。兴建广播电视中心大楼，做好有线电视HFC网络升级改造。城区信息网络传输线路采用地下暗敷方式。

2011年，总规规划至2015年，娄底广电中心完成新址规划项目建设，建好娄底市电影发行放映中心综合楼，新建6个电信端局、3个有线电视分前端、3个邮政支局、2个移动通信局。至2020年，新建2个电信端局，有线电视分前端、邮政支局、移动通信局各1个。规划区通信线路采用地埋敷设方式，沿道路两侧或东南侧敷设，管孔计算必须考虑对未来20年发展有足够的余量。家庭宽带用户数19.4万线，固定电话主线44万线，移动电话56万部，有线电视用户数24.2万户。规划建设集约化信息管线工程，建设高速率宽带主干网、高效率基本业务网和高覆盖率宽带接入网。电信、移动通信、广播电视、邮政业务网络、网点、传输等方面同步提速提质。

五、燃气工程

1991年，总规确定在利用涟钢焦炉煤气的基础上，建设第二气源（南阳工业区）。在南阳、西阳分别建设4万立方米、2万立方米储气罐，在煤气公司附近建设液化气钢瓶厂。煤气管道呈环状布置，铺设在“路”东边，“街”南边。

2000年，总规确定加快城市燃气设施发展，近期以发展空混气为主，瓶装石油液化气为辅，远期以发展天然气为主。供气方式以管道供气为主，城市气化率近期95%，远期100%。混气站布置在涟滨西街并设置安全防护带，分别在西阳、百亩、万宝、碧溪布置4个调压站。远期利用西气东输工程天然气，在西阳组团以东设立门气站。在各组团内建1～2个用地1000平方米左右的液化气供应站。

2011年，总规确定近期中心城区以涟钢生产、新华联煤化公司供应的焦炉煤气为主要气源供民用，以天然气作为辅助气源，远期管输天然气为主要气源，液化天然气为辅助气源，非管道燃气覆盖范围使用液化石油气，大型工业用气主要选择自备气源。在场站、管网布设上，娄底经开区薄板工业园北侧设置天然气门站并修建管束储气站。利用长输高压管道压力储气调峰。规划百亩地段修建1座液化天然气供应站。娄星产业基地、经济技术开发区分别设置液化气供应站各1座。在新华联、市液化石油有限公司等处布设充装量100～500立方米的液化石油气储备站6个。规划东港加气站、开发区加气站等7个天然气汽车加气站。燃气管道以环状布置为主，供气方式为中压管道直接进小区，经楼栋调压进户。规定凡在娄底城市内经营城市燃气的单位和个人，均应服从城市燃气主管部门和消防部门的安全管理。

第四节 环境卫生设施与环境保护规划

一、环境卫生设施

1991年，总规确定城区建设垃圾中转站19个，其中中型2个、小型17个，各单位垃圾收集实行容器化、密封化。垃圾处理采取焚化、综合利用及填埋方式。在塘角屋、东来、苗圃建垃圾处理场，在城北刘家塘建垃圾处理厂，在豹龙山建粪便处理厂。公共厕所布置：流动人口密集和商业闹市区的街道为500米1座，一般街道800米1座。在城市6个入口分别建设洗车场。

2000年，总规确定街道按500～800米间距设置公厕1座，按100米左右间距设置果皮箱1个，按0.7～1.0平方千米服务区设置垃圾站1个。规划新建公厕110座，垃圾中转站30个，果皮箱2800个。在各组团内布置占地5000平方米的环卫所，新增环卫作业机械90台，环卫工作房40处，逐步实现环卫作业机械化。在城北杉山万乐和城南万宝青山地段，分别建垃圾处理场。垃圾无害化处理率近期65%以上，远期100%。建固定封闭式垃圾站，生活垃圾收纳向袋装化、上门收集方向发展，垃圾收集、运输逐步实现全封闭作业流程。

2011年，总规规划环境卫生设施实现垃圾收集分类化、运输密闭化、处理无害化、减量化和资源化。生活垃圾分类投放、密闭压缩式收运和分类处理，压缩转运率80%，垃圾清运机械化程度100%。2020年，中心城区生活垃圾产生量约960吨／日，规划生活垃圾、医疗垃圾等特种垃圾无害化处理率100%。道路清扫机械化程度达80%。完善燕子岩垃圾处理场，在双峰县洪山殿镇梓木村设置医疗垃圾处置场。娄新高速东北垃圾填埋场升级为垃圾综合处理场。公厕按常住人口2500～3000人1座设置，果皮箱在城市道路两侧和人行道上按50～100米1个设置，采用小型机动车收运垃圾至转运站，服务半径2000～3000米。生活垃圾资源化处理场处理能力1000吨／日，餐厨垃圾处理中心处理量190吨／日，医疗垃圾无害化处置场处理能力12.5吨／日。在各组团布设环卫所，每处占地5000平方米，环卫作业车32辆，环卫工作房按30～40平方米布置在道路两侧的空地，水上环卫管理团队使用岸线200米左右，陆上工作房占地约1000平方米。

二、环境保护

1991年，总规规定严格控制污染源扩散，对现有污染环境的工厂限期治理，部分限期搬迁。新建厂矿企业达不到排放标准的不得建在城区。城区大气、地下水、噪声、土壤等污染负荷按相应环境保护标准控制，其环境综合质量指数控制在1.0以下。综合治理涟水，使其达到二级地面水标准。严格保护作为生活饮用水水源的孙水河、水府庙水库。孙水及白马水库的沿河流域，严禁建设有污染的厂矿企业。

2000年，总规将涟钢大桥以上涟水河、第一水厂取水口以上的孙水河列为城市生活饮用水水源二级地面水质标准控制保护区，禁止工业废水、生活污染水排入保护水体范围。禁止发展对环境有严重污染的生产项目。淘汰生产方式落后、污染重、能耗高的生产工艺及技术。加强汽车尾气净化，建立酸雨及空气环境质量监测系统。规划至2010年，分期分批建成城区酸雨和空气环境监测网及重点污染源自动监测系统。规划期内，建成涟钢、城北、城南和城东污水处理工程。规定工业污染源废水废气先经厂内处理，达国标后排放。重点控制涟水河、孙水河上游污染源，确保水源水质。建立废物加工开发利用处理中心，建设城市垃圾综合处理工程。规划至2005年，噪声防控区覆盖率60%，2020年90%，城市禁鸣喇叭，实行交通分流与限流，淘汰噪声不达标的旧汽车。中心城区禁止燃放烟花爆竹。

2011年，总规规划发展循环经济和清洁生产，减少资源消耗和污染物产生量，将娄底建设为一个经济发达、环境优美、高度文明的现代化城市。具体目标：中心城区环境功能区划为三大类。一类为空气环境质量控制区，娄底市区环境空气质量功能区划定为二类区，建成区及规划范围内所辖区域确定为烟尘控制区。二类为水环境质量控制区，生活饮用水地表水为一级保护区，划定涟水、孙水Ⅱ类地表水水域范围。涟水：市第二水厂为湘乡市谷水村石山岭（下游1000米）及对岸洲头村至上游西阳河口的大埠村桂华池。涟钢水厂为取水口下游铁路桥至上游红卫坝。孙水：市第一水厂取水口至上游石埠坝。除上述标准水域范围外，在此水域范围内的孙水为生活饮用水二级保护区。三类为环境噪声质量功能区，划为4类标准区。

第五节 城市绿地与景观规划

一、城市绿地

1991年，总规确定由点、线、面构成城区绿化系统，以绿为主实现城市绿化、美化、香化，合理布置市级、区级、专业性公园，将城区内不宜建设的用地辟为公共绿地。城东建设江龙滩公园及燕春、西阳绿地。中心城区建设大方、石马、街心公园及苦株山森林公园、春园儿童公园和方石、花山神童湾绿地。城西建设枫树公园及大河植物园和小科、清水塘、双林、百亩、罗子山绿地。城北建设青山、钢城2个公园。由街道、铁路、河道绿化及防护林带构成绿化体系"线"网。城市道路、铁路两边，涟水、孙水两岸设置绿化带。沿涟滨西街在南阳工业区建设防护林带。生产绿地主要由城南苗圃、涟钢苗圃、城中花圃、涟钢橘园、柑橘研究所橘园等组成。绿地面积459.2万平方米，人均15.31平方米，其中公共绿地343.01万平方米，人均11.43平方米。规划近期人均公共绿地8平方米左右。远期城市绿化覆盖率50%，郊区以果园经济林和生态林相结合绿化山头，组成环城绿化圈。开辟江龙滩至水府庙水库水上风景旅游区、双江乡胜仙洞地下风景旅游区，建设万宝乡仙女寨风景区。

2000年，总规确定将娄底中心城区建设为山水相融、林城相依的山水园林式城市。在涟水河、孙水河、碧溪河两岸各建30~70米宽的绿化风光带。沿湘黔、洛湛、娄斗铁路两侧建30米宽的防护林带，在城市主干道两侧建10~20米的绿化带，构成娄底城市的"线"形绿化轴。在各组团布置城市公园，在城南、涟水河两岸新建广场，构成以绿化为主的休闲空间。保护、建设仙女寨生态公园、大埠桥旅游区、环城森林公园圈，构成娄底城市周围大面积森林绿地系统。将城市绿化与美化相结合、平面绿化与立体绿化相结合，形成集观赏性、生态性相统一的绿化景观。种植树木花草，构成以公园绿化为重点，滨河、道路绿化为骨架，城区普遍绿化为基础，周围生态绿地为主体的点、线、面相结合的城市绿化体系。规划娄底城市绿地率近期35%，远期45%以上，城市人均公共绿地近期10平方米，远期15平方米，远景20平方米以上。

2011年，总规确定"生态优先、系统性、特色性、以人为本"的城市绿地系统规划原则，规划到2015年城区绿地率不低于31%，绿化覆盖率不低于36%，人均公园绿地不低于9平方米。城市公园绿地含市级公园7处、区级公园8处、社区公园多处、专类公园2处（源子山设动物园、仙女寨生态公园设植物园）、带状公园4处（涟水、孙水、碧溪河、永昌河沿河风光带）。街旁绿地设置在城市主干路与主干路交叉口留出半径为50～100米的开阔空间，新建高铁广场、氐星广场，增加广场绿地。规划铁路线两侧边线向外30～100米宽做防护绿地，高速公路及联络线两侧沿边线向外50米宽做防护绿地，建高压走廊防护绿地，国道、省道、县乡道隔离绿化带，水库、河流防护绿带。规划对江苗圃0.05平方千米、茶园苗圃0.4平方千米、仙女寨苗圃0.6平方千米为生产绿地。规划将周边重要的山体林地划为郊野公园、风景林地等其他绿地。规划有仙女寨生态公园，丰子山、凤冠山及狮子山野郊公园，回龙山、纱帽垴、楂林三个自然保护区，雷锋山休闲度假区。规划到2020年，娄底市成为国家生态园林城市，规划期末，绿地率不低于38%，绿化覆盖率不低于45%，人均公园绿地面积不低于12平方米，林荫路推广率不低于85%，万人拥有综合公园指数≥0.07。

二、城市景观

1991年，总规确定娄底市十大城市景观：建筑景观、街道景观、绿色景观、河道景观、方石桥上景观、娄星桥上夜景、苦株山上俯视夜景、貌龙山上俯视景观、仙女寨俯视景观、罗家山上俯视景观。

2000年，总规确定，将娄底城区与城区外围的环森林公园圈相结合，形成城市四周青山环抱、城区碧水绿带相嵌、山水城林相间交融、城乡接合共为一体的山水园林城市景观的意境，体现城市与自然共融的城市风貌。规划株山、仙女寨等山作为娄底城市的绿色天际轮廓线。在绿化广场内布置亭廊、小品等设施美化环境。做好乐坪街、吉星路等景观轴绿化带、街景布设，创建火车站广场、市政广场等城市广场不同主题景观。

2011年，总规确定以现有景观基础为依托，重点保护山水自然景观风貌。城市色彩选用银白色系色调。规划打造水府波平孙涟水，仙女寨下现代城的山水园林城市景观风貌。保护青山屏障、编织绿地湿地等蓝色飘带、打造组团特色。娄底高铁南站结合站前广场以及周边公共建筑群构成娄底市“两型”现代城市形象的展示窗口。仙女寨生态公园形成娄底市近郊高品质休闲度假胜地。大埠桥生态公园发挥其城市绿肺的生态功能，建成集科普、观光旅游为一体的湿地公园。娄底市行政中心突出公共建筑景观特色和滨水景观特色。城市入口设绿地及雕塑作品进入娄底景观标志。做好景观路网后退道路红线10～20米宽绿化设置。规划精心布设草坪、花坛、喷泉水系等元素，构筑娄底市窗口形象，重点建设娄星广场、火车站广场等6个主要广场，创建具有标识性和主题思想的城市广场空间，形成周围建筑美观大方、独具娄底特色的景观。

第六节　历史文化遗产保护和旧城改造规划

1991年版、2000年版总规未作历史文化遗产保护及旧城改造规划。2011年，总规修编，确定保护、恢复和重新使用现有的历史文物，保护历史文化风貌景观，充分挖掘历史文化内涵，保存城市历史传统格局、传统古民居、街区和文物建筑及周边环境。规划确定历史文物紫线范围，做好文物普查与勘探。确定城市旧城范围东至娄底大道、月塘街、白塘路、长青街，南至桃圃街，西至甘桂路、丹阳路，北至娄涟大道，总面积约19平方千米。旧城保护与更新遵循市政基础设施建设在先，分期实施，保证旧城改造的完整性和统一性，功能完整性和景观的观赏性，突出涟滨街历史文化地方特色。利用旧城区历史文化资源，体现地域特色城市景观和人居环境，配套完善公共服务设施，健全旧城道路交通系统，对旧城区土地布局合理调整。

第七节　综合防灾规划

一、防洪工程

1991年，总规确定修筑涟水两岸防洪堤，实行路堤接合，防洪标准为50年一遇，防洪堤建设排渍站。

2000年，总规遵循“系统规划、综合管理、以防为主、防重于救”的原则，建立适应娄底城市发展要求的防洪安全体系。规划近期（2005年）达到50年一遇，远期达到100年一遇防洪标准。将涟水河沿岸防洪堤沿河绿化、道路、防洪工程设施融为一体，形成沿河风光带。清除河道内障碍物，禁止在河道中乱采乱挖，乱堆杂物，确保河道畅通。在沿河低涝处梅子湾、神童湾、渡头坪修建3处排渍泵站，改造沿河雨污水排放口，确保洪水不倒不渍。

2011年，总规确定2020年娄底城市防洪标准为100年一遇，排涝标准为闭闸期10年一遇，24小时最大暴雨24小时排干。防洪排涝工程采取“疏控结合，以疏为主”的策略，做好河道维护与管理，保障涟水、孙水等河流泄洪能力，达到防洪设施设计要求。按照防洪标准及安全要求对防洪堤加高加固，且充分考虑景观、生态等功能。根据涟水、孙水河不同地段采用路堤接合或路堤岸分离形式，规划在涟水河段涟钢北大桥至娄湘公路区段新建渡头塘、红旗排渍站，孙水河段新建石浦排渍站。

二、消防工程

1991年，总规确定建设市级消防中心，各区域和重点工业企业、厂矿、仓库建消防点。城市道路和建筑按有关规范配置消防设施，布置消火栓。

2000年，总规贯彻“预防为主、消防结合”的方针，建立完善的城市消防安全体系。中心城区内禁止设立“危化品”生产和贮销企业，搬迁有重大火灾隐患的设施。城区加油站、液化气站必须经规划、消防等部门审核批准，严格按消防安全措施建设。消防安全重点单位安装火灾自动报警和自动灭火装置，完善城市消防道路、消防栓及消防给水取水等设施。在现有消防支队处新增1个消防特勤站，建立消防指挥中心和培训中心，在吉星路、湘阳东街等地段分别兴建标准型普通消防站。在涟钢、石油和燃气公司、粮油麻棉公司、化工企业分别建专职消防队。消防安全重点单位及居住区内组建群众义务消防队。城市街道消火栓间距不大于120米，消火栓给水压力不小于0.1兆帕，流量不小于15升/秒。购置大型消防车、照明车等特勤装备，满足未来高层建筑及特种火灾消防需求。

2011年，总规确定结合城市规划用地布局，将生产、储存易燃易爆物品加工厂、仓库设在城市边缘独立安全地段。城区规划建二级普通消防站10个，特勤消防站1个。消防站平均管辖面积4~7平方千米。重点消防企业设立企业专职消防队。城区主要道路为主要消防车通道，控制好一级消防通道，消火栓与街道同步建设、同步验收。2015年，《娄底市中心城区加油站专项规划（2016—2020）》《娄底市中心城区加油加气站充电点（桩）专项（发展建设）规划（2016—2020）》编制完成。

三、城市地下空间利用

2011年，总规对城市地下空间发展做出总体、原则性规划。规划目标：立足未来可持续发展，注重地下空间规划与城市防空防灾系统相结合，兼顾人民防空要求。至规划期末，娄底市地下建筑面积100万平方米。城市中心区为地下空间发展优先区域，地下空间利用混合功能区为老城商业区、沪昆客运专线娄底高铁南站周边区域、大埠桥商务区。居住用地、行政办公用地和工业仓储及学校等单一功能区以地下停车场为主。地下空间利用根据需要分期建设。规划沪昆客运专线娄底高铁南站及周边商务区，布置地下商业、康体娱乐、仓储、停车等设施。老城区商业中心结合万豪城市广场、娄底商业步行街、娄星广场、长青街区周边旧城改造和商业开发，统一规划地下空间。根据地上用地功能和需求，确定地下空间功能和规模，设置包括静态交通、仓储等空间，做到分区、分层，有序开发，形成商业街区。规划体育中心及周边公共服务设施，布置地下文体活动设施及地下停车场。大埠桥中心公园南侧、湘中大道东段布设地下商业和停车场等设施。

四、城市防震

娄底系6度地震区。1991年，总规要求建筑设计必须符合有关防震设计规范。一般建筑物、构筑物在建筑结构及建筑设计中要考虑防震，增大结构强度、刚度、稳定性及设置安全通道。重要建筑和人流比较集中的建筑物，原则上提高一级设计标准。规划布局安全疏散地，加强城市防震监视。

2000年，总规确定建立地震监测预报系统，规划地震设防小区，按地震设防要求做好城市抗震建设。

2011年，总规规划娄底中心地区按地震基本烈度6级，一般工业民用建筑按烈度6度，重要建筑物与基础设施按烈度7度设防。新建、扩建、改建的工程项目达到抗震设防要求。

第八节　城市居住用地与住房建设保障规划

1990—2008年，娄底中心城区大规模实施城市建设和房地产开发，至2009年，存量建设用地46.19平方千米，其中居住用地13.91平方千米。随着人口规模快速增长，2011年，市政府修订城市居住用地，增加住房保障建设规划内容。规划至2020年，居住用地22.4平方千米，占总用地的26.3%。分别在城市综合中心区（主城区）、涟滨组团、万宝组团、大埠桥组团、杉山组团除保留原有居住区，规划建设成片居住区，居住用地19.75平方千米，居住人口75万人。规划期末，城市人均住房面积28平方米以上，低收入家庭保障性住房人均18平方米以上。住宅成套率80%以上。中低收入家庭、困难家庭保障性住房覆盖面20%以上。房屋建筑按照节能环保要求设计建造，配套建设绿地及公共绿地空间，建筑废弃物及生活垃圾进行资源化与无害化处理。公共交通设施、饮用水水质、社区服务机构、养老保险参保等制定量化指标。规划期内，住宅建筑面积总量控制在13万套、1134万平方米左右。住宅建设用地总量609万平方米，其中保障性住房用地总量99万平方米，在±10%之间调控。具体规划为：商品住房10.39万套，经济适用住房0.1万套，廉租住房0.32万套。单套建筑面积控制在50平方米内。公共租赁住房1.35万套。单套建筑面积控制在60平方米内。城市和国有工矿棚户区改造规划：建设公共租赁住房0.87万套。套型建筑面积小于90平方米，占用地总量的70%。控制高档住房用地供应。合理安排城市危陋住宅区、“城中村”改造和工业企业搬迁改造所需用地。主城区新增居住用地280万平方米，其中保障性住房用地约44万平方米。万宝组团新增居住用地123万平方米，其中保障性住房用地26万平方米。杉山组团新增居住用地117万平方米。涟滨组团新增居住用地187万平方米，其中保障性住房用地18万平方米。大埠桥组团新增居住用地142万平方米，其中保障性住房用地10万平方米。规划2011—2015年供应住房建设用地360万平方米，2016—2020年248万平方米。

第三章　县（市、区）城区与建制镇规划

第一节　娄星区

娄星区位于娄底市中心城区范围内。1991年，总规确定，郊区规划居民点20个。乡镇工业发展以农副产品加工和无污染城市环境的劳动密集型工业为主。建设相对稳定的蔬菜基地、副食品生产基地。蔬菜用地按城市人口人均20平方米建设。在涟滨、万宝、杉山等乡镇，建设相应规模的蔬菜和副食品生产基地。在万宝、大科、涟滨、西阳等乡镇建设水产基地。在茶园、大科、西阳、石井、涟滨、杉山等乡镇建设鸡、猪、奶养殖基地。在各乡镇建设水果种植基地。

2000年，总规把娄星区郊区发展列入中心城区规划中，确定建立环城郊野森林生态用地控制区，用地空间125平方千米。在西阳、万宝、杉山等乡镇建设高科技农业观光、生产园区。在杉山镇高车、平底，西阳乡新石、新民，万宝镇新屋、磨石等村分别开辟永久性蔬菜基地各1万平方米。规划城南九洞坳建设畜牧良种繁殖和奶牛基地，面积6600平方千米。在西阳乡胜昔桥、大埠桥村建设水产养殖基地。规划杉山镇万乐村、万宝镇青山村分别建设城市生活垃圾处理场。杉山镇万乐村建1处公共墓地。在城郊万宝、西阳、杉山等乡镇布置无污染的乡村企业。城郊分散农户逐步形成新型农村居民点。

2005年，娄星区蛇形山镇（时属双峰县）、水洞底镇（时属涟源市）规划完成。2011年，总规确定郊区发展规划列入城市规划区空间控制，规划加强城郊农业生产基地建设，发展服务中心城区的蔬菜、养殖、肉蛋、奶供应和观光农业等。2015年，娄星区完成杉山镇万乐村规划，2017年，完成万宝镇石塘村规划。是年，娄星区辖双江乡，杉山、万宝、石井、水洞底、蛇形山5个建制镇，长青、乐坪、花山、黄泥塘、大科、涟滨、大埠桥7个街道办事处，面积630.02平方千米，常住人口61.68万人。

第二节　涟源市

一、城区规划

涟源市中心城区蓝田镇为涟源市行政中心。1996年，涟源市城区总规修编，确定涟源市城区以本地资源转化和深度加工工业为主，山、林、城融为一体的湘中城市群中现代化城市，市域中心城市，承担综合中心职能。重点发展商业、金融、科技、文化、教育、旅游服务业。规划至2000年，城区人口8.5万人，至2015年，人口15万人。规划区面积116平方千米，其中旧城区面积1.7平方千米。城市布局：蓝田、六亩塘、马家境3个街道办事处形成的城市中心区，为涟源市行政、教育、金融、商贸、交通中心。水进坪生产区、李家垄生活区组成煤炭资源综合利用区，木鱼塘生产区和乌鸡坝生活区组成矿产品加工区，梁家湾生产区和石头冲生活区组成建材、机械工业区和井泉高附加值产业区。规划城区道路网为“三横五纵”格局。“三横”：东西向的环北路、人民路和梅亭路。“五纵”：南北向的环西路、交通路、新城路、工业路和环东路。在铁路以南规划修建环南路，往西和环西路相交至邵阳，往东连接环东路至娄底。由环东路、环北路、环西路和环南路连接形成完整的环路网。

2007年，《涟源市中心城区总体规划（2007—2020）》确定，中心城区规划区包括蓝田街道办事处全部及六亩塘街道办事处、石马山街道办事处、龙塘镇、三甲乡部分范围，面积116平方千米。中心城区建设用地24.88平方千米。规划定位为湖南省能源原材料加工、机械制造和加工工业，山、林、城融为一体中等城市。至2010年，城市人口16万人，建设用地16平方千米。至2020年，城市人口25万人，建设用地24.88平方千米。城市空间结构规划为“一城三片”：中心城区主要由老城片区、新城片区和城东工业片区组成。老城片区为全市商贸、文教、居住、行政综合区。新城片区为行政、文体、物流、居住综合区。城东工业片区为高新技术产业、仓储为主的工业园区，即涟源经济技术开发区。“一轴两心”：沿人民路形成一条东西向的城市行政、商业、金融、文化轴带；串联起老城商业金融中心和新城区行政文化中心。中心城区城市道路网结构为“一环三横五纵”：娄涟高等级公路、环西路、环南路、环东路形成城市外环；东西向的人民路、环北路、梅亭路，为城市主干路；芙蓉路、交通路、新城路、涟源大道、环东路，形成城区道路网的纵向骨架。近期改造环北路、人民路、红旗路等18条主、次、支路，修建完善涟源火车站、3个汽车站、12个停车场、6个加油站和4个广场。

二、乡镇、村规划

1996年，涟源市完成枫评镇、三甲乡集镇规划。2003—2005年，完成斗笠山、金石、荷塘、七星街4个乡镇规划。2011—2017年，完成古塘、伏口、白马、茅塘、杨市、湄江、石马山、桥头河、渡头塘、龙塘10个乡镇规划，桥头河、杨市、荷塘、渡头4个镇规划修编。2017年，石马山镇、六亩塘镇纳入城区总体规划。

荷塘镇　位于涟源市东南部，辖1个社区、20个行政村、510个村民小组。2003年《荷塘镇总体规划（2003—2020）》确定，荷塘镇区为涟源市东南部的物资集散地，全镇政治、经济、文化中心，以采掘、铸造、建材、轻工业和农副产品加工业为主的综合性城镇。规划至2007年，人口5.1万人，至2020年，人口5.8万人。规划村镇体系为中心城镇、集镇、中心村、基层村四级。镇区所在地为综合经济区、中部经济区、南部经济区。规划至2007年，用地规模0.6平方千米，远期至2020年用地规模0.94平方千米。镇区道路交通规划由荷兴路、荷花路、交通路、思桃路及外环路组成主骨架的方格网状式道路。

2017年《荷塘镇总体规划修订（2017—2030）》确定，镇域规划范围106平方千米，人口5.55万人。镇区规划范围为荷塘社区、富田村部分区域，约2.06平方千米，人口1.05万人。规划确定荷塘镇为以农产品深加工为主、休闲旅游业为辅的特色产业型小镇、娄底市特色农产品基地和旅游圈重要节点，是镇域政治、经济、文化中心。规划至2017年，镇区人口规模1.2万人，用地规模1.08平方千米。规划至2020年，镇域人口5.6万人，镇区人口1.3万人，镇区建设用地1.08平方千米，至2030年，镇域人口6万人，镇区人口2.6万人，镇区建设用地1.35平方千米。至规划期末，形成“一心、两轴、三片区”产业空间布局形态。“一心”：荷塘镇商贸物流中心。“两轴”：省道210经济、城镇发展轴和丰荷线产业发展轴。“三片区”：北部富田桥豆腐特色小镇，中部药材产业发展区，南部工矿产业发展区。镇域路网规划为省道、县道、乡道、村道，形成“三纵三横”的路网骨架。镇区干道形成“两纵两横”路网结构。

茅塘镇　位于涟源市南部，辖25个行政村，总面积58.76平方千米。2012年《茅塘镇总体规划（2012—2030）》确定，镇区规划范围龙井村、水碧村、石门村、大方村、马溪村以及沙河村北部区域（龙山国家森林公园入口），总面积18.64平方千米。规划为以轻化、机械加工为主的工业基地、生态低碳宜居的山地旅游城镇。镇域产业空间结构为“一核、两轴、三组团、四片区”。“一核”：产业发展核心区，即中心镇区。“两轴”：以枫光大道为依托形成南北向发展轴、以龙山路为依托形成东西向产业发展轴。“三组团”：工业发展组团、高端居住组团、休闲农业发展组团。“四片区”：农业生产区、工业发展区、商贸发展区和旅游产业发展区。规划至2015年，镇域人口3.8万人，镇区人口1.5万人。镇区建设用地1.35平方千米，重点建设包括五江集团在内的产业园区、杨白公路改建、枫光大道建设等16个项目。远期至2030年，镇域人口规模4.9万人，镇区人口3.2万人。镇区建设用地3.04平方千米。镇村等级结构规划为中心镇区、中心村（18个）、基层村（72个）三级。镇域道路规划“三横三纵”。“三横”：团结路、永济路、杨白公路。“三纵”：民主路、茅枫公路（入园路）、迎宾路。镇区道路规划为主干路、干路、支路三级。两纵：枫光大道、创新路。规划茅塘镇区空间发展方向为西拓东进，北优南控，形成“一心、两轴、四片区”布局结构。

白马镇　位于涟源市西南部，总面积97平方千米。2011年《白马镇总体规划（2011—2030）》确定，建立湖南省示范性生态型小城镇，以旅游业为主导，发展商贸、物流、轻工产品加工业、特色农业为主的宜居城镇。规划区包括学足村、邹家村、三协村、卢江边村和桃林村部分用地，总用地面积6平方千米。新中心镇区规划范围1.48平方千米。规划至2030年，镇域人口5.75万人，城镇人口2万人，中心城镇人口1.6万人。规划镇域体系为“一心两组团、两轴、三片区”空间结构。“一心两组团”：新镇区作为全镇的中心，老镇区作为次级旅游服务组团、三协村作为工业组团。“两轴”：二广高速公路与镇区连接线为白马新镇区经济发展主要轴线，从新镇区到龙山林场作为生态旅游发展轴。“三片区”：二广高速沿线以经济发展为主的综合发展区、白马水库周边地区为生态旅游区、镇域东南为生态林业发展区。规划区内道路按主干路、次干路和支路三级设置。近期规划建设项目：完成水源取水点及输配水管网建设、三茶线道路拓宽、局部改线、二广高速连接线建设、白马镇新镇政府办公区建设、新镇区旅游接待中心及集贸市场建设、北部居住组团建设。

杨市镇　位于涟源市东南部，有“千年古镇”的美誉，辖6个社区，11个行政村、场，总面积16.85平方千米。2014年《杨市镇总体规划（2014—2030）》确定，杨市镇为省级历史文化名镇、湘中地区休闲旅游重镇、娄涟地区商贸物流中心。规划至2020年，城镇人口4万人，建设用地4.5平方千米。至2030年，城镇人口5万人，建设用地5.5平方千米。城镇总体布局为“一心、两轴、四区”结构。“一心”：以杨市大道两厢为基础，以孙水河湾两岸为重点形成杨市镇核心区。“两轴”：沿孙水河城镇发展为主轴，沿杨市大道城镇发展为次轴。“四区”：北部工业物流区、古镇保护区、南部新镇区、西部新镇区。规划区内有老刘家、存养堂、余庆堂等10多处历史文化保护单位。规划文物古迹用地14.46万平方米，划定湘军名将故居群、胜梅桥等文物保护单位、重要历史建筑地段核心保护区面积72.3万平方米。道路交通规划北环路、东环路、西环路、南环路，形成镇区快速外环。规划在镇区南部商业中心边缘新建长途汽车站，改善火车站周边交通条件。路网结构调整为“四横三纵”，“四横”：车站路、赛里路、利新路和峨嵋路。“三纵”：龙潭路、杨市大道和湘军路。规划2014—2020年，新增城镇建设用地1.5平方千米，往南发展新利片区，建设利新新区，往西开发孙水河沿岸，建设旅游商业、文化设施和旅馆，修缮湘军名将故居群。

枫坪镇　位于涟源市城区东南部，总面积12.9平方千米。1996年《枫坪镇总体规划》确定，枫坪镇为全镇政治、经济、文化中心，建材工业、商品流通集散的工矿型小镇。全镇规划用地以组团形式划分为三角坪组团、白水泥厂工业组团、谢家湾组团、杨梓公园组团。分为居住建筑、公共建设、工业、仓储、对外交通、道路广场、市政设施、绿化8大类用地。道路交通规划，拓宽梓先路，路面宽24米，新增道路与既有道路构成“二横三纵”方格式路网结构，镇区主干道宽24米，干道宽16～20米，组团内交通道路宽12米。镇区内杨梓街东头规划休闲广场1个，停车场2处，3.86万平方米的杨梓公园1处。近期规划，一期建设三角坪一带，二期开发梓先路北部即地磅房一带。

斗笠山镇　位于涟源市城区东部，总面积80平方千米。1988年，编制《斗笠山镇区总体规划》，1999年修编规划，确定斗笠山镇区为全镇政治、经济、文化中心，涟源市东部交通中心，以煤炭采掘工业和加工业为主、建材工业为辅的工矿交通型城镇。规划区范围：香花、黄港、盛家、洞里、槐园、云盘6个村和香花台、黄港2个煤矿工区，划定镇区规划范围总用地2.25平方千米，规划至2005年镇区人口2.2万人。镇城区建设用地1.76平方千米。近期建设规划：完成香花台路、香花一路修建、扩建自来水厂规模，供水能力8500吨／日。在香花一路西端与香花三路交叉处建长途汽车站。第二中学在原有基础上向西扩建。富民路东侧新建1所占地7200平方米的小学。在斗水路西端修建污水处理厂。远期至2020年，镇区人口2.65万人，镇区用地2.25平方千米。规划以旧城区为中心，向西南方向发展，远期向东北方向发展，适当向南发展，形成带状城镇。道路交通规划为“一横、两环、三纵”的路网结构。镇区道路改造，主干道宽24～30米，次干道宽18~22米，支路宽不少于14米。

三甲集镇　位于涟源市西部，为三甲乡政府所在地。1996年《三甲乡三甲集镇总体规划》确定，镇区包括玉峰、玉屏、三甲、六甲、荷中、新屋6个村，东至八十亭与涟源市总体规划的环西路相接，西至六甲，北至湘黔铁路，南至大山岭，东西长3.8千米，南北长1千米。规划确定三甲集镇为全乡的政治、经济、文化中心，农业、乡镇企业综合开发基地，果林、水稻种植、养殖业和以铸管、水泥、建材工业为基础的综合性集镇。规划近期至2005年，集镇区人口0.8万人，远期2020年，镇区人口1万人，用地0.9平方千米。集镇区用地近期向西南方向发展为主，远期向东北方向发展。行政办公区规划在沿河路。商务区划定：沿河路、新荷路交会处设水果批发市场、农贸市场。爱日路旁规划新建1所镇中学，城区中心规划游乐公园。道路交通规划：以207线为主动脉的路网结构，集镇区主干道宽28～34米，次干道宽16～24米，小区道路宽不少于8米，原有道路拓宽取直。近期建设规划：开发沿河路地段，新建自来水厂，供水能力0.5万吨／日，新建小水果批发市场。

七星街镇　位于涟源市东北部。2005年《七星街镇总体规划》修编，规划镇区范围：东至同方村、红联村，西至七星村、峡山村，南至虎溪村、三角塘村和洪源机械厂、田钢扎钢厂二厂，北至田湖村，总控制面积约6.2平方千米。规划七星街镇区为全镇政治、经济、文化中心，以煤炭采掘业、建材加工业和轻工业为主的、具有时代田园山水特色的园林城镇。规划至2010年，镇区人口2.95万人，建设用地2.8平方千米。至2020年，镇区人口4.8万人，建设用地4.3平方千米。镇区用地发展方向，近期以老城区发展为主，中、远期向北、向东南同步发展。镇区规划结构为“二带、二轴、三组团”。“二带”：沿河生态景观和铁路沿线防护林带。“二轴”：城区中部以华雷线作为城区东西向发展主轴，以新城路作为镇区南北向发展主轴。“三组团”：以同心路、新城路、华雷线为道路骨架，形成中心城区建设组团，为镇区行政、商贸、文娱、科教、工业与居住中心。北部原田湖铁矿矿部周围地区为田湖组团。

东南部依托洪源机械厂形成三角塘组团。道路交通规划按三级布置，即主干道、次干道和支路。规划华雷线远期东移，为同心路延伸线。在镇区华雷线一侧靠河边修建客运站，镇区主要出入口、交通枢纽、商业区和大量人流集散地设置社会停车场。近期建设规划：以新城路、华雷路沿线和镇政府周边地区开发建设为主，使中心城区形成规模，结合田湖轧钢厂，完善城北工业区建设。沿河两侧建成区全面绿化，硬化新城路，与华雷路连通。规划建设第一水厂，开发建设田源组团，完善洪源机械厂入厂道路沿线配套设施建设。

湄江镇　位于涟源市西北部，总面积118.54平方千米，辖45个行政村、2个居委会。2010年，人口5.13万人。2017年《湄江镇总体规划（2017—2030）》确定，镇区范围，东以二广高速为界，南至归水河水坝，西至莫山，北至四房桥，总面积2.98平方千米，为涟源市中心城镇。以旅游商贸为主导、综合型山水田园。规划至2020年，镇区人口2.5万人，用地2.30平方千米。至2030年，镇区人口3万人，中心村人口1000～3000人，基层村人口600～2000人，形成中心镇、中心村、基层村三级结构。用地2.98平方千米。规划镇区北新建湄江汽车站。镇区布局结构形成“一心、一带、四轴、四组团”的功能结构。“一心”：湄江镇政府行政服务中心。“一带”：归水河南北水系绿化景观带。“四轴”：镇区“井”字形道路发展轴。“四组团”：湄江旅游组团、北部生活组团、西部生活组团和南部生活组团。镇区道路规划“两纵两横”的网络结构，由主干路、次干路和支路三级组成。近期（2017—2020年）建设规划：重点建设龙琅高速连接线及该道路两厢商住区和老镇区改造、归水河沿岸景观岸线改造和河西路沿线风光带建设、完善镇区公共服务、市政管线设施、湄江旅游组团建设和停车场等重点项目。

第三节　冷水江市

一、城区规划

冷水江市城区辖冷水江、沙塘湾和布溪3个街道办事处。1990年，城区设冷水江1个街道办事处，面积15.9平方千米，人口8.12万人。1991年城市总体规划修编，确定城市定位为以能源原材料工业为主、产业结构合理的湘中经济区重要工业城市。规划至1995年，城市人口为17万人，至2010年城区人口20万人，城市建设用地31.5平方千米，形成“一中心、二组团”布局，即以冷江街道、布溪街道、集中社区为中心，设中心城区组团、禾青组团。中心城区以第三产业为主。布溪街道重点发展文化、教育和电子、高端技术产业。集中社区重点发展居住、教育和轻工、机械、食品等工业。禾青镇重点发展化工、冶金、建材等大中型企业。城市道路规划以外、中、内3个环路为骨架，分四级布置：一级为市级主干道，二级为市级次干道，三级为区级主干道，四级为区级次干道。近期建设规划重点是基础设施和基础产业、能源、交通、邮电、市政公用设施、教育、文化、体育设施和住宅等。规划在禾青镇雷神岭建设110千伏变电站和装机容量为1.2万千瓦煤矸石发电厂。在集中社区建玻璃窑用耐火材料系列生产基地，在布溪街道建设体育中心，改建环城北路、环城东路，将锑都中路建成最美一条街，扩建禾青自来水厂。

2011年，《冷水江市城市总体规划（2011—2030）》确定，冷水江市为湖南中西部区域性中心城市、山水园林生态特色、资源节约型、环境友好“两型”工业城市。规划至2015年，城市人口24万人，城市建设用地24平方千米以内。至2020年，城市人口28万人，城市建设用地28平方千米以内。至2030年，城市人口40万人，城市建设用地40平方千米以内。中心城区建设用地面积60平方千米。城市总体空间结构规划为“一中心，三组团”。“一中心”：将群丰组团建设成未来城市中心区。“三组团”：冷江组团、开发区组团、禾青组团。建立同兴工业区。城市路网结构规划为“外环内联”，外环：为联系城市各组团快速交通外环线，由312省道、环城北路、江南西路等和南环线组成，串联群丰、冷水江、禾青等城市所有组团。内联：新建群丰金竹汽车站，规划社会停车场23处和城市广场14处。新建市级行政办公区、商业中心和体育中心，医疗、教育、社会福利等社会服务设施。

二、镇、村规划

2011年，冷水江市完成三尖镇、岩口镇、铎山镇总体规划。2017年，禾青镇、金竹山镇纳入市区规划。

三尖镇 位于冷水江市南部，辖14个行政村、2个居委会，面积43.17平方千米。2011年《三尖镇总体规划（2011—2030）》确定，规划区范围为石槽、南阳、三尖3个居委会和石船、神龙、金塘、连岩、裕源、利渡、粘禾、西湾、九江、六二、光明、上清、新屋、木山14个行政村，面积38.2平方千米。规划三尖镇为湖南“银三角”交通核心镇之一、冷水江市的后花园、工业实力雄厚、生态环境优美的现代化新型示范工业城镇。至2015年，城镇人口0.38万人，建设用地0.5平方千米。完善镇政府新址周边地区道路和基础设施建设，完成球溪河滨江路及该区域主、次干路系统建设，完成近期规划用地内供水设施、污水管网建设。至2030年，城镇人口0.75万人，建设用地0.8平方千米。镇区发展以现状镇区为依托，向东拓展为主，向北适度拓展。镇区道路采用方格网布局结构，区内道路分为主干路、次干路、支路，形成主次干路等级明确、功能合理的路网系统。

岩口镇 位于冷水江市东部，总面积24.26平方千米。2011年《岩口镇总体规划》确定，镇域规划范围包括3个居委会、14个行政村、121个（村）居民小组。镇区规划面积11.66平方千米，定位为连接娄底和新化的重要交通枢纽、统筹城乡一体化新农村示范区、冷水江市重要煤矿产业基地、冷水江市中心城镇之一，工业低碳化、生态环境优美的新型示范小城镇。规划至2015年，镇域人口2.8万人，镇区人口1.2万人，建设用地1.57平方千米。至2030年，镇城人口3.6万人，镇区人口1.8万人，建设用地2.19平方千米。产业规划类型主要有生态农业、低碳工业和煤矿产业。镇区规划形成“一线、两轴、三组团、四区域、五廊道”总体布局。“一线”：沿良溪河风光带。“两轴”：沿S312发展轴和镇政府附近新建的通往新农村示范区道路发展轴，省道、308工业发展带，以现代工业为主的工业园区。“三组团”：沿平伍公路由西向东分布的园艺场、岩口镇综合中心、冷水江工业园三个组团。“四区域”：四个产业发展区。“五廊道”：五条由山体向镇区渗透的生态廊道。规划省道312线穿越镇区，综合汽车站建在该省道旁，用地1.2公顷。镇区道路采用自由式布局，分为省道、干道和支路三个等级，干道与组团之间以S312和其南面新规划的沿江风光路连通。近期建设规划：镇区内原有道路改造，新建镇政府、农贸市场，扩建岩口镇中学、小学，新建1所幼儿园，完成污水处理场建设、液化石油气供应站和消防站的建设，住宅用地往镇区南面集中。

铎山镇 位于冷水江市东部，面积26.3平方千米。2011年《铎山镇区总体规划》确定，铎山镇为以特色农业和观光旅游业为主体，农副产品生产与加工、牲牛屠宰基地和铸造、建材等工业基地，新型绿色小城镇。规划至2015年，镇域人口3.1万人，镇区人口1.4万人，镇区建设用地164.4万平方米。至2030年，镇域人口3.9万人，镇区人口2.1万人，镇区建设用地217.8万平方米。村镇体系规划为中心镇、中心村、基层村三级。镇域产业发展规划形成大坪杨梅基地、花桥牲牛屠宰销售和铎山美食基地等7大基地。规划镇区依托现状向北发展，形成“一带、两轴、四组团、多点”的总体布局。“一带”：沿良溪河两岸生活带。“两轴”：沿王城公路和铎利公路两条交通轴线，沿铎利公路在现有工业基础上，发展现代新型工业区。“四组团”：工业向园区、居住和综合组团。“多点”：形成教育、工业、高端居住和商业中心等多个节点。镇区道路规划为方格式，分为省道、主干路、次干路和支路4个道路等级，形成“两纵三横”布局。近期建设规划：镇区沿原省道312铎山段向北发展、汽车站扩建、集贸市场新建、新建配套公共设施。改造并拓宽镇区内原有道路，改造镇政府办公楼，扩建镇高中、初中、小学，新建两所幼儿园，改善配套基础设施，完成污水处理场所、液化石油气供应站和消防站建设，住宅用地往镇区北面集中。

第四节 双峰县

一、城区规划

双峰县县城永丰镇位于双峰县中部，面积89.8平方千米。1995年，《双峰县城总体规划（1995—2015）》修编，确定县城为全县政治、经济、文化和交通中心，以工业和商贸为主的现代化小城市。规划至2000年，城区人口8万人，城市用地8平方千米。至2015年，城区人口15万人，城市用地15平方千米。规划城市结构布局为“一河连两片”，呈带状集中形。城区分为城东、城中、城西和城北4个功能区。规划对老城区道路拓宽改造，新城区道路加宽且做到平、顺、直，形成网格式布局，分主干道、次干道、支路三级。设停车场8处、加油站8处、公交车场1个、广场15个。新320国道为过境干道。

2003年《双峰县城总体规划》修编，确定永丰镇为中心城区，全县政治、经济、文化中心，湘中经济区物资贸易和交流中心，以农副产品加工和小农机为主导的地域文化产业特色鲜明的城市。规划至2005年，城区人口8.5万人，建设用地7.23平方千米。至2020年，城区人口18万人，建设用地18平方千米。规划区面积67平方千米，按集中紧凑式布局，城市用地向西北方向拓展，适度向东南方向发展。设6大居住片区。工业仓储用地结合工业区和对外交通情况，集中与分散相结合布置。公共设施用地布局结构为“一心、两区、三带”，即公共市政中心，旧城综合中心区、西北角体育文化和专业市场区，沿复兴路传统商业服务带、沿和森路及国藩路新建商业带。城市道路划分为主干道、次干道、支路三级。主干道形成“四纵四横两环”结构。

2012年，《双峰县城总体规划（2001—2020）》修编，对县城定位为：名人故里、娄底东部中心城市、对接长株潭、承接沿海产业转移的绿色工贸城市。规划至2015年，城镇人口17.5万人，建设用地18平方千米。中期至2020年，城镇人口21.5万人，建设用地21.5平方千米。至2030年，城镇人口35万人，建设用地38.28平方千米。城市建设完善老城区，开发北部，发展西部、东部，适当往南发展，形成“一轴、两带、三心、四区”布局。“一轴”：由南向北规划建设艺芳街、曾国藩广场、县行政中心、商贸物流园等重大项目，成为城市主要功能发展轴线和形象展示轴线。“两带”：涓水河人文景观带和四安河生态休闲带。“三心”：城东次中心、城市中心、城北次中心。“四区”：城东区、城中区、城西区、城北区。城市公共服务设施规划，一个县级公共服务中心，四个片区级公共服务中心。城区道路交通，规划采取方格网结构，形成“六横七纵”道路系统。“六横”：北南方向：工贸路、安河路、白玉街、和森路、有恒路和公园路。“七纵”：东西方向：白玉街南路、印泉路、万宜路、迎宾路、国藩路、城中路、双荷路。城市道路分为主干路、次干路和支路三级。近期重点建设涓水河以东片区、双峰经开区和白玉街以北、娄双大道两厢区域。

二、乡镇、村规划

2002年，双峰县完成走马街镇、荷叶镇、三塘铺镇镇区总体规划。2004年，完成井字镇、香铺坳集镇规划。2005年，完成杏子铺镇镇区总体规划。2006年，完成锁石镇镇区和印塘乡等15个乡镇土地利用总体规划。2010年，完成洪山殿镇镇区总体规划。2012年，完成青三甘（青树坪镇、三塘铺镇、甘棠镇）镇区总体规划。2013年，完成梓门桥镇镇区总体规划和洪山殿镇镇区总体规划修编。

2006—2017年，完成荷叶镇荷塘村、石塘村、良江村、富托村，经开区金开村，三塘铺镇东方村、大云村，石牛乡新农村，锁石镇西田村，甘棠镇龙嘶村、二步山村，青树坪镇卫星村，花门镇仁山村、群楼村，永峰镇金田村，印塘乡铁马山村，杏子铺镇石壁村、梓园村、虎塘村，沙塘乡红荣村，走马街镇梅峰村，井字镇松庄村，洪山殿镇太平村规划。

荷叶镇　位于双峰县东南部，辖荷叶、大坪、神冲、攸永、新耀5个责任区，63个行政村，1个居委会，总面积140.89平方千米。2002年，荷叶镇总体规划确定荷叶镇区为全镇政治、经济、文化中心，曾国藩故居旅游基地。规划至2005年，镇区人口0.45万人，用地面积0.45平方千米。远期至2020年，镇区人口1万人左右，用地1.01平方千米。镇域体系布局为“一心、两点、三轴”空间结构。“一心”：荷叶镇区。“两点”：神冲、大坪两个集镇。“三轴”：从井字—贺家坳—衡山镇域为主轴，从贺家坳至神冲、至九峰山为两条次轴。规划村镇等级结构为中心镇、集市镇、中心村、一般村四级。城镇结构为“一心三区”有机生长的组团式城镇结构：“一心”：井湾新区为全镇政治、文化中心。“三区”：贺家坳老城区、井湾新区、富厚堂旅游服务区。对外交通规划：省道314改道，从井湾新区西侧通过，远景沿涓水河东边通过。现汽车站改为社会停车场，在井湾新区新建长途和旅游汽车站，富厚堂景区南入口处修建一处停车场。镇区道路规划：方格网+自由式。镇区主要道路网由“三纵三横”组成，分为一级路、二级路、三级路、四级路。2014年，《荷叶镇总体规划（2014—2030）》修编，确定荷叶镇为湖南省历史文化名镇、湖南省乃至全国特色旅游景观名镇。镇区面积9.5平方千米，规划至2020年，镇域人口6.1万人，远期至2030年6.5万人。规划预测游客量，至2020年100万人次，2030年180万人次。规划镇域空间结构为“一主一副，双轴联动”的空间布局：以中心镇区为主中心，以大坪街区为副中心，南北向沿省道314线为区域城镇发展轴，东西向沿贺九公路—新耀公路为镇域村镇发展轴。镇域道路交通规划：升级密荷公路为县道。新建向西连通石牛乡县道。连通双江村至良江村、泥塘至白泥乡道，向北延伸小荷公路至井字镇，拉通并升级原有村道为乡道。镇域整体道路构建为1条高速路、1条铁路、1条省道、4条县道、7条乡道、多条村道格局。

双峰县荷叶镇镇区（2018年11月摄）

青三甘城镇区　青三甘（青树坪、三塘铺、甘棠三镇）镇区位于双峰县西部。2013年《双峰县青三甘城区总体规划（2014—2030）》规划范围：青树坪、三塘铺和甘棠镇3个镇区现有建成区及规划向外扩张建设区域。划定城镇规划区范围约47.32平方千米，确定空间增长边界范围约13.95平方千米。规划城镇定位为双峰县西部中心城镇、湘中地区重要的工贸生产服务基地、湖南省小城镇一体化统筹发展示范区。规划至2020年，总人口18.2万人，城镇人口8.5万人，城镇建设用地7.65平方千米。至2030年，人口16.5万人，城镇人口11万人，城镇建设用地10.5平方千米。城镇空间发展方向为青树坪北进，甘棠南延，三塘铺南北拓展对接，实现镇区空间融合。城镇空间结构：构筑青三甘城镇区“一轴、两廊道、三区、五组团”。道路交通规划：公路交通横向将320国道南移，绕道青树坪镇区南面。纵向修建两条南北向交通干道，分流X015过境交通与城镇南北向内部交通，完善内部道路系统联系。新建、改造、提质县乡通道，保留并适当扩建境内洛湛铁路各火车站场，与仓储物流基地结合布置，成为城镇铁路客货交通集散区。在南北青树坪镇组团和甘棠镇组团各设置一处长途汽车客运站，并合设公交首末站。青树坪镇设中心站，为二级客运站，甘棠镇设三级客运站。以方格网道路形式为主，局部与自由式网络相结合，形成便捷的城镇道路网。道路层次和道路网络采用主干路、干路、支路三级道路体系，并设置一定数量的广场、停车场和加油站。

锁石镇　位于双峰县南部，东西宽9.5千米，南北长11.6千米，辖锁石、十竹、平壤、堤吉4个责任区。镇域总面积65.3平方千米。2006年《锁石镇总体规划（2006—2020）》确定镇区定位为全镇政治、经济、文化中心，商品粮生产和绿色食品加工基地，生态型城镇，双峰县城郊型卫星镇和服务型城镇。规划至2010年，镇区人口1万人，用地0.94平方千米。至2020年，镇区人口1.3万人，用地1.35

平方千米。城镇用地：向东、东南两个方向发展。规划区控制范围：4个村，1个居委会，面积1.35平方千米。至2010年，镇域人口3.59万人。至2020年，人口3.54万人。村镇以交通轴线为总框架，形成“一心两轴”空间形态。“一心”：锁石镇区为全镇政治、经济、文化、科技中心。“两轴”：以娄衡公路、大正公路沿线村为镇经济发展轴。镇域村镇体系分为中心镇、集镇、中心村、基层村4个层次，主要职能划分为农工型和农贸型。城镇总体布局结构模式为山、水、城相间的组团模式，即镇中心区锁石山，娄衡公路东西两个组团，娄衡公路防护带、湄水河沿河风光带、双安河休闲带。交通路网采用方格网式布局，分为主干道、次干道和支路。规划设置社会停车场、广场各2处，汽车客运站、汽车货运站、加油站、洗车场各1处。

走马街镇　位于双峰县中部，镇域面积107.8平方千米，辖6个责任区。2005年《走马街镇总体规划（2005—2020）》规划走马街镇区定位为全镇政治、经济、文化中心，商品粮生产和绿色食品加工基地，以建材工业和五金生产为主、重点发展旅游业的生态型城镇。至2005年，镇区人口0.8万人，用地0.78平方千米。至2020年，人口1.8万人，用地1.8平方千米。镇区用地：向西、西北两个方向发展。规划区控制范围：走马村、宝丰村等14个村，土地面积18.6平方千米。产业规划：重点发展建材、五金产业，培育其他新兴产业，如高科技产业、花卉产业等。至2005年，镇域人口6.64万人，2020年6.95万人。村镇结构体系分为中心镇、中心村、基层村三个层次，布局为“一心三轴”的空间结构。“一心”：镇区为全镇政治、经济、文化、科技中心。“三轴”：以鹅蛇路、娄双公路、高速公路联络线沿线发展轴。镇区总体规划布局结构为“一地、二园、二团、三带、四路”相连的生态型山水城镇。道路交通采用方格网式布局，道路等级为主干道、次干道和支路三级。规划设置社会停车场5处，广场2处，汽车客运站、汽车货运站、加油站、洗车场各1处。

第五节　新化县

一、城区规划

新化县城上梅镇位于新化县中部，资江南岸，面积92.7平方千米，辖20个居委会和19个行政村。1994年，新化县城总体规划首次编制，2002年修编，确定把新化县城建成为布局合理、功能完善、环境优美，具有地方特色和梅山文化底蕴的现代化生态旅游城市，成为全县政治、经济、文化、教育、交通、信息和商业中心。重点发展电子品牌产业、软件开发、绿色食品加工等新兴产业和现代服务业，控制性地发展陶瓷业、碳素业。规划至2005年，人口15万人，建设用地13.5平方千米，人均用地90平方米。至2010年，人口20万人，建设用地19平方千米，人均用地95平方米。至2020年，人口30万人，建设用地30平方千米。规划城市空间结构为“一带两团三城”，即资江风光带，青山锋以东组团、大洋江组团，城东、城中、城西。资江风光带为集旅游观光、休闲娱乐为一体的风景艺术长廊。大洋江组团为大、中型二类工业为主的工业区。青山峰以东组团为高档住宅开发为主的居住区。城东为行政、文化、娱乐、体育、商贸中心，发展电子工业、高科技工业、工艺品制造为主。城中为居住、商贸、旅游为主的综合开发区。城西为仓储、运输、加工、居住为主的综合区。城区形成“五纵四横”的主路网布局，即纵向青峰路、梅苑路、滨江大道、燎源路、大洋路；横向大甫路、上梅路、白沙洲路、科苑路。规划县城停车场11处、广场9处。

2010年，新化县城总体规划修编，确定县城性质为蚩尤故里，湘中重要旅游服务基地，具有梅山文化特色的生态旅游城市。规划至2015年，城镇人口29万人，建设用地29平方千米。至2020年，城镇人口规模35万人。建设完善老城区，发展河东区，开发城西区，适当往北往南发展。形成“一带、一廊、三园、三区”的总体布局。“一带”：依托资江两岸建成集居住、游览、观光、休闲、娱乐于一体的资江生态景观带。“一廊”：湘黔铁路绿化廊。“三园”：向红工业园、青峰山工业园和游家工业园。

“三区”：以资江和湘黔铁路为界形成城东区、城中区和城西区。功能布局：城东区以发展行政办公、旅游服务、教育科研、高档居住等职能为主。城中区优化建设老城风貌，完善配套设施，形成居住、商业综合服务区。城西区发展成以居住、商贸集散和仓储物流为主的综合服务区。“三园”功能布局：向红工业园打造以金属加工为主导的产业集群发展平台。青峰山工业园打造成新化县一类、二类工业基地，形成工业集聚发展的第二板块。游家工业园打造成三类工业园。城区道路交通发展：建设方格道路结构，主干路、次干路和支路配套同步建设，加强城东、城西的交通联系，预留过江通道，形成“一环、三横、六纵”的道路系统。“一环”：由环城东路、环城西路、天子山路、S312城南区段构成过境交通道路。“三横”：白沙洲路、上梅路和大汉路。“六纵”：青峰路、梅苑路、学府路、天华路、蚩尤大道和大洋江路。近期规划建设重点以现状建成区为基础，以基础设施和产业发展为动力，改造旧城区，发展新区建设，以新建体育中心为契机，带动白沙洲片区发展。依托燎原路、大洋江路建设，发展城西区。打造天子山生态居住区，建设向红工业园、游家工业园和资江生态经济带。

二、乡镇、村规划

1998年，新化县编制完成游家镇、圳上镇镇区建设总体规划。2000年，完成田坪、白溪、西河、炉观、文田、温塘6个镇镇区总体规划。2003年，完成坐石乡集镇规划。2004年，完成琅塘镇镇区总体规划。2008年，完成水车镇、奉家镇镇区总体规划。2009年，完成荣华乡镇区总体规划。完成琅塘镇晚坪村，天门乡土坪村、鹅坪村、麦坳村，奉家镇下团村、大桥村规划。2010年，完成洋溪镇、槎溪镇及沪昆客专新化南站综合区和桑梓镇、吉庆镇、大熊山林场集镇总体规划，曹家镇水竹村、娘家村、十里铺村规划。2011年，完成石冲口、洋溪、槎溪、温塘4个镇镇区总体规划，游家镇、温塘镇镇区总体规划修编。是年始，相继完成油溪乡高桥村、上梅镇光义村、洋溪镇白地村、水车镇锡溪村、上溪村琅和古台山林场童家工区（村）规划。2012年，完成孟公镇镇区总体规划。至2016年，相继修编上述镇区规划，完成天门乡、油溪乡集镇总体规划。

圳上镇　位于新化县东北部大熊山南麓丘陵地带，规划区控制用地约4.3平方千米。镇区内方家湾村是全镇的政治、经济、文化中心。1998年编制首部总体规划，2010年修编，确定圳上镇为以旅游服务及农副产品加工、边境贸易为主的旅游城镇。规划至2015年，城镇人口1.9万人，建设用地1.8平方千米。至2030年，人口3.5万人，建设用地2.69平方千米。城镇空间结构为“一心、一带、四区”。“一心”：镇政府行政、商业中心。“一带”：沿江风光带。“四区”：久大片区以居住为主，兼具商业、文化娱乐等功能；楚才、神仙片区集商业、居住、文化娱乐等于一体，为全镇发展建设次中心；方家湾、文教片区集行政办公、商业金融于一体，为镇中心区；干家、放马坪、永胜片区以商业为主，兼具居住休闲等功能，形成全镇边境贸易中心。规划镇区路网为棋盘式和自由式结合布局，主干道构成“三纵三横”棋盘式骨架，次干道和支路相连接。

白溪镇　2000年，白溪镇区总体规划编制完成，确定白溪镇为新化县西部商贸为主的综合性城镇。规划至2008年，城镇人口1万人，建设用地0.8平方千米。至2020年，城镇人口1.5万人，建设用地1.35平方千米。以老城区为依托，向南、北开辟两个新区北区为工业区。中间老城区为居住、商业综合区。南区新城区为商业金融中心。2012年，白溪镇区总体规划修编，确定白溪镇为镇域政治、经济、文化及交通中心，以商业贸易、农副产品加工、渔业、农业、旅游为主的综合型城镇。规划范围为向阳、学堂2个居委会，石子湾、白溪、小溪、石板4个村，约5.4平方千米。规划至2020年，城镇人口1.6万人，建设用地1.58平方千米。至2030年，城镇人口2.4万人，建设用地2.4平方千米。镇区规划空间结构为“一带、一园、二区”。“一带”：资江两岸沿江风光带。“一园”：豆腐产业园。“二区”：河西新区、河东老区。规划道路交通采用棋盘式与自由式结合的路网结构，即主干道、次干道和支路。规划至2020年，建设重点项目：新溆高速公路连接线，白溪至圳上过境公路，镇政府改扩建，新溆高速连接线南侧白溪汽车站，污水处理厂，垃圾填埋场，2个游憩广场，石子湾村镇级住宅小区。

田坪镇　2000年编制总体规划，2013年修编，确定田坪镇为以旅游服务及农副产品加工、边境贸易为主的旅游型和工矿型城镇。规划区控制范围2.88平方千米。规划至2020年，镇域人口9.8万人，建设用地0.9平方千米。至2030年，城镇人口1.5万人，建设用地1.5平方千米。规划城镇空间结构为“一心、一道、四区”。“一心”：行政商业中心。“一道”：旅游大道。“四区”：土桥、发农片区以居住功能为主，兼具商业、休闲等功能，形成全镇边境贸易中心；塘湾里、五星片区以居住功能为主，兼具商业、文化娱乐等功能；湖广、枧冲片区集商业、居住、文化娱乐为一体，形成全镇发展次中心；田坪、美华片区集行政办公、商业金融于一体，为镇中心区。规划镇区路网为方格式和自由式结合布局，由主、次干道构成“三纵二横”棋盘式骨架，辅以支路，形成交通顺畅的路网系统。

温塘镇　2000年镇区规划控制范围：平安社区、富兴村、利华村、石井村、温塘村、桥冲村、星火村，面积4.44平方千米。2011年修编，确定温塘镇为以煤炭、石膏采掘等为支柱产业，结合商业全面发展的综合型小城镇，为全镇政治、经济、文化及交通中心。规划至2015年，城镇人口1.6万人，建设用地1.25平方千米。至2030年，城镇人口3.36万人，建设用地3.3平方千米。规划城镇空间结构为“一心、两轴、三区”。“一心”：行政商业中心，集行政办公、商业金融、教育、娱乐于一体的城镇中心区。“两轴”：平安大道发展轴、光明路发展轴。“三区”：镇北工业区，以一类工业为主，辅以仓储物流；镇南石井区，以商业、住宅开发为主的居住区；镇西富兴星火区，以发展第三产业、住宅开发为主，以农业发展、过境交通运输为辅的综合区。镇区道路根据地形、现状及功能性质布设，连接工厂、仓库、车站、货场等，以货运为主的道路避开镇区中心地段。文体娱乐、商业服务等大型公共建筑出入口处设置人流、车流集散地。商业、文化、服务设施集中路段，设置停车场，紧急疏散出口间距不得小于160米，人行道布置无障碍设施。规划至2015年，重点建设项目：在镇西富兴区新建一个110千伏变电站，在平安大道西侧新建温塘镇卫生院，修建光明路、政府南路，搬迁汽车站至光明路南侧，扩充温塘中心小学，新建镇级住宅区等。

游家镇　1998年，编制镇区建设总体规划。规划区控制范围：游家湾社区、游家村、周家冲村、潘家垅村、淡竹村、兴胜村和堤上村，面积3.8平方千米。2012年总规修编，确定游家镇为以发展水泥建材工业、农副产品加工、水产品加工、建材工业、农机具修理为主的农贸型小城镇。规划至2015年，城镇人口1.6万人左右，建设用地1.9平方千米。至2030年，城镇人口2.5万人左右，建设用地2.8平方千米。规划镇区空间结构为“一心、一带、五区、一园”。“一心”：镇政府行政商业中心。“一带”：沿江风光带。“五区”：游家湾村社区、游家村片区、潘家垅村片区、周家冲村片区、淡竹村片区。“一园”：化工工业园。镇区路网为棋盘式和自由式相结合布局，镇区中心由主干道构成“三横三纵”棋盘式骨架，大洋江航电枢纽连接化工工业园，辅以次干道和支路，形成主次分明、交通顺畅的道路。

琅塘镇　2004年，镇区总体规划修编。规划镇区面积约1.58平方千米，确定为以农副产品加工、边境贸易、旅游为主的工贸型城镇，全县茶叶生产基地。2015年总体规划修编，确定镇区规划范围为印双村、张家村、龙通村、团结山村、太平铺村、柘溪村、兴隆村等，约3.86平方千米，确定镇区为以农副产品加工、边境贸易和农业经济为主，采矿（硅石）、电子陶瓷、县茶叶基地全面发展的综合工贸型小城镇。规划至2020年，城镇人口2.3万人，建设用地2.35平方千米。至2030年，城镇人口3.25万人，建设用地3.42平方千米。镇区空间结构为“一心、二轴、四区”。“一心”：镇政府为中心的行政商业服务中心。“二轴”：横贯镇区的东西向发展轴及老S225公路沿街商业发展轴。“四区”：老建成区、高新工业区、行政商业区和文化教育区。规划拓宽东西向贯穿整个镇区的主干道，镇区南面设环状主干路，另规划16米宽的次干道和12米宽的支路，形成通畅的镇区道路系统。

西河镇　2000年编制总体规划，镇区面积2.4平方千米。2013年镇区总体规划修编，确定规划范围为寨前社区、雪峰社区、双蹄村、鸟山村、西河村、江水湾村、五一村、七一村、木岭村，面积3.92平方千米。规划向东南方向发展，确定镇区为全镇政治、经济、文化、交通中心，为水泥建材、现代农业、商贸物流全面发展的综合型小城镇。规划至2020年，城镇人口2.4万人，建设用地2.45平方千米。至2030年，城镇人口为3.6万人，建设用地3.42平方千米。规划城市空间结构为“一心两区”。“一心”：西河镇政府为中心的行政商业中心。“两区”：以火车站、铁路为分界，分为东、西两区。西部片区承载居住、商业、金融、交通仓储等功能；东部片区以老城镇为依托，承载行政办公、居住、商业、金融、交通、工业、绿化等功能。镇内交通路网为棋盘式和自由式结合布局，由主干道构成“十”字形道路主骨架，辅之以次干道和支路形成主次分明、通畅的道路网络。规划至2020年，重点建设：物流通道和幸福大道、镇区北部建材区、仓储物流区、东南方向高新农业科技园区，扩充西河中学并增设一所小学，紧邻大熊山连接线修建西河汽车站，在镇区中部规划高档住宅区。

炉观镇　2000年编制镇区总体规划，2012年修编，确定镇区规划控制范围为炉观村、笔架村、石岩村、苏源村、犀牛村，面积3.64平方千米。确定镇区为以商贸经济和农副产品加工为主、物流全面发展的综合型小城镇。规划至2015年，城镇人口1.03万人，建设用地0.98平方千米。至2030年，城镇人口2.84万人，建设用地2.81平方千米。确定城区空间结构为“一轴、两区、三组团”。“一轴”：炉观河景观轴。“两区”：炉观河以北老镇区、炉观河以南新镇区。“三组团”：镇北商住区组团、镇南工业物流区组团、镇南综合区组团。镇北商住区功能为商业金融、教育、娱乐、居住等，是炉观镇的中心区。镇南工业物流区是集工业、仓储、物流于一体的第二产业聚集区。镇南综合区包括行政办公、商业金融、教育等。东部笔架村居住区以商业、住宅开发为主，沿新溆高速公路连接线南侧为工业物流区，北侧为现有犀牛村居民点。镇区道路根据地形、现状及功能性质进行布设。文体娱乐、商业服务等大型公共建筑出入口处设置人流、车流集散地。

文田镇　2000年，编制镇区总体规划，2013年修编。镇区规划控制范围为文田村、茅田村、新屋场村，面积1.76平方千米，确定为以有色金属开采、林木加工为主的农工型小城镇。镇区为全镇政治、经济、文化、交通中心。规划至2018年，建成区面积0.63平方千米，改扩建镇政府办公楼，新建新溆高速连接线西侧文田汽车站、广场和镇级住宅区。城镇人口0.75万人，建设用地0.63平方千米。至2030年，城镇人口1.2万人，建设用地1.36平方千米。规划城市空间结构为“一轴、两区、三组团”。“一轴”：新溆高速公路连接线轴。“两区”：文田街两侧老镇区、新溆高速公路连接线以东新镇区。“三组团”：镇中商住区组团、镇北工业物流区组团、镇南综合区组团。镇区道路根据地形、现状及功能性质进行布设，连接工厂、仓库、车站、货场等以货运为主的道路绕越镇区中心地段。人行道布置无障碍设施。

洋溪镇、槎溪镇及沪昆客专新化南站综合区　2010年，《新化县城总体规划（2002—2020）》修编，整合建制镇洋溪镇、槎溪镇及新化高铁南站，确定为综合区，职能定位为综合区政治、经济、文化中心，新化县交通重镇和物资交换集散中心，新化县对外门户，县城的副城。2011年，编制综合区总体规划（2011—2030），确定综合区范围为洋溪镇、槎溪镇行政管辖范围，面积239.8平方千米。规划区控制范围面积13.56平方千米。重点发展陶瓷、农产品精加工、农机修理、竹木加工。综合区城镇人口：2010年2.78万人，2015年3.63万人，2030年7.67万人。综合区建设用地面积：2010年2.01平方千米，2015年3.26平方千米，2030年7.89平方千米。规划确定综合区城市空间总体结构为“一心、两翼、三带、四区”。“一心”：围绕高铁南站建成交通枢纽中心。“两翼”：洋溪镇、槎溪镇两镇城镇中心区。“三带”：洋溪河沿岸风光带、S312公路城镇发展带、新洋高速连接线商贸物流带。“四区”：综合服务区、科教文卫区、商贸居住区和产业发展区。规划S312省道改道至镇区北面。新化县城到高铁南站快速路作为主要过境交通，在区域北面规划1条宽36米对外道路，与快速路形成交通环路，在高铁站西端规划长途汽车站。城镇内部道路分为主干道、干道和支路。规划新建南山寨自来水厂和一个污水处理厂，在槎溪镇建110千伏变电站，新建邮政大楼与增设电信模块局，建设消防站及洋溪河沿岸绿化带，建设1~2家星级宾馆。

第四章 机构与管理

第一节 机 构

1990年1月至1999年10月，地区建设委员会加挂地区规划办公室牌子，建委主任兼任规划办公室主任。1999年地改市后，娄星区规划管理局整体上收。2000年9月，市城市规划管理局成立，为市政府正处级机构，2002年3月，更名为娄底市规划局（简称市规划局），内设办公室、综合技术科、用地科、工程科、民房科、法规科、人事科，行政编制18名，事业编制10名。局属二级机构：市规划执法监察大队，市规划勘测中心（加挂市规划技术信息服务中心牌子），市规划设计研究院（经费自收自支）。2003年，市建设局、规划局经济技术开发区分局成立，为市建设局、规划局派出机构，其职能按照“委托授权、备案监督”的原则进行配置，为娄底经开区规划管理机构。2004年12月，市规划局为市政府工作部门，承担的市中心城区规划行政执法职能调整至市城市管理行政执法局。2010年11月，市规划局内设办公室（加挂信访科牌子）、政策法规科、综合技术科、用地科、工程科、村镇规划科、人事科。局机关行政编制26名，事业编制2名。2014年2月，市规划局加挂市规划信息中心、市城乡规划研究中心牌子。2017年，市规划局机关行政编制29名，工勤事业编制2名。下辖市规划设计院（自收自支事业单位，定编32名，在职员工60名）、市规划信息中心（自收自支事业单位，定编5名）、市规划勘测中心（自收自支事业单位，定编9名）、市规划执法支队（全额拨款事业单位，定编15名）、娄星规划分局（市规划局派出机构，正科级全额拨款事业单位）、娄底经济开发区规划分局（市规划局派出机构）。

第二节 规划管理与执法

一、规划管理

1990年，县级娄底市规划管理部门负责规划设计管理，市规划设计院具体实施。地区建委（规划办）对规划工作实施宏观管理。是年，贯彻实施《中华人民共和国城市规划法》（简称《城市规划法》），市规划管理部门制定《建设项目选址意见书》和“建设用地规划许可证”“建设工程规划许可证”（简称“一书两证”）制度，履行规划实施管理具体职责，完成1991版娄底市总体规划修编工作，执行“一书两证”制度。1991—1992年，审定核发公共建设项目《建设工程选址意见书》15个、“建设用地规划许可证”182个、“建设工程规划许可证”205个。至1998年，审定核发公共建设项目“建设用地规划许可证”320个，用地面积486.96万平方米，审定核发“建设工程规划许可证”216个，建筑面积80.73万平方米，办理民房建设用地、建设工程规划许可证748户。市规划局成立。1999年，市规划设计院上收，升格并改名为娄底市规划设计研究院，承担全市国土空间规划编制、研究和制定地方标准及全市总体规划、城镇体系规划、分区规划、专项规划、详细规划、村庄规划、城市设计规划等编制。完成各类规划编制、市政道路、给排水、桥涵工程设计等大中型项目数百项，获得各级别设计奖100余项。查清全市违法建筑300余处。

2000年，市规划部门修编总规。2001年，实行“建设工程规划许可证（副本）”制度，核发“建设工程规划许可证（副本）”81个，建筑面积40.25万平方米，“建设工程规划许可证”45个，建筑面积21.23万平方米。2004年，市新一届规划委员会成立。特别重大规划项目由规划例会决策审批。2005年，全市建立规划信息库，形成完善的规划体系，研究出台规划设计、审批等规划管理操作流程，规划管理实现科学化、规范化。各类园区纳入城市统一规划依法管理。2010年，市规划局制定《娄底市规划技术管理规定》，完成总规修编和水府庙“两型”示范区规划编制。

2011年，总规调整充实中心城区、县（市）城区、经开区、建制镇等总体规划、分区规划、城市专项规划及覆盖市区的控制性详细规划编制管理，逐步完善专家论证、重要规划项目咨询、每周例会集体会审和批前批后公示制。2014年，市政府办出台《娄底市城市规划管理技术规定》，推进测绘管理工作规范化、制度化建设。全市完成各类测绘项目195宗。2015年，市政府颁发《娄底市人民政府关于进一步加强村镇规划建设管理的实施意见》，出台《娄底市建设用地容积率管理规定》《娄底市城市建设用地性质变更管理规定》，强化规划条件变更管理。设立窗口首席代表和内部审批流转制度，合并总平面图与规划方案两个审批环节，建立一站式受理、并联审批、统一收费、限时办结的模式。2016年，改革审批流程，出台《建设项目行政审批及其他有关事项办理流程规定（试行）》，简化办事程序。规划行政审批办理时限，由法定时限150个工作日提速到不超过50个工作日。

2017年，娄底市制定《娄底市村镇规划导则》，完善规划决策和实施模式，改革市规划委员会工作规则，实行“票决制”，采取无记名投票方式进行决策。市规划委员会召开4次专题会议，审议重要规划编制事项26个。是年，改革规划审批机制，将分段条条式审批，调整为分块式审批。审批事项一个项目一个科室受理办结，取消科室流转审批，加快审批速度。规划行政审批流程改革为科、局、市三级审查，取消建设工程规划许可证“正副本”制度，合并总平图、规划方案审查和正本核发、规划条件核实。2015—2017年，审批建筑方案131个，核发建设用地规划许可证180个，建设工程规划许可证161个，审批民房3006户。

二、规划执法

1990—1999年，县级娄底市规划局和地区规划办贯彻实施《中华人民共和国城市规划法》，规划编制、实施、管理同步推进，依法查处和纠正违规违法现象。2007年，市规划局制定《违法建设案件举报制度》《娄底市规划局行政执法人员执法过错追究办法》《执法检查预告、公示制度》，设立举报电话，建立举报登记制度。查处违法建设项目107个，拆违225处，面积3.6万平方米。2008年1月，贯彻实施《中华人民共和国城乡规划法》，规划执法监察办公室成立，查处违法建设行为。2012年，市政府办出台《娄底中心城区违法建设处置暂行办法》。市规划局规划执法监察办公室改为娄底市规划执法支队，负责市本级国有土地违法建设规划执法。2008—2013年，全市查处违法建设项目193个，拆违265处，面积5.4万平方米。2014年，市政府办出台《娄底中心城区建设工程方案设计联合评审办法》《娄底市控违拆违联席会议和执法联动机制》《娄底市控违拆违考核细则》，实行市、县（市、区）、乡镇（街道）三级网格化巡查监管、批后跟踪管理、规划项目跟踪管理责任制，把住放线、验槽、竣工验收三个关口，对违法建设行为依法责令停工，并予以行政处罚。2014—2015年，完成地形图和用地放线103宗，工程放线67宗，工程测量15宗，竣工验收46宗，查处违法规划项目14个，拆违450处、面积6.7万平方米，2016年，查处违法建设项目24个，拆违383处、面积4.7万平方米。至2017年的4年间，查处存量违法建设6269处面积228万平方米。

娄底市志

娄底市地方志编纂委员会 编

（1990—2017）

第四册

方志出版社
Publishing House of Local Records

目　录

（第四册）

第五十四篇　城乡建设

概　述 ……1799
第一章　新型城镇化建设 ……1800
第一节　资源环境建设 ……1801
第二节　“城中村”改造 ……1802
第三节　基础设施建设 ……1802
第四节　产业结构调整 ……1803
第五节　智慧型城市建设 ……1803
第六节　基本公共服务 ……1804
第二章　中心城区建设 ……1804
第一节　道路建设与管养 ……1804
第二节　桥梁建设与管养 ……1807
第三节　地下管线建设 ……1811
第四节　中心城区排水、排污、防洪工程建设 ……1812
第五节　公用事业建设 ……1816
第三章　县（市、区）城区建设 ……1822
第一节　娄星区（参见本篇第二章） ……1822
第二节　冷水江市 ……1822
第三节　涟源市 ……1822
第四节　双峰县 ……1823
第五节　新化县 ……1824
第六节　娄底经济技术开发区 ……1825
第四章　乡镇、村建设 ……1825
第一节　乡镇建设 ……1825
第二节　传统村落和古建筑保护 ……1833
第三节　农村危房改造 ……1834
第五章　机　构 ……1835
第一节　市住房和城乡建设局 ……1835
第二节　归口单位 ……1836
第三节　直属机构 ……1836
第四节　县（市、区）机构 ……1837

第五十五篇　城市管理

概　述 ………… **1841**
第一章　市容管理与行政执法 ………… **1842**
　第一节　市容管理 …………1842
　第二节　行政执法 …………1845
第二章　环境卫生管理 ………… **1846**
　第一节　清扫保洁 …………1846
　第二节　垃圾收集处置 …………1847
　第三节　渣土管理 …………1848
　第四节　环卫收费 …………1849
第三章　城市绿化与管理 ………… **1850**
　第一节　城市绿化 …………1850
　第二节　城市绿化管理 …………1853
　第三节　园林城市创建 …………1855
第四章　路灯、公厕建设与管理 ………… **1855**
　第一节　路灯建设与管理 …………1855
　第二节　公厕建设与管理 …………1858
第五章　管理机构 ………… **1858**
　第一节　娄底市城市管理行政执法局 …………1858
　第二节　直属机构 …………1859

第五十六篇　建筑业

概　述 ………… **1863**
第一章　勘察勘测 ………… **1863**
　第一节　勘察勘测技术 …………1863
　第二节　勘察勘测工程 …………1864
　第三节　勘察设计单位 …………1865
第二章　建　筑 ………… **1866**
　第一节　建筑设计 …………1866
　第二节　建筑形式风格 …………1869
　第三节　建筑施工技术 …………1871
　第四节　绿色建筑 …………1874
　第五节　可再生能源建筑应用 …………1874
　第六节　建筑企业 …………1875
第三章　建筑业管理 ………… **1879**
　第一节　勘察设计市场管理 …………1879
　第二节　建筑市场管理 …………1880
　第三节　工程质量监督 …………1885
　第四节　对外开拓经营管理 …………1886

第五节　建筑劳保基金管理 ……1887

第五十七篇　房地产业

概　述 ……**1891**
第一章　住房制度改革 ……**1892**
第一节　改革政策 ……1892
第二节　租金调整 ……1893
第三节　公房出售与管理 ……1893
第四节　职工集资建房 ……1895
第五节　住房分配货币补贴 ……1895
第二章　住房保障体系 ……**1895**
第一节　实物配租与租金核减 ……1895
第二节　租赁补贴 ……1895
第三节　廉租房建设 ……1897
第四节　公共租赁住房建设 ……1898
第五节　经济适用住房建设 ……1899
第六节　棚户区改造 ……1899
第三章　房地产开发 ……**1902**
第一节　开发企业 ……1902
第二节　开发建设 ……1902
第三节　商品房价格与销售 ……1906
第四章　房地产管理 ……**1908**
第一节　管理机构 ……1908
第二节　房地产评估 ……1909
第三节　房地产交易和产权产籍管理 ……1910
第四节　房屋租赁管理 ……1912
第五节　房屋安全鉴定 ……1913
第六节　住宅室内装饰装修管理 ……1913
第七节　白蚁防治 ……1914
第八节　物业管理 ……1914
第九节　房地产市场管理与执法 ……1916
第五章　住房公积金 ……**1917**
第一节　机　构 ……1917
第二节　归集管理 ……1917
第三节　提取管理 ……1918
第四节　贷款管理 ……1919

第五十八篇　交通运输　邮政

概　述 ……**1923**

第一章　公　路 ……………………………………………………………………………1924
第一节　公路建设 ……………………………………………………………………1924
第二节　公路设施 ……………………………………………………………………1929
第三节　公路运输与管理 ……………………………………………………………1944
第四节　路政管理 ……………………………………………………………………1948
第五节　公路管理机构 ………………………………………………………………1954
第二章　铁　路 ……………………………………………………………………………1956
第一节　铁路建设 ……………………………………………………………………1956
第二节　桥梁隧道 ……………………………………………………………………1958
第三节　车　站 ………………………………………………………………………1962
第四节　运　输 ………………………………………………………………………1965
第五节　铁路管理机构 ………………………………………………………………1966
第三章　水　路 ……………………………………………………………………………1967
第一节　航　道 ………………………………………………………………………1967
第二节　港口　码头 …………………………………………………………………1970
第三节　运　输 ………………………………………………………………………1971
第四节　水运管理 ……………………………………………………………………1975
第四章　邮　政 ……………………………………………………………………………1977
第一节　邮政网络与营业网点 ………………………………………………………1977
第二节　邮运设施与服务 ……………………………………………………………1977
第三节　邮政业务 ……………………………………………………………………1978
第四节　邮政机构 ……………………………………………………………………1979

第五十九篇　信息产业

概　述 ………………………………………………………………………………………1983
第一章　信息网络建设 ……………………………………………………………………1984
第一节　通信网络 ……………………………………………………………………1984
第二节　广播电视网 …………………………………………………………………1987
第三节　互联网 ………………………………………………………………………1989
第二章　电话通信及广播电视传输服务 …………………………………………………1990
第一节　电话通信服务 ………………………………………………………………1990
第二节　广播电视传输服务 …………………………………………………………1992
第三章　互联网服务 ………………………………………………………………………1994
第一节　互联网接入服务 ……………………………………………………………1994
第二节　互联网媒体服务 ……………………………………………………………1994
第三节　互联网平台服务 ……………………………………………………………1995
第四章　软件开发及信息技术服务 ………………………………………………………1996
第一节　软件开发服务 ………………………………………………………………1996
第二节　信息技术服务 ………………………………………………………………1997
第五章　信息安全与管理 …………………………………………………………………1998

第一节　无线电管理 ……1998
第二节　广播电视管理 ……2001

第六十篇　教　育

概　述 ……2005
第一章　基础教育 ……2006
第一节　学前教育 ……2006
第二节　九年义务教育 ……2008
第三节　高中教育 ……2012
第四节　特殊教育 ……2015
第二章　中等专业教育 ……2018
第一节　普通中等专业教育 ……2018
第二节　职业中学（中专）教育 ……2019
第三节　技工（技师）教育 ……2021
第三章　高等教育 ……2023
第一节　湖南人文科技学院 ……2023
第二节　娄底职业技术学院 ……2025
第三节　湖南潇湘职业学院 ……2027
第四节　娄底广播电视大学 ……2028
第五节　湖南广播电视大学涟钢分校 ……2029
第六节　企业职工大学 ……2029
第七节　高等函授教育和自学考试 ……2030
第四章　成人教育 ……2033
第一节　扫盲教育 ……2033
第二节　农民教育 ……2034
第三节　职工教育 ……2035
第四节　社会教育 ……2036
第五章　教育改革 ……2037
第一节　教育机构改革 ……2037
第二节　教育管理体制改革 ……2038
第三节　人事制度改革 ……2039
第四节　办学体制改革 ……2040
第五节　教育结构改革 ……2041
第六节　大中专学校招生制度改革 ……2042
第七节　大中专毕业生分配就业制度改革 ……2045
第八节　教学思想、方法与手段改革 ……2045
第六章　教师队伍 ……2047
第一节　教师结构和来源 ……2047
第二节　教师考核与整顿 ……2049
第三节　教师资格认定和专业技术职务评聘 ……2049

第四节　教师培训 ……2050
第五节　教师待遇 ……2054
第七章　教育经费与教育设施 ……2055
第一节　教育经费 ……2055
第二节　教育资助与教育扶贫 ……2057
第三节　教育设施 ……2059
第八章　学校管理 ……2061
第一节　管理机构 ……2061
第二节　学籍管理 ……2062
第三节　安全管理 ……2062

第六十一篇　科学技术

概　述 ……2067
第一章　科技管理 ……2067
第一节　管理机构 ……2067
第二节　科技队伍管理 ……2068
第三节　科技项目管理 ……2068
第四节　科技经费管理 ……2069
第五节　科技成果管理 ……2070
第二章　科技研究和科技推广 ……2071
第一节　科研机构 ……2071
第二节　科技成果 ……2072
第三节　科技普及与推广 ……2084
第三章　知识产权 ……2085
第一节　专利申请、授权与保护 ……2085
第二节　专利实施 ……2087
第三节　行政监督执法 ……2087
第四章　高新技术 ……2088
第一节　高新技术企业和产业发展 ……2088
第二节　产学研结合 ……2089
第五章　地　震 ……2089
第一节　管理机构与台站 ……2089
第二节　地震应急管理 ……2090
第三节　行政执法 ……2092
第四节　地震科普宣传 ……2092
第六章　气　象 ……2098
第一节　气象观测 ……2098
第二节　天气预报 ……2098
第三节　气象服务 ……2099
第四节　气象管理与执法 ……2100

第五节　气象机构 ……2101

第六十二篇　医疗卫生

概　述 ……**2105**
第一章　医疗机构与设备 ……**2105**
第一节　医疗机构 ……2105
第二节　医疗设备 ……2109
第二章　医疗技术 ……**2110**
第一节　中医医疗技术 ……2110
第二节　西医医疗技术 ……2112
第三章　疾病预防与控制 ……**2118**
第一节　重点传染病防控 ……2118
第二节　慢性病防控 ……2121
第三节　针对性疾病控制 ……2121
第四节　预防性监测 ……2122
第四章　妇幼保健 ……**2123**
第一节　妇女保健 ……2123
第二节　儿童保健 ……2128
第五章　爱国卫生 ……**2130**
第一节　爱国卫生月活动 ……2130
第二节　改水改厕 ……2131
第三节　健康教育 ……2132
第四节　卫生单位、卫生城市创建 ……2133
第五节　病媒生物预防控制 ……2135
第六章　卫生体制改革 ……**2136**
第一节　医疗体制改革 ……2136
第二节　卫生管理体制改革 ……2136
第三节　医疗卫生监管体制改革 ……2138
第四节　医疗制度改革 ……2138
第七章　卫生管理与医疗服务 ……**2139**
第一节　管理机构 ……2139
第二节　医政管理 ……2140
第三节　医疗卫生服务 ……2144

第六十三篇　体　育

概　述 ……**2149**
第一章　体育运动 ……**2149**
第一节　全民健身 ……2149
第二节　职工体育 ……2151

第三节　农民体育……2153
第四节　老年人体育……2153
第五节　竞技体育……2154
第二章　学校体育……2158
第一节　体育教学……2158
第二节　体育教学师资……2160
第三节　学生体育达标……2160
第四节　学生运动会……2161
第三章　体育设施与体育管理……2164
第一节　体育设施建设……2164
第二节　体育产业发展与管理……2165
第三节　体育经费……2166
第四节　管理机构与体育组织……2166

第六十四篇　文化艺术

概　述……2171
第一章　群众文化……2172
第一节　文化（艺术）馆（站）……2172
第二节　专业文艺队伍……2173
第三节　文化活动……2173
第四节　对外文化交流……2176
第二章　文　学……2176
第一节　文学团体……2176
第二节　文学创作……2177
第三章　艺　术……2179
第一节　美术书法……2179
第二节　戏　剧……2182
第三节　曲　艺……2184
第四节　摄　影……2185
第五节　其他艺术……2186
第四章　电影　图书……2187
第一节　电　影……2187
第二节　图　书……2187
第五章　文　物……2190
第一节　管理机构……2190
第二节　文物保护单位……2190
第三节　考古发掘……2192
第四节　馆藏文物……2193
第六章　非物质文化遗产……2194
第一节　国家级非物质文化遗产……2194

第二节　省级非物质文化遗产 ……2194
第三节　市级非物质文化遗产 ……2195
第七章　文化产业 ……2195
第一节　产业发展 ……2195
第二节　产业分布 ……2197
第八章　报　刊 ……2197
第一节　报　纸 ……2197
第二节　刊　物 ……2198
第九章　文化体制改革与文化市场管理 ……2200
第一节　文化体制改革 ……2200
第二节　图书报刊市场管理 ……2200
第三节　印刷业管理 ……2201
第四节　扫黄打非 ……2201
第五节　音像制品、软件、广电市场管理 ……2202
第六节　文化娱乐场所管理 ……2203
第七节　文化管理机构 ……2203

第六十五篇　史志　档案　谱牒

第一章　党史工作 ……2207
第一节　党史征编 ……2207
第二节　党史宣传教育 ……2213
第三节　党史联络工作 ……2214
第二章　地方志 ……2215
第一节　工作机构 ……2215
第二节　市、县两级综合志书 ……2216
第三节　年鉴编修 ……2217
第四节　部门志、专业志编修 ……2218
第三章　文　史 ……2218
第一节　市政协文史资料征编 ……2218
第二节　各县（市、区）政协文史资料征编 ……2220
第四章　档　案 ……2224
第一节　综合档案馆建设 ……2224
第二节　社会档案管理 ……2228
第三节　档案法制与宣传教育 ……2232
第四节　机　构 ……2234
第五章　谱　牒 ……2234
第一节　公私收藏 ……2235
第二节　种类、内容和特征 ……2238
第三节　研究与利用 ……2239

第六十六篇　民间习俗

概　述 ……………………………………………………………………………………………2259
第一章　经济民俗 ……………………………………………………………………………………2259
　第一节　种植习俗 …………………………………………………………………………………2259
　第二节　养　殖 ……………………………………………………………………………………2261
　第三节　造林护林 …………………………………………………………………………………2262
　第四节　匠　工 ……………………………………………………………………………………2263
　第五节　工矿习俗 …………………………………………………………………………………2265
　第六节　商　贾 ……………………………………………………………………………………2266
　第七节　出　行 ……………………………………………………………………………………2268
　第八节　借贷与典当 ………………………………………………………………………………2269
第二章　社会民俗 ……………………………………………………………………………………2270
　第一节　婚　姻 ……………………………………………………………………………………2270
　第二节　生　育 ……………………………………………………………………………………2273
　第三节　建　筑 ……………………………………………………………………………………2275
　第四节　民间医药 …………………………………………………………………………………2276
　第五节　饮　食 ……………………………………………………………………………………2277
　第六节　服饰头饰与首饰 …………………………………………………………………………2279
　第七节　节日与节气 ………………………………………………………………………………2280
　第八节　寿　庆 ……………………………………………………………………………………2282
　第九节　交　往 ……………………………………………………………………………………2283
　第十节　丧葬与祭祀 ………………………………………………………………………………2284
第三章　信仰民俗 ……………………………………………………………………………………2286
　第一节　佛教、道教与伊斯兰教 …………………………………………………………………2286
　第二节　天主教与基督教 …………………………………………………………………………2286
　第三节　巫　教 ……………………………………………………………………………………2287
　第四节　神祇信仰 …………………………………………………………………………………2287
第四章　游艺民俗 ……………………………………………………………………………………2287
　第一节　民间体育 …………………………………………………………………………………2287
　第二节　民间音乐舞蹈戏曲与器乐 ………………………………………………………………2290
　第三节　民间美术与文学 …………………………………………………………………………2291

第六十七篇　县（市、区）概况

第一章　娄星区 ………………………………………………………………………………………2295
　第一节　自然环境 …………………………………………………………………………………2295
　第二节　历史文化 …………………………………………………………………………………2295
　第三节　基础建设 …………………………………………………………………………………2297
　第四节　经济发展 …………………………………………………………………………………2297
　第五节　社会事业 …………………………………………………………………………………2300

第六节　居民生活 ……2301
第二章　冷水江市 ……2302
第一节　自然环境 ……2302
第二节　历史文化 ……2303
第三节　基础建设 ……2304
第四节　经济发展 ……2306
第五节　社会事业 ……2309
第六节　居民生活 ……2311
第三章　涟源市 ……2312
第一节　自然环境 ……2312
第二节　历史文化 ……2313
第三节　基础建设 ……2314
第四节　经济发展 ……2316
第五节　社会事业 ……2319
第六节　居民生活 ……2320
第四章　双峰县 ……2322
第一节　自然环境 ……2322
第二节　历史文化 ……2323
第三节　基础建设 ……2324
第四节　经济发展 ……2326
第五节　社会事业 ……2328
第六节　居民生活 ……2330
第五章　新化县 ……2331
第一节　自然环境 ……2332
第二节　历史文化 ……2332
第三节　基础建设 ……2333
第四节　经济发展 ……2335
第五节　社会事业 ……2337
第六节　居民生活 ……2338

人　物

概　述 ……2341
一、人物传 ……2341
刘旺宗 ……2341
蔡　博 ……2341
袁　朴 ……2342
石　虹 ……2342
陈正湘 ……2343
王钢强 ……2343
李聚奎 ……2344

陈佑甫 ……2345
吴银尧 ……2345
杨卓辉 ……2345
杨树青 ……2345
曾厚熙 ……2346
萧赞育 ……2346
谢冰莹 ……2346
王憨山 ……2347
曾景初 ……2348
欧阳谦叔 ……2348
曾肯成 ……2349
傅国钦 ……2349
李　浑 ……2349
李临庄 ……2350
姜云清 ……2350
雷旭廷 ……2351
李月辉 ……2351
谭静宇 ……2352
杨玉声 ……2352
邬惕予 ……2353
刘耕陶 ……2353
胡岳培 ……2354
李　普 ……2354
曾彩初 ……2355
平吉奎 ……2355
梁志仁 ……2356
颜家龙 ……2356
萧育轩 ……2357
杨建一 ……2357
谢　牛 ……2357
魏先来 ……2358
李　顺 ……2358
陈玉琛 ……2358
刘　筠 ……2359
曾苏民 ……2360
彭立珊 ……2360
罗绍志 ……2361
朱继峰 ……2361
郑太红 ……2362
石海澄 ……2362
二、前志补遗 ……2363

萧启江 ……2363
刘岳昭 ……2363
杜　俞 ……2363
黄宗宪 ……2364
蔡林蒸 ……2364
李道宗 ……2365
曾华湘 ……2365
王则鸣 ……2366
陈海清 ……2366
谭国辅 ……2367
李　中 ……2367
曾震五 ……2368
李云龙 ……2369
罗　云 ……2369
罗驭雄 ……2370
三、人物名录 ……2371
（一）全国党代表娄底市名录 ……2371
（二）全国人大代表娄底市名录 ……2371
（三）娄底市籍两院院士名录 ……2372
（四）1990—2017年娄底市全国劳动模范和先进工作者名录 ……2373
（五）1990—2017年娄底市省部级劳动模范和先进工作者名录 ……2374

附　录

梅山文化 ……2389
梅山文化源流 ……2389
梅山文化的特征与载体 ……2391
梅山文化研究 ……2403
重要文献 ……2408

索　引

主题索引 ……2419
人名索引 ……2441
表格索引 ……2443

后　记

第五十四篇

城乡建设

概 述

1990年，娄底地区利用本地优势，实施重点乡镇、特色乡镇建设。城区面积40平方千米，城市人口21万人，自来水厂5座，日供水能力15.7万吨，供水率84.7%。城市道路106.2千米，面积124.3万平方米，人均2.85平方米。下水道78.2千米，防洪堤7千米，路灯2242盏，桥梁24座。娄底中心城区建成区面积16.5平方千米。新建道路14条，其中主干道5条，次干道6条，支路3条，总长18.9千米，面积29.35万平方米。人工管道煤气供应量1230万立方米／年，服务人口7.2万人，普及率47.4%。娄底市为全省第一个使用管道煤气的县级城市。

1992年，地委、行署下发《关于加快城镇建设的20条意见》，提出全面规划、正确指导、依靠群众、自力更生、因地制宜、逐步建设的方针，确立节约用地，优化环境，具有地方特色，与当地居民生活水平相适应的原则，加快推进城镇建设。年内村镇建设投资3.31亿元，11个建制镇进入全省经济强镇。1993—1998年，5县（市）城区建成面积63.45平方千米，道路总长393千米，面积322.22万平方米，人均6.88平方米。中心城区乐坪街被评为全省首批样板街之一。全地区城市住宅竣工面积698万平方米，人均13.7平方米。村镇建设投入资金44.79亿元，农村人均居住面积16.4平方米。

1999年，全市有建制镇53个、乡28个。县（市）城区建成区面积99.84平方千米。乡镇建设规划纳入市级管理。中心城区完成道路、公园、城市生活垃圾填埋场、污水处理厂建设投资17.28亿元。村镇建设投入7亿元。2000年，市政府出台《关于进一步加快小城镇建设发展的若干意见》，市人大常委会审议通过《关于加强娄底市中心城区城市规划、建设、管理的决定》。城市建设走上快车道。2002年11月，市委决定实施中心城区“扩容提质、北扩南移、不求最大，但求最美”的城建发展战略，同时推进县（市）城区建设，扶持小城镇，提升城市品位，构建以中心城区为中心，以县、市城区为节点，以中心城镇为依托的城镇化发展格局。至2002年底，政府投资12.41亿元（其中市本级投入8.56亿元），用于供、排水设施改扩建和城区道路提质改造。全市建成城区道路411.2千米，面积547.4万平方米。建成桥梁64座，排水管道350.4千米，排水管网密度4.76千米／平方千米，人均道路面积7.95平方米，人均绿地4.96平方米，自来水普及率85.5%，燃气普及率61.8%。安装路灯2.29万盏，全市城镇建成区面积97平方千米，其中中心城区42平方千米。

2003年，全市城乡建设坚持以“人的城镇化”为核心，对外加快融城步伐，主动对接大长沙，使之成为长株潭城市群副中心；对内树立中心城区区域“龙头”地位，着力打造娄底、涟源、双峰主板块，冷水江、新化副板块，以周边卫星镇为支点的湘中城市群。改造“城中村”，将村民有序转为市民。2006年，小城镇基础建设投入12.88亿元，完成基础设施建设项目240多个。其中建成自来水厂58座，自来水普及率85%，主要街道硬化率、亮化率100%，35%建制镇建有生活垃圾填埋场。

2010年，市委、市政府《关于加速推进新型城镇化建设的意见》出台，从发展路径、空间布局、土地供给、产业培育、资金筹措等制定发展目标和扶持政策，构建娄涟双（娄底、涟源、双峰）、冷新（冷水江、新化）两个融城板块。2011年，全市城镇基础设施建设项目1708个，投资33.4亿元，完成水、电、路、通信、农贸市场和乡镇农村生活垃圾处理等配套基础设施建设。2012年8月，《湖南省推进新型城镇化实施纲要（2012—2020）》把娄底、涟源、双峰城镇群建设纳入该规划，为娄底城镇化建设带来新的机遇。2014年，市政府制定《娄底市推进新型城镇化实施方案（2014—2020）》，实施融入长株潭城市群和长江中游城市群融入“一带一路”倡议，将娄底打造为“带”和“路”上的重要节点城市，推进娄涟双和冷新两个城镇带建设一体化进程，构建中心城区（人口规模在50万人以上）、县市城区（人口规模20万~35万人）、中心镇（人口规模在2万人以上）、一般集镇（人口规模在2万人以下）四级同步推进的城镇化发展格局，实现中心城区、县市城区、中小城镇之间有机布局，融合成长，共赢发展。2016年，市政府推行绿色制造，推广绿色建筑设计和施工技术、装配式建筑技术、绿色建材。2016—2017年，全市启动小城镇基础设施建设项目333个，完成投资12.09亿元。

至2017年底，全市城乡规划、公共服务、产业布局、市场建设、城乡统筹、道路交通、电力通信、供水排水、污水垃圾治理等基础设施建设同步推进。城镇常住人口206.42万人。城镇化率47.3%。有国家级重点镇8个，省级新型城镇化试点镇2个，省级中心镇6个，省级特色镇12个，国家特色景观旅游名镇1个，省级历史文化名镇2个。城市道路总里程1048千米，桥梁27座，地下人行通道8条，供水管网1453千米，自来水普及率100%，天然气储能48万立方米。城区用气居民18.2万户。建成城市污水处理厂8座，乡镇污水处理厂5座，垃圾无害化处理设施6处，无害化处理率98.3%。生活垃圾集中统一治理的村1745个，占全部建置村的95%。建成各类公园绿地、广场34个。城市绿化面积4839.96公顷，绿化覆盖率38.1%。各县（市、区）防洪工程基本完成。城市基础设施建设显著改善，综合承载力明显增强。全市城镇人均住房面积45.1平方米。农村人均居住面积72.1平方米。中心城区建成区面积49.8平方千米，常住人口61.68万人。

第一章　新型城镇化建设

2008年，市委、市政府贯彻中央、省委关于新型城镇化建设战略决策，实施新型城镇化建设，确立以人的城镇化为核心，以农民就地城镇化为重点，树立创新、协调、绿色、开放、共享的新发展理念，走以人为本、城乡统筹、集约高效、生态文明、文化传承、可持续发展的新型城镇化道路，创建全国资源型城市转型发展示范城市，大长沙拓展区，沪昆高铁经济带重要支点城市，湖南中西部交通枢纽城市，山水相融、宜居宜业、富饶、美丽、健康、祥和的新娄底。是年10月，市委、市政府成立市新型城市化工作领导小组，市委书记任顾问，市长任组长。各县（市、区）和建制镇均成立相应机构，形成市、县、乡三级联动工作机制。

2010年10月，市委、市政府制定《娄底市“十二五”城镇化建设规划》，11月出台《关于加速推进新型城镇化建设的意见》，从发展路径、空间布局、土地供给、产业培育、资金筹措提出发展目标，制定扶持政策，构建娄底新型城镇群，促进娄涟双（娄底、涟源、双峰）、冷新（冷水江、新化）两个融城板块发展，使之职能结构、规模等级结构更趋合理，集聚经济、人口能力显著增强，特色化和竞争力明显提升，辐射带动作用更加突出，服务功能日益强化。是年起，推动公共财政向农村倾斜，公共设施向农村延伸，公共服务向农村覆盖，实现城乡发展一体化，城乡服务均等化。

2012年8月，省政府编制《湖南省推进新型城镇化实施纲要（2012—2020）》，把娄底、涟源、双峰城镇群建设纳入该规划，为娄底城镇化建设带来新的机遇。2013年7月，市委四届四次全委（扩大）会议通过《中共娄底市委关于实施融城战略推进可持续发展的决议（草案）》，将娄底市建成湘中地区中心城市、区域性交通枢纽城市、湖南省新型能源原材料基地、全国资源型城市转型发展示范城市。对内积极推进中心城市、县级城市、区域中心镇和特色小镇协调发展，推进娄—涟—双、冷—新城镇带统筹开发建设，承接产业转移，完善城镇带功能，壮大城镇带实力。2014年，市政府制定《娄底市推进新型城镇化实施方案（2014—2020）》，推进娄涟双和冷新两个城镇带建设一体化进程。规划到2020年，市中心城区常住人口55万人，新化县城区常住人口35万人，冷水江市区常住人口24万人，涟源市和双峰县城区常住人口均为20万人，镇区人口在5万人以上建制镇1个，镇区人口3万~5万人建制镇16个，镇区人口1万~3万人建制镇33个。镇区人口在1万人以下的5个，构建四级同步推进的城镇化发展格局，实现中心城区、县市城区、中小城镇之间有机布局，融合成长，共赢发展。

2017年，市政府制定《娄底市“十三五”新型城镇化建设规划（2016—2020）》，编制城市东扩、对接大长沙和环水府庙区域总体规划，明确新型城镇化目标管理考核指标体系，将新型城镇化工作主要指标作为各县（市、区）政府和市直相关部门年度绩效考核内容。各县（市、区）建立相应考核机制，强化目标管理，确保新型城镇化工作有序推进。是年，市政府落实《湖南省城市双修四年行动计划（2017—2020）》，启动城市生态修复。加强城乡规划管控，调整规划审批机制，市规划委员会实行票决制。严格整治违法建设，先后完成中心城区海绵城市规划、中心城区城市消防规划和中心城区加油站、加气站、电动汽车充电基础设施专项规划、中心城区综合管廊规划等编制工作。完成娄底经开区总体规划修编及融城规划、玉泉湾生态产业园规划、《娄底市“生态修复城市修补”专项规划》《高速公路沿线特色小镇发展整体规划（2017—2025）》。全市城市常住人口2010年156.4万人，城镇化率35%。2017年185.4万人，城镇化率47.3%。

第一节　资源环境建设

2008年，市政府推进生态文明保护体系建设，大力发展循环经济，严守资源消耗上限、环境质量底线和生态保护红线。全市推进产、城融合，通过省“135”工程、市“623”工程建设，对标准厂房、基础设施与公共平台建设提质，改善园区软硬环境，提升园区承载力，为“娄底制造”产业发展夯实基础。

2012年10月，市政府实施《绿化娄底四年（2012—2015）行动计划》和《娄底中心城区社区人居环境整治四年（2012—2015）行动方案》，统筹优化城镇绿地系统布局，推进垂直绿化、屋顶绿化和江河湖岸绿化，抓好植物园、湿地公园等各类公园建设，加强铁路、公路等绿色通道建设和城郊森林生态圈建设，投入造林绿化资金7.5亿元，造林3.22万公顷，其中“四边一区”（路边、水边、城边、村边，景区）绿化投入2.52亿元。加大古树名木保护力度，搞好用材林、经济林等商品林建设。是年，市人大常委会作出决定，每年正月初八为全市绿化植树日，开展“联村建绿”活动。全市县城以上城镇建成区绿地率达到35%，人均公园绿地面积9.56平方米，旧城区人均公园绿地面积6.5平方米，均超出国家和省的要求。全市森林覆盖率50.2%，中心城区空气质量优良率87.7%。市委、市政府贯彻习近平“绿水青山就是金山银山”的思想理念，启动“天蓝、水净、地绿”三年行动计划，实施环境保护重点工程项目39个，总投资45亿元，控制污染物排放总量、管控污染源、保护与治理重点区域环境。全市70个乡镇污水处理设施全覆盖。

2016年，市政府贯彻落实“中国制造2025”和《工业绿色发展规划（2016—2020）》，全面推行绿色制造，引导建筑领域建筑节能与绿色建筑，推广绿色建筑设计和施工技术、装配式建筑技术、绿色建材。双峰县总投资1000万元的城市生活垃圾水泥窑协同处理项目建成投产，年处理生活垃圾5万吨。娄星区、娄底经济技术开发区农村生活垃圾纳入城市垃圾处理范围。全市试行“户分类、村收集、镇转运、县处理”的农村生活垃圾治理模式，推进生活垃圾集中无害化处理。70个乡镇、1835个建制村全面启动垃圾治理工作，1638个村完成垃圾治理工作任务，覆盖率89%。地表水质均达到Ⅲ类以上。是年，上报省住建厅需整治黑臭水体18处，其中市本级6处、县（市）12处。中心城区完成长青片区黑臭水体盖板涵治理、娄星广场黑臭水体整治，完成投资1200万元。2017年，治理市中心城区黑臭水体7处。至年底，完成整治6处，总投资1.45亿元，完成任务的85.7%。建成杨市、荷叶、茅塘、三塘铺、梓门桥5个重点建制镇污水处理厂。其中，杨市镇污水处理厂采用人工湿地处理工艺，设计规模0.5万吨／日，排水口水质达到一级B类标准。茅塘镇污水处理厂采用人工快渗处理工艺，设计规模0.3

万吨/日，总投资2827万元，排水口水质达到一级B类标准。荷叶镇污水处理厂采用兼氧FMBR膜处理工艺，设计规模0.1万吨/日，完成投资1300万元，排水口水质达到一级A类标准。三塘铺镇污水处理厂采用人工快渗处理工艺，设计规模0.3万吨/日，总投资2500万元。梓门桥镇污水处理厂采用生物处理工艺，设计规模0.1万吨/日。中心城区启动污水处理升级改造，新建城区严格实施雨污分流，老城区逐步实施雨污分流改造。市中心城区污水处理率100%，县市城区污水处理率91%。计划2019年底前全市城镇排水口水质由"一级B"全部提升到"一级A"。全市建成垃圾中转站59个，全市城镇生活垃圾无害化处理率达到98.8%，达到并超过国家2020年新型城镇化评估验收的主要指标标准。

2017年，以湘江流域污染防治"一号工程"为总揽，全市全面推行河长制，推进孙水河保护立法，划定生态保护红线。推进锡矿山地区环境综合治理，启动砷固废资源化无害化工程技术中心建设。完成450个村的环境综合整治，6个工业园区废水处理设施建设，淘汰黄标车7525辆。推进区域碳排放零增长创建活动，完成碳普查和碳规划。中心城区空气质量优良率87.1%。地表水质、6个江河交界考核断面水质以及3个"水十条"国家考核断面水质，达标率均为100%。

第二节　"城中村"改造

2009年7月，市政府对市中心城区中的28个"城中村"开展改造调查，调查涉及1594户，常住人口6029人，占地面积约155.46万平方米，总建筑面积47万平方米。2011年12月，启动娄星区长青办事处扶青居委会三板组"城中村"改造试点。2012年10月，制定出台《娄底市中心城区"城中村"改造工作方案》，投资约4000万元，启动对市中心城区17个城乡接合部和89个弃管小区改造工作，涉及人口3.92万人，引导、扶助"城中村"村民有序融入城市，逐步向市民转变。到2017年，"城中村"改造工作持续推进。

第三节　基础设施建设

2011—2015年，全市每年安排新型城镇化引导资金2000多万元。城市建设维护费、市政公用设施配套费、政策性支出后的土地收益金，全部用于城镇市政公用设施建设，并采取BT、BOT、TOT模式加快建设，完成城市基础设施投资433亿元，其中中心城区262.5亿元，县、市、乡镇170.5亿元。2015年，城镇人均道路面积10.35平方米，用水普及率95.3%，燃气普及率91.5%，人均公园绿地8.85平方米，生活垃圾无害化处理率100%，污水处理率89%，超过规划目标0.54个百分点。小城镇基础设施建设完成投资33.4亿元。房地产开发建设完成投资470亿元，保障性住房建设完成投资195亿元。

2014—2017年，市中心城区和县（市）城区重点建设项目2500个，完成投资1500亿元。市中心城区实施环线工程、孙水河大桥、生活垃圾填埋场三库区扩建、城区道路提质改造（PPP项目）等重点建设350项，完成投资980亿元。涟源市实施娄底大道涟源段、梅亭东路沿河风光带、天然气管网工程等重点建设510项，完成投资150亿元。冷水江市以S312公路沿线城镇带建设为主线，实施众园路、人民路、天然气管网和常山公园配套设施等重点建设330项，完成投资100亿元。新化县实施污水处理厂二期、天然气工程、北塔综合公园、文化中心、华夏和美国际广场、江湾国际小区、资江两岸景观等重点建设800项，完成投资200亿元。双峰县实施曾国藩文化公园、曾国藩广场、八本街安置小区、龙廷学府、湄水河东防洪堤综合治理和城区道路畅通工程等重点建设510项，完成投资70亿元。全市小城镇基础设施建设项目1209个，完成投资35.57亿元。其中伏口镇环西路、农贸市场开发建设，完成投资6500余万元。杨市镇完成供水工程和污水处理厂投资5400万元。桥头河镇完成观澜桥、桥桂路建设和桥南路改造投资4300余万元。茅塘镇完成镇区道路"白改黑"、亮化、美化和污水处理厂建设，投资

5000余万元。斗笠山镇完成农贸市场二期开发和城区道路改造、亮化工程投资5000万元。洋溪镇完成高铁站广场配套设施建设投资1500万元。荷叶镇完成风貌改造投资1200万元。一批关乎民生的村镇道路、农贸市场、污水处理厂、自来水厂等重点项目竣工投产。全市小城镇逐步形成以高速公路为龙头、干线公路为骨架、农村公路为血脉的辐射全市的公路网络。各县（市、区）都有高速公路通过，27个乡镇有高速公路互通，实现村村通公路。中心城区到主要乡镇之间有二级以上公路连通，与各县（市、区）之间的时空距离缩短到1小时以内。娄底大道完成投资22亿元。2017年底，市委、市政府在中心城区运用PPP模式，打通城市断头路，城区道路提质改造。城乡公交实现一体化，城镇综合交通体系进一步完善。

第四节　产业结构调整

2012年，市委、市政府实施《工业倍增发展四年（2012—2015）行动计划》《服务业发展四年（2012—2015）行动计划》，完成工业技改投资257.39亿元，比2011年增长18.6%。新增注册资金200万元以下的小微企业4259户。全市新建农贸市场32个，生鲜超市120个，新建湘中国际物流园、湖南诚通现代物流园、娄商广场、国康食品药品物流中心、新农村流通网络等工商项目40个，为农民进城新增就业岗位2.8万个。高新技术产业增速达到全部规模工业增速的两倍。电子商务等一批新技术、新业态、新模式呈强劲发展势头。

2012—2013年，全市为农民提供技能培训补贴19.6万人次，转移农村富余劳动力87.62万人进城就业。2013年，全市土地流转2.6万公顷，推动农业规模经营，年耕种土地2公顷以上、年出栏生猪500头以上的种养大户分别为2500户、1640户，省级以上农业产业化龙头企业27家。2014年，钢铁、煤炭、水泥等传统高耗能企业占规模工业比重同比下降1.5个百分点。服务业比重提升。一、二、三产业结构由2013年的14.6：54.1：31.4转变为14.7：48.4：36.9，第三产业占GDP比重同比提高2.9个百分点，成为拉动经济增长的主动力。全市园区标准厂房开工178.6万平方米，竣工93.5万平方米，引进企业171家，投资增长25.1%，技工贸总收入增长15.3%。园区综合排名从全省第10跃升到第5。

2017年，全市696个重大项目完成投资720亿元，超年度计划15%。新开工、竣工项目同比分别增长12%和16%，居全省前列。启动电将军新能源、VAMA高新汽车板再制造及配送等一批重大产业项目200多个，其中社会事业、生态环境治理民生领域项目占比40%以上。投资结构持续优化，基础设施、生态环境、高新技术产业、战略性新兴产业、工业技改重点领域投资持续增长，同比分别增长29%、37%、22%、26%和23%。着力推进供给侧结构性改革，建立健全“1+7+X”供给侧结构性改革制度体系，“三去一降一补”（去产能、去库存、去杠杆，降成本，补短板）重点任务扎实推进，劳动力、资本、土地、技术、制度5大生产要素配置持续优化。

第五节　智慧型城市建设

2014年12月，全市以信息化、智能化助推新型城镇化，推广应用物联网、云计算、大数据等信息技术，实施智慧城市建设计划。2016年6月，市政府编制出台《智慧娄底规划（2016—2020）》和《智慧娄底建设五年行动计划》，启动“智慧娄底”建设，打造娄底“政务云”“产业云”和无线城市，实现优政、兴业、惠民的目标。8月，市政府与浪潮集团就“智慧娄底”建设进行洽谈并签订战略合作框架协议。浪潮集团规划投资5亿元，建设云计算中心和大数据创新中心，成立企业智慧联盟，全面参与娄底智慧城市建设，带动大众创业、万众创新，推动全市信息化全面快速发展。2017年，互联网+政务服务、智慧城管、社会治理网格化等11个“政务云”项目开始建设，累计投资2.3亿元。

第六节　基本公共服务

2015年11月，市政府印发《关于进一步推进户籍制度改革的实施意见》，取消农业人口与非农业人口区分，统一登记为居民户口，放宽中心城区、县（市）城镇落户条件，农业转移人口及其他常住人口享有城镇户口同等的基本公共服务。随迁子女享有平等教育权利，进城落户农民接入城镇社会保障体系。建立覆盖城乡社会养老服务体系，促进基本养老服务均等化。完善以低保制度为核心的社会救助体系，推进城乡社会救助统筹发展。落户城镇农民符合住房保障条件的纳入城镇住房保障体系。农村居民医保参保率90%，城镇居民医保和养老保险参与率分别达到95%、100%。发展现代职业教育和技能培训，全面提供政府补贴职业技能培训，推进职业技能实训基地建设。实行校企合作、产教融合、企教融合。完善基本公共服务供给机制，合理划分各级政府基本公共服务供给事权和支出责任。执行省对市、县财政转移支付制度，逐步建立财政转移支付同农业转移人口市民化挂钩机制。2015—2017年，全市新建并分配保障性住房1.57万多套，发放廉租住房租赁补贴5.18万多户。

第二章　中心城区建设

第一节　道路建设与管养

一、道路建设

（一）地面道路

1990年，娄底中心城区建成区面积6平方千米，新建道路14条，其中主干道5条、次干道6条、支路3条，总长18.9千米，总面积29.35万平方米。1991—1994年，道路建设投资重点放在农村，城区建设处于停滞状态。除完成道路配套（乐坪街三块板建设、涟滨街加宽）和维护保养外，中心城区未新建道路。1995—1998年，新建月塘街、娄星北路、钢城路、新星北路等城市主、次干道20条，总长19千米，面积52.13万平方米。1999年撤地设市后，中心城区市政建设加快。2000年，氐星路南北连通，双向8车道。2002年始，市委、市政府实施“北扩南移、扩容提质”城建战略。湘阳街、丹阳路、扶青路、新星南路等14条城市主干道开工建设。2003年5月，娄底经济技术开发区成立，启动城北片区建设。2004年，14条城市主干道建设完成，总长18.9千米，面积51.92万平方米。2005年，新建新坪街、凤阳街、群乐街等12条道路，总长12.4千米，面积20.97万平方米。2006年，投资18.27亿元，完成石玉街、大汉路、太和路、长青街、金谷路、新科街等8条道路建设，总长9千米，面积11.86万平方米。2007—2008年，完成青山街、湘中大道西线、早元街等主、次干道及支路9条道路建设，总长6.6千米，面积63.69万平方米。2009—2010年，完成群乐街、甘桂路（现金星路）、吉星路、娄底大道等7条主、次干道建设，总长17千米，面积63.69万平方米。2011年，建成大汉路、洪冠街、西坪路等11条主干道路，总长15.2千米，面积27.28万平方米。2012年，完成沿河路、早元街、环府路等27条主、次干道修建，总长14.3千米，面积14.81万平方米。2013—2015年，完成百宝街、万宝大道等28条道路修建，总长37.9千米，面积139.16万平方米。2016年，完成勤丰北路、迎春路、娄星南路等25条主、次干道修建，总长37千米，面积93.18万平方米。2017年，完成秋浦街、永新街、内环线等16条道路修建，总长29千米，面积79.69万平方米。至2017年，中心城区建成区49.8平方千米，道路188条。其中主干道84条、次干道54条、街巷支路50条，总长230.98千米，行车面积657.96万平方米。

（二）地下人行通道与隧道

新星路中兴市场地下人行通道　东起中兴市场新星南路出入口，西至农业银行办公楼旁，为一字形地下通道，长44米，宽5.5米，高3米。项目总投资980万元，2004年12月建成投入使用。

娄星南路娄底二中地下人行通道 西起娄底二中出入口，东至桃李苑小区，为“一”字形地下通道，主通道长30.7米，宽8米，高2.85米。通道出入口设置自行车滑道及残疾人专用通道，2009年11月建成投入使用。

万豪广场地下人行通道 南起南贸西街新城电影院，北至娄底就业局，东西通万豪商业广场，主体长199.4米，宽67.2米，结构主体深5.8~9.3米，建筑面积1.1万平方米。三江万豪房地产开发有限公司投资4600万元，2010年12月开工，2011年10月建成投入使用。

长青路娄底三中、三小地下人行通道 位于三中、三小与市中心医院之间，主通道总长30米，宽8米，高3米，通道入口设置自行车滑道，总投资929万元，2011年10月建成投入使用。

乐坪西街华达地下人行通道 位于乐坪西街华达机械厂与娄底四中之间，主通道总长56.2米，宽5.1米，东边出口段梯道长16.48米，宽3.6米，梯道坡度1：2.2，出口段坡道44.52米，宽1.8米。总投资1830万元，2013年9月建成投入使用。

高铁南站前广场地下通道 长60米，宽20米，总投资900万元，2013年12月建成投入使用。

乐坪大道与春园路口地下人行通道 位于春园步行街钻石街至娄底一小路口，通道呈“工”字形，垂直于乐坪大道，主通道长48.2米，宽8.1米，高2.95米，出入口长38.9米，总投资905万元，2014年9月建成投入使用。

静安街地下人行通道 位于娄星南路与万宝大道交叉口，通道长50米，宽6米，高2.95米，总投资700万元，2014年6月建成投入使用。

娄星南路公路隧道 位于娄星南路最南段，双孔双向，左线长496米，右线长498米，两线宽均为13.5米，内为蓝天白云彩绘装饰，总投资1.54亿元，2013年6月开工建设，2017年12月投入使用。

（三）长青街地下商城（场）

该工程是2009年8月立项，2010年10月开工建设。东起长青路步步高广场，西至市新华书店，南起氐星路春园步行街出入口，北至清泉广场地下，东西与南北长1230米，宽24米，工程用地面积3.39万平方米，沿道路两厢共设置出入口29个。人流集中的清泉广场等主要出入口安装电梯，其余为直通式出入口，形成与周边道路和商场相接，地上和地下互通。总投资1.6亿元，2011年12月竣工投入使用。

二、道路管养

1990年，娄底市市政维护管理处管养市政主、次干道14条，总长18.93千米，其中沥青砼路面14.11千米，面积21万平方米，水泥砼路面1.6千米，面积1.23万平方米，钢渣路0.68千米，面积1万平方米，泥结碎石路面2.54千米，面积2.87万平方米，道路完好率80%，年维护费用56.7万元。1991—1993年，投入97万元，对破损道路、排水等市政设施进行维修养护。1994年，市政府加大市政设施维修管养投入，维修油路2.66万平方米，砂石路面1.12万平方米，更换人行道板1.5万块、路缘石700块、水沟盖板600块，疏通雨水管1.4万米、污水管1.15万米、明沟1.11万米，修理检查井8座，清淤1.4万立方米。市政设施完好率98%以上。1995年，对城区道路全面填坑补槽和平整修补，维修油路2.14万平方米、砂石路面0.17万平方米、人行道2.85万平方米，消除隙地杂草1.1万平方米，疏通下水管道2.43万米，清运淤泥垃圾0.85万立方米，检修检查井57座，排水系统完好率100%，维护投资120万元。

1996年，中心城区实行路长制，修补油路4.2万平方米、砂石路面2万平方米、人行道3万平方米，更换人行道板0.8万平方米，清运淤泥垃圾0.75万立方米，疏通下水道26千米，完成维护投资120万元。1997—1999年，投资450万元，对城区道路进行多次较大规模的维修。维修破损路面4.74万平方米、人行道7.8万平方米，更换人行道板3.5万平方米，更换维修泄水井（坑）180座，校正更换路缘石1450米，清运淤泥垃圾0.58万立方米，平整路基2.9万平方米。月均清疏下水道28千米、明沟8千米，清运淤泥垃圾0.87万立方米。

2000年，道路维修面积491.7万平方米、人行道74.8万平方米，修补市区油路1.93万平方米，清理疏通明沟、下水道30多千米，清运淤泥垃圾0.5万立方米，完成投资160万元。2001年，全面开展市容市貌综合整治，维护城区道路100多万平方米，人行道70万平方米，修补破损油路3万平方米，维修和更换人行道板3000多平方米，清理疏通明沟、下水道30多千米，更换各类检查井盖板50多块。2002—2007年，投资7420万元，完成乐坪西街、湘阳西街等9条小街小巷改造，大面积维修长青东街等7条主要道路，对长青中街、新星中路铁路桥下涵道、湘中大道转盘、银海广场及新星南路大科中学段主车道进行大修及排水改造，维修破损、老化沥青路面1.15万平方米，人行道6.15万平方米，路缘石2.14万米，清理雨水井口7760座/次，检查井1050座，维修龟裂路面2.65万平方米。引进高强光纤维盖板生产技术，解决因井盖被盗而产生的安全隐患。维修广场砖、花岗岩人行道板1100多平方米，路缘石3500多米，更换下水井盖（座）1810套、高强钢纤维井盖（座）140多套，开挖处理破损路面1.45万平方米，浇筑混凝土路面3.9万平方米，检修彩板人行道1.54万平方米，广场砖、花岗岩人行道9500平方米，为消除“拉链马路”，市政维护管理处购置非开挖设备，先后5次非开挖顶管施工，非开挖长度200多米，对城区180多千米公共下水道坚持每月疏通清洗一次，清理淤泥杂物1500吨。2008年初，娄底城区遭遇严重冰灾，市政维护部门出动4000余人次，撒盐300余吨、河沙500余吨，铺放麻袋、草包1万多个，调派工程机械、车辆320多台次，确保城区道路、桥涵等市政设施安全运行。配合省级园林城市复检，市政维护管理处对市乡镇企业局至市检察院下水道和桃浦街转盘西侧下水道、希望大厦火车站广场、清泉广场前排水沟及人行道改造，对新科街广场道路、涟滨西街大修，维修加固城区桥梁，更换春檀路全部盖板涵，完成投资1600余万元。是年，维修破损沥青路面1.2万多平方米、水泥路面2800平方米，检修彩板人行道1万多平方米，花岗岩、广场砖人行道2000多平方米，校正、维修和更换路缘石1万多米，增设雨水口40座，补换各类井盖（座）250多套，更换高强钢纤维井盖（座）100多套，疏通城区130多千米公共下水道。

2009—2011年，市政府投资4853万元，改造月塘广场、希望大厦、月塘街、扶青南路、湘中大道、新星路、娄星北路、娄星南路、关家脑广场及洞新东门交叉路口道路，改扩建西贸街、月塘东街、秀石街，校正路缘石3.33万米，处理路面坑洞1.98万平方米，维修彩板人行道4.64平方米、花岗岩人行道板1.39万平方米、广场砖人行道板5488平方米，清理疏通泄水井、雨水井1.14万余处，更换井（座）盖3069处，维修沥青路面2.87万平方米、C25混凝土路面2.2万平方米、铣刨沥青路面1.2万平方米，维修混凝土路面2万平方米，清理疏通雨水口7435座，更换检查井3069座，新建雨水口55座，开挖铺设水电气管1200米，地下穿管作业1100米，铺设广场砖人行道2488平方米，疏通下水道1.3万米，顶管作业350米，对娄底二中地下通道及中兴市场地下通道栏杆及防护网进行全面检修、养护。

2012年，市政府投资3440万元，对新星南路非机动车道及下水道、贤童街、乐花路、石马路、春园路、白塘路等人行道、无障碍设施、十字路口非机动车道路隔离带、东方豪苑市政主排水涵及娄星北路、长青东街、石马路下水道大修，维修沥青路面2.8万平方米，更换路缘石3400米，校正砼侧石1.85万米，校正麻侧石3000米，新铺装人行道透水砖1500平方米、人行道板维修彩板1.78万平方米、花岗岩7000平方米，路面软基处理6800立方米。投资1680万元，维修下水道1.4万米，更换检查井925套，清理雨水口、污水井6000座，增设雨水口、检查井23座，沥青路面勾缝1.4万米，沥青路面修补3600平方米。2013年，投入5375万元，完成新星北路、湘中大道等7条城市道路及排水设施大修改造工作，修补沥青路面10.08万平方米，维修、更换、改造人行道7.65万平方米，校正、维修、更换路缘石4.4万米，清理、更换、新增雨水口检查井1.84万座次，清理、疏通下水道14.87万米，拆除沥青砼路面2.34万平方米，挖运土方1.04万立方米，挖运渣石1.48万立方米，回填土方592.5立方米，浇筑砼路面7666.5平方米，铺筑水泥稳定碎石1.85万平方米，软基处理1.1万立方米，改造排水管2067米。

2014年，市政府投资4100万元，维修湘中大道、氐星路、新星路、长青街、乐坪街、娄星北路等20多条道路路面、人行道和路缘石，处理路面坑洞面积1.86多万平方米，维修各类人行道板3万平方米，修理、校正更换路缘石1.2万余米，疏通下水道10.26万米，清理疏通检查井、雨水井8000余座，更换井（座）盖1200余套，路基补强注浆3000吨。完成娄星北路、仙桥街、凤阳街人行道改造，娄星路（一大桥至湘阳街）、湘中大道、娄底大道等11条道路和人行道维护，完成吉星路、建设路路面大修3.7万平方米，路基注浆补强1300吨，月塘街非机动车道沥青路面铣刨和铺设5000平方米，铺设人行道透水砖7800平方米，路缘石安砌1000米。2015—2017年，排查、整治城区道路维修、管理死角，修补处理路面坑洞面积3.3万平方米，维修人行道板3.56万平方米，花岗岩板2.78万平方米，广场砖459平方米，校正更换路缘石9.93万米，疏通下水道8.16万米，清理疏通检查井、雨水井2.42万座，更换井盖5345套，对新接收的道路检查井安装防坠网1300余套，路基补强注浆7091吨，安砌树池锁边石2624米，对新科街、娄星南路、乐坪西街及扶青路进行大修改造，新建检查井3822座，新建雨水口2座，安装、改造窨井防坠网1010套，路基补强注浆8.04万平方米，维修沥青路面3.63万平方米，维修透水砖2.61万平方米，软基处理3429平方米，注浆3.87万平方米，累计投资9555万元。

三、破、占道路管理

1990年，娄底市根据省建委、省公安厅关于“凡需临时占用（挖掘）道路的单位和个人应当审批发证”的规定，审批占道申请85件，拆除违章建筑54个，清理乱占道路土地6起，处理擅自违规凿开临街门面21起，拆除不规范路边广告招牌200余块，铲除各类路障1300起，整顿临街建筑13个，清除道路乱堆乱放建筑材料60起。1993—1994年，严格破、占道路审批手续，审批占用道路12起、4060平方米，挖掘道路224平方米。1995年，城管市政中队并入市政维护管理处，组建路政监察管理队，实行专业化管理。1996—1999年，市建委贯彻国务院《城市道路管理条例》，发放宣传资料2000余份，查处破损道路设施案件35起，批准占、破道路申请38起，占道848平方米，破道6处，面积63平方米，清扫路障5次。

2000—2005年，路政管理部门出动300多人次，依法拆除临时和违法建筑240多处，清除路障110余处，制止和查处破损市政设施案件23起，抓获偷盗井盖板的4人，协助查处收购被盗井盖废品收购点1处，制止和处理阻挠市政建设施工违法行为10多起，协助公安部门清除路障8处，制止和处理阻挠市政建设施工不法事件16起，办理破、占道路审批手续130起。2006—2013年，办理破、占道路审批手续542起，清理、整顿违章占道行为15次，行政处罚2起，提起司法赔偿诉讼2起，查处违法挖掘道路292起。清理宏泰国际、东方豪苑等房地产售楼部违法占用道路行为，拆除违章建筑2处，制止和查处违章占道行为8起。2014—2017年，对施工项目实施跟踪管理，制止违法破、占道路行为37起，审批临时占道、挖掘道路许可193起。

第二节　桥梁建设与管养

一、桥梁建设

（一）跨河桥梁

娄底一大桥　位于娄星北路，跨越涟水河，全长165米，净宽8.5米，人行道宽2米，1973年12月动工，1975年10月竣工。因大桥承载力低、桥面窄，无法满足交通需要，2005年1月拆除，在原址建设新桥，2006年12月竣工。新桥为箱梁结构多孔桥，桥长230米，桥面宽32米，主桥长187米，共4跨，最大跨径73米，双向4车道，荷载等级汽车20吨，挂车120吨。2012年经检测定为D级桥。2016

年，投资966万元大修加固，定为A级桥。

大埠大桥　位于中心城区至湘乡石山冲娄湘公路上，跨越水府庙水库。桥长265米，宽12米。1991年9月开工，1992年12月竣工。荷载等级汽车20吨，挂车100吨，人群350千克／平方米。

江龙滩大桥　位于湘阳东街与娄湘公路接合部江龙滩，跨越涟水河。1998年11月开工，2000年10月竣工，总投资358万元。桥长115米，宽18米，设计荷载等级汽车20吨，挂车100吨，人群350千克／平方米。

娄底二大桥　又名梅子湾大桥，位于新星北路，跨涟水河，南起涟滨街，北至大汉路，简支T梁结构。桥长326米，桥面宽32米。主桥长175米，共5跨，最大跨径35米，双向6车道，荷载等级汽车超20吨，挂车120吨。1999年12月开工，2003年4月竣工。2012年，定为D级桥。2016年，投资693万元大修加固，定为A级桥。

桃子湾大桥　位于新星南路，跨孙水河，T梁结构，桥长223米，桥面宽40.5米。主桥长179.84米，共6跨，最大跨径30米，荷载等级汽车超20吨，挂车120吨。2000年8月开工建设，2002年12月竣工通车，总投资2020万元，定为B级桥。2011年9月，投资1507万元，对该桥全面改造，2013年5月竣工通车，定为B级桥。

吉星大桥　又称涟水河大桥，跨越湘黔铁路和涟水河，连接娄底主城区和娄底经济技术开发区，全长426米，宽31米，桥梁跨径5×44米，双向6车道，荷载等级汽车20吨，挂车120吨。2008年12月开工建设，2013年3月竣工，定为B级桥。

青山湾大桥　位于新星北路，跨碧溪河，T梁结构，桥长270米，桥面宽32.5米。主桥长240米，共8跨，最大跨径30米，设计荷载等级汽车超20吨，挂车120吨，总投资4566.38万元。2002年8月开工建设，2014年1月竣工，定为B级桥。

勤丰河桥　位于吉星北路，跨勤丰河，简支组合T梁搭配空心板，桥长82米，桥面宽28米。主桥长82米，共3跨，最大跨径25米，设计荷载等级为公路一级。2012年9月开工建设，2013年4月竣工通车。2014年12月拓宽改扩建，拓宽后桥长111.9米，桥面宽34米，共5跨，最大跨径25米，总投资1340万元，定为A级桥。

洪家洲大桥　位于涟钢厂区与洪家洲生活区之间涟水河上，简支T梁结构，桥长247米，桥面宽31.46米。主桥长239.92米，共8跨，最大跨径300米，荷载等级汽车20吨，挂车120吨。2013年12月开工建设，2015年1月竣工，总投资1748万元，定为B级桥。

雅塘中桥　位于高丰路，跨涟水河支流，梁式桥，桥长62米，桥面宽31.24米。主桥长40米，共2跨，最大跨径20米，荷载等级汽车超20吨，挂车120吨，总投资1179万元。2014年9月开工建设，2015年10月竣工，定为B级桥。

洄水湾大桥　位于娄涟公路，梁式桥，桥长87.24米，桥面宽15米。主桥长79.84米，共4跨，最大跨径19.96米，荷载等级汽车20吨，挂车120吨，总投资622万元。2015年7月开工建设，2016年6月竣工，定为B级桥。

富冲大桥　位于娄星南路孙水公园东头，跨孙水河，"Y"形墩预应力砼变截面连续钢构桥，桥长221米，桥面宽32米。主桥长160.5米，共5跨，最大跨径75米，设计荷载等级55吨，总投资7730万元。2009年9月开工建设，2015年12月竣工，定为B级桥。

秋蒲大桥　位于娄底经开区大埠桥办事处，跨涟水河。主桥长230米，宽33米，最大跨径100米。在建。

2006—2017年娄底市中心城区跨河桥梁一览表

表54-1

桥名	所在位置		长度（米）				宽度（米）			结构类型	荷载等级（吨）	竣工年份
	地址	河系	主桥	最大跨径	跨径组合（孔×米）	合计	车行道	人行道	桥宽合计			
一大桥	娄星路	涟水河	187.0	73	27+43.5+73+43.5	230	26.0	3×2	32.00	箱梁	汽—超20 挂—120	2006
大埠大桥	娄湘公路	涟水河	225.0	45	5×45+40	265	9.0	2×1.75	12.00	砼双曲拱	汽—20 挂—100	1992
江龙滩大桥	娄湘公路	涟水河	85.0	85	85	115.0	15.00	2×1.75	18.0	砼双曲拱	汽—20 挂—100	2010
二大桥	新星路	涟水河	175.0	35	535	326.0	26.00	3×2	32.0	简支 T梁	汽—超20 挂—120	2003
吉星大桥	吉星路	涟水河	426.0	31	5×44	426.0	25.00	3×2	31.0	—	汽—超20 挂—120	2013
桃子湾大桥	娄底大道	孙水河	179.8	30	29.92+4×30+29.92	223.0	31.50	4.5×2	40.5	T梁	汽—超20 挂—120	2013
青山湾大桥	新星北路	涟水河	240.0	30	8×30	270.0	26.50	3×2	32.5	T梁	汽—超20 挂—120	2014
勤丰河桥	吉星路	涟水河	81.4	25	3×25	81.4	22.50	2.75×2	28.0	简支组合T梁搭配空心板桥面连续	公路1级	在建
雅塘中桥	高丰路	高丰路	40.0	20	2×20	62.0	25.20	3×2	31.2	梁桥	汽—超20 挂—120	2015
洪家洲大桥	西环线	涟水河	239.9	30	29.96+6×30+29.96	247.0	25.46	3×2	31.5	T梁	汽—超20 挂—120	2015
洄水湾中桥	娄涟公路	娄涟公路	79.8	20	4×19.96	87.2	12.00	3	15.0	梁桥	—	2016
富冲大桥	娄星南路	孙水河	160.5	75	41.5+75+41.5+2×30	221.0	22.50	5	32.0	Y形墩预应力砼变截面连续钢构	—	2015
秋蒲大桥	大埠桥办事处	涟水河	230.0	100	60+100+60	230.0	29.00	2	33.0	变截面预应力砼连续箱梁	—	在建

（二）跨线（街）桥梁

关家脑桥　位于乐坪大道，跨原娄邵铁路，拱桥，桥长68.78米，桥面宽20米。主桥长48米，共7跨，最大跨径30米，双向4车道，设计荷载等级汽车20吨，挂车120吨。1982年8月开工建设，1983年1月竣工，1990年加固维修，定为B级桥。

娄星桥　位于娄星路，跨沪昆铁路，T梁结构，桥长100米，桥面宽19米。主桥长90米，共3跨，最大跨径30米，设计荷载等级汽车20吨，挂车120吨，双向4车道。1984年2月开工建设，12月竣工。2012年定为D级桥，2016年投资960万元大修加固，定为B级桥。

苗圃桥　位于小科街，T梁结构，桥长50米，桥面宽10.5米。主桥长39米，共3跨，最大跨径13米，设计荷载等级为汽车20吨，挂车120吨，总投资483万元。1992年1月开工建设，1993年竣工，定为D级桥，已不具备使用功能，2013年关停。

长青桥　位于长青西街，跨湘黔铁路，梁式桥，桥长70米。主桥长64米，桥面宽20米，共4跨，最大跨径16米，设计荷载等级汽车20吨，挂车120吨。1993年，湘黔铁路电气化改造，单线改双线，旧桥撤除，投资172万元建新桥。桥长70米，宽20米，双向6车道。是年11月开工建设，1994年7月建成通车，定为B级桥。

中兴立交桥　位于东贸街，箱梁结构，桥长180米，桥面宽20米。主桥长160米，共8跨，最大跨径20米，设计荷载等级汽车20吨，挂车120吨，总投资1260万元。2007年3月开工建设，2008年1月竣工，定为B级桥。

新星南路桥　位于新星南路，跨原娄邵铁路，梁式桥，桥长53.68米，桥面宽38.5米。主桥长30米，共1跨，最大跨径30米，双向6车道，设计荷载等级汽车20吨，挂车120吨。2002年8月开工建设，12月竣工。2012年定为D级桥，2017年投资300万元大修加固，定为B级桥。

高丰路沪昆铁路立交桥　跨沪昆铁路线，位于高丰路，梁式桥，桥长97米，桥面宽30米。主桥长85米，共3跨，最大跨径35米，设计荷载等级汽车20吨，挂车120吨。2014年1月开工建设，8月竣工，总投资1204万元，定为B级桥。

洪州路立交桥　位于娄涟公路，梁式桥，桥长102米，桥面宽24米。主桥长90米，共3跨，最大跨径40米，设计荷载等级汽车20吨，挂车120吨，总投资1283万元。2014年5月开工建设，2015年1月竣工，定为B级桥。

斗光中桥　位于高丰路，T梁结构，桥长91米，桥面宽33.66米。主桥长70米，共2跨，最大跨径35米，设计荷载等级汽车20吨，挂车120吨，总投资988万元。2015年8月开工建设，2016年4月竣工，定为B级桥。

娄涟大道跨新星北路立交桥　位于涟滨街道。主桥长88.08米，宽34米。设计荷载为城-A级（2018年竣工）。

1983—2018年娄底市中心城区跨线桥梁一览表

表54-2

桥名	地址	长度（米）				宽度（米）			结构类型	荷载等级（吨）	竣工年份
		主桥	最大跨径	跨径组合（孔×米）	合计	车行道	人行道	桥宽			
关家脑桥	乐坪街	48	30	3×3.02+30+3×3.02	68.8	14.0	3×2	20.0	拱桥	汽—超20 挂—120	1983
娄星桥	娄星路	90	30	3×30	100.0	13.0	3×2	19.0	T梁	汽—超20 挂—120	1984
苗圃桥	旱元公园	39	13	3×13	50.0	8.5	1×2	10.5	T梁	汽—超20 挂—120	1993
长青桥	长青街	64	16	4×16	70.0	14.0	3×2	20.0	梁桥	汽—超20 挂—120	1994
新星南路桥	新星南路	30	30	1×30	53.7	32.5	3×2	38.5	梁桥	汽—超20 挂—120	2002
中兴桥	东贸街	160	20	8×20	160.0	15.0	2.5	20.0	箱梁结构	汽—超20 挂—120	2008
南贸东街大桥	位于南贸东街	160	20	8×20	160.0	14.4	2.8×2	20.0	箱梁结构	汽—超20 挂—120	2008

续表54-2

桥名	地址	长度（米）				宽度（米）			结构类型	荷载等级（吨）	竣工年份
		主桥	最大跨径	跨径组合（孔×米）	合计	车行道	人行道	桥宽			
高丰路沪昆铁路立交桥	高丰路	85	35	25+35+25	97.0	24.0	3×2	30.0	梁桥	汽—超20 挂—120	2014
洪洲路立交桥	娄涟公路	90	40	25+40+25	102.0	24.0	0	24.0	梁桥	汽—超20 挂—120	2015
斗光中桥	高丰路	70	35	2×35	91.0	27.7	3×2	33.7	T梁	汽—超20 挂—120	2016
娄涟大道跨新星北路立交桥	涟滨办事处	88	25	1×16+2×25+1×16	82.0	29.0	2.5	34.0	采用预应力砼连续箱梁	城—A级	2018

二、桥梁维护与管养

1990—1999年，中心城区桥梁由县级娄底市市政工程处维护和管养，2000年始，由娄底市市政工程局负责。2009年7月，市政维护管理处编制《娄底市城市桥梁养护中长期规划》。2012年3月，出台《桥梁巡查管理制度》。2013年4月，制订《娄底市城市桥梁年度养护计划》。12月，市政府落实住建部《关于开展城市桥梁安全防护设施隐患排查整治工作的通知》、省住建厅《关于开展城市桥梁护栏升级改造专项工作的通知》，制定《市政桥涵防恐怖预案》。市住建局组织专家对城区桥全面检查，确定桥梁护栏升级改造方案。是年，按管辖范围分，市政维护管理处管养17座，涟钢集团管养5座，娄底经开区管养3座。2016年11月，市政维护管理处出台《桥梁治超工作方案》。2017年5月，出台《城区道路、桥梁、排水管抢险抢修保障计划》。各责任单位对所管辖桥梁管理和维护保养，每月对每座桥梁日常巡查一次，发现问题及时处置。日常巡查、处置情况记入巡查登记表，按月归档。分管负责人每月25日对巡查情况分析复查核实，提出评价意见，拟定维护方案。每年组织专业技术人员对桥梁状况进行一次年度大检查，确定下年度维护保养或大修计划。对重要部位定时保养维护，伸缩缝每月清理一次；桥端缝隙每季清理一次。橡胶带每年更换一次，基座每半年清扫养护一次，泄水孔每月冲洗一次。

第三节　地下管线建设

1990年始，中心城区通信、照明线路逐步由空架改为地埋，至2000年，地下管线错综交叉，下水道、供气管网、路灯、电缆、光缆和综合管沟等，均沿路网建设。2015年9月，市政府贯彻国务院办公厅《关于加强城市地下管线建设管理的指导意见》与住房和城乡建设部、工业和信息化部等五部委《关于开展城市地下管线普查工作的通知》，制定《娄底市中心城区城市地下管线普查工作方案》，启动中心城区地下管线普查。通过公开招标，湖南地球物理地球化学勘查院为管线普查中标单位，广东绘宇智能勘测科技有限公司为项目监理中标单位。当年10月动工，2017年12月竣工，查明地下管线总长2261.04千米，管线点总数11.51万个（其中明显点7.95万个、隐蔽点3.56万个）。2017年1月，市发展改革委下发《关于智慧娄底建设项目可行性研究报告的批复》，启动城区地下管线综合信息系统建设，将城区地下管线综合信息管理平台项目统一纳入智慧娄底建设项目范围PPP子项目。当年5月，完成智慧娄底建设项目招标，确定承建单位。8月，开工建设。

2017年娄底中心城区地下管线情况表

表54-3

管线类别	管线(千米)	管线点(个)	权属单位
雨 水	146.01	7736	市政维护管理处、万宝新区管委会和娄底经开区管委会分区域所有
污 水	88.36	3551	
雨污合流	2.72	82	
天然气	195.79	7441	娄底华润燃气公司
路灯	388.38	27882	市路灯管理处
交通信号	10.46	1387	市公安局交警支队
中国电信	360.46	16790	电信娄底分公司
中国联通	200.13	8400	联通娄底分公司
中国移动	262.95	11894	移动娄底分公司
有线电视	128.08	5258	湖南有线娄底网络有限公司
监控信号	298.04	17767	市公安局
电力通信	68.89	2718	国网娄底供电公司
雨水	88.42	3359	市军分区
综合管沟	22.37	851	多权属共沟

第四节　中心城区排水、排污、防洪工程建设

一、排水工程

1990年，娄底中心城区道路修到哪里，排水沟同时建到那里，多为明沟。1991—1995年，新建道路根据排水规划及道路设计，建雨水管14千米、污水管11.5千米，同时部分明沟改为暗沟。1995年，下水道总长27.26千米，排水系统完好率100%。1996—2003年，建成五江建材城片区、华达片区、城南片区主排水涵，新建下水道22.7千米。2004年，新建下水道50多千米，盖板涵、排水沟10千米。2005—2006年，建下水道130千米。2007—2011年，建下水道151.13千米。2012年，改造新星南路下水道、东方豪苑市政主排水涵及娄星北路、长青东街、石马路下水道，建排水管网253.9千米。2014年，中心城区排水管网总长358.13千米。其中，雨污合流管177.45千米，污水管66.34千米，雨水管88.29千米，盖板涵24.1千米。2017年，中心城区排水管网总长571.22千米，其中雨污合流管255.1千米，污水管148千米，雨水管168.1千米，盖板涵24.1千米。

二、排污工程

第一污水处理厂　位于娄星区花山办事处对江村，占地面积8.07公顷，分三期建设。2005年12月，第一期工程开工建设，2008年8月竣工，配套管网19.8千米，当年处理污水186万吨，纳污区域为乐坪街以北、金星路（原甘桂路）以东、涟滨街以南、吉星路以西及涟水河以北、涟钢、娄底经开区（规划内的污1~6区及10区）范围，服务面积28.28平方千米，服务人口26.4万人。该厂采用“氧化沟+UV（紫外线）消毒”工艺，稳定有效降解有机物及磷氮等污染物，灭杀水中病毒细菌。排放水质执行《国家城镇污水处理污染物排放标准》（GB18918—2002B），排入涟水河。按每天10×10^4立方米污水处理规模计算，每年可减少污水排放量5836.6吨、BOD排放量2920吨、SS排放量7226吨、NH3-N排放

量803吨、TP排放量91.2吨。2011—2017年，处理生活污水1.37亿吨，年均1957万吨；累计排泥量5.64亿吨，年均0.81亿吨，最高的2017年排泥量1.81亿吨。其间，首创进水COD平均每升369.57毫克，出水COD平均每升34.83毫克。2009—2016年，COD削减量4.72亿吨，年均0.59亿吨。2015—2016年，排泥量3.05亿吨；2017年，COD削减量6514吨，当年完成二期建设，新建污水管133.91千米，雨污合流管177.45千米，日处理能力10万吨。

第二污水处理厂　位于城南新区孙水河北岸，占地3.66公顷，设计日处理污水5万吨。第一期工程2010年7月开工，12月竣工。第二期工程2014年7月开工，12月竣工，2015年验收合格投入使用，日处理污水2.5万吨。主要处理乐坪大道以南的城南新区、娄星经济园区、万宝组团、百亩组团（规划排污7区、8区、12区）的生活污水。纳污面积27.75平方千米，服务人口25.23万人。该厂采用改良型氧化沟+UV（紫外线）消毒工艺，污水经处理后达到国家一级B类排放标准，排入孙水河。按每天5.1×10^4立方米污水处理规模计算，每年可减少排放量CODcr2918.3吨、BOD1460吨、SS3613吨、NH3-N401.5吨、TP45.6吨。

三、防洪工程

涟水、孙水穿城而过，洪涝灾害常有发生。1990年前修建的防洪排涝设施，抗洪能力分别为3~5年一遇、10年一遇（P=10%）、20年一遇（P=5%）、50年一遇（P=2%）。按上述防洪设计能力，预计城区洪水淹没面积分别达13.2平方千米、15.4平方千米、17.2平方千米，淹没固定资产分别达12.4亿元、18.5亿元、22.5亿元，淹没水深分别达2.5～5.4米、3.2～6.1米、3.8～7.0米，受灾人口分别达2.3万人、8.9万人、15.9万人，直接经济损失分别达1.14亿元、4.45亿元、7.98亿元，不足以有效防御特大洪灾。

1995年，娄底市委、市政府责成相关部门对涟水、孙水河系及城区地形和历年水灾调查分析，作出防洪工程建设规划。1999年3月，地区水利水电局委托省水利水电勘测设计研究院和地区水利水电勘测设计院共同完成《娄底市城市防洪工程规划报告》。6月，完成《娄底市城市防洪工程可行性研究报告》，城区划分为城北、城中两个保护区，总堤长11.6千米。

2000年12月，涟水河道治理堤防工程第一期工程防洪工程开工建设，2001年7月竣工。防洪堤位于涟钢大桥至下游450米，长450米，堤顶宽1米，浆砌石挡土墙，防洪标准50年一遇。总投资362.35万元，其中国家投资300万元。

2002年10月，市水利水电勘测设计院编制完成《涟水河、孙水河娄底城区段综合治理开发工程可行性研究报告》，将城区划分为城北、城中、城南3个保护圈，总堤长40.8千米。其中，城北保护圈19.3千米，由两段堤组成，第一段从涟水北岸涟钢大桥起，沿涟水经涟钢二桥、香冲路、娄底大桥、梅子湾、勤丰河口至高车坳自然山头，堤长10.7千米；第二段从勤丰河北岸沙田自然山头起至勤丰河口，再沿涟水北岸经陈家台、家祠里、下高山、泉塘湾至和家桥，堤长8.6千米。城中保护圈17.5千米，由两段堤组成，第一段从涟水南岸新屋起，沿涟水经磷肥厂、娄底大桥、青龙潭、天王寺、皂角坑、对江、大塘湾至孙水河口自然山头，堤长13.4千米；第二段从孙水河北岸桃子湾大桥起，经落花洲、朱家湾、富公亭、小湾里至石埠大桥止，堤长4.1千米。城南保护圈4千米，从孙水河北岸桃子湾大桥起，经落花洲、朱家湾、富公亭、小湾里，至石埠大桥止。2004年1月，《湖南省山丘区城市防洪工程项目建议书》，将娄底城区防洪工程列入省防洪规划范围。

2006年，涟钢北大桥至涟钢大桥段堤防工程开工建设，2008年建成，位于涟水河北岸涟钢北大桥至涟钢大桥之间，总投资2900万元，长1.45千米，对应娄底市城市防洪规划桩号0+000～1+450，属华菱涟源钢铁有限公司自建防洪堤，浆砌块石重力式挡土墙，防洪标准50年一遇。

2007年4月，龙泉花园至桃子湾大桥段堤防工程开工，2009年6月竣工，位于孙水河北岸，全长2.1千米，均质土堤，桩号1+900～4+000，工程由市城投集团建设。防洪标准50年一遇，投资4260万元。6月，亚行贷款防洪工程开工，2012年6月竣工，位于涟水河南岸一大桥至三大桥，长4.4千米，为浆砌石+均质土堤，堤顶宽度3.5～10米，堤顶高程99.36～101.16米，防洪标准50年一遇。完成土方85万立方米、浆砌石5万立方米、钢筋制安1000吨。项目总投资6200万元，其中亚行贷款资金3322万元。

龙泉花园至桃子湾大桥段堤防工程
（2013年6月摄）

梅子湾大桥下游天王寺拦河坝防洪工程
（2013年5月摄）

2009年，天王寺拦河坝防洪工程开工建设，2012年竣工，位于梅子湾大桥下游620米处。该坝轴线长130米，其中溢流为防洪、蓄水坝长120米，坝顶高程90.5米，门顶高程94米布置15扇水力自控翻木门。坝分挡水墙与支撑杆。洪水来时，缩短支撑杆，降低挡水墙。枯水季节，伸长支撑杆，抬高挡水墙，起到蓄水作用。坝体灵活，可随时升降。该工程由市水利水电勘测设计院设计，市水利水电工程建设有限责任公司施工，投资743.48万元。

2011年4月，涟水河堤防工程开工，2013年3月竣工。河堤位于涟水河南岸铁路桥至月塘街，长1.1千米，均质土堤。堤顶宽6米，高程99.86～100.21米，防洪标准50年一遇。完成土方15万立方米。总投资1300万元，其中亚行贷款资金1000万元。

涟水河道治理堤防工程第二期工程
（2006年4月摄）

2012年4月，娄星南路富冲大桥至桃子湾大桥堤防工程开工，2015年完工，堤长1.47千米，均质土堤桩号3+000～4+465。工程由市城投集团负责建设。防洪标准50年一遇，总投资6270万元，其中亚行贷款项目资金1000万元。2012年12月，涟水河道治理堤防工程第二期工程开工建设，2005年12月竣工。河堤位于涟水河北岸一大桥至梅子湾段，对应桩号为2+840～5+059，均质土堤，长2.22千米，穿堤自流涵闸3座，净宽3米。防洪标准50年一遇，总投资1607.79万元，其中国家投资1220万元。

2013年3月，涟水北岸城区堤防工程开工建设，2016年12月完工，位于涟水河北岸梅子湾至袁家湾，桩号为0+000～0+800，长800米，为砼埋块石+均质土堤，防洪标准50年一遇。完成土方4万立方米，浆砌石3000立方米，混凝土埋块石5500立方米。总投资1100万元，其中国家投资800万元。

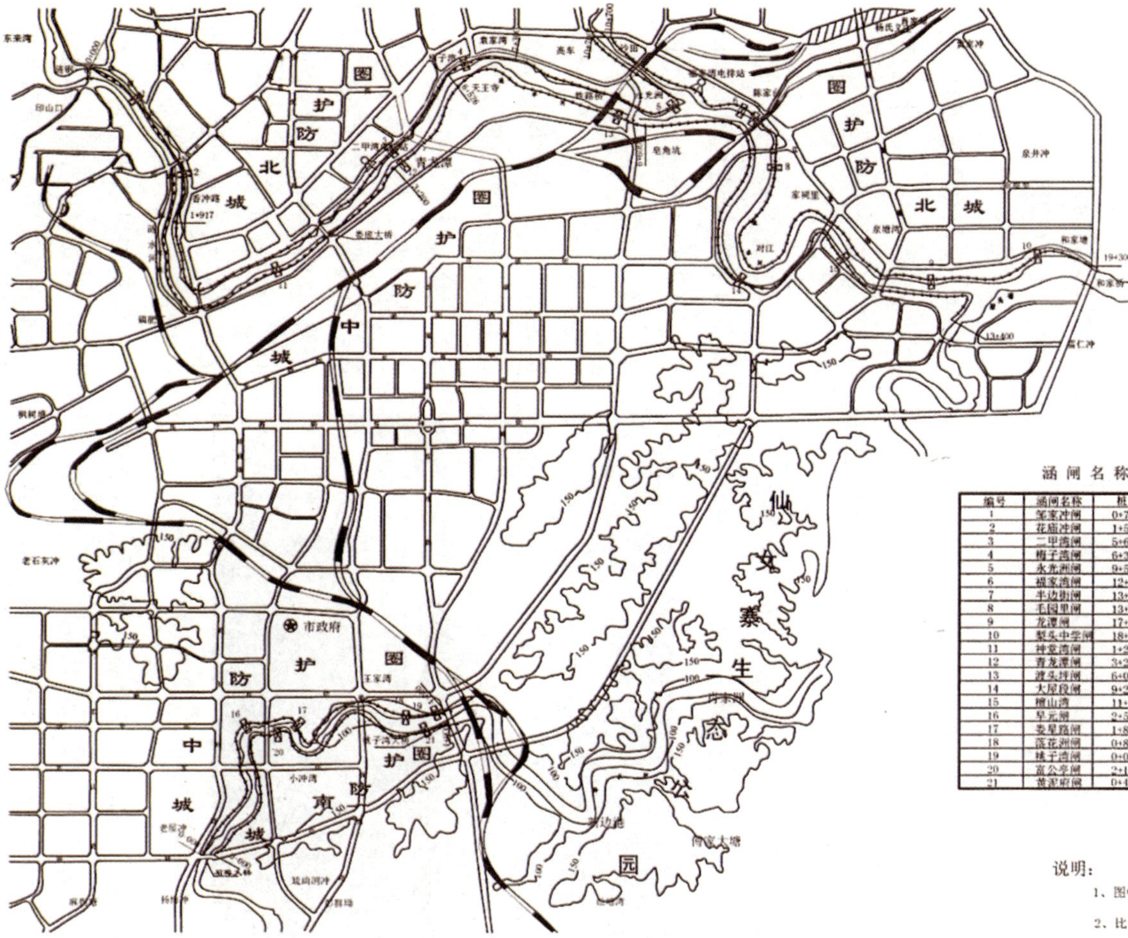

工程主要特性表

序号	项目	单位	数量	备注
一	基本情况			
1	城区面积			
	已建城区面积	km^2	36.0	
	规划城区面积（近期）	km^2	42.0	设计水平年2010年
2	城区人口			
	城区现有总人口	万人	27.82	2000年统计数
	规划总人口（近期）	万人	40	设计水平年2010年
二	水文			
1	设计洪水流量			
	p=2%	m^3/s	2760	涟水娄底水文站
2	设计洪水位			
	p=2%	m	103.64	涟水娄底水文站
三	设计标准			
1	规划水平年			
	近期		2010年	
	远期		2020年	
2	防洪标准			
	近期	%		50年一遇
	远期	%		100年一遇
3	治涝标准	年	10	重现期
四	工程规划			
1	防洪工程			
1）	防洪保护圈	个	3	
	保护圈总堤长	km	40.8	
2）	新修堤防	km	40.8	
	其中：土石混合堤	km	5.891	
	土堤	km	34.909	
3）	新建涵闸	座	21	
4）	新建电排站	处/kw	2/1385	
5）	护岸	km	40.8	
6）	抛石护脚	km	16.684	
五	主要工程量			
	土方开挖	m^3	1091722	
	土方填筑	m^3	3792700	
	浆砌石	m^3	194708	
	砼及钢筋砼	m^3	99936	
	砂卵石垫层	m^3	93815	
	抛石	m^3	182013	
	草皮护坡	m^2	1063788	
	占地	亩	1592.2	
	拆迁房屋	m^2	48133	
六	经济指标			
	总工期	月	34	
	总投资	万元	38749.62	
	经济内部收益率	%	14.6	
	经济净现值	万元	8890	
	经济效益费用比		1.27	

涵闸名称

编号	涵闸名称	桩号
1	笼家冲闸	0+761
2	花庙冲闸	1+550
3	二甲湾闸	5+600
4	梅子湾闸	6+300
5	永光洲闸	9+500
6	褪家湾闸	12+682
7	半边街闸	13+000
8	毛园里闸	13+400
9	龙潭闸	17+100
10	犁头中学闸	18+400
11	神堂湾闸	1+200
12	青龙潭闸	3+200
13	渡头坪闸	6+000
14	大屋段闸	9+200
15	檀山湾	11+100
16	早元闸	2+500
17	娄星路闸	1+800
18	落花洲闸	0+850
19	辣子湾闸	0+050
20	富公亭闸	2+100
21	黄泥府闸	0+400

图例

符号	名称
⊛	市政府
	已建桥梁
	未建桥梁
	铁路
	土堤
	河流
	街道
	土石混合堤
⊠	涵闸
	电排站

说明：

1、图中高程采用黄海系统，单位以mit；

2、比例尺：0 500 1000 1500

水利部 湖南省 水利水电勘测设计研究院				
批准			娄底市城市防洪工程	可研 设计 水工 部分
核定				
审查			工程总体布置示意图	
校核				
制图				
描图	CAD		比例 见图	日期 2004.8
勘测证书等级	甲级		图号	HND/720K-04-01

2017年娄底中心城区防洪工程总体布置示意图

第五节 公用事业建设

一、供水设施建设与管理

（一）自来水厂

第一水厂　位于湘中大道与娄星南路交会处、孙水河富冲大桥上游方向，占地面积4.93公顷，其中净化场4.65公顷，取水泵房0.31公顷，水源系湘江二级支流孙水河。该厂始建于1980年。1990年9月投资586.6万元扩建，1991年5月供水，日供水能力6万立方米。1992年，一泵房3口屏刀闸开关100A改为150A，老排泥桁车压力泵启动改为真空泵启动。2001年9月，投资2642万元，进行新一轮改扩建，2004年10月完工。改造后日供水能力8万立方米。2012年3月，投资1524.99万元，新建10万平方米无人值守的一泵房，新建沉淀池4万立方米，2013年8月竣工运营，日供水能力10万立方米。水厂主要构筑物有提升泵房、反应沉淀池、加药车间、二级泵房、高低压配电等。水厂V形滤池采用法国得利满技术，反冲洗全部采用自动化控制。制水工艺流程：原水→泵房（加压）→反应池（加矾、加氯）→沉淀池→滤池（加氯）→清水池→二泵房（加压）→管网。

第二水厂　位于湘乡市棋梓镇大富、杉山两村交界处的大石山。取水口设在水府庙水库西岸大坡山下，设计规模日供水20万立方米。1992年11月破土动工，1999年7月，一期工程供水。2012年，投资1746.81万元，启动水厂提质改造工程，新建10万立方米／日精细格栅池1座、生物反应池1座、鼓风机房1座及部分工艺管道改造，2014年11月竣工投产。采用生物处理工艺，对原水进行生物预氧化处理，原水氨氮得到有效降解，出厂水质达到国家《生活饮用水标准》（GB5749—2006）要求。2015年，第二期工程完成规划设计，未开工。

第三水厂　位于娄星区杉山镇对家村牯牛山，水源取自双江水库。2013年开始设计，2017年3月完成可行性研究、水资源论证、环评、施工图设计、报批及工程招标等全部手续，设计规模9万立方米／日，其中一期建设规模3万立方米／日，计划投资1.82亿元，2017年11月开工建设。

（二）自来水管网

1991年，第一水厂扩建后，从水厂一泵房至关家脑新安装直径600毫米铸铁输水管3600米，铺设涟水河过河管直径472毫米铸铁输水管280米，乐坪西街直径400毫米铸铁管输水管190米，新星北路、文艺路直径400毫米铸管1250米，沿河街直径300毫米铸管1300米，投资152万元。涟邵矿务局、火车站、煤炭一处、地区人民医院等单位及老街居民均用上自来水，供水普及率95%。1998年，第二水厂配套建设直径1200毫米主管14千米。2001年，供水水源及供水设施改扩建，育才路、扶青北路、白塘路、新星南路、华达等地管道同时扩建、延伸、改造，安装管道2.49万米。2003年8月，老城区供水管网改造，2006年8月完成一期工程，改造管道35.83千米，总投资3200万元。2004年4月，涟钢周边碧溪、涟滨两村892户村民，由涟钢转供水改为自来水公司直供水。2007年4月，铺设碧溪、涟滨两村骡子坳至高溪社区直径300毫米、直径200毫米主水管4600米，9月投入使用。2008年，供水管网东至火车东站、南至武警支队、西至高溪社区、北至潇湘学院。2005—2014年，对娄底经开区一、二工业园及万宝新区、娄星区工业产业园进行供水配套建设，投资1.2亿

娄底市第一水厂三号沉淀池（2013年10月摄）

元，铺设迎春路、吉星路、太和路、新坪路、大石山路、仙女街等20多条道路直径200～600毫米供水管网70千米，城区供水范围扩大至娄涟公路以北、孙水河以南、大石山路以西、迎春路以东区域。2014年，启动四期改造工程，对湘阳街、娄涟公路延伸、湘中大道、高丰路环线、众园路环线、甘桂南路、吉星路、丹阳路、西环线9条道路供水管网进行改造，投资8000多万元，铺设直径300～1200毫米供水管49千米。

2015—2017年，市水业公司与娄星区政府合作，推进城乡供水一体化，年投资1500万元，供水管网向乡村延伸，铺设大埠桥9个、万宝镇6个、百亩乡9个、杉山镇4个村组的主管道，安装直径150～300毫米管道16千米。其间，对涟钢生产、生活区供水，推进两个PPP项目配套消火栓工程及供水管网新建改造工程，安装消火栓153座，铺设管道9千米，完成涟钢生活区内直径200～500毫米市政供水管改造10千米。为实现集中供水城乡一体化，至2017年底，在东至湘乡棋梓镇7个村组，西至娄星区高溪村西门，北至长韶娄高速公路娄底收费站，南至双峰县洪山殿镇鲤鱼塘的广大区域内，安装直径150～1200毫米市政供水主管300多千米，消火栓379座，总供水区域160多平方千米，其中中心城区60平方千米，形成覆盖中心城区及郊区环状供水网络，供水抄表14万多户，服务人口55万人，城市生产生活集中供水率100%，水质综合合格率99%以上。

（三）自来水管理

水质检测　1990—2001年，市自来水公司相继购置各种精密检测设备仪器70多台（套），具备生活饮用水65项、地表水48项、污水32项、生活饮用水氯化铝10项检测能力。2002年10月，水质通过省质量技术监督局计量认证，2007年通过复查认证。2009年，市建设局授权市自来水公司负责全市给排水水质监测。2013年12月，经省技术监督资质认证评审，市自来水公司获得向社会出具法律效力公正数据的资质。公司实行制水班、水厂化验室、水质监测站三级检测制，保障水质安全。制水班检验项目：原水、沉淀池出水浑浊度指标，每班1次；出厂水余氯、浑浊度、pH值3项指标，每小时1次。水厂化验室检验项目：原水浑浊度、色度、臭和味、肉眼可见物、COD（管网末梢点）、氨氮、细菌总数、总大肠菌群、耐热大肠菌群9项指标，除浑浊度每天2次外，其余每天1次。沉淀池出水浑浊度、出厂水pH值2项指标，每天2次。水质监测站检验项目：原水按《地表水环境质量标准》检验基本项目和补充项目共29项，每月1次；出厂水按《生活饮用水卫生标准》中35项水质常规指标和7项非常规指标共42项指标，每月1次；管网水的浑浊度、色度、臭和味、余氯、细菌总数、总大肠菌群、COD7项指标，每周1次；出厂水按《生活饮用水卫生标准》中非常规指标，每半年1次（外检）。新铺设管道严格使用合格标准材，安装完工后，进行浸泡、消毒、试压、冲洗，经检测合格后投入营运。2003年11月，水质监测站查出第一水厂水质氨氧超标，并查出污染出自上游的惠福化肥厂废水排放，化肥厂依法关闭。2004年，市政府制定《娄底市供水用水管理办法》，严格按照国家饮用水卫生标准，进一步完善三级管理和检测制度，水质合格率99%以上。2005年，第二水厂取水口网箱养鱼全部依法取缔。2006年初，市政府依法取缔水厂水域内严重影响水厂水质挖砂船。2017年，第一水厂取水源头上移。

服务和维修　1990—2003年，娄底水业公司建立完善服务管理体系。2004年6月成立营销中心，设立对外服务大厅。10月，在桑塘街设立城北服务部。2005年6月，在城北农贸市场设立城西服务部。2005年底，公司建立局域网。2006年3月，与邮政公司合作设立40个水费代收网点。2007年8月，建立语音短信服务平台，向用户发布供水信息、催缴水费，方便用户查询、反馈信息。同时，成立供水生产计算机调度中心，调度水厂生产，监控管网压力，及时发现和处理供水故障。2008年1—2月，娄底出现持续低温冰冻天气，市区内冻裂水表3.17万块，冻裂直径40毫米以下水管39万米，冻裂直径40～150毫米支管383处，冻裂分水栓4397个，冻裂主管21处，冻裂消火栓11个，中心城区大面积停水。娄底水业公司全力以赴抢修，在大年夜之前全体居民正常用水。2010年起，先后建立方便快捷的营业大厅缴费、邮政代收、银行代扣代缴、AT米机收费、微信缴费、手机银行缴费、电信翼支付等多种渠道收、缴费方式。2011年5月，推出供水“110”24小时抢修限时服务，开通24小时供水热线服务，出警及时率100%，维修及时率100%。

2013年4月，实施《城市供水行业2010年技术进步发展规划及2020年远景目标》，开始数字水务平台建设筹备。2014年6月，城市高楼二次供水设施——城北加压泵站建成。城区二次供水小区66个2.02万户，涟钢二次供水小区36个2.39万户。是年2月，与上海敢创科技有限公司合作，采用C／S+B／S+米／S相结合开发模式，以WebGIS系统为中心，建立信息管理智能管理新模式，将GIS系统、SCADA系统、管网模型、优化决策支持系统、客户服务及管网运行管理业务信息发布到WebGIS平台。2015年1月，完成机房、视频监控系统、调度大厅装修及大屏幕、热线服务系统建设。2016年，完成第一批30个压力点安装及调试、管网物探200千米、水表普查7万多块，完成优化调度系统、短信平台建设。2017年完成涟水河以南管网物探510千米，实行微信、支付宝代收水费。每年为7000余名低保户减免水费100余万元。

水表检测　1990年，经质量技术监督部门依法授权，市水业公司在一水厂内建立娄底市水表鉴定站。依照国家计量法规定，水表安装前实行强制检测，保障水表计量值准确可靠。结算水表首轮强检率100%，周检客户满意度99%。至2017年，检定装置完好率100%。

企业生产、生活供水分离改造　2014—2015年，完成电力、移动、电信、烟草、监狱、大理石厂等单位生产、生活供水分离改造。2016年5月，市水业公司与湖南华菱涟钢集团有限公司签订《湖南华菱涟钢集团有限公司生产、生活区供水分离移交工程协议》，完成涟钢生活区直供户及转供户和周边农村散户供水改造，铺设管道37.7万米，改造市政主管道8千米。2017年10月底，共14个小区3.54万户与企业分离供水。

二、燃气设施建设与管理

（一）气源建设

1986年，娄底中心城区利用涟钢焦化煤气开通管道煤气。1990年，市区管道煤气用户1.3万户。1991年，娄底市花山办事处居民成武隆在涟滨乡民福村开办全区第一家液化气站。1992年，市区新增煤气用户1.02万户，总用气人口7.2万人，燃气普及率47.4%。1993年，涟邵焦化厂在骡子坳新建一座2组66型焦炉，日产气12万立方米，除自用外，日剩余6万立方米。1994年12月，建成3万立方米储气柜，1995年6月投入使用，新增储配能力6万立方米／日，新增供气4万户。1999年2月，涟滨乡民福村液化气站取得省建设委员会颁发的城市燃气企业资质证书。该站占地8000平方米，储罐容积137立方米，年供气能力3000吨。1999年，刘义华在铁合金厂内建设第二家液化气储配站——城西气站。

2004年6月，中石化娄底分公司投资500万元，在双峰县太平寺镇建设储量500立方米液化气充装站，面向娄底城区和双峰县供气。2005年，气站整体搬迁至娄星区百亩乡双林村，异地重建，占地5000平方米，储气能力100立方米，年供气能力2000吨。

2007年7月，中石油娄底销售分公司投资1000万元，在湘阳东街建设娄底市第一座压缩天然气（CNG）汽车加气站，占地5000平方米，储气井4座，水容积12个，日供气2万立方米。2008年，市政府投资2300万元建设空混气工程，4月动工，12月竣工送气，增加6万户供气能力。因液化石油气价格持续暴涨，燃气公司空混气经营严重亏损。为降低成本，又将空混气改回焦炉煤气。2009年3月开工，6月完工送气。2010年8月，市区第二座天然气汽车加气站——吉星路加气站（民营）建成投产，占地2600平方米，储气井4座，水容积12个。

2012年12月，湘潭—娄底—邵阳天然气长途输气管道建成投产。2015年3月，娄底中心城区管道天然气工程启动，11月竣工验收，是月启动中心城区天然气置换。2016年10月，中心城区11万余户居民、203家商业用户，全部安全置换天然气，告别焦炉煤气使用历史。

2017年1月，娄底华润燃气公司接收涟钢内部自供的1.7万多煤气用户。11月，娄底华润燃气有限公司与市住房城乡建设局签订《娄底城区部分区域管道燃气特许经营权协议》，娄底经开区用户用上管道天然气。是年冬，因天然气供应紧张，娄底管道天然气陷入气荒，日供气缺口7万～8万立方米，紧急购置气化气和高价气弥补，不久恢复正常供应。2017年底，中心城区天然气管道燃气居民用户15万多户，年销气量近3000万立方米。

（二）管网建设

1986—1990年，娄底市为全省首家使用管道煤气县级城市，铺设中压煤气管道5千米，低压煤气管道4.5千米。1991—2011年，市区铺设管网中压管58.8千米，低压管272.5千米。2012年，从湘乡市棋梓桥镇接上湘娄邵天然气管网，在娄底经开区建立分输站再与城区管网连接。至2017年，中心城区管网遍布各居民小区。

（三）供气管理

1990年，市煤气公司负责市区管道燃气建设与管理。1995年8月，市燃气管理办公室（简称燃气办）成立，归口市建设委员会管理。1997年，市燃气办对市区液化气经营网点清理整顿和规范。1998年，按照建设部有关燃气企业资格审查标准，对辖区内液化气经营企业气源场地、运输、储存、营销、安全使用、管理制度、气站设备、设施资质全面审查考核，发给符合条件企业“湖南省城市燃气企业资质证书”，规范城区液化气经营秩序。是年8月，市煤气公司更名为市燃气总公司。

1999年地改市后，市燃气总公司由市建设局接管，由事业单位改为企业，独立核算、自负盈亏。2003年3月，市建设局印发《娄底市燃气管理办公室工作职责》。9月，市政府制定《娄底市燃气管理办法》。

2004年3月，市燃气总公司改制，所有在册员工实行身份置换和经济补偿。公司资产通过公开挂牌竞价转让80%的股份，北京新华联燃气有限公司摘牌，与市国有资产监督管理委员会签订合资合作协议。2006年3月，娄底市新华联燃气有限公司挂牌成立。9月，市政府授权市建设局与新华联燃气有限公司签订娄底市管道燃气特许经营协议，期限30年（2006年3月2日至2036年3月1日）。2008年，美国AEI投资公司在中国收购北京新华联燃气有限公司，娄底市新华联燃气有限公司成为外资控股公司，公司名称与股权比例不变。2011年11月，市建设局对全市燃气经营企业重新进行经营许可认证。

2012年8月，央企娄底华润燃气集团公司整体收购美国AEI在中国的燃气公司股权。娄底市新华联燃气有限公司控股方为华润燃气控股有限公司，公司更名为娄底华润燃气有限公司，公司又转为央企。2017年6月，市住建局燃气办联合娄星区政府相关部门，对中心城区液化气经营市场进行专项整治，取缔非法经营网点30多家，扣留钢瓶600多个，规范达标经营网点78家，维护液化气正常经营秩序，消除安全隐患。12月，完成全市燃气经营企业经营许可工作，颁发燃气经营许可证23个，全市燃气行业进入规范化、制度化、法治化轨道。

三、公共交通

运营路线　1990年，娄底市城市公交运输以娄底火车站为起点，市内有4条线路（1路、2路、3路、6路），郊区有6条线路（4路、5路、7路、8路、9路、10路）。1996年，因城市客运管理职能不清，娄底市政府决定：公共汽车运营区域为东至湘阳街与娄湘公路交接处，南至关家脑，西至骡子坳，北至涟钢三叉坪及小碧线洪家洲。1997年1月18—23日，市公交公司在城区内重新布局线路，新开13路、15路、16路、17路、18路、19路、20路等线路。

1999年撤地设市后，公交公司收归市政府直管，为市属副处级全民企业单位，有职工45人，营运车辆111台，年营业收入1448万元。1997—2002年，13路和19路多次中断，2003年1月8日恢复开通。2004年5月，开通12路（火车站—高溪西门）。2005年1月，开通首条环行1路A、B线火车站—火车站。2008年，开通8路（火车站—福岭社区），后延伸改道从汽车南站至福岭社区。2009年9月28日，开通9路（火车站—汽车南站）。2009年11月2日，开通10路（火车站—竹山路）。2014年8月1日，开通7路（经开区孵化园经体育中心西侧—孙水公园）。2015年10月1日，开通5路（火车站—经开区工业园）。2016年2月6日，开通21路（经开区—高铁南站）。2016年3月1日，开通17路（火车站—新合作商贸城）。2016年10月10日，开通22路（火车站—市民政局新址）。2017年，营运线路共21条。

营运车辆　1990年，市公交公司有营运车辆28台，每万人拥有公交车辆2.07标台。2000年，公交公司有营运车辆98台（其中无人售票车73台），每万人拥有公交车辆为4.19标台。2014年8月19日，为迎接湖南省第十二届运动会在娄底市举行，购置70台油电混合动力新能源空调车。2016年2月4日，新置50台油电混合动力新能源空调车。2017年12月25日，购置50台纯电动公交车，营运车辆252台，每万人拥有公交车辆为5.23标台。

站台站点　1990年，10条营运线路设站点78个，“人”字形钢铁支架结构，玻璃钢顶瓦面，平均造价1200元，每个占地面积20平方米。1998年，市公交公司根据“谁投资，谁受益”的原则，通过招商引资，由娄底中信物业发展公司出资约100万元，建设26个站台。2014年下半年，市政府财政投资建设142个高规格公交站台。至2017年，中心城区建成站台300个。

停车场　1990年，市公交公司在涟滨西街建成占地6500平方米的停车场。1996年11月，随着娄底新火车站的启用，将氐星路1号4000平方米整体用作停车场。2002年，再建成占地1.86万平方米的江龙滩停车场。2017年，娄底三大桥公交枢纽站占地3.7万平方米停车场在建。

运营管理　1990年，市公交公司实行责任制目标管理，对司乘人员实行“百元营运收入工资含量包干”制度，即核定工资收入，超收部分按比例提成。1995年，公司对2路（火车站—涟钢医院）、3路（地区医院—涟钢洪家洲）营运车辆实行风险抵押承包责任制，实行“招手即停，就近下车”的服务方式，以其方便、快捷和优质的服务受到市民的欢迎。随后个体客运的进入，引起市内公共交通的混乱。1997年1月，社会客运车辆全部退出市内客运业务，公共汽车退出郊区6条营运线路，城区公共交通秩序恢复正常。1999年，购进无人售票车42台，相继开通1路、11路、15路、20路无人售票公共汽车。2002年4月1日起，娄底中心城区各线路全部实行无人售票管理，历时24年的上车购票乘车成为历史。2002年，公交公司营运收入1448.8万元，营运里程597万千米，乘客达1600万人次。2008年，为改变公交车不报站的状况，市公交公司投资80多万元建成全市第一家GPS公交智能管理和自动报站系统，5月1日启用，结束10多年“哑巴”公交车历史。2017年，公司在岗人员557人，营运收入3825万元，营运里程1324.79万千米，载客5400万人次，固定资产8900多万元。

四、广场与公园建设

娄星广场　原为漪园和街心公园两部分，位于乐坪街和氐星路交会处西北，总面积11.6万平方米，其中水面2.8万平方米，陆地8.8万平方米，绿地4.2万平方米，总投资265万元，1986年10月建成开放，实行封闭管理，购票入园。1993年，获“湖南省最佳公园”称号。2003年4月，公园撤墙透绿，取消门票。6月，漪园和街心公园连通，使乐坪街与氐星路在此形成“十”字形交叉路口，将其余部分改建成娄星广场，当月动工，10月建成开放。广场面积12.79万平方米，总投资2700万元，建有音乐喷泉1个，露天剧场1个，亭、廊、榭11座，跨湖桥亭1座，圆桌圆凳110套，茶楼、书楼、音乐厅、小卖部等建筑物3600平方米，儿童游乐区4335平方米，场内坪地5万平方米，安装亮化灯具1006盏，霓虹灯管5037米。

文化广场　位于东方豪苑以南，为文化娱乐和休闲广场。2003年6月开工，2008年10月竣工，总投资1522万元。广场占地5.1万平方米，其中绿地2.6万平方米，绿化率60%，道路面积1810平方米，运动场地1.2万平方米。广场以龙为主题，平面设计有条腾飞的龙。运动休闲区为龙头，文化娱乐区为龙爪，运动健身区为龙脊，绵延其中的林荫步行道为龙身，配以亮丽的灯饰和高品位的绿化。广场建有排水管道347米，给水管道1361米，铺装花岗岩2.59万平方米，砌筑花岗岩路缘石8850米，安装路灯386基。

火车站广场　位于娄底火车站大楼前，占地6.4万平方米，总投资1亿元，1995年3月开工，1996年12月建成交付使用。2003年6月，投资700万元，改造广场，10月建成交付使用，新建大型彩色音乐喷泉1座，面积1250平方米。

高铁南站广场　位于高铁南站大楼前，由站前广场及地下空间、公交综合体、长途客运综合体三部分组成，用地11.86万平方米，建筑面积20.8万平方米，投资2.9亿元。2014年5月开工，2015年11月建成对外开放。广场采用雨水回收利用、光导照明系统、太阳能热水系统和屋顶绿化等多项低碳新技术，为绿色建筑示范工程。

青山公园　位于涟钢职工生活区内，占地10.13公顷，其中陆地8.4公顷，水面1.73公顷，1987年10月开工，1992年2月建成投入使用，总投资4973万元，建有六角塔1座，楼、台、亭、榭9座，露天游乐场4处，假山11处，园内道路2.4千米。

春园公园　南靠南贸东街，北临长青街，原是一个小山包，名为春园山，故名春园公园，占地2.54公顷。1996年10月建成开园，总投资1228.02万元。公园依山造景，保留原树木植被，面向长青街建有古城墙式大门，园内道路1.5千米，亭阁2座，休闲广场3处。

石马公园　北临月塘街，南靠湘阳街，东接新星中路，西临春园路，占地19公顷，其中陆地17.03公顷，水面1.97公顷，绿化率87.6%。公园依山而建，1999年开建，2003年9月主景区建成对外开放，2004年6月全部建成，累计投资5085.52万元。建有南北两门、主题雕塑、湖畔水阁、小岛园亭、曲桥长廊、山顶高塔、儿童游乐场、休闲广场。园内道路3.45千米。

珠山公园　位于城区东南面，2008年规划建设，保留原地形地貌和森林植被，规划面积68公顷，分二期建设，总投资3.28亿元。2008年11月29日，第一期工程开工建设，投资1.88亿元，完成征地拆迁和公园东、南、西、北门入口建设，修建园内主次道路6千米、路灯和其他配套设施。2011年底完工，开园迎客。2012年2月，投资1.4亿元，第二期工程开工建设，2013年5月完工。是集生态保护、文化娱乐、旅游观光、运动休闲、科普教育于一体的多功能综合型城市公园，娄底市城区最大的绿色生态屏障。

孙水公园　位于市委、市政府机关南大门前，依傍孙水河，占地38公顷，其中水域19公顷，陆地19公顷。主广场5公顷，总投资1.1亿元。2008年12月开工建设，2009年11月建成开放。公园由主场区、生态丛林“百花园”和滨河风光带三部分组成。公园入口设有标志石，两侧叠水池各1座，南部为环抱树阵广场、花架广场、双面浮雕文化墙。中心广场中央建有市域地形图浮雕，沿孙水河建有坡地式生态丛林百花园区和文化广场、光影广场、月湖、健身区、休憩景观亭等。

涟水河风光带　由涟水公园和氐星广场组成。涟水公园位于涟水河南岸，西起一大桥，东止天王寺拦河坝，长1.1千米，占地面积7公顷，与氐星广场一起组成涟水河风光带。氐星广场位于涟水河北岸，与涟水公园隔河相望，长2.1千米，占地21公顷。涟水河风光带总投资3亿元，2009年9月开工建设，2011年2月建成投入使用，公园与广场划分4个功能区：古韵区、休闲区、书香园区、匝道绿地区。

早元公园　位于市委、市政府机关北侧，占地3.7公顷，原是废弃的垃圾填埋场。2010年11月开工建设，2011年10月建成开园，总投资1628.82万元，建有休闲广场3个、双层四方亭1座、双子亭1座、玻璃长廊1处。园内道路全部由透水砖铺成，长2.53千米。

第三章 县（市、区）城区建设

第一节 娄星区（参见本篇第二章）

第二节 冷水江市

城区地处资江河畔，是湘中工业重镇。1990年城市建成区面积12.7平方千米，2017年46.78平方千米。

桥梁建设 1990年，城区有桥梁6座。1991年后，相继建成环东拱式桥、水电站大桥、群丰路跨线桥、新城大桥、资江跨线桥、冷水江大桥、得月桥。2017年12月，城区拥有桥梁13座。

道路建设 1991年，城区跨江向南发展，布溪城区破土动工建设。2003年，市经开区动工建设，规划面积10平方千米。2010年始，围绕滨水城市、海绵城市、园林城市、彩色城市、智慧城市建设目标，科学规划建设，投资20多亿元，用于城市道路建设。2011年，娄新高速通车。2014年，沪昆高铁沪贵段通车，冷水江市步入高速、高铁时代。2017年，城区道路由1990年的18条24.11千米，增加到60条144.2千米，道路总面积227.8万平方米。新城大桥的建成，拉近城区与高速入口、高铁站距离，形成新的城市格局、交通格局、对外交流格局。

供水设施 1990年，市政府投资270万元改扩建第一水厂。供水能力由3万吨／日提高到6万吨／日，供水6200户。1993年，投资1300万元建成第二水厂。城市供水管网涵盖城区冷水江片、布溪片、禾青片、东站片。直径100毫米以上管道长430多千米，最大管径1200毫米。2004年，投资3575万元第二次改扩建第一水厂，2007年建成，供水能力提高到10万吨／日。省有关部门检测，自来水质量106项指标全面达标。至2017年，供水用户6.7万户，人口19万人，城区供水普及率100%。

供气设施 1991年，市政府兴建石油液化储配站1座，建成2个100立方米储液罐和1个12立方米储液罐，年供气能力5000吨。2014年4月，布溪天然气门站建成，开始使用天然气。至2017年12月，铺设中压燃气管30余千米，庭院管网120余千米，通气小区52个，通气用户8000余户，另有20户机关单位食堂和工商用户使用天然气。天然气用量2.46万立方米／日。

排污设施 2008年，城区投资1.52亿元建设污水处理厂，10月开工，12月建成，铺设污水管道134千米，处理污水规模9万立方米／日，服务面积28平方千米，服务人口28万人。2011年，建成垃圾处理中心。2017年，无害化处理垃圾53.5万吨，处理率80%。

市政设施建设 2017年，城区有路灯、景观灯3916基9968盏，线路总长208千米，覆盖面积18.6平方千米，全部利用电脑管控。城区有公园5个，其中森林公园2个，城市绿地面积816万平方米，绿化率80.9%。先后获评湖南省卫生城市、园林城市、文明城市称号。

公共交通 市人民汽车公司1970年成立，有客车3台，营运线路2条。1990年，公交线路不断增加。2013年，公交公司购买公交车26台。是年6月起，城区公交车实行无人售票。2014年，增购5台新型油电混合动力环保公交车投入运行。2017年，公司配置公交车78台，其中新型油电混合动力环保公交车31台，开通公交车线路22条。

第三节 涟源市

市区位于蓝田镇，1990年，城区面积3.25平方千米，建筑面积241.41万平方米。2017年，城区面积扩大到15平方千米，建筑面积487.5万平方米。

道路建设　1990年，城区有街道8条，总长9.6千米。1991—1999年，先后建成文艺路等3条道路，总长5000米。2000—2006年，先后建成梅亭路等4条道路，总长8000米。2007年，完成城东新区以及经济开发区等控制性详规、城市防洪排涝与停车场及沿河风光带等专项规划。2008—2016年，先后建成娄底大道涟源段等4条道路，总长15千米。2017年，城区完成人民东路等9条道路建设，推进娄底大道、蓝芙公路、国师路、红旗路、交通路等道路的提质改造，城市经脉全面畅通。其间，娄新高速、二广高速、长韶娄高速、沪昆高铁相继建成通车，龙琅高速开工建设。境内高速公路通车里程143.78千米。城区与各高速均建成互通连接线，进入高速、高铁时代，打开通江达海开放格局，迈入涟娄半小时、长株潭一小时经济圈，成为辐射湘中、连接长沙至湘西湘南的"湘中通衢"。2017年12月，市区有街道47条，总长51千米。

桥梁建设　1990—2007年，城区建成工业桥、文艺桥、涟源桥、顺鑫桥、环北桥、幸福桥、交通桥等12座中小型桥梁。2008—2017年，建成人民公园风景桥、国师桥、涟水桥、升平桥等9座桥梁。2017年12月，城区有桥梁27座，其中中梁式桥15座，石拱桥12座，明清古石拱桥3座。

供水　1990年，城区建成自来水厂1座，日供水2万吨。2003年，市区修建管道直饮水工程，建直饮供水点2500个。2012年12月第二水厂建成，日供水3万吨，供水管网68千米，水表1.44万块，供应人口12万人。

供气　2005年，市政府成立市燃气办，开始供应液化石油气。2015年9月，城区铺设天然气管道20千米，服务人口15万人。

排污　2008年4月，城区建成库容166万立方米的富洪垃圾填埋场，生活垃圾无害化处理率99%。2010年6月，建成首座污水处理厂，日处理能力4万吨，达到国家标准。

公共交通　1990年5月10日，涟源市公共汽车公司成立，有公交汽车4台。1991年增加19辆，开通6条公交线路。2017年，全市有公交线路9条，公交车50辆，城区营运线路长78千米。

路灯　2017年12月，城区有路灯4592基9886盏，线路178千米。

广场建设和城市绿化　2005—2017年，城区先后建成火车站广场、三角坪商业广场、光明山广场、体育中心、人民公园、涟水河风光带、涟商文化主题公园、乌龟坝拦河坝风光带。2017年，城区绿地面积56.8万平方米，绿化覆盖率37%，人均公共绿地3.42平方米。

第四节　双峰县

县城地处永丰镇，1990年，建成区2.2平方千米。2012年12月，双峰县被评为湖南旅游强县，2014年9月，被评为省级卫生县城，10月被评为省级文明县城，2016年被评为省级园林县城。2017年，城区面积扩大到14.4平方千米。

道路和桥梁建设　1990年，城区有道路10条。1991—2001年，相继建成育才路、沿河路、农艺路、甘稼路、托塘路等7条道路。2002年，沪昆高速建成通车，互通直达县城。引资建成320国道绕城线。2003年，投资5300万元，建成城中路、迎宾路、城中广场、迎宾广场、五里广场。2005年，建成和改造曾国藩大道、蔡和森大道、复兴街、艺芳街、迎宾北路、沿河北路、八本街等，县城街道由"井"字形发展为"棋盘"形。城区道路总长91.8千米，城中桥梁10座，城区主干道"砼改油"。2016年12月，娄衡高速开通，城区融入娄底半小时经济圈、长株潭一小时经济圈，区位优势凸显。至2017年，城区建成道路38条，其中主干道7条。

供水　1993年1月，投资534.8万元，第一自来水厂一期扩建工程开工，1995年11月竣工验收投入使用，供水量从5000吨／日增加到2万吨／日。2000年10月，水厂二期扩建工程启动，2002年10月竣工，供水能力提升到4万吨／日。2011年4月，第二水厂（位于永丰镇光源村蚊子山）开工建设，占地

2.57万平方米，2016年9月建成试运行，供水能力3万吨／日。两水厂水质均达到国家《生活饮用水卫生标准标准》（GB5749—2006）。2017年，改造自来水管直径100毫米以上管道4000米，直径63毫米管网3000米，老城区管网改造25千米。犁头坝水厂获省级集中式供水“A级荣誉单位”和市级园林式单位。

供气　1992年，县城建立第一家石油液化气供应站。1998—2000年，先后建成青树坪和湘中液化气站。2003年7月，县燃气管理办公室成立。2007年1月，与四川诚实燃气有限责任公司签订《双峰县城市管道燃气能源工程投资协议》，5月启动城区燃气管道项目建设，2008年8月施工，2009年12月竣工供气。2012年3月，在金开村地段建设综合储气站。2017年3月，城区天然气能源工程项目投资900万元，铺设主管网8.9千米，庭院管网10千米，日供天然气2万立方米，签约天然气用户6500户，开通4061户。9月，启动乡镇天然气项目招商工作。2017年，向城区散户供液化石油气3800余吨。

排水与排污　1995年11月，涓水河河道4870米改造一期工程竣工。1999年4月，城中河（4870米）段综合治理启动，将城中废水排放点改至自来水取水点下游。2002年5月，城中河二期整治工程启动，2003年4月竣工。2004年10月，城区居民二级以上标准化粪池工程建设启动。2008年投资1.5亿元，建设第一污水处理厂，2009年9月建成，铺设污水管网48.02千米。2015年12月，投资4021万元改造污水处理厂二期工程竣工，12月投入使用。2017年，年处理生活污水1213万吨，减排COD1673吨，减排氨氮178吨。城区污水处理达标率92.6%。全县推广垃圾按户分类、村集中、镇转运、县处理模式。

公共交通　1995年，双峰县城区开行公交汽车，经营权实行有偿使用，由县运管所实施行业管理。2002年，行业管理权移交县城管局城市客运管理办公室。2007年1月1日起，县城公交车20辆，开通3条线路。2017年4月18日起，公交车26辆，运营3条线路。

公园建设和绿化　2006年4月，涓水公园（又称“女杰广场”）破土动工，面积1.5万平方米，2007年底竣工。2009年9月，河西防洪堤风光带开工建设，堤长4331米，风光带19.71万平方米。2017年，城区绿地面积570万平方米，绿化率39.6%。

第五节　新化县

县城上梅镇，地处资江河畔，曾经是资水河畔的袖珍古镇。1990年，城区面积不足3平方千米，城区房屋建筑30万平方米，人口7.8万人。2015年3月，新化县城被评为省级文明县城、省级历史文化名城，10月，被评为省级卫生城市。2017年，县城扩大到35平方千米，人口28.2万人。房屋建筑1200万平方米。

道路和园区建设　1990年，城区主要道路是十字街为中心的4街（东门街、东升街、十字街、南门街）和9巷（毕家巷、学门前巷、辛家巷、毛家巷、居士巷、安家巷、戴家巷、宿三巷、仁贤巷），街道狭窄，大多为石板路面，少部分为水泥路面。1991年，老城区改造修建，撤掉石板路，建设商业街。1995年，投资1000万余元，启动火车站至黄泥坳铁路岔路口改造，1997年5月竣工。是年12月，完成东起喜家坪，西至跑马岭与城西相接的迎宾路改造。2000年，实施县城东拓西延“城建兴县”战略，县委、县政府和部分县直部门和汽车站跨河东迁，公共服务设施向西延伸。完成西正街路面硬化和下水道改造，拓宽天华南路、上梅中路1700米。至2008年，县政府筹资，滚动开发，先后新建人民路、滨江路、梅堤路、上梅中路、建设路，延伸天华南路，并对城区路面全面硬化，县城主干道由“白转黑”（沥青炒砂路面），城区道路两旁由“黄转绿”（绿化），环城公路绕城而行。2010年，实施“一江两岸，沿江发展”城市建设方略，建成城东资江风光带、城西防洪堤，推进梅山古镇、工业园区、北塔综合区、娄底大道新化段和北承冷水江、下启游家镇的产城融合示范区建设。2017年，城区道路长129千米，建成10.5平方千米省级高新技术产业园、特种陶瓷产业园、创新创业孵化园、新材料新能源产业园、电商产业园等，形成特种陶瓷、农产品加工、新能源、新材料、建材等产业集群。湖南海螺、格林美、湖南卫城、中民筑友等知名企业相继入驻。

桥梁建设　1990年，城区有资江大桥1座，2006年10月至2017年12月，城区兴建桥梁7座，其中跨江大桥3座、过街人行天桥4座。

供水　1990年，县城供水有月光潭水厂，日供水能力1万立方米，城区缺水严重。是年，月光潭水厂二期扩建，1993年完成，日供水2万立方米。1997年，月光潭水厂三期扩建，2000年竣工，日供水4万立方米。经多次改扩建，水厂环境优美，净水工艺不断改进，水质综合合格率99.5%。2005年，建成龙王池水厂，直接抄表用户3万户。全城直径100毫米以上供水管网85千米，建成连接新老城区环状供水系统。供水能力4.4万吨／日，服务人口20万人。

排水排污　1990年，城区治理工农河1718米，开始雨、污分流。至2006年，建成雨、污分流排水管道9.5千米。2007—2009年兴建44千米。2008年7月，兴建首座污水处理厂，征地4.87公顷，设备投资3498万元，管网收集系统投资4212万元，2009年12月建成试运行，日处污能力2万吨。2017年10月，新建垃圾处理场1个。

供气　2001年，城区建立石油液化气供应站。2010年10月，城市管道天然气系统建成，辅以罐装石油液化气，城区居民用气率88%。

公共交通　1999年1月，新化公交车客运汽车队20台中巴车与个体25台红色亚洲车投入城区公共客运，经营线路5条。2006年12月，城区公交客运更换55台城市公交车，并将特许经营权交新化县梅山城市公交有限公司，营运线路7条。2009年由县城管局客运办负责管理。2017年，共有公交车辆68台，运营线路9条92千米。

公园和绿化　1996年，建成狮子山公园，面积66公顷，结束新化没有公园的历史。2017年，城区绿地面积625万平方米，绿化率25%。

路灯　至2017年，城区有路灯1500余基9800盏。

第六节　娄底经济技术开发区

娄底经济技术开发区位于娄底市中心城区北部，代管涟滨、大埠桥2个街道，28个村（居）委会，人口12万人，区域面积75.6平方千米。2003年开园，先后建成园区“八纵八横”25条道路路网，总长75千米，其中城乡道路30千米。整治河道16千米。19个建制村连片建绿。供水、供气管道与主城区连接。城乡自来水普及率92%。管道燃气普及率95%。生活垃圾无害化处理率90%。洛湛铁路、湘黔铁路、规划中的汨罗—益阳—娄底、湘潭—娄底城际铁路穿境而过。南有上瑞高速，北有长韶娄高速，东有娄益衡高速，与城市主干道吉星路、湘阳街、新星路相接，交通便捷。2012年，园区晋升国家级经济技术开发区，实现“一次创业”的预定目标。2015年，园区迈入全省“千亿园区”俱乐部，实现由高速度向高质量发展的转变，独具特色。2017年，开发区建成面积23.33平方千米，分为仙人桥、高桥、江龙湾、大埠桥4个片区，跻身全国国家级经济技术开发区“百强”行列。

第四章　乡镇、村建设

第一节　乡镇建设

一、建制镇演变和发展

1990年，全地区辖区公所29个、乡192个、镇22个、街道2个、林场8个。镇区总人口26.2万人，建成区面积15.4平方千米。1995年，全地区撤区并乡建镇，建制镇54个。2000年，杉山镇、万宝镇完成规划编制。2001年，斗笠山镇、七星街镇、白马镇、蛇形山镇、走马街镇、洪山殿镇、万宝镇和白溪镇完成小城镇总体规划修编。

2005年，全市建制镇56个，其中娄星区3个、冷水江市6个、涟源市15个、双峰县13个、新化县19个。城镇人口126万人，城镇化率31%。建制镇用地43平方千米，人口47.31万人，其中镇区人口在2万人以上的5个（上梅镇、永丰镇、桥头河镇、杨市镇、青树坪镇），1万～2万人口的建制镇9个（杉山镇、禾青镇、七星街镇、斗笠山镇、水洞底镇、西河镇、洋溪镇、三塘铺镇、蛇形山镇）。

2009年，全市有20个乡，60个建制镇，2个乡级林场。建制镇镇区总人口56.5万人，建成区面积68平方千米。镇区人口在2万人以上的建制镇5个，1万～2万人口的9个，其余在1万人以下，其中部分建制镇镇区人口3000人左右。是年，市政府根据“规划先行、基础立镇、产业强镇、重点示范、突出特色”的小城镇建设方针，确立“一点”（中心城区）、“两线”（娄底—新化、娄底—双峰）的湘中区域城镇群发展目标。2010年底，全市建制镇、乡、林场个数未变，城镇人口159万人，城镇化率37.5%。2013年，杨市、桥头河、三尖、孟公、西河、甘棠、斗笠山、荷塘、茅塘、湄江等建制镇完成总体规划编制或修编，5个中心镇完成供水、排水专项规划。

2017年，全市撤乡并镇，有14个乡，55个建制镇（不含上梅镇、永丰镇），2个林场（新化县大熊山、古台山国有林场）。镇域总面积7515.73平方千米，户籍人口380.95万人，常住人口326.41万人。建成区面积196.2平方千米，户籍人口73.23万人，常住人口73.32万人。建制村1838个，其中人口在500人以下的30个，500～1000人的332个，1000人以上的1476个，纳入城镇建成区的行政村162个。

二、基础设施建设

2000年，全市启动建制镇基础设施建设，至2005年，投资建制镇建设11.2亿元。建制镇住宅面积960.08万平方米，人均23.76平方米。城镇道路全部硬化，人均道路12.05平方米，人均公共绿地3.35平方米。77%的建制镇设置路灯，100%的有自来水厂，32%的建有生活垃圾填埋场。建制镇开通程控电话和移动电话与互联网，建有有线电视台或者电视差转台、农贸市场或专业市场。

2006年，全市小城镇基础建设投入12.88亿元，重点用于镇区道路硬化及配套、农贸市场建设、镇区自来水厂扩建及管网改造、环卫设施及垃圾场建设，完成基础设施建设项目240多个。其中建成自来水厂58座，自来水普及率85%，主要街道硬化率、亮化率100%，35%建制镇建有生活垃圾填埋场。杉山镇完成棚户区、沉陷区改造及经济适用房配套设施建设。斗笠山镇完成农贸大市场、乡村驿站及棚户区改造。七星街镇完成镇区道路、桥梁和下水管网配套建设。茅塘镇、桥头河镇完成自来水厂改扩建。杨市镇完成S210线绕城公路改造及综合大市场建设。禾青镇完成镇区道路全面改建，新建可容纳客车60多台的禾青客运站。荷叶镇完成300栋晚清风貌民房建设、古建筑白玉堂改建，获批全省特色景观旅游名镇，申报全国历史文化名镇。三塘铺镇完成0.3平方千米基础设施配套建设。青树坪镇引资4000万元建成全长320米的富厚商业步行街。西河镇通过招商引资，打造配套齐全的商住小区、物流基地。白溪镇、水车镇利用娄怀高速联络线修建机遇，加快基础设施建设，扩大建成区范围。

2008年，全市规划安排小城镇基础设施建设项目122个，投资6亿元，相继建成伏口镇环西路，杨市镇污水处理厂，桥头河镇观澜桥及桥桂路、桥南路，茅塘镇城区道路的改造升级和污水处理厂项目，斗笠山镇农贸市场开发和乡村驿站建设，七星街七伏垃圾填埋场和古塘乡中山大道等一批关乎民生的小城镇重点项目。

2011年，全市安排城镇基础设施建设项目1708个，投资33.4亿元，完成水、电、路、通信、农贸市场和乡镇农村生活垃圾处理等配套基础设施建设。伏口镇投资4200万元，完成环西路、污水管网及自来水等项目建设。桥头河镇投资2600万元，完成观澜桥、桥东路改造、桥桂路等项目建设。斗笠山镇投资2800万元，完成建成区道路改造。七星街镇投资2400万元，完成建成区道路硬化及配套设施、垃圾填埋场等项目建设。禾青镇投资1000万元，完成客运站、部分排污管网及供水管网建设。洋溪镇投资2800万元完成高铁站各项基础配套设施建设。金凤乡投资3000多万元完成公租房等项目建设。荷叶镇投资1200万元完成民居房屋风貌改造。娄星区石井、茶园、万宝、小碧等镇共投资2000万元完成自来水厂和管网配套升级改造。

2013年，全市投资1.16亿元，建成杨市镇、茅塘镇、荷叶镇、三塘铺镇、梓门桥镇污水处理厂5个，配套管网建设40千米，污水处理能力4150吨／日。2014年，孙水河、涟水河流域全面整治，白马、枫坪、杨市、茅塘、水洞底、荷塘6个镇村村有垃圾池，户户有垃圾桶。建成垃圾堆放场6个，垃圾中转站1个，购置垃圾清运车10台。

2016—2017年，全市启动小城镇基础设施建设项目333个，完成投资12.09亿元。其中，冷水江市投资1630万元，完成农村污水处理四池净化系统3569套。禾青镇投资2100万元建设休闲广场、球溪河沿河风光带。桥头河镇投资4500万元建设镇区道路、污水处理设施。七星街镇投资2600万元完成环城路、融城桥及镇区道路提质改造。伏口镇投资5300万元完成环西路、三级农村客运站建设和配套工程、汽车客运站建设及镇区道路提质改造。杨市镇投资2100万元完成建成区道路提质改造。茅塘镇投资1200万元完成污水管网建设。湄江镇投资1000万元建成湄塘集中供水工程。荷叶镇投资1260万元完成镇污水处理厂及8千米污水管网、公租房建设、中心小学改扩建工程建设。青树坪镇投资4200万元建设商业街（二期）、公租房及农贸市场基础工程、3千米污水管网等建设。三塘铺镇投资2400万元完成车站进站路改造及配套工程、工矿区内Y278道路建设。洪山殿镇投资2200万元完成火车北站道路（新建）、广场绿化、路灯、排水沟等工程建设。温塘镇投资2400万元完成建成区道路及配套设施建设。洋溪镇投资2000万元完成部分高铁新城项目建设。琅塘镇投资2000万元完成镇域和苏新工贸区基础设施建设。水车镇投资1500万元完成建成区道路改造。全市投入农村垃圾治理经费3000万元，其中县（市、区）投入1000余万元，乡镇投入500余万元，村投入1500余万元。756个村完成垃圾治理任务。双峰县三塘铺镇海螺水泥集团公司生活垃圾水泥窑无害化处理设施竣工并投入运营，年处理能力5万吨。2017年，双峰县跻身全省15个小城镇建设试点县（市）行列。

三、重点、特色乡镇建设

1990年，全地区利用本地优势，建设重点乡镇、特色乡镇。2002年，全市国家级重点镇4个（永丰、三塘铺、上梅、七星街），省级重点镇5个（万宝、禾青、七星街、三塘铺、白溪），省级小康示范镇1个（禾青），市级重点镇11个（万宝、茶园、禾青、七星街、杨市、桥头河、三塘铺、青树坪、走马街、白溪、西河）。

2009年，娄底市启动环长株潭城市群城乡统筹示范工程建设。全市2个县市、3个建制镇、5个建制村纳入省级示范工程建设项目。省出台帮扶政策，每个示范镇每年获得300万～500万元支持。杨市镇、荷叶镇列入省级历史文化名镇名录。2011年，双峰县荷叶镇列入全国特色景观旅游名录。2013年，金竹山、岩口、斗笠山、白马、桥头河、湄江、七星街、三塘铺、蛇形山、水车、孟公、白溪12个镇获省级特色镇。冷水江市禾青镇，涟源市伏口镇、杨市镇，双峰县荷叶镇，新化县温塘镇、洋溪镇列入国家重点流域污水管网配套建设重点镇。2014年，禾青、伏口、杨市、荷叶、三塘铺、青树坪、洋溪、温塘8个镇列入全国重点镇名录。2015年，伏口镇、禾青镇、荷叶镇列入环长株潭城市群城乡统筹示范工程名录。岩口镇农科村入选国家宜居村庄名录。

2016年，全市形成特色乡镇30多个。主要类型有商贸流通型：桥头河、杨市、七星街、青树坪、洪山殿、白溪、洋溪、孟公等镇；工业产业型：蛇形山、禾青、斗笠山、安平、三塘铺、洪山殿、西河等镇；旅游经济型：荷叶、湄江、水车、奉家等镇；边贸经济型：伏口、三尖、七星街、花门、洪山殿、琅塘等镇；蔬菜生产与农产品加工型：桥头河、七星街、双江、甘棠等乡镇。市委、市政府发挥市域高速公路密集优势，启动娄底市高速公路沿线特色小镇建设试点。荷叶镇获全国特色小镇称号。水车镇正龙村入选国家宜居村庄名录。2017年，禾青镇获全国特色小镇称号。奉家镇入选国家美丽宜居示范镇。

2017年，全市有国家级重点镇8个（禾青、伏口、杨市、荷叶、三塘铺、青树坪、洋溪、温塘），国家级特色小镇2个（荷叶、禾青），省级新型城镇化试点镇2个（禾青、温塘），省级中心镇6个（禾青、伏口、杨市、荷叶、温塘、洋溪），省级特色镇12个（金竹山、岩口、斗笠山、白马、桥头河、湄江、七星街、三塘铺、蛇形山、水车、孟公、白溪），国家特色景观旅游名镇1个（荷叶），省级历史文化名镇2个（荷叶、杨市）。

附：部分重点乡镇、名镇简介

万宝镇 位于娄底市城区南郊，2005年被列为全省重点建制镇名单，是市二广高铁沿线重点建设镇。“十五”期间完成新星南路、高升路、仙女街、龙盘街等道路和日供水2500吨自来水厂建设。2011年1月，镇内万宝新区在原娄星区经济园区基础上成立。首期开发12平方千米。是年起，娄星南路、新星南路、湘中大道、万宝大道等16条道路相继建成。2015年，娄底大道（新区段）、早元西街、波月街等9条道路建成，形成“五纵四横”主干道道路网络，加上沪昆高铁、洛湛铁路、上瑞高速、娄新高速、益娄衡高速，实现交通大连通。火车南站广场、仙女寨生态保护区和万宝文化旅游公园，形成城区商业中心景观区。至2017年，新建两所学校，建筑面积14.5万平方米，建成办公用房1.04万平方米，商品住房项目19个，建筑面积194.16万平方米。电力、通信、互联网、医院、学校、集贸市场、物流配送、加油站、农庄酒店和各类文化娱乐设施齐全，各种公共配套设施完善，水、电、气线路设施、道路建设与中心城区配套跟进，融为一体。2017年，全镇总面积81.6平方千米，人口4.43万人，辖43个建制村。

杉山镇 是娄底市对接“大长沙”、融入“长株潭”一小时经济圈的桥头堡。长韶娄高速、娄益高速、省道209线贯穿全境，面积66.38平方千米，人口4.32万人。2017年被列入娄底市高速公路沿线特色小镇建设名单。乌石峰、牯牛山、庚子山风景秀丽，涟水支流高灯河穿境而过，两岸田园风光秀美。宜东农场333.33公顷花卉苗木和农联大山133.33公顷杨梅蔚然成林，万乐村油葵招展，为全国生态文化村，是城郊旅游休闲绝佳去处。恩口煤矿工业遗址保存较为完好，俄式风格建筑群、封存隔置的矿井、采煤沉陷区生态得到修复，为湖南省煤炭沉陷区转型发展示范区。杉山村田心湾为神童贺德英故里。乌石峰观音殿始建于元末，佛教宝地。

双江乡 位于娄星区最北端。境内有省级洪家山森林公园和中（2）型水库——双江水库，山清水秀。有红军虎将贺国中故居、湘乡县政府旧址、麻石古道、圣仙洞、观音寺和芙蓉寺等景点。2013年，被列为娄底市城乡一体化和新农村建设示范片区，先后获得省级文明乡镇、省级卫生乡镇、省级生态乡镇等称号。2017年，被纳入娄底市高速公路沿线特色小镇建设范围。双江乡位于长沙一小时经济圈，娄韶长高速公路娄北连接线直通双江乡新庄村，到娄底城区仅15分钟车程。双江辣椒红润细长，肉质厚，又甜又辣，闻名遐迩，常年种植面积200公顷以上。辣酱、剁辣椒、白辣椒、万家坪豆腐、万家坪红薯干、潭溪红薯粉丝已规模化生产。双江蔬菜基地、新联黄栎芽基地、清桥金银花基地、天壶水果基地已成规模，产业优势突出。

禾青镇 位于冷水江市南郊，面积26.4平方千米，辖12个建制村、4个社区，人口4.2万人。建成区面积3.75平方千米，人口3.1万人。该镇围绕工业强镇，民营富镇和工业主导、基础先行、项目带动、协调发展的思路，推进省小康示范镇建设。1993年，日产4万吨二水厂建成。总投资6000万元，建筑面积2.8万平方米的步行商业街建成。路网及配套设施逐步完善，硬化三板道4000平方米，铺装下水道管1300米，安装大理石路缘石1.2万平方米，改造绿化带3200平方米，安装路灯98盏，新建4000

平方米的禾青客运站。1995年，获批全国综合试点镇之一，2005年，获批全国首批发展改革试点镇、湖南省小康示范镇。2010年，实现电信、移动、联通和有线电视信号全镇覆盖。2013年，创建湖南省卫生镇。2015年，通过湖南省小城镇建设示范镇验收。2016年，先后投资2920万元，建成区道路全部硬化，入选全国重点镇。境内矿产资源丰富，有钙、铅、锌、钒、钨、钼、铜、汞等多种矿藏。有大小企业73家。湖南华新水泥股份公司年产水泥熟料144万吨、水泥200万吨。湖南耀华冷水江耐火材料公司年产5万吨高级硅砖。湖南金信复合肥有限公司年产值2亿元，以煤化、建材、物流为重点的工业园区初具规模。是年，排水规划通过省住建厅评审，完成两个污水提升泵站和管网建设。完成镇区道路绿化美化改造。2017年10月，投资160万元，建成里福休闲文化中心广场，投资1200万元的球溪河休闲风光带一期工程建成交付使用。杨坪、黄泥、双星等13个村（居）纳入新农村建设试点。杨坪村所有院落、公路和人行道全部硬化，其中公路12千米，人行道和空坪4000平方米，栽树4300棵，改厕142户，拆除破旧房屋60多栋。建立卫生整治长效机制，完成房屋风貌改造。是年，入选第二批全国特色小镇和娄底市首批高速沿线特色小镇试点镇，评为省级安全生产示范镇。2017年，全镇国民生产总值33.02亿元，税收7646万元，农村居民人均可支配收入1.75万元。交通优势明显，湘黔铁路、沪昆高铁、娄新高速穿境而过，布禾公路、沙禾公路、太石公路、禾青至小溪公路4条二级公路在镇内构成“井”字形公路网。10分钟车程可达冷水江市区、冷水江火车东站、冷水江货运西站、市行政中心和沪昆高铁邵阳北站。

冷水江市禾青镇镇区一角（2016年12月摄）

铎山镇 位于冷水江市区东部，1989年撤乡建镇，2015年，岩口镇并入铎山镇，总面积50.56平方千米，辖35个村（社区），人口4.9万人。建有20余个水果生产基地。创建全国文明村2个、全国宜居村1个、全国百佳示范村1个、省级美丽乡村6个。谢冰莹故居获批第七批国家文物保护单位。1998年，建成日供水5000吨自来水厂。1999年，完成S312线镇区路段硬化。2002年，建成50万伏变电站，完成农网改造。2005年，硬化改造铎剂公路。2007年，硬化改造铎财公路。2009年，实现电信、移动、联通、有线电视信号全镇覆盖。2011—2012年，改造加固11座公路桥、8座行人桥，修建3个垃圾中转站，实现垃圾无害化处理。2013年11月，S312线铎山段改造成沥青混凝土路面。2015年修建横贯三村的炒砂路1.8千米，硬化农村道路300余千米，新修通组路57千米，实现农村道路户户通。是年，对小（2）型水库除险加固，启动安全饮水工程建设，完成S312线石坑村一线风貌改造。是年，购置垃圾收缴车26台，修建垃圾池1124个，配备垃圾桶上万只，建垃圾中转站5处，成立卫生清扫队伍，实现垃圾分类处理和统一收纳、统一清运、统一处理。新建扩建镇综合文化大楼、镇中心学校、卫生院、农贸市场。2017年，S312线贯穿全镇，高速、高铁擦境而过，镇域道路分为省道、主干路、支路3个道路等级，主干路形成“六纵五横”路网格局。是年，被列为湖南省“湖湘文化”特色风情小镇。

金竹山镇 位于冷水江市东部，2010年5月撤乡建镇，辖7个村和6个社区，户籍人口2.44万人，面积27.8平方千米，其中镇区建设用地3.9平方千米。2008年，镇区纳入冷水江市城市整体规划。排水管道、卫生院、办公楼、文化站、计生服务大楼、中心学校、农贸市场等工程相继建成。2013年，被列入湖南省特色镇建设名单。境内有S312线、沙禾公路、邵冷公路、坪石公路、金坪公路、娄新高速和沪昆高铁。镇区道路沙禾线金竹山段和S312线金竹山段，呈“T”形分布。2014年6月，完成坪石公路红旗桥改造工程，硬化通村通组公路55.7千米，修建人行道80千米。2016年，建设安全饮水工程30

多处，实现自来水全镇覆盖，改造垃圾中转站1座，新建垃圾池10个。镇区配备垃圾桶200个，兴建污水集中处理池222个，购置洒水车1台、清运车3辆。交通干道及通村公路均安装路灯，路边栽植绿化树木万余株，绿化面积8万平方米。绿化村组公路36.4千米，植树6万余棵。是年12月，娄新高速金竹山互通建成通车。通村进组道路全部硬化，形成大交通网络。2017年底，镇区绿化面积覆盖率28.7%。利用煤炭、石灰石、黏土、水电等资源优势，先后引进湖南金陆水泥添加剂有限公司、中南预应力配套有限公司、金马水泥公司、金太环保建材有限公司、顺达运输公司、华祥炉料公司等30多家民营企业，形成以电力、化工、煤炭、建材为主的工业基地。发展现代化生态农业，推进"二个连片"乡村振兴示范区域建设。麻溪村和恒星村获评省级美丽乡村。

涟源市伏口镇街道（2016年8月摄）

伏口镇 位于涟源市西北部，辖61个行政村和1个社区，人口6.2万人，其中建成区人口2.3万人，总面积182.7平方千米，煤、石膏、锰、铅、石灰石等矿产资源丰富。安邵高速公路、国道207线贯穿南北，是涟源北部的经济强镇。2012年，进入省环长株潭城市群城乡统筹示范工程示范镇名单。2013年，进入省中心镇名单，2014年，被评为全国重点镇。2015年，完成第三轮城镇总体规划、村庄布局规划、给排水规划修编。是年，投资7200万元，建成环西路，长1262米、宽34米。2016年底，投资4080万元，完成公租房新建及改造650套。2017年，安邵高速公路建成通车。投资3200万元，与七星街镇共同建成库容150万立方米、日处理垃圾80吨的七伏垃圾卫生填埋场。投资1200万元，建成建筑面积3500平方米的客运站。相继新建计生服务中心、便民服务中心、司法所、文化中心、劳动就业站、安全指挥中心、林业站、供电所、广播电视站、伏口中学科教楼、学生宿舍楼和教学楼、中心小学食堂、6个联校教学楼。引进民间资本800万元，兴建成胜幼儿园。兴建涟源市第五人民医院门诊大楼、住院楼、村级卫生室和62个村文化活动室及农家书屋。"新农合""新农保"和城镇居民医疗保险覆盖率100%。通村公路均已硬化。建成区安装节能路灯180盏、高清摄像机和探头30余个。

湄江镇 地处涟源市西北部，1994年建镇。境内交通发达，有二广高速、207国道、231省道、龙琅高速湄江连接线。面积138.6平方千米，辖24个村、1个社区，总人口5.7万人。建成区2.6平方千米，常住人口2.36万人。建成区道路呈"二横二纵"格局。主要产业为旅游、工矿、种养殖业。湄江风景名胜区（1993年被批准为省级）以自然风光为主体，梅山文化为内涵，岩溶地质遗迹为特色。开发六大景区，即观音崖—藏君洞景区、塞海—龙泉峡景区、黄罗湾景区、仙人府—香炉山景区、大江口景区、仙女寨景区。2012年，被评为国家地质公园，2013年，被评为国家AAAA级旅游区。2014年9月，湄江地质博物馆建成。2016年，被评为湖湘风情旅游小镇。

七星街镇 位于涟源市东北部，总面积174平方千米，辖58个村、2个社区，人口7.9万人，建成区常住人口2.76万人。洪源机械厂、田湖矿业有限公司坐落镇内。煤炭、白云石、石灰石产业、天华牧业公司种牛养殖、突尼斯软籽石榴，是镇内特色产业。镇区同星路、星城路、星源路、湄七公路等道路和虎溪、七星、田湖等农贸市场及自来水厂先后建成。有初级中学3所、小学18所，卫生院和洪源机械厂职工医院等，教育医疗机构健全。洪源商贸城2016年底竣工，用地1.92万平方米，建筑面积4.63万平方米。深圳一百超市、深圳维也纳国际酒店、深圳芒果KTV娱乐会所等知名企业先后入驻。

杨市镇　地处涟源市东南部，面积119.5平方千米，总人口8.8万人，辖36个村（社区），2003年，镇政府大楼建成投入使用。2004年，杨市新大桥建成。2009年，被评为湖南省历史文化名镇。2011年，湘军名将故居群、彭氏宗祠列为省级文物保护单位。2012年，列为湖南省特色旅游名镇。飞水崖景区定为国家AAA级风景区。2014年，拉通车站路和内环路，S210的绕城公路，城区道路硬化、绿化、美化、亮化工程竣工，购置环卫车、洒水车、垃圾压缩车及配套垃圾桶等环卫设施。投资4580万元，建成设计规模0.5万吨／日、配套管网151米污水处理厂并投入运营。投资1100万元，综合治理孙水河流域胜梅桥至金盆村段5千米生态河堤。启动孙水河杨市段生态廊道、娄底“零碳城市”和15.33公顷“速生碳汇草”示范基地建设。完成镇区总体规划修编及控制性详细规划和历史文化名镇保护规划、特色小镇概念规划、国家级水利风景区总体规划、立珊村旅游规划编制。2015年，投资1.98亿元，建成杨家滩农贸综合商业城。投资2.68亿元，建成杨家滩湘军文化商业街。2015—2017年，全面实施农村垃圾分类减量无害化处理。2016年，“湘军故里，养生龙山”旅游品牌被纳入市级旅游规划战略，获批国家级水利风景区。是年9月，建成区实施公司化日常保洁管理。建有板桥、陡山、东坪、东园四村为核心的田园综合体，200公顷宇城蓝莓科技园，166.67公顷孙水河谷农业产业园，千亩绿肥市级示范点和千亩油菜市级示范点。2017年，在该镇举办涟源市首届油菜花节。获评全国重点镇、特色旅游名镇，是湖南省“十三五”期间重点建设的中心镇之一。

桥头河镇　康熙二十三年（1684）建镇，总面积140平方千米，辖48个村、4个社区，是涟源北部的重要商品集散地。桥头河蔬菜远销省内外，农业综合产业强劲，被评为省级示范园区。2008年后，先后投资3600万元，完成桥东路、君檀线、桥头河大道东线、石湾街改造项目。2014年12月，长韶娄高速、安邵高速建成通车，桥头河镇融入长株潭一小时经济圈，区位优势凸显。2017年，总人口13.5万人，建成区面积2.6平方千米，常住人口3.5万人。纳入娄底市高速公路沿线特色小镇建设试点，是湖南省第一批产业（蔬菜）融合发展示范镇，被评为湖南省十大农业产业集聚区之一、全国农村产业融合发展示范区。全镇蔬菜年均种植面积2333.34公顷，品种30多个，年均产量9.74万吨，蔬菜及其加工产品远销长株潭、珠三角、长三角、香港和东南亚地区，年均出口创汇1000余万美元。该镇坚持“菜旅融合”“农旅互动”，发展观光农业、休闲农业、体验农业，建有投资1.2亿元的蔬菜公园、2亿元的博盛生态园、1.6亿元的丰乐生态园。是年，娄底通用机场建设在该镇完成项目选址，启动征地工作。桥侧线建设全线启动。

三甲乡　位于涟源市区西南部，辖19个村，总面积83.4平方千米，人口5.04万人。2009年，世业堂和红旗居民点所在村被评为湖南省历史文化名村，2011年，被确定为省级文物保护单位。三甲古村落群覆盖铜盆、三甲、新玉峰、荷叶、六甲5个村，范围12平方千米，重点文化遗产保护区30万平方米，有建于明清时代的古庭院126座，其中保存比较完好的有41座，残存21座。2013年，先后完成207国道和娄涟高等级公路9.5千米样板文明路、6口大山塘整修加固和硐下村安全饮水工程、财溪水厂和河湖连通综合治理、9座危桥改建和加固、17所中小学校合格建设、白溪和柳坪等11个村路灯工程、乡机关至娄怀高速三甲互通道路绿化等工程。2015年，被评为全省最具发展潜力古村落。2016年，启动“千亩樱花园”为核心的玉屏峰公园建设。成立专业合作社30多家，玉峰葡萄、尖山辣椒、运桂岭小水果、实竹蔬菜等特色农业初具规模。体验农业、精品农业、观光农业、生态农业发展良好。2017年，全乡工农业总产值2.4亿元，财税收入560万元，是涟源市城西生态文明示范区。是年，乡政府制定中长期规划，筹集资金1000余万元，对南宋古墓、太乙图书馆、北塔、南塔和回澜阁等古迹修复保护或重建，被评为湖南省经典文化村镇。

青树坪镇　位于双峰县西部，1989年2月建镇。1990—2005年，初步形成农机机电、交通运输、商贸流通、建材四大支柱产业，成为双峰西部商品流通中心。城区镇南路、镇西路、行政路、绕城线，形成“三纵三横”的船形骨架格局。镇域面积98平方千米，辖64个村、2个社区，人口6.7万人，建成区面积2.4平方千米，常住人口2.2万人，流动人口0.5万余人。320国道横贯东西，青衡、青甘公路纵贯南北，洛湛铁路、上瑞高速穿境而过。1997年，建成娄底市内第一个乡镇公园——回形山公园。2006年，引进民营资金4000万元，建成富厚商业步行街。2009年，建成第二条商业步行街。2015年，招商引资10亿元，建设面积333.33公顷（首期投资3.6亿元，用地109.33公顷）归古国际乡村旅游度假区。园区依托山、水、田、园特色资源，成为集山水、体育运动、生态农业观光、农业特色体验于一体的综合性旅游度假区。2017年，建成占地2.18万平方米、建筑面积3.36万平方米的农产品综合批发市场，商品成交额2亿元。

三塘铺镇 位于双峰县西部，总面积55平方千米，辖50个村、5个社区、425个村民小组，人口5万人。1995年，被确定为全国首批小城镇建设重点镇。2002—2003年，建成区3.5平方千米，常住人口1.58万人。硬化城区道路总长12.1千米。建成2个日供水3000吨的自来水厂，2个3.5万伏变电站和海螺11万伏送电专线，建筑面积5500平方米的综合农贸市场，污水管7.18千米，人行道板15000平方米，路灯98盏。道路两旁全部实现绿化。配套出台《三塘铺镇规划建设管理规定》《三塘铺镇市政设施管理规定》和“一书两证”制度。2004年，双峰海螺水泥有限公司投资10亿元，二期建成投产，年创税收5000万元。2014年该镇被列为全国重点镇。2014—2017年，招商引资项目36个，引进资金9亿元。投入城镇建设资金1.38亿元。兴建海螺项目三塘安置区11条道路2.5千米，拓宽硬化潭邵高速三塘铺联络线2.2千米。潭邵高速公路、洛湛铁路穿越东西，青甘公路贯通南北。境内设有二级客货火车站，潭邵高速公路三塘铺、青树坪连接线与320国道相连，成为全县重要的交通枢纽和物资集散地。

甘棠镇 位于双峰县西部，1994年撤乡建镇，面积132.87平方千米，辖83个村、2个社区。人口7.3万人。建成区常住人口1.42万人。青甘、太甘公路纵贯南北，与320国道和双娄、双涟公路相连，潭邵高速公路、洛湛铁路自东向西穿过。金家村煤炭储量丰富。山斗华天洞自东向西绵延数十千米，洞中有厅，洞厅相连，以“幽、险、奇、壮”而著称。2008—2017年，农村危房改造1.2万平方米，新建扩建中小学校11所，修建镇村公路127千米，实现村村通公路。新建自来水厂、邮政电信、中心医院、农贸市场、客运站等，基础设施逐步完善。甘棠镇与三塘铺镇、青树坪镇共同形成双峰县西部地区城镇带。该镇以农业特色产业为基础，建立起中药材、西瓜、竹荪、小水果等高效优质农产品生产基地，甘棠牡丹芍药花乡村旅游基地，形成特色产业，年接待游客突破1万人。2017年，获评湖南省旅游特色名镇，被娄底市政府确定为高速公路沿线特色小镇。

锁石镇 位于双峰县南部，1989年由十竹乡和锁石乡合并成锁石乡，1995年4月撤乡改镇。镇域面积67平方千米，辖39个村（社区），总人口5万人，建成区常住人口1.51万人。1997年，建成日供水3000吨的自来水厂。2000年，镇区规划面积从0.48平方千米扩展到2.5平方千米。娄衡公路、娄衡高速横贯全镇。2002年，新建农贸市场，摊位5000多个，成为锁石镇及周边地区物流集散地。2007年，完成自来水厂第二期改造。2008年，镇区实施亮化绿化工程建设，主要街道全部亮化、绿化、美化。工业以烟花鞭炮、机械制造、林产品深加工、米业加工等四大产业为主。组合米机、弹簧、装饰板材畅销各地。建成油菜、优质稻、油茶林、药材、蔬菜、玉米生产基地，生猪、肉兔养殖基地，新宇生态农庄、碧景庄园等一批龙头企业。出产的“纯家粮”系列生态绿色黑米粉远销欧洲市场。2017年，锁石镇被纳入娄底市高速公路沿线特色小镇建设名单。

水车镇 位于新化县西南部，辖19个村，人口4.2万人，建成区常住人口1.03万人，面积115.5平方千米。境内紫鹊界梯田风景名胜区先后被评为国家级风景名胜区、国家自然与文化双遗产、国家水利风景区、国家AAAA级旅游景区、国家重点农业文化遗产保护区。全镇以紫鹊界梯田旅游开发为依托，以城建兴镇、旅游活镇为发展战略，全面开展小城镇建设，打造中国旅游重镇。2007年，编制《水车镇国家级旅游城镇总体规划》《水车镇国家级旅游城镇控制性详规》《水车镇国家级旅游城镇建设性详规》，定位为国家级重点旅游重镇。2014年9月，紫鹊界梯田景区被列入首批世界灌溉工程遗产名录。中央电视台科教频道拍摄并播出《唤醒千年梯田》。2015年6月，紫鹊界梯田推介会亮相意大利米兰世博会，发布紫鹊界梯田全球认租公告，10月，首届紫鹊界国际大地艺术节暨大梅山文化旅游季启幕。中央电视台在紫鹊界梯田景区拍摄并播出《中国美丽镇村行》《中国重要农业文化遗产》等系列专题片。2017年，投入1080万元，完成水车管区3400平方米和镇中心2.22万平方米旅游城镇建设用地的审批、征地和转换工作，建成紫鹊大道和三条支线公路。是年底，完成安置街道和景区旅游公路旁房屋风貌改造，完成景区10.33千米旅游环线公路建设，治理恢复旱化梯田33.33公顷，修复灌溉渠道6000米。投资1.2亿元，完成梯田观景台升级改造、夜景灯光及绿化带、紫鹊界梯田景区大门至锡溪村、老庄村公路和荆竹村至柳白村的沥青路面改造、4.27万平方米景区生态停车场建设，添置垃圾清运设备，建立长效保洁制度。先后举办相约七夕、情定紫鹊、乡土艺术走进深圳、新化采风水车行、海外华文媒体走读大美湘西采访团紫鹊界梯田采风等活动。

温塘镇 位于新化县东北部，镇域面积170平方千米，辖29个村、1个居委会，总人口6.8万人，是全国重点镇、全省新型城镇化示范镇、娄底市高速公路沿线特色小镇。拥有丰富的煤炭、石膏等矿产和车田江水库、秦人古页岩梯田、梅山大峡谷、杨柳江冰川石臼峡谷、龙潭风雨桥、神仙岭石林原始森林等旅游资源。全镇以"一心、一区、两点"整体发展思路编制总体规划和页岩风情旅游特色小镇规划，推进新型城镇化建设。"一心"：温塘、利华和平安居委会组成的镇区中心。"一区"：以车田江水库为核心区，以杨柳江冰川石臼峡谷、梅山大峡谷为纽带，组成车田江风景区。"两点"：以龙琅高速冷水江北互通、车田江互通为节点，打造温塘东部经济商贸中心、温塘西部物流中心和旅游集散中心。

琅塘镇 位于新化县西北部，镇域面积127.7平方千米，辖52个村（社区），人口8.2万人，是新化县历史名镇、娄底市高速公路沿线特色小镇。境内资江航道21千米，直通洞庭湖和长江，国、省干线公路和县乡村公路纵横交织，新溆高速、龙琅高速、龙武高速在境内交会，并有两处互通，距沪昆高铁新化南站仅半小时车程。是享誉全国的"水阀片之乡"。水阀片产品占全国近90%的市场份额，远销东南亚和欧美。建成333.33公顷农业产业基地和集中连片的黄桃、火龙果、草莓、桑葚等水果基地和青蛙养殖基地。始建于乾隆年间的西团书院，是清、民两代"三府八县"莘莘学子求学之所，湖南著名的"城西文化"策源地，无产阶级革命家、教育家成仿吾启蒙之地。苏溪湖茶马古道边陲经贸之路和驿道犹在。琅塘老街，享有"金钱码头"之称。境内资水绕东往北，湖中群山抱水，碧水环绕，水域面积12平方千米，河流、湖泊交错汇通，与近百座山峦相映成趣。龙湾湿地被纳入国家级湿地公园名录。

第二节 传统村落和古建筑保护

2008年，市政府贯彻住房和城乡建设部《关于切实加强中国传统村落保护的指导意见》，出台《娄底市传统村落保护整体实施方案》，明确传统村落保护发展工作目标任务、工作责任和保障措施。县（市、区）加大传统村落、文化保护单位的投入力度，改善交通设施，加强对房、水、山、桥、庙等方面基础设施建设。对古民居、古建筑、古桥、河流按原貌方式保护，对古村大门、壁画等进行修复，稳定梯田耕种率。市、县两级文物保护单位申报省保单位7个。同时挖掘传统服饰、传统节日、传统民俗，扶持传统匠人、传统工艺。2009年，涟源市三甲乡古村落群、双峰县三塘铺镇枫树村、甘棠镇香化村被列入传统村落和古建筑古民居保护名单。

2013年，新化县奉家镇上团村、水车镇正龙村被列入湖南省传统村落和古建筑古民居保护名单。2014年，新化县奉家镇上团村启动传统建筑保护利用、防灾安全保障、历史环境要素修复、道路改造、自来水厂建设等项目，完成投资2000万元。是年，该村被列入湖南省传统村落和古建筑古民居保护名单。2014—2015年，新化县奉家镇下团村、水车镇正龙村完成投资约4000万元，实施传统建筑保护、基础设施和环境改善、文物和非物质文化遗产保护等建设项目。下团村把奉家山独有的野樱桃树移栽到主干道两旁，建设赏花（野樱花、杜鹃花）、品当地特色饮食和避暑休闲为主的“农家乐”，逐步建成原生态的苗瑶特色传统村落。

2016年，新化县奉家镇下团村、涟源市三甲乡铜盆村、双峰县荷叶镇硖石村被列入国家传统村落和古建筑古民居保护名单。涟源市安排341万元对杨市镇进世堂、存厚堂、锡三堂、云桂堂和金石镇乐恺堂四处古民居进行抢救性修缮保护，投资100万元完成红旗居民点修缮保护工程。2017年3月，市政府在传统村落水车镇召开全市传统村落和古建筑古民居保护工作现场会，推广新化县古建筑和传统村落保护工作经验。

第三节　农村危房改造

2008年，市政府按照党中央、国务院部署，将农村危房改造纳入重大民生工程，制定农村危房改造实施具体方案和补助金发放办法，规定凡纳入农村危房改造补助范围，必须是农村户籍、居住在危房中的农村分散供养“五保”户、低保户、贫困残疾人家庭和建档立卡贫困户等低收入群体。危房改造补助金直接通过银行一卡通发放给补助对象。竣工验收后一个月内，所有农村危房改造补助资金拨付到位。帮扶对象建房标准，坚持一户一宅、建新拆旧原则。建房控制面积：1人户35平方米，2人户45平方米，3人户60平方米，3人以上农户人均18平方米。可适当增加用于谷物储藏、农具放置等辅助性房屋面积20～30平方米。辅助性房屋面积不计入建房控制面积。

2013年，市住建局协助省住建厅编辑《湖南省农村危房改造技术导则》，为农村危房改造工程提供技术保障。2015年，省政府实施农村危房改造整体推进省级示范项目，娄底市沪昆高铁沿线所有乡镇被纳入省级农村危房改造示范项目（简称省级示范项目）。至2016年7月底，沪昆高铁沿线整体推进省级示范项目3289户，竣工率100%。省级示范项目配套工程全面推进，共完成硬化道路62千米，绿化6万平方米，新建垃圾收集点32个，配备分类垃圾桶1300个，安装太阳能路灯890盏，拆除违章建筑200多处，完成投资7000万元。是年，全市统筹易地扶贫搬迁与农村危房改造试点项目2个。新化县水车镇试点项目设立易地扶贫搬迁集中安置区，集中安置98户，农村危房改造245户。涟源市古塘乡试点项目建档立卡贫困户899户，集中建设安置危房改造403户。2017年9月，市政府在冷水江市召开全市农村危房改造现场推进会，推广中连乡福元村典型经验。2009—2012年，民政部门牵头，完成改造任务24550户，获中央补助资金约1.81亿元。2013—2017年，市住建局牵头，完成改造任务43913户，获中央、省补资金6.35亿元。至2017年12月，全市完成农村危房改造6.85万户，开工竣工率、验收合格率100%。

2009—2017年娄底市农村危房改造情况表

表54-4

年度	发放危房改造资金（万元）	危房改造（户）	危房改造建筑面积（万平方米）
2009	18100	1500	9
2010		2900	16
2011		7100	39
2012		13050	71

续表54-4

年度	发放危房改造资金(万元)	危房改造(户)	危房改造建筑面积(万平方米)
2013	6582	6170	34
2014	7354	6000	33
2015	11879	9300	51
2016	18624	14500	80
2017	19054	7943	43

第五章 机 构

第一节 市住房和城乡建设局

1990年，地区建设委员会为行署工作部门，正处级机构，综合管理全区工程建设、建筑业、城乡建设、房地产业、市政公用事业建设。2002年7月，市政府机构改革和职能调整，更名为市建设局(将城市规划、城市管理、人防管理职能析出，另设市规划局、城市管理局)。内设办公室（加挂法规科牌子)、科技设计科、城乡建设科、房地产开发管理科、工程质量安全科、计划财务科、人事教育科、纪检监察室。2009年3月，城市给排水管理科撤销。2010年10月，市建设局与市房地产管理局行政管理职能整合，组建市住房和城乡建设局（简称市住建局)，内设办公室、政策法规科（加挂信访科牌子)、住房和房地产监管科、城乡建设科（加挂市风景名胜管理办公室牌子)、城市给排水管理科、科技设计与工程技术科、质量安全科、计划财务科、人事科、离退休人员管理科、直属机关党委、纪检监察室。2013年10月，政策法规科加挂行政审批科牌子。2016年12月，市建筑业管理处撤销，其职能并入市住建局。局机关增设建筑业管理科、工程管理科，信访科改挂办公室牌子。2017年8月，纪检监察室改为市纪委、监委派驻机构。

附：市城市建设投资管理办公室

2000年6月，市城市建设投资开发有限责任公司成立。2001年7月，加挂市城市建设投资管理办公室（简称城投办）牌子，实行“两块牌子、一套人马”，合署办公的管理模式，主要代表市政府筹集城市建设资金并实施城市基础设施建设，为正处级全额拨款事业单位，归口娄底市建委管理。市城市建设投资开发有限责任公司按企业化运作，是政府城市基础设施建设的融资平台。核定编制17名，内设办公室、工程科、财务科、筹融资科、项目科、征迁科和合约科。2009年5月，市城投办调整为市政府办管理。2012年8月，调整为市政府直属事业单位。

2016年9月，市城投办和市城市建设投资集团有限公司分设，市城投办仍为市政府直属的正处级全额拨款事业单位，列为公益一类。核定全额拨款事业编制为18名，在岗26人。内设办公室、项目科、投融资科。

2016—2017年，市城投办分设后，主要开展了以下几项工作：一是做好娄底城区116条主要背街小巷提质改造的前期工作；二是组织相关机构与专家论证、制作“娄邵废弃铁路综合利用项目”“孙水与涟水两河风光带开发项目”“珠山公园休闲游乐园提质项目”等的策划方案；三是做好城市共享单车引入各项前期工作；四是市政府授权作为娄底涟水河综合治理工程（神童湾段）PPP项目的实施机构；五是拟定《娄底市政府投融资平台公司投融资管理细则》。

第二节　归口单位

市建筑勘察设计院　1988年由正科级升格为正处级事业单位。单位资质：工业民用建筑设计乙级、工程勘察丙级。2005年5月，改制为科技型国有企业。

市人民防空办公室　1978年建立，正科级机构，1994年，升格为副处级机构。2000年1月，与市国防动员委员会人民防空办公室合署办公。2001年10月，升格为正处级机构。2017年，职能并入住建局，保留人民防空办公室牌子。

市房地产管理局　2000年4月建立，副处级事业单位。2016年8月，房屋登记职能划入市国土资源局，内设机构10个，下辖二级机构2个。

市政维护管理处　1978年11月，地区基建指挥部市政工程处成立，1999年，整体收编县级娄底市市政工程公司，组建市政工程局。2001年，更名为市政建设总公司。2004年7月，加挂市政维护管理处牌子，为市住建局下属的副处级事业单位。至2017年机构不变。

市城市建设投资集团有限公司（简称市城投集团）　2009年组建，前身为2001年成立的市城市建设投资开发有限责任公司，与市城市建设投资管理办公室合署办公。改制前，集团下设办公室、工程管理部、财务部、筹融资部、土地经营部、征地拆迁部、合约管理部、人力资源部、纪检监察部、总工室、信访办11个部室，下辖6家直管全资子公司和5家相对独立的全资子公司。2016年9月，市城投集团与市城市建设投资管理办公室分设，按照“董事会决策、监事会监督、经理层执行”的现代企业法人治理结构改制重组，成为娄底市国有独资公司，直属市政府管理，由市国资委根据市政府授权代表出资人履行监管责任，从“政府融资平台”逐步转型为“专业化、市场化”集融资、投资、建设、开发、经营于一体的市场主体。改制后，城投集团有员工332人（含娄底宾馆），内设党群综合部等8个部室，下属子公司34家，其中包括15家直管子公司、6家相对独立运作子公司以及13家参股公司。截至2017年12月31日，注册资本6亿元，企业信用等级AA级，总资产417.93亿元。

第三节　直属机构

市建设工程造价管理站　1979年建立，为自收自支事业单位。2009年8月，列为财政全额拨款正科级事业单位。

市新型城镇化工作办公室　20世纪80年代，地区规划办公室成立，2000年更名为市规划办公室。2002年，城市规划职能划出另组建市规划局，其余职能组建市小城镇规划管理办公室，2009年，更名为市小城镇建设办公室。2010年，市新型城镇化领导小组成立，下设新型城镇化工作办公室，与小城镇建设办公室合署办公。2011年，升格为副处级事业单位。至2017年，机构未变。

市住房制度改革领导小组办公室　1993年11月成立，为副处级事业单位。2007年3月，设立市房地产开发管理办公室，与市住房制度改革领导小组办公室合署办公。2010年3月，纳入参照公务员法管理单位。至2017年，机构不变。

市重点工程建设办公室　1995年9月成立，加挂地区铁路建设指挥部牌子，为正科级行政单位，1996年2月，升格为副处级单位。2010年11月，更名为市重点工程办公室。2015年5月，市重大项目建设前期工作办公室与市重点工程办公室合并为市建设项目办公室，转隶市发展改革委领导管理。

市建设工程招投标管理办公室　1992年12月成立，为正科级自收自支事业单位。2003年7月，为财政全额拨款事业单位。至2017年，机构未变。

市建筑施工安全监督站　1992年12月成立，为正科级自收自支事业单位。2015年10月，改为财政全额拨款事业单位。至2017年，机构未变。

市住房和城乡建设系统培训中心　1992年成立，为正科级自收自支事业单位。1996年7月，设立娄底地区城乡建设职工技术培训学校，两者合署办学，2000年11月，合并为娄底市住房和城乡建设系统职工培训中心。至2017年，机构未变。

市建筑行业劳保费用管理办公室　1987年10月成立，为正科级自收自支事业单位。2017年5月，机构撤销。

市国有土地房屋征收中心　2002年4月成立，为副处级事业单位，主管全市规划内拆迁安置工作。至2017年，机构未变。

市燃气管理办公室　2000年前为市建委管理的燃气管理办公室。2002年，整体上收归属市建设局，为正科级事业单位。至2017年，机构未变。

市施工图审查中心　2010年8月成立，为正科级自收自支事业单位。至2017年，机构未变。

市政工程监理处　2010年8月成立，为正科级自收自支事业单位。至2017年，机构未变。

市城市基本建设档案馆　原为县级娄底市建委所属的城市基本建设档案馆。2008年1月，整体上收归隶市建设局，为正科级事业单位，经费从城市维护费中列支。2017年1月，改由财政全额拨款。

市建设工程质量检测中心　2002年1月成立，为正科级自收自支事业单位。2003年4月，更名为市建设工程质量检测室。2006年8月，更名为市建设工程质量检测站。2010年11月，更名为市建设工程质量检测中心。至2017年，机构未变。

市建筑业管理处　2001年，撤销地区施工管理站和建委内设机构建筑业管理科组建市建筑业管理处，为副处级事业单位。2015年5月，机构撤销，职能上收到市建设局。

市建设工程交易中心　2000年12月成立，为正科级自收自支事业单位。2012年4月，机构撤销。

市住房和城乡建设执法支队　2015年9月成立，为正科级事业单位。至2017年，机构未变。

第四节　县（市、区）机构

一、娄底市住房和城乡建设局娄星分局

1990年，娄底市（县级）城乡基本建设委员会，正科级，行政编制25名，事业编制145名，内设4个股室，下辖规划局、城管局、房地产局等16个事业单位。乡镇设城建办。1999年撤地建市，下辖二级事业单位行政职能和建制全部上移娄底市建设委员会。2002年2月，娄底市建设局娄星分局设立，为市建设局派出机构，受娄底市建设局、娄星区政府双重管理，以市建设局管理为主，正科级，行政编制10名，后勤服务事业编制2名，内设4个股室。下辖2个副科级全额拨款事业单位：娄星分局建筑市场管理办公室（加挂建筑安全监督站牌子），事业编制13名；娄星分局建设工程招投标办公室，事业编制5名。2010年市建设局娄星分局更名为市住房和城乡建设局娄星分局，行政编制11名，后勤服务事业编制2名，内设4个股室。下辖2个事业单位：分别为娄星分局建筑市场管理办公室（加挂建筑安全监督站牌子）、娄星分局建设工程招投标管理办公室。2017年，行政编制9名，后勤服务事业编制2名，内设4个股室，下辖2个副科级公益一类事业单位，事业编制18名。

二、冷水江市住房和城乡建设局

1990年，冷水江市建设委员会，正科级，编制20名，内设10个股室，下辖24个二级机构。12月，市公安局城市管理民警队归口市建委管理。1992年成立建筑安装总公司。1994年，更名为市建设局，编制24名，内设办公室等7个股室。1997年下辖26个企事业单位。2002年机构改革，局行政编制20名，事业编制5名，后勤服务事业编1名，内设6个股室。2010年，更名市住房和城乡建设局，机关行政编制19名，后勤服务事业编2名，内设7个股室，下辖15个二级机构。2013年住房制度改革办划归市住房和城乡建设局管辖。2017年，行政编制19名，后勤服务事业编制2名，内设8个股室，下辖新

型城镇化办公室等16个二级机构。

三、涟源市住房和城乡建设局

1990年，涟源县建设委员会，正科级，编制11名，另有事业编制4名，内设办公室等6个室组，下辖13个二级机构和一家建筑公司。1995年1月，更名为市建设局，归口管理市人防办。1996年3月更名市建委，编制25名，内设办公室等6个股室。2002年，更名为市建设局，编制25名，内设办公室等8个股室，归口管理环保局等3个正科级单位。下辖6个副科级事业单位，17个股级事业单位。镇设城镇办。2011—2017年，更名为市住房和城乡建设局，编制17名，内设办公室等9个股室，下辖市新型城镇化办公室等6个局属二级机构和市自来水公司（国企）。

四、双峰县住房和城乡建设局

1990年，双峰县城乡建设环保局，正科级，编制183名，内设4股1站，下辖6个二级机构。1992年更名县城建国土环保局。1997年更名为县城建环保局，编制297名，内设8个股室，下辖9个二级机构。2002年，更名县建设局，行政编制12名，事业编制4名，内设办公室等6个股室，2004年新设小城镇管理办公室，在岗在编467人，下辖14个二级机构。2010年更名县住房和城乡建设局，编制343名，内设8个股室，下辖13个单位。2017年，县城乡建设局在岗在编299名。其中局机关42人，内设8个股室，下辖的二级单位自来水公司90人，国有土地征收中心25人，建筑工程技术质量监督站24人，建筑工程安全监督站19人，执法大队8人，燃气办6人，房改办6人，代管的县住保中心79人。

五、新化县住房和城乡建设局

1990年，新化县城乡基本建设委员会，正科级，编制14名，实在岗15人，内设8个室组，下辖20个单位。1994年，更名为县建设局，编制20名，实在岗19名，事业编268名，内设8个股室，下辖20个单位。2011年，更名为县住房和城乡建设局，编制37名，事业编制296名，内设7个股室，下辖11个二级机构。2017年，县住房和城乡建设局，编制37名，事业编制296名，内设7个股室，下辖重点办等13个二级机构。

六、娄底经开区建设管理局

2002年，娄底市住房和城乡建设局娄底经开区分局，正科级，为市住房和城乡建设局派出机构。定员11名。2017年，娄底经开区建设管理局成立，正科级，行政编制45名，内设6个副科级单位，下辖1个事业单位。

第五十五篇

城市管理

概　述

1990年，县级娄底市建设委员会负责娄底中心城区城市建设和管理，实行规划、建设、绿化、管理四同步。城区绿地面积671万平方米，绿地率32%，人均公共绿地4.03平方米。娄底市获湖南省绿化第一名，1991年，被评为全国城市造林先进单位，1993年，被评为湖南省绿化十佳城市，1995年，被评为全省城市绿化先进单位。是年，娄底市政府贯彻国务院《城市市容和环境卫生管理条例》，出台《娄底市城市卫生管理办法》，组建城市建设管理监察大队。单位、庭院推行“门前三包”（包清扫、包保洁、包管理）责任制，街道清扫保洁和垃圾清运全覆盖。

2001年9月，娄星区园林处、环卫处、城管监察大队等城管职能单位整体上收，组建娄底市城市管理局（简称市城管局），负责娄底中心城区城市管理。

2003年，市政府编制《娄底市城市绿化系统规划（2003—2020）》，提出创建省级园林城市目标，制定《城市绿化管理办法》，投资10亿元，相继建成娄星等4个广场，石马、珠山等4个公园，完成娄星南路、氐星路等12条道路绿化配套改造和湘中大道、新星南路、新星北路、吉星路等26条新建道路绿化建设。

2004年，市政府贯彻国家《“十一五”城市照明工程纲要》，实施城区亮化工程，城市路灯建设加快。中心城区绿化面积726万平方米，道路绿地率36%，绿化普及率98%。蛇形山镇燕子岩生活垃圾处理场建成，库容430万立方米，日处理生活垃圾300吨。无害化处理达标率100%。城市环境评比居全省第二位。中心城区获湖南省卫生城市、湖南省园林城市称号。2006年，被授予全国绿化模范城市。2007年，市城管局依法行使城市管理和相对集中行政执法职能，加强对环卫、风景园林、广告、路灯、渣土管理，依法管城，文明执法。是年，娄底市被评为全国十佳宜居城市。

2008年始，市政府相继出台《娄底市城区市容和环境卫生管理规定》《城市建筑垃圾管理规定》《城市生活垃圾管理规定》《关于城市管理相对集中行政处罚权的决定》《娄底中心城区“门前三包”管理办法》《城市渣土管理办法》《中心城区禁止燃放烟花爆竹的通告》等一系列制度和规定。城市管理逐步走向法制化、规范化、科学化。

2009年12月，市委、市政府提出创建国家园林城市目标，修订并实施《娄底市城市绿化系统规划》，在市民中开展“爱我娄底，绿化家园”树木捐植活动。171家单位2万多人参与。自此，每年植树节期间，全市城乡居民踊跃参加义务植树活动。市、区财政安排园林绿化资金5亿余元，改建扩建娄星广场、青山公园、石马公园、涟水河风光带、仙女寨植物园，对已建道路全面绿化改造，建设茶花一条街、樱花一条街、紫薇一条街，形成一街一景、一路一品特色。

2010年，市委、市政府提出创建国家卫生城市目标。至2011年，中心城区新增绿地面积472.8万平方米，道路绿化率82.1%，道路绿化普及率98.7%。2012年2月，住建部授予娄底市国家园林城市称号。2013年，市政府出台《中心城区环卫机械设施配置与垃圾收运体系完善实施方案》，中心城区环卫机械设施配置与垃圾收运体系建设日臻完善。城管部门推行“包卫生、包绿化、包秩序”新的“门前三包”和一个扫把扫到边、一支队伍管到底与网格化管理新模式，“门前三包”责任牌、责任卡和台账，覆盖中心城区所有门店。是年始，中心城区逐步推行街道清扫作业市场化管理。市城管局依法有效整治占道经营、早市、夜市、流动摊贩、户外广告、违法建设、城市“牛皮癣”、露天焚烧垃圾、中心城区燃放烟花爆竹等影响市容市貌和环境卫生乱象。市容市貌和环境卫生状况显著改观。2015年，娄底市获国家卫生城市称号。

2017年底，中心城区拥有公园15个、大型广场4个、小游园19个，建成区绿地面积1761.92万平方米，绿地率为35.4%、绿化覆盖率为41%，人均公共绿地9.61平方米。中心城区218条街道，有路灯专用变压器92台，容量14万千瓦，控制柜111台，地下线缆总长度27.22万米，地埋管道53万余米，路灯井8927座，路灯基8752基，路灯2.52万盏，道路照明总功率2477.61千瓦。中心城区利用新光源、新技术和市场化管理模式节能降耗，为公园、社区、地下通道、平安工程、天网工程、景观亮化、宣传标牌、道路交通信号灯、指路牌等公益性社会服务项目无偿供电，成为名副其实的不夜城。

第一章　市容管理与行政执法

第一节　市容管理

一、治理早市、夜市

1990—1999年，娄底中心城区早、夜市逐年兴旺，影响市容市貌，造成交通堵塞，空气污染。城管部门与街道物管处采取疏堵结合、划定摊位、整治等方法，破解早、夜市难点，但收效不大。2000年，市城管执法支队将夜宵摊贩集中到南贸西街一带，形成夜市一条街。2006年，夜宵市场转移至金谷市场、洞新市场等地。所有早餐摊贩全部进店经营。2012年，新增民营市场等地夜市。2013年，娄底中心城区烧烤、夜宵指定摊点增至30余处。市创卫办牵头，市财政出资，市规划局、市国土局、市城管执法局、市食品药品监督局等部门联合选址，设置金谷市场、经开区沿河路、新科西街、丽春路、火车站临时过渡夜市。专项整治城区其他夜宵摊点，安排分布在中心城区占道经营的几十个夜宵摊点到上述5个过渡夜市，实现规范化管理。早上6—9点，加强学校、商业街等重点地段管控，依法查处占道经营摊担。2014年，采取普遍巡查和重点部位专人守点方式，对个别市容乱象频发、摊担易聚集的地段集中整治，依法取缔占道经营6.2万起，查处违规庆典促销活动987起。2015—2017年，全市创国家卫生城市复检、创全国文明城市时期，在全城区巡查集中整治，对违规行为发现一起，查处一起。

二、取缔占道经营

1992年，市城市建设管理监察大队采取制止、劝导、划定集中摊点和地段等措施，整治无照经营流动摊担、店外经营、擅自摆摊设点、沿街叫卖等影响市容行为。1993年起，城管部门针对城区流动摊贩占道经营等违规行为实行规范管理，在不影响正常交通的情况下，划定九龙市场至汽车站沿线、中心医院沿线人行道作为集中摆摊点，其余地段禁止摆摊。1995年起，逐渐取消氐星路、长青街路段人行道集中摆摊。2003—2007年，中心城区取缔人行道集中摆摊。对非法占道经营、影响市容市貌行为采取批评教育、登记保存违章物品、立案查处等措施，依法立案查处非法占道经营行为500多起。2008—2011年，拆除违规棚点700余个，取缔马路市场30余处，转移安置流动摊担1万多个，取缔临街门店店外经营4万多处，拆除违规遮阳雨棚1000余个、违规棚点1000多处。依法立案查处非法占道经营行为800多起，取缔6万余起，登记违章物品千余件。2012年，落实国务院《无证无照经营查处取缔办法》，制定《娄底市2012年清理整治无证无照经营专项工作实施方案》，组建市场整顿建设办公室，负责治理无照非法占道经营。2013年，市场整顿建设办公室发布《娄底中心城区取缔占道经营实施方案》，取缔流动摊担、马路市场、店外经营、占道经营、违规棚点，给每个流动摊担发放安置经营卡，定点安置。规范少数民族经营户定点、定时、亮证经营。是年，取缔马路市场16处，转移安置流动摊担4767个，取缔临街门店店外经营5758处，拆除违规遮阳雨棚4127处、棚点697处。2014—2016年，集中整治重点地段，取缔占道经营12.2万次（起）。2017年，采取“政策支持、政府主导、多方联动、市场吸纳、引摊入市”的方法，取缔跨店经营1.85万起，安置流动摊、担8402处。

三、推行“门前三包”

1990年，依据1982年《娄底市环境卫生管理暂行规定》，单位院落、人行道、临街门店清扫保洁实行单位负责制。街道办事处、居委会负责清运，实行有偿服务，市环卫处督查管理。市环卫处与街道办事处及居委会协调配合，实行“门前三包”责任制。2000年4月，《娄底市城区“门前三包”管理暂行办法》出台，详细规定“门前三包”的责任承担者、责任范围与管理要求。2002年2月，推行一个扫把扫到边，一支队伍管到底的管理模式，市环卫处接收门店门前及一些配套道路清扫保洁任务。是年12月，市政府下发《关于娄底城区临街单位门店门前范围统一由环卫部门清扫、保洁、管理的通知》，规定人行道的清扫保洁由市环卫处负责。2011年始，市城管局推行网格化管理，招聘100名城管协管员管理市容。2012年8月，推行“门前三包”台账，签订“门店三包”责任状，订制责任牌，设置台账卡，主街道9153个门店“一卡、一状、一牌”全覆盖。长青街市中心血站至铁路桥路段、贤童街市检察院至乐花路交叉处路段成为“门前三包”管理示范街。2012年，市城管局将中心城区分为100个网格，每个网格安排固定城管执法人员和协管员，以长青街、贤童街“门前三包”管理为样板，分片包干，责任到人。2013—2017年，中心城区47条主次道路划分为110条路段26个单元网格，配置网格人员，实行24小时无缝隙管控。2017年，清查责任牌，完善“三包”台账，开展“三包”明星经营户评比活动，评选出100名明星经营户，挂牌表彰，对严重违章且屡教不改的300多家门店依法处罚。

四、整治燃放烟花鞭炮、露天烧烤和油烟

2004年，市政府发布《关于在中心城区全面禁止燃放烟花鞭炮的通告》。市城管执法支队督查落实。2008年始，每年对露天烧烤行为开展多次整治，按照定量、定点、定规的原则管理。2015年，市政府实施《天蓝水净地绿三年行动计划》《娄底市大气污染防治实施方案》，设立城管110投诉电话，根据110热线举报线索，查处300多起违规行为。2015年8月，市政府再次发布“禁燃令”，在中心城区实行24小时禁燃烟花爆竹。入店入户发放宣传资料2万余份，日常巡查，元旦、春节等重点时段定人、定岗、定责，24小时坚守禁燃一线。2017年，市城管局制定《娄底中心城区露天焚烧垃圾专项整治工作实施方案》，重点整治人口集中区域露天焚烧沥青、油毡、橡胶、塑料、皮革、垃圾、秸秆、落叶、废纸以及其他产生有毒有害烟尘和恶臭气体的违法违规行为500多起。市城管执法支队办理餐饮油烟污染案件20余起。中心城区燃放烟花爆竹行为得到禁止。

五、生活垃圾处理监管和治理卫生死角

1990年，依据《娄底市环境卫生管理暂行规定》，中心城区环境卫生清扫保洁和生活垃圾处理，由各街道办事处、居委会负责。市环卫处负责全市环境卫生监察执法。2002年，针对门店生活垃圾突出问题，借助媒体公开曝光，推进城市生活垃圾治理。市政府下发《关于娄底城区临街单位门店门前范围统一由环卫部门清扫、保洁、管理的通知》，理顺生活垃圾管理体制。2012年8月，市政府发出《关于对违反城市市容和环境卫生管理规定行为实行严管重罚的通告》。市城管局组建13个宣传小分队入店宣传，对违章行为劝导教育，拒不改正者予以处罚，整治农贸市场、洗车行业和家禽家畜市场、建筑物外观、立面容貌。2010年，市政府办公室印发《关于对娄底中心城区公共区域菜地进行专项整治的实施方案的通知》，对城区道路配套建设尚未完成的主街道两侧人行道、绿化带、非机动车道内蔬菜瓜果集中清除。

2013年，市城管执法支队与环卫处协作，清理门店生活垃圾。采取定点摄像取证、跟踪拍摄取证等方式查处乱倒垃圾违规行为，对往车外抛物违规车辆在媒体公开曝光，每个月平均纠正600余起，查处160余起。2016年，将垃圾专项整治列为年度重点整治工作，办理专项案件4195件，处罚25.07万元。是年3月，市城管局启动“弯腰行动”，举行万人签名活动。5万余人次参与签名，传播城市文明新风。2014年，治理乱堆乱摆、乱丢乱设、乱贴乱画、乱搭乱建、乱停乱放等行为，市容环境卫生管理逐步实现常态化。2017年，重点对乱倒、乱丢、乱扔、乱堆垃圾行为专项整治，查处门店垃圾案件323起，车窗乱抛垃圾案件36起，纠正行人乱丢垃圾行为271起。

娄底市开展“弯腰行动”签名活动（2016年摄）

六、规范户外广告

20世纪90年代，中心城区户外广告行业开始起步，至2002年初，有户外广告万余块，楼顶广告200多块，设置无序混乱，严重影响市容市貌。2002年2月，市广告灯饰管理办公室（简称市广告办）成立。2003年2月，市政府颁布实施《娄底市城市户外广告管理办法》，实行设前先批、批前先审、审后督办，从源头控制户外广告和门店招牌设置。5月，市城管局出台《娄底市城区户外广告招牌设置标准》，规范广告设计制作样式。2003—2009年，开展6次户外广告、招牌专项整治，依法取缔劣质、违规广告500多块。2008年12月，市政府出台新的《娄底市城区户外广告招牌设置标准》。2010年，拆除违规广告招牌180多块、墙体喷绘广告200多块、楼顶和墙体广告牌30多块。2011年，委托市规划设计院编制《娄底市城市户外广告设置专项规划（2011—2020）》。是年，清除“牛皮癣”小广告5万余平方米，违规横条幅3414条。

2012年12月，市政府出台新的《娄底市户外广告管理办法》。是年，拆除违规大型立柱广告2处、喷绘广告3万余平方米、竖式广告招牌52块、破损广告4000余平方米、立地广告牌50余块，督促广告业主自行拆除广告3000余平方米，规范门店招牌82块，清除广告“牛皮癣”2万余张，拆除横条幅广告4200余幅，查处未经审批广告宣传车21台次。2013年，全市开展创建国家卫生城市活动，市财政投入300万元，改造门店招牌2758块，面积1.5万平方米，拆除楼顶和墙体广告46块，拆除氐星路、新星路、春园路等临街建筑物竖立广告牌30多块。2014年，创卫复检期间，拆除各类违规、破旧广告和招牌2.92万平方米，其中喷绘布349块2.7万多平方米，铁架258块2166平方米，横幅243条。2015年，拆除各类违规、破损、有安全隐患的广告（招牌）650余块5.5万平方米。2016年，中心城区开展创建全国文明城市活动，拆除各类违规、破损广告（招）牌6000余块11.58万平方米。

2017年4月，全市开展市容环境集中整治行动，拆除30多条主次干道各类违规、破损、破烂广告6000余块，其中二楼以下的一店多牌4200余块，大型屋顶广告牌8块，督促园林绿化监察大队依法拆除绿化带内标识牌399块，督促经开区城管办拆除路灯广告500余杆，破损广告200余处。2017年，清理拆除一店多牌和各类破损、破烂广告（招）牌8500余块8万多平方米。是年底，城区有合规的电子显示屏12块、三面翻广告牌31块，楼顶广告400多块减少到170余块，500多家门店取消悬挂横幅，改设小型电子显示屏。

七、拆违、控违和静态停车监管

1990—2008年，市城管执法部门参与一系列拆违行动，其中6次大型拆违行动：拆除老火车站公共汽车停车场周边违章建筑、老烟草公司后面的违章建筑、华达机械厂周边违章建筑、老市劳动服务公司基建工地违章建筑、涟钢新电炉违章建筑、涟钢洪家洲至涟钢大桥河边沿线违章建筑。2008年1

月至2010年10月，城管执法支队行使城区公共交通执法职能，办理公共交通执法类案件5500余起（2010年11月该项职能移交给市交通局），行使城区静态停车执法职能，办理静态停车执法案件2000余起（2011年12月该项职能移交市交警支队）。2010年，城管执法支队拆除违法建筑近10万平方米。2012年，与规划、国土、建设等部门协作，开展市区违法建设整治统一行动，协助7个乡镇、街道拆违、控违工作，对中心城区违法建设立案234处，拆除115处。2013年1月，规划和建设执法职责职能分别移交给市规划局、市建设局。

第二节 行政执法

一、法规制度

1990—1991年，继续执行1982年县级娄底市制定的《娄底市环境卫生管理暂行办法》。1993年8月，贯彻国务院《城市市容和环境卫生管理条例》、建设部《城市生活垃圾管理办法》，县级娄底市政府制定《娄底市城市卫生管理办法》，环境卫生管理走上法治化轨道。

2000年4月，实施国务院《城市道路管理条例》、湖南省《城市市容和环境卫生管理条例》，市政府制定《娄底市城区市容和环境卫生管理规定（试行）》，2003年4月，施行《娄底市城市市容和环境卫生管理办法》，2005年6月，印发《城市建筑垃圾管理规定》。

2007年7月1日，建设部《城市生活垃圾管理办法》施行。是年12月，市政府发布《娄底市城市管理相对集中行政处罚权暂行办法的通知》《娄底市人民政府关于开展城市管理相对集中行政处罚权工作的决定》，赋予市城管局城市管理相对集中行政处罚权。2009年5月，《娄底市城市绿化管理办法》施行，原《娄底市城市园林绿化管理办法（试行）》同时废止。

2011年3月，市城管局印发《规范行使城市管理行政处罚裁量权的规定的通知》，2012年6月印发《关于调整行政执法职能理顺执法体制工作的意见》，8月，制定《娄底市中心城区“门前三包”管理办法》。2013年7月，市政府办公室印发《娄底中心城区城管进社区工作方案》。2013年11月，市城管局印发实施《殡葬管理问责实施细则》。2015年8月，市政府办公室印发《关于娄底中心城区禁止燃放烟花爆竹工作实施方案的通知》。

二、执法主体和程序

2000年起，由城管执法支队代表市政府履行城市管理执法职责。2002年，市公安局设立派驻城管执勤室，强化执法力度。2007年，市公安局治安支队成立城管警察大队，负责处置城管执法中的暴力抗法案件。

2009年12月，市城管指挥监控中心启用。2012年7月前，各执法大队负责执法案件初审，城管执法支队负责再审；7月后，改两级案审制为一级案审制。由支队直接审理，负责登记、审核、审签、下发处罚决定书、出具结案报告、案卷装订等工作。罚款上缴市财政银行专户。2013年，出台《关于进一步加强行政执法工作的通知》，整理编印《执法人员工作手册》，对处罚事项、罚款额度统一标准、尺度，规范行政处罚自由裁量权，全年无撤销、变更确认的行政案件。

2014年，加强建章立制，科学设置执法制度和程序，推行行政执法公示制度、执法全过程记录制度、重大执法决定集体审核制度，健全行政执法文书、执法台账、扣押物品等管理制度及行政处罚适用规则和裁量基准制度。2016年3月，市公安局城管警察大队撤销，成立行政执法大队。行政执法大队在市城管局设立工作联络组。

2012—2017年，市城管局行政执法一般程序立案1.27万件，处罚金额807.38万元，简易程序立案8.24万件，处罚金额279.3万元。

2012—2017年娄底中心城区城管行政执法处置案件统计表

表55-1 单位：件、万元

年份	一般程序案件			简易程序案件		合计	
	立案数量	拟处罚金额	实际处罚金额	立案件数	处罚金额	案件	金额
2012	3985	395.02	277.93	13916	55.94	17901	333.87
2013	1604	134.75	115.05	19750	62.36	21354	177.41
2014	1741	224.03	102.03	21398	54.73	23139	156.75
2015	1887	82.54	82.07	12223	34.75	14110	116.82
2016	1697	96.14	94.74	9011	45.49	10708	140.23
2017	1835	163.72	135.57	6066	26.03	7901	161.60
合计	12749	1096.20	807.38	82364	279.30	95113	1086.68

第二章　环境卫生管理

第一节　清扫保洁

1990年，娄底市中心城区主要街道、小街小巷、马路两旁人行道、车站、码头、市场的环境卫生管理，分别由环卫部门、所在单位或门店、居委会负责，机关单位、院落、学校、企业、商店等卫生管理，分别由所属单位负责。1990—1995年，市环境卫生清扫保洁范围仅限于10条主要街道，清扫面积24万平方米。小街小巷由居委会清扫保洁。车站、码头、市场等由管理（经营）单位清扫保洁。机关、院落、学校、商店等周围分别由所属单位清扫保洁。普扫时间定为22:00至次日凌晨1:00。白天实施全日制保洁。7月、8月、9月3个月下午因天气高湿酷暑不保洁。环卫作业方式全是工人手工作业。

1993年9月，环卫处、街道办事处及居委会协调配合，形成“纵向三级、横向连片，条块结合、专群结合”的清扫保洁管理网络。1995年5月，环卫处清洁工曾晓云被评为湖南省劳动模范。1996—2001年，环卫普扫时间调整为22:00至次日凌晨4:00。取消7月、8月、9月3个月下午不保洁制度，实行白天全日制保洁，清扫面积扩大至54万平方米。

2000年4月，《娄底市城区“门前三包”管理暂行办法》出台，明确市容环卫管理职责，实行奖罚。一线环卫作业人员统一着黄色环卫标志服。2002年2月，实施一个扫把扫到边，一支队伍管到底的管理模式，接收人行道和临街门店门前的清扫保洁任务。延长日常清扫保洁作业时间，夏、秋季19小时，春、冬季17小时，清扫面积增至153万平方米。5月，市环卫处购置2台扫地车。环卫日常清扫作业由单一的手工作业转为手工作业与机械化作业相结合，机扫率35%。

2003年1月，市政府提出创建省级卫生城市工作目标，2004年5月，发布《关于取消娄底城区敞开式垃圾箱改为封闭式垃圾集装箱的通告》，实行8小时生活垃圾代运服务承诺制。是年，添置1台扫地车，机扫面积93万平方米，机扫率40%。

2006年，娄底市获评湖南省卫生城市。市政府批准实施修订后的《娄底市环境卫生专业规划（2005—2020）》。2008年，推行路段清扫保洁承包制、快速反应机制、重点路段重点时段专人保洁责任制。2009年，改革洗洒模式，将昼夜洒水降尘改为“两洒两洗”制，对城区主干道上午、下午各洒水降尘一次，主要道路主车道白天由洗路车机械清洗，非机动车道、人行道和其他道路夜间机械冲水、人工清洗作业，避免白天人多、车多、清洗效率不高的矛盾。环卫作业首次实行全日22.5小时清扫保洁制，时间调整为凌晨4:30至次日凌晨3:00。清扫面积增至300万平方米。

2010年，市委、市政府提出创建国家卫生城市工作目标，加大环卫设备投入。中心城区日常清扫保洁面积增加至360万平方米。新增机洗车辆2台。机械化清扫面积126万平方米，机扫率42%。是年，新购护栏清洗车1台，对交通护栏进行机械清洗。2011年，中心城区投入1500万元，提质改造全部垃圾站，新建22座公厕。2012年，新增洗扫车9辆，高压洗路车1辆，增加机扫面积，提高清扫速度、效率和质量。对新星南路45.5万平方米的清扫保洁和垃圾收集进行市场化试点。通过政府采购中心公开招投标，承担娄底大道日常清扫保洁和垃圾收集工作，其卫生质量由市环卫处考察考核。中心城区实行新的“门前三包”。是年，清扫保洁面积增至463万平方米。添置洗扫车9台，高压洗路车1台、护栏清洗车1台。机械化清扫面积267万平方米，机扫率70%。

娄底市城区环境卫生洒水车采取横冲和直冲相结合的方式冲洒路面（2013年摄）

2013年，对湘中大道、城南新区18条道路，建设路、吉星路以东道路约148万平方米面积的清扫保洁及垃圾收集实行市场化运作。市环卫处清扫工刘永莲获全国妇女联合会授予的全国巾帼建功标兵称号。2014年4月，购置32台环卫巡查保洁车，建立快速巡查保洁机制，提高保洁效率，12月，接管涟钢区域环卫工作。2015年，对新星北路与娄涟公路转盘北出口至长韶娄高速娄底北入口43.81万平方米环卫作业实行市场化运作。是年，娄底市被全国爱卫会授予国家卫生城市称号。是年底，市场化清扫管理面积增加到46.2万平方米。

2016年7月，对涟钢生活小区31.8万平方米清扫作业实行市场化管理。是年，湘中大道、城南新区18条道路等市场化清扫面积扩展为212万平方米。2017年，道路市场化清扫保洁面积334万平方米。清扫保洁街道97条，清扫面积增加至694万平方米，机洗车18台，机械化清扫面积540万平方米，机扫率80%以上。

第二节 垃圾收集处置

一、收集

20世纪90年代初，中心城区各单位、院落，向娄底市环卫处购置或租用敞开式垃圾箱，满箱后再委托环卫部门代运。无箱单位、居民小区和门店垃圾，采取垃圾收集车及人工手推板车相结合方式定时流动上门收集。环卫部门普扫的垃圾，采用垃圾箱和砖围结构转运站收集，年均生活垃圾收集量1.87万吨。1994年，市环卫处有高台中转站1个、储粪池1座、清运车辆11台、垃圾收集板车20台、无产权临时性砖围垃圾站7座。1995年，中心城区建联体公厕垃圾站6座、其他垃圾站12座。1996年，市环卫处对多功能垃圾车安装防护网罩，避免垃圾运输途中第二次污染。是年，中心城区有垃圾站15座。2002—2003年，市环卫处垃圾收集对外承诺服务，接到代运单位电话后24小时内完成。收集车每天上门收集垃圾2次。

2004—2005年，中心城区所有垃圾箱全部改用封闭式垃圾集装箱。市环卫处实行8小时工作时间代运服务承诺制。2006年，临街餐饮门店统一配置垃圾保洁桶1009个、垃圾板车40台。2007年8月，实行门店生活垃圾每天上门收集3次。2007年，市政府投资2200万元建设垃圾中转站，2008年，中心城区新建垃圾站15座，启动5座地坑式垃圾站建设。采取人工与机械相结合，上门收集门店垃圾，随倒随收。2010年，在各社区投放300余个密闭垃圾箱，免费清运社区垃圾，实现垃圾收运城乡一体化，年垃圾收集量11.9万吨。

2012年，中心城区取消全部单桶果皮箱，设置分类式果皮箱1950个，背街小巷取消高台垃圾站，所有垃圾设施达到国卫标准。2013年9月，市政府出台《娄底中心城区环卫机械设施配置与垃圾收运体系完善实施方案》，中心城区取缔所有垃圾池、垃圾屋，新建和改造垃圾站。中心城区单位、院落、小区生活垃圾由市环卫处上门收集或就近倒至垃圾站，做到日产日清。临街门店垃圾实行小微型收集车分早、中、晚3个班次定点、定时收集，年垃圾收集量10.8万吨。取缔公共区域内400个垃圾箱，改用可移动式垃圾桶500个，为临街门店配置垃圾收集容器8070个，添置密闭式垃圾板车150台，购置垃圾收集车、清运车20台。2017年，垃圾转运站增至33座，其中压缩式垃圾站30座，垃圾中转站1座，环卫清运车辆72台。

二、处置

1990年7月，娄底市环卫处封闭大科乡长青村生活垃圾处理场，8月，启用位于娄底市园林处苗圃场简易生活垃圾处理场，面积1.5公顷，使用年限25年，由专人管理，垃圾随倒随推平，黄土覆盖处理，年处理生活垃圾1.87万吨。2004年，双峰县蛇形山镇泉塘村燕子岩生活垃圾填埋场开工建设，用地面积42.67公顷，库容430万立方米，分4个库区，设计服务年限23年。第一库区库容22.4万立方米，2007年11月1日建成启用，符合《生活垃圾卫生填埋技术规范》（GJJ17—2004）要求。原生活垃圾处理场封场。市中心城区生活垃圾全部运至该场处理，日均处理约400吨，年均处理14万吨，超过设计处理量。2008年8月，燕子岩生活垃圾卫生填埋场通过省建设厅考核验收。2009年9月，通过住建部复查，无害化处理达到Ⅱ级标准。2011年5月，该场第二库区建成投入使用，库容42.8万立方米。2012年10月，燕子岩生活垃圾填埋场渗沥液处理站投入运行，出水端按要求装配监测设备实时监控。渗沥液处理符合《生活垃圾卫生填埋场防渗系统工程技术规范》（CJJ113—2007）要求，实现渗沥液场内100%达标排放。2014年10月，填埋场沼气发电厂建成投入使用。2016年3月30日，餐厨垃圾处理项目开工建设。是年12月，第三库区建成投入使用。2017年，娄底中心城区收集并由燕子岩填埋场处理生活垃圾17.3万吨，无害化处理率100%。

娄底市燕子岩生活垃圾场一、二库区覆膜处理垃圾（2017年1月摄）

第三节　渣土管理

1995年前，中心城区渣土运输消纳处置处于无序状态。是年7月，县级娄底市城市渣土调运管理办公室挂牌成立，12月，《娄底市市区渣土调运管理暂行办法》出台。渣土运输管理收费按渣土运输车经过城区道路面积，每次0.04元／平方米缴纳污染代扫保洁费，委托消纳处置的也按上述标准收取管理费。1996年，娄底市渣土调运管理办公室与市容卫生监察大队合署办公，负责中心城区渣土管理。

2003年9月，渣土运输推行专业密闭式管理，成立专业化密闭式渣土运输公司5家，车辆50台，根据《湖南省城市环境卫生有偿服务征收管理办法》，收取管理费。

2007年4月23日，市政府贯彻建设部《城市建筑垃圾管理规定》，出台《娄底市城市建筑垃圾管理办法》，10月，淘汰无牌无证渣土车，组建3家渣土运输公司，运输车120台。2008年1月，市政府办公室批准成立娄底市渣土调运管理办公室。2009年，市渣土管理办公室建立出土区建洗车台、运输线设保洁员、倒土区铺缓冲道制度，管理关口前移，严格审批许可前置条件，当年建设洗车平台12个。2010年，全市推行渣土公司保洁化服务，每个渣土运输公司都成立清洁保洁队伍，配洒水车8台、洗车机60台、从业人员80人，高峰时达百余人。渣土运输沿线安排专人保洁，对运输沿线散落的渣土和突发污染及时铲除清扫。

2011—2013年，市政府相继发布《关于在娄底中心城区进行建筑渣土综合整治的通告》《娄底中心城区预拌混凝土运输车辆清洁管理办法》，市城管局和市交警支队联合出台《关于禁止使用无牌无证车辆运输渣土砂石的通告》。市渣土管理办公室集中联合整治施工污染源头692处，查处散装未覆盖运输车辆9750多台次。2013年，万宝新区裕隆渣土运输公司成立。至此，城区有4家专业渣土运输公司，运输车辆150台，建设临时性过渡渣土消纳场4处，年处置渣土量200万立方米，服务面积50平方千米。2014年9月，市政府办公室印发《娄底市治理车辆超限超载工作方案》。市渣土办开展中心城区治理渣土车辆超限超载“严管重罚”行动，依法查处渣土污染案件123起，超装未覆盖车辆176台次，整改污染源头45处。2017年，建立智能自动冲洗平台2处，建筑施工场地把建设洗车平台作为许可前置条件。

第四节　环卫收费

1989—1999年，娄底市环卫处执行《娄底市环境卫生部分有偿服务暂行规定》，收取垃圾代运费、消纳费、卫生费、车辆污染清扫费，增加粪车代运、公厕代保洁、单位门前代扫、水车租用等项目费用的收取。临街门店清扫保洁有偿服务费由街道办事处、居委会收取。根据“谁污染谁付费，谁服务谁收费”原则，征收的环卫有偿服务费纳入市财政专户，全部用于环卫基础设施建设、垃圾无害化处理，专款专用。

2001年4月，市政府制定《关于规范娄底城区垃圾代运和有关费用收取的通知》，规定临街居民、经商业主所产生的垃圾由环卫部门统一收集和处理，并收取垃圾代运费。单位、个人所产生的垃圾可委托环卫部门或有资质的单位代运，并收取垃圾代运费。2002年2月，市政府出台《关于调整娄底市城区环境卫生有偿服务收费项目和标准的通知》，对公共卫生费、生活垃圾填埋消纳处理费、移动摊点、摊位代扫保洁费等12项收费标准作出调整。是年12月，市环卫处按照市政府《关于娄底城区临街单位门店门前范围统一由环卫部门清扫、保洁、管理的通知》的规定，收取临街门店清扫保洁有偿服务费。2003年9月，市政府出台《关于调整渣土等有关环卫有偿服务收费标准的通知》，调整建筑施工清扫保洁费、建筑工程渣土沙石处置费、装修、维修工程余渣处置费，增设宾馆住宿部垃圾代运费收费标准。

2007年3月，市物价局、市财政局联合印发《关于调整娄底市城区环境卫生有偿服务收费项目和标准的通知》，将生活垃圾的运输、处理由每车110元提高到每车150元。2014年11月20日，市物价局下发《关于核定娄底城市生活垃圾处理收费标准的通知》。12月1日，市政府下发《关于在市本级城市规划区范围内开征城市生活垃圾处理费的通告》（2015年1月1日起开征）。市本级城市规划区范围内产生生活垃圾的机关、企事业单位、社会团体、个体工商经营者、交通运输工具、城市居民、暂住人口按规定缴纳城市生活垃圾处理费。采取环卫部门委托自来水公司随水代征、车辆检测企业代征及环卫部门征收3种征收方式。是年12月23日，市物价局下发《关于核定建筑渣土等有偿服务费的批复》，规定建筑施工清扫保洁费、租用垃圾箱、零星垃圾委托代运费及整车垃圾委托代运费等收取标准。2017年9月18日，市发展改革委下发《关于娄底城市生活垃圾处理费及建筑渣土等有偿服务费等标准继续执行的函》，继续收取有关费用。

1990—2017年娄底市中心城区部分年度环卫有偿服务费情况表

表55-2　　单位：万元

年份	金额	年份	金额	年份	金额
1990	11	2004	410	2012	1607
1991	15	2005	450	2013	1435
1999	50	2006	500	2014	1128
2001	110	2007	560	2015	1470
2002	220	2008	600	2016	1969
2003	250	2011	1235	2017	2105

2008—2017年娄底市中心城区渣土管理收费情况表

表55-3

年份	处置渣土量（立方米）	渣土管理收费（万元）	案件数量（起）	处罚金额（万元）	年份	处置渣土量（立方米）	渣土管理收费（万元）	案件数量（起）	处罚金额（万元）
2008	50	4.40	65	8.00	2013	160	133.75	302	73.32
2009	120	93.40	49	3.90	2014	100	59.08	121	24.79
2010	100	98.30	90	7.61	2015	100	60.20	138	14.71
2011	150	129.00	101	15.93	2016	100	52.20	156	15.33
2012	240	153.00	289	65.00	2017	80	34.15	162	19.59

第三章　城市绿化与管理

第一节　城市绿化

一、道路绿化

1990—1994年，娄底中心城区22条主次街道绿化初具规模，城市公园绿地52.4万平方米，街道绿化35.04万平方米，栽植乔灌木1.75万余株。建成区绿地率29.8%，绿化覆盖率33.5%，人均公共绿地3.82平方米。

1995—1997年，中心城区绿地642万平方米，绿地率31.6%，绿化覆盖率35.6%，人均公共绿地4.03平方米。1998年，城区绿地671万平方米，绿地率32%，绿化覆盖率36.5%，人均公共绿地4.08平方米。

1999—2003年，中心城区8条配套道路、4条改造道路、28条新建道路实施绿化建设，新增道路绿地55万平方米，栽植乔灌木1329万株，道路绿化覆盖率36%，绿化普及率98%。

2004—2008年，中心城区新建和改造城区道路绿化面积60余万平方米，投资近2400万元，道路绿化养护108万平方米，种植乔灌木2865.2万株，地被植物25万平方米。

2009—2016年，中心城区新增改造（含增绿改造）道路89条，新增绿地239.3万平方米（种植乔灌木1277.88万株、地被植物16.77万株、花卉13.88万株、撒播花种14.3万平方米），城区绿化达标率83.2%，普及率98.7%。

2016—2017年，市政府投入中心城区园林绿化建设、维护资金4.49多亿元，启动"花海行动"，营造街道公园花海氛围，完成城区16条主次街道及石马公园等3个公园绿化和孙水河南岸风光带、涟水河沿河风光带、高铁广场等绿化建设，完成长韶娄高速公路娄北连接线、扶青南路、文艺路、甘桂路、万宝大道、檀香路等25条新建道路，以及市新体育馆等绿化建设，完成湘中大道、娄星路、月塘街、湘阳街、文艺路、吉星路等道路绿化和9处道路、交通岛9个小游园提质改造，新增绿地50万平方米，建设林荫停车场107处。2017年，中心城区建成区道路绿化达标率88.5%，普及率100%。

二、院落和小区绿化

1990—1998年，市中心城区绿化达标单位116个，园林式单位92个，其中省级21个、地级6个、县级65个。1999—2000年，园林式居住小区达标率60%以上。园林式单位省级41个，市级97个。至2004年底，中心城区具有独立庭院的单位238家，获省、市级园林式单位（小区）136家，其中省级45家。园林式单位占独立院落的57%，庭院小区绿地424万平方米，新建居住小区绿地率32.1%，旧居住区改造后绿地率30%。2010年，改建、新建居住区用地325.08万平方米，绿化达标率95.2%。至2017年底，中心城区有独立庭院307家，获省、市级园林式单位（小区）188家，其中省级50个。小区绿化达标率61.2%。

2001—2017年娄底市中心城区省级园林式单位、小区一览表

表55-4

名称	授牌年份	名称	授牌年份
涟钢集团公司	2001	娄底宾馆	2001
娄底军分区	2001	市林业局(老院落)	2001
市人大政协大院	2001	娄底电业局	2001
湖南人文科技学院	2001	市地税局开发区分局	2003
市公路局	2001	市工商局娄星分局	2003
市委党校	2001	区第二小学	2004
市中心医院	2001	市技师学校	2006
邮电大院	2001	市国家税务局	2006
铁路工务段	2001	娄底职业技术学院	2006
中国农业银行娄星支行	2001	市委市政府大院	2008
市烟草专卖局(老院落)	2001	娄底监狱	2009
市自来水公司一水厂	2001	市审计局	2009
娄底五中	2001	市建设局	2010

续表55-4

名称	授牌年份	名称	授牌年份
市城管局老院落	2001	市国土资源局	2010
涟钢培训中心	2002	市武警支队	2011
中国建设银行娄星支行	2002	市交通运输局	2016
娄星区委政府机关大院	2002	市地税局	2016
民丰50万变电站	2002	涟钢仙人阁	2002
涟钢环保科技有限公司	2002	大同山庄	2008
涟钢技术中心	2002	铂金玫瑰园	2008
市自来水二厂	2002	龙泉花园	2008
涟邵矿务局	2003	加州阳光	2009
第一人民医院	2003	安厦鑫苑	2010
第二人民医院	2003	众一桂府	2016
市第三小学	2003	南苑上和	2016

说明：2012—2015年、2017年没有开展园林式单位评选

三、公园、广场、风光带绿化

娄星公园　由沁苑、漪园组成。沁苑，1982年建成开放，面积5500平方米，绿地5225平方米，绿化覆盖率95%；漪园，1986年10月建成开放，水面3.4万平方米、绿地4.66万平方米，绿化覆盖率90%。1993年，该园获湖南省最佳公园称号。2003年10月，两公园拆墙透绿，改建成娄星公园，占地10.9万平方米，其中绿地4.2万平方米，水体2.8万平方米，补、移植各类小灌木48.83万株、大灌木619株、乔木430株，草皮1.84万平方米，改造绿地3.8万平方米。移栽2棵高16.5米、胸径150厘米、树龄300年的银杏至主广场出入口。2006—2011年，连续承办6届娄底市秋季菊花展。2010年，周边人行道划归娄星公园管理。娄星公园面积11.6万平方米。2017年，该公园植有香樟、桂花、广玉兰、法国梧桐、石楠、白玉兰、水杉、雪松等名贵树木。其中乔木2400余株，灌木2.1万平方米，草皮1.3万平方米，水生植物3000株，绿化覆盖率86%。

珠山公园　2011年7月，第一期工程保留原有林木，种植香樟、红叶李、桂花、红梓木、朴树、栾树、梅树、樱花、银杏等乔木4600余株，花石榴、蚊母、梓木、杜鹃等各类灌木185余万株。绿地面积63.84万平方米，绿地率95%。

石马公园　1999年始建，面积18.47万平方米（水面1.97万平方米，绿地16.5万平方米），绿地率75.9%。2003年9月，公园利用坡地山形，丛林式规划布局，形成桂花林、樟树林、红叶林等景点，栽植杜鹃品种77个2.3万株，木芙蓉、芝樱、碧桃等花卉植物2万株。园内绿色植物170多种232万株，草坪5700平方米。

春园公园　1996年10月建成开园，面积2.54万平方米，有乔木30多个品种，7000多株。绿地面积2.28万平方米，绿地率89.8%。

早元公园　2011年10月建成。面积3.7万平方米，其中绿地2.86万平方米，栽植香樟、桂花、银杏、杜英、花桃、红叶李、花石榴、紫玉兰、紫荆和法国梧桐等品种180万株，草坪1.2万平方米，绿

地率77.3%。

青山公园　1987年始筹建并植树绿化，1998年，被授予湖南省最佳公园称号。2003年提质改造，面积8.01万平方米，其中水面2.11万平方米，绿地5.36万平方米，绿地率66.9%。

月琴山公园　前身是橘园，1995年，涟钢将其改建成森林公园。1998年9月建成开放，面积5.04万平方米，种植乔木5万多株，绿地面积4.73万平方米，绿地率93.9%。

孙水公园　2009年11月建成开放，占地19万平方米。苗木品种100余个，种植香樟、桂花、银杏、法国梧桐、紫玉兰、桃花等大小乔木5500余株，蚊母、红继木、杜鹃、月季等小灌木80余万株，太阳花、金鸡菊、翠芦莉等草花35万余株，草皮12万平方米。公园中心广场设有叠水池、娄底市域地形图浮雕、树阵广场、花架长廊、90米长双面浮雕文化墙。中心广场以南是坡地式生态丛林“百花园区”，分为桃李林、玉兰林、樱花林、海棠林、银杏林、桂花林、梅花林、花海梯田等。沿河路有法国梧桐林荫大道、观景台、八卦图小广场、足球场、健身区、月湖等。

涟水河风光带　2011年建成，分为12大景观区：北岸有翠意园区、艺术园区、健身休憩区、花卉造景区、活动广场区及景观休闲区；南岸有古韵区、休闲区、书香园区、匝道绿地区、天王寺古迹保护区、拦河坝水面运动区。绿化种植乔木灌木3万余株，品种近100个，花、草约25万平方米。风光带面积28万平方米，绿地21万平方米，绿化率75%。

火车站广场　1996年12月建成，面积6.4万平方米。2003年6月广场改造，新增绿地1.15万平方米，绿化率18%。2004年6月11日，广场补栽、移植红继木1000多株、龙柏900多株、罗汉松600多株，新增绿化面积800平方米。

文化广场　2003年11月建成，面积5.07万平方米，其中绿化面积2.77万平方米。种植香樟、雪松、杨梅、桂花、银杏、樱花、垂柳等36种3500余株乔木，灌木类1.7万平方米，植物绿地率55%。

高铁南站广场　2014年12月建成，建筑面积21万平方米。广场绿化投资1亿余元，绿化面积1万余平方米。

第二节　城市绿化管理

1990年，娄底城市绿化管理由市园林处负责。1991年，娄底市政府编制《娄底市城市绿地系统规划（1991—2010）》。1996年，颁发《娄底市园林绿化管理办法》。园林部门分片分段包干、责任到人、定期检查验收。各种苗木、花卉完好率保持在99%以上。

1999年，市政府编制《娄底市城市绿地系统规划（2003—2020）》，确立城市绿地系统结构。2000年，市政府颁发《娄底市城市园林绿化管理办法（试行）》，确立市风景园林管理处行使城市风景园林绿化管理与建设职能。2003—2005年，市政府先后颁发《娄底市全民义务植树实施管理办法》《娄底城区临街单位绿化建设管理责任制实施方案》《娄底城区主要街道园林景点建设实施方案》《关于娄底城市植物多样性保护与应用工作计划》。2005年，在街道绿化带补栽乔木480株、小灌木29.8万株，及时中耕除草、施肥治虫，7—9月，中心城区旱情严峻，林木绿地24小时不间断抗旱；开展植物品种和有害生物调查，汇集标本图片80余个，收集调查表200余份，整理品种140余个，共查出危害园林植物常见害虫35种、有害植物8种、有害病菌10种；成立专业修剪队伍，对城区绿化带及时修剪；建立绿化带养护路段责任制，建设临街园林小品82处。2006年，开展园林绿化精细管理年活动，落实各项质量技术标准及生产管理责任制，推行生产、施工的程序化、标准化、规范化管理。市城管局被建设部评为全国城市园林绿化先进集体。

2007年，市政府印发《娄底市控制大树移栽管理制度》《娄底市城市园林绿化养护管理制度》，建立绿线绿章基本制度。市园林部门完成城区街道行道树绿化普查，对主要街道、35个品种绿化乔木摸底统计，对胸径8厘米以上行道树挂牌管理，标上街道简称、苗木名称、编号，建立技术档案。2008年，开展中心城区单位、庭院、居住小区绿化普查，对145家单位、庭院，44家居住小区绿地率、绿化覆盖率、绿化植被品种、数量等摸清底数，为科学管理提供依据。4月，市风景园林管理处刘建兰获评全国建设系统劳动模范。

2009年，市政府印发《娄底市城市绿化管理办法》《娄底市城市绿线管理实施细则》《娄底市古树名木保护办法》。对氐星路和长青街1080株树龄30年的法国梧桐全面诊断维护，针对街道土壤情况和苗木品种科学施肥。2010年，制订《2010年春季绿化施肥与修剪计划》，适时对绿化苗木进行抹芽、修剪、除草，定期浇水、施肥、打药等一系列日常养护。2011年春，城区雪灾严重，园林部门对街道行道树和乔木枯枝清除和整形，确保安全。是年，市园林科研所设立。

2012年，市政府制订《绿化娄底四年行动计划》及《绿化娄底四年行动计划考评办法》《娄底市本级城市规划区建设工程竣工联合验收暂行办法》《关于加强娄底中心城区街道绿化带开设通道管理的通知》。园林部门对中心城区主要街道1万余株大树枯枝、病枝、下垂枝修剪，加强桩景及造型树养护管理。2013年，市城管局制定《娄底中心城区公园广场绿化管理规程》。2014年，市政府制定《关于进一步加强园林式单位和园林式小区创建工作的实施意见》《娄底中心城区绿荫行动实施方案》，市城管局制定《公园广场精细化管理竞赛活动实施方案》《公园广场内部管理规定》。市园林处对城区172家单位、院落、居住小区和社区进行抗旱督查和提供专业技术指导。对绿化带空地、践踏道地段补上麦冬等苗木，并及时打木桩架设刺丝5600根防护栏加以保护，做好苗木防寒防冻，将新栽树木全部缠上稻草绳，对城区各街道绿化带全面清洗，使之安全过冬。

2015年，市政府制定《娄底市城市公园广场管理规定》，构成健全的城市绿化管理制度体系。2017年，中心城区道路绿化养护维护实行网格化精细管理，分为5块40个网格，建立绩效考核长效机制，落实自查、日常巡查、定期检查和不定期抽查，按月考核，成绩与养护人员工资挂钩。

2008—2017年娄底市中心城区园林绿化情况表

表55-5

年份	建成区绿化覆盖率(%)	建成区绿地率(%)	人均公园绿地面积(平方米)	建成区绿化覆盖面积(平方千米)	建成区绿地面积(平方千米)	建成区面积(平方千米)
2008	38.2	34.1	8.31	15.66	13.96	41.00
2009	39.5	34.8	8.79	16.52	14.55	41.80
2010	39.8	34.9	9.51	16.72	14.66	42.00
2011	39.9	35.0	9.52	17.54	15.38	44.00
2012	39.9	35.0	9.53	18.36	16.09	46.00
2013	39.5	35.0	9.60	18.63	16.50	47.15
2014	39.9	35.0	9.53	18.83	16.46	47.15
2015	40.0	35.0	9.53	18.86	16.51	47.15
2016	40.0	35.1	9.55	19.93	17.47	49.80
2017	41.0	35.4	9.61	20.39	17.62	49.80

第三节　园林城市创建

一、创建省级园林城市

1999—2002年，市委、市政府做出创建省级园林城市战略决策，实施“不求最大，但求最美”城建方针，坚持规划、建设、绿化三同步，启动中心城区绿化系统工程。2003年，市政府启动第二轮《娄底市城市绿化系统规划（2003—2020）》编修，开展城市公园、广场和街道等市政工程大规模绿化改造和配套建设，至2007年，累计投资1.8亿元，建成娄星广场、青山文体广场、文化广场、火车站广场等大型城市广场，建设开放石马公园主景区，启动珠山公园、孙水公园建设，完成乐坪东街、长青街、氐星路、娄星南路4条改造道路和娄星北路、乐坪西街等8条配套道路绿化建设，完成湘中大道、新星南路、新星北路、吉星路等26条新建道路、涟水河沿河风光带一期、二期工程绿化建设和上瑞高速公路娄底连接线绿色通道建设。推行城市临街单位门前绿化管理责任制，实施绿化、美化、亮化精品工程，把历史文化、风土人情与园林小品相结合，建设园林景点83处。中心城区主要交通路口、广场、公园等设置大型主题雕塑。城市人居环境评比跃居全省第二位，2004年通过省级园林城市创建验收。2005年4月，娄底市被授予湖南省园林城市称号，2006年被授予全国绿化模范城市称号，2007年被评为全国十大宜居城市之一。

二、创建国家级园林城市

2010年2月，市委、市政府召开创建国家园林城市动员大会，提出创建国家园林城市目标。10月，修订、实施《娄底市城市绿化系统规划》和《娄底市中心城区绿线规划》。2011年1—3月，开展“爱我娄底·绿化家园”树木捐植活动。全市171家单位、2万多人参与认捐树木价值738万元，捐植树木2380棵。市、区两级财政预算安排园林绿化建设、维护资金5.2亿元，改扩建娄星广场、火车站广场、石马公园、青山公园等，新建孙水公园、珠山公园、涟水风光带、仙女寨植物园，开展道路绿化提质改造，规划花灌木景观，建设茶花一条街、樱花一条街、紫薇一条街，形成一路一品、一街一景的绿化特色。城市主次道路两旁栽植法国梧桐、樟树、栾树、合欢等高大乔木，形成林荫道路系统。单位庭院和居民小区建设项目审批，严格做到绿化与项目主体工程同时设计、同时建设、同时竣工验收。继续深入开展园林式单位（小区）创建活动和义务植树活动。2012年2月，住房城乡和建设部授予娄底市国家园林城市称号。2012—2014年，中心城区投入园林绿化建设、维护资金4.16亿元。2015年，娄底市通过国家园林城市复查验收。

第四章　路灯、公厕建设与管理

第一节　路灯建设与管理

一、路灯建设

1990年，娄底电力局路灯维护所负责娄底中心城区街道路灯照明设施建设和维护管理。中心城区12条街道总长26.8千米安装路灯设施（含涟钢厂区），路灯专用变压器14台，灯杆915基，路灯2860盏，总功率312.7千瓦。1991—2002年，新建有路灯设施的街道11条，21.96千米，新建灯杆1098基，安装路灯2340盏，新增路灯专用变压器15台，新增照明功率300千瓦。2003年8月，市路灯管理处成立，按照城市建、管分离原则，接管市中心城区电力局路灯所的路灯建设、管理、维护职责，接管中心城区23条城市道路照明设施，路灯专用变压器29台，控制柜30个，路灯检查井2218个，路灯2013基5200盏，照明总功率612.7千瓦。娄底城区其他由市城建投、娄底经开区、万宝新区、市公路局、水利局等单位建设的路灯设施全部移交市路灯管理处。2004年，市政府实施中心城区亮化工程，至2017年，安装中心城区路灯4254基7795盏。中心城区218条街道有路灯专用变压器92台，容量14.1万千瓦，控制柜111台，地下线缆约350千米，地埋管道约630千米，路灯井8927座，路灯8752基2.52万盏，道路照明总功率2477.61千瓦。

2003—2017年娄底市中心城区路灯移交情况表

表55-6

年份	移交单位	移交数量(基)	移交情况
2003	市电力局	2013	2003年前由电力局路灯所管理，整体移交市路灯管理处
2003—2017	市城建投、市经开区、市万宝新区、水利局、公路局等	4254	建设单位移交市路灯管理处
2006	市城建投	227	桑树街、长齐路、桥头路、月子街、金谷路、体育馆路、檀香路、育新路、秀石街路灯
2009	市城建投	348	民福路、栗山路、清潭路、鱼场路、观音街、曹家坨路、书院路、花山路、众园路、孙水河沿河路、镇堂街、百宝街、大井路
2010	市城建投	356	接收娄底大道路灯340基，三大桥路灯16基
2015	市经开区	364	创业一路、创业二路、创业三路、创新三街、迎春路、石冲路、旁冲路
2016	市城建投	975	高丰路、西环线、甘桂路路灯
2017	市城建投	215	建设路、福星路、向阳路、南珠路、三元街、庆宇堂巷、勤政路、迎春路

2004—2017年娄底市中心城区路灯管理处承接路灯安装情况表

表55-7

年份	委托单位	地　点	灯 型	数量(基)
2004	大汉巨龙房地产有限公司	九亿步行街	庭院灯	60
2005	娄底经开区	新坪街、铁炉冲、鸿冠街	单、双臂灯	193
2006	娄底经开区	西坪路、群乐街、太和路、大汉路	单、双臂灯	190
2007	市城建投	青山街、湘阳东街	双臂灯	215
2008	市城建投	南贸东街、娄星南路、湘中大道、大石山路	单、双臂灯	656
2009	市城建投	早元街、乐坪东街、白塘路、月子街、丽春路、仙桥西街、福岭路	单、双臂灯	618
2010	市城建投	月塘街、月秀街等路段	单、双臂灯	197
—	市水利局	涟水风光带沿河路	单臂灯	98
2011	市风景园林管理处	石马公园	高杆灯	1
2011	娄星区公路局	S209线	双臂灯 LED路灯	66

续表55-7

年份	委托单位	地　　点	灯 型	数量(基)
2012	市政府	28条小街小巷 青山三弄、桑塘街、水利巷等	单臂灯	224
—	市城建投	竹山路、青春路、三条小巷、老街、仙桥街、高车社区	单、双臂灯	343
2013	市城建投	甘桂南路、双科街、娄北连接线	单、双臂灯	538
2014	市城建投	新科街	单、双臂灯	70
2015	市城建投、万宝新区、经开区	丹阳路、长青西街、静安街、万宝大道、娄涟大道、食府路等11条街	单、双臂灯	520
2016	市城建投	桃圃街、新星南路、文艺路	双臂灯	254
2017	娄星区、市城建投	涟滨西街(丹阳路—高丰路)	双臂灯	146

二、路灯维护

1990—2003年，娄底电力局路灯维护所负责娄底中心城区路灯设施日常维护和管理。其间，启动城区路灯一期改造工程，重点改造乐坪东街、长青中街、氐星路3条主干道路灯。更换乐坪东街9火宫庭华灯84基，氐星路13火华灯48基，两岔道5火庭院灯16基，长青街双挑3火路灯59基。更换老路灯杆191基，安装新杆207基，铺设主电缆6000米，分电缆3000米，安装3台专用变压器。市区路灯日常维护和管理移交市路灯管理处负责后，2005年，市区投资97.8万元，安装城区路灯无线及视频监控系统。2006年1月，城市路灯监控指挥中心成立。2008年6月，城区路灯无线及视频监控系统建成投入使用。2009年11月24日，市路灯管理处安装城市照明自动化监控及防盗管理系统。2006—2017年，中心城区安装路灯监控终端104套。

三、节能降耗

2005年，贯彻建设部《“十一五”城市照明工程规划纲要》，实施路灯节能市场化改革。至2011年，先后与湖南天马科技有限公司、中世顺投资管理（北京）有限公司、人峰公司、湖南实鑫科技有限公司、娄底光能科技发展有限公司签订能源节电分成合同，合同范围包括中心城区37条主次干道和大桥亮化、路灯照明设施安装节电柜。安装节能灯类光源路段，平均节电12%以上。安装气体类光源路段，平均节电25%以上。合同能源节电设施由合同单位全额投资，合同期节约电费投资公司与路灯管理处按三七分成。每项合同以5年为期，合同到期后，投资公司退出，其投资改造的节能设施无偿交给市路灯管理处接收管理。2006年，采用新技术、新光源，完善市区路灯建设。月塘东街安装新型光源LED路灯96盏。

2008年8月至2010年4月，娄底城区分步对路灯节能改造。对能耗高、亮度差的路灯，采用截光型或半截光型灯具，减少照明功率780千瓦。2010年，路灯电费由2008年的720多万元减少至590万元。2009年，三大桥率先安装太阳能LED路灯16盏。2011年，高丰路首次安装风能／太阳能互补LED光源路灯392盏。截至2017年12月，中心城区安装太阳能路灯和LED路灯1266盏，占路灯总量14%，年均节约电费40万元。其他街道路灯照明节能模式采取调控运行时间实现节能降耗。每年夏季6—9月用电高峰期，中心城区“五纵五横”10条主干道路灯运行从19:30至24:00全开灯。24:00至第二天早上5:30，1／2路灯运行。其他道路19:30—23:00之前，1／2路灯运行。23:00至第二天早上5:30，1／4路灯运行。9月底调回正常开灯时间。该运行模式每年减少路灯总装功率5%左右。

2006—2017年娄底市中心城区路灯新能源使用情况表

表55-8

年份	地　点	中标公司	光源	数量(基)
2006	月塘东街	深圳富士科公司	LED	48
2009	娄底大道	浙江名创公司	LED	322
2009	三大桥	长沙中远公司	LED	16
2011	高丰路	深圳艾飞特公司	LED	196
2005—2011	娄星南路、氐星路等	湖南天马等公司	LED	850
2012	孙水河风光带、珠山、涟水公园	娄底光能科技公司	LED	800

第二节　公厕建设与管理

1990年，娄底中心城区有公共厕所16座，其中旱厕15座（不含机关学校公厕，下同），实行定人定位清扫保洁制度。1994—2004年，城区全部公厕维修改造，公厕增至21座，其中水冲式公厕13座。2005年，公厕增至27座，中心城区公厕全部为水冲式，粪便通过三格化粪池后排入城市污水系统。公厕实行专人管理，标志标牌齐全、清晰、醒目，定期洒药灭蝇、灭蛆，清扫保洁，达到国家卫生标准。2008年底，城区启动13座旅游公厕建设，对85座社会公厕按照旅游公厕标准改造、维修。2009年，市环卫处对所管理的公厕，实行一人一厕管理，免费对外开放。2011年7月，市政府投入1500万元，新建、改建22座公厕。2012年，市环卫处管理的公厕40座，符合二类以上星级旅游标准公厕38座。2013年，新装并投入使用7座移动公厕，社会公厕环境卫生纳入市环卫处监管范围。2014年，市环卫处管理的公厕50座（包括移动公厕9座），均达到二类以上旅游公厕标准。截至2017年底，市环卫处管理的公厕69座，其中移动公厕9座，启动涟钢16座公厕提质改造工程。

第五章　管理机构

第一节　娄底市城市管理行政执法局

1990—1998年，娄底市建设委员会承担城市管理职能，下辖园林处、环卫处、城建监察大队。1999年，地区建设委员会更名为市建设委员会（简称市建委）。园林处、环卫处、城建监察大队整体上收市建委管理。2000年3月，娄底市市政公用事业管理局成立，履行城管职能。2001年9月，市政公用事业管理局撤销，组建市城市管理局，正处级机构。

2002年4月，市城市管理局正式挂牌。2004年10月，更名为市城市管理行政执法局。2007年12月，市政府授予市城管局集中统一行使城区市容环境卫生、园林绿化、市政管理、规划、环境保护、工商、公共交通、客运等方面法律、法规、规章规定的全部或部分行政执法权。2010年10月，市城市客运管理处、市公共交通总公司移交市交通运输局管理。12月，省委、省政府授予市城管局湖南省2010届文明单位称号。2011年6月，省委授予市城管局党组先进基层党组织荣誉称号。2015年12月，涟钢城管执法和环卫机构、人员和职能整体移交市城管局。

2017年，市城管局内设办公室（加挂信访科牌子）、人事科、政策法规科（加挂案审科牌子）、行政审批科、财务装备科、督察考评科、市容管理科、风景园林管理科、公用事业管理科、城管指挥调度办公室。辖城市管理行政执法支队、环境卫生管理处、风景园林管理处、路灯管理处、娄星公园管理办公室、火车站广场综合管理办公室、孙水公园管理办公室、珠山公园管理办公室、涟水河风光带管理办公室、广告灯饰管理办公室、城市渣土管理办公室。全局正式职工1189人，临时聘用人员1000余人。

第二节 直属机构

一、市城市管理行政执法支队

1990年，娄底市城市建设管理监察队更名为娄底市城市建设管理监察大队，归口娄底市建委管理。1995年，升格为正科级单位。2000年，整体上收市市政公用事业管理局，更名为市城市建设管理监察支队。2002年，更名为市城市管理监察支队，定编175名，辖5个副科级执法大队。2007年11月，更名为市城市管理行政执法支队。2010年7月，改为参照公务员法管理的全额拨款副处级事业单位，核定事业编制200名。2016年1月，接管钢城城管执法大队，设为黄泥塘执法大队，增加编制25名。

二、市环境卫生管理处

1990年，为娄底市建委管理的股级事业单位。1992年，升格为副科级，内设5个股室，下辖南区环卫所、北区环卫所、汽车队、市容监察队、设施维修队。1997年7月，升格为正科级。1999年，市环卫处整体上收到市建委管理。2000年4月，市环境卫生管理处（简称市环卫处）成立，为副处级差额拨款事业单位。2001年，划归市城市管理局管理。2003年1月，内设办公室、人事劳资科、计划财务科、环卫管理科、后勤保卫科，下辖汽车队、3个环管所、市容环境卫生监察大队、清洁公司，人员编制395名。2004年，市环卫处直属机构调整为东南西北4个环卫管理所、汽车队、市容环境卫生监察大队、渣土调运管理办公室。2007年12月，市容环境卫生监察大队撤销。2008年1月，渣土调运管理办公室从市环卫处剥离，直属市城管局。是年12月9日，接管垃圾中转站。2015年12月，接管涟钢环卫工作，下设钢城环卫管理所。2017年底，市环卫处下辖5个环管所、1个垃圾中转站、1个生活垃圾填埋场，职工（含临时工）1100名，其中在编313人。

三、市风景园林管理处

1980年7月成立，归口娄底市建委管理，为财政全额拨款股级事业单位。1997年7月，升格为正科级，2000年4月，收归市公用事业局管理（加挂城市绿化办公室牌子），升格为副处级差额拨款事业单位，2003年1月，改隶市城管局。2017年12月，内设办公室、人事教育科、财务科、园林绿化管理科、园林建设科、公园管理科、园林规划设计室、纪检监察室，下辖城市道路绿化管理处、石马公园管理办公室、春园公园管理办公室、早元公园管理办公室、园林绿化维护管理大队、园林绿化信息监测中心、园林科研所、园林绿化服务中心。在编320人。

四、市路灯管理处

2003年8月成立，全额拨款正科级事业单位，定编5名，临聘42名。2016年7月定编12名，临聘42名。2017年未变。

五、市广告灯饰管理办公室

2016年7月定编8名，实有职工10名。2017年未变。

六、市城市渣土管理办公室

1995年7月成立，娄底市环境卫生管理处内设机构。1996年，市渣土调运管理办公室与市容卫生监察队合署办公。2008年1月，上划市城管局管理，更名为市渣土管理办公室，正科级全额拨款事业单位，定编10名。2014年增编至17名。2017年机构未变。

七、公园管理机构

娄星公园管理办公室　1991年5月28日成立，隶属娄底市园林管理处。2003年10月，更名为娄底市城市广场管理处，正科级差额拨款事业单位。2015年10月，更名为市娄星公园管理办公室，改为全额拨款事业单位。2016年7月，定编56名，内设办公室、财务科、经营科，下辖保卫综合监察队、环境卫生管理所、绿化管理所、水电设施管理所。2017年机构未变。

市火车站广场综合管理办公室　1998年2月3日成立，定编4名，在编人员10名，内设人秘股、财务股、广场综合管理部。1999年2月，更名为娄底火车站开发建设管理办公室，正科级自收自支事业单位，定编20名。是年11月，整体上收，隶属市建委，2001年9月，改隶市城市建设投资管理办公室，内设人事秘书股、计划财务股、综合执法队、岗亭收费所、卫生清扫队，定编40名。2002年，改隶市建设局管理，执法队由市建设局委托执法，统一制服。2009年8月，移交市城管局管理。2011年，由自收自支事业单位改为全额拨款事业单位。在编人员28名，内设综合科、财务科、后勤科、市容科、执法队。2017年在职职工26名。

孙水公园管理办公室　2011年11月成立，正科级全额拨款事业单位，定编20名，2017年在职职工26名。

珠山公园管理办公室　2011年7月成立，正科级全额拨款事业单位，编定30名。2017年机构未变。

涟水河风光带管理办公室　2011年12月成立，全额拨款正科级事业单位，人员编制20名。2017年机构未变。

第五十六篇

建筑业

概　述

1990年，全地区勘察设计单位17家，均为自收自支事业单位，职工628人，营业收入318万元。建筑施工企业85家，均为全民所有制企业，从业4.8万人，完成建安产值3亿元。全地区建筑业管理层与劳务层分离。勘察设计单位实行百元产值包干制。

1992年，境内行政机关、事业单位和个人竞相兴办建筑施工企业。建筑施工企业增至189家，从业6.19万人，完成建安产值4.92亿元。1995年，完成建安产值7.96亿元，对外施工产值2.4亿元。勘察设计完成设计投资21.3亿元，收入2168万元。1996年，勘察设计和建筑施工企业推广应用新技术、新材料、新工艺、新设备（简称“四新”），推行建设工程监理、工程造价咨询、招投标、建材检测测试、现场见证等管理制度。1997年，贯彻执行《中华人民共和国建筑法》，境内建筑市场步入制度化、规范化。1998年，地区建委执行《中华人民共和国招投标法》，工程招投标率95%以上。1999年，勘察设计单位18家，职工721人，完成施工图设计总建筑面积100.3万平方米，项目总投资8.43亿元，收入1440万元。是年，开始应用CAD技术。2000年，全面淘汰图版，计算机出图率100%。全市依法取消违规企业38家，保留175家，从业8万人，建安产值41.85亿元。

2001年，市建设局执行建设部《建筑企业资质管理规定》《建筑企业资质等级标准》，对全市建筑企业按标准重新认证定级，取消四级和等外级企业施工资格。全市施工企业压缩183家，保留114家。其中施工总承包企业87家，专业承包企业25家，劳务分包企业2家。推进结构调整和产业升级，大、中型企业股权多元化发展，中小型企业实行民营化改革。招标代理、施工总承包、专业化承包、劳动分包企业组织结构逐步形成，建造师制取代项目经理管理制。2003年，全市完成建安总产值32亿元，其中对外施工产值10亿元。2005年，建筑节能施工图审查普及率100%，招投标率100%，建设监理率95%，工程质量合格率100%。2006年，娄底市建筑勘察设计院（简称建筑设计院）、双峰县设计院改制为企业，与主管部门解除隶属关系。建筑施工企业改制全部到位。2009年，全市对外建安产值45亿元。2011—2016年，建筑业调整产业结构，完成勘探工程项目1888个，勘察进尺39.7万标准米，工程物探8.91万个标准点，工程测量1364个项目，920.65标准平方千米，建筑设计建筑面积3111万平方米，实现建安产值915.13亿元，其中对外施工建安产值421亿元。2017年，全市有勘察设计单位23家（其中甲级1家、乙级7家、丙级15家），从业862人，年营业收入4.15亿元。建筑施工企业423家，其中总承包企业137家，从业12万人，完成建安产值296.24亿元，其中对外施工产值146亿元。建筑业成为全市支柱行业之一。

第一章　勘察勘测

第一节　勘察勘测技术

1990—1998年，娄底工程测量使用平板仪、高精度经纬仪、自动安平水准仪、立座投影仪聚酯膜测图。1999年开始应用CAD技术。工程地质勘察使用各种型号的工程钻机、冲击回转钻机、标准贯入仪、动力触探仪、取样器、室内专用试验室，具备一定规模的工程勘察测绘能力。2000年，勘测单位全面停用图版，勘测手段由半自动化逐步转向全自动化，利用计算机、无人机、全站仪、GPS接收机、水准仪、航测成图设备、彩色宽幅（AO）扫描仪、绘图仪等技术，勘察勘测实现数字化，计算机出图率100%。2012年，相继装备计算机和与之相对应的软件、车载钻机、旁压仪、静力触探仪、十字板剪切仪、大吨位载荷设备、三轴剪切仪、液压式万能试验机、数显式液压压力试验机、基桩多跨孔超声波自动循测仪、全自动静载测试仪、工程型电子全站仪、高密度电法仪、地震仪、EH4、多频地质雷达、大地电磁测试仪、管线探测仪等各类高科技专业机具、仪器，主要应用于各类建设工程勘察、测绘、桩基检测、岩土工程试验、工程物探。2017年，全市勘察单位拥有计算机536台，CAD计算机247台，计算机中心1个，工程工作站20个，应用计算机出图率100%。

第二节　勘察勘测工程

1990年，省地矿局湘中地质工程勘察院（简称省地矿工勘院）完成工程勘察302.47标准米。1991年，完成地区公安局办公楼、市长青桥、地区供销大厦、地区汽车公司综合楼等工程勘察任务，完成工程勘察1534.24标准米。1992年，省地矿工勘院首次应用地球物理勘探技术对华达机械总厂第一期工程物探，完成物探914个标准点，完成建筑工程勘察1731.55标准米。1993年，省地矿工勘院利用工程物探、水文地质钻探、抽水试验等多种勘察手段，完成洪源机械厂找水勘察任务。1995年3月，境内施行《岩土工程勘察规范》(GB50021—1994)，四层以上建筑先勘察后设计。是年，全地区完成工程勘察3138.87标准米，完成工程物探628个标准点。1996年，完成长148米、地基基础为白垩系红砂岩的娄底市二大桥桥桩端载荷试验验证勘测任务。1997年，完成地下岩溶多、溶沟、溶槽发育，基岩面差异大的娄底市国家税务局机关和仙人阁居住小区地质勘察任务。2000年，省地矿工勘院引入理正岩土工程勘察软件，完成跨越两个地质时代、岩土性质迥异的娄底市新体育馆场址勘察任务。全市完成工程地质勘察1.4万标准米，工程物探228个标准点。

2001年，全市完成勘察10.88标准平方千米。2002年，勘探设计部门引入高密度电法仪、地震仪、EH4、多频地质雷达、大地电磁测试仪、管线探测仪等先进勘探设备和技术，完成勘探项目59个，完成工程勘察标准进尺1.17万标准米，工程物探1271个标准点，工程测量1164标准平方千米。2003年，省地矿工勘院完成双峰海螺水泥有限公司5000t／d水泥熟料生产线工程地层构造勘察，准确提供不同地层承载力及变形参数，为项目基础设计提供依据。2004年，各勘察设计单位增加旁压仪、静力触探仪、十字板剪切仪以及大吨位载荷设备等原位测试及取样设备。省地矿工勘院完成娄底市燕子岩城市生活垃圾卫生填埋场项目水文地质勘察任务。全市完成物探标准点3.24万个。2005年，全市完成工程测量130.45标准平方千米，工程地质勘察2.03万标准米，工程物探783个标准点。

2006—2009年，全市完成新化县GPS控制测量工程勘察、娄底市基础测绘工程勘察、城镇地籍调查等项目。2010—2012年，完成工程地质勘察13.25万标准米，工程测量152.21标准平方千米，工程物探1.71万个标准点。2013年，省地矿工勘院首次利用无人机航测等先进测绘手段，完成数字娄底地理空间框架、娄底市基础测绘、新化县1：1000地形测量等重点工程勘察项目，形成首个数字化地理空间框架，为城市规划及土地利用提供数据支撑。项目获2014年省优秀测绘地理信息工程奖二等奖、2015年省地质科学技术奖一等奖。2015年，完成工程地质勘察6.06万标准米，工程测量132标准平方千米，工程物探2.58万个标准点。2017年，完成娄星区、涟源市、冷水江市、新化县基本农田数据库建设，工程测量184标准平方千米。

第三节 勘察设计单位

1990年，境内具有工程勘察勘测资质的单位2家，即省地矿工勘院、地区建筑设计院。设计单位17家。其中县（市）5家，地直和厂矿企业12家；乙级资质2家，丙级10家，丁级4家，许可证级1家。职工628人，其中工程技术人员498人（高级工程师76人、工程师156人）。行业推行技术经济承包责任制和全面质量管理。1996年，地区工程公司、地区勘察设计协会、地区离退休土建咨询服务部设计资质被注销。1998年，全地区勘察设计单位18家。其中乙级资质4家、丙级11家、丁级3家；有收费资格的14家。职工634人，其中高级工程师78人，一级注册建筑师1人，一级注册结构师6人。主要技术装备有计算机148台，其他技术设备400余台（套）。2002年，省地矿工勘院晋升为甲级工程勘察院。勘察设计行业改革分配制度，工资与绩效挂钩，打破单一经营模式，实施“一业为主，两头延伸，多种经营”新模式。全市18家勘察设计单位，职工891人，其中注册执业人员89人，有各种技术装备561台，计算机出图率100%。2005年1月，娄底市建筑设计为市建筑勘察设计院有限公司，随后被安石集团收购。2007年3月，获建筑工程设计乙级、市政工程设计乙级资质。2008年8月，获建筑工程甲级资质。2017年，娄底市城市建设投资集团有限公司收购安石集团名下的娄底市建筑勘察设计院有限公司，更名为市城市建筑设计有限公司（国企）。是年，全市有勘察设计单位23家，其中甲级2家、乙级7家、丙级14家；职工862人，其中高级工程师177人、中级327人、注册建筑师37人、注册结构师19人。

1990—2017年娄底市勘察设计单位一览表

表56-1

单位	执业资质	从业人数（人）	其中专业人员状况	成立年份
湖南省工程勘察院	工程勘察综合类甲级 劳务类（工程钻探） 劳务类（凿井）	211	高级工程师85人，工程师105人，注册岩土工程师28人，国家一级建造师18人、注册测绘师10人	1981
娄底市城市建筑设计有限公司	建筑工程甲级 给水工程乙级 道路工程乙级 风景园林工程设计专项乙级	52	高级工程师8人，工程师40人，其中：国家一级注册建筑师3人，一级注册结构师3人，二级注册建筑师3人，二级结构注册师2人，注册设备工程师3人，注册造价师3人	1977
湖南涟钢工程技术有限公司	冶金行业乙级 建筑工程丙级	47	高级职称24人，中级职称68人，初级职称30人；国家一级注册建筑工程师2人，国家一级注册结构工程师3人，国家注册动力设备工程师3人，国家注册电气工程师1人，国家注册公用设备工程师（暖通）1人，国家注册公用设备工程师（给排水）1人，国家二级注册建筑师2人，国家二级注册结构工程师1人，国家注册测绘工程师1人，国家注册监理工程师40人，国家注册造价工程师4人，国家一级建造师9人，国家注册安全工程师2人，国家注册质量工程师2人，注册房地产经纪人4人	1969
娄底市规划设计研究院	给水工程丙级 排水工程丙级 道路工程乙级	68	注册造价师1人，注册给排水师1人，注册规划师10人，高级工程师10人，中级工程师30人	1995
娄底市水利水电勘察设计院	电力行业〔水力发电（含抽水蓄能、潮汐）乙级〕 水利行业乙级 工程勘察专业类（岩土工程）乙级 工程勘察专业类（水文地质）乙级 工程勘察专业类（工程测量）乙级	63	高级工程师19人，工程师25人	1965

续表56-1

单位	执业资质	从业人数（人）	其中专业人员状况	成立年份
娄底市风景园林规划设计有限公司	风景园林工程设计专项乙级	15	注册建筑师1人、注册结构师1人、风景园林高级工程师3人、各专业工程师6人、助理工程师3人、技术员2人、专职会计1人	1982
娄底星源电力勘察设计有限责任公司	电力行业（送电工程）乙级 电力行业（变电工程）乙级 工程勘察专业类（工程测量）乙级	66	高工13人，工程师31人，助工17人。包含注册一级结构师1人、注册二级结构师1人、注册二级建筑师2人、注册电气师6人、注册造价师2人、注册咨询师6人	1982
娄底市安全生产科学研究院	煤炭行业（矿井）乙级	25	注册建筑师1人，注册结构师2人	2009
娄底市交通规划勘察设计院	工程勘察专业类（工程测量）乙级	51	高级职称18人，中级职称30人	1978
娄底市华湘交通勘察设计有限公司	公路行业（公路）专业丙级	18	高级工程师1人，中级6人	2012
湖南曙华智能化工程有限公司	建筑智能化系统设计专项乙级	27	注册电气工程师1人	2007
湖南帆宇电力设计有限公司	电力行业（送电工程）丙级 电力行业（变电工程）丙级	28	注册结构师1人	2012
冷水江市建筑设计院	建筑工程丙级 工程勘察丙级	29	高级工程师4人，工程师15人，其中，国家二级注册建筑师2人，二级注册结构2人，注册给排水1人，注册电气师1人，建理工程师5人	1977
涟源市建筑勘察设计院	建筑工程丙级	21	高级工程师1人，工程师14人，其中，国家二级注册建筑师2人，国家二级注册结构师2人	1995
湖南省新化县建筑规划勘察设计院	建筑工程乙级、工程勘察丙级	34	高级工程师4人，工程师16人，初级工程师6人，一级注册建筑师2人，一级注册结构师2人，二级注册建筑师3人，二级注册结构师2人	1987
双峰县建筑勘察设计院有限公司	建筑工程丙级	16	中级职称10人，初级职称6人，二级注册建筑师3人，二级注册结构工程师2人	1980

第二章　建　筑

第一节　建筑设计

一、公共建筑

20世纪90年代，娄底地区推广应用新材料、新技术、新设备、新工艺。办公楼设计，每间建筑面积20平方米左右，4~6层，顶层多设计为会议室。综合楼1~3层一般为商场，4~6层为办公或职工宿舍。教学楼设计，农村1~2层，城镇3~6层，平面布局和空间均按国家中小学校教学楼设计标准设计。医院设计，执行国家《综合医院建筑设计规范》，一般4~6层，设置门诊、住院和设备等相关用房。影剧院基本上是中、小型规模，平面布局设计通常以门厅、观众厅（多附挑楼）、舞台三部分及附属用房组成。观众厅设计注重视听效果，新型结构少。1990年，全地区完成初步设计项目98个，施工图设计

579个，总投资3.61亿元，收入318.24万元。1991年，公共建筑设计由经济、适用、功能单一，向经济、适用、多功能与美观方向发展，注重建筑体型和特色。1992年，地区建筑设计院设计市人民银行大厦，19层，其中地下1层，为停车库及设备用房，地上18层为金融办公楼，框架剪力墙结构，建筑面积1.6万平方米，获省优秀设计三等奖。1994年，地区建筑设计院设计娄底一中多栋教学楼，建筑面积1.7万多平方米，获省优秀设计奖。1995年，完成施工图设计486个，建筑面积60万平方米。1996年，执行国家《人民防空地下室设计规范》，大型公共建筑工程设计地下室。办公楼或综合楼设计造型新颖。1998年，公共建筑体量、开间面积增大，办公楼从每栋几千平方米增至上万平方米。开间面积20~25平方米，有的有套间设计。是年，完成施工图设计项目625个，建筑面积127万平方米，计算机出图率81%，营业收入1262.9万元。1999年，市政府和部分市局办公楼转建到城南新区。多数建筑由外地设计部门设计。2001—2003年，全市执行《中华人民共和国城乡规划法》、建设部《自动喷水灭火系统设计规范》等28项国家行业标准和关于批准《多—高层民用建筑钢结构节点构造详图》等7项国家标准设计图集，对新建、改建城市道路和建筑物，按城市道路和建筑物无障碍设计规范设计。冷轧带肋钢筋、砼空心砌块、粉煤灰砌块等建筑新材料广泛应用于框架结构的公共建筑工程设计。2001年，全市完成公共建筑设计124万平方米，项目投资12.5亿元。2002年，完成施工图设计建筑面积101万平方米，项目投资10.8亿元。双峰县曾国藩故居改造和维修建设，保留原故居平面布局与“情景融合，寓神于形”的构思，强化故居文化氛围，保留清朝时期建筑风格。

2003年，娄底中心城区及各县（市、区）一大批新型教学、医院、商业用房及演艺性公共建筑完成设计并相继建成。市建筑设计院完成娄底三中体育馆及教学楼设计，建筑面积8887.5平方米。市勘测设计院设计娄底中心医院住院部，7层框架结构，建筑面积1.8万平方米，可容床位400张。体型设计简洁，获市优秀设计一等奖。2004年，执行湖南省居住建筑节能设计标准和国家抗震设防区划分标准，全市工程设计按6度设防。2005年，执行建设部、国家发展改革委《绿色建筑标准》《绿色建筑评价标识管理办法》《关于加快推动中国绿色建筑发展的实施意见》，市政府制定《娄底市绿色建筑行动实施方案》。

2006年，市建筑设计院设计中心城区春园商业步行街，长1080米，建筑面积18万平方米。2008年，全面推广建筑节能设计，应用海绵城市技术。建筑节能设计达标率100%。2010年，市规划设计院完成娄底市城南中学设计，建筑面积15万平方米，投资7.8亿元。完成万豪城市广场设计，项目总投资10亿元，建筑面积约35万平方米。2015年，市住建局要求提供绿色建筑设计专篇和绿色建筑预评估报告，建设单位申报绿色建筑设计标识，可再生能源建筑应用设计，装配式建筑应用专篇。全市酒店、医院住院楼、幼儿园、学生公寓等项目设计太阳能热水系统。装配式建筑在全市开始推广，设计符合国家节能标准达到100%。2017年，完成施工图设计256万平方米，项目投资25.6亿元，年营业收入4.15亿元。

二、工业建筑

1990年，娄底地区工业建筑设计以钢铁、煤炭、水泥、化肥、农机、煤机等企业为主，具有工业建筑设计资质的单位有涟钢设计院、地区建筑设计院等17家。受工业建筑设计行业设计资质限制，涟钢、冷钢由省冶金设计院设计。资江氮肥厂、冷江碱厂由省化工设计院设计。发电厂、水泥厂等重大工业项目由机械部八院设计，本地设计单位设计个别厂房。厂房体型设计依据生产工艺需求，一般为长方形或正方形多跨组合，多为单层排架结构，建筑面积从几百平方米到几千平方米。1991年，全地区工业建筑设计以单层排架结构为主。1993年，涟钢轧钢厂大修改造，涟钢设计院采用“摆式定期挡板”“液压驱动组合式冷床”“冷床液压托出机构”等技术设计，完成施工图设计700个，建筑面积1万平方米，被评为湖南省优秀工程设计二等奖。

1994—1996年，根据生产性质、功能需求、环保要求，全地区科学布局生产流线、机器设备系统、公辅系统除尘、废水废渣处理系统进行厂房设计，配套设计办公、换（洗）衣室、卫生间、保健站等生活用房。1997—2002年，全市工业较快发展，排架结构设计相对减少，框混结构设计增多，厂房建筑面积增大，多层厂房、异形厂房大量出现，设计技术趋向复杂，技改设计大量增加。2003年，娄底经济技术开发区、各县（市、区）工业园，各类工业建筑设计以轻钢结构为主，跨径较大，由具有钢结构设计资质的单位设计，其他厂房由市内各设计单位设计。2008年，涟钢设计院完成施工图设计510个，建筑面积56万平方米。2009年始，工业建筑设计吸取国内外工业建筑设计先进理念、先进工艺，多层框架大型厂房设计兴起。华菱涟钢棒材厂、薄板厂、安赛乐米塔尔汽车板厂、三一重工等诸多项目以及各工业园区，采用标准化厂房设计。2017年，涟钢设计院完成施工图设计260个，建筑面积19万平方米。

三、住宅建筑

城市住宅　1990—1992年，全地区设计单位（域外设计单位除外，下同）设计住宅项目1173个，建筑面积153.5万平方米，户型设计多为二室一厅一厨一厕，建筑面积一般为55平方米，三室一厅建筑面积75平方米左右，一般3~5层，砖混结构，瓦屋面，木门窗，楼梯间外窗均为预制砼风格窗。1993—1995年，全地区完成设计项目906个，建筑面积108.72万平方米。1996—1997年，境内兴起集资建房热，多为三室二厅，建筑面积100平方米左右，完成设计项目1620个，建筑面积218万平方米。1998年，境内全面推行商品房制度。商品房时兴大户型设计，三室二厅、四室二厅增多，面积140~160平方米左右，通阳台，外窗均采用铝合金、外门均采用金属防盗门。是年，全地区完成施工设计项目1058个，建筑面积127万平方米。1999年，厂矿、机关事业单位，居民自建住宅和集资住宅停建。全市完成设计项目858个，建筑面积100.3万平方米。2000年，完成设计项目957个，建筑面积137.1万平方米，建筑高度增加，电梯住宅大量出现，体型外观美感增强。

2001年，境内兴起小康住宅设计新概念，推行小康住宅示范工程规划和设计，住宅小区实现整体规划设计，水、电、燃气、消防、人防、景观绿化等设施配套，设计有花园、假山、亭阁、溪流、小桥、树木花卉，居住环境质量提高。户型设计以三室二厅、四室二厅一厨二卫为主流，有的还设计有健身房、保姆房、储藏室。套间面积增大，有的达200平方米以上。跃式、复式和屋顶花园住宅出现。国家推行经济适用房、廉租房建设，每户建筑面积90平方米以下，使用功能齐全。是年，全市完成施工图设计项目442个，建筑面积101万平方米，其中廉租房12.8万平方米。2003—2004年，完成设计项目1240个，建筑面积340万平方米，建筑设计以高层为主。2005年，完成设计项目408个，建筑面积158.6万平方米。龙泉花园、东方豪苑、南苑上和等建筑面积几十万平方米大型住宅区，多为16~32层，框架剪力墙结构设计，花园式布局。2006—2009年，完成设计项目626个，建筑面积243万平方米。2010年，市规划局出台2010—2020年城市整体规划，对建筑密度、容积率、绿地率、建筑退界、建筑高度和相关配套设施设计作出详细规定。按新规定，完成施工图设计项目266个，建筑面积190万平方米。2011—2013年，全市完成设计项目646个，建筑面积578万平方米。

2014—2016年，全市实行绿色建筑专家评审制度，要求住宅小区绿化率20%~35%。2017年，建筑行业执行《湖南省公共建筑节能设计标准》《湖南省居住建筑节能设计标准》，所有建筑须提供建筑节能设计专篇和节能计算报告书，节能标准由50%提高到65%，节能材料均按省厅推广目录表中材料选用。全市完成设计项目464个，建筑面积381.78万平方米。设计、施工节能均达100%，达到省厅节能考核指标。

农村住宅　1990—1995年，境内农村住宅平房居多，2~3层楼房极少。建筑面积200平方米以内，大多无正规设计。地区建委编印《农村住宅设计标准图集》下发农村，但推广不开。1996—1999年，2~3层楼房或200平方米以上庭院式楼房相继出现，少部分由正规设计单位设计。成为农村住宅建设示范。2000年，部分农村建房按别墅房设计，新农村建设试点村庄，注重保护生态环境，统一规划设计。2005—2014年，市住建局组织设计单位设计农村住宅标准图，三次出版图集，免费下发各乡村，大多被采用。2015—2017年，农村住宅设计2~3层别墅，立面大都为简欧风格，坡屋面逐步代替平顶屋面，盖彩色瓷瓦，外墙装饰大瓷板，门窗均采用铝合金门窗，新颖别致。2017年，全市农村推广安全、价格适宜的轻钢别墅。

第二节 建筑形式风格

一、公共建筑

20世纪90年代前期，娄底地区公共建筑注重经济适用，大部分建筑为3~5层，砖混结构，办公楼大部分单栋在1000平方米左右。教学楼单栋200~3000平方米。影剧院容纳800人左右。体育场馆1000平方米左右。医院建筑单栋1000平方米左右。少量较大较高建筑，如锑都大厦、双峰工程工业大厦为7层以上框架，建筑面积单栋8000~9000平方米。地区人民银行大楼全框架结构。1996年，娄底建行、工商银行、烟草公司办公楼，涟源市委、市政府办公大楼，冷江邮电大楼等，外墙贴马赛克条形小瓷板等外墙材料，内墙白灰粉刷，或涂刷油漆及其他涂料。1998年始，境内高层、大型公共建筑逐年增多。2000年，市内建成一批地标性建筑。

2001年，境内城区办公楼、综合楼、教学楼、医院用房、商场等公共建筑风格、造型出现较大变化。具有时代色彩的建筑开始出现。市中心医院门诊大楼设计和建筑风格获省优秀奖。2002年5月，市委、市政府办公大楼建筑群开建，均为6~8层，欧式风格，框架结构，球形屋顶，采用向心放射对称手法，形成丰富、有序空间层次，主楼、附楼通过连廊有机地连接，形成整体建筑。立面造型在适当位置采用横线条分隔，凹凸檐口处理，灰、白为主调外墙装饰色彩，营造庄重简洁风格。

2003年，市交通局、市国土局、市规划局、市城管局、市政务中心、市工商局、市税务局、市人防办、市审计局等行政办公楼在城南新区相继兴建，大都为简欧式风格。主体为框架结构，7~12层，通高23~50米，以银灰色为基调，以铝塑板加带状玻璃为幕墙，外观造型美观大方。2004年，娄底体育中心开建。该中心是功能现代化标志性智能建筑群，主体框架结构、屋面网架结构，外装饰为点式玻璃和铝板幕墙。室内采用中央空调系统，排烟、自动喷淋灭火系统，有线电视、背景音乐、电话、综合布线系统、电视监控、入侵报警系统，音响扩声和灯光照明系统及LED电子彩色显示屏。屋面采用虹吸式排水系统，主馆为无黏结预应力后强柱梁和GBF空心楼板。屋面为塔式拉索网架及屋面系统。外墙为氟碳漆铝板幕墙和点式玻璃幕墙。外立面凹凸清晰，竖直与横向线条美观，屋面檐口设计有装饰性构架，立面装饰采用外立面干挂石材或保温装饰一体板。

娄底市中心城区万豪城市广场（2010年8月摄）

二、工业建筑

20世纪90年代前期，娄底地区工业以钢铁、火力发电、水泥、化工、陶瓷、农机、煤机制造为主。中、小企业厂房为单跨、“人”字形木屋架或钢木屋架，盖石棉瓦、小瓦，砖墙砌筑，三灰土或水泥地板，结构十分简单。涟源钢铁厂、冷水江钢铁厂、资江氮肥厂、冷水江碱厂、湖南煤机厂、新化西河水泥厂、金竹山电厂等大型企业，建筑形式与风格，按各自特殊工艺和生产流程需要设计建设，并应用折板结构、悬索结构、网架结构、筒式结构等新结构于工业建筑上，满足生产工艺流程。1995—1999年，工业建筑形式与风格根据生产设备数量、形状体积大小统一布局，分主体生产厂房、辅助生产厂房、动力厂房、储藏用房等，空间宽敞，满足厂房通行、通风、采光需要。由于工厂生产流程直线运行较多，车间采用单跨式或单跨并列体型，长度几十米至三四百米，宽度七八米至二三十米。

2000—2002年，境内大型工业建筑增多，新的建筑材料大量使用。冷钢线材厂、涟钢棒材厂、超薄板带钢工程主厂房分别达2万~5万余平方米，围护材料采用彩色压型钢板，立柱采用钢管混凝土柱，屋面采用彩色涂层压型板，墙皮采用粉色涂层压型板。侧墙采用多层雨棚，底部镂空。有热源和有害气体的厂房屋顶均设有通风天窗，设置阻燃型塑腹瓦采光带。2003—2017年，市经济技术开发区及各县（市、区）经济开发区采用现代国际通行的标准厂房。

娄底经开区一工业园
（2014年摄）

涟源钢铁厂热轧厂外景
（2014年8月摄）

华菱安赛乐米塔尔生产厂区
（2017年3月摄）

三、住宅建筑

（一）城市住宅建筑

1990—1999年，娄底地区城市住宅多为单栋连片住宅，形成机关、厂矿住宅院落，砖混结构，5~6层，从坡面到平面屋顶，整体为灰白色基调中式或现代建筑风格，大多为“火柴盒”“军营”式。

2000—2006年，全市城市住宅建设规模逐年扩大，多为6~7层砖混结构，外形设计风格多样，规划呈和谐太极布局。2007—2017年，城市住宅建设普遍使用新材料，设计理念出现较大变化，“火柴盒”式建筑形式基本消失，一般为三室一厅一卫或四室两厅两卫，楼梯房停建，大部分为12~32层高层电梯楼房，一梯三户或二梯四户。建筑形式风格与一线城市无异，主要有仿古风格、中式风格、现代风格、简欧风格、欧式风格等。日照、采光、防震、节能、消防、绿色建筑满足国家规范及规划控规要求。室内有入户花园、景观阳台、生活阳台，卧室设计凸窗。外立面设计凹凸清晰，有的设有竖向线条或横向线条，外装饰以米白色、灰色等为主调，形成休闲浪漫建筑基调。平面设计强调户型功能分区，采光通风良好，动静分离，卧室与客厅、餐厅相分离，增强卧室私密性。水、电、燃气、消防、人防、景观、绿化及配套设施满足国家标准要求。住宅小区设计有物管用房、社区用房、幼儿园、老年人健身器械场地、运动场地、垃圾站、公共卫生间、地下停车库、地上非机动车停车位等配套设施。

1990年前城市住宅

1990—2000年城市住宅

2001—2017年城市住宅

（二）农村住宅建筑

20世纪90年代前期，娄底农村新建住宅大多为一层平房，外形为“一”“凹”“┓”字形。“一”字形住宅平面布局为中间厅堂（堂屋），左右卧房、厨房。“凹”字形住宅平面布局正屋与“一”字形大体相同，前两侧为厢房。“┓”字形住宅平面布局与上相同，在某一侧前出半间房。厕所、杂屋等建在正房左右或后边。边远山区以木架房和土砖房为主，逐渐改为红砖墙，内墙面粉石灰、外墙面为清水墙或水泥砂浆粉刷。多数为木料桁梁，少数用钢筋砼预制件。木门窗、玻璃窗。屋顶为“人”字形，50%的坡度，盖小青瓦或红平瓦，水泥地面。中后期，娄底农村逐步建设砖混结构二层楼房，二楼前边多建有阳台，屋顶多为平屋顶，外形似“火柴盒”。内墙多用磁性涂料（刮涂）粉刷，外墙多为撒米石或条形白色瓷片装修。二楼地板和房顶盖砼预制空心板，地面用水泥或水磨石、彩瓷地板砖，铝合金玻璃窗逐步取代木窗。

1970以前的农村木板房住宅

1970—1980年的农村土砖房住宅

1980—1990年的农村红砖房住宅

2000年以后的农村住宅

进入21世纪后，境内一般农户仍沿建二层“火柴盒”式楼房，普遍应用预制水泥空心板、砼预制构件、不锈钢、铝合金、玻璃钢、花岗岩、彩色瓷片及地板砖、胶木板、“888”和“988”乳胶等新建筑、装饰材料。3~4层楼房、别墅式洋房、庭院式建筑开始出现，其建筑外形和内外装饰，逐步与城市住宅建筑形式风格接近。部分农户与原住地自然村分离，单独在附近山边建房，一户一栋一小庭院。在平坦地区，一些农户住宅建在公路或村道两旁，自然形成街道式村庄。几千年来的土墙、木架房逐步消失。

2011年，市土木学会、娄底新型城镇化工作办公室委托设计单位，将农村住宅优秀设计汇集成标准图集，免费下发到全市农村供选择，大多为二至三层简欧风格别墅房，屋面“平改坡”，采用不同颜色有机瓦、琉璃瓦，外墙装饰采用大瓷板，门窗均为铝合金门窗，设有露台、弧形阳台。建筑立面美观大方，有的别墅设有停车库，建有围墙，地坪种植高大乔木和花草。装配式轻钢别墅开始在农村推广。

第三节　建筑施工技术

一、基础和地下空间施工技术

20世纪90年代初，境内工程建设基础施工技术，普遍采用砖砌条形基础，钢筋砼独立柱基础。各种桩基施工技术兴起，基坑逐步采用机械开挖。地基处理，应用夯实水泥土桩复合地基成套技术、强夯法处理大块石、回填土方地基、爆破挤淤法等技术。1998—2000年，桩基、箱形基础、筏板基础技术广泛应用。高层建筑基础施工采用喷锚支护技术、夯扩桩施工技术、预应力管桩技术及振动灌注桩等技术。2001—2004年，基础施工采用测量水准仪、经纬仪升级到全站仪等新设备，建筑测量更方便精准。基础检测采用轻便触探、静载检测、低应变和高应变、抽芯检测等多种方式、技术和手段，运用深基坑桩锚支护及止水帷幕、砼预应力管桩等高新技术施工工艺，丰富和完善基础检测各项指标和功能要求。2005—2017年，市建设局在全行业推广住房和城乡建设部《建筑业10项新技术（2005）》。长螺旋钻孔压灌桩技术、水泥粉煤灰碎石桩（CPG桩）复合地基技术、土工合成材料应用技术、复合土钉墙支护技术、高边坡防护技术、爆破挤淤法技术、非开挖埋管施工技术、双聚能予裂与光面爆破综合技术等推广使用，基础和地下空间施工技术有新提高。

二、主体施工技术

20世纪90年代，境内房屋主体施工采用的普通砖混结构技术，钢筋砼框架结构逐步增多，现场搅拌机自配砼，插入式捣棒、平板震动器等普遍应用于砼施工工艺。塔吊、门式吊等垂直运输机械逐步代替人工挑运。扣件式钢管脚手架广泛应用，但竹木脚手架仍有一定数量存在。2000年始，全市推广冷轧带肋钢筋，直径16毫米以上的大直径钢筋应用于电渣压力渣及钢筋对焊技术。高层建筑应用高强砼施工技术，无梁楼盖及大体积砼施工技术，现浇钢筋砼工艺。模板由木模板、小钢模和蝴蝶扣等过渡到覆膜竹胶板、大模板、定型模板、爬模、滑模等。2005年，双峰县引进2家轻钢结构建设厂家，在农村推广该项技术，逐步取代传统建筑砖、瓦、灰、砂及钢筋砼材料。全市推广建设工程资源计划管理技术和《建设工程量清单计价规范》（GB50500—2003）自动计算软件，推广塔式起重机安全监控管理系统应用技术。2006年始，全市推行住宅钢结构技术，应用于冷弯薄壁型钢低层住宅（1~3层）建筑、多层住宅（4~7层）建筑。高层建筑应用钢框架结构、高强度钢材技术。大型公共建筑和桥梁、大跨度工业厂房应用40毫米以上厚钢板焊接技术。

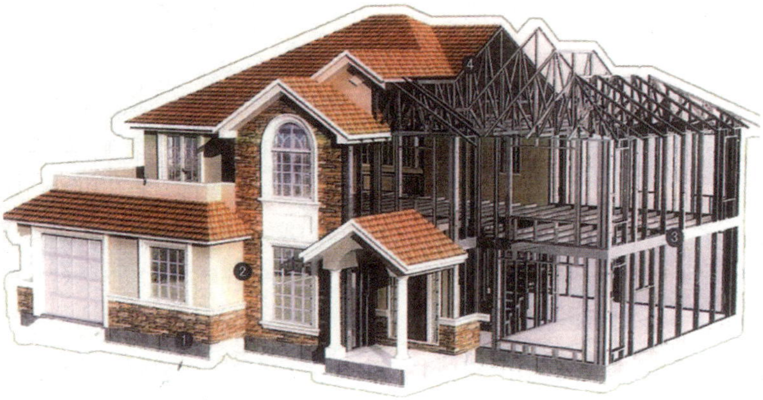

轻钢结构示意图

2016年始，境内大直径钢筋套筒连接、锥螺纹和直螺纹连接等技术广泛应用，主体结构除钢筋砼框架结构外，框架剪力墙结构、筒体结构也应用于各类高层建筑中，GBF蜂巢芯砼楼盖技术在大空间地下室和公共建筑中应用。钢筋网珍珠岩夹芯板、砼空心砌块、多孔砖、轻质砼砌块等新型墙体材料、集中搅拌商品砼、汽车泵、地泵等砼泵送技术广泛应用。大型塔吊和施工电梯等大型建筑机械逐步代替小塔吊和门式吊。各类工具式脚手架、悬挑脚手架和爬升架、碗扣式、承插式满堂脚手架、支模架体系等大量用于高层建筑。2017年，全市装配式建筑主体施工技术和建筑材料在建筑市场占有率60%左右。轻钢结构技术施工厂家27家。

三、屋面施工技术

1990—2012年，境内屋面防水采用改性沥青卷材防水，设置刚性防水层。隔热仍采用砖墩上盖砼预制小板架空隔热。2013年，海泡石、珍珠岩等各类轻质保温、隔热材料在屋面工程中广泛应用。至2017年，微膨胀自防水砼和高分子涂膜防水技术广泛采用，保温材料大量应用挤塑板。屋面漏水通病基本得到解决。

四、建筑安装施工技术

20世纪90年代初，境内建筑安装主要为水管、煤气管、电线、室内照明灯具和防雷接地等安装。给排水除采用镀锌管、铸铁管外，开始使用塑料管。1998年始，给排水管大量使用PVC、PPR及UP-VC等材料，镀锌管应用减少，铸铁管基本停用。各类电气管均采用穿套管暗埋技术。2010—2017年，监控系统、通信系统、火灾和防盗自动报警及联动系统等智能化电气设备，大量应用于建筑安装工程中。

五、装饰装修施工技术

20世纪90年代，境内建筑外墙装修广泛采用长条形或小方块颜色各异面砖。内墙面装修主要为涂料、墙纸等。地面装修主要采用地面砖、水磨石等。铝合金窗、茶色玻璃窗扇开始出现，木窗逐步淘汰，住宅室内时兴吊顶。2001年始，外墙装修除贴面砖外，干挂石材及铝塑板技术开始应用。内墙装修广泛应用仿瓷涂料、油漆等。地面装修主要采用大型花岗岩、大理石、地面砖、防静电木地板、耐磨木衬板等。2013年始，贴面砖、干挂石材、多彩外墙漆和仿真石漆工艺广泛用于外墙面装修。内墙面装修采用仿瓷涂料、乳胶漆、内墙漆、墙纸、墙布。地面装修材料档次提升。2017年，碧桂园进驻娄底，开发精装房，装修施工规范化、标准化。

六、混凝土技术

1990—2004年，境内建筑市场混凝土施工技术普遍采用现场人工搅拌，人工挑运或塔吊。2005年始，采用建设部推广的混凝土技术，包括高耐久性混凝土、高强高性能混凝土、轻骨料混凝土、纤维混凝土、混凝土裂缝控制技术、超高泵送混凝土、预制混凝土装配整体结构施工技术。淘汰现场搅拌技术，推行商品化、工厂化生产混凝土技术。至2017年，此项技术在全市普及。

七、钢筋及预应力技术

1990—2004年，境内沿袭既有建筑施工钢筋和预应力技术。2005年始，采用建设部推广的钢筋及预应力新技术，包括高强钢筋应用技术、钢筋焊接网应用技术、大直径钢筋直螺纹连接技术、无黏结预应力技术、有黏结预应力技术、建筑用成型钢筋制品加工与配送技术。至2017年，此项技术在全市普及。

八、模板及脚手架技术

1990—2004年，境内工程建筑施工脚手架技术，由竹木加铁丝捆扎向钢管套接技术转变。模板沿用普通木板拼接技术。2005年始，推广清水混凝土模板技术、钢（铝）框胶合模板技术、组拼式大模板技术、早拆模板施工技术、液压爬升模板技术、藏仓筒壁滑模托带仓顶空间钢结构整体安装施工技术、插接式钢管脚手架及支撑架技术、附着升降脚手架技术、电动桥式脚手架技术、挂篮悬臂施工技术。至2017年，该项技术在全市普及。

九、管线安装工程技术

20世纪90年代，境内工程建筑管线安装大多采用明线。2000年始，逐步采用暗埋技术。2005年，推广管线综合布置技术。管线采用3D（三维图）装配，确保管线位置准确、不重叠。热水、饮用水、排水、采暖等管道系统，应用薄壁金属管道新型连接技术。大中型民用建筑工程和水泥厂、水厂、燃气公司等工程管道安装，应用管道工厂化预制技术。至2017年，此项技术在全市普及。

十、防水技术

1990—2004年，境内高层建筑少，大多为中低层建筑，地面或屋顶防水普遍采用水泥砂浆，地下建筑防水大多采用沥青淋面再覆盖水泥砂浆。2005年始，建筑施工采用建设部推广的地下建筑施工推广高分子自粘胶膜预铺设粘防水技术，预备注浆系统施工技术、丙烯酸盐灌浆液防渗施工技术，解决地铁、隧道、市政工程、水利水电工程施工缝后浇带，新旧混凝土接触部位漏水难题。运用无定期膏状遇水膨胀水胶施工技术，解决不规则基面、管线、接触面缝隙渗漏问题。至2017年，此项技术在全市普及。

十一、抗震加固与监测技术

1990—2007年，境内建筑施工不够重视抗震加固技术的使用。2008年汶川大地震后，全市重视建筑施工防震抗震技术的采用，按6度抗震设防区要求设计和施工。高层建筑深基坑施工中，应用深基坑施工监测技术，采用基准线法和坐标法对基坑支护结构及邻近建筑物沉降监测，同时应用开挖爆破监测技术，对深基坑石层、孤石、结石采用爆破法施工，有效监测振动速度、冲击波、有害气体、爆破动应变、噪声数据等。至2017年，开挖爆破监测技术在全市普及。

第四节 绿色建筑

1990—2003年，境内建筑企业执行国家相关法律法规，推动绿色建筑发展。2004年9月，建设部设立全国绿色建筑创新奖。全社会宣传绿色建筑理念，设计单位按绿色标准要求设计，施工单位按绿色标准施工。2006—2008年，执行住房城乡建设部《绿色建筑评价标准》《绿色建筑评价技术细则（试行）》《绿色建筑评价标识管理办法》。2009—2010年，启动《绿色工业建筑评价标准》《绿色办公建筑评价标准》编制工作。2012年，落实住房和城乡建设部《关于加快推动中国绿色建筑发展的实施意见》，全市强制执行国家绿色建筑评价标准，成立市绿色科技有限公司和市绿色建筑技术咨询服务有限公司。2014年，市政府制定《娄底市绿色建筑行动实施方案》，启动绿色建筑评价标识工作。2015年，全市城镇新建筑绿色建筑面积比重为20%。

2016年，全市新建民用建筑面积381.78万平方米，建筑节能面积319万平方米，竣工面积187.2万平方米，设计阶段和施工阶段建筑节能标准执行率均为100%。对列入湖南省建筑节能技术、工艺、材料、设备推广应用目录的新技术，主管部门做好登记、验证备案和公示工作，完成123栋民用建筑能耗和节能信息统计工作，其中7栋被列入省公共建筑能耗监测项目。对全市竣工建筑项目28个，面积145.74万平方米，在建项目15个，面积127.44万平方米，未开工建筑项目17个，面积147.74万平方米，强力推行《娄底市绿色建筑行动实施方案》，从立项、设计、招投标、方案审查、初步设计审批、施工图审查备案等环节层层把关。国有投资的公共建筑、保障性住房以及2万平方米以上的大型公共建筑，一律按绿色建筑标准建设。是年，娄底高铁南站枢纽工程获绿色建筑设计标识一星级。全市绿色建筑星级项目设计、建筑面积与新建建筑面积比例年均达到20%，符合省里绩效考核指标。2017年，市创业创新服务大楼27层，建筑总面积5.3万平方米，获得省住建厅绿色建筑二星级设计标识证书。市中心医院住院部E区，高22层，建筑面积近5万平方米，所用建筑材料均为省厅发证的绿色建材，获湖南省绿色建筑施工证书。

第五节 可再生能源建筑应用

2011年，市住建局、财政局根据市委、市政府要求，着手可再生能源建筑示范城市申报工作，印发《关于可再生能源建筑应用推广管理办法的通知》《关于在公共建筑规模以上建筑中采用可再生能源的通知》《娄底市可再生能源建筑应用项目建设运行管理暂行办法》，在新化县人民医院进行土地原热泵空调工程试施工。2012年8月，娄底市获批国家可再生能源建筑应用示范城市，获中央财政补助资金5000万元，示范推广应用面积200万平方米。9月，娄底市建筑节能工作领导小组成立，下设可再生能源建筑应用项目管理办公室，设立娄底市建筑节能工程监理项目部，承担应用示范项目的实施、验收管理工作。是年，市政府出台《娄底市可再生能源建筑应用“十二五”专项规划》，在既有住宅、公共建筑中推广太阳能热水系统改造，新建住宅、学校、医院、办公楼普及地源热泵或太阳能热水系统，有条件的区域采用地源热泵采暖空调系统。农村普遍推广太阳能热水器。

2013—2017年，市政府相继出台《关于进一步做好可再生能源建筑应用推广工作的通知》《关于加快推进可再生能源建筑应用示范项目的通知》。至2017年，全市完成可再生能源建筑应用项目40个，建筑面积263万平方米。在建未完工程21项，建筑面积181万平方米。

第六节 建筑企业

一、施工企业

1990年，境内建筑施工企业85家，从业4.8万人。1992年，增至189家，其中房屋建设167家、水利水电建设9家、机械施工3家、电力安装3家、装饰施工3家、道路桥梁施工2家、防腐保温1家、矿井建设2家，大部分为四级或等外级，从业6.1万人。是年，全地区共完成建安总产值4.92亿元，实现利润1866万元。1995年，建筑施工企业213家，完成建安总产值7.96亿元。1996年，全地区整顿规范建筑企业，建筑企业减少至183家。1999年，再次整顿建筑企业，保留175家，完成建安产值14.63亿元。2001年3月，落实建设部《建筑业企业资质管理规定》《建筑业企业资质等级标准》，全市建筑业企业资质划分为施工总承包、专业承包和劳务分包三大序列85个类别等级标准，其中施工总承包4个等级12个类别，专业承包3个等级60个类别，劳务分包2个等级13个类别。2001年，全市完成建筑企业资质标准就位工作。同一乡镇3个建筑施工企业合并组建为1个。

2002年，全市保留建筑施工企业121家。2003—2006年，建筑施工企业113家。市工程公司、市第一建筑工程公司、市工程总承包公司、市建设工程公司、市建筑安装公司基本完成改制，归集改制资金约1.4亿元，置换身份员工约3000人。县（市）7家国有建筑业企业完成改制。至2008年底，全市国有建筑企业完成改制，建筑施工企业136家。2011—2015年，建筑企业269家，完成建安产值216亿元。2017年，建筑业企业423家，其中施工总承包企业137家；市属国有9家，县属国有12家，民营402家。民营建筑企业中，娄星区221家、经开区30家、涟源市30家、冷水江市22家、新化县41家、双峰县58家。全市建筑业从业12万人，完成建安产值296.24亿元，缴纳税金9.05亿元。

二、建筑服务企业

（一）监理企业

1997年，境内推行建筑工程监理制度。首家监理企业——娄底建设监理有限公司成立，注册资本50万元，资质等级为房屋建筑工程监理乙级、市政公用工程监理乙级，从业13人，是年，完成监理建筑面积4.9万平方米，年产值32万元。1999年，湖南湘中工程监理有限公司成立，注册资本50万元，资质等级为房屋建筑工程监理丙级，从业12人，完成监理项目建筑面积3.8万平方米，年产值21万元。1999年，涟钢技术改造指挥部组建涟钢双菱工程监理有限公司，从业人员31人，均为全国注册监理工程师。2001—2013年，冷水江市冠湘建设工程监理有限责任公司、新化佳康建设监理有限公司、双峰国藩监理有限公司、娄底市方圆建设监理有限公司、湖南省和森项目管理有限公司、涟源市明泰项目管理有限公司相继成立。2017年，全市有建设监理企业9家，其中房建及市政甲级2家、乙级6家、丙级1家。从业535人，其中全国注册监理工程师150人、省监理工程师143人、省监理员242人，一级建造师32人、造价工程师22人、见证员145人、安全监理42人。所有从事监理工作人员均通过培训考试合格后持证上岗。

2009—2017年娄底市监理获奖项目一览表

表56-2

项目名称	总投资（万元）	获奖名称	监理企业
春园商业步行街钻石街一标段工程	4000	2009年度湖南省建设工程芙蓉奖	娄底建设监理有限公司
娄星区人民法院综合审判大楼	4500	2009年度湖南省建设工程芙蓉奖	娄底建设监理有限公司
市人民来访接待中心及政务中心	3000	2011年度湖南省建设工程芙蓉奖	娄底建设监理有限公司

续表56-2

项目名称	总投资(万元)	获奖名称	监理企业
市地方税务局综合办公楼	3600	2012年度湖南省建设工程芙蓉奖	娄底建设监理有限公司
市公安局办公业务用房	18700	2013—2014年度湖南省建设工程芙蓉奖	娄底建设监理有限公司
崇和中苑3#楼	2000	2012年度湖南省建设工程芙蓉奖	娄底建设监理有限公司
市交通局等七单位办公业务用房	2600	2013—2014年度湖南省建设工程芙蓉奖	娄底建设监理有限公司
市工商行政管理局办公楼	4800	2015—2016年度湖南省优质工程	湖南湘中工程监理有限公司
新化县人民法院审判大楼	5200	2009年度湖南省优质工程	新化佳康建设监理有限公司
涟钢盛世嘉园一期工程A、B栋	13000	2009年度湖南省优质工程	湖南涟钢工程技术有限公司
双峰县民政局综合业务楼	3900	2012年度湖南省优质工程	双峰国藩监理有限公司
市城市管理行政执法局指挥监控中心办公楼	4800	2009年度湖南省优质工程	娄底建设监理有限公司
金谷建设小区1#~8#楼	12000	2013—2014年度湖南省优质工程	娄底建设监理有限公司
国家电子陶瓷产品质量监督检验中心	3000	2012年度湖南省优质工程	娄底建设监理有限公司
双峰县农村信用合作社办公综合楼	3300	2015—2016年度湖南省优质工程	湖南省和森项目管理有限公司
娄底市宝利德奔驰汽车4S店	1500	2015—2016年度湖南省优质工程	湖南省和森项目管理有限公司
娄底第五中学科教楼	8000	2016—2017年度湖南省优质工程	湖南涟钢工程技术有限公司

（二）工程造价咨询企业

1996年，娄底地区贯彻建设部《工程造价咨询单位资质管理办法实施细则（试行）》，规范造价咨询企业资质管理程序，开始推行建设工程造价咨询制度。是年，娄底市楚才工程造价咨询事务所成立，开始接受委托，对建设工程造价提供专业咨询服务。至2017年底，全市有5家造价咨询企业，从业人员103人，其中注册造价工程师50人，高级职称10人，中级职称59人，企业注册资本金700万元，涉及工程造价总额58.54亿元，完成造价咨询收入1974万元，上缴利税121万元。全市5家咨询企业均完成信用体系评价，其中AAA级1家、AA级4家。

2017年娄底市工程造价咨询企业情况表

表56-3

企业名称	资质	从业人员专业职称	成立时间(年)
湖南楚才工程造价咨询有限公司	甲级	造价从业人员25人,其中中高级职称17人	1996
湖南世纪龙工程造价咨询有限公司	甲级	造价从业人员32人,其中中高级职称20人	2000
娄底市宏业工程造价咨询事务所	乙级	造价从业人员12人,其中中高级职称8人	2001
娄底楚天工程咨询事务所	乙级	造价从业人员12人,其中中高级职称8人	2005
娄底市恒兴项目管理有限公司	乙级	造价从业人员22人,其中中高级职称16人	2015

（三）招、投标代理企业

2001年，市政府根据建设部和省建设厅规定，改变过去建设业主自行招标机制，推行建设工程招标代理制。是年，娄底宏业工程造价咨询事务所开始为建设业主提供专业、社会招标服务。至2012年，全市有招投标代理企业19家，其中市内5家。从业人员60人，具有初级以上职称人员52人，其中注册造价工程师38人。注册资本金1001万元。域外进驻娄底执业14家，从业人员52人。均获市建设局登记备案，确认其招、投标代理业务资质。

（四）建筑工程质量检测试验单位

1989年，经省质量技术监督局资质认定和省建设工程质量检测机构批准，娄底地区建设工程质量检测试验室成立，承担区内建筑材料和地基基础检测试验任务。至2017年，全市建设工程质量检测单位12家，其中，国有企业7家、民营企业5家。检测范围涵盖取样检测、主体结构工程现场检测、地基基础工程检测。

2017年娄底市建筑检测试验单位情况表

表56-4

单位名称	执业资质	从业人数（人）	主要设备（台、套）	成立年份
娄底市建设工程质量检测试验室	见证取样检测、地基基础检测、主体结构工程现场检测	34	万能试验机、混凝土回弹仪、楼板测厚仪、千斤顶、基桩动测仪、门窗三性检测仪、沥青软化点测试仪、路面平整度测试仪等280台	1989
冷水江市建筑科学研究所	见证取样检测、主体结构现场检测	14	万能试验机、混凝土回弹仪、楼板测厚仪等120台	1991
冷水江市锡矿山建筑工程质量检测试验中心	见证取样检测	12	万能试验机等42台	—
娄底市金石土木试验检测有限公司	见证取样检测	13	万能试验机等50台	2003
娄底市诚信建筑工程检测有限公司	见证取样检测	12	万能试验机等62台	2003
双峰县建设工程质量检测有限公司	见证取样检测、主体结构工程现场检测	14	万能试验机、混凝土回弹仪、楼板测厚仪等63台	2004
新化县建筑材料检测中心（普通合伙）	见证取样检测、主体结构工程现场检测	17	万能试验机、混凝土回弹仪、楼板测厚仪等60台	2006
涟源市红太阳建设工程质量检测有限公司	见证取样检测、主体结构工程现场检测	17	万能试验机、混凝土回弹仪、楼板测厚仪等58台	2006
娄底市三鑫建设工程质量检测有限公司	见证取样检测、地基基础检测、主体结构工程现场检测	20	万能试验机、混凝土回弹仪、楼板测厚仪、千斤顶、基桩动测仪等108台	2006
娄底市兴旺工程质量检测有限公司	见证取样检测	12	万能试验机等40台	2006
娄底市住明工程检测有限公司	见证取样检测	16	万能试验机等42台	2008
湖南省天寄工程检测有限公司	见证取样检测、地基基础检测、主体结构工程现场检测	42	万能试验机、混凝土回弹仪、楼板测厚仪、千斤顶、基桩动测仪等200台	2010

（五）施工图审查中心

2001年8月7日，根据《建设工程质量管理条例》《建筑工程施工图设计文件审查暂行办法》《建筑工程施工图设计文件审查有关问题的指导意见》等文件精神，市编委同意设立娄底市施工图审查中心，为正科级事业机构，定编4名，所需经费自筹。经湖南省建设厅认定，娄底市施工图审查中心为乙级审查机构，审查范围为建筑工程设计分级标准规定的二级及以下工程的施工图设计文件，审查的重点是对施工图设计文件中涉及安全、公众利益和强制性标准、规范的内容进行审查。2004年8月23日，建设部发布《房屋建筑工程和市政基础设施工程施工图设计文件审查管理办法》，明确审查机构按承接业务范围分两类。经湖南省建设厅认定，娄底市施工图审查中心为二类审查机构，审查机构是不以营利为目的的独立法人。2011年6月，娄底市施工图审查中心的审查范围和类别升级为房屋建筑工程一类和市政（道路）工程二类审图机构。2012年12月，市政（道路）工程升级为一类。至此，娄底市施工图审查中心具有房屋建筑工程一类和市政（道路）工程一类施工图设计文件审查机构资格。至2017年，市施工图审查中心按照《建设工程管理条例》《建设工程勘察设计管理条例》，对各类房屋建筑和市政基础设施工程施工图设计文件审查4452个。

2001—2017年娄底市施工图审查中心资质及业绩情况表

表56-5

年份	执业资质	从业人数（人）	专业人员情况	完成项目数（个）	完成审查面积（万平方米）
2001	房建乙级	15	建筑2人，结构6人，给排水2人，电气2人，暖通1人，勘察2人	27	10
2002	房建乙级	15	建筑2人，结构6人，给排水2人，电气2人，暖通1人，勘察2人	102	42
2003	房建乙级	15	建筑2人，结构6人，给排水2人，电气2人，暖通1人，勘察2人	127	53
2004	房建和市政（道路）二类	19	建筑2人，结构4人，给排水2人，电气2人，暖通2人，勘察2人，市政（道路）4人	253	102
2005	房建和市政（道路）二类	19	建筑2人，结构4人，给排水2人，电气2人，暖通2人，勘察2人，市政（道路）4人	274	124
2006	房建和市政（道路）二类	23	建筑2人，结构4人，给排水2人，电气2人，暖通2人，勘察2人，市政（道路）4人	285	143
2007	房建和市政（道路）二类	23	建筑2人，结构4人，给排水2人，电气2人，暖通2人，勘察2人，市政（道路）4人	293	146
2008	房建和市政（道路）二类	23	建筑2人，结构4人，给排水2人，电气2人，暖通2人，勘察2人，市政（道路）4人	320	150
2009	房建和市政（道路）二类	24	建筑2人，结构4人，给排水2人，电气2人，暖通2人，勘察2人，市政（道路）4人	360	176
2010	房建和市政（道路）二类	24	建筑2人，结构4人，给排水2人，电气2人，暖通2人，勘察2人，市政（道路）4人	208	278
2011	房建一类、市政（道路）二类	25	建筑2人，结构4人，给排水2人，电气2人，暖通2人，勘察2人，市政（道路）4人	310	302

续表56-5

年份	执业资质	从业人数（人）	专业人员情况	完成项目数(个)	完成审查面积（万平方米）
2012	房建和市政(道路)一类	28	建筑2人,结构4人,给排水2人,电气2人,暖通2人,勘察2人,市政(道路)7人	205	349
2013	房建和市政(道路)一类	34	建筑3人,结构7人,给排水2人,电气2人,暖通2人,勘察2人,市政(道路)7人	356	420
2014	房建和市政(道路)一类	34	建筑3人,结构7人,给排水2人,电气2人,暖通2人,勘察2人,市政(道路)7人	334	320
2015	房建和市政(道路)一类	34	建筑3人,结构7人,给排水2人,电气2人,暖通2人,勘察2人,市政(道路)7人	328	305
2016	房建和市政(道路)一类	34	建筑3人,结构7人,给排水2人,电气2人,暖通2人,勘察2人,市政(道路)7人	277	343
2017	房建和市政(道路)一类	34	建筑3人,结构7人,给排水2人,电气2人,暖通2人,勘察2人,市政(道路)7人	393	419

第三章 建筑业管理

第一节 勘察设计市场管理

1990年，地区建设委员会内设科技设计科，负责管理建筑工程勘察设计市场、建筑工程勘察、工程设计、建筑装饰设计、施工图审查等单位的资质审查考核与报批，对勘察设计执业人员个人资格审查、考核、培训和注册，负责勘察设计质量管理、行业协会工作指导等。全地区勘察设计单位贯彻建设部《关于勘察设计单位巩固深化全面质量管理的意见》，建立和完善全面质量管理制度体系、手段和方法（QC管理）。实行常规三级负责（核对、审核、审定）的质量管理工作全流程环节的全面管理。

1992年，地区建筑勘察设计院、冷水江市建筑设计院、涟钢设计院、涟邵设计院、金竹山电厂设计室、资江氮肥厂设计室、锡矿山矿务局设计室、地区水利水电勘察设计院、新化县建筑设计室、娄底市建筑设计室、地区交通规划设计院、娄底电业局设计室、洪源机械厂设计室、地区工程公司设计室等15家设计单位，通过省达标验收，获ISO9001认证。县（市）其他设计单位于年底达标获全质管理认证。1993年始，勘察设计队伍增多，出现激烈竞争局面。无证勘察设计、超资质勘察设计、私人勘察设计、资质挂靠出卖图签图章、压价竞争等现象不同程度存在。

1999年6月，娄底地区工程勘察设计“四统一”管理办公室成立，对勘察设计实行统一登记验证，统一合同审查、统一收费、统一奖罚。是年，查处违规勘察设计单位7家，不予办理报建相关手续25起，追究违规责任12人。2000年，贯彻国务院《建设工程勘察设计管理条例》《湖南省建设工程勘察设计管理条例》，将境外入娄勘察设计单位列入管理范围。依法查处无证设计6起、出卖图章图签12起、超资质勘察设计8起违法案件。2001年，执行建设部《建筑工程施工图设计文件审查暂行办法》《建设工程施工图审查有关问题的指导意见》、省建设厅《关于开展建筑工程施工图审查工作的通知》，市建设局成立娄底市审图中心，实行施工图审查，对勘察设计质量进行专项治理。撤销不合格设计图纸23份。2003年，贯彻国务院八部委《工程建设项目勘察设计招标投标办法》，对建设工程勘察设计招标、投标、评标及中标作出具体规定，撤销“四统一”管理办公室，停止“四统一”管理办法。勘察设计全部采取招投标，实行公开、公平、公正市场化管理。是年，全市审查127个勘察设计项目，建筑面积53万平方米。2004—2011年审查项目1450个，建筑面积1475万平方米。2012年，审查勘察设计项目205个，建筑面积349万平方米。

2013—2017年，落实住房和城乡建设部《关于进一步加强建筑工程勘察质量管理的意见》和《湖南省房屋建筑工程勘察设计质量专项治理工作方案》《湖南省房屋建筑和市政基础工程施工图审查管理细则》，开展房屋建筑工程勘察设计质量专项治理，年均检查勘察设计单位18家，抽查项目58个，重点检查招标投标、工程勘察、初步设计审批、施工图审查与备案资质资格、人员注册、入娄登记等工作落实情况，对问题单位下发整改通知书6份。2017年，审查设计项目393个，建筑面积419万平方米。全市工程勘察设计招投标率100%。

第二节　建筑市场管理

一、管理体制

1990年，地区和各县（市）建委负责建筑行业综合管理、行业中长期发展规划编制、建筑业企业资质、项目经理、建筑工程质量、建筑施工安全、工程定额、招投标、劳保基金统筹等工作。地区建委二级机构施工管理站负责具体业务。建设工程质量监督站负责管理建筑工程质量、建筑施工安全、市管工程和省厅委托管理工程的质量监督及上述工程竣工验收备案，指导县（市）建设工程质量监督业务，参与工程质量事故调查处理、建筑施工安全管理工作。建设工程定额站负责调查、编制、发布建筑材料价格信息，贯彻实施国家、省建设工程标准定额，处理建设工程合同纠纷和工程估算纠纷、建设工程施工、监理合同备案。

1993年7月，地、县（市）建委内设安全监督站，与施工管理站合署办公，承担房屋建筑和市政工程施工管理与安全监管。1995年，招投标管理职能从建筑施工管理站析出，转交新设立的地区建筑工程招标投标管理办公室。1996年4月，安全监督站和施工管理站分离，与地区建设工程质量监督站合署办公，承担工程施工质量与安全监督。2000年，按照“同城合一”的原则，设立娄底市建设工程交易中心，为建设工程签证、报建、信息公布、市场主体资格审查、交易、洽谈、合同签证监证、中介服务的指定场所。同年3月，设立娄底市建筑业管理处，负责贯彻执行国家、省有关建筑业管理法律、法规及相关制度，研究制定实施办法、产业政策和行业发展战略、中长期规划及年度计划和具体业务。2001年，原建筑施工管理站、市建设局建管科撤销。同时在建设局内设质安科，负责质量安全工作。2002年，设立独立的市建筑施工安全监督站，负责市管工程和省委托管理工程的安全监督。2015年6月，市政府机构改革，市建筑业管理处撤销，职能移交市住建局。市住建局新增建管科、工程科、执法稽查支队，负责有关业务工作。至2017年，无新的变化。

二、建筑企业资质管理

1990—1998年，全地区建筑施工企业分为一级、二级、三级、四级、等外级5个级别，按级按标准承担施工任务，由建设行政主管部门负责申报年检、年审。1999年底，全市建筑施工企业175家，其中一级7家、二级13家、三级63家、四级60家、等外级32家。全市勘察设计单位乙级2家，其余16家均为丙、丁级和许可证级，全部年审合格。2000—2002年，全市勘察设计单位贯彻国务院《建设工程勘察设计管理条例》和建设部《建筑业企业资质管理规定》《建筑业企业资质等级标准》，实行资质定位管理。全市建筑业企业资质划分为施工总承包、专业承包和劳务分包三大序列85个类别等级标准，其中，施工总承包4个等级12个类别，专业承包3个等级60个类别，劳务分包2个等级13个类别。2002年12月，全市完成建筑企业资质标准就位工作，将四级和等外级企业撤并，按规定和标准重建。

同一乡镇2~3个或1~2个建筑企业合并为一个，审定全市建筑业企业资质就位121家，省地矿湘中地质工程勘察院资质升为工程勘察甲级。2004年，该院获工程勘察综合甲级、测绘甲级、地质灾害危险性评估甲级、地质灾害治理工程勘察设计甲级、地质灾害治理工程监理甲级。

2007年9月，全市勘察设计部门执行住房和城乡建设部《建设工程勘察设计资质管理》《建设工程勘察设计管理规定实施意见》《工程设计资质标准》《建筑智能化工程、消防设施工程、建筑装修工程、建筑幕墙工程》四个设计资质标准。2008年8月，湖南安石建筑设计有限公司通过资质核定，晋升为建筑工程甲级资质。2010年3月，全市勘察设计单位资质进行重新核定，全部实现资质就位。2011年6月，市建筑设计院取得房屋建筑工程一类和市政（道路）工程二类审图资质，2012年12月晋升为一类。2015年，执行《建筑业企业资质管理规定》《建筑业企业资质等级标准》，全市建筑企业划分为施工总承包、专业承包、劳务分包三大序列49个类别，其中施工总承包仍为4个等级12个类别，专业承包由原来的60个类别调减为36个类别，劳务分包不分等级和类别，2015年7—12月，完成资质重新就位工作。至2017年，全市建筑施工企业423家，其中总承包12个类别137家，专业承包36个类别107家，劳务分包79家。

三、招标投标管理

1990—1994年，全地区建筑市场招投标管理不到位、不规范。1995年，贯彻《湖南省建设工程招标投标管理条例》，设立地区建设工程招标投标管理办公室，负责审查建设工程招标和投标单位资格、申请书和招投标文件，审定标底和评标办法，监督、开标、评标、定标、中标工程合同签订等。1998年2月，地区建委印发《关于实施建设工程招投标标底确定试行办法的通知》，采用标底审定办法或二次平均法，招标标底审定更加完善。至2000年，全市完成房屋建筑和市政基础设施建设施工招标项目1033个，交易金额217.6亿元。工程项目公开招标率100%。

2000年12月8日，设立娄底市建设工程交易中心。交易中心坚持公开、公平、公正、诚实、信用，阳光交易原则，及时向客户提供发布各类工程、企业状况、材料价格、政策法规等信息，为发包、招标、开标、评标、定标等活动提供设施齐全、服务规范的场所。2001年，发布《关于进一步规范建设工程招标投标行为的通知》《娄底市建设工程招标标底编制审核资格证书管理办法》，完善招投标文件全部审查制度、监管备案集体会审制度。坚持公开、公平、公正、诚信原则，招标投标工作实现制度化、规范化。2003年5月，市政府成立招标投标领导小组，发出《关于进一步加强和规范招标投标工作的通知》，强化招标投标主体责任，加强监督管理。

2004—2008年，全市实行廉政监察员制度，对建设项目招标、设计、变更等重要环节全程监督，预防腐败现象发生。2009年，实行《招投标行政监督备案工作制度》《资格预审、开标和评标现场监督工作制度》等11项招投标监管工作制度，强化对政府投资项目招投标行政监督。市住建局与市监察局联合出台《关于进一步加强招投标市场监管的若干规定（试行）》，预防和治理工程建设招标、投标、资质挂靠和围标、串标等违法行为。2010年，市招投标办制定《建设工程项目招投标备案管理制度》《投标人资格预审、开标、评标现场监督管理制度》等5项制度，全市招投标行政监管工作质量逐步提升。市政府印发《加强工程建设领域行政行为监督管理的若干规定》，强化国有投资工程建设招投标行为监督管理，实行一次性告知审批前置条件、一个窗口进、一个窗口出、内转外不转、限时办结等行政审批公开办事制度，实现招投标市场和行政监管规范化、长效性。2011年2月，市住建局、市监察局联合印发《关于进一步加强建设工程招投标市场监管的若干规定》，强化国有投资房屋建筑和市政基础设施工程招标投标交易市场管理。至2011年，全市完成房屋建筑和市政基础设施建设施工招标项目1564个，中标金额321.41亿元。

2012年，市政府成立公共资源交易中心，原娄底市建设工程交易中心撤销。市住建局与市监察局联合出台维护招投标市场秩序10项新制度，包括禁止围标、串标、押金制度、投标人资格审查制度，推动全市工程建设项目招投标市场健康有序发展。全市完成入场工程建设招投标项目196个，交易金额53.62亿元，建筑面积439.983万平方米。项目招标率、入场交易率均为100%。2013年，市住建局印发《关于进一步规范民间资本投资房地产开发项目招标投标活动的通知》，在工程建设招投标施工、监理项目招标文件中，增加3个信誉评分表格，将推荐中标候选人排序单位信誉加分情况纳入中标候选人公示，对市外在娄招标代理机构资质开展动态核查，对市本级19家招标代理机构统一备案。

2014年，市住建局、市招投标办、市纪委监察局联合对国有投资项目建设情况进行全面调研，形成《关于我市国有投资项目工程建设的现状及对策的调研报告》，出台《关于进一步规范房屋建筑和市政基础设施工程招投标活动的补充规定（试行）》《娄底市房屋建筑和市政基础设施施工工程招标文件示范文本（综合评估法）》，进一步增加评标透明度。2015年，市住建局印发《关于进一步加强建设工程招标代理市场监管的通知》，召开优化招标备案工作专题会议，确定非国有投资房地产开发项目施工、监理自主招标备案，由事前备案调整为事后备案，招标人在评标后须经招投标监管机构备案后，方可发放中标通知书。是年，市住建局完成8批建设工程招标代理机构备案申请审核，发布合格准入备案名单。

2017年，市政府印发《关于实施娄底市公共资源交易领域专项整治行动的工作方案》《娄底市公共资源交易平台管理和交易监督暂行办法》，全市完成工程入场交易工程项目177个，交易金额44.78亿元，建筑面积428.62万平方米。2012—2017年，全市完成房屋建筑和市政基础设施建设施工招标项目1180个，中标金额305.94亿元，其中公开招标项目828个，中标金额127.15亿元；邀请招标项目352个，中标金额178.79亿元。通过招标方式节约项目投资18%以上，政府投资的市政基础设施工程项目节约投资15%以上。至2017年，全市查处招投标违法案件146起，依法处理47人。

四、建设监理管理

1995年，贯彻《湖南省建设工程招标投标管理条例》，娄底地区对监理合同数额在50万元以上建设项目实行监理制，采用计分方式，对投标监理单位技术力量、管理能力、监理方案、监理措施、监理收费等评审要素进行综合评价。1996—1998年，根据《湖南省建设工程监理条例》，推行建设工程监理、行业管理、监理企业资质管理，对监理工程师和监理员开展培训，监理行业步入正轨。2000年，市人大常委会批准《娄底市建设工程项目监理制度》，规定委托工程监理建设项目，或者建设单位不具备相应建设工程管理能力的，必须强制委托监理，全市形成“政府监督、社会监理、业主负责”的建设工程质量管理体制。

2010年，娄底市制定《建设工程施工项目部和现场监理部关键岗位人员配备标准及管理办法》，先后组织市本级9家监理企业完成21批次123人次专业监理工程师、监理员岗位证书培训。2011年，贯彻落实国务院《建设工程质量管理条例》和《湖南省住宅工程质量常见问题专项治理工作方案》，规范材料报验、工序报验等监理程序，加强现场见证和检测。2014年，市政府印发《娄底市市本级政府投资项目管理办法》，规定项目概算调增幅度超过原批复概算10%的，概算审定部门原则上先商请审计机关进行审计，并依据审计结论进行概算调增。

1995—2017年，全市监理企业共承接监理项目400余项，其中一类工程70项，重点工程92项，建设面积1009.34万平方米，道路约400千米，桥梁11座，建安投资额逾300亿元，年均监理收入2500万元。

五、工程定额造价管理

1990年，地区建委举办概预算人员培训班，推行建筑工程概预算人员持证上岗制度。建筑工程计价采用“量价合一”定额计价模式。1991—1994年，执行《湖南抗震加固工程单位估价表》《湖南省建设工程概算定额》《湖南省安装工程基价表》《湖南省仿古建筑及园林工程单位估价表》《湖南省房屋修缮工程预算定额》《湖南省建筑工程预算定额》《湖南省建设工程材料预算价格管理办法》等文件规定的计价标准，地区建委每年发布材料预算价格信息4次，作为调整材料价差的依据。人工工资实行地区级差工资标准，每年由地区工程定额造价站根据本地实际调查测算，报省工程定额造价站审批后由省站统一发布，作为人工工资单价调整的依据。

1995—1997年，地区定额站按照建设部《工程造价咨询单位资质管理办法实施细则》《湖南省市政工程单位估价表》《湖南省仿古建筑及园林工程单位估价表》，为统一造价核算依据，规范造价咨询资质管理。1998年，23人通过第一批全国注册造价工程师考试，并获执业资格证。1999年，地区定额站依据《湖南省建筑工程单位估价表》及《汇总表》（俗称“99定额”）的规定标准和省建委市政工程、仿古建筑园林工程、安装工程、建筑工程取费标准，测算发布估价调整系数与定额标准和建筑施工企业等级与工程类别，分别计取费用，同时制定《娄底地区建筑施工企业取费资格证书管理办法》。

2000年，执行建设部《工程造价咨询单位管理办法》《造价工程师注册管理办法》，全市加强对造价咨询企业和造价工程师资质资格管理。2001—2002年，执行《湖南省建筑工程概算定额》《湖南省统一安装工程基价表》《湖南省统一安装工程基价表工程量计算规则》《关于调整2001年〈湖南省建筑工程概算定额〉费率标准及计费程序的通知》《湖南省房屋修缮工程计价定额》，调整市内监理办法，贯彻中价协《工程造价咨询业务操作指导规程》。执行省物价局《湖南省建设工程造价咨询服务收费管理办法》和《湖南省建筑工程施工发包与承包计价管理办法》，建立完善建设工程施工合同审查备案制度、竣工结算审查制度、标底编制单位资质和编制人员资格确认制度、造价工程师签字盖章制度，公布首批取得建设工程招标标底编制审核人员资格证书名单。

2003年1月，全市改革工程造价管理办法，量价合一变为量价分离。因建材价格变化大，市工程定额造价站执行省厅《关于对钢材、水泥、砂、砾石结算价格调整的通知》，指导发承包双方合理确定工程造价，确保工程质量。是年，根据建设部和国家工商行政管理局《建设工程施工合同》《建设工程监理合同》（示范文本），印制娄底市2003年版《小型建设工程施工合同》文本。2005—2009年，执行《湖南省建设工程竣工结算审核报告备案管理实施细则》《湖南省建设工程合同备案管理实施细则》《湖南省建设工程造价咨询行业公约》《湖南省建设工程造价管理办法》《工程造价咨询企业管理办法》《注册造价工程师管理办法》《湖南省建设工程施工作业分包合同》《湖南省建设工程施工合同》《工程造价咨询合同》《湖南省建筑工程概算定额》等文件，规范工程造价执业行为和合同内容。2010年，市本级开展招标控制价备查30个。

2011年，全市重点查处超预算和少报多建违法行为6起。2012年，市工程定额造价站完成省站交办的部分安装工程预算修编任务，参与政府投资重点BT项目合同谈判3个，审查政府投资项目招标控制价18个。2013年，市造价站对中心城区商品砼销售价格大检查，参与政府投资的市政项目初步设计概算评审，评审项目15个。2014年，市政府出台《娄底市政府投资项目审计监督办法》《娄底市本级政府投资项目管理办法》，规定政府投资项目竣工结算审计采用购买社会服务的方式，即由中介机构初审后再报审计机关审定，改变以往由审计机关直接审核施工企业竣工结算书的审计方式，杜绝政府投资项目造价“三超”（概算超估算、预算超概算、结算超预算）问题。市造价站公平协调处理施工合同纠纷11起，涉及金额7.33亿元。是年，执行《湖南省2014年消耗量标准》。2015年，按照《湖南省工程造价管理改革工作任务落实方案》，市住建局、市财政局、市审计局联合开展国有资金投资工程建设项目计价行为执法监督检查，检查项目16个，发出整改意见54条。

2016年，《湖南省2014年消耗量标准》停止执行。市造价站执行《湖南省工程造价咨询企业行业公约》《关于规范工程造价咨询企业收费的意见》《湖南省工程造价咨询企业信用评价办法》3个规范性文件，开展工程造价执法监督检查，检查企业15家，项目30个，查处价格违规130多起，发出整改意见200多条。2017年，市造价站与市造价管理协会脱钩，指导企业完善信用档案，参加省造价协会信用等级评价。市本级5家咨询企业完成信用体系评价，其中AAA级1家、AA级4家。

六、预制构件及预拌混凝土管理

1990年，地区建委对40家有资质的砼预制构件生产厂统一管理。施工资质由施工站管理。产品质量由质监站管理。1995年，37家砼构件生产企业获得混凝土预制构件专业承包资质。1999年，地区建委将砼预制构件生产企业纳入建筑企业资质申报年检范畴，对砼预制构件生产企业全面清理，报省建委批准，吊销22家混凝土预制构件企业承包资质。2000—2002年，全市建筑业企业重新进行资质就位。8家企业取得混凝土预制构件专业承包资质。2003年，专业预制构件厂业务逐渐萎缩。2005年，按照建设部新的建筑企业资质管理规定，取消混凝土预制构件等专业资质，新设立预拌混凝土专业承包资质，由建设行政部门管理。2006年7月，娄底华威混凝土有限公司等8家企业取得预拌混凝土专业资质。2007年4月，市建设局、市经委、市公安局、市商务局、市交通局联合印发《关于禁止在娄底中心城区现场搅拌混凝土的通知》，全面禁止施工现场搅拌混凝土，由有资质的企业供应商品混凝土。2009年11月，市政府办公室印发《娄底市预拌混凝土管理办法》，建立混凝土企业质量管理体系。2010年，市住建局重点检查8家混凝土企业和15个在建项目混凝土质量。2011—2012年，发现质量问题22起，下发整改通知书22份。2012年9月，16家混凝土公司参加省质安监总站混凝土检测能力比对活动。2013年1月，严禁气温在5度以下，道路、桥梁、混凝土挡土墙工程施工，检查16个在建项目和14家混凝土生产企业，下发整改通知书30份。是年，对全市预拌混凝土企业进行专项整治，规范有资质的预拌混凝土企业8家，责令无资质的预拌混凝土企业11家停产。市政府制定《娄底市预拌混凝土行业发展规划纲要（2014—2018）》，严格按纲要控制发展，2015年，国家对预制构件企业不再列入资质管理范围，砼预制构件生产管理停止。全市有资质的预拌混凝土企业增至16家，2017年增至25家。2017年，检查全市混凝土企业47家和在建项目1个，查处严重不良行为记录9起，下发限期整改通知书83份。

七、项目经理及建造师管理

1992年，全地区实行施工企业项目经理资质管理制度。1993—1995年，435人参加省建委举办的项目经理培训班，426人考试合格，获省建设厅项目经理合格证书。1996—1998年，936人经考核获项目经理资质证书，其中一级70人、二级415人、三级651人。2000年，全市项目经理1300余人参加全省复审，全部获得通过。2001年，全市取消项目经理制度，设立注册建造师制度。2003年3月至2008年3月为过渡期。过渡期内原项目经理资质证书继续有效，获得建造师执业资格证书的人员可继续担任项目经理。2004年，全市项目经理1300余人，经考核，获一级建造师25人，二级建造师768人。2006年，全市建筑业从业人员参加全国、全省建造师任职执业资格考试，一级注册建造师全国统考，二级建造师全省统考，考试合格人员由国家、省人社部门分别颁发一级、二级建造师执业资格证书。2007年，根据住房和城乡建设部《注册建造师管理规定》《一级建造师注册实施办法》和省建设厅《二级建造师注册实施办法》，全市启动建造师注册工作。2017年，全市注册建造师2336人，其中一级626人、二级1710人。

八、人员培训与岗位资格鉴定

1990年12月，娄底地区中等城乡建设职业技术学校与娄底地区工业学校合并，承担全区建筑业从业人员教育培训。1992年6月，设立娄底地区建设系统职工技术培训中心，负责全区建设系统培训施工员、质检员、安全员、材料员、预算员（简称“五大员”）。1996年，培训中心先后与湖南工程学院、湖南城建高等专科学校、南京工业大学联合办学成立娄底函授站，开办土木工程和建筑工程二个专业，发放相应院校函授文凭。1997—2001年，市建委举办建筑专业职业中专班，由湖南省建设干部学校发放中专文凭学历证书。2002年，培训重点转向农民工培训和技能鉴定。是年，根据建设部、劳动和社会保障部关于生产操作人员实行职业资格证书制度有关规定，全市建设行业全面实行职业资格证书制度，市建设局、涟源市、冷水江市、新化县、双峰县分别设立建设职业技能岗位资格鉴定站，开展建筑初、中级工的职业技能鉴定工作。2005年，娄底函授站工作结束（累计毕业562人次）。2007年，市住建局根据住房和城乡建设部《关于在建筑工地创建农民工业余学校的通知》，在建筑工地创建农民工学校，加大对农民工理论和技能培训。培训中心争取国家培训项目资金和社会培训资金300余万元。2009年，市住建局开展建筑施工特种人员培训考核。至2017年，全市累计各类培训、考核、鉴定初、中级技能工4.5万人，创建建筑工地农民工学校625所／次，培训建筑农民工7万多人次，累计培训考核“三类人员”（建筑施工企业主要负责人、项目负责人、安全生产专职管理人员）2.77万人次，培训特种作业人员4726人次，考核合格3865人次，累计培训“五大员”3.86万人次，发证1.99万人次。

九、建筑行政执法

1990年5月，地区、县（市）建设行政主管部门为解决建设单位与施工企业工程款结算纠纷，经中级人民法院批准，成立基建经济仲裁庭，当年调处结案基建经济纠纷6起，涉及合同金额802万元，收回工程欠款481万元。1991—1992年，地区建委依法检查工程项目141个（建筑面积11.3万平方米、工程投资1.7亿元），其中违章项目42个（建筑面积2.6万平方米），均按规定做出停工、清退、补办手续、没收证照处理。1993年，中级人民法院撤销市基建经济仲裁庭，成立建筑法规执行室，专责处理建筑市场违法违规案件。1995—1996年，企业申请中级人民法院7次启动法律程序，依法收回欠款600万元。1997—2002年，针对建筑领域腐败问题，市纪委、市监察局、市建委开展专项治理，查处违章工程16个，查出偷漏税金121万元，职务犯罪21起，涉案26人，其中贪污5万元、挪用公款10万元以上案件8起8人，受理群众举报案件26起，立案查处7起，移交司法机关4起4人，其中县处级干部3起3人。2003—2006年，全市贯彻执行《湖南省建筑市场责任主体不良行为记录公示制度》、国务院办公厅《关于切实解决建设领域拖欠工程款和农民工工资问题的通知》（以下简称清“两欠”）成立由市建设局、市中级人民法院等14个单位组成的清“两欠”工作领导小组，开展清欠工作。清理历年累计拖欠工程款5.42亿元，涉及建设单位22家，建设项目205个，拖欠农民工工资6226万元，涉及施工企业16家，农民工3032人次，“两欠”偿还率100%。

2015—2017年，制定《娄底市建筑工程施工转包分包等违法行为认定查处实施方案》，开展建筑工程“三包一挂”（违法发包、施工转包、违法分包和资质挂靠）专项整治，检查建筑施工项目1949个，查处违法项目4个，违规项目44个，检查建设单位1249个，查处违法企业59家，共计罚款628.3万元。

第三节 工程质量监督

1990—1994年，地区工程质量监督站（简称质监站）贯彻住房和城乡建设部《“八五”期间深化施工企业全面质量管理工作的意见》，建筑工程竣工验收一次性合格率97%以上，不合格工程一律返工。1995年，建筑行业实行工程监理制试点，全行业推行“六法”（技术交底、施工程序、施工技术规程、操作规程、质量评定检测、事故报告处理）、“七关”（图纸会审、测量放线、地基基础、材料试验、砼施工、砌筑砂浆、砼预制构件及加工件）、“十二有”（图纸有会审、测量有成果、施工有方案、技术有交底、材料有试验、成品半成品有检验、设计变更有核定、隐蔽验收有记录、施工有日志、质量有评定、事故有分析、交验有档案）管理工作。

1997年，出台建设工程永久性质量责任标牌实施方案，落实见证取样和送检制度及质量责任终身制，2000年，贯彻国务院《建设工程质量管理条例》与住房和城乡建设部《房屋建筑工程质量保修办法》《实施工程建设强制性标准监督规定》《建设工程质量监督机构监督工作指南》，明确监督机构职责及各责任主体责任、义务，实行工程质量保修制度，工程质量管理从过去核验制转为工程竣工验收备案制、工程质量注册登记制、质量监督机构站长负责制、工程项目质量监督工程师责任制，明确规定工程项目监督程序、内容、要求和标准。是年，市中心城区监管工程项目82个，建筑面积26.82万平方米，工程竣工验收一次性合格率97%以上。

2001年，实行质量监督站长负责制，工程师负责制，工程质量备案制。是年，市中心城区监管工程项目86个，总建筑面积46.05万平方米，工程竣工验收合格率98%以上。2002年，市中心城区监督工程项目68个，建筑面积35.67万平方米，工程竣工验收合格率98%以上。2003年，市中心城区监管工程项目80个，建筑面积92.07万平方米，工程竣工验收合格率98%以上。2004年，检查住宅工程项目114个，下发整改通知书33份。总建筑面积69.34万平方米，工程竣工验收合格率99%以上。2005年，检查住宅工程85个，下发整改通知书27份、停工单6份，总建筑面积59.70万平方米，行政处罚8起，工程竣工验收合格率99%以上。2006年，开展ISO9000质量体系认证工作，出台质量评选办法，定期在《娄底日报》公布评选结果。市中心城区监管工程项目43个，总建筑面积约77.47万平方米，行政处罚11起，工程竣工验收合格率99%以上。全市创省优工程2项，获芙蓉奖工程2项。

2007年，全市停止收取质量监督费。工程质量监督机构改为财政拨款事业单位。2008—2017年，全市监督巡查项目3174项次，监督抽查项目621项次，监督项目1415个，下发质量整改通知单573份、停工通知书46份，查处违法违规行为8起，行政处罚107个，监督面积1570.39万平方米。创建省级建筑施工质量标准化示范工地71个，创省级建设工程质量专项治理示范观摩工地2个，创省优工程40项，获芙蓉奖14项。

第四节　对外开拓经营管理

1990—1992年，全地区建安企业向区外开展建筑施工业务81家，占建安企业总数的42.3%。在外施工产值达1000万元以上的企业有12家，500万元以上的14家，施工人数2万余人。遍布全国22个省、直辖市、自治区。施工门类有水利水电、工业民用建筑、道路桥涵、通风采暖、防腐保温、机电设备安装、装饰装潢等。承包方式有施工总承包或专业承包，也有劳务输出。1992年11月，行署召开全区开拓外地建筑市场工作会暨表彰会，对14家外拓施工企业进行表彰。各县（市）政府和各级建设行政主管部门年内先后成立建筑总公司，统筹分散队伍，形成拳头向外开拓，发挥整体优势。

1993—1998年，外拓施工门类增加矿山工程、电力安装工程、公路工程和铁路工程。外拓产值年增幅10%以上，6年外拓总产值41.85亿元，占全地区建筑业总产值的56.5%。其中1998年外拓产值12.45亿元，占建筑业产值的66%，较1997年增长57.6%，1995年，地区建委被评为全省唯一对外开拓建筑市场先进单位。省建委主任匡彦博专程到云南昆明考察双峰县花门建筑工程公司外拓工作。

2000—2002年，外拓市场区域涉及全国23个省、直辖市、自治区。娄底市工程总承包公司、娄底市建设工程公司、娄底路桥公司、双峰花门建筑工程公司、湖南湘中输变电建设公司等一批市场份额大、质量安全好、履约守信的优秀等外拓企业，年平均外拓产值达17亿元，年输出劳务人员3万多人。2005年企业改制后，全市建筑业外拓业务进一步扩大，尤其是输变电施工、矿山工程施工、公路工程施工成为娄底建筑业对外开放的一张名片。涟邵建工集团成为中国南方地区最强的矿山工程施工企业。湖南湘江电力建设有限公司、湖南鸿源电力建设有限公司、湖南湘中输变电建设有限公司在全国范围内有一定影响。娄底路桥公司被交通运输部评为全国AA级企业。全市建筑企业除在全国执业外，电力行业、水利行业、劳务输出进军东南亚、北非市场。2005年全市建筑业外拓产值22亿元，2009年45亿元。

2012年7月20日，市住建局党委制定《娄底市住房和城乡建设局领导干部挂点联系企业制度》，规定领导干部挂点联系外投拓展企业。局领导干部挂点联系企业两年一定、动态调整。挂点企业数量17～20家。外拓产值2012年75亿元，2015年100亿元，2017年146亿元。

第五节　建筑劳保基金管理

1987年，根据国务院关于可先在建筑业实行保险试点的精神，地区建筑行业劳保费用管理办公室（以下简称劳保办）成立，出台相关劳保费用收支管理办法，实行统一收取、统一拨付，合理调剂、企业参保。至1990年，劳保收费积余314.64万元，为企业缴纳在职职工社会基本养老金。1991年收取290万元。1992—2000年，根据《湖南省建筑业劳动保险基金统筹管理办法》，各县（市）设立代办点和代办员。全地区实行统一台账，健全收支审批制度，实行省、地、县三级管理，省、地两级核算，确保劳保基金专款专用。2001—2015年，市劳保办依据“足额征收、规范管理、服务发展”的思路，对劳保费用实行“刚性收费”，确保全市建筑企业劳动保险费的来源，并协调社保部门采取基金调剂，合并升级等措施，将全市100多家国有、集体所有制建筑企业职工纳入社保。2016年6月，根据省政府办公室《关于废止建筑行业劳保基金统筹管理制度的通知》，全市停止收取建筑行业劳保基金，市劳保办撤销。2017年6月，所余存的1.36亿元全部上交市财政局国库中心。

1990—2016年娄底市劳保基金收支一览表

表56-6　　　　单位:万元

年份	劳保基金收入	劳保基金支出	年度结余	年份	劳保基金收入	劳保基金支出	年度结余
1990	278	255	570	2004	1652	1301	1737
1991	290	256	604	2005	1975	1908	1804
1992	475	275	804	2006	2041	1750	2095
1993	492	490	806	2007	3504	2332	3627
1994	512	510	808	2008	3277	2515	4029
1995	526	515	819	2009	3976	1871	6134
1996	560	550	829	2010	5395	3436	8093
1997	676	670	835	2011	7725	5832	9986
1998	702	698	839	2012	7727	5294	12419
1999	828	825	842	2013	8150	8313	12256
2000	860	852	850	2014	4427	4191	12492
2001	1169	1025	994	2015	3035	2749	12778
2002	1027	935	1086	2016	2751	1965	13564
2003	1489	1189	1386	合 计	65555	51991	13564

第五十七篇

房地产业

概 述

1990年，娄底境内公有住房投资主体为政府或企事业单位。住房统建统分，职工、居民租住公房，按月交纳房租，房屋财产属公共所有。是年，全地区城镇人均居住面积8.06平方米。全地区国有直管公房33.19万平方米。完成房产建设投资460万元，占全社会固定资产投资比值0.7%，施工面积2.17万平方米，竣工房屋面积0.46万平方米。有房地产企业2家。1993年，全地区住房制度改革，单位公房开始出售给个人。1994—1995年，行署实施《中华人民共和国城市房地产管理法》及国务院《关于深化城镇住房制度改革的决定》，出台《娄底地区深化城镇住房制度改革方案》。1996年，全地区房地产开发企业30家，完成住宅建设投资12.5亿元，新增住宅建筑面积351万平方米，人均居住面积9.1平方米。

1998年7月，贯彻国务院《关于进一步深化城镇住房制度改革加快住房建设的通知》，全地区停止福利分房，推行住房分配货币化制度。是年，完成住宅建设投资20.4亿元，销售住宅9810套78万平方米。各行政、事业单位职工集资建房形成热潮，集资合作建房单位154个，建房面积45.6万平方米。城市人均住宅面积13.13平方米。1998—1999年，娄底市连续两年获评湖南省住宅建设先进市。1999年，娄底市贯彻中央经济工作会议和九届全国人大一次会议关于加快普通住宅建设、培育新的经济增长点的决策，城区住宅竣工111万平方米，城镇人均居住面积13.43平方米。2002年，全市房地产业快速发展，完成城镇房地产开发投资5.9亿元，占全市固定资产投资总额的4.7%，成为拉动经济增长的支柱产业。2003年，土地使用权全面施行招投标、挂牌、拍卖方式，土地价格和房价大幅上涨。国家运用产业政策、土地政策、财政政策、税收政策等各种手段进行调控。中国人民银行下发《关于进一步加强房地产信贷业务管理的通知》，规定对购买高档商品房、别墅或第二套以上（含第二套）商品房的借款人，适当提高首付款比例，不再执行优惠住房利率规定。国务院出台《关于促进房地产市场持续健康发展的通知》，对符合条件的房地产开发企业和房地产项目继续加大信贷支持力度。2004年，娄底市落实国家住房保障政策，建立由廉租房建设、经济适用住房建设和国有直管公房管理构成的社会住房保障体系，把廉租房建设、经济适用住房建设纳入市政府为民办实事考核体系，制定《娄底市城镇最低收入家庭廉租住房管理办法》。针对房地产投资过快增长、住房价格上涨过快的情况，2005年3月，国务院办公厅下发《关于切实稳定住房价格的通知》，提出抑制住房价格过快上涨的八项措施（简称“国八条”）；4月，国务院下发关于加强房地产市场引导和调控八项措施（简称“新国八条”），国务院转发建设部等七部委联合制定的房地产调控操作层面细化方案。2006年5月，国务院颁布六项措施（简称“国六条”），转发《关于调整住房供应结构稳定住房价格的意见》（简称“九部委‘十五条’”），继续加快推进城镇化进程，促进房地产开发企业健康稳定持续发展。对此，娄底采取得力措施贯彻落实。2008年，全市开始建设保障性住房，结合城市和国有工矿棚户区改造，建设廉租房、公租房、经济适用房，缓解城镇中低收入家庭的住房困难。2009年1月，市委办、市政府办出台《关于促进房地产市场健康稳定发展的若干意见》。2010年，市政府编制《娄底市“十二五”住房保障规划》和《2010年至2012年保障性住房发展规划》，住房保障对象覆盖面进一步扩大。全市完成房地产建设投资40.98亿元，城镇居民人均居住面积28.4平方米，居民居住状况持续改善。

2014年，由于民间融资问题影响，娄底房地产业发展出现系列困难：商品房空置率较高，一房多卖、楼盘烂尾等情况较多，在建楼盘被迫停工的多达21个。2015年8月，市政府出台《关于促进娄底中心城区商品房销售的实施意见》，开展“解难题、促发展、保稳定”专项行动，进一步激活房地产市场，消化商品房库存。至是年底，全市累计完成房地产开发投资440.8亿元，占社会固定资产投资12.9%，房地产施工面积5416.7万平方米，新开工面积1834.1万平方米，销售商品住宅8.57万套，面积1199.1万平方米，商品房销售额369.22亿元。2016年，市政府颁发《进一步去商品房库存促房地产业发展的通知》《被拆迁人自行选购新建商品房作为安置房操作办法》等文件，出台奖补新政，鼓励城乡居民购房。是年，全市商品房可售面积减少343万平方米，去化周期控制在15个月。2017年，全市有房地产开发企业202家。房地产业增加值40.36亿元，占全市地区生产总值的2.9%。房地产开发投资73.05亿元，房屋施工面积1241.09万平方米，竣工面积235.56万平方米。商品房销售292.37万平方米。商品住宅售价平均每平方米3740元，商业营业用房平均每平方米1.06万元。全市奖励居民申购商品房1.32万户，财政发放奖补资金8000万元；全市竣工保障性住房1.11万套，完成投资9.68亿元。是年，城镇居民人均居住面积45.11平方米，居住情况大为改善。

第一章　住房制度改革

第一节　改革政策

1990年，娄底地区城市住房主要是各县（市）房地产管理处直管公房，及各行政机关、事业、企业单位自建自管公房。公房以租赁形式提供居民居住，实行福利型制度。机关、企事业单位采取单位自筹资金、地方财政拨款等形式，为职工建造住宅，根据职工职务、工龄、本单位工作年限等条件排队分配。1993年，全地区推行住房制度改革，推行住房商品化，房地产向市场经济过渡，提高公房租金，出售公房部分产权。

1994年，行署根据国务院《关于深化城镇住房制度改革的决定》，出台《娄底地区深化城镇住房制度改革方案》，全面进行住房制度改革，职工自住单位房由购买部分产权改为全部产权。实施“安居工程”、集资建房等住房保障措施，重点解决中低收入困难户的住房问题。1996年，贯彻国务院《住房公积金管理条例》，执行住房公积金政策。全地区行政机关、事业、企业单位及其在职职工开始缴纳住房公积金。1998年，行署贯彻国务院《关于进一步深化城镇住房制度改革加快住房建设的通知》，下发《娄底地区进一步深化城镇住房制度改革加快住房建设的实施方案》《娄底地区职工住房货币分配实施办法》，停止住房实物分配，实行住房货币化改革。1999年，全面推行住房分配货币化。

2004年，市政府启动住房保障工作，发放廉租房租赁补贴。2008年，开始建设保障性住房，缓解城镇中低收入家庭的住房困难。2008—2014年，市政府先后出台《娄底市廉租住房保障管理办法》《娄底市经济适用住房管理办法》《娄底市中心城区廉租住房实物配租实施细则》《娄底市中心城区廉租住房货币补贴实施细则》《娄底市人民政府关于进一步落实保障性安居工程建设有关政策的实施意见》《娄底市人民政府办公室关于在新建商品住房项目配建保障性住房的规定》《娄底市公共租赁住房管理办法（试行）》等20余个规范性政府文件，覆盖土地供应、资金支持、开发建设、配租配售和后续管理，初步形成较完整的住房保障制度体系。

2017年，全市基本建立“购租并举”的住房制度，最低收入家庭租赁由政府或单位提供的廉租住房，中低收入家庭购买经济适用住房，高收入家庭购买、租赁市场价商品住房，实现住房商品化和社会化。是年，城镇居民住房按来源分，租赁公房占3%，租赁私房占3.7%，自建住房占30.5%，购买商品房占37.4%，购买房改住房占18%，购买保障性住房占3.3%，拆迁安置房占0.5%，继承或获赠住房占0.6%，免费借用房占0.5%，其他来源占2.5%。

第二节 租金调整

1990年，境内全民所有制单位自管公房主要出租给本单位职工，月租金最高未超过0.1元/平方米。政府直管公房主要出租给社会居民及部分单位职工，按房屋结构等次分级分屋确定，由房屋产权所有者收缴。县级娄底市直管公房平均月租金0.12元/平方米，其中旧平房月租金最低0.03元/平方米，最高0.1元/平方米；不配套住房月租金最低0.16元/平方米，最高0.22元/平方米；配套住房月租金最低0.25元/平方米，最高0.36元/平方米。涟源市直管公房平均月租金0.08元/平方米。冷水江市直管公房平均月租金0.1元/平方米，其中：旧平房最低月租金0.02元/平方米，最高0.1元/平方米。双峰县旧平房月租金最低0.05元/平方米，最高0.1元/平方米。新化县最低0.03元/平方米，最高0.12元/平方米。1991年，娄底地区推行住房制度改革，推行住房商品化，房地产向市场经济过渡，提高公房租金。县级娄底市旧平房平均月租金提高到0.2元/平方米，不配套住房平均月租金提高到0.3元/平方米，配套住房平均月租金提高到0.5元/平方米。1994年，全地区公有住房平均月租金提高到0.5元/平方米，直管公房住宅平均月租金提高到1.3元/平方米。1995年，行署决定对直管公房实行小步提租，1991年8月后竣工的住房实行新房新租，收取租赁保证金以息补租。娄底市大桥冰厂租赁保证金按使用面积65~85元/平方米收取，一般住房的租赁保证金为每户300~800元。新增加的租金不发放住房补贴，不实行减免。公有住房砖木结构平均月租金提高至1.2元/平方米，砖混结构平均月租金提高至1.85元/平方米。冷水江市公有住房砖木结构月租金1.3元/平方米，砖混结构平均月租1.8元/平方米。涟源市规定月租金不得超过1.6元/平方米。新化县规定月租金不得超过1.5元/平方米。双峰县规定月租金不超过1.4元/平方米。

1998年，娄底地区提高公房租金标准与公房出售同步实施，租金标准调整幅度按住房折旧、维修、管理费、税金、投资利息等因素计算。娄底市砖木结构月租金1.7元/平方米，砖混结构月租金2.22元/平方米。冷水江市砖木结构月租金1.85元/平方米，砖混结构月租金2元/平方米。涟源市公租房平均月租金1.7元/平方米。双峰县砖木结构月租金1.5元/平方米，砖混结构月租金2.1元/平方米。新化县公租房月租金最低0.8元/平方米，最高1.5元/平方米。2004年6月，市物价局根据国家计委、建设部、财政部关于推进公有住房租金改革政策，决定按成本租金进行调整。2014年12月，根据住房和城乡建设部等七部委《关于加快发展公共租赁住房的指导意见》，中心城区公共租赁住房租金标准确定为：多层住房平均月租金4.56元/平方米，高层住房平均月租金5.5元/平方米。2017年，市发展改革委、市住建局按照《湖南省公共租赁住房租金管理办法》，对公租房租金标准，分地段、区域进行调整。中心城区罗家、大屋、吉祥、城西、惠民、将军庙等7个小区多层公租房平均月租金调整为4.23元/平方米，高层公租房平均月租金调整为5.2元/平方米。冷水江市多层公租房月租金3.2元/平方米，高层公租房月租金4.2元/平方米。涟源市公租房平均月租金3元/平方米。新化县公租房平均月租金2.7元/平方米。双峰县公租房平均月租金2.4元/平方米。

第三节 公房出售与管理

1990年，全地区有直管公房330栋，33.19万平方米，其中娄底市5万平方米，涟源市5.89万平方米，冷水江市4万平方米，新化县14.5万平方米（住宅14.2万平方米，非住宅0.3万平方米），双峰县3.8万平方米。直管公房由各县（市）房地产管理处进行管理。是年，维修直管公房3000多处，4万平方米，改造住宅下水道2550米，清理化粪池250个，改建供水管道3500米，修建挡土墙、临时围墙625米，修建临时车库、仓库、门卫房共600平方米。对直管公房住户清查，发现存在强占、私自转租、转让的，半边户、一人一套的，家有私房租住公房、住房转做他用的，私自改建损坏房屋的，空3

个月以上不住人的，6个月以上不交房租的，充当二房东的，单身职工住套间的等各种违规情况。1991年，全地区开始改革公有房产所有制形式，以标准价向职工或市民出售公房，新房不低于230元／平方米，旧房不低于120元／平方米，不同楼层、朝向有差价。此阶段出售的住房，职工个人拥有50.3%~56%的产权，单位拥有44%~49.7%的产权，即部分产权。1993年12月，新化县开始向干部职工优惠出售公有住房。是年，全地区对直管公房进行全面清理，更换住房证。对当年竣工的住房实行“新房新租，收取租赁保证金，以息代租”制度，承租人按每平方米使用面积65~85元一次性向房地产管理部门缴纳租赁保证金。

1994年，娄底中心城区房改售房（国家住房制度改革，单位职工以比较优惠的价格购买的公有住房）价格为：钢混结构一、二等，成本价分别为556元／平方米、500元／平方米，市场价793元／平方米、714元／平方米。砖混结构一、二、三等，成本价分别为428元／平方米、407元／平方米、385元／平方米，市场价610元／平方米、580元／平方米、549元／平方米。砖木结构一、二、三等，成本价分别为385元／平方米、366元／平方米、347元／平方米，市场价549元／平方米、522元／平方米、494元／平方米。1995年，全地区有直管公房32.7万平方米。为促进住房商品化发展，行署决定按成本价向职工出售公房。1996年10月，行署发布《关于做好已售公房产权规范的有关规定》，对出售的公房规范产权。以标准价购买的公房，按当年度成本价计算价格或重新计价，补交金额，房屋由半产权转为全产权。对不愿意再计价、补交房款的，在原房屋所有权证注明个人拥有的产权比率。是年底，全地区93.3%的职工补交房款、取得全产权。1997年，全地区对直管公房住房合同换签。娄底市有直管公房4.48万平方米，涟源市2.5万平方米，冷水江市1.28万平方米，双峰县1.53万平方米，新化县14.2万平方米。是年，全地区维修公房48栋2.15万平方米，水电维修1310户，门窗修理415户，房屋完好率98%。1998年，中心城区公房成本价提高到489~784元／平方米，其中砖木结构489~543元／平方米，砖混结构543~603元／平方米，钢混结构706~784元／平方米。未出售的公房提高租金标准收取月租金。是年底，中心城区向社会公开出售直管公房15栋410套2.35万平方米。1999年，全地区出售成套住宅176套，1.06万平方米，均价340元／平方米，其中中心城区均价460元／平方米。1990—2000年，全市以标准价（后重新计价）、成本价出售公有住房8.86万套，面积503.53万平方米。

2001年，全市停止按成本价出售公房，未出售的房屋实行市场调节价，推向市场。2003年，在不向国家贷款的情况下，新化县房地产管理局采用滚动发展的模式，投资400万元，完成陈家坪综合楼的改造，改造危旧房5000平方米，建新房8000平方米，增加门面房1000平方米，生产房1000平方米，住宅房1000平方米。2009年，市房地产管理局对直管公房及时进行维修养护，确保住户生命财产安全，严格清退私自转租和空置不用的承租户，提高公房流转率，减少空置率、增加租金收入，建立出租房屋登记备案详细电子台账，规范房屋租赁行为。2010年，涟源市房地产管理局面向社会公开拍卖位于三角坪、中山街的危旧直管公房2处。娄星区罗家廉租住房小区9栋564户纳入直管公房管理，直管公房1200户。是年，全市有直管公房22.88万平方米。其中娄星区5万平方米，涟源市2.2万平方米，冷水江市1.28万平方米，新化县13.2万平方米，双峰县1.2万平方米。2011年，市房地产管理局管理公房1076户，包括直管公房290户、廉租房704户、门面82个。全年投入经费22万余元，完成公房维修面积3000平方米。2015年，中心城区吉祥公租房小区、惠民公租房小区公租房交房入住，为小区住户安装电动车充电棚，完成城西小区、罗家小区监控摄像头安装，完成新入住住户信息采集工作。涟源市完成城区16处12.44万平方米保障性住房、直管公房的基础数据调查，对小区规模、入住情况、住户信息等登记，建立小区台账16份，建立住户台账2089份。公开拍租惠民小区、三元新区等157个非住房和48个储物间。2017年，市房地产管理局制定公租房物业服务小区考核方案，完成各小区维修维护，租金收取率达99%。是年，全市有直管公房20.78万平方米。其中，中心城区2.7万平方米，涟源市2.2万平方米，冷水江市1.28万平方米，双峰县1.4万平方米，新化县13.2万平方米。

第四节 职工集资建房

1991年，娄底市房地产管理局在将军庙市场集资建房，二室一厅均价150元／平方米，商业用房206元／平方米。1995年，全地区党政机关、企事业单位组织职工集资建房。至2001年，全市审批822个单位职工集资新建住宅900栋，建筑面积165.84万平方米。2002年下半年，停止行政事业单位职工集资建房审批，只审批企业单位职工集资建房。2007年9月，全市停止审批集资建房项目。2002—2007年，全市审批72家企业集资新建住宅106栋、1890套，面积22.02万平方米。

第五节 住房分配货币补贴

1999年1月起，全地区停止住房实物分配，停止优惠购房，实施住房分配货币化改革，对此前没有享受到改革过渡期间各项优惠政策的部分职工，实行货币补贴（简称住房分配货币化）。补贴的对象，是未购买公房、安居房、经济适用房，未参加集资建房和购房面积未达到享受标准的行政机关干部职工。至2017年，娄底市实施住房货币补贴的市直单位121个，补贴1.44万人，补贴金额5482.94万元。

第二章 住房保障体系

第一节 实物配租与租金核减

1999年，行署落实省政府加强房地产价格调控管理政策，城镇最低收入家庭由政府或单位提供廉租住房供其租赁，月租金实行政府定价，最低1.7元／平方米，最高2.3元／平方米。2004年，市政府出资收购旧住房100套，各单位腾退公有住房16套，社会捐赠6套，直管公房58套，采用其他渠道筹集住房25套，向孤、老、病、残、军烈属等特殊困难家庭及其他急需救助的家庭205户直接提供廉租住房，按建筑面积平均1元／平方米（按层级调整）收取月租金，超过50平方米的部分，月租金按市场商品房价格平均2.5元／平方米收取。对租赁公有住房的200户城镇最低收入家庭，核减租金30万元，年租金核减标准：（租赁住房合同月租–廉租住房平均月租金）×每户家庭享受廉租住房建筑面积50平方米×12个月。2007年3月，娄底市市直城镇廉租住房月租金标准：在保障范围内（人均14平方米），最低收入家庭平均月租金1元／平方米，低收入家庭平均月租金1.2元／平方米。2009年，全市收购改造985套、租赁217套，完成实物配租廉租住房7167套，租金核减2810户。2010年12月，娄底市市本级（含娄星区范围）廉租房月租金标准为：在保障范围内最低收入家庭平均月租金1元／平方米，低收入家庭平均月租金1.5元／平方米，配租面积超过标准面积的部分，按照当地商品住房市场平均月租金2.5元／平方米收取。2011年3月，市住建局和市房地产管理局联合成立清理整顿工作领导小组，对686户廉租住房实物配租户进行调查核实，对17户不符合廉租房入住条件的清退处理。对街道办事处、社区居委会审查不严、严重失职行为以及骗领、冒领补贴的国家工作人员，纪检监察机关按规定对相关责任人员予以查处。2012—2017年，每年对廉租房定期核查，清退128家不符合条件的住户。

第二节 租赁补贴

2004年，市政府出台《娄底市城镇最低收入家庭廉租住房管理办法》，规定家庭人均年收入低于1560元的家庭，或持有市、县（市、区）民政部门核发的“城市居民最低生活保障金领取证”，或由总工会核发“特困职工证”等符合城镇生活保障待遇的无房户、危房户，或人均住房建筑面积14平方米以下的住房困难家庭，可以申请城镇最低收入家庭廉租住房。保障方式以发放租赁住房补贴为主，租金核减、实物配租为辅。廉租住房建筑面积标准为每户不超过50平方米。申请人原有住房、优惠购买公有住房及租住公有住房等，在租金补贴或实物配租时合并计算面积予以核减。按每人10平方米、每平方米补贴租金1.5元／月计，自行租赁住房。是年，娄星区筹措廉租住房租赁补贴资金52.8万元，发放41万元，惠及城镇最低收入家庭560户1384人，补贴面积1.38万平方米。2006年，全市全部启动廉租房货币补贴，发放补贴80万元，1248户（其中娄星区750户，涟源市114户，冷水江市110户，新化县174户，双峰县100户），3128人，补贴面积3.13万平方米。2009年，省下拨娄底市廉租住房专项补助资金7060万元。全市发放廉租住房补贴资金1677万元，其中市本级按每人14平方米，每平方米月租金2.38元发放。县（市、区）按每人12平方米，每平方米1.9~2.2元发放。共补贴1.92万户。其中市本级7214户，涟源市2016户，冷水江市1593户，新化县5941户，双峰县2484户。补贴4.81万人，补贴面积61.35万平方米。2011年，全市发放廉租房货币补贴2853万元，补贴3.07万户6.94万人，补贴面积78.42万平方米。2014年，根据国家住房保障政策，停止建设廉租房，廉租房和公租房实行并轨，统称为公共租赁住房。全市发放公租房补贴资金2765万元，补贴3.11万户7.27万人，补贴面积101.73万平方米。2015年，全市中低收入住房困难家庭住房问题逐步缓解，公租房货币补贴发放人数下降。是年，全市发放廉租住房补贴资金2327万元，补贴2.79万户7.76万人，补贴面积108.65万平方米。2016年，全市发放公租房补贴资金1630万元，补贴2.27万户3.5万人，补贴面积48.93万平方米。是年，市房地产管理局和市纪委联合开展“回头看”行动，对已申请和已入住保障对象采取入户调查方式，追回公租房（廉租住房）补贴资金27.8万元，清退124户，对2.36万户申请家庭进行“四查”（查房、查车、查公积金、查收入），取消不合格申请家庭2012户。2017年，全市发放公租房补贴资金1089万元，补贴1.35万户（其中市本级2472户，涟源市2463户，冷水江市2139户，新化县4398户，双峰县2055户）2.9万人，补贴面积40.58万平方米。

2004—2017年，全市发放租赁补贴2.11亿元，补贴24.48万户次56.38万人次，补贴面积721.96万平方米。

2004—2017年娄底市公共租赁住房补贴发放情况表

表57-1

年份	补贴资金（万元）						补贴户数（户）						补贴人数（人）						补贴面积（平方米）					
	合计	市本级	涟源	冷水江	新化	双峰	合计	市本级	涟源	冷水江	新化	双峰	合计	市本级	涟源	冷水江	新化	双峰	合计	市本级	涟源	冷水江	新化	双峰
2004	41	41	—	—	—	—	560	560	—	—	—	—	1384	1384	—	—	—	—	13840	13840	—	—	—	—
2005	47	41	3	3	—	—	785	561	114	110	—	—	1962	1402	285	275	—	—	19620	14020	2850	2750	—	—
2006	80	48	5	12	9	6	1248	750	114	110	174	100	3128	1883	285	275	435	250	31280	18830	2850	2750	4350	2500
2007	80	48	5	12	9	6	1728	985	188	254	200	101	4319	2462	470	635	500	252	39380	24620	4700	2540	5000	2520
2008	962	601	89	86	106	80	11365	6477	1105	1185	1528	1070	28409	16192	2762	2960	3820	2675	284090	161920	27620	29600	38200	26750
2009	1677	719	138	182	442	196	19248	7214	2016	1593	5941	2484	48119	18035	5040	3982	14852	6210	613504	252490	60480	47790	178224	74520
2010	2183	749	154	261	814	205	27800	8410	2550	2958	10559	3323	63581	19557	5000	4320	26397	8307	802098	273798	6000	51840	316770	99690
2011	2853	813	571	294	806	369	30660	7329	6016	4200	8955	4100	69381	17482	12633	9240	20596	9430	784200	244748	143208	54600	288344	53300
2012	2773	719	650	272	435	697	28199	6445	5135	3499	6120	7000	63794	15080	11296	8222	13586	15610	868759	211120	152496	110997	183411	210735

续表57-1

年份	补贴资金(万元)						补贴户数(户)						补贴人数(人)						补贴面积(平方米)					
	合计	市本级	涟源	冷水江	新化	双峰	合计	市本级	涟源	冷水江	新化	双峰	合计	市本级	涟源	冷水江	新化	双峰	合计	市本级	涟源	冷水江	新化	双峰
2013	2545	733	412	366	547	487	28045	7980	5838	3436	6207	4584	65522	19842	13018	7810	14400	10452	763826	124306	182252	109340	201600	146328
2014	2765	883	443	245	755	439	31053	7983	5160	3221	8401	6288	72663	18680	12074	7537	19658	14714	1017297	261523	169042	105520	275217	205995
2015	2327	663	439	298	542	385	27855	7216	5120	3804	6001	5714	77609	17030	14336	9472	19743	17028	1086522	238417	200704	132607	276406	238388
2016	1630	405	283	223	497	222	22706	4407	3300	3148	5502	6349	34952	12207	3663	7083	5777	6222	489334	170903	51282	99162	80879	87108
2017	1089	200	198	172	354	165	13527	2472	2463	2139	4398	2055	28985	5298	5272	4585	9425	4405	405849	74180	73896	64197	131966	61610

第三节　廉租房建设

1994年，涟源市启动“安居工程”，建成涟源市织染厂小区3栋60套，建筑面积5100平方米，解决中低收入家庭住房困难。1999年，涟源市房地产管理局征地1.86公顷，统一规划，建成安居住宅8栋295套，总建筑面积3.55万平方米。

2005年，市政府贯彻建设部、财政部等5部（局）联合颁布的《城镇最低收入家庭廉租住房管理办法》，安排廉租房建设，向城镇常住户口最低收入家庭提供租金低廉的普通住房。是年，在娄星区征地14公顷建设娄底市首个廉租房小区。2006—2007年，省政府下达娄底市廉租住房建设指标1万平方米。市房地产管理局自筹建设资金300万元，将3个直管公房居民点和老公共汽车公司办公楼拆除，建成廉租住房，建筑面积5500平方米。新化县征地4公顷启动安居工程建设。2008年，全市建设廉租房2167套。2009年，筹集廉租住房建设资金1.85亿元，其中中央投资补助8042万元，省住房保障资金1806万元，地方配套资金4740万元，房地产部门自筹资金3914万元，实际完成投资1.87亿元，新建廉租住房3922套，总建筑面积25.08万平方米。2010年6月，《娄底市廉租住房管理办法》颁布施行，规定廉租住房分配实行“三审三公示”（乡镇街道、县市、市三级审查，三次公示）。是年，娄星区完成罗家一期、将军庙、花山仑、涟滨西街4个廉租住房项目的建设。罗家廉租房小区9栋564套廉租住房全部分配入住。罗家二期、大屋一期、城西一期3个廉租住房项目竣工，1380套。城西一期（剩余部分）、城西二期、大屋二期3个廉租房项目开工建设，2088套。2011年12月，市政府办颁发《关于在新建商品住房项目配建保障性住房的规定》，新建商品住房项目按住宅总建筑面积的5%配建保障性住房，其中配建廉租住房不小于2%，公共租赁住房不少于3%。娄底市在全省首先实施商品房项目配建保障性住房。是年，中央划拨廉租房建设资金1.25亿元，省配套资金2746万元。全市廉租住房开工6232套。2013—2015年，全市廉租房和公租房并轨运行，停止建设廉租房。

2004—2017年，娄底市争取中央、省补助资金108亿元，其中开工建设公租房（含廉租房）5.52万套，竣工5.25万套，分配入住5.22万套。

2008—2012年娄底市廉租房建设情况统计表

表57-2　　单位：套

年份	合计	娄星区	涟源市	冷水江市	新化县	双峰县
2008	2167	608	262	444	488	365

续表57-2

年份	合计	娄星区	涟源市	冷水江市	新化县	双峰县
2009	3922	2833	166	132	280	511
2010	7396	2088	1290	840	2354	824
2011	5940	1458	1320	1226	1000	936
2012	1546	524	480	42	400	100

第四节　公共租赁住房建设

娄底市中心城区大屋保障性住房小区（2017年摄）

2011年7月，市政府出台《关于进一步落实保障性安居工程建设有关政策的实施意见》，商品房项目按住房总建筑面积的5%配建保障性住房，其中配建公共租赁住房不小于3%。是年，中央、省划拨公租房建设到位资金1.12亿元。全市公共租赁住房开工3565套，建成400套。新化县被省政府评为湖南省2011年保障性安居工程工作优秀单位。2012年，全市开工建设公共租赁住房6193套。2013—2014年，开工1.88万套，基本建成1.09万套。2014年12月，施行申请公共租赁住房“三审两公示”制度。2015年，全市公共租赁住房开工5347套，分配入住9290套。

2016年，娄底市停止新建公租房，废除在新建商品房项目中配建廉租房、公共租赁住房的有关规定。是年，完成公租房分配入住9510套。2011—2016年，全市公共租赁住房竣工3.47万套，其中新建2.96万套，购改租3584套；中心城区7915套，涟源市7723套，冷水江市4574套，新化县5942套，双峰县8525套。2017年，全市完成此前建成的公租房分配入住。

2011—2016年娄底市公租房建设情况表

表57-3　　单位：套

年度	娄底市			中心城区			涟源市			冷水江市			新化县			双峰县		
	合计	新建	购改租	合计	新建	购改租	合计	新建	购改租	合计	新建	购改租	合计	新建	购改租	合计	新建	购改租
2011	3565	2035	1530	400	400	—	1530	—	1530	480	480	—	1005	1005	—	150	150	—
2012	6193	5922	271	1404	1404	—	1400	1129	271	1500	1500	—	679	679	—	1210	1210	—
2013	8938	7204	226	1527	1527	—	1968	1742	226	823	823	—	1508	1508	—	3112	3112	—
2014	9882	9100	782	2937	2777	160	2376	1754	622	1208	1208	—	1770	1770	—	1591	1591	—
2015	5347	4727	620	1647	1027	620	88	88	—	563	563	—	980	980	—	2069	2069	—

续表57-3

年度	娄底市			中心城区			涟源市			冷水江市			新化县			双峰县		
	合计	新建	购改租	合计	新建	购改租	合计	新建	购改租	合计	新建	购改租	合计	新建	购改租	合计	新建	购改租
2016	754	599	155	—	—	—	361	206	155	—	—	—	—	—	—	393	393	—
合计	34679	29587	3584	7915	7135	780	7723	4919	2804	4574	4574	—	5942	5942	—	8525	8525	—

说明：此表不含企业公租房建设情况

第五节 经济适用住房建设

1998年，全地区有无房户和人均居住面积4平方米以下的住房困难家庭2.5万户。为缩小居民住房条件差距，地、县两级政府建设经济适用房出售给困难居民。经济适用房建设用地由政府划拨，酌量减免公共设施配套建设等项缴费，以成本价格出售给中、低收入家庭。娄底市王家小区经济适用住宅售价718元/平方米。

2004年，全市经济适用住房竣工面积14.94万平方米，解困1305户。至2005年，全市无房户和人均居住面积4平方米以下的住房困难家庭约4000户。2006年，市委、市政府行政划拨土地16.67公顷用于建设经济适用住房，其价格由开发成本、税金、利润三部分组成，与城镇中、低收入家庭经济承受能力相适应。2007年，新化县、双峰县分别行政划拨土地1.13公顷、7.55公顷，启动经济适用住房建设。2006—2008年，全市建设经济适用住房4000套，建筑面积28万平方米。

2009年，全市投资9034万元，建成经济适用住房1298套，建筑面积9.09万平方米。2010年，完成2个经济适用住房建设项目，建筑面积10万平方米，其中大屋小区192套，洪源小区1236套。2011年6月起，《娄底市经济适用住房管理办法》施行，实行申购经济适用住房的家庭三级审核、两级公示制度。2012—2013年，中心城区完成4栋372套经济适用住房建设，均价1495.58元/平方米。为确保分配公平，按“三审三公示”的程序，向全社会公布分配信息。街道办事处、镇人民政府对申请人提供的材料初审、公示，县（市、区）住房保障管理部门复审、公示，市住房保障管理部门终审、公示。公示期满无异议的，进入轮候配租。所有审核合格名单在政府网、娄房网及各办事处进行公示。2013年12月电脑摇号分房，纪检监察、人大代表、政协委员、公证机关、群众代表全程参与监督。对65岁以上的老年人、残疾人、重大疾病患者、退役军人，给予优先照顾，全部分配到一、二楼楼层。2014年，全市通过查房、查车、查公积金、查收入“四查”工作，取消1005户不符合条件的申请对象。2011—2015年，娄底市投资经济适用住房建设1.12亿元，完成经济适用住房项目2个，住房1428套，建筑面积16.8万平方米。2016年起，全市停止建设经济适用住房。

第六节 棚户区改造

2009年，市政府贯彻住房和城乡建设部、国家发展和改革委员会、财政部、国土资源部、中国人民银行五部门《关于推进城市和国有工矿棚户区改造工作的指导意见》，将城市和国有工矿棚户区改造列为保障性安居工程。是年，娄星区完成棚户区改造1146套。2010年，各县（市、区）启动棚户区改造。全市改造5798套，其中娄星区1308套，新化县3961套，涟源市84套，冷水江市145套，双峰县300套。2011年，中央、省划拨工矿棚户区改造资金1.59亿元，划拨城市棚户区改造资金1.67亿元。全市棚户区改造2.92万套，其中城市棚户区改造1.7万套，国有工矿棚户区改造1.22万套。2012年，全市棚户区改造1.53万套，其中城市棚户区改造1.42万套，国有工矿棚户区改造1187套。2013年，全市棚户区改造1.31万套，其中城市棚户区改造1.24万套，大建煤矿工矿棚户区改造760套。2014年，全市棚户区改造2.78万套，其中城市棚户区改造2.46万套，国有工矿棚户区改造3207套。2015年，全市完成棚户区改造2.1万套，其中城市棚户区改造1.9万套、国有工矿棚户区改造1922套。2016年，全市棚户区改造2.17万套。2017年，全市完成棚户区改造2.66万套（货币化安置2.18万户），其中娄星区5229套，涟源市5673套，冷水江市3185套，新化县7150套，双峰县5366套。

2009—2017年，全市完成棚户区改造16.18万套。其中城市棚户区改造14.14万套，分配入住13.07万套；国有工矿棚户区改造2.03万套，分配入住1.76万套。

2009—2017年娄底市棚户区改造情况表

表57-4 单位：套

年份	合计	娄星区	涟源市	冷水江市	新化县	双峰县
2009	1146	1146	—	—	—	—
2010	5798	1308	84	145	3961	300
2011	29248	4021	6166	2983	15578	500
2012	15371	4952	2000	2600	4000	632
2013	13119	3880	400	4010	1300	3529
2014	27841	6392	3537	4023	6482	7407
2015	20959	4211	4392	2058	7852	2446
2016	21686	7314	2210	2642	6862	2658
2017	26603	3070	5673	3185	9309	5366
合计	161771	36294	24462	21646	55344	22838

附：保障性住房小区简介

娄星区

罗家廉租房小区 坐落于珠山公园东北角。总投资5500万元，其中中央投资1207万元，地方配套资金4293万元。建筑面积3.72万平方米，廉租住房805套。2009年交房入住。

吉祥公租房小区 位于娄底市城东。占地面积5.85公顷，建筑面积14.29万平方米，住房1190套。

城西廉租房（公租房）小区 位于乐坪西街以南、小科街以北、丹阳路以东、华达机械厂以西范围内。投资2.3亿元，占地12.23公顷，建筑面积12.1万平方米，住房29栋3050套。

洪源机械厂工矿棚户区改造项目 位于长宁街与甘桂路交叉以西。占地6.34公顷，建筑面积12.31万平方米，住宅32栋1236套，项目总投资2.2亿元。2010年10月开工，2014年1月分房。

大屋保障性住房小区 位于长青街与檀香路交会处。占地5.57公顷，建设保障性住房1592套，其中廉租房1368套，公租房234套，经济适用住房192套。2015年竣工投入使用。

惠民廉租房（公租房）小区 位于丹阳路以西、桃圃街以北交会处，用以解决市本级低收入家庭及大中专毕业生、外来务工人员住房困难的保障性安居小区。占地面积7.88公顷，投资2亿元，建设保障性住房2231套，12.8万平方米，其中廉租房1952套，9.8万平方米。

新化县

上田廉租房小区 位于新化汽车西站西南角枫林街道上田村境内。2010年11月规划实施，投资1.1亿元，占地6.32公顷，建筑面积10.7万平方米，住房27栋1914套。

芦茅江煤矿坪山垅安置区 位于新化县枫林街道上田村、坪山垅村境内，与上田廉租房同属一个规划区域。2010年8月规划实施，投资1.6亿元。占地8.6万平方米，建筑面积16.13万平方米，住房49栋1628套。

金矿、朝阳小区 位于新化县枫林街道上田村境内。2013年3月规划实施，投资1.6亿元，占地8.6万平方米，建筑面积16.55万平方米，设计住宅15栋，建成住房13栋580套。

梅树廉租房小区 位于新化县上梅街道梅树社区境内。2012年3月规划实施，投资9111.88万元，占地3.15万平方米，建筑面积约6.8万平方米，住房13栋1152套。

周家坝廉租房小区 位于新化县上梅街道北塔村境内。2008年7月规划实施，投资6000万元，占地3.8公顷，建筑面积7.09万平方米，住房16栋1304套。

煤炭二处小区 位于新化县上梅街道园株岭社区境内。2013年9月规划实施，投资3.2亿元，占地8.05万平方米，建筑面积22.54万平方米，计划建设32栋，建成住房17栋1009套。

上渡公租房 位于新化县上渡街道富民路南侧。2013年10月规划实施，投资1100万元，占地0.17公顷，建筑面积约9684.71平方米，住房2栋158套。

涟源市

润苑廉租房小区 位于蓝田街道建中村六十亭。投资2181万元，建筑面积1.93万平方米，住房428套。2012年11月分房。

惠民廉租房小区 位于涟源市城东，西临涟源市卫计局家属小区，北临涟源市税务局。占地3.61公顷，建筑面积6.02万平方米，1208户。

润中廉租房（公租房）小区 位于涟源市城北，毗邻蓝田街道办事处、城北综合医院。投资1.9亿元，占地11.67公顷，建筑面积12.62万平方米，住房30栋，2376套。

润泽园公租房小区 位于涟源市城区西部。投资8120万元，占地2.42万平方米，建筑面积4.39万平方米，住房10栋，744套。

冷水江市

和谐家园 位于冷水江市布溪街道布溪社区。2008年7月开工，2010年8月竣工，投资2200万元，占地9960平方米，建筑面积1.54万平方米。住房6栋，住宅300套、商铺24个。

惠民家园 位于冷水江市沙塘湾街道俩塘社区。2011年9月开工，2013年12月竣工，投资4620万元，占地0.88公顷，建筑面积2.5万平方米。住房4栋，成套住宅256套，公寓式公租房120套，商铺20个和一层大型商业用房，住宅户型40~50平方米。

民心家园 位于冷水江市沙塘湾街道群丰社区和崇北社区交界处。2011年6月开工，2015年竣工，投资5100万元，占地3.92公顷，建筑面积3.7万平方米。住房14栋，住宅744套，商铺49个。

涟溪桥公共租赁住房 位于冷水江市冷水江街道涟溪桥社区。2013年6月开工，2017年竣工，投资4930万元，占地1.74公顷，建筑面积1.65万平方米，其中住宅建筑面积1.26万平方米。住房5栋，住宅234套，商铺42个。

双峰县

城东廉租房小区 位于双峰县永丰街道城东社区。2008年规划实施，2010年竣工，投资1000万元，占地4633平方米，建筑面积8384平方米，住房168套。

城西廉租房住宅小区 位于双峰县永丰街道办五里社区。2009年规划实施，2012年竣工，投资2.1亿元，占地5.3万平方米，建筑面积9.92万平方米，住房1984套。

城西廉租房二期茶畲路供销小区　位于双峰县永丰街道办光辉社区。投资2000万元，占地9635平方米，建筑面积1.08万平方米，住房218套。

经开区公租房小区　位于双峰县经开区内。投资1亿元，占地1.97万平方米，建筑面积2.43万平方米，住房810套。

第三章　房地产开发

第一节　开发企业

1990年，境内有娄底市房地产联营开发公司、娄底市城市建设综合开发总公司。后者为全民所有制企业，注册资金225万元，三级资质，专业技术人员31人，职工125人。1994年3月，湖南涟钢房地产开发公司成立，二级资质。是年，全地区房地产开发企业发展至20家。其中，二级资质1家，三级资质9家，四级资质10家。2000年，全市房地产开发企业发展到127家。其中，一级资质2家，二级资质16家，三级资质55家，四级资质54家；国有企业31家，集体企业96家；省属8家，地属10家，县属23家，乡镇街道77家，其他9家。固定资产17.1亿元，从业人员4.33万人。建筑业总产值15.19亿元。2007年，市房地产管理局根据省建设厅《关于对全省房地产企业（单位）自查自纠工作专项检查的通知》，对有违规行为的企业作出暂缓房地产开发企业资质登记，或降低资质等级直至吊销资质证书的处罚，并将不良记录记入企业信用档案。是年，市中心城区房地产开发企业比上年减少39家。2008年，全市房地产开发企业发展到156家。其中，市直72家，娄星区19家，市经济技术开发区8家，双峰县8家，新化县16家，冷水江市17家，涟源市16家。2011年，市住建局开展全市房地产企业资质清理整顿，建立健全房地产市场准入、退出机制和诚信体系，规定新成立的房地产企业为暂定级，注册资金必须达到800万元，专业技术人员必须有5人具备中级以上职称，三级企业注册资金须达1500万元，原资质等级达不到新资质标准的降低一个等级。2012年，娄底市房地产开发资质在申报二级、三级、四级、暂定级时，做出相应调整，提高入市“门槛”，加强资质晋级管理。2013年，全市房地产开发企业184家。2014年，全市房地产业遭遇融资危机。针对个别企业一房多售等违法行为，市政府对房地产企业开展检查整顿，查处违法企业10家。至2017年，全市注册登记的房地产开发企业319家。其中，一级资质2家，二级资质11家，三级资质60家，四级资质150家，暂定级企业96家。从业人员1.44万人。

第二节　开发建设

1990年，全地区完成房地产开发投资460万元，其中娄底市365万元，冷水江市95万元。资金来源是：国内贷款265万元，自筹投资148万元，其他资金47万元。房屋施工面积2.17万平方米，竣工面积4627平方米，其中，娄底市1127平方米，冷水江市3500平方米。按房屋性质分，厂房890平方米，仓库538平方米，商业营业用房763平方米，住宅2426平方米。1993年，全地区完成房地产开发投资3841万元，其中娄底市1005万元，冷水江市715万元，涟源市570万元，双峰县915万元，新化县636万元。资金来源：国内贷款465万元，自筹投资2799万元，其他资金45万元。施工面积9.16万平方米，竣工面积3.35万平方米，其中住宅2.28万平方米。1994—1997年，完成房地产开发投资3.11亿元，施工面积67.9万平方米，竣工面积36.68万平方米。1998年，完成房地产开发投资1.57亿元，比上年增长91.5%；施工面积35.33万平方米，比上年增长184.5%；竣工面积13.5万平方米，比上年增长117.8%；销售面积11.22万平方米，比上年增长329.9%。1999—2002年，全市完成房地产开发投资

7.7亿元，其中商品房建设投资6.07亿元，土地开发投资0.96亿元。资金来源国内贷款0.85亿元，利用外资0.88亿元，自筹资金2.96亿元。房屋施工面积143.73万平方米，竣工面积74.3万平方米，其中住宅61.06万平方米，商业营业用房10.19万平方米，办公楼及其他3.52万平方米。房屋销售面积59.92万平方米。

2003年，全市房地产开发投资4.01亿元，比上年增长100%。房屋施工面积63.29万平方米，比上年增长81.7%；竣工面积30.78万平方米，比上年增长346.7%；销售房屋18.01万平方米，比上年增长328.8%。2004—2005年，全市房地产开发投资17.49亿元。其中，商品房建设投资7.67亿元，土地开发投资3.08亿元，其他4.39亿元，国有经济控股2.34亿元。按企业登记注册类型分，国有企业投资1.47亿元，集体企业0.33亿元，股份合作企业0.07亿元，有限责任公司5.13亿元，股份有限公司1.12亿元，私营企业8.06亿元，港澳台商投资企业0.62亿元，外商投资企业0.68亿元。资金来源：国内贷款2亿元，利用外资0.22亿元，自筹资金10.94亿元。房屋施工面积258.03万平方米，竣工面积111.24万平方米，销售面积63.52万平方米。

2006年，全市房地产开发投资16.21亿元，比上年增长74.5%。施工面积213.71万平方米，比上年增长34.8%；竣工面积69.03万平方米，比上年增长1.5%；销售面积60.35万平方米，比上年增长67.6%；销售金额12.13亿元，比上年增长237.9%。2007年，全市房地产开发投资23.31亿元。资金来源：国内贷款3.69亿元，利用外资0.05亿元，自筹资金1.65亿元，施工面积342.82万平方米，竣工面积89.52万平方米，其中住宅5966套71.3万平方米，商业营业用房72.51万平方米，办公楼2.15万平方米，其他12.74万平方米。房屋销售面积97.96万平方米，其中住宅88.9万平方米，商业营业用房7.97万平方米，办公楼及其他1.09万平方米。2008年，房地产开发投资23.98亿元，其中土地开发投资4.53亿元，配套工程投资1.26亿元，国有经济控股2.81亿元。资金来源：国内贷款5.47亿元，自筹资金16.68亿元，开发土地58.21万平方米，购置土地55.25万平方米。商品房施工面积371.38万平方米，竣工面积110.3万平方米，其中住宅5958套80.25万平方米。房屋销售面积90.27万平方米，其中住宅6021套77.25万平方米。住宅销售面积同上年减少13.1%。2009年，全市完成房地产开发投资28.17亿元，其中土地开发投资1.32亿元，配套工程投资1.4亿元，国有经济控股1.53亿元。资金来源：国内贷款5.19亿元，自筹资金16.49亿元。房地产开发总面积416.32万平方米，房屋施工面积449.86万平方米，竣工面积122.05万平方米，其中住宅8122套104.24万平方米。2010年，市政府出台《关于促进房地产健康稳定发展的若干意见》，采取措施促进房地产业发展，增加普通商品住房供给，继续支持自住型和改善型住房需求，以"城中村"改造为切入点，促进房地产开发投资。是年，完成房地产开发投资40.98亿元，其中土地开发投资2.44亿元，配套工程投资0.51亿元，国有经济控股3.79亿元。资金来源：国内贷款7.33亿元，自筹资金35.88亿元。房屋施工面积608.07万平方米，竣工面积124.52万平方米，其中住宅7591套98.8万平方米。销售商品房179.86万平方米，其中住宅12370套160.19万平方米。2006—2010年，全市完成房地产建设投资年均增幅23%。城镇居民人均居住面积28.4平方米。

2011年，全市完成房地产开发投资52.33亿元，比上年增长27.8%，占全社会固定资产投资的12.3%，占全市GDP的2.4%。其中配套工程投资0.91亿元，国有经济控股4.51亿元。资金来源：国内贷款5.98亿元，自筹资金29.69亿元。房屋施工面积825.18万平方米，竣工面积138.52万平方米，其中住宅8204套，110.2万平方米。销售商品房227.08万平方米，其中住宅1.56万套，197.18万平方米。2012年，完成房地产开发81.14亿元，同比增长55.1%，占全社会固定资产投资14%，占全市GDP的2.4%。资金来源：国内贷款9.17亿元，自筹资金42.82亿元。房屋施工面积1021.52万平方米，竣工面积302.94万平方米，其中住宅1.84万套，241.72万平方米。销售商品房299.55万平方米，其中住宅1.9万套，246.29万平方米。市中心城区完成开发投资42.22亿元，同比增长45.5%；冷水江市、新化县开发投资分别完成12.24亿元、14.83亿元，同比分别增长101%、95.8%。双峰县、涟源市分别完成开发投资6.88亿元、4.96亿元，同比分别增长35.9%、8.1%。全市房地产税收完成15亿元，同比增长59.9%，占地税收入37.2%。2013年，全市完成房地产开发投资119.36亿元，占全社会固定资产投资的15.2%，占全市GDP的2.4%。其中配套工程投资2.05亿元，国有经济控股6.52亿元。资金来源：国内贷款9.94亿元，自筹资金68.99亿元。房屋施工面积1282.41万平方米，竣工面积196.55万平方米，其中住宅1.13万套，151.87万平方米。销售商品房371.33万平方米，其中住宅2.52万套，328万平方米。

2014年，全市房地产开发投资109.71亿元，同比下降8.1%，增幅比上年同期回落55.2个百分点，占全社会固定资产投资的11.7%，占全市GDP的2.3%，比全省低17.8个百分点，全市房地产开发投资出现下降趋势。房屋施工面积1070.14万平方米，同比下降16.6%。竣工面积99.98万平方米，同比下降49.1%。销售面积171.92万平方米，同比下降53.7%。是年，中心城区爆发民间融资风波，106家开发企业、127个房地产项目，其中运转基本正常的项目32个，52个完工项目不能办理产权证，33个项目停工，10个项目烂尾、资不抵债、涉嫌非法集资，被列入打击和处置非法集资（简称“打处非”）程序。2015年9月，市委、市政府成立娄底中心城区房地产业解难题、促发展、保稳定办公室，对房地产企业开展帮扶。对正在施工、运转正常的项目，促进项目竣工交付使用；对处于停工状态的项目，企业净资产足以支付工程扫尾款的，指导购房人和企业盘活存量资产，开展项目建设自救，促进项目早日复工和扫尾；企业资不抵债的，组织专项整治小组，依法处置。是年，市人大常委会两次召开研究解决促进房地产业健康发展专题会议，市政府成立促进房地产市场发展工作领导小组，出台《关于促进房地产业可持续发展的意见》，制定促进存量商品房销售的有关政策。政府购买存量商品房作为公租房、提高棚户区改造货币安置比例、政府购买存量商品房作为安置房、对新创业人员在中心城区购买（租赁）门面写字楼和住房经营实行创业补贴。是年，全市房地产开发投资107.94亿元，同比减少1.6%，占全社会固定资产投资的9.7%，占全市GDP的2.2%。资金来源：国内贷款11.65亿元，自筹资金63.88亿元。房屋施工面积1244.32万平方米，竣工面积170.26万平方米，其中住宅11481套，136.63万平方米。销售商品房197.11万平方米，其中住宅1.5万套，186.47万平方米。2011—2015年，全市房地产开发投资470.48亿元。房地产施工面积5416.7万平方米，新开工面积1834.1万平方米，销售面积1199.1万平方米，销售额349.6亿元。

娄底市中心城区三泰·檀香山小区（2018年10月摄）

2016年，市政府印发《进一步去商品房库存促房地产业发展的通知》，对城乡居民购买新建商品房，由市财政按面积给予5000~10000元的奖励。至10月底，菊苑豪宅、盛世金园、东方财富广场等70个楼盘恢复施工或施工进入扫尾阶段。是年，全市完成投资92.89亿元，同比下降13.9%，较上年同期增速下降12.3个百分点，占全社会固定资产投资的7.75%，占全市GDP的2.4%。全年房屋施工面积1179.4万平方米，同比下降5.2%；竣工面积158.68万平方米，同比下降6.8%；销售面积241.95万平方米。

2017年，全市房地产开发投资73.05亿元，同比减少21.4%，占全市GDP的2.9%；施工面积1241.01万平方米，同比增长5.2%；竣工面积235.56万平方米，同比增长48.5%；销售面积292.37万平方米，同比增长20.8%；销售额117.53亿元，同比增长32.5%。是年，娄底市中心城区面积由1990年的18平方千米扩大到60平方千米。

1990—2017年娄底市房地产开发情况表

表57-5

年份	房地产开发投资(亿元)	占全社会固定资产投资比值(%)	施工面积(万平方米)	竣工面积(万平方米)	销售面积(万平方米)	销售金额(亿元)
1990	0.05	0.71	2.17	0.46	—	—
1991	0.05	0.62	6.94	1.41	—	—
1992	0.16	1.47	9.19	3.28	—	—
1993	0.38	2.28	11.96	3.35	—	—
1994	0.41	2.07	12.16	5.19	—	—
1995	0.93	4.16	22.47	13.69	4.22	0.50
1996	0.95	3.87	20.85	11.60	4.32	0.40
1997	0.82	3.56	12.42	6.20	2.61	0.20
1998	1.57	5.68	35.33	13.50	11.22	0.64
1999	1.88	6.14	41.76	25.94	21.71	1.41
2000	2.28	5.56	33.43	25.70	22.14	1.58
2001	1.53	3.96	33.70	15.80	11.87	0.94
2002	2.00	4.21	34.84	6.89	4.20	0.41
2003	4.00	5.12	63.29	30.78	18.01	1.15
2004	8.20	8.54	99.51	43.24	27.50	3.38
2005	9.29	7.89	158.52	68.00	36.02	3.59
2006	16.20	13.99	213.71	69.03	60.35	12.13
2007	23.31	15.17	342.82	89.52	97.96	14.02
2008	23.98	11.85	371.38	110.30	90.27	15.92
2009	28.17	8.99	449.86	122.05	112.51	21.35
2010	40.98	10.02	608.07	124.52	179.86	36.16
2011	52.33	12.31	825.18	138.52	227.08	50.38
2012	81.14	13.95	1021.52	302.94	299.55	96.60
2013	119.36	15.16	1282.41	196.55	371.33	114.13
2014	109.71	11.69	1070.14	99.98	171.92	50.56
2015	107.94	9.74	1244.32	170.26	197.11	57.55
2016	92.89	7.75	1179.40	158.68	241.95	88.72
2017	73.05	5.31	1241.01	235.56	292.37	117.53

第三节 商品房价格与销售

1990年，境内各单位职工按行政级别、工龄等条件分配住房，无单位的城市居民租住公房。房地产企业以先收定金，房屋竣工后多退少补的形式建设、销售房屋。是年，全地区商品房住宅均价280元/平方米，最低155元/平方米；商业用房均价340元/平方米。1994年，住宅均价614元/平方米，商业用房920元/平方米。1995—1998年，执行娄底行署《商品房预售管理暂行办法》，各县（市）房地产管理局成立商品房预售管理办公室。商品房除实行现售外，开始实施凭证商品房预售。房地产开发企业提供完备的证件资料，经房地产管理部门鉴证，将建设中的商品房预先出售给买受人，由买受人支付定金或者购房款。是年，全地区商品房预售率20%。1999年，全市预售商品房屋0.98万平方米，实际销售21.71万平方米，其中住宅18.58万平方米，商业营业用房2.93万平方米，其他0.2万平方米。销售金额1.41亿元。空置5.06万平方米。2000年，预售商品房屋0.58万平方米，实际销售22.14万平方米，其中住宅19.78万平方米，商业营业用房2.37万平方米。销售金额1.58亿元，均价713元/平方米。

2001年6月，全市贯彻建设部《商品房销售管理办法》，市、县（区）建设行政主管部门、房地产行政主管部门负责本行政区域内商品房销售管理。全市预售商品房3.61万平方米，实际销售11.87万平方米，其中住宅10.53万平方米，商业营业用房1.34万平方米。销售金额0.94亿元。至2003年，全市积压商品房30万平方米，其中住宅2500套，门面600个，积压资金1.5亿~1.8亿元。12月，市政府在娄底市明珠广场主办首届娄底房地产·装饰建材展示交易会。是年，发放商品房预售许可证9本，预售商品房9.41万平方米，实际销售22.16万平方米，其中住宅14.21万平方米，商业营业用房1.52万平方米，办公楼及其他2.28万平方米。销售金额1.15亿元。2004年，全市商品房均价1228元/平方米，其中住宅均价697元/平方米，商业用房均价2455元/平方米。中心城区发放商品房预售许可证15本，商品房预售合同登记备案500份。全市预售商品房10.75万平方米，实际销售27.5万平方米，其中住宅18.83万平方米，商业营业用房8.34万平方米。销售金额3.38亿元。出租2.4万平方米。

2005年，全市贯彻“国八条”和建设部等七部委联合制定的房地产调控操作层面的细化方案，建立政府负责制，稳定住房价格。是年，商品房住宅均价1100元/平方米，商业用房均价6500元/平方米。是年10月，娄底市第二届房地产交易展示会在九龙环球商业广场举办。参展房地产楼盘、建筑装饰材料商家、家装设计公司110家，新推出楼盘22个，建筑面积110万平方米，成交或意向成交商品房面积18.56万平方米，成交金额和定金3.18亿元，现场受理产权登记695户，“加州阳光”等5个项目入选2005年娄底明星楼盘。是年，发放商品房预售许可证27本，许可预售面积65.38万平方米，商品房预售合同登记备案1120份，实际销售商品房屋56.21万平方米。2006年12月至2017年1月，娄底市第三届房地产交易展示会在春园步行街举办，成交商品房面积9万平方米，商品房和装饰建材商品成交（含意向成交）金额2亿元。2007年，中心城区预售商品房屋43.2万平方米，全市实际销售97.96万平方米，其中住宅7145套，88.9万平方米。销售金额14.02亿元。是年，全市商品房均价1431元/平方米，其中，住宅1176元/平方米，商业营业用房4124元/平方米。市直、娄星区、市经济技术开发区、双峰县、新化县、冷水江市、涟源市商品房价格分别为每平方米1630元、1742元、1494元、1040元、1353元、1207元、1339元。

2008年，受国际金融危机和国家货币政策从紧的影响，全市商品房销售面积从上年的97.96万平方米减少至90.27万平方米，但商品房价格上涨至1763元/平方米。是年，全市建立商品房（预）销售合同网上签约和商品房预售合同登记备案制度，落实商品房购房实名制度，推行住房和城乡建设部、国家工商总局商品房买卖合同示范文本，规范交易行为。中心城区预售商品房屋88.33万平方米，全市实际销售商品房90.28万平方米，销售额15.92亿元。2009年，全市落实国务院“增加普通商品住房的有效供给，抑制投机性购房，加强市场监管，继续大规模推进保障性安居工程建设”四项措施，废除

2008年的刺激房市政策，转向稳定房价。全市商品房均价1898元／平方米，其中住宅1669元／平方米，商业营业用房5456元／平方米。住宅均价中心城区2095元／平方米，新化县1380元／平方米，涟源市1342元／平方米，冷水江市1321元／平方米，双峰县1187元／平方米。2013年，全市商品房均价3074元／平方米，其中住宅2682元／平方米，商业营业用房8010元／平方米。是年11月，新化县举办第一届房地产交易展示会，成交商品房面积10万平方米。是年，全市预售商品房232.83万平方米，实际销售371.33万平方米，其中住宅8711套，104.3万平方米。销售金额114.13亿元。

2010年，市政府规范商品房项目预售行为，严格商品房项目预售许可条件，加强商品房项目价格监管，中心城区发放商品房预售许可证41本，批准预售面积127万平方米，交易金额41亿元。商品房入网签约项目29个，8130套，签约4949套。12月至翌年1月，娄底首届网上房地产交易展示会销售商品房8284套，面积89.1万平方米，成交金额21.6亿元。全年销售商品房179.86万平方米，销售额36.16亿元，其中现房7.22亿元，期房28.93亿元。2011年，中心城区发放商品房预售许可证48本，销售商品房227.8万平方米，销售金额50.38亿元，其中现房7.11亿元，期房43.27亿元。2012年，全市发放商品房预售许可证60本，许可预售面积171.2万平方米。其中，销售住宅1.9万套，246.29万平方米，同比增长24.9%，住房销售价格平均涨幅在10%以内。是年12月，娄底市第四届房地产交易展示会在市体育馆举办，37家房企参展，商品房交易9366宗，成交面积117.4万平方米，成交金额35.93亿元。全市2012年度房地产销售增幅20个百分点。2013年，中心城区核发商品房预售许可证51本，批准预售面积117.91万平方米，网上签约8969宗。全市实际销售商品房371.33平方米，销售金额114.13亿元。

2014年，市域商品房价格2941元／平方米，小幅下行。其中，住宅均价2587元／平方米，商业营业用房均价5853元／平方米。6月，中心城区在建楼盘62个，其中施工项目41个，处于停工状态项目21个，存在办证难问题项目17个。11月，娄底市第五届房地产交易展示会在市体育中心举行。76家房地产开发企业、中介公司参展，商品房交易9502宗，成交面积119.2万平方米，成交金额39.6亿元。2014年12月至2015年1月，新化县举行第二届房地产交易展示会，现场成交住房450套，成交面积5.8万平方米，成交金额2.3亿元。是年，全市发放商品房预售许可证43本，批准预售面积378.18万平方米。实际销售面积171.92万平方米，同比下降53.7%。其中，住宅销售10974套，148.51万平方米，同比下降54.7%。2015年，商品房价格2920元／平方米，其中住宅均价2675元／平方米，商业营业用房均价8560元／平方米。是年11月，娄底市第六届房地产交易展示会在市体育中心举办，商品房交易6527宗，成交面积72万平方米，成交金额31.3亿元。是年12月至翌年2月，新化县举行第三届房地产交易展示会，成交住房2228套，成交面积31.19万平方米，成交金额9.6亿元。是年，批准预售294.1万平方米，其中中心城区全市发放商品房预售许可证39本，批准预售面积158.25平方米，商品房预售294.1万平方米，实际销售197.11万平方米，同比增长14.7%。

2016年，市域房均价涨至3667元／平方米，其中住宅均价3070元／平方米，商业营业用房均价9092元／平方米。市政府下发《进一步去商品房库存促房地产业发展的通知》《被拆迁人自行选购新建商品房作为安置房操作办法》等文件，制定奖补新政，鼓励城乡居民购房。9月，娄底市第七届房地产交易展示会暨被拆迁人自行选购新建商品房作为安置房楼盘展示会在市体育中心举行，成交商品房3868套，成交面积49.5万平方米，成交金额23.9亿元。是年，房地产市场量、价齐升，销售商品房241.95万平方米，同比增长22.8%。商品房销售额88.7亿元。2017年，全市商品房均价涨至4020元／平方米，其中住宅均价3739元／平方米，商业营业用房均价10595元／平方米。按地域分，住宅均价分别为：中心城区（含娄星区、经济开发区、万宝新区）4419元／平方米，冷水江市3409元／平方米，涟源市3083元／平方米，新化县2729元／平方米，双峰县2693元／平方米。是年，中心城区完成新建商品房网签备案14020宗，完成预告预抵备案9618宗，发放商品房预售许可证30本，批准预售面积102.18万平方米，实际销售商品房292.4万平方米，销售额117.53亿元。

1995—2017年娄底市商品房销售情况表

表57-6　　　　单位:万平方米、套、万元

年份	销售总面积	销售总额	商品住宅			办公楼		商业营业用房		其他		空置面积
			套数	面积	销售额	面积	销售额	面积	销售额	面积	销售额	
1995	4.22	4943	—	2.76	2833	0.93	—	0.43	—	0.1	—	0.75
1996	4.32	3845	—	2.80	1904	0.96	—	0.53	—	—	—	3.78
1997	2.61	2007	—	2.09	1681	0.10	—	0.41	—	—	—	2.79
1998	11.22	6357	—	10.11	5582	—	—	1.11	775	—	—	0.08
1999	21.71	14099	—	18.58	10990	—	—	2.93	3009	0.20	100	5.06
2000	22.14	15775	—	19.78	13281	—	—	2.36	2494	—	—	4.21
2001	11.87	9416	—	10.53	7472	—	—	1.34	1944	—	—	1.32
2002	4.21	4077	—	3.35	—	—	—	0.85	—	0.01	—	—
2003	18.01	11485	1802	14.21	7131	2.05	1821	1.52	2361	0.23	172	2.11
2004	27.50	33766	2201	18.83	13117	0.07	30	8.34	20476	0.24	143	9.27
2005	56.21	65934	3362	44.11	31812	1.20	1660	9.99	31562	0.91	900	9.36
2006	60.35	121253	4263	48.81	53074	0.30	540	10.26	66429	0.98	1210	9.44
2007	97.96	140189	7145	88.90	104586	0.08	310	7.97	32866	1.01	2427	6.76
2008	90.27	159186	6021	77.25	113711	0.40	1036	10.83	41056	1.79	3383	31.54
2009	112.51	213503	8711	104.30	174113	0.24	493	6.71	36612	1.26	2285	27.54
2010	179.86	361573	12370	160.19	282513	0.01	15	16.53	71435	3.14	7610	21.71
2011	227.08	503764	15583	197.18	394094	0.26	1144	19.73	89838	9.91	18688	33.33
2012	299.55	966009	19004	246.29	583224	2.25	10406	41.09	329047	9.92	43332	46.29
2013	371.33	1141266	25164	328.00	879477	1.30	3917	26.53	212496	15.49	45376	80.10
2014	171.92	505631	10974	148.51	384167	1.09	2220	15.30	89541	7.02	29703	44.44
2015	197.11	575511	14962	186.47	498818	0.05	150	7.67	65681	2.91	10862	72.68
2016	241.95	887245	17374	213.71	656039	0.04	420	24.06	218756	4.14	12030	80.81
2017	292.37	1175307	20345	257.47	962784	1.55	6495	16.60	175881	16.76	30147	60.79

第四章　房地产管理

第一节　管理机构

1990—1999年，地区建设委员会内设房地产管理科，指导各县（市）房地产业规划、建设、经营、产权产籍、房地产市场管理。地区住房制度改革领导小组下设办公室。娄底市房地产管理局、冷水江市房地产管理局、新化县房地产管理处、涟源市房地产管理处、双峰县房地产管理局，隶属各县（市）建设委员会，为自负盈亏、自收自支正科级行政事业单位，下辖房地产交易市场管理所、房屋修缮所、

城镇房屋产权产籍管理处，负责各自行政区域内城镇、工矿区房屋产权登记，产权转移鉴证，发放房屋所有权证，组织产籍图测绘和房地产档案管理。2000年4月，娄底市建设委员会房地产管理职能、娄星区房地产管理职能（上划），两者合并，组建娄底市房地产管理局，副处级事业单位，由娄底市建设委员会管理。2002年，住房制度改革和经济适用住房建设职能划归娄底市住建局。市房地产管理局内设办公室、人事教育科、财务科、法规监察科、生产技术科（加挂房屋安全鉴定办公室牌子）、房地产管理科、纪检组（与监察室合署办公）。辖二级机构城镇房屋产权产籍监理处（下设涟钢、万宝镇、茶园镇、杉山镇、西阳镇4个基层房地产管理办公室）、房地产交易中心、房地产测绘大队、物业管理办公室、白蚁防治所、房屋租赁市场管理办公室、直管公房管理所、房地产档案馆、娄底仲裁委员会房地产仲裁联络处。各县（市）均设房地产管理局。市房地产管理局受市住建局委托，指导县（市）房地产行业规划、建设、经营、产权、房地产市场管理。

2003年，市房地产管理局生产技术科加挂娄底市房屋室内装饰装修管理办公室牌子。2004年，娄底市城镇廉租住房管理办公室成立。市房地产开发经营管理办公室、市住房制度改革领导小组办公室合署办公，实行两块牌子一套人马，为市住建局内设机构。2008年8月，市房地产管理局经济适用住房管理办公室成立。2009年，市住房保障工作领导小组办公室成立。2011年，娄底市城镇廉租住房管理办公室撤销，划入市房地产管理局。市房地产管理局增设住房保障管理科。2012年9月，娄底市物业专项维修资金管理委员会办公室成立。

2016年，市房地产管理局为市住房和建设局管理的副处级公益一类全额拨款事业单位，内设办公室、人事科、财务科、政策法规科（信访科）、生产技术科（市房屋安全鉴定办公室）、住房保障管理科、房地产市场监督管理科、物业市场管理科（市房屋室内装饰装修管理办公室）以及离退休人员管理科，纪检组（监察室）。辖公益二类事业单位：市房地产交易中心、市房地产测绘大队、市物业专项维修资金管理中心、市房屋租赁市场管理办公室、市保障性住房运营管理办公室（市直公房管理办公室）、市白蚁防治所、市房地产档案馆、市房地产信息中心、市经济技术开发区房地产管理办公室，撤销娄底市房地产综合开发公司、市物业管理总公司事业单位建制，房屋产权登记职能划转至市国土资源局的不动产登记中心。市房地产管理局指导和管理各县（市）房地产管理局。2017年，内设机构和二级机构未变。

第二节 房地产评估

1990年，境内房地产交易大多是当事人双方直接洽谈之后进行，无专门机构对房地产价格进行评估。1993年，行署发布《关于加强房地产价格管理的通知》，娄底市、冷水江市均成立房地产评估事务所，与房地产交易市场管理所合署办公。房地产价格评估采取差额累进收费，按评估价格一定比例，分五级收费。是年，全地区办理房地产评估20宗，评估面积3万平方米，评估总额2000万元。1994年，涟源市成立求是房地产价格评估事务所，办理评估业务148宗，评估额3000万元。1996年，根据《中华人民共和国城市房地产管理法》，对明显低于正常交易价格的，按评估价格收取税费，维护房地产交易市场正常秩序。1996—1997年，县级娄底市评估房地产421宗，评估面积25.99万平方米，评估额1.45亿元。1998年12月，新化县房地产估价事务所成立。

1999年，市政府出台《城市房屋重置价格标准》，为房地产评估提供依据。全市评估房地产866宗，评估面积22万平方米，评估额2.66亿元。至1999年底，全市房地产评估事务所累计评估房地产1277宗，评估面积119.8万平方米，评估额5.76亿元。2001年，娄底房地产评估事务所从房地产管理部门脱钩，更名为娄底东升房地产评估有限公司，实现房地产评估市场化。是年，全市评估房地产1141宗，评估面积12.77万平方米，抵押评估额3.82亿元，交易评估价值1973万元。2002年，抵押评估

1183宗，评估面积24万平方米；交易评估846宗，评估额2000万元。2003年，抵押评估1192宗，评估面积23.84万平方米；交易评估607宗，评估面积9.11万平方米。2004年3月，涟源市求是房地产价格评估事务所与涟源市房地产管理局脱钩，更名为中天房地产价格评估有限公司，自成立至2004年，评估总额近30亿元。2007年，新化县房地产估价事务所注销，自成立至2007年，拍卖、抵押、交易、损害赔偿等评估3000多宗（不含企业改制、拆迁评估）。

2008—2017年，全市有房地产评估机构20家，完成抵押评估5.96万宗，评估面积1192万平方米；交易评估3.04万宗，评估面积455.5万平方米。

第三节　房地产交易和产权产籍管理

1990年，娄底地区房地产交易管理机构有：娄底市房地产交易市场管理所、涟源市房地产交易管理所、冷水江市房地产交易所、新化县房地产业管理处业务股、双峰县房地产评估交易所。是年，娄底市公房发证单位74个，房屋330栋，建筑面积30万平方米；私房发证365户，建筑面积5.5万平方米。涟源市城镇房屋所有权登记7488栋（处），建筑面积283.56万平方米，核发房屋所有权证5325本。新化县发放私有产权证1万本，建筑面积97.7万平方米，国有、集体产权证1084本，建筑面积78.35万平方米。冷水江市公房发证单位235个，房屋2800栋，建筑面积265万平方米。双峰县房屋所有权登记2560栋（处），建筑面积136.75万平方米。

1991年，行署发出《关于加强房地产交易市场管理的通告》，对各种房地产交易行为作出具体规范。娄底市房地产管理局设立娄底市城镇房屋登记发证办公室，公房发证登记122栋，建筑面积12.27万平方米，私房登记125（栋）户，建立综合档案室，整理产权产籍档案1.4万卷，产籍图88幅。1993年，娄底地区住房制度全面改革，出台《娄底地区城镇房屋产权产籍管理暂行办法》。各县（市）房地产管理局撤销城镇房屋登记发证办公室，成立城镇房屋产权产籍监理处（股），负责行政区域内城镇、工矿区房屋产权登记、产权转移鉴证、发放房屋所有权证、组织产籍图测绘和房地产档案资料管理。是年，全地区公房发证单位820个2805栋，发证面积507.05万平方米；私房发证1610户，发证面积16.15万平方米。娄底市办理交易手续197宗，2.01万平方米，交易总额571.41万元，征收契税32万元。

1994年，全地区办理商品房交易462宗，面积4.05万平方米，成交金额1393.18万元，房改公房出售2.52万套，价值约1.5亿元，为财政代征契税78万元。1995年，办理房地产交易880宗，交易面积6.8万平方米，成交金额4500万余元，交易费收入29万元，征收契税130万元，向国家上缴各种税费200多万元。私房发证5940户，面积95万平方米；公房发证6620栋，面积566.5万平方米。1996年，职工自住单位房由购买部分产权改为全部产权。是年，全地区完成公房发证1110户（栋），发证面积108.75万平方米；私房发证4215户，发证面积46.25万平方米。1998年，对房产档案全面清查，实行微机化管理。是年，完成公房发证1245户（栋），发证面积88.85万平方米；私房发证1.04万户，发证面积112.5万平方米；房改房（指城镇职工根据国家有关城镇住房制度改革政策规定，按照成本价或者标准价购买的公有住房）发证2.77万户，其中新购房屋发证1.34万户。1996年，房屋交易134宗，成交面积1.99万平方米，成交金额1318.5万元，交易费收入31.5万元。4月，地区房地产交易市场开业，运作8个月，房屋交易102宗，成交金额1102.8万元，征收契税120万元，向国家上缴各种税费120万元。1997年6月，娄底市施行《城市房地产抵押管理办法》。是年，办理房地产交易155宗，交易面积3.94万平方米，成交金额1979.6万元。涟钢房产交易所、杉山、万宝两个乡镇房地产管理所成立。

2000年，各县（市）成立房地产交易市场管理中心。全市二手房交易1555宗，交易面积17.06万平方米，成交金额1.92亿元。2002年，根据国家计委、建设部《关于规范住房交易手续费有关问题的通知》，全市住房交易手续收费标准调整为：新建商品住房每平方米3元，经济适用住房控制面积以内的每平方米1.5元，存量住房每平方米6元，其中房改房每平方米1.5元。新建商品住房、经济适用住房转让手续费由转让方承担，存量住房（含房改房）转让手续费由转让与受让双方各承担50%。是年，全市办理房地产交易2508宗，交易面积19.98万平方米，成交额1.85亿元；办理抵押登记1120宗，抵押面积12.45万平方米，抵押金额2.58亿元。至2002年底，全市城镇房屋初始登记6.48万栋（宗），面积817.75万平方米，变更登记2.33万栋（宗），面积253.35万平方米，发证29万本（其中换证16万本），共有权证1780本，他项权证1.1万本。城镇住房登记率80%。是年，《娄底市城市房屋产权产籍管理办法》出台，市政府办发出《关于换发、查验全国统一房屋权属证书的通知》，全市城镇房屋产权产籍资料系统化，换发由建设部统一制作的具有防伪标识的房屋所有权证、房屋共有权证、房屋他项权证。各县（市）推行电子政务。推行《房产测量规范》，房地产测绘做到公正、公平，房地产测绘成图数字化、微机化，实现一证一图，完善产权产籍档案。同时，房屋产权产籍管理向乡镇延伸，乡镇房地产管理所对各乡镇房地产实行综合管理。

2003年，中心城区房屋交易1779宗，面积21.87万平方米，成交金额1.9亿元；抵押登记1349件，面积24.85万平方米。2004年，房屋转移登记4510宗，转让面积50.86万平方米，成交金额4.1亿元，均价810元／平方米左右。抵押登记2385户，面积46.21万平方米，抵押金额3.2亿元。2005年，房屋转移登记6219宗，面积56.21万平方米，成交额5.85亿元，均价900元／平方米。抵押登记3556宗，面积48.35万平方米，金额4.53亿元。其中二手房交易1262宗，交易面积24.95万平方米，交易金额1.52亿元。2006年，房屋转移变更登记3862宗，面积50.8万平方米，成交额5.1亿元，均价1000元／平方米左右。办理抵押3528宗，面积59.8万平方米，金额5.76亿元。是年，娄底市房地产档案馆升级为湖南省一级档案馆。至2008年，全市办理初始登记8.69万栋（宗），面积1011.42万平方米，变更登记5.58万栋（宗），面积464.4万平方米，发证15.04万本，他项权证2.57万本，产籍测绘面积2432.16万平方米，产籍图18.78万张，产籍建档18.41万卷，接待查询11.43万人次。

2009年，全市办理房屋交易1508宗，面积16.7万平方米，交易金额1.82亿元；办理抵押5892宗，面积133.7万平方米，金额9.77亿元。商品房买卖从合同签约到产权登记再到交易信息公示，实现远程受理和全程电子化管理。市房地产管理局办理房屋所有权证1.24万本，他项权证4692本，初始登记142件，注销登记212本，遗失补办141本，预告预抵登记4079件；出具测绘报告648宗，完成初始测绘629起，测绘房屋面积129.6万平方米；在建项目测量122.8万平方米，交易、变更测绘1638起，建筑面积1.49万平方米，确保产权登记发证的测绘出图工作。在完成全市城郊范围查勘160个一级GPS点的设点埋桩等前期基础工作上，完成对全市城区范围内46平方千米地域的基础测绘。接收整理上架房屋登记档案1.25万份，接待查档咨询人员1万多人次，完成2006年以前房产档案的数字化整理。

2010年，全市房屋交易1.9万宗，交易面积120万平方米，成交金额19亿元。转移登记6502宗，面积193.52万平方米，交易金额约41亿元；抵押登记4912宗，面积137.67万平方米，抵押金额约28.5亿元。2011年，成交面积143万平方米，成交额22.88亿元，均价1600元／平方米左右。办理房屋权属登记1.18万宗，发证面积416.19万平方米；发放房屋权属证书26652本（其中房屋所有权证12011本，他项权利证5405本，预告预抵证明8788本，变更登记298本，遗失补证150本）。2012年，办理转移登记8695宗，面积68.2万平方米，成交金额16.98亿元。抵押登记10112宗，住宅抵押面积169.6万平方米，贷款金额41.98亿元；非住宅抵押面积55.2万平方米，贷款金额52.19亿元；在建工程抵押登记166宗，抵押面积26.5平方米，贷款金额9.17亿元。2013年，办理转移登记2100宗，现房抵押登记2230宗，商品房分户登记4236宗，在建工程抵押登记业务13宗，抵押面积35.6万平方米，贷款金额3.6亿元。2014年，二手房转移登记1025宗，现房抵押登记1043宗。2015年，全市办理房屋交易3650宗，面积80.31万平方米；办理商品房预告登记6408宗，办理商品房预抵登记5438宗，办理二手房抵押注销登记3803宗，办理商品房转移登记3650宗，办理商品房预售合同备案11384宗。市房地产管理局办理房屋初始、转移、抵押、预告等权属登记8.74万宗；发放房屋权属证书和登记证明（包括房屋所有权证、他项权证、预告预抵证明、变更登记、遗失补证）21.8万本。出具测绘报告2294份，测绘面积1599.5万平方米。接收房产档案17.4万卷，接待档案查询5.54万人次。协助公检法办理房屋查封登记262起，解封146起。

2016年，全市办理房屋转移登记4023宗，成交面积126.95万平方米，成交额60.94亿元。新建商品房预告登记5378宗，预抵押登记5015宗，在建工程抵押登记286宗，金额115亿元。2017年，办理二手房交易业务6662宗，办理抵押业务6420宗。全市实行不动产统一登记改革，房屋产权登记职能划转至市国土资源部门的不动产登记中心，划转人员115人，房地产产权产籍资料移交给娄底市不动产登记中心。2016—2017年，娄底市不动产登记中心办理房屋初始、转移、抵押、预告等权属登记3.46万宗，面积1221.38万平方米，发放房屋权属证书和登记证明8.72万本。市房地产管理局出具测绘报告275份，测绘面积292万平方米；接收档案5.98万卷，接待社会各界档案利用者3万人次，出具各类房产证明11.02万卷（次）。

第四节　房屋租赁管理

1990年，娄底市职工公房按使用面积0.08元/平方米收取月租金，全年收取10.33万元。1991年9月，经省、地两级物价部门批准，娄底地区房地产市场房屋租赁实行最高限价。公有或私有非住宅出租，按建筑面积计算，每平方米不得超过10元；私有住宅出租，按使用面积计算，每平方米不得超过1.5元。各县（市）房地产管理、工商、公安部门联合对房地产市场进行清理整顿，清理违规户800户，补收租赁管理费2万元，补缴契税3000元。1992—1993年，全地区发生房屋租赁1780起，面积24万平方米，租赁金额27.6万元。

1994年开始，随着城市房地产经济的发展，租赁管理户数逐年递增，全地区房屋租赁管理1460户，其中娄底市548户，新化县328户，涟源市150户，冷水江市316户，双峰县118户。房租收入60万元。1995—1997年，各县（市）先后成立房屋租赁市场管理办公室（所），规范房屋租赁市场，县（市）城区和乡镇所有公房、私房，须凭房屋所有权证办理房屋租赁备案登记和房屋租赁许可证，按房屋租金的4%收取租赁管理费。1998年，全地区租赁管理1.06万户，发放房屋租赁许可证2800本，管理面45%，处理租赁纠纷51起。1999年，全市房屋租赁管理1.35万户，新发放房屋租赁许可证1545本，房租收入213.75万元，房屋租赁管理收入80万元。

2000年，市政府印发《娄底市房屋租赁管理办法（试行）》。全市房地产行政主管部门由按租金的2%收取房屋租赁管理费，租赁当事人各承担50%。非住宅房屋按实际合同租金收取，没有合同的按物价部门调查测算的基准价收取，由承租方代交出租方应负担的部分，代交部分折抵承租方应交纳的租金。2001年，市房地产管理局成立房屋租赁市场管理办公室，联合市工商行政管理局，对全市房屋租赁市场进行监管。出租人和承租人在签订书面合同30日内，持房屋所有权证、房屋租赁合同、身份证明等资料到市房屋租赁市场租赁管理办公室申请办理登记备案手续，经审查合格后，颁发房屋租赁许可证。是年，全市租赁管理1.85万户，发放房屋租赁许可证9403本。2002年，房屋租赁管理手续费改为按租赁面积一次性分档收取，由出租人承担。收费标准为：200平方米以下每宗100元；201~500平方米，每宗200元；501~1000平方米，每宗300元；1000平方米以上的，每宗400元。住房租赁手续费，按套收取，收费标准为每套100元，由出租人承担。

2004年，全市房屋租赁管理推行目标管理责任制，开展上门办证，签订合同，调解纠纷，宣传政策法律，扩大管理服务面。管理房屋租赁9555户，其中娄星区3976户，新化县2563户，涟源市1228户，冷水江市1257户，双峰县531户。

2009年，全市房管部门对城区内大市场门面租赁情况清查，做好“以房管人”工作。2011年，加强流动人口出租房屋登记备案管理，规范申报廉租住房补贴、出租房屋登记备案工作管理。加强对酒店、宾馆行业的出租房屋管理。全年受理房屋登记备案1.66万户，其中娄星区8000户，新化县3500户，涟源市1430户，冷水江市918户，双峰县2800户。2012年，办理房屋租赁管理登记备案1.37万份。各县（市）对城区范围内520个行政企事业单位和9100处个人房屋租赁行为备案登记。

2017年，市房地产管理局出台《加快培育和发展住房租赁市场暂行办法》，鼓励和培育住房租赁市场发展。全市办理各类房屋租赁登记备案1.1万份，其中娄星区4533份，新化县3065份，涟源市1430份，冷水江市1050份，双峰县912份；租赁备案注销登记2525份，其中娄星区825份，新化县425份，涟源市942份，冷水江市219份，双峰县114份。

第五节　房屋安全鉴定

1991年，娄底市政府根据建设部《城市危险房屋管理规定》和省政府有关规定，成立房屋安全鉴定委员会，下设办公室，归口娄底市房地产管理局管理，负责各种所有制房屋的安全鉴定，督促、检查解危措施的落实。1991—1995年，其他县（市）先后成立房屋安全鉴定委员会，并下设办公室，归口各县（市）房地产管理局管理。鉴定危房23.98万平方米。1996—2000年，各县（市）房屋安全鉴定委员会撤销，增设房地产管理局房屋安全鉴定管理办公室，负责各自区域内危险房屋安全鉴定。其间，全市危房鉴定80栋，鉴定面积14万平方米，危房鉴定收入5.65万元，准确率100%。2001年，市房地产管理局对中心城区房屋安全大检查，鉴定危房25栋，鉴定面积2.9万平方米，消除安全隐患。2002年，县（市）房屋安全鉴定管理办公室对域内城区、工矿区、学校危旧房屋进行地毯式清查，鉴定危旧房屋42栋3.55万平方米。2003年，市房地产管理局鉴定危房36栋，出具房屋安全鉴定报告36份，危房鉴定面积4.62万平方米，避免多次房屋安全事故发生。

2004—2009年，全市出具危房鉴定报告5400份，鉴定公房180栋、住宅1.09万套，鉴定面积135.6万平方米。2010—2016年，全市出具危房鉴定报告2641份，鉴定面积118.89万平方米。2017年，完成230栋危旧房屋鉴定，面积23.14万平方米。

第六节　住宅室内装饰装修管理

2002年，根据建设部《住宅室内装饰装修管理办法》，市、县房地产行政主管部门负责本行政区域内住宅室内装饰装修管理。2003年7月，市政府出台《娄底市城市住宅室内装饰装修管理办法》，规定未经原设计单位或具有相应资质等级的设计单位提出设计方案，禁止擅自变动建筑主体和承重结构、将没有防水要求的房间或者阳台改为卫生间、厨房，扩大承重墙上原有的门窗尺寸、拆除连接阳台的砖、混凝土墙体、损坏房屋原有节能设施降低节能效果，禁止临街建筑将防盗窗伸出墙体。未经批准，不得搭建建筑物、构筑物，改变住宅外立面，在非承重外墙上开门、窗，拆改燃气管道和设施。是年，娄底市房屋室内装饰装修管理办公室成立，负责市中心城区房屋室内装饰装修管理。2004年，娄底市室内装饰装修协会、县（市）装饰装修管理办公室成立。市房地产管理局下发《关于加强全市房屋室内装饰装修管理的通知》，规定凡在娄底市行政区域内从事室内装饰装修活动的企业，必须严格实行室内装饰资质准入制。从事室内装饰设计、施工的企业单位，必须持有室内装饰企业资质等级证书；从事室内装饰工程施工的项目经理，必须持有室内装饰施工企业项目经理资格证书；从事装饰施工的施工人员，必须经过上岗培训和资格认定。2009年，全市接受违规装饰装修投诉30宗，现场调解处理60次。2010年，全市接受投诉30宗，均现场调解或下发整改通知。2011—2017年，全市接受违规装饰装修投诉450宗，现场调解处理900次。2017年，全市经年检合格的室内装饰企业32家，其中甲级资质企业5家，乙级资质企业26家，丙级1家。

第七节　白蚁防治

1994年，根据建设部《城市房屋白蚁防治管理规定》《湖南省白蚁防治管理暂行办法》，娄底市成立白蚁防治所，隶属市房地产管理局。白蚁防治收费标准按房屋建筑面积1.8元／平方米（装饰装修房屋收费标准2.7元／平方米）收取，采取房屋基础施药、填埋饵剂方法，对城镇新建、改建、扩建房屋及室内装修工程实施白蚁预防和灭治。是年，娄底市签订白蚁预防合同47份，预防面积21.47万平方米，新建房屋白蚁预防率80%；签订白蚁灭治合同5份。1996年，冷水江市、涟源市成立白蚁防治管理所。1997年4月，新化县成立白蚁防治站。1998年，双峰县成立白蚁防治站。是年，全地区签订白蚁防治合同250份，预防面积74.78万平方米。其中，娄底市130份，预防面积48.38万平方米。新化县32份，防治面积5.4万平方米。涟源市40份，防治面积7.8万平方米。冷水江市28份，防治面积6.2万平方米。双峰县28份，防治面积4.5万平方米。1996—1999年，娄底市签订白蚁防治合同340份，防治面积111.9万平方米；白蚁灭治合同24份，灭治面积3.74万平方米；绿化树木6320株，约40万平方米。娄底市白蚁防治所连续4年被评为全省白蚁防治工作先进单位，3人次受到省建委表彰。

2000年，《娄底市城市房屋白蚁防治管理办法》出台，全市签订白蚁防治合同698份，防治面积97.3万平方米。2002年，房屋白蚁预防收费标准调整为：新建、改建、扩建房屋每平方米2元，装饰装修房屋每平方米2.7元，由建设单位列入工程概预算。是年，全市签订白蚁防治合同576份，预防面积62.8万平方米，施药率98%，灭治率100%。2003—2006年，全市签订白蚁防治合同3666份，预防施药面积1257.84万平方米，施药率98%，灭治面积34.32万平方米，灭治率100%。

2007年，中心城区完成白蚁防治预防面积151.15万平方米，房屋白蚁灭治4.8万平方米。娄底市白蚁防治所被中国物业管理协会白蚁防治专业委员会评为先进单位。2008年，娄底市白蚁防治所完成房屋白蚁预防施药面积142.3万平方米，被评为湖南省白蚁防治先进单位。2010年，根据省物价局、省财政厅文件要求，新建、改建、扩建房屋白蚁防治收费为每平方米2.5元，装饰装修房屋每平方米3元。娄底市全面参与“湖南省白蚁防治氯丹、灭蚁灵替代示范项目”，安装地上型饵站系统1680套，地下型饵站系统800套。完成白蚁防治预防面积341.2万平方米，房屋白蚁灭治面积15万平方米。2011—2014年，全市完成白蚁防治预防面积2341.2万平方米，白蚁灭治面积35万平方米。其中，中心城区完成白蚁防治预防面积1118.5万平方米，房屋白蚁灭治面积11.6万平方米，娄底市白蚁防治所连续4年被全国白蚁防治中心和中国物业管理协会白蚁防治专业委员会评为白蚁防治优质服务先进单位。2015—2016年，全市完成白蚁防治预防面积336万平方米，房屋白蚁灭治16万平方米。

2017年，执行《财政部、国家发展改革委员会关于清理规范一批行政事业性收费有关政策的通知》，娄底市取消白蚁防治费。工作经费列入政府预算。全市完成白蚁防治预防面积302万平方米，房屋白蚁灭治面积18万平方米。

第八节　物业管理

1990—1994年，娄底地区尚未形成物业管理行业。1995年6月，娄底市房地产管理局成立房地产物业管理总公司，负责住宅小区房屋及公用设施、设备修缮、环境和治安管理。1996年9月，娄底市房地产管理局成立物业管理办公室，负责宣传、贯彻物业管理法律法规和政策，对全市各类物业公司实行规范化行业管理。1997年，娄底市政府先后颁发《娄底市物业管理暂行办法》《娄底市物业管理服务收费暂行办法》，物业管理部门在关家脑、湘中商业城开展试点。2002年，全市按照“政府引导、行业指导、属地管理、业主自治、市场运作”的方式引导物业管理，全市注册物业管理企业28家，其中二级资质2家、三级资质26家，管理面积100万平方米，从业人员800人，其中具有建设部门核准的物业管理经理42人，部门经理31人，具有从业资格的人员156人。是年，物业维修资金归集起步，归集物业维修资金143.76万元。物业管理从住宅小区拓展到机关、商厦、工矿区，物业公司有三种类型。第一类为个体户组建的公司，完全按市场化经营，收费较高，管理较规范，服务质量较好，管理对象多是新建住宅小区。第二类为原企业或单位后勤机构派出设立的公司，依靠单位资助经营，管理本单位职工生活区。第三类为房地产开发企业连带设立物业管理公司，房屋建成后，承接住宅区前期物业管理，兼作公司房屋促销，物业管理收费一般低于市场价格，此类物业公司是房产开发与物业管理混合体，服务漏洞多，与住户的利益纠纷时有发生。2003年，全市贯彻国务院《物业管理条例》，物业管理向市场化、规范化发展。2004年，娄底市房地产业协会物业管理专业委员会成立。2005年10月起，全市采用招投标方式选聘物业管理企业。是年，全市有52家注册物业管理企业，其中二级资质3家、三级资质49家，物业管理实施面积465万平方米，累计归集物业维修资金803.36万元。2006年8月，新化县房地产管理局成立物业管理办公室。2007年，涟源市房地产管理局成立物业管理办公室。涟源市政府下发《关于加强城市住宅区物业管理工作的通知》，住宅建设单位按总建筑面积千分之三至千分之五提供物业管理服务用房，建立专项维修基金，其中普通商品住房（包括安居房、经济适用住房）销售时，购房者按购房款1.5%的比例缴交；花园洋房、观景洋房等高档商品住房销售时，购房者按购房款2%的比例缴交；公有住房出售时，售房单位按多层住房低于售价的20%、高层住房低于售价的30%的比例从售房款中提取。物业公司组织业主选举成立生活小区物业管理委员会。

2008年2月，全市贯彻建设部《住宅专项维修资金管理办法》，启动住宅专项资金的归集工作。住宅专项维修资金实行专户存储、专款专用、所有权人决策、政府监督原则。全年归集物业维修资金1363万元。2009年，归集物业维修资金1360万元，处理物业投诉60起，成立业主委员会5个，改选业主委员会3个，培训物业管理人员130人。2010年，市房地产管理局制定《娄底市物业管理暂行办法》，开发物业维修资金自存自缴系统。中心城区累计归集物业维修资金2920万元，比上年增加1557万元。市房地产管理局和市物价局联合出台《娄底市物业服务收费管理实施办法》，执行“菜单式”服务和收费，让业主消费明明白白，规范物业服务收费行为。2011年，市政府办下发《关于在娄底中心城区单位院落及家属区全面实现物业管理的通知》《娄底市机关、单位院落全面落实物业管理工作方案》，规范行政企事业单位院落物业管理。是年，追缴历年未归集维修资金600多万元。市政府办下发《关于调整房屋专项维修资金交存标准的通知》，规定自2011年10月1日起，多层建筑物业专项维修资金交存标准为每平方米50元，高层建筑交存标准为每平方米140元。全年组织前期物业管理招投标15次，指导成立业主委员会120个，接到投诉和纠纷调处申请及批转信访件35件，答复和处理32件，退回3件，审批新增物业服务企业25家，归集物业专项维修资金7375.6万元，累计归集物业维修资金1.64亿元。2012年，全市有物业服务企业150家，从业人员5714人，中心城区物业管理面积2200万平方米，创税1000万元。全年归集物业维修资金1亿元，累计归集物业维修资金2.6亿元，指导成立业主委员会32个，组织前期物业招投标12次，培训物业承接查验专业人员145名。中心城区171个行政事业单位、省属以上单位院落及住宅区164个，均按照要求成立业主委员会或者管理委员会，实行物业管理或准物业管理。2013年3月起，《娄底市住宅专项维修资金管理办法》施行，市房地产管理局会同市财政局负责全市住宅专项资金指导监督，负责本级及娄星区、市经济技术开发区、万宝新区范围内住宅专项维修资金交存与使用管理。县（市）房地产管理局会同同级财政局负责本辖区内住宅专项维修资金交存、使用管理。2014年8月，《娄底市物业管理办法》施行。市房地产行政主管部门负责对全市物业管理活动监督管理。县（市）房地产行政主管部门负责对所辖行政区域内物业活动进行监督管理。全市15个物业小区被评为最洁美院落、17个物业小区被评为洁美家庭。在全省物业管理系统率先建立官方微信——娄底物业官方微信，市中心城区大同芙蓉等小区被评为湖南省优秀物业管理住宅小区。涟源市开展规范住宅小区物业管理百日整治行动，城区单位院落及家属区全面实行物业管理。

2017年，市政府办下发《关于进一步加强物业管理的通知》，开展“智慧物业”建设试点。全市归集物业专项维修资金9538.2万元，累计归集8.63亿元。中心城区有房屋约30万套，3000多万平方米，建设小区、院落（家属区）560个。其中，实行物业管理（收费物业管理）的254个，管理面积约1200万平方米，物业管理覆盖率约40%，成立业主委员会206个。全市有物业服务企业153家，其中，中心城区53家、涟源市30家、冷水江市28家、双峰县23家、新化县19家。物业从业（执业）人员6000人，其中具有中级及以上职称或执业资格的管理人员300人。

第九节　房地产市场管理与执法

1991年，娄底市房地产管理局在公安、工商部门配合下，对房地产交易市场进行初步清理整顿，清出违规户800户。1994年6月，各县（市）房地产管理局成立房地产审判庭。全地区立案25件，结案21件，诉讼标的500多万元。1995年，全地区房地产审判庭受理房地产纠纷案65件，审结58件、诉讼标的3000万元，落实私房政策2件。1996年，娄底市工商行政管理局根据《中华人民共和国担保法》有关条款下发《关于企业动产物抵押和城市房地产或乡镇村企业的厂房等建筑物抵押登记的通知》，规定城镇房地产抵押登记工作由市工商行政管理局负责，行使市房地产管理局的行政职责。市房地产管理局根据法律文件，向娄底市政府汇报，得到市政府支持，明确抵押登记管理机关为房地产管理局。是年，各县（市）房地产管理局撤销房地产审判庭，设立法规股，负责监督房地产法律法规的执行，负责地方性房地产法规的起草，报批及监督执行，负责房地产纠纷的仲裁及行政复议，共接待群众来信来访930人次，均做妥善答复和处理。1997年，组建房地产稽查队，举办34次法律法规专题讲座。1998年，法规股和房地产稽查队严格实行“持证上岗”制度，文明执法，查处各类房地产违法违纪行为25起。1999年，查处房地产市场违法案件42起，调处房地产纠纷12起，查处违章建筑9起，起草报市政府审批的文件《娄底市城镇房屋租赁管理办法》《娄底市白蚁防治管理办法》《娄底市公房上市交易管理办法》。2000年，市政府办先后制定《娄底市房屋租赁管理实施办法》《娄底市城镇房屋产权产籍管理办法》《娄底市城镇房屋白蚁防治管理办法》。2001年10月22日晚，市房地产管理局与娄底电视台共同举办娄底市首届房地产法律法规知识竞赛。11月1日起在市政府、娄星区政府、涟钢厂门口设点，进行为期一个月的房地产法律法规宣传活动，接受900多人次咨询，发放资料11万份。是年，查处违法违规案件30起，办理各类案件45件，案件标的2913万元。

2002年，市房地产管理局法规监察科成立娄底仲裁委员会房地产仲裁联络处，对涉及房地产纠纷案件进行仲裁，在执法中以黑市交易、非法预售、私自涂改房屋权属证书为重点，发出行政处罚通知37份，收缴罚没收入10.11万元，办理和应诉各类案件39起，案件标的1741.98万元。2003年，整治市场秩序，查处私下开发、隐形开发430起，应诉各类案件35件，案件标的1249.6万元，结案率70%，调解纠纷87起，受理房地产仲裁案件12起。2004年，全市应诉各类案件28件，受理各类案件13件，办结11件。2009年，市房地产管理局完成行政执法案件16起，完成应起诉案件33起，调解纠纷16起，接待信访20件。2010年，全市完成行政执法案件5件，应诉案件5起，协调处理纠纷20起，审查合同文本15本。2011年，全市办理行政应诉案件25起，代拟由政府和部门颁发的《娄底市人民政府关于进一步落实保障性安居工程建设有关政策的实施意见》等7个规范性文件，完成各级部门规范性文件征求意见稿答复15件。人大代表建议和政协委员提案5份，其中主办3份，会办2份。

2017年，全市抓案件应诉和历史问题处理，办理应诉案件19起，协调处理纠纷50起，审查合同文本30本。收到市人大代表建议和政协委员提案8份，其中主办4份，会办4份。

第五章　住房公积金

第一节　机　构

1993年12月，地区住房公积金管理中心成立（以下简称管理中心），直属地区房改办管理，归口地区经济体制改革委员会。管理范围为县级娄底市城区范围内党政机关事业单位以及驻娄中央省属单位。娄底地区5个县（市）先后成立住房公积金管理中心，隶属各县（市）政府房改办领导。1999年，根据国务院《住房公积金管理条例》，住房公积金管理中心为市政府直属事业单位，由管理中心领导、专家、缴存单位和职工代表组成的住房公积金管理委员会，作为住房公积金管理的决策机构，市财政局、市审计局、市监察局等部门为监督机构。

2002年，各县（市、区）住房公积金管理中心撤销，娄底市成立新的住房公积金管理中心，为直属市政府副处级事业单位。各县（市、区）的住房公积金管理中心改制为娄底市住房公积金管理中心下属的管理部。2009年，市住房公积金管理中心下设钢城管理部、娄星区管理部、涟源市管理部、冷水江市管理部、新化县管理部、双峰县管理部，内设综合科、计划财务科、信贷科、归集提取科、稽核科、法制科。2017年，管理中心机构保持不变，职工117人。

第二节　归集管理

1994年1月，全地区全面推行住房公积金制度，按照属地原则，5个县（市）行政区及地直建立6个独立运行的管理机构。至6月，地区直属以及中央省属驻娄党政机关、国有企事业单位近4万名干部职工（含涟钢近3万职工）中归集住房公积金500万元。至1999年，全地区住房公积金归集范围集中于党政机关和国有企事业单位。缴存率为2%~5%。各县（市）管理中心的年归集额维持300万~500万元。3月4日，国务院颁布《住房公积金管理条例》，全地区住房公积金管理按照要求进行调整规范。至2002年，全市缴存住房公积金职工14.95万人，归集住房公积金5.1亿元，归集余额4.23亿元。

2003年，全市住房公积金归集额累计6.77亿元。归集余额5.42亿元。其后年均维持在10%以上增长状态。2007年4月，管理中心发出《关于核定2007年度职工住房公积金缴存基数和缴存比例的通知》。单位和职工缴存比例分别为5%~12%，月缴存基数规范为上年度年工资总额的月平均数；限制月工资基数较高的不应超过市统计部门公布的上一年度职工月平均工资的3倍。至2007年底，全市缴存人数17.75万人，累计归集总额18.4亿元，归集余额13.85亿元。

2008年7月，制定《加强住房公积金管理专项治理工作方案》，提出“应缴尽缴、应建尽建”以及“控高保低”政策，要求财政供养人员财政补贴按规定足额到位、代扣代缴准确及时。9月，发出《关于规范住房公积金缴存工作的通知》，规定全市行政辖区内的国家机关、社会团体、事业单位、国有企业、民营企业、外商投资企业、城镇私营企业及民办非企业单位，都必须为在职职工缴存住房公积金。尚未缴存单位必须从2008年1月1日起缴存，其中有补缴条件的，要对以前年度上溯补缴；以前年度职工已经扣缴但单位补贴部分欠缴的，必须补缴到位。明确了缴存比例、缴存基数、缴存时间、缓缴和降低比例缴存的审批手续。确定缴存基数“一年一核”制，职工住房公积金月缴存额每年调整核定一次，每年度住房公积金缴存基数的调整从每年7月1日起执行。

2010年7—12月，管理中心与市纠风办等5部门联合开展住房公积金制度建立和缴存情况专项检查。2011年6月，发出《关于调整娄底市2011年度住房公积金缴存基数的通知》，规定中央、省属驻娄企事业单位职工住房公积金月缴存额可参照长沙市标准执行。烟草、银行系统单位职工住房公积金缴存按照省政府有关文件执行。2012年3月，发出《关于做好2012年催建催缴工作的实施意见》，依法规范用人单位缴存行为，督促各有关单位建立和足额缴存住房公积金。

2012年8月，管理中心与市质量技术监督局联合印发《关于在住房公积金管理中使用组织机构代码的通知》，规定自2012年10月1日起，市、县（市、区）住房公积金管理部门在受理单位住房公积金缴存登记、基数核定等业务时，单位应提供由质量技术监督部门颁发的《中华人民共和国组织机构代码证（副本）》及复印件（加盖单位公章）；对不能提供组织机构代码证或证书未年检的，要求单位及时到当地质量技术监督局组织机构代码受理部门办理组织机构代码登记、证书年检手续。凡未办理组织机构代码证书或代码证书失效的单位，住房公积金管理部门不予办理相关业务。

至2017年底，全市住房公积金归集额累计129.83亿元，归集余额64.57亿元。缴存单位中，国家机关和事业单位占66.6%，国有企业占9.4%，城镇集体企业占2.6%，外商投资企业占0.4%，城镇私营企业及其他城镇企业占7.4%，民办非企业单位和社会团体占12%，其他占1.6%。缴存职工中，国家机关和事业单位占60.8%，国有企业占21.9%，城镇集体企业占4.1%，外商投资企业占0.6%，城镇私营企业及其他城镇企业占7%，民办非企业单位和社会团体占4%，其他占1.7%；中、低收入者占98.7%，高收入占1.4%。新开户职工中，国家机关和事业单位占28.6%，国有企业占20.8%，城镇集体企业占4.9%，外商投资企业占0.9%，城镇私营企业及其他城镇企业占16.1%，民办非企业单位和社会团体占19.1%，其他占9.7%；中、低收入占99.2%，高收入占0.8%。

第三节　提取管理

1994—2002年，因缴存累积总额较少，应用于购建房作用不大，全市提取业务只在离退休缴存职工销户时进行。至2002年底，提取业务总额为2254.37万元，占归集总额的4.4%。2003年，全市实施个人购建房提取和贷款业务，采取“提取不能贷款，贷款不能提取”政策。2003—2008年，提取总额5.49亿元，占期间归集总额的30.5%。2009年9月，管理中心印发《娄底市住房公积金管理中心住房公积金提取操作细则》《关于办理住房公积金提取业务有关事项的通知》，规定提取类型、条件、程序、资料、时限及提取总额度。9月，管理中心贷款和提取审查委员会（简称审委员会）成立，为住房公积金贷款、提取决策机构。2010年5月，印发《娄底市住房公积金年对冲还贷暂行规定》，开启缴存职工因购、建自住住房贷款提取住房公积金余额用于还贷的服务。10月，管理中心发布《关于严格非销户性提取以规范缴存行为的通知》，决定从2010年10月25日起，对欠缴三个月（含）以上的职工停止受理非销户性提取业务，并在娄底市住房公积金网站上曝光。2012年12月起，实行预约和上门服务制度，规定服务对象因特殊情况需要在法定节假日、公休日或特定时间办理住房公积金业务或者需要上门服务的，通过提前预约，相关工作人员在约定的时间内为其办理有关事项。服务对象因身体行动不便不能到窗口办理业务，可提前预约，办事人员上门服务。

2014年11月，管理中心《关于进一步规范住房公积金提取工作的通知》对相关提取政策进行调整。（1）对从各类学校毕业之后参加工作5年内的新就业职工，在其工作所在地购买首套普通自住住房，其父母可以一次性提取购房合同签订当月之前的住房公积金存储余额，提取总额不得超过购房实际支付的总价款。（2）缴存职工因购买、建造、翻建、大修自住住房和偿还住房贷款本息等申请提取住房公积金，房屋地址应当在职工本人或配偶户籍所在地或工作所在地。（3）适当放宽重大疾病住房公积金提取条件，重大疾病范围为娄底市人力资源和社会保障局文件规定的病种。对患有其他重大疾病连续住院自行支付医疗费达到1万元以上的，也纳入大病提取范围。

2015年6月，管理中心发出《关于放宽提取住房公积金支付房租条件的实施细则》，从提取条件及受理范围、提取所需资料、提取金额及时限、提高提取审核效率、防范骗提套取行为等5个方面系统规范租房提取流程。11月，印发《娄底市住房公积金提取操作规程》，将提取分成19种类型，每类按必备资料、提取金额、办理时效、相关事项进行编排分述，形成一套系统完整的操作规范。

2016年7月，在娄底房地产去库存期间，进一步放宽条件，降低“门槛”，阶段性调整公积金提取政策。允许缴存职工及配偶提取住房公积金用于支付自住住房物业管理费。取消异地购建房提取的异地户口及异地工作单位的限制。购房提取允许在备案合同（或规划、国土部门批复）下发后3个年度内和房屋权属证书下发后3个年度内，每个阶段均可一次性提取或分次提取本人、配偶及父母、子女住房公积金账户内的存储余额。拓宽购建房总价款涵盖范围，购建房总价款由原房屋交易价格拓宽为包含房屋交易价格、契税、物业维修基金、车库或车位款。

2017年1月，管理中心对部分归集提取政策进行调整，简化职工基础信息修改所需资料，放宽对冲还贷提取条件，取消年对冲提取业务，住房公积金账户余额不低于其6个月的还贷金额的限制条件。增加提取纸质三级审批。其间，提取总额为47.85亿元，占期间归集总额的44.8%。

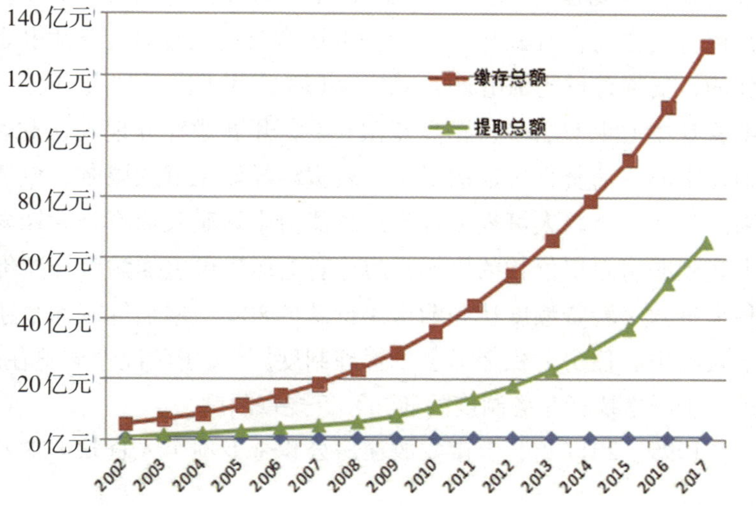

2002—2017年娄底市住房公积金累计缴存、提取情况示意图

1994—2017年，全市住房公积金提取额65.25亿元，占累计归集额的50.3%。

第四节　贷款管理

娄底市住房公积金个人住房贷款始于1999年。至2002年底，个人购建房贷款主要发生在市直及中央省属驻娄党政机关和企事业单位。2003年，全市开始启动个人住房贷款业务，至2008年，累计发放个人购建房贷款2.18万笔，贷款总额15.77亿元。2009年，全市住房公积金归集余额21.1亿元，发放个人贷款5020笔6亿元。贷款余额12.71亿元，同比增长1545.9%。2010年，市政府颁布《娄底市住房公积金管理办法》。各个管理部配置贷款二级审批人，全面实行三级审批，完善贷审会章程，试行贷款担保机制，在双峰管理部开展贷款担保业务试点，增设农业银行为委托银行，方便工资卡在农行的贷款职工按时还款。

2011年，管理中心实施“应提尽提、先提后贷、贷后对冲提取”政策，降低贷款“门槛”，开始采用期房抵押形式，协调银行、房产局等单位开展批量贷款“一站式”上门服务，简化手续，提高办事效率，先后为南苑·上和公务员小区、市电业局等开展批量办理、期房抵押贷款业务。年内发放批量贷款3.2亿元。2012年，经审委会批准，管理中心提高最高贷款额度至30万元，调整最长期限为30年。贷款办理时限，从法定的15个工作日提速到8个工作日。开通银行商业住房贷款转住房公积金贷款业务。12月，在娄底市第四届房交会上，对符合条件的购房者，贷款最高额由30万元提高到35万元，借款年限在法定退休年龄基础上增加5年，首套房首付比例由30%调整为20%。对2009年以后毕业的大学生购买首套普通住房，且符合条件的住房公积金贷款，管理中心贴息50%。2013年9月，经审委会批准，管理中心将贷款最高额度由30万元调整到40万元。同时发布《娄底市低收入家庭住房公积金贷款贴息管理办法》，为102名在娄底第四届房交会上购房的2009年以后毕业的家庭困难的大学生最高贷款额度提高5万元，达到35万元，贷款贴息50%。

2014年，管理中心出台《关于发展住房公积金个人住房贷款业务的通知》，开通全国住房公积金异地贷款，调整第二套住房贷款政策。在娄底市第五届房交会上，缴存职工购房的最高贷款额度提高10万元，达到50万元，首付比例低至10%。2008年后毕业的家庭困难的174名大学生享受贷款贴息50%的优惠。是年，管理中心经审委会批准，对27笔67.64万元因借款人出现意外事故、疾病、车祸、被判刑等原因无法偿还的贷款，在风险准备金中作为呆账核销。2015年，管理中心出台《娄底市住房公积金贷款操作规程》，贷款最高额度由40万元提高到50万元，首付比例由之前的30%降至20%。是年，在市房交会上，对2010年以后毕业的全日制大专以上学生和退伍军人购买商品房且符合公积金贷款条件的，贷款首付比例由20%调整为15%，其中家庭月人均收入低于娄底市上年度最低工资收入标准的，由管理中心贴息35%，贴息年限6年。开展缴存异地互认和转移接续，异地贷款急剧增加。2016年，管理中心取消贷款次数的限制，放宽离异职工贷款限制，放宽贷款时限的认定标准，加强固定贷款期限的弹性。借款人可根据自身还款能力申请延长原有贷款期限，降低首付比例。住房公积金借款原则上达到购房总房价款的80%，购首套毛坯房可追加购房合同价款20%的贷款。商业银行按揭转住房公积金贷款，转贷额度达到购房总价款的80%，增加等额本金还款方式。同时，发布《娄底市住房公积金管理中心住房公积金黑名单管理制度》《关于阶段性调整住房公积金提取和贷款政策的通知》《关于进一步严格执行业务制度的通知》等规章制度。

1999—2017年，全市发放住房公积金专项个人贷款4.28万笔，贷款总额100亿元，贷款余额54.61亿元。

第五十八篇

交通运输　邮政

概　述

1990—2017年，娄底市交通运输、邮政事业高速发展。公路建设登上新的台阶。1990年，全地区有207、320两条国道和涟溆、涟宁、邵新、双衡、双涟、娄双6条省道，与县道、乡道组成公路运输网络，总里程2895.26千米。公路客运车辆1489台，经营客运线路203条，1608千米，日发客运班车522辆，年均发送旅客3023万人次。货运车15.38万辆，年货运量2994万吨。公路运输与境内经济发展和人民的需求不相适应。1995—2000年，全市实施公路建设五年行动战略，新修公路1672.21千米。2001年，实施干线公路标准化和文明样板路建设。至2008年，全市干线公路全部改造成沥青混凝土路面，完成715.3千米提质改造工程。公路通车里程11121.07千米。2009—2012年，潭邵、娄怀、长韶娄、二广、娄衡5条高速公路相继建成通车，龙琅、娄醴2条高速公路在建。至2017年，境内有高速公路8条，通车7条，总里程351.35千米。娄底市成为全省高速交通枢纽中心。有国道4条，总长364.79千米；省道19条，总长1147.6千米；县道271条，总长2308.93千米；乡级公路总长3817.27千米；村级公路总长6961.5千米。公路通车总里程15062.9千米。

铁路交通实现质的提升。1990年，境内有湘黔、娄邵两条铁路，娄底段总里程350千米，干线铁路215千米，专用铁路33条，135千米。铁路日发送客运列车16对，年均客运量3800万人次，年货运2500辆，发送货物15亿吨，到达货物980万吨。2013年，铁路交通运输发展加快。湘黔铁路娄底段全线完成双线和电气化改造，车辆运行提速到120千米／小时。洛湛铁路娄益段全线开通，娄邵铁路提质改造工程完工。2014年10月，沪昆高速铁路建成，娄底段85.3千米，娄底南站、新化南站同时启用。2017年，境内铁路通车里程560.4千米，其中高铁85.3千米。高铁发送旅客250万人次，到达旅客265万人次，货运发送量98亿吨千米，到站货物量56亿吨千米。至此，娄底成为湖南“三纵三横”（“三纵”：京广、洛湛、焦柳；“三横”：石长、湘黔、湘桂）田字形铁路线的客货运输中心。娄底火车站和高铁南站，成为娄底新地标和铁路运输枢纽。

水上航运发生新的变化。1990年，境内大小通航河道14条（段），通航里程302千米，水运客船34艘。2015年，全市航道通航里程326千米，有港口2个，码头68个。城乡建设采砂导致水运航道破坏。至2017年，改造疏通航道里程309千米。因高速公路、高速铁路交通运输发展迅速，除旅游景区有少量水上客运外，资江、涟水、孙水、侧水航道无航班客运。2019个客位，年客运量52.7万人次。货运业务全面萎缩。注册货船956艘，年均运货物27.1万吨。

邮政事业在改革中发展。1990年，地、县两级邮政局5个，营业网点60个，邮路23条，单程2220千米。全地区邮政收寄普通包裹10.1万件，函件936.6万件，其中国际、港澳台3.8万件，信汇31.4万笔，机要业务2.5万件，收发图书报刊49.4万份。2003年，网购兴起，全市邮政快递业兴起。顺丰、韵达、圆通、中通等快递公司网点相继设立。2005年，邮政改革，娄底市邮政管理局、湖南邮政公司娄底分公司分别组建。至2017年，全市邮政各类营业网点346个，邮政综合便民服务站2142个，农村邮政网点85个，邮政储蓄网点68个，覆盖全市70个乡镇和1936个村（社区）。快递许可企业33家，快递网点346个。

第一章　公　路

第一节　公路建设

一、高速公路

沪昆高速公路娄底段　沪昆高速公路（G60）是上海至云南瑞丽高速公路，自娄星区蛇形山镇麻洋村入境至双峰县三塘铺镇长田村，境内主线长40.8千米，双向四车道，设计时速分别为120千米／小时、100千米／小时。段内设有娄底、双峰、三塘铺3个枢纽立交互通收费站，3条连接线11.88千米。1999年，国家计委立项，1999年12月项目招标编制完成，2000年7月1日开工建设，2002年12月26日建成通车。

二广高速公路娄底段　二广高速公路（G55）是内蒙古二连浩特至广州市高速公路，从涟源市伏口入境，止于涟源市白马镇，长60千米，以BOT形式修建，收费年限30年，期满后，移交政府。2007年国家发展改革委批准立项，2010年6月开工，2016年12月31日建成通车，双向四车道，设计时速100千米／小时。段内设白马连接线3.53千米，涟源东连接线0.98千米，娄底连接线17.46千米，设龙塘枢纽立交、涟源枢纽立交、伏口、龙塘、涟源、白马6处互通。设伏口、龙塘、涟源东、白马4个收费站。

娄怀高速公路娄底段　娄怀高速公路（S70）娄底段起自沪昆线潭邵高速公路娄底互通，止于新化县上梅镇，主线全长95.71千米，双向四车道，时速100千米，段内设娄底西、杨市、涟源、三甲、新邵坪上、金竹山、冷水江南、新化8个收费站和8条连接线，长13.29千米，管理处1处，监控中心1处，停车区、服务区、养护工区各2处，隧道监控站1处。2008年初，省发展改革委批准立项，6月完成施工图设计，8月31日动工建设，2012年12月16日建成通车，娄怀高速公路是《湖南省高速公路规划》“五纵七横”骨架中第三横的一段，与二广高速公路相接，形成十字形高速公路网。

娄衡高速公路娄底段　娄衡高速公路（S71）是娄底至衡阳高速公路，全长116千米。境内里程37千米，双向四车道，起自双峰县长冲村，止于双峰县锁石镇，设计时速100千米／小时，设长冲、双峰、锁石3个互通、3个收费站。2010年，省发展改革委批准立项，2013年7月开工建设，2016年12月30日建成通车。

娄益高速公路娄底段　娄益高速公路（S71）起自益阳市赫山区新屋冲，止于娄星区蛇形山檀树冲，全长105.93千米。境内主线长35.84千米，双向四车道，设娄底东、壶天、娄底南3个互通，2个收费站。连接线总长11.2千米，设计时速100千米／小时，2010年，省发改委批准立项，2015年1月开工建设，2017年12月31日通车。

长韶娄高速公路娄底段　长韶娄高速公路（S50）东接长潭西高速公路，西连二广高速公路，全长139.15千米，双向四车道，设计时速100千米／小时。境内起于娄星区小碧乡，止于涟源龙塘井边互通，里程29.3千米，娄底北连接线长7.23千米，双江连接线长11.28千米，设娄底北、桥头河、龙塘3个互通，娄底、桥头河2个收费站，桥头河1个服务区。2010年，省发改委批准立项，当年10月26日开工，2014年12月31日通车。

新溆高速公路娄底段　新溆高速公路（S70）起自娄怀高速公路新化县南冷水铺互通，与娄新高速公路相连，止于溆浦县与溆怀高速公路相接，全长92.7千米。新化县境内52.7千米，双向四车道，设计速度100千米／小时（其中K36+630~K84+500段设计速度80千米／小时），紫鹊界风景区连接线，长34.65千米。段内设新化、炉观、西河、太平铺、金凤庵5处互通。设服务区2处，停车区1处，高速公路管理中心1处，养护管理所2处，隧道管理所1处，收费站5处。2009年，省发改委批准立项，2009年7月14日开工，2014年12月31日建成通车。

龙琅高速公路　龙琅高速公路是长韶娄高速公路的西延线，起自涟源市龙塘镇，止于新化县琅塘镇，全长74千米，双向四车道，设计时速100千米／小时，连接长韶娄和新溆高速公路，同步建设湄江连接线8.7千米，车田江连接线2.6千米，新化连接线1.72千米，设龙塘、涟源北、安平、车田江、冷水江北、新化北、梅山龙宫、琅塘（枢纽）8处互通式立交。2015年，省发改委批准立项，2016年11月3日开工，2017年12月尚在建设中。

截至2017年底，全市高速公路通车里程351.35千米。

二、国道

1990年，境内有国道2条，即320国道（沪瑞线），境内里程50.5千米；207国道（锡安线），境内里程71.5千米。2013年，省交通运输厅根据《国家公路网规划（2013—2030年）》，调整优化全省国家公路网规划方案。境内新提升两条国道，即南北向的兴隆至阳江G234线，东西向的南昌至兴义G354线。至2017年，境内4条国道里程共计364.79千米，其中一级公路51.54千米，二级公路305.2千米，三级公路8.62千米，四级公路0.15千米；沥青混凝土路面159.91千米，水泥混凝土路面203.24千米，沥青表处路面2.35千米。

三、省道

1990年，境内省道6条，即涟溆线（1808）、宁涟线（1810）、邵新线（1821）、双衡线（1822）、双涟线（1838）、娄双线（1847），共计里程285.1千米，其中二级公路56.3千米，三级公路88.1千米，四级公路73.6千米，等外路67.1千米，次高级路面192千米，中级路面93.1千米。2010年10月，全省调整优化国道、省道，省交通厅重新命名省道与编号。市内省道达到18条，所有乡镇均有国道、省道干线公路通过，并与周边地市干线公路对接。2017年，市内省道19条，共计1147.6千米，其中一级公路4.27千米，二级公路316.23千米，三级公路175.09千米，四级公路627.61千米，等外公路12.3千米，尚在修建里程12.14千米；水泥混凝土路面876.95千米，沥青混凝土路面183.01千米，沥青表处路面38.78千米，砂石路面36.77千米。境内省道管养由市公路局及县（市、区）公路局和农路部门分段负责。

S222线　韶山市金薮镇—桂阳县城，境内起自双峰县蟠塘，止于双峰县双爱塘。1958—1979年修建，2002—2014年多次改建。至2017年，境内里程26.76千米，其中三级公路1.14千米（按干线公路养护），四级公路25.63千米（未按干线公路养护）；沥青混凝土路面1.14千米，水泥混凝土路面25.63千米。路基宽5.5～8米，路面宽4.5～6米。

S226线　湘乡市棋梓桥镇—祁东县风石堰镇，境内起自双峰县高冲，止于涟源市套过里。1956年修建31.98千米，1985年修建3.10千米，1990年修建10.42千米，2004—2011年改建40.3千米，水泥混凝土路面。至2017年，境内里程45.5千米，其中一级公路1.56千米，二级公路1.54千米，三级公路0.21千米，四级公路42.19千米；砂石路面4.99千米，沥青路面0.21千米，水泥混凝土路面40.30千米。路基宽5～22米，路面宽4～16米，与G234重叠1.54千米。

S227线　双峰县洪山殿镇—嘉禾县城，境内起自双峰洪山殿，止于双峰县杨梅山。1957—1976年修建，2006年改建。至2017年，境内里程35.38千米，其中二级公路3.32千米，三级公路20.97千米，四级公路11.1千米；水泥混凝土路面34.58千米，砂石路面0.8千米。路基宽6.5～13.5米，路面宽5～10米。

S232线　涟源市杨市镇—邵阳县谷洲镇，境内起自涟源市杨家滩，止于涟源市十字大界。1961年修建21.71千米，1986年修建1.28千米，2000—2007年修建4.41千米，2005—2017年改建。至2017年，境内里程27.4千米，其中二级公路7.38千米，四级公路20.03千米；沥青混凝土路面7.38千米，水泥混凝土路面20.03千米。路基宽4.5～7.5米，路面宽4～6.5米。其中7.38千米按干线公路标准养护。

S235线　新化县田坪镇—邵阳县茶元头乡，境内起自新化县田坪镇，止于冷水江市粘禾。1970—

1980年修建，2012—2017年改建。至2017年，境内里程64.61千米，其中二级公路34.73千米，三级公路0.99千米，四级公路28.92千米；沥青混凝土路面1.28千米，水泥混凝土路面63.33千米。路基宽7～13米，路面宽6～11.5米。其中25.22千米按干线公路标准养护。

S236线　新化县琅塘镇—永州市零陵区，境内起自新化县枫树坳，止于冷水江市三尖乡田心村。1990年前修建69.83千米，2004—2011年修建35.4千米，2014—2017年改建。至2017年，境内里程105.23千米，其中二级公路34.11千米，三级公路8.16千米，四级公路62.86千米；沥青路面0.73千米，水泥混凝土路面79.28千米，沥青混凝土路面25.13千米。路基宽10~30米，路面宽7~20米。有35.86千米按干线公路标准养护，与G354线重叠6.42千米。

S240线　新化县天门乡—常宁县城，境内起自新化县天门乡蓬勃村，止于新化县与隆回县交界的峡山。1990年前修建64.44千米，1990—2006年修建50.62千米，2006—2016年改建。至2017年，境内里程115.06千米，其中二级公路8.31千米，三级公路9.84千米，四级公路84.62千米，等外公路12.3千米；水泥混凝土路面88.51千米，沥青混凝土路面1.91千米，砂石路面24.64千米。路基宽4～8.5米，路面宽3.5～7米。其中21.1千米按干线公路标准养护，与G354线重叠2.35千米。

S242线　新化县文田镇—东安县井头圩镇，境内起自新化县胜家桥，止于新化县三拱桥。2006年修建，2016年改建。至2017年，境内里程9.55千米，其中三级公路5.59千米，四级公路3.96千米；水泥混凝土路面9.55千米。路基宽5.5～12米，路面宽4.5～9米，按干线公路标准养护。

S320线　新化县荣华乡—凤凰县山江镇，境内起自新化县荣华乡，止于与溆浦交界的两江。1990年前修建，2006年、2011年改建。至2017年，境内里程39.56千米，其中二级公路2.35千米，四级公路36.76千米，渡口里程0.46千米；水泥混凝土路面39.1千米，路基宽6.5～10米，路面宽5.5～8.5米。其中2.35千米按干线公路标准养护。

S322线　安化县梅城镇—怀化市区，境内起自新化县界碑，止于与隆回县交界的峡山。1956年修建77.58千米，2001年修建1.08千米，2011年改建。至2017年，境内里程78.66千米，其中二级公路70.92千米，四级公路7.75千米；水泥混凝土路面38.18千米，沥青路面25.69千米，沥青混凝土路面14.79千米。路基宽7.5~24米，路面宽7~24米。全线按干线公路标准养护，与S240线重叠10.26千米，与G354线重叠4.67千米。

S323线　湘乡市翻江镇—安化县渠江镇，境内起自娄星区上屋村，止于新化县过街村，贯穿娄星区、涟源、新化三个县（市、区）。1990年前修建117.39千米，1990—2006年修建26.64千米。2017年，境内里程144.03千米，其中二级公路9.53千米，三级公路29.27千米，四级公路71.77千米；水泥混凝土路面110.57千米，沥青路面1.33千米，沥青混凝土路面30.1千米，砂石路面2千米。路基宽5.5～10米，路面宽4.5～9米。其中62.08千米按干线公路标准养护，与G207线重叠8.8千米，与S322线重叠0.3千米，与S236线重叠0.73千米。

S326线　浏阳市文家市镇（省界）—娄底市桥头河镇，境内起自涟源市雷鸣洞，止于冷水江市当家。1990年前修建，2006—2014年改建。2017年，境内里程79.87千米，其中二级公路37.5千米，三级公路10.62千米，四级公路31.75千米；水泥混凝土路面37.71千米，沥青路面10.82千米，沥青混凝土路面31.34千米。路基宽5.5~14米，路面宽4.5~13.5米。其中52.39千米按干线公路标准养护，与S323线重叠1.81千米。

S328线　湘乡城区—新化县圳上镇，境内起自新化县圳上镇山溪村，止于新化县圳上镇冷山村。1990年前修建10.89千米，2009年、2012年改建。至2017年，境内里程10.89千米，其中四级公路10.89千米；水泥混凝土路面10.89千米。路基宽5.5~7米，路面宽4.5~5.5米，未按干线公路标准养护。

S331线　株洲市砖桥镇—冷水江市锡矿山街道办事处，境内起点为双峰县石地方，止自冷水江市锡矿山街道。1984年前修建，2006—2014年改建。2017年，境内里程146.61千米，其中一级公路1.26

千米，二级公路73.89千米，三级公路43.89千米，四级公路27.56千米。水泥混凝土路面84.36千米，沥青混凝土路面62.24千米。路基宽6.5~25米，路面宽5.5~22米。其中119.04千米按干线公路标准养护。与G207线重叠0.05千米，与G354线重叠2.47千米，与G234线重叠19.75千米，与S222线重叠1.14千米，与S326线重叠1千米。

S333线　茶陵县火田镇—祁东县蒋家桥镇，境内起自双峰县上峰岭，止于双峰县铁路排，1990年前修建，2006年、2007年、2011年改建。至2017年，境内里程10.5千米，均为四级公路，水泥混凝土路面。路基宽4.5~7米，路面宽3.5~6米，未按干线公路标准养护。

S543线　涟源市伏口镇—娄星区小碧乡，境内起自涟源市柿梓，止于娄星区碧江桥。1990年前修建30.31千米，1990年修建7.3千米。2006—2015年改建。至2017年，境内里程37.62千米，其中三级公路14.2千米，四级公路23.42千米。砂石路面0.71千米，沥青混凝土路面2.61千米，水泥混凝土路面34.3千米。路基宽4.5~8.5米，路面宽3.5~7米。其中2.61千米按干线公路标准养护，与S326线重叠2.61千米。

S544线　新化县城北—溆浦县岗东镇，境内起自新化县炉观镇，止于溆浦县岗东镇。1978年修建14.93千米，1990—2006年修建79.91千米。至2017年，境内里程94.84千米，其中三级公路21.64千米，四级公路73.2千米；水泥混凝土路面94.84千米。路基宽5.5~8.5米，路面宽4.5~8米。其中27.28千米按干线公路标准养护，与S240线重叠11.91千米。

S546线　双峰县荷叶镇—花门镇，1990年前修建，2006—2015年改建。至2017年，境内里程56.03千米，其中二级公路5.02千米，三级公路0.66千米，四级公路38.68千米，尚在修建11.68千米；沥青混凝土路面5.02千米，水泥混凝土路面35.43千米，砂石路面3.9千米，无路面11.68千米。路基宽4.5~10米，路面宽3.0~8.5米，未按干线公路标准养护。与S222线重叠2.76千米。

S547线　新化县科头乡—新邵县迎光乡，境内起自新化县大桥，止于新邵县卓毕。1975—1988年修建14.54千米，1995年修建5千米，2006—2017年改建。至2017年，境内里程19.53千米，其中三级公路6.37千米，四级公路13.16千米。水泥混凝土路面19.53千米。路基宽4.5~7米，路面宽3.5~6.5米，未按干线公路标准养护。

四、县道

1990年，全地区有县道64条，总长1033.9千米，其中四级公路686.9千米，等外级347千米，次高级路面48.7千米，中级砂石路面957.1千米，低级路面28.1千米。2017年，全市有县道271条，总长2308.93千米。

2017年娄底市县级公路情况统计表

表58-1　　单位:千米

区域	公路里程					路面		
	小计	二级	三级	四级	等外级	水泥	沥青	其他
娄星区	134.93	0	0	134.93	0	133.12	0	1.81
涟源市	529.01	10.37	15.67	502.97	0	513.73	0	15.28
双峰县	584.83	45.54	53.74	485.55	0	510.55	62.67	11.61
冷水江市	189.33	5.15	0	184.18	0	185.84	0	3.49
新化县	870.83	21.87	34.86	808.42	5.68	813.58	49.95	7.30
合计	2308.93	82.93	104.27	2116.05	5.68	2156.82	112.62	39.49

五、乡道

1990年，全地区乡道总长1265.7千米，其中四级公路528千米，等外级737.7千米，次高级路面2千米，中级路面848.1千米，低级路面384.7千米，砂石路面30.7千米。乡道中，有永久性桥梁109座，2559米，其中大桥1座，长112米，中桥25座，长1216米。

1991年始，地、县（市）政府采取民办公助、民工建勤、政府补助、交通部门牵头的方式对农村公路实施拓宽改造，提升路面等级。至2002年，全市乡道增加到1704.5千米。

2004年，省下达农村通达工程任务50个村230千米，实际完成484.6千米，投资6664万元。2005年，省下达县至乡镇公路建设任务144千米，完成投资1.03亿元，新增11个乡镇通达118个行政村。沥青、水泥公路里程965千米。2006—2009年投资1亿元，全市乡村公路里程达到1.1万千米，其中高级路面7192.78千米，次高级路面350.57千米，中低级路面3432.76千米。乡镇通车率100%。2017年，境内部分乡道提升为省道和县道，尚有乡道3817.27千米。

1990—2017年娄底市部分年份乡级公路情况统计表

表58-2 单位：千米

区域	1990年	2001年	2011年	2017年
娄星区	68.00	187.94	249.00	222.83
涟源市	367.20	809.64	979.56	1011.19
双峰县	453.40	326.21	1046.49	988.75
冷水江市	72.50	101.00	260.60	245.05
新化县	304.50	306.41	1418.47	1344.45
合　计	1265.70	1731.20	3954.12	3817.27

六、村道

1990年，全地区由政府补助，村民筹资出劳建设村道。是年，全地区有村道1890.8千米。1995年，开展“公路建设年”活动，境内乡村公路建设全面铺开，至2002年，全市村道里程4615.16千米。2017年，全市村道总里程6961.5千米。

2017年娄底市村级公路情况统计表

表58-3 单位：千米

区域	公路里程					路面		
	二级	三级	四级	等外级	合计	水泥混凝土	沥青混凝土	其他
新化县	4.51	8.22	1011.59	1983.81	3008.13	2728.01	9.33	216.79
冷水江市	0	0	194.26	125.03	319.29	241.57	1.09	76.63
涟源市	0	0	1595.93	0	1595.93	1403.39	0.62	191.92
双峰县	0	3.19	1508.24	170.34	1681.77	1361.39	0	320.38
娄星区	0	0	356.39	0	356.39	344.62	0.81	10.97
合计	4.51	11.41	4666.40	2279.18	6961.50	6132.98	11.85	816.68

七、专用公路

1990年，全地区有厂砖专用公路106.8千米，其中三级公路34.4千米，四级公路72.4千米；高级路面17.5千米，次高级路面34.3千米，中级路面45千米，低级路面10千米。2001年，专用公路增至150.31千米，2011年增加到222.85千米，2016年，路网调整，专用公路减少，2017年，全市专用公路156.4千米。

八、文明样板路

1997年，地区公路局开始创建文明样板路。涟源市公路局建成娄底地区第一条文明样板路——桥祖线，长13千米。1998年5月，省政府办公厅发出《关于开展创建320国道湖南段文明样板路的通知》。双峰县制定《关于320国道双峰段文明样板路建设实施方案》，开始320国道双峰段文明路建设。320国道双峰段途径4个乡镇、25个村，东起湘乡市涌口乡，西至邵东县界岭乡，长49.6千米。5月工程开工，投入资金1500多万元，是年10月底全面竣工。12月9日通过交通部检查验收，获全国第二名。2008年6月，市政府决定创建潭邵高速公路娄底连接线省级文明样板路、精品示范路建设，全面整修连接线中央隔离绿化带，更换部分路段破板、断板，治理脏、乱、差，消除安全隐患，2009年2月完成创建任务。2009年，市政府投资1.4亿元，对S209线南北两段进行改造，2011年12月竣工，省交通厅验收合格。2010年7月，新化县公路管理局对S312线新化段、S225线新化至西河段27千米创建省级文明样板路，2012年竣工。是年，涟源市公路局对G207线K2466+185~K2517+700米段，长51千米路段建设文明样板路，省交通厅验收合格。2014年9月，市公路局投入资金3570.85万元，对S312线49K+200至54K+210米段，作换板处理，创建文明路。同时创建S312线和S209线管养示范路、党员示范路，加大道路清扫、水沟疏通、绿化植被、防护栏安装、路面坑槽修补力度，确保道路安全畅通。2017年，在S209线126K+500~131K+558处，路段两侧种植花草、灌木和小乔木，路肩两边种植草皮8600多平方米，栽植珍贵花卉1万余棵，达到四季常绿，被省交通厅评定为管养示范路、文明样板路、党员示范路。

第二节 公路设施

一、车站

娄底汽车站　老站始建于1958年。1990年，新站建成投入使用，站房占地3.9万平方米，建筑面积3676平方米，候车厅468平方米，票房66平方米，车库12间412平方米。客运线路21条，其中跨地市线路10条，设斗笠山、恩口、涟钢3个代办点，职工66人，驻站客车44台。1997年，车站砂石停车坪水泥硬化，经营场地和环境得到改观，日均发班615车次，年客运量355.42万人次，旅客周转量2.15亿人千米。2000年，车站日均发班664车次，年客运发送量361.27万人次，旅客周转量2.2亿人千米。2004年，日均发班813车次，年客运量436万人次，旅客周转量2.55亿人千米。2010年，日均发班519车次，年客运量337.3万人次，旅客周转量8543.47万人千米。2017年，日均发班443车次，年客运量332.1万人次，旅客周转量6608.89万人千米。该站为一级甲等汽车站。

娄底汽车南站　建于2009年，属娄底湘运汽车运输有限责任公司和娄底市交通运输局共有权属单位。注册资金200万元，占地5.6万平方米，建筑面积5956平方米，设计日发班70次，日客运量1万人次，为一级甲等汽车站。2010年，娄底汽车南站将娄底汽车站跨地市线路客车转移到南站。该站是集长短途公路客运服务与城区公共交通旅游服务于一体的综合型站场，境内公路客运枢纽站，采用数字化、人性化、智能化设计理念，配有联网检票系统、电子乘导系统、中英文广播系统、全天候监控系统、危险物品检测系统及进站一卡通综合服务系统等现代化设施，2010年被评为全国首届旅客最满意汽车客运站，2011年被交通运输部、中国建设工会评为农民工平安返乡（岗）安全优质服务劳动竞赛先进集体。2017年，日均发班49次，年客运量22.89万人次，旅客周转量4698.57万人千米。

涟源汽车站　始建于1956年。1990年，站房占地面积扩展到9173平方米，其中候车室140平方米，售票室60平方米，车库331平方米。运营线路55条，日发班265次，日最高客运量万余人次，营运里程9186千米，下辖杨家滩、桥头河2个区镇站和荷塘、常林、枫坪、大塘、珠梅、同方6个代办站。1997年，涟源新汽车站建成启用，面积1.61万平方米，建筑面积8330平方米，投资514万元，全年客运量212万人次，旅客周转量6996万人千米，2004年，该站评为二级乙等站。年发送旅客189万人，完成旅客周转量6804万人千米。2017年，日均发班451次，年客运量236.54万人次，旅客周转量5139.13万人千米。

双峰汽车站　始建于1956年。1990年，日发班车96次，运行线路60条，下设青树坪车站和神冲、沙塘、湾头、井字、香铺坳、洪山殿、正公、大坪、贺家坳、走马街、太平寺、鲤鱼塘12个代办站。1997年，日均发班104次，年客运量18.71万人次，年旅客周转量2441.23万人千米。2003年，被评为二级乙等站。2010年，日均发班254次，年客运量225.26万人次，旅客周转量6873.47万人千米。2017年，日均发班247次，年客运量223.72万人次，旅客周转量4734.78万人千米。

新化汽车站　始建于1955年。1990年，站房建筑面积1397平方米，其中候车室289平方米，售票室17.4平方米，行包房54平方米，驻站客车83辆，客运线路67条，营运里程2125千米，日发客班144次，下辖白溪站和吉庆、圳上、半山、天龙山、石冲口、胜利、曹家、水车8个代办站，年客运量723万人次。1994年，日发客班207次，年客运量332.04万人次，旅客周转量7969.89万人千米。1995年，客运量大幅度减少，年客运量220.11万人。2000年，客运量显著增加，日均发班469次，年客运量356.67万人次，年旅客周转量8558.4万人千米。2012年12月，新化汽车西站建成启用。新化汽车站更名为新化汽车西站，新站面积2.8万平方米，建筑面积4578平方米，评定为二级甲等站。2017年，日均发班479次，年客运量223.72万人次，旅客周转量4582.61万人千米。

新化县梅苑汽车站　2007年投入使用，占地面积1.64万平方米，建筑面积9094平方米，设计年客运量400万人次，2008年评定为二级乙等站。

双峰汽车西站　1999年投入使用，占地6500平方米，建筑面积3000平方米，设计日客运量6000人次，日发班700余次，2004年评定为二级甲等站。

冷水江金竹山汽车站　1989年，在原址新建，占地6713.5平方米，建筑面积2383平方米，其中候车室面积550平方米。1991年11月8日竣工营运。全年日均发班98次，年客运量224.79万人。1998年，客运个体车辆剧增，站场滞后。冷水江市政府将市皮件厂内的空坪改造为临时社会客运站。1999年4月，冷水江汽车站被评定为二级乙等汽车站。2004年，该站日均发班361次，年客运量225.7万人次，年旅客周转量8576.6万人千米。2005年8月，冷水江汽车站已无法满足客运需求，冷水江市政府在金竹山东路开工新建冷水江金竹山汽车站，2009年9月，新站竣工营运。原客运站和临时客运站停止使用。该站占地3.71万平方米，站房面积4235平方米，候车室面积1134平方米，可容纳客车400多台，日均发班304次，年客运量232.72万人，旅客周转量4582.61万人千米。2014年，日均发班334次，年客运量226.96万人次，旅客周转量6478.26万人千米。2017年，日均发班318次，年客运量227.29万人次，旅客周转量5921.73万人千米。

冷水江市同兴汽车站　2007年8月，省交通厅批准按二级站标准兴建冷水江同兴汽车站。该站占地2.4万平方米，站房面积4965.3平方米，辅助房面积1061平方米，站前广场面积2540.8平方米，候车待班区面积1.2万平方米，发车车位14个，能容纳400余台客运车辆正常营运，2017年，日发旅客1.2万人次。

二、公路桥梁

1990年，全地区共有公路桥梁464座，总长1.37万米。最长的公路桥为新化资江大桥，长575米。

2017年底，全市有公路桥梁2571座，总长8.15万米。其中，市公路局管养桥梁213座，其中大桥27座，中桥70座，小桥116座，合计1.72万米。市农村公路管理处管养的农村公路桥梁2357座，计6.4万米。

（一）国道桥梁

柏树桥　1970年建成，位于G207线涟源市境内。跨越伏口河，中心桩号K2466.083，单孔跨径40米，桥梁全长57米，石板拱桥，桥面净宽7米，载重等级汽—13级，为境内第一座大跨径石拱桥。

树观山大桥　2002年9月建成。位于G207线涟源市境内，跨越温江河处，中心桩号K2517+256，单孔跨径43米，桥长115米，石板拱桥，重力式桥墩，桥宽15米，桥面净宽14米，载重等级为汽—超20级。

六甲大桥　2002年9月建成。位于G207线涟源市境内，中心桩号K2522+784，跨越湘黔铁路与小河流，2孔跨径16米加1孔跨径20米加5孔跨径25米，桥梁长180.7米，预应力钢筋混凝土连续箱梁桥，桩（柱）式桥墩，桥梁全宽12米，桥面净宽11米，载重等级为汽—超20级。

洪洲路立交桥　2013年7月至2016年1月修建，2016年9月28日通车。位于G234线娄星区境内，中心桩号K271+355，2孔跨径25米加1孔跨径40米，桥长102.08米，预应力钢筋混凝土连续箱梁桥，双柱式桥墩，桥梁全宽24米，桥面净宽22.5米，载重等级公路Ⅰ级。

洪家洲大桥　2014年12月竣工通车。位于G234线娄星区境内，中心桩号K271+895，8孔跨径30米加4孔跨径5米，预应力钢筋混凝土T梁桥，重力式墩台，长267.73米，宽15米，桥面净宽14米，载重等级汽—超20级。1998年6月开工，2001年5月竣工，2002年9月28日通车。2012年7月，娄底中心城区内环线改扩建，在洪家洲大桥原桥位右侧加建新的洪家洲大桥，结构与老桥完全脱开，新建8~30米预应力砼筒支T梁桥，桥长247.08米，桥面宽15米=0.5米（防撞墙）+11.5米（行车道）+3米（人行道及护栏）。

新石埠大桥　2011年10月1日建成通车。位于G234线娄星区境内，中心桩号K286.291，跨越孙水河，4孔跨径40米，桥梁全长170.83米，预应力钢筋混凝土T梁桥，双柱式桥墩，桥宽31.5米，桥面净宽25米，载重等级公路Ⅰ级。

四安二桥　2013年12月30日建成通车。位于G234线双峰县境内，中心桩号K323.491，跨越涓水，5孔跨径20米，桥长112米，钢筋混凝土箱形梁桥，双柱式桥墩，桥宽13米，桥面净宽12米，载重等级为公路Ⅱ级。

万福亭大桥　2013年7月18日建成通车。位于G320线双峰县境内，跨越涓水河，中心桩号K1282.901，4孔跨径25米，桥梁全长112米，预应力钢筋混凝土空心板桥，重式桥墩，桥梁全宽28米，桥面净宽22.5米，载重等级为公路Ⅱ级。

大埠桥　1992年12月30日建成通车。位于G354线娄星区境内，跨越涟水河，中心桩号K291.153，5孔跨径45米，钢筋混凝土双曲拱桥，重力式桥墩，全长280米，桥面宽12.4米，净宽9米，载重等级为汽—20级。

勤丰河大桥　2002年9月28日建成通车。位于G354线娄星区境内，跨越勤丰河，中心桩号K303.247，2孔跨径16米，3孔跨径25米，预应力钢筋混凝土空心板桥，双柱式墩，桥梁全长111.42米，桥宽15米，桥面净宽14米，载重等级为汽—超20级。

石狗滩大桥　2002年9月28日建成通车。位于G354线涟源市境内，跨越石狗河，中心桩号K321.164，3孔跨径30米加2孔跨径25米，预应力钢筋混凝土T梁桥，多柱墩，桥长148米，桥面宽15米，净宽14米，载重等级为汽—超20级。

温江河中桥　2004年5月6日建成通车。位于G354线涟源市境内，跨越温江河，中心桩号K333.759，1孔跨径42米，石板拱桥，桥梁全长67.5米，桥宽15米，桥面净宽14米，载重等级汽—超

20级。

天子山大桥　2016年建成通车。位于G354线新化县境内，跨越资江，中心桩号K399.200，10孔跨径30米，加2孔跨径50米加2孔80米，预应力钢筋混凝土组合梁桥，双柱式墩，桥长807.68米，桥面宽18.5米，净宽14米，载重等级为公路Ⅰ级。

大洋江大桥　2011年11月8日建成通车。位于G354线新化县境内，跨越小溪流，中心桩号K405.598，1孔跨径20米加3孔跨径60米加1孔20米，预应力钢筋混凝土箱形梁桥，双柱式墩，桥长225米，桥宽8.5米，桥面净宽7.5米，载重等级为公路Ⅱ级。

上游溪大桥　2011年12月30日建成通车。位于S235线新化县境内，跨越小溪流，中心桩号K4.965，1孔跨径70米，钢筋混凝土双曲拱桥，桥长153米，桥面宽8米，净宽7.5米，载重等级汽—20级。

冷江大桥　1990年10月1日建成通车。位于S235线冷水江市境内，跨越资江，中心桩号K41.814，4孔跨径16米加1孔跨径22米加1孔16米加6孔16米，钢筋混凝土箱形梁桥，重力式墩，桥梁全长500米，桥面宽20米，净宽16米，载重等级为汽—超20级。

资江二桥　2006年1月21日竣工通车。位于S236线新化县境内，跨越资江，中心桩号K125.425，7孔跨径30米加1孔跨径40米加3孔60米加1孔40米加1孔30米，预应力钢筋混凝土T梁桥，双柱式墩，桥梁全长507米，桥面宽18.55米，净宽14米，载重等级为汽车—20级，挂车—100。

官渡大桥　2011年10月8日建成通车。位于S322线新化县境内，跨越小溪流，中心桩号K76.978，7孔跨径20米，预应力钢筋混凝土空心板桥，双柱式墩，桥长147.58米，桥宽10.5米，桥面净宽9.5米，载重等级为公路Ⅱ级。

桥头河大桥　1995建成通车。位于S323线涟源市境内，跨涓水河，中心桩号K40.312，2孔跨径40米加12孔8米，石板拱桥，重力式墩，桥梁全长202米，桥梁宽18.6米，桥面净宽14米，载重等级为汽—超20级。

梅子桥　1987年建成通车。位于S331线涟源市境内，跨越涟水，中心桩号K241.559，2孔跨径6米加1孔40米加2孔6米，石板拱桥，重力式墩，桥长80米，桥宽16米，桥面净宽12米，载重等级为汽—20级。

人民桥　1987年建成通车。位于S331线涟源市境内，跨越涟水，中心桩号K215.965，1孔40米石板拱桥，桥长57米，桥宽22米，桥面净宽16米，载重等级为汽—20级。

X199线桥　2015年12月30日建成通车。位于涟源市，跨越沟壑山谷，中心桩号K3.727，5孔跨径20米，预应力钢筋混凝土空心板梁桥，双柱式墩，桥长107.12米，桥宽10米，桥面净宽9米，载重等级为公路Ⅱ级。

长滩大桥　2016年5月6日建成通车。位于X210线涟源市境内，跨越小河流，中心桩号K1.432，6孔跨径30米，预应力钢筋混凝土连续T梁桥，双柱式墩，桥长198.04米，桥梁宽12米，桥面净宽11米，载重等级为公路Ⅰ级。

温田大桥　2016年5月6日建成通车。位于X210线涟源市境内，跨越小河流，中心桩号K2.494，5孔跨径20米，预应力钢筋混凝土空心板桥，双柱式墩，桥长106.09米，桥宽12米，桥面净宽11米，载重等级为公路Ⅰ级。

至2017年底，娄底市公路局管养公路中桥（交通部JTB01-2014《公路工程技术标准》，规定多孔跨径桥总长大于或等于30米而小于、等于100米，单孔跨径大于或等于20米而小于、等于40米的分类为中桥）70座，计3790.85米。其中，石板拱桥8座，计390.44米；圬工板拱桥1座，40.7米；混凝土板拱桥1座，33.6米；钢筋混凝土板拱桥4座，279米；双曲石拱桥1座，74米；钢筋混凝土双曲拱桥1座，70.4米；预应力钢筋混凝土板拱桥2座，115米；钢筋混凝土现浇板桥4座，134米；钢筋混凝土空心板桥5座，249.76米；预应力钢筋混凝土空心板桥22座，1176.02米；钢筋混凝土T梁桥5座，247.92米；预应力钢筋混凝土T梁桥10座，544.19米；钢筋混凝土箱梁桥2座，179.08米；预应力钢筋混凝土箱梁桥4座，256.74米。市公路局管养的公路小桥（单孔小于20米，多孔跨径小于30米）共116座，计2454.88米。其中石板拱桥46座，计893.62米；钢筋混凝土空心板梁桥42座，计976.08米；钢筋混凝土T梁桥2座，计67.8米；钢筋混凝土板拱桥11座，计214.38米；其他材料板拱桥6座，计101.8米，双曲拱桥1座，计28.1米；钢筋混凝土箱梁桥2座，计30米；钢筋混凝土实心板梁桥5座，计115.1米；钢筋混凝土肋拱桥1座，计28米。

（二）高速公路桥梁

2002—2017年，全市建成高速公路7条，共有桥梁278座，总长6.13万米，其中潭邵高速公路娄底段26座，总长2.1千米。娄新高速60座，总长1.54万米。娄衡高速娄底段19座，总长2.73千米。新溆高速娄底段72座，总长1.55万米。益娄高速娄底段30座，总长7.84千米。安邵高速娄底段41座，总长1.29万米。长韶娄高速娄底段30座，总长5.18千米。

2017年长韶娄高速公路娄底市段桥梁一览表

表58-4

序号	桥　名	路线编号	长度(米)	跨径总长(米)	单孔最大跨径(米)	跨径组合(孔×米)
1	树塘中桥	S94	66.02	60	20	3×30
2	六亩冲大桥	S94	146.08	140	20	7×20
3	塘冲里中桥	S94	86.04	80	20	4×20
4	主线桥	S94	127.60	120	30	4×30
5	小碧大桥(右)	S94	457.60	450	40	11×30+3×40
6	小碧大桥(左)	S94	427.60	420	40	10×30+3×40
7	农联中桥	S94	97.60	90	30	3×30
8	戴家里大桥	S94	157.60	150	30	5×30
9	杨名冲大桥	S94	247.60	240	30	8×30
10	颜家滩大桥(右)	S94	455.88	450	30	15×30
11	颜家滩大桥(左)	S94	455.88	450	30	15×30
12	易家冲大桥(右)	S94	305.04	300	30	10×30
13	易家冲大桥(左)	S94	305.04	300	30	10×30
14	肖家冲大桥(左)	S94	126.00	120	30	4×30
15	肖家冲大桥(右)	S94	126.00	120	30	4×30
16	界头口大桥(左)	S94	156.00	150	30	5×30
17	界头口大桥(右)	S94	156.00	150	30	5×30
18	湄江河大桥	S94	427.60	420	30	14×30
19	桥头河分离式桥(右)	S94	64.80	60	20	3×20
20	桥头河分离式桥(左)	S94	64.80	60	20	3×20

续表58-4

序号	桥　名	路线编号	长度（米）	跨径总长（米）	单孔最大跨径（米）	跨径组合（孔×米）
21	桥式通道	S94	20.50	13	13	1×13
22	君子塘小桥	S94	23.50	16	16	1×16
23	潮水冲小桥	S94	23.50	16	16	1×16
24	吴家大桥	S94	126.00	120	20	6×20
25	二广连接线分离式桥	S94	97.60	90	30	3×30
26	二广连接线分离式桥	S94	97.60	90	30	3×30
27	椿树坪大桥	S94	206.00	200	20	10×20
28	椿树坪通道桥	S94	22.00	16	16	1×16
29	大塘湾中桥	S94	66.00	60	20	3×20
30	观音庙中桥	S94	36.00	30	30	1×30

说明：桥梁排列顺序为由东向西

2017年安邵高速公路娄底市段桥梁一览表

表58-5

序号	桥　名	长度（米）	结构
1	石屋冲1号高架桥（左）	231.08	预应力T梁
2	石屋冲1号高架桥（右）	106.08	
3	石屋冲2号高架桥（左）	456.08	
4	石屋冲2号高架桥（右）	181.16	
5	石屋冲3号高架桥（右）	156.08	
6	刘家垅1号高架桥（左）	306.08	
7	刘家垅1号高架桥（右）	81.08	
8	刘家垅2号高架桥（右）	156.08	
9	喻家坪高架桥（左）	426.00	
10	喻家坪高架桥（右）	426.00	
11	马家台高架桥（左）	457.87	
12	马家台高架桥（右）	483.96	
13	伏口大桥（左）	446.00	
14	伏口大桥（右）	446.00	
15	白毛江大桥	205.26	

续表58-5

序号	桥 名	长度(米)	结构
16	沙坪1号高架桥	1574.88	预应力空心板、T梁
17	沙坪2号高架桥(左)	328.13	预应力T梁
18	沙坪2号高架桥(右)	296.00	
19	沙坪煤矿高架桥(左)	275.00	
20	沙坪煤矿高架桥(右)	300.00	
21	湄江镇高架桥(左)	244.63	
22	湄江镇高架桥(右)	246.00	
23	龙塘镇高架桥	333.83	
24	湄江河大桥	186.16	
25	湄江河大桥	216.00	
26	南风高架桥	231.08	
27	脖基塘高架桥	206.08	
28	枫木中桥	43.90	预应力空心板
29	珠梅河大桥	124.92	
30	回龙江大桥	110.58	预应力T梁
31	涟水大桥(娄底连接线)	912.00	
32	涟水大桥	558.76	现浇箱梁连续T梁
33	源头冲1号高架桥(左)	376.00	现浇连续箱梁
34	源头冲1号高架桥(右)	351.00	
35	源头冲2号高架桥(左)	181.16	预应力T梁
36	源头冲2号高架桥(右)	181.16	
37	星星水库大桥(左)	156.08	
38	星星水库大桥(右)	131.08	
39	三协高架桥	281.08	
40	易家村大桥	164.88	预应力空心板
41	回水湾大桥	281.08	预应力T梁

说明：1.桥梁类别为主线桥；2.建造时间为2011—2016年；3.桥梁排列顺序由北向南

2017年娄新高速公路桥梁一览表

表58-6

序号	桥　名	长度(米)	宽度(米)	结构式样		孔数	最大跨径(米)
				上部	下部		
1	东岸分离式立交桥	24.00	26.0	空心板梁	无	1	16
2	花屋分离式立交桥	28.00	26.0	空心板梁	无	1	20
3	雷泉中桥	65.06	300.0	空心板梁	双柱式墩	3	20
4	茶园互通芦家铁路桥	51.04	29.4	空心板梁	多柱墩	3	20
5	茶园互通式立体交叉主线桥	67.00	34.4	T梁	多柱墩	2	30
6	茶园分离式立交桥	367.06	26.0	连续箱梁	双柱式墩	18	22
7	珠山高架桥	325.06	26.0	空心板梁	双柱式墩	16	20
8	小亮高架桥	232.00	26.0	T梁	双柱式墩	7	30
9	福善河大桥	337.00	26.0	T梁	双柱式墩	11	30
10	金塘分离式立交桥	225.06	26.0	空心板梁	双柱式墩	11	20
11	云山河大桥	405.06	26.0	空心板梁	双柱式墩	20	20
12	娄底西互通主线桥	37.00	30.0	T梁	无	1	20
13	井冲分离式立交桥	85.06	26.0	空心板梁	双柱式墩	4	20
14	禾湾高架桥	305.06	26.0	空心板梁	双柱式墩	15	20
15	十房小桥	19.30	26.0	空心板梁	无	1	10
16	孙水河大桥	605.06	26.0	连续T梁	双柱式墩	23	40
17	杨市互通小桥	19.30	26.0	空心板梁	无	1	10
18	杨市互通主线桥	72.06	26.0	箱型梁	多柱墩	3	26
19	杨家滩小桥	19.30	26.0	空心板梁	无	1	10
20	牛角冲高架桥	205.06	26.0	空心板梁	双柱式墩	10	20
21	枫坪高架桥	429.00	26.0	T梁	双柱式墩	14	30
22	磊石河大桥	427.00	26.0	T梁	双柱式墩	14	30
23	下石山高架桥	245.06	26.0	空心板梁	双柱式墩	12	20
24	花桥高架桥	205.06	26.0	空心板梁	双柱式墩	10	20
25	黄潭高架桥	305.08	26.0	空心板梁	双柱式墩	15	20
26	九家湾高架桥	124.92	26.0	空心板梁	双柱式墩	6	20
27	培元桥	64.92	26.0	空心板梁	双柱式墩	3	20
28	石马山互通主线跨线桥	64.88	36.0	空心板梁	多柱墩	3	20
29	水洞高架桥	456.00	26.0	T梁	多柱墩	15	30
30	日升高架桥(左线)	765.44	13.0	空心板梁	双柱式墩	38	20

续表58-6

序号	桥 名	长度（米）	宽度（米）	结构式样		孔数	最大跨径（米）
				上部	下部		
31	日升高架桥（右线）	785.44	13.0	空心板梁	双柱式墩	39	20
32	荷叶塘中桥	64.88	26.0	空心板梁	双柱式墩	3	20
33	墨溪1号大桥	306.00	26.0	T梁	双柱式墩	10	30
34	墨溪2号大桥	471.00	26.0	T梁	双柱式墩	15	31
35	金竹山1号大桥	281.08	26.0	T梁	双柱式墩	11	25
36	金竹山2号大桥	124.92	26.0	空心板梁	双柱式墩	6	20
37	觅水大桥	130.52	26.0	空心板梁	双柱式墩	6	20
38	磨石大桥	131.69	26.0	空心板梁	双柱式墩	5	25
39	湘黔支线桥	608.10	26.0	T梁	双柱式墩	24	25
40	虎寨高架桥	245.05	36.6	空心板梁	多柱墩	12	20
41	坪上互通跨线桥	39.08	31.8	T梁	无	1	25
42	灰溪中桥	64.88	34.0	空心板梁	多柱墩	3	20
43	红星分离式立体交叉桥	64.88	26.0	空心板梁	双柱式墩	3	20
44	三溪大桥	185.04	26.0	空心板梁	双柱式墩	9	20
45	麻溪大桥	306.00	26.0	T梁	双柱式墩	10	30
46	罗园分离式立体交叉桥	64.88	26.0	空心板梁	双柱式墩	3	20
47	资水大桥	942.00	29.5	连续箱梁	双柱式墩	25	48
48	塘湾大桥	144.92	26.0	空心板梁	双柱式墩	7	20
49	白义塘大桥	331.08	26.0	T梁	双柱式墩	13	25
50	雷神岭大桥	154.66	30.0	连续箱梁	单柱墩	5	40
51	互通主线跨线桥	64.94	30.5	空心板梁	多柱墩	3	20
52	资江氮肥厂高架桥	618.00	26.0	连续箱梁	多柱墩	19	60
53	建新大桥	306.00	26.0	T梁	双柱式墩	10	30
54	桥头大桥（右线）	656.08	12.8	T梁	双柱式墩	26	25
55	桥头大桥（左线）	431.08	12.8	T梁	双柱式墩	17	25
56	落龙塘大桥	418.58	26.0	T梁	双柱式墩	16	25
57	化溪一号桥	364.92	26.0	空心板梁	双柱式墩	18	20
58	化溪二号桥	144.92	26.0	空心板梁	双柱式墩	7	20
59	万家桥	244.92	26.0	空心板梁	双柱式墩	12	20
60	月照大桥	204.92	26.0	空心板梁	双柱式墩	10	20

说明：1.设计荷载为公路Ⅰ级；2.建成时间为2012年；3.桥梁排列顺序为由东向西

2017年新溆高速公路娄底段桥梁一览表

表58-7

序号	桥名	长度（米）	宽度（米）	结构式样		孔数	最大跨径（米）
				上部	下部		
1	白莲冲大桥	396.00	32.20	T梁	多柱墩	13	30
2	水洞坳大桥(右)	128.00	13.00	连续箱梁	双柱式墩	5	25
3	水洞坳大桥(左)	111.00	22.30	连续箱梁	多柱墩	4	245
4	平乐大桥	366.00	28.00	T梁	多柱墩	45	30
5	伍家村大桥	290.00	26.00	T梁	双柱式墩	9	30
6	三塘冲大桥	208.00	26.00	T梁	多柱墩	5	40
7	红光大桥(右)	150.00	13.00	空心板梁	双柱式墩	7	20
8	红光大桥(左)	110.00	13.00	空心板梁	双柱式墩	5	20
9	桥式通道	30.00	26.00	空心板梁	无	1	10
10	桥式通道	30.00	26.00	空心板梁	无	1	10
11	桥式通道	30.00	26.00	空心板梁	无	1	10
12	桥式通道	30.00	26.00	空心板梁	无	1	10
13	桥式通道	30.00	26.00	空心板梁	无	1	10
14	新家村大桥	236.00	26.00	T梁	双柱式墩	10	30
15	桥式通道	30.00	26.00	空心板梁	无	1	10
16	西河互通跨A匝道桥	121.00	33.20	连续箱梁	多柱墩	5	25
17	陡水湾中桥	106.00	26.00	空心板梁	双柱式墩	5	20
18	小桥	54.00	26.00	空心板梁	双柱式墩	3	10
19	洞亭湾大桥	326.00	26.00	T梁	多柱墩	13	40
20	江水湾大桥	446.00	33.20	T梁	双柱式墩	19	40
21	海螺水泥厂桥式通道	40.00	26.00	空心板梁	无	1	20
22	殿冲大桥	126.00	26.00	空心板梁	双柱式墩	6	20
23	总干渠大桥	456.00	26.00	T梁	双柱式墩	21	30
24	九坪分离	66.00	33.20	空心板梁	多柱墩	3	20
25	小桥	57.00	26.00	空心板梁	双柱式墩	3	10
26	坳田一号大桥	362.00	24.00	T梁	薄壁墩	9	40
27	坳田二号大桥	531.00	24.00	T梁	薄壁墩	13	40
28	大兴大桥(右)	370.00	12.00	T梁	薄壁墩	9	40
29	大兴大桥(左)	390.00	12.00	T梁	薄壁墩	10	40
30	大兴二号大桥(右)	146.00	12.00	空心板梁	双柱式墩	7	20

续表58-7

序号	桥 名	长度（米）	宽度（米）	结构式样		孔数	最大跨径（米）
				上部	下部		
31	洞山溪大桥(右)	449.00	12.00	T梁	薄壁墩	11	40
32	洞山溪大桥(左)	449.00	12.00	T梁	薄壁墩	11	40
33	芭油冲一号桥(左)	193.00	12.00	T梁	双柱式墩	6	30
34	芭油冲一号桥(右)	193.00	12.00	T梁	双柱式墩	6	30
35	芭油冲二号桥(右)	162.00	12.00	T梁	双柱式墩	5	30
36	芭油冲二号桥(左)	132.00	12.00	T梁	双柱式墩	4	30
37	芭油冲三号桥(左)	100.00	12.00	T梁	双柱式墩	3	30
38	芭油冲三号桥(右)	130.00	12.00	T梁	双柱式墩	4	30
39	张家冲大桥(右)	276.00	12.00	T梁	双柱式墩	9	30
40	张家冲大桥(左)	276.00	12.00	T梁	双柱式墩	9	30
41	桥式通道(左)	30.00	12.25	空心板梁	无	1	10
42	桥式通道(右)	30.00	12.25	空心板梁	无	1	10
43	大湾大桥	348.00	24.00	T梁	薄壁墩	10	40
44	金鸡大桥(左)	337.00	12.00	T梁	双柱式墩	11	30
45	金鸡大桥(右)	367.00	14.50	T梁	双柱式墩	12	30
46	金凤庵互通主线桥	34.18	28.50	T梁	无	1	30
47	锁匙江大桥(左)	277.00	17.40	T梁	多柱墩	9	30
48	锁匙江大桥(右)	247.00	12.00	T梁	双柱式墩	8	30
49	金凤1号大桥(左)	185.50	12.00	T梁	双柱式墩	6	30
50	金凤2号大桥(右)	216.08	12.00	T梁	双柱式墩	7	30
51	岩湾河大桥	208.00	12.00	T梁	薄壁墩	5	40
52	金鸡塘大桥(右)	637.50	12.00	T梁	薄壁墩	16	40
53	金鸡塘大桥(左)	366.80	12.00	T梁	薄壁墩	9	40
54	杂家背底1号大桥(左)	286.08	12.00	空心板梁	双柱式墩	14	20
55	杂家背底2号特大桥(右)	1006.00	12.00	空心板梁	双柱式墩	50	20
56	葫芦磅大桥(左)	604.08	12.00	空心板梁	双柱式墩	30	20
57	笋芽1号大桥(左)	124.08	12.00	空心板梁	双柱式墩	6	20
58	笋芽1号大桥(右)	146.08	12.00	空心板梁	双柱式墩	7	20
59	笋芽3号大桥(右)	186.08	12.00	空心板梁	双柱式墩	9	20
60	笋芽2号大桥(左)	66.08	12.00	空心板梁	双柱式墩	3	20
61	大沙坪大桥(右)	306.08	12.00	空心板梁	双柱式墩	15	20

续表58-7

序号	桥　名	长度（米）	宽度（米）	结构式样		孔数	最大跨径（米）
				上部	下部		
62	大沙坪2号桥(左)	106.08	12.00	空心板梁	双柱式墩	5	20
63	新化互通跨线桥	84.92	28.50	空心板梁	多柱墩	4	20
64	桥式通道	30.00	26.00	空心板梁	无	1	10
65	环城跨线桥	52.00	26.00	空心板梁	双柱式墩	2	20
66	汝溪大桥	346.00	26.00	T梁	双柱式墩	15	30
67	三板桥分离	229.00	26.00	空心板梁	多柱墩	11	20
68	溠冲大桥(右)	110.00	13.00	空心板梁	双柱式墩	5	20
69	溠冲大桥(左)	90.00	13.00	空心板梁	双柱式墩	4	20
70	洋溪大桥	247.00	26.00	T梁	多柱墩	10	30
71	小桥	56.00	26.00	空心板梁	双柱式墩	3	10
72	小桥	52.00	26.00	空心板梁	双柱式墩	3	10

说明：1.设计载荷为公路Ⅰ级；2.建成时间为2014年；3.桥梁排列顺序为由东向西

2017年娄益高速公路娄底段桥梁一览表

表58-8

序号	桥　名	长度(米)	宽度(米)	结构式样		孔数	最大跨径(米)
				上部	下部		
1	心田大桥	367.00	26.00	组合式梁	双柱式墩	9	40
2	龙凤嘴大桥	306.00	26.00	T梁	双柱式墩	12	25
3	罗家坪大桥	736.50	26.00	组合式梁	双柱式墩	28	40
4	横溪大桥(右)	156.16	13.00	T梁	双柱式墩	5	30
5	横溪大桥(左)	156.16	13.00	T梁	双柱式墩	5	30
6	崇溪大桥(右)	336.16	13.00	连续T梁	双柱式墩	11	30
7	崇溪大桥(左)	366.16	13.00	连续T梁	双柱式墩	12	30
8	合东干渠大桥(右)	185.00	13.50	空心板梁	双柱式墩	9	20
9	合东干渠大桥(左)	185.00	13.50	空心板梁	双柱式墩	9	20
10	石坝冲中桥	64.88	26.00	空心板梁	双柱式墩	3	20
11	石坪村中桥	64.88	26.00	空心板梁	双柱式墩	3	20
12	石桥湾大桥	244.92	26.00	空心板梁	双柱式墩	12	20
13	细瓦屋分离式立交	24.88	26.00	空心板梁	无	1	20
14	白鹭山庄大桥	144.96	26.00	空心板梁	双柱式墩	7	20

续表58-8

序号	桥　名	长度(米)	宽度(米)	结构式样		孔数	最大跨径(米)
				上部	下部		
15	中阳大桥	1158.50	26.00	组合式梁	双柱式墩	29	60
16	中阳分离式立交	96.00	26.00	箱型梁	双柱式墩	3	30
17	娄底东互通跨线桥	124.96	30.00	空心板梁	双柱式墩	6	20
18	娄湘路高架桥	525.60	26.00	组合式梁	双柱式墩	20	30
19	娄底南互通跨线桥	64.88	29.50	空心板梁	双柱式墩	3	20
20	规划五街分离式立交	64.88	26.00	空心板梁	双柱式墩	3	20
21	规划六街分离式立交	64.88	26.00	空心板梁	双柱式墩	3	20
22	白鹭湾涟水大桥	476.12	33.00	组合式梁	双柱式墩	12	90
23	先锋高架桥(左)	102.06	13.00	T梁	双柱式墩	3	30
24	先锋高架桥(右)	100.61	13.00	T梁	双柱式墩	3	30
25	跃南村高架桥	306.00	25.50	T梁	双柱式墩	10	30
26	喻家山高架桥(右)	519.66	12.75	T梁	双柱式墩	17	30
27	喻家山高架桥(左)	519.66	12.75	T梁	双柱式墩	17	30
28	苏水村分离式立体交叉	64.88	25.50	空心板梁	双柱式墩	3	20
29	草坪村分离式立体交叉	65.12	25.50	空心板梁	双柱式墩	3	20
30	张泉村高架桥	246.00	25.50	T梁	双柱式墩	8	30

说明：1.设计荷载为公路Ⅰ级；2.建成时间为2017年；3.桥梁排列顺序为由北向南

2017年娄衡高速公路娄底段桥梁一览表

表58-9

序号	桥　名	长度(米)	宽度(米)	结构式样		孔数	最大跨径(米)
				上部	下部		
1	九溪村大桥	84.88	26.00	空心板梁	双柱式墩	4	20
2	万福亭大桥	504.84	26.00	空心板梁	双柱式墩	25	20
3	娄双分离式立体交叉	84.88	26.00	空心板梁	双柱式墩	4	20
4	新屋村大桥	104.88	26.00	空心板梁	双柱式墩	5	20
5	大塘分离式立体交叉	81.08	26.00	T梁	双柱式墩	3	25
6	马塘分离式立体交叉	31.64	26.00	空心板梁	无	1	20
7	马塅高架桥	104.88	26.00	空心板梁	双柱式墩	5	20
8	侧水大桥	186.00	26.00	空心板梁	双柱式墩	6	20
9	双峰互通跨线桥	64.80	29.50	空心板梁	双柱式墩	3	20

续表58-9

序号	桥　名	长度(米)	宽度(米)	结构式样		孔数	最大跨径(米)
				上部	下部		
10	印塘大桥	304.84	26.00	空心板梁	双柱式墩	15	20
11	德星堂中桥	84.88	26.00	空心板梁	单柱墩	4	20
12	湄水大桥	276.00	26.00	T梁	重力式墩	9	30
13	梽木山分离桥	156.00	26.00	T梁	多柱墩	5	30
14	丰嫁中桥	64.44	26.00	空心板梁	双柱式墩	3	20
15	锁石互通跨线桥	66.00	30.49	连续箱梁	多柱墩	3	20
16	移新堂大桥	124.88	26.00	空心板梁	重力式墩	6	20
17	木村分离桥	104.88	26.00	空心板梁	双柱式墩	5	20
18	大山村大桥	104.88	26.00	空心板梁	双柱式墩	5	20
19	梁龙阁高架桥	193.08	26.00	T梁	双柱式墩	6	30

说明：1.设计荷载为公路Ⅰ级；2.建成时间为2016年；3.桥梁排列顺序为由北向南

2017年潭邵高速公路娄底段桥梁一览表

表58-10

序号	桥　名	长度(米)	宽度(米)	结构式样		孔数	最大跨径(米)
				上部	下部		
1	麻油冲高架桥	435.10	26.00	连续T梁	双柱式墩	14	30
2	娄底互通式立交	56.48	29.00	连续箱梁	多柱墩	3	20
3	扶洲大桥	132.48	29.00	空心板梁	多柱墩	8	16
4	分离式立交	52.44	26.10	空心板梁	双柱式墩	3	16
5	分离式立交	52.44	26.00	空心板梁	双柱式墩	3	16
6	中桥	26.04	26.00	空心板梁	无	1	20
7	分离式立交	52.44	26.00	空心板梁	双柱式墩	3	16
8	侧水大桥	237.69	26.00	空心板梁	双柱式墩	9	25
9	分离式立交	19.50	26.00	空心板梁	无	1	13
10	分离式立交	42.64	26.00	空心板梁	双柱式墩	3	13
11	分离式立交	42.64	26.00	空心板梁	双柱式墩	3	13
12	中桥	52.44	30.30	空心板梁	多柱墩	3	16
13	中桥	42.64	26.30	空心板梁	双柱式墩	3	13
14	金家桥分离式立交	306.08	26.00	T梁	双柱式墩	10	30
15	中桥	64.44	26.00	空心板梁	双柱式墩	3	20

续表58-10

序号	桥名	长度(米)	宽度(米)	结构式样		孔数	最大跨径(米)
				上部	下部		
16	分离式立交	26.50	26.00	空心板梁	无	1	16
17	分离式立交	33.64	26.00	空心板梁	双柱式墩	3	10
18	分离式立交	19.50	26.00	空心板梁	无	1	13
19	中桥	52.44	26.00	空心板梁	双柱式墩	3	16
20	小桥	25.00	26.00	现浇板梁	无	1	13
21	小桥	25.00	30.00	空心板梁	无	1	13
22	分离式立交	56.00	26.00	空心板梁	双柱式墩	2	26.7
23	小桥	28.14	26.00	空心板梁	无	1	16
24	中桥	51.06	26.00	空心板梁	双柱式墩	3	16
25	分离式立交	52.44	26.00	空心板梁	双柱式墩	3	16
26	长田冲大桥	104.44	25.60	空心板梁	双柱式墩	5	20

说明：1.设计汽车荷载为汽—超20级；2.建成时间为2002年；3.桥梁顺序为由北向南

三、公路隧道

（一）高速公路隧道

2017年，境内高速公路有隧道34座，长43.1千米。其中娄新高速有殷家屋隧道左、右洞，潘桥隧道左、右洞，刘家排隧道左、右洞6座隧道。隧道宽10.8米，高5米，总长6171米，2016年12月建成。新溆高速有伍家村隧道左、右洞，芭油冲隧道左、右洞，张家冲隧道左、右洞，金凤隧道左、右洞等8座。隧道宽10.3米，高5米，总长3073米，2014年建成。娄衡高速娄底段有檀树湾隧道左、右洞，笋安山隧道左、右洞，金玉党隧道左、右洞6座。隧道宽10.75米，高7.35米，总长1.02万米，2016年建成。娄益高速有岐山隧道左、右洞，香罗山隧道左、右洞，竹园隧道左、右洞6座。隧道长7780米，宽10.75米，2017年建成。安邵高速有7座双洞隧道，长1.56万米。长韶娄高速有隧道1座，长298米。

（二）农村公路隧道

2017年，全市农村公路有隧道6条，总长4341米。

2017年娄底市农村公路隧道情况表

表58-11

隧道名称	路线名称	长(米)	宽(米)	高(米)	建成年月
Y089431382(李家垅—零陵区)	湘峰隧道	255.0	4.0	6.0	1980-11
S236(安化龙塘—零陵区)	孝心岩隧道	151.8	7.0	12.0	2003-12
X024431322(邵东简富中龙—新化奉家)	天门隧道	72.0	4.5	5.0	1990-10
S546(双峰荷叶—花门)	桃石隧道	181.0	3.5	4.5	1974-04
X031431382(涟源安坝—大江口)	大坝隧道	320.0	6.0	5.0	1990-12
Y045431382(花山—寨背)	寨背隧道	77.4	4.5	7.0	1980-11

第三节　公路运输与管理

一、客运

1990年，全地区有客车1489辆，其中个体经营车131辆，长途客车通达省内长沙等9个地（市）、33个县市。经营客运线227条，其中跨地市线路60条，通车里程1608千米。5个县（市）汽车站日发客班车跨县（市）线路43条，县（市）线路124条。日发客班884次，其中跨地区班车135次，跨县（市）班车649次，完成客运量3022.7万人次，完成旅客周转量8.2亿人千米。1991年后，个体客车大幅度增加，客运市场一度混乱。交通行政主管部门加强安全管理，打击乱线经营、欺行霸市行为，查出违规车辆135台。1993年，地区运管处实行主要客运线路有偿使用。1995年，地区交通局、物价局下发《关于统一全区公路客运综合站务服务收费标准的通知》，对各站场服务内容和收费标准统一规定，控制客运车辆盲目增长。是年，全地区客运车辆2130辆，其中个体420辆，客运线路238条。1999年，市交通局对客运热门线路进行招标管理。

2000年，全市营运客车2730辆，4.72万座，营运线路394条，营运里程5.1万千米，跨省线路19条，日发客班5662次。是年6月，娄底汽车分站发班费调整：大客车（30座以上）按每辆每月300元、中巴车每辆每月240元收取。杉山客运站和老火车站广场停车场，均按三级简易客运站标准收取发班费，大客车（30座以上）每辆每月收费220元，中巴车每辆每月收费180元。市运管处调整县际客运线路，实施客运集约化经营管理，按照“一线多公司”的模式经营。各线路上的个体客车通过收购、兼并挂靠或带车作价入股等方式实行公司化、集约化。老旧低档车辆逐步退出市场。2002年，全市有营运车辆3720辆，5.36万座，其中高级车型48辆、1510座。中级车型1234辆、1746座。卧铺车78辆、2737座。全市有7家（国有1家、民营6家）客运公司，客运线路500条，其中跨省23条、跨地（市）206条、跨县（市）91条、县（市）180条。日发班车5900次，其中跨省23次、跨地307次、跨县（市）2057次、县内班3513次。全市92个乡镇，全部开通客车，3167个村通客车，农村公路客运覆盖面95.1%。随着小汽车普及家庭，高铁开通，人们出行方式多样化，客源和营运客车逐年减少。2005年，市政府贯彻交通部《道路旅客运输及客运站管理规定》，所有个体客运车辆全部实现公司化经营。2006年底，全市个体客运车辆全部退出省际、市际、县际客运市场，专营农村道路客运，实行农村客运线路招标经营。2008年，湘运公司成立首家旅游运输公司，拥有高级客车20台，2011年增长到40台，承担全市旅游包车客运。2012年，市政府办公室印发《娄底市规范和发展农村客运加强农村公路交通安全管理暂行办法》，将具备条件的个体客车全部纳入公司化管理。2014年，娄底市锦程旅游汽车运输有限公司成立，拥有高级客车20台。旅游客运实行准入制和年检制，经主管部门批准承运。至2017年，全市客运车辆降至2197辆，2.77万座，其中个体545辆，联户473辆，座位7290个，营运线路321条，其中省际路线4条，市际线路88条，县内线路182条，日发班次6540次，全年客运量5450.94万人次，旅客周转量16.89亿人千米。农村客运线路226条，运行班车1610辆，全市行政村通班车。

二、货运

1990年，全地区有货运汽车8176辆，拖拉机7203台，年货运量1994万吨，货物周转量5.78亿吨千米。1993年，个体营运货车7847辆，3.22万吨位，其中个体和联户3212辆，1.32万吨位。湘运专业运输公司货车减至64辆，形成国有、集体、个体等多种经济成分互相竞争的局面。1994—1998年，面对货运市场不规范状况，地区交通局借鉴外地经验，引导货运市场有序发展，组织社会车辆逐步走向公司化、集约化。全地区组建合营运输公司6家。所有司乘人员经培训、考核，持证上岗。1999年12月，市交通局出台《关于积极稳妥开展道路运输集约化经营的通知》，引导“货入市、车进场”，建立货运有形市场。2000—2003年，娄底市城西液化气有限公司、娄底市石油公司车队、涟源市169厂运输公司、涟源市金星汽车运输公司危货车队、双峰平安运输服务有限公司、资江氮肥厂危货公司、涟钢销售部危货运输车队先后组建，共有危货车102辆，513.5吨位，年危货运输量37.2万吨。全市严格实行准入制度，营运车辆必须经运管部门许可、核发营运证，个体车主一律不得从事危货运输。普货市场集约化、公司化经营工作有序推进，至2003年4月，冷水江市安达长途运输有限公司、涟源市金星汽车运输股份有限公司、冷江顺达运输服务有限公司、锡矿山矿务局汽车队、资江氮肥厂汽车队、涟源市顺达运输服务有限公司、新化县物流货运有限公司等7家货运集约化经营企业成立，有562辆个体车加入集约化公司，但全市还有数千辆货车仍然独自经营，货运市场处于一种松散经营状态。2005年，全市有普货运输车辆2.32万台，完成货运量1.04亿吨，货物周转量109.14亿吨千米。道路危货企业19家，运输车辆423台，总吨位6981.16吨（含61台挂车），其中承运一类爆炸品运输车辆112台，二类气体运输车辆88台，三类易燃液体运输车辆181台，四类易燃固体运输车辆4台，五类氧化性物质运输车辆5台，六类毒性物质和感染性物质运输车辆5台，七类腐蚀性物品运输车辆21台，承担《危险货物品名表》中1~9类以及《危险化学品目录》《危险货物品目录》中300余种危险品运输业务。根据《道路危险货物运输管理规定》，全市运输剧毒、易燃、易爆危险货运车辆安装行车记录仪，24小时实行监控。2015年，全市组织货运企业和司乘人员学习安全法规，开展货运市场全面整顿，对22家道路危险货物运输企业进行清理，检查车辆375台，吊销1家营业执照，对15家违规企业限期整改。2016年，为深刻吸取京港澳高速公路“3・19”特大交通事故、宜凤高速公路“6・26”特大交通事故教训，落实省委、省政府指示精神和省交通运输厅《关于深入开展道路危险货物运输专项整治和监管执法行动方案》，市交通局对全市危货市场进行专项整治，开展联合执法800余次，检查企业378家，车辆1600台次，从业人员1500人次，托运人30余人次，复核危货运企业58家，发现非法营运危货车辆64台，查处未持证上岗从业人员3人，清理异地营运危货运车辆36台，处罚金额39.9万元。2017年，继续清理整顿危货运输市场，深入开展源头治超，落实“一超四罚”和“黑名单”制度，处理超限运输车辆40多台，对达不到技术要求和超过危货运输车辆使用年限、未年审的48台车辆公告注销。是年，新增危货运输车辆51台，逐一核实疑似异地经营的30多台危货运输车辆，杜绝车辆长期异地经营现象。市交通局与市安监部门联合开展执法行动20余次，查处违法运输医疗废物、液化气、甲醇等违法车辆30余台，罚款10余万元，移交司法案件3起。全市19家道路危险货物运输企业落实《湖南省道路危险货物运输企业安全生产主体责任落实情况监管平台暂行管理办法》，各项考核指标排在全省前列。是年，全市有载货汽车1.35万辆，其中个体户1.11万辆。

1990—2017年娄底市经营性货物运输车辆表

表58-12　　单位:辆

年份	载货汽车		拖拉机	合计	年份	载货汽车		拖拉机	合计
	货运车	其中个体车				货运车	其中个体车		
1990	4578	3598	4916	9494	1996	6975	5942	4159	11134
1991	4967	4321	4569	9536	1997	7869	6032	3152	11021
1992	5234	4952	4317	9551	1998	8016	6789	3620	11636
1993	5949	5038	3912	9861	1999	8753	6659	3756	12509
1994	6946	5142	4106	11052	2000	9310	7205	3894	13204
1995	6153	5741	3868	10021	2001	9665	7554	3895	13560

续表58-12

年份	载货汽车		拖拉机	合 计	年份	载货汽车		拖拉机	合 计
	货运车	其中个体车				货运车	其中个体车		
2002	9968	7339	4014	13982	2010	25787	21974	954	26741
2003	10740	11548	3787	14527	2011	27090	23890	1711	28801
2004	11810	12619	3373	15183	2012	25546	23250	2021	27567
2005	13424	10602	2957	16381	2013	25103	21935	1857	26960
2006	17616	14769	2988	20604	2014	21447	18334	1381	22828
2007	18814	16044	3042	21856	2015	21063	17644	62	21125
2008	19598	16587	1374	20972	2016	20257	17082	70	20327
2009	23715	19674	838	24553	2017	13473	10956	70	13543

2017年娄底市部分公路货物运输企业情况表

表58-13

公司名称	货运		货车（辆）	职工（人）
	运量（万吨）	周转量（万吨千米）		
涟钢物流有限公司	90.00	3600	200	350
冷水江锡矿山闪星运输有限责任公司	35.68	610	43	65
涟源市民用爆破器材运输有限公司	21.10	295	26	41
湖南省新源石油股份有限公司娄底分公司	19.00	179	17	29
娄底市湘中鸿通物流有限公司	70.00	1869	89	89
长沙市森伟物流有限公司娄底分公司	90.00	1350	50	51

三、搬运装卸管理

1990年，全地区厂矿、车站、码头、仓库、货场等场所搬运装卸业务主要由各县（市）专业搬运装卸企业——运输公司承担，有专业搬运装卸企业5家，职工4414人，完成货运装卸量1692.7万吨，搬运量31.5万吨，搬运周转量143.7万吨千米。随着运输市场的开放，个体搬运兴起，挤占专业运输企业业务，强装强卸、画地为牢、抬高运价、多收乱要、野蛮装卸等现象经常发生，造成搬运装卸市场混乱，矛盾纠纷不断。1991年1月，地区交通运输治理整顿领导小组出台《娄底地区交通运输市场经营行为整顿工作的实施意见》，整顿搬运装卸市场，加强主要站、港、厂矿企业货物运输管理。1996年，专业搬运装卸企业逐步提高搬运装卸机械化程度，改变过去单一人力装卸状况，添置铲车、叉车、抓机等专用装卸设备，减轻劳动强度。是年，地区运管部门推行搬运装卸经营作业证制度，对全地区搬运装卸经营者进行统一考核、持证上岗。娄底、冷水江、新化等县（市）重新颁发搬运装卸管理办法，规范搬运装卸市场。2000年12月，娄底市搬运装卸市场秩序整顿领导小组办公室下发《娄底市搬运装卸市场秩序整顿考核办法》，有效抑制搬运装卸市场乱象。2001年后，随着境内厂矿企业关停并转，搬运装卸业务逐步萎缩。涟钢使用大型翻车机。娄底市交通运输总公司（娄星区属企业）装卸量锐减，2006年6月，公司完成改制而注销。2007年，新化县、双峰县运输公司改制注销。2017年，涟源市和冷水江市运输公司未改制。

四、公路超限超载治理

2000年，全市贯彻交通部《关于超限运输车辆行驶公路管理规定》，启动公路超限运输治理。是年5月，开展超限运输管理宣传月活动，在G320线、S210线、S209线、S312线等重要交通要道悬挂横幅80余条，向驾驶员发放宣传资料4.5万份，制作大型宣传标语10条，在各收费站醒目处张贴大型治理超限运输彩图100余幅，在公路沿线集镇、收费站开展咨询活动。6月，对严重超限车辆处50元以下罚款，并卸载放行。8月，暂停查处超限运输。2001年11月，省交通厅明确超限车辆一次罚款50元的标准。全年全市收取超限罚款40余万元。2002年，全市根据省财政厅、物价局下发《关于重新发布湖南省交通系统行政事业性收费项目和标准的通知》，收取超限运输公路补偿费300余万元。2004年12月至2005年2月，市公路管理局集中整治车辆超限超载。2005年6月，设置娄底市车辆超限超载和家检测站、良溪检测站，定编30人。市公路管理局以固定检测站为主，固定检测和流动稽查相结合，承担国道207线和省道312线、225线、210线、217线等公路超限超载治理。2006年，查处超限运输车辆2.52万台次。2007年，稽查20多次，查处超限运输车辆5.68万台次，处罚28人。2011年1月至6月，开展车辆非法超限超载集中整治行动。11月，执行省公路局《关于严肃治超纪律严格规范治超行为的紧急通知》，全面规范治超行为。2014年12月，和家检测站移交娄星区政府治超领导小组管理。是年，全市车辆非法超载率下降到6%以下，2015年，下降至1%以下。2016年9月，全省开展超限率调查，全市途经5个治超站车辆超限率皆为零，保持全省治超先进水平。是年，全市检测车辆61.18万台，查处1962台，卸货2.13万吨。2017年，市交通局对全市治超执法人员进行执法知识考试，通报表彰考试成绩优秀者。

五、运输服务业管理

机动车驾驶员培训管理 1990年，娄底地区有湘运驾驶员培训学校、涟源市交通局汽车司机培训学校。2000年，小汽车逐渐进入家庭，机动车驾驶培训逐步规范。是年驾校增至4所，招生1777人。是年，全市驾校14所，招生1.19万人。2007年，娄底市设立驾驶学员考点。2010年，驾校26所，招生2.77万人。2014年，驾校59所，招生5.71万人。2017年，驾校67所，其中娄星区26所、涟源市10所、冷水江市6所、新化县14所、双峰县11所，招生5.82万人。其中二级驾校14所，三级驾校53所。教练员2788人，教练车2115辆。全市推广驾驶员打卡计时培训模式。2000—2017年，全市驾校培训驾驶员47.45万人次。

机动车辆维修管理 1990年，地区汽车维修行业管理办公室统筹境内机动车辆维修企业和个体业主行业管理。全地区共有机动车维修厂（点）482家，其中大修厂17家，小修厂103家；按企业性质分：国有34家、集体43家、个体376家。维修从业人员3573人。地区汽车维修行业管理办公室每年对维修行业管理提出指导意见，统一车辆维修工时定额，制定单价价目标准。1994年11月，聘请3名汽车维修工程师为行业管理办公室顾问，负责机动车维修质量事故的申诉受理并进行调解仲裁处理。全地区汽车维修企业达到1000多家，但无证经营和超范围维修现象严重。1995年2月，地区运管处发出《关于清理整顿汽车维修行业的通知》，全面整顿清理汽车维修市场。1997年，汽车维修行业执行国家《汽车维修开业条件第三部汽车专项维修业务》（GB／T16739）的规定，机动车维修开业审批管理逐步规范。进入21世纪，车辆维修门店骤增。2000年2月，娄底市汽车维修协会成立，各县（市、区）设立办事处，协会团体会员110个单位。2009年，各类车辆维修企业和个体业主1025家，大部分是三类和摩托车维修技术等级标准。随着汽车工业的发展，集销售、服务、信息、维修于一体的4S模式逐步兴起，路边小店逐渐被淘汰。2017年，境内注册登记机动车维修企业455家，其中一类汽车维修企业28家，二类汽车维修企业137家，三类汽车维修企业255家，摩托车维修企业35家。

附：娄底湘运汽车运输有限责任公司简介

1990年，地区湘运汽车运输公司，归口地区交通局管理。公司有客运车队3个，客货混合车队2个，县级汽车站5个，客车290辆，货车152辆，职工2197人。全年完成客运量2123.7万人，旅客周转量5.95亿人千米，货运量19.1万吨，货物周转量2236.4万吨千米。经营客运线路227条，其中跨地区线路60条，跨县、市线路43条，县（市）线路124条。日发客班884次，其中跨地区班车135次，跨县（市）班车221次。1992年7月，地区汽车运输公司更名为地区汽车运输总公司。1994年，公司货运量4.95万吨，年货运总收入116.55万元，年均7600元／台，扣除燃料、维修、折旧、管理等费用，亏损严重，货运业务难以为继。公司逐步报废淘汰废旧车辆，所有货车自主经营，自负盈亏。1995年，公司所属货运公司撤销。1996年，经营客运线路212条，其中省际10条，地（市）际84条，地（市）内班线45条，县（市）内班线73条，日均发班1263次，客运量1314.69万人，旅客周转量4.1亿人千米，年营运总收入2518.69万元。1999年，个体客运车辆中巴车相继联合组建公司，与地区公司争线路，争客源。地区公司客运班线从1996年的212条减至169条，县（市）短途班线，由1996年的73条减至33条，除新化县外，其他县（市）内客运班线几乎全被个体客运挤占。公司新辟省际客运班线和包车业务，新增省际客运班线9条，开辟“五一”旅游包车、暑期包车、“十一”旅游包车、旅游景点包车，改善服务态度，提高服务质量，吸引客源，稳定客源。2004年，公司有营运客车353辆，1.03万个座位，经营客运线路161条，客运量1335.81万人，旅客周转量4.75亿人千米，年营运总收入4104万元，实现利润46.35万元，扭转连续6年亏损局面。

2007年9月，公司改制为娄底市湘运汽车运输有限责任公司，有职工2686人，营运客车413台，座位1.24万个，经营客运班线259条，其中省际24条，市际96条，客运量1521.7万人，旅客周转量5.7亿人千米，营运收入1亿元。是年，公司辖一级客运站2个，二级站4个，三级站3个，客运公司5家，汽车维修厂2家，拥有客运汽车321台，经营客运线路245条，其中省际13条，市际线路87条，年客运量5214.6万人，旅客周转量4.5亿人千米。

第四节　路政管理

一、公路养护

（一）干线公路养护

1990年，境内国、省道干线公路和部分县道由地区公路总段管理和养护，县（市、区）公路段负责辖区内其余干线公路管理与养护。全地区常年养路工班207个、1326人，养护里程1815.6千米，平均每人养护1.37千米。地区公路总段印发《关于实行工班养护承包责任制的试行办法》。各县（市）公路段制定《小修保养大承包经济责任制方案》。1991年，地区公路总段下发《公路小修保养管理办法》，1992—2008年，将公里工资包干制调整为浮动工资制，对工班实行工班长聘任和工班目标管理责任制及风险抵押金制度，推广专业队养护。县（市）公路局成立公路养护公司。日常养护队承担日常养护。养护机械队承担路面清扫、洒水、路肩除草等机械作业。工程队常年承担重点病害线路、路段集中整治、修补和公路应急抢险救灾、路面改造工程、安保设施及水毁、断板处置等养护工程任务。公路养护实现专业化、规范化。2009—2012年，实行站长合同承包责任制，定养护里程、定人员编制，包经费、包人员上路率，总经费按月控制，节余自留、亏损自负。2013—2017年，因退休人员及转岗人员增多，一线正式养护职工不断减少，市公路局推行正式职工为骨干+外聘临时工为补充、外包给劳务公司两种组织模式，推行养护招投标制，小修保养打破县域界限。

（二）农村公路养护

1990年，全地区农村公路里程2013.76千米，地区农村公路管理处负责各县（市）农村公路监管，各县（市）负责辖区内县乡村养护。1995年，县、乡、村道2741.68千米，等外公路1572.67千米。2001年，全市农村公路6953.5千米。2005年，9028.8千米。2010年增加到1.3万千米。2012年8月，《娄底市农村公路养护管理实施办法》发布，对农村公路管养资金、管养机制和工作职责作出规定，实行县道县管、乡道乡管、村道村管管理机制。考核和奖惩纳入县（市、区）政府年度目标管理，按照县道月检、乡道季检、村道抽检的原则，组织农村公路养护管理考核和奖惩。2017年，全市农村公路1.4万千米，其中高级路面1.28万千米。养护体制不变。

涟源市　1990年，县、乡、村公路长606.6千米，纳入市交通部门管养的县乡道181.67千米，县乡公路好路率84.3%，有养护工班24个，农民工134人。2007年，有县、乡、村公路3788.5千米，其中县道317千米，乡道782.52千米，村道2688.98千米，纳入市交通部门管养的县道292.22千米，全年好路率平均82%。2017年，涟源市县道529.01千米，乡道1011.19千米，村道1595.93千米，纳入交通部门管养的县、乡、村道3136.128千米。

双峰县　1990年，有县道272.5千米，乡道453.4千米。2003年，管养里程201.13千米，其中县道118.93千米，乡道82.21千米。2009年，管养里程202.6千米，其中县道100.3千米，乡道70.1千米，村道32.1千米。有工班26个，农民工180多人。2007年，农民工逐步被清退，工班撤销。2009年，县公路站改名农村公路管理局。至2011年，农民工清退工作完成。2012年，全县17个乡镇（经开区）设立乡镇交通管理站，实行“省指导、市考核、县管理”的管理养护。管养里程3176.92千米，其中省、县道556.56千米，乡道1046.49千米，村道1573.88千米。2017年，管养总里程3255.35千米。

娄星区　1990年，有县道63.4千米，乡村公路327千米（其中简易公路219千米）。2004年，全市实行公路体制改革，公路管养分离。2010年6月，区县乡公路管理站更名为区农村公路管理局，负责农村公路管养。2012年，根据《娄底市农村公路养护管理实施办法》，区政府将公路养护纳入年度目标管理。区农村公路管理局按照“县道月检、乡道季检、村道抽检”的原则，组织农村公路养护管理工作考核和奖惩。2013—2017年，全区投入农村公路建设资金1.8亿元，投入提质改造资金7000万元，投入农村公路安全保障、危桥改造等配套资金8000万元。2017年，双峰县蛇形山镇、涟源市水洞底镇并入娄星区后，农村公路总里程增加到1138.52千米，其中省道3条26.16千米，县道44条216.85千米，乡道85条343.51千米，村道357条545.14千米，专用道2条6.88千米。

新化县　1990年，县乡公路养护542千米。1993年1月，县乡公路养护站并入新化县公路管理局，养护县乡公路里程469.5千米。1998年2月，县乡公路管理站设立。2010年1月，县乡公路管理站更名为县农村公路管理局，管养县道508.17千米，乡道875.56千米，村道2464.74千米，企业专用道14.8千米。2017年，管养新增省道384.96千米，县道739.79千米，乡道1208.89千米，村道1920.82千米，管养里程4254.45千米。

冷水江市　1990年，县乡公路72.5千米，其中四级公路15.2千米，等外公路57.3千米。1993年12月，市乡公路站划归市公路局，设市乡道路股。1995年11月，乡道路股从局机关析出，组建市乡公路管理站，归口市交通局管理。2001年，有村道145.7千米。2009年，有乡道875.11千米。2010年，市乡公路管理站更名为市乡公路管理局，管养市道94.24千米。2017年，管养市道189.33千米，乡道245.05千米，村道319.29千米，共计753.67千米。

二、水毁公路修复

1990—2017年，全市9次普降特大暴雨。娄底市公路局管养的8条国省干线遭受严重毁损。仅2017年6—7月，县乡公路被冲毁路基29.6千米37万立方米；冲毁路面53.6千米28万平方米；冲毁桥梁4座155米；冲毁涵洞272道、挡土墙655处，22.9万立方米；冲毁工班房1栋，150平方米。每次洪水过后，市、县两级政府立即和交通、公路部门启动应急抢险预案，修复水毁公路。

1990—2017年娄底市水毁公路修复情况表

表58-14

年份	水毁路基（万立方米／千米）	水毁路面（平方米／千米）	水毁桥梁（米／座）	水毁涵洞（米／个）	水毁构造物（万立方米／处）	修复投资（万元）
1990	1.8／75.50	144.2／61	—	403／27	0.39／59	54.55
1991	0.27／5.00	175.7／30	—	1052／17	0.22／27	27.58
1992	0.41／50.20	38.7／29	—	696／85	0.15／18	35.59
1993	0.51／24.20	27.5／31	—	194／16	0.18／17	24.15
1994	0.18／12.00	61／29	—	138／13	0.40／40	72.43
1995	0.15／2.00	10261／61	10／1	433／52	0.87／68	201.29
1996	0.35／2.00	1023／168	135／3	466／45	0.92／40	232.71
1997	0.13／0.80	20.8／33	200／1	806／275	0.85／32	208.28
1998	11.49／25.80	933.1／209	30／2	1328／281	0.87／82	194.66
1999	0.22／6.60	93.7／23	—	362／42	0.25／20	132.27
2000	0.09／1.20	233.4／38	85／6	551／49	0.24／27	115.27
2001	0.26／1.40	27.7／35	53／5	764／85	0.30／53	101.10
2002	1.08／12.20	85.6／59	8／1	793／192	0.32／66	196.40
2003	0.66／84.00	212865／22	—	580／54	3.83／7	94.59
2004	0.13／0.65	93715／62	47／2	460／40	0.40／34	210.00
2005	0.08／—	31200／20	4／1	270／24	1.63／100	220.00
2006	0.13／3.70	72714／79	15／3	580／52	10.31／66	179.49
2007	0.01／1.00	16250／20	—	1580／298	1.10／49	127.54
2008	0.12／4.00	86210／80	—	230／20	0.28／50	180.00
2009	0.09／1.00	54750／125	—	105／10	0.17／16	200.00
2010	—	5000／18	—	710／90	0.18／18	230.00
2011	0.30／3.50	1541918／275.44	32／1	—	0.15／30	2637.00
2012	0.90／81.00	27535／89	—	—	3.72／120	300.00
2013	—	14260／29	52.8／1	—	1.23／202	993.00
2014	15.73／3.89	290660／38	10／1	850／112	4.49／20289	150.59
2015	0.80／21.00	11520／26	—	320／16	0.42／40	288.33
2016	2.59／45.00	70978／115	—	430／30	1.10／130	1230.67
2017	1.67／82.00	22700／85	—	260／15	1.05／152	762.82

三、公路绿化

1990年，全地区公路绿化投资14.9万元，绿化里程453.4千米，占养护总里程的16.1%。其中省养公路绿化里程388.4千米，占省养公路里程43.3%；县乡公路绿化里程65千米，占养护里程的7.2%。2002年，全市境内公路绿化里程946.46千米，绿化率25.9%。其中国养公路绿化里程539.83千米，绿化率为58.7%；县乡公路绿化里程406.64千米，绿化率14.9%。2010年，国养公路1040.71千米，绿化率100%。2017年，国、省、县道应绿化里程3901千米，实际绿化3591.8千米，绿化率92%。

1990—2017年娄底市国养公路绿化情况表

表58-15

年份	养护里程（千米）	绿化里程（千米）				新栽（千米）	补栽（千米）	绿化比例（%）	投资（万元）
		合计	国道	省道	县道				
1990	881.50	348.80	90.20	162.80	95.80	10.00	29.60	39.6	16.48
1991	882.40	365.50	106.90	162.80	95.80	32.00	—	41.4	26.60
1992	892.30	365.50	106.90	162.80	95.80	10.00	22.00	41.0	6.00
1993	892.30	391.00	108.30	168.90	113.80	18.00	46.70	43.8	11.40
1994	892.30	400.10	112.40	171.40	116.30	15.00	36.00	44.8	5.50
1995	892.30	403.10	112.40	171.40	119.30	3.00	—	45.2	1.10
1996	906.00	456.80	112.40	210.10	134.30	40.00	20.00	50.0	6.50
1997	904.90	512.80	112.40	222.10	178.30	44.00	84.00	56.7	23.43
1998	903.90	526.60	112.40	228.90	185.30	13.80	21.40	58.3	17.00
1999	903.90	574.90	112.40	234.90	227.60	48.30	12.00	63.6	21.30
2000	903.90	602.50	112.40	255.20	234.90	25.80	71.90	66.7	8.80
2001	892.66	526.68	77.16	279.51	170.01	24.30	—	59.0	35.70
2002	919.66	539.83	62.66	307.15	170.01	13.14	—	58.7	20.00
2003	964.92	596.23	76.97	349.52	169.74	67.76	12.00	61.8	180.50
2004	971.92	612.86	77.16	358.69	177.01	—	—	64.7	20.00
2005	990.49	633.54	77.16	383.97	172.41	—	—	65.6	20.00
2006	994.62	716.63	77.16	388.38	254.11	—	—	72.8	30.00
2007	1002.12	717.58	77.16	392.66	247.76	—	—	72.3	10.00
2008	1012.15	727.11	77.16	392.66	257.28	—	—	72.6	10.00
2009	1000.16	804.71	77.16	392.66	334.89	—	—	81.3	9.91
2010	998.58	803.15	77.16	392.66	333.33	—	—	81.3	10.00
2011	1040.71	1040.70	119.56	776.94	143.32	—	—	100.0	40.00
2012	1039.89	1039.89	119.56	776.14	143.34	—	—	100.0	10.00
2013	1043.71	1021.09	116.70	768.40	138.11	—	—	99.7	10.00
2014	1042.29	1022.46	116.85	767.90	136.84	—	—	99.7	487.00

续表58-15

年份	养护里程（千米）	绿化里程（千米）				新栽（千米）	补栽（千米）	绿化比例（%）	投资（万元）
		合计	国道	省道	县道				
2015	1044.95	1007.35	116.66	749.51	141.19	—	—	99.7	173.95
2016	1075.19	991.17	332.42	388.03	270.72	8.00	25.00	93.7	20.00
2017	859.92	816.83	366.49	450.43	—	32.60	74.86	95.0	340.00

四、路政执法

1990年，全地区公路部门贯彻《中华人民共和国公路管理条例》，针对公路两侧建房，集镇随意占路为市等情况，开展整治活动。1991年10月，对境内县乡公路违章建筑全面检查，查处县道违章建筑房屋1247起、挖深水沟13起，整顿公路墟场15处，查处毁坏公路大桥栏杆案件5起。1993—1996年，查处320国道双峰段沿线违章建筑20多处。1997年，查处涟源市一起阻碍执法人员清扫路障的违法案件。1998年，贯彻《中华人民共和国公路法》，清理“马路市场”45处，查处毁坏桥梁、开挖水沟、赶场修车、扮砖烧窑、堆放杂物数百起。1999年，查处娄涟公路两侧违章建筑122处。2000年，市交通局向市委、市人大、市政府紧急报告，请求立即制止和处理在建娄涟高等级公路两侧违章建房。至同年4月30日止，市公路局管查处国省道干支线903.9千米范围内违法建房案件1497起，其中国道207线涟源段335起、省道534起、县道541起。2001年4月，市政府发布《关于在全市公路主干线开展路政集中整治活动的通告》，组织三次大规模清障保畅行动。2002年9—10月，开展清理整顿和规范非公路标志、广告活动。2003—2004年，依法整治公路两侧新建违法建筑物，取缔、搬迁“马路市场”20多处，国养公路基本消灭“马路市场”。2006年，清除各类路障2515处，铲除在建违章房屋地基405处，清理垃圾站5个，取缔公路洗车场、修车点15个，拆除临时厂棚185处，制止新建违章建筑36处，取缔“马路市场”2个。2007年，出动路政执法车辆12台，对公路主干线进行为期8天的宣传活动，发放公路法规宣传资料1.2万份，建立健全公路行政执法案卷和行政许可案卷评查制度。清除路障210处，取缔“马路市场”5个，查处路政案件373起，结案355起，查处率100%，结案率95%。2009年，全市查处国省道公路两侧新建违法建筑808起，纠正对违法建筑“以罚代批”行为3起。2010年，开展公路路政法律法规宣传并集中整治行动。2013年1—6月，整治违法公路标志标牌行动，建立路政执法人员驻站制，规定路政人员每月驻工班和治超站不少于3~5天。2014年，开展跨路龙门架、道路违法棚屋、道路摆摊设点和堆料放物专项清理。2015年，开展迎国检路政专项整治行动，查处一批违法“钉子户”，拆除公路沿线非公路标志牌232个，跨路龙门架77个，违法棚屋25个，取缔“马路市场”33个。2015年，市公路管理局实施《养护路政联合巡查制度》，全面巡查公路标志标线、安全护栏、里程碑等路产设施情况，公路及公路用地范围内的侵占、损坏情况，公路建筑控制区的违法建筑、遮挡设施、妨碍安全视距等情形。巡查每月不少于8天，每周不少于2次。2016—2017年，组织大型宣传活动5次，出动执法车100多台次，制止违法在建房屋51栋，拆除临时厂棚285处，取缔“马路市场”3处，规范“马路市场”5处，拆除非公路标牌515块，查处违法占用公路行为504起，取缔和规范加水点15处，查处路政案件16起，结案15起。

五、安全管理

1990年，地区公路总段开展安全生产检查5次，督查各道班安全生产制度、措施、方案落实情况，安全生产设施、经费、人员到位情况。1991年3月，印发《安全事故等级标准暂行规定》。1992—1995年，细化安全管理措施，查堵安全漏洞300多处。1996年，地区公路局建立健全安全例会制度、车辆维修保养制度、事故分析制度等。1997年始，每年开展“百日安全大整顿”“安全生产周”活动。1999

年，市、县两级公路局成立安全工作领导小组，查处道路安全突发事件8起，排除安全隐患23起。2000年，市交通系统开展落实安全责任、迎接新世纪安全竞赛活动。2001年元月，市交通局撤销安全工作领导小组，成立安全工作委员会，制定安全管理目标。2014—2015年，全市公路系统集中开展安全生产专项整治行动。2016年，落实安全生产责任制，加大隐患排查整治，完成危桥改造8座，完成安防工程74千米，定期检测全市国省干线桥梁139座，更换安全标示牌40块，修复钢护栏1000余米。2017年3月，市交通局成立市公路应急管理中心，制定应急管理预案，出台《桥梁安全隐患分级挂牌督办制度》，严防桥梁安全事故发生。

六、规费征收

1990年，全地区运输管理费按经营者营业收入的1%计征。征收汽车、拖拉机养路费，允许在成本中列支。1991年1月1日，全地区开征公路货运附加费，按每月每吨30元标准计征，征收范围为本市籍车辆或省外入驻娄底从事公路运输的各类货车、挂车、专用车、特种货车、货运拖拉机。1993年，地区撤销养路费征收办公室，成立交通规费征稽处，县（市）成立交通规费征稽所，负责汽车养路费、客货运附加费等各种规费征收。是年11月，国务院批复财政部、交通部征收车辆购置附加费的报告，1994年1月，全地区开始征收车辆购置附加费。小四轮以上汽车由地区征稽处征收，摩托车、拖拉机由各县（市）征稽所征收。征收标准：应征车购费额=含税销售额÷（1+税率）×10%。是年，地区成立运输管理处，县（市）相应成立运输管理所（局），负责拖拉机养路费和运管费征收。1995年4月，按省政府决定，全地区统一开征新车交通建设费，新购车辆（拖拉机除外）或在外省购买上户后转入本省落籍的车辆一次性征收新车交通建设费，征收标准以车辆价格为计算依据，分等级定额征收。2000年，停征新车交通建设费。2001年1月起，车辆购置附加费改为车辆购置税，由税务部门征收。2001年起，征稽部门征收汽车养路费、客货运附加费、车辆购置附加费（税）。运管部门征收运管费、拖拉机养路费及拖拉机货运附加费。2009年1月始，实行燃油税改革，各类规费全部停征。

1994—2008年娄底市交通规费征收情况表

表58-16　　单位:万元

年份	公路养路费	车辆客运附加费	车辆货运附加费	新车交通建设费	车辆购置费(税)
1994	5428.33	1483.58	860.82	61.20	2630.26
1995	6309.50	1574.49	983.57	610.57	2761.48
1996	7515.26	1714.80	1018.17	877.09	2685.23
1997	7159.98	2005.91	998.48	575.66	2071.40
1998	6981.82	2245.73	984.57	552.99	—
1999	6172.58	2239.58	799.00	609.00	—
2000	6242.58	2419.90	807.11	—	—
2001	6508.65	2528.67	852.68	—	—
2002	6812.13	2637.95	844.11	—	—
2003	7917.80	2275.76	875.07	—	—
2004	9088.51	2718.58	1030.34	—	—
2005	11147.39	1965.59	1236.61	—	—

续表58-16

年份	公路养路费	车辆客运附加费	车辆货运附加费	新车交通建设费	车辆购置费(税)
2006	12318.06	1821.77	1218.63	—	—
2007	13851.78	1782.97	1530.47	—	—
2008	15305.12	1627.68	1098.88	—	—
合计	135918.75	31042.96	15138.51	3286.51	10148.37

说明：2000年停征新车交通建设费

1994—2008年娄底市道路运输管理费征收情况表

表58-17 单位:万元

年份	金额	年份	金额	年份	金额
1994	108.00	1999	1470.00	2004	1505.26
1995	434.14	2000	1495.00	2005	1532.44
1996	1254.33	2001	1538.36	2006	1645.24
1997	1345.81	2002	1553.38	2007	1826.71
1998	1405.00	2003	1446.89	2008	2004.45

七、公路通行费

1991年4月，涟源市第一个公路收费站龙建收费站建立，收取通行费。1994年8月，冷水江市设立长铺车辆通行费收费站。9月，双峰县设立蚊子山车辆通行费收费站。1995年6月，涟源市设立光田湾车辆通行费收费站。1996年1月，娄底市设立茶亭子车辆通行费收费站。5月，新化县设立龙爪塘车辆通行费收费站。1998年6月，娄底市在娄湘公路设立收费站。2001年，双峰县设立永丰车辆通行费收费站。2002年4月，涟源市在娄涟公路涟源段设立胡家坝车辆收费站。同年，娄星区在娄涟公路娄星段东来湾设立收费站。2004年2月，涟源市在207国道设立珠梅收费站，2006年7月撤站。2005年3月，娄星区在S312娄涟公路金子塘设立收费站。2009年5月，按国务院规定，除高速公路外，全市一级及以下的公路收费站全部撤站，停收车辆通行费。

第五节　公路管理机构

一、市交通运输局

1990年，地区交通局属行署正处级工作机构，内设办公室、人教科、计财科、安全路政科、县乡公路管理站、地区运输管理处、交通规划勘察设计院、监察室、交通规费征稽办公室和汽车维修行业管理办公室，在职干部职工86人。1993年8月，地区交通局更名为地区交通委员会，1994年7月复名地区交通局。2010年10月，市交通局更名为市交通运输局，为市政府工作部门。2015年9月，市公路管理局、市道路运输管理处、市城市客运管理处、市地方海事局、市农村公路管理处承担的相关行政职能划入市交通运输局。市交通运输局内设办公室（信访维稳办公室）、人事科、政策法规科、计划统计科、基本建设科、交通运输管理科（娄底市出租汽车行业指导办公室、应急办公室）、安全监督科、综合规划科、财务科、离退休人员管理科，机关党委、纪检（监察）机构维持不变，市国防动员委员会交通战备办为市交通运输局副处级机构，按内设机构管理。2016年8月，市政府将市春运综合协调职能、铁路专线和道口安全监督职能从市经信委划转至市交通运输局，增设轨道运营管理科，春运办为市交通运输局的常设机构。2017年，市交通运输局直属二级机构：市道路运输管理处、市农村公路管理处、市交通工程质量安全监督管理处、市公路规费征稽管理处、市地方海事局，均为副处级事业单位。

二、市公路局

1993年8月，地区县乡公路管理处、地区交通规划勘察设计院与地区公路总段机关合并，组建地区公路管理局，为正处级事业单位，内设办公室、总工程师室、养路工程科、机料科、计划财务科、审计科、公路公安科、县乡道路科（对外保留县乡公路管理处的牌子）、监察室（与局纪委合署办公）、政工科、工会。直属机构：生活服务中心、地区公路沥青油场、地区公路物资设备服务站、地区公路工程机械队、地区交通规划勘察设计院（与地区公路质量监理站“两块牌子、一套人马”），均为正科级事业单位，实行企业化管理。高等级公路工程科、工程机构队合并为地区公路工程处。2000年1月，湘中路桥建设总公司和工程处合并，为副处级事业单位，实行企业化管理。是年10月，公路公安科和县（市、区）公路局公路派出所撤销。2001年1月，各县（市、区）公路局人、财、物、事上收市公路局管理。2002年8月，娄涟公路管理所设立。2005年，湘中路桥总公司改革改制。2009年5月，公路局所属的公路通行费收费站撤站，公路局收费管理科撤销。是年11月，市公路管理局增设总工程师室，设立娄底市超限超载和家检测站、良溪检测站。2013年5月，娄底市公路沥青油场更名为娄底市公路物资储备调配中心。2014年7月，娄涟公路管理所更名为娄底市公路路政管理执法支队，为正科级事业单位。2017年，市公路管理局内设办公室、人事科、计划统计科、工程科、养路科、财务科、政策法规科、安全监督科、质量监督科、科技科、总工程师室、离退休管理科、机关党委。

三、县（市、区）交通运输局

娄星区交通运输局　前身为娄底市交通局，1990年内设人秘股、计财股、安全股，下属单位有：交通运输管理所、市乡公路管理站、市交通运输总公司。是年底，交通体制改革，交通局从经委划归市政府直属领导。市乡公路管理站同公路段合并成立公路管理处。1994年改为市公路管理局。征稽办改为交通规费征稽所，1998年4月，征稽所上收地区。2000年，娄星区公路管理局整体并入市公路局。2011年1月，区交通局更名为区交通运输局。至2017年，机构不变。

冷水江市交通运输局　1993年12月，更名为冷水江市交通委员会，1994年9月复名交通局。2010年11月，市交通局更名为冷水江市交通运输局，内设办公室、人事股（加挂计生办牌子）、纪检监察、工会、武装部、交通战备办、政策法规股、计划基建股、运输管理股、安全监督股。直属机构：市道路运输管理局、市农村公路管理局、城市客运管理办公室、市地方海事处、市运输公司、市公共交通总公司、市汽车综合性能检测站。下辖工程机械大队、养护公司。归口单位：市交通工程质量安全监督管理所。至2017年，机构不变。

涟源市交通运输局　1993年11月，更名涟源市交通委员会。1995年1月复名市交通局。2007年，内设办公室、人事股、工程安全股、财务股、养护股、路政大队（加挂路政法制股）。二级机构有工程机械队、养护公司、光田湾收费站、市交通运输总公司、市联合运输总公司、市交通物资公司、市农村公路管理局、交通运输管理站、交通规费征稽所。至2017年，机构不变。

双峰县交通运输局　1990年，内设办公室、财务统计股、生产技术安全股。直属机构：运输管理所和县乡公路管理站。2002年，县交通局增设政策法规股和纪检、监察。直属二级机构：县农村公路管理局、县道路运输管理局、县城市客运管理局。至2017年，机构不变。

新化县交通运输局　1990年，内设办公室、人事股、纪检组、财务股、安全股、汽车维修办、征稽办、县乡公路管理站，归口管理航运、运输、联运、县汽车队4家集体企业。1994年5月，县交通局更名为县交通委员会，同年10月复名县交通局，1997年，增设运输综合股，2000年，增设法制股。2017年，内设办公室、人事股、财务股、规划计划股、基本建设股、交通运输管理股、安全监督股、政策法规股、行政审批股。直属机构：新化县道路运输管理局、新化县农村公路管理局、乡镇船舶安全管理所、县乡公路管理站、交通运输管理所。

第二章 铁 路

第一节 铁路建设

一、沪昆铁路娄底段

沪昆铁路1990年为湘黔线，境内通车里程161千米，2006年12月，湘黔铁路更名为沪昆铁路。娄底段正线长145千米，其中娄星区23.4千米、涟源市46千米、冷水江市14.5千米、新化县61.1千米。1995年11月，湘黔铁路道岔完成电气化改造，火车进站由室内电动控制替代人工扳道。铁路信号完成自动闭塞改造，实现计算机连锁自动控制。1996年4月，株洲至六盘水线复线建成通车，完成双线电气化改造，机车牵引动力以电力机车替代内燃机车，钢轨类型由60千克／米钢轨取代50千克／米钢轨，提速至120千米／小时。2017年，沪昆铁路境内里程150千米。

二、洛湛铁路娄底段

洛湛铁路娄底段分益娄段、娄邵段，共计里程52千米。

益娄段从石长铁路益阳车站接轨，途经益阳、长沙、湘潭至娄底，全长113千米，娄底境内从湘乡进入娄星区大埠桥街道办事处，跨西阳河与西恩铁路相交，再与娄涟公路立交，在娄底东站接轨进入娄底火车站，境内长7.9千米。2000年12月开工建设，2004年4月18日建成投入运营。

娄邵段即原娄邵铁路，为湘黔铁路支线，自娄底火车站经娄星区万宝镇至双峰双板桥、洪山殿、双涟、金家、三塘铺等车站，终至邵阳火车站，全长98千米。娄底境内里程54千米设有K3线路所、茶园、双板桥、洪山殿、双涟、金家、三塘铺等火车站。2003年，娄邵铁路并入洛湛铁路，改建新双线，于2009年动工。2010年8月17日，洛阳至湛江全线开通。2016年1月6日，新娄邵铁路建成通车，设计时速提升到200千米／小时，客货共线，全长99.36千米，为国家一级双线电气化铁路。娄底市境内42.31千米，其中娄星区18.2千米、涟源3.2千米、双峰20.9千米。

三、沪昆高速铁路娄底段

上海至昆明高速铁路由沪杭、杭长、长昆三段组成，全长2245千米。湖南境内全长508千米，娄底段正线长85.3千米，其中娄星区12千米，市经济开发区0.9千米，涟源市32.68千米，冷水江市7.13千米，新化县32.6千米。2014年7月建成。是年12月6日，长沙至新晃段通车营运，娄底境内设娄底高铁南站和新化高铁南站。2016年12月28日，沪昆高速铁路全线建成通车营运。

四、厂矿企业专用铁路

1990年，全地区有厂矿企业专用铁路33条，通车里程135千米。2002年，新化县中央储备粮直属库专用线开建，2004年建成使用，2股道，总长1.3千米，与新化火车站接轨。2005年，双峰县政府招商引资，修建双峰海螺有限公司专用线，正线长2.42千米，与三塘铺站接轨。新娄邵铁路建成后，双峰境内老娄邵铁路改作专用铁路。2006年，大唐华银开发有限公司开通金竹山电厂专用铁路，正线长1.8千米，在金竹山站接轨。2013年，华菱安赛乐米塔尔汽车板铁路专用线开工修建，与沪昆铁路和洛湛铁路相接，全长3.34千米。2017年，全市境内有铁路专用线51条，总长273.1千米，有机车50台，车辆216辆，专用线车站27个，年运输量3000多万吨。

2017年娄底市铁路专用线基本情况表

表58-18

序号	单位名称	合计长度（米）	接轨站	序号	单位名称	合计长度（米）	接轨站
1	涟　钢	178000	娄底	27	大唐华银电力	1800	金竹山
2	高溪洗煤厂	561	涟钢	28	双峰朝阳矿业（停运）	2618	
3	斗光货场	334		29	娄底市石油公司双涟油库	725	双涟
4	三奎桥三货场	298		30	洪山殿煤矿（停运）	4865	洪山殿
5	三奎桥二货场	357		31	新化县永发煤业公司	1002	新化
6	三奎桥四货场	240		32	中央储备粮娄底直属库	1339	
7	祖师殿货场	320		33	湖南海螺水泥有限公司	1703	西河
8	石坝一货场	340		34	湖南资江煤业销售公司	1732	冷西
9	石坝二货场	440		35	湖南资江矿业	320	金滩
10	斗立山货场	290		36	新化液化气站（停运）	80	新化
11	蛟龙一货场	340		37	西河采石厂	1489	西河
12	同芳村货场	866		38	鑫鑫铁合金厂（停运）	320	
13	洪源专用线	300		39	新化石油公司（停运）	482	新化
14	株木新村	739		40	双峰海螺水泥	2417	三塘铺
15	大汉集团	235	娄底	41	西恩铁路运输公司	9100	西恩
16	华润煤业利民集团（停产）	12547	涟源	42	娄底水泥制造有限公司	580	胜昔桥
17	原娄底市煤司购销站（停运）	228	利民	43	娄底海谊公司	260	西恩
18	顺鑫钢铁有限公司（停运）	260	涟钢	44	娄底安石集团	350	
19	涟源煤运公司	277	涟钢	45	立和公司	150	
20	金塔集团（原湘煤机、停运）	369	利民	46	娄底万通公司	370	
21	湖南宜化化工有限公司	17700	冷西	47	湘旺公司	350	
22	金富源碱业	3800	冷东	48	金华公司	280	
23	金竹山矿业有限公司	3700	金竹山	49	湘中石油	260	
24	冷水江钢铁总厂	15500	冷东	50	娄底华一公司	550	
25	资江矿业有限公司	600		51	江润公司	620	
26	闪星锑业有限公司	700	冷钢				

第二节　桥梁隧道

一、桥梁

1990年，湘黔铁路娄底段有大型桥梁4座，中型桥梁16座。从东到西分别为大埠河桥、澄清渡桥、杨梓江桥、石马江桥、蓝田桥、磨石河桥、双桂溪桥、贯塘河桥、柳溪江桥、资水桥、谭家桥、株木桥、龙江桥、万家桥、大洋江桥、西河桥、樟木桥、柘溪桥、黄龙坪桥、新泰桥。娄邵铁路娄底段有中桥3座，从北向南分别为龟岭桥、小富桥、相思桥。1996年4月，湘黔铁路株洲至六盘水完成复线工程改造，实现双线运行，桥梁增加。2010年，湘黔铁路娄底段有桥梁74座，计4252.09米，洛湛铁路娄底段有桥梁5座，计3241.75米。

2016年12月，沪昆高铁建成通车，娄底段主线有桥梁20座，总长11.89千米，娄邵铁路新线娄底段有桥11座，总长5.34千米。2017年，娄底工务段管辖铁路桥梁79座，总长7.49千米，其中沪昆线娄底段74座，长4.25千米，益湛线娄底段5座，长3.24千米。沪昆高铁线娄底段有桥梁31座，总长17.22千米。娄邵铁路11座，长5.34千米。

2017年湘黔、洛湛铁路娄底段娄底工务段管辖铁路桥梁情况表

表58-19

序号	线名	桥名	中心里程（千米）	孔跨式样	全长（米）	开通年份	所在地点
1	沪昆	大埠河	1216.02	5~20米—普通钢筋混凝土T形	116.0	1995	娄星区
2	沪昆	大埠河	1216.02	5~20米—预应用力钢筋混凝土T形	124.9	1958	
3	沪昆	迎春路框架	1222.49	2~12.9米—框构	27.6	2003	
4	沪昆	迎春路框架	1222.49	2~12.9米—框构	27.6	1998	
5	沪昆	澄清渡	1223.92	7~20米—普通钢筋混凝土T形	160.8	1958	
6	沪昆	澄清渡	1223.93	7~20米—预应用力钢筋混凝土T形	163.6	1996	
7	沪昆	吉星路框架	1225.27	1~10米—框构	11.0	1998	
8	沪昆	铁跨铁1号	1226.48	2~16米—先张预应力钢筋混凝土低高度	47.6	1996	
9	沪昆	铁跨铁2号	1226.48	2~16米—先张预应力钢筋混凝土低高度	47.6	1996	
10	沪昆	铁跨铁3号	1226.54	2~16米—先张预应力钢筋混凝土低高度	48.2	1996	
11	沪昆	铁跨铁4号	1226.56	2~16米—先张预应力钢筋混凝土低高度	48.2	1996	
12	沪昆	新星路框架	1226.72	2~8米—框构	17.8	1996	
13	沪昆	清潭框架	1226.81	2~8米—框构	17.8	1996	
14	沪昆	客车疏解线	1232.50	1~32米／1~56—预应力钢筋混凝土T形； 1~32米—预应力钢筋混凝土箱形连续	337.0	2015	
15	沪昆	疏解区框架	1233.02	2~12／1~16米—连续钢构	47.3	2015	

续表58-19

序号	线名	桥名	中心里程（千米）	孔跨式样	全长（米）	开通年份	所在地点
16	沪昆	罗家村	1249.28	1~16米—普通钢筋混凝土π形	26.4	1958	涟源市
17	沪昆	罗家村	1249.28	1~14.85米—框构	25.7	1999	
18	沪昆	杨市立交	1252.53	1~10.9米—框构	11.8	1999	
19	沪昆	杨梓江	1256.59	3~16米—先张预应力钢筋混凝土梁	55.1	1999	
20	沪昆	杨梓江	1256.59	3~16米—普通钢筋混凝土π形	59.6	1959	
21	沪昆	谢家	1257.83	1~16米—先张预应力钢筋混凝土梁	24.6	1999	
22	沪昆	谢家	1257.83	1~16米—普通钢筋混凝土π形	24.1	1959	
23	沪昆	观山	1258.95	1~9.85米—框构	20.7	1999	
24	沪昆	观山	1258.95	1~10米—普通钢筋混凝土π形	22.1	1959	
25	沪昆	石马山	1268.53	1~12米—框构	13.2	1985	
26	沪昆	石马山	1268.53	1~12米—框构	13.8	1999	
27	沪昆	石马江	1268.80	1~16米—普通钢筋混凝土π形	48.8	1959	
28	沪昆	石马江	1268.80	2~12米／1~16米—先张预应力钢筋混凝土梁	48.1	1999	
29	沪昆	蓝田	1271.13	2~23.8米—预应力钢筋混凝土T形	66.0	1959	
30	沪昆	蓝田	1271.13	1~24米／1~32米—预应力钢筋混凝土T形	67.5	1999	
31	沪昆	磨石河	1272.84	1~14.85米—框构	25.7	1999	
32	沪昆	磨石河	1272.84	1~16米—普通钢筋混凝土π形	30.2	1959	
33	沪昆	双桂溪一道	1277.03	1~20米—普通钢筋混凝土T形	33.6	1989	
34	沪昆	双桂溪二道	1277.03	1~20米—普通钢筋混凝土T形	33.2	1959	
35	沪昆	双桂溪三道	1277.03	1~20米—预应力钢筋混凝土T形	33.6	1999	
36	沪昆	双桂溪四道	1277.03	1~20米—普通钢筋混凝土T形	33.2	1989	
37	沪昆	贯塘河	1278.06	1~32米—预应力钢筋混凝土T形	45.7	1999	冷水江市
38	沪昆	贯塘河	1278.06	1~20米—钢筋混凝土双曲拱	41.6	1999	
39	沪昆	金竹山	1294.32	1~12米—普通钢筋混凝土低高度π形	24.6	1975	
40	沪昆	金竹山	1294.32	1~11.9米—框构	22.8	1999	
41	沪昆	柳溪江	1297.34	3~23.8米—预应力钢筋混凝土T形	81.9	1970	
42	沪昆	柳溪江	1297.35	3~32.6米—预应力钢筋混凝土T形	111.0	1999	
43	沪昆	冷东	1298.28	2~8米—框构	23.0	1981	
44	沪昆	冷东	1298.28	2~4.4米／2~8.65米—框构	41.1	1999	
45	沪昆	资水	1303.25	4~29.64米—复式上板；2~60.47米—铆焊下桁	257.8	1971	
46	沪昆	资水	1303.25	2~60米—栓焊连续下桁；4~32米—预应力钢筋混凝土T形	265.0	1999	
47	沪昆	郭家	1306.61	1~16米—先张预应力钢筋混凝土梁	29.6	1999	
48	沪昆	郭家	1306.61	1~16米—普通钢筋混凝土π形	29.4	1970	

续表58-19

序号	线名	桥名	中心里程（千米）	孔跨式样	全长（米）	开通年份	所在地点
49	沪昆	曾山	1307.25	1~16米—先张预应力钢筋混凝土梁	29.4	1999	新化县
50	沪昆	曾山	1307.25	1~16米—普通钢筋混凝土π形	29.6	1970	
51	沪昆	谭家	1308.61	3~12.5米—框构	48.5	1937	
52	沪昆	谭家	1308.62	3~16米—先张预应力钢筋混凝土梁	62.5	1999	
53	沪昆	株木	1310.18	3~16米—先张预应力钢筋混凝土梁	62.5	1999	
54	沪昆	株木	1310.19	1~16米—普通钢筋混凝土π形	40.4	1970	
55	沪昆	龙江	1310.45	6~16.5米—普通钢筋混凝土低高度π形	108.9	1999	
56	沪昆	万家	1317.90	3~12米—先张预应力钢筋混凝土梁	50.5	1999	
57	沪昆	万家	1317.90	3~12.5米—框构	48.5	1937	
58	沪昆	新化	1321.94	1~12.9米—框构	23.8	1999	
59	沪昆	新化	1321.94	1~12米—框构	23.8	1999	
60	沪昆	新化牵出	1321.94	1~12米—框构	23.8	1999	
61	沪昆	大洋江	1327.41	5~32米—预应力钢筋混凝土T形	176.4	1999	
62	沪昆	大洋江	1327.42	5~30米—复式上板	172.3	1970	
63	沪昆	西河站东头立交	1340.06	1~9米—框构	10.7	1999	
64	沪昆	西河站东头立交	1340.06	1~9米—框构	10.7	1992	
65	沪昆	西河	1343.47	2~16米—普通钢筋混凝土低高度π形； 2~16米—先张预应力钢筋混凝土梁	46.2	1970	
66	沪昆	樟木	1349.01	4~10米—普通钢筋混凝土π形	30.9	1970	
67	沪昆	柘溪	1357.03	1~16米—预应力钢筋混凝土T形	32.3	1970	
68	沪昆	柘溪	1357.03	1~16米—先张预应力钢筋混凝土梁	32.3	1996	
69	沪昆	太平铺	1357.45	1~12.4米—框构	13.2	1996	
70	沪昆	黄龙坪	1359.76	3~6.7米—普通钢筋混凝土π形	31.0	1971	
71	沪昆	黄龙坪三道	1359.76	3~6.7米—普通钢筋混凝土π形	31.0	1990	
72	沪昆	黄龙坪五道	1359.76	3~6.7米—普通钢筋混凝土π形	31.0	1990	
73	沪昆	新泰	1366.91	2~20米—先张预应力钢筋混凝土梁	74.3	1999	
74	沪昆	新泰	1666.91	2~20米—普通钢筋混凝土T形	74.1	1971	
75	娄益	塘头庄特大	95.77	16~32米—普通钢筋混凝土低高度T形	532.24	2002	娄星区
76	娄益	西洋河特大	97.97	33~32米—预应力钢筋混凝土T形	1091.57	2002	
77	娄益	上行货车线	125.60	19~20米—预应力钢筋混凝土T形	408.94	2015	
78	娄益	上行货车线	126.69	1~32米—钢筋混凝土槽形板；2~24米／2~32米—预应力钢筋混凝土T形	282.17	2015	
79	娄邵疏解	客车疏解线	—	17~20米／17~32米—预应力钢筋混凝土T形	926.83	2015	

说明：沪昆铁路桥梁排序由东向西

2017年娄邵铁路娄底段桥梁一览表

表58-20 单位:米

桥　名	中心里程	起点里程	终点里程	全长	孔跨布置	行别
万宝上行联络线大桥	K0+650.257	K0+466.897	K0+833.407	363.91	2~24米、2~20米、8~32米单线简支T梁	上行
肖婆塘上行联络线大桥	K1+893.207	K1+774.167	K2+012.237	238.10	7~32米单线简支T梁	上行
跨娄新高速上行联络大桥	K2+155.987	K2+061.867	K2+250.037	188.24	1~(48+80+48)米单线连续梁	上行
肖家塘上行联络线特大桥	K3+269.147	K2+508.257	K4+030.037	1521.78	43~32米单线简支T梁、3~32米双线简支T梁	上行
万宝下行联络线大桥	K0+564.436	K0+382.439	K0+746.432	361.37	1~16米、3~24米、8~32米单线简支T梁	下行
肖婆塘下行联络线大桥	K1+740.999	K1+618.909	K1+825.679	206.77	6~32米单线简支T梁	下行
跨娄新高速下行联络线大桥	K2+045.719	K1+884.059	K2+205.379	321.32	5~32米单线简支T梁+1~(40+64+40)米单线连续梁	下行
肖家塘下行联络线特大桥	K3+105.479	K2+315.229	K3+898.929	1584.00	45~32米单线T梁,3~32米双线简支T梁	下行
廖家塘大桥	K4+387.155	K4+265.4	K4+506.37	240.97	7~32米双线简支T梁	上下行
跨娄邵技改左线大桥	K4+829.565	K4+769.665	K4+893.935	105.00	1~(32+48+32)米双线连续梁	上下行
匡家村大桥	K5+288.465	K5+185.765	K5+391.165	205.40	6~32米双线简支T梁	上下行

2017年沪昆高铁娄底段桥梁一览表

表58-21 单位:米

桥名	中心里程	起点里程	终点里程	全长	孔跨布置
大坡村特大桥	K1204+270	K1203+838	K1204+702	864.02	2(7~32米+2~24米+12~32米+1~24米+5~32米)
涂家冲大桥	K1205+096	K1205+015	K1205+176	160.63	2(1~24米+4~32米)
三板头大桥	K1205+568	K1205+439	K1205+697	258.73	2(7~32米+1~24米)
谢家塘大桥	K1206+210	K1206+093	K1206+327	234.03	2(7~32米)
跨娄邵铁路特大桥	K1207+358	K1206+914	K1207+802	888.02	2(13~32米+1-(1×6~32)米连续梁+1~32米+1×6~32米+1~32米)
娄底站大桥	K1208+578	K1208+342	K1208+815	472.97	2(1~20米+18~24米)
万宝大桥	K1210+168	K1209+989	K1210+347	357.53	2(1~24米+1~32米+1~24米+2~32米+1~24米+4~32米+2~24米)

续表58-21

桥名	中心里程	起点里程	终点里程	全长	孔跨布置
跨娄新高速公路特大桥	K1211+529	K1211+242	K1211+817	575.29	12~32米+1~(48+80+48)米连续梁
肖家塘特大桥	K1212+424	K1211+971	K1212+878	907.06	9~24米+14~32米+1~(60+100+60)米连续梁
花门特大桥	K1214+408	K1213+440	K1215+377	1936.84	8~23米+53~32米
学堂咀特大桥	K1216+337	K1216+008	K1216+667	659.13	20-32米
谢家桥1号特大桥	K1217+184	K1216+920	K1217+448	528.33	16-32米
谢家桥2号特大桥	K1218+247	K1217+680	K1218+814	1133.60	2~24米+33~32米
黄泥坑中桥	K1218+930	K1218+882	K1218+977	95.25	1~24米+2~32米
牛头冲特大桥	K1220+089	K1219+350	K1220+828	1478.30	2~24米+40~32米+1~(32+48+32)米连续梁
陈家冲大桥	K1221+306	K1221+221	K1221+390	168.85	5~32米
柳元冲特大桥	K1222+868	K1222+612	K1223+125	512.35	14~32米+2~24米
竹山中桥	K1223+373	K1223+322	K1223+425	103.25	3~32米
青石冲大桥	K1223+637	K1223+548	K1223+726	177.35	3~24米+3~32米
雷家塘大桥	K1223+974	K1223+787	K1224+161	373.55	3~24米+9~32米

二、隧道

娄邵线有双板明峒，长72.02米；大富明峒，长215.04米。新娄邵线娄底段有隧道10座，总长12.25千米。

湘黔线有天马山明峒，长154.6米；渣洋隧道，长391米。

沪昆高铁娄底段有万宝坪双隧道，长768米；陈家冲双隧道，长334米；长步双隧道，长1042米；万家田双隧道，长123米；金龙山双隧道，长258米；瓦屋里双隧道，长707米；肖家塘双隧道，长688米；崇瑞双隧道，长222米；青松双隧道，长262米。总长4.4千米，其中主线5座，双隧长2.53千米。娄邵联络线4座，双隧长1.88千米。

第三节　车　站

一、沪昆铁路娄底段

沪昆铁路娄底段设胜昔桥、娄底东、娄底、百亩井、竹冲（2005年8月关停）、杨市、观山、金盆湾、底下（以上3个小站于2000年12月撤销）、涟源、荷叶、金竹山、冷水江西、新化、金滩、西河、横阳山、团结山站。

娄底火车站　始建于1958年，1995年异地（氐星路与月塘街交会处）按一级三场建设，设计能力日接发列车225列，日客运流量6000人，年货运吞吐量1700万吨；远期规划日接发列车264列，年货运吞吐量5000万吨。1996年11月6日建成投入运营，1999年1月全面竣工。站房面积5400平方米，客运站台5个，广场面积6.43万平方米，总投资7000万元。该站为湘黔、洛湛铁路线上一等客货区段站。

2005年，娄底火车站发送旅客218万人次，发送货物454万吨，到达853万吨，日均办理车数7125辆，其中有调中转2693辆，无调中转3743辆，日接发旅客列车57列，日接发货物列车178列。2015年，站场设备提质改造后，增加到5站台5股道，重新修建地下通道，并改造天桥，将原有站台改建为高站台。2016年6月，娄底铁路枢纽扩能改造工程完成，车站实现客货分流。担负沪昆线、洛湛线旅客列车到发，沪昆线直达货物列车乘务员换乘作业，沪昆线直达货物列车和洛湛线货物列车的始发、终到、解编作业及涟钢专用线、大汉专用线、工务段管线、机务段管线、站修、45道和娄底东站货物线的取送作业。

涟源火车站　为客货运输车间级中间站。车站办理接发列车作业、调车作业和客货运输业务。车站中心在沪昆线K1276+390米处。1988年，拆除旧站建设新车站。1989年1月竣工启用。候车室使用面积730平方米，可容纳400人，售票厅171平方米，行包房210平方米，仓库1860平方米，货棚1630平方米，西货场占地800平方米，客站台1个195平方米。1998年，新建旅客站台混凝土雨棚1个，面积2990平方米，新建跨线人行天桥1座。2000年，新建东货场1个，占地3000平方米，设20吨龙门吊1台。车站到发线7条，牵出线2条，专调机车整备线1条，接触网轨道车整备线1条，货物线3条，专用线3条，另有存车线1条，安全线2条，各长50米。道岔39副，专调机车1台。

杨市站　为客货四等中间站，车道6条，正线2条，到发线2条，货物线2条，岔道线1条，长135米，安全线1条，长112米。旅客站台1个，面积2160平方米，候车室面积308平方米，售票房面积16平方米，行包房64平方米。

荷叶站　为客货四等中间站，车道3条，到发线2条，货物线1条，岔道线1条，长121米，安全线2条，长分别为114米、110米。旅客站台1个，面积1084平方米，候车室面积60平方米，售票房7平方米，行包房40平方米。

金竹山站　为中间四等站，设11股道，除正线外，到发线3股，货物线1条，联络道1条，渡线2条，三角线3条，旅客站台2个。总使用面积2505平方米，候车室面积180平方米。售票室面积18平方米，行包房面积48平方米，货物仓库面积461平方米。

冷水江东站　为客运四等中间站，10股道，除正线外，到发线2条，存车线3条，货物线1条，联络线2条，渡线2条，客运站台2个，候车室面积389.4平方米，售票房12.6平方米，广播室兼小件寄存处16平方米。货运场地总面积3079平方米，存放能力1.55万吨，其中有仓库4个，为三等客货运站，下设运转车间、客运车间、货运车间。2006年3月，冷水江东站为娄底车务段管辖下的车间级车站。

冷水江西站　为中间四等客货运站，有轨道9股，除正线外，有到发线4条，存车线1条，货物线1条，安全线和岔线各1条，站台1个。总面积1958平方米，候车室面积162平方米，售票处面积12平方米，行包房面积87平方米。

新化站　站内轨道10股，除正线外，有到发线2条，存车线1条，牵出线1条，货物线2条，工务线2条，渡线1条，客运站台2个。占地面积6080平方米，候车室面积477平方米，售票处面积27平方米，行包房面积162平方米，零担仓库面积426平方米，货运仓库面积417平方米，为娄底车务段车间级车站。

金滩站　为客货运四等站，站内轨道7股，除正线外，有到发线3条，货物线1条，安全线1条，岔线1条，客运站台一个。总面积1260平方米，候车室面积108平方米，售票处面积12平方米，行包房面积36平方米，零担仓库面积108平方米，货物仓库面积237平方米。

西河站　为中间四等客货运站，站内轨道13股，除正线外，其中到发线3条，存车线2条，渡线1条，安全线1条，岔线3条，站台2个。总建筑面积3964平方米，其中候车室面积276平方米，售票处面积24平方米，行包房面积68平方米，零担仓库面积170平方米，货运仓库面积227平方米。

横阳山站　为四等客货运站，站内设6股道，除正线外，有到发线2股，货物线1条，牵出线1条，渡线1条，全长67米，站台2个。建筑面积3290平方米，其中候车室面积228平方米，售票处面积28平方米，行包房面积42平方米，零担仓库面积120平方米。

团结山站　2015年10月闭站。

二、洛湛铁路娄底段

娄邵铁路娄底段设有茶园、双板桥、洪山殿、双涟、金家、三塘铺6个车站，2003年并入洛湛铁路。2016年，娄邵新线娄底段设娄底、娄底西、双峰北3个站。

双峰北站　站场面积5000平方米，投资5000万元。2012年12月，开工建设，2015年底建成。2016年1月26日通车运营。站内轨道4股，站房建筑面积1050平方米，双峰北站同时办理动车组和普速列车运营。

双板桥站　为四等客货运站，站设3股道，2扳道房，站房面积267平方米，候车室面积138平方米，售票房11.2平方米，行包房12.6平方米，行包仓库58平方米，两扳道房18平方米，零担仓库1个，116平方米，旅客站台1个，总面积2000平方米，3股站线。2016年新线建成营运后，转为专线铁路。

洪山殿站　为五等客运站，站内设站线2股，主线和到发线，站台2个，候车室146.5平方米，售票房12平方米，行包房57平方米，运转室20.7平方米，两扳道房20平方米。2016年，娄邵新线运营后，转为专线铁路。

双涟站　为五等客货运站，有站线3股。2016年，娄邵新线开通后，改为专用铁路。

金家站　为五等客运站，有站线2条，站台1个，站房总面积1134平方米，其中候车室116.2平方米，售票房9平方米，行包房12.6平方米，行包仓库46平方米，2扳道房33平方米。货运仓库1栋，面积175平方米。2016年，娄邵新线开通后改为专线铁路。

三塘铺站　为中间四等客货运站，站内设站线3条，其中到发线2条，货物线1条，建站台2个，面积分别为790平方米和1880平方米，候车室面积117平方米，其中售票房12平方米，行包房67.3平方米，零担仓库2个，面积227平方米。货运仓库385平方米，货场3个，其使用面积分别为820平方米、1040平方米、2100平方米。2016年，娄邵新线开通后，转为专线铁路。

三、沪昆高速铁路娄底段

娄底南站　位于娄星区万宝镇，东临潭邵高速公路娄底连接线，2014年12月16日运营。设有客运、票房、行车等部门，设8线，到发线长640米，旅客站台4个，站台长度450米，其中基本站台宽12米，侧工站台宽9米，设站台雨棚。设旅客通道2处。主站房总建筑面积3.27万平方米，其中站房建筑面积1.17万平方米，站台雨棚建筑面积9880平方米。设有先进的CTC运输调度指挥系统、列车运行控制系统、数字移动通信系统和旅客服务系统，保证列车在高速运行下行驶安全和乘坐舒适，营运里程为K1208+602，上行方向为韶山南站，下行方向为邵阳北站。车站有6个人工售票窗口，15台自动售取票机，2台自动取票机，4台进站人脸识别仪，为重点旅客、学生、军人设立专门优先窗口和专用候车区。车站运输能力：普运每月16万人次，春运每月20万人次。2017年发送旅客191.7万人次，到达旅客202.09万人次。

新化南站　位于新化县洋溪镇，属中型客运站，2014年12月16日运营。车站设2台4线（含正线2条），车站到发线长度为640米，设旅客站台2座，站台长度450米。其中基本站台宽度12米，侧式站台宽度9米，有站台雨棚，设旅客通道1处。主站房和站台雨棚采用线测式布局，总建筑面积1.11万平方米，其中站房建筑面积3000平方米，站台雨棚建筑面积8100平方米。运用CTC运输高度指挥系统、列车运行控制系统、数字移动通信系统和旅客服务系统。车站中心里程为CK216+700，上行方向为邵阳北站，下行方向为溆浦南站。车站共有4个人工售票窗口，4台自动售票机，4台自动进站闸机，4台自动出站闸机。车站运输能力普运每月7万人次，春运每月14万人次。2017年发送旅客58.78万人次，到达63.48万人次。

第四节 运 输

一、客运

(一) 普铁客运

1990年，娄底站发送和到达列车4380对，发送旅客3139万人。涟源站发送和到达列车2190对，发送旅客1095万人。冷江站发送和到达列车3285对，发送旅客1861万人。新化站发送和到达列车3650对，发送旅客2664万人。双峰站发送和到达列车730对，发送旅客912万人。

2007年，娄底站发送和到达列车5933对，发送旅客5987万人。涟源站发送和到达列车5087对，发送旅客2214万人。冷江站发送和到达列车5098对，发送旅客3325万人。新化站发送和到达列车6013对，发送旅客6087万人。双峰站发送和到达列车1456对，发送旅客2497万人。

2017年，娄底站发送和到达列车6208对，发送旅客6365万人。涟源站发送和到达列车5408对，发送旅客2568万人。冷江站发送和到达列车5518对，发送旅客3826万人。新化站发送和到达列车6352对，发送旅客6492万人。双峰站发送和到达列车1781对，发送旅客2904万人。

1990—2017年娄底各县市火车站客运情况统计表

表58-22 单位：对、万人

年份	娄底站		涟源站		冷江站		新化站		双峰站	
	列车	运客	列车	运客	列车	运客	列车	运客	列车	运客
1990	4380	3139	2190	1095	3285	1861	3650	2664	730	912
1991	4450	3230	2210	1163	3305	1960	3990	3661	763	1012
1992	4643	3360	2323	1236	3401	2023	4012	3715	771	1131
1993	4745	3426	2411	1302	3502	2132	4686	3896	782	1233
1994	5011	3533	2552	1451	3680	2230	4780	3902	795	1336
1995	5056	3680	2623	1491	3784	2360	4886	3968	801	1402
1996	5152	3700	2689	1506	3891	2431	4901	4021	853	1483
1997	5177	3799	2706	1597	3922	2534	5114	4201	901	1506
1998	5236	4003	2881	1663	4011	2655	5231	4298	923	1651
1999	5324	4132	3026	1699	4206	2786	5424	4531	1002	1730
2000	5368	4189	3293	1785	4361	2821	5491	4601	1077	1801
2001	5483	4225	3354	1883	4463	2971	5592	4698	1103	1905
2002	5598	4368	3669	1995	4650	3011	5611	5766	1255	2013
2003	5663	4406	3739	2035	4789	3189	5698	5806	1301	2134
2004	5701	4556	4012	2096	4863	3211	5722	5899	1339	2331
2005	5799	4663	4910	2187	4996	3297	5796	5901	1396	2349
2006	5876	4812	5036	2190	5011	3302	5890	6011	1413	2411
2007	5933	5987	5087	2214	5098	3325	6013	6087	1456	2497
2008	5993	6024	5117	2259	5113	3397	6049	6112	1497	2501
2009	6012	6089	5169	2271	5188	3402	6074	6175	1504	2578

续表58-22

年份	娄底站		涟源站		冷江站		新化站		双峰站	
	列车	运客	列车	运客	列车	运客	列车	运客	列车	运客
2010	6087	6114	5197	2301	5203	3451	6102	6199	1533	2587
2011	6101	6151	5204	2347	5287	3499	6181	6201	1564	2601
2012	6138	6174	5268	2365	5298	3511	6198	6211	1593	2689
2013	6145	6189	5278	2390	5302	3577	6214	6243	1601	2705
2014	6165	6231	5297	2405	5377	3594	6248	6277	1641	2763
2015	6175	6248	5319	2456	5409	3604	6267	6307	1687	2806
2016	6192	6267	5369	2499	5493	3753	6310	6385	1702	2833
2017	6208	6365	5408	2568	5518	3826	6352	6492	1781	2904

（二）高铁客运

娄底南站　2015年发送141.45万人，到达145.89万人。2016年发送190.82万人，到达191.32万人。2017年发送191.71万人，到达202.09万人。

新化南站　2015年发送40.32万人，到达41.81万人。2016年发送54.57万人，到达58.43万人。2017年发送58.78万人，到达63.48万人。

二、货运

娄星区境内　1990—2004年，发送货物1.23亿吨，到达货物1.18亿吨。2005年，娄底火车站发送货物1454万吨，到达货物1353万吨。2006—2017年，发送货物量1.56亿吨，到达货物1.4亿吨。

涟源市境内　1990—1999年，发送货物723.65万吨，到达货物663.23万吨。2000—2010年，发送货物682.78万吨，到达货物839.15万吨。2011—2017年发送货物805.14万吨，到达货物205.58万吨。

新化县境内　1990年货物发送100.53万吨，到达63.65万吨。1991—1999年，发送货物573.28万吨，到达货物2186.79万吨。2000—2010年，发送货物592.72万吨，到达货物478.54万吨。2011—2017年，发送货物2101.57万吨，到达货物559.72万吨。

双峰县境内　1990—2001年，发送货物815万吨，到达货物626万吨。2012—2017年，发送货物3214万吨，到达货物871万吨。

冷水江市境内　1990—2010年，发送货物6167.2万吨，到达货物8587.23万吨。2011—2017年，发送货物3556.1万吨，到达货物5870.78万吨。

第五节　铁路管理机构

1988年，娄底铁路办事处及娄底各段、娄底站划归长沙铁路分局管理。新化电务段、新化车务段、新化工务段、冷水江东站划归怀化分局管辖。是年，地区铁路专用线运输办公室成立，并分别在娄底、冷水江、涟源、新化成立站区办公室。各站区办公室业务由地区铁路专用线运输办公室统一领导。2003年，铁道部撤销各铁路局管辖下的各分局，铁路局直管各站段。2006年3月，娄底机务段撤销，合并到株洲机务段，2010年8月划归怀化机务段，成为怀化机务段娄底机务片区。

中国铁路广州局集团有限公司娄底车务段为一等车务段，1965年5月成立。领导体制至2003年不变。2004年12月，湘潭、邵阳两个独立二等站划归娄底车务段管理。2005年5月，娄底车务段与新化车务段整合。2006年3月，娄底站划归娄底车务段管理。车务段下设行政、党群办、人劳、技术、客运、安全、计财、职教、路风、值班室和保卫科11个科室，下辖劳动服务公司，年末在职职工2138人，管辖41个车站，1个线路所，运营里程556.45千米。

2013年3月，娄底机务段和娄底车务段归属中国铁路广州局集团有限公司管辖，至2017年保持不变。

第三章 水 路

第一节 航 道

1990年，境内有大小通航河流14条（段），通航里程302千米，其中常年通航205千米，季节性通航97千米。20世纪60—70年代建成100余座闸坝，通江达海的湘中黄金水道资江、涟水水运功能降低。2003年，境内航道总里程326千米，其中因兴建水利枢纽而形成的水库航道11条计70千米，航道养护里程111千米（资江）。2017年，全市河流实际通航总里程309千米，其中娄星区48千米，涟源市39千米，双峰县30千米，冷水江市29千米，新化县163千米。

一、资江航道

（一）干流航道

资江从新邵筱溪入境，流经冷水江市、新化县，于苏溪口下游2千米处出境入安化柘溪水库，过益阳市汇入洞庭湖。境内全长111千米，属资江中游，其中新化县87千米，冷水江市24千米。1990—1991年，枯水期严重碍航，新化县城至白溪、琅塘、安化平口方向客班船航行受阻。省航道局拨专款15万元整治，项目竣工后，航道宽25~38米、水深1.1米、弯曲半径200米以上的六级技术标准，保证客班航线枯水期畅通。2003年，境内资江水深、航宽、跨河桥梁、过河管道等均满足六级航道技术要求，航道维护及航标配布为三类，设标里程111千米。2005年前，水道主要配布竹竿插标、木制三角塔浮标，达标率93%。2008年，冷水江市浪石滩电站建成投产，大坝同步建通航设施升船机一座，通航能力100吨级。因大坝上行21千米至新邵筱溪电站形成水库，此水域可常年通航400吨级船舶。大坝下游至新化一大桥24千米，水位则受大坝闸门开闭影响，一般可通航30吨级以下船舶。2009年后，资江水道全部实现配布标识鲜明、美观耐用的新型高分子塑料防撞浮鼓标。至2017年，资江干流航道常年坚持疏浚维护养护。航道设置桥区、跨河建筑物航标及滩险标、岸线标等各类助航标志180座。冷水江市政府全面禁止河道采砂，货运消失，大坝升船机基本闲置。

2017年娄底市资江干流航道情况表

表58-23

分段起止点	航道里程（千米）	航道等级	航道宽度（米）	航道水深（米）	弯曲半径（米）	通航水位保证率（%）	船舶吨级（吨）	电站大坝通航设施
苏溪—白溪汽渡	24	6	30	1.2	200	95	100~200	—
白溪汽渡—新化资江一大桥	41	6	30	1.2	200	95	50~100	—
新化资江一大桥—冷水江浪石滩电站	24	6	30	1.0	200	93	30~100	升船机（可通100吨级船舶）
冷水江浪石滩电站—新邵筱溪人渡	22	6	300	—	300	100	100~400	

（二）支流航道

资江境内通航支流均在新化县境域，共9条，通航里程40千米，其中大洋江9千米属七级航道，其余8条支流为油溪、白溪、鹅溪、澧溪、太平溪、大井溪、苏溪、平口溪，总长31千米，均属等外级航道（八级以下）。因受资江下游安化县柘溪大坝及支流水库回水影响，大多数支流回水段通航条件改善，常年通航里程28千米，季节性通航12千米。

（三）库区航道

车田江水库航道位于油溪河上游，跨新化县温塘镇、涟源市古塘镇，其中车田江大坝至新化油溪乡晏家村10千米、至涟源市古塘乡7千米通航，属库区深水航道。

铁山坝水库航道位于新化县油溪河中段，大坝至中油溪10千米段通航，属库区深水航道。

半山水库航道位于新化县槎溪镇半山村洋溪河上游，半山至红岩桥通航里程4千米，属库区深水航道。

梅花洞水库航道位于新化县小洋溪中游，六竹至梅花5千米通航，属库区深水航道。

周头水库航道位于冷水江市柳溪上游，周头大坝至吴家5千米通航，属库区深水航道。

二、涟水航道

（一）干流航道

涟水主要通航支流有孙水、西阳河、侧水。1999年，涟水航道定为八级（等外级），通航里程65千米（娄底市中心城区一大桥至双峰县江口），其中水府庙库区石屋塘至双峰杏子铺镇山斗冲27千米。2003年，境内涟水航道调整为41千米（娄底市涟钢大桥至双峰县江口），其中娄星区24千米（涟钢大桥至石屋塘），双峰县17千米（三斗冲至江口）。夹在娄星区与双峰之间的石屋塘至山斗冲27千米航段划归湘潭，航道等级提升为七级，可常年通航20～30吨级船舶。水府庙大坝船闸因长期过往船只少而关闭。2011年12月《湖南省内河水运发展规划（2011—2030年）》发布，规划设计涟水复航工程投资89亿元，按1000吨级航道标准（三级）实现涟源市湘河口至娄底涟钢大桥175千米航段复航。

2017年娄底市涟水干流航道情况表

表58-24

分段起止点	航道里程（千米）	航道等级	航道宽度（米）	航道水深（米）	弯曲半径（米）	通航水位保证率(%)	船舶吨级（吨）	电站大坝通航设施
江口—水府庙电站	13	7	25	0.6～1.0	200	90	20～30	船闸：双闸室各长50米×宽8.4米×深1.8米(可通100吨级船舶，待修复)
水府庙大坝—山斗冲	4	7	25	库区深水	300	100	50～100	
石屋塘—犁头嘴	7	7	25	1.0～1.5	200	95		
犁头嘴—娄底一大桥	14	7	20	0.6～1.0	150	85	20～30	
娄底一大桥—涟钢大桥	3	7	20	0.6～1.0	150	85		

（二）支流航道

侧水　双峰县江口至邓家塘13千米，系洋潭坝回水区，可常年通航50吨级船舶。2003年，从八级调升为七级航道。

孙水　娄星区犁头嘴至同仁团16千米，系水府庙大坝回水尾水段，可常年通航5～20吨级船舶，属等外级航道。

西阳河　娄星区谭树湾至西阳河口8千米，系水府庙大坝回水尾水段，可常年通航5～20吨级船舶，属等外级航道。

（三）库区航道

白马水库　航道位于孙水河上游涟源市境内，白马至山团庙2千米，至厚里8千米，孙家桥至田心3千米，属库区深水航道。

大江口水库航道　位于湄水河上游涟源市境内，库区和枢纽范围属省级旅游区——湄江风景区中心。1992年大坝竣工蓄水，枢纽大江口至王江10千米，至黄陈7千米，至洋田9千米通航，属库区深水航道。

2017年娄底市航道情况表

表58-25

<table>
<tr><th>类别</th><th colspan="2">通航河流(水库)</th><th>起讫点</th><th>通航里程(千米)</th><th>现状等级</th><th>通航水位保证率</th></tr>
<tr><td rowspan="24">常年航道</td><td colspan="2">资水干流</td><td>苏溪—筱溪人渡</td><td>111</td><td>Ⅵ级</td><td rowspan="3">93%</td></tr>
<tr><td rowspan="12">资水支流</td><td>苏 溪</td><td>陶家湾—新田桥</td><td>4</td><td rowspan="3">Ⅷ级</td></tr>
<tr><td>平口溪</td><td>铁炉—命田</td><td>1</td></tr>
<tr><td>澧溪</td><td>澧溪—石门</td><td>5</td><td rowspan="4">90%</td></tr>
<tr><td>鹅溪(白溪支流)</td><td>竹山—双江口</td><td>4</td><td>Ⅸ级</td></tr>
<tr><td>油 溪</td><td>铁山坝—油溪河口</td><td>5</td><td>Ⅷ级</td></tr>
<tr><td>芷 溪</td><td>大洋江口—三江口</td><td>9</td><td>Ⅶ级</td></tr>
<tr><td>油溪 铁山坝水库</td><td>铁山坝—油溪中游</td><td>10</td><td rowspan="6">库区</td><td rowspan="6">100%</td></tr>
<tr><td>半山水库</td><td>半山—红岩桥</td><td>4</td></tr>
<tr><td>小洋溪 梅花洞水库</td><td>六竹—梅花</td><td>5</td></tr>
<tr><td rowspan="2">油溪(上游)车田江水库</td><td>车田江—晏家</td><td>10</td></tr>
<tr><td>车田江—古塘</td><td>7</td></tr>
<tr><td>柳溪周头水库</td><td>周头坝—吴家</td><td>5</td></tr>
<tr><td colspan="2">涟水干流</td><td>江口—涟钢大桥</td><td>41</td><td rowspan="2">Ⅶ级</td><td rowspan="2">90%</td></tr>
<tr><td rowspan="9">涟水支流</td><td>侧水</td><td>江口—邓家塘</td><td>13</td></tr>
<tr><td>孙水</td><td>犁头嘴—同仁团</td><td>16</td><td rowspan="2">Ⅸ级</td><td rowspan="2">85%</td></tr>
<tr><td>西阳河</td><td>西阳河口—潭树湾</td><td>8</td></tr>
<tr><td rowspan="3">孙水
白马水库</td><td>白马—山团庙</td><td>2</td><td rowspan="6">库区</td><td rowspan="6">100%</td></tr>
<tr><td>白马—厚里</td><td>8</td></tr>
<tr><td>孙家桥—田心</td><td>3</td></tr>
<tr><td rowspan="3">湄水
大江口水库</td><td>大江口—王江</td><td>10</td></tr>
<tr><td>大江口—黄陈</td><td>7</td></tr>
<tr><td>大江口—洋田</td><td>9</td></tr>
<tr><td colspan="6">通航里程合计：297千米，其中水库航道80千米</td></tr>
<tr><td rowspan="4">季节性航道</td><td rowspan="3">资水支流</td><td>白溪</td><td>白溪—象塘</td><td>5</td><td>Ⅷ级</td><td rowspan="3">50%</td></tr>
<tr><td>太平溪</td><td>谢家垣—谭家</td><td>2</td><td>Ⅸ级</td></tr>
<tr><td>大井溪</td><td>鹊桥—柳山垣</td><td>5</td><td>Ⅷ级</td></tr>
<tr><td colspan="6">通航里程合计：12千米</td></tr>
</table>

第二节 港口 码头

一、港口

1990—2017年，境内有港口10个，其中资江流域有冷水江港、化溪港、竹林湾港、新化港、油溪港、白溪港、琅塘港。涟水流域有娄底港、杏子铺港及侧水邓家塘港。主要港口：

冷水江港 位于资江中游冷水江市区。1990年，港口岸线总长1.4万米，生产用码头总长1036米，码头11座，泊位12个，装卸机械1台。1997年，港口岸线减至2060米，生产用码头缩至160米，码头泊位5个，原航运公司煤炭码头荒废，港口资源作用大幅萎缩。2001年，市航运公司新建客运综合码头竣工投产，生产用码头总长增至300米，泊位8个，年货物吞吐量34.12万吨，旅客吞吐量11万人次。2005年，生产用码头增至7座，泊位12个。2008年，冷水江港设布溪、冷江、沙塘湾、杨坪、球溪、周头湖6个港区，港口岸线长1401米，有砂石码头及泊位10个，装卸机械28台，皮带输送机线长1058米，港口生产繁忙。2008年，新邵县筱溪、冷水江市浪石滩电站相继竣工蓄水，各按六级航道标准建有通航升船机一座，可通行100吨级船舶。但浪石滩大坝下游20余千米水位因受水闸开闭影响变化无常，一般只能航行30吨级以下船舶，出港长途货运消失，只有砂石运输船舶在港内短途运行。因资江沿河公路相继全面开通公交和社会客运班车，冷水江港航运企业及社会个体客运航班，全部退出水运市场，客运码头闲置。至2015年，因资水砂石资源濒临枯竭，砂石采运基本消失，沿岸码头停产。2017年11月，冷水江市政府全面禁止资水河道采砂。除渡运及浪石滩水库旅游客运码头外，港口所有客货码头均终止使用。

新化港 位于资水中游新化县城区。1990年，下辖城区、化溪、竹林湾、油溪、白溪、琅塘6个港埠，其中城区港埠最大，岸线总长7千米，生产用码头6座，长500米，50吨级泊位6个，30吨级泊位2个，装卸机械5台。1997年，新化城区港使用岸线萎缩至4200米，生产用码头长515米，有货运码头4座，100吨级泊位1个，50吨级泊位3个，装卸机械1台。2005年，因砂石市场需求剧增，资江挖砂船月均采砂量10万余吨，全县砂石码头增至50座，泊位70个。2008年港口普查，新化港资江干流设桑梓、上梅、游家、白溪、琅塘5个港区，水库港区有车田江、梅花洞、半山3个。港口岸线4339米，生产码头41座，其中砂石码头35座，综合性码头6座，泊位43个，港口机械设备80台。2017年，新化港仍在使用。

白溪港 生产用码头长1000米，泊位8个。

琅塘港 生产用码头长700米，泊位10个。

油溪港 生产用码头长30米，泊位1个。

二、码头

冷水江港客货码头 1990年，冷水江市航运公司改善码头基础设施，省交通厅补助30万元，增加泊位1个（原有1个），将人力车装卸改为汽车运输装卸，使码头煤炭年吞吐量从8万吨提升到20万吨。1998年，冷水江至湖区资江煤运航线停运，煤码头随之废弃。1998年5月，省交通厅扶持兴建客运综合码头，2001年2月竣工，码头长300米、宽35米、毛石砼阶梯式，2个客泊、4个货泊，客运综合大楼一楼候船售票厅面积230平方米。码头建成后，适逢资江沿河及乡村公路建成通车，大部分客、货转走陆路，码头未能发挥作用。2004年5月，航运公司改制，企业资产全部处置，水上客运业务终止，客运综合大楼改作他用。码头全部为民间砂石运输所用。2010年起，资江砂石采运衰落，码头闲置，2015年，冷水江市修建资江沿河风光带，改建码头成为滨江公园一部分。

新化港综合货运码头 前身为新化资江大码头，位于县城资江东岸的向东街河段，始建于清末，108级石阶，是煤炭、木材、粮食、砂石等大宗物资水运集散地。1992年10月，大码头改建综合货运码头项目开工，总投资258万元，1993年底竣工，交付县运输公司使用。改建后的新码头长115米，宽

20米，杂货泊位2个、煤炭泊位1个、砂石泊位1个，靠泊能力100吨；建有汽车装运车道、办公楼、仓储，总建筑面积6250平方米。1996年，砂石市场需求巨大，码头集散货物几乎全是砂石。2005年，砂石吞吐量突破100万吨。2014年，资江砂石资源告竭，码头荒废，2016年，改建成新化县城沿江风光带。

新化港客运码头　位于县城向东街资水大码头下首，1988年3月，旧码头扩容改造，1989年4月竣工投入使用，全长54.5米，客泊位2个。1991年6月，建成候船楼，一楼候船室面积260平方米，其余5层分作旅客住宿、客运站及县航运公司机关业务办公之用。1991—1995年，日客流量1000人次以上，春运高峰期日客流量2000人次以上。2005年底，客运航班随县航运公司改制而停运，客源转走沿河公路，客运码头闲置。

白溪客运码头　位于新化县白溪镇白溪村资水河段，1995年12月、1998年12月，新建客运码头与候船楼先后竣工，年通过旅客能力40万人次。2006年2月，县航运公司改制，白溪客运航班停航。

琅瑭客运码头　位于新化县琅塘镇资江河段，距县城61千米，是新化港资水客运航班的终点站，有阶梯式客运码头1座，长200米，宽5米。1998年，县航运公司投资建客运站房1栋，2006年2月，客运码头随县航运公司改制解体而闲置。

旅游客运码头　1990年始，境内水上景区出现个体经营快艇、休闲观光及娱乐船只，多泊于所在水域自然斜坡或混凝土简易码头。2000年后，旅游业快速发展，相继建成水府庙、湄江、白马水库及资水梅山龙宫、浪石滩水库水上休闲旅游等客运码头。配套设施较完善的有资水梅山龙宫旅游渡运码头、湄江寨背渡旅游客运码头、水府庙库区旅游客运码头。

海事专用码头　位于娄星区大埠桥办事处白鹭村涟水河左岸，2017年11月建成竣工并投入使用，是娄底市本级海事专用工作码头，也是全市第一处海事执法、水上应急救援工作基地。码头长80米，配套设施30米工作趸船、25米级海事巡艇各1艘，项目投资430余万元。

第三节　运　输

一、货运

1990年，境内在册登记货船948艘，运力1.35万吨。其中，新化县航运公司货船95艘，运力1866吨，乡镇个体货船623艘，运力7024吨。大部分货船在资江承运短途煤炭、木材、砂石，出港跑外省的长途货船82艘、运力约2000吨。冷水江市航运公司货船48艘，运力1228吨，个体运输船舶67艘、运力498吨，在境内资水从事煤炭、砂石运输。涟源市运输公司钢驳货船3艘，运力210吨，在外港参运。双峰县航运公司货船100艘，运力1562吨，因受涟水下游湘乡洋潭大坝阻碍不能返航，全部在外港（长沙、湘潭）参运，个体运输船舶12艘，运力71吨，其中水府庙库区货船主要承运楠竹、木材，涟水、侧水的货船主要装运石灰、水泥、砂石。

1991—1995年，水路运输业萎缩。1996年，双峰县航运公司一大队船舶报废。1998年，冷水江市航运公司煤炭专用码头废弃。2000年，双峰县航运公司二大队船只报废。2000年，新化县航运公司仅存货船22艘、运力550吨。冷水江市航运公司有货船19艘，运力642吨，完成货运量160余万吨。2001年，新化县新造自卸砂船40余艘，运力约8000吨，年货运量180万吨。2004—2005年，新化县、冷水江市航运公司改制，所有货船报废。2005年，全市实有个体运输船舶300余艘，运力约2万吨，其中自卸砂船80余艘，运力逾1万吨，水路货运量221万吨，其中砂石运输213万吨，煤炭运输8万吨。是年，市地方海事局根据省地方海事局关于《进一步优化水运环境，促进水运发展的决定》，引进外港货船10艘，运力6520吨，比上年突增44%。2006年，引进外港船9艘，运力5000余吨。2007年，引进船舶23艘、运力1.2万余吨。2008年6月，经交通部长江航务管理局批准，娄底市湘中船务公司注册成立，从外省引进的船舶90%是货船，其他为工程船，均挂靠该公司，实行公司化经营管理。2008—2011年，水域砂石采运进入鼎盛期，年货运量最高逾300万吨，其中新化资江砂石运输200万吨。至2017年末，引进船舶100余艘，运力14万余吨。

2017年，全市全面推行河长制，对江河湖泊实行严格的生态环境保护制度。境内水路砂石运输停止。是年11月，新化县、冷水江市政府发布通告，全面禁止在资江干流河道采砂。所有采、运砂船停止生产作业，全部撤离河道。

二、客运

航班客运　1990年，全地区水域有机动客船34艘，2019个客位，其中新化县航运公司8艘，941个客位，每日由县城、白溪客运码头发出8个航班，航行于游家、白溪、琅塘等10余个站点，往返航程150余千米，年客运量47.6万人次。冷水江市航运公司客轮2艘，178个客位，每日发出4个航班，航线为冷水江市区至大洲、球溪、新化化溪，年客运量5.1万人次。个体客轮24艘，770个客位，年客运量128.7万人次。航运企业主要运营资江长途客班航线。个体客运经营沿河乡镇赶集短途航线。1991年起，全地区水上客运落实省航务局“五定、二挂”规定（起讫定航线，每日定班次，开航定时间，停靠定站点，载客定数额，客船上悬挂航线牌、票价表），按照以公有制为主体，以专业为骨干，以个体为补充的原则，个体及联户的客船，只准许参与10千米内短途运营。1991—1994年，双峰溪口茶场1艘35客位木质机船，经港监船检部门技术检验合格发证，专营涟水水府庙库区溪口至湘乡泥溪航线，航程约3.5千米，每日定点定时往返4个航班。1995年，双峰杏子铺至湘乡棋梓桥公路修通，该客运航线停航。1998年冬至1999年春，久旱无雨，资江水位降至历史低点，且挖砂淘金船滥采乱挖，致使境内主航道严重淤塞，游家河段丹滩、邓家河段10余千米不能通航。当地政府投入6万元对碍航最严重的丹滩、老屋滩、新鹅滩疏浚维护，1999年春运前恢复通航。是年，境内完成水上客运量45.3万人次，比上年降低30%。

进入21世纪，公路交通不断完善，水路客运量逐年减少。2001年，冷水江市航运公司2艘客班船退出水运市场。新化县航运公司继续经营水上客运，年客运量35万人次。2003年，新化县城至白溪镇资江沿河公路（新—白公路）竣工通车，县航运公司客运航班由每日8个减为4个。是年，客运量减至16万人次，比上年萎缩50%。2005年，水路客运量锐减至5万人次。是年，新化县航运公司改制解体，原有8艘客船中4艘因老化报废。1艘200客位的平头涡尾客轮转卖至岳阳，1艘45客位快速客船转卖给梅山龙宫管理处，其余2艘客船由该公司一职工买下继续资江航班，半年后因枯水期部分航道不能通航，客源日减，至2006年1月，两艘客船停航。2008年，冷水江市浪石滩电站大坝竣工蓄水，冷水江市至新化县化溪乡资江航线停航。2009—2015年，资江水上客运个体客船偶尔经营。2016—2017年，各县（市、区）景区旅游休闲观光水上个体客运，陆续组建客运公司，主营水上旅游客运，兼营短途赶集客运。2017年末，全市有7家民营水上客运公司，其中双峰县3家、娄星区、涟源市、冷水江市、新化县各1家，均实行公司化集约经营。

1990—2005年娄底市航运企业资江旅客运输统计表

表58-26

年 份	合 计		新化县航运公司		冷水江市航运公司	
	客运量（万人）	旅客周转量（万人千米）	客运量（万人）	旅客周转量（万人千米）	客运量（万人）	旅客周转量（万人千米）
1990	52.7	719.3	47.6	679.2	5.1	40.1
1991	55.6	772.8	50.3	730.7	5.3	42.1
1992	47.4	793.1	42.4	753.6	5.0	39.5

续表58-26

年 份	合 计		新化县航运公司		冷水江市航运公司	
	客运量（万人）	旅客周转量（万人千米）	客运量（万人）	旅客周转量（万人千米）	客运量（万人）	旅客周转量（万人千米）
1993	46.9	636.0	42.7	602.4	4.2	33.6
1994	44.8	674.4	40.8	642.6	4.0	31.8
1995	43.1	644.6	39.0	610.0	4.1	34.6
1996	47.5	708.1	44.3	698.0	3.2	10.1
1997	50.0	595.1	46.3	573.7	3.7	21.4
1998	44.7	638.7	41.6	623.6	3.1	15.1
1999	33.1	365.3	30.0	350.0	3.1	15.3
2000	34.9	411.9	33.0	402.0	1.9	9.9
2001	35.0	546.7	35.0	546.7	0	0
2002	32.0	496.0	32.0	496.0	0	0
2003	16.0	248.0	16.0	248.0	0	0
2004	10.0	155.0	10.0	155.0	0	0
2005	5.0	77.5	5.0	77.5	0	0

旅游客运 1998年，境内资江梅山龙宫、浪石滩水库及湄江、白马水库、水府庙水库等库区水上休闲旅游客运应时而生，逐渐出现个体经营的快艇、休闲观光及娱乐船只。1998年5月，涟源市白马水库首次开发水上飞行、摩托冲浪等旅游娱乐项目。1999年5月，娄星区第一艘50客位旅游客船在江龙滩启航，观光航线为江龙滩至水府庙水库电站，往返航程约10千米。是年，新增1艘50客位、1艘24客位的旅游客船投入此航线，年客运量0.8万～1万人次。同年7月，双峰县第一艘50客位钢质旅游船“顺风号”下水，专营双休日侧水、涟水洋潭大坝至水府庙水库旅游客运，两年后因观光客少而停航。2000年4月，水府庙电站5名职工合伙购买两艘小型快艇，时速50千米，可乘坐6～8人，专送游客至水府庙库区蛇岛、民俗文化村等景点游玩。是年，新化县吉庆镇油溪河水上漂流旅游项目开业，有漂流船7艘，每年接待漂流游客4000人次。2001年5月，娄星区孙水河兴起水上漂流旅游项目，有私营漂流船10艘。2005年，涟源市湄江水库有旅游客船13艘、玻璃钢快艇3艘、渡船4艘，年客运量2万余人次。白马水库有玻璃钢快艇4艘，客船4艘，客渡船1艘、旅游娱乐船40余艘，年客运量约1.5万人次。双峰县水府庙库区有6艘玻璃钢快艇，年客运量约6000人次。新化县车田江水库有客渡船11艘、快艇1艘，年客运量约3万人次。是年，全市库区水上客运量10万人次。2006—2016年，涟源市湄江旅游发展有限公司、双峰县鑫旺航运公司、冷水江市资江旅游开发有限公司相继成立，获得水路运输经营许可，经营水上旅游客运业务，境内水上旅游客运初步形成公司化集约经营雏形。2017年，全市共有7家旅游客运公司，有游轮、快艇等各类客船113艘，主营当地库区水上旅游休闲观光客运，兼营短途赶集客运。

三、渡运

1990年，全地区有人行渡口145道，汽车渡口有冷水江市、新化县白溪、龙溪3道，渡船165艘，其中158艘为沿河乡村非机动木质渡船，依靠人力划桨撑渡或缆索滑轮设备扯渡（缆渡）。7艘钢质机动渡船分属新化县、冷水江市航运企业经营的城区资江轮渡及涟源市白马、大江口水库管理部门所属库区渡船。公路汽车渡口3道，有钢质汽车渡船4组8艘。全地区渡口码头三分之一为原始自然坡岸，58%为砂石坡岸或简单固化，混凝土阶梯和砌石阶梯式码头约占总数的10%，大多数码头设施简陋，安全性和舒适性等均不能达标。境内渡运经费来源："县级财政拨一点，交通部门补一点，所在乡镇筹一点，受益村民捐一点，外地乘客收一点。"1992年1月，冷水江市城区资江大桥建成通车，冷水江汽车渡口停用。1993—1999年，各县（市、区）逐年投入资金对各自辖区渡运设施维修改善。娄星区所有渡船全部更新为钢质缆渡，渡口码头及引道路面水泥硬化。其他县市乡镇渡船仍使用人力划桨撑渡。2000年后，渡运经费主要由属地县级财政拨付，并逐年提高，渡工仍可向非本村乘客收取小额过渡费。2003年开始，双峰县对全县渡口码头实施水泥硬化改造，2007年全部改造完。2006年，省交通厅、县、乡财政统筹专项拨款，全市木质渡船全部更换为钢质船和机动船。2008年，省地方海事局（水运管理局）安排专项资金向全省客渡船赠送救生设备，市内客、渡船100%足额配备救生衣。2009年，国家实施成品油税费改革，中央财政对农村客运、岛际和农村水路客运经营者实行成品油价格补助。人行渡口渡船设施更新改造和维修费主要由国、省、县级财政专项拨款。交通部门负责管理和统筹安排使用。2014—2015年，省水运管理局统一设计建造新型标准化渡船，每道合法人行渡口配一艘标准渡船。全市5县（市、区）共安排专项资金2788万元，新造标准渡船128艘，其中柴油机动渡船114艘，非机动渡船14艘（缆渡）。2015年，全市按省里要求，全面实施渡口标准化升级改造。至2017年，共投入资金6000余万元，103道渡口码头如期完成。渡口"三牌一线"（《渡口守则》牌、安全责任牌、安全警示牌和停航封渡水位线桩），标识齐全。2017年，白溪镇资江大桥建成通车，白溪汽车渡口停运。是年，因安化县平口资江大桥建成通车，龙溪渡口部分车辆分流走平口资江大桥，渡口日常车流量减至每日150辆左右。是年，全市汽车渡口仅存2道，人行渡口147道，持证渡工319人，合法渡船175艘，其中149艘机动钢质渡船，26艘非机动钢质渡船，70%以上属省水运管理局管理。

四、航运企业

新化县航运公司　始建于1956年5月。1990年，公司有职工638人，船舶112艘，运力3197吨，客位941个，下设城关货运大队、客运站、砂石厂、造船厂、布鞋厂等企业。公司以水运为主，以布鞋生产，船舶修造和饮食、旅店为辅综合经营。1993年，公司有货船53艘、运力1408吨，客轮6艘、客位968个，完成货运量9.92万吨，客运量42.7万人。由于公路运输发展，水运日渐衰落，公司经营艰难。2003年，公司清产核资实施改制，处理集体资产325万元，置换职工身份623人，原433名退休人员纳入社保统筹。2004年12月，公司撤销。

冷水江市航运公司　1990年，有职工344人，船舶60艘、运力1457吨，客位459个，下设航运大队、造船厂、砂石厂、水泥制品厂，年总收入155.2万元，其中运输收入64.6万元，企业利润5.9万元。1992—1996年，公路、铁路交通运输发展，客、货弃水走陆，水路运输萎缩，公司亏损。1996年，公司实施产权制度改革，将长途货船转售给职工个人经营。1997年，公司职工大多数失业，退休职工退休费无法支付，遂将造船厂3471.5平方米土地及厂房抵扣企业所欠退休养老基金和在册职工预交5年半的养老保险金。1998年，争取政府投资215万元，兴建多功能客运码头综合楼，建筑面积2468平方米，2001年2月竣工，公司部分职工转入客运码头综合楼经营第三产业。2002年，在岗职工273人，短途货运船舶19艘，642吨，固定资产净值229.6万元。2004年5月，公司清产核资，公开处置，筹集改制资金720万元，2009年12月，完成改制，置换职工身份119人。企业解体。

双峰县航运公司　1990年，有职工809人，船舶155艘、运力2660吨，总收入607.7万元，其中运输收入76.4万元，企业亏损98.8万元。1992—1998年，公司为求生存发展，先后创办印刷厂、火柴厂、人造金刚石厂等，均失败，至2000年，公司航运业务停止，连年亏损，近200名职工失业，退休人员退休金无着落。2004—2005年，企业改制，处置公司资产残值。859名职工买断工龄，置换身份，629名退休职工进入社会养老保险统筹。2005年，公司撤销。

第四节 水运管理

一、安全管理

1990—2005年，全市渡运安全由县、市（区）交通主管部门管理，所在乡镇政府负责落实。县、乡、村、渡工层层签订安全责任状。1990—2002年期间，全市发生水上交通事故18起，死亡48人。2006—2009年，市、县海事部门根据交通部、国家安监总局《关于印发渡口渡船安全管理专项整治工作要点的通知》，对境内水上渡口渡船开展为期3年的清理整顿，依法依规进行渡船登记、检验、发证及渡工适任考试、发证，强化乡镇政府渡运安全责任，打击非法渡运，取缔新化、资江2艘非法汽渡船。渡工全部经过培训考试持证上岗，一渡一船一档制度建立。2010年7月1日，全省统一实施水路客运承运人责任保险，凡经海事部门批准登记依法取得水路客运（含渡运）资质的经营者和合法持证的客运船舶、机动渡船，均按每艘船舶法定司乘人员数与保险公司办理投保。2012年，《娄底市乡镇船舶、渡口安全管理办法》《娄底市客渡船签单发航制度》《娄底市学生渡运交接制度》等有关渡运安全管理制度相继出台。市、县、乡三级水上交通安全管理体制、机制逐步完备。全市43道日均渡运量100人次以上的人行渡口、2道汽车渡口安装电子监控设备。市、县海事机构建立水上交通安全视频监控中心，实施24小时全程动态监控，纳入全省海事系统视频监控网络。2012—2017年，市、县海事部门通过视频监控及时发现并制止渡船超载、乘客不穿救生衣等违章行为1000余起。2003—2017年，全市未发生水上交通安全事故。2017年娄底市视频监控水域渡口：新化县有资水晓云、芦门前、大码头等20个；冷水江市有资水九井、球溪等6个；双峰县有涟水花家等3个，侧水街埠头等2个，水府庙水库溪口1个；涟源市有大江口水库寨背、白马水库各1个，孙水梅林等2个；娄星区有孙水竹林冲等3个，涟水泉丰等2个。

船舶检验 1990年，省船舶检验局娄底分局成立，按照国家有关法律规定，负责境内船舶检验，至2017年，累计检验船舶1.98万艘。

1990—2017年娄底市船舶检验情况表

表58-27

年份	船舶数（艘）	总功率（万千瓦）	总吨位（万吨）	载重量（万吨）	载客量（人）	年份	船舶数（艘）	总功率（万千瓦）	总吨位（万吨）	载重量（万吨）	载客量（人）
1990	1189	0.91	0.14	1.29	4712	2000	781	0.71	1.10	1.14	3482
1991	1205	0.98	1.44	1.29	4775	2001	754	0.76	1.11	1.10	3355
1992	1062	0.89	.1.30	1.22	4052	2002	706	0.71	1.11	1.05	3543
1993	945	0.66	1.23	1.18	3251	2003	635	0.75	1.16	0.98	3443
1994	796	0.64	1.28	1.17	3463	2004	624	0.83	1.34	1.19	3422
1995	844	0.67	1.14	1.32	3463	2005	621	1.03	1.96	1.81	2653
1996	722	0.66	1.03	1.16	3340	2006	550	1.45	2.49	2.70	2819
1997	713	0.67	0.99	1.18	3538	2007	527	1.91	3.68	4.35	2540
1998	839	0.78	1.21	1.16	3360	2008	523	1.85	6.63	6.65	2761
1999	786	0.74	1.14	1.17	3636	2009	567	3.42	9.78	9.72	3497

续表58-27

年份	船舶数（艘）	总功率（万千瓦）	总吨位（万吨）	载重量（万吨）	载客量（人）
2010	669	4.47	11.90	12.37	3867
2011	523	4.37	11.65	11.99	3659
2012	525	4.69	13.08	14.10	3688
2013	581	4.86	13.32	14.50	4656
2014	534	4.84	13.33	14.58	5147
2015	440	4.36	12.61	13.73	4623
2016	577	4.65	12.86	13.67	7755
2017	583	4.70	12.99	14.12	8057
合计	19821	57.97	143.00	151.88	110557

船员管理　1990—1992年，地区港航监督机构依据《中华人民共和国轮船船员考试办法》，每年举办2期船员培训班，对船员技术考核和规范管理。1993—1995年，根据国家《内河船员考试发证规则》和省港航监督局内河船员考试发证办法，统一对非机动船舶船员考试发证，落实国家船员违法记分制。一个年度计满15分者，船员证失效，强制免费学习，重新考证。1996—2005年，全市水运处于低潮，未增加新船和船员，未发新证，但对已发船员证坚持年检。2006年，贯彻新的船员考试发证规定，培训与考试分离，培训由海事专门机构负责，因娄底无此机构，学员需去外地培训。至2017年，全市累计参加培训和考试船员1000余人，核发船员证书500本，其中二类船员证书83本三类船员证书417本。

二、航道清障与水上搜救

航道清障　1990—1997年，境内无河道专业清淤专业设备，只从事简单的垃圾清理。1998年，港航监督部门与新化县河道整治办公室联合购买1艘液压挖泥船在资江段内循环清障清淤。2005年，该船报废。2006—2017年，租用民船继续日常清障，以保证河道畅通。

水上搜救　1990—2014年，境内无水上搜救设备和专门搜救力量，一般事故依靠民间组织。2015年，市地方海事局与娄底蓝天救援队合作，购买无人机和快艇等救援设备，在市内各个水系开展救援。2017年12月，市海事局承办在涟源大江口水库举行的2017年湖南省水上交通运输应急搜救演练。1990—2017年，全市开展水上搜救230多起。

三、船舶污染防治

1990—2014年，全市海事部门执行国家有关船舶污染防治规定，对符合标准的注册登记的客货船舶均安装油、水分离器等防治装置。2015年，72艘船舶安装生活污水处理装置。2016年，投入100万元建设娄星区白鹭防污工作码头，投入315万元建造防污趸船1艘、防污综合巡逻执法船1艘。是年，完成26艘船舶生活污水收集处理装置安装任务。

四、管理机构

1990年，境内水路运输行业管理机构为娄底港监船监督所（加挂湖南省船舶检验所牌子），归口地区交通局管理，业务上接受省行业主管部门领导，下设涟源市、双峰县、冷水江市、新化县港监船监督所。1996年，娄底港监船监督所、湖南省船舶检验所分别更名为娄底港监船监督处、湖南省船舶检验处，1999年，更名为娄底市航道管理处、娄底市港航监督处。2003年，市港航监督处、市航道管理处合并组建市航务管理处，原属市运管处的水运职能划入航务管理处，实行航运、航道、航监、港口合一管理模式，全面负责全市水路交通行业管理，升格为副处级事业单位。2006年，更名为市地方海事局，2007年10月，参照公务员法管理。2013年，涟源、双峰、冷水江、新化4县（市）地方海事机构撤销。2015年，海事机构承担的水路交通执法职能划归市交通运输局，市交通运输局委托市海事局执法。2017年，机构职能未变。

第四章 邮 政

第一节 邮政网络与营业网点

一、邮政网络

1990年，地区邮电局辖涟源、冷水江、新化、双峰4县（市）邮电局，下设支局42处，邮电所57处，代办所6处，邮路23条，单程2220千米。1998年，邮政、电信分设，地、（县、市）组建地区邮政局，县（市）邮政局，邮电所、代办所、邮路网点不变。2005年，邮政体制改革，企业部分从市邮政局析出，成立省邮政公司娄底分公司，下辖涟源、冷水江、新化、双峰4个县级分公司，新开邮路8条，单程858千米。2017年，全市有市、县邮政局5个，邮政营业所107个，邮路35条，单程2481.5千米，投递路线185条，单程1.27万千米。

二、营业网点

1990—1999年，全地区有自办、委办、代办邮政网点60个。2000—2004年，自办、委办、代办邮政网点1113个，邮政储蓄网点86个。2005—2010年，城区营业网点17个，社区代办网点267个，乡镇营业网点60个，邮政储蓄网点67个。2013年，市邮政分公司建立综合便民服务站。2017年，全市邮政综合便民服务站2142个，农村邮政网点85个，快递专营网点138个，邮政储蓄网点68个，覆盖全市所有县（市）、城区70个乡镇和1936个建制村。

第二节 邮运设施与服务

一、设施

1990—2004年，娄底市邮政营业场所按照国家《邮政普遍服务标准》配置邮箱、邮筒。邮运工具主要有汽车、摩托车、自行车，行包房配有叉车、装卸拖车。全市配置自行车247辆，摩托车9辆，汽车14辆，装卸拖车3辆，包裹收寄机2台。干线邮运均系火车，支线邮运酌情采用汽车、摩托车或自行车。城区采用自行车，乡村自行车与步行兼用。2005—2010年，以汽车、摩托车为主，自行车逐步减少。2011—2017年，干线以汽车、火车为主，城区以汽车、电动三轮车为主，农村邮运全部实现汽车、摩托车化。2017年底，全市邮政系统配置邮运汽车288辆，其中快递服务汽车78辆，快递电动三轮车847辆，计算机676台，手持终端4894台，全部实现机械化、电子化、网络化。

二、服务

1990—2017年，娄底市邮政服务时限按照国家《邮政普遍服务标准》要求提供服务。主城区每周营业时间不少于6天，每天营业时间不少于8小时。乡、镇政府所在地每周营业时间不少于5天，每天营业时间不少于6小时。开取邮筒（箱）每天不少于1次。同一城区内信件、印刷品、包裹次日送达比例不低于70%，2天内送达比例不低于90%，市中心城区寄往远郊区、县城区，2天内送达比例不低于80%，3天内送达比例不低于95%。邮政汇兑在收汇10天内将取款通知单投递用户，并在收款人收到汇款通知之日起60天内为用户兑付汇款。信件、印刷品、包裹、汇款通知等各类通知单按址投递。重量超过5千克的乡镇地区的包裹，邮政汇款，保价信件，存局候领邮件，无法投入信报箱的印刷品，单包不符，封皮或者内件破损，重量短少或者有拆动嫌疑，需要收件人会同拆验的邮件，有补收资费等其他原因需要收件人办理手续的邮件，其他不具备按址投递条件的邮件，通知用户到指定地点领取。同时，按照规定频次进行投递服务，城市每天不少于1次，乡镇政府所在地每周不少于5次，乡镇其他地区每周不少于3次。

第三节 邮政业务

一、函件

1990年，全地区邮政信函收发量936.6万件。随着电信事业的快速发展，邮政信函收发量快速下降。2000年，全市邮政信函收发量510.2万件。2017年，全市邮政发送函件仅45.09万件。1990—2017年，全市邮政信函收发量年均下降13.4%。

二、包裹

1990年，普通包裹收寄10.1万件。1998年，普通包裹收寄18万件。2015年，邮政分公司成立专业快递包裹部，提供上门收寄和上门投递服务，邮政快包业务快速发展，完成快包收寄37.2万件。2016年，完成收寄147.1万件。2017年，完成收寄407.7万件。

三、信汇

1990年，地区邮政寄出汇票31.4万张。随着经济活跃，汇兑大幅度上升，至1999年，年均增长21%。2000年始，随着互联网的发展，出现银行卡、支付宝、微信支付等新方式，信汇汇兑业务逐渐萎缩，年均下降13%。2017年，全市信汇汇兑业务仅收汇2.67万笔。

四、机要业务

1990年，全地区投递机要件2.5万件，其中绝密机要件89件。2000年，投递机要件3.1万件，其中绝密机要件76件。2010年，投递机要件2.8万余件，其中绝密机要件77件。2017年，境内投递机要件3.4万件，其中绝密机要件53件。

五、图书报刊

1990年，地区邮电局被省邮电管理局指定为全地区报刊发行中心。全国邮件、报刊直发地区，由地区邮局直发各县（市）邮局。是年，全地区发行报刊3146种，49.4万份。一些报刊出版单位自办发行，邮电系统报刊发行量比上年减少29%。1991—1999年，年均发行报刊165万份。2000年，报刊发行128.4万份。2001—2009年，年均发行报刊197.6万份。2010年，报刊发行213.7万份。2011—2015年，年均报刊发行233.6万份。2016—2017年，年均报刊发行225.1万份。

六、报刊亭

1990年，全地区建有报刊零售亭12处，报刊门市部14个，社会发行站2754处，乡村捎转站2300处。1998年，新建邮政报刊亭20个。2003年，规划部门撤销报刊亭。报刊门市部、社会发行站、乡村捎转站逐渐消失。

七、邮票

1990—1999年，地区邮政局只发行国家邮政部定制的信函邮票、特种邮票和纪念邮票。2000年，市邮政局遵照传统性、时代性、系列性原则，为弘扬中国文化，根据各年度发行纪念、特种邮票的要求，依法发行本土题材邮票，先后发行冷水江闪星锑业有限责任公司《锑之魂》邮册、《走进新化印象伍氏》邮册。至2017年，全市发行本土题材邮票共26套，其中纪念邮票10套，特种邮票16套。全年邮票及邮品收入1305.62万元，同比增长19.8%。

八、邮政储蓄

1990年，全地区邮政系统开展邮政储蓄、代办保险、代销国库券业务。邮政储蓄客户14万户，储蓄累计8.12亿元。至2006年，储蓄累计41.36亿元。2007年，邮政储蓄和邮政分公司经营的邮政金融业务整合，成立邮政银行。至2017年，娄底邮政金融业务规模累计161.4亿元。2011年，开展“邮你贷”业务。至2017年，为中小企业提供贷款累计5185.17万元。

九、邮乐网购

2014年，市邮政分公司开始发展农村电子商务，对接商务部“万村千乡”计划。即线上基于邮乐网和邮掌柜系统，线下依托邮政农村窗口资源、农村邮乐店等实体渠道，打造一个集网络代购+平台批销+农产品返城+公共服务+普惠金融于一体的邮政农村电子商务服务体系，为农村用户提供购物不出村、销售不出村、生活不出村、金融不出村、创业不出村的“五不出村”服务。

2017年，娄底邮政开展“互联网+”产业扶贫，帮助建立和推广娄底本土农特产品品牌，运作20余种娄底特色产品在“邮乐网、邮三湘”平台线上推广，累计实现销售额1200余万元。

十、鲜花礼仪

1997年，地区邮政局开办鲜花礼仪业务，以专人、专车方式，提供鲜花、礼品等礼仪专递服务，以及为会议、庆典等提供策划、创意等系列礼仪服务。客户不仅可以办理同城特快专递礼仪业务，也可办理异地特快专递礼仪业务。是年，业务量约2500件。2000年后，逐渐取消异地配送服务，本地配送业务量增加。2017年，全年邮政鲜花礼仪订单量超4000件。

2017年，全市邮政业务总量6.36亿元，同比增长43.1%。邮政寄递服务业务量3443.97万件，计6.36万元。快递服务业1542.63万件，同比增长32.5%，实现业务收入1310.9万元，同比增长29.8%。异地快递业务量1377.13万件，同比增长29.3%，实现业务收入1.15亿元。国际及港澳台快递业务量0.31万件，同比下降9.4%，业务收入105.35万元，同比下降40.1%。

第四节　邮政机构

一、市邮政管理局

1990年，地区邮电局辖涟源、冷水江、新化、双峰4个县（市）邮电局。县（市）邮电局下设支局42处、邮电所57处、代办所6处，城市服务网点23个，农村网点85个。1998年，地区邮电局拆分为地区邮政局、地区电信局。2005年，市邮政局成立湖南邮政公司娄底分公司。2012年，市邮政局更名为市邮政管理局，为正处级行政机构，公务员编制8人，内设办公室和行业管理科。主要职责职能为：贯彻执行国家邮政法律法规、方针政策和邮政服务标准，研究拟定本地区邮政发展规划，监督管理本地区邮政市场以及邮政普遍服务和机要通信等特殊服务，负责行业安全生产监管、统计等工作，保障邮政通信与信息安全，承办省邮政管理局和娄底市委、市政府交办的其他事项。

二、市邮政公司

2005年，湖南邮政公司娄底分公司系隶属于中国邮政集团公司的国有企业，依法经营各项邮政业务，受娄底市邮政管理局监督，承担邮政服务义务，受政府委托提供邮政特殊服务，对竞争性邮政业务实行商业化运营。设置娄星区分公司、涟源市分公司、冷水江市分公司、双峰县分公司、新化县分公司，设置邮政支局（所）、各类专业经营单位100个，为城乡居民提供普遍服务、政务服务、“三农”服务、金融服务、电商服务、便民服务等服务。至2017年，320余名劳务工转为正式员工，消化下岗、待业人员2000余人。2017年，市邮政分公司在聘劳务工480余人。

三、快递企业

2003年，网购兴起，快递业务迅速发展。是年，民营顺丰快递公司成立。2005年，娄底邮政分公司开展快递业务，申通、韵达、中通等民营快递公司相继建立。快递服务组织包括快递企业和邮政企业提供的快递服务的机构，均受市邮政管理局监管。2017年，全市共有快递许可企业33家，快递分支机构346个。

四、行业协会

2014年7月，娄底市快递行业协会成立，为独立运行的法人机构。娄底市邮政管理局对辖区内快递行业协会提供服务并依法监管。

第五十九篇

信息产业

概　述

1990年，地区邮电局承担电信所有业务。电信传输干线，城市以电缆为主，城际和农村以明线载波传输方式组成的电信传输网络为主。全地区有广播电视媒体6个，其中娄底地区电视台1个，县（市）广播台（站）5个，分别为县级娄底市广播电台、冷水江市广播电台、双峰县广播电台、涟源市广播站、新化县广播站。娄底地区转播中央电视台、湖南电视台节目。是年，娄底地区电子工业总产值2965万元，主要分布娄底城区、新化县城区。1991年，娄底地区产业政策向电子工业倾斜，主抓技改项目，推广产、学、研结合经验。是年，全地区电子工业总产值3385万元。13家无线电厂完成电子元器件3264万件。1992年，娄底电视台开播。地区邮电局移动电话分局成立。娄底模拟移动网放号运营，首期开8个信道。地区邮电局开通无线寻呼（俗称BP机），联入湖南省无线寻呼网，发展BP机1000余户。1994年，全地区有电子工业企业13家，职工3400人，其中工程技术人员420人。电子工业总产值6227万元，工业增加值1549万元。1996年6月，娄底地区开通第二代数字移动通信网（GSM系统2G），实现全国联网。

1997年，娄底电信开通互联网网络，业务范围逐渐覆盖全地区，为用户提供国际、国内漫游业务、虚拟专网业务、VPDN业务、IDC业务，计费结算、安全认证、流量分析等网络功能出租业务。1998年，地区邮电局实行邮政、电信分营，地区电信局成立。1999年，移动业务从地区电信局整体剥离，移动通信公司成立。2000年，中国联合通信有限公司娄底市分公司成立。中国电信娄底分公司（简称娄底电信）、中国移动娄底分公司（简称娄底移动）和中国联通娄底分公司（简称娄底联通）三大运营商完成娄底信息网络的基础建设。2000年，娄底市电子工业总产值4950万元。

2006年，娄底市电子政务起步，先后打造市政府门户网站，开展政民互动，建设电子政务外网平台，开展网上政务服务。2008年，中国联合通信有限公司娄底市分公司更名中国联合网络通信有限公司娄底市分公司。2009年，娄底三大电信公司开始3G网络建设和升级改造。2010年，娄底市信息产业总产值22.67亿元，省内第一条SMD晶体谐振器生产线等一批重点项目建成投产，一些领域关键技术取得突破（如感光干膜、陶瓷基板）。2011—2014年，电子陶瓷、磁性材料、卫星通信及数字电视等具有相对优势的产业集群发展。2014年，娄底城区内计算机软硬件销售及科技服务类企业1500余家。专业信息服务、网络增值服务、咨询中介服务经营企业60余家，软硬件产品营销、售后服务企业260余家，年销售额3.9亿元。娄底市电子信息产品制造业规模以上企业45家，总产值59.82亿元，电子陶瓷多项产品占国内市场份额一半以上。娄底三大电信公司全面推进4G基站建设。2015年始，娄底规模以上电子信息制造业在原有基础上加快发展。娄底经开区太和电子工业园全面构建电子信息产业生态圈，重点聚集电子陶瓷、新能源、LED、移动互联网、智能制造5大主导产业，产业集聚基本形成。引进20余家电子信息企业，其中规模以上企业18家。

2017年，娄底市城区光纤覆盖率100%，农村地区光纤覆盖率85.7%。城乡4G网络覆盖率99%。宽带接入速率城市家庭100Mbps，农村家庭为20Mbps以上。全市宽带普及率62%。娄底市广播电视台所属媒体有广播新闻综合频道、交通频道、电视新闻综合频道、公共频道、都市频道、《娄底广播电视报》、娄底传媒网、“无限娄底”手机客户端。冷水江市广播电视台、涟源市广播电视台、双峰县广播电视台、新化县广播电视台，转播国内国际数千个频道节目。娄底互联网经过多年扩容升级，业务范围覆盖全市所有电话通达地，为用户提供国际、国内漫游业务，虚拟专网业务，VDN业务，IDC业务，计算结算、安全认证、流量分析等网络功能出租业务，全市互联网用户68.77万户。电子政务平台经过10余年发展，建成统一技术平台的政府网站群，网络问政平台高效运行；电子政务外网平台建成，市本级直属部门横向外网接通率100%。2017年底，娄底信息传输、软件和信息技术服务业总产值51.55亿元，规模以上电子设备制造业产值91.7亿元。

第一章　信息网络建设

第一节　通信网络

一、传输网

1990年，娄底地区电信传输线，城市以电缆为主，城际和农村以明线载波传输方式组成传输网络为主。是年始，娄底电信相继建设数字微波、光纤通信、卫星通信。1999年7月至2002年5月，移动通信公司租用电信传输网络。2002年6月，娄底移动启动光缆传输网建设。2002—2013年，娄底市先后投资4000万元，在娄底城区、新化县、涟源市、冷水江市、双峰县、娄底经开区建成6栋移动通信指挥大楼，承载全市核心网、传输网、交换机等通信网络设施，指挥调度全市移动通信资源。2008年，国家信息网络途经娄底的一级干线有5个环，二级干线有15个环。本地传输网SDH系统由华为、烽火和中兴等4个厂家的传输设备组成，在全市范围内连成多条传输环链。2009年，中兴IPTV节点建成，IPTV技术在娄底地区首次应用，拓展宽带技术应用。娄底市首个高标准IDC主机托管业务运营商IDC机房建成。

2010年，娄底市开始中兴技术光网宽带网络建设，将宽带网络出口由20G扩容至40G。2011年，加快光网宽带FTTB建设，宽带接入技术由铜缆升级为光缆，宽带出口由40G扩容至80G。2012年，娄底市城西第二核心机房建成，宽带核心出口路由器由10GE平台的NE80E替换为40GE平台的NE5000E。组播技术引入，降低IPTV直播流量。FTTB（光纤到楼）光网网络开始建设。2013年，娄底市建成万兆网络设备2台，开通IDC带宽80G，IDC开始具备10G业务提供能力。2015年，宽带出口路由器由40G平台的NE5000E升级替换为100G平台的NE5000E-X16。2016年，宽带出口扩容到320G，新增万兆端口480个。IPTV得到重视发展，中心局、城西两个CDN节点建成，开展4K高清业务。IDC业务新增40G带宽。娄底联通相继启动“光进铜退”“光改入户”等工程，淘汰落后接入方式。宽带网聚焦4K感知网络覆盖。完成宽带建设覆盖164个行政村，完工端口2.06万个。China169出口带宽由20G扩容至80G。

2017年，娄底市宽带出口由320G扩容至520G，新增万兆口CR100个，万兆口MSE520个。新增IPTV出口带宽160G。CN2网络由老旧CISCO设备升级替换为华为NE40E-X16设备。娄底移动建成省干网光缆和本地网光缆管道3688千米，建成杆路传输波长1.38万千米，接入基站1557个、机房10处、节点机房135个。娄底联通传输网在93%中心城区、85%行政村具备100M光纤入户接入能力，累计建设光纤入户端口36万线，可满足接入高速互联网100万个家庭。娄底城西、中心两大汇接局退出，娄底电信网络转型完成，步入IP新时代。

二、固定电话网

1991年9月，地区邮电局开通程控电话（上海贝尔）4000门。1993年7月，新建黄泥塘市话分局，并开通程控电话3000门。9月，娄底地区电话交换机容量1万门，其中程控电话7000门，自动电话3000门。长途自动交换容量433线，长话电路410条。

1996年，地区邮电局建立长途局。1998年，建成LSTP局。是年10月，固定电话网归入新成立的娄底电信建设管理。1999年，娄底地区实行网络运维改革，将4个县（市）局支局交换机改造为模块局，统一挂靠相应县（市）中心局交换机，压缩维护层级，优化交换网络结构。全地区交换机在原有基础上进行用户端口和中继端口扩容，在城区和部分乡镇增设模块点。2000年，娄底电信推行“百万电话大行动”，扩建用户端口和中继端口，新建模块局，全市交换机容量较上年翻一番。城西S1240端局（城西关口汇接局前身）新建。4个县（市）完成支局交换机向模块局改造，实现两级网络结构。

2001年，娄底市拥有两个汇接局和两个关口局。新建城西中兴端局，将涟源斗笠山、水洞底、增加、渡头塘、石坝、甘溪改挂端局。2002年，新建城西华为独立SSP局，承担全市200卡等智能业务。2003年，启动小灵通建设，扩容各端局。2004年，新建中心华为汇接局和中心华为关口局，分别替换原中心汇接关口局的汇接功能和关口局功能，将原中心局降为831端局。2005年，扩容升级城西华为SSP局，将其改造成独立汇接局，替换原城西汇接关口局的汇接功能。调整全市本地网的网络结构，将话务全部上移至两个汇接局。新建中心SHLR和城西SHLR，实现全市用户数据统一存储，全市固网智能化。推出移机不改号、固网彩铃、一号通（超级无绳）、预付费、综合VPN等集约化、规模化、个性化电信新业务，提升固网业务提供能力。2007年，扩容和新建综合接入设备。2008年，引入软交换，将新建的“光进铜退”点全部挂靠省软交换平台，交换网络覆盖全市所有乡镇，实现固话“村村通”，全市总端口容量59.31万线。长途局与省内的3个长沙长途局、邵阳长途局，以及省际的广州、东莞、顺德、佛山、深圳长途局开通直达电路，有长途中继电路1.31万线。

2011年，娄底市启动网络结构扁平化改造，传统交换缩容整合逐步退网。2012年，IMS网络上线，城西软关口局接入网运行，原城西关口局兼市话端局下网。2013年，娄底长途局退网，端局缩容退网，电话用户迁转平移IMS网络。2014年初，娄底EWSD（西门子）端局“四并一”（新化、涟源、双峰、娄星四个端局合一）。娄底LSTP局退网。涟钢和冷水江S1240市话端局下网关电。2015年，双峰、新化、涟源中兴市话端局下网关电。2016年，娄底市端局S1240（上海贝尔）和EWSD（西门子）局相继退网。是年底，娄底电信所有市话端局全部退网。2017年，娄底电信两个汇接局、两个SHLR以及软交换TG关电退网，固定电话网络全部改由IMS网络组成。

三、移动通信网

蜂窝式模拟移动通信（1G）网　1992年7月，地区邮电局移动电话分局成立。10月，模拟移动电话通信系统开通投产，首期开通8个信道。1993年9月，涟源市、冷水江市、新化县相继开通模拟移动电话通信网。1994年1月，双峰开通模拟移动电话通信网。是年，移动电话实现与全省自动漫游，年末，与全国移动电话大联网，原A网（爱立信系统）与B网（摩托罗拉系统）联网。1995年，娄底建成模拟移动通信基站5个、信道184个，模拟交换机容量4200门。1998年10月，移动通信网归入娄底电信。12月，娄底市区移动信号覆盖率100%。至1999年底，娄底模拟移动通信网经历5次扩容，有模拟移动交换机1台、基站19个、信道417个，模拟交换机容量2.5万门，信号覆盖境内县城和经济发达乡镇。是年，电信业务重组，移动通信从电信分离到移动公司。2001年12月，通信网络向GSM数字移动网演进，娄底模拟移动通信网络封网。

移动通信2G网络　1996年6月，娄底地区开通第二代数字移动通信网（GSM系统2G），实现全国联网。是年，新建数字基站5个、信道46个。1998年，娄底地区移动信道304个。1999年，娄底移动有GSM基站23个。2001年12月，娄底市通信网络向GSM数字移动网演进，模拟移动通信网络全部封网。2003年，娄底移动公司扩大重点乡镇、交通干线、风景区和市内的通信网络覆盖，完成C网二期工程。共建CDMA基站55个，网络覆盖水平超过GSM130网络。娄底移动公司2.5代移动通信GPRS开通。2006年8月，2.75代EDGE移动通信网络开通。2008年5月，中国联通分拆双网。2012年始，娄底移动逐步采用BBU+RRU分布式基站取代直放式基站。2017年，娄底移动完成全网GSM900M退5M、高

铁GSM1800M退10M频率重耕。至2017年底，累计投资34亿元建设2G网络，完成GSM第5～18期扩容工程。GSM基站1802个，BSC总量扩容至18个。

移动通信3G网络　2009年1月，工业和信息化部颁发中国移动TD-SCDMA，中国联通WCDMA和中国电信CDMA2000　3张3G牌照，全国新一轮电信重组。娄底三大电信公司开始3G网络建设和升级改造。娄底市刚接收CDMA网络时，CDMA基站规模117个，用户4万户。娄底电信对CDMA网络进行升级改造，将北电基站设备替换成华为基站设备，CDMA核心网络使用中兴设备。5月，娄底市开通3G业务，信号覆盖全市。娄底移动开始规模化建设TD-SCDMA网络，购买或租赁娄底城区汇聚节点机房8个、县（市）城区汇聚节点机房和核心机房4个，启动IP城域网节点机房的装修改造，完成所有IP城域网机房的交流引入、走线架安装、地网建设、电源设备和网络机柜安装，共享娄底铁通管道70千米，新建128芯光缆1条，实现移动机房与铁通机房全面互联互通，提升专线及互联网的接入能力。2010年底，娄底电信C网基站总数384个，C网信号100%覆盖乡镇以上城镇，95%的农村。娄底移动完成TD配套传输改造工程，新建TD宏站177个、TD室分基站37个，载频总数1998个。娄底联通开始3G网络运营。2012年，娄底联通对GSM／WCDMA网络专项优化30项，提升城区网络覆盖率。2013年，娄底移动完成全市TD-SCDMA基站IP化进程，实现3G网络替代GPRS网络。2017年，娄底电信3G网络开通C+L双模基站102个，C网基站54个，CDMA网络信号覆盖率98%，娄底移动有在网TD-SCDMA基站647个。

移动通信4G网络　2013年12月，工信部向中国移动、中国电信、中国联通三大运营商发放4G牌照。2014年4月，娄底移动4G网络试商用。娄底联通推进FDD-LTE4G基站建设。2015年3月，娄底电信在市区、县城建设FDD-LTE基站369个，频段采用1.8吉赫，上下行带宽各15兆赫，4G网络投入运营。12月，娄底电信4G基站739个。2016年12月，娄底电信4G基站1474个。娄底联通4G信号市区覆盖率98.2%。2017年，娄底电信4G网络有1.8G频段4G基站878个，800M频段4G基站961个，2.1G频段4G基站58个。娄底市有4G基站1897个。娄底移动完成6期LTE工程建设，建成入网4404个LTE基站，覆盖小区1.3万个。全市县（市）城区网络覆盖率100%，乡镇网络覆盖率98%。娄底联通4G站点新建入网2165个，覆盖小区6174个，覆盖6条过境高速（沪昆、二广、长韶娄、娄衡、娄怀、娄益高速）、1条高铁线（沪昆高铁）及多条国道、省道交通干线。

无线寻呼网　1992年12月，地区邮电局开通无线寻呼（126人工台），联入湖南省无线寻呼网，发展BP机用户1000余户。1993年3月，新建无线寻呼基站5个。1994年，开通127自动无线寻呼并全市联网。2000年，联通公司接替寻呼业务，下辖126／127、128／129、191／192、198／199四个寻呼网络。2005年，娄底市无线寻呼业务退出市场。

无线市话网　2003年5月，娄底电信开通无线市话小灵通网络，延伸补充固定电话业务，简称PHS个人移动通信系统（Personal Handy-phone System）。5月，无线市话网络投入运营，覆盖市区、县城和部分乡镇。2003—2008年，无线市话网先后进行10期网络优化扩容，建成小灵通基站1814座，其中500兆瓦8信道大基站921座、4信道大基站432座，20兆瓦小基站461座。无线市话网络容量12.8万户，覆盖娄星区、涟源市、冷水江市、新化县、双峰县城区。2012年，娄底市小灵通基站关停退网。

无线农话网　2005年11月，娄底电信开通无线农话网络。2005—2006年，娄底电信先后进行6期网络扩容优化建设，网络容量8万户，建设基站49座，其中新化县24座，涟源市11座，双峰县11座，冷水江市1座，娄星区2座。新化县采用华为公司设备，其余县（市、区）采用中兴公司设备。2006年1月，娄底市第一个无线农话基站建在新化县西河鹰嘴岩。5月，娄底市的其他无线农话基站全部开通。2014年，娄底市无线农话基站全部关停退网。

WLAN网络　2009年始，娄底移动在人口密集区建设WLAN网络，作为3G网络的补充。第一期WLAN网络工程包括核心网设备AC、MC以及网管服务器（AP）安装，主要覆盖交通枢纽、重点院校及集团单位。2010—2011年，第二期WLAN网络工程建设完成，全市4所高校宿舍区实现WLAN网络覆盖。2012年，第三期WLAN网络工程建设完成，WLAN网络覆盖城镇银行系统、重要单位及酒店。农村逐步实现WLAN网络“村村通”。2017年，娄底WLAN网络24台AC机（下挂109个热点）、1319个AP在网运行。

第二节 广播电视网

一、无线广播电视网络

1990年，娄底地区电视转播台有1千瓦电视发射机4台，50瓦电视发射机2台，全部采用电子管发射机发射无线信号，转播中央电视台一套、二套节目和湖南电视台、中国教育电视台节目，发射娄底电视台节目，信号覆盖娄底城区及周边县（市）部分地区，覆盖人口150万。冷水江电视转播台有2台电视发射机，其中300瓦发射机转播CCTV-1新闻节目，1千瓦发射机转播湖南台新闻节目，信号覆盖冷水江市全部及周边县（市）部分地区，覆盖人口约200万人。1991年，冷水江电视转播台增加1台1千瓦电视发射机，转播娄底电视台节目。1993年，双峰县电视差转台易址双峰县广播电视台院内，建成108米高广播电视发射塔，发射功率由100瓦扩至300瓦，传输发射一套调频广播节目和2套无线电视节目（其中1套为双峰台自办节目），传输信号覆盖双峰县大部及周边县（市）部分地区。1995年8月，涟源市电视差转台易址海拔506米的石马山镇香乐山，次年元旦发送节目，发射功率由300瓦扩至1千瓦，覆盖涟源市20个乡镇大部分行政村及周边县（市）部分乡镇。1996年，涟源市新增1台100瓦调频广播发射机，转播中央人民广播电台和涟源广播电台节目。1997年，冷水江电视转播台增加1台300瓦电视发射机，转播冷水江电视台节目。1998年，双峰县广播电视台在距县城15千米的印塘乡大坪村梅仑山建设双峰县广播电视发射中心，使用2台发射功率300瓦的模拟电视发射机转播中央电视台一套、七套节目。1999年，新化县在海拔1410米的古台山俄力坳建成大功率广播电视转播台，用12频道1千瓦发射机转播县台电视节目，用50瓦调频发射机转播县广播站节目，电视人口覆盖率由40%提高至80%，无线调频广播乡镇覆盖率由60%提高至100%。

2003—2006年，娄底市对发射机实行全固态化改造，逐步增加节目转播套数，扩大转播功率，电视发射台增设1千瓦调频广播发射机1套，用105.4兆赫转播中央人民广播电台《中国之声》节目，结束只传输电视节目不传输广播节目的历史。冷水江电视转播台新增3千瓦级中央电视台七套电视节目。2007年，电视转播台新增1千瓦中央人民广播电台《中国之声》节目，增加1台10千瓦电视发射机，转播湖南经视节目。2009—2014年，娄底市电视发射台、冷水江电视转播台新增多台1千瓦~3千瓦高功率数字电视发射机，扩大广播电视频道节目转播。2014年，娄底市电视发射台完成无线数字覆盖提质工程建设，新增2台发射机，转播清流电视节目21套，全部实行微波传输数字化。2016年，冷水江电视转播台中央广播电视实行无线数字覆盖，增加2台1千瓦清流节目。涟源电视差转台中央广播电视节目实行无线数字化覆盖工程，增加1千瓦数字发射机2台，转播中央电视台节目12套、湖南台5套、娄底电视台综合频道和涟源台共19套标清数字电视节目。

截至2017年底，娄底市电视发射台共有模拟电视发射机5台、数字电视发射机2台，调频广播发射机5台，转播中央电视台一套、七套、湖南卫视、湖南经视4套模拟电视节目，发射1套娄底电视台综合频道节目，转播《中国之声》《潇湘之声》2套调频广播节目，娄底市广播电视台广播综合频道、交通频道2套调频广播，转播21套无线数字电视清流节目（中央电视台12套、湖南省台8套、娄底电视台综合频道1套），发射机总功率26千瓦，信号覆盖娄底境内大部分区域及宁乡、湘乡、邵东等周边县（市）部分地区，覆盖人口400万人。冷水江电视转播台发射机总功率35千瓦，信号覆盖娄底市5个县（市、区）全部及周边县（市）部分地区，覆盖范围1万余平方千米，覆盖人口500余万人。双峰电视差转台新增1台3千瓦广播调频发射机，转播双峰广播电台节目，增添中央广播无线数字电视发射机2台，发射功率1千瓦，信号覆盖14个乡镇406个村及周边地区，覆盖人口80万人。新化县电视差转台分别以30频道和47频道各1千瓦功率转播中央电视台12套和省台3套节目。

二、有线广播电视网络

1991年，娄底地区有线电视网络由地区有线广播电视台建设、管理和经营。娄底中心城区及各县（市）有线电视网络开始筹建。是年底，娄底城区有线电视网络传输16套电视节目。10月，新化县有线电视网络开播，架设主干线3千米，联通2000用户，开通节目7套。1992年1月，涟源市有线电视网试播，架设主支干线11.5千米，发展用户2143户，传输节目9套，有线电视带宽300兆赫。双峰县、冷水江市有线网开播。1994年，双峰县青树坪镇建立有线电视网，传输电视节目12套。其他乡镇先后建立有线电视网络。1996年，娄底城区节目传输增至22套。1997—1999年，地区有线广播电视网络进行光缆技术改造，有线电视带宽开始升级改造，中心城区主、支干线改换为光缆，由300兆升级为500兆或350兆升级为550兆，网络传输由电缆传输向光纤电缆混合传输（HFC网）转换，电视节目传输容量扩大。2000年，娄底市有线电视带宽由500兆升级为750兆，主支干线全光缆化。2001年5月，娄底市广播电视局（中心）与湖南电广传媒有限公司，合资组建娄底电广宽带信息网络有限公司，娄底市有线网络资产移交该公司经营。2005年，娄底广播电视中心与湖南中信通信有限公司合作，投资180万元，架设主干光缆185.2千米（2芯光纤），将娄底电视台节目传送到各县（市）有线电视网络前端。2007年8月始，娄底中心城区有线电视网络启动数字电视整体平移。市委、市政府成立工作领导小组，市政府印发《关于实施整体转换，加快推进有线电视数字化建设的通知》《关于全面实施有线电视数字化工程的通告》。2007年，娄底电广宽带信息网络公司更名湖南有线娄底网络有限公司。2008—2010年，各县（市）相继完成数字化整体平移。2010年，娄底中心城区启动有线电视双向网改。是年底，完成数字化改造，数字电视用户11万户。冷水江市有线数字电视用户5万余户，传输64套标清电视节目和70余套付费电视节目。2012年10月，娄底城区有线电视网络关闭模拟电视。湖南有线娄底网络有限公司资产参与湖南有线集团股权重组，公司成为该集团公司的全资子公司。是年，双峰县启动农村有线网络改造，16个乡镇全部实现光缆联网，数字电视信号覆盖全县。

截至2017年底，娄底城区有线电视网有总前端1个、分前端4个，园区机房1个，主干线交接箱16个，小区交接箱205个，小区光节点4581个，架设光缆1178千米，地下管道111.6千米，自立杆路26千米。中心城区有线电视入户率95%，网内双向机顶盒9.1万台，高清机顶盒6.12万台，智能机顶盒（家盒）1.16万台。有线电视用户（注册用户）13.2万户，宽带数据用户1.4万户。传输电视节目163套，其中基本节目71套，付费节目38套，高清节目53套，3D高清节目1套，试播4K超高清节目1套。冷水江市有线电视网有光缆主干线560千米，电缆主干线450千米，传输高标清数字电视节目166套，其中基本节目78套、付费节目33套、高清节目55套，有线电视用户（注册用户）6.3万户。涟源市有线电视网络带宽端口860兆，提供高标清数字电视节目166套，其中基本节目78套、付费节目33套、高清节目55套，有线电视注册用户2.8万户。双峰县有线电视网络光缆主干线485.6千米，支干光缆156.8千米，管道12.5千米，有线电视注册用户3.9万户，宽带用户6800户。新化县有线电视网光缆680千米，电缆860千米，光节点近200个，采用750兆宽带网络，覆盖上梅镇14个社区和2个行政村，以及上渡办事处2个社区和8个行政村，有线电视注册用户3.1万户，县城基本实现无缝覆盖。

三、农村广播电视网络

1990年，娄底地区开始农村广播电视网达标建设，投入资金175万元，整顿乡以下广播专线2945杆程千米，整顿乡镇广播站技术用房20个，实现乡通播率96%，村通播率84.2%，喇叭入户率32%。1991年，乡村广播通达率100%，乡以下广播专线1791千米，装入户喇叭2.82万只，入户率60%。娄底地区成为全省第一批农村广播电视建设达标地区。1992年，冷水江市有广播专线1631千米，广播喇叭2.61万只，实现村通播率100%，喇叭入户率61.5%，通响率91.7%，覆盖率86.1%。12个乡镇广播站机房设备质量、网络质量、信号质量达标。1993年，冷水江市获全省农村广播电视网建设先进市称号。1995年，娄底地区乡镇广播电视站移交乡镇管理。1996年，涟源市有乡镇有线电视站10个，村级有线电视站35个，企业有线电视站34个。

1999年始，娄底地区实施村村通广播电视工程。地区成立村村通广播电视工作领导小组，部署村村通广播电视工作。2002年，各乡镇成立文化广播电视站，除转播上级电视台新闻外，还自办本土新闻和专题节目。2004年始，全市采取有线电视联网、无线覆盖和直播卫星接收等3种技术方式推进村村通工程建设。2008年3月，涟源市龙塘乡被中宣部、文化部、广播电视总局、新闻出版总署授予全国服务农民服务基层文化建设先进集体称号。2012年，娄底市基本实现村村通广播电视。娄底市广播电视局被评为全国“十一五”广播电视村村通工作先进集体。至2013年，市、县（市、区）两级累计投入“村村通”专项建设资金1180.65万元，消除广播电视“盲村”6616个，其中50户以上“盲村”231个，20户以上“盲村”2047个，20户以下“盲村”4338个。全市新建乡镇级网络20个，完成乡镇建网82个，县有线电视联网乡（镇）62个。县乡有线电视联网率100%，农网用户数17.6万户，入户率18.6%。是年，娄底市新增广播电视发射机12部，更新改造14部，市、县（市、区）两级广播电视发射设备实现全固态化改造，安装直播卫星接收设备3.68万套。全市广播和电视人口综合覆盖率分别为99.4%和99.6%。2014年，娄底市的“户户通”广播电视工程改由市文化广电新闻出版局负责。2017年，双峰县在梓门桥镇梅山村新建100瓦补点发射站，解决杏子铺、梓门桥、沙塘、永丰等地农村无线数字信号问题。娄底市农村无线数字电视用户3.59万户，数字化覆盖率83.1%。

四、采编播设备

1990—2001年，娄底市广播电视媒体采编设备全部为模拟设备。2002年始，实现采编播设备从模拟到数字、从标清到高清的更新换代。2003年，娄底市广播电视媒体进行大规模设备改造。娄底广播电视中心投资100余万元，在娄底广播电视中心新址建成虚拟演播室，增添非编设备，新闻综合频道、公共频道节目实行硬盘播出。2009年，娄底广播电视技术大楼启用，市广播电视中心投资200余万元进行设备更新改造，实现广播电视采编播一体化，所有电视媒体节目全部实现硬盘播出。2017年，娄底市筹资1800万元（市财政拨款1200万元，采编单位自筹600万元），对3个电视频道制播系统进行高清化改造，对2个广播频道制播系统进行数字化改造。9月，完成2个广播频道制播系统数字化改造并试播，3个电视频道制播系统高清化改造次年1月完成并上线试播，各县（市、区）采编播设备相继更新换代。

第三节　互联网

一、163网和169网

1997年，娄底电信局开始建设CHINANET（163网）和CNIFFO（169网），开辟互联网新业务。用户通过普通电话线进行163、169拨号上网。1998年，开通ISDN拨号上网，上网速率提升一倍。在169网上开通电子商务平台、网上大学等功能。2000年，市电信局完成163网、169网“两网合一”工程。2001年，娄底市开始宽带IP网络建设，新增WWW服务器、MAIL服务器、拨号服务器、认证服务器等宽带应用服务器，应用楼道交换机，提供LAN端口，用户上网速率提高至10~100兆。2003年，娄底市整合宽、窄带网络的认证计费系统。2005年12月，完成IP城域网转型，实现二、三层网络完全剥离，网络结构由交换型网络结构改为路由型网络结构。2008年，娄底市完成网络结构扁平优化，网络层次划分为核心层和业务接入控制层，实现流量的负载均衡和路由备份，宽带链路经长沙、衡阳出口。是年，娄底IP宽带数据网出口链路带宽20G。2010年始，娄底移动启动数据宽带网接入工程建设。2014

年，娄底移动开始规模建设有线宽带网络，加快专线建设。全市A/B类集团单位实现预覆盖100%。是年，娄底市实施“宽带进村、信息入户”工程，将宽带网络从城区延伸至农村乡镇。截至是年底，全市家庭宽带覆盖率82%，行政村宽带通达率44%，百兆宽带覆盖用户29.03万户。

二、娄底互联网数据中心（IDC）

娄底电信大数据机房（2020年12月摄）

2007年，娄底互联网数据中心（IDC）投入使用，属娄底本地唯一的二星级数据中心机房。2017年，娄底电信新建云大数据中心机房，一期新建模块化机房210.7平方米及电力保障机房180平方米。模块化机房内设3个微模块，合计73架服务器机柜，每个服务器内可安装10台服务器。每个微模块内采用3架列间空调，确保柜内设备正常运行。输入电源采用240伏直流双极进行保护，确保24小时电源不间断。电力保障机房内新建高压直流电源1套，1000安时蓄电池组2组，保障电源不间断供给。截至2017年底，IDC出口带宽400G。

第二章　电话通信及广播电视传输服务

第一节　电话通信服务

一、固定电话服务

普通电话用户　1990年，地区邮电局有市话用户5363户，长途用户337户。1991年，全地区有住宅电话用户1148户。1998年10月，地区邮电局邮政电信分营，成立地区电信局。是年底，全地区有普通电话用户14.61万户。1999年7月，娄底地区移动电信业务从地区电信局整体剥离。2008年，娄底市有电信固定电话用户61.91万户。随着移动电话的普及，普通电话用户逐渐减少。至2017年底，城乡住宅电话用户20.9万户。

无线市话用户　2003年，娄底电信开展无线市话网络建设。截至2008年12月，无线市话用户10.87万户，其中一号双机用户数3.95万户。2009年始，无线市话用户逐步转网。截至2012年，娄底市无线市话基站关停退网。

无线农话用户　2005年，娄底电信无线农话开始建设。10月，娄底电信无线农话在新化分公司放号。2009年，娄底市无线农话用户5.86万户，此后逐年减少。2014年，无线农话基站全部关停退网，用户转网。

公用电话用户　20世纪90年代，娄底电信公用电话产业发展迅速，各类公用电话遍布全市各主要车站、码头、宾馆、饭店、医院、商业中心、院校等公共场所及主要繁华街道，有效弥补通信资源不足，方便用户使用。公用电话分有人值守和无人值守两类。有人值守公用电话采用普通电话机加公话计费器，由管理人员向通话人收取费用，包括普通代办公话、公话超市等。无人值守公用电话由自动收费电话机按一定标准自动收取通话费用，自动收费电话机包括IC卡电话、磁卡电话、投币式电话、智能网201公话等。1997年，娄底电信完成IC卡电话工程。1998年，娄底市有磁卡电话机36部，IC卡电话机38部，普通代办公话4846户。2000年，有磁卡电话机36部，IC卡电话机1515部，普通代办公话2.77万户，201公话1.51万户。2002年，有IC卡电话机1737部，普通代办公话6850户，201公话

5670户。2006年，有IC卡电话机2008部，普通代办公话1.24万户，201公话6773户，公话超市1569户。2007年，有公用电话3.97万户，IC卡电话机2432部，有人值守公话1.76万部，201公话1万部，智能网公话1671部，公话超市7599户。2008年始，中国电信获得CDMA2000移动业务经营牌照，实行全国接听免费，手机使用费用降低，群众公话需求下降，各类公话业务萎缩。截至2017年底，娄底市有公用电话用户3.27万户。

二、移动通信服务

1992年10月，娄底模拟移动网放号运营。模拟移动电话首次举行号码拍卖。12月，发展用户126户。1999年7月，中国移动娄底分公司，有客户2.92万户（含模拟用户）。8—12月，净增客户1.23万户，期末通话用户4.3万户。其中GSM用户3.05万户，模拟用户1.25万户。2003年，娄底联通G网用户8.36万户，C网用户2.22万户。2008年，娄底电信获CDMA2000移动业务经营牌照，实现全业务经营。2009年5月，娄底电信率先在全市开通3G业务，是年底，移动用户数比上年净增5万户，此后每年递增7万~8万户。2012年，娄底联通用户49万户。2016—2017年，娄底移动用户年均净增10万户。截至2017年底，娄底市有移动用户323.63万户。其中，娄底电信70万户，娄底移动公司178.63万户，娄底联通公司75万户。

三、增值业务

一般增值业务　20世纪90年代初，娄底移动模拟电话提供语音业务、呼叫等待、呼叫转移、三方通话、遇忙前转等业务功能。1994年12月，娄底电信投资78万元，建成168语音信息系统，先后开辟文化娱乐、交通信息、商业信息、天气预报、医疗保健、时间通报等服务栏目21个。1996年，娄底地区语言信息业务收入18万元。1997年，收入208万元。1998年，娄底地区建成160人工语言信息咨询服务平台。1999年，与建行联合开通话费自缴和账务查询系统，与证券公司合作开通17989证券交易系统和在线炒股网络交易系统。1999—2005年，数字移动电话开通后，先后为用户开办主叫号码显示、呼叫等待、话音信箱、呼叫转移、三方通话、遇忙前转。相继开通点对点短消息、传真（数据）、移动秘书、信息点播、神州行预付费智能卡、WAP上网、手机银行、IP电话接入、全球呼、集团VPMN、来电显示、12586娱音在线、梦网邮箱、手机杂志、GPRS梦网、手机彩信、手机支付、彩铃、手机上网、WAP总站等业务。2005年，娄底移动成立增值业务部，增值业务规范管理。来电显示、互联星空、小灵通短信、七彩铃音等增值业务呈现增长态势。归一通、伴我行、农家乐等新业务进入发展期。娄底移动创办“16880166”黄金岛游戏充值月收入过10万元的节目，与团市委联合举办的全市评先语音、短信投票活动，创收130余万元。随着QQ、微信等即时通信业务的崛起，声讯业务逐渐萎缩，数字移动电话增值业务快速发展。2006—2017年，娄底移动新增手机报、飞信、无线音乐俱乐部、中央音乐平台、彩铃音乐包、田园彩讯、体坛周报手机报、气象通、新闻早晚报、新闻周刊、掌握生活、体育新闻、风云足球、“12580”车主小秘书、来电提醒、和彩印、139邮箱、和通讯录、手机导航、咪咕音乐、咪咕视频、咪咕阅读、咪咕游戏、咪咕动漫、和留言、和彩云、和多号、来电添彩、彩铃包月、视频彩铃、绿色上网等新业务和新功能。

宽带电视业务　2008年，娄底电信开通IPTV业务，即宽带电视业务，宽带与电视机之间通过机顶盒连接，可以收看电视类节目。是年，宽带电视用户35户。2011年，娄底电信完成IPTV播控与分发平台对接，开创央视（CCTV）、湖南广播电视台、湖南电信三方合作推进新模式。至2014年，娄底市IP-TV平台形成2个区域中心+5个POP节点的规模，可支持16万用户，满足120路标清、30路高清频道节目的传输，所有频道支持2个小时时移、72个小时回看功能。与互联网内容及媒体运营商的合作，引入高清视频、互动游戏、教育直通车、KTV、数字交通、多屏融合、OTT、CDN出租等系列新型服务，至2017年12月，娄底电信接入21.97万户城乡家庭。

翼支付业务　2010年，娄底市翼支付业务崭露头角。2013年4月，翼支付加油包上线，月均加油消费额突破40万元。8月，娄底电信与娄底监狱合作，打造监信通平台，实现监狱内服刑人员家属通过翼支付给服刑人员充值，监狱内消费转向无现金交易。2014年，添益宝上线，实现翼支付账户金额在随时可消费的状态下同时享受理财收益。3月，翼支付交费易产品上线。8月，娄底电信与娄底卫生学校合作，打造卫校一卡通平台，实现校内非现金消费。2015年初，翼支付交费助手上线，通过将用户翼支付账户与通信账户关联绑定。用户通信费通过翼支付账户自动代扣充值，永不停机。2016年，手机+支付红包套餐上线。手机终端款分月以翼支付红包形式赠送给用户，用户可进行线上线下消费。2017年，涟源自来水公司、娄底自来水公司、双峰自来水公司接入翼支付便民应用。2010—2017年，娄底市翼支付营业额11.2亿元。

四、其他电信服务

电报业务　1988年，地区邮电局成立电报科，娄底中心电报业务流转处理量达最高峰，中心报房每月电报业务交换量160万份。电报、电信长话成为娄底地区两大支柱电信业务。1998年，娄底地区电报业务交换量11.44万份。是年始，随着通信现代化和电话普及率提高，娄底地区电报业务逐年下降。至2006年7月，娄底市电报业务收缩至娄底电信中心1个受理点，各县（市）取消电报业务。2007年12月始，省际省内电报由长沙电信分公司一点汇集后上传下发。2008年，国内公众电报下降至1份，电报业务随之消失。

传真业务　1998年，娄底地区党政企事业单位及个人开始拥有独立传真机，娄底电信传真业务逐年减少。2008年收发国内传真从1998年的1.71万份下降至1641份，收发国际港澳传真199份。2017年，娄底市传真业务消失。

无线寻呼业务　1989年，娄底电信开通无线寻呼（主叫用户通过电话和无线寻呼系统向用户单向传递简单信息）业务。无线寻呼业务的特种业务号码：人工台为“126”，全自动台为“127”。1998年，娄底电信的无线寻呼业务从邮电分营时分离出来，成立国信寻呼公司运营，归属中国电信。1999年，新蓉园寻呼公司成立，开办无线寻呼业务。2000年，娄底联通融合原新蓉园寻呼和原联通寻呼两方业务，下辖126／127、128／129、191／192、198／199四个寻呼网络。2001年后，娄底市无线寻呼业务逐年下降。2005年3月，中国联通向信息产业部提交报告，申请退出寻呼业务。2007年3月，娄底联通关闭寻呼业务。

第二节　广播电视传输服务

一、娄底市（地区）广播电台

1989年，娄底电视台苦槠山电视发射台采用16频道1千瓦发射机发射。1990年，在白果岭电视转播台增设1千瓦发射机，使用31频道转播节目。12月，娄底市广播站更名娄底市广播电台，使用100瓦调频发射机，频率88.5兆赫，发射天线高146米。1991年5月，地区广播电视局筹建湖南有线广播电视台娄底地区有线电视分台，采用无线和有线两种传输方式。至12月，开通有线电视用户4000余户。1992年6月，娄底地区有线广播电视台成立。是年，娄底市广播电台建成立体声调频广播电台，频率98兆赫，发射功率1千瓦。1997年，娄底市广播电台归并到娄底地区广播电视局，更名娄底人民广播电台。1999年9月，娄底人民广播电台与娄底电视台、娄底广播电视报社合并组建娄底广播电视中心。2001年7月，娄底市有线广播电视台改为生活频道，作为娄底电视台第二套节目，用有线方式传输。

2003年，娄底广播电视中心娄底电视台在白果岭电视转播台的发射功率增为3千瓦，播出频率改为6频道。2004年，娄底广播电视中心实行频道负责制，组建新闻综合频道、电视公共频道、电视综合频道，采用有线传输或无线发射方式播出节目。是年，娄底人民广播电台实行频道负责制，增办交通频道、广播新闻频道。2006年，娄底广播电视中心组建电视都市频道。2009年，娄底人民广播电台两个频道节目的发射站点搬迁至娄底市电视发射台。2012年，娄底人民广播电台与娄底广播电视中心合并组建娄底市广播电视台，在冷水江白果岭增设两台3千瓦发射机，两个频道开始实行双频率发射，覆盖人口1000万人。电视综合频道更名娄底市广播电视台综合频道，频道定位时政新闻。2016年，广播新闻频道开通微信视频直播，实现点对点视频直播。2017年，广播新闻频道采编设备完成数字化网络升级改造，娄底市电视发射台的发射功率扩至5千瓦，节目可通过频道官方微信号“980娄底之声”与手机终端“在娄底APP”“无限娄底”“蜻蜓FM——娄底综合广播”实现全天网络收听。广播交通频道建成全媒体直播室，在娄底市电视发射台的发射功率扩至5千瓦，全面实现采、编、播及传输设备数字化。

二、县（市）广播电视台

1990年，冷水江市广播电台转播无线调频广播，使用频率104.3兆赫。1991年，冷水江市广播电视局筹建冷水江电视台，涟源市有线电视分台试办电视新闻，湖南有线电视台新化分台成立。1992年3月，双峰县电视差转台、有线电视台与双峰县广播电台“三台合一”组建双峰广播电视台，开始自办电视节目。冷水江市电视台、湖南有线电视台新化分台开播。1994年，涟源市广播电台、有线电视台、广播电视差转台“三台合一”组建涟源市广播电视台。新化县广播站、县有线电视台、县广播调频台、县电视差转台合并组建新化县广播电视台。2012年5月，冷水江市以电视台为主体，组建冷水江市广播电视台。2015年，冷水江市广播电台开办“锑都之声”调频广播电台。2016年8月，冷水江市广播电台撤销，并入冷水江市广播电视传媒中心。2017年底，娄底市县（市）级广播电视媒体有冷水江市、涟源市、双峰县、新化县4个广播电视台。

三、教育电视台及企业广播电视台（站）

教育电视台　1989年，地区教育电视台试播。双峰县教育电视台建立，与县教育局电教仪器中心实行两块牌子、一套人马。1990年，冷水江市、涟源市、新化县教育电视台相继建立。1993年9月，冷水江市教育电视台并入冷水江市电视台。1998年始，地区教育电视台只开办教育新闻和电视教育节目。2000年，新化县教育电视台并入县有线电视网络。2003年始，娄底市教育电视台停止自办节目，转播中国教育电视台节目。2006年，双峰县教育电视台停播。是年，涟源市教育电视台与涟源市电教仪器站合并组建涟源市现代教育技术管理中心。2010年，停播教育电视节目。

企业广播电视台（站）　1991年10月，娄底铁路有线电视台（站）成立。1996年底，涟钢教育培训处电教馆与涟钢电视台合并。1997年，域内企业广播电视台统一更名为广播电视站。2000年，涟钢电视站为涟钢集团公司授权经营的事业性单位，独立核算，自主经营。2002年12月，划归涟钢文化传媒公司。是年底，境内有涟钢、湖南金信化工、娄底铁路3家企业广播电视站取得许可证。2004年11月，涟钢文化传媒公司撤销，涟钢电视站归涟钢宣传部管理。2005年，娄底铁路有线电视台（站）更名广州铁路局集团公司有线电视台，每天自办节目1小时。2006年，涟钢电视站与涟钢报社、涟钢网站合并组建涟钢新闻传媒中心。2009年，涟钢电视站有线网络及维修人员、有线电视用户整体移交娄底有线电视网络公司，自办节目通过娄底有线网络65频道传输。2010—2017年，体制维持未变。

四、广电系统网络媒体

娄底传媒网　2010年，湖南娄底网创办，属娄底市广播电视台依托传统媒体视频新闻开办的新闻视听综合门户网站，次年上线，域名www.hnldw.cn。2017年，湖南娄底网通过“娄底传媒网”域名备案，启用新域名www.ldntv.cn。娄底传媒网是娄底境内唯一获互联网新闻、视频传播许可单位，可自行采编登载新闻信息。网站定位：以实用性为基准，打造本土视频新闻娱乐服务综合门户网。

无限娄底　2015年，娄底市广播电视台成立娄底天成广播电视传播有限公司，投资480万元，开发“无限娄底”手机客户端，被列为娄底“十三五”重点文化产业项目、娄底互联网产业重点扶植项目和娄底“智慧城市”基础平台项目。“无限娄底”具有互联网新闻信息发布和互联网视听节目发布传播资质，主要向用户提供娄底电视、广播新闻资讯，自办娄底民生、便民服务等内容版块。2017年底，

“无限娄底”有4人获得网络视听节目审核员证，该新媒体有8万余注册用户。

县（市）广播电视网络媒体　2015年10月，涟源市广播电视台开通“智慧涟源”微信公众平台和“智慧涟源”网站。2016年，新化县广播电视台首次通过微信直播方式对县第十二次党代会开幕式和县十七届人大第一次会议开闭幕式进行直播。2017年，冷水江市广播电视台成立新媒体中心，初步实现1个平台（智慧冷水江融媒体平台）、3个客户端（微信客户端、手机移动端、App客户端）搭建。双峰县广播电视台引进移动新媒体平台运营，开发集智慧城市、新闻发布、广播电视直播与点播、掌上商城等功能于一体的综合移动应用软件“掌上双峰”（双峰手机台）App。“掌上双峰”上线运行。新化县广播电视台利用湖南广播电视新化网、微信公众号等新媒体上传新化新闻。

第三章　互联网服务

1997年，娄底地区互联网开通，业务范围逐渐覆盖所有电话通达地域，为用户提供国际国内漫游业务、虚拟专网业务、VPDN业务、IDC业务、计费结算、安全认证、流量分析等网络功能出租业务。2017年，娄底市有规模以上互联网及相关服务单位6家，完成营业收入0.98亿元，有互联网用户68.77万户。

第一节　互联网接入服务

一、窄带接入

1998年，娄底地区窄带接入互联网用户366户。2003年，窄带接入互联网用户4.9万户。是年始，窄带接入互联网用户逐年减少，窄带拨号服务器陆续下网。2008年，窄带接入互联网用户降至1.48万户。2015年，窄带接入互联网用户全部转网，业务消失。

二、宽带接入

2002年，娄底市互联网宽带接入业务开始发展。娄底电信有宽带接入互联网用户5470户。2008年，娄底电信宽带接入互联网用户增至10.53万户。其中ADSL终端用户8.31万户，LAN终端用户1.99万户，专线用户2321户。2010年始，娄底移动启动数据宽带网接入工程建设。2016年，娄底市宽带网络覆盖行政村164个，建成宽带端口2.06万个。扩容China169出口带宽至80G。2017年，娄底电信互联网宽带用户增至28万户。其中ADSL终端用户1.5万户，LAN终端用户2.39万户。娄底移动A／B类集团单位预覆盖100%，宽带网络从城区延伸至农村乡镇。娄底移动家庭宽带覆盖率82%，行政村宽带通达率44%，百兆宽带覆盖用户29.03万户。娄底联通铺设100M光纤覆盖娄底市中心城区93%、行政村85%，建设光纤入户端口36万线，可满足100万个家庭高速接入互联网。

三、IDC业务

2007年，娄底IDC数据中心投入使用，属娄底本地唯一的二星级数据中心机房。至2008年底，IDC主机托管高度6U，IDC服务器托管14台，IDC用户23户。2009—2017年，娄底IDC数据中心先后发展腾讯、爱奇艺、北京完美、乐视等具有全国影响力客户，及本地政企常用客户。2017年，娄底IDC数据中心主要用户有湖南省泛泰巨网信息技术有限公司、乐视云计算有限公司、深圳市腾讯计算机系统有限公司等，IDC业务收入537.43万元。

第二节　互联网媒体服务

红网娄底站　2011年8月，湖南红网娄底站挂靠娄底新闻网，实行“两块牌子、一套人马”。

2012—2015年，湖南红网娄底站先后与娄星区、冷水江市、涟源市、双峰县、新化县合办县（市、区）分站，设立新闻客户端地方性频道，并与娄底经开区、万宝新区开展互联网信息服务战略合作。2016年10月，省委网信办批准红网设立市（州）分站。2017年2月，红网娄底站成立，属湖南红网新媒体集团直属机构。

娄底新新网　2010年8月，娄底新新网挂牌上线，属《娄底日报》旗下网站，配套设有“娄底手机报”客户端。网站设有娄底法治频道、娄底健康频道、娄底教育频道、娄底汽车频道等栏目，与市直各单位联合开展新闻宣传活动。2011年8月，娄底新新网获全国十大优秀地方网络媒体称号。2014年5月，娄底新新网旗下的《娄底手机报》并入中国移动全国手机报阅读基地，与《新华手机报》《参考消息报》《凤凰手机报》等媒体一并成为全国重要手机报媒体之一。2015年5月，娄底新新网获中国地方网站十佳创新品牌奖。8月，与湖南日报社“新湖南”客户端达成战略合作，上传“新湖南”客户端。市纪委“娄底廉政”官方网站和微信在娄底新新网开通。2016年3月，娄底新新网与“头条号”平台达成战略合作协议。6月，与百度联盟达成战略合作协议。是年，娄底新新网获全国地方网络媒体十大最具价值品牌奖。2017年，娄底新新网获全国地市网络媒体网民最关注十强品牌称号。

第三节　互联网平台服务

一、电子政务平台

2006年，娄底市电子政务起步，由市信息化工作办公室承担市本级电子政务外网平台建设任务。2008年，娄底市完成《娄底市政府电子政务外网平台建设方案》《娄底市政府电子政务外网平台建设实施方案》。2010年，娄底市电子政务平台基础工程建成试运行。是年始，市委、市政府先后将市建设局、市规划局、市环保局、市烟草局、市电业局5家市直单位行政审批业务纳入电子政务平台试点网上办理。2011年5月，市电子政务办根据省政府办公厅《关于加快推进全省网上政务服务和电子监察系统建设的通知》等文件，与市直相关部门联合投资60余万元，完成网上政务服务视频监控室、监察系统全球眼站点建设和接入，完成市政务中心LED显示大屏建设。7月，娄底市电子监察系统通过验收并投入使用。至12月，市电子政务办先后组织20家市直单位50余人次，进行“一对一”现场办事项目加载及事项流程规范技术培训。是年，市委、市政府遴选市直单位34家，动员市政服务人员517人，对行政审批事项358项进行审批流程梳理，作为电子政务平台首批网上审批事项。2012年底，娄底市电子政务平台第一期工程完成。2013年6月，娄底市电子政务平台电视电话会议系统故障频发，市政府投资87万元进行改造升级，半年后建成投入使用，运转正常。

2015年底，娄底市电子政务平台搬迁新址，完成第二期升级扩建工程。平台机房由50平方米增至200平方米，符合国家二级机房标准。2016年，娄底市电子政务平台实现与106家市直单位的电子政务联网，外网接通率100%。2017年，娄底市电子政务平台网上行政审批项目3.21万件，办结率100%。先后整合市发展改革委等12家市直单位的非涉密审批事项，托管市综合治税平台、市知识产权局产权登记平台和市政协提案办理系统等3个部门应用系统，归并市卫计委、市发展改革委等单位小型机房。是年，统一信息技术的市政府网站群初步建成。市电子政务中心外网平台机房和5个县（市、区）节点机房建设完成。市本级外网平台采用电信、移动主备双线路接入，联通包括市、县（市、区）、乡镇（街道）530余家单位。90家市直单位的外网线路联网、迁移和调试工作完成。市电子政务中心与县（市、区）部门和乡镇、街道办事处全民服务中心接通率100%。该平台承载中央和省统一部署网上政务服务和电子监测系统、应急指挥视频系统、安监视频会议及数据报送系统、审计厅纵向业务系统、卫生应急指挥和医疗救治系统、商务厅视频会议系统、交通纵向应用系统、质监视频系统及“12315”数据报送系统、煤监视频会议及数据报送系统、物价部门“12358”全国价格举报管理信息系统、综合信息系统和网上信访等系统，以及市本级综合治税、卫生管理和市国土管理系统等应用功能。

娄底顺德造信息中心（2019年7月摄）

二、电子商务平台

2012年6月，娄底市区域性电子商务门户网站——娄底丰信计算机系统有限公司开发运营的双星网（http：//www.sxinw.com）成立。该网站旗下的“掌上便民通”手机平台、双星商城、中小企业信息服务平台、双星求购、0738团购网、酒店预订、双星游戏中心等电子商务平台为娄底市民提供本地化、多元化服务。截至2017年底，娄底市以娄底域名付费注册知名电商平台的企业3000余家，在淘宝网上注册经营的网店超2万家，在娄商网注册的本土企业1600余家。

三、其他互联网平台

2003年8月，娄底市正好网络科技服务有限公司旗下的专用网站（http：//www.0738fdc.com）娄底房产网上线，为娄底市民、房地产开发商和房地产中介机构提供开放式房地产信息服务，成为娄底乃至周边地区房地产营销的网络平台。2012年，娄底市亿腾网络科技有限公司运营的娄底人才网上线，属娄底市人力资源服务主要提供商，拥有运营团队50余人。2014年8月，58同城娄底站上线运营，业务覆盖招聘、房产、汽车、金融等多个领域，是一个线上商业综合服务平台，提供信息交互和生活服务。2017年7月，娄底陌陌科技有限公司成立，注册资本2000万元，主要提供信息技术、软件开发、互联网文化等服务。其中，陌陌部分网络直播业务落户娄底，打造属于娄底本土的网络直播平台。

娄底移动互联网产业园（2020年12月摄）

第四章　软件开发及信息技术服务

娄底的软件开发和信息技术服务业起步较晚，2010年以后快速发展。2014年，娄底城区范围内计算机软硬件销售及科技服务类企业1500余家。专业信息技术服务、网络增值服务、咨询中介服务经营企业60余家，软硬件产品营销售后服务经营企业260余家，年销售额约3.9亿元。2017年，娄底规模以上软件开发和信息技术服务单位5家，营业收入0.45亿元。

第一节　软件开发服务

2000年2月，湖南联众科技有限公司成立，属磁测量设备开发生产高科技软件企业。该公司生产的磁性载体信息销毁机填补省内该类信息安全产品空白，在国内享有较高知名度。2009年9月，娄底市湘软科技有限公司成立，属娄底最大ERP软件、OA软件、客户关系管理、商业智能等各种软件开发和技术服务企业，为企事业单位提供前期信息技术诊断、流程重组、企业咨询、软件实施、软件开发、软件集成等专业化服务。2011年3月，娄底市楼月软件开发有限公司成立，主要提供企业局域网及个人家庭电脑监控软件开发及销售服务。是年9月始，娄底市鸿瑞科技有限公司以“人员租赁”“定期上门”“远程服务”等方式为企事业单位及个人提供IT维护外包服务和IT应用解决方案等。2017年，娄底市完成软件开发9267万元，实现增值2980万元。

第二节 信息技术服务

一、网站建设及网络业务推广

2008年，娄底市国联信息服务有限公司成立，为数十家政府部门、企事业单位提供网站建设服务，为市委办、市委宣传部分别开发电话网上报送系统、解放思想大讨论网上直播系统。2010年，湖南无忧文化传播有限公司在娄底成立，运营“数字娄底”市政综合便民服务终端网络，在城区繁华地段、星级酒店、车站广场等设置600台便民信息终端，为市民提供免费生活信息服务。2016年，娄底市互联网科技发展有限公司成立，为客户提供信息产品和技术支持及售后服务，包括创业信息咨询，法律信息咨询，人才培训、技术创新、电子商务信息咨询，网站设计与开发，委托后代理电信宽带安装，智能物联网建设开发，广告发布，机器设备销售，电子产品、通讯设备销售，弱电工程开发及安装，场地租赁等服务。

二、智能安防报警与集成网络系统组建

2008年，湖南中盾保全智能科技有限公司成立，专业提供人防、技防等综合安保服务。2009年，娄底易盛信息技术有限公司成立，为客户提供智能安防控制需求分析、项目规划，以及实施优化设计、系统集成、工程实施、售后服务等技术服务。2011年，娄底市金鑫电子科技有限公司成立，提供系统设计和监控全程服务。2012年，湖南嘉联安防科技有限公司成立，主要提供闭路电视监控系统、巡更报警系统、楼宇可视对讲系统、停车场通闸管理系统、多媒体会议室音响系统等网络工程组建和信息技术服务。

三、智能交通与3G无线网络传输

2001年，娄底市浪人网络科技有限公司成立，自主开发远程集中视频监控系统，主要从事远程视频监控系统产品研发、生产、销售及信息技术服务。2013年，湖南广跃科技有限公司成立，主要提供智能公交调度系统经营，3G无线网络传输（包括公安/交警执法监控、长途客运监控等），计算机信息系统集成及专业应用软件开发，多媒体展厅建设等服务。

四、数据处理及数据库建设

2004年，娄底市新浪潮科技有限公司成立，除从事IT硬件销售外，先后提供湖南人文科技学院、娄底电大等院校图书馆电子图书管理系统开发维护服务。2010年，娄底市德隆信息科技有限公司成立，以数字三维仿真城市电子地图为网络服务平台，结合城市实景按照一定比例3D建模上网，实现形象、直观、便捷、精准地图定位，为政府、企事业单位、城市商家提供品牌推广、实景宣传、促销宣传、电子政务、电子商务、地图黄页查询等服务。2013年，湖南友诚科技有限公司成立，主要以基础数据为依据，以测绘、房产、国土、市政、规划等行业为核心，提供地理信息技术服务。2017年6月，谷歌中南地区大数据中心在娄底万宝新区成立，主要从事Google Adwords体验中心、中南地区大数据中心建设及运营，湖南文化旅游推广，湖南本土产品线上销售等业务，总投资1.2亿元。其中，中南地区大数据中心一期建设机柜120个，全期建设机柜600个。

第五章　信息安全与管理

第一节　无线电管理

一、管理机构

1985年，地区无线电管理委员会（简称无委会），由娄底军分区移交地区行署管理。5个县（市）相继成立无线电管理机构。1997年，省机构编制委员会办公室发文撤销省以下人民政府无线电管理委员会，设置省无线电管理委员会办公室各地（市、州）管理处（简称省无委办），作为省无线电管理委员会办公室副处级派出机构。8月，地区机构编制委员会办公室发文确定省无线电管理委员会办公室地区管理处（简称地区无管处）为副处级机构。1998—2017年，省无委办娄底市管理处由省无委办和娄底市政府双重管理。

二、秩序管理

频率管理　1990年，地区无委会帮助用户组建全地区专用网2个，小型网8个。开展两次大检查，查出乱占频率21个。1991年，组网7个，新支配频点11个，收取无线电管理费5.5万元。1992年，收取无线电管理费11万元。1993年3月，对境内设台（站）的单位，均按统一标准收取建设费。1997年，对全地区无线寻呼台进行整顿，发出催缴规费通知书80份，行政处罚决定书12份。完成上交省级频率占用费100万元，地区本级频率占用费15万元。1998年，完成省级频率占用费100万元，地区本级频率占用费10万元。

1999—2000年，市无管处对市属设台单位逐个清理，将占而不用或长期闲置的20个频率收回。缓解新兴无线电通信频谱资源供需矛盾，理顺职能部门与电信、移动、联通等运营商的关系，完成规费征收任务。1999年，完成省级频率占用费300万元。2000年，完成市本级收费27万元，收取滞纳金2万元。组织或参与省无委办检测工作20次，收取检测费13万元，收取注册登记费30万元，核发许可证120份。2001年，征收省级频率占用费400万元。2003年，开展为期5个月的保护民用航空专用频率整顿，没收大功率无绳电话40台，拆除天线50副，印发宣传资料500余份。2004年，开展在用频率清理核查，回收长期不用或利用率不高的频率15个。2006年，对使用率不高的9个频率进行调整和规划利用，完成大中型企业和重大工程项目调度网频率的指配工作，完成频率台站数据库5.2版的安装调试。2010年，加大专用对讲机频段监测力度，全面清理150兆赫、400兆赫频段实际占用情况，清查150兆赫、400兆赫频段已办手续、登记在册的专用对讲机频率，收回娄底电信长期占而不用的频点236个。2011年，开展频率使用情况清理，受理频率台站数据变更申请5份，变更数据120条。2013年，对娄底市广播电视30余个频道的占用情况、台站数据进行监测和核查。2014年，对铁路GSM-R、广电MMDS、公众移动通信和对讲机频率进行系统清理和核对，收回长期占而不用频点378个。

2015年，市无管处开展频率使用情况核查专项行动，梳理频率指配文件6份，摸清11家单位100个频率的使用情况，对5个频段实施重点监测和数据比对，确保频率、台站、监测数据真实性。2016年，利用台站数据库对频率台站进行事中事后监管，发现非法使用频率3起。探索用户自查、现场核查和年度抽查相结合的管理模式，精简审批流程，提前3个工作日完成沃尔玛公司2个对讲机频率的初审和许可。2017年，完成频谱使用评估工作，测试数据40G，全面掌握娄底市内各县城和主干道30~3000兆赫频段广播电视业务的频率使用情况。对铁路GSM-R、人防、广电MMDS、公众移动通信和对讲机频率进行系统清理和核对，收回12家用频单位长期占而不用的频点128个。将同一对讲机频率指配给沃尔玛大汉店及冷水江市、新化县、涟钢等地，提高频率空间使用效率。

台站管理　1988年，全地区100余个设台单位，90%以上建立无线电管理组织，有专职或兼职管理人员130人。1991年，普查登记无线电设备600台，发展新设备315台。1992年4月，娄底地区整顿短波无线电通信秩序领导小组成立，查处黑电台41台，新发展无线电台140台。1999—2000年，通过自查、核查、抽查、复查等方式，开展无线电台站设备检查，检查设台单位40个，检查设备100台，填写技术资料1000份，补办证件70份，下达法律文书18份，查处违法违规设台15起。2001年，重点对移动通信、无线寻呼、微波站、广播电台全面检查，检查设台单位30个，检查设备120台，填写技术资料500份，下达法律文书8份，查处违法违规设台4起，补办电台执照60本。是年，娄底市注册无线电台16.2万部（其中公众移动网手机16万部，公众移动通信网基站250个），寻呼基站80个。

2003年7月，市无管处对辖区内设置在高山、高塔、高楼上的广播电视站、无线寻呼基站，以及设置在校园内的外语教学调频台清理整顿。2004年，开展对民用对讲机专项检查，查处20个非法设台单位，没收违法设置电台40部。2005年，开展为期3个月的台站检查，收集整理上报移动通信基站1063个。其中移动基站353个，联通基站299个，电信小灵通基站411个。上报台站资料1200份，更换电台执照156本，补发电台执照739本。2006年，为移动"村村通"工程审批基站108个，为联通CDMA3期、GSM10期和11期审批基站42个。对移动、联通、电信各类基站检测，抽检设备126台。2007年，清理登记移动、联通、电信3家电信运营单位基站1648个。清查其他各类电台477个（座）。报停报废电台21台。年审年检设台单位146家，检测台站近2000个（座），补办电台执照211本，换发执照134本。2008年，完成娄底移动、娄底联通396个新建基站初审，年审年检设台单位29家，电磁环境测试20批次，测试移动、联通新建基站71个，年检老基站40个载频，验收抽测新建移动基站396个。2010年，完成娄底移动992个基站、娄底电信142个基站、娄底人防系统34个电台，以及部分对讲机执照年审，配合省里完成娄底移动25个基站、娄底联通14个基站、娄底电信6个基站设备年检。完成152个新建基站初审，实地抽检基站30个，下达书面整改通知书2份，要求申报单位书面承诺2份。规范业余无线电台管理，督促业余无线电爱好者办理设台手续，送检设备及参加执照年审，解决业余无线电台脱管问题。是年，受理设台申请48件。2011年，完成三家运营商新建基站初审151个，实地抽查核实70个。年检无线电发射设备180台、基站68个。2012年，建立移动基站审批联席会议制度，加强各设台单位间沟通协调。完成355个新建基站初审，新核发执照785个。完成对全市3000余个台站数据核准。2013年，将互联网作为新的台站管理平台，为设台单位提供申报审核便利，完成对娄底联通215个新建基站资料审查。完成台站规范化管理，实现A库3529个在用台站必填项校验与数据准确性检查合格率100%。公告失效的425个无线电台执照。更新变更参数8个台站。2014年，完成娄底联通250个、电信20个、移动595个新建基站的核验和比对，完成华菱安赛乐米塔尔汽车板有限公司1800兆赫无线接入系统。2016年，完成1230个新建基站数据上报和2929个基站扇区标识码等重要数据补充。2017年，对5个县（市、区）26个无线台站现场核查，完成175个新建台站的数据录入，对执照过期、数据变更的423个台站进行清理和执照换发。

市场管理　1998年8月，地区无委办对所涉50家销售单位和个人进行清理整顿，查封大功率无绳电话销售点5个，纠正违法销售通信设备16起。1999—2000年，市无管处加强通信市场监督管理，为合法经销商提供技术服务，与电信行业联合推动办证工作，促使移动、寻呼等行业按规定对代理、代办商进行审核办证，办理销售许可证120份。2001年，牵头组织工商、公安、技术监督部门对娄底中心城区50家通信设备销售点联合检查，取缔无证经营户5个，没收不合格寻呼机150台、无绳电话16部、手机4部，补办销售许可证和维修许可证25个。与娄底电信、娄底移动协商一致，推动无线电销售许可证办理，办证80份，年检50份。2008年，实行无线电专管员制度，娄底移动、联通、电信、广电等单位设置无线电专管员。2014年，从无线电发射设备市场源头入手，开展日常监督检查9次，责令改正违法违规行为5起。

三、行政执法

1990—1994年，地区无委办贯彻《中华人民共和国无线电管理条例》，加强依法管理，维护娄底地区空中电波秩序。1995年4月，地区中级人民法院无线电管理行政审判联络室成立。7月，取缔私设电台。1996年，开展无线电管理执法、守法检查。1997年，查处违章设台和私设电台违法案件4件，查获违法电台8部。2000年6月，对市本级规费欠缴单位全面清理，列出详细清单，对长期拖欠不缴的单位，按法律程序发出催缴通知书、行政处罚决定书等法律文书。对拒不执行的单位，依照《行政诉讼法》，申请人民法院强制执行，完成市本级收费50万元，收取滞纳金4万元。2001年4月，向市中级人民法院行政审判庭提出申请，对19个长期拖欠规费不缴的设台单位采取强制措施，清缴欠费20万元，收取滞纳金3万元。2003年，对5个违法设台的单位实施行政处罚，没收对讲机20台，为10个设台企业补办许可手续。7月，对2个加油站擅自设置手机信号隔断器干扰移动公众通信网，以及3起非法销售手机信号隔断器的违法行为实施行政处罚，没收全部相关设备。

2004年，市无管处制定娄底市无线电行政许可配套制度、办理流程和格式文件，修订依法公示相关资料，将4项行政许可项目上报市政府审批实施。4月，会同相关行政执法部门，组织各县（市）无委办开展以查处违法销售公众对讲机、大功率无绳电话机、移动电话干扰器为主要内容的执法检查，查获未核准公众对讲机22台，大功率无绳电话机25台，无线电干扰器3台。5月，开展保护民用航空专用频率专项整顿活动，加大专项整顿力度，没收大功率无绳电话机50台，拆除天线30副。是年，处罚违法设台单位25个，没收非法电台40部，责令其中11个设台单位按程序补办相关手续。对广播电视系统不缴纳规费的广播电视台、差转台下达“行政处罚告知书”。2006年3月，对7类无线电台进行清理整顿，累计发现违规、违章设台456台，涉及150个设台单位和个人。为符合设台条件的30个单位补办设台手续，对不符合设台条件的120个单位下发“责令整改通知书”，对15个拒不接受整改又不补办手续的单位实施行政处罚。2007—2008年，查处各类无线电违法案件6起。2009年，健全执法机制，对行政执法权进行分解，建立纵向请示汇报机制和横向协同执法机制，以及联席会议制度。与广电部门开展广播电视信号干扰器联合执法，与教育部门开展校园手机信号屏蔽器联合执法，与建设、文化部门开展建筑工地和娱乐场所对讲机清理整顿。

2010年7月，市无管处对娄底中心城区无线电对讲机清理整顿，检查使用单位84家。依法责令65家非法设台单位限期补办电台设置和频率使用手续。对28所学校安装的1048台移动通信干扰器技术检测，调整更换不合格设备15台，所有设备安装单位法人代表签订责任状和承诺书，建立专人保管和专人联系制度。对欠费额度相对较高的4家广播电视台依法申请法院强制执行。开展日常监督检查9次，纠正违法行为20次，查处违法案件6起。2011年，开展日常监督检查8次，检查单位65家，发出各类法律文书18份。向市政府法制办申报审查无线电管理违法案件3起。2012年，开展日常监督检查14次，检查单位82家，发出各类法律文书96份，开展专项清理整治活动5次，查处各类违法违规案件6起。与市直有关部门开展联合执法5次。2013年，举办行政执法培训班3期，并组织参加全省无线电管理行政执法培训。依法查处董某违法设置卫星电视干扰器行为。查获研究生入学考试期间利用无人值守无线电发射装置作弊案件1起。2014年，开展两次集中打击“伪基站”专项活动，发现“伪基站”信号19个，查处“伪基站”案件3起，收缴设备2套。2015年，开展无线电专项清理整顿4次，监督检查6次，查处“黑广播”案件2起、“伪基站”案件1起、卫星电视干扰案件2起、利用无线电设备实施考试作弊案件2起，实施行政处罚2起，没收非法无线电设备7套。

2016年，市无管处开展日常无线电监督检查4次，检查重点设台用频单位5家，现场抽检基站12个，核查基站执照和型号核准证明30份，督促整改违规问题9个。与市公安局联合执法，打击PS及通信网络新型违法犯罪活动。是年，专项督查8次，绕城巡查19次，查获“黑广播”3套，鉴定“伪基站”45套。2017年，开展日常监督检查5次，检查公众移动通信、广播电视部门等重点设台用频单位5家。开展专项督查和绕城巡查，查获“黑广播”2套，鉴定“伪基站”2套。2011—2017年，市无管处连续7年被评为全省经信系统规范执法示范单位。

第二节 广播电视管理

一、管理机构

1990年，娄底地区广播电视系统管理机构有地区广播电视局、娄底市电视转播台、娄底电视台、广播电视技术培训班、广播电视服务公司，工作人员83人。1991—1994年，娄底地区有线电视台、《娄底广播电视报》、娄底经济电视台先后组建。1998年8月，娄底电视台、娄底有线广播电视台、娄底人民广播电台（筹）、娄底广播电视报社合并，组建娄底广播电视中心，与地区广播电视局，实行"两块牌子、一套人马"。地区广播电视局（中心）设4个职能科室，娄底广播电视中心设新闻部、专栏部、文艺部、节目部、广告部、网络运维部、播出部、财务部、《广播电视报》等技术业务部室。

2000—2001年，娄星区广播电台、娄底市有线电视台娄星区分台整体上划至娄底市广播电视局，分别更名为娄底市人民广播电台、娄底电视台娄星频道。2004年，娄底市广播电视局（中心）实行频道负责制。局（中心）下辖新闻综合频道、经济生活频道、娄星频道、《娄底广播电视报》等媒体和娄底人民广播电台、发射台、娄底电广宽带信息网络有限公司等二级单位。2009年8月，娄底市本级电影行政管理职能调整，市电影发行放映中心划归娄底市广播电视局管理，娄底市广播电视局更名娄底市广播电影电视局。2012年初，娄底市实施文化体制改革。在娄底市文化局、广播电影电视局基础上，组建娄底市文化广播电视新闻出版局，在娄底广播电视中心、娄底人民广播电台基础上，组建娄底市广播电视台，确定市广播电视台为娄底市委、市政府直属正处级事业单位。2017年底，娄底市广播电视台内设9个职能部室，下辖电视综合频道、公共频道、都市频道、广播新闻频道、交通频道、《娄底广播电视报》、娄底传媒网、"无线娄底"手机客户端等媒体和娄底市电视发射台、湖南有线娄底网络有限公司、娄底天成广播电视传媒有限公司、天成艺术培训中心等二级单位。娄底市直广播电视系统员工数（含聘用人员）452人。各县（市、区）广播电视局（台）管理体制变迁与娄底市局相似。

二、宣传导向管理

1993年3月，地区广播电视局成立编辑委员会，加强宣传管理和导向把关。1996年2月，地区广播电视局完善和修正宣传管理制度。1999年1月，出台《宣传周报制度》《局（中心）编委会制度》《宣传报道请示制度和审稿审片制度》。是年始，娄底市广播电视局每年聘请3~4名退休人员担任监评员，对局（中心）自办电视节目、《娄底广播电视报》进行监看监读，每个监评员每月撰写一份监评报告。2001年4月，娄底市广播电视局举办宣传导向管理培训班，全体记者、编辑、播音主持和部室主任参加培训。5月，娄底市广播电视局发文，明确市、县（市）广播电视局主要领导为导向把关第一责任人，分管领导为第二责任人，班子其他成员均负导向把关责任。2002年，娄底市和各县（市）均成立净化荧屏工作领导小组。2004年，局总编室增加编制2名，配置专门设备，对广播、电视各频道和《娄底广播电视报》进行监听、监看、监读，每月举行监听、监看、监读情况通报会1次。2009年，市局设立监听监看中心，实行每天1期监听监看通报，每周1期简报，每月1次通报会，每两月1次节目评议。

截至2017年，市局在导向把关、舆论监督、稿件三审制、监听监看、责任追究和日常管理等方面形成宣传管理制度体系，为全市广播电视宣传正确导向。

三、技术安全管理

2001年2月，娄底市广播电视局与市公安局联合发布《关于加强有线电视管理和维护的通告》。11月，娄底市广播电视局联合公安、国安、工商、财政、物价等部门印发《关于进一步规范卫星电视地面接收设施管理工作的通知》，查处（关闭）非法接收境外电视设施19处。2002年上半年，娄底市广播电视局针对邪教分子非法利用广播电视网络进行反动宣传、破坏广播电视安全播出情况，及时做好防范预案，加强重要部位和重要岗位值班、巡查和管理。下半年，为确保党的十六大信息安全播出，市广播电视局与所属媒体及各县（市、区）广播电视局签订安全播出责任状，对辖区内厂矿企业、机关团体等有广播电视播出前端的单位和部门进行重点检查，重要时段、重点部门和重点部位专人管理、责任到人。是年，娄底市广播电视局被省广播电视局评为党的十六大广播电视安全播出先进单位。

2007年8月，为根本解决广播电视卫星传输安全问题，市委、市政府印发《娄底市卫星广播电视转星调整工作实施方案》，召开转星调整工作会议进行部署。娄底市投入转星调整专项资金190.34万元，调整卫星地面接收设施30.65万座。2009年6月，市委、市政府召开非法安装卫星电视地面接收设施专项整治工作会议，市委办、政府办联合发出《关于进一步加强卫星电视地面接收设施整治工作的通知》，在全市范围内开展大规模卫星电视地面接收设施整治行动，取缔擅自销售卫星电视地面接收设施经销商30余家，拆除娄底城区违规安装卫星电视地面接收设施2000余套。1990—2017年，娄底市广播电视局（台）安全播出无事故。

四、行业规范管理

1996年，娄底地区开展广播电视治散治滥工作。1997年11月，对新化县西河镇个体户游某华非法兴办“西河电视台”进行查处。1998年3月，地区广播电视局配合省厅查处地区教育台违规录制并播放电视剧《再见艳阳天》问题。7月，配合省厅查封死灰复燃的“西河电视台”。是年，双峰县广播电视局对沙塘、锁石、花门等乡镇电视差转台擅自扩功问题进行查处，拆除扩功设备，查处青树坪镇电视差转台严重违规播放不健康VCD行为。1999年10月，娄星区广播电视局会同涟源市广播电视局，查处涟源市茅塘镇个体承包有线电视传输覆盖网建设经营问题。2000—2017年，娄底市广播电视行业不规范现象得到控制。

第六十篇

教育

概 述

1990年，娄底地区有学校3194所，在校学生72.87万人，教职工4.36万人。1992年，地委、行署印发《关于加快教育改革和发展若干问题的意见》，制定科教兴娄战略，把教育摆到优先发展地位，普及初等教育。3所特殊教育学校相继建立。娄底市、冷水江市分别于1993年、1996年被评为全国特殊教育先进市。1997年，全地区普职（普高与中职）分流连续第5年位居全省前列。全地区非文盲率达99.4%。娄底市被评为全国扫除文盲先进市。

1999年，全地区提前一年普及九年义务教育。小学、初中适龄儿童少年入学率分别达到99.8%、96.3%，小学、初中辍学率分别降至1.3%、2.6%。所有乡镇都办起农民文化技术学校，其中50多所被评为湖南省示范性乡镇农民文化技术学校。是年，双峰县成人教育办公室获全国第四届中华扫盲奖。娄底广播电视大学开展人才培养模式改革和开放教育试点，举办本科教育。地区教育委员会（简称地区教委）确定娄底第一小学（简称娄底一小）等23所学校为第一批素质教育示范学校。2000年5月，市委、市政府印发《关于深化教育改革全面推进素质教育的实施意见》，素质教育继续深化并从基础教育向学前教育、职业技术教育、成人教育和高等教育扩展，从学校教育向家庭教育、社会教育延伸。娄星区、冷水江市分别被评为湖南省区域性素质教育优秀市（区）。职业教育学校增至149所。冷水江市工业职业中等专业学校、涟源市工贸职业中等专业学校被评为国家级重点职业学校。是年，娄底师范学校并入娄底师范高等专科学校。全市大中专招生和毕业生并轨。招生计划仅有国家指定性计划，取消委培自费生招生计划，取消统包统分制度，实行双向选择、自主择业就业制度。全市民办教育学校（含幼儿园）105所，在校学生（含幼儿）2.35万人。

2001年，市委、市政府贯彻教育部《面向21世纪教育振兴行动计划》，理顺基础教育分级管理，以县为主的管理体制，人、财、物、事四权收归县（市、区）。娄星区被评为全国基本普及九年义务教育、基本扫除青壮年文盲（简称“两基”）工作先进区。娄底市获湖南省“两基”工作成就奖。是年起，在已有涟源市第一中学（简称涟源一中）、双峰县第一中学（简称双峰一中）两所省级重点中学（示范中学）的基础上，新增涟钢中学（简称娄底五中）、新化县第一中学（简称新化一中）、娄底市第一中学（简称娄底一中）为省级重点普通高级中学。全市职业教育从粗放规模型向质量效益型转轨。涟源市政府、冷水江工业职业中专学校被评为全省中等职业学校建设先进单位。娄底职业技术学院成立。农村成人教育重点转向农村实用技术和新增劳动力培训，乡镇成人文化技术学校建设在全省处于领先地位。娄星区、双峰县被评为湖南省乡镇成人文化技术学校建设合格县（区）。2002年，市委、市政府印发《关于基础教育改革与发展的决定》。全市开启基础教育新一轮课程改革。娄星区被定为湖南省义务教育新课程改革实验区。厂矿企业子弟学校开始和企业剥离向地方政府移交，历时4年，37所企业办中小学校全部移交地方教育部门。

2003年，湖南省基础教育课程改革现场研讨会在娄星区召开，推介娄星区改革实践经验。潇湘职业学院成立，与娄底职业技术学院均纳入普通高等学校序列。2003—2004年，娄底技工学校、冷水江市技工学校先后升格为高级技工学校。冷水江工业职业中专、涟源市工贸职业中专经教育部评估验收，再次被认定为国家级重点职业学校。娄底师范高等专科学校升格为本科，更名为湖南人文科技学院，开启娄底高等教育本科层次的历史。是年5月，全省乡镇成人文化技术学校建设现场会在娄底召开，娄底经验向全省推介。

2004—2005年，市委、市政府先后印发《关于促进民办教育发展的决定》《关于促进民办教育发展的八项规定》，将2005年定为民办教育发展年。2005年，娄底市工贸职业中专被评为国家级重点职业学校。2006年，潇湘职业学院通过教育部人才培养水平评估。2007年10月，市委、市政府印发《关于建设教育强市的意见》，开启教育强市战略。是年，全市普通高中起始年级进入新课程改革实验。2008年，娄底技工学校经省政府批准筹建娄底技师学院。全市8所普通中等专业学校改制，保留娄底市幼儿师范学校、冷水江工业中专学校、娄底市卫生学校。娄底广播电视大学开放教育纳入高等教育总体规划，实施“一村一名大学生培养工程”。

2009年，全市推行高中招生制度改革。2010年，娄底职业技术学院被评为国家级重点职业院校。2011年7月，娄底职业教育集团成立。10月，湖南人文科技学院获得硕士研究生培养资格。至年底，全市民办学校从239所发展到633所，在校学生从8.11万人增加到13.45万人。是年，市委、市政府印发《关于进一步推进义务教育均衡发展的意见》，加速城乡义务教育一体化建设，在中心城区推行中小学化解大班额四年行动计划（2012—2015年），完成投资20.2亿元，新增学位6万个。农村以新型职业培训和劳动力转移培训为重点，成人教育与职业教育进一步统筹融合。城市以社区教育为重点，逐步建立终身教育体系。2012年，湖南人文科技学院通过教育部本科教学工作合格评估，应用型转型发展走在全国同类高等学校前列。2012—2014年，娄底市2次获得全国全民终身学习活动周优秀组织奖。2012—2015年，双峰县、涟源市、冷水江市通过三类城市语言文字工作评估验收。教育部、人力资源和社会保障部、财政部三部委第二批、第三批立项的国家中职教育改革发展示范学校——涟源市工贸职业中专、双峰县职业中专分别于2015年10月、2016年7月通过验收。

2016年，全市职业教育资源进一步统筹整合，学校数量减少，教育质量与办学效益提升。湖南省职业教育重点建设项目双峰、涟源、冷水江、新化4县（市）职教中心和冷水江工业中专、市职教中心、涟源市工贸职业中专、双峰县职业中专等6所职业学校相继通过省教育厅验收。娄底市卫生学校并入娄底职业技术学院。娄底市社区大学在娄底广播电视大学挂牌成立。是年12月，省第四届民办教育创新发展大会在娄底召开，宣传和推介娄底民办教育创新发展经验。2016—2017年，娄星区、双峰县、涟源市先后被评为全国义务教育基本均衡县（市、区），同时被认定为湖南省教育强县（区）。至2017年，全市改建、新建农村义务教育合格学校878所，招聘6468名特岗教师和师范生充实到农村教师队伍。

2017年，全市资助义务教育阶段贫困寄宿生9.64万人次，资助金额5620.7万元。农村基础教育学校和教学点实现无线Wi-Fi全覆盖，基本实现宽带网络“校校通”。湖南人文科技学院被确定为第二批硕士学位授予单位。娄底高级技工学校升格为娄底技师学院，成为高等职业技术教育培训机构。全市有学校1852所，在校学生76.41万人，教职工5.14万人，其中民办学校879所，在校学生16万人。

第一章　基础教育

第一节　学前教育

一、园班设置

1990年，全地区有幼儿园39所，学前班2209个，教职工2.25万人，在园（班）幼儿5.51万人。1992年始，全地区开展示范性幼儿园创建活动。1994年5月，涟源市幼儿园被确认为湖南省第一批示范性幼儿园。1995年始，娄底市直机关幼儿园、涟钢第三幼儿园、双峰县机关幼儿园、新化县清华园幼儿园、新化县新世纪幼儿园先后被评为湖南省示范性幼儿园。20世纪90年代末，厂矿企业所办幼儿园逐渐减少，民办幼儿园增多。2002年始，公办幼儿园开展合格幼儿园建设。民办幼儿园开展普惠性幼儿园和骨干幼儿园建设。2004年7月，市教育局决定，2005年秋季起逐步停办小学学前班。

2011年，国务院、省政府实施学前教育三年行动计划。市政府制订《娄底市学前教育三年行动计划（2011—2013年）》《娄底市第二期学前教育三年行动计划（2015—2017年）》。2017年，全市建成幼儿园782所，其中合格公办园60所，普惠性民办幼儿园464所。全市普惠性幼儿园覆盖率65.5%，省级骨干民办幼儿园11所，市级骨干民办幼儿园29所。幼儿园教职工1.29万人，在园幼儿13.32万人。全市学前三年毛入园率83.9%。

二、保育、教育

1990年，全地区幼儿园一般设置语言、常识、计算、音乐、美术、体育等课程。幼儿园在一日活动中，安排一定的游戏活动，将游戏融入其他保教活动中。2001年7月，根据教育部《幼儿园教育指导纲要》（简称《纲要》），全市幼儿园按健康、语言、社会、科学、艺术5个领域开设课程。市直机关幼儿园每天上午安排2节教学活动，1节户外活动；下午安排1节区域活动或其他游戏，1节户外活动。每节课大班25~30分钟，中班20~25分钟，小班15~20分钟。2012年9月，教育部颁发《3~6岁儿童学习和发展指南》（简称《指南》），但在实施过程中，有些幼儿园特别是民办幼儿园为了生源，片面迎合家长要求，出现“小学化”的不良倾向。2012年，市教育局贯彻教育部、省教育厅《关于规范幼儿园保育教育工作防止与纠正“小学化”现象的通知》，明令禁止幼儿园提前学习小学教育内容，禁止幼儿园以举办兴趣班、特长班和实验班为名进行各种提前学习和强化训练活动，禁止布置幼儿家庭作业，使幼儿园“小学化”倾向逐步遏止。2013年始，全市幼儿园贯彻落实《指南》要求，在室内设置语言、美工、益智、建构、角色表演等游戏区，室外安排建构、运动、野趣等游戏区。有的幼儿园还安排野外郊游活动。2017年，全市开展学前教育宣传月活动，围绕“游戏——点亮快乐童年”主题，促进幼儿园提升保教质量。

三、幼教活动

培训活动　1990年，地、县教育部门继续组织幼儿教师参加长沙师范等学校函授学习，同时组织幼儿教师参加幼师“三学”（幼儿教育学、幼儿心理学、幼儿卫生学）和教材教法学习考试，提高业务水平。20世纪90年代中期开始，幼教培训重点由学历培训转向继续教育。2002年，全市贯彻教育部2001年重新修订的《纲要》，除组织部分园长参加省里培训外，市、县均组织规模较大的培训活动。2011年，全市共组织1500多名园长和幼儿骨干教师参加“国培”“省培”。2012年，组织300余名园长、骨干教师参加暑期培训。2016年10月，邀请江苏省和长沙市的知名专家到娄底讲课，300多名幼师和园长与专家共同探讨幼儿园管理经验。2017年7月，邀请北京、深圳3名专家到娄底讲课，400余名园长、幼师参加。

教研活动　1990年，地区幼儿教育研究会开展幼儿教育教研活动。1992年，20多篇幼儿教育教研论文在省以上报刊发表。2000年，市教委李吉媛《对幼儿园班进行开放教育的思考》一文得到世界幼儿教育联会的认可，被邀请参加在香港召开的世界幼儿教育联会香港分会第五届国际研讨会。2009年、2011年，省教育厅开展幼儿教育论文评选，娄底市11篇论文获省一等奖。2011年，市教育局组织幼儿园多元整合教育和幼儿园创新教育研讨会，全市800多名园长和教师参加。市教育局多次组织“送教下乡”活动，派优秀幼师到农村上示范课，传授教学经验。2017年，娄底市幼教社会录像课获省一等奖，在全省交流展示。

竞赛活动　1990年，全地区多次举办幼儿教师教学、才艺、演讲等比赛，举办幼儿文艺调演、智能竞赛、广播体操比赛、轻器械操比赛10余场。1992年3月，举办幼儿园自制教具、玩具比赛，评出地级一等奖12件，送省参赛4件获二等奖，8件获三等奖。是年12月，举办幼儿教师“五项全能”（歌咏、舞蹈、弹琴、绘画、诗朗诵）比赛，38名教师参加，评出一等奖6名。2010年，在湖南省幼儿园优秀自制教玩具评比中，涟钢第三幼儿园的“多功能玩具箱”、双峰县机关幼儿园的“快乐的打击乐

器”被评为一等奖。2011年，市教育局开展全市青年幼师“读书伴我成长”读书笔记评比和演讲比赛，评出读书笔记一等奖20篇，演讲比赛一等奖6名。2017年，200多名园长和教师参加全市幼儿园室内大型主题游戏比赛活动。

四、学前教育管理

1990年，学前教育由地、县教育行政部门管理。举办学前教育的幼儿园分别由主办单位或个人主管。幼儿园内部实行园长负责制。每个乡镇选聘一名定编为民办教师的幼教辅导员，从事乡镇幼儿教育业务辅导。1994年，地区教委对幼儿教师进行资格认定考试考核。2005年，市教育局出台《关于娄底市幼儿教育改革与发展的意见》。2009年，市教育局召开全市幼教工作会议。2010年，市政府办公室转发《规范幼儿园办园行为专项整治实施方案》，并召开全市专项整治动员大会，专项整治公办幼儿园“稀缺化”、民办幼儿园收费“贵族化”、保教工作“小学化”等现象。

2011年，全市实施学前教育三年行动计划，市委、市政府把学前教育发展作为建设幸福娄底的一项民生工程，纳入经济社会发展总体规划，建立、完善政府统筹、教育部门主管、其他部门协调配合的领导管理体制，加大经费投入。第一个三年行动计划财政投入1.3亿元，第二个三年行动计划财政投入1.86亿元。是年，市教育局印发《娄底市幼儿园一日活动常规实施细则（试行）》《娄底市幼儿园常规管理检查评分标准（试行）》。2015年，发出《关于规范幼儿园保育教育工作切实纠正学前教育“小学化”现象的通知》。2017年，市教育局对幼儿园开展专项督查，进一步规范幼儿园一日活动和保教工作。

第二节　九年义务教育

一、学校设置

1990年，全地区有小学2755所，教职工2.02万人，在校学生47.8万人；初级中学292所，在校学生13.84万人。每个乡镇一般设1~2所初中，大的乡镇设3所初中。1995年撤区并乡后，地区教委、地区财政局下发《娄底地区中小学布局调整实施意见》，调整农村初中学校布局，始建中心初中。规定普通初级中学的设置：2万人口以下的乡镇1所，3~5万人口的乡镇2所，6万人口以上的乡镇3所。当年在9个乡镇试点。规划1600~2000人口办1所小学。至1998年底，全地区有小学1960所，比1994年减少581所。至2011年，全市小学减少到874所。2012年9月，市教育局贯彻国务院《关于规范农村义务教育学校布局调整的意见》，暂停撤点并校。有的地方又恢复一些停办的学校和教学点。2013年，市教育局制定并实施农村义务教育专项规划。2017年，全市有初级中学244所，在校学生14.53万人；小学759所，教学点307个，教职工1.37万人，学生34.08万人。

二、教育教学

（一）学制与课程

学制　小学学制六年。初中学制三年。

课程　1990年，小学开设课程：思想品德、语文、数学、历史、地理、自然、体育、音乐、美术、劳动。初中开设课程：思想品德、语文、数学、外语、物理、化学、历史、地理、生物、体育、音乐、美术、劳动技术。

1993年，省教委制订湖南省九年义务教育全日制小学、初级中学课程计划，将课程分为学科与活动两大类。学科类课程小学停开历史、地理，增设社会课；初中将思想品德课改为思想政治课，其他未变。活动课程包括朝会（夕会）、班团队活动、体育锻炼、科技文体活动、时事教育和专题讲座。

1994年，全地区小学、初中贯彻省教委全日制小学初中课程（教学）计划调整意见，适当减少课时和教学内容。1995年秋季，课程（教学）计划未做调整。有条件的初中增设信息技术课。2002年秋季，启动基础教育新课程实验。新课程除国家课程外，还包括地方课程和学校课程。新课程将小学一、二年级思想品德课改为品德与生活课，将三至六年级思想品德课和社会课合并为品德与社会课，将小学各年级音乐课、美术课合并为艺术课，将劳动课改为劳动与技术教育课，并增开英语课。初中新开信息技术、健康教育、心理教育等课程，劳动课改为劳动与技术教育课。

2017年，全市九年义务教育学校继续执行2002年《湖南省义务教育新课程（实验）计划》。义务教育学校每学年上课时间35周，机动时间2周，复习考试时间2周（初中最后一个学期复习考试时间增加2周）。

（二）教学与教研

1990年秋季，冷水江市被省教委确定为湖南省九年义务教育新课程、新教材试点市。该市所有小学和初中一年级全部使用人民教育出版社编写的九年义务教育各科实验教材。小学“三算结合”实验“注音识字提前读写”实验在全地区推广。1991年，冷水江市被评为全国九年义务教育新课程、新教材试验先进县（市）。1993年，地区教科所被全国语言文字工作委员会办公室、全国小学语文注音识字提前读写研究会评为该项实验先进单位。是年，全地区实施九年义务教育新课程计划。1995年，地区教委组织编写《晨会夕会》《文艺活动》《科技活动》《社会实践和学校传统活动》《班队活动》《体育锻炼》《体育活动》7种活动课教师用书。1996年，地区教委组织编写小学《活动课》学生用书1~12册。学生除上好学校统一安排的活动课外，选择参加各种课外兴趣小组活动。如政治时事小组、学科小组（按学科划分为语文、数学、自然等小组）、科技小组（手工、小制作、植物栽培、动物饲养等）、艺术小组（唱歌、舞蹈、曲艺、乐器演奏、绘画、雕刻、书法等）、体育小组（篮球、足球、田径、体操等）。

2000年、2002年，娄底市的《区域性小学活动课教学研究》《小学考试考核评价改革研究》分别被评为湖南省基础教育教研教改成果一等奖、二等奖。2002年，娄星区启动基础教育新课程实验，在全市广泛开展课改公开课、课改展示课活动，并从中选出优质课在全市进行示范教学。2003年，全市开始创建语言文字规范化学校。2005年，涟源市蓝田中学初中作文课题“主体性作文教学研究”获湖南省基础教育优秀教研教改成果一等奖。2010年，娄底市第一小学、涟源市伏口中学入选湖南省新课改样板建设学校。2017年，冷水江市红日实验小学被认定为湖南省教育科学小学课堂教学改革研究基地。娄底市第三中学被认定为湖南省教育科学完全中学教育管理与评价研究基地。全市创建语言文字规范化学校37所，其中国家级2所、省级12所、市级23所。体育教研论文《娄底地区四县市初中升学考试体育的尝试》被评为全省第六届体育教研论文一等奖。《充分发挥体育考试的动力机制作用》一文在国家教委召开的全国初中体育升学考试研讨会上交流，并在《中国教育报》上刊登。1990—2017年，全市先后举办10次体育课教学评优活动。

（三）德育

1991年9月，地区教委召开德育工作座谈会，总结、研究《湖南省中小学思想品德评估方案》试点情况。1992—1995年，贯彻教育部《小学德育纲要》和《中学德育大纲》，贯彻中共中央《爱国主义教育实施纲要》及国家教委《关于在中小学进一步开展爱国主义教育活动的意见》等文件，组织中小学生参加振兴中华读书教育活动，观看100部爱国主义影片，注重学校、家庭、社会三结合，加强中小学学生政治、思想、道德和心理品质教育，对学生持续进行爱党、爱祖国、爱人民、爱劳动、爱科学、爱社会主义和“五讲四美三热爱”教育，开展学雷锋、树新风活动。1997年，地区教委制定并推行德育工作管理规范化、工作制度化、内容系统化、活动经常化、措施具体化。2001年5月，市教委召开全市中小学德育工作暨师德建设会议，总结德育工作暨师德建设经验，表彰先进，部署21世纪中小学德育暨师德建设。2002年4月，市教育局召开中小学德育工作座谈会，学习、贯彻《公民道德建设实施纲要》，5月举办学习、贯彻《公民道德建设实施纲要》骨干教师培训班。2004年，市委、市政府召开学校思想政治工作会议，贯彻落实《中共中央、国务院关于加强和改进未成年人思想道德建设的若干意见》，开展系列德育宣传活动。2006年，市教育局召开全市中小学德育工作研讨会，参加全省学校思想道德建设创新案例评选活动，获一等奖、二等奖各1个。2012年，市教育局落实“育人为本、以德为先”的要求，部分学校开始实施青少年健康人格教育。冷水江市以沙塘湾街道中心小学为样板，建设10所青少年健康人格教育基地学校。娄底市第四中学学生健康人格培训工作，被中央电视台科教频道《家风》专题报道。2013年，市教育局印发《娄底市未成年人思想道德建设工作要点》《关于进一步加强和改进学校德育工作的意见》。2014年起，全面开展社会主义核心价值观教育活动，在日常教育教学和校园文化建设中充分融入社会主义核心价值观内容。2017年，市政府召开全市中小学德育工作暨文明校园美德少年表彰大会，10名美德少年和23所文明校园受到表彰。

（四）体育

1990年，全地区贯彻国家教委、国家体委《学校体育工作条例》，小学、初中各年级每周2节体育课，1993年，小学3~6年级周课时增加到3节，其余各年级不变。2002年，小学1~4年级周课时增加到4节，其余各年级不变。2004年调整为：小学1~2年级4节，3~6年级3节，初中3节。课外体育活动包括早操、课间操、课外体育锻炼活动、运动队训练和体育竞赛等。有寄宿生的学校，学生起床后早操、课间操列入学校作息时间表。大课间体育活动将原来的课间操时间15分钟延长到25~30分钟。2007年，贯彻教育部、国家体育总局、共青团中央关于在全国启动阳光体育运动文件精神，引导广大青少年学生走向操场，积极参加体育锻炼。全市每年举行一次中小学生田径和篮球、足球比赛。2017年，全市建立56所国家级校园足球特色学校。建立娄星区第八小学和涟源市蓝溪学校2所国家级篮球特色小学。是年，全市举行首届中小学生运动会，包括田径、篮球、排球、足球、乒乓球、羽毛球6个比赛大项。

（五）艺术教育

1990年，全地区小学、初中均开设音乐、美术课程。由于师资和设备缺乏，农村部分学校未能按教学大纲要求完成教学任务。1991年，地区举行第一届中小学幼儿园艺术节。1994年，全地区中心小学以上学校配备专职音乐、美术教师，按教学大纲开设音乐、美术课。农村部分学校未能配齐专职教师，教学质量未能达到要求。

1994年、1997年、2000年相继举行第二、第三、第四届中小学幼儿园艺术节。1998年起，每年举行中小学三独（独唱、独舞、独奏）比赛，从未间断。2003年起，中小学幼儿园艺术节改为中小学艺术展演。当年举行全市第一届中小学艺术展演，展演项目分艺术表演、艺术作品、艺术教育论文三大类。2005年、2008年、2011年、2015年分别举行第二至第五届中小学艺术展演。还不定期举办文艺会演、歌咏比赛、美术和书法展出或比赛等艺术活动。2016年、2017年，分别举行全市第一届、第二届中学生建制班级合唱比赛。参加湖南省第一届、第二届中学生建制班级合唱比赛获优秀组织奖。娄底一中合唱队连续两年获省一等奖。2017年，开展高雅艺术进校园活动。至2017年底，先后有娄底一小等10余所学校被评为湖南省艺术教育先进学校。娄星区、冷水江市被评为艺术教育先进市。

三、义务教育合格学校建设

1990年，地区教委贯彻《湖南省合格乡镇中心小学标准（试行）》，继续开展创建合格中心小学活动，在冷水江市召开专门会议，部署创建合格乡镇初级中学工作。1991年，地区教委连续7年每年对各县市申报的合格乡镇中心小学和乡镇初级中学评估验收，共认定13所中心小学、22所初中为合格（一级）学校。1993年，根据省教委《湖南省普通中小学校督导评估试行方案》，地区教委将小学和初中学校评估等级定为一、二、三、四级。1998年，根据湖南省学校督导评估方案，将督导评估学校等级由一级、二级、三级、四级改为示范性初中、规范化初中、合格初中、薄弱初中四级。2002年，市教育局对各县（市、区）申报的示范性初级中学重新进行评估验收，确定娄星区涟滨中学等8所学校为全市第一批示范性初级中学。2008年，贯彻《湖南省义务教育合格学校建设的实施意见》和《湖南省义务教育学校办学标准（试行）》，启动新一轮义务教育合格学校建设。第一批建设48所，经督导评估，确认45所为娄底市首批义务教育合格学校。至2017年，全市建成义务教育合格学校（含教学点）1155所。

四、九年义务教育普及和均衡发展

1992年1月，全地区普及初等教育。1993年，地委、行署贯彻落实省委、省政府《关于加快普及九年义务教育的决定》，规划在2000年前，全地区基本实施九年义务教育。冷水江市、娄底市、双峰县、涟源市先后达到标准。新化县将1996—1998年定为教育发展年，结合实施贫困地区义务教育专项工程，地委、行署对新化县进行援助。1999年，新化县通过省里评估验收，达到“两基”（基本普及九年义务教育、基本扫除青壮年文盲）标准。是年，全地区小学适龄儿童入学率99.8%，初中适龄少年入学率96.3%。在校学生年辍学率小学1.3%，初中2.6%。小学毕业生升学率94.5%。全地区提前一年普及九年义务教育。

2010年4月4—9日，美国基础教育校长代表团到娄底进行友好访问。图为座谈会现场（2010年4月4日摄）

1999年，省、市对“普九”验收合格的县（市、区）年检和复评。娄星区、冷水江市分别被认定为湖南省巩固提高普及九年义务教育先进县（市、区）。2001年，娄星区被教育部、财政部、国家计委评为全国“两基”工作先进区。娄底市获湖南省推进“两基”工作成就奖。冷水江市被评为湖南省“两基”工作先进市。娄星区教育局被评为湖南省“两基”工作先进单位。

2011年，市政府印发《关于进一步推进义务教育均衡发展的实施意见》《关于在义务教育阶段学校推行均衡师资配备、均衡编班的通知》，要求均衡配置义务教育办学资源和教师资源，加大对农村地区、贫困地区经费支持，招聘和安置特岗教师、公费师范生到农村学校任教，逐步推行城乡教师交流，在工资、职称等方面向农村教师倾斜，逐步实现优质资源城乡共享，全市所有完全小学以上的义务教育学校达到省定义务教育学校标准，实现均衡目标。是年秋季，全市义务教育实施阳光招生、就近入学，起始年级实施计算机随机均衡编班。2016年娄星区、2017年涟源市和双峰县先后通过国务院教育督导委员会督导评估，获得全国义务教育发展基本均衡县（市、区）称号。双峰县在全省义务教育均衡发展推进会上介绍经验，获省政府奖励500万元。

五、化解义务教育大班额

进入21世纪，全市城镇化快速发展，娄底中心城区中小学校出现大班额。2011年，中心城区义务教育阶段学生6.23万人，其中小学4.13万人，初中2.1万人，平均班额80多人，最大班额98人。县、市政府所在城区情况基本类似。

2012年，市委、市政府制订《娄底中心城区化解大班额问题四年（2012—2015）行动计划》，各县（市）制订相应的行动计划。2012年2月15日，娄底城区化解大班额第一项工程——吉星小学开工。18日，城南中学（娄底一中新址）开工奠基。至2013年，全市完成18个建设项目，新增学位1.55万个。中心城区平均班额由80人降至65人左右。2014年7月，市人大常务委员会通过《关于娄底中心城区义务教育阶段最大班额控制目标的决议》。是年秋季开学，全市城区义务教育学校新生班额65人，老生班额75人以下。至2015年，全市完成建设项目54个，新增学位6万个。全市大班额人数普遍下降，中心城区义务教育新生班额在62人以下。

2017年，市人大常委会在娄底中心城区组织暗访调查，抽查娄底六小等5所义务教育学校，查实班额：初中一年级未超过60人，二年级未超过62人，三年级未超过65人；小学四、五、六年级未超过75人，实现最大班额控制目标。

六、初中学业水平考试

1990年，地区教委在全地区实行初中毕业会考。初二会考科目：历史、地理；初三会考科目：政治、语文、数学、物理、化学、生物、外语。初中各科均由省教委统一组织命题，地区制卷，县（市）阅卷评分、合分、登分。初三会考各科试卷卷面满分为100分，初二历史、地理合卷，各占50分。历史、地理、生物三科，省命题占卷面满分90%，10%的分数由地市补命乡土教材试题（初二历史、地理各占5分）。1991年起，历史、地理两科卷面各为100分。1992年起，历史改为三年级会考科目，生物改为二年级会考科目。1998年起，英语考试笔试和听力，合计100分，其中听力20分。2000年起，初中毕业会考由市教育局命题。2006年起，初中会考语文、数学、外语三科分值由原来的100分提高到120分。2009年开始，初中毕业会考改称初中学业水平考试。2015年起，语文满分提高到150分。物理和化学、思想品德和历史实行合卷考试，分科计分，各科满分为100分，分别称为理科综合和文科综合。至2017年，考试科目和各科分值无变化。

第三节　高中教育

一、学校设置

1990年，全地区有高中（含完全中学）65所，在校学生3.54万人。为集中力量普及九年义务教育，同时保证职业高中在高中阶段招生总数中的一定比例，普通高中控制发展。1997年，地区教委贯彻全省普通高中教育工作会议精神，提出有计划地发展高中，进一步加强高中建设和管理，调整和改造薄弱高中。2000年，市政府制订《娄底市教育事业发展“十五”计划》，提出逐步普及高中阶段教育。2017年，全市有普通高中37所，在校学生7.95万人。

二、教育教学

（一）学制与课程

高中学制三年。1990年3月，贯彻国家教委《现行普通高中教学计划的调整意见》，对学科结构、教学内容、课时大幅调整。课程结构由学科课程和活动两部分组成。学科课程有政治、语文、数学、外语、物理、化学、历史、地理、生物、体育、劳动技术。活动课程包括社会实践活动和课外活动。高中二、三年级开设选修课，实行文、理分科。1994年，国务院颁布每周五天半新工时制，地区教委贯彻省教委《实行新工时制对高中教学计划进行调整的意见》，增设艺术（音乐、美术）课。1995年，适当调整必修课、选修课和课外活动课时。

2001年秋季，贯彻《湖南省全日制普通高级中学课程计划（试行）》，增加国家设置的研究性学习课程，增加地方课程和学校课程。2007年2月，贯彻省教育厅《关于实施普通高中新课程实验工作的指导意见》，严格按照国家普通高中课程方案中规定的学习领域、科目和模块开设课程，学校按计划开设必修模块的同时，逐步开设各类选修课程。是年秋季起，全市普通高中起始年级全部采用新课程。开设的课程有：语文、数学、英语、思想政治、历史、地理、物理、化学、生物、信息技术、通用技术、体育与健康、音乐、美术，每门课都分必修课程（模块）和选修课程（模块），并参加社会实践活动。

2013—2017年，贯彻省教育厅《关于进一步加强我省各级各类学校体育、艺术、健康和国防教育课程建设的意见》（简称“四项课程”建设）。全市高中学校均按教学计划开全“四项课程”。

（二）教学与教研

1990年，地区教委召开教学经验交流会，在高级中学中推广涟源一中“四自”（自理、自治、自教、自学）教育教学法，引导学生自主学习。该课题1991年获湖南省基础教育优秀教研教改成果二等奖。2005年，双峰一中高中作文研究课题“作文·审美·育人”，从育人的高度审视高中作文教学，从传统的“作文教学”上升到“作文教育”，从审美教育、人生发展教育两个角度探索作文教育新途径，获湖南省基础教育优秀教研教改成果一等奖。2007年，高中进入新课程改革后，各学校着力培养学生创新精神和实践能力，倡导自主、探究、合作的学习方式。2012年，全市按照打造典型，以点带面，整合力量，整体推进的工作思路，构建高效、低负课堂，推进新课程改革。2017年，举办新课改、新高考培训班，做好高考改革准备。

（三）德育

1990年，全地区各高级中学利用思想政治课，对高中学生进行马克思列宁主义、毛泽东思想和改革开放教育。1994年，贯彻中共中央《爱国主义教育实施纲要》及国家教委《关于在中小学进一步开展爱国主义教育活动的意见》，组织中小学生参加振兴中华读书教育活动、观看100部爱国主义影片活动。12月，下发《关于加强我区中小学生日常行为规范教育的意见》，将省教委编印的《中学生日常行为规范读本》列为学校德育教学用书。1995年4月，召开全地区中学生告别“二室”（电子游戏室、桌球室）“三厅”（录像厅、卡拉OK厅、营业性舞厅）会议。各县（市）陆续开展告别“二室”“三厅”游行宣传和签名活动。1999年，围绕中华人民共和国成立50周年，在中学生中开展“爱祖国、爱湖南、爱家乡”读书征文活动，2000年7月，市教委、市社会治安综合治理委员会办公室联合发出通知，要求各级各类学校聘请兼职法治副校长，加强学校普法教育，重点进行《交通管理规则》《治安管理处罚条例》法律常识教育。9月，中心城区学校开展“远离‘电子海洛因’告别电子游戏厅”集体签名活动。2002年，开展“三个代表”重要思想教育。2006年，开展科学发展观教育与弘扬和培育民族精神系列宣传教育活动，进行“明荣辱、树新风、促和谐”主题演讲和征文比赛，举行“珍爱生命、拒绝毒品”主题演讲、征文和万人大签名活动。2009年，以中华人民共和国成立60周年为契机，开展“我的祖国”主题教育活动。2010年，开展“知荣明耻树新风、我是90后”主题教育活动，引导学生树立社会主义荣辱观。2011年，为迎接中国共产党成立90周年，开展“学党史、报党恩、跟党走”主题教育活动。2012年，全市中学均配备法治副校长，全年开展法治讲座750余场次。2014年，全市各学校开展“践行社会主义核心价值观，做一个有道德的人”主题活动，举办全市中学生演讲比赛。2015年，开展“传承中华传统美德”系列教育活动。2017年，开展习近平新时代中国特色社会主义思想教育和中华经典诵读、向国旗敬礼、阳光校园·我们是好伙伴等系列主题教育和社会实践活动。是年4月，省人民检察院和省教育厅“法治进校园”巡讲团，在娄底一中举办巡讲活动。全市600余名师生和家长参加。

（四）体育和美育

1990年，全地区高中各年级体育周课时均为2节。1992年，涟源一中被省教委、省体委定为湖南省培养体育运动后备人才试点学校。1994年，高中增设音乐、美术课，周课时各1节。1995年9月，涟源一中被评为全国培养体育后备人才试点优秀学校。全地区各高中学校基本配齐专职体育、音乐、美术教师，按教学大纲开设体育和艺术课程。各高中学校每天坚持1小时体育课外活动和大课间体育活动，与文化部门、社会团体以及校外教育机构密切配合，开展课余文艺活动。2001年11月，涟源一中被省教育厅命名为湖南省培养体育后备人才重点中学。2011年5月，娄底二中被评为湖南省特色体育实验学校。2014年下学期开始，娄底一中体育和艺术课教学，打散原有的建制班级，实施走班教学，让学生自主选择学习内容。2017年下学期，体育开设篮球、足球、乒乓球、羽毛球、排球、跆拳道、武术、健美操、田径9个模块课程，共23个模块教学班。音乐开设竹笛、葫芦丝、古筝、钢琴、舞蹈、声乐、键盘、音乐素质、音乐与律动9个模块课程，共26个教学班。美术开设书法、剪纸、工笔画、水墨画、水彩淡彩、设计素描、风景速写、服装绘画、陶艺等14个模块课程，共27个教学班。

（五）校园文化

1990年后，全地区校园文学社团发展规范。娄底三中窗外文学社有社员3100多人，1997年，被评为全国中学生文学社优秀百家。1998年，娄底三中被中国教育学会、全国中学语文教学研究会确定为全国中学生文学社团活动示范单位。同年，在湖南省首届中小学“十佳百优”文学社团评选中，获“十佳社团”称号。2001年，娄底一中成立寻觅文学社，定期出版《七色帆》。寻觅文学社成为省文学艺术联合会团体会员。2007—2008年度被省教科院、省教育学会评定为优秀文学社团，2009年被语文报社等五家单位评为全国百佳文学社团，在第十五届、第十六届“叶圣陶杯”全国中学生新作文大赛中，获得全国中学示范文学社团称号。《七色帆》在2009年11月由中国教育学会、教育杂志社联合举办的第四届全国中小学优秀校报校刊评选中荣获校报一等奖。2008—2009年度被省教科院、省教育学会评定为优秀社报。涟源一中三闾文学社、双峰一中大路文学社、涟源六中培兰文学社、新化一中丑小鸭文学社、冷水江市七中红日阁文学社等各有特色，锻炼和培养了一大批爱好文学写作人才。

2012年2月，市教育局下发《关于加强中小学校园文化建设的通知》《娄底市校园文化建设工作实施方案》，要求从物质、精神、制度、行为和课程5个方面着手，把全市中小学校建成办学观念明晰、校园环境优美、艺术气氛活跃、文化底蕴深厚、管理制度完善、人际关系和谐的校园。2012年8月，在第四届全国校园文化节舞蹈大赛中，娄底市小白鸽艺术团选送的舞蹈《时刻准备着》代表湖南省参赛，获得金奖。双峰县曾国藩学校依托曾国藩故乡深厚的文化底蕴，以“有志有恒，心正文正”为校训，建设富有特色的校园文化。2014年娄底一中搬迁新址，校园内设立孔子广场，建有以孔子塑像为中心的娄底本土历代文化名人塑像群。学校以历史名人的名字、名言为楼堂、道路命名。校园名家简介展板介绍世界各领域顶级杰出人物，让学生领略大家风范，树立人生标杆。

三、示范性高级中学建设

1990年，全地区有省级重点高级中学2所：涟源一中、双峰一中；地级重点高级中学4所：娄底一中、娄底二中、新化一中、冷水江一中。1995年，省教委根据新修订的重点普通高级中学评估验收标准，重新认定涟源一中为省级重点普通高级中学。2000年，市教委对各县（市、区）示范性高中督导评估，涟源一中、双峰一中、新化一中、冷水江一中、娄底二中、涟钢中学被认定为市级示范性高级中学。2001年，市政府认定娄底一中、涟源市立珊中学为市级示范性高级中学。2001年涟钢中学、2003年新化一中、2004年娄底一中被认定为省级重点普通高级中学。2004年7月，省教育厅将省级重点普通高级中学改称省级示范性普通高级中学。2004—2005年，娄底三中、涟源六中、冷水江六中、双峰二中、新化三中进入市级示范性高中行列。

2011年3月至4月，市教育局对全市40所普通高中学校办学水平评估，评出或重新认定娄底一中、娄底五中、娄底二中、冷水江一中、涟源一中、双峰一中、新化一中等18所高中学校为娄底市市级示范性高中学校。

2016年娄底一中、涟源一中，2017年双峰一中在全省示范性普通高中督导评估中，分别被省教育督导委员会办公室和省教育督导评估协会授予全省优秀示范性普通高中称号。

四、高中学业水平考试

1990年，全地区实行高中毕业会考制度，应届高中毕业生统一参加全省高中毕业会考，合格者由省教育厅发放高中毕业证。会考科目：文科考试政治、语文、数学、历史、地理、外语；理科考试政治、语文、数学、物理、化学、生物、外语。从高中一年级开始，学完一门考一门。一、二年级考过的科目到三年级重考一次。1991年开始，一年级考历史，二年级考地理、生物，三年级考政治、语文、数学、外语、物理、化学，不再按文理分科考试。1992年开始，对高中二年级物理、化学、生物进行实验操作考查。劳动技术操作考查分别在高一、高二、高三进行。1995年开始，会考集中在高

二、高三两个年级进行。高二考试外语、物理、化学、历史、地理、生物，高三考试政治、语文、数学。

2001年，按省教育厅要求，全市改革高中毕业会考制度。会考权下放到县（市、区）。2003年，高中毕业会考由市教育局命题、制卷、阅卷、登分并进行教学质量评价分析。2009年开始，高中毕业会考改为高中学业水平考试（简称学考）。学考的基本要求是：国家标准，省级实施。学考在高二（下学期期末）进行，由省教育厅命题、阅卷，市设评卷点。2017年开始，学考不设市评卷点，由省统一评卷，学考补考也由省统一评卷。

第四节 特殊教育

一、学校设置

（一）随班就读

1990年，全地区残疾儿童随班就读工作全面铺开，地区先后举办三期随班就读教师培训班，200余名教师得到系统培训。490名残疾儿童随班就读。娄底市万宝中心小学民办教师龙建娟任教的班级，有随班就读肢体和智障残疾儿童6人，教育效果良好。1994年9月，龙建娟受国家教委、中国残联等单位邀请，随中国特殊教育代表团，赴挪威进行为期两周的智残儿童特殊教育访问考察。2017年，全市有随班就读残疾儿童1008人。

（二）特殊教育班

1990年，涟源市光明山小学、冷水江市冷水江街道中心小学分别创办特殊教育班，分别招收4名、5名聋哑儿童入学，分别配备专任教师2名。随后，区内不少普通小学开始试办特殊教育班。1994年，地区教委对各县市小学附设的19个特教班进行检查，结果显示，特教班很有成效。2002年，全市普通中小学设有特教班14个，残疾学生206名。此后，各县（市、区）陆续兴办特教学校，特教班逐渐被取代。

（三）特殊教育学校

娄底市特殊教育学校　1989年9月，省教委、省财政厅批准娄底市筹建聋哑学校，建校所需土地、设备等，由市政府负责解决，经费由行署列入财政预算。1990年秋季，娄底聋哑学校在娄底第四中学租房办学，开设两个班，招收学生20名。1995年9月，娄底聋哑学校建成开学，完成投资328万元，建筑面积5168平方米。2001年1月，娄底聋哑学校改由市教育局直接管理，更名为娄底市特殊教育学校。2009年，中央财政投资280万元。2011年建成学校康复综合楼、塑胶体育场。是年，学校获省“残疾人之家”称号。2015年，该校被评为全省特殊教育先进单位。2017年，中央专项资金支持150万元建设心理咨询室、多功能汇报厅、计算机室、康复训练中心和数字高清监控系统等。是年，该校有教学班级16个，在校学生192名（含送教上门学生30名）。有学前康复、小学、初中三个层次，学制分别为1~2年、6年、3年。

冷水江市特殊教育学校　1990年9月，冷水江市教育局采取先办班，后建校的办法，在冷水江街道中心小学开设1个特教班。1991年，改特教班为特教部，开设3个班，办学地点迁至冷水江市工农饭店。1992年，特教部改为特教学校。1993年，冷水江市政府确定立项兴建特教学校，投资300万元，建成教学楼、综合楼、师生宿舍、生活用房。2011—2013年，中央专项资金支持500万元，对学校进行改建、扩建，添置教学和康复设备。2017年，学校占地面积1万平方米，建筑面积3462平方米，教职员工25名，教学班7个，学生90名，其中送教上门27名。

双峰县特殊教育学校　1991年4月，双峰县民政局、教育局、残联联合创办双峰县聋哑儿童语言训练班，后改为听力语言康复学校。2002年，学校定名为双峰县特殊教育学校。2007年，该校被中国残疾人联合会认定为康复机构。2013年，通过中国残联审查，成为全市唯一的“人工耳蜗项目”康复定点机构。2017年，该校占地面积1.13万平方米，建有测听室、言语单训室、言语矫治干预室、感统教室、律动室、图形操作室。学校教职工21人，教学班级6个，在籍学生153人，其中送教上门学生101人。

涟源市特殊教育学校　2011年8月开始建设，总投资580万元，建筑面积近3000平方米。2014年9月招生开学，有教学班3个，学生45名，教职工9名。2015年，涟源市政府出台《涟源市特殊教育提升计划实施方案（2015—2016年）》，加快特殊教育学校建设。2017年，在校学生50名。

新化县特殊教育学校　该校建在新化县儿童福利院内。2012年，县委、县政府划拨2万平方米土地重建福利院，2015年建成，总建筑面积6000平方米。2017年，该院在校残疾学生43人。

二、教学与课程

1990年，娄底聋哑学校首届一年级学生，开设语文、数学、律动、图画、手工、劳作等课程。1994年开始，全地区特殊教育学校聋哑班试行全国统一的全日制聋哑学校课程计划，使用人民教育出版社出版的九年制聋哑学校实验教材。开设思想品德、语文、数学、常识、理科、体育、律动、美工、劳动技术课程，陆续增设认知、感统、语言训练、心理咨询等训练课程。教学中，注重演示、观察、谈话等多种教学方法的应用，以手指语、手势语和板书作为辅助教学手段。课桌一般排成半圆形，让每个学生都能看到老师发音时的口型。特教学校配有语训室，对聋生开设律动课，对五年级以上的学生开设职业技术课，主要学习工艺美术、美容美发、缝纫等职业技术项目，对其他类残疾学生的教学，均根据其特殊需要，开设不同课程，采取不同的教学方法。娄底市特殊教育学校培智班开设语文、数学等7门一般性课程，“蒙氏”和感统2门康复课程，套圈、跳袋等10余门游戏课程。1994年5月，湖南省湘中片特教语文教研会议在娄底聋哑学校召开。1995年，冷水江市特教学校教师吴芹被国家教委邀请参加暑假模范教师北戴河度假活动。2000年，计算机教学、信息化教学开始在特教学校教学中得到重视与应用。2001年5月，湖南省湘中西片作文教学研讨会、2006年6月心理健康研讨会、2012年下学期全省德育研讨会，均在娄底市特教学校召开。2015年，双峰县特教学校省“十二五”教育科研规划课题“实施主题教学，促进听障学生全面康复的研究——县级特校康复教育机制实践研究”结题，获省二等奖。娄底市特教学校教师胡玲被评为2012—2015年度湖南省特殊教育先进工作者。2016年，娄底市特教学校课题“蒙台梭利教学法在3~7岁学前智障儿童感官教育中的应用研究”被列入湖南省“十三五”教育规划课题。2017年，特教学校加大实训课程量，使集体课与个训课互为补充，提升教育质量。

三、特殊教育管理

1990年，地区教委把少年儿童特殊教育纳入普及九年义务教育总体规划。1993年，娄底市被国务院残疾人工作委员会、国家教委、民政部、中国残联评为全国特殊教育先进市。1994年8月，行署下发《关于发展我区特殊教育的意见》，就特殊教育的方针政策、目标措施、师资队伍、管理体制等问题作出12条规定。同年召开全地区特殊教育表彰会。16个先进单位和19名先进个人受表彰。1996年，冷水江市被国家教委、民政部、中国残联评为全国特殊教育先进市。2015年，市政府下发《娄底市特殊教育提升计划实施方案（2015—2016年）》。是年，娄底市特殊教育指挥中心成立。2016年，特教送教上门服务队成立，为重度适龄残疾少儿“送教上门”服务。

2017年，全市在校（含随班就读）残疾学生1508人，适龄三类（听残、视残、智残）残疾少年儿童入学率92.7%。在校残疾学生全部免费入学，人均经费每年6000元。全市初步建立起财政为主、社会支持、全面覆盖、通畅便利的特殊教育服务保障机制，形成政府主导、部门协同、各方参与的特殊教育工作格局。

1990—2017年娄底市基础教育学校在校学生统计表

表60-1　　　　单位：所、万人

年份	学前教育		普通小学		普通初中		普通高中		特教学校	
	幼儿园	幼儿	学校	学生	学校	学生	学校	学生	学校	学生
1990	39	5.51	2755	47.80	292	13.84	65	3.54	1	24
1991	63	3.68	2743	46.72	292	14.46	62	3.16	1	84
1992	47	8.18	2681	45.95	287	14.53	61	2.96	1	125
1993	27	8.21	2628	46.67	282	14.67	57	2.72	2	147
1994	42	8.59	2541	48.00	283	15.24	54	2.89	1	635
1995	45	8.60	2375	49.39	277	16.02	54	2.96	2	292
1996	54	8.86	2396	51.26	269	16.81	50	3.08	2	558
1997	69	6.67	2018	52.81	265	17.40	46	3.17	2	521
1998	59	4.91	1960	51.81	263	17.79	45	3.43	2	542
1999	56	4.59	1864	49.08	259	19.11	47	3.79	2	903
2000	27	4.58	1793	45.92	261	21.11	46	4.43	2	994
2001	16	3.74	1531	41.48	276	23.02	37	5.50	2	519
2002	18	3.86	1444	36.68	270	25.15	44	6.64	2	663
2003	57	4.46	1343	32.52	271	26.43	47	7.90	2	634
2004	63	4.19	1210	30.25	229	24.75	46	8.75	2	548
2005	102	5.52	1120	29.49	265	20.71	48	9.74	2	1074
2006	156	5.66	1059	29.45	254	17.15	46	10.04	3	1048
2007	147	2.43	1022	30.14	247	15.70	45	9.64	3	970
2008	178	5.35	987	30.97	238	15.23	42	8.76	3	2525
2009	218	6.51	937	31.67	244	15.24	42	7.42	3	256
2010	278	7.66	924	32.02	237	15.29	43	7.21	3	242
2011	333	8.56	874	31.94	239	15.39	42	6.96	3	—
2012	400	8.18	840	30.42	221	13.95	41	7.19	3	—
2013	505	9.57	816	30.20	240	13.89	42	7.27	3	303
2014	634	11.16	789	30.91	241	14.11	42	7.45	5	259
2015	683	11.43	778	32.08	245	13.98	40	7.54	5	303
2016	763	12.34	770	33.23	247	14.13	38	7.72	5	353
2017	782	13.32	759	34.08	244	14.53	37	7.95	5	500

说明：特殊学校学生数，有的年份包括随班就读的残疾学生

第二章　中等专业教育

第一节　普通中等专业教育

一、学校设置

1990年，全地区有中等专业学校8所，在校学生5834人。1994年12月，经省政府批准，冷水江工业中等专业学校成立，与冷水江市工业职业中等学校“两块牌子、一套人马”。至此，境内有普通中等专业学校9所：娄底工业学校、娄底地区供销学校、资江化工学校、冷水江工业学校、娄底师范学校、冷水江师范学校、娄底地区农业学校、娄底地区农业机械化学校、娄底地区卫生学校。是年，地区供销学校被定为省部级重点中等专业学校，1997年，更名为娄底经济贸易学校。2001年，娄底经济贸易学校和娄底工业学校合并为娄底职业技术学院，升格为大专。

冷水江工业学校　1996年，被认定为国家级重点中等职业学校。2004年通过新一轮评估，再次被认定为国家级重点职业学校。2006年，被评为湖南省职业教育先进单位。2015年，被中华全国总工会评为全国职业教育培训优秀示范基地。

娄底市卫生学校　1996年，被认定为省级重点普通中专学校。1998年，通过创A等中专学校办学水平评估，成为省部级重点中等专业学校。2003年，被省教育厅评为优秀学校。2015年，被评为湖南省示范性中等职业学校和全国现代教育示范学校。2016年2月，娄底卫生学校人、财、物整体并入娄底职业技术学院，娄底卫生学校建制撤销。

娄底市机电工程学校　1997年9月，娄底地区农业学校与娄底地区农业机械化学校两校合并，更名为娄底地区农业农机学校。2002年3月，娄底市农业农机学校通过湖南省重点中专学校办学水平评估验收，被认定为湖南省重点中专学校。6月，娄底市农业农机学校更名为娄底市机电工程学校。2004年3月，被认定为国家重点中等职业学校。2006年，该校整体并入娄底职业技术学院。

资江化工学校　2000年资江化工学校停办。

娄底师范学校　2000年8月，娄底师范学校并入娄底师范高等专科学校，娄底师范学校建制撤销。

娄底幼儿师范学校　2001年12月，冷水江师范学校实行教育体制改革，中师转轨，经市教育局批准加挂娄底市实验中学牌子。2002年2月，更名为娄底外国语学校。2010年，娄底外国语学校更名为娄底幼儿师范学校。2011年，成为湖南省“国培计划”幼儿园教师培训基地，湖南省初中起点专科层次农村小学幼儿园教师公费定向培训基地。

2017年，娄底境内中等专业学校仅存2所：娄底幼儿师范学校、冷水江工业学校。

二、学制、课程与教学

（一）中等师范学校学制、课程和教学

1990年前，中等师范学校（简称中师）招生对象：参加全国大中专统考的高中毕业生和参加全省中师招生统考的民办教师及民办教师中的中师函授生，学制2年，招生对象为初中毕业生的，学制3年。1990年起，招生制度改革，普通中专学校一律招收应届初中毕业生，学制3年。1991年，中师学制由3年改为4年（没有实行）。在完成国家招生计划外，娄底师范学校、冷水江师范学校均举办小学教师轮训班、幼师班，学制2年。1995年始，娄底师范学校举办小学教师专科班，从初中毕业生中招生，学制5年。

娄底师范学校、冷水江师范学校开设语文、数学、物理、化学、历史、地理等文化基础课和教育学、心理学以及小学各科教学法等课程。1990年秋季始，执行国家教委颁布的新教学方案，按必修课、选修课、课外活动和教育实践四大块安排课程。1996—1999年，增开计算机、英语两门课程。

2010年，冷水江师范学校更名为娄底幼儿师范学校后，主要有3年制学前教育和5年制小学教育等专业。其中3年制学前教育专业开设思想品德与法律基础、职业生涯规划、语文、学前儿童发展心理学、幼儿园课程及教学等37门课程；5年制小学教育专业开设马克思主义哲学原理、教育法律法规、语文、小学教育学、小学课程与教育论等48门课程。娄底幼儿师范学校紧扣师范专业“学高为师，身正为范”的职业道德要求，着重培养小学、幼儿园师资专业特色，先后建成省级示范性特色专业1个、精品课程8门，校本教材16部。培养省级专业带头人2人，骨干教师14人。学校专业技能和文化课抽考，专业合格率100%。2013—2017年，在国家、省文明风采大赛和职业技能大赛中，8名学生获全国书法类特等奖，4名学生分别获书法、绘画、舞蹈、职业生涯设计一等奖。学校在第十二、十三届全国中等职业学校文明风采竞赛中获优秀组织奖。学生中有省书法家协会会员5人，作家协会会员1人。2位学生在校期间出版长篇小说和散文集。

（二）非师范类中等专业学校学制与课程

1990年，全地区普通中等专业学校工贸类、农业类、医卫类学制，招收初中毕业生的3~4年，招收高中毕业生的2年，个别专业3年。高职大专班学制5年。开设课程为政治、哲学等理论课，语文、数学、英语等文化课，专业基础课和专业课、实践性操作课。

娄底市卫生学校　1990年，开设护士、西医师、中医师、妇幼医师、公卫医师、麻醉师、卫生电脑等专业。1997年，开设社区医学、普通护理、英语护理、卫生保健、妇幼卫生、中医学、中西医结合、中医师（针灸推拿方向）等专业。1999年，开办高职大专层次教育，专业设临床医学和高级护理。2003年，护理专业列为湖南省示范性特色专业，药剂专业列为湖南省特色专业。2015年，湖南省职业院校信息化教学大赛和中职教师说课比赛中，娄底卫生学校2名教师获一等奖，代表湖南省参加全国比赛。2016年，新增护理、助产、药学3个高职专业。

冷水江工业学校　1990年，学制2~3年，开设电子应用技术、工艺美术、电脑文秘、机电一体化、计算机应用、烹饪技术与管理、旅游服务、电脑会计、工业民用建筑、服装制作与设计等10个专业。2001年，调整为6大类12个专业，新开模具设计与制造、电子商务、商务英语、保安等专业。2003年，开设机电技术应用、数控技术应用、模具制造技术、电子技术应用、计算机网络技术、会计、服装设计与工艺、文秘、旅游服务与管理、工艺美术10个专业。2016年，学校以数控专业为核心的现代加工技术专业群入围湖南省职业教育重点建设项目，电子商务专业与阿里巴巴签约并授牌，订单进入校园。2017年，开设机电技术应用、数控技术应用、模具制造技术、电气控制（工业机器人）、计算机应用、电子商务、会计电算化、服装设计与工艺、汽车应用与维修、旅游服务与管理、工艺美术11个专业和实习实训课程。

第二节　职业中学（中专）教育

一、学校设置

1990年，全地区职业中学19所，在校学生6660多人，教职工715人，其中部分高级中学开办职业教育班。1991年起，地、县（市）举办电视中专班5个。1992年4月，娄底二中创办军人预备职业高中班。1996年11月，全地区职业中学（中专）32所，其中民办职业学校15所。至1998年，娄底市第一职业中学、涟源市第一、第二职业中学、新化县工业职业学校、双峰县财贸职业技术学校相继改为职业中专。2011年，全市争取湖南省“十二五”职教重点项目6个。娄底工贸职业中专（娄底市第一职业中学）获得教育部中等职业学校实训基地建设项目。2012年始，学校数量逐渐减少。2017年，全市职业中学（中专）17所，其中公办9所（含娄底职业技术学院中专部）、民办8所（含潇湘职业学院中专部）。

二、学制、课程与教学

1990年，全地区职业中学（中专）学制2~3年，执行省教委《中等职业技术学校12个专业教学计划》，文化课与专业课比例约为1∶1。文化课采用普通高中教材，专业课采用省编职业中学教材或全国统一教材。1991年，地区教委制定《娄底地区职业技术学校教学管理暂行规定》，进一步规范管理全地区职业教育教学工作。8月，地区教委发出《关于建立职业技术学校校际教研联组，开展教学研究活动的通知》，全地区建立文化课、农业类、工商财类、幼师艺术类和医卫类5个教研联组。教研联组开展教材研究分析、上实验课、示范课、交流教研教改经验等活动。1993年，贯彻省教委职业高中50个专业教学计划，开设文化课、专业基础课、专业技术课、实习课4类。1996年10月，全省职业技术学校英语教研联组会在娄底市第一职业中学举行。2000年12月，湖南省职业高中教学管理研究会年会在娄底市工贸职业中专召开。2013年，娄底工贸职业中专实施“三得教育”（听得懂、做得出、考得好）。2015年5月，光明网发表《娄底工贸中专“三得教育”获点赞》。2016年5月，全国22所职业学校负责人到娄底工贸职业中专学习“三得教育”经验。2017年，课程设置不变。

三、招生与毕业生就业和升学

招生　1990—1991年，全地区职业高中（中专）招生3500人。1992年，地委、行署作出《关于加快发展我区职业技术教育的决定》，规划“八五”“九五”期间各类职业技术教育发展。“八五”期间招生人数占整个高中阶段招生总数50%，“九五”期间60%。1993—1997年，招生人数从4800余人，增加到9400余人。1997年，全地区各类职业学校招生人数占整个高中阶段招生总数的60.2%，占比居全省第一。至1998年，全地区职高毕业生高考对口升学人数1156人。1999—2002年，高校在全市共录取职业学校毕业生3187人。2000年，市教育局下发《关于认真做好职业学校招生工作的意见》，规范全市普高、职高协调发展。全市职业中学（中专）招生9800余人。2003—2007年，全市职业中学（中专）招生人数连续5年年均1.5万人以上。随着普通高中扩招，职业学校招生人数逐年减少。2008年，全市职业中学（中专）招生减少到1.3万人。此后继续下降。2017年，全市职业学校招生1.24万人，普职分流比例38%。

毕业生就业和升学　1990年起职业中学（中专）毕业生一般自谋职业，或由学校和社会推荐就业。1993年起，按对口专业参加普通高等学校招生考试，当年对口升学301人，至2017年，全市职业中学（中专）高考对口升学1.73万人。毕业生就业率90%左右。

2003—2017年娄底市职业学校高考对口升学录取学生情况表

表60-2　单位：人

年份	本科	专科	合计	年份	本科	专科	合计
2003	84	679	763	2011	91	1247	1338
2004	76	728	804	2012	41	504	545
2005	39	1163	1202	2013	76	611	687
2006	22	908	930	2014	48	424	472
2007	20	1255	1275	2015	103	852	955
2008	39	673	712	2016	109	519	628
2009	68	794	862	2017	96	727	823
2010	42	878	920	合计	954	11962	12916

四、示范性职业学校建设

1990年前，全地区有省级合格职业学校3所：冷水江市第一职业中学、新化县工业职业中学、双峰县卫生职业学校。1990年，省教委第二次合格职业学校检查验收，涟源市第一职业中学、新化县第一农业职业中学、双峰县建筑职业中学被认定为省级合格职业学校。是年，地区教委发出《关于积极开展创办省级重点职业中学活动的通知》，涟源市第一职业中学被认定为湖南省示范性农业职业中学。1992年，冷水江市工业职业中专被认定为湖南省重点职业高级中学。1995年，该校和娄底市工贸职业中专、涟源市工贸职业中专被认定为省级重点职业高级中学。1996年2月，冷水江市工业职业中专被认定为国家级重点职业高级中学。1996年7月，地区教委制定《娄底地区示范性职业学校建设规划》，要求每个县（市）至少创建一所省级示范性职业中学。当年，冷水江市工业职业中专被评为湖南省示范性职业中专。1998—1999年，涟源市工贸职业中专、娄底市工贸职业中专、双峰县财贸职业中专、新化县工业职业中专先后被评定为湖南省示范性职业中专。2000年5月，教育部公布冷水江市工业职业中专学校、涟源市工贸职业中专学校为国家级重点中等职业学校。2001年12月，冷水江市职业中专、涟源市第一职业中学经省复评，再次被定为湖南省示范性中等职业学校。是年，省政府办公厅发文，授予涟源市政府、冷水江市工业职业中专学校示范性中等职业学校建设先进单位称号。2004年5月，冷水江市工业职业中专、涟源市工贸职业中专通过教育部评估验收，再次认定为国家级重点职业学校。2005年，娄底市工贸职业中专被评为国家级重点职业学校。2007年4月，省教育厅下发《关于湖南省职业教育“十一五”省级重点建设项目申报遴选有关事项的通知》。2009—2013年，娄底市分别申报冷水江市工业中专学校、冷水江市职教中心、涟源市工贸职业中专学校、双峰县职教中心、涟源市职教中心、娄底市工贸职业中专学校、双峰县职业中专学校为湖南省示范性中等职业学校或示范性县级职教中心，2014年前均被验收通过。2015年10月，涟源市工贸职业中专通过教育部、人力资源和社会保障部、财政部等三部委验收，被确定为第二批国家中职教育改革发展示范学校，获得建设经费966万元。2015年，双峰县职业中专学校被确定为第三批国家中职教育改革发展示范学校。2016年，娄底幼儿师范学校确定为湖南省示范性（特色）中等职业学校、涟源市工贸职业中等专业学校被确定为湖南省卓越中等职业技术学校。2017年9月，新化县入围2017年度湖南省农村中等职业教育攻坚项目，获建设资金500万元。是年，冷水江市工业中等专业学校创业实训基地建设项目申报国家发展改革委项目获得通过。

第三节　技工（技师）教育

一、学校设置

1990年，全地区有技工学校9所，其中政府及部门主办的2所：娄底技工学校、冷水江市技工学校；厂矿企业主办7所：涟源钢铁厂技工学校、湖南有色金属工业技工学校、涟邵矿务局技工学校、冷水江焦铁总厂技工学校、冷水江冶金机械厂技工学校、湘中机械厂技工学校、新化水泥厂技工学校。1994年8月，湘中机械厂技工学校搬迁娄底市，更名为湖南华达机械总厂技工学校，2000年1月停办。2006年，涟邵技工学校并入湖南人文科技学院。2012年，湖南有色金属工业技工学校整体搬迁至株洲，并入湖南有色金属职业技术学院。2017年，娄底境内存娄底技师学院、冷水江市高级技工学校、涟钢技工学校。

娄底技师学院　前身是1977年创办的娄底技工学校。1995年，被评为湖南省重点技工学校，并被确定为省首批国家职业技能鉴定所，全国青少年宇航科普培训基地。1997年，加挂娄底地区计算机中等专业学校牌子。2003年5月，晋升为高级技工学校并被评为全国重点技工学校。学校占地13.66万平方米，建筑面积12万多平方米，拥有全省一流的车、钳、电、焊、应用电子等实训设备，全新的汽车检测与维修、数控加工、模具设计与制造、会计电算化、物流与电子商务等专业的一体化教学设备，拥有全市唯一一个省级技能大师工作室。2004年，省劳动和社会保障厅批准为高技能人才培养示范基地。2008年，被省政府批准为省农民工培训示范基地、职业技能鉴定工作先进单位。2008年，经省政府批准筹建技师学院。2017年8月，娄底技师学院升格为高等职业技师学院。

冷水江市高级技工学校　1993年，学校具有初、中、高级工，技师、高级技师鉴定和考评资格，是湖南省首批国家职业技能鉴定所之一。学校占地6.73万平方米，建筑面积8.43万平方米，实训场地3万平方米，设备总值8000余万元，被评定为湖南省重点技工学校。1997年，被评定为国家重点技工学校。2002年，建立国家重点技工学校质量管理体系，通过国家重点技工学校复评，被评定为省级示范性技工学校。2004年，升格为高级技工学校。2009年，被定为湖南省高技能人才培训基地。2015年，被定为国家级高技能人才培训基地。

涟钢技工学校　1958年创办。1994年8月，涟钢职业高中并入涟钢技工学校。1997年9月，涟钢技工学校被评为省（部）级重点技工学校，省劳动厅批准成立涟钢技能鉴定所。1998年12月，并入涟钢培训中心。2000年暂停招生，2006年恢复招生。学校占地面积4.3万平方米，建筑面积1.74万平方米，固定资产3168.5万元。1990—2017年，培养输送各类技能人才1458人。

二、学制、专业、课程与教学

1990年，全地区技工学校学制初中起点3年，高中起点2年。常设专业8~12个。1993年，技工学校开设的课程分为文化课和专业课两大类。文化课开设政治、语文、数学、物理、化学、外语、体育等。专业课则根据不同专业的培养目标设置。

娄底技师学院　1994年，先后开设车工、钳工、电工、焊工、家电、机电、电脑文秘、计算机应用与维修、汽车驾驶与维修、数控模具等30多个专业。2008年筹办娄底技师学院后，开设机电一体化、电子应用技术、焊接加工技术、汽车检测与维修、旅游与酒店服务等10多个专业，发展数控加工技术、模具设计与制造、会计电算化等省级精品专业和重点专业。2010—2013年，学生参加全省职业技能大赛，4人获一等奖。2007年起，开办天津技术师范大学单独招生培训班，200余名学生被录取入学。2008—2017年，培训各种技能人才6613人，其中高技能人才1938人。

冷水江市高级技工学校　1990年始，先后开设车工、钳工、焊工、电工、汽修、铸造、建筑、冶炼、电算会计、计算机应用等专业。2015年，在全省技工院校职业技能大赛中获团体一等奖。2017年，开设电气自动化设备安装与维修、工业机器人、数控加工技术、模具制造与设计、电子商务、电脑广告设计、现代物流等近20个专业。学校秉承“厚德博技、自强不息”的校训，推动“名师、名生、名专业”三名工程建设，大力进行教育教学改革。学生参加第四十五届世界技能大赛中国赛区选拔赛获团体三等奖。1990—2017年，学校为企业培训中高级技能人才5000余人，其中技师、高级技师1500余人。

涟钢技工学校　先后开设仪表、热处理、钳焊、行车、计算机、钳电、铆焊、电气工程、机加工、焊铆行、机电、电子商务等专业。通用技术工种基础理论和专业理论课程与技能训练实习操作课程设置比例，控制在6：4左右。群体作业的大生产工种理论课时间与实习操作时间设置比例为7：3左右。2008年，开展“精品一课”竞赛和金牌教师、明星班主任评选等活动。2016—2017年，实施“一体化教学模式”尝试，重点以“模块化”教学为主，着重学生动手能力培养。

三、招生与毕业生就业

1990年，国家允许技工学校在招收计划内学生之外，招收一定计划外学生。学生毕业后，计划内招收的学生包分配，计划外招收的学生择优录用。1997年，全地区各技工学校实行统一招生，不包分配，毕业后择优安置或推荐就业，用人单位与学生双向选择。技工学校招生人数逐年下降。

2000年始，市内技工学校推行招生、教学、就业“一条龙”服务模式，与国内一些大中型企业建立合作关系，拓宽就业渠道。娄底市高级技工学校先后同三一重工、深圳富士康公司、比亚迪汽车、温州浩然亚麻纺织总厂、广州黄埔船厂等30多家大中型企业建立长期合作关系。毕业生就业率稳定在95%~100%。专业对口安置率85%以上。招生人数逐渐回升。是年，该校招生800名，比上年增加500名。2001—2005年，娄底市高级技工学校连续五年获全省招生就业工作先进单位。

2008—2017年，冷水江高级技工学校积极探索“校企双制”人才培养模式，与闪星锑业、博长钢铁集团、大唐华银、湖南三一重工等省内外60多家大中型企业签订长期校企合作协议，广辟学生就业渠道。学生就业率98%，高级工、预备技师供不应求。招生人数连年过1000人，办学规模从300人发展到3000余人。2017年，娄底技师学院招生1380人，在校学生3900多人。至2017年底，为社会培养输送3万多名高、中级技能人才。

第三章　高等教育

第一节　湖南人文科技学院

一、学校发展

1978年，经省教育局批准，成立涟源师范大专班。1983年，经国务院批准，娄底师范专科学校成立，1993年6月，更名为娄底师范高等专科学校（简称娄底师专）。学校设中文系、数学系、理化系、英语系、体卫系、政史系。翌年，理化系分设为物理系和化学系，共7个系9个专业。学校占地17.3万平方米，建筑面积5.2万平方米，在校全日制学生1328人，教职工391人。2000年8月，娄底师范学校并入娄底师专。2002年6月，市政府申办娄底学院。2003年7月，省政府致函教育部，请求将娄底师专升格为本科娄底学院。2004年3月27日，国家高校评议委员会批准娄底师专升格为本科院校。5月19日，教育部发出《关于同意娄底师范高等专科学校改建为湖南人文科技学院的通知》，湖南人文科技学院成立。是年起，学院按照本科院校办学要求加强学科和专业建设。2005年，教学组织在原有10个系部的基础上，调整为14个系部。2006—2007年，涟邵技校、市农科所先后并入湖南人文科技学院。同期，收购星星实验学校、娄底机电工程学校的校产、校园。2011年9月，湖南人文科技学院申报硕士专业学位研究生试点单位，10月，获批硕士专业学位研究生试点工作单位。2012年9月，学院首批21名农业推广硕士研究生开学。是年11月，学校通过教育部本科教学工作合格评估。2014年5月，学院启动建立应用型大学转型发展工作。2016年，将系更名为学院，并增设创新创业学院，共15个学院。分别为：马克思主义学院，农业与生物技术学院，法学院，文学院，外国语学院，商学院，教育学院，音乐舞蹈学院，美术与设计学院，数学与金融学院，能源与机电工程学院，信息学院，材料与环境工程学院，体育学院，创新创业学院。涵盖文、理、工、教、经、管、法、农、艺9大学科门类。其中，教育部特色专业2个，综合改革试点专业1个，省级特色专业5个，综合改革试点专业5个。基本形成教育学、现代制造业、电子信息、农业、文化产业、现代服务业等6大专业群，较好地对接地方经济与社会发展需求。课程体系经过不断改革，形成由公共必修课、实践必修课、专业必修课、限定选修课（专业方向课）和任意选修课构成的完整体系。先后建设5门省级精品课程，立项建设14门主干课程和2门省级MOOC课程。10月，学院启动“双一流”（一流大学、一流学科）建设。2017年，学院有教学学院15个，本科专业56个，硕士专业学位点1个，面向全国28个省市自治区招生。是年，被确定为第二批硕士学位授予单位，在校全日制学生1.67万人，学校占地面积60万平方米，建筑面积39万平方米。

二、教学

1990年始，学校建立文理渗透、学科交叉、实践能力与创新能力并举的开放型课程体系，创立程序设计引导法、目标教育法等教学方法。2004年始，学校根据现代教育特点，在教学方法上大力推行启发式、讨论式、混合式、案例式、“做中学，学中做”等教学方法，提高学生学习兴趣与学习效果，同时推行“教考分离”、以“过程考核”为重点的“1+N”考试改革，注重考核学生实际应用能力。2012年开始，每年立项教研课题60项以上，学校加快网络教学资源平台建设，充分利用现代教育技术手段，在精品课程资源平台上建立60余门课程资源，与超星公司合作，每年购买30门通识课程，学生在超星网站自主学习与考试。2013—2017年，每年投入1000万元加强实验教学硬件设备建设，投资1.2亿元添置实验仪器设备，建设省级虚拟仿真实验教学中心1个，省级优秀教学实习基地5个，省级大学生创新训练中心4个，省级校企合作人才培养示范基地5个，省哲学社会科学研究基地3个，省重点实验室1个。其间，学生在各类竞赛中共获得省级以上奖励1186项，其中获国家级奖励185项。在数学建模、大学生电子设计竞赛、艺术展演、挑战杯、创青春等大赛中获国家一等奖13项、二等奖30项。在本科院校体育竞赛中，龙狮、定向越野、体育舞蹈、武术等项目获得全国第一名。

三、科研

1990—2003年，学校出版专著31部，主编或参编教材36部，在省级以上各类学术刊物发表论文1555篇，其中在核心期刊发表328篇，省级以上科研立项51个，获奖39个。2004年升本后，学校立项科研项目逐年增加。2006—2008年，获得各级各类科研项目立项资助1218项，经费2984万元。其中国家自然科学基金项目21项，国家社会科学基金项目12项，国家艺术基金项目3项，教育部人文社科项目11项。2004—2017年，全校发表学术论文8485篇，被SCI、EI、ISTP三大检索系统收录的论文562篇，CSSCI论文547篇，出版专著153部，教材123部；获得国家发明专利授权32项，获得国家科技进步奖二等奖1项，湖南省科技发明奖一等奖1项、二等奖1项，湖南省科技进步奖一等奖1项，湖南省自然科学奖二等奖1项、三等奖2项，湖南省哲学社会科学优秀成果二等奖1项、三等奖4项。教师柏连阳、王义成、金晨钟等主研的“水田杂草安全高效防控技术研究运用”，获得2012年国家科技进步奖二等奖。

四、教师队伍

1990年，学校教职工391人，其中专任教师273名，教授、副教授32名。2006年2月，学校制定《湖南人文科技学院“十一五”师资队伍建设规划》。6月，制定《湖南人文科技学院引进及培养、稳定优秀高层次人才暂行办法》，组织计算机知识及应用能力培训、外语应用能力培训、新教师岗前培训等培训活动，鼓励青年教师攻读硕士、博士学位。2012年7月，学校施行《公开招聘人员暂行规定》和《人才引进暂行办法》。2013—2017年，共引进教授10人，博士50人。2017年，全校教职工1147人，其中专任教师731人，教授73人，副教授274人，博士104人，硕士475人，享受国务院、省政府特殊津贴专家3人，全国优秀教师1人，湖南省新世纪“121人才工程”7人，省级学科带头人4人，省级青年骨干教师43人。先后聘请31名外籍教师到校工作。

五、人事制度

1990—2000年，学校实行计划体制下的人事制度，管理人员实行任命制，教学和科研人员实行评聘制。2001—2004年，教学和科研人员试行聘任制。工资与职务、职级挂钩，教学科研报酬与成果挂钩。2005年，学校按照省编制委员会《关于湖南人文科技学院机构编制的批复》，设置学校行政管理和教学教辅机构，启动人事制度改革。是年，学校公开选配中层领导干部。全面实行聘用制管理，教职工竞聘上岗，将岗位、职责、待遇三者结合，做到责、权、利统一。对2005年6月以后到院工作学历在本科以下（含本科）、职称在中级以下（含中级）人员和其他有关人员原则上实行人事代理制。2009年，第二次公开选拔中层干部。至2017年，每四年一个任期，实现中层干部选拔任用工作常态化。

六、创业与就业

1990—1996年，学校入学的毕业生由国家分配工作。1997年，大中专院校招生和就业制度改革，当年秋季入学的学生毕业时自主择业。2011年，学校组建大学生创业基金会——湖南正阳大学生创业基金会，资助大学生创业项目经费200多万元。2012年，组建省级正阳大学生创业孵化基地，入驻项目120多个。2013年，学校被评为湖南省大学生就业创业示范学校。2016年，在省内高校率先成立创新创业学院。市政府每年资助500万元。2016年，学校被认定为湖南省高校首批大学生创新创业孵化示范基地。2017年，学校获省教育厅推荐参评全国创新创业典型经验高校。2003—2017年，毕业生初次就业率稳定在90%以上，用人单位满意度90%以上。

七、国际交流合作

1990—1997年，学校除聘请外籍教师到校任教外，无其他国际交流。1998—2015年，学校通过组团出访和接待海外教育团组、教授间互访讲学和合作科研，与海外一批高校和研究机构签署10多份交流与合作协议，形成国际交流和合作网络。学校先后聘请50多名外国文教专家到校工作，派遣100多人次教师出国留学、合作科研或参加国际学术会议，接待外事代表团组10多起，100多人次。2016年2月，与英国巴斯斯巴大学合作举办学前教育专业本科教育项目获得教育部批准。9月，第一批中外合作办学专业学生在学校入学。这是学校办学史上首个获教育部批准实施的中外合作办学项目。

八、校地校企合作

2014年7月，学校成立校地校企合作机构，负责与当地政府及相关部门就产、学、研合作进行沟通与联络，着重建设植物保护、计算机应用技术、材料与环境科学、机械制造及其自动化、应用经济学等学科专业集群，为娄底培养专业人才。学校走访娄底200多家企业，撰写的《娄底企业减负评价调研报告》《娄底市企业减负绩效评价及政策建议报告》被市政府采用。与娄星区、娄星工业集中区签订合作协议，开辟学生实习基地；与国家电子陶瓷产品质检中心联合申报精细陶瓷与粉体材料省级重点实验室，服务新化陶瓷产业。学校依托省级梅山文化研究基地、曾国藩及湘中文化研究基地，对接娄底市文化创意产业，建设地方特色文化学科群，培育和增强湘中区域文化特色。学校组建25个应用技术型服务团队，先后与三一重工、隆平高科、中软国际、湖南三泰新材、瑞奇电器等50多家企业签约，开展深度合作。2015—2017年，签订各种合作合同180个，进校经费2000余万元。

九、成人高等教育与继续教育

1990—2004年，学校开展成人高等学历教育，专业设：中小学德育、教学管理、英语、语文、数学、体育。办学形式为：脱产、业余、函授、夜大、高等教育自学考试等。非学历教育专业设：心理健康教育、计算机、普通话及其他职业培训。2011年，学院成立继续教育学院，设成人高等教育本科专业52个、专科专业34个，是年，培训项目增加“省培”“国培”中学教师继续教育培训。2011—2017年，承办20多个中小学“省培”“国培”项目，培训中小学教师1281人。

第二节　娄底职业技术学院

一、学校发展

2001年8月，省政府批准，娄底经济贸易学校、娄底工业学校合并，组建娄底职业技术学院（简称娄底职院），纳入普通高等学校序列，为公办全日制专科层次职业高等院校。2002年6月，娄底职院挂牌运作。2003—2015年，学院先后获评湖南省首批示范性高职院校、教育部人才培养工作水平评估优秀学校、全国职业院校魅力校园。2016年2月，娄底卫校整体并入娄底职业技术学院。2017年，学校两个校区，占地60.59万平方米，建筑面积37万平方米，固定资产6.14亿元，教学仪器设备值6595.49万元，图书馆藏书84万册。学校内设机构及附属单位42个，其中管理机构14个、教学单位17个、教学辅助单位5个、附属单位3个、纪检机构和群团组织3个。在校全日制大中专学生1.81万人，其中大专学生1.01万人。设12个二级学院（部），有全省一流的现代制造技术实训中心12个，有实训基地190个，实验室163个，校企合作企业（含医院）520家，司法鉴定所1家，附属医院2所（其中一所为国家二甲医院）。在中国科学评价研究中心、中国教育质量评价中心联合科教评价网发布的2017年中国高职高专院校竞争力排行榜中，娄底职院在全国1346所专科院校中排名第157位，在湖南71所高职院校中排名第9位。

二、教学

2002年起，学院教学实行校院二级教学管理模式，先后制定《关于加强教学工作的决定》《教师教学质量考核办法》《教师工作量制度》《教师教学工作基本规范》等教学管理制度。学院建立之初，设有机电工程、计算机、建筑工程、财贸、英语、秘书、体艺7个系和继续教育部，共26个专业。2003—2016年，学院以国家骨干学校重点建设专业机电一体化技术为代表，以产权联结校内校企股份公司为平台，以生产水稻联合收割机和啤酒贴标机零部件及整机开发为依托，将产品生产线和人才培养线相结合，学、做、工循环递进，分段（“1+0.5+1+0.5”）组织教学。通过承担企业生产加工、校企共建共享、工学交替等形式，培养学生五种技能，即专业通用实验实训基本技能训练、综合性专业技能和综合能力、创新能力、就业能力。利用国家骨干重点建设专业畜牧兽医专业优势，为农村培养急需适用人才。依托娄底“三黑”（煤炭、钢铁、有色金属）产业优势，探索现代学徒制联合招生（工）、联合培养、联合保障“三联合”校企一体化人才培养模式，校企联合确定招生（工）计划、共同组织招考、面试、录取。学徒一经录取，由学院、企业与学徒三方签订联合培养与就业协议，学生一入校即具备学院学生与企业学徒双重身份。以国家骨干重点建设专业应用电子技术为代表，引入职业岗位资格证书和行业技术标准，在教学中实行教学目标与国家推行的职业资格证书考试要求接轨，课程设置与岗位职业标准相融合，课程内容与职业资格考证内容相融合。以省级示范性特色专业煤矿开采技术为代表，对接娄底煤炭产业，从娄底市生产的煤炭中每吨煤提取0.8元教育专项经费。该专业学生与市煤炭局、煤矿企业签订协议，学费从人才培养培训专项经费中支付，毕业后到订单企业就业。2017年底，学院开设装备制造、资源环境与安全、农林牧渔、土木建筑、教育与体育、文化艺术、电子信息、财经商贸、旅游、医药卫生10个大类39个专业。

三、科研

2011年，学院成立科研处，负责科研工作和学报编辑出版工作，建成7个校内研究机构和6个科技创新团队，与市科技局合作成立科技创新联合体，先后制定并完善岗位职责、科研奖励、课题管理、经费管理等制度。农业实训基地被评为全国科普教育基地和全国科普信息化工作优秀基地。是年，学院被评为全国高职高专院校科研工作先进单位。2012年，被评为全国教育科研先进单位。2015年，华东师范大学职业成人教育研究所发布国内200所国家示范性骨干高职院校科研竞争力评价报告，将娄底职院科研竞争力排在全国高职院校第73位，湖南省第4位。2013—2017年，学院获省厅级（含市级）科研课题立项169项，专利授权168项，软件著作权211项，发表论文1498篇，出版学术专著43部。

四、教师队伍

2003—2017年，学院先后制定《引进和稳定高层次人才暂行办法》《客座教授聘任办法》《双师教师队伍建设暂行办法》《外聘教师管理办法》等一系列规定和制度，面向社会公开招聘或选调教师200余名，专业技术人才34人，本科毕业生30余人，硕士研究生80余人，博士研究生2人，外籍教师2人（1人为博士），聘请客座教授13名。选送2名副教授出国做访问学者，选派25名教学管理骨干分别赴新加坡学习“教学工厂”模式，赴德国学习“双元制”职业教育人才培养模式。选派10名专业教师赴德国学习交流。2017年，学院在职教职工1061人。其中正高职称53人、副高职称328人；省级教学名师1人，省级专业带头人9人；省级青年骨干教师15人；博士3人，硕士105人；省级专业教学团队3个。

五、招生与就业

招生　2002年，娄底职院按计划完成招生任务。2003年，学院开始在外省招生。2006年，生源地拓展到全国18个省，外省籍生源占新生总数的14%。2008年，生源区拓展到25个省市区。2012年，全国生源大幅滑落，部分省份为保本省高校生源，纷纷核减甚至取消外省高校招生计划。学院重点建设

10个外省生源基地。2017年，在校学生从2010年的1万余人增至1.7万人。学院被湖南省教育考试院评为普通高校招生工作先进单位，承办全省高职高专招生工作研讨会2017年年会。

就业 2002年，学院建立一年两次就业工作联席会议制度，建立毕业生就业信息网，帮助毕业生及时了解就业形势与就业政策。与全国近300家企业建立用工关系，其中与富士康、惠州石化、三一重工、五江集团等150多家企业建立较为稳定的用工关系。设立创新创业基金，成立创业协会，开展社区服务、技能比武等以提高毕业生职业素质和创业能力。2011年，学院启动创业一条街项目。2013年，被评为湖南省高职高专招生就业工作先进单位。至2017年，学院大中专毕业生3.46万人，就业3.2万人。用人单位满意率95%。

六、后勤保障

2002年，学院成立为教学、科研和师生员工服务的资产管理处、后勤服务中心、后勤基建处等职能部门，构建后勤保障运行机制。2005年3月，学院后勤部门进行社会化改革，建立自负盈亏、自我发展的后勤服务中心。2007年，学院被评为省级文明卫生单位和省级园林式单位。2011年，学院第三食堂通过省教育厅专家组验收成为标准化食堂。2017年，校园绿化、美化、亮化建设通过省级园林单位复查初审。

第三节 湖南潇湘职业学院

一、学校发展

1997年，省教委批准1996年成立的娄底李小龙武术成人中专学校更名为湖南体育专修学院，为国家高等教育学历文凭考试试点院校。2002年，省政府批准筹建娄底潇湘职业学院，当年招生专科学生。学院占地面积13万平方米，建筑面积5.5万平方米。在校大中专学生1937人，专职教师104人。2003年4月，省政府批准成立娄底潇湘职业学院，2005年3月更名为湖南省潇湘职业学院，列入普通高等学校序列，为民办高等职业学院，由市政府主管，教育业务由省教育厅管理。2005年，学院由湖南大汉集团控股（占股比例88%）。是年，在校学生从1000余人增加至5000余人，固定资产从1750万元增加到1.16亿元。2006年，通过教育部人才培养水平评估。学院实行董事会领导下的院长负责制。2007年，省委教育工作委员会向学院派驻党委书记兼省政府督导委员。2017年，学院占地面积17万平方米，建筑面积13万多平方米。学院设有信息工程学院、汽车工程学院、机电工程学院、商学院、学前教育与军体学院6个二级学院（系），开设大专专业21个，校内实训基地47个，校外实训基地45个。在校学生4636人，其中大专学生2846人，教职工286人。230人专任教师中，有教授、副教授、研究生、双师型教师157人，另聘专业教师10人。学院建有教学楼、图书楼、体艺馆和实训楼，有纸质图书29.73万册；运动区建有容纳6000人的体艺馆、武道馆和400米环形塑胶田径场，一个网球场。有可供5000多人就餐的学生食堂和容纳6000名学生的住宿公寓。学生食堂与公寓安全卫生，就餐、住宿及消防、报警设施齐全。学院先后被评为湖南省职业技能鉴定工作先进单位、普通高等学校毕业生就业工作优秀单位、学员军训工作先进单位、武术工作突出贡献奖单位。

二、教学

2002年，学院开设计算机技术应用、外贸英语、机电一体化、武术等13个专业。2009—2012年，投入300万元，新建2个大型汽车检测与维修实训基地。2013年，学院汽车检测与维修实训基地获得中央财政440万元资助。2017年，开设汽车检测与维修技术等21个热门专门，组建4个专业集群。汽车检测与维修技术、建筑工程技术、会计、数控技术为重点建设专业。汽车与市场营销、酒店管理为特色专业。模具设计与制造、计算机网络技术获省级精品专业。学院建立多媒体教室和理实一体化教室80多间，实现全部课程多媒体教学，建成47个专业实验实训室。同时，建立大汉集团、中铁集团、碧桂园、中国平安、华天酒店、深圳比亚迪等45个校外实训基地。2002—2017年，科研课题在省以上立项31项，结题17项。

三、教师队伍

2002—2017年，学院引进高素质、高学历、高职称的教师和技术骨干以及高等院校毕业研究生、优秀本科毕业生和具有专业实际工作经验的工程师充实教师队伍，或兼职教师，共385名，其中正高职称11人，副高职称30人；博士研究生3人，硕士研究生64人，本科毕业生318人。培训教师1.76万人次。

四、招生与就业

2003—2017年，学院共招收学生2.28万名，其中大专1.19万名。生源来自全国21个省区，外省学生4313名。学院从顶岗实习抓起，加强与用人单位沟通与联系，不断拓展就业范围和渠道。10个专业与中鼎国建等6家企业签订协议，为企业培养技术技能型人才，多途径收集招聘信息，召开并组织学生参加招聘会，将用人单位引进学校，开展现场招聘、双选洽谈等供需见面活动。25年间，年均就业率90%以上。

第四节　娄底广播电视大学

一、学校发展

湖南广播电视大学娄底分校成立于1979年2月。老校区（北校区）坐落在老城区的中心地带，占地5600平方米，建筑面积8848平方米。新校区（南校区）位于娄底城南新区，占地3.73万平方米，建筑面积9210平方米。1990年，湖南广播电视大学娄底分校拥有46个教学点，在校学生1860人，其中脱产学习1278人，函授业余582人，校本部教职工28人。1994年9月，该校更名为娄底广播电视大学（简称娄底电大）。1995—2005年，下辖新化县、冷水江市、涟源市、双峰县4个工作站。2013年4月27日、6月5日，先后加挂娄底市社区大学、娄底市干部教育培训网络学院牌子。2017年底，在籍学生1.06万人，其中本科生1696人，专科生8857人。校本部教职工定编59人，在职教职工49人，其中专职教师30人，副高以上职称13人，另聘有专家、教授等兼职教师30余人。学校内设办公室、总务处、招生办、教务科（附设联合办学学院）、开放教育学院（附设农民大学生培养计划管理办公室）、继续教育学院（附设干部教育培训网络学院、终身教育管理办公室）、教育技术中心。

二、教学与科研

1990年，娄底电大实行分级办学、"五统一"（统一教学计划、统一教学大纲、统一教材、统一教学要求和进度、统一命题考试）管理。学历教育与非学历教育并举，以学历教育为主，职后教育与职前教育并举，以职后教育为主。学校利用广播电视、文字教材、计算机和网络等多媒体手段，实施现代远程开发教育教学。1991年，获湖南省电大教学质量评比第一名。1990—2017年，教育科研在各级各类期刊、学报、学术活动中发表论文260篇，其中国家核心期刊17篇，主编或参与编著的著作、教材10部。获得省级以上奖励25项，其中一等奖9项；支持或参与国家、省、市级课题资源建设26项，其中开题25项、结题21项。

三、成人学历教育

1990年，娄底电大开设成人学历教育，理、工、农、文、经五大学科39个专业。1998年6月，开办师范专科班，特招国家计划生200名，毕业后安排到乡镇中学任教。至2017年累计招收大专学历学生1.14万人，其中，注册视听生551名，为社会输送大专毕业生1.02万人。

四、远程开放教育

1999年，娄底电大启动中央电大人才培养模式改革和开放教育试点项目（简称开放教育），开启本科教育。2005年，湖南省开放教育评估中被评为优秀等级。2006年，通过教育部评估验收。至2017年，开放教育开设专业69个，毕业生3.95万人，其中本科1.12万人、专科2.84万人。

五、农民大学生培养工程

2008年，娄底电大启动“一村一名大学生计划”培养工程，秋季开始招生。2012年，将该计划拓展为农民大学生培养工程。市委、市政府将其列为加快新农村建设，培养村级班子成员和农村实用人才重大举措。至2017年，先后开办农村行政管理、农业经济管理、乡镇企业管理、园林技术、畜牧兽医、社会管理等8个专业，累计招生9812人，毕业学员7792人。全市村级班子中至少有一名“农民大学生”。已毕业和在读的4460名学员中，担任村支书和村主任的402人，村支“两委”班子成员2198人，村级后备干部781人，种养大户469人。

六、联合办学

1995年，娄底电大与长沙工程兵学院、西安统计学院联合办学，至1999年，长沙工程兵学院毕业学生162名，西安统计学院毕业学生97名。2000年，停止联合办学。2007—2017年，学校开展网络教育联合办学，先后与中南大学合作招收学员1776人，与西南大学合作招收学员470人。与奥鹏教育中心、北京航空航天大学、北京外国语大学合作办学，共招收学员1417人。

七、培训教育

2001—2012年，娄底电大开展农村劳动力转移培训，培训农民工2000余人。2004—2012年，开展英特尔未来教育师资培训，培训教师2400多名。2013年6月，挂牌成立娄底市干部教育培训网络学院，在线注册学习单位98个，学习人数7953人。2017年，乡村教师专业适岗培训918人。

第五节 湖南广播电视大学涟钢分校

1979年，湖南广播电视大学娄底工作站在涟钢开设电大教学班，1984年成立娄底电大分校涟钢教学站。招生对象主要是涟钢职工及其子弟。1993年3月，经省教委批准，涟钢教学站升格为湖南广播电视大学涟钢分校（简称涟钢电大），业务直接由省广播电视大学（简称省电大）管理和指导，先后开设汉语言文学、党政干部专修、电气自动化、电器仪表、机械制造、计算机应用、档案管理、行政管理、企业管理、物流管理、经济信息管理等16个专业，均为专科层次。1993—2001年招生520人，毕业448人。

1997—1998年暂停招生。1998年，被省电大评为全省电大分校办学水平合格学校。1999年恢复招生。2000年，经省电大批准，开始试行开放式本科教育。2002—2015年招生476人，其中专科184人、本科292人。2002—2017年，毕业583人，其中专科148人、本科435人。

2005年4月，在全省人才培养模式和开放教育试点总结评估中，涟钢电大被评为优秀等次。是年起生源逐年减少。2010年停止招收本科学生。2016年停止招生，与涟钢党校、培训中心、技工学校合署办学。

第六节 企业职工大学

一、涟源钢铁厂职工大学

1981年1月，涟钢职工大学（简称涟钢职大）成立，为专科层次。1990年，学校占地3.73万平方米，建筑面积1.38万平方米，校舍9栋，计算机、电工与电子实验室等10个，电、焊、钳、行车等实习车间4个。主要招收涟钢本企业在职职工，同时招收少量社会待业青年。一段时期曾面向全国冶金行业招生，学员来自全国6个省份的25家企业。先后开设10多个专业，其中有冶金机械、电气自动化、金属压力加工、钢铁冶金、计算机应用和机电一体化6个主体专业。1995年12月，通过省教委成人高等学校办学水平评估验收。是年，涟钢职大被授予“湖南省成人高等教育优秀学校”称号。1999年后，由学历教育为主、岗位培训为辅转向以岗位培训为主、学历教育为辅。2000年，停止专科学历教育招生，高等学历教育由涟钢电大承担。涟钢职大先后共培养大专毕业生1228人。

二、涟邵矿务局职工大学

涟邵矿务局职工大学成立于1981年1月，专科层次。先后开设井下采煤、矿山机电、矿井通风等专业，至1990年，共招收学生764人，毕业472人。1991年，该校并入涟邵矿务局技工学校，停止招收大专学生。

1990—2017年娄底市普通高等学校学生一览表

表60-3 单位:所、人

年份	普通高校		成人高校		年份	普通高校		成人高校	
	学校	在校学生	学　校	在校学生		学校	在校学生	学　校	在校学生
1990	1	1328	5	3041	2004	3	11537	2	4790
1991	1	1590	5	1903	2005	3	16422	2	7954
1992	1	1750	3	1878	2006	3	23394	2	6474
1993	1	1938	3	2577	2007	3	25730	2	6363
1994	1	2077	3	3209	2008	3	29334	2	6471
1995	1	2150	3	3245	2009	3	31971	2	6346
1996	1	2209	3	3041	2010	3	31302	2	6223
1997	1	2289	3	3009	2011	3	25058	2	6326
1998	1	2521	3	3422	2012	3	27935	2	6239
1999	1	3118	3	3495	2013	3	28191	2	6631
2000	1	3922	3	3989	2014	3	32520	2	8805
2001	1	4747	3	5505	2015	3	27813	2	8940
2002	2	5942	3	6055	2016	3	28728	2	11118
2003	3	8694	2	9055	2017	3	29650	2	8630

第七节　高等函授教育和自学考试

一、高等函授教育

1990年，境内高等函授教育主要由娄底师专培训部负责。该培训部设有8个高师函授专业，每年在籍学员700~800人。省内外部分高等学校在娄底市设立函授站13个。1990—2000年，每年30~40个。2002年发展到52个，在籍学员12401人。以后逐年减少。2016年13个。市教育局每年对市内高等教育函授站检查评估一次，评定优秀函授站、合格函授站和不合格函授站。对不合格函授站取消其招生资格。2017年，市内有高等教育函授站14个（是年新增1个）。经市教育局检查评估，被评为优秀等级4个，合格等级6个，限期整改（暂停）的3个。高等函授教育招生与教学由举办高校和举办单位共同负责。

二、高等教育自学考试

娄底地区高等教育自学考试始于20世纪80年代。1990—1992年，报考5.14万人，毕业884人，其中本科91人，专科793人。1993年，国家准许在校大学生、中专生参加第二学历自考，专科或中专在校学生可直接报考大学本科或专科。是年8月，娄底地区高等教育自学考试指导委员会，更名为娄底高等教育自学考试工作委员会。2000年上半年第32次考试，全市2.04万人报考。2001年，高等学校开始扩招，自考人数逐渐下降。2011年3月，娄底市自学考试办公室和招生考试办公室合并组建娄底市教育考试院。

1990—2017年，娄底高等教育自学考试共开考61次，总计报名参考51.46万人次；获得专科毕业证书的1.17万人，获得本科毕业证书的9237人，其中20人获得湖南省自考毕业生勤学奖。

1990—2017年娄底市高等教育自学考试情况表

表60-4

年份	考次	报名（人）	实考（科次）	毕业（人）		年份	考次	报名（人）	实考（科次）	毕业（人）	
				本科	专科					本科	专科
1990	12	6168	9809	2	121	2001	34	16073	26302	437	718
	13	7289	11666	7	129		35	13490	21951	560	971
1991	14	8676	13147	19	109		36	5763	5573		
	15	9231	13074	17	159	2002	37	12787	21464	822	736
1992	16	9729	14484	22	104		38	5774	7460	566	797
	17	10353	14545	24	171		39	10893	15737		
1993	18	9371	13317	19	146	2003	40	7447	8051	249	135
	19	9514	15170	44	217		41	10448	1292	253	142
1994	20	12076	19302	45	176		42	7087	8010	—	—
	21	11155	18308	45	175		43	9117	11508	245	129
1995	22	12706	19302	45	176	2004	44	5938	5259	373	213
	23	13103	22957	63	304		45	7709	9081	—	—
1996	24	15611	26713	62	335		46	6939	11668	331	174
	25	15490	26838	156	425	2005	47	6519	9700	337	189
1997	26	17636	31531	79	462		48	5645	9951	—	—
	27	16743	30972	241	407	2006	49	5265	11879	259	107
1998	28	17775	30267	270	567		50	4234	9741	188	72
	29	18601	32670	115	367	2007	51	3918	8747	219	50
1999	30	19264	35023	304	557		52	3004	6626	200	58
	31	19277	33612	185	483	2008	53	2992	6352	200	42
2000	32	20409	33175	390	710		54	2408	5862	148	35
	33	17649	30144	178	576	2009	55	4659	12461	127	39

续表60-4

年份	考次	报名（人）	实考（科次）	毕业（人）		年份	考次	报名（人）	实考（科次）	毕业（人）	
				本科	专科					本科	专科
2009	56	3429	8976	97	36	2014	65	3944	13628	95	9
2010	57	2038	4997	100	20		66	2906	10349	129	9
	58	1495	3763	106	26	2015	67	440	13053	51	8
2011	59	3031	8693	83	18		68	4300	13800	96	8
	60	2645	8581	95	12	2016	69	5032	15720	68	6
2012	61	2966	9753	76	8		70	4150	13176	63	5
	62	2391	7625	82	17	2017	71	4983	16220	59	8
2013	63	3261	10927	49	5		72	4770	13801	82	6
	64	2891	10346	81	7	合计	—	514587	—	9237	11679

三、成人高等学校招生

1990年，娄底地区成人高等学校招生实行全国统一招生考试，由省统一命题，地区组织考试，各县（市）设考点考场，地区派巡视员督察。评卷和录取工作由省统一组织。成人高等学校以招收在职从业人员为主，适当招收少量社会青年。1995—2017年，成人高校不招收应届高中毕业生。专科起点升本科，考试科目为政治、外语、业务课（大学语文、高等数学、艺术概论、医学综合等任选一门）；高中起点升本科，考试科目为语文、外语、数学（分文理科）、史地（文科）、理化（理科）；高职（高专），考试科目为语文、数学（分文理科）、英语。

1990—2017年娄底市成人高考报名录取情况表

表60-5

单位：人

年份	报考人数	录取人数					
		总计	专升本	高升本	高升专	中专	小学教师免试
1990	8333	3326	—	174	1845	1307	0
1991	7678	3005	—	134	1363	1508	0
1992	8379	3430	—	256	1895	1279	0
1993	8885	4539	—	185	2652	1702	0
1994	12800	4646	—	393	3032	1221	0
1995	12061	5600	—	—	—	—	0
1996	12246	4827	526	41	4045	215	0
1997	10243	4007	347	0	3660	—	0
1998	8585	2601	261	24	2316	—	0
1999	7238	2924	603	0	2321	—	0
2000	11305	5185	—	—	—	—	0

续表60-5

年份	报考人数	录取人数					
		总计	专升本	高升本	高升专	中专	小学教师免试
2001	10422	6926	1346	119	5461	—	0
2002	7724	6639	1636	76	4927	—	0
2003	8407	5702	1278	54	4079	—	291
2004	4771	4154	1221	20	2913	—	0
2005	4249	3843	1276	13	2554	—	0
2006	4577	3697	826	14	2857	—	0
2007	6232	4229	702	25	3502	—	0
2008	6257	3318	531	9	2278	—	0
2009	5420	3577	674	148	2755	—	0
2010	4070	2920	799	105	2016	—	0
2011	7088	2873	795	37	2041	—	0
2012	3750	2900	948	34	1918	—	0
2013	5533	4473	1389	68	3016	—	0
2014	3645	3084	1226	52	1806	—	0
2015	4081	3138	1227	68	1843	—	0
2016	3792	3271	1218	76	1977	—	0
2017	7491	6529	2048	311	4170	—	0
合计	205262	115363	20877	2436	73742	7232	291

第四章　成人教育

第一节　扫盲教育

1990年是国际扫盲年。10月，地区教委下发《关于彻底扫除剩余文盲，实现无盲地区的几点意见》。是年，全地区1.87万余人投入扫盲工作。涟源市、冷水江市、娄底市按农民人均6分钱的标准拨足扫盲教育经费。全地区筹措扫盲经费37万多元，共办扫盲班1084个。3.6万名文盲半文盲参加学习，1.9万余人脱盲，超额完成省分配的扫盲任务。1991年，全市筹措扫盲经费42万余元，1.27万人脱盲。是年，娄底市被评为全国扫除文盲先进地区。

1993年，全地区贯彻国务院扫盲工作条例，对青壮年文盲年龄界限和扫盲单位标准及扫盲期限提出新的要求。青壮年文盲年龄由过去的15~40周岁改为1949年10月1日以后出生的年满15岁以上的人口。基本扫除青壮年文盲单位的标准由过去非文盲率85%提高到95%。三年脱盲的巩固提高率在95%以上。是年，地委行署规划到1995年全区基本扫除青壮年文盲，文盲率控制在5%以下，总人口中文盲率下降到8%以下。当年11月，地区教委和财政局联合下发《关于加快扫盲工作步伐，实现无盲地区的意见》，加快扫盲进度。1994年，全地区举办扫盲班346个，扫除文盲1.8万余人，同时开展扫盲后的继续教育，举办各种实用技术培训班2000多期，培训农民15万人次。是年10月，冷水江市通过省评估验收，被评为湖南省扫盲工作先进市。11月，地区工农教育办主任向林生被评为全国扫除文盲与农村成人教育先进个人。12月，全省教育工作会议推广娄底地区扫盲工作经验。1995年10月，娄底市通过省基本扫除青壮年文盲评估验收。在全省扫除文盲和农村成人教育经验交流会上，娄底地区作经验介绍。娄底市被评为全省扫盲工作先进市。1997年10月，双峰县通过省基本扫除青壮年文盲工作验收。双峰县教育局阳文华获中华扫盲奖。11月，涟源市、新化县通过省基本扫除青壮年文盲验收，涟源市被评为全省扫盲工作先进市。至此，全地区5个县（市）达到基本扫除青壮年文盲标准，青壮年非文盲率99.4%，脱盲巩固提高率96%。全市基本扫除文盲。1998年，全地区8200余名文盲参加学习，脱盲7400余人，完成省定任务106%。青壮年非文盲率99.7%。全地区7500脱盲人员参加省教委脱盲抽考，考试合格率达99%。

第二节　农民教育

一、农民教育机构

乡镇成人文化技术学校　1990年，根据《湖南省示范乡镇农民文化技术学校标准》，全地区开展创建示范乡镇农校活动。1991年，新建乡镇农校教学楼25栋，近30所乡镇农校接近或达到省颁示范农校标准。1992年3月，双峰县荷叶乡、龙田乡，娄底市杉山镇等农校经省验收合格，成为湖南省首批示范乡镇农校。1995年11月，双峰县荷叶乡农民文化技术学校被评为全国农村成人教育先进学校。1999年，全市乡镇农校办学面100%，有市级示范乡镇农校41所，省级示范性乡镇农校18所。省、市示范性乡镇农校占乡镇农校总数的67%。2000年，市政府按省政府要求在全市开展创建乡镇农民文化技术学校合格县（市、区）活动。2001年，省教委出台《湖南省乡镇成人文化技术学校建设合格县市区标准》，部署验收认定工作。娄星区、双峰县经省评估验收，认定基本达到乡镇成人文化技术学校建设合格县（市、区）标准。是年8月，教育部在全国农村成人教育改革和发展研讨会上，推广双峰县荷叶镇成人文化技术学校办学经验。2002年11月，市教育局重新修订《娄底市示范乡镇农校检查评估指标体系》，开展新一轮示范性乡镇成人文化技术学校（简称成校）评估验收。娄星区万宝镇、杉山镇、茶园镇和双峰县荷叶镇成校通过评估验收。2003年3月，市教委重新认定这4所乡镇成校为娄底市“十五”时期第一批示范性乡镇成人文化技术学校。2003年7—8月，市教育局举办全市乡镇成校校长培训班，80名校长参加培训，并参观娄星区乡镇成校培训生产示范基地。2004年5月，全省乡镇成校建设现场会在娄底召开。是年，市教育局被评为全省成人教育先进单位。至2005年，先后重新认定市级示范性乡镇成校26所。2006年，各县（市、区）成立职教中心，逐步取代乡镇成校培训职能。

成人中等专业学校　1990年，双峰县成人中等专业学校校园面积3.4万平方米，建筑面积6100平方米。建有电工、钳工、焊工、电子电器等实验室，计算机房2个，电脑100台，学校仪器设备总价200多万元。开设畜牧兽医、农产品加工、农村家庭经营、电子电器、民用建筑、计算机应用、电算会计、汽车驾驶与维修、旅游、文秘等专业。新化县成人中等专业学校校园面积16万多平方米，建筑面积1.7万平方米，农场150亩。学校开设农艺、园艺、机电、财会、计算机、烹饪、家政、贸易、动物医学等专业。学校实行教师聘任制、结构工资制、岗位责任制。先后有4位教师被评为省优秀教师或优秀班主任。1991年，被省教委评为优秀农民中等专业学校。1994年，双峰县成人中等专业学校通过省教育厅办学水平评估。1996年，被评为湖南省先进成人中专学校。2000年11月，经省劳动和社会保障厅验收，取得国家职业技能鉴定资质。1998年，新化县成人中等专业学校被省教委授予全省教育实践活动先进单位称号。2001年，双峰县成人中等专业学校被评为湖南省成人中等专业教育示范学校。

2004年4月，被确定为双峰县第一批教育体制改革试点单位。2007年，双峰县成人中等专业学校、新化县成人中等专业学校分别并入该县职业中专学校。

乡镇农科教中心　1990年7月，地委、行署贯彻省委、省政府《关于实行农科教结合加速农业振兴的决定》，在乡镇农校基础上建立农科教中心，将生产、科研、培训紧密结合起来。1991年1月，地区成立农科教协调小组，共筹措农科教专项经费216万元，建成75个乡镇农科教中心，其中首批试点6个，即娄底市杉山镇农科教中心、涟源市太和乡农科教中心、新化县崇山乡农科教中心、双峰县龙田乡农科教中心、杏子铺镇农科教中心、冷水江市岩口镇农科教中心。经验收，全部达到省、地规定的标准，授予合格农科教中心称号。1992年，全地区建立108个乡镇农科教中心，创建面为64%。双峰县杏子铺镇农科教中心网箱养鱼项目列入国家科委“八五”计划。娄底市农科教中心，推广新技术123项，52%的农村劳动力拿到“绿色证书”（对农村劳动力进行实用技术培训，合格者发给此证）。1994年，娄底市小碧乡被评为全国农村教育综合改革先进单位。是年，双峰县、娄底市乡镇农科教中心，经省里抽查验收，均以高分争得全省综合评分第一名。1996年1月，娄底市万宝镇，双峰县走马街镇、蛇形山镇、花门镇、荷叶镇，新化县琅塘镇等乡镇农科教中心被省农科教协调小组评为省先进乡镇农科教中心。2000年，全市乡镇农科教中心全部融入乡镇成人文化技术学校，不再使用农科教中心这个名称。

二、农民文化技术教育

1990年，全地区108个乡镇办起农民文化技术学校，学员7279人，办学面99%。1991—2002年，全市乡镇农民文化技术学校共举办各种实用技术培训2.07万期，93.33万名农民通过培训，分别掌握1~2门实用技术，其中部分成为农村科技致富带头人。2003年9月，市委办印发《关于加强农民素质教育，提高农民文化科技素质的意见》。2004年，市教育局会同市农办、市农业局、市劳动和社会保障局联合下发《关于启动新增农村劳动力转移就业培训工程的通知》，培训对象为全市农村初、高中毕业生青壮年农民。2003—2005年，全市对8.2万名新增农村劳动力开展引导性培训。2005年，落实省教育厅《关于实施农村实用技术培训计划的意见》，先后编写《务工指南》《农村实用技术手册》《农民素质教育讲义》培训教材发给学员。每年农村劳动力培训不少于8期，校均培训1000人次以上。2005—2008年，全市实用技术培训28万余人次，农村劳动力转移培训34万余人次，新增农村劳动力培训6.6万余人。2009—2017年，全市农村实用技术培训60.5万人次。

第三节　职工教育

1990年前，全地区厂矿企业加强中级工技术培训。1991年，围绕“产品、质量、效益”突出岗位培训。共举办岗位培训班312期，培训职工1.59万人次，技术等级培训6690余人次，举办高中文化补习班9期，400余名职工参加培训。1992年，全地区举办培训班1500期，培训职工3.6万余人次，其中技术等级培训1.1万人次，班组长培训7300余人次，职工继续教育培训4300余人次。1993年起，对新工人开展岗前培训、初级技术培训和急需专业培训。1994年，全地区经省成人教育局批准登记的职工学校52所，专用教学场地面积3.52万平方米，专职教师487人，兼职教师1000余人。1996年12月，湖南雪峰水泥集团有限公司、锡矿山矿务局、涟钢教育培训处被评为全省“八五”期间职工教育先进集体。1999年4月，涟钢培训中心、金竹山电厂职工教育培训中心、锡矿山矿务局职工学校、大乘资氮公司职工学校、雪峰水泥公司职工学校获省职工教育优秀单位称号。7所职工学校获评良好单位。2009年，全市投入经费727.49万元，培训企业职工1.29万余人次。2010年，企业培训经费3118.75万元，培训职工3.33万人次。2011年，职工岗位培训15.74万人次，继续教育培训18.67万人次，其他培训36.41万人次。2013年，市政府发出《关于进一步加强职业培训促进就业的实施意见》，全市建立职业培训体系。涟钢、湘煤集团涟邵分公司、锡矿山闪星锑业有限公司、大唐金竹山电厂等大型企业，围绕产业结构调整和提质增效开展职工培训，提高职工科学文化素质和专业技能。2017年，全市共有职业培训机构（含培训项目）89家，其中公办36家、民办45家、企业8家。1990—2017年，全市累计投入培训经费3.21亿元，培训职工154.73万人次。

第四节　社会教育

一、社区活动

2012年起，娄底市每年举办全民终身学习周活动，2012年、2014年，先后两次被全国全民终身学习活动周工作领导小组、中国成人教育协会授予组织奖。2013年4月，娄底市社区大学在娄底广播电视大学挂牌成立，县（市）社区学校、乡镇社区学校、村居委会社区学习中心相继建成。娄星区小科社区建立社区书画室、电子阅览室，开展青年教师讲堂、法制宣讲、文明讲座、禁毒知识宣传、建立健康档案等社区教育和服务活动，开展法律志愿者活动，在社区建立在线法律援助中心，为社区居民提供法律服务，对婚姻、家庭和民间借贷等法律问题进行指导。2016年，娄星区乐坪街道办事处街心社区获全国最美志愿服务社区称号。2017年10月，在全民终身学习周活动期间，全市各地举行盛大社区文化节。以“创文明城市，建美丽社区”为主题，开展“大家办，大家演，大家唱，大家乐”多样化艺术活动。中心城区社区学校及有关社区老年大学2000余人齐聚娄底一中体育馆，参加“幸福娄底，欢乐湘中，喜迎十九大”文艺调演。是年，娄底电大制作的新化“三合汤”和“水车鱼冻”两个微课参加省电大我最喜欢的微课大赛，包揽两个一等奖。至2017年底，娄底市社区大学围绕社区教育难点开展理论研究与实践，撰写论文45篇，获得省、市级课题立项15项，省优质课程资源建设2项。《落后地区推进新市民社区教育的先天不足及对策》和《城市化过程中新市民教育的困境与发展》获全省社区教育优秀论文评比一等奖。

二、家长学校

1997年，娄底地区开始兴办家长学校。娄底市首先在娄底二中、娄底二小、大科中心小学、万宝中心小学试点。是年9月，娄底市各学校均成立家长学校，其他各县（市）陆续办起一批家长学校。随后家长学校由城镇向农村扩展，由学校向社区、机关扩展。双峰县不仅在中小学校、幼儿园兴办家长学校，而且在县委、县政府机关大院、县国土局、国税局等10多个机关单位办起家长学校。至1999年，全市建立家长学校976所，参加学习的家长23.77万人。是年，市教育局下发《家长学校管理意见》《家长学校评估方案》，规定家长学校“十有标准”，即有班子、有牌子、有经费、有场地、有教员、有教材、有计划、有制度、有活动、有实效。市教育局把家庭教育包括家长学校建设纳入目标管理考核。家长学校逐渐进入制度化、规范化、科学化轨道。2000年5月，双峰县关心下一代工作委员会（简称关工委）、娄星区大科中心小学家长学校、冷水江市冷水江街道中心小学家长学校等单位和一批家庭教育工作者、家长受到省妇联、省教育厅、省关工委表彰。2004年3月，市教育局转发省教育关工委《关于在全省中小学校中创建示范家长学校的意见》，部署创建示范性家长学校活动。2005年，市教育局启动示范家长学校评估工作，认定县级以上示范性家长学校89所，其中市级11所。双峰县永丰镇城北等6所家长学校获湖南省示范家长学校称号。是年，冷水江市冷水江街道中心小学家长学校被评为全国优秀家长学校。市教育局关工委被全国妇联、教育部等单位评为全国创建家庭教育双合格（合格家长、合格家长学校）先进单位。2007年8月，娄底二小家长学校被评为全国优秀家长学校，市教育局关工委主任朱球琳被评为全国家庭教育工作先进个人。2012年11月，娄星区大科乡中心小学被评为全国优秀（示范）家长学校。2017年，全市共有家长学校1077所，示范性家长学校178所，其中县级57所、市级76所、省级40所、国家级5所。

三、创建学习型家庭

2005年起，市教育局在全市开展创建学习型家庭活动。活动中，父母与孩子签订《亲子互动双向承诺书》，明确亲子间的各自职责，父母同孩子一起读书学习，一起讨论交流，一起参加活动。市教育局每年聘请省内外一些专家学者到娄底开展家庭教育讲座。2005年6月12—25日，华东师大母亲教育研究所研究员吴万紫先生应邀到娄底作题为“家庭教育的革命”的讲学19场，听课家长9000余人。2005—2009年，全市203户先后入选市级优秀学习型家庭，42户先后入选省级优秀学习型家庭。2011—2013年，全市举办家庭教育讲座120多场，4万多名家长听课。2013年开始，市财政每年安排家庭教育专项经费15万元，市教育局每年安排家庭教育专项经费5万元。2017年，市教育局邀请公安、司法专家，家教名师到家长学校进行思想道德和法制、安全等知识讲座，开展创建文明和谐型、书香型、艺术型、科技型家庭活动。2017年8月，《湖南教育》以“壮根，凝聚强大的力量”为题，对冷水江市家庭教育工作作深度报道。

四、规范社会语言文字

1997年，地区成立语言文字工作委员会（简称语委会），下设办公室（简称语委办）。

1998年9月，全国首届推广普通话宣传周拉开序幕。娄底地区机关单位、各级各类学校、街道商店门铺纷纷参与，张贴横幅标语，发放宣传资料，开展咨询活动。以后，每年都有一周时间参加全国推广普通话宣传周活动。2002年，市语言文字工作机构和测试网络进一步完善，语委办调整为一个独立机构，配备专职干部。2003年12月，加挂娄底市普通话培训测试站牌子。是年，全市开始测试普通话水平，主要测试对象为教师和在校非师范类大中专学生。2004年9月，制定《娄底市城市语言文字工作评估方案》，启动娄底市中心城区和县（市）政府所在地语言文字管理工作和国家通用语言文字使用情况评估。2008年12月，下发《娄底市语言文字工作三年规划（2009—2011）》，确定普通话基本普及、汉字的社会应用基本规范的目标。

2009年6月，市政府下发《娄底市城市语言文字工作评估方案》。9月，市政府办印发《关于进一步加强语言文字工作的意见》《娄底市社会用字管理办法》，启动娄底市规范社会用字宣传活动，印制《规范社会用字宣传单》3000多份，在娄底中心城区发放。10月，举办全市规范社会用字知识培训会，城区各广告公司、市工商局、市城管执法局、市广电局、娄底日报社等有关单位180人参加。12月，省语委会组织专家评估团对娄底中心城区（含开发区）进行二类城市语言文字工作评估，娄底市以高分顺利通过验收。是年，全市500多名机关干部参加培训，200多人参加普通话水平等级测试。

2010年9月，娄底市开展第十三届全国推广普通话宣传周活动。市、县电视台播放推广普通话宣传广告，学生上街宣传，在校园推广普通话等。全市基本形成规范语言文字的社会氛围。是年，下发《关于开展国家三类城市语言文字工作评估的通知》，制定《娄底市三类城市语言文字工作评估标准及实施细则》，规定冷水江市、涟源市、双峰县、新化县4个县（市）政府所在地城区语言文字工作评估范围。2012年1月，双峰县通过市语委评估团对双峰县评估验收。2013年1月、涟源市达到评估标准。2014年，全市13个普通话测试点均按要求配备计算机及辅助设备。全市所有考点均顺利通过普通话测试检验。2015年11月，冷水江市达到评估标准。至2017年12月，全市测试公务员和公共服务行业人员1.57万人。

第五章　教育改革

第一节　教育机构改革

一、市教育局机构改革

1990年，地区教育委员会（简称地教委）内设办公室、人事科（加挂中小学教师奖励基金会牌子）、计划财务科、普通教育科、师资培训科、勤工俭学管理科、职业技术教育科、学校思想政治工作科、军训体育卫生科（与普教科合署办公）、厂矿企业教育科（与普教科合署办公）、工农教育办公室、招生委员会办公室、高等教育自学考试指导委员会办公室、大中专毕业生分配办公室、教育督导室。另按有关规定设置纪检组（监察室）。1991年5月，增设审计科。1993年1月，成立老干部工作科，与人事科合署办公，9月，高等教育自学考试指导委员会办公室更名为高等教育自学考试工作委员会办公室。

1995年9月，行署机构改革，地教委内设办公室（加挂保卫科牌子）、人事教育科（加挂老干部工作科牌子）、计划财务科（加挂审计科牌子）、基础教育科（加挂政治思想教育工作科牌子）、职业技术教育科、成人教育科、体育卫生科、大中专招生考试中心、大中专毕业生分配派遣办公室（加挂大中专毕业生就业指导中心牌子）、高等教育自学考试办公室、勤工俭学管理办公室、督导室、纪检组（监察室），撤销行署职工教育办公室，其职能划归成人教育科。1996年3月，成立社会力量办学管理办公室，与成人教育科合署办公。7月，地区教育督导室更名为地区行署教育督导室，12月，加挂法制科牌子。1997年，成立语言文字工作委员会办公室，与师资培训办公室合署办公。1998年6月，审计科单列。2000年4月，大中专毕业生就业指导中心更名为毕业研究生大中专毕业生就业管理服务中心。8月，中小学教师奖励基金会秘书处更名为教育发展基金会秘书处。2001年9月，市教委更名为市教育局。

2002年，市教育局内设机构相应调整，增设教师工作科，法制科更名为法治办公室。2011年1月，市教育局内设办公室、人事科（加挂退休人员管理科牌子）、发展规划科、财务建设科、基础教育科（加挂政治思想教育科牌子）、教师工作科、职业技术教育与成人教育科、体育卫生与艺术教育科、民办教育科、政策法规科（加挂校园安全管理科牌子），另按有关规定设置纪检组（监察室）。5个事业编科室：市政府教育督导室、市语言文字工作委员会办公室、市毕业生就业办公室（加挂市教育人才服务中心牌子）、市教育考试院、市教育生产管理办公室。机关行政编制33名，事业编制12名，后勤服务事业编制3名。2014年1月，市教育阳光服务中心成立，挂靠市教育局办公室。2015年9月，市教育局将发展规划科和政策法规科合并为发展规划与法规科，单独设立校园安全管理科和离退休人员管理科。民办教育科加挂行政审批科牌子。2017年9月，市教育考试院升格为副处级事业单位。

二、市教育局二级事业单位机构改革

1990年，地区教委二级机构有教育科学研究室、教学仪器站、电化教育馆、教育电视台（与电化教育馆合署办公）、中师函授站。1992年8月，教育科学研究室更名为教育科学研究所。1996年9月，地区编委核准地区教委5个二级事业机构：师资培训办公室（撤销中师函授站，加挂师资培训中心牌子）、教育科学研究所、教学仪器站、电化教育馆、教育电视台。2002年，撤销师资培训办公室，单独成立师资培训中心。2003年，增设学校卫生保健所，与体育卫生与艺术教育科合署办公（2017年撤销）。2004年9月，成立市教育救助受援捐赠中心，2008年12月，更名为市学生资助管理中心，2011年单列。2015年，教育电视台加挂市教育阳光服务中心牌子。至2017年，市教育局有二级机构6个：教育科学研究所、教育仪器站、电化教育馆、教育电视台、师资培训中心、学生资助管理中心。

三、县、乡教育机构改革

1990年，县（市）教育行政部门为教育委员会。1992年后，相继更名为教育局。涟源市、新化县、双峰县所属的区、镇设教育办公室。1995年，双峰县、涟源市、新化县撤区并乡，区、镇教育办公室撤销。全地区乡镇设学区委员会。2006—2007年，全市教育管理机构改革，撤销学区委员会，设立乡镇中心学校。学区管理职能及管理人员移交乡镇中心学校。至2017年，机构设置不变。

第二节　教育管理体制改革

一、教育行政管理制度改革

1989年，双峰县将小学、初中及部分高中教育的人、财、物、事“四权”下放到乡镇。1990年，地委、行署根据中央《关于教育体制改革的决定》，对教育继续实行“地方负责，分级管理”的管理体制。基础教育由地、县（市）、乡镇三级管理。中等职业教育由地、县两级管理。成人中等教育由县（市）管理。成人高等教育（广播电视大学）由地区管理。普通专科学校由省地共管，以省为主。1993—1995年，涟源市、新化县、冷水江市相继将教育“四权”（人、财、物、事权）下放到乡镇。至2001年，各县（市、区）将教育“四权”（人、财、物、事权）收归县（市、区）教育行政部门管理，恢复基础教育“分级管理，以县为主”的体制。2002年，娄底职业技术学院、潇湘职业学院由省、市共管，以市为主。2004年，湖南人文科技学院由省管理。至2017年未变。

二、建立教育督导机构和制度

1990年，地、县（市）两级设立教育督导室。1991年，贯彻国务院《教育督导暂行规定》和国家教委《国家督学聘任暂行办法》，地区建立和逐步完善各项教育督导和考评制度。地、县（市）两级政府、大中专学校聘任教育督学或督导员。2007年，贯彻《湖南省教育督导条例》，全市细化“两基”督导评估和各专项督导评估方案。2010年9月，出台《关于在娄底市市直学校建立督学责任区制度的通知》《娄底市督学责任区及督学工作考核办法》，将全市中小学校、幼儿园划分26个督学区域，对每个区域委派督学，共设专职督学85人。2012年，贯彻《中华人民共和国教育督导条例》，进一步完善教育督导评估考核、普通高中督导评估、教育专项督导等制度和细则。市政府办公室下发《关于进一步规范中小学校及各类培训机构办学行为的通知》《关于严禁有偿家教家养等违规行为的若干规定》。2015年2月，省教育督导办公室出台《关于进一步加强省示范性普通高中督导评估网络空间建设与管理的通知》，省示范性高中由现场评估改为以网络评估为主、现场评估为辅，全市5所省示性范高中学校均成立学校督导室，负责对接省级评估工作。

2016年，市教育局、市政府教育督导室出台《关于进一步加强督学责任区建设与管理的通知》。全市完全小学和中学相继成立督导室。湖南人文科技学院设立教学督导团，聘请退休教师担任督导团成员，每届10人左右。潇湘职业学院成立教学质量控制管理办公室，负责教学督导。2017年3月，娄底市教育督导委员会成立，下设办公室，分管教育的副市长任教育督导委员会主任。2017年，全市专职督学85人。其中，市直5人，娄星区4人，冷水江市9人，涟源市16人，双峰县30人，新化县21人。兼职督学238人。其中，市直20人，娄星区24人，冷水江市31人，涟源市42人，双峰县88人，新化县33人。

第三节　人事制度改革

一、校长选聘制

1990—1999年，学校人事制度沿用校长任命制和教师派遣制。2000年，市教委、市人事局、市编委办联合下发《关于深化中小学人事制度改革的意见》提出：中小学校长可实行委任或聘任，也可实行公开招聘或由教职工民主选举产生。实施中几种情况并存。市直中小学校长由市教育局考察任命，副校长、中层干部则竞聘上岗。是年10月，制定《娄底市实行中小学校长持证上岗制度的实施意见》，规定校长在任职前均需参加岗位培训，取得省、市教育行政部门核发的中小学校长岗位培训结业证书方能担任校长职务。已取得教育管理专业专科以上毕业证书或学位证书、硕士研究生课程结业证书的，可免参加岗位培训。

二、教师聘用制

1990—1999年，全地区中小学、大中专学校公办教师均采用国家分配和派遣制。民办教师按属地管理，教育部门备案。2000年10月，市政府《关于深化中小学人事制度改革的意见》决定，在全市中小学推行教师全员聘用制。2003年3月，市教育局召开全市中小学教职工核编定岗工作会议，要求按国务院颁布的编制标准核定中小学教职工基本编制。2004年12月，市教育局、市人事局、市编委办、市财政局联合发出《娄底市中小学教职工聘用（任）制实施意见》，全面推行教职工聘用（任）制度。

2006年，全市中小学教师统一实行“资格准入、竞争上岗、全员聘用、合同管理”，建立编制报告和定期调整制度。2008年，全市建立健全教师激励约束机制，深化教师竞聘上岗制度，全面开展教师招聘工作。全市400余名优秀人才通过公开招考进入教师队伍。市直学校首次公开招聘43名教师。2017年，市教育局开展学校聘班主任，班主任聘任课教师改革试点，探索“县管校聘”教师管理体制改革，初步实现教师编制“县管校聘”目标。创新校长教师轮岗交流改革，选择冷水江市作为改革试点，开展区域内轮岗交流工作，实现教师资源城乡之间再次配置，促进教育公平，使教师由“单位人”逐步转变成“系统人”。

三、结构工资制

1990—1999年，教师工资结构为职称工资、基础工资、教龄工资所组成，无绩效工资。2000年，全市在实行校长、教师聘任制改革的同时，探索试行与岗位、业绩挂钩的工资制度改革。各学校逐步建立优劳优酬绩效工资制，使教职工工资与岗位、任务、贡献、效益挂钩。具体办法是：将教职工工资的30%，加上学校勤工俭学收入可用资金，作为浮动工资。浮动部分打破平均主义，合理拉开分配档次，实行按劳分配，优劳优酬。探索建立以岗位工资为主体的分配制度，不同类别、不同规模的学校允许岗位工资标准有所不同。但由于一些客观因素影响，上述工资制度未能真正实行。2009年，市教育局召开教师绩效工资改革工作会议，制定改革实施方案。市直学校义务教育教师绩效工资全部落实到位，县（市、区）教师绩效工资制度逐步实行，延续至2017年未变。

第四节　办学体制改革

1990年，全地区形成以政府办学为主体，社会各界参与，公办、民办学校共同发展的办学体制。是年，除政府及部门、国有企业所办学校外，有民办学校6所，学生870人，教职工153人。1992年，地委、行署做出《关于基础教育的改革与发展的决定》，推进办学体制改革，促进社会力量办学健康发展。

1996年7月，依据《湖南省社会力量办学年检评估细则》，对地管的31所民办学校检查评估，对29所合格学校重新颁发办学许可证，2所不合格学校停办。1997年，贯彻国务院《社会力量办学条例》，全地区民办教育较快发展。经省教委批准，娄底李小龙成人中专学校改为娄底体育专修学院。民办湘中计算机专修学院、湘中经贸专修学院相继建立。1998年，民办娄底理工专修学院、娄底经济专修学院成立。娄底一中举办雅达实验学校，各县（市）的省、市重点中学先后办起12所“校中校”。

2000年起，部门办的中等专业学校陆续停办或合并。是年，全市民办学校（含幼儿园，下同）105所，在校学生2.35万余人，教职工1236人。

2002年、2004年，市政府先后印发《娄底市发展社会力量办学的若干规定》，《关于促进民办教育发展的决定》。2004年10月，娄底市民办教育协会成立，此后相继成立协会学前教育分会、培训教育分会，基础教育分会。2005年，市委、市政府召开全市民办教育工作会议，推进民办教育快速、规范发展。大汉集团控股潇湘职业学院实行股份制。2006年，根据省教育厅《关于进一步规范重点高中举办民办学校管理的通知》，新化一中剥离星台实验学校，其余12所公办学校代办的民办学校撤销。37所厂矿办中小学校全部移交当地政府。部门办的中专学校建制除娄底市卫生学校外全部撤销。2007年7月，双峰县“国有民办”的高中学校恢复为公办学校。是年，双峰县曾国藩实验学校被评为全省民办教育先进单位。2009年，在双峰县召开全市民办教育工作会议，推广双峰县助推民办教育规范发展的经验。

2012年，市政府发出《关于进一步促进民办教育发展的意见》。全市民办学校635所，在校学生12.46万人，比2000年增加530所、10.1万人。全市民办教育发展资金市本级100万元。是年11月，贯彻省教育厅《关于“十二五”省级骨干民办学校建设申报遴选工作的通知》，印发《关于“十二五”市级骨干民办学校建设申报遴选工作的通知》，启动省级、市级骨干民办学校建设申报遴选工作。2012—2014年，全市分三批立项省级骨干民办学校15所，2014—2017年，全部验收合格，获得省骨干学校建设资金380万元。市级骨干民办学校立项57所，验收34所。其间，开展第二轮全市民办教育办学行为专项整治，查出非法办学机构231个。2016年，全市部门办的中专学校全部停办。是年12月，省第四届民办教育创新发展大会在娄底召开，宣传、介绍娄底民办教育改革、创新、发展经验。至2017年，市民办教育协会累计培训民办学校教师6500余人次。全市民办教育工作者参加全国、全省各种培训3200余人次。2017年，全市民办学校879所，其中，中小学23所、高等职业学校1所、中等职业学校7所、培训学校138所、幼儿园710所，在校学生16万人，教职工1.5万人，固定资产34亿元。

2014—2016年娄底市省级骨干民办学校、幼儿园情况表

表60-6

学校名称	立项年份	认定年份	学校名称	立项年份	认定年份
双峰县曾国藩实验学校	2012	2014	双峰县祥和幼儿园	2013	2015
涟源市私立行知中学	2012	2014	娄底市楚英学校	2014	2016
新化县清华园幼儿园	2012	2014	双峰县东方学校	2014	2016
新化县新世纪幼儿园	2012	2014	娄星区君华幼儿园	2014	2016
冷水江市小天使幼儿园	2012	2014	涟源市良溪幼儿园	2014	2016
娄星区恩雅幼儿园	2013	2015	涟源市石马山山乙幼儿园	2014	2016
娄底经开区铂金幼儿园	2013	2015	冷水江市翰林幼儿园	2014	2016
双峰县小太阳幼儿园	2013	2015			

第五节　教育结构改革

一、中等教育结构改革

1990年，地区有普通高中65所，中等专业学校8所，各类中等职业学校招生人数占整个高中阶段招生人数36%。1992年，地委、行署做出《关于加快发展我区职业技术教育的决定》《关于加快教育改革和发展若干问题的意见》，把发展职业技术教育作为教育改革的重点，要求“八五”（1991—1995年）期间职业技术学校招生人数占整个高中阶段招生总数的比例达到50%，“九五”期间达到60%。1993—1996年，全地区职业学校招生人数占整个高中阶段招生人数均在50%以上。1997年，职业中学（中专）发展到50所，在校学生2万人，当年招生人数占整个高中阶段招生总数的60.2%，居全省第一位。2000年开始，中等专业学校进行调整和改制，或停办、或合并，或改制成普通高中。

2006年，双峰县成立职教中心，统筹全县职业教育办学和管理。其他各县（市、区）相继建立职教中心。2009年，市政府办公室下发《关于加强高中阶段学校招生管理切实规范招生行为的意见》，将高中招生指标直接下达到全市各高中学校，为指令性计划，并由市教育局统一组织录取，控制普通高中无序发展，高中阶段招生合理向普职分流。2011年7月，娄底职业教育集团成立，职业教育集团化发展。2012—2014年，双峰县、涟源市、新化县、冷水江市职教中心分别通过省教育厅验收，成为示范性职教中心。2017年，全市普通高中37所，在校学生7.95万人。职业学校22所，在校学生3.51万人。当年职业学校招生人数占高中阶段招生总数的38%。

二、农村教育结构改革

1990年，娄底地区依据省政府《关于实行农科教结合加速农业振兴的决定》，建立乡镇农科教中心，在6个乡镇试点，将生产、科技、培训紧紧结合起来。农科教中心发展迅速，1991年建成75个，1992年建成108个。1995年，行署批转地区教委、地区财政局《娄底地区中小学布局调整实施意见》，调整农村中小学布局，1600~2000人口的乡镇办1所小学。2万人口以下的办1所、3万~5万人口的乡镇办2所、6万人口以上的乡镇办3所初中学校。

1999年，全地区乡镇农校办学面100%，有市级示范乡镇农校41所，省级18所，省市示范性乡镇农校占乡镇农校总数的67%。2001年，乡镇农村文化技术学校改称乡镇成人文化技术学校。娄星区、双峰县经省评估，成为湖南省首批乡镇成人文化技术学校建设合格县市。2002年，市教育局重新修订《娄底市示范乡镇成人学校检查评估指标体系》，至2005年，先后重新认定市级示范性乡镇成人文化技术学校26所。是年起，农村小学附设学前班逐步停办。

2006年起，乡镇成人文化技术学校的各种培训职能，逐步转入县市职教中心。农村教育主要办好九年义务教育，发展学前教育，举办一些不定期的短期农业技术培训班。2012年9月，根据国务院《关于规范农村义务教育学校布局调整的意见》，暂停撤点并校，从实际出发，学校和教学点部分恢复。2017年，全市农村有小学759所，教学点307个，有初中244所。

第六节　大中专学校招生制度改革

一、普通高等学校招生制度改革

招生计划　1990年，娄底地区普通高等学校招生实行“双轨”制，既有国家指令性计划，又有自费生、委培生计划。1995年，进行招生“并轨”改革试点，1997年，普通高等学校招生实行全面“并轨”，取消自费生、委培生计划，只按国家任务一种形式招生，至2017年无变化。

录取体制　1990—2001年，重点院校、一般本科院校、部外省专科最低控制分数线由省划定，省地属专科、电大专科由地市划定。2002年始，地区所有层次最低控制录取分数线均由省里统一划定，实行计算机远程网上录取。2003年始，湖南省率先实行平行志愿填报和投档模式改革，并首次实行志愿征集，即在本科一批、二批、三批和高职专科批志愿录取完成后，各批次落选考生可以填报征求志愿。2012年，出台国家专项计划、高校专项计划、地方专项计划，提高重点高校招收农村学生比例。2015年，取消部分特长加分项目。至2017年，录取体制无变化。

高考科目设置　娄底地区执行湖南省的规定，1990年，实行文理分科考试制度。1991年，湖南、云南、海南联合推出新的高考科目设置方案。分一（文史）、二（理工）、三（生化）、四（地矿）科目组，分别统考政治、语文、历史、外语；语文、数学、物理、外语；数学、化学、生物、外语；语文、数学、地理、外语。四科满分为600分，每门150分。1993年，国家教委推出“两组五科”新方案（2×5方案）分文史、理工两大类。文史类考政治、语文、数学、外语、历史；理工类考语文、数学、外语、物理、化学。湖南从当年起执行这一方案。2001年又进行新的改革，推出“3+文科综合／理科综合”（3+X）方案。“3”指语文、数学、外语三科，为文、理科必考科目；“文科综合”指政治、历史、地理综合；“理科综合”指物理、化学、生物综合，分别为文、理科考试科目。总分为750分，语文、数学、外语各150分，文、理科综合分别为300分。2017年开始“新高考”改革培训。

考试方法　1989年开始，英语、政治、化学一科实行标准化分卷考试。试卷分为A卷、B卷两种，A卷为客观题，采用计算机评分。1990年，标准化考试增加物理、生物、历史、地理4科，1991—2017年扩大到所有高考科目。

保送政策　1990年，全地区免试保送少量应届高中优秀毕业生入学。在湘招生的所有本科院校均可接受保送生。至2000年，全市共有562名学生保送升学。2001年，招收保送生政策改革，基本条件改为：省级优秀学生、参加全国中学生奥林匹克竞赛获得省赛区一等奖以及获得全国决赛一、二、三等奖的应届高中毕业生。2002年，增加参加省教育厅认定的其他全国竞赛成绩或国际竞赛获得规定奖项的应届高中毕业生。2001—2017年，全市保送生大幅度减少。

1990—2006年娄底市普通高等学校招生情况表

表60-7　　单位：人

年份	报考人数				上线人数			录取情况							
	合计	文科	理科	职高对口	合计	文科	理科	合计	重点本科	一般本科	专科	专本沟通	中专	保送	少年班
1990	15388	4396	10992	—	1966	339	1447	2271	365	510	976	—	420	89	0
1991	15984	—	—	—	1993	—	—	2204	383	507	1007	—	307	96	2
1992	15798	—	—	—	1658	—	—	2490	387	579	1297	—	227	84	0
1993	14298	6104	7893	301	1769	407	1182	3824	56	779	2151	—	334	47	3
1994	11702	4556	6860	286	1569	384	1185	3586	534	808	2014	—	230	55	1
1995	11520	4224	6814	482	—	—	—	3546	460	950	1921	—	215	32	2
1996	12411	4569	7209	633	—	—	—	3820	486	1111	2017	—	206	23	3
1997	12675	4601	7326	748	—	—	—	3927	574	1231	1926	—	196	39	3
1998	12323	4415	6987	921	—	—	—	4072	537	1429	2002	—	104	35	5
1999	12942	4087	7496	1359	—	—	—	6058	846	2332	2850	—	30	26	7
2000	14453	4565	8487	1401	—	—	—	6883	1152	2608	3112	—	11	36	2
2001	17138	5283	10203	1652	—	—	—	7406	4249		3156	—	1	0	4
2002	20103	6579	12344	1180	—	—	—	11191	5548		5429	214	—	3	1
2003	22818	7964	13862	992	—	—	—	14029	5792		7859	378	—	0	0
2004	28271	10314	16894	1063	—	—	—	17016	6459		10392	165	—	0	0
2005	33928	11949	20423	1556	21731	4339	17392	19724	7939		11785	—	—	0	0
2006	37931	13719	22084	2128	24563	6486	18077	17712	8284		9428	—	—	0	0

2007—2017年娄底市普通高等学校招生情况表

表60-8　　单位：人

年份	报考人数				上线人数				录取人数						
	合计	文科	理科	职高对口	合计	第一批	第二批	第三批	合计	本科提前批	第一批	第二批	第三批	高职专科提前批	第四批
2007	40652	15266	22953	2433	13705	1451	3797	8457	19985	670	1802	4542	1669	118	11164
2008	40778	15892	23599	1287	27100	2182	7592	17326	22995	557	1918	5407	2126	110	12877
2009	40015	15272	23319	1424	26718	2161	7890	16667	25421	603	1876	6030	2600	54	14258

续表60-8

年份	报考人数				上线人数				录取人数						
	合计	文科	理科	职高对口	合计	第一批	第二批	第三批	合计	本科提前批	第一批	第二批	第三批	高职专科提前批	第四批
2010	30425	11754	17498	1173	24854	1941	7758	15155	23939	634	1808	5975	2352	49	13121
2011	27350	10414	15379	1557	23449	1557	7280	14612	22533	714	1546	5684	2253	66	12270
2012	24383	9464	13994	925	23639	2739	7546	13354	20489	761	2284	5106	2158	1398	8782
2013	24598	9725	13987	886	22198	2662	7503	12033	19998	820	2226	5005	1642	79	10226
2014	25277	9850	14451	976	22064	2985	7871	11208	13407	512	1598	3499	1065	49	6684
2015	25692	9623	14775	1294	21543	2708	7603	11232	21195	1086	1964	5064	1586	101	11390
2016	26621	9876	15202	1543	20205	2550	6956	10699	22291	1291	1911	5309	1678	3832	8270
2017	26817	9470	15485	1862	22495	3097	8222	11176	22312	1386	2130	5359	1421	3959	8057

二、中等学校招生制度改革

（一）普通高中和职业中学（中专）

1990年，全地区实行初中毕业会考制度。考试科目为：政治、语文、数学、物理、化学、生物、历史、地理、外语。各科均由省教委统一组织命题，地区制卷，县市阅卷评分。2000年起，考试改由市教育局组织命题、划线，录取仍由县（市）负责。2009年5月，市委、市政府下发《关于加强高中阶段学校招生管理切实规范招生行为的意见》，推行高中阶段学校招生制度改革。是年始，全市高中阶段学校招生由市统筹，实行“六个统一”（统一招生宣传、统一计划管理、统一组织考试、统一填报志愿和录取、统一办理新生注册手续、统一开学时间）。普通高中招生指令性计划直接下达到各高中学校，由市里统一录取。职业中学（中专）指导性招生计划下达到县（市），县（市）再下达到学校，学校自行录取。至2017年，招生录取体制未变。

（二）中等专业学校招生

计划　1990年，全地区中专招生有国家任务、委培、自费三种计划形式。1993年开始细分为国家任务公费、国家任务收费、国家任务定向收费、委托培养和自费五种。1995年，取消国家任务收费，保留四种计划形式。1997年，普通中专招生全面并轨，招生计划仅有国家任务一种形式，延续至2017年未变。

报考条件　1990年，凡获得初中毕业证书的初中毕业生，均可报考中等专业学校，参加高考的高中毕业生也可填报中专志愿。1991—1998年，中专招生限定只有初中阶段直升的应届毕业生才可报考国家任务计划，往届初中毕业生以及同等学力社会青年只能报考委培、自费计划。1999年，地区行署批转地区教委《关于加大中等专业教育开放办学力度的意见》，全地区中等专业学校报考条件放宽，初中生不分应届、往届，均可报考。2002—2017年，中专学校停止招收高中毕业生。

招生考试　1990—1991年，中专招生考试由地区组织命题、制卷、评卷。1992年，中专招生考试结合初中毕业会考进行，实行一卷分流改革。1993年起，中专招生增考体育，成绩按30%计入总分。1994—1998年，按照省教委规定，音美特长复试实行各地（州、市）交换派员主考。体育特长复试仍由本地区组织和主考。1999—2017年，有关面试和特长测试，由招生学校自主安排。

录取　1990年，中专招生录取坚持德智体全面衡量，名额分配到县（市）。省地认定的贫困乡和山区乡（娄底共认定30个贫困乡、24个山区乡），可在地属师范招生指标中定向录取1~2名，其他中专降低10~20分投档录取。多年没有上线考生的非贫困乡和非山区乡也可照顾录取1名最高分的考生。是年开始，由原来按师范、医卫、工农三类，扩充为按师范、医卫、农林水、工商财四类分别划线录取，艺术类单独划线录取。1992年，增加美术类（从艺术类中分出）、体育类单独划线录取。录取分部、省属（含外省）中专和地市属中专两批。1996年，增加小教大专班，2000年，增加高职班，大专班、高职班为第一批，中师、军警、艺体美为第二批，第一、二批以外的其他中专为第三批。2012—2017年，中专招生由招生学校自行录取，报省教育厅注册。

第七节　大中专毕业生分配就业制度改革

1990年，娄底地区大中专毕业生实行统招统分，由国家统一分配就业。1997年后入校的大中专毕业生，国家不再统一分配工作，在国家方针政策指导下，通过人才劳务市场，实行“双向选择，自主择业”。至2017年，政策不变。

1990—1999年娄底地区大中专毕业生分配一览表

表60-9　　单位:人

年份	师范类				非师范类			
	小计	本科	专科	中专	小计	本科	专科	中专
1990	1051	—	—	—	1286	—	—	—
1991	1157	72	352	733	1322	158	182	982
1992	1280	76	545	659	1266	121	187	958
1993	1199	53	469	677	1101	73	135	893
1994	1142	68	447	627	1104	89	204	811
1995	1322	104	520	698	1393	104	226	1063
1996	1611	80	798	733	2128	136	395	1598
1997	1435	115	534	786	3073	150	525	2398
1998	1303	137	522	644	2977	203	527	2247
1999	1336	140	568	628	2957	192	516	2249

第八节　教学思想、方法与手段改革

一、教学思想

1990年，全地区“应试教育”逐步向“素质教育”转变。1992年10月，地委、行署印发《关于加快教育改革若干问题的意见》，为克服教育脱离实际和片面追求升学率的倾向，全地区实行“四不准”：不准任意增减课程和课时，打乱正常的教学秩序；不准滥编乱发辅导资料，搞“书山题海”，加重学生负担；不准下达升学指标，排升学名次；不准普通高中办复读班，搞重复教育。1995年，全地区推行“四大工程、五大体系”素质教育改革实验。“四大工程”指：转变教育观念的先导工程，提高教师素质的基础工程，提高教学质量的主体工程，加强领导和管理的重点工程。“五大体系”为：科学的素质教育目标体系、课程体系、考核评价体系、教研科研体系和条件保障体系。1996年，娄底市、冷水江市被定为湖南省素质教育实验（示范）市。1997年，地区教委发出《关于全面实施素质教育的意见》《娄底地区普通中小学素质教育等级目标管理评估方案》，优化中小学素质教育考核评估机制，全面推行素质教育。是年，在全省素质教育工作会议上，地区教委作题为“立足素质教育狠抓常规管理”的经验介绍。《中国教育报》连续两天在头版报道娄底地区开展素质教育的情况。

1999年，贯彻中共中央、国务院《关于深化教育改革，全面推进素质教育的决定》，全地区把全面推进素质教育，作为加快实施科教兴娄战略的一项重大决策，从中小学向幼儿教育、职业教育、成人教育、高等教育等各级各类学校扩展，从学校教育向家庭教育和社会教育等各个方面延伸。是年，召开素质教育座谈会，进一步创新教育思想，在教学领域克服“三轻三重”（重传授文化科学知识，轻培养能力开发智力；重书本理论知识，轻实验实践活动；重教师主导作用，轻学生主体地位），做到“三个统一”（知识传授与智能培养相统一，理论与实践相统一，教师主导作用与学生主体地位相统一）。2000年，市委、市政府《关于深化教育改革全面推进素质教育的意见》全面部署素质教育。至2002年，娄底一小、涟源市实验学校等32所学校先后被评为市素质教育示范学校。娄星区、冷水江市分别被评为湖南省区域性整体实验素质教育优秀县（市），娄星区还被评为湖南省素质教育先进区。

2002年起，按照课改实验要求，教师充分尊重学生的人格，关注学生的个体差异，满足不同学生的学习需要，激发学生的学习积极性，使每个学生都能得到充分发展。2012—2017年，全市把立德树人落实到教育的各个方面，贯穿于教学工作始终，努力培养德智体美劳全面发展的一代新人。

二、教学方法

20世纪90年代，全地区各级各类学校始终实施教学方法改革。小学有“三算结合”（口算、笔算、珠算结合）实验、“注音识字提前读写”实验，中学有自学辅导法、有序启动式。1990年，娄底市大科乡长井小学“三算结合”教学实验获湖南省第一届中小学教研教改成果一等奖。小学语文注音识字提前读写起到提前阅读和写作的作用。1993年，地区教科所被全国语委办、全国小学语文注音识字提前读写研究会评为全国实验先进单位。冷水江市红日学校的读说、戏说、扩说、听说、仿说、换说、接说、看说、对说、想说等训练十法，在第二次全国文字改革会上推介。涟源一中实行“四自”（自理、自治、自教、自学）教育教学法。学生依靠“四自”能力，在教师的引导和帮助下，寻求“教”和“学”有机结合的学习方式。该项目1991年获湖南省第二届中小学教研教改成果二等奖。此外，还有自学引导法、发现法、暗示法、情境法、尝试教学法、问题教学法、愉快教学法、“六因素单元”（自学、启发、复习、作业、改错、小结）教学法等。1993年，开展学科类教学方法研究和活动类课程教学方法研究。1994年，地区教育局、地区教科所主持撰写《区域性小学活动课教学研究》，被列入1997年湖南省基础教育研究课题。

2002年起，全市小学、初中、高中陆续启动新课改实验后，围绕“自主、合作、探究”进行教学方法改革，尊重和提升学生的主体地位，引导和帮助学生自主学习。讨论法得到普遍运用。涟源市蓝田中学特级教师王寿山主持的“主体性作文教学研究”，将对学生主体性的尊重、激发和发展运用于作文教学，打破传统作文教学重“文”不重“人”，重“法”不重“情”，重“统一要求”不重“个性发展”的教学观。该课题2005年获湖南省基础教育教研教改成果一等奖，其专著《中学生主体性作文教学研究》由人民教育出版社出版，在全国发行，被教育部定为“全国中小学教师继续教育用书”。双峰县改革阅读教学方法，让学生海量读书。2009年，全县建成阅读学校167所。娄底工贸职业中专实施“三得教育”（听得懂、做得出、考得好），充分发挥学生主体作用，激发了课堂活力。2015年，光明网发表《娄底工贸中专创新教育获点赞》，2016年，省教科院把“三得教育”作为湖南省中专学校教改典型上报教育部。

三、教学手段

1991年起，湖南省开展中小学实验教学普及县活动，冷水江市、娄底市分别被定为省、市试点市，成为湖南省第一批普及实验教学县（市）。1994年5月，娄底地区在双峰县杏子铺镇召开电教工作现场会，推广双峰县乡镇电教实验“起点低、基础差、见效快”的经验。涟源市、双峰县先后被确定为全省电教综合实验县。全地区所有中学，30%的小学有卫星电视接收装备。全市高中学校建有现代化的多媒体教室，实施远程教育实验。1994年、1995年、1998年，双峰县、涟源市和新化县实验教学普及县工作，先后经省教委验收合格。娄底地区按计划提前两年完成中小学实验教学普及县工作。中小学校能按教学大纲要求开出实验课。1997年，地区承担列入全国教育科学“九五”规划课题“九年义务教育音像教材建设的理论与实践”9个子课题的研究任务。涟源一中“合理利用音像媒体，发展学生英语“四会”能力”等3个课题获国家级优胜奖（最高奖）。一批教师的录像课、多媒体竞赛课获省一等奖。1998年，涟源一中、娄底一小被定为全国现代教育实验学校。

2001年，全市中学及有条件的小学开设信息技术必修课，启动宽带网络“校校通”工程。2004年1月，市教育局印发《娄底市教育信息化建设实施计划》，全市建立校园网的学校9所，建立远程教育网点的学校93所，开信息技术课的班4722个，拥有计算机1.49万台，计算机室358个。2005年，农村中小学远程教育工程启动，至2007年，建成模式三站点246个，模式二站点644个，模式一站点398个，覆盖全市95%以上的农村中小学校。是年，全市中心小学以上学校普遍开设信息技术课。学校信息化建设从单一的电脑室向多媒体发展。2009年，市教育局开始建设上联省，下联全市各乡镇的教育城域网。至2011年，全市创建“现代教育技术实验学校”国家级2所、省级24所、市级33所。

2014年4月，市教育局与市发展改革委、市财政局等8个部门联合发出《关于进一步加快推进教育信息化重点工作的通知》，全市“三通两平台”（宽带网络校校通，优质资源班班通，网络学习空间人人通；教育资源公共服务平台，教育管理公共服务平台）建设快速发展。2017年，全市完成偏远山区中小学校Wi-Fi无线网络全覆盖。20兆以上光纤信息到校、到点、到班，彻底解决农村学校师生上网学习需求，提升边远山区学校教育信息化水平。娄底市第六小学等4所学校入选“湖南省教育信息化创新应用十百千万工程”。全市100%的高中、90%以上的初中、85%以上的小学建立了标准的理科实验室，82%的学校教学仪器设备达到省颁标准，实验水平大幅提升。

第六章　教师队伍

第一节　教师结构和来源

1990年，全地区学校有教职员工4.36万人。其中，普通小学2.02万人，普通中学1.35万人，普通中专921人，职业中学（中专）715人，成人中专334人，高等学校627人，幼儿园2478人，特教学校14人，其他3785人。中小学、幼儿园、中等职业学校专任教师学历本科毕业1042人，专科毕业5050人，中专及高中毕业2.21万人，高中及以下学历5335人。是年，全地区中小学停止招收民办教师。是年起，对所有民办教师进行培训考试，合格者分期分批转为公办教师。1991年，全地区有民办教师6547人，占教师总数的32%。1999年，全地区2362名中小学民办教师转为公办教师。2001年，教师主要来源于公开招聘及公费师范生，2001—2017年，全市公开招考教师3568人。2009—2017年，全市招聘特岗教师5273人，接收公费师范毕业生1195人，引进高学历教师186人。2017年，全市学校教职工5.14万名，其中普通小学1.37万名，普通初中1.34万名，普通高中7154名，中等职业学校1676名，高等学校2439名，幼儿园1.28万名，特殊教育学校135名。全市中小学、中职、幼儿园、特殊教育学校专任教师4.03万名，其中研究生学历510名，本科毕业学历2.31万名，专科毕业学历1.45万名，高中及以下学历2176名，学历结构符合要求。

1990—2017年娄底市各级各类学校教职工人数统计表

表60-10　　　　单位:人

年份	合计	普通小学	普通中学	普通中专	成人中专	职业中学(专)	普通高校	成人高校	幼儿园	特教学校
1990	43629	20215	13540	921	334	715	391	236	2478	14
1991	44322	20620	13925	999	324	897	432	242	1943	28
1992	45606	19538	14045	1095	310	975	409	118	3251	45
1993	46270	19789	13982	1114	314	1158	405	172	3127	53
1994	47121	19875	14221	1168	324	1320	412	139	3119	66
1995	47871	19158	14770	1285	337	1389	418	132	3492	66
1996	48560	18997	15070	1486	337	1452	436	141	3393	73
1997	49317	18940	15533	1585	371	1975	424	154	2823	78
1998	50839	19161	15731	1638	378	2366	413	151	2699	76
1999	51419	19150	16258	1628	392	2403	446	305	2508	82
2000	52715	19626	17053	1344	389	2072	705	206	2476	97
2001	50041	18733	17796	1327	38	1585	674	186	363	78
2002	50487	17749	18942	915	375	1406	1110	169	384	81
2003	51997	16806	20103	3171			1195	165	944	81
2004	51750	16319	20373	2894			1234	53	1005	82
2005	42379	16320	20020	3136			1317	53	1450	83
2006	43219	16432	19489	3215			1756	54	2191	82
2007	42940	16304	19446	2996			1923	61	2128	82
2008	42856	16475	18548	3038			2166	62	2487	80
2009	43095	16436	18354	2941			2248	62	2965	89
2010	43599	16231	18204	2955			2251	62	3760	86
2011	38919	15742	15841	2033			2235	60	3008	—
2012	39059	15466	16039	1799			2196	58	3501	—
2013	44757	13424	19802	2125			1961	58	7307	80
2014	46216	13510	19284	2054			2170	58	9036	104
2015	47205	13195	19665	1978			2240	59	9968	100
2016	49520	13429	20343	1574			2484	58	11513	119
2017	51465	13686	20588	1676			2496	54	12830	135

第二节 教师考核与整顿

一、民办教师考核整顿

1989—1991年，地区教委根据《湖南省民办教师管理条例》，制定《关于整顿民办（代课）教师队伍的实施意见》，对民办教师4次考核整顿。整顿的对象是1986年12月31日以前参加教育工作并连续任教至1989年尚未参加过整顿，或参加过整顿但不合格的民办教师，1987年1月1日及以后参加教育工作的民办教师。经整顿，辞退1861人，清退1987年1月1日后的临时代课教师888人。1991年，全地区给经审查合格公立学校民办教师1万人（中学1211人，小学8605人，工友197人），重新发给民办教师任用证书。

二、专业合格证书考试

1990—1993年，全地区参加《专业合格证书》文化专业知识考试的中小学（含中专、职业中学）、幼儿教师1.23万人，取得单科结业证书1.21万个，1441人取得专业合格证书。1993年以后，主要依靠学历培训提高教师学历水平，不再进行专业合格考试。

三、教材教法考试考核

1998年10月，地区教委印发《关于组织全区中小学教师参加“大纲、教材和教法”考试考核的通知》《考核细则》，开启新一轮教材教法考试，规定45岁以下的中小学教师都必须参加。1999—2000年，参加考试的中小学教师1.75万人次，平均及格率90%。2001—2017年，考试考核常态化。

第三节 教师资格认定和专业技术职务评聘

1990年，地区教委对全地区中小学（含中专、职业中学、幼儿园，下同）此前已评聘的1.31万名高、中、初级教师职务（职称）复查，其中高级职称377人，中级职称3230人，初级职称9530人。11人因弄虚作假被取消已评聘职称。1992年起，教师职称评聘工作转入经常化，每年评聘一次。高级职称由省评审，中级职称由市评审，初级职称由各县（市、区）评审。1997年始，全地区完成3.2万名教师资格过渡审批工作，占中小学、幼儿园、中专教师总数的85%。

2002年，全市对中小学校、中等专业学校和幼儿园教师进行首次资格认定。首批1.11万名申报对象接受审核，获得教师资格证书，其中幼师111名、小学教师4515名、初中教师5182名、高中教师890名、中专教师296名、中专实习指导教师107名，认定合格率99.6%。是年始，中小学教师系列中学高级教师职称评审权下放市州。2004年，开始面向社会认定教师资格。是年3月，组织非师范类教育专业毕业申请人员参加全省教育学、心理学统考，4月、10月两次进行教师资格认定。全市5867人通过教师资格认定。2006年始，全市每年面向社会认定教师资格2000人左右。2015年，教师资格考试正式入列国家考试序列。

2016年，市政府制定《娄底市深化中小学教师职称制度改革实施方案（试行）》，建立统一的中小学教师职称制度，统一职称等级和名称，依次为正高级、高级、一级、二级、三级教师。原中学高级教师、中学一级教师和小学高级教师、中学二级教师和小学一级教师、小学二级教师，分别对应新职称系列的高级教师、一级教师、二级教师、三级教师。是年9月，7人被评为全市首批正高级教师。2016年，全市开展中小学教师资格注册，注册合格3万人。至2017年，全市4.24万名教师获得资格认定证书。全市中小学一级、二级、三级职称评审权全部下放至各县（市、区）。2017年，10人被评为正高级教师。至2017年，全市累计4.26万名中小学教师获评一级以上职称，其中正高级17名、高级7726名、一级3.49万名。

1992—2017年娄底市中小学教师职称评定情况表

表60-11　　单位：人

年份	正高级	高级	一级（含中学一级、小学高级）	合计	年份	正高级	中学高级	中学一级、小学高级	合计
1992	0	78	1521	1599	2006	0	360	1894	2254
1993	0	89	1561	1650	2007	0	253	1360	1613
1994	0	97	1384	1481	2008	0	366	1029	1395
1995	0	191	3182	3373	2009	0	381	862	1243
1996	0	96	2244	2340	2010	0	393	1331	1724
1997	0	125	3264	3389	2011	0	322	513	835
1998	0	125	1924	2049	2012	0	454	1043	1497
1999	0	128	1164	1292	2013	0	279	541	820
2000	0	80	395	477	2014	0	180	658	838
2001	0	232	1852	2084	2015	0	197	605	802
2002	0	286	865	1151	2016	7	1224	613	1844
2003	0	275	962	1237	2017	10	744	1153	1907
2004	0	303	937	1240	合计	17	7726	34864	42607
2005	0	466	2007	2473					

说明：1992—2017年中学二级和小学一级、小学二级教师，2016—2017年小学二、三级教师，均由县（市、区）评定，此表未统计

第四节　教师培训

一、师德教育

1991年8月，贯彻国家教委《中小学教师职业道德规范》，全地区中小学（含职业中学、幼儿园，下同）教师职业道德教育逐步制度化、经常化。至1997年，先后组织全国优秀教师先进事迹报告团，到各县（市）巡回演讲100余场次，听讲教师4万余人次。1998年5月，发出《关于认真贯彻落实国家教委、中国教育工会〈中小学教师职业道德规范〉的意见》，7—10月，在全地区开展《中小学职业道德规范》学习教育活动。2001年，下发《关于加强师德师风建设的意见》，规范中小学教师行为。推介冷水江市三尖学区师德建设经验，表彰30个德育工作先进集体和31名中小学德育工作标兵。2003年，制定师德规范条例，把师德师风直接与教师评优评先挂钩，在全市中小学教师中广泛开展教书育人、管理育人、服务育人和学先进人物、树师表形象、创文明校风、为实现跨世纪宏伟目标做贡献活动。2005年定为师德师风建设年，在教育系统开展“师德标兵”评选活动，组成师德标兵先进事迹报告团，到各学校巡回演讲8场，7000余名教职工听报告。市教育局、市教育工会将全国劳模、获全国五一劳动奖章教师、全国优秀教师、省以上先进工作者和师德标兵的先进事迹编印成《爱满杏坛》一书，免费发给教师，组织教职工学习。2006年，市教育局推出创建师德师风建设先进单位活动，将2008年定

为教育系统法制教育年，开展师德行为专项整治。2011年4月，召开全市师德师风建设动员大会，开展为期6个月的师德师风建设活动。2017年8月，全市开展师德师风建设暨中小学违规征订教辅材料整治。

二、学历培训

1990年始，全地区对中学教师进行学历培训。1992年，开展在职中学教师函授、自学考试、卫星电视“三沟通”培训。1993年，录取专科学员1725人，本科学员232人。1717名高师函授学员参加第一次结业考试，各科平均及格率84.1%。1995年，地区教委被评为全省“三沟通”培训工作先进单位。娄底师专被评为优秀举办院校。至1997年，全地区504名中学教师获“三沟通”本科毕业证书，2606名中学教师获“三沟通”专科毕业证书，951名小学教师获补修中学学历培训毕业证书。

2001年，省教育厅开辟中小学教师提高学历培训新模式，全市1500余名中学教师、2400余名小学教师报名参加本科、专科学历培训。2003年始，全市先后有2311名中小学教师参加湖南师大等高校远程教育本科层次学历培训。至2005年，全市高教自考报名教师2500余人次，1000余人获得专科以上毕业证书。至2006年，1450余名教师获得湖南师大等高校远程教育本科学历。2008年，全市小学教师学历合格率99.8%，初中96.8%、高中93.2%、中职75.4%。2009—2017年，教师培训重点转为非学历培训。

三、继续教育

教师基本功训练　1995年，地区教委将教师通用基本功和学科基本功培训作为中小学教师继续教育的重点，将教师普通话、三笔（毛笔、钢笔、粉笔）字、简笔画、动手能力四项通用基本功，贯穿于继续教育之中。地区教委组织编写《教学书法与简笔画》《小学实验教学与操作》《娄底地区普通话语言教程》三本小学教师基本功训练教材。是年，全地区小学教师基本功训练试点取得成功。6月，新化县代表地区参加全国小学教师基本功训练现场会，在全省小学教师基本功训练试点经验交流会上做经验介绍。1996年，全地区开展以“四个一”（一个好形象、一手工整字、一口普通话、一本好教案）为中心内容的教师基本功训练，1.8万余名小学教师参加。是年11月，地区举办小学教师基本功全能比武，获奖选手参加全省小学教师音乐、美术教学基本功比赛，获得1个一等奖、3个二等奖。冷水江市向东学校教师申朝晖代表湖南省参加全国小学美术教师基本功比赛，获得一等奖。是年，地区教委被评为全省小学教师基本功训练先进单位。1997年5月，地区教委制定《娄底地区小学教师基本功训练考试验收发证工作细则》。是年，全地区师训工作会议表彰“四个一”训练100名标兵。12月，地区举办“四个一”标兵比武活动。1998年，地区教委编写《中小学教师“四学两课”手册》，发到每位中小学教师手中。在中小学教师中开展“四学两课”（“四学”：学习教学大纲、学习钻研教材、学习教学方法、学习计算机基础知识；“两课”：优质课评选活动、说课活动）为主要内容的学科基本功训练。5月，各县（市）400多名教师参加全地区中小学教师“四学两课”研讨会。11月，地区教委举办中小学教师“说课”比赛。1998年，对娄底市5所学校174名教师基本功进行抽查考核。被考教师基本达到合格标准。是年，全地区共有7899名小学教师取得基本功合格证，占全地区小学教师总数40%。1999年，821名中师毕业生参加基本功考核，合格率98%。1999年3月，全省师范教育和师资培训工作会议在娄底召开。地区教委在会上作题为“面向新世纪，建设高素质教师队伍”的典型发言，推介“四学两课”活动做法。2011—2017年，市教育局举办全市中小学教师语言交流、教具展示、教学实施、学生学习指导、教学评价、资源开发、教学研究七项基本功全员培训，培训教师2.15万名。

普通话培训　1990—1996年，地区教委举办一系列普通话语音培训和普通话教学观摩比赛等活动，提高教师普通话水平。1997年，地区教委举办普通话考核骨干教师培训班，培训62人。3名教师获得国家级普通话测试员资格。5所教师进修学校开展教师普通话培训。2000年4月，全市举办首届省级普通话测试员培训班，5人获得国家级普通话测试员资格，30人获得省级普通话测试员资格。是年，全市

组织第三届全国普通话推广周宣传活动，1500多名小学教师获普通话水平等级证书。2001年，印发《关于做好首次教师资格认定与市直有关学校教师普通话水平培训与测试工作的通知》，全市教师资格认定开始与普通话等级水平挂钩。5800余名中小学教师获得普通话等级证书。2003—2017年，市教育局开展普通话水平测试262次，测试教师1.95万人，75%以上教师获二级乙等以上合格证书。2015年，省语委、省教育厅抽查语文教师341人，2016年抽查文科类、非语文教师217人，2017年，抽查理科类教师384人，优秀率排名分别居全省第八、第七、第九位。

2003—2017年娄底市普通话培训测试情况表

表60-12　　单位:次、人

年份	普通话水平测试次数	参测人数				二级乙等以上合格人数	合格率(%)
		小计	教师	学生	其他		
2003	13	3906	3220	686	0	3843	98
2004	16	3991	2698	1293	0	3872	97
2005	7	1111	929	182	0	1089	98
2006	13	2812	1945	867	0	2727	97
2007	10	3371	2392	979	0	3151	93
2008	14	2887	2065	757	65	2743	93
2009	22	4297	1555	1419	1323	3609	84
2010	26	4562	850	3228	484	3728	86
2011	15	6590	789	3344	2457	4756	72
2012	18	7596	301	4324	2971	5574	73
2013	15	3343	392	2746	205	2313	69
2014	19	5754	974	4563	217	3822	66
2015	28	9828	897	5624	3307	5870	59
2016	23	7224	314	6095	815	5120	70
2017	23	9798	169	5751	3878	5653	57
合计	262	77070	19490	41858	15722	57870	75

计算机培训　1996年，全地区中小学教师开始计算机知识培训，分为4个层次4个阶段：1996—2001年，计算机应用水平一级培训，全市培训教师1.44万人次。2000—2010年，信息技术初级培训，培训教师1.52万人次。2003—2013年，信息技术高级培训，培训教师2.68万人次。2016—2017年，根据省教育厅《关于进一步推进中小学教师信息应用能力提升工程的通知》，全市需要完成3万余名中小学教师信息技术应用能力提升培训。2154名教师参加湖南信息应用能力测评。全市举办信息技术应用与学科教学高度融合培训班2期，培训教师620人。

骨干教师培训　1997年，地区教委部署中青年骨干教师培训，提出中学教师“十百千工程”（培训跨世纪中学名牌教师，其中省级名牌教师10名、地市级名牌教师100名、县市级名牌教师1000名）、小学教师“明星工程”（在小学各学科教师中，培训1／3的跨世纪骨干教师，造就30名全省有影响的教学明星教师）。1998年暑假，举办小学音乐、自然骨干教师培训班，培训97人，举办初中英语骨干教师听说强化训练班，培训149人。2000年，全市培训骨干教师350多人，17人参加国家级骨干教师培训。是年11月，省师资培训中心对全市18名省级骨干教师培训对象考核，4名获得优秀，8名获得良好，6名合格。同年，首次评选表彰10名优秀青年骨干教师。2001年，全市选送27名中小学教师参加国家级骨干教师培训，选送257名中小学教师参加省级骨干教师培训，选送961名中小学教师参加市级骨干教师培训，各县（市、区）遴选2000余名中小学教师参加县级骨干教师培训。2003—2006年，培训骨干教师721人次。2010—2013年，聘请外籍教师，每年培训英语骨干教师60人。实施“国培计划”“省培计划”，全市培训300人次。2012年6月，根据教育部《关于中小学开展书法教育的意见》，发出《关于组织全市中小学书法教育骨干教师培训工作的通知》，是年秋季开始，多形式推进全市书法教育。第一阶段集中培训，8月13日开班，为期5天，全市666名中小学教师参加培训，学习文字学和书法史，了解和掌握硬笔书法基本特点、基本技能和毛笔书法书写规范和技法等。第二阶段原班人马于2013年暑假在各县（市、区）培训5天。2015年，全市形成“集中培训—网络研修—骨干引领—校本研修—文本自学—训后跟踪”的混合式培训新模式和“国、省、市、县、校”五级培训体系。是年，全市7429人参加“国培”，4159人参加“省培”。涟源市、新化县成为国家培训项目县（市）。至2017年，全市中小学完成“国培”“省培”计划5.61万人次，职业中学、中专完成1378人次。2016—2017年，评选出首届中小学骨干教师561名。其中，幼儿园19名，小学143名，初中205名，高中139名，中职27名，教学研究机构28名。

基础教育课程改革培训　2002年，全市开始义务教育阶段新课程改革，先后选送190多名初中、小学教师参加新课程国家级和省级培训。8月，市教育局与新课程改革实验区娄星区教育局联合举办新课程通识培训和实验区任课教师学科培训班。娄星区（含市直）115所学校和10个乡镇学区负责人，小学一年级、初中一年级任课教师，以及市和各县（市、区）教育局、教研室、电教馆、教师进修学校有关人员共1029人参加培训。培训班聘请湖南师大教授和相关专家作辅导讲座。全市5600余名中小学教师参加县（市、区）级新课程培训。2004年，全面实施新课程改革。市教育局选送44名教师、教研员参加省级新课程培训班。市、县、乡、校四级培训教师1.2万多人次。2007年，全市启动高中新课程改革，培训高中一年级各科教师2000余人。2010年8月，再次举办高中新课程培训班，全市高中语文、数学、英语三科128名教师参加培训。2012年秋季，选派200名骨干教师和教学研究人员参加省级骨干教师新课程培训班。8月，市、县两级均开办义务教育新课程标准（2011版）培训班，培训义务教育小学、初中起始年级19个学科的教师。2012—2013年，全市培训义务教育阶段新课程骨干教师2453人次，高中教师新课程全员培训3747人。2017年，举办高考专题研讨活动，培训高三教师140多人。

名师工作室培训　2016年，省教育厅确定基础教育网络名师工作室41个，其中娄底市3个。2017年8月，市教育局印发《娄底市首批中小学名师工作室建设实施方案》和《娄底市名师工作室管理办法》，开始建立名师工作室。名师工作室由首席名师、顾问、核心人员和学员组成，其职责是：教师培养、课题研究、教学指导、成果辐射、在线研讨。全市首批建立王丽燕等9个名师工作室。2017年，王丽燕小学数学名师工作室、刘红霞小学品德和社会名师工作室举行首次研修活动，分别培训教师80人次与60人次。是年3月，省教育厅下文确定湖南省中小学教师信息技术与教育教学融合研究团队，娄底市肖四萍为首席专家的研究团队成为全省中小学教师信息技术与教育教学融合研究团队的成员单位。

四、培训机构

1990年，师资培训任务，主要由师范院校和教师进修院校担负。高中教师主要由省教育学院和其他师范院校负责，初中教师主要由娄底师专中学教师培训部负责，小学教师主要由县（市）教师进修学校、地区中师函授站以及娄底师范学校、冷水江师范学校负责。1991年，全地区五个县（市）教师进修学校全部通过省教委验收合格。1992年，娄底师专中学教师培训部改为成人教育部。1996年，地区中师函授站撤销，在地区师资培训办公室加挂师资培训中心牌子。2000年，双峰县电大、新化县电大分别并入本县教师进修学校，娄底师范并入娄底师专。2001年，冷水江师范改制为普通中学，2002年，撤销地区师资培训办公室，单独成立娄底市师资培训中心。2002年，涟源市教学研究室、教师进修学校与娄底电大涟源分校合并，更名为涟源市教研师资培训中心。2005年10月，该培训中心通过省教育厅专家组评估，成为湖南省示范性培训机构，并申报全国示范性县级培训机构。2010年，娄底外国语学院（原冷水江师范学校）更名为娄底幼儿师范学校，重新承担全市小学、幼儿园教师培养任务，翌年，被定为湖南省“国培计划”幼儿园教师培训基地、湖南省初中起点专科层次农村小学幼儿园教师公费定向培训基地。2011年，湖南人文科技学院成立继续教育学院，成人教育由继续教育学院负责。2012年，双峰县教师进修学校通过省级示范性教师培训机构的验收评估。2014年，涟源市教研师资培训中心更名为涟源市教师发展中心，成功申报为湖南省教师发展中心转型发展试点单位。至2017年，全市完成28所省级教师培训基地建设。

第五节 教师待遇

一、经济待遇

工资待遇　1990年，全地区教师按专业技术职务工资标准领取工资，绝大部分教师增加了工资。1993年9月，全国进行事业单位工资制度改革。中小学教师实行职务（技术）等级工资制，包括专业技术职务工资和津贴两部分，保留教龄津贴，在基本工资基础上增加10%，建立正常增资机制，包括正常升级、职务和技术等级晋升增加工资，定期调整工资标准，提高津贴水平，凡年度考核连续两个优岗者可晋升一级工资。1997年起，执行省人事厅、财政厅有关文件精神，教师职工发放生活补贴费，中学高级教师每人每月165元，中级155元，助理级150元，员级145元。从事35年及以上教学工作的教师退休后可享受基本工资5%的特殊待遇。2014年10月1日起，教师工资调整，教师岗位工资标准，由每月550元至2800元分别提高到每月1150元至3810元。薪级工资由每月80元至2600元分别提高到每月170元至5795元。2015年，贯彻《湖南省乡镇机关事业单位工作人员乡镇工作补贴实施办法》，全市乡镇教师与乡镇机关事业单位工作人员实行同一标准领取乡镇工作补贴。2016年7月1日，全市各级各类公立学校教师工资再次调整，教师岗位工资标准，由每月1150元至3810元，分别提高到每月1390元至4850元。薪级工资由每月170元至5795元分别提高到每月215元至6355元。2017年，全市提高中小学班主任津贴，发放标准：初中和小学每人每月分别不低于180元和80元。全市按乡镇工作年限落实教师乡镇工作补贴20937人，落实武陵山区教师津补贴13290人。

纾困解难　1990年，省政府制定中等师范学校招生同等条件优先录取教师子女政策。1992年，全地区新建教师住宅面积2.1万平方米，解决300余名教师子女就业问题。1993年，省政府制定农村学校教师子女参加中专招生考试可加20分录取特殊政策。1994年，全地区解决400多名教师家属农村户口转为城市户口。1996年，全地区教育系统“广厦工程”建设取得初步成绩，当年全区共筹措资金2100多万元，新建教职工住宅3.37万平方米，396户教师乔迁新居。1995年、1996年，娄底市连续两年投入资金968万元，加快教师住房建设，城镇教师人均居住面积13.25万平方米，成套率达100%，农村教师住房成套率达85%。2005—2007年，全市共计新建教师住房31.55万平方米，城镇教职工人均居住面积15平方米以上。娄星区教师人均住房面积34平方米，城区教师人均40.2平方米。2008年，市教育工会建立“娄底市在职教职工互助互济会”，每年筹集资金160万元左右，慰问、资助困难教师2000人。

至2017年，每年春节、教师节，各级党委、政府及教育行政部门、教育工会、教育基金会都要慰问困难教师，为教师办实事。

二、政治待遇

1989年，罗鸣周等4名教师被评为全国教育系统劳动模范。张国贤等51人被评为全国优秀教师、优秀教育工作者。全地区16所学校被评为全省红旗单位，石晓斌等190人被评为全省优秀教师、优秀教育工作者。1990年后，全地区教育系统各级党组织把具备中共党员条件的优秀教师，吸收到党的组织中来，全市教师党员在教职工中的比例逐年增大。1993年9月，冷水江市教研室主任、特级教师杨玉声获湖南省首届徐特立教育奖。1994—1999年，曾玉雄等14位教师获曾宪梓教育基金二、三等奖。1995年9月，冷水江市特级教师杨玉声获得全国劳动模范称号，在人民大会堂受到党和国家领导人接见。1999年，全市教师和教育工作者当选中国共产党娄底市第一次代表大会代表17人，当选娄底市第一届人民代表大会代表19人，担任市政协第一届委员会委员26人。2010年，涟源市蓝田中学特级教师王寿山获全国先进工作者称号。2001—2013年，雷正才、李飞燕、杨建一（追授）3人被授予“全国五一劳动奖章”。2002年，冷水江市和娄星区教师队伍中，党员教师比例18%，城区中小学24%。2011年，在全市庆祝第27个教师节暨师德师风建设表彰大会上，市委、市政府表彰10名师德师风标兵，100名优秀教师、100名优秀班主任、100名优秀教育工作者。2012年9月，娄底一中校长、特级教师范彦江获第七届徐特立教育奖，冷水江市教育局副局长段跃纲被评为全国“两基”工作先进个人。2017年，全市教师队伍中，有中共党员1.03万人，占教职工总数的20%。至2017年，当选地市人大代表77名、市政协委员95名、市党代会代表103名。1990—2017年，18人被评为全国教育系统劳动模范，68人被评为全国优秀教师和教育工作者，340多人被评为全省优秀教师、优秀教育工作者。100余名教师和教育工作者，被授予全国优秀班主任、全国师德先进个人、全国中小学德育课优秀教师，全国“两基”工作先进个人，以及全国职业技术教育工作、扫盲与农村成人教育工作、群众体育工作、学校体育卫生工作、民族团结工作、招生工作、自考工作、家庭教育工作等先进个人。10多位教师获湖南省先进工作者称号，30多名教师被评为湖南省师德标兵，7人被评为湖南省优秀校长，6人被评为全省“两基”工作先进个人，7人被评为全省民办教育先进个人，3人被评为湖南省最可爱的乡村教师。100名教师被评为全市优秀乡村教师。全市111名中小学教师获特级教师称号。

第七章　教育经费与教育设施

第一节　教育经费

一、经费来源

1990年，地区教育部门管理的学校教育经费由省、地、县（市）财政拨付，地、县（市）教育行政部门管理。非地区教育部门管理的大中专学校教育经费，由省、地财政直接拨付到学校。部门和企业所办大中专和中小学校、技工学校、幼儿园经费由主管部门与企业负责。民办学校经费由主办者负责。财政预算内经费包括国家预算拨款及地方财政增筹的教育事业费及教育基建投资；预算外经费包括中小学、幼儿园学杂费、勤工俭学收入及其他收入。是年，全地区教育部门管理的学校及教育机构落实教育经费1.29亿元，其中预算内教育经费7321.3万元。2000年，全市教育经费增至5.85亿元，其中预算内教育经费3.27亿元。2005年，全市教育经费10.23亿元，其中预算内教育经费6亿元。2008年起，义务教育阶段学杂费全部免除。2010年，教育经费25.09亿元，其中预算内教育经费17.73亿元。2017年，全市教育经费62.9亿元，其中公共财政预算教育经费50.09亿元。

1990—2017年娄底市教育经费一览表

表60-13 单位:亿元

年份	总计	其中		年份	总计	其中	
		预算内教育经费	预算外教育经费			预算内教育经费	预算外教育经费
1990	1.29	0.73	0.56	2004	9.27	5.45	3.82
1991	1.42	0.83	0.59	2005	10.23	6.00	4.23
1992	1.89	1.12	0.77	2006	11.15	6.70	4.45
1993	2.38	1.41	0.97	2007	17.75	11.87	5.88
1994	2.95	1.43	1.52	2008	20.09	14.15	5.94
1995	3.85	1.68	2.17	2009	22.21	16.39	5.82
1996	4.22	1.67	2.55	2010	25.09	17.73	7.36
1997	4.59	1.97	2.62	2011	29.33	21.15	8.18
1998	4.87	2.84	2.03	2012	42.70	33.72	8.98
1999	5.50	3.16	2.34	2013	48.93	39.95	8.98
2000	5.85	3.27	2.58	2014	48.31	37.46	10.85
2001	6.52	3.62	2.90	2015	50.19	40.16	10.03
2002	7.80	4.58	3.22	2016	57.66	47.35	10.31
2003	8.30	4.55	3.75	2017	62.90	50.09	12.81

说明：此表数据为教育部门管理的教育经费

二、经费使用与管理

根据中央《关于教育体制改革的决定》及有关文件规定，教育经费由县以上教育行政部门管理。教育经费支出由人员经费支出、公用经费支出、基建经费支出三部分组成。1990年，全地区教育经费支出1.24亿元。1991年，根据地区教委《关于搞好教育系统内部审计的几点意见》，地、县两级教委对26个单位审计，审计金额3481.85万元。1992年，地委、行署《关于加快教育改革和发展若干问题的意见》规定，任何部门不得以任何理由挪用和挤占教育经费。教育部门制定、完善中小学财务管理办法和教育单位国有资产管理办法，全面实施预算管理制度，建立健全财务风险评估和预警机制、资产监控机制，开展财务检查和财务审计，查处财务违纪违法行为。1995年，全地区审计教育单位118个，审计金额1.2亿元。2000年，全市教育经费支出5.84亿元。审计108个单位，审计金额1.89亿元，处理违纪或问题金额877.84万元，核减预决算投资473.7万元，查处乱发实物补贴113.2万元、虚列支出29万元、乱收费110万元、小金库104.8万元。2004年，进一步规范专项资金申报程序。2005年，全市教育经费支出10.23亿元，比2000年增长75%。审计331个项目，其中基建项目147个，审计金额1亿元，审减1220万元，财务收支项目184个，审计金额2.3亿元，查处问题资金126万元。2017年，全市教育经费支出62.52亿元，比2005年增长5倍，其中人员经费占总支出的70%左右。是年，开展公共财源教育领域专项整治，规范项目建设政府采购流程。对43个基建项目进行工程结算审计，审计资金1532.21万元，核减金额38.22万元，核减率2.49%。对市直3个二级机构和3所学校进行财务审计，对市直3位离任校长开展离任审计。

三、规范学校收费行为

1993年，地委、行署《关于贯彻实施省委、省政府〈关于加快普及九年义务教育的决定〉的意见》规定：学校不得向学生乱收费，严禁任何部门在学校“搭车”收费。2000年，市委、市政府下发《关于进一步落实全国减负工作电视会议精神的通知》，坚决取消教育不合理收费，不得以任何借口增设项目和提高收费标准。是年，市教委、市监察局、市政府纠风办联合下发《关于治理教育行政部门和中小学乱收费行为的暂行处理规定》。2014年，市物价局、市财政局、市教育局联合下发《关于进一步加强中小学教育收费管理有关事项的通知》。2017年，市发展改革委、市财政局、市教育局、市新闻出版广电局联合下发《关于进一步加强中小学校（公办幼儿园）收费管理有关事项的通知》，切实维护教育收费秩序，维护学校和学生的合法权益，坚决禁止侵害学生利益的乱收费行为。每年春季、秋季开学前，市教育、物价、财政部门都要联合行文，明确规定收费项目和收费标准，建立收费公示制度，并把收费检查列入每个学期开学工作检查。2017年，开展中小学违规征订教辅资料问题专项整治，秋季开学严格遵循“一科一辅”自愿征订原则，全市征订金额5883万元，同比减少61.3%，生均减少221元。立案查处92起，给予党纪政纪处分93人，给予诫勉谈话92人次，约谈相关负责人28人次。

第二节　教育资助与教育扶贫

一、教育资助

2005年始，国家启动义务教育阶段“两免一补”（给家庭贫困学生免费提供教科书、免除杂费、补助寄宿生生活费）。全市当年为13.36万名农村贫困家庭学生免费提供教科书价值1349万元，免除杂费1554万元，补助寄宿生生活费60万元。为城市低保家庭学生发放“两免一补”资金65万元。

2008—2017年，全市发放中职助学金38.34万人次，金额2.63亿元。2010—2017年，资助普通高中困难学生助学金22.67万人次，资助资金2.11亿元。2011—2017年，为1.38万名贫困大学生发放助学贷款1.21亿元。2012—2017年，全市资助经济困难家庭在园幼儿6.68万人次，资助金额6679.3万元。2013年、2015年，中央专项彩票公益金教育助学项目两次共发放1150.6万元，资助师生2693人次。发放普通高校家庭困难新生入学资助金207万元，资助困难大学生3456人，发放应届大学生就业学费补偿89.2万元，资助192人。2015年，贯彻落实《湖南省教育扶贫规划（2015—2020）》《娄底市教育扶贫规划（2016—2020）实施细则》，全面落实娄底市《关于落实精准资助做好建档立卡家庭经济困难学生资助全覆盖工作的通知》，实现建档立卡家庭经济困难学生资助全覆盖。2015—2017年，发放义务教育寄宿生生活补助25.03万人次，资助金额1.49亿元。2016—2017年，全市普通高中免学杂费2.09万人次，金额1770.4万元。全市享受中职免学费学生26.59万人，发放金额3.83亿万元。至2017年，全市投入改造农村薄弱中小学校资金12.4亿元，校舍建设项目开工587个，竣工556个，完成面积127.4万平方米。全市所有农村中小学学校和教学点实现无线网络和信息化终端设备全覆盖。2017年，资助义务教育阶段贫困寄宿生96396人次，资助金额5620.7万元。开展“三帮一”劝返复学行动，对每名辍学学生明确一名教师、一名村干部、一名家长帮扶。

二、贫困地区支教

2015—2017年，全市教育部门落实《娄底市乡村教师支持计划（2016—2020）实施细则》，招聘1424名特岗教师，接收安置947名公费师范生充实贫困地区教师队伍。2017年，从省、市城区学校选派309名教师到贫困地区支教，优化贫困地区教师队伍。落实《湖南省“国培”计划项目县建设指导意见（试行）》，教师培训向贫困地区倾斜，及时足额发放乡村基础教育教师工资政策性补贴和武陵山片区农村教师人才津贴。制定《娄底市乡村教师“安心工程”实施方案》，乡村中小学教师在晋升高级职称时，视其在乡村学校任教年限给予加分，增加5个百分点一级教师岗位、3个百分点高级教师岗位用于乡村教师职称评审。对在乡村从教20年以上的教师颁发荣誉证书，开展评选表彰最美乡村教师活动，新化县水车中学罗澜兰等10名教师获奖。

三、社会助学

1996年，五江集团投入900万元建立肖雪初教育基金，每年拨付茅塘中心小学30万元用于奖励师生。香港彭立珊投资460万元新建涟源市立珊中学，将全部产权捐赠给涟源市政府。1996—2004年，香港邵逸夫为娄底一中捐资80万元港币，为娄底一小捐资40万元港币兴建教学楼。香港庄胜房地产公司总裁周建和向母校双峰一中捐资30万元港币，设立奖学助学基金会，捐款150万元建设建和体育馆，双峰一中百年校庆时又捐500万元，充实周建和奖学助学基金会，向娄底市教育基金会、双峰县第七中学各捐赠100万元。1999—2017年，湖南大汉集团总裁付胜龙为希望小学、贫困学生及设立优秀学生奖学基金共捐资200多万元。2001—2009年，湖南三一集团董事长梁稳根拨款500万元用于涟源市教育基本建设，在母校涟源三中设立梁稳根奖励基金会，注入资金70万元，每年奖励品学兼优学生和有突出贡献的教职工。捐资1700万元，高标准改建涟源市茅塘中学为三一学校，每年拨款250万元用于教师绩效奖励、校长和教师继续教育培训。2005年，双峰一中原校长曾彩初捐资100万元兴建双峰一中彩初艺术楼。2005—2017年，海南三润集团有限公司董事长李建炜向双峰县石牛乡中心学校捐款1000万元。2009年开始，广东"乐助会"在新化捐赠课桌、图书、教学用具等累计价值500万元。2010年，邓建辉捐资200万元，新建双峰县梓门桥镇铃山中学。2011—2014年，天宏材料科技有限公司向双峰县教育基金会捐款300万元，用于奖教助学。2012年曾勇捐资300万元，建设新化县洋溪镇苍溪学校。湖南湾田集团分别向冷水江市政府捐资1000万元、双峰县政府捐资500万元兴建学校。2012—2016年，李漫铁捐资244万元，在涟源一中设立漫铁奖学助学基金和漫铁园丁奖。2013年，香港言爱基金捐款1000万元援建新化县思源实验小学。2014年，广州鼎成教育集团、礼当家集团董事长康飞翔捐资140万元，成立新化田坪镇飞翔奖教助学基金。是年，涟源市安平镇刘认芳动员子女捐资180万元，新建安平镇长溪学校教学楼。2015年，广东东莞展能LP40爱心团队捐资160万元，用于新建涟源市桥头河镇大屋联校。2016年，湖南若曼莎服装有限公司捐款100万元，援建冷水江市三尖乡九江学校教学楼。2017年，北京陌陌集团捐资700万元，资助娄底三中贫困学生，长沙永雄股权投资管理公司捐赠1400多万元，资助新化县中小学教育事业发展，中国能建西北安建新化项目部经理简志勇捐资100万元，建设新化县琅塘镇白云完全小学。至2017年，社会团体和各界知名人士慷慨解囊，捐资助学，捐资10万元以上的163起，其中100万~499万元35起，500万~999万元5起，1000万元以上5起。

四、勤工俭学与校办企业

1990年，全地区中小学校办工厂119家，校办生产基地333万平方米。1991—1992年，全地区农村中小学开展生产劳动基地达标活动。全地区中小学经国土部门核实发证的生产劳动基地947万多平方米。1990—1995年，全地区勤工俭学纯利润年均1000万元，1996年2261万元，1998年3290万元，1999—2006年，年均4000万元，年均补助教育经费3000万元。1993年，冷水江市教育局被评为全省勤工俭学先进单位。2000年，娄星区春园中学地球仪厂停办。2003年，娄星区、双峰县教育印刷厂改制，工厂停办。2005年，全市开展勤工俭学的学校1445所，基地2022个。2008—2010年，全市开展创建勤工俭学示范学校活动。涟源市伏口中学等22所学校被评为全市勤工俭学示范学校。2011年，双峰县教育局、娄星区教育局先后被评为湖南省勤工俭学先进单位。2017年，全市校办工厂大部分停办。校办农场生产基地大部分返回乡村管理。冷水江市教育建设工程公司获房屋建筑工程施工总承包三级施工企业资质，主营业务收入3187万元，利润总额64万元，年均上缴税费180万元。娄星区振翩学校等8所学校劳动实践场所建设验收合格，成为湖南省示范性劳动实践场所。

第三节 教育设施

一、校舍

1990年，全地区新建校舍实行“三统一”，即统一设计，统一规划，统一布局。中小学校舍逐步向标准化和规范化过渡。全日制学校校舍总面积318.3万平方米，学生人均4.13平方米，其中中小学危房17.5万平方米，占校舍总面积5%。1994年，为全地区中小学危房改造年，计划3年内改造危房8万~10万平方米。当年多渠道筹措经费2000万元，完成危房改造6万平方米，新建扩建校舍9.5万平方米。1995年，国家实施贫困地区基础教育专项工程，新化县被列为项目县，中央和省政府安排专款1613万元用于基础教育校舍建设。1996—2004年，全市中小学改造危房71.6万平方米，新建扩建校舍81.3万平方米。2000年，全市中小学校舍面积506.49万平方米，生均6.02平方米。2005年，全市共投入资金8700多万元，新建扩建农村中小学校舍24万平方米，改造危房22.05万平方米。全市中小学危房比例降至0.6%。市教育局获湖南省“危改”工作一等奖。至2005年，结合创办中心小学、合格学校、示范性学校，高标准兴建校舍，先后建成并认定农村合格初级中学、合格小学114所，示范性初级中学、高级中学20所，示范性职业中学6所。2008年，开始新一轮基础教育合格学校建设。2009年，合格学校建设工程列入省委、省政府确定的为民办实事之一。2016年，全市中小学D级危房全部拆除，C级危房全面维修加固。中小学校舍建设开工项目465个，建筑面积46.8万平方米，竣工446个项目，完成建筑面积45.73万平方米。2017年，完成农村学校建设和改造项目200个，城区启动华达学校、星星实验学校等4所学校新建扩建工程。娄底一中、双峰一中等示范性高中易地重建，成为标准化、现代化学校。至2017年，全市建设基础教育合格学校（含教学点）1155所，校舍总面积809.2万平方米，生均10.6平方米。

二、实验室与教学仪器

1990年，开展中小学实验教学普及县活动。1991年，冷水江市被省教委确定为全省普及实验教学试点县（市）之一。娄底市为娄底地区试点县（市）。两个试点市按照《湖南省中小学实验教学普及县验收细则》标准，建设实验室、仪器室，配备实验仪器设备。高中、初中、乡镇中心小学、城镇小学建立实验室。实验用房、设备设施、仪器设备、实验人员、实验室管理、实验教学六大项全部达标。农村完小、村小配备“四大件”（小学自然教学箱、小学数学教具箱、地球仪、风琴）。教学仪器经费学校自筹为主，省拨经费适当补助。1992年，冷水江市和娄底市均达到省合格标准，成为全省第一批普及中小学实验教学县（市）。1994年、1995年、1998年，双峰县、涟源市和新化县实验室建设先后经省教委验收合格。1998年，涟源一中、娄底一小跨入国家第一批100所先进实验学校行列，新化一中被列入全省第一批100所先进实验学校。娄底地区提前两年成为中小学实验教学普及地区。

2000—2005年，全市普通中小学用于实验建设和教学仪器配备经费3110万元，新建实验室93间。市教育局被评为全省教育技术装备优秀单位。2006年，教育部发布《中小学理科实验室装备规范》等4个国家教育行业标准。全市中小学推进实验室硬件、软件标准化规范化建设，两年投入经费927万元，新建标准化实验室75间，实验仪器按最新配备标准配置。2007年，全市实施农村基础教育经费保障机制改革，农村中小学实验仪器配备经费主要来源于义务教育学校公用经费，不再从学生学杂费中支取。2008年，教学仪器装备纳入基础教育合格学校建设内容。至2011年，全市为创建合格学校投入实验室、计算机室、“六大功能室”（音乐室、美术室、劳技室、多媒体室、综合实验室、科技活动室）建设和教学仪器设备装备经费2227万元，新建实验室152间，新增仪器设备1500万元。2011年，国家启动第一轮义务教育薄弱学校改造专项补助资金。全市用于教学实验仪器专项资金1135万元。投入普通中小学教学仪器装备经费1020万元，新建标准化实验室118间，新增普通教学仪器设备569万元。2012

年，出台《娄底市中小学公用经费支出管理办法（试行）》，全市中小学技术装备经费5478万元，新建标准化实验室80间。2013—2017年，中小学用于教育装备经费2.4亿元，新建实验室533间。全市100%的高中、90%以上的初中、85%以上的小学按标准建立理科实验室，82%的学校教学仪器设备配备达到省定配备目录“基配”要求。

三、信息化建设

2003年，全市教育信息化建设起步。2004—2007年，中央财政投入全市农村中小学现代远程教育建设资金1.2亿元。2008—2011年，全市创建现代教育技术实验学校国家级2所、省级24所、市级33所。2012—2013年，加快“三通两平台”（宽带网络校校通、优质资源班班通、网络学习空间人人通，建设教育资源公共服务平台、教育管理公共服务平台）建设。2014年4月，市教育局与市发展改革委、市财政局等八个部门联合发出《关于进一步加快推进教育信息化重点工作的通知》，与中国电信娄底分公司签订战略合作协议，由其负责全市学校（含幼儿园）宽带网络接入，2015年8月前完成；与四川教云科技有限公司签订合作协议，由其负责全市“班班通”和“人人通”建设；明确市、县、校三级建设“班班通”终端设备任务。至2017年，全市包括偏远山区中小学教学点在内实现无线Wi-Fi全覆盖。全市公办中小学校、教学点基本实现“校校通”“班班通”，设备覆盖率90%以上。娄底六小等4所学校入选“湖南省教育信息化创新应用十百千万工程”。全市完成3个“网络名师工作室”建设。

四、图书馆

1990年前，全市大部分中小学校建有图书室。1993年，双峰一中兴建图书馆。1995年，地区教委中小学图书馆（室）工作委员会（简称图工委）成立，负责领导全区中小学图书馆（室）建设，出台《中小学图书馆（室）评估验收和奖励制度》，将图书馆（室）评估验收纳入县（市）“两基”评估验收范围。1996年，娄底市通过省教委评估验收，成为湖南省首批4个中小学图书馆（室）建设合格县（市）之一。1997年，全地区投入图书装备经费200万元。1999年冷水江市和双峰县、2001年涟源市分别通过省教委中小学图书馆（室）评估验收，达到合格标准。2002—2017年，各学校多渠道筹措资金，图书设备不断更新，图书藏书量、各种工具书及报刊订购逐步增加，信息化管理水平提升，部分学校配备电子读物并逐步实行图书馆（室）计算机管理。

五、宣传平台

（一）教育电视台

1989年11月，娄底教育电视台试播，是湖南省第一个批准开播的地级教育专业电视台。1989—1990年，双峰县、新化县、冷水江市、涟源市相继建立县级教育电视台。1993年7月，冷水江市教育电视台并入冷水江市电视台。1995年3月，双峰县教育电视台与电教仪器站合并成立双峰县教育电视电教仪器中心（2006年12月停播）。1996年，地区教育电视台在地区教育局办公楼上建设净高75米的电视发射塔。2000年，市教育电视台新建冷光源豪华电视演播厅，更新摄、编、播设备。3月，新化县教育电视台与新化广播电视台入网联营，教育电视节目信号以无线、有线两种方式，立体交叉覆盖全县城乡，可收视人口80万人。2002年，涟源市教育电视台停播，机构人员并入涟源市现代教育技术管理中心。2017年下半年，市教育局与娄底广播电视台合作办台，翌年初，娄底教育电视台在有线网络高清播出。

（二）《娄底教育》杂志

1993年创办，原名“湘中教育”，2009年改为现名，季刊。至2017年底，出刊99期，每期刊印2000份免费发放各县（市、区）教育局及各级各类学校。

（三）娄底教育网

为市教育局官网，2011年11月开通，设有政务公开、教育督导、招生考试、办事服务等页面，是发布全市教育政策、教育动态的窗口。

（四）《娄底民办教育》杂志

2015年创办，季刊。至2017年出刊12期，每期刊印1000份，免费发放给各级教育行政部门和民办学校。

（五）娄底教育微信公众号

2016年开通，主要发布国家和本地教育政策、举措、动态。至2017年，娄底教育微信公众号"粉丝"近8万，微文日均点击量2000左右，一些热点问题点击量突破1万，成为全市教育政策发布和宣传的主阵地。

六、校园绿化

1990年，全地区创建"园林式""花园式"学校。1992年，省教委在娄底召开学校绿化工作现场会，地区教委被评为绿化工作先进单位。1999年，市委、市政府按照建设娄底森林城规划，要求市区学校绿化面积占学校总面积30%以上，娄底一中等市区6所学校相继获省市"园林式"学校称号。2005年，全市获"园林式"学校64所，"花园式"学校128所，创建市级"绿色学校"28所。至2009年，娄底一小、新化一中、娄星区万宝中心小学等40余所学校进入省级园林式学校或绿色学校行列。冷水江师范学校被国家绿委授予全国部门造林绿化400佳单位称号。2012年，学校绿化工程与学校建设工程同步规划、同步设计、同步施工、同步验收。至2017年，娄底市中小学绿化情况见表60-14。

2017年娄底市中小学(含中职学校)绿化情况表

表60-14

单位	学校(所)	面积(万平方米)	绿化面积(万平方米)	绿化覆盖率(%)	园林式单位(个)
市直	22	106.74	32.79	30.7	12
娄星区	52	105.93	17.53	16.5	18
经开区	7	21.56	3.01	13.9	0
冷水江市	83	122.83	20.23	16.5	13
涟源市	280	335.99	42.16	12.5	18
双峰县	263	312.02	45.64	14.6	82
新化县	360	395.24	37.56	9.5	42
合计	1067	1400.31	198.92	14.2	185

第八章　学校管理

第一节　管理机构

1990年，娄底地区农村乡镇中心小学、城市小学和初级中学设教务处和总务处，小学一般只设教导主任和总务主任。高级中学、完全中学一般设办公室、教务处、政教处、总务处。重点中学和规模较大的中小学还设立教育科学研究室，负责组织指导教学科研工作。规模较大的学校设立保卫处或与当地派出所共建的警务室，负责校园安全工作。学校成立教育工会，建立教职工代表大会制度。学校工会协助学校党组织推行校务公开，参与学校民主管理。学校教与学管理的基本形式是：教师以教研组为基层单位，或以年级组为基层单位，规模较大的学校，年级组和教研组兼设，年级组侧重行政管理，教研组侧重教学研究。学生以教学班为单位，设班主任负责日常管理。1991年12月，地区教委印发《娄底地区普通中小学教学常规管理办法（试行）》，1997年1月，下发《关于进一步加强普通中小学教育教学常规管理的意见（试行）》，要求各级教育行政部门和普通中小学认真抓好常规管理。2000年，全市实行校长负责制，建立校长全面负责、党支部监督、教职工民主管理的学校运行机制，逐步形成"办学自主、管理自主、用人自主、分配自主"的学校法人管理体制。至2017年，除高等学校和中等专业学校仍实行党委领导下的校长负责制外，全市各级各类公办学校校长以上级委任为主。中小学校、职业学校实行校长负责制。民办学校内部管理，有些建立董事会（理事会），实行董事会（理事会）领导下的校长负责制，有些成立校务会，实行校务会领导下的校长负责制。

第二节　学籍管理

1990年，全地区各级各类学校建立学生学籍管理制度。1991年，制定《娄底地区中、初等职业技术学校学籍管理暂行规定》。各中小学校、职业学校均建有学生学籍卡、学籍表、学籍档案。2010年5月，市教育局发出《关于进一步规范普通高中学生学籍管理的通知》，规定普通高中学生不得随意转学，普通高中学校不得接收普通中专、职业高中、技工学校在籍学生，非示范性高中学生不得转往省、市示范性高中就读。2013年，全市中小学纳入全国统一的中小学学籍管理系统，对学生学籍注册、学籍档案管理、学籍异动、升级、毕业、成长记录实行全程信息化管理，解决"高考移民"、大城市择校、随迁子女就读、留守儿童管理等方面的管理困难。2015—2017年，全市中等职业学校新生统一使用全国中等职业学校学生管理信息系统注册入学。

第三节　安全管理

一、安全管理基础工作

1990年起，地区教委把校园安全工作作为教育工作重中之重。2011年，市教育局成立校园安全管理机构。全市中小学开展交通、消防、食品安全，预防溺水、禁毒、反邪教、自然灾害应对、传染病预防等系列安全教育活动。同年12月，市政府在娄底三中召开"文明交通，平安娄底""122"交通安全日宣传誓师大会，举行"文明交通，告别陋习"万人签名活动。2012年，市教育局下发《娄底市学校安全管理办法（试行）》，开展各类学校安全管理工作培训。全市620所学校、970人次参加。是年，市教育局投入资金176.8万元，为市直中小学校安装视频监控设施。城区各学校都配备专职保安和专用安保器械。农村集镇以上学校安装视频监控。新化县每年投入350余万元学校保安经费，乡镇中心小学以上学校配备专职保安。全县小学和幼儿园推广"学安宝"校园安全智能化管理平台。冷水江市各中心学校和幼儿园安装一键式报警系统。2013年4月，市教育局举办全市学校安全工作负责人培训班和"开心上学，安全回家"交通安全主题教育宣讲员培训班。2014年，市教育局制定并实施学校安全隐患排查整改、学校安全巡查暗访、学校安全责任制和责任追究、重大安全隐患和安全责任事故"一票否决"，以及学校集中式直饮水卫生管理等9项制度，列出42个安全隐患要素，逐步完善校园安全工作机制。是年3月，市教育局、市公安局交警支队在娄底一小举行"开心上学，安全回家"交通安全主题教育活动。4月，娄底市"交通安全我来说"校园广播首播活动在中心城区星星实验学校举行。2015年，市教育局下发《关于进一步加强学校安全监管能力建设的意见》，深入开展安全知识教育“三进”（进课表、进课堂、进考卷）活动，将安全教育知识纳入中考范围。是年，娄底市学校安全工作经验在全省、全国交流。2017年，市教育局开展学校安全工作“四大行动”（大检查、大管控、大整治、大督办），全力消除学校安全隐患，推进“平安校园建设先进县市区”“中小学安全文明校园”创建工作。全市建立省级文明安全校园34所，市级143所。全市学校D级危房全部拆除、C级危房全面维修加固。各乡镇完全小学以上学校的围墙全部建设到位。

娄底市“交通安全我来说”校园大广播首播现场
（2014年4月28日摄）

二、食品卫生管理

2014年，全市加强学校食品及饮用水管理，推进学校食堂标准化建设，改善学校食堂硬件设施。涟源市每月开展学校食堂检查评比，对常规检测评分优秀的，评选为“安全文明示范食堂”，评分最后三名的实行重点监控，挂牌督办。2015年，娄底一中、经开区一中、涟源三一学校入列全省食品安全示范学校。2016年，建立和完善大宗食品供应准入、食品采购索证索票、食品查验、食品留样、食品安全特派员等制度，严把食品采购关、加工关、消毒关、留样关、从业人员卫生关。加强饮水设施建设、验收，饮用水水源检测、监控，强化饮用水安全管理。双峰县政府每年统一组织一次校园饮用水专业检测，财政统一支付检测费用。2017年，全市1371所学校食堂完成改造，768所达到标准化要求，183所实现明厨亮灶。学校食堂建设工作经验在全省宣传推介。

三、校车管理

2013年，市政府下发《娄底市校车安全管理实施细则》。2016年，市教育局下发《关于进一步加强校车安全管理工作的通知》，加强校车安全监管。校车管理经验被教育部选用。2017年6月，全市全部淘汰非国标校车，全部运行国标校车。至2017年底，全市有国标校车1260台。同时投入1000多万元建成延伸至乡镇的校车安全公共服务平台，实现市、县、乡三级联网联控。各县（市、区）建立校车“一车一档”工作台账，实行校车户籍化管理。各校车使用单位建立“六定”（定车、定人、定座位、定检、定线路、定时间）安全监管模式，市教育局联合市交警支队、市安监局等部门，每年对校车安全开展专项督查，整治安全隐患。

四、校园周边环境整治

1990年起，每年春、秋季开学初，地区综合治理委员会牵头，教育、公安、消防、工商、城管、食药监、卫计、交警、文体广新等部门，联合开展净化学校周边治安环境、文化环境、交通环境、打击销售假冒伪劣食品、化解涉校涉生矛盾纠纷等系列专项行动。地、县两级相关职能部门每年采取得力措施防范恐怖袭击。公安部门在城区学校门口和周边重点路段设立护学岗，负责日常巡逻和安全防范。针对学校及周边出现的危险化学品、未成年人上网、非法出版物等潜在隐患，进行大规模的清理整顿，净化校园周边环境。2016年，娄底市校园周边安全环境综合整治工作，被评为湖南省市州教育工作创新（特色）项目。

第六十一篇

科学技术

概 述

1990年，地委、行署制定《科技兴娄纲要》，全面实施科技兴娄战略。1991—1998年，重大科研、中间试验、新产品试制科技三项计划，国家和省级星火计划、火炬计划、巨龙计划全面推进。1999年，全地区有科研机构45个，科技人员3400人。实施科技三项计划项目236个，星火计划项目53个，火炬计划项目23个，巨龙计划6个，完成省级科技项目108项、市级科技项目73个。

2000—2005年，全市持续推进科学技术产学研结合，300多家企业与国内外56所高校、科研院所合作，开展科技攻关。娄底市获评全国科技进步先进市，被纳入国家首批产业转型升级示范区。冷水江市、双峰县获全国科技进步先进县（市）。

2006—2009年，全市贯彻落实市委、市政府《关于加强知识产权保护工作的通知》《娄底市打击侵权假冒工作实施方案》，加强知识产权保护，查处专利侵权案16件、专利侵权纠纷6起、商标侵权案138件、侵权盗版案件36件，查处商标、商业秘密案件2件。

2010—2013年，全市加速科技成果转化，申请专利1.38万项，其中发明专利2722项，授权517项。实用新型专利7056项，授权4624项。外观设计专利4063项，授权2358项。市政府融资2亿元，完成1.38万项专利和科技成果转化，全市专利和科技成果转化率95%。

2014年始，全市实施科技创新和科技强市战略。2016年，娄底创新发展综合能力在全省各市州位列第六，创新绩效位列第三。2017年4月，市委、市政府出台《关于实施创新引领战略、建设科技强市的实施意见》，加速推进科技进步。是年，全市完成高新技术产业总产值1102亿元，高新技术产业增加值218.6亿元，科学技术研发经费支出15.91亿元。有高新技术企业85家，国家级技术创新平台8个，国家级示范院士专家工作站1个，国家级博士后科研工作站1个，省级院士工作站2个，省级重点实验室1个，省级工程技术研究中心和科技企业孵化器8家，省级众创空间和星创天地15个，省级企业技术中心14个，省级高新技术产业开发区2家，省级农业科技园区1家。有科普示范基地400个，农村科普e站120个，社区科普e站60个，青少年科技活动示范学校15个，省级农村农业信息化基层站点68家，“一村一网”服务点176个。获国家级科研成果奖7项、省级科研成果奖164项、市级科研成果奖165项。

第一章 科技管理

第一节 管理机构

一、市级机构

1990年，娄底地区科技管理机构为地区科学技术委员会。1999年，内设办公室、科技计划科、科技成果科、社会发展科技科、纪检监察室。2001年9月，更名为市科学技术局（简称市科技局），内设办公室（加挂人事教育科牌子）、财务科、综合计划与高新技术科、科技成果与技术市场科、农村与社会发展科（加挂法制科牌子）、知识产权局（副处级）。2010年11月，内设办公室（加挂人事科牌子）、科研条件与财务科、综合计划科、农村与社会发展科技科（加挂政策法制科牌子）、科技成果与技术市场科（加挂产学研合作科牌子），知识产权局（副处级）按内设机构管理。2016年8月，增设监督与政策法规科，将科研条件与财务科更名为规划财务科，将综合计划科更名为高新技术产业科，撤销农村与社会发展科技科（加挂的政策法规科牌子）。

二、基层机构

1990年，地区所属的娄底市、涟源市、冷水江市、新化县、双峰县均设有科学技术委员会。2001年，各县（市、区）科学技术委员会更名为科学技术局。2017年，新化县、涟源市、双峰县、冷水江市科学技术局合并到经信局，娄星区保留科学技术局。

第二节 科技队伍管理

1990年，全地区有科技人员5.39万名，其中高级1139人、中级1.14万人、初级4.13万人。是年，对科技人员职称实行“三公开一监督”（公开评审专业技术职务的评审条件，公开复查工作的政策规定，公开本单位已评审通过专业技术职务聘任资格人员的学历、资历、岗位、业绩及是否属于参评范围等方面的情况，接受监督），复查5.39万名专业技术人员职称，取消资格401名，解聘204名，缓聘125人。1991年，开始选送优秀科技人员参评国务院特殊津贴工作。地区科委成立各系列评审委员会（简称评审委），对5万余名专业技术人员的任职资格进行认定。1992年，专业职称评聘工作进入正常化。2000—2002年，引进重点学科、新兴学科急需的技术带头人和高新技术产业、支柱产业、重点工程等领域专门人才1200人，其中博士研究生1人，教授32人。聘请外国专家80人、外籍教师2人。引进拥有技术含量高、市场前景广阔的专利、发明或专有技术和高新转让项目的人才87人。从高等院校毕业生中吸纳工程、农业、医疗卫生、经济管理、法律、教育等领域的紧缺人才1000余人。2004—2009年，引进高层次人才690人。2013年，开始开展评选享受省政府特殊津贴科技人员。2015年，开始开展评选享受市政府特殊津贴科技人员。至2017年，全市享受国务院特殊津贴科技人员35名，享受省政府特殊津贴7名，享受市政府特殊津贴17名。全市有各类专业技术人员5.88万人，其中硕士研究生及以上学历的1037人（含博士19人），占1.8%，本科学历的2.32万人，占39.5%；大专及以下学历的3.45万人，占58.7%。35岁及以下的1.79万人，占30.5%；36~55岁的3.48万人，占59.2%；56岁及以上的6059人，占10.3%。事业单位4.86万人，占82.8%，企业1.01万人，占17.2%。2017年，全市建立专业技术培训基地51个，高等职业院校、技工学校6所，民办职业技术培训机构30个。

第三节 科技项目管理

1988年，全地区完成科技项目23项，投资金额7.5亿元，创产值25亿元，利税8.3亿元，取得重大科技成果16项。1990年，新化县列为国家“星火计划”密集区。是年5月，省科委编制并下达企业科技进步“巨龙计划”，娄底地区承担“巨龙计划”项目6项。

1991年，地区科委出台《娄底地区1991年科技发展计划及科技三项计划调整计划》《娄底地区关于推进厂矿企业科技进步的若干规定》《娄底地区科委系统科技信息评比奖励办法》等科技项目和经费管理相关政策性文件。根据当年政府工作重点和经济、社会发展需求，确定年度支持重点领域和方向，提前一个月发布年度科技项目通知和指南。1992年，制定《关于评选“娄底青年科技先锋”的通知》《娄底地区“八五”期间农业科研、推广项目计划》等政策性文件，引导科研院所和科技人员落实科技项目。1993年，地区科委制订《娄底地区1993年科技发展计划》《娄底地区1993年科技工作目标管理方案》，发出《关于组织申报“湖南省1994—2000年高科技产业发展实施计划”的通知》，促进科技项目、计划和工作目标的落实。1994年，制订《娄底地区1994年科技发展计划》《娄底地区科技成果推广计划综合试点实施方案》，转发《湖南省科学技术成果登记办法》《“湖南省科技成果推广综合试点”实施方案》，强化项目实施和成果转化。

1995年，地区科委制订出台《1995年科技发展计划》《娄底地区科技兴娄奖评审奖励办法》，引导科研单位和科技人员按计划落实科研项目申报科技评奖。1996年，印发《娄底地区1996年科技工作要点》《关于申报娄底地区1997年科技成果推广指南项目的通知》。1998—2017年，共发布项目1744项，立项1744项，实施1744项。

至1999年10年间，全地区共实施“星火计划”53项，其中国家级23项，省级25项，地级5项。国家科委科技白皮书将娄底实施“星火计划”称为“娄底模式”予以推广。娄底市48项农业科技被广泛推广应用，总投入1650万元，新增产值5288万元。全市建成县（市、区）属农业科技示范园5个、示范基地13个，示范园核心区面积233.33公顷，投资6750万元，辐射区面积3333.33公顷。双峰县甘棠优质水果、中药材种苗示范基地占地20公顷，投资52万元，成功嫁接大红、椪柑、脐橙、冰糖橙等优良品种，建成大型良种场，培育出优质种苗34万株。市属农业高科技园区2个。百雄堂无公害高效农业科技园占地659.73公顷，投资2.69亿元。娄底农业科技示范园占地1199.93公顷，投资1.64亿元。

2001年，市科技局制定《2001年度全市科技计划重点领域项目指南》《技术合同认定登记管理办法》，进一步规范科技项目登记。2002年，印发《娄底市2002年科技工作要点》《农业科技发展纲要（2001—2010）的实施意见》，引导科研单位和科技人员有计划地开展科研工作。2003年，出台《娄底市科技计划管理暂行办法》《娄底市科学技术奖励办法》。2004年，制定鼓励科技创新的若干规定、娄底市农村科普示范基地建设方案、鼓励技术创新、发展高科技、实现产业化的优惠政策。2006年，制定娄底市农村科技服务体系建设、建设创新型娄底若干配套政策，推动农村科技服务体系建设。是年，市科技局、市发展改革委、市财政局联合编制并实施重大科研、中间实验、新产品试制科技三项计划。项目公开招标，经费按进度分期分批拨款。科技三项计划中，全地区共承担科技项目236项，其中国家级16项，省级100项，地区级120项，达国际先进水平3项，国内领先4项，国内先进9项，填补省内空白7项。累计项目投入2.19亿元，新增产值8.31亿元，新增利税1.77亿元。科研攻关重大科技成果项目6项。

2007年，市科技局出台《加快农机产业集群发展的措施》《娄底市科技计划项目评审办法》《2007年度娄底市科技计划申报指南》《全市2007年科技发展计划（第三批）》。2008年，制定娄底市科技政务信息工作考评办法，开展娄底市科技发展战略研究成果鉴定工作，修订专利申请资助资金管理办法。2010年，开展娄底市星火科技“12396”农村科技服务活动，制定《娄底市专利行政处罚自由裁量权基准》《娄底市工程技术研究中心管理暂行办法》。2011年，制定《2011年度娄底市科技重大专项管理办法》《娄底市科技计划项目管理办法》。2015年，市科技局制定《关于加强科技计划项目管理若干规定（试行）》。至2017年，市科技局、财政局、审计局组织专家对全市3年来的科技项目实施和资金执行情况进行全面核查和审计。结果显示，均符合政策要求。

第四节　科技经费管理

1990—1995年，全地区科技计划经费来源主要有科技部、省科技厅、地区财政拨款三条渠道。资金的使用按照财政科技资金使用管理的有关规定，对项目资金进行单独核算，专款专用。其间，安排科技经费1200万元，支持各类科技计划98项。1996—2006年，全市安排科技经费1047万元，支持各类科技计划812项。1997年，制定《关于设立技术市场引进开发专项经费的通知》，信息规划、成果转化、专项经费管理实现制度化。1998年，制定实施“十百千星火科技示范工程”和娄底地区科技进步奖励办法实施细则，奖励科研单位创立科技示范工程。

1998年始，地区科委根据国家、省科技部门颁布的政策，每年发布年度科技计划项目申报通知，经评审立项后，下达项目及其资助经费，由项目承担单位与市科技局签订相关合同后实施。2000年，市政府制定《娄底市高新技术产业发展引导资金管理办法》。市科技局进一步建立健全科技项目和科技经费管理办法。各县（市、区）科技行政主管部门组织辖区内符合条件的企业、科研院所申报科技项目。市科技局对县（市、区）上报的项目初审，抽调专家会同市财政局评审，对重点项目、重大专项、创新团队，市科技局会同市财政局组织专家现场考察。市科技局根据专家现场考察意见和评审结果，决定拟立项项目并公示。根据公示结果，市科技局、市财政局共同研究提出项目立项和资金配置方案，报市政府审批。市政府审批后，市财政局、市科技局联合行文下达科技计划和项目经费。科技计划项目承担单位和项目负责人与市科技局签订项目合同书，实行项目合同制管理。

2001—2015年，市委、市政府设立娄底市高新技术产业发展引导资金155万元，支持高新技术产业发展项目15项。2007—2011年，全市共安排应用技术与研究经费2506.6万元，支持科技创新项目758项。2012年，组织申报国家级科技计划项目44项，立项17项，争取资金1198万元；省级科技计划项目85项，立项48项，争取资金879万元。

2013年，市财政局委托湖南楚才会计事务所进行启动科技项目资金绩效评价。是年，全市争取科技计划项目84项，争取资金2322万元。其中，国家级科技计划项目14项，资金960万元；省级科技计划项目70项，资金1362万元。2014年，市财政局委托湖南龙兴联合会计事务所对8个有代表性的企业和单位的科技项目作出项目实施、资金使用、资金管理、资金效益、项目完成数量和质量进行现场考察和评价。2014—2017年，全市取得国家、省级科技计划项目366项，其中国家级57项，省级309项；安排市级科技计划项目603项，其中工业计划179项，农村与社会发展计划292项，成果推广与转化计划78项，其他54项。2017年，全市投入科技经费1560万元，比2016年增长150.4%。

1998—2017娄底市市本级科技项目及经费一览表

表61-1　　单位：个、万元

年份	实施项目	投入经费	年份	实施项目	投入经费
1998	95	38	2008	187	555
1999	87	49	2009	133	467
2000	94	59	2010	58	288
2001	29	18	2011	97	665
2002	81	90	2012	94	630
2003	67	120	2013	85	676
2004	89	190	2014	90	720
2005	14	119	2015	93	658
2006	69	300	2016	95	623
2007	71	119	2017	116	1560

第五节　科技成果管理

1991年，地区科委建立科技成果管理制度。科技成果登记、鉴定、验收、入档、信息发布、备查、宣传和推广应用管理逐步走上规范化。是年，全地区登记科技成果60项，鉴定（验收）54项。1992

年，登记科技成果28项，鉴定、验收33项（上年2项），其中一半成果得到推广应用。1995年，科技成果鉴定（验收）17项。1993年，科技成果登记16项，鉴定（验收）20项。其中，利用山地垂直气候差异缓解蔬菜供应淡季矛盾研究、柑橘冻害与干热风危害防御及灾后恢复措施研究项目在农村普遍推广。耐磨皮鞋、搪瓷抛光铁锅、SMF-A型电动金刚石磨头、WB50-50-90微型水泵、农用三轮运输车前减震器、防水隔热系列产品等项目在工业行业广泛应用。1994年，全地区登记科技成果44项，鉴定（验收）19项。其中娄底市农业区域综合开发规划项目获农业部、环保部立项支持。娄底地区成为农业区域综合开发试验区。代料袋栽金针菇速生高产优质栽培法研究、生命链酒项目取得较好经济效益。湘中地区农村资源深层综合开发利用（生态工程）研究，娄底地区恩口、斗笠山、桥头河煤田地震成因研究，湖南省第二条经济走廊研究，双峰县永丰镇土地估价研究，娄底经济强区规划，娄底市土地利用总体规划，娄底市城区土地估价研究，涟源市市区城镇地籍调查，冷水江市市区城镇地籍调查等项目被行署和有关县（市）政府采纳。1995年，全地区登记科技成果7项，全部验收合格。其中早稻新品种娄早籼3号、娄早籼4号、三系杂交中晚稻娄优36选育、杂交强优新组合、娄优77选育、娄早籼7号等项目在境内广泛推广。1996年，全地区登记科技成果7项，鉴定（验收）14项。大部分成果得到推广应用。1997年，全地区科技成果登记19项，鉴定（验收）18项。其中小学语文素质教育实验、数学教学与思维能力训练实验、小学数学素质教育实验、小学礼仪教育与德育研究等成果在境内中小学推广。娄底地区公路网规划（1991—2020年）被行署采用。1998年，全地区登记科技成果9项，鉴定（验收）15项。其中持续农业科技示范区SARD模式研究、10%抛秧灵可湿性粉剂、娄优晚3、娄早籼9号、晚糯89成果在境内广泛应用。2000年，全市登记科技成果9项，鉴定（验收）9项，全部合格。2001年，娄底市科技成果登记17项，鉴定（验收）19项（含往年项目）。其中初中、小学生源增减趋势与学校布局师资配备研究、新时期农村少先队工作研究与实践、小学“三乐”教育、小学考试考核评价改革研究等成果在全市中小学推广。降扩养之丸治疗Ⅱ型糖尿病、新式剖宫产手术、肾乐洗肠液自拟方对肾综合征出血热重型危重型少尿期疗效研究、龙山胃乐治疗胃痛的临床研究等成果在全市医疗机构应用。中药材农业气候生态及产业化研究、草莓高山育苗及夏令时冬季提早栽培研究、大豆系列产品深加工等成果在全市农业生产中推广。2002年，全市登记科技成果9项，全部验收、存档。2003年，登记科技成果2项，鉴定（验收）、存档19项（含往年成果）。2004年，科技成果登记9项，鉴定（验收）12项（含复查成果）。2005年，登记科技成果14项，全部验收鉴定合格。2006年，科技成果登记4项，鉴定（验收）3项。其中液相流态化工还原法制备纳米镍粉、人工髋膝关节置换术结合中药内服、外用治疗髋膝关节病变应用研究等成果得到推广应用。2007年，鉴定（验收）科技成果4项。2008年，科技成果鉴定（验收）9项。2010年，鉴定验收科技成果10项。2011年，鉴定验收科技成果4项。2012年，鉴定验收全市科技成果5项。2013—2016年，鉴定验收科技成果20项。2017年起，市级未组织科技成果鉴定（验收）。科技成果鉴定验收统由省科技厅或省级各类行业协会组织评价，市科技部门配合。

第二章　科技研究和科技推广

第一节　科研机构

1990年，全地区有独立科研单位32个，地属科研单位10个，职工757人。非独立科研单位43个，其中隶属全民所有制企业7个，集体所有制企业6个。民办科研机构30个，有科研人员456人。2000年，机关事业单位机构改革，研究所变更为技术服务中心，科研机构合并或撤销。至2017年底，市域有高校、大型国有企业的重点实验室或科研机构13家。

一、科技创新平台

截至2017年，全市有科技创新平台35家，其中国家级8家，省级27家。

二、高校、企业科研机构

2006年5月，人事部批准设立湖南华菱涟源钢铁有限公司博士后科研工作站。

2010年，省科学技术厅批准，湖南农业大学联合株洲联合收割机有限公司、湖南省农友机械集团有限公司共同组建湖南省现代农业装备工程技术研究中心。

2011年11月，省科学技术协会批复设立湖南华菱涟源钢铁有限公司院士专家工作站。东北大学王国栋院士成为涟钢签约院士。2012年，中国工程院副院长、北京钢研总院院长于勇成为涟钢签约院士。2017年，该站获湖南省示范院士专家工作站、全国示范院士专家工作站称号。

2012年，科技部批准建立国家重金属污染防治工程技术研究中心产业化示范基地，开展锡矿山重金属清洁生产减污、重金属“三废”污染物治理与利用和重金属重污染场地修复。批准设立湖南省功能粉体材料与电子陶瓷应用基础研究基地，依托湖南人文科技学院，开展功能粉体材料制备技术、电子陶瓷制备、成型与烧结技术、电子陶瓷检验技术及工业陶瓷标准化研究。

2013年，省科技厅批准，依托湖南文昌新材科技股份有限公司组建湖南省铝合金半固态成形工程技术研究中心。中心占地面积2000余平方米，有各类研发检测设备100余台（套）、3条高硅铝合金半固态铸锭中试生产线、新能源汽车车用空调涡轮盘转子中试生产线、碳化硅颗粒增强铝基复合材料及其高端零部件中试生产线。研发试制的A390高硅铝合金半固态铸锭、汽车空调斜盘、活塞、动静盘、转子及铝基复合材料轨道交通制动盘等高端零部件批量生产。

2015年，省科技厅批准，依托冷水江三A新材料科技有限公司，组建湖南省大孔容二氧化硅气凝胶新材料工程技术研究中心。该公司牵头起草制定的《中华人民共和国消光剂用二氧化硅行业标准》获得国家标准化委员会审定，2013年10月，被工信部批准在全国推广。

2016年，国家发展改革委、科技部、财政部、海关总署、国家税务总局联合认定湖南省农友机械集团有限公司国家企业技术中心。该中心重点研发收割机、旋耕机、谷物干燥机等科技含量高的产品，并将北斗定位、在线监测、远程监控等智能技术应用于产品，将激光切割、环保表层处理、3D打印、机器人焊接等智能制造技术应用到各制造环节。省科技厅批准，依托湖南三泰新材料股份有限公司，组建湖南省双金属钢基复合材料工程技术研究中心。中心致力双金属钢基复合材料研发，至2017年设计开发出多种具有广阔前景的钢基双金属复合材料。湖南省院士专家工作站认定办公室批准，依托市中心医院，组建周宏灏院士湖南院士专家工作站，由中国工程院院士周宏灏担任站长，下设办公室和个体化医学分子检测中心，拥有院士团队专家5人，工作人员4人，专（兼）职专业技术人员5名。工作站面积367平方米。省科技厅批准，依托湖南人文科技学院，组建湖南省精细陶瓷与粉体材料重点实验室，实验室使用面积为4255平方米，仪器设备200余台，开展精细陶瓷与粉体材料的设计、制备和应用研究。

2017年，省科技厅批准，依托娄底市安地亚斯电子陶瓷有限公司，组建湖南省先进陶瓷材料与新能源部件工程技术研究中心。研究中心建有600平方米技术研发大楼，致力于先进陶瓷材料技术研究，研究、开发适合电动汽车新型动力电池的陶瓷密封连接器以及相配套的表面金属化浆料。2017年12月，在娄底成立中科创一芯磁联合实验室。国家微电子所研究员陈朝晖被聘为首席科学家。

第二节　科技成果

一、工业科技成果

1990年，涟源钢铁厂（简称涟钢）研究成功重型液压凿岩机用波型螺纹接杆钎杆、保护渣物性测试技术、V205直接合金化生产高强度螺纹钢工艺。1992年，成功研制矿用16毫米×175毫米27simnb扁钢、新型弹簧钢33simnb等9项新技术、新产品。1996年，娄底电业局更新电力调度自动化系统，实现娄底电网远程信息收集和处理功能，110千伏及以上变电站全部实现遥测、遥信。1997年，开发的高次谐波抑制计量装置通处于国内领先水平，获得国家专利和华中网局科技成果二等奖。是年6月，计算机用于变电站，110千伏大科变电站成为娄底电网首个实现无人值班的变电站。1993—1998年，冷水江制碱厂研制成功“可充电氢镍电池”，工艺技术水平在国内领先，产品填补省内空白。

1999年，全市投入2.1亿元，承担科研攻关、火炬、电子信息、星火等各类工业科技计划项目236项，其中国家级16项，省级100项，市级120项。达国际先进水平的3项，国内领先的4项，国内先进的9项，填补省内空白7项。新增产值8.31亿元，新增利税1.77亿元。全市在科研攻关中获得重大科技成果项目6项。其中三一集团材料工业有限公司研制的连续化带状泡沫镍被列入国家级高科技科研计划，工艺达到国际先进水平，产品填补国内空白。冷水江制碱厂研制的可充电氢镍电池，属“九五”国家科技计划重大项目实施方案中氢镍电池产业化高科技项目之一，其工艺技术水平国内领先，产品填补省内空白。娄底市新材料研究所研制的混匀菌发酵饲料调制剂达到国际领先水平，被列为国家级科技新产品试制鉴定计划。涟钢CIMS应用示范工程项目被列入国家“863”计划，在全国80余家大、中型冶金企业中，为3个仅有的按CIMS模式组织企业信息体系的单位之一。涟源市南方冶金连铸设备厂研制的国家“九五”重点攻关计划高效结晶器和结晶器铜管，主要技术指标达到国内领先水平。

2000年，涟钢研发使用超薄板带材连铸连轧技术，大幅度降低成本，新增生产能力200万吨/年，年创产值35亿元，利税7亿元。湖南红宇工业有限责任公司与中南大学合作研发的铬锰钨系抗磨铸铁生产技术，被列为“九五”国家科技成果重点推广项目、国家重点新产品计划项目。境内肝复乐、高性能铁氧体磁粉、复合陶瓷辊环、精品肝素钠、高合金钢机械刀片、激光溶敷气门、高效结晶器及铜管、电解铝用大规格TiB2-C复合电极等国家、省级重点项目，均成功研发和运用。是年，娄底电业局与华中电网武汉三密公司开发的电管理信息系统在全省推广。开发的CB-200型微机电话远程抄表系统获得省科技进步三等奖，户外箱温度、凝露的最优化控制获省科技进步一等奖，长模短用——非标预应力电杆的制造获华中网局QC成果二等奖。2001年，域内所有的110千伏及以上变电站实现无人值班。电源监控系统第一套通信电源监控系统安装投运。变电站实现开关遥控、变压器分接头遥调功能，减少现场操作。是年，涟钢历经9年成功研制混合煤气加压机计算机模糊控制技术系统、焦炉配煤集散控制及专家控制系统等13项新技术新产品。新化长青电子器件有限责任公司完成氧化锆结构陶瓷产品项目，经上海硅酸盐研究所检测，各项指标达到国内先进水平。

2002年，冷水江市陶瓷工具厂完成复合金属陶瓷挤压（拉伸）模产品试制（2004年批量生产）。2003年，娄底电业局开发出农电管理信息系统。全市59个农村供电所实现电费收据、各类报表自动生成。永丰供电所胡永钦研制开发的农村配电台区远程实时监控装置在永丰镇试运行。110千伏以上变电站全部实现光纤通信方式。2004年，涟钢CSP产品表面质量研究获省科技进步一等奖。2005年，娄底电力通信完成娄底西部光纤环网光缆敷设、设备安装调试。新泰达、上海国昌通信监控系统投运，完成110千伏及以上变电站的通信电源及动力环境监控。三级农电管理实现信息系统联网。110千伏以上变电站保护装置全部实行微机化管理。35千伏以上变电站及大部分供电所实现光纤联网。在全省率先使用自动电压控制（AVC）。2006年，涟钢冷轧用低碳低硅钢带生产工艺产品，获国家发明专利、国家科学技术进步奖三等奖、国家窄带钢“金杯奖”。2008年，CSP工艺生产冷轧冲压用钢研究提出冷轧冲压用钢冶金成分优化设计，实现热轧薄规格冷轧冲压用钢批量稳定生产。

2009年，湖南人文科技学院完成基于腔QED和囚禁离子的量子纠缠和量子计算研究，研究成果获湖南省自然科学奖三等奖。2010年，完成实时视频编码关键算法研究，获省自然科学奖三等奖。是年，娄底电力实现AVC省地互联闭环控制，AVC应用入选省电力公司典型经验库并获QC成果二等奖。Harris816门程控交换安装投运。2011年，娄底电业局建立远程维操基地管理模式，变电站现场操作调度指令，通过遥控下达给监控中心。成功研制以大数据云平台构架下的远程、实时、智能监控平台，实现多点实时视频监控，实时预警，设备主人通过手机GPS定位，无人机特巡照片传回等功能，提升对外部隐患的及时发现和应急响应速度。湖南映鸿科技有限公司成功研发新型复合陶瓷托辊，获省科学技术进步奖三等奖。

2012—2013年，涟钢研制的超高强宽带钢工艺等科技成果，湖南农友机械集团公司研制的南方水稻生产机械化作业装备、一步成型米粉机，获省科学技术进步奖二等奖。娄底三泰轧辊有限公司研制的高硼高速钢双金属辊环轧辊获省科学技术进步奖一等奖。娄底电业局总投资1823万元的智能电网调度系统投运。双峰县、涟源市、冷水江市、新化县配网所程控交换相继投运，汇接交换机逐步升级，娄底电力行政交换网全面建设完成。2014年，闪星锑业有限公司研究应用锑冶炼砷碱渣高效综合利用新技术，为国内首创。2015年，涟钢研制出高效化微合金化钢板坯，该技术为世界首创并独家拥有。湖南高溪集团公司从北京科技大学引进高新项目——NdFeB磁粉及粘结磁体，项目属国家“863”计划及《国家级科技成果重点推广计划》成果。是年，境内电业三级平台（SG186）营销业务系统，与农电数据合并，实现城乡供电营销服务一体化管理。娄底星航科技发展有限责任公司完成ZSQ-Q-1型自由行走智能数控切割机研制，为国际国内首创。2016年，娄底电力光纤环网南部（2.5Gbit/s）双环网投运，满足了电力系统对通信大容量、多层次服务要求。

2017年，涟钢研制和应用热轧板带钢新一代控轧控冷技术，高品质节约型热轧钢材新一代TMCP生产技术与装备研发成功，主要合金元素降低20%~30%。娄底电业局智能电网调度系统建成，9月，参加华中电网调控系统竞赛获金奖。

二、农业科技成果

1990年，国家科委下达“娄底地区多领域、多层次、多结构生态农业规划”研究课题。1992年，经国家科委、省科委评定，娄底地区该课题研究成果获地区科技进步特等奖。地、县（市）、娄底师专相继建立林业科技推广站，启动规划实施。项目包括杉、松、竹、大叶女贞、楸树、苦楝、马桑、香椿、臭椿、油茶林、楠木、桂花、紫薇、黄精、葡萄、石榴、林下奶参、黑山羊、瘦肉型猪、安格斯牛等。地区农研院、农科站配有科研基地33.4公顷，其中苗圃地10公顷。

1993年，省林业厅组织专家对“娄底丘陵红壤地葡萄品种选优及果实丰产技术研究”鉴定，认定巨峰、黑奥林、龙宝等5个葡萄品种栽培技术居国内先进水平，获省科技进步二等奖。1995年，涟源市三甲乡玉丰村农村专业技术协会与湖南农学院合作，改良石山荒岭葡萄种植技术攻关和品种。玉丰村被列入全国持续发展农业百强村，被联合国列入裸岩开发试点项目。是年，境内林业科技推广网络建成。1996年，“湘中农村资源深层综合利用（生态工程）研究”课题获省科技进步三等奖。1997年，“娄底地区林业科技进步贡献率研究”课题获市科技进步二等奖。

1998年，48项农业科研（攻关）和“星火计划”项目在全地区推广应用，其中，国家级1项，省级15项，地区级32项，总投入1650万元，新增产值5288万元，新增粮食5亿公斤，新增油料446万公斤。地区农科所和双峰县农科所水稻研究中心对三系杂交水稻育种、两系杂交水稻选育，高产、优质、多抗常规水稻品种选育，大小麦新品系研究均取得较好成果，研发出娄早籼5号、95-品2、97-50、97-2-2、湘裸麦2号等新品种。每5年更换一次水稻新品种，5县（市）双季稻亩产过吨粮。

1999—2001年，油茶衡东大桃优良无性系产业化开发项目在双峰推广，种植无性系2号、40号两个品种206.67公顷，每公顷1890株。2000年，由涟源市林业局参与的“马尾松优良家系定向选择与应用技术体系研究”课题，获省科技进步二等奖。2001年，开始推广应用植树生根粉，增加植树成活率。2002—2011年，省科技成果推广项目小果型礼品西瓜反季节生产技术全市推广，种植面积7466.67公顷，产量18.2万吨。小果型礼品西瓜精种面积8.67公顷，产量130吨，产值24万元。双峰县农业科技园研发高山草莓育苗技术研究成功，省科技厅组织专家鉴定，达到国内同类研究的领先水平。娄底百雄堂高科技农业公司承担生物工程酿造酱油与永丰辣酱菜产业化生产被列入国家、省星火计划。天华牧业公司承担良种牛快速扩繁胚胎分割移植研究，分三次割移植试验，受胎妊娠率50%以上，一头优秀供体牛年产胚胎25枚以上，成本下降50%以上，良种化周期从20~30年缩短到2~3年，胚胎分割移植比胚胎单个移植产犊量多2倍，比购种牛自然繁殖多20倍以上。娄底创天科技公司承担抗仔猪腹泻IgY（痢康素）研究，开展临床防治效果实验、分离提纯工艺、剂型筛选等多项工作，抗仔猪腹泻痢康素，抗体浓度是常规技术的100倍，预防效果90%以上，治疗效果95%以上。2010年，全市推广应用植树生根粉1.7万余千克，植树成活率提高50%，获科技成果推广二等奖一项、三等奖两项。2012年，湖南人文科技学院“水田杂草安全高效防控技术研究运用”获国家科技进步二等奖。是年，全市完成国家、省农业科技研究开发计划项目23项，投资金额7.5亿元，创产值25亿元，利税8.3亿元。取得重大科技成果16项，完成国家、省“星火计划”6项，投资金额2.3亿元，实现产值14亿元，利税1.7亿元。娄底百雄堂高科技农业公司大豆系列产品深加工列入国家星火计划项目。市农科所开发的新型高效田草净系列产品，列入省“火炬计划”“星火计划”项目。全市建成县（市、区）属农业科技示范园5个，示范基地13个，示范园核心区面积233.33公顷，投资6750万元，辐射区面积3333.33公顷。2013年起，农业部连续4年将娄底湘村黑猪列入全国生猪主导产品，获省科学技术进步二等奖。2013年，新化县车田江库区8万公顷山地，由湖南人文科技学院教授陈跃进组成专家组，实地考察和学术论证，确定栽种“榉木”，预期年产值上亿元，且保持水土不流失。是年，湖南人文科技学院培育的常油杂83号油菜新品种，获国家农作物品种审定委员会审定。突尼斯软籽石榴引种与栽培技术示范推广项目，通过娄底市科技局组织的专家团队验收，开创性地将突尼斯软籽石榴引种到南方栽培，经济、社会及生态效益明显。

2014—2016年，市科技部门在全市推行农业生产产前、产中、产后全程科技服务。市科技信息中心建立为农服务平台。“12316”农业科技服务热线24小时接听农民朋友咨询电话。2014年，新化县绿源农林科技有限公司、新化县鑫源中药材种植专业合作社参与“多花黄精种子繁育及林下栽培技术研究”项目，通过省林业厅鉴定，达到国内领先水平。冷水江市林业局与省林科院合作，成功筛选出适宜重金属含量严重超标土壤生长的树种：构树、大叶女贞、楸树、苦楝、马桑、香椿、臭椿等。是年，涟源市祥兴公司、利群公司、冷水江市五龙公司等建立油茶林基地，共333.33公顷。油茶林第二年挂果，第三年亩产鲜果平均约400千克。湖南人文科技学院的优质高油高产油菜新品种选育及丰产技术研究与应用，获湖南省科技进步三等奖。2015年，新化县实施“多花黄精林下栽培技术示范与推广”“湖南省新化县毛竹标准化示范基地建设”两个项目，两年后，各项技术经济指标达到或超过预期目标。是年，涟源七星软籽石榴开发有限公司与湖南人文科技学院合作，完成“突尼斯软籽石榴引种与早期丰产栽培技术研究”项目，经省林学会鉴定，达到国内先进水平。湖南人文科技学院培育的“天油杂283”油菜新品种，获省品种审定委员会审定。2016年，“突尼斯软籽石榴早期丰产栽培技术示范与推广”项目、“湖南省冷水江市矿区废弃地生态修复与植被恢复标准化示范区建设”项目，在涟源市、冷水江市推广实施。

2017年，全市选派43名科技人员到农村开展科技服务320余天次，开展各类培训100余场次。全市“一村一网”站点200家。水洞底镇文建村引进三和绿源农业科技有限公司产业扶贫项目建设蔬菜基地4.67公顷，承包油茶林种植基地6.67公顷，争取到国家扶贫政策支持的60千伏光伏发电项目，全市7家企业与湖南农业大学共建科研基地。是年，娄底市海人科技开发有限公司完成“应用橡胶圈作弹性体的竹床垫开发技术研究”课题，经省林学会鉴定，达到国内先进水平。娄底市林学会承担“林下奶参高产栽培关键技术研究与示范”课题，在新化县和娄星区开展试验。“多花黄精林下栽培技术示范与推广”“湖南省新化县毛竹标准化示范基地建设”项目，立为中央财政林业科技推广项目，由娄底市林业科技推广站负责。涟源市博盛农业公司、娄星区宜东公司、冷水江市汇美公司，用测土配方技术发展楠木、桂花、南方红豆杉、紫薇等珍贵苗木基地200公顷。新化县发展杉、松、毛竹速生丰产林和中药材等6666.67公顷。湖南人文科技学院开展湖南农田野生植物资源普查与应用研究，拍摄400余种野生植物图片，制作原始表格500多份，完成湖南省农业野生植物资源第一轮调查，为农田杂草防控提供第一手资料。

三、医疗卫生科技成果

1990年，地区卫校发现“听灵”新穴位，对治疗耳聋效果好，获省科技进步二等奖。1993年，地区妇幼保健站“宫颈宫腔麻醉人工流产效果研究”获市科技进步二等奖。1994年，地区人民医院“脊柱畸形矫正术的临床应用研究”获市科技进步一等奖，“雷佛诺尔羊膜腔内中妊引产服复方生化汤研究”获市科技进步三等奖。1995年，地区人民医院推广应用HCG单克隆抗体酶联检测（尿）早孕—人工流产技术，获市科技进步三等奖。1996年，地区人民医院痉挛性脑瘫手术治疗研究项目、二黄汤抗鼻咽癌临床研究项目，被列入省社会发展科技攻关项目。地区人民医院、冷水江制药厂联合承担国家“八五”重点攻关项目“丙型肝炎病原学研究”“肝复乐研制与新工艺研究”，成果经国家科委鉴定，达到国际先进水平。1997年，涟源市中医院“除风益损解毒汤人工晶体植入术后并发症临床观察”获市科技进步二等奖。冷水江市制药厂“肝复乐片的新工艺研究”获市科技进步三等奖。地区人民医院“球后麻醉新入路实验研究与临床观察”获市科技进步三等奖。1998年，地区人民医院“等丙型肝炎病毒猕猴实验感染研究”获市特等奖。地区人民医院、地区卫校“二黄冲剂抗鼻咽癌癌前病变临床研究”获市科技进步一等奖。地区人民医院“牵引扩张及导针法吻合小血管实验与临床应用”获市科技进步二等奖，“丙型肝炎病毒猕猴实验感染研究”获市科技进步三等奖。1999年，地区人民医院的“茶色素与诺衡治疗高血脂、高纤维蛋白原血症的对比研究”获市科技进步一等奖。冷水江市中医院“左下肢高位完全离断再植成活”获市科技进步二等奖。地区人民医院“不同配伍咪唑安定术后硬膜外腔注射镇痛临床研究”获市科技进步二等奖。冷水江市人民医院的“茶色素临床应用研究”获市科技进步二等奖。

2000年，涟源市白马镇田心卫生院“龙山胃乐胶囊治疗胃痛的临床与实验研究”获市科技进步二等奖。2001年，华禾药业冷水江制药厂、湖南省中医药研究院成功研制出肝复乐片，完成肝复乐系列五类新药报批，翌年投入生产，当年总产值7560万元，实现利税3200万元。2002年，境内有市生物医药高新企业9家，省高新技术企业3家。市高新企业冷水江制药厂成功研制出新药胃得力，2003年投产，年产值5000万元。“肝复乐”年产1.5亿片。2005年，双峰天健农副产品公司成为全国最大的尾参生产加工企业，年生产加工能力1000吨。2008年，境内中药材种植面积6666.67公顷，大宗品种100多个。双峰县甘棠药材基地中药材种植面积1000公顷，品种80多个。2006年，市中心医院的“两定点连续多针单结非血管区显微缝合肌腱束研究”获市科技进步二等奖。2007年，娄底卫生学校“高级护理专业教学质量控制和评价体系的研究与实践”获市科技进步二等奖。娄底市中心医院“新液体疗法抢救重型、危重型出血热机理的临床研究”获第五届湖南医学科技奖三等奖。2008年，娄底市中心医院“葛根素和维生素C对糖尿病大鼠血管内皮影响之机理应用研究”获第六届湖南省医学科技奖三等奖。2010—2013年，娄底市中心医院“急性高容量血液稀释复合控制性降压在围术期血液保护中的临床应用研究与推广”“双侧全髋关节同期置换的比较优势临床研究”“姜黄素对人骨肉瘤的治疗作用和相关机理的研究”，先后分别获第八、九、十届湖南医学科技奖三等奖。2017年，娄底市中心医院“Gemini MKⅡ微创技术在HTO患者TKA中的应用与研究”“溶栓治疗对急性心梗患者NTproBNP变化及心室重塑的影响”获第十四届湖南医学科技奖三等奖。

1990—2017年娄底市获国家级各类科技成果奖励情况表

表61-2

年份	授奖等级	项目名称	主要负责单位	主要负责人
1990	科技进步三等奖	孟统工程在水稻规范化栽培中的研究应用	地区农科所	庄郁华
1990	星火二等奖	瘦肉型商品猪(三元杂交)技术开发	双峰畜牧水产总站	兰腊春
1991	星火二等奖	层积材车厢垫板技术开发	双峰县压板厂	郑 发
1994	科技进步二等奖	娄底丘陵红壤地葡萄品种选优及果实丰产技术研究	地区科委	—
1997	科技成果二等奖	高次谐波抑制计量装置	娄底电业局	—
2012	科技进步二等奖	水田杂草安全高效防控技术研究与应用	湖南人文科技学院	柏连阳 周小毛 王义成
		难造块铁矿资源制备优质炼铁炉料的关键技术	中南大学、武钢集团昆明钢铁股份有限公司、湖南华菱涟源钢铁有限公司等	姜 涛 范晓慧 李光辉
2015	科技进步二等奖	高效化微合金化钢板坯表面无缺陷生产技术开发与工程化推广应用	湖南华菱涟钢有限公司	张 慧 杨春政 吴夜明
2017	科技进步二等奖	热轧板带钢新一代控轧控冷技术及应用	东北大学 湖南华菱涟源钢铁有限公司等	王昭东 刘振宇 袁 国

1990—2017年娄底市获省级各类科技成果奖励情况表

表61-3

年份	授奖等级	成果名称	主要负责单位	主要负责人
1990	二等奖	建筑群下多煤层多工作面的开采	资江煤矿	申南初
		游溪河梯级开发优化方案	新化县水电局	陈肇新
	三等奖	抗氧化表面涂料	新化县三化工	周先和
		检水检毒笔	地区新材料研究所	
	四等奖	安氨乙烯(PVC)浮雕发泡壁纸	娄底市塑料厂	周石祥
1991	二等奖	高级硅砖研制	冷江市耐火材厂	林德润
		娄底地区多领域、多层次、多结构生态农业及规划	地区科委	—
	三等奖	冬季农业综合技术研究与应用	双峰县农办	赵世荣
		重型液压凿岩机用波型螺纹接杆钎杆	省冶金工业总公司	肖上工 肖中立 陈和平
	四等奖	多元微肥	资江氮肥厂	熊光复
		“900”猪用浓缩饲料研制	地区畜牧畜医站	唐荣昌
		络合碘	资江氮肥厂	何少雄
		防治水稻僵苗复肥的研究与应用	地区土肥站	龚询利
		柑橘品质形成与气象条件研究	地区气象局	陈耆验

续表61-3

年份	授奖等级	成果名称	主要负责单位	主要负责人
1992	三等奖	资江河下采煤研究	地区资江煤矿	肖华克
		LD新型溶剂	市一化工厂	成曙光
		27simnN12-CrMoA中空钢系列产品	涟钢科研所	—
	四等奖	山地玉米栽培农业气候生态研究	地区气象局	陈耆验
		人体过氧化脂质、抗氧化酸、锌及硒的增龄性变化与衰老医疗	地区卫生局	岳玉平
		单片硅钢磁性测量装置	地区电子研究所	罗立生
		优钢钢材表面裂纹缺陷形成研究	涟钢科研所	—
1993	二等奖	中国人丙型肝炎病毒病原学研究	地区人民医院	夏宁邵　杨永平
	三等奖	娄底市经济、科技、社会综合发展规划规范化试点研究	市政府、省社会科学研究院	周积智　石满星
		炮采机装采煤新工艺	涟邵矿务局朝阳煤矿	郑延筑　彭新其
		碱性电弧炉泡沫冶炼工艺研究	涟源钢铁总厂	彭朝晖　肖中立
		2TsiMnniZCrMoA中空钢系列产品	涟源钢铁总厂	肖上工　刘钢毅 陈和平等
		DZM380/550型球磨机改造	金竹山电厂	黄文锦　徐文彬
		1000氨合成塔增建中置锅回收反应热	资江氮肥厂	陈福钦　杨仕承
		精炻器	新化建新瓷厂	邹姿仁　杨建初 吴振球
		直接用黏土矿制硅酸铝纤维	新化县电子器件厂	秦长清　周湘凡
	四等奖	箱产吨鱼养殖技术研究	地区水产工作站	方宗丁　聂建华
		汽车运煤自动计量管理系统	金竹山电厂	彭伯忠　章武奕
1994	二等奖	娄底地区多领域多层次多结构生态农业综合研究及规划	地区行署、农委、科委、农业局、环保局	庄郁华　易奇勋 周　平等
		涟邵煤田北段金竹山矿区测水组地质特性研究及煤层可采性评价	涟邵矿务局	卓　越　王钟秀
		带稳燃体浓淡型燃烧器的研制	金竹山电厂	杨成勋　熊蔚立
		DH-HB型高温远红外涂料	地区新材料研究所	周先和　罗乃奇
		娄底丘陵红壤地葡萄品种选优及果实丰产技术研究	地区科委	—
	三等奖	温州蜜柑参数施肥法研究	地区农科所	刘运武　刘沐生
		雷佛诺尔羊膜腔内中妊引产复方生化汤研究	地区人民医院	谢露芬　王月容
		急倾斜不稳定煤层掘进工作面煤与瓦斯突出预测预报	涟邵矿务局洪山殿煤矿	赵新根　许来宝
		新型弹簧钢33siMnB	涟源钢铁总厂	肖中立　马鸣图

续表61-3

年份	授奖等级	成果名称	主要负责单位	主要负责人
1994	三等奖	提高制粉系统出力、煤粉细度及最佳运行工况试验研究	金竹山电厂	陈一平　黄文锦
		混合煤气加压机计算机模糊控制系统	涟源钢铁股份有限公司	谢长焱　张泰山
		合成氨微机成套控制工程	冷水江制碱厂	蒋道揆　陈观明
	四等奖	利用山地垂直气候差异缓解蔬菜供应淡季矛盾研究	地区气象局、冷水江市蔬菜办、市科委	陈着验　罗华龙
		柑橘冻害与“干热风”危害防御及灾后恢复措施研究	地区农业局	易既白　易贱平
		水稻潜根线虫病的危害及其防治技术研究	地区农科所、涟源市农业局	刘哲雄　王义成
		推广油菜新品种汇油50	双峰县种子公司	毛莆卿　徐跃平
		类猪瘟病的调查研究	冷水江市畜牧水产总站	张梅荪　李玉生
		水塔生物污染治理研究	金竹山电厂	张玉福　成书茂
		稀氨水全回收新工艺推广	涟源市氮肥厂	戴杞庚　梁笃成
1995	三等奖	小麦优良新品种及配套栽培技术	地区农业局	申建斌　石跃才
		塘冲矿井瓦斯预测研究	涟邵矿务局通讯处	铁　乔　蒋顺舟
		ICS-XB-A. B型电子皮带秤	新化县电子器件厂	秦长清　周湘凡
		防止过热器频发性爆管研究	金竹山电厂	孔鹏程　黄文锦
		HM预应力锚具研究	冷水江市建筑电动工具厂	上官兴　周湘政
	四等奖	新型复合氮化硅陶瓷刀片	冷水江市陶瓷工具厂	林俊权　罗跃新
		螺旋槽管空气预热器在400t/h锅炉应用研究	金竹山电厂	黄文锦　陈福元
		种植业获奖科技成果应用跟踪分析	地区农业局	程新玲　冯盛华
		茶黄螨的发生与防治技术	冷水江市蔬菜办	何子遗　李群雁
1996	三等奖	J502CrCu-G高效耐候焊条	三一集团材料工业公司	陈　红　丁　伟
		10千伏高压开关柜大湿度及凝露工况下的绝缘验证验防“火烧连营”措施的研究	金竹山电厂	李喜林　陈春莲
		资江氮肥厂供热系统节能改造工程	资江氮肥厂	王深庚　朱文斌
		湖南省潜育性水稻土施肥效应和最佳配方施肥模式研究	地区土肥站	龚次元　左志辉
		气象环境对生猪生长肥育与疾病的影响及对策研究	地区气象局、畜牧研究所	陈耆验　谭良溪
		湘中农村资源深层综合开发利用(生态工程)研究	地区气象局、林业局、冷水江市农委	刘登稼　陈者验
		娄底地区国民经济与社会发展系统评价方案研究	地区行署	赵世荣　王地宁等
		湘中农村资源深层综合利用(生态工程)研究	地区科委	—
	四等奖	JN型早强减水剂	涟邵矿务局凝剂厂	罗邦兆　唐明德

续表61-3

年份	授奖等级	成果名称	主要负责单位	主要负责人
1997	二等奖	焦炉配煤集散控制及专家控制系统	涟源钢铁股份有限公司	沈德耀　李科生
		无烟煤机组降低煤耗的技术研究	金竹山电厂	王在树　陈跃华
		18.2% 田草净可湿性粉剂	地区农科所	王义成　曹建平
		湖南省名优茶综合技术开发	地区农业局经作站	肖菊香　雷秉乾　胡跃龙　刘资芳　伍芬桂
	三等奖	电站锅炉汽包裂纹处理方法研究	金竹山电厂	雷定威　胡波涛
		稳燃腔浓淡燃烧器应用	金竹山电厂	熊蔚立　陈跃华
		Q/OHAC313-1995“船用不等边角角钢”企业标准	涟源钢铁集团有限公司	陈建材　夏聘儒
		球后麻醉新入路实验研究与临床观察	地区人民医院	何　朗　何湘珍
		肝复乐片的新工艺研究	冷水江市制药厂	潘求谛　潘敏求
		湖南省农作物品种资源研究利用	地区科委	荣治粗　罗　峰
		甘薯新品种——南薯88的推广	地区农业局粮油站	唐国廉　张超凡
		有机无机配方肥研制与应用	涟源市土肥站	肖时运　李清泉
		湖南省第二条经济走廊开发研究	地区行署	赵世荣　方向新
	四等奖	200级复合漆包铜圆线	涟群电线电缆有限公司	梁克光　陈惠民
		18.2%苄、乙、甲(田草净)可湿性粉剂企业标准 TA-ARO1-1994	地区农科所	周卫群　胡昌弟
		用赤泥、高炉瓦斯灰作铁质核正原料生产硅酸盐水泥熟料试验研究	冷水江钢铁总厂	徐雄特　彭增光
		涟钢计量检测体系确认文件《计量手册》	涟源钢铁集团有限公司	文瑞中　胡跃荣
		内、外业一体化测绘技术在城镇地籍测绘中的应用研究	涟邵矿务局勘测工程处	张力生　肖星华
		水大矿井排水系统的应用研究	涟源市煤炭局、涟源市三角煤矿	李仲才　夏敏长
		娄早籼5号	地区农科所	王家卫　王伦祥
1998	二等奖	磨料水射流钢材除磷新工艺及其装备的研究	涟源钢铁集团有限公司	刘寿华　刘复麟
		马尾松遗传变异与优良种源选择	涟源市林业局	—
	三等奖	丙型肝炎病毒猕猴实验感染研究	地区人民医院	夏宁邵　毕　胜等
		煤气湿度检测与流量计量自动补档技术的探索	涟源钢铁集团有限公司	文瑞中　谭显义
		双鼠笼转子防断条研究技术	金竹山电厂	贺小华　文开风
		锅炉灭火防护装置的技术研究	金竹山电厂	宋江平　袁愈美
		复合陶瓷辊环	冷水江市陶瓷工具厂	罗跃新　王志凌
		节能煤气样板窑	新化建新瓷厂	王名扬　龙　兵

续表61-3

年份	授奖等级	成果名称	主要负责单位	主要负责人
1998	三等奖	新型农作物抗衰剂谷粒饱在水稻上的推广	地区粮油站	何秋元 吴玉林
		双季稻区麦、一稻、再生稻等轻型高效种植制度研究与应用	涟源市农业局	青先国 任泽明
		档桥牌氯化钾肥引进与推广	地区土肥站、涟源市土肥站	谢良伍 肖时运
		娄底市(县级)经济新增长点研究	市计委	肖志良 陈 静
	四等奖	新型滑动轴承研制	涟源钢铁集团公司	谷金根 肖 刚 何立高
		牵引扩张及导针法吻合小血管的实验及临床推广应用	地区人民医院	邱水波 王愉思
1999	二等奖	焦炉集气管压力集散控制与智解耦控制系统	涟源钢铁集团公司	沈德翟 唐格平 阳春华
		国家863/CIMS涟钢集团公司应用示范工程	涟源钢铁集团公司	詹先礼 陈松乔 郑柏平
		38.5%二氯·苄可湿性粉剂的研究与应用	市农科所	胡昌弟 周卫群
	三等奖	冷水江矿区测水组含煤段沉积环境、聚煤规律、煤层对比、可采性评价	湘潭工学院	刘国荣 王钟秀
		湖南省石炭纪地层及石生物图册	省煤田地质局第二勘探队	黎光明 陆天德 龚玉红
		大口径灌柱桩钻孔硬岩入岩研究	省煤田地质局第二勘探队	徐光坤 熊贵禄 肖友希
		无铅毒釉上彩瓷的研究与开发	新化建新瓷厂	赵仕豪 王名扬
		高效吨粮田种养模式研究与开发	双峰县农业局	李一平 钟武云
		新化县双江口水电站排沙工程	新化县水利水电局	李迪健 叶岳清等
	四等奖	JN5黏稠型速凝剂	涟邵矿务局速凝剂厂	罗邦兆 李小海
		高支竹节纱产品开发	娄底纺织厂	于志勇 李 琨
		我国有色金属矿业产业组织研究	锡矿山矿务局	罗建华 孙宗颀
2000	一等奖	长模短用——非标预应力电杆的制造	娄底电业局	—
	二等奖	AVC省地互联闭环控制QC成果	娄底电业局	—
		长模短用——非标预应力电杆的制造QC成果	娄底电业局	—
		马尾松优良品种选择与应用技术	涟源市林业局	—
	三等奖	湖南省气象信息传输应用系统(MTAS)	市气象局	尹新怀 蔡荣辉
		90%乙·苄·甲乙(懒汉乐)漂浮剂	娄底化工总厂	肖国光 周介群
		利用煤矸石生产旋窑高标号水泥	涟邵水泥厂	何爱龙 周维翰
		浆砌石坝混凝土砌石体砌筑新工艺——灌浆法技术研究	涟源市水利水电工程队	梁湘林 刘玉祥
		岩口生态灌溉及其综合开发	市水电局机排站 冷水江市岩口生态场	苏国友 陈国和
		CB-200型微机电话远程抄表系统	娄底电业局	—

续表61-3

年份	授奖等级	成果名称	主要负责单位	主要负责人
2000	四等奖	捧料冷挤雷管壳工艺及其一种制造薄壁型杯状细长金属管壳的七连冲床	向红机械厂	李广禄　熊宪民 麻小安　王青元 张国仁
		特大设备铸铁机件交变高应力区长裂纹的裂纹面粘——裂纹邻区预压力修复技术	大乘资氮集团公司	—
		娄底地区持续农业科技示范区SARD模式研究	市持续农业领导小组 双峰县青树坪镇政府	凌志胜　谢永红 孙和明　胡桂积 李德益
2001	三等奖	涟钢集中供热研究与应用	涟源钢铁集团有限公司	夏学苏　郑柏平 张铁成
		毒鼠强快速化学检测方法研究	市卫生防疫站	龙铁军　周方求
2002	三等奖	大豆系列产品深加工及豆渣等副产物综合利用技术的研究	娄底百雄堂高科技农业有限公司	林亲录　熊卫华 秦　丹
2003	二等奖	年产24万吨碳氨、30万吨尿素扩能技术改造	湖南金信化工有限责任公司	董红健　杨仕承 张新民
2004	二等奖	快速除砷除硒新工艺的研究	锡矿山闪星锑业有限责任公司	金贵忠　张忠祖 邓卫华
		锑白生产新工艺研究和应用	锡矿山闪星锑业有限责任公司	戴永俊　李志强 吴少华
	三等奖	10%抛秧灵可湿性粉剂的研制与应用	市农业科学研究所	王义成　金晨钟
		加热炉燃烧过程智能控制技术及其应用	中南大学 涟源钢铁集团有限公司	吴　敏　曹卫华 刘文信
2005	一等奖	CSP产品表面质量研究	湖南华菱涟钢有限公司	焦国华　温德智 刘光穆
	二等奖	煤气混合加压过程智能解耦控制系统	中南大学 涟源钢铁集团有限公司	吴　敏　刘建群 曹卫华
		棒材在线视觉点支计数系统	中南大学 涟源钢铁集团有限公司	罗三定　温德智 沙　莎
2006	三等奖	冷轧用低碳低硅钢带生产工艺	湖南华菱涟钢有限公司	温德智　谢集祥
		基于红外图像的温度场与料面分布在线检测技术及其应用	中南大学 湖南华菱涟源钢铁有限公司	吴　敏　黄兆军 曹卫华
2007	三等奖	大型往复压缩机关键零部件快速失效的原因分析及改造技术	湖南金信化工有限责任公司	贺运初　胡祖汉 戴新西
2008	三等奖	CSP工艺生产冷轧冲压用钢的研究	湖南华菱涟钢有限公司	焦国华　康永林 周春泉
2009	三等奖	CSP半工艺电工钢	湖南华菱涟源钢铁有限公司	吴光亮　焦国华 郑柏平
	三等奖 （自然科学）	基于腔QED和囚禁离子的量子纠缠和量子计算研究	湖南人文科技学院	—
	三等奖 （技术发明）	炼锑砷碱渣综合回收处理技术	锡矿山闪星锑业有限责任公司	康大平　戴永俊 张忠祖

续表61-3

年份	授奖等级	成果名称	主要负责单位	主要负责人
2010	二等奖	AVC省地互联闭环控制	娄底电业局	—
		铁矿石烧结工艺整体优化的关键技术及其应用	中南大学 湖南华菱涟源钢铁有限公司等	范晓慧　李光辉 姜　涛
	三等奖	机电液混合式软启动无级调速装置	湖南省远扬煤机有限责任公司	李本平　小　和
	三等奖（自然科学）	实时视频编码关键算法研究	湖南人文科技学院	成　运　王志英 郭建军　谢四莲
	三等奖（技术发明）	催化剂级超高纯三氧化二锑生产方法及其装置	锡矿山闪星锑业有限责任公司	戴永俊　宋如泽
2011	一等奖（技术发明）	酰胺类水田除草剂的植物性安全剂研究与应用	湖南人文科技学院	柏连阳　周小毛
	二等奖（自然科学）	架空导线覆冰防冰理论研究	湖南人文科技学院	刘和云　顾小松 周　迪
	三等奖	新型高分子复合陶瓷材料托辊研制与开发	湖南省映鸿科技有限公司	方映杰　李笃信 周先球　邓　鑫 李藤芳
2012	二等奖	低成本高性能热轧系列高强及超高强宽带钢工艺关键技术及应用	湖南华菱涟钢有限公司	焦　国　康永林 温德智
2013	一等奖	高硼高速钢双金属辊环轧辊	娄底三泰轧辊有限公司	向　勇　李聚良 郭　军　陈志国
	二等奖	南方水稻生产机械化作业装备研发与产业化应用	湖南省农友机械集团有限公司	孙松林　刘若桥 谢方平
2014	一等奖	烧结矿冷却液密封技术及装备的研究与应用	湖南华菱涟源钢铁有限公司	高德亮　叶恒棣 戴传德
		高品质节约型热轧钢材新一代TMCP生产技术与装备的研发及应用	湖南华菱涟钢有限公司	刘振宇　李俊峰 廖　志
	二等奖	湘村黑猪新品种选育及推广	湘村高科农业股份有限公司	李静如　彭英林 刘建朱
2015	二等奖	板坯连铸倒角结晶器及配套技术研究与应用	湖南华菱涟钢有限公司	周明伟　彭明耀 曹建新
2016	二等奖（技术发明）	降解菌和植物源安全剂协同治理南方稻区除草剂药害技术	湖南人文科技学院	—
	三等奖（技术发明）	大口径钢塑砼复合管制造的关键技术及产业化	娄底市朝阳塑胶有限公司	谭江南　熊　鱼 谭　婷
2017	一等奖（科技创新）	电网四绕组消谐变压器继电保护配置与整定研究	娄底电业局	—
	一等奖	基于短路电流定量测算农配网线路分级保护安装地点的方法	娄底电业局	—
	二等奖	炼钢直上工艺技术研究与实践	湖南华菱涟钢有限公司	—
	三等奖	新型动力电池陶瓷密封连接器	娄底市安地亚斯电子陶瓷有限公司	康丁华　刘溪海 康文涛　李洪良

第三节 科技普及与推广

1991年5月，地委宣传部、地区科委、地区科协在娄底星星影剧院承办“科学技术是第一生产力”读书班。地委书记作“科技兴娄”动员报告。国防科大教授张钧和地区高级农艺师许群尧作科普讲座。300多名科级以上干部参加学习和讨论。11月，地委、行署出台《依靠科技进步振兴农业的决定》，在杨家滩等6个乡镇试办乡级农科教中心，1993年，双峰县杏子铺镇等5个农村科普试点乡镇，发展农村经济技术合作社120个，建立科普基地10个，发展科技示范户2000多户。1994年6月，全地区在21个乡镇开展为期一周的碘缺乏病科普宣传活动，展出实物图片165块，发放宣传资料12万多份，为中、小学生科普讲课380多场次。1995年，涟源市制作《农业半月谈》，定期在涟源电视台播放，讲解、推介农业新技术新品种。1996年，举办青少年科技辅导培训班，200多名青少年科技辅导员参加科技知识和创新技能培训。1997年5月，行署召开全地区科普工作大会，制订《娄底地区科普工作“九五”规划》，先后2次组织地直机关干部在新化县孟公镇和涟源市安平镇开展科技下乡活动。11月，地区科委组织科普宣传周活动，发放科普资料1.4万余份。至1997年，全地区5个县（市）均成立农技推广中心，83个乡镇乡、村、组三级科技网络建立，85%的乡镇建立农科教中心，确立40个科技示范乡镇、5个农业科技试验示范区和12个持续农业重点示范乡镇，923个科技示范村，2.6万个科技示范户。1998年，地委制定《1998—2005年娄底地区农村党员基层干部实用技术培训计划》。4月，新化县科技局、农业局与县电视台联合创办《农民之友》专栏节目，通过电视向广大农民传授农业科技知识，宣传农业政策、法律、法规。双峰县编辑《双峰农业科技》《病虫情报》免费赠送给农民。10月，全地区开展科普宣传周活动，3000册生猪饲养和时新小水果栽培技术书籍下发到农村。1999年10月，市科技局组织弘扬科学精神、反对封建迷信为主题的科普宣传月活动，创办《娄底科技动态》简报。11月，市科技信息港全面开通联网。至2000年11月，全市建立80多个科普示范村，1800多户科普示范户。

2001年，全市开展“科普示范”创建活动。市科技局制订《娄底市农村专业技术示范协会、科普示范基地、科技示范户评选办法》，评选47个种养业大户为娄底市第一批科普示范户。举办全市首届新材料技术专家企业对接会。26名新材料技术专家与市内60多家材料工业企业代表对接洽谈，签订技术合作协议13个。2002年6月29日全国科普日，全市广泛开展科普宣传活动。2003年，《娄底广播电视报》开辟《科普知识进万家》专栏，5月，市科技局、娄底电视台举办全市首届家庭科普知识电视大赛和“科学创造未来——依靠科技战胜非典”为主题的科技活动周。6月，3000多名市、县（市、区）直机关干部参加科普法知识竞赛，40多名市级干部、300多名处科级干部获奖。2004年6月，以“普及科学，你我同行”为主题，全市开展为期一周的《中华人民共和国科普法》宣传教育系列活动，举办科普专题讲座13场，广场展出科普图板1033块，发放科普宣传资料30余万份（册）。400多名科技工作者和1400多名科普志愿者走村入户宣讲农业科普知识，培训1.2万多人。科技部在全国星火富民经验交流会上向全国重点推介“农村科技合作社”双峰模式。省委、省政府将其写入《关于加快县域经济发展若干问题的意见》。2006年，全市实施中国科协、财政部《科普惠农兴村计划（2006—2020）》，以科普专项补贴资金奖励农村专业技术示范协会、科普示范基地、科技示范户和科普带头人，创建农村科普示范户997户，科普示范基地197个。双峰县建立16个乡镇农村科技合作联社、220个合作分社、7个专业合作社，发展社员8270户，农村科技合作社被科技部列为三大科技服务模式在全国重点推广。

2007年9月，省科技厅、中国农村技术开发中心和市政府联合主办，市科技局和双峰县、娄星区政府承办的全国农村科技合作组织发展论坛在娄底举行。2008年5月12日，科技部纪检组组长吴忠泽和副部长杜占元、中国农村技术开发中心主任余健等应邀专程到娄底考察科技工作，举办“走中国特色自主创新道路，努力建设创新型国家”专题报告会。4—5月，全市开展科技活动周、知识产权宣传周等系列科技宣传活动。参加活动的市直单位有40余家，发放宣传资料5.58万份，接受服务3.33万人次，接受咨询1.22万人次，实物展览265件。9月，市政府召开院士专家与娄底制造业科技创新座谈会。2009年，市级科技“户”联网和“12396”热线电话开通运行，由10名专家组成专家服务团。农村科技合作组织覆盖面45%。2010年，市科技局、市农业局开办“娄底‘三农’网”，为农民提供农技服务。市内各乡镇科普惠农服务站建立，承担乡、村科普示范协会、示范基地、科普带头人的创建、推选、申报等科普惠农服务工作。市科技局举行科技下乡暨娄底市科技活动周开幕式和科普广场活动，捐赠下乡资金、物资共40余万元，发放科普资料20余万份，展出宣传图片777幅，实物展出232件，接受服务5000余人次。

2011年，市科技局在双峰县锁石镇开展科技下乡活动，发放科技、种养、法律等图书资料1.6万多份。5月，组织科普广场活动，发放科普宣传资料6.62万份，展出宣传图片313幅，实物展出117件，接受服务和咨询2.5万人次。2012年3月，在新化县温塘镇开展科技下乡活动，发放科技、种养、法律等图书资料2万多份。5月，科普广场活动发放科普宣传资料5.22万份，展出宣传图片294幅，实物展出199件，接受服务2.58万人次，接受咨询2.78万人次。2013年，市科技局首次组织省、市农村科普典型、科技示范户、示范基地一对一帮扶活动。每个先进典型帮助一个农户，传授技术，帮助解决生产经营中的问题，发展种养业或加工业。9月，300多名科技工作者和500多名科普志愿者，在新化县开展历时一周的大篷车科普巡展、科普调研、科普典型评选、科普讲座等系列科普宣传活动。2014年，市科技局在双峰县蛇形山镇秋湖村开展科技下乡活动，发放科技、种养、法律等图书资料2万多份。5月20日，“科技活动周科普一条街”宣传活动在乐坪东街隆重举行，展出宣传图片240幅，实物展览335件，发放宣传资料6.41万份。2015年，实施娄底市《全民科学素质行动计划实施方案》，双峰县永丰镇城中社区、涟源市石马山镇梅园社区被评为全国科普示范社区，娄星区长青街道扶青社区被评为全省社区科普先进单位。是年5月，全市科技活动周展出宣传图片1200多幅，实物展览1700多件，发放宣传资料32万多份。2016年3月，市科技局先后在涟源市桥头河镇、新化县西河镇、双峰县印塘乡开展科技下乡活动，发放科技、种养、法律等图书资料3.2万多份。涟源市被中国科协命名全国科普示范县市。娄星区被列入2016—2017年全国科普示范县（市、区）创建先进单位。2017年，科技下乡在新化县孟公镇中心小学展开，现场发放科技、种养、法律等图书资料及物资1.28万份。科技活动周展出宣传图片377幅，实物展览280件，发放宣传资料3.17万份，接受咨询1.1万人次。

农技员采用无人植保机防治病虫（2018年6月摄）

第三章 知识产权

第一节 专利申请、授权与保护

1990年，娄底市兴娄专利事务所成立，代办专利申请、专利权转让、专利许可、专利诉讼等事务，指派专利代理人担任顾问。1994年，行署下发《关于加强知识产权保护工作的通知》。1995—

2005年，全市开展打击制假、售假，查处专利侵权案16件、专利侵权纠纷6起、商标侵权案138件、侵权盗版案件36件，查处商标、商业秘密案2件。2004年，市政府成立发明协会，有会员单位44个，会员41人。2005年，市政府出台《娄底市专利申请资助资金管理办法》，设立10万元资助专利申请资金，对每个困难企业和个人申请专利给予200~2100元的资助。组织省知识产权局、市知识产权局、市经济技术开发区产业发展局、长沙康信知识产权代理有限公司在娄底签署“四方协议”，扶持中小微企业和“零专利”企业申请专利。双峰湘圆碾米粉碎打浆一体机获4项专利和第十五届全国发明展览会金奖。娄底三泰轧辊公司、娄底市三星科技发展有限公司、双峰县神手微型收割机制造厂、新化长盛工程陶瓷公司、湖南远扬煤机制造有限公司、锡矿山闪星锑业公司、涟钢集团等获省市优秀专利95项。

2006年，市政府出台《娄底市知识产权“十一五”发展规划（2006—2010）》，批转市科技局《关于加强知识产权工作的意见》，建立知识产权、工商、版权、公安、质监和药监等部门参与的知识产权执法协作机制。将专利申请量列入县（市、区）“三个文明”建设考核内容。同年4月28日，市政府召开优秀专利表彰奖励大会，给娄底三泰轧辊公司等企业和个人的7项优秀专利颁发奖金和证书，表彰涟钢集团等20个先进单位和10名先进个人。

2013年，三泰新材高硼高速钢双金属复合轧辊的研究与应用项目，获湖南省科技进步一等奖。裕德科技入选湖南省科技创新十佳明星单位。乐开口的一步成型米粉机剪切式物料粉磨制备方法获湖南省专利二等奖，并被解放军总后勤总部列入《军需产品物资采购目录》。三泰新材料科技有限公司的一种复合辊环轧辊用铸造高硼高速钢及其热处理方法荣获湖南省专利三等奖。裕德科技、乐开口和鑫美格入选湖南省第三批创新型试点企业。

2014年3月，在娄底市科技型企业融资暨专利权质押贷款推介会上，5家商业银行与15家高新技术企业签订总额4.67亿元的授信协议，为企业专利提供融资平台。是年，湖南省映鸿科技有限公司的高分子陶瓷复合材料获湖南省专利奖二等奖。锡矿山闪星锑业有限责任公司的锑鼓风炉熔炼方法、湖南省农友机械集团有限公司的履带行走装置获湖南省专利奖三等奖。2015年3月，娄底市专利信息公共服务平台投入运行，开户网上专利申请。是年，华南煤机的颗粒增强铝基钢背复合板材的制备方法获湖南省专利奖三等奖。2016年，湖南省健缘医疗科技有限公司的“易更换中药包的中医封包综合治疗仪”获湖南省专利奖三等奖。《娄底市专利资助办法》出台，规范和加大对发明专利的资助。截至2017年底，全市共申请专利1.6万件，其中发明专利申请3160件，授权专利517件。实用新型7056项，授权4624项；外观设计4063项，授权2724项。

2006—2017年专利申请与授权一览表

表61-4 单位:件

年份	发明		实用新型		外观设计	
	申请	授权	申请	授权	申请	授权
2006	104	6	299	139	42	15
2007	196	18	285	215	106	32
2008	247	30	366	167	75	45
2009	149	27	596	195	174	45
2010	270	35	593	305	210	119

续表61-4

年份	发明		实用新型		外观设计	
	申请	授权	申请	授权	申请	授权
2011	168	22	550	335	319	184
2012	197	40	597	467	353	366
2013	235	47	729	514	696	366
2014	227	43	548	557	448	293
2015	330	52	736	540	551	410
2016	290	91	790	599	494	403
2017	309	106	967	591	595	446
合计	2722	517	7056	4624	4063	2724

第二节 专利实施

1985—1990年，娄底地区举办《中华人民共和国专利法》培训班，组织科研院所、企业2000多人学习。1996年，涟源钢铁厂修订《专利管理工作规定》《专利技术实施效益提成付酬办法》，制定《涟钢职务发明创造专利奖酬提取细则》。是年起，每年在技术开发经费中设立20万~30万元的专利技术引导基金。至2000年，向国家专利局申报发明创造专利162件，其中职务发明创造专利83件，非职务发明创造专利79件。78件获得专利权。162项发明创造，其中90%运用厂内生产中。奖励发明创造2000多万元。2003年，市政府组织市人民银行、市交通银行等多家银行，与专利企业对接。凡有重要专利的企业，大都在银行取得专利权质押贷款。至2005年，全市共实施专利转化159件，新增产值5.94亿元，创利税1.08亿元。其中涟钢的改善轴在滑动轴承中运行状况的方法、金信化工的尿素分选法及其装置、闪星锑业的砷碱渣提炼专利技术达到世界领先水平，广泛用于生产之中。闪星锑业的立方晶型三氧化锑生产方法及其装置、五江公司的碧波尔热水器、农科所的新型除草剂等专利项目转化实施后，均取得较好的经济效益和社会效益。湘圆公司、瑞奇公司、神手公司等企业依靠专利技术年均实现产值20多亿元。至2017年，全市发明专利授权517项，全部转化。

第三节 行政监督执法

2005年，市政府组织工商、版权、知识产权、公安、质监、药监部门开展保护知识产权统一执法行动，出动执法人员3700余人次、车辆510多台次，检查商业场所350多个，共查处专利案16件，调处专利侵权纠纷6起，查处商标案138件，查处侵权盗版案件36件，收缴盗版教材2万余册，盗版光盘4.8万多张，查处商标、商业秘密案件2件，审查犯罪嫌疑人9人。法院受理知识产权案件17件，审结14件。

2007年2月，针对多家企业侵犯瑞奇电器公司专利权问题，市知识产权局牵头，组织娄底瑞奇电器公司与冷水江祥瑞电器厂、新化盛达电子公司、双峰亿星电器公司等企业举行知识产权实施许可签约仪式，引导企业合作。2008年4月，市知识产权局联合工商、版权等部门召开娄底市保护知识产权新闻发布会。市知识产权局、版权局、工商局负责人就有关知识产权保护工作的焦点和热点问题回答记者提问，营造保护专利权的良好舆论氛围。2010年，市打击侵犯知识产权和制售假冒伪劣产品工作领导小组成立，出台《娄底市知识产权战略实施意见》。2011年2月，娄底市知识产权局获全国专利执法先进集体。2016年8月，市政府召开打击侵犯知识产权和制售假冒伪劣工作会议，表彰一批先进单位，并出台全市打击侵犯知识产权和制售假冒伪劣工作方案，形成工作机制。2017年，全市查处假冒专利案件202件，调解和处理专利侵权纠纷15起，法院审理假冒专利案202起。

2011—2017年娄底市处理专利纠纷案件表

表61-5　　单位:件

年份	调处专利纠纷案	法院审理假冒专利案	年份	调处专利纠纷案	法院审理假冒专利案
2011	13	0	2015	6	95
2012	5	50	2016	14	233
2013	5	152	2017	15	202
2014	5	99	合计	63	831

第四章　高新技术

第一节　高新技术企业和产业发展

1998年，地区科委、计委、经委联合开展高新技术产业调查摸底，主办高科技产业开发讲座，2000年，市委、市政府出台《关于加强科技创新、加快发展高新新技术产业的决定》，确定加强技术创新、加快发展高新技术产业指导思想和发展目标。2001年，省科技厅认定娄底市高新技术企业1家。

2002年，全市被省科技厅认定高新技术企业13家。高新技术产业主要集中在新材料、生物医药、光机电一体化三大领域的大中型工业企业。复合陶瓷辊环、电解铝用大规格TiB2-C复合电极、高效结晶器及结晶器铜管产业化、NdFeB磁粉及粘结磁体、高效低毒复合农药新品5个项目获省高新技术引导资金。胃得力胶囊、双重离子交换新技术联产高纯硝酸钾、自由行走智能数控切割机、田草净系列产品等17个项目获市高新技术引导资金。冷水江陶瓷合金有限公司投入资金2530万元，建成中国最新的年产1.5万套复合陶瓷辊环生产线，其中国家资金800万元、省引导资金1000万元。复合陶瓷辊环采用WC、Si-3N-4及Al-2O-3等耐磨性较好的粉末材料复合烧结而成，产品硬度高、强度好、耐腐蚀、耐磨、耐热冲击，使用寿命长，效益好。

2004年12月，市委、市政府举办“娄底企业老总大学行”活动，与湖南大学签订战略合作协议，为市内企业引进转化技术成果和人才架设桥梁。2006年8月，市委、市政府印发《关于实施科技兴娄建设创新型娄底的若干配套政策》《关于建设创新型娄底的决定》，召开全市科学技术大会，部署建设创新型娄底工作。2006年，市委、市政府《关于娄底高新技术产业开发区升级为国家高新技术产业开发区的请示》经省政府呈报国务院并转科技部。2008年，涟源市桥头河创建省级农业科技园区获省政府批准。2010年，娄底市高新技术企业发展到32家。

2017年，市委、市政府出台《关于实施创新引领战略、建设科技强市的实施意见》，实施财政科技经费倍增计划。省科技厅认定娄底市高新技术企业43家。湖南三迅新能源科技有限公司年产10亿瓦时锂离子动力电池产业化研究与生产线建设等12个项目申报省创新创业投资项目，其中6个项目获省立项支持，获项目资金1750万元，推荐技术合同交易20余项1.3亿元。全市新增省级创新平台、众创空间、孵化器6家，省级以上星创天地3家。至年底，全市高新技术企业85家，高新技术产值963.6亿元，比2016年增长18.8%，增加值218.59亿元，增速居全省第四位，高于GDP增速9.1个百分点。高新技术产业增加值占GDP14.1%，居全省第九位。

第二节 产学研结合

1990年始，地区科委按照科技发展各个阶段重点，制定科技服务策略，探索产学研合作新体制机制，搭建交流合作平台。2006年12月，市政府与中南大学签订《市校战略合作协议》《中南大学娄底研究生工作站协议》。21家企业与中南大学签订23项涉及资源、冶金、材料等领域合作项目合同书或协议书，成交技术合同金额6425万元。

2009年，市委、市政府部署开展科技创新年活动，实施创新项目种子工程、新兴产业培育工程、传统产业提升工程、创新平台建设工程、人才引进培养工程和九大创新活动，召开全市产学研结合创新大会，出台《关于促进产学研结合增强自主创新能力的意见》，成立湖南特种陶瓷和湖南娄底煤矿机电、农业机械、特色生猪等4个产业技术创新战略联盟。省科技厅、娄底市政府共同举办湖南（娄底）产业技术创新战略联盟成立暨科技成果对接会。市内75家企业与35所高校、科研院所对接，签订技术合作项目34项，发布科技成果782项、技术需求68项。

2010年12月，市政府召开首届新材料技术专家企业对接会。北京科技大学葛昌纯教授、北京航空航天大学白淑贞教授、北京理工大学恽寿榕教授、清华大学李正薇教授、山东大学姬胜利教授、湖南大学陈振华教授、中南大学段学成教授等26名国内著名新材料专家学者应邀参会，其中葛昌纯等9名教授被市政府聘请为科技顾问。7所高校在会上发布100多个项目信息，3名知名专家作新材料及高新技术发展趋势专题报告，8所大学专家教授与市内40多家企业对接洽谈。冷水江陶瓷工具厂、娄底迅达实业责任公司、洪源机械厂等10多家企业与北京科技大学、北京航空航天大学、湖南大学等高校和科研院所签订12项正式技术合作协议。新化长青电子器件有限公司，锡矿山闪星锑业公司、冷水江钢铁总厂、湖南高溪集团公司等30多家企业，与清华大学、北京大学、湖南大学、北京航空航天大学、山东大学、北京理工大学、北京科技大学、中南大学、湖南师大等高校洽谈，达成51个项目合作意向协议。

2014年3月，全市召开首届科技成果新闻发布会，《湖南日报》、“华声在线”以及娄底新闻等媒体对科技成果转化及产业化成效宣传推介。2017年5月，市政府与中南大学签订产学研战略合作框架协议，部分企业签订相关合作协议。是年，全市完成技术合同交易20项，合同交易额1.3亿元。

第五章 地 震

第一节 管理机构与台站

一、娄底市地震局

1977年，涟源地区地震办公室成立，2000年更名为娄底市地震局，副处级机构，至2017年未变。

二、娄底地震台

始建于1984年底，1985年12月正式投入观测。主要观测手段为测震，使用DD-1测震仪器。2002年，采用珠海泰德公司数字化地震仪，观测数据通过租用电信局DDN专线实时传输至省台网中心，成为湖南省第二个地方数字地震台。2005年，因娄底市城市建设需要，市地震台拆除。2007年，购买人大政协院内一套住房作为地震台观测用房。当年7月，娄底地震台的摆房土建完工，10月，数字地震仪投入试运行，2008年5月入网运行。2017年正常运行。

三、冷水江地震台

1979年9月，兴建于红日岭人民防空工程内，1980年3月建成投入观测。2005年5月，因观测仪器老化，无法正常观测。2009年4月，冷水江市地震局筹措资金10多万元在原来台站场地内，改建成水平摆数字化地震形变观测台。省地震局出资安装SSQ-2I数字水平摆倾斜仪，2009年11月投入观测，2017年正常运行。

四、中连地震台

1976年，锡矿山矿务局出资建立，为企业台。观测手段有水准测量、流体测量（观测井）、氡气测量，还有气温、气压、降雨量等的测量。2002年，因环境变化和企业改制撤销。

五、洪源地震台

1976年10月，洪源机械厂建立观测点，观测项目为土地电、地倾斜、地温、土应力和水电导等。1977年8月，洪源机械厂投资10万元，修建一栋60平方米观测房，购置观测仪器。1978年，在厂区虎溪河边一口自流井取样进行水氡观测。1979年后，由于观测井不能自流，在厂区南侧100米处的杨名村田间掘一口涌溢水井作为观测点，在该厂防空洞内放置水平摆倾斜仪，进行地面倾斜变形观测。2017年，保留水氡观测，辅以气象三要素观测。

六、禾青地震台

1991年建于冷水江市大乘集团有限公司，为地震观测井。1992年4月投入观测。2017年正常运行。

七、地震观测点

1990年，境内有锡矿山矿务局观测点、洪源机械厂观测点、双峰金蚌中学观测点、新化天龙山中学宏观哨、新化城关镇纸品宏观哨。2017年12月，全市城乡共建立41个稳定地震宏观观测骨干点，其中市局1个、新化10个、涟源8个、双峰8个、冷水江7个、娄星区7个。地震观测点、地震宏观哨配有观测人员，有固定的观测对象、完整的观测记录。观测人员有专业和兼职两种。

第二节　地震应急管理

一、应急预案

1992年7月，行署制定《娄底地区破坏性地震应急反应预案》。1998年9月，对《娄底地区破坏性地震应急反应预案》进行修改。2007年3月，市政府根据国家修订的地震应急预案和《娄底市突发公共事件总体应急预案》，修订印发《娄底市地震应急预案》《娄底市地震应急简明手册》。市卫生、粮食、供销、供水、供电、公安、交警等35个生命线保障部门和各县（市、区）起草或修订《地震应急预案》。2014年8月，市政府办公室下发《娄底市地震应急预案（2014修订）》，2005年1月，印发《娄底市地震应急检查工作制度》，沿用至2017年。

二、应急队伍

1990—2005年，娄底无专业地震救援队伍。2006年12月，市政府成立地震应急领导小组。2008年5月，成立市地震紧急救援队。2013年6月，市地震局与团市委、市人民银行、湖南人文科技学院联合组建地震应急青年志愿者队伍。2016年6月，与民间救援组织娄底蓝天救援队开展合作，配备必要装备，强化队伍训练。

三、应急演练

2008年9月，市地震局首次开展地震应急桌面演练。按照先学校后社会的原则，娄底市第三中学、娄底市第一中学、娄底市第一小学等中小学校，每年定期开展不同形式的地震应急疏散演练。2013年5

月，指导娄底一中举行地震应急避险演练。2014年9月，市地震局派员参加省地震局举办的全省地震应急视频会议，及现场单兵系统培训，培训后分组在星星实验学校和新化山溪中学举行地震逃生和人员疏散应急演练。2017年6月，与民政部紧急救援促进中心湖南分中心娄底办事处合作，不定期开展地震应急救援演练。2017年12月，娄底星星实验学校举行地震应急演练。

四、避难场所

1990—2006年，全市无完善的地震避难场所。2007年，市应急办、城建投等相关部门陆续完善应急避难场所建设。至2017年，中心城区完成孙水公园、珠山公园、石马公园、娄星广场、火车站广场、青山公园、文化广场等8个一级应急避难场所建设。县（市、区）完成二级和三级应急避难场所29个，共计295万余平方米。各个应急避难场所均设置和配备应急棚宿区、应急物资供应、应急厕所、应急灭火器、应急水井等设施。

五、汶川地震应对

2008年5月12日，四川省汶川发生ML8.0级大地震。娄底区域有强烈震感。地震10分钟后，市地震局全体干部职工到位，通过电视台、广播电台等媒体安抚群众，稳定人心。地震30分钟后，发布震情通报。迅速成立针对汶川地震的应急领导小组，制定24小时应急处理值班制度，保证整个汶川地震后的应急工作有序进行。

六、地方小震应对

2009年2月19日19点13分，涟源市斗笠山镇发生ML2.7级有感小震。19日21时，涟源市地震局牵头，会同涟源市水利局，煤炭局、安监局等单位，对震感较强的斗笠山镇言忠、兴家、坑田3个村调查走访。2月20日，娄底市地震局成立调查组会同涟源地震局再次对有感震区调查走访，共计调查走访11个有感村，询问震感较强的农户40余户，编写《关于涟源市斗笠山镇2.7级有感小震的调查报告》提交给省地震局和市政府。

2009年8月25日零时24分4.6秒，省地震台网中心监测到在娄底双峰梓门桥镇至杏子铺镇间发生ML2.5级小震，震源深度9千米。25日上午，市地震局对震区震情实地考察后，认为此次小震可能是一次与地质构造有关的小震。在震区进行地震科普宣传，消除当地村民的恐震心理。

2016年7月19日22时19分，涟源市斗笠山镇发生M3.0（ML3.8）级地震，震源深度6千米。地震发生后，全局进入应急响应工作状态，立即启动应急工作程序，迅速将震情信息书面上报主管单位和市委、市政府，联系电视台、报纸等新闻媒体和利用手机微信即时发布震情消息及防震减灾科普知识，扼住谣言的散播，消除群众的恐慌心理。同时要求涟源市地震局值班，做好来电咨询的解答、安抚群众情绪和稳定社会秩序工作。

2017年10月28日12点35分，双峰县（北纬27.57度，东经112.00度）发生ML2.0级地震，震源深度10千米。10月29日18点02分，双峰县（北纬27.59度，东经112.04度）发生ML1.3级地震，震源深度7千米。10月31日21点01分，双峰县（北纬27.55度，东经112.06度）发生ML2.2级地震，震源深度8千米。接到地震发生的信息后，市地震局立即启动地震应急工作程序，与双峰县经信局、县地震局、娄星区地震局、双峰县国土局、洪山殿镇人民政府、蛇形山镇人民政府、湖南地勘局418队等组成联合调查组到现场勘查。经调查，震中位于洪山殿洲上村、高桥村一带，永红、太平、公益、新檀、鳌头、檀木、太和、周家，娄星区蛇形山镇冲口、檀凤、万富、洪河、立新等村村民普遍有感、有地声。破旧房屋有掉瓦、玻璃震裂、墙壁出现小裂缝现象，震感范围约40平方千米，没有人员伤亡和其他财产损失报告。这三次地震都是微震，影响不大。调查组现场向村干部和群众通报调查结果，对群众进行防震减灾知识的宣传，消除群众恐慌心理。

七、异常应对

2009年5月12日，双峰县锁石镇大街村稻田塌陷。10天后，双峰县永丰镇五里牌出现大量蚊子和不知名飞行动物，两种异象相距20千米左右。市地震局分析认为，稻田塌陷处是溶洞，出现大量蚊子是天气突变引起。

2011年10月2—10日，市地震局连续接到来电：涟源城区出现强烈震感，地下有闷响，房屋摆动，电脑摇晃，椅子跳动，可能地震，人心惶惶。市地震局立即调查，确认是涟源市环北路搞城建，大口径穿孔，地下爆破所致。

2017年6月19日晚11点，村民反映：涟源市安平镇新万村三组，一口老井突然冒热水，水温高达60度，担心是地震前兆。市地震局认定是抽水泵漏电。

第三节　行政执法

2001年，《娄底市建设工程抗震设防管理办法》发布实施，明确地震局职权：境内建筑工程抗震安全评价、地震监测设施和地震观测环境进行保护、实施大型爆破作业备案。工程建设必须由地震局审批，发放行政许可证，对违反规定者处罚。地震局工作人员，经考核，获得地震系统行政执法证方可上岗。9月，市地震办公室与市建设委员会联合发出《关于贯彻执行〈中国地震动参数区划图〉的通知》，确定娄底市为Ⅵ度设防区域。2002年，将建设工程抗震设防要求纳入基本建设管理程序。

2005年，市抗震设防确认进入市政府政务服务中心，开设专门审批窗口，1名专职人员办理审批事务。2015年，市地震局制定《关于推行“三清单、一清理”制度工作实施方案》，清理权力清单、责任清单及负面清单，在报刊和网站上公布，全部进入市政府政务服务中心，在窗口统一办理。2017年，市地震局编制《娄底市地震局权责清单》，梳理行政权力15项，一般项目即时办理，重点项目由原来的7个工作日缩短为5个工作日办理。全市18人取得地震系统行政执法证，1人取得行政执法监督证。2001—2017年，全市共审批一般建设工程项目620项，发放行政许可书620份。

第四节　地震科普宣传

2005年开始，娄底市利用科普宣传周、“3·1”防震减灾法宣传日、“7·28”唐山地震纪念日、“5·12”全国防灾减灾日、国际减灾日和“五送下乡”，开展防震减灾知识“进学校、进社区、进农村、进企业、进机关”活动。每年“5·12”防灾减灾日，在城区娄星广场、春园步行街钻石街入口，各大休闲广场设立咨询台，悬挂横幅标语，播放影像，参与应急宣传文艺演出，展出展板等多种形式进行宣传，发放《破坏性地震应急条例》《公众应急手册》《地震应急手册》《地震科普知识宣传手册》《家庭一分钟应急演练计划》等资料。市地震局与市人防办联合举办教师防空、地震科普知识培训班，先后在娄底市第三中学、娄底市第一小学、涟源市第七中学、双峰县永丰镇中心学校，举办防震减灾科普知识讲座。在《娄底广播电视报》开辟防震减灾科普知识宣传专栏，每期刊登一篇地震知识。2005年4月，市地震局邀请省地震局预报中心主任，到新化县第十四中学作地震与防震减灾知识讲座。2008年4月，市委、市政府邀请中国科学院院士邓起东在湖南人文科技学院做地震与火山灾害预防预测学术报告。是年，娄底市防震减灾网站（http：//www.lddvj.cn）建立。2010年5月12日，市地震局邀请省地震学会秘书长在娄底市第三中学作普及地震常识、服务湖南经济建设专题报告。2014年初，购买价值3万多元的宣传挂图、防震减灾环保手提袋和围裙等宣传产品派发宣传。至2017年底，共计发放宣传资料20.8万份，解答防震减灾咨询2.4万余人次。娄底市防震减灾网站共发简讯360条，更新地震科普知识15次。全市创建防震减灾科普示范学校25所。娄底市第一小学被授予全省防震减灾科普示范学校称号。全市共创建市级地震安全示范社区18个，省级地震安全示范安全社区2个。冷水江布溪社区获评2017年度国家地震安全示范社区。

1990—2017年娄底市地震情况一览表

表61-6

发震时间		震中位置			震级		震感
年月日	时分	北纬	东经	地点	ML	MS	
1990-01-01	02:39	27° 42′	111° 36′	涟源市青烟	2.5	1.7	有感
1990-01-09	15:28	27° 56′	111° 48′	涟源市	1.2	0.3	—
1990-01-18	22:50	27° 36′	111° 48′		1.1	0.2	—
1990-03-09	21:50	27° 18′	111° 54′	邵东县、双峰县交界	2.2	1.2	—
1990-03-24	04:12	27° 48′	112° 00′	娄底市恩口	1.2	0.3	—
1990-04-02	11:07	27° 36′	111° 48′	涟源市	1.6	0.7	—
1990-05-03	22:18	27° 42′	111° 50′	涟源市斗笠山	2.3	1.5	有感
1990-05-08	13:04	27° 42′	111° 50′		1.5	0.6	—
1990-06-01	14:30	28° 00′	111° 48′	涟源市湘波	1.4	0.5	—
1990-06-04	11:08	27° 46′	111° 59′	娄底市	1.0	0.1	—
1990-06-13	00:41	27° 42′	111° 59′		0.4	-0.6	有感
1990-06-13	08:38	27° 42′	111° 59′		0.3	-0.7	有感
1990-06-13	08:42	27° 42′	111° 59′	娄底市	0.5	-0.5	有感
1990-06-23	10:43	27° 46′	111° 59′		1.4	0.5	有感
1990-12-03	12:05	27° 44′	111° 59′		0.9	-0.1	—
1990-12-06	09:57	27° 44′	111° 59′		0.4	-0.6	—
1990-12-22	02:04	27° 42′	111° 42′	涟源市	1.0	0.1	—
1990-12-28	21:35	27° 44′	111° 59′	娄底市	1.0	0.1	—
1991-02-07	15:12	27° 41′	111° 50′	涟源市斗笠山	0.9	-0.1	—
1991-02-07	17:07	27° 41′	111° 50′		0.7	-0.3	—
1991-02-07	17:09	27° 41′	111° 50′		2.3	1.5	有感
1991-09-19	07:27	27° 40′	111° 42′	涟源市青烟	1.2	0.3	—
1991-09-21	03:55	27° 40′	111° 50′	涟源市甘溪	1.4	0.5	有感
1991-09-21	09:59	27° 40′	111° 50′		2.1	1.3	—
1991-12-02	13:15	27° 43′	111° 54′	涟源市斗笠山	0.8	-0.2	—
1991-12-16	11:38	27° 40′	112° 07′	娄底市	1.4	0.5	—
1992-07-25	06:46	27° 44′	112° 00′		0.7	-0.3	—
1992-07-25	06:48	27° 44′	112° 00′		0.5	-0.5	—
1992-10-11	05:15	27° 44′	111° 42′	涟源市蓝田	1.9	1.1	—

续表61-6

发震时间		震中位置			震级		震感
年月日	时分	北纬	东经	地点	ML	MS	
1992-12-09	05:19	27° 50′	112° 00′	娄底市	1.9	1.1	—
1992-12-09	13:21	27° 44′	111° 59′		1.3	0.4	—
1992-12-20	17:35	27° 50′	112° 10′		1.2	0.3	—
1993-04-19	02:29	27° 44′	112° 00′		0.7	-0.3	—
1993-05-26	02:14	27° 44′	112° 00′		0.8	-0.2	—
1993-08-14	19:47	27° 44′	111° 59′		1.0	0.1	—
1994-03-02	06:55	27° 43′	112° 00′		0.9	-0.1	—
1994-04-23	16:22	27° 45′	112° 00′		1.3	0.4	—
1994-04-25	12:40	27° 44′	112° 00′		1.4	0.5	—
1994-07-07	03:54	27° 52′	111° 40′	涟源市西北部	1.4	0.5	—
1994-08-01	17:56	27° 56′	111° 54′	涟源市	1.2	0.3	—
1994-08-13	18:05	27° 57′	111° 55′		1.2	0.3	—
1994-08-29	18:06	27° 56′	111° 56′		1.1	0.2	—
1994-12-28	16:20	27° 59′	111° 26′	新化县北部	1.7	0.8	—
1995-01-29	15:03	27° 54′	111° 45′	涟源市东北部	2.0	1.2	—
1995-04-25	14:41	27° 43′	111° 59′	娄底市	0.7	-0.3	—
1995-07-14	23:39	27° 20′	111° 52′	邵东县、双峰县交界处	2.4	1.6	—
1995-07-23	23:08	27° 20′	111° 55′		2.0	1.2	—
1995-11-16	09:18	28° 00′	111° 50′	涟源市七星街	2.8	2.1	有感
1995-11-17	00:40	28° 00′	111° 50′		1.7	0.8	有感
1995-11-27	08:37	27° 47′	112° 02′	娄底市杉山	1.4	0.5	有感
1995-11-27	08:48	27° 47′	112° 02′		0.6	-0.4	有感
1995-11-27	08:49	27° 47′	112° 02′		1.2	0.3	有感
1995-11-27	11:07	27° 47′	112° 02′		1.4	0.5	有感
1995-11-27	12:45	27° 47′	112° 02′		2.1	1.3	有感
1995-11-28	05:22	27° 47′	112° 02′		1.5	0.6	有感
1995-11-28	11:35	27° 47′	112° 02′		2.0	1.2	有感
1996-03-28	15:18	27° 58′	111° 50′	涟源市伏口、七星	3.1	2.4	有感
1996-04-22	23:09	27° 17′	111° 47′	邵东县、双峰县交界处	2.3	1.5	—
1996-07-01	22:57	28° 02′	111° 49′	涟源市、安化县交界处	2.2	1.4	有感
1997-01-07	03:14	27° 45′	111° 31′	冷水江市周头水库	2.1	—	有感
1997-07-16	10:33	27° 51′	112° 02′	娄底市与湘乡县壶天间	3.0	—	有感

续表61-6

发震时间		震中位置			震级		震感
年月日	时分	北纬	东经	地点	ML	MS	
1997-07-27	01:29	27° 42′	111° 53′	涟源市	1.9	—	—
1998-05-22	18:09	27° 44′	112° 00′	娄底市	1.1	—	—
1998-06-26	17:48	27° 44′	112° 00′		0.9	—	—
1998-06-26	21:12	27° 44′	112° 00′		1.2	—	—
1999-04-26	11:03	27° 44′	112° 00′		0.7	—	—
1999-10-08	03:40	27° 51′	111° 45′		1.7	—	—
2000-07-26	20:27	27° 44′	112° 00′		0.6	—	—
2000-10-28	01:57	27° 48′	111° 43′	涟源市	2.1	—	—
2000-12-31	17:29	27° 44′	112° 00′	娄底市	1.6	—	—
2001-01-26	02:40	27° 43′	111° 49′	涟源市	2.3	—	—
2001-05-05	20:28	27° 28′	112° 04′	双峰县	1.9	—	—
2001-08-14	21:18	27° 44′	112° 00′	娄底市	0.6	—	—
2002-01-14	—	—	—		1.6	—	—
2002-04-18	12:23	27° 56′	111° 10′	涟源市漆树一古塘间	2.1	—	—
2002-10-28	10:37	27° 2′	111° 92′	双峰县	2.4	—	—
2002-12-02	21:15	27° 7′	111° 83′	涟源市	1.7	—	—
2002-12-17	02:52	27° 32′	111° 98′	双峰县	1.7	—	—
2002-12-24	19:54	27° 72′	111° 72′	涟源市	2.2	—	—
2003-04-25	—	27° 43′	111° 43′		1.9	—	—
2003-06-03	—	27° 55′	111° 45′	涟源市	1.7	—	—
2003-06-28	—	27° 26′	111° 10′	新化县	2.3	—	—
2003-07-01	—	27° 28′	111° 54′	涟源市	2.2	—	—
2003-07-01	—	27° 29′	111° 53′		1.7	—	—
2003-07-01	—	27° 28′	111° 54′		1.8	—	—
2003-07-01	—	27° 28′	111° 55′		2.0	—	—
2003-07-01	—	27° 28′	111° 55′		2.0	—	—
2003-07-01	—	27° 29′	111° 55′		1.4	—	—
2003-07-04	—	27° 33′	111° 52′		1.7	—	—
2003-07-30	—	27° 31′	111° 20′		2.0	—	—
2003-08-19	—	27° 42′	111° 52′		1.6	—	—
2003-11-30	13:56	27° 41′	111° 45′		2.3	—	—
2004-03-22	21:26	27° 42′	111° 44′		1.9	—	—

续表61-6

发震时间		震中位置			震级		震感
年月日	时分	北纬	东经	地点	ML	MS	
2004-08-12	02:38	27° 70′	111° 72′	涟源市	1.9	—	—
2004-08-13	03:27	27° 53′	111° 77′		2.7	—	—
2004-08-13	05:13	27° 68′	111° 67′		2.2	—	—
2004-08-18	02:26	27° 73′	111° 82′		2.6	—	—
2004-08-23	03:47	27° 70′	111° 80′		1.8	—	—
2005-04-01	17:07	27° 43′	111° 37′		1.9	—	—
2005-05-28	—	27° 90′	111° 50′	新化县	1.9	—	—
2005-06-14	—	28° 00′	111° 60′		1.8	—	—
2005-06-27	—	27° 40′	111° 90′	双峰县	1.7	—	—
2005-07-09	—	27° 70′	111° 80′	娄星区	1.8	—	—
2005-07-29	—	27° 80′	111° 00′	涟源市	1.9	—	—
2005-09-20	—	27° 70′	111° 00′		2.0	—	—
2006-03-02	—	27° 00′	111° 70′		2.0	—	—
2006-03-26	22:53	27° 72′	111° 70′		1.9	—	—
2006-06-07	—	27° 70′	111° 72′		2.0	—	—
2006-09-09	—	24° 47′	112° 32′		2.0	—	—
2006-10-02	07:12	27° 41′	112° 32′		2.0	—	—
2006-12-25	22:55	27° 41′	111° 44′		2.3	—	—
2007-04-12	05:44	27° 51′	111° 34′	新化县	2.1	—	—
2007-06-14	08:23	27° 16′	111° 37′	涟源市	1.4	—	—
2007-06-20	17:53	27° 25′	111° 56′		1.4	—	—
2007-11-30	12:42	27° 39′	111° 43′		1.8	—	—
2007-12-26	16:09	27° 51′	111° 43′		1.8	—	—
2008-01-09	12:08	27° 29′	111° 57′	双峰县	1.2	—	—
2008-01-21	20:00	27° 43′	111° 50′	涟源市	1.0	—	—
2008-02-06	09:47	27° 27′	112° 01′	双峰县	2.2	—	—
2008-02-08	08:08	27° 41′	111° 46′	涟源市	1.6	—	—
2008-03-14	13:33	27° 25′	112° 03′	双峰县	1.2	—	—
2008-03-31	08:06	27° 44′	112° 00′	娄星区	0.3	—	—
2008-05-05	03:30	27° 42′	111° 52′		0.7	—	—
2008-07-15	01:51	27° 41′	111° 56′	涟源市	0.8	—	—
2008-08-27	18:09	27° 43′	111° 50′		2.0	—	—

续表61-6

发震时间		震中位置			震级		震感
年月日	时分	北纬	东经	地点	ML	MS	
2008-09-20	03:52	27° 44′	111° 49′	涟源市	1.2	—	—
2008-10-22	07:23	27° 38′	111° 51′		2.2	—	—
2008-11-17	11:05	27° 68′	111° 75′		2.1	—	—
2008-11-20	10:23	27° 68′	111° 87′		2.1	—	—
2009-02-19	19:13	27° 80′	111° 80′		2.7	—	—
2009-04-24	23:41	27° 67′	111° 87′		2.2	—	—
2009-08-25	00:24	27° 35′	112° 14′	双峰县	2.5	—	—
2009-11-14	07:21	27° 22′	112° 00′		1.9	—	—
2009-12-04	06:59	27° 46′	111° 46′	涟源市	1.6	—	—
2010-02-15	13:58	27° 54′	111° 87′		2.7	—	—
2010-04-08	04:16	27° 39′	111° 52′		1.8	—	—
2010-06-22	12:00	27° 92′	111. 88′		1.6	—	—
2011-01-22	14:52	27° 42′	111° 90′	双峰县	2.0	—	—
2011-01-23	03:08	27° 72′	111° 82′	涟源市	1.7	—	—
2011-08-19	05:33	27° 67′	111° 78′		1.5	—	—
2012-01-17	01:51	27° 58′	111° 53′		2.3	—	—
2013-03-22	19:46	27° 77′	111° 61′		2.0	—	—
2013-04-28	00:28	27° 43′	111° 52′		1.7	—	—
2013-09-19	09:37	27° 46′	111° 05′		2.1	—	—
2014-03-07	13:37	27° 92′	111° 97′	娄底市	1.8	—	—
2014-03-11	04:32	27° 56′	112° 07′	双峰县	1.5	—	—
2014-06-01	17:06	27° 98′	111° 89′	涟源市	1.6	—	—
2015-06-21	17:01	27° 07′	111° 69′		2.0	—	—
2015-12-23	11:59	27° 72′	111° 79′		2.5	—	—
2016-04-20	14:35	27° 69′	111° 79′		2.3	—	—
2016-04-25	12:06	27° 54′	112° 04′	双峰县	1.8	—	—
2016-07-15	01:22	27° 55′	111° 87′	涟源市快溪	2.0	—	—
2016-07-19	22:44	27° 68′	111° 83′	涟源市斗笠山镇	3.8	—	—
2016-07-28	05:34	27° 69′	111° 85′		2.7	—	—
2016-07-28	06:01	27° 67′	111° 87′	涟源市水洞底镇	2.0	—	—
2016-08-05	01:59	27° 49′	111° 89′	涟源市	1.5	—	—
2016-08-09	02:42	27° 68′	111° 85′		1.9	—	—

续表61-6

发震时间		震中位置			震级		震感
年月日	时分	北纬	东经	地点	ML	MS	
2016-08-27	17:28	27° 79′	111° 61′	冷水江市渣渡镇	2.0	—	—
2017-01-30	13:23	27° 57′	112° 08′	双峰县	2.0	—	—
2017-10-31	21:01	27° 38′	112° 04′	娄星区蛇形山镇	2.0	—	—
2017-12-28	22:02	27° 35′	112° 04′	双峰县太平镇	2.0	—	—

第六章　气　象

第一节　气象观测

一、地面气象观测

1990年始，境内陆续建有5个地面气象观测站，分别是娄底国家气象观测站（简称娄底站），双峰国家基本气象站（简称双峰站），冷水江国家气象观测站（简称冷水江站），涟源国家气象观测站（简称涟源站），新化国家基本气象站（简称新化站）。建有遍布各乡镇自动气象站186个，实现全自动无人值守、10分钟多要素数据传输。建有1个713天气雷达站。

2002—2011年，娄底站、双峰站、冷水江站、涟源站、新化站先后安装自动气象观测仪器，进行一年的平行观测后，实行自动观测单轨运行。2004年，新化县辅助气象站升级为新化县国家一般气象站，2007年升级为新化县国家基本气象站。

2012年1月，地面测报业务取消气温、湿度、气压、雨量、风向风速的自记观测。2013—2016年，娄底站、双峰站、冷水江站、涟源站、新化站安装新型自动站仪器，实现能见度自动观测。2017年，娄底站、双峰站、冷水江站、涟源站、新化站安装降水现象仪，实现毛毛雨、雨、雪、雨夹雪、冰雹自动观测。

二、农业气象观测

1989年10月，原省级农业气象站调整为一级农业观测站，开展双季早稻、晚稻和自然物候观测业务。2002年，娄底市气象局与新化县气象局合作，完成全国第三次农业气候区划试点工作。2009年12月26日，娄底农业气象观测站撤销，增双峰站为国家农业气象一级观测站，开展双季早稻、晚稻和自然物候观测业务，自动土壤水分观测。2011年1月开始业务运行。

第二节　天气预报

一、公众天气预报

1992年，娄底地区气象台计算机远程工作站投入使用，次年与湖南省气象业务系统联网后，可随时调用省台3+网络信息资料，接收北京、武汉和临近省的气象情报资料和各种天气预报产品，利用微机屏幕显示图像、图形、制作天气预报。1995年，娄底地区气象台每天发布24小时和48小时短期天气预报，3~10天的中期天气预报，一个月以上的长期天气预报和年度天气趋势预测，重要农事季节的专题天气预报。全年短期天气预报准确率平均75%，暴雨、大风等灾害性天气预报准确率平均30%~50%。各种中、长期天气预报准确率50%~70%。

2000—2003年，娄底市气象台每天3次发布24小时、36小时、48小时、72小时短期天气预报及5天滚动天气预报，大风、寒潮等灾害性天气预报准确率均80%以上，暴雨等短期天气预报质量比往年均有所提高。2006—2009年，娄底市气象台在进行短期、中期天气预报时，每天根据中央气象台、省气象台下发的各类卫星、雷达、雷电定位实时气象图像资料、指导性预报产品及欧洲、日本的气象数值预报产品，结合娄底市各县（市）气象观测站的气象要素观测资料，在与省气象台、县（市）气象局进行电话或电视天气会商后得出天气预报结论，并通过广播、电视、报纸、声讯电话、手机短信及气象网站发布未来72小时天气预报和突发性灾害天气警报，每天通过声讯平台固定发布4次未来168小时逐日滚动天气预报，定期或不定期通过发送书面天气专题服务材料、口头汇报方式向市委、市政府及有关部门提供事关防灾减灾、工农业生产等决策气象预报服务。

2010—2017年，娄底市气象台每天定时2次发布覆盖全市86个乡镇的精细化天气预报。短期天气预报准确率平均为87%，暴雨、雷电、雷雨大风等灾害性天气的预报预警准确率平均为80%。短期天气预报逐渐向网格化、定量化、智能化预报转变。

二、专业专项天气预报

1990年，娄底地区气象台开展灾害性、转折性天气等高影响天气的专题天气预报；结合当地的作物，开展全生育期的各种不同时效的天气预报。2000年，娄底市气象台利用专业气象预报研究本地气候特点、气候资源，开展农业（生产关键期）气象预报。2009—2017年，娄底市气象台开展各种气象指数预报、交通、电力、节假日等专题天气预报、森林火险气象等级预报、城市空气质量预报，与国土资源部门协作开展山洪与地质灾害气象预报预警，开展农产品气候品质论证和各类灾害性天气的气候监测评估。定期或不定期提供各类重大活动、节假日、高考、春运等气象保障服务，滚动发布专题天气预报，实时跟踪监测做好全程气象服务。

三、灾害天气预警发布

1990年，娄底地区气象局建立天气警报系统，发布气象服务信息。2000年，娄底市气象局气象影视制作系统上线，在娄底电视台刊播天气预报。2003—2009年，娄底市气象局与电信、移动、联通、铁通等娄底通信运营商合作开展“121”自动答询和气象灾害预警主叫服务，建成数字音频广播（DAB）气象预警信息发布平台，实现天气预报及预警信号对接农村。2010年，娄底市气象台运用大数据和“互联网+”技术，建立以SWAN（灾害天气短时临近预报业务系统）和MICAPS框架为基础的预报预警业务系统。

2013—2017年，娄底市气象局先后完成湖南省气象灾害预警信息发布业务平台——市级版、国家突发公共事件预警信息发布系统——市县级和气象服务一体化平台——市县版平台建设，实现实况监测警报、预报、山洪地质灾害、预警信息等一键式精准发布，一次预警信息发布30余万人次。

第三节　气象服务

一、人工影响天气

1990年，地区人工降雨领导小组及其办公室负责处理日常工作。1998年2月，更名为地区人工影响天气工作领导小组，其办公室为常设办事机构，设气象局，核定事业编制6名，负责组织并指导全市人工影响天气工作。全地区共有高炮8门，火箭发射装置10架。

2003年，全市出动火箭发射装置2套，高炮8门，作业31次，作业区累计增加降雨量200毫米，影响区累计增加降雨量312毫米，缓解旱情面积4000余平方千米。2004年，出动火箭发射装置4套，高炮6门，作业8次，作业区累计增加降雨量90毫米，影响区累计增加降雨量125毫米，缓解旱情面积2500余平方千米。2008年，出动火箭发射装置4套，高炮6门，作业15次，作业区降中到大雨以上降水的5次，影响区降中到大雨以上8次，有效缓解局部旱情。2010年，省气象局为娄底市增加飞机增雨作业。2013年，全市出动火箭发射装置8套，高炮8门，作业85次，发射人雨弹1073发、火箭弹116枚。是年8月14—16日，全市开展人工增雨作业45次，109站次出现小雨，28站次中雨，7站次大雨。降雨面积4760平方千米，增加降水2564.8万吨，直接经济效益2564.8万元。全市131.5万亩双季早稻、137.3万亩双季晚稻、65万亩玉米保产略增。8月10日，为扑灭冷水江市禾青镇森林火灾，开展人工增雨作业15次。大乘山、茶花溪和祖狮岭4万余亩林地得到保护，灾情被控制在最小范围。2014—2017年，风调雨顺，未开展人工降雨作业。

二、公众气象服务

1998年8月，地区气象局建成“121”天气预报电话自动答询系统，开展24小时不间断气象信息自动答询业务。2003年进行系统升级，同时与电信、移动、联通、铁通等娄底通信运营商合作开展“121”自动答询和气象灾害预警主叫业务服务。2005年7月，“121”自动答询号码升级为“96121”，同时开通“96221”“12121”服务。2008年，娄底市气象局建成防灾减灾气象预警外呼平台，免费为全市所有移动通信用户以及固定电话用户提供气象灾害预警信息推送服务。建成天气手机短信服务平台，以短信形式提供气象灾害预警信息。至2017年，服务工作未断。

三、专业专项气象服务

1992年3月，娄底地区气象科技服务中心成立，开展专业专项气象服务。2003年2月，娄底市亚星雷电防护有限公司成立，并取得省气象局颁发的防雷工程专业设计、施工乙级资质，主要从事专业防雷设计、施工、检测以及防雷产品销售。

第四节　气象管理与执法

一、气象行政审批

2003年，市政府政务服务中心开设气象行政审批窗口，负责五大类项目的行政许可：建设项目大气环境影响评价使用气象资料审查，防雷装置设计审核，防雷装置竣工验收，升放无人驾驶自由气球或者系留气球单位资质认定，升放无人驾驶自由气球或者系留气球活动审批。2011年，防雷装置设计审核、防雷装置竣工验收、升放无人驾驶自由气球或者系留气球活动审批共三项行政许可下放至县（市）气象局。2013年，市、县两级气象主管机构所有行政审批事项均在政务服务中心并实现网上办理，防雷装置竣工验收项目纳入市政府建设项目联合验收。2016年，房屋建筑工程和市政基础设施工程防雷装置设计审核、竣工验收许可统一移交市住建局监管。市气象局负责油库、气库、弹药库、化学品仓库、烟花爆竹、石化等易燃易爆建设工程和场所，雷电易发区内的矿区、旅游景点或者投入使用的建（构）筑物、设施等需要单独安装雷电防护装置的场所，以及雷电风险高且没有防雷标准规范、需要进行特殊论证的大型项目的防雷装置设计审核和竣工验收许可。

二、气象探测环境保护

2002年3—9月，娄底市气象局与涟源市气象局联合开展气象探测环境保护专项执法行动，依法查处娄底市移动分公司涟源营业部修建在涟源观测站旁边的移动通信铁塔影响气象探测环境事件。2003年11月，市规划局与市气象局联合发文加强气象台站观测环境保护，规范气象台站环境保护的范围与标准。2007年11月至2008年6月，娄底市气象局查处娄底市粮运股份合作公司联建住宅楼影响雷达探测环境事件。2011年，立案查处娄底市万豪城市广场项目破坏探测环境案件。2014年，立案查处双峰县丰茂房地产开发丰茂锦城（城西廉租房）B区项目破坏探测环境案件。

三、防雷安全管理

1999年11月，娄底市气象局设立市防雷减灾办公室。2013年，市政府将防雷安全检查检测作为开展安全生产大检查的重要内容。2014年，将防雷安全生产纳入县（市、区）政府安全生产考核。2015年，将农村中小学校舍雷电灾害防御工程纳入娄底市全面推进气象现代化重大工程。2017年，开展防雷减灾体制改革，强化防雷减灾公共服务职能，改革创新防雷减灾行政管理、业务服务和市场监管体制。

第五节　气象机构

1977年，地区气象局成立，是科技型、基础性、社会公益事业单位，实行上级部门与地方同级人民政府双重领导，以气象部门领导为主的管理体制。主要开展气象探测、气象预报、气象服务、人工影响天气、雷电灾害防御管理、气象行政许可、气球施放管理、气象科研与创新等工作。

1990—2017年，娄底市气象局管辖双峰县、涟源市、冷水江市、新化县4个县（市）气象局，内设办公室、人事教育科、业务管理科、政策法规科和娄底市气象台、娄底国家气象观测站、“713”天气雷达站、财务核算中心、装备中心、市气象科技服务中心、市防雷中心、市亚星雷电防护有限公司8个直属企、事业单位，以及地方事业机构娄底市人工影响天气办公室。

2017年，娄底市气象部门有职工95人，其中参照公务员管理人员29人；高级工程师7人，工程师41人，初级专业技术职称31人。

第六十二篇

医疗卫生

概　述

1990年，娄底地区有各类医疗卫生机构552个，工作人员11713人，床位8996张。是年，推进医疗体制改革，鼓励和支持社会资本兴办民营医院（诊所）。确定每年4月为“全民爱国卫生月”，全面开展文明卫生创建活动。1991—1994年，全地区集中治理城市、农村脏、乱、差现象和“四害”（老鼠、蚊子、苍蝇、蟑螂）。1995年，全面实施改水改厕工程。至2000年，全市农村改水受益人口占农业总人口的96%，农村改厕43.69万户。全市创建省级文明卫生单位（村镇）273个，市级文明卫生单位（村镇）196个，城乡文明卫生状况持续改善。

2000年，全市26家公立医院实行管理体制改革，营利性与非营利性医疗机构分别管理，医、药分开结算。启动城镇职工医疗保险制度和城镇职工大病互助制度改革。2002年，公务员医疗补助列入财政预算，停止公费医疗和劳保医疗制度。2003年，全市县乡村建立传染病疫情信息报告体系，完成四级健康教育网络队伍建设。2004年，完善疾病预防控制和健康教育机构，加强疾病防控宣传，全面推进全市传染病免费防控，防控重大传染病。2011年，全市妇幼保健工作加快推进，住院分娩率85.9%，新生儿死亡率低于1.63‰。

2012年，市政府进一步规范和加强医疗机构审批和监管，开展“医疗质量万里行”活动，加强医政药政管理。2013年，市内确立21个特色专科。市政府实施药品生产企业信用构建与分类监管，规范药品生产质量管理。2014年，推进“药品经营许可证”和“GSP认证证书”“两证合一”。全市新版药品GSP认证通过药品生产企业21家、批发企业11家、经营企业471家。社区公共卫生服务和家庭医生签约服务普及，预防、医疗、保健、康复、健康教育和计划生育技术服务“六位一体”功能凸显。全市建立居民健康档案218.74万份，实现家庭医生签约服务人群覆盖率30%，实现重点人群家庭医生签约服务覆盖率60%。

2015年，娄底市获国家卫生城市称号。全市城乡居民基本医疗保险统一制度建立，城乡医疗保障覆盖率达100%。2016年，全市启动医联体建设，建成各种形式医联体8个，覆盖医疗卫生机构50余家，涵盖三级公立医院100%。至2017年，注册登记医疗机构3943家，发放医疗机构执业许可证2400家。三甲医院2家、二甲医院92家、一甲医院15家。医疗卫生行业工作人员28597人，其中卫生技术人员20708人，床位25098张。

1990—2017年，全市医疗技术研究应用成果56项，其中获国家级医学科学技术进步奖4项，省级医学科技进步奖21项，市级医学科技进步奖31项。各公立医院实现中西医技术全覆盖，现代先进医疗设备齐全，智慧医疗技术全面普及，医疗的健康服务功能长足进步。

第一章　医疗机构与设备

第一节　医疗机构

1990年，娄底地区医疗卫生机构552个，直属医疗机构有地区人民医院、地区中医院、地区妇幼保健院、地区康复医院、地区防疫站、地区血站。2002年，涟钢医院、娄底铁路医院转隶地方，分别更名为市第一人民医院、市第二人民医院。截至2017年，全市注册登记医疗机构3943家，发放医疗机构执业许可证2400家。其中娄星区98家、涟源市278家、冷水江市56家、双峰县1134家、新化县764家、市直医疗机构70家。全市三甲医院2家、二甲医院92家、一甲医院15家。

一、市属医疗机构

市中心医院　始建于1977年，原名地区人民医院。1993年12月，地区人民医院通过二级甲等医院评审，成为全地区第一家二级甲等达标医院。1995年，地区人民医院获评国家三级甲等综合医院。2000年，更名为市人民医院，2001年9月，市人民医院成为中南大学湘雅医学院教学医院，是娄底唯一一所集医疗、科研、教学、预防与保健为一体的国家三级甲等综合性医院、全省五大区域医疗中心之一，为南华大学、湖南医药学院附属娄底医院，南华大学、吉首大学硕士研究生培养基地，首批国家级住院医师规范化培训基地、国家医师资格考试实践技能考试基地、全国中医药防治传染病临床基地、国家药物临床试验机构、首批湖南省基层医疗卫生机构全科医生转岗培训基地、湖南省骨科—关节外科临床医疗技术示范基地、湖南省头颈腔镜临床医疗技术示范基地、在湘外国专家就医就诊定点医院。2003年，更名为市中心医院。

2017年，医院占地10万平方米，在职职工2686名，其中副高职称以上专家483人，中级专技人员1000余人，初级职称816人，硕士研究生导师16人，博士、硕士431名，享受省政府特殊津贴专家2名，吉首大学、南华大学硕士研究生兼职导师10人，在读博士、硕士460名。医院编制病床1800张，实际开放病床2800余张。医院设有59个病区，77个医疗医技科室和全省首家三甲综合医院院士工作站，湘中3D医学打印中心，临床医学研究中心，遗传、胚胎移植等多个实验研究中心。医院年门、急诊量155万人次，出院病人8.8万人次。截至2017年，医院共承担国家、省、市级科研课题140余项，其中获国家、省、地厅级科技进步奖39项，科技专利12项。医院拥有美国GE3.0T核磁共振、瑞典ELKTA直线加速器、德国西门子256层超高端光子双源CT、美国GE16排模拟定位CT、最新型荷兰飞利浦1250mA大型C臂机、西门子全乳腺全容积全身应用型彩超等一大批国际、国内领先的医疗设备500余台。中心医院专科特色明显，拥有骨科、心内科等省级临床重点专科和泌尿外科、神经内科、普通外科等省评市州级临床重点专科8个，肿瘤等市级治疗中心和质量控制中心20个。娄底市医学会34个专业委员会中有33个挂靠该院并由该院专家担任主委。

1990—2017年，中心医院相继获得国家、省、市级荣誉60余项。

市中医医院　始建于1987年，原名地区中医医院，2000年，更名为市中医医院，是集临床、医疗、教学、科研、康复、预防、保健于一体的国家三级甲等综合性中医医院。2017年，医院建筑面积3万多平方米，在职职工508人，其中卫生专业技术人员403人，高级职称51人，中级90人，博士、硕士研究生42人。开放床位628张。设肾病内分泌科、脑病神经内科、肺病科、心血管内科、针灸康复科、推拿科、普外科、烧伤整形科、肛肠科、骨伤科、急诊科、眼耳鼻喉科、儿科、口腔科、皮肤科、麻醉科、检验科等40多个科室，病室13个。医院配备1.5T西门子磁共振、飞利浦螺旋CT机、西门子DR、普爱C机、西门子彩色B超、现代化层流手术床、奥林巴斯胃肠镜、德国金宝血透机、射频治疗仪、迈瑞BS800全自动生化仪等数十套现代化高档医疗设备。

市第一人民医院　始建于1958年，原为涟钢职工医院。2004年7月，由涟源钢铁有限公司移交娄底市政府管理并更名为市第一人民医院，是一所集医疗、教学、科研、预防保健为一体的三级综合医院，中国工程院院士宁光定点研究医院，中国烧伤创伤娄底科技医疗中心、娄底市全科医生转岗培训中心、3D打印湖南省工程研究中心、中南大学湘雅医院定点指导双向转诊医院、湘雅二医院医疗协作医疗医院、湖南中医药大学第一附属医院医疗联盟单位、湖南省儿童医院协作医疗医院。是省市区基本医疗保险定点医院、新型农村合作医疗市级定点医院。2017年，医院编制床位1200张，在职职工800人，其中高级职称专家140人，中级职称220人，本科及研究生以上学历500人，设烧伤整形外科、神经外科、泌尿外科、骨外科、脊柱外科、中医科、针灸推拿康复科、老年科、手足外科、心胸外科、普外科、儿科、妇产科、呼吸内科、肿瘤内科、心血管内科、神经内科、内分泌科、消化内科、血液内科、五官科、肾内科等20多个省市级临床重点专科。医院拥有1.5T超导磁共振仪、西门子双板DR、西门子螺旋CD、美国GEC彩超、飞利浦四维彩超、日本岛津小C臂机、全自动生化仪、奥林巴斯电子支气管镜、等离子前列腺电切镜、美国斯乐辉高清数字化关节镜系统、钬激光碎石系统等一批国内、国际高档医疗仪器设备。

市第二人民医院　始建于1984年，原为铁路医院。2004年7月，由长铁总公司移交娄底市政府管理并更名为市第二人民医院，是一所集医疗、教学、科研、预防保健为一体的综合医院，省、市、区三级城镇职工医保、城镇居民医保、工伤医保和新型农村合作医疗定点医院，各保险公司及市交通事故伤员定点医院。2017年，医院占地面积1.27万平方米，建筑面积1.22万平方米。拥有医务人员360余人，其中专业技术高级职称的50余人、中级120余人。开放床位350余张，开设有内、外、妇、儿、五官、康复、皮肤、中医等10多个临床科室和放射、检验、功能、药剂、设备5个医技科室。其中妇产科、普外科为医院重点专科。骨外科、泌尿外科、心脑血管科、血液净化科、介入室、皮肤科、内分泌科、肛肠科、胃肠镜为特色专科。医院拥有飞利浦60排CT，西门子高端心脏彩超，美国进口关节镜，德国进口椎间孔镜，韩国奥思托骨密度仪，美国进口感觉神经定量检测仪，等离子电切镜，日本全自动生化分析仪等高档医疗设备。新医疗技术项目取得突破，成功开展主动脉夹层腹膜支架腔内修复术、肝硬化脾亢脾栓塞术、三叉神经痛球囊压迫术、膝关节镜下行关节冲洗并交叉韧带重建术、下肢动脉栓塞腔内溶栓术、下肢血管闭塞再通术、椎间孔镜下行颈腰椎间盘突出摘除术及脑脊液置换；运用中西医结合治疗糖尿病视网膜病变、偏振光治疗急性痛风；市级重点专科骨科、心血管内科、内分泌科的专科建设稳步推进；卒中中心神经内科开展的静脉溶栓术、全脑血管造影术、脑动脉内溶栓及去栓术技术逐步成熟。

市妇幼保健院（市儿童医院）　始建于1977年，1996年撤站建院，2012年增挂娄底市儿童医院牌子，2016年组建娄底市妇幼保健计划生育服务中心并经省卫生健康委批复为三级妇幼保健机构。是集医疗保健、预防康复、急诊急救、科研教学、妇幼保健与计划生育指导于一体的国家三级妇幼保健院、爱婴医院，娄底市唯一通过省卫生健康委认证的产前诊断（筛查）中心、新生儿疾病筛查中心，市卫生健康委认证的娄底市高危孕产妇急救中心、高危新生儿急救中心、出生缺陷综合防治中心和救治中心，湖南省妇幼保健与优生优育协会授牌的盆底防治中心，中国出生缺陷干预救助基金会授牌的出生缺陷干预救助基地，中国妇女发展基金会授牌的人流后关爱中心。2017年，医院占地1.2公顷、建筑面积1.23万平方米、编制床位150张，新址占地3.33公顷，总建筑面积4.79万平方米，规划床位400张。定编110名，在职职工409人，其中中级以上技术职称158人，副高以上职称63人，临床保健科室27个，以妇产科为龙头，儿科为骨干，儿保、妇保、乳腺外科为特色。医院秉承“厚德、仁爱、创新、卓越”的院训，为全市妇女儿童提供“生命全周期、健康全过程”优质服务，相继获得全国卫生系统先进集体、“全国三八红旗先进集体”、省妇幼卫生目标管理先进单位等100余项国家、省市级荣誉。

市康复医院　1985年，地区精神病医院成立。1990年，医院占地面积3.33公顷、建筑面积690平方米，职工65人，其中专业技术人员25人（副高以上职称2人、中级技术职称8人、初级15人）。1999年9月，更名为市康复医院，承担全市优抚对象医疗保障、重点优抚对象短期疗养、优抚巡诊及精神卫生防治任务。省卫健委确定为娄底市精神卫生中心，集医疗、教学、科研、心理健康教育、心理危机干预、精神疾病社区防治技术指导和社区康复指导等工作于一体、以精神卫生、老年医疗和康复治疗为重点专科优抚医院。

2017年，医院占地3350平方米，建筑面积3.2万平方米，设有精神科、老年科、康复科、心理科等10个临床科室和市重点优抚对象短期疗养中心、阳光心灵会所。编制床位450张，实际开放床位

1000张。有职工337人，其中专业技术人员290人（副高以上职称21人、中级技术职称87人、初级182人）。医院拥有心电图室、脑电图室、生化实验室、B超室、DR室、CT室以及MECT治疗仪、生物反馈治疗仪、沙盘治疗设备、经颅磁刺激治疗仪、VR治疗仪等先进医疗设备。

市疾病预防控制中心　1990年，时名地区卫生防疫站。1999年10月，更名为娄底市卫生防疫站。2004年7月，更名为市疾病预防控制中心（简称疾控中心）。2017年，中心加挂国家食品安全风险监测湖南中心娄底分中心牌子，是娄底市卫生健康委下属的副处级公益一类事业单位，市疾病预防控制指导中心、国家病媒生物监测点。担负全市疾病预防与控制、突发公共卫生事件应急处置、疫情及健康相关因素信息管理、健康危害因素监测与控制、实验室检测分析与评价、健康教育与健康促进、技术指导与应用研究等职能。中心核定编制137名（其中全额拨款编制115名、差额拨款编制22名）。在编在岗职工134人，其中正高职称7人（其中2人未聘），副高职称22人（其中7人未聘），中级职称59人（其中18人未聘），初级职称34人，管理和工勤人员12人；大专以上学历127人，占94.8%，研究生15人。中心设6个职能部室，13个业务部室：预防保健科、急诊医学科、内科、外科、妇产科（门诊）、儿科（门诊）、耳鼻咽喉科（门诊）、麻醉科、精神科（药物依赖专业）、职业病科（职业中毒专业、尘肺专业、物理因数损伤专业、职业健康监护专业）、病理科、医学检验科、医学影像科、动物咬伤门诊和预防接种门诊等诊疗科目。检查检验项目为：三大常规、血糖、血脂、肝肾功能、甲肝、乙肝全套、梅毒、艾滋病、电解质、血气分析、肺功能、X光、心电图、超声（彩超）、经颅多普勒、电子阴道镜等。

2017年，中心建筑面积1.24万平方米，其中科技业务用房5400平方米，实验场所3504平方米。中心拥有气质联用仪、7500PCR、全自动微生物鉴定仪、5分类血液分析仪等26种进口或国产先进诊疗设备，价值2500多万元。建立艾滋病检测确证实验室和国家级流感监测网络实验室，床位70张，具有较强的卫生监测检验、职业病诊断综合能力。中心秉承依法科学、公正诚信、履职尽责、优质高效方针，按国家《实验室和检查机构资质认定管理办法》，建立质量管理体系，通过了省级计量认证复评审，省级职业卫生资质认定，省级艾滋病确认实验室评审，开展食品卫生、饮用水卫生、环境、公共场所卫生等7大类300多个项目的理化和微生物检测分析与评价工作。

市中心血站　1995年，地区卫生局贯彻省卫生厅加强血液管理和临床用血管理相关规定，成立娄底地区无偿献血工作领导小组。1996年6月，娄底地区中心血站成立，各县（市）相应成立无偿献血工作领导小组和血站。至1998年，全地区每年无偿献血人数由无偿献血制度实施之初的100余人次发展到2.5万余人次。

2002年，全市完成无偿献血（含补偿式献血）2万余人次，连同上年连续两年获全省无偿献血工作第一名。2005年8月，市中心血站搬迁至长青街东娄底市中心血站综合办公大楼，占地1公顷，总建筑面积5762平方米。

2015年，市中心血站改属市卫生计生委主管，承担全市无偿献血采集和150多家医疗机构临床用血供应职责。2016年，市中心血站设置固定献血屋2个，固定献血房车4辆，流动献血车4辆，送血车2辆，中心储血点4个，献血储血网点遍及各县（市、区）。有全自动核酸血液筛查系统1套，全自动酶免分析仪、全自动生化分析仪、血型分析仪、大容量冷冻离心机、全自动血液成分分离机等大型关键设备100余台，有血液信息管理系统和冷链温度监控系统、核酸检测实验室、血清检测实验室、质控实验室、机采室、成分制备室、血液储存室，设备优良齐全，环境温馨舒适。单位固定资产超过3000万元。

2017年，市中心血站有在职工作人员82人。其中，卫生专业技术人员64人，高级职称10人，本科以上学历50人。设有办公室、人事科、财务科、后勤保卫科、宣传信息科、社会服务科、献血办7个行政科室和质管科、采血一科、采血二科、检验科、成分科、供血科6个业务科室。

二、县（市、区）级医疗机构

（一）娄星区

1990—1998年，娄底市有县级医院1所，乡（镇）卫生院10所。2017年，全区有二级公立医院1所，即区人民医院，社区卫生服务中心5家，乡镇卫生院6所。有在职基层医疗卫生工作人员483人，其中专兼职卫生技术人员269人。

（二）冷水江市

1990年，冷水江市有市直医疗卫生机构5家。2017年，有各类医疗卫生机构376个。其中，市属医疗机构有市人民医院、市中医医院、市妇幼保健医院等5家；乡镇卫生院（社区卫生服务中心）10家；驻冷水江市厂矿及民营医院12家；诊所346家。

（三）涟源市

1990年，涟源市有县级医疗机构3所，即市人民医院、市中医医院、市妇幼保健院，乡镇卫生院56所。业务用房5.72万平方米。职工1047人，其中卫生专业人员917人。2017年，全市有医疗卫生机构1034个。其中非营利性医疗机构979家、营利性医疗机构55家。二级综合医院4家，即市人民医院、湘中煤炭医院、民盟医院、城北医院。其中后三者为民营医院。二级中医院1所，二级妇幼保健院1所，疾病预防控制中心（职业病防治医院）1家，民营一级综合医院11所，民营专科医院2所，建制乡镇卫生院18所，社区卫生服务中心3家，非建制乡镇卫生院1所，卫生院分院及医疗点100个。全市各级各类医疗机构共有卫生技术人员5204人，其中高级职称201人，中级职称1090人。

（四）双峰县

1990年，全县有县级医疗机构5家，即县人民医院、县中医医院、县第二人民医院、县妇幼保健所、县骨伤科医院，有乡镇中心卫生院15所。2017年，全县有医疗机构924家，其中，县直公办医院7家：县人民医院、县中医医院（二级甲等中医医院）、县第二人民医院、县第五人民医院、县计划生育妇幼保健服务中心（加挂县妇幼保健院牌子）、县骨伤科医院、县精神病医院。有乡镇卫生院（所）15所，民办综合医院4所：双峰县老科协国藩医院、双峰县乡野医院、双峰县工农医院、洪山殿矿业职工医院。民办精神病医院1家，即双峰县天和精神病医院。民办医养结合医院1家，即双峰县颐养堂。有全科医生58人，注册执业（助理）医师1694人，注册护士1679人。

（五）新化县

1990—1997年，全县有县级医院3所，即县人民医院、县中医医院、县妇幼保健院，有区医院13所，乡镇卫生院87所。2017年，全县有医疗机构1400家，其中县直公办医院6家：县人民医院（二级甲等综合医院）、县中医医院（二级甲等中医医院）、县第二人民医院（二级综合医院）、县计划生育妇幼保健服务中心、县皮肤病防治医院、县疾控中心职业病防治医院。有乡镇卫生院29家，县精神病医院1家。民办医院27家，其中二级综合医院2家、一级综合医院12家。口腔医院3家，眼科医院2家。精神病医院1家，即新化怡康精神病医院，其他专科医院3家。全科医生89人，注册执业（助理）医师2506人，注册护士2689人。

第二节　医疗设备

1990—1999年，全地区50万元以上医疗设备112台。其中，CT35台，B超18台，X光机19台，高压氧舱5台，胃镜机3台，呼吸机6台，电子内窥镜1台，体外碎石机5台，麻醉机20台。至2009年，全市50万元以上医疗设备308台。其中，CT87台，B超43台，X光机58台，高压氧舱14台，胃镜机7台，呼吸机16台，体外碎石机11台，电子内窥镜6台，麻醉机21台，CR工作站5套，DR1台，PCR1台，X光刀子1台，耳鼻喉镜2台，光子嫩肤机1台，自动酶免仪1台，美肤激光治疗仪1台，全自动电化学发光免疫分析仪1台，全自动生化分析仪1台，热疗机1台，16层螺旋CT1台，准分子激光1台。

2017年，全市50万元以上医疗设备1293台。其中，CT213台，彩超134台，X光机132台，高压氧舱157台，胃镜机13台，呼吸机133台，电子内窥镜13台，麻醉机51台，CR工作站28套，DR2台，PCR3台，X光刀子3台，耳鼻喉镜5台，光子嫩肤机4台，自动酶免仪1台，体外碎石机15台，美肤激光治疗仪7台，全自动电化学发光免疫分析仪3台，全自动生化分析仪2台，热疗机5台，16层螺旋CT3台，准分子激光4台，便携式B超8台、PCR仪6台、X线机6台，超高端CT5台，超高清腹腔镜系统1套，超声内镜系统1套，超声乳化玻切一体机1台，单镜片膀胱镜1台，电生理记录系统1套，电子膀胱肾盂镜1套，电子胃镜8条，动态DR1台，发射型计算机断层扫描装置1套，反渗水处理系统2套，腹腔镜6台，高清腹腔镜系统1套，高血压脑内出血血肿清除术设备1套，宫腔镜1套，光学相干断层扫描仪1台，核磁共振8台，钬激光1台，计算机辅助扫描功能诊断仪1台，加速器1台，超声肝硬化检测仪1台，模拟定位CT机1台，乳腺内窥镜系统1套，全自动尿液分析仪1台，全自动细菌鉴定药敏分析仪1台，全自动血液细胞计数仪1台，热断层扫描系统1台，三维C臂机1套，数字乳腺X线摄影系统1套，双导管碎石仪2台，双脉冲钬激光1台，胎儿母体心率记录仪1台，体外冲击波疼痛治疗系统1台，显微镜3台，血管造影X射线摄影系统2台，眼科激光治疗设备1台，乳腺血氧功能成像系统1台，G臂机1台，移动DR1台，直线数字化X射线摄影系统1套，质量控制产品和辅助定位产品1套，椎间孔镜手术系统1套，血透室净化空调8套，血透用水设备131台，腹腔镜18台，ICU监护设备89套，等离子电凝电切系统3套，手术显微镜15台，新生儿、婴幼儿呼吸机26台。

第二章　医疗技术

第一节　中医医疗技术

1990年，地区中医医院门诊楼主体工程建成，次年投入使用，并在景屏街设立公费医疗门诊部，次年更名为地区中医医院景屏分院。1991年8月，新化县中医医院与湖南中医学院第二附属医院（简称中医附二）签订合作协议，开设中医骨科。湖南中医学院第二附属医院派出中医骨科专家孙达武、张禄初教授轮流前往新化县中医医院坐诊、带教，成功完成全县首例髋关节置换手术。是年，全地区中医骨科病室床位增至70个，其中专用骨科床位18张。1992年，新化县中医医院曾介绥等人的科研成果“自拟灭澳汤治疗HbsAg阳性100例疗效观察”获娄底地区科技进步三等奖。1996年，地区中医医院王松长、伍欣主持开展的科研成果“穴位电子疗法治疗胆道蛔虫病”获娄底市科技进步三等奖。新化县中医医院科研成果“自拟通幽结肠丸治疗慢性结肠炎150例疗效观察”获娄底市科技进步三等奖。新化县中医医院首创咳喘专科，由内科主任医师组成临床攻关团队，采用内治和外治相结合的方法，治疗急慢性支气管炎、肺心病、肺气肿、肺癌等各种呼吸系统疾病。临床实践中，摸索出一系列有效方剂和中药制剂，如强心汤治疗肺心病，支扩止血汤治疗支气管扩张咯血，愈肺汤治疗急慢性支气管炎，平喘散外敷治疗支气管哮喘等，并研制抗痨灵丸、清肺化痰丸、清肺利咽丸、宣肺化痰丸等多种中药制剂，治疗支气管炎、支气管哮喘、肺结核等呼吸系统疾病。该院尘肺科选用黄芪散、薇线汤专治尘肺病。是年1月，涟源市老中医石海澄被卫生部授予全国卫生系统先进工作者。

1999年，娄底市中医医院烧伤整形科研究的大黄预防烧伤肠源性感染技术取得较好疗效。2000年，冷水江市中医医院科研成果“大腿高位离断术”获娄底市科技进步二等奖，“羊肠线结扎治疗小儿前臂骨折术”获娄底市科技进步三等奖。涟源市中医医院腰椎骨折开放复位内固手术、腰椎管狭窄症、腰椎结核病灶清除手术均获得成功。2001年，娄底市中医医院被授予国家执业医师考试中医、中西医结合实践技能考试基地。该院王松长、伍昕的科研项目“半湿润烧伤膏的研制与临床”获中国特效医术研究会2000年度特色医药成果三等奖。2002年，市中医医院烧伤科研发的“小承气汤预防烧伤肠源性感染”用于临床。冷水江市中医医院设立妇产科住院部，开展剖宫产、子宫切除、盆腔肿块切除等手术。新化县中医医院糖尿病专科研制的“降糖养元丸”治疗Ⅱ型糖尿病，获娄底市科技进步三等奖。该专科升格为新化县中医糖尿病医疗中心。2003年，冷水江市中医医院内科主任医师苏姣华采用泻白散加减治疗支气管炎35例、肺炎40例。涟源市中医医院首例髋关节置换手术成功。2004年12月，市中医医院科研项目“活血利水明目汤治疗视网膜静脉阻塞”通过市科技局成果鉴定。冷水江市中医医院骨科完成应用AF系统治疗胸腰段脊柱骨折21例，重建脊柱稳定性，恢复椎管完整性，减少脊柱骨折并发症。该院内科采用中西医结合治疗冠心病心律失常56例，总有效率94.6%。该院外科副主任医师张祯祥采用中西医结合治疗急性胰腺炎58例。双峰县中医医院独创中药品牌制剂骨刺康复丸、妇康丸、消炎散和推拿疗法、艾灸疗法、中药熏洗疗法、中药离子导入疗法等特色中医医疗技术，成功应用于骨伤病康复治疗。

2005年，冷水江市中医医院成为湖南省首批示范中医医院。该院副主任医师杨圣宇成功采用中西医结合治疗幽门螺杆菌相关性胃炎38例。娄底市中医医院罗建国等的科研项目“活血利水明目汤治疗视网膜静脉阻塞”获娄底市2005年科技进步奖三等奖。2006年12月，中华中医药学会主办的首届全国农村中医药发展大会在娄底市召开。市中医医院采用人工髋关节置换术结合中药内服外敷治疗髋关节病变，获娄底市科技进步三等奖。该院“养血愈伤汤结合外固定治疗高龄病人股骨粗隆间骨折”“三黄汤熏洗治疗外伤性皮肤溃疡”“中西医结合治疗少儿血源性骨髓炎”广泛应用于临床医疗。2008年，娄底市在“中医中药中国行”大型科普宣传活动中，获国家中医药管理局颁发的组织奖。市中医医院罗建国主编的《中医教您防治眼底出血》一书出版。市中医医院开设不孕不育生殖专科门诊，治愈率42.8%，胎漏、胎动不安治愈率94.6%。是年，双峰县中医医院成立中医特色重点专科中风科，研究应用醒脑开窍针刺法、肢瘫熏洗热熨法、中医定向透药治疗法、中医穴位贴敷治疗法，制成“正邪丸”“复方头痛宁胶囊”。涟源市中医医院成功完成首例膝关节置换术。2009年，市中医医院罗建国参编的《中医耳鼻喉科临床妙法绝招解析》一书出版，石海澄、罗建国编写的《龙山医悟》一书出版。冷水江市中医医院妇产科成功开展首次宫腹腔镜微创手术。

2010年，市中医医院罗建国参编的《中医秘方大全》一书出版。冷水江市中医医院“中医护理创建工作”通过省中医管理局验收。该院制剂“镇痛散”对腰椎间盘突出非手术患者外敷、“外洗一号”对胫腓骨开放性骨折中后期患者熏洗、“灌肠汤”对痔疮病人进行中药灌肠，均取得确切疗效。2011年7月，市中医医院外科成功救治一巨型胃结石病人。8月，冷水江市中医医院设立制剂室，生产骨伤跌打止痛胶囊、舒筋接骨胶囊、心脑灵胶囊、外敷一号、外洗一号、祛风镇痛液等制剂。该院利用臭氧结合针刺治疗顽固性腰椎间盘突出症，临床治愈率95%以上。是年，娄底市卫生局网站中医药网页开通。新化县中医医院成立椎间盘病科，属中国人民解放军第535医院脊柱外科技术帮带科室，开设床位35张，以微创介入治疗颈、腰椎间盘突出症。

2011年12月19日，娄底市举办首届中医药文化节，邀请国医大师孙光荣作养生讲座。2012年，娄底市中医药学会举办全市养生保健学术交流会暨中医膏方培训班。冷水江市中医医院中西医结合治疗宫腔粘连性闭经40例，治愈率57.5%，有效率87.5%；中药滋肾补肾汤治疗绝经综合征46例，治愈率54.4%，有效率78.3%。4月，娄底市中医医院通过省重点骨伤科、特色肛肠科验收。2013年，娄底市中医医院罗建国通过考试考核被遴选为国家中医药文化科普巡讲专家（属湖南省第二位该类巡讲专家）。2014年，罗建国的科研项目“活血利水明目汤治疗视网膜静脉阻塞黄斑水肿疗效观察”申报省中医药管理局科研课题获批立项。新化县中医医院引进德国Jiomax椎间孔镜系统，首例椎间孔镜微创手术治疗腰椎间盘突出症获得成功。该院开办针灸康复科住院病房，开展脑病康复（偏瘫、脑外伤术后康复）、神经康复（面瘫、截瘫、周围神经损伤等康复）、疼痛康复（颈椎病、腰椎间盘突出症、腰椎滑脱、肩周炎、膝关节骨性关节炎、风湿痛等康复)、儿童康复(儿童脑瘫康复)、产后康复、亚健康调理等治疗。该院针灸康复科以中医传统疗法(针灸、推拿、小针刀、火针、穴位贴敷、埋线、穴位注射等),结合现代康复技术(康复评定、运动疗法、作业疗法、言语训练等)治疗中风偏瘫。该科在县内开展火针、小针刀、冬病夏治三伏贴等特殊外治疗法,逐渐形成整脊手法、火针、小针刀三大中医外治核心技术,治疗颈肩腰腿痛等病症。

2015年,娄底市中医医院成功开展动静脉血管吻合术。新化县完成市政府下达的《基层中医药服务能力提升工程目标承诺书》目标任务,全县90%以上乡镇卫生院设置中医科、中药房,配备中医师及中医诊疗设备,16家乡镇卫生院设立中医馆,推广针灸、推拿等10项以上中医药技术。涟源市中医医院建立涟源市首家国医馆,聘请本地及省内知名专家坐诊。2016年,湖南省回春堂药业有限公司被授予省著名商标,被评为高新技术企业、湖南省农业产业化龙头企业。娄底市第二人民医院的《中医综合治疗的应用原则与推广》获娄底市第九届自然科学优秀论文一等奖。市中医医院先后引进骨伤科主任医生、博士各1名。该院开展全髋关节置换术及经皮穿刺骨水泥椎体成形术20余台,购置电子支气管镜,用于开展肺灌洗治疗尘肺病、硅肺病。该院烧伤整形科为液化气烧伤患者曾女士做右侧颈部扩张器取出,右侧面部、下颌部疤痕切除,扩张皮瓣转移修复术,达到"换脸"效果。11月,市中医医院外科引进胰腺肿瘤Roun-y内引流技术。该院研发的中药膏方扶正膏、阿胶膏、固元膏受市民欢迎。12月29日,娄底市中医医院烧伤整形科承办难愈性创面的中西医结合治疗技术新进展培训班。2017年,娄底市中医药学会治未病(养生保健)专业委员会成立。娄底市中医医院药学部研发60多种中医药特色膏方。该院骨伤科成功为一名98岁高龄骨折患者实施右股骨粗隆间PFNA手术,刷新高龄骨折患者年龄记录。12月,娄底市中医医院举办娄底市首届膏方养生文化节。是年底,全市有三甲中医医院1家、二甲中医医院4家、二甲专科医院1家、二级中医特色民营医院4家,市级以上重点中医专科14个,开设病床1540张,社区卫生服务中心、卫生院中医科(馆)49家。

第二节　西医医疗技术

一、内科

1990年,涟钢医院、地区人民医院运用国产纤维胃镜、奥林巴斯胃镜,开展常规胃镜检查诊断。1994年,全地区县以上医院开展结肠镜检。1998年,地区人民医院率先开展微创血肿穿刺治疗高血压脑出血。胃镜技术和微创血肿穿刺治疗高血压脑出血运用推广,受益35万人次。

2000年,市人民医院开展C臂机引发下肝癌介入治疗,改良的侧脑室引流腰穿脑脊液置换并尿激酶注入治疗重型脑室出血。2001年,市人民医院在全市率先开展颅内血肿微创清除。2003年,引进动脉血气分析仪,在全省率先使用多通道颅内血肿微创清除+尿激酶溶解术治疗脑出血,在全市率先使用X刀治疗颅脑及全身恶性肿瘤。心血管内科创建娄底市第一个专业心血管介入导管室,施行第一例人工心脏起搏器安装、第一例选择性冠状动脉造影、第一例经皮冠脉成形术(PTCA)和第一例冠脉内支架置入。2004年,采用无创呼吸机辅助通气技术,在全省地市级医院率先使用全脑血管造影和脊髓血管造影,完成全省地市级医院首例蛛网膜下腔出血动脉瘤栓塞术,并在娄底市率先开始神经介入治疗。2005年,市中心医院在全市率先实行肿瘤立体适形放疗,大剂量MTX治疗恶性淋巴瘤及骨肉瘤。2006年,施行恶性肿瘤的后装腔内放疗,在纤维支气管镜引导下气管插管及有创机械通气。2007年,推行电子支气管镜检查,CT引导下的肺、肝脏穿刺活检术,自体动静脉内瘘成形术,改善终末期肾病患者的血管通路。2008年,全市二甲以上医院使用自动化机械洗肠及药物保留灌肠治疗溃疡,重症胰腺炎连续性肾替代治疗(CRRT)、胶囊内镜检查,实现消化道检查无盲区。2009年,实施糖尿病胰岛素泵强化治疗。

2010年，市中心医院腹膜透析置管术成功运用，2011年，贲门黏膜撕裂出血内镜下钛夹止血、贲门失弛缓内镜下球囊扩张技术运用，内镜下食管、胃、肠息肉摘除，营养管置入，钛夹止血，黏膜下注射止血，氩离子凝固术（APC），食管胃底V曲张套扎（EVL）及组织胶注射和硬化剂治疗等技术普及。2012年，全市首个神经重症监护病房建立，完成市内首例颈内动脉海绵窦瘘栓塞术。2013年，首例颅内动脉狭窄血管成形+支架置入术成功运用，急诊PCI团队组建，开通急诊PCI术绿色通道。首例急诊PCI支架植入术、急诊PCI血栓抽吸术成功；施行鼻咽癌等头颈部恶性肿瘤的静态调强放射治疗。2014年，完成首例主动脉内球囊反搏（IABP）植入术、血管内超声（IVUS）诊断术和冠状动脉血流储备分数（FFR）检查，首例脑血管畸形栓塞技术。2015年，完成首例颈内动脉重度狭窄血管成形及支架置入术，施行糖尿病足溃疡的负压吸引治疗，肾穿刺活检技术。成功救治市内首例重症格林—巴利综合征。至2015年，全市二甲以上医院完成逆行胰胆管造影（ERCP）+艾迪氏括约肌切开取石术（EST），鼻胆管引流（ENBD）等多项内镜新技术运用推广，胆总管结石患者不用外科开刀，内镜下微创取出解除梗阻，食管气管瘘可行内镜下覆膜支架置入。2016年，推广垂体瘤治疗，开展无痛支气管镜技术及内科胸腔镜技术。开展单人肠镜检查，超声内镜检查，完成房颤射频消融术、三维引导下室上性心动过速的射频消融术、室速射频消融术，以及腔静脉滤网植入术、取出术等外周介入手术。市中心医院等多家医院开展单人肠镜检查，超声内镜检查。单人肠镜检查，超声内镜检查运用。全市首例急性脑梗死大血管闭塞溶栓+取栓术成功。2017年，市中心医院完成全市首例颅内静脉窦血栓取栓术。深部肿瘤的粒子植入治疗、肾上腺肿瘤治疗、三腔起搏+自动除颤器（CRT-D）植入术、先天性心脏病介入治疗、房缺封堵术、肺动脉取栓术成功运用。是年11月，市中心医院引进娄底首台血细胞分离机并投入使用，对慢性骨髓增殖性肿瘤、急慢性白血病患者高白细胞、高血小板、红细胞增多等病情，能快速分离出白细胞、红细胞、血小板，实现早期快速治疗。

二、外科

1992年，地区人民医院完成区内首例心脏二尖瓣闭式扩张手术。1995年，完成首例食管癌切除手术，施行大脑凸面脑膜瘤切除术、胶质瘤切除术、椎管内神经鞘瘤切除术。1996年，实施镜下大脑凸面及镰旁、矢状窦旁脑膜瘤、胶质瘤、淋巴瘤、周围神经鞘瘤切除术、高血压脑出血小骨窗开颅脑内血肿清除术。1997年，采用颅内血肿微创穿刺引流术。涟源市人民医院首例胰十二指肠切除术成功。1998年，地区人民医院推行腹腔镜下胆囊切除术，完成严重脊柱侧弯、后凸矫形术及高位颈椎手术。二甲以上医院运用膀胱镜手术。

2000—2004年，市中心医院先后采用脑室腹腔分流术和前颅窝底嗅沟脑膜瘤切除术、韧带性右半肝切除术和肝左三联、胰、十二指肠切除术、人工股骨头置换术、尿道等离子汽化电切术，将前列腺手术由开放向微创转变，完成第一例输尿管镜下取石术和首例输尿管镜碎石取石及经皮肾镜碎石取石术（PCNL）。2005年，全市二甲以上医院，膝节镜微创技术、椎间盘镜手术、椎管内肿瘤切除技术、后腹腔镜肾囊肿切除术、经皮肾碎石术、腹腔镜下肾囊肿去顶术普遍运用。2006年，市中心医院成功为105岁老人施行人工股骨置换术，实施（后）腹腔镜下UPJO成形、肾上腺肿瘤切除、肾部切除、前列腺癌根治等手术。2007年，采用女性压力性尿失禁TVT/TVT-O术，成功解决中老年女性患者压力性尿失禁困扰。2008年，全市二甲医院采用内镜保胆取石术。2009年，市中心医院采用国际全新手术方式Gemini　MKⅡ微创板式截骨技术，成功为一患者进行同期双膝关节置换手术，达到国内先进水平，在全省地市级医院率先成功实施根治性全膀胱切除+原位回肠代膀胱手术、体外冲击波碎石取石术（ESWL）。

2010年，市中心医院成功开展神经内镜下脑内血肿清除术。2011年，施行胸腔镜下胸部各种疾病的诊断和治疗，施行电视胸腔镜辅助外科手术（VATS），包括胸腔探查、肺大疱切除、肺结节切除、肺胸膜活检等手术。开展胸腔镜下胸部各种疾病的诊断和治疗；利用胸腔镜技术为气胸患者成功实施肺大疱切除修补术。成功施行腹腔镜下胆囊切除、胆道探查术，腹腔镜下脾切除术。完成全市首例尿流动力学全套检查及分析报告；开展下咽癌根治+带血管蒂胸大肌皮瓣转位修复下咽缺损术，游离带血管蒂股前外侧皮瓣移植，进行口腔癌（如舌癌、牙龈癌、口颊癌、口底癌、扁桃体癌等）根治术后缺损修复，整体技术达省内先进水平。2012年，成功开展显微镜下脑脓肿切除术，开展结直肠癌、胃癌根治术及单孔腹腔镜疝修补术。完成泌尿系结石全自动红外光谱结石成分分析。开展游离带血管蒂前臂皮瓣移植，进行口腔癌根治术后缺损修复，游离带血管蒂腓骨肌皮瓣移植行下颌骨重建。完成修复口腔癌根治术后下颌骨缺损，显微镜下鼓室成形+听骨链重建术，面神经纤维瘤切除+耳大神经移植代面神经术，带血管蒂额瓣转位行颌面部皮肤癌根治术后缺损修复。“双侧髋关节同期置换比较优势的临床研究”科技成果通过省级专家鉴定，达到省内领先水平。

2013年，市中心医院完成市内首例腹腔镜下直肠癌根治术，成功救治涟钢两名特重度铁水烧伤病人和双峰某煤矿瓦斯爆炸导致的四名特重度烧伤病人，开展内镜辅助下甲状腺腺叶切除术，继发性甲旁亢甲状旁腺全切+甲状旁腺前臂移植术，开展游离带血管蒂髂骨瓣移植行下颌骨重建修复下颌骨缺损，颈段食管癌根治+游离带血管蒂空肠瓣移植代食管术，上颌骨癌上颌骨全切+各种游离带血管蒂皮瓣（如股前外侧皮瓣、前臂皮瓣等）移植上颌骨重建术，利用低温等离子消融术治疗阻塞性呼吸睡眠暂停综合征和切除良、恶性肿瘤。2014年，市中心医院开展输尿管软镜下钬激光碎石取石术，泌尿外科手术步入“微微创时代”，完成全市首例等离子前列腺剜除术；在全省率先施行胸乳径路全腔镜下甲状腺次全切除术、胸乳径路全腔镜下甲状腺腺叶切除术、胸乳径路全腔镜下甲状腺全切除术、经锁骨下径路全腔镜下上颈部淋巴结清扫术、经腋下径路全腔镜下甲状腺（如甲状腺次全切除、腺叶切除、中央区淋巴结清扫、侧颈部淋巴结清扫）手术。开展输尿管软镜下钬激光碎石取石术。泌尿外科手术步入“微微创时代”。完成全市首例等离子前列腺剜除术。全市二甲医院开展肝门部胆管癌根治术、肝尾叶切除术、胰十二指肠切除术、胃癌D2-D3根治术、腹腔镜下结直肠癌根治术、腹腔镜下完全腹膜外疝修补术。在乳腺癌、甲状腺癌、胃肠道恶性肿瘤手术及术后规范化综合治疗方面多项技术达国内领先水平。科研课题“肝门空肠扣式吻合术治疗Ⅲ型和Ⅳ型肝门部胆管癌”获娄底市科技进步三等奖。该成果为国内首创，达到国内先进水平。开展B超引导下股神经阻滞置管+膝关节置换术，腔静脉滤器置入+高难度髋关节置换术。是年11月18日，为104岁老人成功实施骨折后复位内固定手术，闯过医学“禁区”。成功开展经鼻蝶垂体腺瘤切除术和中颅窝底、矢状窦旁、功能区脑膜瘤切除术。开展全腹腔镜下肝叶切除术。

2015年，市中心医院施行经内镜逆行胆胰管造影术（ERCP）、经内镜胆道置支架内引流术（ERBD）。采用面肌痉挛显微镜下微血管减压术，减少药物治疗造成的毒副作用及相关并发症。利用3D打印技术开展齿状突骨折并脱位及颈椎肿瘤治疗。利用椎间孔镜进行腰椎及颈椎间盘突出微创治疗，具有创伤小、出血少、术后恢复快等优势。施行全市首例腹腔镜下胃癌根治术。完成全市第一例镜肩关节粘连松解、肩关节不稳定修复等病例，多项技术填补娄底市内空白。9月16日，在全省率先采用DAA快优入路的方式为患者实施双侧全髋同期置换手术。2016年，开展超高位断肢再植、高难度婴幼儿断指再植、高难度保关节再植等技术；4月10日，“Gemini MKⅡ微创技术在HTO患者膝关节置换术中的应用及临床研究”科技成果通过省市医学专家鉴定，达到国内同类技术领先水平。开展游离带血管蒂前臂皮瓣移植行下咽及颈段食管环形缺损修复。成功开展全市首例一体位多镜联合技术治疗泌尿系结石及泌尿系肿瘤，并成功开展全市首例输尿管狭窄球囊扩张和经皮肾球囊扩张术。8月10日，全市首例全腹腔镜下输尿管肿瘤根治术、脑室内肿瘤显微镜下切除术、帕金森病深部电刺激植入术、颅内压监测植入术、显微镜下微创髓核摘除术、脑干出血显微镜下清除术、腰大池腹腔分流术等全部获得成功。应用德国蛇牌高速磨钻揭盖椎板手术治疗严重的椎管狭窄症、骶2椎固定治疗重度腰骶椎滑脱等技术，G臂导航下的经皮椎体成形和经皮椎体球囊扩张成形术治疗中重度骨质疏松性骨折，能迅速减轻老年患者的腰背痛。

2017年，市中心医院添置新开颅动力系统、高档神经外科手术显微镜，开展显微镜下脑肿瘤切除术、高血压脑出血镜下血肿清除术、颅内压监测植入术、显微镜下颈胸段脊髓髓内肿瘤切除术、显微镜下椎间盘突出摘除术。是年12月10日，在全国著名肝胆外科专家、原肝胆医院院长吴金术教授的操刀指导下，成功实施一例极为复杂的肝胆管结石手术，为患者取出重达250克的肝胆结石。术中一次性运用14条常规取石途径中的6条，同时切开多处3级胆管，手术难度之大，取石途径和取石数量之多，国内罕见。该院科研成果《皮肤烧创伤治疗新技术的临床应用》获娄底市科技进步三等奖。成功救治特重度烧伤面积达85%的老年女性患者，其子“割皮救母”的孝心之举被央视、《新京报》等媒体报道。是年，娄底市创面伤口修复中心成立，成为全国第23家中国创面修复专科建设培育单位，湘中地区烧伤整形品牌专科。开展耳内镜下鼓室成形术、耳内镜下乳突根治+听骨链重建术、咽鼓管球囊扩张术、等离子舌根舌体消融治疗阻塞性睡眠呼吸暂停综合征。开展经肩关节镜巨大肩袖撕裂修复、Bankart损伤修复、断臂寄养、复杂损伤多部位联合复合瓣修复等高难度手术。骨科日均住院病人350人次以上，人工关节置换手术量突破500台次/年，人工关节置换、复杂创伤救治和关节镜微创等多项技术达到国内先进水平。完成全市首例前列腺绿激光汽化剜除术。首创“三步法”经皮肾碎石取石术（PCNL）技术，为泌尿系结石患者提供更加精准、微创、个体化治疗方案。是年9月27日，成功实施全市首例腹腔镜+膀胱镜双镜联合下输尿管癌根治术，达到全省先进水平。

三、妇产科

1990—1997年，地区和5县（市）人民医院、地区中医医院、地区妇幼保健院、涟钢医院、铁路医院、涟邵总医院、锡矿山矿务局医院均开设妇产科，普遍运用腹腔镜下子宫全切除术、卵巢肿瘤切除术、宫外孕病灶清除术、输卵管切除术、宫颈Ca根治术、卵巢Ca根治术、可视人流术、无痛人流术、Leep刀手术、剖宫产手术。是年，地区中心医院在全市率先成功施行开腹妇科恶性肿瘤根治术。

2003年，市中心医院完成腹腔镜下各类妇产科手术57例。2005年，成立娄底市首家产房和手术室一体化服务科室、麻醉医师专职产房，能满足五分钟剖宫产等急症手术。2006年，开展宫腔镜检查及各类宫腔镜手术。2009年，市妇幼保健院被市卫生局确认为娄底市高危孕产妇、高危新生儿急救中心，引进产后康复、血气分析、宫腔镜、腹腔镜手术等新业务、新技术。科技成果“罗哌卡因与芬太尼自控硬膜外分娩镇痛”获市科技进步三等奖。

2013年，市妇幼保健院在全市率先施行经闭孔无张力尿道中段悬吊术，8月，通过省卫生厅评估验收，被确认为娄底市产前诊断中心。2015年，全市无痛分娩技术运用普及。2016年，市妇幼保健院率先开展阴式骶棘韧带悬吊加网片修补术、尿道憩室切除加修补术加皮瓣移植术，填补全市各类宫腔镜手术、腹腔镜手术、开腹下妇科各类良恶性肿瘤和盆底手术空白。2017年，新化县建成现代化妇产医学专科，能有效诊治生理妊娠、宫颈环扎及各种并发症孕产妇。

四、儿科

1990—1997年，地区和5县（市）人民医院、地区中医医院、地区妇幼保健院、涟钢医院、铁路医院、涟邵总医院、锡矿山矿务局医院均开设儿科。地区妇幼保健院开展儿科医疗技术研究。1998年，科研成果“苏打、地塞米松、葡萄糖酸钙脐静脉推注抢救新生儿窒息效果观察研究”获地区科技成果三等奖。1999年，该院“血铅对儿童发育的影响研究”获省级科研成果三等奖。

2001年9月，市人民医院在全市率先成功开展小儿无创高频喷射呼吸机治疗呼吸衰竭患儿。2008年4月，新生儿科开设无陪病房。是年，市妇幼保健院被省卫生厅确认为娄底市新生儿疾病筛查中心。二甲医院新生儿科开展危重新生儿无创及有创机械通气、PICC置管术、新生儿换血术、鸟巢式护理技术运用普及，抢救成功率99.8%。抢救成功最小胎龄儿体重800克，孕期仅27周。

2010年3月，市妇幼保健院开展新生儿换血疗法治疗重症高胆红素血症、高频通气治疗气胸、胎粪吸入综合征、早产儿RDS、重症肺炎，在全市率先采用胸腔闭式引流术治疗新生儿气胸。5月，开展气管插管有创呼吸机抢救危重患儿。2012年3月，市中心医院开展一氧化氮治疗新生儿肺动脉高压、新生儿低氧性呼吸衰竭均获成功，6月，开展语言评估S-S检查，9月，开展韦氏智力测验，孤独症、多动症筛查诊治。2013年1月，市妇幼保健院开展袋鼠式护理、个性化护理。6月，开展新生儿PICC置管术，解决超、极低出生体重儿需要长期静脉营养维持问题。2014年1月，市中心医院开展儿童肺功能检查，6月，开展儿童支气管镜检查，10月，成功救治一例670克超低出生体重儿。2015年，市妇幼保健院开展生长激素激发试验，成功开展全市首例新生儿脐静脉置管术，用于新生儿窒息复苏抢救用药及静脉输液。2016年5月，开展性激素激发试验，11月，创办娄底首个儿童血液病病房。2017年3月，市妇幼保健院开展Peabody运动发育评估，在儿童呼吸系统疑难危急重症，以及儿童保健、康复诊治方面的多项技术达到省内先进水平。8月，成功救治1例胎龄仅24周超早产儿。

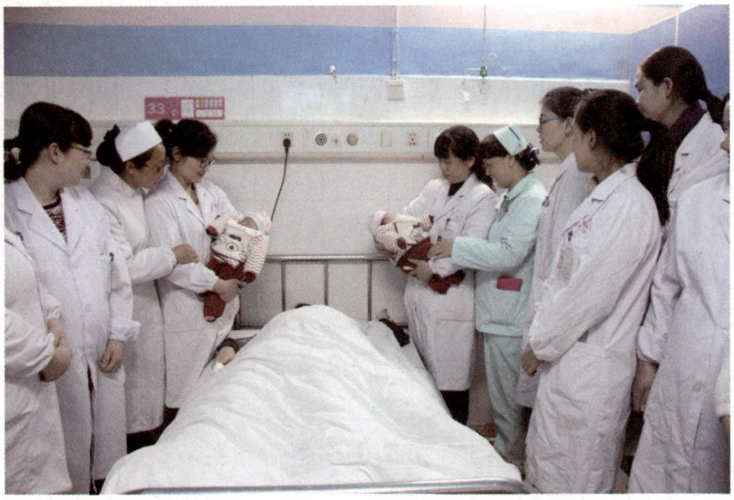

娄底市中心医院培育的娄底本土首例双胞胎试管婴儿诞生（2017年1月5日摄）

五、五官科

1993年，地区人民医院运用囊外摘除+人工晶体植入技术治疗老年白内障，取得良好效果。1998年，活动性义眼安装等眼球整形技术在娄底首次应用；1999年，首次应用世界先进技术白内障超声乳化+人工晶体植入术治疗白内障。

2002年，市人民医院开展青光眼复合式小梁切除联合超声乳化白内障治疗复杂性青光眼。2004年，开展准分子激光分步及多焦切削治疗高度近视眼；2005年，成立全市首个眼视光中心，开展准分子激光治疗近视；2007年，运用无疤痕技术开展鼻窦内窥镜下治疗慢性泪道疾病；2008年，运用钛网、钛板治疗复杂性眼眶骨折畸形技术，治疗各类复杂性眼眶骨折畸形。2010年，开展全市首例难治性青光眼引流阀植入手术。2013年，经过治疗黄斑裂孔及黄斑前膜等复杂性眼底病能自行完成。2017年，全市二甲以上医院，均普遍运用鼻息肉手术、鼻中隔偏曲矫正手术、鼻骨骨折复位术、扁桃体手术、腺样体手术、声带小结和声带息肉手术、先天性耳前瘘管手术、颌面部肿物手术、甲状舌骨囊肿手术、腮腺手术、颌下腺手术、甲状腺手术（其中包括甲状腺癌+颈部淋巴结清扫术）、喉裂开下声带巨大良性肿瘤切除或声带原位癌手术、喉癌手术、功能性鼻内镜、鼻眼及鼻颅底相关手术，鼻腔鼻窦、喉部、颈部、口腔恶性肿瘤切除术及颈廓清术、等离子扁桃体切除、腭咽成形、舌根消融手术、白内障、青光眼等手术。

六、精神科

1990年3月，地区康复医院建成，承担内、外、妇、儿、精神等各类疾病的预防、医疗、康复。1993年，娄底铁路医院精神病分院成立，设置床位70张。2016年，床位扩展到130张，全年收治精神病人475人。1999年，医院更名为娄底市康复医院。2003年12月，该院被确定为全市精神卫生防治技术管理和指导机构。2011年4月，涟源市精神病医院成立，属精神病专科医院。2017年，晋升二级专科医院。2007年5月1日，双峰县精神病医院成立，是一所以精神卫生为主营业务的公立精神专科医院。2013年，娄底市康复医院被省卫生厅确定为娄底市精神卫生中心，承担全市精神疾病和心理行为问题的预防、治疗、康复及技术指导培训等职责。2014年，新化县精神病医院创建，属二级精神病专科医院，设置床位160张，实际开放床位400张，开展精神疾病诊断、治疗、康复、心理疏导等。至2017年，情况无变化。

七、医学影像科

1990—1992年，地区、县（市）人民医院、地区中医医院、地区妇幼保健院、涟钢医院、铁路医院、涟邵总医院、锡矿山矿务局医院均设医学影像科，购置X光机，开展胸部透视检查。1993年，地区人民医院购入第一台原装以色列产全身CT机，率先开展CT检查。1996年，购入第一台彩超仪，开展产科四维超声检查。2001年，在全市率先开展MR检查。2005年，购入西门子原装进口6排螺旋CT机，在全市率先开计算机X射线摄影（Computed Radiography），简称为CR检查。2009年，开发多层CT冠状动脉成像技术。2011年，市中心医院在全市率先施行超声弹性成像及经阴道四维超声。西门子双板数字化摄影系统（DR）运用，使X线照片进入数字化时代。购入1.5T超导MRI，对关节、肌肉、神经系统等检查存明显优势。2012年，采购美国GE公司最新型、世界最先进的3.0T超导磁共振仪并投入使用，对早期诊断脑血管疾病及微小肿瘤、评价肿瘤治疗效果、实现个体化诊断和治疗具有重要作用。2013年，运用介入超声技术治疗冠心病。2014年，运用肌骨超声技术、高频超声新技术，检查各类骨科疾病。2015年，建立娄底市首个超声介入室，运用超声造影技术、B超引导下消溶肝肿瘤。2016年，运用肾肿瘤消融技术在B超引导下完成湖南省首例肾肿瘤消融术，购置世界顶尖的德国西门子256层光子双源CT并投入使用，以最快的速度扫描、最低辐射剂量和超高清的图像质量为特点，对全身各脏器肿瘤早期发现、良恶性肿瘤鉴别，以及冠心病等心血管疾病的诊断方面独具优势，能解决心血管成像难题，满足急诊检查需求。是年，引进娄底首台3D数字平板乳腺机，能早期诊断乳腺癌，成像清晰、安全准确，可检测出直径小于1毫米的早期乳腺癌，甚至可以发现最微小的原位癌，使乳腺癌死亡率降低。2017年，市中心医院运用盆底超声等多项检查及治疗技术，治疗各类盆腔疾病。建立PACS系统，实现报告规范化、图像储存传输数字化、科室管理现代化。至2017年底，全市二甲以上医院均设立医学影像科，基本医学影像设备完善。

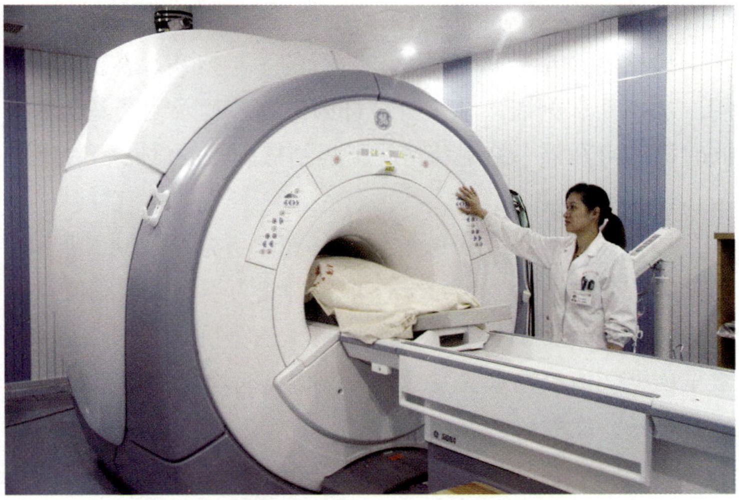

娄底市中心医院引进的美国GE3.0T核磁共振仪

（2012年摄）

八、麻醉科

1990—1999年，地区、县（市）人民医院、地区中医医院、地区妇幼保健院、涟钢医院、铁路医院、涟邵总医院、锡矿山矿务局医院均设立麻醉科，配备专业麻醉医生，采用常规麻醉技术完成各类内外科手术。2000年，全市二甲以上医院相继设立麻醉科。2003年，市中心医院麻醉科引入首台血气分析仪。2006年，在全市率先开展动脉、中心静脉等有创监测，为危重病人救治提供有力保障。2010年，在全市率先开展经纤维支气管镜气管插管，彻底解决困难气道的难题。2013年，在全市率先开展神经刺激仪引导下的神经阻滞。2014年，推广超声技术，超声可视化让有创穿刺技术变得更加精准、安全。是年，引入全市首台肌松监测仪，保障全面病人肌松药物的合理安全应用，在全市率先开展支气管堵塞导管单肺通气麻醉技术。2015—2016年，市中心医院引入全市首个静脉输注靶控，让全凭静脉麻醉变得更加精准可控，在全市率先开设麻醉门诊，摒弃普通喉镜气管插管，全面推广视频喉镜在气管插管中的应用，提高插管成功率，减少并发症。2017年3月，市中心医院被省卫计委评为省级麻醉学科（围术期舒适化镇静）技术培训示范基地。

九、检验科

1990—1999年，地区和各县（市）人民医院、地区中医医院、地区妇幼保健院、涟钢医院、铁路医院、涟邵总医院、锡矿山矿务局医院均设立检验科，开展血液、尿液常规检验和各种病毒化验。2000年，全市二甲及以上医院相继设立检验科。2005年，娄底市中心医院率先开设临床基因扩增实验室，并通过卫生部临床检验中心验收考核，成为娄底市第一家开展基因扩增的单位。2009年，在全市率先开展“液基夹层杯法”进行涂片找抗酸杆菌，大幅提高结核抗酸杆菌的阳性检出率。2012—2014年，在全市率先开展“EV71抗体”检测、“七项呼吸道病毒检测”“POCT血糖仪与大型生化仪的结果比对”，定期监控血糖仪结果的准确性。2015年，成功开展“柯萨奇病毒检测”“肺炎衣原体抗体”等传染病检测，对近几年暴发和流行的手足口病、禽流感、甲流、乙流等传染病筛查和检测发挥重要作用。2016年，开展“结核分枝杆菌生物芯片及耐药基因芯片”技术应用，提高结核病人的检测灵敏度，同时检测出利福平的耐药情况，为结核病人的诊断和治疗提供依据。

十、传染科

1992年，地区人民医院传染科在全省最早成功开展肝脏穿刺活体组织病理检查，并确定丙型肝炎的诊断及分型技术。1993年，传染科成为娄底地区临床重点专科。1990—2017年，全市猩红热、水痘、腮腺炎、流行性脑炎、风疹、麻疹，乙型肝炎、丙型肝炎，艾滋病、梅毒、淋病，伤寒、肺结核病等常见传染病治疗技术普及，一般性传染病均能得到有效治疗。

十一、皮肤科

1990年，全地区二甲以上医院相继设立皮肤科，至2017年，病毒性皮肤病、细菌性皮肤病、真菌性皮肤病、动物性皮肤病、皮炎和湿疹、荨麻疹类皮肤病、药疹、物理性皮肤病、瘙痒性皮肤病、红斑丘疹鳞屑性皮肤病、结缔组织病、大疱性皮肤病、血管炎与脂膜炎、嗜中性皮肤病、皮肤附属器官疾病、遗传性皮肤病、性病、皮肤肿瘤等常见皮肤病普遍均能有效治疗。全市各级各类医院外用药物治疗、内服以及静脉应用药物治疗、物理治疗的方法普及。糖皮质激素、维A酸类药物、杀虫剂、角质剥脱剂、角质促成剂、止痒剂等外涂药物治疗普及；抗组胺药物、抗生素、糖皮质激素以及免疫抑制剂、维A酸类药物、抗真菌药系统药物治疗普及；电疗法、光疗法、微波疗法、冷冻疗法、激光技术等物理治疗方普及。

十二、肿瘤科

2010年始，全市二甲以上医院相继设立肿瘤科，至2017年，肿瘤手术、肿瘤化疗、放疗、生物治疗、热疗、射频治疗、微创介入治疗等技术相继推广。

第三章　疾病预防与控制

第一节　重点传染病防控

一、结核病

1990年，娄底地区完成全国第三次结核病、流行病抽样调查。1993—2001年，全市实施由世界银行贷款的结核病控制项目（卫V项目）。2002—2010年，实施由世界银行贷款、由英国捐款的结核病控制项目（卫X项目）、由加拿大援助的第一和第二轮肺得里斯项目（FIDELIS项目）、全球基金拨款的第四轮结核病控制项目。2011—2017年，实施由中央财政转移支付的结核病控制项目。1990—2017年，全市（地区）免费接诊（初诊）可疑肺结核病人29.66万人，免费拍摄X射线胸片（含X射线胸透）

18.55万张，免费查痰24.96万人次，发现肺结核病人8.18万例，查出涂阳肺结核病人4.52万例，查出涂阴肺结核病人3.66万例。对所有查出的涂阳肺结核病人和涂阴肺结核病人都进行免费治疗和全程督导管理，服药率100%，治愈率90%以上。全市结核病疫情得到控制。

二、艾滋病

1992年，娄底地区首次发现艾滋病毒感染者2例，均为归国劳务人员输入。1994年，建立艾滋病初筛实验室。至1995年，两病例相继死亡。2004年，娄底市艾滋病防治工作委员会成立。市委副书记、市长任主任，市政府27个相关部门领导任委员。各县（市、区）均成立艾滋病防治工作委员会。是年7月至次年12月，全市对有偿供血（浆）史人群进行艾滋病病毒抗体免费筛查。是年始，全市每年开展“世界艾滋病日”宣传活动，宣传艾滋病防治知识和政策。2005年，市疾控中心建立艾滋病咨询室，开展艾滋病免费咨询和检测。市卫生局指定市中心医院、各县（市、区）人民医院为艾滋病治疗定点单位。次年，全市开始对符合抗病毒治疗的艾滋病病人提供免费抗病毒治疗。2005—2009年，市疾控中心对冷水江市戒毒所吸毒人员、娄底市性病门诊患者等人群开展艾滋病哨点监测。2006年，向干部发放《艾滋病防治基本知识与政策（党政干部普及读本）》，向群众发放《艾滋病防治知识（大众读本）》。是年始，全市公共娱乐场所推广使用安全套，杜绝直接性接触传播艾滋病风险。9月，冷水江市、涟源市、新化县疾控中心建立社区药物维持治疗门诊，对阿片类毒品成瘾者实行美沙酮药物替代治疗。2007年7月，市疾控中心艾滋病确证实验室建立。12月，市疾控中心、双峰县疾控中心开办美沙酮药物治疗门诊。2009年，市疾控中心艾滋病免疫功能检测实验室建立，开展艾滋病CD4细胞检测工作。2010—2012年，全市卫生系统对男男同性恋人群开展艾滋病监测与行为干预。2017年，全市23家医疗卫生单位建立艾滋病初筛实验室，完成艾滋病自愿咨询检测3300人次，完成艾滋病主动监测、艾滋病病毒抗体筛查20万人次。累计报告艾滋病病毒感染者1673例，治疗存活1284例。

三、霍乱

1990—1997年，娄底地区未发生霍乱疫情。1998年，全市发生4起霍乱疫情，报告病例43例，涉及3个县（市、区）。1999—2004年，全市未发生霍乱疫情。2005年，发生1例霍乱疫情。每次发生霍乱疫情，市、县（市、区）疾控中心均紧急奔赴疫区，进行流行病学调查、采集样品进行霍乱弧菌检测，与医疗部门一道现场抢救隔离治疗病人和带菌者，对疫区人群进行预防服药，参与疫区消毒，及时扑灭霍乱疫情，没有发生疫情扩散、二代病例。是年，市、县两级疾控中心对霍乱内、外环境监测1万余份。市疾控中心专家吴锦如从市场销售的60份甲鱼中检出14份霍乱弧菌。这是娄底市历史上第一次从外环境中分离检测出霍乱弧菌。2006—2017年，全市未发生霍乱疫情。

四、性病

1990年，全地区疾控部门和与相关单位相互配合，对全市开展性病查治和监测，重点对吸毒人群进行性病检查。1996年，全市开展性病防治宣传教育，发放宣传资料，开通性病防治热线电话，举办性病防治图片展览。全地区完成重点人群性病监测6560人，查出性病患者397人。2005—2017年，全市累计报告梅毒病例7225例、淋病病例1272例，病患者均获得有效治疗。

五、伤寒

1990年，全地区开展伤寒监测、接种伤寒疫苗、宣传伤寒防治知识，防控伤寒流行。1993年5月，新化县石新乡荷叶村发生伤寒病例47例，全部治愈。2000年11月，涟源市169厂发生伤寒病例164例，全部治愈。2005—2017年，全市共报告伤寒213例，全部治愈，未发生伤寒流行。

六、手足口病

1990—2007年，全市（地区）未发生手足口病疫情。2008年5月，双峰县机关幼儿园发生9例手足口病疫情，为湖南省首次聚集性暴发疫情，得到及时有效控制。市、县两级卫生局和疾控中心均制定并印发手足口病防控工作预案，成立手足口病防控工作领导小组和专家组，召开专题会议和联席会议，举办手足口病防控业务技术培训，下发宣传资料、健康教育处方60万份，加强手足口病检验检测。2013年，全省肠道病毒7型（EV71）调查在双峰县启动。2016年始，全市接种手足口病疫苗，降低儿童手足口病发病率。至2017年，全市累计报告12.68万例。病人以儿童为主，散居儿童发病多，均得到有效治疗。

七、人感染H7N9禽流感

1990—2013年，全市（地区）未发生人感染H7N9禽流感病例。2014年，娄底市发生人感染H7N9禽流感病例5例，死亡2例。是年2月2日13时30分，娄星区疾控中心采集患者标本送娄底市疾控中心检测，检测结果为人感染H7N9禽流感病核酸阳性，随即将患者标本送往省疾控中心复核检测。省疾控中心复核检测结果为人感染H7N9禽流感病毒核酸阳性。根据流行病学史、临床表现和实验室检测结果，判定该病例为人感染H7N9禽流感确诊病例。2月3日7时41分，该患者因病情危重，抢救无效死亡。市政府召开全市人感染禽流感联防联控工作会议，部署防控工作。娄星区启动防控工作预案，迅速扑灭疫情，未发生疫情扩散蔓延和二代病例。2月6日至2月14日，娄星区发生4例人感染H7N9禽流感确诊病例，死亡1例。2月6日、2月9日，双峰县花门镇大坝村一家发生2例为聚集性病例，死亡1例。2月11日、2月14日，涟源市发生两例人感染H7N9禽流感病例，无死亡。疫情发生后，娄底市委、市政府，双峰县委、县政府，涟源市委、市政府迅速启动应急预案，每次均迅速扑灭疫情，没有发生疫情扩散蔓延和二代病例。2017年，娄底市发生5例人感染H7N9禽流感确诊病例，死亡1例。其中，新化县4例（死亡1例）、双峰县1例。面对疫情，市、县迅速启动应急预案，迅速扑灭疫情，未发生疫情扩散蔓延和二代病例。

八、甲型H1N1流感

1990—2008年，全市未发生人感染甲型H1N1流感病例。2009年，全市报告585例，死亡4例，发病率1.3‱，死亡率0.08‱。市委、市政府，各县（市、区）党委、政府及时召开甲型H1N1流感防控工作会议，制定应急预案并付诸实施，举办防控甲型H1N1流感培训班，下发防治知识宣传资料，组织甲型H1N1流感疫苗接种，控制疫情。2010—2017年，全市无甲型H1N1流感病例报告。

九、发热伴血小板减少综合征

1990—2013年，全市无发热伴血小板减少综合征确诊病例。2014年，新化县发现全省首例发热伴血小板减少综合征确诊病例。省疾病预防控制中心检测该患者血液标本，结果显示发热伴血小板减少综合征病毒（新型布尼亚病毒）核酸阳性。患者经治疗痊愈。面对疫情，省、市、县疾控中心开展流行病学调查，实施病例搜索、采样监测、消毒和灭杀蜱，加强个人防护，广泛宣传疾病防治和蜱等媒介昆虫防治知识，有效控制疫情，2015—2017年，没有发生新增病例。

十、传染性非典型肺炎

1990—2002年，全市未发生传染性非典型肺炎。2003年春，全国多地发生传染性非典型肺炎（简称“非典”，英文名“SARS”）疫情。4月16日，市委、市政府成立“非典”防治工作领导小组（后改为指挥部）。各县（市、区）政府、市直、县直各部门均成立相应机构，明确责任。市卫生局制发《娄底市传染性非典型肺炎防治工作方案》，成立“非典”处置专家组。市疾控中心印发“非典”防治工作预案，成立12支“非典”疫情处置机动队，严阵以待。4—12月，全市在所有进入市区和县城入口、车站、码头设置留验站，对外来、外归人员进行健康登记和体温检测，发现可疑人员立刻留观察验。对公共场所进行预防性消毒和环境整治。学校和托幼机构每天晨检。县（市、区）以上医疗卫生机构设发热门诊。全市无“非典”临床诊断病例、无“非典”疑似病例。2004—2017年，全市未发生“非典”疫情。

1990—2017年，全市未发生人感染猪链球菌病、莱姆病、埃博拉出血热、寨卡病毒病、中东呼吸综合病等新发传染病。

第二节 慢性病防控

一、职业病

1990—1999年，地、县两级疾控部门检查和治疗各类职业病3200余例。2010—2017年，全市新诊断尘肺4315例，其他职业病176例。至2017年底，全市累计报告各类职业病1.31万例。其中尘肺1.29万例，其他职业病227例。确诊的职业病人，均获得医治和疗养。

二、地方病

（一）碘缺乏病

1990年，全地区碘缺乏病主要分布在新化、双峰、涟源、娄底4个县（市）21个病区。全地区开展碘缺乏病监测，食用碘盐覆盖率100%，以食用碘盐为主的综合措施防治碘缺乏病。是年，国家确定每年5月15日为防治碘缺乏病宣传日活动。1993年，全国地方病防治工作会议在深圳召开，娄底市作碘缺乏病防治经验介绍。娄底地区被评为全国地方病防治工作先进单位。1999年，全市基本控制和基本消灭碘缺乏病。2000—2017年，全市实现消除碘缺乏病目标，未出现碘缺乏病例。

（二）地方性氟中毒

1990—2014年，因燃煤污染，全市出现地方性氟中毒病例，分布在5个县（市、区），52个乡镇，774个建制村。采取改灶降氟防控燃煤污染型氟中毒，并在病区开展健康教育。至2015年，全市地方性氟中毒病区已改炉灶22.4万户，改灶率97.1%，推广石油液化气，减少生活用煤。是年，全市均达到国家规定的燃煤污染型氟中毒控制标准。2016—2017年，全市继续巩固防控成果。

三、寄生虫病

疟疾　1990年，全地区发生疟疾16例，发病率0.4/10万。经省卫生厅考核确认，全地区达到卫生部颁布的基本消灭疟疾标准。1991—2005年，全市疟疾发病率持续控制在0.1‱以下。2006年10月，全市完成1950—2002年的疟疾防治工作总结。2007—2016年，无疟疾病例发生，经省卫生计生委考核组考核验收，达到国家消除疟疾目标。2017年，境内无疟疾发生。

肺吸虫病　1990年，全地区继续开展肺吸虫病防治、流行病学调查工作。1991年，发现肺吸虫第一中间宿主9种、第二中间宿主3种。1992—2017年，境内未新发肺吸虫病疫区。

肝吸虫病　1990—1992年，地、县两级疾控部门对涟源市伏口区肝吸虫病流行区进行调查，解剖肝吸虫病第一中间宿主纹沼螺398只，发现肝吸虫幼虫4只。此后全市未发现肝吸虫病疫区。2002年8—12月，市、县两级疾控部门在冷水江市、涟源市开展肝吸虫病流行情况抽样调查，发现涟源市杨家滩镇为肝吸虫病疫区。2003—2017年，境内未发现肝吸虫病疫区。

肠道寄生虫病　1990—1992年，全地区开展中小学生驱蛔工作。三年间，全地区中小学生集体驱蛔人数分别为13.45万人、25.96万人、17万人。1992年，全地区5所中小学抽查1320名学生，感染率45%。2002年8—12月，冷水江市、涟源市开展人体肠道寄生虫病抽样调查。冷水江市调查3个乡镇共1509人，查出感染者584人，感染率38.7%。涟源市调查3个乡镇1578人，查出感染者439人，感染率27.8%。2003—2017年，全市长年开展人群肠道寄生虫病防治工作，疫情得到控制。

第三节 针对性疾病控制

一、麻疹

1990—2004年，全市持续开展麻疹疫苗接种，加强麻疹监测，进行麻疹发病个案调查和处理，防控麻疹大面积暴发流行，仅发生少数麻疹散发病例。2005—2017年，全市累计发生麻疹病例2265例。2017年底，麻疹病得到控制。

二、流行性腮腺炎

1990—2004年，全市持续开展流行性腮腺炎疫苗接种，确诊治愈少量流行性腮腺炎病例。2005—2017年，累计发生流行性腮腺炎病例1627例。至2017年底，境内流行性腮腺炎得到控制。

三、乙型肝炎

1990—2001年，全市持续推广乙型肝炎疫苗接种免疫，有针对性开展乙型肝炎监测。2002年，乙型肝炎疫苗接种纳入全市免疫规划，加强乙型肝炎防控，新生儿乙型肝炎接种率95%，乙型肝炎发病数逐步减少。2005—2017年，全市累计发生乙型肝炎病例3.82万例。新生儿乙型肝炎接种率100%。

第四节　预防性监测

一、传染病监测

1990年，全地区持续开展传染病监测，重点对霍乱、流行性出血热、钩端螺旋体病、狂犬病、伤寒和副伤寒、疟疾、流感、乙型肝炎、麻疹等传染病监测。1993—1995年，地区疾控部门对地直单位食品从业人员3740人进行乙型肝炎表面抗原（HBsAg）监测，检出HBsAg阳性206人，阳性率5.9%。2005年，市、县两级疾控部门对双峰县开展钩端螺旋体病监测，阳性率4.8%，主要为黄疸出血群。从青蛙标本中分离出1株澳洲群钩端螺旋体，但阳性率极低。2007—2011年，市疾控中心在双峰县进行流行性出血热监测。结果显示流行性出血热发病呈高度分散性，多见于农村，具有明显的季节性，高发于4—7月。男性多于女性，比率为2.53：1。青壮年发病多，占73.3%。农民发病多，占79.2%。鼠密度与流行性出血热报告发病数基本呈正比关系。2015年，全市开展发热伴血小板减少综合征监测。至2017年，全市有国家级和省级传染病监测点8个，流感哨点医院1家，流感网络实验室1家。

二、死因监测

2005年，全市开始实行死亡卡报告。2006—2016年，全市开始施行死因监测信息报告制度，进行死因分析。2017年，全市报告死亡人数2.35万人，占总人数的0.6%。死因顺位排前5位依次为心脏病、恶性肿瘤、脑血管疾病、呼吸系统疾病、损伤及中毒，分别占总死亡人数的27.9%、20%、16.3%、13.3%和7.2%。

三、食品安全风险监测

1990—1996年，全地区贯彻执行食品安全法，加强食品安全风险监测。1997年，监测各类食品4895件，合格食品4097件，合格率83.7%。2013年，市疾控中心针对化学污染物和有害因素监测，完成食品样品采集276份。针对食源性致病菌监测，完成食品样品采集186份。2016年，针对化学污染物和有害因素，以及针对食源性致病菌监测，完成食品样品采集30类371份，完成646份食品样品、4500余个检测数据上报。

四、环境卫生监测

1990—1995年，全地区贯彻执行《公共场所卫生管理条例》，开展公共场所、生活饮用水及化妆品卫生监测。1996年，地区疾控部门对自备水源和二次供水进行监测，采集水样305个，水质综合指标合格率78%。1999年11月，对境内某硫铁矿的硫氢化钠泄漏严重污染涟水河进行监测，其水源水中硫酸盐含量最高达340毫克/升，超过生活饮用水标准的1.4倍。硫化物含量最高达118.85毫克/升，严重超过国家规定标准。对此，有关部门依法处置。2000年，全市监测2280家公共场所，综合指标合格率85%。2015—2017年，大面积开展空气污染对人群健康影响监测，完成PM2.5检测仪现场采样、社区居民健康调查和小学生健康调查。

五、消毒与学校卫生监测

（一）消毒卫生监测

1990年，全地区贯彻执行《消毒管理办法》和《消毒技术规范》，开展医疗机构和托幼机构的消毒卫生监测。1995年，地区疾控部门对131家医疗卫生单位进行消毒监测，采集样品2455个，消毒合格2018个，合格率82.2%。对18家托幼机构进行消毒监测，采集样品289个，合格的218个，合格率75.4%。2017年，市疾控中心对市直管105家医疗卫生机构进行消毒效果监测。对市直管20家开设血液透析的医疗机构进行透析用水卫生监测。对市直管20家设置有污水处理系统的医疗机构进行医源性污水监测。对9家布草洗涤、餐饮消毒公司进行产品消毒效果监测。

（二）学校卫生监测

1990年，全地区贯彻执行《学校卫生工作条例》，开展对学生常见病、教室卫生等监测工作。1992年，地区疾控部门对1478名中小学生进行龋齿监测检查，检出有龋齿学生229人，龋齿患病率15.5%。2017年，冷水江市对8所学校开展学校教学环境卫生、教学设施情况、教室照明情况、教学辅助设施（生活饮用水供水方式、教室二氧化碳浓度）等进行监测，标准得分51.8~82.1分。

第四章　妇幼保健

第一节　妇女保健

一、婚姻保健

1990—1996年，全地区婚前检查工作全面开展。1997年，地区成立婚前检查指导小组，建立以妇幼保健为主体的婚前保健网，健全婚姻保健服务体系，配备专职婚前保健医生。全地区应婚检城市人数2.35万人，实检人数6938人，婚检率29.5%。查出指定传染病40人、性病10人、严重遗传病1人、生殖系统疾病119人、内科系统疾病83人、应暂缓结婚40人、不宜生育6人。1998年，全地区应婚检城市人数1.22万人，实检人数1.13万人，婚检率93.2%。查出指定传染病44人、性病14人、严重遗传病97人、生殖系统疾病244人、内科系统疾病104人、应暂缓结婚29人、不宜生育5人。

1999年，全市应婚检人数5.54万人，实检人数2.06万人，婚检率37.2%。查出指定传染病120人、性病82人、严重遗传病2人、生殖系统疾病502人、内科系统疾病98人、应暂缓结婚人数78人、不宜生育2人。2000年，贯彻落实《中华人民共和国母婴保健法》，市、县两级妇幼保健院在全市设立多个巡回婚检点，全市婚检率提升。涟源市妇幼保健院设立巡回婚检点10个和常年婚检点1个。是年，全市婚检率42.3%。2001年，婚检率61.8%，婚前疾病查出率11%，医学指导率1.3%。涟源市、娄星区的婚检工作基本普及农村。冷水江市、双峰县、新化县的婚检工作限于城区。2002年，全市婚前医学检查覆盖率70.1%。2003年，新的婚姻登记条例实施，取消强制婚检制度。全市婚前医学检查率降至45.5%。2004年，为0.3%。2005—2007年，全市婚检率0.3%~0.5%。

2008年，市卫生局启动免费婚前医学检查。2009年，各县（市、区）均落实免费婚检工作。双峰县婚检率61.4%。全市婚检率回升至9.5%。2010年，市政府办公室下发《关于做好免费婚前医学检查工作的通知》。各县（市、区）均制定实施方案。全市完成免费婚检1.61万人，婚检率上升至22.3%。2011年，全市结婚登记人数7.44万人，婚前医学检查人数4.63万人，婚检率62.3%。其中，涟源市婚检率90%。新化县婚检机构与婚姻登记机构同室办公，优化婚检流程，提高婚检率。2013年，全市结婚登记7.72万人，婚前医学检查6.95万人，婚检率90%，检出疾病8857人，检出率12.8%。2014—2016年，全市结婚登记13.19万人，婚前医学检查11.33万人，婚检率86.5%。2017年，全市结婚登记5.77万人，婚前医学检查5.01万人，婚检率86.8%，检出婚前疾病6566人，疾病检出率13.1%。

二、孕产妇保健

（一）新生儿破伤风控制

1992年始，地区妇幼保健院、双峰县妇幼保健院获得联合国儿童基金、世卫组织人口基金、中国基层妇幼服务项目资金扶持，基础设施建设和妇幼保健工作有较大发展。1995—1997年，地区妇幼保健院和涟源市、冷水江市、新化县、双峰县妇幼保健院先后被联合国儿童基金会、世卫组织、国家卫生部授予“爱婴医院”称号。1999年，新化县被列为国家降低孕产妇死亡率和消除新生儿破伤风加强县，获得重点扶持。是年，市财政局调拨20万元作为全市降低“两率”项目的配套资金。全市新生儿破伤风发病率降至0.1‰。2004年，贯彻实施《中国妇女发展纲要（2001—2010）》《中国儿童发展纲要（2001—2010）》（以下简称两个《纲要》），按照省卫生厅、省妇儿工委、省财政厅关于《湖南省2004—2005年降低孕产妇死亡率和消除新生儿破伤风项目行动计划》要求，娄底市成立降消项目技术指导小组。2005—2006年，全市新生儿破伤风2例，死亡2例。2007年，全市新生儿破伤风发病率降到0.093‱，死亡率降至0.046‱。2008年，全市新生儿破伤风发病率0.69‱，死亡率0.46‱。2010年，新生儿破伤风发病率0.19‱，死亡率0.094‱。2011—2017年，新生儿破伤风年均发病率0.13‱，死亡率0.054‱。

（二）孕产妇死亡率控制

1992年，地区卫生部门确定降低孕产妇死亡率和消除新生儿破伤风具体目标。1995年，全地区出生活产2.9万人，孕产妇死亡11人，死亡率3.8‱，其中产后出血发生率72.7%。1996年，出生活产2.94万人，孕产妇死亡18人，死亡率6.1‱。其中产后出血死亡10例，妊娠高血压综合征1例，羊水栓塞3例，内科并发症3例，子宫破裂1例。1997年，出生活产31万人，孕产妇死亡16例。全地区孕产妇和新生儿死亡调查结果显示，孕产妇和新生儿死亡病例中，死于家中或途中者占60%以上，因乡（镇）卫生院抢救条件差造成死亡者占22.2%。1998年，特大洪水灾害对娄底地区妇幼卫生造成一定影响，全地区出生活产3.3万人，孕产妇死亡24人，死亡率7.2‱。

1999年，全市孕产妇死亡19例，其中因送医延误造成死亡者15例。全市投入548万元用于6个妇幼机构的基础设施建设和器械配套。截至1999年底，妇幼机构拥有房屋建筑面积3.08万平方米、万元以上器械设备100余台（件）。2000年，制定《娄底市降低孕产妇死亡率和消除新生儿破伤风项目实施方案》，确保“两率”项目顺利实施，全市孕产妇死亡率7‱，通过“两率”项目终期评审。

2001年，全市新生儿破伤风发病率0.09%。孕产妇死亡率2.6‰。冷水江市孕产妇死亡率2.4‱，双峰县5.3‱，均控制在较低水平。全市孕产妇系统管理覆盖率88.6%。住院分娩率由1999年的60.5%提高到65.9%。2002年，全市出生活产3.99万人，孕产妇死亡18例，死亡率4.5‱。2004年，出生活产4.11万人，孕产妇死亡12例，其中孕妇2例、产妇10例，死亡率2.9‱。2006年，孕产妇死亡10例，死亡率2.4‱，孕产妇死亡率连续5年稳定控制在4‱以下。

2007年，市卫生局组织专家对各县（市、区）妇幼保健工作进行全面督导，抽查42个乡镇、198个村，走访村保健员195名。派出数名专家到新化县、冷水江市进行“降消项目”（降低孕产妇死亡率、消除新生儿破伤风病例项目）蹲点指导。两个“降消项目”共救助贫困孕产妇2.34万人，发放救助资金60余万元。新化县通过省级产科达标验收，乡镇卫生院产科建设达标率100%。2008年，全市完善市县乡三级妇幼保健例会制度、高危妊娠分级管理制度、孕产妇24小时电话报告制度、孕产妇死亡评审制度及妇幼卫生信息质控管理制度。全市孕产妇死亡12例，死亡率2.8‱。2009年，加强《出生医学证明》的申请和发放流程管理，全面规范使用《出生医学证明》。全市孕产妇死亡13例，死亡率2.9‱。2010年，孕产妇死亡12例。2011年，孕产妇死亡10例，年度孕产妇死亡绝对数及死亡率均控制在省定目标范围内。

2013年，孕产妇死亡11例，死亡率1.8‱。2014年，孕产妇死亡7例，死亡率1.2‱。2015年，孕产妇死亡9例，死亡率1.7‱。2016年，孕产妇死亡6例，死亡率1.1‱。全市孕产妇死亡率基本实现省、市两级卫生部门的控制目标。2017年，因“二孩”政策放开、累积生育愿望释放、高危高龄孕产妇显著增加。全市孕产妇死亡11例，死亡率上升至2.4‱，超省厅控制目标1.8‱。市卫生和计划生育委员会（简称市卫生计生委）出台《娄底市孕产妇保健管理与救治责任追究办法》，进一步明确妇幼保健网络各级人员职责，将乡、村计划生育工作人员纳入孕产妇保健管理与救治责任追究范围。加强产科人员技术培训，加强助产机构、省市危重孕产妇救治中心、血站的协调，促进上下联动、运转高效，执行“一例一报、一报一审、一审一考”的评审制度和追责制度。

三、妇女病防治

（一）妇女病查治

1990—1999年，全地区妇女病查治主要为宫颈癌、乳腺癌两类，经费来源大多自费。10年间，全地区进行宫颈癌普查181.74万人次，查出宫颈癌79例，发病率0.4‱。2000年始，全市妇女病查治种类逐渐增多，防治办法和经费来源多样。2001年，全市妇女病应查80.63万人，实查20.55万人，普查率25.5%。查出各种妇女病4.57万例，有效治疗4.31万例。各种妇女病按比重高低排序：宫颈糜烂，占比11.8%，为妇女病之首。滴虫性阴道炎，占比9.2%；淋病，占比0.4%；尖锐湿疣，占比0.3%。2004年，全市妇女病应查81.18万人，实查29.35万人，普查率36.2%。妇女病发生率29.9%。2005—2007年，妇女病发生率持续下降。2008年，全市妇女病应查70.7万人，实查22.31万人，普查率31.6%，妇女病发生率41.4%。各种妇女病按比重由高到低排序：宫颈糜烂、阴道炎、宫颈癌、乳腺癌、卵巢癌。宫颈癌、乳腺癌、卵巢癌等各种女性癌症占比提升。是年，市妇幼保健院体检中心对城区54家单位约2000名妇女进行健康体检，建立健康档案，帮助降低妇女病发病率。2009年，娄星区、冷水江市、涟源市分别落实配套经费9万元、20万元、3.5万元，用于妇女病免费体检。新化县作为全省农村妇女病宫颈癌免费检查项目实施单位，大面积开展宫颈癌免费检查，检查5996人。是年，全市妇女病接受免费普查2.87万人。2011年，妇女病应查97.61万人，实查28.43万人，普查率29.1%，妇女常见病患病率41.1%。其中，阴道炎占比19.5%，占妇女病首位。宫颈炎占比19.4%。宫颈癌、乳腺癌、卵巢癌分别占比1.6‱、0.7‱、0.1‱。

2012—2017年，全市加大农村妇女常见病免费检查力度，重点投入农村“两癌”（宫颈癌、乳腺癌）免费检查项目。5个县（市、区）均配套专项经费用于农村妇女病普查。其中，涟源市普查2万人，普查经费按每人50元标准由新农合基金解决。冷水江市普查1万人，普查经费按每人20元标准由财政配套解决。娄星区普查5000人，财政划拨7万元作为专项经费。双峰县普查5000人，普查经费按每人200元标准由“新农合”基金解决。新化县普查8万人，按每人15元标准由“新农合”基金解决。全市妇女宫颈癌计划检查5.2万人，实际检查5.32万人。全市平均每年计划完成妇女宫颈癌检查5.2万例、乳腺癌检查1万例，完成检查率均为100%。全市农村妇女常见病重点放在“两癌”免费检查上。计划完成“两癌”检查15.71万例，实际完成17.28万例，完成率104.2%。

（二）优生促进与出生缺陷干预

1990—1995年，全地区优生促进工作重点放在孕产妇优生宣传和引导、畸形胎儿医学查验和选择性流产等方面。1996年，按照卫生部统一部署，全地区对优生促进工作的重点和范围作出调整，加强重合型营养素补给和优生保健服务，加大出生缺陷监测和干预。展开对5岁以下儿童死亡状况监测，重点监测新生儿。凡在监测医院住院分娩的孕满28周至生后7天的围产儿，包括死胎死产和7天内死亡的新产儿，均列为监测对象。地区中心医院作为监测医院，上报围产儿725人，出生缺陷儿4人，无新产儿死亡。

1997—2002年，出生缺陷监测全部纳入全市围产保健工作范围。市妇幼保健院将每季度收集整理的围产保健相关资料上报省妇幼信息科，用以指导全市开展“妇女增补叶酸预防神经管畸形”科技项目，提升妇幼保健水平，降低出生缺陷发生率。2003年，将出生缺陷干预作为重点。对小于28周的胎儿进行产前诊断，发现胎儿缺陷38例，均进行产前医学干预，避免出生缺陷发生。监测结果显示，孕妇主动接受产前诊断率31%。全市每年出生缺陷发生率逐年降低：2003年116.5‱，2004年114.9‱，2005年82.2‱。围产儿数量逐年增加：2003年2317人，2004年3654人，2005年3891人。出生缺陷人数维持在较低水平：2003年27人，2004年42人，2005年32人。3年间男性出生缺陷发生率51.7‱，女性48.7‱。居前10位的出生缺陷是：唇腭裂26.4‱，先天性脑积水10.1‱，多指（趾）9.1‱，神经管缺陷9.1‱，肢体短缩8.1‱，马蹄内翻足6.1‱，先心病5.1‱，外耳畸形5.1‱，尿道下裂5.01‱，消化道畸形2‱，其他15.2‱。

2007年，全市开展“健康宝宝、幸福家庭——预防出生缺陷”系列宣传活动。37家医疗保健机构开展新生儿疾病筛查，让所有孕前及早孕检查的孕产妇补服叶酸并签名登记。2008年，建立健全新生儿疾病筛查网络管理制度。114家医疗保健机构筛查新生儿疾病2.01万例，查出阳性患者13例。其中苯丙酮尿症2例、先天性甲状腺功能低下11例。8月，市妇幼保健院新生儿疾病筛查中心通过省卫生厅评估验收。2009年，全市发放叶酸2.82万瓶，规范增补4704例，增补率10.6%。全市出生活产4.42万人，新生儿疾病筛查3.76万例，筛查率85%，筛查覆盖率94.7%，筛查出阳性患儿15例。其中，苯丙酮尿症1例，后因其他疾病死亡；先天性甲状腺功能低下14例，均治疗康复。是年，娄底市获评2009年度全省新生儿疾病筛查工作先进单位。

2011年，全市妇幼保健机构将孕妇产前检查及叶酸推广服用形成工作惯例。全市叶酸应服6万人，实服5.63万人。筛查新生儿疾病5.27万例，筛查率95.3%。筛查出阳性626例，确诊40例。其中，甲状腺功能低下25例，高TSH血症13例，苯丙酮尿症2例，均治疗康复。产前筛查6570例，筛查率8%。筛查呈阳性627例，接受产前诊断627例，确诊畸形胎儿5例，确诊阳性率0.8%。5例畸形胎儿均接受医学干预。2012年，全市产妇5.75万人，接受产前筛查1.25万例，产前筛查率21.7%。筛查出胎儿缺陷高风险883例。其中染色体病高风险798例，神经管畸形高风险85例。阳性召回867例，召回率98.2%。接受产前诊断867例，其中B超诊断528例，羊水诊断338例，脐血诊断1例。确诊畸形胎儿9例，其中“21-三体综合征”8例，神经管畸形1例，均已接受医学干预。是年，全市叶酸应服6.36万人，实服人数6.02万人，服用率94.7%。2013年，产妇6.18万人，接受产前筛查1.92万人，筛查率31%，查出胎儿缺陷高风险1808人，接受产前诊断1672人，诊断率92.5%。确诊畸形胎儿11例，其中“21-三体综合征”7例、“两性”畸形2例、开放性神经管畸形2例。2014年，产妇5.56万人，接受产前筛查2.7万人，筛查率48.6%，查出胎儿缺陷高风险2421人，接受产前诊断2186人，诊断率90.3%。确诊畸形胎儿16例，其中“21-三体综合征”6例、性染色体异常1例、开放性神经管畸形4例，其他畸形5例，均已接受医学干预。2015年，叶酸应服6.49万人，实服6.13万人，服用率94.4%。产妇6.09万人，接受产前筛查3.26万人，筛查率53.5%。查出胎儿缺陷高风险2761人，接受产前诊断2518人，诊断率91.2%。确诊畸形胎儿36例，均已接受医学干预。2016年，产前筛查4.38万人，查出胎儿缺陷高风险4215人。其中，染色体病高风险3658人，神经管畸形高风险557人，确诊畸形胎儿45例（高风险随访率100%，产前诊断率85%），其中，“21-三体综合征”25例，“18-三体综合征”6例，“13-三体综合征”1例，性染色体异常10例，其他染色体异常3例，均已接受医学干预。2017年，全市产前筛查3.28万人，查出胎儿缺陷4289人。其中，染色体病4263人，神经管畸形高风险216人，高风险随访率100%，产前诊断率86.9%。确诊畸形胎儿34例，其中“21-三体综合征”18例，“18-三体综合征”4例，“13-三体综合征”3例，性染色体异常6例，其他染色体异常3例，均已接受医学干预。是年，全市叶酸应服6.95万人，实服6.7万人，服用率96.4%。

2003—2005年娄底市主要出生缺陷发生率一览表

表62-1 单位：‰

出生缺陷	2003年	2004年	2005年	出生缺陷	2003年	2004年	2005年
神经管缺陷	4	4	1	唇腭裂	3	4	4
无脑畸形	2	0	0	小耳	2	5	3
脊柱裂	0	0	1	外耳畸形	2	3	0
脑膨出	2	4	0	食道闭锁	1	0	0
先天性脑积水	5	3	2	直肠肛门闭锁	0	0	1
腭裂	1	1	1	尿道下裂	0	2	4
唇裂	2	5	3	膀胱外翻	0	0	0

（三）预防艾滋病、梅毒、乙肝母婴传播

2004年6月，娄底市疾病预防控制中心加强对艾滋病、梅毒、乙肝等传染性疾病的防治，从源头做好妇幼保健工作。2009年，贯彻执行《湖南省预防艾滋病母婴传播实施方案》，预防艾滋病、梅毒、乙肝母婴传播。11月，市卫生局举办市直医疗单位、各县（市、区）综合医院、妇幼保健院产科、儿科、检验科主任共80人参加的预防艾滋病母婴传播技术培训班，将省卫生厅下发的艾滋病初筛试剂及快速诊断试剂发放到各县（市、区）。是年，全市筛查孕产妇艾滋病1.36万人，呈阳性1例。12月31日，市妇幼保健院对该例孕妇施行剖宫手术接生一男婴，实施母婴阻断，最终母婴平安出院。2010年，5个县（市、区）均开展孕产妇艾滋病免费筛查，筛查率56.7%。成功对1例艾滋病孕产妇进行母婴阻断。2011年，全市孕产妇艾滋病病毒抗体检测4.93万人，检测率89.7%。孕期检测3.07万人，检测率62.3%，查出孕产妇艾滋病病例8例，进行母婴阻断。两年间共向孕产妇艾滋病、梅毒感染病例母婴发放补助金5.99万元。

2012年，全市加强预防艾滋病、梅毒、乙肝母婴传播，建立起系统的检测、干预、治疗等保健制度，针对性开展艾滋病、梅毒母婴阻断项目，精准发放和使用项目补助资金。登记在册产妇5.75万人，实际接受艾滋病病毒抗体检测5.92万人，检测率102.9%，艾滋病检测呈阳性10例。孕产妇接受梅毒检测5.36万人，检测率93.2%，检测呈阳性50例。孕产妇接受乙肝表面抗原检测6.06万人，检测率105.5%，检测呈阳性6580人，病例新生儿均已接种乙肝免疫球蛋白。是年，所有孕产妇艾滋病、梅毒病例被纳入全市母婴阻断项目资助范围，共向母婴发放补助金7.8万元。9月26日，举办全市预防艾滋病、梅毒和乙肝母婴传播技术培训班。2013年，全市孕产妇6.57万人，接受艾滋病病毒抗体检测6.4万人，呈阳性10例。其中孕妇3例，异位妊娠流产1例，分娩6例。全市孕产妇梅毒检测6.29万人，检测率95.7%，确诊96例。孕妇5例，已分娩79例，引产11例，早期人工流产1例。孕产妇乙肝表面抗原检测5.38万人，检测率94.5%，呈阳性6580例，病例新生儿均已接种乙肝免疫球蛋白。2014年，全市孕产妇接受艾滋病病毒抗体检测5.46万人，艾滋病检测率98.3%，呈阳性17例。其中，孕妇1例，已分娩12例，引产4例。孕产妇接受梅毒检测呈阳性110例。其中孕妇17例，已分娩87例，引产6例。是年，共向所有孕产妇艾滋病、梅毒感染病例母婴110人发放补助金13.54万元。2015年，孕产妇接受艾滋病病毒抗体检测5.32万人，检测率100%，呈阳性14例。其中，孕妇1例，分娩10例，引产3例。孕产妇接受梅毒检测5.99万人，检测率100%，呈阳性95例。其中，孕妇17例，分娩71例，引产7例。向所有孕产妇艾滋病、梅毒感染病例母婴69人发放补助金8.42万元。

2016年，全市孕产妇接受艾滋病病毒抗体检测5.66万人，检测率98.7%。阳性17例，其中孕妇2

例，已分娩12例，引产3例。梅毒检测5.65万人，检测率98.6%。呈阳性111例，其中孕妇20例，分娩87例，引产4例。向感染病例母婴87人发放补助金9.42万元。2017年，孕产妇接受艾滋病病毒抗体检测5.61万人，检测率99.2%。呈阳性23例，其中分娩16例，分娩用药14例，分娩用药率87.5%。活产16例，婴儿用药15例，用药率93.8%。梅毒检测呈阳性135例，其中分娩98例，分娩后参与治疗89例，治疗率90.8%。活产98例，婴儿用药93例，治疗率93.9%。是年，全市孕产妇乙肝表面抗原检测呈阳性5087例，活产5087例，活产婴儿乙肝免疫球蛋白注射5087例，注射率100%。

第二节 儿童保健

一、保健管理

1990年，全地区实施儿童常规保健管理，包括保健知识宣传普及、保健技术推广应用、保健服务改善提升等。全地区5岁以下儿童死亡率53.9‰。1991年7月，全地区开展第一次大规模妇幼保健情况调查，为妇幼卫生工作提供参考依据。1992年3月、10月，开展妇幼卫生宣传月活动，向广大城乡群众传播妇幼保健知识，提升妇幼保健意识和能力。1996年，全地区婴儿死亡率32.6‰，其中新生儿死亡率占70%，主要死因为窒息、肺炎、腹泻和早产。5岁以下儿童死亡率45.2‰。1997年，婴儿死亡529人，死亡率16‰。5岁以下儿童死亡141人，大多为意外死亡，车祸、溺水死亡居多。1999年，5岁以下儿童死亡率28.2‰。至2000年，全市妇幼保健机构加强儿童保健，实现对5岁以下儿童健康成长状况检查覆盖率达85%。

2001年，全市实施“降消项目”（降低孕产妇死亡率，消除新生儿破伤风的卫生项目），婴幼儿系统管理提升，死亡率维持低位。全市新生儿访视率98.2%。7岁以下儿童保健管理率及3岁以下儿童系统管理率分别为61.3%和63.4%。全市出生活产4.23万人，婴儿死亡495例。5岁以下儿童639例。2002年，婴儿死亡568例，死亡率14.2‰。5岁以下儿童死亡718例，死亡率18‰。2003年，婴儿死亡率13.9‰，5岁以下儿童16‰。2004年，全市3岁以下儿童系统管理率73.2%。新生儿访视率98.1%，7岁以下儿童保健管理率64.5%，5岁以下儿童死亡77例，死亡率13.9‰。其中，婴儿死亡59例，死亡率10.6‰。婴儿死亡占5岁以下儿童死亡的76.6%。新生儿死亡46例，死亡率8.3‰。2005年，全市出生活产4.3万人，新生儿死亡314例，死亡率7.3‰。婴儿死亡399例，死亡率9.3‰。5岁以下儿童死亡491例，死亡率11.43‰。2003—2005年，出生新产婴幼儿男女性别比明显增大。2003年前平均男女性别比105∶100，2003年139∶100，2004年131∶100，2005年128∶100。

2006年，全市3岁以下儿童系统管理率73.3%。新生儿访视率99%。7岁以下儿童系统管理率64.2%。两项婴幼儿保健管理指标均与娄底市儿童发展规划目标有差距。2007年，市妇幼保健院开展儿童健康大检查。全市7岁以下儿童保健管理率58.5%，婴儿死亡率9.6‰，5岁以下儿童死亡率12.5‰。2008年，3岁以下儿童系统管理率73.3%，新生儿访视率93.8%。2009年，儿童系统管理率3岁以下70.8%，7岁以下61.3%。婴儿死亡361例，死亡率8.17‰。5岁以下儿童死亡509例，死亡率11.5‰。2010年，婴儿死亡率8.07‰，5岁以下儿童死亡率11.6‰，婴幼儿死亡率维持在较低水平。3岁以下儿童系统管理率72%，7岁以下儿童系统管理率70%，均比上年有所提升。

2011年，市卫生局和市妇幼保健院统一印制《儿童保健手册》20万册，分发至各县（市、区）妇幼保健院，各乡（镇）卫生院、社区卫生服务中心。全市婴儿死亡356例，死亡率6.4‰，5岁以下儿童死亡530例，死亡率9.6‰，死亡率均控制在10‰以下目标范围。2012年，全市开展5岁以下儿童死亡个案网络直报，开展新生儿死亡评审，提升儿童系统管理率。全市出生活产5.9万人，婴儿死亡324例，死亡率5.6‰。5岁以下儿童死亡505例，死亡率8.7‰。2013年，涟源市成为湖南省首批儿童保健服务示范县（市）。新化县实施“儿童营养项目”试点，向所有6~18月龄儿童发放“儿童营养包”。全市婴儿死亡299例，死亡率4.8‰。5岁以下儿童死亡446例，死亡率7.2‰，控制在9‰的目标范围内。7岁以下儿童34.42万人，儿童保健覆盖29.05万人，覆盖率84.4%。3岁以下儿童16.48万人，儿童系统管理13.97万人，儿童系统管理率84.8%。全市新生儿6.22万人，新生儿访视6.05万人，新生儿访视率97.2%。2014年，婴儿死亡265例，死亡率4.7‰。5岁以下儿童死亡441例，死亡率7.9‰。

2015年，全市婴儿死亡199例，婴儿死亡率3.7‰。5岁以下儿童死亡319例，死亡率6‰。7岁以下儿童35.64万人，保健覆盖31.92万人，覆盖率89.6%。3岁以下儿童16.21万人，儿童系统管理14.65万人，系统管理率90.4%。新生儿5.34万人，新生儿访视5.16万人，访视率96.6%。是年，新化县6~18月龄儿童1.84万人，"儿童营养包"发放1.52万人，发放率82.6%。"儿童营养包"有效服用1.13万人，有效服用率74.1%。2016年，全市婴儿死亡212例，死亡率4‰。5岁以下儿童死亡363例，死亡率7‰。7岁以下儿童35.97万人，儿童保健覆盖32.56万人，保健覆盖率90.5%。3岁以下儿童16.16万人，儿童系统管理14.74万人，系统管理率91.2%。新生儿5.26万人，新生儿访视5.07万人，访视率96.3%。新化县"娄底市儿童营养包项目"目标儿童2.05万人，"儿童营养包"发放2.04万人，发放率99.6%。"儿童营养包"有效服用1.8万人，有效服用率88%。2017年，全市新生儿死亡90例，死亡率1.6‰。婴儿死亡186例，死亡率3.4‰。5岁以下儿童死亡311例，死亡率5.6‰。新化县"娄底市儿童营养包项目"目标儿童2.52万人，"儿童营养包"发放2.02万人，发放率80.4%。"儿童营养包"有效服用1.64万人，有效服用率80.9%。

二、体格检查与疾病防治

1990—1999年，娄底地区5岁以下儿童死亡率由1990年的53.9‰下降至1999年28.2‰。1992年始，全地区妇幼保健机构先后采购多参数心电监护仪、胎儿监护仪、无痛分娩仪等大中型医疗设备140多台，对儿童体检和疾病防治发挥巨大作用。1996年，全地区检测出大量儿童缺铁性贫血、佝偻病等营养缺乏型病例。1997年，儿童贫血患病率28.6%，佝偻病患病率16.7%。2001年，全市5岁以下儿童重度营养不良患病率2.8%。2003年，全市开展5岁以下儿童肺炎、中重度营养不良、腹泻死因构成等专项调查，采集中重度营养不良样本2400例，其中省级样本1200例。查出中重度营养不良92例，占3.8%，为制订治疗决策与干预计划提供科学依据。4—5月，市妇幼保健院对市直及辖区内14所托幼园7岁以下儿童进行全面体格检查，检查儿童1105人，查出肥胖儿童27人、营养不良儿童40人。评选健美儿童183人、"十佳"健美儿童10人。2004年，全市5岁以下儿童中重度营养不良5%，较上年上升1.1个百分点。5岁以下儿童重度营养不良患病率：2005年3.1%，2006年1.7%。全市出生体重儿发生率0.7%，较上年0.5%上升0.2个百分点。各县（市、区）对7岁以下儿童的全面体格检查，体检1.1万余人，其中娄星区4911人，新化县3100人，冷水江市2800余人。（缺涟源、双峰）依据检测结果，合理安排相应的干预措施。2007年，市妇幼保健院牵头开展机关幼儿园"健美儿童"评选表彰活动，对4家市直机关幼儿园7岁以下幼儿进行体格体检。应检1390人，实检1296名，体检率93.2%。检测出儿童不良症状300人，不良症状发生率23.1%。其中佝偻病11人、贫血4人、沙眼1人、包茎216人、营养不良12人、肥胖56人。全市5岁以下儿童中重度营养不良患病率2.9%，低出生体重儿发生率1%。2008年，7岁以下儿童保健覆盖率65.3%，新生儿疾病筛查率46.3%。5岁以下儿童重度营养不良患病率3.3%，低出生体重儿发生率2.2%。除新化县外，其他县（市、区）妇幼保健院及部分综合医院均开展新生儿听力筛查，筛查率5.9%，达到年度预定目标。

2011年，全市52家医疗保健机构开展听力筛查，筛查3.55万例，筛查率64.2%。市中心医院开展儿童听力检测109人，确诊听力障碍66人，发生率60.6%。其中单耳听力障碍21人，双耳听力障碍45人。干预治疗12人，听力障碍干预率18.2%。2012年6月，市卫生局和市妇幼保健院联合举办全市新生儿窒息复苏县级师资复训暨认证培训班。全市考核合格确认新生儿窒息复苏师55人（市级复苏师10人、县级23人、院内复苏师22人）。2013年，全市新生儿6.22万人，疾病筛查6.22万人，筛查率

99.9%。听力筛查6.07万例，筛查率97.6%。所有儿童健康指标均达到省卫生厅的预定目标。

2014年8月，全市新生儿窒息复苏师资复训暨认证培训班再次举办。培训人员为各县（市、区）已通过市卫生局认证的县级复苏师，县级及以上助产机构的产科儿科医师87人。培训确认县级复苏师23人、院内复苏师30人。2015年，全市5岁以下儿童25.43万人，血红蛋白检测20.45万人，检测率80.4%。2016年，全市儿童贫血病患病率从2013年的25.3%下降至15%，儿童营养保健状况明显改善。2017年，全市5岁以下儿童25.75万人，血红蛋白检测21.36万人，检测率83%。

第五章　爱国卫生

第一节　爱国卫生月活动

1989年4月，首个爱国卫生运动月（简称爱卫月）活动在全国举办，此后成惯例。1990年，每周六为“周末卫生日”。城区近万名党政军机关干部及学校师生参与垃圾清除、庭院洒扫活动，清运垃圾100余吨，清除卫生死角56处，城市环境改善。1991年，大部分城区非水冲式公厕改造成水冲式公厕，少部分非水冲式公厕由专人清扫和管理。1993年，爱卫月活动重点整治车辆乱停、摊贩乱摆、墙上乱贴、脏物乱丢、棚点乱搭等无序行为。城区8万多人参与卫生整治行动，清运垃圾590多吨，填平道路5000平方米，修整绿化带2500米，拆除违章建筑105处，清除非法摊点300多个。1994年，重点做好爱国卫生立体化普及宣传，召开爱国卫生专题会议20多场次，电视广播宣传，播报宣传稿327篇次，跟踪报道45场次，邀请市级领导发表电视广播讲话10人次，出动宣传彩车作城区巡回宣传60辆次，印发宣传单1.35万份、《市民必读》2万余册，发放“门前三包责任制”和“市民卫生十不准”标牌6000多块，制作15平方米的大型标牌100多块，竖立宣传橱窗450个，出版画刊2540期。

1996年，以“创建卫生城市、强化城市管理”为主题，地、县两级广播电台、电视台分别制作播出《环保之声》《蓝天在呼唤》《卫生与健康》等专题节目。1997年，重点开展卫生县城、卫生乡镇创建活动。1998年，《湖南省爱国卫生条例》颁布实施，全地区开展“动员千万家，治理脏乱差，创建卫生城，全靠你我他”主题活动。

2001—2002年，全市开展除“四害”活动。对办公楼、院落、宿舍及各种公共场所进行大扫除，出动垃圾车3239台次，清运垃圾1.46万吨，疏通沟渠1.76万米，消除卫生死角340处，整顿集贸市场13个，发出爱卫督查通报9期。2003年，在全国开展第十五个爱国卫生月活动中，全市重点宣传《湖南省爱国卫生条例》和防治“非典”常识。2005年，全市开展创建省级卫生城市，组织1.29万名干部职工和学生，进行城区大扫除，出动清运车辆496车次，清运垃圾4462吨，疏通沟渠2.64万米，增植绿地19.8万平方米，出动宣传车61台次，制作简报、墙报420期，发放爱卫条例宣传资料及健康教育宣传单20余万份，竖立永久性卫生宣传标牌5000余块，清除卫生死角600多处。

2006年，全市将爱卫月的第一周定为“城市爱国卫生突击周”，将最后一周定为“农村爱国卫生突击周”，开展疾病预防和卫生常识科普宣传，营造“讲文明、讲卫生、讲科学、树新风”的社会新风尚。2007年，全国纪念爱国卫生运动55周年，娄底市以“清洁城乡、促进和谐”为主题，开展爱国卫生活动。2008年爱卫月，开展“迎奥运、除四害”活动，实施春季统一灭鼠行动。2009年，以“清洁城乡，保护健康”为主题，开展“相约健康社区行”“三湘农民健康行”活动，倡导文明健康生活方式。在“农村爱国卫生突击周”活动中，清洁家园、清洁田园、清洁水源，出动清运车辆1300台次，清运垃圾5800吨，疏通沟渠2.1万米，清除卫生死角245个，整顿集贸市场30个。2011年爱卫月，市委书记林武、市长张硕辅及相关市领导出席爱卫月启动仪式，各县（市、区）分管领导、爱卫办主任及市直单位相关负责人悉数参加。2012年，市爱国卫生运动委员会在娄星广场举行“娄底市纪念爱国卫生运动60周年暨爱国卫生运动月”活动。2013年，出动清运车辆1560台次，清运垃圾5950吨，疏通沟渠11.8万米，清除卫生死角1247处，整顿集贸市场28个，集中整治各单位庭院、居民生活区、城乡接合部、“城中村”、集贸市场、乡镇集市、村庄房前屋后的环境卫生，为创建国家卫生城市奠定基础。

2014年，结合创建国家卫生城市、迎接省运会和爱国卫生系列活动，全市启动“创国卫、迎省运、除四害”暨第26个爱卫月活动。200余家单位相关人员集中参加病媒生物防制培训班，增强除害防病意识。2015年，娄底市第27个爱卫月暨迎接灭鼠灭蟑达标复查启动仪式在娄星广场举行，通过现场咨询、展板挂图、宣传资料、文艺演出等多种形式，向市民宣传病媒生物防制、防病防疫、自我保健等知识。2016年，市卫计委、市爱卫办牵头开展“巩固国卫城市成果、创建全国文明城市”为重点的娄底市第28个全国爱卫月广场宣传活动，出动宣传车160台次，动员1068人次，开展知识讲座200场次，印发宣传单3.26万份，悬挂横幅480余条，直接受教群众18.66万余人次。2017年，全国纪念爱国卫生运动65周年，娄底市开展第29个全国爱卫月广场宣传活动，倡导“减盐、减油、减糖，健康口腔、健康体重、健康骨骼”等健康生活方式。

第二节 改水改厕

1990年，娄底地区计划到1995年，85%以上的农村人口饮用水卫生条件明显改善，饮用自来水人口占农村总人口35%以上。地区农村改水领导小组成立，突出抓好资金配套和受益人口两大指标落实。新化县被确定为全省农村改水项目目标县之一，世界银行贷款150万美元。1991年，全地区按照全省农村改水合同完成配套资金1∶1的比例落实到位，超额完成合同受益人口的目标任务。1992年，全地区把农村改水工作纳入社会经济发展规划，纳入政府工作计划和目标管理，建立完善农村改水管理体系。省财政厅向娄底地区下拨农村改水经费5.8万元，地区补助农村改水用钢材30吨。各县（市）安排配套资金18万元。全地区农村自来水受益人口10.5万人。1993年，地区制定“2000年人人享有卫生保健”目标，加快农村改水改厕。地区行署与省爱卫会签订8万元农村改水合同。全地区农村改水受益人口280.15万人，占农村总人口的87.4%。其中自来水受益人口68.91万人，占农村人口21.5%。全年完成农村改厕3451户，累计9704户。

1994年，地区财政局拨款10万元给新化县用于改水改厕机构建设。1996年，新化县先后通过省项目办的验收和世界银行中期评估。冷水江市郊自来水普及率80.6%，卫生厕所普及率94.4%。涟源市市郊自来水普及率80%，卫生厕所普及率90%。1997—1998年，娄底地区向省农村改水领导小组申报农村改水经费19万元，地区财政按规定比例配套筹资19万元，县（市）财政投资86.8万元，省、地、县（市）三级合计104.8万元，用于修建农村集中式供水工程项目64处，改水受益8.75万人。“九五”规划期间，全地区农村改水受益人口320万人，占农业人口95%。饮用自来水受益人口120万人，占农业人口的35%。截至2000年底，娄底市农村改水受益人口占农业人口的96%，自来水受益人口占农业人口的45%。投入改厕资金417万元，改厕43.69万户，占农村总户数的53.4%，粪便无害化处理占14.2%，改造公厕1402座，粪便无害化处理受益46.48万人。

2001年，全市投入改水资金1500余万元，清洁卫生水普及率96.3%，新增饮用自来水6.19万人，自来水受益136.48万人，饮用自来水人口占农村人口的42.6%。投入改厕资金1050余万元，农村改厕77.6万户。卫生厕所43.3万户，普及率58.5%。新增无害化厕所4万余座，实现粪便无害化处理率18.1%。2006年，全市争取农业、水利部门对贫困地区改水改厕工作支持，筹集资金559万元，修建自来水厂（站）2100个，受益人口166.63万人，占总人数的51.7%。投入农村改厕经费720万元，建成卫生厕所49.35万户，卫生厕所普及率62.5%，无害化卫生厕所普及率22%，粪便无害化处理率64.8%。

2007年，投入农村改厕资金3150.54万元，实现卫生厕所50.16万户，卫生公厕17.88万户。投入农村改水资金5621.5万元，实现农村改水受益人口289.93万人，占农村改水总人口的90%，修建自来水厂（站）2128个，受益人口176.52万人，占农村改水总人口的54.8%。

2009年，娄底市农村改厕项目工作领导小组成立。全市投入农村改厕资金1059万元，实现卫生厕所51.63万户，普及率63.4%，无害化厕所普及率25.4%。2010年，双峰县、涟源市农村改厕成功经验在全市推广。是年，全市投入农村改厕资金432万元，改厕9000座。2011年，投入1486万元，改厕2899座。2012年，农村改厕工作与新农村建设和危破房改造结合，全市投入资金2532万元，改厕7600座。2013年，农村改厕5000座。2014年，中央暂停对农村改厕项目的支持。娄底市调整农村改厕工作规划，重点对上年度改厕存在的问题进行整改。2015年，前两年改厕遗留问题全部得到整改。全市无害化厕所普及率30.5%，卫生厕所普及率由上年度的66.7%提高至79.1%。2016年，市财政预算50余万元，改厕990座，卫生厕所改造率80.3%。2017年，全市将厕所改造和无害化处理列入小康建设指标和卫生工作考核范畴，计划完成指标81%。冷水江市实行建房审批前置，采取“以奖代补”方式，推进农村无害化卫生厕所改造。市中心城区结合国家卫生城市复审工作，将旱厕改造列入创管工作考核指标。是年，全市投入改厕资金847.56万元，完成旱厕整改1300余座，实现卫生厕所78.81万户，卫生厕所普及率85.6%，无害化卫生厕所普及率29.4%。

第三节　健康教育

1990年，地、县（市）卫生防疫站均设立健康教育与卫生宣传科。全地区小学各年级全面普及健康教育。新闻单位开设健康教育专栏。1991年，《娄底日报》、娄底电视台分别开辟《疾病预防》专栏。地区卫生局、教育局联合印发《学生常见病防治指南》30万册。1992年，《娄底日报》、娄底电视台、娄底广播电台等主要媒体均开设《健康之友》《家庭医生》《家庭顾问》等健康教育栏目。1994年，地区卫生局编印《健康常识指南》20万册。全地区开办各类中小学生健康教育培训班、育龄妇女五期卫生培训班，参训人数10万人次。1996年8月，娄底地区成立“九亿农民健康教育行”领导小组。《娄底日报》开展“九亿农民健康教育行”系列宣传，加强农村健康教育。1997年，地区行署颁布《公共场所禁止吸烟暂行规定》，广泛开展控烟宣传。1998年，地区卫生局、教育局、工商局、文化局、交通局等部门联合发文，要求在公共场所及办公场所张贴控烟标示，全地区先后印发控烟资料10余万份。至2001年底，全市有健康教育专干100多人，实现市、县卫生防疫站有健教科、乡镇街道卫生院、社区卫生服务中心有健康教育专干、村有兼职健康教育宣传员的四级健康教育网络。2004年，市、县撤销卫生防疫站，成立疾控中心。市、县（市、区）、乡（镇、街）、村（社区）均成立健康教育领导小组和控烟领导小组，设立健康教育专栏。2006年，市疾控中心统一编印《学校卫生工作指南》5万册，发放到各级各类学校。2008年，印发《病媒生物防治手册》3万册。

2010年，市健康教育与健康促进专业组成立，把健康教育纳入政府卫生工作目标管理，纳入创建国家卫生城市、文明城市内容。2011年，全市开展健康教育巡回宣讲100场次。2014年，国家爱委会授予娄底市国家卫生城市称号。2015年，娄底市引导市民开展各种形式的健身活动。中心城区确认社会体育指导员1132人，修建健身步道4万余米，建造大型健康主题公园2个，建立各种民间健身团体100多支。各社区共安装室外健身器材66套。多数市区单位家属院落均安装室外健身器材，在公园、广场、小区健身场所参加健身活动的群众日均约13万人次。

2016年，市卫生计生委在珠山公园建立“娄底人口健康大观园”。《大众卫生报》在头版头条报道，新浪、网易等门户网站跟踪报道。市卫生计生委举办的“健康中国（湖南）行娄底主题站”活动，得到省卫生计生委通报表扬。举办中医药湖南娄底行、全民健身等一系列活动。娄底市各类主流媒体开设《健康娄底》《卫生与健康》《幸福起跑线》《中医与健康》《新生儿科系列报道》等一系列专题、专栏，对健康教育进行覆盖式宣传。2017年，娄底市申报全国文明城市，把健康教育和健康促进列为重要工作之一。市委宣传部、市卫生计生委等9个部门联合下发《关于加强健康促进与教育的实施意见》，出台《娄底市“十三五”健康教育与健康促进工作规划》。居民基本健康知识和理念、健康生活方式与行为、基本技能等3个方面的调查结果显示，全市居民健康水平逐年提高。

第四节　卫生单位、卫生城市创建

1990年，全地区有21个省级文明卫生单位。在全国城市卫生检查评比中，涟源钢铁厂被评为全国爱国卫生先进单位，娄底市、冷水江市获年度卫生达标市。1991—1992年，全地区创建省级文明卫生单位45个。1993年，娄底地区启动创建省级卫生县城活动。卫生部授予冷水江市全国食品卫生示范市称号。1994年，行署出台《城市卫生管理办法》《城建监察管理暂行办法》《城市道路交通管理暂行规定》《除四害管理办法》等一系列规范性文件，组建并充实城管监察大队，成立园林、市政、环卫3支专业监察中队，实行综合管理和专业管理相结合，依法办事、执证上岗；编制环卫专业规划，健全环卫机构，投入环卫资金282.55万元，新建水冲式公厕3座，城区共有公厕30座，其中水冲式公厕19座，占63.3%。城区公共场所建有高台封闭式垃圾站7座，其中集装箱式垃圾站1座。主次街道两旁设置果皮箱184个，有环卫机械车辆18台；建成城市排水总干道24千米，排水设施完好率100%，排水管网服务面积15.5平方千米，城市排水管网普及率87.1%，组建城市排水管监测站，对城市污水实行集中处理，有效控制城市污染。建成绿地面积576公顷，绿地率32.4%，绿化覆盖率32.5%，人均绿地3.62平方米。省控11家和地控16家污染企业设施运转监督管理加强，重点污染企业环保设施运转率全部达标。烟尘控制、噪声达标成果得到巩固，饮用水水源得到保护，对万宝2座水泥厂进行除尘，搬迁市政工程油场，城市环境污染得到控制和治理。是年，全地区创建省级文明卫生单位14个。1995年，全地区新创省级文明卫生单位16个。娄底市自来水公司一厂、湖南省冷水江师范学校被授予全省首批百佳文明卫生单位称号。

1996年，全地区对环境保护新项目执行“三同时”（同时设计、同时施工、同时验收）制度。开展新老污染治理，投放资金1018万元，完成两个水泥厂和涟钢污染项目治理。对造成环境污染的市毛巾厂，责令限期整改。成立涟水综合治理领导小组，查处违法污染大要案19起，发出处罚通知书21份，限期整改通知647份，控制涟水污染。下发《关于加快城市污水处理工程建设的若干规定》，取缔3家土法炼硫厂，关闭、停止3家小冶炼厂。整治一批噪声严重超标的卡拉OK厅，控制噪声污染，新建公厕和密闭式垃圾中转站2座。城市饮用水水源、城市地表水、城市大气环境质量保持较高水平，城区环境噪声、交通噪声污染控制在较低水平，省爱卫会授予地委接待处、中国人民银行双峰县支行等13家单位1996年度“文明卫生单位”称号。1997年，全地区新创省级文明卫生单位22个。

2000年，全市开展文明卫生车站、码头、旅店、酒家等行业性卫生创建活动。2001年，娄底市先后出台《关于规范娄底城区垃圾代运和有关费用收取的通知》《关于娄底城区临街单位、门店门前范围统一由环卫部门进行清扫、保洁、管理的通知》等6个文件，规范市容环境卫生管理，解决环卫执法无法可依的问题，将环卫设施建设纳入城市建设总体规划。2003年，全市投资4亿多元用于城区道路改造和环境绿化，新创省级文明卫生单位11个、市级文明卫生单位21个。2004年，市委、市政府把省级卫生城市创建工作和爱卫工作列为各县（市、区）党委、政府三个文明建设考核内容。市爱卫办和市文明办共同制定城区街道、单位、社区和窗口单位卫生检查评比标准和考核记分办法，检查结果在《娄底日报》和娄底电视台公布。市中心城区投资近20亿元用于城市各项基础设施建设，完成城区22条主要干道及配套设施全面升级改造，开工新建28条城区道路。城市路灯总数达到5万多盏，路灯亮化率95%以上。改造娄星广场、火车站广场，新建石马公园、珠山公园，对乐坪街、长青街、湘阳街、娄星街、氐星路、新星路、育才路、扶青路、湘中大道等街道进行绿化改造，种植各种树木300万株，实现城区公共绿地105万平方米，园林绿化面积250万平方米，绿地覆盖率36%，人均绿地面积7.9平方米。在街道两旁人行道设置不锈钢果皮箱685个，拥有各种环卫车46台，其中多功能清扫车3台。投资上亿元的生活垃圾无害化处理场获省政府批准并开工建设。城区主次干道机械化清扫作业率45%。全市新创省级文明卫生单位37个，市级文明卫生单位16个。是年，被省人民政府授予省级园林城市称号。

2005年，市委、市政府制定《娄底市创建省级卫生城市实施方案》，颁发《娄底市除“四害”暂行管理办法》（“四害”指老鼠、蚊子、苍蝇、蟑螂），实施城市精细化管理，投入专项资金3468万元，对11条小街小巷进行全面升级改造，投入300万元用于城区绿化补兜。是年，开工建设城市生活污水处理厂和垃圾填埋场，开展市容市貌、交通秩序、社区环境卫生、市场卫生、“五小”行业规范、“两店”6项集中整治行动。开展文明卫生单位、卫生村创建工作，新创省级文明卫生单位11个，市级文明卫生单位12个，市级卫生村2个。通过全国绿化模范城市评审，通过省级灭鼠、灭蟑先进市考核验收，获得灭鼠先进市、灭蟑先进市称号。2006年，获评湖南省卫生城市。全市复查后重新确认204家省级卫生单位，新创省级文明卫生单位8个、市级10个。2007年，市政府出台《娄底市城区环境卫生管理暂行规定》《娄底市城区环境卫生责任分布图》《娄底市城区环境卫生责任分布图说明》等文件。市物价局、市财政局联合下发《关于调整娄底市城区环境卫生有偿服务收费项目和标准的通知》，改变城区环境卫生管理体制不顺、保障机制缺失的问题。市财政专项投资400多万元，购置多功能垃圾车4台，大型收集车1台，小型收集车2台，投入1.03亿元建设大规划垃圾卫生填埋场1个。10月，投资6000余万元，建成垃圾填埋库区及配套一期工程投入使用。全市城区生活垃圾实现日产日清，清运率100%。道路冲洒水日均3次以上，道路机械清扫率41.2%。是年，市政府颁布《娄底市建筑垃圾管理办法》，开展城区渣土管理和集中整治行动。新化、双峰两县将省级卫生县城创建工作纳入县委政府工作重要议事日程。2008年，新创市级文明卫生单位11个、市级卫生村2个。2009年，新创省级卫生村1个、市级卫生村4个、市级文明卫生单位20个。

2010年，娄底市成立“三个创建”（创建国家园林城市、创建国家卫生城市、创建全国文明城市）工作领导小组，印发“三个创建”工作实施方案，出台《娄底市爱国卫生管理办法》。各县（市、区）党委、政府先后做出创建省级卫生城市（县城）的决定，并将创建任务列入全年工作目标。双峰县成功创建娄底市首个省级卫生县城。全市新创省级文明卫生单位7个、省级卫生村6个、市级文明卫生单位7个、市级卫生村28个。2011年，按照《国家卫生城市标准》，全市建立15个专业工作组，制定出台《娄底市“三个创建”工作奖惩办法》《娄底市创建国家卫生城市工作目标管理考核办法》《娄底市创建国家卫生城市工作目标管理考核评分细则》等一系列文件，使创卫工作有章可循。启动建筑工地、“五小”行业、“牛皮癣”等15项专项整治，清除城市“牛皮癣”100万余张，市容市貌改观。市财政安排专项资金500万元，娄星区配套安排200万元用于社区环境卫生清扫保洁。中心城区5个办事处实行市场化运作，完成育才市场、中兴市场标准化改造。是年，新化县获湖南省卫生县城称号。全市新创省级文明卫生单位7个、省级卫生村6个、市级文明卫生单位7个、市级卫生村28个。对全市获评省级文明卫生单位全面复查，合格的225个。娄底市爱国卫生运动委员会授予新化县2011年度城乡环境卫生整洁行动十佳县市称号，授予新化县琅塘镇等10个乡镇2011年度城乡环境卫生整洁行动十佳乡镇称号。燕子岩生活垃圾填埋场二期工程改造，达到国家Ⅱ级评价标准。新增垃圾中转站5个、公厕22座。市财政落实除“四害”经费260万元，安排监测经费8万元，全方位开展除“四害”，实现灭蚊工作先进市的目标。市环保局、卫生局在涟水河、孙水河水源保护区地段设立保护标志，公告水源保护规定。联合湘乡市对棋梓桥水库二水厂及其保护区内的网箱养鱼开展集中整治，全部取缔养鱼网箱，确保饮用水水源安全。是年，全市新创省级文明卫生单位6个、省级卫生村15个、市级文明卫生单位

8个、市级卫生村40个。2012年2月，娄底市成功创建国家园林城市。市政府将国家卫生城市创建工作列为首要任务，先后出台《关于对违反城市市容和环境卫生管理规定行为实行严管重罚的通告》《关于在娄底中心城区取缔占道经营、规范市容秩序的通告》《娄底市农贸市场管理办法》等9个文件，出台《娄底市“三个创建”工作奖惩办法》《娄底市创建国家卫生城市工作目标管理考核办法》，使整个创建工作有章可循。截至是年底，中心城区兴建26条主干道路、8条配套道路，改造更新4条老旧道路。先后完成城市防洪堤、第一污水处理厂二期、燕子岩生活垃圾填埋场等重点城建项目。完成35个城中村、25个城乡接合部整治和改造。兴建公园8个，面积239.48公顷。兴建或改造20个农贸市场、50个生鲜超市、6个过渡夜宵市场。取缔28个马路市场和480个夜宵摊点。兴建或改造125座公共厕所，新设5442个分类果皮箱、7203个可移动垃圾桶，新添置94台环卫专业车，实现道路机械化清扫率76.7%。

2013年3月，娄底市通过国家卫生城市创建工作省级评估。8月，通过国家级评估。11月，通过省级复核验收。是年，全市新创省级卫生镇1个、省级文明卫生单位7个、省级卫生村15个、市级卫生镇2个、市级文明卫生单位10个、市级卫生村88个。2014年，市创卫领导小组下发《关于巩固创卫成果建立长效机制的通知》《关于巩固创卫成果建立长效机制的补充通知》，对8个环卫保洁单位、25个创卫重点责任单位和213家创卫成员单位继续开展督查考评。中心城区通过省爱卫会督导检查，获得国家卫生城市称号。全市156家单位获卫生创建先进单位称号。是年，新创湖南省文明卫生单位4个、湖南省卫生村29个、娄底市卫生镇1个、娄底市文明卫生单位27个、娄底市卫生村95个。2015年，市政府安排专项经费4800万元，巩固提升日常保洁提质、农贸市场管理提质、流动摊贩与占道经营整治、渣土运输整治、“牛皮癣”治理、社区环卫设施配套建设等创卫工作成果。2017年，娄底市接受省爱卫办国家卫生城市复审，以80.2分的成绩通过国家、省级专家评估。

第五节　病媒生物预防控制

1990年，娄底地区制定除“四害”工作规划和年度计划，开展经常性与春秋两季突击性相结合的灭鼠活动。到1995年，全地区投放毒饵150吨，灭鼠650余万只，参与灭鼠工作人员3546人。全地区购置发放敌鼠钠盐4540余千克，灭蟑灵粉块25万余块。冷水江市灭鼠“一役达标”，被省爱卫办授予灭鼠先进市、灭蟑先进市称号。1995年，娄底市被省爱卫会授予灭鼠先进市称号。涟源市获全省灾后爱卫工作先进单位。

1996年7月，全地区遭遇百年不遇特大洪灾。地区爱卫办分别给受灾县（市）供应价值0.5万元的灭鼠药，促进灾后灭鼠。1997年，省爱卫办给予灭鼠活动启动性投入0.5万元，地区爱卫办向鼠传疾病高发的双峰县配套投入0.5万元，促其有效降低老鼠密度。1998年，冷水江市灭鼠先进市称号通过省爱卫会复查。2000年，市政府下发《关于印发〈娄底市除四害管理暂行办法〉的通知》，规范除“四害”管理工作，巩固娄底除“四害”先进市成果。2001—2002年，全市举办除“四害”专业知识培训班20期，800余人次参加，投入除“四害”经费50余万元，投放药饵80吨。2003年，全市除“四害”工作覆盖面由上年的50%提高到95%，鼠药投放量由6000千克提高到1.5万千克。投放灭蟑药物“5克杀蟑饵剂”1万包、灭蚊药2000千克、灭蝇药1000千克。2004年，投入除“四害”经费55万元，投入灭鼠毒饵4万千克、灭蟑药6万包、灭蚊药4000千克、灭蝇药8万余份。2005年，投入除“四害”经费110余万元，投放灭鼠毒饵6万千克，投放灭蟑、灭蚊、灭蝇药物40余万份。10月、11月，分别获省“灭鼠”“灭蟑”工作先进市称号。

2006—2010年，全市每年投入除“四害”经费125万余元，年均投放灭鼠药饵6万千克、灭蟑药8万包、灭蚊药5000千克、灭蝇药8000千克。娄底市经复审考核继续保留省级“灭鼠、灭蟑先进市”称号。2011年，印发《娄底市病媒生物防制专业组工作方案》，成立一支30余人的专业队伍。2012年，娄底市有害生物防治协会成立。24名除“四害”工作人员参加国家职业资格培训。娄底市病媒生物防制专家库建立。2011—2015年，全市每年投入除“四害”经费125余万元，投放灭鼠毒饵4万千克、蜡块3万千克、灭蟑灭蚊药物23万包（盒）、灭幼蚊药1万千克。2016年，娄底市中心城区达蚊类密度控制A级水平。2017年，市、县（市、区）、乡镇街道、社区（单位）四级病媒生物防治网络建立。全市“四害”密度控制在国家规定范围内，鼠源、虫媒疾病、钩端螺旋体、流行性出血热等疾病均得到有效控制。

第六章　卫生体制改革

第一节　医疗体制改革

1990年，地区行署制定政策，在加强公立医院建设的同时，鼓励和支持社会资本提供医疗资源供给，满足群众多层次、多样化医疗需求，推动医疗机构多元化改革。至1993年，全地区有医疗机构3672家，其中民营医院或诊所354家。1997—1998年，全地区清理整顿医疗机构359家，停业整顿65家，取缔非法医疗机构294家。1999—2000年，全市清理整顿医疗机构2537家，取缔非法医疗机构478家，保留合法民营医疗机构720家。2001年，市政府出台《关于进一步促进社会办医加快发展的实施意见》，民营医疗机构健康发展。2017年，全市医疗机构发展到3943家，其中二级中医特色民营医院4家，其他民营医院60家，乡镇卫生院78家，建制村卫生室1966个，个体诊所789个。每千人口社会办医床位数1.5张。全市形成公立医院、集体医院、民营医院、个体诊所优势互补的医疗格局。

第二节　卫生管理体制改革

一、公立医院管理体制改革

2000年始，全市实行营利性和非营利性医疗机构分别管理试点，实行医、药分开核算，切断医疗机构与药品营销之间的直接利益联系。2001年，执行国家体改办等八部门《关于城镇医药卫生体制改革的指导意见》，全市开展“卫生改革年”活动，医疗机构分为营利性和非营利性分别管理，公立医院正、副院长竞争上岗。撤销卫生防疫站，组建市、县两级公共卫生监督所和疾病控制中心。2002年，贯彻《湖南省关于对非营利性医疗卫生机构采取合资承包租赁等形式开办营利性病区科室和项目专项清理整顿的紧急通知》，各县（市、区）卫生局、市直各医疗卫生单位清理辖区医疗机构违法活动，对多次整治不剥离、不撤除、不终止非法医疗活动的医疗机构依法处理，并追究其领导人责任。2010年，全市公立医院实施医疗、医药、医保“三医联动”改革。2011年，市政府相继出台《娄底市推进县级公立医院综合改革实施方案》《关于全面推开公立医院综合改革工作的通知》等7个文件。娄底市公立医院管理委员会成立，代表政府履行对市直公立医院的出资人职能，加强公立医院内部运行、资产、绩效管理，推进大卫生体制下的“管办分开”等体制机制改革。2012年12月，冷水江市作为全省首批公立医院改革试点县（市）之一，启动公立医院改革。2015年4月，涟源市、双峰县、新化县列为全省第三批开展县级公立医院综合改革。全市15家县属公立医院实施综合改革。市、县两级26家公立医院实施《娄底市公立医院绩效考核办法（试行）》《娄底市县级公立医院综合改革效果评价实施方案》。2017年，经测评，群众对市区公立医院的综合满意率91.2%。

二、卫生行政许可审批制度改革

1990—1999年，全地区沿袭往年卫生行政许可审批制度。2013年始，市卫生行政部门对卫生行政许可审批项目全面清理、整合、承接、下放，在网上公布职权目录清单。2017年，市政府出台《娄底市深化医药卫生体制改革2017年重点工作任务的通知》。卫生行政许可项目规范为16项，非行政许可事项30项。卫生行政许可审批事项实行一站式服务，所有许可项目集中到市政府政务服务中心窗口统一受理。2017年底，市本级财政下拨城市公立医院综合改革补偿经费1310万元，公共卫生和疾病应急救助经费244万元，为公立医院综合改革提供财力保障。

三、医疗卫生服务体制改革

2003年始，全市实行基本公共卫生服务体制改革，指定娄底市中心医院定点、集中收治中心城区传染病患者和县（市）重症传染病患者。县（市、区）指定当地县级人民医院为传染病定点收治医院。2010年，建立市、县、乡“三位一体”防治协作体系，建立和完善工作例会制度、逐级督导考核制度、实施情况通报制度、信息归口月报制度和年度述职报告制度。市、县两级卫生行政部门挂牌督促目标完成情况并纳入年度绩效考核。2012年，市卫生局印发《国家基本公共卫生服务项目实施方案》，开展年度基本公共卫生服务项目工作考核，通报考核结果。市、县两级专业公共卫生机构派遣专业人员接受国家和省基本公共卫生服务能力培训，担负指导和督查职责。2013年，全市14大类服务项目全部电子信息化。2014年始，市政府对市卫生计生委、市疾控中心、市妇幼保健院等专业公共卫生机构，每个季度一次督查和讲评，每半年一次督导。各专业机构对所属公共卫生内容采取计划、培训、督导、考核一体化方式跟踪指导管理。每个项目的分值由专业机构考核确定，与国家基本公共卫生服务项目经费下拨直接挂钩，并将考核情况通报给各县（市、区）政府。2015—2016年，市政府先后印发《娄底市中心城区医疗机构设置规划（2016—2020）》《娄底市推进分级诊疗试点工作实施方案》。娄星区启动分级诊疗试点，实施基层医疗机构标准化建设三年行动（2016—2018）计划。至2017年，全市新（改、扩）建卫生院16所、标准化村卫生室206个，创建国家级群众满意乡镇卫生院1个，申报创建省级群众满意乡镇卫生院15个。全市业务收入过1000万元的乡镇卫生院15家，乡镇卫生院引进专业技术人员193名。2017年，市政府出台《娄底市建立医疗联合体实施方案（试行）》。建成娄底市妇幼健康联合体、娄底市第一人民医院和涟源市北部矿区联合体。探索“互联网＋”移动医院模式，设置医学影像、检验诊断中心，通过远程医疗会诊，构建基层检查、上级诊断的服务新机制，实现区域内资源共享和检查结果互认，提高诊断质量，减轻群众负担。完善双向转诊程序，建立首诊负责和转诊办理责任制制度，对双向转诊患者转出机构和转入机构均优先接诊、优先检查、优先住院，确保连续有效治疗。2017年，全市共有乡级医疗卫生机构96家，其中建制乡镇卫生院70家（中心卫生院32家，一般卫生院38家），非建制卫生院9家，社区卫生服务中心17所。1842个村卫生室中，标准化卫生室578个。85%的社区卫生服务中心、70%的乡镇卫生院设置中医馆配备中医医师，15分钟医疗服务圈基本形成。

娄底首家国家药物临床试验机构入驻市中心医院
（2017年摄）

四、全科医生服务体制改革

2015年，市政府下发《娄底市全科医生管理暂行办法》《娄底市全科医生（助理全科）驻村全覆盖行动计划实施方案》等5个规范性文件，提出“以全科医生驻村全覆盖工作为基础，以村卫生室标准化建设和辅助诊疗人工智能系统建设为两翼”的“一基两翼”建设思路。2016年，全市1842个建制村全科医生服务体制改革均实现“四个一”〔一个驻村全科医生（助理全科医生）、一个标准化村卫生室、一套适用的医疗设备、一套完整的服务模式〕。实施家庭医生签约服务改革，满足农村居民的健康需求。2017年，增设市第一人民医院为湖南省全科医生转岗培训基地。全市转岗培训基地3个，设置冷水江市沙办社区卫生服务中心等4家基层医疗卫生机构作为全科医生基层实践基地。向省争取到全科医生转岗培训指标1494个，招录农村订单定向免费培养医学本科生117个，招录培养贫困地区基层医疗卫生机构本土化人才232人，通过“3+2”医学人才培养模式取得助理全科医生资格89人，充实到乡镇卫生机构。面向全国共招聘全科医生、执业医师、执业助理医师以及应届医学毕业生共651名。2017年，全市全科医生转岗培训基地3个，助理全科医生转岗培训基地2个，注册的全科医生1127人。1458名乡村医生取得全国乡村全科执业助理医师资格。每万名居民有2.9名全科医生，排名全省第一，提前实现国家和省2020年规划目标（每万名居民拥有2.3名全科医生）。全市第一批668名全科医生全部分配至行政村（优先安排贫困村、边远偏僻村）开展驻村服务。全市组建家庭医生签约服务团队501个，签约群众240.23万人，农村建档立卡贫困户签约45.86万人，城乡低保、“五保户”签约6.54万人。全市共登记签约医师或团队493个，家庭医生签约覆盖率47.9%。

第三节　医疗卫生监管体制改革

2012年，市政府办公室印发《娄底市改革完善医疗卫生行业综合监管制度的实施方案》，建立总会计师制度和财务信息公开制度。全市3家三级医院（娄底市中心医院、娄底市第一人民医院、娄底市中医医院）均推进医院财务管理体制改革，设置总会计师岗位，聘用总会计师，实现全面预算管理，并建立财务信息公开制度。2013年，全市监管职能机构46个。2014年，全市实行卫生监督体制改革。2017年，市、县卫生监督所更名为卫生计生综合监督执法局。乡村两级计生服务机构职能整合，成立乡镇卫生计生综合监督机构。全市推行医疗机构“3+1”监管模式，建立医疗机构事前、事中、事后全过程监管制度。监督管理机构对8家药品批发企业、7家零售连锁公司、1491家药品零售企业、2146家医疗机构开展监督检查。市卫生健康“双随机”监督抽查1274家。

第四节　医疗制度改革

一、基本医疗保障制度改革

2000年，全市启动城镇职工医疗保险制度、城镇职工大病医疗互助制度改革。2001年5月，全市特殊门诊费用开始纳入基本医疗保险统筹基金报销范围。2002年，公务员医疗补助费列入财政预算，停止职工公费医疗和劳保医疗制度。2003年，全市启动以大病统筹为主的新型农村合作医疗（简称新农合）试点。涟源市成为全国、全省第一批新农合试点城市。2004年，全市城镇灵活就业人员参加基本医疗保险。2006年，新增新化县、双峰县2个试点县，覆盖农业人口285万人，占两县农业人口总数的89%。全市增设意外伤害医疗保险，特殊病种由18种增加到24种。2007年，冷水江市被列为试点市，覆盖该市农业人口30.3万人，占农业人口的95%。2008年，娄星区、市经开区启动新农合改革。全市农村人口全覆盖。是年，市政府印发《娄底市城镇居民基本医疗保险试行办法》，全市建立城镇居民医疗保险制度。2009年11月，市政府印发《娄底市城镇职工基本医疗保险实施办法》，相应提高报销比例。2011年，全市城镇居民医疗保险实行市级统筹。2012年10月，全市职工基本医疗和生育保险费用实行市级统筹。是年起，逐步提高各种疾病报销比例。2016年10月，市、县（市、区）卫计委负责新农合行政管理职责的机构和人员编制一并划转至同级人社部门，建立全市统一的城乡居民医疗保险制度，整合成立城乡居民医疗保险管理服务中心，归口县（市、区）人社部门管理，承担管辖区城乡居民医疗保险的业务管理、指导和经办服务。

二、药物销售制度改革

1990—2015年，全市药物销售实行营利性制度。2016年，市、县两级公立医院和所有基层公立医疗机构所有药品（除中药饮片外）实行零差率销售政策，执行药物零差率销售制度。2017年，基本药物采购和使用管理进一步规范。市、县（市、区）公立医院、所有基层医疗机构的药品全部从省药品集中采购平台网上采购，采购、配送、管理、使用等制度进一步健全。市、县26家公立医院全部取消药品加成政策，破除"以药补医"旧机制。全市医疗费用增长幅度9.7%，公立医院的药占比（不含中药饮片）34.5%，百元收入（不含药品收入）消耗的卫生材料26.2元，医疗收入（不含药品、卫生材料、检查、化验收入）占比27.6%。下调CT、核磁、彩超等大型设备检查费。是年7月，印发《关于控制全市公立医院医疗费用总量增长幅度的通知》，提出差异化控费目标，制定12种辅助药、营养药等高价药品清单。

第七章 卫生管理与医疗服务

第一节 管理机构

一、市级管理机构

1990年，地区卫生局设行政编制22名。1999年，市卫生局行政编制25名、事业编制15名。2002年，市卫生局机关行政编制23名，后勤服务事业编制2名，老干服务事业编制1名，内设办公室、人事科、规划财务科、卫生法制与监督科、基层卫生与妇幼保健科、医政科、疾病控制科、科技教育科、中医管理科，另按有关规定设党委、纪检（监察）、工会机构。设娄底市红十字会办公室，为财政全额拨款单位，定事业编制4名，参照公务员管理。局下设娄底市地方病防治领导小组办公室、娄底市爱国卫生运动委员会办公室。2003年7月，局机关增设新型农村合作医疗管理科，定事业编制1名。

2010年，市卫生局机关定行政编制31名，后勤服务事业编制2名。内设11个科室，另按有关规定设党委、纪检（监察）、工会机构，设娄底市爱国卫生运动委员会办公室，副处级单位，定事业编制6名，设娄底市地方病防治领导小组办公室，定事业编制4名。2011年5月，设娄底市食品安全委员会办公室，定事业编制3名。2013年4月，娄底市爱国卫生运动委员会办公室划归市政府办管理，为副处级单位，定事业编制8名。

2015年，市卫生局和市计划生育委员会合并组建娄底市卫生计划生育委员会（简称卫生计生委），机关设行政编制51名、后勤服务事业编制5名，内设18个科室。另按有关规定设党委、纪检（监察）、工会机构。2017年3月，市合作医疗管理办公室划归市人力资源社会保障局管理。8月，市卫生计生委增设离退休人员管理科，定科长编制1名。

2017年，市卫生计生委直属卫生事业机构12个：市医疗器械修理部、市疾控中心、市医疗机构药品采购服务中心、市中心医院、市中医院、市康复医院、市妇幼保健院、市医学会医疗事故技术鉴定工作办公室、市医疗纠纷调解中心、市公共卫生应急救援指挥中心、市中心血站、市卫生计生委信息统计中心。

二、县级管理机构

1990年，地区和5县（市）均设立卫生局。2015年，各县（市、区）卫生局和计划生育委员会合并组建县（市、区）卫生和计划生育委员会（简称卫生计生委），2017年，娄星区、冷水江市、涟源市、双峰县、新化县均设立卫生计生委，下辖疾控中心、县（市、区）人民医院、中医医院、妇幼保健院、血站、卫生监督所各1个。

第二节 医政管理

一、分级管理

1990年，地区卫生局对全地区医疗机构实行分级管理，至1996年，相继评审出二级综合医院14家：地区人民医院、地区中医医院、涟钢医院、娄底铁路医院、新化县人民医院、新化县第二人民医院、冷水江市人民医院、锡矿石矿务局职工医院、金竹山煤矿职工医院、涟源市人民医院、涟邵局总医院、斗笠山煤矿医院、双峰县人民医院、双峰县第二人民医院。其中二级甲等医院5家：地区人民医院、涟源市人民医院、新化县人民医院、冷水江市人民医院、双峰县人民医院。是年，全地区共有医疗机构3672家，病床8870张。卫生技术人员1.3万人，比率由上年的2.33人/千病人上升至3.47人/千病人。共有综合医院98家，其中二级医院12家、一级医院81家、中医医院5家、乡镇卫生院124家、村卫生室2932家、个体诊所382家。1995年二级医院获评“二级甲等”7家，一级医院获评“一级甲等”35家。全地区共有中医医院7家，其中二级医院5家，获评“二级甲等”3家，另有一级医院2家。有厂矿医院35家，其中二级医院4家，一级医院31家。全地区有卫生技术人员1.34万人，病床8157张。1997—1998年，组织乡村医生、个体诊所医务人员执业资格考试，考核3512人，参考率95%。清理整顿医疗机构359家，停业整顿65家，取缔非法医疗机构294家，没收药械价值10余万元，罚款8万余元。2008年，市卫生局评定冷水江市人民医院、双峰县人民医院、锡矿山中心医院、涟钢医院、娄底市妇幼保健院、双峰县中医医院、涟源市人民医院为2005—2007年全市医院管理年活动先进单位。

2009年，贯彻执行卫生部《综合医院分级护理指导原则（试行）》，娄底市医院分级管理等级评审委员会成立，开展医院分级管理等级评审。全市各综合医院推行分级护理制度，划分四个级别：特级、一级、二级、三级护理。娄底市卫生局同意市妇幼保健院、市第二人民医院、市骨伤医院、娄星区人民医院、冷水江市人民医院、涟源市人民医院、双峰县人民医院、新化县人民医院、市康复医院、涟钢职工医院、市锡矿石中心医院、市湘中煤炭医院、418医院承担本单位医师定期考核工作。是年，全市二级以上医院逐步开展预约门诊服务。2009年始，全市开展“医疗质量万里行”活动。次年，市中心医院妇产科获评单项一等奖，耳鼻喉科获评单项二等奖，神经外科和心血管内科获评单项优秀奖。2010年，制定《娄底市2010年“优质护理服务示范工程”活动方案》，改革病区护士分工和排班方式，精简护理行政层级，提高医护管理效率。10—11月，督导检查全市13家二级医院和1家民营医院医疗质量。是年，全市实施同级医疗机构检查结果互认制度，确定医学检验结果与医学影像检查资料相互认可的二级医院：市中心医院、市第一人民医院、市第二人民医院、市妇幼保健院、市中医医院、市骨伤医院、娄星区人民医院、冷水江市人民医院、冷水江市中医医院、涟源市人民医院、双峰县人民医院、双峰县中医医院、新化县人民医院、新化县中医医院。确定相互认可的医学检查项目：普通放射检查、CT检查、其他部分医学检验。

2011年，开展二级综合医院病历质量评比活动。15家二级综合医院45份内外科住院及死亡病历参加评审。市第二人民医院、新化县人民医院、市第一人民医院分别获前三名。首次开展重点医疗机构放射质量督查，督查放射从业人员上岗资质情况、X射线、CT、MRI检查规范性操作情况、影像诊断报告书写规范情况、放射仪器的配备及运行情况等，发现问题10余项，全部整改到位。2012年，出台《娄底市医疗质量控制中心管理规定（试行）》，加强各类医疗质量控制中心管理。是年，市中心医院神经外科七病室和娄底市妇幼保健院产二科获评全省优质护理服务先进集体。是年，全市启动洁净环境医院创建活动，年底评定市第一人民医院、市第二人民医院等9家单位为洁净环境品牌医院，评定冷水江市妇幼保健院、双峰县中医医院等5家单位为洁净环境优秀医院。全市开展二级综合医院病历质量评比活动，评定市第三人民医院、新化县人民医院、市第一人民医院、冷水江市人民医院、市湘中煤炭医院、市第二人民医院、双峰县人民医院、涟源市人民医院、娄星区人民医院为优胜医院。是年，制定下发《娄底市抗菌药物临床应用专项整治活动实施方案（2011—2013）》，在全市开启抗菌药物临床应用专项整治活动，促进医疗质量和医疗安全。娄底市中心医院获2011年全省抗菌药物临床应用专项整治活动检查第一名。市卫生局制定下发《娄底市公立医院改革10项便民惠民措施实施方案》，落实无假日医院、预约诊疗、设立贫困医疗救助基金、缩短就医等候时间、“新农合”即时结报、专家名医下基层、优质护理服务、控制医药费用、提高参合农民医疗保障水平等十项便民惠民措施，建立医疗服务行为公示制度。制定实施《娄底市医疗机构设置规划（2011—2015）》，优化医疗机构配置。

2014年，全市对医院开展感染管理工作督导，实现二级及以上医院督导全覆盖，抽查部分乡镇卫生院、门诊部、诊所及存在较大感染风险的医疗机构。2015年，实施改善医疗服务行动计划，改善就诊环境，优化门诊、急诊服务流程，提升医疗服务质量。2016—2017年，启动医联体建设，建成各种形式医联体8个，其中县域医联体4个，覆盖医疗卫生机构50余家，涵盖三级公立医院100%。搭建市中心医院、市第一人民医院牵头的医联体建设平台，组建“娄底市卒中医疗联盟”，提升各联盟单位卒中急救水平，打造卒中急救圈。7月31日，印发《娄底市医疗机构、医师、护士电子化注册管理改革工作实施方案》，启动医疗机构、医师、护士电子化注册管理改革，清理注册信息，优化注册管理。11月29日，市卫生计生委召开“全市卒中医疗联盟成立暨脑血管病大会”，为全市首批卒中医疗联盟指导医院、成员医院授牌。首期卒中溶栓指导医院为：市中心医院，市第一人民医院、市第二人民医院、市第三人民医院、市中医医院、娄星区人民医院、涟源市人民医院、冷水江市人民医院、新化县人民医院、双峰县人民医院、双峰县中医医院。是年，娄底市防盲工作办公室成立，印发《娄底市“十三五”眼健康工作规划》，实施“光明行”“光明扶贫工程”等活动项目，完成白内障手术网报1.07万例，其中免费手术5900例，实现白内障复明手术率（CSR）2762例／百万人，位列全省第一。

二、执法监督

1990年始，全地区贯彻执行《中华人民共和国人口与计划生育法》《中华人民共和国食品卫生法》《中华人民共和国药品管理法》《中华人民共和国传染病防治法》《中华人民共和国母婴保健法》《中华人民共和国红十字会法》《中华人民共和国执业医师法》《湖南省工业企业劳动卫生管理条例》《湖南省中医条例》《湖南省初级卫生保健条例》《湖南省爱国卫生条例》《湖南省计划免疫管理办法》等法律法规，开展“卫生执法年”活动。1994—1998年，贯彻执行国务院《医疗机构管理条例》，全地区医疗机构注册登记发证。1999年，全市查处违法违规医疗机构和无证非法行医单位494家，没收财物并罚款31.45万元。完成医师资格实践技能考试1194人、全国医师资格综合笔试976人。2000年，市卫生局、市公安局等6个部门联合下发《关于整顿医药购销秩序的通告》，清理整顿各级各类医疗机构2537家，取缔无证医疗机构478家，没收药品、医疗器械及罚款总值32万元。举办医政法制学习班，参训医疗机构主要负责人50人次。2007年，娄底市医疗市场规范管理领导小组成立，市政府办、公安局、工商局、优化办、娄星区政府、市经济开发区等部门和单位有关负责人为成员。领导小组办公室制定《娄底城区医疗市场规范管理工作方案》《娄底城区个体医疗机构设置基本标准与要求》，全面开展地毯式摸底检查，发放整改告知书320份、停业告知书58份。校验、核发、换发《医疗机构执业许可证》。市卫生局落实《2007年“以病人为中心，以提高医疗服务质量为主题”的医院管理年活动方案》，实施合理检查、合理用药、合理收费医疗服务管理，推进抗菌药物分级、规范、合理使用。按照省卫生厅《关于进一步规范和加强医疗机构审批和监管工作的通知》《关于做好校验工作的通知》《医疗机构设置规划》《医疗机构基本标准》要求，对辖区内所有非营利性医疗机构现场检查和核证。

2012年，贯彻执行《湖南省医疗机构不良执业行为记分管理暂行办法》，全市进一步规范医疗机构依法执业行为。2013年，贯彻国家相关政策法规，支持社会资本办医。2013—2014年，全市对基层医疗机构进行集中整顿，开展执业许可和行业标准督查，注销不达标诊所和医务室289家。2014—2017年，全市开展打击“医托”欺诈患者专项行动，开展“平安医院”创建活动，有效减少医疗风险和医患纠纷。

三、医疗救援管理

（一）市级医疗救援

1990—1999年，地区人民医院、地区中医医院、地区妇幼保健院均设立急诊室，配备救护车。2000年2月，娄底市“120”急救站依托市中心医院成立。2003年，“非典”防治期间，市中心医院加强传染病防治，改善传染病房及发热门诊、肠道和肝炎门诊环境，制定《关于加强传染病报告和疫情管理的有关规定》，成立“非典”防治、禽流感防治应急救援机动队。2006年8月，娄底市医学紧急救援中心成立，挂靠娄底市中心医院，承担全市各种急危重病患者院前急救、疑难危重病人转诊、突发事件现场医学处置、急救知识和技能大众宣教、大型活动医疗保障服务等医疗救援。救援中心占地面积700余平方米，下设“120”急救站、“120”—“122”联动中心，年均接听电话7万余次，年出诊救治病人1万余例，安全行车近30万千米。拥有先进负压救护车1台，监护型救护车8台，配备有最新美国自动除颤仪、转运呼吸机、心电图机、车载GPS系统及心电监护仪、电动吸引器等先进设备50余台。

2008年1月，防治特大冰灾期间，市中心医院启动紧急预案，开通24小时绿色急救通道。5月，汶川大地震期间，全体员工众志成城，全力援助，先后派出3名司机及1台救护车，奔赴重灾区进行伤员转运和疾病防疫。200余人主动申请无偿献血。9月，“三鹿奶粉”事件期间，市中心医院各科室通力合作，员工加班加点，完成1.04万名婴幼儿的三聚氰胺摄入筛查。2009年6月，市医疗卫生紧急救援指挥中心建立，后更名为市公共卫生应急救援指挥中心。认定市中心医院为市应急救援医疗急救中心，市妇幼保健院、市第二人民医院、市中医医院、市骨伤医院、涟钢医院（市第一人民医院）等5家医院为市应急救援网点医院。下发《统一全市院前医疗急救机构救护车辆标识工作的通知》，对全市院前医疗急救机构救护车辆统一标识，规范化管理。2017年1月，投入30余万元升级改造娄底市“120”指挥调度系统，并将出诊范围延伸至娄底城市郊区及县（市）、乡镇。在多起重大交通事故、群体中毒事件中均率先赶到事故现场进行处置。市“120”医疗急救中心多次参与全市消防等突发事件处置演练，参加各种医疗义诊活动。2016—2017年，市急救中心累计完成医疗救援4.2万人次。

（二）县（市）级医疗救援

涟源市　1990年，市人民医院和乡镇卫生院均设立急诊室，配备急救药品、器械。各医院均安排资深医师和诊疗技术较高的医护人员到急诊室上班，做到24小时有人值班，危急病人、农药食物中毒、车祸意外事故致伤人员得到及时救治。1999年，涟源市建立“120”急救中心，装备救护车4辆，安排工作人员8名，救护车24小时接诊病人。“120”急救中心负责统一指挥调度全市院前医疗急救和重大突发公共卫生事件应急医疗救援。截至2017年，涟源市“120”急救中心持续承担全市应急医疗救援病人1.8万人次。

冷水江市　1990年，各医疗单位均设立急诊室，市人民医院设立急诊科。1994年，冷水江市依托市人民医院建立“120”医疗急救中心。2006年4月1日，冷水江市“120”急救指挥中心成立，地点设在市储血库，对全市“120”急救实施指挥调度。截至2017年，冷水江市“120”急救中心持续承担全市应急医疗救援病人2.5万人次。

双峰县　1990年，依托县中医医院建立“120”医疗急救中心，装备救护车2辆，安排工作人员12名，负责统一指挥调度全县院前医疗急救和重大突发公共卫生事件应急医疗救援工作。至2017年，双峰县“120”医疗急救中心持续承担全县应急医疗救援病人2.5万人次。

新化县　1990年，各医院和乡镇卫生院均设立急诊室，配备急救药品、器械。各医院均安排资深医师和诊疗技术较高的医护人员到急诊室上班，做到24小时有人值班，使危急病人、农药食物中毒、车祸意外事故致伤人员得到及时救治。1998年8月，新化县依托县中医医院建立“120”医疗急救中心，装备救护车4辆。截至2017年，新化县“120”急救中心应急医疗救援病人3.6万人次。

四、血液管理

1990—1994年，全地区各医疗机构临床用血，均由各医院就近组织卖血队伍，经体检合格后提供血源。1995年，地区卫生局贯彻省卫生厅加强血液管理和临床用血管理相关规定，成立娄底地区和各县（市）无偿献血工作领导小组，成立娄底地区中心血站和各县（市、区）血站。

2001年，全市采、供血实现“三统一”管理（统一采供血机构，统一管理血源，统一采血供血），保持临床用血100%来自无偿献血。2002年5月20日至6月6日，市卫生局、市红十字会对5个县（市、区）卫生局和32家医疗单位贯彻执行《中华人民共和国献血法》情况进行检查，并向社会通报检查情况。2004年，市卫生局、市中心血站和新化县卫生局检查新化县人民医院、县中医院、县二医院、县妇幼保健院，上梅、洋溪、水车、西河、孟公、琅塘、圳上、白溪、田坪卫生院的临床用血情况。2007年，制定《娄底市临床用血管理暂行规定》，实行用血互助制度，全面禁止任何医疗机构自己采血自己输血。

娄底市中心医院对口帮扶麻阳苗族自治县人民医院。图为支援专家参与当地义诊（2017年7月摄）

2010年，市卫生局下发《娄底市采供血机构信息化建设的通知》，要求将计算机管理全面应用到采、供血工作和相关服务过程中，有效规范采、供血行为，保证临床用血安全。市中心血站自1996年建站以来，连续多年被评为全省血液管理目标考核先进单位和市直医疗卫生单位综合目标管理优秀单位。至2017年，全市累计无偿献血31万人次，采血量90余吨，基本保障全市医疗机构临床用血需要。娄底市连续7年获得全国无偿献血先进市称号。

五、医德医风建设

1990年，地区卫生局成立纠风领导小组，下设办公室（简称地区纠风办），负责全区卫生行业纠风工作。是年，地区纠风办严肃查处涟邵职工医院刘某收取病人礼物事件，在《娄底卫生信息》上曝光。1992年，新化县卫生局制定实施《新化县医务人员职业道德规范》。1995年，地区卫生局印发《娄底地区关于加强卫生系统廉政建设的规定》，禁止医务人员接受患者吃请、红包、礼品。地区卫生系统开展“百优”“十佳”卫生工作者评选，石海澄、肖光莲等100人获评全区卫生系统优秀卫生工作者，廖华、邹树平等10人获评最佳卫生工作者。1996年2月，医疗服务行业开展“推广文明用语、杜绝服务忌语”活动，改进服务态度，提高服务质量。7月，县（市）以上医疗卫生单位开展患者对服务态度满意，对服务质量满意，对后勤供应满意，对医疗收费满意活动。是年，地区人民医院等单位被地委行署评为“双文明”先进单位。1998年，娄底市卫生系统严肃整治公款吃喝歪风，严格执行通信工具配置范围和话费补贴标准，减少接待费1.58万元，减少电话费2000余元，减少会议费6000余元。1999年，新化县卫生局在全县开展行风评议活动，其经验在全市卫生系统推广。

2000年，全市开展以“爱心、细心、耐心、责任心”为主要内容的医德医风教育，倡导微笑服务。2004年8—9月，开展医疗安全与行风建设检查，重点检查市中心医院、市第二人民医院、各县（市、区）人民医院、涟钢医院、锡矿山中心医院、涟邵总医院，向全市通报检查结果。2005年，市卫生局下发《娄底市医院管理年活动考核评分标准》《医疗质量医疗安全检查考评细则》。

2009年5—12月，全市集中开展医患纠纷专项治理，建立健全医患纠纷预防和处理机制，最大限度减少医患纠纷。2011年，双峰县卫生系统开展“医德医风建设年”活动。新化县举办“国际护士节纪念活动暨优秀医务工作者颁奖典礼”活动。市卫生局为全市50名优秀医务工作者颁奖。2011—2014年，市卫生局将医德医风纳入医师定期考核范围。凡医德医风存在问题者，定期考核视为不合格。

2015年，市卫计委纠正行业不正之风工作领导小组成立，制定实施《娄底市医疗机构巡查工作实施方案（2015—2017）》，明确各医疗卫生单位主要领导为行风建设“第一责任人”，把行风建设融入各项业务工作之中，着力解决损害群众切身利益的突出问题。2017年，全市评出最美医生叶春华、为民医生胡卫民、忘我医生涂光明、最美护士李秀玲、最美乡村医生郑太红，以及全国十佳计生专干戴珍华等先进典型。

第三节　医疗卫生服务

一、城市社区医疗卫生服务

1990—1996年，全地区未建社区卫生服务中心。社区卫生服务工作相对粗放。1997年，全地区贯彻执行国务院改革城市卫生服务体系，城市社区卫生服务工作逐渐发展。2005年，市卫生局制定《娄底市城市社区卫生服务机构设置指导意见》《娄底市社区卫生服务中心评审细则》《娄底市城市社区卫生工作发展规划（2005—2010年）》。2006年，在娄星区、冷水江市开始社区卫生服务工作试点。娄星区设立长青、乐坪、黄泥塘、花山4家街道社区卫生服务中心。2010年，全市设立13家社区卫生服务中心（娄星区长青、乐坪、黄泥塘、花山、大科街道社区卫生服务中心，冷水江市的冷水江街道、锡矿山、沙塘湾社区服务中心，涟源市蓝田街道、桥头河矿区、斗笠山矿区社区服务中心，娄底经开区的涟滨、大埠桥街道社区卫生服务中心），服务体系基本完善。2011—2013年，全市开展为期3年的创建示范社区卫生服务中心活动，采用“IPTV互动教学系统”视频教学、跟班学习和集中面授等方式提高社区卫生服务人员政策水平和卫生服务能力。2016年，社区卫生服务中心以全科医学建设为中心，优化就医环境，逐步发挥预防、医疗、保健、康复、健康教育和计划生育技术服务等“六位一体”功能，为城镇居民提供方便快捷的医疗服务。冷水江市街道、涟源市蓝田、娄星区黄泥塘3家街道社区卫生服务中心被省卫计委评为2016年群众满意社区卫生服务中心。2017年，全市设有14家街道社区卫生服务中心，全部被列为基本医疗保险定点机构。是年，冷水江街道和涟源蓝田街道社区卫生服务中心，被国家卫计委评为2017年度优质服务示范社区卫生服务中心。

二、农村医疗卫生服务

1990年，行署制定《关于实施初级卫生保健的决定》，在农村实施初级卫生保健试点，推进乡村卫生机构达标建设。是年底，全地区建成乡镇卫生院233家，其中中心卫生院36家。建成农村医疗点3602个，其中2460个达到“六有”（有合格乡村医生、有检查诊疗用房、有常用药品、有必要医疗设施、有防保登记卡册和宣传阵地、有诊断处方专用登记本和收支账本）建设标准。1993年，娄底市、涟源市、冷水江市、双峰县、新化县先后达到国家卫生保健标准，被认定为全国初级卫生保健合格县（市）。1994—1997年，娄底地区连续4年被评为全省农村卫生“三项建设”和卫生扶贫先进地市。其中，冷水江市被评为“三项建设”先进县市。全地区90所乡镇卫生院和中心卫生院中，72所达到“一无三配套”（无危房，技术人员配套、房屋配套、医疗设备用品配套）建设标准。1998年始，乡村卫生机构启动“四统一”（人员统一调配、药品统一分配、财务统一管理、工资统一发放）管理模式。全地区有35个乡镇推行农村合作医疗制度，261个行政村25.3万人享受医疗保健。

2003年，全市共有中心卫生院79家，一般乡镇卫生院87家。新型农村合作医疗制度开始在涟源市试点。至2008年，全市5个县（市、区）及市经开区实现新型农村合作医疗制度全覆盖，参合农民280.8万人，平均参合率87.3%。2009年，全市开始实施国家基本公共卫生服务项目。乡镇卫生院、村卫生室、社区卫生服务中心等城乡基层医疗卫生机构为居民免费提供：城乡居民健康档案管理、健康教育、0～36个月儿童健康管理、孕产妇健康管理、老年人健康管理、预防接种、传染病报告和处理、高血压患者健康管理、Ⅱ型糖尿病患者健康管理、重性精神疾病患者健康管理等10项基本公共卫生服务项目。2010年始，全市开展乡镇卫生院管理年活动。2011年，撤乡并镇后农村卫生服务机构整合，乡镇卫生院降至83家，其中中心卫生院32家。

2012年，《娄底市乡村卫生服务一体化管理实施方案》出台，全市乡镇卫生院实行行政、人员、业务、药械、财务和绩效统一考核等"六统一"规范管理。2013年始，培养乡村医生本土化人才，解决乡村医生后继乏人、乡村医生断层问题。2014年始，为老年乡村医生发放生活困难补助，适当提高乡村医生的养老待遇。2015—2016年，双峰县杏子铺镇卫生院、涟源市桥头河镇卫生院、新化县上梅镇卫生院等11家卫生院被国家卫计委评为2015—2016年度群众满意的乡镇卫生院。原属卫计委管理的新型农村合作医疗管理职能划入人力资源社会保障局，与城镇居民医疗保险整合为城乡居民医疗保险。2017年，全市1842个建制村均有全科医生或助理全科医生，基本建成统一规范的全科医生培养模式和"首诊在基层"服务模式。全市推进家庭医生签约服务。是年，因撤乡并镇及乡村卫生机构整合，全市乡镇卫生院降至81家，其中一般卫生院39家，中心卫生院32家，非建制镇卫生院10家，建制村卫生室1966个。娄星区茶园镇卫生院等18家卫生院被国家卫计委评为2016—2017年度群众满意的乡镇卫生院。

第六十三篇

体　育

概 述

1990—2017年，娄底市体育事业快速发展。

群众体育广泛普及。1990—1992年，全地区每年组织职工篮球、田径、棋类等多项体育比赛。1993—1994年，举办职工体育活动380次，参加职工占职工总数的60%。先后有26个单位被评为全国、全省和地区体育工作先进单位。6个乡镇被评为省级体育先进乡镇。1995—1998年，全地区建立各种健身辅导网站（点）176个，参加健身近200万人。武术成为娄底特色体育项目，百人以上的武术馆（校）20家。体育达标率大中专学校98%、中小学96%。2015年，各级体育部门组织乡镇、村（社区）、体育协会开展全民健身活动200余场次。市文化体育广电新闻出版局、市柔力球、健身球（操）运动协会被评为2013—2016年全国群众体育先进单位。至2017年12月，全市有健身辅导站点450个，指导员3865人，健身路径4800套，覆盖100%的乡镇、行政村（社区）。

体育基础设施日益完善。1990年，全地区有各类体育健身场所11处。1993—1998年，全地区兴建和扩建各类体育场馆509个。2003—2009年，全市新增各种健身辅导站（点）318个，兴建全民健身路径76条。农村完成397个农民健身工程建设项目。2011年，全市兴建全民健身路径26处。2013年，总投资10.5亿元的市新体育中心建成投入使用，成为娄底体育事业发展里程中的一个亮点。娄底被选为2014年省第十二届体育运动会的举办城市。2017年，全市各类体育场地5180个，其中体育馆15座、运动场384个、游泳池31个、各种训练房248个。全市兴建农民健身工程1500套，兴建环珠山公园健身步道8000米，新增标准风雨门球场4处、健身路径111条。

竞技体育成绩斐然。1990—1992年，娄底地区运动员参加国际比赛获金牌3枚，全国比赛获奖牌35枚，省级比赛获奖牌218枚。全地区向省体工队、省体校和高等院校输送运动员137名。234名运动员达到国家等级运动员标准。1995—1998年，地区运动员在国际体育比赛中获金牌8枚，1人打破2项世界纪录。参加全国比赛获奖牌58枚，其中金牌19枚。2000—2002年，获世界性体育比赛个人金牌10枚，获全国性体育比赛金牌50多枚。2014年，娄底市体育代表团在全省十二届运动会上获金牌53枚、银牌70枚、铜牌62枚。2017年5月，在十三届全运会上，娄底市田径选手黄瑰芬获3枚金牌，实现娄底建地设市后全运会金牌“零”突破。

第一章 体育运动

第一节 全民健身

1990年，全地区建有体育健身场所11个。其中国家标准场所2个，体育馆2个，游泳池室内1个、室外5个。篮球场1211个，其中有固定看台灯光球场37个，篮球房13处。有排球房5处，体操房1处，乒乓球馆1个，武术房5间。有举重馆、室内旱冰场、天然游泳池各1个，棋类房7处，运动场2个，小运动场11个，排球场320个，室外旱冰场4个，羽毛球场10个。是年，参加各级各类运动会运动员3.1万人。1991年，全地区30个武术馆（社），有等级拳师700人。地区在娄底举办第四届运动会。1992年

6月10日，地委、行署举行纪念毛泽东“发展体育运动，增强人民体质”题词40周年大会。市区内10所大中小学、地直机关组成20个方队，表演第七套广播体操。

1997年6月，地直机关举行香港回归万人长跑活动。2001年6月，市政府召开全民健身宣传月暨全民健身节动员大会，市直机关与涟钢等企业30个单位6000余人参加，4000人展示体育舞蹈、太极拳、木兰拳、武术等10个运动项目。2002—2003年，利用体育彩票公益金400余万元，完成市直机关、企事业单位、公园等30个全民健身路径工程建设。2004年，全市庆祝第十个健身周，围绕“生活奔小康身体要健康”主题，开展太极拳、威风锣鼓、健身秧歌等项目展示活动。8—9月，开展市直机关篮球、健美操、乒乓球、拔河、环城跑5项活动，84个单位3000人参加。2004年9月，组队参加省第二届大众运动会。

2005年5月，市体育局、市直机关工委开展以纪念《中华人民共和国体育法》《全民健身计划纲要》颁布10周年为主题的市直机关全民健身月活动，30个单位3000人次参加环城长跑、篮球、健美操、乒乓球、羽毛球等项目比赛。是年，在全省全民健身周活动中，新化县体育局获优秀组织奖，双峰县走马街镇政府等4个单位获先进集体。2006年3月，全市启动健身工程。6月，全市首届健美操大赛决赛在市体育馆举行，30支代表队参加决赛。全市在冷水江市中连乡中连中学举行“体育三下乡”活动启动仪式，并开展健身操、舞蹈、龙狮、武术等项目表演。是年，市体育局先后举办全市县处级以上干部篮球运动会、市直机关全民健身月活动、全市首届健美操大赛、全市“益寿杯”门球比赛等大型活动。市体育局利用体育彩票公益金在全市建设8205处体育健身工程。全市各地以“全民健身与奥运同行”为主题开展全民健身活动。

2007年11月，全市举办“迎奥运五环潇湘行走进青春娄底”暨省第三届传统武术比赛，梅山武术和奥运家庭参赛。是年，举办各类大小健身活动20项，参与人数8万人次。新增全民健身路径10条。2008年，新建各种健身辅导站（点）318个，新建全民健身路径76条，新增社会体育指导员630多人，培训社会体育骨干4600多人，机关、企事业单位、公园等地建立20个全民健身路径工程，增加武术、太极拳、各种健身舞蹈、羽毛球、乒乓球等设施设备110套。

2010年8月，市政府在市体育中心体育公园举行“全民健身日”启动式。是年，市体育局先后举办全市县处级以上干部篮球比赛、全市公仆杯乒乓球羽毛球比赛、全市益寿杯老年人门球比赛等大型活动。是年，市体育局联合教育部门将全市90%的学校体育设施向社会开放。2011年5月，“斗笠山煤业杯”省第三十二届象棋锦标赛在涟源宾馆举行。全省24支队伍117名选手参赛。是年，以开展全民健身日为契机，举办各种体育活动300场次。新增梅山武术文化研究院、健力球、柔力球、棋类等6个市级体育协会。培训社会体育指导员1000人。全市兴建全民健身路径26处；健身广场25处，其中省级全民健身广场1处、市级健身广场4处、县级健身广场20处。

2012年8月8日，全市第4个“全民健身日”启动仪式暨全民健身展示活动在娄底市体育中心举行。市梅山武术文化研究院、市太极拳协会、市健美操协会等9支民间运动员队伍800人表演。是年，市体育中心相继开放游泳馆、室内游泳池、高尔夫训练场、羽毛球馆。健身场所在全民健身日和重大节日向市民免费开放，全年共接待健身群众10万人次。组织和承接全省老年人气排球赛、省青少年儿童游泳锦标赛等各类大型活动10场。兴建全民健身路径26条；省级全民健身广场1处，市级健身广场4处，县级健身广场20处。2013年，培训各类等级社会体育指导员900人。全市新增体育路径42处。10月18—21日，举办气排球、健身球培训班。市体育局组织体育下乡活动。5个县（市、区）、市经济开发区、20个乡镇开展体育健身项目展示、体质测试、健身指导、体育科普知识研讨交流。市直单位举办各项体育活动300次。

2014年，市太极拳协会、市体育舞蹈协会、市桥牌协会、市棋类协会等群众体育协会，以庆祝中华人民共和国成立65周年为契机，组织各类健身活动100场次。市体育局获国家体育总局全民健身活动优秀组织奖。娄底市纪委、新化县体育局获国家体育总局全民健身活动先进单位称号。市委书记林武、市体育局局长李正华获全国群众体育先进个人称号。是年10月2日，省第四届全民健身节在娄底举行。全省14个市州6000名运动员参加，有健美操、大力士挑战、攀岩，广场健身舞、街舞等13个项目。是年，市体育中心接待健身群众20场次。谭耀光、吴子俊、石爽溪获全国健康老人称号，周明海、姜孝脱、肖仲凡、邓祈鳌、郑多福获评全省健康老人。

2015年5月29—31日，娄底市举办全省武术运动会，40支代表队686名运动员参加比赛。省民政职业学院、潇湘职业学院、娄底天下武林武道俱乐部分获集体项目校园武术方阵展演赛前三名。新化县梅山传统武术协会、安化县文武培训学校、娄底市精英武术散打特训中心，获集体项目武艺大赛前三名。是年，全市各级体育部门组织乡镇、村（社区）体育协会开展全民健身活动200场次。市体育局先后举办第7个全民健身日活动、"我爱足球"中国民间足球争霸赛娄底赛区比赛、省武术大会、第八届太极功夫展示赛暨娄底市第三届太极拳健身活动月启动仪式，向5个县（市、区）下发45套健身路径器材，发放55套室外健身器材到农村和社区、公园，投资480万元在珠山公园、石马公园设立健身器材安全垫，投资110万元资助娄底一中改造跆拳道馆、学校体育馆建设。为各体育协会提供健身经费30万元。完成市体育中心5人制足球场和乒乓球馆建设。

2016年10月16日，市政府主办，市文体广新局承办的"跑起来·为娄底添彩"首届彩跑活动在市体育中心举行，5000名市民参加全程4000米彩跑。是年，市全民健身服务中心公共体育场地、设施免费或低收费向社会开放，满足健身群众晨练、晚练需求。每周开放不少于35小时，全年开放时间不少于330天。公休日、法定节假日、学校寒暑假期间，每天开放时间不少于8小时。市全民健身服务中心所属户外公共区域及户外健身器材全年免费开放。中心每年免费向公众举办公益性体育赛事活动4次，举办体育讲座、展览等活动4次，开展体育健身技能培训1000人次，进行国民体质测试3000人次。全年接待体育健身群众80万人次。市柔力球、健身球（操）运动协会被评为2013—2016全国群众体育先进单位。

2017年，市体育中心免费低收费开放成为娄底市体育公共服务品牌，全年接待体育健身者90万人次。是年，市体育局建成环珠山公园健身步道8000米。全市新增标准风雨门球场4片、健身路径111条。是年，全市参加体育锻炼人数186万人次。至2017年，全市有健身辅导站点450个、指导员3865人，共有健身路径4800套，各乡镇，村（社区）覆盖率100%。

第二节　职工体育

1990—1992年，地区体育运动委员会（以下简称地区体委）举办全地区职工篮球、长跑、棋类、体育舞蹈等竞赛活动380次，成立地区武术、老年、信鸽、体育舞蹈、邮电、火车头等10个单项体协和行业体协，工厂、农村、学校基层体育组织100个。26个单位被评为全国、全省、地区体育工作先进单位。省政府授予地区行署"体育月"活动组织金奖。1993—1997年，全地区举办大型篮球比赛6次，职工长跑比赛活动6次，各类棋类比赛2次，女职工舞蹈比赛3次。地直单位举办篮球比赛30次，长跑活动50次，棋类比赛65次，太极拳观摩、比赛各10次。

1998年5月，娄底地区首届县处级干部篮球比赛举行，各县（市）和地直单位各系统组队参赛。此后，该赛事每年举行一次。2000年3月，市体委体质监测500人。全年开展篮球、乒乓球、羽毛球等职工比赛活动360场次。2001年3月，下发《关于加强机关体育工作的意见》，80%以上企事业单位成立体育运动领导小组，确定体育运动联络员。6月，市直机关和涟源钢铁厂等30个单位4000多人参加广播体操、木兰拳、太极拳、武术等10个项目职工体育比赛活动。是年，全市新建太极拳辅导站10个，舞蹈辅导站21个，棋类培训中心10个，球迷协会1个。

2002年，全市开展"为人民健康，为家庭幸福"民心工程，构建职工体育运动体系框架。2003年，全市新建3个体育辅导站，培训200名社会体育辅导员。9月23—26日，市直机关举办"庆国庆、迎城运”职工体育活动。2003—2004年，全市建立2397个健身场所。2004年8—9月，市直机关篮球、健美操、乒乓球、拔河、环城长跑5项体育比赛活动举办，84个市直单位3000人参加比赛。9—11月，市体育局组团参加省第二届大众体育运动会14个项目比赛，获金牌14枚，总分列全省第五位。

2005年5月，“响莲实业杯”中国武术华夏武状元争霸赛举办。6月，市直机关30个单位3000人参加环城长跑、篮球、健美操、乒乓球、羽毛球等比赛活动。7月，全市第二次国民体质监测在双峰县启动，检测2800人。8月，省第四届职工运动会在涟钢体育馆开幕，开展大众体育、保龄球、趣味游泳、桥牌、中国象棋、篮球等6个项目竞赛。10月，四年一度的全国群众体育先进单位和先进个人表彰大会在南京第十届全运会期间召开，晏西征作为娄底先进代表出席会议。2006年，全市群众体育与奥运同行，参加体育活动人数达到总人口的42%。是年，全市新建各种健身辅导站（点）318个，兴建全民健身路径76条，新增社会体育指导员630人，培训社会体育骨干4600多人。举办市直机关全民健身月活动、全市首届健美操大赛、全市“益寿杯”门球比赛等大型活动，带动城市、社区、学校和企事业单位体育活动的开展。

2007年5月，举办“优力·威克多”和“迎市庆、迎奥运”乒乓球比赛。6月，举办全市羽毛球周、月、季、年冠军决赛。9月，举办市直机关干部登山比赛，“皇城御园杯”迎奥运太极拳比赛。2008年4月，市体育局联合市直机关工委，举办以“迎奥运”为主题的万人健步跑活动，1.05万名机关干部职工参加。5月，市体育局举办全市“奥运潇湘行·趣味乐拼拼”活动，选拔成绩优秀选手参加全省总决赛。市体育局与市总工会联合举办全市职工篮球比赛。6月，市体育局组队参加全省“奥运向前冲”活动。“奥运潇湘行·趣味乐拼拼”活动俯卧撑项目总决赛在娄星广场举行，娄底选手贺胜力夺得第一名。奥运会开幕前夕，娄底7名火炬手参加奥运火炬在湖南的传递活动。10月，娄底市组织280人代表团参加省第三届大众体育运动会14个项目的比赛，获58枚奖牌。其中，金牌8枚，银牌25枚，铜牌25枚，团体总分第五名。

2009年，市直各系统各单位先后在市体育馆等地举办各项职工体育活动300场次。市太极拳协会、市体育舞蹈协会、市桥牌协会、市棋类协会等体育协会组织各项健身活动100场次，庆祝中华人民共和国成立60周年。2010年9月，举办全市公仆杯乒乓球、排球比赛。10月，组织全市益寿杯老年人门球比赛。11月，组织全市环城自行车比赛。2011年，6人参加国家级社会体育指导员培训。全市举办舞蹈培训班6期，培训1000人。举办太极拳培训班4期，培训600人。2012年，全市体育系统印发宣传资料1万份（册），宣传全民健身活动，办宣传专栏60期，张挂宣传标语1200条。

2013年4月，娄底市组队参加在云南省举行的全国柔力球比赛，获得团体金奖、规定套路金奖、自编套路金奖、个人自编金奖、双人自编银奖。11月1—8日，举办市第十四届县处级干部“体育彩票杯”篮球赛，11支队代表队114名运动员参加。2013年11月和2016年5月，娄底市组队参加长株潭娄四城男子篮球“公仆杯”友谊赛开幕式和闭幕式比赛，获开幕式比赛冠军、闭幕式比赛亚军。是年，全市各公园平均每天超50万名职工开展健身活动。2014年，开展广场舞、健康操、柔力球、太极拳等表演活动，参演人数超80万人次；举办舞蹈培训班2期，培训人数200人；举办太极拳培训班2期，培训学员300人；选送6人参加国家级社会体育指导员培训。是年4月，全市迎省运会乒乓球精英赛举办，来自全市56支队伍、220名选手参加比赛。4月26日，市委、市政府举行迎省运万人健步跑活动，市直单位、娄星区、部分企业学校58个方阵共6200人参加。5月17日，迎省运第九套广播体操比赛举行，全市19个代表队、665人参赛。全年各种体育活动300场次，培训各类等级社会体育指导员400人。

2015年5月1日，市政府在市体育馆举办2015中国·娄底首届全国体育舞蹈公开赛，来自国内外的3000名选手参赛。7月16—24日，市政府在市体育中心举办首届“乾源实业杯”市直机关单位足球联赛。市直机关和企事业单位24支球队参赛。7月，娄底市羽毛球代表队参加在岳阳市举办的“道道全杯”市州羽毛球邀请赛获二等奖（第四名）。2015年8月，市体育局、娄底新闻网在市体育中心举办娄底市首届游泳达人比赛，200人参赛。

2017年4月29至5月1日，市文体广电新闻出版局和中国艺术职业教育学会在市体育中心举办第3届中国·娄底CEFA国际标准舞（体育舞蹈）全国大奖公开赛，国内外100支代表队3679名专业舞蹈选手参赛。是年，市文体广新局培训二级社会指导员210人。市文化体育广电新闻出版局被国家体育总局评为2013—2016年度全国群众体育先进单位。

第三节 农民体育

1990—1991年，地区体委全面部署首届地区农民运动会（简称农运会）。1992年，地区组成代表队参加省第八届农民体育节龙舟通讯赛。同年10月，地区农民体育协会成立。1993年9月，地区首届农运会在冷水江市举行，5个县（市）代表团参赛。本届农运会设篮球、武术、象棋、龙舟等比赛项目。冷水江市代表团获团体总分第一名。1995年4月，娄底地区代表队参加首届省农运会。

1999年，5个县（市、区）举办农民体育运动会或开展农民体育赛事活动，地区体委派出业务专家组观摩评比。2000年，广场舞开始在农村流行。4月，市体委与涟源市体委在桥头河镇开展“手牵手体育三下乡”活动，发放资料1.3万份，200人参加体质监测，260人参加体育表演。2001年7月，市体育局组队参加在沅陵县举办的全省第三届民间传统龙舟大赛。12月，组队参加在浏阳市举办的全省农民首届武术散打王争霸赛。2002年10月，组队参加第五届湖南省“亿万农民健身活动先进乡镇武术赛”，娄底代表队获团体总分第二名，队员周洪辉夺得男子长短器械第一名。2003年2月，组队参加湖南省“迎城运闹新春”民间传统龙狮大赛。10月，组队参加在郴州市举办的全省第三届农运会，娄底市代表队获体育道德风尚奖。

2006年，全市“体育三下乡”活动在冷水江市中连乡举行。是年，全市实施农村体育健身工程项目2115个。2007年，市体育局组队参加省第四届农运会，娄底市代表队获奖牌3枚。2008年，全市开展迎奥运全民健身活动，全市农村体育健身布点工作完成。2009年，市体育局开展体育下乡活动，利用彩票基金支援农村建设体育设施201处，安装健身器材2000多套。全市20个乡镇开展历时5个月的农民体育健身项目展示、体质测试、健身指导、体育科普知识宣传、研讨交流等活动。

2010—2011年，市体育局利用彩票基金，支援农村建设体育设施241处，安装健身器材7000多套。321个村各建1个篮球场、2个乒乓球场。2011年9月，市体育局配合市农委组队参加全省第五届农运会，娄底队获奖牌5枚，实现省农运会上金牌“零”突破，团体总分名列全省第八名。2012年，市体育局利用体育彩票基金，建成农民健身工程85个，建设体育设施1250处，安装健身器材2.37万余套。2013—2014年，建成农民健身工程491个。2015年，冷水江市潘桥乡、岩口镇光华村、铎山镇新风村、渣渡镇侯家村、金竹山镇当正村，新化县田坪镇、古台山林场、坐石乡石桥村、同心村、白溪镇、琅塘镇太平村获省政府资金扶助，兴建全民健身场地。2016年，市体育局组队参加省第六届农运会，获奖牌8枚。2017年，全市兴建农民健身工程项目1500个。广场舞在农村普及。

第四节 老年人体育

1990年，娄底地区组队参加全省第六届老年人运动会，获总分第五名，男子气排球第一名，太极拳第一名。1991年，地区老年人体育协会成立。1992—1995年，城乡老年人普遍开展体育健身活动。1996—2000年，全市开展老年人门球、乒乓球、象棋等体育赛事5次。2001年11月，娄底市承办省第三届省直及各市（州）直属机关老年人门球比赛，娄底市代表队获总分第三名。2002年，市老年体协建设第一座室内门球场馆。2003年6月，市老年体协开展全市老年人门球比赛。

2004年2—5月，全市第二届老年职工运动会举办，有门球、象棋、桥牌、乒乓球、钓鱼、太极拳6个项目。涟源钢铁集团有限公司、涟邵矿业集团、锡矿山矿务局、金竹山电厂等12个单位共500人参加比赛。2005年7月，市体育局与市老年体协承办省老年人气排球比赛，全省10支代表队200名老年气排球爱好者参加比赛。2006—2007年，市老年体协开展2次老年人门球比赛活动。2008年，娄底市代表队参加全省第七届老年人运动会，获得团体总分第三名，太极拳、太极剑、柔力球、健身球4个项目一等奖，42式太极拳单项第一名，并获组织工作奖。是年10月，中国老年人体育协会和市政府联合主办、市体育局承办，在娄底市举行全国中老年人太极拳（剑）比赛，全国25个省、市、自治区近500名运动员参赛。市体育局获国家体育总局颁发的优秀承办单位奖。

2009年4月，市老年体协组队参加全省首届全国老年人体育健身大会太极拳（剑）项目比赛，获金牌3枚、银牌7枚、铜牌5枚。6月，市老年体协承办，在娄底举行48支队伍500人参加的全国“益寿杯”门球比赛。2012年，娄底市老年体育代表队获省第八届老年人运动会团体总分第二名，并获组织工作奖。

2013年5月，娄底市选派4支广场舞队参加全省首届老年人广场舞大赛，全省40支队伍参加比赛，涟源市广场舞队获一等奖，新化县、双峰县、娄底市直3个代表队获二等奖。6月，市老年体协与市门球协会组队，参加在邵阳市举办的湘赣粤桂4省9市友好门球赛，娄底代表队获优胜奖。9月，市柔力球健身球运动协会代表全省参加全国第二届老年人男子健身球（操）比赛，获规定套路、自编套路优秀奖、体育道德风尚奖。10月，市老年体协、老年门球协会在双峰县举办2013年全市老年门球赛，11支代表队91名运动员参加，双峰县、娄星区、金竹山电厂分获第一、第二、第三名。2014年10月，娄底市承办中南协作区老年网球赛，来自粤桂鄂湘15支代表队220名选手参赛。2015年5月，中国老年体协、中国排球协会、省老年体协、市体育局联合举办的全国老年人气排球（男子组）交流活动在娄底举行，全国30支代表队参加。省政协副主席，中国工程院院士、中国老年体协气排球专家委员会名誉主任袁隆平为总决赛开球。是年，娄底市获中国老年体协全国健身球（操）之乡称号。

2016年4月，市文体广新局、市老年体协承办省第九届老年人运动会柔力球比赛，全省各市（州）和省直机关15支代表队300名运动员参赛，娄底代表队获一等奖。是年，娄底市代表队获省第九届老年人运动会团体总分第四名，并获最佳组织奖、最佳赛区奖、承办贡献奖。是月，全国老年人气排球（女子组）交流活动在娄底举行。2017年5月，国家中老年篮球理事会、市文体广新局举办第28届“大熊山杯”全国城市中老年篮球赛，来自全国20个省（直辖市、自治区）60个城市的138支代表队2000名中老年选手参赛。6月，中国老年体协、省老年体协主办、市文体广新局、市老年体协承办的2017年“全国健身球操之乡”交流活动在娄底市体育中心举行，全国48支队伍参加。

第五节　竞技体育

1990年5月，娄底地区运动员伍湘梅在第四届世界女子举重锦标赛上，获44公斤级抓举挺举和总成绩三项第一名。是年7—9月，娄底地区代表团参加省第七届运动会，获金牌11枚、银牌17枚、铜牌19枚。举重运动员邹飞娥在女子56公斤级比赛中打破省纪录，平1项世界纪录，2人4次破省纪录。11月，参加郑州举办的全国射击锦标赛获银牌1枚。1990—1998年，先后选拔残疾人运动员参加国际、全国和全省残疾人运动会9次，获奖牌69枚，其中国际性金牌2枚。

1992年，地区代表团参加省第二届青少年运动会，获金牌12枚，银牌11枚，铜牌13枚，摔跤、田径、举重三个项目总成绩分别取得全省第三、第四、第六名。是年3月和10月，邹飞娥在全国女子举重锦标赛和冠军赛中3次打破60公斤级挺举全国纪录。1996年8月6日至9月7日，地区体育代表团参加在常德市和永州市举行的省第八届体育运动会，地区代表团夺得金牌19枚、银牌25枚、铜牌22枚。成年组获团体总分第一名。新化县女子举重运动员李雪昭在46公斤级举重比赛中，以102.5公斤和

108公斤的成绩，分别打破挺举和总成绩两项省纪录，获得该项目冠军。田径项目获12枚金牌，列全省第一位。1996年，胡锦辉参加全国青年摔跤锦标赛获第一名。1997年，黄斌参加全国摔跤锦标赛获第三名。1998年，贺华获全国青少年古典式摔跤2个第一名。

1999年9月，娄底代表团16名残疾人运动员参加省第五届残运会，获2金1银6铜。张犀麟获全国古典式摔跤第一名、亚洲摔跤锦标赛第三名。2000年4月，参加郑州举办的中南区射击赛获金牌1枚、铜牌6枚。2011年，张犀麟获全国第十一届运动会摔跤第二名。贺华获全国青年古典式摔跤2个第一名。

2002年9月，全省第九届运动会在益阳举行。全市选派200名运动员组成代表团，参加田径、射击、柔道、举重、摔跤、武术、乒乓球、游泳、体操、网球10个项目角逐，获金牌24.25枚，银牌38.25枚，铜牌38枚。其中，柔道金牌5枚，田径金牌4枚，举重金牌3枚，射击金牌1枚，摔跤金牌1枚。比上届金牌多5.25枚，奖牌多33.5枚。市代表团获得体育道德风尚奖。颜智慧分获全国女子摔跤冠军赛、世界青年女子摔跤锦标赛第一名。

2003年7月，娄底代表团25名残疾人运动员参加省第六届残运会，获7金5银3铜及团体体育道德风尚奖。2004年，颜智慧获全国摔跤总决赛2个第一名、全国女子自由式摔跤第一名。2005年，市残联被评为省群众体育工作先进单位。

2006年8月，市体育代表团参加在株洲举行的全省第十届运动会，268名运动员参加摔跤、柔道、田径、跆拳道、举重、射击、体操（蹦床）、乒乓球、羽毛球、篮球、排球等12个项目比赛，获金牌37枚、银牌35.5枚、铜牌41枚。是年9月，娄底市代表团26名残疾人运动员参加省第七届残运会，获6金4银2铜及团体体育道德风尚奖。2008年10月，娄底市承办全省武术比赛，全市派出38名代表参赛，获一等奖2个、二等奖6个、三等奖12个。

2008年11月，市体育局、市残联批准新化县残疾人举重训练基地为娄底市残疾人举重训练基地。2009年9月，陈赛男、刘思勤获全国中学生射击锦标赛高中组女子气手枪团体第一名。朱彩辉获中国摔跤锦标赛第三名。2010年9月，省第十一届运动会在湘潭市举行，娄底派代表团参加成年组项目25个、青少年组项目16个比赛，获金牌32枚。娄底市组团参加省第八届残运会，获8金8银6铜及团体体育道德风尚奖。2011年，郭卫获全国射击冠军赛铜牌1枚、全国射击总决赛第三名。蒋涛获全国古典式摔跤第二名。2012年8月，郭卫获全国射击锦标赛金牌。赵海林、梁聪华均获全国青年摔跤锦标赛第二名。2013年9月，钟劲获全国青年射击锦标赛男子50米步枪3种姿势个人第二名。

2014年9月，省第十二届运动会在娄底市举行，市代表团参加28个大项比赛，所有奖项全部进入前六名，其中青少年组获金牌78.5枚，成人组获总分116分，居全省第二名，创历史最佳成绩。是年，省第九届残疾人运动会在娄底举行，娄底代表团获总分第一名、奖牌123枚，其中金牌84枚。2015年9月，在全国第九届残运会上，娄底运动员获银牌3枚。

2017年6月，在全国残疾人田径锦标赛上，娄底运动员罗叶获得男子组F54级标枪金牌、铅球铜牌，李威获青少年组女子F40／41级铅球第一名、铁饼第一名。12月，在亚洲残疾人青少年运动会上，李威获女子F40／41级铅球第一名。2017年，在天津第十三届全运会上，出自娄底体校的田径选手黄瑰芬获200米、4×100米、4×400米3枚金牌，实现娄底建地设市后全运会金牌“零”的突破。郭卫获女子飞碟双向第四名。

第十三届全运会女子200米、女子4×100米、女子4×400米金牌得主黄瑰芬（2017年9月摄）

1990—1992年娄底地区运动员获世界、国家冠军一览表

表63-1

姓 名	性别	项目	单项名称	成 绩	获奖年月	运动会名称	地 点
伍湘梅	女	举重	44公斤级抓举	70公斤	1990-05	第四届世界女子举重锦标比赛	南斯拉夫
			44公斤挺举	82.5公斤			
			44公斤级总成绩	152.5公斤			
李雪玉		田径	标枪	44.78米	1991-08	全国少年田径比赛	鞍山
吴 卫			100栏	15″2			
康 斌	男	举重	52公斤抓举	82公斤		全国少年举重比赛	长春
			52公斤总成绩	190公斤			
刘庆文			56公斤抓举	79.5公斤			
			56公斤挺举	125.5公斤			
			52公斤总成绩	222.5公斤			
邹飞娥	女		60公斤挺举	132.5公斤	1992-03	全国女子举重锦标赛	

1993—1998年娄底地区运动员获国际比赛冠军一览表

表63-2

姓 名	性别	单项名称	成 绩	获奖年月	运动会名称	地 点
邹飞娥	女	举重59公斤抓举	冠军	1993-12	第六届亚洲举重锦标赛	石龙
		举重59公斤级总成绩				
邹飞娥	女	举重59公斤抓举	冠军	1994-11	第八届世界女子举重锦标赛	土耳其
		举重59公斤挺举				
		举重59公斤级				
		举重59公斤总成绩		1997-07	第二届东南亚运动会	上海
李雪昭		举重48公斤总成绩		1998-04	世界大学生运动会	匈牙利

1993—2004年娄底市运动员获全国比赛冠军、第一名一览表

表63-3

姓 名	性别	单项名称	成绩	获奖年月	运动会名称	地 点
肖福元	男	跳远	冠军	1993-08	全国田径分龄赛	青岛
谢 敏	女	跨栏全能				
		80米栏				
周建波	男	标枪		1994-05	全国少年田径赛	郑州
李红梅	女	全能	第一名			
周建波	男	标枪		1994-08	全国中学生田径运动会	重庆

续表63-3

姓 名	性别	单项名称	成绩	获奖年月	运动会名称	地 点
李 笑	女	全能	冠军	1994-08	全国少年田径赛	郑州
童国良	男	跳远		1995-08	全国田径分龄赛	武汉
谢金良	女	铁饼			全国第六届中学生运动会	
周建波	男	标枪		1996-05	全国少年田径赛	青岛
胡锦辉		摔跤			全国少年摔跤赛	开封
			第一名	1996	全国青少年摔跤锦标赛	合肥
蒋 婷	女	标枪	冠军	1997-08	全国少年田径赛	潍坊
		铁饼				
梁 菁		全能				
李 男	男	标枪				
胡春娟	女	柔道		1997-10	全国少年柔道比赛	南京
贺 华	男	摔跤	第一名	1998-08	全国青少年古典式摔跤锦标赛	长春
			冠军	1998-09	全国少年摔跤赛	
李雪昭	女	举重48公斤级		1998-10	全国举重冠军赛	长沙
张犀麒	男	古典摔跤69公斤级	冠军	1999-09	全国古典式摔跤赛	合肥
贺 华		摔跤	第一名	1999	全国青少年古典式摔跤锦标赛	呼和浩特
					全国青年古典式摔跤锦标赛	宜春
郭 卫	女	女子飞碟双向		2000-05	全国射击团体锦标赛	南京
王 玲		全中青少年锦标赛		2000-08	全中青少年锦标赛	常州
陈赛男 刘思勤 李春丽		高中组女子气手枪团体		2000-09	全国中学生射击锦标赛高中组女子气枪团体	南京
贺 华	男	摔跤		2002	全国青年古典式摔跤锦标赛	宜春
颜智慧	女				全国女子摔跤冠军赛	
					世界青年女子摔跤锦标赛	
贺 华	男			2003	全国青年古典式摔跤锦标赛	四川
颜智慧	女			2004	全国摔跤三跤总决赛	南昌
					世界摔跤A级赛	
					全国女子自由式摔跤青年锦标赛	
谢松姣					全国女子摔跤锦标赛	合肥

2005—2017年娄底市运动员获全国比赛第一名一览表

表63-4

姓 名	性别	单项名称	成 绩	获奖年月	运动会名称	地 点
龚朝霞	男	跆拳道—48公斤	第一名	2006	全国青年跆拳道锦标赛	淄博
刘艳	女	女子25米手枪		2012-09	全国射击个人锦标赛	郑州
郭卫		女子双向		2012-05	全国射击锦标赛暨全运会席位赛	沈阳
康艳霞		摔跤		2016	全国女子青少年摔跤锦标赛	博兴
黄瑰芬		女子200米		2017-09	第十三届全国运动会	天津
		女子4×100米				
		女子4×400米				

第二章 学校体育

第一节 体育教学

一、大中专非体育专业和中小学校

1990年，全地区贯彻国家教委、国家体委《学校体育工作条例》，大中专非体育专业、职业学校和中小学校根据教学大纲，均配备专、兼职体育教师，开设田径、球类等体育课程，作为必修课。小学、初中、高中各年级每周2节体育课。1991年始，全地区大中专、小学全面推行《国家体育锻炼标准》，体育教育逐步规范化。1993年，小学3~6年级每周体育课时增加到3节，其余各年级不变。2002年，小学1~4年级周课时增加到4节，其余不变。2004年调整为：小学1~2年级4节、3~6年级3节、初中3节。课外体育活动包括早操、课间操、课外体育锻炼活动、运动队训练和体育竞赛等。2007年始，贯彻教育部、国家体育总局、共青团中央关于在全国启动阳光体育运动文件精神，引导广大青少年学生走向操场，积极参加体育锻炼。全市每年举行一次田径运动会和篮球、足球比赛。2017年，全市建立56所国家级校园足球特色学校，每年组织一次全市中小学生足球联赛。建立娄星区第八小学和涟源市蓝溪学校两所国家级篮球特色小学，每两年组织一次全市小学生篮球比赛。是年，全市举行首届中小学生综合性运动会，包括田径、篮球、排球、足球、乒乓球、羽毛球6个大项。

2017年娄底市中小学校体育事业发展情况表

表63-5

单位：所、人、个

学校类别	学校	在校学生	体育教师	田径场	篮球场	排球场	体育馆
小学	759	340755	1262	90	420	150	1
初中	156	81182	297	65	200	95	2
高中	15	44555	191	5	60	35	3
合计	930	466492	1750	160	680	280	6

二、体育专业学校

（一）娄底市体育学校

1982年成立，为中等专业体育学校。1998年，建立湖南省摔跤、柔道人才培训基地。2007年，增设跆拳道、乒乓球运动项目。2011年，学校有标准田径场1个，面积1.2万平方米；柔道训练馆1个，面积500平方米；简易射击场1个，面积1100平方米；简易跆拳道馆1个，面积300平方米；乒乓球馆1个，面积500平方米；简易摔跤馆1个，面积500平方米。网球场6片，游泳馆1个，科研室2间，乒乓球台10套，羽毛球场地10片，多功能联合训练器材1台，标准柔道训练垫2副，标准摔跤训练垫2副，标准跆拳道垫2副，布人布袋32个，杠铃16副。增设羽毛球、游泳、网球三个运动项目。至2017年，学校有教练人员20人（射击5人、田径3人、柔道4人、摔跤3人、跆拳道2人、乒乓球2人、网球1人）。全校在训运动员400余人，开设有田径、柔道、摔跤、跆拳道、射击、羽毛球、网球、游泳、乒乓球9个运动项目。学校实行文化教育和体育训练相结合，以体育为主，建立选材、训练、学习、专业队“一条龙”训练机制。

（二）湖南人文科技学院体育学院

体育专业设置　1990年，娄底师专体育系设置体育教育专业，培养中学体育教师。1990—1999年，体育系开设体育教育专业班级98个，毕业专科学生5390人。2000年，与湖南师范大学、吉首大学沟通，合作办学。2000—2004年，开设班级35个，毕业专科学生1750人。2002年，增设体育保健与康复专业（专科）。2004年，学校升格为本科院校，体育系升格为体育学院。2005年起，招收本科体育师范教育专业学生，培养目标不变。2005—2009年，开设班级63个，毕业本科学生3150人。2010—2016年，年均开设班级5个，其中4个为体育教育专业、1个为社会体育专业。2016年，增设舞蹈表演专业，共毕业本科学生1833人。2017年，设体育教育专业班级4个，社会体育专业班级2个，增设运动训练专业班级1个，毕业本科学生358人。

课程设置　1990年，娄底师专开设田径、篮球、排球、乒乓球、羽毛球、足球、健美操、瑜伽、定向越野、毽球、太极拳、运动心理学、体育管理等主要课程。1992—1994年，中专武术专业课程：武术套路、散打、截拳道、双节棍、气功。1995—2000年，中专武术专业教练员方向、散打方向、军事预备役专业课程：武术（教练员方向）、套路、散打、教练员培训、截拳道、双节棍；武术（散打方向）、套路、散打、截拳道、警体；军事教练、套路、散打、队列训练、警体、国防训练、实弹射击。2001—2008年，高职体育教育、中专安全保卫专业课程：运动训练、套路、散打、运动生理学、运动解剖学、运动心理学、截拳道、双节棍、舞龙、安全保卫、队列训练、警体、运动损伤。2009—2014年，高职武术专业、中职文驾保专业课程：武术、套路、散打、运动生理学、运动解剖学、运动心理学、截拳道、双节棍、舞龙、文驾保、队列训练、警体、运动损伤。2015—2017年，高职民族传统体育专业、中职运动训练专业课程：民族传统体育、运动生理学、运动解剖学、运动心理学、截拳道、双节棍、舞龙、套路、散打、中医养生学、民族体育概论、体育教学与训练、运动训练等。

（三）潇湘职业学院

体育专业与课程设置　1992—1994年，设置中专武术专业，课程设武术套路、散打、截拳道、双节棍、气功等。1995—2000年，设置中专武术专业（教练员方向），课程设武术、散打、军事预备役、截拳道、双节棍、套路、散打、截拳道、警体等。2001—2008年，设置高职体育教育专业、中专安全保卫专业。高职课程设运动训练、套路、散打、运动生理学、运动解剖学、运动心理学、截拳道、双节棍、舞龙等。中专课程设运动训练、保安学、队列训练、警体、运动损伤、套路、散打、安全保卫等。2009—2014年，设高职武术专业、中职文驾保专业。高职课程设运动训练、套路、散打、运动生理学、保安学、队列训练、警体、运动损伤等。2015—2017年，设高职民族传统体育专业、中职运动训练专业。高职课程设民族传统体育、运动生理学、运动解剖学、运动心理学、截拳道、双节棍、舞龙、套路、散打、中医养生学、民族体育概论、体育教学与训练等。中专课程设运动训练、套路、散打、解剖学、心理学、截拳道、双节棍等。

体育专业毕业生　1990—1999年，招生班级98个，毕业学生5390人。2000—2002年，招收中专班级16个，大专班级2个，毕业学生1750人。2003—2009年，招收中专班级24个，大专班级7个，毕业学生3150人。2009—2017年，招收中专班级21个，大专班级8个，毕业学生1300人。

三、业余体育学校

1990年，全地区有地级业余体校1所，县级业余体校5所，厂矿体校2所。高级、中级和初级教练员46名。开设田径、射击、举重、武术、摔跤等10多个训练项目，在训学生逾千人。2016年10月，市财政、市文体广新局以购买服务方式筹资成立恒大足球学校娄底分校，下设7个基地学校。恒大足球本部选派训练总监及足球教练常驻娄底市，负责教练培训、组建各基地学校梯队，开展足球交流活动。2017年，全市有业余体育学校娄星区青少年业余体校、涟源市全民健身服务中心（业余体校）、冷水江市业余体校、双峰县业余体校、新化县业余体校等5所，教师（教练）37名，在训运动员340名。体育人才培训经费57万元。1990—2017年，全市先后建立新化县东方武术学院、新化南北少林武术学院、娄底湘中武术学院等12家武术学院，达到省体育局“一县一品”特色体育项目创建活动标准和武术教学条件。全市有武术教练员216人。

第二节　体育教学师资

1990—2000年，全市有体育专业教师2864人，其中小学635人（中级职称189人、副高级职称28人）、初中1821人（中级职称123人、副高级职称67人）、高中267人（中级职称165人、副高级职称41人）、中专学校65人（中级职称31人、副高级职称17人）、大学76人（讲师13人、副教授17人、教授6人）。2001—2017年，全市有体育专业教师2324人，其中小学916人（中级职称247人、副高职称38人）、初中916人（中级职称247人、副高级职称115人）、高中236人（中级职称162人、副高级职称115人）、中专学校172人（中级职称85人、副高级职称76人）、大学84人（讲师13人、副教授20人、教授7人）。1990—2017年，7名学校体育教师被评为全省、全国优秀体育教师。

第三节　学生体育达标

一、小学至高中学生体育达标

1990—2000年，小学一年级至六年级年均达标率：优秀19%，良好23%，及格35%，不及格23%。初中毕业生年均达标率：优秀18%，良好21%，及格33%，不及格28%。高中毕业生年均达标率：优秀13%，良好19%，及格37%，不及格31%。2001—2017年，全市学生体育年均达标率：小学（一年级至六年级）优秀17%，良好22%，及格32%，不及格29%；初中优秀16%，良好20%，及格33%，不及格31%；高中优秀11%，良好15%，及格35%，不及格39%。

二、大学生体育达标

（一）娄底职业技术学院

2013年，参加体育达标考试人数4371人，合格率60.8%。2014年，参加体育达标考试人数4166人，合格率81.9%。2015年，参加体育达标考试人数5225人，合格率81.8%。2016年，参加体育达标考试人数6326人，合格率89%。2017年，参加体育达标考试人数6785人，合格率73.9%。

（二）潇湘职业学院

1990—2000年，学生年均体育达标率：优秀35%，良好32%，及格33%。2001—2017年，年均达标率：优秀34%，良好31%，及格32%，不及格3%。

（三）湖南人文科技学院

体育专业毕业生年均达标率：1990—2000年，优秀41%，良好38%，及格21%。2001—2017年，优秀37%，良好41%，及格22%。

至2017年，全市施行锻炼标准的学校2385所，其中高校3所、中专8所、中学354所、小学2020所，学生64万人。4所学校被评为全省、全国达标先进单位。7名学校体育教师被评为全省、全国优秀体育教师。

第四节　学生运动会

一、中学生运动会

1992年4月，娄底地区中学生田径队在省中学生田径大赛中获奖牌15枚，其中金牌10枚，居全省第一位。8月31日至9月5日，娄底地区代表队参加省第二届青少年运动会田径、摔跤、柔道、游泳、举重、体操等8个项目比赛，夺得金牌12枚、银牌11枚、铜牌13枚，团体总分418分，58名参赛运动员达到等级标准，其中一级3人、二级15人、三级40人。是年，全区有13名体校学生在第七届省运会上获优异成绩，37名教练员立功受奖。举重教练罗新功获国家体委颁发的世界冠军启蒙奖。1993年5月5—7日，涟源市承办全省中学生田径运动会，娄底地区代表队获得金牌18枚、银牌9枚、铜牌6枚。5月12—14日，全省中学生田径运动会在常德举行，地区中学生田径队夺得金牌9枚、银牌10枚、铜牌7枚，甲组团体总成绩第一名，乙组团体总成绩第三名。6月，娄底市二中学生邹光英代表中国参加在意大利举行的世界中学生田径比赛，夺得300米栏银牌和异程接力赛铜牌。

1994年7月6—8日，地区承办省青少年摔跤比赛，全省14个地州市代表队参加。地区选派28名选手参加所有级别的比赛，获金牌4枚、银牌2枚、铜牌2枚。1997—1998年，地区向省级以上专业队和大、中专院校输送运动员22人，培养等级运动员26名。1999年7月，全省第三届青年运动会在湘潭市举行，娄底市代表团参加田径、射击、摔跤、柔道、举重、游泳、武术、乒乓球、篮球、体操10个项目的比赛，获金牌22.5枚、银牌19.5枚、铜牌19枚，总分656.66分，金牌总数和团体总分列第六名和第八名。9月，参加全省体育传统项目第六届田径运动会，娄底二中代表队获金牌总数第三名。

2001年7—9月，娄底市265名运动员参加全省青少年田径、举重、摔跤、柔道、武术、游泳、体操、乒乓球、篮球等11个项目比赛，获金牌28枚、银牌19枚、铜牌16枚，总分548分，其中柔道项目金牌和总分列全省第一名。2004年7月，全省青少年乒乓球比赛在娄底市举行，娄底市代表队获较好成绩（此次比赛不计总分、不排名次）。2005年7月，娄底市承办省青少年举重比赛，全省28支队伍600多名运动员参赛，娄底市代表队获奖牌37枚，其中金牌21枚，列第一名，总分1570分，列第八名。是年，娄底市组队参加全省青年田径、射击、举重、柔道、摔跤、乒乓球、跆拳道、排球、篮球、羽毛球、体操11个项目比赛。2006年3月，娄底市承办全国青年男子篮球联赛第一阶段C组比赛，设冷水江市、双峰县、涟钢总厂3个分赛场。

2007年，娄底市238名运动员、教练员代表队参加全省青少年田径等12个项目比赛，获金牌36枚，金牌总数列第七名。4月，娄底市组队参加全省中学生田径运动会，全省14支代表队317名运动员参加。是月，全市组队参加省体育传统项目学校第十届田径运动会，娄底代表队获5枚金牌，娄底市二中名列第三。2008年7月，娄底市200名运动员和教练员参加全省青少年体操锦标赛，获金牌22枚，金牌总数位列第九。2009年7月，娄底市500名运动员和教练员组成代表队，参加全省青少年儿童18个项目体育比赛，获金牌37枚，总分1236分，排全省第二名。

2010年9月，第十一届省运会在湘潭市举行，娄底市组成400人代表队参加25个项目比赛（其中青少年组16个项目），获金牌32枚，金牌总数位列第九。2011年8月，省青少年儿童游泳锦标赛在娄底市举行。9月，全省青少年体育比赛在长沙举行，娄底市代表队289名运动员和教练员参加武术、田径等13个项目比赛，获金牌40枚，金牌总数位列第一。2012年，娄底市535名运动员参加省青少年儿童体育锦标赛18个项目比赛，获金牌55枚、银牌61枚、铜牌67枚，总分1731.5分，跆拳道、田径、射击项目团体总分列第二名，柔道、武术项目总分列第三名。

2013年9月25—28日，湖南省中学生田径比赛在涟源市一中举行（2013年9月25日摄）

2013年7月11日至10月19日，娄底市承办6项全省青少年锦标赛，全市186名运动员和教练员，参加全部6项比赛，获田径金牌16枚，团体总分第二名，摔跤金牌2枚，团体总分第五名，柔道金牌2枚，团体总分第二名。是年，组织运动员800人参加全省19个项目青少年比赛，获金牌53枚、银牌70枚、铜牌62枚，总分3128.5分。在全省青少年射击锦标赛上，获金牌15枚、银牌18枚、铜牌16枚，团体总分827分，名列全省第一。2014年，组队参加在益阳市举行的省级体育传统项目学校田径比赛，获金牌13枚。其中，娄底二中队获高中组总分全省第一名。同年11月8日，首届“体育彩票杯”小学生校园足球联赛举办，全市24支小学生校园足球队300名运动员参加比赛。

2015年2月，湖南省体育局举办，娄底市体育局承办的省青少年拳击锦标赛，设男子甲、乙组，女子甲、乙组4个组别21个级别，娄底市选派选手参加。是年，组队参加全省田径、射击等16个项目青少年锦标赛，获金牌49枚，银牌42枚。2016年1月23—30日，省体育局主办、市文体广新局承办、娄底市第五中学协办省青少年足球甲组（高中组）锦标赛，全省各市（州）19支男队13支女队共600人参赛，娄底三中男队、四中男女队参加比赛。2017年，娄底市代表队参加全省青少年足球锦标赛，获金牌32枚。至2017年底，全市有市级体校1所，开设田径、射击、摔跤、柔道、跆拳道、游泳、羽毛球、乒乓球、网球等9个项目，在训运动员424人。县（市、区）业余体校5所，开展举重、武术、羽毛球、田径、体操、定向越野、皮划艇、赛艇等项目训练，有在训学员600名。青少年体育后备人才规模达1000人。

1990—2017年娄底市中学生田径运动会情况表

表63-6

运动会名称	参赛队数（个）	比赛年份	比赛地点	比赛项目（个）		参赛人数（人）		破纪录情况
				初中	高中	初中	高中	
娄底地区中学生田径赛暨首届传统校运动会	16	1990	娄底市	26	26	60	120	34人破23项地区纪录
娄底地区中学生田径运动会	5	1991	娄底市	26	26	80	80	16人破12项地区纪录
娄底地区中学生田径运动会	5	1992	娄底市	26	26	80	70	28人破18项地区纪录

续表63-6

运动会名称	参赛队数（个）	比赛年份	比赛地点	比赛项目（个）		参赛人数（人）		破纪录情况
				初中	高中	初中	高中	
娄底地区中学生田径运动会	5	1993	娄底市	26	28	70	70	15人破11项地区纪录
娄底地区中学生田径运动会	5	1994	娄底市	28	30	70	70	22人破19项地区纪录
娄底地区中学生田径运动会	5	1995	冷水江市	26	30	70	70	29人破21项地区纪录
娄底地区中学田径运动会	5	1996	双峰县	28	28	179	128	9人破6项地区纪录
娄底地区中学生田径运动会	5	1997	娄底市	28	28	208	128	11人破8项地区纪录
娄底地区中学生田径运动会	5	1998	新化县	28	28	121	126	12人破9项地区纪录
娄底市中学生田径运动会	15	1999	娄底市	28	28	157	124	8人破8项市纪录
娄底市中学生田径运动会	23	2000	娄底市	28	28	231	130	7人破6项市纪录
娄底市中学生田径运动会	16	2001	娄底市	28	28	200	130	10人破8项市纪录
娄底市中学生暨教职工田径运动会	22	2002	冷水江市	28	28	232	132	4人破4项市纪录
娄底市中学生田径运动会	16	2003	娄底市	28	30	87	224	4人破3项市纪录
娄底市中学生田径运动会	20	2004	娄底市	28	30	113	274	5人破2项市纪录
娄底市中学生田径运动会	23	2005	娄底市	28	30	126	316	3人破4项市纪录
娄底市中学生田径运动会	17	2006	娄底市	28	30	86	245	4人破6项市纪录
娄底市中学生田径运动会	22	2007	娄底市	28	30	116	286	3人破2项市纪录
娄底市中学生田径运动会	18	2008	娄底市	28	30	95	231	3人破3项市纪录
娄底市中学生田径运动会	25	2009	娄底市	28	30	157	265	4人破2项市纪录
娄底市中学生田径运动会	36	2010	娄底市	28	30	167	356	4人破3项市纪录
娄底市中小学生田径运动会	35	2011	娄底市	28	30	159	325	3人破4项市纪录
娄底市中学、中职生田径运动会	32	2012	娄底市	28	30	134	249	9人破6项市纪录
娄底市中学生田径运动会	33	2013	娄底市	28	30	116	356	10人破6项市纪录
娄底市中小学生田径运动会	34	2014	娄底市	28	30	81	210	34人破14项市纪录
娄底市中学生田径运动会	37	2015	娄底市	28	30	80	481	8人破7项市纪录
娄底市中学生田径运动会	29	2016	娄底市	28	30	86	238	11人破9项市纪录
娄底市中学生田径运动会	35	2017	娄底市	28	30	96	358	9人破6项市纪录

二、大学生运动会

（一）湖南人文科技学院

1990年始，举办一年一度的学生运动会，设田径、篮球、排球、乒乓球、羽毛球、足球等体育竞赛项目30个。2000年，增加武术、跆拳道、体育舞蹈、舞龙、体操比赛项目5项。2005年始，在原有比赛内容基础上增加轮滑、气排球等项体育赛事。至2017年，共举办28届学生运动会。

（二）娄底职业技术学院

学院运动会　2002年始，每年举办一次田径运动会和迎新篮球运动会，不定期开展广播体操、排球、足球、乒乓球、羽毛球等专项比赛活动。学生运动会和各类专项竞赛活动以院系为单位组队参加。是年，首届田径运动会于11月6日至10日在南院田径场举行，设置比赛项目28个，496名教职工和978名学生运动员参加，设奖项85个。2007年10月第六届运动会，参赛1500多人，共产生金、银、铜牌各60枚，7人次打破校纪录。2010年的第九届运动会有22人次打破13项校纪录。学校获娄底市全民健身先进单位。2003—2017年，共举办15届田径运动会（每年一届），设置比赛项目18~35个，参赛人数1000~2000人次（含教职工）。

参加全国、全省大学生运动会　2006年10月，娄底职业技术学院参加省第八届大运会定向越野比赛，获4枚金牌，团体总分第五名，获优秀体育代表团称号。2007年1月，参加国际定向越野交流赛（瑞典、挪威等国）获2枚金牌。2008年9月，参加湖南省大学生排球锦标赛，获得冠军。2010年8月，参加省第十一届运动会，获成年女子组冠军。2010年11月，参加省第九届大运会，获5枚金牌，团体总分第六名，获优秀体育代表团称号。2011年7月，参加全国学生定向越野锦标赛，获6枚金牌。2011年10月，学校被市政府授予娄底市参加省第十一届运动会先进单位。2013年8月，参加全国学生定向越野锦标赛，获5枚金牌。2014年12月，参加省第十届大运会，获团体总分第六名，获优秀体育代表团称号。2016年11月，参加湖南省高职院校“院长杯”职工羽毛球赛，获团体二等奖。2017年4月，参加湖南省高职院校“院长杯”职工篮球赛，获团体二等奖。11月，学校教师喻林参加第二届全国高职院校体育教师技能大赛，获一等奖。

（三）潇湘职业学院

1990—2002年，连续举办13届校园散打擂台赛。1994—2017，连续举办24届学校篮球赛。2003—2017年，连续举办15届学校武术赛。2005—2017年，连续举办13届学校田径运动会。

第三章　体育设施与体育管理

第一节　体育设施建设

1990—1992年，娄底地区兴建扩建田径场、训练馆、篮球场、游泳池等场馆103个，其中体委系统10个、教育系统38个、其他系统55个。1993—1998年，兴建和扩建各类体育场馆400个。1999年，市体育馆室内篮球场开工兴建，2004年竣工投入使用。至2004年底，全市体育系统有中小型体育馆3个，训练馆5个，体育场4个，全天候门球场1个。2005—2006年，市体育中心完成选址、听证等工作。2013年，总投资10.5亿元的市体育中心建成投入使用。市体育中心包括2.6万座位的主体育场、5200座位的体育馆、3000座位的游泳馆、综合训练馆、青少年妇幼儿童中心、体育公园。2014年，娄底军分区靶场兴建射击馆，供省运会射击比赛。是年，全市以承办省第十二届运动会为契机，兴建娄底一中体育馆，改建娄底三中、娄底五中、冷水江市六中体育馆和涟源市一中足球场等学校体育场馆。2015年，新化县金凤乡政府、新化县上梅镇东外社区、新化县桑梓镇火星休闲农业开发有限公司兴建多功能运动场。2016年，全市中小学校共有田径场268处，其中200米166处、300米66处、400米36处，篮球场880处（块）、排球场296处（块），器械体操（游戏区面积）4366平方米，体育馆7个，总面积6400平方米，学生体质测试室310个。2017年，全市中小学有200米田径场180块，300米田径场64块，300~400米田径场2块，400米田径场46块；体育馆12个，面积1.15万平方米；学生体质测试室310个；大专院校体育馆3个，面积1.22万平方米，其中田径场6个，面积11.35万平方米；篮球场45个，面积2.68万平方米；排球场15个，面积3620平方米；乒乓球场5个，面积2300平方米；羽毛球场16个，面积2780平方米；网球场2个，1770平方米；武术练功房6处，面积4640平方米。至2017年底，全市有各类公共体育场地4993个，总面积534万平方米，体育馆20个，游泳跳水馆30个，运动场（体育场、小运动场、田径场）371个，综合房（馆）及专项训练房（馆）287个，全民健身活动中心84个，乡镇体育健身场所151个，村级农民体育健身场所1430个，健身路径144条。

2017年娄底市大专院校主要体育场馆情况表

表63-7　　单位:个、平方米

学校	体育馆		田径场		篮球场		排球场		乒乓球场		羽毛球场		网球场		武术练功房	
	数量	面积	数量	面积	数量	面积	数量	面积	数量	面积	数量	面积	数量	面积	数量	面积
湖南人文科技学院	1	3600	2	56000	22	15000	5	2000	2	1500	10	2000	1	1000	1	3600
娄底职业技术学院	1	4000	2	24000	15	6300	5	810	3	800	5	700	0	—	4	320
潇湘职业学院	1	4600	1	10000	2	3000	0	0	0	0	0	0	0	—	1	720
娄底技师学院(筹)	0	0	1	24340	6	2520	5	810	0	0	1	82	1	670	0	0

第二节　体育产业发展与管理

1990年，地区体委增设体育产业科，管理经营机关体育产业，主要发展特色民间武术培训业。新化县、冷水江市、娄底市直所有武术馆（校）面向全国招生，带动地区民间武术培训业发展。地区体育局机关大楼设立门市部，经营运动服装、体育用品，以体育产业收入助推体育事业发展。1992年5月，地区湘中体育服务公司成立，1996年创纯收入20万元。1997年，地区体委成立体育产业办公室，负责体育产业开发管理，体育产业当年收入30万元。是年，娄底地区体育彩票工作启动，管理职能归属地区体委体育产业科，开展即开型体育彩票销售。全地区体彩销售站点230多个，遍布娄底市、双峰县、新化县、冷水江市、涟源市，发行额度600万元。是年，中国电脑体育彩票在娄底发行，全地区设立64个销售网点。12月29日，奥运举重冠军杨霞等应邀到娄底出席电脑体育彩票首发式，并为部分网点签名销售。30日，发行仪式在娄星广场举行。1999年，全市体育产业收入50万元。

2011年，市体育局发展体育竞赛表演业和服务业，组织各项大型活动，收入300万元。2014—2016年，市体育局与体育总局、文化部体育舞蹈协会、北京体育大学、首都体育大学、北京博克森公司、北京腾翔盛世等单位对接协调，发展体育赛事经济。全市体育产业发展加快，运动员赴娄参赛每年增长超30%。2016年，市文化市场综合执法支队依法开展体育市场无证无照专项整顿和高危险性体育项目经营安全检查，出动车辆256台次，执法人员686人次，检查游泳池10家，健身场所16家，气功、武术、瑜伽类场所21家，体育彩票经营门店105家，对5家未办证的游泳池进行处理，4家限期办理“高危险性体育项目经营许可证”，1家责令停止营业。

2017年，市体育局对高危体育项目经营业主和相关单位调查摸底。全年出动执法人员45人次，检查经营场馆108家次，对1家无证经营、3家许可证过期者依法依规整改。2017年全市有体育企业、个体工商户、法人单位268家，体育从业人数1.2万人，总产值3.7亿元。1997—2017年，全市筹集体彩公益金1.5亿元。

1997—2017年娄底市体育彩票销售情况表

表63-8　　单位:个、万元

年份	销售点	销售金额	年份	销售点	销售金额
1997—2000	64	600	2011	220	8340
2001	64	600	2012	220	11000
2005	64	600	2013	220	12000
2006	113	4000	2014	220	13000
2007	113	4289	2015	178	16350
2008	113	4400	2016	274	27767
2009	113	5300	2017	219	70159
2010	128	5800			

第三节　体育经费

1990年，全地区体育经费主要来源为财政拨款和上级补助。地区财政下拨地本级体育经费44.13万元。全地区体育经费1991—1995年215.65万元，1996—2000年469.1万元，2001—2005年1570.65万元。其中财政拨款1566.15万元，上级补助（体彩公益金）4.5万元。2006—2010年，全市体育经费2594万元。其中财政拨款1751万元，上级补助（体彩公益金）843万元。2011—2015年，全市体育经费2.07亿元，其中财政拨款1.73亿元（含体育场馆建设经费），上级补助（体彩公益金）3350万元。2016年，全市体育经费6023万元。其中财政拨款4350万元，上级补助（体彩公益金）1673万元。2017年，全市体育经费8182万元。其中财政拨款3918万元，上级补助（体彩公益金）4264万元。

第四节　管理机构与体育组织

一、管理机构

（一）市级机构

1990—1998年，娄底地区体育主管部门为地区体育运动委员会（简称体委）。1999年8月，内设办公室、群众体育科、训练竞赛科、体育产业管理办公室、财务科、人事科，下辖娄底市体育学校。2002年7月，市体委更名为市体育局，内设办公室、群众体育科、训练竞赛科、体育产业科、财务科、人事科。是年，娄底市体育馆（馆长高配副处级）和省柔道、摔跤后备人才基地（正科级）成立。2015年，市体育局与市文化广电新闻出版局合并，组建娄底市文体广电新闻出版局，市体育局相关职能整合到市文体广电新闻出版局。设文化体育产业发展科、群众体育科、青少年体育科等有关体育职能科室。市全民健身服务中心、市体育学校、市柔道摔跤人才基地为市文体广电新闻出版局管理的二级机构。至2017年机构未变。下属3个事业单位：娄底市体育学校、市老年人体育协会、市全民健身服务中心。

（二）基层机构

娄星区　1990—1999年，机构名称为娄底市体育运动委员会，1999年8月，更名为娄星区体育局。2017年4月，娄星区体育局与娄星区文化广电新闻出版局合并，成立娄星区文化体育广电新闻出版局。

冷水江市　1990年，机构名称为冷水江市体育运动委员会，2002年6月市文化广电新闻出版局、市旅游局职能整合，组建冷水江市文化体育广电新闻出版局。2017年机构未变。

涟源市　1990年，机构名称为涟源市体育运动委员会。2002年10月更名为涟源市体育局。2016年1月，市体育局与文化广电新闻出版局合并，设置涟源市文化体育广电新闻出版局。

双峰县　1990年，机构名称为双峰县体育运动委员会。1992年1月，双峰县作为全省县级机构综合改革试点县之一，撤销县体委，其职能并入县教育局，设体育卫生办公室。2002年1月，体育职能和部分工作人员从教育局析出，成立县体育局。2016年3月，县体育局与县文化广电新闻出版局合并成立县文化体育新闻出版局。

新化县　1990年，机构名称为新化县体育运动委员会。2000年10月，新化县体委与县文化广电新闻出版局合并，组建新化县文化体育广电新闻出版局（加挂新化县版权局牌子）。2017年机构未变。

市经济技术开发区　2003年1月至2017年12月，体育工作由社会事务管理局管理。

二、体育组织

（一）市体育总会

2000年7月，娄底市体育总会成立，实行会员制。团体会员包括县（市、区）体育总会、全市各单项体育运动协会及行业系统体育协会。至2017年，娄底市体育总会有单项协会27家，分别为桥牌协会、老年人体育协会、门球协会、柔力球健身球（操）运动协会、体育舞蹈协会、登山运动协会、棋类运动协会、羽毛球运动协会、自行车运动协会、信鸽协会、太极拳协会、乒乓球协会、足球运动协会、龙舟文化促进会、微马跑步协会、汽车摩托车运动协会、围棋运动协会、气排球协会、广场舞协会、篮球协会、峰苑舞蹈培训中心、天下武林武道俱乐部、中辉体育俱乐部、新能量青少年篮球俱乐部、梅山武术文化研究院、精英武术散打特训中心、广生健身气功保健培训中心。

（二）地区老年人体育协会

1990年，地区老年人体育协会成立，隶属地区体委，为地区体委直属事业单位，核定事业编制2名，经费列入地区财政预算。至2017年，成员单位12个，分别是5个县（市、区）、市直机关、军干所、5家厂矿企业。开办体育项目13个，分别为健身球、柔力球、门球、太极拳（剑）、桥牌、象棋、围棋、乒乓球、广场舞、钓鱼、地掷球、气排球、持杖健步走。

第六十四篇

文化艺术

概　述

群众文化逐渐普及　1990年，娄底地区有文化（艺术）馆6个，其中地区艺术馆1个、县（市）文化馆5个。1991年始，地区文化机构创作排演传统小戏和折子戏，赴农村巡回演出。2003—2004年，全市开展群众文艺会演、广场文化、文艺晚会、专场演出，年均200多场次。2007—2014年，专业艺术表演团体送戏下乡年均500场次。娄底市连续8年获全省“送戏下乡”先进单位。2015年，各图书馆、博物馆（纪念馆）、美术馆、文化（艺术）馆、乡镇综合文化站、村文化室、非物质文化遗产展示中心免费向群众开放。2017年，全市有文化（艺术）馆6个、乡镇文化站83个、公共图书馆6个（不含机关、学校、企业图书馆）、村级图书室157家。市内数字文化网和图书馆门户网站、移动图书馆建立，开通微信公众平台，建成文化信息资源共享工程县级中心。建成合格村级综合文化服务中心974个。

文学艺术日益繁荣　全市贯彻“百花齐放、百家争鸣”的文艺方针，推出精品力作。1990年，刘合庄作词的歌曲《祖国啊，我永远热爱你》，在中央电视台春节晚会上演唱，获中宣部精神文明建设金奖。2003年，花鼓戏《村官是个堂客们》获省艺术节金奖。2005年，市文化局获评全国文化工作先进集体。花鼓戏《村官是个堂客们》2007年获文化部全国第十四届群星奖，2009年获全国“五个一工程”奖。2012年，花鼓戏《花开花落》获全省“五个一工程”奖。湘剧《烧车御史》获全省优秀晋京剧目奖。2015年，情景剧《精准扶贫遍山乡》、男声无伴奏小组唱《托起明天的太阳》获全省“欢乐潇湘”大型群众会演决赛金奖。2016年10月，娄底市文化演艺有限责任公司赴越南、泰国、老挝开展“亲情中华·魅力湖南·青春娄底”演出。1990—2017年，全市创作出版中长篇小说71部，散文集57部，诗歌集49部，报告文学集20部，儿童文学集21部，发表短篇小说500多篇，文学评论集227部，发表网络文学作品48篇，创作（演出）大型戏曲剧本36本（台）。至2017年，全市有市级文学艺术团体17个，有中国作家协会会员18人，中国美术家协会会员13人，中国书法家协会会员61人，中国摄影家协会会员18人，中国音乐舞蹈家协会会员18人，中国戏剧家协会会员15人，中国民间文艺家协会会员7人。

传统文化深入发掘　娄底历史悠久，文化底蕴深厚。1990年、1995年，地区先后设立文物保护机构和博物馆。2005年，承办中国第四届梅山文化学术研讨会暨首届梅山旅游文化艺术节。至2017年，全市获批文物保护单位85处，其中国家级4处、省级23处、市级14处、县级44处。馆藏文物中，国家一级11件、二级71件、三级及以下450件，一般文物7960件。获批非物质文化遗产代表项目国家级4个、省级7个、市级28个。境内出版梅山文化专著160余部，发表梅山文化论文或调研报告1360余篇。

文化产业不断壮大　1994年始，地区陆续投入文化产业发展资金。1997—1998年，文化产业投入1821万元，文化产业机构115个，纯收入逾1000万元。2010年始，全市文化体制改革，文化产业快速发展。2011年，市委、市政府实施文化强市战略。全市以地域文化元素为载体，加大招商引资力度，全方位发展文化及相关产业。2015年，市政府引进文化产业发展资金4.58亿元。文化及相关产业增加值突破40亿元。2017年，全市文化达标企业194家，出版印刷机构277家，年产值2.38亿元。文化产业总收入202亿元，文化及相关产业增加值突破60亿元。

文化体制改革稳步推进　2007年，域内新华书店改制，纳入中南传媒整体上市。2014年，全市创新文化行政管理体制，政府文化主管部门由“办文化”向“管文化”转变，推动国有文化院团和文化事业单位转企改制，推向市场。市电影发行放映中心发展成为资产过亿的影业公司。2016年，全市新闻媒体改革，传统媒体与新型媒体融合发展，融媒体建设加速升级。

第一章 群众文化

第一节 文化（艺术）馆（站）

一、文化（艺术）馆

1990年，全地区有文化（艺术）馆6个，其中地区艺术馆1个、各县（市）文化馆5个，职工95人。1995年，有文化（艺术）馆6个，职工100人，举办展览15场，组织文艺活动34次，举办培训42期，结业学员1211人。录像放映2610场次，观众7万人次。藏书8660册。固定资产原值138.8万元。公共房屋建筑面积9686平方米。2000年，全市有文化（艺术）馆6个，工作人员107人。举办展览13场次，文艺活动53场次。举办培训班41期，结业学员1000人。录像放映906场次，观众1.54万人次。藏书7000册，固定资产原值439.3万元，公共房屋建筑面积7000平方米。2003年1月，市经济技术开发区文化站设立。2005年，全市6个文化（艺术）馆和市经济技术开发区社会事务管理局文化部门从业人员109人，举办展览30场次，组织文艺活动88场次，举办培训班108班次，结业学员4000人。有公共房屋建筑面积2.6万平方米，固定资产原值726万元。2010年，全市有文化（艺术）馆6个，从业人员128人，举办展览12个，组织文艺活动160场次，举办培训班101期、结业学员4640人。有公共房屋建筑面积4.14万平方米，固定资产原值3117.5万元。2015年，全市有文化（艺术）馆6个，从业人员121人。举办展览195个，组织文艺活动1082次，举办培训班590期，结业689人。实际使用房屋建筑面积7.39万平方米。2017年，全市6个文化（艺术）馆和市经济开发区社会事务管理局文化部门从业人员125人。举办展览260个，组织文艺活动1224场次，举办培训班702期。

二、乡镇文化站

1990年，全地区有乡镇文化站182个，工作人员182人，房屋面积3.45万平方米，固定资产原值525.6万元，支出经费29.2万元，借阅图书7.42万册次，借阅人员21.64万人次，举办文艺活动318场次，观众19.79万人次。1995年，文化站185个，工作人员197人。1996年，乡镇区划调整后，乡镇文化站减少。2000年，全市乡镇文化站93个，工作人员276人。2005年，乡镇文化站94个，工作人员276人。2010年，乡镇文化站96个，工作人员351人。2015年，乡镇文化站96个，工作人员454人。2015—2016年，全市乡镇区划调整，乡镇文化站再次减少，至2017年，全市乡镇文化站83个，工作人员392人，其中达国家标准一级站9个，二级站14个，三级站20个。全市所有乡镇文化站均配备电脑、音响、乐器等设施、设备，免费向社会开放。全市建成合格村级综合文化服务中心974个，合格率53%。新化县、涟源市建成贫困村综合文化服务中心示范点45个。市文体广新局为242个贫困村综合文化服务中心每村配送2万元的乐器音响。社区文化活动中心设备配置分步实施，娄星区、市经济技术开发区130多个社区配置到位。

附：

娄底市艺术馆　1993年，地区群众艺术馆与地区戏剧工作室合并，更名地区艺术馆，为财政全额拨款公益性文化事业单位。2016年，核定编制24名。市艺术馆整体搬迁至市文化体育中心。场馆总建筑面积6643平方米，群众文化活动用房面积5314平方米。专业门类设有舞蹈、声乐、器乐、美术、书法、摄影、戏剧曲艺、非遗等项目。群众文化活动场所有演艺厅、综合排练厅、成人舞蹈室、少儿舞蹈室、基层文化干部培训室、音乐培训室、摄影培训室、曲艺培训室、合唱培训室、群众阅览室、书法培训室、美术培训室、音乐制作室、戏曲创作室、非物质文化遗产展示厅等。2017年8月，市艺术馆群星剧场投入使用，剧场面积1970平方米，设478个座席。

娄底市美术馆 2015年，娄底市美术馆建成，建筑面积3650平方米，其中展厅3个，面积1200平方米，公共服务区面积1000平方米。有书画创作研究室、贵宾接待室、美术图书文献中心及办公用房等350平方米。是年11月，市美术馆向公众开放。承办两届书画艺术交易博览会和“樱花季·文化节”活动。至2017年底，共主办、承办展览23场次，学术交流10场次，重大艺术活动4场次，书画惠民活动15场次。有馆藏艺术品400件，其中有中国国家画院副院长曾来德、龙开胜、张锡良等全国著名艺术家作品和娄底市王憨山、陈初生、颜家龙等名家作品，有一方重1.5吨的精品溪砚。

第二节 专业文艺队伍

1990年，全地区有专业艺术表演团体5个，分别是娄底地区花鼓戏剧团、冷水江市文工团、涟源市湘剧院、双峰县文工团、新化县文工团。成员251人，其中导演3人，编剧3人；高级职称5人，中级职称60人，初级职称52人。1990—1996年，地区文化局每两年举办一届文艺培训班，全地区专业艺术团体演艺人员轮流参加。1997年2月，地区组建娄底地区艺术学校，1998年下半年开始招生，为专业艺术表演团体培养后备人才。

2013—2016年，省文化厅举办戏曲专业学习班，娄底市先后选送20人次参加学习培训。2015年，5家专业艺术表演团体分别更名为娄底市地域文化传承研究中心，冷水江市文广传媒艺术发展有限公司，涟源湘剧保护传承中心，双峰县九峰演艺有限公司，新化县梅山文化演艺有限责任公司。2017年，娄底市有专业艺术表演团体5个，成员190人。其中导演1人，编剧1人；高级职称13人，中级职称60人，初级职称42人。至2017年，娄底市艺术学校连续招生19届，每届招生30~100人。全市戏剧界有在职国家一级导演1人，国家一级演员1人，国家二级演员12人，国家二级演奏员4人，国家二级舞美设计1人。

第三节 文化活动

一、文艺会演

1990—1991年，地区文化局以创作排演传统小戏、传统折子戏为重点，赴农村巡回演出。1992年1月，地区文化局在星星影剧院举办首届戏曲传统小戏、折子戏调演，5个专业艺术表演团体参加演出，演出小戏、折子戏13个。8月，举办《情系乡土》文艺会演，演出节目64个，选调8个节目参加省里会演，全部获奖。新化县文化馆创作演出的《山里女人》获演出二等奖与创作奖。9月，举办城市“社教”文化调演，20支代表队、40个节目参加。2003年6月，全市举办专业艺术团体新剧目会演，5个专业剧团参加，创作演出6个新剧目：市花鼓戏团大型现代花鼓戏《村官是个堂客们》，冷水江市文工团《擦皮鞋》《夏日炎炎》，涟源市湘剧团《爸爸》《两家亲》，新化县文工团《李子红了》。

2004年6月，省第四届“三湘群星奖”小戏曲艺决赛在娄底市举行。娄底市小品《转换》、花鼓小戏《擦皮鞋》《租哭》3个剧目参加。2005年4月，全市举办专业艺术表演团体折子戏会演，5个剧团100人参加，演出折子戏30个。2006年8月，举办剧团新剧目展演，5个新剧目展演。2008年10月，举办纪念改革开放30周年文艺调演，1200人参演，演出8场，每场节目12个。2012—2013年，全市文化界以“欢乐潇湘·幸福娄底”为主题，举办各类群众文艺会演480场次，参演人员3万人次。参加全省“2013欢乐潇湘”大型群众文艺会演，歌曲《麻蓝爱手帕》获会演一等奖，“最受网络观众喜爱节目”一等奖。小品《我想喊你一声妈》、民俗舞蹈《舞春牛》获二等奖。花鼓戏表演唱《猜新娘》、舞蹈《琴台古韵》、吹打乐合奏《乡韵》、歌伴舞《欢乐潇湘》获三等奖。9月22日，在湖南大剧院举办2014

年湖南省“欢乐潇湘”大型群众文艺会演决赛娄底市专场演出，演出节目13个。2014—2015年，文化系统各专业艺术表演团体送戏下乡，每年演出100场以上。2015年5月26日，举办“欢乐潇湘”大型群众文艺会演，演出节目46个。

2016年8月，全省“欢乐潇湘”在娄底市专场演出。娄底市选送表演唱《月光光海光光》、女声小组唱《你的手儿很温暖》获金奖。2017年6月，市“欢乐潇湘·文化娄底”群众文化活动通过县（市、区）海选、初赛、复赛，选取12个节目参加全省决赛展演。社区文化节、少儿艺术节、“书香娄底”全民阅读活动、建党90周年文艺晚会、“中国梦·劳动美”第二届电视演唱大赛、“做通情达理文明守信的娄底人”、创建全国文明城市文化活动等各类文艺演出（会演）1300场次，参演群众4万人次，演出节目1500多个，挑选16个剧（节）目参加省文化厅举办的会演。娄底市选送情景剧《精准扶贫遍山乡》、男声无伴奏小组唱《托起明天的太阳》，获全省决赛金牌。

二、文艺晚会

1991年，地区文化系统为庆祝中国共产党建党70周年，创作各类文艺作品1417件，举办各类大型文艺活动87次。1993年12月28日晚，为纪念毛泽东100周年诞辰，地直机关举办文艺晚会，21支代表队参加，302人登台表演。1994—1998年，先后演出《翠竹青春》《逛市场》《热土忠魂》《刘湘玉》剧目。1999年9月，为庆祝中华人民共和国成立50周年暨撤地设市，在星星影剧院举办《辉煌颂》文艺晚会，370人参演，演出节目17个。12月17日，举办庆祝澳门回归文艺晚会，市直单位14支代表队1600余人参加。12月29日，举办“庆祝澳门回归，迎接新世纪”世纪之声大型群众歌咏晚会，14支合唱队，1586人参演，演出节目28个。2001年6月28日晚，举办庆祝中国共产党成立80周年文艺晚会，演出节目19个。

2002年5月28日，全市举办大型文艺晚会，纪念毛泽东同志《在延安文艺座谈会上的讲话》发表60周年，演出节目18个。2003年1月25日，举办2004年春节文艺晚会，参演800人，演出节目13个。12月6日，举办“青春娄底·湘中之光”文化经贸博览会开幕式文艺晚会，演出节目12个。2004年7月1日，举办“七一”文艺晚会，庆祝中国共产党成立83周年。9月28日，举办庆祝中华人民共和国成立55周年“祖国颂”歌咏晚会，演出节目12个。2005年2月1日，在市体育馆举办2005年春节文艺晚会，演出节目15个。6月29日，举办“七一”文艺晚会，庆祝中国共产党成立84周年。2006年11月9日，举办“青春娄底·湘中之光”经贸博览会开幕式大型文艺晚会，演出节目16个。

2007年9月16日，娄底市在星星影剧院举办设立地级建制30周年文艺晚会，参演人员110人，演出节目16个。12月28日，在星星影剧院举办2008年元旦文艺晚会，演出节目12个。2008年8月4日，市文化局举办全省“动感地带杯”少儿音乐舞蹈大赛颁奖晚会。9月26日，举办“庆国庆·促和谐·保平安”煤海之光文艺晚会，演出节目12个。12月16日，市文化局与市建设银行在星星影剧院举办“同舟三十年·共庆二千亿”专场文艺晚会，演出节目11个。2009年1月26日，在星星影剧院举办改革开放30周年专题文艺晚会，演出节目12个。9月27日，在市体育中心广场举办庆祝中华人民共和国成立60周年、撤地设市10周年暨市经贸博览会文艺晚会，演出节目12个。12月29日，在星星影剧院举办春节文艺晚会，演出节目12个。2010年12月26日，在星星影剧院举办春节文艺晚会暨十大突出贡献经济人物颁奖晚会，演出节目8个。12月28日，举办元旦文艺晚会，演出节目10个。

2011年1月12日，全市在星星影剧院举办春节联欢晚会，演出节目13个。6月30日，举办“今天是你的生日”庆祝建党90周年文艺晚会，演出节目16个。2012年1月16日，在市体育中心举办2012年春节联欢晚会，演出节目10个。2013年2月12日，在市体育中心举办“娄底市2013年春节文艺晚会暨‘唱响娄底’原创歌曲大赛颁奖晚会”，演出节目16个。11月23日，在市体育中心举办“那山那水那人——美丽娄底”全国原创歌曲暨“蚩尤故里·新化梅山”全国大赛颁奖晚会。2014年1月18日，在市体育中心举办2014年春节联欢晚会，演出节目6个。5月15日，在星星影剧院举办“牵手残疾人·共享人间情”残疾人文艺演出，演出节目12个。2015年1月26日，在星星影剧院举办2015年春节联欢晚会，演出节目10个。6月28日，举办“不忘初心、继续前进”专场文艺演出，演出节目10个。2016年1月26日，在市体育中心举办2016年春节联欢晚会，演出节目8个。8月5日，在市体育中心举办“继承革命传统·弘扬清廉正气”，庆祝中国共产党成立95周年合唱比赛，24支队伍参加。2017年1月22日，在市体育中心举办2017年春节联欢晚会，演出节目6个。6月28日，在星星影剧院举办市直单位“红心向党”经典歌曲清唱比赛及汇报演出，20支代表队参演。7月31日，在星星影剧院举办中国人民解放军建军90周年文艺晚会，演出节目10个。9月26日，在市艺术馆群星剧场举办全省“第八届湘博会地域文化展演”文艺晚会，演出节目10个。

三、文艺专场演出

1990年始，在娄底星星影剧院举行系列文艺专场演出，先后演出的有：舞蹈家陈爱莲、山西省歌舞团、江西省京剧团、辽宁省歌舞团、湖南省杂技团、沈阳话剧团。1991年，有云南歌舞团、长春歌舞团、广西歌舞团。1993年，有“湘中小姐”选拔赛。1994年，有吴桥杂技团。1997年，有潘长江小品晚会、张也演唱会。1998年，有江西青年艺术团、陈汝佳演唱会。1999年，有大庆杂技团、温兆伦演唱会、温碧霞演唱会。2000年，有俄罗斯风情演唱会、歌唱家马玉涛演唱会、“走进红太阳”火风、甘萍演唱会。2001年，有省交响乐团、哈萨克斯坦歌舞晚会、安庆黄梅戏。2002年，有乌兰牧骑、新疆民族歌舞团。2003年，有天音交响乐团、法国塔西提剧团。2007年，有省交警文工团、湖南卫视金鹰卡通、俄罗斯歌舞团。2009年，有北京残疾人艺术团。2010年，有大型现代花鼓戏《花落花开》，省花鼓戏剧院《老表佚事》，歌手毛宁演唱会、全省“湘人湘歌”决赛晚会、王国潼二胡演奏会。2011年，有大型情景剧《江姐》。2012年，有大型话剧《温暖》。2013年，有湖南卫视金鹰卡通频道《童心撞地球》儿童剧、省杂技团。2014年，有“欢乐潇湘”大型群众文艺、木偶剧《蓝精灵》、儿童剧《三只小猪》。2015年，有儿童剧《白雪公主》、指挥家郑小瑛指挥“雅韵三湘”交响晚会、儿童剧《灰姑娘》、“烽火岁月”大型音乐会、省歌舞剧院民族舞剧《桃花源记》。2016年，有大型反腐题材湘剧《烧车御史》、“欢乐潇湘”大型群众文艺活动、省交响乐团、歌手陈楚生专场音乐会、儿童剧《大闹天宫》。2017年，有市“八一”建军节文艺晚会、湘剧《烧车御史》、省话剧团。

四、广场文化活动

2001年4月28日，娄底市举办首届广场文艺演出，参演180人，节目16个。6月24日，为庆祝中国共产党成立80周年，市委、市政府在娄星广场举办市直机关合唱比赛，14个代表队，1600人参演。2003年，全市开展专题广场文化活动200场次。2004年4月29日，市委、市政府在娄星广场举办“‘青春娄底·五月放歌’五一”广场演出活动，参演3000余人，节目20个。11月29日，在娄星广场举办香港慈善家彭立珊先生免费为娄底市域内白内障患者解除痛苦为主题“光明行”广场文艺活动。2007年3月23日，“青春娄底·文明湘中”广场文化活动在娄星广场举办。省委副书记梅克保及省委宣传部和省文明委负责人以及观众2万余人观看。“青春娄底·欢乐湘中”广场文化活动，获文化部第十四届群星奖。

“青春娄底·文明湘中”大型广场文化活动在娄星广场举行（2007年3月23日摄）

2007年9月17日，市委、市政府主办，市委宣传部、市文化局承办的庆祝“娄底设立地级建制30

周年”大型广场文化活动在娄星广场举行，市委书记林武等领导及2万余名群众观看演出。2008年10月21—22日，市文化局举办纪念改革开放30周年广场文艺调演，全市80多个节目参演。2016年8月5日，市委、市政府在市体育中心举办“继承革命传统，弘扬清廉正气”——庆祝中国共产党成立95周年合唱比赛，市直机关及企事业单位25支代表队参加。2017年1月22—23日，市文体广新局组织36名书画家到文化广场送书法、美术作品免费惠民活动；2月11日，组织“我们的中国梦·湖湘文化进万家——欢天喜地闹元宵”广场文化活动，300条灯迷、12个文艺节目，40名书画家免费为群众服务；3—7月，在万豪城市广场举办全省新人新歌大赛娄底选拔赛，美声、民族、通俗三大类别共有60名歌手参加，10名歌手参加省文化厅举办的决赛，陈子晴演唱《美丽的南山》获银奖，刘臻演唱《我从清风中走来》获铜奖。

五、文化下乡

1990年始，地区（市）文化局每年组织文化下乡活动。是年4月，组织文艺小分队到娄底市各乡镇文艺演出，参演50人，节目10个。1991年6月，到地委宣传系统扶贫点——新化大田乡文艺演出，50人参演，演出节目13个。1992—1998年，每年组织文艺演出小分队到地委宣传系统扶贫点文艺演出，每次参演人员50余人，节目10个左右。1999—2000年，组织文艺下乡小分队，到新化县曹家镇、游溪镇文艺下乡演出，每次参演46人，节目10个。2001年2月，组织文艺小分队到娄星区茶元乡文艺演出，参演50人，节目12个。3月，组织文艺小分队到冷水江市铎山镇进行文艺演出，参演70人，节目16个。2002年3月，组织艺术家到双峰石牛乡演出，参演60人，节目14个。2003年5月，组织到涟源桥头河镇演出戏曲，参演48人，节目8个。2004—2008年，全市文化系统、5个专业艺术表演团体每年每团送戏、送电影100场以上。2009—2014年，市文化局组织全市文化系统每年开展“送戏曲进万村、送书画进万家”演出400场次。2015—2017年，中央财政和省财政每年以购买公共文化服务形式，分别为新化县、涟源市乡镇配送演出160场次。

第四节 对外文化交流

2007年9月，中国艺术研究院选调娄底《开坛傩礼》和《搬锯匠》两个傩戏剧目，在“2007北京中日文化交流会”开幕式中成功演出，被中外媒体誉为“中国民间戏剧的奇葩”“真正古老的中国民间傩戏”。

2010年，梅山傩戏受邀赴美国威斯康星大学访问演出，参加省首届商品博览会开幕式等重大活动演出。2015年10月24日至11月2日，市文化演艺有限责任公司随同省侨联侨心艺术团赴泰国、老挝、越南开展“亲情中华·魅力湖南·青春娄底”慰问演出。

第二章 文 学

第一节 文学团体

一、市作家协会

1982年12月，地区文学工作者协会成立，为地区文联下属文学创作团体，1996年10月，更名地区作家协会（简称作协），10月28日至29日，召开第二次代表大会，2005年7月12日，召开市作家协会第三次代表大会。2006年，作协邀请国内和省内著名作家到娄底讲课。2007年5月下旬、10月下旬，以“纪念《讲话》·和谐之春”“庆十七大·洞庭之秋”为主题，组织娄底、益阳两地作家采风创作，

40多名作家参加。2013年7月，举行“龙山之夏”文学笔会，中南出版传媒集团副总经理、省文艺出版社社长刘清华，省作家协会副主席姜贻斌，省文艺出版社副社长、《芙蓉》杂志主编龚湘海应邀到会讲课。是年12月，市作协召开第四届代表大会。市作协组织编辑出版大型文学期刊《娄底文学》，培养、推出本地作家与作品。2014年10月，举办“龙山之秋”文学创作改稿会与采风活动。2015年7月，“中国新诗百年论坛——走进娄底”活动举行。全国著名诗歌评论家与诗人14人齐聚娄底，对“娄底诗群”作品研读分析。2017年，市作协有会员596人，其中中国作家协会会员有张小牛、安敏、廖志理、龙红年、阳剑、唐象阳、张晓鸿、胡建中、刘银叶、袁杰伟、童丛、赵文玲、李健、梅国华、蔡白玉、杨舒翼、蒋志武、刘丰18人，省作家协会会员208人。

二、市诗词楹联协会

1993年9月28日，地区诗词协会成立，爱好古典诗词楹联的老干部、老教师、老职工为会员主体，吸收社会各界诗词、楹联作者、研究者、爱好者参加，协会由市委老干部局主管，市文联业务指导。1998年5月，召开第二次会员代表大会。1999年5月，2002年4月，协会举行第三次、四次会员代表大会。2013年4月27日，协会召开成立20周年暨第五届会员代表大会，市诗词协会更名为市诗词楹联协会。

2015年，市诗词楹联协会编辑出版《娄底市纪念抗战胜利70周年诗词书法联展作品集》。2016年，组织纪念红军长征胜利80周年诗词征文比赛，收到参赛诗、词曲、楹联等作品1000多首（幅），20首（幅）作品获奖，获奖和入选诗词作品由市书法研究会、书法协会艺术家统一书写成书法作品，10月28—31日在娄底市艺术馆展出。2017年，举办“迎接党的十九大，纪念建市四十周年”诗词曲联竞赛活动，收到作品300多篇。是年，在深圳市举办的“寰球华人中国梦·深圳杯”第二届诗词大赛中，会员刘长明、刘跃辉、吴平、王在德、崔杏花5人获优秀奖。胡卫平、李建容、赵曼初、章长斌、胡建中、郭军民、徐龙、肖丰元8人作品入编优秀作品集。娄底市诗词楹联协会获优秀组织奖。2017年，市诗词楹联协会有会员909人，其中中华诗词学会会员115人，省诗词协会会员468人。市诗词楹联协会会刊《娄底诗词》编辑出版35期。219人次出版个人诗词专集。捐赠诗词楹联书法作品3.89万幅。涟源市、新化县先后获“中华诗词之乡”称号；古塘乡、伏口镇、龙塘镇，炉观镇、西河镇、孟公镇、荷叶镇、青树坪镇先后获全国“诗词之乡”称号。涟源市伏口镇中心学校、双峰三中先后被评为全省诗词教学先进单位。

三、市民间文艺家协会

2005年10月25日，市民间文艺家协会（简称民协）第一次代表大会召开，为市文联下属艺术创作团体。2007年9月，民协组织冷水江市傩戏代表队到北京参加中日文化交流会，在开幕式上表演。2010年4月，应邀组队到美国威斯康星大学进行傩艺表演，协助省社科院组织并参与海峡两岸宗教与梅山文化学术研讨会。2011年9月，会员李新吾与李魁应邀赴香港中文大学历史系作梅山文化专题讲座。2013年4月28日，第二次代表大会召开。2013年7月，举办“欢乐潇湘·幸福娄底·梅山之韵”专场群众文艺会演。2016年7月，举办中国（新化）首届梅山傩文化国际学术研讨会，特邀韩国、甘肃、贵州傩戏队与本土梅山傩戏交流演出。至2017年，有会员173人，其中，李新吾、曾迪、刘楚魁、李希特、曾有幸、刘日升、李晓容7人为中国民间文艺家协会会员，省民间文艺家协会会员35人。

第二节　文学创作

一、小说

1990—1998年，邹息云、童丛等6名作者创作出版小说（或小说集）8部。2000—2005年，张小牛、蔡白玉等15名作者创作出版小说（或小说集）17部。2006—2010年，蒋昌起、蔡金龙等13名作者创作出版小说（或小说集）16部。2011—2017年，梅国华、吕金辉、刘道云、阳剑、苏瑜、贺辉军等21名作者创作出版小说（或小说集）30部。1990—2017年，全市出版小说集（包括长篇小说）71部，发表短篇小说500余篇。

二、散文

1996—2000年，谭中华、安鹏翔、朱剑宇等14名作者创作出版散文集14部。2001—2010年，游宇明、安敏、童敢等23名作者创作出版散文集26部。其中游宇明散文集《不为繁华易素心——民国文人风骨》连续7次再版。1990—2017年，全市作家出版散文集57部。

三、诗歌

1991—2000年，龙红年、肖玲玲、廖志理等10名作者创作出版诗歌集12部。其中有1993年龙红年的诗集《有情月亮》，1998年杨舒翼（舒翼）的诗集《与昙花有约》，1999年姚作军的长诗《今夜星光灿烂》。

2002—2010年，廖志理、龙红年等15名作者创作出版诗歌集15部。其中有2002年廖志理的诗集《曙光的微尘》，何立新（海叶）的散文诗集《凝眸与倾听》。

2011—2017年，安敏、张晓鸿、蒋志武等15名作者创作出版诗歌集22部。其中有2012年张晓鸿（白红雪）的诗集《樱花的消息》。安敏的长诗《悬崖》。

1990—2017年，全市出版诗集（散文诗集）49部。一批作品先后在《诗刊》《星星诗刊》《诗选刊》《中国诗人》《诗歌报》等知名报刊上推出。

四、报告文学

1990—2017年，全市出版报告文学、纪实文学作品集20部。其代表作品有：1998年，李新吾的《戴高乐》；1999年，李育凡的《突围》；2003年，朱剑宇的《王憨山画传》；2005年，廖旭坤（九土）的《海啸》；2011年，曾祥彪的《爱心无悔》，左持的《历史上真实的曾国藩》；2013年，袁杰伟的《幸福娄底的100个故事》，邬迎中的《大地的琴弦》，李学良的《义举——记湖南和平解放》等。

五、寓言与儿童文学

1990—2017年，全市创作出版寓言与儿童文学作品集21部。刘凤出版寓言作品集《小乌鸦喝水》。吴礼鑫连续出版12部寓言作品集，多篇作品被数十家报刊转载。儿童文学作品有贺辉军的长篇科幻小说《喇叭耳朵孙唐》《孙悟空的儿子营救地球》，李恬伊的长篇童话《流淌的小溪》《凸凸巴历险记》，谢志明的长篇科幻小说《游星探秘记》。

六、网络文学

2007—2017年，全市发表网络文学作品48篇。比较有影响的网络文学作品有：刘丰（不信天上掉馅饼）的《刑警荣耀》《官家》《重生之衙内》；张振坤（西楼月）的《官道天骄》《官道红颜》《都市神级高手》；朱思奇（可大可小）的《一个天才的平凡人生》《重生1978》；刘成（打死都要钱）的《万道剑尊》《重生之我为神兽》，李世锦（江南活水）的《仕途天骄》《神术灵医》；彭伟宏（华晓鸥）的《带刀禁卫》等。

七、剧本

1990—2017年，娄底市戏剧、曲艺剧本作家有舒楠材、杨真一、陈力六、戴祖尧、杨小仆、陈希明、莫梓材、刘星亮、俞景珞等。舒楠材的《国史碑》、杨真一和陈力六的《十里湾》、戴祖尧的《篾匠闯兵营》、杨小仆、孙文辉的《村官是个堂客们》、陈希明的《陈天华》、莫梓材的《涟河的太阳》、刘星亮等的《热土忠魂》、俞景珞的《梅山峒蛮传》等作品大都搬上舞台，在全省或全国戏剧展演中获奖。杨小仆创作9部大型戏剧，参加全省或全国展演，近一半作品获得全省或全国大奖。孙文辉创作《村官是个堂客们》，获第八届中国映山红戏剧节剧本创作一等奖。曲艺作家有戴祖尧、吉运辉、李跃凡、安鹏翔、刘凡、刘泽民、蔡金龙（鹏程）等。戴祖尧的《关键一票》，吉运辉的《福老倌盼崽》，李跃凡的《擦皮鞋》，安鹏翔的《明天上级来人》，刘凡的《下棋》，刘泽民的《猜新娘》，鹏程的《贷款》等作品，在曲艺展演中获奖。戏剧论文创作作家有舒楠材、童晓阳、俞景珞、李德仁等。舒楠材的《抒情与冲突不可分割》，童晓阳的《强化戏曲导演的主体意识》，俞景珞的《论戏剧作品中的三角情结》，李德仁的《论马致远历史剧〈汉宫秋〉》等，在省级或全国戏剧论文征文中获奖。

八、文学评论

1990—2017年，全市出版文学评论作品集9部。其中成远镜创作出版《意境美学》《文学鉴赏》《生活美学》3部论文集。王少青出版论文集《毛泽东文艺思想研究》。

九、民间文化研究

2005—2017年，娄底民间文化研究者出版研究成果20篇，其中有李新吾的长篇论文《章惇“开梅”——北宋诗坛的千古奇案》，陈立群的《梅山文化考略》，刘铁峰的《论梅山宗教文化中巫觋崇信现象》，曾迪的《梅山傩戏〈和梅山〉》，陈代永的《龙山抽签求药治病土俗探察》，刘楚魁的《关于梅山祈子习俗的孕育环境、主要内容与扬弃》，钟新梅的《梅山民俗文化》，刘日升的《梅山民俗中的传统美德述略》，曾有幸的《龙山药王信仰初探》等相继发表或出版。

第三章　艺　术

第一节　美术书法

一、美术

（一）美术团体

娄底地区美术家协会　1982年12月娄底地区美术家协会（简称地区美协）成立，为地区文联下属艺术创作团体。1996年10月，地区美协第二次代表大会召开。2005年7月，娄底市美术家协会（简称市美协）第三次代表大会召开。2008年7月，市美协组织全市画家创作200多幅作品，参加省政府主办的“2008年艺术湖南·湖南省美术精品展”，58件作品入选并收入展览作品集，12件作品入选“2008年艺术湖南”“湖南省美术精品晋京展”。2009年，为庆祝中华人民共和国成立60周年，全市42幅作品入选文化部、中国文联、中国美协举办的第十一届全国美术展和湖南省庆祝中华人民共和国成立60周美术大展。2010年11月，市美协第四次代表大会召开。2015年11月，举办全国书画名家邀请展暨娄底美术馆开馆仪式、北京宋庄画家娄底采风创作展。2016年11月，市美协召开第五次代表大会。2017年12月，共有会员232人，其中中国美术家协会会员有邹传安、康移风、李鹏栖、龙建国、罗湘科、曹明求、邹垠华、袁又琦、蒋昌典、郭东生、周选桂、蔡维、刘蔚霞13人，省美术家协会会员126人。

娄底书画院　2013年9月成立，为市文联下属艺术创作展演团体。2014年4月6日，举办“天下梅山·袁又琦湘中山水写生展”。5月24日，举办“花开五月·王志坚作品展”。2015年1月25日，市首届书画艺术品交易会在娄底书画院展览馆举行。5月23—30日，举办“梦里家山·陈初生书法艺术展”。

（二）美术创作

中国画　1990年，工笔画家邹传安、曹明求、阳佑雄、张玉香、申朝辉等画家推出一批精品力作。1991年5月，地区艺术馆肖时俊国画作品《昭君怀乡图》《侗江水》，入选全省首届优秀美术书法作品赴新加坡展览。《昭君怀乡图》编入中国湖南赴新加坡美术书法作品展选集。1991年，肖时俊《丝绸古道》入选全国第一届当代中国山水画邀请展，编入《全国第一届当代中国山水画邀请展作品集》。1994年10月，李鹏栖《腊月》获全省“潇湘巨变画展”优秀作品奖，12月，作品《回水湾》获第八届全国美术作品展优秀作品奖。康移风、高成生、肖时俊、蒋昌典等画家作品入选全国美术作品展。1996年10月，肖时俊国画作品《苗家嫁女图》获湖南省“四风”美术摄影作品展银奖。2005年11月，市艺术馆肖艳峰国画《听香》获全省群众艺术馆文化馆（站）业务技能竞赛铜奖。2006年11月，肖艳峰工笔画《盛世清莲》获省第五届“三湘群星奖”优秀奖。李仕奇、李安琪、肖砚峰、宁小静等画家人物创作多次获全省全国、美展大奖。

2013年8月，工笔画家邹传安把自己几十年来精心创作的700余件作品，包括白描、色稿、写意和书法等，悉数捐赠给省博物馆。2014年12月，肖艳峰美术作品《哈尼姐妹》获全省群众艺术馆文化馆（站）业务技能竞赛二等奖，2017年10月，其美术作品《香影》获全省文化（群艺）馆站业务技能竞赛美术书法摄影类铜奖。山水画代表人物曾彩初、曾定安、李世新、傅端良、郭东生、肖玉源、李永深、刘中光、王武陵、刘剑锋等的作品多次入全国美展并获奖。写意画代表人物王憨山画作得到众多美术界权威人士好评。童和平、易元和、王雪樵、卿安和、聂之鸿、邹垠华、蔡维、刘蔚霞等人的写意画颇有成就。

版画　1990年，新化县袁又琦创作的《门前有棵树》获全国第十一届版画展三等奖。1991年7月，地区艺术馆李鹏栖作品《山乡农家》，获全省庆祝中国共产党成立70周年美术、摄影、书法展银奖，其作品多次入选全国美展并获奖，多次在日本、德国、美国等国家展出。1993年，李鹏栖版画《瑶山情思》获全国第八届群星奖入选奖。罗湘科版画作品多次入选全国美展，10多幅作品被中国美术馆、芬兰艺术学院等中外机构和收藏家收藏。匡亚林、刘湘如、袁佑琦、谢敏杰等艺术作品在各级美术展览中展出。2008年11月参加北京中国美术馆艺术——湖南省美术精品展。

油画　1990年始，境内相继涌现出一批较有成就的油画艺术家：龙建国，史浩、易台华、梁新盈、段学军、陈正泉、张治中、许金芝、杨竟成、刘宾来、陈楚波等。2001年5月，肖艳峰作品《远香》入选第一届“爱我中华”中国油画大展并赴台湾展览。2005年11月，获全省群众艺术馆文化馆（站）业务技能竞赛铜奖。2002—2009年，段学军、陈正泉、张治中、许金芝、杨竟成、刘宾来等画家作品参加全国画展。2010—2017年，龙建国作品《湘西河边的村庄》《娶亲》《荒野》《山寨》《农家》，相继入选全国美展或全国油画展，并多次获奖，多幅作品被国外艺术机构和国际友人收藏。

谢禹尧烙画——齐白石像（2017年摄）

烙画　市民间文艺家协会理事谢禹尧在板块上创作烙画外，还在薄薄宣纸上创作烙画。2002年，其烙画作品《清明上河图》（复制），被齐白石纪念馆收藏。2006年夏，中国《国际商报》邀请他在北京国贸大厦举办烙画展，许多画作被美国、德国、英国、法国等国际友人收藏。2014年，中国邮政总局批准印刷庆祝中华人民共和国成立65周年艺术大家邮册，他的烙画作品入选，印制成谢禹尧个人纪念邮册。2017年，中国邮政为庆祝党的十九大召开，再次印制艺术大家邮册，他的烙画作品又被选中，出版谢禹尧限量版珍藏册。他的许多画作被国内美术馆、博物馆、国际友人收藏。

剪纸　1995年，地区剪纸艺术纳入中国民间文艺。双峰县文化局李希特被吸收为中国民间艺术家协会（剪纸技艺）会员，并获联合国教科文组织和中国民间文艺家协会民间工艺美术家称号。2000年，获湖南省剪纸艺术大师称号。姜新民的作品获中国美术馆举办的中国剪纸世纪回顾展优秀奖。2001年，其作品《蓝印花布戏剧人像共读西厢》获中国民俗风情剪纸大展优秀奖。2004年，其作品《生肖图》获全国剪纸邀请赛金奖。2006年5月，剪纸艺术经国务院批准列入第一批国家级非物质文化遗产名录。姜新民作品《十二生肖》获2006年中国沈阳世界园艺博览会剪纸大赛铜奖，《虎兔龙鸡》系列作品获第二届国际剪纸艺术展优秀奖。2007年，其作品《头饰（火烙）》获省民间剪纸艺术展“太平盛世”奖，作品《民族图像》获第八届中国艺术节·第二届国际（武汉）剪纸艺术博览会剪纸大赛优秀奖。2008年8月，宁亚肖作品《舞狮娃娃》《玩风筝》获中国民间文艺家协会剪纸委员会迎奥运剪纸大赛铜奖。2009年10月，市美术馆举办李希特剪纸艺术展，展出作品100幅，编辑出版《李希特剪纸集》，全集作品120件。姜新民作品《古代战场搏斗图》获省第四届剪纸艺术展银奖。2010年，宁亚肖作品《踢毽娃娃》《抖空竹》获中国首届农民艺术节优秀奖，《湘中花瑶婚俗》获中华文化促进会剪纸委员会、山西省右玉县政府举办的“教场坪能源杯”婚俗剪纸大赛二等奖。2011年7月，其剪纸作品《赛龙舟》获2011年中国·桐庐国际剪纸艺术大展暨第四届“神州风韵”全国剪纸大赛金奖。2012年，宁亚肖作品《湘中风情·舞春牛》获山西省右玉县、山西省“非遗”保护中心、中华文化促进会剪纸艺术委员会中国年俗剪纸大赛二等奖。2013年5月，其作品《梅山“化狮”》获第四届“教场坪能源杯”中国年俗剪纸大赛铜奖。7月，省图书馆举办李希特剪纸艺术展，展出作品200幅，出版《李希特剪纸作品集》，收入剪纸作品300幅。2014年，姜新民作品《连升三级》获第五届“教场坪能源杯”中国戏曲剪纸大赛优秀奖，作品《人民爱唱东方红》获“我们的中国梦——大黄河·风情陕川”全国剪纸艺术大赛优秀奖。2015年6月，双峰县剪纸艺术家王开健作品《孺子可教》获第六届省工艺美术精品大赛铜奖，10月，携2件作品参加中韩剪纸艺术交流活动。姜新民作品《中华抗日名将烙像选集》，获省工艺美术精品博览会暨第六届省工艺美术精神大奖赛铜奖。2016始，市剪纸艺术家将剪纸艺术推向中小学校园。2017年，毛开健作品《八千湘女上天山》参加“剪荟吉祥·吉首大学剪纸展”，获优秀作品奖。

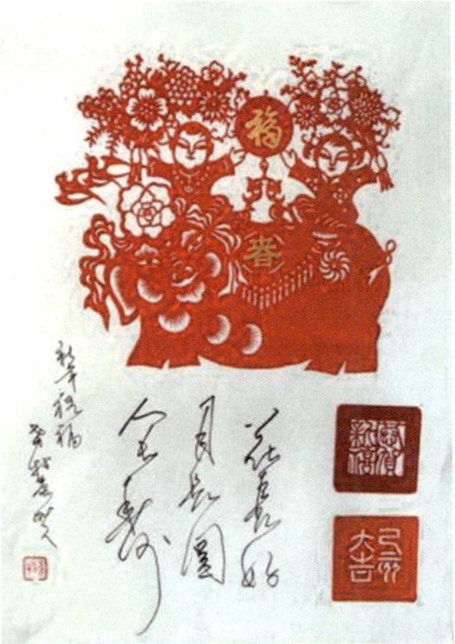

李希特剪纸——新年祝福

（2017年摄）

1990—2017年底，全市国画、油画、版画、烙画、剪纸等美术精品力作创作总数6万余幅。全市画家78人次在中国美术馆、中国美术协会举办画展100余次。9人次在湖南美术出版社、中央美术学院出版社等单位出版9册美术作品集。

二、书法

（一）书法团体

娄底市书法家协会　1986年，娄底地区书法家协会成立，为地区文联下属艺术创作团体。1996年10月，第二次代表大会召开。2001年7月，娄底市书法研究会成立。2005年7月，娄底市书法家协会（简称市书协）第三次代表大会召开。是年至2016年，先后邀请张旭光、吴东民、蔡祥麟、程风子、王岳川，张锡良、龙开胜等全国知名书法家、学者到娄底讲学，评点会员作品。2011年6月，与苏州市书法家协会联合，分别在娄底和苏州举办“娄底·苏州书法联展”。2011年7月23日，为庆祝娄底书法研究会成立10周年，市书协和市书法研究会联合举办“十载翰墨写春秋——娄底书法研究会成立十周年庆典”系列活动，推出艺术成果汇报展，出版《十周年纪念集》，36人、93件国展作品获表彰。2016年6月，市书协邀请中国书法家协会副主席、贵州省文联副主席、贵州省书法家协会主席包俊宜暨贵阳市书画文化艺术采风团到娄底开展文化考察交流活动。2017年，市书协有会员455人，其中魏华政、鄢福初、刘广文、刘建平、姜新初、罗华斌、刘命清、李哲、贺向阳、李西前、陆润生、周军、易俊、谭安辉、李建人、胡春香、贺子文、吴智勇、陈怀玉、吴亿清、苏桂长、刘翼军、肖斐斐、陈卫东、罗晖、曾宪良、廖吉林、曹明求、曾人骥、杨建杰、肖时明、曾峰、易志斌、黄聪、刘楚文、李魁、邹有松、曾文轩、席益存、罗铁坚、刘雄波、曾午生、冯高、万一群、肖正英、苏业超、刘光文、戴馥芳、颜友生、刘武彪、向英、黄华良、胡兵、戴吹龙、刘正勇、谢苗康、贺耿、毛旭春、邹德理、彭再生、吴红兵61人为中国书法家协会会员，省书法家协会会员268人。

娄底市积善书画研究院　2013年12月，市积善书画研究院成立，为市文联下属艺术创作展演团体，工作人员9名，特聘书画家50余人。至2017年，每年举行书画笔会3次以上，组织送春联下乡3次，举办书画讲座1次，书画培训10次以上，组织书画展览和交流学习10余次。

（二）书法创作

1990年始，娄底地区书法家协会多次开办书法创作研讨班，从北京请中国书法家协会名家上课，面对面指导会员创作。选送一批青年骨干，到北京等地著名书法培训中心学习，历练精兵，培养队伍，繁荣创作，催生精品。1998—2004年，娄底市书法家协会魏华政、李哲、罗华斌等20名会员33件作品入选国展。2005—2010年，陈怀玉、刘命清、易俊等43名会员53件作品入选国展。2011—2017年，曾宪良、姜新初、李建人、陈卫东等53名会员109件作品入选国展。28年间，全市在国家级书法艺术大展中作品入选5次以上的14人，入选国家书法作品展192件，出版书法作品集9部，其中鄢福初、魏华政、王芳泽、廖吉林等的作品集由出版社公开出版。

第二节　戏　剧

一、戏剧团体

1982年12月，地区戏剧家协会（简称剧协）成立，为地区文联下属艺术创作团体。1996年10月，第二次代表大会召开。2005年7月，第三次代表大会召开。2012年10月，第四次代表大会召开。2014年3—5月，组织戏剧曲艺节目下乡，连续演出16场。9月，市剧协主办，市京剧票友协会协办京剧票友演唱会，邀请湘潭、邵阳、永州、长沙、益阳同仁参与联谊。10月，参加市委宣传部和深圳市委宣传部举办的两地乡土文化交流会，花鼓戏《刘海砍樵》在深圳演出。2017年，有会员90人。其中，中国戏剧曲艺家协会会员有杨真一、黄海平、戴祖尧、童晓阳、苏惠娟、杨小仆、王均密、陈力六、鲁智云、罗庚华、寻剑霞、陈新民、姚垚、李泽远、李泽博15人，省戏剧曲艺家协会会员63人。

二、演出

（一）晋京演出

2010年4月22日，花鼓戏《花落花开》剧在中共中央党校大礼堂演出。中共中央组织部副部长、中央党史研究室主任欧阳淞等领导观看演出。

2016年7月，历史湘剧《烧车御史》晋京参加中宣部、文化部举办的全国基层院团戏曲会演。全国政协经济委员会主任周伯华、中共中央组织部副部长、中央党史研究室主任欧阳淞，原中央党校常务副校长李景田、中央党校副校长徐伟新以及中组部、中宣部有关领导，中央党校1000多名学员观看演出。

花鼓戏《花落花开》在中央党校演出
（2010年4月22日摄）

花鼓戏《村官是个堂客们》戏曲电影演出现场
（2003年摄）

（二）参加国家（片、区）会演

2003年4月，《村官是个堂客们》参加在河南省举办的中国第八届映山红民间艺术节会演，获艺术节金奖第一名。2005年，冷水江市文工团创作的大型现代花鼓戏《党员谢本辉》被选为全国农村党员干部现代远程教育教材。2008年，《村官是个堂客们》被潇湘电影集团拍摄成戏曲电影。2015年，新化县梅山文化演艺有限责任公司创作的剧本《组长扶贫》，获文化部2015年度戏曲剧本孵化计划扶持。2017年4月，市地域文化传承研究中心创作演出的现代花鼓戏《乡里乡亲》，参加全国优秀剧目展演，获市精神文明建设“五个一工程”一等奖、文学艺术奖戏剧类一等奖。

（三）参加省会演

1992年10月，涟源市湘剧院创作演出的大型传统湘剧《三打白骨精》，参加省首届“玉潭杯”振兴湘剧联演赛。11月，新化县文工团创作演出的历史题材花鼓戏《陈天华》，获省第四届戏剧节剧本奖。1993年8月，涟源市湘剧院创作演出的湘剧折子戏《盗仙草》，参加省戏曲演员电视大奖赛，获演出二等奖。1994年4月，市花鼓戏剧团创作演出的《翠竹青青》，获省新剧目会演优秀剧目奖。1994年7月，涟源市湘剧院创作演出的小品《逛市场》，参加省专业剧团小品会演，获演出三等奖。

1997年10月、涟源市湘剧院创作的新编现代湘剧《热土忠魂》，参加省专业剧团新剧目会演，获湖南省“五个一工程”奖和田汉新剧目奖。1998年10月，涟源市湘剧院创作演出的新编现代湘剧《刘湘玉》，参加省创作剧目会演，获97年度创作剧目百场演出奖。2000年6月，涟源市湘剧院创作演出新编现代湘剧《罗篾匠闯兵营》，参加省第三届新剧目会演，获省新剧目二等奖。2003年10月，娄底市花鼓戏剧团创作演出的现代花鼓戏《村官是个堂客们》，获首届湖南艺术节“田汉大奖”、湖南省“五个一工程”奖。2004年8月，市花鼓戏剧团创作排演的《租哭》获全省小戏、曲艺比赛金奖。2006年6月，涟源市湘剧院创作演出的新编现代湘剧《乡村吉尼斯》，参加第二届省艺术节获优秀剧目展演奖。2009年6月，市花鼓戏剧团创作的现代花鼓戏《花落花开》，获第三届湖南艺术节“田汉大奖”、省文学艺术奖。12月30日，在省委党校进行汇报演出，获省“第一届政府文学艺术奖”。2010年10月，涟源市湘剧院创作的湘剧折子戏《打金枝》《扫松》《打猎》，参加省优秀剧（节）展演活动，获表演奖3个。11月，涟源市湘剧院创作的小品《家和万事兴》和双峰县文工团创作的小品《生日》，参加省新农村文艺调演，获“丰收奖”。

2012年8月，市地域文化传承研究中心创作演出的现代花鼓戏《钢之魂》，获第4届湖南艺术节“田汉大奖”。2012年，涟源市湘剧传承保护中心创作演出的湘剧表演唱《百年经典永传承》，参加全省转企文艺院团改革成果汇报展演活动，获奖金10万元。2013年8月，涟源市湘剧传承保护中心创作演出的湘剧折子戏《拦马》，参加省中青年戏曲演员折子戏和新创小戏演出比赛，获2个表演三等奖。2014年6月，涟源市湘剧传承保护中心创作的大型传统湘剧《李三娘》，参加省首届湘剧票友大赛，获“优秀剧目展演奖”。12月，市花鼓戏剧团排演移植剧目《刘海砍樵》，赴深圳《乡土曲艺进深圳》文化交流演出。

2015年10月，涟源市湘剧传承保护中心创作演出新编历史题材湘剧《烧车御史》，获第五届湖南艺术节“田汉大奖”及编剧、导演、舞美、表演4项9个“田汉单项奖”，获省“廉政文化优秀作品一等奖”。2015年4月，市地域文化传承研究中心创作演出的现代花鼓戏《乡里乡亲》，获第五届湖南艺术节“新创剧目一等奖”。2017年10月，涟源市湘剧传承保护中心创作的新编历史题材湘剧《烧车御史》，参加第四届浏阳欧阳予倩艺术节暨2017年省基层院团优秀剧目展演。10月，冷水江市文工团创作梅山傩戏《穿·诀》，参加2017年“欢乐潇湘·全省文艺会演”，获银奖。

（四）全市会（调）演

1990年始，全地区戏剧会（调）演不定期举办。1992年1月，地区专业剧团传统小戏、折子戏大奖赛举办。4月，地区戏曲唱腔大奖赛举办。1993年1月，地区文化局举办地区元旦文艺会演。1995年7月，举办全市首届小品小戏会演。1997年6月，举办地区专业剧团新剧目展演。1998年10月，举办全地区创作剧目会演。2000年8月，全市举办专业剧团新剧目展演。2002年10月，全市举办新剧目会演。2004年6月，全市举办专业剧团青年演员戏曲会演。2005年4月，全市举办折子戏会演。2006年8月，全市举办专业剧团新剧目展演。2017年10月，举办全市优秀剧目进基层惠民巡演。1990—2017年，全市创作和演出大型戏曲剧36本（台），市戏剧曲艺家协会有《篾匠闯兵营》《村官是个堂客们》等30部优秀戏（曲）作品入选省（部）级会（调）演。

第三节　曲　艺

一、曲艺团体

（一）市音乐舞蹈家协会

1986年，地区音乐舞蹈家协会（简称音舞协）成立，为地区文联下属艺术创作团体。1996年10月、2005年7月，音舞协第二次、第三次代表大会召开。2012年12月，市音舞协与中国音协联合举办“那山那水那人——美丽娄底”全国原创歌曲大奖赛，征集词曲作品500余首。2014年8月，市文联、市音舞协主办，娄底小天鹅芭蕾舞蹈学校承办“全民健身·舞动星城”大型文艺晚会。11月，举办重点音乐作者讲习班，创作百余首词曲作品，30余首作品参赛“那山那水那人——美丽娄底”风光歌曲评比。2016年6月，市音舞协第四次代表大会召开。组织音乐舞蹈家送欢乐下乡，推荐作品参加全省全国的音乐舞蹈会演。2017年，有会员102人。其中，张贻灿、刘合庄、周赤峰、张英、聂晶、黄胜泉、陈征南、李杰、李黾、曾国盛、谢坚强、谭建光、熊伟宜、李大庆、周固坚、康晓丹、姚垚、梁曦亮18人为中国音乐舞蹈家协会会员，省音乐舞蹈家协会会员82人。

（二）市民族管弦乐学会

2016年8月，市民族管弦乐学会成立，为市文联下属艺术展示团体，有会员75人。2017年，开展学术讲学活动，先后举办系列民族乐器研修班5期，大型民乐音乐会8场。

（三）市金音合唱团

2017年9月，市金音合唱团成立，为市文联下属艺术展演团体，主办多场合唱演唱会。

二、曲艺创作

（一）歌曲

1990—2017年，娄底市歌曲作家有：刘合庄、李黾、谢坚强、彭建生、曾国盛、熊伟宜、谭建光、黄胜泉、谢惠林、段志东、李大庆、袁克勤、曾爱兵等。李黾的《故乡有座木板房》，谢坚强的《我的中华我的祖国》，彭建生的《晚归的牧童》，曾国盛的《我是一朵云》，熊伟宜的《我回来啦！妈妈》，谭建光的《梦里妈妈》，黄胜泉的《往事》，谢惠林的《祖国啊，亲爱的祖国》，段志东的《拉着中华妈妈的手》，李大庆的《祖国最美丽》，袁克勤的《团圆曲》，曾爱兵的《一起飞翔》等歌曲被广为传唱。刘合庄创作的《祖国啊，我永远热爱你》，被中宣部评为精神文明建设金奖，获共青团中央、文化部、广播电影电视部、中国音乐家协会等单位主办的第二届“当代青年喜爱的歌”评选活动一等奖。28年间，全市创作歌曲、歌词500多首。

（二）音乐舞蹈

1996年，刘合庄等创作的《拉着中华妈妈的手》经福建电视台录制选送，获1996年度中国音乐电视大赛金奖。1997年，该歌曲获省委宣传部1998年全省精神文明建设“五个一工程”优秀作品二等奖。2000年，舞蹈《冲刺》《守望桑田》，获中国第十届群星奖舞蹈比赛金奖。2003年，刘合庄创作歌词《我深深地爱着你》，获省文化厅第三届“三湘群星奖”金奖。刘合庄、肖思林创作歌词《团圆曲》，获第三届“三湘群星奖”银奖。同年，歌舞《拉着中华妈妈的手》《希望在中国》应邀参加中央综艺频道展播并在北京演出。2004年，刘合庄作曲的群舞《罂粟花》，获省文化厅主办的第4届“三湘群星奖”舞蹈比赛金奖，《荷塘童趣》获省文化厅举办的第四届“三湘蒲公英奖”金奖。2005年，刘合庄作词、朱文健作曲的《小黄鸭》，获省文化厅第五届“三湘蒲公英奖”赛金奖。2006年，刘合庄、周固坚主创的歌曲《和谐节奏》，获中央文明办、文化部第五届全国“四进社区”文艺展演铜奖。2007年，刘合庄作曲的《啄木鸟》，获省第九届精神文明建设“五个一工程”奖。2013年，新化县文化馆山歌对唱《呜哇峒》，获全国群众文化优秀节目惠民展演活动展演奖。2014年，市花鼓戏剧团及艺术学校学员创作、排演的音乐舞蹈节目，参加省第十二届运动会开幕式及第九届残运会开幕式。2015年，娄底选送的瑶族舞蹈《成人礼》，获全省第四届少数民族文艺调演金奖。新化山歌艺术节获第五届湖南艺术节项目类“三湘群星奖”。

第四节 摄 影

一、摄影艺术团体

1986年，地区摄影家协会（简称影协）成立，为地区文联下属艺术创作团体。1996年10月、2005年7月，影协第二次、第三次代表大会召开。2009年1月1日，“魅力娄底·风光风情摄影作品展览”在市博物馆开幕，展出120多幅摄影作品。9月30日，庆祝中华人民共和国成立60周年暨娄底撤地设市10周年摄影艺术作品展在娄星广场举行，全市158幅作品参展。2011年9月，娄底市第9届摄影作品展览举办，140幅作品参展。2013年7月，第四次代表大会召开。2014年3月，举办“美丽星城·文明娄底”摄影作品展，1000幅作品参展。2017年，全市有会员815人，其中李子林、刘宾来、李定中、刘九钢、简倜、袁平、刘时庄、严竹秋、刘卫梅、毛宗科、梅国华、李全华、陈明华、罗中山、刘再丽、梁永升、彭雪花、柳勇18人为中国摄影家协会会员，省摄影家协会会员175人。

二、摄影创作

1990年，全地区艺术（文化）馆配备摄影专干。1996年，地区艺术馆摄影专干宁亚肖作品《土家锦》入选湖南省“四风”美术摄影作品展览。涟源市文化馆姜新民作品《春游之歌》《夕照》获第二届全国群艺馆文化馆（站）摄影大赛“百人百幅展”三等奖，《童年纪事》《瑶乡色彩》获湖南省“四风”美术摄影作品展览三等奖。1997—2000年，全市文化系统摄影艺术者参加省文化厅专题展、省摄影家协会摄影艺术展览活动。2002年，涟源市文化馆作品《水乡·民居》。获全省第三届“三湘群星奖”铜奖；作品《水乡·民居》《古寺晨晖》《敦煌梦幻》分别获市精神文明建设“五个一工程”一等奖、二等奖、二等奖。2005年，市艺术馆宁亚肖摄影作品《春天的舞者》，获全省群众艺术馆、文化馆（站）业务人员技能竞赛优秀奖。2006年，姜新民作品《开心曲》获美术书法摄影作品“三湘群星奖”优秀奖。新化县水车镇文化站罗中山作品《丫古寨梯田》获国家“八达岭长城”中国风景名胜区摄影大赛三等奖。2007年，罗中山摄影集《紫鹊界》出版发行，内有作品110幅，中国国际美术出版社出版。姜新民作品《快乐的挖窑工》获“和谐湖南”湖南省美术、书法、摄影大赛奖。

2008年，市文化局组织全市摄影艺术工作者策划庆祝中华人民共和国成立60周年大型摄影展览活动，40人120幅作品参展。2009年，宁亚肖《昨天　今天　明天》、姜新民《昨天　今天》入选《中国摄影艺术年鉴（2009）》。罗中山《紫鹊界梯田风光之春》《出早工》入选省文化厅、省文联主办的2009年湖南艺术节书法美术摄影作品展览。姜新民《昨天　今天》获第十二届全国当代摄影艺术邀请赛艺术摄影类金奖，《阳光下的老花窗》入选《中国摄影艺术年鉴（2010）》，《延续的古代文明》获“盛世丹青·湖湘风采”2010年湖南艺术年展提名奖。2010年，罗中山作品《梅山板凳拳》《雪尽铅华》《冬日暖阳》《洒在丛林的阳光》《彩虹天堂》《冬天的旋律》，获“蚩尤故里·新化梅山”全国摄影大赛入选作品。

2011年，姜新民《刷新墙》入选《中国摄影艺术年鉴（2011）》，《快乐的挖窑工》获第十三届全国当代摄影艺术邀请赛人像摄影类银奖。罗中山《舞草龙》入围《蚩尤故里·新化梅山》全国摄影大赛；《紫鹊界之韵》获“聚焦两型建设 镜采锦绣潇湘”全国摄影大赛银质收藏。2012年，姜新民作品《作坊飘香》入选《中国摄影艺术年鉴（2012）》；《婚嫁之禧》组照获“神秘大湘西”全国摄影大赛优秀奖；《岁月留痕》获第四届湖南艺术节“潇湘神韵”书法摄影作品展、第七届“三湘群星奖”优秀奖；《珠梅故事会》获“中行杯”省非物质文化遗产摄影大赛入选作品奖。罗中山作品《绿色家园》入选腾讯QQ《中国画卷》。2013年，蔡颖异《紫鹊界一角》入选新疆维吾尔自治区举办的文化部“春雨工程”湖南省优秀美术书法摄影作品展。宁亚肖《织锦》获2013年省摄影创作研修班学员优秀作品展览三等奖，《收获的喜悦》获优秀奖。姜新民《留守家园》入选《中国摄影艺术年鉴（2013）》，《岁月留痕》获第十五届全国艺术摄影大赛艺术摄影类金奖。罗中山《梦幻紫鹊界》获省湿地水环境保护摄影大赛一等奖。2014年，姜新民《乡土印象》入选《中国摄影艺术年鉴（2014）》，《草原之夜》获第十六届全国艺术摄影大赛艺术摄影类银奖，《出海》入选2014年湖南省“中国梦”主题文艺创作优秀作品。

2015年，蔡颖异《紫鹊界绿满八卦冲》入选宁夏回族自治区举办的文化部“春雨工程”湖南省优秀书法美术摄影作品展。姜新民《南京……1937》入选“难以忘却”——湖南省纪念抗日战争胜利暨世界反法西斯战争胜利70周年美术书法摄影作品展，《夕照田园》获2015年第十七届全国艺术摄影大赛艺术摄影类铜奖。2016年，姜新民《大地在呼唤》获第十八届全国艺术摄影大赛艺术摄影类金奖。2017年，蔡颖异《荷塘探趣》获2017湖南省文化（群艺）馆（站）业务技能竞赛美术书法摄影类三等奖。姜新民《闪光的年华》获2017年第十九届全国艺术摄影大赛艺术摄影类铜奖。罗中山摄影集《云故乡—紫鹊界》摄影作品100幅，由南方出版社出版。至2017年，娄底较有成就的摄影艺术家还有刘九钢、刘时庄、李子林、简倜、李定中、杨暴默、黄义志、严伯霖等。他们拍摄的作品入选全省和全国摄影大展，其中《家园的故事》《高路入云端》《石林夕照》《初雪》《炽热的追求》《豆腐坊》《岁月》《凤凰风韵》获得较高的奖项。1990—2017年，市摄影家协会22人次、摄影艺术作品28幅入选文化部等省部级展览。

第五节 其他艺术

演讲艺术 2009年8月7日，市演讲艺术家协会成立，为娄底市文联下属艺术展示团体，有会员189人。9月，组织会员参加中国（湖南）红色旅游文化节主题活动演讲比赛，协会常务理事、副秘书长仇娟获二等奖。2010年12月，组织会员参加第七届全国中小学教师演讲比赛，协会常务理事王斌飞获二等奖。2014年3月，组织检察系统会员参加全省检察机关“争当最美女检察官”演讲比赛，协会常务理事颜雯获一等奖。2016年8月，组织会员参加全省新闻战线“好记者讲好故事”演讲比赛，协会常务理事黄黎明获一等奖。2017年，共有会员65人，其中省级会员31人。

奇石文化 2016年12月，市奇石文化交流协会成立，为市文联下属艺术展示交流团体，有会员236人。至2017年，组织开展奇石信息交流、咨询服务、产品开发、学术研讨、行业培训和科学普及等活动，主导打造市奇石文玩大市场，开办30多家门店，多次举办奇石文化交流活动，与全国各地奇石文化协会建立交流机制，推介娄底奇石资源。

艺术品收藏 2013年6月，市艺术收藏家协会成立，为娄底市文联下属艺术展示交流团体，有会员200人。至2017年，举办专业展览、文化交流、咨询服务、收藏知识讲座和学术研讨等活动，推动民间私人收藏社会化、民间收藏与国家收藏协调发展。

旗袍文化 2017年1月14日，市旗袍文化交流协会成立，为市文联下属艺术展示交流团体，有会员77人。7月，举办南国牡丹旗袍仙子选拔赛。

第四章 电影 图书

第一节 电 影

一、发行

1990—1993年，电影发行实行省、地、县、区（县派出机构）四级管理体制。1993年8月，地区文化局、财政局、物价局印发《娄底地区电影发行机制改革实施方案》，规定地、县（市）电影公司为电影发行专营机构。是年，将16毫米影片发行权下放给县（市）电影公司，所需节目拷贝由县（市）电影公司委托地区电影公司发行或自行购买。地区电影公司给县（市）电影院、影剧院、厂矿俱乐部，供应35毫米拷贝，一律采取承包经营形式。1999年7月，全地区城市电影发行实行院线制。由于歌舞厅、录像、电视、电脑等多种行业进入市场，传统电影发行体制在市场竞争中步履艰难，2002年传统发行停止。

二、放映

1990—1995年，电影放映为胶片电影。1996年，区内数字电影起步。1999年，市电影公司投资200万元对原电影放映大厅改造，2005年，再投资50万元进行改善。2008年3月，位于市中心城区商业步行街、全市第一家商业数字电影院——娄底市金典影院核准设立，影厅5个，座位774个。2009年，娄底湘中新农村数字电影院线公司成立，组建125支农村公益电影放映队。按照《湖南省农村公益数字电影放映管理实施细则》要求，全市每年每村每月放映一场数字公益电影。2009—2016年，年均完成农村公益电影放映3.92万场（次）。城镇广场固定放映点增至21个。每年5—10月，全市免费为城市低收入人群和进城务工人员放映公益数字电影2800场（次）。2017年，全市有影院21家，数字电影银幕126块。其中市中心城区10家，数字电影银幕69块；冷水江市2家，10块；涟源市3家，11块；双峰县4家，22块；新化县3家，14块。全市票房500万元以上影城2家，票房合计1894.72万元，占全市票房的35.8%，1000万~2000万元的城市影院1家，票房在500万~1000万元的影院1家。

第二节 图 书

一、图书馆

1990年，全地区有公共图书馆5个，从业人员65人，藏书45.24万册，阅览室座席955个，免费发放借书证6745个，图书流通17.05万人次。1997年，全地区公共图书馆藏书63.13万册，其中新化县图书馆16.51万册，冷水江市图书馆12.32万册，涟源市图书馆11.61万册，双峰县图书馆10.72万册，娄底市图书馆12万册。馆舍总面积1.34万平方米，书架总长2.19万米，阅览室座席1650个，少儿座席359个。双峰县图书馆为一级图书馆。其余4个县（市）馆均为二级。涟源市图书馆设立“爱心书屋”分馆。1999年1月，由谭谈倡导、巴金题写馆名的“爱心书屋”，于涟源市白马镇田心村建成并向社会开放。书屋由当地政府划拨土地0.33公顷，建筑面积740平方米，投资40万元。全国30个省（市、自治区）5000多名作家为书屋捐书4万册。作家爱心书屋有工作人员4名，办理借书证1000多个。是年8月3日，中共中央宣传部授予中国作家协会南方农村文学创作生活基地。省文联授予湖南文艺家乡村生活基地。2004年，全市有公共图书馆5个，图书馆房屋建筑面积1.6万平方米，阅览室座席1070个，从业人员102人，总藏书73.7万册，发放借书证1600个，藏书流通52.66万人次，图书流通31.1万册次。26个乡镇图书馆，藏书总量71万册。2005—2010年，各公共图书馆发放科技资料4.4万册（份）、宣传单6万份，悬挂标语360条。

2010年，在第五次全国公共图书馆评估定级中，双峰县图书馆、冷水江市图书馆、涟源市图书馆被确定为一级图书馆。2011年，全市有公共图书馆6个，图书馆建筑面积2.04万平方米，阅览室座席1320个，从业人员92人，藏书87.8万册，发放借书证1.54万个，图书流通68.83万人次、55.49万册次。2014—2016年，娄底市公共图书馆启动总分馆制试点，以双峰县图书馆为试点单位。涟源市图书馆新增分馆面积650平方米，发挥众多著名作家签名的图书资源优势，扩大社会影响力。冷水江市图书馆提高电子文献入藏比例，注重地方文献收集整理，建立本土作家谢冰莹作品、百年锑都、梅山文化等馆藏书目，所藏书目数字化90%。建社区分馆2个，流动服务点13个，馆外服务点23个。双峰县图书馆投资20余万元，建有多媒体演示厅，6个分馆，1个24小时自助图书馆。涟源市图书馆、冷水江市图书馆启用超星电子图书数据库。新化县利用社会力量建设泉蒙社区图书馆，建立数字文化网和图书馆门户网站、移动图书馆，开通微信公众平台，定期推介阅读服务，建成文化信息资源共享工程县级中心。全市城区各幼儿园“亲子阅读示范基地”全覆盖。

2016—2017年，全市投入图书馆建设资金1000万元。2017年，全国第六次公共图书馆评估定级，双峰县图书馆、涟源市图书馆、冷水江市图书馆被评定为一级馆，新化县图书馆被评定为二级馆，娄星区图书馆被评定为三级馆。是年，全市有公共图书馆6个，阅览室座席1466个，计算机211台，电子阅览终端150台。从业人员86人，藏书105.3万册（其中电子图书7.5万册），发放借书证3.36万个，图书流通82.6万人次、62万册次。

二、图书发行

1990年，地区新华书店归属地区文化局管理，下设6个科室和涟钢、沿河街、街心3个直属门市部。下辖涟源、新化、冷水江、双峰4县（市）分店，在职职工196人，其中地区店52人。全地区自办发行网点10个，其中地区店4个。在供销合作社和商业部门设发行网点407个，其中地区店80个。1991年1月，地区新华书店增设教材科。

1992年，全地区图书销售2910.57万元，其中新化、涟源两店销售分别为763万元和737万元，分别居全省县级店第一名和第二名。1993年7月，地区新华书店获批音像发行业务。12月，地区新华书店增设监察室，县（市）店配兼职监察员。是年，涟源市新华书店筹集资金200万元，在蓝田人民路兴建图书发行基地。1994年1月，地区新华书店实行内部经营承包。1996年6月，地区新华书店实行全员劳动合同制。年底，撤销原有销售科，中心门市部、沿河街、涟钢3个门市部由经理室直管。10月，新化县成立读者协会。

1998年，地区新华书店系统图书销售首次突破亿元大关，年销售总额为1.02亿元。是年4月，地区新华文化艺术用品商场开业。10月，地区新华书店增设多种经营科。1999年9月，市新华书店开展服务“三农”活动，举办农村集镇书市34场，接待读者4万人次，售书2.23万册，扶持建立农村图书室5个。

2004年8月，新化县新华书店分店将原中心门市部改造整合为“梅山图书城”，营业面积由原来的700多平方米扩大到1500多平方米，图书品种由2万多种增加到3万多种。12月，涟源市新华书店分店蓝田门市部营业面积由原来的259平方米扩大到870平方米。2007年，市新华书店与市供销社达成合作关系，联合推进“新网工程”服务新农村建设。建成双峰县青树坪镇门市店、涟源市杨市镇余家井门市店、涟源市桥头河镇门市店、新化县洋溪镇横马路门市店、新化县孟公镇门市店5个优质农村书店网点。2007年12月31日，市新华书店注销独立法人资格由省新华书店承接。省新华书店改为独资的湖南省新华书店有限公司，市新华书店变更为省新华书店下属分公司，并纳入中南传媒整体上市。

2010年，市新闻出版局为全市347个农家书屋网点补充图书采购发标，市新华书店公司中标，配送图书1.6万册，销售收入36万元。2011年8月，新华数码体验馆开业。11月，在娄星广场承办第三届“三湘读书月”活动。2012年5月，市新华书店在娄底三中体育馆主办“秦文君签名售书”活动，销售图书码洋近4万元。2015年，参与新建村级阅读室280余家，销售超1000万元。参与合格学校建设，实现图书和配套设备招标销售1200万元。2016年3月，在市图书馆前坪举办“赏樱花美　阅书卷香”新华书店悦读吧活动。全国著名儿童文学作家汤素兰作“阅读点亮童年”讲座并签名售书。

2016年，全市建设校园书店6家。2017年6月，全市第一家校园书店——娄底一中校园书店开业。8月，市新华书店就违规征订教辅材料整治举行媒体见面会，13家省级媒体和市直媒体参会。9—12月，帮建3家城市学校校园书店开业。是年，建设机关阅览室10多家，扶贫学校（村组）阅览室50多家。图书销售收入260多万元。举办首届创新作文大赛。全市13万学生参赛。2017年底，娄底分公司包括娄底市店、涟源市、冷水江市、新化县、双峰县4个县级分公司。市公司内设总经理室、综合管理部、资产财务部、人力资源部、后勤服务部、监察审计部、党群工作部、招投标部、大宗业务部、教材发行公司、连锁经营管理中心、信息技术部、图书城13个部门。有员工450人，其中市公司在职员工106人。

1990—2017年娄底市新华书店销售情况表

表64-1　　单位:万元

年　份	总销售码洋	年　份	总销售码洋	年　份	总销售码洋	年　份	总销售码洋
1990	2290	1997	8400	2004	8004	2011	8260
1991	3438	1998	9133	2005	8408	2012	8030
1992	3911	1999	9700	2006	8000	2013	8108
1993	3835	2000	11654	2007	8600	2014	8600
1994	4262	2001	12300	2008	9020	2015	8200
1995	6504	2002	13600	2009	8980	2016	7939
1996	8062	2003	9833	2010	8604	2017	7852

三、公益活动

1995年，新化县新华书店为贫困山区万村书库工程捐书1200多册，码洋3700元，现金1000元。地区新华书店为农村送书3.19万册，为学校厂矿送书12.55万册。涟源市新华书店为看守所犯人捐书299册，计770元，向希望工程捐书325册，计1356元，为方八村保幼园赠书420册，计1201元。1997年，新化县新华书店在团县委举办的希望工程捐助活动中，为14名贫困儿童赠书148册。地区新华书店将800多册政治、科技图书送到涟源安平镇农民手中。1998年5月，地区新华书店在冷水江市托山乡送书下乡，送书价值2000多元。1999年9月，扶持建立农村图书室5个，捐赠图书1700多册，价值2.6万元。2001年，新化县新华书店捐献资金2.49万元，扶持10个科技示范户和3个养殖种植专业户。双峰县新华书店为扶贫点杏子镇聚珍村修水渠200多米，种植果树650株。2006年5月，组织《山洪地质灾害应急常识》挂图赠送下乡活动。2007年6月，市公司开展“百万图书进农家”活动，向农村图书室捐赠图书1000多册，向市老龄委捐赠图书100多册。2007年9月，在娄底八中举行“情系湘中学子服务教育强市战略”捐赠仪式，捐赠4000台“新华牌”数码复读机。2009年11月，省第一届“三湘读书月”活动在娄底启动。市公司捐赠图书、俱乐部会员卡8000多元。2011年11月，市新华书店承办第三届“三湘读书月”活动，倡导全民阅读，推动文化大发展大繁荣，共建幸福娄底。2015年9月，省新华书店有限责任公司为新化县琅塘镇龙通中学图书室捐赠价值5万元的图书。

2015年12月，市政府举办创建全国文明城市暨倡导全民阅读提升文明素养万人签名活动，市公司承办“爱心无限、共享阅读”关爱村级小学公益活动图书接交仪式，帮扶建设村级图书室157所。2016

年8月，全市全民阅读主题活动在娄星广场启动。市新华书店公司向涟源市斗笠山镇黄港小学捐赠4万元图书和书架。12月，承办2016年首届省青少年国学大赛娄底复赛，市直和各县（市、区）7支代表队35名学生参赛。2017年4月，市公司承办"大咖思享会"，特邀著名作者，诗人，2015中国成语大会总冠军、2016年《中国诗词大会》第二季四期擂主、总决赛亚军彭敏，湘鄂赣最美读书人、省绿草地全民阅读推广大使易春花，作文教育专家、麓山妙笔作文创始人李卓，到娄底与广大师生分享读书的快乐。2017年4月，市公司承办湖南创文大赛娄底赛区决赛，参赛3300人。5月，市委、市政府主办，市公司协办"2017年书香娄底"全民阅读活动启动仪式暨全省创新作文大赛。

第五章　文　物

第一节　管理机构

一、市级文物保护管理机构

1990年，地区设立文物工作队。1991年，地区文物工作队更名为地区文物管理办公室，为地区文化局正科级内设机构，编制3人。1995年，地区文物管理处设立，加挂地区博物馆牌子，编制6人。2000年，市文物管理处升格为副处级单位，编制未变，内设综合科、业务科。2002年，市文物管理处参照公务员管理。2017年，有职工7人。

二、娄底市博物馆

1993年，地区博物馆大楼兴建，1995年竣工。1995年8月，娄底地区博物馆设立，为正科级全民事业单位。与市文物管理处合署办公。2006年3月，市博物馆与市文物管理处分设。2016年3月，市博物馆搬迁新馆，设有陈列展览区、中心文物库房区、观众服务区、宣传教育区、办公区等。2016—2017年，市博物馆举办社会服务活动与专题陈列活动，开展博大讲堂、流动博物馆、青少年"第二课堂"等社会服务活动，举办公益讲座、公益展览等活动，免费向社会公众开放。

三、县级文物保护管理机构

1990—2007年，境内有双峰县蔡和森纪念馆、新化县罗盛教纪念馆2个文物保护单位，编制分别为5人、6人。2017年，有双峰县蔡和森纪念馆、新化县罗盛教纪念馆、娄星区博物馆、曾国藩故居管理处、楚怡高级工业学校新化旧址保护管理所5个文物保护管理机构。

第二节　文物保护单位

一、全国重点文物保护单位（4处）

曾国藩故居　2006年，国务院公布双峰县荷叶镇富托村鳌鱼山下的曾国藩故居"乡间侯府"富厚堂为第六批全国重点文物保护单位。曾国藩故居始建于清同治四年（1865），占地面积4万余平方米，建筑面积9202.86平方米，为土石砖木结构，回廊式风格，辟有八本堂、求厥斋、归朴斋，艺芳馆、思云馆、八宝台、凫藻轩、棋亭、藏书楼等建筑，是中国现今保存完整的乡间候府。

红二军团长征司令部旧址　2013年，国务院公布新化县奉家镇上团村红二军团长征司令部旧址为第七批全国重点文物保护单位。旧址建于民国初年，为四合大宅院，坐北朝南，砖木结构，建筑面积5680平方米，有房屋70余间。1935年12月12日，贺龙、任弼时、关向应率中国工农红军第二军团长征战略转移进入新化县奉家镇休整，军团司令部设此。

蔡和森、蔡畅故居　2013年，国务院公布双峰县井字镇蔡和森、蔡畅故居光甲堂为第七批全国重点文物保护单位。清光绪二十五年（1899），蔡和森、蔡畅的父亲蔡蓉峰、母亲葛健豪带着蔡和森从上海回到双峰，买下光甲堂定居。光甲堂是一栋1纵3横的平房，呈“凹”字形，俗称“一担柴”式。土木结构，硬山顶小青瓦，占地面积650平方米，建筑面积500余平方米。

新化县北塔　2013年，国务院确定新化县城北塔为第七批全国重点文物保护单位。北塔位于新化县城关西北资水之滨。清嘉庆十五年（1810）秋始修，道光十四年（1834）冬建成。北塔为楼阁式砖式塔，七层八扇，高44米。台基周围绕石栏，雕刻唐时十八学士像。塔身用青砖砌成，每层有短檐翘角，结构复杂，装饰典雅，并嵌入石舫，龙头鱼尾造型，刻镂玲珑，各层均绘彩色壁画。登台阶492级至塔顶。

二、省级文物保护单位（21处）

1993年，省政府公布新化县松山乡桐枝村罗盛教纪念馆为省级文物保护单位。故居占地1030平方米，建筑面积400平方米。2002年，省政府公布冷水江市锡矿山办事处飞水岩羊牯岭碉楼（大矿主段楚贤1932年所建，砖木结构），新化县连接田坪镇与温塘镇的龙潭桥（建于1858年）为省级文物保护单位。2006年5月，省政府公布新化县洋溪镇洋溪文昌阁（位于东500米洋溪河畔，1786年始建，1880年建成，为六角盔顶，砖、石、木结构，建筑面积300平方米），水车镇上溪村杨氏宗祠（建于1773年，占地1368平方米，建筑面积2166平方米，为中央天井四合院式砖石木结构建筑）为省级文物保护单位。

2011年，省政府公布冷水江市三尖镇六房院（清代富商邹兴序之子邹隆平建于1880—1885年，占地2700平方米，砖木结构）、铎山镇龙潭村谢冰莹故居（故居有守园和花灼堂两栋，其中守园建于1861年，为谢冰莹父亲谢玉芝所建，砖木结构；花灼堂是谢冰莹的出生地，是其先祖谢上杏所修建），锡矿山街道办事处联盟居委会世界锑都锡矿山矿冶遗址（始建于1897年）为省级文物保护单位。公布双峰县荷叶镇长塘村李家组葛氏宗祠（始修于1805年），三塘铺镇东合村柏荫堂（中国茶业一代名商戴海鲲于1934年修建，总建筑面积5650平方米），荷叶镇万宜堂（建于清同治年间，是曾国藩大弟曾国潢的故居，占地2万多平方米，建筑6800多平方米），甘棠镇香花村朱家大院（朱雁峰和朱膺锡两兄弟及其子女于清朝咸丰年间至民国初年修建，建筑面积8.4万平方米），三塘铺镇体仁堂（著名的红茶商人刘麟郊故居，占地面积2000平方米）为省级文物保护单位。公布涟源市杨市镇彭氏宗祠，建于清乾隆年间（1736—1795），建筑面积2370.4平方米，三甲乡铜盆村世业堂（占地6476平方米，大小房屋近200间），杨市镇、荷塘镇湘军名将故居群（每栋房屋占地1万平方米以上），金石镇乐恺堂（1678年谢绍芳修建，现存面积4000多平方米），龙塘镇南风管理区新石桥村李聚奎将军故居（建于1885年，砖木结构，占地300多平方米，建筑面积270平方米），三甲乡红旗居民点（建于1958年，为原涟源县红旗公社率先建设社会主义新农村的居民住宅示范点，占地约6500平方米），蓝田办事处光明山社区谭家花屋（建于清末，砖木结构）为省级文物保护单位。公布娄星区双江乡贺国中将军故居（占地面积211平方米，部分房屋为清宣统年间所建，部分为民国时期扩建）为省级文物保护单位。

三、市级文物保护单位（8处）

2003年，市政府公布市级文物保护单位：涟源市石马山镇长车村新车桥。始建时间不详，1856年重修。新化县大熊山西泉寺古墓群。建于明成化元年（1465）至民国6年（1917）之间，现存有西泉寺26代法师及和尚的大小墓葬25座，占地300平方米。2013年，市政府公布市级文物保护单位：涟源市杨市镇复兴街胜梅桥（杨滩桥）。建于清康熙年间。新化县维山乡四都村四都贞节牌坊。建于清嘉庆二年（1797），额刻“圣旨”，下刻“诰封荣禄大夫吴文凤妻贞节坊”，由嘉庆皇帝赐建，是一处典型的清代牌坊建筑。新化县文田镇新屋场村罗氏宗祠。建于清顺治二年（1645），占地2713平方米，建筑面积1852平方米。双峰县杏子铺镇光景组境内的涟水河畔水府庙（水仙宫）。建于明万历年间（1573—1620）。冷水江市中连乡福元村李氏宗祠。光绪二十六年（1900）始建，光绪二十七年（1901）落成，占地面积700平方米。2016年，市政府公布市级文物保护单位：新化县游家镇永安村楚怡高级工业学校新化旧址。该旧址是新化籍著名教育家陈润霖先生创办的一所民办职业学校，中南大学、华中科技大学等高校部分理工学院前身。1938年长沙会战爆发前夕，学校搬迁到现旧址所在地，1946年后迁回长沙，现旧址占地约0.87公顷。

四、县（市、区）级文物保护单位（13处）

涟源市　1989年，市政府公布安平镇白毛村吴永扬墓为县级文物保护单位。该墓修建于明正德十六年（1521），占地1887平方米。1995年，市政府公布蓝田办事处民光社区水晶阁为县级文物保护单位。该阁始建于康熙年间，修复于同治年间，为亭阁式建筑，砖木结构，占地320平方米。

新化县　1994年，县政府公布洋溪镇龙潭村龙潭湾死难军民合葬墓为县级文物保护单位。1945年4月9日至5月24日，日本侵略军在新化县洋溪境内屠杀军民3491人，将其集体掩埋。墓坑占地20平方米。是年，县政府公布上渡街道农丰村狮子山公园内抗敌伤亡荣誉将士公墓为县级文物保护单位。1945年，国民党部分抗日受伤官兵1000人因伤势较重，转至新化军政部四六后方医院医治无效身亡，安葬在伤兵山（原新化刀片厂）。1946年当地政府立碑纪念，并建有纪念亭一座，铭刻“抗敌伤亡荣誉将士公墓”。2008年，迁至狮子山公园，改名抗日英烈陵园，占地200平方米。2006年，县政府公布毛田谭家山谭人凤墓为县级文物保护单位。2009年，县政府公布曹家镇梓木冲邓显鹤手书摩崖石刻为县级文物保护单位。邓显鹤晚年在故里附近两处山岗岩石上镌刻的“桂庄”“招隐”“栖真”等石刻。2015年，县政府公布奉家镇下团村民居村落为县级文物保护单位。1935年12月，贺龙、任弼时领导的中国工农红军红二军团在长征途中路经此地临时驻扎，其中一个团驻扎在现今的上团村，一个团驻扎在下团村。

双峰县　1988年和1994年，县政府先后两次公布石牛乡湾洲村罗泽南墓为县级文物保护单位。该墓修建于清咸丰六年（1856），占地20平方米。县政府先后两次公布铃山乡冯子振墓为县级文物保护单位。该墓修建于元朝，汉白玉墓碑，阴刻楷书，载墓主姓名，占地100平方米。1994年，县政府公布井字镇黄巢村云溪寺开坛和尚石塔墓为县级文物保护单位。该墓修建于南北朝萧梁时期（502—557）。现遗址上仅存一塔。2002年，县政府公布荷叶镇曾竞希墓为县级文物保护单位。该墓修建于清嘉庆年间，占地20平方米。

冷水江市　1994年6月，市政府公布禾青镇湍江村蓝氏墓群为县级文物保护单位。墓群修建于清光绪二十三年（1897），为太学生蓝世孟父亲、母亲合葬墓，占地400平方米。2004年，市政府公布沙塘湾街道新民村柳溪桥为市级文物保护单位。该桥建于明朝，清乾隆年间复修。

五、不可移动文物点（3处）

2012年，第三次全国不可移动文物普查后，市政府公布涟源市伏口镇林家村青石古道为不可移动文物点。该古道始修于明代万历年间，东起林家村，经鸟嘴崖、半排山婉转往北。公布涟源市荷塘镇古今村瓦屋组窑址为不可移动文物点。窑址始建于宋代，占地1平方千米。公布涟源市湄江镇王江村仝五山墓群为不可移动文物点。仝五山墓群由五座清代古墓组成。

第三节　考古发掘

1995年5月，地区文物处在双峰县三塘铺镇发现1处已遭破坏的西汉时期古墓群。省、地有关部门拨出专款，地区文物处对该古墓群抢救性发掘，共发掘清理古墓11座。其中，西汉墓3座，东汉墓8座。出土文物77件，其中青铜器8件（青铜鍪、青铜矛、铜印章、铜戒指、带钩、铜铃、铜泡、铜弩机各1件），铁器9件，滑石壁1件，陶器和其他文物59件。8月9日，娄底市西阳乡（今娄底经开区）南阳村泉塘组村民在制砖取土时，挖出1座东汉时期砖室结构古墓葬。地区文物处接报后及时进行抢救发掘，共出土陶器罐、钵、灶、鼎、井、瓮、碟等18件。11月，双峰县走马街机砖厂施工时发现一处东汉时期古墓群。经地区文物处与双峰县文管所抢救性发掘古墓葬6座，出土陶罐、陶瓶、陶鸟首、铁削刀、铜五珠等文物31件。1996年6月，双峰县文物管理所在该县荷叶乡在马村新塘组进行文物调查勘探时，发现1处新石器时代晚期古文化遗址，采集到石斧、石矛、古箭镞、石弹和部分陶片等文物。11月，地区文物管理处考古专业技术人员到现场进一步调查、钻探和考证，根据其文化层堆积中出土文物的特征、质地进行分析，证明该遗址为一处新石器时代晚期（龙山时期）文化遗址，距今约4000余年，总面积约750平方米。新石器时代文化遗址在辖区内属首次发现，且范围明确，文化层清楚。

2006年4—7月，新化县文物局在维山乡水口村发现1座古墓并对其进行清理。该墓为砖石墓，长4.1米，宽1.5米，封土层厚0.6米，墓口径0.65米，墓室内高1.1米。墓基四周用条石砌有80厘米的墙体，在其上部用长31厘米，宽17厘米，厚5~7厘米的异型砖，券拱3层。砖的质料是用石灰加糯米饭捣匀做成的，粉末细腻。墓内壁两侧为矿物质丹青颜料绘制的，共有26铺（龛）。墓室两侧各有壁龛12个，龛高21厘米，宽18厘米，上部为一弧钱，龛深仅1厘米，12个壁龛在3米长的墓壁上均匀分布。墓室的西端同样分两层，上层正中亦有一壁龛，宽38厘米，高32厘米，龛深15厘米，上部亦呈弧线形。墓室壁画，端壁，正中为壁龛，壁画已被破坏，右上方裤、履均较清楚，中间的人物的衣纹清晰。该墓被整体迁至长沙市湖南大学岳麓书院保存。

2014年10月，娄星区万宝镇群益村道路施工现场发现1座古墓。古墓长约4米，高和宽各约1.5米。墓门为大石板，古墓墙体有色彩鲜艳的马车、人物绘画，左右对称。墓盖为八卦图，墓头为坐佛头像。这是娄底市辖区内第一次发现古墓里面墙体有色彩鲜艳的马车、人物绘画。该墓壁画由湖南省考古研究所保存。

第四节 馆藏文物

一、国家一级馆藏文物（11件）

玉壶春银瓶1件，银质，高34厘米，口径7.4厘米，底径9.4厘米，重592.5克。盛水器具1件，为元代（1340）制。

重瓣牡丹花纹银盏托1件，银质，口径17.5厘米，底径11厘米，底孔径3.5厘米，重104.7克。

家用盛储器皿2件，元代（1340）制。六瓣花口梅花祥云托月纹银盘，银质，盘高0.7厘米，口径为17厘米，重118.8克。莲瓣纹银杯，银质，杯高6.2厘米，口径11.6厘米，底径5.2厘米，重80克。

酒器5件，元代（1340）制。葵瓣形银杯，银质，杯高5.5厘米，口径8.9厘米，底径4.7厘米，重88.9克。菊瓣形回纹银杯，银质，杯口径8.9厘米，底径3.9厘米，高4.8厘米，重67.4克。龙手柄银杯，银质，杯口径7.6厘米，高4厘米，底径4.3厘米，耳长2.6厘米，重44.4克。行旅图银钗，银质，长14.5厘米，钗头部分直径3厘米，重27.7克。银匜，银质，高5.7厘米、最大口径16.7厘米，底径11厘米，重198.7克。

饰品1件，元代至元六年（1340）制。

云纹铜号鸟卣1件，商代制。1986年1月4日，双峰县金田乡月龙村出土，铜质，高23厘米，长径20厘米，短径17厘米，系浇铸而成。1987年，经省博物馆专家修复，器形完整。

镂空草虫犀角杯1件，明代末制。1952年涟源市财政局移交，骨质，最大口径13.3厘米，最大底径5.5厘米，通高6.8厘米，重236.4克。

二、国家二级馆藏文物

全市馆藏国家二级文物71件（套）。西汉铺首衔环铜壶，侈口，长颈、鼓腹、高圈足，无盖，肩部两侧饰铺首衔环，口部有领圈，腹部和胫部各有一道微凸起的宽带瓦纹，壶器形较大，质地厚实，保存完整。具有典型的汉代风格。战国双钮青铜矛，矛脊粗，两叶较薄，叶、脊间分界明显，两刃较直，尖锋、长刺，叶底钝转角，圆形多棱銎，中空透至中腰，銎两侧各有一钮，钮中有孔，钮前各有一小钉，銎口内径1.7厘米，外径为2.4厘米，刺长15.5厘米。该矛保存完整，反映先秦时期楚国青铜矛的铸造水平。成仿吾《再见吧！瑞金》手稿，为白底红格16开稿纸，共8页，用蓝色钢笔墨水书写，有修改、粘贴多处，为成仿吾著《长征回忆录》中的第一部分。

三、国家三级及以下馆藏文物

全市馆藏国家三级及以下馆藏文物共450件（套），一般文物7960件（套）。

第六章　非物质文化遗产

第一节　国家级非物质文化遗产

新化山歌　是瑶族、苗族、汉族等多民族文化融合的产物，是劳动人民在长期劳动生活中创造的艺术结晶。2008年，获评国家非物质文化遗产代表性项目。幸红卫、伍芬邓被授予省级第三、第四批传承人，陈福云（女）、邹荣先被授予市级第一、第二批传承人。

梅山傩戏　涉及远古神话、先人生活、农耕生产，多用于祈福驱邪消灾。唱腔古朴、高亢，大多为民间小调，语言风趣幽默，方言、对话、道白、唱念、做打结合，掺杂着童谣、俗语、谚语等，内容通俗易懂。2010年，获评国家非物质文化遗产代表性项目。苏立文被授予国家级传承人，张放初被授予市级传承人。

梅山武术　发源于古梅山地区，是当今中国传统武术流派中历史悠久，并能很好地保留古传武术功法与技击精髓的优秀拳种。清末至民国初，游世命所编撰《梅山拳谱》传世，相继出现伍再先、廖满山、陈渭南、晏西征等武术名家。2014年，该项目获评国家非物质文化遗产代表性项目。晏西征被授予国家级传承人，陈益球被授予省级传承人，陈武、周佐清、陈雄志、陆辉被授予市级第二至第四批传承人。

抬阁（珠梅抬故事）　源于明代，是斋醮的组成部分。内容大多是宣扬忠、孝、仁、义、信等美德。2014年，获评国家非物质文化遗产保护性项目。刘齐跃被授予国家级传承人，刘如松被授予省级传承人。刘仓生、刘龙跃、刘正业被授予市级传承人。

第二节　省级非物质文化遗产

花鼓戏（长沙花鼓戏）　以长沙官话为舞台语言，在地方花鼓的基础上发展而来。娄底市花鼓戏剧团创建后，专门从事花鼓戏的教学、创作和演出，先后创排《村官是个堂客们》《钢之魂》《花落花开》《这方乐土》等大型剧目。2012年，获评湖南省非物质文化遗产代表性项目，童晓阳、苏卫娟（女）被授予市级传承人。

溪砚制作技艺　历史悠久。2012年，获评湖南省非物质文化遗产代表性项目。曹冠明被授予省级传承人，曹彦、刘锡军被授予市级传承人。

永丰辣酱制作技艺　历史悠久。2007年，永丰辣酱被认定为“中国地理标志产品”。2009年，获评湖南省非物质文化遗产代表性项目。刘幼松、王双红被授予市级传承人。

枫坪傩狮舞　用来祈福驱灾和闹新年，俗称“狮灯”，有300多年历史。2008年，获评湖南省非物质文化遗产代表性项目。谢亮平被授予省级传承人，谢新志被授予市级传承人。

涟源湘剧　2009年，获评湖南省非物质文化遗产代表性项目。涟源湘剧以高腔、弹腔为主要声腔。罗义申被授予市级第一批传承人。

双峰杖头木偶戏　以湘剧唱腔为主，间杂地方花鼓戏，先许后唱，用于祈福、起屋上梁、寿诞、保平安、求雨等活动。2016年，获评湖南省非物质文化遗产代表性项目。胡仲云、谢桂平被授予市级传承人。

水府席习俗　因涟水、孙水、侧水河流交汇处的水府庙的祭祀活动而成名。经过长期完善、改进，形成有固定菜谱和出菜顺序，每道菜有独特寓意和礼仪的习俗。2016年，获评湖南省非物质文化遗产代表性项目。

第三节　市级非物质文化遗产

2007年，获评市非物质文化遗产代表性项目：娄底老街故事系列、骨牌灯〔尹海霞（女）为市级传承人〕、手狮舞、走马街农民书画、罗辀重“血性”教育故事。

2010年，获评市非物质文化遗产代表性项目：涟源杖头木偶戏。

2011年，获评市非物质文化遗产代表性项目：舞春牛（贺永魁、王异兴为市级传承人）、烙画（谢禹尧为市级传承人）、双峰民间剪纸（李希特为市级传承人）、蒋峰岭庙会、长沙花鼓戏双峰特色、龙灯故事。

2014年，获评市非物质文化遗产代表性项目：梅山拳（陈朝阳为市级传承人）、梅山水师正骨疗法（卿同喜为市级传承人）、划喜船。

2016年，获评市非物质文化遗产代表性项目：青云阁湘笔制作技艺、扶王传说、涟源龙山药王传说、富田桥曾氏游浆豆腐制作技艺、梅山棕编技艺（吴方才为市级传承人）、梅山水火席礼仪〔林文连（女）为市级传承人〕、药王三祭礼仪、花鼓戏（桥头河花鼓戏）（旷建标为市级传承人）、纸扎、湘中剪纸（姜新民为市级传承人）、米酒酿制技艺、紫鹊界傩狮、捉猫公，冷水江杖头木偶戏。

第七章　文化产业

第一节　产业发展

1990—1992年，全地区文化产业开始起步。1993年，有以文补文的文化产业机构66个，从业人员638人，年收入375万元，纯收入179万元。1994年，新化县文工团、新化县电影公司、新化县财政局、涟源市蓝田文化站、双峰县剧院获评全省以文补文先进集体。涟源市蓝田文化站、双峰县剧院获评全国以文补文先进集体。双峰县剧院危威仪获评全国文化产业先进个人。

1994—1999年，全地区文化系统投入资金5000万元。地区博物馆、地区艺术馆、新城电影院、星星影剧院等10个100万元以上的新建和改造工程先后竣工投入使用。全地区新建和改造设施1万平方米，10个文化单位拥有文化产业基地。1996年，全地区以文补文收入突破1000万元，纯收入468万元。是年8月，地区文化局、财政局联合在新化县召开第二届以文补文工作总结表彰会议，表彰13个先进集体和11名先进个人。1997年、1998年，全地区以文补文收入分别为841.6万元、979.6万元，纯收入分别为381万元、691.8万元，投入事业发展和再生产资金分别为381万元、625.7万元，产业机构分别为73个、115个，从业人员分别为596人、679人。

2000—2003年，总投资3640.6万元的市文化艺术培训中心、冷水江市文化中心、冷水江市艺术学校综合楼、涟源市爱心文化园、乡间侯府——曾国藩故居修缮工程先后竣工投入使用。2004—2008年，全市新增印刷企业、出版物发行单位106家，歌舞娱乐场所108家。2009年，全市文化产业新增娄星区月塘街KTV、今典电影院、冷水江市明星剧团、双峰县百花园木偶戏剧团、双峰国藩溪砚等文化企业实体。全市文化产业收入10亿元。

2010年，市委确定建设文化强市的总体思路，成立市文化体制改革和文化产业发展领导小组，设立市文化产业发展引导资金，出台《娄底市文化产业发展引导资金管理办法》，编制《娄底市公共文化服务体系建设规划》《娄底市建设文化强市战略实施纲要》《娄底市文化产业振兴实施规划》《娄底市文化体制改革方案》。是年5月，组团参加第六届中国（深圳）文化产业博览会。10月，市委召开全市培育发展文化产业座谈会。2010年，全市五个专业剧团演出收入100万元。星星影剧院营业收入50万元。全市文化产业投入11亿元。2011年，市政府办印发《娄底市从城市住房开发投资中提取社区公共文化设施建设资金实施办法的通知》。9月，市委、市政府印发《娄底市文化强市战略实施纲要》，推动实施文化强市战略。12月，召开全市文化强市建设暨文化体制改革会议，启动实施文化强市建设战略。全市文化产业从业人员5万人，文化产业收入15亿元。2012年，文化产业收入17亿元。2012年，市财政局、市委宣传部印发《娄底市文化产业发展引导资金管理办法》，规范使用全市文化产业发展引导资金。市委宣传部、市统计局印发《关于在全市开展文化及相关产业统计调查工作通知》，对全市文化产业发展情况普查。是年5月，组团参加第八届中国（深圳）文化产业博览会，全市5个文化产业项目成功签约。

2013年，举办娄底市文化产业培训班，印发《娄底市第三次全国经济普查中有关文化及相关产业单位核查工作实施方案》。是年，新化县梅山民俗文化有限公司被省文化厅命名为全省文化系统文化产业示范基地。全市在第九届深圳文化博览会上成功引进文化产业项目4个，签约资金5亿元。新化县成功申报省文化旅游特色县，启动“梅山文化元素库”建设，开设30期山歌培训班，组织武术考级和培训，举办2013年大梅山文化旅游年暨万辆自驾车游娄底等活动，文化产业收入22亿元。2014年，全市2个文化产业项目进入国家文化特色产业重点扶持发展目录库，3家文化娱乐企业、3个文化旅游开发项目、7家文化企业进入省文化厅文化企业扶持发展目录库。投资4亿元的双峰湄水湾书画一条街，投资1.28亿的新化梅山民俗文化村建设完成。全市文化产业投入35亿元。是年，召开文化产业发展研讨会，举办文化产业发展培训班。

2015年，市委制定“十三五”文化产业发展规划。在娄底市深圳文化旅游专题招商推介会上，双峰县书画艺术创作园等4个项目成功签约，引进资金4.58亿元。全市文化产业收入95亿元。市文化及相关产业增加值突破40亿元。2016年，在第十二届中国（深圳）文化产业博览交易会期间，4个重大文化产业项目现场签约，签约资金31.3亿元。另与深圳市文化创意行业协会签订战略合作协议，签约4个重大项目，签约资金20亿元。娄底选派梅山傩戏、国藩溪砚、永丰辣酱、涟源棕编、渠江薄片（茶叶）等国家、省、市级“非遗”产品参加“大美湖南、神韵湘西”“非遗”展。现场签订3923万元的产品购销合同。是年8月，在印刷行业协会、出版发行协会、观赏石协会等行业组织基础上，成立有500多家大中小文化企业参加的娄底市文化产业协会。全市文化产业由“单兵作战”向“集团作战”转变。9月，组团参加第八届中国西部文化产业博览会，参展的国藩溪砚、梅山棕编等“非遗”文化产品全部销售一空。市委宣传部被组委会评为优秀组织单位。11月，市委宣传部会同市委组织部在清华大学举办文化产业专题研修班，参训的文化产业管理人员、从业人员56名。是年，全市文化及相关产业增加值突破50亿元。15家文化单位及文化相关企业申报2015年省级文化产业发展引导资金，5家获得260万元。国藩溪砚赴台湾参加2015年海峡两岸文化创意产业展。2016年，全市9个项目进入全省特色文化产业项目，拥有省级特色企业11个，优秀基层戏曲院团奖励资金项目4个。全市文化产业收入143亿元。

2017年，娄底市组团参加第十三届中国西部文化产业博览交易会。方才棕编、国藩溪砚、文田砚参加大湘西“非遗”馆展示展销活动。方才棕编工艺品有限公司在展会现场与一家香港外贸公司签订614万元的销售合同。国藩溪砚在中国工艺美术作品评选中获铜奖2个。是年8月，“协力推进大梅山地区文化与旅游融合发展”专题研讨会召开，推进大梅山地区文化旅游融合发展，打造继“魅力湘西”和“神奇湘东”之后的“湘中文化旅游生态圈”。是年，市国有文化资产监督管理委员会和市文化旅游产业融合发展领导小组成立，将文旅产业融合发展纳入全市绩效考核范围，形成统一领导、部门联合、上下联动的文化旅游融合发展推进机制。市委宣传部印发《关于规范文化企业基本信息报送工作的通知》，规范文化企业信息报送工作。市委宣传部和市财政局印发《娄底市文化产业发展专项资金管理办法的通知》，将市文化产业发展引导资金调整为市文化产业发展专项资金，出台以“文化名家、产业名企、创意名品、特色名园、文旅名镇”为主要内容的文化产业创新发展“五名工程”行动方案，提升文化产业发展集约化、规模化、专业化水平。是年，全市达标文化企业194家。出版印刷机构277家，从业人员3000多人，年产值2.38亿元。书画、文艺演出、艺术培训业及各类歌舞厅、音乐茶座等娱乐场所年收入3200多万元，文化产业总收入202亿元。文化及相关产业增加值突破60亿元。

第二节 产业分布

2010年，全市登记在册的各类社会文化经营单位按经济类型分，民营经济占总户数的95%，涉及广播电视、新闻出版、演艺娱乐、网络服务、文化旅游、文化体育等各个行业。具有代表性的文化企业有：中影万泉国际影视城、双峰“GFS”石基文化艺术创意产业园、梅山民俗文化村、娄底文化艺术博览中心、国藩溪砚工艺有限责任公司等。双峰县湘中民俗文化旅游基地被评为全省“特色文化产业示范基地”，“新化洋溪文印”成为全省乃至全国最具地域特色的文化产业品牌。2017年，全市经营性文化产业单位占九成。以国家级非物质文化遗产项目为依托，形成梅山傩面具工艺品、溪砚石头画文创产品、3D棕编静态儿童玩具等“非遗”特色工艺品。利用深圳文博会、西部文博会、新疆文博会、敦煌文博会等展会平台，展示出一批地域特色文化旅游纪念品，创造一批图书视频动漫文创产品。出版《国学教材》一部，微视频制作、动漫设计等文创产品10余件。

第八章 报 刊

第一节 报 纸

《娄底日报》 1988年8月24日试刊，定名“娄底报”。10月1日，“娄底报”首期出版，为四开四版，经新闻出版署批准为娄底地委、行署机关报。社址设地委、行署机关4号楼。1992年，斥资200万元新建办公楼，1993年，迁址新星南路，更名为“娄底日报”，为周六刊。1995年娄底日报社获评湖南省报业管理先进单位，1996年度获娄底地区文明单位称号。1997年11月10日，娄底日报社与娄底彩冠印刷有限公司合资组建娄底日报社印刷厂。1998年1月，由四开四版小报扩版对开四版大报，设发行部、县市发行站和乡镇发行员，印刷、发行、投递实现一体化运行。2004年7月，迁址月塘东街北侧小区。2000年5月28日试刊《娄底晚报》，为《娄底日报》子报，同年7月1日，创立刊号，自办发行，设《爱心桥》《3·15消费特刊》《国家级·省市级文明单位系列报道》等栏目。2007年6月，《娄底日报》采编系统局域网开通，采编流程管理实现无纸化办公。2017年1月1日起，由每周六刊增至七刊，由每天4版扩为8版，设《湘中改革潮》《财金专刊》《您好！娄商》《七个三年行动计划》《项目建设大比拼》《娄底旅游》《车世界》《湘中楼市》《湘中儿女在南疆》《姜矮子观场》《文明之光》《娄底家风故事》等栏目，设《涟漪》《白鹭湾》等文艺副刊。2017年发行数由初期1.3万份增加到3.4万份，由邮局征订，面向全国公开发行。

娄底新新网、《娄底手机报》 2010年8月，娄底新新网挂牌，《娄底手机报》创刊，由《娄底日报》主管。2012年6月，《娄底手机报》改版。2013年2月，与湖南日报社“新湖南”客户端达成战略合作，“新湖南”客户端在新新网站成为娄底新闻频道唯一上传通道。2014年4月，开通百度广告联盟合作端口。2015年5月，获“中国地方网站十佳创新品牌奖”，手机版新新网上线微信公众号获2016—2017湖南区域市州最具影响力微信称号。2017年，新新网获全国地市网络媒体网民最关注十强品牌称号。

《娄底广播电视报》　1992年7月创刊，由新闻出版总署批准，国内公开发行，为都市类全彩版周报，设《新闻周刊》《生活周刊》《文化周刊》等栏目，由娄底广播电视台主管。

《娄底市报》　1995年3月创刊，1996年2月，由省新闻出版局核发报刊准印证。办公地点设娄底市政府大院老干局办公楼。《娄底市报》为县级娄底市委、市政府主办。1998年，《娄底市报》转为报型内部资料，2003年12月30日，根据国家有关政策停刊。

《新娄星报》　2007年5月，娄星区委创办，由娄底市新闻出版局批准为报型内部资料出版。

《冷水江报》《今日冷水江》　1990年，《冷水江报》经新闻出版署批准公开发行，为冷水江市委、市政府机关报。2003年12月31日停办。《今日冷水江》2007年4月创办，由娄底市新闻出版局批准为报型内部资料出版，为冷水江市委、市政府机关报，冷水江市委宣传部主办。

《今日涟源》　前身为《涟源报》，1994年经地区新闻出版局批准复刊，为涟源市委、市政府机关报。2004年，经娄底市新闻出版局批准，《涟源报》更名为《今日涟源》，改为报型内部资料出版，涟源市委宣传部主管。

《涟钢报》　1990年，由省新闻出版局核发准印证，是涟钢党委、行政机关报。2003年起，由娄底市邮政局代为发行。

《娄底职院报》　2003年下半年创办，月报，由娄底市新闻出版局批准为报型内部资料准印证。由娄底职业技术学院党委主管，院党委宣传统战部主办。

《锡矿山报》　周报前身为《锡矿山工人报》，1991年更名为《锡矿山报》。由娄底市新闻出版局批准为报型内部资料出版。

其他报纸　《博长报》《湖湘旅游》《娄烟之声》《湘中集邮》《娄底运管》《娄底中心医院》《娄底技师学院报》均为娄底市新闻出版局登记审批的报型内部资料出版物。

第二节　刊　物

《娄底工作》　1988年1月创刊，月刊，最初获省内部期刊准印证，后改为省刊型内部资料准印证。市委、市政府主办，市委政策研究室承办。1991年8月，《娄底工作》编辑部成立，为地委机关刊物，秉着“把握政治导向，维护核心，突出经济建设，紧扣中心，贴近基层群众，凝聚人心”办刊宗旨，突出党刊特色、发挥喉舌作用。1992年1月，《娄底工作》杂志公开发行。6月，《娄底工作》杂志社成立，定编6人。是年，被评为全省首届优秀党刊。1993年10月，《娄底工作》杂志社被确定为正处级全民事业单位。12月，杂志社内设采编部、广告部、办公室。1996年，《娄底工作》编委会成立，地委主要领导任顾问，地委委员、秘书长兼任编委会主任。2002年，《娄底工作》杂志社和市委政策研究室合并。4月，《娄底工作》被评为全国地市优秀党刊。9月，《娄底工作》杂志社承办全国地市党刊研究会第十一届理事会。2003年1月，《娄底工作》杂志社更名为《娄底工作》编辑部，属市委政策研究室管理，开设《高层言论》《领导论坛》《特别策划》《大事记》《娄底行动》《工作研究》《调研报告》《时政资讯》《图片报道》《人文湘中》《文艺晒台》《哲理文摘》等近20个栏目。《娄底工作》被评为“全国地市十佳党刊”。2009年4月，《娄底工作》全彩版发行。截至2012年，《娄底工作》连续9年被评为全国城市优秀党刊。2013—2017年，《娄底工作》连续5年被评为“全国十佳优秀党刊”。截至2017年，《娄底工作》累计出版312期，每期最高发行量1.4万份，分享赠送单位覆盖全国大部分省份200余个城市。

《娄底人大》　2009年创刊，为民主法治类新闻杂志，双月刊，市新闻出版局批准为刊型内部资料准印证。市人民代表大会常务委员会主办，设《特别策划》《履职掠影》《人大话题》《代表风采》《人大言论》《府院传真》《人大调研》《新法追踪》《民主视点》《乡镇点击》《信息长廊》《人大文苑》等栏目。

《娄底经济》 2001年创刊，双月刊，市新闻出版局批准为刊型内部资料准印证，市政府机关刊物，单月出刊。2010年10月，经市新闻出版局备案，与《娄底政报》合刊，刊登地方法律法规、市政府文件和市政府部门文件，适量篇幅刊登政务稿件，双月出版。

《政协之窗》 2008年创刊，季刊，市新闻出版局批准为刊型内部资料准印证，政协娄底市委员会主办，设《履职指南》《要言选载》《政协要闻》《基层动态》《理论研究》《委员风采》《书画之页》《人文娄底》等10余个栏目。

《娄底组织工作》 1988年10月创刊，市新闻出版局批准为刊型内部资料准印证，市委组织部主办。用于市、县（市、区）、乡各级党委和全市机关企事业单位党组织、组工干部赠阅交流。

《湘中论坛》 2008年10创刊，双月刊，市新闻出版局批准为刊型内部资料准印证，市委宣传部主管，娄底市社会科学界联合会主办，设《专题》《领导论坛》《市情调研》等11个栏目。

《娄底纪检监察》 2011年创刊，季刊，市新闻出版局批准为刊型内部资料准印证，市监察学会主办，设《理论前沿》《经验交流》《实践与思考》《廉政讲坛》《警钟长鸣》《以案说法》《新品新知》等栏目。

《今日双峰》 2005年创刊，季刊，市新闻出版局批准为刊型内部资料准印证。双峰县委、县政府机关刊物，设《重要言论》《工作研究》《学习进行时》《双峰大事记》《社会聚焦》《史海钩沉》《国藩文苑》等8个栏目。

《冷水江工作》 20世纪80年代末创刊，不定期出刊，市新闻出版局批准为刊型内部资料准印证，冷水江市委、市政府机关刊物。设《领导论坛》《调查研究》《工作探讨》《经验交流》《信息集装》《高端点击》《锑都文苑》《特别报道》《精选美文》等栏目。

《新化通讯》 1996年2月创刊，双月刊。市新闻出版局批准为刊型内部资料准印证。新化县政府主办，设《领导言论》《政策园地》《工作动态》《脱贫攻坚》《实践探索》《民生简讯》《梅山文艺》等栏目。

《湖南人文科技学院学报》 原名《娄底师专学报》，1984年创刊，1998年9月改为国内外公开发行，双月刊。2004年，经国家新闻出版署批准，原《娄底师专学报》更名为《湖南人文科技学院学报》，湖南人文科技学院主办，为综合性学术理论期刊。主要刊登政治、哲学、法律、社会学、经济学、管理学、文学、语言学、艺术、教育学等方面的最新理论研究成果。特设《曾国藩研究》《梅山文化研究》《女性主义研究》《娄底经济社会发展研究》等专栏。

《娄底国税》 2015年1月创刊，季刊，市新闻出版局批准为刊型内部资料准印证，市国家税务局主管。

《娄商》 原名《商会天地》，2006年创刊，季刊。市新闻出版局批准为刊型内部资料准印证，2010年11月报市新闻出版局备案，《商会天地》更名为《娄商》，市工商业联合会主办，设政策、动态、力量、经营、人文等栏目。

《时代文艺》 1990年创刊，季刊。市文联主办的文学艺术刊物，市新闻出版局批准为刊型内部资料准印证。1990—2005年刊名为《大地》，2005—2012年改名为《青春娄底》，2013年更名为《时代文艺》，设小说、散文、诗歌、报告文学、文学评论等专栏。

《涟水河》 原名《心声》，1987年1月创刊，文学季刊。1988年省新闻出版局批准为省内部期刊准印证。为娄底市（娄星区）文联主办，设小说、散文、诗歌、报告文学、文学评论等专栏。

《今日书画》 2013年创刊，季刊。市新闻出版局批准为刊型内部资料准印证，市文联主管，娄底书画院主办。

《索桥》　前身为《涟钢文艺》，1992年10月，报地区新闻出版局批准备案，更名为《索桥》，综合性文艺期刊，由涟钢工会主管、涟钢文联主办，设《深度报告》《管理论坛》《工会工作信息》《奋斗者风采》《工匠星光》《班组天地》《故事涟钢》《钢城视角》《职工文艺》《文讯传真》和《话文品艺》《小说视野》《走四方》《域外来风》《诗性时空》《散文随笔》等栏目。

《娄底教育》　原名《湘中教研》，1993年10月创刊，季刊，省新闻出版局批准为省内部期刊准印证。2003年，报市新闻出版局备案，由《湘中教研》更名为《娄底教育》，市教育局主管，市教育科学研究所、市教育学会主办。设《特稿》《聚焦》《名师风采》《教改动态》《课题研究》《教学交流》《教学札记》《管理纵横》《课堂内外》《家校共育》《师生文苑》等栏目。

其他刊物　1990—2017年，市新闻出版局登记审批的一般性刊物有《职教与经济研究》《涟钢科技与管理》《娄底民办教育》《湖湘民俗文化》《曾国藩研究》《中心组学习导读》《至德文化》《娄底风景园林》《娄部人》《新化工作》《涟河》11家。

第九章　文化体制改革与文化市场管理

第一节　文化体制改革

2010年，市委深化文化体制改革专项小组成立，市委办、政府办印发《娄底市深化文化体制改革实施方案》。2014年，市委宣传部协同各部门制定《娄底市2014—2015年文化体制改革任务分解表》，将改革任务分解落实到各成员单位，按照“职能分开、机构分设”原则，依法依规清理以往行政审批事项，减少和规范文化行政审批程序。市本级文化行政审批事项取消1项，下放至新化县（省直管县试点单位）2项，委托新化县实施管理8项。创新文化行政管理体制机制，厘清党政部门与所属文化企事业单位关系，推动政府部门由“办文化”向“管文化”转变，推动国有文化院团和经营性文化事业单位转企改制。整合市电影发行放映中心和5个县（市、区）电影公司，成立新的市影业公司和县（市、区）电影公司，全部按现代企业模式管理。经过转企改制后，发展成为一个资产超过亿元的影业公司。撤销娄底市花鼓戏剧团建制，成立市演艺公司，推行股份制改造，实施市场化运作，扩大对外演出业务。2016年，市委深化文化体制改革专项小组出台《娄底市全面深化新闻宣传工作改革方案》《市委深化文化体制改革2016年工作要点》，建立关于实施改革工作项目化管理及文化体制改革联络员制度。是年，市委向中央推选67个贫困村，开展村级文化服务中心建设。是年，21个贫困村启动村级文化服务中心建设。市委宣传部建立舆情应急联席会议制度，制定《娄底市推动传统媒体和新兴媒体融合发展实施方案》。2017年，全市文化体制改革加速，出台《娄底市关于进一步深化文化市场综合执法改革的实施方案》《关于支持戏曲传承发展的实施意见》《关于推进媒体融合　打造娄底新型主流媒体的实施方案》《关于支持市直新闻单位引进专业人才和深化薪酬改革的若干意见》，推动宣传文化事业创新发展。

第二节　图书报刊市场管理

1996年3月，地区新闻出版（版权）局成立。1997年3月，地属5个县（市）均成立新闻出版（版权）局和版权稽查机构。11月26日，地委、行署召开全地区报刊和广播电视业治理工作会议，部署综合治理工作。保留《娄底日报》《娄底广播电视报》《涟邵工人报》《冷水江报》《娄底师专报》5家公开报纸。《新化报》《涟钢报》等10家内部报纸转为报型内部资料。《娄底工作》《大地》《心声》等7种期刊转为刊型内部资料。1998年，全地区有报纸15种（其中公开发行5种）、期刊7种（其中公开发行1种），各类书报刊发行网点180余家，印刷业经营单位321家，电子出版物经营单位48家。2003年，全市年检合格的报型内部资料7家，刊型内部资料9家。是年，治理党政部门报刊散滥和利用职权发行问题，减轻基层和农民负担。2004—2013年，市新闻出版（版权）局每年召开一次全市报刊管理工作会议，对公开发行报刊社和报刊型内部资料编辑部主要负责人进行法规和业务培训。2005年4月，依法取缔《湖南工人报》娄底工作站。6月10日，依法取缔《当代商报·今日湘中》编辑部与发行站。2005年，成立娄底市新闻出版审读小组，审读报刊型内部资料16种118期，编印《娄底新闻审读》8期。2007年，开展整治假报刊为核心的打击“假报刊、假记者、假记者站、假新闻”（简称“四假”）专项行动，收缴假记者证26本，取缔假记者站、假报刊5家。2008年底，全市清理出版物经营单位520家，公开发行的报刊5家，报刊型内部资料22家，书、报刊经营户192家，电子出版物经营户31家，出版物印刷厂21家，包装装潢印刷厂3家，其他印刷品印刷厂87家，打字复印社174家。2009年，查处《三湘都市报》违规在娄底建立办事处问题。2009年，市新闻出版局对全市26家连续性内部资料性的期刊、报纸，114家印刷企业、市内新闻记者站核验年检。2010—2012年，市新闻出版局开展全面清查报刊市场。2013年，开展打击非法报刊专项治理“秋风”行动。2014年，全市党政机关及县（市、区）政府机关软件正版化工作全面完成。对学校周边出版物市场开展集中整治行动5次，收缴非法“口袋本”1.3万册（其中盗版教材教辅5000册、“六合彩”非法印刷品600册），检查印刷出版经营企业2117家次，收缴非法印刷出版物1.35万册（其中印制盗版教辅读物2133册），下达责令整改通知书37份。2014—2015年，清理整顿中央新闻单位和省直新闻单位驻娄机构。2016年，根据《内部资料性出版物管理办法》，全市新审批刊型准印证2家，报型准印证1家。2017年，对公开发行报刊社和报刊型内部资料主要负责人进行法规和业务培训。是年，全市有中央、省直新闻单位驻娄机构12家。全市公开发行出版物5种，其中报纸4种：《娄底日报》《娄底晚报》《娄底广播电视报》《湖南人文科技学院报》；期刊1种：《湖南人文科技学院学报》。全市有经国家新闻出版广电总局注册的记者证275个。全市通过年检的16家报型和31家刊型内部资料统一核发准印证。

第三节　印刷业管理

1990—1998年，全地区加强文化市场印刷业管理，完成一年一度的印刷企业年度核验，建立诚信档案，实行黄牌警告制度。加强对印刷企业的巡查、督查，落实各项规章制度，防范违规经营现象发生。1999年10月，娄底市印刷协会成立。1999—2011年，协会在新闻媒体上公布举报电话，加强社会监督管理。全市核验合格的各类印刷企业106家，出版物印刷企业18家，包装装潢印刷企业15家，其他印刷品印刷企业73家，从业人员959人。印刷企业资产总额1.86亿元，印刷工业总产值1.61亿元，实现利润总额1536.88万元。2012年，市文化市场综合执法局成立，专职文化市场管理。2015年，更名为市文化市场综合执法支队，至2017年不变。

第四节　扫黄打非

1990—1999年，全地区文化主管部门依法打击侵权盗版、查处大案要案65起。2000—2003年，市本级和5个县（市、区）在新闻出版局设立扫黄打非办公室，查出各类非法出版物2.3万多册（套）。2004—2015年，市财政将扫黄打非专项经费列入年度财政预算。全市采用临时监管和集中监管、城区监管与基层监管、网上监管和网下监管相结合，严把市场关、印刷关、物流关、网络关。出动执法人员2769人次，车辆1238台次，检查零售店档、摊点588个，取缔关闭7个，处罚25个；取缔关闭印刷厂1家，处罚4家，收缴各类非法出版物26万册。2016年，打击政治性有害出版物及有害信息，打击盗版、侵权、假记者站和假记者。专项整治印刷企业，立案查处4家无准印证承印内部资料性出版物的印刷企业。专项检查出版物发行市场，共出动500人次、车辆180台次，清查印刷厂180家次，检查各类经营场所500家次，查缴盗版图书等非法出版物8000册，非法印刷品300册。2017年，市文化市场综合执法支队联合市公安局钢城分局办理利用邪教组织破坏法律实施的“8·22”案，与广东省佛山市禅城区文化执法局、双峰县文化执法大队联合办理左某网络销售盗版软件侵权案。组织扫黄打非宣传进校园、进农村、进机关、进工厂、进社区等“五进”活动。全市1800多所中小学组织开展扫黄打非护苗行动。全市建成11个省级扫黄打非进基层示范点。扫黄打非工作覆盖全市乡镇（街道）和村（社区）。

第五节　音像制品、软件、广电市场管理

一、音像市场管理

1990—1994年，地区文化局联合地区公安局、工商局等单位对全地区音像制品、软件、广电市场检查。1995年，行署从文化、广播电视、公安、工商等部门抽调力量，在全地区开展为期4个月的专项打击“金像”类非法音像制品和侵权盗版电影录像的专项行动，缴获“金像”“金鹰”“金塔”“金峰”等金字类非法录像带8584盒。1996—1999年，地区文化市场主管部门联合市工商、公安、广播电视等部门，对音像市场专项检查20次，开展夜间行动40次，明察暗访25次，对47家违规门店做出整改或停业决定。2000—2006年，市文化局开展“反盗版百日行动”“集中执法季”等整治行动41次，出动执法人员9267人次，车辆4123台次，查处非法经营音像及软件店1210家。2007年，市文化局对学校周边音像门店采取实名登记、建立经营“优劣”档案、建立娄底文化市场网等措施，规范有序管理。2008年6月，市政府在娄星广场举行全国“安全生产万里行——防患治理专题宣传活动”，销毁盗版音像制品3万张。2009年5月，市文化局举办全市文化市场业主培训班，所有音像制品经营业主向市文化市场管理部门递交《净化社会环境，依法依规经营责任状》。2010—2012年，全市出动执法人员1.16万人次，执法车辆2668台次，检查文化市场，查处非法经营的音像及软件店59家。2013—2017年，专项整治音像市场50次，夜查行动94次，明察暗访行动38次，查获非法团伙28个，捣毁非法窝点168个，收缴淫秽音像带31盒、电视机67台、录放机22台，对171家违规门店作出停业整顿处罚，罚款31.8万元。案件涉及453人，其中警告（教育）140人，治安处罚247人，拘留49人，收审6人，报捕4人，劳教7人。

二、软件市场管理

1990年，贯彻实施《中华人民共和国著作权法》（简称《著作权法》），地区推进软件正版化。至1999年，每年进行知识产权保护宣传。2000—2003年，市版权局联合市知识产权局、市工商局，每年在娄底电视台演播厅举行全市知识产权知识电视大奖赛。2003年4月，开展知识产权宣传周版权宣传活动。2004年，市政府办下发《关于使用正版软件的通知》。2005年7月，市使用正版软件工作领导小组成立。2006年4月，开展保护知识产权宣传活动，现场接受咨询400人次，展出实物10件，展板16块，发放《著作权法》等宣传资料2000份。2011年，市政府调整正版软件工作领导小组，各级各部门主要负责人是软件正版化工作第一责任人。2013年12月，市直和5个县（市、区）政府全部完成软件正版化检查整改工作。市、县两级财政共投入正版软件采购资金478.1万元，其中市级138.4万元，县（市、区）级339.7万元。采购操作系统1615套，国产办公软件均以场地授权采购方式实现全覆盖。2017年，全市受理单位和个人有关版权权利、登记、有偿转让、版权认定咨询服务40起。

三、广播电视市场管理

1990—1999年，域内广播电视市场归口地区广播电视局管理。2012年，市广播电视台、市文化市场综合执法局直属市文化广电新闻出版局。2013年3月，市文化市场综合执法局担负全市广播电视市场监管职责。是年，对全市7家电影院，6个播放频道，4个电视（转播）台（站），即娄底电视台、湖南有线电视娄底公司、湖南数字移动、娄星区农村有线电视进行执法检查。2014年，出动执法人员412人次，执法车辆136台次，对全市广电市场检查，下发拆除非法安装卫星地面接收设施通知30份，发放宣传资料2100份，办理行政案件18件，办结6起，罚款7万元，拆除非法卫星地面接收设施1900套。2015年2月，市政府下发《关于集中整治网吧和广播电视节目传输市场的通告》，市文化市场综合执法支队增加对体育行业的经营活动、体育赛事、体育设施、体育彩票销售、体育类民办非企业单位的日常执法职能。2次到168家宾馆检查电视接收信号，对3家宾馆（酒店）给予停业整顿等行政处罚，责令3家单位退出市区内宾馆电视节目传输市场，4家公司停播港澳电视节目各3套，清理医药（性病）广告55条（件）。2016年，对卫星电视广播地面接收设施、影院市场、艺术品市场，开展为期4个月的专项整治，收缴非法“猫耳朵”112个，对6家违规销售门店予以警告；检查各类宾馆酒店21家，警告6家，行政处罚4家，罚款3.5万元；检查电影院11家，警告6家，依法处理2家。2017年，配合“创文管卫”工作，对娄星区洞新市场、老街市场、民营（育才）市场排查清理，收缴非法卫星电视广播地面接收设施85套、“猫耳朵”56个，查处某公司无证传输电视信号案，罚款2.6万元。依法清理31家星级以上宾馆电视信号，责令6家宾馆停业整顿，处理2起案件，罚款9800元。

第六节　文化娱乐场所管理

1990—1999年，地区文化部门检查全地区营业性演出、文化娱乐场所（舞厅、卡拉OK厅、音乐茶座、电子游戏游艺厅）670家次。2000—2011年，对全市演出市场开展整治行动56次，查处各类非法演出325场次，查处歌舞厅、卡拉OK厅、酒吧等娱乐场所271家，对违规经营的41家作出处罚。开展联合行动50次，夜查行动94次，明察暗访行动38次，对171家违规门店作出停业整改处罚。2012—2013年，监督检查文化娱乐市场2.11万户次，限期整改769户次，发放许可证照316个，建立示范店50家，取缔无证照经营单位31家，关停并转135家，轮训从业人员862人次，发放培训教材3129份（册），发放《公共场所从业人员必读手册》《公共场所卫生知识》等宣传资料774册（份）。2014年，举办文化市场法律法规及文化娱乐场所卫生知识培训班4期16次，167家文化娱乐场所380人参加培训。2015年，检查（巡查）文化娱乐场所632家次、电子游戏厅35家次、演出场所18家次，查处违规经营的歌舞12家、电子游戏厅15家、演出场所1家。2016年，检查文化娱乐场所602家次、电子游戏厅25家次、演出场所4家，查处违规经营的歌舞厅6家、电子游戏厅23家、演出场所1家。2017年，出动执法人员1850人次，执法车辆376台次，检查各类娱乐、演出场所及大型商场、酒店300家次，对不达标的375家责令限期整改。

第七节　文化管理机构

一、娄底市文体广电新闻出版局（市版权局）

1990年，地区文化局为全地区文化主管机关，内设办公室、人事科、文化艺术科、群众文化科，直属单位：地区文化市场稽查队、文化馆、花鼓剧团、电影公司、星星影剧院。1995年8月，增设地区博物馆、地区文物处（两个机构合署办公，两块牌子、一套人马）。1996年3月，地区文化局加挂地区新闻出版（版权局）牌子。2002年1月，市文化局（新闻出版〈版权〉局）直属单位：市文物管理处（副处级）、市博物馆、市艺术馆、市花鼓戏剧团、市电影公司、星星影剧院、市文化艺术培训中心。2002年9月，市博物馆与市文物管理处分设。2004年12月，市文化局艺术科和社会文化科合并为文艺科，增设文化产业科。2005年8月，市电影公司更名为市电影发行放映中心。

2012年，市文化局、市广电新闻出版局（版权局）职能合并，组建市文化广电新闻出版局，加挂市版权局牌子。内设办公室（加挂政策法规科牌子）、艺术科、社会文化科、新闻出版（版权）科、广播电影电视管理科、文化产业发展科、文化市场管理科（加挂市文化市场管理委员会办公室牌子）、人事科、市“扫黄打非”工作领导小组办公室。直属单位：市广播电视台、市文化市场综合执法局、市文物管理处、市艺术馆、市博物馆、市地域文化传承研究中心、市文化演艺有限责任公司、星星影剧院、市影业发展有限公司。

2015年，市文化广电新闻出版局（市版权局）、市体育局职能整合，组建市文体广电新闻出版局（市版权局），内设办公室、政策法规科（行政审批科）、文化体育产业发展科、文化艺术科、公共文化科、非物质文化遗产保护管理科、文化市场管理科（市文化市场管理委员会办公室）、群众体育科、青少年体育科、广播电影电视管理科（安全播出管理科）、新闻出版（版权）科（市“扫黄打非”工作领导小组办公室）、计划财务科、人事科。归口管理市广播电视台、市文化市场综合执法支队、市全民健身服务中心、市文物管理处、市体育学校、市博物馆、市地域文化传承研究中心、市艺术馆、星星影剧院、市柔道摔跤人才基地。至2017年，机构未变。

二、县（市、区）机构

娄星区　1990年，县级娄底市设文化局，1999年，与区新闻出版局合署办公，简称区文化（新闻出版）局。2002年，更名为娄星区文化广电新闻出版局。2015年，更名为区文化体育广电新闻出版（版权）局。内设机构和直属单位与娄底市机构相对应。

冷水江市　1990年，市文化局为市政府工作机构。1997—2001年，市文化局与市新闻出版局合署办公。2002年，文化局与旅游局职能整合，组建市文化广电新闻出版局（市版权局、市旅游局）。2015年，更名为市文化旅游体育广电新闻出版（版权）局。内设机构和直属单位与娄底市机构相对应。

涟源市　1990年，市文化局为市政府工作机构。1997年，市文化局与市新闻出版局合署办公。2002年，市文化局与旅游局职能整合，组建市文化广电新闻出版局。2016年，更名为市文化体育广电新闻出版（版权）局。内设机构和直属单位与娄底市机构相对应。

双峰县　1990年，县文化局为县政府工作机构。1995年，更名为县文化广播电视局。2002年，更名为县文化局。2012年，更名为县文化广电新闻出版（版权）局。内设机构和直属单位与娄底市机构相对应。

新化县　1990年，县文化局为县政府工作机构。1996年，县文化局与县新闻出版局合署办公。2002年，更名为县文化广电新闻出版局。2015年，更名为新化县文化体育广电新闻出版（版权）局。内设机构和直属单位与娄底市机构相对应。

第六十五篇

史志　档案　谱牒

第一章 党史工作

1990年，中共娄底地委党史资料征集办公室（简称党史办）归口地委办公室管理，编制4名。重点工作是继续征集民主革命时期党史资料，编辑出版《娄底党史资料》丛书。2006年，市委党史办落实“三定”方案，内设人事秘书联络科（简称人秘联络科）、征集研究宣传科（简称征研宣传科）。新化县党史办与地方志办合并为史志办，涟源市党史办更名党史研究室。《中共娄底地方史》征编工作启动。在继续完成民主革命时期党史专题资料征集工作的同时，着手征集84个社会主义时期的党史专题资料。是年5月19日，市委办公室发出《关于成立娄底市党史工作领导小组的通知》，市委党群副书记担任组长，秘书长和党史联络组组长为副组长，市直有关部门负责人为成员。2006年，党史办主任彭再发获全国党史工作先进个人。2009年初，市委党史办被评为2007—2008年度全国党史工作先进集体。市委党史办主任聂菊平作为全省党史系统唯一代表出席全国党史工作先进表彰大会，受到党和国家领导人接见。2009年，双峰县党史办与地方志办合并为双峰县史志办。2010年，市委党史办被人社部、中央党史研究室联合表彰为全国党史部门先进集体。

2011年，市委下发《关于加强和改进新形势下党史工作的实施意见》。市委办下发《关于进一步加强和改进党史联络工作的意见》。市委党史办制定《娄底市2011—2015年党史工作规划》（简称“十二五”规划）。至2017年，市委党史办连续13年获评省党史工作先进单位。娄星区、冷水江市党史资料征集办公室，涟源市党史研究室，双峰县、新化县史志办公室，共有工作人员24名。

第一节 党史征编

一、党史资料征集

1990年，地委党史办继续向亲历民主革命的老干部、老党员征集口述资料，通过向老干部发征稿信、列出专题约请老干部撰写回忆录、分区域召开老干部座谈会、上门采访听取老干部回忆等形式，搜集整理历史资料。冷水江市委党史办搜集整理大革命时期湖南省第一个工矿企业党组织——中共锡矿山特别支部创建情况和大革命失败后中共锡矿山特别区委建立、恢复党组织活动的相关历史资料；整理红六军团在锡矿山等地开展宣传革命、打富济贫、筹措军需、招兵扩军等革命活动及冷水江人民捐款捐物、踊跃报名参军的历史资料；搜集并整理解放前夕中共锡矿山党总支组织领导工人开展护矿迎解斗争和“锡矿山之战”的历史资料。双峰县委党史办搜集整理建党前后蔡和森、蔡畅、李中等从事革命斗争的史料；第一次国内革命战争时期双峰境内党组织创建和领导农村大革命的资料；土地革命时期双峰党组织恢复和领导的武装斗争及抗日战争时期党组织的重建和抗日救亡活动等历史资料；抗日战争时期中共湖南省委两次迁驻双峰及领导全省人民开展抗日救亡运动革命活动的资料。新化县党史办征集中共新化地方组织的创建以及在大革命时期、土地革命时期、抗日战争时期和解放战争时期党组织领导人民进行革命斗争的活动情况；整理红二、六军团长征途经新化的时间、地域和红军在新化开展革命宣传、打富济贫、筹集军饷、建立红色游击武装、发动青年参加红军北上抗日等活动及新化人民支持红军、捐款捐物、为红军生产军需品和新化青年踊跃参加红军等历史资料，编辑成《长征精神励后人》，专程赴北京请萧克将军审核史料。涟源市委党史办多次到湘乡、安化等地，走访老同志，详查历史档案，突出挖掘、收集、组合整理10多万字的资料，重现涟源境内在第一、二次国内革命战争时期的历史原貌。对征集到的资料，地区和县（市）党史办进行核实、甄别和研究，创办《娄底党史资料》内刊。

1991年起，全地区党史办联合有关部门推进社会主义时期党史资料的征集。至1993年，先后编辑出版《娄底党史资料》39期。联合地委组织部整理编写《中国共产党湖南省娄底地区组织史资料（1924—1987年）》。与地区教育局联合编写出版《湖南省娄底地区教育史资料》等。1995年7月起，创编老同志回忆文章的系列丛书《峥嵘岁月》。2001年，编辑出版《中共娄底地区历史大事记（1977.9—1999.9）》。

2004年起，市委党史办在继续征集民主革命时期党史资料的同时，将征集工作的重点转移到社会主义时期和改革开放新时期上来。市委办公室向全市下达84个专题研究课题。在全国范围内搜集540名娄底籍历届中央委员、省委委员、在全国各地工作的副厅级以上领导干部和革命英烈的资料，整理出版86万字的《中共娄底党史人物》。2005年，征编每年一卷的《中共娄底党委工作纪事》。联合市个体私营企业协会，整理出版60万字的《娄底民营经济》。2007年，市委党史办完成《抗美援朝运动》《抗日战争人口伤亡和财产损失调研报告》。涟源市征集出版《社会主义时期党史专题汇编》。双峰县征集社会主义时期党史专题资料近100份。

二、编写地方党史正本

2003年6月16日，市委召开常委会议，决定成立《中共娄底地方史》（简称党史正本）编纂委员会，统一指导全市党史正本的征编工作。编委会由市委书记、市长任顾问，市委副书记任主任。成立党史正本写作组，张经发任组长。市财政安排20万元，作为编写启动经费。《中共娄底地方史》分别为《中共娄底地方史（1921—1949）》《中共娄底地方史（1949—1977）》《中共娄底地方史（1977—2006）》。2004年，各县（市、区）相继启动党史正本编写工作。是年6月8—11日，省党史联络组成员、省人大常委会原副主任谢新颖到娄底专题督查党史正本编写工作。2005年7月，双峰县完成《中共双峰县地方史（民主革命时期）》县级评审，报送市委审查，是年底送出版社出版。2006年3月20日，市委常委会议确定将《中共娄底地方史》更名为《中国共产党娄底历史》，将下限时间由2006年延长至2008年。各县（市、区）同步更名和顺延。2008年2月，《中国共产党娄底历史（1921—1949）（第一卷）》由中共党史出版社出版，是年6月24日，市委举行首发式。2014年，《中国共产党娄底历史（1977—2008）（第三卷）》由中共党史出版社出版，是年10月16日，市委举行首发式。至2017年底，《中国共产党娄底历史（1949—1977）（第二卷）》先后经过15次写作讨论会，广泛征求社会意见，数易其稿后定稿，择期出版发行。双峰县、娄星区、冷水江市、涟源市党史正本均完成征编工作。《中国共产党新化历史（1921—1949）》由中共党史出版社出版发行，社会主义时期卷完成初稿。

《中国共产党娄底历史》第一卷首发式在娄底宾馆举行（2008年6月24日摄）

三、编写《娄底党委工作纪事》

2004年4月30日，市委常委会议决定，从是年起，每年征编一卷《中共娄底党委工作纪事》（简称纪事）。7月23日，市委办公室印发纪事编纂方案，明确纪事（2004年卷）以“党的中心工作”为主线，着力体现“党要管党、从严治党”的原则，突出“立党为公、执政为民”的党委工作特色。纪事录入时政辑要、重要决策、党委工作大事记、党委工作概况、典型介绍、执政论坛、湘中人物、党组织发展情况、资料索引9个方面的内容。纪事2006年卷征稿范围拓展到乡镇街道和设立党组织的非公经济组织，增设专门反映民营企业党的建设的《民营企业之光》栏目。纪事是娄底建置以来第一部记载党的重要活动的综合性、权威性大型工具书，是各级党政组织和社会各界人士了解娄底、研究娄底、投资娄底、建设娄底可资决策参考的纪实性年刊。2010年11月，市委同意增设《娄底党委工作纪事》编辑部。涟源市党史研究室从2012年始，娄星区委党史办从2016年始，也仿效市里的做法，每年编纂一卷党委工作纪事。到2017年，娄底党委工作纪事连续出版12卷，累计2000万字，为《中国共产党娄底历史》的编写和第二轮娄底市志编修工作提供丰富的资料。

四、编辑党的文献

2015年始，市委党史办启动党的文献资料编辑工作，收集整理有市级建置起娄底地委、市委下发的文件，完成《市委重要文献汇编（1977—1987）》的编辑。2016年10月，涟源市在全省率先出版《中国共产党重要文献资料丛书·涟源历届党代会文献资料（1953—2016）》。2017年3月，冷水江市出版发行《冷水江市党的文献选编·市委卷（一）》。

五、其他党史书籍编写

1991年，地委党史办编辑出版《娄底革命老区纪实》。是年起，与地区民政局联合征编《娄底英烈》1~6辑。1992年，与地区教委合作编辑出版《湖南省娄底地区教育史资料》。1993年，出版《毛泽东与他的娄底师友》。是年起，与地委组织部合编《中国共产党湖南省娄底地区组织史资料（1924—1987）》，组织指导县（市）编印县（市）企事业单位组织史资料等。与此同时，地委党史办在重大历史事件和重要时间节点适时组织出版一系列党史书籍。1995年，为纪念抗日战争胜利50周年，编纂《抗日烽火在娄底》。2005年3月，《中共娄底党史人物》出版发行，并被国家图书馆永久收藏。2006年，为纪念红军长征胜利70周年，编纂《今日长征路·娄底画卷》。2008年，出版《湖南省抗战时期人口伤亡和财产损失·娄底卷》。

2011年，为庆祝中国共产党建党90周年，编纂《中国共产党娄底历史图志》。2013年，为迎接党的十八大召开，编纂《历次全国党代会中的娄底共产党人》。2016年，结合社会主义核心价值观培育，开展娄底党史人物优良家风家训研究，编写《国之贤母——开国少将姜齐贤母亲刘太夫人传略》。

1990—2017年中共娄底市委党史办征编出版党史书籍一览表

表65-1

书　名	编者	出版单位	出版年份	卷次	字数（千字）
娄底革命老区纪实	地委党史办 地区民政局	内部出版	1991	1	128
娄底英烈（3~6辑）	地委党史办 地区民政局	内部出版	1991—1996	4	528
湖南省娄底地区教育史资料	地委党史办 地区教委	内部出版	1992	1	197
毛泽东与他在娄底的师友	地委党史办	内部出版	1993	1	148
抗日烽火在娄底	地委党史办	内部出版	1995	1	128

续表65-1

书　名	编者	出版单位	出版年份	卷次	字数（千字）
峥嵘岁月（1~8）	地（市）委党史办 市党史联络组	内部出版	1997—2017	8	1860
中共娄底地委历史大事记（1977—1999）	市委党史办 市档案局 市党史联络组	内部出版	2001	1	310
中共娄底党史人物	市委党史办	内部出版	2005	1	800
中共娄底党委工作纪事（2005—2016年一年一卷）	市委党史办	内部出版	2005—2017	12	23252
娄底民营经济	市委党史办 市个体私企协会	内部出版	2005	1	1580
今日长征路·娄底画卷	市委党史办	内部出版	2006	1	20
中国共产党娄底历史（1921—1949）	市委党史办 市党史联络组	中共党史出版社	2008	1	180
湖南省抗战时期人口伤亡和财产损失·娄底市综合卷	湖南省（娄底市）课题组	内部出版	2008	13	140
中共娄底市委大事记（1999—2008）	市委党史办 市党史联络组	内部出版	2009	1	285
中国共产党娄底历史图志	市委党史办	中共党史出版社	2011	1	50
历次全国党代会中的娄底共产党人	市委党史办	中共党史出版社	2013	1	160
湖南省革命遗址遗迹通览（娄底卷）	省委党史研究室 市委党史办	湖南人民出版社	2013	14	180
中国共产党娄底历史（1977—2008）	市委党史办 市党史联络组	中共党史出版社	2014	2	510

1990—2017年娄底市各县（市、区）征编出版党史书籍一览表

表65-2

书名	编者	出版单位	出版年份	卷次	字数（千字）
娄星区					
娄底土改纪实	娄底市委党史办	内部出版	1994	1	169
烽燧怒潮	娄底市委党史办	内部出版	1995	1	150
娄底人民革命史	娄底市委党史办	内部出版	1996	1	80
黎明前的娄底	娄星区委党史办	内部出版	1999	1	130
洪流	娄星区委党史办	内部出版	2003	1	140
中国共产党娄底市娄星区历史（1921—2006）	娄星区委党史办	中国文史出版社	2009	1	380
回忆录（第2辑）	娄星区委党史办	内部出版	2017	1	308

续表65-2

书名	编者	出版单位	出版年份	卷次	字数（千字）
冷水江市					
冷水江人民革命斗争史	冷水江市委党史办	内部出版	2002	1	120
中国共产党冷水江历史（1921—2006）	冷水江市委党史办	中国文史出版社	2008	1	360
与共和国同行	周金炳	内部出版	2009	1	170
冷水江市党的文献选编市委卷（一、二）	冷水江市委党史办	内部出版	2017	2	1410
涟源市					
涟源党史资料汇编	涟源市委党史研究室、党史联络组	内部出版	1990	1	200
涟源英烈（第一、二辑）	涟源市委党史研究室、党史联络组	内部出版	1990 1993	2	143
涟源革命诗词选集	涟源市委党史研究室、党史联络组	内部出版	1991	1	56
将军风采	涟源市委党史研究室、党史联络组	内部出版	1994	1	100
白马水库四十年（1958—1998）	涟源市委党史研究室、党史联络组	内部出版	1998	1	120
中共涟源党史大事记（1949—1999）	涟源市委党史研究室、党史联络组	内部出版	2001	1	170
党的光辉照涟源	涟源市委党史研究室、党史联络组	内部出版	2001	1	350
话说湄江	涟源市委党史研究室、党史联络组	内部出版	2004	1	300
红军长征与涟源	涟源市委党史研究室、党史联络组	内部出版	2006	1	100
革命老区涟源	涟源市委党史研究室	内部出版	2007	1	285
李聚奎年表	涟源市委党史研究室戴光宗	内部出版	2007	1	14
涟源社会主义时期党史专题资料汇编	涟源市委党史研究室、党史联络组	内部出版	2008	1	900
涟水风云	李学良	香港名家出版社	2008	1	240
中国共产党涟源历史（1921—1949）	涟源市委党史研究室、党史联络组	内部出版	2009	1	155
寄情涟水	涟源市委党史研究室、党史联络组	内部出版	2009	1	400
难忘的历程	涟源市委党史研究室、党史联络组	内部出版	2011	1	150
中国共产党涟源历史（1949—1978）	涟源市委党史研究室、党史联络组	内部出版	2011	1	210

续表65-2

书名	编者	出版单位	出版年份	卷次	字数（千字）
涟源党委工作纪事（2012—2016年卷）	涟源市委办公室、市委党史研究室	内部出版	2013—2017	6	1120
义举	李学良	中共党史出版社	2013	1	320
中国共产党涟源历史（第一卷）学生读本	涟源市委党史研究室、党史联络组	内部出版	2014	1	66
中国共产党涟源历史（1978—2012）	涟源市委党史研究室、党史联络组	内部出版	2015	1	210
涟源历届党代会文献资料（卷一、二）	涟源市委党史研究室、党史联络组	内部出版	2016	2	780
涟源建置、撤县建市文献资料	涟源市委党史研究室、党史联络组	内部出版	2017	1	160
双峰县					
学习蔡畅　缅怀蔡畅	罗绍志　匡梅初	内部出版	1991	1	60
纪念抗日战争胜利五十周年	双峰县委办党史室	内部出版	1995	1	128
涟水春雷	罗绍志、谢秉忠	内部出版	1996	1	189
双峰英烈（第二集）	双峰县党史联络组、双峰县革命老区促进会	内部出版	2000	1	140
中共双峰县党史大事记	双峰县党史联络组、双峰县党史资料征集研究办公室	内部出版	2001	1	130
中共双峰县地方史（民主革命时期）	双峰县党史联络组、双峰县委党史办	内部出版	2005	1	250
清风拂晓	刘益丈、李振家、罗平原	内部出版	2007	1	165
双峰人物志	双峰县史志办	内部出版	2008	1	654
中国共产党双峰县历史	双峰县史志办	中共党史出版社	2011	2	500
中国共产党双峰历史图志	双峰县史志办	中共党史出版社	2014	1	500
母仪是式——葛健豪纪念文集	双峰县史志办	内部出版	2014	1	120
岁月光华	双峰县史志办	内部出版	2014	1	250
新化县					
长征精神励后人	新化县史志办	内部出版	1996	1	60
中共新化党史大事年表（1923—1999）	新化县史志办	内部出版	1999	1	245
中国共产党新化历史（1921—1949）	新化县史志办	中共党史出版社	2010	1	114
新化党史回忆录（第一辑）	新化县党史联络组、新化县史志办	内部出版	2010	1	62
新化检察回忆录	新化县党史联络组、新化县史志办	内部出版	2017	1	68

第二节 党史宣传教育

1990年前后，地委党史办运用征集到的民主革命时期的资料，为地委、行署申报革命老根据地提供依据。1990年6月，省长办公会议和省委常委会研究认定，新化县、涟源市、冷水江市、双峰县为革命老区。

1991—1992年，地委党史办与地委组织部、宣传部共同承办在全地区党员中开展的以“学党史、作贡献”“为党增辉”为主要内容的创先争优活动。发行《中国共产党七十年》2.5万册，把《中共党史读本》发放到基层党校作为教材，并于1992年初举办全地区党史理论辅导员培训班，系统组织学习《中国共产党七十年》。党史办主任在地委中心学习小组作辅导报告。2004年1月，市委党史办将境内重要革命遗址、旧址、纪念地和著名党史人物故居整合为红色旅游资源，以政协提案的形式提交《开辟红色走廊，打造旅游大市》的建议，得到采纳。

2005年，按照中央关于让党史宣传教育进工厂、进农村、进企业、进社区、进学校、进军营的要求，市委党史办在《娄底日报》开辟《娄底英华》专栏。发行的《中共娄底党史人物》出版，成为人们了解娄底、投资娄底、建设娄底的重要载体和桥梁。活跃在全市的一支以老干部为主体的党史宣传队伍，以自己的亲身经历，或利用革命纪念地，或受聘于党委中心学习小组，或应邀担任校外辅导员，对党员、群众、学生进行爱国主义和革命传统教育。是年，涟源市在卢天放烈士诞辰105周年之际，编写8万多字的特刊，印刷2000册，发至市直机关和中小学校，并组织烈士事迹宣讲团，听讲群众和学校师生3500人次。双峰县举办蔡和森诞辰110周年纪念活动，在全县党员中开展“学先烈、赶先进、当先锋”活动。2006年，为纪念红军长征胜利70周年，市委党史办出版《今日长征路·娄底画卷》。是年10月，协助市博物馆举办“红军长征胜利70周年图片展”，向中央党研室和省委党研室报送红军长征在娄底留下的珍贵图片500多幅。选送的《李聚奎对长征的贡献》获省优秀论文奖。2007年6月，省政府批准娄星区为革命老根据地。至此，全地区5个县（市、区）全部被认定为革命老区。

2009年5月，市委、市政府确定蔡和森纪念馆和蔡畅生平陈列室、东湾大村支部旧址、罗盛教纪念馆、红六军团司令部旧址、锡矿山展览馆、李聚奎上将故居、贺国中烈士故居、成仿吾纪念室8处革命历史遗址为全市第一批党史教育基地，并举行授牌仪式。是年，市委党史办撰写的《湖南省娄底市加强党史宣传教育工作的体会》被中央党史研究室《党史工作简讯》全文刊用，并被山西省晋城市党史网站转载。

2011年，市委组织开展新思想、新知识、新经验和党史（简称三新一史）宣讲活动，成立以市委书记、市长为顾问，副书记任组长，党史、宣传、机关工委、老干、共青团等部门、单位为成员的党史宣讲领导小组。市委党史办成立以联络组长陈春林、副组长张经发为顾问的党史宣讲团，县（市、区）也相应成立宣讲团。两级宣讲团下基层宣讲90多场次，发送党史书籍1.2万册，在《娄底日报》、《娄底广播电视报》、娄底电视台和网络媒体开辟《党史长廊》《红色记忆》等系列党史宣传专栏。

2012年7月，市委党史办与娄底电视台合作拍摄并集中播出系列党史专题片《红色记忆·走进娄底》。涟源市党史研究室在三甲乡、桥头河镇开设革命老区陈列室，在蓝田市区建立革命纪念碑和200多米的党史宣传长廊。冷水江市党史办与冷水江电视台联合举办“红色锑都”系列报道。是年起，全市组织力量对革命遗址遗迹普查，查明全市革命遗址76处，占全省总数的4.2%。其中保护状况好的11处，较好的14处，一般的8处，较差的19处，差的24处。经过整理编辑，9月，《湖南省革命遗址通览》（娄底卷）由中央党史出版社出版发行。是年，涟源市党史研究室斥资近30万元，编纂《中国共产党涟源历史学生读本》，发至该市高中和城区初中学生。

2013年起，市委党史办相继指导相关县市做好李聚奎上将故居、蔡和森蔡畅故居修复工作，做好红军“虎将”贺国中故居修缮加固，并在故居后修建贺国中铜像广场。指导做好大村支部陈列室、地下党三甲秘密支部旧址陈列室、卢天放烈士陈列室的布展。参与新化楚怡工业学校展览馆的布展、史料审查。协助新化县向国家文物保护局申报红二军团司令部旧址修缮费用。支持双峰县修缮匡斌将军纪念广场，修复蔡和森、蔡畅故居并修建通往故居旅游公路。支持冷水江市锡矿山陈列馆重新装修布展。2014年，在涟源市举办李聚奎上将诞辰110周年纪念活动。在全市开展“学党史、感党恩、跟党走”活动。

2015年3月，市委党史办承办蔡和森诞辰120周年研讨会，出版发行《蔡和森诞辰120周年纪念论文集》(《湘潮》杂志社专刊)，参与举办蔡和森诞辰120周年纪念活动和蔡和森纪念馆揭幕仪式，参与创办湖南省中共党史人物研究会蔡和森研究中心，配合省委党史研究室在法国蒙达尔纪筹建赴法勤工俭学博物馆，为博物馆提供20世纪初蔡和森一家赴法时期所使用的笔墨纸砚、绣品、酱缸等展品29件。7月，就蔡和森等赴法勤工俭学等史实接受红网记者采访，提供相关史料，并在湖南红网时刻新闻刊发。与娄底电视台合作拍摄纪念抗战胜利70周年电视专题片《心·祭》，获湖南党史科研成果影视类一等奖，并代表湖南省参加全国党史科研成果评选。是年，娄星区委党史办拍摄《革命老区的红色记忆——娄星区革命斗争史巡礼》电视宣传专题教育片。2016年，市委党史办与娄底电视台合作摄制纪念红军长征胜利80周年特别报道《信念》，在湖南红网播发。联合市委宣传部等单位主办娄底市国防教育军事模型展。联合市委宣传部等单位主办“红军长征在娄底”学术研讨会，组织开展“心系国防情，重走红军路”活动。联合市委宣传部、省邮政分公司等单位举办《中国工农红军长征胜利80周年》纪念邮票首发式暨“弘扬长征魂·同筑中国梦”专题集邮展。2017年，市委党史办与娄底电视台合作摄制庆祝建军90周年系列专题片《将星闪耀》。

第三节　党史联络工作

1990年前后，地区和县、市党史联络组，配合冀鲁豫等省党史部门征集和核实民主革命时期党史资料。随着民主革命时期资料征集任务完成，党史联络组顺应社会主义时期和改革开放新形势，将工作重点转移到党史宣传教育和协助编写党史正本上来。联络组成员也从以南下入娄老干部为主扩大到市委、市人大常委会、市政府、市政协领导岗位上退下来的老干部。1997年，地区党史联络组编写的回忆录《峥嵘岁月》上辑出版发行。书中收录蔡畅的《留法勤工俭收的回忆》、成仿吾的《张国焘在鄂豫皖根据地的罪行》、陈正湘的《金戈铁马忆征程》之一至之十、李聚奎《我的回忆》等娄底籍重要党史人物的回忆录文章，在党史界产生强烈反响。2002年2月，联络组将征集到的54篇回忆录集结成《峥嵘岁月》编辑出版。

2003年6月，市委调整充实党史联络组，增补一批刚从领导岗位退下来的老同志，在13个市直机关综合协调单位增设党史联络组，使全市党史联络组达19个，成员增至680名。党史正本编写工作启动后，143名联络组成员参与征集资料，22人进入市、县两级写作组，成为地方党史正本主要编写力量。市本级党史正本写作组11名成员中，6名是联络组成员，3名正副组长中，2人来自联络组。涟源市党史联络组18名成员中有6人参与写作，组长曹源清年近80，还坚持执笔。双峰县14名成员负责搜集资料，5人各负责一章。

2006年，双峰县党史联络组提出在全县开展50场党史宣传教育活动的方案，得到县委支持。联络组老同志把党史资料编成故事，到学校和单位宣讲，听课人数1万余人次。省委党史研究室推广这一做法。2007年6月，全省党史联络工作座谈会在娄底召开，省级老领导刘夫生、赵培义、谢新颖等参加会议。

2007年3月，市委办公室印发《峥嵘岁月》征编方案，成立编委会，由市委书记、市长任顾问，市委副书记任主任，常务副市长、市委秘书长、组织部部长、宣传部部长、联络组组长任副主任，市直有关单位负责人为成员，在党史办设立《峥嵘岁月》编辑部并就组稿范围和主要内容、编纂要求、经费保障作出规定。至此，《峥嵘岁月》编辑出版成为党史办和联络组一项经常性工作，步入规范化轨道。

2010年，全市以党史联络组老干部为主体的党史宣讲队伍进社区、学校、工厂进行地方党史宣讲的经验——《湖南省娄底市组织宣讲团深入基层宣讲党史》被中央党史研究室作为《内参》内容报送中央有关领导。

至2017年，全市两级党史联络组成员64人，其中娄底市党史联络组15人，娄星区14人，冷水江市4人，涟源市16人，双峰县9人，新化县6人。《峥嵘岁月》连续出版8辑，收录老干部回忆文章406篇计186万余字。《岁月留痕》《寄情涟水》《与共和国同行》《白马水库四十年》《岁月钩沉》《拾遗集》《昨天今天》《夕阳红似火》《激情燃烧的岁月》《往事回忆》《往事再忆》《穿过硝烟风雨》《耄年忆》《铃子山集》《忆往昔》等专集相继问世，为存史、资政、育人积累丰富史料。

娄底市委党史办举办全市原湘乡九区南下干部、地下党员承前启后论坛（2011年5月5日摄）

第二章 地方志

第一节 工作机构

一、市级机构

1990年，地区地方志编纂委员会办公室（简称地方志办公室）为地区直属正处级事业单位，归口地委宣传部管理，定编5人。1992年8月，地委、行署决定，地方志办公室增加事业编制3名，内设综合科、编纂科。1995年11月，按照“党委领导、政府主持、人大政协支持、全社会参与”的修志工作格局，地区地方志办改为归口行署办公室管理。1996年8月，设立地方志办公室党组。1998年10月，设立《娄底年鉴》编纂部，增加自收自支事业编制3名。

2001年11月，市地方志办公室撤销。市政府办公室加挂地方志办公室牌子。市政府办公室综合科承担地方志工作职能。2004年4月，为落实省委、省政府关于开展第二轮修志工作的要求，市政府办设立编纂科，增加事业编制2名，作为地方志工作的科室。2011年，市政府办公室“三定”方案，“继续保留市地方志办公室牌名，设一正一副领导职数，撤销市政府办公室编纂科，保留1名正科级实职职数”。依此，市政府地方志办公室又更名为市地方志办公室。2015年10月，市政府办公室“三定”方案“继续保留娄底市地方志办公室牌名，其三定方案另定”。2017年11月，市政府第16次常务会议同意市地方志办为单列的正处级事业单位，归口市政府办管理，适当增加编制，人员实行“老人老办法，新人新办法”。至年底，娄底市地方志办公室为市政府办公室归口管理的正处级单位，设主任1人，副主任1人，调研员1人，人员实行公务员管理。

二、县级机构

1990年，双峰县、新化县、涟源市、冷水江市、娄底市（县级）均设立地方志办公室，人员编制

4~6人，除新化县归口县委办管理外，其他均归口县市政府办管理。1996年9月，随着《双峰县志》出版发行，双峰县地方志办公室撤销，其工作职能并入县政府办公室，人员分别安排至县政府办、县信访局、县委党史办、县教育局、县检察院等单位。2001年机构改革，县（市、区）效仿市里模式，撤销地方志办公室，娄星区、涟源市地方志办并入市政府办公室，保留地方志办牌名，为副科级级别，冷水江市地方志办公室并入市档案局，设立正股级方志编研组。2004年，新化县地方志办公室并入县委党史办公室（更名为县委史志办公室），归口县委办公室管理。

2008年，涟源市、娄星区设置地方志办公室，归口政府办管理，为副科级机构，高配正科级干部，财务单独核算。2011年，双峰县在县委党史办增加地方志工作职能，更名为县委史志办，归口县委办管理，为正科级机构。2016年，娄星区、涟源市地方志办公室并入区、市政府办公室。至2017年底，5县市（区）地方志机构：双峰县、新化县史志合一，涟源市、娄星区为政府办公室的内设机构（副科级），冷水江市为市档案局内设的方志编研组（正股级）。县（市、区）方志工作专职人员18人。

第二节　市、县两级综合志书

一、市（地区）志编修

1990年始，地委、行署、地区地方志编委会每年召开一次全地区地方志工作会议。1992年，地委、行署决定，为完整记述娄底地区改革开放10周年的历史，延长《娄底地区志》下限至1989年（原定下限为1987年），并要求各县（市）志均延长下限至1989年，同时提出“出高质量的志书，力争精品”的目标。1993年，《娄底地区志》进入总纂成书阶段。地区地方志办公室总纂人员采取成熟一篇评议一篇，修改一篇总纂成稿一篇的模式，逐篇总纂成稿。重点志稿如总述、大事记、党群、政务、人物等专志，分别送请地委、行署分管领导审阅。1994年10月，《娄底地区志（送评稿）》总纂脱稿。1995年10月18—20日，《娄底地区志》稿评议会召开，省地方志编委会主要领导，兄弟地市州地方志办主任和周边市县地方志办公室，历任地委书记、行署专员，地委、行署、人大、政协、军分区主要领导和所辖县市分管地方志工作的县级领导、志办主任和地直分志承编的牵头单位主要领导共200余人参加评议。根据评稿会议的意见和两轮交叉审改，经过13位专职副总纂和3位编辑逐节逐章逐篇两年修改、补充和完善，经地委、行署审定并报省地方志编委会终审验收，于1997年12月由湖南人民出版社出版。

1998年8月26日，地委、行署在娄底宾馆举行《娄底地区志》首发式暨总结表彰大会。至此，第一轮《娄底地区志》历经12年努力，完成编纂任务。《娄底地区志》系统记述娄底境内自秦汉至1989年的2000余年自然与社会、政治、经济与人文的历史。全志共16卷，前冠《总述》《大事记》后贴《人物》《附录》，共300余万字，彩照100页500帧，文中插黑白历史照片140多幅，印刷5000册。1999年，《娄底地区志》被评为湖南省地方志优秀成果一等奖。

2004年4月，贯彻省委办公厅、省政府办公厅《关于续修省市县三级志书的通知》精神，市政府决定启动全市第二轮修志工作。2006年6—7月，市委办、市政府办连续下发《关于续修市（县、区）二级志书的通知》《关于转发〈娄底市志（1990—2005）编纂方案〉的通知》《关于成立娄底市地方志编纂委员会的通知》。11月23日，市政府召开第二轮修志工作动员大会，全面启动《娄底市志（1990—2005）》的编纂和第二轮县（市、区）志的编修工作。

2017年3月，市委、市政府为地方志办公室配备专职主任。市政府为实现国务院提出的“两全目标”，决定延长《娄底市志》下限至2017年。11月3日，市政府第16次政府常务会议决定重新启动《娄底市志（1990—2017）》编修工作，力争2020年评审成书。

二、县（市、区）志编修

1990年，境内5部首轮社会主义新编县（市）志进入总纂阶段。1993年9月，《双峰县志》由中国文史出版社出版发行。全国人大常委会原副委员长蔡畅为志书出版题词，省委书记熊清泉作封面题字，省政协主席刘正作序。1994年1月《冷水江市志》出版发行。1996年4月《新化县志》出版发行。1997年7月，《娄底市志》出版发行。1998年7月，《涟源市志》出版发行。2008—2011年，涟源市、娄星区、冷水江市、新化县、双峰县相继启动县（市、区）志的第二轮修志工作。2017年8月，《涟源市志（1987—2007）》出版发行。截至2017年底，《冷水江市志（1988—2010）》总纂成稿，束封待评。《新化县志（1990—2009）》正在总纂。《娄星区志（1990—2008）》《双峰县志（1988—2012）》完成初稿。

1993—1998年娄底地区首轮新编地、县(市)志完成情况表

表65-3

志名	主编	出版年月	出版社	篇章节	字数（万字）	印数（册）	获奖情况
双峰县志	禹寿全	1993-09	中国文史出版社	27篇138章460节	116	4000	省地方志优秀成果一等奖
冷水江市志	范会昌 汤夒理	1994-01	中国城市出版社	23篇103章363节	79	2000	省地方志优秀成果二等奖
新化县志	刘友田	1996-04	湖南出版社	29篇152章	210	5000	省地方志优秀成果一等奖、中国地方志优秀成果二等奖
娄底市志	邓迪华	1997-07	中国社会出版社	26篇126章407节	124	4000	省地方志优秀成果一等奖
娄底地区志	王焕明 丛树英 曾维亮	1997-12	湖南人民出版社	16卷	300	3000	省地方志优秀成果一等奖
涟源市志	易树基 李岳衡 刘国涛	1998-07	湖南人民出版社	30篇173章	131	4000	新闻出版署授予国家优秀产品奖

第三节 年鉴编修

一、市级年鉴

1992年，地委、行署决定编纂出版地区综合年鉴《娄底年鉴》，并在市档案局内设立《娄底年鉴》编辑部。10月，地委办公室、行署办公室发出《关于编纂出版〈娄底年鉴〉的通知》，要求地直各单位、各县（市）人民政府、地属以上企事业单位提供本单位、本部门1990—1992年相关资料，如期保质保量送交娄底年鉴编辑部。1993年10月，娄底地区第一部地方综合年鉴《娄底年鉴（1993）》内部印刷发行。年鉴分门别类以条目体的形式，主要记述1990—1992年全地区重大事件和经济社会发展状况，16开本，100万字，120个彩色专页。设特载、专文、大事记、自然地理、政治、政法、军事、经济管理、城乡建设、工业、农业、商业、财税、金融、交通、邮电、乡镇企业、科技、教育、卫生、体育、文化艺术、社会生活、县市概况等类目。发行2500册。

此后，娄底地区地方综合年鉴以1993年卷为蓝本，相继出版《娄底年鉴（2000）》《娄底年鉴（1997—1998）》《娄底年鉴（2001—2003）》《娄底年鉴（2004—2008）》。2009—2016年，连续8年没有编印《娄底年鉴》。2017年6月，市政府研究决定：《娄底年鉴》自2017年起一年一鉴，公开出版。7月，市政府办公室下发《关于做好〈娄底年鉴（2017）〉编纂工作的通知》，追加年鉴专项经费30万

元。至12月底，《娄底年鉴（2017）》文字资料收集基本齐备。

二、县、（市、区）综合年鉴

2010年，涟源市编辑出版《涟源年鉴》，截至2017年，印行8部。2011年，《新化年鉴》创刊，两年一鉴印行2部，2015年后一年一鉴，截至2017年，印行5部。2012年，《冷水江年鉴》创刊，两年或三年一鉴。县（市）综合年鉴均为内部印行。至2017年，双峰县、娄星区没有编辑地方综合年鉴。

第四节　部门志、专业志编修

1992年始，全地区编修、出版印行150余部部门志、专业志。1995年10月，娄底地区地方志系统举办修志成果展览，展出《湘中教育志》（湖南教育出版社出版）、《娄底地区工业志》（中国广播电视大学出版社出版），《锡矿山锑志》《涟源钢铁厂厂志》《金竹山电厂志》《涟邵矿务局志》《湘中娄底》《娄底地区财贸志》《娄底地区交通志》《娄底地区农业志》《娄底地区金融志》《娄底地区烟草志》《娄底地区电力志》《娄底湘运公司志》《新化县水利电力志》《双峰县金融志》《娄底市教育志》《涟源市教育志》《冷水江钢铁厂厂志》等。

1999—2010年，《娄底市烟草志（1990—2005）》《娄底市电力志（1990—2005）》《娄底市粮食志（1990—2008）》《娄底市教育改革志》《锡矿山一百年》《涟源钢铁厂六十年》《娄底军事志》及5个县（市、区）的军事志出版。其间，2001年3月21日，冷水江市毛易镇（现沙塘湾街道）王坪湾村民王振庭编写的《王坪湾20世纪村志》问世。全书70万字，从行政区划、基层政权、生活习俗等方面记述王坪湾村100多年来的历程。

《历代名人与娄底（经济科技文化教育人物卷）》首发式暨娄底政协学习文史工作总结表彰会现场（2003年10月摄）

至2017年底，双峰县16个乡镇、78个县直部门（单位）均编有本单位的专业志。其中《永丰镇志》《青树坪镇志》《荷叶镇志》公开出版发行。

第三章　文　史

第一节　市政协文史资料征编

2000年7月，娄底市政协编印一届一次会议纪念画册《神圣使命》。2001年10月，收录文稿14篇，编印《纪念辛亥革命90周年座谈会资料汇编》。2002—2003年，编印《历代名人与娄底》上、中、下三卷，共150余万字。该套集政治性、统战性、历史性和可读性于一体的史料书籍，所选人物从东汉时期至现代娄底籍或在娄底有过重要活动的中外名人近千人，有传记、报道、回忆录、简介等，图文并茂，填补娄底历史人物专题研究空白。2010年修订再版。2012年9月，获省政协优秀文史图书特等奖。

2003年，市政协学习文史委联合湘中人文研究所，以介绍湘中地区婚姻、生育、寿庆、丧葬、饮食、居住、尊师、商贾、节日等文化习俗为主要内容编印出版《湘中民俗文化》。2006年12月，与市委党史办、市档案局联合征集出版《娄底历史上的今天》，填补娄底日志式历史的空白。是年，编印反映市政府驻北京联络处建设的画册《娄底在北京之家》。2009年4月，与省文联合作出版《千年游记·风雅娄底》和《千年游记·旅赞娄底》。是年8月始至2012年，编印出版《娄底历代文存》上、中、下卷。市政协学习文史委加强与各县（市、区）政协的联系，指导各地抢救文史资料，明确新化县以研究邓显鹤和梅山文化为主线，双峰县以研究曾国藩和湘军文化为主线，涟源市以研究国立师范学院在蓝田办学史为主线，冷水江市以研究锡矿山发展史和谢冰莹为主线，娄星区以研究陶龛学校和罗辀重为主线。与全国20余个省份30多家政协文史委以及台湾《湖南文献》编修机构建立业务联系和资料交流关系。

2013年，市政协学习文史委协助市委宣传部和市工商联编辑出版《天下娄商》，是为全市研究娄商文化的第一本文集。该书通过对娄商文化的发掘与整理，继承和弘扬娄底深厚的商业文化资源。2014年，编辑出版20万字的《娄底读本》。全书从印象娄底、风光娄底、风云娄底、风物娄底、风俗娄底、风雅娄底6个侧面展示娄底人文地理。2016年，编辑出版《此复神州第一功——辛亥革命中的娄底人》，以传记方式记述辛亥革命前后139位娄底籍革命党人的生平和事迹。编纂出版《娄底市政协志（第一卷）》，系统、全面记述娄底政协组织成立、发展及工作历程。2017年，编辑出版《娄底歌曲精选》，收录71首歌曲（配光碟），按“壮美娄底”“获奖作品”“县市区金曲”“民歌精选”四个部分编排，打造娄底音乐品牌。

截至2017年底，市政协编辑出版文史资料书籍100多种，计3000余万字。向省政协报送“农业文化遗产”“知青史料”和“‘文化大革命’史料”等资料60多万字，报送32处湖南名人故居资料100余万字，其中12处名人故居资料被采用。根据省政协安排，市政协文史委开展“湖南老字号”“解放初期剿匪斗争”等史料的征集工作。

2002—2017年娄底市政协征编出版《娄底文史丛书》一览表

表65-4

辑数	书　　名	编著者	出版单位	出版年月	字数（万字）
第一、二、三辑	历代名人与娄底（上）（中）（下）	李大鹏、周晓毅、李　耘	中国文史出版社	2002-10初版 2010-11再版	150.5
第四辑	湘中民俗文化	市政协学习文史委 湘中人文研究所	广州出版社	2003-08	25.0
第五辑	娄底在北京之家	市政协学习文史委 市政府驻京联络处	内部出版	2006-12	45.0
第六辑	娄底历史上的今天	李大鹏、袁洪清、彭再发	中国文史出版社	2006-12	36.0
第七、八、九辑	娄底历代文存（上）（中）（下）	李大鹏、李桂龙	湖南人民出版社	2009-08至2012-09	186.0
第十辑	娄底读本	政协娄底市委员会	湖南人民出版社	2014-12	20.0
第十一辑	“此复神州第一功”——辛亥革命中的娄底人	政协娄底市委员会	湘潭大学出版社	2016-12	34.8
第十二辑	娄底市政协志（第一卷）	政协娄底市委员会	内部出版	2016-12	40.0
第十三辑	娄底歌曲精选	政协娄底市委员会	湖南文化音像出版社	2017-12	10.0

第二节　各县（市、区）政协文史资料征编

一、娄星区

1988年10月，娄底市政协文史资料研究委员会《娄底文史资料》第一辑出版。主要内容有毛泽东主席赠送给姜齐贤母亲七十寿诞的寿幛“国之贤母”（由林伯渠书写）、朱德总司令创作、林伯渠书写的“人生七十古来稀，孟母贤劳说断机。哲嗣医疗称妙手，楼兰未斩尚戎衣”寿诗；有本地出土或珍藏的商、周、汉、元、明、清等朝代文物的照片；中国近、现代革命人士及知名人士的事迹记载。发行1000册。

1991年9月，文史资料研究委员会与陶龛校友总会合作，共同整理、编辑《罗钠重遗著选编》。1992年10月，编辑出版《娄底文史》第三辑，记述姜齐贤少将和国际著名医学家、中美两国主要领导人的朋友，娄星区万宝镇石埠村人李振翩以及娄底书画家萧一苇、知名人士黄宗忠、成希颙、贺国中、吴光鉴等人的史料。1996年10月，编辑出版《纪念李振翩先生诞辰一百周年》。系统介绍李振翩博士的生平及他在医学领域取得的成就，以及为中美两国建立外交关系作出的贡献。1999年7月，编写《光辉的历程》，纪念娄星区政协成立十五周年。

2006年10月，娄星区政协组织编写《海峡情怀》。以娄星籍在台湾人士关注台海大事、促进两岸交流为重要内容，反映他们的同胞情感及对和平统一的祈愿。2010年5月，以“发掘星城文化、保护名胜古迹”为主题，收集资料200余万字，图片近100幅，整理出版近20万字的《娄星文史・星城古韵》。展示娄星区的名胜古迹、历史文物、民俗风情、民间故事。

2012—2016年，娄星区政协突出亲历、亲见、亲闻的“三亲”特色，征集各类资料120万余字。搜集整理娄星区孙水河—仙女寨景区资料，娄星区名人资料和名居资料，娄底老街故事系列和娄底烙画资料，古天王寺和天籁寺资料等。到茶园、万宝、双江等乡镇开展农业文化遗址的发掘、搜救、保护工作，整理《农业文化遗址》相关资料。配合区政协原副主席黄云涵出版回忆录《岁月留痕》。编撰《娄星政协志》。2016年，编辑出版《湘军卧龙刘蓉》。

二、冷水江市

1984年2月，冷水江市政协文史资料研究委员会开始征集民主革命先驱曾杰、熊仁和早期从事革命活动的张学琅、刘逊夫、苏镜等人的史料。为广征博采，文史研究人员先后走访国内外20多座城市100余个征集对象。1987年，出版《冷水江市文史资料》第二辑，收集侨居美国女作家谢冰莹撰写的三篇史稿，其中记述她青年时代军旅生涯的《报考军校的回忆》一文，被全国政协文史委《文史资料选辑—港、澳、台及海外来稿专辑》选登。该辑文史资料在全省优秀文史资料评选中获三等奖。2004—2009年，编辑出版《梅山蚩尤文化研究》一、二、三、四辑，被省文史馆收藏。2010年5月，谢冰莹故居纳入“湖湘文艺名人故居保护计划”考察范围，2011年1月，被省人民政府公布为省级文物保护单位。2014年，编辑出版《冷水江市城市建设史（1969—2014）》，以图文并茂的形式展现建市45年间城市面貌变化。截至2016年，冷水江市政协文史委出版文史书籍18辑，画册1本，350余万字。

三、涟源市

1984年8月，《涟源文史》创刊。1985年，为纪念抗日战争胜利40周年，发起《抗战一事》征文活动。至1987年，《涟源文史》出刊12期，发行4000余册。至1989年，征集文史资料40余万字。

1989年12月至2017年12月，市政协先后整理编辑出版《涟源文史》16辑，包括《同舟共济五十年》《水务专辑》《交通专辑》《教育专辑》《〈围城〉之城》《李燮和》《涟源文物精粹（画册）》《涟源古建筑（画册）》《我们携手走过——庆祝涟源政协成立六十周年纪念专辑》等，计400多万字。其中《涟源文史》第四辑（纪念抗战胜利50周年史料）获省政协文史委优秀出版物提名奖。《李燮和》在省政协2008—2012年优秀文史资料图书评比中获一等奖。

四、双峰县

1995年，为纪念中共早期领导人蔡和森诞辰100周年，双峰县政协文史资料研究委员会广泛征稿，编印纪念专辑。2001—2002年，为娄底市政协《历代名人与娄底》提供双峰籍名人资料并写成文稿80多篇70多万字。先后向省社会科学院、省图书馆、北京师大等单位提供双峰地方史料15篇。2012年，《华夏望族——曾国藩世家》获全省优秀文史图书二等奖。2016年8月，为纪念禹之谟诞辰150周年，启动纪念专辑编辑工作，至2017年7月，《自有雄心光日月》出版发行。截至2017年末，双峰县政协有文史通讯员125人，其中特约文史通讯员26人，形成独具特色的文史资料征集工作网络。累计征集文史资料1405篇，1000多万字，编辑出版《双峰文史》14辑。

五、新化县

1985年，新化县文史资料研究委员会（后更名学习文史工作委员会）收集文史资料20余万字，10月出版《新化文史》第一辑。1991年12月，编印出版《新化文史》第四辑，主要收集民国以后新化县政府机构的设置与演变，国民党新化县地方组织沿革，新化建县重大事件纪述，新化出土的古钱币，红军长征在新化逸事等史料。1995年12月，编辑出版《新化文史》第五辑，主要收集新化籍革命党人与辛亥革命，中华人民共和国成立初期新化县的剿匪斗争，陈正湘传略，毛泽东的三位新化籍老师以及新化农业大事史略等资料。2005年3月，编辑出版纪念新化县政协成立五十周年专辑《风雨同舟》。2006年4月，为纪念陈天华蹈海殉国100周年，收录百年来国内外研究陈天华文史资料的主要成果，出版《陈天华百周年祭》。为纪念方鼎英将军逝世30周年，出版《方鼎英将军史传》。2008年，为纪念“湘学复兴之导师”邓湘皋（显鹤）230周年诞辰，编辑出版《邓湘皋——湘学复兴之导师》专辑。2010年6月，收录国际主义战士罗盛教的生平事迹，编辑出版《国际主义战士罗盛教》。此专辑获湖南省政协2008—2012年度优秀文史资料图书二等奖。2011年7月，《梅山骄子成仿吾》出版，收录成仿吾一生重大经历的史料。2017年底，累计出版文史资料专辑27辑，计913.7万字。

1985—2017年娄底市各县（市、区）编辑出版文史资料一览表

表65-5

辑数	书名	编者	出版年月	字数（万字）
娄星区（市）				
第一辑	娄底文史资料	娄底市政协文史资料研究委员会	1988-05	18.0
第二辑	罗钠重遗著选编	娄底市政协文史资料研究委员会	1991-09	15.0
第三辑	娄底文史	娄底市政协文史资料研究委员会	1992-10	14.0
第四辑	娄底文史	娄底市政协文史资料研究委员会	1996-10	10.0
第五辑	光辉的历程	娄底市政协文史资料研究委员会	1999-07	42.0
第六辑	海峡情怀	娄星区政协学习文史委员会	2006-10	20.0
第七辑	星城古韵	娄星区政协学习文史委员会	2010-05	19.5
第八辑	湘军卧龙刘蓉	娄星区政协学习文史委员会	2016-11	19.5
冷水江市				
第一辑	冷水江文史	政协冷水江市委员会	1985-12	9.0
第二辑	冷水江文史	政协冷水江市委员会	1987-10	10.0

续表65-5

辑数	书　　名	编　者	出版年月	字数(万字)
第三辑	冷水江文史	政协冷水江市委员会	1990-12	11.0
第四、五、九、十四辑	梅山蚩尤文化研究(一)(二)(三)(四)	政协冷水江市委员会	2004-06—2009-12	129.0
第六辑	实践与思考	政协冷水江市委员会	2006-05	17.0
第七辑	冷水江诗粹	政协冷水江市委员会	2006-08	5.0
第八辑	建言与探索	政协冷水江市委员会	2006-12	15.0
第十辑	诤言与良策	政协冷水江市委员会	2007-12	37.0
第十一辑	建言与探索	政协冷水江市委员会	2007-12	27.0
第十二辑	实践与思考	政协冷水江市委员会	2008-06	18.0
第十三辑	冷水江市乡镇办政协工作指南	政协冷水江市委员会	2009-12	5.0
第十五辑	冷水江市政协2009年度优秀调研报告汇编	政协冷水江市委员会	2010-02	5.0
第十六辑	锑都诗选	政协冷水江市委员会	2010-12	15.0
第十七辑	廿载同舟	政协冷水江市委员会	2010-12	32.0
第十八辑	新世纪新辉煌(画册)	政协冷水江市委员会	2011-10	—
第十九辑	冷水江市城市建设史(1969—2014)	政协冷水江市委员会	2014-10	48.0
		涟源市		
第一辑	涟源文史资料	政协涟源市委员会	1989-12	11.0
第二辑	涟源文史资料	政协涟源市委员会	1993-10	11.0
第三辑(上)	涟源政协四十年	政协涟源市委员会	1995-02	11.0
第三辑(下)	委员之光	政协涟源市委员会	1995-04	10.0
第四辑	涟源文史资料(抗战50周年纪念)	政协涟源市委员会	1996-04	10.0
第五辑	政协委员名典(1993—1997)	政协涟源市委员会	1997-08	10.0
第六辑	涟源文史·教育专辑	政协涟源市委员会	1999-01	15.0
第七辑	涟源文史·委员撷英	政协涟源市委员会	1999-09	15.0
第八辑	涟源文史·城建专辑	政协涟源市委员会	2002-02	15.0
第九辑	涟源文史·交通专辑	政协涟源市委员会	2002-10	15.0
第十辑	涟源文史·水务专辑	政协涟源市委员会	2004-01	18.0
第十一辑	同舟共济——涟源政协五十年	政协涟源市委员会	2005-06	25.0
第十二辑	《围城》之城——国立师院史料集	政协涟源市委员会	2007-11	30.0
第十三辑	李夑和研究史料集	政协涟源市委员会	2010-12	25.0
第十四辑	涟源文物精粹(画册)	政协涟源市委员会	2011-12	—
第十五辑	涟源古建筑(画册)	政协涟源市委员会	2014-04	—

续表65-5

辑数	书　　名	编　者	出版年月	字数（万字）
第十六辑	我们携手走过——涟源政协六十周年纪念	政协涟源市委员会	2015-06	25.0
		双峰县		
第一辑	双峰文史	双峰县政协文史委	1986-10	8.0
第二辑	双峰文史	双峰县政协文史委	1988-11	10.0
第三辑	双峰文史	双峰县政协文史委	1989-10	10.0
第四辑	双峰文史	双峰县政协文史委	1991	11.0
第五辑	双峰文史	双峰县政协文史委	1993	16.5
	双峰联萃（附诗词）	双峰县政协文史委 双峰县楹联学会	1994	15.0
	纪念抗战胜利五十周年	双峰县政协文史委 县志办、县委党史办	1995	12.5
第六辑	双峰文史	双峰县政协文史委	2002	27.8
第七辑	政协之光	双峰县政协文史委	2004	30.0
第八辑	双峰文史	双峰县政协文史委	2006-07	15.0
第九辑	双峰改革开放30年	双峰县政协文史委	2008-10	43.9
第十辑	双峰文史	双峰县政协文史委	2010	21.0
第十一辑	《华夏望族——曾国藩世家》特辑	双峰县政协文史委	2011-08	44.8
第十二辑	湘军之母罗泽南文史资料专集	双峰县政协文史委	2013-10	20.0
第十三辑	双峰文史（一至六辑）合订本（上）（下）	双峰县政协文史委	2014-09—2015-07	88.0
第十四辑	自有雄心光日月——禹之谟诞辰150周年纪念	双峰县政协文史委	2017-07	12.8
		新化县		
第一辑	新化文史	新化县政协文史委	1985-10 2006-04	15.6
第二辑	新化文史	新化县政协文史委	1987-02 2006-04	20.0
第三辑	新化文史	新化县政协文史委	1989-05 2007-08	21.0
第四辑	新化文史	新化县政协文史委	1991-12	34.0
第五辑	新化文史	新化县政协文史委	1995-12	19.6
第六辑	新化文史	新化县政协文史委	1999-10	21.2
第七辑	跋涉者之路	新化县政协文史委	2002-03	13.2
第八辑	建言献策	新化县政协文史委	2002-12	15.6
第九辑	新化县革命干校校友回忆录	新化县政协文史委	2003-07	22.0
第十辑	邵阳资江公学校友回忆录	新化县政协文史委	2004-08	26.9

续表65-5

辑数	书　　名	编　者	出版年月	字数(万字)
第十一辑	风雨同舟	新化县政协文史委	2005-03	44.8
	新化文征	新化县政协文史委	2005-04	120.0
	梅山挽歌选	新化县政协文史委	2006-01	16.8
第十二辑	陈天华百年祭	新化县政协文史委	2006-04	20.0
第十三辑	方鼎英将军史传	新化县政协文史委	2006-04	20.0
第十四辑	黎明时的枪声	新化县政协文史委	2007-03	28.0
第十五辑	上梅中学创业史	新化县政协文史委	2007-08	30.0
第十六辑	乐章与文采	新化县政协文史委	2007-09	21.5
第十七辑	邓湘皋——湘学复兴之导师	新化县政协文史委	2008-06	22.0
第十八辑	新化熊山 蚩尤故里	新化县政协文史委	2008-12	20.0
第十九辑	新化文鉴	新化县政协文史委	2009-10	48.0
第二十辑	国际主义战士罗盛教	新化县政协文史委	2010-06	22.0
第二十一辑	梅山骄子成仿吾	新化县政协文史委	2011-07	42.0
第二十二辑	难忘的岁月	新化县政协文史委	2012-10	35.5
第二十三辑	新化人物史汇	新化县政协文史委	2013-10	61.0
第二十四辑	新化在崛起	新化县政协文史委	2015-03	35.0
第二十五辑	新化抗战纪实	新化县政协文史委	2016-01	40.0
第二十六辑	新化辛亥人物	新化县政协文史委	2016-10	33.0
第二十七辑	新化民俗文选	新化县政协文史委	2017-12	45.0

说明：以上文史资料书刊均为内部出版

第四章　档　案

第一节　综合档案馆建设

一、馆库建设

1990年，地区及下辖娄底市、冷水江市、涟源市、双峰县、新化县国家综合档案馆（简称档案馆），总建筑面积8977平方米，其中地区档案馆建筑面积2116平方米，县（市）档案馆建筑面积合计6861平方米。

市档案馆　2009年，市档案馆经鉴定为“D级”危房。2013年，市委常委会议决定，在市体育中心地块重建市档案馆。2015年2月，市政府确定将市档案馆建在市体育中心西北面秀石街以南、体育中心网球场以北。2016年3月，市档案馆新馆开工建设。新馆占地面积8067平方米，总建筑面积1.58万平方米，由市国家综合档案馆、市委组织部干部信息中心组成，总投资9811万元。2017年3月，主体工程封顶。

县（市、区）档案馆　2009年6月，国家安排中央预算内投资补助中西部地区县级档案馆馆舍建设。各县（市、区）经过争取中央补助资金，启动新馆建设。2010年9月，双峰县档案馆新馆开工建设，总投资2509万元，建筑面积6643平方米，其中库房面积2244平方米。2012年8月，冷水江市档案馆新馆开工建设，总投资3499万元，总建筑面积8337平方米，其中库房面积1397平方米（2015年1月投入使用）。2014年5月，湖南省第三次中西部地区县级国家综合档案馆建设项目推进会在冷水江市召开，推广双峰县、冷水江市档案馆建设模式。是年9月，新化县档案馆新馆开工建设，总建筑面积6841平方米，其中库房面积2800平方米，总投资2572万元，2017年1月竣工。

截至2017年底，全市已建和在建综合档案馆建筑面积4.07万平方米，较1990年增加3.18万平方米，增长353.9%。

二、档案资源建设

机关档案接收　1990年，各档案馆依法接收党政机关（含事业单位）属永久、长期（定期30年）保管的档案，以文书档案为主。至1999年，市、县两级档案馆接收档案6.95万卷。2000年后，市、县（市、区）两级档案馆在接收文书档案同时，还接收科技档案、专业档案、声像档案、实物档案、地方特色档案等多门类、多载体的档案，收集与馆藏档案有关的各种资料。2000—2009年，市、县两级档案馆接收档案53.13万卷。2010—2017年，市、县两级档案馆接收以卷为单位的档案20.82万卷。接收文书档案立卷改革后以"件"为保管单位的档案54.44万件。

企业档案接收　2001年始，各档案馆开始接收改制企业档案，截至2017年，市、县两级综合档案馆接收31.73万卷。

"三重"档案资料接收　2006年11月，市委办、市政府办下发《关于切实加强对全市重大活动、重大工程、重大突发事件、领导公务活动声像档案资料收集管理的通知》（简称"三重"档案）。市档案馆直接参加全市"三重"档案资料的拍摄采集工作。截至2017年底，市档案馆先后接收创省级卫生城市、创省级文明城市、省第十二届运动会、省第九届残疾人运动会、创全国卫生城市等重大活动档案179盒，收集61名市级领导干部公务活动档案166盒。冷水江市档案馆接收"三重"档案74盒，领导干部公务活动档案281盒。新化县档案馆接收国务院总理朱镕基2001年视察新化的照片档案2盒、领导干部公务活动档案26盒。双峰县档案馆接收纪念蔡和森110周年诞辰、曾国藩学术研讨会暨曾国藩文化旅游节活动等重大活动档案资料22盒。

荣誉实物档案接收　2007年，市委办、市政府办下发《关于加强全市各类荣誉实物档案收集管理的通知》。市档案馆开始收集实物荣誉档案。截至2017年底，市档案馆接收奖牌、奖杯、奖状、锦旗等各种荣誉实物档案480余枚（个、本、件），印鉴1000余枚。

档案征集　1990—2017年，市档案馆先后征集到旅游档案24卷，中华人民共和国成立后的证章、粮票、布票和"文化大革命"时期的像章、袖章、肩章等地方特色档案87件，30位全国劳动模范的个人简历、先进事迹、照片等资料，涟源籍平民英雄黄国雄的文稿、日记、遗物等资料20余件，李萼、朱罗生、周展雄、童敢等个人家庭档案551卷（盒），20余个姓氏的族谱396卷（册）。娄星区档案馆征集到文征明、沈仕、邓石如等书画作品、碑帖65件，族谱234卷（册）。冷水江市档案馆征集到锑矿、梅山傩戏木雕等地方特色档案2804件，杨玉声、韩桂林、谢冰莹、谭谈等名人档案62盒，族谱67册。涟源市档案馆征集到李聚奎上将1949年进北京时使用的军帽、蒲扇和《李聚奎回忆录》等资料，涟源市马家境经济开发区、蓝田城区老街原貌档案，零散古书、古字帖等资料18册，名人书画作品11幅，老照片2000余张，族谱75卷（册）。新化县档案馆征集到地方特色档案445卷，名人档案42卷，族谱177卷（册）。双峰县档案馆征集到名人档案108卷，画家王憨山画作《祖国万岁》1幅，黄天虎、黄定初国画作品4幅。

馆藏　1990年初，地、县两级档案馆有全宗704个，案卷14.77万卷，音像档案375盒，照片档案

9058张，资料5.25万册。1999年底，市、县两级综合档案馆有全宗880个，案卷21.71万卷，音像档案922盒，照片档案1.43万张，资料7.56万册。2009年底，市、县两级综合档案馆有全宗1345个，以“卷”为保管单位的档案74.84万卷，以“件”为保管单位的档案2.93万件，音像档案1007盒，照片档案2.37万张，资料8.12万册。2017年底，市、县两级综合档案馆有全宗1421个，以“卷”为保管单位的档案95.66万卷，以“件”为保管单位的档案54.44万件，音像档案1.58万盒，照片档案3.56万张，资料9.15万册。

1990—2017年部分年份市县两级综合档案馆馆藏档案资料统计表

表65-6

年份	全宗（个）	纸质档案		声像档案		资料（册）
		以“卷”为保管单位的档案（卷）	以“件”为保管单位的档案（件）	音像档案（盘）	照片档案（张）	
1990	704	147647	—	375	9058	52529
1999	880	217133	—	922	14315	75565
2009	1345	748426	29282	1007	23683	81231
2017	1421	956641	544435	15822	35602	91541

三、档案保管与保护

档案设施设备　1990年，各档案馆设施设备比较简陋，档案装具大多为木质柜，地、县两级档案馆有复印机4台、空调5台、去湿机13台。2000年始，各级政府加大投入，各档案馆相继配备铁质档案柜、密集架。市档案馆添置密集架300多立方米、空调10台、温湿度自动控制仪3台、库房自动报警系统1套。至2009年，市、县两级档案馆有复印机7台、集中式空调4套、去湿机40台、消毒设备6台。2010—2014年，市档案馆添置密集架595立方米、除湿机16台、温湿度自控仪3台。相继安装中央空调系统、视频监控系统、火灾自动报警系统、气溶胶灭火系统。双峰、冷水江、新化县档案馆新馆建成后，设施设备升级换代，配备了精密空调、高压细水雾灭火系统、温湿度自动控制系统、防火防盗自动报警系统、门禁系统等现代化的防护设备。2017年，市、县两级档案馆有复印机10台、集中式空调9套、分散式空调41台、去湿机54台、消毒设备7台。

温湿度控制　1990年，各档案馆采用的是在库房内和库房外挂干湿温度计，每日测量温湿度数据，根据库房内外温湿度差人工调节窗户开闭时间，及时开启空调、除湿机和通风机。2000—2017年，市、县两级档案馆装备温湿度自动控制仪，通过人工设定参数，由温湿度自动控制仪自动开闭空调、除湿机等设备调节温湿度。县（市）档案馆新馆建成后，通过中心控制室的软件控制设备运转，实时显示和记录各个库房的温湿度。

防霉与防虫　1990—1999年，防虫药普遍使用卫生球、樟脑丸。各档案馆普遍采用进馆档案资料入库前消毒灭菌。库房内定期放置和更换防霉防虫药品等措施防霉防虫。2000—2017年，随着环保意识的提高，各档案馆多采用中草药防霉防虫。

防火与防盗　1990—1999年，各档案馆普遍采用安装防盗门窗防盗，防火设施设备主要有灭火器和室内外消防栓。为保证档案的安全，各级档案馆健全防火防盗管理制度，禁止在库房内吸烟、生火和将易燃易爆品带入库房，下班时人离关电、关水，坚持晚上和节假日值班等制度。2000—2012年，部分档案馆安装防盗自动报警系统、视频监控系统、自动灭火系统进行防火防盗。2013—2017年，各新建档案馆安装防火防盗自动报警系统、自动灭火系统和电子门禁系统，实现防火防盗自动化。

档案抢救 早期形成的档案多为复写纸誊写或圆珠笔书写，加之纸质较差，纸张脆化、墨迹蜕变，危及档案寿命。各档案馆及时开展档案抢救工作。随着技术的进步，档案抢救逐步由传统的手工抄录副本、粘贴、裱糊等抢救方法向多采用复印、扫描等方式进行抢救转变，提高抢救效率。1990—2017年，市档案馆抢救档案1207卷。1995年，双峰县档案馆复制蜕变档案1896页。2007年，双峰县档案馆抢救民国档案542卷。娄星区档案馆抢救档案1704卷。冷水江市档案馆复制档案1246卷，修裱档案589卷，扫描81127页。涟源市档案馆抢救档案4300余卷，其中复制档案600卷，装裱修补档案4100卷（件），数字化处理档案130卷（件）。新化县档案局抢救档案6277卷，其中全文扫描292卷计2.96万页。

娄星区档案馆收藏的文徵明绢制写意园林画（2007年8月摄）

四、档案开发利用

检索目录编制 1990—1999年，各档案馆的检索工具以纸质目录为主，主要有反映整个馆藏情况的全宗名册，反映全宗内档案情况的案卷目录、卷内目录、全引目录，反映某个专题内容的专题目录，以及声像档案目录、实物档案目录等检索工具。2000年以后，各档案馆购买档案管理软件，录入案卷级目录和文件级目录。2017年底，市、县两级档案馆案卷目录2523本，全引目录3820本，归档文件目录1645本，案卷级机读目录19.28万条，文件级机读目录198.49万条。

档案开放 各档案馆对馆藏满30年的档案进行鉴定并开放。开放的档案包括中华人民共和国成立前形成的历史档案和1949年10月1日后各级党委、人民政府及其工作部门、各群众团体按规定可以公开的档案，内容涉及政治、经济、科学、技术、文化、教育等方面。至2017年底，市、县两级档案馆开放档案43.3万卷。

档案查阅 随着改革开放的深入和经济社会的发展，档案馆藏不断丰富，查阅利用档案的人员逐年增多。档案利用由面向机关单位为主发展到面向全社会、面向广大人民群众服务为主。各档案馆为各级领导决策、单位工作查考、编史修志提供参考资料和原始档案，为纪委反腐败、公安侦破案件、法院审判工作等提供依据凭证，为广大群众落实个人政治经济待遇、确定婚姻关系等提供档案资料，为解决山林土地纠纷、房产纠纷、家庭纠纷、财产继承纠纷等提供原始依据，保护人民群众的合法权益。1990—2017年，市、县两级档案馆接待档案查阅利用者23.16万人次，查阅利用档案33.36万卷，复印档案33.79万页。

市（地）档案馆编研 1990年，地区档案馆编印《娄底地区档案馆职员手册》《纪念〈档案法〉颁布三周年资料汇编》《娄底地区自然灾害资料汇编》。1992年，地区档案馆编印《娄底地区档案馆指南》。2000年，市档案局（馆）编印《娄底地区档案工作大事记（1977—1998）》，2001年，参与《中共娄底地区历史大事记》编写，2005年，参与由市政协文史委、市委党史办合编的《娄底历史上的今天》。2011年，市档案馆主编《庆祝中国共产党成立90周年——娄底记忆》画册。2014年，主编《中国娄底——荣誉集》，2015年，主编《娄底抗日纪实》。

县（市、区）档案馆编研 1990—2017年，娄星区档案馆先后编写或参与编写《娄底市资料汇编》《娄底市组织史》《娄底英烈》等。冷水江市档案馆先后编写或参与编写《中国共产党冷水江市组织史资料》《冷水江市档案馆指南》《冷水江市兰台十六春》《冷水江市档案行政执法资料汇编》等。涟源市档案馆先后编写《档案工作大事记（1988—1997）》《档案馆指南》《档案资料汇编》《档案志（1987—2007）》等。新化县档案馆先后编写或参与编写《新化县档案工作纪事》《新化民歌版画》《八大水系兴建纪实》等。双峰县档案馆先后编写或参与编写《双峰县自然灾害资料汇编》《永丰辣酱》《双峰县档案局组织史资料（1990—1999）》《耕耘》《双峰县档案志（1956—2014）》《双峰县档案馆指南》《双峰县档案局（馆）机构编制沿革》等。

市（地）档案展览 1991年，地区档案馆在三楼库房布置《娄底地区名人档案展览》和《娄底地区“七五”期间档案事业成就展览》。2007年，市档案馆举办《娄底市档案馆藏精品展》，展出6个国家综合档案馆收藏的珍品档案，参与《青春娄底·辉煌岁月——娄底设立地级建制30周年成就展》，参与拍摄《历史在这里闪光——娄底市纪念〈档案法〉颁布20周年》电视专题片。2011年，市档案馆参与《庆祝中国共产党建党90周年——“娄底记忆”大型摄影图片展》。2013年，市档案馆在娄星广场举办《家庭档案实物展》，展出馆藏周展雄、童敢家庭档案中的精品。

县（市、区）档案展览 2005年，双峰县档案馆与蔡和森纪念馆、蔡畅图书馆等单位联合举办《庆祝反法西斯战争胜利六十周年》图片展。2007年，涟源市档案馆举办《涟源革命历史》展览。2010年，冷水江市档案馆举办《谢冰莹展》。2011年，冷水江市档案馆举办《建党90周年展》。2013年9月，娄星区档案馆举办《黄云涵家庭档案展览》。2016年，涟源市档案馆举办《发展的新涟源》展览。

现行文件查阅服务 2005年上半年，市、县两级现行文件服务中心挂牌成立并向社会开放。截至2017年底，全市6个现行文件服务中心向社会公布规范性文件1.56万件，接待查阅者6000余人。

五、档案信息化建设

信息化基础设施 1992年，地区档案馆购买首台计算机。1999年，市、县两级档案馆计算机增至5台。2004年，市档案局建成局域网，其中服务器1台，站点12个，购买刻录机1台、扫描仪1台。2009年，市、县两级档案馆有服务器7台，计算机76台。2017年，市、县两级档案馆有服务器6台，计算机217台。

档案信息数据库建设 2001年，市档案馆购买津科档案管理软件，至2004年，录入案卷级和文件级条目2万余条。2005年，市档案馆安装金通文档环境智能综合管理系统网络版，至2009年，录入案卷级条目3.7万条，文件级条目41.6万条。2010年，市档案馆安装超越2000文件资料综合管理系统，对9000余卷档案全文扫描，计140万页。2016年，市档案馆安装全省统一的馆藏档案资源综合管理系统软件，完成档案全文扫描70万页。截至2017年底，市县两级档案馆扫描以“卷”为保管单位的档案9312卷，以“件”为保管单位的档案4.43万件，计240万页，扫描照片档案4.52万张。

档案信息网站建设 1998年，地区档案馆与地区信息产业局在中国公用信息网络上共同开办“娄底档案信息”专栏，将开放的历史档案、世界锑都史料、名特优新产品史料等信息不定期上传到因特网上。2004年6月，建立娄底市档案局网站。2006年，冷水江市档案局网站建成。2008年，娄星档案信息网开通。2009年和2015年，两次对网站改版。娄底市档案局网站是市档案局在互联网上进行政务公开和提供网上政务服务的平台，设信息公开、政策法规、业务指导、教育培训、办事服务等栏目。

第二节 社会档案管理

一、机关档案管理

1990年始，地区档案局每年召开1次机关档案工作负责人会议，协商解决具体问题，每年举办1期以上档案业务培训班，业务指导科人员经常到各机关进行档案业务指导，提高机关档案员的业务技术水平。

1992年，地区档案局制定《档案工作目标管理考核办法》，对机关档案工作实行量化管理，每年进行等级达标考核。1995年始，贯彻实施国家档案局《档号编制规则》《全宗卷规范》《全宗指南编制规则》，统一档案号的编排、全宗卷的组卷和全宗指南的编制。高等院校实施《高等学校档案实体分类法》。1999年，贯彻实施国家标准《档案著录规则》。从2000年始，各机关开始贯彻实施国家标准《归档文件整理规则》，实现机关档案集中统一管理，按国家规定统一档案卷盒装具。2007年，国家颁布《电子档案管理基本术语》《文书类电子文件元数据方案》《数码照片归档与管理规范》和《档案数字化光盘标识规范》，市档案局制定发布《电子文档管理办法》，开始重视电子文档的归档管理。2016年，全市档案系统实施国家档案局颁布的《数字档案室建设评价办法》。机关档案管理工作进入数字化信息管理新时代。

2017年，市档案局制定《县市区档案工作考评细则》和《市直、有关驻娄单位档案工作考评细则》，把县（市、区）直机关档案工作纳入考评细则，进行分类考评管理。是年底止，市（县、区）一级机构档案室443个，全部上等达标。档案室库房面积3.61万平方米，其中市直机关档案室库房7315平方米，县（市、区）直机关档案室2.87万平方米。共有空调763台，去湿机399台，温湿度自动控制仪96台，防磁柜93个，档案柜5090个，档案密集架1.39万立方米，收藏机关档案174.82万卷。

二、企业档案管理

1990年始，企业档案工作的重点是强化集中统一管理，积极开发利用，为企业发展服务。1994年7月，地区召开企业档案工作经验交流会，推广地质418队和娄底电业局等企业抓改革、求发展、创效益的经验。1996年10月10日，在冷水江大乘资氮集团有限公司召开全区企业档案工作会议，传达全省档案工作会议精神，确定在全区企业中开展档案工作目标管理活动的方案，在国有企业开展档案工作上等达标活动。在业务工作中，主要是贯彻国家档案局印发的《工业企业档案分类试行规则》，着重于企业档案统一分类和集中统一管理。1998年3月起，根据国家档案局、国家体改委、国家经贸委和国资局颁布的《国有企业资产与产权变动档案处置暂行办法》，对破产重组国有企业的档案进行妥善处置。全市先后整理110家较大规模破产企业的各类档案53.63万卷，移交档案馆50.74万卷，其中市档案馆31.73万卷，县（市）档案馆19.02万卷。部分档案仍然留在重组后的企业，由企业保管和利用。1999年11月，涟钢建立集中统一管理全部档案的企业档案馆，至2017年底，馆藏档案9.96万卷，12.57万件，图纸35万张，照片3.18万张，声像播放长度1367小时。

2004年始，市内各企业贯彻实施国家档案局、国务院国有资产监督管理委员会联合发布的《国有企业文件材料归档办法》。2013年，进一步实施国家档案局发布的《企业文件材料归档范围和档案保管期限规定》，企业档案工作进入规范发展的轨道。部分企业开始采用先进的科学技术，对企业档案进行数字化管理。其中娄底电业局的档案数字化工作起步最早。2014年，该局组织专门力量对本企业档案〔共计档案5840卷（盒、册），文件7.95万件44.53万页和图纸7.41万张〕进行数字化处理，成功接挂到湖南电力系统的档案信息管理平台，实现电业局全部档案信息的数字化管理。1990—2017年，全市提供企业档案利用10.04万人次，55.37万卷次，24.08万件次，档案管理工作达到国家一级标准。截至2017年底，全市7家大中型国有企业中，建有企业档案馆3个，企业档案室4个，收藏档案53.97万卷，图纸75.40万张。

三、专门档案管理

人事档案　主要包括干部档案和职工档案两大部分。市直机关单位副处级以上干部档案和县（市、区）直属单位副科级以上干部档案由市、县组织部门设立干部档案馆（室）单独管理。其他干部档案由所在单位的组织人事部门管理。市、县（市、区）两级设立3个干部档案馆和3个干部档案室。2017年后，改设为干部信息中心，共有管理人员15名，馆藏干部职工档案20.33万卷。

城建档案　由市、县两级城建档案馆分级管理。市城建档案馆负责管理娄底市区包括娄星区、经开区和万宝新区的城建档案。冷水江市、涟源市城建档案馆和新化县、双峰县城建档案室负责管理本辖区的城建档案。

1990年，涟源市城建档案馆设立，干部职工12人。截至2017年底，馆藏档案1.4万卷。1991年，新化县城建档案室设立，归口新化县建设局管理，编制2人，实有8人。库房面积500平方米。截至

2017年底，室藏档案7278卷（盒），底图4.68万张、照片档案789张，光盘20片。2014年，市城建档案馆新建馆库竣工，系国家二级档案馆。2015年3月26日，搬迁至新馆办公。新馆库总面积3000多平方米，其中库房400多平方米，能够满足未来20~30年的库藏要求。库房增加200立方米智能密集架和五位一体功能齐全的信息化安全保护系统，包括恒温恒湿、消毒灭菌、自动防盗声光报警、视频监控、防火声光报警、自动灭火五大专业系统，实现库房温湿度、消防、监控报警等多项智能管理，充分满足档案保管要求。截至2017年底，干部职工15人，馆藏档案6.04万，图纸790张，照片1.68万张。

双峰县城建档案室是省特级档案室。2017年6月完成城建档案搬迁新库房工作。新库房面积500余平方米，档案架62个，总长度1500余米。截至2017年底，室藏档案6322卷。有工作人员2人。冷水江市城建档案馆隶属冷水江市住建局，总建筑面积1937平方米，其中库房面积611平方米，内有档案柜、底图柜及空调、去湿机等设施。截至2017年底，馆藏城建档案1.94万卷，底图1.41万张，照片5100张。干部职工14人。截至2017年底，全市有城建档案馆3个，城建档案室2个，工作人员51人，馆库面积4991平方米，馆藏城建档案11.01万卷（盒册），图纸6.62万张，照片2.27万张。

不动产登记档案　2015年始，形成不动产登记档案门类，由国土局档案部门负责管理。截至2017年底，市、县（市、区）国土管理局馆藏不动产登记档案64万卷。

房产交易档案　房产交易档案由房产局档案部门管理。截至2017年底，市、县（市、区）房产管理局收藏房产交易档案78.44万卷。

案件档案　包括纪检委、监察局、公安局、检察院、人民法院的案件档案和司法公证档案。截至2017年底，全市案件档案管理人员30人，管理案件档案82.66万卷，其中公安1.91万卷，检察院4.98万卷，法院64.50万卷，司法公证10.31万卷，纪检监察9653卷。

保险档案　包括社保机构形成的社会保险档案和各类保险公司形成的保险业务档案，分别由档案形成部门负责保管。截至2017年底，市、县两级社保机构档案管理人员21名，管理社保档案33.22万卷，其中机关社保档案1.03万卷，企业职工和其他社保档案32.2万卷。各类商业保险公司专职档案管理人员15人，管理保险业务档案26.1万卷。

四、农业农村档案管理

1991年5月，地委办、行署办批转地区档案局《关于加强乡镇档案工作的报告》，明确各县（市）委、政府把乡镇档案工作列入乡镇发展计划和有关部门及人员的岗位职责，各乡镇建立联合档案室，负责管理本级各类档案。是年，地区档案局首先在双峰县龙田乡建立乡镇联合档案室试点，接着在全县推广。经过半年努力，全县各乡镇普遍建立起联合档案室。当年，全省乡镇档案工作现场会在娄底召开，双峰县乡镇联合档案室的建立被誉为“双峰模式”在全省推广。

1991—1995年，双峰县农业农村档案管理经验和做法得到推广，全地区85个（其中新化县27个、双峰县16个、涟源市20个、冷水江市12个、娄星区10个）乡镇在短期内建立联合档案室。村级档案机构3312个，其中新化县1142个、双峰县897个、涟源市917个、娄星区194个、冷水江市162个；306个村级机构建立档案室。全地区141个产值在100万元以上的乡镇企业（娄星区50个、双峰县28个、冷水江市26个、涟源市22个、新化县15个）中，102个建立综合档案室，占总数的72%。按照乡镇企业档案工作的标准考核验收，有18个符合等级要求，14个达到省级先进，4个升为国家二级标准。全地区177个产值在50万元以上和100万元以下的乡镇企业或村办企业，建立档案室的54个，其中娄星区30个、双峰县12个、涟源市10个、新化县2个。娄星区高溪村下属18个分支单位，全部建立档案室。截至2017年底，乡镇一级档案室保存的档案7.92万卷（册），村级档案室保存的档案5.49万卷（册），乡、村企业保存的档案2.39万卷（册），农业科技档案2.46万卷（册）。全地区3475个行政村（居委会）100%完成建档任务。其中，20%的村建立了比较规范的档案室，80%的村有领导分管，有档案专柜，有完整档案，有专人或兼职人员管理档案。全地区整理村级档案30多万卷（册）。《中国档案报》《湖南日报》《娄底日报》等新闻媒体对全区农村档案工作的情况做报道。国家档案局领导和外省档案部门以及兄弟单位档案部门多批次到娄底参观学习。

1998年7月，美国卡特中心官员到双峰县考察了解基层民主政治建设情况，参观梓门桥镇光明村、东湾里村，永丰镇黄家村，蛇形山镇新洋村的档案工作，每到一村，他们不听情况介绍，不看书面材料，而是径直走进村档案室查阅档案。当他们从查阅几届选举档案中了解到中国农村基层民主选举从等额选举过渡到差额选举的过程后大加赞赏，并说："很高兴看到中国政府对农村基层民主选举所采取的认真态度和负责精神。"此事被编入中华人民共和国成立50周年档案工作大事记。

2001—2005年，各县（市、区）档案部门会同农村信用社为50多万农户建立农民资信档案。涟源市龙塘乡除建立1230户资信档案外，还帮助建立500多个个体经营户的经济档案，发放贷款1046万元。双峰县档案部门与县涉农部门一起，指导全县6大专业中药材公司，建立并规范档案管理，完整保管全县82个中药材专业发展合作组织4万农户的入社档案，帮助永丰酱业公司建起辣酱系列产品特色档案。全市30余家较大规模的新型农村经济合作组织中，有20余家建立档案室。

2002—2008年，国家档案局先后3次到娄底总结经验向全国推广，省局在娄底召开新农村建设档案工作现场经验交流会。2009年和2011年，国家档案局发文认定双峰县和冷水江市为创建全国社会主义新农村建设档案工作示范县和示范市。2013年11月5—6日，全国社会主义新农村建设档案工作示范县验收组，对冷水江市的创建工作进行复查验收，达到标准要求。至2017年底，全市81个乡镇中，66个建立档案馆，占81.4%，2463个行政村，全部实现建档，乡（镇）村级档案30.21万卷（册）。

五、社区（居委会）档案

1991年，双峰县档案局在永丰镇光辉居委会进行档案工作试点。全地区启动居委会建立档案室工作，至2003年6月，全市社区（居委会）全部建档。2004年6月，全省社区档案工作现场经验交流会在娄底召开。截至2017年底，全市社区（居委会）库存档案3.99万卷。

六、家庭档案

2009年3月，娄底市《家庭建档指南》出台，明确家庭档案的收集范围和整理、编目方法。市委、市政府召开市直各单位和县（市、区）分管档案工作的县级领导以及县市档案局负责人参加的会议，将《家庭建档指南》发至与会人员。从此，全市家庭建档工作在全省率先开展。是年，双峰县每个乡镇抓好一个家庭建档示范户试点，是年底，经考核验收合格的家庭有12个。2011年5月，全市评出家庭建档示范户6个，家庭建档先进个人6人，家庭建档典型户2个。2013年6月，市档案局组织开展"让档案走进家庭"大型宣传活动，印发宣传手册和修改后的《家庭建档工作指南》。

2017年，双峰县档案局把家庭建档工作纳入脱贫攻坚内容，通过举办家庭建档业务培训，印发业务资料2万余册，开展多轮业务督导。全县16个乡镇及486个行政村，110多个县直驻村帮扶单位，18个行业扶贫部门，11个脱贫攻坚指挥部实现精准扶贫对象全部建档。全县4.37万建档立卡户，全部实现"一户一档"目标。洪山殿镇新边村原县人大副主任龙福春，退休后，将工作期间积累的4.4万多卷（册）书籍和其他资料进行整理，陈列在5个房间，成为当地村民看书学习、查档用档、文化娱乐的场所，被上级有关部门授予"青少年教育基地"，10多家新闻媒体报道宣传。县政协原副主席、高级农艺师徐迪新家庭收藏档案资料两万多卷（册），以丰富的人生阅历与农业科技为特色，成为家庭档案奇葩。徐迪新写的《家庭档案展现动态人生——见证我与共和国的60年》的文章，反映建立家庭档案，用档案解决问题的经历与心得。他以"知识改变命运，档案丰富人生"为题，在市、县两级档案员培训班上演讲。县交通局退休干部贺嘉庚从1949年起，坚持60余年如一日，天天记家庭收支账，将所形成的账本分年装订成册。在80寿庆时，将家庭收支的账簿及其他档案资料全部捐给县档案馆保存，县电视台专题进行采访报道。他的事迹多次在《中国档案报》《档案时空》刊载宣传。

冷水江市毛易镇村民王振庭，整理家庭档案60多卷。他利用这些家庭档案编写出500多万字的村志，被誉为“湖南村志第一部”。

涟源市档案局组织专门力量先后为涟源市刘柏林、陈吉龙、吴贵涛等6位离退休人员建立家庭档案。整理出各类档案300多卷（册）。

截至2017年，全市家庭建档4.38万户，整理各类档案资料8.19万卷（册）。

第三节　档案法制与宣传教育

一、档案法制宣传和行政执法

档案法制宣传　1991年，纪念《中华人民共和国档案法》颁布四周年，地区档案局在《娄底普法报》刊登专版，地委书记在专版上题词：“开发档案信息资源，振兴娄底经济”。2002年，纪念档案法颁布15周年和《湖南省档案管理条例》颁布4周年，市档案局在市建设局召开座谈会，总结全市依法治档取得的成绩，交流经验。2007年，纪念档案法颁布20周年，市档案局与娄底电视台拍摄《历史在这里闪光》的大型宣传专题片，除在娄底电视台黄金时段播出外，还在娄星广场的电视屏幕上滚动播出一周。从2013年起，国家档案局把每年的6月9日国际档案日定为档案宣传日。每年确定一个主题，分别为《让档案走进家庭》《档案与你同行》《时间都去哪儿了——老照片中的故事》《档案与民生》《档案，我们共同的记忆》。2013年6月9日，由市档案局和市妇联联合举办的《让档案走进家庭》主题活动，用40块展板宣扬全市家庭建档搞得好的5名典型，并邀请这5名典型所在的单位为协办单位，通过展览推介这些单位的档案工作。从2014年起，国家确定每年的12月4日为国家宪法宣传日，市县档案部门积极参加由司法部门组织的“12·4”国家宪法宣传日活动，在宣传现场设点，提供市民有关档案法规法律方面的咨询。

档案法律知识普及　1996年，地区档案局与地区人民银行举办“人行杯”档案知识竞赛，2000多人参加，107人获奖。1997年，全省组织开展学习档案法律法规和迎接第十三届国际档案大会在北京召开的知识竞赛，全地区发出试卷8630份，12个单位获组织奖，200人获个人奖。2002年，组织全市6000多人参加全省档案法律法规知识竞赛，全市获8个组织奖、176个个人奖。2007年，《中华人民共和国档案法》颁布20周年，全市组织一万人参加全国“剑南春杯”档案与法制知识有奖竞赛，市委书记、副书记、市政协主席等26名市级领导参赛答题，获全国组织奖。2011年9月，在娄底电视台演播厅举办首届档案法律法规和业务知识电视抢答赛，各县（市、区）档案局和市城建档案馆、市房地档案馆7支代表队参赛，新化县档案局代表队获一等奖。2012年，全市再次组织1万多人参加全国“飞狐灵杯”档案宣传活动知识竞赛，获全国法制普及宣传奖。2013年，市普法领导小组举办全市副处以上单位领导班子成员法制培训班，将《中华人民共和国档案法》和《湖南省档案管理条例》（简称《条例》）列入培训内容，邀请省档案局局长到培训班授课。市、县档案局经常派出业务骨干给市、县举办的法制培训班讲授档案法律知识，结合抓乡镇建馆、村级建档、社区建档、家庭建档、查处违反档案法案件等工作，把宣传《中华人民共和国档案法》，普及档案法律法规知识向基层延伸，逐步增强全社会的档案意识和档案法制观念。

档案行政执法　1990年起，地、县两级档案部门按照档案法和《条例》的要求，开展行政执法检查。是年8月5日，涟邵矿务局洪山殿煤矿被盗档案8卷，文件7份。地区公安处、地区档案局、地区保密局、涟邵公安分局、双峰县公安局的领导赶到现场，成立专案组，查明为该矿公安干警金某明因泄私愤所为。金某明被判刑一年，文书档案员钟某华受记大过、调离档案室的处分。1995年2月，双峰县走马街镇梅山村党支部书记谭某初因贪污挪用公款，盗毁村财务档案，受到开除党籍和撤销职务处分。是年11月，地区人大工委副主任率地区普法办、地区档案局对全地区进行为期十天的执法检查。1997年5月，地区人大联工委办公室主任带队，地区司法局、档案局参加的联合执法组，历时一个月，对全地区276个建档单位进行抽查。1998—2017年，全市先后立案查处市计生委、市技术监督局、市总工会、市教育局、双峰五金机械厂、涟源造纸厂6家单位档案丢失和损毁的案件，娄星区长青办事处居民谭某为增加征地拆迁款伪造政府公文的案件，冷水江市柘溪水库移民罗某涂改档案等案件。

2012年始，市档案局先后出台《娄底市行政处罚裁量权基准》《娄底市行政执法依据》《娄底市档案局行政执法责任制实施方案》等文件，对行政处分、行政处罚、责令赔偿和执法依据作出明确规定，进一步规范行政执法行为和程序。2015年9月，省档案局副局长薛冬英率执法检查组对娄底2012—2014年的档案法制工作进行检查，对全市档案法制工作给予充分肯定。2016年，市档案局增设政策法规科。根据人员变动情况，市、县两级档案部门对档案行政执法人员进行调整和资格认定，做到亮证、公正、文明执法。由于档案法律法规的普及和档案法律意识的增强，违反档案法律法纪的事件逐年减少。

二、专业培训和队伍建设

专业教育和培训 1986—1990年，档案工作处于整顿和恢复时期，为培养档案专业人才，制定“抓教育、搞培训、打基础、提素质”的工作思路，狠抓档案业务人才的专业培训和学历教育。对经过成人高考考入湘潭大学档案系脱产学习的予以积极支持，单位酌情解决部分学费。1992年，组织地直机关部分档案工作者到中国人民大学档案学院参加短期培训。此后，除组织档案人员参加省组织的培训学习外，地区档案局与娄底电大举办档案人员培训班5期，地、县两级举办各种短期培训班52期，共培训4316人次，初步形成多层次、多渠道、多形式的档案专业教育体系，全地区3000多名从事档案工作的专兼职人员，90%以上参加通过专业培训，70%获大专以上文凭。是年1月，全省档案专业教育工作会议在娄底召开，国家档案局和各市州档案局分管局长和中南六省区的同行参加会议，娄底地区被评为全省档案专业教育先进单位。1994年，地区档案局成立培训中心，安排专门的教学设施，聘请合格的师资队伍，指导全地区档案人员的专业教育。1995年2月，经省教育厅批准，省档案局、省教育学院在娄底开办文秘档案专业函授本科班，学制三年，采取集中面授和分散自学相结合的方式，有77人经考试合格获得由省教育学院颁发国家承认的函授本科文凭。1996年始，除有的档案人员参加研究生学历教育、报考高级职称培训外，大规模学历教育减少，继续教育和专业培训得到加强。市、县每年有针对性地举办1~2期培训班，如档案干部继续教育培训班、文书立卷改革培训班、会计档案人员培训班、机构改革与企业改制档案人员培训班、新任档案员培训班等。

专业技术职称评定 根据省职称改革领导小组关于转发《湖南省事业单位贯彻执行〈档案专业人员职务试行条例细则的补充规定（试行）的通知〉》，档案专业技术人员职称为研究馆员、副研究馆员、馆员、助理馆员、管理员五个等级。地区档案局职称评定小组负责对中初级职称的评定和对高级职称人员的审查和申报工作。1986—1990年，全地区373人经过专业培训考试和专业技术职称评审，获得相应的技术职称。其中副研究馆员4人，馆员91人，助理馆员145人，管理员97人。到1995年，全地区678人评定专业技术职称，其中高级职称16人、中级职称197人、初级职称465人。1996—2000年，为290名在岗人员评定专业技术职称。2006年实行工资改革后，市、县档案局工作人员改为参照公务员管理，原来已评定职称的人员一律按公务员职级确定工资标准。市、县档案行政管理部门停止评聘职称，对事业单位、企业、院校从事档案工作人员，市档案局职称评审小组继续为其评定职称。

队伍建设 1990年始，地、县档案部门根据档案工作政治性、专业性、服务性强的特点，为弘扬爱岗敬业、淡泊名利、乐于平凡、无私奉献的“兰台”（档案保管机构或档案工作的别称）精神，不断加强思想政治工作和精神文明建设。1995年，地区档案局在全地区开展“一爱五争创”活动，即热爱兰台，争创档案工作先进县市，争创档案工作先进系统，争创档案工作先进档案局，争创档案工作先进档案馆，争创档案工作先进单位。1997年，地区档案局机关开展“日练百字、周写一文、月读一书、年学一技”和“读档报档刊，宣传档报档刊，积极为档报档刊写稿”活动。先后三次邀请档案报刊的主编和记者到娄底讲课。市档案局连续20年被评为全省档案宣传工作先进单位。是年12月，在冷水江

市档案局召开全地区档案系统思想政治工作和精神文明建设现场会，总结推广冷水江市档案局“立精神支柱，树兰台形象”的经验。2003年，在全市档案系统开展“双十佳”（十佳档案工作者、十佳档案员）评选表彰活动。2004年，湖南经济电视台《超级英雄》栏目组为推动全省基层党建示范点工作，开展打造基层党组织形象，树立行业英雄的活动，邀请市档案局组成嘉宾方阵参加这一活动，并现场答题。市档案局的党员干部在《超级英雄》栏目中向全省展示娄底档案系统的良好形象。2008年，在全市档案系统开展历时半年的“重新认识档案工作”大讨论，进一步增强对档案工作的认识，提高做好档案工作的责任感、使命感。1990—2017年的25年中，市、县（市、区）每5年召开一次档案工作表彰会议，表彰先进单位和个人。

第四节　机　构

一、市档案局（馆）

1990年，地区档案局（馆）实行局、馆合一，“两块牌子、一套人马”。内设办公室、业务科，编制13名，1991年增编至15名。1993年，设立党组。1995年12月，地区档案局（馆）为正处级事业单位。内设办公室、监督指导科、人事教育科和地区档案馆，编制减至14名。2002年2月，人员增编至17名。2004年12月，市档案馆加挂娄底市现行文件服务中心牌子。2011年12月，增编至19人。2016年3月，增加2名周转编制，增设政策法规科，内设机构增加到5个（含市档案馆）。

二、基层档案局（馆、室）

各县（市、区）档案局（馆），分别主管所辖区域内的档案事业，对境内党政机关、团体、企事业单位和其他组织的档案工作进行监督和指导，在业务上接受市（地）档案局的监督和指导。2004年，各县（市、区）档案馆相继加挂现行文件服务中心牌子。截至2017年12月，县（市、区）档案局（馆）专业人员95人。专业（部门）档案馆8个，其中人事档案馆（干部信息中心）2个、城建档案馆3个、房地产档案馆2个、国土资源档案馆1个。企事业单位档案馆3个，其中高校档案馆1个、企业档案馆2个。乡镇档案馆30个。档案工作的专（兼）职人员135人。全市基层档案室3337个，其中党政群机关档案室556个、企事业单位档案室608个、乡（镇）村档案室1982个、街道社区（居委会）档案室191个，档案工作的专（兼）职人员3470人。

第五章　谱　牒

家谱，是一种以表谱形式记载一个以血缘关系为主体的家族世系繁衍及重要人物事迹的特殊图书。2010年第六次人口普查，娄底境内有姓氏约700个。娄底大部分姓氏都有自己的家谱，约1700种。娄底家谱刊刻最早的是宋政和、宣和年间（1111—1125）刻的新化《陈氏族谱》和宋绍兴二十七年（1157）刻的新化《伍氏族谱》。两宋时期，特别是南宋时期，娄底家谱纂修兴旺，但因年代久远，史实湮灭，截至2017年，娄底尚未发现一种宋元时期纂修的谱牒实物。存世最早的娄底家谱为《明成化木刻白绵纸文氏族谱》和《明天启四年黄氏族谱》，均藏于娄底西楼千谱斋。现存的娄底谱牒，约90%是清道光以后的。作为湘军的发源地娄底，清末到民国，家谱编修达到极盛。1949年以后，娄底编修谱牒等活动基本停止。1966—1976年，娄底民间保存的大量谱牒遭到焚毁。1985年以后，随着祖国社会经济发展以及台湾、港、澳地区和世界各地宗亲寻根问祖热的蓬勃兴起，娄底民间修谱再度出现高潮。实行计划生育政策后，娄底许多姓氏家谱，把女性也纳入世系之中。2010年后，网络为分布世界各地的娄底各氏族族人提供快捷、方便的联络手段，“姓氏网站”在娄底相继诞生，“数字家谱”在娄底出现，家谱在网上的动态更新和在网上浏览成为时尚。

第一节　公私收藏

《中国家谱总目》所记录的5万余种家谱中，湖南家谱占八分之一强。《家谱知见录》著录近0.9万余部湖南家谱，娄底家谱约占8%。

一、公藏谱牒

截至2017年12月底，湖南省图书馆收藏娄底家谱460余种5500余册（1949年以前所修家谱250余种2600余册，详见《家谱知见录》《湖南氏族迁徙源流》及《附件：公私收藏娄底部分姓氏家谱及历次修谱情况简介》）。

《湖南省谱类目录》1992年版著录之娄底谱牒目录

刘氏四修族谱（娄底木诸山）40卷，民国36年（1947），刘常澍等编修，木刻本，存娄星区档案馆。

胡氏五修族谱（湘乡市冠曹）11卷，民国23年（1934），胡淑予、胡彩彰等编修，铅印本，存娄星区档案馆。

胡氏续修族谱（湘乡市冠曹）16卷，（清）光绪三十四年（1908），胡忠浩、胡淑予等编修，木刻本，存娄星区档案馆。

颜氏族谱（娄星区）7卷，（清）同治五年（1866），颜泳楼、颜邦蓂等编修，木刻本，存娄星区档案馆。谱中有颜回的家世和唐代书法家颜真卿的史实。

颜氏族谱（娄底市）8卷，（清）光绪三十三年（1907），颜其夫、颜春霖等编修，木刻本，存娄星区档案馆。

黄氏族谱（冷水江市）2卷/2册，民国20年（1931），直俭编修，木刻本，存冷水江市档案馆。

谢氏通谱（冷水江市）3卷/3册，民国26年（1937），昌龄毅坚编修，木刻本，存冷水江市档案馆。谱中有女作家谢冰莹家史。

颜氏家乘（冷水江市）40卷/40册，1986年静君、复昆编修，木刻本，存冷水江市档案馆。

向氏六修族谱（新化县）1卷/1册，民国19年（1930），向富肇编修，木刻本，存新化县档案馆。

李氏族谱（新化县）2卷/3册，木刻本，存新化柘古乡沙田村袁世明家。

李氏四修家乘（新化县）1卷/1册，民国21年（1932），李庆熙编修，木刻本，存新化县档案馆。

张氏六修家乘（新化县）18卷/18册，民国38年（1949），张孚甲编修，存新化县档案馆（复印件）。

钟氏五修族谱（新化县）1卷/1册，木刻本，存新化县档案馆。

侯氏四修族谱（新化县）7卷/7册，民国36（1947），侯银升编修，木刻本，存新化县档案馆。

姜氏六修族谱（新化县）34卷/32册，民国17年（1928），姜振之编修，木刻本，存新化县档案馆。

袁氏族谱（新化县）14卷/14册，木刻本，存新化县柘古乡沙田村袁某处。

鄢氏重修族谱（新化县），（清）乾隆五十五年（1790），鄢世作编修，家印本，存新化县图书馆（不分卷）。

娄底市档案馆收藏各类家谱26种398册，均为娄底本地1949年以后新修家谱。娄星区档案馆收藏娄底家谱10种234册，其中1949年以前所修家谱5种138册。冷水江市档案馆收藏娄底家谱12种64册，其中1949年以前所修家谱3种47册。涟源市档案馆收藏娄底家谱7种64册，均为1949年以后新修家谱。双峰县档案馆收藏娄底家谱31种517册，均为1949年以后新修家谱。新化县档案馆收藏娄底家谱34种260册（1949年以前所修家谱5种36册）。

二、私藏谱牒

湖南藏书家何光岳（已故）曾藏有娄底家谱约200种1500余册，于2017年12月移交北京国家数字出版基地中国家谱馆。

浙江慈溪藏书家励双杰收藏1949年以前娄底家谱92种1169册（含康熙家谱3种12册、雍正家谱2种3册、乾隆家谱20种54册）。

2017年励双杰收藏娄底家谱一览表

表65-7

家谱名称	刊刻年代	册数	家谱名称	刊刻年代	册数
新化李氏族谱(不分卷)	乾隆十七年(1752)木活字本	3	盛氏族谱(不分卷)	乾隆三十八年(1773)木活字本	1
李氏族谱(不分卷)	乾隆十三年(1748)木活字本	1	张氏重修族谱存卷1~4	乾隆四十一年(1776)金鉴堂木活字本	4
胡氏复修族谱二卷	乾隆四十年(1775)刻本	2	涟湘沙溪贺氏族谱五卷首一卷末一卷	乾隆二十三年(1758)敦睦堂木活字本	3
汾阳郭氏族谱(不分卷)	乾隆二十八年(1763)木活字本	1	(桐瑞台)杨氏族谱(不分卷)	乾隆二十二年(1757)木活字本	2
邹氏族谱(不分卷)	乾隆二十年(1755)木活字本	1	蒋氏族谱三卷首一卷	乾隆五十八年(1793)笃本堂木活字本	4
刘氏重修族谱(不分卷)	雍正九年(1731)木活字本	1	王氏族谱(不分卷)	康熙五十五年(1716)刻本	7
武陵龙氏重修族谱三卷首一卷	雍正八年(1730)木活字本	2	徐氏重修族谱(不分卷)	乾隆五十七年(1792)聚贤堂木活字本	1
武陵龙氏重修族谱各房分卷	乾隆元年(1736)刻本	2	高氏重修族谱(不分卷)	乾隆七年(1742)刻本	1
龙氏族谱各房分卷	乾隆五十八年(1793)木活字本	4	黄氏族谱·和房(不分卷)	康熙三十七年(1698)刻本	4
邵湘王氏族谱四卷首一卷末一卷	乾隆四十九年(1784)木源堂木活字本	3	宏农堂杨氏重修族谱首一卷	乾隆三十三年(1768)木活字本	1
王氏绵历族谱(不分卷)	乾隆三十七年(1772)刻本	3	鲁氏族谱(不分卷)	雍正六年(1728)刻本	1
桥头李氏族谱二十卷首一卷	乾隆二十四年(1759)本源堂木活字本	8	罗氏族谱八卷	乾隆四十一年(1776)刻本	6
唐氏重修族谱(不分卷)	康熙五十六年(1717)写本	1	盛氏族谱(不分卷)	乾隆三十八年(1773)木活字本	1
上湘黄氏族谱四卷首一卷末一卷	乾隆五十六年(1791)无双堂木活字本	3	张氏重修族谱存卷1~4	乾隆四十一年(1776)金鉴堂木活字本	4

1998—2017年，娄底本土谱牒学者李魁（号西楼，书房“千谱斋”），收藏梅山地方家谱141个姓氏1263种4636册，电子扫描版和数码照片存档版新老家谱与谱牒书籍86种146册。按年代分：从明成化到民国的老家谱1074种3967册，1949年以后新修家谱189种669册。按姓氏分：李氏族谱46种458册，刘氏族谱29种153册，曾氏族谱16种106册，其他姓氏1172种3919册。比较稀见的有：

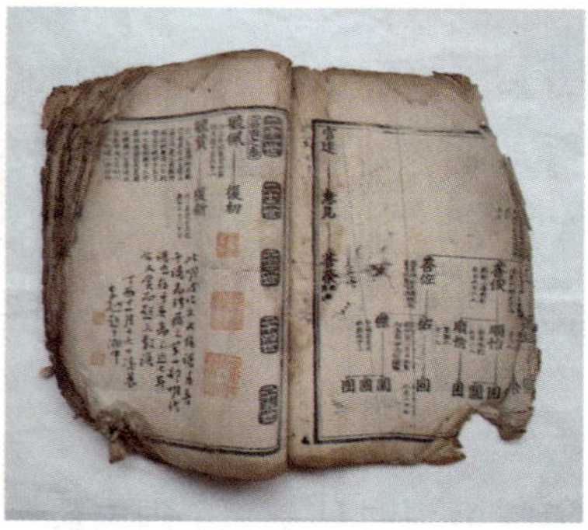

文氏族谱残本

明成化木刻白绵纸文氏族谱（仅存残本1册，载有新化、安化文氏始祖潮袭公世系齿录）。

明天启四年（1624）黄氏族谱（1册全，是迄今为止在娄底本土发现并珍藏于娄底的最早最完整的家谱实物）。

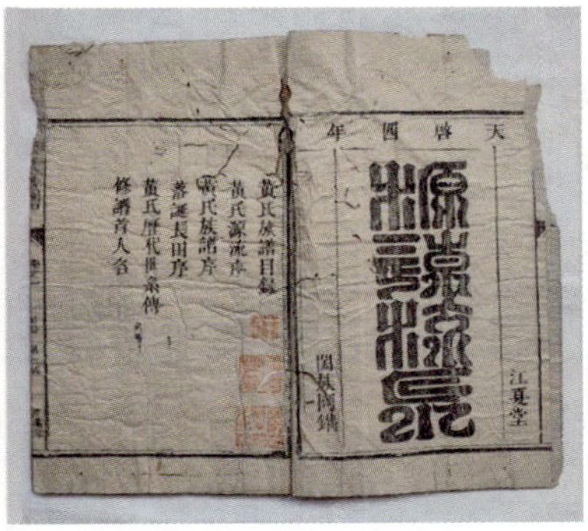

黄氏族谱封面

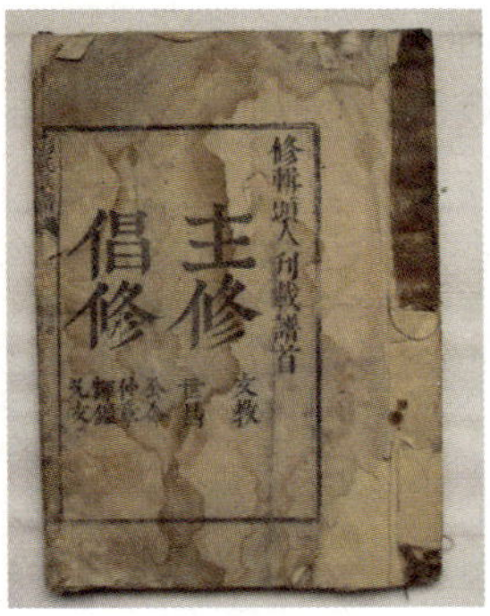

彭氏族谱谱首

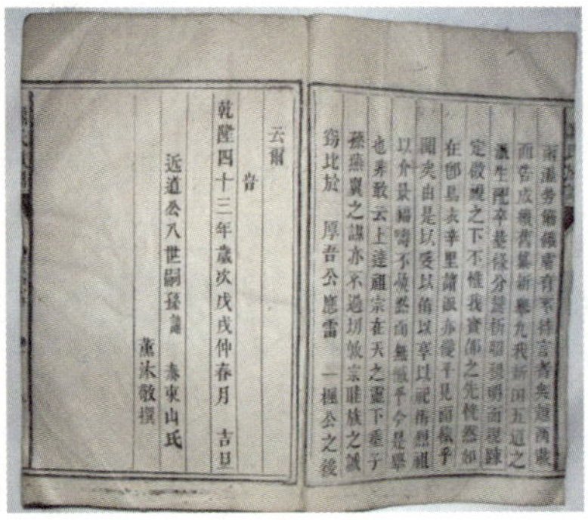

谢氏续修族谱

康熙四十七年（1708）曾氏族谱稿本。

雍正五年（1727）皮纸写本世修郝氏家谱。

雍正七年（1729）木刻木活字绵纸张氏续修族谱（存卷首1册，记载有张氏迁湘始祖张浚和理学大师张栻世系齿录与传记）。

乾隆七年（1742）木活字绵纸彭氏族谱。

乾隆二十一年（1756）木刻木活字中梅高氏重修族谱。

乾隆三十六年（1771）木刻木活字白绵纸谢氏族谱。

乾隆四十三年（1778）木刻木活字皮纸谢氏续修族谱。

乾隆四十五年（1780）木刻木活字绵纸宁氏家乘。

乾隆五十五年（1790）邓氏墨谱。

乾隆五十九年（1794）木活字白绵纸炉前周氏族谱。

嘉庆二十二年（1817）木刻木活字绵纸潘氏复修族谱。

嘉庆二十五年（1820）白绵纸写本贺氏隆房世谱。

道光四年（1824）木刻木活字绵纸舒氏大房续修族谱。

道光庚戌年（1850）木刻木活字绵纸李氏族谱。

咸丰六年（1856）白纸写本贺氏伯世公房谱。

咸丰七年（1857）木刻木活字棉纸武城曾氏祥谱（卷首有曾国藩祖父母和父母诰命）及光绪十六年（1890）重修谱。

咸丰八年（1858）木活字宣纸楮山刘氏族谱及光绪七年（1881）续修谱、宣统元年（1909）三修谱和民国37年（1948）四修谱（系湘军名将刘蓉家谱）。

同治六年（1867）木刻木活字龚氏九修族谱。

同治六年（1867）木活字绵纸金田王氏族谱。

光绪七年（1881）木刻木活字绵纸欧阳续修族谱。

光绪十二年（1886）木活字皮纸上湘毛氏三修族谱及民国37年（1948）四修谱（系抗日名将毛秉文家谱）。

光绪十九年（1893）木活字宣纸刘氏续修族谱。

光绪二十年（1894）木活字白纸湘乡西溪邓氏续修族谱及民国续修谱。

宣统元年（1909）木刻木活字宣纸资江陶氏族谱及民国续修谱全套（系道光两江总督陶澍家谱）

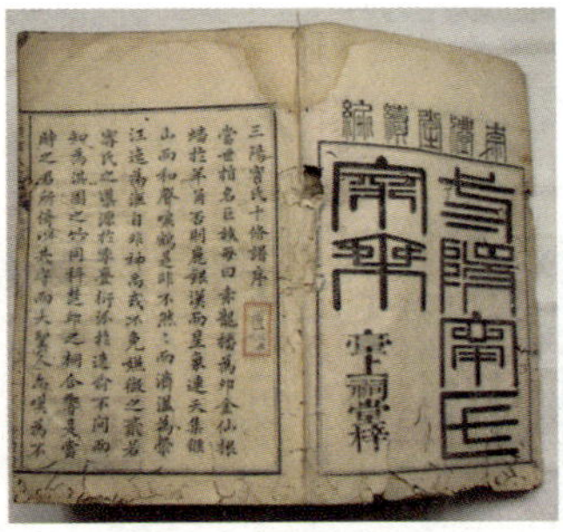

宁氏家乘图

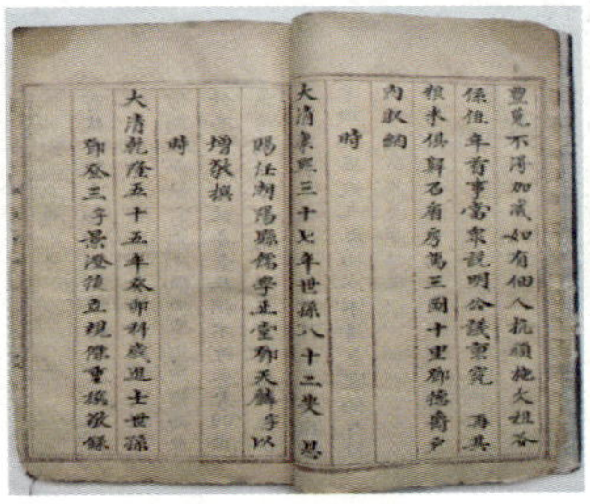

邓氏墨谱

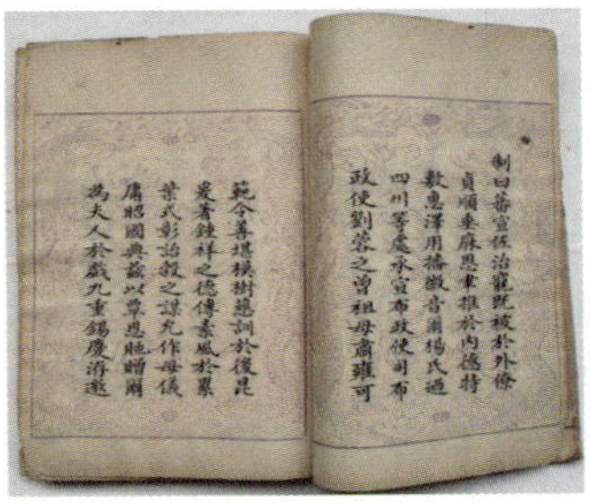

刘氏族谱

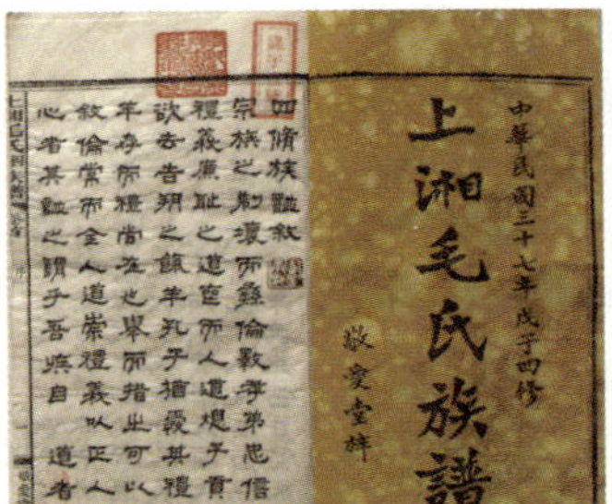

上湘毛氏三修族谱

宣统三年（1911）木活字皮纸冷水江谭氏续修族谱。

民国25年（1936）铅活字邓氏四修族谱（系湘学复兴大师邓湘皋家谱）。

娄星区刘恒收藏1949年以前所修娄底家谱8种364册。新化陈中林收藏娄底家谱35种467册，其中1949年以前所修家谱29种317册。娄底技师学院汪邵新收藏1949年以前所修娄底家谱19种56册。此外，散落在娄底收藏界和珍藏在娄底各地各姓氏谱牒纂修理事会的新老娄底家谱500多种6000余册。

第二节　种类、内容和特征

一、种类

娄底家谱，常见的种类有：家谱、族谱、宗谱、支谱、房谱、家乘、通谱、统谱、大成谱、世谱、族志、史志、祠谱、祠志、图谱、谱系、传书等。家谱、族谱、宗谱，这是娄底民间各家族广泛使用的谱牒名称，在娄底谱牒中，90%的谱牒称家谱、族谱或宗谱。支谱、房谱，系某一始祖或始迁祖分支之下的子孙谱牒，也称支房谱或房支谱。通谱、统谱、大成谱、世谱，是一种丛书性质的族谱，总谱只有卷首，子谱独立成帙。娄底家谱，有一种以始祖名作为谱名的家谱，如清咸丰二年（1852）睦亲堂木活字本《新化邹氏世守续谱》。还有一种很特殊的双姓谱，如清宣统元年木活字本《龙张氏三修族谱》和民国29年（1940）木活字本《龙张氏族谱》。另外还有一些比较特殊的谱牒：如《桃林吴氏义谱》，专载桃林吴氏义子世表；钟甲堂《刘亲睦祠特牌谱》，载捐资修祠堂名单；乾隆木活字白棉纸精印本《陈氏增修族谱》，长48厘米，宽36厘米，厚7厘米，重量6千克，被称为“增谱之王”。

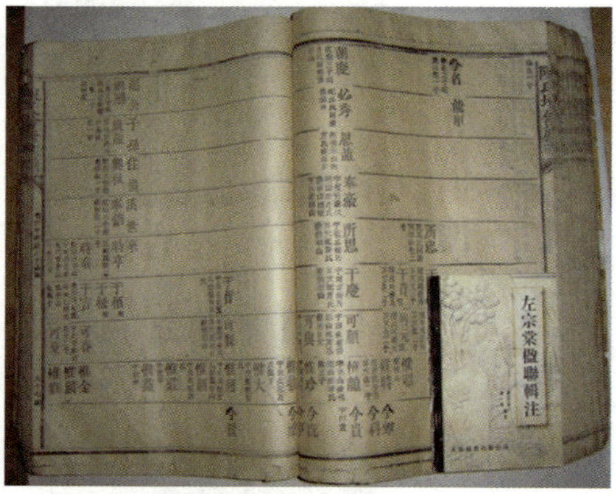

乾隆木活字白棉纸精印本《陈氏增修族谱》

二、内容

娄底家谱，主要内容有谱序（含自序、他序、新序、旧序等，有些家谱把谱序称为“引”“谱说”“谱铭”“谱券”）、题词（大多是前代皇帝或名人为本家族或家谱的题词）、恩荣（集中记载历代皇帝对本家族或某些成员的褒奖，包括名种敕书、诰命、御制碑文等，有的还包括皇帝或地方官员为本家族题写的各种匾额）、凡例（也称谱例，包括编写体例、收录范围、结构特点、著录规则、立目理由、适用范围、入谱人物标准、行文要求等）、谱图（包括祖庙、祖茔、祠堂以及牧场、水源或住宅四至图等）、节孝（宋代以至明清娄底家谱常在首卷立节孝一章）、像赞（将本家族先人中显达之人，画出其仪容，置于卷首，有些还刊载一些先人遗墨，附录诗文赞语）、考（包括姓氏来源、迁徙经过和原因、某些世系、仕籍、先人科名以及祠庙、祖茔的考证等，有些家谱也将这些内容称之为谱镜、谱撮）、世系（这是家谱的主要内容，通常是五代为一表）、世系录（包括父名、排行、名、字、号、生卒年月日时、享年、官职、功名、德行、葬地、葬向、妻妾的生卒年月日时、封诰、岳家、子女、女嫁之人，有无富贵外孙等）、派语（也称字辈，是记载族人的排行字语）、传记（分内传、外传两种，内传为有懿行的女子传记，外传为男子传记）、宗规家训（包括族规、祠规、家规、家训、家箴、规约、婚丧礼仪等）、祠堂祠产（包括家族祠堂的历史与现状、规制、神位、世次以及祠产、义庄、义田、祭田的管理等）、坊墓（包括祖茔及各房墓地的分布和坐向等）、源流（包括得姓始末及始祖、支派、迁徙、分布情况等）、志（大多为家族中专门资料的汇集，如科名、节孝、仕宦、宗行、宗寿、宗才、封赠、族内学校、学产、历代祖屋、祖茔、祖产分布等)、杂记(大多为本家族的一些专门资料，如男女高年、争讼、田产、茔地的契约、合约、合同、诉讼文书等)、文献(主要收载家族先人的著述，包括行状、诗、文、帖、简、奏疏等)、五服图、纂修人员(一般包括两项内容，一为领衔编纂人姓名，一为捐献经费人姓名，均列在谱末，也有将领衔编纂人姓名置于卷首的)、领谱字号(为了防止家谱外传，一般在家谱后都有顺序号，然后登记注册，某人领某号，定期抽查)、余庆录(有些家谱修成后，末尾留几页空白纸，上书“余庆录”，意为子孙绵延，留有余庆)。也有些家谱，还有一些特殊的内容：如某些家谱专设义谱一类，收载族内各支所收异姓养子、义子的世系；有些家谱中收录有家族中重要人物的年谱资料等等。1980年以后，一些娄底家谱后面，有的还附有一些统计图表，如人口等。

三、特征

娄底家谱主要有三个特征：一是家谱记载，祖先从外地迁入的多，尤以从江西迁入者最多，土著的少。江西汉族人大批迁入娄底，主要有两次：第一次宋熙宁年间(1068—1077)建新化县后，朝廷诏谕江西大批移民迁至新化；第二次明永乐二年(1404)又有调江西人来娄底屯田之举。最早迁入新化的客户是方姓，始祖秉忠，浙江淳安县人，唐宣宗大中十三年(859)迁新化圳上；其次是陈姓，始祖伯万，江西吉州泰和人，后唐庄宗同光二年(924)徙居新化鹅塘；第三迁入的是邹姓，始祖明仲，江西吉州泰和早禾渡人，后唐同光三年(925)避乱迁新化白溪。从现存的娄底家谱中可以发现，95%以上的娄底姓氏都是从外地迁入。二是家谱记载，为汉族名人后裔的多，承认为少数民族土著的少。有史记载，明末清初，吴三桂叛乱，朝廷明令杀苗瑶、禁苗俗，本来土生土长的“梅山蛮”，其酋长有扶、苏二姓，素有“‘十二姓王瑶子孙’中的巨姓”之称，到后来苗瑶土著死的死，迁的迁，以至于瑶人于“明末死徙殆尽”，连土著第一大姓苏姓，到清民两代所修的族谱中，为了保全自我，隐瞒其苗瑶土著身份，在谱牒中伪托是苏东坡的子孙。2011年，娄底谱牒学者查阅娄底西楼千谱斋收藏的86个姓氏532种3168册梅山家谱，竟无一册记载自己是土著苗瑶少数民族，全都记载是从江西等外地迁入，都是名门之后，是纯粹的汉民族，而且谱中记载始迁祖以前的世系一般都错乱混杂。三是家谱明以前刊行的异常稀少，大多为道光以后刊行，且有明显的版刻印刷特征。娄底家谱，在清嘉庆以前，大都是雕版印刷，字体分写刻软体和宋体两种，书品大，书长42厘米，宽30厘米，每册书厚3~5厘米，版阔高，一般刻印较精，纸张较好，不惜成本。清嘉庆以后，绝大多数为木活字印刷，由于字模是拼排而成，加上字模的制造做不到完全一致，以至于出现字体大小不一，笔画粗细不整，墨色深浅不匀，栏线互不衔接的现象。书品千差万别，大小不一，但多数是普通本，书长32厘米，宽20厘米，版框宽17厘米，高26厘米，每册厚1.5~3厘米。也有少数大开本，书长45厘米，宽31厘米，每册厚3~5厘米的。还有一些小本，与现行长32开本差不多。版框一般是上下双栏、左单右双，粗细栏线。版心一般是上方用黑体书谱名、单鱼尾，中间右书卷次、卷名，左书纂修年代，下方书堂号。谱中多使用小字，大字黑体一般只用世系表中的提行人名。晚清到民国，还出现了不少石印本和铅印本。20世纪80年代以来新修的家谱，大多是胶印横排简体精装本，也有少量采用老式竖排繁体皮纸线装本的，还出现一些电脑打印本和复印本。

第三节　研究与利用

1933年，最先研究娄底家谱的历史地理学家谭其骧利用道光《宝庆府志》所载新化县氏族130族的氏族志资料，论证湖南氏族迁徙，所著《湖南人由来考》至今仍为研究湖南人口迁徙的权威之作。

1990年，谭其骧的学生、复旦大学教授曹树基也参考道光《宝庆府志》所载新化县氏族62族的氏族志资料，著《湖南人由来新考》，进一步佐证谭其骧的结论。1996年1月，双峰县罗绍志、田树德著《曾国藩家世》，由江西人民出版社出版。

1998年始，李魁利用自己收藏的梅山地方谱牒，编写《西楼千谱斋家谱目录与提要》书稿，撰写《地方谱牒与民俗文物收藏调查（一）——西楼千谱斋家谱目录与部分谱牒提要》。2007—2010年，完成《连溪李氏源流考》和《新化李氏仲章祖先代世系再考》等论文，创建梅山地方谱牒数据库。2011年4月，李魁应邀赴香港中文大学作《梅山地方谱牒的收藏与利用》专题讲座。2017年5月开始，先后在娄底职业技术学院等高校和机关事业单位做《遵家训重家教树家风》讲座。

1999年始，冷水江市苏业江领衔的梅山苏氏课题组，广泛收集和研究梅山苏氏族史资料，撰写和发表《峒主苏甘与新化苏氏》《上梅山蛮王崇拜》《梅山苏氏原住地考》《梅山苏氏的迁徙和融合》等论文，出版《峒主苏甘》，其研究成果被中央电视台《影视方志冷水江》推介。2000年始，娄底罗氏族史研究者罗建平，联络海内外罗氏族史文化研究组织及宗彦贤达，充分发挥族谱网站与微信功能，大量搜集罗氏家谱资料，历经20余年收集整理，纂辑《中华罗氏大成谱》。全书3000万字，分总论、源流、人物、文献四个部分，其中核心部分世系源流卷总系涵盖全国70%的族系千余万人口。2000年1月，赵世荣著《曾国藩的故园》由岳麓书社出版。2001年8月，胡能改编著《梅山客户——新化姓氏探源》，由国际炎黄文化出版社出版。2001—2003年，唐友士主编《唐氏联宗族史研究》第一卷、第二卷，由中国文联出版社出版。

2004年7月，娄底家谱研究者邹华享主编《湖南家谱解读》，由湖南人民出版社出版。2006年6月，杨自吾主编出版《杨氏史志》。2006年、2008年，新化县政协文史委分别编辑出版《方鼎英将军史传》《邓湘皋——湘学复兴之导师》。2009年，孙文辉著《草根湖南——湖南民族民间文化解读》，由岳麓书社出版。该书解读娄底家谱。2010年1月，寻霖主编的《湖南氏族迁徙源流》，由岳麓书社出版。11月，姜彦稚主编《湖南家谱知见录》，由湖南教育出版社出版。2011年12月，胡卫平等著《湖南历代文化世家》（双峰曾氏卷），由湖南人民出版社出版。2012年2月，胡卫平著《曾氏家风与教育》，由中国书籍出版社出版。2013年，新化县政协文史委编辑出版《新化人物史汇》。

2017年2月，娄底传统文化学者曾敏，创办“九州家风”微信公众号，年内推送娄底家风家训家教文章755篇，其中原创149篇（含其本人撰写的103篇）。4月，湖南古籍保护中心、湖南图书馆、长沙市文广新局在长沙图书馆联合主办“有谱——湖湘家谱家训纵览”。此次展览由5个单元组成，依次揭秘湖南姓氏源流、讲述湖湘文化世家、展示文化器物类型、介绍娄底西阳文化、展播人物事件影像，还展出两座复原的反映娄底西阳一地祠堂兴学的旧式建筑模型。其中，西阳单元为本展览的“展中展”，全方位反映娄底西阳一地各大世家的家族发展史、家谱家训传承史。5月，中国文史出版社出版湖南省唐氏文化研究会编纂的《中华唐氏通谱·湖南卷》，该书对娄底唐氏古今宗族历史文化精华详细论述。

附：娄底部分姓氏及其族谱（按姓氏笔画排序）

娄星万宝王管王氏　始祖该公，传至二十三派千隆公，明洪武二十八年（1395）卜居湘乡县四十都大屋湾富公车（今属娄星万宝）。族谱清乾隆九年（1744）始修，嘉庆二十一年（1816）续修，同治八年（1869）三修，1916年四修，2004年品泉五修。王管王氏千禄房下十七世孙王昭兰，妻秋瑾。

冷水江、新化上梅王氏　始祖明远公，北宋元丰八年（1085）奉诏南迁，从江西经潭州复迁邵阳隆回十栗山，后卜居上梅金凤山芭蕉冲，称上梅王氏。族谱清道光十五年（1835）一修，同治十年（1871）二修，宣统三年（1911）三修，1947年四修，1993年五修，2015年编修《三槐王氏宗谱·上梅支谱》。

涟源荷塘王氏　始祖桂魁公，元至正年间隐居上湘清江铺，继迁洙津渡，复迁湘乡荷塘（今属涟源）。族谱始修于明万历二十一年（1593），清顺治十一年（1654）、道光八年（1828）、光绪三十年（1904）、1949年续修，1988年六修。

双峰同德王氏 始祖斯瑜公，字汉忠，明洪武十七年（1384）携子文福、文礼由浏阳迁居湘乡同德乡二十五都大村李家湾（今双峰）。族谱始修于清康熙三十九年（1700），乾隆二十五年（1760）、嘉庆二十五年（1820）、光绪四年（1878）、1929年续修，2012年六修。

双峰牢田王氏 始祖季十公，元至正间由江西吉安府安福县徙居湘乡牢田黄塘坪（今属双峰青树坪）。族谱创修于清乾隆二十年（1755），1918年续修，1997年三修。该族十六世仁兴，曾与罗泽南、刘蓉等共办团练。

双峰泉塘王氏 始祖该公，传至二十世孙与兴公，元至正二十四年（1364）调岳州卫，又签调广西桂林中军卫，明洪武元年（1368）解组，由江西庐陵县迁湘乡甘棠冲（今属双峰）。族谱清道光十四年（1834）始修，1917年续修，1998年三修。

双峰湖江边王氏 始迁祖修庆、修应，明弘治间迁居湘乡二十九都廖家冲湖江边（今属双峰）。族谱清乾隆三十四年（1769）始修，同治九年（1870）续修，1929年三修，1996年四修。

双峰鞋定王氏 始迁祖必富公，明初迁湘南二十八都四甲鞋定（今属双峰县）。族谱清乾隆十二年（1747）始修，光绪二十六年（1900）续修，1942年三修，1996年四修。

涟源毛氏 始祖道者公，南宋咸淳年间由蒋沙徙居楚南上湘下乐坪，后裔世居快溪、富田桥、山塘、秀溪等地。族谱始修于清乾隆三十六年（1771），道光十一年（1831）、光绪十年（1884）、1948年续修，2008年五修。

新化毛氏 始祖福二公，递传六世元祯、文祯、文祥、祥祯迁居新化。1992年四派九户合修族谱。

新化唐家村、圳上方氏 始迁祖震公，明洪武二年（1369）由江西吉安府泰和县圳上鹅颈大坵携家徙湖南宝庆府新化县二都太阳乡唐家村，长子继宝迁居新化圳上。族谱清雍正三年（1725）一修，道光十一年（1831）续修，光绪间三修，1929年四修，1996年五修。

冷水江石槽文氏 始祖时公，传至二十四世德机，迁居新化南门口石槽铺（今属冷水江）。1996年六修族谱。

娄星西溪邓氏 始祖伯壎公，初居湘乡义学地，后迁原四十一都桃花井下西溪（今属娄星区水洞底镇）。清道光二十一年（1841）忠房纂修族谱，光绪二十年（1894）续修；道光十八年（1838）华房纂修族谱，光绪七年（1881）续修；1928年忠、华、能三房合续，1994年三房续修。

双峰梓田邓氏 始一世禹公，至四十六世学成，于元末明初自湘阴迁湘乡思老，次子景达，生四子，开茶冲、新寺、梓田、毛田四族。景达第三子必能为双峰梓田始祖。1943年四修族谱，2002年五修。

新化梓木冲邓氏 始祖十四郎，由江西吉州泰和迁湘乡西溪。至万有公，始居新化县学前，再传五世至通公，始居河东梓木冲。族谱1936年四修，1992年五修。该族名人邓显鹤，清嘉庆举人，曾编纂《沅湘耆旧集》《资江耆旧集》《船山遗书》等。

娄星万宝龙氏 一世祖通方公，至十九世添民公下应濂公，字思台，号溪亭，官祁州判，于明万历八年（1580）迁居磨子石新柏村（今属娄星区万宝镇）。宗祠建于清光绪二十五年（1899）。

涟源凹头龙氏 始祖通方公，传至六世孙跃公于元至元四年（1267）迁湘乡凹头（今属涟源），派衍团田、乌洲、大岩塘、龙家坊四房。族谱始修于清康熙四十年（1701），乾隆五年（1740）续修，嘉庆三年（1798）三修。

双峰杏子铺龙氏 一派祖通方公，传至四派瑄公徙宣丰杏子铺，为宣丰支祖。族谱清康熙三十九年（1700）一修，乾隆三十六年（1771）、嘉庆十二年（1807）、光绪四年（1878）、1922年、2003年续修。该族名人龙惠南，提督衔福州总兵。

新化茅坪龙氏 以伯高公为一世祖，传至四十九世兴公，元末至元年间徙宝庆新化太阳七都古塘村官渡桥茅坪，为新化始迁祖。族谱清雍正八年（1730）始修，1992年六修。

新化资东蜈蚣桥卢氏 始祖国泰公，原籍江西临江府修德乡，迁居湖南湘乡胜岸十九都谷水窑冲。第七子太灵镇守苏州府吴江，明永乐二年（1404）解组归屯，始迁新化城东松山坪，继迁资东蜈蚣桥。族谱始修于清嘉庆十一年（1806），同治九年（1870）二修，1917年三修，1991年四修。

新化坪头湾田氏 始祖百祥公，宋乾德间奉命自江西泰和圳上早禾市鸦鹊林南迁，传至十世孙绍贤公始居新邑坪头湾。1915年五修族谱，1997年六修。

双峰湄水桥匡氏 始迁祖学金公，宋绍兴间自江西迁居湘乡湄水桥杨梅庄（今属双峰）。族谱始修不详，清雍正十二年（1734）、道光八年（1828）、光绪二十八年（1902）、1949年续修。

新化毕家巷毕氏 始祖贞公，其子庭钊公于元至正二十四年（1364）迁新化县城毕家巷（今上梅镇东正街）。族谱清康熙五十五年（1716）始修，道光二十五年（1845）、光绪二十四年（1898）、1998年续修。

娄星西阳朗潭朱氏 始祖通公，自江西迁湖南湘潭县唐兴湾。至国器公，明嘉靖年间自唐兴湾迁湘乡谷水唐湾。至朝元公，定居西阳朗潭（今属娄星）。后裔散居西阳、杉山、大科、小碧等处。

涟源朱氏 始祖圣基公，北宋太祖建隆元年（960）由江西吉州迁湘潭，又九年子太广迁湘乡荷塘（今属涟源）。族谱清乾隆二年（1737）始修，乾隆三十六年（1771）、嘉庆十六年（1811）、咸丰五年（1855）、光绪二十八年（1902）、1928年续修，2006年七修。

双峰大塘朱氏 始祖通公，至六世孙大郎，于明洪武十五年（1382）偕伯父斗雷公迁居湘乡泥湾，旋迁二十二都亭子塘，递迁大塘（今属双峰）。族谱始修于清嘉庆十三年（1808），同治八年（1869）续修，1928年三修，1943年四修。

双峰大石朱氏 始祖圣基公，其子太清公于宋开庆年间由湘潭迁湘乡大石高塘（今属双峰）。族谱明崇祯九年（1636）始修，清宣统三年（1911）六修，1999年七修。

双峰泉坝朱氏 始祖密公，明成化二年（1466）设教湖南湘乡宣丰二十都地名花家窑（今属双峰）清乾隆四十一年（1776）建宗祠于泉坝。族谱清嘉庆间始修，咸丰八年（1858）二修，1929年三修，1999年四修。

新化朱氏 始迁祖娱本公，为避宋末之乱自江西永丰贸易来湘，卜居新化东门外井头街。族谱始修不详，清乾隆二十八年（1763）二修，同治四年（1865）三修，1944年四修，1995年五修。

新化西陂溪向氏 始祖宗彦公，传十三世至必才公，于元末随父希庸公由溆浦麻阳水迁居新化石马二都大陂塘（今河思乡西陂溪）。族谱明嘉靖四十五年（1566）一修，清康熙五十一年（1712）二修，嘉庆十八年（1813）三修，道光二十六年（1846）四修，同治十三年（1874）五修，1930年六修，1990年七修。

双峰、新化伍氏 始祖隆公，宋神宗时自湖田迁新化三塘。隆公十五世孙邦佐公，明万历间由新化迁湘乡二十八都楠竹山、金家冲等地（今属双峰）。元大德七年（1303）始修宗谱，明永乐五年（1407）、嘉靖七年（1528）、万历十四年（1586）、清康熙二十八年（1689）、乾隆九年（1744）、嘉庆六年（1801）、道光二十四年（1844）续修，咸丰元年（1851）合修，光绪十六年（1890）、1925年又续修。

娄星万宝槠山刘氏 始祖元贵公，其嗣于北宋太祖建隆二年（961）迁湖南长沙府湘乡县，卜居治南百二十里神童乡乐善里万宝坪老槠山（今属娄底）。宗祠建于康熙五十六年（1717）。族谱清嘉庆末年始修，咸丰六年（1856）二修，宣统元年（1909）三修，民国37年（1948）四修，2002年五修。该族二十七派孙刘蓉，谱名常徇，陕西巡抚。

涟源杨市刘氏 始祖翊圣公，元至正间入潭州，隐居湘乡三十二都，旋徙居安化县常安乡蓝田，传至庭、舜二公，由安化徙居涟源杨家滩，后裔分居杨市、古楼、金石、山塘等地。族谱清同治八年（1869）首修，宣统三年（1911）、1936年、1991年续修。

涟源芗泉刘氏 始祖德言公，传至星图公，元至正二年（1342）由江西泰和迁湖南湘乡芗泉（今属涟源）。清乾隆九年（1744）始修族谱，道光六年（1826）续修，1944年三修，1995年四修。

涟源常林刘氏 始迁祖文圣公，北宋徽宗政和七年（1117）任永州太守，侨居湘乡东台山下，后迁常林（今属涟源），部分后裔散居今娄星区大科。

双峰大富刘氏 始祖显孝公，派衍泰观、泰覲二房，观房居湘乡小富，覲房居湘乡洞井大坝桥（今属双峰）。清乾隆四十三年（1778）建宗祠于大富塘。乾隆二十六年（1761）创修族谱，同治九年（1870）续修，1947年三修，1997年四修。

双峰长塘刘氏 始祖钟泰公，传至儒、焘二公，明嘉靖间由衡迁居湘乡铜梁乡（今属双峰）。清乾隆三十三年（1768）建祠于长塘。嘉庆十三年（1808）始修族谱，咸丰二年（1852）、光绪二十四年（1898）、1934年、2004年续修。

双峰铜梁里刘氏 始祖仁寿公，数传之后，自邵之东乡曲塘徙居湘乡铜梁里（今属双峰）。族谱始修于清乾隆五十三年（1788），道光二十年（1840）续修，光绪十二年（1886）三修，1932年四修。

双峰坳头刘氏 始祖德言公，传十九派至鸣公，由江西迁居湘乡坳头（今属双峰县）。族谱创修于北宋靖康元年（1126），至清光绪五年（1879）九修。宗祠建于康熙五十九年（1720）。

双峰大坪刘氏 始祖世初公，后裔散居大坪（今属双峰）等地。清乾隆间建宗祠于大坪。乾隆四十九年（1784）始修族谱，光绪二年（1876）续修，1930年三修，2003年四修。

双峰洞井刘氏 始迁祖广三公，元至顺二年（1331）由江西泰和迁居湘乡洞井（今双峰花门镇）。清康熙五十四年（1715）创建宗祠。清嘉庆三年（1798）始修族谱，同治五年（1866）续修，1924年三修，1999年四修。

新化刘氏 始祖景隆公，其孙玉盛公，官邵州刺史，解组居新化茅坪。总祠建于新化城西。明万历十八年（1590）始修通谱，清咸丰四年（1854）、光绪二十五年（1899）、1933年、1999年续修。

新化坪砥刘氏 始祖刘邦，传至六十一世吉蕴公居新化坪砥。明成化十六年（1480）建宗祠于坪砥。族谱明万历三十六年（1608）始修，1995年八修。

新化刘罗氏 始祖吉蕴公，北宋神宗元丰八年（1085）徙居新化，十五世什一公因母改适罗汝祥，改姓罗，清康熙间奉旨归宗，称刘罗氏。族谱明万历三十六年（1608）创修，1947年八修，1995年九修。

涟源江氏 始迁祖丰礼公，南宋德祐元年（1275）自江西泰和县挈眷来湘，卜居侧水、牢田。生子三，长子一德公开籍侧水、山田，次子一和公开籍牢田、黄龙桥。清乾隆四十二年（1777）始修族谱，道光二年（1822）、同治十三年（1874）、1915年、1995年续修。

新化江氏 始祖大郎公，宋理宗时偕弟晚郎迁居新化。清康熙三十一年（1692）、嘉庆十六年（1811）、光绪三年（1877）纂修族谱。江忠源为卯公房十七世孙。

新化城南江氏 始祖丰礼公，南宋德祐元年（1275）自江西吉安泰和迁湖南湘乡。传至十五世孙玉盛公由衡阳迁新化，落业城南。清乾隆四十二年（1777）始修族谱，1994年六修。

新化汤氏 始祖发隆公，越十世至贤公，明天顺间迁居新化杨桥石马三都范家桥。族谱清康熙四十九年（1710）一修，乾隆十四年（1749）二修，道光二十二年（1842）三修，光绪十七年（1891）四修，1928年五修，1995年六修。

新化姚家巷安氏 始祖乐公，第五子伯五郎，北宋熙宁五年（1072）奉命迁移以实梅邑，首迁梅邑维山，再居城西门内城隍庙后姚家巷。族谱清雍正十年（1732）一修，嘉庆十六年（1811）、同治三年（1864）、宣统元年（1909）、1994年续修。

新化许氏 始祖子贵公，越六世至铎、铠、钦、礼四公，由伍开卫中潮所分拨湖南宝庆新邑。族谱清康熙二十六年（1687）一修，乾隆十三年（1748）续修，道光二十四年（1844）三修，宣统二年

（1910）四修，2000年五修。

双峰单家井孙氏 始祖应雷公，元至正元年（1341）自江西吉州迁居湘乡中里单家井（今属双峰青树坪镇）。族谱清乾隆十六年（1751）初修，同治十二年（1873）续修，1933年三修，2004年四修。

双峰大埠桥孙氏 始祖景阳公，传至仙寿公迁居铜梁乡大埠桥（今属双峰）。族谱始修于清嘉庆七年（1802），道光六年（1826）续修，同治十一年（1872）三修，1937年四修。

新化孙氏 始祖邦达公，传五世至可珊、德珊、选珊，明初徙新化梅山。族谱清乾隆三十二年（1767）一修，1990年六修。

冷水江、新化苏氏 始迁祖得常公，宋元丰年间自江西泰和圳上千秋乡水柏保梅子湾迁新化。族谱明万历四十六年（1618）始修，清康熙二十九年（1690）、乾隆十五年（1750）、道光元年（1821）、同治七年（1868）、1914年、1947年、1994年续修。

冷水江涟溪2010年《李氏七修族谱》

新化扶氏 始祖启荣公，明洪武四年（1371）任安化县知县，宦居安化，传六世至才贤、才高，迁居新化。族谱清康熙五十七年（1718）始修，道光九年（1829）续修，光绪十一年（1885）三修，1930年四修，1993年五修。

娄星西阳李氏 始祖峣贤公，生八子，第三子舜利公之第二子祖合，卜居湘乡西阳（今属娄星）。清道光三年（1823），宗、政二支合修族谱，同治七年（1868）续修，1996年三修族谱。

冷水江连溪李氏 始祖仲章公，宋末弃官携子侄迁新化。传至五世孙添铭公于元至元间迁连溪（今属冷水江）。族谱清乾隆十二年（1747）始修，嘉庆八年（1803）续修，道光二十五年（1845）三修，光绪六年（1880）四修，1924年五修，1989年六修，2010年七修。

涟源桥头李氏 迁湘始祖茂隆公，后汉乾祐三年（950）携二子由江西吉州泰和县徙湘乡，卜居桥头高山（今属涟源）。族谱清乾隆二十三年（1758）肇修，同治元年（1862）续修，1916年三修，2001年四修。二修总修登胜，为李续宾之父；三修总纂李前普，为李续宾之孙。李续宾、李续宜兄弟，皆为湘军名将。

涟源四甲李氏 谱尊汉卿公为丰乐四甲之祖，登泰公为分衍之祖。族谱清嘉庆二十三年（1818）始修，同治七年（1868）二修，光绪三十一年（1905）三修，1937年四修，1995年五修，2016年六修。该族名人李聚奎，1958年授上将军衔。

涟源六甲李氏 始祖元隆公，由西而南，卜居安邑首兜（今属涟源），厥后云礽繁衍，分甲而居。族谱光绪二十年（1894）三修，1928年四修。

双峰城涧李氏 始迁祖怀德公，宋真宗天禧年间入潭州，七世谏公以后子孙世蕃，居上湘城涧（今属双峰县石牛乡），清乾隆十年（1745）建宗祠，十三年（1748）始修族谱，嘉庆十二年（1807）续修，光绪五年（1879）三修，2015年四修。

双峰新泽李氏 始迁祖应续公明洪武间由江西吉安迁湘乡新泽，今属双峰印塘乡。清康熙五十六年（1717）建祠于土畲。乾隆十四年（1749）创修宗谱，同治元年（1862）续修，1921年三修，2007年四修。十九传李燮和，辛亥时任吴淞光复军司令。

双峰黄田李氏 始迁祖笔贤公，数传至圣寿公迁黄田。族谱清同治八年（1869）一修，1942年二修，2004年三修。

双峰定胜桥李氏 始迁祖洞山公，子静庵，迁居永丰定胜桥（今属双峰）。族谱始修于清乾隆四十年（1775），嘉庆十二年（1807）续修，咸丰五年（1855）三修，光绪二十年（1894）四修。

新化李氏 一世祖隆公，元时自邵迁新。清乾隆十三年（1748）、嘉庆八年（1803）、咸丰元年

(1851)、光绪二十八年（1902）、1931年纂修族谱。

新化望龙李氏 始迁祖千一公，明洪武间自江西吉安府泰和县迁新化望龙山。清乾隆二十五年(1760)、道光二十六年（1846)、光绪十六年（1890）纂修族谱。

新化松山坪李氏 始祖泰公，宋元丰间自泰和徙居新化松山坪。族谱始修于清乾隆四年（1739)，同治四年（1865)、光绪三十年（1904)、1932年续修。

新化金子山李氏 始迁祖嘉贞公，北宋元丰年间自江西迁来新化河上坝（今金子山)。清康熙三十五年（1696）始修族谱，1937年合修。

新化丹桂李氏 始祖民辅公，北宋元丰八年（1085)，与弟民佑奉命移江右之民“以实新化”，居新化丹桂村株木山。族谱清乾隆八年（1743）始修，嘉庆十九年（1814)、咸丰十一年（1861)、1913年、1946年、1995年续修。

新化五户李氏 始迁祖仲章公，由江西吉安府泰和县谷村迁安化丰乐乡首兜冲，旋徙新化。族谱始修于明，清乾隆四十二年（1777）续修，道光二十四年（1844）三修，光绪二十年（1894）四修，1994年五修。

娄星桐瑞台杨氏 谱称楚良公元时由江西浮梁（今景德镇）迁湘乡县治西二十里桐瑞台（今属娄星)。乾隆八年（1743）建宗祠于桐瑞台。族谱明崇祯二年（1629）始修，1996年六修。文升公十二派孙杨昌浚，陕甘总督兼甘肃巡抚。

冷水江、新化杨氏 始祖忱德公，官广西签判，宦游至楚，旋迁新化，五传衍为天继、天绶、天绋、天绿、天瑰五房。各房谱修不一，清宣统元年（1909）五房首次合修，1946年续修。

涟源古塘杨氏 始迁祖淑瑞公，明洪武二年（1369）迁湘乡木塘(今涟源古塘)。族谱清光绪二十四年（1898）始修，1940年续修。

涟源蓝田杨氏 始迁祖秀文，于宋时居安化南路蓝田（今属涟源)。清光绪三十一年（1905）六支合修族谱，1936年续修。

涟源梅塘吴氏 始迁祖通良公，字荣圣，奏名法霖，元延祐七年(1320）因邵阳石陂疫作迁安化丰乐胡村冲（今涟源市桥头河镇胡村冲)，遂为梅塘吴氏始祖，卒葬段家边南冲嘴，由南京兵部尚书周徐为之墓。族谱始修于宋，二修于元，明万历三十七年（1609）三修，清康熙二十三年（1684）四修，雍正五年（1727）五修，乾隆五十九年(1794）六修，道光二十年（1840）七修，光绪三年（1877）八修，民国8年（1919）九修，1993年十修，2012年十一修。

涟源梅塘2012年《吴氏十一修族谱》

新化吴氏 始祖木兜公，南宋德祐间迁居宝庆府邵阳县，九世通良公迁安化，十一世政理公明洪武间自安化迁新化鹅洋塘，派衍德、朝、成三房。明万历间新化、安化、湘乡三邑合修宗谱，为始修。清雍正五年（1727）木兜、木裕二公后裔合修宗谱，为五修。光绪三年（1877）二宗又合修，为八修。光绪十九年（1893）通良公裔独修，为九修。

新化石溪塘何氏 始祖太一公，传六世至宣仪公，宋熙宁年间自江右迁湖南邵陵，居梅城石溪塘。总祠在新化毕家巷。族谱明崇祯十五年（1642）一修，清康熙五十一年（1712)、乾隆十一年（1746)、乾隆五十八年（1793)、道光二十一年（1841)、光绪二十一年（1895)、1929年、1994年续修。

新化何氏 远祖太一公，至六派宣仪、宣仁。宣仪公子六：念一居新化澧溪，转徙椰塘蒋坪；念四居溆浦河底溪，转徙新化江东；念七居新化何家坪，转徙大洋溪；念八居新化石溪塘下山，转徙思澧溪；念九居新化白溪，转徙白沙坪。族谱清嘉庆十一年（1806）始修，光绪元年（1875）续修，1930年三修，1995年四修。

新化青山湾余氏 始迁祖庆一公，明洪武二年（1369）迁居新化青山湾。族谱明万历二十年（1592）始修，清乾隆四十八年（1783）、同治十三年（1874）、1917年、1993年续修。

新化洋溪邹氏 有两支：一支始祖瓒公，后唐天成二年（927）迁新化白水溪。1930年建总祠于洋溪。清乾隆十六年（1751）六户合修族谱，嘉庆二十五年（1820）、光绪七年（1881）、1920年、1994年续修。另一支始祖世守公，长子希可宋元丰年间徙居新化洋溪。清乾隆三十一年（1766）建宗祠于洋溪。明崇祯九年（1636）创修族谱，清康熙二十五年（1686）、雍正十年（1732）、乾隆五十一年（1786）、道光二年（1822）、咸丰二年（1852）续修。

新化庆户邹氏 始祖瓒公，传十三世至庆公徙居罗洪。清康熙六十一年（1722）、乾隆五十一年（1786）、道光七年（1827）、宣统元年（1909）曾纂有族谱。

新化才户邹氏 始祖瓒公，传至益先公，元文宗时由新化虎巷迁居官材村。清雍正元年（1723）、乾隆五十六年（1791）、嘉庆二十五年（1820）、咸丰九年（1859）、光绪二十六年（1900）纂有族谱。

新化汪氏 始迁祖伯彦公，宋开禧间自江西泰和迁湘，其孙宛姚公迁居新化。族清谱乾隆二十一年（1756）始修，道光六年（1826）、光绪十八年（1892）、1934年、1995年续修。

双峰青石宋氏 始迁祖庚九公，明洪武末年携子思恭由江西吉安府泰和县圳上迁居湘乡青石铺堪上湾（今属双峰）。清乾隆五年（1740）建宗祠于白竹冲，同治五年（1866）移建于青石铺。族谱乾隆二十二年（1757）一修，道光五年（1825）二修，同治十三年（1874）三修，1921年四修，2004年五修。

双峰欧源张氏 始迁祖明孙公，南宋淳祐三年（1243）徙居湘乡县西南八十里欧源（今属双峰）。乾隆十六年（1751）建宗祠于欧源。族谱清康熙五十五年（1716）始修，乾隆十四年（1749）续修，咸丰六年（1856）三修，光绪二十九年（1903）四修，1995年四修。

新化白溪张氏 始迁祖添升公，明初由江西吉州迁居新化白溪，明万历二十四年（1596）始修族谱，清乾隆四十一年（1776）二修，道光四年（1824）三修，光绪九年（1883）四修，1918年五修。

新化太阳张氏 始迁祖通义公，宋初建隆间自江西吉州泰和县徙居新邑太阳八都。明万历三十六年（1608）创修祠堂于新化。元皇庆元年（1312）及明嘉靖四十五年（1566）纂有草谱，清乾隆四十年（1743）首次付梓，道光十一年（1831）重修族谱。

涟源桃林陈氏 始迁祖梦良，元末明初由江西泰和县同迁居湘乡桃林（今属涟源）。清道光五年（1825）一修族谱，光绪二十六年（1900）二修，1946年三修。

涟源荷塘陈氏 始迁祖宣广公，元至正三年（1343）迁居湘乡荷塘（今属涟源）。清乾隆间二房始修族谱，道光四年（1824）、同治四年（1865）、光绪二十五年（1899）、1929年续修。

涟源蓝田陈氏 始祖邦大公，宋宝庆元年卜居抚州荆公山文昌庄，生八子，后印、都、韬三房子孙迁居安化蓝田（今属涟源），1929年八房五修族谱。

双峰扶槎陈氏 始祖汉南公，元时由江西吉安府泰和县迁居上湘水起，传数世至宗华公，字章甫，明初又自水起迁扶槎（今属双峰），自清乾隆十九年（1754）创修族谱，乾隆六十年（1795）续修，咸丰十年（1860）三修，1914年四修，1999年五修。

双峰水荡桥陈氏 始迁祖子训公，明洪武二年（1369）自江西吉安府泰和县徙居湖南湘乡县水荡桥（今属双峰）。清康熙四十五年（1706）始修族谱，嘉庆元年（1796）、光绪七年（1881）、1944年、1990年续修。

新化鹅塘陈氏 始祖伯万公，后唐庄宗同光二年（924）任湖广招讨宣抚防御使，由湖北沔阳经潭州湘乡至邵阳高平县太阳三都，驻军横阳寨（今西河镇鹅塘），卜居于此。族谱明弘治六年（1493）始修，万历十六年（1588）二修，崇祯十五年（1642）三修，清康熙三年（1664）四修，雍正元年（1723）五修，乾隆四十九年（1784）六修，道光二十年（1840）七修，同治十二年（1873）八修，

1935年九修，1996年十修。

新化陈家坪陈氏 伯万公长孙翔公，传八世至汝嘉公，隐居于梅山（今城关镇陈家坪）。族谱南宋祥兴元年（1278）始修，明正德元年（1506）二修，万历二十八年（1600）三修，清雍正元年（1723）四修，乾隆四十九年（1784）五修，道光六年（1826）六修，同治十二年（1873）七修，1920年八修，1995年九修。

新化石马陆氏 始祖德晟公，北宋元丰末年自江西抚州府金溪县青田里徙居湖南宝庆新化县石马三都圳上干江村。族谱清康熙六十一年（1722）一修，嘉庆九年（1804）、咸丰十一年（1861）、光绪二十五年（1899）、1931年、1994年续修。

新化永靖奉氏 始祖朝瑞公，宋绍熙间奉命南征，袭武略将军，加升镇国上将军，著功卜居江东，列籍梅邑坪下。清乾隆间建宗祠于永靖乡坪下。族谱元大德十一年（1307）一修，1998年十二修。

双峰巡司范氏 始迁祖世桂公，明末自江西高安县长沙铺迁湘乡武障巡司（今属双峰）。2008年首修族谱。

涟源欧阳氏 一支为丰乐欧阳氏，始祖元通公，南宋淳祐十一年（1251）自江西安福县迁邵阳，传至荣峰公转徙今涟源市丰乐、七星、伏口等地；一支为田心欧阳氏，始祖万钟公，传至圣祥公卜居湖南安化田心（今属涟源），清顺治七年（1650）十一房合修族谱。

新化欧阳氏 一支为炉观青山欧阳氏，始祖尧章公，南宋淳祐十一年（1251）携家眷自江西吉州安福县徙居新化青岗（今炉观青山）；一支为团山欧阳氏，始祖勋公，于明时自江西吉水宦游至湘，任新化县令卜居梅城。清康熙二十五年（1686）始修族谱，乾隆三十年（1765）续修，嘉庆十六年（1811）三修，咸丰十一年（1861）四修，光绪二十八年（1902）五修。

娄星罗氏 始祖崱公，传至天衢七世孙京礼之子国中，徙居原三十八都大湾塘，传家皤乌山、柳河及雨寨砣等处。十一世发衍为先照、先遐、先登、先得、先容、先科六支。先科一支历居湘乡白鹭湾，其余五支移居今娄星百亩、涟滨、大科、西阳等乡。

冷水江球溪、新化洋溪罗氏 始迁祖云飞公，宋仁宗皇祐年间卜居新化球溪渡头（今冷水江市禾青镇），为球溪罗氏肇基始祖。云飞九世孙四翁长子仲荣派衍洋溪、梅溪。明崇祯时桃林邦富创修茂德房谱，清嘉庆时茂德房与洋溪合修谱，民国30年（1941）洋溪始修通谱，1996年续修。

涟源田心罗氏 始祖崱公，传二十派至奎光公，宋庆元年间由江西徙居湖南安化竹排门。二十八派至仲三公又徙居田心（今属涟源），衍为辰松、辰柏、辰梓、辰杞四房。清乾隆十七年（1752）松、柏、梓、杞四公合修族谱，为一修，光绪二十九年（1903）四修，1948年杞房又续修。

双峰湾洲、台洲罗氏 始祖季一郎，原籍江西泰和，自赣迁湘，传天琳赐松公卜居湘乡下罗湾洲（今属双峰）。清康熙十八年（1679）始修族谱，乾隆十九年（1754）湾洲、台州两支合修，嘉庆间分修，光绪十八年（1892）、1931年、2000年两支再次合修。雍正七年（1729）创建总祠“清德堂”于白竹山。天琳公十六代孙罗泽南，湘军重要创始人之一。

双峰金田、官冲罗氏 始祖承珊公，明嘉靖年间偕弟承宝、侄誉图，从江西高安县迁居湘乡永丰，先创金田，继立官冲。清乾隆四十一年（1776）一修，道光二年（1822）二修，同治十一年（1872）三修，1912年四修，2007年五修族谱。

新化潮水罗氏 始迁祖尚敬公，明成化时因贸易事自江西清江县清泉乡迁湘南新化县潮水村。雍正十二年（1734）始修族谱，嘉庆二十年（1815）二修，同治十一年（1872）三修，光绪二十九年（1903）四修，1942年五修，1992年六修。

新化金氏 始祖魁公，北宋治平元年（1064）任宝庆府教授，定居邵阳青龙桥，称为“桥头金氏”。传鉴则随七十二户来宝庆梅邑松山坪落业（今新化县上梅镇向东街工农村）。族谱始修于清乾隆十四年（1749），嘉庆十六年（1811）、光绪三十二年（1906）、1942年、1990年续修。

娄星梅林周氏 始迁祖文旺公，明洪武十八年（1385）自江西泰和迁居湘乡涟水金盆湾（今属娄星）。清嘉庆二年（1797）建祠，道光十四年（1834）始修族谱，1925年续修，1995年三修。

冷水江、新化周氏 始祖监卿公，宋元丰间宦游楚南，生四子，长子春、三子安居新化，子孙散居小溪、白岩、周家坪、金家溪、北塔、栗滩等处。1996年春、安二房七修族谱。

涟源三塘周氏 始迁祖日权公，生泽远，泽远生寿琏、寿瑚、寿珊，开三塘周氏。清乾隆三十五年（1770）始修族谱，道光六年（1826）、同治九年（1870）、1914年、1935年续修。

双峰伊家湾周氏 始祖濂溪先生敦颐，传至大信、大侃、大化三公徙居湘乡伊家湾（今属双峰）。族谱始修于清乾隆五十四年（1789），咸丰十年（1860）、光绪三十二年（1906）、2007年续修。

双峰杨柳周氏 始迁祖孟诚公，子建惠，徙居湘乡黄巢山（今属双峰），1922年与薛渡周氏合谱。

双峰永丰周氏 始迁祖洪扬公，卜居上湘永丰镇周家码头。清雍正七年（1729）创修，嘉庆十一年（1806）二修，光绪三十一年（1905）三修，2007年四修族谱。

涟源郑氏 迁湘始祖仕文公，宋末元初由江西新喻县迁溆浦堆村。生五子，第三子均通四世孙世华，于明初徙安化县常安乡芙蓉，后迁六亩塘黄龙村郑家院（今属涟源），开福祯、福财二房。清咸丰十一年（1861）始修房谱，1920年续修。

双峰富托屈氏 宋太宗时有仕公任吉州路太守，传至代鸾公，明末清初由衡邑永伏迁湘乡富托（今属双峰县）。清道光七年（1827）始修族谱，同治十三年（1874）、1914年、1942年、2003年续修。

新化白溪封氏 始祖仁禄公，其子景宣公为避元末之乱而徙居新化白溪。明初始修族谱，清康熙五十九年（1720）、同治六年（1867）、1929年四大房续修，1998年五修。

新化柯氏 始迁祖新佑公，明洪武间谪官任新化苏溪司（今琅塘），遂卜居梅城薰和门（今柯家巷），子思忠居新化城南。谱一修于清乾隆二十八年（1763），光绪三年（1877）三修，1923年四修。

娄星柳氏 始祖成翁公，传至四代孙十五郎，北宋至道元年（995）自江西吉州泰和县迁湖南潭州，留寓湘乡沐道乡四十都（今属娄星）。兴公九传至世荣，为百亩井、枫洞冲支祖；仲公九传至世高，为茅田、南陇、落花洲支祖；仲公九传至世元，为茅塘、石底、蓝田支祖。清嘉庆六年（1801）创建宗祠于娄底上街头七宝庙。族谱一修于雍正间，1919年五修。

冷水江崇溪胡氏 始祖城公，传至彦广公卜居新化崇溪（今属冷水江市）。宗谱肇自宋政和壬辰，元延祐间又一修，明正统、正德、万历、崇祯间凡四修，清康熙、雍正、乾隆间又四修，1928年又一修，1935年合修通谱，2007年十三修。

双峰桑林胡氏 迁湘始祖君美公，数传至文贵公入赘桑林白氏。明万历、清康熙间纂有墨谱，乾隆五年（1740）与湘乡桃林、宁乡柳林合修，乾隆四十六年（1781）与衡阳观底合修；道光十四年（1834）福、禄、祥三房三修，光绪元年（1875）、宣统二年（1910）福、禄、正、祥四房四修、五修，1948年六修，2003年七修。

双峰华夏胡氏 始迁祖志楚公，明洪武初军籍调湖南，后于建文元年（1399）再迁湘乡华夏桥（今属双峰）。清乾隆十四年（1749）创修族谱，光绪三年（1877）续修，1922年三修，2000年四修。

双峰武障胡氏 始迁祖大斌公，明弘治间迁居湘乡县二十八都武障巡司（今属双峰）。谱牒始修失考，清咸丰七年（1857）续修，1949年三修，2001年四修。

新化崇溪、白溪胡氏 始祖城公，传至彦广公迁新化崇溪（今属冷水江市），传至十五世孙朝六公于明嘉靖三十六年（1557）由江西高安石街迁新化白溪。谱称胡氏宗谱肇自宋政和壬辰，元延祐间又一修，明正统、正德、万历、崇祯间凡四修，清康熙、雍正、乾隆间又四修，1928年又一修，1935年合修通谱，2007年十三修。

双峰深江赵氏 谱以植公为远祖，传十六代至宗辅，明正德四年（1509）由潭州卜迁深江。族谱始修于清乾隆二十一年（1756），道光二十八年（1848）续修，光绪三十二年（1906）三修，1948年四修，2008年五修。

新化太阳二都赵氏 始祖胜宗公，其子荣承袭父职调贵州黎平府伍开卫，明永乐二年（1404）奉诏下放屯田，始来新化太阳二都，附为军籍。清雍正三年（1725）始修族谱，2000年五修。

新化赵氏 始迁祖德玉公，明永乐年间自江西安福徙长沙，后居新化城东下渡松山坪。明天启六年（1626）始修族谱，1993年八修。

双峰台洲塘钟氏 始祖宋时元海公，传旺公徙居台洲塘（今属双峰）。明正统三年（1438）、清康熙四十七年（1708）湘宁二邑合修族谱，乾隆四十一年（1776）三修时宁宗仅福祥支合侧水宗颖公支参入，同治十三年（1874）四修时为千岭公及宗颖公支合修，1918年旺支五修，1922年凤、颖二支五修族谱，1999年六修。

新化浪思侯氏 始祖华荣公四传千三公徙居新化县浪思，后裔移居满竹、栗溪。族谱始修于清嘉庆十五年（1810），咸丰十一年（1861）、光绪三十三年（1907）、1947年、1990年续修。

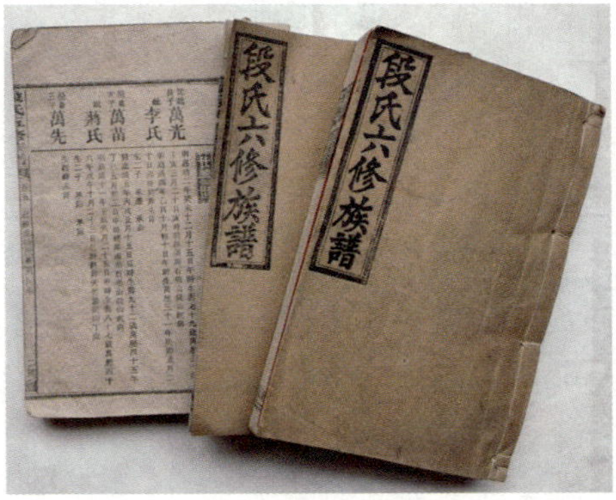

冷水江1990年《段氏六修族谱》

冷水江段氏 始祖胜云公，九传至万椿公，宋理宗端平二年（1235）自江西泰和县圳上迁居宝庆府新化梅城之税塘村。清乾隆十五年（1750）一修族谱，嘉庆二十五年（1820）二修，同治四年（1865）三修，宣统二年（1910）四修，1949年五修，1990年六修。

新化姜氏 始迁祖发隆、厚德二公，元末明初时因兵乱自江西吉州、抚州初迁长沙，后迁新化。发隆公房族谱首修于明万历二十四年（1596），清康熙二十一年（1682）二修，嘉庆十四年（1809）三修，咸丰八年（1858）四修，光绪十四年（1888）五修，1928年六修，1993年七修。

新化洪氏 始祖福公，原籍江西吉安府永新县新宁里景福乡洪家坊，元顺帝时携子茂林徙居南楚湘乡千户，传政于明英宗时择居新邑。族谱创修于清乾隆年间，道光间续修，光绪间三修，1994年四修。

涟源杨市姚氏 始祖元鼎公，宋元丰间自江西吉安泰和迁宁乡，十世添纬迁杨市。清乾隆二十一年（1756）一修族谱，嘉庆二十二年（1817）二修，同治十年（1871）三修，1917年四修，1993年五修。

娄星杉山焙塘贺氏 始迁祖达公，后唐同光二年（924）自江西泰和圳上迁居湘乡南岸兼土桥白马塅。清乾隆二十六年（1761）应禴房始修族谱，光绪二十四年（1898）祺、禴二房合修，1993年祺、禴二房续修。该族名人贺德英，南宋神童。

娄星双江新庄贺氏 一世祖天龙公，明洪武十八年（1385）偕子理绅自湘乡青山冲徙居新庄（今属娄星）。清嘉庆八年（1803）明、秀、智、渊四房合修族谱，1998年续修。

涟源贺氏 有渡头塘乡新联村一支，始迁祖世宦公，宋淳祐间由安化迁湘乡三十七都下坪底（今属涟源）；有桥头河一支，始迁祖天禄公，系风锡公后裔，明代中叶由湘乡坪底迁桥头河；有七星街镇长冲一支，始迁祖志富公，系隽辅公裔孙，明万历元年（1573）定居长冲；有七星街檀山坳一支，始迁祖复礼公，由永丰迁七星街檀山坳；有岛石乡梅家冲一支，始迁祖祕槐公，清乾隆间从桥头河镇长冲村迁岛石乡梅家冲。1998年通谱。

新化木湾塘贺氏 始祖景祥公，任长沙太守，第四子汉贤公，由长沙迁新化北乡石马三都五甲贺家坊木湾塘。族谱始修于清康熙三十三年（1694），1993年六修。

涟源聂氏 始祖元光公，于后唐同光间官长沙通判，携四子迁居湘乡伏虎庙侧。三子透公，迁居印溪（今属涟源），为印溪支祖。族谱于明正德九年（1514）始修，明嘉靖五年（1526）、清康熙二十七年（1688）、乾隆五十七年（1792）、嘉庆七年（1802）、道光二十年（1840）、光绪二十三年（1897）续修，民国32年（1943）九修，1995年十修。

新化聂氏 始祖仕臣公，传至承虎公、承龙公宋太平兴国间徙居新化高平。南宋理宗开庆元年（1259）始修族谱，明成化十八年（1482）续修，清康熙二十七年（1688）三修，乾隆四十二年（1777）四修，道光二十二年（1842）五修，光绪十一年（1885）六修，1945年七修，1993年八修。

新化夏氏 始迁祖敏完公，明正统十年（1445）自江西抚州乐安县云界乡迁居湖南新化白溪，继迁石马乡张家山井湾。族谱清同治十一年（1872）三修。

新化城南井头街晏氏 始祖墉公，传至三十九世世礼公，明正德三年（1508）由江西临江府新喻县迁新化。族谱一修于清顺治十三年（1656），道光六年（1826）续修，同治四年（1865）三修，1929年四修，1994年五修。

涟源石马徐氏 始祖孔泰公，明洪武十六年（1383）徙居长沙，继迁宝庆梅城老鸦田，又移县城东郭。生七子，有衍居涟源蓝田石马山者，为石马徐氏。

新化卿氏 始祖伯万公，传至万容公，宋熙宁间由邵阳迁居新化。清顺治十四年（1657）新化始修族谱，雍正十年（1732）二修，嘉庆五年（1800）三修，咸丰十一年（1861）四修，光绪二十九年（1903）五修，1938年新、邵二邑合修，2001年二邑七修。本族名人卿衡，民国陆军中将。

双峰永丰、新泽、巡司凌氏 远祖仕燮公，传至才杰公、试杰公明嘉靖年间迁居巡司，广杰公迁居永丰，汉杰迁居居新泽（今皆属双峰）。族谱始修于清乾隆三十一年（1766），道光二十七年（1847）续修，光绪三十四年（1908）三修，2001年四修。

双峰凌氏 始迁祖思艮公，明清之际自衡阳渣江迁居湘乡镜坪里姬子园（今属双峰）。2004年八修房谱。

冷水江三尖郭氏 始祖子仪公，传至弥邵公卜居新化青石街、三尖峰（今属冷水江）。清道光四年（1824）圣、宣二裔合修族谱，光绪四年（1878）、1917年、1949年续修。

涟源高坪郭氏 圣公后裔源淮、源珮、源德自江西迁居安化，淮居青草，德居浅塘。源珮落业黄龙、塞海。珮公后裔天贵迁居湘乡高坪四亩田（今属涟源）。清乾隆十六年（1751）修有支谱，道光四年（1824）、光绪四年（1878）与安化合修。

双峰沙塘唐氏 始祖绍尧公，传至清和公，清初徙居湘乡梓田（今属双峰沙塘乡）。族谱清雍正十三年（1735）创修，同治四年（1865）梓田汝政、汝严二房重修，宣统元年（1909）三修，1941年四修，1995年五修。

涟源蒿子坪黄氏 始迁祖朝元公，明弘治间迁居湘乡县三十三都桃林（今属涟源）。族谱始修于清乾隆三十八年（1773），道光三年（1823）、1916年、2008年续修。

涟源丰乐、常丰、印石黄氏 一派祖高显公，传至文英公支三十三派孙瑞祥、鸾祥、廷召，由豫章迁楚南长沙安化县丰乐乡上塞海（今属涟源）。三十三派朝任公迁归化印石。崇德公裔迪武公徙居常丰乡喻家坪。明万历四十年（1612）崇山、崇德两支合纂族谱，清嘉庆元年（1796）、咸丰八年（1858）、光绪二十三年（1897）续修，1933年文英公支五修。

涟源龙塘黄氏 鼻祖贞利公，后唐同光间仕潭州，隐居安化龙塘（今属涟源）。八传至万石公，派衍清、华、能、隆、和五房。族谱始修于明万历四年（1576），清康熙三十七年（1698）、嘉庆九年（1804）、咸丰七年（1857）、光绪三十一年（1905）、1933年续修。

涟源三眼井黄氏 始迁祖福三公，明初自江西吉安府庐陵县徙居湘乡县三眼井。清乾隆三十年（1765）建宗祠于丰乐乡（今属涟源）。乾隆三十五年（1770）四房合修族谱，道光三年（1823）至同治十三年（1874）间各房二修、三修，1913年盐溪房四修。

双峰石门黄氏 始迁祖椿柏公，明洪武四年（1371）知宝庆府武冈州，十四年致仕卜居湘乡石门（今属双峰）。清乾隆三年（1738）创建宗祠，四十七年（1782）创修族谱，咸丰十一年（1861）续修，1941年三修，2003年四修。

新化黄氏 始祖伯四公，北宋建隆三年（962）自江西吉安府庐陵县徙湖南宝庆府新化井头街。族谱始修于清嘉庆十七年（1812），光绪九年（1883）续修，1918年三修，1990年四房合修。

涟源丰乐印溪塘萧氏 始祖长仲公袁其子汉二郎于北宋熙宁六年（1073）迁安化丰乐印溪塘（今涟源七星街镇田湖村）子三：积昜、积岩、积规。昜、岩二公之谱一修于明永乐，再修于明崇祯，三修于清乾隆九年（1744），四修于嘉庆十七年（1812），五修于咸丰十年（1860），六修于光绪二十六年（1900），此谱有错。2015年正本纠错，编纂完成《中华萧氏总谱湖南娄底涟源汉二郎房谱》。印溪塘萧氏入谱22957人。

涟源荷塘萧氏 始祖长仲公，其子汉六郎北宋建隆年间偕兄弟十人一同迁湘，落旦荻田，暂住后兄弟分居各地。汉一郎居龙潘溪与楂林坪。汉二郎居印溪。汉三郎居洪溪黄泥虎寨。汉四郎武冈蓝松岭。汉五郎居茶冈霞光岭。汉七郎居阳溪、演溪。汉八郎居斗罡与甘溪。汉九郎居兔子坪。汉十郎居涧溪与马溪遥。汉六郎居秀溪，后裔分布秀溪尧大岸尧山塘尧古楼尧塘湾尧丁家尧茅塘尧金石等地。族谱始修于清乾隆二十七年（1762），二修于道光六年（1846），三修于宣统二年（1910），四修于1990年，五修于2001年，六修于2016年。入谱22926人.

双峰文山、溪田萧氏 始祖进公，元延祐六年（1319）由江西吉水螺陂迁湘乡永丰驿文山（今属双峰）。族谱始修于清乾隆二十五年（1760），再修于道光十五年（1835），光绪五年（1879）齐田、上溪、溪田合修，2001年溪田四修。

双峰西塘萧氏 始祖唐知刚公，传二十派至明时操公，卒葬湘乡二十都西塘（今属双峰）。1938年建宗祠于西塘。明永乐二十一年（1423）创修族谱，1923年九修，2000年十修。

新化炉观石牛潭萧氏 始祖郁服公，生七子，其中通滨公及通淮公之子国器公于宋元丰二年（1079）由江西同徙新化炉观石牛潭。族谱清雍正十年（1732）一修，乾隆二年（1737）二修，乾隆六十年（1795）合天福房、汉三郎公房五房三修，嘉庆十四年（1809）四修，咸丰八年（1858）五修，宣统三年（1911）六修，1913年通滨、天福房七修，1933年八修，1995年五房九修通谱。

娄星、涟源曹氏 始迁祖祖七，南宋嘉熙间居涟水。族谱一修于清乾隆四十二年（1777），咸丰九年（1859）续修，光绪十八年（1892）三修，1935年四修，2002年五修。

冷水江、新化曹氏 始祖琳公，有四子：士忠、士政、士俊、士诚。士忠公自江西徙长坪，九传至继锐公由江西庐陵徙迁安邑栗林，其长子子胶迁团营山，子胶之子永洪再徙新化桃茶村岩子冲。士诚公之子邦达，明洪武年间自江西庐陵迁安化厚溪，子二：庶、广，再迁新化黄沙村。后人衍居冷水江、新化茶溪等地。清嘉庆十二年（1807）始修族谱。

新化龚氏 始祖宗瑞公，元至正间任湖广副使，任满居武昌，生八子。其三子富公、四子贵公，元末明初迁新化。族谱始修于宋绍兴七年（1137），1994年十二修。

新化盛氏 始祖度公，其裔孙仲伍公居新化夏家湾（今西河镇），仲陆公居新化城关镇蕨根村（现梅苑开发区）。族谱清乾隆三十八年（1773）一修，1994年五修。

新化康氏 一世祖南八，传至三世祖和仲、政仲、明仲三公，由江西泰和迁新化陂头村温塘。族谱明永乐四年（1406）一修、清康熙十年（1671）二修、雍正十三年（1745）三修、乾隆五十九年（1794）四修、咸丰六年（1856）五修、光绪二十九年（1903）六修、民国36年（1947）七修、1994年八修。

新化小水李家坪章氏 始祖景一公，宋咸淳年间偕弟牢二徙迁湖南宝庆新邑，首居石马三都白溪，次迁横阳山雾溪章家坪，后卜居小水李家坪。族谱一修于清乾隆二十六年（1761），咸丰九年（1859）

续修，光绪三十三年（1907）三修，1949年四修。

涟源三甲梁氏 始祖隆公，于南宋绍兴二十七年（1157）从江西吉安府泰和县迁居湖南湘乡县迪坑（今涟源市金石镇迪康村），二十年后迁居安化马凌良溪（今涟源市六亩塘镇良溪村），不久又迁居安化大木山三衙冲（今涟源市三甲乡三甲村）。族谱始修于乾隆二十一年（1756），民国23年（1934）五修，1994年六修。

涟源三甲1994年《梁氏六修族谱》

涟源常安梁氏 始迁祖太义公，为涟源常安梁氏开基始祖，生一子炎龙。炎龙生五子：长子宗显为常安梁氏十甲始祖，次子宗仁为常安梁氏六甲始祖，三子宗美为常安梁氏四甲始祖，四子宗礼为常安梁氏三甲始祖。族谱始修于清乾隆二十一年（1756），2017年七修。

新化琅塘梁氏 始祖忠泰公，宋哲宗元符三年（1100）自江西吉安泰和迁湖南安化河邱。传五世至淳华，生五子，第三子明三卜居苏溪（今新化琅塘）。清康熙间纂修族谱，乾隆十一年（1746）、嘉庆二十四年（1819）、同治五年（1866）、1914年、1941年纂修族谱。

新化满竹辜氏 始祖本忠公，传十七世至元弘公于明嘉靖年间自江西南昌县西河村迁湖南新化满竹村下垣。族谱始修于清康熙五十九年（1720），同治十三年（1874）、1927年、1993年续修。

双峰葛氏 始迁祖琳公，其孙宝光公占籍荷叶长塘。清嘉庆十年（1805）创建宗祠于荷叶长塘大陇，光绪二十年（1894）重建。族谱始修于清顺治十二年（1655）、乾隆八年（1744）、同治元年（1862）、光绪三十年（1904）、2005年续修。

娄星西阳蒋氏 谱以伯龄为一世，传至正芳、正茂迁西阳。清光绪二十六年（1900）荣臣公裔合修族谱，1942年西阳蒋氏另修族谱，2008年杰斋公房纂修支谱。

涟源沙溪蒋氏 远祖诩公，传六世琬，谱以仲南为第一代鼻祖。炳裔十二代高荣，明洪武时偕第四子如玠复徙迁上湘荷塘都中倚沙溪小星桥（今属涟源）立业。乾隆五十四年（1789）创建宗祠。清乾隆八年（1743）创修族谱，嘉庆八年（1803）、同治十三年（1874）、宣统三年（1911）凡四修。

涟源常丰、常安蒋氏 始迁祖荣五公，于明洪武五年（1372）徙居安化大南门蒋家巷道谷坪。后裔析居安化之归化、仙溪、常丰、常安、石板溪等地。清乾隆间建安邑宗祠于城西。清道光十年（1830）荣五公房纂修族谱，同治十三年（1874）续修，光绪三十四年（1908）三修。

涟源义溪蒋氏 始迁祖方九公，明嘉靖二十三年（1544）由江西抚州乐安徙长沙府安化县归化义溪。清乾隆四十七年（1782）、道光十一年（1831）、光绪六年（1880）纂修族谱。

双峰戴家冲蒋氏 始祖蜀汉司马琬公，士虎裔居湘乡戴家冲（今属双峰）。清康熙、乾隆间纂有族谱，嘉庆十年（1805）安化、湘乡、宁乡、益阳、常德等邑合修通谱。咸丰五年（1855）、光绪二十六年（1900）又续修族谱。

涟源杨家坪彭氏 鼻祖乐翁，明洪武二年（1369）由江西泰和迁湘乡约冲，二世祖源裕公，复迁龙田烟竹坪，称龙田彭氏。清雍正七年（1729）建宗祠于杨家坪（今属涟源）。道光九年（1829）创修族谱，光绪二十年（1894）续修，1933年三修。

双峰彭氏 始祖彦秀公，越三世，元至元初乡宾公，由茶陵秩堂迁湘乡大陂田（今双峰）。清康熙二十九年（1690）建宗祠于燕堂。乾隆十五年（1750）始修族谱，2001年四修。该族名人彭纪南，署理长江水师提督；彭璋，国民革命军少将师长；彭幼莲，黄花岗七十二烈士之一；彭健，东北军区副司令员。

双峰九溪彭氏 始迁祖景祥公，元至正三年（1343）由江西吉水迁湘，落籍二十五都九溪湾六石屋场（今属双峰）。清嘉庆六年（1801）建宗祠于二十六都划船塘。道光二十八年（1848）肇修族谱，

1922年续修，1993年三修。聪房二十世清宗，字怀归，即彭德怀。

双峰约溪彭氏 始祖贵一公，七世仲瑄，开溪、塘、崖、竹四房。绍模为溪房祖，绍极为塘房祖，绍彬为崖房祖，绍权为竹房祖。清乾隆四年（1739）始修族谱，嘉庆二十年（1815）续修，同治元年（1862）三修，光绪二十九年（1903）四修，1924年五修。

双峰高冲彭氏 始迁祖和重公，明洪武间迁湘乡高冲（今属双峰）。清乾隆三十一年（1766）始修族谱，光绪十九年（1893）续修，1942年三修。

双峰坪壤彭氏 始迁祖遵智公，明宣德九年（1434）迁居湘乡县二十九都灵官庙小冲，长子纲公析居坪壤松下冲。清乾隆五十五年（1790）始修族谱，光绪十一年（1885）、1944年、2003年续修。

新化温塘彭氏 始祖才库公，北宋大中祥符九年（1016）自江西泰和南迁梅邑温塘。清咸丰四年（1854）始修族谱，光绪二十年（1894）二修，1924年三修。

新化傅氏 迁湘始祖太什公，传至十九世孙日华公，迁居新化横阳山傅家铺。族谱始修于清乾隆三十九年（1774），同治四年（1865）二修，宣统三年（1911）三修，1949年四修，1998年五修。

双峰石江湾舒氏 鼻祖伯万公，元世祖时投元臣张宏范帐下功授大将军，乞田养老，卜居湘乡六十三都永丰石江湾（今属双峰县）。清乾隆四十九年（1784）始创建宗祠、纂修族谱，道光十二年（1832）续修。

新化漆田童氏 始祖公常公，传至二十六世魁公始迁新化漆田。族谱始修于清乾隆年间，1994年六修。

娄星水田底曾氏 始迁祖贵容公，由江西吉安府万安县泗源杏坛迁居湘乡县城，生三子：镇抚、应抚、廷抚。应抚于明洪武间又迁水洞底天堂车田冲。应抚生大成、大通，大成生必文、必胜、必秀，必秀生梦龙，后裔衍荷叶塘、毛田、石井冲、萧家山。清同治八年（1869）、1917年、1996年纂有族谱。

涟源棚山、谭塘曾氏 一世祖曾参，传至五十四世孙镇抚公，元天历元年（1328）由泰和徙居湘乡南门，明洪武初，子大俊居邑西棚山（今属涟源）。雍正三年（1725）建祠于普庵堂。清康熙四十九年（1710）鲁、粤、湘、赣诸省合修通谱，嘉庆四年（1799）棚山重修。五十八世廷旭公卜居谭家桥，廷端公卜居塘冲，总名谭塘房。清同治元年（1862）谭塘房订辑支房，光绪十九年（1893）、1941年续修。

双峰大界曾氏谱 以曾参为一派祖，六十二派孟学，明清之际徙湘乡大界（今属双峰），为迁湘乡始祖。六十五派贞桢，号元吉，曾国藩、曾国荃兄弟即贞桢房七十派孙。大界曾氏族谱，肇修于清康熙六十一年（1722），嘉庆五年（1800）、道光二十年（1840）、光绪二十六年（1900）、1944年、2010年五次续修。该族名人尚有曾纪泽、曾纪鸿、曾广钧、曾昭抡、曾昭燏、曾宝荪、曾宪植等。

双峰斗门曾氏 始祖宗圣公，传至镇抚公屯居湘乡南门，继移棚山黄花园，生大俊。大俊公之子必洪、必庆、必可于明时徙溪口斗门，洪公六世又分支居小窑，总名斗门房。清雍正三年（1725）建祠于普安塘。光绪十一年（1885）始修房谱，2001年三修。

新化曾氏 一世祖泰谕公，生三子：延禨、延福、延寿，延福又生八子：文官、文宣、文宁、文宫、文宓、文宾、文昭、文作。作房失传，昭房远徙武攸，馀六房散居县境。自元元统至1913年八修，1947年九修族谱。

新化横阳月塘曾氏 始迁祖泰谕公，北宋真宗咸平元年（998）自江西泰和迁湘，卜居新化横阳月塘。族谱一修于明正统八年（1443），1933年八修。

新化祥户曾氏 宗圣四十六代孙泰谕公，宋咸平间自江西吉安迁湖广梅山（今新化），其第三子延寿衍祥户敬、庆两房，族人聚居县南维山、珂溪、马鞍山一带。1936年五修族谱。

新化游氏 始祖应德公，北宋元祐二年（1087）迁新化城东之青峰。清乾隆四十六年（1781）创建宗祠于新化城南永兴街。明嘉靖间始修族谱，清康熙元年（1662）续修，嘉庆九年（1804）三修，咸丰十一年（1861）四修，宣统元年（1909）五修，1949年六修。

冷水江铎山谢氏 始祖惟兴公，宋绍兴间由吉安太和县迁宝庆府邵阳县。清宣统元年（1909）续修族谱，民国2年（1913）三修，民国27年（1938）四修，1993年五修。谢冰莹为该族名人。

涟源谢氏 始祖惟兴公，第三子政三郎，元皇庆二年（1313）迁居湘乡新田云岭。乾隆七年（1742）建大宗祠于羊牯峒。清康熙元年（1662）应德公派下合修通谱，乾隆五十九年（1794）、嘉庆七年（1802）宗五郎、宗七郎派合修，至1917年宗五郎派六修，2001年宗五郎派下青山侯堂支又续修。通添公派下十八代孙振定，人誉为"烧车御史"，著有《知耻斋集》。二十二代国光，曾任零陵镇守使、湘南护国军总司令。

双峰扶洲谢氏 始迁祖梦来公，南宋末年自江西吉安府泰和县迁居湘乡扶洲（今属双峰）。清康熙四十一年（1702）始修墨谱，乾隆二十九年（1764）一修，咸丰元年（1851）二修，宣统元年（1909）三修，1994年四修。康熙二十七年（1688）建祠于花桥甘棠边，乾隆九年（1744）重建。

双峰谢家坪谢氏 始迁祖祖武公，明洪武间携子玄真自江西高安迁居湘乡杨林（今属双峰谢家坪）。清乾隆十六年（1751）始修族谱，之后各房分修，咸丰八年（1858）四修，光绪十七年（1891）五修，1921年六修，2003年七修。

双峰凫鸭塘谢氏 迁湘始祖惟兴公，宋末自江西泰和迁居湘邵之交界牌铺。明初荣仲公自界牌铺迁居蜡子山（今属双峰）。清乾隆二十五年（1760）建宗祠于凫鸭塘。明洪武间始修族谱于江西，同治元年（1862）三修，1916年四修，2002年五修。

新化谢氏 始祖圭甫、庆甫、琮甫、璧甫、得甫、干甫。子孙散居新化石马乡黄沙村、洋溪高田、水竹横田塍、大安山、梅花硐、横阳山、苍溪山、白溪山下、黄沙坪、杨浦溪、麻罗、永兴巷、白溪富溪村等处。民国26年（1937）修通谱。

新化崇山鄢氏 始迁祖叔乐公，明天启六年（1626）自长沙宁乡侯司寨迁居新化毕家巷井头街，再迁蜈蚣村鄢家湾。清光绪二十六年（1900）八修、1996年九修族谱。

双峰赖氏 始迁祖时泰公，明末清初自福建迁湘，居湘乡宣丰二十都杏子区藏石冲（今属双峰）。清道光七年（1827）始修墨谱，1937年、1999年续修族谱。

新化虞氏 始迁祖志明公，明洪武末年奉旨戍守梅山，宦居新化茅芦铺虞库坝（今属上梅镇层峰村）。1993年纂修族谱。

新化简氏 始祖升璋公，传至九代孙日宣公，清初携母落业于新化东辇岭。族谱一修于清康熙十年（1671），康熙六十一年（1722）、嘉庆十七年（1812）、同治六年（1867）、1936年、1994年续修。

新化蔡氏 始祖源公，其子维孟公，宋孝宗淳熙间官统制参军，奉诏征讨苗蛮，编军宝庆卫，留驻梅山车田。族谱始修于清嘉庆十九年（1814），道光十二年（1832）续修，同治八年（1869）三修，1947年四修，1993年五修。又一支，始祖丰周公，族谱始修于清雍正十年（1732），嘉庆二十年（1815）续修，同治八年（1869）与元纪公支合修，1992年六修。

涟源廖氏 一支为桥头河廖氏，始祖爽公，传至万仪，元末迁居安化丰乐乡大屋村双陂（今属涟源）；一支为蓝田廖氏，始祖应彰公，宋末由吴迁楚之安化。生日明，明生添宝、添序、添福，分析安化蓝田（今属涟源）等地，清康熙间纂修族谱，嘉庆二年（1797）、道光二十年（1840）、同治十一年（1872）、1914年续修。

新化廖氏 始祖璋孙公，宋季自安化徙新化官庄桥。族谱清康熙三十九年（1700）一修，咸丰十一年（1861）、光绪三十三年（1907）续修，1996年六修。

冷水江谭氏 始祖学林公，于元大德十一年（1307）自江西吉安太和县迁湘。族谱宣统三年（1911）续修。

涟源七星桥谭氏 始祖可奕公，传至仲珩，分居七星桥。珩裔十一派久沄公，开先、玉、灿、永、定、廷六房。清嘉庆九年（1804）建雯辉公祠于七里桥。乾隆五十六年（1791）珷、珩二支合修族谱。道光二十八年（1848）七星桥珩支创修支谱，光绪二十年（1894）续修，1930年三修。

涟源株梅谭氏 始祖国器公，传至学林公，由江西迁居湘乡金铃山，继而徙安化株梅，再徙安化扶胜。学林公生七子，均居安化常安（今属涟源）。乾隆三十七年（1772）建总祠于蓝田。清乾隆五年（1740）创修族谱，咸丰七年（1857）三修，光绪二十六年（1900）祥、尧、斌三房始独修，1937年三房五修。

双峰喊干塘谭氏 远祖可奕公，传至二十二世孙性孝公，明洪武元年（1368）迁居湖南双峰永丰五里牌，再传至伯聪公迁居喊干塘王机湾。清光绪九年（1883）纂修族谱，2001年四修。

新化骑龙山谭氏 始祖信福公，元泰定年间自江西安福县东门迁湘，开基于新化县亲睦乡梅溪团峰背。传至四世祖汝和公改迁土桥骑龙山。元至正十二年（1352）始修族谱，1993年六修。

新化熊易坪熊氏 始迁祖元亨公，明洪武初年自江西南昌丰城县迁居湖南新化县熊易坪。族谱清道光九年（1829）一修，光绪九年（1883）、1943年、1990年续修。

新化泥湾金洲樊氏 始祖庚秀公，传至八世孙昌铎公于明弘治二年（1489）自湘乡三十九都黄莲潭徙居新化十都泥湾金洲。族谱始修于清雍正十三年（1735），1994年四修。

新化黎氏 始祖九万公，明洪武元年（1368）首迁湖广岳州府南门外，二迁湘乡娄底，三迁新化河东虾溪村老泥湾定居。族谱始修于清雍正十一年（1733），嘉庆十三年（1808）二修，同治五年（1866）三修，1919年四修，1994年五修。

新化小溪颜氏 始迁祖潜公，宋景炎间由江西吉安府泰和县梅子坡设教于湖南梅城，卜居小溪。族谱始修于明嘉靖二十五年（1546），1984年七修。

冷水江潘氏 始祖汝梅公，元朝进士，葬三尖峰粘禾田刘姓屋后，生三子：和凤、和甫、和兴。族谱嘉庆二十二年（1817）复修，同治二年（1863）续修。

新化潘氏 始祖万二公，生汝梅、汝和，汝梅居新化。清雍正八年（1730）始修族谱，嘉庆二十二年（1817）续修，同治二年（1863）三修，光绪二十一年（1895）四修，1924年五修，1991年六修。

新化戴氏 始祖千胜公，南宋时由江西吉安安福迁宝庆府新化县芭蕉迴龙湾。北宋熙宁十年（1077）始修族谱，1994年十修。

新化魏氏 始祖兰溅公、兰汉公。兰溅公子绍宣公于明宣德二年（1427）自科举山迁居新化南门毕家巷。兰汉公传至八世辕公于明万历三十年（1602）由蜀徙居新化梅城十字街。族谱清康熙二年（1663）始修，道光十一年（1831）二修，光绪二十七年（1901）三修，1915年四修，1999年五修。

第六十六篇

民间习俗

概 述

娄底市中西部，古为少数民族聚居地。北宋熙宁五年（1072）新化县建立后，特别是明朝境外各地汉人大量迁徙入境后，汉文化逐渐成为域内文化的主体。汉文化与境内瑶族、苗族等少数民族文化相融合。东部以汉文化为主，邻近的少数民族文化对其影响较深。境内形成历史悠久、内容丰富、特色鲜明的民俗文化，产生“五里不同音，十里不同俗”的文化现象。中华人民共和国成立初期，人们生活习俗基本沿袭传统习俗。1978年改革开放后，人们的思想从禁锢中解放出来，传统习俗仍然普遍地出现在社会生产生活中。进入21世纪，科技发展，社会进步，部分传统习俗逐渐失传和消亡。

第一章 经济民俗

第一节 种植习俗

一、种粮食作物

种水稻　种水稻是娄底境内一项主要农事活动。普遍采用先育苗、后移栽的方法。秧田选背风向阳、灌溉方便的地方。春分前后平整秧田。秧田要泥烂如浆，水平如镜。20世纪80年代末开始，采用通气育秧法，不需要“三犁三耙”，只要田面平整，泥巴松软。谚语云：“穷人莫听富人哄，桐子树开花才下种”。双季稻早稻育秧“春分下水，清明下泥”。单季稻育秧则“清明下水，谷雨下泥”。秧谷下泥时，先将秧田开好箱。播撒谷种时集中思想，播种均匀，不让小孩在周围吵闹。谷种播完，播种人绕秧田一周，叫“闭门”。涟源市、娄星区和双峰县等地常有人折些枫树枝插在秧田田塍上，寓意丰收。新化县、冷水江市等地有人将钱纸用土块压在地角处，祈求土地神保佑丰收。各地都喜欢扎稻草人，或用笋壳剪成老鹰插秧田中，以吓走老鼠和鸟类。20世纪60—80年代，育早稻秧用山蔓或薄膜作覆盖物，以防冻坏秧苗。秧田需要精细管理，俗话说：“会种的种一丘（指秧田），不会种的种一洲（指大田）”。20世纪90年代，育秧开始专业化，农户栽秧时去专业户购买。

农民称移栽水稻秧苗为“插田”。一般谷种下泥25天左右秧苗即可移栽，有“满月秧难扯”说法。开秧田门，开始插秧时有的农户放爆竹。插田先请妥插秧师傅。插田师傅清早便来到主家，说“恭喜插田栽米树。”主家好饭好菜招待。工间休息时，主家送茶送点心。插田很辛苦，时间抓得紧，常说“插田扮禾含饭走”，生活比平时好一些。若请插田师傅，一天吃四餐。“小孩盼过年，大人盼插田”。插田有“插散手”与“划格子”两种插法。20世纪60年代前，全部“插散手”，常由打垄师在田中央插一列笔直的秧苗，每行四蔸，边插边往后退，其余的人排在打垄师右边跟着插。20世纪60—70年代，强调插秧密植均匀，普遍采用“格子法”。20世纪80年代初，格子法被废弃，普遍恢复“插散手”。进入21世纪，“插抛秧”这一新技术开始被农民接受。按传统方法插秧，既要讲究质量，又要赶速度，不要被后面的人赶上来把自己“关住”。一些插得慢的人就去插边边角角，俗称“补葫芦眼”。否则，其他人拿他开玩笑。插田时有人边插秧边唱插秧歌。有谚语云：“插田不唱歌，禾少稗子多”。插田时常有人喜欢讲笑话，开玩笑，气氛热闹。手里的秧插完，不能从别人手里直接要秧，以防秧毒疮。一丘田插完，要将脚上的泥巴洗掉再去插另外一丘，以防止犯“土地神的规矩”。农业初级社、高级社和人民公社时期，开始种双季稻，插秧与种绿肥的时间常为插完早稻过“五一”，插完晚稻过“八一”，种完草籽过“十一”。

插田半月以后即可踩田。20世纪80年代以前，踩田要撒石灰。石灰碱性强，可杀虫治病，又可催温。后来代之以施化肥。撒石灰容易将田里的小鱼、泥鳅、黄鳝碱死，常有妇女和小孩去田里捡石灰泥鳅。踩田人一手扶踩田棍，一手除杂草，有人还唱踩田歌，有些田垄里歌声此起彼伏，热闹得很。在双峰县、娄星区和涟源市南部的一些地方有祈神驱虫的习俗。大端午（五月十五日）前后，以庙会为单位，举行祈神驱虫仪式，或筹款请巫师唱田禾戏；或用竹片扎龙头灯，点上线香和灯，敲锣打鼓，围绕稻田转，名叫耍火龙灯。涟源市荷塘镇的娄底市级“非遗”保护项目《秆龙灯》便是该传统文化的遗存。20世纪80年代后，这些习俗慢慢消失。

收割水稻　称为“扮禾”。扮禾第一天叫“开镰”。开镰前个把星期尝新，即摘一束快成熟的稻穗拌陈米煮在一起。菜肴有肉、鱼、豆腐干等。吃尝新饭时，先给老人端一碗饭，然后给狗端一碗饭，最后大家共同用餐，高高兴兴。全家欢聚一团，预庆丰收。旧时，尝新那天还要敬奉天地和祖先，有的还举行祭祀仪式。这个习俗现在涟源市湄江、古塘和新化田坪一带还存在。扮禾完了叫“收桶”。收桶前留几蔸或十几蔸禾不割，留给捡稻穗的小孩子摘回去。全市各地很珍惜稻草，垫猪栏、牛栏离不开它，还是冬天喂牛的首选饲料。收稻谷与收稻草并重。稻草晒干以后即绕树码堆，谓之“踩草柱子”。昔时称稻田收获完毕为“谷进仓，草上树”。近三四十年来，牛栏、猪栏逐渐使用卫生栏舍，收集稻草垫栏的少了。

种红薯　红薯是娄底农村主要的杂粮，水田少、旱地多的地方是“半年粮”。改革开放以后，随着粮食生产能力的提高，红薯主要作饲料。红薯种不能破皮，在寒露霜降期间挖回收藏，留作种的红薯不能在土里“吃霜”。春分前后育红薯种。育红薯种选择背风向阳，又不积水的肥沃土壤，先挖凼，然后将种红薯放到凼里，加覆盖物，盖杉树枝。有些人家还用竹笋壳剪成老鹰用木棍和长线飘挂于土中，防鸡啄。还在土边用小石块压几个大钱，插上线香，祈求土地神赶走老鼠。种红薯用扦插法，每一棵苗子留三个叶芽，其中一个扦插入土。插红薯选雨天，当地有“雨天红薯晴天禾”的说法。在立冬以前挖红薯，不让红薯在土里“喝冬水”。

种小麦、苦荞麦　娄底境内的农民喜欢红薯与小麦套种，挖完红薯即种小麦，有“九油十麦”（农历九月种油菜，十月种麦子）的说法。小麦在立夏时收割，谚语云：“禾到秋边死，麦到立夏黄。”新开垦的土地或贫瘠地种苦荞麦。因为它是春天种的，所以又叫“春荞子”。春荞子立春半月以后便可下种，各地有“三戊荞麦四戊粟，五戊六戊遍地丢”的说法。它自动吸收空气中的氮，因此，苦荞麦不耐肥，但下种后如遇下雨，土地板结难以长出来。农谚说：“苦荞子不要粪，只要三晚干床畑。”它的秆子呈浅红色，开白花，如成片成块，也是一道风景。

二、种经济作物

种油菜　油菜的传统下种时间在秋分前后，农民有“白露蔬菜秋分油”的经验。以往油菜下种用“点播”，即将油菜种子与灰拌和，直接播在先挖好的凼子内，不能盖土，农民说：“麦见阎王，油菜籽见天，荞麦子盖半边。”现在一般采用先育秧，后移栽的方法，白露前后育油菜秧，秋分寒露期间移栽。

种黄花　黄花又称金针菜。黄花对土壤和肥料没有特别的要求，只需勤除草，防积水。采摘黄花要在露水已干，午时以前。过了午时，黄花已开苞，营养价值差。宴席上大家都喜欢没有开苞的黄花。如果婚宴上用了开苞的黄花，新娘家不高兴，甚至大吵大闹，因为它有喻指新娘失贞之嫌。

种植与采摘茶叶　普通农家种茶不多，十多蔸便可满足需要。专业户种茶常有十几亩，甚至几十亩。种茶注重冬培，即冬天除去茶蔸周围的杂草，开沟放猪粪或牛粪。惊蛰前后便可摘茶，这时制的绿茶茶芽呈白色，当地称白芽子茶。因为好多人家在二月十九日用来敬观音菩萨，故又叫观音茶，还叫头茶。茶农常喜欢聘用十五六岁的小姑娘和青年妇女采茶。她们手脚灵活，采茶快，有的还在茶山唱采茶歌。每年第一次摘茶，采茶姑娘和采茶嫂头天晚上洁身沐浴，已婚者不同房，现该习俗已不复存在。过了谷雨，冬眠动物苏醒，常有蛇藏于茶蔸下。为防蛇伤人，采摘人在茶山内烧钱纸线香，祈求山神赶走“长虫”。

三、积肥　烧石灰

积肥　“肥料是粮食的粮食”。人粪是最好的农家肥。农民视粪如宝。俗语说：“吃那泡屎，用那泡屎，冇得泡屎，饿得你死。”农户常在田地边角处建粪凼，将人粪尿倒入里面发酵备用。牛粪、猪粪也是很好的肥料，人们常说“牛屎红薯猪屎谷”，常把牛粪、猪粪码堆发酵。20世纪50—70年代，农村广泛推行“土、肥、水、种、密、保、管、工”的“农业八字宪法”，农民刨草皮、沤凼肥，烧火土灰等积土杂肥的积极性很高。20世纪60年代，涟源、双峰两县还有人去过非洲坦桑尼亚、赞比亚向当地农民传授烧火土灰的技术。20世纪90年代以后，农民普遍使用化肥，农家肥用得少了。

烧石灰　旧时，娄底境内修屋、种田都要石灰。每年秋冬季，主要农活就是烧石灰。有煤的地方用煤烧，无煤的地方就用茅柴烧。妇女上山砍茅柴，男人开山打石头。先在高坎土地上开挖石灰窑，上部占3/4，用以装石头，下部用作烧柴火的窑塘，窑的直径4米左右。用打好的石灰石装进石灰窑。旧时，装窑时不让妇女进场，怕带来晦气，烧不出石灰。现此陋俗已革除。窑装好后，用泥巴将高于地面3米高的石头糊上，防止走火散热。然后由村里德高望重的长者烧香拜天地，杀雄鸡、放鞭炮，祈祷上天保佑烧灰成功。仪式完毕后，点火烧窑。经过几天几夜连续不断地烧，石头变成生石灰。一周后窑内冷却，人们就可以挑石灰。20世纪80年代后，石灰不再用于农田除草杀虫，仅用于建筑。随着水泥生产规模扩大和广泛应用，石灰用量少了。烧石灰的农活很难见到了。

第二节　养　殖

养猪　境内“牛是摇钱树，猪是聚宝盆”的谚语广为流传。1978年前，市内无专业养殖户。家畜养殖主要有牛、猪、狗、羊、猫。养猪是昔日农家的主要经济来源，每个农户一年养1~2头猪，由小孩妇女到野外扯猪草加少量糠麸煮潲饲喂。20世纪70年代末，开始引进瘦肉型猪种，称“洋猪”。20世纪90年代以前，农村家家户户养猪。猪栏在通风向阳处，分垫草式和非垫草式两种。垫草式的，猪栏地面分两个台阶，高处供猪睡觉，低处供猪排便。非垫草式的猪栏内用木头设架空层，猪的粪便流入架空层里。旧时新化县的厕所与猪栏同为一室。2000年后，这种习惯改变。猪栏保持通风透气，冬暖夏凉。“喂猪无巧，栏干潲饱。”养猪户喜欢买体格高大，乳汁充分的母猪生的猪崽。那些“头细尾巴活”，“梽木耳，香扦脚”的猪吃食时不抬头，尾巴摇得活，四只脚迈得宽，最受欢迎。在新化县、冷水江市和涟源市流行“头胎猪不肯长，三四五胎长得响”的说法。忌讳灵官猪，即五爪猪，说“喂灵官猪会背时”。翻动怀孕母猪栏粪，或将栏肥外运时，在猪栏门口挂一杆秤，以防母猪流产。有的养猪户在猪栏墙壁上涂上石灰水手板印，并写有“姜太公在此”字样，说姜太公是猪瘟疫的克星。新化属古梅山地区，农户猪发瘟时，摘些蜡树叶，用火烧，发出啪啪响声，念动咒语，请来白氏仙娘驱赶瘟疫。养猪户宰杀生猪时先在猪栏门边烧钱纸线香，感谢“姜太公”。猪杀了后，主家叫屠夫先切一块猪肉，与猪血一块煮熟，请邻居共同喝猪血酒。至今，此习俗在边远山村偶尔可见。双峰县、娄星区和涟源市南部，有些养猪户为防止猪啃烂食盆便改用石槽喂猪。石匠錾凿猪食槽时只能站在石坯旁边，不能跨石坯而作，亦不能站在石坯上。石猪食槽錾凿好以后要立即翻过来，使其底朝天，抬回主家时槽口向下。石匠在山上錾凿时，主家送饭菜要适量，既要让师傅吃饱，又不要剩余。若石匠的饭菜吃完，将来用新石槽喂的猪也会吃肯长。錾凿石猪食槽的工资一般当即付清。

养牛　境内对牛勤加照料，要栏干草足，冬天尤要注意防寒。有“雷打冬，十间牛栏九间空”的说法。立夏日让牛休息一天，还喂米饭、鸡蛋等精饲料，有“牛不歇立夏，人就会挨骂”的说法。牛长到快两岁时便训练拉犁，各地都有“小孩子教三次会喊娘，牛教三下午会背犁”的说法。进入21世纪，犁田普遍使用机械，农家不再依赖牛拉犁，教牛背犁的习俗少见。养牛均为放养，看牛人用牛绳牵着牛走。牛在一岁以前不能上牛绳，只有当牛长到一岁多时，主人才用绳子作套子，套住牛的头部，小牛到外面吃草时，主人将牛绳与套子连起来，用牛绳牵着小牛，防止它吃别人家的庄稼，此谓之上龙绹。牛长到快两岁时上拴，即用一块削尖的硬竹片或一棵柔性强的小树蔸将牛鼻孔内的膜穿破，再穿上小栓子，系牛绳。这就是人们常说的“牵牛要牵牛鼻子”。旧时，新化大熊山一带有野外放养的习惯。牛的脖子上挂着标有主人标识的牌子，季春时节将牛赶进山中，孟冬再将牛找回来。山上搭有茅草棚，供牛避雨和歇息。以前，农民养牛以劳役牛为主。“牛是农家宝”，是农户的主要资产。有经验的农民根据牛的牙齿可以看出牛的年龄，两岁以下的牛称“奶口”。新化东部、冷水江和涟源西北部一带有“八齿平平富，九齿买田庄，十齿当牛王”的说法。牛的外貌被看得很重，体形高大，四肢健壮，毛色光滑的牛最受欢迎。冷水江市、涟源市、双峰县一些地方有根据“旋”区分牛的优劣的习俗。牛旋分为蓑衣旋、落耳旋、打鼓旋、晒谷旋、望山旋、扯皮旋、锁富旋、锁仓旋、空仓旋、叹气旋、丁字旋、穿棕旋等十三种。生了锁富旋和锁仓旋的牛最好，生了扯皮旋、空仓旋和叹气旋的牛最差。农家普遍重视喂养耕牛，旧时双峰县有些地方的养牛户在神堂下张贴“牛王大帝”神位，祈神灵保佑耕牛。现在农户养牛主要为了食用。这些习俗大都消亡了。买卖耕牛时，要在牛头上系红布或红纸。交易牛时双方不当面谈价，而是由中介人先后与卖方和买方背靠背，以摸手指的方法定价。买主将牛买回后牵到自家牛场，左右各转三圈，大唱赞歌，祝牛强壮，为牛驱瘟避凶。进入21世纪，市场上交易的牛绝大部分是菜牛，买卖双方当面谈价。

养家禽　境内人们普遍养鸡、鸭、鹅。以前鸡崽由母鸡孵养，孵了三个星期，鸡崽子便啄壳而出。现在鸡崽一般由电孵，实行工厂化生产。立春时节孵的鸡称为“头春鸡”，长得快。立夏时孵的鸡叫“夏鸡”。早稻抽穗时孵的鸡叫“禾花鸡”。冬天孵的鸡叫“冬鸡”。冬鸡长得慢，但肉质比前三种鸡好，更富有营养价值。鸡埘不能砌在厅堂里，特别是不能建在神龛前后。砌鸡埘时不能讲话，尤其不讲不吉利的话。傍晚鸡入埘便叫，特别是雄鸡打鸣，被看成是好“兆头”，而如果晚上一、二更时雄鸡打鸣，可能有不祥事发生，说“一更火烛二更盗”。境内有些地方有“鸡啄架，有客来”的说法，还流行“鸡落脚，有雨落”“鸡叫晌午狗叫夜”“鸡进笼，近黄昏”等谚语，并用以推测天气变化和时辰早晚。鸭崽由鸡婆代孵。鹅喜欢雄雌成双，有些地方有用雄鹅雌鹅一对作订婚礼的习俗。人们喜欢养鹅，一为鹅长得快，二则寓意夫妻恩爱。进入21世纪，这些习俗仍有遗存。

养狗养猫　农户少不了养狗，一为护家，二取狗通人性，忠于主人。20世纪60年代以前人们一般不吃狗肉，也不打狗，狗老了，让它自然死亡。农家也少不了养猫，主要是用来捕老鼠，另外，猫温柔，逗人喜欢，人们信奉“养猫又养狗，家庭关系好；养狗又养猫，矮子上楼步步高”，以此寄托家庭和睦团结，兴旺发达的愿望。20世纪90年代后，城市一些人家养狗养猫作为宠物，丰富生活内容。

第三节　造林护林

栽果树与经济林　境内人们普遍喜欢屋前屋后栽果树，常见的有柚子、桃子、枇杷、李子、杏子和杨梅。老品种柚子树栽下去以后需要10多年，甚至更久才挂果，而桃子树栽下去只要几年就结桃。人们常说“爬地栽柚，拄棍栽桃”。有果树的人家，果子熟了主动请邻居来摘，分享喜悦。没栽果树的人家，常教育小孩，没有经过主人同意不摘果子。栽枇杷树除了吃枇杷外，还用枇杷树叶、树皮煮开水，喝了止咳效果好。枇杷成熟时，早稻秧苗插完，正好“收拾犁耙吃枇杷”。春季，果树开花，屋内屋外芬芳。暑热时节，人们围坐果树下面，享受“大树底下好乘凉”。

造用材林与绿化林　20世纪90年代初期，利用飞机到境内播撒树种。人们称之为“飞播”。那几年孟春时节，地、县（市）领导和基层干部上山协助“飞播”。飞播的主要是杉树、松树和柏树等用材林的种子，现在已经成林。实行家庭联产承包以后，家家户户在旱地里和屋前屋后栽了杉、松、柏、椿等多种树木和楠竹，满足自家部分用材需求，又净化空气，美化环境。

栽树护树俗规　境内有些地方有“生儿育女栽树”的习俗。孩子生下来以后，父母亲就在冬春期间上山栽树，让小孩与树苗共同成长。旧时人们将产妇生产以后的胎盘用沙子煨装好，宝宝父亲将其埋在山上的大树蔸下，祈求孩子像大树一样枝繁叶茂。双峰县、娄星区和涟源市的一些地方屋前屋后不种松树和柏树，因为坟墓前常见松柏。屋前屋后也不栽桑树和樟树，因为“桑”与“丧”谐音，说樟树长老以后可能成精怪，而且樟树易生白蚁。人们喜欢在屋前屋后栽杉树、桂花树和楠竹、水竹，因为这些植物发蔸快，四季常青，绿化效果好，寓意子孙发达，家庭美满。此俗传承至今。

20世纪50年代以前，境内常见同姓聚居，或几姓共居的院落的水口处栽有风景树。年代久了，那些树叶茂根深，给院落增添风景。有的水口树成为当地民间的信仰物，对其烧香叩头者常有之。有的地方让孩子拜古树为干爹，以求孩子健康长寿。人们不去那些树上折枝摘叶，更不砍伐。否则会受到舆论的谴责。后来，那些树就成为当地的代名词，如杉树坳、桂花冲、栎树湾之类的地名。有些水口树死了几十年，甚至百余年，人们仍然这样称呼那些地方，因为那些树给他们留下了深刻的记忆，便代代相传。60年代开始，农户建住宅普遍一户一栋，水口处栽树的习俗失传。有些山区人为了保护树木成长，发现有人折了新栽树苗的树枝或遭其他破坏，便在那棵树上系上红布条或挂一块小竹牌，请求山神将其惩罚。如果新栽树苗成片成块，还派专人看护几个月，直到树苗长了新根，发了新芽才放心。旧时邻近宝庆、溆浦和安化的一些地方有给树特别是给果树喂年夜饭的习俗。

第四节　匠　工

一、“五法”与拜师学艺

“五法”　境内百工民俗传承统一于“五法”，俗称“匠工五法”。它既是匠工的基本工具，也是通用行规和“总师祖”。学做匠人活必须先懂“五法”。“五法”是指“矩”，俗称曲尺，用此直角；“规”，即圆规，又称两脚规，用以画圆或弧；“绳”，平面放线工具，有墨斗和灰包两种形式。“水”，即水准仪，打平水的工具；“垂”，是直立技法，俗称吊线铊或吊牌。“五法”有丰富的文化内涵。“矩”寓意做事合情合理，常言道，做事须用曲尺量；“规”寓意讲道德，做人围绕良心转；“绳”寓意做人做事赤胆忠心，直来直去；“水”寓意平等，待人一碗水端平；“垂”寓意做人做事禁得起历史的检验。

拜师学艺　乡村匠工有木、泥、铁、篾、漆、缝纫、剃头、补锅、制鞋、制磨、纺线、弹棉花、染布、盖屋、阉割等多种。能工巧匠多由几代单传。师父不喜欢带近处徒弟，担心近距离的徒弟出师以后抢走自己的生意，也担心距离近，徒弟回家次数多，影响学艺。授徒学艺常采用“一对一”的方式。学徒由中介人介绍，并充当担保。师徒订投师契约，学徒要交纳学徒费，并拜祖师爷，学徒期长短视行业而定，有些行业，技术复杂，难学习，如木工、泥工、铁工等为三年，有些只有两年、一年，甚至几个月的。学徒期内，徒弟跟着师父，有匠人活则干匠人活，没有匠人活干便帮师父搞农业生产，甚至干做饭、喂猪、洗衣服之类的家务活。师父只管食宿，不付工资和零用钱等其他费用。各地有“徒弟，徒弟，三年奴隶”的说法。学徒期满，基本可以单独从艺了，便可出师。出师时，由徒弟出资办谢师宴，举行出师仪式，由师父戒卦传道，交代从艺注意事项和从艺秘诀，并打发基本的从艺工具。师徒情如父子。师父、师母生日，师兄弟姐妹婚嫁喜庆，徒弟前往祝贺，逢年过节送礼看望，师父师母去世，像儿子一样尽孝。徒弟有结婚生子等喜事，师父也前往祝贺。“戒卦传道”是出师仪式的重头戏。徒弟备好三牲果品和酒水，请师父卜卦问神传道，如果师父连卜三卦，阴卦、阳卦、圣卦俱全，说“三卦周全”，如出现差错，要改念祝词，设法达到目的。师父卜卦时，常有人来看热闹，但有些师父戒卦不让外人看见，只许徒弟在场，怕别人晓得了传艺的秘密，故有“六眼不传道”的说法。改革开放后，师父不需依靠徒弟赚钱，师徒关系发生变化，一些相关拜师学艺习俗也随之弱化或消亡。

二、行业俗规

木匠　木匠尊鲁班为祖师爷，视墨斗和曲尺为神器。木匠师傅在雇主家做工晚上回家，其他工具可以不拿，但墨斗和曲尺非拿不可，带上墨斗和曲尺便什么邪恶都不怕了。木匠做工时，斧头和曲尺、墨斗都平放在马凳下，不放高处，以防摔坏或伤人。给斧头装木柄，须留一点空隙，以示“艺无止境”，否则会惹人笑话。木匠制作棺材砍第一斧时，要尽量使木屑溅得远一些，以预兆棺材主人长寿。20世纪90年代后，该民俗在农村偶见。

弹匠　弹棉被的，开弹时，空弹三下，祈祷家神土地，祝愿主家兴隆响亮。棉被快做完时用红纱线在被上绣“福”字，如果是结婚用被，则绣“囍”字。棉被做好，叠得方方正正，交给主人，讲祝福语，主人以小红包答谢。

铁匠　太上老君是铁匠信奉的祖师爷。铁匠加工下料时，材料要稍短于物什，而木匠加工物什，材料稍长于物什，故云：“短铁匠，长木匠”。

磨子匠　稻谷变成大米旧时用谷推子，即磨米机，俗称谷推子或谷磨子，有的地方叫砻子。谷磨子匠用竹篾条精心编成圆桶，中间装一根坚硬木头，用石灰加沙土夯实，再用锯子锯断，装上栎树片作为齿轮，配上磨盘磨臂便可用来将稻谷碾成大米。旧时打制谷推子，主家很高兴，也很重视，因为有无谷推子是农家是否富有的一个标志。20世纪60年代初开始有了电动或水能碾米机，这种手艺便渐渐不见了。各地在几十年以前普遍用石磨子磨粉。石磨子由上下两块直径相等的磨盘组成，常见的磨盘的直径为25~30厘米，上磨盘高约15厘米，下磨盘高约10厘米，上磨盘另留一放料孔，边缘装一磨柄。它常用木制三脚架架好，摆在碓房内。现代的年轻人多没见过，中老年人也只能在记忆里寻找。

阉匠　阉匠外出阉家禽家畜带两块铜质响板，边行路边拖长声音高喊：“阉猪（牛，鸡）噢——阉猪（牛，鸡）啊！”通常有狗伴随。阉猪阉雌，阉牛阉雄。阉牛时，将牛睾丸给自己带来的狗吃，还唱加膘歌：“吉日良辰大吉昌，恭请祖师华佗到此方，宝刀一把将牛阉，阉后滚滚壮，背宽驮得碗，颈粗能放筐，四脚有劲耕田庄——加膘，加膘，再加膘！”阉母猪时割掉卵巢，用清水洗净伤口，提起两只后脚，连声喊：“能长两百八，三百五”之类的吉利话，祝愿猪长得快。

剃头公　人们称理发匠为“剃头公”。旧时乡镇开剃头铺，老铺新铺不能紧挨着，须隔十家以上铺子。如顾客来店内站骑马桩，表示有急事请求优先，剃头匠予以照顾。取耳时，如听到突如其来的大声音，要握紧客人耳朵，停止取耳，以免声震耳聋。洗头发时，待剃头师傅先在洗脸盆内抚摸三下探水温，客人再俯下头，师傅顾客配合默契。1949年以前，理发匠纯系男性，后来女性也参与理发，现在理发匠以女性居多。美容美发店也慢慢增多。为即将结婚的小伙子理发，须择日，先将理发工具清洗干净，理发精细，所得收入为普通理发的几倍，多者可达十几倍。有的地方给婴儿第一次理发收费也比平常人多收几倍、十几倍的，并为主人收集婴儿头发，以作纪念。

其他匠工　还有一些手工行业，如制秤、炉匠、篾匠、补碗錾字、纺纱线、织棕具、编渔网、制纸伞和棕斗笠等，随着人们生活水平的提高和轻工业技术的进步，相关的家什、家具和日常用品早已实现机器生产，均可在商店买到，这些匠工慢慢失业。但纸马匠等“白色行业”中断几十年后，20世纪末开始又复兴。

三、乡村其他民俗事象

赶野猪　20世纪60年代前，新化县、冷水江市、涟源市和双峰县的很多地方山区野猪出没无常，人和庄稼深受其害，人们便请来吆喝匠组织和指挥赶野猪。人们打锣击鼓敲梆，或就地取材，砍一截新鲜的南竹剖成两半，下面用血藤缠着，两手持竹片一张一合，声音清脆，十几个人，或几十个人同在一个山头，集中吆喝，把野猪赶得远远的。20世纪50年代末至21世纪初，林木砍伐过多，山里很少见野猪。20世纪90年代以后，实行退耕还林，封山育林，野猪又多起来了，庄稼被损的事又时有所闻，只是驱赶野猪的方式改用响电铃或高音喇叭。

狩猎　狩猎出发时先在家里敬山神。梅山地区则敬张五君，在神龛上置放一个倒立的张五君雕像，敬完后将雕像挂在腰上，进山打猎。然后喂饱猎狗。猎人背着猎枪，带着猎狗，边走路，边在心里祈求梅山神保佑不被蛇咬，不被猛兽伤害，不坠沟河，不遭脚刺。发现野兽足迹，立即反手扯三根茅草打成一结，用土块压在山岔路口，谓之“封山”。猎物分配，开头铳的得“双份”。梅山地区规定，对猎物直接打死者，将猎物耳朵往后拉齐砍下，以作奖励，余者每人一份。击中野兽的铳手得兽皮，唆狗赶山者得内脏，其余的兽肉平均分给众人，故有“围山打猎，见者有份”之谚语。进山途中猎人相遇，互不问候，只以目传情。打猎常在寒露至立春之间，立春即封铳。狩猎者于晚上在野兽出没的丛林小道安装绳套，将路过的野兽套获。猎者晚上将弩铳安装于野兽出没的丛林小道，打开扳机，将一根粗线的一端系于扳机上，另一端横过野兽可能出没的地方，系于树身或石头上，野兽通过时，绊住粗线拉动扳机，便会被击中。这叫放弩铳。猎者用一旧竹席做一个活动棚，将自己隐蔽于棚后，带一训练过的山鸡发出叫声，逗引山鸡靠近而击中。猎者用数根竹签，涂上自己熬制的一种粘胶，将竹签在山野的空阔处插一个小圈，中间放一小鸡或小鸭，当鹰从空中飞下捕捉小鸡或小鸭时，便被涂有粘胶的竹签粘住。新化县的横阳、白溪和圳上一带旧时流传有《赶山开铳调》：“背起铳杆唤起狗，纸敬梅山三把香。下河莫打落水鹿，上山莫敲喂奶獐。十回赶山九有货，开铳就闻野味香。”“打鸟莫打三春鸟，子在巢中盼母归”是猎人的行规。近二三十年来，随着野生动物保护法规的颁布和执行，该民俗事象日趋消失。

四、行业禁忌

造船业“上不顶桑，下不踩槐”。医药业不可将药方折起来交给病人。赌场开业，不理发、不洗澡，以免输光。医院、棺材业不能对顾客讲“欢迎下次再来”和“再见”。对送财神者不能拒神于门外，而要出钱将财神“请”下，不能说“买财神”。若财神多了，不能讲“不要财神了”，而要讲“已经有”。旧时有些地方的屠宰行，正月不能开业，以免影响喜庆气氛。新化县、冷水江市一些地方正月初一不杀鸡，初二不杀狗，初三不杀猪，初四不杀羊，初五不杀牛，初六不杀马。初七是人日，不便见血。方位和地点方面也有禁忌，如戏曲业的“要想发大财，最忌白虎台”。因为白虎台是朝西的台，西方是凶方。现在有些人对这些禁忌仍然信奉。矿山忌讲“爆炸”“倒塌”“死人”“背时”“起火”“关闭”之类的词语。入矿不喝酒，喝酒不入矿。矿井内禁止吸烟，禁止高声大叫，不准唱歌讲笑话，井上井下都不能讲粗痞话和干下流事。未经主人允许，严禁砍伐矿山周围树木、柴草。卖煤严禁掺假或以次充好或短斤少两。每天分煤时要留一堆不分，寓意有剩余。忌妇女小孩进矿山。1949年后，上述大部分禁忌逐渐消失。

第五节　工矿习俗

一、称谓与辞退餐

20世纪50年代初期，手工业实行公私合营，按行业组成手工业联社。联社领导不称“老板”，而称职务或“同志”，工人以前被老板直呼其名，公私合营以后都被称为“师傅”或“同志”。公私合营以前，工人的劳动酬金由老板单方决定，以红包方式发放，不公开；公私合营以后，按政策根据工人的资历和技能公开定级，逐月发放工资。旧社会，老板在年底请拟辞退工人聚餐，被请者心知肚明，此称辞退餐。公私合营以后，工人编制固定，劳资关系明确，按制度管理，不随便解雇员工，辞退餐消亡。

二、船工与挑夫

船工　20世纪50年代以前，资江、涟水、孙水和侧水是境内的主要运输通道，域内形成了很多船工劳动习俗。船工宴会，须酹酒于江流，祭奠河神，祭后方食，将“凤凰头”（鸡头）敬舵手，抛锚的水手吃鸡爪，划桨摇橹的吃鸡翅膀。春夏发大水放毛板船，舵工、水手喊号子，唱船歌，歌声粗犷、激越，如新化县西部一带流行毛板船号子：“呜——啰啰啰，嗨——嗬！毛山毛树锯毛板，毛钉毛货毛板船，河水一发人上劲，四板橹桡闯江天，酒酹恶浪吞山岳，纸烧烟雨逗龙缠，篙点悬崖提命走，舵板急滩祭神鞭，舵工血肉喂鱼肚，折落骨头再撑船，呜啰啰——嗨啰啰，嗨嗬嗨！”之后，境内河流上木帆船逐渐由机动船所取代，这种习俗至21世纪仍有遗存。

挑夫　昔时，在交通不便的地方，一些商铺雇请人挑运货物叫“担脚”。脚夫常腰缠粗布白洗涤巾，脚穿笋壳草鞋，还随身携带一双敬孟公爷爷，祈腿脚矫健，无伤无痛。山路旁多有孟公庙，庙内供奉着“不要富，不要贵，只看哪里凉快些”的烧窑得道神。每隔几里便有茶亭，供挑夫歇气，免费饮用茶水。过旮旯荒岭，常结伴而行，以防抢劫。担脚有四诀：“上坡莫冲，下坡莫顿，平地莫跑，歇肩莫睏。”改革开放以后，随着交通发展，机器运输取代人工运输，没有挑夫职业，挑夫民俗随之消失。

三、矿山俗规

打唇福　原湘乡县上里地区，今涟源市南部和娄星区一带矿山改善伙食，称“打牙祭”或“打唇福”。矿山，特别是小煤窑每个月打4次唇福，即每逢初一、十五打大唇福，初八、二十三打小唇福。打大唇福要先祭祀窑神，矿工们吃大肉大鱼，饱吃白米饭，饱喝米酒，餐费由矿里付，还可以休息一个下午。打小唇福有鱼、肉、豆腐等好菜，也是免费的，只是不喝酒，下午不放假。20世纪90年代后，一些民营小煤矿和砖瓦厂仍然保存这一习俗，也有些不聚餐的，代之以发生活补助券或现金、或物资。

堆仑子　股份制小煤矿用堆仑子的方法分配收益。在平地里按股摆放烙有号码的勾篾，分堆倒煤。倒完第一轮煤后将勾篾直插于上，倒第二轮时，将勾篾平放在煤堆上，依此反复进行。分配时抽签（当地方言为“抽钩”），股东依抽中的号码取煤，不反悔，俗话说“团鱼钩上死”。20世纪90年代后，代之以煤炭重量分配或货币分配。

第六节　商　贾

一、店面店员与店规

店面　旧时，境内做生意有坐商、行商、经纪、地摊和货郎担等形式。坐商有固定店铺，坐等买卖。行商即生意流动。经纪类似为当今批发或中介人，在买卖双方中赚取差价或口水费。货郎担行走乡村，手摇响铃或摇鼓，入村后吆喝，遇上熟人可赊账。摆地摊多为销售农副产品，地点离坐商门面距离适当，不影响其生意。经商要和气生财，公平交易，货真价实，以诚为本，靠回头客赚钱。境内各地都有“莫丑了招牌”的说法，招牌本身要大方，字迹要漂亮，常请名人书写。招牌用词可用店主姓名，也可用其他吉祥词语，另加经营类别，如“李记南货”“财广日杂”等；经商要讲诚信，注重口碑，不做有损店铺信誉的事。改革开放以来，商铺注重广告效益，店面花花绿绿，高音喇叭招徕顾客。“信誉至上”“货真价实”“假一罚十”之类的广告词随处可见。旧时店员工资由老板一年一定，店员之间互不知晓，每年正月初五上班，腊月二十四吃年夜饭，老板荐谁坐上席或桌上鸡头对着谁，表示这个人将被辞退。随着传统商务向现代化商务进化，一些商务民俗事象日趋消亡。

店员　店里称进货人为跑街先生，管账的叫账房先生或红簿先生，新投师的叫徒弟。徒弟须经人介绍担保，交押金，写投师帖，载明打杂学徒三年，出师时方可正式定工资。学徒先干勤杂活，如扫地、做饭、上门板等，一年以后开始学打算盘，记销售流水账，跟着老板谈生意。老板的儿子须到别人店里学徒，避免出现少老板现象。旧式账簿均系玉板纸直排版，每一页的右下方印有“余地生财”“黄金万两”等吉利字样。20世纪50年代初，个体商店实行公私合营，集体招工。80年代，私营商店开始出现，招收新员工先培训，后上岗。记账用电脑。

店规　如果因为贪污或其他不光彩的原因被辞退，本市镇同一行业不得雇请，称“卖了码头”。做生意讲彩头，清早开店营业，不借钱，不兑办，不借秤和其他量具。第一笔生意要力争成交，以求开门大吉。每月初一、十四、二十三不讨账，别人来讨账的也不理会。每逢初一不扫地，逢单日和二十四日不外出做生意。这些旧俗规20世纪50年代以后渐渐消亡。

二、祈财

喜庆气氛与优惠酬宾　开张择吉日，选吉时放鞭炮迎顾客进店。开业首日，亲友携书有“开张志喜”“永业大兴”“财源广进”之类贺匾或贺联前往祝贺。现时兴扎彩虹门，飘红气球，挂红飘带。以往参加庆贺的客人都放鞭炮，有的还放冲天炮、花炮。近年来，为了环保，城乡都改放电子炮。店主向前来祝贺的客人回赠精美的小礼品，有的还大宴宾客。新店开张前三天实行优惠价，旧时常为九折，现在称“八折酬宾”。有些人看准了店主求吉心切的心理，用红纸包一点点钱，对店主讲一大通吉利话，惹他高兴，可以买到高于应付款几倍的货物，一些乞丐也趁店主高兴之际，敲锣讲好话，唱赞歌，亦可免费少量取货。

祭财神和接财神　大多商铺都供奉财神，设有财神堂。开张第一天清早，店主在礼生引领下向财神像跪拜后，摆祭案、行祭礼。祭礼完毕便大放求财爆竹，街坊邻里前来祝贺，唱赞歌，讲吉语，欢声笑语，热闹非凡。此外正月二十日、二十五日分别为“小填仓”和“大填仓”，也须祭祀。春节期间或店铺开张时，送财神的络绎不绝，商家都笑脸相迎。送财神者多为乞丐或残疾人。现此俗也已少见。

扫地由外至内　商店扫地，先从店门口开始，由外向里扫，说是财源不外流。垃圾也须集中盛放于僻静处，择日择时外倒。

“三人谈生意，四六不扯伙”　旧时境内联手做生意，外出洽谈业务，常为三人，忌四人或六人，说是“四六”不扯伙，生意谈不拢。

隐语暗码　旧时，涟源市、冷水江市和新化县一带的商人，商品价格不明说，而以隐语或用暗码代替一至九的数字，如涟源市蓝田镇用“页、台、歇、盘、查、劳、桥、高、烧”分别代表“一、二、三、四、五、六、七、八、九”。后来知晓的人多了，便改用“丹、泽、川、线、雅、巴、见、眉、弯。”如此云云。用常见物品、工具替代的也不少，如双峰县、娄星区和涟源市南部一带曾用“扁担、筷子、撑筒钩、耙头齿、抓老倌、两头翘、小弯钩、眉毛数和大弯钩”分别代码那九个数字。旧时境内商人用暗码记账者常有之，如将“一”至“九”分别写成“土、贝、乡、长、仨、耳、木、另、王”。也有的把那九个数词分别写成“〡、〢、〣、〤、〥、〦、〧、〨、〩”，被称为汉字码字。

三、赶场

定时间定地点进行商品交易，境内称其为“赶场”，常见于偏远农村，一般在人口比较集中、地点适中、交通方便的地方，或城镇、或码头、或三角地带。场的种类多，按路段分，有旱路场和水路场。按赶场日期分，有定期场、插花场和百日场。定期场一般每四日一场，少数为五日一场，如逢二逢七或逢三逢八等。插花场是指毗邻集市交错场期，故又叫转转场，如甲地逢一、四、七，乙地为二、五、八，丙地则三、六、九。百日场是指集市地方天天有商贩摆摊，特别是春节以前一个多月，天天开场，俗称赶年场。还有些专业性的集市，如新化县曹家坪、涟源市蓝田柳家巷的牛场，杨家滩亭子里的猪仔场，双峰井字街的五金场，冷水江花桥的牛肉场，娄星区观化门等地的牛市，新化县白溪、涟源市富田桥等地的豆腐场等。这些专业场一般每月四场。改革开放后，农村乡镇固定店铺多了，赶场没有以前红火。有些人赶场不是为了单一的商品交换，而是利用这一契机会朋友、看热闹，有些青年男女还利用赶场之机物色意中人。

四、贾商禁忌

忌分散就餐 开餐时间统一，地点固定，集体用餐，即使用餐时来了顾客，也只留一二人招待客人，其余的人都围桌聚餐。忌分散吃喝，对手持碗筷在店堂来回吃食者尤为反感，被视为“叫化子行为”，人们信奉“吃饭同了桌，黄金用车拖”。

忌坐柜台 柜台为洽谈生意的地方，是财源聚集点，如有人坐在柜台上，有辱财神，影响商家风貌。

忌一边与顾客讲价钱，一边打算盘，此举有算计顾客之嫌。

忌在营业时间打哈欠、伸懒腰、剪指（趾）甲、掏耳朵、挖鼻孔。此举不尊重顾客，有违店规。

忌“三”等数目字 卖货收款，宁可少收钱，也不要三元三角。类似的有一十三元三角，二十三元三角等，认为这是巫师的酬金数。娄星区购物忌称三斤六两，认为这是给死人烧起马钱纸的重量。忌讳五斤四两，认为这是人的脑壳的重量。

第七节 出 行

一、倒船子与毛板船

20世纪50年代以前，资水、涟水、侧水及其主要支流都通航，常见的民用船称为倒舶子。这种船小，便捷，易掉头，不怕风险，“船小两头尖，有水上得天。”另有毛板船。这种船用粗木头简单地拼在一起，用以装运煤炭至湘潭、长沙、汉口等地，待煤炭卖完以后，将船拆散当木材卖掉，船夫陆路返程。船工每天观天色，据风向测天气，决定是否行船。船工视船头为一船主宰，忌人脚踩，特别不准女人踩它。船上忌讲“死”“穿”“烂”和“龙”“虎”“鬼”等字眼，尤其不能讲“沉”字，船上姓“陈”的要改称“胡”，因“陈”与“沉”相谐，“胡”与“浮”相谐。旧时，资水、涟水和侧水两岸时有土匪出没，船上常遭抢劫，加上河中有险滩，船民便结伴而行，少则五六船，多则十余艘。船多人多，小股土匪不敢行劫，遇到险阻或逆行，牵、拉、推、拖，多管齐下，团结互助，容易渡过难关。驾小木船安全隐患多，湿气很重，很辛苦。人们常说：“挖窑的埋了没死，驾船的死了没埋。”

二、渡口与渡船

1949年以前，资水、涟水和侧水及其支流渡船很多，大部分渡船停靠处建有渡亭和石台阶码头，谓之渡口。渡船和渡口都由当地群众自愿捐资建造，也有大老板独资或合资的。撑渡船的常为上年纪的老头，每船一人。他们没有工资，逢年过节当地富户和村民捐钱捐物，资助其生活。遇上红白喜事用渡，主家给撑船人红包和礼品。有些地方按姓氏利用族田、族山的收益设立渡口基金，用来维修渡船、渡亭，资助渡工生活。改革开放后，河上的桥梁慢慢增多，渡船渡口随着减少，由政府交通部门统一管理，渡工由政府发补助。渡船机电船代替手摇船，渡口建得安全漂亮又方便。

三、石板路和茶亭

石板路 旧时，石板路是境内山区的主要通道，与益阳、湘西、湘乡、安化、宝庆等地都有石板路相通。石板路的宽度一般为1米左右，路基夯紧以后，上面铺一层青石板。修路经费来源与渡口、茶亭相同，有些石板路路面很平整，无积水，是当地的一道风景。如新化县维山乡至城关镇的石板路为一曾氏富家独资修建，近15千米长，通行100多年尚基本完好。还有涟源杨市镇经湖坪至水洞底为萧尔侯公独资修建的石板路，长11千米，路面宽超过1.5米，在清朝光绪年间修建完工，20世纪80年代还完好。

茶亭 交通要道上建有茶亭供行人歇息、清坐或住宿，免费供应茶水，或五里一亭，或十里一亭。它是一种长方体屋亭建筑，两端开门，两壁砌半墙开窗，茶亭的两端还有石刻对联。如涟源的饮杯亭

的对联云："饮马可随上下间，杯茶渴解来往人。""十里浓荫停古道，三春暖意满长亭。"茶亭多为民间合力而建，也有富户独资或合资捐建的，或少数人为纪念某项大事而修建的。亭内常有人免费居住，住户负责茶亭安全，打扫卫生，为行人提供茶水。茶亭维修费用由当地群众捐资或派款，也有在族人公益款内开销的。亭内住户无固定收益，逢年过节可收到一些慰问金、慰问品，或收取过往客人住宿费，红白喜事用亭时也能得到一些礼金、礼品。20世纪60年代后，境内茶亭陆续倒塌拆毁，所剩无几，且无人驻守。

四、桥梁与轿子

桥梁　境内小溪流上到处有木桥。有些架独木桥，外地人走在上面，像走织布机一样，一上一下的，十分害怕，而当地人却稳步如飞。河面宽的，在河中间打桩当桥墩，然后架二三根木头，加几个排栓，行人过桥平稳。有的桥头竖立石柱，木桥和石柱用铁链拴在一起，防止洪水冲走桥板。这样的木桥，现仅存个别山乡。

石桥　过去，境内许多河上建起石桥。石桥多为单拱桥和双拱桥，三拱桥鲜见。境内现存最著名的石拱桥要数涟源市杨市镇孙水河上的胜梅桥。它为当地州同姚春芷捐资于清代康熙年间修建，长39米，宽6.7米，时为杨市镇境内孙水干流上唯一的，也是境内现存的跨度最长的石拱桥，历经300余年，完好无损。娄星区西阳镇白石村境内有一座麻石桥，叫丰乐桥。桥长约20米，中间有一桥墩，桥墩的每一端用四根10余米长的麻石条连起来，风雨200年，2000年被毁。

屋桥　境内还有一种集桥亭于一体的风雨桥，人们称之为"屋桥"。这种桥的功能多样化，既可以过河、乘凉、歇脚，还是集市，更是人们会友集会的场所。新化县圳上镇山溪河上相距不到2500米的地方，至今仍然横卧着两座木质屋桥，一为圳上桥，二为又一桥，历经200余年的历史，仍基本完好。

轿子　旧社会境内驿道上或乡间小道上常有人坐轿通行。那时以轿代步的是官员、富人和有名望的人，穷人只能抬轿，不能坐轿。不过接新娘也用轿子。根据轿夫数量，轿子分为两抬轿、四抬轿和八抬轿。还有一种简易轿子，用一把躺椅和一副竹杠子捆绑牢扣，让人坐在躺椅上面，由两人抬着。这种轿子多为送病人看医生而临时组装的。现在以轿代步成了历史。不过，旅游区内供游客使用的两人轿、四人轿、新娘花轿较常见。在旅游景区供游客乘坐的简易轿子叫滑竿。

出行禁忌　旧时人们出远门要择吉日，如查历书，遇"忌出行"字样者不外出。做客要着装干净端庄，有"笑烂不笑补"的说法。送贺礼要精心准备，设计大方漂亮，合乎时俗。出门时禀告长辈，告知妻室儿女。走路要稳健大方，如多人同行，请长者走前，孩童在中间。遇见来人，大让小，壮让弱，徒步让挑担，此称让路。如遇长者和熟人要请安或问候，碰见熟人要行礼，见到一般熟人只行点头礼，如遇见长辈或师长，要行作揖礼；如遇自己至亲好友，行点头、拱手礼，还要互相问候。见熟人在远处，须喊应对方并行挥手礼。出行多顾忌，察预兆，怕乌鸦叫，眼皮跳，石子踢脚。忌得意外之财，忌拾死畜死禽。出门在外打喷嚏，疑家里人念叨；迷了路，疑碰上"倒路鬼"。有些地方有"七不出门、八不返家"的习惯。若出门办事忘东西返回再拿，预兆办事不成。这些旧习在1949年以后慢慢消失，仅在一些偏僻山村偶尔可见。

第八节　借贷与典当

借贷　1949年以前，境内高利贷很常见。"放新谷子"是高利贷的一种方式，青黄不接的五六月，贫苦农民无米下锅，便向富户借粮，被迫承诺到七八月间收获新谷时高利偿还，利率高达50%以上，债务人"竖起扮桶没饭吃"。21世纪初，一些私营企业主搞民间集资，有正常借贷，也有以高利率引诱诈骗的，后来或因企业倒闭，或老板外逃，或资金链断裂，无数债权人几十万，甚至上百万的借款打"水漂"。

典当　1949年以前，常见市井的一些门店墙上，甚至招牌上写着大“当”字，需要者可随时去这些店铺以实物典当现金。典当须写明当契，内容与典当物品、时间与当值。当值大大低于物品的实际价值，有些低至一折以下。典当的物品在当期内可赎回，有“当字千年转，卖字不回头”的说法。过当期，当铺可将当品高价出卖，出当人无话可说，当铺以此获暴利。后来，典当现象基本消失。1990年开始，境内典当业又逐渐兴起，但当铺须经工商注册登记，公安备案，方可开设营业。

第二章　社会民俗

第一节　婚　姻

一、一般传统婚俗

境内称婚嫁为“红喜事”。旧时缔结婚姻全凭媒妁之言，父母之命，当事人无权决定。说谋、订婚、报期和完娶是缔结婚姻的四个主要环节。

说媒　媒人第一次去女方家里说媒，将携带的雨伞倒立于大门外，如果女方家同意说亲，女方家便将雨伞顺之于门外。媒人第二次去女方家，仍然将雨伞倒立于大门外，如果女方家长将雨伞拿进厅堂顺立，则表示所说亲事已获得女方家基本认可。第三次媒人去女方家还是将雨伞倒立于大门之外，如果女方家长将雨伞拿进客房或女方闺房，则表示这门婚事女方家完全同意，但口头上还是不答应，以示“好女多求。”旧时境内媒人有三类。一为职业媒人。这种媒人靠说媒谋生，说媒时介绍双方情况可能夸大优点，淡化或隐瞒缺点。二为央媒。男方或女方看上了对方，但自己不便明说，便托人听取对方意见。三为名义媒。男女双方自由恋爱，快举行婚礼时，考虑传统需要，请人作为名义上的媒人。

订婚与换庚书　订婚又称合八字。媒人向男女双方家长介绍对方家庭、年龄、身体和家教、思想、能力等情况，经双方相互考察认可后，媒人将女方生庚送男方家，男方请八字先生算命，合则联姻，否则托媒人把女方生庚退还。有些地方接到女方生庚以后，将其置于神龛香炉下观察三天，若家里平安吉祥，再合八字。订婚以后，男方备衣料，三牲和聘礼择日由媒人引领送女方家，互换庚书，这就定了终身。从此，女子无另择偶权利，若男子伤残，亦相许终生，若男子死亡，则守节，俗称守“望门寡”。

报期　俗称送日子。男方选定迎娶吉日，经女方同意，用红帖签封并书“预报佳期”，备财礼托媒人送女方家，女方备嫁妆。

待媒宴与倒媒树　婚礼的前一天晚上，新郎家设宴款待媒人，并请来族亲好友作陪，请媒人坐主宾席位，并请媒人指点迎亲的有关事项，拜托媒人告知新郎须注意的礼仪习俗。这叫谢媒宴。婚后生了孩子，尤其是生了儿子，宝宝的父亲要带肉、鱼和其他礼品去感谢媒人，媒人回赠一些宝宝食品和礼品。这叫倒媒树。

完娶　成婚前一天，男方向女方家送去猪肉、雄鸡、鱼、敬神筵席和彩礼。成婚当日清晨，新郎由媒人、伴郎、伴娘、礼夫陪同去女方家接亲。女方家设辞堂宴，行辞堂礼以后发亲。新娘上轿前拜别祖先长辈，父母当场教育女儿夫妻恩爱，敬老睦邻，勤俭持家。彩轿到达新郎家朝门口时，新郎家鸣喜炮迎接，举行“斩草”仪式，然后新娘在伴娘陪同下步入厅堂。夫妻双双先拜天地，接着拜祖先，再拜父母和长辈，最后夫妻对拜，谓之“拜堂”。拜堂礼毕，夫妻由一对童男童女持烛引领入洞房，行“赞床礼”。是夜，闹洞房。婚后三天新郎陪新娘“回门”，新娘家办回门酒。有些地方，婚后三天由新郎的岳母带领一至两个小孩子携茶叶和煮熟的鸡蛋等礼物去新婚女儿家看望，谓之“送三日茶”。1950年后有些礼节简化了，但基本保持了这一传统。

察垱与茶钱　女方家长在媒人引领下去男方家察访，俗称看垱（看男方家境）。男方准备饭菜，若女方肯留下吃饭，即算相中，男方即向女方赠送礼品与礼金，谓之放茶钱。若女方不留男方家吃饭，表明婚事告吹。

刺破与比高　新娘上轿以前，娘家在其左臂衣袖上穿一根针，用黑、白、红三色线将针扎牢，途中遇见另外新娘，双方交换针线，此曰“刺破”，即刺破“煞气”。旧时新娘坐花轿，如果两支迎亲队伍相遇，双方将轿子高高上举，说举得高的一方婚后人兴财旺一些，称其“比高”。通常两支迎亲队伍友好协商，互祝美满幸福，只象征性地举几下互祝幸福。这两项习俗现已基本消失。

斩草、铺被与安床神　新娘花轿到达婆家朝门口时落轿，新娘在轿内参加斩草仪式。厨师右手持刀，左手提雄鸡，并拔掉几根鸡毛抛向空中，用刀轻划鸡脖，使其流血少许，不致其死。厨师唱赞语：“恭喜新郎，恭喜新娘，昨日单龙戏水，今日双凤朝阳。天生一对，地配一双。斩草斩草，同偕到老。鸡毛落地，百无禁忌”。然后他将鸡抛向空中，让其展翅落地。新娘入洞房以前，新郎家请富贵双全的夫妇铺床。新娘从娘家带来的喜被内有一个小红包作为铺床夫妇的谢礼。铺好被以后，铺被夫妇唱赞词：“铺床铺床，一对鸳鸯，先生贵子，又生姑娘。”在双峰、涟源和冷水江一些地方有安床神的习俗。安床神词例：“奉请床神，保佑此床，吉降吉临，保佑新人；夫妇齐眉，同床共枕。”“祈求床神，保佑此床，夏天降暑，冬天保暖，蚤虱臭虫，蚊子苍蝇躲藏，锦衾和美，子孙满堂。”在农村，举行传统婚礼时，这些婚俗还在传承。

辞堂宴、辞堂礼、起马杯与堂中教女　新娘的辞堂宴席所需的主要荤菜以及爆竹由新郎家前一天下午送来。辞堂宴在新娘家厅堂举行，常设四个主宾席位。第一席位至第四席位分别由新郎、媒人、新娘外祖父家代表和新娘家族亲代表入座。

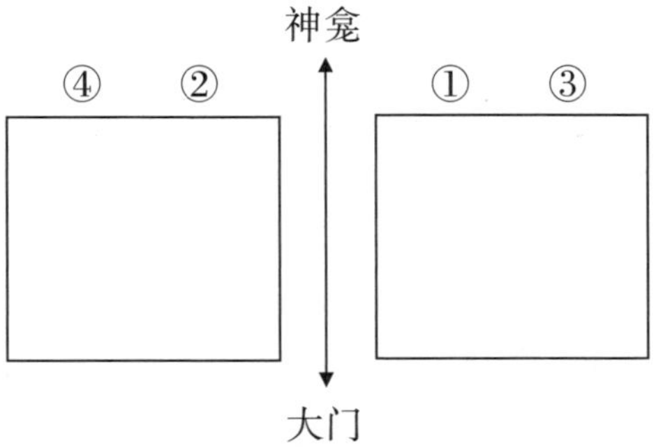

婚宴席位图

辞堂宴散后，新娘家备喜糖和烟酒茶，请新郎、媒人、新郎的陪同人员和新娘的父母亲以及亲友代表围坐一团，互致喜庆，新娘的父母亲祝女儿女婿婚姻美满幸福，女婿向岳父岳母表明善待妻子，团结友爱、勤劳致富的态度。这个仪式叫“喝起马杯”。紧接着，新娘的父亲领女儿来到厅堂神龛前，参加祭祀祖宗的仪式。神台前一张桌子上插有蜡烛、线香，摆有三牲果品，由礼生致词，新娘行跪拜礼，辞别祖宗堂上。是为辞堂礼。新娘家主要送亲代表有特定的称呼，与新娘同一辈分者，称上宾大人，为父辈者则称上亲大人，为祖辈者则称高亲大人。媒人称为宾判大人或月老。喜宴的席位设置与新娘家辞堂宴相同，就座对象依次为上亲（宾）大人、月老、新郎的舅大人和族亲大人。喜宴结束以后，新郎家请上亲大人、月老、亲友代表围坐一团，共祝新婚夫妇婚姻幸福，儿女成群。新娘的父亲或其他亲人当着亲戚教育新娘孝敬公婆，善待丈夫，团结兄弟妯娌，勤劳俭朴，教育好儿女。这叫“堂中教女”。

合卺　结婚之日，男家设花烛礼场于内堂，俟新娘至，即示新郎与新娘并肩而立，向内行参拜礼，参见祖宗。此时即有长辈出来为其祝神。祝神毕，新郎新娘相向行交拜礼。拜毕，喜嫔引新娘新郎同入洞房，饮交杯酒，是谓合卺。

喜炮三响　乡村红喜事宴席，一般放鞭炮三次。第一次在尊席，即恭请主宾入座时；第二次在出菜至“丸子”时燃放，称安席，即新郎新娘为客人、特别是为主宾敬酒；第三次在主宾离席时燃放。这是各地相同的“喜炮三响”，且古今相同。

吵媒人与闹洞房　吵媒人是指宴席中间，有些性情开朗的人往媒人脸上擦锅底灰，强迫其唱媒人歌的乐事。有些机智的媒人闻讯便在宴席中间悄悄离席躲藏，避免“出洋相”。新婚夫妇成婚那天晚上，男女老少皆可去新人房内吵闹，或讲笑话，或猜谜语，或唱情歌，或演奏民间乐器，内容都离不开“性”。旧时闹洞房是通过若隐若现，寓教于乐的方式对新婚夫妇作性启蒙教育。现在的新郎新娘都是大男大女，婚前已知晓相关的性知识，闹洞房主要是营造喜庆、欢乐的气氛。

秀郎鞋、享福鞋与秀郎帽　订婚以后，姑娘开始学习制作布鞋，为未来的公公婆婆和未婚夫各做一双布鞋。如果未婚夫的祖父祖母尚健在，则加做两双。送给未婚夫的叫秀郎鞋，送给长辈的叫享福鞋。另外还要为未婚夫买一顶帽子，此称秀郎帽。秀郎鞋和秀郎帽在男方家送敬神筵席打回转时托媒人转交，享福鞋由新娘在婚礼那天婆婆开箱时呈献。公公婆婆向新来的儿媳妇回赠小红包或项链、镯子之类的礼品。现在该习俗在农村较常见。

陪嫁　旧时，陪嫁妆奁视家庭经济情况而定，富有的妆奁有牙床、水架、四箱四柜及全套家具，甚至伴有田契。中等户的陪嫁常为“三桌三凳”（大桌大凳、火桌火凳、书桌书凳），栈架、排柜、被帐等。贫困人家的陪嫁品很少，有的连被帐也没有。1949年以后，陪嫁从简，以送手表、缝纫机和单车（俗称“三圆”）为时尚，有些文人送马克思、恩格斯、列宁、斯大林、毛泽东等名人著作。改革开放以后，时兴“三子嫁姑娘”，即陪嫁品有票子、车子和房子。

追亲　新化县、冷水江市和涟源市西部有些地方有“三追亲”习俗。成婚当天，新娘一见新郎返身就走，让新郎随后紧追，追上一次放一次，如此反复三次；新娘快到新郎家门口时，新郎快步入室躲藏，让新娘寻找，找到一次又躲一次，亦反复三次才行婚礼，表示爱情百折不挠，坚贞不屈。现在该风俗基本消失，只在旅游区有此类民俗表演。

二、特殊婚俗

扁担婚、续弦、转房婚、上舍郎与再醮　扁担婚是交换婚，这是双方均因贫困或儿子智障、身残而为之。此婚俗现在偏远山区偶尔可见。续弦又称填房，指妻子死亡，另娶新妻。转房婚指弟死其妻改嫁未婚胞兄，或兄死其妻改嫁未婚胞弟。此外，姐死妹续，或妹死姐续的婚姻，也称转房婚。招上舍郎是女方家无儿，男方到女家落户，婚后生育的子女随母姓的婚姻方式。上舍郎被人瞧不起，很辛苦，民间有“享福的娘边崽，受苦的上舍郎”的说法。再醮是指丈夫死了，且留下儿女的妇女，从抚养儿女考虑，经公公婆婆同意，招郎成婚。

服中成亲与冲喜　旧时，娄底境内有些人原定婚期未到，但男方的父亲或母亲突然去世，为规避“长辈去世以后三年内不成亲”的习俗，便临时决定完婚。丧事在先，婚事在后。送葬当日，先把新娘接回，为新亡父（母）戴孝。举行婚礼时，堂中棺椁用红布罩住，将挽联、祭幛和孝堂拆除，换之以红喜事场面。婚礼毕，即送新亡父（母）上山安葬。称为服中成亲。冲喜是指男女订婚以后，遇男方或其父母患重病，久治不愈，便完婚，祈喜气冲走煞气、邪气。如婚后男方死了，则女方不再嫁，守寡终身。这种极端落后的习俗于1949年以后绝迹，但服中成亲习俗有些地方尚保留。

表兄表妹结婚　1949年以前，境内很常见，尤以舅表婚居多。有人认为舅父的儿子娶姑妈的女儿，或姑妈的儿子娶舅父的女儿，或姨妈们的子女互嫁互娶，能延续亲戚关系，是“亲上加亲”“永久亲”。《中华人民共和国婚姻法》颁布以后，加上优生优育知识的普及，这种现象日趋减少，20世纪90年代后基本消失。

寡妇改嫁　旧时境内寡妇一般不允许改嫁，个别改嫁的也很低调，轿子不能装扮，也不能进朝门，在朝门外一拐弯处落轿、起轿，这种婚轿限制为两人轿，夫家也不举行婚礼，不办筵席，亲友聚会吃平时酒席，广而告之即可。20世纪50年代初，新婚姻法颁布，寡妇再婚受法律保护，民间认可，有些再婚婚礼不亚于初婚礼。

三、婚俗嬗变

自由觅偶　改革开放后，青年男女在同一单位或毗邻单位学习或工作，彼此互相了解，当觅偶人心目中原来形成的异性朋友的偶像在现实生活中出现时便向对方吐露情怀，若双方情投意合，便自由彼此了解，踏上恋爱之路。

委托婚介机构物色　一些青年男女因多种原因自己难以寻觅到如意伴侣，便委托婚姻介绍机构物色对象。

报刊征婚　一些青年男女因多种原因，在身边没有发现如意的异性朋友，便以报刊作媒介，将自己的基本情况和择偶要求简单扼要地告之于众，以觅知音。

电视节目现场选择伴侣　未婚青年男女走上荧屏，推销自己，表达对爱情、理想的看法，并表现自己的特长。这种“产品直销”的择偶方式很受青睐。

网上觅知音　一些电脑爱好者中的未婚青年男女，利用“因特网”等现代化的通信工具，“上网”推销自我，从茫茫人海中寻找知音。

择偶方式潮流化　1949年后，特别是改革开放后，经济发展，社会进步，人们交往频繁，青年男女交际机会增多，为自主择偶提供了条件，使自由恋爱成为习俗。与此同时，职业媒人基本失业，说媒习俗逐渐淡化。一些择偶新习俗形成，时兴手机猜谜语择偶。一些新的择偶方式有习俗化趋势，现在又产生了试婚、未婚同居、异性联合租住套房等现象。

结婚方式法律化　缔结婚姻必须依法登记，方受法律保护。

结婚程序仪式化　婚礼仪式例一：集体（××先生　××小姐）婚礼仪式开始；主婚人就位；新郎新娘就位；鸣炮，奏乐；主婚人宣读结婚证书；单位（或社区）领导讲话；来宾讲话；新郎新娘致答谢词；礼成，鸣炮，奏乐。婚礼仪式例二：婚礼开始，鸣炮，奏乐；新郎、新娘升堂，行见面礼，鞠躬；新郎、新娘就位；证婚人就位，宣读结婚证书；参见家长（父母），敬礼；家长致辞；参见众亲长者（可个别参见）；长者致辞；参见众亲兄弟（同第6项），敬礼；亲友、兄弟致辞；行合卺礼，进酒，饮酒，交杯，致祝酒词；礼成，鸣炮，奏乐。婚礼仪式例三：××先生、××小姐婚礼开始，鸣炮；新郎、新娘就位；主婚人就位；双方父母就位；证婚人（介绍人）就位；主婚人致辞；证婚人宣读结婚证书；新郎新娘拜堂：一拜天地，二拜高堂，夫妻对拜；礼成，鸣炮，新郎新娘进洞房。

婚礼文化多元化　传统婚礼既传承又创新。中华人民共和国成立以后，新婚夫妇的婚礼基本上保持传统程序，如先拜天地，二拜高堂和夫妻对拜这一核心的内容在境内婚礼中基本相同，金童玉女持烛引领新郎新娘入洞房的习俗各地也大同小异，但也省去掀盖头、抬毡和行跪拜礼之类的烦琐仪程，代之以亲吻、喝交杯酒等现代程式。娄底各地，特别是城镇的婚礼，新郎新娘双方父母同时被恭请上台，参与见证新郎新娘“三拜”仪式并接受新郎新娘的感谢礼；借鉴西方婚礼，新娘的父亲携女儿步入婚姻殿堂，将女儿亲手交给新郎的西方婚俗也参入其中。

婚宴的传承、创新与发展　中华人民共和国成立后，特别是1980年后，境内各地的婚宴既传承和发展优秀的传统宴席文化，也慢慢革除一些缺乏科学依据的禁忌和陋习。宴席菜肴讲究和谐、吉祥、卫生、营养与档次，礼仪上注重敬老尊贤，突出主宾、善待亲友、友好和谐。在城镇，一些新郎新娘两家合办婚宴，或女方只办回门宴，不再举行辞堂礼的新式婚宴礼仪已蔚然成风。婚宴主宾席位的排定，农村沿旧习。在城镇，婚宴常在酒店举行，餐桌为圆桌、婚家司仪将新娘家主宾恭请至酒店上方主席餐桌座上，由新郎新娘和新郎父母等作陪，不再单个逐一尊席。如婚宴为双方合办，则双方家长在新郎新娘陪同下围坐一桌，互敬互陪。

第二节　生　育

一、祈子与抚崽

祈求观音送子　每年农历二月十九观音生日，六月十九观音成佛日和九月十九观音涅槃日，去观音殿祈观音送子者络绎不绝。向太阳、太阴、天公、地母和王母娘娘祈子者也不少见。向南岳圣帝、娘娘等地方神祇祈子者亦非鲜见。佛教、道教、巫教的始祖也是人们祈子的对象。

通过婚礼和嫁妆祈子　婚礼中的赞语和祝词均为直接祈子或间接祈子，家妆中的图案无不将祈子愿望蕴藏其中。

送瓜与摸秋祈子　中秋夜常有妇女三五成群“偷”回南瓜或冬瓜，画上人的五官，悄悄送至久婚不孕的夫妇床上，祈盼来年生子，此曰“送瓜”。另有“摸秋”的习俗。在新化县、冷水江市和涟源市有些地方，一些好心的妇女八月十五晚上到别人菜地里“偷”回长冬瓜，画上五官，穿上衣服，活像婴儿，再在冬瓜上刀刻一洞灌满水，装一筒小藕，外用棉团塞紧，送至婚后多年仍无子嗣的夫妇床上，然后扯出棉团，水流床上，众妇女即喊：“小男孩射尿。”惹得满房大笑，这种祈子活动很有趣，现今偶尔可见。被送瓜或摸秋者后来生儿女，喜滋滋地邀请送瓜人或摸秋人喝“三朝酒”（生子三天摆酒宴）。

抚崽　又叫过继。抚崽的血缘关系由近及远，不能隔代抚子。有些老人生前没有抚崽，考虑到死后没人端灵牌，可以由死者族亲为其补办抚崽手续。抚崽要写好抚纸，即订好契约，规定出抚方与承抚方的权利和义务，写抚纸时承抚方举行隆重的家庭宴会招待族亲、邻居和亲戚朋友，还要请当地领导和德高望重者当见证人。抚崽有全抚和半抚两种形式，全抚是指承抚人视养子如同己出，家庭全部财产由其继承，养子则将养父养母看成亲生父母，承担当儿子的全部义务和责任。半抚是指承抚方不承担抚养养子的义务，只是去世以后将部分遗产赠给养子，养子可不赡养养父养母，只是养父养母去世时为其跪拜、祭奠、送葬及以后竖碑、扫墓、中元节烧包等。改革开放以后，人们子嗣观念进步，女儿同样传宗接代，抚崽俗规近乎消亡。不过有些地方又有抚女儿的习惯，抚养程序同抚崽。

二、孕育与抚养

预测胎儿性别　旧时根据肚形预测肚形高而圆者为男孩，宽而平者为女孩。根据胎动位置预测。左边动得多者为男孩，右边动得多者为女孩。根据孕妇饮食嗜好预测。嗜酸者为男，嗜辣者为女。根据孕妇做梦预测。梦见蛇者为男孩，梦见龟者为女孩。卜卦预测。卜卦前禀告菩萨，承诺男女一样，等菩萨应允以后再卜卦，阳卦者为男，阴卦者为女。此缺乏科学依据，现不存。

接生与报喜　旧时产妇在家里生产。产妇有临产征兆时，将婴儿用品准备好，请接生婆接生。产妇一旦有阵痛、见红或破水，家人便赶紧为其煮鸡蛋和瘦肉，接生婆准备好接生工具，家人准备好开水、桐油，并剪下孕妇一小绺头发。如遇难产，便弄些大米去神龛前跪拜求神水，或烧香念咒，向送子娘娘、王母娘娘、报世娘娘讨催生水。求神水仪式毕，接生婆口含催生水喷产妇肚子上，双手轻按产妇肚。此助产方式作用与否因人而异。旧时，双峰县、涟源市和娄星区的一些地方，产妇难产，家人烧桐油伞、桐油斗笠，以“驱邪”助产；也有的用龙衣（蛇皮）缠于孕妇脖子，称其为刺激法助产。还有些人扶产妇在房内来回走动，以运动助产。20世纪70年代开始，产妇一般在医院分娩，产妇和婴儿的生命安全有了切实保障，一些旧的接生习俗也慢慢消亡。孩子一出生，孩子的父亲便携一块猪肉，用鸡笼装一只公鸡，带一挂鞭炮，几斤糖果去岳母家报喜，孩子的外祖父家回赠活鸡若干只和大量产妇食品，另需准备丰厚的满月贺礼。人们常说：“报喜，报喜，虾公钓鲤”。20世纪90年代后，报喜方式多样化，除传统方式以外，因电话、短信息和微信方便快捷，被广泛用来报喜。

打喜　新化县和涟源市古塘、伏口一带，孩子出生三天之内，亲友三五成群去孩子父母家打喜，送礼品，给孩子的父亲、爷爷奶奶涂花脸。

满月酒和百日酒　婴儿满月或满百日，孩子的父母亲宴请客人，客人送贺礼，孩子的外祖父、外祖母、舅父舅母、姨妈等亲戚除了送贺礼外，还给孩子送“见面礼”。

“洗三朝”与“打三朝”　婴儿出生第三天，用艾叶、柏叶、鸡蛋煮水，请接生婆或儿女双全、福贵同享的妇女为婴儿洗澡，然后用黄丹粉或爽身粉涂抹婴儿身上，并讲吉祥话赞扬。新生儿的奶奶给前来观看的小孩子每人一个红鸡（鸭）蛋，谓送“和气蛋”，还有一杯炒豆子，寓意“得子”。此谓“洗三朝”，冷水江市及其邻近地方叫“发元神”。“打三朝”，又叫“贺三朝”。孩子出生第三天亲友前往庆贺，婴儿家举行宴会招待，请婴儿外祖父家代表坐第一席位。旧时礼品多为小孩用品和产妇营养品，现在常以红包代替，一般三朝酒、满月酒和百日酒只选其一。

周岁礼与抓周　孩子满一岁时亲友前往庆贺，孩子父母设宴示谢。喝完酒，把孩子放在预先摆好糖果、玩具和文具等物的盘箕内，观察孩子先去抓什么，以此预测孩子的智力和志向。这叫抓周。

十岁礼　20世纪60年代以前，女孩子一般不满二十岁便出嫁，女孩子在娘家一般只过一个整十岁的生日，境内有些地方对女孩满十岁的庆贺重于男孩。

捞魂、封禁与拜寄娘　这是旧时缺乏文化知识而形成的落后习俗。旧时在湘中各地，有些孩子或掉进水里，或从高处摔下来等原因而受惊吓，精神不如以前，说是“魂”走散，便请巫师为其捞魂或封禁，将“魂”收回来。有些父母亲请八字先生为孩子算命，如遇“命大”，“难以成人”，便将孩子寄托给子女多或身有疾患的人做儿子，这称为拜寄娘（寄爷）。有的干脆寄托给当地的名石头，以减轻孩子命里压力，消除夭折隐患。

贱名　有些人家担心孩子“命过大”，难哺养，怕夭折，便给孩子取贱名，如“牛伢子”“狗伢子”“猫伢子”“铁生”“树蔸”“石伢子”等。

洗地　旧时女儿不能在娘家生产，如果因特殊情况在娘家临产，也要在屋后僻静处搭个临时棚子。产后由女婿携三牲、果品、钱纸、线香、蜡烛前来感恩亲戚祖先庇佑并“洁地”，再接新生婴儿回家。此曰“洗地”，又叫“谢地”。20世纪60年代后，该习俗渐渐消亡。

三、生育禁忌

孕期禁忌　忌食兔肉、龟肉、蛇肉、异常蛋类、坛子菜、醋、姜等菜肴，忌食煎、炒、炸的食物和辣椒、胡椒、花椒等佐料。忌室内搬动床铺和桌子，忌在墙上钉钉子，忌两个孕妇并排相坐，孕妇忌跨牛绳等。

产时产后禁忌　忌男人入产房，产后外人不得进入产妇卧室，产妇坐月子忌食凉食，产后一个半月内忌性生活。

第三节　建　筑

一、选址与奠基

选址　建住宅常请风水先生根据龙脉、形势、水口、明堂、朝向和气势等因素综合选址。祠堂选址常在宗族祖坟附近且本族人口集中的地方。学堂常选在弯曲直角路，俗称文曲路的地方。庙宇常选在发生先人传奇经历，或神仙显灵之地。选址以后确定奠基开工日期。罗盘上的八卦二十四方位称为二十四山（一卦管三山），风水师根据天干和地支的排列组合而成的历法，结合房基的方位，运用五行生克的原理确定打基础的起始时间，以免犯煞、犯忌。

奠基　又叫打基脚。首先，请风水先生祭地，然后，建造师根据风水先生确定的方位和修主的建造计划放线打桩，接着开挖基槽，以往用石头砌，现在一般用钢筋水泥浇灌。打基础开工前，修主请石工师傅杀雄鸡敬奉祖宗，洒鸡血避煞。域内有些地方，建房奠基日举行宴会，亲友前往祝贺，修主邀请石匠、砌匠、木匠和泥瓦匠赴宴，请石匠坐最尊贵的席位。选址奠基俗规，人们看得很重，至今还在传承。

二、开砌、过大门与上梁

开砌　请风水师测定日期和时辰。届时由“包头师傅”带鲁班尺与开山斧敬奉鲁班和修主祖宗。修主预先备三牲、果品、大米、酒水、蜡烛、钱纸、线香于神案上，一只大雄鸡摆在神案旁边。包头师傅持开山斧杀雄鸡，向鲁班和修主祖先低头卜卦，洒鸡血于地基坪内外。修主还要给包头师傅一个大红包和若干个给其他大工和小工的小红包。中午举行庆祝宴会。此宴席由包头师傅坐第一席位，第二、三、四席位各地习俗有别，入乡随俗。

过大门　是民房建造的一个重要环节。当墙砌到大门的高度时，由包头师傅安好大门盖顶，并系红布条于其上，修主以红包相谢。二三十年以前，还需给其他大工师傅和小工师傅发红包，只是金额少于开砌。

上梁　又叫收垛或圆垛，是民房建造中的重头戏。它有四道程序：请风水先生择吉日吉时。做梁画梁。梁即大梁，是堂屋屋脊上的主横梁。有的地方流传“偷砍”梁树的习俗，即可到任何人任何山上趁黑夜将梁树砍回，被砍山主不予追究，也不用付费。梁树砍回后，不能落地，必须架在马凳上。木工做梁时因“鬼怕尺量”，便用尺子反复丈量。大梁做好以后，木工师傅在梁木中间画上一太极图套文王八卦，两边分左右写上“乾”“坤”二字或画乾坤二卦。披红，画梁完后，木工师傅在梁的正中间预留的浅方框内放几枚铜钱（现放镍币），再用木板和桐油竹钉封紧钉牢，用以镇邪。有些人家加放当年历书、大米、纸钱。然后做梁木匠在大梁上钉上一块红绸子，颂赞语。最后是上梁。上梁前，包头师傅主持敬神，修主将事先准备好的大米、三牲果品、蜡烛、线香、钱纸和送给包头师傅的大红包置神案上。包头师傅敬完神以后便领木工或砌工起梁，同时放鞭炮并从左至右分别架梁，包头师傅领众匠人将梁安放平稳以后，杀雄鸡。雄鸡不杀死，只破皮流少许血。他左手提雄鸡，右手持斧子，在屋顶上绕墙走一圈，让鸡血滴于墙上，以避邪煞，同时唱赞歌：“日吉时良，天地开张，高梁横挂，大吉大昌。”接着放爆竹庆贺。现时有些人家除了放鞭炮以外，还放花炮、焰火，扎彩虹门，匠人、亲友纷纷讲赞语，唱赞歌，修主逐个赠小红包。接着举行上梁宴会。该宴席由木工师傅坐第一席位，其他席位没有统一习俗，主家给大工、小工送红包。上梁时辰避“午”，“午”与“忤”相谐，以防将来子孙不孝，也不能让鸡、鸭、鹅等家禽到住宅坪里斗咬，否则预兆鸡飞狗走，主家不安宁。新屋落成以后，在出山墙顶端处画太极图，它以嬉戏游玩的颜色深浅明显不同的两条阴阳鱼为底图，以示阴阳平衡，上方书“石敢当”，左书“我家如山海”，右书“他作我无防”字样，祈求家庭人丁兴旺，和睦团结，不受外来欺负，有的还在堂屋门楣上挂圆镜，此称照妖镜，以避雷祸，也有人说免遭凶灾，还防白蚁危害。20世纪90年代开始，境内始建“小洋房”。到现在，乡村的欧式洋房和传统式样的豪宅随处可见。

三、居住

住房结构、布局与用途　农村自然村落后面有禁伐的靠山，村前有朝门。1949年后，建朝门的习俗少见，但农民仍称村前的主要出口为朝门，婚事、殡丧等大事仍从朝门出进。住宅多为明三暗六或明五暗十式的独立房屋。房屋常高2丈、宽1丈、长2丈，人字形双坡小青瓦屋顶。正房前左右或加厢房，称“厢间”。住房前一般留3~5尺宽的走廊，称“阶基”。中间为堂屋。堂屋正中墙上设神龛，供奉祖先牌位。有些地方一栋房子住有多户，则厅堂为全体住户公用。堂屋后间称退堂屋。一般一幢房屋左右分居两户，或兄弟、或父子。前间称灶屋或茶间，兼厨房、接客和吃饭用。柴火灶靠外墙一角，灶口忌和村前流水同向。灶前挖坑，称灶塘。灶塘前三向可坐人烤火，灶至墙之间的角落称“柴角”，专放柴薪。灶上吊炉架，供熏烤腊物之用。1960年后，农村燃料渐缺，除山区以外，大部分农户改建节煤节柴灶。后间为卧室，称“睏房”，部分农户在正房一侧或两侧修建偏舍，称“偏厦”，添作卧室，也可以作灶房或堆放杂物。家境富裕者在厢房前或正房两侧置晒楼（阳台）。窗为四方形，以9根或7根方木为窗棂，稍高档者有万字格、喜字格或梅花格窗棂，冬日糊纸防风。部分富裕者建“四”字形庭院，以前后两栋正房和两侧厢房连接而成，中间留天井。

第四节　民间医药

一、民间医生与民间医治

蛇医　湘中多山多河流，蛇类繁多，毒蛇伤人常有发生，旧时全靠蛇医治疗。蛇医出诊时先在家敬神起数，治蛇伤全靠中草药，主要是消炎排毒，只要治疗及时便可避免死亡，且见效快，用钱少。在偏远山村，至今仍受欢迎。

水师　境内古时称骨科医师为水师。水师出诊前要禀告师祖华佗。治伤时先正位，喷神水，后上草药，扎绷带，最后开药口服。如果伤了筋骨，治疗时间较长，各地有“一岁一天”和“伤筋动骨一百天”的说法。境内水师治跌打损伤见效快，且基本没有后遗症，用钱又少，远近闻名。涟源市甘溪萧氏水师20世纪50年代常受聘于湖南医学院为本科医学学生授跌打损伤课。20世纪90年代后，骨科医术有了很大提高，但乡村水师仍受青睐。

先治医生，后治病人　古时几乎没有西医西药，只有中医中药。乡民称医生为郎中先生。乡村没有诊所和医院，只有少数郎中居家候诊，且只医不药。乡民看病要用轿子接来郎中，把医生接回家以后，好饭好菜相待。郎中喝足吃饱以后再看病，人们常说“先治郎中，后治病人”。郎中把脉处方以后，病家持处方去药铺买药。穷苦乡民请不起医生，一般靠方子。

鱼刺水　如有小孩吃食不小心被鸡、鱼等骨头卡住了喉咙，懂鱼刺水者用钱纸烧成灰置碗内，加凉开水，口头念念有词，手指在碗内比画一番，让被卡骨者喝下那碗水，再用筷子在其喉咙里搅动，骨头便可吐出来。如果骨头仍未出来，再用手卡住喉咙，骨头即吐出。此医疗方法现已基本绝迹。

童尿止血　如手指或脚趾被划破，流血不止，不需水洗，不用物擦，而叫一男童往伤口上射尿，血便即刻止住，伤口也容易愈合。

隔山止血　假如有人在山这边手脚刀伤，流血不止，便请山那边懂隔山止血术者帮忙行善。那个人原地不动，只是口念咒语，手指比画，血便不再外流。现在这种止血方法基本消失。

二、民间偏方、传统煎药与服药方法

民间偏方　拔田里鲜活禾蔸连泥敷在小孩肚脐上退高烧。紫苏、生姜、葱蔸开汤祛寒治感冒；地茶煮水、枇杷树皮、叶治咳嗽，鸭舌草、车前草、海金沙治尿道炎、马齿苋治泻肚，虎耳草治中耳炎，枫树球煮水洗澡治风丹，樟树皮解酒，黄檗、黄芩切片熬水治肝炎和急性肾炎，黄牛尾巴熬汤治男性不育症和性功能障碍等方子，老百姓家喻户晓，至今常被采用。

煎药和服药习俗　用砂煨子煎药，砂煨子上盖一张纸，一支筷子穿过纸张，插于药煨内。每一服药仅限两煎两服，说煎第三次的药不仅没有药性，还解药。古时称服药为“呷茶”，呷茶不过“门槛”，无药无忌口，药渣填埋田土里。现除个别山乡以外，此俗基本无存。

第五节　饮　食

一、饮食惯制

过去，人们生活困难时，农忙时一日三餐，早餐汤汤水水，中餐杂粮蔬菜塞肚，晚上应付了事。农闲时一日两餐，早餐上午十来点，中餐晚餐合二为一，城镇人没有农忙农闲之别，一日三餐。山里人主食以玉米、高粱、小麦、红薯为主，拌以少量大米。资水、涟水、孙水、侧水两岸和其他地势比较平坦的地方，水田较多，人们的主食以大米为主，以杂粮、蔬菜补充。人们有农忙多吃点主粮，农闲以杂粮为主的饮食习惯。在冬天不少人家仅中餐煮点杂粮饭，早晚不开餐，随便应付，早上“玉兰片”（喻指红薯片汤），中午“蜜蜂从王”（喻指以红薯为主，拌少许大米的饭），晚上吹吹打打进房（喻指吃烤红薯）的民谣生动形象地说明旧时境内人民冬天的饮食惯制和生活状况。这种现象延续到20世纪70年代末。改革开放以后，告别杂粮为主食的时代。20世纪90年代开始，人们改善饮食结构，主杂搭配，荤素结合，营养均衡。

二、传统美食

新化三合汤　牛血、牛肉、牛肚合煮加作料谓之“三合汤”。制作时，选料讲究，以水牯牛血、肚和黄牯牛里脊肉为主料，或以黄牯的里脊肉和黄母牛的血和肚为主料，牛血须鲜嫩，牛肉按纹路切成薄片，牛肚只洗去脏物，不去黑皮，当地人讲“吃黑不吃白”。牛肚牛肉牛血加水经猛火煮沸，再加入适量米醋、生姜、红辣椒，配酱油、山胡椒油、姜、葱（蒜）等调料，集鲜、美、辣、香于一体。

涟源合菜　以当地优质竹笋、上等红薯粉丝、黑木耳、未开苞的金针菜、黄花等为原料，放油适度，使之既用筷子夹得住，又不油腻，火工恰到好处，出锅后即吃，味道香、甜、鲜。

䅟子粑蒸鸡　主料是䅟子和鸡。首先将䅟子粉按1∶1的比例加水和好，做成粑，用油炸熟待用。然后将一只家养土鸡切成二指宽的鸡块，加调料烹炒后，将其一半置紫砂碗内。上盖䅟子粑，将另一半鸡块置䅟子粑上面，最后置蒸锅蒸熟。

花桥牛席　始见于冷水江市铎山镇花桥村。花桥牛席有小牛席和全牛席之分。小牛席是指牛肉、牛蹄、牛百叶或其他三五种牛菜。全牛席则要有牛肉、牛蹄、牛百叶、牛排、牛筋、牛尾、牛皮、牛骨等数十种牛菜。花桥牛席麻辣酸甜，色味俱全，具有鲜、全、奇的特点。“鲜”是顾客点菜以后，立买立洗立烧炒，不入冰箱，味道鲜美；“全”指凡是牛身上可以入菜的，均可就地取材，不需外出购买；“奇”是牛肚洗洁时不需去黑皮，而吃起来竟毫无异味，反觉香甜。

永丰辣酱　它产于双峰县永丰镇，是一种低脂肪、低糖分、无化学色素、无公害的纯天然食品，既可调色调味，又可开胃健脾、驱寒祛湿，还是一种风味小吃，为地方标志性产品，历史悠久，远销欧美。

水府席主要菜肴（2017年摄）

水府席与水火席　二席同根同源，萌芽于明代，形成于清代，均起源于民间祭祀。前者（因起源于水府庙内敬奉水神而得名）只祭祀水神，后者因其既祭祀水神，又祭祀火神。前者主要流传在娄星区东南部和双峰县北部等地。后者主要流传在涟源市南部和娄星区的水洞底镇等地。两种宴席的菜肴中都有旗帜肉、黄花拌猪肝、炒骨和鱼等标志菜。但前者中的糊蛋汤、肚灿汤、刺糖丸，后者都没有，却有酸辣猪肠汤，手抓姜辣丸、南粉汤；前者用鲢鱼，忌讳草鱼，后者忌讳用鲢鱼，非草鱼不上席。两种宴席的文化内涵存在很大差距。然而二者都是娄底市宴席文化的名片，前者于2016年被评为湖南省第四批“非遗”保护项目，后者于2017年被评为娄底市“非遗”保护项目，还多次被中央电视台宣传报道。关于水火席美国旧金山食品类杂志《品》发过专文。

白溪豆腐、富田桥豆腐、雪花丸子、米粉肉、珠梅土鸡　由于特定的原材料，精湛的烹饪，加工与酿造技术及其独特的文化内涵，都享誉国内外。

“十荤”与“十素”　“十荤”指三合汤、雪花丸、米粉肉、鸭子粑、宝塔鳝鱼、柴火腊肉、毛牛百叶、生肉脯、回锅狗肉和泥鳅钻豆腐。“十素”指糍粑、蕨粑、糯米粑、䅟子粑、绿豆粑、粽粑、杯子糕、烧麦、烧红薯和新化县白溪镇与涟源市富田桥的豆腐。

坛子菜　新化县、冷水江市和涟源市北部的坛子菜很有特色，家家户户大大小小的坛子好几个，夏有辣椒、茄子、豆角、苦瓜、冬瓜、丝瓜，冬有萝卜、白菜苔等都经腌制以后入坛，不仅延长保质期，味道也很好，颇受青睐；不仅蔬菜，连猪肉、羊肉和牛肉也入坛。新化米粉肉更是享誉国内外，米粉泥鳅、米粉黄鳝和米粉青蛙也算得上美味佳肴。

饮食“五嗜”　自古至今，境内人们嗜辣，“无辣不成菜”。嗜酸，酸菜难以变质，又能促进消化。嗜杂烩，一锅煮。嗜米粉坛子菜，防变质，食用方便。嗜生吃，有些山民还喝新鲜牛血，喝猪胆水，吃蛇胆。

三、饮料

呷茶 喝茶的湘中方言叫“呷茶”。居民自家呷茶不讲究，每年夏末秋初去茶山摘些“老巴叶”，稍经加工处理，防潮防霉，用时先将水煮沸，再放老巴叶即可。也有摘茶果泡茶自饮的。待客须用好茶，以谷雨前后采摘的“白芽子茶”为上乘，称之“泡细茶”。各地如有贵客登门，或办红喜事为客人上“水茶”的习俗，即在细茶里加红枣片、红糖、生姜丝和枸杞。中华人民共和国成立以后，特别是改革开放后，农家自制茶少，大都饮用商品茶。

喝酒 本地酒主要有糟酒、水酒、米烧酒和甜酒。甜酒的原料是糯米。旧时一些缺少大米的人家用高粱、苞谷、小米、红薯酿酒。一般人家自己酿酒一两缸，准备过年，招待拜年客，谓之“喝挂红杯”。平常用自家酒待客，伴之以炒豆子、瓜子，如留客人用餐，要准备荤菜下酒，主宾开怀畅饮，叙旧谈情，随处可见。

四、饮食禁忌

它涉及特定人群、特种宴席、特定时间和餐具、桌凳等。特定人群的禁忌各地大同小异，如佛教徒、居士吃素不吃荤，巫师、法师不食狗肉，孕妇忌食兔肉、蛇肉等。某些特定宴席的禁忌也很多，有些地方结婚喜宴禁吃牛肉、狗肉、豆腐等。时间上的禁忌有春夏两季禁食牛肉，阳春三月禁食野生禽类，不食产卵季节的鱼和虾。用餐行为与赴宴着装方面的禁忌有：同一种菜一桌只能上一碗；红喜事宴席上忌哭声；宴席上不议论主家与客人的长短是非；一些地方的婚宴上不能出现葱叶或其他绿叶菜；参加红喜事宴会不宜着纯白色或纯黑色装，反之，喝白喜事酒不宜穿得大红大绿。桌凳与餐具常见的禁忌有：红喜事宴席不用纯白色桌子、凳子和筷子；桌缝不能对着主宾席位；餐具和酒具不能有缺口。用餐行为的禁忌尤其多，常见的有夹菜不能“过河”，即只能夹自己面前的菜，先将菜夹到自己碗里，然后再送入口，不开“直通车”。夹菜时不能挑选，用餐时不宜跨桌与其他客人交谈。这些禁忌至今被境内居民信奉。

第六节　服饰头饰与首饰

服饰 清代，男人蓄辫，女人缠足，有钱人家男穿长袍、马褂，戴缎帽，穿布鞋或皮鞋，女着丝、麻、棉织的大襟旗袍或花边短襟，有的还戴头簪、耳环、手镯、戒指或首饰，穿尖嘴绣花鞋。贫困人家穿粗布短衫，大头便裤，脚穿布鞋、草鞋或油鞋。民国时期，男剪辫，女放足，衣着无变异。农民热天习惯用大罗布巾，既可扎衣裤，又可擦汗洗澡，冷天常系围身布，护衣又御寒。农家妇女喜穿短襟褂子围身布。1919年五四运动以后，陆续出现中山装、西装、罗裙，原来的长袍、马褂和旗袍逐渐减少。1949年后，人们的服饰变化很大，城镇男性着中山装、解放装、西装、青年装、学生装和工作服等，女性着列宁装、春秋装、轻便装、连衣裙等，但乡村男女劳作时仍以原来式样为主，只在外出做客或农闲休息时才穿新式衣裤。

头饰 清代，成年男子多剃去头部前小半边头发，留后大半边织长辫，有时挽于头顶，女子蓄长辫垂背，辫子上插彩色发夹，婚后梳粑粑头，在后脑勺上系一绺纹髻子，插上钗簪。民国时期，男剪辫，蓄短发，学生、商人、绅士多留西式头，男性农民、市井居民和男孩子多剃光头或蓄浅发平头，称陆军头。青年女子留长发，额留刘海，妇女发式与清末同。女子结婚时用麻线绞除脸上汗毛，描画眉毛和鬓角，称“开脸”。20世纪50—60年代，老年男性多剃光头，冬天喜戴无檐纱帽，中青年和孩童一般剪“陆军头”“西式头”，女青年多蓄双辫，辫梢缠红头绳，或红绸等饰物，小女孩则于脑后将头发分扎两束，系蝴蝶结。改革开放以后，时兴染发，老年人白发变黑发，青年人黑发变彩发，女性不分老少，时兴吹发、烫发、卷发。

首饰 1950年以前，妇女发髻插簪，耳坠环，手戴钏，指戴环，贫者为银，富家尚金玉。头上饰物随剪束发而定。男人亦戴手镯、项链，式样与女性异，有的还刻上姓名，可代印章，孩童大多佩戴手圈、脚圈、项圈和百家锁、长命锁，以“辟邪”“长命”“富贵”。1949—1980年，尤其“文化大革命”期间，以上习俗基本无存。20世纪80年代后，又有恢复和发展。进入21世纪，女性不论老少皆戴手镯，或金或银或玉，亦戴戒指、项链与耳环，一些男性也戴着粗大的金项链、金戒指，以示富有。首饰不仅品种多，式样新，还追求纯金质地。

第七节　节日与节气

一、传统节日

春节　大年初一为春节，俗称过年。大年初一到正月十五俗称新年。涟源市、娄星区和双峰县的一些地方有正月初一先上坟山为过世长辈拜年的习惯。新年期间走亲访友称拜年。拜年顺序视血缘关系和亲疏程度由近及远，“初一崽，初二郎，初三初四拜寄娘（干娘）”。娄星区、双峰县和涟源市一些地方拜年可至正月十八日。有“拜年拜到十七八，掏干坛子掏干塔”的说法。

元宵　由一年的第一个月圆之夜而得名，又称上元节、灯节。各地是日晚上通宵点灯，方便“老鼠嫁女”，有“除夕晚上的火，元宵晚上的灯”的说法。是日晚上，大部分地方舞龙舞狮结束，须“送龙归海”“送狮上山”。娄星区到正月十八晚上才结束龙狮表演。如今，舞龙舞狮贺新年的习俗日趋弱化。

花朝　二月十五为花朝日。据传，花朝日完婚者天上有花神相照，可使夫妇期颐，同偕到老，好多青年人择是日完婚。现今仍有一些少女于此日穿戴耳环，祈求花神庇佑，找个如意郎君。

三月三　20世纪30年代中期，国立师范学院在涟源蓝田创办。外地文化入境。自那时起，踏青在各地，特别是学校集中的地方渐渐兴起。从此以后，每年农历三月初三，境内有些学校视天气组织学生集体游山吃野餐，农村家家户户“荠菜煮鸡蛋”。

清明　它又称踏青节，人们去上坟山挂青祭祀，敬祖感恩，传承美德。现此俗既传承不断，方式也常更新。

端午　又叫端阳节。是日，家家户户包粽子、吃粽子、插艾叶、挂菖蒲草与喝雄黄酒。是节，有给岳父岳母送扇子的习俗，现在改送电风扇或空调。划龙船是境内各地的共同习俗。境内资水、涟水、孙水、侧水及其支流自五月初一起至初五上午龙舟竞技。河流两岸人山人海，热闹非凡。端午节插艾叶、挂菖蒲于门框，传说这可以辟邪驱蚊虫。过节以后用艾叶、菖蒲草煮水给小孩洗澡，可预防长疖子和痱子。雄黄是蛇的克星。是节人们喝雄黄酒，传说此举能壮胆，特别可以防蛇伤。有的人家还用金银花藤、夏菇草煮水沐浴，谓可消百毒，也有用雄黄拌大蒜泥，撒于室内四壁和猪栏牛栏茅厕杂房的，他们口念“五月五日午，天师骑艾虎，五毒化尘土，百虫归地府”。20世纪50年代初期，此习俗被当成迷信扫除，20世纪80年代后又慢慢恢复。

六月六　各地俗语云：“六月六，龙晒被，打湿龙被百日晴。”是日，家家晾晒衣服，老人将寿服、寿帽、寿鞋、寿被晒于竹杆上，谓之“龙晒金”。妇女则于此日洗头发，说可全年不腻。此俗除新化县和涟源市西北部以外，其他地方现已鲜见。

尝新与尝全新　尝新无固定日期，或逢农历六月第一个卯日，或另择佳期。那天人们在田里摘半成熟的稻穗一束拌陈米煮饭，煮上新出世的瓜果蔬菜，备三牲果品、酒水祭祀天地，敬奉祖先，出嫁的女儿携女婿和外孙回家团聚。此习俗在涟源市北部、新化县田坪一带至今流传。在涟源市南部除尝新以外，另有尝全新的习俗，尝全新又称“吃新米饭”。它亦无固定日期，根据水稻收割情况择日而定。是节，饭全部用新米煮成，它比尝新更隆重，更热闹。

中元节　俗称七月半，也叫鬼节。市内邻近邵阳市的一些地方有“清明人找鬼，中元鬼找人”的说法。它始于农历七月十一日，止于七月十四日，为故去亲人敬奉酒饭四天，有些地方敬奉新客，即近三年去世的，始于七月十日，止于七月十三日。是节的中心活动是为已故新人送冥币冥具，在最后一天下午焚化，正如丧歌云，亡者“生日回来领酒饭，中元回来领包财”。此俗于20世纪60—70年代曾弱化，接近消亡，20世纪80年代后得到恢复至今很流行。

中秋节　它又叫团圆节。是日，亲人团聚、赏月、祭月。月饼寓意团圆，是标志性食品。女婿、女儿给岳父岳母送月饼等节日礼品。晚餐以后家家户户到空旷地方赏月，女性长辈带领孩子们祭拜月光菩萨。旧时，各地农历八月十五烧宝塔。湘乡县志载：“娄底沿河码头市民……以砖瓦砌成圆形尖塔，集柴薪于塔内燃烧，并洒桐油助燃。各塔互相竞赛，看谁家烧得塔红火旺。”该习俗现一般少见。在新化县和涟源市邻近安化县梅城的个别地方尚有遗风。

重阳节　农历九月初九重阳节，境内的主要活动为慰问老人，吃芋头，登高，赏菊花，喝桂花酒，吃重阳糕。20世纪80年代后，该习俗得到弘扬。

腊八节　农历十二月八日为腊八节。境内主要民俗活动是喝腊八粥，煮腊八豆。现今亦如此。

祭灶　昔时境内各地有在农历十二月二十三日祭灶的习俗。传说是日灶神上天朝拜玉帝，汇报人间善恶。人们唯恐其说坏话，便提前将炉灶打扫干净，并备贡酒礼品，贴上“上天言善事，下地降吉祥”的对子，焚香膜拜。又传说，灶神是个小气菩萨，容易受贿，便用斋粑当祭品，封住其嘴巴。各地谚语云：“二十三日不祭灶，养个儿子现世报。”新化县、冷水江市、涟源市、双峰县和娄星区都有人讲：“辞了灶，年来到，妹子要花，伢子要炮，姐姐穿新衣，哥哥戴新帽。”

还保祝　腊月二十四日下午，备水豆腐、斋粑、蜡烛各二十四。蜡烛插于斋粑上，敬奉二十四位诸天菩萨，祈求吉祥平安。

小年与扫尘　阴历十二月二十四日过小年，又是扫尘节。是日，家家户户房内房外，屋前屋后打扫干净，准备迎接新年的到来。

团年　阴历一年的最后一天，全家团圆，家家结清往来账目。旧社会，穷人需外出躲债，团年不团圆，大年初一早上方可回家。团年饭标志菜为鱼、团年萝卜与砧板肉。饭菜要有剩余，忌打破碗栈，损坏家什。水缸里装满大年初一、初二所需要的水。小孩子穿上新衣服，大人给他们送压岁钱，对送财神的穷人要以礼相待，并以适量钱米相谢。昔时境内吃团年饭的时间不一，涟源市南部、双峰县西部一些地方是除夕早上。这是由旧时贫苦农民为了逃避债主逼债只好清早吃了团年饭以便外出躲债的无奈而演变的年俗。娄星区和双峰县一些地方在除夕中午，其他大部分地方吃团年饭的时间在除夕晚上。新化县有些地方的团年饭与大年初一的过年饭连吃。那些地方团年时家人围着火塘里的旺旺大火，火上挂着撑笼钩，钩上挂着菜锅。大家喝着自酿米酒，吃着砧板肉，团团圆圆，辞旧迎新，祝愿来年更加美好幸福。境内吃团年饭的标志性菜肴有团年萝卜、砧板肉、膀头、萝卜拌鱼和肉丸子等。

二、节气

立春　古时，有县吏率属僚“打春”习俗。自民国始，此习渐废，但民间仍有于立春日设酒食果品，扎纸春牛，焚纸钱，敬奉春神的习俗。冷水江市的傩戏《舞春牛》便取材于该民俗事象。立春人们一盼天晴，“立春晴一日，农夫不用力”；二盼响雷，人们信奉“春雷打得响，家家谷满仓；春雷打得聋，猪发瘟，仓也空”。

春分　种双季稻的农户开始平整秧田，谷种下水。

立夏　是日，农家户户吃米粉丸子，也要吃笋子。是日，给牛“放假”。还要给牛改善生活，加喂米饭、鸡蛋等精饲料。

夏至　这时禾苗长势基本定局，有俗语说：“芒种芒打苞，夏至要禾招。”在涟源市北部一带有过夏至的习俗，是那里的人们大团圆的节日，隆重程度不亚于过端午。

寒露　开始降温，刮寒露风，晚稻“寒露不出（穗）真不出，霜降不黄真不黄”。如晚稻播种晚，估计到寒露时可能抽穗不齐，则追肥助长，使其避过寒露风。

冬至　又名冬节。是节，域内各地有祭祖、竖碑的习俗。熏腊肉、酿米酒至今也被人津津乐道。

第八节　寿　庆

一、寿幛寿联请柬寿堂与寿礼

寿幛　用绸布题词的祝寿之礼。用红纸做的主轴，称寿轴；外装玻璃柜的叫寿屏。寿幛有横幛和竖幛之分，但都为长方形，寓意“长寿”。寿幛的撰写需考虑寿者的身份、年龄、职业等因素，用语多为赞颂、祝福，常为四字，平起仄收。

寿联　寿联赞颂寿星德高望重，为寿庆增添喜庆气氛，撰拟寿联应用分清对象，确定主旨，词句恰当，气势流畅，力求字少意义广而深，多用文言文。

请柬　高寿庆典一般都由子女具名发请柬，兄弟姐妹较多的由长兄（姐）或其中威望较高者当代表，子女、孙子女较多的宜用“率子孙鞠躬”字样，不必附上所有人的名字。请柬（帖）要大方、庄重、措辞要精练、达意。对祝寿对象、寿期、寿宴地点、开席时间等内容均应表述清楚。

寿堂与寿礼　寿堂正面墙壁上，视寿星性别贴朝寿图或大寿字，正前摆礼案（方桌），礼案上摆祝寿用的寿桃、寿糕、寿面、水果之类的食品，点上一对大红蜡烛。切勿点香，因为点香为祭奠亡者而为。大门和寿堂的两边悬挂寿幛和寿联。境内古今都有“添粮加寿”的习俗，寿礼少不了米，另有寿饼、寿桃、衣服、布料等。在涟源市伏口、湄江的一些地方父母满六十岁时，女儿女婿给父母亲（岳父母）送死后装殓时用的寿衣、寿帽和寿被，给寿星添寿。此习俗沿袭至今。

二、拜寿与寿宴

拜寿　由司仪统一安排，拜寿顺序视辈分、年龄大小而定。它分内拜和外拜，内拜为寿星直系晚辈，外拜为其他亲友。内拜者需四拜，行跪拜礼；外拜者只需三拜，可行跪拜礼，亦可行鞠躬礼。外拜时，司仪或子女代表向拜寿者每人送小红包一个，代表寿星致谢。行礼以前“上寿”，即献寿礼。寿礼由司仪或子孙代收。拜寿礼毕，司仪宣读客人赠送的贺词、贺信、贺电等。

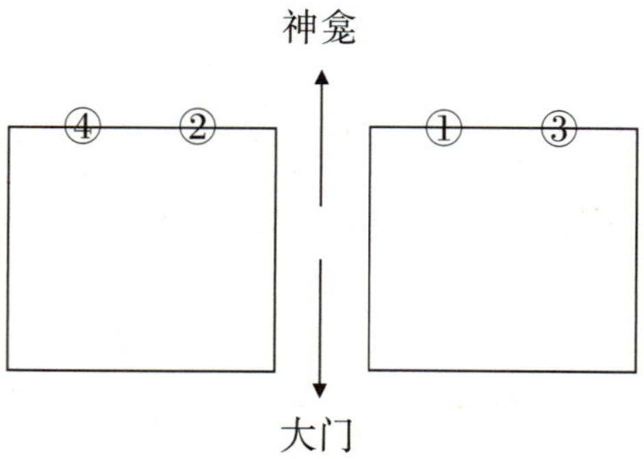

男寿星宴席位示意图

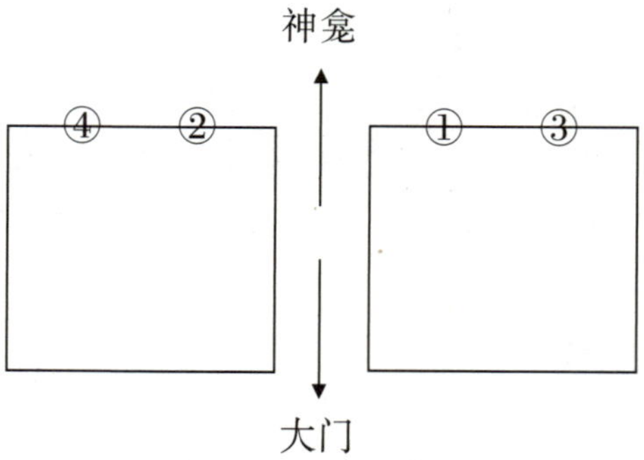

女寿星宴席位示意图

说明：1.为寿星族亲代表；2.为寿星岳父家代表；
3.为寿星舅家代表或寿星亲家代表；
4.为地方领导或社会贤达代表

说明：1.为寿星娘家代表；2.为寿星丈夫的族亲代表；
3.为寿星婆家舅父代表或寿星亲家代表；
4.为地方领导或社会贤达代表

寿宴　常设于自家厅堂，现时有些人家的寿宴在宾馆举行。寿宴如果用方桌的，常设四个主宾席位，如用圆桌，只将主要客人请坐前面的两张宴桌，不设单个尊席。传统寿宴的主宾席位视寿星性别而异，如寿星为男性，入座第一席位者为寿星族亲代表；如寿星为女性，第一席位的入座者为寿星娘家人。第二、三、四席位也都有讲究。涟源伏口、湄江一些地方的寿宴有女婿代表坐第一席位的习俗。宴席的开支由女儿女婿承担，儿子儿媳只为举办宴席提供劳务和场地，不承担经费。寿宴的标志菜是寿面（面条），另有一盘寿桃（点心）。寿宴上不能出现豆腐，因为境内豆腐是丧宴的标志菜。菜肴构成，上菜顺序各地不一，各有特色。20世纪80年代后，农村常有寿家请戏班子为宴会助兴，或唱花鼓戏，或唱传统歌曲，或演小品，既娱客人，活跃宴席气氛，又显寿家富有兴旺，长脸面。

三、寓寿与借寿

寓寿　境内各地都有以物寓寿的习俗，常见的寓寿物有松、柏、桃、石、龟、仙鹤、蟠桃等。“松”被《史记》等古籍称为“百木之长”。“柏”，近松。古人比喻有德有寿之长者为“桃”，民间传说，吃了仙桃可延年益寿。“石”在古人眼里是永恒的，寿命乃百物之长。“鹤”是众鸟中仅次于凤凰的神鸟，古人称其寿不可量。“龟”在古代不仅代表神灵，代表帝王，还代表吉祥、长寿。

借寿　昔日，在涟源市南部、娄星区和双峰县的一些地方，家有老人久病不愈，为使其转危为安，由其子女或其他家人自愿对天祈祷，将自己的寿命借一些给病人。如果病人仍未康复，去世以后，借寿人通过对天祈祷，便可收回所借寿命。此习如今已消失。

第九节　交　往

日常交往　儒礼深入人心，世代相传，待人谦和豪爽，崇尚礼节，以诚待人，讲信义，睦邻里，热情好客，素有“出门三步为客”之说。近邻往来，客至主迎，恭请入座，敬烟献茶，双峰县、娄星区和涟源市南部一带客至，主家必烧开水泡茶相待，谓之“敬泡菜”。新化县车田江、田坪和涟源市北部一带以擂茶待客。客人回家，主人起身相送，近则出大门，远则出朝门，道“怠慢”“空坐”之类客气话，客人则回“吵烦”“下次再来看望”“留步”之类的感谢话。民众农忙时助工不讲条件，不计报酬，主家以便餐招待，也有以人工换牛工，或以普工换技工的。邻里之间，一般大事帮忙，喜事相贺，生病慰问，遇丧致悼，尊老爱幼，不笑残疾。相互借款不计利息，年底清账。

姿势　常言道：“站要有站相，坐要有坐相。”所谓站相，是指站立时身体正直，下颌微收，两眼平视前方，亦可稍显俯视，两肩放平，胸部微挺，小腹稍收，两臂自然下垂，两脚间一脚宽，整个身体平稳庄重。所谓坐相，即坐态端庄，座位后面无依靠时，上体正直，面稍向前倾，头正，两臂贴身自然下垂，双手自然放在双腿上，两脚自然着地，间隔同双肩。若背后有依靠，上身贴近靠背，头勿后仰，以避懒散样子，两脚不摇晃，不跷“二郎腿”。

待客和做客　入座讲究秩序井然，座次分主次尊卑，尊者坐上，卑者坐下，勿僭越。主宾见面，相互谦让，主者向前半步，用手示意，恭请客人入室。宾者顺主人手势缓缓入室。习惯于“客来即敬菜”“茶水八分满”“水温不过烫”。奉茶者左手虎口握茶盘边沿，余四指托茶盘底，右手握茶盘另一侧边沿，躬身将茶盘端至客人面前，称呼“某某先生，请用茶”。待客人端上茶，再移开茶盘。也可一人持茶盘，另一人双手从茶盘奉茶给客人。客人接茶时应说谢语，起立接茶后再坐下。1980年以前，乡里人用水烟筒或旱烟杆吸烟，向客人敬烟，先将烟具擦净，装烟以后把烟具当面递给客人，并说客气话，然后为客人点上火。1990年以后普遍吸纸卷香烟，敬烟时讲“请吸烟”等客套话，用词礼貌文雅，话题大众化，态度虚心。各地称宴请官员到任或远方来客为“接风”“洗尘”，称送客人或送亲友赴任为“饯行”，结婚喜宴属“吉礼”，寿宴曰“庆礼”，友人聚首是“小酌”，生子庆宴称“打三朝”……宴席诸多，于主于宾，都须守规循俗。主人邀客人饮酒谦恭有度；客人受饮，宜礼貌致谢，“与人同饮，莫先起觞”。端杯饮酒，轻吸慢咽，讲究斯文。“鱼到酒止”是境内通用习俗，“有酒莫陪客醉”。客人回敬主人，自己起身执壶，先为同桌最尊长者斟酒，然后是其他人，最后为自己斟酒，放下酒壶，举杯向主人和其他客人敬酒。吃饭吃菜，主人先执筷劝食，客人方动筷夹菜，为客“与人共食，慎莫先尝”。夹菜只夹自己胸前的，不可越界搅拌，讲究和谐进食，卫生进食，礼貌进食，文明进食。客人辞行，讲客套谢语，如“某府君，承蒙款待，领之在心，我今告辞”等，并施礼，旧时行拱手礼，现兴握手或挥手。若还有其他客人在场，施礼后还应说“少陪各位，后会有期”之类的礼貌语。如向长辈和尊者辞行，则更恭敬礼貌。客人辞行时，主人应挽留，如客人执意离开，主宾起身送至大门口或朝门口，并讲“怠慢”“慢走”之类客气话。若主人仍在原地目送，客人行至拐弯处时应停步回头挥手致意。

第十节　丧葬与祭祀

一、丧葬

守时辰与忌讳客死外地　守时辰又叫送终。如果儿孙不知道老人去世的具体时辰，会被社会舆论为“最大的不孝”。老人临终时，家里亲人围守病榻，聆听遗言至老人气绝，接着烧钱纸和“功据袋”（又叫起身盘缠），放起身爆竹。昔时乡下老人忌讳在医院或外地死亡，如患重病在医院治疗，老人嘱咐晚辈一定要在其断气以前送到家里，有的宁愿在家等死，也不客死他乡。如在外面去世，遗体只能从后门进入厅堂。有的地方忌进村落，只能在村口停放、入殓、停柩，再进山安葬。如进了村落，全村人恐遭灾祸。

报丧　老人死后，孝子首先磕头禀报伯父、叔父，恳请主持丧事，待确定出殡安装日期以后再去其他亲友家报丧，俗称“发信”。

请水　俗称“取抹尸水”。入殓以前，鸣锣去死者生前的担水井舀水供抹遗体用。孝眷在叔（伯）引领下应铜锣声朝水井方向跪拜。引领人按死者年龄每岁敲铜锣一下，伴以烧纸钱一叠。到达水井旁铜锣敲完，由孝眷从井内取水，返回。

装束　抹尸后，趁遗体尚未僵硬，为死者穿好寿衣、寿鞋、戴好寿帽。

移旃　这又叫“摊尸”，“摊门板”。装束以后，将死者遗体移至门板上，放置堂屋等待入棺。

入棺　将遗体按头里脚外方向移至棺内，在头下，两肩和脚下扎好灰包，按男红女绿习俗盖好寿被与棺盖，注意棺材两边塞垫钱纸留缝隙。然后棺材移入灵堂。棺材前放置死者遗像，点长明灯、点香。孝家按族规在朝门前插上姓氏谱。

封殓　按地仙择定具体时间（日、时、分）由铺排师指导，孝子孝孙等孝眷穿孝服，拄孝杖瞻迎遗容。然后将棺盖与棺壁的排栓用竹栅连接固定，最后在棺盖与棺壁连接处贴上皮纸，涂上山漆。

停柩与祭奠　停柩时间由地仙根据坟山山向与孝子孝孙的出生时间测算的出殡安葬日期而定，三五天、七八天、十多天不等。停柩期间，扎孝堂，扎纸屋，孝堂内外贴挽联，挂祭帐，鼓乐师吹打，做道场，行超度，举行祭礼。祭奠方式道教、佛教、巫教、儒教并用和混用，有人戏称其为“混合菜”。祭奠分家祭和客祭两阶段。此外还有祭大舆、庙宇、桥梁和渡口等。治丧期间孝眷昼夜守灵，对前来吊孝者行跪拜礼。

称亡赞孝　过去人们认为，人死以后灵魂不死。善者可进仙道或人道或贵道，恶者只能变畜类、禽类。老人去世当晚即请歌师为死者唱赞歌，以便其早入仙、贵、人三道，免入畜道。丧歌连唱几晚，都紧紧围绕这一主题进行，同时赞扬孝家，鼓励和教育后人。

出殡　又叫移棺。死者棺材离家那天寅时（也可由风水先生另择时辰）先把棺材从灵堂里移到灵堂外的空坪里，用两条长椿凳架起来。在涟源市的古塘、伏口、湄江一带则在出殡的那天晚上由“八大金刚”把棺材移动一下，暂仍置灵堂内，次日再出殡，称之“发引”。

出柩与送葬　送亡者上山动身时，“八大金刚”齐抬柩，同时喊“升”，并将两条架凳由里向外踢倒，由另外两人迅速抽走。孝家内亲外戚披麻戴孝，腰系草绳，脚穿草鞋，孝子孝孙走在灵柩前方躬腰退步行进，其中一人捧灵牌。女眷走在灵柩后面。在孝子孝孙的前面有一人撒引路钱，灵柩后由一懂法事者往灵柩上撒大米，二者都旨在击退和诱退邪神邪煞。女眷齐声举哀。昔时柩前柩后各只有一支民间乐队奏乐。20世纪80年代以来除民间乐器外，另有西洋乐队若干支。还有舞龙、舞狮表演。送葬途中，有人响鞭炮，孝家行跪拜礼答谢，并托人送谢礼。打幡子、放铳、大锣、撒引路钱者走在最前面，姓氏旗、彩旗、花圈紧随其后。进入21世纪，增加腰鼓队和舞龙、舞狮队伍。鞭炮、花炮、大炮、冲天炮鸣放不止，热热闹闹。

路祭　灵柩所经之处，死者的生前好友，一般在自家门口相送，以示祭奠。但当灵柩经过死者直系后代或同胞兄弟姐妹的住所时一般行奠。过桥、过渡、过岔路时行祭礼。行祭时灵柩架在两条长凳上，摆祭案，读祭文，行祭礼，程序同前。行路祭礼时，孝家跪拜在侧陪祭。祭毕，复起柩。

安葬　棺材入穴以后，按卜定时辰，由地仙依罗盘分针，即把棺材摆正。然后在坟穴内分层筑土夯实。土要干净无杂物，有的还拌木炭和石灰。葬坟时间可长可短，但不少于一天。成坟时，全体孝眷上坟山看坟，跪拜，也有地方成坟三天以后孝家看坟的。有的地方在安葬后连续7日孝子上坟化包。

为新亡长者拜新年　新化县、涟源市和双峰县的一些地方死者去世以后的第一个春节期间，孝家不行任何喜庆，春联也用白纸书写。大年初一，孝家不外出拜年，而备三牲果品酒水，穿上当时的孝服上坟山给新亡人拜年。孝家亲眷，携钱纸线香去孝家给年前亡者拜年，此谓“拜新年”。

挂社　新化、冷水江等地有“人死挂春社”的习俗。新年立春过五戊即春社日。如果新亡人去世时已满六十岁且正常死亡者，挂社在二戊到四戊之间举行；如果新亡人寿不够六十或遭凶而亡，则春社日或春社日以后再挂。挂社那天，孝家子孙披麻戴孝，带香烛纸马，斋果豆腐荤酒等物，有的甚至全猪全羊供亡者坟前行祭。祭后将社筒（纸制圆筒或方筒）插坟土中。孝男用素白纸作号灯，孝女用五色纸做彩灯。20世纪90年代后，挂社鞭炮、花炮鸣响不停，另有乐队，舞龙舞狮。挂社持续三年，第一年挂头社，第二年挂二社，第三年挂圆满社。有些地方，挂社讲究“一白二花三年红”。

千年屋　境内称摆在家里的棺材叫“千年屋”或“长生”。做千年屋完工叫“收垛”。有些地方做棺材时还掺些小杉条，寓意发子发孙。收垛那天，木匠做两条马凳专供架棺木用。完工时，木匠和邻里赞好话，祝主人健康长寿。主人给他们送小红包。邻居和亲友为主人送礼，添粮加寿，礼品中不能有豆腐、石灰、木炭，因为豆腐是白喜事宴席的标志菜，石灰和木炭是葬坟的必备物质，不吉祥。主人设宴招待送礼亲友乡邻，放鞭炮庆贺，棺木做好以后，要在上面加覆盖物，以防干裂发声。若棺材晚上发声，有些地方的人疑虑棺材主人不久于人世，或有乡邻来借棺材。

孝杖　又叫哭丧棒，治丧活动期内孝眷随身携带。孝杖长度为脚板至膝盖的距离，常用泡桐树，水竹做成，上缠白纸花。有些地方的孝杖视死者性别而异，父死持竹棒，意为先父会保佑子孙后代像竹子一样节节高升；母死持桐树棒，意为先母会保佑后代象桐树结子一样，人丁兴旺发达。

二、祭祀

水神祭　水神即水德星君，也有称大禹、杨四将军和龙王为水神的。每年六月初六，设案于河边，或朝北设案，备具三牲果品和香楮酒水祭祀。当地有水府庙的当入庙。人们以此祈求降水均匀，五谷丰登。

火神祭　大多数地方视祝融为火神，二月初七，有些地方在正月初七，于户外朝南方设案祭祀，祈求阳光普照，风调雨顺。

冥祭　民间常见为已故长辈逢整十冥寿者祭祀礼。其程序和内容与丧祭大同小异，意在纪念先辈，教育后人。

清明祭　清明是日，或清明前三后四日，在本姓氏祠堂举行家族公祭活动，以纪念祖宗，激励后人。旧时，只限男性参加，妇女不准进祠堂门，现在男女都一样。

冬至祭　目的、地点、程序与内容同清明祭，只是时间仅限冬至当天，气氛也更隆重，规模更浩大。涟源市杨市镇大冲彭氏宗祠每年冬至以九献礼形式祭祀祖先，参与者少则千来人，多则近两千。祭祀活动以后，扫墓，慰问本姓氏困难老人，进行扶贫奖学活动，宣讲国法族规。

第三章　信仰民俗

第一节　佛教、道教与伊斯兰教

一、佛教

传入境内的时间为南北朝。双峰县井字镇的云溪寺，为萧梁时期（502—557）所建，后逐步发展。至明嘉靖十七年（1538），境内有大小庙殿600余座。清代重佛轻道，加速佛教的发展，道光二十年（1840）增至860余座，为境内寺庙最多时期。至20世纪30年代以后，寺庙因战乱等原因逐渐减少。1949年，境内庙宇尚有598处，佛像3323尊，寺田780余亩，出家僧尼800余人。20世纪50年代以后，出家僧尼或还俗，或劳动自养，寺庙香火陆续停止。1978年以来，部分群众自愿捐资修复寺庙，雕塑佛像，佛事活动逐步得到恢复与振兴，20世纪90年代娄底市佛教学会成立。至2017年，境内民间的佛事活动主要有超度亡者，向观音求子，向南岳圣帝求平安等。

二、道教

传入境内始于唐僖宗年间。娄星区水洞底的无靖观为唐僖宗年间（875—888）道徒朱遐叟所建。它经多年传承后，形成全真道，又称丹鼎派和正一派，也称符口沙派。至南朝永历年间（1647—1661），境内有道教宫观180多处。清代境内道教开始衰败，民国时期加剧。中华人民共和国成立后几乎绝迹，20世纪80年代后有复活迹象。民间的道教信仰活动主要有为新亡人做道场，祈祷斋醮之事。

三、伊斯兰教

于民国11年（1922）传入境内。是年，伊斯兰教信仰者王朝生，在其次子王绪贵影响下，携妻儿从长沙到锡矿山开展工人运动，后在冷水江渣渡乡沙坪里长期居住，延续其原有信仰与生活习惯。

20世纪50年代以后，一些信仰伊斯兰教的少数民族同胞到来境内大中型企业就业，一些回族、维吾尔族的伊斯兰教信仰者和信仰伊斯兰教的大中专毕业生分配到境内工作，还有一些伊斯兰教信仰者因婚嫁、工作关系入境定居。

第二节　天主教与基督教

一、天主教

于清宣统元年（1909）传入，当年发展教徒20余人，在今娄星区黄泥塘和老街茶亭设立分堂。至民国37年（1948），境内有教堂17处，建筑面积2265平方米，发展教徒3000余人。境内天主教传教士除开展教务活动以外，有的还利用教堂教会开办诊所、小学。中华人民共和国成立后，境内天主教摆脱外国天主教的控制，信教者430余人。1959年以后，天主教堂自行关闭，活动停止。

二、基督教

光绪三十年（1904），挪威牧师原明道、赫资伯至新化县为开辟教区作调研。次年，傅乃士同赫资伯到新化以行商为掩护传教。光绪三十四年（1908），他们在新化建立总堂，至民国13年（1924），新化县成立湘中基督教信义会，下设区会和布道讲习所。

民国4年（1915），德国传教士在双峰永丰创办基督教内地会，建立福音堂，后来，内地会又在现娄星区水洞底、茶园山等地建有内地会教堂和外福音堂。民国11年（1922），在永丰福音堂设内地会总堂，并在太平寺、走马街和杨家滩等地办13个分堂。民国19年（1930）真耶稣教会传入境内。民国28

年（1939）在雅安塘创办真耶稣教会，并在黄龙、南塘、金溪、铃山建立4个教会。

1949年以后，湘中信义会，内地会和真耶稣教会的外国传教士先后返回本国，改由中国教牧人员自行接管教务，部分信徒放弃信仰。“文化大革命”以来，基督教基本停止活动。1982年以后，政府指定活动场所。

第三节 巫 教

旧社会，以娄底为中心的湘中地区巫教盛行，影响广泛，信仰者众，日常生活中巫教事象多处可见。结婚时新娘左衣袖“穿破”，花轿过槽门时“斩草”“照破”；白喜事中“闭门窗防灵魂外逃变猫狗”“撒煞米”“接亡人”；小孩受惊吓后“捞魂”“封禁”；久病不愈后“赶鬼”“冲喜”；建房子奠基和上梁时“杀雄鸡驱煞辟邪”等巫事处处可见。20世纪50年代后，鬼神观念日趋淡化，巫教活动慢慢减少，但近三四十年来，有反弹迹象。

第四节 神祇信仰

旧时境内人们还普遍信仰地方神祇。神祇指天神与地神，又谓司中、司命、风师与水师，本文泛指神灵。各地有各自的地方神祇，对其崇拜与信仰。在娄底，以下信仰事象和迷信现象较常见。

奇石 各地的通行崇拜物。这种石头凸出地面，任凭风吹雨打不变损，是健康长寿的象征物，久而久之予以神化，人们对其产生的崇敬心情，寄托信仰。

古树 传说古树成精，人们对古树既恐惧，又信仰。双峰、涟源有些地方，旧时屋场水口处常有古树，树龄几百年，甚至千余年。人们视奇为神物，赋予神格力量，产生信仰。20世纪50年代，这些古树砍伐殆尽，但对其敬畏、信仰的遗存仍在流传。

财神 赵公明、比干、范蠡、关羽和柴荣是境内人们崇敬、信仰的财神代表。每逢春节与商铺开业，人们送迎财神。近二三十年来，随着文化的繁荣，经济的宽裕，人们的心理需求也日趋多元化，但信仰地方神祇的现象仍然随处可见。

第四章 游艺民俗

第一节 民间体育

一、舞龙舞狮

舞龙 是境内民间传承时间最长，生命力最旺盛的游艺之一，参与者众，普及面宽，且各地技艺特征明显。舞龙表演形式多样，但以舞荷花龙居多。舞龙者在龙珠指引下，手持龙具，在荷花荷叶“波浪”的衬托下，随着音乐伴奏，通过舞龙者身体和姿态变化，完成龙的游弋、起伏、穿越、翻腾、组图造型等动作和套式，展示龙的“精”“气”“神”和“韵”，集竞技性、健身性、娱乐性和观赏性于一体。每逢春节等传统节日、喜庆活动都有舞龙表演。舞龙竞技的套路，各地大同小异。一般比赛有规定套路和自选套路，通过舞龙者人体运动和姿态变化，应用走、跑、跳、翻、滚、转体等动作与舞龙技巧相结合，表演龙的舞、游、穿、腾、翻、滚、盘、缠、戏、组图与造型，展示龙的形与神和龙所象征的中华民族奔腾飞跃的精神风貌。娄星区双江、小碧一带有春节期间晚上舞火龙拜年的习俗。火龙用稻草编成，点火扎紧，使其耐燃，舞时火星闪烁。舞火龙拜年，寓意薪火相传，家家兴旺，每

到一处，鞭炮相迎，人们递烟送糖果、送红包。新化县西部一带有舞草龙的习俗，逢重大喜事或过年，主家用稻草编成龙，舞龙手舞动龙身，以示祝贺。在涟源市富田桥，每年春节期间举行秆龙灯会，为期10天左右，既舞龙又比灯，以此向乡亲拜年。该活动传承至今近200年。湖南人文科技学院蔡开明等民间体育专家通过长期调研，将舞龙、舞狮、武术和其他民间体育项目编成了教材，让其步入高校课堂。2016年8月，湖南人文科技学院承办第一届全国大学生舞龙舞狮比赛。

舞狮　也是境内一项人们喜爱、特色鲜明、历史悠久的民间体育活动。各地从古至今都有舞狮的风俗。舞狮有北狮、南狮之分。北狮表演不拘形式，狮子成对，也可成群，也可独狮表演。单狮动作轻巧，以跳跃、翻腾和一些技艺造型动作为主体。群狮讲究集体造型和队形变化。北狮运动包括基本手法、基本步法、基本身法和基本腿法四种，比赛有规定套路和自选套路。南狮比赛注重形象表现，即表现出狮子的生动活泼，威武稳重，刚健勇猛，贪玩贪食等特征，包括基本步法、基本神态的表现动作和技术动作。裁判员根据舞狮者动态和静态造型变化中的力度、幅度、速度、耐力的展示状况与难度动作的完成技巧，是否表现狮子的威武、豪放粗犷、顽皮活泼、谨慎多疑等特征作出评判。

武术　新化县与邻近县（市）流行的武术称为梅山武术，因起源于梅山文化区域而得名。新化县是全国的武术之乡。梅山武术的拳法主要有冲拳、贯拳、扣拳、横拳、砸拳、盖拳和撩拳等。手法主要有擒拿手、封闭手、砍手、劈手、标掌、压手、推手、转手、抓手、牵手、摆手等。肘法技击要点主要是靠、横、挡、撞、架、顶、腿法。技击要点主要有弹腿、踹腿、蹬腿、铲腿、扫腿和挂腿等。梅山武术重视坐桩、箭桩和蹲桩的训练，有“练好三桩，功夫一半”的说法。新化县的梅山武术2014年被评为国家级非物质文化遗产代表性保护项目。

二、小型体育项目

舞短棍　即棍术。它利用短棍的短小精悍、挥打迅猛等特点，简练、凌厉，最大限度地发挥威力。短棍选用铁棍或质地坚硬的木棍，长度约等于手腕至肩膀的距离，持棍和舞棍多有技巧，技法表现在“劈”“扫”“撩”“刺”四个方面。新化县黄泥山的棍术闻名境内。各地舞棍步法有别，但“寸步”“垫步”“闪步”和“碎步”的基本步法大同小异。

跳绳　昔时跳绳随处可见。跳绳者以女孩子居多，男性跳绳者亦不乏其人。跳绳种类按人数分，有单人跳、双人跳和集体跳三种。按技巧分，有速度类、体力类、行进类和花样类。常见的比赛方法有三：规定动作，以一次性跳绳数量分胜负；规定时间，以跳的时间多久论胜负；组合动作，以在规定时间内完成的跳绳套数多少分高低。

踢毽子　毽子有八种常见的踢法，即“盘踢”“绷踢”“拐踢”“磕踢”“抹子”“背”“勾”和“踹”。还有技巧要求更高的踢法，从脚的不同部位踢出毽子，分出片、凿、抹、落八八六十四式。踢毽子比赛有三种方法，即计数赛、计时赛和花样赛。20世纪80年代以前，是很常见的民间体育活动，尤被小姑娘和女青年喜欢。毽子用古钱币插上几根公鸡毛制作而成。现在除少数中小学体育课堂以外，很难见到。

跳房子　这是娄底一带的一种儿童游戏，不受时间、场地和道具的限制。20世纪80年代以前，小孩尤其小女孩用粉笔或土块在地面画上格子，即房子，再由近及远依次写上数字，最后一格为天堂，在第一格画定起跳点，用猜拳的方法确定游戏参加者程序，用一个小沙袋或一块小瓦片抛进第一格，然后单脚跳进，并将沙袋踢进第二格，再双脚将沙袋踢进第三格，接着单脚跳进第三格。这样单脚跳与双脚跳交叉，重复进行，直到将沙袋踢出最后一格。跳的过程中如有失误，可以在下一轮再跳，从失误格跳起，最终以先踢沙袋出房者取胜。该民间体育活动现在近于消亡。

打石子　又称拾石子。这是一种简易的娱乐活动，玩者以女童居多，境内打石子的花样很多，主要有天女散花、颗颗抓、颗粒归仓、接豆子和“进小屋”五种。该项目能发展双手技巧，训练手眼协调，通过手的一系列难度较大的动作，达到锻炼大脑，恢复体力与脑力的效果。打石子系顽童自娱自乐，如打石子时唱的“拾子歌”，一唱到底，唱歌的节奏与打石子的动作相吻合。歌词虽简单，但赏心悦目，如“我的一，年初一，放完鞭炮穿新衣；我的二，二月二，买了新衣送侄女；我的三，三月三，春暖花开上高山……”拾子歌歌词很多，一般由传承而来，没有固定版本，在传承过程中有创新或变异，也有一些系儿童即兴演唱，内容丰富多彩。

打拐棍　这是20世纪60年代以前，娄底农村男孩子广为爱好的活动之一。拐棍由两根长短不一的杉树棍组成，长者约六寸，短者约三寸。旧时境内民房的大门口和朝门口有石门槛。将短木棍横置于门槛边缘，略呈角度，然后用长木棍敲之，使其朝敲棍人方向弹跳，待短木棍弹跳着地以后，用长木棍当尺子从短木棍着地点向门槛丈量，得出距离数。若比赛，以远者为胜。现在很少见到。

扁担顶力　昔时这种活动境内盛行，尤以新化县、冷水江市为甚。它不需要特殊的场地和器材，一小块平地和一根扁担或木竿和竹竿即可。其方法多样，有用腹部、肩部、双手互推的；有用前额、膝盖推抵的；有两人之间推抵的；也有几个人互推的；还有几个人推一个人的；有男顶，有女顶，也有男女混合顶。比赛时，两人各握扁担的一端，顶于肚脐稍上处，双脚呈弓步形，站稳，保持身体平衡，后脚用力向前蹬，身子向前倾、顶，将对方顶出界线为胜。现在该项活动偶尔可见。

扳手劲　又叫扳手力，所需道具、比赛方法、输赢标准简单，仅限于两人赛。比赛时在坪内或房内摆一张小方桌，桌两旁各摆一条长凳，比赛双方各坐一凳，面对面，然后将手竖立于桌上，双方将手交叉握紧，将另一方的手用劲往桌面上扳，使对方手背贴近桌面者为胜。这种活动从古至今，传承不断。

打陀螺　有些地方叫“打地雷公”。这是一项以男孩子为主要群体的民间体育活动。40年以前全市常见，因形像田螺而得名，常见的有木制、陶制和石制的三种。陀螺上圆下尖，尖端安一颗小钢珠或钉一颗小圆钉，另需一根小鞭子，鞭把常为一根二尺长的小木棍，它的一端系上一根绳子或细皮条或棕叶。抽打时，用麻线将陀螺缠绕摔置于地面，陀螺旋转，紧接着持鞭抽打，使它不停地旋转。比赛方法常见的有分边法和画圈法两种。打陀螺既是一种体力活动，又是一种智力活动，要眼尖手快，抽力均匀，头脑反应快，还能增强判断力。21世纪后，小孩子爱打各种新式陀螺。还有些中老年人为锤炼身体，抽打大陀螺。

滚铁环　铁环用小号圆钢做成，直径约40厘米，也可用废弃了的木桶铁箍替代，另做一带长柄的铁钩。用铁钩推动铁环向前滚动，铁钩控制铁环方向，可直行，可拐弯，可转圈。比赛时以推得远，推得快者为胜，铁环倒地则输。这种活动在30年以前各地都有，有些小学体育课还将其列入教学内容。现在很难见到。

舞板凳　以前，一些中老年男性持长木凳舞玩，称其为舞凳子。该活动又是一种对付歹徒或敌人的防身方法。1945年6月，日本侵略者在新化县洋溪镇烧杀掳掠，当地群众用这种方法反抗日本侵略者。舞板凳分双把式和单把式，对付长重兵器，一般采用双把式、一栏一架、一压一扣、一撞一击，夺敌长兵器得心应手；单把式撩、挑、冲、扫，横扫千军，势不可当，专打短兵器。此项目不受场地限制，板凳家家都有，勤练、多练能使身体矫健，手法灵捷。

三、划龙船与其他

普通龙船　划龙船是境内各地端午节期间的一项历史悠久、参与人众多的群众体育活动。是时资江、涟水、孙水、侧水及其支流龙舟竞渡，岸上观众人山人海，热闹非凡。龙舟含龙头、龙尾，一般总长18.4米，宽1.1米，舵桨长2.5米，划桨长度105~130厘米。比赛用船的龙头、龙尾、鼓和鼓架规格一致，每艘龙舟参赛队员25人，其中23人为参赛队员，2人为替补队员。改革开放以来参赛队伍有男子组、女子组，还有每组不少于8名，不多于12名女性的混合组，比赛距离有400米、500米、600米等不同类别，比赛常在河坝水库航道笔直处，航道水深最浅不少于2.5米的静水域进行。

娄星区万宝镇划喜船表演现场（2017年摄）

划喜船　娄星区万宝镇垭古村及周边地方有一种“划喜船”的习俗。它与划龙舟活动不同，一般只表演，祈盼平安吉祥，风调雨顺。每年中秋节前后，求子、求财者前往龙王殿许愿。如愿者出资在第二年端午节将龙船装扮一新，充满喜气。五月初一至初四在该地孙水河段连划四天。孙水河两岸站满观众，欢呼声此起彼伏，船内演唱花鼓戏，岸上表演武术。该民俗事象于2018年被评为娄底市“非遗”保护项目。

划旱龙船　新化有些地方在端午节期间划旱龙船。一人端着龙头，一人端着龙尾，一人在前引导，众桨手表演划船动作。旱龙船走村串户，祝年景风调雨顺，平安吉祥。

耍把戏　这是涟源市、冷水江市和双峰县一些地方昔日对杂技表演的别称。域内表演的杂技五花八门，魔幻技、要弄技、顶举技、悬吊技、平衡技、驾骑技和模仿技齐全，其中魔幻技和模仿技最吸引观众。每次要把戏的人不多，只有1~3人，常为男性。每遇农闲，便徒步寻机表演。要把戏常在空坪隙地进行，不扎台，不围隙，刚开始时不收钱，表演到精彩处，便停止演出，吊观众胃口，演员亲自收钱，或托人代收，一般情况下大部分观众乐意掏腰包。1980年以后，电视电影里高水平的杂技表演多了，这种民间杂技表演失去了市场，但偶见要猴戏。

打腰鼓　此俗20世纪50年代初较盛行，城乡居民打腰鼓、扭秧歌庆祝翻身解放和农业集体化。进入21世纪后，各县城和一些乡镇村落又开始组建腰鼓队，表演者多为中年妇女，她们常穿红着绿，受邀参加一些丧事或广告活动，增添几分热闹。

莲花闹　又称莲花乐，是一种民间说唱艺术。表演以短竹板两块，绳系其头，挂左手拇指，有节奏地与右手握的竹板叩击，边击边唱，唱词为四六快板，并随机应变唱一些赞语。昔时农村乞丐还常以此上门乞讨糊口，以获取更多的施舍。

第二节　民间音乐舞蹈戏曲与器乐

一、民间声乐与器乐

山歌　境内为山歌之乡，其中新化县的《新化山歌》誉满全国。1956年在北京举行全国民歌大赛，新化山歌手伍喜珍演唱的新化山歌《神仙下凡实难猜》获得毛泽东等党和国家领导人的高度赞扬。梅山山歌的内容包括情歌、劳动歌、时政歌、节庆歌、仪式歌、生活歌和儿歌，其中情歌最多也最有名。梅山山歌是历代人民表达思想、传递信息、反映生活、记事传书的一种表现形式，如果用本地方言演唱，更有韵味和美感。在新化广为流传的《日头出来晒白岩》：

妹唱：日头出来晒白岩，情姐出来晒花鞋，
花鞋晒到石板儿上，一阵大风吹到稗子田，
对门哥哥帮我把花鞋捡到石板上，
我妹一许你花花肚兜，二许你的鞋。
哥唱：十七、十八好妹妹，花鞋帮你捡到石板上，
我一来不要你的花花肚兜，二来不要你的鞋，
只要到你妹妹的绣花房内，眉毛相撞肚相挨。

新化县的《新化山歌》2008年被评为国家级非物质文化遗产代表性保护项目。

夜歌子　丧歌的别称。人去世的当天晚上，孝家邀请歌师前来演唱，内容丰富，称亡赞孝，时事评介，生活琐事，样样都有。歌师演唱一段以后，鼓师击鼓一轮。唱夜歌子的程序为净坛起鼓，起歌头、召亡归位，称亡赞孝，辞丧指路和倒鼓。格律没有统一规定，有律诗，词牌子、自由诗，大部分是即兴的“凑口子”。唱夜歌一般酉时开始，丑时收场，死者出殡那一晚可唱到寅时。唱夜歌子已逾千年，“文化大革命”期间当作落后文化被禁止，20世纪80年代后复兴。

民间乐器　境内民间乐器多，历史悠久，常见的有二胡、箫、笛子和唢呐，红白喜事常用来演奏。有时配上打击乐器如铜锣、铁锣、钹、大鼓、小鼓、腰鼓，则更有气势，更加热闹。旧时还有打更报时用的更鼓，庆典用的鼎钟，集合发信号用的铃子和梆。此外，劳动人民根据生产需要，因时制宜，因地制宜，就地取材的临时打击乐器，如1958年，全民上山赶麻雀等鸟类临时用铁桶、搪瓷盆敲打；山民为驱赶野猪，以防损害庄稼，伤害人畜，用楠竹做的一次性响器，使用方便，实用价值大，地方特色明显。改革开放后，民间器乐的演奏得以进一步传承和发扬。

二、民间舞蹈

傩戏　是古时梅山地区巫文化的绵延之一，演员戴鬼怪面具，不乏迷信色彩，但有些戏宣扬正义，扶正祛邪，表达人民的心愿。1946年春节期间新化县洋溪镇人民为悼念当地被日本侵略者残杀的几百名群众的冤魂，宣泄对日本鬼子的仇恨，自发捐钱捐物，连演七天七晚巫傩戏《还都猖愿》。冷水江市的《梅山傩戏》已于2010年被评为国家级非物质文化遗产代表性保护项目。

傩舞　在一些地方被称为“鬼戏”或“唱鬼脸”，旧时常见于公共祭祀活动，如求雨时祭祀龙王，辟瘟疫时祭钟馗，寻常百姓家唱梅山、庆娘娘、送巢、赶鬼、捞魂等祭祀活动中，巫师表演傩舞。这在1949年以前常见，进入21世纪后少见。

三、木偶戏与花鼓戏

杖头木偶戏　境内木偶戏以杖头木偶戏最为有名。杖头木偶是一种人偶同台的民间绝活，传入娄底已有200余年。杖头木偶又叫托棍木偶，木偶高约60厘米，有3根操纵杆，头部为主杆，双手为侧杆，表演者左手持主杆，右手持侧杆，通过木偶操纵表现剧情，表演人物。涟源市、娄星区和双峰县等地的一些地方遇有喜事或庆典，乡邻自愿集资，或大户独资请人表演。杖头木偶戏演员不多，道具较少，1949年以前乡间常见演艺人员或二三人，或三五人挑担寻机献艺，赚钱谋生。因耗钱不多，观赏性强，也有客户登门求演。20世纪60年代初期，杖头木偶戏尚偶尔可见。此后少见。改革开放以后，已有复兴迹象。娄星区蛇形山镇的木偶戏剧团1996年被省文化厅评为湖南省民间百佳剧团，2016年该镇的杖头木偶戏被列入湖南省第四批省级非物质文化遗产代表性保护名录。

花鼓戏　涟源市和娄星区的一些地方遇工程竣工、农业丰收和寿庆有唱花鼓戏的习惯。戏台面积可宽可窄，无灯光布置，也不要扩音设备，演与唱均“原汁原味”，以花鼓戏的形式表演，仿长沙话，表演精彩，颇受乡民欢迎。其中涟源市桥头河的花鼓戏，是该地的一张历史文化名片。

第三节　民间美术与文学

一、民间美术

剪纸　双峰县的剪纸艺术在省内外有名。它起源于明末清初，清末民国初期处于鼎盛时期。旧时剪纸的内容以祭祀鬼神、巫风、宗教信仰和人们企盼平安、吉祥、富贵方面为主。20世纪50年代以后，剪纸内容贴近社会，贴近群众，反映和歌颂人民领袖与革命英雄者居多。

火镂剪纸　涟源市的火镂剪纸始于20世纪50年代。它是在剪纸的基础上发展起来的新型的民间艺术，是剪纸艺术与祭祀文化的完美结合。它以线香、电熨斗、电吹风、铅笔、橡皮、尺子、订书机等为常用基本工具，以宣纸为材料，塑造栩栩如生的人物形象和千姿百态的风景画，展现出淳朴古拙的特色，被列入娄底市非物质文化遗产代表性保护目录。涟源市姜新民从1996年开始火镂剪纸，将火镂技法与剪纸艺术相结合，应用版画、年画的套色组合，进行新的剪纸艺术创作。

二、民间文学

“娄底三集成” 20世纪80年代，地区文化部门组织编写《中国民间文学集成湖南卷娄底地区分卷·故事》《中国民间文学集成湖南卷娄底地区分卷·歌谣》《中国民间文学集成湖南卷娄底地区分卷·谚语》，简称“娄底三集成”。民间故事包括境内流传的生活故事、机智人物故事、人物传说、民间工艺与土特产传说、地方风物风俗传说和幻想故事；民间歌谣有劳动歌、时政歌、农时歌、仪式歌、情歌、生活歌、历史传说歌、儿歌和曲谱。民间谚语分为时政类、事理类和修养类。娄底地区所辖的5个县（市、区）也同时编写配套的三种“资料本”。

抬故事 在涟源市、双峰县和娄星区等地，抬阁称为抬故事，是一种民俗事象，也是一种民间文学的表现形式。在木制的四方形小阁里有两个或三个扮饰戏曲故事中的人物，被人抬着游行。它集历史故事、神话传奇于一体，融绘画、戏曲、彩礼、纸塑、杂技等艺术于一身，是一种传统特色民俗表演。涟源的抬故事有白天抬和夜晚抬之分，白天祈求平安清泰，夜晚祈求健康长寿。地方史料载，境内抬故事始于明崇祯年间（1628—1644），清代中叶鼎盛。民国时期各地很常见。20世纪50年代初，境内以抬故事的形式宣传抗美援朝、土地改革和农村合作社。改革开放以后，只有个别地方保留了这一传统民俗。2014年，涟源市珠梅的《抬阁》（《抬故事》）被评为国家级非物质文化遗产代表性保护项目。

编故事与讲故事 昔时，娄底域内一些记忆力好、口头表达能力强的人，根据传说和耳闻目睹的英雄模范人物与当地忠孝仁义礼智信的楷模的事迹和传说编成故事，讲给别人听。有少数读书人还写在本本上，传给后人。进入21世纪，娄底市民间文艺家协会编写，中国言实出版社出版的《娄底民间故事》和华文出版社出版的《湘中民间故事》中有一些故事就是这样流传下来的。讲故事，旧时称为讲白话。20世纪60—70年代，在庭院走廊或田间地头常见。几个人或十几个人围坐一团，听人讲故事，讲者眉飞色舞，听者津津有味。讲得最多的有《七国并秦》《张骞出使西域》《屈原与汨罗江》《水浒传》《西游记》《三国演义》《精忠报国》《牛郎织女》等。后又增加了《毛主席上井冈山》《朱德的扁担》《郭亮带兵抓郭亮》《刘胡兰》《黄继光》《董存瑞》《雷锋的故事》等红色故事。听故事的以青少年居多。这是一种民间文学的传播和传承方式，为人们喜闻乐见。改革开放以后，电视、电脑和手机等传媒技术普及，文化传播途径多样化，白话故事传承方式日趋衰微。

赞土地 娄底全境都有春节赞土地的习俗。它是一种闹新春的形式，后被人用来送财神。唱赞语者多为贫苦人。道具简单，一只小锣，一块竹片。边敲锣，边唱赞语。赞土地的赞语有通用赞语和专用赞语之别。举通用赞语一例：“小锣一响把话讲，特到贵府送财来。一送一个千香宝，二送时招万里财，三送桃源三结义，四送童子拜观音，五送五子登科中，六送六福又逢春，七送麻兰七姊妹，八送八仙显神通，九送九牛耕田地”。赞土地是旧社会的一种民俗现象，也是卖艺者的一种谋生手段。

第六十七篇

县（市、区）概况

第一章 娄星区

娄星区地处湘中腹地，境域位于北纬27°35′46″～27°53′31″、东经111°53′24″～112°7′42″。东邻湘乡市，南连双峰县，北界宁乡市，西接涟源市。属湖南“三纵三横”（“三纵”：京广、洛湛、焦柳；“三横”：石长、湘黔、湘桂）铁路网的中心，承载客货运输中转功能。境内高速公路东有娄益，西有安邵，北有长韶娄，南有沪昆、娄新、娄衡，互通东西南北。省道209线、312线、223线、237线从不同方向贯穿全境。2017年底，娄星区辖1个乡、5个镇、5个街道、60个社区、144个建制村，户籍人口61.15万人，其中城镇人口46.77万人。区境面积628.23平方千米，其中耕地面积1.686万公顷。中心城区建成面积49.8平方千米。

第一节 自然环境

一、地理环境

娄星区地处雪峰山脉向洞庭湖过渡的丘陵地带。北部为高山区。主要有洪家大山（海拔875.9米）、育马寨（海拔847米）、观音山（海拔659米）等山脉。南部为丘陵区，主要有万宝镇境域的洪火岩山脉及延伸线（海拔335米）、丰子山（海拔241米）、仙女寨（309米）。中部低平宽阔，为冈地平原区。最低点西阳镇吉祥寺（海拔85米）。地貌整体呈北、西、南三面高，东面底，自西向东倾斜的马蹄形。涟水河、孙水河为域内两大水系，6条小河（溪）与之相连，分别从西北、西南和正北方向汇合于东部水府庙水域。区境年均气温17℃，降水量1421.6毫米，霜日18天，积雪日6天。

二、自然资源

主要经济作物有茶、林、果、竹。水果有红心蜜柚、杨梅等。野生药用植物有227种，观赏花木、野菜野生饲料、水生植物有100余种。全区森林覆盖率60.72%。国家重点保护动物有豺、鸮、鹰、虎纹蛙等，省重点保护动物有猪獾、果子狸、豹猫、夜鹭、眼镜蛇、银环蛇等。鱼类有草鱼、青鱼、鳙鱼、鳜鱼、鳗鲡鱼等99种。矿产资源开发利用的金属有锰、钒等，非金属有煤、白云石、砂石黏土、普通建筑材料用灰岩等16种，已探明矿产7种。白云石矿储量1.4亿吨，含氧化镁20%、氧化钙32%。

第二节 历史文化

一、历史沿革

古属荆州地域，春秋战国属楚国，唐开元二十一年（733），属江南西道潭州湘乡县，清康熙三年（1664），属长宝道长沙府。乾隆五年（1740）由“楼底”更名为“娄底”。民国11年（1922），属湖南省湘乡县。1949年9月，随湘乡县隶属益阳专署。1952年，随涟源县隶属邵阳专署。1960年2月，县级娄底市成立，10月撤销，复归涟源县管辖。1977年9月，涟源地区行政公署设娄底。1980年7月，县级娄底市建制恢复。1982年12月，涟源地区更名为娄底地区，娄底市属娄底行署管辖。1990年，娄底市辖涟滨、大科、茶园、万宝、杉山、百亩、石井、西阳、小碧、双江10个乡镇和乐坪、花山、黄泥塘3个街道。1999年1月20日，娄底地区撤销，地级娄底市成立，县级娄底市更名娄星区。9月，娄底市委、市政府和娄星区委、区政府同时挂牌成立。2002年，娄星区辖9个乡镇、5个街道。2016年，辖万宝、杉山、石井、双江4个乡镇（茶园并入万宝镇，小碧并入杉山镇，百亩并入石井镇）和乐坪等5个街道。2017年，双峰县蛇形山镇和涟源市水洞底镇划归娄星区管辖。

二、名人乡贤

娄星区历史名人乡贤有贺德英（1238—1252），南宋湘乡县焙塘（今娄星区杉山镇田湾村）人，宋理宗嘉熙淳祐年间神童，在南宋享有文名。罗信南（1811—1870），娄星区西阳乡（现娄底经开区大埠桥办事处）人。早年随曾国藩办团练，任湘军管带。后闲居故里，著有《陶兔诗集》12卷，《白鹭湾草堂诗稿》16卷，《陶兔诗钞》8卷。刘蓉（1816—1873），娄星区茶园镇人，晚清湘军将领。早年助罗泽南办理团练，随曾国藩征战太平军。曾任四川布政使、陕西巡抚等职，著有《养晦堂诗文集》14卷，以及《思辨录疑集》等书，为清末桐城派代表人物。杨昌浚（1825—1897），娄星区西阳乡人，晚清军事将领，早年追随左宗棠、曾国藩等创办湘军团练。曾任浙江巡抚、甘肃布政使、署理陕甘总督、漕运总督、闽浙总督兼福建巡抚、兵部尚书衔、陕甘总督兼甘肃巡抚等职，官至太子太保。罗长裿（1865—1911），罗信南次子。早年创办陶兔学校。曾任江苏参谋处督办，西藏左参赞等职。后被哥老会乱兵勒杀。罗辀重（1889—1950），娄星区西阳乡（现娄底经开区大埠桥办事处）人。曾留学美国，怀“教育救国”理想，继父祖遗志，接办陶兔学校。主持校政30余载，创乡村小学教育独特理论，被赞为爱国教育家。李振翩（1898—1984），娄星区万宝镇石埠村人，细菌学家，病毒学家，美籍华人。曾加入新民学会，为毛泽东同学好友。毕业于湖南医药学院。曾任北京协和医学院病毒学教授。抗战时期获国民政府中将军衔，解放初期定居美国并加入美国国籍，长期从事病毒学研究，属世界知名医学家。创建美中医学科学中心，任第一届华盛顿华人协会会长。先后3次回国访问，受到毛泽东、周恩来、邓小平等国家领导人亲切会见。贺国中（1904—1929），娄星区双江乡新庄村人，中共党员。曾参加彭德怀领导的平江起义，率军上井冈山，与毛泽东、朱德领导的红四军胜利会师，先后任军委委员兼七团副团长、第三大队大队长、第四纵队司令员等职。后在井冈山攻打安福的战斗中牺牲。姜齐贤（1905—1976），娄星区花山办事处老街人。湘雅医学专门学校护士班毕业，后投奔湘军，转投奔国民革命军，任第九师中校军医。后参加中国工农红军，经历万里长征，历任红一军团卫生部部长、中央军委卫生部部长、八路军总卫生部部长，农垦部副部长等职。

三、文化遗产

娄星区发现古墓葬22座，宋朝贺德英墓保存稍完整，其余均遭破坏。天籁寺位于娄星区万宝镇仙女寨醒石山，始建于明崇祯年间，原名东林寺，建在天籁岩洞东200米处。天籁岩洞口建有庵堂，官绅、百姓，文人、墨客，多到此游览，留下诸多墨迹。清代重臣曾国藩因感其灵，撰楹联“有意烧香何必远朝南海，真心向善此处便是灵山”，题写牌额《天籁岩》相赠。2006年3月，天籁寺被省政府批准为省级重点寺院。天王寺位于涟滨乡清潭村涟水河畔，始建于北宋乾德二年（964）。主体建筑有伽蓝殿、关圣殿、大雄殿和大佛殿，占地面积9800平方米。整个建筑以方石为基，圆石做柱，青砖砌墙，翘角重檐，雕梁画栋，掩映在苍松翠柏之中。后遭损毁，多次重修。1995年7月，娄底市政府将天王寺列为文物保护单位。截至2017年，娄星区有馆藏文物2537件，其中有战国青铜短剑、西汉陶坛青砖、宋代八卦铜镜、明代铜炉、清代曾国藩书木刻对联、曾纪泽手稿等。有现代名人贺国中、李振翩、罗辀重纪念馆的文物藏品。有不可移动文物59处，包括省级文物保护单位贺国中故居，市级文物保护单位永新桥、贤母墓、大埠桥，区级文物保护单位天王寺、胡道清公祠、澄清塔。

第三节 基础建设

一、城市建设（参见第五十四篇《城乡建设》）

二、村镇建设

1990—2002年，娄星区辖10个乡镇。乡镇政府所在地均为集镇，建成区面积2.5平方千米，城镇化人口率10%。万宝镇是市二广高铁沿线重点建设镇，2005年被列为全省重点建制镇名单，“十五”期间完成新星南路、高丰路、仙女街、龙盘街等道路和日供水2500吨自来水厂建设。电力电讯、电话、有线电视、宽带互联网、远程教育网、医院、学校、集贸市场、物流配送、加油站、农庄酒店和各类文化娱乐设施齐全。2013年，双江乡被列为娄底市城乡一体化和新农村建设示范片区，先后获得省级文明乡镇、省级卫生乡镇、省级生态乡镇等称号。2017年，娄星区辖万宝、杉山、双江、石井、水洞底、蛇形山6个乡镇。乡镇政府所在地均为集镇，建成区面积4.8平方千米，集镇人口1.9万人，城镇化人口率20%。万宝镇、杉山镇进入全省新农村建设先进行列。杉山镇、双江乡被纳入娄底市高速公路沿线特色小镇建设范围。区内144个行政村，村村通车，村户路面硬化通车率70%。电视、宽带网络覆盖率100%。105个行政村建有村级活动中心。行政村清洁员配备率100%。乡镇建沼气池583口，村民厕所“干改湿”改造率80%。农户自来水普及率74%，住房新建或改造率95%，农户别墅式住宅率8%。

三、交通运输

1990年，境内有湘黔铁路、娄邵铁路，县道7条50千米，乡村道34条327千米，其中简易公路占67%。2000年，有县道35条236.16千米，乡道55条249.1千米，村道236条283.6千米。2006年1月1日，洛湛铁路娄底段开通运营。2017年，娄星区成为湖南“三纵三横”（“三纵”：京广、洛湛、焦柳；“三横”：石长、湘黔、湘桂）田字形铁路线的客货运输中心。娄底火车站和高铁南站成为娄底新地标和铁路运输枢纽。年发送铁路客车3.29万列222.8万人次，发送货物2047.2万吨。区内高速公路56.56千米，呈“井”字形分布。北有长韶娄高速，南有娄新、娄衡高速，东有娄益高速，西有安邵高速。有省级公路4条，分别是省道209线、312线、223线、237线，形成区内公路交通“大动脉”。农村公路1140.8千米，其中省道34.58千米，县道202.79千米，乡道338.1千米，村道565.33千米。建有娄底汽车站和娄底汽车南站。公路客运总量9623万人次。

四、水利

1995年11月，娄底市唯一中型水库——双江水库破土动工，2008年建成蓄水，总库容1146万立方米，可供5个乡镇2306公顷农田灌溉用水，向中心城区供水1100万立方米。区境农田有效灌溉面积867公顷。至2017年，娄星区累计投资水利建设10.6亿元，开掘土石方39.2万立方米（不含双江水库），整修病险水库35座，硬化加固水塘1713口，修筑排灌水渠257.1千米，建设电排60个，修建涟水河堤防洪绿化带6.3千米。

第四节 经济发展

一、农业

1990年，娄底市（县级）推广农业机械化，农业机械拥有量5408台（套）。农业总产值1.37亿元。1992年，整修白马灌区渠道，维修山塘2000口，新建山塘100口。调整农业产品结构，扩大优质农产品生产，推广水稻高产栽培技术，粮食亩产1026千克，总产9.64万吨，成为全省9个吨粮县（市）之一。1995年，畜牧水产发展快，存栏生猪25.6万头，家禽养殖2.38万羽，水产品总产量2583吨。双江乡建成娄底地区第一个大型肉山羊养殖基地，向市场年供应肉山羊8800只。农业总产值1.63亿元，同比增长6.8%。1996年，农业总产值2.04亿元，同比增长22.9%。1997年，农业大户发展到1320户，种养大户108个，实现“一村一品”村35个，巩固发展龙头企业9个，形成“公司+农户”“市场+农户”“协会+农户”3种产业化模式。

1999年，娄星区农业产业结构优化，产业化程度提高，农业总产值4.36亿元，比1990年增长2.4倍。其中种植业增长78.6%。推广种植优质水稻和杂交玉米，其中双季稻连续9年成建制亩产过吨粮。2000年，农业机械增至1.3万台（套），总动力11.2万千瓦。2004年，小碧乡建成湘村黑猪原种场，持续选育湘村黑猪与产业化开发。2005年，娄星区投入农业机械采购资金1825万元，结束区内无粮食收割机的历史。至2010年，娄星区先后建起石井红心蜜柚，石井乡、小碧乡、茶园镇杨梅种植园，供应娄底中心城区和周边市场。是年，娄星区农业总产值9.19亿元，是2009年的2.1倍。

2011年，娄星区推广步进式插秧机和高速插秧机。2012年，湘村黑猪通过国家畜禽新品种审定，成为湖南省拥有自主知识产权的地方特色农业品牌。2014年，茶园镇建成湘村黑猪第一核心育种场，扩大繁衍湘村黑猪种群，配套建设现代化粪污处理设施，实现养殖废弃物资源化、能源化综合利用。石井镇建起全省第一家智能温控水稻集中育秧工厂。2017年，娄星区拥有农业机械6.16万台（套），总动力45.36万千瓦，比2000年分别增长3.76倍和3.05倍，区内粮田收割机使用率70%。

二、工业

1990年，工业以原材料工业为主，包括钢材、建材、煤炭等，其中建材以水泥为主。工业企业以涟钢为支柱。工业增加值5.18亿元。1992年，市塑料厂与香港张氏投资公司共同投资成立吉田医药包装有限公司，从美国引进药用瓶生产线，翌年10月竣工投产。1992—1993年，市财政投入3000万元，先后完成市洗煤厂新建项目、市水泥厂旋窑技改项目、市无线电器材厂异地改造和市皮革厂电脑织带商标等项目建设。1994年7月，对部分国有企业实行破产、兼并重组、拍卖租赁、股份制改造等改革改制。1996年，市电工厂、无线电器材厂、五金厂、针织厂等企业破产或重组。2000年，工业增加值21.67亿元。2002年5月，出台《娄底市娄星区加快大、中、小型企业改革的总体方案》。2005年，完成区属工业企业产权制度改革。娄星区被评为娄底市国有企业改革改制先进单位。2008年，克服美国次贷引发的全球经济危机的影响，工业经济仍有较快增长，当年，全区工业总产值39.2亿元，同比增长11.2%。全区年产值500万元以上规模企业67户。

2010年，工业增加值116.43亿元，比2000年增长152.2%。2011年5月，娄底市众和玻璃有限公司开业，年产值过1亿元，上缴税收200万元，成为湘中地区最大玻璃深加工企业。2011年始，娄星区加快经济转型发展步伐，工业经济结构由重向轻转变，经营机制由旧向新转变，产品技术含量由低向高转变。2012年，娄星区产业园获批省级工业集中区，引进亿元项目15个，建成投产13个，建设标准化厂房25万平方米。民营企业高盛板业有限公司投产，一期工程投资1亿元，年产值1.4亿元，实现利税3000万元。产品广泛用于建筑装修行业，畅销省内外。2013年6月，娄底华宏科技有限公司年产3万吨太阳能支架组件项目签约。是年，高盛板业、富厚酒业等项目相继建成投产。2014年，工业区引进高安环保年产100万吨超细矿渣微粒项目、薄板深加工仓储配送项目和格伦新材年产1.05万吨不锈钢管项目。

2015年，总投资1.2亿元的高安环保90万吨矿渣微粉项目落户高溪工业园区，年产值2.5亿元，年上缴税收2000万元。根据《关于贯彻落实〈省政府办公厅支持娄底市资源型城市转型发展的实施意见〉的实施方案》，全区汇总上报79个重大项目。2016年9月，华宏科技投资有限公司太阳能支架项目、富佳钢瓶液化气公司钢瓶生产与检测项目建成投产，总投资2.15亿元，年销售收入3.17亿元，上缴税收700万元，新增就业岗位700个。

2017年，区内年产原煤30万吨，煤炭工业以洗选加工为主，有30万～60万吨大、中型洗煤厂5座。园区有企业148家，累计投资46亿元，规模工业增加值13.5亿元，技、工、贸总收入130亿元，财政收入4000万元。是年，娄星区工业增加值209.86亿元，比2010年增长64.9%。

三、建筑业

1990年，娄底市有建筑企业17家，其中二级企业3家，三级企业4家，四级企业10家。建筑业增加值0.63亿元。1996年，建筑业增加值2.55亿元。1998年7月，地、县（市）两级政府启动房地产市场，推进商品房建设。2000年，建筑业增加值3.55亿元。2003年，建筑企业45家。建筑业增加值5.98亿元。

2010年，建筑业增加值12.24亿元。建筑技术达到可承担13～32层、高90米以上高层建筑施工水平。先后建成中欧阳光城、南苑上和、东方豪苑、大同芙蓉、怡河园、五洲锦城、水木华亭等10万平方米以上住宅小区10余个，娄底华天、418华天、娄底通程大酒店和市政府大院等地标式建筑。2017年，建筑业增加值30.91亿元。

四、服务业

1990年，娄底市有涟钢、娄底、城南3个临街（马路）棚架式集贸大市场。第三产业增加值1.88亿元，占地区生产总值的23.6%。1991—1999年，相继建成洞新市场、涟钢大市场、九龙小商品批发市场、湘中农贸市场、湘中电脑通信用品市场、老火车站综合市场、涟滨东街水果日杂批发市场7个集贸市场。1999年，集贸市场交易额7.15亿元。2000年始，先后建成中兴蔬菜水果及畜牧水产品交易大市场、涟钢沃尔玛建材机电大市场、418建材专业市场、三元建材市场4个集贸市场，形成长青中街和乐坪东街、娄星中路和氐星路两横两纵“井”字形商业闹市区。2004—2006年，娄星区先后建成明珠商业步行街、九亿商业步行街、春园（沃尔玛）商业步行街、万豪城市广场商业区。至2017年，娄星区星级酒店、小型宾馆（酒店）和饮食店，能承接1万～3万客流量的大中型商贸集会，以及各类体育赛事。全区第三产业增加值201.69亿元，占地区生产总值的43.8%。

五、商品交易

1990—1992年，娄底市连续3年举办娄底商品交易会，累计成交额9.81亿元，其中商品零售额2.61亿元。签订各类贸易合同8331份，合同金额7.2亿元，吸引入场交易人数83万人次。2006年6月，娄星区举办娄底·义乌商品博览会。2013—2014年，先后举办2届湘博会，引进外资项目3个，总投资21亿元，签订贸易合同43个，合同金额8.17亿元。2014年6月，腾达半轴厂生产的2000万元半轴产品出口美国，首次进入美洲市场。2000—2017年，娄星区对外贸易总额3.36亿美元，其中出口贸易额1.16亿美元。

1990—2017年娄星区部分年份经济发展情况统计表

表67-1 单位：亿元

年份	地区生产总值	其中			地方财政收入
		第一产业	第二产业	第三产业	
1990	7.95	0.89	5.18	1.88	0.53
1995	27.29	1.96	16.46	8.87	1.38
2000	41.20	2.89	21.67	16.64	0.69
2005	98.29	3.38	60.12	34.79	0.83
2010	207.38	6.75	128.67	71.96	2.51
2015	378.18	11.74	217.52	148.92	5.29
2017	460.17	17.76	240.72	201.69	6.03

第五节 社会事业

一、科技

1991年，娄底市提出“科技兴娄”战略，推广应用地级以上科研成果38项，新增产值6180万元，创利税710万元。2004年4月，娄底市第五小学获评全国青少年科技教育先进集体。

2005年11月，娄底市第三小学3名学生参加全国第九届“智力七巧板”科普系列大赛，获国家级一等奖。2006年3月，湖南五江轻化集团控股子公司娄底四正光电材料有限公司自主成功研发高分辨率感光干膜，广泛应用于微电子行业。2011—2015年，娄星区累计申报市级以上科技项目231个，申请专利1621件。2012年，娄星区被评为全国科技进步先进县（市、区）。2016—2017年，娄星区申报市级以上科技项目65个，申请专利942件。2016年，市中心医院科研成果“Gemini MKⅡ微创技术在HTO（胫骨高位截骨）患者膝关节置换术中的应用及临床研究”，通过医学专家组鉴定，达到国内领先水平。2017年，娄星区高新技术产业总产值253.5亿元。

二、教育

1990年，境内有学校157所，其中小学135所、初中12所、高中2所、完全中学8所。中学在籍学生1.8万人，其中初中1.27万人、高中5293人。1991年，有学校157所，在校学生3.99万人，教职工4098人。

2000—2010年，娄星区民办中小学有蓝圃学校、楚英学校（九年一贯制学校）等。2010年，有幼儿园72所，中小学65所，其中普通小学47所、普通中学12所、普通高中3所，九年一贯制学校3所。有中等职业学校1所、特教学校1所。有在校中小学生5.06万人，其中小学2.8万人、初中1.49万人、高中7711人。当年招生1.24万人，其中小学4863人、初中4916人、高中2571人。2012—2016年，投资4.5亿元，新建学校3所，改扩建学校14所，新增学位1.55万个。2016年，有中小学101所，在校学生5.37万人，其中小学3.34万人、初中1.22万人、高中8107人。当年招生1.38万人，其中小学5818人、初中5112人、高中2902人。是年，娄星区小学学龄儿童入学率和毕业升学率、初中学生入学率和毕业率均为100%。

2017年，娄星区有中小学校102所，其中普通高中3所，九年一贯制学校4所，初中13所，小学82所（含教学点19个）。有幼儿园171所，其中公办幼儿园10所。有培训学校54所。有在籍中小学生6.9万人，其中小学4.19万人、初中1.84万人、高中8761人。在园幼儿2.54万人。小学学龄儿童入学率100%，毕业升学率100%。初中生入学率100%，毕业率100%。

三、文化

1990—1995年，娄底市有文化馆1个、图书馆1个、博物馆1个、乡镇图书馆1个。有娄底电影院、星星影剧院、涟钢影剧院、西雅图演艺中心等文化场所和花鼓戏剧团等民间群众文艺团体。1990—2001年，13个美术作品入选国家美术展（文化部、中国文联、中国美协举办），获金奖4项，银奖2项，一等奖1项。1998—2004年，娄星文化馆组织大型文艺活动19场。2002年9月，市、区政府在娄底火车站广场联合举办“天女杯”广场文化节。200个单位、4000名群众参演，其中1700人组成的革命歌曲大合唱，800人组成的集体舞，场面壮观。获全国“五个一工程”铜奖2个，获省部级金奖16个，银奖30个。2015年6月，《革命老区的红色记忆——娄星区革命斗争史巡礼》电视宣传片开拍，9月在娄底电视台播出。

2017年，娄星区有国家一级文化馆1个、国家三级图书馆1个（藏书14.3万册）、博物馆1个、文化站11个。有文艺团体120个，其中馆办艺术团11个、合唱团4个、民舞团3个、广场舞团3个、老年京剧团1个、湘中艺术团1个、旗袍礼仪团1个。1998—2017年，娄星区文化活动获国家级集体奖2个、单项奖20个。获省级集体奖11个、单项奖124个。获市级集体和单项奖共206个。娄星文化馆创作的文艺作品获国家级荣誉33个、省级荣誉44个。

四、卫生

1990—1996年，娄底市有医疗机构25个（含乡镇卫生院和个人医疗诊所）、医院病床1626张（含非标准病床），卫生技术人员2428人（含药剂士、护士）。1999年始，娄星区疾病预防控制中心及时掌握和发布重大传染病信息，有效防控禽流感、手足口病等重大传染病。2010年，有卫生机构31个，其中综合医院7家、乡镇卫生院7家、社区卫生服务中心（站）5个、妇幼保健医院2家、民营医院4家、个体规模诊所6家。有标准病床647张，专业卫生技术人员588人，注册护士181人。2013年始，每年开展“健康快车下基层”活动，医务人员带诊疗、检验器械，到各乡（镇）、村和社区，为村（居）民进行免费健康体检。2015年4月，娄底市获国家卫生城市称号。

2017年底，娄星区有医疗卫生机构40个，其中综合医院7家，乡镇卫生院6家，有社区卫生服务中心5个，妇幼保健医院2家，民营医院8家，个体诊所10家。有标准病床7030张，有执业医师（含执业助理医师）1502人，注册护士2214人。娄星区城镇居民医疗保险和农村新农合医疗保险参保率99.8%，医疗费报销率60%～70%。

五、体育

1990—2010年，娄底中心城区建设大型体育馆1座，中型体育馆7座（含大专院校体育馆）、标准运动场15处。2010—2017年，先后派遣运动员或组织代表队参加国家级比赛6次、省级体育比赛20次、市级体育比赛8次，获国家级比赛金牌11枚、银牌15枚、铜牌20枚，获省级比赛金牌38枚、银牌50枚、铜牌49枚，获市级比赛奖牌多枚。娄星区考入高等体育院校学生22人，进入省级专业运动队4名。培养一级运动员11名、二级运动员57名。承办市级运动会4次，承办省级以上运动会或单项体育比赛7次。2014年，娄星区设立拳击运动项目，承担拳击竞赛训练任务。2017年底，娄星区有体育学校1所，在校学生56人。有跆拳道拳击项目管理中心1个，在职教练员3人，在训队员62人。有在校专职体育教师13名。

第六节　居民生活

一、居民收入消费

1990年，娄底市农村居民人均纯收入722元。1991年，城镇居民可支配收入1553.16元。1997年，人均住房面积6～8平方米，农村居民人均住房面积15～20平方米。1998年，娄底市停止城镇居民福利分房制度，实行商品房制度。1999年，城镇、农村居民人均住房面积分别为10平方米、40平方米。2002年，娄星区实现人均社会生产总值1000美元以上，达小康水平。2017年，娄星区城镇居民可支配收入2.95万元，农村居民纯收入1.66万元。年末各项存款余款647.9亿元，其中居民储蓄存款421.14亿元，人均6.3万元。城镇居民人均住房面积30平方米，农村居民人均住房面积60平方米。90%的农户对自住房进行新建或改扩建，许多农户建成别墅式住宅楼。至2017年，城镇居民每百户有汽车60辆，电脑30台，空调、冰箱、彩电、移动电话全覆盖，城镇居民人均消费支出2.59万元，农村居民人均消费支出4275元。

二、社会保障与救助

2001年，娄星区实行职工医疗保险。2004—2017年，为6.9万户低收入居民发放租房补贴6650万元。2008年，实行城镇居民医疗保险和新型农村合作医疗保险（简称“新农合”医保），建立个人缴费、财政补助、保险待遇相统一的城乡全覆盖医疗保险制度。2011年，开展城乡居民社会养老试点，养老金发放标准55元／人月（2012年75元／人月、2016年80元／人月）。至2017年底，10个乡镇街道累计建档立卡贫困人口6578户1.6万人，累计投入扶贫资金4.33亿元，其中政府财政和部门协调资金

1.02亿元，社会扶助、慈善募捐3.15亿元，其他募款1546万元。累计发放最低生活保障费1.68亿元（含扶贫助学金）。投入资金12.3亿元，建设中心城区公共租赁住房（含廉租房）1.5万套，安置低收入居民7万人。城镇居民医保和新农合医保参保率99.7%。16个省级贫困村摘帽，脱贫9560人，脱贫率59.7%。

第二章　冷水江市

冷水江市城区（2015年8月摄）

冷水江市位于湖南省中部，资江中游，雪峰山东麓，地处北纬27°30′49"~27°50′38"、东经111°18′57"~111°36′40"。东抵涟源市，南邻新邵县，西部和北部与新化县接壤。市境南北长39千米，东西宽22千米。总面积437.89平方千米，其中耕地7140公顷，中心城区建成区面积46.78平方千米。沪昆高铁、沪昆铁路、娄怀高速、省道217线和312线穿境而过。2017年底，冷水江市辖1个乡、5个镇、4个街道和1个经济开发区，92个建制村，58个社区，14.64万户，37.06万人，其中非农业人口20.91万人。城区绿化覆盖率37.14%。全市森林覆盖率51.66%。市花为月季花，市树为香樟树。先后获得全国电商百佳县市、全省县域经济十强县市、全省首批全面小康达标县市、全省新农村建设先进县市等称号，建成省级卫生城市、省级文明城市和省级园林城市。

第一节　自然环境

一、地理环境

冷水江市地势南北高、中部低，呈不对称马鞍形，为中低山地、丘陵地形地貌，以山地为主。市境北部有龙虎山山脉、玄山山脉，东部有龙盘山山脉、谢铎山山脉，南部有大乘山山脉、天龙山山脉。最高海拔1072米（南部三尖镇祖师岭），最低海拔162米（东部铎山镇花桥村）。冷水江市海拔400米以上山峰123座，其中800米以上20座。资江从南往北转西贯穿全境，是冷水江市生产生活用水主要来源。中部是资江谷地，以平地、岗地、丘陵为主，一般海拔200～500米。市域属亚热带季风湿润型气候区，四季分明，年均气温16.9℃，年平均降水1487毫米，年均日照1411小时，年均降雪日14天，年均霜日15天。春季气温回暖偏早但不稳定，强冷空气活动较频繁。春末夏初雨水集中，易发山洪，夏季多伏旱，秋季多晴朗天气，秋旱突出，冬季少严寒，降水少。冷水江市属亚热带季风湿润型气候区，5—8月雨量较为集中，易引发洪涝灾害。市域属旱灾频发区，重大灾害发生周期8年左右。

二、自然资源

冷水江市用材林木主要有杉、松、梓树、马尾松、楠竹等。果树主要有桃、橘、李、杨梅、柚子、葡萄等。主要农产品有水稻、小麦、红薯、玉米、茶叶等。珍稀野生动物有穿山甲、黄鼠狼、野猪、山鸡等。

截至2017年，市域各类矿床点58处、矿产30种，探明资源储量的矿床50处（其中大型矿床1处、中型矿床10处）。煤、铁、锑、铅、锌、耐火黏土、硫铁矿、石墨、石膏、水泥用灰岩等10种矿产，被纳入省矿产资源储量表。煤炭保有储量4.46亿吨，铁矿保有储量600万吨，铅矿保有储量6万吨，锌矿保有储量33万吨，锑矿保有储量21.4万吨，石墨矿保有储量67万吨。按保有储量，煤、铅、锌、硫铁矿、石墨居娄底市首位，锑居全国首位。市境属喀斯特地貌区。山、水、洞、石、泉、瀑等景观要素齐全，风景秀丽，气候宜人，是融自然遗产、人文景观、宗教神话、科学研究、工业观摩、地质考察于一体的综合性旅游区。

第二节　历史文化

一、历史沿革

冷水江市域唐代以前无考。宋神宗熙宁五年（1072）至明朝，属新化县大阳乡。清朝宣统二年（1910），属新化县安集、遵路两乡和大同镇。民国36年（1947），属新化县大仁、大智、遵路等乡和安集镇。1950年6月，锡矿山矿区（县级）成立，属邵阳专署管辖，冷水江其他地域属新化县二区、三区。1952年8月，锡矿山矿区撤销，建新化县第二十一区，冷水江其他地域属新化县第二区、三区、九区。1954年，市域隶属新化县禾青、毛易、矿山区。

1960年2月，冷水江市建立，属邵阳专署管辖。1961年7月，冷水江市更名冷江市。1962年10月，冷江市建制撤销，建新化县冷江特区。1969年10月，冷水江市重建，属邵阳专署管辖。1977年9月划归涟源地区管辖。1986年，省政府批准冷水江市为经济计划单列市。1999年，娄底地区撤地设市，冷水江市由娄底市管辖。2015年，岩口镇与铎山镇成建制合并设立铎山镇，梓龙乡与渣渡镇成建制合并设立渣渡镇，矿山乡与锡矿山街道成建制合并设立锡矿山街道，撤销潘桥乡、同兴乡和毛易镇，调整禾青镇、中连乡部分行政区域和布溪、冷水江、沙塘湾3个街道部分管辖范围。2017年，市域辖中连乡、禾青镇、三尖镇、金竹山镇、铎山镇、渣渡镇、冷水江街道、布溪街道、锡矿山街道、沙塘湾街道和冷水江经济开发区。

二、名人乡贤

历史名人乡贤有苏鹏（1880—1953），毛易镇人，辛亥革命时期杰出的革命活动家。自费留学日本弘文学院，先后从事反清、反袁、反北洋政府等革命活动，曾任湖南省铜圆局局长、省议员兼副议长，支持孙中山北伐。后退出政界从事教育，为湖南和平解放做出贡献。曾杰（1886—1941），禾青镇人。先后参加华兴会、同盟会、国民党，历任湖南都督府参谋长兼军政府秘书，武汉国民政府首席参事，南京国民政府立法院立法委员，张治中将军顾问等职，曾赴美、德留学，获博士学位。谢冰莹（1906—2000），铎山镇人。曾赴日本留学。“七七事变”后，返国参加抗日救亡。曾任北平女师大、华北文学院、台湾省立师范学院（后改为师大）教授，后移居美国旧金山。一生出版小说、散文、游记、书信等著作80余种、近400部、2000多万字。潘绍周（1908—1980），禾青镇人，毕业于湖南湘雅医学院，先后留学印度、英国、美国。中华人民共和国成立后任教于中国医科大学，主编全国医学教材

《心电图学》，在医学界享有崇高威望。苏镜（1912—1989），毛易镇人，中共党员。在长期革命斗争中，先后担任《新华日报》副刊《妇女之路》主编，《中国妇女》主编，湖南师范学院党委书记。姜云清（1916—2006），中连乡余元村人，中共党员。先后参加红军长征，雁门关、娘子关、平型关、剿匪等数十次战斗。中华人民共和国成立后任华北军区建筑工程处处长。曾获三级八一勋章、三级独立勋章、三级解放勋章、二级红星功勋章。朱江（1916—1988），渣渡镇双丰村人。曾参加工农红军，转战南北，历任班长、排长、游击大队长、指导员、连长、营长、副团长等职。中华人民共和国成立后先后担任云南省公安总队参谋长、副总队长，云南省军区独立师副师长、代理师长等职，获三级八一勋章、三级独立勋章、三级解放勋章。

三、文化遗产

2017年，有省级文物保护单位：锡矿山羊牯岭碉楼、铎山镇龙潭村谢冰莹故居、锡矿山矿冶遗址、三尖镇新屋村六房院。市级文物保护单位：中连乡福元村李氏宗祠、锡矿山烈士纪念碑。重要考古遗址：中连乡诚意村红日岭上的东方剑齿象臼齿化石遗址。出土的东方剑齿象臼齿化石为国家级珍贵文物。据湖南省文物考古研究所专家检测推断，该遗址有20万～70万年历史。市文物管理所有馆藏文物3349件，其中国家级珍贵文物33件。冷水江市有国家级非物质文化遗产——梅山傩戏。

第三节　基础建设

一、城市建设

1990年，城区面积12.7平方千米，城市居民人均居住面积8.9平方米。城区主要道路18条24.11千米。1991年12月，冷水江大桥竣工通行。1992年3月，布溪经济技术开发区经省体改委批准建立。1992年，锑都中路三板道改造工程启动，历时1年完成。1993年8月，布溪第一条主干道——锑都南路竣工。1994年，锑都中路被评为全省最美一条街。是年，修建有“冷水江外滩”之称的江北路。截至1995年底，冷水江市建成锑都南路、江南路、体育东路、体育西路、布溪东路、布溪西路等6条混凝土街道，兴建楼房230余栋，兴办企业200余家。2009年9月，滨江公园开始修建，投资1.2亿元，占地面积15.03万平方米，其中绿化面积8.35万平方米。

2010年7月至2014年6月，城东生态城建设投入资金22亿元，先后拉通资江大道、平安大道、群丰路、人民路、荷叶路等5条主干路，启动3个安置小区建设，批准12个单位团购建设项目和6个行政事业单位进驻项目，一座占地10平方千米、具有园林山水景观的生态新城初具雏形。市内居住小区改造进入高峰期，商品房由过去单栋低品质楼房转变为花园式住宅小区和高层电梯楼盘。城区相继建成新天地大厦、武陵城、影视国际、万盛锑都、信和国际等20余栋集商业服务和居民住宅为一体的综合体，以及江北新村、桃园小区、通和家园、金泰花园、廉租房、公务员小区等30余个住宅小区。2017年，城区面积46.78平方千米。城市居民人均居住面积29.86平方米。城区主次干道60条长144.2千米，较1990年增加42条120.09千米。城区绿化覆盖率37.1%。铺设中压天然气管道30余千米、庭院管网120余千米。通气小区52个。城市供水7.1万户，年供水量1833.77万立方米。

二、镇村建设

1989年，经省民政厅批准，岩口、渣渡撤乡建镇，禾青乡和球溪办事处合并为禾青镇。1995年，禾青镇被评为娄底地区首批“明星镇”，被国家体改委等11部委批准为全国小城镇综合改革试点镇。1996—2001年，铎山、毛易、三尖乡先后撤乡建镇。是年，冷水江市辖6乡6镇4街道，一批区域优势强、资源条件好、经济活跃的行政村被建成中心村。2006年，冷水江市委、市政府提出城乡一体化发展战略，将中心村建设作为小城镇建设重要组成部分。2010年12月，冷水江市委、市政府出台《统筹城乡发展，整体推进新农村建设工作方案》，率先在全省实施统筹城乡发展整体推进新农村建设工作试点。2011年，冷水江市确定首批36个行政村和“两片、一线”（即锑山片、岩口片和S312线）为建设重点。2014年，完成第四批34个行政村新农村建设。先后有140个村（居）纳入新农村建设范围，覆盖率80%。住房建设投资1.5亿元，农村房屋累计改造4000余栋，拆除危、旧房屋500余栋，鼓励和引导农村居民集中新建住房，打造秀美新村庄。道路建设投资2亿元，新建、拓宽通村通组公路400余千米，新建人行道450余千米。各村配备卫生管理员、保洁员，建立户分类、村收集、乡（镇）转运、市处理四级垃圾处理模式。水电等基础设施建设投资2亿元，疏通治理8条乡村河道。截至2017年底，冷水江市所有乡镇实现自来水供水，水泥公路和农村公交班车村村通、太阳能路灯村村亮、宽带网络信号全覆盖，冷水江市城镇化率77.1%。

三、交通运输

1990年，有公路123条，总长311.22千米。其中省道2条39.2千米，县道7条77.32千米，乡村道113条173千米，专用公路1条21.7千米。农村公路多为砂石路面，等级低、路况差。客运班车仅通达乡镇行政中心和少量沿线建制村。1991年12月，冷水江大桥建成通车，结束市区车辆靠轮渡过江的历史。2000年始，冷水江市大办交通，至2006年，公路总里程710.36千米，其中通村水泥公路578.6千米，实现村村通水泥公路目标。2013年，完成省道312线锑山镇花桥村至火车东站路段22.65千米炒砂路面改造。2015年12月，娄底大道冷新段开工，全程4.26千米，按一级公路标准建设。2016年12月，娄新高速建成通车，结束冷水江市无高速公路的历史。2017年6月，新城大桥建成通车。至此，城区有连接资江两岸的公路桥3座。截至2017年底，冷水江市公路总里程1062千米，其中高速公路11千米，国省干线公路104千米，农村公路947千米，村组全部通水泥路、所有建制村通客运班车。冷水江市火车东站日发送旅客列车10列1000余人次。金竹山汽车站日发送班车430班次5500人次。市内有渡运码头9个，渡运船舶8艘，年运输5万人次。城区有公交线路22条、公交车78台，有出租车公司3家、出租车181台，旅客周转量由1990年的3.8亿人千米增至2017年的6.19亿人千米。货物周转量由1990年的1.1亿吨千米增至2017年的8.21亿吨千米。

四、邮政电信

1990年，邮电局下辖7个支局、7个邮电所，邮电网点基本覆盖全市，有电话用户1000余户。1992年9月，万门程控电话一期工程4000门开通，实现国际国内长途电话直拨。1993年，先后开通无线寻呼和模拟移动电话（俗称“大哥大”），市民通信联络实现从有线到无线的历史性跨越。1995年，开通数字移动电话。1998年9月，邮、电分营。邮政大楼、电信大楼、移动通信大楼相继建成。邮政部门在函件、包裹、通信等主营业务减少的情况下，完善已有自办邮路，延伸投递网络，突出邮储重点，开办邮政新业务。电信、移动、联通3家公司不断完善通信网络，为用户提供优质服务。1999年，冷水江市有固定电话用户7万余户，所有行政村通程控电话，农村电话普及率4.5%，市内电话普及率20.2%，冷水江市成为全省第三个电话达标县（市）。是年，冷水江市首次使用互联网，通过拨号上网，用户231户。2000年发展至3345户。2017年，冷水江市邮政分公司下设9个邮政储蓄网点、8个农村邮政支局、2个城区邮政所、234个邮政便民服务站。有汽车邮路1条、城市投递段21条、农村投递段16条。邮政业务收入从1998年的137万元增至3152万元，全市有固定电话用户2.37万户，移动电话用户36.29万户，互联网宽带用户7.58万户，网络电视用户8.78万户。

五、水利

境内有31座中小型水库，多建于20世纪50—70年代，建设标准低，安全隐患多，渠道年久失修，渗漏严重。1990年始，不断加强水利基础设施建设，防灾抗灾能力持续加强。至2017年，累计处理病险水库153座次。投资近5000万元，对周头湖水库、涟泥水库、红旗水库、硐上水库、杨新水库等31座中小型水库除险加固，建设配套设施。建成防洪堤4.65千米，总投资8370万元。推进小流域综合治理项目5个，投资2.4亿元，治理水土流失面积2679.7公顷。治理重点在锡矿山地区和锑山、渣渡等乡镇。加强水资源管理，促进水资源可持续利用。累计发放取水许可证13个，其中省审批2个，市审批3个，县级水行政部门审批8个。同时，加强饮用水水源地保护，建设饮用水水源地保护区隔离工程，确立省级饮用水水源地2处，划定省级饮用水水源地保护区2处。实现水功能区水质监测全覆盖，建立水功能区达标情况通报制度，省级以上水功能区水质达标率100%。是年，启动“河长制”，向社会招聘30名河长和2名监督员。

六、电力

1990年，境内有110千伏变电站2座，主变4台，容量8.8万千伏安，110千伏线路3条43.2千米，35千伏线路4条28.7千米，总用电量3.5亿千瓦时。1999—2003年，累计投资3514万元，完成183个村（居）电网改造和4.25万户户表改造，户表改造率94.4%，解决农村长期存在的线路老化、损耗过多、电压不稳等问题，实现农村与城区同网同价。2006年，实现农村用电户户通。2009年，冷水江市在娄底市率先实现电气化。是年，华银金竹山火力发电分公司异地扩建二期工程完工，3台60万千瓦火力发电机组并网发电。2017年，市内有220千伏线路11条80.2千米，变电站3座，主变4台，容量72万千伏安。110千伏线路17条154.6千米，变电站6座，主变11台，容量41万千伏安。35千伏线路12条89.6千米，变电站2座，主变3台，容量2.1万千伏安。全市总用电量21.7亿千瓦时，为1990年的6.2倍。

第四节　经济发展

一、农业

1990年，境内有耕地6040公顷（水田4006公顷、旱土2034公顷），粮食总产量3.95万吨，农业总产值0.4亿元，占工农业总产值的5.8%。1991年始，开发丘岗山地，发展名、优、特水果，引进柰李、金秋梨、巨峰葡萄等优良品种。1994年，实现双季稻连续两年亩产过吨粮。1996年，三尖乡退休干部郭益中承包13.3公顷荒山，成立雪峰中药材种植合作社，为冷水江市第一个药材种植基地。1998年始，农村劳动力大量外出务工，生猪养殖散户减少，专业户增加。是年，冷水江市生猪养殖专业户614户，养猪专业村3个，存栏生猪13.72万头。1999年始，实施农业综合开发中低产田改造，截至2010年，累计投资3192万元，改造中低产田5080公顷。

2011年始，冷水江市委、市政府重视和支持蔬菜种植、特色水果基地建设，以及农产品加工产业发展。截至2014年，规模以上农产品加工企业有7家，其中销售收入2000万元至1亿元的5家，超亿元的2家，农产品加工业实现销售收入12.46亿元，利润9837万元。响莲葛根系列产品、瑞生源养生杨梅酒、湘土情黄酒等农副产品享誉省内外。2015年，冷水江市蔬菜种植面积2666.67公顷，其中无公害蔬菜666.67公顷，蔬菜年产量均在3.5万吨以上。依托森宇生态农业发展有限公司、岩岭核桃种植专业合作社、潘桥治华果蔬种植专业合作社发展黄桃、核桃、草莓、蓝莓、香柚、礼品西瓜等名特优水果。引进葡萄加工企业，开发葡萄酒、葡萄汁、葡萄干、葡萄籽油、花青素、色素等产品。

2017年，农业总产值15.1亿元，种植业占34.6%，畜牧业占53.7%，林业占3.2%，渔业占5.1%。粮食播种面积7973.33公顷，总产量4.54万吨。出栏生猪32.75万头，肉牛1.53万头，羊4.18万只，家禽225.85万羽。水产养殖面积763.33公顷，水产品产量5232吨。全年完成机耕作业4733.33公顷，水稻耕种收综合机械化作业水平59%。蔬菜播种面积2533.33公顷（其中大棚蔬菜333.33公顷），总产8.3万吨。优质水果生产基地2800公顷，其中高档优质水果种植面积733.33公顷，年产量1万吨以上。有农民专业合作社497家，家庭农场150家。各类新型经营主体流转水田、旱土、林地等3666.67公顷。有农业产业化龙头企业37家（省级龙头企业4家，市级龙头企业33家），实现销售收入6.9亿元，利润0.6亿元。农产品注册商标23个，其中中国驰名商标1个。

二、工业

1990年，境内有工业企业2205家，总产值12.2亿元。其中，乡级以上工业企业230家（全民所有制企业41家，集体所有制企业189家），其他1975家。有冶金、电力、化工、建材、煤炭五大支柱产业。是年，第一轮企业承包经营结束，市政府直接发包的16家工业企业，产值由承包前的8454万元增至1.09亿元。1992年，企业实行“五自主”（自主经营、自负盈亏、自我发展、自我约束、自我完善）改革，在生产经营、产品定价、内部分配、人事用工和投资技改等方面拥有自主权。1993年，冷水江市委、市政府确定为“乡镇企业发展年”，下派100名干部进驻乡镇企业。是年，岩口、铎山、矿山、冷办、毛易5个乡镇企业产值过亿元，17个村企业产值过千万元。1996年，国有企业除市玻璃厂、市耐火材料厂、冷水江制碱厂等3家重点骨干企业外，其余11户预算内企业和5户国有预算外企业，全部采用股份合作制、租赁、兼并、破产重组、拍卖等形式实施改革。对长期亏损、资不抵债的8家企业依法破产，累计破除债务2.8亿元。至2003年底，工业企业改制面89.1%。9户企业依法破产重组，6户实施“两个置换”（企业置换产权、职工置换身份）改制，7户企业股份合作制改造，17户实行租赁经营，2户实行“退二进三”（退出第二产业从事第三产业）。累计减轻债务4.6亿元，激活存量资产4.77亿元，补偿安置职工4836人，年新增税收2473万元。2004年，冷水江市委、市政府出台《关于市属国有企业产权制度改革的若干规定》，全面铺开以“两个置换”为核心内容的产权制度改革。2006年，冷水江经济开发区成立，区域面积13.4平方千米，成为冷水江市经济发展新平台。2009年，被省政府授予湖南省综合性高新技术产业基地冷水江先进制造产业园称号。至2010年底，市属53家工业企业采取资产公开拍卖和协议转让方式实施产权置换，解除职工与企业的劳动关系，取消职工全民、集体身份，累计资产变现2.1亿元，安置职工1.17万人。市域11家中央、省、地属国有工业企业同步进行改制。冷水江钢铁总厂2007年破产改制，产销两旺，2010年销售收入99.9亿元，成为冷水江市利税大户，跻身全国工业企业500强行列。

2017年，冷钢钢坯产量突破300万吨。泰和金属公司全力打造不锈钢产业园项目。深圳市康哲药业有限公司与冷水江市政府签订《肝复乐片产品转移合作协议》，在经济开发区新建年产5000万片肝复乐药品生产线。是年，冷水江市有工业企业317家，其中产值过亿元的规模企业46家，工业总产值450.7亿元，实现工业增加值147.93亿元。118家规模工业企业完成工业总产值338.4亿元，实现工业增加值92.1亿元。规模以上工业企业实现利润11.9亿元，完成税收7.1亿元。冷水江市高新技术工业企业20家，产值342.7亿元，增加值70.2亿元。冷水江市规模工业企业研发经费4亿元。1990—2017年，冷水江工业产品获评中国名牌产品1个、国家银质奖产品1个、省名牌产品14个和中国驰名商标1个、省著名商标10个。

三、建筑业

1990年，境内有建筑公司（队）30家，职工7721名，完成建筑业总产值0.9亿元。其中，国有施工队4家，职工2164名，集体施工队26家，职工5557名。1996年，市建筑施工企业发展到38家，其中国家一级企业1家、二级企业2家、三级企业12家，从业人员1.14万人。2002年10月，按照新的资质标准，冷水江市对建筑施工企业进行资质审查，审批确定有资质建筑企业19家。2010年，保持19家，从业人员4490人，建筑专业技术人员1078人，其中高级工程师38人、工程师233人、助理工程师528人。2017年，有房地产企业25家（建筑施工总承包企业13家、专业承包企业2家、劳务企业7家、商品混凝土企业2家、监理企业1家），完成建筑业总产值36.1亿元，实现增加值8.2亿元。

四、服务业

1990年，全市完成社会消费品零售总额2.45亿元。酒店服务业有：冷水江市委招待所、东苑宾馆、得月楼、大鸿运、帝豪大酒店、海龙大酒店、玉皇宫等比较有名的宾馆（饭店）。2000年，冷水江市委招待所升级改造，博尼尔、盛源等大型宾馆新建。城区先后建成波月市场、江南市场、桃园市场3个综合性农贸市场。是年，粮贸市场竣工，总建筑面积9750平方米，年批发水果2.29万吨，成交额1564万元，成为市内最大水果批发市场。冷水江市第一家超市——家家乐超市开业。城区相继有心连心、美格林、都得利、旺家福等大型超市开业。2008年，新一佳超市入驻。2009年，红双喜、汇美天下等大型建材市场开业。木材市场、花卉市场、图书市场等专业市场相继兴起，并逐渐形成规模。2010—2016年，商业步行街、东苑国际、万盛锑都等集购物中心、住宅公寓、酒店餐饮、休闲娱乐于一体的大型商业综合体先后竣工投入使用。冷水江市场升级改造，有摊位1400余个，年商品交易额8亿元。

2017年，皇庭、方兴、福满人间等近100家中小型酒店、饭馆在城区大街小巷先后建成。市域有10个主要集贸市场，各类商业网点5000余家。有电子商务主体1000家，其中交易额超1000万元的10家，创建省级电子商务示范企业1家，建成农村淘宝村级服务站点111个，全年电商交易额10亿元。冷水江市实现第三产业增加值101.57亿元，占冷水江市生产总值39.3%。完成社会消费品零售总额103.4亿元，为1990年的42.2倍。

五、招商引资

20世纪90年代，冷水江市委、市政府实施“请进来、走出去”战略，将招商引资作为发展经济的突破口，建立招商项目库，实行多种形式招商引资。1995—1998年，签订招商引资合同19个，批准成立“三资”企业6家，引进企业24家，合同利用外资331.3万美元，引进资金6319万元。2002年，引进外资项目5个，外资企业建厂3家，到位外资532万美元，到位国内资金1.09亿元。2007年，冷水江市委、市政府出台《关于鼓励投资的若干规定》《关于优化经济发展环境的若干规定》，从税收、土地、规费等方面实行优惠和奖励政策，推行行政审批制度改革，简化办事程序，为企业提供“一站式”服务。至2010年，冷水江市连续10年组织、参加各种重大招商活动，先后接待国内外客商2000余人次。引进外资项目148个，引进国内资金87.37亿元，到位境外资金1.85亿美元。2017年，引进新能源电动汽车配件生产线、肝复乐产品生产线、皮草深加工产业链等20个项目，其中落地项目11个，实现进出口总额19.8亿元（出口7.7亿元，进口12.1亿元），直接利用外资5888万美元，完成加工贸易150万美元，外经合同额1531.8万美元，实现外经营业额989.25万美元。外派劳务人员567人。2006—2017年，各类招商引资项目272个，内联引资614.95亿元，到位外资5.15亿美元。

1990—2017年冷水江市部分年份经济发展情况统计表

表67-2　　单位:亿元

年份	地区生产总值	其中			财政总收入	地方财政收入
		第一产业	第二产业	第三产业		
1990	5.94	0.53	3.73	1.68	—	0.64
1995	17.68	1.26	10.52	5.90	—	0.97
2002	35.34	1.72	20.11	13.51	—	1.40
2005	63.75	2.44	41.80	19.51	3.89	2.35
2010	148.94	5.23	104.09	39.62	15.62	7.14
2012	212.43	7.83	150.62	53.98	21.00	10.54
2017	258.40	8.90	147.93	101.57	17.63	11.14

第五节　社会事业

一、科技

1990—2017年，冷水江市有55个科技成果先后获湖南省、娄底市科技部门鉴定。其中，通过省级验收的12个，通过娄底市级验收的43个，达国际先进水平的10个，国内领先的45个。冷水江市申报各类科技项目516项，推广转化各类科研成果184项。累计专利申请量1277项，（发明专利194项、实用新型专利430项、外观设计专利653项），专利授权830项（发明专利授权87项、实用新型专利授权330项、外观设计专利授权413项）。全市高新技术产值从1990年的1.7亿元提升至2017年的342.7亿元。

二、教育

1990年，境内有学校198所，其中小学158所、教学点2个、初级中学27所、高级中学4所、完全中学7所、职业学校2所。在校学生5.78万人，其中小学生3.72万人、初中生1.56万人、高中生4022人、职校生923人。教职工在职3868人，其中小学1871人、中学1924人、职校73人。1992年，大力发展职业教育，形成国家公办、部门联办、个人兴办的办学格局，冷水江市有各级各类职业学校12所，在校学生8900余人。同年，市工业职业中等专业学校改为普通中专并被评为国家级重点职业学校。

1998年，农村学校校长和老师实行聘任制和末位淘汰制，教师工资根据绩效分配。2001年，适龄儿童入学率100%，初中适龄少年入学率95%，青壮年非文盲率100%。2007年，启动义务教育经费保障机制改革，实行“两免一补”（免收学杂费、教科书费，对寄宿生给予一定的生活补贴）。14个乡镇街道学区撤销，学区职责由各相应的中心学校承担。2012年，启动化解城区义务教育阶段学校大班额四年行动计划，新建群丰学校、湾田学校，对城区学校进行提质扩容，增加义务教育阶段学位5000个。

2016年，冷水江市试点推行义务教育学校校长、教师交流轮岗，交流城乡教师48人，交流校长8人，乡镇中心学校内部交流校长、教师52人。2017年，冷水江市有学校154所，其中幼儿园72所，小学48所，教学点9个，初级中学26所，高级中学2所，12年一贯制学校1所，职业学校4所，特殊教育学校1所。在校学生6.05万人，其中小学生3.49万人、初中生1.45万人、高中生6804人、职校生4308人。教职工在职5742人，其中幼儿园1526人、小学1120人、初中2045人、高中623人、职校403人、特教25人。

1990—2017年，冷水江市先后获得全省基础教育先进县市、全省首批实现“两基”（即基本普及九年制义务教育、基本扫除青壮年文盲）目标先进县市、全省首批普及中小学实验教学先进县市、全省九年制义务教育先进县市、湖南省教育强市等荣誉称号。市一中成为全国百强中学、娄底市首批示范性高级中学。

三、文化

1990年，境内有人民影剧院、电影院、文化馆、图书馆、工人文化宫等基本公共文化设施。其中，市工人文化宫建筑造型独特，功能齐全，规模宏大。2000年，采用商业化模式改造完成公共文化设施。市人民影剧院和图书馆大楼拆除合并建设冷水江市文化中心。市文化馆并入武陵城国际商业大楼。市电影院并入影视国际改造项目。

1990—2017年，市电视台拍摄的大型电视系列片《山长水远话资江》，获湖南省广播电视制作奖和播音一等奖。《逆势突围看冷钢》《世界锑都在哭泣》获湖南省优秀电视新闻作品二等奖。人物专题片《南海礁嫂陈玲：1200封家书的故事》获湖南省广播电视奖二等奖。微电影《幸福村换届风波》，在省纪委“三湘风纪”官网播出，获省第二届网络原创视听节目三等奖，为县级电视台唯一入选作品。刘道云创作的长篇小说《山之魂》，苏瑜创作的长篇小说《乡镇干部》受到社会各界好评。申朝晖创作的美术作品《三寸金莲——中国女足》获湖南省“五个一工程”奖。刘楚华与申朝晖合作的油画《浴血湘江》获湖南省美术作品展金奖。李定中的摄影作品《腾飞》获全国摄影艺术展艺术类银奖及“全国大唐杯摄影展”一等奖。花鼓戏《鸳鸯索》《擦皮鞋》分别获得湖南省“群星奖”一等奖、“五个一工程”奖。花鼓戏《党员谢本辉》被中央党校收录并列为全国党员先进性远程教育题材。小品《回家》、表演唱《葛根谣》获全国新农村创作节目文艺调演银奖。少儿舞蹈《小蚂蚁》代表湖南省进京参加全国第三届阳光健康艺术新人大赛获得金奖。少儿舞蹈《泡泡糖》获省第二届艺术节暨三湘蒲公英舞蹈比赛银奖。少儿舞蹈《虎娃闹春》参加中央电视台少儿春节联欢晚会。市文广传媒艺术发展有限责任公司（原市文工团）每年送戏下乡80余场。市锑都影业公司按照每村每月一场电影的标准送电影下乡，每年放映1800余场，2014年下半年始，每周一、周五晚上在滨江公园免费放映公益电影。截至2017年，冷水江市已形成市有文化馆、图书馆、美术馆（文化展览馆）、电影院，乡镇有文化站，村有文化活动室、农家书屋的三级公共文化服务体系。市图书馆被评为国家级公共图书馆县市级一级馆，市电影公司被评为全省农村电影放映先进集体。

四、卫生

20世纪90年代，冷水江市医疗内科可开展心血管病介入治疗和茶色素临床应用。外科发展到可做颅脑手术和高位级肝胆管切开取石。骨伤科成为湖南省重点专科，肛肠科成为湖南省特色专科。1990年，有医疗卫生机构100个，卫技人员1210人，固定资产6975万元，医疗设备1625台，价值1300万元。医疗业务用房3.47万平方米，病床1197张。90年代中期始，推行计划免疫责任制，预防接种合格率达到国家标准线，获全国消灭脊髓灰质炎先进县（市）。2012年，成功创建省级卫生城市。2家市属医院和7家乡镇卫生院被世界卫生组织、联合国儿童基金会和卫生部授予爱婴医院称号。

2017年，医疗卫生机构增至261个。其中，市属医疗机构6个、乡镇办卫生院（社区卫生服务中心）10个、村（居）卫生室122个、厂矿职工医院（卫生所）11个、民营医疗机构6个、个体医疗机构106个。全市卫生技术人员增至2713人，平均每千人有卫生技术人员7.86人。医疗设备总价值1.5亿元。医疗业务用房12万平方米。共有病床2875张，平均每千人有病床8.33张。创建成省级儿童保健服务合格县市、省级卫生村8个，娄底市级卫生村15个。2012—2015年，冷水江市连续4年获评湖南省无偿献血先进单位。

五、体育

1990年，境内组织农民龙舟赛，参赛单位12个，龙舟14艘。1993年8月，冷水江市首届农民运动会在市体育馆举行，比赛项目有篮球、排球、武术、象棋等。同年，在娄底地区首届农民运动会上，冷水江市代表队获武术团体总分第一名，女子组获长器械、短器械、国家规定拳、地方拳4个第一名。1995年5月，冷水江市体育馆竣工并投入使用，建筑面积1500平方米，高14米，座位1815个。1996年，有武术馆（学校）7家，在训学生2000余人。冷水江市被国家体育总局授予全国武术之乡。龙舟队参加全省端午节龙舟竞赛，获一等奖。2000年始，市体育部门开展全民健身工程，相继在波月洞公园、滨江公园、青山公园修建健身广场，改善和新建体育场地80余处，修建健身路径157条。岩口镇农科村修建村级健身场所，成立健身队，开展秧歌、篮球、广场舞等比赛活动。2005年，冷水江市获评全国群众体育先进单位。岩口镇农科村获评为全国群众体育先进单位。2006年，冷水江市太极拳协会成立，吸收会员2600余名。2014年，在省第十二届运动会上，冷水江市运动员获得4金1银1铜，为参加历届省运会取得的最好成绩。2017年，举办排球比赛、太极拳系列展示赛、职工足球赛、羽毛球俱乐部赛等群众体育活动10余次。举办全省健身气功大赛总决赛，来自全省各州市的22支队伍300多名运动员参赛。举办全国新年登高大赛冷水江分站赛，100支队伍500名运动员参赛。社会体育指导员发展至4000余人，经常性参加体育锻炼人口达总人口的60%。1990—2017年，冷水江市参加国家、省、市体育竞技比赛累计获金牌107枚、银牌67枚、铜牌38枚。向省级以上运动队输送体育人才23人，其中举重运动员9人，羽毛球运动员8人，武术运动员1人，摔跤运动员3人，跆拳道运动员1人，皮划艇运动员1人。

第六节 居民生活

一、居民收入消费

1990年，城市居民人均可支配收入1231元，人均生活消费支出1148元。农村居民人均纯收入480元，人均生活消费支出273元。城乡居民储蓄年末存款余额1.7亿元。2000年，城市居民人均可支配收入5069元，人均生活消费支出3827元。农村居民人均纯收入2443元，人均生活消费支出1836元。2010年，城镇居民人均可支配收入1.8万元，人均消费支出1.05万元。农村居民人均纯收入7279元，人均生活消费支出3500元。在岗职工平均工资2.81万元。居民储蓄存款余额56.83亿元。

2017年，城乡居民人均可支配收入2.93万元。其中，城镇居民人均可支配收入3.17万元，从1990年起年均增长12.8%。农村居民人均可支配收入2.12万元，从1990年起年均增长15.1%。城镇居民人均消费支出1.82万元，农村居民人均消费支出1.35万元。在岗职工平均工资4.95万元。居民储蓄存款余额139.15亿元。在消费支出中，居民长期以吃、穿、用为主的生存型消费占比降低，文化教育、医疗保险、购买住房、娱乐旅游等消费占比提高。

二、社会保障与救助

1994年4月，市机关事业单位社保所成立。1995年11月，企业职工社会保险所成立。1997年11月，机关事业单位社会保险所更名为冷水江市机关事业单位社会保险局。2000年5月，冷水江市医疗保险管理局成立。2003年4月，企业职工社会保险所更名冷水江市企业职工社会保险局。企业养老保险制度实施范围逐步扩大至市内所有企业单位与劳动者个人。2005年12月，市工伤保险管理局成立。2010年，登记在册的市属老工伤人员3382人，与行政事业单位老工伤人员244人全面纳入统筹管理。2011年5月，冷水江市农村社会保险局成立；7月，更名城乡居民社会养老保险管理服务局。2014年7月，“新农保”和“城居保”两项制度合并实施，建立统一的城乡居民基本养老保险制度。2016年11月，市新型农村合作医疗管理办公室和市医疗保险管理局整合，主要负责城镇职工医疗保险及城乡居民基本医疗保险保费的征缴和医疗费用的审核、支付工作。

2017年，失业保险参保单位297家3.4万人，基金收入711.57万元，支出1702.4万元。待遇领取1199人，领取标准从1990年的36.4元/月提高到2017年的960.5元/月。向3.94万名失业人员发放救济金和医疗费。企业职工养老保险参保人员6.42万人，其中在职参保4.36万人，退休2.06万人。全年征收养老保险费2.1亿元，发放养老保险金4.5亿元。机关事业单位养老保险参保单位236家，在职参保1.25万人，退休5813人。全年征收养老保险费2.48亿元，财政补贴1亿元，合计收入3.48亿元，发放养老保险金3.05亿元。城镇职工基本医疗保险参保单位542家7.12万人。生育保险参保单位401家3.64万人。城乡居民基本医疗保险参保人数25.78万人（其中，农村居民参保17.96万人），参保率持续稳定在96%以上。城乡居民养老保险参保10.16万人，其中缴费7万人。全年征收养老保险费1258.43万元，享受待遇3.15万人，发放养老保险金3286.9万元。工伤保险参保单位459家4.7万人（其中，农民工2.84万人），征缴基金1908万元，支付工伤保险金2649万元。是年，冷水江市最低生活保障城市居民每月每人420元，农村居民每月每人268元。分散供养与集中供养的特困人员分别为每人每年4180元和6500元。城市低保对象4606户8670人，农村低保对象（含兜底对象）1885户3822人，城乡特困供养人员469人。发放城市低保资金3813万元，农村低保资金1530万元，特困供养资金450万元。

第三章　涟源市

涟源市城区（2018年10月摄）

涟源市位于湖南省中部涟水上游，东毗娄星区、双峰县，南接邵东县、新邵县，西邻新化县、冷水江市，北连安化县、宁乡市。地处北纬27°27′～28°2′，东经111°33′～112°2′。1990年，涟源市总面积1895平方千米。辖7个区、3个街道、39个乡、7个乡级镇、961个村（居）。总人口102万人。其中，城镇人口25.05万人，乡村人口76.9万人；农业人口89.27万人，非农业人口11.76万人。人口出生率21.4‰，人口死亡率6.3‰，自然增长率15.2‰，人口密度每平方千米537人。1995年，涟源市乡、镇改制。2017年2月，水洞底镇划归娄星区。是年底，涟源市总面积1830.06平方千米，其中耕地52.94千公顷。辖1个街道、2个乡、16个镇、1个高新区、504个村（社区）。户籍总人数114.41万人。常住人口98.31万人，城镇化率40.8%。人口出生率12.5‰，死亡率10.9‰，自然增长率1.6‰，人口密度每平方千米625人。

第一节　自然环境

一、地理环境

涟源市境地形起伏多样，西南龙山山脉，北部雪峰山余脉，中部雷峰山脉呈屋脊状隆起。南、北、西三面群山环绕，中部多丘陵，东部地势平坦，总体呈向东敞口“E”形地貌。最高点龙山主峰岳坪峰，海拔1513.6米。最低处渡头塘乡桥溪村江东湾，海拔103.5米。主要干流南有孙水，北有湄水，中有涟水。

二、自然资源

涟源市探明矿产有煤、铁、锰、锑、铜、铅锌、硅石、磷、滑石、石膏、硫黄、重晶石等28种（32亚种），矿产地221处，其中8个矿种（10个亚种）76处矿产地已探明，煤炭是全国58个重点产煤县市之一。旅游资源北有湄江国家地质公园，集山、水、洞、峰、石、瀑、湖于一体，景观齐全，风光秀丽。南有龙山国家森林公园，山体高大雄伟，山势高峻挺拔。生物资源有野生哺乳类动物刺猬、黄鼠狼、狐狸、蝙蝠、穿山甲、麝、豹猫、野猫、豺、金钱豹、香狸、青狸、果子狸、河麂、乌麂、毛冠麂、林麝、密狗子、华南兔、竹鼠、鼯鼠、家鼠、田鼠、山鼠、貉、野猪、豪猪、獾子、水獭29

种。有乔木树种526种，灌木树种90种，其他植物400余种，尤其以茶树、果树、竹子著名。森林覆盖率40%。主要特产有茶叶、南竹、梨子、葡萄、杨梅、橘子、石榴等。药用植物有杜仲、厚朴、玄参等158种。

第二节　历史文化

一、历史沿革

涟源境域春秋战国时期属楚，秦朝隶属长沙郡，西汉分属长沙国连道、益阳、昭陵县地，东汉至西晋时分属连道、湘乡、益阳、邵陵县，南北朝分属湘乡、益阳、邵陵县，隋代属益阳、衡山、邵阳县。唐代属湘乡、益阳、邵阳县。宋代属湘乡、安化、新化、邵阳县，隶属潭州长沙郡和邵州邵阳郡，元朝属湘乡州、安化、新化、邵阳县，明、清、民国时期属安化、新化、湘乡、邵阳县。1951年8月，蓝田县新置，辖安化、湘乡、邵阳3县部分地域，属益阳专区。1952年8月，蓝田县更名为涟源县（因湖南蓝田县与陕西蓝田县重名）。1952年11月，涟源县改属邵阳专区。1977年9月，涟源县划归涟源地区。1982年12月，涟源地区更名娄底地区，涟源县属娄底地区管辖。1987年6月10日，国务院批准撤销涟源县，设立涟源市，行政区划不变。1999年，涟源市由湖南省直辖，娄底市代管。

二、名人乡贤

涟源市境内清代有进士4人：谢振定，清乾隆四十五年（1780）中进士，后有“烧车御史”之称。谢兴峣，谢振定之子，嘉庆二十四年（1819）中进士。曾广渊，道光廿一年（1841）中进士。谢邦鉴，谢振定之孙，谢兴峣侄子，道光二十五年（1845）中进士。载入《清史稿》的名人乡贤有：谢振定、刘连捷、刘岳昭、李续宾、李续宜、李光久、刘腾鸿、刘腾鹤、周宽世、萧启江、萧庆衍。除谢振定外，其他均为湘军将领。

民国时期，涟源市境有辛亥革命元勋李燮和，抗日忠烈陈海泉，中共烈士卢天放。中华人民共和国成立后，境内有开国上将李聚奎，中共中央党校副校长刘海藩，新华社副社长李普，全国著名劳动模范李临庄，中国首善（2006—2010年）彭立珊，中国首富（2011年）梁稳根。中国科学院院士曾益新、张信威、廖湘科、王汉中，著名作家蒋牧良、谭谈、萧育轩等。

三、文化遗产

遗址及建筑　桥头河镇读子村火烧屋场湄水河南晚商遗址，长60米，宽25米，散见少量素面纹夹沙红陶。杨市镇梅林村阴台汉遗址，长100米，宽50米，散见大量方格纹陶片和器物残片，为泥质灰色硬陶，也有极少量红陶。汉代连道县治在杨市镇境内。龙山岳坪峰顶有唐时为纪念名医孙思邈所建的药王殿。杨市镇有保存较为完好的清代湘军将领故居群。三甲乡有大量清末民国时期的古民居，以及20世纪50年代“大跃进”时期的红旗居民点。2009年，省政府批准杨市镇为历史文化名镇，三甲古村落群为历史文化名村。2016年，三甲乡铜盆村列入中国传统村落。2017年，三甲乡列入湖南省经典村落。

馆藏文物　1990年，涟源市有馆藏文物2900余件，其中有青铜器、陶瓷器、石雕、木雕、玉石象牙雕、名人书画等珍贵文物。截至2017年，共收藏文物8391件。其中，国家一级文物10件、二级文物16件、三级文物136件。馆藏文物占娄底市馆藏文物总数一半以上，珍贵文物占2／3以上。

抬故事　明朝崇祯年间，在珠梅、蓝田、桥头河一带，人们许愿以“抬故事”形式，祈求祛病消灾。4个汉子抬着装扮的古典戏剧人物（故事）在乡村大道上游行，由黄龙旗开路，然后古乐队、幡旗队、祭拜队、锣鼓队随后，行程一般三四千米。其间，主持人向各家各户施正气符，向小孩施保身符，向孕妇施六甲符等。路过之处，家家燃放鞭炮，祈福消灾。一般在每年农历八月举行。2009年2月，省政府批准珠梅“抬故事”为湖南省第二批非物质文化遗产。2014年，抬阁（珠梅抬故事）列入国家级非物质文化遗产保护名录。

第三节 基础建设

一、城市建设

20世纪90年代，涟源市加快城市建设，瞄准“宜居、宜业、宜游”的目标，按照“北扩东延南完善”的总体思路运作城建项目。1990年，城市建设用地3.25平方千米，城区人口6.23万人，人均52.14平方米。2003—2007年，涟源市实施“东进北扩西拓南完善”，推进城市基础设施升级换代和城市品位提升，筹措建设资金3.6亿元，实施火车站广场等56个城建项目，涵盖旧城改造、道路桥梁、城市广场、体育场馆等。2009年，开展“项目建设年”活动。城东新区、河道治理、道路改造、体育中心、购物广场、居住小区开工建设。城东新区、主城区、城市西片区几大板块功能清晰，相互呼应。2012年创建湖南省卫生城市，之后启动湖南省文明城市、湖南省园林城市创建。

2017年，涟源市城市建成区面积20平方千米，城区人口15.5万人，人均129.03平方米。投资97.8亿元，完成人民东路、梅亭东路、石马山路、六亩塘路、省道210绕城线、燮和路、福源路一段、体育路和高新区道路建设。娄底大道、国师路、红旗路、交通路、蓝芙公路等道路提质改造，东扩南移的城市格局基本形成。完成蓝田市场、火车站广场、光明山休闲广场、三角坪农贸市场、六亩塘建材市场、东方建材市场、开成商悦广场等商贸服务设施建设项目。城区建成日处理能力4万吨的污水处理厂、日供水能力3万吨的涟源市二水厂、设计库容166万立方米的富洪垃圾填埋场。建成市体育文化中心和人民公园、涟水风光带、涟水公园、石马山汽车站、中医院门诊综合大楼、人民医院门（急）诊大楼、中心城区管道天然气、乌鸡坝拦河坝等项目，惠民廉租小区、建中廉租房、润中小区、城西公租房等保障性安居工程。开发建设涟水名城、家和名都、蓝田豪苑、盘龙湾、滨江国际城、和馨家园等一批高品质楼盘。开辟市区7条公交线路51辆班车，投放出租车200辆。城市供水0.19万用户，供水面积84平方千米，年供水量1450万立方米，自来水普及率95%。城市管道燃气管网覆盖城区40%。燃气管网长28千米，天然气民用客户900户、工商客户20户，年供气80万立方米，逐步形成宜居、宜业、宜游城市。

二、镇村建设

1990年，涟源市46个乡镇，其中37个乡镇政府所在地为集镇，建成区面积34.51平方千米，城镇化率9.7%，住宅建筑面积25.93万平方米，人均59.53平方米。1995年，涟源市撤区并乡为20个乡镇街道。杨市镇为全国小城镇建设经济综合开发示范镇。七星街镇为全省小城镇建设50个试点之一。杨市、七星街、桥头河3镇被娄底地区确定为重点镇。杨市镇、桥头河镇为涟源城市建设发展次中心。2001年，杨市镇列入省重点建设镇。2004年，七星街镇被建设部等8部委确定为全国小城镇建设重点镇。2014年，伏口镇、杨市镇获批全国重点小城镇。2016年，龙塘镇宽家村、茅塘镇石门村成为湖南省新农村建设示范村。湄江镇蒿子村成为全省首批美丽乡村示范村。杨市镇东园村被农业部授予美丽乡村。2017年，涟源市城镇化率40.8%。集镇均建成供水厂，日供水能力7.06万立方米，年供应生活用水560万立方米、生产用水201.7万立方米。各镇道路长1265.4千米，绿化覆盖面积1203.8公顷，绿地面积970.5公顷，城镇建筑面积3777.91万平方米，农民住宅建筑面积3560.92万平方米。

三、交通运输

1990年，境内公路通车里程1292.04千米。其中，国道70.1千米，省道65.8千米，县道239.4千米，乡道371.9千米，村道491千米，专用道53.84千米。二级路14.7千米。旅客周转量2060.6万人千米；货物周转量875.60万吨千米。2000年，涟源市实现村村通公路目标。2004年，通乡水泥公路总里程和进村率进入全省县（市、区）前列。2008年7月30日，二广高速公路涟源段工程举行开工典礼（2016年1月26日通车），境内主线59千米；8月28日，娄新高速涟源段动工（2016年12月16日通车），境内主线长49.5千米。2010年7月，长韶娄高速涟源段开工（2014年12月31日通车），境内长24.3千米。2016年11月3日，龙琅高速涟源段开工，境内长13.5千米。二广高速、娄新高速公路、长韶娄高速、龙琅高速4条高速公路在涟源境内里程146.3千米。公路交通基本形成城乡连环、镇村联网，全部行政村通达公交班车。

2017年，境内公路通车里程3421.02千米。其中，国道93.08千米，省道259.12千米，县道641.8千米，乡道939.61千米，村道1421.25千米，专用道66.17千米。二级路100.92千米。旅客周转量3646.3万人千米；因煤矿关闭，产量骤减，货物周转量下降到206.82万吨千米。涟源市通航总里程39.2千米，渡口码头32道，客渡船17艘188客位，客船9艘150客位，年客运量3.6万人次。汽车客运分别位于城中、城东的市汽车站和石马山汽车东站，日发车936班次，日均1.05万人次。

四、邮政电信

1990年，市邮电局下设8个邮电支局、16个邮电所和1个代办点。邮电业务总量179.99万元。固定电话用户1324户。1993年，市邮电局修建市内第一套900兆模拟移动基站，模拟移动电话（大哥大）容量999个。1995年，市内第一套900兆GSM（蜂窝式数字移动电话）基站设备在电信大楼开通，容量7信道，进入模拟与数字共存阶段。1996年，模拟信道扩容至56个。1998年，邮电分营。邮政大楼、电信大楼、移动通信大楼等基础设施相继建成。邮政完善自办汽车邮路，延伸投递网络，突出邮储重点，新开农资配送等业务。通信业务形成电信、移动、联通、铁通4家公司竞争格局，业务量逐年增长，效益稳步提高。有线电话由自动电话到程控化。移动电话由模拟电话到数字G网手机换代。传输线路从铁线到光缆，图像、数据、互联网等综合信息新业务，使城乡融入全球电信大网络。

2007年，涟源市邮电业务总量2.21亿元。固定电话用户8.25万户，移动电话用户22.28万户，宽带互联网用户9039户。移动基站由1999年的7个增加到218个，实现无缝覆盖。设邮政支局13个，市局营业厅1个，邮政所2个，邮政储蓄所3个，委托村办邮站387个。2017年，邮电业务总量4.03亿元，固定电话用户4.19万户，移动电话用户62.2万户，互联网宽带用户12万户。ITV电视用户5.33万户。移动基站1353个，城乡用户网速1000兆。邮政支局12个，市局营业厅1个，邮政所2个，邮政储蓄所4个，委托村办邮站528个。

五、水利

1990年，市内有中型水库2座，小（1）型水库24座，小（2）型水库128座，电站类水库9座，山塘5.45万口。有灌溉能力的泉井1243口；河坝1191处；柴油抽水机3980台，1.49万千瓦；电灌站1639处，装机1660台，3.35万千瓦。蓄、引、提总水量3.2亿立方米，有效灌溉面积31.06万公顷，其中旱涝保收面积19.8万公顷。2006年，涟源市建成山洪地质灾害预警系统（包括21个自动雨量站、2个自动水位站和预警短信群发系统）。2007年，涟源市被财政部、水利部评为全国农田水利基本建设先进市。2017年，涟源市蓄、引、提水总量3.5亿立方米，比1990年增加3000万立方米。有效灌溉面积31.31万公顷，旱涝保收面积24.5万公顷，占总水田的87.9%。

六、电力

1990年，市内有110千伏变电站5座，主变9台，容量30.85万千伏安。35千伏变电站15座，主变29台，容量14.5万千伏安。220千伏线路2条，长77.8千米。110千伏线路6条，长20千米。35千伏线路28条，长135.45千米，总用电量3.8亿千瓦时，人均用电22.05千瓦时。2007年，有35千伏及以上变电站21座。其中，220千伏变电站1座，110千伏变电站8座，主变9台，总容量27.7万千伏安。35千伏变电站13座，主变24台，总变电容量8.54万千伏安，配电变压器总容量29.47万千伏安。高压线路125条，2449.13千米。其中，110千伏线路16条，212.93千米；35千伏线路25条，241千米；10千伏线路84条，1995.2千米。总用电量4.41亿千瓦时，人均用电387千瓦时。6月，华润涟源电厂2×300万千瓦机组开工建设，2008年3月第一台机组发电。2009年5月，第一台300兆瓦燃煤发电机组顺利通过168小时满负荷试运行，投入商业运行。2017年，涟源市有35千伏及以上变电站30座。其中，220千伏变电站1座，110千伏变电站10座，主变22台，总容量88万千伏安。35千伏变电站19座，主变36

台，总变电容量22.68万千伏安，配电变压器总容量45.01万千伏安。高压线路168条，2943.48千米。其中，220千伏线路8条，158.72千米；110千伏线路15条，203.7千米；35千伏线路29条，275.52千米；10千伏线路116条，2305.54千米。总用电量9.77亿千瓦时，人均用电315.16千瓦时。

第四节 经济发展

一、农业

1990年，有耕地4.29万公顷，其中水田2.84万公顷，旱土1.45万公顷，粮食总产量38.07万吨，农业总产值4.32亿元。在农业总产值中，种植业占57.9%，畜牧业占33.7%，林业占2.2%，渔业占2.9%，副业占2.8%。1992年，涟源市被列入全省吨粮田开发重点市。春粮总产5.69万吨，成为湖南省第一个春粮过亿斤的县（市），之后连续7年位居全省榜首。1995年，被列入全国第四批商品粮基地建设县（市）。1999年，被确定为国家农业综合开发项目市和国家水稻工程优质稻高产栽培配套技术推广项目单位。2000年，实施肉牛养殖、模式化稻田养鱼项目与国家农业生态环境建设和综合治理项目。农业综合开发获全省一等奖。2001年，被确定为全国秸秆养牛示范县市，养殖业向规模化、产业化发展。2004年，被省政府确定为全省重点产粮县（市），列入全国粮食主产区重点县（市）。2017年，粮食播种面积7.84万公顷，总产量45.2万吨；农业总产值87.2亿元。其中，种植业占47.5%，畜牧业占46.8%，林业占1.5%，渔业占3.8%，农林牧渔服务业占0.4%。实现农业增加值53.8亿元。出栏生猪118.6万头，牛5.7万头，羊13.7万头，家禽504.4万羽，肉类产量9.7万吨，禽蛋0.9万吨，水产品1.9万吨。涟源市拥有各类农产品加工企业306家，龙头企业64家，其中省级8家，娄底市级56家。农产品加工企业实现销售收入112亿元，实现利润总额4.1亿元。规模以上农产品加工企业42家，省级休闲农庄14家，其中五星级4家。涟源市南芙生态农业有限公司被列为湖南省休闲农业示范点。全年推广各类农机具8000多台（套），其中遥控飞行喷雾机13架，高速插秧机21台，大型轮式拖拉机10台，履带式旋耕机34台，大型烘干机10套，化肥同步深施机29台，收割机36台，生物质制肥机1台。全市农机总动力86万千瓦14万台（套）。机耕面积4.97万公顷，机插机播2.1万公顷，机械化收割4.31万公顷，水稻生产耕、种、收综合机械化水平71.6%。

二、工业

1990年，有工业企业6252家。其中，全民48家，集体与私营5918家。工业固定资产6.73亿元，年完成工业产值8.87亿元。其中，乡镇工业1.99亿元，村办工业及村以下工业2.79亿元（含个体18067万元），全部利税总额1451万元。1992年，预算内市属16家国有工业企业进行生产经营、产品定价、内部分配、人事用工、技术改造的“五自主”改革，实行“全民所有，集体经营，国家征税，自负盈亏”，打破企业吃国家“大锅饭”、职工吃企业“大锅饭”局面。1993—1996年，涟源市工业从单一的国有集体所有制经济逐渐转变为多种所有制经济并存，形成采掘、机械、建材、冶金、制药、化工、食品加工、日用品生产等优势产业。

1997—2001年，加快工业结构从适应性调整向战略性调整转变，提高工业经济整体素质和效益，壮大支柱产业，培育龙头产业。工业布局由集中城市周围向乡镇扩展。4家市属国有工业企业、3家市属集体工业企业相继破产或重组，其余国有、集体工业企业实施承包、租赁等经营形式的改革。2002年，确立“工业强市，民营主体，项目推进”发展战略，发展重心由农业大市向工业强市转变。2003年7月，市委、市政府出台《关于加快企业改革的实施意见》《涟源市企业改革的若干规定》，全面推进以“两个置换”（企业置换产权，职工置换身份）为主要内容的企业改革。2006年2月，涟源市委、市政府颁发《关于加快推进工业化进程的决定》。2007年，工业企业2047家。其中，国有9家，集体20家，有限责任公司7家，股份合作5家，私营739家，个体1263家，港、澳、台商投资企业3家，中外合资经营企业1家。完成工业总产值87.38亿元，占工农业总产值72.6%。规模以上工业企业实现利润39.78亿元，上缴税金2.64亿元。

2016年，涟源市委出台《涟源市推进工业立市工业强市发展若干意见》，培育“专、精、特、新”园区，实现园区经济新突破，培育支柱产业，重点骨干企业。《湖南日报》7月25日发表《“工业提振”经济回春——涟源工业触底反弹》专题报道。2017年6月，涟源市《关于实施科技创新战略建设科技强市的实施意见》《关于帮扶工业企业的实施意见》出台。是年，全市工业增加值102.8亿元，其中规模以上工业企业146家，增加值86.2亿元，产销率99.4%。产值过亿元的规模以上企业66家。实现营业收入316.7亿元，利润总额23.4亿元。应缴增值税2.72亿元。17家省级高新技术企业产值84亿元，占规模工业总产值26.1%。战略性新兴企业17家，涉及医药制造、节能环保等行业。园区企业个数128家，其中规模以上工业企业44家。完成园区规模工业增加值54.7亿元，占涟源市规模工业增加值63.5%，其中高新技术产业增加值完成25.1亿元。是年，完成工业投资149.5亿元，其中工业技改投资119亿元。以旭晨新能源七星街分布式光伏电站建设项目，回春堂药业治疗风湿病替代药物产业化及其原药材基因库建设，康麓生物枳实（代代酸橙）生态种植及高值化精细深加工项目等为代表的新能源、医药制造、食品加工产业迅速提升。以科比特、艾威尔、泓泽新能源为代表的一批新能源项目加快推进。产品涉及光伏、电池、变压器、电表箱等。截至2017年底，涟源工业产品有2个被评为国家名牌、16个被评为省名牌，有2个被评为中国驰名商标、13个被评为省著名商标。

三、建筑业

1990年，涟源市有建筑施工队52家，涉及房建、水利水电、公路等多个专业，业务涉及贵州、江西、云南、天津等十几个省市。从业人员1万多人，经济管理与技术人员1800余人。其中，中级职称600多人，初级职称1000多人。有施工员300余人。1995年，有42家等级企业，其中二级企业2家，三级企业15家，四级企业25家。2001年，资质就位15家建筑企业。其中，二级企业3家，三级企业12家（房建企业10家，水利水电企业1家，市政企业1家）。四级和等外级企业取消。2007年，有建筑业总承包、专业承包企业17家。其中，二级企业2家，三级企业15家；总承包企业14家，专业承包企业3家；房建专业9家，公路专业2家，水电专业1家，其他5家。劳务分包企业10家。有一级建造师2人、二级建造师121人。工程技术人员1300余人。其中，高级职称19人，中级职称514人，初级职称700多人。有施工员、质检员、安全员、预算员、材料员300余人。2017年，涟源市实现建筑业增加值13亿元。年末，涟源市资质以上总承包和专业承包建筑企业15家。房屋建筑工程产值36.3亿元。

四、服务业

1990年，涟源市完成社会消费品零售总额5.07亿元，其中商业零售额3.7亿元（全民商业1.25亿元，集体商业1.28亿元，个体有证商业1.16亿元），饮食业零售额817万元（全民饮食业160万元，集体饮食业256万元，个体有证商贩401万元），工业品零售额6263万元，其他零售额498万元，农民对非农业居民零售额6145万元。有24个集贸市场。其中，蓝田市场占地1.34公顷，建筑面积4.84万平方米，主楼6层，内楼4层，固定门面400个，固定摊位2100个，商品住房113套。1994年，全市有27个集贸市场，初步形成综合市场与专业市场、批发市场与零售市场、工业品市场与农副产品市场相结合，以大型综合批发市场为龙头，以钢架顶棚结构集贸市场为骨干，以乡村小型市场为补充的市场体系。2007年，全市有集贸市场29个。其中，主要集贸市场11个：蓝田市场、蓝溪桥市场、双江市场、桥头河市场、杨家滩市场、伏口市场、斗笠山市场、水洞底市场、洪源市场、金石市场、龙塘市场。2017年，完成社会消费品零售总额106.89亿元，其中批发业68.75亿元、零售业11.92亿元、住宿业7.53亿元、餐饮业18.69亿元。

五、商业贸易

1992年4月，《涟源市关于鼓励外商投资的规定》出台。市政府组团参加在越南举办的湖南产品展销会以及内蒙古对外经济贸易交易会。1994年，组团参加湖南省招商局在日本、中国香港举行的大型经贸洽谈活动，筛选31个招商引资项目，向日本、美国、德国、加拿大、中国台湾、中国香港等地发布招商信息，紧盯沿海资金向内地回流的势头，向广东省、福建省、海南省等沿海地区同步发布招商信息。1996年，制定《关于招商引资优惠政策的若干规定》《涟源市产权招商优惠政策》，对涉及外商投资的项目，根据不同的情况给予优惠和让利。1997年，招商引资工作列入涟源市乡镇（街道）目标管理考核内容。是年，市政府组团参加长沙第六届湖南省出口商品展销暨对外经济技术合作洽谈会，发布招商项目40个，完成签约项目8个。2002年5月，涟源市与越南北宁市建立友好城市关系。是年，参加在深圳举行的第四届中国国际高新技术成果交易会，参加“商业配对”和“创业型企业投资洽谈”，签约项目3个，合同利用外资1200万美元。

2003年，坑口火力发电厂、白水泥厂收购及扩建、水泥四厂收购及扩建、山外山五金制品厂、湖南永升彩印包装有限公司等5个签约项目共引资26亿元。2004年，在温洽会上签约7个项目，合同引资4.8亿元。在湘洽会上，签约14个项目，合同引资13.8亿元。2005年5—6月，组团参加“东洽会”和“港洽周”两次大型的经贸活动，签订合同项目16个。其中，“东洽会”引资5.44亿元，“港洽周”引资1.4亿元港币。在长沙举办的湘浙经贸洽谈会上，签订合同项目1个，引资8000万元。2006年，修订《关于鼓励外来投资的若干规定》，高新技术产业、能源、交通、旅游景区开发等基础设施项目，除享受国家的税收优惠政策外，还可获得地方财政奖励。是年，在“中博会”上，签约4个项目，引进资金21.14亿元，获2006年首届“中博会”招商引资成果奖。第二届“娄博会”上，涟源市签约项目20个，引进资金12.8亿元。2007年，组团参加第四届“珠洽会”，签订招商项目合同6个，引资20.8亿元，其中外资合同引资15亿元。在娄底市建市30周年招商引资活动中签约8个，合同引资6.32亿元。

2013年12月，首届涟商峰会召开。来自全国各地31个商会、经促会的负责人和经济实力强、社会影响大的200余名涟商代表参会，现场签约5个项目，签约合同总金额97亿元。是年签约22个项目，总金额99.7亿元。实现内联引资50亿元，引进外资4500万美元。2016年，实施“涟商回归”战略，参加“沪洽周”“湘博会”，对接洽谈招商项目45个，签约中国航天建筑工业化湖南示范基地、中国物流涟源物流园项目、衡水涟源中学等20个项目，签约金额125.2亿元。2017年，第二届涟商峰会举办，签约14个项目，签约金额108.4亿元，其中与广建集团签署30亿元城市基础设施建设项目合作协议、与省兵工集团签署5.2亿元军民融合创新产业园项目合作协议。第八届“湘博会”上签约9个项目，签约金额57亿元。“港洽周”签约1个项目，签约金额5亿元。是年，内联引资到位98.3亿元，利用外资7000万美元。

1990—2017年涟源市部分年份经济发展情况统计表

表67-3 单位:亿元

年份	地区生产总值	其中			财政总收入	地方财政收入
		第一产业	第二产业	第三产业		
1990	6.84	2.80	2.85	1.19	0.70	0.58
1995	19.11	7.69	5.29	6.13	1.45	0.86
2000	29.86	8.69	9.20	11.97	2.20	1.33
2005	56.90	13.80	21.03	22.07	6.26	2.26
2010	123.87	25.82	58.47	39.58	8.29	4.26
2017	264.28	36.73	115.73	111.82	12.11	7.74

第五节　社会事业

一、科技

20世纪90年代，涟源市重点发展机械制造、冶金涂料等高新技术产业，拥有省级及其以上高新技术企业5家，省创新型企业7家，创新型试点企业8家，农业科技型企业4家，娄底创新型试点企业6家，农业高新技术企业1家。13家民营科技企业跨入全省百强民营科技企业行列。95%以上的农作物和家禽品种实现更新换代。波纹槽结晶器铜管、拉矫机水冷式轴承座列入国家重点攻关项目。JT、JTK、JTP新型矿用无级调速绞车属国内首创。废镍钴钴板合金生产线技术水平跻身国内先进行列。无头轧制专项设备系统达到国际先进水平。1990年，涟源市实施科教兴市战略，加快科技创新步伐。1993年5月，市委、市政府制定《科技兴涟纲要》。1996年6月，设立“科技兴涟奖”。1998年7月，市科协在城乡开展反邪教活动，举办“崇尚科学文明，反对愚昧迷信”等大型图片展览28场次，参观人数20余万人次。湖南卫视、《湖南日报》《娄底日报》以“科技致富”为题，宣传报道市科协扶贫点三甲乡实竹村。2007年，全市申报、授权科技专利67项，推广、引进新技术品种75个，实现高新技术产品产值14.58亿元。市科协发展科技示范户2070户，其中省级科技示范户68户，地市级12户。建立科技示范基地74个，扶持乡镇企业133个，科技扶贫1866户。2011年4—5月，涟源市分别被省科协、国家科协命名为省科普示范市、全国科普示范市。2017年，高新技术产业产值84亿元，占全部规模工业总产值的26.1%，1990—2017年，获得省级科技进步一等奖2项、二等奖2项、三等奖4项，娄底市级科技进步一等奖3项、二等奖3项、三等奖21项。申请专利1996件，授权专利922件。

二、教育

1990年，境内有学校850所，其中小学775所，初级中学59所，高级中学9所，职业学校7所。在校学生17.18万人，其中小学生12.77万人，初中生3.4万人，高中生8283人，职校生1793人。在职教职工8772人，其中小学5477人，初中2483人，高中657人，职校155人。教育经费收入7209.2万元，支出7146.1万元。1995年，按照“相对集中、方便入学、改善条件、确保质量、提高效益”原则调整学校布局，逐步撤并部分村级小学、教学点，发展联校，控制村级小学，联校带办教学点。15万人口左右办1所普通高中，3万人口左右办1所初级中学。农村小学的办学规模为：初小不少于4个班，完小不少于8个班，教学点隔年招生，班额不低于30人。农村小学服务半径2000～3000米，覆盖人口2000人以上。是年，撤并村小51所，减少教学班161个。2007年，有普通高级中学8所（一中、二中、三中、四中、五中、六中、立珊中学、私立行知中学），初级中学47所，小学联校327所（未包括教学点）。2017年，有中小学校367所，其中小学210所，初级中学52所，高级中学7所。在籍中小学生11.47万人，其中小学生6.41万人，初中生3.03万人，高中生2.03万人。有幼儿园179所，幼儿2.42万人。小学、初中义务教育巩固率分别达到100%、97.4%。在职教师7695人。是年，被评定为全国首批农村职业教育和成人教育示范县市。市工贸职业中专被评为国家中等职业教育改革发展示范学校、全国教育系统先进集体。

三、文化

1990年，境内有文化馆1个，乡镇办文化站48个，图书馆1个，图书室490个。市图书馆藏书20.4万册。有电影放映单位273个，其中放映队261个，放映电影1.77万场，观众1208.8万人次。有剧团18个，其中业余剧团17个，剧团演出124场，观众7.5万人次。有专业文艺工作者198人。2001年12月，被文化部评为全国文化先进县（市）。2015年11月，新编历史剧——湘剧《烧车御史》获湖南戏剧艺术最高奖项田汉大奖，同时获得田汉剧作奖、田汉导演奖、田汉舞美奖。两名演员获田汉表演奖。2017年，举办新春文艺晚会、“欢乐潇湘·文化涟源”群众文化会演、“红心向党”庆祝建党九十六周年专题文艺演出、第二届涟商峰会文艺晚会。开展“宣传党的十九大精神，决战决胜脱贫攻坚”送戏下乡活动，配合省文明委在涟源举办全省清明祭英烈“缅怀革命先烈·建设幸福家园”文艺演出，组织参加全省“湘博会”“旅博会”等大型会展演出。送戏下乡演出120场，农村公益电影放映2万多场次。情景剧《精准扶贫遍山乡》获全省“欢乐潇湘”群众文化会演金奖。涟源图书馆获评国家一级图书馆，年接待读者13万人次。开展文化人才下乡活动，发展文化志愿者500名。是年，有文化馆1个，乡镇办文化站19个，公共图书馆2个（市图书馆和作家爱心书屋），图书室463个。市图书馆珍藏纸质图书15万册，电子图书6万册。有电影放映管理单位1个，其中放映队36个，放映电影2.09万场，观众60万人次。有剧团14个，其中业余剧团12个，剧团演出380场，观众20万人次。有专业文艺工作者140人。

四、卫生

1990年，境内有医疗机构210个（不含村卫生室），其中医院68家，门诊部（所）135个，卫生防疫站、妇幼保健所、药品检验所各1个，其他卫生机构4个。有病床2462张，平均每千人口有病床2.41张。医务工作人员2714人，平均每千人口有医务工作人员2.66人。固定资产1012.34万元，医疗设备总价值200.65万元，建筑总面积13.52万平方米，其中医疗业务用房10.81万平方米。2003年，被省政府确定为全省首批新型农村合作医疗（简称“新农合”）试点县（市）之一。2007年，全市有医疗机构1129个，其中市属医疗机构4个，乡镇（街道）卫生院（中心卫生院、医院）20个，卫生分院32个，村（居、社区）卫生室954个，驻涟部队、厂矿医院7家，社会团体医疗机构2个，个体诊所110个。有固定资产2.29亿元，医疗设备价值6994万元，建筑面积22.05万平方米，其中医疗业务用房15.26万平方米。有病床2327张，平均每千人口有病床2.05张。卫技人员4867人，平均每千人口有卫技人员4.28人。涟源市参加“新农合”的农业人口80.71万人，占全市农业人口88%。

2017年，医疗卫生机构981家。其中市直6家，基层23家（乡镇中心卫生院19家，社区卫生服务中心3家，田心专科医院），村卫生室888家，民营15家，个体诊所49家。固定资产4302.1万元，医疗设备价值4698.7万元，建筑面积29.64万平方米，其中医疗业务用房17.63万平方米。有病床4131张，平均每千人口有病床4.12张。卫技人员5659人，平均每千人口有卫技人员4.96人。涟源市参加“新农合”的农业人口99.34万人，占全市农业人口的98%。是年，涟源市对2017年预脱贫的35个贫困村卫生室进行标准化建设，每个村投入资金30万元建设卫生室，提高农村建档立卡贫困人口住院费用医保报销比例10%，降低大病保险起付线50%，对建档立卡贫困人口参加城乡居民医保的个人缴费部分给予50%的补贴。

五、体育

1990年，涟源市有等级运动员81人，其中三级运动员32人，少年级运动员49人。有等级裁判员49人，其中田径19人，篮球19人。是年，举办运动会43次，参加运动会4605人次。2017年，举办首届“博盛杯”全国汽车场地越野赛、涟源市“农商银行杯”行政事业单位职工男子篮球赛、中俄男子篮球对抗赛、涟源VS安化羽毛球高水平运动员邀请赛、“华时捷杯”乒乓球友谊赛、涟源市“职工之家”象棋围棋比赛。承办娄底市首届中小学生运动会。组队参加娄底市“长沙银行杯”足球赛、娄底市县处级干部篮球赛，分别获冠军和亚军。参加在株洲举办的全省青少年田径锦标赛，涟源体校健儿获4枚金牌，参加在湘潭举办的全省第二届中学生运动会，获1金1银。是年，全市公共文化体育设施面积181万平方米，人均1.8平方米。

第六节　居民生活

一、居民收入消费

1990年，城镇居民人均可支配收入1224元，职工人均工资1971元。农村居民人均可支配收入578元。农村居民人均消费支出460元，消费内容以吃、用为主。城乡居民年末储蓄存款总额2.13亿元。

2000年，城镇居民人均可支配收入4057元，在岗职工人均工资6636元，城镇居民人均消费支出4069元。农民人均可支配收入2332元，人均消费支出2176元。2007年，城镇居民人均可支配收入1.05万元，在岗职工人均工资1.74万元，城镇居民人均消费支出7241元。农民人均可支配收入3250元，人均消费支出3021元。2017年，城镇居民人均可支配收入为2.03万元，农村居民人均可支配收入为9096元。城镇居民人均消费支出1.89万元。农村居民人均消费支出1.15万元。消费内容以居住、文化教育、医疗保险、娱乐、旅游等为主。

二、社会保障与救助

1990年，全民所有制企业按规定统一提取医疗费用，职工生病住院享受劳保医疗，住院治疗医药费用由企业负担，部分医疗费按职工工龄长短，按月定额发给职工作为门诊就医费用。市财政拨款的机关事业单位工作人员生病治疗，按工龄长短确定报销比例，门诊费用实行定额包干，住院费用由财政、单位、个人三方按比例分担。国有企业职工退休费用实行社会统筹，单位、职工双方按比例合理负担并缴纳养老保险金。1993年，市属集体企业职工纳入养老保险范围。1994年，机关和全额拨款事业单位将劳动合同制工人纳入参保范围，然后扩大到自收自支和差额拨款的事业单位职工。所有社保资金实行财政专户管理。

1997年，企业职工养老保险范围扩大到城镇私营企业和个体工商户。机关、事业单位在职工作人员全部参保。1998年，实施国有企业下岗职工基本生活保障制度和确保离、退休人员基本养老保险金按月足额发放，国有企业5900名下岗职工进入再就业服务中心管理。企业职工社会保险所为企业垫付离、退休费213.7万元，拨付受益金240万元。是年，社会保障补助支出111万元，其中城镇就业补助1万元、下岗职工基本生活补助110万元。1999年，实行城镇居民最低生活保障制度。社会保障补助支出658万元，其中社会保险基金补助579万元、国有企业下岗职工基本生活保障和再就业补助79万元。

2000年，离、退休人员基本养老金实行社会化发放，社会保险对象由社区管理。公费医疗、劳保医疗制度向城镇职工基本医疗保险制度转变。2003年6月，全市开展新型农村合作医疗试点，参保农民66万人，参保率70%，争取上级财政补助资金1256万元，地方配套资金264万元。2005年，城镇女职工生育保险和新的工伤保险制度建立和运作。“五保”供养资金由财政预算、乡镇村组负担调整为由财政全额承担，“五保”供养标准由每人每年400元提高至800元。2007年，涟源市城镇职工实行养老、失业、医疗、生育和工伤保险“五险并举”。农村实行低保制度。是年，社会保障和就业支出（包括整个民政系统管理的经费和劳动保障系统管理的经费）1.88亿元，其中发放城乡低保资金3600万元。

2017年，全市有失业保险参保单位153家，参保总人数4万人，实际缴费人数1.83万人，征缴基金340万元，为5035人次发放失业保险金563.21万元，为失业人员缴纳职工基本医疗保险152.48万元。企业职工养老保险参保单位216家，参加养老保险人数3.07万人，实际缴费人数2.61万人，征缴基本养老保险金1.89亿元。退休人数2.13万人，支付养老金4.53亿元，支付率100%。机关社保参保单位245个，2.04万人，离退休人数9205人。征缴养老保险费3.59亿元。参加基本医疗保险104.43万人，其中职工医保5.09万人，城乡居民医保99.34万人。筹得医疗保险基金8.06亿元，其中职工医保基本医疗保险基金1.65亿元，职工生育保险征缴基金1076万元。城乡居民医保统筹基金6.23亿元。职工医保住院1.5万人次，支付基本医疗保险基金6932万元。特殊门诊统筹基金应支付932万元；医保IC卡刷卡32万人次，门诊个人账户支付3728万元。城乡居民医疗保险基金支出5.89亿元。工伤保险参保单位396个，登记参保人数4.79万人，收缴工伤保险基金2512.37万元，支付工伤保险待遇3005.36万元，上解娄底市储备金147万元，争取省厅、娄底市局储备金调节2035万元，涟源财政补贴收入500万元。应付未付工伤保险待遇2402万元。城乡居民基本养老保险参保人数54.24万人，征缴基金3942万元，发放基础养老金1.73亿元。

第四章　双峰县

双峰县城区（2018年10月摄）

2017年，双峰县下辖12个镇、3个乡、1个经济开发区、486个村、37个社区，面积1593.45平方千米，人口90.11万人。县境交通公路里程4050千米，有上昆高速、娄衡高速、320国道过境。有省道3条、县道20条、乡道150条，公路畅通率100%。洛湛铁路双峰段在太平寺建立双峰北站。双峰主要产业有水泥、农机、鞋类、不锈钢、旅游业等。主要种养业有优质稻和瘦肉型生猪。特色产品有永丰辣酱、国藩溪砚等。2017年，地区生产总值230.75亿元，人均地区生产总值2.71万元。

第一节　自然环境

一、地理环境

双峰县位于湖南中部，地处东南部衡山山脉和西北部龙山余脉之间。东部中低山环绕，南境低山连绵，西端山地崛起，北部丘陵起伏，中部冈盆宽广，构成山地丘陵地貌。海拔最高是东部紫峰山，海拔818.8米，最低为北部江口河谷64米。东邻衡山县、湘潭县，南靠衡阳市，西界邵东县、涟源市，北毗娄星区、湘乡市。北纬27°12′31″~27°41′51″，东经111°51′43”~112°31′7″。东西61千米，南北59.2千米。面积1596平方千米，其中耕地面积50.21千公顷，水域面积31.89平方千米。县域属中亚热季气候区，平均气温17℃，夏季最高39℃左右，冬季0℃上下，年均降水1384.9毫米，日照1507小时，无霜期253天。气候环境有利于种植业。

二、自然资源

境内河道属湘江流域，主要河道有一级支流涟水河和涓水河。涟水河境内流程15.7千米，平均流量69.5立方米/秒。二级河道有侧水河等9条。境内有国家级风景名胜区水府庙水库，省级森林公园九峰山等。境内探明地下矿藏27种，其中金属矿资源11种，非金属矿资源14种，能源矿产3种。储量占全省前10位的有煤、石膏。境内有林地114.7万亩，乔木树种400余种，灌木树种100余种。森林覆盖率44.3%。野生脊椎动物236种，其中列为国家二级保护动物有穿山甲、小灵猫、虎纹蛙、红角鸮等14种。有国家濒危动物豹猫、林麝、牛头伯劳、灰鼠蛇等16种。有国际公约保护动物果子狸、松雀鹰、画眉鸟、眼镜蛇等23种。

第二节 历史文化

一、历史沿革

1951年8月，湘乡县划出第三、六、七区及第二区兴让乡的一部分，新建双峰县，属益阳地区管辖。11月，改属邵阳地区。1977年11月，双峰县划归涟源地区。1999年7月，双峰县属地级娄底市管辖。

二、名人乡贤

双峰县域古代、近代与现代著名的名人乡贤有：蒋琬，今双峰县井字镇人。三国时期蜀汉宰相，与诸葛亮、董允、费祎合称“蜀汉四相”。冯子振，元代散曲名家，今双峰县梓门桥镇山田村人，进士及第，曾任保宁（今四川境内）、彰德（今河南省安阳市）节度使。晚年著述《居庸赋》《十八公赋》《华清古乐府》《海粟诗集》等诗文或文集。曾国藩，双峰县荷叶镇天坪村人。中国近代政治家、战略家、理学家、文学家，湘军创立者和统帅。与李鸿章、左宗棠、张之洞并称“晚清四大名臣”。官至两江总督、直隶总督、武英殿大学士，封一等毅勇侯，谥文正。曾国荃，双峰县荷叶镇天坪村人，曾国藩九弟。湘军主要将领之一。历任陕西巡抚、山西巡抚，署两广总督、两江总督、礼部尚书、太子太保。曾与郭嵩焘等修纂《湖南通志》。罗泽南，双峰县石牛乡人。晚清湘军将领、理学家、文学家。曾协助曾国藩编练湘军，转战江西、湖北、湖南三省，后中弹伤重而死。属桐城派湘乡文派代表人物。曾纪泽，曾国藩次子，双峰县荷叶镇天坪村人，清代著名外交家。曾任清政府驻英、法、俄国大使。与俄人力争，收回伊犁及乌众岛山、帖克斯川诸要隘。官至户部左侍郎，追赠太子少保，谥号惠敏。撰有《佩文韵来古编》《说文重文本部考》《群经说》等著作。禹之谟，双峰县青树坪镇人。中国近代民主革命家。曾参加甲午战争，主张变法维新，加入华兴会，任湖南同盟会会长，后被晚清政府杀害。蔡和森，双峰县永丰镇人。中国共产党早期重要领导人，曾在湖南省立第一师范读书，与毛泽东等人组织新民学会，创办《湘江评论》，参加五四运动。后留学法国，归国后历任中共中央局委员，中央政治局委员、常委，中央代理秘书长、中央宣传部部长、中共两广省委书记。后遭叛徒出卖，被捕牺牲。蔡畅，双峰县永丰镇人，中国共产党早期领导人和妇女解放运动领导人之一，中国妇女运动领袖和国际进步妇女运动著名活动家。历任全国妇联主席、名誉主席，全国人大常委会副委员长，中共中央委员。钟林，双峰县蛇形山镇泉山村人。曾赴美国麻省理工学院学习兵工技术，中国著名火箭专家，曾指导生产新中国第一批火箭弹，担任重工业部副部长。王灿芝，著名女侠秋瑾之女，双峰县荷叶神冲老铺人。中国第一位女飞行员。宋希濂，双峰县杏子铺镇人。曾参加北伐战争，历经重要战役数十次。曾任国民革命军第71军军长、第11集团军总司令、新疆警备区总司令、第14兵团司令。曾昭抡，双峰县荷叶镇天坪村人。化学家、教育家和社会活动家，中国科学院院士，教育部、高等教育部副部长。

三、文化遗产

双峰县境文化遗产有全国重点文物保护单位曾国藩故居富厚堂，蔡和森、蔡畅故居光甲堂。有省级文物保护单位洛阳湾建筑群、葛氏宗祠、万宜堂、朱家大院、柏荫堂、体仁堂。有市级文物保护单位衡宝战役青树坪战斗纪念碑、盐井烈士纪念碑、水府庙。县级文物保护单位17处，不可移动文物保护单位7处。古遗址：距今4000多年的新石器时代晚期的杨村遗址、虎形遗址；距今3200年的商代晚期浮舟遗址。古窖藏：西周中期的龙船湾甬钟窖藏，战国时期的马段环钮钟窖藏，东汉时期的杨林铁器窖藏，汉代青铜饕餮纹辅首玄纹釜。古墓葬：西周时代茅坪西周墓，战国早期沿河战国墓，西汉时期石林西汉墓，汉代四湾古汉墓，南北朝时期戴家园古墓。

馆藏文物登记903件，其中一级文物1件，二级文物10件，三级文物82件，一般文物811件。一级文物为商云纹铜鸮卣。二级文物有西周云雷纹铜甬钟，战国乳钉纹铜铎，汉铁杈，战国双突箍铜剑，清湘军军门成示木牌，全国妇联送给蔡畅的纪念胸佩，蔡畅使用过的办公桌、办公椅等。三级文物有曾文正座前青花香炉底座。

省级非物质文化遗产有永丰辣酱和溪砚。永丰辣酱制作工艺始于明崇祯年间。18世纪中叶，蔡广祥兄弟率先开设2家酱园，产品销往省内外。清咸丰年间定为贡品。2007年12月，国家质检局确定永丰辣酱为地理标志产品并进行保护。2008年7月，永丰辣酱获湖南名优特产博览会金奖。2017年，永丰辣酱产量上万吨，销往25个省、市、自治区，出口沙特、美国、加拿大及东南亚等国家和地区。杏子铺镇溪口村一带盛产溪石，是生产溪砚的上等材料。溪砚纯手工制作，有着深刻的文化内涵和精湛的工艺技术。清咸丰年间定为贡品。民国年间，产品销往日本、东南亚等地。1970年恢复生产，2004年，杏子铺镇农民曹长桂等成立国藩溪砚公司，其产品在第一、二届中国湖南旅游商品博览会上获金奖。

第三节　基础建设

一、城市建设

1990年，双峰县城永丰镇城区面积3.35平方千米，有日供水5000立方米的自来水厂。

1991年，城区征地1.28公顷，完善绿化县城东南塔子山烈士公园。1992年，社会集资在涓水河建成钢筋混凝土人行平板桥“老板桥”。1993年，完成县城复兴街、工农路、书院路扩宽改造。自来水厂扩大至日供水2万立方米。1999年，城区铺设排水管网9.19千米，设窨井200余处，并在15～20米处设置地漏。2000年始，启动和森大道、国藩大道、迎宾路、园艺路、八本街、艺芳街、归朴街、育才路、思云路、富厚路等近20条主次干道改造扩建。2002年7月，和森大道万福桥建成。10月，自来水厂由日供水2万立方米扩大到4万立方米。2003年3月，城区拆除“勤政园”，新建艺芳广场，占地6800平方千米。广场突出“人口、生命、和谐”主题，故又名艺芳人口文化艺术园。

2004年，涓水湾·巨龙家园兴建，建筑面积13.5万平方米。2005年扩建蔡和森广场。蔡和森立身塑像安放在双峰一中，广场上换成蔡和森光辉一家铜质雕像群。广场面积1.1万平方米，建有怀和亭、思畅廊。2006年4月，城北兴建女杰广场，占地面积1.5万平方米。广场立有蔡畅、秋瑾、唐群英、向警予、葛健豪、王灿芝、曾宪植、曾宝荪8位女杰雕塑像。2008年1月5日，全国人大常委会副委员长、全国妇联主席顾秀莲出席女杰广场揭牌仪式，授予双峰县“女杰之乡”匾牌。9月，县污水处理厂兴建，日处理污水能力5万立方米。是年，巨峰房地产开发公司在女杰广场附近兴建县城首座高13层的居民小区“名人府邸”。玉盘小区、铂金华府、中央华府、中央龙廷、艺芳新城、中伟·世纪城、大汉大城市广场、恒顺世家、华剑·凯旋城等一批居民住宅小区相继建成。2009年，建在涓水河上的育才风雨桥竣工。城区排水实行雨水和污水分区处理。2014年，分散在各乡镇的革命烈士遗骨迁移到烈士公园安葬，建成3000平方米的烈士陵园。燕霄水库供水工程建成，日供水3万立方米。县污水处理厂第二期工程启动，日处理污水2.5万立方米。2015年，集观光、健身、文化娱乐于一体的涓水公园和文塔公园建成。

2017年，曾国藩文化广场竣工，面积18.33公顷。其中北广场11.33公顷，铺装面积2.92万平方米，建筑面积2995平方米。南广场7公顷，建筑面积46.67万平方米。城市建成区面积扩大到13平方千米，街道总长95千米，常住人口13.5万人。有20～32层住宅楼18处。供水厂2座，日供水7万立方米。18千米河污水分流管网完成铺设。

二、镇村建设

20世纪90年代，各镇区建有自来水厂。农村建房大多是两层或三层以上院落式民居，户型为城市式套间居多。县民政部门实施重点帮助因灾倒房户、“五保户”、特困户和优抚对象的无房户或危房户。1991年，湖南省确定双峰县为村镇建设重点县。双峰县开始招商引资和引导农民进镇区办店办厂。青树坪镇建成商业门面60个，摊棚3个，建立农贸市场。

1994年，永丰、青树坪、三塘铺、走马街等7个乡镇率先启动镇区建设。三塘铺镇硬化朝枫路、城中路、火车站路。青树坪镇办起社会客运站。走马街镇开展城乡一体化试点。1997年，青树坪镇建立回形山公园。各镇区建有邮政、电信、移动或联通网点。至1998年，双峰县先后有10个镇机关搬迁或扩建。21世纪初，走马街、荷叶等8个乡镇建设农贸市场。2001年，各镇区自来水厂日供水3万立方米。

2003年11月，三塘铺镇、青树坪镇和双峰海螺水泥有限公司共同兴建南冲水库供水工程，翌年4月投入运行，确保海螺水泥公司生产和生活用水。2006年，三塘铺、青树坪镇两个水厂扩建，由南冲水库日供水5000立方米。2007年，898个村完成电网改造，分期分批实施饮水工程建设改造。2009年，青树坪镇建成1条有400个铺面的富厚商业步行街。荷叶镇建成"封火山墙"晚情风貌建筑260弄的秋瑾街等4条主要街道。2010年始，县政府连续4年投入资金1940万元，改造村庄危房2400户。

2012年，荷叶镇被国家旅游局、住建部确定为特色景观旅游名镇。青树坪镇建成1栋13层的有商业门面110个、住房291套的名都国际商业广场。各镇区街道不断扩展延伸，全部水泥硬化、绿化、亮化，由单一的"马路"街道或"猪肠子"街道，建成宽20米以上的"十"字街、"井"字街。80个重点示范村兴建村部办公楼和文化大楼，设有农家书屋、远程教育学校、党员和老年人活动室等。在文化楼前建有文化广场和体育活动场所。2014年，花门、锁石、走马街等9个镇区完成改扩建集中供水工程。2015—2017年，投入2684万元，改造农村危房3345户。

至2017年底，双峰县有城镇街道75条，长70多千米，铺面6800余个。永丰、荷叶、三塘铺、青树坪等4个乡镇被住建部批准为全国重点镇。各镇区自来水厂日供水6万立方米，自来水普及率100%。所有镇区建有农贸市场，改变往年赶集日交通堵塞现象。各镇区先后建成文化中心（大楼）13处，中心卫生院12所，有文化广场、体育运动场所31处。各村建有文化大楼，配备体育健身器材10套以上。参加体育运动人数占农村人口的20%。农村人均住房面积50余平方米，部分农民建有别墅。

三、交通运输

1990年，有公路1354千米，其中320国道1条，50.5千米，省道3条，县道20条，乡道150条，所有公路除320国道为油路外，其余均为砂石路面。1990—1994年，集中资金改造320国道。县城公交车于1995年开行第一路，客车2辆。1995—1997年，开展公路交通建设年活动，新建双衡公路、320国道绕城线，改造10条县道和部分乡级公路。2000年4月，潭邵高速公路双峰段动工，途经蛇形山、走马街、甘棠、三塘铺4个乡镇，总里程40.8千米，2002年5月竣工。2002年，采取以奖代投方式，实施通达工程和畅通工程。娄新高速公路双峰段于2008年6月开工，2011年9月通车，主线长8.24千米。娄衡高速公路双峰段于2009年动工（2017年通车），途经走马街、永丰、印塘、锁石、花门5个乡镇，境内长33千米。2012年，县城公交车开行3路，客车26辆。2013年，娄邵铁路双线扩能改造为洛湛铁路，2014年竣工，双峰段20.9千米，在太平寺建立双峰北站。2017年，双峰县公路4050千米，是1990年的3倍，畅通率100%。开行公路客运线路101条，客车371辆。有水上运输船舶21艘。年水陆客运总量1180万人次。货物运输车5568辆，年货运总量1100万吨。县城公交车全部采用环保电动车，开行4路，客车26辆。

四、邮政电信

1990年，双峰县信函600万封以上。1992年5月，永丰镇开通2000门程控电话（10月增开5000门）。1994年，全县开通无线寻呼和模拟移动电话。城乡程控电话并网。1995年，无线寻呼用户3万余户。函件邮寄开始下降。1996年9月，全县开通数字移动电话。1998年9月，邮、电分设，电信大楼投入使用。1999年，移动通信业务从电信局剥离。各乡镇设立移动通信网点，建立基站。移动用户1.8万户。2002年，全县邮政汇兑业务通过电子汇兑系统处理，移动开通手机短信业务，无线寻呼退出通信市场。2003年，电信部门建设小灵通基站。2005年，邮政储户30万户。商业性函件、广告和小型刊物函件增加。2007年，全县居民固定电话12.3万台。2008年，县内移动手机普及，固定电话机数量下降。中国邮政储蓄银行双峰支行成立。2012年，双峰县小灵通用户大多签转移动网络。网购风行，邮政部门成立专业快递公司。2014年8月，小灵通业务退出通信市场。2017年，双峰县邮政储蓄总额超25亿元，发放贷款4000余万元。邮政快递公司递送包裹180万件。信函投递150万封。承发汇票220多万张，金额7亿余元。全县有移动电话用户54.29万户。城乡住宅电话机4.85万台。互联网宽带用户8.82万户，移动基站1000余个，城乡网速1000兆。

五、水利

1990年，有山塘5.81万口，中小型水库210多座。此后多年对山塘大规模清淤和防险加固，治理病险水库。至2017年，山塘清淤基本完成，蓄水量增加。整修和新开渠道2800千米，治理病险水库700座次。新修防洪堤130余千米。全县有中型水库4座，小型水库190座〔小（1）型水库24座，小（2）型水库166座〕，蓄水量比1990年增加240万立方米。

六、电力

1993—1995年，架设沙塘乡紫峰村等13个村的电力线路，安装配电变压器13台，全县消灭无电村。至1997年，建成青树坪、双峰110千伏变电站2座，荷叶、杏子、柘塘、花门等36千伏安变电站10座。1999年，新建梓门110千伏输变电工程，满足梓门桥、沙塘、井字、荷叶、杏子等地用电需求。2000年，兴建甘棠、石牛35千伏变电站，为荷叶、杏子、县氮肥厂、县石膏矿等35千伏变电站提供主供电源。2001年，永丰220千伏变电站建成投运。2004年，蛇形山35千伏变电站升压改造为110千伏变电站，缓解走马街、洪山殿、蛇形山3个乡镇用电困难。2007年，兴建印塘（金开）110千伏变电站，满足双峰经开区和双峰海螺水泥第二期工程扩建用电需求。2008年，兴建双峰西220千伏变电站。2010年，新建印牛线、印甘线、印十线3条35千伏线路，新建改造10千伏线路78.38千米，400伏线路88.84千米。1998—2009年，双峰县对城乡电网改造并完善基础设施。2017年，双峰县用电量9.27亿千瓦时，其中大型工业用电量（含海螺）3.74亿千瓦时，城镇、农村居民用电量分别为1.13亿和3.01亿千瓦时。

第四节　经济发展

一、农业

1990年，双峰县粮食产量24.25万吨，农业生产总值14.11亿元。1995年，农业产业结构调整，建立种养基地128个，农业总值22.1亿元，比1990年增长56.6%。1996年，三熟制种植面积萎缩，县政府推进农业产业化经营，壮大农业龙头企业，由粗加工向精加工转变。2003年，成规模生产的辣酱企业5家，家庭式作坊200余家，总产量4000多吨，产值3000多万元。永丰酱园生产的"湘宝牌"辣酱在第5届中国湖南（国际）农博会上获金奖。以丰华实业公司为龙头的大小竹制品加工厂和个人作坊300家，带动新造楠竹1000公顷。2005年，农产品加工企业年产值100万元以上的25家，500万元以上的10家，提供就业岗位5100个，带动农业基地建设1.67万公顷。基地农民人均增收500元。2006年，建成320国道和上瑞高速公路沿线2.67万公顷优质稻产业带、外销生猪产业带，新增无公害蔬菜、水果、菌类、中药材基地8个，建成"一村一品"专业村152个。2009年，聘请袁隆平院士为粮食生产顾问，水稻种植8.75万公顷，亩产446千克，总产55.85万吨。比上年增长1.8万吨，增幅全省第一，总产全省第四，被省政府推荐为全国粮食生产县。产值100万元以上的农产品加工企业105家，产值500万元以上的有湘中农科、卓越粮油、大地食品红、利源生态等10家企业。2012年，双峰县被授予全国粮食生产先进县称号。农产品加工销售收入20.8亿元。农产品加工企业中有省级龙头企业4家，市级23家。

2017年，粮食播种面积7.97万公顷，粮食总产51.58万吨，出栏生猪166.16万头，牛1.31万头，家禽298.32万羽，农林牧渔业总产值99.31亿元。推广各类农机6000余套，其中插秧机180台、大型轮式拖拉机8台、各式旋耕机308台、各式收割机165台。全县机耕面积4.53万公顷，机械化收割面积3.67万公顷，水稻耕种、收割综合机械化水平68.9%。

二、工业

1990年，境内有乡镇工业企业2061家，产值6.27亿元，利润1100万元。1992年，预算内县属13

家工业企业进行“五自主”（生产经营、产品定位、内部分配、人事用工、技术改造自主）改革。1993年始，双峰县乡镇企业和民营企业快速发展。煤炭、建材、建筑、小五金成为乡镇支柱产业，涌现金蚌“三刀”、三塘铺“三铸”特色产业。1996年，集体、股份、个体企业发展到2.63万家，从业13.9万人，营业收入60.54亿元，利润5280万元，是1990年的4.8倍。新上项目162个，固定资产8.21亿元。1997—2001年，双峰县引进项目79个，到位资金2.51亿元。

2002年，引进安徽海螺水泥项目。2004年，海螺集团投资5.6亿元，建成第一条年产熟料180万吨、水泥120万吨生产线。2005年，永丰开发区更名湖南省双峰经济开发区。是年，66家合法煤矿产原煤122万吨。涌现湘中农科、福泰药业、翠垅蔬菜、永丰辣酱等一批农产品加工企业。农机机电主要品种60余种，成为境内产业优势。2007年，总投资2000万美元的兴昂国际制鞋项目第一期，年产200万双女式鞋面生产线投产。工业企业“好运来”组合米机年产10万台，产值8000余万元。农友机械集团生产的“农友牌”米机获湖南省农机名牌产品。双峰县个体、民营企业2.51万家，收入98亿元。2009年3月，海螺水泥第二条生产线建成投产，年产水泥熟料150万吨，水泥粉磨160万吨，生产余热发电1.8万千瓦。是年，农机企业产值11.3亿元，占全省农机工业产值的1/4，成为湖南省农机产业基地。定源机械厂年产汽车半轴80万支，产值1.5亿元。兴昂国际鞋业、荣诚鞋业、晟丰鞋业等5家鞋业企业落户双峰。全县工业总产值86亿元，增加值25.34亿元。2010年，海螺水泥形成年产熟料360万吨、水泥500万吨的生产能力，年产值20余亿元，税金2亿元，成为湖南最大的水泥生产基地。全县工业产业比重首次超过农业产业。是年，双峰县获中国碾米机械之乡称号。县经济开发区扩展至3平方千米，入园工业企业52家，引进项目15个，其中投资4.5亿元，年产20万吨不锈钢项目在建。

2017年，双峰县工业增加值77.24亿元，对经济增长贡献率30.3%。全县规模以上工业企业160家。其中农机制造、食品加工、建材、医药、高新技术产业产值占规模工业企业的94%。

三、建筑业

1990年，境内有建筑施工企业42家，涉及房建、水利水电、公路等多个专业。业务拓展至云南、贵州、江西、广东等10余个省（市），为县内支柱产业之一，从业8000余人，其中中级职称450人，初级职称1000人，施工员200人，建筑业增加值4894万元。1995年，有等级企业30家，其中二级企业1家、三级企业10家、四级企业15家、普通企业4家。2001年，建筑企业改革、重组、兼并，建筑业增加值1.07亿元。2014年，全县建筑企业35家，其中施工总承包资质二级4家，三级7家，专业（交通、桥梁）承包企业6家，劳务分包企业18家。有中级以上技术人员416人，初级883人。从业2.67万人，其中劳务输出1.51万人。2017年，建筑企业增加值10.72亿元，资质内建筑企业增加值8.14亿元。

四、服务业

1990年，境内家政服务机构应时而生，提供保姆、月嫂、清洁工、病人护工或临时工等劳务人员，还有婚姻介绍、房屋中介等业务。1992年，双峰县私人宾馆、酒店迅速发展。2000年，电脑、热水器等家电安装维修骤增。2002年，国有、集体旅社改制，宾馆、酒店转为私营。开始出现快餐店、外卖等服务业。2010年，快递行业迅速发展。2014年，县城除三星商务酒店洞庭春外，还有知名酒店湘润天下、国际金汇、湘军大酒店、泓廷、馨德、双峰宾馆等，中小型旅社遍布城乡。2015年，快递行业发展至各乡镇。2017年，县内有宾馆、酒店800余家，从业2万人。快餐店400余家，从业2000余人。有大型汽车维修厂12家、小型维修店55家、摩托车修理店80家、自行车维修点70余家，从业1000余人。电器维修店100余家，从业300余人。家政服务机构15家，从业500余人。有快递公司4家。电子商务业、网络业快速发展。

五、引智引资

1990年，双峰县与全国10个县（市）及大专院校或企业建立经济技术合作关系，引进电子显像管零部件阴极磁片制造项目和竹胶压板项目，引进资金2221万元。是年始，双峰县制定和完善土地、税费、服务优惠等政策和措施，采取乡情招商、节会招商、上门招商等办法引进项目和资金，在全国各地由双峰籍老乡组成联络处11个，联络2300人。

1991年始，双峰县先后在北京、上海、深圳、珠海等地建立联谊会12个。在安徽省政府任职的双峰籍人士匡炳文推介的安徽海螺水泥集团落户双峰，成为省内最大的水泥生产厂家。1995年始，先后派出300余人，组团参加广州、深圳、长沙、娄底等地招商引资会23次，会见客商800余人，引进项目151个。1998年2月，双峰县在农机机电大市场举办首届招商引资暨农机机电产品订货交易会，有11个省（市、区）的2000余位客商参展。

2002年，50余个县直单位和企业，16个乡镇建立招商小分队上门招商，引进项目59个、资金6.5亿元。双峰市场成为全国最大的谷物加工组合米机和农机制造产品大市场。2003年始，在农机机电大市场连续举办6届产品订货交易会，每届有20余个省（市）400余家企业产品参展。连续11年组团80余批次赴广州、上海、深圳、珠海等地上门招商，引进中药材、不锈钢生产、花岗岩开发、农机制造、电子、针织、制鞋、烟花鞭炮、农产品加工等项目。2007年11月，引进外资企业兴昂国际鞋业有限公司落户双峰工业园。2008年11月，引进台资企业荣诚鞋业有限公司入驻台资鞋业工业园。2009年，引进广东宏旺投资集团投资4.8亿元的不锈钢生产项目。

截至2017年，双峰县共编印《双峰投资指南》1.4万册，推介招商项目152个，派出1500人次，组团参加各种洽谈会，引进招商项目705个，其中外资项目65个，到位资金150亿元，其中外资2.5亿美元。

1990—2017年双峰县部分年份经济发展情况统计表

表67-4　　单位:亿元

年份	地区生产总值	其中			财政总收入	地方财政收入
		第一产业	第二产业	第三产业		
1990	8.10	4.60	1.73	1.77	—	0.37
1995	23.09	14.31	4.14	4.64	—	0.68
2000	30.97	15.90	6.10	8.97	—	1.21
2005	44.21	17.23	11.62	15.36	1.96	1.25
2010	97.85	33.46	37.17	27.22	4.86	2.63
2017	212.21	45.93	87.96	78.32	10.37	6.34

第五节　社会事业

一、科技

1990年，双峰县有科技队伍3450人，各乡镇配备科技副乡镇长，培养县级科技示范户40户。引进科技含量高的项目2个。1992年，县政府配备专职科技副县长。开展农村科技示范村、科技示范户创建活动，涌现科技示范村20个、科技示范户565户。1997年，建立科技示范基地16个、示范乡镇2个、示范村25个，培养示范户8100户。至2007年，申报和实施国家、省、市工业科技计划项目108个，其中国家级科技富民强县专项行动2个，省级重点项目16个，市级重点项目90个。获省、市科技成果奖88项，包括亚热带丘陵小区农业资源综合利用研究，微型水稻收割机研究，多功能米机和胚芽米机研究，硫黄素软膏生产新工艺研究等。2008年，全县有专业技术人员1.08万人，其中高级职称527人，中级职称4940人，初级职称4875人。省级星火科技带头人25人。2009年，高新技术企业研发中心2

个，取得国家级专利46项，高新技术产值5000万元。2012年，县属独立科技推广和研究机构56个，大中型企业创办的科研机构2个，民办科研机构7个。2014年，永丰农技站引进湖南农大金农种业、隆平高科等油菜、水稻新品种等11个试验示范项目。2017年，双峰县有科技专业技术人员1.58万人。申报国家、省、市科技计划项目52个，申请专利436件，获授权专利296件、发明专利授权35件，开发专利产品85个，新增产值4.8亿元。

二、教育

1989年，初中以下学校下放到乡镇，普通高中学校由17所减至11所，县办职业技术学校由3所增至5所。全县小学生7.5万人，小学入学率、普及率、巩固率、毕业率平均92.5%。1995年，有幼儿园14所，一年级学前班614个。有入园（班）幼儿1.55万人，幼儿教师674人。至1997年，各乡镇投入900万元，兴建或维修校舍60万平方米。1998年，县境改革办学体制，对非义务教育的学校实行“国有民办”“校长承办”等多种形式改革。校长公开竞聘产生，教师实行全员聘任制和工资浮动制。2001年，根据学龄儿童相对减少的情况，全县调整小学至154所，小学教学点25个。2002年，义务教育学校收归县管。2006年，乡镇学区撤销，建立乡镇中心学校管理初中、小学和幼儿园的体制。2006年，初中、小学全部实行义务教育。2010年，双峰县获评湖南省教育先进县。是年，新建与维修改建校舍8.23万平方米，建立合格学校19所。2017年，新建与维修校舍60所5万平方米。建成双峰一中新校区（城西北）。建成教育信息化“三通两平台”，获得全省迎检县（市、区）第一名。全县有幼儿园131所，在园幼儿2万人，幼儿教师850人，实现学前班入学率100%。小学179所，小学教学点56个，小学入学率、年巩固率、毕业率均为100%。初中52所，初中毕业升高中比率96.4%。高中学校由17所减至11所。其中，公办高中9所，民办高中2所。

三、文化

1990年，境内有文化馆1个，乡镇文化站16个，图书馆1个（藏书8万册），图书室318个。有蔡和森纪念馆。有电影放映队182个，年放映电影1.1万场次，观众170.5万人次。专业文化工作者125人。1993年，走马街镇被授予省农民文化艺术之乡。1995—1998年，洪山殿镇被省命名为木偶戏之乡，井字镇被命名民间吹打乐之乡。青树坪镇被命名铜管乐之乡。书画家王憨山被聘为省美术家协会名誉理事、省书画研究院特聘画师，1997年，故宫博物院收藏了其两幅精美力作。2000年6月，湖南美术出版社出版大型画册《王憨山》；是年，李希特被授予湖南省剪纸美术大师称号，被联合国教科文组织授予民间工艺美术大师称号。2005年始，双峰县先后筹资3000万元，新建甘棠等5个乡镇文化楼和县文化馆大楼。每年组织50余场广场文化和节庆文化活动。2006年，举办双峰（国际）曾国藩学术研讨会暨中国首届曾国藩文化旅游节。2008年，走马街镇被文化部授予中国民间文化艺术之乡。2014年，湄水湾书画一条街建成，有书画经营企业近20家，书画艺术品交易额超8000万元。是年，双峰县被授予全省书画之乡、中国民间文化艺术之乡。2017年，双峰县有文化馆1个，乡镇文化站15个。有蔡畅图书馆、双峰一中图书馆，村级图书室486个，社区图书室37个。有电影放映队35个，民办电影院3个，年放映电影1.54万场，观众80万人次。有爱国主义教育基地蔡和森纪念馆。有电视台1个，电视覆盖率100%。有剧团41个，其中专业剧团1个，业余剧团40个，年演出4000余场。有文艺协会11个，会员1100人。有专业文艺工作者120人。

四、卫生

1990年，境内有医疗机构168家（不含村卫生室），其中医院42家，门诊所（部）120家，县卫生防疫站、妇幼保健所、药品检验所各1家，其他卫生机构3家，病床2015张，平均每千人口有病床2.23张。1992年，卫生院下放到乡镇管理，实施卫生院改造。截至2001年，双峰县新建中心卫生院9个。2002年，卫生院实行县、乡镇共管体制。2005年，双峰县人民医院门诊部新建传染病综合楼，拥有大型进口医疗设备100台（套）。是年，双峰县人民医院被中华医学会授予全国百姓放心医院称号。截至2009

年，各乡镇卫生院业务用房共14.45万平方米。2011年，双峰县城被省政府授予湖南省卫生县城称号。截至2014年，全县有48个村被评为省级卫生村，25个村被评为市级卫生村。2017年，双峰县有医疗机构766家，其中县直医疗机构7家，乡镇中心卫生院15家，社区服务中心2家，洪山煤矿医院1家，村卫生室700家，民营医疗机构10家，个体诊所31家。拥有病床3878张，平均每千人4.27张，医疗设备总值8887.5万元。在职医疗卫生人员2840人，其中副主任医生88人，主治医生（主管药师、护师）650人。

五、体育

20世纪90年代初，双峰县重点加强初中以上学生体育培训。1995年，在书院路建成3.17万平方米的体育场。1999年，双峰县一中建成室内体育馆。2004年，乡镇文化广播站加挂体育指导工作站牌子，将体育纳入目标管理。是年，双峰农民载重自行车队代表娄底市参加省第2届大众体育运动会，取得男女混合接力第3名。2005年，蛇形山镇南塘村和走马街镇政府分别被国家体育总局和省体育局授予全国优秀健身活动站、2005年度全民健身活动先进单位称号。2008年，梓门桥镇获评全国亿万农民健身活动先进单位。2010年，在第11届省运会上，双峰代表队取得1金2银5铜。2012—2014年，双峰县体育中心建立，占地面积10.81公顷，建筑面积36.95平方千米，集体育比赛、体育培训于一体。2017年，全县有486个行政村完成农民健身工程建设。有体育中心1处，普通篮球场108个，灯光篮球场26个，排球场43个，羽毛球场83个，乒乓球场馆412个，门球场18处。有农村健身路径60条，学校体育场200余处，人均体育设施面积1.23平方米，体育健身45万人。

第六节　居民生活

一、居民收入消费

1990年，城镇居民年人均可支配收入1115元，职工年人均工资1875元；农村居民年人均可支配收入642.9元，年人均消费575.5元，以日常生活消费为主。城乡居民年末储蓄存款1.5亿元。1996年，双峰县城镇居民年人均可支配收入3650元，在岗职工工资人均4031元，城镇居民年人均消费3680元。农村居民年人均可支配收入2692.7元，年人均消费2580.5元。2007年，城镇居民年人均可支配收入8188元，在岗职工工资年人均19472元，城镇居民年人均消费7550元。农村居民年人均可支配收入3579元，年人均消费3255元。2017年，城镇居民年人均可支配收入1.9万元，年人均消费1.69万元。农村居民年人均可支配收入1.08万元，年人均消费9509元。双峰县消费结构发生变化，内容以居住、文化、教育、医疗保险、娱乐、旅行为主。是年，双峰县金融累计储蓄存款180余亿元。

二、社会保障与救助

社会保障　1990年，国有企业按规定提取医疗费用，职工生病享受劳保医疗。机关事业单位工作人员生病治疗，按工龄长短确定报销比例，住院费用由县公费医疗办公室（财政）、个人按比例分担。国有企业职工退休费实行单位、职工双方按比例负担并缴纳养老保险金。1996年，双峰县参保企业10家，参保2000余人。1999年，城镇职工医疗保险启动，参保职工350人。2000年，参保企业99家，参保职工8000余人，退休人员3000余人。

2001年，启动机关事业单位养老保险。至2010年，参保单位201个，参保1.71万人。是年，发放养老保险金5193万元。2003年，全县参保企业146个，参保1.49万人，征缴养老基金1470万元，清缴老欠基金130万元。是年，将乡镇卫生院，农、林、水、畜牧站等人员列入企业养老保险范围。2004年，城镇女职工生育保险启动，2009年扩大到农村生育妇女，参保1.74万人。2005年，双峰县开展大病救助试点，其中农村大病救助对象270人，个人年救助金最高1500元。城镇大病救助对象120人，人均救助金1500元。

2006年1月，农村新型合作医疗保险启动，参保59.45万人，参保率76.6%。2007年，城镇企业职工失业保险启动，参保5820人。2009年，工伤保险参保单位322个，参保2.68万人。2010年底，企业养老保险参保3.32万人，退休人员8700人，征缴基金8900万元，发放养老保险金9000余万元。

2017年，城乡居民养老保险参保人数48.42万人，其中城镇居民5.71万人。城镇职工参加失业保险4.3万人，失业人员再就业1.08万人。零就业家庭动态援助1228户。6.05万人参加工伤保险，补偿费用302万元。生育保险参保人数4.3万人。农村居民72.65万人参加医疗保险，参保率98.5%。救助住院大病对象3581人，人均救助2385元。其中，救助农村儿童先心病、白血病患者18人，发放救助金14.6万元，人均8100元。

社会救助　1990年7—9月，双峰县遭受严重干旱，20万人饮水困难，5万人严重缺粮。县政府下拨救灾款93万元，争取省、市支持30万元，将救灾大麦种子60吨发至村组。1994年8月22—23日，双峰县发生特大洪灾，死亡11人，伤38人，倒房2600间。双峰县捐款63.2万元，发放救灾款110万元。港澳台同胞捐款26.4万元，发放救灾粮食（稻谷）5.7万吨，救灾衣服3500套（件）及大量棉被、蚊帐等。1999年7月始，永丰镇城区确定低保户居民41户64人，月人均差补38元。2000年始，双峰县主要救济因灾、因病造成生活困难的特困户和孤老、孤儿。2001年，所有乡镇及省属煤矿实行城镇低保，低保679户2375人，月人均差补36.8元。2002年，双峰县启动农村低保，确定低保对象4855户，1.1万人，月人均差补11.2元。2010年5—6月，双峰县遭受三次暴雨袭击，损坏房屋1781间。其中，杏子铺镇虎塘村因地质灾害沉陷，有一个村组房屋全部倒塌。双峰县下拨救灾应急资金320万元，救灾帐篷258顶。发放大米43吨及棉被、食用油、凉席等。下拨601万元帮助灾民重建或改造房屋978户。2010年，向因灾造成临时困难的205户发放救助金12万元，发放临时医疗救助金215.5万元。2012—2017年，累计发放临时困难救助金500万元，临时医疗救助金420万元，救助1.05万人次。2017年，双峰县城镇居民低保人数9124人，月人均差补319元。农村低保2.78万人，月人均差补160.05元。“五保户”8500余人，月人均供养费2000元。孤幼儿150名，人均每月抚养费600元。

第五章　新化县

新化县城区（2018年10月摄）

新化县地处湘中腹地，地理位置为北纬27°31′～28°14′，东经110045′～111°41′，居雪峰山脉北段东南麓，跨资水中游两岸，东邻涟源市、冷水江市，南接新邵县、隆回县，西连溆浦县，北界安化县。2017年底，新化县户籍人口150.88万人，面积3619.95平方千米，其中耕地6.565万公顷。辖3个街道、25个乡镇、2个国有林场、1个经济开发区、687个村（社区）。

第一节　自然环境

一、地理环境

新化县属雪峰山弧形构造带东南侧和祁阳山字形构造前弧北冀，地势西高东低，西部和北部为雪峰山主脉，山势雄峻，峰岭驰骋。东部低山、丘冈连绵，起伏平缓。南部天龙山、桐凤山环绕。中部为资水及其支流河谷，有江河平原、溪谷平原和溶蚀平原三种，系河流冲积、洪积而成。最高大熊山九龙池，海拔1622米，最低苏溪资江河谷，海拔144米，大多地域在海拔300米以下。资江流经境内石冲口、琅塘等9个乡镇，全长113千米，有一级支流20条，二级支流40条，三级支流24条，四级支流6条。县域系亚热带季风湿润气候区，特征是春温多变，寒潮频繁；盛夏酷热，高温多雨；秋季多旱，寒露风早临。年均气温17.2℃，1月最低为5.1℃，7月最高为28.3℃。极端高温39.8℃，发生在2003年8月。极端低温为-8.5℃，发生在1991年12月。年日照928.3~1706.7小时，平均1418.6小时；年平均太阳辐射能每平方厘米99.03千卡。年降水量1000~2000毫米，年均降水量1473.1毫米。境内多自然灾害，春季有春寒、冰雹；夏季有雷雨大风、暴雨、洪涝、干旱。秋季有寒露风、干旱，冬季有寒潮、冰冻。年平均无霜期280天，平均降雪日15.8天。

二、自然资源

2017年，新化县耕地面积6.57万公顷，其中水田4.97万公顷。有林地17.96万公顷，活立木蓄积量811.55万立方米，森林覆盖率56.97%。野生动植物资源有娃娃鱼、红腹锦鸡、银杏、金钱松、红豆杉、天狮栗等。水电水量37.65亿立方米，水能资源蕴藏量18万千瓦，其中可开发量6.48万千瓦。矿产资源43种150处，其中煤、铁、铜、钨、锡、锑、金、砷、石灰岩、石膏、砂岩、泥岩等12个矿种，38个矿产地已探明储量。煤、金、水泥灰岩、电石灰岩、水泥配料用砂岩等是优势矿产。保有储量煤1.5亿吨，金5.1吨，电石灰岩5151.1万吨，水泥灰岩1.36亿吨，水泥配料用砂岩3034.7万吨。

新化是湖南省文化旅游产业重点县。境内查明具有开发价值的单体文化旅游资源342处，类型齐全。31个亚类和155个基本类型中，新化分别占26项和80项。其中有五级资源紫鹊界梯田，四级资源大熊山原始次生林、梅山龙宫，三级资源梅山武术、新化饮食、蚩尤屋场、北塔等。通过打造升级可成为高品位景区景点的优良资源有上梅古镇、龙湾国家湿地公园、油溪河峡谷、古桃花源、渠江源、三联峒等。

第二节　历史文化

一、历史沿革

北宋熙宁五年（1072）建县，时属邵州。南宋宝庆元年（1225）属宝庆府。元属宝庆路，明清属宝庆府，民国初属湘江道。民国27年（1938）至38年（1949）属湖南省第六行政督察区。中华人民共和国成立后，属邵阳专区。1977年10月，属涟源地区。1982年6月属娄底地区。1999年7月，新化县属娄底市。

二、名人乡贤

新化人杰地灵，人文荟萃。相传中华三大始祖之一蚩尤诞生于境内大熊山，至今有蚩尤屋场遗址。宋有抗元英雄、梅山峒主扶汉阳。明有大理寺卿邹廷望。清有湘学复兴导师邓显鹤、舆地学家邹汉勋、数学家黄宗宪。近现代人才辈出，民主革命先驱陈天华，为抗议日本政府颁布的《取缔清国留日学生规则》，唤醒国民爱国救国意识，不惜蹈海殉国。他的《猛回头》《警世钟》敲响封建主义丧钟。辛亥革命元老谭人凤，追随孙中山从事民主革命，与黄兴组织武昌起义，被孙中山赞为“此复神州第一功”。无产阶级革命家、教育家、社会科学家成仿吾，是红军长征队伍中唯一的教授，以他为首创建“陕北公学”和“华北联合大学”，为国家教育事业做出重要贡献。华夏名将陈正湘，黄土岭抗战中击毙日本“名将之花”阿部规秀，威震东瀛。国际主义战士罗盛教为抢救朝鲜落水少年崔莹，献出宝贵生命，被中国人民志愿军总部授予一级爱民模范和特等功臣称号。一代伟人毛泽东的老师罗元鲲、袁吉六、罗教铎等，一生致力于教育事业，兢兢业业教书育人。

三、文化遗产

新化是千年古县，文化底蕴深厚，文化遗产众多。县内有国家级重点文物保护单位红二军团长征司令部旧址、新化北塔。有省级文物保护单位罗盛教故居、龙潭桥、文昌塔、杨氏宗祠、紫鹊界古梯田、楚怡高级工业学校新化旧址（含创始人陈润霖墓）等多处。有市县级文物保护单位刘氏宗祠、红二六军团临时兵工厂遗址等10余处。县文物管理所现有馆藏文物878件，其中有二级文物清末湖广总督张之洞手批宝庆府县陈凤在两湖书院求学时的时务学期考卷和抗美援朝文物等8件，三级文物53件，一般文物817件。古迹遗存一般不可移动文物点有兴国庵、极乐庵、普同塔墓群、杨洪岩风雨桥、谭家山古村落等99处。紫鹊界梯田和梅山龙宫被列入国家自然与文化双遗产名录。新化山歌、梅山武术被列入国家级非物质文化遗产。

第三节 基础建设

一、城市建设

1990年，新化县城主要道路以十字街为中心，四街（东门、东升、十字、南门）和九巷（毕家、学门前、辛家、毛家、居士、安家、戴家、宿三、仁贤）为主体，路面为沥青路面或石板路面和部分水泥路面。1991年始，新化县城建设实行东拓、西扩、南延、北改和提质扩容。先后完成工农河、青石街、人民路、迎宾路、城西路、滨江北路、滨江南路、梅堤路、古城路、上梅中路、上梅西路、天华南路、建新路、崇阳岭路等主要街道改造和城西护城梅堤加高、加厚、加固。加快梅苑新城区建设，新建新冷路、梅苑南路、白沙洲路、学府南路等主要大道和望梅街、赏梅街、祥和街等众多中小街道，形成纵横交错的道路网络。加固资江一桥、新建资江二桥和三桥。辉映江岸、康城豪苑、阳光小区、金沙绿岛等一批房地产新区拔地崛起，高楼林立，为县城增色添彩。月光潭水厂二期和三期扩建，日供水能力从1万立方米增至4.4万立方米，基本保证城区供水。建造生活垃圾填埋场，脏乱差现象明显好转。2012年，创建省级卫生文明城市。城区主要街道和居民生活区实行绿化、亮化、美化。2017年，城区绿化面积734.4公顷，比1989年增加6.8倍。中心城区建成区面积由1990年的5.1平方千米增加到2017年的30平方千米。

二、镇村建设

1990年，新化县有12个区，2个区级镇，86个乡镇（林场），1142个村，20%的村通公路，81.3%的村通高压电，80%的村通广播电视。1995年，撤区并乡建镇。全县19个镇7个乡、2个林场、1个经济开发区，1142个村。各地加强水、电、路、通信等基础设施建设和小城镇建设，石冲口、水车、琅塘、圳上、吉庆、温塘、曹家等十几个镇乡中心区域都建成商业街、综合交易市场和居民生活小区，实现道路硬化、亮化，环境美化，各乡镇自来水厂、变电站、移动通信站、广播电视塔齐备。商业、服务业迅速发展。进入21世纪后，镇村建设步伐加快。县到乡镇公路都建成水泥路或炒砂路。全县绝大部分村组和人口集中的院落均修通公路并硬化。每个乡镇办新农村建设试点。洋溪镇白地村等村的新农村建设初具规模。2003—2012年，文化旅游从起步发展到初具规模。2013年始，发展全域旅游，加快重点景区景点建设和旅游沿线风貌改造。截至2017年，新化县所有县到乡镇的公路硬化，100%的村通公路，90%以上的村级公路硬化。所有镇乡中心区域和70%以上的村用上自来水。农电网完成改造，实现城乡用电同价。各镇乡建有移动通信基站，程控电话、移动通信覆盖全县城乡。大多数农村老百姓盖上新房，4%的农户拥有小汽车，60%的农户拥有摩托车或其他助力车、运输车。超市、商场遍布乡村。城镇化率36.19%，比1989年提高27.3个百分点。

三、交通运输

1989年，湘黔铁路新化县境内67千米，途经15个乡镇，另有厂矿专用铁路线6条11.6千米。全县公路总里程1644.4千米，其中过境省道2条68千米，县道18条479.8千米，乡道324.8千米，村道696千米，厂矿专线75.8千米，大多为砂石路，只有柏油路20千米。1990年始，新化县抓住扶贫开发、新农村建设等机遇，加快基础设施建设，先后新建云溪至大田、白溪至荣华、上团至溆浦岗东、邓家至青石、吉庆至黄柏界、海龙至安化洞市、油溪至南山、新化至白溪的河东沿江公路等县乡公路。1995年6月，启动“公路建设年”活动，加强村组道建设。截至2002年底，崇圳线、温田线、谢炉线、青游线改造完成。2003年12月，启动县到乡镇公路改造大会战，先后对新化至白溪沿江公路、黄四、桑温、温矿、田漆、琅金、鹅天、炉奉、圳大、云古、南坐、金两、崇南、大双、青肖、荣白、奉团、崇圳、谢洋、游余等公路进行改造，提升硬化公路里程。2006年，资江二大桥建成通车。截至2009年，全县新建村组道6327千米，基本实现村村通公路。先后对省道312线、225线、217线进行升级改造。吉庆至晨光、田坪至崇山、崇山至圳上、游家至青山、石冲口至化溪、吉庆至温塘等公路实行油路铺装。2012年12月，娄新高速公路通车。2014年12月，新溆高速公路通车。全县通车高速公路68千米，并争取到建设紫鹊界和大熊山两条高速公路连接线，结束县内没有高速公路的历史。2014年12月，沪昆高铁通车，新化南站开始运行，县内有高速铁路38千米。同时，争取新化支线飞机场立项，2017年，选定游家春田村为支线机场场址，并做建设前期准备工作。新化三桥建成通车。截至2017年底，新化县有通车高速公路68千米，高速铁路38千米。全县公路总里程7978千米，比1989年增长4.9倍，其中硬化路面4329千米，境内村村通公路。

四、邮电通信

1990年，新化县邮电局在各区（镇）设邮电支局15个，主要从事信函件、包裹收发、汇总、报刊发行、集邮及邮政储蓄等业务。各机关单位打电话使用摇柄式电话机。1992年，县城区开通程控电话。1993年11月，县城区开通“大哥大”移动电话。1994年，新化县区乡机关及中心区域开通程控电话。1997年，开通GSM数字移动电话。1998年9月，邮电局分为邮政局和电信局。1999年7月，移动通信业务从电信局分离。2000年7月，中国联合网络通信有限公司新化分公司和新化铁通（2008年并入中国移动新化公司）成立。新化电信、新化移动、新化联通和新化铁通各自发展移动通信业务，分别在城区和各乡镇建移动通信基站。同年，在原因特网业务基础上开通窄带上网业务。2003年，开通小灵通业务。紧接着开通光纤宽带城域网，并逐步普及城乡。2005年，新化电信开始无线农话建设，到2009年，无线农话用户2.2万户。进入21世纪后，移动通信迅猛发展，固定电话使用量逐步减少。至2017年，新化县城乡居民均用上移动电话，城市居民每百户拥有固定电话9部，移动电话283部。农村居民每百户拥有固定电话8部，移动电话206部，互联网普及到千家万户。

五、水利电力

1990—2017年，新化县七大灌区配套设施逐步完善。累计投入资金26.9亿元，投工1.57亿个，完成土石方2.58亿立方米，治理水土流失面积563.6平方千米，建成各类大小水利水电水保工程17.8万处。其中，除险加固大中型水库3座，整修小（1）、小（2）型水库274座，中型河坝1座，小河坝5811座，山平塘1.58万口。维修高标准渠道8548千米，建电灌站179处。蓄引提水量4.62亿立方米，有效灌溉面积2.62万公顷。新建农村乡镇骨干集中供水工程754处，日供水16.3万吨，解决78余万人安全饮水。

1990年始，新建大小水电站48座，总容量7万千瓦。先后新建变电站20座，其中35千伏变电站11座，110千伏变电站7座，220千伏变电站2座。架设高压线路2541千米，低压线路8600千米，实现村村通电。完成农网改造升级，实现城乡用电同价，供电能力大幅度提升。2017年，新化县城乡用电总量13.75亿千瓦时，比1990年增长5.6倍，其中工业用电5.92亿千瓦时，比1990年增长2.4倍。商业及其他用电2.36亿千瓦时，比1990年增长3.2倍。农业用电8.6万千瓦时，比1990年增长3.6倍。居民生活用电5.38亿千瓦时，比1990年增长24.6倍。

第四节　经济发展

一、工业

1990年，境内有工业企业1.33万家，其中全民所有制45家，集体所有制1196家，个体1.2万家，内地和香港合营1家，工业总产值3.87亿元（1980年不变价）。1992—1997年，国有工业企业实行“五自主”（生产经营、产品定价、内部分配、人事用工、技术改造自主）改革。调整工业结构，发展农产品加工龙头企业，壮大支柱产业，提高工业经济效益。国有集体工业企业实施以承包经营为主的改革。2003年始，推进以“两个置换”（置换企业产权、置换职工身份）为主要内容的国有集体企业产权制度改革，处置18家国有企业和11家集体企业资产2.48亿元，置换职工身份1.16万人。至2017年，新化县工业企业692家，其中国有企业4家，股份合作企业9家，私营企业679家；规模以上工业企业155家，其中年产值上亿元的企业79家。规模以上工业企业增加值55.13亿元。

二、农业

1990年，境内粮食总产量33.52万吨，人均产粮278千克，农业总产值4.88亿元，农民人均纯收入349元。按照省政府部署，发起冬春修水利和“芙蓉杯”竞赛活动。整修一批水利工程，七大灌区的防汛抗旱能力明显增强。是年，实施“五年消灭荒山，十年绿化新化”计划，重点抓造林绿化和封山育林。截至1994年底，完成人工造林4.29万公顷，飞播造林3.34万公顷。完成灭荒达标任务。是年，粮食总产量40万吨，1996年45万吨，受到省政府嘉奖。

1998年始，新化县连续3年获湖南省水利十强县、娄底市第一名，两度获全省、全国水土保持先进县称号。1999—2001年，连续3年实行生态环境综合治理工程，对生态脆弱的白溪、炉观、上梅等10个乡镇进行造林治理，累计造生态林395.2公顷。全县扩种经济林3.66万公顷。2000年，新化县过万元的畜禽养殖大户312户。2001年秋，启动退耕还林工程，至2009年，退耕造林1.08万公顷，配套荒山造林1.39万公顷，完成低效林改造和楠竹低改2.15万公顷。

2007年，新化县被国家确定为生猪调出奖励资金项目实施大县。生猪生产的商品率87.5%。2008年，累计营造长江护防林6473.3公顷。2009年始，新化县连续9年获全省粮食生产先进县称号，其中2010年获全国粮食生产先进县称号。2017年，新化县有林地达17.96公顷，活立木蓄积总量811.55万立方米，全县森林覆盖率54.92%。

1990—2017年，新化县先后3次完善农业生产责任制，不断放开土地使用权政策，把农民从农业生产的束缚中解放出来，促进农村劳动力转移和土地适度向种田能手集中。全县取消农业税、农业特产税和屠宰税，补贴农业生产，调动农民生产积极性。每年有30余万农民进城打工、经商、办企业，农村经济进一步搞活。

三、商业

1990年，境内有商业机构7609个，从业人员1.85万人，社会商品零售总额3.81亿元。1991年，全县国有商业实行“四放开”（经营、价格、分配、用工）改革。1992年，国有商业和集体所有制商业企业开始国有民营改革，实行承包经营，自负盈亏。1993年4月，县委作出《关于加快发展个体私营经济的决定》，对个体私营经济发展给予资金技术扶持。以第三产业为主的个体私营经济迅速发展。县委、县政府完善市场建设，营造发展平台，鼓励国有集体企业走向市场，与个体私营经济同生存、共发展。供销社、肉食水产等部门率先走向市场。物资、粮食、外贸等部门实行分开经营，部分走向市场。2003年始，国有、集体商业企业实行“两个置换”改革，走向民营化。各类超市、集贸市场、专业物资市场迅速发展，商业贸易繁荣活跃。2017年，新化县社会消费品零售总额105.2亿元，是1989年的27.63倍。

四、文化旅游

1995年，新化县开始探索发展旅游业，开发县城和大熊山森林公园旅游。20世纪末，发现和开发梅山龙宫。2001年，县委、县政府做出《关于加快旅游业发展的决定》，制定全县旅游发展规划和景区景点发展规划。2002年10月，梅山龙宫开放旅游。12月，大熊山被林业部批准为国家级森林公园。2003年始，开发紫鹊界梯田、油溪河漂流。2005年初，提出“旅游活县”。紫鹊界梯田—梅山龙宫获列国家重点风景名胜区。2006年，该景区被列入国家自然与文化双遗产名录。新化县先后获湖南省旅游强县、全国休闲农业与乡村旅游示范县等称号。赴新化县旅游人数逐渐增多，至2012年，文化旅游产业初具规模。接待游客380万人次，旅游综合收入20亿元。2013年5月，新化县被省委、省政府列为3个首批全省文化旅游产业重点县之一，获得连续3年每年1亿元的财政支持。县委、县政府确立“旅游立县”战略，提出“全民兴旅、全业融合、全景梅山”文化旅游发展总体思路，发展全域旅游，重点发展生态游、美丽乡村游、休闲养生游等旅游新业态。2017年，新化县接待游客1082.63万人次，旅游综合收入74.96亿元。

五、扶贫攻坚

1990年5月，新化县被省人民政府确认为革命老根据地。1991年6月，国务院扶贫开发领导小组将新化列为“八五”期间国家扶持的省重点贫困县。1993年12月，国务院批准新化为国家“‘八七’扶贫攻坚”重点贫困县。1994年9月至2000年12月，财政部在新化定点扶贫，每年派专人驻新帮扶，从基础设施建设、经济项目开发和社会事业发展各方面给予大力支持。2002年始，中国光大集团驻新扶贫，在基础建设、招商引资、人才和技术引进、教育、卫生等社会事业发展方面对新化给予大力支持。省委、省政府先后派省财政厅、民政厅、人社厅、省国防科工委、省建材总公司等13家单位驻新化扶贫，娄底市委、市政府把新化作为扶贫重点，倾全市之力帮扶。县委、县政府带领全县干部群众负重拼搏，艰苦创业，开展驻村帮扶，大打扶贫攻坚战。帮助贫困村新建高标准山塘3623口，高标准渠道3673千米，新建电排110处，新增和改善灌溉面积1.6万余公顷。建人畜饮水工程3220处，解决61.6万人畜饮水问题，架设高低压电线1681千米，实现全县村村通高压电。举办各种农村适用技术培训班610期次，培训32万余人次，有效提高农村劳动力技能。

1990—2017年新化县部分年份经济发展情况统计表

表67-5　　单位:亿元

年份	地区生产总值	其中			财政总收入	地方财政收入
		第一产业	第二产业	第三产业		
1990	9.70	4.88	2.95	1.87	2.46	0.54
1995	20.61	9.02	4.72	6.87	1.62	0.74
2000	27.22	11.55	6.04	9.63	2.64	1.32
2005	44.14	13.51	10.93	19.70	6.29	1.75
2010	98.51	28.53	30.06	39.92	22.62	3.31
2017	227.03	43.48	76.36	107.19	12.80	7.85

第五节 社会事业

一、教育

1990年，新化县有普通中学118所（其中高中13所，初中105所），小学995所，幼儿园11所，教师进修学校1所，农民中专1所，职业中专5所。有教职员工1.14万人，在校学生23.56万人。1993年，推行素质教育，逐步转变“唯升学率”教学理念。1995年，原14个区教育办和86个乡学区撤并为29个乡镇教育办。1995—1997年，新化县撤并学校211所，教育资源向优势学校集中。同时鼓励社会力量办学。1998年始，对全县中小学校领导和教师实行聘任制。1999年，普及九年义务教育顺利通过验收，“两基”（基本普及九年义务教育，基本扫除青少年文盲）目标实现。2004年始，实行义务教育“两免”（免学费、杂费）政策，寄宿生适当补贴餐宿费，困难学生能获得困难补助和贴息贷款。政府对教育的投入逐年增加。2017年，新化县共有小学及教学点386所，初级中学57所，九年一贯制学校36所，完全中学5所，高级中学4所，十二年一贯制学校1所，特教学校1所，职业学校5所。在校小学生12万人，初中生4.55万人，高中生2.12万人，职业学校学生3686人，特教学校学生38人。全县适龄儿童入学率100%。高考录取人数4285人。

二、科技

1990—2017年，新化县累计引进研发推广科研成果6940项。农业推广良种和机械化先进生产技术，提高科技含量和经济效益。引进推广各类新品种869个，推广面积9.32万公顷。工业实行引进和研发相结合，加强企业与大专院校、科研院所联合，共同研发新技术新产品，先后引进新技术、新工艺760余项，开发新产品920多个。县机械刀片厂的高合金钢刀片、县气门厂的激光熔敷气门、奉天药业的金银花系列产品开发被列为国家火炬计划和星火计划重点项目。湖南海螺集团引进日本新能源产业新型干法预热分解水泥窑低温余热发电技术，系国家十大重点节能工程之一。县属及县以上工业企业共申报并授权专利1376项，实施635项，其中发明专利47项。产生经济效益15.8亿元。生命链酒、832-1丙烯自泳底漆、甲片糖获国际金奖，新型复合陶瓷托辊等8个产品获部优产品或著名品牌。医药卫生、邮政电信、交通电力、建设规划、地震气象等各个部门共引进新技术2400多项，新设备2800多套。

三、医疗卫生和计划生育

1990年，新化县总人口120.3万人，当年出生1.92万人，计划生育率62.8%。医疗卫生机构954家，平均每千人病床1.69张。1991年，全县麻风病防治工作通过省验收达标。2005—2016年，在全省计划生育考核评估排队中，连续12年被评为全省计划生育工作先进单位。2016年1月1日始，全面实施“二孩”政策。是年启动新型农村合作医疗制度。新化县城乡居民基本医疗保险参保人数123.99万人，农村人口医保参保率达到100%。1997—2017年，以省卫生部门“三项建设”为契机，多方筹资，全县新改扩建医疗卫生项目360余个、建筑面积8.1万平方米，完成县人民医院及西河镇、荣华乡、奉家镇、槎溪镇等乡镇卫生院易地新建。及时控制西河镇甲类传染病——霍乱疫情。2003年，成功防治非典型肺炎。2017年底，新化县总人口150.88万人，当年出生2.28万人，人口出生率15.22‰，符合计划生育率84.7%，人口自然增长率8.4‰。医疗卫生机构1258家，平均每千人病床4张。地方病和传染病得到有效防治。

四、文化体育

1990年，城乡电影放映普遍，文艺演出频繁。每年春节、元宵节、端午节、国庆等节日举办一些庆祝或纪念性的文化活动，舞龙、舞狮、灯会、庙会、文艺演出、划龙船等文化活动不断，地方色彩浓厚。传统文化九音锣鼓、竹子戏、竹编得到传承。文学艺术创作成果迭出，先后创作有影响的小说、散文、诗歌、书画、音乐、舞蹈、戏剧、摄影等作品1200余件（幅）。文化部门开展送戏下乡、送书下乡等活动350余场次，观众读者120余万人次。文物保护得到加强。梅山文化研究取得突破性进展，蚩尤文化园建设顺利进行，苗瑶文化、傩文化、宗教文化等传统文化得到弘扬。1990—1994年，新化县体育健儿在全国、全省体育竞技比赛中连连摘金夺银。新化武术代表队在国际国内各类武术大赛中累累夺魁。伍湘梅和邹飞娥在第四届和第八届世界女子举重锦标赛上获得3枚金牌，刷新2项世界纪录。群众体育活动广泛开展，武术、游泳、拔河、篮排球等体育运动普及全县，新化县获全国武术之乡称号。2000年，被国家体育总局授予“全国体育先进县”称号。2002年，被确定为全国举重高水平后备人才基地。2006年，获“中国梅山文化艺术之乡”“蚩尤故里文化之乡”称号。2012年，新化县文体中心开工建设。2014年，文体中心建成，承办省第十二届全运会的举重、武术套路和武术散打3个项目的比赛。2015年11月，举办首届“大熊山杯”梅山武术节。2017年，举办第二届梅山武术节。

第六节　居民生活

一、居民收入消费

1990年，新化县职工年平均工资1605.2元，城镇居民人均可支配收入1394元，农民年人均纯收入347元。城乡居民人均储蓄存款76.4元，城镇居民年人均消费支出1376元，农民年人均消费支出419元。城乡居民恩格尔系数为58.4%。2000年，城镇居民可支配收入4807元，比1990年增加3413元，增长244.8%，农民人均纯收入1167元，比1990年的41元增长27倍。2010年，城镇居民可支配收入1.09万元，比2000年增加6093元，增长126.8%，农民人均纯收入2350元，比2000年增长101.4%。2017年，城镇居民可支配收入1.93万元，比2010年增长77.1%，农民人均纯收入7920元，比2010年增长2.4倍，城乡居民恩格尔系数32%，比1990年降低26.4个百分点，人们衣着消费逐步向美观、时尚、高档方向发展。家庭用品档次明显提高。电视机由黑白向彩色数字电视转变，代步工具由自行车向摩托车和小汽车转变，洗衣机向全自动、智能型转变，电脑、宽带网、空调、照相机逐渐进入普通居民家中，移动电话在城乡居民中基本普及。城市居民每百户拥有小汽车18辆，摩托车34辆，洗衣机100台，彩电119台，电冰箱97台，家用电脑60台，照相机8架，空调120台，固定电话9部，移动电话283部，热水器43台。农村居民每百户拥有小汽车4辆，摩托车52辆，洗衣机86台，电冰箱92台，彩电100台，电脑18台，空调9台，照相机2架，固定电话8部，移动电话206部。居住条件明显改善。城镇居民人均居住面积33.09平方米，比1990年的10.66平方米增加22.43平方米。农村居民人均居住面积71.64平方米，比1990年的17.23平方米增加54.41平方米。住房装修日益高档。

二、社会保障

1987年始，对全民所有制企业的劳动合同制工人建立养老保险关系。1988年，县内全民所有制企业职工参加退休费用社会统筹。1994年始，征集全县机关事业单位工作人员养老保险基金。1996年始，全面征集企业社保基金。1999年始，实行城市居民最低生活保障制度。2006年，建立贫困人口最低生活保障机制，实行农村居民最低生活保障制度和新型农村合作医疗制度。2007年，新化县城镇职工养老、失业、医疗、生育和工伤保险“五险并举”形成。截至2017年，新化县参加基本养老保险人数73.24万人，其中企业职工4.99万人，机关事业单位工作人员3.27万人。参加失业保险人员3.22万人，医疗保险人员123.99万人，生育保险人员2.93万人，工伤保险人员6.38万人。8249人享受城市最低生活保障，2.07万人享受农村最低生活保障。

人物

概　述

本卷收录人物传记48篇，前志补遗15篇，人物名录有全国劳模22人、省部级劳模和先进工作者287人、娄底籍两院院士12人、娄底市享受国务院特殊津贴专家18人、全国党代表11人、全国人大代表26人。人物传收录范围为：娄底籍老红军、八路军、新四军、革命烈士、战斗英雄；娄底市正厅级实职领导干部（含正师职及以上军队领导干部）、享受副厅级以上待遇的离休干部；娄底籍在外工作副省部级实职领导干部（含军队同级干部）；事迹突出的民间艺术大师或非物质文化遗产传承人、有影响的工艺大师、能工巧匠以及医术医德超群的名老中医；省部级以上劳动模范，上“中国好人榜”及获“感动中国人物”称号者；有重大影响的港澳台及海外华侨华人。前志补遗收录范围为符合上述入志条件的前志遗漏者。

人物传排名按去世时间先后排序。

一、人物传

刘旺宗

刘旺宗（1917—1990），1917年5月出生于新化县石冲口镇高庄村。1952年春，刘旺宗以普通农民身份应邀参加县绿化造林会议。会后，从县城挑回树苗2万株，动员村里群众100余人上山植树。同时，还采集松、杉树种1500千克，育苗木0.46公顷，培育树苗40余万株。是年冬天，出席新化县第二届劳动模范大会，被评为县林业劳动模范。1953—1956年，担任农业生产合作社林业员，同高庄村社员一道，用自育苗木绿化荒山166.66公顷，发动临近的下温、布溪、老屋、郭家等村群众，开展造林运动，建立联片山林733.33公顷。所栽林木成活率均在90%以上。1957年，被评为省特等农业劳模，林业部聘其为湖南省林业科学特约研究员。1958年，刘旺宗任县农业局技术员，被派往大熊山林场工作。1959年，推广新技术造示范林0.13公顷，先后做过20余种珍稀树种育苗试验，培育的板栗苗，亩产幼苗6万株，为常规成苗率的3倍。1962年，工区某负责人毁林开荒，砍伐林木2万余株，刘旺宗逐级上告，使当事人受到处理。夕溪工区有人偷砍树木，刘旺宗前往制止，被树压翻受重伤，送往医院抢救。1963年，调化溪乡任林业员。先后九次参加省、专（地）、县劳模大会，1978年2月退休。1990年在家乡病故，享年73岁。

蔡　博

蔡博（1924—1991），1924年5月出生在湖南湘雅医学院。出生后不久即和姐姐蔡妮一起被送回今双峰县老家，从此再没有见到父亲蔡和森、母亲向警予。高小毕业后，蔡博考入湘乡中学。1938年秋，和同父异母妹妹蔡转被中共接去重庆转送乌鲁木齐，由毛泽民带领，入莫斯科莫尼诺国际儿童院，与姐姐蔡妮团聚。1941年，苏联卫国战争爆发，被转移至莫斯科以东300千米的伊万诺沃市，进入第一国际儿童院学习与生活。在此，蔡博继毛岸英之后成为中国儿童委员会主席，是中国留苏学生同学会的发起人。后加入苏联共青团，参加苏联民兵。1943年9月，蔡博在苏联中学毕业后考入莫斯科钢铁学院冶金系炼铁专业学习，因成绩优异连续三年获得斯大林奖学金。1943年，成为苏联共产党预备党员，1945年，转为正式党员。1948年6月，于莫斯科钢铁学院冶金系炼铁专业毕业，获得炼铁冶金工程硕士学位。1949年8月，与访问苏联的刘少奇一同回国。回国后到鞍山钢铁公司工作，先后任鞍钢公司生产处副处长、技术处副处长，炼铁厂副厂长、厂长。他结合该厂生产实际，提出并实行厂长负责制。建立厂长、车间主管和工段长“三级一长”负责制，建立生产指挥系统单一领导关系，并相应建立职能部门专责制和生产工人岗位专责制。这个制度在全国冶金系统介绍推广。1958年，厂长负责制遭到批判，蔡博受到撤职处分。1959年5月，蔡博调入冶金部钢铁研究院任炼铁研究室副主任、主任。其间，他主持多项重大科研课题，攻破许多难关。1962年，他率先向冶金工业部提出高炉喷煤试验建议。1982年，他系统总结中国高炉强化技术历程，撰写《钢铁研究院炼铁科研三十年》一书，获得好评。1984年，任钢铁研究总院技术顾问、中国金属学会第四届理事、炼铁学会副主任、副理事长、武汉钢铁学院顾问和兼职教授等职。1984年5月，蔡博年满60岁，退居二线。晚年，对其父蔡和森、母向警予作深入研究，为家乡及有关中共党史研究部门提供不少资料。他多次回到家乡参与、指导蔡和森与蔡畅纪念活动。1991年9月，他应邀回双峰参加蔡畅逝世一周年暨蔡畅生平事迹陈列开幕典礼，回北京后，突发心脏病，9月18日猝然离世，享年67岁。

袁　朴

袁朴（1904—1991），字茂松，化名周大兴，新化县人。1904年10月23日出生于新化县永固乡一个耕读之家。1906年，启蒙于当地私塾。1918年，考入长沙岳云中学。1923年冬，考入广州大本营陆军讲武学堂。1924年，讲武学堂师生整体编入黄埔军校第一期，毕业后，历任排长、连长、营长、副团长，参加东征和北伐战争。1928年，任国民革命军第一军第一师上校团长。1930年，任该师副师长兼刘峙部驻河南军官教育团总队长。1933年，任国军第一军第一师第二旅少将旅长，参加新军阀混战和对井冈山革命根据地第一次“围剿”。1934年，入陆军大学特别班受训。1937年，任国军第五十七师副师长；8月，率部参加上海对日淞沪会战。1938年，任第五补训处处长，旋任西安中央军官学校第七分校办公厅主任。1940年，任国军第八师中将师长，兼西安警备司令部司令。1943年6月，任国军第八十军军长，兼西安警备司令部司令。1945年，任国军第十五军军官总队副总队长、总队长。1948年5月，任国军十六军中将军长，驻防北平。1949年，北平和平解放前夕，逃离北平至南京，再转西安，任胡宗南部西安绥靖公署干部训练团教育长，不久去台湾。1991年1月19日，在台北逝世，终年87岁。

石　虹

石虹（1919—1992），名世仁，原名王克成，今双峰县永丰镇金田村人。1937年7月，由八路军办事处介绍到陕甘宁边区学习。翌年5月加入中国共产党，10月分配到晋察冀边区行政委员会察南雁北办事处任教育科员，兼《警钟报》主编，1940年任社长兼编辑部主任。1942年11月，被调至中共雁北地委宣传部工作，担任宣传、通讯干事，兼任分区学习委员会秘书。次年1月调任中共灵邱县委宣传部部长。不久又调任《冀晋日报》社国内外新闻科科长、《新群众》杂志主编，兼任冀晋文联宣传部部长。1946年11月，任中共繁峙县委宣传部部长。翌年7月，调任《冀晋日报》社副总编兼国内外新闻科长、党支部书记。1947年11月，调任石家庄日报社任编辑科科长、编辑部主任、副总编辑、总编辑等职。1951年，调入中共石家庄市委，先后任宣传部教育科科长、副部长、部长和市委副书记等职。

1956年3月起，历任河北省医学院党委书记兼副院长、省教育厅厅长、党组书记、省高等教育厅厅长、党组书记等职。1972年7月，任省革委会文教卫生办公室副主任、党组书记，后任省政府文教卫生办公室副主任、党组副书记，兼任省委宣传部副部长、省社会科学界联合会副主席。1983年4月，任河北省第六届人民代表大会常务委员会委员。著有《石虹诗词选》。1992年逝世。

陈正湘

陈正湘（1911—1993），字逸成，宣统三年（1911）十月生于新化县圳上镇一个农民家庭。1926年2月底，前往衡阳，在唐生智部当兵，同年7月参加北伐，后被编入滇军朱培德部。1930年9月，受中共地下党影响，陈正湘在江西大余新城镇组织起义，投奔红军，加入陈毅领导的红二十二军，先后任特务团重机枪排班长、副排长。1931年1月，加入中国共产党，同年5月任六十四师一九五团重机枪排排长，因六十四师解散，又分配到四军十二师三十四团重机枪连当排长，半年后任三十五师一〇三团机枪连连长。1933年春，部队整编为红一军团第一师第一团第二营，任机枪连连长，同年夏任营长。1934年3月，任红一军团第二师第五团代理团长。7月调任第十五师第四十五团团长。1934年10月，他带伤参加长征。1935年2月，伤愈后重任红一军团第一师第一团第二营营长。长征途中，他率部掩护强渡大渡河，策应抢夺泸定桥。8月，入红军大学高级班学习，9月任红一师一团副团长，11月任红二师第四团团长，率部参加了直罗镇战斗。1936年1月，任红一师第一团团长，率部参加东渡黄河战斗。不久，回师陕北，率部参加了曲子镇、张家湾、会宁、固原等战斗。1937年3月，陈正湘入中国人民抗日军政大学第二期学习。9月，任八路军一一五师六八五团副团长，参加了著名的平型关战役。10月，任晋察冀军区第一团团长，率部活跃在涞源、易县、涞水、房山、源县等地，开展游击战争，打击日军。1939年10月任晋察冀第一支队司令员，率队参加武（安）林（县）磁（县）涉（县）反“摩擦”斗争，配合一二九师给国民党反动派朱怀冰部以毁灭性打击，受到八路军总部的赞扬。11月7日，在黄土岭激战时，他指挥炮手击毙日军“名将之花”阿部规秀中将，轰动全国，震慑日本朝野。1940年1月至6月，任八路军晋察冀军区南下支队司令员。10月，任中共晋察冀第四特别区委员会常务委员，兼任八路军晋察冀军区第四军分区司令员。1941年1月，任中共北岳区第四地委常务委员。8月起因病离职休养。1943年4月至9月，任晋察冀军区第十一军分区司令员、中共北岳区第十一地委委员。1944年3月，因病到延安休养。1945年以候补代表身份出席了中共七大。1945年8月至1946年6月，陈正湘任八路军晋察冀军区冀晋纵队副司令员、冀晋军区副司令员。1947年4月至6月，任第四纵队党委常委。1947年6月至1949年2月，任晋察冀野战军第二纵队司令员、纵队党委常委。率领部队参加绥远、集宁、晋北、张家口、保南、正太、青沧、保北、大清河北等战役、战斗。1950年10月，陈正湘任铁道兵团第一副司令员。1954年2月，任华北军区副参谋长。1955年3月至1959年2月，任北京军区副司令员。1955年5月至1959年3月，任北京军区党委常委。1955年9月，被授予中将军衔。获二级八一勋章、一级独立自由勋章、一级解放勋章。1988年，被中央军委授予中国人民解放军一级红星功勋荣誉章。他是第四届全国人大代表，第三、四届全国政协委员，第五届全国政协常委。1993年12月2日在北京逝世，享年82岁。

王钢强

王钢强（1958—1995），男，1958年10月出生于冷水江市，1978年3月入武汉空军部队服役，1983年5月参加公安工作，历任冷水江市三尖派出所、冷水江派出所民警、副所长。1995年1月2日晚上，王钢强冒着大雪、迎着寒风开车来到联防队，布置巡逻放哨任务。晚上11时许，他开车返回局机关，当车行至市公安局后门时，因地面雪厚路滑，车子直往局机关大门撞去，为防止车子被撞坏，他奋不顾身跳下车，用身体顶住下滑的车子，但车子重重地撞向王钢强。车停了，王钢强被车子挤压在大门水泥柱上，造成内脏大出血。当第二天人们发现他时，他仍顽强地紧紧顶住汽车，全身披满了雪花，就像一座雪的雕像。人们含着热泪将他救出送往医院抢救，但因伤势过重，抢救无效而牺牲。省政府授予他革命烈士称号。

李聚奎

李聚奎（1904—1995），原名李新喜，光绪三十年（1904）十二月生于今涟源市龙塘镇新石桥村。7岁上学，8岁辍学务农。1926年9月，改名李聚奎参加国民革命军，在唐生智部任士兵、班长，参加北伐。1928年，李聚奎参加平江起义，同年加入中国共产党。此后从红五军班长、排长、中队长（连长）到大队长（营长），他一直在彭德怀帐下听令，参加攻打文家市、长沙、演陂桥等战斗。12月，在军长彭德怀、党代表滕代远统一指挥下，红五军进军井冈山，与毛泽东、朱德领导的红四军在宁冈会师。1930年1月后，历任第三纵队大队长、支队长，红九师二十七团团长，红八师师长，红七师师长，参加中央苏区的前三次反“围剿”。1933年2月，在第四次反“围剿”中，他指挥全师以伤亡46人的代价，消灭敌人一个师部及一个旅3000余人，生俘敌师长李明。战后，受到中央革命军事委员会的表彰，荣获二等红星奖章。1934年1月，任红一军团红一师师长，参与了第五次反“围剿”，打了不少硬仗、恶仗、苦仗。10月，中央红军开始长征，红一师充当中央红军“开路先锋”，出潇水、战湘江，抢渡乌江、攻占遵义城、四渡赤水河。他组织部队强渡大渡河，为掩护中央和红军主力摆脱险境、打开北上通道建立了奇功。其中，抢渡乌江、强渡大渡河，使他名震全军。1935年6月，红一、四方面军会师，李聚奎先后调任红四方面军红三十一军、红九军参谋长。1936年10月，中央军委决定由红四方面军执行宁夏战役计划，建立河西根据地。11月中旬，中央军委决定，渡河部队组成西路军。他率红九军和红五军、红三十军一起西渡黄河，遭遇驻守甘肃、青海的马步青及马步芳以骑兵为主力的“马家军”3万余人和10万“民团”的围追堵截。1937年1月，西路军全军覆没。他在近两个月的逃亡中，带着一个干粮袋、一根讨饭棍、一个指北针，行乞千里，躲过敌人的三次搜捕，回到红军队伍。毛泽东评价他“虽败犹荣！”1937年8月，红军主力部队改编为八路军北上抗日，李聚奎任八路军一二九师三八六旅参谋长。1938年5月，任一二九师青年纵队政治委员。不久，调往鲁西北的一二九师先遣纵队担任司令员兼政治委员。1941年春，又调山西太岳区担任决死第一纵队副司令员。1942年，决死一纵队改称决一旅和第一军分区，李聚奎任旅长兼分区司令员。1943年，他率领部队参加了“百团大战”。11月，赴延安中共中央党校学习。1945年，作为正式代表出席了中共七大。1945年11月，李聚奎被任命为冀察热辽军区参谋长，指挥争夺古北口的战斗。1946年1月，任北平军调部中共方执行处副处长，参加停战谈判。12月，调赴东北。1947年初，任西满军区参谋长。1948年4月，任东北军区后勤部参谋长兼西线后勤司令员、政委，为辽沈战役胜利提供了后勤保障。中华人民共和国成立后，李聚奎任中国人民解放军第四野战军司令部副参谋长。1950年6月，朝鲜战争爆发；7月，任东北军区后勤部部长，受命组建东北军区后勤部，重点担负战争后方勤务工作，为抗美援朝战争胜利做出了重要贡献。1951年10月，荣获朝鲜政府颁发的自由独立一级勋章。1952年9月，任中国人民解放军后勤学院首任院长。1955年7月，任石油工业部首任部长。任期内，创建克拉玛依油田，并先后筹备、组建松辽石油勘探局、华东石油勘探局和华北石油勘探处等。1958年2月，重回军队工作，任总后勤部政委，补授上将军衔。1966年4月，李聚奎出任高等军事学院院长，旋即被打成“反革命”。1977年12月，恢复工作，担任复建的后勤学院政委。他是第二、三届国防委员会委员，第四、五届全国人民代表大会常务委员会委员。1982年，在中国共产党第十二次全国代表大会上当选为中央顾问委员会委员。1988年

7月，获中国人民解放军一级红星功勋荣誉章。1995年6月25日，在北京逝世，享年91岁。中共中央对他的评价是："中国共产党的优秀党员，久经考验的共产主义战士，无产阶级革命家和军事家。"

陈佑甫

陈佑甫（1921—1996），1921年11月，生于新化县搓溪乡一个贫苦农民家庭。1949年10月参加中国人民解放军，在某部汽车三团五连当驾驶兵。1951年1月，奔赴朝鲜战场；9月，加入中国共产党。1951年12月至1953年7月，陈佑甫创造安全行车60834千米的纪录。立特等功，获朝鲜民主主义人民共和国一级战士荣誉勋章，获二等功1次、三等功4次，朝鲜民主主义人民共和国二级国旗勋章1枚、其他勋章8枚。作为志愿军国庆观礼团成员归国参加国庆观礼。军事博物馆将他在战场上所驾驶的车辆在抗美援朝展馆展出。1959年3月，任团汽车训练队队长。1965年5月，转业南县，任县印刷厂副厂长、党支部书记和县汽车站（公司）、益阳汽运总公司和地县客运公司党支部书记。1986年退休。1996年3月，因患淋巴癌逝世，享年75岁。

吴银尧

吴银尧（1964—1996），新化县四都乡人，男，中共党员，1986年7月参加工作，历任冷水江市公安局三尖乡派出所、潘桥乡派出所、金竹山派出所民警、副所长。1996年3月28日下午，吴银尧与交警大队民警在辖区内木杉坳1808线公路段处理一起交通扣车敲诈案件。此时，从涟源方向开来一辆中巴车，由于刹车失灵，加之坡陡弯急，以近100码的速度朝路旁一位中年妇女飞驰而来。吴银尧飞身扑向那位妇女，把她推开，而他自己却倒在车轮下，因伤势过重，医院抢救无效而牺牲，年仅32岁。公安部授予他二级英模称号。

杨卓辉

杨卓辉（1974—1998），涟源市白马镇学足村人。1994年，南下深圳打工。1998年4月6日上午，杨卓辉见劫匪抢劫深圳市福田区莲花北村皇家娱乐城保龄球馆后逃走，向劫匪逃窜的方向追赶，与劫匪搏斗，被尖刀刺中胸口，流血过多牺牲。广东省追授他"广东省维护社会治安见义勇为先进分子"荣誉称号。1998年4月16日，共青团娄底地委追认杨卓辉"青年楷模"光荣称号，地区社会治安综合治理委员会追授杨卓辉"见义勇为杰出卫士"荣誉称号，并颁发见义勇为特等奖。共青团深圳市委授予杨卓辉"鹏城青年义勇勋章"。1998年，省民政厅认定他为烈士。

杨树青

杨树青（1923—1998）1923年7月生，河北省涞水县大泽村人，初中文化，1939年9月入党。1939年3月至1940年6月，在房涞涿县二区马安村教书。1940年，任房涞涿县二区助理员。1941年6月至1943年12月，任房涞涿县二区区长。1943年12月至1944年5月，任中共房良县委组织部干事。1944年6月至1947年7月，任良乡县五区区委书记。1947年8月至12月任怀来县二区书记。1948年1月至1949年3月，任中共怀来县委组织部部长。1949年3月至10月，随军南下。1949年10月至1950年12月，任中共湖南省衡阳市委组织部副部长。1951年至1953年12月，任衡阳市委组织部部长。1954年至1956年3月，任衡阳市委副书记。1956年3月至1957年12月，任中共湖南省委直属机关党委书记。

1958年1月至1972年6月，任省委办公厅副秘书长。1964年至1972年6月，任省委办公厅副秘书长兼档案局局长。1972年7月至1975年3月，任中南冶炼厂革委会副主任，1975年4月至1978年5月，任中共冷水江市委副书记。1978年5月至1980年9月，任涟源地区革委会副主任、地委副书记。1980年4月任涟源行署专员。1981年3月，任省科委副主任（正厅级）。1983年7月离休。1998年4月逝世，享年75岁。

曾厚熙

曾厚熙（1916—1999），原名宪杰，1916年10月3日生，今双峰县荷叶镇人，系曾国藩弟弟曾国荃的玄孙。毕业于湖南私立雅礼中学高中部、湖北华中大学、中央陆军军官学校云南分校。以书画作武器，宣传抗日救亡，在长沙举办画展，书画作品销售款赠给流亡学生。1949年8月，定居香港，以作画为生。1950年后，在香港、澳门和新加坡、印度尼西亚等地举办画展，任澳门华南大学艺术学院院长。1953年，应中非、马达加斯加两国邀请，参加当地举办的齐白石、张大千、徐悲鸿、傅抱石书画展览。1954年，应于右任、张大千邀请去台湾，参加台湾博物馆举办的画展。与张大千赴巴西、法国举办画展。1955年，在泰国、新加坡、越南、菲律宾举办画展。1956年，泰国张仙如居士请他在柏保霹雷洞石壁上绘出高达9.3米韦驮神像，被联合国教科文组织聘为文教委员。20世纪60年代，有欧洲、亚洲、美洲、非洲、大洋洲20多个国家和地区为他举办画展。伊朗、约旦、法国向他颁发荣誉状，台湾“中华学术院”授其哲士学衔，担任台湾“中华文化学院”美术研究所所长和香港“中国文化协会”委员。后定居美国。1999年4月去世，享年83岁。

萧赞育

萧赞育（1905—1999），字铭圭，号化之，晚年署梅园主人，涟源市人，1905年正月十二出生于涟源市茅塘镇道童村，长沙岳云中学高中毕业。1922年，在长沙参加湘军。1923年秋，考入广州大本营陆军讲武学堂。1924年，讲武学堂师生整体并入黄埔军校第一期，毕业后被派往苏联莫斯科中山大学学习。1927年，毕业回国，在国军第7军军部任参谋。1928年，任国军第7军政治部少将主任，旋赴日本明治大学学习。1931年回国，任中央军官学校毕业生调查科主任，因追随蒋介石反共，被视为心腹。1934年，任蒋介石侍从室秘书、少将秘书。1936年，升任侍从室中将副主任，12月12日“西安事变”时陪伴蒋介石身旁。1938年，任国民党中央党政军联席会议秘书长，参与国民党“复兴社”“三青团”组建，任“复兴社”代理书记、“三青团”中央干事。时人称其为蒋介石“十三太保”之一，1939—1947年，先后任中央军校政治部主任，武汉行营政治部主任，国民党南京市党部主任委员，中央组织部副部长，《扫荡报》《和平日报》总社长等职。1948年，当选立法委员。1949年，随蒋去台，历任中华文化基金会、提拔书局、中正书局、中国广播公司、中华文化基金会董事长等职。1963年，任国民党中央委员。1969年，任国民党中央评议委员。著有《中华文化百科全书》《中华民族的根本问题》等书。1991年，回大陆访问，受到全国政协副主席程子华接见。1999年，在台北去世，享年94岁。

谢冰莹

谢冰莹（1906—2000），女，原名谢鸣岗，字凤宝。1906年9月5日生于新化县大同镇谢铎山（今冷水江市铎山镇龙潭村），父亲为清朝举人，后任新化县立中学校长。谢鸣岗是五兄妹中最小的一个，自幼在父亲指导下熟读经书，聪明好动，有反抗精神。10岁上私塾，为班上唯一女孩。12岁考入新化大同女校，一年后转入新化县立高等女子小学校。1920年，考入教会学校益阳信义女子中学，因发动同学举行“五七”国耻日反日游行被开除。1921年8月，考入省立第一女子师范学校，徐特立时任校长。1926年冬，改名谢冰莹，考入武汉中央军事政治学校（即黄埔军校武汉分校）第六期女生部。与200多名女战士参加北伐战争，加入叶挺领导的独立团，谢冰莹编在宣传队。1927年5月，随军西征讨伐叛军。利用行军作战空隙，写成《从军日记》，1927年5月14日至6月2日，《中央日报》副刊连续刊登，轰动文坛。林语堂将其译成英文，在《中央日报》英文版上连载，后由出版社出版单行本，译成法、俄、日、朝鲜等文字出版。法国作家罗曼·罗兰致函向她表示敬意和祝贺。1927年，军政学校女生队解散，领10元遣散费后经长沙回家。旋被逼婚后，择机逃离，考入上海艺术大学中文系。两年后，学校被法租界当局关闭，考入北平女子师范大学，参加左翼文艺运动，是北方左联的发起人之一，遭国民党当局追捕，弃学南下，经武汉到长沙隐居。1931年夏，赴上海，写《青年王国材》和《青年书信》两部共14万余字的书稿，得650元稿酬去日本留学，逢“九一八”事变，无心向学，随后回国。在上海加入著作者抗敌协会，负责《妇女之光》周刊，声援上海“一·二八”淞沪抗战，后赴福建厦门大学任教，著《曙光》《灯塔》。1933年，避难长沙，完成《女兵自传》写作。1935年，再次赴日留学，入早稻田大学文学研究院学习西洋文学，翻译小说。不肯欢迎溥仪朝日而遭日本警察局抓捕。保释出狱后回国赴广西南宁教书。1937年，抗日战争全面爆发，谢冰莹即投身抗日救亡洪流中，在长沙发起组织湖南妇女战地服务团，奔赴抗日前线。在汉口作《前线归来》讲演，在台儿庄大捷后写下《五战区巡礼》等一批报告文学。1939年，在湖北宜昌开办救护人员训练班。1940—1943年，在西安主编国统区大型文艺刊物《黄河》月刊。将收集到大量可歌可泣的英雄事迹材料，写成《在火线上》《战士的手》等一批作品发表。抗战胜利后，在汉口《和平日报》和《华中日报》任副刊主编。1946年，《黄河》月刊在北平复刊，任主编。1948年，她应聘到台湾师范大学任教，业余时间写作，出版多部长篇小说和短篇小说集。1960年以后，转向儿童文学创作。1973年，从台湾师大退休。1974年，移居美国旧金山。谢冰莹从事文学创作50年，出版作品365部，1000多万字。将70年所写日记整理出版，还出版有《冰莹杂文集》。1999年，安徽文艺出版社出版《谢冰莹文集》（上、中、下）。2000年1月5日，在美国旧金山逝世，享年93岁。

王憨山

王憨山（1924—2000），原名王嘘云，今双峰县走马街镇保丰村人。15岁入读双峰高级小学，16岁考入湘乡中学，1943年，考入华中高等艺术学校（中专）。恰逢日寇入侵，南京美专迁湖南益阳。王憨山在华中艺校就读一个学期后，退学再考入南京美术专科学校，师从国画大师高希舜。1945年夏结业、在明德中学、国立第三中学教图画课。1947年夏赴南京，傅抱石介绍他入国立杭州艺术专科学校，拜潘天寿为师，主攻大写意花鸟。1948年底，王憨山回到家乡。次年，通过中共地下党介绍，至湘乡地方兵团做宣传工作。1949年10月，地方兵团由南下部队12兵团收编，王憨山加入中国人民解放军，开始在省军区文工团工作，后调军区《战士画报》社做编辑。1951年，转业到地方，在省教育厅名下幻灯制片厂做美术编辑。1952年，自动离职。1954年，到县文化馆工作，兼永丰镇完小算术老师。1956年秋，到双峰二中教美术。1957年，被划为右派，属“中右”，保住工作。从此一边教课，一边作画。1965年，重新回到县文化馆，成为一名美术专干。此后10多年经常被借调到各地搞宣传、布置展览。“文化大革命”结束，正式开始专业美术创作。1980年，提前退休，户口转到农村，回保丰村居住。1988年，中央电视台录制《花鸟画家王憨山》专题片，省美术出版社出版《王憨山画集》，画作《不随丹凤朝阳去》《野塘秋水立多时》入藏北京故宫博物院。2000年春，因病去世，享年76岁。

曾景初

曾景初（1918—2001），今双峰县青树坪镇长乐村人。7岁入私塾启蒙好学，十二三岁帮乡邻书写对联与门厅匾额。15岁读完私塾，结婚。次年，去宝庆父亲店里学做生意，并再入宝庆宏文学校读书一年。20岁时入读邵阳循程初中。在循中，他学会白话文，写出《我的大学》一文，发表在邵阳《力报》上。通过此报，了解木刻，并邮购刀具，学习木刻，有作品刊登在《木合》上，加入木刻协会。1944年，双峰沦陷，曾景初与乡人组织抗日游击队抗击日寇。1947年，在上海美专学习。结识李桦、王琦等木刻家。木刻作品发表在《文汇报》和《时代日报》上，参加全国木刻展览。因家里不接济学费，同年五月休学返湘。返湘后，受李桦、野夫等人委托，代表木协，带上全国各地作者100余件作品在长沙、衡阳、邵阳、武汉等地展出。1947—1949年，历任《晚晚报》《新潮日报》《国民日报》《湖南日报》和邵阳《劲报》美术编辑，与吴依、项飞等合编《诗与木刻》《新艺术》等周刊，包办长沙五种报纸美术作品。举办全国性木刻展览三次，在武汉大学作木刻创作示范及演讲，创作木刻作品300余件。1948年底，纵横出版社出版《曾景初木刻集》，沈从文作序并题写书名。1949年8月，长沙和平解放，曾景初参加中国人民解放军，在十二兵团从事宣传工作。1950年秋，调北京《铁路画报》任美术编辑，年底参加抗美援朝，赴东北及朝鲜采访，创作多件反映抗美援朝的木刻作品。1952年，调华北人民出版社任美编。1954年，调天津人民美术出版社任美编兼美术组组长。1955年，天津美协成立，被选为美协理事兼版画组组长。1956年，先后赴陕西、四川、湖北、湖南、广西等地写生，创作出一批反映新中国建设成就的作品。曾将1000余首古诗词翻译成白话，编成《唐宋词选白话解》和《唐代爱国诗选》。1982年，退休回到北京，创作出《长城》和《非正式的宴会》等作品，在《人民日报》发表。此后，应聘任《中国美术》编辑、《中国画》编委、纽约华文杂志《海内外》论撰委员兼国内编委。作品多次在国内各大报刊上发表，并在日、美、法、英、德、捷、苏联等国家及中国香港等地区出版或展览，先后出版《曾景初木刻集》《曾景初版画选》《木刻花卉》《木刻版画技法》《绘画散论》等10多本专集。1992年，获“三四十年代版画贡献奖”。1994年，将自己创作的273幅版画捐赠给中国美术馆。翌年，中国美术馆举办“曾景初捐赠版画系列”专展。赵朴初为他题词：“铁笔刻世态，高歌话古今。”艺术成就被列入中日合编的《中国现代美术家名鉴》及中国美协编辑的《美术辞林·版画艺术卷》。《美术》《人物》杂志为他作品发表专文评介，中央电视台《夕阳红》节目又加以专题介绍。晚年，由于身体原因，曾景初放下木刻刀拿起毛笔，练毛笔字，学画国画并开始写美术评论，构思10多年、几易其稿的《中国诗画》一书出版。2001年1月8日去世，享年83岁。

欧阳谦叔

欧阳谦叔（1926—2003），又名欧阳熙，祖籍今双峰县青树坪镇。1926年12月出生于浙江杭州。在当地读过两年小学后返湘，入长沙私立明达小学读书半年。1938年考入双峰高级小学（今双峰一中），第二年转入青树坪私立起陆高小（今双峰二中）。两年后毕业，赴长沙入读高级中学。自小受家庭影响爱好音乐。其父是农村一吹鼓手，所留下的二胡、月琴和古筝，还有一本手抄工尺曲谱，是他的“传家宝”。其母亦能吹笛、唱曲。“七七事变”后，他发挥自己的音乐专长，在青树坪镇积极开展抗日救亡宣传。抗战胜利后，在省城从事文艺工作，担任乐队队员。1949年，欧阳谦叔被选送至中央音乐学院上海分院专修班进修作曲两年。1953年调入“湖北省地方歌剧团”，历任编剧、音乐创作员、艺术室副主任等职。1959年，他与张敬安、朱本和、梅少山和杨会召共同创作歌剧《洪湖赤卫队》。10月，该剧作为湖北省国庆10周年献礼剧目首次进京演出。1960年，北京电影制片厂将歌剧《洪湖赤卫队》拍摄成同名歌剧艺术片，影片保留原舞台剧的全部精彩唱段，获1961年首届电影百花奖最佳音乐奖。该剧还先后被改编成京剧、评剧、河北梆子、豫剧等。“文化大革命”期间，《洪湖赤卫队》歌剧被停止上演。1976年底恢复上演，《洪湖水，浪打浪》《看天下劳苦人民都解放》《小曲好唱口难开》等唱段在全国广传。1993年，《洪湖赤卫队》被评为20世纪华人音乐经典歌剧之一。另有作品《祖国大地任我走》《扬子江圆舞曲》，与人合写歌剧《金黛莱》《崖畔花正红》等10余部。论文《歌剧探索三十年》在北京《音乐理论》杂志上发表，并被《中国歌剧艺术文集》选入。1990年，欧阳谦叔与夫人回母校双峰一中与二中，为母校校歌作曲。2003年12月5日逝世，享年76岁。

曾肯成

曾肯成（1927—2004），1927年12月生于今涟源市。1946年考入清华大学数学系，1950年毕业，分配至中国科学院数学所，从事数学研究，任研究实习员。1952年到黑龙江哈尔滨外国语专科学校学习一年。1953—1956年在中国科学院秘书处任翻译。1956年底留学苏联莫斯科大学。回国后，去中国科技大学数学系任教。在中国科大数学系任教20年间，对数学教学体系建立和完善有重要贡献。先后创办编码小组和密码编码专业，是代数密码学的创始人之一。1978年成为中国科大首批博士研究生导师之一。同年，调任中国科学院研究生院数学教学部主任。出任他自己创建的数据和通信保护研究教育中心（DCS中心）首届主任，首届学术委员会主任。1982年后进入信息安全领域研究，以DCS中心为基础建立信息安全国家重点实验室，1998年4月退休。独译《半单纯李氏代数的结构》及合译范登·威登《代数学》，为代数学在国内的普及和提高起到推动作用。先后获国家科技进步一等奖1项、二等奖1项、中国科学院科技进步一等奖两项，获何梁何利奖。2004年5月13日逝世，享年77岁。

傅国钦

傅国钦（1908—2005），字定远，号求己山主，今娄星区大埠桥街道和家村人。自幼习古文，读诗书，毕业于涟壁书院。在私塾老师指导下，从5岁起临习各种碑帖。2002年1月2—7日，由省书法家协会和书画研究院主办的“九五老人傅国钦书法艺术展”在长沙展出。10月10—12日，省文联、省书法家协会和中国画研究院在北京主办“九五老书法家傅国钦书法艺术展”，省文联副主席、省书协副主席何满宗主持开幕式，中国书协理事、省书协秘书长陈羲明主持研讨会。中央党校原副校长刘海藩，中国人民解放军海军原政委李耀文，新华社副社长李普，清华大学美术学院博士生导师、原中央工艺美院张仃，中国美协副主席、中国画研究院院长刘勃舒，中国书协党组副书记兼秘书长郭雅君，李可染艺术基金会理事长、中央美院教授邹佩珠为开幕式剪彩，在京的众多全国书画文艺界名家和首都观众出席开幕式并观看展览。新华社、中央电视台、《中国书法》杂志、湖南卫视等20多家媒体报道展览概况。傅国钦两次书法艺术展，在全国书画界引起很大反响。举行过多次书画义卖活动，所得款项援助给希望工程和辍学学生。书艺精湛，是湖南继齐白石之后，又一个修建个人艺术馆的艺术名家。生前出版有《傅书四体》《傅国钦书画作品集》《傅国钦书法》《傅国钦书法艺术》等书。作品分别刻入江西鄱阳湖碑林、山东墨子碑林，许多作品被美国、日本、新加坡和中国台湾等海内外藏家收藏。2005年8月15日逝世，享年98岁。

李　浑

李浑（1911—2005），原名李扬卿，1911年2月生于今涟源市龙塘乡茶坳村，读过5年旧学，1年新学。1934年，李浑参加国民党军队。1937年8月，任陆军十师五十九团三营九连中尉排长，参加河北南口对日20天血战。11月24日，任上尉连长，奉命驰援雁门关，到达忻口镇时，雁门关失守。11月26日至12月14日，连队伤亡84人，仅存68人。1938年3月，参加晋南抗日游击战争，亲历浙赣、南浔等重大战役。1945年，任福建南安县抗日自卫总队中校副总队长，兼南安县军民合作指导处副处长。抗日战争进入尾声，国民政府对杂牌军进行裁减，李浑也在被裁减之列。被裁后赴重庆谋生。9月28日，在《扫荡报》刊登启事，倡议在渝失业军官集会。10月9日上午9时，1335名失业军官在关岳庙前公路集合。他向调查处处长贾伯涛、军政部部长陈诚提出4项要求：对在渝失业军官予以清理收容；立刻解决在渝失业军官的食宿问题；凡在渝军官，按原级补发失业期间的工资和被服；按原级安排工作等四项要求，均被接受，所有失业军官全部编入重庆市军官总队。10月11日，被怀疑是共产党员，被抓进军事法庭审讯，因证据不足，被无罪释放。1947年11月至1948年11月，先后2次策动兵变，均未成功，不久，离开国民党军队回到老家。1949年1月，李浑加入中国共产党，被派遣到湘西组织游击武装。同年，游击武装被整编成中国人民解放军湘西纵队，他任副司令员。1950年1月，调湖南军区司令部，后又调中南区军政大学高干队任区队长。1979年2月，被安排在南风中学教书，兼管理图书。当时图书资料缺乏，一年后，李浑用两个月工资购买图书送给学校，供师生阅读。1987年离休。2005年逝世，享年94岁。

李临庄

李临庄（1937—2005），1937年6月生于今涟源市湄江镇依岭村。1953年，中学毕业后考入中央第二机械工业学校中南248分校，毕业后分配至航空工业部331厂（又名湘江机器厂即后来的株洲南方动力机械公司）一〇一车间当钻工。入厂时立下志愿：在进厂30年、年满50岁的1985年，干满100年的工作量。他与时间赛跑，加快工作节奏，经常一人干两、三个人的活。用表测出钻床加工一个零件要走刀28秒，加工10个零件就有4分钟浪费，加工100个就要浪费46分钟，恳求领导给自己增加一台钻床，交叉作业。很快成为有名的高产能手。1957年，获株洲市社会主义青年积极分子称号。1958年8月，获省劳动模范称号。20世纪50年代到60年代，李临庄每年完成一年半到两年的工作量。70年代，1人包下一部机床，干3个人的活，每年完成3年至5年的工作量。1971年，加入中国共产党。1973年起，连续11年被评为厂劳模。1974年，株洲市授予其“铁人式的工人”称号，省人民政府授予其“跑在时间前面的人”称号。1975年，省委发文号召全省向李临庄学习。1976年，获第三机械工业部授予“跑在时间前面的人”称号。1977年，参加全国工业学大庆会议，获“全国先进生产者”称号。1978年，获省劳动模范。1979年，获全国劳动模范。省体委和全国体育总局三次授予他全国体育锻炼积极分子称号。1980年后，李临庄每年加工3万多个零件，钻60多万个孔，没有废品。80年代头三年，每年完成6年的工作量。1984年2月22日，经专业人员统计核算，厂方宣布，他在28年零5个月的时间内，完成102年的生产工作量。这一年，他48岁，进厂29年，提前一年实现工作量跨越百年的夙愿。当月，他被保送到北京航空学院干部管理班学习，回厂后分配在331厂企业管理处任副处长。同年，省人民政府授予他实干四化“尖兵”称号。是第五、六届全国人大代表、全国总工会九大执委。1992年退休。2005年12月，因病去世，享年68岁。

姜云清

姜云清(1916—2006)，乳名姜孝清，1916年7月出生于新化县第二区化溪乡石岗村（今冷水江市中连乡余云村），父亲为锡矿山工人，母亲给人家当用人。1930年，他跟父亲到矿上背矿石。1931年6月，姜云清报名参加红军，时年15岁。任红二方面军六军团通讯队战士。1932年4月，调任六军团机要科报务员。9月13日，加入中国共产党。1935年10月，随红军长征，调六军团警卫排当警卫员。1935年11月，与陕北红军二十八军会师。1936年春，部队进行整编，被编到一二〇师三五八旅七一六团，给团政治处主任伍晋南当警卫员。1938年春，分配到三十四大队任文书。同年8月，部队挺进冀东，转入敌后，开辟抗日根据地，组织动员群众参加八路军。在参加平型关、雁门关和娘子关等战役战斗及百团大战时，身负九处伤。1939年8月，到挺进军随营学校政治第二队学习，为期5个月。1940年2月，任挺进军政治部政治指导员；6月，调警卫连任政治指导员。1941年6月，调平北第四支队一大队二连任政治指导员。1942年7月，到平北分区教导队学习；同年11月，任一大队二连政治指导员。1943年1月，在战斗中负伤，休养两个月；4月，调平北分区军事部任干事；10月，调龙关县武装部任作战科科长。1945年8月，调任至察北康保县武装部部长兼县大队队长。1946年1月，调察北分区武装部任作战科科长；同年3月，任多伦武装部部长。1947年2月，调任至冀热察军区军工部股股长，参加土地改革运动，受到军区通令嘉奖。1948年9月，调任运输部（后改为兵站部）科长；10月，带一个连押运武器弹药，途中击败大股土匪拦截，圆满完成任务，受到部队表扬。1957年，姜云清获三级八一勋章、三级独立自由勋章和三级解放勋章。1978年8月离休。1988年，被中央军委授予二级红旗功勋章。2006年5月12日，在天津逝世，享年90岁。

雷旭廷

雷旭廷（1927—2006），今双峰县荷叶镇当先村人。1946年10月，被国民党军队抓去当壮丁。翌年1月，军队驻扎在吉林，率一个排14个战友，携带武器投诚到中国人民解放军，先后参加东北解放战争，辽沈、淮海战役，多次荣立三等功，并加入中国共产党。朝鲜战争爆发，参加抗美援朝，担任尖刀排排长，参加上甘岭、南苑里、长乐里等战役上100余次，先后荣立战功11次，其中一等功2次，二等功4次，三等功5次，受到朝鲜民主主义人民共和国主席金日成接见。1955年，中国人民志愿军授予他“抗美援朝一等功臣”荣誉称号。1963年，雷旭廷回到老家荷叶，在农村长期担任基层干部。组织群众上山开荒造林近66.67公顷。1997年，《双峰报》《娄底日报》《湘声报》等新闻媒体以“昔日屡建战功，晚年仍显本色”“老英雄雷旭廷”“捡破烂老翁原是战斗英雄”为题报道其事迹。2006年，雷旭廷因病逝世，享年80岁。

李月辉

李月辉（1923—2008），女，今双峰县永丰镇金田桥石板冲人。7岁时，父亲李笑山在长沙遭国民党杀害，母亲不久身亡。1937年秋，考入永新乡世德高级小学。在老师斯施云影响下，认真学习《八一宣言》《论持久战》等革命书刊，掌握革命道理。毕业后，在本乡磨刀小学任教师，与当地进步青年王继勃、李尔文等创办《校友》刊物，传播革命思想。撰写《童年生活的回忆》《铁蹄下的儿童》《曙光就在前面》等文章，发表在《湘乡民报》上。抗战期间，组织文艺宣传队，教唱《保卫黄河》《游击队之歌》《到敌人后方去》等革命歌曲。1948年，李月辉参加中共地下党领导的革命活动。1949年正月，向永新乡地下党组织负责人聂俊提出入党申请，经过严格审查，安排到横田小学执教，开展革命活动。3月5日，成为正式党员，负责横田小学中共湘乡地下党组织联络站工作。1949年春夏之交，国民党白崇禧部七十一军盘踞在双峰梓门桥一带捕杀共产党人。李月辉以做零工、当用人等方式，到梓门一个大士绅彭寿植家侦察敌情。7月20日清晨，她去为彭家蒸酒，见隔壁一间房里横七竖八地躺着10多个士兵，墙上挂着16支步枪，方桌上摆着2支冲锋枪，地上还架着2挺机枪。她利用端茶、送酒机会，通过联络员将情报秘密送到湘中一支五团。该团快速包围彭家，未费一枪一弹，俘虏敌人，缴获全部枪支弹药。中华人民共和国成立后，李月辉任大西乡农会主席。发动与组织贫苦农民斗地主、分田地，反恶霸，镇压反革命。土地改革结束后，继续从事教育事业，先后在金田、锁石、印塘等几个小学负责，直至1974年离休。离休后，李月辉在印塘乡先后担任10余所中小学的校外辅导员，对师生进行革命传统教育。她从工资积蓄中挤出2万余元资助150余名贫困学生入学。自费订阅近100种报刊，将有关科普知识的报刊资料剪贴下来复印成小册子赠送给周围专业户村民学习。1995年10月，获“全国关心下一代工作先进个人”称号。1997年7月，中共双峰县委发文，在全县党员中开展“向李月辉同志学习”的活动。2000年，自费购买1000多元图书，帮助印塘乡谢泥塘村匡胜华家建立一个示范“科普书屋”。2002年，获娄底市“十佳道德建设标兵”称号。她的优秀事迹，先后被《中国教育报》《羊城晚报》《湖南日报》等专题报道。2008年8月13日，李月辉在娄底市中心医院逝世，享年85岁。

谭静宇

谭静宇（1978—2008），1978年1月出生于邵东县，男，大学文化，中共党员。1996年12月，入人民解放军部服役。2003年，参加公安工作，生前系娄底市城区治安巡逻大队五中队中队长。2008年3月19日凌晨零时许，谭静宇率五中队8名队员在娄底中心城区关家垴原煤机厂和长青居民点附近巡逻和蹲点守候值勤。此时，两名行迹可疑的人从乐坪西街往煤机厂方向走过来。谭静宇立即安排队员跟踪盘查，对方立即分头逃跑，巡逻队员分兵追击。在星城建筑公司办公楼前，谭静宇与另一名队员追上嫌疑人，要求其出示身份证。正当谭静宇检查其身份证时，嫌疑人突然从腰间拔出一把尖刀，朝谭静宇右腿股动脉猛刺一刀，然后仓皇逃窜。谭静宇强忍疼痛，奋力追赶40米，终因流血过多而倒下，经医院紧急抢救无效而光荣牺牲，年仅30岁。省政府授予他革命烈士称号。

杨玉声

杨玉声（1935—2009），今冷水江市人。1951年高小毕业，到锡矿山矿务局机修车间任计码员兼业余教师。1955年，被选拔到锡矿山矿务局干部学校任初中数学教师。1958年，被派往新化县第六中学任教。1960年，任新化师范学校数理化教研组组长。1963年，被湖南师范学院聘为新化县高师函授数学辅导员。从高小文化程度起步，坚持自学，先后系统地学习初中、高中、大专、本科的全部数学课程，总结出“持之以恒、锲而不舍，长有计划、短有安排，多问多思、迎难而上”自学经验。1964年，数学家华罗庚对他的自学毅力写信给予赞赏。为指导中小学数学教学，他走遍冷水江市每一所学校。针对高考数学学科临考指导，总结出“八要”方法：“一要认真审题，二要寻找解题的捷径，三要善于联想，四要学会倒过来想问题，五要从正反两方面思考问题，六要数形结合，七要注意新旧知识的联想，八要丢掉包袱、轻装上阵。”著有专著《解析几何解题技巧》，先后在《数学通报》《中学生数理化》《数学教学研究》《中学理科》等刊物发表数学教学论文160多篇。他是中国科学技术协会会员，中国数学学会会员，地区数学学会副理事长，冷水江市数理化生学会理事长、名誉理事长，先后被聘为省中学特级教师评审委员会委员并任数学组组长、省中学高级教师评审委员会委员并任理科组组长，获“冷水江市拔尖知识分子”、地区“有特殊贡献的知识分子”。1989年，获省劳动模范。1991年，获省特级教师荣誉称号。1993年，获省首届徐特立教育奖。1995年，享受国务院特殊津贴；同年4月，获全国劳动模范。1996年7月，退休后继续进行教学研究，培养年轻教师，先后到基层学校义务讲座、报告30多场次，对3名特级教师和20多名高级教师进行辅导。2009年7月逝世，享年74岁。

邬惕予

邬惕予（1929—2009），本名邬迪于，字朝吉，号西江樵子，又自署莫江一怪。1929年农历十一月出生于新化县桑梓镇西江湾村一个书法世家，天资聪颖，4岁时入族学陪读习字，爱在青石板上用黄泥写字，仿招牌匾额而习之。八岁失怙，生活艰难，为得一本字帖为富家牧鸭几个月。12岁成为孤儿，进救济院报馆做排字童工，用废报纸练字。之后进新化民报社，当印刷工人。1949年参加中国人民解放军。1950年，随军驻贵州任文化教员。1952年，转业至新化县洪盛小学任教，翌年进修于昭阳师范，毕业后任温塘学校和新化十一中教师。之后在新化瓷厂当绘瓷工人，至退休。70余年笔耕不辍，历习二王、欧、颜、柳、赵、褚、板桥诸体，其书法源于古人而别于古人，世称“邬体”。1991年，千年学府——岳麓书院重建时，延请他执笔碑廊中的第一碑——《岳麓书院源流记》，名声大震。还在湖南常德碑廊、广东四国碑林等名胜书碑数十处。1992年冬，应邀为国画家曾景祥等先生做书，当场口占手书“丹青传四海，桃李满神州”（赠曾景祥先生），“为精华添异彩，化腐朽为神奇”（赠装裱师），“晓日腾云起，平沙落雁飞”（赠向晓平老师）。晚年，钟情于“板桥体”，试图以之变格，所书在原有基础上更趋于生拙老辣。1997年，他摔伤致瘫。2005年，邬惕予书法展在湖南长沙举行，这是他第一次个人作品展。2007年，其长子邬江弯代表邬惕予与北大方正签约，向海内外推出“邬体楷书字库”。生前出版著作有：《道德经楷书字帖》（湖南文艺出版社出版）、《邬惕予楷书千字文》（上海古籍出版社出版）和《邬惕予书法》（上海古籍出版社出版）。2009年12月23日，无疾而终，享年81岁。

刘耕陶

刘耕陶（1932—2010），今双峰县人，念完初小后，因父母无力支撑继续上学，在家干些小农活。一年后，在老师劝说下，考上离家有10多里路的双峰同德高级小学。一年半后，学校迁走，上学路途遥远，辍学在家务农。1945年8月，考上湘乡双丰初级中学。1948年秋，初中毕业后，考上长沙一中，父母卖田借债供其上学。1949年8月，长沙和平解放。学校很快复学上课，刘被给予助学金，顺利念完高中。1951年，考入湖南医学院。1956年毕业后，到中国医学科学院药物研究所工作，任实习研究员。1965年，升任助理研究员。1972年2月4日，药物研究所成立新药研究组，任组长，自选课题，和组内同事们到北京有关医院调查研究。先后与植物化学家陈延镛、黎莲娘，药物化学家谢晶曦、周瑾合作，成功研制治慢性肝炎新药联苯双酯（DDB），在国内广泛应用近20年，并向4个国家出口。1974年，脱产学习中医8个月。1980年，升为副研究员。1980年1月至1981年8月，作为访问学者，在法国图鲁兹国家基础药理与毒理研究所留学一年半。1985年，任中国医学科学院药物研究所研究员。1985—1997年，先后担任药理室副主任、主任。其间，1989年，赴日本大正制药厂合作研究6个月。1994年，赴美国Rutgers大学客座研究3个月。是年，当选为中国工程院院士。带领新药研究组成员与化学组合作，历时15年，研制成功第二代治肝炎新药双环醇，在14个发达国家和中国台湾地区申请发明专利保护。该药对慢性乙型肝炎病人具有显著的降低转氨酶效果，兼有一定的抑制乙肝病毒复制的作用，不良反应少。2001年9月，此药（商品名百赛诺）获国家批准生产，投向市场。先后研制成功中国首创的两种治疗慢性肝炎新药联苯双酯和双环醇，研制成功治疗多种神经肌肉疑难疾病的灵芝孢子粉注射液，生产和使用达30余年。创建出两种国内外都没有的免疫性皮肌炎和血清醛缩酶升高的动物模型，证明灵芝的药理效用，为解释灵芝治疗皮肌炎等疾病的临床效果提供科学依据。先后获国家发明奖、卫生部科技进步奖，发表论文170余篇，主编《当代药理学》一书。2010年2月27日在北京逝世，享年77岁。

胡岳培

胡岳培（1928—2010），曾用名胡蓼汀，祖籍今娄星区冠曹乌石冲，出生于浙江温州。1938年春，日寇入侵，全家逃难回老家娄底。1943年，在湘乡私立春元中学初中毕业。1944年春，只身外出谋生。秋天，在蓝田加入国民党政府七十三军蓝田留守处举办的流亡学生收容教导队，并接受军事训练。6个月后，考入黄埔军校武冈分校。1945年夏天，武冈分校合并到黄埔军校成都分校，编入第二十一期步兵科。1947年8月22日毕业，留校任少尉区队副，后任中尉区队长。1949年12月27日，成都和平解放，军校宣布起义。1950年元旦过后，奉命离开成都，到新都县人民解放军十八兵团随营学校（后改为“川西军政大学”）学习。1950年9月，胡岳培从部队复员，回原籍娄底参加教育工作；10月，在娄底坪底乡中心学校任小学教师。1951年，调西阳完全小学。1952年下学期，任该校教导主任。1953年上学期任冠曹完小校长。1954年春，调涟源一中任语文教师，先后任初、高中语文教员、语文教研组长25年。1978年秋调涟源师范（大专班）。1980年秋，大专班搬迁娄底。1981年10月，晋升评讲师。1983年，大专班更名为娄底师范专科学校，在中文系教《文选习作》《现代文学》《中学语文教材教法》等课程。1984年6月，加入中国共产党。1987年6月，晋升副教授。主编或合编《初中语文教材教法》（1985）、《李白诗歌赏析集》（1988）等多部书籍，在《中学语文》《语文月刊》等杂志发表语文教学论文20余篇，《中学语文教师教学语言特色》（广州《语文月刊》）获得二等奖。任教期间，他多次被县、地区评为优秀教师、优秀教育工作者，还担任省教学法研究会理事，地区语文学会副会长等职。1988年6月3日，娄底黄埔军校同学会成立，胡岳培任会长。1990年，从娄底师范专科学校退休，专职会长事务。每年年初定期召开县（市、区）同学会会长会，交流学习和了解会员的生活、工作情况。其间，先后有四名会员加入中国共产党。联系黄埔军校健在在台同学，长期与之保持联系和交往，介绍大陆的政治和经济建设成就，邀请多人到大陆参观访问。取得市委、市政府关心和支持，为市同学会争取经费。争取到全市17名无生活来源的黄埔军校同学纳入低保，身患重病的同学获得救助。利用节假日，组织会员开展填词作文、诗歌朗诵、文艺演讲、认识漫谈等多种活动。同时，担任全国黄埔军校同学会理事和湖南省黄埔军校同学会理事。1999—2014年，连任三届娄底市政协委员。晚年，年高体弱，患有多种疾病，退而不休，坚持工作，一直担任纯属义务劳动的黄埔同学会会长，直至2010年10月逝世，享年82岁。

李　普

李普（1918—2010），原名李前管，今涟源市金石镇和合村人。李普是他在《新华日报》发文时用的笔名，后来一直沿用此名。早年在湘乡高等小学读书，初中二年级时，转学至青岛市立中学。几年后因病回湖南，进入长沙广雅中学读高三。1937年高中毕业后，投入抗日救亡运动，参加湖南文化界抗敌后援会。1938年春，李普加入中国共产党，任育英小学教师，同时任长沙县地下党嵩北区委书记；同年10月，在省委半公开的机关报《观察日报》发表第一篇新闻稿《长沙大火中的幢幢鬼影》。1939年初，任《观察日报》特派记者。不久去贵阳，在国民政府军政部和内政部合办的卫生人员训练所任政治教官，后辞职去重庆，在《新华日报》任记者。1941年“皖南事变”后去昆明，考入华中大学历史系。一年后，又回到《新华日报》社任记者、编辑、研究员兼专题作者。1945年8月，作为《新华日报》特派员随军调部前往各地采访，写下近20万字的书稿《苏鲁纪行》。1947年，随刘邓大军采访，后任新华社鄂豫皖野战分社(即刘邓大军野战分社)社长。1948年7月，新华社中原总分社成立，任采访部主任。1949年8月，调北平，任新华社特派记者，报道中华人民共和国成立盛况。中华人民共和国成立时，李普随国家领导人一起登上天安门城楼。1953年，任中共中央宣传部宣传处副处长。

1955年，调北京大学，先任教员，后任政治系主任。1960年，调广东，任中共中央中南局政策研究室主任。“文化大革命”中，受到迫害，后经两位同事努力，还其清白。之后任广东省委宣传部副部长。1973年，调回北京，任新华社北京分社社长。1976年10月，中共中央粉碎“江青反革命集团”之时，派5人小组接管新华社，李普是5人之一。1977年11月，任新华社党组成员兼国内部主任。1978年5月，任新华社副社长和中国新闻工作者协会书记处书记。1982年离休。1983年，当选第六届全国人大代表，任《炎黄春秋》杂志编委等职。2009年冬，为中国正义反腐网题词：“人格独立，思想自由。”李普的出版著作主要有《光荣归于民主》《开国前后的信息》《记者甘苦谈》《记刘帅》《洋女婿土老帽》和《我们只举行过一次婚礼》（与夫人沈容合著）。2010年11月8日13时40分在北京病逝，享年92岁。

曾彩初

曾彩初（1920—2011），又名曾庸，笔名夏雨、自了斋主，今双峰县青树坪人。5岁入私塾，1943年高中毕业，从教于湘乡县起陆中学，任美术教员兼文书。1946年，入南京美术专科学校学习，专习国画。1948年，曾彩初毕业后回起陆中学任教，同年5月加入中国共产党，参加党的地下工作，协助起陆中学校长邓介松，为湖南和平解放做出过贡献。1951年，任起陆中学校长。1953年，任双峰二中校长。1954年秋，调双峰一中任副校长兼教导主任。1960年，改任双峰一中校长。1973年到1978年，任双峰三中革委会副主任、县委宣传部副部长。1981年，他再次被任命为双峰县委宣传部副部长。曾彩初酷爱书画创作，诗、书、画均达到较高境界，篆书、墨竹尤精，是中国书画研究会研究员，中国书法家协会会员。晚年，从其兄曾景初有关诗画创作“四十八字真言”中提取十二字，即“志正而高”“情真而切”“象头而灵”作为自己从艺准则。其居室为“自了斋”，取“普度众生，了住自己”之意。1992年，其作品获国际中华书画大赛铜奖，被炎黄艺术馆、北京中国书画研究会、湖南文史馆以及日本书道会等国内外文博机构，及日、韩、美和港台人士收藏，其篆书入选《方正字库》；出版《园丁颂》《曾彩初书画集》《曾彩初艺文集》《春风化雨》等作品。其作品编入《中国名人名作博览》《中华老年人诗书画作品集》《湖南金秋画集》《海峡两岸原南京美专校友书画联展作品集》《青融书画回忆录》。2003年11月，曾彩初在北京中国国家博物馆举办个人书画艺术展。2005年，捐出积蓄100万元，在双峰一中修建“彩初艺术楼”。先后任当代文化艺术社书画家创作员、中国书法家协会会员、北京中国画研究会研究员、省书法家协会会员、省美术家协会会员、省老年书画家研究会研究员和娄底市诗联学会理事。2011年5月9日逝世，享年91岁。

平吉奎

平吉奎（1924—2011）1924年12月31日生于河北省固城县建国镇建国村。1945年10月，加入中国共产党。1945年，任村农会主任。1947年2月，任恩县财政科仓库员。1948年12月，任恩县六区区委组织委员。1949年2月，随军南下，任费南支队二大队二中队区委组织委员。1949年8月至1950年，任南县三区区委组织委员。1950—1952年，任南县一区区委书记。1952—1953年，任南县县委宣传部部长。1953年3月至6月任南县县委副书记。1953年6月至1955年3月，任国营大通湖农场办公室主任。1955年3月至1958年，任国营西洞庭农场场长。1957年获全国农业劳动模范，并当选全国劳动模范代表大会代表。1958年出席全国首届农业劳动模范代表大会。1958年9月至1960年3月，任国有钱粮湖农场党委书记。1960年3月至1960年底，任省农林垦殖局副局长。1961—1965年，任沅陵县委第一书记。1965—1968年，任黔阳地委副书记。1968—1969年，任黔阳地区革委会常委。1969—1970

年，任龙山县革委会副主任。1971—1975年，任涟源钢铁厂党委副书记。1975—1981年，任怀化地委副书记，1981—1982年3月任怀化地委副书记、行署专员。1982年4月任娄底地委副书记、行署专员。1991年离休。离休后任市党史联络组组长、市计划生育协会名誉会长。1995年，获“全国计划生育协会先进个人”称号。2011年2月10日逝世，享年87岁。

梁志仁

梁志仁（1927—2012），今涟源市枫坪镇观山村人。1947年在长沙读高中时参加“反饥饿”“反内战”学生运动，随后在长沙担任小学教师和报社记者。1949年4月，加入中共地下组织。同年12月，在中共长沙市委党校第二期学习时，参加长沙码头民主改革，任搬运公司副秘书主任、劳资科科长。1954年，调中国人民大学法律系工作。1958年5月到1961年9月，在北京市农场劳动，随后回法律系学习。1962年12月，分配到北京市市政水泥制品厂担任文书和总务工作，后下放车间劳动7年。1974年，对调回长沙，在省建六公司担任会计工作。1979年，恢复党籍和工资。1980年，在新建的省司法厅从事律师管理工作，任副科长。1983年5月，由省第六届人民代表大会第一次会议选为湖南省高级人民法院院长和第六届全国人民代表大会代表。在五年任期内，纠正刑事案件10余万件。1988年，任省第七届人民代表大会代表及其常务委员会委员，1994年离休。主编出版有《司法工作手册》《刑罚论》。2010年6月12日，在长沙逝世，享年83岁。

颜家龙

颜家龙（1928—2012），今涟源市渡头塘乡人，1948年，肄业于国立中央大学艺术系。1949年上半年，在南京参加中国人民解放军，后随军南下至长沙，在中南军事政治大学湖南分校任文化美术教员。1950年，调任湖南师范学院艺术系主任、党委书记。其间兼任中国书法家协会理事和省书法家协会主席等职。1988年离休，任湖南师范大学美术学院名誉教授、中南大学兼职教授、省书法家协会名誉主席、中华诗词学会名誉理事、中国书法家协会书法培训中心教授、省文史研究馆馆员及中国美术家协会会员。幼承家学，先后师从周达、傅抱石、潘天寿和诸乐三，并与著名书法家王遐举、李铎等相交切磋，后专注于李邕、米芾、黄山谷及魏碑、汉隶之中，并逐渐到了随心所欲、人书俱老的境界。其书法先习欧阳询，以求骨法洞达、体势端庄。继而主攻行草书，对王羲之等名家墨迹多有研习，尤得力于李邕《麓山寺碑》，其于汉、魏名碑亦有涉猎。因勤于临池与广纳博采，其书法形成凝重厚实、飘逸洒脱的风格。作品先后参加全国书法篆刻作品展览及20世纪书法大展和当代书法家书法展，参与全国81位书法家书写《道经百家书》《中国当代书法家50人五体创作实录》等重要创作。绘画主攻国画山水，擅长人物，以书法用笔入画，风格独特而高雅。染翰之余，又喜吟诗作对，众多展出、刻石及应酬之作，颇多佳作。由中国书法家协会、省文学艺术界联合会联合举办，省文史研究馆、湖南师范大学美术学院、省书画研究院协办，省书法家协会承办的“颜家龙书法艺术展”于2004年9月5日至9月10日在中国美术馆举行，展出作品50件。人民美术出版社出版《颜家龙书法》，湖南大学出版社出版的《颜家龙尺牍书法》《得德楼文稿》同时首发。开幕式当天召开“颜家龙书法艺术研讨会”。2000年，获中国书协“德艺双馨会员”称号。2001年，获中国书协“中国书法家荣誉奖”。2006年，获“中国最具影响力书法家”称号。作品入选《中国现代美术全集·书法卷》和《中国行书大典》。其《颜家龙书法集》《颜家龙书法》《颜家龙扇面书法选集》等专集行世。2012年11月2日凌晨去世，享年85岁。

萧育轩

萧育轩（1937—2012），原名萧毓辉，1937年10月出生于今涟源市七星街镇檀山村。1954年，从涟源四中初中毕业，考入沈阳电力技工学校，读锅炉检修专业。1956年，从技校毕业，分配至郴州资兴鲤鱼江电厂当工人。他爱好文学，利用业余时间进行文学创作。1962年7月，在《湖南文学》发表处女作小说《刘兰》，被收入《中国工人短篇小说选》，被译成英文，发表在英文版《中国文学》上，后又改编成花鼓戏和连环画等多种文艺形式。1963年，《迎冰曲》在北京《人民文学》头版刊登。全国各大报刊纷纷发表评论，后被收入《中国新文学大系》，并被译成英文，被邀出席全国青年文学创作积极分子大会。同年，在《人民文学》发表小说《风火录》，不久被改编成话剧《电闪雷鸣》。1972年，调冷水江金竹山电厂当工人。1977年2月，被《人民文学》电召至京，写出《心声》和《希望》，发表在《人民文学》上。《心声》为“文化大革命”后该刊发表的第一篇揭批“四人帮”的小说，受到读者欢迎，引起文学界注目，获湖南省优秀文学作品奖。1978年，调入地区文联，任文学专干、编辑。1982年，调入省总工会主办的《主人翁》杂志社，任记者、编辑，后升任副主编。同年，发表小说《孟广德那老头》和《烛泪》，前者被中央人民广播电台改编为广播剧播出，后者获《少年文艺》优秀奖。1983年，出版长篇小说《乱世少年》，获全国首届儿童文学长篇小说奖、上海儿童文学长篇小说奖，被共青团中央推荐为全国青少年优秀读物，由文化部等八单位评为全国优秀图书二等奖，并被日本汉学家石田稔译成日文，在日本出版发行。1985年，加入省作家协会，成为专业作家，担任《新闻人物》总编辑。1988年，加入中国作家协会。1989年，任省作家协会副主席。部分作品译有英、日文版本并选入《中国新文学大系》。2012年病逝世于长沙，享年75岁。

杨建一

杨建一（1954—2013），新化县石冲口镇人。1980年12月，接过父亲的教鞭，“以工代教”成为新化县天龙山学校教师。1997年6月，加入中国共产党。2006年2月，任上梅镇北渡口中心小学校长。2011年11月，学校电线短路，他搭楼梯接线路，不幸摔倒，腿部致残行走不便。2013年1月15日13点50分，王某初手持匕首翻墙入校对学生行凶，一学生倒在血泊中。杨听到呼救，立刻奔赴现场，追赶歹徒，赤手空拳与持凶器歹徒搏斗，头部和胸部中刀，当场牺牲。1月18日，教育部追授杨建一“全国优秀教师”称号。1月22日，全国总工会追授他“全国五一劳动奖章”，省委、省政府追认他为“湖南省优秀共产党员”。2月6日，省委作出《关于开展向杨健一同志学习的决定》。7月，在第十二届全国见义勇为英雄模范表彰会上被追认为“全国见义勇为模范”。

谢　牛

谢牛（1933—2013），今娄星区蛇形山镇人。1948年进入华中艺术专科学校绘画专业学习，1949年8月参军，在部队文工团从事舞台美术。1955年考入上海戏剧学院美术系。1959年大学毕业后在江西宜春地区从事美术创作与辅导工作。曾任地区群艺馆副馆长、地区美协主席、地区文联副主席。1980年入中国美术学院深造。1985年起任江西书画院副院长、党支部书记和名誉院长、中国美术家协会会员，中国版画家协会二、三届常务理事，中国水彩画学会理事，国家一级美术师。原学油画，后主要从事版画、水彩，兼研漆画、国画创作，各画种均有作品参加全国第四、六、七、八届美术展和全国第七届至十二届版画展、全国多届水彩画展。任全国第十届版画展及全国第八届、九届美术展评委，江西省高级艺术职称评委。作品在20多个国家和地区展出，部分作品为国内外美术馆、博物馆及个人收藏家收藏。报刊发表大量作品，获得一些荣誉与奖励。1987年获《版画世界》鲁迅奖。1991年在日本大阪举办水彩画个展，获日中艺术交流中心金奖。1996年获中国版画家协会颁发的“鲁迅版画奖”。发表论文20余万字，传记载入日本出版的《世界绘画辞典》《中国当代艺术界名人录》等多种辞书。出版《谢牛水彩画集》《谢牛国画集》《谢牛画集》《谢牛文集》。2013年3月去世，享年80岁。

魏先来

魏先来（1930—2013），隆回县司门前镇中心村人。自幼丧父，12岁在家耕田务农。1949年11月，参加隆回县剿匪反霸和土改工作，后在“三反”运动及审干肃奸活动中表现突出。1951年6月入党，任隆回县三区区长、区委书记。1952年2月，任隆回县四区区长。1953年3月，任隆回县12区区委书记。1954年9月，任隆回县委委员、监委副书记、组织部副部长。1956年4月，任县委常委、组织部部长、监委书记。1958年12月，任县委副书记。1964年1月，任县委副书记兼县长。1966年4月任隆回县委书记兼县武装部第一政委。1969年12月，任涟源县委副书记、邵阳地委委员。1973年8月，任涟源县委书记、县革委主任。1977年12月，任邵阳地委副书记、行署常务副专员。1982年4月至1990年4月任娄底行署常务副专员。1990年4月，任娄底地区政协联工委主任、党组书记。两次当选省党代表，两届省人大代表，三次赴京参加全国农业学大寨会议。1992年2月退休。2013年4月26日，在娄底市中心医院逝世，享年83岁。

李　顺

李顺（1930—2014），1930年10月生于河北省武城县二区大申乡，高中文化。1947年4月参加工作，任武城县委通信员。同年7月，加入中国共产党。1949年11月至1950年10月任安乡县五区武装干事。1950年11月至1952年11月任安乡县五区武装委员。1952年11月至1953年6月任安乡县五区区委副书记。1953年7月至1954年3月任安乡县五区区委书记。1954年4月至1955年2月任安乡县农场场长。1955年3月至1957年7月任常德文化干校学员。1957年8月至1958年9月任安乡县公安局局长。1958年10月至1960年7月任安乡县安保人民公社党委第一书记。1960年8月至1962年3月任安乡县委农村部部长（其间参加省委党校学习）。1962年4月至1963年5月任安乡县副县长。1963年6月至1964年3月任安乡县委组织部部长。1964年4月至1968年3月任安乡县委书记。1968年4月至1969年12月任安乡县革委副主任。1970年1月至1973年5月任安乡县委书记、革委会主任。1975年4月至1975年7月任常德地委副书记、地革委副主任。1977年11月至1983年9月任涟源地委书记、涟源军分区第一政委。1983年9月至1985年4月任娄底地委书记。1985年5月任省政法委副书记。1986年2月任省政法委副书记。1988年5月至1992年12月任省交通厅厅长。1993年任省人大民族华侨外事委员会主任委员。1995年9月任省人大常委会办公厅党组成员。2014年2月21日在长沙逝世，享年84岁。

陈玉琛

陈玉琛（1930—2014），1930年12月26日出生于吉林省舒兰县太平乡石庄村（今舒兰市天德乡水曲柳村）农民家庭。1947年7月，陈玉琛在舒兰县太平乡参加中国人民解放军，12月，参加东北冬季攻势。1948年1月，东北民主联军改设东北人民解放军东北军区和东北野战军，他被编入东北野战军第十纵队一四〇师四一九团二营四连。4月，被任命为四连排长；5月，加入中国共产党。至1949年2

月，先后参加辽沈战役、平津战役、宜昌战役，在黑山阻击战中立小功2次；9月，随部队南下进驻湖南湘西，负责芷江、新晃等地剿匪任务，获“剿匪英雄”称号。1951年3月，陈玉琛参加中国人民志愿军赴朝鲜作战。1953年1月，提升为连长，荣立三等功1次，被评为模范共产党员和模范干部各1次，获抗美援朝三级奖章。1955年，授大尉军衔。1956年，获国防部授予的“解放勋章”。1960年1月，在南京军事学院情报系第8期学习，被评为优秀学员。1961年7月毕业，获大学专科文凭。1963年7月，晋升为少校军衔。1964年1月，担任一三九师四一五团副团长；是年9月，调入广州军区敌后侦察大队任大队长。1969年7月，任广州军区敌后侦察支队支队长。1970年11月，率部赴广东省西湖农场执行农副业生产任务，任一四六师副师长。1973年8月至1974年7月，在北京军政大学学习。1977年2月，任湖南省军区邵阳军分区副司令员。1977年8月，省军区筹建涟源军分区，与孙述元一道，负责涟源军分区组建工作。1978年1月，任涟源军分区司令员。1982年12月，随涟源地区更名娄底地区改称娄底军分区司令员。1983年底，任娄底军分区顾问。1984年5月，陈玉琛退出现役离职休养。1985年5月，入住省军区五里牌干部休养所。1988年7月，获中央军委颁发的“胜利功勋荣誉章”。2014年7月25日因病在长沙逝世，享年83岁。

刘筠

刘筠（1929—2015），今双峰县青树坪镇红星村人。5岁入私塾，1937年随父母迁往武冈县城。1948年秋，以优异成绩考入湖南省国立师范学院。一年后，国师合并到湖南大学，即转入湖南大学生物系学习，又先后到湖南医学院、广州中山医学院借读。1953年大学毕业后，任湖南师范学院生物系助教兼秘书。两年后主讲动物胚胎学。1956—1957年，被保送到中国科学院实验生物研究所进修实验胚胎学。1958年秋，开始研究洞庭湖区草、青、鲢、鳙四大家鱼人工繁殖问题。1962年证实成熟雌性草鱼卵巢卵细胞对HCG没有排卵反应，这一发现有助于解决草鱼人工催产疑难问题。1979年他承担鳖的繁殖和人工养殖研究项目。经过5年的野外采集、试验、试养，终于掌握鳖的性成熟年龄、生殖细胞发育规律、胚胎发育过程及其影响胚胎发育的环境因素，提出雌鳖选择标准、雌雄合理搭配比例和提高孵化率的措施。总结出稚鳖、幼鳖和亲鳖四级饲养方法和鱼鳖混养的养殖学原理，及甲鱼胚胎发育过程和人工繁殖的规律。其技术被推广应用到全国，产生轰动效应。后又提出生态养鳖的管理和措施。对牛蛙的人工繁殖和育种研究也取得成功。从1985年起，其技术在全国得到广泛应用和推广。成千上万家特种水产养殖单位和专业户因此而发家致富，汉寿县也因此成为“中国甲鱼之乡”。1991年，研究领域又拓展到鱼类细胞工程育种、应用细胞工程和传统的有性杂交相结合的综合技术育种，建立中国第一个鱼类四倍体基因库种群，成功培养出三倍体鲫鱼（即工程鲫）和三倍体鲤鱼（即工程鲤）。研究成果被国家列为高科技产业发展计划和全国推广养殖项目。在世界上首次研制出两性都能育种的异源四倍体鲫、鲤鱼，在鱼类多倍体育种的理论和应用方面达到世界领先水平。发表论文50余篇，出版学术著作3部，《中国养殖鱼类繁殖生理》被水产学术专家誉为“当代科技的重要专著”。主持完成一系列国家和省级重点项目，有8项成果，14次获国家和省部级科技进步奖，产生经济效益年均超过25亿元。1982年加入中国共产党，1984年获“国家级有突出贡献的中青年专家”称号。1990年获“全国高等学校先进科技工作者”称号。1995年获“全国先进工作者”称号。同年5月，当选中国工程院农业、轻纺与环境工程学部院士。是中国水产学会副理事长、省水产学会理事长。1996年12月，当选为省科协副主席。2000年7月，获“全国杰出专业技术人才”奖。担任全国政协第六至八届委员。2015年1月21日去世，享年86岁。

曾苏民

曾苏民（1932—2015），1932年2月，出生于湘乡县红星村（今属双峰县）一个普通农民家庭。1947年从湘乡中学初中毕业，考入国立中央技术学校长沙分校机械班。1950年5月，从技校毕业后，到沈阳东北工业部有色金属管理局基建处工作。1952年3月，进抚顺俄语训练班培训。次年6月，赴苏联乌拉尔铝加工厂学习，先学挤压设备，3个月后改学模压工艺及模具设计。1955年3月，学成归国，被分配到101厂（又称新风加工厂）技术科任工艺组组长；同年12月，加入中国共产党。1958年8月，曾苏民考入新风加工厂职工业余大学本科班。1960年8月，苏方在3天内撤走驻厂专家，带走技术资料。他和同事们奋发图强，在此后的1年内干成28种国家急需的大型铝合金模锻件，被誉称为“锻件王”。当年被评为厂劳动模范，1961年、1962年获哈尔滨市劳动模范，获“五好青年”称号。1963年8月，任101厂模压车间副主任。1966年3月，调至“三线”112厂（西南铝加工厂），7月任锻造分厂筹备组组长。同年，兼任西南大学材料科学与工程学院名誉院长。1978年11月，任锻造厂副总工程师。用3年多时间，通过100多次试验，成功地研制出钛合金和高温合金模锻件。1984年12月，出任总工程师。1986年后，不再担任行政职务，把全部精力投入技术创新课题中，主持争取美国波音公司铝合金模锻件生产许可证和全权负责出口模锻件工作。次年3月，波音公司4位专家到厂验收首批产品，发现7个低倍试片中有一个金属流线不顺。在他组织下，用30小时完成从投料到成品检验的48道工序，低倍全部合格。1988年8月，参加航天工业部“长二捆火箭工程”相关问题研究，创造“三镦二扩”新工艺试制出十几个特大锻环，使火箭重量减轻200千克，费用减少1650万元。1994年3月，主持试制为美国发射22颗卫星用的卫星座锻件三角形锻环，产品力学性能要求高于中国标准40%，允许残余应力极小，精加工后变形小于0.015毫米。运用工艺因素相关强化技术，创造出大变形量，超长时间固溶，超长时间高温时效的“一大二长”新工艺，研制出纵模向力学性能相同的锻环，经美方复验，质量优良。1996年6月退休，被聘为西南铝加工厂高级技术顾问。1999年，当选中国工程院院士。先后获得科技奖17项，其中国家级特等奖2项，一、二等奖6项，省部级一、二等奖9项。在《中国有色金属学报》上发表论文5篇，在《中南工业大学学报》发表论文4篇，其中6篇分别被美国《化学文摘》、俄罗斯《冶金文摘》《机械文摘》、日本《科学技术文献速报》收录。2015年11月8日上午10时42分在重庆逝世，享年84岁。

彭立珊

彭立珊（1922—2015），涟源市人，1922年出生于涟源市蓝田镇（原属安化县），少年时到省城长沙求学，就读于长沙大学工商管理专业，毕业后进入长沙《晚晚报》当记者，同时帮助父母做生意。中华人民共和国成立前后，他到上海发展，先后做过清洁工、勤杂工，开过书店，还做过一段时间新闻记者。1954年冬，被人诬告，被判刑3年。1958年，彭立珊从上海经由澳门到香港，改名余彭年。从清洁工、勤杂工和建筑工干起，在香港某建筑公司，他的聪明和勤快打动了老板，老板把他带入房地产市场。1982年，回到阔别30年的老家涟源县，开始对家乡进行捐助，并把慈善事业推向全国。1982年，他向湖南捐资2500多万元，兴建社会慈善福利事业项目20多个。1991年，向全国中小学幼儿教师奖励基金会捐赠100万元港币用于奖教助学。1994年，向深圳大学捐赠科研经费200万元人民币。2003年，曾经患过白内障的他，为解除内地白内障患者痛苦，启动“光明行动”计划。2004年，辞去深圳彭年酒店董事长职务，专心慈善，成立“中国余彭年慈善基金会”，把自己全部财产纳入基金会，用于慈善事业。至2006年，“光明行动”在全国17个省免费完成3万多例白内障手术。2008年，“光明行动”前往蒙古、朝鲜、越南、老挝和柬埔寨5国。是年，将自己的遗产全部捐献给慈善事业，并成立善款管理委员会。2015年5月2日，逝世于北京大学深圳医院，享年93岁。他生前曾被评为美国《时代》周刊“全球十四大慈善家”之一，连续五次蝉联胡润中国慈善榜榜首。

罗绍志

罗绍志（1935—2016），字时锦，号补过斋主，1935年10月生，今双峰县锁石镇冷山村桃子堂人。1956年3月，参加小学教育工作，历任双峰县锁石完小校长、县委宣传部新闻组组长、县委党史研究室主任、县委办公室常务副主任等职。1980年，接到上级宣传与出版部门特邀，花二三年时间，跑遍全国收集蔡和森及家人史料，合作写出《蔡和森传》《蔡和森文集》《怀念蔡和森同志》等书，在湖南人民出版社出版。1984年后，专门从事党史研究，利用自己的家庭藏书，由对蔡和森的研究拓展到对曾国藩等历史名人的研究，公开出版《曾国藩家世》《学者笔下的曾国藩》《涟水春雷》和《古今双峰二百名人传》（父子合著）等书。2009年，内部出版《双峰县军事志》（父子合著）。至2012年，公开出版著作12本。编著内部出版地方性史书20多本，1000万字以上。1988年，被评为副研究员。1991年，获“全国党史先进个人”称号。其传略被载入《中国当代历史学学者辞典》《中国高级专业技术人才辞典》《当代湘籍著作家大辞典》《中国当代著作家大辞典》《中国文学艺术家与文房四宝专家传集》《中华人物家教大辞典》。他对中共党史深入研究，成果丰硕，享有“蔡和森研究专家”之誉，多次接受中央、省级电视台采访。2001年7月，接受中央电视台《东方之子》栏目组采访，讲述《东方之子：蔡和森》。2006年，接受中央电视台《走遍中国》栏目组采访，讲述《女杰之乡》。2010年，其家庭在娄底市首届“三湘读书月活动”中获“十佳书香家庭”称号。2011年，他接受上海电视台东方卫视《理想照耀中国》纪录片采访、湖南电视台《青春做伴》纪录片采访，讲述《向蔡同盟》。2011年，接受湖南电视台《故事湖南》采访，讲述《展翅蔡畅》。2011年9月，获省“三湘读书月活动”领导小组授予的“书香家庭”称号；12月，获评省全民阅读进家庭活动“湖南省十佳书香家庭”。2012年5月，获全国妇联、全国五好文明家庭创建活动协调小组授予的第八届全国“五好文明家庭”荣誉称号。2014年4月，国家新闻出版广电总局授予他的家庭首届全国“书香之家”。他历任中共党史人物研究会会员、省作家协会会员、省书院研究会理事、南京中山文学院客座教授、湖南人文科技学院曾国藩研究所研究员，省党史人物研究会蔡和森研究中心研究员、双峰革命老区经济开发促进会副会长、老年科协常务副会长。2016年5月12日去世，享年81岁。

朱继峰

朱继峰（1952—2017），字国文，号峰石山人，今双峰县走马街镇人。他自幼酷爱书画艺术，1982年，专程赴杭州师从书法大师沙孟海。1985年，拜师山水画家莫立唐，历时四载。1989年，考入北京大学书法研究班深造。1993年5月，光明日报出版社出版《朱继峰书画集》；6月，由北京大学艺术教育委员会主办，在北京劳动人民文化宫举办第一次个人书画展。中央电视台、《人民日报》、《光明日报》等10多家新闻单位报道书画展实况。12月25日，为纪念毛泽东100周年诞辰敬赠“十百图”（《百寿图》《百福图》《百龙图》《百凤图》《百鸟图》《百鹰图》《百虎图》《百骏图》《百华图》《百鸽图》），由韶山毛泽东纪念馆收藏。1994年，为邓小平九十华诞搜集999个不同形体的古寿字，缀满在用隶书作底的“东方巨龙”四字之内，精心创作成《东方巨龙》图，8月22日由邓办主任王瑞林上将悬挂在邓小平客厅。1994年8月，任中国书画协会常务副主席。1994年11月27日，中国东方文化研究会在深圳市博物馆主办第二次“朱继峰书画展”，中央电视台《邓小平》大型纪录片摄制组拍摄书画展实况，第二次录制《朱继峰书画展》专题片。1995年5月，被聘为中国东方文化研究会理事。1995年7月至1996年9月，在北京大学中文系研习古典文学。1996年10月23日，中国文化研究会、新华社香港分社在香港中国文化展览馆主办第三次“朱继峰书画展”。香港《文汇报》《大公报》《商报》《新晚报》《明报》《星岛日报》及香港亚洲电视台、本港台、翡翠台等新闻单位多次报道书画展盛况，中央电视台第三次录制《朱继峰书画展》专题片。1998年至2001年，在北京大学艺术系攻读硕士研究生。2000年10月，被聘为北京名人文化艺术中心常务理事。2002年1月，任中国东方文化研究会常务理事。2003年10月，任中国楹联学会会员。2004年5月，出版大型书画集《朱继峰书画》；8月14日，由中国东方文化研究会主办，深圳市福田区人民政府承办，在深圳市博物馆举办“纪念邓小平同志100周年诞辰——朱继峰书画展”，中央电视台、《人民日报》、《光明日报》、《中国青年报》、中央人民广播电台、中国新闻社、《中国妇女报》、《北京晚报》、《湖南日报》、《香港大公报》、凤凰卫视、《深圳特区报》、深圳电视台及深圳人民广播电台等媒体参与报道书画展盛况；10月23日，湖南电视台、湖南教育台、长沙电视台、《湖南日报》、《三湘都市报》、《长沙晚报》、《东方新报》和《潇湘晨报》等媒体多次采访报道该次书画展实况，将该次展出的书画作品拍卖所得40万元现金及80幅作品全部捐赠给社会公益事业。2005年4月，任中国东方文化研究会副会长。2017年逝世，享年65岁。

郑太红

郑太红（1973—2017），1973年1月出生于新化县水车镇柳白村一个贫困农民家庭。1986年初中毕业，考上重点高中，因家贫放弃，南下打工，支持两个弟弟完成学业。20世纪90年代，一边务农，一边拜师学医。2001年，到娄底市卫生学校中西医结合班学习。2004年，中专毕业后当上乡村医生，时年29岁，为水车镇第一个拿到正式中专文凭的乡村医生。2011年考取中医执业助理医师资格证。2014年，获得中医执业药师资格证。2015年，参加湖南中医药大学主办的“名老中医师承班”。他扎根乡村12年，治病救人，不计较报酬得失，视患者如亲人，不论远近和气候条件，随叫随到，从不收门诊费和出诊费，只收药品费和材料费；对于一时拿不出医药费的患者，还为其垫付，至其逝世后，仍被欠下不少医药费。2017年5月29日傍晚，郑太红从柳白村自己家里送妻子去15千米外的水车镇自家商品房，在路上，接到病人求医的电话，他回答说等会就来。他把妻子送到自家商品房后，来不及吃晚饭，掉转车头，赶往20千米外病人家里。次日凌晨4点59分，打电话给妻子说：“我不行了，你快回来啊！”5月30日凌晨，长年超负荷行医的郑太红猝死在卫生室，终年44岁。家人在其遗物中查到1799笔赊账单，涉及1046人，累计127869元。这些赊账者，大都是方圆百里之内的贫困户。6月3日，新化县水车镇柳白村第三村民小组倾村出动，出殡时，千余父老乡亲冒雨为他送葬，其中80多岁的老人20多位。2017年8月18日，郑太红被追授为全国卫生计生系统劳动模范。

石海澄

石海澄（1945—2017），1945年9月出生于涟源市白马镇百坪村。12岁开始在当地老中医刘绍裘指导下钻研古典医经，熟读《黄帝内经》《难经》《伤寒论》《神农本草经》《本草纲目》等古典医学经典著作。14岁单独行医，1962年2月任赵家村卫生员。1964年4月，任孙家桥联合诊所医生。1967年9月任百坪村“赤脚医生”。1968年11月任田心卫生院医生。1971年9月至1974年7月在邵阳卫校学习临床医学。1975年9月升任田心卫生院副院长。1978年升任田心卫生院院长。1989年4月，研制出“活络效灵汤”治疗坐骨神经痛。1991年4月，研制出“峨参汤”治疗胃病。1995年4月，获省人民政府授予“先进工作者”称号。1996年1月，获卫生部授予“全国卫生系统先进工作者”称号。1998年8月，任省第九届人大代表，并连任3届。1999年7月，被省人民政府记一等功。2001年9月，任中医主任医师（正高）。2003年2月，获评湖南省优秀乡镇卫生院院长。2004年10月，获“湖南省农村名中医”称号。2005年6月，在奥地利世界传统医学大会上，获世界传统医学博士学位。2006年，出版医学著作《龙山医悟》。2007年，研制出“癌痛灵胶囊”，获国家发明专利。主持科研课题，有三个获得科研成果奖。20多篇科研论文分别发表在国家、省级权威刊物，或在全国性学术会上宣读交流。连续三届出席全国肝炎、肝硬化、肝癌学术研讨会和全国疑难病康复研讨会。事迹载入《中国名医大全》和《世界名医录》，并被聘为《中国动物药》一书编委。长期担任涟源市诗词楹联协会顾问，出版诗集《橘井泉香》。2017年11月16日凌晨逝世，享年72岁。

二、前志补遗

萧启江

萧启江（1807—1860），字濬川，出生于今涟源市金石镇茅坪村（原属湘乡县），属秀溪萧氏。年轻时在四川经商，后入学读书。晚清湘军将领。1860年（咸丰十年），四川军事告急，朝廷命萧启江率军前往支援，萧启江率军刚到达，便因病卒于军营中，后安葬于老家荷塘镇塘湾乡。死后被诏赠巡抚，谥号壮果，在湖南、江西赐建专祠，以作表彰。萧启江事迹载于《清史稿·列传·卷二百十九》。

刘岳昭

刘岳昭（1824—1883），字荩臣，今涟源市杨市镇（原属湘乡县）人。早年以文童投效湘军。清同治二年（1863），授云南按察使。同治三年（1864），迁布政使，皆未到任，留守四川治军。同治五年（1866），擢升为云南巡抚，进军绥阳。同治七年（1868），疏陈云南军事，命赴本任。光绪九年（1883），革职还乡。光绪九年（1883）病逝，时年59岁。湖南巡抚庞际云上奏朝廷：“岳昭统兵十余年，建功之地，黔属地多；任事之艰，云南为最；请复原官”，得到应允，刘岳昭以云贵总督规格下葬。刘岳昭故居“存养堂”在20世纪50年代被拆除。刘岳昭事迹载《清史稿·列传·卷二百六》。

杜　俞

杜俞（1854—1916），字元穆，号云秋，自号“黄陵外史”，今双峰县三塘铺镇两头塘村福庆堂人。擅文学。曾与同里曾希文、朱恢元、陈瀚等10人结社于东台山，时称“东山十子”。清光绪六年（1880），26岁的杜俞以附监生候选知县。光绪帝“与语大悦”，惊称“此江南才子也”，重加奖拔。光绪十六年（1890），杜俞由知县升知府衔，管带四川长胜中左等营。翌年以道员补用，加三品衔。光绪二十年（1894）中日甲午战争爆发，杜俞以偏师总理武威军营务处兼带副中营。光绪二十一年（1895），总理湘鄂各军营务处。光绪二十五年（1899），将太湖等地枭匪一举肃清，奉旨赏加二品衔，世袭三代，诰命四轴。光绪二十六年（1900），赏戴花翎。光绪二十七年（1901）总理苏防营务处，统苏防全军。光绪二十九年（1903），总理两江营务处，统领常备右军。是年底，统领江南常备左军，随同魏光焘办理南洋练兵事宜。光绪三十年（1904）奉旨派回湖南道州、永州等处，扼要防守。翌年粤西匪势肃清，奉旨加一级，记录二次。宣统元年（1909），杜俞统领荆襄水师各营。次年改直隶补用，署理宣化镇总兵。宣统三年（1911），奉旨署理湖南布政使，帮办湖南军务。民国4年（1915），中华民国政府授杜俞陆军中将衔，特任一等咨议官；12月，袁世凯背叛辛亥革命称帝，他与蔡锷联手反袁，不幸被害，享年62岁。生前著有《海岳轩丛刻》《通商志》《出塞吟》《采菽堂诗抄》《前后出塞集》等。

黄宗宪

黄宗宪（生卒年不详），字玉屏，号小谷，今新化县上梅镇井头街人。其家族是城里“游、余、谭、黄”四大书香家族之一。他自幼天资聪慧、好学，尤其喜欢摆筹习算。清咸丰九年（1859）丧母，父亲续弦，其时正处少年。同治八年（1869）丧妻，遗下幼子，其时他刚20岁左右。后来投入“纯粹”的数学研究，潜心探讨理论问题。同治十年（1871），黄宗宪只身离家到长沙拜读于算学大师丁取忠门下。在城北隅荷池精舍研习古今算书。后左潜和曾纪鸿加入，三人同门并结交。丁取忠奖掖后进不遗余力，对黄宗宪尤其器重。黄宗宪帮助恩师校订吴嘉善昔年在长沙的著作《算书二十一种》，接着又校订张作楠《八线对数表》、李锐《勾股算术细草》《开方说》、夏鸾翔《少广追凿》、时曰醇《百鸡术衍》。同治十三年（1874）春，黄宗宪在丁取忠的指导和学友的帮助下，撰写数学专著《求一术通解》两卷。此书对中国古代数学“大衍求一术”有独特改进，使他的大名载入数学史册。光绪二年（1876），到上海江南制造局任职，受到英国专家傅雅兰启发，对西方数学及科技产生浓厚兴趣。是年冬，他随清使节郭嵩焘出使英、法，倚仗数学之长，对西方的航海、天文、地理、军事制器等各科进行全面研究。在英国，他常去伦敦博物馆，翻阅西方科技书籍，将西算与中算进行比较、验证。有一次他在阅读一本英文天文学书时，发现书中有关圆周率的计算已推至158位。他立即找出出国时随身携带的书籍和笔记，把昔日自己在国内早已推得的圆周率百位计算与之对比，结果完全一致。回国后，他发挥所长，把西方科技用于实际，并继续潜心研究算学，写出有关圆周率方面的书籍，名为“容圆七术”。光绪五年十二月二日（1880年1月13日），黄宗宪从伦敦赴巴黎清驻法使馆晋见曾纪泽。十一日，随参赞黎庶昌去西班牙清国使馆工作。次年出任驻日本大臣。光绪七年（1881）四月，赴西班牙王宫和“耶稣校”观礼，十月底去马德里农务学堂参观。光绪八年（1882）春，黄宗宪启程回国。五月初回到长沙，七月初返归新化故里。洋务运动失败后，他只能在新化赋闲，有时到长沙小住。光绪十六年（1890），他创“规绘捷法”十一条，“系二次曲线致用之术也”，“能阐古人不传之秘”。光绪二十年（1894），湖南学政张亨嘉到宝庆府主持科举考试，出“角形悬法”一题及“四面斜体”一题，应试生没有一人会的。门生请教黄宗宪，他都给出了解法。光绪二十一年（1895），他以“梅城知足堂”名义出版《容圆七术》卷上、中、下。光绪二十二年（1896）编定《悯笑不计》，连同重印的《求一术通解》和改编的《练炮宜知》，总称为“古琴古砚斋算率”，在该年冬印成。他还自号“味空居士”，似受佛学影响，或寓隐居不仕之意。光绪三十二年（1906），以垂老之年受聘为新化“公立高等小学堂”算学教习。这所学堂由资江书院在1901年改办，为新化培养出不少人才，清末民初新化县出洋留学达数百人。

蔡林蒸

蔡林蒸（1889—1925），原名麓仙，字润民，号泽庶，今双峰县永丰镇人。在姐妹兄弟六人中，排行第三。早年在湘乡县城和长沙等地当店员，打短工，支持弟妹求学、从事革命活动。1918年至1919年，弟蔡和森与毛泽东在湖南发起组织留法勤工俭学运动。1919年，蔡和森和母亲、妹妹一道远涉重洋赴法国勤工俭学，1921年冬，回到上海。蔡林蒸知道后，将妻子和女儿送回老家，自筹路费，去上海找到蔡和森，住在蔡和森家，后去工厂做工，受蔡和森、向警予两人的思想影响，从事工人运动，任虹口工人组组长。1923年，在上海加入中国共产党。认识罗章龙，在罗领导下，在宣传部门和秘书处工作。因家乡口音重，别人很难听懂他的话，从事宣传工作有困难。后经罗章龙介绍，他去广州，考入黄埔军校。入校后，认真学习，练就一手好枪法。1925年，广州、香港的工人阶级为声援上海的“五卅”运动，在中国共产党的领导下，举行省港大罢工，成立中华全国总工会省港罢工委员会。同时成立罢工工人纠察委员会，蔡林蒸被派到纠察队担任第十支队队长。7月10日，罢工委员会宣布对香港实行武装封锁，派出工人纠察队赴各海口执行封锁任务。蔡林蒸奉命率队驻守宝安县沙鱼涌，截留私运出口的粮食，查缉走私物资。1925年11月4日凌晨4时许，港英当局搜罗和组织1000多人向纠察队、铁甲车队发动猛攻。蔡林蒸带病与铁甲车队队长周士第、党代表廖乾五一起指挥战斗。蔡林蒸身先士卒，在战斗中牺牲，时年36岁。

李道宗

李道宗（1901—1928），派名“章保”，字踏峨，今涟源市伏口镇石陶片排下村（原属安化县）人。清光绪三十三年（1907），6岁的李道宗成为家里唯一上学的人。1914年，考入安化县立培英堂新学。1916年，培英堂毕业后，又读一年私塾。1920年，考入湖南省立第一师范，因成绩优异，被免学费。在长沙，他开始接触马克思主义，参加省会学生运动，结识毛泽东、夏明翰等人。1924年，从一师毕业，回到桥头河镇观澜书院任教。主张废旧学、兴新学，改革教育，向学生灌输新思想，得到校长邱希尼的赏识。1926年2月，李道宗向校长借10元银洋，奔羊城投考国民党中央政治讲习班，李富春任讲习班班主任。讲习班共有学员416人，其中湖南籍384人。李道宗做学习记录，记录毛泽东等人演讲共17篇，计35000余字，成为珍贵的历史文献资料。在讲习班，他还担任学生会干事，组织同学参加政治活动。其间，加入中国共产党。1926年夏，从政治讲习班结业。同年秋，随北伐军入湘，任国民革命军第二军第四师政治部主任。1928年，李道宗所在的四师进驻临澧，李道宗接任县长。他暗中保护共产党员和农运骨干，时时接济湘西特委书记彭公达、陈协萍等地下党员活动经费。7月，他被迫离开临澧。8月，在长沙被捕，临刑前，留下遗言：“我为革命虽死无憾，党的事业一定胜利。”牺牲时年仅27岁。

曾华湘

曾华湘（1904—1928），今双峰县杏子铺镇山斗冲人。由于家贫，只读完初小，13岁便随兄长外出学织布谋生。1921年，进入湖南第一纺织厂当一名打包工。不久，参加中共领导下的纱厂工人俱乐部，接触到毛泽东、李维汉、郭亮等工人领袖，在他们的引导下，阅读《劳动》周刊等书刊。1924年1月，曾华湘在纱厂加入社会主义青年团，不久，又加入中国共产党。8月，担任纱厂青年团书记，受党的委派，指导纱厂附近三汊矶的码头、划运、泥木三个工会的会务工作。1925年1月初，他率领工人为增加工资而罢工游行，被军警禁闭10天。1926年夏，与堂弟曾慎伯以及妹妹曾新元一同回到山斗冲发展中共党团组织。接收曾文衢、成石泉等人入党。暑假回到溪口井塅上发展刘永兴、刘先祥、万锡林等入党。是年冬，曾华湘与刘景贵商议，两地党员在山斗冲平台园聚会，成立中共山斗冲支部，推举曾文衢为书记。支部建立后，在农运骨干中发展党员。次年春，曾文衢、成石泉等介绍周腾芳、成伏生、成厚文、成清广等入党。至此，该支部共有党员30余名。随着党员人数的增多与工作的需要，山斗冲支部又分成山斗冲和溪口两个支部。一年内，这一带成立的地下党支部已有山斗冲、溪口、铜梁、荷塘、十字铺、金蚌、永丰、姚桥、十竹山、诚和、青树坪、花门等18个。同年9月，长沙第一纱厂工会改选，曾华湘担任执行委员长，兼任厂党支部组织委员与厂团支部书记，后又被选为省劳工评议员。1927年五一劳动节，指挥纱厂3000多名工人高唱《五一节颂歌》，走上街头示威游行。马日事变时，被拘禁半月。后领导纱厂党组织和工会转入地下斗争。党组织再次安排他回家乡开展地下斗争。首先与省委派回家乡开展地下工作的特派员王则鸣、李鲁取得联系，在溪口山斗冲建立中共湘乡中心县委，当选为县委委员。先后恢复溪口、姚家桥、十字铺、金蚌4个党支部。1928年2月，曾华湘被中共湘乡县委派往长沙向上级党组织汇报工作，住在长沙四方塘中华旅社，由于叛徒告密被捕，3月29日，在长沙教育坪被杀害，时年24岁。

王则鸣

王则鸣（1900—1928），原名萼，今双峰县印塘乡大坪村人。1917年春考入湘乡驻省中学第三班。通过同乡蔡和森结识毛泽东、彭璜等，受他们启发，阅读陈独秀主编的《新青年》，接受民主与科学思想，积极投身反帝爱国运动。1919年，中学毕业后，寄居湘乡会馆，继续参加学生运动。1921年冬，王则鸣加入中国共产党。1922年初，受中共湖南支部派遣赴安源，协助李立三、刘少奇领导罢工斗争。同年11月，奉命到常宁水口山铅锌矿指导工人运动，被选为秘书长。在斗争中被当局逮捕，经多方营救获释，回到家乡以教书为掩护，继续从事革命活动。1924年2月，在湘乡分别建立中共湖南区委第三特别支部和社会主义青年团湘乡特别支部，亲自担任党、团支部书记。帮助国民党在湘乡建立县党部，任常务委员。1924年秋，受党派遣到莫斯科东方大学学习。翌年回国，以中央工运特派员身份赴焦作开滦煤矿开展工人运动，取得焦作煤矿大罢工的胜利。1926年春回湖南工作，指导安化特支与支部合并，建立中共安化地方委员会。10月，出席中共湖南区委第三次代表大会，当选为区委第二届执行委员，任组织部部长，并兼任国民党湖南省党部组织部部长。是年冬，在湖南第一次工农代表大会上当选为省农协委员。会后，他辞去省委组织部部长一职，以省农民协会委员和国民党省党部执行委员身份，公开从事农民运动。1927年春，省农民协会建立农民自卫队，任队长，同时成立工农自卫军干部训练队，任主任，为全省各地培训工农武装骨干300多人。1927年5月21日晚，马日事变发生，与中共湖南临时省委成员组织工农武装进行抵抗。省委决定发动10万工农武装攻打长沙，与彭公达分赴湘潭、株洲等地做组织工农武装工作。农军攻打长沙失败后，6月4日，奉命赴武汉向党中央汇报马日事变经过。后奉命赴江西参加八一南昌起义，部队南下时回湖南参加秋收起义，8月24日，在长沙被捕。1928年，军阀混战，王则鸣借机逃出监牢，继续投身党的地下斗争，在湘潭、湘乡一带活动，恢复党的组织，暗地组织暴动。3月20日，在双峰太平寺开完会回家时被清乡队逮捕，严词拒绝湘潭县县长的诱降，4月5日牺牲，时年28岁。临刑前，他留下一首绝笔诗：“奔走湘鄂有三秋，事业不成令人忧。不幸吾身牢中囚，死到黄泉心不休。”

陈海清

陈海清（1906—1929），今双峰县花门镇石龙村人，清光绪三十二年（1906）二月出生于一个农户家庭。1912年，过继给在常德安乡县经商的叔父为继子，入读私塾。1921年，以优异成绩考入省立第一中学。在此结识王则鸣、彭平之等中共早期党员，积极参加爱国学生运动。1923年，经彭平之介绍加入中国共产主义青年团。1924年，从省立一中毕业，由王则鸣介绍加入中国共产党。马日事变后，陈海清隐居乡里，后找到临时省委领导人王则鸣等，被安排赴常宁水口山，复兴工运。他深入工人群众，重整旗鼓，很快再一次建立起工人武装，重新展开活动，并成功进行一次向矿局夺枪战斗。后来，这支工人武装汇入井冈山革命根据地。因领导工人运动成绩突出，陈海清被提拔为湖南省委宣传部部长兼青年团湖南省委组织部部长。1928年春，出任湘西特委军工部部长，不久又任醴陵、浏阳巡视员。6月，作为湖南代表之一出席在莫斯科举行的中国共产党第六次全国代表大会。25日，陈海清发言批判陈独秀的右倾投降主义和瞿秋白的“左”倾盲动主义。7月1日，他与蔡和森、罗章龙、项英等28名代表提议：以中国共产党第六次全国代表大会名义，致电国内党中央，提出把反帝运动与反国民党、反军阀斗争统一联合起来，最终达到推翻一切反动统治、建立工农政权、实行土地革命的目的。会上，陈海清当选为中央监察委员会委员。8月，在长沙向省委汇报中共六大有关情况后，接到上级党组织的命令，以中央特派员的身份赶赴河南指导革命斗争。临行前，他接到“父亲病危”的家信，在征得组织同意后回乡省亲。到家后，被当局逮捕。1929年7月30日，陈海清就义于湘乡县白潭，年仅23岁。其遗体由房族陈桂芳组织收埋，葬于原籍百家冲芦毛塘山上。1984年4月和2004年4月，双峰县人民政府两次为陈海清墓立碑修缮。

谭国辅

谭国辅（1908—1936），字柳青，别名陈藻英、陈淑贞，女，新化县福田村（今属隆回县）人，清光绪三十四年（1908）生，4岁丧母，父亲谭二式常年在外从事革命活动，她随同祖父谭人凤于民国2年（1913）逃亡日本，1916年回上海。1920年，祖父谭人凤病逝，随灵柩回湖南，定居长沙西园。1921年，入周南女子中学读书，后转入徐特立举办的长沙女子师范学校。1925年，加入中国共产党，担任该校第一任党支部书记，发展刘英（张闻天夫人）等一批同学入党。同年，她因参与湖南纺纱厂工人运动被捕，旋经营救出狱。“五卅”惨案后，当局下令省城各学校提前放假，她与邹序龙等参加新化旅省学生暑期社会服务团（即宣传队）。6月回到新化，在县城组织后援会、学生联合会，分赴工厂、矿山、农村散发《帝国主义是这祥的东西》《不平等条约概述》《民族革命》等通俗小册子和演出新编话剧。她与邹建武、杨开骥、杨理豪被派往锡矿山宣传革命主张。她深入群众，访贫问苦，贴标语，散传单，广泛宣传反帝爱国思想。7月6日，在矿山锑业会交易所召开各界联席会议，组成青、沪惨案锡矿山雪耻分会，被推为宣传股主任，参与领导矿山举行声援上海、青岛工人斗争的万人示威游行。7月，返城在县立女校开办暑期平民学校，发动学生组织“新化学生评议会”。1926年，在共青团湖南区委及湖南女界联合会工作，任共青团湖南区委会执委，负责妇运工作。1928年，中共党组织送其到莫斯科东方劳动大学学习。后与夏曦结婚。1930年毕业回到上海，被派湘赣苏区工作。不久，受中共派遣回沪掩护陈赓，化名陈淑贞，以兄妹相称。1933年和陈赓一道在上海被捕，后经保释出狱。翌年，调任中共满州省委宣传部部长。1935年，被王明调往莫斯科，1936年，在苏共肃反扩大化中被害，时年29岁。

李　中

李中（1898—1951），原名印霞，学名声澥，清光绪二十四年（1898）九月二十六出生于今双峰县石牛乡采桑村一个书香世家。宣统三年（1911）辛亥革命爆发，正在私塾读书的李中剪掉自己的辫子，拥护革命。1913年秋，报考省立第一师范学校，与同乡蔡和森一起被录取，并在学校与毛泽东等结识。1915年春，在毛泽东和蔡和森的影响下，积极参与为反对由校长张干提议、省议会做出的要学生缴10元杂费的新规定而掀起的学潮。此后，协助毛泽东开设工人夜校。当时，由一师校友会开设的工人夜校分甲乙两个班，李中是乙班的管理员，每周二、四、六晚上他都坚持到夜校组织工人学习。1918年夏，李中从一师毕业后来到上海，在一家古玩店做会计。在为店主到浦口收购古董时，偶遇毛泽东。当时毛泽东从北京去上海，到浦口时已身无一文，得到李中资助。五四运动后不久，陈独秀从北京来到上海，李中多次到其住所拜访，并搬来同住一栋楼。1920年，在陈独秀引导下，离开古玩商店进入江南造船厂，一面做钳工，一面从事工人运动。同年，发起组织“沪滨工读互助团”，在工人中赢得声望。加入社会主义青年团和上海共产主义小组，成为最早的工人中的中共党员之一。入党后，积极为上海党组织创办的工人刊物《劳动者》组稿、撰稿，宣传马克思主义。9月26日，署名“海军钳工李中”，在该刊第七册发表《一个工人的宣言》，阐述马克思主义关于“全世界无产者，联合起来”的观点。文中说“将来的社会，要使它变成工人的社会，将来的世界，要使它变成工人的世界。”11月21日，上海机器工会宣告成立，任常驻办事员。1921年5月，上海社会主义青年团解散。同年7月，中国共产党在上海建立，李中转为正式党员。1927年，李中在“四一二”事变中被捕，经多方营救获释，返回双峰从事教育工作，教授新学。中华人民共和国成立后，李中几次写信给毛泽东要求参加党的工作。1957年7月，在受毛泽东邀请赴京途中病逝于益阳南县，终年54岁。

曾震五

曾震五（1896—1958），字克毅，今涟源市斗笠山镇人。早年就读湘乡中学，1915年，参加护国运动，转战闽粤。1920年，在粤军任营长。1922年，任陆军第二师五团少校团副。1926年，参加北伐。1928年，调至朱绍良第六路军总指挥部任科长，后辞去军职。1930年，赴日本早稻田大学留学。1931年回国，任陶峙岳部第八师作战科科长。1934年，入南京陆军大学。1937年8月毕业，回第八师任团长。几度赴八路军驻南京办事处访问叶剑英。10月，参加淞沪抗战。上海沦陷后，又与叶约见数次，要求参加八路军，叶以有碍联合抗日战线相劝。曾请叶派共产党干部到所在部队任职，在湖南两次拜见徐特立。1938年秋，陶峙岳调任第一军军长，曾震五任参谋长，李铁军等人以共产党嫌疑要严厉处治他，幸得陶担保才获免。随后参加豫南会战抗击日军，在洛阳几度晤见八路军总司令朱德。20世纪40年代初，任西北第38集团军少将参谋长。抗日战争胜利后，任陕西省第二区行政专员，驻扎于陕甘宁边区南侧的耀县，与共产党八路军接触较多，关系融洽，尽力资助边区，提供交通便利。1947年，调任兰州西北军政长官公署（长官为张治中）中将副参谋长，支持张的和平主张，抵制进攻陕甘宁边区的内战方针，受到胡宗南、马步芳等排挤。1948年，经陶峙岳推荐，调任酒泉联勤总部第八补给区中将司令，负责驻西北国民党部队装备给养调运供应。到酒泉后，即与陶晋初(新疆警备司令部参谋长)、彭铭鼎(西北长官公署副参谋长)暗中策划起义，拖延马步芳将新疆部队东调与解放军一野作战，阻止马部进入河西，并设法保护重要工厂、玉门油矿及兰大图书馆、中央医院、西北卫生实验所等重要机构。1949年9月6日，在张掖接陶峙岳电，称新疆方面有部分将领反对起义，图谋暴动，请其立即赶赴新疆，共商对策，控制局面。曾震五于8日赶到迪化(今乌鲁木齐)，以两昼夜时间对马呈祥、叶成、罗恕人等晓以利害，说服其交出部队，个人离新出国。陶峙岳又派曾震五为代表往兰州面见彭德怀，会商新疆和平解放事宜。曾由迪化日夜兼程赶往兰州，沿途指示各地部队稳定局面，维护地方治安，保护玉门油矿等重要设施。至张掖晤解放军第一兵团司令王震，汇报河西新疆起义准备情况，王即命令第二军停止次日拂晓攻击高台行动。曾随即又赶赴兰州向彭德怀报告，并将陶峙岳亲笔信面呈彭德怀，彭对河西、新疆起义行动表示欢迎，并将给陶峙岳的亲笔信交曾震五带回。9月24日，河西国民党军队通电起义；25日，新疆警备总司令陶峙岳、副总司令赵锡光率部通电起义；26日，新疆省政府主席鲍尔汉通电起义，大西北宣告全部解放。起义后，参加中国人民解放军，任中国人民解放军第一野战军第一兵团第二参谋长兼酒迪运输司令部司令。即派原所属汽车部队迎接人民解放军进驻酒泉和玉门油矿。11月，同王震等进驻迪化市，改任新疆军区副参谋长。1950年春，曾震五到北京、天津及东北等地参观学习，晋见毛泽东、刘少奇、朱德、周恩来、聂荣臻等中央领导，提出有关东北防空问题及东北、华北植树造林问题。4月到西安，向彭德怀和王震建议派干部、战士到东北学习，培养建设大西北人才。后留西安工作，任西北军政委员会委员兼财经委员会委员。1951年，参加赴朝慰问团，任西北分团副团长，赴朝鲜前线慰问中国人民志愿军和朝鲜军民，历时数月，其间彭德怀和金日成与其会见。回国后在北京、天津及西北各地报告、宣传志愿军的英雄业绩和爱国主义、国际主义精神。1952年，任西北军政委员会交通部副部长。1953年，任西北行政委员会体委主任，大区政府撤销后，任陕西省人民政府委员、国家体委委员、陕西省体委主任。1955年，受命筹建西安体育学院，兼任西安体育学院首任院长。1958年病逝，享年62岁。

李云龙

李云龙（1876—1960），字卓然，清光绪二年（1876）二月十七日出生于今涟源市蓝田街道办事处。兄弟三，李云龙最幼。光绪二十四年（1898）中秀才。光绪二十六年（1900），同其兄李燮和考入长沙求实书院，补授博士弟子员，开始接触康有为、梁启超的民主思想。光绪三十年（1904），与李燮和组织“黄汉会”，“欲苏国魂而振汉声”。在校成绩优异，被选送官费留学，为省第一批派遣出国的8名留学生之一。同年秋，到达日本东京，入士官学校学习军事。光绪三十一年（1905）加入同盟会。光绪三十三年（1907）夏毕业回国，出任湖南陆军小学监督，因治学严谨，深受学生爱戴，有“标杆”之誉。唐生智、贺耀组、陶峙岳、刘峙、李必藩等高级将领皆出自其门下。1911年春，任广西陆军小学总办兼广西兵备处帮办等职。宣统三年（1911）十月十日，武昌首义，革命军攻克广西，李云龙任广西都督府高级参谋。是年冬，赴南京任光复军参谋长，辅佐李燮和指挥的江浙联军攻入南京。1912年，中华民国临时政府在南京成立，孙中山就任临时大总统，李云龙先后担任陆军部科长、咨议官、长江水师总司令部秘书长、中央训练总监部部长、中央编译局编译等职，被授予陆军少将加中将衔。第一次国共合作期间，李云龙与中共党员林伯渠、董必武、徐特立有过交往，对共产党的主张有一个初步的了解。马日事变后，李得知许克祥要来蓝田扫荡的消息，秘密通知中共党员梁逸民、陈文光等数十人疏散，并拿出80多块银圆作路费，让许克祥扑空。1928年，任国民革命军第二集团军第五方面军（总司令岳维峻）第二军军长。1932年1月2日，任南京国民政府军事委员会军事参议院参议，后任湖南省政府顾问。1937年，抗日战争全面爆发后，李云龙告老还乡，隐居家园。战火烧到长沙，省城长郡、周南等中学西迁蓝田，61岁的李云龙腾出“李园”给国立师范学院使用，该院在战乱中得以继续教学。1940年，营救被捕的共产党员梁宜苏、梁辅光等人出狱。1948年，程潜回湘主政，他给在军队中的晚辈写信，要他们认清形势，弃暗投明。于是李兴勃、李忠忱等人在程潜、陈明仁将军领导下和平起义。中华人民共和国成立后，李云龙被聘为湖南省文物管理委员会委员、蓝田县（后改为涟源县）首届人民代表大会代表。1953年，被聘为湖南省文史研究馆馆员。1960年9月17日，李云龙在长沙病逝，享年84岁。初葬于浏阳河公墓，1970年，改葬于南郊公墓。

罗　云

罗云（1900—1968），原名罗克贵，清光绪二十六年（1900）十月生于今涟源市白马镇罗家坪孙家桥一个贫苦佃农家庭。1912年，因天灾和虫灾地里几乎绝收而无法交租，父亲被地主指使的打手打死在村外田埂上。母亲一病不起，不满15岁的大哥拉着弟妹，四处乞讨度日。大哥被抓去当兵，死在旧军营里。第二年的一天夜里，罗云一把火烧掉地主家的场院，流浪长沙。1915年，在湘军当了一名勤务兵。1916年春，湘军独立，所在部队编入新成立的二师。1926年7月，随部队参加北伐，克娄底、宁乡、汨罗、岳阳、临湘，渡长江直逼武昌。一路作战勇敢，升为代理排长。9月中旬，在河南信阳鸡公山战役中，连长阵亡，任代理连长。他沉着果断指挥全连战士冲锋陷阵，16日攻占鸡公山。随后又参加攻占洛阳、郑州、开封等多次战斗。后因性格倔强、脾气暴躁而得罪上司，由代理连长降为中士班长。1927年，国民革命军第八军一部分编为独立第五师，罗云被提升为代理连长，秘密加入中国共产党。1928年7月22日，在平江县城东门外举行武装起义。平江起义后，任红五军一团一营二连连长，在湘鄂赣边界开展游击战争。1930年6月，被编入红三军团第一师。随后参加五次反“围剿”。在中央苏区第五次反“围剿”作战中，他所带领的连队一次歼敌700余名，被红四师树为“模范连长”，红三军团授予他三等红星奖章。在湘江战役中，被国民党军合围，所在第三团奋力阻击，包括团长和参谋长在内400多官兵牺牲，他腿部中弹受伤。1935年1月28日，他在贵州与川军发生遭遇战中受伤，失去6颗牙齿，战后，被授予三等红星奖章。9月，在甘肃南部的腊子口战斗中，任红四团二营营长的他，领15名红军勇士组成突击小组，轮番向桥头守军展开对攻战。经过激烈战斗，守军腹背受敌，近2个营被歼，为红军北上打开通道。在这次战斗中，获“铁脑壳”美名。抗日战争时期，罗云先后任晋西北新军保安司令部第一支队参谋长、第三支队队长，暂编第一师三十六团团长，八路军第十八兵站生产科科长，八路军留守兵团教导第一旅第一团副团长、团长，晋绥军区第十八兵站生产科科长，陕甘宁晋绥联防军教导第一旅三十二团团长。参加了晋西北反顽、反“扫荡”斗争和大生产运动。1946年4月，罗云任冀察热辽军区第二十军分区副司令员。同年，剿灭土匪张雨新部。1947年，剿灭土匪刘山东部。1948年5月，任照盟分区副司令员，1949年4月，照盟分区改编后任军事部部长。解放战争时期，他率部参加了辽沈战役、平津战役，为中华人民共和国的成立立下了汗马功劳。1950年，任湖南零陵军分区司令员。1953年，任衡阳军分区司令员。1955年8月1日，被授予少将军衔，获二级八一勋章、二级独立自由勋章和二级解放勋章。1963年，任湖南省军区副司令员。1964年1月离休。1968年病故于广州，终年68岁。

罗驭雄

罗驭雄(1895—1983)，号丹光，今涟源市伏口镇林家村人。1913年秋，考入湖南省立第一师范。1919年，考入广东高等师范学校文史系。1922年，加入中国社会主义青年团、中国国民党。在校组织民权社，发行《民权》和《向导》。毕业后，考入北京师范大学史地研究班，在校组织教育革新社，抨击奴化教育。复又组织新华学会，针对“死读书”问题，展开大论战，一时校风大变，致使新任校长范源濂不待期满，悄然辞去。1924年，当选为北师大学生会及北京学生联合会总干事。4月，当选为国民党北京特别市党部第一届执行委员会常委，任组织部部长。此后，与肖瑜、范士荣召开各界巨头会议，商讨组织“反对优待清室大同盟”。7月，与路友于、郭春涛、黄日葵联络北京50余个爱国团体，成立“反帝大同盟”，开展“废约运动”。年底，孙中山抵京，成立国民会议宣传委员会，特派罗为主任宣传委员。1925年“五卅”惨案后，北京20余万人游行，罗主持大会，领导游行队伍围攻东交民巷。11月，国民党右派势力抬头，罗不便再在北京活动，转任安徽大学讲师。1926年10月，回湘讲学，任省立第一中学校长。1927年春，湖南省立6所男女师范及3所中学高中部合并成立省立高级中学，罗任校长。他推行革命的新教育，学校获“红色学府”之称。“四一二”政变发生后，罗驭雄率全体师生通电反蒋。马日事变中，组织师生掩护李维汉等中共党员脱险。1928年春，应聘去上海劳动大学任教，途经南京被捕，拘禁于白鹭洲。后经易培基等人保外就医，乃返湘。同年6月，任国民党第四集团军第十七军第二师政治部主任。10月，第二师改编后，任武汉大学教授。次年9月，再度任教于安徽大学。1936年，任国民党政府审计部审计员。1937年11月，回安化筹办英武中学。罗白手办学，从不气馁，不到5年，一所完全中学在安化县城建成。1947年冬，竞选国大代表失败，创办大学无望，内心趋向中国共产党。创办的中学先后延聘共产党人吴襄、熊邵安、刘若云，分别担任副校长、训育主任、教务主任。6月，出任省人民军政委员会参议。1952年10月，罗驭雄被以恶霸地主罪判处有期徒刑10年。1957年5月被释放。1980年11月，涟源地区中级人民法院撤销原判及裁定，宣告其无罪。1983年12月病逝于武汉，终年88岁。

三、人物名录

（一）全国党代表娄底市名录

表1

姓名	籍贯	出席届次	出席年月	工作单位及职务
雷动寿	湖南郴州市	十三	1987-03	冷水江铁焦总厂厂长
唐之享	湖南东安县	十四	1992-06	中共娄底地委书记
张友陵	湖南衡山县	十四 十五	1992-06 1997-09	中共涟源钢铁厂党委书记 中共涟源钢铁厂党委书记
黄佳定	广东省	十四	1992-06	解放军总后勤部驻涟源某部汽车队上尉政治指导员
余英生	湖南岳阳市	十五	1997-09	中共娄底地委书记
吴奇修	湖南涟源市	十六	2002-11	涟源市茅塘镇石门村党总支书记
张建功	河南温县	十六	2002-11	中共娄底市委书记
吴干呈	湖南涟源市	十七	2007-10	娄底市公安局刑警支队副支队长
蔡力峰	湖南华容县	十七	2007-10	中共娄底市委书记
李毓龙	湖南涟源市	十八	2012-11	涟钢集团能源中心变检车间外线一班班长

（二）全国人大代表娄底市名录

表2

姓名	籍贯	届次	出席年月	工作单位及职务
何真临	江西丰城市	七	1988-02	新化瓷厂厂长
肖新求	湖南邵东市	七	1988-02	涟邵矿务局牛马司煤矿工人
赵杰兵	河南郾县	七	1988-02	中共娄底地委副书记、行署专员
姚绮云(女)	浙江杭州市	七	1988-02	资江氮肥厂副总经济师、企管办主任
丛树英	辽宁盖县	八	1993-03	中共娄底地委副书记、行署专员
何真临	江西丰城市	八	1993-03	新化瓷厂厂长
姚绮云(女)	浙江杭州市	八	1993-03	资江氮肥厂总经济师、企管办主任
刘建文	湖南双峰县	八	1993-03	省煤炭二处206队队长
梁稳根	湖南涟源市	八	1993-03	湖南三一集团公司董事长兼总经理
曾庆炎	湖南澧县	九	1998-03	中共娄底地委副书记、行署专员
刘学明	湖南桃源县	九	1998-03	锡矿山矿务局局长
张日平	湖南娄底市	九	1998-03	娄底市黄泥塘办事处党委副书记、高溪村党委书记、高溪集团公司董事长

续表2

姓名	籍贯	届次	出席年月	工作单位及职务
刘美球(女)	湖南新化县	九	1998-03	涟邵矿务局华建施工管理部测量员
蔡力峰	湖南益阳市	十	2003-03	中共娄底市委书记
肖自江	湖南涟源市	十	2003-03	湖南五江轻化集团有限公司董事长
彭爱华(女)	湖南娄底市	十	2003-03	中共双峰县委副书记、县长
梁稳根	湖南涟源市	十	2003-03	湖南三一集团公司董事长兼总经理
林　武	福建闽侯县	十一	2008-03	中共娄底市委书记
张硕辅	湖南长沙市	十一	2008-03	中共娄底市委副书记、市长
陈代富	湖南新化县	十一	2008-03	湖南冷水江钢铁集团党委书记、董事长
肖自江	湖南涟源市	十一	2008-03	湖南五江轻化集团有限公司董事长
郑柏平	湖北武汉市	十一	2008-03	涟源钢铁集团有限公司执行董事(法人代表)、总经理 湖南华菱涟源钢铁有限公司执行董事(法人代表)、总经理
陈代富	湖南新化	十二	2013-03	湖南冷水江钢铁集团党委书记、董事长
肖安江	湖南涟源	十二	2013-03	湖南五江轻化集团有限公司董事局主席
杨娟娟(女)	湖南新化	十二	2013-03	新化县曹家镇展望村村委会主任

（三）娄底市籍两院院士名录

表3

姓名	籍贯	工作单位	类别	入选年份
刘耕陶	双峰县	中国医学科学院药物研究所	中国工程院	1994
刘　筠	双峰县	湖南师范大学	中国工程院	1995
曾苏民	双峰县	西南大学材料科学与工程学院	中国工程院	1999
谢和平	双峰县	深圳大学深地科学与绿色能源研究院	中国工程院	2001
邓起东	双峰县	中国地震局	中国科学院	2003
曾益新	涟源市	北京协和医学院	中国科学院	2005
张信威	涟源市	北京应用物理与计算数学研究所	中国工程院	2005
谢建新	双峰县	北京科技大学	中国工程院	2015
廖湘科	涟源市	国防科技大学计算机学院	中国工程院	2015
刘永坚	冷水江市	空军研究院	中国工程院	2017
王汉中	涟源市	华中农业大学	中国工程院	2017
段文晖	冷水江市	清华大学	中国科学院	2017

（四）1990—2017年娄底市全国劳动模范和先进工作者名录

表4

姓名	性别	出生年月	获奖时工作单位及职务	荣誉称号	获奖年月	授予单位
唐付清	男	1948-10	涟邵矿务局洪山殿煤矿采掘工	全国劳动模范	1995-05	国务院
伍平华	男	1950-12	涟钢动力厂制氧车间技师	全国劳动模范	1995-05	国务院
杨玉声	男	1935-12	冷水江市教育局特级教师	全国先进工作者	1995-05	国务院
石海澄	男	1945-09	涟源市白马镇田心卫生院院长、副主任医师	全国先进工作者	2000-05	国务院
王义成	男	1947-08	娄底市农业科学研究所所长、研究员	全国先进工作者	2000-05	国务院
王石光	男	1967-05	涟邵矿务局华建工程公司施工队队长	全国劳动模范	2000-05	国务院
胡龙送	男	1950-08	双峰县农业局技术推广中心高级农艺师	全国先进工作者	2005-05	国务院
曾联明	男	1959-09	娄星区水利抗旱服务队队长	全国先进工作者	2005-05	国务院
周明伟	男	1959-08	涟钢热轧板厂厂长、高级工程师	全国劳动模范	2005-05	国务院
戴永俊	男	1959-10	锡矿山闪星锑业公司技术中心主任	全国劳动模范	2005-05	国务院
陈代富	男	1952-02	冷水江钢铁有限责任公司董事长、总经理	全国劳动模范	2005-05	国务院
张怡中	男	1955-06	涟源钢铁集团有限公司党委书记	全国优秀党务工作者	2006-07	中央组织部
彭霞林	男	1978-03	涟钢210转炉厂乙作业区作业长	全国劳动模范	2010-05	国务院
王寿山	男	1954-06	涟源市第七中学高级教师	全国先进工作者	2010-05	国务院
孙险峰	男	1964-03	娄底市国家税务局局长	全国先进工作者	2010-05	国务院
严梦来	男	1963-04	涟源市农业局粮油站站长、高级农艺师	全国粮食系统先进工作者	2012-09	国务院
杨文莲	女	1967-04	湘村高科农业股份有限公司董事长	全国劳动模范	2015-05	国务院
陈响莲	女	1964-04	娄底响莲实业发展有限公司董事长	全国劳动模范	2015-05	国务院
陈奇福	男	1977-10	涟钢信息自动化中心炼铁责任区班长	全国劳动模范	2015-05	国务院
刘如松	男	1964-01	新化县祥星矿业集团董事长	全国劳动模范	2015-05	国务院
李　贝	女	1979-08	娄底市公安局治安支队政委	全国优秀共产党员、 公安部二级英模	2016-07 2017-09	中共中央、 国务院

（五）1990—2017年娄底市省部级劳动模范和先进工作者名录

表5

姓名	性别	出生年月	获奖时工作单位及职务	荣誉称号	获奖年月	授予单位
朱罗生	男	1939-09	娄底地区计委综合科科长	先进工作者	1990-01	省政府
肖卫龙	男	1958-08	娄底地区计委人教科副科长	先进工作者	1990-01	省政府
陈声海	男	1938-07	娄底市计委主任	先进工作者	1990-01	省政府
彭喜故	男	1950-01	涟源市计委办公室主任	先进工作者	1990-01	省政府
戴儒斌	男	1938-05	新化县计委综合组组长	先进工作者	1990-01	省政府
李世雄	男	1957-08	双峰县计委综合组副组长	先进工作者	1990-01	省政府
谢原法	男	1942-06	冷水江市计委主任	先进工作者	1990-01	省政府
易贤忠	男	1949-11	涟钢五轧钢厂轧钢班班长	全国五一劳动奖章 湖南省劳动模范	1990-05	全国总工会、省政府
刘树培	男	1937-11	华银金竹山火力发电厂技师	全国五一劳动奖章 湖南省劳动模范	1990-05	全国总工会、省政府
周新辉	男	1938-07	涟源市纪委纪检干部	全国纪检监察系统先进工作者	1990-07	监察部、人事部
李传富	男	1935-06	涟源县经委企财组组长	全国先进会计工作者	1990-04	财政部、人事部
龚桂英	女	1950-09	新化县瓷厂生产组组长	全国轻工业系统劳动模范	1990-06	轻工部、人事部
刘菊生	男	1934-09	涟源市杨市镇司法所干部	全国司法系统劳动模范	1990-06	司法部、人事部
龙顺华	女	1938-01	娄底市环卫处清洁工	全国建设系统劳动模范	1990-08	建设部、人事部
何六云	男	1964-09	新化县白溪区供销社营业员	全国五一劳动奖章 湖南省劳动模范	1991-05	全国总工会、省政府
李叙富	男	1943-02	锡矿山矿务局南矿风钻工	全国五一劳动奖章 湖南省劳动模范	1991-05	全国总工会、省政府
刘建文	男	1947-10	涟邵矿务局煤炭二处一工区党支部书记	全国五一劳动奖章 湖南省劳动模范	1991-05	全国总工会、省政府
周遇源	男	1950-10	双峰县灯塔中学教师	全国教育系统劳动模范	1991-09	教育部、人事部
刘建成	男	1947-03	涟源县第一中学教师	全国教育系统劳动模范	1991-09	教育部、人事部
李奇生	男	1950-02	涟钢三炼钢厂转炉车间炼钢工	全国五一劳动奖章 湖南省劳动模范	1992-05	全国总工会、省政府
刘永周	男	1948-07	娄底地区资江煤矿采掘队队长	全国五一劳动奖章 湖南省劳动模范	1992-05	全国总工会、省政府
唐素莲	女	1953-02	工商银行涟源县支行股长	全国金融系统劳动模范	1992-11	中国人民银行、全国金融工会

续表5

姓名	性别	出生年月	获奖时工作单位及职务	荣誉称号	获奖年月	授予单位
张光武	男	1941-03	锡矿山矿务局北矿采掘工	全国有色金属工业劳动模范	1993-09	中国有色金属工业总公司
张建文	男	1952-09	锡矿山矿务局南矿采掘工	全国有色金属工业劳动模范	1993-09	中国有色金属工业总公司
潘爱民	男	1942-11	新化县瓷厂车间党支部书记	全国轻工业系统劳动模范	1993-04	中国轻工总会、人事部
秦长清	男	1937-10	新化县电子器件厂高级经济师	全国轻工业系统劳动模范	1993-04	中国轻工总会、人事部
左都德	男	1943-11	双峰县荷叶乡学区主任	全国教育系统劳动模范	1993-07	国家教委、人事部
魏有保	男	1937-08	新化县实验小学教师	全国教育系统劳动模范	1993-07	国家教委、人事部
易丁时	男	1948-07	娄底地区大建煤矿采掘班班长	全国煤炭工业劳动模范	1994-04	煤炭部、人事部
邹庆元	女	1960-09	新化县公路管理局职工	全国交通系统劳动模范	1994-05	交通部、人事部
周维新	男	1938-08	涟钢集团公司副总工程师	全国冶金工业劳动模范	1994-08	冶金部、人事部
李雪辉	男	1964-01	涟钢三炼钢厂连铸车间班长	全国冶金工业劳动模范	1994-08	冶金部、人事部
肖良明	男	1941-12	冷水江钢铁总厂汽车运输公司驾驶员	全国冶金工业劳动模范	1994-08	冶金部、人事部
杨长青	男		冷水江市耐火材料厂职工	全国冶金工业劳动模范	1994-08	冶金部、人事部
刘秋贤	男	1953-07	涟源县斗笠山镇政府企业办干部	全国煤炭工业劳动模范	1994-04	煤炭部、人事部
胡建华	男	1956-05	双峰县永丰镇政府企业办职工	全国石化工业劳动模范	1994-10	中国石化工会
曾晓云	女	1946-07	娄底市环卫处环卫工	湖南省劳动模范	1995-05	省政府
杨福云	男	1951-12	冷水江钢铁总厂1号高炉炉长	湖南省劳动模范	1995-05	省政府
何治中	男	1944-05	涟邵矿务局金竹山煤矿采煤队队长	湖南省劳动模范	1995-05	省政府
吴回娥	女	1948-05	华达机械总厂四〇二车间职工	湖南省劳动模范	1995-05	省政府
刘惠玲	女	1960-10	工商银行娄底地区支行会计	全国金融系统劳动模范	1995-06	中国人民银行全国金融工会
黄睦娥	女	1942-10	冷水江市人民法院经济审判庭庭长	湖南省先进工作者	1995-05	省政府
李建华	女	1954-07	娄底市第四小学原校长	湖南省先进工作者	1995-05	省政府
朱森谋	男	1945-10	双峰县农业机械厂厂长、党委书记	湖南省劳动模范	1995-05	省政府
银均华	男	1942-12	双峰县氮肥厂厂长、工程师	湖南省劳动模范	1995-05	省政府
陈善军	男	1958-05	建设银行冷水江市支行保卫股股长	湖南省劳动模范	1995-05	省政府

续表5

姓名	性别	出生年月	获奖时工作单位及职务	荣誉称号	获奖年月	授予单位
李仁贤	男	1953-04	娄底彩色水泥厂机修车间主任	湖南省劳动模范	1995-05	省政府
李敦朝	男	1938-10	涟源县业余体育学校高级教练	湖南省先进工作者	1995-05	省政府
张德桂	男	1963-04	娄底地区畜牧兽医工作站副站长、畜牧师	湖南省先进工作者	1995-05	省政府
刘青春	男	1949-09	新化县纪委副书记	湖南省先进工作者	1995-05	省政府
潘仲芳	男	1951-09	省418队总工程师、高级工程师	湖南省先进工作者	1995-05	省政府
梁新联	男	1945-11	涟源县六亩塘镇机关干部	湖南省先进工作者	1995-05	省政府
陈楚生	男	1947-08	冷水江市铎山学区中心小学教师	全国教育系统劳动模范	1995-04	国家教委、人事部
肖光连	女	1955-02	冷水江市妇幼保健所所长、主治医师	全国卫生系统先进工作者	1995-10	卫生部、人事部
毛果林	女	1949-02	涟源市蓝田街道办事处文化站站长	全国文化系统先进工作者	1995-09	文化部、人事部
李红卫	女	1964-11	冷水江市公共交通公司职工	全国建设系统劳动模范	1995-12	建设部、人事部
易电华	男	1969-12	娄底地区大建煤矿采掘工	湖南省劳动模范	1995-05	省政府
黎　雄	男	1961-10	涟钢三炼钢厂连铸车间工段长	湖南省劳动模范	1995-05	省政府
黄　健	男	1966-08	锡矿山矿务局北矿采掘工	湖南省劳动模范	1995-05	省政府
邹自敏	男	1952-03	湖南金竹山电厂中级工	湖南省劳动模范	1995-05	省政府
刘建设	男	1954-02	新化县燎原水泥厂副厂长	湖南省劳动模范	1995-05	省政府
邹德保	男	1944-04	新化县洋溪区粮站防化员	湖南省劳动模范	1995-05	省政府
彭全云	男	1938-08	省418队职工医院院长	全国地矿系统劳动模范	1995-08	地矿部、人事部
彭钟泽	男	1963-09	双峰县三塘铺镇邮电所投递员	湖南省劳动模范	1995-05	省政府
叶岳清	男	1944-12	新化县水利水电局局长	全国水利系统先进工作者	1995-10	水利部、人事部
黎景春	男	1946-10	新化县吉庆中学教师	全国教育系统劳动模范	1995-09	国家教委、人事部
罗云汉	男	1937-05	娄底地区人事局局长	全国人事系统先进工作者	1995-07	人事部
肖志成	男	1950-09	涟源市物资集团总公司总经理	全国内贸系统劳动模范	1995-11	贸易部、人事部
唐顺录	男	1942-05	娄底地区统计局局长	全国统计系统先进工作者	1996-06	国家统计局、人事部
赵仕豪	男	1944-12	新化县建新瓷厂厂长	全国轻工业系统劳动模范	1996-04	中国轻工总会、人事部
王成伟	男	1949-08	娄底地区劳动局就业服务处干部	全国劳动就业服务先进工作者	1996-11	劳动部

续表5

姓名	性别	出生年月	获奖时工作单位及职务	荣誉称号	获奖年月	授予单位
王在树	男	1946-08	湖南金竹山电厂厂长、党委书记	全国五一劳动奖章 湖南省劳动模范	1996-05	全国总工会、省政府
李兰芝	女	1957-06	湖南169厂二车间班长	全国五一劳动奖章 湖南省劳动模范	1996-05	全国总工会、省政府
刘叶新	男	1961-04	涟邵矿务局牛马司煤矿采掘工	全国五一劳动奖章 湖南省劳动模范	1997-05	全国总工会、省政府
贺　恂	男	1940-07	双峰县农业局高级农艺师	全国五一劳动奖章 湖南省劳动模范	1997-05	全国总工会、省政府
谢建国	男	1955-09	湖南雪峰水泥集团公司生产部部长	全国建材系统劳动模范	1997-09	国家建材局、人事部
曾寿松	男	1947-10	娄底市物价局党组书记、局长	全国物价工作先进个人	1997-12	国家计划委员会
曾寿松	男	1947-10	娄底市物价局党组书记、局长	全省物价工作记一等功	1998-02	省政府
张连光	男	1964-01	涟钢三炼钢厂连铸车间班长	全国五一劳动奖章 湖南省劳动模范	1998-05	全国总工会、省政府
卿平山	男	1959-08	娄底地区马鞍山煤矿采煤队队长	全国五一劳动奖章 湖南省劳动模范	1998-05	全国总工会、省政府
陈梦良	男	1964-04	娄底湘运客运分公司驾驶员	全国交通系统劳动模范	1998-04	交通部、人事部
谭运能	男	1941-01	原娄底市计生委主任	全国计生系统先进工作者	1998-10	计生委、人事部
罗环山	男	1940-07	新化县油溪乡助理员	湖南省人民满意的公仆	1998-07	省委、省政府
刘　勇	男	1963-07	冷水江市外贸总公司干部	全国外经贸系统先进工作者	1998-09	对外贸易部、人事部
樊楚才	男	1943-05	新化县新华书店经理、书记	全国新闻出版系统先进工作者	1998-06	新闻出版署、人事部
严梦龙	男	1955-12	涟源市湄江镇党委书记	湖南省人民满意的公仆	1998-07	省委省政府
钟楚南	男	1949-10	冷水江市冷水江工商所所长	湖南省人民满意的公仆	1998-07	省委省政府
孙鸟元	女	1956-02	涟源市杨市镇妇联主席	全国妇联系统先进工作者	1999-03	全国妇联、人事部
曹石林	男	1944-07	冷水江市建设局总工程师	全国建设系统先进工作者	1999-04	建设部、人事部
阳春香	女	1952-02	双峰县图书馆馆员	全国文化系统先进工作者	1999-09	文化部、人事部
朱玉林	男	1957-03	双峰县档案局干部	全国档案系统先进工作者	1999-04	国家档案局、人事部
彭光禹	男	1959-05	涟钢炼铁厂5号高炉炉内班班长	全国五一劳动奖章 湖南省劳动模范	1999-05	全国总工会、省政府

续表5

姓名	性别	出生年月	获奖时工作单位及职务	荣誉称号	获奖年月	授予单位
刘吉求	男	1950-12	涟邵矿务局冷水江煤矿塘冲工区采煤工	全国五一劳动奖章 湖南省劳动模范	1999-05	全国总工会、省政府
杨希清	男	1954-08	娄底电业局城区电力局局长	湖南省劳动模范	2000-05	省政府
龙国才	男	1955-06	涟邵矿务局冷水江煤矿采掘工	湖南省劳动模范	2000-05	省政府
刘亮东	男	1951-01	湖南雪峰水泥集团电工班班长	全国建材系统劳动模范	2000-06	国家建材局、人事部
肖新望	男	1960-02	涟邵矿务局牛马司煤矿钳工班班长	湖南省劳动模范	2000-05	省政府
李和成	男	1952-10	涟源市沙坪煤矿采掘队队长	湖南省劳动模范	2000-05	省政府
卿定富	男	1975-09	娄底市大建煤矿北平工区采煤工	湖南省劳动模范	2000-05	省政府
王文辉	男	1970-05	双峰县氮肥厂合成车间操作工	湖南省劳动模范	2000-05	省政府
唐吉庆	男	1953-01	涟源市杨市镇联盟小学教师	湖南省先进工作者	2000-05	省政府
段一华	女	1963-12	锡矿山矿务局北矿采选班班长	湖南省劳动模范	2000-05	省政府
肖初金	男	1949-12	冷水江市财政局局长	湖南省先进工作者	2000-05	省政府
李满江	女	1963-11	娄星区毛巾厂质检员	湖南省劳动模范	2000-05	省政府
樊光亮	男	1948-09	娄星区黄泥塘建筑工程公司工程师	湖南省劳动模范	2000-05	省政府
唐亦良	女	1954-06	新化县环卫所环卫工	湖南省劳动模范	2000-05	省政府
陈建华	男	1953-01	新化县平乐冲医疗站站长	湖南省先进工作者	2000-05	省政府
张雨军	男	1965-12	湖南金竹山电厂锅炉车间技师	湖南省劳动模范	2000-05	省政府
邹小民	男	1964-03	湖南雪峰水泥集团水泥磨班班长	湖南省劳动模范	2000-05	省政府
梁伟华	女	1966-02	工商银行涟源市支行光明储蓄所主任	湖南省劳动模范	2000-05	省政府
谢漾山	男	1961-11	新化县广播电视局干部	全国广电系统先进工作者	2000-06	国家广电总局、人事部
梁钜兵	男	1965-09	娄底市轻纺工业总公司工程师	全国轻工业系统劳动模范	2000-09	国家轻工业局、人事部
姜平华	男	1950-04	冷水江市肉食水产公司经理	全国内贸系统劳动模范	2000-07	内贸部、人事部
陈一平	男	1955-12	娄底市纺织厂机动车间工段长	全国纺织工业系统劳动模范	2000-12	国家纺织工业局、人事部
李阳生	男	1946-04	涟源市工商局法制股股长	全国工商行政管理系统先进工作者	2000-08	国家工商总局、人事部
刘本祥	男	1954-10	娄星区五宝镇白水泥厂厂长	湖南省劳动模范	2000-11	省政府
肖思农	男	1943-06	娄底市林业局党组书记、局长	全国绿化系统先进工作者	2001-04	国家林业局、人事部
禹冬明	女	1967-06	涟钢计控部设计研发中心工程师	全国五一劳动奖章 湖南省劳动模范	2001-05	全国总工会、省政府

续表5

姓名	性别	出生年月	获奖时工作单位及职务	荣誉称号	获奖年月	授予单位
李友云	女	1963-11	涟源市第一中学教师	全国教育系统模范教师	2001-09	教育部、人事部
杨劭良	女	1957-06	新化县第十四中学教师	全国教育系统模范教师	2001-09	教育部、人事部
谢桂生	男	1963-02	新化县公安局洋溪派出所所长	湖南省人民满意的公仆	2001-07	省委、省政府
龚松山	男	1954-05	湖南大乘资氮有限公司党委书记、副董事长	湖南省十佳高级政工师	2001-09	省委、省政府
雍　奇	男	1971-09	娄星区地税局第三分局副局长	全国税务系统先进工作者	2001-10	国家税务局、人事部
阳吉国	男	1968-07	冷水江市国家税务局副局长	全国税务系统先进工作者	2001-10	国家税务局、人事部
李谟良	男	1961-10	娄底市大建煤矿维修班班长	全国五一劳动奖章湖南省劳动模范	2002-05	全国总工会、省政府
雷正才	男	1956-12	娄底一中高级教师	全国五一劳动奖章湖南省劳动模范	2002-05	全国总工会、省政府
刘建国	男	1942-06	省418队队长、高级工程师	全国五一劳动奖章湖南省劳动模范	2002-05	全国总工会、省政府
肖正奇	男	1953-09	娄底市检察院渎职犯罪侦查局局长	全国检察机关模范检察干部	2002-07	最高人民检察院、人事部
曾绪富	男	1951-09	涟源市民政局局长	全国民政系统先进工作者	2002-08	民政部、人事部
李谟武	男	1955-09	涟邵矿务局金竹山煤矿采掘队队长	全国五一劳动奖章湖南省劳动模范	2003-05	全国总工会、省政府
李煌庆	男	1964-01	湖南省回春堂药业有限公司总经理	全国五一劳动奖章湖南省劳动模范	2003-05	全国总工会、省政府
曹　刚	男	1964-10	娄底市无线电管理办公室主任	全国信息产业系统先进工作者	2003-03	信息产业部、人事部
李旭娇	女	1966-08	冷水江市人民法院刑事庭庭长	全国模范法官	2003-07	最高人民法院、人事部
童名让	女	1961-05	市政府副市长	湖南省抗击“非典”先进工作者	2003-06	省人民政府
康建国	男	1964-06	新化县温塘镇支华煤矿安全检查员	全国五一劳动奖章湖南省劳动模范	2004-05	全国总工会、省政府
傅仲萼	男	1954-07	娄底市建设局党组书记、局长	全国建设系统先进工作者	2004-06	建设部、人事部
方佑青	女	1955-01	新化县白溪镇大熊完全小学教师	全国教育系统模范教师	2004-09	教育部、人事部
姚　毅	男	1973-03	涟源市第一中学教师	全国教育系统模范教师	2004-09	教育部、人事部
傅柏杨	男	1950-09	娄底市规划局党组书记、局长	全国建设系统先进工作者	2004-06	建设部、人事部

续表5

姓名	性别	出生年月	获奖时工作单位及职务	荣誉称号	获奖年月	授予单位
朱青春	男	1962-02	娄底市公安局刑侦支队支队长	湖南省杰出公安民警	2004-08	省政府
曾再阳	男	1955-01	娄底市卫生防疫站主治医师	全国卫生系统先进工作者	2004-04	卫生部、人事部
吴干呈	男	1972-06	娄底市公安局刑警支队副支队长	湖南省人民满意的公仆	2004-07	省政府
段碧玉	女	1965-08	娄底市环卫处清洁工	湖南省劳动模范	2005-05	省政府
胡广斌	男	1968-10	涟邵矿业集团牛马司矿业公司采掘队队长	湖南省劳动模范	2005-05	省政府
喻本楠	男	1959-05	湖南金信化工有限责任公司工段长	湖南省劳动模范	2005-05	省政府
张根深	男	1951-12	锡矿山闪星锑业公司高级工程师	湖南省劳动模范	2005-05	省政府
罗易华	女	1962-03	新化县公路局胜利工班班长	湖南省劳动模范	2005-05	省政府
张俊文	男	1965-05	大唐华银金竹山火力发电分公司班长	湖南省劳动模范	2005-05	省政府
胡更赛	男	1952-04	双峰县国土资源局局长	湖南省先进工作者	2005-05	省政府
肖安江	男	1963-02	湖南五江轻化集团有限公司总经理	湖南省劳动模范	2005-05	省政府
苏铁凡	男	1965-05	新化县鑫鑫铁合金炉料厂个体经营者	湖南省劳动模范	2005-05	省政府
戴　锋	男	1968-06	新化县第一中学教师	湖南省先进工作者	2005-05	省政府
戴治平	男	1962-04	双峰县农业局总农艺师	湖南省先进工作者	2005-05	省政府
向扩军	男	1968-09	涟邵矿业集团洪山殿煤矿采掘班班长	湖南省劳动模范	2005-05	省政府
彭长江	男	1961-12	国网娄底供电公司副总工程师	湖南省劳动模范	2005-05	省政府
刘　强	男	1964-06	涟邵矿业集团金竹山实业有限公司总经理	湖南省劳动模范	2005-05	省政府
刘　伟	男	1961-01	洪源机械厂工模具班班长	湖南省劳动模范	2005-05	省政府
周军初	男	1964-04	娄底市公安局娄星分局长青派出所副所长	湖南省先进工作者	2005-05	省政府
曾润洪	男	1963-09	娄星区公路局党总支书记	全国交通系统先进工作者	2005-04	交通部、人事部
葛光斗	男	1950-02	娄底市人口计生委主任	全国计生系统先进工作者	2006-06	计生委、人事部
左应生	男	1950-12	娄底市纪委副书记、监察局局长	全国纪检监察系统先进工作者	2006-09	监察部、人事部
阳承雄	男	1955-10	涟源市民政局局长	全国民政系统先进工作者	2006-08	民政部、人事部
卢红英	女	1955-03	冷水江市自来水公司经理	全国五一劳动奖章 湖南省劳动模范	2006-05	全国总工会、省政府
尹寿蒲	男	1965-05	涟邵矿业集团牛马司煤矿采掘队队长	全国五一劳动奖章 湖南省劳动模范	2006-05	全国总工会、省政府
钟楠修	男	1963-06	娄底市文化局党组书记、局长	湖南省文化系统先进工作者	2006-06	省政府
刘至善	男	1958-11	娄星区乐坪街道办事处工委书记	湖南省优秀党务工作者	2006-07	省委、省政府

续表5

姓名	性别	出生年月	获奖时工作单位及职务	荣誉称号	获奖年月	授予单位
肖正光	男	1953-10	娄底市林业局高级工程师	全国绿化系统先进工作者	2006-11	林业部、人事部
邹高次	男	1950-08	娄底市轻纺轻工协会会长	全国轻工业系统先进工作者	2007-04	中国轻工业联合会、人事部
刘建兰	女	1964-06	娄底市园林管理处绿化公司干部	全国建设系统劳动模范	2007-06	建设部、人事部
贺友良	男	1955-07	双峰县财政局局长	湖南省先进工作者	2007-08	省政府
成克义	男	1962-08	娄星区乐坪社区卫生服务中心干部	全国卫生系统先进工作者	2007-10	卫生部、人事部
肖培丰	男	1963-08	娄底第二中学教师	全国教育系统模范教师	2007-09	教育部、人事部
曾从新	男	1957-09	涟源市林业局局长	全国林业系统先进工作者	2007-04	林业部、人事部
刘宏业	男	1955-04	娄底市教育局党组书记、局长	全国教育系统先进工作者	2007-09	教育部、人事部
王道根	男	1957-06	双峰沙塘乡板洞学校教师	全国教育系统模范教师	2007-09	教育部、人事部
刘　军	女	1968-09	湖南省煤机厂焊工班班长	全国煤炭工业劳动模范	2007-04	中国煤炭工业协会、人事部
罗志江	女	1964-05	娄底市信访局副局长	全国信访系统先进工作者	2007-04	国家信访局、人事部
姜正国	男	1955-05	湖南人文科技学院院长、教授	湖南省徐特立教育奖	2007	省人民政府
申建春	男	1954-05	娄底市供销合作联社主任	全国供销合作社系统先进工作者	2007-11	全国供销合作总社、人事部
谢展德	男	1953-09	娄底市建设局党委副书记、副局长、	全国建设系统先进工作者	2007-06	建设部、人事部
李飞燕	女	1956-04	娄底一小教师	全国五一劳动奖章湖南省劳动模范	2007-05	全国总工会、省政府
杨群林	男	1962-07	中国移动通信集团娄底分公司高级工程师	全国五一劳动奖章湖南省劳动模范	2007-05	全国总工会、省政府
封旺洲	男	1956-11	娄底市科技局党组书记、局长	全国科技系统先进工作者	2008-04	科技部、人社部
杨劝姣	女	1953-12	娄底市卫生局党组书记、局长	全国卫生系统先进工作者	2008-02	卫生部、人社部
胡继光	男	1952-07	新化县电力公司经理	全国五一劳动奖章湖南省劳动模范	2008-05	全国总工会、省政府
王金龙	男	1963-07	湖南宜化化工有限公司高级工程师	全国石化工业系统劳动模范	2008-11	中国石化工业协会、人社部

续表5

姓名	性别	出生年月	获奖时工作单位及职务	荣誉称号	获奖年月	授予单位
彭昭峰	男	1970-10	涟源市自来水总公司总经理	湖南省抗冰救灾模范	2008-02	省委、省政府
戴军波	男	1974-05	新化县龙园宾馆经理	四川省劳动模范	2008-09	四川省政府
黄　为	男	1965-12	双峰县人民政府副县长	湖南省人民满意的公务员	2008-02	省委、省政府
刘时东	男	1957-01	娄底市煤炭局党组书记、局长	全国煤炭工业系统先进工作者	2008-04	中国煤炭工业协会、人社部
伍美华	女	1957-09	娄底市人事局党组书记、局长	湖南省为民办实事先进工作者	2008-07	省政府
邹有明	男	1963-02	娄底市商务局科长	全国商务系统先进工作者	2008-09	商务部、人社部
李典华	男	1963-10	冷水江市第一中学教师	全国教育系统模范教师	2009-09	教育部、人社部
奉光辉	男	1967-01	新化县奉家镇中心学校教师	全国教育系统模范教师	2009-09	教育部、人社部
郭江桃	女	1974-08	锡矿山矿务局南矿手选班班长	全国有色金属工业劳动模范	2009-04	中国有色金属协会、人社部
易源星	男	1963-12	湖南博长控股集团公司副总工程师	全国钢铁工业劳动模范	2009-06	中国钢铁工业协会、人社部
罗荣赓	男	1958-03	新化县交通局局长	全国交通系统先进工作者	2009-03	交通部、人社部
朱昭平	男	1958-05	双峰县农机局局长	全国五一劳动奖章 湖南省劳动模范	2009-05	全国总工会、省政府
方　雄	男	1972-09	涟钢一炼轧厂电气自动化车间副主任	全国钢铁工业劳动模范	2009-06	中国钢铁工业协会、人社部
刘唐清	男	1969-07	涟钢焦化厂二炼焦车间作业长	全国钢铁工业劳动模范	2009-06	中国钢铁工业协会、人社部
向仕国	男	1974-04	涟钢炼铁厂4号高炉车间主任	全国五一劳动奖章 湖南省劳动模范	2009-05	全国总工会、省政府
安　敏	男	1955-11	娄底市总工会党组书记、常务副主席	全国五一劳动奖章 全国优秀工会工作者	2009-05	全国总工会、省政府
李东升	男	1956-07	娄底市文化局党组书记、局长	全国文化系统先进工作者	2009-08	文化部、人社部
刘玉华	男	1966-06	娄底三中教师	湖南省先进工作者	2010-05	省政府
欧阳辉	男	1973-06	湖南博长控股集团公司4高炉炉长	湖南省劳动模范	2010-05	省政府
刘建求	男	1962-07	冷水江市第六中学副校长	湖南省先进工作者	2010-05	省政府

续表5

姓名	性别	出生年月	获奖时工作单位及职务	荣誉称号	获奖年月	授予单位
吴选群	男	1969-08	涟源市民政局救助站站长	湖南省先进工作者	2010-05	省政府
姜浩文	男	1968-09	涟源市民盟医院院长	湖南省先进工作者	2010-05	省政府
金成光	男	1962-10	新化县炉观镇党委委员	湖南省先进工作者	2010-05	省政府
康利新	男	1971-10	新化县电力公司琅塘供电所班长	湖南省劳动模范	2010-05	省政府
吴领华	男	1968-11	新化县温塘镇祥星煤矿电工	湖南省劳动模范	2010-05	省政府
成曙初	男	1967-09	湖南向红冶金材料有限公司董事长	湖南省劳动模范	2010-05	省政府
李存谷	男	1965-04	湘煤集团洪山殿矿业公司采掘队队长	湖南省劳动模范	2010-05	省政府
彭海珍	女	1969-03	双峰县精神康复医院院长	湖南省先进工作者	2010-05	省政府
陈文鸿	男	1973-07	双峰县特殊教育学校校长	湖南省先进工作者	2010-05	省政府
李浩风	男	1969-03	娄底市中兴液压件有限公司副总经理	湖南省劳动模范	2010-05	省政府
周伟心	男	1970-05	涟钢2250热轧板厂设备管理室主任	湖南省劳动模范	2010-05	省政府
彭瑞华	男	1964-07	娄底湘运公司董事长兼总经理	湖南省劳动模范	2010-05	省政府
颜　轲	男	1975-10	湖南169化工有限公司电工班班长	湖南省劳动模范	2010-05	省政府
曾　卓	男	1964-04	娄底市卫生学校成教部主任	湖南省先进工作者	2010-05	省政府
陈　彤	男	1968-09	新化国家粮食储备库主任	全国粮食系统先进工作者	2010-08	国家粮食局、人社部
李毓龙	男	1963-09	涟钢能源环保中心变检车间班长	湖南省劳动模范	2010-05	省政府
郑满光	男	1960-03	娄底电业局局长	湖南省劳动模范	2010-05	省政府
邓新凤	男	1962-05	娄底市地税局党组书记、局长	湖南省先进工作者	2010-05	省政府
李应南	男	1955-07	娄底市民政局党组书记、局长	湖南省为民办实事先进工作者	2010-07	省政府
黄　辉	男	1971-03	湖南三星锻造有限公司设备部副部长	全国五一劳动奖章 湖南省劳动模范	2011-05	全国总工会、省政府
刘富华	男	1955-08	娄底市司法局局长	全国司法行政系统先进工作者	2011-08	司法部、人社部
曾福泽	男	1958-01	娄底市安全生产监督管理局党组书记、局长	全国五一劳动奖章 湖南省劳动模范	2011-05	全国总工会、省政府
周继林	男	1962-08	娄底市信访局党组副书记、副局长	湖南省优秀共产党员	2011-07	省委、省政府
萧德廉	男	1932-07	涟源市人事局退休干部	湖南省优秀共产党员	2011-07	省委、省政府
童大志	男	1966-05	娄底市林业局林调队队长	全国绿化系统先进工作者	2011-09	国家林业局、人社部
李有才	女	1965-06	娄底市纪委常委	全国纪检监察系统先进工作者	2011-03	监察部、人社部

续表5

姓名	性别	出生年月	获奖时工作单位及职务	荣誉称号	获奖年月	授予单位
李澡湘	男	1959-09	娄底电业局党委书记	湖南省优秀党务工作者	2011-07	省委、省政府
谢光辉	男	1967-04	娄星区黄泥塘街道高溪社区党委书记	湖南省优秀党务工作者	2011-07	省委、省政府
陈军生	男	1965-08	涟源市残疾人联合会党组书记、理事长	全国残联系统先进工作者	2011-04	省委、省政府
邹德华	男	1961-06	娄底电业局线路管理所所长	全国五一劳动奖章湖南省劳动模范	2012-05	全国总工会、省政府
刘懿靓	女	1987-08	湘村高科农业股份有限公司兽医	全国五一劳动奖章湖南省劳动模范	2012-05	全国总工会、省政府
陈庆松	男	1957-11	涟源市食品药品管理局局长	全国食品药品监管系统先进工作者	2012-11	国家药品管理局、人社部
胡小红	女	1965-09	涟源市斗笠山矿区卫生服务中心护师	全国卫生系统先进工作者	2012-09	卫生部、人社部
孙国强	男	1963-06	新化县煤炭局局长	全国煤炭工业先进工作者	2012-04	中国煤炭工业协会、人社部
王玉成	男	1963-04	双峰县民政局局长	全国民政系统先进工作者	2012-08	民政部、人社部
曹科识	男	1970-01	双峰县永丰镇干部	湖南省人民满意的公务员	2012-07	省委、省政府
覃跃华	男	1974-08	湖南煤业集团金竹山矿业公司采掘班班长	全国煤炭工业劳动模范	2012-04	中国煤炭工业协会、人社部
朱满四	男	1968-11	娄底市自来水公司总经理	全国住建系统劳动模范	2012-06	建设部、人社部
范彦江	男	1963-03	娄底一中校长	湖南省徐特立教育奖	2012-09	省政府
胡庆红	男	1957-05	娄底市电视台台长	全国广电系统先进工作者	2012-06	国家广电总局、人社部
唐　强	男	1955-10	娄底市政协副秘书长	湖南省政协系统先进工作者	2013-08	省政府
梁晓宏	男	1981-10	娄底五江实业有限公司车间主任	全国五一劳动奖章湖南省劳动模范	2013-05	全国总工会、省政府
吴文望	男	1963-09	新化县湘渝化工有限公司班长	全国五一劳动奖章湖南省劳动模范	2013-05	全国总工会、省政府
郭国林	男	1956-08	娄底市人力资源和社会保障局党组书记	湖南省为民办实事先进工作者	2014-07	省政府
阳梦觉	男	1955-09	新化县康复按摩医院院长	全国残联系统先进工作者	2014-04	中国残疾人联合会、人社部
周国雄	男	1963-03	娄星区总工会党组书记、常务副主席	全国五一劳动奖章湖南省劳动模范	2014-05	全国总工会、省政府

续表5

姓名	性别	出生年月	获奖时工作单位及职务	荣誉称号	获奖年月	授予单位
尹双华	男	1968-03	娄底第三中学一级教师	全国教育系统模范教师	2014-09	教育部、人社部
潘林清	男	1962-06	冷水江国家粮食储备库主任	全国粮食系统先进工作者	2014-06	国家粮食局、人社部
李文毅	男	1968-04	湖南博长控股集团公司炼铁厂主任工程师	全国钢铁工业劳动模范	2014-08	中国钢铁工业协会、人社部
谭姣璐	女	1985-12	涟源市地方税务局办税服务厅干部	全国税务系统先进工作者	2014-11	国家税务总局、人社部
曹向红	男	1981-02	新化县坐石乡石桥中学一级教师	全国教育系统模范教师	2014-09	教育部、人社部
陈文斌	男	1975-12	涟钢冷轧板厂机械作业区高级技师	全国钢铁工业劳动模范	2014-08	中国钢铁工业协会、人社部
陈建新	男	1966-02	涟钢技术中心研究员	全国钢铁工业劳动模范	2014-08	中国钢铁工业协会、人社部
胡建雄	男	1972-05	涟钢炼钢厂车间副主任	全国钢铁工业劳动模范	2014-08	中国钢铁工业协会、人社部
李爱莲	女	1966-03	娄底湘运公司职工学校教师	全国五一劳动奖章 湖南省劳动模范	2014-05	全国总工会、省政府
周高中	男	1971-05	湖南黑金时代牛马司矿业有限公司采煤班班长	全国五一劳动奖章 湖南省劳动模范	2014-05	全国总工会、省政府
唐殿梅	女	1968-03	锡矿山闪星锑业公司选矿车间班长	湖南省劳动模范	2015-05	省政府
龙庆堂	男	1956-06	新化县公安局交警大队警察	湖南省先进工作者	2015-05	省政府
樊桃中	男	1960-06	娄星区高溪集团公司招商部职工	湖南省劳动模范	2015-05	省政府
张春花	女	1981-08	娄星区人民医院儿科护士长	湖南省先进工作者	2015-05	省政府
毛光明	男	1964-10	湖南五江轻化实业集团娄底分公司副经理	湖南省劳动模范	2015-05	省政府
杨　胜	男	1967-12	湖南博长控股集团公司炼钢分厂厂长	湖南省劳动模范	2015-05	省政府
向国贤	男	1963-07	冷水江市人民医院院长	湖南省先进工作者	2015-05	省政府
吴丽华	女	1966-05	涟源市渡头塘镇康铭希望小学教师	湖南省先进工作者	2015-05	省政府
王永红	女	1970-05	新化县东岭田鱼有限公司职工	湖南省劳动模范	2015-05	省政府
王　扬	女	1978-07	双峰县民政局双拥办主任	湖南省先进工作者	2015-05	省政府
曾小春	男	1967-03	双峰县新华联量贩有限责任公司消防主管	湖南省劳动模范	2015-05	省政府
龚定初	男	1979-06	湖南三泰新材料股份有限公司班长	湖南省劳动模范	2015-05	省政府
李德应	男	1961-07	万宝新区开发投资公司副总工程师	湖南省劳动模范	2015-05	省政府
陈跃军	男	1961-03	湖南兵器长城机械有限公司总经理	湖南省劳动模范	2015-05	省政府

续表5

姓名	性别	出生年月	获奖时工作单位及职务	荣誉称号	获奖年月	授予单位
吴迎春	男	1967-10	省418队地质勘察院院长	湖南省劳动模范	2015-05	省政府
唐向荣	女	1974-11	涟钢福利公司纪委书记、工会主席	湖南省劳动模范	2015-05	省政府
黎　进	男	1955-10	海螺集团湖南海螺水泥有限公司总经理	湖南省劳动模范	2015-05	省政府
周　莹	女	1963-12	娄底一小校长	湖南省先进工作者	2015-05	省政府
左　海	男	1975-10	娄底市保安公司总经理	湖南省劳动模范	2015-05	省政府
彭宏志	女	1957-08	娄底市总工会党组副书记、副主席	湖南省先进工作者	2015-05	省政府
吴新江	男	1955-11	娄底市科学技术协会党组书记、主席	湖南省先进工作者	2015-05	省政府
秦仁秋	男	1966-10	新化县水利局局长	全国水利系统先进工作者	2015-06	水利部、人社部
刘永平	男	1965-07	娄底市鸿浙餐饮有限公司行政总厨	湖南省劳动模范	2015-10	省政府
谢克明	男	1965-11	娄底湘运公司董事、工会主席	全国五一劳动奖章 湖南省劳动模范	2016-05	全国总工会、省政府
周　浩	女	1972-08	华融湘江银行娄底分行副行长	全国五一劳动奖章 湖南省劳动模范	2017-05	全国总工会、省政府
罗平原	女	1969-09	双峰县史志办公室主任	全国党史系统先进工作者	2017-09	中央党史研究室、人社部

附录

梅山文化

梅山，系以原新化、安化两县为核心区域的湘中一带山地的古称，源出苗语“皋芈”。当地古苗语称这片山地为“皋芈”，其义是“这片长满枫树的山冈，是我芈族祖先居住的地方”。“梅山”是“芈山”的异写。另说因西汉吴芮部将梅鋗家此而得名。

梅山文化，是古梅山地区先民们在特定环境中所创造和形成的一种地域性宗教信仰、生产、生活和习俗的文明状态，在社会和自然环境变化中不断发展变化。与汉文化相互影响，相互融合。它是中华文化体系中的一个特定单元，荆楚文化和湖湘文化的一部分。

梅山文化发端于史前时代，形成于唐宋时期，在民族属性层面，它是一种正处于汉化进程中的西南少数民族祖源文化。社会属性层面，又属于底层文化。从文化层面看，属于民间文化，其核心内容表现在巫傩、渔猎、耕作、歌谣、武术、民俗诸方面。

由于民族的迁徙，梅山文化扩展到两广、云贵、川渝等地及南亚各国。

梅山文化源流

据考证，1万多年以前，长江中游南岸一些原始人群，沿洞庭湖南下，有的沿资江西上，通过善溪口进入梅山，成为梅山的第一代居民，开始建设古梅山。古梅山文化随之萌芽。此后数千年，在古梅山区域特殊的历史和地理环境中逐渐形成和流传，成为中华文化元素中独特的地域文化。

盘瓠氏问世时代距今约5000年。其发祥地在今沅水中游，之后逐渐繁衍至资水中段和五溪流域，宋开梅前后进入桂北山地，明中叶族裔再次融汇，多向南、西两方迁徙。族人崇拜称为“犬”的犬科动物，并把它视为本族图腾，造型为狗首人身，尊为“盘王”。（见《后汉书·南蛮西南夷列传》）今湘西苗族、瑶族的大支盘瑶、优勉瑶和畲族，仍有把这个造型奉为祖先神像祭祀的习俗。

蚩族先祖与黄帝部族涿鹿大战后，首领被后世称为“蚩尤”。据传，失散的部分族裔跟随善卷氏，由洞庭湖西进入湘中山地，与原住尤人混居在今安化、新化和溆浦3县之间。东部原属新化的溪河仍叫善溪，河边村落仍叫善溪江，民众仍尊善卷为“地主”之神。善溪的上游左源叫玄溪，右源叫墨溪，现均属新化。墨溪上游到清嘉庆年间还存留有善卷祠堂，民国时期的禾林（今新化科头乡）有座山仍叫善溪山。善卷被尊为尧舜时期三苗族群共尊的首领，隐居到湘中。他的族群，有以羊为图腾的古羌族，但主要是以蛇为图腾，原属九黎之首的古蚩族后裔。（新化、安化之间的大熊山，保留有民国时期的“蚩尤屋场”石碑。2006年，中国民间文艺家协会授予新化县“中国梅山文化艺术之乡”“中国蚩尤故里之乡”、冷水江市“中国蚩尤文化保护基地”牌匾）民间保留有以巫傩祭祀仪式为特色的歌舞、传说、符号、木雕、版画、道具等多种民俗文化事象，尊蚩尤为始祖之神（见于来山《中国地域文化通览·湖南卷》）。

古梅山人的祖源主体三苗，出现在新石器时代晚期，距今4000—5000年。商末周初，湘北环洞庭湖地区原古三苗文化聚集地，东部演化为“风夷”与“扬越”两大文化支系，扬越往南与湘东南的“夷越”文化交融。湘西北为“濮”文化，湘中及湘西南，即今雪峰山区则成三苗“蛮夷”文化保留区，其中一支迁徙到湘中今宁乡、娄底一带。这个时期，宁乡炭河里遗址的原住民处强盛阶段，该地出土的青铜祭器人面四方鼎内有“大禾”铭文、鼎身人面造型为女性。殷商甲骨记述，禾侯曾两度与商王往来，此后不知所终。但在峒区民俗文化中却留下一个庞大的女神系统，名称为“桃源姊妹云霄三峒娘娘”，至今仍被民众祭祀。

楚国建立及发展壮大时期，今湖南地域因为文化同源，号称南楚，蚡冒（前757—前741）时期逐渐从环洞庭湖区沿湘资沅澧四水向纵深扩展，史称“沅湘之间”。（1997年，当地文物部门在今涟源市杨市镇发现一批战国时期的铁制农具，提示这片文化区域的存在）。楚悼王时期（前402—前381），苏从后裔奉命“往实广虚之地”，溯涟水而上，进入今冷水江与涟源两市之间的枫神山一带，之后繁衍壮大，最早聚居在涟水中游、以枫神山为中心的周边“九岭十八坡”。（参见《宋史》）。

秦初，资水中段的蛮夷区成为三苗后裔和楚国遗民避世自治的领地。从最古老的部族到梅山峒时期的山民，大都是沿善溪河依血缘聚族而居。奉姓聚居在善溪的上游今奉家镇。陈姓祖居地在西河陈家山。梅山被王朝围困后，对抗各个官设兵寨的峒丁主力，主要是当地氏族。聚居在内地的氏族也出丁协助。对重要关隘，苏、陈、刘、李、张等大族联合防守。外地迁移到梅山的住民，则划地为营，立草为标，聚族而居。

据说，淮南移民是构成梅山土著的最后有较大规模的族源。当地吴、伍等姓氏族谱和民间世代流传的手抄巫傩本经，不论是什么流派，追溯源流的第一源头，都是淮南。宋明时期迁离梅山的瑶族多个支系，手抄本经中追溯梅山起源，有淮南、润州之类的地名。

两汉时该区域设置连道（县级，“有蛮夷曰道”，见《续汉书・百官志五》），隶属长沙国。故城在今涟源市杨市镇境内。魏晋时期，在洞庭湖以南、昭阳县（今邵阳市）以北，湘沅二水之间住民经营的山地，因靠近长沙，官方称之为“长沙蛮地”。连道“蛮夷”即其中的一支。连道“蛮夷”，南朝的梁、陈两代，被称为莫徭（其义为不必服徭役的人）溪峒。

唐贞观十年（636），环绕莫徭溪峒，东有潭州长沙郡、衡州衡山郡、郴州桂阳郡、永州零陵郡、邵州邵阳郡，西有辰州泸溪郡、朗州武陵郡、锦州卢阳郡、叙州潭阳郡和晃州1个羁縻州。潭州和辰州各设都督府。广德二年（764），衡州置湖南都团练守捉观察处置使，对溪峒管控。

唐僖宗光启二年（886），出现梅山峒（包含有地名和族称双重意义）之称。是年，衡州刺史周岳和占驻澧州的巴人首领向瓌，联合进攻驻守潭州的钦化军节度使闵勖。梅山峒主应请相助，派10万峒兵截断邵州至潭州的通道。梅山峒首次以武装集团的面目登上历史舞台。

北宋开宝九年（976），宋太宗派兵进攻梅山，激起峒民反抗。潭州钤辖（宋代武职，相当于今军分区司令）石曦领兵从邵州北攻梅山，在今新化县洋溪镇的板山、仓山两峒，虏走数千人口。梅山峒兵四出反击。朝廷征发东线潭、邵两州官军进剿，攻破峒区左甲（今宁乡、涟源、娄星之间山地）。

北宋太平兴国二年（977）初，朝廷向梅山峒主苏氏和左甲首领苞汉阳分发两道诏书诱降（见《四库全书・宋朝大诏令集》）被拒后，下令宪州刺史翟守素、江州刺史田绍斌，分领潭州、邵州厢军和乡兵，从东、南两路讨伐，斩俘1.5万人。闰七月，翟守素奏请设置宁乡县，并在今涟源市七星镇设置七星寨，驻乡兵98人，交宁乡县管辖，以监控梅山东北部。与此同时，朝廷先后在梅山西部、荆湖北路所辖的南北江（今张家界、湘西、怀化3市州）地域，册封37个羁縻州，逐步与北、东、南3方的7个经制州、10个经制县和18个兵寨，对梅山峒区形成全封闭的包围圈。梅山峒区成为“国中之国”。梅山峒时期，其家族成员分驻四方险要，组织抵御官军。今北部泗里河、东南邵东、西南绥宁的关硖、武阳，西部渠江、坪口、苏溪一带，都有其同宗族裔聚居。

北宋熙宁五年（1072）闰七月，宋神宗“遂檄谕开梅山”，命章惇为荆湖北路察访使，带领鼎州所辖乡兵向梅山进军。上峒梅山千余户山民归顺。章惇奏请以招降的千户山民建置安化县，县府设置于七星寨。（见《宋史・章惇传》《李抱一文史杂著・开梅山考》）梅山峒主苏甘呈交梅山图，愿意归顺朝廷。同年十一月，带头登记为普通编民。其余各部族愿意归顺的，就地登记立户；不愿意归顺的，自行迁离到偏远山区，开垦山土自食其力。部分西迁湘西、贵州，部分南迁五岭山区，部分迁入官方指定的北起新化南部、南至城步北部，今雪峰山主峰东麓的隆回、洞口等县山地。（见苏轼《东坡志林•仇池笔记》《宋史》郭祥正、吴居厚等传）

梅山峒四至，《宋史・梅山峒蛮传》载："上下梅山峒蛮，其地千里，东接潭，南接邵，其西则辰，其北则鼎澧，而梅山居其中。"即梅山地域包括现在的洞庭湖以南，湘江与沅江二水之间和资水流域——雪峰山区的广大区域，面积约5万平方千米。宋曾公亮《武经总要》述："衡州……北至潭州湘乡县界九十二里，蛮徭错居山谷间。"因邻县与梅山峒之间没有明确的分界线，《宋史》中再次记述梅山四至："东起宁乡司徒岭，西抵邵阳白沙寨；北界益阳四里河，南止湘乡佛子岭。

开梅之前的梅山土著三苗后裔，与古越人融合，其称谓，汉称"南蛮"，隋称"莫徭"，唐宋叫"梅山蛮"。因为不通汉语，许多峒民没有汉族姓氏。登记入籍时，有的以主户姓氏为姓，有的则根据自己方言名字的谐音或其他特点取汉姓为姓。见于史料的有：詹、刘、杨、林、舒、苏、蓝、张、王、相、胡、潘、李、姜、郑、吴、丁、沈、贺、鄷、扶、扬、黄、萧、龚、彭、谢、唐、符、顿、苞、蒋、石、卜、奉、梅、孟、陈、赵、索、葛、金、吕等姓氏。

至北宋熙宁六年（1073）五月，1.48万户山民、26万余亩田地登记编户入籍。官方以梅山中北部的8000户扩充安化县，新建新化县。新化县城设白溪白石坪（现白溪镇何思村，遗址尚存），1094年迁梅城（今上梅镇）。新化县从鼓台山南麓的云溪开始，往东至苗田一线，设置5个兵寨。至此，梅山峒退出历史舞台。

梅山是一个历史地理概念，更是一个文化符号，一个超地域的文化符号。《宋史》对古梅山区域空间从自然地理上作界定，而梅山文化流传空间超越梅山自然地域。据专家论证，梅山文化在空间上分为四个层次，第一层次是核心圈，即梅山文化形成的范围，包括今新化县、冷水江市、安化县、隆回县、新邵县、涟源市等地理范围。核心圈有上硐梅山、中硐梅山和下硐梅山的说法。上硐梅山指新化县、冷水江市及周边一带，中硐梅山指安化县及邻近地方，下硐梅山指桃江和益阳等地。第二层次为区域圈，即梅山文化向周边影响强的地理范围，包括娄底、益阳、邵阳、湘潭、怀化、长沙、株洲、常德等地级市所辖部分区域。第三层次为辐射圈，即梅山文化向周边的影响弱的地理范围，包括长江以南的云南、广西、广东、海南、江西、福建、浙江等省（自治区）部分地域。第四层次为余波圈，即梅山人将梅山文化带到外地产生影响的地理范围，包括迁徙到海外（境外）的梅山人后裔和受梅山文化影响的华侨、华人社会。

古梅山时代结束，明代以后"人文渐盛"，峒区社会快速发展。先民虽因所属行政区划不同而汉化程度各异，但仍保留有对英雄祖先崇拜、以血性担当为特征的禀赋、民间传统信仰和习俗等梅山文化印记。

梅山文化的特征与载体

一、原始信仰与后期宗教信仰

梅山先民的原始信仰，是从氏族部落时期传承下来的对祖先崇拜，逐步发展成梅山教。

开梅后，汉文化进入梅山峒区。官方以县僧会司为依托，拆"熙宁"二字，在新化修建承熙寺，在安化修建启宁寺。北宋政和七年（1117），宋徽宗"册己为教主道君皇帝"，同时"诏禁巫觋"。淳祐初，宝庆知府"毁淫祀"，这种信仰一度沉寂。北宋宣和年间（1119—1125），正一派道士谭有元在今新化县上梅中学地段建崇阳观（元初毁于战火）。当地民间尊崇"翻坛倒峒张五郎"。巫傩师在儒释道耆宿的协助下，创建元皇派，自称师公，重新梳理男女两大祖先神系，以"踩九州"为核心，编排祭祀男祖的"唱太公"和祭祀女祖的"和娘娘"两类仪式，号召收复失地、重建家园。有元一代，元皇派师公一直在民间秘密传承，有的则兼行道教。元至正二十四年（1364），新化县治始建城池。正一道士曾如寿在县衙门口的西大街北面创建玉虚宫。

明初，新化县府任命可俊和尚为僧会，驻承熙寺，立禅门、应门两个户头享受供养。县道会司入驻玉虚宫。嘉靖时，全县建有寺院9处。民众的丧葬仪式多由儒释道3家法定弟子操办；从梅山巫傩祭司中分流出的“歌郎”，成为土著中唯一能进入丧仪市场的从业人员。洪武十五年（1382）官方设道会司，委任屈绍铨为首任道会，会址设在玉虚宫。洪武十六年（1383），道会司牵头在县衙东大街北面修建东岳庙。东岳庙大殿建于柳君法清庙后面，形成庙中有庙。在梅山地区，源出古巫、集巫傩佛道祖多位一体的元皇派师公一直延续到当代。至1950年，每年农历四月十二日，境内元皇派师公集合到东岳庙祭祀柳君法清，同时议定行业规矩，谓之“东岳庙呷会”。

二、社会组织

（一）从血缘聚落到地缘村落

梅山峒区多原始丛林。从最古老的部族到梅山峒时期的山民，大都是沿溪河依血缘聚族而居。如梅山大姓苏氏，最早聚居在涟水中游、以枫神山为中心的周边“九岭十八坡”。奉姓聚居在善溪的上游今奉家镇。陈姓祖居地在西河陈家山。梅山被王朝围困后，对抗各个官设兵寨的峒丁主力，主要是当地氏族。聚居在内地的氏族也出丁协助。对重要关隘，苏、陈、刘、李、张等大族联合防守。外地迁移到梅山的住民，则划地为营，立草为标，聚族而居。

开梅置县时，峒民入籍就地编成保甲安置。保甲的编制，依据是户口的数量而不是姓氏，安置的具体位置，是分配给各户的田亩所在之地。以田地所在地为核心、各姓混居的地缘村落初步形成。当时的官田地无法应对军田的刚需，迫使所有民户军户开荒垦田，以补足缺额。耕种者打破原有的聚落格局，就近迁移，形成规模较大的地缘村落。县府将这些地缘村落划为3乡21都，统一编管。

（二）徭老制度

从汉末到隋朝的覆灭这段较长时期，古梅山人趁中原战乱，集中力量发展生产，客观上需要协调各方关系的组织，徭老制度便应运而生。徭老制度是古梅山处理村寨内部与外部的关系，组织大型狩猎活动，反抗官府的一种政治制度。它把分散的群落逐渐集中为村寨，且村寨组织严密，每个村寨推选一名既有威望又有生产、斗争经验的老人，分掌村寨的生产活动，调解纠纷，主持宗教仪式，指挥对外作战。这个被推选出来的人便是徭老。当时几个村寨合称为峒（峒相当于现时的乡或区）。每个峒由徭老推选一名峒主。现在梅山地区还有很多地方以峒作为地名，如新化县鹧鸪乡的峒沙、梅子峒，涟源市三甲乡的阳峒，安化县洞市乡的峒脚里和清塘镇的罗峒等。徭老制度保障了社会安宁，并借鉴中原的经济制度，使古梅山地区的经济发展达到空前水平。梅山地区较好的经济基础，加上特定的险峻的地理条件，中原的朝廷统治者对梅山地区的统治往往鞭长莫及，致使梅山地区在一段很长的时间内“不与中国通”，实行农民割据自治。

（三）九溪十八峒行政与峒军组织

梅山峒时期，峒民以部族联盟对抗唐宋王朝，针对四周官设的2路7州10县以及众多兵寨、羁縻州，相应设置5路9溪21峒，即俗称的“九溪十八峒”。所谓“溪”，空间上指地域，社会生活中则指地方管理机构，二位一体，相对固定。主要管理人员少则2人，多则3人。“峒”，则是个武装团体名称。大峒之下设置小峒，如铜槽铁枧峒，下设青云、黄云、白云即梅山三峒，指三支峒兵军队的战斗序列：上峒梅山，号青云峒，驻今涟源市伏口镇南至龙山一带山区；中峒梅山，号黄云峒，驻今涟源东北至娄星杉山镇一带，当时地名叫云阳溪，开梅时属安化，元代湘乡升格置州时划归湘乡，至清末仍是湘乡县云下三十八都、三十九都建制；下峒梅山，号白云峒，驻地在今涟源龙山南至新邵白水洞一带。

“九溪十八峒”实有21峒。峒之下，如黄连峒，还有前营、后营、左道、右道等兵头职位的设置，分驻在黄龙、白虎两溪，为随机调动的常备军，首领1人。峒区设有中路、东路、南路、西路、北路。

中路：苏氏峒主本部，以土主山为核心的九岭十八坡，今涟源、新邵、冷水江3县（市）相交区域。配置有“驾一郎、驾二郎、驾三郎”为首的3支马军，作为峒主直属的机动兵力和警卫部队。这里还是主要的采掘、冶炼、铸造和陶瓷烧制基地。

东路：以涟水及孙水为界。东北部，今涟源、宁乡、湘乡一带，为第三虎马溪，驻有青云峒和白云峒。东南部，今娄星、双峰、湘乡南部到邵东一带，为第一云阳溪，驻有仙人峒和黄云峒。共2溪4峒。

南路：东南部，今邵东、新邵一带，为第二乌云溪，驻有石马峒、河沙峒和观音峒。南西部，今城步、武冈一带，为第五红岩溪，驻有白鹤峒、赤岩峒、迷魂峒和野猪峒。共2溪7峒。

西路：西南部，今洞口县的雪峰山主峰苏宝顶一带，为第七黄龙溪，驻有黄连峒峒主及所属的后营、右道兵头。西北部，今溆浦、辰溪一带，为第八乌巢溪，第九白虎溪，驻有龟蛇峒、赤脚峒和黄连峒所属的前营、左道兵头。共3溪3峒。

北路：西北部，今沅陵、桃源、安化一带，为第六狮子溪，驻有仙姑峒和金鸡峒。北东部，今益阳和宁乡北一带，为第四破山溪，驻有铜槽铁枧峒、青鱼峒、桃花峒、白蛇峒和白马峒。共2溪7峒。

梅山军事联盟体制时期，九溪十八峒逐步扩展为三十六峒（有说四十八峒）。

三、行为规范

梅山峒区在长期的封闭社会里，形成独特的行为规范，突出的有以下几种。

门款　宋人记述“彼此歃血为盟，缓急相援，名门款”，是峒区民间的宗教性仪式。为盟的方法是“椎牛聚众”。梅山各个溪峒组织的主体是当地的氏族。氏族商定的内部事务，氏族之间的相处关系，氏族联盟的重大行动，都以条款约束。商议条款在祖灵的全程关注下进行，首先就要椎牛祭祖。主要议题，即椎牛的准备，出席人员的邀请，时间地点的确定，由发起人负责。发起人被推举为这次门款的门（盟）主，行使所议条款的督查落实责任。门主家供的家主，是这次门款的“证盟地主”。

咂酒　即宋人描述的“吊酒”“缘藤饮酒”，指用导管吸酒，相当于今天的各方在协议上签字。条款商定之后，发起人捧出一瓮水酒，参与人每人拿一根称为“吊酒藤”的空心藤条，在证盟地主的注视下，同时伸入酒瓮中咂酒。如果人多，则按年龄顺序依次来，随时用酒提子加入第一个咂酒瓮中。咂了酒，参与人都必须履行条款，不能延误或反悔。

偿骨　部族联盟内部的一种收益分配方法，一直延续到明中叶。在每次攻击或防御的联盟行动中，盟主方出动的人力、物力最多，有收益时，主持按参与人数分配。但不论有没有收益，参与行动的氏族如果有人员伤亡损失，盟主方按损失的数额给予补偿，而且让损失方挑选。后改为补偿一定数量的银钱，称之为“偿骨钱”。这一做法在猎户的结伴赶山行动中传承下来。损失的补偿，没有明确的责任和标准。

乡饮酒礼与乡绅　梅山各族选择直接编户入籍，率先为子孙赢得读书明理、出山入仕的机会。境内儒学20个名额，可以出缺替补。北宋熙宁七年（1074）三月，新化开办县学，划拨有200亩学田，官方举办乡饮酒礼（官方在县学明伦堂主办的奖掖与宣讲仪式，一年冬春两次）并成例规。举办乡饮酒礼时，知县代表朝廷亲自到场。邀请名单分为大宾、僎宾、介宾和乡饮宾4等，由县学学官推荐，知县政审其三代，再报本省督抚核准。知县送匾嘉勉，之后由礼部择优奏请皇帝封赏。邀请对象是当地社会上层退休官员、3乡（当时新化县设置3乡）年龄道德俱尊的耆宿、族老。司仪执事人员为县学优秀师生。礼节隆重、场面规范、程序烦琐、褒贬分明。所需经费由官银开支。历代乡绅把生为大宾享宴、死列乡贤享祭视为毕生最高荣耀。清嘉庆年间，原长芦都运使刘显、普安知州袁宁、思南知府伍佐3人入祀乡贤祠，丁酉科举人刘轩主纂《新化县志》。明万历年间（1573—1620），甘肃行太仆寺少卿邹廷望回乡倡修广济填渠，乡绅阶层的代表人物开始在新化县的社会生活，特别是官民关系中凸显独特的影响力。清道光二十三年（1843），官方将操办经费改拨为军费，这项礼制才逐渐废弃。

四、传统习俗

（一）民居　公用建筑

新化县古民居（2019年摄）

民居　梅山民居的形态和建筑材料，宋人有“广谷深渊，高岩峻壁，绳桥栈道，猿猱上下”“人家迤逦见板屋”“板屋依岩不记时”“夜深星月到床前”“木皮作席三冬暖”等概略描述，也有“斩木结茅，以蔽风雨。其室卑隘，近亦有建瓦屋者，无层次定向，亦无窗牖墙垣，缭以茅茨，檐低门矮，出入必俯首”等实况记载。日常使用的房屋，有三种类型。一种是杉树皮为瓦、杉树为柱、杉板加竹片为隔，上面住人，下面堆物或圈养家禽小畜的全木结构的房子，称吊脚楼或“通楼板屋”。多为两层防雨屋面，称为“重檐”，即古人所称的“板屋”，是峒区最常见的民居。第二种是青瓦为盖、杉梓为柱、砖石为隔、木板为门的房屋，一般称之为“木架子屋”，七柱落地、五星朝天，屋脊中间叠宝顶，两端饰牛角，称之为“翘角”，一端或两端都带披厦。这种房屋，家道较为殷实的人家才能居住。第三种是在略加平整的地面上“斩木结茅”，有的还加点土筑矮墙所架的茅屋，称之为寮屋。殷实人家一般用来堆放柴草灰肥，贫者则当住处。峒民住宅一般选在能栽活枫树的地方。

在奉家镇海拔1100米的救再界上，有一座山居瑶胞遗弃的石垒住房。此房坐落于山顶南坡避风的小山窝，是此处7座弃房中的1座，坐北朝南并排3间，右间室内长4.2米，宽3.3米，四面是不规则片石垒起的高2.3米、厚1米的石墙，片石间无泥浆勾缝，也不留气窗，只在对中间方向留有1米宽的门，但无门框。地面四周填土，中间堆积有1.2米见方、不少于0.4米厚的柴火灰。居中房间为“Π”形3堵石墙，也没有门窗痕迹。左间格局与右间相似，但门向外开，也无门窗，内空则仅长2.8米，宽1.5米。当地居民说，这处小村落，人称“瑶人寨”，1953年前还有瑶胞居住。距此西去10千米，也还有一处瑶人废弃的村落，依稀可辨30来座房基，也是同样的建造格局。这样的石屋，是过山瑶最原始的临时性居所，居住两三年即行废弃。奉家山的风车巷（山名），发现了大量瑶人遗址。在紫鹊界一带，至今留有许多瑶民生活的遗迹，如瑶人冲、瑶人凼、瑶人峒、瑶人屋场等地名，在山中仍可找到与世隔绝的瑶人石屋遗址。现存新化古民居仍带有遗址的痕迹。

公用建筑　梅山峒时期的公用建筑有道路、桥梁、凉亭、公屋等，也有水坝等灌溉设施，主要是神庙。神庙一般建在枫树旁的溪河边、村落的出水口上，有的就直接建在廊桥（现称风雨桥）上。峒民认为山洪暴发是蛟龙所致，神庙门朝向溪河上游，以便神灵兼负镇压蛟龙的职责。庙供的神灵主要是本氏族最古老的祭司或最有影响的法师，称之为“前人”，即开梅以后各姓氏的家主与各地地主，也有的是孟公神君。神庙的建筑格局，相当于今天仍可见到的风雨桥的中间3格，即三开间，正中是神座，神座背面装板壁，周边隔以栅栏，两边和对面都不装板壁，保持通透，但都装置有靠背型懒板凳，可躺坐两用。横贯中间的是通道，连接两端道路。族内或氏族之间议

新化县圳上镇风雨桥（2019年摄）

事，冬天在屋里，温暖季节就在庙里。南宋淳祐年间（1241—1252），宝庆知府“毁淫祀”，1年捣毁500余座地方神庙。这种幸存单独建造的神庙改成官方认可的水口庙或土地庙。和廊桥一体的，大都将神座上的家主换成关公，家主便安置到族老家的神龛上。新化石冲口镇寒婆坳的偏僻山沟里，有一座清代仿建的古典孟公庙，其中有孟公神像（1960年后失踪）。圳上镇现存的顺水桥，桥上供奉着当地有名的草药郎中品端先生，是目前仅见的梅山峒时期廊桥庙格局的风雨桥。

（二）饮食

糯米酒　梅山糯米酒有糟酒、水酒、烤酒3类。糟酒也叫甜酒，即刚发酵好的原酒。习俗中是重阳节前一天晚上将水车米用井水浸泡，节日当天上午蒸熟摊开晾凉，均匀洒上甜酒饼药，用拍酒缸拍实保温。第二天来酒之后，改用酒坛封存。食用时一般要用砂罐加水煮沸。这种糟酒主要是给月婆子食用，其次是冲鸡蛋款待新客（结婚后第一次到岳父家拜年的女婿），然后才是款待其他亲友贵客。水酒的制法是来酒后，用大酒瓮装好继续发酵，等出酒娘（即原汁酒浆）之后，在酒体中插入酒漏，用提子从酒漏中提取出来就可以饮用。也有出酒娘后兑入适量凉开水再发酵，但口感有差异。烤酒也叫米烧酒，有的是谷或高粱做原料的烧酒，用蒸馏法从原酒中提取的酒浆。水酒和烧酒一般供酒量较大的人饮用。

三合汤　源于梅山先民的祭祖仪式。梅山祭祖，有和中原王朝祭祀最高规格“太牢”相对应的三种模式：椎牛祭列祖列宗，椎猪祭蚩尤，椎羊祭本宗祖先。椎牛一般在冬春时节，毛血汤用牛血、毛肚加少量里脊肉做酸辣汤，加山胡椒等辛辣佐料。清嘉庆年间，新化人将毛血汤配料略加改进，流传至今，称为三合汤，尊为“新化三大碗”领军菜式。

擂打鸭　据传是当年峒主苏甘夫人为款待武冈知县郭祥正，她宰了只鸭，先剔除骨架，用刀背将肉壳击打成碎块，然后放进打擂茶的擂钵里，用擂棒擂成肉糜。下锅后，加入炒香的粗米粉、鱼香叶和山椒等佐料，搅成肉糊。出锅后留下小半，用文火摊烤出金黄色锅巴，铲下来覆盖在肉糊上面。郭祥正闻到醇厚鸭肉香，大呼“至味”！叫它擂打鸭。于是，这道菜从此定名，并成了历代梅山人接待至亲好友的招牌菜。今部分地方名称讹传为“雷打鸭”。

饴米　峒区山民用水车糯米制作，用来款待贵客的饮品主料。做法是先将水车糯米蒸熟阴干，用砂锅将洒有桐油的粗河砂烧热，再将米粒放进热砂中，在文火上翻炒，米粒爆成白花时立即捞出。食用时盛大半碗，加入葱花、姜丁、山椒末，用烧开的肉骨汤或鸡汤浇泡即成。正月宴请，是最受期盼的开席第一道热饮。饴米还有一种常见的吃法，是加入炒熟的芝麻、豆子，用麦芽糖汁搅拌，趁热倒入木模中压平，切成长方形糕片，称为“换茶”。操作过程叫“打换茶”。当然，只要成饴米，不再做任何加工，也是很受欢迎的小吃。

糍粑　峒民食用最多的辅食，最好的是用水车米模压制作的，现多用粳米制作，称为“斋粑”，用作佛道巫仪式的供品。过去主要是建房上梁和建猪栏装门时，用来塞在场人的嘴巴，避免不小心说犯忌的话。糍粑一次制作，藏清凉处，每天换清水浸泡，可保质1个多月；用茶油一次性浸泡，可食用半年不变质。

憨荞粑　梅山人的重要辅食，主料是苦荞粉加麦芽，加水揉搓成形后，用桐叶包裹成鸭蛋大小，放入砂锅里，用文火慢蒸五个以上时辰，蒸好后用竹篮挂在阴凉地方，口感细腻甜润，可以当干粮吃上七八天。

（三）服饰

唐宋时期，峒民服饰相对简陋，所用材料以麻布、兽皮为主，棕皮、稻秸、笋壳为辅，丝绸比较罕见。麻布、兽皮主要用于做衣服、扎头髻、打绑腿。棕皮偶尔用做衣服的辅料，也配合稻秸、笋壳，主要用于做雨具和草鞋。男性衣服，以本色麻布为主，多开对襟，双排布扣，有的在襟边袖口饰以青蓝宽边。女性服饰多用植物染色，青衫彩裙，裙摆配饰水波纹。不论寒暑，男女都打赤脚；下雪结冰，也最多加一两层衣服。唐宋文献描述为“衣制斑斓”。

（四）节俗与婚丧礼仪

梅山峒及以前时期，峒区使用的是以十月为年尾、十一月为正月的古历，节日设置和过节习俗无从追溯。开梅后历代奉行官颁正朔，与山外已没有太大区别。

开秧田门　开秧田门是当年花烛日（二月十五）嫁出女儿的农户，或田多需请帮工的大户人家操办的农事仪式，日子就是开始扯秧莳田的那一天。农户根据秧苗的长势定好日子，提前搭信给女婿。女儿女婿要准备好一只猪膀头、一只鸭子或10个以上鸭蛋、4个以上大糍粑，家境较好的还要配一坛酒，前一天晚上或第二天清早送到岳父家，叫作“送莳田把子”。之后，岳父要请师公，也可本人操作，先在家龛用礼品祭祖，然后再用供品纸香，率女儿女婿和帮工们到秧田田埂上祭祀土地。仪式完成后，在场人共同吃掉供品，就开始下田扯秧。大户人家，则自备供品祭祀，帮工们分享供品之后扯秧。

开镰　开镰是稻子收割之前，也即秋分前后在田头举行的仪式，田多需要帮工的大户人家才会举办，日子主要视天气而定。具体做法：主家身体较好的老太太主持，选两位有操持的农家主妇当助祭，预备3支线香、3个饭碗和茶筒酒水，选需收割的最大的田块，主祭面对进水口点香，助祭在田埂上一字摆开3只碗，左添茶右添酒，然后摘来3枝最饱满的稻穗交给主祭，主祭将稻穗打结，供到中间饭碗上，然后将中指蘸茶酒，按左人、右地、上天顺序各弹一轮，一边默念：“地主龙神，五谷司农，鼠耗归山，谷米归仓，同格同歆，开镰大吉！”然后叫声“哦呵”，弯腰割下第一把稻，帮工们也齐应一长声“哦呵”，才开始下田割稻。

婚俗　梅山峒时期，峒区的家庭结构较为复杂，既有父系家族，也残存有母系家庭。父系制家族如峒主苏甘等大家族，父子兄弟同姓，能分享祖先遗产，服从家长调配。当时的婚俗，因氏族联盟的需要，大族多为换婚或抢婚，同时也存在走婚。换婚习俗延续到当代，俗称为“回娘女”。抢婚，主要是各氏族组队乃至联手，到山外去掠夺女性，特别是潭州邵州等较大城市。女性战俘是战利品，由首领分配。分配到位，即各位峒兵的私家财产，可以转赠，也可以继承，最终演化成一种兄终弟及的婚俗，到清代嘉庆后才被官府暨氏族族规禁绝。走婚，是母系家庭得以延续的方式，留给当代的遗产，是“娘亲舅大”习俗。民国时期，如果家族祠堂要处死某人，只有舅舅出头担保，才能救其性命。

丧仪　峒区社会的丧葬礼仪，《宋史》有较详的记述：人刚死时，要即时把尸体从卧室移到堂屋，一边号哭一边装殓，装殓完毕，马上送到山里浅埋。浅埋到第13年时，先择吉日，把死者遗骨清理出来，装入小棺，称之为“拾骨”。拾骨必须由女婿领头动手，没有亲女婿，也得是侄女婿。拾骨时主要是收集较大的骨头，细小的再就地掩埋。正式安葬日的前一天晚上，女婿和参与仪式的亲属，要集聚到族长家里，穿上棕皮稻秸编织的背心，后腰垂下一条草绳当尾巴。这种服饰叫作“茅绥”。送葬的人要各执一根长达3米以上的竹竿，竹竿上段1米必须留有枝叶。送葬的队伍，按关系亲疏依次排列，边走边唱挽歌。安葬后，由族长主持祭祀仪式，参加仪式的所有人都要痛哭。哭完后，大家共享酒食，然后各自回家，此后不再这样哭祭。开梅之后，这种被称为“二次葬”的丧葬习俗被逐渐淘汰，只有其中的“唱挽歌”演化成“打丧鼓”（也称唱夜歌），被民间歌郎传承发展为独立仪式，直到当代。

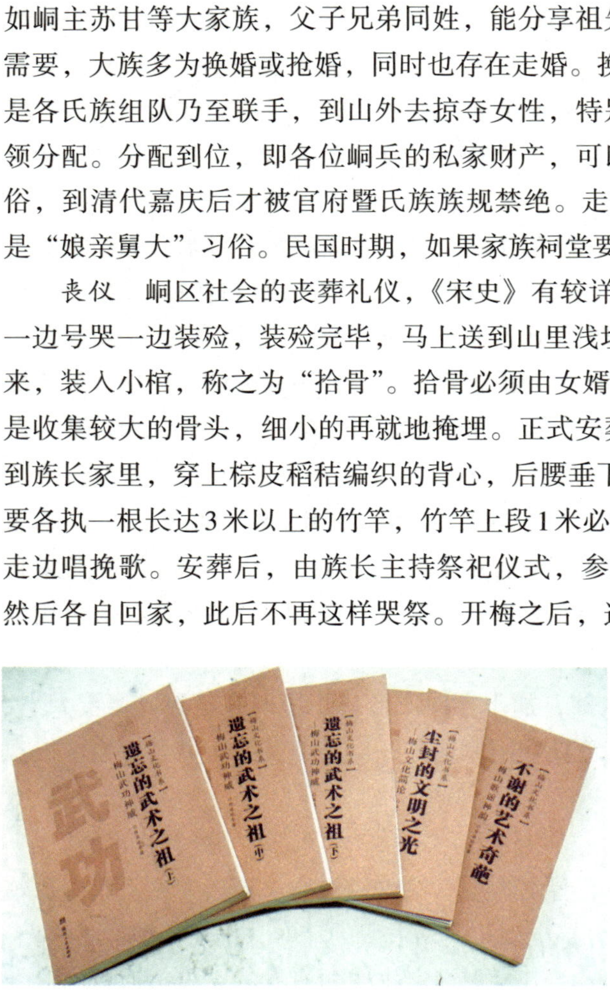

梅山文化书系（2017年摄）

（五）武术与民间医药

武术　梅山峒时期，先民“腰间刀剑习如神”，原是养身功课，而且多操练器械。受崎岖地形局限，格斗多为机动灵活的单兵肉搏，攻防兼备，以防为主，不尚花哨，注重桩功与力道。器械主要是短兵器。明初军屯，编民近半数改籍为军户。教官训练的主要是排兵布阵攻防协同，单兵技艺主要是耐力和通用套路。明末武科归并于县学，科目由官方统一设定，加上火器的使用，长久下来，战阵武艺成了主流，传统的梅山武术，就只在偏远山区的渔猎户中还有传习。现存于峒区民间的本土武术，有一个称为“黑虎教”的派系，传习者称为“把师”，主要技艺归纳为“七十二手、三十六扣”，其基本特点是简捷、实用；其核心功用也是两点，一是自保，二是有发必中、后发制人。2014年，梅山武术成功列入国家第四批非物质文化遗产保护项目名录。

民间医药　梅山峒时期的医药，主要是用来疗伤，而不是用来治病的。文献有“疾病，击铜鼓沙锣以祀神鬼”“户外植木，为之疾病向祷，愈则椎牛为飨”等记述。先民把伤病分为外、内两科，认为外伤科是凡人所为，可以由水师负责用药医治；内病科是鬼神所为，则一般小病可由水师、药师举行简单的祭祀仪式禳解，大病或大型流行性瘟疫降临，则必得由巫傩师举行大型《冲傩》仪式，请祖灵、枫神、傩神出面才能化解。内科疾病的诊疗方法，是每个月以30天计，每天所患疾病的症状，都归结有相应的病因和治疗方式。这是有师传的正规诊疗方法。此外，也有一些以经验为基础、有一定疗效的小验方；但也有的是去“报娘娘”，即请神仙的脚马（俗称巫婆神汉）降神“画水”“蒸胎”来医治。治疗人为外伤的水师，则比较注重医理和技法，按不同部位的受伤时间和症状施治。水师的本经，具有《黄帝内经》气象，融汇龙树和尚的方便法门和后梅山时期的汉文化元素。一些有效技法和验方，当地现代骨伤科仍在临床中应用。

梅山水师传统医药技艺培训现场（2017年摄）

五、民间传统工艺、日用器具和物产

（一）传统工艺、日用器具

梅山地域民间传统工艺和日用器具见于史料或流传至今的主要有佗党锻造、五叉等。

佗党锻造　宋代文献有先民锻炼“水秀铁”打制“佗党”的记述。所谓佗党，是先民终身别在腰间的配刀，刀鞘里藏有一长一短两把刀，长刀用于格斗或清扫路障，可以暂借别人使用；短刀用于防身，人在刀在，不能出借给任何人使用。按当时习俗，男子出生时，家长要按孩子的体重，取同等重量的铁料浸泡。在儿子年满16岁时取出，请铁匠千锤百炼打造成双刀，在他生日那天，授予他作为成年的标志。这种习俗，直到清嘉庆年间官方严禁椎牛并收缴民间刀具时才最终消失。

砂器烧制　梅山的砂器烧制，据传发源于梅山苏氏家族，明中叶时已成为与陶瓷并驾齐驱的一大产业。产地遍及冷水江、新化、安化、新邵的一些乡村，广泛应用于烹煎、贮藏、冶铸等需耐高温的生活、生产环节。产品有缸、鼎、锅、罐、壶、瓢、盆等，由于胎质含夹有较粗颗粒，表面粗糙而乌光发亮。其烧制工艺，前期与陶瓷类似。

五叉　用树枝削成的农具，长约1.5~1.8米，前端为长约0.5米、略带向心弧度的5根掌形枝丫，后端是长约1~1.3米的手柄。平时在晒谷场上为荞麦、油菜脱粒时用来扒拉秸秆，秋收后将稻草围砌在树干上踩草树时，助手用来叉起草把传递给踩树人。一旦发生械斗，五叉则是既顺手又有威力的攻防兼备型武器。梅山峒时期，各峒都设置有专门的五叉手，与牌刀手结对作战。这种作战用的五叉会将前端枝丫削成三长两短5个尖，两短尖还会保留

五叉（2017年摄）

或安装倒钩，用以锁扣对方兵刃。因这种树枝在自然界很难找寻，后人按此形状人力加工组装，或以熟铁锻造叉头，后端安木柄，成为专门武器，也有称之为镋耙。

水斗　梅山多梯田。奉家山系之外，有些梯田远离水源，又无法使用水车和筒车，需要人力运水浇灌。山民便用较厚的竹篾，编织成敞口尖底的水斗，加厚的口沿上系4根棕绳，棕绳长度3～5米，依扬程而定。需要打水时，先在有水的田边移开几蔸禾苗，做成一个小蓄水池。两个打水人在蓄水池边田埂上相对而立，一手握一根棕绳将水斗荡起来，借助惯力铲进水中舀起满斗水，将水扬到上面的田里。这样一级一级往上打，直到最高处的田达到合适的水深为止。在峒区，这种水斗一直使用到1980年后农用抽水机普及才终止。

推子（2019年摄）

推子　梅山峒区特有的日用器具，一般与石碓配合，完成稻谷去壳工作。其形态有如石磨，分上中下三层，材质为竹片、木头和三合泥。使用时，将稻谷倒入上层空间，再以手柄连接套头顺时针方向转动上层，谷粒从轴孔落入齿床间，脱壳后顺弧线排出床外，成为糙米；再入石碓舂熟，分离出糠皮即可供食用。这种器具，边远山区民间至今还可见到。

（二）物产

梅山峒地处东亚大陆板块第二阶梯中南段东部，属亚热带季风性湿润型气候带。域内地形为雪峰山地资水、涟水切割区，山高水险，溪涧纵横，山区与平地海拔差距约1000米。亚热带动植物在区域范围内垂直分布，种类丰富又较集中。区域经济类型长期处于稻作农业为主、渔猎采集为辅的原始农耕渔猎经济。开梅时“人家迤逦见板屋，火耕硗确多畲田”“白巾裹髻衣错结，野花山果青垂肩”（章惇），“衣制斑斓，言语侏离；刀耕火种，摘山射猎”（吴致尧），“试问昔时畲粟麦，何如今日种桑麻”“洞里山川多斗绝，腰间刀剑习如神”（吴居厚）等诗句，“其水宜稻，其陆饶黍稷麻麦”（祝穆）等记述，零散描述梅山峒时期的峒区社会物质生活状况。当时除食盐外，峒民生活自给自足。

《新化县志》记载：开梅后，新化县除以大米为主的“五谷”、牛羊鸡鸭等家畜家禽之外，土产山货尚有木材、南竹、茶叶、茶油、麻油、菜油、桐油、木炭、煤炭、棕、麻、竹器、瓦罐，沙罐、荐、纸（草、皮、烧、表青纸4种）、生熟铁和中药材等数十种。明初官方核定的岁办物贡茶叶9千克，禽兽有活麂、活鹿、活野鸡、活山鸡共25只，白硝麂皮、花狸皮、香狸皮、水獭皮等各261张，鹅翎毛1.29万根。

糯米（俗称水车米）是峒区农作物中最有名的特产。产地紫鹊界山区。这里山泉水质优良，沙土含硒量高，所产糯米色白粒长，油润饱满，清香醇厚，口感纯净，是酿酒、打糍粑的理想原料。明清时多被地方官当作回乡孝敬双亲的山珍。清中叶后，水车米成为官设“洋溪市”的最大宗交易商品。到1953年，当地还有“担米”的专业脚夫队。

锑砂（即《史记》记述的“连”石）产于今冷水江市北部的锡矿山。楚国及以后的秦、汉、魏晋各代，因“所得不足以更费”，即成本比购买价还高，没有组织开采，直到清晚期才被确认为锑砂。锡矿山后成“世界锑都”。宋代何思、青石等地产煤，直芦茅江有“大田弓”“鸡笼门”“葫芦口”等古煤窑遗址。

木炭是梅山峒时期古老而重要的战略物资，炼铁的炉料。苏氏族谱记述，用煤冶炼的铁称为“煤生”，用木炭冶炼的称为“炭生”，炭生铁富含活性炭，比煤生的品质好很多。梅山峒时期的九溪十八峒总管孟君三郎，被尊为烧炭行业的祖师“孟公神君”，南宋时见于宝庆府官方文献，现在仍是湖南全域及重庆、贵州东部民间多有专庙供奉的民俗神。

渠江薄片产于奉家一带。唐代杨晔编著的《膳夫经手录》记述："渠江薄片苦梗""唯江陵襄阳数十里皆食之"。渠江，源于新化奉家山，流经新化、溆浦、安化等地北入资江。奉家山一带，海拔800米以上，峻岭挺拔，云雾缭绕，雨量充沛，溪流潺潺，土质肥沃，是植茶的天然之所。五代时毛文锡《茶谱》载："潭、邵之间有渠江，中有茶，而多毒蛇猛兽，乡人每年采摘不过八九千克，其色如铁，而芳香异常，煮之无滓也。"渠江薄片是采用全发酵工艺精心制作的高端奢侈品。渠江薄片又称奉家米茶，芽叶细嫩，香气馥郁，氨基酸、儿茶素含量尤高。当地人称"若得米茶天天饮，明目益思人长春"。清同治年间，被列为朝廷贡品，以抵"征粮"。

枫木贡茶产地涟源市古塘，位于群山环抱的眠牛山上，原属安化县。据1992年版《安化县志》记载：安化县素称"茶乡"，产茶历史悠久。……宋置县时，茶叶产量已甲于诸州县。元、明时期，县内不少人以茶为业，种植技术不断改进，所产"云雾茶""芙蓉茶"驰名中外，成为朝廷贡品。昔有桃溪界云台山高僧，年年谷雨前夕，从山上下来，前往眠牛山一带而去。乡人甚疑，便暗随其后，原为笃钟此山之茶，每年窃采而归桃溪界云台山寺独品。乡人试采少许，及烹，顿觉芳香扑鼻，味甘绵长。据传，清代中期，两江总督陶澍回安化省亲，闻枫木林产名茶，令仆取来，以紫砂壶燃桑枝烹煮，观之，呈毛尖之色；闻之，飘龙井之香；饮之，回味悠长。遂携数斤返朝供皇家，定为贡茶。

六、民间文艺

（一）梅山傩戏

师公独家传承的民间仪式性戏剧，原称"搬脸子"或"搬土地"。其原生形态，仅存古梅山峒地域。祭傩就是祭祖。它不仅以符号化的蚩尤为祖傩神，还有一个由各氏族历代父系祖先（俗称"太公"）形成的男性傩神系统和一个由母系氏族首领集团（俗称"娘娘姊妹"或太婆）演变而来的女性傩神系统，形成一组自成体系的核心文化元素。太公太婆即操作者的祖先和首领，"祖先、傩神、师公三位一体"，其体系内的各种形态，根据不同的环境条件变形或者融合、转换。梅山傩戏是以戏曲化仪式和仪式性戏曲叙述祖先的故事，祭祖飨亲以祈福。其内容是祖先劳动生产和结盟自卫等的经历和场景，形式是巫傩艺师自编自演演自己，演员、角色、故事情节、歌舞唱腔、场景装置、服饰道具，都是就地取材。上梅山区域，已查明并整理的有65个傩戏剧目。类型分为主目和亚目，如《搬土地》《搬兴隆土地》和《搬天光土地》等。一个坛班传承的剧目，少的三五个，多的可搬演出十一二个。"2007中日文化交流会"开幕式上演出的傩戏《搬锯匠》，即梅山傩戏剧目《搬架桥郎君》的衍生亚目。2011年，梅山傩戏获国务院公布为第三批国家非物质文化遗产代表性保护项目。

（二）傩头狮子舞

傩头狮子舞又称狮子舞、舞狮子，得名于其狮子头是个较大的开山傩面具，是一种仪式性的群体舞蹈，上下梅山都有传承。上梅山区域，主要是新化的水车、荣华两地传承。其中荣华已多年没有活动，水车则队伍完整，活动频频。春节期间表演的原生态傩舞曲目，角色为1公1母1幼3只狮子，表达语言较为粗犷，内容依据不同功能分为两套。一套是求嗣狮子，需要20余名演职人员，在堂屋里表演，共有16段36合。其中首尾叩祖辞祖共2段，化钱谢猖2段，发情、交配、产子则演绎有12段，很受新婚家庭欢迎。一套是祭祖狮子，在场院空地上表演，表演前需用36条春凳拼摆成一个春字，雌雄两狮分别从"人"字的撇捺下端上凳，到中间的"王"字部位表演，

傩狮舞（2017年摄）

内容以求嗣的36合为主，扩展有出山、走春等段落，共72合。这套节目演出常伴有舞龙队。晚上演出时还会有水族花灯队伍，所需人手更多、场面更大，现已失传。下梅山区域的安化仙溪、涟源枫坪的狮子舞，以驱邪祈福为主要目的。角色由一头狮子为主，伴以花灯、莲船和乐器等小队伍，春节期间走村串户拜年祈福，四五月间生病虫害时下田驱蝗赶瘟，内容以汉文化元素为主。涟源枫坪的比安化仙溪的更为独特之处，是其舞狮班子多配有郎君和土地、猴精、猪精3个戴傩面具的角色，内容则是《赵根打虎》《文王跑马》等108个独立的哑剧式曲目，融本土与外来文化元素于一体，情节编排和肢体语言表达都精到细致，2012年被公布为省级非遗保护项目。

（三）歌谣

梅山山歌与梅山傩戏是一对同源异流的姊妹花。在仪式中，它是山民向祖先表达诉求的主要工具。在日常生活和生产过程中，它又是山民之间交流和抒发情感的重要形式。它以口头创作、传唱的方式生存于民间，内容广泛，调式古老，风格独特，音韵简朴，结构自由多变，音乐特色鲜明，表现形式丰富多样。句式长短有致，俚俗方言衬词较多，说唱风味很浓。其类型有劳动歌、时政歌、仪式歌、风俗歌、陶情歌、儿歌等。劳动歌又包括有猎歌、樵歌、渔歌、田歌、挖山歌、采茶歌及各种劳动号子。风俗歌如《资水滩歌》，长达600多行，对资水滩多水险及沿岸山川地理、土产山货、风俗人情、船工生活进行生动描绘。陶情歌占山歌主体，七言五句。如《人人有个十七八》："斑鸠起翅把脚提（音tia阳平），妹子嫁人不怕夹（音ga阴平，意为刁难、欺侮）；不怕爷娘拖铳打，不怕兄弟拖刀杀。人人有个十七八！"体裁独特，直抒胸臆，人物个性鲜明灵动。2008年6月，梅山腹地的新化山歌被成功列入第二批国家级非物质文化遗产保护项目名录。

（四）舞春牛

舞春牛是传承在冷水江市的铎山、金竹山一带的群体性春节联谊活动，主要由当地苏姓、邹姓等较大家族组织。活动目的，一是迎春祈丰年，二是驱邪，三是显示家族实力。经费过去由祠堂开支，现代是牵头人组织集资。人数通常在80人以上，出行队列有开道锣、族旗、署名牌灯、水族灯笼、纸扎水牛、秧歌队、武术队、器乐队、服务队。最有特色的是配有戴傩面的土地公和土地婆。活动形式是集体出行给外村拜新年，顺序为先同宗后外姓。初一到十五，都可以出动，具体时间由族老派人约定。内容有春牛舞、秧歌舞、傩面舞、农事舞和武艺表演。收场节目由功力最深的把师展示绝招。东道主拿不出更好的绝招，会以美食款待之后再礼送春牛队出境。如果春牛队的绝招比不过东道主，又不肯认输，就得不到款待，以刺激双方更勤练习，再比输赢以找回面子。

苏氏舞春牛（2017年摄）

（五）堆塑

堆塑是至今可见的梅山民间传统工艺美术作品，保存在出土的宋元魂瓶上。魂瓶源出古代的陪葬谷仓罐，长江南北各省区都有出土。市境双峰、涟源、冷水江和新化出土的魂瓶，馆藏总量47件（至2005年底），制作于开梅前后，形制和瓶体堆塑风格都独具一格。特别是新化、冷水江文物管理所的藏品，堆塑造型表现的大部分是梅山先民的丧葬仪式场景，部分是陪伴、庇护亡魂的神物，包括龙、蛇、鸟、犬、鱼类，更多的则是牛角。造型构思奇巧，想象灵动，表达细腻，手法夸张，富于楚文化艺术特征。

七、方言遗存

梅山方言是梅山峒区人们在交际中使用的语言。而今天我们能接触到的梅山方言，已经是汉语方言。由于地域差异形成的汉化程度差异，境内各地的方言、语音和发音方法虽也有差异，但仍遗存有古代方言的底层成分，保留不少古汉语的成分。

（一）方言的系属与内部差异

境内梅山方言属湘语娄邵片，涟源市方言属涟梅小片，新化县与冷水江市方言属新化小片。汉语方言内部差异明显，往往十里不同音。

古全浊声母今读的差异 古全浊声母在今各汉语方言中大多已经清化，只有吴语与湘语的部分方言保留浊音。梅山方言中，新化方言、冷水江方言在舒声字（与入声相对）中保留浊音，涟源方言已经清化。保留浊音或清化的具体情况又各有差异（方框内为国际音标）。

新化（县城为代表）、冷水江（市区为代表）方言古全浊声母舒声字今逢塞音读送气浊音。如：[bh]皮牌步病；[dh]图甜糖大；逢擦音读浊擦音：[z]茶祠坐字；[ʑ]棋徐轿舅。这类字声母都读浊音，[bh] [dh]为送气浊塞音，声母发音时重浊带音，并伴随轻微送气，[h]为送气符号；[z][ʑ]为浊擦音，声母发音时重浊带音，摩擦发音。普通话中也没有对应的声母，无法举出对应的拼音。

涟源（桥头河为代表）方言古全浊声母舒声字今逢塞音、塞擦音、擦音均多读不送气清音，少数读清擦音。如：[p]皮牌步病；[t]图甜糖大；[ts]茶坐；[s]字祠；[tɕ]棋徐；[t]轿舅。这类字声母多读不送气清音，[p] [t] [ts] [tɕ]分别对应普通话拼音声母b、d、z、j；[s]对应普通话拼音声母s，读清擦音；[t]读舌尖后清塞音，普通话中也没有对应的声母。

上述共同来源于古全浊声母的相同的字，在新化方言和冷水江方言中读送气浊音或浊擦音，在涟源方言中多读不送气清音，读音各不相同。古全浊声母字今读送气现象是赣语影响的结果。

声调的差异 境内梅山区域方言内部的调类与调值调型有同有异。三个方言点都是5个声调，一个方言点6个声调。阴平、阳平、上声的调值调型较一致，阴平如“高风开春”都是中平或高平调型，调值在33、44、55之间；阳平如“皮糖门油”都是低升调型，调值都是13；上声如“古九草老”都是中降或低降调型，在42、31、21之间。新化、冷水江去声不分阴阳，只有一类，上两类字声调相同。娄星区、双峰入声消失，并入阳平或阴去；涟源、新化、冷水江保留入声，涟源入声如“百节急月”读中平调33，新化、冷水江入声如“百节急月”读中升调24。新化方言和冷水江方言（布溪街道除外）的调类与调值调型相同，可以说是同一种方言；涟源方言的声调与其他方言的声调差异大一些。

俗说“十里不同音”主要语音差异。如同是冷水江市区方言，大部分人所说方言与新化县城方言基本一致，布溪街道办事处部分人与新化县城方言，在声调上却有一定差别。新化方言去声不分阴去阳去，保留古入声；布溪街道部分人方言去声分为阴去45和阳去24，无入声，入声并入阳去，次清去字也读阳去，如入声字“百节急月”、阳去字“洞乱罪后”、次清去字“快去菜唱”都读阳去24；而这些字在新化方言和冷水江市区大部分人方言中读为去声45（洞乱罪后、快去菜唱）和入声24（百节急月）两个声调。

（二）方言的存古性特征

梅山方言的存古性特征非常突出，如上述声母对中古浊音的保留，声调对中古入声的保留。此外，还可以找到上古音的保留。清代学者钱大昕有“古无轻唇音”的著名论断。“古无轻唇音”指“非敷奉微”（今普通话读f声母和零声母）这组轻唇音在上古是不存在的，这组音在上古读作重唇音“帮滂并明”（今普通话读b、p、m声母）。今新化方言中“打浮泅”的“浮”，是奉母字，普通话读“轻唇音”f声母，新化方言则读重唇音[bh]声母，这就体现了“古无轻唇音”，把轻唇音读成重唇音，保留了上古音。同类例子再如：“蚊子”新化方言说“蚊崽”（“崽”由上声21变调读去声45），“蚊”是微母字，普通话读零声母，新化方言读重唇音m声母；同类微母字再如“晚、望、忘、网”等，新化方言都读重唇音m声母，保留了上古音。其中“晚”（mǎn）用途最广，构成的词语如晚崽（最小的儿子）、晚女（最小的女儿）、晚晚（叔叔、姑姑）、晚叔（最小的叔叔）、晚舅、晚娘、晚姨、晚老弟、晚妹唧、晚手崽脑、吃晚饭（吃中饭），等等。“晚”字俗写作“满”，“满”新化方言读mǎng，读音对不上mǎn，其实本字是保留了上古音的“晚”字。明代史惇《痛馀杂录》：“呼叔曰晚晚，言晚得也。”叔叔比父亲晚出生，所以叫“晚晚”；吃中饭的时间相对吃早饭的时间要晚一些，因此吃中饭说“吃晚饭”（吃晚饭说“吃夜饭”）。

梅山方言中保留了大量的古语词。

崽[tsæ^{21}]　儿子。西汉扬雄《方言》卷十：“崽者，子也。湘沅之会凡言是子者谓之崽，若东齐言子矣。”可见“崽”是一个历史悠久的古方言词。

哈[xæ^{33}]　玩耍。《楚辞·九章·惜诵》：“行不群以巅越兮，又众兆之所哈。”王逸注：“哈，笑也。楚人谓相嘲笑曰哈。”玩要义由“笑也”引申而来。“哈”也是一个历史悠久的古方言词。例如，我俚到街上哈去。

行[ɣõ^{33}]　走，步行：我俚行倒去啰。

走[tɕiə21]　跑：我走尔唔赢。

跍[khu24]　蹲：跍在地下。

徛[ʑi^{21}]　站：徛在门口。

溢[bhin13]　水溢出：水溢出来哩。

盪[thõ^{21}]　洗涤：拿只杯子盪一下。

佮[kua33]　结交：要多佮几个朋友唧。

滗[pi^{45}]　滤出：滗米汤。

搣[miɛ̃33]　掰开：拿个橘子搣开。

㪣[tɕiəu^{45}]　拧。㪣手巾；㪣螺丝。

抟[dhõ24]　揉弄成球状：拿只抟筛抟米。

嘈[zau^{13}]　肚饥：肚嘈哩。

扷[au45]　丈量：扷一下尔有好高唧。

倾[khən^{33}]　倒掉：拿盆水倾咖。

禁[tɕin45]　蓄（头发）：头发莫太禁深哩。

狭[xa^{45}]　窄：箇条路好狭个。

慷[khã33]　不满：箩谷偌里慷下去好多？

爁[læ^{45}]　烫：洗脚水爁死哩。

嫨[xã33]　拖沓：二妹唧做起事来嫨死哩。

腡[lo^{13}]　圆形指纹：我有六只腡。

面[miɛ̃33]　脸：拿块洗面手巾洗下面。

秆[kõ^{21}]　稻草：田里晒倒好多秆。

尔1[n̩21]　你：尔到哪脑去？

渠[tɕi21]　他：渠是我俚舅舅。

唔[n̩45]　不：我唔喜欢箇个人。

冇[mau33]　没：二毛今天冇去读书。

箇[ko21]　这：箇本书蛮好看。

尔2[n̩33]　那：尔只鸡在尔脑吃食。

炮[phau45]　“炮”（异体为“砲”）表示整数“十”，如：炮块钱，炮斤花生。“炮”表示“十”来自清朝兵制，一门大炮配十个士兵，故谓“十”为“炮”。

个[ko]　“个”的繁体是“箇”“個”，现简化为“个”。“个”是个多功能词，用作量词（一个[ko]45人），近指代词（箇[ko21]本书），结构助词（我个[kɣ0]朋友），语气词（我要回来吃饭个[kɣ0]）。

姐[tɕia21-45]　《说文解字》：“姐，蜀谓母曰姐。”《广雅·释亲》：“姐，母也。”《玉篇》：“姐，古文作毑。”称母为“姐”源于古代蜀地方言，“姐”古文作“毑”。“姐”也表示祖母义，长沙话“娭毑（祖母）”即“阿姐”。新化方言也曾称母为“姐”。

（三）方言底层词的族源记忆

底层词的历史记忆　开梅置县后，梅山原居民部分迁徙到更偏远山区，原地入籍的慢慢被汉化，大多成为今天的汉族。他们原来通用的语言，也随之退出历史舞台，只残留下某些语言成分成为新的汉语方言的底层成分。这种底层成分主要表现为底层词，往往有音无字，以下用“□”表示。这些词与壮侗语或苗瑶语在音义上大致对应，可以视为有历史记忆的底层词；例证中所注音标为新化方言的读音。

□[ko24]蛋。鸡蛋说“鸡□”，鸭蛋说“鸭□”，蛋汤说“□汤”。新化“□”同“果”音，入声。冷水江、娄底、隆回等地方言同。

□[ka24]大便。“屙□”即解大便。有一个最能代表新化方言的段子中用到了这个词：一只阿嫂家人，抱倒只吉唧崽，跍在个瑶人坑边前，掂□（搊大便）。新化“□”同“痂”音，入声。冷水江、隆回、武冈、洞口等地方言同。

□[lia21]①伸出舌头：尔看尔只狗舌子□起好长；②舔：拿只碗□干净。伸出舌头呈下垂貌，故该词又用于“□肩膀”，即溜肩膀。此词在湘语中分布范围广。

□[la13]爬：路上好多蚂蚁崽在□。新化“□”与“拿”同音，此词在湘语中分布范围较广。

词汇中保留的民族记忆　梅山地区的底层民族主体为古蛮夷部族，最后消失的是瑶族。在新化的一些地方，仍保留有瑶族居住过的文化记忆。天门、金凤一带，仍称玉米饭为“瑶人饭”，称玉米粑为“瑶人粑”，称玉米丸为“瑶人丸”，还有一种类似饭豆的豆子，称为“瑶人豆”。称调皮男孩子为“瑶人佬”。“瑶人坑[iau13n|45kho~33]”一词在新化方言中普遍使用，指屋子门口的垃圾沟，据说与瑶人不讲卫生有关。

峒：梅山方言中有“峒”一词，史籍有梅山峒、梅山十峒之说。当代新化还有“峒冲”、锡矿山还有“峒下”这样的小地名，同样可以印证梅山的少数民族族源。

畬：新化方言旱地叫“土畬”（“畬”音“赊”），相关词语有：菜畬、麦畬。娄底方言有“土畬菜地”“畬土菜土”等词。“畬”字可以追溯到宋章惇的《梅山歌》：“人家迤逦见板屋，火耕硗确多畬田。”“畬”类词语少见于其他汉语方言，却在梅山方言中作为活化石留存下来。

八、遗迹

奉家山系的紫鹊界，原名止客界，明中叶后又叫纸钱界，民间为避讳而多称紫鹊界，位于雪峰山脉奉家山系中央，新化、溆浦、隆回三县之间，渠江的发源地之一。奉家山系以海拔1582.2米的风车巷为基点，呈扇形向东北展开，总面积近800平方千米，海拔千米以上山峰40余座，山体坡度20度到50度，多为风化性砂岩，沙土层厚实，地下水出水点高，水质优良，植被丰茂。新石器时代晚期，善卷就偕蚩族山民进入此地营生。至南楚时期，其族裔已在今文田到紫鹊界一带的各处山坡开垦梯田，利用木槽竹筒，引流山泉，逐步构筑起规模庞大的自流灌溉体系。明万历十一年（1583）山民归化入籍后，梯田得到进一步开发，其垂直高度600米，梯级500余级，总面积5000余公顷。2013年5月，紫鹊界梯田及其自流灌溉体系成为中国首批19个重要农业文化遗产之一。2018年，联合国粮农组织授予紫鹊界梯田全球重要农业文化遗产证书。紫鹊界梯田被命名为国家级风景名胜区、国家自然与文化双遗产、国家水利风景名胜区、全球重要农业遗产。

药王殿位于涟源市西南边陲龙山，唐初为纪念唐代名医孙思邈（581—680）始建。旧址位于岳坪峰南麓30米处的马鞍山脊，明代迁现址岳坪峰北坡重建。至清光绪十三年（1887）具现时遗址。全殿占地900平方米，殿高约8米。殿内存有孙氏实用药方和历代积累的家传秘方1240个，有古泉1口，泉水终年不断。

梅山文化研究

1988年5月，在中国长江文化研讨会上，新化县农民作者周少尧向中外300多名学者宣读他的《用歌谣建造的文化板屋——试论新化民间歌谣与梅山文化的关系》论文，即兴演唱新化山歌，与冷水江市学者童从首次从民间文学角度提出“梅山文化”概念。1989年，娄底学者李朝录在《人民日报》发表专文《荆楚文化的重要支派——梅山文化》，对梅山文化的概念、内容、载体予以介绍。上海《新民晚报》予以转载。这一文化概念在海内外引起广泛关注。20世纪90年代开始，域内部分文化机构和专家、学者对梅山文化深入发掘、整理和研究，取得初步成果。

一、研究机构

（一）专门机构

新化县梅山文化研究会　成立于1995年8月，2008年改为研究中心，纳入县属事业单位，编制3人，归口县文化局。

湖南人文科技学院梅山文化研究中心　成立于1999年10月，属学校二级机构，正处级单位，专职研究人员3人。该中心获批梅山文化专项课题61项，其中省级25项，国家级4项。

冷水江市梅山蚩尤文化研究中心　成立于2003年4月，市属非常设机构，共56名兼职调研人员，内设7个课题组。

湖南省民间文艺家协会梅山文化研究委员会（简称省梅研会）　成立于2005年12月，内设10个课题组，冷水江、梅城镇2个研究中心，1个民乐艺术团和1个傩戏表演队，外聘学术顾问、兼职调研员、客座研究员115名。

（二）相关机构

娄底市民间文艺家协会　成立于2005年10月，隶属娄底市文联。

省社会学学会民俗学专业委员会　成立于2007年12月，挂靠湖南人文科技学院，有会员200多人，研究方向为梅山文化、湖湘民俗、南楚人文与旅游。

湖湘民俗文化研究院　成立于2008年9月，是一个具有法人资格的民间学术组织，由娄底职业技术学院和娄底市文旅广体局主管，有成员700余人，下设梅山文化、蚩尤文化、药王文化、曾国藩研究等分院。

涟源市湘中传统礼仪研究会　系民间社会学术团体，成立于2016年10月，隶属涟源市文联。

涟源市地域文化研究室　成立于2017年8月，为全额拨款事业单位，隶属涟源市文旅广体局，编制4人。

（三）娄底籍学者在外地组建的机构

梅山大讲坛　2015年7月成立于新化，成员为娄底籍在外专家学者、公务员、企业家和娄底本地的知名人士。

广东历史学会蚩尤梅山文化研究专业委员会（设广州市天河区天河南二路）　2016年10月成立于广州。

省和善文化研究会梅山文化研究与传播专业委员会　2017年4月成立于长沙。

二、研究活动

2001年8月，应新化县委、县政府之邀，北京师范大学教授陈子艾、冷水江市文联主席李新吾等人对新化县大熊山林场及金凤、奉家、水车3个乡镇田野考察，建议将紫鹊界梯田与大熊山林场纳入全县旅游开发规划。围绕大熊山发现的“蚩尤屋场”碑刻，对全县历史文化遗存开展为期两年的地毯式调查。在北京师范大学《民俗典籍文字研究》第一辑上发表《古梅山峒区域是蚩尤部族的世居地之一——湘中山地蚩尤信仰民俗调查（一）》，为新化县打造“蚩尤故里·天下梅山”旅游文化品牌提供学理支撑。2003年10月，境内组团参加在隆回县召开的中国第三届梅山文化学术研讨会。

2005年10月始，市民间文艺家协会开展梅山文化田野调查，撰写19份调查报告，在中国第四届梅山文化学术研讨会宣读或交流，收入《大梅山研究》第一辑。2006年6月，中法合作项目湘中宗教与乡土社会结题性研讨会先后在湖南人文科学院和新化县两地举行。中外学者65人参加会议。10月，中国民间文艺家协会、省文化艺术界联合会和市政府在新化县举办中国第四届梅山文化学术研讨会暨首届梅山旅游文化艺术节。中国民间文艺家协会党组书记白庚胜、省人大常委会副主任唐之享、副省长贺同新及北京师范大学、湘潭大学等全国各地的专家学者300多人出席会议。2007年4月，省政协娄底地域文化考察团赴涟源、冷水江、新化考察，撰写《娄底西部地域文化考察报告》。应冷水江市政府之邀，中国傩戏学研究会组织11位学者赴冷水江市进行田野考察。

2009年，在长沙与新化两地，中国社科院主办、省社科院和新化县政府承办，省民协梅研会协办海峡两岸宗教与梅山文化学术研讨会。中国民协、省文联和湖南人文科技学院在湖南人文科技学院举办中国第五届梅山文化学术研讨会。湖南、北京、广东、贵州、四川、重庆等省市和中央音乐学院、贵州大学、华中师范大学、湖南师范大学、湘潭大学等10多所高校近60位代表嘉宾出席会议。娄底市文联组织湘鄂黔专家梅山文化考察团赴涟源、冷水江、新化考察，并将考察结果向市委、市政府、市人大常委会、市政协做专题汇报。

2010年4月，冷水江市傩戏队受美国威斯康星大学梅林宝教授之邀，赴美进行为期一周的梅山傩戏傩仪表演。7月，省社会学会民俗学专业委员会在涟源市古塘乡召开南楚民俗与旅游学术研讨会，122名专家学者参加会议。2010—2011年，省梅研会参与美国哈佛大学、法国远东学院“湖南传统文化研究”合作课题，完成4个有关梅山文化的子课题。

2011年9月，省民协梅研会主任李新吾与副秘书长李魁应邀赴香港中文大学历史系做梅山文化专题讲座。

2012年9月，省旅游外事侨务局在新化县举办首届大梅山文化旅游协作区协作研讨会，益阳、怀化、邵阳、娄底4市及所辖12个县（市）文化旅游主管部门和梅山文化研究学者共80余人出席。会议观摩当地的傩头狮子舞、草龙舞等民俗节目展演。2014年4月，省梅研会与新化县文广新局联合举办为期5天的梅山傩戏会演，此后开展为期两年的傩文化资源专项调查。2015年5月，中国傩学会与新化县政府签约，接收新化县为中国傩戏学研究会团体会员单位。

2016年7月，中国傩戏学研究会、省文化厅和市政府在新化联合主办中国（新化）首届梅山傩文化国际学术研讨会，特邀韩国、国内甘肃和贵州的傩戏队与本土梅山傩戏交流演出。会议结集出版《梅山傩祭》。10月，涟源市湘中传统礼仪研究会邀请省民间文艺家协会、中南大学的专家、学者召开座谈会，实地调研湘中传统礼仪。11月，湖湘文化研究会主办、湖南人文科技学院承办的湖南梅山文化学术研讨会在湖南人文科技学院举行。中国社会科学院历史研究所副所长、学部委员、研究员王震中做学术报告，国内外专家学者70余人参会。

2017年5月，省梅研会协助湖南卫视《新春走基层》栏目组策划录制并在次年春节播出《直播奉嘎山》节目。11月，省梅研会与中南林业科技大学三湘音乐舞蹈文化研究所、省音乐家协会理论委员会在中南林业科技大学举办首届梅山论坛学术研讨会，结集出版会议论文。

三、研究成果及利用

（一）研究成果

截至2017年，境内各梅山文化研究机构及学者出版梅山文化专著160余部，发表（发布）论文或调研报告1360余篇。

1990—2017年公开出版的部分梅山文化著作一览表

表1

作者姓名	书　名	出版年月	出版社名称
彭逢澍	湘方言考释	1999-04	湖南师范大学出版社
胡能改	梅山挽歌选	2006-01	北方文艺出版社
娄底民间文艺家协会	娄底优秀文艺作品·民间文化研究卷	2008-08	湖南文艺出版社
刘楚魁　刘红梅	梅山婚育文化研究	2008-10	青海人民出版社
刘楚魁	梅山民俗与旅游	2008-12	青海人民出版社
曾　迪	梅山神坛	2012	海南出版社
李新吾　李志勇　李新民	梅山蚩尤——南楚根脉，湖湘精魂	2012-09	湖南文艺出版社
刘红梅	梅山民俗研究	2013-07	海南出版社

续表1

作者姓名	书　名	出版年月	出版社名称
李新吾	大梅山研究第一辑(2卷)	2014-07	湖南人民出版社
毛攀云　曾　正　蒋秀召	梅山民间艺术与再设计	2016-08	西南交通大学出版社
曾福嘉	民间寿庆文化趣谈	2016-12	华夏文艺出版社
李新吾　田　彦 龙选君　吴定坤	上梅山傩戏(一)(二)(2卷)	2017-06	上海大学出版社

1990—2017年公开发表(发布)的部分梅山文化论文一览表

表2

作者姓名	论文名	发表年月	刊物名称
彭逢澍	娄底方言同源词丛考	1998(第2期)	船山学刊
彭逢澍	湖南娄底方言语气词选析	2002(第23卷第3期)	零陵学院学报
曾　迪	奉家山瑶人遗址初探	2002-12	娄底师专学报
刘铁峰	古代梅山文化宗教信仰中的人文关怀刍议	2003-01	湖南社会科学
陈子艾　李新吾	古梅山峒区域是蚩尤部族的世居地之一——湘中山地蚩尤信仰民俗调查(一)	2003-10	民俗典籍文字研究(第一辑)
李　魁	梅山灵符法水探秘	2003-11	中国第三届梅山文化学术研讨会
刘铁峰	论梅山道教文化中的“巫”特质	2004-04	船山学刊
刘铁峰	论梅山道教文化中的巫觋崇信现象	2004-04	湖南人文科技学院学报
刘铁峰	湘中梅山地域内葬俗中的傩歌演唱习俗考察	2004-06	社会科学战线
刘红梅	梅山民间谚语探析	2005(第1期)	文史博览
曾　迪	梅山傩戏(和梅山)	2005-08	湖南人文科技学院学报
莫云祥　王建新	湘中民俗——珠梅抬故事	2006-10	中国第四届梅山文化学术研讨会
刘楚魁	梅山地区说媒习俗初探	2006(第3期)	船山学刊
刘楚魁	梅山地区祈子习俗研究	2006(第4期)	求索
陈子艾　李新吾	梅山社会与蚩尤及猎神的信仰	2006-06	中法合作 湘中宗教与乡土社会论文集
李新吾	冷水江杨源张坛师公与道士异同比较	2006-06	中法合作 湘中宗教与乡土社会论文集
李　魁	梅山水师个案调查与异同比较	2006-06	中法合作 湘中宗教与乡土社会论文集
邹少灵	梅山蚩尤神像造形与饕餮纹、盘瓠的关系	2006-07	船山学刊
李　魁	张五郎身世传说及神像实物的异同比较	2006-08	娄底优秀文艺作品选·民间文化研究卷(1990—2005)
曾　迪	奉家山瑶人遗址再探	2006-10	中国第四届梅山文化学术研讨会
曾　迪	梅山蛮的迁徙与同化	2006-10	中国第四届梅山文化学术研讨会

续表2

作者姓名	论文名	发表年月	刊物名称
邹少灵	梅山相衣艺术考辨	2007-09	文艺研究
邹少灵	梅山猎神造型辨析	2008-07	艺术百家
陈子艾　李新吾	梅山师公是蚩尤信仰文化的主要载体	2008-10	山东省第二届蚩尤文化学术研讨会论文集
李新吾　李志勇	"梅山苏氏"汉化史迹钩沉	2009-06	湖南人文科技学院学报
刘楚魁	刍议曾国藩思想性格的梅山烙印	2011-04	湖南人文科技学院学报
李夫泽	谫论梅山文化的嬗变与现代形态	2011(第6期)	湘潭大学学报
石潇纯　梁绍辉	以梅山文化为主题的娄底区域文化建设	2012-12	湖南人文科技学院学报
曾有幸	论湘中民间医药文化的开发与利用	2012	南楚民俗与旅游研究
毛攀云　石潇纯　周探科	1988—2012年梅山文化研究述略	2013-02	湖南人文科技学院学报
毛攀云	梅山文化在新时期的机遇与发展	2013-11	湖南社会科学
石潇纯　彭　芃	大梅山区域旅游协作的SWOT分析	2015-06	邵阳学院学报
毛攀云	梅山民间艺术的数字化馆藏与开发	2015-10	图书馆
刘楚魁	管窥梅山水火席礼仪	2016-04	湖南人文科技学院学报
蒋秀召	应用转型中的梅山民间美术课程资源的再应用	2016-07	美术教育研究
石潇纯	梅山文化：湘中旅游的灵魂	2016-12	湖南人文科技学院学报
毛攀云	转型背景下艺术设计专业融入梅山民间美术的价值——以湖南人文科技学院为例	2017-09	湖南人文科技学院学报
李新吾　田　彦　徐　益	梅山傩戏的困窘与解困对策——以湖南新化县阳全宝坛班及其代表作"萧师公"为个案	2017-12	中华艺术论丛 第19辑

（二）研究成果开发利用

2004年，娄底学者曾迪在《湖南日报》发表长篇调查报告《紫鹊界梯田，人与自然的伟大杰作》，为编制紫鹊界梯田省级风景名胜区申报书提供基础材料。新化紫鹊界梯田相继申报为省级、国家级重点风景名胜区、国家AAAA级旅游景区、国家自然和文化双遗产、湖南"新八景之一"。

2005年，娄底市民间文艺家协会受涟源市人民政府委托，对涟源市龙山林场的历史、文化、森林资源及药王孙思邈在龙山行医作为期3个月的调研，撰写调查报告，为涟源市将龙山林场改建为龙山国家森林公园和龙山华夏中医中药文化园的申报提供依据性资料。

2005年8月，娄底市民间文艺家协会莫云祥、王建新赴涟源市珠梅作珠梅抬故事的民俗调查，写出调查报告。娄底市文化局向省文化厅"非遗"处推荐。珠梅抬故事先后获批省级、国家级非物质文化遗产代表性项目。10月，中国民间文艺家协会授予新化县中国梅山文化艺术之乡、中国蚩尤故里文化之乡，冷水江市中国蚩尤文化保护基地称号。

2007年5月，冷水江市人民政府与中国傩戏学研究会在冷水江市共同举办中国·冷水江首届梅山傩文化艺术节。冷水江市被中国傩戏学研究会命名为傩文化研究基地。6月，省社会学学会民俗学专业会邀请省委党校、中南林业科技大学、湘潭大学和湖南人文科技学院教授对涟源的白马湖、龙山国家森林公园、杨市镇快溪飞水崖漂流区和杨市镇古民居群实地考察，向涟源市有关部门提出将该市南部旅游资源科学整合、一体化开发的建议。年底，梅山傩戏参与国内8省区联合向联合国教科文组织申报中国傩戏为世界“非遗”预备名录。

2008年，学者李新吾受新化县委、县政府委托，以保护开发蚩尤故里为主题，起草省人大会议代表议案和省政协会议委员提案，获省政府支持。新化县启动大熊山“蚩尤屋场”文旅项目建设。2012年9月，省梅研会受新化县委委托，在新化县组织举办首届大梅山文化旅游协作学术研讨会。新化县于2013年被列为全省首批特色文化旅游产业开发重点县。2015年，省梅研会应新化县旅游开发有限公司委托提交《新化县文化旅游一心两翼全景梅山文化理念控制性文本》，用于指导县内重点景区建设。

1990—2017年，娄底市梅山文化研究机构发掘整理一批非物质文化遗产，其中4项被列为国家级非物质文化遗产代表性项目。

重要文献

关于在地县(市)属国营中小型工业企业实行“五自主”改革试点的通知

娄发〔1992〕8号

各县市委、人民政府，地属企业和地直各部、委、办局、行：

为了进一步搞活工业企业，发展我区经济，地委、行署决定在全区地、县（市）属国营中小型工业企业中实行生产经营、产品定价、企业内部分配、人事和劳动用工、技术改造“五自主”改革试点。首先选择涟源市预算内工业企业、湘中针织厂、娄底市毛巾厂、冷水江市电化总厂、塑料一厂、耐火材料厂、新化县水泥厂、无线电器材厂、双峰县水泥二厂等单位进行试点，摸索经验后全面推开。同时确定资江氮肥厂、新化瓷业集团公司、双峰农用微型运输车集团公司、连源铁厂四家企业进行投入产出承包改革试点。

工业企业实行“五自主”，是根据党的十三届七中全会和中共中央工作会议精神，结合我区实际所采取的一项重大改革措施。实行“五自主”，其目的是要通过深化改革，转变政府管理部门的管理职能，增强企业活力，促进企业经营机制的转换，提高企业经济效益。因此，各级各部门和企业要破除旧的传统观念，树立竞争观念，把推行“五自主”纳入议事日程，作为今年经济工作的一件大事来抓，积极宣传发动，在全区上下形成大气候。为保证这项改革试点工作顺利进行、尽快见效现将有关事项通知如下：

一、进行“五自主”改革必须遵循的原则

（一）坚持中国共产党的核心领导地位，坚持社会主义方向，坚持职工主人翁地位、调动职工的积极性和创新精神，全面贯彻执行党的路线方针政策，遵守国家法律、法规。

（二）坚持所有权与经营权适当分离的原则。保障国家依法行使企业财产的所有权，落实企业对于国家授予其经营管理的财产的经营自主权和经营责任。

（三）坚持政企职责分开的原则。政府部门应转变职能，实行宏观管理和监督，为企业提供服务，创造良好的经营环境；企业应为社会提供适销对路的产品和服务，创造财富，增加积累。

（四）坚持责权利相统一，在充分赋予企业生产经营自主权的同时，强化企业自我约束和自负盈亏的责任。

二、"五自主"的主要内容

(一) 生产经营自主

除国家指令性生产计划外，企业有权根据市场需求和自身条件安排生产。其生产所需要的原材料，由企业自行采购。分配给企业的指令性计划原材料，要进一步减少中转比例，争取直达供货。企业承担指令性计划任务，下达任务者要相应保证企业完成任务所需计划内原材料、能源的供应，提供运输条件和产品销售的保证。对缺乏必要计划内重要原材料、能源供应和产品销售安排的指令性计划，企业有权要求下达计划部门调整计划。企业有权根据国家有关法规和产业政策，调整产品结构，以销定产，实行"一业为主、多种经营"。中小型企业既可搞生产，也可搞经营，经营范围除可批发零售本企业、本系统生产企业允许自销的产品外，也可经营本系统以外放开的商品。多种经营和联合经营，还可跨行业、跨地区。鼓励发展各种形式的工商、工贸联合。企业经营方式可灵活多样，对经营中必要的业务开支实行总额包干。为切实保证企业各项自主权的落实，必须坚决制止向企业的各种摊派，未经经委同意并发许可证，任何单位和个人不得自行到企业召集费助、搞各种名目的活动、收取咨询费等。

(二) 产品定价自主

国家管理价格的产品按国家规定执行，其他产品由企业自主定价，包括实行季节性差价、优质优价、高进高出、批量作价，定价情况按期报物价部门备案。对少数不宜放开价格的产品，因其价格不合理而造成企业亏损或微利的，经物价部门同意，企业可适当提高其价格或对其实行临时价格，对实行指令性计划调拨分配的产品，可划出一部分实行定点、定量不定价的供应办法，即所划出的产品供应对象和数量内、国家计划确定价格内、生产企业在国家对该产品的最高限价范围内，决定该产品、非标产品和企业自销上市的产品，价格由企业自定，报物价部门备案。

(三) 企业内部分配自主

坚决打破分配上的"铁工资"。企业在核定的工资总额范围内，内部分配由企业自主决定。已实行工效挂钩的企业，要改进和完善工资总额同经济效益挂钩办法，改单一挂钩指标为复合挂钩指标。有条件的企业可以改环比为限额环比或定比。未实行工效挂钩的企业经批准可实行工效挂物，也可实行其他形式，如联销联利计酬等，还可实行单位工资含量包干、额度法等各种分配办法，完善奖金税、工资调节税征收办法。实行上缴利税同奖金税、工资调节税挂钩的企业按有关规定执行。企业要建立健全工资储备金制度，用于以丰补歉，其额度不少于当年增长部分的20%。企业必须坚持按劳分配、劳酬挂钩原则，把劳动报酬与劳动贡献挂起钩来。职工原有基本工资标准作档案工资保留，可以将个人收入与劳动数量、质量和物质消耗等挂钩浮动。要合理拉开职工的分配档次，向苦、脏、累、险岗位和一线生产职工倾斜，向科研、开发、销售等关键岗位倾斜，向有突出贡献的人员倾斜。因管理经营不善造成亏损的企业、产品无销路或经营管理混乱而停产半停产的企业，要停发奖金和减发工资。要正确处理国家、企业和职工个人三者的关系，职工个人收入的增长应低于劳动生产率的增长，低于实现利税和上缴利税的增长。

(四) 人事和劳动用工自主

坚持和完善厂长（经理）负责制。厂级行政副职、总工程师、总经济师、总会计师，由厂长（经理）提名，党委讨论，按干部管理权限报上级主管部门审批，中层行政干部由厂长任免。

企业内部机构的设置，可根据生产和经营的需要，按照"精简、统一、高效"的原则由企业自主决定。任何部门不得任意要求企业设置对口机构和增加人员编制，也不得硬性规定机构规格、人员待遇。各种检查评比、考核、发证、上升等级等活动，不得以企业是否设有专职机构作为合格与否的标准和条件。要下决心压缩非生产人员，把非生产人员的比例控制在全员总数的20%以下。

企业有权根据生产经营需要自主用工。企业内部要建立"三制"：一是内部全员合同制，企业所有正式职工均应通过考试考核，竞争上岗，并与企业签订上岗合同书，明确双方的责任、权利和义务。

二是干部聘任制，企业根据经营管理的要求，公开择优招聘干部，打破现行干部和工人、固定工和合同制工人的界限，按干部管理权限签订聘任合同；坚持做到能者上、平者让、庸者下。三是内部待业制，对经考核达不到岗位要求的和优化组合后下岗的职工，实行内部待业。企业实行“三岗”：考试、考核合格优化组合上岗者为“在岗”；考试、考核不合格者或组合下岗培训后上岗者为“试岗”；违纪下岗、试岗不合格者为“待岗”。职工待岗期间，由企业组织学习、培训和参加劳动，并按不低于当地民政部门规定的民政救济标准发给生活费；企业按规定解聘、辞退、开除的违纪职工，当地或原户口所在地的公安部门要准予落户，乡镇、街道办事处要予以接收，就业服务机构要给予登记。

（五）技术改造自主

企业可根据国家产业政策在国家宏观调控指导下自行决定企业发展方向，实行投资决策自主，凡企业自有资金的技术改造项目，应由企业自主立项，报主管部门备案，需要平衡资金的，300万元以下的技改项目和50万元以内的科技项目，由主管部门在当年下达的计划范围内予以审批，报地区经委备案。对效益好而资金不足的技改项目，银行要积极给予支持贷款，经人民银行批准，企业可以通过内部集资或向社会发行债券解决。企业内部集资或向社会发行债券的利息超过国家同档次基准利率20%以上的部分可进入生产成本或工程成本。

三、试点步骤和方法

各试点单位要认真搞好宣传发动，把实行“五自主”的目的、意义、要求向干部职工讲清楚，使全体干部职工都爱护并关心支持企业实行“五自主”。在提高认识、统一思想的前提下，制定实施方案，会同有关部门认真研究和协调好具体问题，在取得统一意见上报批准后，精心组织实施，并不断总结提高。

四、加强对试点工作的组织领导

工业企业“五自主”是一项综合性改革，涉及面广，政策性强，工作难度大。因此，各级党委和政府必须予以高度重视。为切实加强对这一工作的组织领导，地委、行署决定成立娄底地区地方国营中小型工业企业“五自主”领导小组，由丛树英同志任组长，何梓林、荆继绵同志任副组长，蒋隆云、谭铁勋、肖志良、尹岳巨、张浩波、肖礼林、羊怀芝、刘前秋、罗德沅、曾寿松、贺云、贺启家、谢宏华、罗泽生同志为成员。领导小组日常工作由荆继绵同志负责。领导小组下设办公室，尹岳巨同志兼任办公室主任。各试点单位的实施方案均报经领导小组办公室批准后实施。各县市也要建立相应的机构，分管工交工作的县、市长要亲自抓，保证改革试点工作的顺利进行。各单位试点工作的进展情况要及时向领导小组汇报。

五、部门积极配合，努力为“五自主”试点单位创造宽松的外部环境

为增强“五自主”试点企业的活力，各经济主管部门要主动配合，努力改善企业外部条件环境，提高企业在生产和经营中的应变能力和承受能力。一是凡是《中华人民共和国企业法》及中央和省里规定放给企业的权力，各级政府和经济主管部门要扎扎实实放给企业；二是信贷资金投向、税收减免，要向“五自主”企业倾斜；三是企业在落实承包经营责任制的基础上，“五自主”企业可根据按劳分配的原则，自行决定内部分配办法，认真执行工资总额与上缴利税挂钩，超标准的工资、资金在税收上适当放宽；四是企业领导干部在实行“五自主”过程中受到冲击时，当地政法部门要依法严肃处理，确保领导干部的人身、家庭安全；五是工商、公安、检察、法院要及时受理“五自主”企业的经济案件，对侵吞企业财产、破坏“五自主”改革的不法分子要严肃查处；六是“五自主”企业本身要进一步完善厂长负责制，党组织要在实行“五自主”中发挥政治核心作用，工会、共青团组织也要积极配合，共同推进“五自主”改革试点工作的顺利实施。

中共娄底地委

娄底地区行署

1992年2月18日

湖南省体改委关于同意建立娄底市经济技术开发区的批复

湘体改字〔1992〕7号

娄底市人民政府：

《关于建立娄底市经济技术开发区的请示》收悉。经研究，同意建立娄底市经济技术开发区。请你们把握时机，加大改革力度，加快改革步伐，大胆探索实践，对规划中提出的项目应切实加强领导，精心组织落实，逐项付诸实施，并经常注意总结新鲜经验，研究解决改革过程中出现的新矛盾和新问题。在地委和行署的具体领导下，希望你们能尽快把开发区建成湘中地区对外开放的窗日、超前改革的样板，形成带动娄底经济发展的“火车头”。工作进展中的重要情况，请及时告诉我们。

省体改委

1992年3月10日

国务院关于同意湖南省撤销娄底地区设立地级娄底市的批复

国函〔1999〕7号

湖南省人民政府：

你省《关于撤销娄底地区设立娄底地级市的请示》（湘政〔1996〕18号）及有关补充报告收悉。现批复如下：

一、同意撤销娄底地区和县级娄底市，设立地级娄底市。市人民政府驻新设立的娄星区。

二、娄底市设立娄星区，以原县级娄底市的行政区域为娄星区的行政区域。区人民政府驻长青中街。

三、娄底市辖原娄底地区的双峰县、新化县和新设立的娄星区。原娄底地区的冷水江市、涟源市由省直辖。

娄底市的各类机构均应按照“精简、效能”的原则设置，所需人员编制和经费由你省自行解决。

中华人民共和国国务院

1999年1月20日

湖南省人民政府关于撤销娄底地区设立地级娄底市的通知

湘政函〔1999〕37号

娄底地区行政公署，各市、州、县人民政府、省直机关各单位：

根据《国务院关于同意湖南省撤销娄底地区设立地级娄底市的批复》（国函〔1999〕7号）精神，经研究，现通知如下：

一、撤销娄底地区和县级娄底市，设立地级娄底市。市人民政府驻乐坪东街。

二、娄底市设立娄星区，以原县级娄底市的行政区域为娄星区的行政区域。区人民政府驻长青中街。

三、娄底市辖原娄底地区的双峰县、新化县和新设立的娄星区。原娄底地区的冷水江市、涟源市由省直辖，娄底市代管。

湖南省人民政府

1999年3月18日

中共娄底市委 娄底市人民政府关于加快个体私营经济发展的决定

娄发〔2000〕25号

近几年来，全市个体私营经济发展速度不断加快，规模逐步扩大，效益明显提高。但从整体上来看，仍然存在速度慢、总量少、档次低的问题。为促进我市个体私营经济持续快速发展，全面推动经济建设与社会进步，特作如下决定。

一、进一步解放思想，加快发展

1.充分认识个体私营经济的重要地位和作用。个体私营经济是社会主义市场经济的重要组成部分，已成为整个国民经济的重要增长点。实践证明，无私不活，无私不富，无私不快，没有个体私营经济的发展，就不能实现经济发展的整体突破，不能实现改革和建设的快速推进，不能实现人民生活水平的迅速改善。各级党委和政府要以党的十五大精神为强大动力，坚持“三个有利于”标准，进一步解放思想，更新观念，坚定不移地把发展个体私营经济作为调整和完善所有制结构、发展区域经济的重大战略举措来抓，采取各种积极措施，全面推动个体私营经济跳跃式发展。

2.明确发展目标。以1999年底指数为基数，确保个体工商户和私营企业的户数、从业人数、投入资金、产值和营业额等指标逐年递增20%以上；重点扶持1000户个体私营大户（其中税收100万元以上的50户，50万元以上的100户，10万元以上的850户）；重点培育20个个体私营经济特色小区。

3.理顺发展思路。在当前和今后一个时期，全市个体私营经济发展要坚持“四个结合”的总体思路：

（1）与城镇建设结合。各地在城镇建设与改造中，从规划设计到具体项目的安排与实施，都要尽量满足个体私营业主投资办厂、办店、办市场的各种需求，做到与其他经济成分一视同仁，为个体私营经济发展提供广阔的发展空间。

（2）与国有、集体企业改组、改制和资产重组结合。鼓励个体私营企业购买、兼并、租赁国有和集体中小型企业，或与国有、集体企业合资、合股经营，充分利用现有企业闲置设备和下岗人才，实现低成本扩张，尽快壮大经济实力。

（3）与农业产业化和产业结构优化组合。积极引导个体私营企业大力发展农产品加工、贮藏、运输、销售等企业，创办种植、养殖业基地，培育壮大龙头企业，加速农业产业化的进程。

（4）与城镇下岗职工再就业工程和农村脱贫致富结合。要采取特别优惠的政策大力鼓励和引导城镇下岗职工兴办个体私营企业，鼓励个体私营企业吸收国有企业下岗人员和城乡待业青年，要充分利用农村闲散资金和资源优势，积极鼓励农村劳力从事个体私营经营，特别是贫困地区更要加大发展个体私营经济的力度，拓宽脱贫致富的路子。

4.突出发展重点。全市个体私营经济发展要突出四个重点：

（1）重点鼓励兴办实业。要在宏观上积极引导和重点支持个体私营企业主大力兴办生产型、加工型、科技型、外向型和流通型企业，进一步优化我市个体私营经济的产业结构。

（2）重点培育各类小区。全市要着力培育20个有一定规模和特色的个体私营经济小区，并实行各种优惠政策倾斜，使之尽快搞活，实现上规模、上档次。

（3）重点扶植个体私营经济大户。全市要重点扶植1000户个体私营经济大户。要采取领导挂钩帮扶、纪检监察部门挂牌保护以及政策倾斜等措施加快其发展，充分发挥大户的“龙头”示范作用。

（4）重点培植名牌和特优产品。要花大气力创名牌，争特优。鼓励个体私营企业主树立名牌意识，注重科技人才的引进和培育，广泛采用各类先进科技成果和信息，进一步提高产品科技含量，增强市场竞争能力。

二、进一步放宽政策，放手发展

5.放宽从业人员。除国家法律法规另有规定外，凡具有民事责任能力的公民，都可申办个体企业或私营企业。国有企业、城镇集体企业下岗人员和企业在岗职工留职停薪从事个体私营经营，凡按规定参加社会保险、缴纳住房公积金的，工龄连续计算，在住房和正常年限晋级等方面享受与在职人员同等待遇。鼓励机关和事业单位的工作人员，离岗离职从事个体私营或兴办私有企业，离岗、离职期间，保留其原职级、身份、工资级别不变，政策性升级、缴纳保险金和住房公积金与在职人员一视同仁，并连续计算工龄。企事业单位的在职科技人员在不影响本职工作和本单位利益的情况下，经本单位同意可到个体私营企业兼职，或以技术、资金等要素参与个体私营经济和利润分配，但不得影响本单位的利益，特别是科技专利的保护。鼓励大中专毕业生从事个体经营或到私营企业工作，其人事档案由当地人事部门所属的人才流动服务机构管理、保留干部身份，工龄连续计算，并可按规定参加机关公务员的考试录用，允许向企事业单位及其他经济组织流动。

6.放开经营范围。个体工商户和私营企业可以经营除国务院和省政府明令禁止以外的行业、商品和服务，任何单位和个人都不得加以限制或实行行业垄断。国家专营、专控的部分商品，经批准也可由个体私营业户经营。对申请从事个体经营的，不受户籍限制，只凭身份证到经营所在地的工商行政管理机关申请登记发照，其中除开办有限责任公司和股份有限公司需提交有效资信证明外，其他企业注册不受资金数额限制。

7.实行税收奖励。坚持“依法征税、合理评税、适度收取、扶持发展”的原则，对有一定规模的私营企业和个体工商户实行建账依率征税；对规模较小的个体业户实行“双定征税”，由税务、工商、工商联、个私协等单位进行联合评税，一年一定，按月征收，以后逐步过渡到建立账户、依率计征。防止“年初定税、年中加税、年终补税”和偷税漏税的现象发生。新开办的私营企业和个体工商户3年以内年缴纳地方税收在2万元以上者，在全部税收入库以后，县市区政府可以划分标准，给予相当于税额15%以上的奖励。个体私营企业中残疾人员达到职工总数35%以上的，享受民政福利企业的有关优惠政策。兴办农产品加工、流通龙头企业，进行新产品、新技术、新工艺研究开发，与外商合资兴办产品出口型企业和高新技术产业，享受与国有企业同等的待遇。下岗、失业人员在农村新开发的荒山、荒地、水面上从事生产，自有收入起，免征3年农业特产税。

8.减免各项收费。彻底清理收费项目，规范部门行为，坚持能免则免，能减则减，能缓则缓，就低不就高，就宽不就严。对新办的私营企业和现有企业的扩、改项目，以及安置国有、城镇集体企业下岗职工占从业人员60%以上的私营企业，按规定应收取的各项费用，3年内减半收取。持证的国有特困职工从事个体私营的，2年内全免收费。从2001年起，对具备条件的个体私营经济小区和具备一定规模的商品集散力较强的市场，经县市区委、政府批准，实行集中统一管理，3年内减半收取。

9.加大信贷投入。各商业银行和信用社要坚决改变“贷公不贷私”的陈旧做法，安排一定规模的贷款，其中城市和农村信用社要安排较大的放贷额，用于发展个体私营经济。允许个体工商户、私营企业用房地产、财产、土地使用权证、有价证券等作抵押、担保取得贷款。各县、市、区要想办法设立专项基金，用于个体私营经济重点项目的贷款贴息。同时可考虑组建担保公司，由几家实力雄厚、有发展前途的私营企业和个体户集资组成，资金事先存入银行作为担保资金，以解决“贷款难”的问题。

10. 鼓励招商引资。对外地客商来娄新办的实体和本地人在外返回兴办投资额在10万元以上的企业，均享受“三资”企业优惠政策。凡在城镇购买商品房、有固定经营场地、在工商管理部门注册登记、生产经营3年以上的个体工商户和私营企业主及其配偶与未成年子女，除工本费外，免费办理城镇居民户口，享受城镇居民待遇。

11. 其他配套政策。个体工商户、私营企业立项、用地、用电、用水、用气、进出口经营权等方面，与国有、集体企业平等对待，统一安排调度计划，保证供应。鼓励私营企业购买、租赁国有、集体中小型企业的全部或部分资产，购买者一次交齐现款，可按净资产评估值的80%收取，一次性交不齐者，在对欠缴部分办理财产抵押手续的前提下，允许其3年内分期交清。凡接收原企业职工达到70%，并签订5年以上劳动合同、安排上岗和支付劳动报酬的，每接收1名原职工可按1万元的标准冲抵出售价格，最低为零。对从市外引进资金，帮助购买国有、集体企业的，由政府按引资额的1‰~5‰进行奖励。

三、进一步优化环境，促进发展

12. 确保个体私营经济的政治、法律地位。个体私营经济与公有制经济有着平等的政治、法律地位。各级党委、政府要把优化环境作为发展个体私营经济的一条主线来抓，大张旗鼓地宣传个体私营经济的重要地位和作用，大力表彰和宣传个体工商户、私营企业主的先进典型，营造全社会关心、支持个体私营经济发展的良好舆论环境；要在个体私营企业中建立和健全党团组织和工会组织，要培养和发展个体私营企业中的积极分子入团入党；各级党代会要有个体私营企业的优秀党员代表，各级人大、政协要从知名度较高的个体私营业主中选举产生一定数量的人大代表和政协委员；对在个体私营企业中工作（包括专职、兼职）的大中专毕业生、科技人员的职称评定等与国有企事业单位的工作人员同等对待；个体私营业主在评先、子女入托、入学、就业、参军等方面享受与国有企业职工同等待遇。

13. 规范税费收缴，坚决治理“三乱”。从2000年起，每年由市委、市政府组织有关部门对个体私营企业收费情况进行一次专项清理，按有关政策规定确定要保留、废止、新增的收费项目和标准，统一制定“个体私营企业年度费用负担公布单”，在《娄底日报》公布，并统一向个体私营企业发放“费用负担卡”。税收金额按“双定征收”办法确定的，要张榜公布。对全市确定重点培育的小区和重点扶持的私营企业大户，要实行挂牌保护。除税收由税务部门征收外，其他各项收费一律实行“一个窗口收费”上缴财政收费管理办公室，分流给有关职能部门。要严格规范部门行为，坚决实行持证上岗、亮证执法、凭卡收费、依法行政，绝不允许任何单位、个人乱收费、乱罚款、乱摊派，坚决克服各类交叉重复检查。对实行集中统一管理的小区，职能部门坚持不放弃责任、不放弃监督、不放弃服务的原则，主要通过小区的管理机构履行监管职能，除现行犯罪、火灾等特殊情况需要应急处置外，一般不直接执法、不直接处罚、不直接收费。要狠刹地方保护主义歪风，切实维护来娄经商办企业的外地客商的合法权益。除公安交警部门处理交通事故外，任何单位和个人对外来过境车辆一律不准罚款、收照、扣车，努力为外地客商投资兴业创造宽松环境。

14. 加大违纪违法案件的查处力度，确保个体工商户私营企业的人身财产安全和维护正常的生产生活秩序。对搞“三乱”的部门和个人，纪检、监察、督察等部门要从严查处，新闻舆论部门要予以公开曝光，对屡教不改的部门负责人要就地免职，当事人要调出执法单位。对搞“三乱”造成个体工商户、私营企业停产、停业或其他损失的，要依法追究当事人及当事单位的经济赔偿责任和其他法律责任。要坚决打击对个体工商户、私营企业进行敲诈勒索或打、砸、抢、扣的刑事犯罪行为，特别要严厉打击那些强抢恶要、欺行霸市、嫁祸外地人，甚至杀人越货的犯罪分子。在社会治安情形比较复杂的个体私营经营集中区域地段，公安部门要进行重点整治，采取有效措施，打击各种流氓势力和黑社会势力对个体私营业者的侵扰。实行集中统一管理的小区和市场，经批准可设立派出所或治安执勤室。

15. 加快基础设施建设，创造良好的硬环境。各级要采取土地有偿使用、产权转让、吸纳外资等形式，争取多方投入，加快水、电、路、通信等基础设施建设，为个体工商户和私营企业提供稳定、可靠的经商办厂条件。

16. 加强教育管理，不断提高个体私营企业从业人员的素质。要采取多种途径和形式，加强对个体私营企业主和从业人员的政策法纪、职业道德、科技文化教育，使之做到守法经营、照章纳税、文明经商、勤劳致富。个体私营企业人员要主动接受政府的教育管理，不断提高自身素质，自觉抵制和克服以次充好、掺杂使假、短斤少两、假冒伪劣、强买强卖等各种坑害消费者利益的违法违章行为。

四、进一步加强领导，保障发展

17. 实施目标管理，强化领导机构。各级党委、政府要把发展个体私营经济列入重要议事日程，纳入本地整个国民经济发展规划和两个文明建设目标管理，制订长远发展规划，确定年度发展计划，采取切实措施狠抓落实。各级要坚持一把手亲自抓、负总责，分管领导具体抓、负主责，其他领导配合抓的工作制度，做到定期听取汇报，加强调查研究和宏观指导，及时研究和解决实际问题。各级党政主要领导都要挂钩扶持个体私营企业大户，近两年内，市、县、乡三级党委、政府、人大、政协领导和部门负责人要重点挂钩扶持1000个大户，市里重点挂钩扶持100个大户，建立档案，挂牌工作，以点带面，把发展个体私营经济作为考核各级领导班子，特别是党政主要负责人政绩的重要内容。

18. 强化部门责任，提高服务质量。各职能部门一定要站在全局利益的高度，牢固树立发展是硬道理的意识，切实履行部门职责，坚决克服收费多服务少、只收费不服务的不良倾向，自觉为加快个体私营经济的发展提供各类优质服务。工商部门要尽量简化手续，提高办事效率，认真搞好注册登记、市场管理和依法监督；计委、经委、科委、财办、财政、物价、税务、金融、国土、城管、地矿、技术监督、环保、林业、卫生、电力、供水、煤气等部门和单位，都要规范监管，文明行政，优质服务，多为个体私营经济的发展做实事、办好事；组织、人事、劳动部门要加快干部人事制度和劳动制度的改革，疏通人才流动渠道，为个体私营企业引进人才、安排下岗职工和待业青年铺路搭桥；纪检、监察、督察、法院、公安等部门要以维护个体私营企业合法权益为己任，严厉查处侵害个体私营经济合法权益的各类违纪、违法行为；工商联、个私协要切实加强个体私营企业经营者的思想政治工作，搞好自我教育、自我管理、自我服务。各级职能部门要加强协调，密切配合，形成加快发展个体私营经济的“大合唱”。

19. 奖励纳税大户，强化激励机制。市、县两级要进一步建立和完善发展个体私营经济的激励机制，兑现各项奖励措施。对发展个体私营经济作出了显著成绩的干部要予以重用，对做出了突出贡献的个体私营企业和经济能人要实行奖励。各级党委、政府每年要召开一次发展个体私营经济的奖励表彰大会，奖励上年的纳税大户、明星企业和先进工作者。

20. 加强检查督促，确保发展措施到位。各县市区委政府和市直职能部门要按照市委、市政府加快发展个体私营经济的各项措施，结合本地、本部门实际，研究制定切实可行的具体实施意见，并报市委、市政府；各县、市、区和市直职能部门对落实发展措施的情况每个季度要进行一次自查；每年要组织个体私营经济业主代表对职能部门的执法行政情况进行评议；市、县两级优化经济环境监督办公室、党委、政府督察室要对有关职能部门落实发展政策、治理“三乱”、优化环境等工作进行专项督查，必要时，提请市人大、市政协组织人大代表和政协委员进行重点督查和评议；对发展个体私营经济政策不到位、措施不落实的单位和领导要限期改正，对拖着不改、顶着不办的要亮黄牌警告，对情节特别严重的要“摘帽子”“换位子”。各级各部门要下真功夫，花大气力，确保各项发展措施的落实，促进全市个体私营经济持续、快速、健康发展。

2000年12月4日

国务院办公厅关于湖南娄底经济开发区升级为国家级经济技术开发区的复函

国办函〔2012〕184号

湖南省人民政府、商务部：

你们关于湖南娄底经济开发区升级为国家级经济技术开发区的请示收悉。经国务院批准，现函复如下：

一、国务院同意湖南娄底经济开发区升级为国家级经济技术开发区，定名为娄底经济技术开发区，实行现行国家级经济技术开发区的政策。

二、娄底经济技术开发区规划面积仍为10.5平方公里，区域范围为国务院有关部门公布的开发区审核公告确定的四至范围。

三、要深入贯彻落实科学发展观，加快转变经济发展方式，深化改革、扩大开放，按照先进制造业与现代服务业并重、利用外资与境内投资并重、经济发展与社会和谐并重的要求，致力于提高发展质量和水平，致力于增强体制机制活力，促进国家级经济技术开发区向以产业为主导的多功能综合性区域转变，充分发挥窗口、示范、辐射和带动作用。

四、必须严格实施土地利用总体规划和城市总体规划，按规定程序履行具体用地报批手续；必须依法供地，以产业用地为主，严禁房地产开发，合理、集约、高效利用土地资源。

五、商务部要会同有关部门加强指导和服务，促进娄底经济技术开发区健康发展。

中华人民共和国国务院办公厅

2012年10月15日

关于娄底经济开发区调区扩区的复函

湘发改函〔2013〕60号

娄底市人民政府：

你市关于娄底经济开发区调区扩区的方案已经省人民政府同意，现函复如下：

一、同意对娄底经济开发区进行调区扩区。娄底经济开发区调区方案为：到2020年，规划面积由原1050公顷调整至2000公顷，形成“一园三片区”格局，保留原四至范围内用地708公顷，置换用地342公顷，新扩面积950公顷。其中，太和装备制造及配套产业片区411.02公顷，四至范围为东至碧溪西街，南至涟水河，西至新星北路，北至群乐街；杉山电子信息及配套产业片区221.42公顷，四至范围为东至新星北路，南至泉福街，西至娄星北路，北至冠福街；大埠桥薄板深加工及配套产业片区1367.56公顷，四至范围为东至益娄衡高速，南至湘阳街，西至吉星路，北至冠槽街。

二、新扩区域主要布局发展电子信息、薄板深加工等产业。

三、娄底经济开发区规划范围调整后，你市及娄底经济开发区要进一步贯彻落实《中共湖南省委湖南省人民政府关于进一步促进产业园区发展的意见》（湘发〔2009〕4号），以及《湖南省人民政府关于加快产业园区体系建设的意见》（湘政发〔2011〕25号）精神，加强娄底经济开发区的建设和管理，严格保护耕地，坚持节约集约用地，切实盘活土地存量，优化用地结构和布局，提高土地等生产要素的投入产出强度，加快产业发展，促进当地经济社会又好又快发展。

湖南省发展和改革委员会

2013年2月21日

索引

说　明

一、本索引分主题索引、人名索引和表格索引，采用主题分析法编制。

二、主题索引按标引词首字的汉语拼音字母顺序排列。标引词后的阿拉伯数字表示内容所在的页码。

三、篇标题用小标宋字体（橙色）标明，章标题用黑体标明，节标题用书宋字体标明。

四、人名索引中收录的人名仅为《人物》篇中的人物传和前志补遗。

五、表格索引，以表格题目为标题，按照表格在全书中的先后顺序排列。

六、序、总述、大事记、概述、后记等均不选入索引。

主题索引

A

爱国卫生 ……2130
爱国卫生月活动 ……2130
安全保卫 ……589
安全管理 ……2062
安全规范化管理 ……1697
安全活动 ……1695
安全监理 ……962
安全培训 ……1694
安全培训与安全活动 ……1694
安全生产 ……1017
安全生产监督管理·监管机构 ……1711
安全生产监督管理·市级机构 ……1711
安全生产监督管理·县级机构 ……1712
安全生产监督管理 ……1691
安全统筹 ……1251
安全文明与平安创建活动 ……546
安置帮教 ……667
安置帮教与社区矫正 ……667
安置就业 ……740
案件查处 ……223
案件管理、人民监督和检察技术 ……615
案件管理 ……615
案件执行 ……635

B

八大行业安全监管 ……1709
白蚁防治 ……1914
百货贸易 ……1195
办学体制改革 ……2040
保安服务 ……590
保健品化妆品监管·稽查 ……1687
保健品化妆品监管·检验检测 ……1686
保健品化妆品监管·经营监管 ……1686
保健品化妆品监管·生产监管 ……1685
保健品化妆品监管 ……1685
保密工作 ……258
保温器皿搪瓷制品雨具 ……1118
保险机构 ……1369
保险赔付 ……1343
保险业务 ……1337
报刊 ……2197
报纸 ……2197
被征地农民社会保障 ……755

泵站工程建设 ……923
编制人事·管理机构 ……735
编制人事 ……699
变电 ……1055
标准化管理 ……1602
表格索引 ……2443
宾馆业 ……1202
殡葬改革 ……692
兵役 ……510
病媒生物预防控制 ……2135
部分工业品价格 ……1507
部门志、专业志编修 ……2218

C

财产保险 ……1338
财务管理 ……1139
财源培植 ……1382
财政·收入 ……1379
财政 ……1377
财政担保资金、地方金融企业、PPP项目管理 ……1399
财政管理·机构 ……1400
财政管理 ……1389
财政监督检查 ……1396
财政金融审计 ……1529
财政预算管理 ……1389
采掘机械 ……1097
采掘与探矿 ……1000
采矿 ……990
采煤工艺 ……1013
采选 ……998
采用国际标准和国外先进标准 ……1603
餐饮、宾馆、家政业 ……1201
餐饮业 ……1201
残疾人联合会·主要工作 ……486
残疾人联合会·组织机构与代表大会 ……485
残疾人联合会 ……485
残疾人社会福利 ……695
测绘业务 ……1644
测绘业务与管理 ……1644
测绘应用服务 ……1645
测绘资质管理 ……1646
茶叶 ……841
拆借业务 ……1326
产（商）品质量检查与监督 ……1599
产品结构 ……1135
产品生产许可证管理 ……1597
产品质量定期检验和委托检验 ……1599
产权制度改革 ……974
产学研结合 ……2089
产业发展 ……2195
产业分布 ……2197
产业结构 ……1132
产业结构调整 ……1803
产业引导 ……1294
常规经济案件侦查 ……574
车辆和驾驶员管理 ……579
车站 ……1962
成人教育 ……2033
成土母岩母质类型 ……103
城市防洪和河道工程建设 ……923
城市管理·管理机构 ……1858
城市管理·行政执法 ……1845
城市管理·直属机构 ……1859
城市管理 ……1839
城市救济 ……689
城市居住用地与住房建设保障规划 ……1781
城市噪声环境监测 ……1759
城市绿地与景观规划 ……1779
城市绿化 ……1850
城市绿化管理 ……1853
城市绿化与管理 ……1850
城市空气环境监测 ……1759
城乡分布 ……139
城乡规划·机构 ……1794
城乡规划·机构与管理 ……1794
城乡规划·冷水江市 ……1786
城乡规划·涟源市 ……1783
城乡规划·娄星区 ……1782
城乡规划·双峰县 ……1788
城乡规划·新化县 ……1790

城乡规划 ······ 1767
城乡建设·归口单位 ······ 1836
城乡建设·机构 ······ 1835
城乡建设·冷水江市 ······ 1822
城乡建设·涟源市 ······ 1822
城乡建设·娄底经济技术开发区 ······ 1825
城乡建设·娄星区（参见本篇第二章） ······ 1822
城乡建设·双峰县 ······ 1823
城乡建设·县（市、区）机构 ······ 1837
城乡建设·新化县 ······ 1824
城乡建设·直属机构 ······ 1836
城乡建设 ······ 360
城乡建设 ······ 1797
城乡居民基本养老保险 ······ 754
城乡居民生活与第三产业用电 ······ 1068
城乡总体规划 ······ 1770
城镇等级结构规划 ······ 1771
城镇体系规划 ······ 1770
“城中村”改造 ······ 1802
虫害 ······ 119
抽样调查、重点调查与典型调查 ······ 1495
出行 ······ 2268
出入境管理 ······ 568
出庭公诉 ······ 602
畜牧业 ······ 896
畜禽品种 ······ 896
畜禽养殖 ······ 898
传统村落和古建筑保护 ······ 1833
传统经营网络 ······ 1237
船舶、航空器件制造 ······ 1102
创业带动就业 ······ 741
慈善事业 ······ 697
村级财务管理改革 ······ 801
村民自治组织建设 ······ 680
村镇供水工程建设 ······ 925

D

打击“两抢一盗” ······ 571
打击传销 ······ 1571
大案侦破 ······ 568
大气环境质量 ······ 127
大型活动安全保卫 ······ 589
大熊山林场 ······ 880
大中专毕业生分配就业制度改革 ······ 2045
大中专学校招生制度改革 ······ 2042
代表产生 ······ 280
代表工作 ······ 308
代表数量及构成 ······ 281
代理业务 ······ 1331
贷款管理 ······ 1919
单位存款 ······ 1306
档案·机构 ······ 2234
档案 ······ 2224
档案法制与宣传教育 ······ 2232
党风廉政建设 ······ 213
党史工作 ······ 2207
党史联络工作 ······ 2214
党史宣传教育 ······ 2213
党史征编 ······ 2207
党外代表人士与新的社会阶层工作 ······ 248
党校工作 ······ 255
党员队伍建设 ······ 197
党员思想政治建设 ······ 252
道路建设与管养 ······ 1804
道路交通管理 ······ 578
道路交通事故处理 ······ 582
道路客运价格 ······ 1514
登记管理 ······ 720
地质 ······ 77
地方金融风险处置 ······ 1359
地方税务 ······ 1415
地方志·工作机构 ······ 2215
地方志 ······ 2215
地籍管理 ······ 1625
地理信息管理 ······ 1646
地貌 ······ 82
地貌类型 ······ 83
地貌特色 ······ 82
地名管理 ······ 65
地区行署会议 ······ 325
地区行政公署 ······ 319

地区人大联工委 ……276
地区生产总值构成 ……780
地区政协联工委（政协工委） ……382
地下管线建设 ……1811
地震 ……2089
地震科普宣传 ……2092
地震应急管理 ……2090
地层 ……77
地质构造 ……81
地质矿产机构 ……1652
地质矿产资源管理 ……1634
地质奇观 ……1274
地质灾害 ……126
地质灾害防治与矿山综合治理 ……1641
第二产业内部构成 ……781
第二届市委 ……187
第三产业内部构成 ……786
第三届市委 ……188
第四届市委 ……190
第五届市委 ……191
第一产业内部构成 ……781
第一届市委 ……186
电话通信服务 ……1990
电话通信及广播电视传输服务 ……1990
电力安全与调度 ……1074
电力工业 ……1033
电影 ……2187
电影图书 ……2187
电子产品制造 ……1103
电子电器 ……1196
电子商务 ……1229
电子银行 ……1330
电子元器件 ……1103
电子专用材料 ……1104
动物防疫 ……904
督查工作 ……259
毒品查禁 ……561
渎职侵权犯罪侦查 ……607
短期贷款 ……1310
对台工作 ……245
对外工程承包 ……1265
对外经贸 ……1253
对外经贸·机构 ……1266
对外经贸·市级机构 ……1266
对外经贸·县级机构 ……1266
对外开拓经营管理 ……1886
对外劳务输出 ……1264
对外贸易 ……1260
对外投资 ……1263
对外文化交流 ……2176
调查研究 ……331

E

儿童保健 ……2128
儿童收养管理 ……693

F

发电 ……1036
发展规模和速度 ……773
发展计划 ……1435
发展战略研究与实施 ……1467
法律服务与法律援助 ……663
法律援助 ……666
法院·机构 ……641
法院 ……621
法治建设 ……1498
防范和化解金融风险 ……1354
防汛 ……937
防汛抗旱 ……937
房地产·管理机构 ……1908
房地产管理 ……1908
房地产价格 ……1512
房地产交易和产权产籍管理 ……1910
房地产开发 ……1902
房地产开发统计 ……1486
房地产评估 ……1909
房地产市场管理与执法 ……1916
房地产业·机构 ……1917
房地产业 ……1889
房屋安全鉴定 ……1913

房屋租赁管理 ……………………………1912
纺织服装制鞋 ……………………………1113
非法集资犯罪侦查 …………………………576
非公有制经济工作 …………………………250
非经营性国有资产监管 ……………………1722
非煤矿山安全监管 …………………………1699
非税收入 …………………………………1381
非诉行政案件执行 …………………………638
非物质文化遗产 …………………………2194
废气污染与治理 …………………………1737
废水污染与治理 …………………………1732
分类培训 …………………………………743
分析研究 …………………………………1497
佛教、道教与伊斯兰教 ……………………2286
扶贫开发 …………………………………819
服饰头饰与首饰 …………………………2279
服务性收费 ………………………………1514
服务业统计 ………………………………1488
服务与管理 ………………………………1260
辐射污染与治理 …………………………1748
福利 ………………………………………732
负债业务 …………………………………1304
妇女保健 …………………………………2123
妇女儿童“两纲”监测统计 ………………1491
妇女联合会·主要工作 ……………………445
妇女联合会·组织机构与代表大会 ………444
妇女联合会 ………………………………444
妇幼保健 …………………………………2123
附录 ………………………………………2387

G

改革政策 …………………………………1892
改水改厕 …………………………………2131
干部（公务员）管理 ……………………712
干部（公务员）教育培训 …………………716
干部（公务员）考核与奖惩 ………………717
干部（公务员）录用 ………………………714
干部（公务员）调配 ………………………715
干部队伍建设 ……………………………200
钢铁 ………………………………………989
岗位聘用 …………………………………720
港口码头 …………………………………1970
高等函授教育和自学考试 …………………2030
高等教育 …………………………………2023
高新技术 …………………………………2088
高新技术企业和产业发展 …………………2088
高中教育 …………………………………2012
革命老区扶贫开发 …………………………696
个案监督 …………………………………547
个体私营企业登记 …………………………1555
个体私营企业监管 …………………………1559
各县（市、区）政协文史资料征编 ………2220
耕地 ………………………………………828
耕地保护 …………………………………1622
耕地利用 …………………………………830
耕地面积 …………………………………828
耕地质量 …………………………………828
工程施工机械 ……………………………1102
工程施工设备制造 ………………………1102
工程质量监督 ……………………………1885
工矿旅游资源 ……………………………1280
工矿习俗 …………………………………2265
工伤保险 …………………………………764
工伤保险参保和基金征缴支付 ……………765
工伤保险制度 ……………………………764
工商行政管理·机构 ……………………1583
工商行政管理·市级机构 …………………1583
工商行政管理·县级机构 …………………1583
工商行政管理 ……………………………1549
工商业联合会·主要工作 …………………467
工商业联合会·组织机构与代表大会 ……465
工商业联合会 ……………………………465
工业节能及资源综合利用 …………………983
工业统计 …………………………………1483
工业小区 …………………………………1129
工业用电 …………………………………1066
工业综述·所有制结构 ……………………970
工业综述·招商引资 ………………………982
工业综述 …………………………………967
工资 ………………………………………727
工资福利 …………………………………727

工资统发与财政投资评审管理 ……1398
工作机构 ……192
工作机构与队伍 ……240
公安·机构 ……592
公安·基层机构 ……594
公安·市级机构 ……592
公安 …… 555
公厕建设与管理 ……1858
公房出售与管理 ……1893
公共租赁住房建设 ……1898
公开招聘 ……721
公路 ……1924
公路管理机构 ……1954
公路建设 ……1924
公路设施 ……1929
公路运输与管理 ……1944
公私收藏 ……2235
公务员制度推行 ……712
公益诉讼 ……612
公用事业规划 ……1775
公用事业建设 ……1816
共青团·主要工作 ……439
共青团·组织机构与代表大会 ……438
共青团 ……438
供电 ……1044
供电通信 ……1016
供销合作·管理机构 ……1249
供销合作 …… 1235
固定资产投资构成 ……787
固定资产投资审计 ……1535
固定资产投资统计 ……1485
固体废弃物污染与治理 ……1744
挂钩扶贫 ……820
关心下一代工作 ……265
馆藏文物 ……2193
管理 ……1071
管理机构改革 ……976
管理机构改革和职能转变 ……1193
管理机构与台站 ……2089
管理机构与体育组织 ……2166
管理体制改革 ……1472
灌区和节水灌溉工程建设 ……921
广播电视传输服务 ……1992
广播电视管理 ……2001
广播电视网 ……1987
广告管理 ……1578
归国华侨侨眷联合会·主要工作 ……462
归国华侨侨眷联合会·组织机构与代表大会 ……461
归国华侨侨眷联合会 ……461
归集管理 ……1917
规范决策施政制度 ……331
规范执法、行政复议诉讼与劳教审批 ……591
规范执法 ……591
规划管理与执法 ……1794
规模结构 ……971
国防动员 ……529
国防动员和国防教育 ……529
国防教育 ……530
国家级非物质文化遗产 ……2194
国家赔偿案件审判 ……634
国家全域旅游示范区创建 ……1284
国家审计 ……1529
国家税务 ……1405
国家司法考试 ……673
国库管理 ……1391
国民经济核算 ……1482
国民经济统计 ……1482
国内公证 ……656
国有工业企业改革 ……973
国有林场及涉林国企改革 ……887
国有煤矿 ……1007
国有农场改革 ……802
国有企业改革 ……1723
国有企业改制 ……1723
国有资产·监管机构 ……1715
国有资产 …… 1713
国有资产监管 ……1715

H

海外联谊工作 ……247

旱粮 ……834
行业、职业构成 ……149
行业管理 ……1297
行业结构 ……970
航道 ……1967
河道管理 ……932
河流水文特征 ……87
河流水系 ……85
红十字会·主要工作 ……494
红十字会·组织机构与代表大会 ……493
红十字会 ……493
湖南第二条经济走廊 ……1467
湖南广播电视大学涟钢分校 ……2029
湖南人文科技学院 ……2023
湖南潇湘职业学院 ……2027
互联网 ……1989
互联网服务 ……1994
互联网接入服务 ……1994
互联网媒体服务 ……1994
互联网平台服务 ……1995
户政管理 ……566
户政管理与出入境管理 ……566
化工原材料贸易 ……1204
化学工业 ……1086
环保机构 ……1764
环保机构与宣传教育 ……1764
环保宣传教育与绿色创建工作 ……1764
环境保护 ……1729
环境规划 ……1755
环境规划与管理 ……1755
环境监测 ……1758
环境监察 ……1760
环境监察执法 ……1760
环境卫生管理 ……1846
环境卫生设施与环境保护规划 ……1778
环境污染应急处置 ……1761
环境污染与治理 ……1732
环境污染整治 ……999
环境整治 ……818
环境质量 ……127
环卫收费 ……1849
黄金 ……1000
婚姻 ……2270
婚姻登记管理 ……691
婚姻家庭构成 ……146
火力发电 ……1036
货币发行与管理 ……1334

J

机电设备贸易 ……1203
机构编制管理 ……703
机构队伍 ……551
机构设置与改革 ……703
机构体制 ……1071
机关事务管理 ……377
机关事业单位人员编制 ……709
机关事业单位养老保险 ……754
基本公共服务 ……1804
基层党组织建设 ……192
基层法律服务 ……663
基层治安管理 ……544
基层自治组织建设 ……680
基层组织和党员队伍建设 ……254
基础教育 ……2006
基础设施 ……356
基础设施规划 ……1771
基础设施建设 ……1802
疾病预防与控制 ……2118
集体林权制度改革 ……886
计划管理 ……1472
计划生育·机构 ……171
计划生育 ……166
计划生育宣传 ……169
计量标准 ……1606
计量管理 ……1606
计量监督 ……1610
计量器具周期检定与强制检定 ……1607
计量认证 ……1609
纪检监察 ……207
纪检监察机构 ……207
技工（技师）教育 ……2021

技术进步 ……977
技术培训 ……911
技术推广 ……912
家用电器 ……1120
家政业 ……1202
价格监督 ……1524
价格调控 ……1520
驾驶员管理 ……963
监督工作 ……292
监督检查 ……711
监管 ……850
监管体系 ……855
监管执法 ……913
检察·机构 ……617
检察 ……597
检察技术 ……616
减轻农民负担 ……803
减刑、假释案件审判 ……640
见义勇为基金 ……546
建材工业 ……1079
建材工业化学工业 ……1077
建立健全机制 ……542
建立现代企业制度 ……1727
建设扶贫 ……821
建设项目环保审批与管理 ……1756
建整扶贫 ……820
建置区划 ……61
建筑 ……1866
建筑材料贸易 ……1204
建筑劳保基金管理 ……1887
建筑企业 ……1875
建筑设计 ……1866
建筑施工安全监管 ……1701
建筑施工技术 ……1871
建筑市场管理 ……1880
建筑形式风格 ……1869
建筑业 ……1861
建筑业管理 ……1879
建筑业统计 ……1485
健康教育 ……2132
匠工 ……2263
交通规划 ……1773
交通运输设备制造 ……1100
交通运输邮政 ……1921
交通秩序整顿 ……578
交往 ……2283
教科文卫支出 ……1385
教师待遇 ……2054
教师队伍 ……2047
教师结构和来源 ……2047
教师考核与整顿 ……2049
教师培训 ……2050
教师资格认定和专业技术职务评聘 ……2049
教学思想、方法与手段改革 ……2045
教育·管理机构 ……2061
教育 ……2003
教育改革 ……2037
教育管理体制改革 ……2038
教育机构改革 ……2037
教育结构改革 ……2041
教育经费 ……2055
教育经费与教育设施 ……2055
教育培训与职称评定 ……1139
教育设施 ……2059
教育资助与教育扶贫 ……2057
接待工作 ……267
接警处警 ……566
节庆营销 ……1292
节日与节气 ……2280
结算业务 ……1324
借贷与典当 ……2269
金融·机构 ……1366
金融·其他机构 ……1375
金融 ……1301
金融保险业 ……358
金融电子化建设 ……1364
金融监管 ……1349
金融调研 ……1363
金融统计、调研、电子化 ……1362
金融统计 ……1362
金属、机电、化轻、建材贸易 ……1203
金属材料贸易 ……1203

金银管理 ……1337
紧固件 ……1103
进出口贸易 ……1260
进出口商品种类 ……1262
经济案件侦查 ……574
经济发展 ……773
经济建设支出 ……1387
经济结构 ……780
经济民俗 ……2259
经济强区战略 ……1467
经济适用住房建设 ……1899
经济调研报告及建言献策 ……1471
经济文化安全保卫 ……589
经济效益 ……779
经济责任审计 ……1533
经济综述 ……771
经济作物 ……838
经理国库 ……1335
经营管理 ……1249
经营机制和产权制度改革 ……1193
经营机制转换 ……973
经营网络 ……1237
经营性国有资产监管 ……1716
经营业务 ……1242
精神文明建设 ……232
精准扶贫 ……822
警报通信 ……536
竞技体育 ……2154
纠纷调解与预防 ……660
九峰山林场 ……882
九年义务教育 ……2008
九三学社娄底市委员会・主要工作 ……426
九三学社娄底市委员会・组织机构与代表大会 ……425
九三学社娄底市委员会 ……425
酒类购销 ……1197
救援保障 ……1711
救援演练 ……1710
救援预案 ……1710
救灾救济 ……687
居民存款 ……1304
居民生活 ……787
居民自治组织与社区建设 ……681
举报受理 ……614
卷烟购销 ……1220
掘进工艺 ……1012
军队建设 ……512
军队转业干部安置、管理与解困 ……719
军分区部队建设 ……512
军民共建 ……526
军事 ……505
军事机构 ……508

K

开发建设 ……1902
开发企业 ……1902
开发区建设 ……1145
开拓方式 ……1012
刊物 ……2198
勘察勘测 ……1863
勘察勘测工程 ……1864
勘察勘测技术 ……1863
勘察设计单位 ……1865
勘察设计市场管理 ……1879
抗旱 ……940
考古发掘 ……2192
科技成果 ……2072
科技成果管理 ……2070
科技项目管理 ……2068
科技管理 ……2067
科技经费管理 ……2069
科技普及与推广 ……2084
科技统计 ……1490
科技队伍管理 ……2068
科技研究和科技推广 ……2071
科学技术・管理机构 ……2067
科学技术 ……2065
科学技术协会・主要工作 ……453
科学技术协会・组织机构与代表大会 ……451
科学技术协会 ……451
科研机构 ……2071

可再生能源建筑应用 ……1874
库站建设 ……1217
会计管理与会计函授 ……1394
矿产执法 ……1649
矿产资源 ……107
矿产资源管理 ……1634
矿产资源开发 ……1638
矿产资源区环境保护 ……1754
矿山电器 ……1099
矿山设备制造 ……1097
扩股增资 ……1250

L

“两型”社会建设战略 ……1470
垃圾收集处置 ……1847
劳动权益保障 ……748
劳动工资 ……747
劳动工资统计 ……1489
劳动合同 ……747
劳动合同与劳动工资 ……747
劳动和社会保障·管理机构 ……768
劳动和社会保障·市级机构 ……768
劳动和社会保障·县级机构 ……770
劳动和社会保障·信息化建设 ……766
劳动和社会保障 ……737
劳动就业 ……740
劳动培训 ……743
劳动保障监察 ……748
劳动教养审批 ……592
劳动人事争议仲裁 ……750
老干部工作 ……261
老年人社会福利 ……694
老年人体育 ……2153
冷水江经济开发区 ……1182
冷水江市·基础建设 ……2304
冷水江市·经济发展 ……2306
冷水江市·居民生活 ……2311
冷水江市·历史文化 ……2303
冷水江市·社会事业 ……2309
冷水江市·自然环境 ……2302
冷水江市 ……2302
离退休人员待遇 ……734
理论教育 ……227
历史文化遗产保护和旧城改造规划 ……1780
立案信访与审判监督 ……638
立法工作 ……291
隶属沿革 ……61
涟源市·基础建设 ……2314
涟源市·经济发展 ……2316
涟源市·居民生活 ……2320
涟源市·历史文化 ……2313
涟源市·社会事业 ……2319
涟源市·自然环境 ……2312
涟源市 ……2312
廉租房建设 ……1897
炼钢 ……992
炼铁 ……990
粮食机构和企业改制 ……1217
粮食票证管理 ……1212
粮食市场调控管理 ……1215
粮食作物 ……830
粮油储备和运输 ……1212
粮油购销 ……1204
粮油收购 ……1204
粮油销售 ……1207
烈士褒扬 ……686
林业·机构 ……889
林业·市级机构 ……889
林业·县级机构 ……890
林业 ……859
林业经济 ……883
林场 ……880
林下经济 ……884
林业改革 ……886
林业基金改革 ……888
林产品加工 ……883
林业科技推广 ……871
林业执法 ……871
领导班子建设 ……205
龙山林场 ……881
娄底高新技术产业开发区 ……1180

娄底广播电视大学 ……………………………………2028
娄底经开区·管理机构 ………………………………1169
娄底经开区·基础设施建设 …………………………1154
娄底经开区·经济效益 ………………………………1168
娄底经开区·园区产业 ………………………………1158
娄底经开区·园区规划 ………………………………1150
娄底经开区·招商引资及筹融资 ……………………1156
娄底经开区 ……………………………………………1149
娄底市城市管理行政执法局 …………………………1858
娄底市籍两院院士名录 ………………………………2372
娄底市人民武装委员会 ………………………………509
娄底水府示范片万宝新区·管理机构 ………………1178
娄底水府示范片万宝新区·基础设施建设 …………1172
娄底水府示范片万宝新区·园区产业 ………………1176
娄底水府示范片万宝新区·园区规划 ………………1171
娄底水府示范片万宝新区·招商引资 ………………1173
娄底水府示范片万宝新区 ……………………………1170
娄底职业技术学院 ……………………………………2025
娄底中心城区规划 ……………………………………1773
娄星工业集中区 ………………………………………1178
娄星区·基础建设 ……………………………………2297
娄星区·经济发展 ……………………………………2297
娄星区·居民生活 ……………………………………2301
娄星区·历史文化 ……………………………………2295
娄星区·社会事业 ……………………………………2300
娄星区·自然环境 ……………………………………2295
娄星区 …………………………………………………2295
路灯、公厕建设与管理 ………………………………1855
路灯建设与管理 ………………………………………1855
路政管理 ………………………………………………1948
论坛展会 ………………………………………………1291
落实主体责任 …………………………………………540
旅行社 …………………………………………………1286
旅游服务体系 …………………………………………1285
旅游管理 ………………………………………………1293
旅游规划 ………………………………………………1282
旅游规划与品牌创建 …………………………………1282
旅游纪念品 ……………………………………………1289
旅游交通运输 …………………………………………1286
旅游商品 ………………………………………………1287
旅游食品 ………………………………………………1288
旅游市场开发 …………………………………………1290
旅游统计 ………………………………………………1299
旅游业·机构 …………………………………………1293
旅游业 …………………………………………………1267
旅游资源及开发 ………………………………………1269
律师事务所与律师队伍 ………………………………651
律师事务与公证事务 …………………………………651
律师业务 ………………………………………………653
绿色建筑 ………………………………………………1874

M

慢性病防控 ……………………………………………2121
矛盾纠纷调处 …………………………………………540
贸促会·主要工作 ……………………………………480
贸促会·组织机构与代表大会 ………………………479
贸促会 …………………………………………………479
贸易统计 ………………………………………………1487
梅山文化 ………………………………………………2389
梅山文化的特征与载体 ………………………………2391
梅山文化研究 …………………………………………2403
梅山文化源流 …………………………………………2389
媒体宣传 ………………………………………………1290
煤矿安全监管 …………………………………………1698
煤矿清理整顿关闭 ……………………………………1019
煤矿事故抢救 …………………………………………1025
煤矿性质 ………………………………………………1007
煤矿灾害防治 …………………………………………1020
煤炭储量 ………………………………………………1005
煤炭工业·安全培训 …………………………………1018
煤炭工业·管理 ………………………………………1031
煤炭工业·机构 ………………………………………1030
煤炭工业·机构与管理 ………………………………1030
煤炭工业 ………………………………………………1003
煤炭加工 ………………………………………………1027
煤炭加工和经营企业 …………………………………1027
煤炭经营企业 …………………………………………1028
煤炭开采 ………………………………………………1012
煤炭生产许可 …………………………………………1017
煤炭资源 ………………………………………………1005
煤种煤质 ………………………………………………1006

美术书法 ……2179
苗木培育 ……866
灭火救援 ……585
民爆化工 ……1089
民兵 …… 520
民兵与在校学生军事训练 ……521
民兵政治教育 ……521
民兵职责 ……522
民兵组织建设 ……520
民间美术与文学 ……2291
民间体育 ……2287
民间习俗·建筑 ……2275
民间习俗 …… 2257
民间医药 ……2276
民间音乐舞蹈戏曲与器乐 ……2290
民商事案件审判 ……629
民事案件审判 ……629
民事行政监督 ……611
民事行政检察 ……611
民营煤矿 ……1008
民政·机构 ……698
民政·市级机构 ……698
民政·县（市、区）机构 ……698
民政 …… 677
民主党派工作 ……241
民主党派娄底地方组织 …… 413
民主监督 ……404
民族构成 ……161
民族宗教事务管理 ……376
名人故居及革命纪念地 ……1276

N

耐火材料混凝土添加剂 ……1083
内部审计 ……1543
内部审计和社会审计 ……1543
内资企业登记 ……1552
内资企业监管 ……1557
能源建设 ……817
能源统计 ……1484
年度计划 ……1438
年鉴编修 ……2217
年龄构成 ……141
农村建设 ……815
农村经济发展 ……804
农村经营管理改革 ……800
农村救济 ……688
农村劳动力转移就业 ……742
农村危房改造 ……1834
农电改革 ……1073
农副产品购销 ……1243
农副产品加工 ……1110
农机动力和拥有量 ……948
农机服务 ……954
农机监理 ……962
农机教育培训 ……956
农机经营 ……952
农机科研、培训与推广 ……956
农机科研 ……956
农机生产 ……950
农机生产与经营 ……950
农机推广 ……957
农机维修服务 ……955
农机种类 ……949
农机装备 ……948
农民教育 ……2034
农民体育 ……2153
农民专业合作组织 ……802
农田作业服务 ……954
农业标准化试点 ……1604
农业产业化发展 ……807
农业行政执法 ……852
农业会展 ……811
农业机械·机构 ……964
农业机械·市级机构 ……964
农业机械·县级机构 ……965
农业机械 …… 945
农业技术推广 ……844
农业技术与农业信息服务 ……813
农业农村·机构 ……823
农业农村·市级机构 ……823
农业农村·县级机构 ……824

农业农村 ……348
农业农村 ……797
农业生产条件 ……804
农业生态环境保护 ……1752
农业统计 ……1482
农业用电 ……1068
农业支出 ……1386
农业综合开发资金管理 ……1393
农用化工 ……1087
农资购销 ……1242

P

排污费征收与管理 ……1763
排污权交易 ……1757
排污总量控制 ……1759
派驻检察室 ……619
培训机构 ……743
配电 ……1061
棚户区改造 ……1899
票据业务 ……1327
普查 ……1491
普法教育 ……647
普法教育与依法治理 ……647
普通中等专业教育 ……2018
谱牒 ……2234

Q

"青春娄底·湘中之光"经贸博览会 ……1232
期货业务 ……1347
其他党务工作 ……255
其他经济作物 ……844
其他林场 ……882
其他旅游设施 ……1287
其他轻工业 ……1113
其他收费 ……1519
其他艺术 ……2186
其他政务 ……369
其他中间业务 ……1334
企业产品标准制定与备案及管理 ……1602
企业发展 ……1125
企业改革 ……1246
企业改制 ……1247
企业规模 ……1125
企业结构 ……970
企业审计 ……1541
企业投资 ……1127
企业职工大学 ……2029
企业职工基本养老保险 ……750
企业转型升级 ……977
企业自备余热发电 ……1040
气候 ……91
气候特征 ……91
气象 ……2098
气象服务 ……2099
气象观测 ……2098
气象管理与执法 ……2100
气象机构 ……2101
气象要素 ……92
气象灾害 ……114
汽车制造业 ……1100
前志补遗 ……2363
桥梁建设与管养 ……1807
桥梁隧道 ……1958
轻工业 ……1105
清扫保洁 ……1846
区域分布 ……137
区域勘界 ……64
区域勘界与地名管理 ……64
曲艺 ……2184
全国党代表娄底市名录 ……2371
全国人大代表娄底市名录 ……2371
全民健身 ……2149
全体委员会议 ……393
群众团体 ……429
群众文化 ……2172

R

人才队伍建设 ……206
人才激励 ……725

人才培养管理 ……724
人才市场 ……724
人才引进 ……724
人大代表 ……280
人防工程 ……535
人防机构 ……533
人口 ……133
人口变动 ……163
人口分布 ……135
人口构成 ……140
人口迁移 ……165
人口统计 ……1489
人口总量与密度 ……135
人民代表大会·常委会会议 ……284
人民代表大会·履行职责 ……291
人民代表大会·重要会议 ……282
人民代表大会·组织机构 ……276
人民代表大会 ……282
人民代表大会 ……273
人民防空 ……533
人民监督 ……616
人民调解 ……659
人民政府 ……315
人民政协·参政议政 ……405
人民政协·常委会会议 ……397
人民政协·履行职责 ……402
人民政协·其他工作 ……410
人民政协·重要会议 ……393
人民政协·组织机构 ……382
人民政协 ……379
人名索引 ……2441
人身保险 ……1340
人事计划 ……712
人事考试 ……715
人事制度改革 ……2039
人物 ……2339
人物传 ……2341
人物名录 ……2371
任免工作 ……306
日常监管 ……1696
日用工业品购销 ……1243
日用陶瓷、家具 ……1117
融城战略 ……1469
肉类、蔬菜水果贸易 ……1199
肉类贸易 ……1199
软件开发服务 ……1996
软件开发及信息技术服务 ……1996

S

"三基地一中心一枢纽"战略 ……1468
"三品一标"认证与监管 ……850
"四放开"改革 ……1246
丧葬与祭祀 ……2284
扫黑除恶 ……572
扫黄打非 ……2201
扫黄禁赌打假 ……564
扫盲教育 ……2033
森林保护 ……871
森林防火 ……872
森林抚育 ……870
森林培育 ……866
森林与湿地资源 ……862
森林资源 ……862
山脉特征 ……84
山水风光 ……1270
商标管理 ……1572
商标广告监管 ……1572
商贾 ……2266
商贸 ……1189
商贸会展 ……1232
商贸旅游 ……357
商品房价格与销售 ……1906
商品价格 ……1504
商品条码管理 ……1606
商品展销会 ……1232
商事案件审判 ……631
商业体制改革 ……1193
社办工业 ……1244
社保基金监督 ……766
社保基金监督和信息化建设 ……766
社会保障支出 ……1388

社会档案管理 ……………………………2228
社会福利 ……………………………………694
社会福利彩票 ……………………………696
社会教育 …………………………………2036
社会科学界联合会·主要工作 ……………500
社会科学界联合会·组织机构与代表大会 …498
社会科学界联合会 ………………………498
社会民俗 ………………………………2270
社会审计 …………………………………1544
社会事务管理 ……………………………690
社会事业 …………………………………363
社会统计 ………………………………1489
社会效益 …………………………………1140
社会宣传 …………………………………230
社会职能剥离 ……………………………975
社会治安重点整治 ………………………545
社会治安综合治理 ………………………542
社区矫正 …………………………………669
社团保护 …………………………………1581
社团管理 …………………………………690
社有民营改革 ……………………………1246
涉法涉诉信访处理 ………………………549
涉外公证 …………………………………658
摄影 ………………………………………2185
申诉复查 …………………………………614
申诉立案和信访工作 ……………………638
深加工产业 ………………………………996
神祇信仰 …………………………………2287
审查批捕 …………………………………600
审查起诉 …………………………………601
审计·机构 ………………………………1545
审计 ……………………………………1527
审计管理 ………………………………1545
审计指导与监督 …………………………1547
审判案件执行 ……………………………635
审判监督 …………………………………604
生产培植 …………………………………1245
生态保护红线划定 ………………………1754
生态公益林和天然林保护 …………………878
生态环境 …………………………………361
生态环境保护 …………………………1750
生物食品生产 ……………………………1111
生育 ………………………………………2273
声环境 ……………………………………131
省级非物质文化遗产 ……………………2194
省级经济开发区 ………………………1178
失业保险 …………………………………762
失业保险基金征缴 ………………………762
失业保险统筹范围 ………………………762
失业保险支出 ……………………………762
失业动态监测 ……………………………764
施政方式 …………………………………331
湿地资源 …………………………………865
石油机构 …………………………………1219
石油经营 ………………………………1217
实物配租与租金核减 ……………………1895
食品工业 ………………………………1110
食品监管·稽查 …………………………1684
食品监管·检验检测 ……………………1683
食品监管·经营监管 ……………………1679
食品监管·生产监管 ……………………1678
食品监管·综合监管 ……………………1677
食品监管 ………………………………1677
食品药品化妆品监管·机构 ……………1688
食品药品化妆品监管·市级机构 …………1688
食品药品化妆品监管·县（市、区）机构 …1689
食品药品化妆品监管 ……………………1655
食糖、副食购销 …………………………1198
食盐销售 …………………………………1222
史志档案谱牒 …………………………2205
市、县两级综合志书 ……………………2216
市场管理与行政执法 ……………………1230
市场监管 …………………………………1349
市场交易行为监管 ………………………1560
市场竞争行为监管 ………………………1568
市场网点建设、电子商务与商业执法管理 …1225
市场与企业管理 …………………………1250
市场与网点建设 …………………………1225
市场秩序维护 …………………………1560
市场主体登记 …………………………1552
市场主体监管 …………………………1557
市机构编制委员会 ………………………735

市级非物质文化遗产 ……2195
市级国土管理机构 ……1652
市人大常委会 ……277
市人民检察院 ……617
市人民政府 ……321
市人事局 ……735
市容管理 ……1842
市容管理与行政执法 ……1842
市统计局机构 ……1499
市委工作机构 ……184
市政府会议 ……327
市政协常委会 ……383
市政协文史资料征编 ……2218
市直机关党建工作 ……251
市直机关工委自身建设 ……251
市住房和城乡建设局 ……1835
事业单位人事管理 ……720
收容遣送与社会救助 ……693
收入 ……787
寿庆 ……2282
输电 ……1045
输送设备 ……1098
蔬菜 ……839
蔬菜水果贸易 ……1201
数据处理 ……1497
双峰经济开发区 ……1184
双峰县·基础建设 ……2324
双峰县·经济发展 ……2326
双峰县·居民生活 ……2330
双峰县·历史文化 ……2323
双峰县·社会事业 ……2328
双峰县·自然环境 ……2322
双峰县 ……2322
水产健康养殖示范场创建 ……910
水产业 ……907
水产资源 ……907
水稻 ……832
水果 ……843
水行政执法 ……935
水环境监测 ……1758
水环境质量 ……129
水库工程建设 ……920
水力发电 ……1036
水利·机构 ……942
水利·基层机构 ……943
水利·市级机构 ……942
水利 ……917
水利工程管理 ……930
水利管理 ……929
水利建设 ……920
水利建设管理 ……929
水路·运输 ……1971
水路 ……1967
水泥 ……1079
水土保持 ……941
水土保持工程建设 ……942
水土流失概况 ……941
水土流失预防监督 ……942
水文 ……85
水文站建设 ……87
水运管理 ……1975
水资源 ……106
水资源管理 ……933
税收收入 ……1381
税务 ……1403
税种及费金 ……1415
司法行政·机构 ……674
司法行政·市级机构 ……674
司法行政 ……643
司法鉴定 ……671
司法鉴定与国家司法考试 ……671
饲料加工 ……1112
塑料皮革制品 ……1115
索引 ……2417

T

贪污贿赂犯罪侦查 ……605
贪污贿赂经济犯罪刑事案件审判 ……627
糖酒、副食品贸易 ……1197
淘汰落后产能 ……983
讨论、决定重大事项 ……305

特殊教育 ……………………………………2015
特种行业管理 ………………………………558
特种设备安全监察 ……………………………1612
特种设备安全监管 ……………………………1703
特种设备普查登记 ……………………………1612
特种设备作业人员培训 ………………………1613
锑 ………………………………………………997
提取管理 ………………………………………1918
提升设备 ………………………………………1097
提升运输 ………………………………………1015
体育 ……………………………………………2147
体育产业发展与管理 …………………………2165
体育教学 ………………………………………2158
体育教学师资 …………………………………2160
体育经费 ………………………………………2166
体育设施建设 …………………………………2164
体育设施与体育管理 …………………………2164
体育运动 ………………………………………2149
天气预报 ………………………………………2098
天主教与基督教 ………………………………2286
调解机制 ………………………………………659
铁合金 …………………………………………991
铁路·运输 ……………………………………1965
铁路 ……………………………………………1956
铁路管理机构 …………………………………1966
铁路建设 ………………………………………1956
通风排水 ………………………………………1015
通信网络 ………………………………………1984
通用化工 ………………………………………1090
通用设备制造 …………………………………1103
通用铸造产品 …………………………………1103
统计·机构 ……………………………………1499
统计 ……………………………………………1479
统计服务 ………………………………………1496
统计普法 ………………………………………1498
统计调查 ………………………………………1491
统计执法 ………………………………………1499
统一战线工作 …………………………………240
投资体制改革 …………………………………1474
图书 ……………………………………………2187
图书报刊市场管理 ……………………………2200
土地经营管理改革 ……………………………800
土地矿产资源管理·机构 ……………………1652
土地矿产资源管理 ……………………………1617
土地利用管理 …………………………………1628
土地利用总体规划 ……………………………1620
土地市场管理 …………………………………1632
土地执法 ………………………………………1647
土地资源 ………………………………………105
土地资源管理 …………………………………1620
土壤 ……………………………………………103
土壤环境 ………………………………………130
土壤类型与分布 ………………………………104
推广机构 ………………………………………849
推广项目 ………………………………………844
退役军人安置 …………………………………685

W

“五保”供养 …………………………………689
外币存款 ………………………………………1308
外国专家引进与管理 …………………………723
外汇贷款与个人贷款 …………………………1322
外商、港澳台商投资企业登记 ………………1554
外商投资企业监管 ……………………………1559
外事侨务工作 …………………………………372
网站建设 ………………………………………1498
危害社会治安刑事犯罪案件审判 ……………624
危险物品管理 …………………………………559
维护社会稳定 …………………………………540
委员产生 ………………………………………390
委员构成 ………………………………………390
委员管理 ………………………………………392
卫生单位、卫生城市创建 ……………………2133
卫生管理体制改革 ……………………………2136
卫生管理与医疗服务 …………………………2139
卫生体制改革 …………………………………2136
位置面积 ………………………………………61
文化（艺术）馆（站） ………………………2172
文化产业 ………………………………………2195
文化发展与管理 ………………………………231
文化构成 ………………………………………158

文化管理机构 ……………………………2203
文化活动 ……………………………2173
文化及相关产业统计 ……………………………1490
文化体制改革 ……………………………2200
文化体制改革与文化市场管理 ……………2200
文化遗存及古建筑、古民居 ……………1275
文化艺术·管理机构 ……………………………2190
文化艺术 …………………………… 2169
文化娱乐场所管理 ……………………………2203
文具家具日杂 ……………………………1197
文史 ……………………………2218
文物 ……………………………2190
文物保护单位 ……………………………2190
文学 ……………………………2176
文学创作 ……………………………2177
文学团体 ……………………………2176
文学艺术界联合会·主要工作 ……………471
文学艺术界联合会·组织机构与代表大会 …470
文学艺术界联合会 ……………………………470
污染源自动监控体系建设 ……………………1758
巫教 ……………………………2287
无线电管理 ……………………………1998
五金交电 ……………………………1196
五金制品 ……………………………1119
五年总体规划 ……………………………1440
武警部队建设与勤务 ……………………………516
物价·管理机构 ……………………………1519
物价 …………………………… 1501
物价管理 ……………………………1519
物业管理 ……………………………1914

X

“湘博会” ……………………………1232
行政案件审判 ……………………………632
行政保护 ……………………………1580
行政复议、应诉和国家赔偿 ……………592
行政监察 ……………………………218
行政监督执法 ……………………………2087
行政区划 ……………………………63
行政审批制度改革 ……………………………340
行政事业单位审计 ……………………………1538
行政事业性收费 ……………………………1515
行政诉讼案件审判 ……………………………632
行政执法 ……………………………2092
西医医疗技术 ……………………………2112
洗涤化妆用品 ……………………………1197
戏剧 ……………………………2182
县（市、区）编制人事机构 ……………736
县（市、区）城区建设 ……………………1822
县（市、区）城区与建制镇规划 …………1782
县（市、区）概况 …………………… 2293
县（市、区）国土资源管理机构 …………1653
县（市、区）计划管理机构 ……………1474
县（市、区）人民代表大会 ……………280
县（市、区）人民法院 ……………………641
县（市、区）司法局 ……………………675
县（市、区）政府 ……………………325
县（市、区）政协常委会 ……………387
县级人民检察院 ……………………………618
县级统计局机构 ……………………………1500
限额采伐与林地管理 ……………………875
乡村振兴管理 ……………………………1395
乡镇、村建设 ……………………………1825
乡镇建设 ……………………………1825
乡镇企业·管理 ……………………………1137
乡镇企业·机构 ……………………………1137
乡镇企业·结构 ……………………………1130
乡镇企业·经济效益 ……………………………1142
乡镇企业·所有制结构 ……………………1130
乡镇企业·质量管理 ……………………1138
乡镇企业 …………………………… 1123
项目计划 ……………………………1459
项目监管 ……………………………1461
项目建设与管理 ……………………………1459
项目与品牌建设 ……………………………810
巷道支护 ……………………………1013
消防部队建设 ……………………………518
消防管理 ……………………………584
消防监督执法 ……………………………588
消防宣传 ……………………………584
消防装备设施 ……………………………587

消费 ……792
消费者权益保护 ……1580
消费者申（投）诉举报受理 ……1582
消灭无标生产 ……1604
小型农田水利工程建设 ……928
效益 ……1140
协调办案 ……549
协调指导监管机构 ……1366
新化经济开发区 ……1187
新化县·基础建设 ……2333
新化县·经济发展 ……2335
新化县·居民生活 ……2338
新化县·历史文化 ……2332
新化县·社会事业 ……2337
新化县·自然环境 ……2332
新化县 ……2331
新能源发电 ……1041
新农村建设 ……815
新品种展示与审定 ……847
新墙体材料 ……1084
新闻宣传 ……228
新型城镇化建设 ……1800
新型工业化 ……351
新型经营网络 ……1238
信贷业务 ……1336
信访处理 ……613
信访工作 ……369
信访举报与控告申诉检察 ……613
信托业务 ……1333
信息安全与管理 ……1998
信息产业 ……1981
信息化建设 ……1497
信息技术服务 ……1997
信息网络建设 ……1984
信仰民俗 ……2286
星级饭店、乡村旅游区（点） ……1285
刑事案件审判 ……624
刑事案件侦查 ……568
刑事检察 ……600
刑事赔偿 ……615
性别构成 ……140
休闲农业 ……809
宣传工作 ……227
宣传机构 ……227
宣传教育 ……534
学籍管理 ……2062
学前教育 ……2006
学生体育达标 ……2160
学生运动会 ……2161
学校管理 ……2061
学校体育 ……2158
巡视巡察 ……222

Y

“严打”和专项斗争 ……543
压延加工 ……993
烟草专卖 ……1220
烟草专卖管理 ……1221
烟花爆竹和危险化学品安全监管 ……1700
烟叶生产 ……1220
严打整治 ……570
岩浆岩 ……80
研究与利用 ……2239
盐业管理 ……1223
盐业体制改革 ……1224
盐业专营 ……1222
央行业务 ……1334
养老保险 ……750
养殖 ……2261
养殖技术培训与推广 ……911
养殖监管·机构 ……915
养殖监管 ……913
养殖模式 ……907
养殖业 ……893
药品监管·不良反应监测 ……1668
药品监管·稽查 ……1670
药品监管·检验检测 ……1666
药品监管·经营监管 ……1660
药品监管·生产监管 ……1658
药品监管 ……1658
药品制造 ……1108

冶金工业 …… 987
冶炼 …… 999
野生动、植物资源保护 …… 1751
野生动物 …… 111
野生动物保护 …… 878
野生植物 …… 112
野生植物保护 …… 879
液压油缸 …… 1102
医保基金运行 …… 758
医保监管 …… 761
医疗和生育保险 …… 755
医疗和生育保险制度 …… 755
医疗机构 …… 2105
医疗机构与设备 …… 2105
医疗技术 …… 2110
医疗救助 …… 690
医疗器械 …… 1110
医疗器械监管·不良反应监测 …… 1676
医疗器械监管·稽查 …… 1677
医疗器械监管·经营监管 …… 1674
医疗器械监管·生产监管 …… 1673
医疗器械监管 …… 1673
医疗设备 …… 2109
医疗体制改革 …… 2136
医疗卫生·管理机构 …… 2139
医疗卫生 …… 2103
医疗卫生服务 …… 2144
医疗卫生监管体制改革 …… 2138
医疗制度改革 …… 2138
医药工业 …… 1108
医政管理 …… 2140
依法行政 …… 332
依法治理 …… 649
艺术 …… 2179
音像制品、软件、广电市场管理 …… 2202
银行机构 …… 1366
银行卡 …… 1328
饮食 …… 2277
印刷业管理 …… 2201
营销管理 …… 1072
应急管理 …… 368
应急救援 …… 1710
拥军优属 …… 683
拥政爱民 …… 523
拥政参建 …… 523
用电 …… 1064
优待抚恤 …… 683
优抚安置 …… 683
优生优育 …… 169
邮运设施与服务 …… 1977
邮政 …… 1977
邮政机构 …… 1979
邮政网络与营业网点 …… 1977
邮政业务 …… 1978
油料 …… 838
油料销售 …… 1218
游艺民俗 …… 2287
有害生物防治 …… 874
鱼类捕捞与资源保护 …… 908
鱼苗繁育与鱼病防治 …… 908
预备役登记与管理 …… 512
预防性监测 …… 2122
园林城市创建 …… 1855
园区统计 …… 1488

Z

灾害救助 …… 687
再审案件审判 …… 640
再生资源回收 …… 1244
造林护林 …… 2262
造纸印刷 …… 1116
噪声污染与治理 …… 1743
责任目标管理 …… 1696
渣土管理 …… 1848
招商成果 …… 1257
招商引资 …… 1255
招商政策 …… 1255
针对性疾病控制 …… 2121
针织服饰 …… 1195
侦查监督 …… 603
征兵 …… 510

征收管理与服务 ……………………………1409
征收管理与服务 ……………………………1424
整顿采金秩序 ………………………………1001
证券期货 ……………………………………1345
证券期货机构 ………………………………1374
证券业务 ……………………………………1345
政策法规 ……………………………………166
政策扶持 ……………………………………1137
政策性贷款 …………………………………1319
政策研究工作 ………………………………268
政法·基层机构 ……………………………551
政法·市级机构 ……………………………551
政法 ……………………………………… 537
政法队伍 ……………………………………552
政府机构 ……………………………………319
政区 ………………………………………… 59
政事纪要 ……………………………………348
政务公开 ……………………………………342
政务会议 ……………………………………325
政协委员 ……………………………………390
政治协商 ……………………………………402
支出 …………………………………………1384
知识产权 ……………………………………2085
执法监察 ……………………………………1647
执法监督 ……………………………………547
执法检查 ……………………………………547
职工集资建房 ………………………………1895
职工教育 ……………………………………2035
职工体育 ……………………………………2151
职能变换 ……………………………………964
职务犯罪预防 ………………………………610
职务犯罪侦查及预防 ………………………605
职务评聘 ……………………………………722
职业技能鉴定 ………………………………745
职业卫生安全监管 …………………………1708
职业中学（中专）教育 ……………………2019
植树造林 ……………………………………867
指导县乡人大工作 …………………………312
质量标准化管理 ……………………………1697
质量管理 ……………………………………1590
质量技术监督·机构 ………………………1614
质量技术监督·市级机构 …………………1614
质量技术监督·县级机构 …………………1614
质量技术监督 ……………………………… 1587
质量监督 ……………………………………1599
质量强市战略 ………………………………1590
质量体系认证 ………………………………1598
质量信用管理 ………………………………1598
质量兴企 ……………………………………981
治安管理 ……………………………………558
智慧型城市建设 ……………………………1803
中等专业教育 ………………………………2018
中共娄底地方组织·重要会议与决策 ………184
中共娄底地方组织·组织工作 ……………192
中共娄底地方组织·组织机构 ……………177
中共娄底地方组织 ………………………… 175
中共娄底地区委员会 ………………………178
中共娄底地委 ………………………………184
中共娄底市代表大会 ………………………177
中共娄底市委员会 …………………………179
中国民主促进会新化县工作委员会·主要工作 ……………………………………………422
中国民主促进会新化县工作委员会·组织机构与代表大会 ……………………………………422
中国民主促进会新化县工作委员会 ………422
中国民主建国会娄底市委员会·主要工作 …419
中国民主建国会娄底市委员会·组织机构与代表大会 ……………………………………………419
中国民主建国会娄底市委员会 ……………419
中国民主同盟娄底市委员会·主要工作 ……416
中国民主同盟娄底市委员会·组织机构与代表大会 ……………………………………………415
中国民主同盟娄底市委员会 ………………415
中国农工民主党娄底市委员会·主要工作 …424
中国农工民主党娄底市委员会·组织机构与代表大会 ……………………………………………423
中国农工民主党娄底市委员会 ……………423
中国优秀旅游城市创建 ……………………1283
中级人民法院 ………………………………641
中间业务 ……………………………………1324
中介业务 ……………………………………1342
中心城区建设 ………………………………1804

中心城区排水、排污、防洪工程建设 ……1812
中医医疗技术 ……2110
中长期贷款 ……1316
种类、内容和特征 ……2238
种植习俗 ……2259
种植业·机构 ……856
种植业·科技成果 ……848
种植业·市级机构 ……856
种植业·县级机构 ……857
种植业 …… 825
重点传染病防控 ……2118
重点竣工项目 ……1464
重点税源及税费收入 ……1423
重点税源与税收 ……1407
重要文献 ……2408
主任会议 ……290
主题索引 ……2419
主席会议 ……399
主要农产品价格 ……1504
主要税种 ……1405
住房保障体系 ……1895
住房分配货币补贴 ……1895
住房公积金 ……1917
住房制度改革 ……1892
住宅室内装饰装修管理 ……1913
专利申请、授权与保护 ……2085
专利实施 ……2087
专项博览会 ……1233
专项产品质量监督 ……1600
专项规划 ……1452
专项监管 ……1698
专项检查 ……749
专业技术培训 ……722
专业技术人员管理 ……722
专业文艺队伍 ……2173
砖、石灰、石材、建筑板材 ……1082
装备制造业 …… 1095
咨询服务 ……1497
资本市场工作 ……1348
资本与劳务输出 ……1263
资产业务 ……1310
资料汇编 ……1496
资源环境建设 ……1801
资源型城市转型发展战略 ……1471
自然保护区、湿地资源保护 ……1750
自然环境 …… 75
自然灾害 ……114
自然增减 ……163
自然资源 ……105
综合财务管理 ……1392
综合档案馆建设 ……2224
综合防灾规划 ……1780
综合计划 ……1438
总工会·主要工作 ……432
总工会·组织机构与代表大会 ……431
总工会 ……431
总体规划 ……1773
租金调整 ……1893
租赁补贴 ……1895
组织机构代码管理 ……1605
组织指挥 ……534

数字

1990—2017年娄底市全国劳动模范和先进工作者名录 ……2373
1990—2017年娄底市省部级劳动模范和先进工作者名录 ……2374

人名索引

C

蔡　博……2341
蔡林蒸……2364
陈海清……2366
陈佑甫……2345
陈玉琛……2358
陈正湘……2343

D

杜　俞……2363

F

傅国钦……2349

H

胡岳培……2354
黄宗宪……2364

J

姜云清……2350

L

雷旭廷……2351
李　浑……2349
李　普……2354
李　顺……2358
李　中……2367
李道宗……2365
李聚奎……2344
李临庄……2350
李月辉……2351
李云龙……2369
梁志仁……2356
刘　筠……2359
刘耕陶……2353
刘旺宗……2341
刘岳昭……2363
罗　云……2369
罗绍志……2361
罗驭雄……2370

O

欧阳谦叔……2348

P

彭立珊……2360\
平吉奎……2355

S

石　虹……2342
石海澄……2362

T

谭国辅……2367
谭静宇……2352

W

王钢强 ……………………………………2343
王憨山 ……………………………………2347
王则鸣 ……………………………………2366
魏先来 ……………………………………2358
邬惕予 ……………………………………2353
吴银尧 ……………………………………2345

X

萧启江 ……………………………………2363
萧育轩 ……………………………………2357
萧赞育 ……………………………………2346
谢　牛 ……………………………………2357
谢冰莹 ……………………………………2346

Y

颜家龙 ……………………………………2356
杨建一 ……………………………………2357
杨树青 ……………………………………2345
杨玉声 ……………………………………2352
杨卓辉 ……………………………………2345
袁　朴 ……………………………………2342

Z

曾彩初 ……………………………………2355
曾厚熙 ……………………………………2346
曾华湘 ……………………………………2365
曾景初 ……………………………………2348
曾肯成 ……………………………………2349
曾苏民 ……………………………………2360
曾震五 ……………………………………2368
郑太红 ……………………………………2362
朱继峰 ……………………………………2361

表格索引

第一篇　政　区
表1-1　2017年娄底市各县（市、区）行政区划表……………………………………64

第二篇　自然环境
表2-1　2017年娄底市地层系统情况表………77
表2-2　2017年娄底市岩浆岩情况一览表……80
表2-3　2017年娄底市东西海拔高程对照表…83
表2-4　2017年资江娄底市段主要支流情况表……………………………………………85
表2-5　1990—2017年娄底市主要河流水位情况表………………………………………88
表2-6　1990—2017年娄底市主要河流流量情况表………………………………………89
表2-7　1990—2017年资江年输沙率、年输沙量情况表……………………………………90
表2-8　1990—2017年娄底市四季平均起讫日期表………………………………………91
表2-9　1990—2017年娄底市年平均气温变化情况表………………………………………92
表2-10　1990—2017年娄底市季平均气温变化情况表 ……………………………………93
表2-11　1990—2017年娄底市月平均气温变化情况表 ……………………………………94
表2-12　1990—2017年娄底市年平均降水量变化情况表 …………………………………95
表2-13　1990—2017年娄底市季平均降水量变化情况表 …………………………………96
表2-14　1990—2017年娄底市年平均日照时数变化情况表 ………………………………96
表2-15　1990—2017年娄底市季平均日照时数一览表 ……………………………………97
表2-16　1990—2017年娄底市月平均日照时数一览表 ……………………………………98
表2-17　1990—2017年娄底市年平均相对湿度一览表 ……………………………………98
表2-18　1990—2017年娄底市月平均相对湿度一览表 ……………………………………99
表2-19　1990—2017年娄底市年平均气压一览表……………………………………………100
表2-20　1990—2017年娄底市月平均气压一览表……………………………………………101
表2-21　1990—2017年娄底市平均总、低云量一览表……………………………………102
表2-22　1990—2017年娄底市雷暴活动参量一览表………………………………………102
表2-23　2000—2017年娄底市部分年份土地利用状况一览表……………………………106
表2-24　2017年娄底市主要矿产资源储量一览表……………………………………………107
表2-25　2017年娄底市石灰岩资源储量分布一览表………………………………………109
表2-26　2008年娄底市冰雪灾害损失情况一览表……………………………………………118
表2-27　2017年娄底市主要农作物害虫表… 120
表2-28　2017年娄底市农作物害虫主要天敌（寄生性天敌昆虫）资源表（一） …… 121
表2-29　2017年娄底市农作物害虫主要天敌（捕食性天敌昆虫）资源表（二） …… 122
表2-30　2017年娄底市农作物害虫主要天敌（捕食性动物及其他）资源表（三） … 122
表2-31　2017年娄底市农作物害虫主要天敌（病原微生物）资源表（四） ………… 123
表2-32　2017年娄底市森林（树木）主要害虫表

…………………………………………… 123
表2-33　2017年娄底市森林害虫主要天敌（天敌昆虫类）表（一） …………………… 124
表2-34　2017年娄底市森林害虫主要天敌（其他天敌动物及微生物）表（二） …… 124

第三篇　人　口

表3-1　1990—2017年娄底市人口及其增长情况表 …………………………………… 135
表3-2　1990—2017年娄底市人口密度及其变化情况表（一） ………………………… 136
表3-3　1990—2017年娄底市各县（市、区）人口密度表（二） …………………… 136
表3-4　1990—2017年娄底市人口区域分布情况表 ………………………………… 138
表3-5　1990—2017年娄底市城镇人口分布情况表 ………………………………… 139
表3-6　1990—2017年娄底市农村人口分布情况表 ………………………………… 139
表3-7　1990—2017年娄底市人口性别构成情况表 ………………………………… 140
表3-8　1990—2017年娄底市人口年龄构成情况表 ………………………………… 142
表3-9　1990—2017年娄底市家庭户数升降表 …………………………………………… 147
表3-10　1990—2010年娄底市不同体量家庭户数表 ……………………………………… 148
表3-11　1990—2017年娄底市户均人数表 … 149
表3-12　1990年第四次全国人口普查娄底地区行业人口构成情况表（一） ………… 150
表3-13　2000年第五次全国人口普查娄底市行业人口构成情况表（二） …………… 151
表3-14　2010年第六次全国人口普查娄底市行业人口构成情况表（三） …………… 151
表3-15　1990年第四次全国人口普查娄底地区人口职业构成情况表（一） ………… 153
表3-16　2000年第五次全国人口普查娄底市人口职业构成情况表（二） …………… 155
表3-17　2010年第六次全国人口普查娄底市人口职业构成情况表（三） …………… 156
表3-18　1990—2010年娄底市人口文化构成绝对数比较表（一） …………………… 159
表3-19　1990—2010年娄底市人口文化构成相对数比较表（二） …………………… 159
表3-20　1990年第四次全国人口普查娄底地区人口文化构成情况表（三） ………… 159
表3-21　2000年第五次全国人口普查娄底市人口文化构成情况表（四） …………… 160
表3-22　2010年第六次全国人口普查娄底市人口文化构成情况表（五） …………… 161
表3-23　1990—2010年娄底市少数民族人口构成情况表 …………………………… 162
表3-24　1990—2017年娄底市人口自然变动情况表 ………………………………… 164
表3-25　1990—2017年娄底市人口迁移情况表 ……………………………………………… 165
表3-26　2005—2017年娄底市各县（市、区）农村计划生育家庭奖励扶助金发放情况表 ……………………………………………… 168
表3-27　2010—2017年娄底市避孕药具使用情况表 ………………………………… 170

第四篇　中共娄底地方组织

表4-1　1990—1999年中共娄底地区委员会书记、副书记、委员名录 ………………… 178
表4-2　1999—2017年第一届至第五届中共娄底市委员会书记、副书记、常委情况表 ……………………………………………… 180
表4-3　2000年、2003年、2010年娄底市基层党组织情况表 ………………………… 197
表4-4　2012年、2017年娄底市部分年度基层党组织情况表 ………………………… 197
表4-5　1990—1999年娄底地区纪委（监察局）书记、副书记、局长情况表 ……… 208
表4-6　1999—2017年娄底市纪委监察局书记、副书记、局长情况表 ……………… 208
表4-7　2010—2017年娄底市历届道德模范及提名奖获得者 ………………………… 233
表4-8　2016—2017年娄底市“湖南好人”一览表 ……………………………………… 236

第五篇　人民代表大会

表 5-1　1990—1999 年娄底地区人大联工委（人大工委）领导成员名录 …………… 276

表 5-2　1999—2017 年娄底市人大常委会历届主任会议成员名录 …………………… 278

表 5-3　娄底市第七至第十二届全国人大代表名录 ……………………………………… 281

第六篇　人民政府

表 6-1　1990—1999 年娄底地区行政公署专员、副专员名录 ………………………… 320

表 6-2　1990—1999 年娄底地区行政公署秘书长名录 ………………………………… 321

表 6-3　1999—2017 年娄底市市长、副市长名录 ……………………………………… 323

表 6-4　1999—2017 年娄底市市政府秘书长名录 ……………………………………… 325

表 6-5　1998—2017 年娄底市行政复议案件受理、办理数量统计表 ………………… 335

表 6-6　2002—2017 年娄底仲裁委员会办案情况表 …………………………………… 336

表 6-7　2004—2017 年市政府承办人大代表议案建议、政协委员提案情况表 ……… 340

表 6-8　2008—2017 年娄底市政府信箱来信办理情况表 ……………………………… 347

表 6-9　2014—2017 年娄底市市长热线来电、处理情况分类表 ……………………… 348

第七篇　人民政协

表 7-1　1990—1999 年地区政协联工委（政协工委）领导成员名录 ………………… 383

表 7-2　1999—2017 年市政协主席会议成员情况表 …………………………………… 385

表 7-3　1999—2017 年第一届至第五届市政协委员界别及人数一览表 ……………… 391

表 7-4　1990—2017 年历届驻娄省政协委员名录 ……………………………………… 392

第九篇　群众团体

表 9-1　1990—2017 年娄底市自然科学学会（协会、研究会）一览表 ……………… 451

表 9-2　2014—2017 年娄底市工商联直属商（协）会组织情况表 …………………… 466

表 9-3　2017 年娄底市各县（市、区）工商联组织基本情况表 ……………………… 466

表 9-4　1990—2017 年娄底市文联会员获国家级创作奖作品一览表 ………………… 475

表 9-5　1991—2015 年娄底市获全国无偿献血奉献奖（个人）情况表 ……………… 496

表 9-6　2012—2015 年娄底市获全国无偿献血志愿服务奖（个人）情况表 ………… 496

表 9-7　1990—2017 年娄底市社科类学会、协会、研究会基本情况表 ……………… 498

表 9-8　1992—2017 年娄底市部分社会科学优秀成果一览表 ………………………… 503

第十二篇　公　安

表 12-1　2000—2017 年娄底市网上追逃情况表 ………………………………………… 569

表 12-2　2007—2017 年娄底市命案侦破情况统计表 …………………………………… 570

表 12-3　1990—2017 年娄底市刑事案件破案情况表 …………………………………… 573

表 12-4　2014—2017 年娄底市公安机关办理非法集资案件表 ………………………… 577

表 12-5　1990—2017 年娄底市机动车检验、注销、注册、转移数据一览表 ………… 580

表 12-6　1990—2017 年娄底发放驾驶证数据一览表 …………………………………… 581

表 12-7　1990—2017 年娄底市道路交通事故四项指标情况 …………………………… 583

表 12-8　1990—2017 年娄底市发生火灾情况表 ………………………………………… 586

第十三篇　检　察

表 13-1　1990—2017 年娄底市检察机关查办贪污贿赂经济案件情况表 ……………… 606

表 13-2　1990—2017 年娄底市检察机关查办渎职侵权案件情况表 …………………… 609

第十四篇　法　院

表14-1　1990—2017年娄底市法院刑事案件审结情况表……626
表14-2　1990—2017年娄底市法院部分年度民商事案件审结情况表……630
表14-3　1990—2017年娄底市法院部分年度行政审结案件情况表……634
表14-4　1992—2017年娄底市法院部分年度执行案件审结案件情况表……637

第十五篇　司法行政

表15-1　1990—2017年娄底市律师执业机构情况表……652
表15-2　1990—2017年娄底市律师业务情况表……655
表15-3　1990—2017年娄底市办理各类公证情况表……658
表15-4　1990—2017年娄底市人民调解组织调解各类纠纷情况表……662
表15-5　1990—2017年娄底市基层法律服务业务情况表……664
表15-6　1998—2017年娄底市承办法律援助案件情况表……667
表15-7　1998—2017年娄底市安置帮教工作情况表……669
表15-8　2009—2017年娄底市社区矫正人员监督管理情况表……671
表15-9　2002—2017年娄底市司法鉴定机构、人员情况表……671
表15-10　2005—2017年娄底市司法鉴定业务分类情况表……672
表15-11　2002—2017年娄底市参加国家司法考试人员情况表……673
表15-12　1990年、2017年娄底市各县（市、区）司法局人员编制情况表……675

第十七篇　编制　人事

表17-1　1994年娄底地区党政群机构设置一览表……704
表17-2　2001年娄底市党政群机构设置一览表……706
表17-3　2017年娄底市党政群机构设置一览表……709
表17-4　2002—2017年娄底市公务员（含参管人员）考录一览表……714
表17-5　2001年、2010年、2017年娄底市事业单位管理人员结构表……721
表17-6　2001年、2010年、2017年娄底市事业单位专业技术人员结构表……721
表17-7　1999—2014年娄底市人事代理情况表……724
表17-8　2004—2011年娄底市入选湖南省新世纪“121人才工程”人员一览表……725
表17-9　2017年娄底市市直事业单位工作人员绩效工资发放标准一览表……728
表17-10　2016年娄底市直机关工作人员津贴补贴发放标准一览表……729
表17-11　2004—2017年娄底市机关事业单位工作人员特殊岗位津贴表……729
表17-12　1990—2017年娄底市市直机关事业单位工作人员退休费计发比例表……734

第十八篇　劳动和社会保障

表18-1　1991—2017年娄底市职业培训情况表……744
表18-2　1994—2017年娄底市职业技能鉴定情况表……746
表18-3　1995—2017年娄底市企业职工基本养老保险缴费及个人账户计算标准一览表……752
表18-4　1995—2017年娄底市企业养老保险征缴收入情况表……753
表18-5　2003—2016年娄底市新型农村合作医疗参保缴费、财政补助与基金收支一览表……756
表18-6　2008—2017年娄底市城镇居民医保缴费标准一览表……757
表18-7　2000—2017年娄底市医疗、生育保险参保人数统计表……758
表18-8　2000—2017年娄底市本级各项医保基金

收入一览表 …………………………… 759
表18-9 2000—2017年娄底市本级各项医保基金支出一览表 …………………………… 760
表18-10 1990—2017年娄底市失业保险基金征缴和支出情况表 …………………… 763
表18-11 2006—2017年娄底市工伤保险参保、基金征缴与待遇支出一览表 …… 765

第十九篇 经济综述

表19-1 1990—2017年娄底市地区生产总值和指数情况表 …………………………… 773
表19-2 1990—2017年娄底市部分年份国民经济主要指标完成情况一览表 ………… 775
表19-3 1990—2017年娄底市地区生产总值结构一览表 …………………………… 781
表19-4 1990—2017年娄底市第二产业内部结构一览表 …………………………… 782
表19-5 2001—2017年娄底市高新技术产业情况表 …………………………………… 783
表19-6 1990—1997年娄底地区全部工业所有制构成一览表 ………………………… 784
表19-7 1998—2003年娄底市工业所有制构成一览表 ………………………………… 785
表19-8 2004—2017年娄底市规模以上工业所有制构成一览表 ……………………… 785
表19-9 1990—2017年娄底市各行业从业人员年均工资一览表（一） ……………… 789
表19-10 1990—2017年娄底市各行业从业人员年均工资一览表（二） …………… 790
表19-11 1990—2017年娄底市各行业从业人员年均工资一览表（三） ………… 791

第二十篇 农业农村

表20-1 1995—2017年娄底市部分年份农业产业结构情况表 …………………………… 804
表20-2 娄底市主要农产品产量及增长情况（1990年与2017年比较）表 ……… 806
表20-3 2012—2017年娄底市农业重点项目基本情况表 ……………………………… 810
表20-4 1999—2017娄底市参加中国中部（湖南）农业博览会情况表 …………… 811

第二十一篇 种植业

表21-1 2012年娄底市耕地地力等级表…… 829
表21-2 2012年娄底市耕层厚度表………… 829
表21-3 2012年娄底市耕地土壤pH值分级表 …………………………………………… 829
表21-4 1990—2017年娄底市粮食作物面积、产量表 ……………………………… 830
表21-5 1990—2017年娄底市玉米、小麦、大麦面积、产量表 ……………………… 835
表21-6 1990—2017年娄底市红薯、大豆、马铃薯面积产量表 ……………………… 836
表21-7 1990—2017年娄底市油菜、花生面积、产量表 …………………………… 838
表21-8 1990—2017年娄底市部分年份化肥施用情况表 …………………………… 845
表21-9 1990—2017年娄底市农业部门完成项目获丰收奖情况表 ………………… 848
表21-10 1990—2017年娄底市农业部门完成项目获科技进步奖情况表 ………… 849
表21-11 2004—2017年娄底市种植业“三品一标”认证情况表 ………………… 851

第二十二篇 林 业

表22-1 2000—2005年与2011—2015年娄底市乔木面积、蓄积情况对照表……… 863
表22-2 2015—2017年娄底市古树名木（树龄600年以上）情况表 ……………… 864
表22-3 娄底市三个国家湿地公园情况表… 866
表22-4 2001—2017年娄底市退耕还林资金情况表 ………………………………… 868
表22-5 2014—2016年娄底市新一轮退耕还林专项资金情况表 …………………… 869
表22-6 1990—2017年娄底市森林火灾情况表 …………………………………… 873
表22-7 1990—2017年娄底市森林采伐限额量情况表 ……………………………… 876
表22-8 2015—2017年娄底市征占用林地审核审批情况表 ………………………… 876

表 22-9 2015—2017年娄底市森林植被恢复费缴纳情况表 …… 877
表 22-10 2016年娄底市国家级和省级生态公益林及生态效益补偿资金情况表 …… 878
表 22-11 2009—2017年娄底市国家、省级林业产业龙头企业一览表 …… 884
表 22-12 2010—2017年娄底市省级以上现代林业特色产业园情况表 …… 886
表 22-13 1990—2017年娄底市育林基金收支情况表 …… 889

第二十三篇 养殖业

表 23-1 1990—2017年娄底市生猪生产情况表 …… 900
表 23-2 1990—2017年娄底市牛羊生产情况表 …… 901
表 23-3 1990—2017年娄底市家禽生产情况表 …… 903
表 23-4 1990—2017年娄底市水产品养殖情况表 …… 909
表 23-5 1999—2017年娄底市创建水产健康养殖场情况表 …… 910

第二十四篇 水 利

表 24-1 2017年娄底市水库情况表 …… 920
表 24-2 2017年娄底市大中型水库一览表 …… 921
表 24-3 2017年娄底市3330公顷以上灌区情况表 …… 922
表 24-4 娄底市日供水规模千吨以上农村集中供水工程表 …… 926
表 24-5 2002—2016年娄底市大中型水库除险加固情况表 …… 931
表 24-6 2014年娄底市水功能区情况表 …… 934

第二十五篇 农业机械

表 25-1 1990—2017年娄底市农机动力和拥有量情况表 …… 948
表 25-2 2017年娄底市农机产品进入农机购置补贴产品一览表 …… 959

第二十六篇 工业综述

表 26-1 2013—2017年娄底市规模工业企业情况表 …… 971
表 26-2 2013—2017年娄底市规模工业企业分行业增减情况表 …… 971
表 26-3 2012—2017年各县（市、区）规模工业企业情况表 …… 972
表 26-4 2000—2017年娄底市规模以上工业发展速度情况（以上年为100）表 …… 973
表 26-5 1990—2017年娄底市工业技改投资情况表 …… 978
表 26-6 2017年娄底市省级高新技术企业一览表 …… 979
表 26-7 2017年娄底市新材料企业一览表 …… 980
表 26-8 2015年、2016年娄底市各县（市、区）工业企业产值能耗情况表 …… 984
表 26-9 2016年娄底市六大高耗能行业能源消耗情况表 …… 985

第二十七篇 冶金工业

表 27-1 1990—2017年娄底市钢、钢材、生铁、铁合金产量表 …… 995

第二十八篇 煤炭工业

表 28-1 2006年娄底市煤炭资源分布情况表 …… 1006
表 28-2 2017年娄底市主要矿区烟煤资源储量情况表 …… 1006
表 28-3 2017年娄底市煤种产能结构表 …… 1007
表 28-4 2017年娄底市保留煤矿基本情况表 …… 1008
表 28-5 1990—2017年娄底市煤炭产量表 …… 1011
表 28-6 1990—2017年娄底市部分年份煤矿及产能结构表 …… 1012
表 28-7 2008—2017年娄底市煤矿安全“三岗”人员培训情况表 …… 1019
表 28-8 1990—2017年娄底市煤矿事故情况表 …… 1026
表 28-9 2004—2017年娄底市煤矿救护大队出动

抢救事故情况表 …………………… 1027
表28-10 1996—2017年娄底市煤炭深加工产品情况表 ……………………………… 1028
表28-11 2013年娄底市注册资金2000万元以上煤炭经营企业一览表 …………… 1029

第二十九篇 电力工业

表29-1 2017年娄底市单机500千瓦以上水电站一览表 ……………………………… 1038
表29-2 2017年娄底市装机6000千瓦以上企业自备余热发电厂表 ……………… 1041
表29-3 1990—2017年娄底市发电量表 … 1044
表29-4 2017年娄底市110千伏输电线路表 ……………………………………… 1046
表29-5 2017年娄底市220千伏输电线路表 ……………………………………… 1052
表29-6 2017年娄底市110千伏变电站一览表 ……………………………………… 1056
表29-7 2017年娄底市220千伏变电站表 ……………………………………… 1060
表29-8 2008—2017年娄底市10千伏及以下配电网建设改造情况表 ………………… 1062
表29-9 1990—2017年娄底市社会用电、大电网售电情况表 ……………………… 1065
表29-10 2001—2009年娄底市大电力用户用电量表（一） ……………………… 1067
表29-11 2010—2017年娄底市大电力用户用电量表（二） ……………………… 1067
表29-12 1990—2003年娄底市社会行业用电情况表 ……………………………… 1070

第三十篇 建材工业 化学工业

表30-1 1990—2017年娄底市水泥产量表 ……………………………………… 1080
表30-2 1990—2017年娄底市散装水泥使用量表 ……………………………………… 1081
表30-3 1990—2017年娄底市散装水泥使用率表 ……………………………………… 1081
表30-4 1990—2017年娄底市征收散装水泥专项资金情况表 ……………………… 1081
表30-5 1990—2017年娄底市耐火材料产量表 ……………………………………… 1083
表30-6 2016年娄底市新型墙体材料主要生产企业情况表 ……………………… 1085
表30-7 2015—2016年娄底市部分县（市、区）规模以上企业混凝土砌块产量表… 1085
表30-8 1990—1999年娄底市主要化工产品产量汇总表 ……………………………… 1091
表30-9 2000—2009年娄底市主要化工产品产量汇总表 ……………………………… 1092
表30-10 2010—2017年娄底市主要化工产品产量汇总表 ……………………………… 1092

第三十一篇 装备制造业

表31-1 2012—2017年娄底市部分年份矿山机械制造产值情况表 …………………… 1099

第三十二篇 轻工业

表32-1 1995—2015年娄底市部分年份中成药生产情况表 ……………………………… 1109
表32-2 1990—2017年娄底市部分年份食品加工业主要产品产量表 ………………… 1112
表32-3 1990—2017年娄底市部分年份纺织、服装、鞋类产品产量表 ……………… 1115
表32-4 1990—2017年娄底市部分年份日用陶瓷、家具产量表 ……………………… 1118
表32-5 1990—2017年娄底市轻工业产值及占比情况表 ……………………………… 1121

第三十三篇 乡镇企业

表33-1 1990—2004年娄底市乡镇企业贷款余额情况表 ……………………………… 1128
表33-2 1990—2003年娄底市乡镇企业基本情况表 ……………………………………… 1141

第三十四篇 开发区建设

表34-1 2017年娄底市开发区基本情况表 ……………………………………… 1148
表34-2 2003—2017年娄底经开区主要经济指标与开发情况表 ……………………… 1150

表34-3 2004—2017年娄底经开区规模以上工业主要经济指标表 …… 1161
表34-4 2011—2017年万宝新区主要经济指标表 …… 1170
表34-5 万宝新区产业规划表 …… 1171
表34-6 2011—2017年万宝新区招商引资项目情况表 …… 1174

第三十五篇 商 贸

表35-1 1990—2017年娄底市社会消费品批发零售增加值增长情况表 …… 1192
表35-2 1990—2017年娄底市禽、蛋销售情况表 …… 1200
表35-3 1990—2017年娄底市水产品销售情况表 …… 1200
表35-4 1990—2017年娄底市住宿与餐饮增加值增长情况表 …… 1202
表35-5 1990—2001年娄底市国家定购粮实际收购数量表 …… 1205
表35-6 2005—2017年部分年份娄底市稻谷最低价收购情况表 …… 1206
表35-7 2005—2017年娄底市执行国家粮食最低收购价格表 …… 1207
表35-8 1990—1992年娄底地区平价粮食统销情况表 …… 1208
表35-9 1991年娄底地区粮食统销价格调整表 …… 1210
表35-10 1992年娄底地区粮食统销价格调整表 …… 1210
表35-11 1990—2017年中石化娄底分公司成品油销售情况表 …… 1219
表35-12 2008—2017年中石油娄底分公司成品油销售情况表 …… 1219
表35-13 1990—2017年娄底市卷烟销售情况表 …… 1220
表35-14 1990—2017年娄底市食盐购销情况表 …… 1222
表35-15 2017年娄底市农贸市场一览表1226
表35-16 2017年娄底市主要商贸流通市场情况表 …… 1228
表35-17 2009—2017年历届“湘博会”成果表 …… 1232
表35-18 2013—2017年新化文印产业博览会情况表 …… 1233

第三十六篇 供销合作

表36-1 2011—2014年娄底市全省供销合作社系统农民专业合作社示范社一览表 …… 1241
表36-2 2015—2017年娄底市全国（省）供销合作社系统基层社标杆社一览表 …… 1241
表36-3 2012—2017年娄底市全国供销合作社系统农民专业合作社示范社一览表 …… 1241
表36-4 2014—2017年娄底市国家级农民合作社示范社一览表 …… 1242
表36-5 1990—2017年全市供销社系统商品购销利润表 …… 1248

第三十七篇 对外经贸

表37-1 2008—2017年娄底市对外劳务合作情况表 …… 1265

第三十八篇 旅游业

表38-1 2017年娄底市其他知名单体旅游资源表 …… 1281
表38-2 1994—2017年娄底市旅游接待人数和旅游收入表 …… 1299

第三十九篇 金 融

表39-1 1990—2017年娄底市金融机构储蓄存款余额情况表 …… 1305
表39-2 1990—2017年娄底市金融机构单位存款余额情况表 …… 1307
表39-3 1990—2017年娄底市金融机构外币存款余额情况表 …… 1309
表39-4 1990—2017年娄底市金融机构外汇贷款余额情况表 …… 1323
表39-5 1990—2017年娄底市保险业务情况表 …… 1344

表39-6 1995—2017年娄底市证券机构经纪股票交易情况表 …… 1347
表39-7 2009—2017年娄底市期货交易情况表 …… 1347
表39-8 2003—2017年娄底市担保公司基本情况表 …… 1376

第四十篇 财 政

表40-1 1990—2002年娄底市地方财政收入分项表 …… 1380
表40-2 2003—2017年娄底市财政收入完成情况表 …… 1380
表40-3 2003—2017年娄底市非税收入情况表 …… 1382
表40-4 1990—2006年娄底市财政支出情况表 …… 1384
表40-5 2007—2017年娄底市财政支出分项目表 …… 1385
表40-6 2007—2017年娄底市国库集中支付数据统计表 …… 1392
表40-7 1996—2017年娄底市农业综合开发投资情况表 …… 1393
表40-8 2009—2017年娄底市“一事一议”财政奖补资金投入情况表 …… 1396
表40-9 2005—2017年娄底市本级财政投资评审情况表 …… 1399

第四十一篇 税 务

表41-1 1990—1995年娄底地区能源交通建设基金征集情况表 …… 1407
表41-2 1999—2015年娄底市个人购买住房营业税征收标准表 …… 1416
表41-3 1994—2017年娄底市税务系统各年份分税种收入情况表（一） …… 1430
表41-4 1994—2017年娄底市税务系统各年份分税种收入情况表（二） …… 1431
表41-5 1994—2017年娄底市税务系统各年份分费种收入情况表（三） …… 1432
表41-6 1990—2017年娄底市税收收入情况表（四） …… 1433

第四十二篇 发展计划

表42-1 娄底地区国民经济和社会发展“八五”（1991—1995年）计划及完成情况表 …… 1440
表42-2 娄底地区国民经济和社会发展“九五”（1996—2000年）计划指标及完成情况表 …… 1443
表42-3 娄底市国民经济和社会发展“十五”（2001—2005年）计划指标及完成情况表 …… 1445
表42-4 娄底市国民经济和社会发展“十一五”（2006—2010年）规划目标及完成情况表 …… 1446
表42-5 娄底市国民经济和社会发展“十二五”（2011—2015年）规划目标及完成情况表 …… 1449
表42-6 娄底市国民经济和社会发展“十三五”（2016—2020年）规划纲要目标及2016—2017年完成情况表 …… 1450
表42-7 2015—2020年娄底市“两型”产业主要指标及2015—2017年执行情况表 …… 1453
表42-8 娄底市“十二五”（2011—2015年）能源发展规划目标及执行情况表 …… 1454
表42-9 娄底市“十三五”（2016—2020年）能源生产规划目标及2016—2017年执行情况表 …… 1454
表42-10 2012—2020年娄底市水府庙水库流域水资源保护与利用规划指标体系表 …… 1455
表42-11 娄底市“十三五”（2016—2020年）农业转型发展指标及2016—2017年完成情况表 …… 1456
表42-12 娄底市“十三五”（2016—2020年）时期工业转型发展指标及2016—2017年完成情况表 …… 1456
表42-13 娄底市“十三五”（2016—2020年）现代服务业转型发展规划目标及2016—2017年完成情况表 …… 1457
表42-14 2016—2020年娄底市循环经济发展规

划指标及2016—2017年完成情况表 …… 1458
表42-15 1993—2020年娄底市经济强区建设战略规划指标一览表 …… 1468
表42-16 2013—2020年娄底市融城发展规划指标一览表 …… 1469

第四十三篇 统 计

表43-1 1990—2017年娄底市三次经济普查主要数据表 …… 1494

第四十四篇 物 价

表44-1 1990—2017年娄底市价格总指数一览表 …… 1526

第四十五篇 审 计

表45-1 2002—2017年娄底市政府投资工程结算项目审计成果表 …… 1537
表45-2 1990—2017年娄底市审计情况表 …… 1547

第四十六篇 工商行政管理

表46-1 1990—2017年娄底市外资企业一览表 …… 1555
表46-2 1990—2017年娄底市个体工商户与私营企业登记数量表 …… 1557
表46-3 2006—2017年娄底市获中国驰名商标情况表 …… 1574
表46-4 2007—2017年娄底市获马德里商标国际注册情况表 …… 1574
表46-5 2004—2017年娄底市获中国国家地理标志商标情况表 …… 1574
表46-6 2014—2017年娄底市获省著名商标情况表 …… 1575

第四十七篇 质量技术监督

表47-1 1997—2017年娄底市名优产品企业一览表 …… 1592
表47-2 2017年娄底市法定计量检定机构计量标准一览表 …… 1607
表47-3 2017年娄底市计量授权机构计量标准一览表 …… 1607
表47-4 2012年娄底市五类重点强检计量器具电子档案情况一览表 …… 1608
表47-5 2001—2017年娄底市特种设备普查登记情况一览表 …… 1612

第四十八篇 土地矿产资源管理

表48-1 娄底市第三次土地利用总体规划主要指标控制情况表 …… 1621
表48-2 娄底市第三次土地利用总体规划土地利用结构规划调整情况表 …… 1622
表48-3 2013—2015年娄底市娄邵盆地及连片推进示范县项目一览表 …… 1625
表48-4 2000—2017年部分年份娄底市土地利用现状比较表 …… 1629
表48-5 1991年娄底地区矿山年检情况表…… 1634
表48-6 2015年娄底市第三轮矿产资源总体规划主要指标体系及执行情况表 …… 1638
表48-7 1990—2015年娄底市部分年份冶金用白云岩生产能力及产量表 …… 1639
表48-8 1990—2015年娄底市部分年份冶金用石英岩生产能力及产量表 …… 1639
表48-9 1990—2015年娄底市部分年份石灰岩生产能力及产量表 …… 1639
表48-10 1990—2015年娄底市部分年份石膏生产能力及产量表 …… 1640
表48-11 1990—2015年娄底市部分年份水泥配料用砂岩、黏土生产能力及产量表 …… 1640
表48-12 1990—2015年娄底市部分年份砖瓦用页岩生产能力及产量表 …… 1640
表48-13 1995—2010年娄底市部分年份高岭土、陶瓷土生产能力及产量表 …… 1641
表48-14 2006—2017年冷水江市锡矿山地区地质环境治理项目情况表 …… 1643

第四十九篇 食品药品化妆品监管

表49-1 2001—2017年娄底市药品（化妆品）不良反应情况表 …… 1669

第五十篇　安全生产监督管理

表50-1　2001—2017年部分年份娄底市特种设备普查登记情况表 …… 1703

表50-2　2001—2017年娄底市特种设备年度检验检测情况表 …… 1704

表50-3　2001—2017年部分年份娄底市特种设备年度检验检测情况一览表 …… 1707

第五十一篇　国有资产

表51-1　2006—2012年市国企改革产权交易中心成交一览表 …… 1717

表51-2　2011—2017年娄底市国有资产情况表 …… 1718

表51-3　2013—2017年娄底市市级国有资本经营预算支出情况表 …… 1719

表51-4　2014—2017年娄底市国有企业年度财务审计情况表 …… 1719

表51-5　2014—2017年娄底市国有企业重大事项报告备案表 …… 1720

表51-6　2016—2017年娄底市国有企业经营业绩年度考核表 …… 1720

表51-7　2004—2014年娄底市纳入产权制度改革市属企业一览表 …… 1724

第五十二篇　环境保护

表52-1　2008—2015年娄底市污水处理厂建设情况表 …… 1734

表52-2　1998—2017年娄底市规模化养殖氨氮污染负荷情况表 …… 1735

表52-3　2017年娄底市通信基站电磁辐射监测结果一览表 …… 1750

表52-4　1990—2017年部分年度人大、政协环境保护提案、议案办理情况表 …… 1750

表52-5　2011—2015年（5年）娄底市污染物总量控制目标 …… 1756

第五十三篇　城乡规划

表53-1　2011年版娄底市主要城镇发展定位和主要职能规划一览表 …… 1772

第五十四篇　城乡建设

表54-1　2006—2017年娄底市中心城区跨河桥梁一览表 …… 1809

表54-2　1983—2018年娄底市中心城区跨线桥梁一览表 …… 1810

表54-3　2017年娄底中心城区地下管线情况表 …… 1812

表54-4　2009—2017年娄底市农村危房改造情况表 …… 1834

第五十五篇　城市管理

表55-1　2012—2017年娄底中心城区城管行政执法处置案件统计表 …… 1846

表55-2　1990—2017年娄底市中心城区部分年度环卫有偿服务费情况表 …… 1850

表55-3　2008—2017年娄底市中心城区渣土管理收费情况表 …… 1850

表55-4　2001—2017年娄底市中心城区省级园林式单位、小区一览表 …… 1851

表55-5　2008—2017年娄底市中心城区园林绿化情况表 …… 1854

表55-6　2003—2017年娄底市中心城区路灯移交情况表 …… 1856

表55-7　2004—2017年娄底市中心城区路灯管理处承接路灯安装情况表 …… 1856

表55-8　2006—2017年娄底市中心城区路灯新能源使用情况表 …… 1858

第五十六篇　建筑业

表56-1　1990—2017年娄底市勘察设计单位一览表 …… 1865

表56-2　2009—2017年娄底市监理获奖项目一览表 …… 1875

表56-3　2017年娄底市工程造价咨询企业情况表 …… 1876

表56-4　2017年娄底市建筑检测试验单位情况表 …… 1877

表56-5　2001—2017年娄底市施工图审查中心资质及业绩情况表 …… 1878

表56-6　1990—2016年娄底市劳保基金收支一览表 …… 1887

第五十七篇　房地产业

表57-1　2004—2017年娄底市公共租赁住房补贴发放情况表 …… 1896
表57-2　2008—2012年娄底市廉租房建设情况统计表 …… 1897
表57-3　2011—2016年娄底市公租房建设情况表 …… 1898
表57-4　2009—2017年娄底市棚户区改造情况表 …… 1900
表57-5　1990—2017年娄底市房地产开发情况表 …… 1905
表57-6　1995—2017年娄底市商品房销售情况表 …… 1908

第五十八篇　交通运输　邮政

表58-1　2017年娄底市县级公路情况统计表 …… 1927
表58-2　1990—2017年娄底市部分年份乡级公路情况统计表 …… 1928
表58-3　2017年娄底市村级公路情况统计表 …… 1928
表58-4　2017年长韶娄高速公路娄底市段桥梁一览表 …… 1933
表58-5　2017年安邵高速公路娄底市段桥梁一览表 …… 1934
表58-6　2017年娄新高速公路桥梁一览表 …… 1936
表58-7　2017年新溆高速公路娄底段桥梁一览表 …… 1938
表58-8　2017年娄益高速公路娄底段桥梁一览表 …… 1940
表58-9　2017年娄衡高速公路娄底段桥梁一览表 …… 1941
表58-10　2017年潭邵高速公路娄底段桥梁一览表 …… 1942
表58-11　2017年娄底市农村公路隧道情况表 …… 1943
表58-12　1990—2017年娄底市经营性货物运输车辆表 …… 1945
表58-13　2017年娄底市部分公路货物运输企业情况表 …… 1946
表58-14　1990—2017年娄底市水毁公路修复情况表 …… 1950
表58-15　1990—2017年娄底市国养公路绿化情况表 …… 1951
表58-16　1994—2008年娄底市交通规费征收情况表 …… 1953
表58-17　1994—2008年娄底市道路运输管理费征收情况表 …… 1954
表58-18　2017年娄底市铁路专用线基本情况表 …… 1957
表58-19　2017年湘黔、洛湛铁路娄底段娄底工务段管辖铁路桥梁情况表 …… 1958
表58-20　2017年娄邵铁路娄底段桥梁一览表 …… 1961
表58-21　2017年沪昆高铁娄底段桥梁一览表 …… 1961
表58-22　1990—2017年娄底各县市火车站客运情况统计表 …… 1965
表58-23　2017年娄底市资江干流航道情况表 …… 1967
表58-24　2017年娄底市涟水干流航道情况表 …… 1968
表58-25　2017年娄底市航道情况表 …… 1969
表58-26　1990—2005年娄底市航运企业资江旅客运输统计表 …… 1972
表58-27　1990—2017年娄底市船舶检验情况表 …… 1975

第六十篇　教　育

表60-1　1990—2017年娄底市基础教育学校在校学生统计表 …… 2017
表60-2　2003—2017年娄底市职业学校高考对口升学录取学生情况表 …… 2020
表60-3　1990—2017年娄底市普通高等学校学生一览表 …… 2030
表60-4　1990—2017年娄底市高等教育自学考试

情况表 …………………………… 2031
表60-5 1990—2017年娄底市成人高考报名录取情况表 …………………………… 2032
表60-6 2014—2016年娄底市省级骨干民办学校、幼儿园情况表 ……………… 2041
表60-7 1990—2006年娄底市普通高等学校招生情况表 …………………………… 2043
表60-8 2007—2017年娄底市普通高等学校招生情况表 …………………………… 2043
表60-9 1990—1999年娄底地区大中专毕业生分配一览表 ………………………… 2045
表60-10 1990—2017年娄底市各级各类学校教职工人数统计表 ………………… 2048
表60-11 1992—2017年娄底市中小学教师职称评定情况表 ……………………… 2050
表60-12 2003—2017年娄底市普通话培训测试情况表 …………………………… 2052
表60-13 1990—2017年娄底市教育经费一览表 …………………………………… 2056
表60-14 2017年娄底市中小学（含中职学校）绿化情况表 ………………………… 2061

第六十一篇 科学技术

表61-1 1998—2017娄底市市本级科技项目及经费一览表 ………………………… 2070
表61-2 1990—2017年娄底市获国家级各类科技成果奖励情况表 ………………… 2077
表61-3 1990—2017年娄底市获省级各类科技成果奖励情况表 …………………… 2077
表61-4 2006—2017年专利申请与授权一览表 …………………………………… 2086
表61-5 2011—2017年娄底市处理专利纠纷案件表 ……………………………… 2088
表61-6 1990—2017年娄底市地震情况一览表 …………………………………… 2093

第六十二篇 医疗卫生

表62-1 2003—2005年娄底市主要出生缺陷发生率一览表 …………………………… 2127

第六十三篇 体 育

表63-1 1990—1992年娄底地区运动员获世界、国家冠军一览表 …………………… 2156
表63-2 1993—1998年娄底地区运动员获国际比赛冠军一览表 …………………… 2156
表63-3 1993—2004年娄底市运动员获全国比赛冠军、第一名一览表 …………… 2156
表63-4 2005—2017年娄底市运动员获全国比赛第一名一览表 …………………… 2158
表63-5 2017年娄底市中小学校体育事业发展情况表 ……………………………… 2158
表63-6 1990—2017年娄底市中学生田径运动会情况表 …………………………… 2162
表63-7 2017年娄底市大专院校主要体育场馆情况表 ……………………………… 2165
表63-8 1997—2017年娄底市体育彩票销售情况表 ………………………………… 2166

第六十四篇 文化艺术

表64-1 1990—2017年娄底市新华书店销售情况表 ………………………………… 2189

第六十五篇 史志 档案 谱牒

表65-1 1990—2017年中共娄底市委党史办征编出版党史书籍一览表 …………… 2209
表65-2 1990—2017年娄底市各县（市、区）征编出版党史书籍一览表 ………… 2210
表65-3 1993—1998年娄底地区首轮新编地、县（市）志完成情况表 …………… 2217
表65-4 2002—2017年娄底市政协征编出版《娄底文史丛书》一览表 …………… 2219
表65-5 1985—2017年娄底市各县（市、区）编辑出版文史资料一览表 ………… 2221
表65-6 1990—2017年部分年份市县两级综合档案馆馆藏档案资料统计表 ……… 2226
表65-7 2017年励双杰收藏娄底家谱一览表 ……………………………………… 2236

第六十七篇 县（市、区）概况

表67-1 1990—2017年娄星区部分年份经济发展

情况统计表 …………………………… 2299
表67-2 1990—2017年冷水江市部分年份经济发展情况统计表 …………………………… 2308
表67-3 1990—2017年涟源市部分年份经济发展情况统计表 …………………………… 2318
表67-4 1990—2017年双峰县部分年份经济发展情况统计表 …………………………… 2328
表67-5 1990—2017年新化县部分年份经济发展情况统计表 …………………………… 2336

人 物

表1 （一）全国党代表娄底市名录 ……… 2371
表2 （二）全国人大代表娄底市名录 …… 2371
表3 （三）娄底市籍两院院士名录 ……… 2372
表4 （四）1990—2017年娄底市全国劳动模范和先进工作者名录 …………………… 2373
表5 （五）1990—2017年娄底市省部级劳动模范和先进工作者名录 ………………… 2374

附 录

表1 1990—2017年公开出版的部分梅山文化著作一览表 ………………………………… 2405
表2 1990—2017年公开发表（发布）的部分梅山文化论文一览表 …………………… 2406

后 记

娄底市第二轮修志工作于2006年启动。6月16日至7月5日，娄底市委办公室、市人民政府办公室连续下发《关于续修市（县、区）二级志书的通知》《关于转发〈娄底市志（1990—2005）编纂方案〉的通知》《关于成立娄底市地方志编纂委员会的通知》。11月23日，市政府召开第二轮修志工作动员大会。此后由于种种原因，进展缓慢，编修工作一度停滞。2017年3月，市政府为实现国务院提出的“两全目标”，对修志工作进行专题研究和安排部署，决定将续志时限由1990—2005年改为1990—2017年。2018年3月，娄底市人民政府第二轮修志工作推进会召开，《娄底市志（1990—2017）》编修工作全面铺开，至2021年底定稿，整个修志工作大体分为三个阶段。

重启筹备阶段（2017年11月至2018年3月）。2017年11月13日，市政府召开常务会议，就第二轮修志工作的组织领导、人员力量、工作进度、经费保障和责任落实进行研究，同意采用政府购买服务的方式开展修志工作，尽快重新启动《娄底市志（1990—2017）》编修工作。11月15日，市委办、市政府办联合行文调整娄底市地方志编纂委员会成员，由市委书记、市政协主席、市人大常委会党组书记任顾问，市长任主任、常务副市长任常务副主任、分管市领导任副主任、主要部门负责人为委员。年底，《娄底市志（1990—2017）》新的编纂方案和篇目制定完毕。2018年1月3日，市长在政府工作报告中首次将修志工作列入2018年度政府重点工作之一。2月8日，市地方志编纂委员会发出《关于印发〈娄底市志（1990—2017）编纂方案〉的通知》，初步确定按中篇结构撰写。3月15日，市委办、市政府办发出《关于加速推进第二轮修志工作的通知》。3月28日，第二轮修志工作推进会召开，市地方志编纂委员会全体成员，各县（市、区）、市直各有关单位负责人参加，《娄底市志（1990—2017）》编修工作全面铺开。

资料征集、部门志编纂阶段（2018年3月至2020年6月）。2018年3月推进会后，市地方志办公室聘请、抽调8人和市地方志办公室工作人员组建了市志编辑部。编辑部成立后，先后出台《〈娄底市志（1990—2017）〉编写行文通则》《编纂人员绩效考核方案》《凡例（试行）》《关于征集娄底市志人物资料的函》。市地方志编纂委员会发出《〈娄底市志（1990—2017）〉分志初稿和定稿报送和验收规定》，市地方志办公室督促各承编单位按照推进会议精神启动修志工作。各承编单位高度重视，迅速行动。4月，市志编辑部编发《娄底市第二轮修志工作简报》，对修志情况及时进行通报和业务指导。5月，举办全市第二轮修志培训班，重点讲授资料征集和地方志的基本知识，各承编单位根据本单位、本行业实际和特色拟定编目，并及时和市志编辑部对接确定。10月，市政府对本轮修志工作开展督查，并发出督查通报。截至2018年年底，完成部门志第一稿97家，其中召开评议会10家。

2019年4月，机构改革，市地方志办公室和市委党史资料征集办公室整合为中共娄底市委党史研究室（娄底市地方志编纂室）后，领导力量加强，同时对编辑部人员进行优化并增加了力量，修志工作全面提速。5月、10月，分别举办两期修志培训班，有针对性地讲授部门志（专业志）的编纂。2020年4月，对少数进度较慢的单位，由市地方志编纂室发函催办；将“大事记”“人口”“人物”等由编辑部负责的篇章落实到人，限期完成。6月底，各部门志的编纂工作基本完成。其间，对编目进行了大的调整，将中篇结构改为以小篇结构为主的中小篇结构，并报省地方志编纂院审定。

总纂阶段（2020年6月至2021年12月）。2020年6月，市地方志编纂室召开《娄底市志（1990—

2017）》总纂动员会议，工作重心转入分志定稿、总纂合成阶段。将编辑部成员分为4个组，实行组长负责制，责任到组到人。7月，将志书编目、“人物”、“大事记”报请市委、市政府领导审定。按照工作安排，编辑部再次修改编目、讨论和完善行文通则和凡例，补充必要的资料，调整结构，处理好交叉内容，紧盯“两全目标”，倒排工期，挂图作业。其间，集体研究了“总述”的编纂，把任务分解到人，再由市地方志编纂室负责人统稿和把关。12月上旬，初步完成了志稿总纂。12月28—30日，《娄底市志（1990—2017）》省级评审会顺利召开。省地方志编纂院、各市（州）地方志编纂室、娄底各县（市、区）地方志编纂室的领导和专家对志稿进行了认真的审读，指出了志稿存在的问题和不足，为提升志稿质量指明了方向。

《娄底市志（1990—2017）》省级评审会参会人员合影（2020年12月29日摄）

2021年1—5月，省级评审会后，编辑部召开专题会议，充分吸收评审会的意见，集体研究后形成修改方案报送省地方志编纂院审定，各组再按修改方案分头落实。5月底，各组基本完成修改任务。6—9月，各组实行交叉审稿，主要是调整少数篇章结构、消除重复，充分发挥各编辑的长处，精雕细琢。9月下旬，将所有志稿返回原承编单位再次进行核实，由各单位签字盖章审定。志稿收回后，编辑部根据部门意见再次进行修正完善。10月底，完成终审验收稿。

11月初，志稿先后送省地方志编纂院验收和方志出版社审核。2022年1—9月，根据省地方志编纂院验收意见和方志出版社的审核意见，对书稿进行修改完善。2022年10月完成排版定稿。2022年12月，方志出版社完成终审，同意付印出版。

《娄底市志（1990—2017）》编纂工作实质性启动是2018年初，到2022年12月定稿付梓，历时4年10个月。作为一部455万字、续修时限达28年的地市级志书，在资料、人才储备不足的情况下，在较短的时间内后发赶超，创造了第二轮修志的“娄底速度”。在整个编修过程中，每个步骤都规划得很详细，编辑部和各承编单位无缝对接。尤其在后期，实行项目化管理，工程化推进，倒排工期，挂图作业，各位编辑你追我赶，高效推进。

质量是志书的生命。在追求速度的同时，始终紧绷质量这根弦。为保障资料的全面性、真实性、客观性，主要抓住以下几个方面。一是采取多种形式加强编纂队伍，尤其是市志编辑部人员的培训。二是编纂好各单位的部门志。各责任编辑必须按编委会发出的《〈娄底市志（1990—2017）〉分志初稿和定稿报送和验收规定》对志稿组织验收，先单位领导、后责任编辑、再执行主编层层把关，把质量管理工作前移。三是资料完整全面。有些单位因种种原因配合困难，进展缓慢，编辑部宽严有据，从不放弃，保证了志书资料的全面和系统。四是坚持部门志评议会制度，评议时要求每个单位的领导、专家、老同志和地方志编纂室领导参加。五是执行主编全程参与。虽然编修期间经历机构撤并、人员更替，但编纂要求一以贯之，未受大的影响。

《娄底市志（1990—2017）》编纂工作，采用灵活的聘人用人机制。编辑部以政府购买服务为主，市地方志部门工作人员全程管理，同时抽调专业人员充实队伍；以退休老干部为主，同时吸收社会人才；以本市人才为主，同时借智于外市专家。市地方志部门领导对编辑人员始终保持业务上的沟通、工作上的关怀、生活上的关爱。编辑部实行淘汰激励机制，并把工作进度同薪酬挂钩，逐步优化市志编辑队伍。“梅山文化”“民间习俗”“谱牒”篇章以政府采购的方式整体打包，聘请专家完成。

《娄底市志（1990—2017）》修志承编单位129个，参与人员1000余人，其中编纂人员200余人。在编修过程中，得到了省地方志编纂院的精心指导，得到了历届市委、市政府的高度重视，得到了社会各界、市直各部门的积极配合，得到了方志出版社的大力支持。编修人员不计名利、不畏艰难，反复补充、考证、修改，付出了辛勤的劳动；市志编辑部的工作人员常常加班加点，呕心沥血。在此，一并表示衷心的感谢。

因编辑人员水平和认识的差异，本志在资料取舍和内容详略处理上肯定有欠妥之处；时间紧，任务重，有些资料还较单薄；时间跨度大，涉及面广，由于编者水平有限，疏漏和错讹在所难免，敬请读者批评指正。

编　者

2022年12月